नागार्जुन रचनावली - 1

[कविता]

चयन

TRIVENI BOOK SELECTION

Cash Memo No. 232 Date 30.4.81

All payments must be made in the name of CHAYAN

No. of Copies	Name of the Book	Author	Publisher	Price	Gross Value	Net Value
1	[illegible]	[illegible]	[illegible]	8.50	8.50 / .85 / 7.65	7.65

Rs 7.65

TRIVENI KALA SANGAM, 205 TANSEN MARG, NEW DELHI-110 001

B.8.86

शासक दल में गांठ-गांठ हैं, बूढ़े हैं बीमार हैं

इनसे कब उम्मीद [illegible] सबके पार हैं

अजी— आपने बुला लिया है, यों तो हम बेकार हैं

[illegible] की लत छूट चुकी है, बूढ़े हैं बीमार हैं

आपस में कुछ कह-सुन लेंगे, सभी सबके यार हैं

हाकिम ही तो [illegible] के दिलदार हैं, [illegible] हैं

नागार्जुन रचनावली

1

सम्पादन-संयोजन

शोभाकान्त

राजकमल प्रकाशन

नयी दिल्ली पटना इलाहाबाद

मूल्य : ₹ 5500
सात खंडों का सम्पूर्ण सेट

पहला संस्करण : 2003
पहली आवृत्ति : 2011

प्रकाशक : राजकमल प्रकाशन प्रा. लि.
1-बी, नेताजी सुभाष मार्ग
नई दिल्ली-110 002

शाखाएँ : अशोक राजपथ, साइंस कॉलेज के सामने, पटना-800 006
पहली मंजिल, दरबारी बिल्डिंग, महात्मा गांधी मार्ग, इलाहाबाद-211 001

वेबसाइट : www.rajkamalprakashan.com
ई-मेल : info@rajkamalprakashan.com

आवरण-चित्र : अशोक महेश्वरी

मुद्रक : बी.के. ऑफसेट
नवीन शाहदरा, दिल्ली-110 032

NAGARJUN RACHANAVALI-1
Edited by Shobha Kant

ISBN : 978-81-267-2151-1

यह रचनावली

1911 ई. की ज्येष्ठ पूर्णिमा को निहायत मामूली और अपढ़ परिवार में जन्मे वैद्यनाथ मिश्र अपने ग्रामीण परिवेश में संस्कृत की पारम्परिक पढ़ाई करते समय समस्यापूर्ति शैली में साहित्य-कर्म शुरू कर हिंदी के 'नागार्जुन' और मैथिली के 'यात्री' हो गए। इन दो भाषाओं के अलावा संस्कृत और बंगला में भी मौलिक लेखन करनेवाले नागार्जुन जीवन-भर बड़े ही सहज और यायावरी वृत्ति के व्यक्ति रहे। 1925 ई. में संस्कृत की प्रथमा परीक्षा पास करने के बाद आगे अध्ययन के लिए घर से निकले तो निकल ही गए। इसके बाद अपनी ठेठ बुढ़ौती तक उन्होंने किसी गाँव, प्रान्त या देश के किसी भी कोने में अपना स्थायी ठौर-ठिकाना नहीं बनाया। यहाँ तक कि अपनी रचनाओं को सहेजकर रखने तक की जरूरत महसूस नहीं की। रचनाओं को क्रमवार व्यवस्थित करना तो उन्होंने कभी आवश्यक ही नहीं समझा।

रचनाएँ लिखते रहे, पत्र-पत्रिकाओं में वे छपती भी रहीं। कापियाँ, पत्र-पत्रिकाएँ कंधे से लटकते झोले में इस नगर से उस नगर तक घूमती रहीं और अगर कहीं रह गईं तो रह गईं। किसी भी परिवार का हर सदस्य साहित्य और रचनाओं का मूल्य-महत्त्व समझे यह कतई आवश्यक नहीं है। इस तरह कागजों और पत्र-पत्रिकाओं के पन्नों का नष्ट होना स्वाभाविक ही है। कापियाँ, डायरियाँ, पत्र-पत्रिकाएँ, कतरनें आदि गुम होती रहीं। वार्द्धक्य के कारण जब ठौर-ठिकाना अनिवार्य हो गया या यों कहें कि नागार्जुन के यायावर यात्री रचनाकार के थक चुके शरीर को चलने-फिरने से लगभग रोक दिया तब तक बहुत कुछ न जाने कहाँ-कहाँ खो चुका था। यह याद करना कठिन लगने लगा कि वे कहाँ-कहाँ और कब-कब छपे थे।

इस स्थिति में रचनाओं को संकलित करना एक कठिन काम रहा। सन् 1980 ई. से मैं नागार्जुन की असंकलित रचनाओं को ढूँढ़ता-खोजता-सहेजता आ रहा हूँ, यह काम आज की तारीख तक जारी है। यह तो मान ही लिया था कि सन् 1970-75 तक की कॉपियाँ-डायरियाँ तो मिलेगी नहीं, पर पत्र-पत्रिकाओं में छपी रचनाएँ अवश्य मिल जाएँगी।

नागार्जुन ने उस समय की कुछ पत्र-पत्रिकाओं के नाम जरूर बताए, पर समय नहीं। कोई ऐसी सूची नहीं बन सकी, जिसके सहारे आगे बढ़ा जाता। उनके मित्रों, शुभेच्छुओं और पुरानी पत्र-पत्रिकाओं से सम्पर्क स्थापित किया गया नए सिरे से। नागार्जुन शुरू से ही गैर-व्यावसायिक पत्रों में ज्यादा छपते रहे। हाँ, यदि उनका कोई

अन्तरंग किसी व्यावसायिक पत्र को सँभालने लगता तो कभी-कभार उस पत्र-पत्रिका में भी रचनाएँ छप जातीं। उन जगहों पर भी वे छपे हैं जहाँ उन्हें छापना अनिवार्य लगा। लघु पत्र-पत्रिकाओं में नागार्जुन की जरूरत महसूस की जाती रही तो उनके लिए भी वहाँ छपना जरूरी रहा।

हिंदी भाषा-भाषी क्षेत्र इस देश का सबसे बड़ा क्षेत्र है। सम्पर्क भाषा होने के साथ ही देश की सबसे बड़ी भाषा भी तो हिन्दी ही है। इस क्षेत्र में बड़े-बड़े विश्वविद्यालय हैं। अनेक बड़ी-छोटी अकादमियाँ हैं। न जाने कितने शोध संस्थान हैं। पर दुर्भाग्य यह कि इस भाषा की शुरू से अब तक की तमाम छोटी-बड़ी पत्र-पत्रिकाएँ कहीं भी एक जगह सुरक्षित नहीं हैं। न किसी विश्वविद्यालय में, न किसी पुस्तकालय में और न ही किसी अकादमी या संस्थान में। सबसे बुरा हाल लघु पत्रिकाओं के मामले में है। यही हाल प्रायः हिंदी की अब तक प्रकाशित पुस्तकों का भी है। यहाँ-वहाँ, इस नगर, उस नगर चक्कर पर चक्कर लगाने के बाद लगता है कि बहुत कुछ छूट रहा है। देश की सबसे समृद्ध भाषा और उसकी धरोहर के सम्बन्ध में यहाँ कुछ भी कहना तर्कसंगत नहीं लगता।

कुछ सजग मित्रों ने अपने काम के सन्दर्भ में कुछ न कुछ जमा अवश्य कर रखा है, पर उससे भी कोई बड़ी सुविधा नहीं मिली। 1980 ई. तक कई लोग नागार्जुन पर शोध प्रबन्ध लिखकर उपाधि ले चुके थे। उनके व्यक्तिगत कक्ष में उतनी ही सामग्री थी, जितने-भर से उनका काम चल गया था। वह भी ज्यादातर पुस्तकें ही। हाँ, उनसे कुछ सूचनाएँ अवश्य मिलीं।

नागार्जुन लगभग अड़सठ वर्ष (सन् 1929 से 1997) तक रचना-कर्म से जुड़े रहे। कविता, उपन्यास, कहानी, संस्मरण, यात्रा-वृत्तांत, निबन्ध, बाल-साहित्य—सभी विधाओं में उन्होंने कलम चलाई। हिंदी, मैथिली, बंगला और संस्कृत से अनुवाद भी किया है। कुछ पत्रों में यदा-कदा स्तम्भ लेखन भी किया—किंचित मात्रा में ही सही।

नागार्जुन के जीवन-काल में उनकी काफी रचनाएँ पुस्तकाकार प्रकाशित हो चुकी थीं।

नागार्जुन की प्रथम प्रकाशित रचना 1929 ई. की है। वह रचना है एक मैथिली कविता, जो 'मिथिला' (लहेरियासराय, दरभंगा) नामक पत्रिका में छपी थी। 'राम के प्रति' उनकी पहली हिंदी कविता है, जो 1934 ई. में लाहौर से निकलनेवाले साप्ताहिक 'विश्वबन्धु' में छपी। हम इस हिंदी कविता को खोजने में अब तक सफल नहीं हुए हैं। प्रथम प्रकाशित कविता बुकलेट 'बूढ़वर' और 'विलाप' 1942 ई. में छपी, वह भी मैथिली में। महात्मा गाँधी की हत्या पर चार हिंदी कविताओं का एक बुकलेट 'शपथ' नाम से प्रकाशित किया गया 1948 ई. में। पहला उपन्यास 'पारो' (मैथिली) 1946 ई. में और दो वर्ष बाद 1948 में हिंदी का पहला उपन्यास 'रतिनाथ की चाची' प्रकाशित हुआ। 1949 ई. में अट्ठाईस मैथिली कविताओं का संग्रह आया 'चित्रा' नाम से। 'युगधारा' सैंतीस हिंदी कविताओं का पहला व्यवस्थित संग्रह है, जो 1953 में छपा।

उपन्यासेतर गद्य की पहली पुस्तक 'निराला : एक व्यक्ति-एक युग' 1963 की कृति है। स्फुट गद्य तो रचना-कर्म के शुरुआती दौर से ही लिखते आ रहे थे। 1936 ई. में 'असमर्थदाता' नामक कहानी छपी थी। उसी समय से कथेतर गद्य भी लिखते रहे। कहानी-संग्रह और कथेतर गद्यों को संकलित करने का काम 1980 ई. के बाद ही हुआ। बाल साहित्य का लेखन भी शुरू से ही करते रहे। बच्चों के लिए पहली पुस्तक 'वीर विक्रम' 1956 की है।

1944 और 1954 ई. के बीच नागार्जुन ने अनुवाद का काफी काम किया। बंगला उपन्यासकार शरतचंद्र के कई उपन्यासों और कथाओं का हिंदी अनुवाद छपा है। कन्हैयालाल माणिकलाल मुंशी के उपन्यास 'पृथ्वी वल्लभ' का गुजराती से हिंदी में 1945 ई. में अनुवाद किया था। 'मेघदूत' का मुक्त छंद में अनुवाद 1953 ई. का है।

अन्तिम पुस्तक 'अपने खेत में' (हिंदी कविता) 1997 ई. के अन्त में छपी।

नागार्जुन के कुल ग्यारह उपन्यास हिंदी में हैं और दो मैथिली में। मैथिली का एक उपन्यास 'नवतुरिया' (1954 ई.) और हिंदी के उपन्यास 'नई पौध' (1953 ई.) की कथावस्तु और पात्र एक ही हैं। उपन्यासकार ने इन उपन्यासों को एक के बाद दूसरी दोनों भाषाओं में मौलिक रूप से लिखा।

हिंदी में तेरह काव्य-संग्रह प्रकाशित हैं। इनके अलावा छह बुकलेट छपी थीं। इन बुकलेटों की प्रायः सभी कविताओं को संग्रहों में समेट लिया गया है। मैथिली कविताओं के दो संग्रह हैं। बंगला कविताओं का एक संग्रह देवनागरी लिप्यंतर सहित छप चुका है।

नागार्जुन के दो खण्डकाव्य भी प्रकाशित हैं। उपन्यासेतर गद्य और बाल-साहित्य की पाँच-पाँच पुस्तकें प्रकाशित हैं। विद्यापति की कृति 'पुरुष परीक्षा' की कुछ कहानियों का भावरूपान्तर 'विद्यापति की कहानियाँ' नाम से प्रकाशित है।

कालिदास के मेघदूत के मुक्तवृत में अनुवाद के अलावा जयदेवकृत 'गीत गोविंद' और विद्यापति के 135 गीतों का गद्यानुवाद भी नागार्जुन ने किया।

इस तरह पैंतालीस पुस्तकों की सूची बनती है नागार्जुन साहित्य की। इनके अलावा बंगला और गुजराती की लगभग दस पुस्तकों का अनुवाद भी है। हो सकता है कि लंका-प्रवास और जीवन के शुरुआती दौर में पंजाब और सिन्ध में रहते हुए भी कुछ अनुवाद किए हों, पर इसकी कोई जानकारी नहीं है।

सात खण्डों वाली इस रचनावली के पहले और दूसरे खण्ड में नागार्जुन के सम्पूर्ण हिंदी काव्य-संसार को समेटा गया है। कालक्रम के अनुसार शुरू से 1967 तक की कविताओं को पहले खण्ड में रखा गया है। 'मेघदूत' का अनुवाद भी इसी खण्ड के अन्त में दिया

गया है। दूसरे खण्ड में 1968 से उनके अन्तिम समय तक की कविताओं को संकलित किया गया है। इसी खण्ड में 'भस्मांकुर' भी है।

इन दोनों खण्डों में लगभग अस्सी कविताएँ ऐसी हैं जो अब तक असंकलित रही हैं। इनमें से तीस के करीब कविताओं को पहले-पहल रचनावली के माध्यम से पाठकों के सामने रखा जा रहा है।

'भूमिजा' नामक खण्डकाव्य रचनावली में नहीं है। कारण, यह खण्डकाव्य तीन लम्बी कविताओं को एक साथ संयोजित करके तैयार किया गया था। इस खण्डकाव्य के शुरू वाले दो अंश रचनावली के पहले खण्ड में हैं, अन्तिम अंश दूसरे में।

तीसरे खण्ड में कवि की संस्कृत, मैथिली और बंगला कविताओं को लिया गया है। मैथिली की भी लगभग बाइस वैसी रचनाएँ हैं जो अब तक कहीं संकलित नहीं हो पाई हैं। संस्कृत की उपलब्ध सभी रचनाएँ एक साथ आ गई हैं। बंगला कविताओं को देवनागरी लिप्यंतर में ही रखा गया है। मैथिली और बंगला कविताओं का मूल पाठ और उनके अनूदित रूप वृहत हिंदी पाठकों को ध्यान में रखकर ही यहाँ दिए गए हैं।

चौथे और पाँचवें खण्ड में उनके सभी उपन्यास आ गए हैं। चौथे खण्ड में मैथिली उपन्यास 'पारो' का हिंदी अनुवाद लिया गया है। पाँचवें खण्ड में एक अधूरा उपन्यास भी दिया जा रहा है।

छठे खण्ड में नागार्जुन के कथेतर गद्य साहित्य को हमने रखा है। रचनावली के अन्तिम खण्ड अर्थात् सातवें खण्ड में नागार्जुन रचित बालोपयोगी और किशोरोपयोगी रचनाएँ हैं। साथ ही उनकी उपलब्ध डायरी और पत्रों का चयन।

यों तो मई 1994 ई. में ही पूरी रचनावली का प्रारूप बना लिया गया था। उस समय ऐसा लगा था कि डेढ़-दो साल में यह सब तैयार हो जाएगा। उपलब्ध पुस्तकाकार रचनाओं के आधार पर खण्डों का निर्धारण कर रचनाकार से रूपरेखा पर बात भी हो गई थी। फिर अनुपलब्ध सामग्री की खोज शुरू हुई नए सिरे से...कुछ अधिक समय लगा इस तलाश में। उसके बाद नागार्जुन का स्वास्थ्य तेजी से गिरने लगा, जो लगातार चिन्ता का कारण रहा। सबकुछ छोड़कर उनकी परिचर्या में लग जाना पड़ा। नागार्जुन के सम्पूर्ण रचना-कर्म को एक साथ देखने की बजाय पिता की सेवा में लग जाना मेरी प्राथमिकता हो गई।

नागार्जुन साहित्य के संयोजन-सम्पादन के क्रम में नेशनल लाइब्रेरी, कलकत्ता; हिंदी साहित्य सम्मेलन प्रयाग के हिंदी संग्रहालय; सिन्हा लाइब्रेरी, पटना; बिहार राष्ट्रभाषा परिषद, पटना; अजय भवन, दिल्ली और पटना का उल्लेख न कर पाना असम्भव है। इन संस्थाओं के तमाम छोटे-बड़े अधिकारियों ने बहुत आत्मीय भाव से हमेशा सहयोग दिया है तथा भविष्य में भी इस तरह के कामों में सहयोगी बने रहने का आश्वासन भी।

इस बात की पूरी सम्भावना है कि कुछ रचनाएँ हमारी पहुँच से अब भी बाहर रह गई हों। काफी प्रयास के बाद भी उपलब्ध नहीं हो पा रहीं वे रचनाएँ...इसे हम अपनी असफलता और लाचारी ही मानते हैं। नागार्जुन के शुभेच्छुओं और पाठकों से आग्रह है कि यदि किसी रचना का कोई सूत्र उनके पास हो तो अवश्य ही सूचित करें।

देश-भर में फैले नागार्जुन के मित्रों और शुभेच्छुओं के अतिरिक्त मैं अपने सभी मित्रों का आभार मानता हूँ, जिन्होंने समय-समय पर ढेर सारे सुझावों के साथ रचनाएँ ढूँढ़ने में मदद की है। यह पूरा काम उन्हीं लोगों के सम्मिलित प्रयास का फल है।

उन प्रकाशकों और पत्र-पत्रिकाओं के प्रति भी आभारी हूँ जिन्होंने नागार्जुन साहित्य को समय-समय पर प्रकाशित किया है और जिनके अभाव में रचनावली की कल्पना नहीं हो पाती। राजकमल परिवार का तो यह अपना ही काम था।

एक ओर जहाँ मुझे पितृऋण से मुक्त होने का अहसास हो रहा है वहीं इसके लिए हमेशा कष्ट रहेगा कि नागार्जुन की उपस्थिति में उनके पूरे साहित्य को एक साथ इस ढंग से नहीं रख पाया। पूरी रचनावली माँ और बाबूजी की स्मृति में...

—शोभाकान्त

यह खंड

विभिन्न स्रोतों से मिली जानकारी के अनुसार 'राम के प्रति' नागार्जुन की प्रथम प्रकाशित हिन्दी कविता है। यह रचना 1934 ई. के 'साप्ताहिक विश्वबन्धु' (लाहौर) के किसी अंक में छपी थी। इस रचना को हम अब तक नहीं देख पाए...उपलब्ध नहीं हो पाई। इसके बाद से विभिन्न दैनिक, साप्ताहिक, मासिक और अनियतकालीन पत्र-पत्रिकाओं में नागार्जुन की कविताएँ छपती रहीं। यह सिलसिला उनकी मृत्यु (5 नवम्बर, 1998 ई.) के बाद भी जारी है।

कवि-कर्म के शुरुआती दौर (1934 से 1941 ई. तक) में वैद्यनाथ मिश्र 'यात्री' या मात्र 'यात्री' के नाम से हिन्दी कविताएँ छपती रहीं। 'विश्वबन्धु', 'सरस्वती', 'प्रभाकर', 'जनता', 'विशाल भारत', आदि में 'यात्री' की हिन्दी कविताएँ नजर आती हैं। 'बादल को घिरते देखा है' कविता 'सरस्वती' में छपी और कवि 'यात्री' के सम्बन्ध में फुटनोट था—'यात्री महोदय भूटान के निवासी हैं और इनका राष्ट्रभाषा प्रेम सराहनीय है।' कुछ मित्रों के आग्रह पर 1941 ई. के बाद हिन्दी में नागार्जुन के अलावा किसी नाम से न लिखने का निर्णय लिया।

30 जनवरी, 1948 ई. को महात्मा गाँधी की हत्या हुई और इसके दस दिनों के भीतर ही नागार्जुन की चार क्षोभ-व्यंजक कविताएँ 'शपथ', 'तर्पण', 'गोडसे' और 'मत क्षमा करना' 'जनशक्ति' दैनिक, पटना में 'शोणित-तर्पण' नामक मुख्य शीर्षक के अन्तर्गत छपती रहीं। उल्लेखनीय है कि बिहार के तत्कालीन प्रशासन ने उन रचनाओं को 'वर्जित रचना' की सूची में डालकर कवि और अखबार पर कानूनी कार्रवाई की और उन्हें प्रताड़ित करने में कोई कसर नहीं छोड़ी। फलस्वरूप नागार्जुन को स्वतंत्र भारत में पहली बार जेल जाना पड़ा। लेकिन उसी वर्ष उन चारों कविताओं की एक बुकलेट भी छपी। नाम था—'शपथ'। यह नागार्जुन की हिन्दी कविताओं की पहली बुकलेट थी। यह पुस्तिका हमें उपलब्ध नहीं हो पाई है। 'हंस' के मार्च 1948 ई. के अंक में 'महाशत्रुओं की दाल न गलने देंगे' शीर्षक से नागार्जुन की एक कविता छपी। रचना कुछ लम्बी है। उस रचना में 'शपथ' और 'तर्पण' की ढेरों पंक्तियाँ हैं। ऐसा अनुमान है कि उसमें 'शपथ' बुकलेट की अन्य दो रचनाओं की पक्तियाँ भी हों। रचनावली के इसी खण्ड में 'शपथ' और 'तर्पण' वाले अंश हटाकर शेष पंक्तियों को 'गोडसे' शीर्षक कविता के रूप में यथावत रखा गया है।

1952 ई. के प्रथम आम चुनाव के समय 'चना जोर गरम' नामक कविता को बुकलेट के रूप में प्रकाशित किया गया था। 1953 में नागार्जुन का पहला व्यवस्थित काव्य-संग्रह

'युगधारा', जनसेवा प्रकाशन, इलाहाबाद से प्रकाशित हुआ था। इसके प्रकाशन में रचनाकार का व्यक्तिगत प्रयास ही रहा होगा, क्योंकि नागार्जुन के उपन्यास छापनेवाले प्रकाशक 1977-78 ई. तक कवि नागार्जुन को छापने की कोई खास मानसिकता नहीं बना पाए थे।

'युगधारा' में सैंतीस कविताएँ संकलित हैं। 1934 ई. से ही नागार्जुन की कविताएँ विभिन्न पत्र-पत्रिकाओं में छपती और चर्चित होती रहीं और 1953 में आकर मात्र सैंतीस कविताओं का यह संग्रह अपने आप में विस्मय का ही बोध कराता है, क्योंकि इस अवधि की दर्जनों ऐसी रचनाएँ हैं जिन्हें 'युगधारा' के पाठक निश्चित रूप से चाहते रहे होंगे, जो बाद के संग्रहों में संकलित हुई हैं। संभव है संकलन बनाते समय कवि के पास अपनी तमाम कविताएँ न रही हों और पत्र-पत्रिकाओं से रचनाओं को खोजने की परेशानी वे न उठा पाए हों। 'युगधारा' के प्रकाशकीय में कहा गया है—'इस प्रकार के चार संकलन और तैयार हो सकते हैं। उन्हें सँभालना नागार्जुन के लिए एक समस्या है...कुछ खो गई हैं, कुछ खो जाने की स्थिति में हैं, कुछ मित्रों के पास बिखरी पड़ी हैं और बाकी इस यात्री कवि के थैले में दरभंगा-पटना-इलाहाबाद-दिल्ली, दिल्ली-इलाहाबाद-पटना-दरभंगा सफर करती फिरती हैं।'

1955 के अगस्त में पटना के बी.एन. कालेज के छात्रों पर पुलिस ने गोली चलाई। कई छात्र शहीद हुए....फिर तो पूरे बिहार में छात्र आन्दोलन की लहर फैल गई। स्थिति इतनी बिगड़ गई कि पंडित जवाहरलाल नेहरू तक को पटना जाना पड़ा। नागार्जुन पटना में ही थे और उन्होंने पूरे आन्दोलन को नजदीक से देखा था। इस दौरान उन्होंने कई कविताएँ लिखीं और तत्काल एक बुकलेट छपी 'खून और शोले'। सितम्बर, 1955 में प्रकाशित इस पुस्तिका में मात्र नौ कविताएँ थीं। 'प्रेत का बयान' नामक एक सोलह पेजी बुकलेट 1958 ई. में नागार्जुन ने फिर छपवाई। इस बुकलेट में चौदह रचनाएँ संकलित हैं। 'युगधारा' के बाद दो बुकलेट छपवाकर नागार्जुन ने जिस प्रकार बेचीं, उससे उत्साहित होकर 1959 ई. में कलकत्ता से 'यात्री प्रकाशन' की शुरुआत की और अपना नया काव्य-संग्रह 'सतरंगे पंखोंवाली' प्रकाशित किया। इस चौंसठ-पेजी संकलन में बत्तीस रचनाएँ संकलित हैं।

किसी एक नगर में स्थिर होकर रहना नागार्जुन की प्रकृति के विपरीत था, इसीलिए यात्री प्रकाशन भी इस कवि के थैले में साथ-साथ घूमता रहा। 1962 ई. में 'यात्री प्रकाशन', इलाहाबाद से 'प्यासी पथराई आँखें' का प्रकाशन हुआ। इस संग्रह में पैंतीस कविताएँ संकलित हैं।

'युगधारा' (1953 ई.) में 'शपथ' नामक बुकलेट से दो रचनाएँ 'शपथ' और 'तर्पण' संकलित की गई हैं तो 'सतरंगे पंखोंवाली' में 'खून और शोले' शीर्षक बुकलेट से एकमात्र रचना 'ऐसा क्या फिर-फिर होगा...' एवं 'प्रेत का बयान' शीर्षक बुकलेट से 'कई दिनों तक चूल्हा रोया' ('अकाल और उसके बाद' शीर्षक से) संकलित हैं, जबकि 'युगधारा' से 'प्रेत का बयान' नामक कविता लेकर 'प्रेत का बयान' बुकलेट का नामकरण हुआ था।

इस तरह हम पाते हैं कि चारों हिन्दी बुकलेटों में संकलित अट्ठाईस रचनाओं में से मात्र पाँच कविताओं को उपरोक्त तीन संकलनों में रखा गया है। रचनावली के इस भाग में जिस कालखण्ड की कविताएँ रखी गई हैं, उसमें प्रकाशित तीन काव्य-संग्रहों और चार बुकलेटों को मिलाकर कुल एक सौ सत्ताईस रचनाएँ संकलित हैं। 1974 ई. में 'तालाब की मछलियाँ' नाम से एक संग्रह प्रकाशित हुआ था। उस संकलन में मात्र आठ असंकलित रचनाओं के अलावा अधिकांश रचनाएँ 'युगधारा' और 'सतरंगे पंखोंवाली' की ही थीं। 1980 के बाद 'युगधारा' और 'संतरंगे पंखोंवाली' के पुनर्मुद्रित होने से 'तालाब की मछलियाँ' नामक संग्रह का नया संस्करण नहीं किया गया और उसमें संकलित उन रचनाओं को जो 'युगधारा' और 'सतरंगे पंखोंवाली' की नहीं थीं, अन्य संग्रहों में ले लिया गया। 1978 ई. में 'आज के लोकप्रिय कवि' सीरीज में नागार्जुन शामिल हुए। सम्पादित किया डॉ. प्रभाकर माचवे ने। यह संकलन प्रकाशक के आग्रह और सीमाओं के भीतर तैयार किया गया था, इसलिए माचवेजी ने अपनी पसंद की कविताओं का ही चयन किया।

1980 ई. से नागार्जुन की असंकलित रचनाओं को खोजने और उनके पुस्तकाकार प्रकाशन के लिए एक व्यक्तिगत प्रयास मैंने शुरू किया। तब से 1997 ई. तक ऐसी कविताओं के दस संग्रह प्रकाशित हुए। असंकलित रचनाएँ जैसे-जैसे पत्र-पत्रिकाओं से मिलती गईं और संग्रह लायक होती गईं, वैसे-वैसे कुछ नई रचनाएँ नागार्जुन की डायरी/नोटबुक से लेकर संकलन बना लिया जाता। इस नाते देखें तो 1994 में प्रकाशित 'भूल जाओ पुराने सपने' में भी 1944-45 ई. की कविताएँ मिलती हैं।

'युगधारा' (1953 ई.) से लेकर 'अपने खेत में' (1997) तक तेरह संग्रहों में किसी भी कविता की पुनरावृत्ति नहीं है। हाँ, 'रत्नगर्भ' (1984) की तीन कविताएँ 'पाषाणी', 'भिक्षुणी' और 'चन्दना', 'युगधारा' में भी संकलित हैं। 'रत्नगर्भ' में वैसी ही आठ लम्बी रचनाएँ संकलित हैं जिनका सम्बन्ध लोक-प्रसिद्ध पौराणिक कथाओं एवं मिथकीय पात्रों से है। अतः 'युगधारा' की तीन कविताओं का 'रत्नगर्भ' में संकलित होना कोई आश्चर्य की बात नहीं है।

रचनावली के इस भाग में नागार्जुन की उन सभी कविताओं को संकलित किया गया है, जिनका रचनाकाल 1967 ई. तक है। 'युगधारा' (1953 ई.), 'सतरंगे पंखोंवाली' (1959 ई.), 'प्यासी पथराई आँखें' (1962 ई.) के बाद 'तुमने कहा था' (1980 ई.), 'हजार-हजार बाँहोंवाली', (1981 ई.), 'पुरानी जूतियों का कोरस' (1983 ई.), 'रत्नगर्भ' (1984 ई.), 'इस गुब्बारे की छाया में' (1990 ई.) और 'भूल जाओ पुराने सपने' (1994 ई.) में से इस अवधि अर्थात् 1967 ई. तक की सभी कविताओं को कालक्रम से रखा गया है।

'युगधारा', 'सतरंगे पंखोंवाली' और 'प्यासी पथराई आँखें' में संकलित कविताओं का चयन कवि ने स्वयं ही किया था। 'युगधारा' की सैंतीस रचनाओं में से मात्र बीस के साथ रचनाकाल अंकित है। 'सतरंगे पंखोंवाली' और 'प्यासी पथराई आँखें' की किसी भी कविता के साथ तिथि या काल अंकित नहीं है। दोनों संग्रहों की प्रकाशकीय या लेखकीय सूचना

में तीन-चार वर्षों के बीच की कविताओं को संकलित करने की बात कही गई है। 'सतरंगे पंखोंवाली' में कुछ रचनाओं 'चातकी', 'कालिदास', 'सिन्दूर तिलकित भाल', 'दंतुरित मुस्कान' और 'गीले पाँक की दुनिया गई हैं छोड़' के काफी पुरानी होने की सूचना है। पर 'गीले पाँक की दुनिया गई है छोड़' उतनी पुरानी नहीं है, जितनी शेष तीनों कविताएँ। 'प्यासी पथराई आँखें' की अधिकांश रचनाएँ 1959-61 की हैं। 1980 ई. के बाद प्रकाशित संग्रहों में रचनाओं के साथ तिथि-क्रम दिया हुआ है। उनमें से अधिकांश का समय पत्र-पत्रिकाओं में प्रकाशन का समय है। वैसी रचनाएँ कम ही हैं जिनके साथ पत्र-पत्रिकाओं की सूचना नहीं है। ऐसी रचनाओं का काल-निर्धारण करना काफी कठिन काम रहा। नागार्जुन पर लिखे निबन्धों, शोध-प्रबंधों और सजग मित्रों की याददाश्त ही इस समस्या के समाधान के लिए एकमात्र आधार रहा है...

कुछ महत्त्वपूर्ण पंक्तियाँ यहाँ-वहाँ शोध प्रबंधों, कहीं किसी निबंध में दिखती रही हैं। कभी-कभी सजग मित्रों के मुँह से भी कुछ पंक्तियाँ सुनने को मिलती हैं। पर यह सूत्र नहीं मिल पाता कि वे पंक्तियाँ किस रचना की हैं या किस जगह उपलब्ध हो पाएँगी। इसी तरह कुछ रचनाओं के शीर्षक सुनने को मिलते हैं। उदाहरण के लिए—'प्रेसिडेंट', 'राजर्षि टण्डन', 'महाकुम्भ', 'सन्त विनोबा निष्काम', 'अपने हमसफर को सलाम', 'वह तेरहवीं बार विधवा हुई' आदि कुछ ऐसे ही शीर्षक हैं, जिनकी तलाश मुझे वर्षों से है। कुछ लम्बी रचनाएँ पूरी की पूरी उपलब्ध नहीं हो पा रही हैं। 'हरगंगे' लम्बी रचना है। पटना के 'नवराष्ट्र' (दैनिक) में छपी पर 'नवराष्ट्र' का वह अंक मुझे अब तक नहीं मिल पाया। इसी तरह 'रामराज' शीर्षक रचना 'हंस' के जून, 1949 अंक में छपी। वहाँ उसके अपूर्ण होने की सूचना है। अगले कई अंकों तक इस रचना के शेष अंश नहीं दिखते और भी ऐसा बहुत कुछ हो सकता है...इन सबके बावजूद लगभग छत्तीस ऐसी रचनाएँ रचनावली के इस भाग में संकलित की गई हैं जो अब तक नागार्जुन के किसी भी काव्य-संग्रह में नहीं हैं।

कालिदास नागार्जुन के सर्वाधिक प्रिय कवि थे और 'मेघदूत' उनकी सबसे अधिक मनलग्गू पुस्तक। 1953 में नागार्जुन ने 'मेघदूत' का मुक्तछंद में अनुवाद किया था। उसी वर्ष 'साप्ताहिक हिन्दुस्तान' के एक ही अंक में यह रूपान्तर छपा। 1955 ई. में इसे पुस्तकाकार रूप देते हुए उन्होंने मुक्तछंद और 'मेघदूत' को लेकर एक लम्बी भूमिका इसमें जोड़ दी और कुछ फुटनोट भी। यह सब कुछ हमने रचनावली के इसी खंड में जस का तस रखा है।

रचनावली की अपूर्णता का खेद तो हमेशा बना ही रहेगा। यहीं हमें फिर 'युगधारा' (1953 ई.) का प्रकाशकीय याद हो आता है : "कुछ (कविताएँ) खो गई हैं, कुछ खो जाने की स्थिति में हैं, कुछ मित्रों के पास बिखरी पड़ी हैं और बाकी इस यात्री कवि के थैले में दरभंगा-पटना-इलाहाबाद-दिल्ली, दिल्ली-इलाहाबाद-पटना-दरभंगा सफर करती फिर रही हैं।" और, नागार्जुन के साथ यह स्थिति जीवन-भर ही रही।

—शोभाकान्त

रचना-क्रम

मेघदूत (काव्यानुवाद)

निर्वासित

पहले से ही उद्वेलित तेरे मानस की लहरें !
इस मामूली-सी घटना से मत चंचल हो; ठहरें !
तनिक न बढ़ने पाए तेरा आँसू का वह झरना !
सपने में भी सिसक-सिसककर नाहक ही मत करना—
इस आजीवन-दंडित सुत के निर्वासन की याद !
माँ, तिल-तिल करके मत जलना आनखशिख-आपाद !

गुरुजन का वह हृदय-द्रावक अश्रुपूर्ण अनुरोध !
मुँह लटकाए उन मित्रों का वह अस्फुट-सा क्रोध !
भीरु-प्रकृति के पड़ोसियों का वह उदास आकार !
और अपरिचित हितैषियों के बिना तार के तार !
सब कुछ भूल गया हूँ, ममता ? हाँ-हाँ, वह भी छोड़ी !
सिर पर लगा चला हूँ तेरी चरण-धूल, बस थोड़ी !

हजार-हजार बाँहोंवाली/विशाल भारत, जून 1936

बेकार

मानव होकर मानव के ही चरणों में मैं रोया !
दिन बागों में बिता रात को पटरी पर मैं सोया !

राजकीय ये उच्च डिग्रियाँ, ऐसा सुंदर मुखड़ा !
तो भी नहीं किसी ने सुनना चाहा मेरा दुखड़ा !

कभी घुमक्कड़ यार-दोस्त से मिलकर कभी अकेले—
एक-एक दाने की खातिर सौ-सौ पापड़ बेले !

दीपक, अगस्त 1937

कालिदास

कालिदास, सच-सच बतलाना !
इंदुमती के मृत्युशोक से
अज रोया या तुम रोए थे ?
कालिदास, सच-सच बतलाना !

शिवजी की तीसरी आँख से
निकली हुई महाज्वाला में
घृतमिश्रित सूखी समिधा-सम
कामदेव जब भस्म हो गया
रति का क्रंदन सुन आँसू से
तुमने ही तो दृग धोए थे ?
कालिदास, सच-सच बतलाना
रति रोई या तुम रोए थे ?

वर्षा ऋतु की स्निग्ध भूमिका
प्रथम दिवस आषाढ़ मास का
देख गगन में श्याम घन-घटा
विधुर यक्ष का मन जब उचटा
खड़े-खड़े तब हाथ जोड़कर
चित्रकूट के सुभग शिखर पर
उस बेचारे ने भेजा था
जिनके ही द्वारा संदेशा
उन पुष्करावर्त मेघों का
साथी बनकर उड़नेवाले
कालिदास, सच-सच बतलाना
परपीड़ा से पूर-पूर हो
थक-थककर औ' चूर-चूर हो
अमल-धवल गिरि के शिखरों पर
प्रियवर, तुम कब तक सोए थे ?
रोया यक्ष कि तुम रोए थे ?
कालिदास, सच-सच बतलाना !

सतरंगे पंखोंवाली/1938

उनको प्रणाम !

जो नहीं हो सके पूर्ण-काम
मैं उनको करता हूँ प्रणाम।

कुछ कुंठित औ' कुछ लक्ष्य-भ्रष्ट
जिनके अभिमंत्रित तीर हुए;
रण की समाप्ति के पहले ही
जो वीर रिक्त तूणीर हुए !
—उनको प्रणाम !
जो छोटी-सी नैया लेकर
उतरे करने को उदधि-पार;
मन की मन में ही रही, स्वयं
हो गए उसी में निराकार !
—उनको प्रणाम !
जो उच्च शिखर की ओर बढ़े
रह-रह नव-नव उत्साह भरे;
पर कुछ ने ले ली हिम-समाधि
कुछ असफल ही नीचे उतरे !
—उनको प्रणाम !
एकाकी और अंकिचन हो
जो भू-परिक्रमा को निकले;
हो गए पंगु, प्रति-पद इतने
अदृष्ट के दाव चले !
—उनको प्रणाम !
कृत-कृत्य नहीं जो हो पाए;
प्रत्युत फाँसी पर गए झूल
कुछ ही दिन बीते हैं, फिर भी
यह दुनिया जिनको गई भूल !
—उनको प्रणाम !
थी उग्र साधना, पर जिनका
जीवन-नाटक दुःखांत हुआ;
था जन्म-काल में सिंह लग्न
पर कुसमय ही देहांत हुआ !
—उनको प्रणाम !

दृढ़ व्रत औ' दुर्दम साहस के
जो उदाहरण थे मूर्ति-मंत;
पर निरवधि बंदी जीवन ने
जिनकी धुन का कर दिया अंत !
—उनको प्रणाम !
जिनकी सेवाएँ अतुलनीय
पर विज्ञापन से रहे दूर
प्रतिकूल परिस्थिति ने जिनके
कर दिए मनोरथ चूर-चूर !
—उनको प्रणाम !

हजार-हजार बाँहोंवाली/विशाल भारत, मई 1939

तू गुमराह न हो

नुक्ता-चीनी करें लोग, तू
अपना काम किए जा;
राह बतानेवाले जो हों,
उन्हें प्रणाम किए जा !
देख कामयाबी औरों की,
तेरे दिल में डाह न हो !
सब्ज़बाग़ दिखलाए दुनिया,
फिर भी तू गुमराह न हो !

दीपक, मई 1939

बादल को घिरते देखा है

अमल धवलगिरि के शिखरों पर
बादल को घिरते देखा है।
छोटे-छोटे मोती जैसे
उसके शीतल तुहिन कणों को,
मानसरोवर के उन स्वर्णिम
कमलों पर गिरते देखा है,

बादल को घिरते देखा है।

तुंग हिमालय के कंधों पर
छोटी-बड़ी कई झीलें हैं,
उनके श्यामल-नील सलिल में
समतल देशों से आ-आकर
पावस की ऊमस से आकुल
तिक्त-मधुर बिस-तंतु खोजते
हंसों को तिरते देखा है
बादल को घिरते देखा है।

ऋतु बसंत का सुप्रभात था
मंद-मंद था अनिल बह रहा
बालारुण की मृदु किरणें थीं
अगल-बगल स्वर्णाभ शिखर थे
एक-दूसरे से विरहित हो
अलग-अलग रहकर ही जिनको
सारी रात बितानी होती,
निशाकाल के चिर-अभिशापित
बेबस उन चकवा-चकई का
बंद हुआ क्रंदन, फिर उनमें
उस महान सरवर के तीरे
शैवालों की हरी दरी पर
प्रणय-कलह छिड़ते देखा है
बादल को घिरते देखा है।

दुर्गम बर्फानी घाटी में
शत-सहस्र फुट ऊँचाई पर
अलख नाभि से उठनेवाले
निज के ही उन्मादक परिमल—
के पीछे, धावित हो-होकर
तरल-तरुण कस्तूरी मृग को
अपने पर चिढ़ते देखा है
बादल को घिरते देखा है।

कहाँ गया धनपति कुबेर वह
कहाँ गई उसकी वह अलका
नहीं ठिकाना कालिदास के
व्योम प्रवाही गंगाजल का,
ढूँढ़ा बहुत परंतु लगा क्या
मेघदूत का पता कहीं पर,
कौन बताए वह छायामय
बरस पड़ा होगा न यहीं पर,
जाने दो, वह कवि-कल्पित था,
मैंने तो भीषण जाड़ों में
नभ-चुम्बी कैलाश शीर्ष पर
महामेघ को झंझानिल से
गरज-गरज भिड़ते देखा है,
बादल को घिरते देखा है।

शत-शत निर्झर-निर्झरिणी-कल
मुखरित देवदारु-कानन में,
शोणित-धवल-भोजपत्रों से
छाई हुई कुटी के भीतर,
रंग-बिरंगे और सुगंधित
फूलों से कुंतल को साजे,
इंद्रनील की माला डाले
शंख-सरीखे सुघड़ गलों में,
कानों में कुवलय लटकाए,
शतदल लाल कमल वेणी से,
रजत-रचित मणि-खचित कलामय
पानपात्र द्राक्षासव-पूरित
रखे सामने अपने-अपने
लोहित चंदन की त्रिपदी पर
नरम निदाग बाल-कस्तूरी—
मृगछालों पर पल्थी मारे
मदिरारुण आँखोंवाले उन
उन्मद किन्नर-किन्नरियों की
मृदुल मनोरम अँगुलियों को
वंशी पर फिरते देखा है

अमल धवलगिरि के शिखरों पर
बादल को घिरते देखा है।

युगधारा/जुलाई 1939/सरस्वती, अक्टूबर 1940

रजनीगंधा

तुम खिलो रात की रानी !
हो म्लान भले यह जीवन और जवानी
तुम खिलो रात की रानी !
प्रहरी-परिवेष्टित इस बंदीशाला में
मैं सड़ूँ सही, पर ताजी रहे कहानी
तुम खिलो रात की रानी !

यह प्रहरी के बूटों की कर्कश टापें
रह-रहकर बहुधा नींद तोड़ जाती हैं
आँखें खुलतीं तो बस झुँझला उठता हूँ...
ये हृदयहीन ! ये नर-पिशाच ! ये कुत्ते !
इतने में अनुपम सुवास से सुरभित
शीतल समीर का हल्का झोंका आता
सारे अभाव-अभियोग भूल जाता हूँ
यह आकुल मन इतना प्रमुदित हो जाता
जय हो जय हो कल्याणी !

यह जेल और यह सेल-नियंत्रित प्राणी
इस आँगन में उस ओर तुम्हारा खिलना
यह भीनी-भीनी सारी रात महकना
दिन हुआ कि बस हो गईं मौन तुम सजनी
आई निशा कि फिर खिली कौन तुम सजनी—
रजनीगंधा बनकर भू पर उतरी हो ?
अभिशापित देवसुता या कि परी हो !
पुलकित होते तन-मन, जगती है वाणी
जय-जय जय-जय कल्याणी !

युगधारा/1939

बहती है जीवन की धारा !

बहती है जीवन की धारा !
मलिन कहीं पर विमल कहीं पर,
थाह कहीं पर अतल कहीं पर।
कहीं उगाती, कहीं डुबोती,
अपना दोनों कूल-किनारा।
बहती है जीवन की धारा !
तैर रहे कुछ सीख रहे कुछ
हँसते हैं कुछ, चीख रहे कुछ।
कुछ निर्भय हैं लदे नाव पर
खेता है मल्लाह बिचारा।
बहती है जीवन की धारा !
साँस-साँस पर थकने वाले,
पार नहीं जा सकने वाले।
उब-डुब उब-डुब करने वाले,
तुम्हें मिलेगा कौन सहारा ?
बहती है जीवन की धारा !

पुरानी जूतियों का कोरस/दीपक, अगस्त 1941

जया

छोटे-छोटे मोती-जैसे दाँतों की किरणें बिखेरकर
नील कमल की कलियों-जैसी आँखों में भर
अनुनय सादर
पहले; पीछे शासक-सी तर्जनी उठाकर
इंगित करती : नहीं तुम्हें मैं जाने दूँगी
चार साल की चपल-चतुर वह बहरी-गूँगी
कितनी सुंदर, नयनाभिराम
उस लड़की का है जया नाम

एक खिलौना
अथवा कोई गगनविहारी
मुझे जरूर समझती होगी वह बेचारी

क्योंकि मैं उसे छू सकता हूँ
और गुदगुदा भी सकता हूँ
कभी-कभी तो
जी-भर उसका मन बहलाकर
स्नेहसुधा में कई-कई घंटे नहलाकर
उसे तृप्त कर देता हूँ मैं
अपना रास्ता लेता हूँ मैं

फिर वह कृतज्ञ-सी हाथ जोड़
छन-भर बचपन को परे छोड़
कर लेती है मुझको प्रणाम
उस लड़की का है जया नाम

वह बोल नहीं सकती
लेकिन उसकी भी अपनी भाषा है
काफी है सूझ-समझ उसमें, सुख है, दुख है, अभिलाषा है
माँ-बाप गरीब, न कर सकते कुछ प्रतीकार बहरेपन का
सोचा होगा पकड़ा देंगे कोई पथ जीवन-यापन का
बन सकती है वह चित्रकार
ले सकती है वह नाच सीख
जिससे न किसी पर पड़े भार
जिससे न माँगनी पड़े भीख
लेकिन यह तो बस सपना है
चलता भी कुछ बस अपना है !
कैसा असह्य, कैसा जर्जर
यह मध्यवर्ग का निचला स्तर !
स्कूली जीवन के साधारण मास्टर का हो किसमें लेखा !
मैंने झाँका तो यह देखा—
बाहर सफेद, अंदर धुँधला
क्या कर सकता वह बाप भला
बहरी-गूँगी उस बच्ची की शिक्षा-दीक्षा का इंतजाम !
फिर भी काफी है होशियार
वह खेल-खेल में सीख चुकी
मुझसे ही अब तक कई काम
उस लड़की का है जया नाम !

युगधारा/1941

रवि ठाकुर !

रुन झुन रुन झुन......
सुने थे तुमने
भगवती वीणापाणि शारदा के नूपुर
विश्वबन्ध भारतीय महाकवि ठाकुर !
पाया था अनुपम प्रतिभा का अवदान
यहाँ से, वहाँ से,
जाने कहाँ-कहाँ से,
धन्य तुम पुरुषोत्तम !!
लांघकर मरु, गिरि, जल और जंगल
युग-युग तक गुँजाते रहेंगे भूतल
तुम्हारे ये दिव्यगान।
चलता रहेगा अबाधित गति से
दिशा-विदिशा सभी को मुखरित करता हुआ
वृतान्त के बंकिम पथ पर विचरता हुआ
तुम्हारा यह कालनेमि अद्‌भुत महायान ...
हुए थे पैदा तुम
सुशिक्षित अभिजात धनाढ्य द्विज-कुल में
सभी ओर सुख था
सभी ओर सुविधा
परिचर्या के लिए प्रतिपल तत्पर—
सेवक-सेविकागण रहते थे घेरे
दिन में, रात में, साँझ में, सबेरे
नहीं खाई होगी अभाव की मार कभी
मालूम न पड़ा होगा संसार असार कभी
साधन थे प्रस्तुत, फिर न हुए क्यों तुम
अकर्मण्य, आलसी, विलासी, भू-भार मात्र ?
अहे, कनककमनीय गात्र !
कवि के रूप में हो गये विकसित कैसे तुम अचानक ?
बाह्य आडम्बर उतना भयानक !!—
गला न क्यों घोट सका
तुम्हारे महामानव का ?
कहाँ से मिली तुम्हें इतनी अनुभूतियाँ
पीड़ित मनुष्यता के निम्नतम स्तर की ?

बात यदि करते तुम केवल ऊपर की–
अपने उच्च वर्ग की, अपने आडम्बर की–
तो भी क्या हानि थी !
तुम्हारा गुणगान मैं भला क्या करूँ
न उतना देखा है, न सुना है उतना
पैदा हुआ था मैं–
दीन-हीन-अपठित किसी कृषक-कुल में
आ रहा हूँ पीता अभाव का आसव ठेठ बचपन से
कवि ! मैं रूपक हूँ दबी हुई दूब का
हरा हुआ नहीं कि चरने दौड़ते !!
जीवन गुज़रता प्रतिपल संघर्ष में !!
मुझको भी मिली है प्रतिभा की प्रसादी
मुझसे भी शोभित है प्रकृति का अंचल
पर न हुआ मान कभी !
किया न अनुमान कभी !
तुंगभद्र ! महानाम !–
तुम्हारा यश-सागर असीम लहरा रहा
अग-जग में भू पर !!
तुम्हारी गुरुता का ध्वजपट
फहरा रहा हिमगिरि के ऊपर !!
मेरा क्षुद्र व्यक्तित्व
रुद्ध है सीमित है–
आटा-दाल-नमक-लकड़ी के जुगाड़ में !
पत्नी और पुत्र में !
सेठ के हुकुम में !
कलम ही मेरा हल है, कुदाल है !!
बहुत बुरा हाल है !!!
करूँ मैं किस वर्ग में गिनती अपनी !
लेखक ही बना रहूँ !
पकड़ लूँ वह पेशा–
बाप-दादा करते आए जो हमेशा ?
नहीं, नहीं, ऐसा नहीं।
आशीष दो मुझको–
मन मेरा स्थिर हो !!
नहीं लौटूँ, चीर चलूँ, कैसा भी तिमिर हो !!!

प्रलोभन में पड़कर बदलूँ नहीं रुख
रहूँ साथ सबके, भोगूँ साथ सुख-दुःख
गुरुदेव मेरे !
दाढ़ी यह तुम्हारी सन-सी सफेद है—
चाचा करीम और तुम में क्या भेद है ?
तुम भी शुकनास, वह भी शुकनास
(किंतु तुम श्रीनिवास !)
अभी भी फुर्ती से कपड़ा वह बुनता है
सुनता हूँ, अंत तक तुम भी रहे
बुनते किरणों की जाली !!
देखते-देखते समता के सपने
कर गए खतम खेल तुम अपने
सौंप गए हमको सारी विश्वभारती
आज नहीं तो कल उतारेंगे आरती
अभी तो अकिंचन है
विकल है जनगण
दुर्लभ है अन्नकण
मैं भी अकिंचन
मैं भी विकल हूँ
आवेश में आकर बहुत कुछ कह गया
पितामह, क्षमा करो !
मेरी यह धृष्टता, कटुता, उद्दंडता—
क्षमा करो पितामह !!

रुन झुन रुन झुन......
सुने थे तुमने
भगवती वीणापाणि शारदा के नूपुर
विश्वबन्द्य भारतीय महाकवि ठाकुर !

युगधारा/1941

समझ गया मैं तेरी माया

देख चुका हूँ मैं ज्योति निराली
अंधकार में ठोकर खाकर

गिरते-पड़ते ऊपर जाकर
बैठ हिमालय की गोदी में
मैंने तेरी झाँकी पा ली
मृगतृष्णा के पीछे पड़कर
रहा भटकता प्रभु जीवन-भर
रात गई अब हुआ सबेरा
दीख रही पूरब में लाली
साध्य एक पर साधन बहुबिध
इष्ट एक, आराधन बहुबिध
समझ गया मैं तेरी माया
है कितनी उलझानेवाली
देख चुका मैं ज्योति निराली।

भूल जाओ पुराने सपने/कल्याण, दिसम्बर 1941

कपिलवस्तु में

जरा-जीर्ण, कृशकाय, विवर्ण, उदास
शुद्धोदन थे सिंहासन-आसीन
पाद-पीठिका पर रखकर पद-पद्म
शासन तथा व्यवस्थापन में दक्ष
ज्ञान वृद्ध, वय वृद्ध, शाक्यगण-युक्त—
अर्धचंद्र-आकृति परिषद था मग्न
जाने किस असम्भावित चिंता के मध्य
अनिल-रहित नलिनीदल तम निष्कम्प
सर में सोये मीन तुल्य निष्पंद
थे सब—मानो निष्क्रियता साकार !
"आज नगर यह होगा परम पवित्र
आकर स्वयं करेंगे हमें कृतार्थ
विश्ववन्द्य वह करुणामय भगवान—"
द्रुतगति से तत्क्षण प्रत्यागत दूत
(छंदक) के मुँह से सुनकर यह बात
सब सदस्य हो गए झटित साकांक्ष !
मेरुदंड कर सीधा हो उद्ग्रीव
विह्वलता के स्वर में तब गणराज

शुद्धोदन बोले–
"क्या आज कुमार
जन्मभूमि पर कृपा करेंगे सौम्य ?
शीतल होगा यह सिंहासन आज
पाकर के उनका आह्लादक स्पर्श ?
भद्रे, कहाँ से लाए हो संदेश–
कितनी दूर यहाँ से है वह स्थान ?
स्वागत करके ले आवें तत्काल
चलो चलें आगे जाकर हम लोग
प्रिय कुमार को, जीवन-धन को आह !"
रत्न-जटित केयूर-किरण परिपूर्ण
दक्षिण हाथ उठाकर एक सदस्य
नृप से बोला–
–"महाराज, है कौन
महाप्राण वह पुरुष चराचर मध्य
उठकर शाक्य शिरोमणि अपने आप
किसके हेतु करेंगे अभ्युत्थान !"

"कनक कांति तन पर गैरिक परिधान
मस्तक-मुद्रित, कर में भिक्षा-पात्र !
हमें परखने आए हो तुम देव ?
हो न सकेगा भगवन् मुझसे सह्य
नियति नहीं क्या यह निर्मम परिहास–
लौटा दो प्रभु हमको वह सिद्धार्थ;
मेरे मन-मंदिर का चौमुख दीप,
प्रजापती के नयनों की मधु ज्योति
जनपद-कल्याणी महिला मुर्धन्य
राहुल माता यशोधरा के प्राण,
शाक्यों का प्रियदर्शी राजकुमार
हमें चाहिए देव वही सिद्धार्थ–
भ्रमर सदृश हों जिसके कुंचित केश,
हो जिसके हिय में ममता का लेश ...."
–कहना था नृप को थोड़ा कुछ और
किंतु हो गया कंठ रुद्ध, असमर्थ !
फिर धरकर दृग-जल का निर्मल रूप

लगा प्रवाहित होने भावावेश !

अंतःपुर की ओर चले भगवान;
पाकर के संकेत हो लिये साथ
सारिपुत्र औ' मौद्‌गल्यायन मात्र।
देखा क्रमशः तीन कक्ष कर पार
(विविध विटप-पोतक शोभित चतुरस्र)
प्रांगण-गोमय से सद्यः उपलिप्त,
अलका-पति के विस्तृत चत्वर मध्य
बिखरा हो ज्यों हरित-कांति मणिचूर्ण
धवलित प्रासादों की सुंदर पंक्ति—
कलरव संकुल शुक-सारिका सनाथ,
अमरपुरी का खंड एक अभिराम
इस धरती पर ले आया हो साथ
शेष प्रणय-बल से ज्यों कोई व्यक्ति !
उग आई थी यत्र-तत्र कुछ दूब,
लगे देखने बुद्ध निहार-निहार—
प्रांगण में स्थित वेदी का वह दृश्य,
विरल-अंकुरित ऊसर खेत समान !
उदासीनता थी कण-कण में व्याप्त,
मूर्तिमान था दीख रहा अवसाद,
अंतःपुर में थी श्मशान की शांति—
नहीं तनिक भी चहल-पहल का नाम !

सुन पदध्वनि बाहर आई तत्काल
प्रजापती मानो जंगम कंकाल—
दुबली-पतली रूखी-सूखी पांडु ।
बहे जा रहे थे नयनों से नीर—
बिंदुमाल-अविरल कपोल पथ पांथ;
पिघला-पिघला बहा रही ज्यों स्नेह
दंड दीपिका—मोममयी—दो ओर
चंदन के त्रिपदी तल पर निर्वात
दग्ध हृदय का अक्षय अंतस्ताप
माप सका है कौन आज तक, हाय !

रत्नगर्भ/धर्मदूत, अप्रैल-मई 1942

बुलबुले

कवि....
हे बुद्बुद् प्रियदर्शी, फिर भी
उब-डुब उब-डुब करनेवाले!
किस मस्ती में झूम रहे तुम
अपने को यों भूले भाले ?

बहुरंगी टोप लगाए तुम
चंचल तरंग-तुरंगों पर चढ़
मृदु मंद अनिल से खेल रहे
पीछे हट-हट आगे बढ़-बढ़

ये मंद अनिल औ' लघु तरंग
जिनके बल पर तुम नाच रहे
लो इन्हें परख, फिर मत कहना
ये झूठ रहे, ये साँच रहे !

है अपने जीवन की लघुता
अति लघुता का भी ख्याल तुम्हें ?
यह हँसी खुशी यह अलमस्ती
कर दे न कहीं बेहाल तुम्हें !

बुद्बुद्.....
हम क्षणिक सत्य, पर, जीवन का
किंचित् भी हम को मोह नहीं
कुछ नफा नहीं, नुकसान नहीं
आरोह नहीं, अवरोह नहीं

आए औ' इधर-उधर देखा
नाचे-खेले प्रस्थान किया !
हम हैं पल के मेहमान वृथा
तूने कवि हम पर ध्यान दिया !

जिन उन्मद प्रभुओं के आगे

मानवता सिसकी भरती है
खानों में, अतल समुद्रों में
दब मरती, डूबा करती है

जिनकी दृढ़ मुट्ठी में दबकर
कर रहे श्रमिक जन आर्तनाद
जा, उधर देख, उनको समझा
जिनको न आ रही मौत याद !

पुरानी जूतियों का कोरस/दीपक, अप्रैल 1942

प्रत्यावर्त्तन

आज, तेरी गोद में यह शीश रखकर
क्या बताऊँ मैं कि जो विश्राम पाया !

श्रांत होकर बहुत ही असमर्थ होकर;
लक्ष्य की कल्पित पहुँच से हाथ धोकर;
व्यथित खग-सम पड़ा था, कब से न जाने!
तुम अमृतमयि, आ गईं सहसा जिलाने ।
हो रहे थे आँसुओं से गाल गीले;
वेदना से, दीनता से नेत्र पीले !
नहीं था कोई कि जो ममता दिखाता,
नहीं था कोई कि जो आशा दिलाता,
इस विषम स्थिति में तुम्हीं ने दुख बँटाकर,
मृदु मनोरम अँगुलियों से मधु चटाकर,
मलय चंदन लेपकर, मुझको बचाया।

शांत हिमवत् के सुशीतल अंक में भी
और मानस के अमल उत्संग में भी !
कहीं भी मैंने नहीं परितृप्ति पाई !
कहीं भी मुझे न गाढ़ी नींद आई !
धन्य अनुशासन तुम्हारी तर्जनी का—
हो गया मालूम जीने का तरीका !

मधुर हो तुम और बंधन भी मधुर है
बेड़िया हैं किंतु इनमें दिव्य सुर है
देखकर अवसाद मेरा हिल गईं तुम !
देखकर मुसकान मेरी खिल गईं तुम !
भर गया मैं स्फूर्ति से, नवचेतना से !
क्योंकि तुम परिपूर्ण थीं संवेदना से !
व्यक्तिगत सुख-दुख को देकर तिलांजलि,
कौन किसके लिए उद्यत रहा सांजलि !
तुम्हें लेकिन ध्यान भी न आया न अपना
छोड़कर मेरा किसी का आया न सपना
धन्य हो तुम, धन्य ऐसी छत्र-छाया !

देखना सब कुछ मुझे था स्वयं जाकर
नदी, नद, वन, गिरि, मरुस्थल और सागर
पार करना था; उदधि को तैर करके
नाप आना था चराचर सैर करके
नील नभ की परिधि की थी थाह पानी;
उच्चतम अभियान की थी राह पानी;
पर तुम्हारे सामने तो एक मैं था !
लक्ष्य मैं था, ध्येय मैं था, टेक मैं था !
हृदय में पीड़ा, दृगों में लिये पानी—
देखते पथ काट दी सारी जवानी !
मात्र मेरी भावना ही रात-दिन थी !
देवि, तेरी साधना कितनी कठिन थी !
निठुर मैंने तुम्हारी बलि चढ़ा दी—
क्योंकि आकांक्षा बहुत अपनी बढ़ा ली !
पर असंभव था व्यथा का भार ढोना
भूल जाना तुम्हें, फिर निश्चिंत होना
लगा नीरस अकेले धूनी रमाना
बुद्धि का शासन हृदय ने जब न माना
कल्पना के पंख सुंदर तोड़ डाले
भूमि पर चलने लगा तो पड़े छाले
हो सका मुझको न अब तक ज्ञात, उस दिन
तुम उठा लाईं कि मैं ही स्वयं आया !
आज तेरी गोद में विश्राम पाया !

हजार-हजार बाँहोंवाली/सरस्वती, नवम्बर 1942

सफ़ेद बादल

नगपति, तव हिममय शिखरों पर
ये सफ़ेद बादल छाए हैं,
नीचे है बर्फ़ानी चोटी
ऊपर-ऊपर नील गगन है
और बीच में श्वेत मेघ के
दृश्य देख कवि हृदय-मगन है।
जाने ये किस विरही का
कैसा संदेशा लाए हैं !
क्या जाने ये किस कुबेर की
कवि-कल्पित अलका जाएँगे !
क्या जाने ये किस विरहिन के
नयन-नीर छलका आएँगे !
क्या जाने इनसे किसका दिल
शीतल होगा, तापित होगा !
क्या जाने इनकी मस्ती में
कौन-कौन अभिशापित होगा !
कालिदास का साथ छोड़कर
मंदाक्रांता छंद तोड़कर
क्या जाने तेरी गोद में
कब के थके उतर आए हैं !

हजार-हजार बाँहोंवाली/सरस्वती, जून 1943

चातकी

प्रतीक्षा थी, आस थी, विश्वास था
और, प्रियतम ! जले हिय पर लदा
वेदनाओं का विकट इतिहास था !
कंठगत थे प्राण तेरे ध्यान में
निठुर जग तो ले रहा था रस यहाँ
'पी कहाँ' की मर्मवेधक तान में !

सुहाई मुझको न काली घन-घटा

सुहाई मुझको न पावस की छटा
जलधि सातों ही मुझे खारे लगे
लगीं फीकी उमड़ती नदियाँ सभी
चित्त पर मेरे न चढ़ पाया कभी
वह सरोवर भी धवल कैलाश का

टुकड़ियों में बँटे औ' बिखरे हुए
धन्य ! स्वाती के जलद तुम धन्य हो
विकल थी चिर प्यास से यह चातकी
आ गए तुम, अब कमी किस बात की
किया दर्शन, नयन शीतल हो गए
उपालम्भक भाव थे, सब सो गए
आ गई है जान में अब जान रे
कर लिया मैंने अमृत का पान रे
(चार बूँदें ही मुझे पर्याप्त थीं !)

सतरंगे पंखोंवाली/अगस्त 1943

तब मैं तुम्हें भूल जाता हूँ

पहन शुक्र का कर्णफूल जब
पीछे की नीरव घड़ियों में
रजनी को निखरा पाता हूँ
नील गगन के नक्षत्रों को
जब अविरल बिखरा पाता हूँ
तब मैं तुम्हें भूल जाता हूँ

जब ऋतुओं के संधिकाल में
विकृत वायु से आहत होकर
आकुल क्षुब्ध और उद्वेलित
सागर की उत्ताल तरंगें
वसुधा की मेखला चूमतीं
चतुर नाविकों की नौकाएँ
जब उन पर निःशंक झूमतीं।
तब उनका साहसमय जीवन

देख-देख मैं ललचाता हूँ
फिर तो तुम्हें भूल जाता हूँ

रंग-बिरंगी फूलोंवाली
हरियाली से ढकी पहाड़ी
देवदारु की, सरो-चीड़ की
कोसों फैली हुई कतारें
उन ऊँचे हिममय शिखरों के
अद्‌भुत और विचित्र नज़ारे
इन दृश्यों के बीच बैठ जब
कालिदास के पद गाता हूँ
तब मैं तुम्हें भूल जाता हूँ

जब अबोध शिशुओं से घिरकर
मुदित चित्त बैठा होता हूँ
बिना हेतु ही वे हँस पड़ते
मैं भी कुछ मुस्का देता हूँ
जब सहस्रदल कमलों का-सा
खिला हुआ उनका मुख-मंडल
तनिक ध्यान में भी लाता हूँ
तब मैं तुम्हें भूल जाता हूँ

पुरानी जूतियों का कोरस/दीपक, सितम्बर 1943

सिंदूर तिलकित भाल

घोर निर्जन में परिस्थिति ने दिया है डाल !
याद आता तुम्हारा सिंदूर तिलकित भाल !
कौन है वह व्यक्ति जिसको चाहिए न समाज ?
कौन है वह एक जिसको नहीं पड़ता दूसरे से काज ?
चाहिए किसको नहीं सहयोग ?
चाहिए किसको नहीं सहवास ?
कौन चाहेगा कि उसका शून्य में टकराय यह उच्छ्‌वास ?
हो गया हूँ मैं नहीं पाषाण
जिसको डाल दे कोई कहीं भी

करेगा वह कभी कुछ न विरोध
करेगा वह कुछ नहीं अनुरोध
वेदना ही नहीं उसके पास
फिर उठेगा कहाँ से निःश्वास
मैं न साधारण, सचेतन जंतु
यहाँ हाँ—ना—किंतु और परंतु
यहाँ हर्ष-विषाद-चिंता-क्रोध
यहाँ है सुख-दुःख का अवबोध
यहाँ हैं प्रत्यक्ष औ' अनुमांन
यहाँ स्मृति-विस्मृति के सभी के स्थान
तभी तो तुम याद आतीं प्राण,
हो गया हूँ मैं नहीं पाषाण !
याद आते स्वजन
जिनकी स्नेह से भींगी अमृतमय आँख
स्मृति-विहंगम की कभी थकने न देगी पाँख
याद आता मुझे अपना वह 'तरउनी' ग्राम
याद आतीं लीचियाँ, वे आम
याद आते मुझे मिथिला के रुचिर भू-भाग
याद आते धान
याद आते कमल, कुमुदिनि और तालमखान
याद आते शस्य-श्यामल जनपदों के
रूप-गुण-अनुसार ही रक्खे गये वे नाम
याद आते वेणुवन वे नीलिमा के निलय, अति अभिराम

धन्य वे जिनके मृदुलतम अंक
हुए थे मेरे लिए पर्यंक
धन्य वे जिनकी उपज के भाग
अन्न-पानी और भाजी-साग
फूल-फल औ' कंद-मूल, अनेक विध मधु-मांस
विपुल उनका ऋण, सधा सकता न मैं दशमांश
ओह, यद्यपि पड़ गया हूँ दूर उनसे आज
हृदय से पर आ रही आवाज—
धन्य वे जन, वही धन्य समाज
यहाँ भी तो हूँ न मैं असहाय
यहाँ भी हैं व्यक्ति औ' समुदाय

किंतु जीवन-भर रहूँ फिर भी प्रवासी ही कहेंगे हाय !
मरूँगा तो चिता पर दो फूल देंगे डाल
समय चलता जायगा निर्बाध अपनी चाल
सुनोगी तुम तो उठेगी हूक
मैं रहूँगा सामने (तसवीर में) पर मूक
सांध्य नभ में पश्चिमांत-समान
लालिमा का जब करुण आख्यान
सुना करता हूँ, सुमुखि उस काल
याद आता तुम्हारा सिंदूर तिलकित भाल।

सतरंगे पंखोंवाली/1943

यह दंतुरित मुस्कान

तुम्हारी यह दंतुरित मुस्कान
मृतक में भी डाल देगी जान
धूलि-धूसर तुम्हारे ये गात.....
छोड़कर तालाब मेरी झोंपड़ी में खिल रहे जलजात
परस पाकर तुम्हारा ही प्राण,
पिघलकर जल बन गया होगा कठिन पाषाण
छू गया तुमसे कि झरने लग पड़े शेफालिका के फूल
बाँस था कि बबूल ?
तुम मुझे पाए नहीं पहचान ?
देखते ही रहोगे अनिमेष !
थक गए हो ?
आँख लूँ मैं फेर ?
क्या हुआ यदि हो सके परिचित न पहली बार ?
यदि तुम्हारी माँ न माध्यम बनी होती आज
मैं न सकता देख
मैं न पाता जान
तुम्हारी यह दंतुरित मुस्कान
धन्य तुम, माँ भी तुम्हारी धन्य !
चिर प्रवासी मैं इतर, मैं अन्य !
इस अतिथि से प्रिय तुम्हारा क्या रहा सम्पर्क
उँगलियाँ माँ की कराती रही हैं मधुपर्क

देखते तुम इधर कनखी मार
और होतीं जब कि आँखें चार
तब तुम्हारी दंतुरित मुस्कान
मुझे लगती बड़ी ही छविमान!

सतरंगे पंखोंवाली/1943

पीपल के पीले पत्ते

खड़-खड़ खड़ करनेवाले
ओ पीपल के पीले पत्ते
अब न तुम्हारा रहा ज़माना
शकल पुरानी रंग पुराना
सीख पुरानी ढंग पुराना
अब न तुम्हारा रहा ज़माना
आज गिरो, कल गिरो कि परसों
तुमको तो अब गिरना ही है
बदल गई ऋतु राह देखती लाल-लाल पत्तों की दुनिया
हरे-हरे कुछ भूरे-भूरे टूसों से लद रहीं टहनियाँ !
इनका स्वागत करते जाओ
पतझर आया झरते जाओ
ओ पीपल के पीले पत्ते !

लाल गुलाबी पत्ते कैसे
लह-लह-लह-लह-लहा रहे हैं
कैसी सुंदर रात, चाँद की
किरनों में यह नहा रहे हैं
छलक रहा इनमें जीवनरस
दौड़ रही है इन पर लाली
बुनने लगे आँख खुलते ही
ये स्वर्णिम सपनों की जाली
यह इनका युग ये इनके दिन
रहे अंत की घड़ियाँ तुम गिन
हट जाओ, इनको अवसर दो
छोटे हैं, बढ़ने का वर दो

पूर्ण हो रही आयु तुम्हारी
तुम हलके, इनका दिल भारी
राह रोककर खड़े न होना
झूठ-मूठ के बड़े न होना
सारा श्रेय तुम्हें ही देंगे
अपने पूर्वज की उदारता
जीवन-भर ये याद रखेंगे
ओ पीपल के पीले पत्ते !

हजार-हजार बाँहोंवाली/क़ौमी बोली, जनवरी 1944

बापू

दूर इस संसार से
देव ! देव तुम उस पार से
झँकते हो हमें कारागार से

हो रहा हमसे नहीं कुछ दूर भी
देव, तव पद-पंक्तियों का अनुसरण
मृत्युविजयी पितामह तुमसे न हम
सीख पाए अभी जीवन या मरण

पशु-सदृश हम चर रहे
नहीं कुछ भी कर रहे
तुच्छ स्वार्थों के लिए ही मर रहे
किंतु फिर भी प्यार से
देव, तुम उस पार से
झाँकते हो हमें कारागार से।

क़ौमी बोली, जनवरी 1944

महामानव लेनिन

महामानव लेनिन !
तुम्हीं ने यह दिन

हमें दिखलाया
वह मंत्र सिखलाया
कि हम छाती ताने
कल कारखाने
आप ही बनाते,
आप ही चलाते;
लाल गीत गाते
लाल झंडा फहराते
करते हैं काम
लेते हैं विश्राम
तन-मन लगाकर
मथते हैं सागर
अमृत निकालकर
पीते हैं ढाल-ढालकर
स्वयं उत्पादक
स्वयं हम विभाजक
धन्य, हमें दिखलाया
तुम्हीं ने यह दिन
महामानव लेनिन !
क्रांति के अवतार !
सम्मिलित हुंकार—
कोटि-कोटि जन के !
साथी मरण के
साथी जीवन के !
तुम्हारी परिकल्पित
तुम्हारी आयोजित
सोवियत धरणी
इच्छापूर्ति करणी
श्रमिक-कृषक दल की
खान जन-बल की
संघबद्ध स्वाधीन
लोग जहाँवर्गहीन
कहीं किसी कोने में
जहाँ पैदा होने में
नहीं डर पिछड़ने का

पड़े-पड़े सड़ने का
जहाँ के विकसित लोग
प्रतिभा का दुरुपयोग
होने नहीं देते
चट परख लेते–
होनहार कोंपल को
कीचड़ के कमल को !
बुझने न पाती
प्रतिभा की बाती
स्नेह के अभाव में
उपेक्षा के दुराव में
धन्य वह संसार
क्रांति के अवतार !
महामानव लेनिन !

पुरानी जूतियों का कोरस/लोकयुद्ध, 6 जनवरी 1944

जाति गौरव गंगदत्त

कहीं था एक कुआँ
राह के किनारे
बरगद के सहारे
छोटा पर गहरा
देते थे पहरा
उसी में गंगदत्त
सदल-बल परिवार
मेंढकों के सर्दार
पथिकों को लगातार
बनाते हुए बहरा
देते थे पहरा
माघ के पाला में
जेठ की ज्वाला में
रहते थे गंगदत्त
सुख से सुविधा से
कूप में राज था

सहमत समाज था

एक दिन.....
बादल जब बरसे
आए तब बाहर से
कूद के, उछल के
पीली शकल के
बड़े-बड़े मेढ़क
टर्र-टर्र करते !
फिर क्या था, पल में
दोनों ही दल में
झड़प लगी होने
मार-पीट गाली-गलौज
सब की उन्होंने !
गंगदत्त शंकित मन
भयभीत परिजन
चिंता में मग्न थे
सारे के सारे—
"साधन-सम्पन्न हैं दुश्मन हमारे"
क्या करें कैसे करें
असहाय हम हैं
संख्या में बहुत पर
ताकत में कम हैं !
अंदर ही अंदर
जाने क्या सोचकर
कुएँ को छोड़कर
आ गए ऊपर
एक ही छलाँग में
सरदार गंगदत्त
"देव हो दानव हो
पशु हो मानव हो
अमृत या विषधर हो
अपना हो पर हो
किसी को जो ले आऊँ
सबल प्रतिपक्षी को

नीचा जो दिखाऊँ
तभी मैं सर्दार
नहीं तो सौ बार
मुझ को धिक्कार"
...इसी प्रकार
भेक गण नायक
खोजने सहायक
चले कुछ आगे

वहीं बड़ा साँप एक
बैठा था क्षुधित
खिन्न मन क्रुधित
बरगद की जड़ में;
अपने शिकार का
रहा था जोह बाट
लेता था जो चाट
रह-रह लप-लपाती
जीभ को निकालकर
देख गंगदत्त को
वह फुफकार उठा
फैलाकर फन को
हिलाकर तन को

"त्राहि मां त्राहि मां"–
कहा सर्दार ने
ऊर्ध बाहु होकर
बिलखकर रोकर–
"शत्रु से पराभूत
आया हूँ देव, मैं
आपकी शरण में
वे भी भेक हम भी भेक
फिर भी कुछ दुर्विवेक
बाहर से जाकर
दखल जमाकर
करते हैं खुराफात ?

बढ़ गई बहुत बात
आप, स्वयं चलकर
कीजिए सहायता
हे मेरे देवता"
सरल गंगदत्त के
अंदर की बात भाँप
हो गया मुदित साँप

महाशय गंगदत्त
साँप को साथ ले
उतरे जब कूप में
मेढकजन मुक्तिदाता के रूप में
उन्होंने किया तब
जिस-जिस पर इशारा
उस-उसको मारा
साँप ने चुन-चुनकर
सिर धुन-धुनकर
समझदार मेढक
पैर थे पटकते !
अपने प्रिय नेता का
देख-देख जातिद्रोह
टूट गया उनका मोह !
कुछ ही दिनों में
एक-एक करके
शत्रु हुए निःशेष
गंगू सर्दार के ।
नाच-गान राग-रंग
होने लगे फिर से
सोने लगे फिर से
निश्चिंत हो मुखिया
...एक दिन दुखिया
वह साँप बोला—
"मित्र, अब क्या करूँ ?
तुम्हारी यह उँगली
किसी छोटे पर भी

क्यों नहीं उठती है ?
कर ली है संधि क्या
दुश्मन से तुमने ?
कैसे चलेगा काम एकमात्र जल से !
भूखा हूँ कल से
अभी तो बहुत-से
मेढक हैं बच रहे
शत्रु भी तो होंगे
कितने ही इनमें"
"नहीं-नहीं श्रीमान्
यह भी तो अपने हैं
इधर स्वजन-परिजन
उधर हैं पुरजन
दास-दासी इस ओर
उस ओर कमकर
एक भी दुश्मन नहीं
सभी अब अपने हैं"
कहा गंगादत्त ने फिर कुछ रुककर
थोड़ा-सा झुककर—
"हमारा यह कूप राज,
मित्रवर, आपने
अकंटक कर दिया
सुख-शांति-समृद्धि
सभी से भर दिया
रहूँगा कृतज्ञ मैं
आजीवन आपका;
मेढकों की ओर से
अभिनंदन, आपका"

दास-दासियों में से
दश को देकर के
चतुर गंगदत्त ने
विदा करना चाहा
महामित्र साँप को !
पर वह गया नहीं

दास-दासी कमकर
अनुचर और परिचर
सभी को खा गया
साँप क्रम-क्रम से
बिना परिश्रम से
बिना ही प्रयास के
जीविका चलती थी
लेकिन खलती थी
यह बात गंग को

कुछ भी कहना
असम्भव था बिलकुल
सम्भव था केवल चुपचाप रहना
सभी कुछ सहना
कर देना आगे
जो कुछ भी माँगे
दिन हो या रात हो
कोई भी बात हो
सभी में हाँ करना
उपस्थित रहना अंजलिबद्ध होकर
सदा उद्यत रहना खाने को ठोकर

आई अब बारी स्वजन-परिजन की
अपने भी जीवन की
देख भवितव्यता
दुखी हुए गंगदत्त
अछताए, पछताए
बाहर भाग आए
लेकर जी-जान
छोड़कर धन-मान
पुत्र-पुत्री-दारा
सारा-का-सारा
समाज ही छोड़कर
नाता तोड़कर
एकाकी चुपचाप
बाहर भाग आए

इधर से उधर
उधर से इधर
फिरते थे मारे-मारे
गंगदत्त बेचारे
रह-रह आती थीं मृदु मधुर स्मृतियाँ
वैभव की भवन की
स्वजन की परिजन की !

बच गए कूप में
खिन्न मन पांडुगात्र
मेढक बस तीन मात्र
भगोड़े सरदार की
पत्नी-पुत्र-पुत्री !

एक दिन मेढकी से
कहा उस साँप ने—
"भद्रे, प्रिय मित्र को
लाओ बुलाकर
बाहर जाकर
बच्चों को यहीं पर
मेरे पास रहने दो
दुख मुझे सहने दो
ये रहें सुख से।"

बढ़ा अंदेशा
सुनकर संदेशा
पत्नी के मुँह से
सरदार बोले
कटु कर्कश स्वर में—
"आग लगे घर में!
गंगदत्त फिर नहीं
आएगा कूप में !
उस महादुष्ट को
मरने दो भूखा
पड़ने दो अकाल

पड़ने दो सूखा
प्रिये, तुम यहीं रहो
मत जाओ उसके पास
भूखे का क्या विश्वास
कह दो दूर से–
उस महाक्रूर से–
"मर जा शैतान रे
और मत फुसला तू
जहन्नुम में जा तू
गंगदत्त फिर नहीं
आएगा कूप में
किसी भी रूप में।"

इस गुब्बारे की छाया में/क़ौमी बोली, जनवरी 1944

इंतज़ार कर रहा तुम्हारा

बिछी हुई पलकों के पथ पर
बाबन बैलोंवाले रथ पर
किया हरिपुरा में था हमने तेरा
वह सम्मान कि जैसा
कभी नहीं कर पाएगा जापान
कि जिसकी
उँगली का संकेत
कठपुतली-सा नचा रहा है
तुमको कर बेभान !
इधर बढ़ाना नहीं बोस, तुम
पाँव ! माला
ना, ना, भाला लेकर
इंतज़ार कर रहा तुम्हारा
फौलादी चटगाँव
कि मरने पर मिल पाए
नहीं तुम्हें इस हिंदभूमि पर
कहीं ठौर वा ठाँव !

लोकयुद्ध, 5 मार्च 1944

सिन्धु नद

हे सिंधु, देख तव अमियधार
गदगद होता हूँ बार-बार
तुम आए कल-कल छल-छलकर
उस मानसरोवर से चलकर
पच्छिम हटकर फिर उत्तर से
हिमगिरि के वक्षस्थल पर से
हे सिंधु, देख तव अमियधार
गदगद होता हूँ बार-बार

हम पराधीन, तुम हो स्वतंत्र
सिखलाते जाओ, नया मंत्र
हे हिमगिरि के साकार भाव
डूबे न हमारी भरी नाव
तुम बने रहो यों उदासीन
दिन-दिन हम होते जायँ क्षीण
अपनी निधि, अपना अमृत द्रव
अपना जीवन, बस सबका सब
लेकर पच्छिम की ओर बहे
हे निर्मम, तुमको कौन कहे
हो गया हाय, पूरब उजाड़
खिंच गया खून, रह गया हाड़
मत जाओ मिलने सागर से
संतोष करो इस गागर से
हम क्षुद्र सही, पर भाव-भरित
तेरे अपने हैं, महासरित
हम प्यासे हैं हम रहे तरस
इस शुष्क हृदय को करो सरस
गंगा-जमुना औ' ब्रह्मपुत्र
कृष्णा-कावेरी औ' रेवा
अपने को करती है कृतार्थ
इस पुण्य भूमि की कर सेवा
पर, सिंध, तुम्हारी बात और
आख्यान और इतिहास और

इस महादेश की जनता का
तेरे प्रति है विश्वास और
हे दूत, महान हिमालय के
संदेश सुनाना भूल गये
तुम बने इधर चिर मूक, उधर
लाखों फाँसी पर झूल गये
हे महामहिम, बस हमको तो
वह याद जमाना आता है
इस तट पर वीर सिकंदर-सा
कोई दीवाना आता है
तेरी धारा में डूब लगा
देता है अर्घ जुपीटर को
आगे रक्खे हैं स्वर्ण पात्र
है आँख उठी कुछ ऊपर को

उन नृप की विश्वविजयिनी वह
सेना होकर के जब हताश
खाली हाथों ही लौटी थी
तब का तेरा हिमधवल हास—
अंकित है अब तक भली-भाँति
इस दिव्य भूमि के कण-कण में
लीलाएँ क्या-क्या हुईं नहीं
तेरे इस अद्‌भुत प्रांगण में
रिपु का अप्रतिहत रणोन्माद
आकर जिसने कर दिया शांत
वह चंद्रगुप्त है खेल चुका
तेरे समक्ष नाटक सुखांत
बोलन की घाटी इधर, उधर—
सतलज का आँचल है गवाह
अपनी बाँहों से दुश्मन की
तुमने रोकी है सदा राह
मणि-मोती सोना-चाँदी के
शाही परियों के, बाँदी के
भारी भारों से लदे हुए
जाँचे-परखे औ' सधे हुए

टन्-टन् करती घंटीवाले
ऊनी नकेल कंठीवाले
सौ-सौ ऊँटों की वह कतार
तुमने देखी है कई बार
अपनी छाती पर से जाते
ईरान-अरब की ओर अरे !

तेरे तट पर कुछ अर्से तक
जिनके शासन का दौर चला
उन मीरों और कल्हरों को
कैसे सकते तुम भूल भला ?

है याद तुम्हें वह नरनाहर
जिसको सब कहते थे दाहर
आजानुबाहू आयतस्कंध
सुंदर ग्रीवा, सुगठित कबंध
नासिका तुंग लोचन विशाल
ऊँचा इतना जितना कि शाल
चौड़ी छाती उन्नत ललाट
पौरुष की वह प्रतिमा विराट
आदिम मानव करता होगा
तेरी धारा में जल-विहार
बल्कलवसना मानवी उसे
रह-रह लेती होगी निहार—
तट पर कृष्णाजिन को थामे
अरुणोदय की शुभ बेला में
आदिम मानव करता होगा
जब इस धारा में जल-विहार !

तेरे तट पर दाएँ-बाएँ
चरती होंगी कपिला गायें
चरते होंगे सित असित मेष
तज स्वर्गिक सुख, तज यज्ञ भाग
तज-तजकर अपना हव्य भाग
वे इंद्र वरुण अर्यमा आदि

उन सीधे-सादे पशुओं का
बन जाते होंगे सहज बंधु—
धर चरवाहों का सरल भेष !
चरते होंगे सित असित मेष
चरती होंगी कपिला गायें
तेरे तट पर दाएँ-बाएँ

वह विश्वविजय की प्रबल प्यास
वह ऋचापाठ वह मंत्रगान
तेरे हिय-पट पर अंकित है
उपनिषदों का वह आत्म-ज्ञान
ऋक् यजुष साम और अथर्व
संस्कृति का वह उद्योग पर्व
कल्पना यहीं अंकुरित हुई
चेतना यहीं संस्फुरित हुई
तुम धन्य मोहनजोदड़ो धन्य
वह विश्व-विदित भग्नावशेष
तव अंचल में संचित शत-शत
भाषा-भूषा और भाव-भेष

मृगयाओं से थक-थक करके
पीते होंगे छक-छक करके
सुस्वादु सोमवल्ली कषाय
उथले चषकों में ढाल-ढाल
फिर शृंगविनिर्मित धनु सँभाल
भर तरकस में विषलिप्त तीर
तेरी कछार के झाड़ों में
गुल्मों में और दराड़ों में
दानवों-दस्युओं को खोजा
करते होंगे वे आर्य वीर
भर तरकस में विषलिप्त तीर
औ' शृंगविनिर्मित धनु सँभाल

तेरी धारा में नहा-नहा
नव जवा कुसुम के फूल बहा
कुछ खड़े-खड़े ही स्रोत मध्य

तो कुछ तट पर ही बैठ-बैठ
ऋषिगण संध्या-वंदन करते
शुक चंचुसदृश लाली वाले
या सोने की थालीवाले
शिशु रवि का अभिनंदन करते
ऋषिगण संध्या वंदन करते !
इकतारा पर गानेवाले
सूफी संतों से तान मिली !
तुम जड़ थे, कविवर शाह धन्य
जिनसे तुमको यह जान मिली !

असुर-वैदिक फिर बौद्ध-जैन
इस्लाम-सिक्ख सबको देखा
तेरे इस बहते पानी पर
क्या खींच सका कोई रेखा

कुछ भेद नहीं, करते आए
स्वागत गुरुओं का, पीरों का
धोते आए हो हे उदार !
तुम घाव सभी के तीरों का
हे सिंधु देख तव अमियधार
गदगद होता हूँ बार-बार।

पुरानी जूतियों का कोरस/क़ौमी बोली, अप्रैल 1944

बा, तुम्हारी याद में

बा, तुम्हारी याद में
तीनरंगा झंडा झुकाकर, बाद में—
यदि चढ़ा पाते चिता पर फूल भी दो-चार !
सहन होता फिर हमारी वेदना का भार !
क्यों न सकते शोक-सिंधु-उलीच !
आज होते कदाचित बापू हमारे बीच !
इस असह्य विषाद में
बा, तुम्हारी याद में—

क़ौमी बोली, अप्रैल 1944

देवदारु

घन निबिड़ शाखाल
देवदारु विशाल
शिशिर हो या ग्रीष्म
रुद्र हो या भीष्म
तुम न होते भीत
तुम न होते पीत
कड़ी सर्दी घाम
तुम सदैव ललाम
सुई जैसे पत्र
बन रहे हैं छत्र
हिमानी का प्यार
सृष्टि का शृंगार
सरल सीधी डाल
सतत उन्नत भाल
शिखा नभ की ओर
सहज स्नेह विभोर
खड़े तीनों काल
देवदारु विशाल

कर रहे छविमान
कौन-सा रसपान
जरा से तुम दूर
कांति से भरपूर
चिर कुमार किशोर
जगत के चितचोर
हिमालय के लाल
देवदारु विशाल
गिरि-शिखर के पास
व्याप्त है हिम-हास
थक गया हूँ देख
अति धवल अभिलेख
फड़फड़ाकर पंख
तरसती है आँख

तुम्हारे ही हेतु
वनस्पति के कुल केतु
आ रहे हो ख़याल
देवदारु विशाल

हजार-हजार बाँहोंवाली/सरस्वती, जुलाई 1944

वलाका

उड़ी जा रही नील गगन में
पवन-पंख पर विमल वलाका
मानो विस्तृत कालिंदी के
श्याम सलिल में अविरल गति से
बहती चली जा रही कोई
श्वेत सहस्र पत्र-पद्मों की
बनी-बनाई लम्बी माला
पावस की आगमन सूचना
देने आई प्रकृति सुंदरी
फहरा-फहराकर धवल पताका
उड़ी जा रही नील गगन में
पवन-पंख पर विमल वलाका !

हाथी-जैसे झूम-झूमकर
काले बादल उड़े जा रहे
विरही कालिदास के मन में
मेघदूत के ध्यान आ रहे !
पाकर आषाढ़ी बूँदों की
बिना गुँथी ही मुक्तावलियाँ
झीलों में खिलखिला उठी हैं
स्वर्णकमल की अविकच कलियाँ
परम मनोरम अमराई में
आसमान से उतर-उतरकर
परियाँ लगीं झूलने झूले
ग्राम्य बालिका का स्वरूप धर
दूरागत वंशी-ध्वनि में सुन

श्रीराधा का नाम
हाथ जोड़कर विद्यापति को
मैंने किया प्रणाम
वागमती के तट पर बैठे
उत्सुक कवि ने ऊपर ताका—
उड़ी जा रही नील गगन में
पवन-पंख पर विमल वलाका !

हजार-हजार बाँहोंवाली/सरस्वती, सितम्बर 1944

क्षमा प्रार्थना

क्या करेगी कल्पना जब, हृदय ही सूखा पड़ा है
और मेरा कवि ? अरे, यह भाव का भूखा पड़ा है !
    रुक्ष, नीरस हो गया हूँ;
    सजनि क्या था और क्या हूँ ?
भाग आया एक दिन मैं फोड़कर तक़दीर तेरी
ठीक; लेकिन सामने है आज तो तस्वीर तेरी !
    देख, अन्तस्तल विकल है;
    सजनि, ये आँखें सजल हैं;
    मार्जन कर दोष मेरे !
बहुत कुछ अ-विहित किया है; बहुत कुछ अनुचित किया है;
क्षमा कर दे मुदित मन से, क्योंकि तू सर्वसहा है !
    भूल जा अपवाद हो यदि;
    सजनि, अब तक याद हो यदि;
    राग मेरे; दोष मेरे !

पुरानी जूतियों का कोरस/क़ौमी बोली, अक्टूबर 1944

इसलिए तू याद आए !

घोर निर्जनता न मुझको काट खाए,
चाहता हूँ इसलिए तू याद आए !
गोद के शिशु से मुखर जीवन तुम्हारा
भुला दे इस पथिक का परिताप सारा !

उतर स्मृति-पट पर कि उर पर हाथ धरकर,
अमृतगर्भा उँगलियों से घाव भरकर,
मुक्त कर जा मुझे मर्मांतक व्यथा से
सुला जा हरकर हृदय लम्बी कथा से।
पला तक ही सही, पर करबद्ध होकर
खड़ा हूँ सखि, आँसुओं से आँख धोकर।
आह, यदि इन धुली आँखों में तुम्हारी
नाचने लग जाए छवि कल्याणकारी !
फिर यहाँ से और आगे बढ़ सकूँगा;
हिमालय के तुंग शिर पर चढ़ सकूँगा।
ये विकट पगडंडियाँ, ये झूलते पुल;
ये भयानक घाटियाँ, चिर-तुहिन संकुल।
सामने यह मृत्यु की प्रत्यक्ष छाया;
निबट लूँगा सभी से हे योगमाया !
साथ हो केवल मधुर मुस्कान तेरी,
ले सकेगा कौन जग में जान मेरी ?
दिवस हो दुर्दिवस, रातें हों अँधेरी;
परिस्थिति हो विषम, तो भी सजनि, मेरी—
चाल धीमी कभी यह पड़ने न पाए;
चाहता हूँ इसलिए तू याद आए !

गगन में नक्षत्र, वन में फूल देखा—
तब हृदय में हँस पड़ी थी पत्रलेखा।
स्मरण आया मुझे अपनी सहचरी का,
विरह-वर्णन पढ़ा जब कादम्बरी का !
अभिज्ञात शकुन्तला का ध्यान आया—
तब वियोगिनी, मैं तुम्हें पहचान पाया।
गोद में शिशु, सजलनयने कौन हो तुम ?
दीखती हो स्वप्न में क्यों मौन हो तुम ?
महत्त्वाकांक्षा तुम्हें ही भूल करके
पूर्ण होगी, इसी से मैं फूल करके—
अकेले ही नाव खेने जा रहा था;
सफलता का श्रेय लेने जा रहा था
किंतु तेरे बिना सखि, मधुकोश मेरा—
हो चला है रिक्त, यह सब दोष मेरा।

पिला दो जीवन-सुधा, दो-एक मात्रा
स्मितमुखि, फिर कर सकूँ आरम्भ यात्रा
स्वप्न में ही सही, तुम फिर मुस्करा दो;
अमृत की दो बूँद इस मुँह में गिरा दो!
अनमनापन न्हीं इस मन को सताए;
चाहता हूँ इसलिए तू याद आए !

भूल जाओ पुराने सपने/वि. भारती, जनवरी 1945

अनुरोध

छेनी और हथौड़ा लेकर
मैंने निर्मित की पाषाणी
तुम निज मधुमय अंगुलियों से
छू कर इसमें दे दो वाणी

जीर्ण कुटी के रिक्त दीप में
मैंने जाकर स्नेह दिया
बहुत हर्ष होगा यदि तुमने
इसे जलाकर दीप्त कर दिया

भावों को सीमित कर मैंने
कड़ी जोड़ ली, गीत बनाया
रोम-रोम होंगे कृतज्ञ ये
यदि तुमने थोड़ा भी गाया

इस साधक के चिता-चैत्य पर
आओ, शीतल हाथ फेर दो
चरण-कमल की ये पंखड़ियाँ
मैं लाया हूँ, तुम बिखेर दो

पुरानी जूतियों का कोरस/क़ौमी बोली, जनवरी-फरवरी 1945

छापामारों का गीत

हमको है आजादी प्यारी
जीवन और यौवन से बढ़कर
तन से, मन से और धन से बढ़कर
हमको है आजादी प्यारी
इस दुनिया की सभी वस्तुओं से बढ़कर
हमको है आजादी प्यारी....

चम-चम करती तलवारें हों
और भयानक हत्याएँ हों
हम क्या इनसे डर सकते हैं
हमें नहीं है खौफ़ कि होगा
पेशानी पर घाव;
बाप और दादा—सबके शिर
बहे जा रहे दरिया के पानी में
पाँखें फैलाकर मँडराते उन पर
भूखे गीध
कितनी ही महँगी हो, कीमत
हम चुकाएँगे
अपना भी बलिदान करेंगे, पर,
स्वतंत्रता को बचाएँगे—
भाई-बहनों पुत्र-पुत्रियों की
स्वतंत्रता
युग-युग से हम पीड़ित होते आए;
युग-युग से हम शोषित होते आए;
क्षुधित नग्न रहने पर भी जो
हँसिया और हथौड़ा लेकर औ'
कुदाल-फावड़ा लेकर
करने जाते थे मुकाबला शाही—
सल्तनतों का
हम उनके वंशज हैं
हम स्वतंत्रता की रक्षा हेतु लड़ेंगे
कील ठोके नाखूनों के अन्दर भी

दाग-दागकर लाल सलाखों से
सीने को
भुर्त्ता भी यदि कर डाले वह
फिर भी हार नहीं मानेंगे हम
दुश्मनों से;
नहीं मनोबल तोड़ सकेंगे शत्रु
हमारा
हम वह नहीं कि
दे देते हैं जो अपने को दुश्मन के
हाथों में
हम वह नहीं कि
झुक जाते हैं जो जालिम के आगे

बर्रों के छत्ते-जैसे ये नीड़ हमारे,
खबरदार! मत कोई इनमें हाथ लगाए
क्योंकि हमारा विमल क्रोध यदि
भड़क उठा तो
आनन-फानन में सारा जग जल
जाएगा !
सारी चीज गँवा सकते, लेकिन
आजादी
प्राणों से भी प्यारी हमको;
हो सकता है,
शूली पर दुश्मन हमको लटका दे —
गिर्जे के प्रांगण में!
हो सकता है; खड़े-खड़े ही हमें
मार दे गोली !
शोणित-सिंचित से है जन्म
हमारा;
क्रांतिकारियों और बागियों की
जगजाहिर जन्मभूमि से
अंकुर-जैसे हम उग आए !
हमको है अभिमान
क्योंकि हम देश के अधिवासी—

जन-साधारण....
आजादी है प्यारी हमको !

लोकयुद्ध, 20 मई 1945

(स्वयं कवि से मिली जानकारी के अनुसार यह कविता किसी युगोस्लाव कवि की रचना का भावांतर है, जो निश्चित ही अंग्रेजी अनुवाद से किया गया होगा। कब और किस पत्रिका में मूल रचना का अंग्रेजी रूपान्तर प्रकाशित हुआ था, यह पता नहीं लग पा रहा है। पूर्वी यूरोप के मुल्कों पर जब नाजी हमलावर छा गए थे, उसी समय का कोई तरुण कवि, जो प्रतिरोधी छापामार दस्तों में शामिल था, उसी की यह रचना रही होगी—**सम्पादक**)

मन करता है

मन करता है :
नंगा होकर कुछ घंटों तक सागर-तट पर मैं खड़ा रहूँ
यों भी क्या कपड़ा मिलता है ?
धनपतियों की ऐसी लीला !

मन करता है :
नंगा होकर दूँ आग लगा, जो पहन रखा है उसमें भी
फिर बनूँ दिगम्बर बम्भोला
नंगा होकर विषपान करूँ सागर-तट पर—
ओ कालकूट तू कहाँ गया ?
ओ हालाहल तू कहाँ गया ?
अमृत की बात नहीं पूछो,
विष तक का बूँद नहीं मिलता
देवता हुए निर्लज्ज, सभी को छिपा दिया।
कहते—जाओ, उनसे माँगो
जो क्षीर उदधि में शेषनाग की शैया पर कर रहे शयन
भण्डार हमारा खाली है :
भगवान सभी के मालिक हैं;
लाचारी है, कुछ भी हम तुमको दे न सके !

मन करता है :
मैं नंगा होकर चिल्लाऊँ
मैं ज़ोर-ज़ोर से चिल्लाऊँ

यदि मरा न होगा सुन लेगा भगवान विष्णु सागरशायी
मन करता है :
मैं उस अगस्त्य-सा पी डालूँ सारे समुद्र को अंजलि से
उस अतल-वितल में तब मुझको
मुर्दा भगवान दिखाई दे
उस महामृतक को ले आऊँ फिर इस तट पर
अन्त्येष्टि करूँ; लकड़ी तो बेहद महँगी है
इस बालू में ही दफ़ना दूँ
नंगा करके
निर्लज्ज देवता-गण, ले लेना तुम उसका वह भी पीताम्बर
अनमोल रेशमी पीताम्बर !
छिप-छिप उसको पहने सुरेश
छिप-छिप उसको पहने कुबेर
छिप-छिप उसको पहनो फिर तुम सब एक-एक कर बार-बार

मन करता है :
नंगा होकर मैं खड़ा रहूँ सागर-तट पर
कुछ घंटों तक क्या, जीवन-भर
नंगा होकर–
यों भी क्या कपड़ा मिलता है !

हजार-हजार बाँहोंवाली/हंस, अगस्त 1945

गाँधी

कल मैंने तुमको फिर देखा
हे खर्वकाय, हे कृश शरीर,
हे महापुरुष, हे महावीर !
हाँ, लगभग ग्यारह साल बाद
कल मैंने तुमको फिर देखा

हे देव, तुम्हारे दर्शन को
कल जुटे आदमी दस हजार !
उस संघशक्ति को श्रद्धा से
दोनों हाथों को जोड़ किया

तुमने ही पहले नमस्कार,
फिर नन्ही-सी तर्जनी दिखा,
उद्वेल जलधि-सी जनता को
क्षण-भर में तुमने किया शांत !
घर हो, बाहर हो, कारा हो
लाचारी हो, बीमारी हो
सत्याग्रह की तैयारी हो
बम्बई हो कि या लन्दन हो
हो क्षुद्र गाँव या महानगर
कुछ भी हो, कैसी भी स्थिति हो,
तुम सुबह-शाम
उस परम-पिता परमेश्वर की प्रार्थना नित्य—
करते आए हो जीवन-भर,
दो-चार और दस-बीस जने
शामिल हो जाते हैं उसमें।
पर कभी-कभी दश-दश पन्द्रह-पन्द्रह हज़ार
यह सहस-शीश यह सहस-बाहु
जनता भी शामिल होती है !
कल मुझे लगा ऐसा कि, नहीं —
उस परमपिता परमेश्वर की प्रार्थना-हेतु;
पर, दरस तुम्हारा पाने को
एकत्रित होती है जनता
उद्वेलित सागर-सी अधीर,
हे खर्वकाय, हे कृश शरीर !

जय रघुपति राघव राम-राम !
बिस्मिल्ला हिर्रहमाने रहीम !
प्रार्थना सुनी, देखी नमाज़
फिर भी जनता ज्यों की त्यों थी
उद्वेलित सागर-सी अधीर !
तुम लगे बोलने तब जाकर वह हुई शांत !
देखा तुमको भर-आँख और भर-कान सुना,
कुछ तृप्ति हुई कुछ शांति मिली;
बोले तुम केवल पाँच मिनट
चुप रहे आदमी दश हजार, बस पाँच मिनट !

तुम चले गये, जनता उठकर बन गई भीड़
उच्छृंखल सागर-सी अधीर
फिर छन-भर में कुछ बिखर गए
कुछ इधर गए, कुछ उधर गए
देखा बिड़ला की कोठी का वह महाद्वार
तैनात वहाँ थी स्वयंसेवकों की क़तार
हे धनकुबेर के अतिथि...नहीं, हे जननायक !
कल तेरे दर्शन के निमित्त
थे जुटे आदमी दश हजार
इस दुखी देश के हे फकीर,
हे खर्वकाय, हे कृश शरीर !
जिस सागर का मैं एक बिन्दु
तुम उसकी तुंग तरंगों का करने आए हो प्रतिनिधित्व
यद्यपि खुद भी तुम बिंदुमात्र
यद्यपि खुद भी तुम व्यक्तिमात्र
फिर भी लाखों जन से पाकर प्रेरणा बने हो महाप्राण
हे खर्वकाय, हे कृश शरीर !
सन्ध्या को साढ़े सात बजे
कल तेरे दर्शन के निमित्त आदमी जुटे थे दश हज़ार
मैं उनमें था : तुमको देखा
फिर लगभग ग्यारह साल बाद।

हजार-हजार बाँहोंवाली/हंस, सितम्बर 1945

तारे

फीके-फीके से ये तारे !

पहर रात है, ऊँघ रहा यह फीका शशि धौली चौदस का,
चित्रा अनुसंधान कर रही नील गगन में निर्मल रस का।

...झिलमिल झिलमिल
थके हुए पग, पका हुआ दिल।
क्या न मिलेंगे कभी, अभी जो
दूर-दूर पर हैं बेचारे ?
फीके-फीके से ये तारे !

एक दूसरे से विरहित हो सब के सब चुपचाप खड़े हैं।
जाने इन पर किस दुर्दम दुर्वासा के अभिशाप पड़े हैं ?

तितर-बितर हैं, अलग-अलग हैं
जाने चिंतित हैं कि सजग हैं
कौन वस्तु वह, कौन व्यक्ति वह
जिसको खोज-खोजकर हारे ?
फीके-फीके से ये तारे !

पुरानी जूतियों का कोरस/आजकल, जून 1946

ऋतु-संधि

प्रतीक्षा की बहुत जोहा बाट
जेठ बीता, हुई वर्षा नहीं नभ यों ही रहा खल्वाट
आज है आषाढ़ वदि षष्ठी
उठा था जोर का तूफान
उसके बाद
सघन काली घन-घटा से
हो रहा आच्छन्न यह आकाश
आज होगी, सजनि, वर्षा—हो रहा विश्वास
हो रही है अवनि पुलकित, ले रही निःश्वास
किंतु अपने देश में तो
सुमुखि, वर्षा हुई होगी एक क्या कै बार
गा रहे होंगे मुदित हो लोग खूब मलार
भर गई होगी अरे वह वाग्मती की धार
उगे होंगे पोखरों में कुमुद पद्म मखान
आँख मूँदे कर रहा मैं ध्यान
लिखूँ क्या प्रेयसि, यहाँ का हाल
सामने ही बह रही भागीरथी, बस यही है कल्याण
जिस किसी भी भाँति गर्मी से बचे हैं प्राण
आज उमड़ी घन-घटा को देख
मन यही करता कि मैं भी, प्रियतमे, उसका करूँ आह्वान
कालिदास समान

सामने सरपट पड़ा मैदान
है न हरियाली किसी भी ओर

तृण-लता-तरुहीन
नग्न प्रांतर देख
उठ रहा सिर में बड़ा ही दर्द
हरा, धुँधला या कि नीला—
आ रहा चश्मा न कोई काम
किंतु मुझको हो रहा विश्वास
यहाँ भी बादल बरसने जा रहा है आज
अब न सिर में उठेगा फिर दर्द
लग रहा था आज प्रातःकाल पानी सर्द
गंगा नहाते वक्त
आया ख्याल
हिमालय में गल रही है बर्फ :
आज होगा ग्रीष्म ऋतु का अंत ।

युगधारा/हंस, अगस्त 1946

एक मित्र को पत्र

यदि कदाचित्
जेठ औ' आषाढ़ के बोझिल दिनों की
यह सिसकती साँझ
तुमको स्मृति दिलाये
हिमालय पर घिरे घन की
यदि कदाचित्
सदानीरा के किनारे
खड़े होकर
ध्यान में आ जाय वह क्षण
जब कि पहले-पहल हम-तुम
मिले थे औ' परस्पर को ताकते ही रह गये थे
साँस रोके खड़ी थी इंजन हमारी बात सुनती
यदि कदाचित्
मकई मड़ुआ साम-कावन धान-गम्हड़ी आदि
बोए जा रहे हों
बागमती कमला कि गंडक कोसकी के
स्वर्णगर्भित अंचलों में

तो तुम्हारे कंठ से ही
महाकवि मेरा गरजने जा रहा है :
दूत बनकर मेघ विरहिन को न आगे ठग सकेगा
नहीं कविकुल-गुरु धरा की ठोस मिट्टी छोड़ नभ को ढक सकेगा
मंद क्रम के छंद वे हो जाएँगे अब तीव्रगामी
नहीं होंगे दास, होगा नहीं स्वामी
मैं प्रवासी
मित्र, तुम तो देश में हो
हो रही ईर्ष्या तुम्हारे भाग्य से
पर क्या करूँ,
अभिशप्त ठहरा
बंधु, मेरे पास भी यदि
बाप-दादों की उपार्जित भूमि होती
धान होता बखारों में
आम-कटहल-लीचियों के बाग होते
पोखरा होता मछलियों से भरा
फिर क्या न मैं भी
याद कर प्रथमा द्वितीया या तृतीया (प्रेयसी) को
सात छेदों की रुपहली बाँसुरी में फूँक भरता
वैष्णवों की विरहणी वृषभानुजा के नाम पर ही सही
फिर भी फूँक भरता...
निकलता चाँदी मढ़ी ससुराल की वह छड़ी लेकर
बीच में मैं, हरित-श्यामल खेत चारों ओर....
श्लील या अश्लील कुछ भी गुनगुनाता मदिर-मुग्ध विभोर
किंतु यह सब
असम्भव था वहाँ मेरे हेतु
इसी से तो भाग आता इधर ही, हे मित्र, बारम्बार
कलम घिसकर कमा लेता रोज पैसे चार
इस तरह के और भी हैं लोग
व्यास औ' वाल्मीकि के स्तुतिकार
कलमघिसुओं का हमारा यह नया संसार
किसी भी श्रीमंत से क्या माँगता है भीख ?
लेखनी ही है हमारा फार
धरा है पट, सिंधु है मसिपात्र
तुच्छ से अति तुच्छ जन की जीवनी पर हम लिखा करते

—कहानी, काव्य, रूपक, गीत
क्योंकि हमको स्वयं भी तो तुच्छता का भेद है मालूम
कि हम पर सीधे पड़ी है गरीबी की मार
सुविधा-प्राप्त लोगों ने सदा समझा हमें भू-भार
लिखूँ क्या प्रिय मित्र !
तुम तो स्वयं हो सज्ञान
पूर्वजों की परिधि में ही कैद रहकर
कर रहे हो विकट प्रायश्चित
प्राणदीप जला करके
अँधेरे में
सदानीरा के किनारे
सतत तुम आसीन
बनोगे क्या बोधिसत्व नवीन ?

युगधारा/हंस, अगस्त 1946

कल्पना के पुत्र, हे भगवान !

कल्पना के पुत्र, हे भगवान !
चाहिए मुझको नहीं वरदान
दे सको तो दो मुझे अभिशाप
प्रिय मुझे है जलन, प्रिय संताप
चाहिए मुझको नहीं यह शांति
चाहिए संदेह, उलझन, भ्रांति
रहूँ मैं दिन-रात ही बेचैन
आग बरसाते रहें ये नैन
करूँ मैं उद्दंडता के काम
लूँ न भ्रम से भी तुम्हारा नाम
करूँ जो कुछ, सो निडर, निश्शंक
हो नहीं यमदूत का आतंक
घोर अपराधी-सदृश हो नत वदन निर्वाक
बाप-दादों की तरह रगड़ूँ न मैं निज नाक—
मंदिरों की देहली पर पकड़ दोनों कान
हे हमारी कल्पना के पुत्र, हे भगवान,
युगों से आराधना की, आ गये अब तंग

—झाल और मृदंग
शंख करता आ रहा था युगों से आक्रंद
तुम न पिघले, पड़ गई आवाज उसकी मंद
न अब तक सुलझे तुम्हारे बाल
थक गईं लाखों उँगलियाँ, हो गया अतिकाल
अँधेरे में रहे लोग टटोल—
ठोस हो या पोल ?
हो गए नीरस तुम्हारी चिन्तना में—
व्यस्त होकर तर्क औ' अनुमान
हे हमारी कल्पना के पुत्र, हे भगवान !
परिधि यह संकीर्ण, इसमें ले न सकते साँस
गले को जकड़े हुए हैं यम-नियम के फाँस
—पुराने आचार और विचार
गगन में नीहारिकाओं को न करने दे रहे
अभिसार
छोड़कर प्रासाद खोजूँ खोह—
कह रहा है पूर्वजों का मोह
जोर देकर कह रहे ये वेद और पुरान
मूल से चिपटे रहो नादान
बनूँ मैं सज्जन, सुशील विनीत
हार को समझा करूँ मैं जीत
क्रोध का अक्रोध से कर अंत
बनूँ मैं आदर्श मानव संत
रह न जाए उष्णता कुछ रक्त में अवशिष्ट
गुरुजनों को भी यही था इष्ट
सड़ गयी है आँत
पर दिखाए जा रहे हैं दाँत
छोड़कर संकोच, तजकर लाज
दे रहा है गालियाँ यह जीर्ण-शीर्ण समाज
खोलकर बंधन, मिटाकर नियति के आलेख
लिया मैंने मुक्ति-पथ को देख
नदी कर ली पार, उसके बाद
नाव को लेता चलूँ क्यों पीठ पर मैं लाद
सामने फैला पड़ा शतरंज-सा संसार
स्वप्न में भी मैं न इसको समझता निस्सार

इसी में भव, इसी में निर्वाण
इसी में तन-मन, इसी में प्राण
यही जड़-जंगम सचेतन औ' अचेतन जन्तु
यहीं 'हाँ', 'ना', 'किंतु' और 'परंतु'
यहीं है सुख-दुःख का अवबोध
यहीं हर्ष-विषाद, चिन्ता-क्रोध
यहीं है संभावना, अनुमान
यहीं स्मृति-विस्मृति सभी का स्थान
छोड़कर इसको कहाँ निस्तार
छोड़कर इसको कहाँ उद्धार
स्वजन-परिजन, इष्ट-मित्र, पड़ोसियों की याद
रहे आती, तुम रहो यों ही वितंडावाद
मूँद आँखें शून्य का ही करूँ मैं तो ध्यान ?
कल्पना के पुत्र हे भगवान !

हजार-हजार बाँहोंवाली/पारिजात, अगस्त 1946

मनुष्य हूँ

नहीं कभी क्या मैं थकता हूँ ?
अहोरात्र क्या नील गगन में उड़ सकता हूँ ?
मेरे चितकबरे पंखों की भास्वर छाया
क्या न कभी स्तम्भित होती है
—हरे धान की स्निग्ध छटा पर ?
—उड़द मूँग की निबिड़ जटा पर ?
आखिर मैं भी तो मनुष्य हूँ...

ऊरुरहित सारथि है जिसका
एकमात्र पहिया है जिसमें
सात-सात घोड़ों का वह रथ नहीं चाहिए
मुझको नियत दिशा का वह पथ नहीं चाहिए
पृथिवी ही मेरी माता है
इसे देखकर हरित-भरित, मन कैसा प्रमुदित हो जाता है !
सब है इस पर;
जीव-जंतु नाना प्रकार के

तृण-तरु लता-गुल्म भी बहुविधि
चंद्र-सूर्य हैं
ग्रहगण भी हैं
शत-सहस्र संख्या में बिखरे तारे भी हैं
सब हैं इस पर;
कालकूट भी यहीं पड़ा है
अमृतकलश भी यहीं रखा है
नीली ग्रीवावाले उस मृत्युंजय का भी बाप यहीं है
अमृत-प्राप्ति के हेतु देवगण
नहीं दुबारा
अब ठग सकते
दानव-कुल को
राहु-केतु का शिर-कबन्ध वह जुड़ा, देख लो
सुधा-स्निग्ध इन अँगुलियों के स्पर्श मात्र से
नहीं, तुम्हारे ही युग का यह चमत्कार है
श्रेय मुझे भी तो लेने दो
आखिर मैं भी तो मनुष्य हूँ...

कवि हूँ, सच है
किंतु षट्पदों जैसा क्या मैं
फूल सूँघकर रह सकता हूँ ?
कवि हूँ, सच है
पर अशोक के कोमल किसलय
पहन-ओढ़कर ही कैसे मैं रह सकता हूँ ?
कवि हूँ, सच है
किंतु किस तरह
स्वर्ण किरण की
वाष्प और विद्युत से रक्षा कर पाऊँगा ?
कवि हूँ, सच है
किंतु, क्षणिक तथ्यों को यों अवहेलित करके
शाश्वत का सीमांत कभी क्या छू पाऊँगा ?
कवि हूँ, सच है
इसीलिए क्या
आतप-वर्षा-हिम भी मुझसे दब जाएँगे ?
इसीलिए क्या वात-पित्त-कफ शांत रहेंगे ?

नहीं, नहीं, सो कैसे होगा !
कवि हूँ पीछे, पहले तो मैं मानव ही हूँ
अतिमानव या लोकोत्तर किसको कहते हैं—
नहीं जानता !
कैसे जानूँ
सुख-सुविधा में हुलस-हुलसकर
दुख-दुविधा में झुलस-झुलसकर
सब जैसे अपने जीवन को बिता रहे हैं
वैसे मैं भी अपना जीवन बिता रहा हूँ !

कहते हैं
कविता सुन-सुनकर
लजवंती सकुचा जाती है;
सीपी का गर्भित अंतरतर
हिल उठता है
खिल उठता है
कमल-कुमुद वन
दिवस-निशा के भेद भूलकर !

आश्विन के ये रात्रिशेष जब
पुलकित करते शेफाली को
श्लथ वृंतोच्युत हो-होकर
अनिवेदित ही जब जगदम्बा धरती पर वह
अर्पित होती रहती तब मैं—
—तब मैं चंचल हो उठता हूँ
सद्यः विकसित शुचि सित सुरभित
(मोती-जैसे लावा-जैसे)
शेफाली के उन फूलों से
सपने में ही
आदि काव्य के निर्माता का
तर्पण करता।

अगस्त, 1946
युगधारा/पारिजात, मार्च 1948

भिक्षुणी

भगवान् अमिताभ !
देखती हूँ अपने को तभी से विहार में
हुई जब सचेतन
हुई जब समझदार
भगवान् अमिताभ !
तुम्हारे इन चरणों में कब कैसे सौंप गए
मेरे मूर्ख माँ-बाप
यह नहीं जानती।
और नहीं कोई, तुम्हीं अब गति दो
भगवान् अमिताभ !
कितना मनोरम है तुम्हारा यह मुखड़ा !
काया यह तुम्हारी कितनी सुडौल है !
भले ही कुछ दिन–
सुलभ रहा जिसको तुम्हारा यह बाहुपाश
अंकुरितयौवना धन्य वह यशोधरा !
मेरे मूर्ख माँ-बाप
आवेश में आकर
सौंप गए मुझको शरण में त्रिरत्न की !
कहने को मैंने भी तोती की भाँति कहा–
एक नहीं, तीन बार–
जाती हूँ आज मैं
बुद्ध की, धर्म की, संघ की शरण में
संघ मुझे शिक्षा दे
संघ मुझे दीक्षा दे
सत्य की, अहिंसा की, अखंड ब्रह्मचर्य की !
रटाने पर रटती है जैसे मदनसारिका
मैंने भी वैसे रटा सूत्रपिटक सारा,
तुम्हीं हो साक्षी भगवान् अमिताभ !
हुई कुछ सयानी फिर
तुम्हारा वह मध्यमार्ग समझने का यत्न किया
महायान-हीनयान सभी मैं जान गई
किंतु नहीं जान सकी–
मानव का मानवी का सहज यान क्या है !

जीवन की यह ग्रंथि मैं न सुलझा सकी
भगवान् अमिताभ !
मुझ पर कृपा करो
मेरी समस्यापूर्ति, देव, तुम्हीं कर दो
वंचित हूँ अवसर दो
देख ली यह अति, वह अति भी देखूँ
तभी तो मेरी
समझ में आयगा—
तुम्हारा वह मध्यमार्ग भगवान् अमिताभ !

बैठ गई भिक्षुणी टेककर घुटने
तीन बार उसने
सादर प्रणाम किया
झुक-झुक अमिताभ को
फिर उठ खड़ी हुई, चारों ओर देखा
हतप्रभ-सी, मानो शिशिर-शशिलेखा।
उसे ऐसा भान हुआ—
विजन-विहार की शत-शत प्रतिमा
मुझी को घूर रहीं !
घंटाकर्ण वज्रपाणि भयानक यक्ष वह
व्यंग-भरी दृष्टि से मुझे ही निहार रहा
वक्रमुख होकर ग्रीवाभंग करके
मानो कुछ क्षण में
करेगा उपहास
मेरे दुर्दैव का
मेरे दुर्भाग्य का !
ऐसा घटाटोप, इतना आडम्बर !
मेरी आत्मवंचना !—
मूढ़ ही होगा जो न हँसे मुझ पर।
हँसो हे हेरुक !
हँसो हे वज्र !
हँसो हे भैरव !
हँसो हे दंडपाणि !
शांति का अभिनय उसे ही करने दो
क्योंकि वह बुद्ध है !

रुदन और हास को रोकना जानता !
देखो तो कैसा सुभग है, स्वस्थ है;
उसके मुखमंडल की आभा अमित है !
(अमिताभ की ओर घूमकर)
अभी तो तरुणी हूँ–
चौंकते युव-जन
भिक्षापात्र लेकर जब मैं निकलती
मेरा यह काषाय.....
जाने किस-किसको उन्मादित करता
यह मुंडित मस्तक उत्तेजित करता
कलित-ललित कवि को
कोमल कलाकार को
भगवान अमिताभ !
किंतु....
किंतु कौन पूछेगा मुझे कल-परसों ?
गलित होगा यौवन जब !
पलित होंगे केश जब !
किसी की दृष्टि क्या मुझ पर उठेगी ?
भगवन् अमिताभ, सहचर मैं चाहती
चाहती अवलम्ब, चाहती सहारा
देकर तिलांजलि मिथ्या संकोच को
हृदय की बात लो, कहती हूँ आज मैं–
कोई एक होता
कि जिसको
अपना मैं समझती
भले वह पीटता, भले ही मारता,
किंतु, किसी क्षण में प्यार भी करता
जीवन-रस उड़ेलता मेरे रिक्त पात्र में;
भूख मातृत्व की मेरी मिटा देता;
स्त्रीत्व का सुफल पाकर अनायास
धन्य मैं होती !
कृतकृत्य होती !
भगवन् अमिताभ, तब,
पूजा के समय पर कितने उत्साह से
घंटा मैं बजाती !

तन्मय हो कितनी, आरती उतारती !
पास ही होता नटखट शिशु खेलता
यदि किसी भद्रमुख प्रतिमा से ढिठाई वह करता,
दिखा-दिखा तर्जनी मैं उसे रोकती !

1946
युगधारा/रत्नगर्भ/नया साहित्य-5, 1951

विवशता

निष्ठुर होकर
निर्मम होकर
पाकर-खोकर
हँसकर-रोकर
लुटा-लुटाकर स्वर्णकिरण के कोष
ऊँचा-ऊँचा उड़ने को मजबूर
पंख सुनहले जिसके हैं मशहूर
जनजीवन के अंतस्तल तक
घुस न सका यदि मेरा यह कवि ?
तो इसमें क्या उसका ही है दोष ?
समझ-बूझ लो, फिर करना अभिरोष !
शिप्रा तट पर, तमसा तट पर
चम्पक वन में, नीम कुंज में
सादी डालों तुनुक टहनियोंवाले जामुन के जंगल में
मेरा कवि
चितकबरी ज्योत्स्ना का अभिसार किया करता है
यदि हो यह अपराध, दंड दो
मैं न बुरा मानूँगा।
तृषित-क्षुधित हो/रुदित-क्रुधित हो....
इधर-उधर वह आए-जाए
तुम्हीं न उसको अपना पाए
भोग रहा परभृत पिकशावक अब इसका अभिशाप
देख दशा यह, दुनिया को यदि होता हो अनुताप
मेरा मस्तक नत है !

युगधारा/1946

नवयुग का आरम्भ

हो बुलंद सहयोग, प्रगति, समता के नारे
नवयुग का आरम्भ करें ये गाँव हमारे

बढ़े सहयोग भेद मिट जाए, मिटे शोषण का नाम-निशान
ढहे अन्यायों की दीवार, सुखी होवें मजदूर-किसान
हो न फूट, सहयोग-भावना सब में घर कर जाए
गाँव हमारा बुद्धि-विभव से धन-जन से भर जाए
जन-जन में सहयोग बढ़े, विकसित हो खूब समाज
युग पलटा है, अब किसान-मजदूर करेंगे राज

खंडहरों पर गाँव बसाते चले जा रहे
धरती के ये लाल प्रगति के गीत गा रहे।

गाँव, दिसम्बर 1946

पाषाणी

आम्र-वृक्ष की छाया में आसीन
मुनि गौतम थे ध्यान-मग्न, ज्यों मीन
पड़ा हुआ हो निद्रा-सुख में लीन
पुष्करिणी के बीच, अचल, निश्चेष्ट
राम और लक्ष्मण दोनों के हाथ
हुए सम्पुटित, प्रणत-शीश-संलग्न :

''बहुत दूर से महामहिम तव नाम
करता आया इन कानों को तृप्त
किंतु नयन थे व्याकुल दर्शन-हेतु
आज हुए ये सफल, विप्रकुल-केतु !''

मन-ही-मन दुहराकर ऐसी बात
भूरि-भूरि नत होकर भक्ति-समेत
आगे आए दोनों राजकुमार।

शून्यप्राय था आश्रम, व्यस्त कुटीर
यत्र-तत्र तृण उग आए थे हंत !
सारा प्रांगण था संस्कारविहीन

न तो कहीं पर बिखरे थे नीवार
नहीं कहीं पर वल्कल व मृगछाल
टँगा पड़ा था, विरल-पुष्प-फल-वृक्ष
शीर्णमूल कृमिदष्ट अकाल वयस्क
जिन्हें देखकर यक्ष्मा से आक्रांत
तरुणों का आता था बरबस ध्यान !

आँगन से हटकर कुछ थोड़ी दूर
एक झोंपड़ी थी उत्तर की ओर
वहाँ पहुँचकर देखा अद्भुत दृश्य :
भू-लुंठित थी नारी-प्रतिमा, ओह !
ग्लानि-क्षोभ का वैसा करुण प्रतीक
देख सामने राम रह गये दंग
मुँह से फूटा नहीं एक भी बोल
वहीं धम्म से बैठ गए तत्काल;
हुए हतप्रभ और व्यथित सौमित्र !

स्थिरमति अग्रज को यों चिंतित देख
लक्ष्मण बोले धनुष भूमि पर टेक—
साधारण-सी इस प्रतिमा में, आर्य !
क्या है जिससे हुआ आपको खेद ?

शांत रहो, बैठो, देखो चुपचाप—
किया राम ने तत्क्षण ही संकेत
रत्न-जटित केयूर, वलय से दीप्त
बाहु समेत उठाकर दहिना हाथ।
निर्निमेष थे उनके दोनों नेत्र
पाषाणी का मुखमंडल था केंद्र।
इस प्रकार अवलोकन में कुछ काल
बीता। तब कौशल्यानंदन और—
पास आ गए, किया मूर्ति को स्पर्श।

शिर से लेकर तलवे तक प्रत्यंग
लगे फेरने मनोयोग से हाथ,
यातुधान की लीला-सी वह देह—
हाड़ों का वह शिलीभूत संसार
हिला और डोला जब पहली बार
दाशरथी को हो आया रोमांच
लगे ताकने वह लक्ष्मण की ओर
दिया अनुज ने भी उत्तर निःशब्द :
आर्य जो कहें, उद्यत है यह दास !
खुली पलक, टिमटिमा उठी फिर दृष्टि
हुए दीप्त सहसा गहरे दृग-कूप,
अधरों पर था स्पंदन का आभास
पुनः कराया कर-पल्लव-संस्पर्श
फिर चमकीं आँखें, फिर फड़के ओठ !

पाषाणी में किया प्राण-संचार—
'कौन देव, तुम मेरे हृदयाधार ?
असुर क्रूर, तो सुर होते हैं धूर्त्त;
क्षणमति होते किन्नर औ' गंधर्व,
दुर्विदग्ध संशयी, हृदय से हीन
होता मानव, तुम हो उससे भिन्न !
धन्वंतरि का कर-पल्लव-संस्पर्श
सुनती हूँ, करता अमरत्व-प्रदान
घनश्याम, बतलाओ, तुम हो कौन ?
पाषाणी में डाल दिए हैं प्राण ।'

कहा राम ने होकर परम विनीत—
'कोसलेश दशरथ के हम हैं पुत्र,
राम-लखन-से साधारण हैं नाम
किया राक्षसों ने भीषण उत्पात,
पूर्णाहुति तक पहुँच न पाए यज्ञ—
उन दुष्टों का ही करने संहार
महाराज से हमको लाए माँग
गाधिपुत्र कौशिकमुनि विश्वामित्र।
राक्षस मारे गए, हुए सम्पन्न—

विधिवत सुचिर-समीहित सारे याग,
इंद्र वरुण अर्यमा प्रजापति आदि
सबने पाया अपना-अपना भाग;
पाई हमने मुक्तकंठ आशीष...
उन्हीं महाकुलपति का ले आदेश
निकले हैं अब देश-भ्रमण के हेतु;
देवि, हमारा दसवाँ दिन है आज
इस कुटिया में ! हुईं आप प्रकृतिस्थ
अहोभाग्य ! मैं किंतु, पूछ लूँ नाम,
गोत्र और कुल....कैसा यह अभिशाप ?'

"गौतम-दार, अहल्या मेरा नाम
यहीं-कहीं होंगे मुनि भी हे राम !
दिया उन्हींने मुझको यह अभिशाप :
'परनर दूषित, पुंश्चलि, तेरी देह,
हो जाए निस्पंद कुलिश-पाषाण ।'
किन्तु वत्स, तेरे शिर पर रख हाथ
सत्य-सत्य कहती हूँ, परमोदार!
साक्षी पृथ्वी साक्षी है आकाश
हुई नहीं सम्पृक्त किसी के साथ
कभी अहल्या अपने पति को छोड़ !
धरकर पति का आकृति-रूप-स्वभाव
यदि आवे कोई पत्नी के पास—
कहे :
'प्रियतमे, खरतर स्मरशरविद्ध
जर्जर तन, उद्भ्रांत चित्त है आज
नहीं समाहित हो पाता हूँ ओह !
स्मितमुखि, मेरा ताप करो कुछ शांत...'
और, वही फिर कुछ क्षण के उपरांत
आकर कहे कि निर्लज्जे, धिक्कार !
छोड़ मुझे रमती सुरपति के संग !!
धारण करके वह मेरा ही रूप
आता है नित कुलटे तेरे पास !
रखकर पति की छाती पर जो लात
लेती है परसंगति का आस्वाद

उससे तो वेश्या ही है उत्कृष्ट...'
कहो तात, फिर इसमें किसका दोष ?
सह न सकी मैं मुनि का यह आक्षेप,
लगा टूटने रह-रह कोंढ़-करेज
फिर भी किया नहीं मैंने प्रतिवाद,
रोष गरल की भाँति हो गया व्याप्त,
प्रबल ताप से लहू बन गया बर्फ,
ऐंठी जिह्वा, वाक्य हो गए बंद–
चेष्टाएँ भी रह न सकीं अ-निरुद्ध
धराशायिनी बनी, वत्स मैं, हंत !
पत्नी के प्रति पति का यह अन्याय
हुई अहल्या जो पाषाणप्राय,
तात, किया तुमने समुचित प्रतिकार।
पुरुषों पर थी मुझको घृणा अपार।
भग्न दीपिका, सूखी बाती और
चिर अवहेलित कुटिया निर्जन प्रांत :
स्नेहदान का यह अद्भुत वृत्तांत
सुन-सुन पुलकित होगा सारा विश्व।
जय-जय हे कौशल्यानंदन राम
पाषाणी करती है तुम्हें प्रणाम..."
लिये अहल्या ने दोनों कर जोड़
उठ न सकी, इतनी दुर्बल थी, किंतु
लगा प्रवाहित होने अश्रुप्रवाह !

आँसू उसके उत्तरीय से पोंछ
(श्रद्धा आदर ममता यत्न समेत)
रामभद्र बोले :
"रोवे मत, देवि !
अब न आपको होगा कोई कष्ट !

"कैसे होगा कष्ट कि भू पर, तात!
विद्यमान हैं तुम-जैसे भी लोग
हरने को तन-मन के सारे रोग–
अभिशप्तों के संकटमोचन-हेतु,
चिरंजीव हे रघुओं के कुलकेतु–"

गद्गद हो बोली मुनिपत्नी : "धन्य !
पाकर तेरे करकमलों का स्पर्श
प्राणवंत हो उठा आज पाषाण !"

"नहीं हुई थीं, अम्ब, आप निष्प्राण—
नहीं नहीं, अंतःसलिला मरुभूमि
सदृश आप भी रहीं चेतना पूर्ण।
उसी समय हो गया मुझे विश्वास—
प्रतिमा है यह नहीं इतर-सामान्य....
अब निश्चित है, पति का अनुचित शाप
अम्ब, आप में हो न सका संक्रांत—
कैसे छुएँ किसी को कोई शाप
किया नहीं जब सपने में भी पाप ?
था न कलुष-लवलेश, शुद्ध थीं आप।"
—किया राम ने घुटने टेक प्रणाम
सपरिक्रम औ' श्रद्धा-भक्ति-समेत।

उठ कर बैठी मुनिपत्नी सायास
(रूखा-सूखा धमनी-संतत गात्र
नहीं रक्त का नाम, शंख-सम श्वेत)।
रघुनंदन पर रखकर दहिना हाथ
लघु-लघु बोली, स्वर था अतिशय क्षीण :
"वत्स, राजकुल में लिया है जन्म
कभी बनोगे तुम्हीं कोसलाधीश
फिर, चरणों पर नानादिग्देशीय
अर्पित होंगे शत-शत सुंदर फूल
(अनाघ्रात अस्पृष्ट सहज कमनीय) !
अंतःपुर में षोड्शियों के मध्य
बिता सकोगे तुम भी फिर दिन-रात
शरद शिशिर मधु ग्रीष्म और बरसात—
नहीं अहल्या याद रहेगी तात !"

हाथों से छूकर तब दोनों कान
दाँतों तले दबाकर सहसा जीभ
कहा राम ने :

"कहती हो क्या देवि !
जाऊँगा मैं भला तुम्हीं को भूल ?
नहीं जानतीं तुम रघुकुल की रीति
इसीलिए क्या उपालम्भ यह हंत।"
छू कर, अम्ब, तुम्हारे दोनों पैर
होता राघव राम प्रतिज्ञाबद्ध :
'जीवन-भर वह तुम्हें रखेगा याद
नारी के प्रति कभी न होगा क्रूर
नहीं करेगा वह दूसरा विवाह
सदा रहेगा एक पत्निव्रत-शील
चरणों पर जो नानादिग्-देशीय
अर्पित होंगे शत-शत सुंदर फूल
(अनाघ्रात अस्पृष्ट सहज कमनीय)
नहीं करेगा राघव उनका स्पर्श...
फूल ? फूल, माँ, वसुधा के शृंगार
अपने-अपने वृंतों में संश्लिष्ट
रहकर ही लगते हैं क्या न ललाम ?
कभी न मेरे अंतःपुर के मध्य
होगा षोड़शियों का जमघट व्यर्थ
नहीं करूँगा सपने में भी अम्ब,
क्रयक्रीत दासी का भी अपमान...
छूकर, देवि, तुम्हारे दोनों पैर
होता हूँ मैं आज प्रतिज्ञाबद्ध।'

सुनकर यह सब, होकर भावाविष्ट
पतली सूखी दोनों बाँह पसार
मुनिपत्नी ने लिया राम को खींच
किया शक्ति-भर कस-कसकर आश्लेष...
रहीं लगाए छाती से कुछ देर
फिर बोली वह :
"कौशल्या है धन्य,
अनुपम रत्न-प्रसविनी जिसकी कोख !
महाराज वह दशरथ भी हैं धन्य
तुमसे उज्ज्वल होगा उनका नाम,
धन्य अयोध्या हे हो महाउदार,

पाया जिसने तुम-सा राजकुमार
युग-युग जियो दयालु, दीनजन बंधु,
होगी तुमसे प्रजा यथार्थ सनाथ...''

सूँघ लिया मुनिपत्नी ने फिर माथ
और पीठ पर लगीं फेरने हाथ–
बद्धांजलि नतमूर्त खड़े थे राम।

बहुत-बहुत पाकर शुभ आशीर्वाद।
चले धनुर्धर जनकपुरी की ओर;
अनुगत ही थे सतत सुमित्रापुत्र !

युगधारा, रत्नगर्भ, भूमिजा, जून 1947

जयति-जयति बरसात !

उचट गई है नींद, बिछौने पर बैठा हूँ
सोच रहा मन–उत्तापित जीवन पर कुछ छिड़काव चाहिए
सावन का यह गीला मौसम
नम ज़मीन, आर्द्रा के बादल
अचलायतन विराट विपुल विग्रह से बोझिल
'कुम्भक' का अभ्यास कर रहे
खिड़की से मैं देख रहा हूँ
सहसबाहु काला पहाड़-से–
नीलांजन के पृथुल पुंज-से–
तमस्तोम से–
जूझ रही हैं कलाकार की काली-कूँची-सी अमोघ ये पलकें
सहज सुप्ति के स्वस्थ सेक से
सुखित न हो पाए हैं यद्यपि
तदपि दृगों की दशा नहीं दयनीय...
दीप्ति छल-छल करती है इन दोनों में
उचट गई है नींद, किंतु मैं खिन्न नहीं हूँ
अपने से विच्छिन्न नहीं हूँ
आदमकद, दो बाँहों में जितना समा सके उतना चौड़ा–
एक नहीं, दो नहीं, चार ठो वातायन हैं

रात्रिशेष का शुभ समीर पुलकित करता है रोम-रोम को
मेदुर मेघों ने परास्त कर दिया व्योम को
जुगनू हैं दस-पाँच उधर मैं इधर अकेला
सजग चित्त की विशद भूमि पर संकल्पों का मेला...
सात दिनों के अंदर ही बरस चुकी घनघटा सतावन बार !!
और, सुबह क्या डूब जायगा सारा ही संसार !!
पूर्ण हो गया, अब न चाहिए पानी
खा रही गालियाँ घर-घर ऋतु की रानी
किंतु नहीं रत्ती-भर भी होता मुझको अभिरोष
बरसो-बरसो रिक्त करो 'रेचक' से अपना कोष
मेघ ! तुम्हारी दया कि रातों-रात हो गई नई पुरानी दूब !!
जीवनदाता ! अपने को तुम खूब उँड़ेलो, खूब !!
हे गर्भित ! हे भरित ! हरे परिपूर्ण !
दाताओं के दम्भ दुर्ग को तुम न छोड़ते, कर देते हो चूर्ण
मीत, तुम्हारे अक्खड़पन पर मैं प्रसन्न हूँ
क्योंकि अकिंचन हूँ, निरन्न हूँ
भोर हो रही, पावस का यह गीला मौसम रंग लाएगा आज
बरसोगे या उड़ जाओगे, लग न रहा अंदाज
उचट गई थी नींद काट दी बैठे-बैठे रात
जय असाढ़ ! जय सावन-भादो ! जयति- जयति बरसात !!

युगधारा, जून 1947

उद्‌बोधन

विनयावनत हुए तुम जिनको देख
और, जो गए तुमको चटपट टाप
वह अगस्त्य थे सचमुच कितने धूर्त ?
बतलाओ, प्रियवर, कितने दिन और
पड़े-पड़े जोहोगे उनकी बाट ?
उठो, उठो, उठ जाओ विन्ध्य महान !
हम न तुम्हारा सह सकते अपमान !
सोन और नर्मदा सदृश संतान
करती तेरे गुण-गौरव का गान
भूल गए तुम निज महिमा निर्बंध

झाड़खंड सतपुड़ा सदृश तव स्कंध !
रत्नाकर हो अगर तुम्हारा नाम
सागर को क्या कुछ होगी आपत्ति ?
अबरख और कोयला और पेट्रोल
हीरा और जवाहर (मणिमाणिक्य)
सोना चाँदी लोहा औ' इस्पात...
अंदर दबी पड़ी हैं सौ-सौ खान
उठो, उठो, उठ जाओ विन्ध्य महान !
माँग रहा युग तुमसे जीवनदान !

जाने किस गौतम का पाकर शाप
सारी धरती बनी अहल्या[1] हाय
मूर्छित है हल, चूर-चूर है बैल
इसे चाहिए ट्रैक्टर का संस्पर्श !
लाख द्रौपदी माँग रही है चीर
वासुदेव भगवान अप्रतिभ आज
सौ-सौ तकुओंवाली मिलें हजार
खुलें, तभी होगा उनका उद्धार
गरुड़ हो गया वृद्ध, विष्णु के हेतु
क्या न चाहिए द्रुतगति सुभग विमान ?
देश-काल का रहा न अब व्यवधान
हस्तामलक हुआ है सारा विश्व
करके तेरी नवनिधि का उपयोग
अधिकाधिक सुख पाएँगे सब लोग
स्वर्ग-नरक का मिट जाएगा भेद
मृत अगस्त्य का तुम्हें न होगा खेद
हे विन्ध्याचल, जिनकी आज्ञा मान
बिछा दिए थे तुमने अपने प्राण
उठो, उठो करना है नव निर्माण
तुम पर निर्भर जन-जागरण समस्त
पड़े हुए हो क्यों फिर अस्तव्यस्त
यदि अगस्त्य जीते हों, आवें लौट
मत सुनना फिर महास्थविर की बात,
मत झुकना, मत बिछ जाना फिर बंधु !
नाहक कष्ट सहा तुमने यह तात

भील, गोंड, हो,[2] मुंडा, औ' संथाल
अब भी तो विकसित हों तेरे बाल
देखो तुमसे माँग रहे द्युति दान
निर्विकल्प निश्चल सौ-सौ दिनमान
उठो, उठो, उठ जाओ विन्ध्य महान !

युगधारा/सितम्बर 1947

1. हल (से कृषि करने) के अयोग्य=अहल्या।
2. छोटा नागपुर की एक पहाड़ी जाति।

जनकवि

मैं भी तो पहले देखा करता था सपने
साथी, अब तो रंग-ढंग ही बदल गए हैं
समझ गया हूँ
जीवन में इस धरा-धाम का क्या महत्त्व है
कैसे कहलाता कोई धरती का बेटा
आसमान में सतरंगी बादल पर चढ़कर
कैसे जनकवि धान रोपता
समझ गया हूँ
कैसे जनकवि जमींदार के उन अमलों को मार भगाता
हरे बाँस की हरी-हरी वह लाठी लेकर !

इलाहाबाद, 1947
युगधारा/हंस, फरवरी 1948

तर्पण

जिस बर्बर ने
कल किया तुम्हारा ख़ून पिता
वह नहीं मराठा हिंदू है
वह नहीं मूर्ख या पागल है
वह प्रहरी है स्थिर-स्वार्थों का
वह जागरूक वह सावधान

वह मानवता का महाशत्रु
वह हिरणकशिपु
वह अहिरावण
वह दशकंधर
वह सहसबाहु
वह मनुष्यत्व के पूर्ण चंद्र का सर्वग्रासी महाराहु
हम समझ गए
चट से निकाल पिस्तौल
तुम्हारे ऊपर कल
वह दाग गया गोलियाँ कौन ?
हे परमपिता हे महामौन !
हे महाप्राण, किसने तेरी अंतिम साँसें
बरबस छीनी भारत-माँ से
हम समझ गए !
जो कहते हैं उसको पागल
वह झोंक रहे हैं धूल हमारी आँखों में
वह नहीं चाहते परम क्षुब्ध जनता घर से बाहर निकले
हो जाएँ ध्वस्त
इन सम्प्रदायवादी दैत्यों के विकट खोह
वह नहीं चाहते ; पिता, तुम्हारा श्राद्ध ओह !
भूखे रहकर
गंगा में घुटने-भर धँसकर
हे वृद्ध पितामह
तिल-जल-से
तर्पण करके
हम तुम्हें नहीं ठग सकते हैं
यह अपने को ठगना होगा
शैतान आएगा रह-रह हमको भरमाने
अब खाल ओढ़कर तेरी सत्य-अहिंसा का
एकता और मानवता के
इन महाशत्रुओं की न दाल गलने देंगे
हम नहीं एक चलने देंगे
यह शक्ति और समता की तेरी दीपशिखा
बुझने न पाएगी छन-भर भी
परिणत होगी आलोकस्तम्भ में कल-परसों

मैदानों के काँटें चुन-चुन
पथ के रोड़ों को हटा-हटा
तेरे उन अगणित स्वप्नों को
हम रूप और आकृति देंगे
हम कोटि-कोटि
तेरी औरस संतान, पिता !

युगधारा/जनशक्ति, जनवरी 1948

शपथ

बापू , तुम तर्जनी उठा कर
आसमान से मना कर रहे—देख रहा हूँ
पर, कितनी भी लम्बी हाँकें
हृदय नहीं परिवर्तित होगा
क्रूर कुटिलमति, चाणक्यों का
नहीं-नहीं, कभी नहीं।
परिवर्तित है अंग-भंगिमा
परिवर्तित है वेश
स्वर भी काफी बदल गया है
दुबक गए हैं आज, किंतु कल फिर निकलेंगे
कहाँ नहीं है कोटर इनका !
कहाँ न इनका जाल बिछा है !
तीन-तीन गोलियाँ, बाप रे
मुँह से कितना खून बहा है
महामौन यह पिता, तुम्हारा
रह-रह मुझे कुरेद रहा है।
इसे न कोई कविता समझे
यह तो पितृ-वियोग-व्यथा है
श्राद्ध-समय में बहे न आँसू
यह तो बड़ी विचित्र प्रथा है
पर न आज रोके रुक पातीं
आँखें मेरी भर-भर आतीं
रोता हूँ लिखता जाता हूँ
कवि को बेकाबू पाता हूँ।

कैसे इस कोरे कागज पर पूरी पीर उतार सकूँगा ?
गंगा-यमुना सभी रो रहीं
दसों दिशाएँ ध्वनित हो रहीं
पृथ्वी उन्मन
विकल है गगन
नील जलधि शतशः उद्वेलित
स्तब्ध हिमालय के शिखरों पर घनीभूत हो रहे तुहिन-कण
तृण-तरु-वृक्ष-वनस्पति सारे खिन्न खड़े हैं
मृदुल मनोरम लतिकाओं की कांति म्लान है
शोक-क्षोभ से पशु-पक्षी के मुँह उदास हैं
नयन शून्य हैं, श्वास अनियमित
स्तिमित और प्रकुपित मानव का पित्त
शिराओं का स्पन्दन आवेगशील है
नहीं चाहिए इन कानों को आज रामधुन
नहीं चाहिए भगवद्‌गीता का आश्वासन
नहीं चाहिए तम्बूरे की तंत्रीमिश्रित करुण रागिनी
नहीं चाहिए अस्थि तुम्हारी
नहीं चाहिए भस्म तुम्हारा
भस्मासुर को खोज रहा है
पुंजीभूत प्रकोप हमारा
नहीं किसी को होता है विश्वास
कि तुमने लिया आखिरी श्वास
हे भारत के परमपिता, तुम
व्यक्ति-व्यक्ति के मन-मंदिर में विद्यमान हो
निविड़ तिमिर में देव, तुम्हीं जाज्वल्यमान हो
लाख छिपें नीड़ों में, फिर भी अत्याचारी बच न सकेंगे
अब वे चक्रव्यूह दूसरा रच न सकेंगे
काँटे कहाँ, कहाँ रोड़े हैं
कहाँ गढ़ा है, कहाँ रेत है
सभी साफ हो गया आज, जनता सचेत है
कोटि-कोटि कंठों से निःसृत सुन-सुनकर आक्रोश
भगवा-ध्वजधारी दैत्यों के उड़े जा रहे होश
लगे बदलने दुष्ट पैंतरे...
जोर-जोर से
खाँस-खाँसकर

शुरू हो गया नेताओं का
मधुर बुझावन मधुर सिखावन—
शांत रहें हम
हत्यारे को सज़ा मिलेगी
जो भी कुछ करना है सब सरकार करेगी
तत्पर हो सारी साजिश की जाँच और पड़ताल करेगी
शांत रहें हम
चुप बैठें हम
धरे हाथ पर हाथ
'हाय-हाय' कर सो भी आहिस्ते से पीटें माथ।
आहत बापू,
मृत्यु-समय की तेरी सौम्य मुखाकृति की ही
छवि उतारकर
रुद्ध कंठ हो, सजल नेत्र हो
जन-समूह से माँग रहा है भीख क्षमा की
गाँव-गाँव में
गली-गली में
नगर-नगर में
सत्य अहिंसा शांति और करुणा, मानवता
तेरी बनी-बनाई टिकिया बाँट रहा है
साँझ-सवेरे
यातुधान की अद्भुत माया मुझसे कही न जाए
कौन बताए कालनेमि की लीला अपरम्पार
काली टोपी जला-जला वह आज कर रहा
तेरी जय-जयकार ?
रोकर धोकर ठोक-ठठाकर
तेरह दिन तक शोक मनाकर
भले और कुछ नहीं हुआ हो
भस्मासुर की आयु तो बढ़ी !
तुमको खोकर
लौह-पुरुष का वज्र-हृदय अब द्रवित हुआ है
उस दिन सुबक-सुबक रोये हैं वह 'बेचारे'
भरी सभा में
अब तो भरसक
धीरे-धीरे दानव-दल का दमन कर रहे

क्षुब्ध क्रुद्ध प्रज्वलित देश को
इतना-भर से क्या होगा परितोष ?
नहीं रहा अब वह नाबालिग
नहीं रहा अनजान
कि सीध लेगा मान
क्या करते थे दिल्ली में बैठे पटेल सर्दार
जिसके घर में कोई घुसकर साधू को दे मार
वैसे गृहपति को धिक्कार

दिल्ली में यमुना-तट पर
आज तुम्हारा श्राद्ध हो रहा
तिल-मधु-मिश्रित पिंड पड़ेंगे
किंतु पिता, मैं परम क्षुब्ध हूँ, परम क्रुद्ध हूँ
देख रहा हूँ मैं मँडराती इन पिंडों पर
भस्मासुर की छाया
फिर कैसे श्रद्धांजलि देने को ये हाथ उठेंगे ?
हाँ बापू, निष्ठापूर्वक मैं शपथ आज लेता हूँ
हिटलर के ये पुत्र-पौत्र जब तक निर्मूल न होंगे—
हिंदू-मुसलिम-सिक्ख फासिस्टों से न हमारी
मातृभूमि यह जब तक खाली होगी—
सम्प्रदायवादी दैत्यों के विकट खोह
जब तक खंड़हर न बनेंगे
तब तक मैं इनके खिलाफ लिखता जाऊँगा
लौह-लेखनी कभी विराम न लेगी
खेत-खान में, मिल-मकान में
पुतलीघर में, चा-बगान में
वर्कशॉप में, बाट-घाट पर
स्कूल और कालेज में भी
गाँव-गाँव में, नगर-नगर में
गली-गली में, मोड़-मोड़ पर
कहाँ नहीं तेरी चर्चा है ?
कहाँ न जनता क्षुब्ध-क्रुद्ध है ?
कहाँ न जनता दाँत पीसती हत्यारों पर ?
इस पवित्र पावक को, बापू, मैं प्रज्वलित रखूँगा
ठंडा पानी सींच न पाएगी इस पर सरकार !

युगधारा/जनशक्ति, जनवरी 1948

वाह, गोडसे !

अजी गोडसे,
सुना तुम्हारे मनस्तत्व की
मीमांसा हो रही आज-कल,
बड़े-बड़े डॉक्टर तत्पर हैं—
नहीं पकड़ में आता है उन्माद तुम्हारा !
यदि इस अद्‌भुत पागलपन का
नहीं निदान समझ में आवे
वियना के वैज्ञानिक को सरकार बुलावे
स-बहुमान सादर औ' सांजलि !
—जब की होगी
गाँधी की हत्या तूने—
तब की तेरी चित्तवृत्ति का फोटो वही उतार सकेगा !
खिला-खिलाकर मक्खन-मिसरी
आसव और अरिष्ट पिलाकर
नानाविध अवलेह चटाकर
दांव-पेंच सब सिखा-पढ़ाकर
देकर के पिस्तौल और छर्रों की पेटी
तुम्हें जिन्होंने
बना दिया था महावीर विक्रम बजरंगी
अकस्मात पकड़े जाने पर
आज वही कर रहे तुम्हारे सर की मालिश
गुलरोगन से
कहते हैं :
बिगड़े दिमाग ने
गाँधी जी का खून कर दिया !

वाह, गोडसे
जिनको तुम पर गुस्सा आया
उन्हें माफ नहीं सरकार करेगी
पकड़कर बंद कर दिया है हाजत में
सज़ा मिलेगी कड़ी से कड़ी
बड़भागी तुम, बने हुए हो शाही क़ैदी
उन गुस्ताख़ों का बदमाशों में शुमार है !

तुम सुनते हो रोज रेडियो
पर उनको तो
मामूली अखबार भी नहीं मिलता होगा !

हंस, मार्च 1948

लाल भवानी

झूठ-मूठ सुजला-सुफला के गीत न हम अब गाएँगे,
भात-दाल-तरकारी जब तक नहीं पेट-भर पाएँगे;
सड़ी लाश हैं ज़मीदारियाँ, इनको हम दफ़नाएँगे,
गाँव-गाँव पाँतर-पाँतर को हम भू-स्वर्ग बनाएँगे;
खेत हमारे, भूमि हमारी, सारा देश हमारा है;
इसीलिए तो हमको इसका चप्पा-चप्पा प्यारा है;
ज़मींदार हैं बदहवास, हमने उनको ललकारा है,
जिसका जाँगर उसकी धरती, यही एक बस नारा है;
नाहक ही हम पिटते आए, व्यर्थ लाठियाँ खाई हैं,
पहचाना अब, चोर-चोर सब ये मौसरे भाई हैं,

होशियार, कुछ देर नहीं है लाल सबेरा आने में,
लाल भवानी प्रकट हुई है सुना कि तैलंगाने में !

ऊबड़-खाबड़ बालूवाली परती बंजर या ऊसर,
कैसी भी हो, धरती निर्भर रही जोतनेवालों पर;
सदियों तक लूटता रहा है, जमा किया है खाएगा;
दो पैसा भी जमींदार अब क्यों मुआवज़ा पाएगा;
गूँज रहा है दसों दिशा में भूखे खेतिहरों का स्वर,
सुने प्रीमियर, सुने मिनिस्टर, सुने असिमली के मेम्बर;
अंग्रेजी, अमरीकी जोंकें, देशी जोंके एक हुईं,
नेताओं की नीयत बदली भारतमाता टेक हुई;
राजाओं को अभयदान देकर परजा को आप ठगें,
अड़ड़-अड़ड़ धम अड़ड़-अड़ड़ धम काशमीर में तोप दगें;

कागज़ की आज़ादी मिलती ले लो दो-दो आने में,
लाल भवानी प्रकट हुई हैं सुना कि तैलंगाने में !

पुलिस और पल्टन के हाथी कितना चारा खाते हैं,
वही रंग है, वही ढंग है, फ़रक नहीं कुछ पाते हैं;
ऊपरवाले बैठे-बैठे खाली बात बनाते हैं,
बाढ़-अकाल-महामारी में काम नहीं कुछ आते हैं;
देश-भक्ति की सनद मिल रही आए दिन शैतानों को,
डाँट-डपट उपदेश मिल रहे दुखी मजूर-किसानों को;
बात-बात में नाक रगड़ना पड़ता है इंसानों को,
हरी फ़सल चरने को छुट्टा छोड़ दिया हैवानों को;
सड़ी-गली नौकरशाही से पहले ही ऊबे थे हम,
इधर 'स्वराज' मिला है, तब से दूर हो गया सभी भरम;

नेता परेशान हैं जनता का तूफ़ान दबाने में,
लाल भवानी प्रकट हुई है सुना कि तैलंगाने में !

सेठ और ज़मींदारों को नहीं मिलेगा एक छदाम,
खेत-खान-दूकान-मिलें सरकार करेगी दख़ल तमाम;
खेत-मज़दूरों और किसानों में ज़मीन बँट जाएगी,
नहीं किसी कमकर के सिर पर बेकारी मँडराएगी;
नहीं मिलेगा साज़िश करने का मौक़ा गद्दारों को,
वतन-फ़रोशी का न मिलेगा ठेका ठेकेदारों को;
सपने में भी क्षमा मिलेगी नहीं कभी हत्यारों को,
एक-एक कर क़ैद करेगी जनता रंगे सियारों को;
नौकरशाही का यह रद्दी ढाँचा होगा चूरम-चूर,
सुजला, सुफला के गाएँगे गीत प्रसन्न किसान-मजूर;

इन कानों को तृप्ति मिलेगी, तब उस मस्त तराने में,
लाल भवानी प्रकट हुई है सुना कि तैलंगाने में !

हजार-हजार बाँहोंवाली/हंस, अप्रैल 1948

युद्ध के हे देवता !

क्यों गरजते हो वृथा
युद्ध के हे देवता ?
शांतिकामी जनगणों का

एक ही घूँसा
तुम्हारी जान लेने के लिए पर्याप्त है !
बजाओ डमरू कि फूँको शंख
हम खड़े हैं निरान्तक निःशंक
लगे हैं निर्माण में...
खंडहरों को कर लिया आबाद
खड़ा है फिर आज स्तालिनग्राद
लाल सेना के बहादुर नौजवान पुनः
खेतों-कारखानों में गए हैं फैल
चलाते थे टैंक जो कल, आज वे ही ट्रैक्टरों पर बैठ प्रमुदित
जोतते हैं कालखोजी खेती
स्टेनगन था हाथ में कल
आज है हँसिया-हथौड़ा
गा रहे हैं गीत
कल-परसों कि जैसा गा रहे थे
एक ही बस भेद पाओगे–
युद्ध का स्वर दीप्त था...
शांति का स्वर स्निग्ध है...
कौन करता है तुम्हारी आसमानी उछल-कूदों की यहाँ पर्वाह !
कनक गिरि पर बैठ
खीझ के मारे करो कै निबिड़ तम
पर, इधर गाते रहेंगे शांति के ही गीत हम
क्या करें, तुम को अगर होती व्यथा
युद्ध के हे देवता !

लूट का सोना
बने कंचन महल
रहे हो उन पर टहल
मरा हिटलर मरा मुसोलनी, मगर
अकड़ अपनी कर गया तुम को नज़र
चबाते हो होठ,, मुट्ठी भाँजते हो शून्य में
पर न लगता हाथ कुछ !
खोल दी हैं डालरों की थैलियाँ–
कमी खूसट मंगतुओं की है नहीं...
च्याङ् अटली गास्परी नेहरू जिन्ना...

सभी हैं कृतकृत्य
तुम जीते रहो
औ' यों ही नचाते इनको रहो
काम आएँगे यही थोड़ा-बहुत
युद्ध की सम्भावना को बनाकर खुराक
यह भी जी रहे !
वंचना, धोखा-धड़ी, अन्याय-अत्याचार-हत्या...
तुम्हारी ही भाँति इनको इष्ट है
तुम्हारे यह और इनका तुम परम अवलम्ब हो
उचित है यह सर्वथा
युद्ध के हे देवता !

किंतु बतला दूँ ज़रा मैं साफ-साफ
अरे, रहना अलग ही जनशक्ति से
अन्यथा
शांतिकामी जन-गणों का
एक ही घूँसा तुम्हारी जान लेने के लिए पर्याप्त है !

उदयन-1, 1948

ले रखा जिसने टीका

दुनिया-भर की खुशहाली का ले रक्खा जिसने ठीका
एटम बम की डींग मारता बढ़-बढ़कर वह अमरीका
सुनते हैं ऐलान कर रहा अब तीसरी लड़ाई का
ट्रू मैन के आगे हिटलर पड़ता जाता है फीका
लगे ताकने उधर कि माथा बदल गया नेहरूजी का
हमको तुमको पकड़-पकड़कर जलन मिटाते हैं जी का
कायम हैं राजे-महाराजे अंत न हैं जिमदारी का
नहीं बढ़ाते हैं पैसा धेला-भर भी मजदूरी का
मिटा नहीं भारत माता के सिर पर का काला टीका
फिर भी पीट रहे हैं नेता ढोल खूब आजादी का।

उदयन-1, 1948

साथी रुद्रदत्त भारद्वाज

कारा के प्राचोर तुम्हारा स्वास्थ्य पी गए
गोरी नौकरशाही बाक़ी ख़ून पी गई
शेष बची थी सूखी ठठरी
उसे नेहरू और पंत ने
अस्पताल से बाहर लाकर
चूर-चूर कर बना लिया है चूना...
काम आएगा
व्यवस्थापिका सभा-भवन की पोची करवाने में....
साथी भारद्वाज, तुम्हारा यह अद्‌भूत बलिदान
जुल्मों के प्रति घोर घृणा का लाया है तूफ़ान
अरुणोदय से डरनेवाले जो गति होती है उलूक की
वही हाल है आज हमारे नेताओं का
खीझ-खीझकर
नुक्ताचीनी से घबड़ाकर
बाल नोचते हैं वे सिर के
चैन नहीं लेने देता है
लाल महामारी का सपना
नहीं आ रहे काम
ताता-बिड़ला के आश्वासन
ट्रू मैन के बोझिल आशीर्वाद
धरती से अलहदा हुए, होना ही है बदहोश
हाँफ-हाँफकर तोड़ रहे हैं तिनके
क्या रक्खा है बीत गए दिन इनके
रत्ती-भर भी है न मुझे संदेह
हमारा युग आया है
अंतिम विजय निकट हे
साथी भारद्वाज,
तुम्हारी बड़ी-बड़ी आशाएँ सारी
पूरी होंगी, पूरी होंगी
महामान्य प्रिय बन्धु,
तुम्हारे काम अधूरे
पूरे होंगे, पूरे होंगे
बनकर तना कमान

कसकर मुट्ठी तान,
शपथ लिया है एक-एक साथी ने
साथी भारद्वाज, तुम्हारे संकल्पों को पूर्ण करेंगे
सड़े-गले जितने भी ढाँचे हैं सबको हम चूर्ण करेंगे
साथी भारद्वाज !
साथी भारद्वाज !!

हजार-हजार बाँहोंवाली/जनयुग, 11 अप्रैल 1948

सच न बोलना

मलाबार के खेतिहारों को अन्न चाहिए खाने को,
दंडपाणि को लट्ठ चाहिए बिगड़ी बात बनाने को !
जंगल में जाकर देखा, नहीं एक भी बाँस दिखा,
सभी कट गए—सुना, देश को पुलिस रही सबक सिखा !

जन-गण-मन अधिनायक जय हो, प्रजा विचित्र तुम्हारी है,
भूख-भूख चिल्लानेवाली—अशुभ-अमंगलकारी है !
बंद सेल, बेगूसराय में नौजवान दो भले मरे,
जगह नहीं है जेलों में, यमराज तुम्हारी मदद करे!

ख़याल करो मत जन-साधारण की रोज़ी का, रोटी का,
फाड़-फाड़कर गला, न कब से मना कर रहा अमरीका !
बापू की प्रतिमा के आगे शंख और घड़ियाल बजे,
भुखमरों के कंकालों पर रंग-बिरंगी साज सजे !

जमींदार है, साहुकार है, बनिया है, व्योपारी है,
अंदर-अंदर विकट कसाई, बाहर खद्दरधारी है !
सब घुस आए, भरा पड़ा है, भारतमाता का मंदिर,
एक बार जो फिसले अगुआ, फिसल रहे हैं फिर फिर फिर!
छुट्टा घूमैं डाकू गुंडे, छुट्टा घूमैं हत्यारे,
देखो हंटर भाँज रहे हैं जस के तस ज़ालिम सारे !
जो कोई इनके ख़िलाफ़ अँगुली उठाएगा, बोलेगा,
काल-कोठरी में ही जाकर फिर वह सत्तू घोलेगा !

माताओं पर, बहनों पर, घोड़े दौड़ाए जाते हैं,
बच्चे, बूढ़े-बाप तक न छूटते, सताए जाते हैं !
मार-पीट है, लूटपाट है तहस-नहस बरबादी है,
जोर-जुलम है, जेल-सेल है...वाह, खूब आज़ादी है !

रोज़ी रोटी, हक़ की बातें जो भी मुँह पर लगाएगा,
कोई भी हो, निश्चय ही वह कम्युनिस्ट कहलाएगा !
नेहरू चाहे जिन्ना, उसको माफ़ करेंगे कभी नहीं,
जेलों में ही जगह मिलेगी, जाएगा वह जहाँ कहीं !

सपने में भी सच न बोलना, वर्ना पकड़े जाओगे,
भैया, लखनऊ-दिल्ली पहुँचो, मेवा-मिसरी पाओगे !
माल मिलेगा रेत सको यदि गला मजूर-किसानों का,
हम मर-भुक्खों से क्या होगा, चरण गहो श्रीमानों का !

हजार-हजार बाँहोंवाली/हंस, जुलाई 1948

कवि कोकिल

भूख-प्यास से जिसने भी की मर्मांतक चीत्कार
उस बेचारे की गुस्ताखी सह न सकी सरकार
अस्त्र-शस्त्र से करने लगी प्रहार
कितनों को तो भेज चुकी वह वैतरणी के पार
बाहर-भीतर बरसाती है आग
बिछा दिए हैं काँटे
अश्रु-गैस से नील गगन है व्याप्त
सत्य-अहिंसा की चर्चा तो हो ही गई समाप्त !
सुरभित चीनांशुक फैलाकर राखों पर, धूलों पर
देश-काल का ख्याल हटाकर झूल रहे झूलों पर
अजी, धन्य हो कवि कोकिल तुम !
आज नहीं तो कल अवश्य ही नंदनवन में आग लगेगी
भस्मसात होनेवाला है नीड़ तुम्हारा
काम आयगी स्वर्णकिरण की जाली
पैरासूट बना लेना प्रिय
डैनों में रह गई न ताकत

उड़ तो क्या सकते हो !!
दुःशासन का यह प्रताप तो देखो
दूर-दूर हटती जाती है देवदार की छाया
झुलस नहीं सकती है केवल चाटुकार की काया
आँच झूठ की बड़ी विकट है, पिघल रहा कैलाश
शिव की शुभ आधार-शिला का होगा सत्यानाश
इतने पर भी रावण का यदि हो न मनोरथ पूर्ण
अजी, छिड़क देना तुम अपना मनष्चेतना चूर्ण !!

युगधारा/हंस, जुलाई 1948

नौलखा हार

खेलें खाएँ आबाद रहें हैदराबाद के रजाकार...
तिनरंगी किरनें जाँनिसार–
रिज़वी की मुड़ी हुई दाढ़ी के गंगा-जमनी बालों पर
तिनरंगी किरनें जाँनिसार ! !

आकाश मार्ग से उड़-उड़कर
जाते हैं दिल्ली के देवदूत
तब आसफ़जाही महलों की
उन रजत छतों पर होता है राका विहार
खादी के सूतों की माला बन जाती है नौलखा हार !!

पुरानी जूतियों का कोरस/हंस, अगस्त 1948

भुस का पुतला

फैलाकर टाँग
उठाकर बाँहें
अकड़कर खड़ा है भुस-भरा पुतला
कर रहा है निगरानी
ककड़ी-तरबूज की
खीरा-खरबूज की
सो रहा होगा अपाहिज मालिक घर में निश्चिंत हो

खेत के नगीज़
कोई मत आना
हाथ मत लगाना
प्रान जो प्रिय है तो
भुस का पुतला खाँस रहा खोऽ खोऽ खोऽ

अहल भोर
गया था डोल-डाल
खेत की हिफाजत का देखा जब यह हाल
हँस पड़ा भभाकर मैं
यह भागी लोमड़ी
वह भागी लोमड़ी
सर, सर, सर, सर, खर, खर, खर, खर
दूर का फासला चट गई पार कर
अकेले हँसा मैं ठहाका मारकर
मेरे कहकहे पर हो गया नाराज़
फटे-पुराने कुर्ते से ढका—
भुस का पुतला
दप-दप उजला

सरग था ऊपर, नीचे था पाताल
अपच के मारे बुरा था हाल
दिल-दिमाग भुस का, खद्दर की थी खाल !

24 अगस्त 1948
युगधारा/हंस, मार्च 1949

लो, देखो अपना चमत्कार !

अब तक भी हम हैं अस्त-व्यस्त
मुदित-मुख निगड़ित चरण-हस्त
उठ-उठकर भीतर से कंठों में
टकराता है हृदयोद्गार
आरती न सकते हैं उतार
युग को मुखरित करनेवाले शब्दों के अनुपम शिल्पकार !

हे प्रेमचंद
यह भूख-प्यास
सर्दी-गर्मी
अपमान-ग्लानि
नाना अभाव-अभियोगों से यह नोक-झोंक
यह नाराज़गी
यह भोलापन
यह अपने को ठगने देना
यह गरजू होकर बाँह बेच देना सस्ते...
हे अग्रज, इनसे तुम भली-भाँति परिचित थे
मालूम तुम्हें था हम कैसे थोड़े में मुर्झा जाते हैं
खिल जाते हैं, थोड़े में ही
था पता तुम्हें, कितना दुर्वह होता अक्षम के लिए भार
हे अंतर्यामी, हे कथाकार
गोबर महगू बलचनमा और चतुरी चमार
सब छीन ले रहे स्वाधिकार
आगे बढ़कर सब जूझ रहे
रहनुमा बन गए लाखों के
अपना त्रिशंकुपन छोड़ इन्हीं का साथ दे रहा मध्यवर्ग
तुम जला गए हो मशाल
बन गया आज वह ज्योति-स्तम्भ
कोने-कोने में बढ़ता ही जाता है किरनों का पसार
लो, देखो अपना चमत्कार !

1948

पुरानी जूतियों का कोरस/एक व्यक्ति : एक प्रतीक, 1949

जन्मदिन शिशु राष्ट्र का

आज क्या है
कुछ नहीं, बस,
जन्मदिन शिशु राष्ट्र का है !
आज ही तुम मिल गए थे दुश्मनों से गुनाहगारों से
छोड़कर संघर्ष का पथ
भूलकर अंतिम विजय की घोषणाएँ

भोंककर लम्बा छुरा तुम सर्वहारा जनगणों की पीठ में
लड़खड़ाकर गिर पड़े आज ही के रोज़
रेशमी, तीन रंगे गदेल पर—
तख़्त-ए-ताऊस पर !

हजार-हजार बाँहोंवाली/हंस, अगस्त 1948

तालाब की मछलियाँ

पोषित-पालित चिर संरक्षित
छोटी-बड़ी मछलियों की अब मची हुई है लूट
परिधि गई है टूट
वन्या के प्लावन से सहसा पुष्करिणी की...
रोहू, ब्वारी, भाकुर, सौरा
भुनचट्टी और नैनी
एक-एक से बढ़कर सुंदर
स्वादु और स्पृहणीय...
उठा लीजिए
अजी, आपको कौन चाहिए
उठा लीजिए वही कि जिस पर मन चलता हो
कौन भला टोकेगा !
कौन भला रोकेगा !

कोशी की धारा ने आकर तोड़ दिया है भिंडा
नहीं रहा पहले अधिपतियों का पोखर पर
नाममात्र भी स्वत्व
बहुत दिनों के बाद मिली है
आज छूट इस बँधे हुए पानी को
स्फूर्ति नहीं है
वेग नहीं है
दिशा नहीं है, दृष्टि नहीं है
युग-युग की ये अंतःपुरिका चटुल शफरियाँ
भूल गई हैं स्वाभाविक गति
प्रखर स्रोत में आसानी से
कैसे पहुँच सकेंगी ?

तो क्या यह उछेल परिप्लावन इनका यों
सत्यानाश करेगा ?
तो क्या बँधी भीड़वाली पोखर ही
थी इनके उपयुक्त ?
...भले वही थी
निगल-निगलकर पोटा-थूक-खखार
करती थीं स्नानार्थी लोगों का भारी उपकार
समय-समय पर अंडे देतीं जिससे होते छबरे लाख-हजार
इनके द्वारा
और भी कई
गुह्य-प्रकट मल होते थे निःशेष
निश्चित जल-कर से कई गुनी
अधिक रकम ही
पाते थे पट्टीदार
...भले वहीं थीं
क्रम न अनिश्चित था जीवन का
सब प्रबंध था संरक्षण का
आयु नियत थी, क्षेत्र नियत था
नियमित थे आहार-विहार
सपने में भी वहाँ नहीं था आकस्मिक चिंता का नाम
छोटी-सी सुंदर दुनिया थी, टहल-बूल आना था काम
भले वहीं थीं !

मुझे पता है
खाकर मछली-भात
धो-धाकर मुँह-हाथ
लेकर फिर मुख-शुद्धि
सुपारी-लौंग-भंड़ाँची-सौंफ
होकर के निश्चिंत
तख्तपोश पर बैठ
करुणा-विगलित अभी आप तो यही सोचते होंगे
क्योंकि आपके दादा के परदादा ने खुदवाई थी पोखर
उसी बाँध में
जो कि आज तक चला आ रहा
लखिराज ब्रह्मोत्तर

(पटया या कि मुर्शिदाबाद के
किस नवाब की अनुकम्पा थी, कौन बताए)
तांत्रिक पूर्वज की वह महिमा
भले बेचकर आप खा गए
किंतु नहीं अविदित है पोखर की मछली का स्वाद
रह-रहकर आती होगी याद
तभी तो पाठक जी 'महराज'
स्वयं तत्पर थे आज
सरकी उधर लगा रखी थी
सहत हाथ में लिये हुए थे
बीच-बीच में टाजी छप-छप कर उठती थी
सगुन बना था
खूब लगी थीं हाथ मछलियाँ....
लाल-लाल मुँहवाले रोहू, भाकुर, ब्यारी, नैनी
निका-बनाकर
कुट्टी-कुट्टी करके
हल्दी-दही-नमक मिझड़ाकर
सुच्चा कड़ू तेल में तलने बैठी जब वह सकृत्प्रसूता
चार-चार लहठीवाली अठारहसाला
मृदुबैनी मृगनैनी
पांडुश्यामा मधुर-तृतीया
अपनी ही पत्नी;
कड़ कड़ कड़ाक कड़ कुस्स
घुस् सुस् सुस् सुस् सुस्...
तले जा रहे मछली के खंडों से बारम्बार उठी खूब आवाज
तलते-तलते
रोक छोलनी होकर कुछ ध्यानस्थ
लगी देखने शशिवदना वह दृश्य
फिर-फिर सुनने लगी वही आवाज...
रोहू का ललमुँहाँ क्या बोल रहा था ?
रजत पिच्छिला भुनचट्टी की पेटी से क्या आती थी आवाज
धूसर भाकुर की वह मांसल कनपट्टी
पड़ पड़ पड़ पड़ फट फट फट फट फट
किस रहस्मय की खोल रही थी गाँठ ?
—यह सब सचमुच ही अगम्य था

तभी समझ में आया
बहुत दिया जब ध्यान
दो टूटे दाँतोंवाले इन भद्र अधेड़ महानुभाव
(मथुरा पाठक) की
मधुर तृतीया भार्या
प्राणों से भी प्यारी
वह कुलीन मैथिल की कन्या
फिर-फिर सुनने लगी वही आवाज...
"हम भी मछली, तुम भी मछली
दोनों ही उपभोग की वस्तु हैं
ज्ञाता स्वाद सुधीजन, सजनी हम दोनों को
अनुपम बतलाते हैं
वनिता धर पल्लव में किंवा
जंबीरी रस-सिक्त मत्स्य खंडों में
कहीं नहीं अन्यत्र
इन्हीं में
मिलती आई है अमृत द्रव की अशेष परितृप्ति
उन लोगों को;
इसीलिए हम तुम दोनों
युग-युग से पाती आई हैं
विपुल प्रशंसा
रसिकों की गोष्ठी में बहुशः
इसीलिए तो
हमें इन्होंने कैद कर लिया तालाबों में
इसीलिए तो
तुम्हें इन्होंने कैद कर लिया
सात-सात डेवढ़ियोंवाली हवेलियों में
सुविधा औ' सामर्थ्य मुताबिक
अपनी-अपनी रुचि के ही अनुसार वे सभी
रसना-रति के लेलिहान उस अग्निकुंड में
भून-भूनकर हमें खा गए...
और, अभी तक खाए जाते
चहबच्चों में, तालाबों में
बंदी का यह निर्बाध जीवन
बहन, हमारे आत्मबोध पर

कोलतार से लगा चुका है पोची
किंतु आज तो कोशी की धारा ने आकर तोड़ दिया है बाँध
आज आ गईं, सखि, हम बाहर
एक-एक कर
उथल-पुथल है जन-जीवन में
सभी ओर उत्क्रांति हो रही
टूट रहे हैं अंतःपुर के ढाँचे
आज या कि कल
तुम भी तो निकलोगी बाहर
हवेलियों से, डेवढ़ियों से
फिर जनपद के खंडनरक ये मिट जाएँगे
शब्दकोश को छोड़ कहीं भी
नहीं 'असूर्यम्पश्या' का अस्तित्व रहेगा
'औरतदारी' रह न जाएगी
अन्य हमारा मरण, आज सखि
धन्य हमारी हत्या
मिला मुक्ति का स्वाद
भूल गईं हम पिछली बातें, रहा न कुछ भी याद
बहुत दिनों पर पाई हमने छूट
मचने दो यदि मची हुई है हत्या अथवा लूट
वन्या के प्लावन से सहसा पुश्करिणी की
परिधि गई है टूट।"

1948
इस गुब्बारे की छाया में

वह कौन था ?

कोर्ट की दीवार पर
चुपचाप जो पोस्टर अभी चिपका गया
वह कौन था ?
जो चाय की दूकान के उस बरंडे पर
फेंककर नोटिस अभी गायब हुआ
वह कौन था ?
जो प्लेटफारम पर जमा इन यात्रियों की भीड़ में

यह लीफलेट गिरा गया है
अभी चलती ट्रेन से
वह कौन था ?
सुप्त सुंदर सड़क के अति रुचिर उर पर
शिशिर की नीरव निशा में
चाक से जो स्पष्ट अक्षर लिख गया
वह कौन था ?

क्या लिखा है ?
राह चलते लोग रुक-रुक पास आते
बाँचते हैं
चकित-विस्मित दृष्टियों से निगलकर भावार्थ
रह-रहकर परस्पर ताकते हैं—
क्या लिखा है ?
परस्पर तसदीक करके इशारों से बात सारी
राह चलते लोग गुपचुप राह पकड़े जा रहे हैं...
क्या लिखा है ?
—'क्षीण अनशनक्लिष्ट आहत...
'राजनैतिक बंदियों का वध हुआ है...
'हो गईं निःशेष लाशें...
'एम्बुलेंसी कार आई, गई वापस...
'शांतिपूर्वक हो गया सम्पन्न यह नरमेध...
चुप रहो, चुप, चलो जल्दी !
अरे, हाँ, तो क्या लिखा है ?
—'बूचड़ों की कैद में हैं, भाइयो, साथी हमारे
'तोड़कर हम जेल का फाटक—
'उन्हें आजाद करने जा रहे हैं ?
'आज-कल-परसों कि चौथे रोज निश्चय
'पुलिस-क्वार्टर में अगर भगदड़ मचे, तो
शांत रहना, भाइयो, मत हड़बड़ाना..
राह चलते लोग रुक-रुक पास आते, बाँचते हैं
परस्पर को ताकते हैं
परस्पर तसदीक करके इशारों से बात सारी...
खिसकते हैं
सोचते हैं

सोचते ही चल रहे हैं—
अरे, इस 'आजाद छापेमार टुकड़ी' में भले कै जने होंगे !
हमारी ही भाँति उनके भी कदाचित् नाम होंगे...
मधु, मुरली, गजाधर, अफजल कि छट्टू !!

आज बंधन-मोक्ष के त्यौहार का आरम्भ होता है
'उपद्रव', 'उत्पात' कहकर कुबेरों का वर्ग रोता है
कर-चरण-मन-प्राण फंदों में फँसे थे—
दिशा थी अवरुद्ध, दृग पथरा रहे थे—
सर्वहारा ने निकाला है स्वयं ही मुक्ति का यह मार्ग
महाश्वेता दानी कवल से सर्वांशतः अब मुक्त होगा राष्ट्र
अब आजाद होंगे नगर, आजाद होंगे गाँव
अब आजाद होगी भूमि
अब आजाद होंगे खेत
अब आजाद होंगे कारखाने
मशीनों पर और श्रम पर, उपज के सब साधनों पर
सर्वहारा स्वयं अपना करेगा अधिकार स्थापित
दूहकर वह आँत जोंकों की, मिटा देगा धरा की प्यास
करेगा आरम्भ अपना स्वयं ही इतिहास
बुद्धिजीवी जनों की क्षमता करेगी काम सोने में सुहागे का
सम्मिलित स्वेच्छा प्रणोदित जातियाँ पथ बना लेंगी स्वयं आगे का

औलिया की दी हुई ताबीज बाँधे बाँह में
यह पुलिस-इंस्पेक्टर बहादुर
एस.पी. को दे रहे हैं गालियाँ...
कर दिया पार्सल ससुरे ने
कम्यूनिस्टों के किले में
आठ ठो बंदूक
दस ठो आदमी
जीप है साली सड़ी-सी...
पुलिस इन्सपेक्टर बहादुर को न आती नींद गाढ़ी
अर्ध-निद्रित दशा में बिसुना रहे हैं—
लाल झंडे का हथौड़ा पड़ा सर पर—
और, हँसिया ने गले को छू लिया है—
बाप रे !

—क्या हुआ सरकार
—कुछ नहीं जी, कुछ नहीं !
—तो, क्या हुआ सरकार ?
—चुप रहो जी, भूत का शुबहा हुआ...

पिट-पिटाकर
लुट-लुटाकर
पुलिस इन्सपेक्टर बहादुर
लिख रहे दो रोज बाद रिपोर्ट—
मिर्च की बुकनी छिड़ककर आँख में
हमारे हथियार डाकू ले गए
किया काबू में मुझे
पिस्तौल तक छोड़ा नहीं, सर !
बड़े दुख की बात है, सर !

आठ ठो बन्दूक...
एक ठो पिस्तौल...
सैकड़ों कारतूस...
पाँच लम्बी, तीन छोटी टार्च...
भर कनस्तर घी, अनेकों टिन किरासन
बहुत सारा और भी सामान
मार लाया रात को 'आजाद छापेमार दल'
बगीचे का कैम्प उठकर इसी से तो राय साहब की कचहरी में चला आया है
जमींदारों के हृदय में घुस गया है बाघ
बस चले तो बेचकर वह भूमि-धन-पशु-दास-दासी बाग-पोखर-चौर-चांचर
भाग जाएँ फारमूसा
या, सुरक्षा समिति के ननिहाल जाकर चैन की बंसी बजाएँ
पर, अचल सम्पत्ति है यह
ढोल मामूली नहीं है
बाँधकर जिसको गले से भाग जाएँगे कहीं राजा बहादुर, राय साहब

सो न होगा !
भूमि अब प्रतिशोध लेगी
लील जाएगी उन्हें जो निरर्थक छेके हुए हैं—
अहल्या की अति व्याप्ति-समान उसको महामूर्छा की दशा में

अभी तक रक्खे हुए हैं
लील जाएगी उन्हें वह
पकड़कर छाया भगोड़ों को करेगी कैद, पृथ्वीपुत्र देगा दंड उनको
आत्मबोध हुआ
पृथ्वीपुत्र जागे

ले रहे अंगड़ाइयाँ, लो उठ गए हैं
(दंडपाणि त्रिशूलधारी चक्रधारी हलधर गदाधर)
छीन लाए हैं पुलिस से दुनाली बंदूक
अपने आप सीखेंगे चलाना
अहिंसा का खोल ओढ़े, हिंसकों का होश होगा ठीक
पुलिस में भगदड़ मचेगी,
आ सकेगा आततायी नहीं पृथ्वीपुत्र के नजदीक
रुद्रता अनिवार्य होगी भद्रता के पूर्व...
सर्वहारा वर्ग के नील लोहित फूल, तुम बहुतेरा फलो
हे अपरिचित भूमिगत, अज्ञातवासी
नाम गोत्रविहीन प्रिय 'आजाद छापेमार' टुकड़ी के बहादुर बंधु !
निष्कंटक करो इस कंटकावृत भूमि को
अपनी परिधि का करो तुम प्रस्तार
हे नवशक्ति !

1948
इस गुब्बारे की छाया में

खाली नहीं और खाली

मकान नहीं खाली है
दुकान नहीं खाली है
स्कूल नहीं खाली, खाली नहीं कॉलेज
खाली नहीं टेबुल, खाली नहीं मेज
खाली अस्पताल नहीं
खाली है हाल नहीं
खाली नहीं चेयर, खाली नहीं सीट
खाली नहीं फुटपाथ, खाली नहीं स्ट्रीट
खाली नहीं ट्राम, खाली नहीं ट्रेन

खाली नहीं माइंड, खाली नहीं ब्रेन

खाली है हाथ, खाली है पेट
खाली है थाली, खाली है प्लेट !

1948
युगधारा

नई पौध

बढ़ा है आगे को बेतरह पेट
धँसी-धँसी आँखें
फूले-फूले गाल
टाँगें हैं कि तीलियाँ, अटपटी चाल
दो छोटी, एक बड़ी
लगी हैं थिगलियाँ पीछे की ओर
मवाद, मिट्‌टी, पसीना और रक्त—
चार-चार दुश्मनों की खाए हुए मार
निकर मना रहा मुक्ति की गुहार
आँत की मरोड़ छुड़ा न पाईं बरगद की फलियाँ
खड़ा है नई पौध पीपल के नीचे खाद की खोज में
देख रहा ऊपर
कि फलियाँ गिरेंगी
पेट भरेगा
और फिर जाकर
सो रहेगा, चुपचाप झोंपड़े के अंदर
भूखी माँ के पेट से सटकर।

1948
युगधारा

ऐटम बम

कहाँ गिरेंगे ऐटम ? या हाइड्रोजन बम
नहीं फौज पर

नहीं पुलिस पर
नहीं लाम पर
नहीं मुहिम पर
बम बरसेंगे जनाकीर्ण आबादी पर ही
निरपराध निर्दोष निष्कलुष—
बाल-वृद्ध-वनिताओं की ही जान जाएगी
ताज़ा-ताज़ा खून बहेगा
उस पवित्र शोणित धारा में नहा-नहाकर
खाज मिटाना चाहेंगे
युद्धाकांक्षी मानवाभास पागल पिशाच दस-बीस पचीस-पचास
जिनके गलित कुष्ठ के मारे घुटा जा रहा मानवता का श्वास

कहाँ गिरेंगे ऐटम या हाइड्रोजन बम ?
शांत-निरीह नगर-ग्रामों पर
खेतों-खानों-खलिहानों पर
सुंदर सुभग सृष्टि रचने में व्यग्र-व्यस्त बे-भान हजारों दस्तकार पर
शत-सहस्र वर्षों की संचित सूझ-समझ के फलस्वरूप उपलब्ध—
शिल्प के ललित-अमोलक चमत्कार पर
ताजमहल की मीनारों पर
अक्षयवट की शाखाओं पर
सोमनाथ पर
विश्वनाथ पर
उज्जयिनी के महाकाल पर
कन्नड़ के प्रतिमा-प्रकांड उस बाहुबली पर
सारनाथ के नवनिर्मित सुंदर विहार पर
आम-जामुन-लीची-कटहल के उद्यानों पर
झारखंड के नृत्यनिरत उत्सव-निमग्न संथालजनों पर
रविठाकुर के विश्वभारती-कला केंद्र पर
शांत-सुभग नर्मदा तीर पर
भूमि-स्वर्ग कहलानेवाले काश्मीर पर
केरल-कोंकण-कच्छ-कुर्ग पर
कामरूप-काठियावाड़ पर
भरतभूमि के छोटे-बड़े सभी स्थानों पर
वर्कशॉप पर फैक्टरियों पर
मठों, मस्जिदों, गुरुद्वारों पर

खीझ-खीझकर जंगखोर के चेलाचाटी
बरसावेंगे अपने ही हाथों ऐटम बम
सुन न रहे हो सर्वनाश का शंख ?

1948
युगधारा
(इस कविता का एक रूप 'शांति का मोर्चा'
शीर्षक से 'हंस', अक्तूबर 1950 में प्रकाशित।
वह भी इसी खंड में संकलित।—सं.)

राम और लक्ष्मण

(विश्वामित्र के साथ)

सरयू के सैकत तट पर आसीन
बोले रघुकुल-कमल-दिवाकर राम,
दृष्टि सुमित्रानंदन के प्रति डाल
"तात, यही है बस अपना सीमांत।
नदी-पार से होता है आरम्भ
शूर-वीर मागध लोगों का राज्य
बाईं करवट, वाम बाहु उपधान
दंडप्रलम्बित, रखे पैर पर पैर,
डाले दक्षिण कटि पर दायाँ हाथ,
करते हैं गुरुवर थोड़ा विश्राम।
मध्याह्नोत्तर भोजन के पश्चात्—
किसकी झिपती नहीं, बताओ आँख ?
अभी-अभी कुछ ही क्षण के उपरांत
नदी पार कर हम रक्खेंगे पैर
उसी भूमि पर; उद्यत ही है नाव।
किंतु पूछता हूँ मैं तुमसे, वत्स
होगा फिर कब स्वजन-समागम, हंत ?
होंगे फिर कब हम अपनों के बीच ?
कहाँ मिलेगा ऐसा सुंदर देश ?
धन्य हमारा कोसल जनपद धन्य !
सुजल सुफल बहुविध धनधान्य समेत !
लता-गुल्म-तृण-तरु-वल्ली परिव्याप्त !

सरजू जल अभिसिंचित स्फीत समृद्ध !
सुर-नर-मुनि मनमोहन परम ललाम !
कहाँ मिलेगी ऐसी उर्वर भूमि ?
कहाँ मिलेगा इतना सुंदर देश ?
ऐसी माटी कहाँ मिलेगी वत्स !”
भीतर-ही-भीतर पाकर के क्लेश,
विह्वलता से होकर तब अभिभूत,
दिया अनुज ने उत्तर
“सच है, तात !
नहीं मिलेगा ऐसा सुंदर देश...
नहीं मिलेगी ऐसी उर्वर भूमि...
धन्य हमारा कोसल जनपद धन्य !
सुजल सुफल बहुविध धनधान्य समेत
लता-गुल्म-तृण-तरु-वल्ली परिव्याप्त !
सरजू जल अभिसिंचित स्फीत समृद्ध !
सुर-नर-मुनि मनमोहन परम ललाम !
नहीं मिलेगी ऐसी उर्वर भूमि—
नहीं मिलेगा इतना सुंदर देश—
कहीं चराचर किंवा त्रिभुवन मध्य,
ऐसी मिट्टी नहीं मिलेगी, तात !
धन्य हमारा कोसल जनपद धन्य !
हैं ही यद्यपि हम दोनों के साथ
गाधिपुत्र कौशिक मुनि विश्वामित्र
अति रुचिकर है यद्यपि इनका संग,
यद्यपि होते चलते हैं मालूम—
देश-काल के और पात्र के तथ्य,
सुन-सुन यद्यपि नानाविध आख्यान,
तिल-तिल करके बढ़ता जाता ज्ञान;
फिर भी यह जो अपना अभिजन छोड़;
दूर जा रहे हम पहली ही बार,
सत्य-सत्य कहता हूँ, इससे तात !
मुझको तो होती है बहुत कचोट !
याद आ रहे मुझको बारम्बार
वृद्ध पिता के सजल स्निग्ध वे नेत्र !
शिशिरनिशा के हिमाच्छन्न शशि तुल्य—

माताओं के मुँह आते हैं याद !

विदाकाल के वे मर्मांतक दृश्य
भूल गए हैं हम जो इतना शीघ्र
तरुण-सुलभ कौतूहल था वह हेतु
हुआ न जिससे धैर्य हमारा भंग
और नहीं कुछ, वही एक था हेतु !"
हिला-हिलाकर करपल्लव अभिराम
किया राम ने लक्ष्मण को संकेत
तत्क्षण ही चुप हो जाने के हेतु!
लगा टूटने जब धीरज का बाँध,
शतदल नीलकमल पर से जलबिंदु
ढुलक पड़े दो बार, श्वास-क्रम दीर्घ
नासापुट कम्पित निस्तेज कपोल !
अग्रज की यह दशा देख सौमित्र
हुए और भी व्यथित हुए निःशब्द।

हंसाकृति उस नौका पर आरूढ़
करते सरयू-गंगा-संगम पार
सावधान हो सुनने लगे कुमार...
सरयू उद्गम, तब सुरसरि माहात्म्य—
किस प्रकार गंगाजी की यह धार
भू पर उतरी तज हिमगिरि की गोद ?
किस प्रकार पा सके परम पद, हंत,
कपिल-कोप-परिदग्ध सगर-संतान ?
भागीरथी पड़ा क्यों इसका नाम ?
...सुना उन्होंने यह समग्र इतिहास।
मुनि-मुख-पद्म-विनिःसृत सुधा समान,
अपने वंशधरों का यह आख्यान
सुना उन्होंने फिर-फिर देकर ध्यान।
पूर्वजनों का सुन-सुनकर गुणगान,
अरे भरे हैं कभी किसी के कान ?

दक्षिण तट से जा टकराई नाव
उतर पड़े उस पर से तीनों व्यक्ति

नाविक भी तब पाकर आशीर्वाद
विदा हुआ, तब मुनि ने कहा कि राम,
सम्मुख हो सुरसरि को करो प्रणाम !
क्या जाने, फिर कब यह पुण्य प्रवाह
हमें मिलेंगे स्नान-आचमन हेतु !
लिये राम ने तब दोनों कर जोड़
मन-ही-मन कर दिया स्तवन आरम्भ...
त्रिविध-तापहारिणि गंगें, तुम धन्य !
देवि, तुम्हारी महिमा अपरम्पार!
पाकर तेरे जलकण का संस्पर्श
कट जाते हैं युग-युग-संचित पाप।
हट जाते हैं बड़े-बड़े अभिशाप।
सुर-नर-मुनि-किन्नर-विद्याधर-यक्ष—
कौन नहीं रहता लालायित, हंत,
दरस-परस मज्जन अवगाहन हेतु ?
क्षुधित जनपदों को करते हैं शांत,
देवि, तुम्हारे ये उर्वर तट प्रांत !
रिक्त न रहता जग-जननी का अंक,
धन्य तुम्हारा महिमामय यह पंक !
तुम्हें सौंपते आए हैं हम अम्ब,
अपने-अपने वंशाधरों की अस्थि।
साक्षी है पृथ्वी साक्षी आकाश !
देवि दयामयि, करता तुम्हें प्रणाम !
अनुज-सहित यह सांजलि राघव राम...

जोड़ पाणियुग, होकर कुछ नतशीर्ष
किए आचमन दोनों ने तत्काल !
मुनि को देख विलम्ब गए कुछ दूर,
लगे टहलने तट पर राजकुमार।
दिखे दिगंत प्रसन्न, गगन निर्मेघ
कहा राम ने लक्ष्मण से—"प्रिय वत्स,
ऊपर देखा, नभ है कैसा स्वच्छ !
नीरजनील निरभ्र परम रमणीय—
ज्यों हो शरद् प्रकृति का विजय-वितान
सड़ी घास की, सड़े पात की गंध,

अधसूखे कर्दम की गीली वास,
ध्यान खींच लाती है भू पर ओह !
धीरे-धीरे बचकर चलना, वत्स !
बिछे पड़े हैं खर-कंटक सब ओर।
पशुओं के खुर, चरवाहों के पैर,
छोड़ गए हैं अपनी-अपनी छाप
कल, परसों, तरसों, या चौथे रोज;
सो सब परिलक्षित होता है स्पष्ट;
आसपास ही, निश्चय, हैं कुछ गाँव।
क्रमशः घटती क्रमशः होती क्षीण—
इस धारा की शांत चपल हिलकोर,
देखो लक्ष्मण ! करती है किस भाँति
सिकतामय सितपट पर बारम्बार
ऋजु , कुटिला दोनों लिपि का व्यवहार।''

हुए निवृत्त, किया इंगित चुपचाप,
आगे-आगे चले महामुनि आप,
पीछे-पीछे दशरथ के दो लाल।
तनिक दूर पर मिला विपिन विकराल—
पग-पग पर थे विकट झाड़-झंखाड़ !
डग-डग पर थे वृद्ध वनस्पति ठाढ़ !
डालों से लिपटी थी मोटी बेल,
मानो अजगर दिखा रहे हों खेल !
क्षुद्र झींगुरों की अविरत झझकार
रही विधाता को मानो ललकार !
श्वापद उठते थे रह-रह चीत्कार !
सड़ी लाश की आती थी दुर्गंध !
दिवस-निशा में था अभेद संबंध !
धरकर पगडंडी आगे की ओर,
बढ़े जा रहे थे तीनों (ज्यों चोर—
चलते हैं पैरों की आहट मार !
नहीं थूकना खाँसी, नहीं खखार !)

इस प्रकार जैसे-जैसे वे लोग
सकुशल पहुँचे महारण्य के पार।

वहीं ठहर जाने का हुआ विचार...

लक्ष्मण लाए ढूँढ़ कंद-फल-मूल !
जल औ' ईंधन ले आए श्री राम !
चकमक पत्थर से निकालकर आग;
चेता दी गई धूनी बस तत्काल।
किया कुमारों ने व्यालू, जलपान;
हुए स्वस्थ पथ-क्लांति हो गई दूर।
हाथ-पैर धो, पीकर पानी मात्र
मृगछाला पर रहे महामुनि लेट।
लगे चाँपने दोनों उनके पैर...
हुई ताड़का की चर्चा आरम्भ...

कहने लगे महर्षि शांत गंभीर--
'सुनो दाशरथि इस वन का वृत्तांत...
महाविकट राक्षसी ताड़का एक,
दस हजार हाथी की जिसमें शक्ति !
इस वन पर है उसका ही अधिकार !
चारों ओर मचा है हाहाकार !
नहीं इधर से आते-जाते पांथ।
पशु, पक्षी भी उससे रहते दूर।
आसपास के ग्राम निगम देहात
उस दुष्टा ने डाले सभी उजाड़ !
लगा हुआ है कंकालों का ढेर !
राम, देखना दिन में यह अंधेर !
दुर्गम कानन, आतंकित कांतार,
हमने जो चुपचाप किया है पार,
और नहीं कुछ यही एक था हेतु...
बाल, वृद्ध, रोगी अथवा विकलांग
नहीं किसी को वह सकती है छोड़।
गर्भभार से मंथर यद्यपि चाल,
पुलकित यद्यपित नव शिशु के प्रति रोम,
फिर भी स्त्रियाँ न पातीं उससे त्राण !
ले लेती हैं सबके ही वह प्राण।
अशुचि पूति दुर्गंधि अमेध्य अवद्य

वस्तुजात से सहजा उसकी प्रीति।
है न भक्ष्य किंवा अभक्ष्य का भेद...''

कहते-कहते कथा अनेक प्रकार,
आधी से भी अधिक हो गई रात।
तमसाऽऽवृत अगजग, तृण, तरु निष्पंद।
खग-मृग-उरग सभी निद्रा में लीन
अथवा आतंकित बैठे दम साध !
कोटि-कोटि नक्षत्रखचित आकाश,
अमित नेत्रमय मानो श्याम शरीर...
लगे घूमने होकर परम अशंक
भूत, प्रेत, राक्षस, रजनीचर जंतु।
वृद्ध वनस्पति की लेकर वह ओट
उगा क्षीणप्रभ प्रिय दर्शन शीतांशु।
कृष्णपक्ष की दशमी का श्रृंगार,
नहीं हर्ष का कर पाया संचार।
मुनि ने कहा कि सो जाओ अब तात !
आधी से भी अधिक हो गई रात ।

रत्नगर्भ/सरस्वती, 1948

विजयी के वंशधर !

आज विजयदशमी है
बड़े-बूढ़े सुबुध सयान
अधेड़ और नौजवान
घर-घर से निकले मालिक-मालिकान
छोटी-बड़ी पट्टियों के बाबू-बबुआन
सब निकले घर से
आज विजयदशमी है
आज है जययात्रा
आज है अभियान !

आज द्वार-द्वार पर धरे हैं मंगलघट
घर-घर हरितगौर मृद-मसृण यवांकुर आज हैं

आज हैं अस्त्र-शस्त्र
शान चढ़ी तलवार
पिला-पिला तेल यह पोसी हुई लाठियाँ...
पी-पीकर घी में घोला हुआ सिंदूर
जाने किस भाँति प्यास हो रही इनकी दूर !
साल में दो दिन बस लेते हैं अँगड़ाई
जाने कब ऐसी इनको यह ऊँघ आई
इन्हें आज भड़ैत, गोड़ाइत ढोते हैं
प्रदर्शन होता है, अपमानित होते हैं

निर्जीव बन गया विजया का त्योहार
समझ में न आ रही यह झूठी जय-जयकार !
फिर भी लो देखो यह –
प्रियदर्शन नीलकंठ पक्षी को पकड़कर
पिंजड़े में ढककर
लाए हैं बहेलिए
मालिकों के आगे
उड़ा देंगे फर्र से...
नीले आसमान की ओर उड़ जायगा
प्रियदर्शन नीलकंठ पक्षी... !
दस-बीस सौ-पचास रुपए
फटा-पुराना या कि कीड़ों से कुतरा हुआ
काश्मीरी दोशाला,
भागलपुरी तसर
नागपुरी चद्दर,
बहुत कुछ मिलेंगे बेचारे बहेलियों को इनाम-अकराम
लेंगे सलामी आज सबसे ही राजा राम !

घर-घर हैं दशरथ
घर-घर हैं राम-लखन
घर-घर भरत हैं, घर-घर हैं शत्रुहन
बैठते हैं ठाट से निज-निज दलान पर
प्रतीक्षा है केवल दुआ की, सलाम की
'खिड़हड़ी' गाँव में क्या कमी है राम की !

गुलाबी धोती
सीप की बटनोंवाला रेशमी कुर्ता,
मलमल की दुपलिया, फूलदार टोपी,
बाटा के पम्प शू,
नेवले के मुँह-सी मूठ की नफीस छड़ी...
बड़ा और छोटा सरकार,
लाल साहेब, हीरा जी,
मानिक जी, मोती साहेब,
बुच्चन जी, बबुअन जी, नूनू जी, बचोल बाबू
हवेली से निकले बनकर, सँवरकर
ड्योढ़ी से बहराए सजकर, धजकर !
आगे-आगे पुरहित
पीछे दीवान जी
हिलाते-डोलाते हाथ
मोसाहेब हैं साथ-साथ
अस्त्र-शस्त्र सज्जित पच्छिमी सिपाही
तनकर चल रहे पीछे ही पीछे !
शान चढ़ी तलवार म्यान में रो रही
कंधों पर ऊँघ रहीं पोसी हुई लाठियाँ
सौ-सवा सौ साल की दुनाली बंदूक
गुम-सुम ही सोच रही ज़माने की भूल-चूक
पर्वतिया बोको के सीने से सटकर
ऊपर मुँह करके ले रही कैसे साँस ?
आ गया फिर यह बेशरम आसिन मास
निर्लज्ज, बेहया
दशमी और विजया...
दुनाली बंदूक
सोच रही गुमसुम ज़माने की भूल-चूक
ऊपर मुँह करके
नेपाली संतरी के वक्ष से सटकर !

पान के रँगे हुए सभी के होंठ हैं
बाकी फतह के लिए गढ़ हैं न कोट हैं
मरे हुए रावण को फिर-फिर मारने
खस्ता सामंती शान बघारने
निकले हैं बाहर

विजेता राम के सैकड़ों वंशधर...
देख रहे निर्निमेष भालू और बानर ?
साधारण जनता मजूर और खेतिहर...
विजयी के वंशज विजया मनाते हैं !
ढेलों की ढेर का रावण बनाते हैं !
लाठियों से पिट-पिट हो गया चूर-चूर
दशकंधर का नशा भाग गया चटपट दूर
बजने लगे डंके, तुरही में फूँक पड़ी
मालिकों की पट्टियाँ वाह-वाह खूब लड़ीं !
राक्षसराज रावण को मार दिया सींक से !
हिमालय को मात किया सर्दी से, छींक से !
ढेलों की ढेर को गर्दा बना दिया
टूटा पुल पार कर 'विजया' मना लिया
भाट लगे गाने विविध विरुदावली
गन गन लगी करने—
गंग कवि,
भूषण कवि,
सबकी कवितावली !
राम छू लौट आए ग्राम का सीमांत
बैठे दालान पर धीर गम्भीर शांत
गौर-हरित मृदु-मसृण यवांकुर छींटते
आ गए ब्राह्मण आशीर्वाद देने
दक्षिणा में इकन्नी-अधन्नी तक लेने...
जयंती मंगला
कपालिनी भद्रकाली
दुर्गा शिवाधात्री क्षमा नमाऽस्तुते स्वाहा स्वधा...
जय हो यजमान की राजा-महाराज की !
मालिक-मलिकान की बाबू बबुआन की !
जयंती मंगला काली कपालिनी
भद्रकाली विजया दुर्गा भला करे !

मामूली असामी रैयत बनाम प्रजा
नज़राना गई चढ़ा
सलामी गई बजा

तत्पर एकउंट बाबू, देवानजी मुस्तैद

अठन्नी से कम क्या सलामी तुम दोगे ?
आसिन की दी हुई नज़राने की रकम
वज़न बन पैठती अगहन के धान में !
खेत-खलिहान में—
पुरहित समझा रहे
भावी के जाल में रैयत को बझा रहे !
कैसा यह पुण्याह
समझ तो लो आह
जय-जय सर्वमंगला
आज विजयदशमी है।
विजय के वंशज
चले गए अंदर
बैठे जब खाने
सामने आ गए छप्पन प्रकार सब...
कनकजीर चावल के सुरभित महीन भात
अरहर की दाल और परवल की तरकारी
कोहड़े के फूलों के पकौड़े बड़े-बड़े
तिलौड़ी, दनौड़ी, तिसियौड़ी, पापड़
तरोई, ननुआ, भिंडी और बैंगन
सूरन और अरुई
मछली और सालन
ऊपर से पुष्ट घृत, कसौदी, अचार, नींबू
अंत में दही, तिस पर सकरौड़ी...
विजयी के वंशजों को विजया का स्वाद मिला !
और क्या चाहेंगे भोगींद्र भूमिपति
रावणांतक दाशरथि राम के वंशधर ?

युगधारा/अक्टूबर 1948

छोटे बाबू

एक-एक करते हैं बेचारे तीन-तीन के काम
सपने में ही पातें होंगे फुर्सत या आराम
दिन-दिन चढ़ती-बढ़ती महँगी सूपनखा बन सर पर मँडराती है

सच समझो छोटे बाबू पर तरस मुझे आती है
बीवी-बच्चे इक-दो नौकर...छोटा-सा संसार
इसे चलाने को भी चाहिए नोटों का अम्बार
आह ! द्रोपदी की साड़ी-सी फाइल
एक-एक पर एक, एक-एक पर एक
लगती जाती ढेर
देखो तो भी आँख निकल आती है
सच समझो, छोटे बाबू पर तरस मुझे आती है

कहतें हैं इनफ्लेशन के मारे शासक हैं तंग
टकसालों ने ढेर लगा दी छाप-छाप के नोट
चाहें तो नेहरू जी पहनें
कागज़ की इन मुद्राओं का भारी ओवरकोट
अपच न होगी बिड़ला-टाटा-डालमिया को
मणि-माणिक-हीरा-मोती का भसम फाँककर
गंगाजल पी लेगा
पर, छोटे बाबू का होगा कैसे बेड़ा पार
इन बेचारों को मिलती है सधी-बँधी तनख्वाह
पा जाते हैं नाममात्र महँगाई का भत्ता भी
फिर भी क्या पूरा पड़ता है ?
बुरा हाल है,
दुनियादारी का यह छकड़ा
खींच नहीं पाते हैं
बिना मौत के मरे बेचारे
नींद नहीं आती है, गिनते छत की कड़ियाँ आसमान के तारे !
कभी न देखा जेल
इसीलिए क्या बेचारे की यह दुर्गत है ?

युगधारा/जून 1949

रामराज

लाज-शरम रह गई न बाकी गाँधी जी के चेलों में
फूल नहीं, लाठियाँ बरसतीं रामराज की जेलों में
भैया, लंदन ही पसंद है आज़ादी की सीता को—

नेहरू जी अब उमर गुजारेंगे अंग्रेजी खेलों में
लाज-शरम रह गई न बाकी गाँधी जी के चेलों में

अंदर-अंदर विकट कसाई बाहर खद्दरधारी हैं
जमींदार हैं साहुकार हैं बनिया हैं व्योपारी हैं
गाँव-गाँव की शहर-शहर की जिले-जिले की सूबों की
काँग्रेस के अंदर घुस आए जितने भी अत्याचारी हैं
अंदर-अंदर विकट कसाई बाहर खद्दरधारी हैं

लंदन-वाशिंगटन जा रहे उड़-उड़कर अब नेतागण
दुनिया-भर के बटमारों से करवाने को गठबंधन
झूठी जै-जैकार मची है, सच कह दूँ भैया मैं तो—
तंग आ गया सुनते-सुनते वतन-फरोशी का कीर्तन
लंदन-वाशिंगटन जा रहे उड़-उड़कर अब नेतागण

खादी ने मलमल से अपनी साँठ-गाँठ कर डाली है
बिड़ला-टाटा-डालमिया की तीसों दिन दीवाली है
जोर-जुलुम की आँधी चलती बोल नहीं कुछ सकते हो
समझ न पाता हूँ कि हकूमत गोरी है या काली है
खादी ने मलमल से अपनी साँठ-गाँठ कर डाली है

वतन बेचकर पंडित नेहरू फूले नहीं समाते हैं
बेशर्मी की हद है, फिर भी बातें बड़ी बनाते हैं
अंग्रेजी-अमरीकी जोंकों की जमात में हैं शामिल
फिर भी बापू की समाधि पर झुक-झुक फूल चढ़ाते हैं
वतन बेचकर पंडित नेहरू फूले नहीं समाते हैं

हिंद आजकल अमरीका से बंदूकें मँगवाता है
ट्रू मैन ही मानो इस धरती का भाग्य-विधाता है
पूछो जाकर, बतलाएँगे तैलंगाना के मजलूम
रामराज से कुम्भकरन का रावण का क्या नाता है
हिंद आजकल अमरीका से बंदूकें मँगवाता है

रामराज में अबकी रावन नंगा होकर नाचा है
सूरत-शकल वही है भैया बदला केवल ढाँचा है

नेताओं की नीयत बदली फिर तो अपने ही हाथों—
भारत माता के गालों पर कसकर पड़ा तमाचा है
रामराज में अबकी रावन नंगा होकर नाचा है

नींद न आती प्रभु पटेल को, मन में भारी हलचल है
बागी भूखों के गुस्से से खौल रहा गंगाजल है
चीन समूचा लाल हो गया, अब है भारत की बारी—
वतन-फरोश न जीत सकेंगे, यह जनता का दंगल है
नींद न आती प्रभु पटेल को, मन में भारी हलचल है

वतन नहीं है खतरे में, खतरे में हैं ये नेतागन
रंग धुल रहा स्यारों का, अब कौन करेगा पालागन
सच कहनेवालों को भैया, पुलिस पकड़ ले जाती है—
चापलूस ही करते हैं, इन मिनिस्टरों का अभिनंदन
वतन नहीं है खतरे में, खतरे में हैं ये नेतागन

गाँधी जी की कसमें खा-खा कौन किसे ठग सकता है
ठंडा चूल्हा, फूटी हाँड़ी; नहीं कहीं कुछ पकता है
दिल्ली-लखनऊ-कलकत्ते से चिकनी-चुपड़ी बोली में—
रेडियोवाला शाम-सबेरे जाने क्या-क्या बकता है
गाँधी जी की कसमें खा-खा कौन किसे ठग सकता है

इस गुब्बारे की छाया में/हंस, जून 1949

केसर की मासूम क्यारियों से आती आवाज

डिनर नई दिल्ली में और कराची में कर लंच;
तौल रहे रावलपिंडी में लड्डू बंदर पंच !

क्या होने वाला है भैया, सबका ध्यान लगा है,
समझो हरिसिंह के दिल में नेकी या कि दगा है !

शालीमार निशात बाग को ले लेगा अमरीका;
भैया, इनको जम्मू-भर का दे देगा वह ठीका !

रात-रात भर अब्दुल्ला को नींद नहीं आती है !
भारी दुबिधा है, झेलम भी चक्कर ही खाती है !

कमर झुकाए नज़र गड़ाए कशमीरी कारीगर !
टाँक रहे हैं फूल-पत्तियाँ पश्मीनी शालों पर !

काशमीर पर कशमीरी जनता का होगा राज–
केसर की मासूम क्यारियों से आती आवाज !

कड़म शालियाँ लहरातीं, करतीं युग की जयकार,
दुश्मन को ललकार रहे हैं खड़े सफेद चिनार !

आज नहीं तो कल भागेंगे अजी, डोगराशाह !
लाख-लाख परजा के आगे क्या सूझेगी राह !

अमरीकी बंदर पंचों की खुल जाएगी पोल,
काशमीर में बजा करेंगे काशमीर के ढोल !

नहीं तुम्हारा नहीं हमारा काशमीर जनता का है काशमीर !
जोड़ नहीं सकता अब कोई हरिसिंह की यह फूटी तकदीर !

सोच नहीं सकता है ज्यादा, सठियाया अब कल का बागी शेख !
धरती पर से नजर उठ गई, आसमान को रहा रात-दिन देख !

सिरीनगर जम्मू ऊधमपुर गिल्गित वो लद्दाख–
दूर-दूर तक फैले हैं जी, काशमीर के शाख !

बोलो भाई, कितने टुकड़े होंगे सुरगपुरी के ?
निकल रहे हैं बँटवारे के कैसे तौर-तरीके !

इन्हें मिलेगा कुछ, कुछ उनको, सर ले लेगा पंच,
आज नहीं तो कल मालूम होगा सारा परपंच !

गिल्गित के अड्डे पर अब अमरीकी कुत्ता भूकेगा !
काशमीर का बच्चा-बच्चा अब इन पर थूकेगा !

कशमीरी ही काशमीर का कर सकते उद्धार,
भैया, यह तो कर डालेंगे उसका बंटाढार !

हिंदुस्तानी पाकिस्तानी दोनों जग से न्यारा—
नई तरह का काशमीर हो, यही हमारा नारा !

कै दिन तक टिक पाएगी यह सड़ी डोगराशाही ?
कै दिन तक यह सितम ढाएँगे जारों के हमराही ?

पहले से ही ठुकी हुई हैं नीचे सौ-सौ कीलें !
ऊपर-ऊपर मँडराती हैं गोरी-काली चीलें !

दो पाटों के बीच घुट रहे काशमीर के प्राण—
कौन दूसरा दे सकता है उसको जीवनदान !

कशमीरी ही काशमीर का कर सकते उद्धार !
भैया, आप करेगी जनता अपना बेड़ा पार !

मात खाएँगे हिंदी पंडित, पाकिस्तानी पीर—
लो देखो, वह खड़ा हो रहा नया-नया कशमीर !

पुरानी जूतियों का कोरस/नया साहित्य, जुलाई 1949

साथी गणपति

साथी गणपति
हम न तुम्हारे हत्यारों को क्षमा करेंगे
बंधु, तुम्हारा लहू मिला है जिस पानी में
वह प्रशांत सागर गीधों के सर्द खून में काला होगा काला होगा
बंधु, तुम्हारा रक्त गिरा है जिस धरती पर
मुक्ति-फौज की गुरु-गम्भीर-दृढ़ चरण-चाप से
उसका आँचल—भूरा होगा, भूरा होगा
बंधु, तुम्हारे शोणित-सीकर में
जिस समीर में उड़े वो हवा
आँधी बनकर कर देगी निर्मूल

साम्राजी पीपल की इन खोखली जड़ों को
बंधु, तुम्हारा तो अद्‌भुत बलिदान
जनयुग की खातिर साबित होगा बढ़ता दिनमान

पूरब-पश्चिम के गीधों की छिप न सकी यह साजिश
—सारी दुनिया के आकाश को नोच-नोच खाने की साजिश
—मिटते-मिटते और नहीं तो दो छन टिक जाने की साजिश
—अमन-चैन की दीवारों से ईंटें खिसकाने की साजिश
—जनवादी मुल्कों पर जंगी बादल बरसाने की साजिश
—पढ़े-लिखों भूले-भटकों को फिर-फिर भरमाने की साजिश
सारी साजिश आज हो गई हाजिर

साथी गणपति
इस धरती का, उस धरती का
एक-एक कन मुग्दर बनकर
गीधों की खूँखार चोंच पर बरस रहा है
आज वहाँ, कल यहाँ कि परसों कहीं और—
इनकी लाशों का ढेर तैरता दीख पड़ेगा थूकों की निर्बंध नदी में
साथी गणपति, हम न तुम्हारे हत्यारों को क्षमा करेंगे।

पुरानी जूतियों का कोरस/नया साहित्य, अगस्त 1949

माँजो और माँजो

नहीं-नहीं, अभी नहीं
अभी तो सिरिफ श्रीगणेश है
अपने पदों को बार-बार माँजो
माँजो और माँजो, माँजते जाओ
लय करो ठीक, फिर-फिर गुनगुनाओ
मत करो पर्वाह—क्या है कहना
कैसे कहोगे, इसी पर ध्यान रहे
चुस्त हो सेंटेंस, दुरुस्त हों कड़ियाँ
पकें इत्मीनान से गीत की बड़ियाँ
ऐसी जल्दी भी क्या है ?
उस्ताद पुराना, भले शागिर्द नया है

नैतिक-अनैतिक, सामाजिक-असामाजिक
भला या बुरा कुछ भी क्यों न हो
तलकर घोलकर बघारकर कहो
वस्तु है भूसी, रूप है चमत्कार
ध्वनि और व्यंग पर मरता है संसार
वाच्य या आशय पर कौन देता ध्यान
तर्ज और तरन्नुम है शायरी की जान
एक-एक शब्द है दुधारू गाय
उसका दुरुपयोग करना न हाय
हाय रे दैव ! हाय भगवान !
शब्द को दिया क्यों अर्थ का दान
ध्वनि-ही-ध्वनि देते, देते मात्र लय-तान
भावों की दलदल में आकंठमग्न काव्यकला
त्राहि-त्राहि कर रही
उद्धार करो उसका।

अगस्त, 1949
युगधारा

भारतमाता

जय जय जय हे भारतमाता !
नभनिवासिनी जलनिवासिनी
हरित-भरित भूतल-निवासिनी
गिरि-मरु-पारावारवासिनी
नील-निविड़ कांतारवासिनी
नगरवासिनी ग्रामवासिनी
अमल-धवल हिमधामवासिनी
जय जय जय हे भारतमाता !
दक्षिण में है नारिकेल-पूगीवन वलयित केरल जनपद
तमिलनाडु की धनुष्कोटि-कन्याकुमारिका
पश्चिम जलनिधि सिंध-कच्छ-सौराष्ट्र
और गुर्जर-परिशोभित
उत्तर का दिक्पाल तुम्हारा महानाम उत्तुंग भाल
गौरीपतिशंकर-तपःपूत कैलाश शिखर दंडायमान है

प्राची में हैं वरुणालय वह वंगविभूषण
और वक्ष पर कौस्तुभ मणि-सा विंध्य पड़ा है
जाने कब से !
मणि-माणिक सोना-चाँदी औ' लोहा अबरख
ताँबा-जस्ता, कोक-कोयला—
जाने क्या-क्या ढँका पड़ा है।
देवि, तुम्हारी वसुंधरा का बित्ता-बित्ता रत्नाकर है !
गंगा-यमुना-सिंध और वे पाँचों नदियाँ
ब्रह्मपुत्र, कृष्णा-कावेरी
गोदावरी-नर्मदा-कोसी-गंडक-सरयू—
नदीमातृका भूमि तुम्हारी अति उर्वर है
मिट्टी का कण-कण खेतों में स्वर्णशस्य बन लहराता है
कूक-कूक उठती है, कोयल मेंढक रह-रह टर्राता है
झींगुर तो अविराम एकरस झंकारों से
कभी न नीरव पड़ने देते—
मुखर तुम्हारी प्रकृति, धन्य हो !
अनुपम देवि, तुम्हारा पशुधन
दूध-दही की नदियाँ यदि पहले बहती थीं
आगे भी बहनेवाली हैं
खाद्य-पेय नाना प्रकार के तीमन-व्यंजन
कव्य-गव्य साकल्य सोमरस
शहद ऊख आसव अरिष्ट—
सब सुलभ यहाँ पर
नहीं कृपण है भूमि तुम्हारी
नहीं कृपण है गगन तुम्हारा
हृदय विमल है, सक्षम इंद्रिय
वाणी विकसित, स्फीत चेतना
अभिधा औ' लक्षणा-व्यंजना
स्फोट और ध्वनि, छंद और पद
नाद-तान लय-ताल औ' स्वर
नृत्य-नाट्य-वाद्यादि सभी कुछ तो अपने हैं
नहीं कसर है किसी बात की
नहीं कमी है किसी वस्तु की
जय-जय जय हे भारतमाता !

जनयुग का यह रिक्तहस्त कवि
देवि, तुम्हारे लिए आज निज शीश झुकाता
जय-जय जय हे भारतमाता !
नगपति की उत्तरी मेखला दीप्त हो उठी
आंदोलित हो उठा अरे कैलाश
स्पष्ट ही, शिशिर हिमानी पिघल रही है
नए चीन की लाल भवानी अपनी रूखी अंगुलियों से
स्वप्नप्रिय अलका के तंद्रिल नागरिकों की पृथुपलकों को हौले-हौले मसल रही है !
गढ़ा जा रहा कोटि-कोटि पृथ्वीपुत्रों के लिए विराट सिंहासन, देखो !
हमको क्या भय, तुमको क्या भय ?
मुट्ठी-भर ही होंगे वे जिनका भविष्य है अंधकारमय
बाकी, तो तुम देख रही हो, सब प्रसन्न हैं,
कुछ ही होंगे जो विषण्ण हैं
जय-जय जय हे भारतमाता !

अगस्त 1949
युगधारा

जन-वंदना

हे कोटिशीर्ष हे कोटिबाहु हे कोटिचरण !
युग की लक्ष्मी भव की विभूति कर रहीं तुम्हारा स्वयं वरण
तुम महिमामंडित परम्पराओं के वाहन
तुम साधारण, तुम निर्विशेष
निज जटाजाल में विद्युत की गतिविधि समेट
तुम सर्वग्रासी हिरणकशिपु का फाड़-फाड़कर विकट पेट
विज्ञान-कला-संस्कृति के शिशु प्रह्लादों को
—दे रहे निरंतर अभयदान !!

यूरोप, एशिया, अमरीका या अफरीका
सब जगह तुम्हारी अगवानी कर रही प्रकृति
धरती पुलकित, आरक्त गगन
अरुणोदय की लोहित आभा से भास्वर सारे दिग्दिगंत
शुभ आशंसा के हैं न अंत
मिट्टी का कण-कण प्राप्त कर रहा स्वाधिकार

है उतर रहा भू पर ही सुरपुर मुक्तद्वार
अब रह न जायगा अग-जग में कोई अनाथ किंवा अशरण
हे कोटिशीर्ष हे कोटिबाहु हे कोटिचरण !

सुख-सुविधा सब के हेतु सहज
सब सक्षम, सब होंगे प्रबुद्ध
आबाल-वृद्ध-वनिता—सारे कर्तव्यनिरत
निर्माणशील
सब स्थितप्रज्ञ, सब कलाकार, सब स्निग्ध-शांत
सब एक सूत्र में गुम्फित कुसुमावलि-समान
सब में दीपित आत्माभिमान
अमरत्व न चाहेगा कोई, सम होंगे जीवन और मरण !!
हे कोटिशीर्ष हे कोटिबाहु हे कोटिचरण !

हे महारुद्र, हे निर्मोही
हे शाश्वत मल के महाकाल
तुम मानवता के दूषित-गलित अवयवों पर
—प्रलयांतवह्नि बन बरस रहे
हो रहा तुम्हारे लोहित-नील स्फुलिंगों से
—त्रिभुवन का तम-तोम-हरण
हे कोटिशीर्ष हे कोटिबाहु हे कोटिचरण !

हे महाप्राण
आतंकित तुमसे दानवदल
वंचक मायावी कालनेमि धारण करते
नाना प्रकार के छद्मवेश
फिर भी न पा रहे कहीं त्राण
छीजते जा रहे क्षीयमाण
प्रतिशोध तुम्हारा अति अद्भुत, विकराल तुम्हारा न्यायदंड
तुम चूर-चूर कर रहे आज मांधाताओं का सब घमंड
युगधर्म तुम्हारा देख-देख...
त्रेता विस्मित, द्वापर विमुग्ध हे विश्वम्भर
यह चंद्र-सूर्य यह तारागण...
नक्षत्र-खचित यह नील गगन
तृण-तरु-वल्ली से परिव्याप्त

बहुबिध धनधान्य समेत
सुफल कल्याणनिलय अतिशय ललाम
अमिताभ सुसंभृत रत्नगर्भ यह धराधाम
मैं मुग्ध-मुदित-मन देख रहा उज्ज्वल भविष्य का उपोद्घात
हे निःसंशय, दुविधाविहीन
मैं निष्ठापूर्वक सोच रहा—
कल, व्यक्ति-व्यक्ति के हेतु सुलभ होंगे
अवश्य मौक्तिकाऽऽभरण !!
हे कोटिशीर्ष हे कोटिबाहु हे कोटिचरण !

युगधारा/जनवाणी, सितम्बर 1949

रत्नगर्भ

छिन्नभिन्न विकलांग
भूलुंठित पड़ी थी
अवलोकितेश्वर की रत्नगर्भ प्रतिमा

नीलमणि पद्मराग स्फटिक और वैदूर्य
महामूल्य फीरोजा प्रियदर्शन चंद्रकांत
स्थूलतम मौक्तिकों की महोज्ज्वल एकावली
निकले महार्घमणि

काँसे की ललित-वलित मूर्तियों के पेट से
लेकर जब हथौड़े खिलजी के घुड़सवार
तोड़ने लग गए ताबड़तोड़ मूर्तियाँ
घुसकर विहार में—
देवलविहीन
शून्य देवायतन
नहीं रहा कोई
कि तर्जनी उठाए
अथवा पट-पटाकर हतप्रभ ओष्ठपुट
स्फुट या अस्फुट रीति से मना करे
नहीं-नहीं, हाथ मत लगाना
अवलोकितेश्वर की रत्नगर्भ प्रतिमा में

नहीं रहा कोई
सैकड़ों भाग गए
दस-बीस पचीस-पचास कतल भी हो गए
हाथ लगी वीर को अपार रत्नराशि
नालंदा निःस्व हुई
मिट्टी में मिल गई
भाग गए मठों के पंचमकार सेवी
तराई के जंगल, नेपाल और तिब्बत
भर गए उनसे
बस गए वहीं पर
उदंतपुर, धान्यकटक, विक्रमशिला, नालंदा
अवलोकितेश्वर की प्रतिमा हुई स्थापित
बोधिसत्त्व, मैत्रेय मंजुश्री, अमिताभ
सभी को मिली शरण
तिब्बत की खोह में
सीख लिया भोट ने भारत का कर्मकांड
पंचपात्र, आचमनी, अर्घा, सराई, शंख
स्वर्ण-रजत निर्मित बड़े-बड़े दीपक—
स्थिर और अखंड ज्योति
ध्यान और धारणा
सभी कुछ अपना लिया
आग्रह से लामा ने
परिश्रमपूर्वक सीख लीं लिपियाँ
भाषाक्रम सीख लिया, सीख लिया चित्रांकन
भेज-भेज स्वर्णराशि
देवल और दार्शनिक—
सब कुछ मँगवा लिये !
विकृतमुख वज्रपाणि—
विघ्नेश्वर हेरुक—
गणपति हेरम्ब—
विकट वज्र वैरोचन—
यही तो थे द्वारपाल... ?
सुरक्षित था इनसे नालंदा महाविहार !
विद्रूप विकराल इनकी भाव-भंगिमा
बख्तियार खिलजी को बड़ी ही असाध्य लगी

मार-मार मुगदर तोड़ दिए नाक-कान
मँगवाकर छेनी तोंद को झाड़ दिया
उभरे नितम्ब को कर दिया छोटा
काट दी मेखला
बनाकर विकलांग
भू पर लुढ़का दिया
गया जब भीतर
विस्मयविमोहित रह गया देखकर
प्रौढ़ा रमणियों की बिल्वस्तनी मूर्तियाँ
प्रज्ञापारमिता...
दश महाविद्या...
उग्रतारा...
नीलतारा...
सभी थीं मनोरम
कटि में थी मेखला
कानों में मणि थे
तांत्रिकजन कहते हैं जिन्हें त्रिपुरसुंदरी
सचमुच वही थीं वे
छेनी के सहारे
सहृदय कलाकार ने
उतारकर रख दी थी मृदुता-कमनीयता
काली-कलूटी खुरदरी शिलाओं का
अद्भुत वह रूपांतर
खिलजी ने चाहा...
—हुथ ! यह तो पत्थर है
शरियत के खिलाफ है उनकी ओर ताकना
बेहतर है इनको चूर-चूर कर दूँ

फिर क्या था, बर्बर
टूट पड़े उन पर
पड़ने लगे सत्वर
छेनी और मुगदर
उभरे उरोजों पर
उन्नत नितम्ब पर
बोलते-से मुखड़ों पर

कम्बु-सम ग्रीवा, क्षीणतम कटिदेश
अविनिंदित कर चरण
सुगठित सुगोल बाहु
सरस-स्निग्ध दृष्टिपात
स्मित भास्वर अधरोष्ठ
उपमाहीन त्रिबली
प्रज्ञापारमिता, दशमहाविद्या
उग्रतारा, नीलतारा
सब पर पड़ी चोट
सभी हुईं विकलांग
खिलखिलाया खिलजी—
छिः यही नालंदा
यही थे वे आलिम
फैल रही जिनके इल्म की शुहरत
अरबो-यूनान तक
तुर्कों तातार तक
सुनते ही मेरा नाम
तराई की ओर भागे
चोरदरवाजों से
सूम और हिजड़े
जिनकी इबादत कर पालते थे पेट वे
उन्हें तक छोड़ गए !

सीढ़ियाँ लाँघकर
पहुँच गया बर्बर
प्रमुख विहार के सज्जित गर्भकोष्ठ में
सामने थी धड़ तक ऊँची एक वेदी
उसी पर अमिताभ थे
कर रही थीं चकमक रत्नखचित आँखें
कनकमय भास्वर शतदल पर खड़ी थी
वह वंकिम प्रतिमा !
चाँदी के बड़े-बड़े दीपक थे द्युतिपूर्ण
सोने की दीवट पर अष्टधातु निर्मित पूजापात्र फैले थे
निहित था विधिपूर्वक
नरक और निरोग कस्तूरी-मृगछाला

आसन के स्थान पर
मानो कुछ अवांतर प्रयोजन से पुजारी
गया हो बाहर, आने ही वाला हो !
देखकर यह सब ठिठक गया खिलजी
पड़ गया दुविधा में
चिंतन की चर्खी लग गई घूमने
खड़ा नहीं रह सका
बैठ गया नीचे
दृग दोनों मींचे
बुदबुदाने लग गया :
जरूरत ही क्या थी तुम्हारी यहाँ रहने की ?
बड़े ही सौम्य हो !
शांत और स्निग्ध
छोड़ गए तुमको अपने ही पुजारी
नहीं देखा, न सुना, ऐसा विश्वासघात !

कि सहसा ध्यान गया
प्रतिमा के दृगों पर
चकमक चकमक—
कर रहे थे दोनों नयनमणि
धनलोभ दस्यु के दिल में, दिमाग पर
बिजली-सा कौंध गया
खड़ा हुआ फुर्ती से उठकर
वेदी पर चढ़ गया—
दिल्लीवाली जूती पहने हुए ही
मारकर ठोकर गिरा दी प्रतिमा
औंधे मुँह गिर पड़े अक्षोभ्य अमिताभ
चूर-चूर हो गए दोनों नयनमणि
बचपन में उसने सुनी थीं कहानियाँ
मगध के विहार की
नालंदीय वैभव की
रत्नगर्भ प्रतिमा की
आज न वह मानेगा
रेती से रेत-रेत पेट अमिताभ का
देखेगा साक्षात् क्या है इसमें !

था नहीं धर्ममूलक खिलजी का आक्रमण
पैशाचिक अर्थलोभ उसमें निहित था
रत्नगर्भ प्रतिमाएँ खींच उसे लाई थीं
कि जिनको तोड़-ताड़
कि जिनको चूर-चार
ले गया मणि-माणिक
लादकर घोड़ों पर वह आततायी
छिन्न-भिन्न विकलांग
भूलुंठित हो गई
अवलोकितेश्वर की रत्नगर्भ प्रतिमा !

रत्नगर्भ/नया साहित्य, सितम्बर 1949

बरफ़ पड़ी है

बरफ़ पड़ी है
सर्वश्वेत पार्वती प्रकृति निस्तब्ध खड़ी है
सजे-सजाए बँगले होंगे
सौ-दो सौ चाहे दो-एक हज़ार
बस मुट्ठी-भर लोगों द्वारा यह नगण्य शृंगार
देवदारुमय यह सहसबाहु तरुण हिमालय
कर सकता है क्योंकर अंगीकार
चहल-पहल का नाम नहीं है
बरफ़ बरफ़ है काम नहीं है
दप-दप उजली साँप-सरीखी सरल और बंकिम भंगी में—
चली गई हैं दूर-दूर तक
नीचे-ऊपर बहुत दूर तक
सूनी-सूनी सड़कें
मैं जिसमें ठहरा हूँ, वह भी छोटा-सा बँगला है—
पिछवाड़े का कमरा जिसमें एकमात्र जँगला है
सुबह-सुबह ही
मैंने इसको खोल लिया है
देख रहा हूँ, बरफ़ पड़ रही कैसे
बरस रहे हैं आसमान से धुनी रुई के फाहे
या कि विमानों में भर-भरकर यक्ष और किन्नर बरसाते

—कास-कुसुम अविराम
ढँके जा रहे देवदार की हरियाली को अरे दूधिया झाग
ठिठुर रहीं उँगलियाँ मुझे तो याद आ रही आग
गरम-गरम ऊनी लिबास से लैस
देव-देवियाँ देख रही होंगी अवश्य हिमपात
शीशामढ़ी खिड़कियों के नज़दीक बैठकर—
सिमटे-सिकुड़े नौकर-चाकर चाय बनाते होंगे
'ब्रेकफ़ास्ट' करते होंगे तैयार

ठंड कड़ी है
सर्वश्वेत पार्वती प्रकृति निस्तब्ध खड़ी है
बरफ़ पड़ी है

युगधारा/योगी, 26 सितम्बर 1949

महाभिनिष्क्रमण से पूर्व

कि इतने में आ पहुँचा एक
वृद्ध ब्राह्मण, लकुटी वह टेक
उठाकर कम्पित दहिना हाथ
लगा कहने, "जय हो गणराज
नंदिनवर्धन लिच्छविकुल-केतु !
सुखी हो दोनों, हो अतिदीर्घ
वीरवर वर्धमान की आयु
सुधीजन का मानस जलजात
कहाँ है अनुज तुम्हारा तात ?
स्पर्श कर उसका मस्तक आज
चाहता देना आशीर्वाद
छू चुकी है अब मेरी आयु
वत्स, जीवन का अंतिम छोर
सकूँगा देख न कर लूँ स्पर्श
ज्योति पाए आँखों की कोर
याद आता रह-रह छविमान
सुरक्षित चम्पक-तरु-उपमान।"

स्नेह-विह्वल सुन द्विज की बात
हो गया द्रवित वीर का चित्त
उठीं आँखें अग्रज की ओर
मिला तत्क्षण इंगित अनुकूल
बढ़े सुकुमार सँभाल दुकूल
सिंह गति से आकर नजदीक
कुब्ज कंधे पर रखकर हाथ
कहा, यह लो, मैं आया तात
स्पर्श में है क्या ऐसी बात !''

म्लान पंकज के दल की भाँति
विप्र के होठों की वह कांति
हो उठी थी भास्वर क्षण मात्र
हो उठा था पुलकित कृश गात्र
टेक लकुटी पर दोनों हाथ
और हाथों पर ठोड़ी टेक
रहा गुम थोड़ी देर विवेक
बुढ़ापा खड़ा रहा साकार
स्वयं जाने क्या चीज निहार

सभी चुप थे, सब थे निःस्तब्ध
धरा थी मौन, गगन था मौन
प्रकृति थी स्तमित, बोलता कौन
वृद्ध ब्राह्मण का भावावेश
बन गया सहसा अश्रु-प्रवाह
धँसी गालों की सीमा लाँघ
गिरी भू पर बूँदों की माल

तोड़कर फिर वज्रोपम मौन
वीरवर बोले : ''मत रोओ विप्र
बता दो आखिर क्या है बात ?
तोड़कर क्यों धीरज का बाँध
हुआ है प्रकट तरल आवेग ?
कौन-सी व्यथा, कौन-सा खेद
रहे हैं तुमको तात कुरेद ?''

लतापत्रांकित पट-परिधान
रहा था कंधे पर से झूल
उठाकर उसका छोर कुमार
पोंछने लगे विप्र के नेत्र
स्नेह पाकर, होकर आश्वस्त
वीर के सिर पर धरकर हाथ
उठाकर ऊपर धुँधली दृष्टि
लटकती भौंहों पर बल डाल
वृद्ध बोला, कुछ क्षण उपरांत :

"तात, देखा है मैंने स्वप्न
कि तुम निकले हो सबकुछ छोड़
स्वजन-परिजन से नाता तोड़
हुए हो बिलकुल बे-घर-बार
जन्म औ' मृत्यु जरा औ' रोग
अविद्या, भव, तृष्णा अज्ञान
सभी को कर डाला निर्मूल
नहीं है शूल, नहीं है फूल
किया है तप ऐसा घनघोर
कि यश फैला है चारों ओर
परे करके सुख-सुविधा-भोग
शरण आए हैं लाखों लोग

तात, देखा है मैंने स्वप्न
कि ऐरावत चढ़ आए देवेंद्र
गगन से उतरा है चुपचाप
तुम्हारे पास पहुँचकर आप
परिक्रमाएँ की हैं दो-तीन
उतरासंग एकांस लिये—
वंदना की है घुटने टेक
और फिर तेरे सिर पर वत्स
तान डाला है अपना छत्र
(अकर्णिक कांचनमय शतपत्र
रहा ज्यों नभ में उलटा झूल)
किंतु तुम शांत दांत अ-विकार

रहे पहले की भाँति निहार
अचंचल हैं दृग, थिर हैं ठोर
न उठती हैं किंचित हिलकोर
देख आकृति निःस्पृह निरपेक्ष
इंद्र को होता है आश्चर्य
लौट जाता है वह तत्काल
धरा फटती गिरता है वज्र
दिशाओं से उठते तूफान
किंतु तुम लोकाचल के तुल्य
डटे हो अडिग अटल अविकम्प
स्वप्न देखा है पिछली रात
बताओ यह सब क्या है तात ?''

नहीं सुन सके, उठे तत्काल
नंदिवर्धन को दिखा अनिष्ट
कुँवर से कहा पकड़कर हाथ :
''तात, बकता है जो यह वृद्ध
न देना उस पर कुछ भी ध्यान
टहलने चलें, चलो उद्यान
जामु, लीची, कटहल औ' आम
शलीफा, कदलीथम्भ ललाम...
गणों में ज्यों हम लिच्छवि श्रेष्ठ
फलों में त्यों यह राजा आम
बहुत बैठे हम आयुष्मान !
टहलने चलें, चलो उद्यान''

''नहीं सुन लेते तुम भी अहा''—
उठाकर आँख वीर ने कहा
''वृद्ध ब्राह्मण आए हैं तात
सुनो कर लेने दो, दो बात
शांत होगा इनका भी हृदय
पुण्य मेरा भी होगा उदय
टहल आओ तुम देव अवश्य
चित्त होता हो यदि उद्विग्न
देखकर आगत संध्याकाल

बाग - उपवन - पोखर - तालाब

नदी-तट, पथ-पांतर, वन-खेत
पेड़-पौधे, लतिकाएँ-घास
ग्राम की हद, अभिजन-सीमांत
प्रतीक्षा में रहते तल्लीन
कि प्रातःकाल, कि सायंकाल
देखने आएगा भूपाल
पिता वह, हम सब हैं संतान
टहल आओ, जाओ तुम तात
हमें कर लेने दो कुछ बात''

देखकर उस ब्राह्मण की ओर
अनुज का मन नवनीत समान
'ठीक है' कहा हिलाकर शीश
और बाहर निकले चुपचाप
टहलने गए अकेले आप
नंदिवर्धन-लिच्छवि कुलकेतु

हो गई संध्या, फिर भी इधर
बात कर रहे थे ही कुँवर
वृद्ध की आँख रही थी चमक
मुदित मुँह खूब रहा था दमक
''तात देता हूँ आशीर्वाद—''
घोलकर वाणी में आह्लाद
स्थूल स्वर में बोला तब विप्र
''रहेगा क्या यह खूसट याद ?
हाय, यह भूमि कोस दश-बीस
धान्य-धन, दास-दासी सुवर्ण
बाप-दादों की शुभ सम्पत्ति
स्वजन का स्नेह प्रजा की भक्ति
सभी कुछ तुम जाओगे छोड़
मुक्त होओगे बंधन तोड़
काल की, स्थिति की सीमा लाँघ
फैल जाएँगे देश-विदेश

वीर, तेरे निर्मल उपदेश
तरुण तापश, तेरा वैराग्य
बदल देगा दुनिया का भाग्य
त्रस्त धरती पाएगी त्राण
जीव पाएँगे फिर से प्राण
बिकेंगे आगे नहीं मनुष्य
नहीं बोलेगा कोई झूठ
बंद होंगे सब ईर्ष्या-द्वेष
रहेगा नहीं घृणा का नाम
देब से बढ़कर होंगे मनुज
शुद्ध आचरण, बुद्धि अवदात
भिन्न रुचि पर शुचि मानस मध्य
खिलेंगे समता के जलजात
दूर होगा ब्राह्मण का दम्भ
शांत हो जाएगा राजन्य
वैश्य का लालच होगा नष्ट
शूद्र होगा उन्नत स्वाधीन
स्त्रियाँ होंगी पुरुषों-तुल्य
बढ़ाएँगे बस गुण ही मूल्य
शील पर ही जाएगा ध्यान
विकट यह तप, उतकट यह त्याग
देख धरती जाएगी जाग
तुम्हारी बातें बारम्बार
सुनेगा सारा ही संसार

तात, यद्यपि मैं हूँ अति वृद्ध
किंतु करता हूँ तुम्हें प्रणाम
क्योंकि तुम तजकर घर-परिवार
जा रहे ज्ञानार्जन के हेतु
भटकता रहा समूची आयु
वत्स मैं, तो निज लाभ-निमित्त

धन्य हो क्षात्रकुलोदधि चंद्र
राजकुल में पाया है जन्म
पली है सुख-सुविधा में देह

मिला है सभी तरफ से स्नेह
तुम्हें क्या कमी कि कौन अभाव
कि होओगे यों बे-घर-बार ? ...
चाहिए तुमको केवल ज्ञान ?
यही वह प्यास, यही वह भूख
कि जिससे रहते हो बेचैन ?
वृद्ध हूँ, ब्राह्मण हूँ, स्वार्थांध
किंतु बेटा, तुमको तो आज
दे रहा हूँ निश्छल आशीष
प्राप्त होगा ही केवल ज्ञान
जाएगा बन उज्ज्वल आख्यान...
तात, यह अभिनिष्क्रमण महान...
दे रहा हूँ निश्चल आशीष।''

चले द्विज बकुली लाठी टेक
सहारा बनी वीर की बाँह
लगे कहने वह जा कुछ दूर
''चला जाऊँगा अब मैं वत्स
छोड़ दो, गई घड़ी-भर रात।''

कुँवर लौटे अपने अधिवास
विप्र को प्रचलित पथ पर छोड़
न खाना ही खाया उस रात
न शय्या पर ही डाली देह
न जाने कहाँ नींद उड़ गई
चित्त की धारा ही मुड़ गई
पग अपना काम कर रहे थे
चित्त की चर्खी चल रही थी...
कि आए दो परिचर नजदीक
दास था, दासी भी थी साथ
किंतु दोनों ही थे अति वृद्ध
कांति, साँवला, आकार मझोल
आँख थीं छोटी, चेहरा गोल
हाथ में थे चाँदी के कड़े
कमर में मामूली परिधान

पैर थे खाली, तन था रिक्त
प्यार से फिर भी दृग थे सिक्त
सामने आकर होकर नम्र
किया दोनों ने उन्हें प्रणाम
आ गई चिंतन क्रम में मोड़
थामकर चित्त चारिका छोड़
पलँग पर गए वीर तब बैठ
रहे थे लटक चरण अरविंद
रत्ननख चक्रांकित अविनिंद
स्नेह से आ-नख आ-शिख देख
घोलकर वाणी में वात्सल्य
कहा बूढ़े ने :

"जय हो कुँवर !
हो चुकी है अब आधी रात
और तुम जाग रहे हो तात !
आ गई है क्या ऐसी बात
कि अपलक ही कर दोगे प्रात ?"
और, आकर बिलुकुल नजदीक
गए दोनों ही किंकर बैठ
ताकने लगे वीर की ओर
कि शशि को ज्यों अति मुग्ध चकोर
हेरने लगते हैं अनिमेष
वीर भी तो गहरे दृग डाल
देखने लगे उन्हें तत्काल
कि होकर कोई ज्यों तल्लीन
कहीं डाले गम्भीर निगाह
तनिक रुककर होकर सुप्रीत
पकड़ दोनों ने उनके पैर
लिये अपने कंधों पर डाल
चापने हौले-हौले लगे
वीर अपना सोचने लगे
चित्त की चर्खी चलने लगी...

'रहोगे तुम क्या सदा गुलाम ?
हमेशा खाओगे उच्छिष्ट ?

बेचते रहेंगे पशु की भाँति
अरे, कब तक तुमको ये लोग ?
हाय, पाकर भी मानव देह
तुम्हारा यों बदतर है हाल
तनिक भी चीं-चूँ किया भी कि नहीं
खींच लेते हैं जिंदा खाल
श्रेष्ठ हैं तुमसे श्वान-बिडाल
सुखी हैं तुमसे कीट-पतंग
राख की कीमत तुमसे अधिक
तुम्हारे लिए देव भी वधिक...'
बीच में सहसा छूकर कान
और, शप् से कुछ जीभ निकाल
वृद्ध बोला :
"छोटे सरकार !
क्षमा हो चाकर का अपराध
टोकने का कुछ है अधिकार ?"
'क्यों नहीं'—कहा वीर ने तुरत
गड़ाकर बेचारे पर आँख :
"क्या नहीं है तुमको अधिकार
मनुज तुम भी, मैं भी हूँ मनुज
महल्लक, कहो नहीं 'सरकार'
तुम्हीं-सा मैं भी हूँ सामान्य
मुझको मत समझो देवकुमार
इतर साधारण मैं हूँ मनुज
नंदिवर्धन लिच्छवि-का अनुज..."

इस तरह कहते-कहते कुँवर
खींचकर चट् से दोनों पैर
पलँग पर बैठे पल्थी मार
सुभग सुंदर कनकोज्ज्वल देह
देखते रह गए दासी-दास
कि ज्यों शशि के प्रति मुग्ध चकोर
ताकते रह जाते अ-निमेष...
उन्नमित भ्रू का पा संकेत
दास बोला :

"करना जी माफ,
समझ में अपनी आती नहीं
हमें उलटे होता आश्चर्य
पहेली-सी लगती यह बात
शाम से ही मैं हूँ हैरान
खिन्न हो तुम क्यों श्रीमान
मुझे तो होता है आश्चर्य
तात ! तुमको कैसा परिताप ?
जलन कैसी, कैसा यह शोक ?
भुवन-भर में अतिशय स्पृहणीय
राजकुल में पाया है जन्म
हाय, होकर भी गण संतान
घटाते हो अपना दिन-मान !
सुदुर्लभ भोग, अकंटक सौख्य
विलक्षण तनु चम्पक अवदात
और पाकर यह वयस नवीन
देव, तुमको कैसा परिताप ?
जलना कैसी, कैसा अभिखेद ?

छोड़कर परिजन पुरजन धाम
छोड़कर ऐसी भूमि ललाम
कहाँ तुम चले कुसुम-सुकुमार
हमारे प्राणों के आधार ?
सुगम सुंदर जनपद यह तात
स्वर्ग जिससे खाता है मात
विदेहों का मनोज्ञ अधिवास
जहाँ सब सुख करते हैं रास
अन्नधन पशुधन दासी-दास
फूल फल मूल शहद नवनीत
भरित-पूरित यह तिरहुत देश
तुम्हें पहुँचाता है क्या ठेस ?

देखकर हरे-भरे ये क्षेत्र
मुदित होते न तुम्हारे नेत्र
निबिड़ नीला पट कटि में डाल

प्रसारित कर चितकबरे पाल
करों में निज पतवार सँभाल
नाव खेते हैं धीवर-बाल
लादकर लाते रहते माल
रजत, कांचन, मणि, मुक्ताजाल
पद्म, हीरक, वैदूर्य, प्रवाल
हंस लांछित कौशेय दुकूल
क्षौम-जनरुचियों के अनुकूल
अगरु, कस्तूरी, चंदन-खंड
वन्यपशु शृंग, चँवर गजदंत
लाख, अबरख, शीशा औ' काँच
काँस, पीतल, लोहा औ' ताम
गिनाऊँ यदि चीजों के नाम
सुबह से हो जाएगी शाम ...
लादकर लाते रहते माल
नाव खेते हैं धीवर-बाल

कहीं पर पाँक, कहीं पर रेत
इधर भी खेत उधर भी खेत
बीच में काँच-हरित गम्भीर
प्रवाहों में बहता है नीर
सदानीरा के ये तट प्रांत
तुम्हारी जलन न करते शांत ?

हिमालय यह उत्तर की ओर
जुड़ाती है आँखों की कोर
देख लो तात, यहीं से बैठ
महागज रहे मेघ में पैठ
प्रात की लाली से द्युतिमान
चमकता है नित नव हिमवान
देखता आया हूँ मैं रोज
प्रकृति की यह आभा, यह ओज
आँख खोलो हे अंतर्लीन !
सृष्टि है सुंदर सृष्टि नवीन !!"

सुनी अग्रज की जब यह बात
रहे होंगे चुप पल छः-सात
उठे दृग, गिरा सहज गम्भीर
अनाहत लगे बोलने वीर :

''क्षमा हो तात, क्षमा हो तात
निकल जाए यदि मुँह से बात
असंगत उद्धत या कि कठोर
ध्यान मत देना, जी, उस ओर
हुआ करता है बहुविध कथ्य
सुधीजन ले लेते हैं तथ्य
अनुज की सुन यह अटपट बात
रुष्ट होना कुछ भी मत तात
देव, यह जग आदीप्त-प्रदीप्त
मुझे लगता दावानल-तुल्य
इधर भी आँच, उधर भी आँच
झूठ ही झूठ, नहीं कुछ साँच
स्वार्थ के पुतले हैं सब लोग
सोचते कभी न योग-अयोग
भोग ही भोग, भोग बस भोग
दीखती नहीं मृत्यु या रोग
देख यह अहं, सोच यह दम्भ
देखकर ममता के ये नाच
धधकती हिय में रह-रह आँच
अचेतन का इसमें क्या दोष
सचेतन को ही है धिक्कार
भूल करता जो बारम्बार !
भली यह भूमि, भले यह खेत
भली यह धूल, भले यह रेत
देव, बलि पशुओं की यह घास
बुद्धि का करती है उपहास
तात, धिक-धिक हम मनुसंतान
करें फल फूलों का गुण-गान
अन्न से भर जाता है पेट
तृषा होती है जल से शांत

मिटाता चंदन तन का ताप...
किंतु, लूँ कैसे इनको मान
सदा का सत्य, दिव्य अवदान
दूर कर दे यदि मेरा क्लेश
धन्य होगा यह तिरहुत देश
ताप मेटे यदि भूमि ललाम
पाएगी मेरा दंड प्रणाम
छोड़कर चले गए माँ-बाप
धरा, धन, धाम सँभालें आप
मुझे तो दे ही दें अवकाश
टँगे हैं ऊपर मेरे श्वास—
द्वंद्व से घुटकर, होकर रुद्ध
भावनाएँ करती हैं युद्ध
चले जाने दो अब मतिमान
चाहते यदि मेरा कल्याण
मुझे प्रिय है बस केवल ज्ञान
करूँगा उसका अनुसंधान
वृथा यह ममता नाहक मोह !
तात, मत रोको मुझको ओह !!"

रत्नगर्भ/ज्ञानोदय, नवम्बर 1949 और जनवरी, अप्रैल 1950

युद्ध का अंत

मल्लयुद्ध-प्रसंग का जब हो रहा था अंत
भरत का जब हो चुका था चूर-चूर घमंड
करना चाहते थे बाहुबलि
आघात जब प्रचंड
तानकर घूँसा, उठाकर बाँह
तभी उनको हुआ यह परिबोध...
हाय ! किस पर द्वेष किस पर क्रोध !
हम सहोदर एक जननी की सगी संतान
ले रहे हैं हम परस्पर जान !
हे विजय लक्ष्मी, तुम्हें धिक्कार
पराजय ही मुझे स्वीकार

सहोदर करूँगा मैं अब नहीं आघात
दिन हो जाए चाहे रात
चल जाती पिता पर पुत्र से तलवार
ओ लक्ष्मी, तुम्हें धिक्कार
भाई भाइयों की जान लेने पर उतारू हो रहे हैं हाय !
धिक् धिक् व्यक्ति धिक् समुदाय
चाहिए मुझको नहीं यह जीत
आह मानव; यही क्या तेरी सदा की रीत
चाहिए न मुझको तेरा राज
चाहिए न मुझको तेरा ताज
पराजित ही मैं रहूँ, नाहक न मुझको छेड़
खड़ा हूँ जिस पर न काटूँगा वही मैं पेड़
साहसी सम्राट् डाकू चोर
हाय, लिप्से, कौन पाएगा तुम्हारा ओर
इस प्रकार विमुग्ध और विक्षुब्ध
बाहुबलि पर छा गया वैराग्य
फिर आघात करने के लिए उद्यत वही भुजदंड
(पराक्रमशील प्रकांड प्रचंड)
हो गए नीचे
चमकने लग गए दृग शांत स्निग्ध सफेद
भासित हो उठी फिर
सौम्य स्वाभाविक मुखाकृति वही शिशु की भाँति
उत्तरीय उतार
खोल करके रख दिया
एकावली मणि मेखला कुंडल तथा केयूर
और उसके बाद तो वह
हो गए निर्ग्रन्थ और निःवस्त्र....
"देव, यह क्या ?"
वृद्ध मंत्री शुचिव्रत ने
उठाकर तत्काल दायाँ हाथ
टोक ही तो दिया—"यह क्या हो गया
आज तुमको देव ?
नग्न बनकर विजय लक्ष्मी का करो
मत, आह, यों मत अपमान !
देव, तुम पर दैव है अनुकूल

मुकुट लो फिर शीश पर
धारण करो फिर हंस लांछित क्षौम पीत दुकूल !"
शांत मुद्रा में हिलाकर हाथ
बाहुबलि बोले—"अजी, इन वस्तुओं का
लो न मेरे सामने अब नाम
रत्न के बदले बटोरूँगा नहीं अब काँच
अब न नाचूँगा अरे कठपुतलियों का नाच
न जाने किस पुण्य के बल पर पा गया यह मानवीय शरीर
लिया जब तक नहीं इससे काम
अतिभौतिक भावनाओं में रहा
दिन-रात ही मैं मग्न !
हाय मानव !
जा रहा तू दौड़ता किस ओर ?
पकड़ पाएगा कभी क्या कामना के छोर ?
विनश्वर संसार !
पिला दी किसने सुरा, तुम हो रहे बेभान
काम आता नहीं विद्या कि या ज्ञान
भूमि पशु धन धान्य कांचन रजत मणि माणिक्य
दास-दासी अश्व गज रथ सारथी और सैन्य
सभी पर और गृद्धदृष्टि मनुष्य, तूने कर लिया अधिकार
ज्योतिरीश्वर महाग्रह
तेरा सभी पर पड़ा रहा प्रतिबिम्ब
किंतु अंदर के अँधेरे को न पाए चीर
किरण के तेरे नुकीले तीर
यह तड़क, यह भड़क बाहर की न आई काम
अंतःकरण ज्यों के त्यों रहे दिग्भ्रांत
स्वजन परिजन
इष्ट मित्र
पड़ोसियों की यह विकट प्राचीर
पड़े हो तुम कैद इसमें ज्यों कि पिंजड़े में बिचारा कीर !
काम आएँगे न
औरों के तुम्हें वरदान या अभिशाप
यदि न होंगे मुक्त अपने आप !
औ' प्रकृति के चेतनामय पुत्र, मनु संतान
लक्ष्य तेरा एक होना चाहिए, बस एक,

केवल ज्ञान।"
बाहुबलि ने कहा
इतना, हो गए फिर मौन
हो रहे दंडायमान विशाल शाल समान
बाहुबलि सु-महान !
आश्चर्य !
दोनों ओर के दर्शक हुए हैरान
विस्मय का नहीं था अंत !
किसी ने देखा नहीं था कभी ऐसा दृश्य
भरत घुटने टेक
साश्रु और सविवेक
ऊर्ध्व दृग् बैठा रहा कुछ काल
निकला नहीं मुँह से बोल
पहली बार जीवन में कि यों वह आज
नतमस्तक किसी के सामने
बैठा हुआ है हंत !
किसी ने भी सिखाई थी
भरत को इतनी बड़ी क्या सीख ?...
जुड़ गए फिर हाथ अपने आप
बाहुबलि की साधुता से हो गया मन
राग-द्वेषविहीन
द्रवित होकर दर्प
दृगों से बहने लगा धर आँसुओं का रूप
जीतकर भी विजयलक्ष्मी से पराङ्.मुख
सामने ही खड़ा है यह व्यक्ति—
अपरिसीम उदारता का मूर्तिमान प्रतीक
अनुज मेरा बाहुबलि !
अथवा उसी के रूप में यह
देवता या यक्ष-किन्नर नाग या गंधर्व
मेरा हृदय-परिवर्तन करना चाहता हो हंत
पड़ गए संदेह में राजा भरत
कुछ काल के उपरांत
अपनी क्रूरता पर गया नृप का ध्यान
अपने आप पर ही घृणा होने लगी...
पुंजीभूत मेरा पाप धोने के लिए ही

बंधु, तुमने
साधु का यह रूप धारण कर लिया है, ओह !
मैं नहीं पाया तुम्हें पहचान
देव, मैं अनभिज्ञ अनजान
जीतकर चतुरंत यह भूखंड
झुकाने आया तुम्हें मैं मूर्ख, मैं उद्दंड
ठीक है मेरे अनुज हो बंधु
पर न साधारण मनुज हो बंधु
तुम्हारा यह बाहुबल है किस प्रकार विशाल
हृदय भी है उसी भाँति विशाल
था मुझे इस बात का पहले न कुछ भी भान
तभी तो न पाया तुमको तनिक भी पहचान
चक्रवर्ती कहाने का मोह मेरा हो गया है दूर
सार्वभौमिक गर्व मेरा हो गया है चूर
हाय, मेरे हेतु—
शत-शत नृपतियों के मुकुट और किरीट
भूलुंठित हुए हैं हाय !
हाय, मेरे दुरित का व्यय से अधिक है आय !
लाख-लाख निरपराधों का बहा खून
ताक पर रख दिया सब कायदा-कानून
हो गई सूनी हजारों जननियों की गोद
और तिस पर विजय अरु आमोद और प्रमोद
नृत्य नाटक द्यूत मदिरापान
विरुदावली का गान
विविध उत्सव और विविध आरम्भ
मान मद छल छद्म मिथ्या दम्भ
रात दिन पर छिद्र का संधान
हाय रे यह कूटनीतिक ज्ञान
बंधु, मैंने किया है अपराध यह अक्षम्य
आमरण जलता रहूँगा इसी के परिताप में मैं मूढ़
पर, तुम्हें क्या हो गया यह ?
दृष्टि शीतल, भ्रू सरल, मुखकांति उज्ज्वल स्निग्ध
तनिक मिलता नहीं आवेश का आभास
स्वच्छ है अंतःकरण निर्मेघ ज्यों आकाश
चरण-कमलों पर तुम्हारे आज मैं यह डालता हूँ

देव, अपनी विजयिनी तलवार
जिसका बहुत था अब तक मुझे अभिमान
दो मुझे आशीष
जाकर धर्म से शासन करूँगा
दंड दूँगा छोड़
सुखी हों राजन्य
फिर से राज्य पाकर
अब न छीनूँगा किसी की भूमि
लो यह पकड़ता हूँ कान
उस अनुतप्त अग्रज के लिए
हे देव, यों धारण करो मत मौन
श्रीमुख से सुनाओ बोल
दो आदेश कुछ भी
अन्यथा मैं
तुम्हारे ही सामने लो करूँगा अपघात !

"भूप"—जरा रुककर
अभयमुद्रा में कहा तब बाहुबलि ने
वह ऋषभ भगवान
विश्व-भर का करेंगे कल्याण;
हो गया परिताप से ही पूर्ण प्रायश्चित्त
सद्धर्म का आलोक अब तो—
दीप्त होने जा रहा है
तुम्हारे ही मनोमंदिर मध्य....
बाहुबलि फिर हो चिर मौन,
अंतर्लीन
सो गया हो ताल में ज्यों मीन !

रत्नगर्भ/ज्ञानोदय, फरवरी-मार्च 1950

बजट-वार्त्तिक

ताक लगाए
कछुओं-सा कर-चरण समेटे
देशी धन्नासेठ

विदेशी युधिष्ठिरों की शरण माँगते
पूँजी को चाहिए छाँह साम्राज्यवाद की

मिला देवगण को आश्वासन
मथनी लेकर
जॉन मथाई
अमृत मथ रहे
रत्नाकर का आमंत्रण चौदहों भुवन के दिक्पालों को

एक चरण पाताल लोक में
अपर चरण है स्वर्ग लोक में
खड़े त्रिविक्रम स्वयं धरा पर
वामन बलि को ठगे
किंतु, अपने को कैसे ठग सकता है !!

हव्य चाहिए—
कव्य चाहिए—
गव्य चाहिए—
दो पैसे के पोस्टकार्ड से
पापी पेट भरेगा कैसे ?
उपनिषदों में, रामायण में
ज्ञान और विज्ञान सभी कुछ भरा पड़ा है
रिफ्यूजियों को मुट्ठी-भर ही चने मिलेंगे, गुड़ न मिलेगा
कवेल पल्टनिया हाथ पावेगा दाना-पानी
प्रिवीपर्स परिपूर्ण, विश्व का भ्रमण करेंगे उड़-उड़ राजा-रानी

निम्न वर्ग की आँत कपचकर
नसें दूहकर मिडल क्लास की
रखो ठीक बैलेंस, बल्कि कुछ बचत दिखाओ
छोटे-बड़े मगरमच्छों को अभयदान दो
धन्वंतरियों के उन अगणित अमृत-घटों पर, देखो कोई नज़र न डाले

गंगा-यमुना के कछार में
आ-आकर अंडे देंगी अब
दुनिया-भर की जोंकें

रामराज की सरल प्रजा का तरल रक्त
कितना सस्ता है !!

मार्च 1950
युगधारा

पक्षधर !!

चाहते हो—
अगर तुम निर्विघ्न होकर
शांतिपूर्वक
शिल्प-संस्कृति-कला का, साहित्य का निर्माण करना
चाहते हो—
अगर तुम निर्विघ्न होकर
शांतिपूर्वक
चिर समीहित स्वप्न को साकार करना
चाहते हो—
शांति, शाश्वत शांति
घन आनंद
चिर कल्याण
अक्षय अमृतधारा
तो उठो—
मन और तन की समूची ताकत लगाकर
विघ्न-बाधा के पहाड़ों को गिरा दो, ढाह दो !
अमंगल के, अशुभ के उन हेतुओं को ध्वस्त कर दो !
खोदकर निर्मूल कर दो कंटकावृत झाड़ियों को !
राह में रोड़े पड़े हैं अमित-अगणित...
उन्हीं से अतलांत गह्वर पाट डालो।
अन्यथा—
कुछ भी नहीं तुम कर सकोगे
बहुत होगा, भागकर शिमला कि नैनीताल
अथवा मसूरी के पास जाकर
ललित लोकायन बनाकर
वहीं क्षेत्रन्यास लोगे

किंतु—
 युग के विप्लवी उत्ताप की इस परिधि से
 बाहर रहेगा हिमालय किस भाँति
 यह भी तो बताओ ?

अजी जाओ—
 इतर साधारण जनों से अलहदा होकर रहो मत;
 कलाधर या रचयिता होना नहीं पर्याप्त है
 पक्षधर की भूमिका धारण करो...
 विजयिनी जनवाहिनी का पक्षधर होना पड़ेगा...
 अगर तुम निर्माण करना चाहते हो
 शीर्ण संस्कृति को अगर सप्राण करना चाहते हो।

जून 1950
युगधारा

पुलकित-कुलकित

पुलकित-कुलकित
उलसित, हुलसित
कुहकित, कुंचित
पंत सुमित्रानंदन
नरम नरम-सी तुनक तरल-सी
समयोचित पद्यावलियों से
गाते हैं गुणगाथा
हिला-डुलाकर, कुंचित कम्पित माथा !

1950

वणिक्यपुत्र

इस पार कि उस पार
कार में बैठकर
निकला हवा खाने
गेहुँअन का पोआ...

कगार पर पहुँच रहा है बचपन
टानना सीख लिया है अभी से '555'
बड़ी ही नफ़ासत से निकालता मुँह का धुआँ
गंगा के किनारे खोद रहा मन-ही-मन उमंग का कुआँ
क्यूटिकुरा का धोआ
गेहुँअन का पोआ।

हजार-हजार बाँहोंवाली/नई चेतना, अगस्त 1950

कवि !

कोटरगत नेत्र, धँसे हुए गाल
उदयशंकर-कट के कुंतलीन बाल
गमन मराल का, चितवन चकोर की
कुहासा-सी भाषा, साँझ की न भोर की
कलित कलकंठ, विकल वेदनामय गाना
पौरुष नदारद, स्त्रैण सवा सोलह आना
पहचाना फिर भी नहीं
देखा है जरूर कहीं
कौन हैं आप ?
शिव शिव ! हरे हरे !!
और कौन होगा अरे !
मृदु-मसृण विधुवदनी छवि है
ढलते दिनमान का छायावादी कवि है

फलित नहीं, पुष्पित मात्र होकर रह गया प्रेम, हाय
—शरीर सम्पर्कहीन !!
व्यक्तित्व के बोझ से दब रही देह दीन
परम प्रिय है चाय, कभी-कभी ओवल्टीन
सुनते हैं हम-आप, बजती है हृदयबीन
चारों ओर जल-ही-जल फिर भी पिपासित मीन
सेक्स, तेरा बुरा हो
काट लूँ गला गर हाथ में छुरा हो
गला है मीठा, मन है तीत
रेडियो के लिए लिखते हैं गीत

पढ़ते हैं एज़रापाउंड-इलियट
बाकी सबको समझते हैं ईडियट
नाम है भारी, आमदनी हल्की
चिंता है कल की !

अगस्त 1950
युगधारा

प्रेत का बयान

"ओ रे प्रेत"–
कड़ककर बोले नरक के मालिक यमराज
"सच सच बतला
कैसे मरा तू ?
भूख से, अकाल से ?
बुखार, कालाजार से ?
पेचिश, बदहजमी, प्लेग, महामारी से ?
कैसे मरा तू, सच-सच बतला !"

खड़ खड़ खड़ खड़ हड़ हड़ हड़ हड़
काँपा कुछ हाड़ों का मानवीय ढाँचा
नचाकर लम्बी चमचों-सा पंचगुरा हाथ
रूखी-पतली किट-किट आवाज़ में
प्रेत ने जवाब दिया :
"महाराज !
सच-सच कहूँगा
झूठ नहीं बोलूँगा
अब हम गुलाम नहीं
नागरिक हैं हम स्वाधीन भारत के
पूर्णिया जिला है सूबा बिहार के सिवान पर
थाना धमदाहा
बस्ती रुपउली
जात का कायथ
उमर कुछ अधिक पचपन साल की
पेशा से प्राइमरी स्कूल का मास्टर था

तनखा थी तीस रुपैया, सो भी नहीं मिली
मुश्किल से काटे हैं
एक नहीं, दो नहीं, नौ-नौ महीने
घरनी थी, माँ थी, बच्चे थे चार
आ चुके हैं वे भी दयासागर, करुणा के अवतार !
आप ही की छाया में

मैं ही था बाकी
क्योंकि करमी की पत्तियाँ अभी कुछ शेष थीं
हमारे अपने पुश्तैनी पोखर में
मनोबल शेष था सूखे शरीर में..."

"अरे वाह..."
भभाकर हँस पड़ा नरक का राजा
दमक उठीं झालरें कम्पमान सिर के मुकुट की
फर्श पर ठोककर सुनहला लौहदंड
अविश्वास की हँसी हँसा दंडपाणि महाकाल
"बड़े अच्छे मास्टर हो !
आए हो मुझको भी पढ़ाने !!
मैं भी बच्चा हूँ...
वाह, भाई वाह !
तो तुम भूख से नहीं मरे ?"

हद से ज्यादा डालकर जोर
होकर कठोर
प्रेत फिर बोला—
"अचरज की बात है
यकीन नहीं करते आप क्यों मेरा
कीजिए, न कीजिए आप चाहे विश्वास
साक्षी है धरती, साक्षी है आकाश
और और और और और भले
नाना प्रकार की व्याधियाँ हों भारत में
किंतु—"
उठाकर दोनों बाँह
किट-किट करने लगा जोरों से प्रेत

"–किंतु
भूख या क्षुधा नाम हो जिसका
ऐसी किसी व्याधि का पता नहीं हमको
सावधान महाराज,
नाम नहीं लीजिएगा
हमारे समक्ष फिर कभी भूख का !!"

निकल गया भाफ आवेश का
तदंतर शांत-स्तिमित स्वर में प्रेत बोला–
"जहाँ तक मेरा अपना संबंध है
सुनिए महाराज,
तनिक भी पीर नहीं
दुख नहीं, दुविधा नहीं
सरलापूर्वक निकले थे प्राण
सह न सकी आँत जब पेचिश का हमला..."

सुनकर दहाड़ स्वाधीन भारतीय प्राइमरी स्कूल के
भुखमरे स्वाभिमानी सुशिक्षक प्रेत की
रह गए निरुत्तर
महामहिम नरकेश्वर।

प्रयाग, 24 अगस्त 1950
युगधारा/नवयुग, 17 सितम्बर 1950

नोच रहे दहलीज खीझकर

रातों रात किया था हमला, भारी मुँह की खाई,
नोच रहे दहलीज खीझकर, बिल्ली के ये भाई !

पड़ी करारी चोट, दुष्ट की मरी जा रही नानी
खूँखारों को नहीं मिल रहा, कहीं बूँद-भर पानी।
शह पड़ती है चाल चाल पर भागत बाट न सूझै,
धरती के बेटों से कैसे लँगड़ी पल्टन जूझै।
उखड़े कदम के दुनिया टूटी, फिर भी अकिल न आई,
नोच रहे दहलीज खीझकर, बिल्ली के ये भाई !

हिंद मुलुक के डाक्टर दौड़े करने मलहम-पट्टी,
जर्नल कै करता, कर्नल को रह-रह आती टट्टी।
सुनो साथियो, कान लगाकर मेकार्थर की धड़कन,
घर में टेबुल पीट रहे हैं ट्रूमैन-एचीसन !
जोश देख कोरिया मुलुक का, मति इनकी बोराई,
नोच रहे दहलीज खीझकर, बिल्ली के ये भाई !

उठा कोरिया, बढ़ा कोरिया, जाग रहा जापान,
उछल-कूद ले दो दिनों का यह मेकार्थर-मेहमान।
जीवट की बलिहारी भैया, किया शत्रु का नाश,
छोटा मुलुक कोरिया, भइया, उसको है शाबास।
ट्रूमैन का आँसू पोंछे प्रजातंत्र की धाई,
नोच रहे दहलीज खीझकर, बिल्ली के ये भाई !

सभी छछूनर एक हो गए, गड़ा दिए हैं दाँत,
दहशत के मारे दुष्टों की ऐंठ रही हैं आँत।
अंदर संकट बाहर संकट, फटा जा रहा पेट,
छिपा न पाते हैं बेचैनी अब अमरीकी सेठ।
नहीं दीखती खैर सब जगह छेड़े बिना लड़ाई,
नोच रहे दहलीज खीझकर, बिल्ली के ये भाई !

जोर मारता अमरीकी हिटलर का दासो दास,
सिंगमनरी को यू. एन. ओ. से बहुत बड़ी है आस।
ऊपर जोश, रुलाई अंदर, लेकर टूटी टाँग,
पीट रहा है फारमूसा में फूटा ढोल चियांग।
थर-थर काँपें हिंदचीन का राजा बाओ दाई,
नोच रहे दहलीज खीझकर, बिल्ली के ये भाई !

रातों रात किया था हमला, भारी मुँह की खाई
हुई बुरी गत, खीझ रहे अब बिल्ली के ये भाई !

पुरानी जूतियों का कोरस/नया सवेरा, 18 सितम्बर 1950

पहेलियाँ

दौड़ रहा भगत
तमाशा देख रहा टुकुर-टुकुर जगत
दौड़ रहा भगत
मंदिर से मस्जिद
मस्जिद से मंदिर
पुनः पुनः, फिर-फिर
मंदिर से मस्जिद, मस्जिद से मंदिर
आ रहा, जा रहा, दौड़ लगा रहा भगत
तमाशा देख रहा सारा ही जगत
बता दूँ नाम ?
नहीं तुम ही बताओ !
विकट नहीं, बिलकुल सहल है पहेली
एक ही शाह मगर दो ठो हवेली
बताओ तो जानूँ !

X X X

एक है सेब
दो की जीभ से टपक रही है लार
मन लेकिन टँगा है सात सागर पार
फल है अनूठा
गड़ चुके हैं दाँत, हो चुका है जूठा
कौन कितना पावे ?
अदालत में काजी तौल रहा दावे
कौन कितना पावे
अदालत भी खोटी, काजी भी खोटा
नीयत है बुरी, दिल है छोटा
सेब है सामने, छुरा है तैयार
दोनों की जीभ से टपक रही है लार
बताओ तो जानूँ
विकट नहीं, बिल्कुल सहल है पहेली !

X X X

खूब ही सुंदर
बड़ा ही मनोहर
एक है हार

उसी को लेकर मच रही है रार
तनी बैठीं आपस में दोनों ही बहनें
नाजो-नखरे के क्या हैं कहने
आशिक़ है कसाई, कसाई है बनिया
सिल पै रखता है गिन-गिन के धनिया
नचा-नचा दिखाता है हार
देखा नहीं, भारी कंजूस है यार
झूठ-मूठ बार-बार
बाट-बखरा होगा
लिखा-पढ़ी होगी
बहनों में बढ़ेगा सौतिया डाह
आपस में लड़कर होंगी तबाह
बदमाश है आशिक़
कर रहा है दोनों को लगातार गुमराह
बताओ तो जानूँ–
विकट नहीं बिल्कुल सहल है सहेली पहेली !

उत्तर : निक्सन, काश्मीर

हिन्दुस्तान-पाकिस्तान
(आशिक़ अमेरिका)

इस गुब्बारे की छाया में/नवयुग, 18 सितम्बर 1950

योगिराज अरविंद

विजनवासप्रिय संत-शिरोमणि !
भूतपूर्व–अति उष्ण किंतु अब चंदन शीतल
देशभक्त थे कभी आज तो 'शून्यवाद' के चरम भक्त हो !
योगिराज हो अनासक्त हो !
क्षणिक सत्य की तुच्छ भूमि फैली है नीचे
शाश्वत ज्योतिर्मय असीम इस ब्रह्मलोक में
तुम विराजते हो दृग मीचे
चिदानंद की रोचक मदिरा बाँट रहे हो
खूब रचा है चक्रव्यूह अध्यात्मवाद का
नियति-नटी के गुह्य कवच से लैस तुम्हारे चेला-चाटी

शांति-पाठ करते फिरते हैं
विप्लव के क्षेत्रों में
जय-जय हे योगेंद्र !
खोल रखा है, वाह, बुद्धिहत्या का बढ़िया केंद्र !
जय-जय हे योगेंद्र !
इधर-उधर तुम छोड़ रहे हो
विश्व-बंधुता की फुलझड़ियाँ
बजा रहे हो सर्वोदय का शंख
'सत्यं-शिवं-सुदरं' सारे ऊपर-ऊपर मँडराते हैं
नीचे उतर नहीं पाते हैं...
हे सम्भ्रांत मनीषी,
फुसला-फुसलाकर आइंदा
हमें न ले जा पाओगे तुम वध्यभूमि की ओर

समझ गए हैं
हम न तुम्हारे बहकावे में आ सकते हैं
सँभल गए हैं
ओ दादा अरविंद !
संत-शिरोमणि, सुनो, तुम्हारी—
भरमानेवाली यह भाषा, गोल-मोल यह बात
दया-धरम की शांति-शील-संयम की यह बरसात
नहीं हमारे संघर्षों को धीमा कर पाएगी
हाँ, अलबत्ते कीर्ति तुम्हारी खूब बढ़ा जाएगी !!!
हम प्रबुद्ध, हम प्रबल पक्षधर
सच्ची शांति चाहनेवाले हम जनयुग के सैनिक
हम पवित्र पावक के प्रहरी
हम तक नहीं फटक सकती है, गुरु, तुम्हारी छाया
स्वप्निल कलाकुमारों को ही खींच रही है, गुरु, तुम्हारी माया
जल में थल में नील गगन में
व्याप्त हो रहा देव तुम्हारा
चारु चिरंतन चटुल चमत्कृत चरम चेतना चूर्ण
धनपति विद्यापति वाचस्पति
—सबकी इच्छा होती तुमसे पूर्ण
हे विभ्रांत बुद्धिजीवी, तुम बने हुए हो भारी भ्रम भगवान
शासक-शोषक वर्ग तुम्हारा क्यों न करें गुणगान

ब्रह्मजाल विच्छिन्न, हो रही माया आज परास्त
पैग़म्बर-औलिया संत-सूफ़ी होंगे बरखास्त
उदित हो रही नई चेतना देश-देश जन-जन में
एक नहीं, अब कोटि-कोटि ईश्वर होंगे लक्ष्मीपति
कोटि-कोटि चतुरानन होंगे, कोटि-कोटि गौरीपति
एक दूसरे का न यहाँ अब होगा भाग्यविधाता
सब योगी सब भोगी होंगे, सब त्यागी सब दाता
नहीं करेगा जाकर कोई नाहक गुफा-निवास
अच्छी-से-अच्छी चिंतामणि होगी सबके पास
बड़े-बड़ों को चिंतन की खूराक जुटाती
योगिराज अरविंद तुम्हारी ध्यान-धारणा
झूम-झूम उठते हैं भावुक
गद्गद हो-हो चरण चूमते चाँदीवाले
रुद्ध कंठ की तोड़ अर्गला फूट निकलता है अमृत द्रव
—बाहर आती स्वर्णकिरण की जाली
—होने लगता रह-रह अंतःस्फोट
—करता है कवि युग-पथ का निर्माण
बन जाता है आसानी से
कवि से सुकवि कुमुद कलाधर, ओह !
योगिराज अरविंद !
धन्य तुम्हारी महिमा !!
परम सुदुर्लभ देव तुम्हारी झाँकी
भलेमानुसों को ही मिलती
पूर्वजन्म संचित पुण्यों की राशि जमा रहती है जिनके पास
हम पापी हैं, जले कपारोंवाले
—सूझ रहा है इसीलिए परिहास
जय-जय हे आज़ाद हिंद के पोप !
हम विदग्ध, पर करना नहीं प्रकोप !!

हजार-हजार बाँहोंवाली/नई चेतना-2, 1950

भारतेंदु

सरल स्वभाव सदैव, सुधीजन संकटमोचन
व्यंग्य बाण के धनी, रूढ़ि-राच्छसी निसूदन

अपने युग की कला और संस्कृति के लोचन
फूँक गए हो पुतले-पुतले में नव-जीवन
हो गए जन्म के सौ बरस, तउ अंततः नवीन हो !
सुरपुरवासी हरिचंद जू, परम प्रबुद्ध प्रवीन हो !

दोनों हाथ उलीच सम्पदा बने दलीदर
सिंह, तुम्हारी चर्चा सुन चिढ़ते थे गीदर
धनिक वंश में जनम लिया, कुल कलुख धो गए
निज करनी-कथनी के बल भारतेंदु हो गए
जो कुछ भी जब तुमने कहा, कहा बूझकर जानकर !
प्रियवर, जनमन के बन गए, जन-जन को गुरु मानकर !

बाहर निकले तोड़ दुर्ग दरबारीपन का
हुआ नहीं परिताप कभी फूँके कंचन का
राजा थे, बन गए रंक दुख बाँट जगत का
रत्ती-भर भी मोह न था झूठी इज्जत का
चौंतीस साल की आयु पा, चिरंजीवी तुम हो गए !
कर सदुपयोग धन-माल का, वर्ग-दोष निज धो गए !

अभिमानी के नगद दामाद, सुजन जन-प्यारे
दुष्टों को तो शर तुमने कस-कस के मारे
आफिसरों की नुक्ताचीनी करनेवाले
जड़ न सका कोई भी तेरे मुँह पर ताले
तुम सत्य प्रकट करते रहे बिना झिझक बिना सोचना
हमने सीखी जब तक नहीं तुलित तीव्र आलोचना

सर्व-सधारन जनता थी आँखों का तारा
उच्चवर्ग तक सीमित था भारत न तुम्हारा
हिन्दी की है असली रीढ़ गँवारू बोली
यह उत्तम भावना तुम्हीं ने हम में घोली
बहुजन हित में ही दी लगा, तुमने निज प्रतिभा प्रखर !
हे सरल लोक-साहित्य के निर्माता पंडित प्रवर !

हे जनकवि सिरमौर सहज भाखा लिखवइया
तुम्हें नहीं पहचान सकेंगे बाबू-भइया

तुम-सी जिंदादिली कहाँ से वे लावेंगे
कहाँ तुम्हारी सूझ-बूझ वे सब पावेंगे
उनकी तो है बस एक रट : भाषा संस्कृतनिष्ठ हो !
तुम अनुक्रमणिका ही लिखो यदपि अतिसुगम लिस्ट हो !

जिन पर तुम थूका करते थे साँझ-सकारे
उन्हें आजकल प्यार कर रहे प्रभू हमारे
भाव उन्हीं का, ढब उनका, उनकी ही बोली
दिल्ली के देवता फिरंगिन के हमजोली
सुनना ही पंद्रह साल तक अंगेजी बकवास है !
तन-भर आजाद हरिचंद जू, मन गोरन कौ दास है !

कामनवेल्थी महाभँवर में फँसी बेचारी
बिलख रही है रह-रह भारतमाता प्यारी
यह अशोक का चक्र, इसे क्या देगा धोखा
एक-एक कर लेगी सबका लेखा-जोखा
जब व्यक्ति-व्यक्ति के चित्त से मिट जाएगी दीनता
माँ हुलसेगी खुलकर तभी लख अपनी स्वाधीनता

दूइ सेर कंकड़ पिसता फी मन पिसान में
घुस बइठा है कलिजुग राशन की दुकान में
लगती है कंट्रोल कभी, फिर खुल जाती है
कपड़ों पर से पहली कीमत धुल जाती है
बनिए तो यही मना रहे; विश्वयुद्ध फिर से हो शुरू
फिर लखपति कोटीश्वर बने; कुछ चेहरे हों सुर्खरू !

गया यूनियन जैक, तिरंगे के दिन आए
चालाकों ने खद्दर के कपड़े बनवाए
टोप झुका टोपी की इज्जत बढ़ी सौगुनी
माल मारती नेतन की औलाद औगुनी
हम जैसे तुक्कड़ राति-दिन कलम रगड़ि मर जाएँगे
तो भी शायद ही पेट-भर अन्न कदाचित पाएँगे

वहीं रंग है वही ढंग है वही चाल है
वही सूझ है वही समझ है वही हाल है

बुद्धिवाद पर दंडनीति शासन करती है
मूर्च्छित हैं हल-बैल और भूखी धरती है
इस आजादी का क्या करें बिना भूमि के खेतिहर ?
हो असर भला किस बात का बिन बोनस मजदूर पर ?

लाट-वाट का पता नहीं अब प्रेसिडेंट है
अपने ही बाबू भइया की गवर्नमेंट है
चावल रुपए सेर, सेर ही भाजी-भाजा
नगरी है अंधेर और चौपट है राजा
एक जोंक वर्ग को छोड़कर सब पर स्याही छा रही
दुर्दशा देखकर देश की याद तुम्हारी आ रही

बड़े-बड़े गुनमंत धँस रहे प्रगट पंक में
महाशंख अब बदल गए हैं हड़ा शंख में
प्रजातंत्र में बुरा हाल है काम काज का
निकल रहा है रोज जनाजा रामराज का
प्रिय भारतेंदु बाबू कहो, चुप रहते किस भाँति तुम
हैं चले जा रहे सूखते बिना खिले ही जब कुसुम ?

प्रभुपद पूजैं पहिरि-पहिरि जो उजली खादी
वे ही पा सकते स्वतंत्रता की परसादी
हम तो भल्हू देस दसा के पीछे पागल
महँगी-बाढ़-महामारी मइया के छागल
है शहर जहल-दामुल सरिस निपट नरक सम गाँव है
अति कष्ट अन्न का वस्त्र का नहीं ठौर ना ठाँव है।

पेट काटकर सूट-बूट की लाज निबाहैं
पिन से खोदैं दाँत, बचावैं कहीं निगाहैं
दिल-दिमाग का सत निचोड़-कर होम कर रहे
पढुआ बाबू दफ्तर में बेमौत मर रहे
अति महँगाई के कारण जीना जिन्हें हराम है
उनकी दुर्गति का क्या कहूँ जिनका मालिक राम है

सम्पादकगन बेबस करैं गुमस्तागीरी
जदपि पेट-भर खाँय न बस फाँकैं पनजीरी

बढ़ा-चढ़ा तउ अखबारन का कारोबार है
पाँती-पाँती में पूँजीवादी प्रचार है
क्या तुमने सोचा था कभी; काले-गोरे प्रेसपति
भोले पाठक समुदाय की हर लेंगे मति और गति

अंडा देती है सिनेट की छत पर चींटी
ढूह ईंट-पत्थर की, कह लो यूनिवर्सिटी
तिमिर-तोम से जूझ रहा मानव का पौधा
ज्ञान-दान भी आज बन गया कौरी सौदा
हे भारतेंदु, तुम ही कहो, संकट को कैसे तरें ?
औसत दर्जे के बाप को कुछ न सूझता क्या करें ?

टके-टके बिक रहा जहाँ पर गीतकार है
बाकी सिरिफ सिनेमाघर में जहाँ प्यार है
कवि विरक्त बन फाँकि रहे चित्त चैतन चूरन
शिक्षक को भूखा रखता परमातम पूरन
अब वहाँ रोष है रंज है, जहाँ, जहाँ नेह सरिता बही
लो, प्रेम-जोगनी आजकल अन्न-जोगनी हो रही

दीन दुखी मैं लिये चार प्रानिन की चिंता
बेबस सुनता महाकाल की धा धा धिनता
रीते हाथों से कैसे मैं भगति जताऊँ
किस प्रकार मैं अपने हिय का दरद बताऊँ
लो आज तुम्हारी याद में लेता हूँ मैं यह सपथ
अपने को बेचूँगा नहीं चाहे दुख झेलूँ अकथ

मैं न अकेला, कोटि-कोटि हैं मुझ जैसे तो
सबको ही अपना-अपना दुख है वैसे तो
पर दुनिया को नरक नहीं रहने देंगे हम
कर परास्त छलियों को, अमृत छीनेंगे हम
सब परेशान हैं, तंग हैं, सभी आज नाराज हैं
हे भारतेंदु तुम जान लो, विद्रोही सब आज हैं

जय फक्कड़ सिरताज, जयति हिंदी निर्माता !
जय कवि-कुल गुरु ! जयति-जयति चेतना प्रदाता !

क्लेश और संघर्ष छोड़ दिखलावें क्या छवि—
दीन दुखी दुर्बल दरिद्र हम भारत के कवि !
जो बना निवेदन कर दिया, काँटे थे कुछ, शूल कुछ !
नीरस कवि ने अर्पित किए लो श्रद्धा के फूल कुछ !

पुरानी जूतियों का कोरस/नया साहित्य, अक्टूबर 1950

बाक़ी बच गया अंडा

पाँच पूत भारतमाता के, दुश्मन था खूँख़ार
गोली खाकर एक मर गया, बाक़ी रह गए चार
चार पूत भारतमाता के, चारों चतुर-प्रवीन
देश-निकाला मिला एक को, बाक़ी रह गए तीन
तीन पूत भारतमाता के, लड़ने लग गए वो
अलग हो गया उधर एक, अब बाक़ी बच गए दो
दो बेटे भारतमाता के, छोड़ पुरानी टेक
चिपक गया है एक गद्दी से, बाकी बच गया एक
एक पूत भारतमाता का, कंधे पर है झंडा
पुलिस पकड़ के जेल ले गई, बाक़ी बच गया अंडा !

हजार-हजार बाँहोंवाली/नई चेतना, 1950

शान्ति का मोर्चा

नहीं लाम पर
नहीं मुहिम पर
बम बरसेंगे जनाकीर्ण आबादी पर ही
निरपराध निर्दोष निष्कलुष—
बाल-वृद्ध-वनिताओं की ही जान जायगी
ताज़ा-ताज़ा खून बहेगा...
उस पवित्र शोणितधारा में नहा-नहाकर
खाज मिटाना चाहेंगे कोढ़ी कुबेर दस-बीस-पचीस-पचास
जिनकी दुर्गंधों के मारे घुटा जा रहा मानवता का श्वास
कहाँ निरीह नगर-ग्रामों पर

खेतों-खानों-खलिहानों पर
सुन्दर सुभग सृष्टि रचने में व्यग्र-व्यस्त बे-भान हजारों दस्तकार पर
शत-सहस्र वर्षों की संचित सूझ-समझ के फलस्वरूप उपलब्ध—
शिल्प के ललित-अमोलक चमत्कार पर
ताजमहल की मीनारों पर
गंगा-यमुना के संगम पर
अक्षयवट की शाखाओं पर
सारनाथ के नवनिर्मित सुंदर विहार पर
हरित-भरित तिरहुत जनपद पर
आम-जामु-लीची-कटहल के उद्यानों पर
झारखंड के नृत्यनिरत उत्सवनिमग्न संथाल-जनों पर
रविठाकुर के कलाकेंद्र पर
शान्त सुभग नर्मदा तीर पर
भूमिस्वर्ग कहलानेवाले काश्मीर पर
केरल-कोंकण-कच्छ-कुर्ग पर
कामरूप-काठियावाड़ पर
सोमनाथ पर
विश्वनाथ पर
उज्जयिनी के महाकाल पर
कन्नड़ के प्रतिमा-प्रकाण्ड उस बाहुबली पर
बड़े-बड़े विद्यापीठों पर
कलातीर्थ के छोटे-बड़े सभी स्थानों पर...
खीझ-खीझकर ट्रूमैन के नाती-पोते चेला-चाटी
बरसावेंगे अपने ही हाथों ऐटम बम
सुन न रहे हो सर्वनाश का शंख !
फड़-फड़-फड़-फड़ फड़ा रहे हैं आसमान में महाप्रलय के पंख
सोचो-समझो मित्र, बताओ क्या विचार है ?
स्वयं सयाने हो, न कहो : कल्पित विभीषिका का प्रचार है
शान्ति चाहिए, त्राण चाहिए
तुमको, हमको, सबको ही कल्याण चाहिए
दानव है वह, चाह रहा एकाकी जो सोना बटोरना
गीधों को ही आता है लाशें अगोरना
हमें नहीं काँटे पसन्द हैं
सड़े घाव में चीर-फाड़ करना ही होगा

खुजलाई फिर धनपतियों की कोढ़, जंग छिड़नेवाली है
तो क्या हम-तुम ईंधन बनकर समरानल में झोंकेंगे फिर अपनी काया ?
नहीं नहीं सो कैसे होगा !!
अजी हमें तो शान्ति चाहिए
एक नहीं हम, कोटि-कोटि हैं लाख-लाख हैं
अक्षयवट के सदावसंती अमरशाख हैं
ऐटम बम तो ऐटम बम है
गोचर-बालू की पिंडी तक अकर्मण्य क्या बना सकेंगे—
लक्ष्मीवाहन ढुंढिराज निर्वीर्य वृथाजन्मा धनपतिगण ??
नहीं बनेगी सर्वनाश का वाहन विद्या, कला और संस्कृति इस युग की
अकर्मण्य फिर क्या कर लेंगे !
जिनके जीवन का अवलम्बन
युद्धमात्र ही एक बच रहा
उन्हें शांति से डर न लगेगा तो क्या होगा !!
खेल न समझो मित्र इसे तुम
मत समझो अभिसंधि इसे तुम लाल रूस की लाल चीन की
चरम शान्ति चाहनेवालों का यह अपूर्व अभियान अप्रतिहत
रुक न सकेगा कभी किसी भी ओर
पूरब-पच्छिम उत्तर-दच्छिन...
इस पवित्र पंडुक की छाया से न अछूता बचा रहेगा जग का कोई छोर
"कहीं ध्वंस के हेतु कथंचित्
ऐटम बम का कर न सकेगा कोई भी उपयोग
बना पायगा नहीं किसी को कोई कभी गुलाम..."
युद्धविरोधी स्त्री-पुरुषों का यह पवित्र संकल्प—
दिशा-दिशा से आनेवाला यह पवित्र उद्गार—
कंठ-कंठ से उठनेवाला यह अदम्य उद्घोष—
बाल-वृद्ध सब में करता है नव-आशा-संचार।

हंस, अक्टूबर 1950

महाकवि निराला

झाँझ और घड़ियाल बजाते
मर्मज्ञों को खूब खिझाते, खूब लजाते

चरणामृत पीने का अभिनय करते धूर्त-पुजारी
जाने किस-किस राक्षस ने आरती अभी न उतारी
हे औढर औघड़ बम्भोला
परम प्रबुद्ध महाकवि
हे ममतामय पिता, सनेही सखा
अकारण बंधु
सिद्ध आचार्य
वे ही तुमको पागल कहते जो हैं दुष्ट अनार्य
प्रगतिशील मानवता के हो सूझ-बूझ तुम
पाखंडों से रहे जूझ तुम
प्रपितामह तुम नए-नए पौधों के
तुम उपादान कारण मानस-सौधों के
महामहिम, शुभमूर्ति, यशोधन
तुमसे ही पाते आए हैं हम उद्‌बोधन
प्रतिभा की यह कली खिली है
तुमसे ही चेतना मिली है
जय लोकोत्तर ! जय युगद्रष्टा ! कवि-कुलगुरु भीम ललाम !
जनयुग का यह रिक्त हस्त कवित सादर करता तुम्हें प्रणाम !

हाय रे हाय !
तुम्हारी चर्चा भी बन रही आज व्यवसाय
महाप्राण, जबरन तुमको गेरुआ पहनाकर
धूप-दीप-नैवेद्य सजाकर
हम दुनिया को ठगें, मगर धोखे में तुमको डाल नहीं सकते हैं
महाकाल के वज्र कंठ को फोड़-फाड़कर
गिरा तुम्हारी गूँज रही है :
"खुला भेद, विजयी कहाए हुए जो
लहू दूसरों का पिए जा रहे हैं..."
क्या कारण है ?
हँसते हो तुम खिल-खिल-खिल
खः खः खाह-खाह-खा
क्या कारण है ?
रोते हो तुम बहा-बहाकर आँसू
बुक्का फाड़-फाड़कर
क्या कारण है ?

बोल रहे हो बिड़-बिड़-बिड़-बिड़
उठा-उठा तर्जनी न जाने किस शून्य में डाँट रहे हो ?
फाड़-फाड़कर आँखें, भौंहें कुंचित करके
अँग्रेज़ी में, बँगला में, या संस्कृत में ललकार रहे हो किस दानव को ?
माँग रहे किससे हिसाब, कैफ़ियत तलब किससे करते हो ?
—हँसते हो तुम उन मूर्खों पर
जो युग की गति के मुड़ने का स्वप्न देखते !
—रोते हो तुम
दीन, दुर्दशाग्रस्त जनों की दुख-दुविधा पर !
—डाँट रहे शोषक समाज को

बुद्धि विमल है, प्रखर चेतना
स्फीत धारण-शक्ति
याद रहतीं बातें
उत्तर देते हो पत्रों के
पाँच सात दस बीस तीस चालीस रुपैया
आए दिन 'मनिआर्डर' भेजा करते हो
एक-एक कूपन सँभाल रक्खा है तुमने !

हजार-हजार बाँहोंवाली/नई धारा, नवम्बर 1950

लाल कमल

खिल गए चीन की धरती-तल पर लाल कमल
आ रहा हिमालय-पार यहाँ उनका परिमल
शंकित वह वृक्षों की इस कम्पित छाया में
हर्षाकुल है सूखी दूबों का अंतसतल

दिन-दिन निष्प्रभ होता जाता तक्षक-मंडल
स्वर्णाभ गरुड़ से उद्‌भासित है उदयाचल
धो रहा प्रतीची की आँखों का कटु काजल
एशिया द्वीप का दीपित दक्षिण-पूर्वांचल

खा रहा मात फिर, फिर से नरमेधी दावानल
होती जाती है जगह-जगह जनशक्ति प्रबल

अब की प्रशांत सागर का अद्भुत बड़वानल
देगा लक्ष्मी-नारायण का भी रूप बदल

कैसा अच्छा लगता है भास्वर व्योम पटल
प्राची-पथ में बालार्क-सुभग सुंदर उज्ज्वल
जन-जीवन से जाएगी जलन जरूर निकल
रजताभ भूमि पर उगी स्वर्ग शोणाभ फसल

मच गई स्वर्ण अमरीका में भारी हलचल
चिंतित कुबेर के दल-बल अब हो उठे विकल
खिल गए चीन की धरती-तल पर लाल कमल
आ रहा हिमालय-पार यहाँ उनका परिमल

पुरानी जूतियों का कोरस/नया साहित्य, नवम्बर 1950

सात नवम्बर

लाल भवानी प्रगट हुई थी, इसी रोज धधका था अम्बर
मानवता की महामुक्ति का, पुण्य पर्व यह सात नवम्बर

1

रूस देश का साम्राजी शैतान सदा के लिए सो गया
इसी रोज वह अत्याचारी मिला धूल में, खाक हो गया
इसी रोज साधारण जन वे श्रमिक कृषक सैनिक जीते थे
इसी रोज मिल-जुलकर तारे राहु-केतु को ले बीते थे
इसी रोज कड़के थे बादल, इसी रोज दुंदुभी बजी थी
पीकर लहू, पहनकर आँतें इसी रोज चंडिका सजी थी
इसी रोज मिट्टी मुस्काई, हासिल हुई विजय दलदल पर
लाल पताका फहराई थी, इसी रोज क्रेमलिन महल पर
इसी रोज अपनी लहरों की मलका बनी बोलगा मैया
इसी रोज हमने जाना, लेनिन थे काली नाग-नथैया
किया जार को पस्त, मिटाए तामझाम सब, सब आडम्बर
मानवता की महामुक्ति का पुण्य पर्व यह सात नवम्बर

2

बजी बिगुल, छिड़ गई जंग, तड़तड़ा उठा सब ओर नगाड़ा
पूँजीवादी ललक उठे जब दुनिया का करने बँटवारा
उधर आस्ट्रिया और जर्मनी इधर फ्रांस रसिया ब्रिटानिया
दुष्टों ने भाड़े पर सबको खूनी दंगल में भिड़ा दिया
लोग-बाग सब तंग आ गए, चार साल तक चली लड़ाई
हथियारों के सौदागर ही जिसकी करते रहे बड़ाई
कोई हारा कोई जीता, धरती का दुख-दर्द बढ़ गया
पिटे अवाम चंद दौलतमंदों के सिर पर नशा चढ़ गया
इन्कलाब के नारे सुनकर अनजाने भी पाक हो गया
बाहर हमला, भीतर विप्लव, जार सदा के लिए सो गया
एक जगह तुम जीते आखिर, जय-जय जनगण जय विश्वम्भर
मानवता के महामोक्ष का आज बड़ा दिन सात नवम्बर

3

छटनी कहीं, कहीं बेगारी, कहीं अकाल, कहीं बीमारी
मजदूरों की, खेतिहरों की बढ़ी जा रही थी लाचारी
ढूँढ़-ढूँढ़कर हट्टे-कट्टे लोग धकेले गए लाम पर
मिलें हों गईं बंद, न कोई दीख रहा था कहीं काम पर
युद्ध-यज्ञ में स्वाहा होता गया देश का माल-मसाला
बाहर हमले की तेजी थी अंदर पिटता गया दिवाला
घर के भेदी लगे जार की पोल जर्मनों को बतलाने
चूक गए हथियार, फ्रंट से खबरें लगीं हार की आने
असंतुष्ट जनता ने पहले मामूली-सी अँगड़ाई ली
फिर तो देशी दुश्मन पर ही डटकर ताकत आजमाई की
घास-फूस-सा जार ऊड़ गया फिर तो ऐसा उठा बवंडर
मानवता की महामुक्ति का पुण्य पर्व यह सात नवम्बर

4

लूट-पाट की रकमों में से पा-पाकर थोड़ी परसादी
पूँजीपतियों के पिट्ठू बन गए, रहे जो अवसरवादी
दिल-दिमाग के ढुलमुल, मुँह से गरम-गरम बातें करते थे
सब मुल्कों में एक ही विश्वक्रांति का दम भरते थे
मजदूरों को बहकाते थे, भरमाते थे खेतिहरों को
अपना भेद बता आते थे बाहरवाले गुप्तचरों को

घुटनाटेकू समझौता के लिए सदा ही हाथ पसारे
दक्षिणपंथी सोशलिस्ट थे अपनी जनता के हत्यारे
सही राह बतलानेवाला जन-नायक लेनिन बाहर था
मगर बोलशेविक वीरों की खातिर जनता में आदर था
इसी बीच छिड़ गई बगावत, फूटा ज्वालामुखी भयंकर
मानवता की महामुक्ति का पुण्य पर्व यह सात नवम्बर

5

नफा कमाने की नीयत से लाखों सिर कटवानेवाले
बातों से ही बुनते फिरते मातृभूमि-रक्षा के जाले
नहीं स्वदेशी, नहीं विदेशी, एक पेट है सब लड़वैया
कटे धड़ों के खूनी झीलों के बल खेते अपनी नैया
साफ-साफ जनता ने अब की अपने दुश्मन को पहचाना
बंदूकों के मुँह फिरा दिए लगी साधने खूब निशाना
एक साथ ही पिछड़े रूसी कई मंजिलें पार कर गए
दादा लेनिन के हाथों से मानवता के घाव भर गए
उलट-फेर की लाख, मगर लोगों ने उनकी एक न मानी
दर-दरबारी भाग गए, अरु बचा न राजा बची न रानी
तभी आज वीरों की गिनती में है उनका पहला नवम्बर
रूस देश के महामोक्ष का आज बड़ा दिन सात नवम्बर

6

माँग रहे थे लोग सब जगह रोटी अमन और आजादी
जार हटा तो उसके बदले आड़े आए अवसरवादी
मेनशोविक से मिल भोली जनता जो सरकार बनाई
पूँजीपतियों की कठपुतली वह उनके काम न आई
पकी परिस्थिति क्रांति के लिए बाहर से तब लेनिन आए
पूँजीवाद पाप का भरा घड़ा फोड़ने के दिन आए
श्रमिक कृषक सैनिक सहमत हो टूट पड़े फिर गद्दारों पर
किया कारखानों पर कब्जा, खेतों-महलों-मीनारों पर
दुबक गए गद्दार बिलों में, शासन हथियार जनता ने
ज़र-जमीन पर सोवियतें लग गई धड़ाधड़ दखल जमाने
एक कलम में लेनिन ने कर दिए खतम पिछड़े आडम्बर
रूस मुल्क के महामोक्ष का पावन दिन यह सात नवम्बर

7

बहुत दिनों तक बूचड़ बनिए अलग देखते रहे तमाशा
रहे टालते दुखियारों को दे दिलवाकर दुआ-दिलासा
पिला-पिलाकर दूध साँप को बना दिया दुष्टों ने अजगर
हारे-थके जर्मनी मुलक में पैदा हुआ इसी से हिटलर
इटली का रावन मुसोलिनी, तेजो था जापानी रावन
दुनिया-भर के धन्ना सेठों के तीनों ही थे मन-भावन
तीनों तीन तरफ चढ़ दौड़े लेकर अपना-अपना दल-बल
तीनों ने ही मुँह की खाई, कुछ भी काम न आया छल-बल
चढ़ आया सोवियत भूमि पर हिटलर पर जब मस्ती छाई
लाल फौज के जरिए मानो अपनी शामत आप बुलाई
कई देश आजाद हो गए, उखड़ा पूँजीवादी लंगर
उन जनवादी हकूमतों का आज बड़ा दिन सात नवम्बर

8

असली राह बतानेवाले, अमन आजादी के रखवारे
युग-युग जीएँ स्टालिन दादा, युग-युग जीवें माओ हमारे
जयति सोवियत भूमि, जहाँ श्रम और शांति है राजा-रानी
महाचीन जय, प्रगट हुई हैं जहाँ कोटि मुख लाल भवानी
जय यूरोप के पूर्वी हिस्से, जहाँ हकूमत है जनवादी
जिसके डर से काँप रही है थर-थर-थर टीटो की दादी
हिंदचीन जय, जय हो-ची-मिन्ह वीर शिरोमणि वियतनाम के
जय-जय वीर गुरिल्ले, प्रतिनिधि जयति मलाया के अवाम के
जयति-जयति जय तैलंगाना, जय-जय छापामार तिलंगे
जय-जय-जय हाजंगी हीरो मैमनसिंह के भूखे नंगे
जय अभाव अभियोगग्रस्त जन जयति क्षुधातुर जयति दिगम्बर
जागो-जागो जगा रहा है तुम सबको यह सात नवम्बर

9

ऐटम बम के बल-बूते जो सपना देखें विश्वविजय का
सर्वनाश को एकमात्र जो लक्ष्य समझते सर्वोदय का
जिनकी मुट्ठी में गिरफ्त है कोटि-कोटि लोगों का जीवन
कर रक्खा है जमा जिन्होंने निज-निज निधि में बेशुमार धन
लाखों घर बर्बाद हो गए जिनकी सुख-सुविधा के पीछे
जिन्हें नहीं दीखती असलियत अपनी ही नाकों के नीचे

चलते-फिरते जगते-सोते जिन्हें शांति से लगता है डर
बड़ा भरोसा, बड़ी आशा है जिनको हाइड्रोजन बम पर
काश्मीर पर वियतनाम पर गहरे जिनके दाँत गड़े हैं
घबड़ाकर कोरिया मुलुक पर वे ही राक्षस टूट पड़े हैं
देखो मँडराते फिरते ये नभ में ट्रूमैन के बम्बर
सावधान करने आया है हमको फिर से सात नवम्बर

10

कांग्रेस को बात-बात में हिंसा की बू आती है अब
सोशलिस्ट बाबू भैया की कलई खुलती जाती है अब
लीडर बने मुलुक के अफसर, बढ़िया-बढ़िया बात बनाते
कुछ माँगो तो बिना विचारे बस लाठी-गोली बरसाते
कहीं बाढ़ भूचाल कहीं पर, कहीं अकाल, कहीं बीमारी
महँगाई की क्या नजीर दूँ, मानो द्रुपद सुता की सारी
भूखो मरो, चबाओ पत्ती, मगर अन्न का नाम न लेना
कहीं न तुम भी पकड़े जाओ, कहीं सफाई पड़े न देना
सुर बदला लीडर लोगों का हमें सब्र की सीख दे रहे
चचों-भतीजों के पौ-बारह, खुद सब सुख हड़प ले रहे
बड़ी-बड़ी रकमें चंदा में अब देने लग गए सितमगर
इनकी जड़ को खोदें कैसे, यह बतलाता सात नवम्बर

11

सौ-सौ टन बम गिरा रहे हैं फिर पूँजीवादी हत्यारे
छोटा-सा कोरिया, उसी पर टूट पड़े हैं राक्षस सारे
अरब-खरब डालर के बनिए सबसे बड़े शांति के दुश्मन
बाँट रहे हथियार, हाथ फैलाए हैं सौ-सौ दुर्योधन
नफाखोर तो यही चाहते छिड़ जाए तीसरी लड़ाई
इसीलिए वे हाइड्रोजन बम की करते फिरें बड़ाई
हम अवाम हैं शांति समर्थक, हमें नहीं है लहू बहाना
महँगाई को पैदा करके हमें नहीं है नफा कमाना
निरपराध निर्दोष जनों की लाशों का अम्बार लगाकर
नहीं हमें यमशांति चाहिए घर-घर यहाँ मसान जगाकर
नहीं चाहिए हमें कभी भी ट्रूमैन जैसा पैगम्बर
यही सीख देने आया है अबकी हमको सात नवम्बर

12

पहुँच गए हैं पूँजीवादी अब कगार पर सर्वनाश के
देखो गिरनेवाले हैं भहराकर अब महल ताश के
शांति चाहनेवालों से गर कोई खटका हो दिल में
सावधान हों, बर्बर बैठे दुबक-दुबककर निज-निज बिल में
आज सोवियत रूस हमारी अमन-चैन का है गहवारा
लाल चीन भी जिसके झंडे पर शोभित पचकोना तारा
हाइड्रोजन बम से बढ़कर हृदय हमारा ताकतवर है
अजी, हमारी शांति अपीलों के पीछे जग-भर का स्वर है
आधी दुनिया से भी ज्यादा भूमि हमारी गगन हमारा
हमलावर मुँह की खाएँगे, उतर आएगा नीचे पारा
शांति सर्वहारा को वरने आई रचकर स्वयं स्वयंवर
उठो तान लो मुट्ठी साथी, आ पहुँचा फिर सात नवम्बर

नया साहित्य, दिसम्बर 1950

फाँसी की सज़ा पाए हुए बारह वीर तिलंगे

यदि तुम्हें फाँसी पड़े तो कलंकित होगा समूचा राष्ट्र
मुँह कैसे दिखाएँगे कहीं पर राष्ट्रवादी ?
क्या कहेंगे विश्व की श्रमशील जनता से ?
यदि तुम्हें फाँसी पड़ी तो—
असम्भव हो जाएगा वाजिब हकों के वास्ते संघर्ष करना
असम्भव हो जाएगा फिर आततायी दानवों के जुल्म का प्रतिरोध करना
असम्भव हो जाएगा जागीरदारी-जमींदारी साजिशों को फाश करना
असम्भव हो जाएगा दुर्दांत नौकरशाह थानेदार की उन
मुजरिमाना हरकतों से मुक्ति पाना
यदि तुम्हें फाँसी पड़ी तो
त्याग-तप-बलिदान की धारा निरर्थक सिद्ध होगी
यदि तुम्हें फाँसी पड़ी तो
नागरिकता की जड़ों पर ही कुठाराघात होंगे
यदि तुम्हें फाँसी पड़ी तो
निरपराध अबोध बच्चे
हम सयानों की अकारण क्रूरता पर क्या कहेंगे

यदि तुम्हें फाँसी पड़ी तो क्या कहेंगे फिर हमारे राष्ट्रपति या प्रमुख मंत्री
विश्व की श्रमशील जनता से ?
झूलने देंगे नहीं हम तुम्हें फाँसी पर—
जेल में सड़ने नहीं देंगे तुम्हें हम—
सज़ा के उस एकतर्फा फैसले को बदलवाकर ही रहेंगे—
हे तिलंगे वीर बारह, तुम्हारे ये प्राण हैं अनमोल
इनका अंत हम होने न देंगे—
कोटि कंठों का निषेधी स्वर सुनाई दे रहा है;
मुझे आशा ही नहीं विश्वास है दृढ़ :
बाध्य होकर सुनेंगे समवेत स्वर शासक
खुलेगा फिर केस जिसमें सफाई तुम दे सकोगे
न्याय होगा—न्याय का नाटक न होगा
बारहो तुम फिर हमारे बीच जल्दी लौट आओगे।

पुरानी जूतियों का कोरस/नया साहित्य, फरवरी 1951

स्वदेशी शासक

बात बनाओ
करो बहाने
गप्पें मारो
लो जँभाइयाँ
ताज़ा-ताज़ा माल उड़ाओ
चाँदी का मुँह, कंचन की है जीभ तुम्हारी
चरण तुम्हारे गगन विहारी
राजाओं के राजा हो तुम
हीरा-मोती-मणि-माणिक का भस्म तुम्हारी शक्ति बढ़ाता
चाटुकार है आसमान पर तुम्हें चढ़ाता
जा-जाकर दिल्ली-लंदन
बुर्जुआ शिष्टता सीख-सीखकर
अपनी सामंती संस्कृति में
पश्चिम के विज्ञानवाद की छोंक मारकर
वायुयान से वापस आओ
हमें सीख दो शांति और संयत जीवन की
अपने खातिर करो जुगाड़ अपरिमित धन की

बेच-बेचकर गाँधी जी का नाम
बटोरो वोट
हिलाओ शीश
निपोड़ो खीस
बैंक-बैलेंस बढ़ाओ
राजघाट पर बापू की वेदी के आगे अश्रु बहाओ
तैरो घी के चहबच्चों में, अमरित की हौदी में बाबू खूब नहाओ
हमें छोड़ दो राम-भरोसे
जिये तो भले मरे तो भले
क्या बिगड़ेगा अजी तुम्हारा !
आमों की गुठलियाँ चूरकर
भट्‌ठी की सोंधी मिट्‌टी में उस चूरन को सान-सूनकर
खा लेते हैं लोग, पेड़ की छालों का तीमन बनता है
डोंका-सितुआ घोंघा-घुँघची कड़हर-सारुख
घास-पात डंठल-कोढ़ी फल-फूल
हमारी जनता की भूखी आँतों को कब तक थामें ?
जय-जय हे कोसी महारानी !
जय-जय जयति मलरिया मइया !
जय-जय हे काला बुखार, पेचिश, संग्रहणी !
जय-जय हे यमदूत, दीनजन-बंधु दयासागर करुणामय !
तुम सुनते हो जब न कहीं कोई सुनता है !!
हमें, हमारे घरवालों को पड़ोसियों को दो छुटकारा
शीघ्र मुक्ति दो इस रौरव से
जहाँ न भरता पेट, देश वह कैसा भी हो, महानरक है !

घर-बाहर भर गया तुम्हारा
रत्ती-भर भी हुआ नहीं उपकार हमारा
व्यर्थ हुई साधना, त्याग कुछ काम न आया
कुछ ही लोगों ने स्वतंत्रता का फल पाया
इसीलिए क्या लाठी-गोली के प्रहार हमने थे झेले ?
इसीलिए क्या डंडा-बेड़ी डलवाई हाथों-पैरों में ?
इसीलिए क्या जेलों में ज़िंदगी बिताई ?
इसीलिए क्या खून बहाया ?
इसीलिए क्या मारे-मारे फिरे यहाँ-से-वहाँ, वहाँ-से-यहाँ रात-दिन
इसीलिए क्या कालेपानी में जा-जाकर मरे-पचे हम ?

इसीलिए क्या फाँसी के तख्ते पर झूले ?
इसीलिए क्या हमने तुमको इन दुर्बल कंधों पर ढोया ?
इसीलिए क्या हमने तुमको रंगबिरंगी वे मालाएँ पहनाई थीं ?
इसीलिए क्या परम-पवित्र तिरंगा झंडा तुमको हमने दिया थामने ?
इसीलिए क्या तुमको हमने अपने आगे खड़ा किया था ?

पटना, 1951
युगधारा/हंस, फरवरी 1951

धरती

धरती धरती है–
पन्हाई हुई गाय नहीं
कि चट से दूह लो कटिया-भर दूध
धरती धरती है–
चावल या गेहूँ की ढेर नहीं
कि कुर्क करा के उठा ले जाओ,
बेच दो मंडियों में जाकर।
धरती धरती है–
नहीं है वह आटोमोबाइल
कि स्विच दबाकर ड्राइव करोगे
छोड़ दोगे ले जाकर पटना या दिल्ली।
धरती धरती है–
सचल-अचल वस्तुओं की जननी
सर्वसहनशीला अन्नपूर्णा वसुंधरा
स्तुति नहीं, श्रम–कठोर श्रम माँगती
चाहती आई है सदा से धरती
कर्षण-विकर्षण-सिंचन-परिसिंचन
वपन-तपन-सेवा-सुश्रूषा
कर-चरण-तन का सचेतन संस्पर्श
सुदुर्लभ स्वेदकण
प्रतीक्षातुर नयनों के स्निग्ध-तरल प्रेक्षण
शिष्योचित श्रद्धाभक्ति
पुत्रोचित परिचर्या
पतिसुलभ प्रीति

मातृसुलभ ममता
पितृसुलभ परिपोषण
चाहती आई है सदा से धरती
अविरल अविराम अनाविल स्नेह
सरस स्वादु बहुविधि रसभरित फल-फूल-अन्न
उपजाती आई है जाने कब से !
मृत्यु नहीं, जीवन का देते आए हैं संदेश
झूमते लहराते धान के पौधे
नाश नहीं, निर्माण के प्रतीक हैं साक्षात्
दिग्दिगंत फैले हरित-शाद्वल क्षेत्र
जिन्हें देख-देख अघाते नहीं नेत्र।
पौधों या पेड़ों में कभी नहीं फली हैं छुरियाँ
कंद की जड़ से कभी नहीं निकला है विस्फोटक बम
चरकर घास गाय ने दूध के बदले दिया नहीं हलाहल
सोखकर धरती का रस ज़हर नहीं बरसाता कभी भी बादल
निछावर हम इस पर
तुम्हारी नहीं, हमारी है धरती
सुनो हे वज्रपाणि युद्धव्यसनी दानव
सुनो हे अशोभन अमंगल अघायु
तुम्हारा अपावन स्पर्श नहीं चाहती
अहल्या कल्याणी चिरकुमारी धरती
नज़र उठाओ, देखो उस ओर
कर्ममुखर श्रमशील उद्गम सुख-सुविधा के
वोल्गा और याङ्.शी-तटवर्ती इलाके
जहाँ कि निश्चिंत निरांतक निर्बाध
शत-सहस्र लक्ष-लक्ष वैज्ञानिक विश्वकर्मा
भट्टी में गला-गला तोप-तीर-तलवार
बना रहे तन्मय हो नित नए औज़ार
उपज और निर्माण के साधन...
ज्ञान, विज्ञान, मनोरंजन की सामग्री
प्रकृति-पराजय के उपादान...
मनुज कुल-केतु
श्रम और शांति के सेतु
वैसे ही लक्ष-लक्ष अनागत विधाताओं के हेतु
सुरक्षित है स्वर्ण पुष्पा धरती का कौमार्य

तुम तो ठहरे नाश-महानाश के मसीहा
प्रलय का पर्याय है शांति तुम्हारी
कैसे तुम्हें वरेगी अहल्या कुमारी
धरती धरती है।

पटना, 12 फरवरी 1951
युगधारा

चंदना

वत्स नृप शतानीक चम्पा पर चढ़ आए
रातोंरात घेर लिया नगरी को सैन्य ने
पुत्र, पुत्री, दारा,
सारा का सारा,
छोड़कर परिजन, पुरजन, कोष, बल
भाग गए दधिवाहन चम्पापति दुर्ग से
झुक गया विजयी के चरणों पर अंग देश
मान लिया अनुशासन।

निज सैनिकों के प्रति
विजयी की तरफ से सहसा हुई घोषणा :
बहुत दिन हो गए हमको प्रवास में
चलो चलें कूच करें कौशाम्बी की ओर
लूटकर ले चलें जो जिसके हाथ लगे
खाली क्यों लौटेंगे होकर हम विजयी ?

मिलते ही आदेश
करने लगे लूटपाट महामत्त सैनिक
जंगली सुअर ज्यों ऊधम मचाते हैं हरे-भरे खेत में
करते हैं बरबाद सुनहली फसलें...
ऊँटसवार सैनिक एक पा गया रानी को
कुमारी वसुमती भी उसके ही हाथ पड़ी
'कुमारी को दूँगा बेच, रानी को रख लूँगा'
ऐसा विचार कर
दोनों को ऊँट पर बैठा लिया उसने

सैनिक की दुरभिसंधि ताड़ गई रानी
कर लिया आत्मघात
खा लिया विष, सोई ही रह गई
बाँह के सहारे
राह के किनारे
किसी पथिकशाला में।

रोती-बिलखंती
वसुमती को लेकर
सैनिक चला आगे
कैसे साथ छोड़ता भला वह सैन्य का ?
पहुँचे वे कौशाम्बी दो ही चार दिनों में
सौगातें ले-लेकर
गए सब निज-निज घर
ज्ञातिवृद्ध-कुलवृद्ध-वयोवृद्ध गुरुजन
सूँघ-सूँघ शीश
अभिनंदन करने लगे
करने लगीं स्वागत सुंदरी युवतियाँ
तिरछी चितवन से
मदिर मुसकान से
पाकर पिता को शिशु हो उठे प्रमुदित
पालित गृहपशुओं की बँध गई टकटकी
क्योंकि वे विजयी हो लौटे थे
चपत लगा आए थे
काल के गालों पर
X X X
ऊँट का आरोही
ले गया लड़की को
हाट में बेचने
सबल स्वस्थ सुंदर फुर्तीले स्वामिभक्त
बिकते थे जहाँ हजारों दास-दासीजन—
सुस्मित प्रियदर्शन
आठ-नौ बरस की
कुमारी वसुमती...
देखते ही उसको तत्क्षण खरीद लिया

धनावह सेठ ने मुँहमाँगे दाम पर
ले जाकर घर में सेठानी को सौंप दिया
"भद्रे, यह बालिका जाने किस पुण्य से मिल गई हमको
अपनी ही समझकर, देखो, इसे रखना
पालना-पोसना...!"
अंदर में, बाहर में,
स्व में, पर में
उनमें, इनमें
थोड़े ही दिन में
हिल गई, मिल गई
कुमारी वसुमती...
शीतल थी प्रकृति, सुशील था स्वभाव
नाम ही पड़ गया 'चंदना' उसका !
मान दान भोजन पान...
शयनासन अवस्थान...
मुक्त आत्मीयता...
और क्या चाहिए चंदना को कुछ भी !
आश्रय विशाल, वटवृक्ष-सा पाकर—
और क्या चाहिए चंदना को कुछ भी !
लगा होने विकसित
निर्द्वंद्व जीवन
हो गई किशोर वह पारकर बचपन
मादक मधुरिमा आई उभार पर
एक पर एक लगी पँखुरी खिलने
शत-शत दृगों का
बन गई केंद्र-बिंदु
कमल की कलिका।

x x x

गर्मी के दिन थे...
दुपहर को आया सेठ थका-माँदा बाहर से
चंदना ने देखा, कोई भी नहीं है,
कौन लाए पानी, धुलवाए पैर कौन,
आप यों खड़े रहें कब तक आँगन में ?
सोने की झारी लिये स्वयं ही बढ़ आई
लग गई गृहपति के चरण-कमल धोने !

उस समय उसका
मुक्त था कुंतल
सेठ को दया हुई
भ्रमर-सदृश घुँघराले बाल ये
कीचड़ में पड़कर होंगे खराब क्यों ?
उठाकर उनको अपने ही हाथ से
जूड़े की शकल में बाँध दिया उसने !
सेठानी ने देख लिया खिड़की से—
यह सब !
हाय ! हाय !!
कहाँ की कलमुँही मेरे सिर चढ़ आई
अपनों को खा-पका
हमारी गृहस्थी पर
आ गई छुच्छी आग बरसाने
छीन लिया इसने सब
क्या मैं करूँगी अब
हाय ! हाय !!
छाती पर लिटाकर पिलाया है दूध अरे,
मैंने इस नागिन को अपने ही हाथों
मइया री मइया !
अच्छा...
करती हूँ, प्रतिकार
खतम कर दूँगी
पकड़कर राँड को
रहेगा न बाँस और बजेगी न बाँसुरी...
X X X
सेठ गया बाहर तो
क्रोधित सेठानी ने
नाई को बुलवाकर
चंदना के सुंदर बाल कटवा दिए
कर दिया बेहोश कोड़े से पीट-पीट
डाल दिया तलघर में साँकल चढ़ाकर;
मना किया दासियों को :
लाख पूछने पर कहना न सेठ से
बुरा होगा उसका हाल

खींच लूँगी कच्ची खाल
जिस किसी के मुँह से निकलेगी यह बात
खबरदार !
कुछ समय पश्चात्
घर आए सेठ जी
दासियों से पूछा—कहाँ है चंदना ?
किसी ने कुछ न कहा सेठानी के डर से
और क्या, इधर-उधर खेलती होगी भला
सेठ ने सोचा और खाने को बैठ गए
दूसरे दिन भी दासियों से पूछा—
चंदना कहाँ गई ?
किसी ने कुछ न कहा सेठानी के डर से
और क्या, मिलने गई होगी किसी सखी से
सेठ ने सोचा यह
खाने को बैठ गए
तीसरे दिन भी जब
किसी ने कुछ न कहा सेठानी के डर से
सेठ को शक हुआ, शोक हुआ, क्रोध हुआ,
कहाँ गई चंदना
जला दूँगा घर यदि मिली नहीं चंदना
जान दे दूँगा यदि मिली नहीं चंदना !

बुढ़िया थी दासी एक,
सेठ को क्षुब्ध देख उसने विचार किया
क्या करूँगी जीकर यदि चंदना ही न रही ?
कान दोनों छूती हुई बोली वह सेठ से—
'मेरे प्रभु, अपराध क्षमा नहीं करना,
कठिन से कठिन दंड देना प्रभु मुझको
सभी कुछ जानकर
अभी तक चुप थी
चौथा दिन होगा आज
तलघर में बंद है, मेरे प्रभु, चंदना !'

पत्नी की दुरभिसंधि
धनावह समझ गया...

सेठानी की दहशत मौन का कारण थी,
गर्भदास-दासी जन
स्वामियों के खिलाफ
कैसे करें साहस ?

...तलघर की साँकल को
स्वयं ही खोल दिया
धनावह सेठ ने....
पैर थे निगड़ में, बेड़ियों में हाथ थे,
मुंडित था मस्तक
वक्षस्थल नग्न था...
दृग दोनों रो-रोकर आए थे सूज
कुमारी वसुमती का बहुत बुरा हाल था !
देखकर दृश्य यह सेठ घबरा गया
अपने को थामकर आया नज़दीक
चंदना की
ठोड़ी को उठा लिया ऊपर
देने लगा आश्वासन :
बेटी, यह क्या हुआ ?
भोग रही इस घर में कैसा अभिशाप
जाने किस कुलग्न में
तुमने थे पैर रखे
कौशाम्बी नगरी में
फफक-फफककर रोने लगी चंदना
पाकर समवेदना-स्निग्ध बोल दो-चार
आँसू पोंछ उसके निज धोती के खूँट से
भोजन की वस्तु कुछ सेठ गए खोजने
रसोईघर में !
दाल, भात, व्यंजन कुछ भी नहीं था वहाँ
थी केवल एक वस्तु
सूप में पड़े थे कुलथी के थोड़े से दाने
वही लेकर दे आए सेठजी उसको
—तब तक कुछ खा ले
जब तक लुहार को बुलाकर लाता हूँ,
निगड़ और श्रृंखला खोल वह देगा

लुहार को बुलाने
सेठ गए बाहर !
X X X
रात-दिन अप्रमत्त जागरूक निर्ग्रंथ
लिच्छविकुल प्रव्रजित
महावीर वर्धमान
विहरते थे उन दिनों
कौशाम्बी में ही
सगण, सपरिषद् !
एक बार मन ही में आपने
अभिग्रह यह कर लिया :
आज मुझे
दीन-हीन उपेक्षित दुर्गत पददलित
अश्रुमुख क्रय-क्रीत दासी के हाथ से
होगा यदि भिक्षा-लाभ
करूँगा आहार तभी,
अन्यथा खाली लौट आऊँगा !
अभिजात महाशाल
बड़े-बड़े गहपति
क्षत्रिय, ब्राह्मण और धनकुबेर बनिया
नगर जनपद में अगणित-भरे पड़े
गौरव हैं राष्ट्र के
उन्हीं के यहाँ से साधु पिंडपात पाते हैं
पाता नहीं अवसर अवहेलित मानव
रहती अनिवेदित ही श्रद्धांजलि उसकी
हाय-हाय ! साधुजन—
अन्न-जल, साथ-साथ, देखते हैं कुल भी;
रखते हैं भेदभाव
सवर्ण असवर्ण में,
नर और नारी में,
प्रभु और दास में
धिक् धिक् तथापि वे
शांति और समता के वाहन कहाते हैं !

उठा दिन डेढ़ पहर

निकले मुनि बाहर
भिक्षा के कारण !
ज्यों महावारण
(धीर और ललित गति)
निकला हो स्थिरमति
चारा की खोज में
एकटक निर्विकार
खड़े थे सब द्वार-द्वार
सबकी थी लालसा...
अन्न, जन शुद्ध है;
दोगे किस कुल को आज पुण्य-अवसर ?
...किंतु वह
सीधे ही चले गए नगर के छोर पर...
उससे भी आगे,
लौट मगर आए फिर उसी राह से
आए थे जिधर से उधर ही गए आप
नतनेत्र, चुपचाप
चकित और विस्मित
लोग थे चित्रलिखित
तीन दिन लगातार ऐसा ही क्रम रहा
चिंतित हुई जनता
कौन-सा अभिग्रह वह
कौन-सा नियम है
कि जिससे महावीर
भिक्षा नहीं लेते हैं ?
आते हैं किंतु आप
नतनेत्र, चुपचाप
खाली लौट जाते हैं
कैसे अभिग्रह वह
कौन-सा नियम है ?...
चौथे दिन
पहुँचे धनावह सेठ के द्वार पर
तलधर के सामने
तीर्थकर महावीर...
शृंखलित-कर-चरण चिंतित थी चंदना;

चौथा यह दिन था उसकी भी भूख का !
सूप में कुलथी के दाने थे पड़े हुए
कैसे यह खाऊँ मैं ?
किस तरह कंठ के नीचे धँसेगा यह
नहीं, नहीं, कभी न यह खाऊँगी
पड़े ही रह जाएँगे यों ही यह सूप में !
कि इतने में
दीख पड़े महावीर !
मुदित हुई चंदना
खिन्न हुई चंदना
सुखित हुई चंदना
दुखित हुई चंदना;
मेरे पूर्वसंचित पुण्य की प्रतीक यह
देव, तव करुणा !
आए जो यहाँ तक
शृंखलित-कर-चरण
क्रीतदासी अकिंचन
कौन-सी वस्तु दूँ भिक्षा में तुमको ?
कुलथी के दाने...
करोगे स्वीकार भी ?
—प्रभु, मैं क्या करूँ ?
छा गया बेचारी पर दुविधा का बादल
अजीब उलझन थी !
फिर भी हुआ साहस
फिर भी हुई प्रेरणा—
क्यों न मैं अपरिमित पुण्य अब प्राप्त करूँ,
देकर यह दाने, अंजलि-भर प्रभु को !
श्रद्धा सहित दी हुई,
कदन्न यह कुलथी
कर लेंगे अंगीकार
करुणामय अर्हंत समदर्शी सर्वज्ञ
लिच्छविकुल प्रव्रजित वीर प्रभु भगवान्...
उठकर किसी तरह
द्वार की ओर बढ़ी
कुलथी ले चंदना

स्मितमुख कृतवंदना
कि इतने में
चले गए आगे वह, जाने क्या सोचकर !
होकर हताश तब रो पड़ी चंदना
आँसू लगे बहने
दोनों ओर गाल पर,
हाय, हाय,
पूर्वार्जित प्रत्यावाय
कटे नहीं अब तक
हुआ नहीं पुण्योदय,
सिसक-सिसक रोएगी कब तक यह चंदना ?
कि इतने में
जाने क्या सोचकर
आ गए लौटकर
धनावह के द्वार पर
फिर वह मुनिवर
तलघर के सामने
ज्यों की त्यों खड़ी थी अब तक चंदना
शृंखलित-कर-चरण
अश्रुमुख अप्रतिभ
चित्रलिखित निर्निमेष...
इस बार
पूर्ण हुआ अभिग्रह
दीन-हीन उपेक्षित दुर्गत पददलित
अश्रुमुख क्रयक्रीत दासी के हाथ से
हो गया भिक्षालाभ
वीर की अंजलि भर गई कुलथी से !
X X X
मुदित हुई चंदना
झुक-झुककर बार-बार उसने की वंदना !
हुई चट शृंखला फूल के आभरण
(पुष्पदाम-वलयित हो गए कर-चरण)
भ्रमर-सदृश काले घुँघराले बाल भी
छा गए शीश पर
जीर्ण-शीर्ण परिधान

चीनांशुक हो गए !
मानो मणिकर्णिका
कोई देव कन्यका
उतरी हो भू पर;
लगती थी ऐसी ही कुमारी वसुमती...
धन्य-धन्य हो उठी चंदना उस दिन
सारे जनसमाज में...
कर दिया घोषित धनावह ने मुक्त उसे
सौंप दिए अधिकार विशाल धन-जन के
बना दी अधिस्वामिनी !

किंतु क्या वह
बँध सकी बंधन में
जानकर जगत को क्षणभंगुर नश्वर
उसने परमार्थ में मन को लगा दिया
चली गई तीर्थंकर की शरण में,
हो गई अनुगृहीत
मिल गया आश्रय ।

1951
युगधारा/रत्नगर्भ

तुम जगीं, संसार जाए जाग !

सो गया तो स्वप्न में तारे मुझे कहने लगे
जागो, नयन खोलो, अजी दिन में जगे तो क्या जगे ?
अकचकाकर उठा, देखा, गगन नक्षत्रगण
श्रांत श्यामल हृदय पर ज्यों ढलमलाते स्वेदकण
ओढ़ मणि-मुक्ताजड़ित नवनील चीनांशुक निशा
मानो विराट विधान की परिकल्पना में लीन थी
निविड़ तम के खंड-सी अमराइयों में
और काले पहाड़ों में
एक ही बस भेद था
हिमानी-सी वे मुझे शीतल लगीं
ये मुझे रूखे लगे—

गजराज की काली-कलूटी खुरदरी ज्यों पीठ हो
कि इतने में
दे गया सहसा दिखाई
द्वादशी का चाँद
क्षीण से भी क्षीणतर
पांडुरोगाक्रांत
उदय के प्रतिकूल
अस्त होने की दिशा पर खींचकर ले ही गया वह हंत मेरा ध्यान !
सुख नहीं कुछ
दुक्ख है सब दुक्ख[1]
सब क्षणिक है, सभी नश्वर—
बुद्ध की यह बात आई याद
चेहरा गम्भीर
चिंतनशील मानव की वही गांधार आकृति
हो गई आगे खड़ी;
अभयमुद्रा लगी मुझको बहुत ही अनुकूल उसकी
ठीक पूर्ण विराम-सी
कि इतने में
झींगुरों का हो गया झंकार वह आरम्भ
एकरस अविराम;
शिराएँ फड़कीं
धमनियों में हुआ फिर नव स्फूर्ति का संचार—
ज़िंदगी का दे रहे संदेश ये झींगुर हज़ार-हज़ार
लगा बहने दक्षिणानिल
टिकोरो का आ रहा था मधुर मादक गंध
कि इतने में
भुरुगवा तारा उगा
मुझे भूली बात-सी आ गई कुछ याद;
पास ही सोई पड़ी श्लथकुंतला
प्रेयसी की थपथपाई पीठ
जग गई तो दिखाकर तारे बचे दो-चार
कहा मैंने पकड़ उसका हाथ—
दो घड़ी का हमारा-इनका रहा है साथ
हो रहे अब विदा, गा दो सुमुखि, एक विहाग
तुम जगी, संसार जाए जाग

गुनगुनाने लगी वह, मैं उठ गया
ताल में घुसकर स्वयं ही तोड़कर
अधखिला अरविंद लाने के लिए !

युगधारा/अवंतिका, जुलाई 1951

मुकरियाँ

बातन की फुलझड़ियाँ छोड़ै
बखत पड़े तो चट मुँह मोड़ै
छन में शेर, छन ही में गीदड़
क्या सखि साजन ? ना सखि, लीडर

मारै मौज, मानवैं खैर
अपन अपन से जिनका वैर
रिखी-मुनी का देय नजीर
क्या सखि प्रीतम ? नहीं वजीर

चाहैं अमृत, चटावैं धूल
वादे गए जिन्हें सब भूल
कोई भी अब नाम न लेता
कौन, गँजेड़ी ? ना सखि, नेता

कल तक चढ़ा चुकी है शान
अब रस्ते पर पड़ी अजान
लगा रही बस रह-रह ठेस
क्या सखि, सिल है ? ना, कांग्रेस

घट-घट व्यापी गरिबनेवाज
सभी इकाई सए का अंदाज
होंठ न मुँह फिर भी हैं बोल
क्या सखि ईश्वर ? ना, कंट्रोल

हीत-भीत से सिर हैं बोझल
बाकी सब आँखों से ओझल

भीतर और, और ही बाहर
क्या सखि साजन ? नहीं, जवाहर

नहीं खुशामद, ना दरबार
झुकने को है नहीं तैयार
मुँह पै चिढ़ अँखियन में लाली
का सखि साजन ? ना, हड़ताली

जहाँ भूख ना जहाँ बिमारी
जहाँ देवता हर तनधारी
सुन-सुन गुन सब होते खूश
क्या सखि सरग ? नहीं सखि, रूस

नवयुग, 22 जुलाई 1951

अजगर करे न चाकरी

कलाकार को लग गया प्रवचन का चस्का
सरल को जटिल बनाने का रोग...
यह भी ठीक है
वह भी ठीक है
'हाँ' भी कह लो
जँच जाय तो 'ना' भी कह लीजिए...
तर्जनी का पोर—
छू गया असमिया अंडी का छोर
आवर्त-बिवर्त-संवर्त-प्रवर्त-परावर्त
वामावर्त-दक्षिणावर्त अथ च घूर्णावर्त
विलक्षण था संकट...
खादी की धोती, खादी का कुर्ता, सधुअई प्रकट !!

कलम की निब को लग गई जंग
अनेकांत दर्शन ला रहा है रंग
बुलाते हैं श्रद्धालु, सुनते प्रवचन—
खोलकर कान, मूँदकर नयन

करता है ग्राम और नगर का भ्रमण
इंद्रप्रस्थपुरी का यह ग्रहस्थ श्रमण
और क्या चाहिए ?
दक्षिणा मिलती है, आदर होता है
सांस्कृतिक संकट का रोना रोता है
प्रीमियर से लेकर इतर-साधारण पर्यंत—
सभी के 'किं कुतः कथम्' का समाधान !!
कैसे दुष्कर हैं बेचारे के अनुष्ठान !!
ग्रहण करता फिरता श्रद्धानिवेदित सुदुर्लभ पकवान !!
बखानता चलता जीवन-दर्शन-ज्ञान-विज्ञान !
सब कहीं खींच है, सब कहीं तनाव...
बीचोंबीच खड़ा है यह अपटु-डेट-बाबा मलूकदास !!
समष्टि से निरपेक्ष, युग से उदास !!

हजार-हजार बाँहोंवाली/नवयुग, 25 जुलाई 1951

मैं कैसे अमरित बरसाऊँ ?

बजरंगी हूँ नहीं कि निज उर चीर तुम्हें दरसाऊँ !
रस-वस का लवलेश नहीं है, नाहक ही क्यों तरसाऊँ ?
सूख गया है हिया किसी को किस प्रकार सरसाऊँ ?
तुम्हीं बताओ मीत कि मैं कैसे अमरित बरसाऊँ ?
नभ के तारे तोड़ किस तरह मैं महराब बनाऊँ ?
कैसे हाकिम और हकूमत की मैं ख़ैर मनाऊँ ?
अलंकार के चमत्कार मैं किस प्रकार दिखलाऊँ ?
तुम्हीं बताओ मीत कि मैं कैसे अमरित बरसाऊँ ?
गज की जैसी चाल, हरिण के नैन कहाँ से लाऊँ ?
बौर चूसती कोयल की मैं बैन कहाँ से लाऊँ ?
झड़े जा रहे बाल, किस तरह जुल्फ़ें मैं दिखलाऊँ ?
तुम्हीं बताओ मीत कि मैं कैसे अमरित बरसाऊँ ?
कहो कि कैसे झूठ बोलना सीखूँ और सिखलाऊँ ?
कहो कि अच्छा-ही-अच्छा सब कुछ कैसे दिखलाऊँ ?
कहो कि कैसे सरकंडे से स्वर्ण-किरण लिख लाऊँ ?
तुम्हीं बताओ मीत कि मैं कैसे अमरित बरसाऊँ ?

कहो शंख के बदले कैसे घोंघा फूँक बजाऊँ ?
महँगा कपड़ा, कैसे मैं प्रियदर्शन साज सजाऊँ ?
बड़े-बड़े निर्लज्ज बन गए, मैं क्यों आज लजाऊँ ?
    तुम्हीं बताओ मीत कि मैं कैसे अमरित बरसाऊँ ?
लखनऊ-दिल्ली जा-जा मैं भी कहो कोच गरमाऊँ ?
गोल-मोल बातों से मैं भी पब्लिक को भरमाऊँ ?
भूलूँ क्या पिछली परतिज्ञा, उलटी गंग बहाऊँ ?
    तुम्हीं बताओ मीत कि मैं कैसे अमरित बरसाऊँ ?
चाँदी का हल, फार सोने का कैसे मैं जुतवाऊँ ?
इन होठों में लोगों से कैसे रबड़ी पुतवाऊँ ?
घाघों से ही मैं भी क्या अपनी कीमत कुतवाऊँ ?
    तुम्हीं बताओ मीत कि मैं कैसे अमरित बरसाऊँ ?
फूँक मारकर कागज पर मैं कैसे पेड़ उगाऊँ ?
पवन-पंख पर चढ़कर कैसे दरस-परस दे जाऊँ ?
किस प्रकार दिन-रैन रामधुन की ही बीन बजाऊँ ?
    तुम्हीं बताओ मीत कि मैं कैसे अमरित बरसाऊँ ?
दर्द बड़ा गहरा किस-किससे दिल का हाल बताऊँ
एक की न, दस की न, बीस की, सबकी खैर मनाऊँ ?
देस-दसा कह-सुनकर ही दुख बाँटूँ और बँटाऊँ ?
    तुम्हीं बताओ मीत कि मैं कैसे अमरित बरसाऊँ ?
बकने दो, बकते हैं जो, उनको क्या मैं समझाऊँ ?
नहीं असम्भव जो मैं उनकी समझ में कुछ न आऊँ ?
सिर के बल चलनेवालों को मैं क्या चाल सुझाऊँ
    तुम्हीं बताओ मीत कि मैं कैसे अमरित बरसाऊँ ?
जुलमों के जो मैल निकाले, उनको शीश झुकाऊँ ?
जो खोजी गहरे भावों के, बलि-बलि उन पे जाऊँ !
मैं बुद्धू, किस भाँति किसी से बाज़ी बदूँ-बदाऊँ ?
    तुम्हीं बताओ मीत कि मैं कैसे अमरित बरसाऊँ ?
पंडित की मैं पूँछ, आज-कल कबित-कुठार कहाऊँ !
ज़ालिम जोकों की जमात पर कस-कस लात जमाऊँ !
चिंतक चतुर चाचा लोगों को जा-जा निकट चिढ़ाऊँ !
    तुम्हीं बताओ मीत कि मैं कैसे अमरित बरसाऊँ ?

हजार-हजार बाँहोंवाली/नवयुग, 5 अगस्त 1951

भली-भाँति पहचान गए हम

पेड़ उगाओ/उपज बढ़ाओ
सोमवार को सब्जी खाओ
जलते हुए पेट पर गीली मिट्टी की पट्टी डलवाओ
काँगरेस की सड़ी लाश पर याकूती रोगन मलवाओ
सुबह रामधुन, शाम रामधुन
तनन तनन तन तनु तुन तुन तुन
छींक मारकर करो न असगुन
कलचर के पायल बजते रुनझुन-रुनझुन
भूख-प्यास तक भाग जाती है जिसको सुन-सुन
दाँत निपोड़ो/वोट बटोरो
छाप-छापकर बापूजी के नाम, कोकटी चादर ओढ़ो
ऐलानों के भारी-भारी गोले छोड़ो/दंगल करो, अखाड़ा कोड़ो
टिकटों के ख़ातिर कर लो तुम आपस में ही लत्तम-जुत्तम
ईमानदारी का रिकार्ड यह कैसा उत्तम
है अवाम की बर्बादी का तुम्हें नहीं कुछ भी रंजोग़म
देशभक्ति का—जनसेवा का नाहक ही भरते आए दम
आओ, तुमको भली-भाँति पहचान गए हम
डेमोक्रेसी की कोसी में बाढ़ आ गई
गुटबंदी की खाई को चौड़ा बना गई
जात-पात की रेती पर फिर घास छा गई
खद्दरधारी घड़ियालों की पल्टन तिनरंगा चबा गई
सत्य-अहिंसा की प्रतिमा को दीघा की मेंढ़की खा गई !

हजार-हजार बाँहोंवाली/जनशक्ति, 21 अगस्त 1951

कांग्रेसजन तो तेणे कहिए...

कांग्रेसजन तो तेणे कहिए, जे पीर आपणी जाणे रे
पर दुःख में अपना सुख साधे, दया भाव न आणे रे
तीन भुवन माँ ठगे सभी को, शरम न राखे केनी रे
टोपी-कुर्ता-धोती खद्दर, धन-धन जननी तेनी रे
समदर्शी बनी लज्जा त्यागे, सुदृढ़ तिरंगी ढाले रे
जिह्वा थकी, सत्य ना बोलै, पर धन अपनो माने रे

माया-मोह न छूटे छन-भर, लोभ बस्यो जेहि मनमाँ रे
तकदीरन की ताली लागी, सकल मनोरथ तनमाँ रे
जैसे-तैसे वोट बटोरे, पिछली कीर्ति बखाणै रे
बड़े-बड़े सेठन के हितमाँ, अपणा हित पहचाणे रे
भूखे रखि-रखि लाख जनन को, हौले-हौले मारे रे
भण नर सैंया कमा-कमा निज कुल इकहत्तर तारे रे
कांग्रेसजन तो तेणे कहिए...

इस गुब्बारे की छाया में/हुंकार, 17 दिसम्बर 1951

चना जोर गरम...

चना जोर गरम प्यारे
मैं लाया मजेदार चना जोर गरम

चना खाएँ कांग्रेसी लोग
कि जिनमें दुनिया-भर के रोग
साधते सत्त-अहिंसा-योग
लगाते फिर भी सब कुछ भोग
पहनते हैं खद्दर का चोग
नहीं है देस-कोस का सोग
राज से न हो जाए वियोग
इसी से फैलाते हैं फोग
वोट पाने का है उद्योग
भिड़ाते हैं छल-बल का जोग
वतन को बना दिया बाजार
प्रजा को छोड़ दिया मझधार
चना जोर गरम...

चना है बना मसालेदार
खाइए भी तो यह सरकार
मिलेगा परमिट बारम्बार
मिलेंगे सौदे सभी उधार
नया हो जाएगा घर-बार
पड़ोसी के टपकेगी लार

झुकेगा पैरों पर संसार
मुफत की चीजों का अम्बार
कि लद-लद के आवेगी कार
भरेंगे कोठी और कोठार
जाएँगे उड़-उड़ सागर-पार
बधाई के आवेंगे तार
देवता समझेगा परिवार
फेंककर सरसों, फूँगा मार
बढ़ा सकिएगा पैदावार
प्लान की नैया, स्पीच पतवार
देश का करिएगा उद्धार
विनोबा की आरती उतार
कीजिएगा हल्का दिल-भार
चना जोर गरम...

हो गई दुनिया बेईमान
इसी से रूठे हैं भगवान
लोग भी हैं कैसे नादान
चाहते राशन में पकवान
मिनिस्टर का करते अपमान
अलापे चलते उलटी तान
देश पर है न किसी का ध्यान
धूल में मिली हमारी शान
इधर गीता का निर्मल ज्ञान
उधर बागी मजदूर-किसान
नेहरू भइया है बेमान
कि दिल है इंजन, गेह विमान
भरैं निश-दिन चहुँ ओर उड़ान
प्रीमियर को पाकर मेहमान
वोट मिलना लगता आसान
कहीं पर भोज, कहीं गुनगान
कहीं सिगरेट कहीं पर पान
कहीं मिलती रेशम की थान
कहीं पर थोक नगद-नगदान
कहीं चाँदी का मिलै कृपान

कहीं मिलती सोने की म्यान
टकटकी लगाए थे जजमान
मिल गए जिन्हें टिकट-वरदान
वही खुश बाकी परेशान
खीझ के मारे जाती जान
एक आँगन में बीस बथान
दुलत्ती झाड़ें तोड़ें छान
दंग कोई कोई हैरान
प्रजा को समझ रहे नादान
मुलुक है मिट्टी, लोग परखान
लिये दिल में टुच्चे अरमान
एक दूजे का पकड़े कान
पसारे बैठे हैं दूकान
डिगा मन और डिगा ईमान
तिरंगे का अब क्या एतबार
मात हैं झुट्ठे, मात लबार
चना जोर गरम...

वोट देंगे हम उनके नाम
करेंगे जो जनता का काम
भले हों रहिम, भले हों राम
न माँगें कुर्बानी का दाम
साथ दें सुबह, साथ दें शाम
साथ हों जिनके पब्लिक आम
नहीं गद्दार, न नमकहराम
न होता हो जिनको इलहाम
मुहम्मद, जैक या कि धनश्याम
वोट देंगे हम उनके नाम
करेंगे जो जनता का काम
शहर हो भले, भले हो गाम
पुरानी बस्ती, हाल-मुकाम
जान देते हों जिस पे अवाम
मुफत का करें जो न आराम
न चाहें जो कबहूँ संग्राम
रूस पर जो न मढ़ें इलजाम

वोट देंगे हम उनके नाम
लूट के लिए मचा कुहराम
हो गया घर में ही सरसाम
दुखी हैं सर्वोदयी इमाम
खुल गई इनकी पोल तमाम
सियासत बची बराएनाम
झूठ ये कांग्रेसी हुक्काम
झूठ निकले इनके पैगाम
वोट देंगे गर इनके नाम
धरा है तो फिर मौत इनाम
सुनो मेरा बेलाग पयाम
सोच लो अपना नीक-निकाम
वोट दो भइया उनके नाम
चाकआउट करके प्रोग्राम
करें न जो फिर तूल-कलाम
फैसलों को देवैं अंजाम
वोट देना तुम उनके नाम
साथ हो जिसके पब्लिक आम
हो न जाएँ जो नमक हराम
न होता हो जिनको इलहाम
रूस पर जो न मढ़े इलजाम
वोट देना तुम उनके नाम
कि वे ही हैं इसके हकदार
आम पब्लिक के सेवादार
चना जोर गरम प्यारे, मैं लाया मजेदार
चना जोर गरम...

हंस, जनवरी 1952

जयति-जयति जय सर्वमंगला

शिव-शिव शिव-शिव...
शुभ-शुभ शुभ-शुभ...
मंगल-मंगल...शांति-शांति...
धत् रहने भी दो !

क्या बकते हो !
लटक रही तलवार रात-दिन इस गर्दन पर
—बेकारी की
—लाचारी की
—बीमारी की
चैन नहीं, आराम नहीं है
सपने में भी सुख-सुविधा का नाम नहीं है
तन विषण्ण, मन चिर अशांत है
पल-पल छन-छन भयाक्रांत है
कैसे लिखूँ 'शांति' पर कविता ?

सित पारावत के पंखों की कर्पूरी कल्पना भला मैं कर पाऊँगा ?
आविल है अनुभूति अभावों-अभियोगों से
कटु काषाय है मेरा
पकड़ नहीं पाती है अपनी तिक्त चेतना
शांति-पाठ के सामगान की स्निग्ध ऋचा को
बहुत दुःखी हूँ, बहुत विकल हूँ
मध्यवर्ग के सामाजिक अभिशापों का ही तो प्रतिफल हूँ
आलोड़ित मस्तिष्क, हृदय अति अशांत है
परम अप्रतिम है कवि मेरा श्रांत-क्लांत है
कैसे लिखूँ शांति पर कविता !

अमन-चैन को कैसे मैं कड़ियों में बाँधूँ !!
मैं दरिद्र हूँ
पुश्त-पुश्त की यह दरिद्रता
कटहल के छिलके-जैसी जीभ से मेरा लहू चाटती आई !
मैं न अकेला मुझ जैसे तो लाख-लाख हैं, कोटि-कोटि हैं
यों तो सबका यही हाल है
सभी सरों पर यह बवाल है
सभी दुखी हैं
दो प्रतिशत भी नहीं सुखी हैं
कैसे लिखूँ शांति पर कविता ?

पूस मास की धूप सुहावन
घिसे हुए पीतल-सी पांडुर

पूस मास की धूप सुहावन
स्तनपायी नीरोग और छवि
शिशु के गालों-जैसी मनहर
पूस मास की धूप सुहावन
फटी दरी पर बैठा है चिर-रोगी बेटा
राशन के चावल से कंकड़ बीन रही पत्नी बेचारी
गर्भ-भार से अलस शिथिल है अंग-अंग,
मुँह पर उसके मटमैली आभा
छप्पर पर बैठी है बिल्ली
किसके घर से जाने क्या कुछ खा आई है
चला-चलाकर जीभ स्वाद लेती होठों का
सब कुछ है कोयला नहीं है
कैसे काम चलेगा बोलो
चावल नहीं सिझा सकती है
रोटी नहीं सेंक सकती है
भाजी नहीं पका सकती है
पूस मास की धूप सुहावन
घिसे हुए पीतल-सी पांडुर
पूस मास की धूप सुहावन
नरम-नरम ऊनी लिबास-सी
पूस मास की धूप सुहावन
पत्नी ने टोका वर्ना मैं छंदों के पैबंद जोड़ता ही रह जाता
—गुमसुम-गुमसुम खोया-खोया !
क्या ही अच्छी लगती थी यह
पूस मास की धूप सुहावन
फौरन उठकर जाना होगा
जहाँ कहीं से एक अठन्नी लानी होगी
वर्ना इस चूल्हे के मुँह पर फिर मकड़ी का जाला होगा

अगले ही दिन
दिग्-दिगंत को बधिर बनाते
पश्चिम से पूरब को जाते
सात विमानों की कतार दे गई दिखाई
तड़ड़-तड़ड़ तड़, तड़ड़-तड़ड़ तड़,
घड़ड़-घड़ड़ घड़, घड़ड़-घड़ड़ घड़,

—विकट् रुद्र वज्र स्वर सुनकर
सजग हुआ मैं
लगा सोचने—
अमरीकी-अंग्रेज-फ्रेंच-डच चालक होंगे
बर्मा, बिअतनाम, सिंगापुर, हांगकांग, बैंकाक, तोकिओ...
कहीं पड़ाव पड़ेगा इनका !
लंदन-पेरिस-नियूयार्क से लाद-लादकर
अस्त्र-शस्त्र बारूद-बम सैनिक सेनापति
कैरो और कराँची होकर
ये पहले दिल्ली आते हैं
और वहाँ से कलकत्ता-रंगून की तरफ...
रामराज का निर्मल-नील गगन जो ठहरा
इसमें होकर आते-जाते रावण के विध्वंसी पुष्पक
निकट-पूर्व क्या, दूर-पूर्व क्या, सकल एशिया
मृगयोचित रमणीय क्षेत्र है इनके खातिर
नील नदी का तट-अंचल हो या दमिश्क के खुश्क इलाके
रत्नगर्भ भारत हो चाहे पाकभूमि हो स्वर्ण-प्रसविनी
काश्मीर का नन्दन वन हो
या कि सुभग नेपाल देश हो
हरी-भरी बर्मी धरती हो
धानों से लहराता, श्यामल थाइलैंड हो
टिन की खान, रबर का जंगल—
उर्वर भूमि मलाया चाहे स्वर्णद्वीप या यवद्वीप हो
फारमोसा हो या जापान हो
बिअतनाम हो या कि कोरिया
यह समग्र एशिया इन्हीं का चरागाह है
अन्न चाहिए हमें, इन्हें कंकाल चाहिए
नमक चाहिए हमें, इन्हें बारूद चाहिए
जो लेना हो इनसे ले लो, मगर शांति का नाम न लेना
कहीं न तुम भी पकड़े जाओ, कहीं सफाई पड़े न देना
मरो भूख से
हो जाओ बर्बाद रोग से
भक्कू बनकर रहो
जहालत का सबूत दो
रामराज के आफिसरों के बूट करोगे साफ

तभी नौकरी मिलेगी
अमेरीकन अंग्रेज विशेषज्ञों की टोली
अजी, हमारी भूख-प्यास का तापमान लेने आई है !
आँख मूँद लो !
किंग जार्ज का स्वर्गवास हो गया
अजी, तुम उस आत्मा की शांति के लिए
परमेश्वर की करो प्रार्थना
घुटने टेको, आँख मूँद लो !
दुखी देश के भाग्य-विधाता
कोटि-कोटि डालर के दाता
बाहर के ये धन-कुबेर
निस्वार्थ हमारे सेवा करने को उद्यत हैं

—शांतिः शांतिः !
निर्वाचन हो गया सविधि सम्पन्न
हमीं फिर ऊपर आए
लोकतंत्र की विजय हुई है
नहीं एक भी काम रहेगा बाकी
भैया सब कुछ होगा—
—शांतिः शांतिः !

पीकर भंग, धतूर चबाकर
किन्हीं इलाकों के कुछ वोटर
सनक गए थे उस दिन तड़के
बैलों की जोड़ी से भड़के
बदहोशी में मतपत्रों का दुरुपयोग कर लिया उन्होंने
अब क्या होगा ?
तख्त तो न उलटेगा अपना ?
अरे कुछ नहीं
सब दुरुस्त है
सभी ठीक है—शांतिः शांतिः !!!
अन्न चाहिए ?
वस्त्र चाहिए ?
काम चाहिए ?
मन-माफिक आराम चाहिए ?

वेतन में कुछ वृद्धि चाहिए ?
ऋद्धि चाहिए, सिद्धि चाहिए ?
औषध और मकान चाहिए ?
ज्ञान और विज्ञान चाहिए ?
अगले पाँच साल के अंदर भाई मेरे, सब कुछ होगा
धीरज रखो भाई मेरे
दिल-दिमाग को सपने में भी गरम न होने देना बाबू
—शांतिः शांतिः शांतिः शांतिः !!
शून्य सांत्वना देनेवाली शांति तुम्हारी तुम्हें मुबारक !
यह ढकोसला, यह आध्यात्मिक शांति तुम्हारी तुम्हें मुबारक !

तनन-तनन तन, तुन-तुन तुन-तुन
सुबह रामधुन, शाम रामधुन
संस्कृति के नूपुर बजते हैं रुन-झुन रुन-झुन
छींक मारने से भी इसमें हो जाता है भारी असगुन
साधारण जनता की खातिर प्राणशोषिणी
लेकिन कतिपय गोत्रपोषिणी
कैसे भी हो, यह संस्कृति तो नहीं चाहिए
दश दिक्पालों के ही बूते क्या सारा संसार चलेगा
व्यक्ति-व्यक्ति में नई चेतना संचारित हो
सुख-सुविधा का और शांति का सम अवसर हो सभी के लिए
नहीं श्मशानी शांति चाहिए
नहीं वैष्णवी शांति चाहिए
नहीं भैरवी शांति चाहिए
नहीं निर्गुणी शांति चाहिए
हम इच्छुक हैं सगुण शांति के
त्रास और आतंक, बाध्यता अथवा संशय
नाश और विध्वंस, भूख या मौत मात्र की अधिस्वामिनी
महाकाल की कुलिश-कामिनी...
ऐसी शांति कौन चाहेगा ?
पेटी में पिस्तौल सँभाले अमन-चैन के बोल अधर पर
अब भी बाइबिल बाँट रहे हैं गोरी चमड़ीवाले बर्बर
मूर्खों की नरबलि दे-देकर टिन और रबर बटोर रहे हैं
सौदागर अंग्रेज हमारे स्वाभिमान को बुरी तरह झकझोर रहे हैं
नभ से बरसा-बरसाकर कीटाणु

कोरिया को वीरान बनानेवाले
राजघाट में बापू जी की शिव समाधि पर
मनो मनोरम फूल चढ़ाते ही रहते
हमें शांति की सीख दे रहे चील-गीध के चचे-भतीजे !
हमें शील का पाठ पढ़ाते
टाई-कॉलर सूट-बूट से लैस अद्यतन बाघ-भेड़िए ?
अभी क्या हुआ—
छद्‌म रूपकों की परम्परा का यह तो आरम्भ मात्र है
विकट बुभुक्षा, रिक्त पात्र हैं
अरबों डालर की सामग्री लील जाएगा यह कुम्भोदर !
वह तिनरंगा, वह अशोक का चक्र
शंख का वह प्रतीक, वह पुंडरीक का
सजल कलश वह पाँच पल्लवों से परिशोभित
हंस मिथुन लांछित दुकूल वेसित आपांडुर
बैलों की वह सुंदर जोड़ी
बरगद का वह महाविटप ...
रे, एक-एक कर लील जाएगा संस्कृति के सारे प्रतीक यह विकट वृकोदर
ऐटम बम की बू आती, ले रहा जँभाई
हिटलर-मुसोलिनी का भाई !!
सावधान ओ पंडित नेहरू,
पैर तुम्हारे धँसे जा रहे डालर की दलदल में प्रतिपल
नग्न हो रही वह तटस्थता
इधर शांति है, उधर युद्ध है
बतलाओ तुम किधर बढ़ रहे ?
फौलादी पंजों के अंदर नेपाली जनता कराहती : यह भी तुम हो !
फारस से पिट-पिटकर आते सौदागर अंग्रेज—
यहाँ स्वागत होता : यह भी तुम हो !
रूस-चीन-पूर्वी यूरोप के देश विकल हैं
सीधी-सादी लेन-देन के नाते-रिश्ते
कायम करने की खातिर वे मुँह बाए हैं, हाथ पसारे
हद दर्जे की लापरवाही उनकी ओर दिखाई जाती
अभिनय तक सीमित रहता भाई-चारा : यह भी तुम हो !
और श्रीमती रूजवेल्ट हैं आज पधारीं
अमरीका की तरफ हमारा क्या रुख होगा
इस बुजुर्ग महिला के प्रवचन गूँज रहे

काशी-प्रयाग-मथुरा-कांची में
परम सुदुर्लभ राजकीय नैवेद्य ढेर का ढेर
चल रहा आगे-आगे : यह भी तुम हो !
दस हजार फुट ऊँचाई पर, दुर्गम बर्फानी घाटी में
देवदार के सघन वनों में चुह-चुह करते फिरें छछुंदर
जड़ियों का संधान कर रहे, सीमांतों की टोह ले रहे
रोक-टोक क्या, खुली छूट है : यह भी तुम हो !

शरशय्या पर पड़े हुए हैं वृद्ध पितामह
स्तनपायी शिशु छिन्नमुंड छटपटा रहे हैं
नग्न-बुभुक्षित द्रुपद-सुताएँ त्राहि-त्राहि करती फिरती हैं
पाँचों दिशाओं में फेरे पाँचों पांडव
एकचित्त हो नहीं पा रहे
बड़ी-बड़ी तनखाहें पानेवाले विदुरों की मत पूछो
मुद्रित मुख नत नयन कुर्सियों पर बैठे हैं
अपना ली है संध्या भाषा
भूमिदान करवाने की, लो, सनक सवार हुई है शिर पर लोमश मुनि के
दुर्वासा उपकुलपति बनने की फिराक में
घात लगाए घूम रहे हैं
क्यों न गवर्नर इन्हें बना लेते हो दाता !
आज नहीं तो कल सातों ऋषि वेतनभोगी भृत्य बनेंगे या कि पेंशनर
अक्षत हैं थोड़े यद्यपि देवता बहुत हैं
ब्रह्मा-विष्णु-महेश किसी को नींद न आती
कोटि-कोटि कंठों से निःसृत शांति-पाठ सुन-सुनकर इनका मन अशांत है
उद्वेलित है अस्त-व्यस्त है
अजी नहीं कल्याण-मार्ग इतना प्रशस्त है
पुण्य-पाप शुभ-अशुभ और मंगल कि अमंगल बुरा-भला
कुल मिलकर ही तो सृष्टि सृष्टि है
शांति अशांति सगी बहनें हैं
जैसे लक्ष्मी औ' सरस्वती
नहीं एक को छोड़ दूसरी जी सकती है
जी हाँ, जी हाँ, यह बचकाना तर्क
आपका स्वानुभूत ही होगा शायद...
हमें शांति ही शांति चाहिए
नए सिरे से रचना है संसार समूचा

शांत समाहित हुए बिना स्रष्टा कैसे निर्माण करेगा ?
श्रांत-क्लांत कवि अभिधाओं में किस प्रकार व्यंजना भरेगा ?
स्वगत शोक में बीज निहित हैं विश्व-व्यथा के
विश्व-व्यथा में बीज निहित के स्वगत शोक के
अशुभ अमंगल के बीजों को तुम तो चंदन की डिबिया में सँजो रहे हो ?

बोलो पंडित, क्या नीयत है ?
इस डिबिया पर श्वेत-शिला का स्तूप बनेगा ?
बनियों की इंग्लिशिया रानी के हाथों उद्‌घाटन उसका करवाओगे ?
बंधु, तुम्हारी गतिविधि से हम सशंक हैं
झूठ कहूँ, क्यों विगत शोक है, निरातंक है
कथनी कुछ थी, करनी कुछ है
चिंतन तो हो सकता है तीसरी किस्म का
लीला तांडव-पंडित बनकर झूल रहे हो आसमान में
हे अद्‌भुत नटराज तुम्हारा इंद्रजाल मैं समझ न पाता !
समझ न पाता; कामनवेल्थी छकड़े पर क्यों तुम सवार हो !
समझ न पाता, काश्मीर में बंदर पंचों की अगवानी क्यों करते हो !
समझ न पाता, इंद्रसिंह ने कौन बड़ा अपराध किया है
जिसके कारण बेचारे का पीछ करती फौज तुम्हारी रौंद रही नेपाल समूचा !
समझ न पाता क्यों निरीह गुर्खों को निश-दिन
बूचर अंग्रेजों की खिदमत में बेखटक भेज रहे हो क्वालालम्पुर
वीर मलायी जनता के वे शत्रु तुम्हारे मित्र हो गए कब से
मैं तो समझ न पाता !
सँभलो, सँभलो पंडित नेहरू, दानवदल से नाता तोड़ो
आँख-मिचौनी बहुत हुई, बस, महाकाल का सत्यानाशी दामन छोड़ो
वतन समूचा रेहन रखकर क्या पाओगे ?
किस मुँह से फिर गाँधी जी के गुण गाओगे ?
जाने क्या तुम सोच रहे हो, जाने क्या करनेवाले हो !
अपनी बात बताऊँ सुन लो
भूल गया हूँ दुख व्यक्तिगत
स्वगत शोक भी याद नहीं है
सबके सुख की कलित कल्पना
मादकता-सी छा गई है दिल-दिमाग पर
जन-सामान्य हमारी सारी आशाओं का प्राण-केंद्र है
नई सृष्टि के नए विधाता कोटि-कोटि जन शांति चाहते

खोल-खोलकर अपना-अपना हृदय दिखाने को अति आतुर
मरु-गिरि-कानन शांति चाहते
सभी मृत्यु से त्राण चाहते
सभी चाहते शांति, सभी कल्याण चाहते
लेकिन यह कल्याण-कामना है न नपुंसक
इसके पीछे स्वतः प्रणोदित संघबद्ध जनता की हुंकृति
पृथु-प्रतीक-सी प्रतिपल उद्यत
अंतरिक्ष का मापदंड बनकर विराजती
जयति-जयति जय सर्वमंगला, जय कल्याणी !!
जय-जय-जय जनकवि की वाणी !!
जय सचेत जनता की जय हो !
युद्ध चाहनेवालों की मर्मांतक क्षय हो !!!

इस गुब्बारे की छाया में/हंस, 1952

अकाल और उसके बाद

कई दिनों तक चूल्हा रोया, चक्की रही उदास
कई दिनों तक कानी कुतिया सोई उनके पास
कई दिनों तक लगी भीत पर छिपकलियों की गश्त
कई दिनों तक चूहों की भी हालत रही शिकस्त

दाने आए घर के अंदर कई दिनों के बाद
धुआँ उठा आँगन से ऊपर कई दिनों के बाद
चमक उठीं घर भर की आँखें कई दिनों के बाद
कौए ने खुजलाईं पाँखें कई दिनों के बाद

1952
सतरंगे पँखोंवाली

संत विनोबा

सर्वोदय के संत, तुम्हारे मीठे-मीठे बोल—
सत्य-अहिंसा ज़मींदार के दिल में देंगे घोल ?

लो, वे कोसी का कछार करते हैं तुमको दान !
यहीं रहो तुम, मिल-जुल हम उपजावैं खेढ़ी[1] धान !
कांग्रेसी जब नहीं बुनेंगे बेदखली का जाल,
सबका उदय तभी होगा, तब सब होंगे खुशहाल;
आठो पहर यहाँ बेदखली, कुर्की साँझ-परात !
हम क्या जानें संत, तुम्हारे भूमिदान की बात ?
बिना डीह के हुए करोड़ों यहाँ डोम, बँसफोड़ !
लाखों लाख फिरैं वे नंगन, भूखे मरैं करोड़ !
कहाँ गया वह ज़िमदारी[2] - उन्मुलन का फर्मान ?
छिने जा रहे गाछी[3] - गोचर-पोखर औ' शमशान !
गाँव-गाँव में लूट मची है, भैरो बने लठैत
सर्वोदय का धुआँ उड़ाकर चानी[4] काठैं दैत
भूमिहरण करती बिहार में रावण की औलाद
भूमिदान लेने आए हो, बात रहे यह याद
कैसा तप, साधना कैसी, कैसा वह भूदान
जिस पर खद्दरधारी जालिम बिखरावैं मुसकान
तानाशाही पर बंदिश हो खुदरा चाहे थोक
आए हो तो बेदखली पर लगवाओ तुम रोक
गाँव-गाँव में इधर छेड़ दी बेदखली-घमसान
उधर हाथ में तिल-कुस लेकर करैं जग्ग भुँह-दान
संत विनोबा, समझ-बूझ लो ज़मींदार की चाल
वर्ना गला नहीं पाओगे सर्वोदय की दाल
सर्वोदय में क्या होंगे ये मच्छर और उड़ीश[5]
पूछै यही बिहारी जनता तुम्हें लिवाकर[6] शीश।

सितम्बर 1952
युगधारा

1. मूँग, 2. ज़मींदारी, 3. बगीचा, 4. चाँदी, 5. खटमल, 6. नवाकर

हरगंगे

बाँझ गाय बाभन को दान हरगंगे
मन ही मन खुश है जजमान हरगंगे
ऊसर बंजर और श्मशान हरगंगे
संत विनोबा पावैं दान हरगंगे

कौआ करे गंग असनान हरगंगे
फिर हड्डी का टुकड़ा दान हरगंगे
पैदल चलकर देते प्रान हरगंगे
फिर भी ना पिघले पाखान हरगंगे

संत विनोबा हैं भगवान हरगंगे
बाँधो स्वागत हेतु मचान हरगंगे
दूध - दही - मेवा - मिष्ठान हरगंगे
ले आए बाबू-बबुआन हरगंगे

जिनके हैं नौलखा मकान हरगंगे
वे हैं सर्वोदय की शान हरगंगे
दश हज़ार मन जिनके धान हरगंगे
जौ-भर भूमि करें वे दान हरगंगे

जिनके ढेर नगद नगदान हरगंगे
संत होयँ उनके मेहमान हरगंगे
आपन भूमि देयँ जौं दान हरगंगे
कँगरेसियन के निकसै प्रान हरगंगे

करैं तुम्हारा प्रभु कल्यान हरगंगे
छठवाँ भाग करो तुम दान हरगंगे
छुट्टा लूटो सगर जहान हरगंगे
खुली रहे कानूनी म्यान हरगंगे

चलै अहिंसा की किरपान हरगंगे
ठगैं तुम्हें बाबू-बबुआन हरगंगे
सुनो विनोबा संत महान हरगंगे
भूमिहीन पावैं भुईदान हरगंगे

निकलवाइए यह फर्मान हरगंगे
फाजिल धरती या कि मकान हरगंगे
सबतर बाँटो एक समान हरगंगे
आधा होय तुरंत लगान हरगंगे

पावै मदद मजूर-किसान हरगंगे
सबके मुँह पर हो मुसकान हरगंगे
मुँह पर सबका हक्क समान हरगंगे
क्यों कोई लेगा मुँहदान हरगंगे

सबके देह सभी के दान हरगंगे
धरती माँ के सब संतान हरगंगे
तुम बिच्छू पर मेहरवान हरगंगे
हमको वही करैं हलकान हरगंगे

ढाल बने, तुम संत महान हरगंगे
मौज मारते हैं बइमान हरगंगे
मन ही मन खुश हैं जजमान हरगंगे
बाँझ गाय बाभन को दान हरगंगे

जान बूझकर बनैं नदान हरगंगे
बड़े चतुर हैं संत महान हरगंगे

विद्यापति के देश में, 1952

जगमग दीप जले

जगमग दीप जले !
मीठी लौ की सहज तेल से
तम की बरफ गले
जगमग दीप जले !
घर घर में आँगन में शुभ-सुषमा मचले
छीना-झपटी की यह बिजली मन को नहीं छले
हो न तनिक भी कभी अँधेरा अपने दीप तले
जगमग दीप जले !

भूल जाओ पुराने सपने/योगी, अक्टूबर 1952

अरुणोदय

जय अरुणोदय !
जय सिंदूरी किरण सुहानी !
उछल रही है तुझे देखकर नई जवानी
बुरे ग्रहों का अंत निकट है
सदाबहार बसंत निकट है
शांतिपूर्ण सुखमय जीवन की खातिर यह संघर्ष हमारा
कैसे भला रुकेगी युग-गंगा की धारा
यह सचेत तरुणों की टोली बढ़ी आ रही
शुभ-स्वतंत्रता शांति-प्रगति के गीत गा रही
लक्ष्य स्पष्ट है, पंथ कठिन है
रात्रि शेष यह, आगे दिन है
जय सिंदूरी किरण सुहानी !
जय अरुणोदय !

जनवरी 1953
युगधारा

पूरी आजादी का संकल्प

बीज नहीं है, बैल नहीं है, वर्षा बिन अकुलाते हैं
नहर रेट बढ़ गया, खेत में पानी नहीं पटाते हैं
नहीं भूमि में कनमा-भर भी दाना उपजा पाते हैं
पिछला कर्ज चुका न सके, साहू की झिड़की खाते हैं
उतना ही फँसते, अपने को जितना अधिक बचाते हैं
भूखे रहकर, आधा खाकर दिन पर दिन दुबराते हैं
हड्डी छेद रहा है जाड़ा, बरबस दाँत बजाते हैं
दवा न कर पाते रोगों की, यम को पास बुलाते हैं
हरि-इच्छा या राम-भरोसे अपने को समझाते हैं
मिलवाला मनमानी करता, ऊख अगर उपजाते हैं
खर्चा के डर से बच्चों को कुछ भी नहीं पढ़ाते हैं
चाँदी तो क्या, टलहा तक की औंठी नहीं गढ़ाते हैं
परब-तीज-त्यौहार नहीं तंगी के कारण भाते हैं
तबियत बहलाने के ख़ातिर तुलसी के पद गाते हैं

लीडर लोगों की खुदगरजी देख-देख घबराते हैं
कांग्रेस को वोट दे दिया लेकिन अब पछताते हैं
अपने दुख की बाबत गर कुछ भी आवाज उठाते हैं
बात नहीं सुनता है अफ़सर, कम्युनिस्ट कहलाते हैं
तंग आ गए हैं किसान, संगठन स्वतंत्र बनाते हैं
ध्वजा खड़ा करते हैं खुद ही झंडा लाल उड़ाते हैं
फिर पूरी आजादी की संकल्प आज दुहराते हैं

तानाशाही के आगे हम माथा नहीं झुकाएँगे
एका के बल पर अपनी सारी माँगें मनवाएँगे
आजादी की गंगा को नीचे उतार ले आएँगे
मर्ज़ी के माफ़िक खेतों में फसलें सभी उगाएँगे
सबका पेट भरा होगा, सब ऊँची शिक्षा पाएँगे
नाहक ही सिर पर अरबों का कर्ज़ा नहीं चढ़ाएँगे
हम तो अपने ही बूते पर सस्ती प्लान बनाएँगे
एक-एक कस्बे के अंदर सौ-सौ स्वर्ग बसाएँगे
पानी की खातिर पौधों को कभी नहीं तरसाएँगे
बच्चों-जैसी फसलों पर निश-दिन स्नेह बरसाएँगे
सुजला-सुफला शस्य-श्यामला माँ के तब गुन गाएँगे
संत विनोबा को दर-दर का धूरा नहीं चटाएँगे
नहीं जंगबाज़ों की साज़िश में हम हाथ बटाएँगे
अमन-चैन कायम रखने की खातिर मर-मिट जाएँगे

हजार-हजार बाँहोंवाली/जनशक्ति, 26 जनवरी 1953

दधीचि निराला

हे दधीचि, तुम से घबराते हैं मांधाता
नहीं पूछते तुमको भारत-भाग्य-विधाता
देव हुए कृत-कृत्य, तुम्हारा तप जारी है
जन-जीवन आलोड़ित, अद्भुत लाचारी है
वह चाटुकार-दल से घिरा इंद्र आज मुसका रहा
तुम जला किए हो रात-दिन, लाभ किंतु उसका रहा
लोग दुखी हैं, अन्न-वस्त्र का है न ठिकाना
लालकिले से टकराता है नया तराना

नए हिंद का नया ढंग है, नीति निराली
मुट्ठी-भर लोगों के चेहरों पर है लाली
हे नीलकंठ, चुपचाप तुम युग की पीड़ा पी रहे
बस, लोकोदय की लालसा लिये कथंचित जी रहे !
हे कवि-कुल-गुरु, हे महिमामय, हे संन्यासी !
तुम्हें समझता है साधारण भारतवासी
राज्यपाल या राष्ट्रप्रमुख क्या समझें तुमको
कुचल रहीं जिनकी संगीनें कुसुम-कुसुम को
इस मिट्टी का कण-कण, सुनो, गीत तुम्हारे गा रहा
सुखमय, कृतज्ञ, समदृष्टि वह जनयुग जल्दी आ रहा

हजार-हजार बाँहोंवाली/जनयुग, 9 फरवरी 1953

आइज़नहावर

पर निकले तो चींटा बोला, आसमान की ऐसी-तैसी
वैसा खुला नहीं है यह मुझको उड़ान भरनी है जैसी
शीशम की छोटी टहनी पर नरम छाल से पैर लड़ गए
उड़ने की कोशिश करने पर बेवकूफ़ के पंख झर गए

सजग एशिया, सजग अफ्रीका, सजग आज भूमंडल सारा
बना नहीं पाओगे हमको तुम अपनी तोपों का चारा
दुर्दम युग-ज्वाला में गलकर प्रतिशोधी हथियार ढल रहे
नवल चीन की सबल साँस से फ़ौलादी घेरे पिघल रहे
भाई-भाई नहीं लड़ेंगे, दाल गलेगी नहीं तुम्हारी
अरबों डालर की सामग्री लील जाएगी भूमि हमारी
पैर तुम्हारे धो सकता क्या अरब-हिंद सागर का पानी
शांति चाहते कोटि-कोटि हम हिंदुस्तानी-पाकिस्तानी
याद करो हर हिटलर को इन दीवारों से मत टकराओ
अपने सींगों की परछाईं देख-देखकर मत चकराओ

जागी जनता कंधों पर बैठे कीड़ों को झाड़ रही है
तुम जैसे खूँख़ार दरिंदों के नख-दंत उखाड़ रही है
क्या योशीदा, क्या सिङ्मनरी, क्या चियाङ्. क्या बाओदाई
सभी तुम्हारे पिट्ठू ठहरे, सब पर है अब शामत आई

अमरीकी धन्ना सेठों के चोबदार, हे आइज़नहावर
बर्बादी बलिहारी तुम पर, तुम पर काली मौत निछावर

हजार-हजार बाँहोंवाली/जनशक्ति, 18 मार्च 1953

साथी स्टालिन

कोटि-कोटि श्रमिकों के त्राता
नई सृष्टि के नए विधाता
तुम-जैसे तुम ही थे साथी
स्टालिन, जनयुग के निर्माता

दिशा दिखाई दीप दिखाया
महामुक्ति का मंत्र सिखाया
व्यक्ति-व्यक्ति को सजग बनाकर
विधि से नया विधान लिखाया

सजग सचेत सबल है जन-जन
थर-थर काँप रहे हैं दुश्मन
नई शक्ति से, नई स्फूर्ति से
तुम्हीं भर गए हो नव-जीवन

सुरभि मिली, रस-रूप मिले हैं
तुम से ही ये फूल खिले हैं
मुसकाती हैं सूरजमुखियाँ
खुलकर जिनके होंठ खिले हैं

स्वर्णिम फसलों से चटकीली
हँसती है धरती रेतीली
पत्थर-पत्थर पर फूली है
सरसों पीली अलसी नीली

साथी, तुमने हाथ लगाया
बदल गई है मरु की काया

स्वतः स्फूर्त स्वेच्छा-संचालित
सामूहिक श्रम की यह माया

वामन बलि को अब न ठगेगा
अमृत सभी के हाथ लगेगा
जय हो तेरी सूझ-बूझ की
अब सारा संसार जगेगा

हुआ सही देहांत तुम्हारा
पर अक्षय है जीवन - धारा
हे मृत्युंजय, अमर रहेगा
कम्यूनिज़्म का भाई - चारा

कोल - भील - नींग्रो - अफ्रीकन
सब को प्रिय थी तेरी धड़कन
तेरी गाथा से मुखरित हैं
गंगा, यालू और अमेज़न

पिछड़े वर्गों के ध्रुवतारा
हे दलितों के परम सहारा
भय के बादल फटे, जहाँ भी
पहुँच गया है नाम तुम्हारा

जिनके हित दुर्लभ है दाना
जिनके रहने का न ठिकाना
तुमने उनमें बिजली भर दी
गूँज उठा तब नया तराना

धरती पर तुम आसमान हो
दृग-दृग में तुम भासमान हो
टूट गईं सीमाएँ सारी
कहाँ नहीं तुम विद्यमान हो

साथी, तुमने त्यागी निधड़क
गढ़े हज़ारों अपने रूपक

रचा सोवियत स्वर्ग कि जिसका
मिट्टी का कण-कण है रक्षक

मूक पा गए तुमसे भाषा
पूर्ण हुई सबकी अभिलाषा
उजबक-ताजिक-तुर्कमान तक
पलट चुके हैं अपना पासा

भूरे पीले काले गोरे
एक हुए सम सुविधावाले
काम कर रहे साथ-साथ ही
घूम रहे गलबहियाँ डाले

सभी सुखी हैं, सभी मातबर
सभी जातियाँ वहाँ बराबर
कोई भी कमज़ोर नहीं है
सबके हाथों में है पावर

हुई प्रतिज्ञा क्रमशः पूरी
रहीं योजनाएँ न अधूरी
मिटी तुम्हारी ही छाया में
कर्म-वाचन की मन की दूरी

मुक्ति-मार्ग तुमने दिखा दिया
याद रखेगा इसे एशिया
भेद-भाव तजकर पच्छिम ने
पूरब को अपना बना लिया

शुभ-समृद्धि-समता के उद्गम
कभी न तुमको भूलेंगे हम
नव रचना के हेतु करेंगे
कड़ी तपस्या, कड़ा परिश्रम

जनता के पक्षधर रहेंगे
भेद-भाव कुछ भी न सहेंगे

हे बुजुर्ग साथी, हम निश्चय
सदा शांति की राह गहेंगे

गीत अमन के हम गाएँगे
जंगबाज़ मुँह की खाएँगे
शांति और श्रम के मीठे फल
सहज भाव से सब पाएँगे

जन अरुणोदय, जय भास्वर दिन !
जय लेनिन ! जय-जय हे स्तालि !
स्वप्न तुम्हारे पूर्ण करेंगे
कोटि-कोटि हैं हम, हम अनगिन

सारी मानवता निर्भय हो
दानव-दल की बिलकुल क्षय हो
रूस - चीन पूर्वी - योरप के
जाग्रत जन समाज की जय हो

हजार-हजार बाँहोंवाली/जनशक्ति, 4 अप्रैल 1953

अभी-अभी उस दिन

अभी-अभी उस दिन मिनिस्टर आए थे
बत्तीसी दिखलाई थी, वादे दुहराए थे
भाखा लटपटाई थी, नैन शरमाए थे
छपा हुआ भाषण भी पढ़ नहीं पाए थे
जाते वक्त हाथ जोड़ कैसे मुस्कुराए थे
अभी-अभी उस दिन...

धरती की कोख जली, पौधों के प्राण गए
मंत्रियों की मंत्र-शक्ति अब मान गए
हालत हुई पतली, गहरी छान गए
युग-युग की ठगिनी माया को जान गए
फैलाकर जाल-जूल रस्सियाँ तान गए
धरती की...

1953
इस गुब्बारे की छाया में

भारत-भाग्य विधाता

खून-पसीना किया बाप ने एक, जुटाई फीस
आँख निकल आई पढ़-पढ़के, नम्बर पाए तीस
शिक्षा मंत्री ने सिनेट से कहा—"अजी शाबाश !
सोना हो जाता हराम यदि ज्यादा होते पास"
फेल पुत्र का पिता दुखी है, सिर धुनती है माता
जन-गण-मन अधिनायक जय हे भारत-भाग्य विधाता

1953
इस गुब्बारे की छाया में

तीस हज़ारी कार !

मँडराती है यम की नानी खेतों में, खलिहानों में
भूख-अकाल-महामारी की फ़सल उगी मैदानों में
लूट-पाट की होड़ मच गई नरभक्षी हैवानों में
लटक रहा है ताला गल्ले की सरकारी दुकानों में
बिजली की नीली लाइट में सजा चोर बाज़ार
गाँधी-टोपी की किश्ती में कलियुग हुआ सवार
पीच रोड पर मचल रही है तीस हज़ारी कार
जाँता चुप है, चूल्हा ठंडा, हाड़ी-तौला ख़ाली है
फ़सलों की बर्बादी क्या थी, जनता की पामाली है
मिनिस्टरों के गालों पर देखो तो फिर भी लाली है
बात-बात पर बड़ी बात, पग-पग पर ख़ामख़याली है
सौ का खाना एक खा रहा आती नहीं डकार
नेहरू के इस चेलों की है लीला अपरम्पार
पीच रोड पर मचल रही है तीस हज़ारी कार
एक-दूसरे को धकियाकर कैसे भला अकड़ता है
चपतें लगा रहा है कैसे, कैसे कान पकड़ता है
निजी स्वार्थ के आगे कुछ भी नहीं दिखाई पड़ता है
कांग्रेसी ही कांग्रेसी से देखो कैसे लड़ता है
भोथ हुआ ऊपर का अंकुश, दल में पड़ी दरार
जाने कै दिन टिकी रहेगी यह लँगड़ी सरकार
पीच रोड पर मचल रही है तीस हज़ारी कार

1953
हजार-हजार बाँहोंवाली

नया तरीक़ा

दो हज़ार मन गेहूँ आया दस गाँवों के नाम
राधे चक्कर लगा काटने, सुबह हो गई शाम
सौदा पटा बड़ी मुश्किल से, पिघले नेताराम
पूजा पाकर साध गए चुप्पी हाकिम-हुक्काम
भारत-सेवक जी को था अपनी सेवा से काम
खुला चोर बाज़ार, बढ़ा चोकर-चूनी का दाम
भीतर झुरा गई ठठरी, बाहर झुलसी चाम
भूखी जनता की ख़ातिर आज़ादी हुई हराम

नया तरीक़ा अपनाया है राधे ने इस साल
बैलोंवाले पोस्टर साटे, चमक उठी दीवाल
नीचे से लेकर ऊपर तक समझ गया सब हाल
सरकारी गल्ला चुपके से भेज रहा नेपाल
अंदर टँगे पड़े हैं गाँधी-तिलक-जवाहरलाल
चिकना तन, चिकना पहनावा, चिकने-चिकने गाल
चिकनी क़िस्मत, चिकना पेशा, मार रहा है माल
नया तरीक़ा अपनाया है राधे ने इस साल

1953
हजार-हजार बाँहोंवाली

जोमो केन्याता

नव अफ्रीका के नव नेता, पीड़ित अश्वेतों के त्राता
जय-जय हे जोमो केन्याता !
तुम्हें नेस्तनाबूद करेंगे गोरे ठाकुर
इसीलिए वे हैं अति आतुर—
समझ न पाते
कौन उपाय करें कि तुम्हारा टूक-टूक हो जाए मनोबल
जोश घटे, हिम्मत मर जाए :
क्षुब्ध-क्रुद्ध है तुम पर बर्बर
उड़-उड़कर पड़ता है मुँह का झाग समूचे भूमंडल पर
कोस रहे हैं, विकट गालियाँ बके जा रहे;

शाम-सबेरे और रात-दिन निश्चित विधि से
घोर असत्य-प्रलापों के अम्बार लगाती रहती है
गौरांग महाप्रभुओं की टोली
सुनो रेडियो या कि पढ़ो अखबार—
हमारे अंतस्तल में
मिथ्या का यह स्तूप खड़ा करने की कोशिश रहती उनकी :
"निरपराध निर्दोष परम सज्जन गोरों का
महा अहित करता रहता
अफ्रीका का जनसाधारण...नीग्रो...हब्शी;
उच्छृंखल दुर्दांत वन्य मानव-पशुओं को
जैसे भी हो, मानवता के पाठ पढ़ाने ही तो होंगे;
हत्यारों के गुप्त संगठन 'माउ-माउ' का नाश उचित है
सभी खुराफ़ातों की जड़ है महादुष्ट जोमो केन्याता"
—सुनते-सुनते कान पक गए !
—पढ़ते-पढ़ते आँखों पर सूनापन छाया !
महावीर जोमो केन्याता, हमें पता है—
हो तुम कौन, कहाँ रहते हो, क्या करते हो...
झूठ-मूठ के केस चल गए !
सात साल की सज़ा हो गई !
भाड़े के जज करें न्याय का नाटक, लेकिन
दुनिया तो सब समझ रही है
उसका ठगना अब उतना असान नहीं है !
स्वाधिकार-रक्षा की ख़ातिर लड़नेवाली अफ्रीकी जनता के अगुआ
छिन्न करो साम्राज्यवाद के नागपाश को !
ईसा के इन तथाकथित चेलों की पैशाचिक बर्बरता का समूल उच्छेद करो !
ढाहो औपनिवेशिक कारा की दीवारों के घेरे को
श्वेत और अश्वेत को श्रमिक जन-साधारण को एक करो हे !
इंग्लिशिया कामनवेल्थी इस राजनीति को सौ-सौ लानत—
यू.एन.ओ. की प्रबल प्रीति को सौ-सौ लानत—
नेहरूजी खामोश रहे, पर हमसे, प्यारे,
सुन लो, अपनी जय के नारे
मातृभूमि-रक्षा के कारण तन-मन-धन-जीवन के दाता !!
पीड़ित अश्वेतों के नेता, जय-जय हे जोमो केन्याता !!

जनयुग, 10 मई 1953

पंडित जी जानेवाले हैं रानी के दरबार में

जय बोलो जी, जय बोलो जी, वीर जवाहरलाल की
लंदन में ढोएँगे पंडित जी रानी की पालकी
सबसे भारी खूबी होगी, वह सन् तिरपन साल की
बलिहारी इस रामराज की ! बलिहारी कलि काल की
जय बोलो जी, जय बोलो जी, वीर जवाहरलाल की

रत्ती-भर भी नहीं लगेगा बट्टा शाही शान में
मरें पटापट लोग भूख से चाहे हिंदुस्तान में
गोल मेज पर बातें होंगी नेहरू और मलान में
सब मिलकर धूनी लगाएँगे वर्तानवी मचान में
रत्ती-भर भी नहीं लगेगा बट्टा शाही शान में

कटे मलाया के जंगल में, गुरखों का क्या मोल है
चर्चिल के लेखे आदम का खून मजे का झोल है
रुके नहीं नरमेध, यही तो रामराज का रोल है
भारत माँ के चरनामृत में कामनवेल्थी घोल है
कटे मलाया के जंगल में, गुरखों का क्या मोल है

रानी देगी दुआ भले इस सड़ी-गली सरकार को
चर्चिल खूब सराहेगा इस पँचसाला पंसार को
बड़े बोल से पाट रहे थे संकट की मँझधार को
खुद ही खुश हैं देख-देखकर सनदों के अम्बार को
रानी देगी दुआ भले इस सड़ी-गली सरकार को

कभी-कभी मुँह खोला करते अमन-चैन के नाम पर
भिजवाते चुपके-चुपके गुरखे बकरों को लाम पर
बड़े-बड़ों पर नजर, सीख की छड़ियाँ सिर्फ अवाम पर
शानो-शौकत बनी रहे, यह जोर न देंगे काम पर
कभी-कभी मुँह खोला करते अमन-चैन के नाम पर

कामनवेल्थी दुनिया क्या है, बूचड़ का बाज़ार है
प्रजातंत्र पर्दा है पर खूनी सरकार है
चर्चिल-ईडन-अटली-बीवन पूरा गूट खूँखार है

पग-पग पर आजाद हिंद भी उनका बरखुर्दार है
कामनवेल्थी दुनिया क्या है, बूचड़ का बाज़ार है

पंडित जी जाने वाले हैं रानी के दरबार में
अपने ही हाथों गूँथेंगे मोती उसके हार में
मनमानी डुबकी लगाएँगे वहाँ टेम्स की धार में
दिल-दिमाग को पेश करेंगे अबकी वह उपहार में
पंडित जी जानेवाले हैं रानी के दरबार में

पुरानी जूतियों का कोरस/जनयुग, 24 मई 1953

डिगा न पाया रोहिताश्व का मोह

बूढ़ी माता रही सुबकती, रहे कलपते पूत
उधर तुम्हारा वध कर बैठे शैतानों के दूत
डिगा न पाया छोटे-छोटे रोहिताश्व का मोह
तुम तो शैव्या हरिश्चंद्र से बढ़कर निकले ओह !

अपने मतलब की बातें तुमसे न पा सके नीच
भले लगाकर बिजली बरबस प्राण-शक्ति ली खींच
सहज शांति थी मुख की मुद्रा, दृढ़ उन्नत था वक्ष
प्राण दे दिए तुमने, पर छोड़ा न शांति का पक्ष

बर्बर डालरशाहों का कर गए प्रकट षड्यंत्र
सिखा गए दुनिया को जनहित व्रत-पालन का मंत्र
तुम दोनों के यशों से होंगे सुरभित सौ-सौ फूल
चंदन-चर्चित पवन चलेगा जन-मन के अनुकूल

जय-जय जय हे, जय हे, जय हे, दंपति रोज़नबर्ग
तुम दोनों ने किया विश्वजित यज्ञ, हुए उत्सर्ग
जय हे नवयुग की दृढ़ता के अति उज्ज्वल दृष्टांत
जय विवेक, जय निर्मल जनहित, जय साहस सीमांत

मैकार्थी पाधा जिनका, आइज़नहावर सरदार
हिटलर की उन औलादों को लाल-लाख धिक्कार

झूठ - मूठ आरोप लगाए, जान गया संसार
देखो, शैतानों ने ली अब स्वयं नक़ाब उतार

हज़ार-हज़ार बाँहोंवाली/जनयुग, 12 जुलाई 1953

नेपाल का नौजवान

उँगलियाँ चटकाईं, सीने को तान लिया
बालों को बिजली की फुर्ती से झटक दिया
निकल पड़ा घर से और आगे बढ़ आया
—नेपाल का नौजवान !
सामने चीन और पीछे हिंदुस्तान
काँप उठी धरती, गूँज गया आसमान
उम्मीदों से भरकर मुसकुराए इंसान
छूटकर चरते रहे, सो थर्रा पड़े हैवान
हिमालय को रँगने लगे जनता के अरमान
कोसी लगी टेरने मुक्ति के समर की तान
छोटे-बड़े कोइराला दोनों हुए हैरान
चिंतित त्रिभुवन, नेहरू परेशान—
वह देखो, बढ़ रहा
—नेपाल का नौजवान !

हज़ार-हज़ार बाँहोंवाली/जनयुग, 2 अगस्त 1953

बताऊँ ?

बताऊँ ?
कैसे लगते हैं—
दरिद्र देश के धनिक ?
कोढ़ी-कुढब तन पर मणिमय आभूषण !!

बताऊँ ?
कैसे लगते हैं—
दुःशासन के ताम-झाम ?
कंकाली स्तूप के पुष्प-पल्लवमय तोरण !!

बताऊँ ?
कैसी लगती है—
पंचवर्षीय योजना ?
हिडिम्बा की हिचकी, सुरसा की जँभाई !!

बताऊँ ?
कैसी लगती है—
नेहरू की विदेशी-वाणिज्य-भक्ति ?
धीरोदात्त नायक की सुदुर्लभ परकीया-रसाई !!

हज़ार-हज़ार बाँहोंवाली/नया पथ, अगस्त 1953

देखनेवाले देखो...

पहलेजा का कुली देख लो
सड़े चने काबुली देख लो
सिर पर खाजा तन पर रेशम
नीचे खादी धुली देख लो

कांग्रेस के लीडर देखो
उड़ते रँग के गीदर देखो
बेदखली पर नज़र न पड़ती
सर्वोदय के प्लीडर देखो

जयप्रकाश का अनशन देखो
सोशलिज़्म का प्रहसन देखो
दोमुँहिया ढुलमुल नेता के
पहनावे का पटसन देखो

पार्लमेंट का दंगल देखो
दुखी देश का मंगल देखो
मोटे-मोटे काले-काले
कानूनों का जंगल देखो

कच्ची-खोटी स्कीम देखो
चोरबाज़ारी मीम देखो
पापी पीपल की छाती पर
उग आया है नीम देखो

तीन रंग के ढोल देखो
बारह रंग के बोल देखो
फूल रहा दम, ढीला-पोली
मसनद के ये खोल देखो

इस गुब्बारे की छाया में/जनयुग, 15 अगस्त 1953

जयति कोरिया देश !

गली-गली में आग लगी है घर-घर बना मसान
लील रहा कोरिया मुलुक को अमरीकी शैतान
जूझ रहे किस बहादुरी से धरती के वे लाल
मुझे रात-भर नींद न आती सुन सिऊल का हाल

आज कोरिया, वियतनाम कल, परसों फिर कश्मीर
ट्रूमैनी खंजर बढ़ आया सबकी छाती चीर
गाँव-गाँव पर बम बरसेंगे, घर-घर होगा खाक
ट्रूमैन को प्रिय हैं झुलसी लोथों की खूराक
सुनो न तुम, पर मैं तो सुनता उन खेतों की टीस
लो देखो वह धुआँ, जल रहे पके धान के शीश
ढँको न अपनी धुली हुई खादी के निखरे दाग
लो देखो वह बाग-बगीचा, लगी हुई है आग

नहीं एक भी बची झोंपड़ी, महल हुए मिस्मार
दूहों पर मँडराते फिरते अमरीकी बममार
बच्चे हों चाहे बूढ़े हों, औरत चाहे मर्द
जूझ रहे सब, नहीं किसी का खून हुआ है सर्द

अडिग कोरिया, अमिट कोरिया, अमर वहाँ के लोग
ट्रूमैन को ले बीतेगा यह मछगिद्धा रोग

अजी, यहाँ तो बाबू-भैया बजा रहे हैं गाल
उधर खदेड़ रहे दुश्मन को, वीर कोरियन लाल !

फटे चीथड़ोंवाली औरत, बच्चा या बीमार,
यों ही हार मानने खातिर कोई नहीं तैयार !
बर्तन, हाँडी, कलछी, चम्मच, लाठी, डंडा, बाँस
घर-घर उठ-उठ खड़े हुए दुश्मन का करने नाश !

सड़क-सड़क नुक्कड़-नुक्कड़ घर-घर उग आए तीर,
सुलग उठा नफरत के मारे एक-एक शहतीर !
वाह कोरिया, वाह कोरिया, वाह तुम्हारे लाल !
तुम पर डालरवाले बंदर सके न फंदा डाल !

मिली धूल में यहाँ-वहाँ जिनके पौरुख की धाक !
अंगारों पर झोंक रहे वे अब लाखों टन राख !
हे अखूट बल के, हिम्मत के सदाबहार दुआब !
तुम हो वे अंगार कि जिनसे झेंप रहा अफताब !

तुम हो वे अंगार कि जिनसे जनयुग बना ज्वलंत !
तुम हो वे अंगार कि जिनका कभी न होगा अंत !
तुम हो वे अंगार दरिंदे जिनके आगे सर्द !
तुम हो वे अंगार कि जिनसे डालर हैं बेपर्द !

तुम हो वे अंगार कि जिनसे जालिम हैं भयभीत !
तुम हो वे अंगार कि ज़र्रा-ज़र्रा जिनका मीत !
तुम हो वे अंगार कि जिनसे चौबीसों अवतार !
तुम हो वे अंगार कि जिन पर बलि-बलि यह संसार !

तुम हो वे अंगार कि जिनसे आग माँगती भीख !
तुम हो वे अंगार कि जिनसे बिजली पाती सीख !
तुम हो वे अंगार कि जिनमें जलें पिशाच-पतंग !
तुम हो वे अंगार कि जिन पर सारी दुनिया दंग !

तुम हो वे अंगार कि जिनसे ढलता है फौलाद !
तुम हो वे अंगार जहाँ तपती मनु की औलाद !

तुम हो वे अंगार जहाँ एशिया आज स्वाधीन !
तुम हो वे अंगार कि राक्षस मन-मलीन तन-छीन !

तुम हो वे अंगार जहाँ बारूद रही है हार ?
तुम हो वे अंगार कि जिनकी हरसू जै-जैकार !
जै-जै जयति जुझारू जनता, जयति कोरिया देश !!
जहाँ जनम लेने को आतुर ब्रह्मा विष्णु महेश !!

युगधारा/नया सबेरा, 16 अक्टूबर 1953

सौदा

चार बीड़ा पान थमाकर बोले मिस्टर ओसवाल :
बिज़नेस बिज़नेस है !
एमोशनल होने से चलता नहीं काम
जाइए, अभी आप कीजिए आराम...
घिसे हुए रिकार्ड की थर्राती ध्वनि में
बोला आख़िर मैं भी :
ठीक ही तो फ़रमाते हैं आप
मार्केट डल् है जेनरल बुक्स का
चारों ओर स्लम्पिंग है; मगर ! मगर, दो साल हो गए
बेटा जकड़ा है बोन-टी-बी की गिरफ्त में
पसास ठो रुपइया और दीजिएगा
बत्तीस ग्राम स्टपटोमाइसिन कम नहीं होता है
जैसा मेरा वैसा आपका
लड़का ही तो ठहरा
एँ हें हें हें कृपा कीजिएगा
अबकी बचा लीजिएगा...एँ हें हें हें
पचास ठो रुपइया लौंडे के नाम पर !

ओ फ़्फ़ो ऽऽऽ ह !
—फुफ् फुफ् फुफकार उठे
प्रगतिशील पुस्तकों के पब्लिशर मिस्टर ओसवाल
नामी दूकान 'किताब कुंज' के कुंजीलाल
यहाँ तो ससुर मुश्किल है ऐसी कि...

और आप खाए जा रहे हैं माथा महाशय मंजुघोष !
इतना कहकर खटाक से सेठ ने
कैप्स्टन् का साबित पैकेट पटक दिया
झटके से खुल गई स्वर्णिम चेन दामी रिस्टवाच की
प्रतिफलित हो उठी
सामने पड़े अति रुचिर पेपरवेट की पीठ पर
बढ़ गई मेरे दिल की धड़कन
अति चेतन मन से मैंने सोचा...
रूठ गए अन्नदाता ! हाय रे विधाता !!

फिर मैं तपाक से उठा, ठुड्डी छू ली अपने सेठ की
बटोरकर साहस क्षण-भर बाद बुदबुदाया :
अच्छा, जैसी हो आपकी मर्जी !
पचास न सही पच्चीस या बीस
...इतना तो जरूर !
जिएगा तो गुन गायगा लौंडा हिं हिं हिं हिं, हुँ हुँ हुँ हुँ
रोग के रेत में लसका पड़ा है जीवन का जहाज—
भन्नाकर बीच में ही बोले मिस्टर ओसवाल :
वाह भई, वाह ! खासी अच्छी कविता सुना गए आप तो !
थैंक्यू ! थैंक्यू महाशय मंजुघोष !
लेकिन जनाब, यह मत भूलिए कि डालमिया नहीं हूँ मैं,
अदना-सा बिज़नेसमैन हूँ
खुशनसीब होता तो और कुछ करता
छाप-छाप कूड़ा भूखों न मरता
जितना कह गया, उतना ही दूँगा
चार सौ से ज्यादा धेला भी नहीं
हो गर मंजूर तो देता हूँ चैक
वर्ना मैनस्कृप्ट वापस लीजिए
जाइए, ग़रीब पर रहम भी तो कीजिए

अपने उस सेठ का यह तेवर देखकर सचमुच मैं गया डर—
बिदक न जाएँ कहीं मिस्टर ओसवाल ?
पांडुलिपि लेकर मैं क्या करूँगा ?
दवाई का दाम कैसे मैं भरूँगा ?
चार पैसे कम ...चार पैसा ज़्यादा...

सौदा पटा लो बेटा मंजुघोष !
ले लो चैक, बैंक की राह लो
उतराए खूब अब दुनिया की थाह लो
एग्रीमेंट पर किया साइन, कापीराइट बेच दी
(नाम था नॉवेल का 'ठंडा-तूफ़ान'
छप के होंगे यही कोई डेढ़-एक सौ पेज
डबल क्राउन साइज़ के)
दस रोज़ सोचा, बीस रोज़ लिखा
महीने की मेहनत तीन सौ लाई !
क्या बुरा सौदा है ?
जीते रहें हमारे श्रीमान् करुणानिधि ओसवाल
साहित्यकारों के दीनदयाल
प्रूफ़रीडरों के प्रणतपाल
नामी दूकान 'किताब कुंज' के कुंजीलाल
इनसे भागकर जाऊँगा कहाँ मैं
गुन ही गाऊँगा रहूँगा जहाँ मैं
वक़्त पर आते हैं काम
कवर पर छपने देते हैं नाम
मातम में—खुशी में करते हैं याद
फुलाते रहते हैं देकर दाद
नई-नई ली है अभी 'हिंदुस्तान फ़ोर्टीन'
सो उसमें यदा-कदा साथ बिठाते हैं
पान खिलाते हैं, गोल्ड फ़्लैक पिलाते हैं
मंजुघोष प्यारे और क्या चाहिए बेटा तुमको ???

हजार-हजार बाँहोंवाली/नया पथ, अक्टूबर 1953

चमत्कार

पेट-पेट में आग लगी है, घर-घर में है फ़ाका
यह भी भारी चमत्कार है, कांग्रेसी महिमा का

सूखी आँतों की ऐंठन का हमने सुना धमाका
यह भी भारी चमत्कार है, कांग्रेसी महिमा का

महज़ विधानसभा तक सीमित है जनतंत्री ख़ाका
यह भी भारी चमत्कार है, कांग्रेसी महिमा का

तीन रात में तेरह जगहों पर पड़ता है डाका
यह भी भारी चमत्कार है, कांग्रेसी महिमा का

1953
हज़ार-हज़ार बाँहोंवाली

मास्टर !

घुन-खाए शहतीरों पर की, बाराखड़ी विधाता बाँचे
फटी भीत है, छत चूती है, आले पर बिसतुइया नाचे
बरसाकर बेबस बच्चों पर मिनट-मिनट में पाँच तमाचे
दुखरन मास्टर गढ़ते हैं किसी तरह आदम के साँचे

अरे, अभी उस रोज़ वहाँ पर सरे आम जक्शन-बजार में
शिक्षा-मंत्री स्वयं पधारे चम-चम करती सजी कार में
ताने थे बंदूक सिपाही, खड़ी रहीं जीपें क़तार में
चटा गए धीरज का इमरित सुना गए बातें उधार में
चार कोस से दौड़े आए जब मंत्री की सुनी अबाई
लड़कों ने बेले बरसाए, मास्टर ने माला पहनाई
संगीनों की घनी छाँव में हिली माल, मूरत मुसकाई
तम्बू में घुस गए मिनिस्टर, मास्टर पर कुछ दया न आई

"अंदर जाकर तम्बू में ही चलो चलें दुख-दर्द सुनाएँ
नहीं, अकेला मैं ही जाऊँ, कहीं भीड़ में वह घबराएँ
बचपन के परिचित ठहरे, हम क्यों न चार बात कर आएँ
मौक़ा पाकर विद्यालय की बुरी दशा पर ध्यान दिलाएँ"
सुनकर बात गुरुजी की फिर "हाँ, हाँ" बोले लड़के सारे
''हम जब तक सुसता भी लेंगे आगे बढ़कर कुआँ किनारे"
हाथ हिलाकर मास्टर बोला, "जाओ बच्चो, जाओ प्यारे
चने चबाकर पानी पीना, सूख रहे हैं हलक तुम्हारे"

खिचड़ी बाल, साँवली सूरत दुखरन प्राइमरी मास्टर
लपके-लपके बढ़े आ रहे मैदानी हाते के भीतर

जहाँ तम्बुओं की क़तार थी जिसमें पैठे रहे मिनिस्टर
चारों ओर मिलिटरी, जिसके लोहे का टोपा था सिर पर
पके बाँस का पक्का घेरा हरे बाँस की कच्ची फाटक
पतला बाँस बीस गज़ ऊँचा गड़ा हुआ था पूरी धड़ तक
फर-फर-फर फहरानेवाला तिनरंगा था जिसका मस्तक
दुखरन मास्टर लगे देखने कांग्रेस की शान एकटक

फाटक पर पहुँचे तो देखा, डटे हुए थे दो नेपाली
हाथों में संगीन सँभाले, लटक रही थी निजी भुजाली
"कहाँ जाएगा ?" वे गुर्राए, आँखों में उतराई लाली
दुखरन का दिल दुखी हुआ सुन सूखा तू-तू सूखी गाली
मास्टर बोले, "यों मत कहना, पढ़ा-लिखा हूँ, मैं हूँ शिक्षक
तुम भी हो जनता के सेवक, मैं भी हूँ जनता का सेवक"
फिर तो वे धकियाकर बोले, "भाग भाग, जा मत कर बकबक
हम फौजी हैं, नहीं समजता क्या होता है सिच्चक-सेपक"

कुछ दिन बीते मास्टर ने यह कड़ा विरोध-पत्र लिख डाला
"ताम-झाम थे प्रजातंत्र के लटका था सामंती ताला
मंत्रीजी, इतनी जल्दी क्या आज़ादी का पिटा दिवाला
अजी आपको उस दिन मैंने नाहक ही पहनाई माला"
और लिखा, "उस रोज़ आपसे भीख माँगने नहीं गया था
आप नए थे, नया ठाठ था, लेकिन मैं तो नहीं नया था
भूल गए क्या अजी, आपका छोटा भाई फेल हुआ था
और आपने मुझे जेल से मर्मस्पर्शी पत्र लिखा था

'प्रभुता पाई काहि मद नाही' तुलसी बाबा भले कह गए
जिसमें वाज़िद अली बह गया उसी बाढ़ में आप बह गए
आप बने शिक्षा-मंत्री तो देहातों के स्कूल ढह गए
हम तो करते रहे पढ़उनी, जेल न जाके यहीं रह गए
और आपका तो कहना क्या, मुँह से बहै आरत की धारा
आदर्शों की छौंक मारकर अजी, आपने हमें सुधारा
उपदेशों की धुआँधार में अकुलाता शिक्षक बेचारा
अजी, आपको लगता होगा सुखमय यह भूमंडल सारा"

लिखा अंत में "ध्यान दीजिए, बहुत दिनों से मिला न वेतन
किससे कहूँ, दिखाई पड़ते कहीं नहीं अब वे नेता-गण

पिछली दफ़े किया था हमने पटने में जा-जा के अनसन
स्वयं अर्थ-मंत्री जी निकले, वह दे गए हमें आश्वासन
और क्या लिखूँ, इन देहाती स्कूलों पर भी दया कीजिए
दीन-हीन छात्रों-गुरुओं की कुछ भी तो सुध आप लीजिए
हटे मिटे यह निपट जहालत, प्रभु ग्रामीणों पर पसीजिए
कई फंड हैं, उनमें से अब हमको वाजिब एड. दीजिए"

1953

हज़ार-हज़ार बाँहोंवाली

लक्ष्मी

कमल है आसन
उल्लू है वाहन
इंद्र-वरुण-वसु-मरुत-कुबेर हैं पुजारी
जय-जय हे महारानी
दूध को करो पानी
आपकी चितवन है प्रभु की खुमारी
महलों में उजाला
कुटियों पर पाला
कर रहा तिमिर प्रकाश की सवारी
गए नहीं कभी जेल
खेलते ही रहे खेल
बन गए दमड़ीमल यह तीसहजारी
कहाँ स्नेह, कहाँ बाती
अमा जुगनू चबाती
आई नहीं दीपों के सौभाग्य की बारी
घोर अनर्थ है
भागना व्यर्थ है
शब्दवेधी वाण चला रहे शिकारी
सुखी है चाटुकार
मगन-मस्त हैं लबार
जिनके हित दिल्लीपति त्रिविधतापहारी
लहू की फेंकें थूक

मरे शूद्र-शम्बूक
खेले क्रिकेट राम योजना बिहारी
स्वर्ग है पार्लमेंट
महक रहा इत्र-सेंट
करता है बहुमत जनहित की चाँदमारी
उद्यम-उद्योग अचल
बेकार है जनबल
हाथों पर चल रही छटनी की आरी
ओर है न छोर है
अपव्यय का जोर है
कब तक चलेगा ऋण, कब तक उधारी
झुकाकर व्यथित माथ
ख़ाली मन, ख़ाली हाथ
पूजें तुम्हें कैसे कोटि-कोटि नर-नारी
घर-घर हो स्वर्गधाम
जन-जन हो पूर्णकाम
द्वार-द्वार उमगे दीपावली प्यारी
मुख-मुख का हुलास
होठ-होठ पर हास
सुख-शांति पावें मानव-तन-धारी
दस-बीस अरबपति
न हर लें तुम्हारी मति
प्रलय नहीं मचावें क्रूर-कुविचारी
बदल लो आसन
बदल लो वाहन
प्रार्थना इतनी-सी मान लो।

हजार-हजार बाँहोंवाली/नया पथ, नवम्बर 1953

खड़ी न होगी हम दोनों के बीच...

घुटनों के बल रेंग रहे हम, खड़े हो गए तुम तो
करवट बदल रही है दुनिया, बड़े हो गए तुम तो
जन-बल के कोड़े खाकर, सुनकर जग की फटकार

झाड़ी-झुरमुट में फन काढ़े नाग रहे फुफकार
धन्य-धन्य हो गई धरित्री, तुम जो यहाँ पधारे
हम भी आगे आएँ प्रियवर, पकड़ो हाथ हमारे

शिथिल न होने पाएगा यह स्नेह-सूत्र का बंधन
बार-बार आओगे, होगा बार-बार अभिनंदन
खड़ी न होगी हम दोनों के बीच कभी दीवार
विश्व करेगा हिंद-चीन मैत्री की जय-जयकार
यह सब देख-देख दुष्टों का माथा चकराएगा
मुँह की ही खाएगा जो भी हम से टकराएगा

हम दोनों का प्रेम अमर है, अविचल भाईचारा
विश्व-शांति है टेक हमारी, जनहित लक्ष्य हमारा
सब स्वतंत्र हों, सभी सुखी हों, सबका हो कल्याण
व्यक्ति-व्यक्ति में संचारित हो, नव जीवन, नव प्राण
गाँव-गाँव यह, नगर-नगर यह, गढ़ हो मानवता का
नील गगन में फहराए तब रह-रह नील पताका

पुरानी जूतियों का कोरस/जनशक्ति, 26 दिसम्बर 1953

वह तो था बीमार !

मरो भूख से, फ़ौरन आ धमकेगा थानेदार
लिखवा लेगा घरवालों से—"वह तो था बीमार"
अगर भूख की बातों से तुम कर न सके इन्कार
फिर तो खाएँगे घरवाले हाक़िम की फटकार
ले भागेगी जीप लाश को सात समुंदर पार
अंग-अंग की चीर-फाड़ होगी फिर बारम्बार
मरी भूख को मारेंगे फिर सर्जन के औज़ार
जो चाहेगी लिखवा लेगी डाक्टर से सरकार
ज़िलाधीश ही कहलाएँगे करुणा के अवतार
अंदर से धिक्कार उठेगी, बाहर से हुंकार
मंत्री लेकिन सुना करेंगे अपनी जय-जयकार
सौ का खाना खाएँगे, पर लेंगे नहीं डकार

मरो भूख से, फ़ौरन आ धमकेगा थानेदार
लिखवा लेगा घरवालों से—"वह तो था बीमार"

1954
हजार-हजार बाँहोंवाली

नाहक ही डर गई, हुज़ूर !

भुक्खड़ के हाथों में यह बंदूक कहाँ से आई—
एस.डी.ओ. की गुड़िया बीवी सपने में घिघियाई
बच्चे जागे, नौकर जागा, आया आई पास
साहेब थे बाहर, घर में बीमार पड़ी थी सास
नौकर ने समझाया—नाहक ही डर गई, हुज़ूर !
वह अकालवाला थाना पड़ता है काफ़ी दूर !

1954
हजार-हजार बाँहोंवाली

चीलों की चली बारात

बाढ़ तो है यहाँ की खातिर महा वरदान
लाभकारी जल-प्रलय को गालियाँ मत दे अबे नादान
न आए सैलाब तो बंजर बनेगी भूमि, उपजेगा कहाँ से धान
—नेहरू उड़कर यहाँ आए, हमारा हाल देखा
दे गए फिर हमें अपना ज्ञान !
बाढ़ तो है यहाँ की खातिर महा वरदान
फूँकते पेट्रोल नाहक, उड़ रहे फिर व्यर्थ बीस विमान
उन्हीं को हो सलामत उनका धरम-ईमान
सलामत कुर्सी, सलामत रहे उनकी जान
हमारे ही वोट पाकर डींग मारें और झाड़ें शान
बाढ़ तो है यहाँ की खातिर महा वरदान
नेहरू से मिला अबकी यही अद्भुत ज्ञान !!
हमारी तो अमावस है, तुम्हारा यह प्रात !!
छीलो बात पर तुम बात

जले पर छिड़को नमक दिन-रात
सजा दूल्हा बाज, चीलों की चली बारात
बाँटने को मौत की सौगात !
छींटकर आकाश से खैरात
खुद ही लपकते हो अरे तत्पश्चात्
टिड्डियाँ तक खा गई हैं मात
खद्दरी है भेस, पर पहचान में आई नहीं यह जात
मंत्रियों ने बताई है अन्न की इफ़रात
लेकिन यहाँ तो अभी सपना हो गया है भात
हमारी तो अमावस है, तुम्हारा है प्रात
हमारी तो बस मौत ही यह, तुम्हें तो है झाड़नी तकरीर
देश माता के दृगों से बह रहा है नीर
खिंचेगी किस भाँति टूटी नाव पर नवराष्ट्र की तसवीर
भिड़ा पाते हो नहीं तुम एक भी तदबीर
चुनौती है तुम्हारी सामर्थ्य को बस कोसकी के ये असंयत तीर
हो रहे हम क्षुब्ध और अधीर
देख लो तुम हमारा उर चीर
सताती तुमको न क्या अपने वतन की पीर
प्रकृति के दुर्दांत पैरों को न सकती बाँध क्या जनशक्ति की जंजीर
हाय, नाहक देशमाता के दृगों से बह रहा है नीर।

1954
पुरानी जूतियों का कोरस

बड़ा साहब

छोटे-छोटे बाल छँटे हैं, चिकनी-मोटी गर्दन
सिर पर हैट, सिगार का धुआँ छूट रहा है छन-छन
बूट-पैंट मानिला शर्ट से ढका हुआ सारा तन
उतरे हैं देवता स्वर्ग से धरती पर अफसर बन !

गाँधी-नेहरू से गुंजित है मन-मंदिर का आँगन
यही चलाते पटना-दिल्ली का हकूमती इंजन।
पहले के आई-सी-एस ठहरे, हो आए हैं लंदन
पहली को पाते हैं साहब तीन हजारी वेतन।

मुन्सिफ़ बना दमाद, भतीजे ने पाया प्रोमोशन
बेटे ने पकड़ा दामोदर वैली-कार्पोरेशन
डेरे पर भी फोन लगी है, घंटी बजती टन-टन
स्टेट्समैन गीता है, रामायण इंडियन-नेशन।

एस-डी-ओ थे ब्यालिस में, गोली चलवाई दन-दन
अब तो करते रहते निशि-दिन नेताओं का कीर्तन।
कुछ इनमें साहित्यिक भी हैं, लिखते हैं अभिनंदन
प्रजा और राजा दोनों के दिल का करते रंजन।

चापलूस करते गंगा की मिट्टी से दँत-मंजन
बदल गया है भीतर-भीतर नित्त नेम का बंधन।
मुँह पर मलते हैं लॉयल्टी का ही ये गुलरोगन
जैसा मालिक वैसी सर्विस कैसा बढ़िया स्लोगन।
छोटे-छोटे बाल छंटे हैं, चिकनी-मोटी गर्दन
उतरे हैं देवता स्वर्ग से धरती पर अफसर बन।

1954
इस गुब्बारे की छाया में

देखना ओ गंगा मइया !

चंद पैसे
दो-एक दुअन्नी-इकन्नी
कानपुर-बम्बई की अपनी कमाई में से
डाल गए हैं श्रद्धालु गंगा मइया के नाम
पुल पर से गुजर चुकी है ट्रेन
नीचे प्रवहमान उथली-छिछली धार में
फुर्ती से खोज रहे पैसे
मल्लाहों के नंग-धड़ंग छोकरे
दो-दो पैर
हाथ दो-दो
प्रवाह में खिसकती रेत की ले रहे टोह
बहुधा-अवतरित चतुर्भुज नारायण ओह
खोज रहे पानी में जाने कौस्तुभ मणि !

बीड़ी पिएँगे...
आम चूसेंगे...
या कि मलेंगे देह में साबुन की सुगंधित टिकिया
लगाएँगे सर में चमेली का तेल
या कि हम-उम्र छोकरी को टिकली ला देंगे
पसंद करे शायद वह मगही पान का टकही बीड़ा
देखना ओ गंगा मइया !
निराश न करना इन नंग-धड़ंग चतुर्भुजों को !
कहते हैं, निकली थीं कभी तुम
बड़े चतुर्भुज के चरणों में निवेदित अर्घ-जल से
बड़े होंगे तो छोटे चतुर्भुज भी चलाएँगे चप्पू
पुष्ट होगा प्रवाह तुम्हारा इनके भी श्रम-स्वेद-जल से
मगर अभी इनको निराश न करना
देखना ओ गंगा मइया !

1954
सतरंगे पंखोंवाली

अनुदान

बहुधा विज्ञापित—
हीरक जयंती के सुदुर्लभ क्षणों में
माननीय खाद्यमंत्री महोदय को
अकाल-ग्रस्त क्षेत्र के सेठों ने दी है थैली
एक लाख ग्याहर हज़ार एक सौ एक की...
चाँदी की थाल में पड़ा है चैक जयहिंद-बैंक का

कर दिया घोषित
प्रेस-प्रतिनिधि गण के समक्ष
तत्क्षण ही मंत्री ने :
रक़म यह 'महिला मंगल समाज' के हिसाब में जाएगी
श्रीमती मंजुमुखी देवी—
एम.एल.ए....
ढलती जवानी, कनकयष्टि गात्र
म. मं. समाज की प्रमुख ट्रस्टी...

करके शिष्ट संकोच का अभिनय
नचाती-सी दाहिना पाणिपल्लव
उठा लिया चैक वह आपने
डाल लिया शांतिनिकेतनी पर्स में
—हो-होकर गुरु गम्भीर
उतरा रही हैं अब आंतरिक हर्ष में।

हजार-हजार बाँहोंवाली/नया पथ, जून 1954

???

थनों में दूध भी है,
और मैं उड़ती भी तो हूँ !
पशु भी हूँ, पंछी भी हूँ !
बताओ, मैं कौन हूँ, भला ?
—जीवों में चमगादड़ !
—और पार्टियों में ??

फार्स हूँ सोशलिज़्म का
कम्युनिज़्म के खातिर रोड़ा !
संत विनोबा का घोड़ा
नीचे है धरती, ऊपर आसमान
बीच में किस खूबी से मैं हूँ लटका !
दिल में चाहे जो हो,
गले में मगर मार्क्स है अटका !
बताओ, मैं कौन हूँ भला ?

हिमालय की चोटियों पै
छा गए हैं लाल-लाल भूत
...लोहिया को मिला है बर्फानी सबूत !
डाल के गले में 'कोकटी' सूत—
खोद रहे जड़ियाँ बाइबिल के दूत !
चूसिए आप भी ग्वाटामाला की शहतूत
दिमाग होगा फ्रेश, दिल होगा मजबूत !!

इस गुब्बारे की छाया में/जनयुग, 15 अगस्त 1954

तिकड़म के ताऊ

चालाकी के चचा और तिकड़म के ताऊ
बोले मुझसे अजी एक दिन पढ़ुआ खाऊ
नहीं अगर तुम स्वावलम्ब का पाठ पढ़ोगे
किस प्रकार जौ-भर भी आगे भला बढ़ोगे
बेटा, मेरी बात सुनो, पहनो तुम खादी
रुक जाएगी फिर तो घर की बर्बादी
बात करो तुम सोशलिज़्म की, कांग्रेस की
जय बोलो तुम बापू जी की और देश की
फिर मारो जी सरकारी दफ़्तर पर छापा
फर्स्ट क्लास की सर्विस देंगे चाचा-पापा
घूम-घुमौआ चेयर पर से बात बघारो
मौज करो दिन-रात और सिग्नेचर मारो
हर पहली को रक़म मिलेगी छै सौ पचपन
बिजली के कठघोड़े पर मचलेगा बचपन
डायरियों में दिल की बातें लिखते रहना
सुरुचि सभ्यता की धारा में बहते रहना
गरम-गरम कविताएँ रचना नाम बदलकर
तुमको तो जनता पूजेगी आगे चलकर
इतने पर भी तुमसे शायद रहा न जाए
दिल-दिमाग़ के अंदर यदि शैतान समाए
तो फिर प्यारे आख़िर इस्तीफ़ा दे देना
सुर्ख रंग की गाँधी टोपी सिलवा लेना
कभी पहनना, कभी टाँग रखना खूँटी पर
कामा, सेमीकोलन बैठाना च्यूँटी पर
कालम पर होना सवार, उछलेगी शैली
सेठों से पाओगे फिर थैली पर थैली
जैप्रकाश फिर तुम्हें भेज देंगे अमरीका
लौटोगे तो लुई फ़िशर भी होगा फीका
स्कूलों में लगवा लेना फिर अपनी चीजें
पब्लीशर सूखें चाहे बुकसेलर छीजें
प्रेस, रेडियो, मंच सभी पर हावी होना
मिट जाएगा प्यारे जीवन-भर का रोना
सोशलिज़्म की लाश रहेगी बड़े काम की

खाते रहना पग-पग पर क़समें अवाम की
कला और संस्कृति की वीणा के ओ वादक
धार बहेगी नई, बनोगे तुम सम्पादक
होगा बाँझ तक़ाजा, चुप होंगे, हारेंगे
छपा करेगा लेख सुधीजन झख मारेंगे
आप लगाना अपने माथे अच्छत चंदन
चेला-चाटी करते फिरें यदपि अभिनंदन
जन्मभूमि में अपना स्मारक आप बनाना
पंख बाँधकर पैरों में तुम उड़ ही जाना
चाहे कुछ हो जातिवाद का रहे सहारा
ऊपर से अपना लेना भूदानी नारा
इतने में आ ही धमके यदि उपनिर्वाचन
सोशलिज़्म का करना कांग्रेसी परिपाचन
शासक दल की सेफ़ सीट से विजयी होना
अट्टाहास से मुखरित होगा कोना-कोना
ऊपर-नीचे मची रहेगी फिर पौ-बारह
पहले के मित्रों से होना नौ-दो ग्यारह
नए-पुराने लेखों के संकलन छपाना
आप लगाना फेरी, घर-घर उन्हें खपाना
पास मिलेगा अब पहले दर्जे का तुम को
पार्लमेंट में रहो सूँघते नील कुसुम को
नेहरू छींके, मौलाना को हो खुजलाहट
मिल जाएगी तुमको घर बैठे ही आहट
ओ बिहार के गोर्की, ओ कवि कमल दिवाकर
तुमको हम देखते रहेंगे मुँह बा-बाकर
कोशी उमड़े, अर्थनीति पर डॉलर छाए
मौज मनाओ राजनीति चूल्हे में जाए
रहें विनोबा और नेहरू सही-सलामत
तुम तो प्यारे अपने कवि की करो हजामत
मगर देखना, नेहरू से ही चिपके रहना
चित्त गिरोगे, भूल गए यदि मेरा कहना
जैप्रकाश थे हम जैसों की अंतिम आशा
किंतु लोहिया ने क्या-क्या कर दिया तमाशा
अदना-सी थी बात, दे दिया फिर भी इस्तीफ़ा
सूना पड़ा अखाड़ा रूठे आज ख़लीफ़ा

तुम तो खुद ही मँजे हुए हो, क्या सिखलाऊँ
जादूगर हो, कौन खेल तुमको दिखलाऊँ
चुप हो क्यों, अप्रिय है क्या दिल्ली की झंझट
बनवा दूँ भारी अफ़सर, बोलो तो चटपट
जिस विभाग में कहो उसी पर मैं बैठा दूँ
अतल गुफा में मारुतसुत, बोलो, पैठा दूँ
आज तुम्हारे ऊपर मेरा मन प्रसन्न है
सच कह दूँ तो कोठरों में भरा अन्न है
पूछोगे तो बतला दूँगा सारी बातें
बीत जाएँगे कितने दिन, कितनी ही रातें
अब मैं बूढ़ा हुआ, पुत्र हो गए सयाने
अच्छा होता, जाता लग में ठौर-ठिकाने
समझ रहा हूँ तुम लोगों का युग आया है
दाँत न टूटे अब तक, ईश्वर की माया है
अपना तो आदर्श रहे हैं मिस्टर सम्पत
पाऊँ तो तुम को लेकर हो जाऊँ चम्पत
रहे सलामत अपना पोता, अपनी पोती
मुझे देखकर दशरथ तक को ईर्ष्या होती
आओ चलो, गुरुजी से भी तुम्हें मिला दूँ
मति मकरध्वज, चतुराई का तिला दिला दूँ
बैठा लिया उन्होंने यह कहकर रिक्शा पर
आ पहुँचे हम झट गंदी बस्ती से बाहर
सड़क किनारे बहता था भारी-सा नाला
बसा रहे थे मॉडल टाउन अल्ला ताला
'सर्वोदय-लिमिटेड' हरफ़ दूरी से चमके
ऐनक पर ताऊजी के दोनों दृग दमके
बोले—"देखो, लाखों-लाख कमानेवाले
गुरु हमारे टहल रहे दो भोले-भाले
चूक गया मैं, इनसे कुछ भी सीख न पाया
राजनीति-साहित्य सभी कुछ मुझ तक आया
चमगादड़ की वृत्ति न लेकिन मैंने सीखी
दृढ़ निष्ठा अपना न सका मैं श्वान सरीखी
वर्ना मैं भी तो अब तक लक्षेश्वर होता
मन-माफ़िक खाता-पीता, सुखपूर्वक सोता...
खैर, चलो आनंद-मूर्ति हैं गुरु हमारे

माननीय शिक्षामंत्री के अतिशय प्यारे
आओ कर लो दर्शन, वह परिचित हैं तुमसे
परम प्रभावित हैं ओझा जी नील कुसुम से"
अंदर जाकर देखा, सचमुच दिव्य मूर्ति थी
चाब रहे थे पान, गौर तनुबद्ध स्फूर्ति थी
किया प्रणाम, मिला था उत्तर अट्टहास से
काली कुतिया गुज़र गई थी तुरत पास से
अंधर घर में बड़े प्रेम से बैठाया था
घूम-घूमकर नव-निर्मित घर दिखलाया था
उनके थोड़े ही शब्दों से आँख खुल गई
ज्ञान हुआ उद्भासित तत्क्षण बुद्धि धुल गई
छोटी टेबुल पर ट्राटस्की पड़ा हुआ था
और उधर अरविंद मूर्तिमय गड़ा हुआ था
बापू थे इस ओर सामने लकुटीधारी
कैलेंडर पर चमक रही थी मछुआ नारी
ताऊ हँसकर बाहर आए, बोले—"भैया
हम भी चलो बना लें कल कागज़ की नैया
खड़ी करें परसों-तरसों लिमिटेड-कम्पनी
कार लाएगी लक्ष्मी जी को, नहीं शम्पनी !"
उस्तादी होंठों पर भी मुसकान छा गई
फिर तो सारी बात समझ में साफ़ आ गई।

हजार-हजार बाँहोंवाली/जनशक्ति, 7 नवम्बर 1954

दोन-वोलगा, जमुना-गंगा आज...

दोन-वोलगा, जमुना-गंगा आज हो रहीं एक
इस संगम पर विश्व समूचा भाल रहा है टेक
शांति-प्रगति-आज़ादी के पैग़म्बर, सच्चे देव !
धन्य भाग, इस भू पर आए बुल्गानिन-ख्रुश्चेव !
दिखा रही सारी दुनिया को विश्व-शांति की राह !
बुल्गानिन-चाऊ-नेहरू, कैसी त्रिमूर्ति है वाह !
शोषित - उत्पीड़ित मानव के महनीय ललाम
प्रिय निकिता ख्रुश्चेव, विश्व के नेता तुम्हें सलाम !
पुष्प-वृष्टि यह, यह हर्ष-ध्वनि, लाख-लाख ये लोग

श्रद्धा और समझदारी का यह अपूर्व संयोग
सुन लो कोटि-कोटि कंठों से अपनी जय-जयकार
हम तालियाँ बजाते, तुमने ली है हैट उतार
छलक रहा है सभी तरफ़ आँखों में गहरा प्यार
देखो, कैसे करता भारत मित्रों का सत्कार
मानवीय उत्कर्षों में भर देगा रुचिर सुगंध—
दिल्ली-पेकिंग और मास्को का यह मीठा संबंध !
सपने में भी जिस गरिमा का नहीं हुआ था भान
धन्य भाग तुमने हमको यह गौरव किया प्रदान !
कहाँ-कहाँ के अधिकारी आए कितनी ही बार !
किया हिंद ने कब किसका ऐसा आदर-सत्कार
धन्य, तुम्हारी भूमि धन्य है, धन्य हमारा देश
धन्य-धन्य-मैत्री-मुदिता का यह असीम आवेश
धन्य-धन्य हो तुम सारे ही, हम सब भी हैं धन्य
कुढ़ने दो कुढ़ते हैं कतिपय बर्बर वन्य-जघन्य

नीचे से लेकर ऊपर तक वर्ग-वर्ग के व्यक्ति
थामो, उँडेल रहे हैं अपनी-अपनी श्रद्धा-भक्ति
नया राष्ट्र है, नई क़ौम है, नए-नए अरमान
नव-नव साहस नई कल्पना नए-नए निर्माण
पराधीनता से नफ़रत है आज़ादी से प्यार
नहीं करेंगे, किया नहीं हत्या का कारोबार
हम अशोक के वंशज, गौतम, गाँधी के हम पुत्र
नहीं करेंगे, शोणित से दूषित यह पावन सूत्र
शांति भले करती जाए अपना प्रभाव-विस्तार
भाई - चारा करता जाए चाहे सीमा पार
हम हैं अपनी भौगोलिक हदबंदी से संतुष्ट
कूटनीति से, तिकड़म से है हमको महा विरक्ति
यह अपार वैभव तो देखो, यह विराट जन-शक्ति
पाया हमने बंधु तुम्हारा यह निश्छल सहयोग
अपने पैरों पर खड़े हो रहे आज हिंद के लोग
देखो, हमने लगा दिया मालाओं का अम्बार
देखो, हमने खोल रखे हैं भीतर तक के द्वार
देखो, पग-पग पर जन-जन में उमड़ रहा है प्यार
देखो, कैसे करता भारत रूसी का सत्कार

अशुभ शक्तियों की क्षय हो, मिट जाए जाल-फ़रेब
जय हे जय हे बुल्गानिन ! जय हे जय हे ख़ुश्चेव !

हम उदार, हम अमर अमिट, जन-संस्कृतियों के सेतु
कुछ न उठा रहेंगे हम तो विश्व-शांति के हेतु
देखे दुनिया आज परस्पर आस्था का अतिरेक
आओ, यद्यपि अलग-अलग हैं फिर भी हम-तुम एक
देश-देश में प्रीत बढ़ रही, जन-जन में अनुराग
बढ़ो, मिटा दें औपनिवेशिक अभिशापों के दाग़
आओ मित्र, हृदय-कमलों पर हो जाओ आसीन
दुनिया देखे एक हो गए हिंद, रूस और चीन
गंगा-वोलगा-याङ्सी के मिश्रित जल का अभिषेक
युग-युग तक अब हमें बनाए रखेगा यह एक
ओ हितकारी निखिल विश्व के, ओ जन-मन के मीत
निर्भय भारत गाता है बढ़-बढ़ के स्वागत-गीत
पर गुपचुप फुफकार रहे हैं रंग - बिरंगे नाग
लाल-लाल हैं नैन, मुखों से निकल रही है झाग
गड़ा रखे हैं गोवा पर बौने दनुजों ने दाँत
भूपतियों ने, धनपतियों ने सुखा रखी है आँत

भूख-अकाल-बाढ़-बीमारी-रूढ़ि और अज्ञान
ऊपर से शासक स्वजनों की नौकरशाही शान
परेशान है जन-मन, फिर भी नव-रचना में लीन !
शांति-व्रती यह राष्ट्र हमारा संघ-बद्ध स्वाधीन !
सब स्वतंत्र हों, सभी सुखी हों, सबका हो कल्याण
व्यक्ति-व्यक्ति विकसे, समाज का होवे नव-निर्माण
नहीं खड़ी हो नगर-नगर में बेकारों की फ़ौज
बहुतों की छाती पर बैठे चंद न मारें मौज
पंगु नहीं रह जाए कहीं रत्ती-भर भी श्रम-शक्ति
अपनी-अपनी ड्यूटी में हो सबकी ही अनुरक्ति
सभी सबल हों, सभी सरल हों, सब हों प्रज्ञावान
आपाधापी में धन से पिछड़े न कभी ईमान
यही हमारी भी आकांक्षा, यही हमारी टेक
दोन-वोलगा, जमुना-गंगा तभी हो रहीं एक

एक जातियाँ, देश-देश की जनताएँ हैं एक
एकनिष्ठ हैं, एक लक्ष्य हैं सबके सरल विवेक
बर्बादी किसको अभीष्ट है कौन चाहता ध्वंस ?
खुलकर कहे, कौन है हिटलर, रावण अथवा कंस ?
'शांति-पाठ' सबकी खातिर, सबकी ख़ातिर शुभ-लाभ
जन-जन होगा, लक्ष्मीपति, जन-जन होगा अमिताभ
हे महान अभ्यागत, लाए हो अपूर्व संदेश
इसमें छल-छंदों का किंचित भी न कहीं लवलेश
आओ-आओ, अपनी आँखों लो देखो यह दृश्य
नहीं ! मंदिरों में अब भी घुसने पाते अस्पृश्य
सिग्नेचर होता है अब भी अँगूठे की छाप
बेटा-बेटी बेच रहा है देखो अब भी बाप

दासी-जीवन बिता रहा अब भी नारी समुदाय
तितली या कुतिया-सी वे समझी जाती हैं हाय !
गली-गली में रोता मानव, माँग रहा है भीख
ऊपर-ऊपर तैर रही है अब भी गाँधी की सीख
लटक रही श्रमिकों पर अब भी छँटनी की तलवार
छूट दे रही अब भी धन्नासेठों को सरकार
अब भी प्रतिभा की ख़ातिर हैं पथ कितने ही बंद
अब भी दस प्रतिशत ही हैं जो मना रहे आनंद
लाखों एकड़ भूमि पड़ी है अब भी तो वीरान
मारे-मारे फिरते हैं अब भी निर्भूमि किसान
तेज़ी-मंदी में अब भी पिटता रहता है व्यापार
अंगूठा दिखलाते अब भी बड़े इजारेदार
छोटी-मोटी दूकानों का देखो खस्ता हाल
समझो तो बतला देना इस अर्थ-चक्र की चाल
देसी - परदेशी मालों से बोझिल है बाज़ार
ख़ाली पाकिट करती है महँगाई से मनुहार
अभी दुखी है वेतन-भोगी निचला मध्य वर्ग
उतर न पाया है धरती पर अब भी कल्पित स्वर्ग
लाखों तरुण पड़े हैं अब तक पढ़-लिखकर बेकार
अब भी प्रतिभा की चलती है पैसों से तक़रार
अब तक दबी पड़ी है खानों में सम्पत्ति अपार
अनियंत्रित नदियाँ करती हैं जीवन का संहार

चले आ रहे हैं बाबा आदम युग के औज़ार
धन्य हमारी भूमि कि फिर भी हो जाता निस्तार
घास-फूस के छप्पर भीतों में पड़ गई दरार
आओ अंदर आओ साथी, देखो यह घर-बार
जाड़े ठिठुर रहे हैं बच्चे पत्नी है बीमार
जैसे-तैसे देखो फिर भी पीस रही है ज्वार
गँवई घर में बिलमाऊँगा मैं न तुम्हें प्रिय मित्र !
दिखला लाऊँ चलो अजंता-एलोरा के चित्र
दक्षिण के मंदिर, उत्तर के ताज-कुतुबमीनार
देखो भारतीय जनता की भावुकता - साकार
देखो यह सहयोग-साधना-सुरुचि-सूझ का मेल
कलाधरों ने दी है इनमें अपनी रूह उँड़ेल

शस्यश्यामला धरती देखो, नील-निविड़ आकाश
हल्की मीठी धूप, पूर्णिमा का दूधिया प्रकाश
चंदन के जंगल देखो, देखो केसर के खेत
ककड़ी-तरबूज़ों वाली देखो उपजाऊ रेत
गेहूँ की हरियाली में डूबे सौ-सौ मैदान
झूम रहे हैं कोसों फैले पके सुनहले धान
आम-कटहल-संतरा-सेव-नासपाती के देखो बाग
झीलें देखो, देखो कमलों-कुमुदों भरे तराग
नेह-छोह में पगे-पगे-से भोले-भाले लोग
सत्तू और साग ले आए, अजी लगाओ भोग
हाँ, हाँ, ग्रहण करो निश्चय ही शासकीय सत्कार
कैसी भी है, ठहरी आख़िर अपनी ही सरकार
धन्य सोवियत भूमि कि जिसके तुम हो खेवनहार
धन्य वहाँ के लोग कि जिनसे तुम हो एकाकार
नई सृष्टि के नए विधाता, दिव्य भूमि के देव
आओ दादा बुल्गानिन, आओ दादा ख़ुश्चेव !
पलक-पाँवड़े बिछे हुए हैं, जन-जन है उद्ग्रीव--
विश्व-बंधु के दरस-परस कब होंगे हमें नसीब !

सहायकों के अगुआ, औ' हमदर्दों के सरदार
कण-कण में करते जाओ नव-जीवन का संचार
खड़ा हुआ, आगे बढ़ आया, देखो भारतवर्ष

देख-देखकर प्रगति हमारी होगा तुमको हर्ष
भारतीय जनता ले सुखमय जीवन का आनंद
नव निर्माण करे दुख-दुविधा से रहकर निर्द्वंद्व
मार्क्स, मुहम्मद, गौतम, ईसा, गाँधी के भी बोल—
शांति और मैत्री-मुदिता, करुणा में करें किलोल !
आओ प्रियवर, गले लगाऊँ, बाँहों में लूँ भेंट
इस आलिंगन से दानव-दल होगा मटियामेट
इस आलिंगन से फैलेगा चहुँदिशि रुचिर प्रकाश
इस आलिंगन से सतरंगी होगा यह आकाश
विश्व-शांति की गारंटी है मिलन हमारा मित्र
सच साबित होंगे स्वर्गों के अब वे कल्पित चित्र
अफ्रीका, कोरिया, मलाया का होगा उद्धार
औपनिवेशिक प्रभुसत्ता का होगा बंटाढार
देश-देश के, जाति-जाति के नर-नारी समुदाय
ढूँढ़ रहे थे विश्व-शांति का कब से सहज उपाय

दुनिया के कोने-कोने में झाँक रहा है प्रात
बोले, किसको अप्रिय है अब पंचशील की बात
जमुना, गंगा, दोन, वोलगा आज हो रहीं एक
इस संगम पर विश्व समूचा शीश रहा है टेक।

हजार-हजार बाँहोंवाली/जनयुग, 4 दिसम्बर 1954

छेदी जगन !

लोकहित-व्रत में मगन,
छेदी जगन ! छेदी जगन !
तुम से सुवासित है अवनि
तुम से विभासित है गगन
छेदी जगन ! छेदी जगन !
उपनिवेशी दासता के पंक की तह छेदकर तुम
कमल जैसे खिल रहे हो !
मुक्तिकामी विश्व की जनशक्तियों में मिल रहे हो !
कर दिया है ब्रिटिश दानव को नगन !
छेदी जगन ! छेदी जगन !

अफ्रिका में, मलाया में, अरब में, ईरान में,
मिस्र, बर्मा, हिंद, पाकिस्तान में
श्राद्ध होने जा रहा है अब ब्रिटिश साम्राज्य का
चचा चर्चिल का बढ़ा सर-दर्द
कामनवेल्थ की माया न आती काम
क्षुब्ध जन-मन कभी रानी का न लेता नाम
उपनिवेशों में छिड़ा स्वाधीनता-संग्राम
ब्रिटिश महलों में मचा कुहराम
मित्र, तुम आगे बढ़ो
आप अपने देश की किस्मत गढ़ो
दे रहीं आशीष तुमको
दिवस की भास्वर दिशाएँ
निशा के नक्षत्रगण
छेदी जगन ! छेदी जगन !
अंत तक देंगे तुम्हारा साथ हम
नहीं यों ही नवाते हैं माथ हम
हिंदवासी-जनगणों का प्यार लो !
विषमता के प्रति घृणा का अनोखा उपहार लो !
विश्व-मानव के लिए मनुहार लो !
दो हमें भी ज़रा अपना ओज, दो अपनी लगन !
मित्रवर प्रिय बर्नहम, बंधुवर छेदी जगन !!

पुरानी जूतियों का कोरस/जनशक्ति, 12 दिसम्बर 1954

अमलेंदु एम.एल.ए.

उठाई गर्दन, खाँसकर गला किया साफ
और गौर से देखा जन-समुदाय की ओर
और इस प्रकार
अपने आप में भर लिया यथेष्ट चमत्कार
स्थूल ग्रीवा मस्तक हिला नहीं बिलकुल
निहित था दृगों में अजीब-सा गहरापन
पूछा अमलेंदु जी ने उपस्थित जनों से
अहेतुक प्रश्न भी हो उठा हेतुमान
पूछ ही बैठे जब अजबलाल सिंह श्रीमान्

छोटे-मोटे बबुआन 'अमलेंदु' उपनामधारी
माननीय एम.एल.ए., शासकों के वर्ग सहकारी
स्थूल तनु, सूक्ष्ममति, गम्भीर और शांत अति
आरम्भ हुआ प्रवचन, सहज मंथर गति से
चल पड़ी बाबू साहेब की जीभ
लोग लगे सुनने–
पाथकर कान, फाड़कर नेत्र
मन को थमाकर, बुद्धि का क्षत्र !
रात का वक्त था, बज रहे थे ग्यारह
भागलपुर शहर की पूर्वोक्त गोष्ठी का
नाम था 'मकरंद', उम्र थी अभी सवा साल की
बैठते थे लोग महीने में दो बार
गायक, वादक, कवि, कथाकार
सहृदय-तरुण-अधेड़-बुजुर्ग...
आज अमलेंदु जी के सम्मान में
गोष्ठी हुई थी आहूत
पधारे थे सानुकम्प संस्कृति के आप अग्रदूत
बाँसुरी पर चला 'यमन कल्याण'
बेला पर बिछ गया बेसुध 'मालकोश'
दाहिने और बाएँ हाथ की बीचवाली उँगलियाँ
तबला और डुग्गी पर
नचा गईं जाने किस-किस राग को !
तदंतर कविताएँ सुनी गईं
और अब श्रीमान् अमलेंदु जी
कर रहे थे प्रकट अपने विचार
और फिर पकड़ना भी तो था उन्हें
दानापुर-फास्ट पैसेंजर ठीक साढ़े बारह की
अहल भोर पहुँचना था पटना
बजानी थी हाजिरी विधानसभा की अपनी !
सहज थी भंगिमा, स्वर थे आवेशशून्य
झर रही थी शब्दों से मानो शालीनता
बोलते चले गए श्रीमान् अमलेंदु जी :
"सभापति जी, मित्रो, हो तो गई देर किंतु
आपका अनुरोध भला कैसे नहीं मानूँ
सर्वप्रथम कलाकारों को धन्यवाद

विशेषतः तबलावादक तरुण को
निःसंदेह भविष्य उज्ज्वल है उनका
बंधुओ, दीजिए न आने
राजनीतिक कालुष्य साहित्य के भीतर
स्वयं भले गरलपान कीजिए
समाज को परंच अमृत ही दीजिए
बनी रहे युगों तक–
संगीत और ललित कला के प्रति
आपकी यह अविचल निष्ठा
उपनिषद में आया है एक वाक्य–
न वित्तेन तर्पणीयो मनुष्यः
और भारत की अपनी परम्परा में सभी कुछ तो है ही
धर्म, अर्थ, काम, मोक्ष–क्या भला नहीं है यहाँ ?
फिर केवल अर्थ या काम पर जो लोग देते हैं जोर
ध्यान मत दीजिए आप उनकी ओर
कौन सुनेगा भला बकवास उनकी कोरी
गंगा क्या बहाती चले कितनी भी गलीज़ मोरी
अपनी तो संस्कृति है भगीरथी गंगा
भारत है दानी, विश्व भिखमंगा...''

और और और और
बहुत सारी बातें कहीं अमलेंदु जी ने
गोष्ठी के आज प्रधान थे प्रो. प्रज्ञाकर
सो, देते हुए धन्यवाद
मुख़ातिब होकर मान्य अतिथि की तरफ
कहा आपने शालीन लहजे में :
"पाकर निसर्ग सुलभ पुष्प सम्पर्क
पहुँचता है, सज्जनों के शिर तक
तुच्छातितुच्छ सर्पय सदृश कीट
मुझ जैसा ग्रंथकीट ठीक उसी प्रकार
आ पहुँचा है आप तक आज
कृतकृत्य हो गई हमारी यह 'मकरंद'
अस्तु मैं धन्यवाद क्या दूँ, और किसको दूँ !
कृपा बनाए रखें महामान्य अमलेंदु जी
अभ्यर्थना मेरी तो यही है उनसे

गोष्ठी के अपने मित्रों में क्या भला कहा जाय ?
आज की सविशेष बैठक सम्पन्न हुई..."
तत्पश्चात् बाबू अजबलाल सिंह अमलेंदु एम.एल.ए.
उठकर आए बाहर, जीप थी तैयार
धीर-ललित ढंग से साऽऽयास हुए सवार
इर्द-गिर्द बिदाई के निमित्तं बीसियों थे चेहरे
खेल गई उन पर कृत्रिम-अकृत्रिम मुस्कान
हुए परस्पर नमस्कारों के आदान-प्रदान
स्टार्ट हुई जीप भ ड़ ड़ ड़ ड़ ड़ र्र र्र र्र

और मुझ जैसा सामान्य साहित्यकार
पकड़कर राह पाँव पैदल ही बढ़ा अपने पड़ाव की ओर
चला झटकारकर—
'मकरंद' का सौरभ रह गया था पीछे
गाँव से आया था खत—पसाते वक़्त भात,
बीवी के पक गए थे हाथ
कौन भला देगा इस मुसीबत में साथ ?
और कल छात्र-सम्मेलन में क्या कहना होगा !
राजनीति क्या है ? विष्ठा है, मल है !
दिखाने के और दाँत, खाने के और ...
आप तो अमलेंदु जी ठहरे खैर समाज के सिरमौर
जातिवाद डंडा है, राजनीति मथनी !
करनी अलग है, अलग है कथनी !!
जमे हैं छज्जूबाग के करीब नवनिर्मित क्वार्टर में
बिछा है सामने शतरंज
साहित्य और संस्कृति है पीठ की ओर
आप तो आप ही हैं मालिक !!
मगर यहाँ तो तकदीर में लगी है आग
जीना हो उठा है दूभर —
छात्रों ने बुलाया था, आ गया हूँ कविता सुनाने
देखकर आप चाहें देखें न देखें
मन ही मन करके कबूल, ज़ाहिरा चाहे मानें न मानें
मगर हुजूर, मुआफ हो बेअदबी
अगर मैं उछल-उछल के कहूँ कि
ऐंठ रहा है जीवन, सुलग रहा है जीवन
राजनीति पर हावी हो रहा है जीवन

ढोंगियों की पोल खोल रहा है जीवन
धड़क रहा है जीवन, डोल रहा है जीवन
साहित्य और संस्कृति को तोल रहा है जीवन
चढ़के मौत के सिर पै बोल रहा है जीवन
जीवन है राजनीति राजनीति है जीवन
अंतस् की अभिव्यक्ति ही तो होगा साहित्य !
खाते हैं गुड़, गुलगुले से रखेंगे परहेज ?
भारी करामाती लगते हैं आप तो !
चढ़ना था आपको कनक-कँगूरे पर,
हाय राम, उलटे पड़े दाँव ! गिर पड़े धड़ाम से !!
पा चुके हैं पालिटिक्स का स्वाद
क्योंकर भला टूटेगा मोह ? "आशा बलवती राजन"
क्या ही खूब है बाबा व्यास का कथन !
चाहे जो हो, धन्य हैं आप !!

पुरानी जूतियों का कोरस/नया पथ, जनवरी 1955

जय विश्वबंधु !

तुम विश्वशांति के अग्रदूत !
तुम भारतमाता के सपूत !
हुंकार उठे तुम,
काँप गया थर-थर थर-थर हिटलरी भूत !
तुम आगे हो, पीछे-पीछे जनबल अकूत !
मैत्री-मुदिता-करुणा-समता के अग्रदूत !

तिल-भर भी आगे अब न बढ़ेंगे जोधराज,
दुर्दम रणचंडी की वल्गा कस गई आज।
शकुनी-सुषेण की अद्‌भुत है यह लाचारी,
गुप-चुप रोते हैं अस्त्र-शस्त्र के व्यापारी।

हे नेहरू ! हे उज्ज्वल-चरित्र !
हे मानवता के महामित्र !
तुम निखिल एशिया की आशा के केंद्र-विंदु !
तुम जन-जन के शुचि-शुभ्र गगन में शरद-इंदु !

यह सर्वमंगला मनोवृत्ति सुखरात्रि बने,
उत्तप्त बालुका के कण-कण में स्नेह सने।

घर-घर में मुखरित हो मोहन का पांचजन्य,
जय हो बापू की, सत्य-अहिंसा धन्य-धन्य।
सबके माथे पर दूर्वाक्षत,
हों पूर्ण राष्ट्र के सारे व्रत।
जय जय नेहरू ! जय विश्वबंधु !
जय प्रज्ञाकर ! जय क्षमासिंधु !

हिमगिरि के वे स्वर्णाभ शृंग,
जलनिधि का वह फेनिल उच्छल नीलाभ वक्ष,
यह स्वच्छ गगन, यह नखत-पुष्प-दीपित निशीथ,
यह रत्नगर्भ, उर्वर मिट्टी से आच्छादित यह धरापीठ,
ये चंद्र-सूर्य, यह ऋतु-वितान,
यह देस-कोस, ये नगर-ग्राम,
सबको आशीष तुम्हारी है,
सबको आश्वास तुम्हारा है।

प्रतिपल उद्यत-तर्जनी-वेत्र,
तुम जनमंगल की चिंता में उन्निद्रनेत्र !
दुर्मद दानव म्रियमाण आज,
कण-कण मिट्टी का दीख रहा सप्राण आज।

बकने दो, रावण बकता है
तुमको सोने का हरिण लुभा क्या सकता है ?
हे धरतीमाता के सपूत !
हे विश्वशांति के अग्रदूत
हे भारत के मानस-मयंक ! हे महानाम !
अपने चरणों में जनकवि का यह लो श्रद्धा-सुरभित प्रणाम !

1955
'शांतिदूत' में संकलित

आत्मा की बाँसुरी

पता नहीं
कितने छेद हैं
तुम्हारी आत्मा की बाँसुरी में !
बजती है फूँक से,
अथवा बिन फूँके ही ?
पता नहीं—
रुपहली या सुनहली
कैसी है तुम्हारी आत्मा की बाँसुरी !
पहाड़ी या देशवाली, किस बाँस की बनी है
मारते हो फूँक
ज़ोर तो पड़ता ही होगा
कहते हैं : गूँजती है केवल
आत्मा की ही बाँसुरी पर
ईमानदारी अंतरतर की
पकड़ नहीं पाते उसे हम अभागों के कान
पहले उदरपूर्ति तो हो ले
फिर देखा जाएगा...
ठोस या पोल जैसी भी होगी
पकड़ में आएगी न तो जाएगी कहाँ
आत्मा नानी ??

हृदय का षोडशदल कमल
विलक्षण कुंडलिनी
कूटस्थ गुह्य
सैंधवलवणसम नीरंध्र
अणु से भी अणुतर अणीयमान्
महत् से महत्तर महीयान्
मानस का शतदल-सहस्रदल अरविंद
फिर भी परमशून्य...
विकट दरार में खोई हुई मणि-सा
जिसका मृदु मंद आलोक दिखाई न देकर
कल्पना की पूँछ से सहज ही जुड़ जाए
ऐसा वह परमब्रह्म परमात्मा

नमस्कार है दूर से ही उसको
हम तो ठहरे भई, मामूली आदमी
कुंदज़हन, तंगनज़र, मारने-मरने पै आमादा
तुम हो कि खड़े हो पैरों के पंजों के सहारे
उचक-उचक देख रहे...
प्रगतिवाद मर गया क़ब्ल-पैदाइश के ...
वह रहा ह्विटमैन...
वह रहा रोलाँ...
वह रहा टैगोर...
वह रहा गोर्की...
वह रहा शरत्...
और वह प्रेमचंद...
बाकी क्या,
कुछ नहीं, छाड़न-ही-छाड़न !!
विष्ठा से भी कई गुना अधिक दुर्गंधमय
तुम्हारे कलाकार का नारकीय टेबुल-टाक !!

जपते रहो निश-दिन माला बनाकर
परिमल-परिमल मकरंद-मकरंद
पराग-पराग-पराग सुरभि-सुरभि-सुरभि
मूठ-की-मूठ जलाओ अगरबत्तियाँ एक ही बैठक में
गुलाब-गुलदाउदी-चम्पा-चमेली की—
अधखिली कलियों से सजाओ गुलदस्ते
मटनचाप, आइसक्रीम, कटलेट, कॉफ़ी...
करो तरोताज़ा दिल-ओ-दिमाग़ को
और फिर निकालकर रेशमी रूमाल
तरल त्रिभुज अधरोष्ठ चट से पोंछ लो
आकर ब्याय् ले गए तश्तरियाँ
आरम्भ करो चर्चा
सुलझे अलकों पर फेरकर अँगुलियाँ
आहिस्ते से बोलो...
शी शी शी शी फू फू फू फू...
आत्मा की बाँसुरी से उठता है अनहद नाद
सुनने को जिसे अंतःश्रोत चाहिए
सर्वतंत्र स्वतंत्र, निर्लिप्त-निरंजन कलाकार

अंतरतर के प्रति सर्वथा ईमानदार
बड़ी-बड़ी तनखाह, प्रचुरतम रायल्टी
एकमात्र शाश्वत सत्य के प्रति रायल्टी
बाकी सब ठीक है

सभी ओर धुंध
सब ओर कुहासा
निकलोगे कैसे विकट चक्रव्यूह से ?
लील तुम्हें जाएगा सांस्कृतिक संकट
नादान अभिमन्यु, क्या तुम करोगे ?
विदित है न व्यूहभेदन की परम्परा !
हम तो भई निहायत मामूली किस्म के
अदना-से आदमी ठहरे
पड़ती है उलझन
सुलझा भी लेते हैं
कैसी भी गाँठ हो, खुल ही जाती है
मोटी अक़्ल है
अटपटे बोल हैं
शऊर है न कुछ भी
तुम हो संस्कृत-सुसंस्कृत
हम तो ठहरे अपभ्रंश-प्राकृत
इसी से कहते हैं तुम्हें चतुरचचा चिंतक :
तौर-तरीके के राजकुमार
बजाते हो दिन-भर में आत्मा की बाँसुरी
तीन सौ पैंसठ बार।

हजार-हजार बाँहोंवाली/धारा, जून 1955

ऐसा क्या अब फिर-फिर होगा ?

ग्रामवासिनी-नगरवासिनी
माताओं-बहनों-बहुओं की
रुकी निगाहें, झुकी निगाहें
क्रुद्ध निगाहें, क्षुब्ध निगाहें
अरुण निगाहें, करुण निगाहें

डरी निगाहें, भरी निगाहें
तरल निगाहें, सजल निगाहें
व्यथित निगाहें, मथित निगाहें
स्तब्ध निगाहें, शून्य निगाहें
देख रहीं बी.एन. कालिज के बरामदे पर सूखा शोणित-पंक
प्रभाहीन इन चेहरों पर छा रहा स्याह आतंक
समझ न पातीं, किसने थोपा मानवता पर ऐसा अमिट कलंक
भींगी-भींगी, सहमी-सहमी
दहशत-भरी निगाहों के ये दृश्य भला मैं भूल सकूँगा ?
भूल सकूँगा सिंदूरित सीमंत लिये उस नवयुवती की
'ईस-ईस'-सी मुखर टीस ?
घुटती-सी साँसें ?
घायल नजरों पर पलकों की पूरी पट्टी ?
गोरी ग्रीवा की नलियों में भिंचे-भिंचे-से प्राण ?
चम्पई देह, काँपती कनकलता-सी... भूल सकूँगा ?
माँ या चाची—किस अधेड़ महिला ने उसको
गिरते-गिरते बचा लिया है, कौन बचाए ?
जैसे-जैसे वे आगे बढ़ गईं किंतु मैं देख रहा हूँ
सोच रहा हूँ, देख रहा हूँ
उस तरुणी का ही दूल्हा शायद कालिज में पढ़ता होगा !
इसी साल तो नहीं हुई उनकी भी शादी ?
अगर पुलिस की नादिरशाही का शिकार हो गया
कहीं उसका भी दूल्हा
तो क्या होगा ?
तो क्या होगा ?
इसी तरह उस बेचारे का लहू जमेगा ?
आ-आ के देखेगी दुनिया ?
भींगी-भींगी सहमी-सहमी
दहशत-भरी निगाहों का वह दृश्य देखकर
खोया-खोया इसी तरह कवि खड़ा रहेगा ?
हाय, हाय, मैं सोच रहा हूँ कैसी बातें !!
ऐसा क्या अब फिर-फिर होगा ?
ज्ञानपीठ ये दूषित होंगे बार-बार क्या ?

सतरंगे पंखोंवाली, खून और शोले, 1955

नवादा

(1)

आतंक में डूबा हुआ छोटा शहर
पुलिस बरपा गई जिस पे क़हर
नासमझ अधिकारियों ने
मार डाले दो तरुण !
पंद्रह अगस्त मना लिया,
बस और क्या बाक़ी रहा !!

(2)

पीच रोड पर
धूसर दाग़ लहू के देखे
बेदम बूढ़े हाथी की खुरदरी पीठ पर
मसल गया हो कोई ज्यों सूखा-सूखा सिंदूर !
गोली लगी
गिरा धरती पर
यहीं महेंदर
वासुदेव भी यहीं गिरा था
हुए अनेकों घायल
बना कर्बला ट्रांसपोर्ट का अड्डा !

हजार-हजार बाँहोंवाली, खून और शोले, 1955

नाज़ियों के बाप

नाज़ियों के बाप !
जी हाँ, आप !
गोलियाँ चलवा चुके, अब नेहरू का रुख रहे हैं नाप !
क्षुब्ध जनता दे रही है श्राप !
पर, न डर से सही खबरें प्रेस पाते छाप !
अजी सुनिए, रक्तरंजित क्रांति की पदचाप !
चाटकर चटनी अमन की, पचा पाएगी पुलिस क्या पाप ?

खून दीनानाथ का हम देखते ही रहेंगे चुपचाप ?
रंग लाएगा न क्या कुछ हमारा संताप ?
कीजिए बस आप !
मत बकिए अनाप-शनाप !
प्रभु हमारे ? नाजियों के बाप !

पुरानी जूतियों का कोरस/खून और शोले, 1955

पुलिस अफ़सर

जिनके बूटों से कीलित है भारत माँ की छाती
जिनके दीपों में जलती है तरुण-आँत की बाती
ताज़ा मुंडों से करते हैं जो पिशाच का पूजन
है असह्य जिनके कानों को बच्चों का कल-कूजन
जिन्हें अँगूठा दिखा-दिखाकर मौज मारते डाकू
हावी हैं जिनके पिस्तौलों पर गुंडों के चाकू
चाँदी के जूते सहलाया करती जिनकी नानी
पचा न पाए हैं जो अब तक नए हिंद का पानी
जिनको है मालूम खूब शासक जमात की पोल
मंत्री भी पीटा करते जिनकी खूबी के ढोल
युग को समझ न पाते भूसा-भरे दिमाग
लगा रही जिनकी नादानी पानी में भी आग
पुलिस-महकमे के वे हाकिम सुन लें मेरी बात
जनता ने हिटलर-मुसोलिनी तक को मारी लात
अजी, आपकी बात बिसात है क्या बूता है कहिए
सभ्य राष्ट्र की शिष्ट पुलिस हैं तो विनम्र रहिए
वर्ना होश दुरुस्त करेगा, आया नया ज़माना
फटे न वर्दी, टोप न उतरे, प्राण न पड़े गँवाना

हज़ार-हज़ार बाँहोंवाली/खून और शोले, 1955

खड़ी है ट्रेन...

ट्रेन की छत पर खड़े हैं तीन लड़के
सैकड़ों विद्यार्थियों की भीड़

नोचे प्लेट फारम पर खड़ी है
सभी हैं विक्षुब्ध,
सब हैं क्रुद्ध, काली झंडियों से लैस !
बड़ी-सी काली पताका हाथ में थामे हुए है एक बालक
गरजता है—"साथियो, मालूम है तुमको ?
"कि पटने में मरे हैं आठ ?
"यह खूँखार है सरकार !
"जनता का नहीं यह राज !
"जी हाँ, पुलिस का है राज !
"जी हाँ, लाठियों का राज !
"हाँ, हाँ, गोलियों का राज !
"लो धिक्कार है कांग्रेस को...
"धिक्कार है उस नेहरू को !
"धिक्कार है श्रीकृष्णसिङ् की हकूमत को !"
"कहो मुर्दाबाद ! मुर्दाबाद!! मुर्दाबाऽऽऽऽद !!!"
फिर ज़ोर से नारे लगे लगाने
कि सौ-सौ गलों के वे गगनभेदी नाद गूँजे, गूँजते ही गए
टिन के शेड के अंदर समाता है न मानो जोश छात्रों का !
पसिंजर हैं दंग, हैं चुपचाप
टी.टी.ई. नहीं है एक भी
है रेलवे की पुलिस बिलकुल लापता
सुनसान जंक्शन; रेलवे अधिकारियों की हेकड़ी है बंद
बेचारा डरा-सा, पी रहा है चाय, बिस्कुट खा रहा है गार्ड
—मनाता उन विप्लवी विद्यार्थियों को...
"आज यों हो डेढ़ घंटा लेट छूटी ट्रेन यह कटिहार से
"ख़त्म हो मीटिंग तो बबुआ चले फिर ट्रेन
"नूनू कहाँ उतरोगे ?
"बच्चो कहाँ उतरोगे ?
"बचनू कहाँ उतरोगे ?
"गुमटियों पर खींचना मत चेन... तो हो गई मीटिंग ?
"बबुआ बजाऊँ मैं शिसिल, खींचोगे नहीं तो चेन...!"
छोटी लेन की यह ट्रेन
खड़ी है जंक्शन बरौनी में !!
ड्राइवर क्या, गार्ड क्या, सबकी भुजा में
बैज काला बाँध रक्खा है इन्हीं विद्यार्थियों ने

वाह, इंजन के सिरे पर भी
पताका बड़ी-सी फहरा रही है कृष्णकांता !!
मान ली है बात !
गार्ड गुम-सुम पी रहा है चाय, बीड़ी सोंटता है ड्राइवर
बड़बड़ाते हैं पसिंजर—"हाय रे, यह क्या हुआ !"

हजार-हजार बाँहोंवाली/खून और शोले, 1955

नेहरू

दुनिया-भर को पंचशील का पाठ पढ़ाओ
आइज़नहावर के माथे पर मलो रात-दिन
सत्य-अहिंसा की बातों का बादामी गुलरोग़न
हमें पिलाओ अनुशासन की बासी खट्टी छाछ
बात-बात पे हंटर मारो
क़दम-क़दम पे छोड़ो आँसूगैस
अदना-अदना-सी बातों की ख़ातिर भड़को
गोली मारो
खून बहाओ
लाश गिरे तो एम्बुलेंस को धता बताओ
छीन-झपटकर उसे लापता कर दो पंडित !
पुलिस पिशाचों की जुल्मों के बाद
शवों का ढेर देखकर
यदि छाती पीटने लगे यह बुढ़िया भारतमाता
तो बेखटके पकड़ो उसका झोंटा
मिलें उसे भी सबक़ शांति के
फाँके वो भी आज़ादी का चूरन
डेमोक्रेसी की डकार ले वो भी !
हमें नहीं चाहिए तुम्हारे सोशलिज़्म का
यह कंकाली ढाँचा
अति असह्य है प्रजातंत्र पर
ब्यूरोक्रेसी का यह विकट तमाचा
रहो ताकते, बिड़ला-ताता-डालमिया की ओर
रहो ताकते, पड़े मुसीबत में न कहीं कोई भी डाकू-चोर
रहो ताकते, रंज न हों अंग्रेज़ और अमरीकी वणिक समाज

रहो ताकते, बना रहे लाठी-गोली का राज
रहो ताकते, सुखी न हो जाएँ मज़दूर-किसान
रहो ताकते, दबे रहें मध्यवर्गी इंसान
रहो ताकते, राजनीति घुस जाए कहीं न घर-घर
रहो ताकते, हो न मुअत्तल महापतित आफ़ीसर
बाहर की दुनिया के लेखे तुम हो गौतम बुद्ध
घर में लेकिन बात-बात पे क्रुद्ध
बाहर निभा रहे हो अपने पंचशील-दशशील
ठोक रहे हो घर में तरुणों के सीने पर कील
अजी तुम्हारे दिल-दिमाग़ की खूबी कौन बताए !
हे अद्‌भुत नटराज, तुम्हारी माया कही न जाए !

हजार-हजार बाँहोंवाली/खून और शोले, 1955

झंडा ?

दस हज़ार, दस लाख मरें, पर झंडा ऊँचा रहे हमारा !
कुछ हो, कांग्रेसी शासन का डंडा ऊँचा रहे हमारा !
सत्य-अहिंसा की लाशों पर नादिरशाही तख़्त जमाएँ !
नई पौध को मसल-मसलकर दुनिया-भर में नाम कमाएँ !
बाहर की दुनिया की ख़ातिर पंचशील-दसशील निबाहें !
सड़ी-गली नौकरशाही की यही हकूमत घर में चाहें !
समझ न पाएँ, सोच न पाएँ, पब्लिक की वाजिब नाराजी !
अजी वाह ! आरती उतारें चापलूस, टुच्चे वो पाजी !
क़दम-क़दम पे अश्रुगैस है, बात-बात पे लाठी-गोली !
पुलिस लाड़ली खेल रही है जन-जीवन से खूनी होली !
इकतरफ़ा फुफकार रहा है लालकिले का भारी झंडा !
ओ बिहार, क्या देख रहा तू ! खाता चल नेहरू का डंडा !
दस हज़ार, दस लाख मरें, पर झंडा ऊँचा रहे हमारा !
कुछ हो, कांग्रेसी शासन का डंडा ऊँचा रहे हमारा !

गाँधी जी का नाम बेचकर, बतलाओ कब तक खाओगे ?
यम को भी दुर्गंध लगेगी, नरक भला कैसे जाओगे ?
दिल-दिमाग़ है रेहन, शासन का फिर क्योंकर काम चलेगा ?
पब्लिक नहीं उठेगी तो अब कौन तुम्हारा कान मलेगा ?

ख़बरदार ओ पंडित नेहरू ! ख़बरदार श्रीकृष्ण-अनुग्रह !
पी जाएगी शक्ति तुम्हारी अपनी ना-समझी का आग्रह !
मैं बतलाऊँ, झंडे का अपमान तुम्हीं ने स्वयं किया है
आज़ादी के भव्य भाल पर काला टीका लगा दिया है
प्राण ले लिये जाने कितने, बदनामी की बोरी भर ली
राष्ट्रध्वजा की यह महिमा तो तुमने खुद ही चौपट कर ली
शिक्षण-संस्था की पवित्रता मिली धूल में, अजी वाह तुम !
गोली मारी हाय-हाय अधखिले फूल को अजी वाह तुम !
एम्बुलेंस से लाशें छीनीं, छिपा दिया फिर, अजी वाह तुम !
जाने कितने प्राण ले लिये गौर किया फिर, अजी वाह तुम !
कई दिनों तक दुबके बैठे रहे माँद में, अजी वाह तुम !
आग लगा दी जन-जीवन के शिशिर-चाँद में, अजी वाह तुम !
बेवकूफ़ है, बदतमीज़ है जनता सारी, अजी वाह तुम !
भारत-माता के आँचल की फटी किनारी, अजी वाह तुम!
दस हज़ार, दस लाख मरें, पर झंडा ऊँचा रहे तुम्हारा !!
कुछ हो, कांग्रेसी शासन का डंडा ऊँचा रहे तुम्हारा !!

हज़ार-हज़ार बाँहोंवाली/खून और शोले, 1955

मैं हूँ सबके साथ

मात हो गए सावन-भादों, मात हुआ आषाढ़
कभी न देखी थी काले झंडों की ऐसी बाढ़
तीन दिनों तक मिनिस्टरों की नब्ज़ गई थी डूब
पुलिस-पिसाचिन पहले नाची, फिर तो सटकी खूब
कितने मरे, हुए घायल कितने, सो जाने राम
दिया देश ने नए सिरे से आजादी का दाम
खूब खुली इन दिनों यहाँ पर राम-राज की पोल
बंदूकों ने पिया प्रेम से सर्वोदय का घोल
शर्मिंदा होकर तिनरंगा उतरा अपने-आप
महाक्रांति की पड़ी सुनाई मुझको तो पदचाप
गोली खा-खा गिरे लोग, झपटे लाशों पर श्वान
बच्चे तक उफनाए, आगे आए, दे दी जान
अजब जवाबी हमला था वह, अद्‌भुत थी मुठभेड़
जूझी जनता, तोड़ व्यक्तिगत भेद-भाव की मेड़

पीछे हटी मौत सुन-सुन के जीवन की ललकार
पब्लिक टूट पड़ी तो ठिठका देसी सालाज़ार
घर के ज़ोर-जुल्म के आगे गोआ की क्या बात ?
बाहर की चिंता कैसी यदि घर में खाएँ लात ?
विश्व-शांति के लिए दे रहे नेहरू कैसे जान !
नक़ली दाँतोंवाले मुँह की देखो तो मुसकान !
लो गौतम का, लो अशोक का, लो गाँधी का नाम
दिल बदला, शैतान करेंगे सोशलिज़्म का नाम
पटने में आकर देखो छुटभइयों की करतूत
यों ही मत फटकारो हमको विश्व-शांति के दूत !
सारी जनता बेवकूफ़ है, समझदार तुम एक
मुल्क जहन्नुम में जाए, पर निभे पुलिस की टेक
सौ-सौ दीनानाथ मरें, पर निभे पुलिस की शान
खीझ-खीझकर करें लोग इस झंडे का अपमान
विश्व-शांति का, सोशलिज़्म का रहो छाँटते ज्ञान
तुम दिल्ली में बैठे-बैठे देते रहो बयान

नेहरू आए, नेहरू आए, छोड़ी यों फुफकार
झुलसी पब्लिक, जुड़ा गई लेकिन बिहार सरकार
लोग सजग थे, आँखों में कैसे डलवाते धूल
गुस्से में आकर तब नेहरू बोले ऊलजलूल—
"चलें गोलियाँ, मरें-गिरें चाहे लाखों इंसान
"मैं न कभी बर्दाश्त करूँगा झंडे का अपमान
"भारत को बदनाम कर रहे गुंडे हुल्लड़बाज़
"नई-नवेली आज़ादी पे गिरने दूँ मैं गाज !
"कर देगा कमज़ोर हमें गुंडागर्दी का रोग !
"बदनीयत अख़बार यहाँ के, बदनीयत हैं लोग !
"तंग-नज़र, उच्छृंखल, बुद्धू , ज़िद्दी और अपात्र !
"भारत को चौपट कर देंगे ये बिहार के छात्र !"

छात्रों को तो नेहरू, तुमने खूब पिलाई सीख
पुलिस-लाडली को दे डाली हमदर्दी की भीख
तुम आए तो भी न धुल सका मिनिस्टरों का पाप
ले डूबेगा इनको अबकी हत्या का अभिशाप
लगता है इंगलैंड और अमरीका तुम्हें ललाम

बात-बात में लेते हो तुम रूस-चीन का नाम
लेकिन तुमसे पूछूँगा मैं उन देशों का हाल—
पुलिस खींचती इसी तरह क्या वहाँ छात्रों की खाल ?
इसी तरह क्या चीफ़ मिनिस्टर वहाँ बहाता खून ?
इसी तरह क्या वहाँ ज़िबह होता रहता कानून ?
इसी तरह क्या वहाँ मिनिस्टर गँवा बैठते होश ?
इसी तरह प्रीमियर वहाँ जतलाते क्या आक्रोश ?
श्रीबाबू की थपकी थी या था हिटलर का टैंक
सितमगरों का किला बना पंजाब नेशनल बैंक
छात्रों की हमदर्दी में धधका जनता का क्रोध
सँभल गए तुम वर्ना लेती डटके वह प्रतिशोध
नव-भारत की इज्ज़त को नाहक दी गोली मार !
एक नहीं, सौ-सौ लानत तुम पे मिथिलेशकुमार !
ओ आई.जी., ओ चीफ़मिनिस्टर की नाक के बाल !
तुम्हें बचाने को महेश बाबू होंगे क्या ढाल ?
चापलूस कर लिये इकट्ठे, बुद्धि हो गई भ्रष्ट !
ओ मदांध शासक, तुमसे पब्लिक पाती है कष्ट
मिटा नहीं पाओगे अबकी बदनामी के दाग !
देहातों तक फैल गई है विप्लव की यह आग !
ढह जाएगी शान तुम्हारी, मिट जाएगा नाम !
लीपा-पोती का तो होगा बहुत बुरा परिणाम !
कान फूँकते उल्लू, गीदड़ चाँप रहे हैं गोड़ !
ओ बिहार-केशरी, तुम्हारी बुढ़भस है बेजोड़ !!
चाचा नेहरू अब न तुम्हारे आएँगे कुछ काम
अब न बेचकर खा सकते हो तुम बापू का नाम !
बना शोक पथ यह अशोक पथ, बध्य भूमि कालेज
हँसते होंगे मन-ही-मन हम पे अब वे अँगरेज !
बातें-भर हैं राम-राज की, रावण के हैं काम !
किस मुँह से लेंगे अब हम डेमोक्रेसी का नाम ?

"यह मत बोलो, वह मत बोलो, प्रभु होंगे नाराज !
"नेहरू की जय बोलो, रक्खो प्रजातंत्र की लाज !
"पब्लिक ठंडी हुई दुबारा मत सुलगाओ आँच !
"धीरज से लो काम, अजी चलने दो न्यायिक जाँच"—
भले आदमी मुझ जैसों को देते हैं यह सीख !!

माँग रहे हैं 'बाबू-भइया' हमदर्दी की भीख !!
लेकिन क्योंकर बुझने दूँ मैं अपना वाजिब क्रोध ?
बच्चों के हत्यारों से पब्लिक लेगी प्रतिशोध !
इस पवित्र प्रतिशोध-यज्ञ में मैं हूँ सबके साथ...
क्यों गूँगा होऊँ, बतलाओ, झुकने दूँ क्यों माथ ?

हजार-हजार बाँहोंवाली/खून और शोले, 1955

तर्पण

बबुआ दीनानाथ ! बेटा दीनानाथ !!
प्राण प्राणों के दीनानाथ !!
गिरे तुम्हें हो गए आज सचमुच क्या बाहर रोज ?
आज तुम्हारा श्राद्ध दिवस है
मैं तर्पण करने आया हूँ अश्रु-नीर से
बी.एन.कालिज का प्रवेश द्वार—
क्रांति का रक्त तीर्थ यह आज !
देश की जनता का बन गया धरोहर !!
कोई चढ़ा गया है माला
अगरबत्तियाँ जला गया है कोई आ के
कोई फूल बिखेर गया है
"एक अजनबी" पल्लव में नत्थी करके कागज का टुकड़ा
चढ़ा गया है भक्ति-भाव से
छोड़ गया है अंगूठे की छाप लहू में लिमड़ी-लिमड़ी !
नादिरशाही जोर-जुल्म के मुकाबले में
मर-मिटने का उसका यह संकल्प
तुम्हारी परम्परा को श्रद्धांजलि है !
रक्ततीर्थ के अजर-अमर देवता
तुम्हारी पावन स्मृति में
जनकवि की आँखों से आँसू बहे जा रहे !
नयन-नीर से सिक्त पंक्तियाँ पुत्र करो स्वीकार !!
पिता तर्पण करता है...
छलिया मत समझो तुम मुझको
क्षुद्र-धूर्त खूँखार पिता ही कहते होंगे—
"बदतमीज़ था, हुल्लड़बाज़ी में नाहक ही प्राण गँवाए !"

खून और शोले, 1955

जय हो बम्भोला

कर रहे किलबिल लाख चौरासी जीव
न जाने कब से—बोलेंगे हमला
दरोदीवार पै हमारे
हाय रे तीर्थपति
तुम तो पढ़ते होगे नित्य नियमित
स्तोत्र, दैनिक अख़बार,
मगर अपने तो घुट रहे प्राण
जय बोलूँ किसकी ?
उसकी या इसकी ?
वह है बम्भोला कर्पूर-गौर-करुणावतार
और यह जो उमड़ी आती है
भंगियों-भंगिनों की जमात जंगजू
बात-बात पै जो करती तक़रार
क़दम-क़दम पै जो करती है प्रहार
प्राकृत-अपभ्रंश के वज़नदार गोलों का
मर गई होगी जरूर हेल्थ इन्सपेक्टर की नानी,
मुसकराते होंगे ज़रूर शंकर और भवानी।...
कि इतने में भोंपे से आई आवाज़—
इनक़िलाब ज़िंदाबाद
मेहतर-यूनियन ज़िंदाबाद
ध्यान लगा के सुना तो समझ में आई बात—
निकली थी यह विजयी मेहतरों की बारात
मस्त थे वे माँग मनवा लेने की खुशी में
चटपट कमरे से मैं भी निकला
किलबिल करते लाख चौरासी
जीवों के सम्भावित महामोक्ष की खुशी में
मेरे भी मुँह से निकल ही तो पड़ा
—जय हो बम्भोला !

हजार-हजार बाँहोंवाली/कविता-2, फरवरी 1956

एक पैसे की लड़ाई

वाह, क्या ही रंग लाई
एक पैसे की लड़ाई !
ट्रामवे के मालिकों को छठी अपनी याद आई
और बी.सी.राय की सरकार ने इज्जत गँवाई
जान की बाजी लगा दी, तभी हमने जीत पाई
वाह, क्या ही रंग लाई
एक पैसे की लड़ाई !
कांग्रेसी बौखलाए, पुलिस उनकी तिलमिलाई
एकता का कमल फूटा, फूट की फट गई काई
होश खो बैठे, निहत्ती भीड़ पर गोली चलाई
हो गया है साफ अब वे चाहते किसकी भलाई
चलो, अच्छा रहा, ताकत हकूमत ने अजमाई
और हमने जीत हासिल की, जमाने को बधाई !
वाह, क्या ही रंग लाई
एक पैसे की लड़ाई !
पिट गए अखबारवाले, हुई उनकी भी धुलाई
वाह नौकरशाह, तुमने पुलिस पग-पग पे बुलाई
बच्चे-बूढ़े ठुके, बेटी-बहन-माँ ने मार खाई
घाव गहरे थे, कई ने जिंदगी से ली विदाई
कौन भूलेगा भला प्रजातंत्र की यह बेवफाई
हो गई नाकाम लेकिन नफाखोरों की चढ़ाई
बाँट पाए नहीं तानाशाह आपस में मिठाई !

1956

नीली झील और जलचर

नीचे भी ऊपर भी
क्या ही खूब मद्धिम आँच देते हो
अर्क चुआ लेते हो
होता है अद्भुत रसायन तैयार
जय हो पुट-पाँक की ?
धन्य-धन्य यह दुहरी-तिहरी मुस्कान...

वज्रयान, गुह्ययान
मात हुए सभी पंथ
खुल गए गाथा-ग्रंथ
तैयार हों कुछ और पुत्र दत्तक
पूरा हो तीसरा-चौथा सप्तक
खुदा करे पा जाओ चाकरी हज़ारों की
स्वप्नस्थ भस्मासुर करते परिक्रमा अपने मज़ारों की
कर लूँ क्या मैं भी विधिवत् आरती ?
बाँझ गाय शायद सींग नहीं मारती !
खाती है कुलपति का दिया हुआ भूसा
उधर है न्यूयार्क इधर फ़ारमूसा
बीच में लटकर रहा फ्रीडम ऑफ़ कल्चर
भूल गया नीली झील बेचारा जलचर !

हजार-हजार बाँहोंवाली/नया पथ, सितम्बर-अक्टूबर 1956

चाचा भरे चाबी

अ-इ-उ...क-च-त-प...
सात की जमात है !
बात ही बात है !
सारी सृष्टि मात है !
समझा कुछ आपने ?
पूत गले रुद्राक्ष, माँजी की लौकी—
मुगदर बदले जीवन-भर बाप ने ?
सावन में पैदा हुए,
    भादों में आई बाढ़, फूली कास क्वार में !
करने लगे गुटर-गूँ प्रतिभा के
    पंडुक कतकी बयार में !
धूप-धूल-धुआँ धुंध...
बचें बेचारे बचऊ की आँखें
चचा भरे चाबी,
    लक़वा न खा जाएँ भतीजे की पाँखें...

हजार-हजार बाँहोंवाली/नया पथ, सितम्बर-अक्टूबर 1956

संशय में पड़ गए तथागत

अर्थचक्र में पिष्ट-प्रपीड़ित जन-जीवन है क्षुब्ध;
धर्मचक्र है झंडों पर ही, टिकटों पर हैं बुद्ध।
बाहर कुछ हो, भीतर-भीतर भारत है असमर्थ;
घर की ख़ातिर बदल गया है पंचशील का अर्थ।
जितनी जिसमें बुद्धि, लोभ भी उतना ही विकराल;
घूम रहे हैं राजपथों पर डाकू अँगुलिमाल।
बातें सीधी-सादी, पर जीवन आडम्बरपूर्ण;
शासक बाँट रहे हैं सूखे आदर्शों का चूर्ण।
मरभुक्खों के कंकालों का ऊँचा रहे पहाड़—
मुसकाते हैं मौद्गल्यायन-सारिपुत्र के हाड़ !
कैसे पकड़ेगा त्रिपिटक उद्धत प्रभुओं के हाथ ?
विकट प्रश्न है, कैसे होंगे सभी सयाने साथ ?
शांति-पाठ करते फिरते, खाते फिरते हैं भोज ?
गगनविहारी भिक्खु करे क्यों धरा-धाम की खोज ?
शासन के कुछ और सत्य हैं, जनता के कुछ और !
संशय में पड़ गए तथागत, संतों के सिरमौर !

हजार-हजार बाँहोंवाली/नया पथ, नवम्बर 1956

यह कैसे होगा ?

यह कैसे होगा ?
यह क्योंकर होगा ?

नई-नई सृष्टि रचने को तत्पर
कोटि-कोटि कर-चरण
देते रहें अहरह स्निग्ध इंगित
और मैं अलस-अकर्मा
पड़ा रहूँ चुपचाप !
यह कैसे होगा ?
यह क्योंकर होगा ?

अधिकाधिक योग-क्षेम
अधिकाधिक शुभ-लाभ
अधिकाधिक चेतना
कर लूँ संचित लघुतम परिधि में !
असीम रहे व्यक्तिगत हर्ष-उत्कर्ष !
अकेले ही सकुशल जी लूँ सौ वर्ष !
यह कैसे होगा ?
यह क्योंकर होगा ?
यथासमय मुकुलित हों
यथासमय पुष्पित हों
यथासमय फल दें
आम और जामुन, लीची और कटहल !
तो फिर मैं ही बाँझ रहूँ !
मैं ही न दे पाऊँ !
परिणत प्रज्ञा का अपना फल !
यह कैसे होगा ?
यह क्योंकर होगा ?

सलिल को सुधा बनाएँ तटबंध
धरा को मुदित करें नियंत्रित नदियाँ
तो फिर मैं ही रहूँ निर्बंध !
मैं ही रहूँ अनियंत्रित !
यह कैसे होगा ?
यह क्योंकर होगा ?

भौतिक भोगमात्र सुलभ हों भूरि-भूरि,
विवेक हो कुंठित !
तन हो कनकाभ, मन हो तिमिरावृत !
कमलपत्री नेत्र हों बाहर-बाहर,
भीतर की आँखें निपट-निमीलित !
यह कैसे होगा ?
यह क्योंकर होगा ?

1956
सतरंगे पंखोंवाली

क्या अजीब नेचर पाया है

कदम-कदम पर मुसकाती है
बात-बात पर हँस देती है
दिल का दर्द कभी नहीं जाहिर करती है
सच बतलाना, कभी उसाँस नहीं भरती है ?
मुझको तो लगता है, तूने बहुत-बहुत-सा जहर पिया है
धीरे-धीरे सारा ही विष पचा लिया है
शोधित विष का सुधा-तुल्य यह झाग जब कभी
उफन-उफनकर बाहर आता
दुनिया को लगता है : रे, रे ! परजाते के फूल झर रहे
इस लड़की के होठों से तो...
क्या अजीब नेचर पाया है...
पग-पग पर यूँ ढेर-ढेर-सा हँस देती है...

खुली एक दिन, मुझसे बोली :
बाबा, पिछले छै वर्षों से गूँगी हूँ मैं
मिला न कोई
मिली न कोई
जिसके आगे अपने दिल की बातें रखती
परिचित हैं यूँ तो बहुतेरे
बोल-चाल या हँसी-खुशी के अवसर आते ही रहते हैं
फिर भी मैं गूँगी हूँ बाबा !
कभी-कभी तो लगता है,
इस दिल-दिमाग को कहीं न लकवा मार गया हो!
पागलखाने में भर्ती हो जाऊँ बाबा ?

यह सब सुनकर मैंने उसको
मीठी-सी फटकार बताई
और कहा—आ, ओ री बौड़म,
चलें अपन मद्रासी होटल, गरम-गरम कॉफी पी आएँ !
गालों पर पड़ गईं प्यार की दो चपतें तो
        लगा दिया छत-फाड़ ठहाका !

क्या अज़ीब नेचर पाया है...
कैसी अद्भुत है यह लड़की !!

1956
सतरंगे पंखोंवाली

तुम किशोर, तुम तरुण...

तुम किशोर
तुम तरुण
तुम्हारी राह रोककर
अनजाने यदि खड़े हुए हम :
कितना ही गुस्सा आए, पर, मत होना नाराज
वयःसंधि के कितने ही क्षण हमने भी तो
इसी तरह फेनिल क्षोभों के बीच गुजारे
कान लगाकर सुनो : कहीं से आती है आवाज—
"भले ही विद्रोही हो,
"सहनशील होती है लेकिन अगली पीढ़ी"
पर, अपने प्रति सहिष्णुता की भीख न हम माँगेंगे तुमसे
मीमांसा का सप्ततिक्त वह झाग
अजी, हम खुशी-खुशी पी लेंगे
क्रोध-क्षोभ के अवसर चाहे आ भी जाएँ
किंतु द्वेष से दूर रहेंगे

तुम किशोर
तुम तरुण
तुम्हारी अगवानी में
खुरच रहे हम राजपथों की काई-फिसलन
खोद रहे जहरीली घासें
पगडंडियाँ निकाल रहे हैं
गुम्फित कर रक्खी हैं हमने
ये निर्मल-निश्छल प्रशस्तियाँ
आओ, आगे आओ, अपना दाय भाग लो
अपने स्वप्नों को पूरा करने की खातिर
तुम्हें नहीं तो और किसे हम देखें बोलो !

निविड़ अविद्या से मन मूर्छित
तन जर्जर है भूख-प्यास से
व्यक्ति-व्यक्ति दुख-दैन्यग्रस्त है
दुविधा में समुदाय पस्त है
लो मशाल, अब घर-घर को आलोकित कर दो
सेतु बनो प्रज्ञा-प्रयत्न के मध्य
शांति को सर्वमंगला हो जाने दो
खुश होंगे हम—
इन निर्बल बाँहों का यदि उपहास तुम्हारा
क्षणिक मनोरंजन करता हो
खुश होंगे हम !

1956
सतरंगे पंखोंवाली

होतीं बस आँखें ही आँखें

थकी-पकी तनी-घनी भौंहें
नीली नसोंवाले ढलके पपोटे
सयत्न-विस्फारित कोए
कोरों में जमा हुआ कीचड़
कुछ नहीं होता
कुछ नहीं होता
होतीं बस आँखें ही आँखें

बेतरतीब बालों का जंगल
झुर्रियों-भरा कुंचित ललाट
खिचड़ी दाढ़ी का उजाड़ घोंसला
कुछ नहीं होता कुछ नहीं होता
होतीं बस आँखें ही आँखें

मूँछों की ओट में खोए होठों का सीमांत
सीध में लम्बी खिची बड़ी नथनोंवाली नाक
अधिक से अधिक लटके हुए गाल
झाँकते हुए लम्बे-लम्बे कान

कुछ नहीं होता
कुछ नहीं होता
होतीं बस आँखें ही आँखें।

1956
सतरंगे पंखोंवाली

कैसा लगेगा तुम्हें ?

कैसा लगेगा तुम्हें ?
कुटिलमति मायावी दस्यु यदि
हालाहल घोल जाय गंगा-यमुना के जल में
जहरीली गैस से कर दे यदि दूषित दक्षिण समीर को
कैसा लगेगा तुम्हें ?

कैसा लगेगा तुम्हें ?
जंगली सुअर यदि ऊधम मचाएँ
तहस-नहस कर डालें फसलें
देखकर पदमर्दित उत्कट सुरभिवाली दूधिया बालें
देखकर भूलुंठित कुचली कनकमंजरियाँ
टूक-टूक हो यदि हृदय लोकलक्ष्मी का
कैसा लगेगा तुम्हें ?

कैसा लगेगा तुम्हें ?
बारूदी शोलों से दहकें अमराइयाँ
झुलस-झुलस राख हों ताम्रचूड़ आम्रपल्लव
वेणुवन ठूँठ हों, ठूँठ हों शालवन
खा-खाकर आँच फटे महुआ की रग-रग
दूधिया खून बहे, बह-बहकर जमता जाय
कैसा लगेगा तुम्हें ?

1956
सतरंगे पंखोंवाली

ओ जन-मन के सजग चितेरे !

हँसते-हँसते, बातें करते
कैसे हम चढ़ गए धड़ाधड़
बम्बेश्वर के सुभग शिखर पर
मुन्ना रह-रह लगा ठोकने
तो टुनटुनिया पत्थर बोला—
हम तो हैं फौलाद, समझना हमें न तुम मामूली पत्थर
नीचे है बुंदेलखंड की रत्न-प्रसविनी भूमि
शीश पर गगन तना है नील मुकुर-सा
नाहक नहीं हमें तुम छेड़ो...
फिर मुन्ना कैमरा खोलकर
उन चट्टानों पर बैठे हम दोनों की छवियाँ उतारता रहा देर तक

नीचे देखा :
तलहटियों में
छतों और खपरैलोंवाली
सादी-उजली लिपी-पुती दीवारोंवाली
सुंदर नगरी बिछी हुई है
उजले पालोंवाली नौकाओं से शोभित
श्याम-सलिल सरवर है बाँदा
नीलम की घाटी में उजला श्वेत कमल-कानन है बाँदा !
अपनी इन आँखों पर मुझको
मुश्किल से विश्वास हुआ था
मुँह से सहसा निकल पड़ा—
क्या सचमुच बाँदा इतना सुंदर हो सकता है
यू.पी. का वह पिछड़ा टाउन कहाँ हो गया गायब सहसा
बाँदा नहीं, अरे यह तो गंधर्व नगर है...

उतरे तो फिर वही शहर सामने आ गया !
अधकच्ची दीवारोंवाली खपरैलों की ही बहार थी
सड़कें तो थीं तंग किंतु जनता उदार थी
बरस रही थी मुस्कानों से विवश गरीबी
मुझे दिखाई पड़ी दुर्दशा ही चिरजीवी
ओ जन-मन के सजग चितेरे

साथ लगाए हम दोनों ने बाँदा के पच्चीसों फेरे
जनसंस्कृति का प्राणकेंद्र पुस्तकागार वह
वयोवृद्ध मुंशीजी से जो मिला प्यार वह
केन नदी का जलप्रवाह, पोखर नवाब का
वृद्ध सूर्य के चंचल शिशु भास्वर छायानट
सांध्य घनों की सतरंगी छवियों का जमघट
रॉड-ज्योति से भूरि-भूरि आलोकित स्टेशन
वहीं पास में भिखमंगों का चिर-अधिवेशन
कागज के फूलों पर ठिठकी हुई निगाहें
बसें छबीली, धूल भरी वे कच्ची राहें
द्वारपाल-सा जाने कब से नीम खड़ा था
ताऊजी थे बड़े कि जाने वही बड़ा था
नेह-छोह की देवी, ममता की वह मूरत
भूलूँगा मैं भला बहू जी की वह सूरत ?
मुन्नू की मुसकानों का प्यासा बेचारा
चिकना-काला मखमल का वह बटुआ प्यारा
जी, रमेश थे मुझे ले गए केन नहाने
भूल गया उस दिन दतुअन करना क्यों जाने
शिष्य तुम्हारे शब्द-शिकारी
तरुण-युगल इकबाल-मुरारी !
ऊँचे-ऊँचे उड़ती प्रतिभा थी कि परी थी
मेरी खातिर उनमें कितनी ललक भरी थी
रह-रह मुझको याद आ रहे मुन्ना दोनों
तरुणाई के ताजा टाइप थे वे मोनो

बाहर-भीतर के वे आँगन
फले पपीतों की वह बगिया
गोल बाँधकर सबका वह 'दुखमोचन' सुनना
कड़ी धूप, फिर बूँदाबाँदी
फिर शशि का बरसाना चाँदी...
चितकबरी चाँदनी नीम की छतनारी डालों से
छन-छनकर आती थी
आसमान था साफ, टहलने निकल पड़े हम
मैं बोला : 'केदार, तुम्हारे बाल पक गए !
चिंताओं की घनी भाफ में सीझे जाते हैं बेचारे'—

तुमने कहा : 'सुनो नागार्जुन,
दुख-दुविधा की प्रबल आँच में
जब दिमाग ही उबल रहा हो
तो बालों का कालापन क्या कम मखौल है ?'
ठिठक गया मैं, तुम्हें देखने लगा गौर से ...
गौर-गेहुआँ मुखमंडल चाँदनी रात में चमक रहा था !
फैली-फैली आँखों में युग दमक रहा था
लगा सोचने—
तुम्हें भला क्या पहचानेंगे बाँदावाले !
तुम्हें भला क्या पहचानेंगे साहब काले !
तुम्हें भला क्या पहचानेंगे आम मवक्किल !
तुम्हें भला क्या पहचानेंगे शासन की नाकों पर के तिल !
तुम्हें भला क्या पहचानेंगे जिला अदालतों के वे हाकिम
तुम्हें भला क्या पहचानेंगे मात्र पेट के बने हुए हैं जो कि मुलाजिम
प्यारे भाई, मैंने तुमको पहचाना है
समझा-बूझा है, जाना है...
केन-कूल की काली मिट्टी, वह भी तुम हो !
कालिंजर का चौड़ा सीना, वह भी तुम हो !
ग्रामवधू की दबी हुई कजरारी चितवन, वह भी तुम हो !
कुपित कृषक की टेढ़ी भौंहें, वह भी तुम हो !
खड़ी-सुनहली फसलों की छवि-छटा निराली, वह भी तुम हो !
लाठी लेकर कालरात्रि में करता जो उनकी रखवाली,
वह भी तुम हो !

जनगण-मन के जाग्रत शिल्पी
तुम धरती के पुत्र : गगन के तुम जामाता !
नक्षत्रों के स्वजन कुटुम्बी, सगे बंधु तुम नद-नदियों के !
झरी ऋचा पर ऋचा तुम्हारे सबल कंठ से
स्वर-लहरी पर थिरक रही है युग की गंगा
अजी, तुम्हारी शब्दशक्ति ने बाँध लिया है
भुवनदीप कवि नेरूदा को

मैं बड़भागी, क्योंकि प्राप्त है मुझे तुम्हारा
निश्छल-निर्मल भाईचारा
मैं बड़भागी, तुम जैसे कल्याण मित्र का जिसे सहारा

मैं बड़भागी, क्योंकि चार दिन बुंदेलों के साथ रहा हूँ
मैं बड़भागी, क्योंकि केन की लहरों में कुछ देर बहा हूँ
बड़भागी हूँ, बाँट दिया करते हो हर्ष-विषाद
बड़भागी हूँ, बार-बार करते रहते हो याद।

1956
सतरंगे पंखोंवाली

आओ प्रिय, आओ

आओ प्रिय, आओ !
बहुत दिन हो गए,
आज फिर साथ-साथ बैठें घड़ी-आध घड़ी
ऐसी भी नफरत क्या !
इतना अलंघ्य है विरक्ति का प्राचीर ?

आओ प्रिय, आओ,
भले ही बोल-चाल बंद रहे
पूछापेखी नदारद
तो भी साथ-साथ बैठें घड़ी-आध घड़ी
खोंटकर दूब की नरम-नरम सींक
खोदता रहूँगा दाँत
सोचता ही रहूँगा तुम्हारे ही बारे में
और तुम भी
निकाल लेना सिगरेट
जला लेना सिगरेट
जला लेना धीरे से
उठेगी तो सही आवाज
माचिस पर तीली घिसते ही
उड़ते रहेंगे धुएँ के छल्ले
सोचते रहोगे शायद मेरे ही बारे में
और कुछ ना सही, साथ-साथ बैठना तो होगा
बहुत दिन हो गए, आओ प्रिय, आओ !

ठीक है, ठीक है...

मैंने तुम्हें गालियाँ दी थीं
दुर्वचन कहे थे आमने-सामने
और, तुमने टेककर हथेली पर गाल
सब कुछ सुना था गम्भीर-निर्वाक्
घुटते उद्वेगों की फीकी छाया
मुख की कांति को कर रही थी मलिन
करोटन के गमले में गड़ी थीं निगाहें
पैशाचिक तुष्टि से भास्वर था किंतु मेरा चेहरा
ठीक है, ठीक है
ढेर-ढेर-सी बातें
मैं नहीं भूल सका फिर तुम्हीं भला भूलोगे कैसे !
लेकिन, अब तो भई रहा नहीं जायगा मुझसे
बहुत दिन हो गए
आओ साथ-साथ बैठें
भाई का प्यार–
बहन की ममता–
मीत के नेह-छोह–
आओ, आज सब कुछ तुम्हीं पर उँड़ेल दूँ ?

1957
सतरंगे पंखोंवाली

तन गई रीढ़

झुकी पीठ को मिला
किसी हथेली का स्पर्श
तन गई रीढ़

महसूस हुईं कंधों को
पीछे से,
किसी नाक की सहज उष्ण निराकुल साँसें
तन गई रीढ़

कौंधी कहीं चितवन
रँग गए कहीं किसी के होठ

निगाहों के जरिए जादू घुसा अंदर
तन गई रीढ़

गूँजी कहीं खिलखिलाहट
टूक-टूक होकर छितराया सन्नाटा
भर गए कर्णकुहर
तन गई रीढ़

आगे से आया
अलकों के तैलाक्त परिमल का झोंका
रग-रग में दौड़ गई बिजली
तन गई रीढ़।

1957
सतरंगे पंखोंवाली

खुरदरे पैर

खुब गए
दूधिया निगाहों में
फटी बिवाइयोंवाले खुरदरे पैर

धँस गए
कुसुम-कोमल मन में
गुट्ठल घट्ठोंवाले कुलिश-कठोर पैर

दे रहे थे गति
रबड़-विहीन ठूँठ पैडलों को
चला रहे थे
एक नहीं, दो नहीं, तीन-तीन चक्र
कर रहे थे मात त्रिविक्रम वामन के पुराने पैरों को
नाप रहे थे धरती का अनहद फासला
घंटों के हिसाब से ढोये जा रहे थे !

देर तक टकराए
उस दिन इन आँखों से वे पैर
भूल नहीं पाऊँगा फटी बिवाइयाँ
खुब गईं दूधिया निगाहों में
धँस गईं कुसुम-कोमल मन में।

1957
सतरंगे पंखोंवाली

नाकहीन मुखड़ा

गठरी बना गई
माघ की ठिठुरन
अद्‌भुत यह सर्वांग-आसन

हिली-डुली
वो देखो हिली-डुली गठरी
दे गया दिखाई झबरा माथा
सुलग उठी माचिस की तीली
बीड़ी लगा धूँकने नाकहीन मुखड़ा
आँखों के नीचे
होंठों के ऊपर
दो बड़े छेद थे
निकला उन छिद्रों से
धुआँ ढेर-ढेर सा
अँधेरे में डूब गई ठूँठ बाँह
सहलाते-सहलाते गर्दन
डूब गया सब कुछ अँधेरे में...
शायद दुबारा खिंच जाय कस
चमके शायद दुबारा बीड़ी का सिरा।

1957
सतरंगे पंखोंवाली

वसंत की अगवानी

दूर कहीं पर अमराई में कोयल बोली
परत लगी चढ़ने झींगुर की शहनाई पर
वृद्ध वनस्पतियों की ठूँठी शाखाओं में
पोर-पोर टहनी-टहनी का लगा दहकने
टूसे निकले, मुकुलों के गुच्छे गदराए
अलसी के नीले फूलों पर नभ मुस्काया
मुखर हुई बाँसुरी, उँगलियाँ लगीं थिरकने
पिचके गालों तक पर है कुंकुम न्यौछावर
टूट पड़े भौंरे रसाल की मंजरियों पर
मुरक न जाएँ सहजन की ये तुनुक टहनियाँ
मधुमक्खी के झुंड भिड़े हैं डाल-डाल में
जौ-गेहूँ की हरी-हरी बालों पर छाई
स्मित-भास्वर कुसुमाकर की आशीष रँगीली

शीत समीर, गुलाबी जाड़ा, धूप सुनहली
जग वसंत की अगवानी में बाहर निकला
माँ सरस्वती ठौर-ठौर पर पड़ी दिखाई
प्रज्ञा की उस देवी का अभिवादन करने
आस्तिक-नास्तिक सभी झुक गए, माँ मुस्काई
बोली—बेटे, लक्ष्मी का अपमान न करना
जैसी मैं हूँ, वह भी वैसी माँ है तेरी
धूर्तों ने झगड़े की बातें फैलाई हैं
हम दोनों ही मिल-जुलकर संसार चलातीं
बुद्धि और वैभव दोनों यदि साथ रहेंगे
जन-जीवन का यान तभी आगे निकलेगा
इतना कहकर मौन शारदा हुई तिरोहित
दूर कहीं पर कोयल फिर-फिर रही कूकती
झींगुर की शहनाई बिल्कुल बंद हो गई ।

1957
सतरंगे पंखोंवाली

नीम की दो टहनियाँ

नीम की दो टहनियाँ
झाँकती हैं सींखचों के पार

यह कपूरी धूप
शिशिर की यह दुपहरी, यह प्रकृति का उल्लास
रोम-रोम बुझा लेगा ताज़गी की प्यास

रात-भर जगती रही
खटती रही
अब कर रही आराम
गाढ़ी नींद का आश्वास भर अब मौन से लिपटा हुआ है
—बेखबर सोई हुई है छापने की यह विराट मशीन
उधर मुँह बाए पड़े हैं टाइपों के मलिन-धूसर केस
पर, इधर तो झाँकती हैं दो सलोनी टहनियाँ
सींखचों के पार।

1957
सतरंगे पंखोंवाली

जयति नखरंजनी

सामने आकर
रुक गई चमचमाती कार
बाहर निकलीं वासकसज्जा युवतियाँ
चमक उठी गुलाबी धूप में तन की चम्पई कांति
तिकोने नाखूनोंवाली उँगलियाँ
सुर्ख नेलपालिश
कीमती रिस्टवाच
अँगूठियों के नग
कानों के मणिपुष्प
किंचित् कपचे हुए सघन नील-कुंतल
सब कुछ चमक उठा, महक उठा वायुमंडल
तरल त्वरित गति थी

ललित थी भंगिमा
करीब के पार्टी-कैम्प तक जाकर पूछ ली अपनी क्रमसंख्या
तत्पश्चात् आगे बढ़ी पोलिंग बूथ की ओर
आ रहा था डालकर वोट एक अधेड़
उँगली की जड़ में चमक रहा था काला ताजा निशान
ठमक गए सहसा बेचारियों के पैर :
हाय, इतने सुंदर हाथ हो जाएँगे दागी !
भड़क उठा परिमार्जित रुचि-बोध—
छिः कौन लगवाए काला निशान !
कौन ले बैलट पेपर, मतदान कौन करे !...
क्षण-भर ठिठककर
नई दिल्ली की तीनों परियाँ
मुड़ गईं सहसा वापस
स्टार्ट हुई कार, लोग लगे हँसने :
बात थी ज़रा-सी बस काले निशान की,
तीन वोट रह गए फैशन के नाम पर !

गुनगुनाता रहा वहीं
बार-बार एक युवक—
जयति नखरंजनी !
जयति दृग-अंजनी !
भक्त-भ्रम-भंजनी !
नवयुग निरंजनी !

1957
सतरंगे पंखोंवाली

तो फिर क्या हुआ ?

नत नयन
मुद्रित मुख
प्रज्ञा कर
बैठे हैं कुर्सी पर
मात्र वेतन से मतलब !

ढेले चलाए
अशांत उत्तेजित भीड़ ने...
कर ग़ई विषाक्त वातावरण को
पुलिस की अश्रु गैस...
निरपराध-निरीह किशोर हुआ खून...
पिट गए शांत-शिष्ट अफसर...
प्रज्ञाकर गुणनिधान बोले—
तो फिर क्या हुआ !
नत नयन मुद्रित मुख कुर्सीधर ने देखा
तो फिर क्या हुआ ?
महीन मुस्कान फेंकते रहे मेरी ओर
वेतन सर्वस्व बुद्धिजीवी महानुभाव
बढ़ा दी आगे गोल्ड फ्लैक की पाकिट
इशारे से कहा—लीजिए !
और खुद की खातिर निकाला
मोटा मद्रासी सिगार

नदी के पेट में चला गया है समूचा गाँव
बे-घर हो गए हैं हजारों लोग
पगला गई है बूढ़ी गंडक
छोड़कर सिगार का ढेर-ढेर धुआँ
प्रज्ञाकर गुणनिधान प्राचार्य बोले—
यह सब तो चलता ही रहेगा
कहाँ तक रोएँगे आप ?
प्रलय नहीं होगा तो सृष्टि कैसे होगी,
क्यों भला बंद हों नाश और निर्माण के चक्र ?
और फिर मेरी तरफ झुक गए,
आहिस्ते से पूछा—
आखिर कुछ तो मँगवाऊँ, क्या लेंगे आप ?
कॉफी या ओवल्टीन ?
या फिर नींबू का शर्बत ?

गजब का निकला सोवियत बालचंद्र...
प्राचार्य भुनभुनाए—
यह सब करिश्मे उन्हें ही मुबारक हों
अपना तो आसमान फीका ही रहेगा !

आ चुके थे कॉफी के प्याले
शुरू हुईं चुस्कियाँ
स्पंदित थे होंठ
कुछ देर बाद प्राचार्य बोले—
डॉलर की किल्लत भी खूब रही
लल्ला नहीं जा सका शिकागो
हो गई पैसेज रद
ट्रंक से पूछा था...

लेकर कॉफी की आखिरी घूँट
मैंने कहा सजह-शिष्ट स्वर में—
तो फिर क्या हुआ ?
सिगारपायी कुर्सीधर प्राचार्य बोले—
हो गई गरीब की कैरियर चौपट
और आप पूछते हैं,
तो फिर क्या हुआ !
तो फिर क्या हुआ !
आप भी साहब निरे साहित्यिक ठहरे !!

जी हाँ, सो तो हूँ ही—
—आहिस्ते से निकला मेरे मुँह से
अगले ही क्षण बढ़ गया हाथ गोल्ड फ्लेक की ओर
नत नयन मुद्रित मुख बुद्धिजीवी महानुभाव
'स्टेट्समैन' में डूब गए
और मैं उठ आया
छोड़ आया धुएँ के छल्ले।

1957
सतरंगे पंखोंवाली

सौंदर्य-प्रतियोगिता

गंगा की मछली...
यमुना की मछली...
सहेली थीं दोनों,

हिल-मिलकर रहती थीं
कभी-कभी निकल जाती थीं दूर
संगम से आगे, और आगे, और आगे
एक बार हुआ यूँ कि
सुलग उठी स्पर्धा की आग दोनों के अंदर
—मैं हूँ सुंदर तो मैं हूँ सुंदर !
इस तू-तू-मैं में दिन चढ़ा ऊपर
कि सहसा दे गया दिखाई कछुआ रेती पर
जाड़े की धूप में पड़ा था पसरकर
मछलियाँ पास आईं,
प्रणाम किया, बोलीं—
सच-सच कहिएगा बाबा,
हम में से किसका वाजिब है खूबसूरती का दावा ?

वयस्क-बुजुर्ग सुधी-शिरोमणि कछुआ
हिलाता रहा लम्बी गर्दन, देखता रहा मछलियों की ओर
बोला वह स्थितप्रज्ञ कुछ क्षण उपरांत—
गंगा की मछली, तुम भी सुंदर हो
जमना की मछली, तुम भी सुंदर हो
वाजिब है दोनों का दावा...
चीख पड़ीं मछलियाँ—तो फिर बाबा
नाहक हम लड़ते रहे इतनी देर ?
कहिए साफ-साफ
किसके हक में पड़ता है इंसाफ ?

तो फिर सच-सच बतला दूँ ?—
पकी प्रज्ञावाले बाबाजी बोले गर्दन हिलाकर
—तुम भी सुंदर हो गंगा की मछली,
जमना की मछली, तुम भी सुंदर हो
किंतु, बनिस्बत तुम दोनों के
मैं अधिक सुंदर हूँ
बिल्लौरी काँच-सी कांतिवाली यह गर्दन...
बरगद-सी छतनार ऐसी पीठ...
नन्हें मसूर-से ऐसे ये नेत्र...
देखी नहीं होगी ऐसी खूबसूरती

आओ, और निकट आओ !
यूँ मत घबराओ !

भागकर दोनों हो गईं गायब
संगम की अतल जलराशि में
अधूरा ही रह गया
प्रवचन महामुनि का !

1957
सतरंगे पंखोंवाली

हटे दनुजदल, मिटे अमंगल

पुलकित तन हो
मुकलित मन हो
सरस और सक्षम जीवन हो !
फिर न युद्ध हो
गति न रुद्ध हो
निर्भय-निरातंक यौवन हो !

अन्न - वस्त्रदा
सुखदा, शुभदा
प्राणों से भी बढ़कर प्यारी !
हिम - किरीटिनी !
जलधि - पैजनी
बने स्वर्ग यह भूमि हमारी !

अधर-अधर पर
हास अनश्वर
शिर-शिर पर अमिताभताज हो !
सतत अभ्युदित
जन-जन प्रमुदित
सर्व सुखद सुंदर समाज हो !

सभी कलाधर,
सभी सुधाकर
सब के मुँह पर अतुल कांति हो !
हटे दनुजदल
मिटे अमंगल
जल, थल, नभ सर्वत्र शांति हो !

1957

सतरंगे पंखोंवाली

और तू चक्कर लगा आया तमाम

रीते मन !
छूँछे मन !
खाली मन !

दिशाशून्य, इंगितहीन !
भ्रांत-क्लांत, दलित-दीन !
भीतर के भयभीत !
बाहर के युगजीत !
क्षुद्र मन, छिछोर मन !
डाकू मन, चोर मन !
बेहद भगोड़े मन !
लगाऊँ कोड़े मन !
च्चुः च्चुः च्चुः चू
भाग न तू, भाग न तू
आ भाई, हाँ भाई, आ जा, अब आ जा !
दस-द्वारी नगरी के ओ रे प्रिय राजा
आ जा प्रिय आ जा !
आ भी तो—
ले भी तो—
चाकलेट-टाफी
चल, पिला लाऊँ मद्रासी कॉफी
आ जा प्रिय, आ जा !

तन के प्रिय राजा !
चु च्चुः चू
डर न तू, भान न तू
सज़ा नहीं दूँगा मैं
बलैया ही लूँगा मैं
तू तो प्रिय, यूँ ही बस भटकता है !
देह के महल में क्या कुछ खटकता है?
आ भी तो, बता भी तो !
लगे कुछ पता भी तो !
ले चल तन को भी उड़ाकर सागर पार
अकेले क्या छूना हिमगिरि का घन तुषार
दिखा इन दृगों को भी गोवी के मरु-कण
रगों तक पहुँचे खरोंच के गहरे व्रण
चुपके क्या भागना !
अकेले क्या जागना !
पुलाव क्या खाना खयाली, मन !
रीते मन, छूँछे मन, खाली मन!

खींच रहा बार-बार कुंचित अलकों का स्निग्ध सौरभ ?
बुलाए लिये जा रहे झुलसने को साथ-साथ अरुण शलभ ?
आमंत्रित कर रही शतरूपा शफरी?
कर रही मदमस्त निज गुंजन भ्रमरी ?
हाय मन, होय मन !
यह सब नहीं अपने बस का !
कब कहाँ लगा तुझे इनकी संगत का चस्का !
सँभल जा औरों को फाँसने को आतुर मन, जाली मन !
रीते मन, छूँसे मन, खाली मन !

निठुर होकर बहुधा चलाए हैं चाबुक विवेक के
खींच-खींच बढ़ाता रहा हूँ सीमांत टेक के
इकन्नी-भर स्वेच्छा-सुख की खातिर सदैव तरसाया है
वक्त-बेवक्त विधि का, निषेध का बादल बरसाया है
ठगा है पग-पग पे, बात-बात में दिया है यूँ ही दिलासा
खुद की सनक के पीछे रखा है तुझे भूखा-प्यासा
फिर नहीं ऐसा करूँगा, ले, पकड़ता हूँ कान !

आ मेरे मीत, तरस भी तो खा, जा भी तो मान!
पड़े हैं करने को बहुत-सारे काम,
और तू चक्कर लगा आया तमाम !
अब तो बस कर, लाज रख लाल !
कई दिनों से सूना हूँ, निठल्ला, बुरा है हाल !
आ जा, आ जा मेरे भोले शाह !
जाने कब से देख रहा हूँ राह
कहूँगा नहीं कुछ, चाहे जैसे रहना
सह लूँगा चाहे जो भी पड़े सहना
बहुत बड़ी हानि है मेरे लेखे तेरा यह असहयोग
गति की इति है, जीवन का अंत है तेरा यह पलायन
जब कभी यूँ तू होता है विक्षिप्त
रह नहीं पाता हूँ निर्लिप्त
लीलने लगते शून्यता के अनंत आवर्त
मन की रुझान है तन के स्वास्थ्य की पहली शर्त
आ जा प्रिय, आ जा प्रिय, पतझड़ समाप्त हो
जीवन की बगिया के माली मन !
सादे मन, रंगीले मन, भरे मन, खाली मन !

1957
सतरंगे पंखोंवाली

सतरंगे पंखोंवाली

दिए थे किसी ने शाप
लाख की कोशिश
नहीं बचा पाया उन्हें
गल गए बेचारे
सहज शुभाशंसा की मृदु-मद्धिम आँच में
हाय, गल ही गए !
जाने कैसे थे वे शाप
जाने किधर से आए थे बेचारे

दी थी यद्यपि आशीष नहीं किसी ने
फिर भी, हाँ, फिर भी

आ ही गई बेचारी
तिहरी मुस्कान के चटकीले डैनों पे सवार
निगाहों ने कहा—आओ बहन, स्वागत !
तन गई पलकों की पश्मीन छतरी

एक बार झाँका निगाहों के अंदर
ठमक गई बरौनियों की ड्योढ़ी पर
बार-बार पूछा तो बोली—
झुलसा पड़ा है यहाँ दिन का बगीचा
गवारा नहीं होगी कड़वी-कसैली भाफ
ऐसे में तो अपना दम ही घुट जायगा
गले जाने किनके कंकाल
नोनी लगी है जाने किनके हाड़ों में
छिड़क देते कपूरी पराग
काश, तुम अपनी सादी मुस्कान का !

अंतर की सपाट भूमिका से
परिचित तो था ही
कर ली कबूल भीतरी दरिद्रता
क्षण-भर बाद बोला विनीत मैं—
हाँ जी, ऊधमी अशुभ शाप ही तो थे
गलते-गलते भी
छोड़ गए ढेर-सी
जहरीली बू-बास !

आ ही गई उझक-उझककर होंठों के कगारों तक
संजीदगी में डूबी कृतज्ञ मुस्कान
तगर की-सी सादगी में
जगमगा उठे धँसे-धँसे गाल
फिर तो मुस्कुराई मासूम आशीष
सतरंगे पंखोंवाली पवित्र तितली
खिले मुख की इर्द-गिर्द
लग गई मँडराने
आहिस्ते से गुनगुनाई —
हाँ, अब आ सकती हूँ

मिट गई भली-भाँति शापों की तासीर
अब तो मैं रह लूँगी पद्मगंधी मानस में
तो फिर निगाहों ने कहा–
आओ बहन, स्वागत ....
तन गई तत्काल पलकों की पश्मीन छतरी

हो चुकी थी आशीष अंदर दाखिल
तो भी देर तक निगाहों पर
तनी रही पलकों की पश्मीन छतरी
हो चुकी थी आशीष अंदर दाखिल
तो भी देर तक
उझक-उझककर आती रही बाहर
संजीदा और कृतज्ञ मुस्कान।

1957
सतरंगे पंखोंवाली

एक खत
(भूतपूर्व सम्पादक के नाम)

जनाब,
देके झाँसा, ले गए आप
अच्छी-खासी रचना
कि पारिश्रमिक में मच्छरदानी लेके आऊँगा
हाँ, मच्छरदानी (यानी 6 रुपए 11 आने)
निकल गया न जाने कब का आपका अगस्त अंक
इस साल–नहीं, पिछले साल
अब तो जनाब खुद ही डोल रहे खाली हाथ;
–मजबूरी अपनी करता हूँ कबूल,
पूछने पर भला इत्ता तो बोले !
बधाई है, दागते रहिए अड्डों पे बहस के गोले
जनाब श्री श्री....राम भू. पू. सम्पादक
　　–मृत '....' के
　　–अपने बिहार के
हाय ! मेरी रचना, उबालेगी रगों में मलेरिया रानी

ओफ मेरी कल्पना (जाल) मच्छरदानी !
भूलूँ भला कैसे मैं तेरी कहानी
कवि का खून, सम्पादक का रंग, प्रकाशक का पानी
मन ही मन मुसकाए जमाने की नानी !

इस गुब्बारे की छाया में/आज, 5 अक्टूबर 1957

वाह, पाटलिपुत्र !

क्षुब्ध गंगा की तरंगों के दुसह आघात ....
शोख पुरवइया हवा की थपकियों के स्पर्श....
खा रही है किशोरी की लाश...
—हाय गाँधी घाट !
—हाय पाटलिपुत्र !
दियारा है सामने उस पार
पीठ पीछे शहर है इस पार
आज ही मैं निकल आया क्यों भला इस ओर ?
दे रहा है मात मति को
दृश्य अति बीभत्स यह घनघोर
भागने को कर रही है बाध्य
सड़ी-सूजी लाश की दुर्गंध
मर चुका है हवाखोरी का सहज उत्साह
वाह गंगा, वाह !
वाह, पाटलिपुत्र !

इस गुब्बारे की छाया में/आज, 1 दिसम्बर 1957

यह तुम थीं

कर गई चाक
तिमिर का सीना
जोत की फाँक
यह तुम थीं

सिकुड़ गई रग-रग

झुलस गया अंग-अंग
बनाकर ठूँठ छोड़ गया पतझार
उलंग असगुन-सा खड़ा रहा कचनार
अचानक उमगी डालों की संधि में
छरहरी टहनी
पोर-पोर में गसे थे टूसे
यह तुम थीं
झुका रहा डालें फैलाकर
कगार पर खड़ा कोढ़ी गूलर
ऊपर उठ आई भादों की तलइया
जुड़ा गया बौने की छाल का रेशा-रेशा
यह तुम थीं !

1957
सतरंगे पंखोंवाली

बहुत दिनों के बाद

बहुत दिनों के बाद
अब की मैंने जी-भर देखी
पकी-सुनहली फसलों की मुसकान
—बहुत दिनों के बाद

बहुत दिनों के बाद
अब की मैं जी-भर सुन पाया
धान कूटती किशोरियों की कोकिल कंठी तान
—बहुत दिनों के बाद

बहुत दिनों के बाद
अब की मैंने जी-भर सूँघे
मौलसिरी के ढेर-ढेर से ताजे-टटके फूल
—बहुत दिनों के बाद

बहुत दिनों के बाद
अब की मैं जी-भर छू पाया

अपनी गँवई पगडंडी की चंदनवर्णी धूल
—बहुत दिनों के बाद

बहुत दिनों के बाद
अब की मैंने जी-भर तालमखाना खाया
गन्ने चूसे जी-भर
—बहुत दिनों के बाद

बहुत दिनों के बाद
अब की मैंने जी-भर भोगे
गंध-रूप-रस-शब्द-स्पर्श सब साथ-साथ इस भू पर
—बहुत दिनों के बाद।

1958
सतरंगे पंखोंवाली

काले-काले भौंरे

होठ हिले
हिलते रहे
देर तक हिलते ही रह गए
उस पार—
मोतिया दंतपंक्तियों के अंदर
काँपती रही क्षोभ के मारे जीभ
निकल आई बासी भाफ ताजा सौरभ के बदले
अर्धस्फुट कमल की पंखड़ियों को क्या हो गया था जाने
निकलते रहे बाहर
एक के बाद एक
काले-काले भौंरे—
गालियाँ, आक्रोश, अभिशाप !
हिलते रहे होठ
देर तक हिलते ही रह गए
हिलती रहीं देर तक
अर्धस्फुट कमल की फीकी पंखड़ियाँ।

1958
सतरंगे पंखोंवाली

गीले पाँक की दुनिया गई है छोड़

बढ़ी है इस बार गंगा खूब
दियारों पर गाँव कितने ही गए हैं डूब
किंतु हम तो शहर की इस छोर पर हैं
देखते हैं रात-दिन जल-प्रलय का ही दृश्य
पत्थरों से बँधी गहरी नींववाला
किराए का घर हमारा रहे यह आबाद
पुराना ही सही पर मजबूत
रही जिसको अनवरत झकझोर
क्षुब्ध गंगा की विकट हिलकोर
सामने ही पड़ोसी के—
नीम, सहजन, आँवला, अमरूद
हो रहे आकंठ जल में मग्न
रह न पाए स्तम्भ पुल के नग्न
दूधिया पानी बना उनका रजत परिधान
रेलगाड़ी के पसिंजर खड़े होकर
खिड़कियों से झाँकते हैं
देखते हैं बाढ़ का यह दृश्य
उधर झूँसी इधर दारागंज...
बीच का विस्तार
बन गया है आज पारावार
भगवती भागीरथी—
ग्रीष्म में यह हो गई थी प्रतनु-सलिला
विरहिणी की पीठ-लुंठित एकवेणी-सदृश
जिसको देखते ही व्यथा से अवसन्न होते रहे मेरे नेत्र
रिक्त ही था वरुण की कल-केलि का यह क्षेत्र
काकु करती रही पुल की प्रतिच्छाया, मगर यह थी मौन
उस प्रतनुता से अरे इस बाढ़ की तुलना करेगा कौन ?

सो गए जल में बड़े हनुमान
तख़्तपोश उठा लाए दूर गंगापुत्र
कृष्णद्वैपायनों का परिवार—
मलाहों के झोंपड़ों का अति मुखर संसार
त्रिवेणी के बाँध पर आकर हुआ आबाद
चिर उपेक्षित हमारी छोटी गली की

रूढ़-दंतुर सीढ़ियाँ ही बन गई हैं घाट
भला हो इस बाढ़ का !

पाँच दिन बीते कि हटने लग गई बस बाढ़
लौटकर आ जायगा फिर क्या वही आषाढ़ ?
हटी गंगा
किंतु, गीले पाँक की दुनिया गई है छोड़
और उस पर
मलाहों के छोकड़ों की क्रमांकित पद-पंक्ति
खूब सुंदर लग रही है...
मन यही करता कि मैं भी
उन्हीं में से एक होता
और–
नंगे पैर, नंगा सिर
समूचा बदन नंगा...
विचरता पंकिल पुलिन पर
नहीं मछली ना सही,
दस-पाँच या दो-चार क्या कुछ घुँघचियाँ भी नहीं मिलतीं ?

1958
सतरंगे पंखोंवाली

मैंने तुम्हें इत्ता-इत्ता-सा पूछा

मैंने तुम्हें
इत्ता-इत्ता-सा पूछा
अब एक-आध बात
तुम भी तो पूछ लो
मैंने तुम से
ढेर-ढेर-सा जानना चाहा
अब एक-आध बात
तुम भी तो मुझसे जानना चाहो

चुपचाप यों देखते रहना
सूनी-सी खोई-सी निगाहों से

पथराए होठों का
बेरुखी में यों हिलते रहना
नाग़वार लगता है,
कुछ भी तो बतलाओ !
मैंने तुमको इत्ता-इत्ता-सा पूछा।

1958
प्यासी पथराई आँखें

कीर्ति का फल

अगर कीर्ति का फल चखना है
कलाकार ने फिर-फिर सोचा—
आलोचक को खुश रखना है !

अगर कीर्ति का फल चखना है
आलोचक ने फिर-फिर सोचा—
कवियों को नाथे रखना है !!

1958
भूल जाओ पुराने सपने

तन है साँवला-सलोना !

गोल-मटोल चेहरा
बादामी आँखें
तन है साँवला-सलोना !

नाचता है, गाता है
हँसता-हँसाता है
जानता हो शायद ही खीझना-रोना !

इसके, हाँ, इसी के
परस की प्रतीक्षा में
पड़ी है झारखंडी अहल्या पाषाणी

सिकोड़कर अंतर का कोना-कोना !

साथिन है बाँसुरी
मीत है मादल
नदी बहिना, जननी जंगल
रग-रग में प्रवाहित हैं खनिज-धातु
होंठों से झरते हैं मोती
श्रम-जल से ढलता है सोना !
जाने कब से लेता है
सौ-सौ फनवाले नाग पर
रत्नाकर होगा घर
अब के इस विष्णु को
लोक-लक्ष्मी का दूल्हा है होना !

गोल-मटोल चेहरा
बादामी आँखें
तन है साँवला-सलोना !

हजार-हजार बाँहोंवाली/नई धारा, नवम्बर 1958

सपूत क्या ऊपर से टपके हैं ?

अरे, तुम एक महात्मा की याद में
वर्षों से बहाते हो आँसू !
जपते हो उसके नाम की माला,
कदम-कदम पे कसम खाते हो उसकी !
मगर मैं पूछता हूँ, रंज मत होना—
अरे, अपना वो महात्मा क्या आसमान से टपका था
बस बहुत हुआ, रहने भी दो
व्यक्ति-व्यक्ति को गौर से देखो...
साधारण में ही मिलेगा असाधारण
एक नहीं दस-बीस-पचास
हजार-दस हजार लाख-दस लाख
करोड़...जी हाँ, करोड़
करोड़ों में मिलेंगे लाखों महात्मा

सपूत क्या ऊपर से टपके हैं कभी ?
करोड़ों में अब भी क्या एक ही संत होगा ?
प्रामाणिक नहीं है क्या जन-जन का जीवन-दान ?
श्रेय दो एक-एक पल को, वर्ना क्या है दिनमान ?

1959
प्यासी पथराई आँखें

मधुक्षरा

'मधुक्षरा'...
यानी शहद टपकानेवाली !
इतना प्यारा नाम !
हाय राम !
तो क्या शहद चूता है इनकी मिठाइयों से ?
कोई बात नहीं !
कोई बात नहीं !
कभी न कभी टेस्ट लेंगे 'मधुक्षरा' का
भावुक बंगाल को प्रिय है अतिशयोक्ति
न हुई मिठाइयों की दुकान,
हो गई 'मधुक्षरा'
रसगुल्ला, संदेश, चमचम, खीरमोहन...
यही-कुछ तो मिलते होंगे उस दुकान के अंदर?
विद्युत्-आलोकित चमक रहे हैं चार अक्षर–
म धु क्ष रा ...
इतना प्यारा नाम ?
हाय राम !

1959
प्यासी पथराई आँखें

बोला ढाकुरिया का पानी

चुल्लू में लेकर झाँका तो बोला ढाकुरिया का पानी
देखो, बड़ी कार से उतरी, बैठ गई मोटी सेठानी

चलने दो दस-बीस कदम, बस थक जाएगी
जहाँ बेंच है मुश्किल से वापस आएगी
पूछो जाकर किस चक्की का रानी जी खाती हैं आटा
यह लो, जमुहाई लेकर वह खींच गईं कैसा सन्नाटा !

1959
प्यासी पथराई आँखें

करने आए हैं चहलकदमी...

बस, बस, बस
रहने दीजिए
ज़रा-सा सब्र तो करें
बरतें तो ज़रा-सा परहेज
उठाएँ नहीं शेयरों के सवाल
उठाएँ नहीं नफा-नुकसान की बातों के बवाल
अभी तो आप हवा खाने आए हैं
करने आए हैं चहलकदमी
देखिए भी तो, झुकी हैं दूब की नोकें
कितना दमदार है ओस की बूँदों का मोतिया नूर
कैसा प्रशांत है ढाकुरिया का पानी
साफ है आसमान
धुली है धरती
क्रें-क्रें करते हुए क़तार में तैर रहे बतख
आप भी गुनगुनाइए क्वाँर के सूरज की अगवानी में।

1959
प्यासी पथराई आँखें

पैसा चहक रहा है...

टकसाल की ढली ये लम्बी जुबान देखो
सेठानियों की शौकत, सेठों की शान देखो
बातों में इंगितों में ऊँची उड़ान देखो
दो-दो की चुटकियों में लाखों के प्लान देखो

सोने की चूड़ियाँ ये... पैसा दहक रहा है
डन लो पिलो के गद्दे... पैसा बहक रहा है
कॉफी की प्यालियाँ ये... पैसा महक रहा है
ये क़हक़हे य' चितवन... पैसा चहक रहा है

1959
प्यासी पथराई आँखें

यह उन्मत्त प्रदर्शन !

शादी क्या है, वैभव का है यह उन्मत्त प्रदर्शन
रेशम की यह चकाचौंध, मणिमुक्ता का उद्दीपन
पास-पड़ोस उजागर हैं, बिजली लेती अँगड़ाई
थिरक रही है माइक पर उस्तादों की शहनाई
बिजली की ट्यूबों से भास्वर क्या पंडाल सजा है
कौन कहेगा इसे रात, बस यों ही एक बजा है
कारों के जमघट देखो, देखो कुबेर के छौने
ये लक्ष्मी के निजी लाड़ले, हम लगते हैं बौने

अंदर प्रीतिभोज के टेबुल, बाहर घिरीं कनातें
धन-पिशाच मुस्काते हैं घुल के करते हैं बातें
रसगुल्ले पर कैनेडी हैं, बर्फी पर ख़ुश्चेव
चाऊ पर है बरफ मलाई नेहरू पर है सेव

चाट रहे हैं कुछ प्राणी बाहर जूठन के दोने
चहक रहे हैं अंदर ये लक्ष्मी के पुत्र सलोने
कला गुलाम हुई इनके, कविता पानी भरती है
सौ-सौ की महनत इनकी मुसकानों पर मरती है

चाँदी की बेटी है, कंचन का दूल्हा आया है
ऋद्धि-सिद्धि की थिरकन देखो, लक्ष्मी की माया है
सोने की स्याही में छपकर वेदमंत्र खिलते हैं
कवियों की चिकनी वाणी में दूर्वादल हिलते हैं

1959
प्यासी पथराई आँखें

खुली हैं किवाड़ें

खुली हैं किवाड़ें
निशीथ का नीरव परिवेश
कि तुमने झाँका
हाँ, तुम्हीं तो थीं
कहाँ आई हो छोड़ अपने उस बर्बर प्रौढ़ प्रेमी को ?
चकमा दे के आई हो ? नहीं ?
किसी और के पीछे भागा होगा
बहरहाल, अकेली हो इस वक्त
ओफ, सामने तो आओ
निगाहों की मेरी बेधकता से इतना घबराईं !
कि उल्टे पैर भाग गईं ?
बिल के होठों पे मुस्कराए चूहे
और तुम नदारद थीं !

1959
प्यासी पथराई आँखें

चीखा आक्रोश अंध !

बासी हुई तन-गंध
मन-गंध में आ गया उफान
हाव-भाव निखरे
ठमक गया चौराहे पर शिकार
वोम्मारा ! वोम्मारा !
जाल-समेत मछली बह चली धार में
भौचक खड़ा रहा मछुआ कछार में
होगी बर्दाश्त भला अब वह स्मृति-गंध
चीखा आक्रोश अंध
—जहन्नुम में जाए सुसरी !

1959
प्यासी पथराई आँखें

कछुए ने मारी हाँक गर्दन निकालकर

'अरे, आओ, सुन लो एक बात'...
कछुए ने मारी हाँक गर्दन निकालकर।
पास आया खरगोश
झील की कछार पर बैठा था कछुआ
बोला—क्या बात थी दादा ? अभी ज़रा जल्दी में हूँ
लाईन के उस पार वो जो जंगल है
वहाँ आज चुनाव का दंगल है
अभी तो अदना-सा पंच हूँ शाम को मगर मुखिया रहूँगा
लौटती बेर तफसील में कहूँगा
हाँ तो भला, क्या बात है दादा ?...
लेकर डकार कछुआ लगा कहने—
हमारी झील की मछलियों ने दी थी दावत
कि अभी बुकिंग बंद है हवड़ा की
कि अभी सूखे पड़े हैं जाल
कि अभी सारा-सारा दिन ताश पीटते हैं मछुए
पी-पाकर धुत्त, दुहराते रहते हैं हड़ताली नारे...
तुम भई, पता तो लगाना !
रुक गया है सचमुच क्या गाड़ियों का आना-जाना ?

1959
प्यासी पथराई आँखें

प्यासी पथराई आँखें

प्यासी पथराई उदास आँखें...
थकीं, बे-आसरा, निराश आँखें...
कोई भी तो अपना रुख फेरे उसकी ओर
कोई भी तो उठाए अपनी पलकों का पर्दा
बीसियों आए
बीसियों गुज़रे
कहाँ किसी ने देखा बेचारे की तरफ !
छलक रहा है युगों का अभिशाप

बुझी-बुझी निगाहों में
घुटनों पे टिकी है ठोड़ी
इर्द-गिर्द बिखरे हैं आमों के लाल-पीले छिलके
गुठलियों पे जमी है नीली मक्खियों की जमात
जाने कब से झुका बैठा है अपंग बुड्ढा
सड़क की ढलान पे,
भीड़-भाड़ से हटके
बुदुल पहलवान की चारपाई के सामने !

1959
प्यासी पथराई आँखें

झुक आए कजरारे मेघ

झुक आए कजरारे बादल
कूक उठे मोर
टर्राए मेढ़क
पहुँचकर धीरज के छोर पर
दम साध लिये धरती ने...
बिजनी की मूँठ से खुजलाकर पीठ
पुजारिन भाभी बोली—
आँधी आएगी
बादलों को कहाँ से कहाँ उड़ा ले जाएगी
तुम्हारे तो मज़े ही मज़े रहेंगे
धार के उस पार
झूसी की तरफ
रेती पर मारोगे टहलान
फड़कते रहेंगे होठ
चमकती रहेंगी आँखें
हल्की फुहियों से भीगता रहेगा बदन
छेड़ती रहेगी छिनाल पुरबइया
इकलौती बिटियावाले अधेड़ बाप की भाँति
झुका रहेगा तुम पर बादल
तुम्हारे तो भई मज़े ही मज़े रहेंगे
ओ मेरे रसिया देवर !

और मुझे आ गई हँसी
कूक उठे मोर
और मेरा रोआँ-रोआँ हो उठा कंटकित
टर्राए मेढ़क
और मेरा दिल धड़कने लगा ज़ोरों से
हो उठी तीव्र झींगुरों की रीं रीं रीं...
और मैं लगा गया गोता गहराई के अंदर
झुक आए कजरारे मेघ
और अधिक
और अधिक
और अधिक...

1959
प्यासी पथराई आँखें

काली सप्तमी का चाँद

काली सप्तमी का चाँद !
पावस की नमी का चाँद !
तिक्त स्मृतियों का विकृत विष वाष्प कैसे सूँघता है चाँद !
जागता था, विवश था, अब ऊँघता है चाँद !
क्षीण दुर्बल कलाधर की कांति प्रतिपल खो रही है
सिमट आया प्रभामंडल,
पीतिमा की परिधि छोटी हो रही है
मेढ़कों ने चिढ़ाया है रात-भर इसलिए कोयल रो रही है
भोर का तारा उगा है, बदलियों से जूझता है
झींगुरों को कौन टोके, फटे कंठों को भला कुछ सूझता है !
नीचे आ रहा है चाँद !
कवि पर छा रहा है चाँद
पावस की नमी का चाँद !
काली सप्तमी का चाँद !

1959
प्यासी पथराई आँखें

शरद-पूर्णिमा

तट-बंधों के अनुशासन में नदी बनी धरती का यौवन
सूझ-सने श्रम के सीकर सूखते गए, मुसकाया जीवन
पके धान की कनकमंजरी एक नहीं, सौ बनी झालरें
उड़द-मूँग की फलियोंवाली बेलों की बिछ गईं चादरें
चौकस खेतिहरों ने पाए ऋद्धि-सिद्धि के आकुल चुम्बन
शरद-पूर्णिमा धन्य हुई जन-लक्ष्मी का करके अभिनंदन
कुमुद मुदित हैं कहीं, कहीं पर मुकुलित हैं कमलों के कानन
श्वेत घनों से प्रतिबिंबित हैं श्याम सलिल झीलों के आनन
लाख-लाख नक्षत्र टँक गए, नीली चादर बनी अनूठी
शरद-जुन्हाई के आगे दुनिया की सुषमा लगती झूठी
पैनी होगी ओस-कणों से हरी-हरी दूबों की चितवन
नीचे उतरेगा तो लेगा पूर्णचंद्र युग का अभिवादन
वसुधा की फैली बाँहों को सुलभ हुआ सागर-आलिंगन
आज रात है बे-लगाम लहरों का मछुओं से गठबंधन
ढेर-ढेर-सा झाग कास-कुसुमों की अति का भ्रम होता है
पूनम की अगवानी में यह वरुण द्वार फिर-फिर धोता है
तरल रजतमय महावक्ष पर तूफानों का बेसुध नर्तन--
देखो, युग की पीड़ाओं का करता है कैसे अवलेहन !

1959
प्यासी पथराई आँखें

रचो नया इतिहास

केरल के मतदाता जय-जय, नव चेतना प्रकाश
भारत भाग्य विधाता जय-जय, धरती के उल्लास
दक्षिण के नारियल कुंज, तुम रचो नया इतिहास
हृदय-हृदय में आशा उमगी, छलक उठा विश्वास
कुचक्रियों के दिल में जनयुग का आतंक समाया
लाल पताकाएँ फहराईं, नील गगन मुसकाया

मुस्लिम लीगी-प्रजासमाजी-कांग्रेसी खिचड़ी दल
उड़ा रहे हैं चीन विरोधी अफवाहों के बादल

कई गुनी बढ़ गई धूर्त शैलीशाहों की हलचल
पी-पीकर नारियल पादड़ी भाँज रहे हैं डंबल
लेकिन मतदाता तो दृढ़ हैं पड़ी न भ्रम की छाया
लाल पताकाएँ फहराईं, नील गगन मुसकाया

जन-जन के शासन की ख़ातिर जन-जन का मतदान
जन-जन के उत्सव की खातिर जन-जन का अभियान
प्रजातंत्र की ठठरी में वापस आएँगे प्राण
जन-जन का दायित्व बनेगा जन-जन का कल्याण
नेहरू के चेलों का माथा इसीलिए चकराया
लाल पताकाएँ फहराईं, नील गगन मुसकाया

मुस्लिम लीग-प्रसोपा खींचें प्रजातंत्र की खाल
मुसकाया जनरल अयूब खाँ, गाल हो गए लाल
चिंता में पक गए नेहरू की भौंहों के बाल
चीन विरोधी बकवासों से हल होगा न सवाल
केरलवाले समझ गए हैं कालनेमि की माया
लाल पताकाएँ फहराईं, नील गगन मुसकाया

दफ्तर के बाबू, व्यापारी, नाविक, गाड़ीवान
मध्यवर्ग के पढ़े-लिखे वे मेहनतकश इन्सान
उन्हें वोट देंगे वे जिनका डिगा नहीं ईमान
अपनी पार्टी को जिताएँगे वे मजदूर-किसान
बहुत दिनों पर महामुक्ति का मंत्र समझ में आया
लाल पताकाएँ फहराईं, नील गगन मुसकाया

केरल के मतदाता जय-जय, नव चेतना प्रकाश
भारत भाग्य विधाता जय-जय, धरती के उल्लास
दक्षिण के नारियल कुंज, तुम रचो नया इतिहास
हृदय-हृदय में आशा उमगी, छलक उठा विश्वास
कुचक्रियों के दिल में जनयुग का आतंक समाया
लाल पताकाएँ फहराईं, नील गगन मुसकाया

जनशक्ति, 26 जनवरी 1960

द्याक्चो खोकोन ओइ जे गाँधी महात्ता

बापू हमारा गाँधी बड़ा है !
इसीलिए कि चौरंगी में ऊँचा खड़ा है ?
ब्रोंज की भारी प्रतिमा
दधीचि या भागीरथ-सा ढाँचावाली
खड़ी है ऊँची वेदी पर
पार्क स्ट्रीट के आमने-सामने
रोज़ उसे देखती हैं लाखों आँखें...
द्याक्चो खोकोन ओई जे गाँधी महात्ता ?

—बंगाली भद्र महिला बच्चे से पूछती है
और बालीगंजवाली ट्राम के अंदर
मैं भी बैठा हूँ
दुहराता हूँ मन-ही-मन बंगलक्ष्मी का सवाल :
द्याक्चो खोकोन ओई जे गाँधी महात्ता ?

कि सहसा दिमाग में घूम गई चौपाटी की बलुआही कछार
कि सहसा दिमाग में घूम गया इंडियागेट का विस्तृत मैदान
स्थापित नहीं होगी क्या
नई दिल्ली में चितरंजन दास की प्रतिमा ?
स्थापत नहीं होगी क्या
लाला लाजपत राय की प्रतिमा मद्रास में ?
दिखाई नहीं पड़ेंगे लखनऊ में सत्यमूर्ति ?
सुभाष और जे.एम.सेन गुप्त क्या सीमित रहेंगे
भवानीपुर और शाम बाजार की दुकानों तक ?
तिलक नहीं निकलेंगे पूना से बाहर ?
खुदीराम वोस, भगत सिंह, चंद्रशेखर आज़ाद
पाएँगे स्थान नहीं लोक-सभा कक्ष में ?

सोचते-सोचते माथा लगा चकराने
दौड़ती ट्राम आ गई विक्टोरिया के सामने
जाना था अपने को रासबिहारी एवेन्यू
भड़क उठी लेकिन बीच में ही तबीयत
कानों में बार - बार गूँजने लगा था
द्याक्चो खोकोन ओई जे गाँधी महात्ता ?

द्याक्चो खोकोन ओई जे गाँधी महात्ता ?

ट्राम से उतरकर
अपने आप फुटपाथ पर आ गए पैर
रुख़ था विक्टोरिया की ओर
गूँज रहा था कानों में—
द्याक्चो खोकोन्, द्याक्चो खोकोन्, द्याक्चो खोकोन्...

सामने खड़ा था विक्टोरिया मेमोरियल
अति भव्य, महाविशाल...
कारों के जमघट के भला क्या कहने !
सांध्य-अभिसार की ख़्वाहिसों के भला क्या कहने !
खोंचेवालों की भीड़ के भला क्या कहने !
हाते के बाहर में भकुआ-सा खड़ा रहा
'छिछली भावुकता' में गर्क-सा अड़ा रहा
बढ़ गए थे हाथ सहज ही मूँगफलीवाले की ओर
अंदर का मनसाराम हँसकर लगा कहने;
मेरे कवि, नाहक ही कुढ़ते हो !
आज भी ब्रिटेन की मलका ही बड़ी है
वो हमारी दिल की वेदी पर खड़ी है
चौरंगी का गाँधी ?
वो तो बस तमाशा बन के खड़ा है !
भाई मेरे कवि, नाहक ही कुढ़ते हो !
निकालो फौरन पैसे सँभालो मूँगफलियाँ
जाने कब से खोंचावाला तराजू लिये खड़ा है !
क्या हुआ हिंद में आज भी गाँधी नहीं बड़ा है !
क्या हुआ आज भी हिंद में ब्रिटेन की मलका ही बड़ी है !

मान ली मैंने अंदरवाले मनसाराम की बात
मूँगफली लेकर बढ़ गया आगे
मैदान की ओर
रेसकोर्स की ओर
कानों में लेकिन गूँज रहा था अब भी
—द्याक्चो खोकोन ओई जे गाँधी महात्ता ?

1960
प्यासी पथराई आँखें

चौराहे के उस नुक्कड़ पर

चौराहे के उस नुक्कड़ पर
काँटों का बिस्तरा बिछाकर
सोया साधू दाढ़ीवाला
लोग तमाशा देख रहे हैं
अपनी धुन में आते-जाते।
दिन के दस बजनेवाले हैं
वक्त हो गया है दफ्तर का
सबके पैरों में फुर्ती है
लेकिन यह आ गया कहाँ से !
काँटों पर नंगा सोया है
ठिठक गया मैं लगा देखने
उस औघड़ बाबा के करतब
नेत्र बंद थे बदन अडिग था
शर-शय्या पर चित लेटा था
दर्शक पैसे फेंक रहे थे

सेठों की गलियों का नुक्कड़
काँटों पर लेटा है फक्कड़
चमक रहे पैसे दो पैसे
और पाँच पैसे दस पैसे
जैसी श्रद्धा सिक्के वैसे
निकल रहे हैं जैसे-तैसे
काँटों पर सोया है कैसे
नागफनी पर गिरगिट जैसे

श्रद्धा का तिकड़म से नाता
जय हे भिक्षुक जय हे दाता
पियो संत हुगली का पानी
पैसा सच है दुनिया फानी !

1960
प्यासी पथराई आँखें

मेरी भी आभा है इसमें

नये गगन में नया सूर्य जो चमक रहा है
यह विशाल भूखंड आज जो दमक रहा है
मेरी भी आभा है इसमें

भीनी-भीनी खुशबू वाले
रंग-विरंगे
यह जो इतने फूल खिले हैं
कल इनको मेरे प्राणों ने नहलाया था
कल इनको मेरे सपनों ने सहलाया था

पकी-सुनहली फसलों से जो
अबकी यह खलिहान भर गया
मेरी रग-रग के शोणित की बूँदें इसमें मुसकाती हैं

नए गगन में नया सूर्य जो चमक रहा है
यह विशाल भूखंड आज जो दमक रहा है
मेरी भी आभा है इसमें।

1960
प्यासी पथराई आँखें

दूर बसे उन नक्षत्रों पर

दूर बसे उन नक्षत्रों पर
टहल-बूलकर
मानव वापस आ जाएँग
ग्रह-उपग्रह अ-विजित न रहेंगे
अंतरिक्ष के उद्यानों में
निर्भय-निरांतक मानव-शिशु
निशि-दिन मुक्त-विहार करेंगे

जन्म-जन्म के अभिशापों से
त्रिशंकुओं को मुक्ति मिलेगी

सौ-सौ विश्वामित्र बनेंगे
नई सृष्टि के नए विधाता
कमल, कुमुद, सेवंती, पाटल
चम्पक, बेला, गंधराज, गेंदा, परजात—
हर मौसम के फूल खिलेंगे, हर मौसम में
दिव्य धाम शोभित होंगे तब
दूर बसे नक्षत्रों पर

सच होगा सपना तब कवि-गुरु कालिदास का
"आँसू होंगे, सुख के होंगे,
दुख के आँसू कहीं न होंगे
सारी उम्र जवानी होगी
छेड़छाड़ होंगे प्रियतम के
    और प्रिया के
वर्ना यों तो जनजीवन में कहीं
    कलह का नाम न होगा
सबके सब धनपति ही होंगे..."
लगता है, अब कालिदास का यक्ष
चाँद को छू आया है
साथ गई थी प्रिया यक्षिणी...
अंतरिक्ष-नाविक नव दम्पति
मानवता की मानस-प्रतिमा के वे युग्मक
लिये गोद में घन-कुरंग शिशु
उज्जयिनि के महाकाल की
परिक्रमा करने आए हैं !

दूर बसे उन नक्षत्रों से
ज्योतिरीश्वरी नभ-गंगा के
    चल पुलिनों से
जाने वे क्या-क्या लाए हैं !!

1960

इस गुब्बारे की छाया में

बोलो कितने बदनाम हुए

यह तानाशाही अकड़ तुम्हें खा जाएगी
यह खीझ और यह दुविधा मज़ा चखाएगी
सूखी आँतों से भड़क उठे दुर्दम शोले
अब काम नहीं आएँगे ये छर्रे-गोले

वे सोशलिज़्म की बातें, बोलो कहाँ गईं ?
सपनोंवाली वे रातें, बोलो कहाँ गईं ?
वे वादे खुशहाली के, बोलो कहाँ गए ?
वे झाग अमृत-प्याली के, बोलो कहाँ गए ?

सरकारी दफ़्तर ख़ाली है, तुम ऊपर हो ?
ये डाक-तारघर ख़ाली है, तुम ऊपर हो ?
रेलों के पहिए जाम हुए, तुम ऊपर हो ?
बोलो कितने बदनाम हुए, तुम ऊपर हो ?

बढ़ते-बढ़ते यह बारहसाला महँगाई
रावण की नानी बनकर अब नभ में छाई !
क्या फूँक मारकर यों ही इस पर चीखोगे ?
पक गए बाल, क्या अब भी तुम कुछ सीखोगे ?

हजार-हजार बाँहोंवाली/जनशक्ति, 14 जुलाई 1960

त्रिमूर्ति

फिजो : (दलाई लामा की याद में)
तुम भागे तो पहुँचे हिंदुस्तान
नभ में गूँजा स्वागत का ऐलान
हम गद्‌गद थे, चीन हुआ हैरान

और आज मैं खुद आया हूँ भाग
स्वागत में ये तोप रहे हैं दाग
किंतु उधर नेहरू उगलेंगे आग

दलाई लामा : (फिजो की याद में)

नहीं लौटने का लेना तुम नाम
हम दो हैं, पर एक सरीखा काम
शत्रु करें शीर्षासन का व्यायाम

मुक्ति-मार्ग हैं, लंदन के फुटपाथ
कदम-कदम पर दुनिया देगी साथ
भेजूँ सोना ? खाली होंगे हाथ...

दोनों : (जयप्रकाश की याद में)
आप भरोसा, आप हमारी आस
और भला हम जाएँ किसके पास
भावी मार्शल ! जय हे पुंज प्रकाश !

जय प्रकाश : (फिजो और दलाई लामा की याद में)
समझ रही है जनता अपनी भूल
चाऊ-नेहरू चाटेंगे अब धूल
तुम दोनों पर बरसाऊँगा फूल

पृष्ठभूमि में कोरस : "फिजो महाप्रभु जय ! जय नागाभूमि !
"जय दलाई लामा, जय तिब्बत भूमि !
"महा महाप्रभु जय, जय पुंज प्रकाश !
"जय चियाङ् तानाशाही मृदुहास !"

पुरानी जूतियों का कोरस/जनशक्ति, 31 जुलाई 1960

बीते तेरह साल

दिन है तो डाकू घेरे हैं, रात हुई तो चोर
नौकरशाही अत्याचारों की है ओर न छोर
अंदर संकट, बाहर संकट, संकट चारों ओर
जीभ कटी है, भारतमाता मचा न पाती शोर
देखो धँसी-धँसी ये आँखें, पिचके-पिचके गाल
कौन कहेगा, आज़ादी के बीते तेरह साल ?
लाख-लाख श्रमिकों की गर्दन कौन रहा है रेत ?
छीन चुका है कौन करोड़ों खेतिहारों के खेत ?

किसके बल पर कूद रहे हैं सत्ताधारी प्रेत ?
किसके इंगित पर कांग्रेसी नेता हुए अचेत ?
जय गाँधी की, धन कुबेर का नाना हुआ निहाल
कौन कहेगा, आज़ादी के बीते तेरह साल ?

उलझ गए आपा-धापी में संविधान के सूत
सोना था, ले भागे बापू की प्रतिमाएँ भूत
लाभ-लोभ में लिप्त पड़े हैं नैतिकता के दूत
कैसे होगी रीढ़ क़ौम की ऐसे में मज़बूत
सोशलिज़्म तो सपना था, थक गए जवाहरलाल
कौन कहेगा, आज़ादी के बीते तेरह साल ?

एक आँख से करें राष्ट्रपति शासन का सत्कार
पद-लोलुप दलपतियों की तिकड़म का हो शृंगार
पुलिस तटस्थ रहे गुंडे जन-जन का करें शिकार
अग्निकांड हो लाश गिरे, मच जाए हाहाकार
राज-भवन में राजरंग हो, बाहर यम दे ताल
कौन कहेगा, आज़ादी के बीते तेरह साल ?

जाने क्या-क्या बकवाता है सेठों का अनुराग
भले-भले मुख उगल रहे हैं चीन-विरोधी आग
धुआँ बना है आज हिमालय के झरनों का झाग
दूध पिलाओ तिब्बत से भागे हैं सौ-सौ नाग
निर्वाचन में जैसे-तैसे हासिल करो कमाल
कौन कहेगा, आज़ादी के बीते तेरह साल ?

पाँच वर्ष की बनी योजना एक-दो नहीं, तीन
काग़ज के फूलों ने ली है सबकी खुशबू छीन
बलिहारी काग़ज़ी खुशी के क्यों न बजाएँ बीन
फटे बाँध से बालू बोले—हम भी हैं स्वाधीन
अश्वमेध का घोड़ा निकला, चित है चारों नाल
कौन कहेगा, आज़ादी के बीते तेरह साल ?

हजार-हजार बाँहोंवाली/जनशक्ति, 14 अगस्त 1960

पुरानी जूतियों का कोरस

(1)

सहगान :

अनमोल हमारी धूल है अनमोल हमारी धूल !

धूल हमारी, धूल हमारी, धूल !
टँगे रहेंगे हम बाँसों पर खिले सृष्टि के फूल
हम दुरुस्त करने निकले हैं, मानवता की भूल
गमलों में जो कैद पड़े हैं, उन फूलों पर डालेंगे हम
अपनी प्यारी धूल ! धूल हमारी, धूल हमारी, धूल !
है अनमोल है अनमोल, है अनमोल हमारी धूल !

एक मामूली देहाती जोड़ा :

मेरी खातिर तरसा करते,
ऊँचे महल-अटारी
मुझको है कतई न गवारा,
वैभव की बीमारी
मुझको लेकर साथ द्वारका,
पहुँचे विप्र सुदामा
मेरी गति-विधि समझ नहीं
पाए थे शकुनी मामा

तल्लाविहीन पम्प शू :

हमने तोड़ी उस नवाब की नाक
किया कलेजा चाक
छिल जाती थी ढाके की मलमल
से जिसकी देह
जिसकी छत पर बरसा करते थे
कंचन के मेह
हमने तोड़ी उस नवाब की नाक !

भद्दे टायर की चप्पल :

मुझे पहनने वाला आज
किसी सूबे का बना मिनिस्टर
उन कदमों को चूम रहे हैं
कितने जज्ज, कलक्टर !

चिप्पियोंवाला चमरौंधा :

पार कर गया मेरा साथी
पदयात्रा की मंजिल
जीवनदान किया हमने,
आसान हो गई मुश्किल !

बदशक्ल जनानी सैंडल

मैं थी जिन पैरों की शोभा
वे हो आए चीन
सजनी के तो पर निकले थे
साजन हैं ग़मगीन !

सहगान :

महल गिराएँ प्रवंचना के
फूल खिलाएँ नव रचना के
अपना दुख हम तो जाएँगे भूल
गमलों में जो कैद पड़े हैं
उन फूलों पर डालेंगे हम
अपनी प्यारी धूल
धूल हमारी, धूल हमारी, धूल !

(2)

जूती सलीमशाही :

मुझे पहलकर इठलाती थी
रूपनगर की रानी
फौजी बूट भरा करते थे मेरे आगे पानी

नाग रगड़ते थे लुक-छिपकर,
मुझ पर प्रणय भिखारी
अरे, कहाँ से कहाँ आ गई मैं
किस्मत की मारी !

बाथरूम की जापानी चप्पल :

कमल खिलाए जो पग-पग पर,
उनकी भी प्यारी
अंगूरी जिनकी रग-रग में
मैं उनकी भी प्यारी
जिनकी चितवन में बिजली है
अंग-अंग में थिरकन
उनके श्रीचरणों की स्मृति में
धन्य रहे यह जीवन !

फ्रेंच शू :

बाल डांस में हम उनसे टकराए
काकटेल में घुल-मिलकर मुस्काए
चले गए आस्ट्रिया युवक-उत्सव में
विश्व-शांति का सौरभ ही ढो लाए !

बूढ़ा इंगलिश बूट :

बन जाऊँगा मैं चिप्पी कट-छिल के
फूट जाएँगे फोड़े बरबस दिल के
मैं मार्शल के पैरों का वह प्यारा
अपोज़िशन की चप्पल ने था मारा !

चप्पल विद्यासागरी :

फुह; विधान के
बड़े क्लाक की टिक्-टिक्
मैं बंगाल विधानसभा की स्पुत्निक
दल-गत वन्हि-शिखा
है मुझ में संचित

इस सुहाग से तुम
सारे हो वंचित !

सहगान :

सह-अस्तित्व हमारा नारा, बाटा-फ्लैक्स नहीं कर सकते
इस बिरादरी का बँटवारा, हम हो आए रूस, हम हो आए चीन
लंदन-वाशिंगटन हो आए, देखा है फिलपीन
मस्ती छाई, सहलाया हमने मंत्री का माथा
अभी-अभी उस कलकत्ते का कितना नाम हुआ था
धूल हमारी है अनमोल, धूल हमारी, धूल, हमारी धूल !

(3)

अहिंसक ग्रामोद्योगी चप्पल :

साथिन पहुँची राजभवन में
मैं हूँ यहाँ अकेली
उन चरणों को रुची हवाई
चप्पल नई नवेली
बालम हार गए निर्वाचन
राज्यपाल होना था
मुझको तो भूदानयज्ञ के
सेंटर में रोना था !

शोलापुरी चप्पल :

मैं कृपलानी के चरणों की दासी
मैं लामा के मंद हास की प्यासी
क्या पंचशील का भाया कभी तमाशा
मैं आज नहीं तो कल पहुँचूँगी ल्हासा !

बूट मेड इन प्रॉग :

मुझको लाए कामरेड डाँगे
मिली है गुडविल मुझे बिना माँगे
रात-दिन करती आई हूँ हवाई यात्रा

अच्छी तरह मालूम है विरोध की मात्रा।

मलयाली चप्पल नम्बूदरीपाद की :

क्या राजभवन,
क्या केबिनेट, सब देखा
मैं जूता-जग की
देवी हूँ शशिलेखा !

नुकीली जूती नेहरू की मेड इन पटियाला :

मैं कोटि-कोटि की
धड़कन सुननेवाली
मैं देश-दशा पर
माथा धुननेवाली
मैं पहुँच गई म्यूज़ियम
पुरानी होकर
मैं भावी युग की
खातिर बनी धरोहर !

मद्रासी चप्पल राजगोपालाचारी की :

व्यक्ति सुखी, परिवार सुखी,
फिर राष्ट्र सुखी हो सारा
कांग्रेसी गति-विधि से
सुख की सूख गई धारा !
मेरे मालिक इसीलिए तो,
दर-दर भटक रहे हैं
समझ न पाई नेहरू जी ने
क्यों अपशब्द कहे हैं !

सौभाग्यवती जूती बिड़ला की :

मिलों-कारखानों के स्वामी
प्राइवेट-सेक्टर के हामी
सोशलिज़्म क्या, सर्वोदय क्या
सभी पंथों के वे अनुगामी

उन्हें जानती मैं अंदर से,
दिल है उनका मोम
नहीं बाँसुरी बजाएँगे वह,
नहीं जलेगा रोम !
बंद न होंगे सरकारी
रोकड़ के सौ-सौ छेद
मुझसे पूछें भी मुरार जी,
मैं बतलाऊँ भेद !
पीकर लाखों का लहू चमकनेवाली
मैं धन-कुबेर के तलुवों की हूँ लाली !

जरीदार जूती निजाम की :

एक सौ पूत, एक हजार नाती
हरम के चेहरों की याद नहीं आती !

सहगान :

आओ हम सब चलें, राष्ट्रपति भवन पधारें
महामहिम के जूतों की आरती उतारें
जीरादेई की धरती अब भी रोती है
फसल नहीं है, धूल उड़ाकर खुश होती है
बैठ गए हैं कानों में जो उँगली डाले
उनके सिर पर हाथ बनें हम चम्पीवाले
जादूगर हैं, सबका होश दुरुस्त करेंगे
व्रत लेते हैं दुखियारों का दैन्य हरेंगे
है अनमोल हमारी धूल ! धूल हमारी, धूल हमारी, धूल !
है अनमोल हमारी धूल !

पुरानी जूतियों का कोरस/हिंदी टाइम्स, **22 अक्टूबर 1960**

खुले नहीं होंठ, हिली नहीं जीभ

खुले नहीं होंठ,
हिली नहीं जीभ
गतिविधि में उभरी संशय की गंध

इंगितों में छलका अविश्वास
अनचाहे भी बहुत कुछ
कह गई फीकी मुस्कान
लदी रही पलकों पर देर तक झेंप
घुमड़ता रहा देर तक साँसों की घुटन में
बेचैनी का भाफ
बनती रही
मिटती रही
देर तक भौंहों की सिकुड़न
हिली नहीं जीभ
खुले नहीं होंठ।

प्यासी पथराई आँखें/ज्योत्स्ना, नवम्बर 1960

टी-टी–टु-ट्

टी-टी–टु-ट्
सी-बी–गुट्
कॉफी-डोसा, चा-बिस्कुट्
डेमोक्रेसी का कैसा है पुट्
सम्पूजी की लुटिया लुट्
सी-बी–गुट्
टी-टी–टु-ट्

कानपुर के–
मिल मजदूर फूँक लें चुरुट्
बातें उड़तीं हैं छिट-फुट्
पंत महाप्रभु पिला रहे हैं
घुट्टी घुट् घुट् घुट्

चैन नहीं है, गुप्ताजी का जी
करता है खुट्-खुट्
टी-टी–टु-ट्
सम्पूजी की लुटिया लुट् !

जनशक्ति, 4 दिसम्बर 1960

अच्छा हुआ कि जनता को मिल गई तुम्हारी थाह

राणाशाही के जूठन ! ओ दुर्मद तानाशाह !
अच्छा हुआ कि जनता को मिल गई तुम्हारी थाह !
हमें पता है, किस के बल पर यों तुम कूद रहे हो !
हमें पता है, किस फोड़े-से यों तुम फूट बहे हो !
पत्थर दिल वह पशुपति तुमको बचा नहीं पाएगा !
नियति-नटी से ब्याह तुम्हारा रचा नहीं पाएगा !
नेपाली मिट्टी का कण-कण ललकारेगा तुमको !
आज भले संगीनों से कुचलो कुसुम-कुसुम को !
दुनिया-भर की जनता तुम पर लाख बार थूकेगी !
फिर-फिर भंडाफोड़ करेगी कभी नहीं चूकेगी
सीटो नाटो कभी तुम्हारे काम नहीं आएँगे !
छत्र-मुकुट-सिंहासन सारे रौंद दिए जाएँगे !

कब तक तुम यों प्रजातंत्र का भुर्ता चखा करोगे ?
कब तक तुम यों जयचंदों को चाकर रखा करोगे ?
कब तक अपनी आँखों पर डालोगे चश्मा काला ?
कब तक हाजत में गुमसुम यों बैठेगा कोइराला ?
कब तक वो चुपचाप रहेगा मनमोहन अधिकारी ?
कब तक लाखों नेपाली भुगतेंगे यों लाचारी ?
खबरदार ओ राजा, बस कर हाथ हटा ले अपने
कभी नहीं पूरे होंगे तानाशाही के सपने।
अपनी जनता का गुस्सा तू इतनी जल्दी भूला ?
कौन डाल है ? किन रस्सों पर टँगा हुआ है झूला ?
जिन धूर्तों ने कान फूँककर यह सब करवाया है,
काश्मीर-कोरिया बँट गए, उनकी ही माया है।
खबरदार ओ राजा, कल या परसों तू भागेगा !
अँगड़ाई लेकर धरती का बेटा अब जागेगा !

राणाशाही की जूठन, ओ दुर्मद तानाशाह !
अच्छा हुआ कि जनता को मिल गई तुम्हारी थाह ?

पुरानी जूतियों का कोरस/जनशक्ति, 1 जनवरी 1961

आओ रानी, हम ढोएँगे पालकी

आओ रानी, हम ढोएँगे पालकी,
यही हुई है राय जवाहरलाल की
रफ़ू करेंगे फटे-पुराने जाल की
यही हुई है राय जवाहरलाल की
आओ रानी, हम ढोएँगे पालकी !

आओ, शाही बैंड बजाएँ,
आओ बंदनवार सजाएँ,
खुशियों में डूबें-उतराएँ,
आओ तुमको सैर कराएँ—
उटकमंड की, शिमला-नैनीताल की
आओ रानी, हम ढोएँगे पालकी !

तुम मुस्कान लुटाती आओ,
तुम वरदान लुटाती जाओ,
आओ जी चाँदी के पथ पर,
आओ जी कंचन के रथ पर,
नजर बिछी है, एक-एक दिक्पाल की
छटा दिखाओ गति की लय की ताल की
आओ रानी, हम ढोएँगे पालकी !

सैनिक तुम्हें सलामी देंगे
लोग-बाग बलि-बलि जाएँगे
दृग-दृग में खुशियाँ छलकेंगी
ओसों में दूबें झलकेंगी
प्रणति मिलेगी नए राष्ट्र के भाल की
आओ रानी...

बेबस-बेसुध, सूखे-रुखड़े,
हम ठहरे तिनकों के टुकड़े
टहनी हो तुम भारी-भरकम डाल की
खोज-खबर तो लो अपने भक्तों के खास महाल की !
लो कपूर की लपट

आरती लो सोने के थाल की
आओ रानी, हम ढोएँगे पालकी !

भूखी भारतमाता के सूखे हाथों को चूम लो
प्रेसिडेंट की लंच-डिनर में स्वाद बदल लो, झूम लो
पद्म-भूषणों, भारत-रत्नों से उनके उद्गार लो
पार्लमेंट के प्रतिनिधियों से आदर लो सत्कार लो
मिनिस्टरों से शेकहैंड लो, जनता से जयकार लो
दाएँ-बाएँ खड़े हज़ारी आफिसरों से प्यार लो
धन कुबेर उत्सुक दीखेंगे उनके ज़रा दुलार लो
होठों को कंपित कर लो, रह-रह के कनखी मार लो
बिजली की यह दीपमालिका फिर-फिर इसे निहार लो
यह तो नई नई दिल्ली है, दिल में इसे उतार लो
एक बात कह दूँ मलका, थोड़ी-सी लाज उधार लो
बापू को मत छेड़ो, अपने पुरखों से उपहार लो
जय ब्रिटेन की जय हो इस कलिकाल की !
आओ रानी, हम ढोएँगे पालकी !
रफू करेंगे फटे-पुराने जाल की !
यही हुई है राय जवाहरलाल की !
आओ रानी, हम ढोएँगे पालकी !

प्यासी पथराई आँखें/हिंदी टाइम्स, जनवरी 1961

टके की मुस्कान, करोड़ों का खर्चा

बीत गई सर्दी, बीत गया माघ
रानी के ख़सम ने मारा है बाघ
खुद तो बेचारी को दिखी नहीं एक भी बिल्ली
सवाई माधोपुर से आ गई सीधे नई दिल्ली
टके की मुस्कान, करोड़ों का खर्चा
इस तामझाम की कहाँ नहीं है चर्चा
पछताते हैं राजा, पछताते नवाब
देखते हैं पुराने दिनों की ख्वाब
राजा होंगे स्वतंत्र, स्वतंत्र होंगे राजा
लौटेगी शाहंशाही, शासन होगा ताज़ा

एक होगा राजाधिराज बहादुर
गाएँगे यश झींगुर और दादुर
घर में बैठे-बैठे गाएगा घाघ
बीत गई सर्दी, बीत गया माघ
रानी के ख़सम ने मारा है बाघ।

जनवरी 1961
प्यासी पथराई आँखें

अब के इस मौसम में

अब के इस मौसम में
कोयल आज बोली है
पहली बार !

टूसों को उमगे कई दिन हो गए
टेसू को सुलगे कई दिन हो गए
अलसी को फूले कई दिन हो गए
बौरों को महके कई दिन हो गए

झपटी पछिया
दरक गए केलों के पात
लेते ही करवट
तेजाब की फुहारें
छिड़कने लगा सूरज
मुँह बा दिया कलियों ने
देखती रह गई निठुराई के खेल
चुपचाप कलमुँही
भर गया जी
जोरों से कूक पड़ी

अबके इस मौसम में
कोयल आज कूकी है
पहली बार !

प्यासी पथराई आँखें/ज्ञानोदय, फरवरी 1961

लुमुम्बा

अफ्रीका की काली मिट्टी लाल हो गई आज
गोरे बौनों की साजिश विकराल हो गई आज
वीर लुमुम्बा, टूट पड़े कल तुम पर क्रूर पिशाच
कांगों में आरम्भ हो गया महाकाल का नाच

अश्रुद्वीप की अमित भूख के तुम अदम्य उद्घोष
श्वेत-स्वर्ग पर तुम काली धरती के अक्षय रोष
कुपित रहे तुम पर गोरों के करुणामय भगवान
अपने कुत्तों से नुचवाकर ले ली आखिर जान

शोषण की चक्की में जो जन पिसते हैं दिन-रात
जिनकी पीठों पर पड़ती है सदा लात ही लात
खेल रही है जिनकी पलकों से खारी बरसात
यहाँ-वहाँ तुम करते थे उनके ही हित की बात

मैं सुनता हूँ कीलोंवाली बूटों की ठनकार
मैं सूनता हूँ जंग - लगी हथकड़ियों की झनकार
मैं सूनता हूँ राष्ट्रसंघ की छलनामय चुमकार
मैं सूनता हूँ बंधु तुम्हारा प्रतिरोधी हुंकार

मैं सूनता हूँ अफ्रीका की आत्मा का आक्रोश
मैं सुनता हूँ काली धरती के कण-कण का रोष
देख रहा हूँ चाबुकवाले हाथ हुए बेहोश
देख रहा हूँ खूँखारों में बाकी है कुछ जोश

संगीनों ने कुचल-कुचलकर तुम से किया सवाल
किस प्रभु की गर्दन में डालेगा अपनी जयमाल
हम अपने प्रभु आप स्वयं हैं, बोले घायल गाल
फिर उन नीली आँखों में काली आँखें दीं डाल

भाड़े के भेड़िए जुटे होंगे जब चारों ओर
चींथ-चाँथ के लिए मचा होगा तब भारी शोर
गोरों के गोरे ईश्वर की काँपी होगी रूह

राष्ट्रसंघ की कूटनीति का बड़ा विकट है व्यूह

तुम मरकर भी अमर रहोगे, लोगे ही प्रतिशोध
कालनेमि को भस्म करेगा जन-जन का यह क्रोध
कोटि-कोटि काले कंठों की सुन-सुनकर ललकार
वह देखो, गोरे दनुजों पर भय का चढ़ा बुख़ार

प्यासी पथराई आँखें/जनशक्ति, 19 फरवरी 1961

घिन तो नहीं आती है ?

पूरी स्पीड में है ट्राम
खाती है दचके पे दचका
सटता है बदन से बदन—
पसीने से लथपथ।
छूती है निगाहों को
कत्थई दाँतों की मोटी मुस्कान
बेतरतीब मूँछों की थिरकन
सच-सच बतलाओ
घिन तो नहीं आती है
जी तो नहीं कुढ़ता है ?

कुली-मजदूर हैं
बोझा ढोते हैं, खींचते हैं ठेला
धूल-धुआँ-भाफ से पड़ता है साबका
थके-माँदे जहाँ-तहाँ हो जाते हैं ढेर
सपने में भी सुनते हैं धरती की धड़कन
आकर ट्राम के अंदर पिछले डब्बे में
बैठ गए हैं इधर-उधर तुमसे सटकर
आपस की उनकी बतकही
सच-सच बतलाओ,
नाग़वार तो नहीं लगती है ?
जी तो नहीं कुढ़ता है
घिन तो नहीं आती है ?

दूध-सा धुला सादा लिबास है तुम्हारा
निकले हो शायद चौरंगी की हवा खाने
बैठना था पंखे के नीचे, अगले डब्बे में
ये तो बस इसी तरह
लगाएँगे ठहाके, सुरती फाँकेंगे
भरे मुँह बातें करेंगे अपने देस-कोस की
सच-सच बतलाओ
अखरती तो नहीं इनकी सोहबत ?
जी तो नहीं कुढ़ता है ?
घिन तो नहीं आती है ?

1961
प्यासी पथराई आँखें

दूर-दूर से आए हम मनवाने निज...

लाखों एकड़ खेत पड़े हैं, ठप है पैदावार
फ़ाज़िल धरती का कण-कण करता है हाहाकार
हाय, लोक-लक्ष्मी के सपने हुए नहीं साकार
हाय, करोड़ों हाथ रहेंगे यों ही क्या बेकार ?

कागज़ पर खेती होती है, कलम हुई हर-फार
छोड़ रहे हैं गाँव-गाँव खेत-मज़दूरों के परिवार
कृषि विकास की ख़बरें प्रति दिन छाप रहे अख़बार
असेम्ली की छत पर फ़सलें उगा रही सरकार

ज़मींदार थे सौ, उनके बच्चे हैं बीस हज़ार
उपजाऊ खेतों पर उनको दिला दिया अधिकार
बंजर-परती के भी तो हम हो न सके हक़दार
हदबंदी बिल पेश हुआ था, उसका बना अचार

नए मिनिस्टर नई-नई कारों की रही बहार
नई-नई मालाओं से हो नित्य नया शृंगार
जयति विनोदानंद ! मुख्यमंत्री युग के अवतार !
बतलाओ प्रभु, कृषकों का बेड़ा होगा कब पार ?

क़ानूनों के पोथे हैं, उन पर है गर्द-गुब्बार
फ़ाइल से सौ गुनी अधिक है चींटी की रफ़्तार
सड़ी-गली नौकरशाही है शासन का आधार
पग-पग पर है ज़ोर-जुल्म, पग-पग पर भ्रष्टाचार

अन्न-वस्त्र की महँगाई से यों भी थे बेज़ार
कमर तोड़ देगी अब तो यह टैक्सों की भरमार
मत समझें इन नारों को बच्चों की चीख़-पुकार
दूर-दूर से आए हैं हम मनवाने निज अधिकार

नब्बे प्रतिशत जनता की खातिर है मौखिक प्यार
धनपतियों के हित में बजते होंगे दिल के तार
ग़लत आँकड़ों से दिमाग़ पर पड़ता होगा भार
अजी, आप भी क्या कहते हैं, हैं बिलकुल लाचार

तेल निकलता है बालू से, ढलता है कलदार
उजली टोपी ऊपर है, नीचे काला बाज़ार
पठित ठगों की कूटनीति से नरक बना संसार
युग-युग का दुखिया किसान अब मान जाए क्या हार ?

नहीं-नहीं सो कैसे होगा, क्यों मानें हम हार ?
नभ से संघबद्ध जनता का गूँज गया हुंकार
मत समझो इन नारों को बच्चों की चीख़-पुकार
दूर-दूर से आए हैं हम मनवाने निज अधिकार

हजार-हजार बाँहोंवाली/जनशक्ति, 9 मार्च 1961

भूले स्वाद बेर के

सीता हुई भूमिगत, सखी बनी सूपनखा
बचन बिसर गए देर के, सबेर के !
बन गया साहूकार लंकापति विभीषण
पा गए अभयदान शावक कुवेर के।
जी उठा दसकंधर, स्तब्ध हुए मुनिगण
हावी हुआ स्वर्णमृग कंधों पर शेर के !

बुढ़भस की लीला है, काम के रहे न राम
शबरी न याद रही, भूले स्वाद बेर के !

प्यासी पथराई आँखें/जनशक्ति, 3 जुलाई 1961

शूर्पणखा

भाई ने लगाया था
दुश्मन के पीछे
रिझा नहीं पाई वनवासी राम को
नाक कटवा के आ गई वापस
एक दिन
झुक के पानी पीते वक़्त
दीख गया अपना प्रतिबिम्ब
तैर गई ध्यान में
राम की श्यामल सुगठित आकृति
सीता पर क्रोध हुआ
दया आई लक्ष्मण पर।

1961
प्यासी पथराई आँखें

अहल्या

नाहक ही
उतना अधिक रूप दिया
विधाता ने
गौतम की शकल बना के
सचमुच क्या इंद्र ही आया था ?
समान आकृतिवाले—
दो पुरुषों की छाया में
पथरा गई बेचारी !

1961
प्यासी पथराई आँखें

रेणुका

शक्की और सनकी पतिदेव...
पितृभक्त सहज क्रोधी पुत्र...
शहीद हुई रेणुका बेचारी
सच-सच बोल के !
क्या किया था उसने ?
तलइया में देखती रही थी
मछलियों के कामातुर जोड़े
लौटने में हो गया था विलम्ब
तो, अब क्या हम देखते नहीं हैं
यहाँ-वहाँ
मछलियों के कामातुर जोड़े ?

1961
प्यासी पथराई आँखें

शकुंतला

अंगूठी ?
सोने की अंगूठी
क्या हुआ लेकर सोने की अंगूठी—
प्रीति का प्रतीक !
मूर्ख थी शकुंतला
(महर्षि की पालतू लड़की)
शोहदे की अँगूठी पर किया था भरोसा !

1961
प्यासी पथराई आँखें

आए कोई तुमसे सीखे...

वह तमस्तोम—
वह विकट गुफा का अंतराल—
वह राहु-कवल—

वह अशुभ ग्रहों का पाप चक्र–
मानी क्या तुमने कभी हार ?
तुम रहे सदा ही दुर्निवार
मरु-प्रांतर को तुमने अंतर का नीर दिया
कविता-तपस्विनी को ज्योतिर्मय चीर दिया
रह गए प्रतीक्षा में सारे दिक्‌पाल किंतु तुम नहीं झुके
तुम कड़ी साधना में दधीचि को जीत चुके
कोई आए तुमसे सीखे
वह द्वापरवाली शर-शैया की चुभन आज
आए, कोई तुमसे सीखे युग-युग का हालाहल पीना
आए, कोई तुमसे सीखे, यह रक्तदान
आए, कोई तुमसे सीखे, यह स्वाभिमान !

अक्टूबर 1961
प्यासी पथराई आँखें

भारती सिर पीटती है....

बाल झबरे, दृष्टि पैनी, फटी लुंगी, नग्न तन
किंतु अंतर्दीप्त था आकाश-सा उन्मुक्त मन
उसे मरने दिया हमने, रह गया घुटकर पवन
अब भले ही याद में करते रहें सौ-सौ हवन

क्षीण बल गजराज अवहेलित रहा जग-भार बन
छाँह तक से सहमते थे शृगालों के प्राण-मन
नहीं अंगीकार था तप-तेज को नकली नमन
कर दिया है रोग ने क्या खूब भव-बाधा शमन

राख को दूषित करेंगे ढोंगियों के अश्रुकण
अस्थि-शेष-जुलूस का होगा उधर फिल्मीकरण
शारदा के वक्ष पर खुर-से पड़े लक्ष्मी-चरण
शंखध्वनि में स्मारकों के द्रव्य का है अपहरण

रहें तंद्रा में निमीलित इंद्र के सौ-सौ नयन
करें शासन के महाप्रभु क्षीर-सागर में शयन

राजनीतिक अकड़ में जड़ ही रहा संसद भवन
नेहरू को क्या हुआ, मुख से न फूटा है वचन

क्षेपकों की बाढ़ आई, रो रहे हैं रत्न-कण
देह बाक़ी नहीं है तो प्राण में होंगे न व्रण ?
तिमिर में रवि खो गया, दिन लुप्त है, बेसुध गगन
भारती सिर पीटती है, लुट गया है प्राण-धन ।

अक्टूबर 1961
प्यासी पथराई आँखें

विज्ञापन सुंदरी

रमा लो माँग में सिंदूरी छलना...
फिर बेटी, विज्ञापन लेने निकलना...
तुम्हारी चाची को यह गुर कहाँ था मालूम !

हाथ न हुए पीले
विधि-विहित पत्नी किसी की हो न सकीं
चौरंगी के पीछे वो जो होटल है
और उस होटल का
वो जो मुच्छड़ रोबीला बैरा है
ले गया है सपने में बार-बार यादवपुर
केरियर पर लाद के कि आख़िर शादी तो होगी ही
नहीं ? मैं झूठ कहता हूँ ?
ओ, हे, युगनंदिनी विज्ञापन सुंदरी,
गलाती है तुम्हारी मुस्कान की मृदु मद्धिम आँच
घन-कुलिश हिय-हिम कुबेर के छौनों का
क्या खूब !
क्या खूब !
कर लाईं सिक्योर विज्ञापन के आर्डर !
क्या कहा ?
डेढ़ हज़ार ?
अजी वाह, सत्रह सौ !
सत्रह सौ के विज्ञापन ?

आओ, बेटी, आ जाओ पास बैठो
तफसील में बतलाओ...
कहाँ-कहाँ जाना पड़ा ? कै-कै बार ?
क्लाईव रोड ?
डलहौजी ?
चौरंगी ?
ब्रेबोर्न रोड ?
बर्बाद हुए तीन रोज़ : पाँच शामें ?
कोई बात नहीं...
कोई बात नहीं...
आओ-आओ, तफसील में बतलाओ !

1961
प्यासी पथराई आँखें

गुलाबी चूड़ियाँ

प्राइवेट बस का ड्राइवर है तो क्या हुआ
सात साल की बच्ची का पिता तो है !
समाने गीयर से ऊपर
हुक से लटका रक्खी हैं
काँच की चार चूड़ियाँ गुलाबी
बस की रफ्तार के मुताबिक
हिलती रहती हैं...
झुककर मैंने पूछ लिया
खा गया मानो झटका
अधेड़ उम्र का मुच्छड़ रोबीला चेहरा
आहिस्ते से बोला : हाँ, सा'ब !
लाख कहता हूँ, नहीं मानती है मुनिया
टाँगे हुए है कई दिनों से
अपनी अमानत
यहाँ अब्बा की नज़रों के सामने
मैं भी सोचता हूँ
क्या बिगाड़ती हैं चूड़ियाँ
किस जुर्म पे हटा दूँ इनको यहाँ से ?

और ड्राइवर ने एक नज़र मुझे देखा
और मैंने एक नज़र उसे देखा
छलक रहा था दूधिया वात्सल्य बड़ी-बड़ी आँखों में
तरलता हावी थी सीधे-सादे प्रश्न पर
और अब वे निगाहें फिर से हो गईं सड़क की ओर
और मैंने झुककर कहा—
हाँ भाई, मैं भी पिता हूँ
वो तो बस यूँ ही पूछ लिया आपसे
वर्ना ये किसको नहीं भाएँगी ?
नन्हीं कलाइयों की गुलाबी चूड़ियाँ !

1961
प्यासी पथराई आँखें

काली माई

कितना खून पिया है, जाती नहीं खुमारी !
सुर्ख और लम्बी है मइया जीभ तुम्हारी ।

मुंडमाल के लिए गरीबों पर निगाह है
धनपतियों के लिए दया की खुली राह है !
धन-पिशाच का लहू नहीं अच्छा लगता है
वह औरों की बलि देकर तुमको ठगता है
जाने कब से टपक रही है लार तुम्हारी
लाल थूक से दरक गई धरती बेचारी
पैरों के नीचे शंकर करुणावतार है
नंगी हो माँ, तुम पर पागलपन सवार है
भृकुटि तुम्हारी तनी रहे, अब कौन डरेगा
धन-पिशाच हो नर-पशुओं का पेट भरेगा !

माता, तुमको प्रिय होगी हिंसा की भाषा
ऐसा है विश्वास और ऐसी ही आशा
मेरे इन शब्दों से नाहक रंज न होना
कुछ भी हो लेकिन मन का संतुलन न खोना

हमको क्या, हम तो यों ही पिसते आए हैं
भारी कल के पुर्जे हैं घिसते आए हैं
धनपतियों की खुशियों में खुश तुम भी रहना
उनके ही हित की हुगली में तुम भी बहना
अस्सी प्रतिशत जनता की खातिर कृपाण है
बाकी लोगों की खातिर बस पुष्प-बाण है
हमें नहीं चाहिए तुम्हारी ऐसी करुणा
हमें नहीं चाहिए विमाता श्यामा-अरुणा
कितना खून पिया है, जाती नहीं खुमारी
सुर्ख और लम्बी है मइया जीभ तुम्हारी

बीच-बीच में पाती हो ऊपर की पूजा
मुख-रुचि के परिवर्तन की खातिर ज्यों भूजा
कद्दू-लौकी नहीं, तुम्हें तो मांस चाहिए
यम से छीना-झपटी में पूर्णांश चाहिए
लगातार ही बलि पशुओं की आँत चाहिए
कड़ी खुरदरी जिह्वा, पैने दाँत चाहिए

चौरंगी में फिरती है डायन की बेटी
नाम तुम्हारा लेती है लेटी-अधलेटी
महल-झोंपड़ी सभी जगह आती-जाती है
जिन्हें फाँसती, उनको तुम तक पहुँचाती है
ट्राम-कार टैक्सी-स्कूटर-रिक्शे पर चढ़कर
लक्ष्य-बेध करते हैं फौरन आगे बढ़कर

विविध रूप में घूम रहे हैं दूत तुम्हारे
गली-गली के अंदर तत्पर साँझ-सकारे
मैं तुमसे तो नहीं, मगर उनसे डरता हूँ
मिलते हैं तो उन्हें नमस्ते ही करता हूँ
कितना खून पिया है जाती नहीं खुमारी
सुर्ख और लम्बी है मइया, जीभ तुम्हारी

1961
प्यासी पथराई आँखें

प्लीज़, एक्स्क्यूज़ मी...

और भला कहाँ हुआ था नसीब
उतना अच्छा आइस्क्रीम
कदन्न-दग्ध इस निगोड़ी जीभ को ?
चाँदी के बापू...
गजदंत के तथागत...
चंदन के विनोबा..
ताम्बे के लेनिन...
उमग आई आस्था,
झुका नहीं फिर भी मस्तक।
चम्पई आभा की नाटी-सी मध्यवयसी महिला
डबल एम.ए. मिसेज़ गुप्ता
शेल्फ की ओर उँगली उठाकर बोली :
बस, ले-देकर यही एक शौक़ बाक़ी बचा है उनका !
वो रहा हक्सले...
वो जुंग...
और वो पावलोव...
जी हाँ, मार्क्स का भी पूरा सेट है अपने पास...
कैपिटल पर तो भिड़ ही गए थे बाबूजी
आधा से अधिक कर भी लिया था
अरे, आपको अचरज लगता है ?
निकाल लाऊँ कॉपी ?
मैंने कहा : जरूर किया होगा...
हंस, विशाल भारत, माधुरी, सुधा, सरस्वती, चाँद
कहाँ नहीं छपते रहे हैं भाई जी ?
आप भी तो चौकस पाठिका रही होंगी ?
जी हाँ, जी हाँ—
नचाकर कमलपत्री नेत्र
बोलीं मिसेज़ गुप्ता गद्गद् स्वर में
ट्रंक में कतरन पड़ी है ढेर-सी
मुहलत नहीं देते हैं दुनियादारी के झमेले
देखिए न, आख़िर तक रोकती रही मैं
मगर इन पर तो भूत हो गया सवार
लेकर कर्ज़, बनवाया है मकान

रात-रात-भर नींद नहीं आती है
ऊपरवाला फ्लैट उठा दिया भाड़े पर
मद्रासी हैं, अच्छे लोग हैं
ढाई हज़ार पाते हैं
लिखने का हाबी था उनका भी...
गवर्नर की कोठी में था कोई फंक्शन
यूँ ही हमारा कृष्णन साहब से परिचय हो गया
और अब हमारे पड़ोसी हैं आप...
आइसक्रीम आ चुका था आगे
लेकिन रोककर हाथ
सुनता रहा मैं मिसेज़ गुप्ता की बात
खींच ले आई उनका भी ध्यान
अभ्यागत की निःस्पृहता...
सहसा बोल पड़ी—ओ स्सारी !
लिया नहीं इसको ?
प्लीज़ एक्स्क्यूज़ मी, बक-बक करती रही !
बाबू जी ने टोका है कई बार
डाक्टर मित्रा ने भी किया है वार्न
मगर मेरी बकवास रोके नहीं रुकती !
लीजिए, मैं उठ ही जाती हूँ
भेजती हूँ मुन्नी को
लिखवा लेगी चार-छे लाईन
सीनियर कैम्ब्रिज का आख़िरी साल है
कविता का बेहद शौक़ है....
लिख दीजिएगा वही—
पाँखें खुजलाईं कौए ने
रोता रहा चूल्हा, चक्की थी उदास
याद तो होगी न ?

1961
प्यासी पथराई आँखें

वे और तुम

वे लोहा पीट रहे हैं
तुम मन को पीट रहे हो

वे पत्तर जोड़ रहे हैं
तुम सपने जोड़ रहे हो
उनकी घुटन ठहाकों में घुलती है
और तुम्हारी घुटन ?
उनींदी घड़ियों में चुरती है

वे हुलसित हैं
अपनी ही फसलों में डूब गए हैं
तुम हुलसित हो
चितकबरी चाँदनियों में खोए हो
उनको दुख है
नए आम की मंजरियों को पाला मार गया है
तुमको दुख है
काव्य-संकलन दीमक चाट गए हैं।

1961
प्यासी पथराई आँखें

हिम-कुसुमों का चंचरीक !

हिम के फाहे बरसाए निश-दिन आसमान
सरहद पर पहरा देगा ही सैनिक जवान
इसकी खातिर कश्मीर नहीं है नंदनवन
इसकी खातिर डल-झील नहीं है छवि-दर्पण
है शौक़ नहीं, व्रत है इसका देशाभिमान
हिम के फाहे बरसाए निश-दिन आसमान

चढ़ गए बमीठे हिम के इसके कंधों पर
फिर भी अपनी ड्यूटी पर है कैसे तत्पर
इसकी खातिर सीमांत नहीं है समाचार
इसकी खातिर वह शांति नहीं है निराकार
हर आहट पर कौंधा करती है तेज़ नज़र
चढ़ गए बमीठे हिम के इसके कंधों पर

छोटी बच्ची की छवि आँखों में छाई है
कल-परसों ही तो घर से चिट्ठी आई है

घर-खेत-गाँव की रूह कौंधती है मन में
स्मृतियों का सौरभ ध्वनि भरता है निर्जन में
बंदूक, तुम्हारी हल से आज सगाई है
छोटी बच्ची की छवि आँखों में छाई है

वह कोटि-कोटि की तरुणाई का है प्रतीक
वह देशभक्ति का अर्थ जानता ठीक-ठीक
अलसी के ताज़े फूल बटोरे नील गगन
अमराई की मंजरियों में ऋतु रहे मगन
पर उसका मन है हिम-कुसुमों का चंचरीक
वह कोटि-कोटि की तरुणाई का है प्रतीक

1961
प्यासी पथराई आँखें

वे तुमको गोली मारेंगे

बापू की प्रतिमावाली बटनें चमकते
फौज़ी वर्दी में तानाशाह पधारेंगे
सच बोलोगे तो जीभ काट ली जाएगी
चौराहे पर वे तुमको गोली मारेंगे
सैनिक-अदालतों में जज होंगे अभिनेता
तब घुट-घुटकर इन्साफ गुहार मचाएगा
भू पर आते यम की नानी सकुचाएगी
नंगा असत्य हिंसा से ब्याह रचाएगा
तव हो जाएँगे संत विनोबा नजरबंद
तब सर्वोदय का शंख मूक हो जाएगा
नभ से मुस्काएगा तब डाकू मानसिंह
वह जयप्रकाश पर पान-फूल बरसाएगा
ऊँचे चढ़कर तब जीवनदानी जयप्रकाश
इन शांति-सैनिकों से चक्की चलवाएँगे
मेहता-मुंशी-गोलवलकर की फुफकारों से
कैलाश शिखर की वज्र-बर्फ गलवाएँगे
जय वीर गोडसे की ध्वनियाँ मुखरित होंगी
छात्रों, श्रमिकों का लहू वहाया जाएगा

मार्शल ही होंगे हिटलर के नाती-पोते
पार्टीविहीन जनतंत्र रंग दिखलाएगा

प्यासी पथराई आँखें/जनशक्ति, 28 अगस्त 1961

कबंध

पेट ही पेट है
डोलता फिरता हूँ
माथे की टोह में—
जाने कब तक भटकना पड़ेगा
मैं तो कबंध हूँ।

चलते-चलते काठ हो गए पैर
काँप-काँप उठते हैं मलिन लोमश हाथ
ठस पड़ गया है रूखी त्वचा का स्पर्श-बोध
मुझे नहीं मिलेगा
क्या कोई दशरथनंदन ?
त्रेता क्या सचमुच गुजर गया ?
मैं क्या भटकता रहूँगा आकल्प ?
पेट ही पेट है
मैं तो कबंध हूँ !

पुरानी जूतियों का कोरस/कादंबनी, जून 1962

भाई भले मुरार जी !

भाई भले मुरार जी !
बलि-बलि जाऊँ,
पहनाऊँ ये रंग-बिरंगे हार जी !
भाई भले मुरार जी !

हाय, तुम्हारे बिना लगेगा सूना यह संसार जी !
गिरवी कौन रखेगा हमको सात समुंदर पार जी !

कैसे होंगी धन्ना सेठों से ये आँखें चार जी !
नाम तुम्हारा लेते ही उमड़ा आता प्यार जी !
बलि-बलि जाऊँ मैं तुम पर सौ-सौ बार जी !
भाई भले मुरार जी !

कैसे सूखा टिक्कड़ तोड़ूँ ?
हाय, नमक तक मिलता नहीं उधार जी !
दिलवा भी दो दवा कहीं से बच्ची है बीमार जी !
निकल नहीं पाती घर से बीवी है लाचार जी !
तुम्हें दुआ दे रहे फटी साड़ी के सौ-सौर तार जी !
भाई भले मुरार जी !

तुमको प्रिय हैं हाथ-कते सूती लच्छों के हार जी !
बलि-बलि जाऊँ मैं तुम पर सौ-सौ बार जी !
लम्बे-लम्बे कान तुम्हारे, भूरी-भूरी आँखें
नर्म-नर्म पलकें ज्यों देशी सोशलिज़्म की पाँखें
तेज-ओज से लक़-दक़ मुखड़ा, नक्श नुकीली नाक
मनन तुम्हारा अर्थशास्त्र है, भोजन है शुचि-शाक
बात-बात में बापू की सुमिरन है दिव्य जुगाली
निशि-दिन श्रीमंतों के सुखों की करते हो रखवाली
तुम्हें मुबारक टैक्सों की भरमार जी !
हमें मुबारक अपने अरमानों का बंटाढार जी !
अबके सचमुच भारत का होना है बेड़ा पार जी !
सेठों की लक्ष्मी का तुमने किया खूब शृंगार जी !
क्या रक्खा है यहाँ, और क्यों टपकाते हो लार जी !
भाई भले मुरार जी !

बलि-बलि जाऊँ मैं तुम पर सौ-सौ बार जी !
नाम तुम्हारा लेते ही उमड़ा आता प्यार जी !
आओ, मैं फिर से पहनाऊँ—
हाथ-कते सूती लच्छों के हार जी
भाई भले मुरार जी !

हजार-हजार बाँहोंवाली/ब्लिट्ज, 30 जून 1962

फसल

एक के नहीं,
दो के नहीं,
ढेर सारी नदियों के पानी का जादू :
एक के नहीं,
दो के नहीं,
लाख-लाख कोटि-कोटि हाथों के स्पर्श की गरिमा :
एक की नहीं,
दो की नहीं,
हजार-हजार खेतों की मिट्टी का गुण धर्म :

फसल क्या है ?

और तो कुछ नहीं है वह
नदियों के पानी का जादू है वह
हाथों के स्पर्श की महिमा है
भूरी-काली-संदली मिट्टी का गुण-धर्म है
रूपांतर है सूरज की किरणों का
सिमटा हुआ संकोच है हवा की थिरकन का !

पुरानी जूतियों का कोरस/साप्ताहिक हिंदुस्तान, 1-8 सितम्बर 1962

तरल कनक

यह मिट्टी का तेल नहीं है, तरल कनक है
प्रकृति-विजय के महाकाव्य का यही जनक है
यह धरती की बड़ी कोख गरमानेवाला
ताल-तलइयों में बुलबुले उठाने वाला
यह जादू का अर्क, रसायन खुशहाली का
यह अक्सीर इलाज गरीबी-पामाली का
यह है भौतिक स्नेह, किसी की यह न सनक है
यह मिट्टी का तेल नहीं है, तरल कनक है !

चमकेगी विज्ञान और संस्कृति की आभा

गहरी होगी कोटि-कोटि गालों की आभा
मुखरित होंगे यंत्र, प्रगति को पंख लगेंगे
सुलभ रहेगा सुख, जन-जन के भाग्य जगेंगे
मुझ किरासिन के कीर्तन की मिली भनक है
यह मिट्टी का तेल नहीं है, तरल कनक है !

तेलकूप के रजत-राग की करें वंदना
घासलेट की गंध नियति को करे चंदना
अवनि और अम्बर में जन-जन निर्भय विहरे
सागर का तल-सैकत इन हाथों में सिहरे
युग-लक्ष्मी की गति में कैसी झनक-झनक है
यह मिट्टी का तेल नहीं है, तरह कनक है !

पुरानी जूतियों का कोरस/साप्ताहिक हिंदुस्तान, 1-8 सितम्बर 1962

कुट्टी

पट्टम थानू
थानू पट्टम
थानू - थानू, पट्टम - पट्टम
मेहता जी से खट्टा-खट्टम
शास्त्री जी से अब सट्टा-सट्टम
पी.एस.पी. से कुट्टी !
केरल से ली छुट्टी !
बूढ़े ने पी बच्चोंवाली घुट्टी !
पी.एस.पी. से कुट्टी।

ब्लिट्ज, 13 अक्टूबर 1962

आदम का तबेला

चुरते रहते हैं ढाई सौ प्राण
सत्रह कोठरियों में...
हैजा भी नहीं होता है

काली माई को दया भी नहीं आती है !
एक बम्बा है, तीन लैट्रिन
देखकर पानी का मोर्चा
पसीने को आती है शर्म
ऊपर देखते हैं खाली बाल्टियों के ढेर :
पितरों की प्यासी रूहें
अँगूठा चूसती है नवजात बच्ची
खिड़की से लटका दिया गया है लाल खिलौना।

प्यासी पथराई आँखें/नई धारा, अक्टूबर-नवम्बर 1962

ओ मेरे वंशमणि ! ओ मेरे कुलदीप !

अपनी तो निभ गई
अब तो बस चिंता है तुम्हारी
तुम्हारे पुत्र-पौत्र की
ओ मेरे वंशमणि !
ओ मेरे कुलदीप !
यह लो
जीर्ण-शीर्ण काया में
लग गई है खरोंच
तुम इसे पत्रों में विज्ञापित कर दो !
ओ मेरे वंशमणि, ओ मेरे कुलदीप !
ठहरो, अरे, ठहरो
बँधवा लूँ बैंडेज
आ जाए फोटोग्राफर
उतार ले चार-छै पोज
खूब काम आएँगे
घाव की छाया के निगेटिव
ओ मेरे कुलमणि, ओ मेरे वंशदीप !

खुल जाएँगे आय के स्रोत
बरसने लगेगा नित्य कंचन
दत्तचित्त होकर परिचर्या करेंगी बहुएँ
भाग-भाग आएँगी दूर के रिश्ते की भतीजियाँ

सहेजकर रखेंगे सहृदय श्रद्धालु
मनीआर्डर के कूपन
तुम्हारे वे हस्ताक्षर
सामग्री होंगे पुरातत्व की
ओ मेरे वंशमणि, ओ मेरे कुलदीप !

अपनी तो निभ गई
अपन तो अब काठ हैं, पत्थर हैं !
क्या बिगाड़ लेगा कलंक ?
क्या बना देगी कीर्ति ?
हाँ, जम जाएँगे तुम्हारे ये लड़खड़ाते पैर
सुनिश्चित हो जाए तुम्हारा भविष्य
ओ मेरे वंशमणि, ओ मेरे कुलदीप !
जीते जी क्षत-विक्षत कर लो मुझको
देख नहीं पाएगी जनता मेरे वीभत्स घाव
झोली भर जाएगी तुम्हारी

ओ मेरे कुलमणि !
ओ मेरे वंशदीप !
और मैं लूँगा जीभ सिकोड़
बोलना दूँगा बिलकुल छोड़ !
मिलने आएँगे मित्र तो रो-रो पड़ूँगा
छपते जाएँगे सचित्र संस्मरण
सहेजकर रखना एक-एक कतरन
कौन नहीं सहायता करेगा तुम्हारी
वर्षों बाद आएगी मेरे मरने की बारी
ओ मेरे वंशमणि, ओ मेरे कुलदीप !

अनागत को दृष्टि में रखकर
क्या किया था दधीचि ने ?
और मैंने क्या कुछ नहीं किया
दृष्टि में रखकर अनागत को ?
मूँद लूँ आँखें तो उपालम्भ न देना
ओ मेरे वंशदीप !
ओ मेरे कुलमणि !

इस गुब्बारे की छाया में/मुक्ता, नवम्बर 1962

तप्त लहू की धार बह चली

वो निकले ज़हरीले कीड़े, लाल कमल से
तप्त लहू की धार बह चली तुहिनाचल से
हमने देखा रंग बर्फ का बदल रहा है
शांति सुंदरी का तो दम ही निकल रहा है
जी करता है, सीखूँ मैं बंदूक चलाना
जी करता है, सीखूँ मैं फौलाद गलाना
जी करता है, जन-मन में भड़काऊँ शोले
जी करता है, नेफा पहुँचूँ, दागूँ गोले
विश्वशांति की घायल देवी चीख रही है
सर्वनाश की डायन हँसती दीख रही है
दुनिया की छत पर टपकी है लार दनुज की
पंचशील से बिदक गई चेतना मनुज की
सीमाओं पर लहराया भारत का यौवन
छलक गया लहू, शर्म से पिघला कंचन
दीपशिखा-सी कोटि-कोटि मन की इच्छाएँ
मचल उठी हैं, सेनापति का इंगित पाएँ
वो निकले ज़हरीले कीड़े लाल कमल से
तप्त लहू की धार बह चली तुहिनाचल से

ब्लिट्ज, 16 दिसम्बर 1962

कट्टर कामरेड उवाच

आओ जी, आओ जी, आओ जी !
माओ-सी, शाओ-ची, चाओ-जी !
आओ जी, आओ जी, आओ जी !

हटा नहीं आँखों का पट्टर !
कामरेड हूँ कैसा कट्टर !
मुझे लील लो,
मुँह तो पूरा बाओ जी !
आओ जी, आओ जी !

जपता हूँ स्टालिन का नाम !
नेफा क्या आएगा काम !
पेकिंग - मास्को - बर्लिन - प्राग
घूम चुका हूँ चारों धाम !
नेहरू को गालियाँ सुनाईं
तुमको किया सदैव प्रणाम !
वर्ग-चेतना के गुरुदेव,
तुम से डरता है ख़ुश्चेव !
मुझ बुद्धू को आँखें मत दिखलाओ जी
आओ जी, आओ जी !
नए तर्ज में इंटरनेशनल गाओ जी
आओ जी, आओ जी !

धर्मयुग, 23 दिसम्बर 1962

कम्युनिज़्म के पंडे

आ गए अब दिन ऐश के !
मार्क्स, तेरी दाढ़ी में जूँ ने दिए होंगे अंडे
निकले हैं, उन्हीं से कम्युनिज़्म के चीनी पंडे
एक नहीं, दो नहीं, तीन नहीं, बावन गंडे
लाल पान के गुलाम ढोएँगे हंडे—
सर्वहारा क्रांति की गैस के !
आ गए अब तो दिन ऐश के !

ठि — ठि — ठि...
मचा रहे थे ऊधम बहो ो ो ो त्
अमन के पंडुक, शांति के कपो ो ो ो त्
पीले बिलोटे ने मार दिया पंजा ऽ ऽ
सर हुआ घायल लेनिन का गंजा ऽ ऽ
हँसता रहा लिउ-शाओ-ची
फि—फि—फि...

धर्मयुग, 23 दिसम्बर 1962

पुत्र हूँ भारत माता का, और कुछ नहीं

कल था वामपंथी कम्युनिस्ट
आज हूँ कम्युनिस्ट दक्षिणपंथी
माओ-शाओ-चाओ
कल तुम साथी थे
लगते थे सहज-सहोदर
आज तुम शत्रु हो
जाने किस घमंड ने फुला दिए हैं गाल !
टपकाते हो राल !
आओ, आओ
और इधर आओ !
हम तुम्हें चखाएँगे मजा
कोरिया का सपाट मैदान नहीं है नेफा-अंचल
मंचूरिया का चौगान नहीं है नेफा-अंचल
येनान नहीं है लद्दाख
जे-चुआन नहीं है लद्दाख
नेफा नेफा है
लद्दाख लद्दाख है
तुम हो तुम्हीं, हम हैं हमीं
आओ, आओ, और इधर आओ !
हम तुम्हें चखाएँगे मजा
आज तुम देते हो नेहरू को गालियाँ :
'विस्तारवादी'
'अमरीका का पिट्ठू'
'भारतीय जनता का दुश्मन'
'अंधराष्ट्रवाद का शिकार खूसट बूर्जुआ'
जाने क्या-क्या कह के करते हो नेहरू को याद
ठीक है, जो चाहे कह लो
अपना ही तो मुँह है
मगर खुद क्या हो तुम ?
विस्तारवादी नहीं हो क्या ?
शिकार नहीं हो अंधराष्ट्रवाद के ?
जँचती नहीं सुपीरियर मंगोल कट अपनी नस्ल ?
ओ हे लाल चीन के घमंडी मांधाता,

बढ़ाते नहीं हो हाथ क्यों
हांग-कांग की तरफ ?
ताइवान क्या बहुत दूर है तुमसे ?
मकाओ क्या याद नहीं आता है ?
हमीं से क्या छेड़खानी का नाता है !
तुम्हीं क्या सबसे अधिक मार्क्स के हो प्यारे ?
तुम्हारे यहाँ भी क्या पैदा नहीं होगा कोई ख़ुश्चेव,
जिसे विश्वशांति सचमुच ही प्यारी हो?
लेकिन अभी कहाँ...
अभी तो स्तालिन का प्रेत हावी है पेकिंगवालों पर
मार्क्स और लेनिन की रूहों का गहवारा है लाल चीन
—एकमात्र लाल चीन !
कामरेड—
नहीं, नहीं, कामरेड नहीं !
आज तो मैं दुश्मन हूँ तुम्हारा ! !
पुत्र हूँ भारत माता का;
और कुछ नहीं, हिंदुस्तानी हूँ महज...
प्राणों से भी प्यारे हैं मुझे अपने लोग
प्राणों से भी प्यारी है मुझे अपनी भूमि
कल था वामपंथी कम्युनिस्ट
आज हूँ कम्युनिस्ट दक्षिणपंथी
माओ-शाओ-चाओ-चेन
कल तुम साथी थे
लगते थे सहज-सहोदर
आज तुम शत्रु हो
निशाना हो आज तुम मेरी राइफल का !!

धर्मयुग, 23 दिसम्बर 1962

दिल्ली चलो

अमन का पंडुक भरा है !
हलो करियप्पा, हलो दिल्ली चलो !
शिखंडी का आसरा है,
हलो जी रंगा, हलो दिल्ली चलो

सियासत का पैंतरा है,
हलो राजा जी, हलो दिल्ली चलो
दुश्मनों का दिल हरा है,
हलो कृपलानी, हलो दिल्ली चलो !

मत चुओ आँसू-सरीखे, बर्फ जैसे गलो !
संकटों की आग में फौलाद जैसे तुम ढलो !
पिटा मेनन, कान नेहरू के मलो !
दिल्ली चलो, दिल्ली चलो !

बाँह टूटे देशमाता की कभी, थाम लो !
क्या करोगे अस्त्र, तुम आलोचना से काम लो !
मुँह बनाओ, नेहरू का नाम लो !
सेठ के बकवास का तुम दाम लो !
खाल ओढ़ो स्वर्णमृग की,
राम-लक्ष्मण-जानकी सबको छलो !
ठगो श्रमिकों को, कुबेरों को भले पंखा झलो !
मंदिरों के दीप हो, धीमे जलो !
कहा किसने ठूँठ हो,
तुम कागजी मैदान में फूलो-फलो !
गालियाँ दो जहाँ चाहो,
कड़ी आँच में हुकूमत की तली
दिल्ली चलो !
दिल्ली चलो !
दिल्ली चलो !

पुरानी जूतियों का कोरस/ब्लिट्ज, 23 दिसम्बर 1962

इस हाथ दो, उस हाथ लो

कश्मीर दो, हथियार लो !
इस हाथ दो, उस हाथ लो!
अड़ा है अय्यूब, उसको साथ लो !
खड़ा है अय्यूब, उसका प्यार लो !

कश्मीर दो, हथियार लो !!
काम आएगा न कोई वक़्त पर—
मिलेगा धेला नहीं इस वक़्त पर
चाहिए लद्दाख तो कश्मीर दो !
हम तोप दें, तुम तीर दो !!

बदले हुए युग का हृदय से साथ दो;
बदले हुए युग को हृदय से साथ लो !
इस हाथ दो, उस हाथ लो !!
कश्मीर दो, हथियार लो !
खड़ा है अय्यूब, उसका प्यार लो !!

हजार-हजार बाँहोंवाली/ब्लिट्ज, 12 जनवरी 1963

जी, हाँ...

जी हाँ, पेकिङ् ही रहते थे कल तक मेरे नाना
जी हाँ, मैंने अपनी माता को अबके पहचाना
जी हाँ, कल नोचेंगे मुझको कमूनिस्ट कठमुल्ले
जी हाँ, लाल चीन के ठुल्ले चाबेंगे रसगुल्ले
जी हाँ, अपनी त्रुटियों का भी मुझको है अंदाज
जी हाँ, बूढ़ों को तरुणों से लगती है अब लाज

जी हाँ, खिला रही गुल पर गुल कंचन की माया
जी हाँ, रावण की फूँकों से हिमगिरि अब अकुलाया
जी हाँ, नाच रहे उत्तर में अब स्टालिन के प्रेत
जी हाँ, टिड्डे चर जाएँगे तलहटियों के खेत
आगे है यरवदा-चक्र, कंधों पर श्वेत कपोत
जन-नायक चिंतित हैं, सूखे पंचशील के स्रोत
आग लगा दो, क्या होंगे ये कागज़ात दूह
लाल चीन की कूटनीति का बड़ विकट है व्यूह

धर्मयुग, 26 जनवरी 1963

फाहियान के वंशधर

फाहियान के वंशधर
हिमालय के नीचे आएँगे इधर
पढ़ाएँगे हमको लंकावतार-सूत्र;
लड़ेगा आकर चचाजाद भाइयों से
डॉ. कोटणीस का चीनी पुत्र !
कहा था कभी, कन्फ्यूशियस के बेटों ने—
नमो बुद्धायः बुद्धं शरणं गच्छामि !
चीख रहे वही अब जोरों से—
नमो युद्धायः युद्धं शरणं गच्छामि !

धर्मयुग, 26 जनवरी 1963

आओ, इसे जिंदा ही कब्र में गाड़ दें !

शांति का हिरन, अहिंसा की गाय—
बाघ ने दोनों को दबोच लिया हाय !
किसका हिरन, किसकी गाय ?
नेहरू का हिरन, गाय गाँधी की थी हाय !
कौन था बाघ, कौन था खूँखार ?
माओ-चाओ-शाओ की कम्युनिस्ट सरकार !
दुख हुआ मार्क्स को, स्टालिन मुसकाया !
गाँधी के मुँह पर फीकापन छाया !!

चेहरा तिलक-सुभाष का तमतमाया...
भगतसिंह की आँखों में खून उतर आया !

लहू की सिंचाई है, अमन की खेती है...
लेनिन की लाश जँभाई नहीं लेती है !
सपने इन्कलाब के यहाँ-वहाँ भर गया;
वो माओ कहाँ है ? वो माओ मर गया !!
यह माओ कौन है ? बेगाना है यह माओ !
आओ, इसको नफ़रत की थूकों में नहलाओ !!

आओ, इसके खूनी दाँत उखाड़ दें !
आओ, इसे जिंदा ही कब्र में गाड़ दें !!

धर्मयुग, 26 जनवरी 1963

कंचन-मृग

भाई मोरार जी,
हाज़िर है साबित देह
चाहिए जितना रक्त, निकलवा ले सरकार
एक नहीं, सौ बार
दुहवा ले रग-रग
निचुड़वा ले बूँद-बूँद
'उफ' नहीं करूँगा, एक बार
चाहे घड़ों खून निकलवा ले सरकार
हाज़िर है साबित देह !

सब कुछ ले लो, ले लो प्राण तक
सह लूँगा सुरक्षा-संकट, सीमा-संकट भी सह लूँगा
किंतु यह स्वर्ण-संकट
मृत्यु से भी बढ़कर है...
कंचन मेरी आत्मा
कंचन मेरा जीवन
कंचन मेरी आस्था
कंचन मेरा यौवन
कंचन मुझे छोड़ दे,
मैं नहीं छोड़ूँगा कंचन को...
वह भी नहीं छोड़ेगा मुझको
आप चाहे लाख जुगत भिड़ाओ
कहीं नहीं जाएगा,
जाएगा भी तो वापस आएगा कंचन
वही मेरा खेल है, वही मेरी सनक
तुम गर्म हो हम पे, मुझे मिली थी भनक
बना के माया-मृग मैंने उसे उड़ा दिया
बोलो, अब क्या करोगे मोरार जी भाई ?

देख ली मैंने क़ानून की हाथापाई !
पता तो होगा ही
कहाँ से आता है सोना, जाता है किधर को
शास्त्री जी से कहिए, हिम्मत हो तो साफ़ करें घर को
क्या बिगाड़ लेंगे यहाँ आप ?
सोना नहीं बनाता था मेरा बाप...
सलामत रहें बेरुत और कुवैत के तस्कर व्यापारी
सलामत रहें गहनों पर जान देनेवाले नर-नारी
कभी नहीं आपकी पकड़ में आएगा मेरा कंचन-मृग
सुनकर उसकी नक़ली हाहाकार
करेंगे आप पीछा एक नहीं, दस बार
हँसी मुझे आएगी बे-अख़्तियार
कितने भोले हैं आप, भाई मोरार जी !

सुनिए मोरार जी, सुनारों का रोना !
कहिए मोरार जी, कहाँ गया सोना !
देखिए मोरार जी, काम क्या आएँगे—
ओझा के यंत्र-मंत्र, डायन का टोना !
सुनिए मोरार जी, सुनारों का रोना !

सुनो जी सुनार-बंधु, डिफेंस का काम करो !
बनाओ रणचंडी के अलंकार, नाम करो !
मिलेगा ही कोटा तुम्हें इस्पात और ताँबे का—
जय बोलो नेहरू की, युग को प्रणाम करो !
सुनो जी सुनार बंधु, डिफेंस का काम करो !

हजार-हजार बाँहोंवाली/ब्लिट्ज, 26 जनवरी 1963

फ़िलहाल

फ़िलहाल
नुच गए हैं पंख
छटपटा रहा है अमन का कबूतर !

फ़िलहाल

सुलग उठी है नफ़रत
रगों में दहकता है युद्ध-ज्वर !

फ़िलहाल
सूझता है दुश्मन-ही-दुश्मन
लड़ने को समूचा देश है तैयार !

फ़िलहाल
हो गए हैं एक
लहराता है शिव-संकल्प का पारावार !

हजार-हजार बाँहोंवाली/लहर, जनवरी 1963

हुक्म चलाएगी लाल चीन की रानी

नेफा, आसाम, बंगाल
मणिपुर, त्रिपुरा, कोचबिहार,
सिक्किम, भूटान...
यानी पूर्वोत्तर हिंदुस्तान...
मिलनेवाला है दान...
बंगाल अंडरग्राउंड कामरेडों को
कलिम्पोंग होगी उनकी राजधानी
कलकत्ता भरेगा उनका पानी
हुक्म चलाएगी लाल चीन की रानी
पेकिङ् में बैठकर !

धर्मयुग, 24 फरवरी 1963

दूँगा अब न तुम्हें एक भी गाली

खाली है मेज
उठा के ले गए हो टेलिफोन की मशीन
खाली है बिजलीघर
उसके ले गए हो जेनरेटर

खाली हैं खम्भे
लपेट ले गए हो तार
घायल है खाली सिविलयान
खोल ले गए हो टायरवाले पहिए
खाली है अस्पताल
उठा ले गए हो चारपाइयाँ, गद्दे, चादरें,
किया तुमने इसी तरह बोमदिला खाली !
दूँगा अब न तुम्हें एक भी गाली !

धर्मयुग, 24 फरवरी 1963

दान दो ! दान दो !

दान दो ! दान दो !
सूखे होठों को गान दो !
पलकों को सपनों का धवल उफान दो !
ओ प्यारे कैनेडी दादा,
पिटे हुए मुहरों को कुछ तो मान दो !
बखारों को धान दो !
बेसुध देहों को प्रान दो !
(ओ मेरे पालतू !
क्यों बना है फालतू ?
कुएँ में पूरा बाँस डाल तू !
ओ मेरे पालतू !...)
अभी कहाँ सूखेंगे स्रोत वहाँ दान के !
बढ़ गए आवागमन विमान के !
दुखी हैं लीडर क्यों दिल्ली-अभियान के ?
चलना उन्हें चाहिए अब तो सीना तान के !
राजा जी को अपना सेनापति मान के !

सुलगेगी कैसे महा क्रांति की चिता—
तुम्हारे रहते ख्रुश्चेव निकिता ?
प्रगति-समता-शांति के पिता !
रंज है तुम पर माओ-त्से-तुङ्
कोसते रहेंगे कुङ्-कुङ्-कुङ्

ओं मणि पद्मे हुम्...
इस तरफ ध्यान दो
मिग दो, विमान दो
मुँह बा के बैठे हैं, पूआ पकवान दो
हम पुराने कामरेड; इज्जत दो ! शान दो !
नेहरू की बातों पर कान दो !
दुश्मन से भिड़ेंगे, तीर दो, कमान दो !
घर को सँभालेंगे, साजो-सामान दो !
बुढ़भस का ज्ञान दो !
बढ़ गया है लोभ, अटल ईमान दो !
सूखे होंठों को गान दो !
दान दो ! दान दो !

पुरानी जूतियों का कोरस/ज्योत्स्ना, अगस्त 1963

तुम रह जाते दस साल और

झुकती स्वराज की डाल और
तुम रह जाते दस साल और
हम चावल लाते एक किलो, दस का दे आते नोट मगर
यों सिकुड़े रहते, सपने में सिलवाते ऊनी कोट मगर
गालियाँ छलकतीं, बैलों की जोड़ी को देते वोट मगर
हम गाँजा ही बेचा करते, लेते खादी की ओट मगर
खुलते-खिलते कुछ गाल और
तुम रह जाते दस साल और
होता सबका ही तेज-हरण, जुगनू कर लेती आत्मघात
हँसते गुलाब, खिलते गुलाब, कमलों की करता कौन बात
महलों की महँगी बिजली से डरती सन्ध्या, डरता प्रभात
जमती अशोक के सिंहों पर बेशर्म उल्लुओं की जमात
लम्बी होती जयमाल और
तुम रह जाते दस साल और
मिश्रित निवास, मिश्रित लिबास, मिश्रित भोजन, मिश्रित विहार
मिश्रित भाषा, मिश्रित शैली, मिश्रित चिंतन, मिश्रित विचार
हम सरल-तरल, हम द्रवणशील, निर्लिप्त-निरंजन-निराकार
मिश्रित होते हम शत-प्रतिशत, कृत्रिमता के परमावतार

तन जाता भ्रम का जाल और
तुम रह जाते दस साल और
रो देती क्रांतिकुमारी तब, जब होता उसका चीर-हरण
नब्बे प्रतिशत का दस प्रतिशत खुलकर करते तकदीर-हरण
निश्चय ही सपना हो जाता पीड़ित आँखों का नीर-हरण
लहराता फैशन का समुद्र, सुंदरियाँ करतीं वीर-हरण
ओढ़ते संत कुछ खाल और
बढ़ जाते उनके बाल और
टपका करती कुछ राल और
तुम रह जाते दस साल और
निज चूहों को वापस लेते ओ विश्वशांति के लम्बोदर
इनसे कैसे चल पाएगी अणु युग की वह भारी मोटर
सूझता नहीं, बेचारों का है तंग बहुत ही दृग-कोटर
तुम राजपथों पर भली-भाँति चलवा देते अपना रोलर
धीमी होती कुछ चाल और
तुम रह जाते दस साल और
भाता न किसी को दूध-दही, पानी का जाता स्वाद भूल
बोतल की मस्ती के मारे सब कहते सबको 'डैम फूल'
पाकिट-पाकिट में भिड़ी ब्लेड, सबकी आँखों के सभी शूल
बेटे कारों पर, माँओं की नंगी पीठों पर फटी झूल
बहुएँ कढ़वातीं शाल और
तुम रह जाते दस साल और
गेरुआ पहनते जयप्रकाश, नर्मदा किनारे बस जाते
ढाँगे हो जाते राज्यपाल, लोहिया जेल में बल खाते
गोपालन होते नज़रबंद, राजाजी माथा घुटवाते
जनसंघी अटलबिहारी जी भिक्षा की झोली फैलाते
चौड़ा होता कुछ भाल और
तुम रह जाते दस साल और
मिलवाले होते सोशलिस्ट, धनपतियों को लेनिन भाता
माओ आकर मिलता तुमसे, पेकिङ् दिल्ली से शरमाता
मार्शल अयूब वर्धा आता, सर्वोदय की दीक्षा पाता
बढ़कर भारत सेवक-समाज दुनिया में झंडा फहराता
छिपता क्या नटवरलाल और
तुम रह जाते दस साल और
गलती समता की दाल और

तुम रह जाते दस साल और
झुकती स्वराज्य की डाल और
तुम रह जाते दस साल और

तुमने कहा था/योगी, 2 जून 1964

तुमने कहा था

तुमने कहा था :
मरने के बाद
तुम्हारी राख ज़मीन पर छिड़क दी जाय
तुमने कहा था :
मरने के बाद
तुम्हारी राख गंगा में डाल दी जाय...
ठीक है
छिड़क दी गई है राख ज़मीन पर
सुदूर आकाश में उड़ते विमानों से
होशियार हाथों ने किया है यह काम
फ़िक्र न करना पंडित नेहरू !
डाल दी गई है राख गंगा में...
साथ ही, दूसरी नदियों में भी !
दो-पानी, तीन-पानीवाले संगम भी
धन्य हुए हैं तुम्हारी राख से...
फ़िक्र न करना पंडित नेहरू !
हमने तुम्हारी अंतिम इच्छा के अनुरूप
किए हैं भस्म-कलशों के विसर्जन...
लेकिन, अब इस वक्त
एक बात उठ रही है मन के अंदर
किससे कहूँ ?
देगा जवाब कौन ?...
राखवाली ज़मीन में
निश्चित ही उपजेंगे प्रचुर अन्न...
लेकिन, टिड्डों का हमला रुकेगा कैसे ?
राखवाली नदी का जल

निश्चित ही अधिक निर्मल होगा...
लेकिन, मगर कहाँ जाएँगे ?

तुमने कहा था/योगी, 2 जून 1964

विकल है गुलाब

विकल है गुलाब
करेगा प्यार कौन
कंटकित वृंत को ?

विकल है गुलाब
समझेगा कौन
अंतर्भेदी मुकुलित सौरभ ?

विकल है गुलाब
मृदुता को करेगा अंगीकार
कहाँ, कौन संकल्पदीपित वक्ष ?

विकल है गुलाब
मिटाएगा कौन, किसका
जन्मजात अभिशाप ?

विकल है गुलाब
सुनेगा अब कौन
गमलों का अरण्यरोदन ?

तुमने कहा था/योगी, 2 जून 1964

विजयी हुआ वसंत

प्रिय थे तुमको काले बादल, प्रिय थी तुमको झील
प्रिय थी तुमको बर्फ़, तुम्हें भाते थे सागर नील

खिलते फूलों को देखा तो तुम हो उठे निहाल
कुंकुम रंजित मृदुल अँगुलियों से तिलकित था भाल

तुम्हें न भायी जराग्रस्त गुरुजन की शीतल छाँह
निधड़क होकर तरुण शक्ति की पकड़ी तुमने बाँह
लाल लहरियों ने शतदल-सा चट् से लिया सँभाल
स्नेह बिंदु तुम, सप्त सिंधु में फैल गए तत्काल

बालारुण दीपित हिमगिरि को तुमने किया प्रणाम
मन ही मन जपते थे तुम शायद नदियों के नाम
काली-भूरी-पीली मिट्टी से सुरभित थे प्राण
छलका करता था जिनमें युग-मानव का कल्याण

विश्ववेदना की ऊष्मा के तुम प्रतीक-अवतार
तुम अदम्य, तुम मैत्री-मुदिता-करुणा के आगार
तुम अशोक-अकबर-रवींद्र की, गाँधी की अनुपूर्ति
तुम विशाल संस्कृति की प्रतिमा, तुम जन-मन की स्फूर्ति

प्रखर ग्रीष्म की झंझा का करने निकले अभिसार
पर, सावन की घनमाला ने तुमको लिया उबार
तुम्हें न आतंकित कर पाए दनुजों के नख-दंत
हेमंती ठिठुरन पर प्रतिपल विजयी हुआ वसंत

जून, 1964
तुमने कहा था/धर्मयुग, 15 नवम्बर 1964

लाली बढ़ी सौ गुनी

झुलस गए नुकीले दलोंवाले देवदार
परतों पर परतें दरकीं हिमानी की
लगा गया कौन दस्यु जाने किस भाँति आग
सहसा सुलग उठी पीहर भवानी की
उफनाया कालकूट, गर्म हुआ जटाजूट
बल पड़े भृकुटि में त्रिकाल ध्यानी की
फिर सौ-सौ युगों के बाद ठिठके कैलाशपति
आई याद रावण-से शिष्य अभिमानी की

मुखर हुआ मठों में जनवादी युद्धोन्माद
तंजुर कंजुर पर गर्द चढ़ी सौ गुनी
रेशम का नील पट सुर्ख़ हुआ एकाएक
लोभ में अजगर की नक्श कढ़ी सौ गुनी
औंधे पड़े अमिताभ, मूर्च्छित हुए मंजूश्री
रुद्र ने नगाड़े पर खाल मढ़ी सौ गुनी
कम्पित हुए दिक्पति, क्रुद्ध हुआ महाकाल
खौल गया ब्रह्मपुत्र, लाली बढ़ी सौ गुनी

पुरानी जूतियों का कोरस/ज्ञानोदय, जून 1964

करवटें लेंगे बूँदों के सपने

अभी-अभी
कोहरा चीरकर चमकेगा सूरज
चमक उठेंगी ठूँठ की नंगी-भूरी डालें

अभी-अभी
थिरकेगी पछिया बयार
झरने लग जाएँगे नीम के पीले पत्ते

अभी-अभी
खिलखिलाकर हँस पड़ेगा कचनार
गुदगुदा उठेगा उसकी अगवानी में
अमलतास की टहनियों का पोर-पोर

अभी-अभी
करवटें लेंगे बूँदों के सपने
फूलों के अंदर
फलों-फलियों के अंदर।

1964
हजार-हजार बाँहोंवाली

पावस तुम्हें प्रणाम

लोचन अंजन, मानस रंजन
 पावस, तुम्हें प्रणाम
ताप - तप्त वसुधा दुख - भंजन
 पावस, तुम्हें प्रणाम
ऋतुओं के प्रतिपालक ऋतुवर
 पावस, तुम्हें प्रणाम
अतुल अमित अंकुरित बीजधर
 पावस, तुम्हें प्रणाम
नेह - छोह की गीली मूरत
 पावस, तुम्हें प्रणाम
अग - जग फैली नीली सूरत
 पावस, तुम्हें प्रणाम

1964
तुमने कहा था

फूले कदम्ब

फूले कदम्ब
टहनी-टहनी में कंदुक सम झूले कदम्ब
 फूले कदम्ब
सावन बीता
बादल का कोष नहीं रीता
जाने कब से वो बरस रहा
ललचाई आँखों से नाहक
जाने कब से तू तरस रहा
मन कहता है, छू ले कदम्ब
 फूले कदम्ब
 झूले कदम्ब

1964
तुमने कहा था

घन-कुरंग

नभ में चौकड़ियाँ भरें भले
        शिशु घन - कुरंग
खिलवाड़ देर तक करें भले
        शिशु घन - कुरंग
लो, आपस में गुथ गए खूब
        शिशु घन - कुरंग
लो, घटा जाल में गए डूब
        शिशु घन - कुरंग
लो, बूँदें पड़ने लगीं, वाह
        शिशु घन - कुरंग
लो, कब की सुधियाँ जगीं, आह
        शिशु घन - कुरंग
पुरवा सिह की, फिर दीख गए
        शिशु घन - कुरंग
शशि से शरमाना सीख गए
        शिशु घन - कुरंग

1964
तुमने कहा था/कविताएँ - 1965

मेघ बजे

धिन धिन धा धमक-धमक
मेघ बजे
दामिनि यह गई दमक
मेघ बजे
दादुर का कंठ खुला
मेघ बजे
धरती का हृदय धुला
मेघ बजे
पंक बना हरिचंदन
मेघ बजे

हलका है अभिनंदन
मेघ बजे
धिन धिन धा...

1964
तुमने कहा था

धूप में खिले पात

वर्षा में अनावृत धुले पात
फीके थे कल, आज खुले पात
धूप के जादू में खिले पात
मस्तानी हवा में हिले पात
जादुई साँचे में ढले पात
भूल गए दाह-दिन भले पात
वर्षा में अनावृत धुले पात
फीके थे कल, आज खुले पात

1964
तुमने कहा था

पछाड़ दिया मेरे आस्तिक ने

शुरू-शुरू कातिक में
निशा शेष ओस की बूँदियों से लदी है
अगहनी धान की दुद्धी मंजरियाँ
पाकर परस प्रभाती किरणों का
मुखर हो उठेगा इनका अभिराम रूप...
टहलने निकला हूँ 'परमान' के किनारे-किनारे
बढ़जा जा रहा हूँ खेत की मेड़ों पर से, आगे
वापस मिला है अपना वह बचपन
कई युगों के बाद आज
करेगा मेरा स्वागत
शरद् का बाल रवि...
चमकता रहेगा घड़ी-आधी घड़ी

पूर्वांचल प्रवाही 'परमान' की
द्रुत-विलम्बित लहरों पर
और मेरे ये अनावृत चरण युगल
करते रहेंगे चहलक़दमी
सैकत पुलिन पर

छोड़ते जाएँगे सादी-हलकी छाप...
और फिर आएगी, हँसी मुझे अपने आप पर
उतर पडूँगा तत्क्षण पंकिल कछार में
बुलाएँगे अपनी ओर भारी खुरों के निशान
झुक जाएगा यह मस्तक अनायास
दुधारू भैंसों की याद में...
यह लो, दूर कहीं शीशम की झुरमुट से
उड़ता आया है नीलकंठ
गुज़र जाएगा ऊपर-ही-ऊपर
कहाँ जाकर बैठेगा ?
इधर पीछे जवान पाकड़ की फुनगी पर ?
या कि, उस बूढ़े पीपल की बदरंग डाल पर ?
या कि, उड़ता ही जाएगा
पहुँचेगा विष्णुपुर के बीचोबीच
मंदिर की अँगनाई में मौलसिरी की
सघन पत्तियोंवाली टहनियों की ओट में
हो जाएगा अदृश्य, करेगा वहीं आराम !
जाने भी दो,
आओ तुम मेरे साथ रत्नेश्वर
देखेंगे आज जी भरकर
उगते सूरज का अरुण-अरुण पूर्ण-बिम्ब
जाने कब से नहीं देखा था शिशु भास्कर
आओ रत्नेश्वर, कृतार्थ हों हमारे नेत्र !
देखना भई, जल्दी न करना
लौटना तो है ही
मगर यह कहाँ दिखता है रोज़-रोज़
सोते ही बिता देता हूँ शत-शत प्रभात
छूट-सा गया है जनपदों का स्पर्श
(हाय रे आंचलिक कथाकार !)

आज मगर उगते सूरज को
देर तक देखेंगे, जी भरकर देखेंगे
करेंगे अर्पित बहते जल का अर्घ
गुनगुनाएँगे गद्गद होकर—
"ओं नमो भगवते भुवन-भास्कराय
ओं नमो ज्यातिरीश्वराय
ओं नमः सूर्याय सविते...।"
देखना भई रत्नेश्वर, जल्दी न करना !
लौटेंगे इत्मीनान से
पछाड़ दिया है आज मेरे आस्तिक ने मेरे
नास्तिक को
साक्षी रहा तुम्हारे जैसा नौजवान 'पोस्ट-ग्रेजुएट'
मेरे इस 'डेविएशन' का !
नहीं ? मैं झूठ कहता हूँ ?
मुकर जाऊँ शायद कभी...
कहाँ ! मैंने तो कभी झुकाया नहीं था यह
मस्तक !
कहाँ ! मैंने तो कभी दिया नहीं था अर्घ
सूर्य को !
तो तुम रत्नेश्वर, मुसकुरा-भर देना मेरी उस
मिथ्या पर ...

7 अक्टूबर 1964
हजार-हजार बाँहोंवाली/कल्पना, अक्टूबर 1964

छेड़ो मत इनको !

जाने कहाँ-कहाँ का चक्कर लगाया होगा !
छेड़ो मत इनको
बाहर निकालने दो इन्हें अपनी उपलब्धियाँ
भरने दो मधुकोष
छेड़ो मत इनको
बड़ा ही तुनुक है मिज़ाज
रंज हुईं तो काट खाएँगी तुमको
छोड़ दो इनको, करने दो अपना काम

छेड़ो मत इनको
रचने दो मधुछत्र
जमा हो ढेर-ढेर-सा शहद
भरेंगे मधुभाँड ग़रीब बनजारे के
आख़िर तुम तक तो पहुँचेगा ही शहद
मगर अभी छेड़ो मत इनको !

नादान होंगे वे
उनकी न बात करो
मारते हैं शहद के छत्तों पे कंकड़
छेड़ते हैं मधु-मक्खियों को नाहक
उनकी न बात करो, नादान होंगे वे
कच्ची होगी उम्र, कच्चे तजरबे
डाँट देना उन्हें, छेड़खानी करें अगर वे
तुम तो सयाने हो न ?
धीरज से काम लो
छेड़ो मत इनको
करने दो जमा शहद
भरने दो मधुकोष
रचने दो रस-चक्र
छेड़ो मत इनको !

हजार-हजार बाँहोंवाली/नई धारा, नवम्बर 1964

हज़ार बाँहोंवाली शिशिर

हज़ार बाँहोंवाली शिशिर-विष-कन्या
उतरी लेकर साँसों में प्रलय की वन्या
हिमदग्ध होठों के प्राणशोषी चुम्बन
तन-मन पर लेप गए ज्वालामय चन्दन
एक-एक शिरा में सौ-सौ सुइयों की चुभन
अद्भुत यह भुजपाश अद्भुत आलिंगन
तृण-तरु झुलस गए, पड़ा है ओसमय तुषार
किया है महाकाल ने हिमानी का शृंगार
आज है गरल धन्य, कल था सुधा धन्या

हज़ार बाँहोंवाली शिशिर-विष-कन्या
उतरी लेकर साँसों में प्रलय की वन्या

हज़ार-हज़ार बाँहोंवाली/ज्ञानोदय, जनवरी 1965

अन्न-पचीसी

1

जन-जन का दिल टोह रही है अन्नब्रह्म की माया
भस्मासुर को मोह रही है अन्नब्रह्म की माया
प्रभु-पीढ़ी को परख रही है अन्नब्रह्म की माया
सिर धुनती है, बिलख रही है अन्नब्रह्म की माया
जन-जन का दिल टोह रही है अन्नब्रह्म की माया

2

डायन बनकर घूम रही है अन्नब्रह्म की माया
यम की ठोड़ी चूम रही है अन्नब्रह्म की माया
लोकधुनों पर थिरक रही है अन्नब्रह्म की माया
बल की बुकनी छिड़क रही है अन्नब्रह्म की माया
डायन बनकर घूम रही है अन्नब्रह्म की माया

3

प्राण-प्राण पर डोल रही है महाकाल की छाया
हिय-हिय में बिख घोल रही है महाकाल की छाया
भ्रम का भूत भगाएगी यह महाकाल की छाया
घर-घर अलख जगाएगी यह महाकाल की छाया
प्राण-प्राण पर डोल रही है महाकाल की छाया

4

गोदामों में अन्न कैद है, पेट-पेट है खाली
भूख-पिशाचिन बजा रही है, द्वार-द्वार पर थाली
दो चाहे हिंसा की देवी को गाली पर गाली
बलि पशुओं की ले रही है, खप्पर लेकर काली
गोदामों में अन्न कैद है, पेट-पेट है खाली

5

अन्नब्रह्म को भूल गई क्या वीणा-पुस्तकवाली ?
शीशमहल में बुनता है कवि नायलान की जाली !
कुछ आँखों का काजल देखा, कुछ गालों की लाली
भुला दिया है कटु सत्यों को, देखो खामखयाली
अन्नब्रह्म को भूल गई क्या वीणा-पुस्तकवाली

6

राजनीति क्या नाप सकेगी अन्नब्रह्म की माया
कूटनीति क्या भाँप सकेगी अन्नब्रह्म की माया
मरी खाल की फूँक बनेगी अन्नब्रह्म की माया
दस लेनिन दस तिलक जनेगी अन्नब्रह्म की माया
राजनीति क्या नाप सकेगी अन्नब्रह्म की माया

7

कंकालों को नाच सिखाती अन्नब्रह्म की माया
लघु रूप को विराट दिखाती अन्नब्रह्म की माया
दाढ़ी-चोटी को मिलवाती अन्नब्रह्म की माया
चिंतन को ठोकर खिलवाती अन्नब्रह्म की माया
कंकालों को नाच नचाती अन्नब्रह्म की माया

8

कण-कण में शोले भड़काती अन्नब्रह्म की माया
सौ-सौ जंजीरें तड़काती अन्नब्रह्म की माया
वहम झाड़ती, भूत भगाती अन्नब्रह्म की माया
कुटी-कुटी में अलख जगाती अन्नब्रह्म की माया
कण-कण में शोले भड़काती अन्नब्रह्म की माया

9

भत्ता खींचें भले विधायक, हमें चाहिए दाना
आपस में उलझें जननायक, हमें चाहिए दाना
प्रस्तावों पर बतकुट्टन हो, हमें चाहिए दाना
झड़पा-झड़पी हो, अनबन हो, हमें चाहिए दाना
भत्ता खींचें भले विधायक, हमें चाहिए दाना

10

भूखे भजन कहाँ से होगा, चारों वेद ठिठोली
मन रोएगा, कान सुनेंगे, आदर्शों की बोली

अन्नचोर खेलें जन-जन के अरमानों की होली
छूट-फूट से टकराएगी सोशलिज़्म की गोली
भूखे भजन कहाँ से होगा, चारों वेद ठिठोली

11

अंधी होगी भूख कि छूटे अश्रुगैस के गोले
खौल रही हैं गंगा-जमुना, भड़क उठे हैं शोले
शांति-पाठ सुनते हैं प्रभु जी, सिंहासन क्यों डोले
मनमानी करता है गुपचुप, कालनेमि क्या बोले
अंधी होगी भूख कि छूटे अश्रुगैस के गोले

12

व्यापारी हाकिम नेता तीनों ही खूब मिले हैं
अंदर नीचे काई-कीचड़, ऊपर कमल खिले हैं
जो चाहो माँगों इनसे, सपनों में होंठ हिले हैं
तीन रंग के तेरह टुकड़े क्या ही खूब सिले हैं
व्यापारी हाकिम नेता तीनों ही खूब मिले हैं

13

भूखों मरते हों बच्चे तो यों ही मत रह जाओ
आँतें सूख रही हों तो आँसू मत वृथा बहाओ
हाथ-पैर वाले हो, नाहक कायर नहीं कहाओ
कीड़ों और मकोड़ों जैसे यों मत प्राण गँवाओ
भूखों मरते हों बच्चे तो यों ही मत रह जाओ

14

कूच करेंगे भुक्खड़, थर्राएगी दुनिया सारी
काम न आएँगे रत्ती-भर विधि-निषेध सरकारी
बंदूकों पर हावी होगी सैनिक की लाचारी
सरे-आम कीड़े खाएँगे बेदम अत्याचारी
कूच करेंगे भुक्खड़, थर्राएगी दुनिया सारी

15

जन-जन में विद्रोह भरेगी अन्नब्रह्म की माया
गुर्बत का मैदान चरेगी अन्नब्रह्म की माया
भूखों का भवताप हरेगी अन्नब्रह्म की माया
दुख में सुख - संचार करेगी अन्नब्रह्म की माया
जन-जन में विद्रोह भरेगी अन्नब्रह्म की माया

16
कहाँ गए चावल-गेहूँ, दलहन-तिलहन के दाने
कागज का रुपया रोया सुनना पड़ता है ताने
हर सीढ़ी छोटी पड़ती है, भाव चढ़े मनमाने
सबकी कलई उतर गई है, सभी गए पहचाने
कहाँ गए चावल-गेहूँ, दलहन-तिलहन के दाने

17
पके बाल की खाल निकालें, करते हैं मुँह काला
इन पर तो कुढ़ता ही होगा नीली छतरीवाला
कौन हटाए चूल्हे पर से अब मकड़ी का जाला
भुक्खड़ देखें मकई के दानों की मोहन माला
पके बाल की खाल निकालें, करते हैं मुँह काला

18
शासन करना क्या जानें ये कपटी-क्रूर-कुचाली
गल्लाचोरों की पौ-बारह, जनता की पामाली
किसे रिझाए नेताओं की सूरत रोगनवाली
राजनीति बदनाम हुई, बाकी है खामखयाली
शासन करना क्या जानें ये कपटी-क्रूर-कुचाली

19
गुलछर्रे वे उड़ा रहे हैं गुटबंदी के बल पर
उनकी निष्ठा टँगी हुई है केवल अपने दल पर
भाई और भतीजे हावी हैं उनकी हलचल पर
हम तो यों ही तरस खा गए उनकी घुटी अकल पर
गुलछर्रे वे उड़ा रहे हैं गुटबंदी के बल पर

20
बैलों के साथी हलधर, तुम हँसियावाले आओ !
खान-श्रमिक तुम भूत सरीखे काले-काले आओ !
आओ छटनी के शिकार ! तुम निपट निराले आओ !
आओ तुम बेकार पंगु तुम, बैठे-ठाले आओ !
बैलों के साथी हलधर, तुम हँसियावाले आओ !

21
आओ, तुमको बुला रही है अन्नब्रह्म की माया
उभर रहा है देश यही है अन्नब्रह्म की माया

जन-मन में करवट लेती है अन्नब्रह्म की माया
विप्लव के अंडे सेती है अन्नब्रह्म की माया
आओ, तुमको बुला रही है अन्नब्रह्म की माया

22

हरी चूनरी, लाल घाघरा, भूख-भवानी आई
दुखियों की माँ मजलूमों की अपनी रानी आई
महाकाल की मौसी आई यम की नानी आई
तटबंधों की क्षय होगी क्या, प्रलय हिमानी आई
हरी चूनरी, लाल घाघरा, भूख-भवानी आई

23

हम भी अब हल-बैल सँभालें रचना-फचना छोड़ें
काफी गोद लिया कागज, आओ अब धरती कोड़ें
खिला चुके आकाश कुसुम, मिट्टी से नाता जोड़ें
अन्न नहीं है उधर, इधर आओ अपना रुख मोड़ें
हम भी अब हल-बैल सँभालें रचना-फचना छोड़ें

24

कोटि-कोटि मुख-कमल खिलेंगे, इन्हें चाहिए दाना
कोटि-कोटि कर-कमल हिलेंगे, इन्हें चाहिए दाना
आधा अनशन आधा भोजन, इन्हें चाहिए दाना
नया राष्ट्र नौ लाख नियोजन, इन्हें चाहिए दाना
कोटि-कोटि मुख-कमल खिलेंगे, इन्हें चाहिए दाना

25

नव विधान, नव यंत्र रचेगी अन्नब्रह्म की माया
नई ऋचा, नव मंत्र रचेगी अन्नब्रह्म की माया
चिंतन को नव इंगित देगी अन्नब्रह्म की माया
युग की पीड़ाएँ हर लेगी अन्नब्रह्म की माया
नव विधान, नव यंत्र रचेगी अन्नब्रह्म की माया

दोहा

सीधे-सादे शब्द हैं, भाव बड़े ही गूढ़
अन्न पचीसी घोख ले, अर्थ जान ले मूढ़

कबिरा खड़ा बजार में, लिये लुकाठी हाथ
बंदा क्या घबराएगा, जनता देगी साथ

छीन सके तो छीन ले, लूट सके तो लूट
मिल सकती कैसे भला अन्नचोर को छूट

आज गहन है भूख का, धुँधला है आकाश
कल अपनी सरकार का होगा पर्दाफाश

नागार्जुन-मुख से कढ़े साखी के ये बोल
साथी को समझाइए रचना है अनमोल

अन्न-पचीसी मुख़्तसर लोग करोड़-करोड़
सचमुच ही लग जाएगी आँख-कान में होड़

अन्नब्रह्म ही ब्रह्म है बाकी ब्रह्म पिशाच
औघड़ मैथिल नाग जी अर्जुन यही उवाच।।

इति श्री अन्नपचीसी समाप्त।

पुरानी जूतियों का कोरस/जनशक्ति, 28 जनवरी 1965

भरत-भूमि में प्रजातंत्र का बुरा हाल है

लालबहादुर नीचे, ऊपर कामराज है
इनक़िलाब है नीचे, ऊपर दामराज है
दम घुटता है लोकसभा के मेंबरान का
बन जाए न अचार कहीं इस संविधान का !
लौह-पुरुष के चार शीश हैं, आठ हाथ हैं
देख रहा वह कोटि-कोटि जन कहाँ साथ हैं
अन्न-संकट में अस्सी प्रतिशत मुख कुम्हलाए
इन आँखों की चमक कौन फिर वापस लाए!
जंतर-मंतर में नेहरू की रूह कैद है
पता न चलता क्या काला है, क्या सुफ़ेद है !

कहाँ गया मेनन, मुरार जी क्यों हैं गुमसुम
वह उँगली क्या हुई, कहाँ है गीला कुमकुम ?
कामराज क्या दामराज है ?
दामराज क्या रामराज है ?
रामराज क्या कामराज है ?
कामराज क्या दामराज है ?
क्या चक्कर है—
जनता मुझसे पूछ रही है, क्या बतलाऊँ ?
जनकवि हूँ मैं साफ़ कहूँगा, क्यों हकलाऊँ ?
नेहरू को तो मरे हुए सौ साल हो गए
अब जो हैं वो शासन के जंजाल हो गए
गृह-मंत्री के सीने पर बैठा अकाल है
भरत-भूमि में प्रजातंत्र का बुरा हाल है !

हजार-हजार बाँहोंवाली/जनशक्ति, 21 फरवरी 1965

खूब फँसे हैं नंदा जी

डाल दिया है जाने किसने फंदा जी !

कैस हज़म करेगा लीडर लाख-लाख का चंदा जी ?
कैसे चमकेगा सेठों का दया-धरम का धंध जी ?
कैसे तुक जोड़ेगा फिर तो मेरे जैसा बंदा जी ?
रेट बढ़ गया घोटाले का, सदाचार है मंदा जी !
कौन नहीं है भ्रष्टाचारी, कौन नहीं है गंदा जी ?
बुरे फँसे हैं नंदा जी !
डाल दिया है जाने किसने फंदा जी !

हजार-हजार बाँहोंवाली/जनशक्ति, 23 मई 1965

...और बस अंधकार है

अन्न चाँप कर बैठ गए सारे भू-स्वामी
साँप-सेज पर बेसुध लेटा अंतर्यामी
निठुर बनो, बिल पर बिल खोदो, अन्न निकालो

शस्य-शत्रु की बातों पर तुम कान न डालो ।

छपते हैं अख़बारों में इनके भी क्रंदन
होता है इनकी करतूतों का अभिनंदन
कला और संस्कृति के ठप्पे इन पर चमके
छंदों में इनकी डकार के सौरभ गमके !

सहज सुकोमल दुग्ध धवल है, देखो खादी !
छूकर सूँघो, महकेगी असली आज़ादी
दिव्य रूप है, इनको तुम पहचान सकोगे ?
जादूगर हैं, इनका सुयश बखान सकोगे ?

कागज़ का सिक्का रोता है फूट-फूटकर
भाग गया कोई उसका ईमान लूटकर
वह रोगी है, वह शिकार है गलित कुष्ठ का
कौन शत्रु है, पता न चलता उसी दुष्ट का ?

फूल गया है पेट, करेंसी हाँफ रही है
अर्थनीति कुंडलिनी को भाँप रही है
रुपए की क्या क़ीमत है, बस सत्रह पैसे !
महँगाई की सुरसा मुँह फाड़े है कैसे ?

एक-एक पग बिंधा हुआ है दिशाशूल से
डर लगता है बलिवेदी के लाल फूल से
शिथिल हुए संकल्प, स्वार्थ तक सिकुड़ गया है
खीझ बढ़ गई आपस की, दम उखड़ गया है

धन-पिशाच की चक्र-चेतना घूम रही है !
शासन की गति किस पीनक में झूम रही है ?
क्रियाहीन चिंतन का कैसा चमत्कार है !
दस प्रतिशत आलोक और बस अंधकार है !

हजार-हजार बाँहोंवाली/जनयुग, 22 जून 1965

खड़ाऊँ थी गद्दी पर

खड़ाऊँ थी गद्दी पर
कर रहा था नाम राज
हवा लगी पूछने
कहाँ गए कामराज
सोना लगा हँसने
लोहा लगा रोने
रबड़ लगी घुलने
खादी लगी धुलने
सेंटर में वाम राज, बाकी अवामराज
त्राँ त्राँ धिन् धिन् धा किट
बनिया टटोलता है पाकिट
मंडियों पे छा गए, खूब चढ़े दाम राज
हवा रही पूछती : कहाँ गए कामराज
खड़ाऊँ थी गद्दी पर
करता था नाम राज
क्या हुआ कामराज, कहाँ गया कामराज ?

1965

पुरानी जूतियों का कोरस

लालबहादुर शास्त्री

सब खड़े रहे उसकी बलिवेदी के समीप
लौ चली गई बिल्कुल ऊपर
रह गया रिक्त आकाशदीप

सहमी रणचंडी किस प्रकार, तरुणाई ने रचा खेल
दुर्दम दानव के नथनों में
वह डाल गया कैसी नकेल
तानाशाही के सीने पर वह बज्रकील
वह लाद गया हिंसा पर कैसे पंचशील
वह शक्तिदूत, वह शांतिदूत
वह जरा-मरणजित, यशःपूत

वह वामन का परमावतार
अपनी मिट्टी की महिमा का वह कलाकार
वह अति साधारण, अति महान
वह ओज-तेज का कीर्तिमान
सादगी-विनय से पूर-पूर
वह आडम्बर के दूर-दूर
वह परम अकिंचन, कर्मवीर, वह सत्यसंध
वह बारूदी बदबू पर ताज़ी मलय-गंध

रक्ताभ भूमि पर उग आते नव दूर्वांकुर
फिर विश्व-मंच पर मुखरित थे
अपनी जनलक्ष्मी के नूपुर
फिर लगे दमकने हिमगिरि के उत्तुंग सानु
फिर प्रखर हुआ भारत माता का भाग्य-भानु
सब खड़े रहे उसकी बलिवेदी के समीप
लौ चली गई बिलकुल ऊपर
रह गया रिक्त आकाशदीप !

तुमने कहा था/धर्मयुग, 1965

भुट्टो की उँगली, चाऊ का वायोलिन

लाल चीन, लाल चीन, सब ठीक, लेकिन
काहे का मार्क्स, काहे का एंजेल्स, काहे का लेनिन
चल गए वे दिन, लद गए वे दिन

बूढ़ा हुआ, बीमार बिदा हुआ स्तालिन
माओ मगर हमेशा रहेगा कमसिन
लीलता रहेगा हिमालय के भेड़ गिन-गिन

उफनती रहेगी उम्र-दर-उम्र घिन
काहे की घड़ी, काहे की आधी घड़ी काहे के पल-छिन
बला से खीझें मिकोयन-ब्रेझनेव-कोसिजिन

भुट्टो की उँगली चाऊ का वायोलिन

बूढ़ी की बरतानिया शहला रही हेयरपिन
दिल्ली क्या देखेगी फिर कभी विक्टोरिया की नातिन
शास्त्री के चेहरे की रंगत पड़ती नहीं मलिन
दुनिया को समझाना हो गया कठिन
कैसे अब बजेगा कामनवेल्थ का फूटा टिन
ता धिन...ता धिन...ता धिन...ता धिन...

नई धारा, अक्टूबर 1965

करेंगे बस आज प्रायश्चित

कर रहे हैं आज प्रायश्चित हम
स्थूलदर्शी स्वार्थ के उस पाप का
दे रहे हैं मूल्य अब हम दस गुना
आत्मघाती नियति का अभिशाप का
हम न हिंदू थे, मुसल्मा थे नहीं
परिगणित या सिक्ख-ईसाई न थे
कौन कह सकता कि हम हिंदी न थे
कौन कह सकता कि हम भाई न थे
हिंद में पैदा हुए थे हमवतन
हम सभी इस देश के ही थे रतन
हुआ हमको फूट का नारा कबूल
हाय, हमने किया बँटवारा कबूल

इधर भारत हो गया, उस ओर पाक
हो गई यह कौन ही बस चाक-चाक
मना बापू ने किया, माने न हम
इधर ईश्वर, उधर अल्ला की कसम
धर्म का उन्माद अवसर पा गया
राष्ट्र के ऊपर विभाजन छा गया
वही भस्मासुर अठारह साल बाद
हिंद पर झपटा मचाकर सिंहनाद
वह नहीं भुट्टो न तो अय्यूब है
नीम-चाऊ, नीम-हिटलर खूब है
बधिक है, शैतान का महबूब है

पाप वह साम्राज्यवादी स्वार्थ का
शाप वह जनतंत्र के परमार्थ का
कर रहा बदनाम वो इस्लाम को
ठग रहा वो कोटि-कोटि अवाम को
उठो, उसको सबक सिखला दें, उठो
सजग जनबल उसे दिखला दें, उठो
स्वप्न गाँधी के, उठो, साकार हो
उठो तो-जो का न फिर अवतार हो
उठो, फिर से पाक-भारत का एक हो
विश्व-मैत्री की धुरी हो, टेक हो
रह गई थी कौमियत मझधार में
उठो, आगे बढ़ो भूल सुधार लें
लक्ष्य पर पहुँचें बिना लेंगे न दम
करेंगे बस आज प्रायश्चित हम
हों न बंदर पंच निबटेंगे स्वयम्
बँटेगी नेकी-बदी औ' रंजो-ग़म
बीच में आने न पाएगा धरम्
करेंगे बस आज प्रायश्चित हम !

ज्योत्स्ना, अक्टूबर 1965

माँग रही तरुणाई वो हथियार

पैटन टैंक उन्होंने तोड़े
महँगाई का टैंक कौन तोड़ेगा ?
सैबर-जेट विमान गिराए उन हाथों ने
जातिवाद के सम्पाती की चोंच कौन झाड़ेगा ?
डटे हुए हैं वे भौगोलिक सीमाओं पर
आर्थिक हित के छोरों की निगरानी कौन करेगा ?
पड़ी पिटाई, ठमक गए बाहर के डाकू
लेकिन अंदर के दुष्टों को कौन यहाँ नाँधेगा ?
बाहर-बाहर / सजग पहरुए रहें सँभाले कंधों पर बंदूक !
अंदर-अंदर / पौधों की हरियाली बेशक चाटेंगे शम्बूक !
सिंहवाहिनी तो दनुजों का रक्त पिएगी
धरती की प्यासी फ़सलों को पानी देगा कौन ?

समर-भूमि में सबके शोणित साथ बहे हैं
सुख की सर-गम की थिरकन क्या
महलों को ही होगी सदा नसीब ?
माँग रही तरुणाई वो हथियार
क्षुधा-अशिक्षा-रोग-रूढ़ि की पल्टन का/जो कर डाले संहार
माँग रही तरुणाई वो हथियार
द्विपद भेड़िए दहलाएँ देख जिसकी पैनी धार
माँग रही तरुणाई वो हथियार
जिसकी छाया में जनलक्ष्मी करे अशंक विहार
माँग रही तरुणाई वो हथियार
जिसके बल पर सगुण शांति के सपने हों साकार !

हजार-हजार बाहोंवाली/जनशक्ति, 5 दिसम्बर 1965

फ़िक्र में पड़ गए कामरेड !

बोले कामरेड रजनी पाम दत्त :
रिहा करो शेख़ को
बनाने उसे दो काश्मीर में 'केयर-टेकर' सरकार
सीधी-सी बात है, लड़ाई-झगड़े की क्या थी दरकार
नाहक घिच्च-पिच्च की छोड़ो भी लत्त !
बोले हैं इंग्लिसिया तवारिश रजनी पाम दत्त ।

मानो भई, मान लो, भारत-पुत्र की बात
ख़त्म भी तो हो भला मुसीबत की रात
रहे भी सलामत उधर सुरक्षा परिषद की छत्त !
सत्त जी, सत्त जी, सत्त !

कच्छ दो भुट्टो को, अफ़ज़ल बेग को कश्मीर
बंगाल-आसाम में चमके अय्यूब की शमशीर
सँभाले अमृतसर हर मंदिर, आएँ लाहौर-कराची के पीर !
बिना चीं-चपड़ के, फ़तह हो जाने दो पानीपत्त !
धत्तेरी, धत्तुम्हारी धत्त !

गुज़र गए सत्रह साल !

अच्छा हुआ, रहे तुम रखवाल
भूले नहीं हो, क्या-क्या कह गए जवाहरलाल ?
केसर की बगिया पर अब और क्यों लार टपकत्त ?
बोले हैं बुढ़ऊ ब्रिटिश कामरेड रजनी पाम दत्त !

कहाँ गया वह जर्जर खंडित देश
उभर आया एकाएक
कैसी यह नई क़ौम, कैसी यह नई क़ौमियत !
हिंदु-मुस्लिम-ईसाई-सिख साथ-साथ रहत्त !
राष्ट्रीय संकट में कहीं नहीं दंगा भड़कत्त !

दंग है दुनिया, साबित हुए अटकल-अंदाज़ ग़लत्त !
फ़िक्र में पड़ गए बूढ़े कामरेड आर.पी.दत्त !
सत्त नाम, सत्त !

हजार-हजार बाँहोंवाली/ज्योत्स्ना, जनवरी 1966

कर दो वमन !

प्रभु, तुम कर दो वमन !
होगा हमारी क्षुधा का शमन !!
स्वीकृत हो करुणामय,
अजीर्ण अन्न-भोजी
अपंगों का नमन !
आतें रहें यों ही यम की जम्हाइयों के झोंके
होने न पाए हरा यह चमन
प्रभु, तुम कर दो वमन !

मार दें भीतर का भाप
उमगती दूबों का आवागमन
बुझ जाए तुम्हारी आँतों की गैस से
हिंद की धरती का मन
प्रभु, तुम कर दो वमन !
होगा हमारी क्षुधा का शमन !!

हजार-हजार बाँहोंवाली/जनशक्ति, 20 फरवरी 1966

महाप्रभु जान्सन (क)

चले गए अंग्रेज़, दब गए राजा और नवाब
आसमान में उड़ी मछलियाँ, चूहे बने उकाब
दया-धरम की बाढ़ आ गई इस बाड़े के अंदर
बीन रहे खैराती दाने बिना पूँछ के बंदर

हम काहिल हैं, हम भिखमंगे, तुम हो औढरदानी
अब की पता चला है प्रभुजी, तुम चंदन हम पानी
हम निचाट धरती निदाघ की, तुम बादल बरसाती
अबकी पता चला है प्रभुजी, तुम दीपक हम बाती

खुली आँख सोये हैं, ठोकर मारो, हमें जगाओ
वीराने में फँसे पड़े हैं, अब की पार लगाओ
प्रभुजी, तुम्हीं सिफ़ारिश कर दो, ढरे लिबर्टी मैया
अड़ी दरिद्रा की रेती में आज़ादी की नैया

पूरब-दक्खिन, पच्छिम-उत्तर, जो चाहे सो आए
हमें न पूछे, तुम्हें पूछ ले फिर झंडा फहराए
कभी उबाल नहीं खाना है, पकड़े हमने कान
पूरा का पूरा अंचल ही दे देंगे हम दान

अब की मचली जाने कैसे मिट्टी की तरुणाई
सभी रह गए दंग, बात कुछ कहाँ समझ में आई
अंदर-अंदर हम भी तो हैं तरुणों से भयभीत
हमें नहीं भाते हैं इनकी बहादुरी के गीत

हमें बुद्धि दे, बल-वैभव दे, वही लिबर्टी माता
जिसे मना आए हैं दसियों भारत-भाग्य-विधाता
मास्को-फास्को में क्या रक्खा, पहुँचें, चलो शिकागो
नए बुद्ध से, ज्ञानदान ले आएँ, सरपट भागो

जय जान्सन, जय महाप्रज्ञ, जय नवयुग के अमिताभ
एक तुम्हीं पर अवलम्बित हैं भारत के 'शुभ-लाभ'

मिले तुम्हारी चरण-धूलि तो यह मिट्टी हो सोना
श्वास-सुरभि से महके इस कानन का कोना-कोना।

तुमने कहा था/जनशक्ति, 20 फरवरी 1966

महाप्रभु जान्सन (ख)

बहुत बड़ा मसान है
रात-दिन धू-धू करती हैं चिताएँ
आएँ महाकापालिक, आएँ
इसी दग्ध भूमि पर अपना आसन जमाएँ ।

यहीं करें आप यथारुचि यथाशक्ति शव-साधन
कुत्ते और गीध करेंगे आपका आराधना
मिलेंगे यहाँ आपको शुद्ध निर्दोष मुर्दे
ताज़ा है कलेजा, अविकृत हैं गुर्दे
आएँ आप महामहिम, आएँ
इसी दग्ध भूमि पर अपना आसन जमाएँ।

साथ ले आना अपनी चंडियाँ चामुंडाएँ
मिलेंगी यहाँ उन्हें अभिनव मुंडों की मालाएँ
लेटा है चित व्योमकेश त्रिलोचन धूर्जटि
खाली है विशाल वक्ष
होकर सवार उस पर नाचें पिशाचिनी प्रमदाएँ
दसियों काल-भैरव देंगे आठों याम मसान का पहरा
होगा हवनकुंड का किनारा मौत के कुएँ का लहरा
देखेगी दुनिया आत्मसिद्धियों के चमत्कार
आएँ महाकापालिक, देर न करें अब की बार ।
क्या है वियतनाम, क्या है कच्छ, क्या है काश्मीर
रुकेगा नहीं आपका रथ, ढहेंगे सारे प्राचीर
हुए हैं अर्जुन को फिर से विश्व-रूप के दर्शन
सिर धुनता है थोरो, खीझता है इमर्सन
हो रही है तैयार गीता की नई टीका
बासी हुआ कर्मयोग, वेदांत फीका
प्रस्तमित तथागत, मूर्च्छित चैतन्य

सुप्तप्राय रामकृष्ण, हतप्रभ विभूतियाँ अन्य
सज्जित है पीठिका, क्षेत्र है तैयार
आएँ महाकापालिक, देर न करें अबकी बार !

तुमने कहा था/जनशक्ति, 20 फरवरी 1966

सुलग रहा वियतनाम ...

आह, आह, ओह, ओह, ईह, ईह, ऊह !
खुशियाँ मनाए हिटलर की रूह !
गुह्य अंगों में देते बिजली के झटके !
सिखाते देशभक्तों को सबक़ डट-डट के !
बमों की बारिश में नेस्तनाबूद हो वियतनाम !
गौतम और गाँधी करें शैतान को सलाम !
झोंक दो दाने, मुँह रखें हम बंद !
जय हो, जय हो, कूटनीति का कमंद !
हरी-भरी भूमि है, सीधे-सादे लोग
तुम से पड़ा पाला, विकट है संयोग !
सुलग रहा नफ़रत के मारे वियतनाम
मिट्टी का ज़र्रा-ज़र्रा आएगा काम
एशिया के सीने पर अमरीका के बूट
दुनिया के चालबाज़ फूकेंगे चुरूट
इधर है दिल्ली, उधर होनोलुल्लू
समझ लिया प्रशांत को पानी का चुल्लू !
शाबाश वियतकांग के तरुण छापेमार
गोरे-गोरे दनुजों का करो तुम संहार !
झाड़ दो बाज़ों के चोंच और नाखून
चीखें यू.एन.ओ. में सौ-सौ अफ़लातून !
एशिया की ख़ातिर टपकती है लार
देवी लिबर्टी को लानत है सौ बार !
अकल तुम उसकी कर दो दुरुस्त
याद रखे जान्सन तुम्हें पुश्त-दर-पुश्त !

हजार-हजार बाँहोंवाली/जनशक्ति, 27 मार्च 1966

लोगे मोल ?

लोगे मोल ?
लोगे मोल ?
यहाँ नहीं लज्जा का योग
भीख माँगने का है रोग
पेट बेचते हैं हम लोग
लोगे मोल ?
लोगे मोल ?

बेचेंगे हम सेवाग्राम
सस्ता है गाँधी का नाम
रघुपति राघव राजाराम
लोगे मोल ?
लोगे मोल ?

आज़ादी के नोचे बाल
संविधान की खींची खाल
बेशर्मी की गढ़ ली ढाल
लोगे मोल ?
लोगे मोल ?

हज़ार-हज़ार बाँहोंवाली/जनशक्ति, 3 अप्रैल 1966

वह फिर जी उठी

पहाड़ी प्रदेश, ऊभड़-खाभड़ !
छोटा नागपुर या मध्यप्रदेश का ऐसा ही कोई इलाका...
छोटी-सी एक नदी
अपने आप में मस्त
हाँ, पहाड़ी नदी !
हरे-भरे किनारे
इधर भी जंगल, उधर भी जंगल !
जामुन, गूलर, पलाश, आम, महुआ, नीम...
सभी देखते हैं अपना-अपना चेहरा

—नदी के पानी में !
रात को झाँकते होते हैं आसमान के तारे
जगमगाती है दिन के वक्त
उड़ते पंछियों की परछाईं !
नदी क्या है, आईना है !
अंदर तैरती हैं मछलियाँ, बाहर बत्तखें...
कछारों में बगुलों की कतार
जाने क्या देख रहे हैं महाशय जी,
    ध्यान जमाकर !
गाँव भी आबाद हैं बीच-बीच में...
नदी के दोनों ओर...
बाँस और लकड़ी के कामचलाऊ पुल...
अपने आप बना लेते हैं लोग ऐसे पुल !

लगाते हैं छलाँग छोकरे
बहते पानी के अंदर !
डुबोकर पैर, बैठी रहती हैं
देर-देर तक छोकरियाँ तट की शिलाओं पर !
सुनती हैं कहानियाँ
अलापती हैं कड़ियाँ लोकगीत की
डरता नहीं है कोई इस नदी से
प्यार ही प्यार मिलता है इसको
शिकार भी खुश
शिकारी भी खुश
अमीर भी खुश
गरीब भी खुश
अमृत होता है एक-एक बूँद पानी फसलों की खातिर !
कलियों को मिलती है सतरंगी रौनक
लेते हैं अँगड़ाइयाँ मोती—
फलियों के अंदर, छीमियों के अंदर !
ढलते हैं स्वादों के जादू फलित रसों की रूह में !
नाच की थिरकन...
गीत का अलाप...
प्यार की सिहरन...
जीत का हुलास...

क्या नहीं है वह ?
माँ भी है, बेटी भी है, बहन भी है, बहू भी है !
सहेली भी है, प्रेयसी भी है !
साथिन है दुख-सुख की, सब कुछ है !
क्या नहीं है वह अपनी जनता के लेखे !

हाय, यह क्या हुआ !
चढ़ गया घमंड का बुख़ार इस नदी को
अकड़ क्यों गई यह आखिर ?
'नदी रानी, नदी रानी, कैसी हो तुम !
क्या हुआ तुमको ?'
'ना, ना, कुछ न बोले कोई मुझ से...
मैं नहीं देती जवाब किसी के सवाल का !...'
'मालूम भी तो पड़े आख़िर
किसने क्या कहा है तुम से, नदी रानी ?
बतला भी तो दो उसका नाम !
नहीं बतलाओगी ? नहीं ?'
'मुझे चिढ़ा रहा था नीम का बिरवा !
बना रहे थे मुँह—
जामुन और गूलर के बौने पेड़ !
मार रही थी मुझे ताने लचकीली बेंत !
अभी कल की बात है,
मार दिया था मुझे कंकर एक छोकरी ने
फूट ही जाती आँख...
बच गई मैं तो !
पहचानती हूँ भली-भाँति
मैं उस छोकरी को
झुला चुकी हूँ घंटों उसे
अपनी लहरों के झूले पर !
शादी क्या हुई,
मिजाज ही उलट गया दुष्ट का !
क्यों मुझे छेड़ेगी वो ?
परसों नहाने आया नौजवान आदिवासी
डाल गया मुरझाए फूलों की बासी माला
सुलगती रही सारी रात मैं ग्लानि के मारे...

ठीक है, ठीक है, छोकरी के साथ नाचे थे तुम
मिलाकर, क़दमों से क़दम, डालकर गल-बाँही
गुथी रही थी यह माला उसी के जूड़े में सारा दिन !
मगर; चढ़ा गए मुझी पर क्यों तुम
अपने प्यार का यह जूठा प्रसाद ?
ओह, मैं तुमको भी झेलूँ
और, तुम्हारी मुहब्बत के नखरे भी !
भई, इतना तो नहीं पार लगेगा मुझसे !
अभी उस रोज आ गए झूमते-झूमते
एक साँड-साहब...
धँस गए बे-खटके मेरी धार के अंदर
मिटाया तन का ताप
बुझाई रग-रग की प्यास
देखते रहे गौर से अपने टूटे सींग, परछाईं के अंदर !
फिर जाने ललकारते रहे किसको !
फिर जाने दुहराते रहे विजय के कैसे-कैसे नारे !
देखना नहीं चाहती मैं इस मूर्ख को...
नाहक मुझे परेशान करता है बीच-बीच में आकर !
किनारे की मिट्टियाँ मुलायम
उकेर-उकेर जाता है खुरों और सींगों से !
हाय राम, मैं क्या करूँ...
नहीं, मुझे फुसलाओ मत !
पहचानती हूँ तुम सबको !
धोखा नहीं दे सकता मुझको कोई...
हाँ, मैं पहचानती हूँ एक-एक को !
नहीं गलाऊँगी अब मैं अपनी देह किसी की खातिर !
बंद कर दूँगी मैं तो अब बहना ही
क्या कर लेगा मेरा कोई
रहूँगी अब मैं जहाँ की तहाँ
गर्ज हो किसी को तो सामने आए, देखूँगी मैं !'
'अरे, नहीं नदी रानी !
ऐसा नहीं, ऐसा नहीं, ऐसा नहीं...
रंज मत होना नदी रानी !'
'नहीं, मैं अब नहीं मानूँगी किसी की बात !'
'नहीं ?'

'नहीं ?'
'नहीं ?'
'नहीं ?'
'नहीं ?'
'नहीं ! नहीं ! नहीं !'

नदी ने समेट लिया अपने को !
रुक गए प्रवाह...
ग़ायब हो गईं लहरें...
फैलने लगा सेवार अंदर ही अंदर
बदलती गई पानी की रंगत
कहीं और जाने लगे प्यासे पशु-पक्षी
टहलने-बूलने लगे कीड़े
झाँकना तक छोड़ दिया छोकरों-छोकरियों ने...
पाँक और पाँक और पाँक
कीचड़ और कीचड़ और कीचड़ !
वही कूल, वही किनारा...
लेकिन प्राण ही गए थे सूख...
खड़े थे उदास तटवर्ती पेड़
दिखती थी रेत ही रेत
मर गई थी नदी
बिछी थी बालुकामय लाश !
मच गया हल्ला सारे प्रदेश में
मर गई थी नदी !
उमड़ पड़े जगह-जगह लोग...
मर गई थी नदी !
दुखी था किसान... मर गई थी नदी !

फिर से आ गई जान नदी के अंदर
कई महीने बाद...
बादलों से कहा था सूरज की किरणों ने !
सूरज की किरणों से कहा था हवा ने !
हवा से कहा था मेंढकों ने !
झेलना पड़ा था नदी का घमंड बेचारे मेढकों को...
झूठा घमंड ! फ़िज़ूल का घमंड !

डाल दिया बादलों ने
नदी के अंदर जीवन चुपचाप एक रात !
डूब गए दियारे छोटे-मोटे
टूट गईं हदें, टूट गए बाँध !
फिर से हो गया चालू पानी का प्रवाह
किनारों के बीच से होकर
फिर से लगीं नाचने लहरें
फिर से लगे मचलने झाग
फिर से फैल गई खुशख़बरी इर्द-गिर्द
फिर से शुरू हुआ लोगों का आना-जाना
फिर से आने लगे पखेरू
कछारों में दिख पड़ी फिर से
वन्य जंतुओं के पैरों की छाप
छेड़खानी करने लगी नदी फिर उनसे !
फिर से लगी उछालने वह छोटी-छोटी मछलियाँ
फिर से जगमगा उठे चाँदी के झमके लहरिया मेहराब पर !
फिर से लगे उलीचने पानी एक-दूसरे पर
छोकरे और छोकरियाँ
मुस्कराने लगे फिर से किनारों के जंगल
फिर से पा गए आईना अपना
जामुन और नीम और गूलर और पलाश !
कितनी खुश हैं
तटवर्ती गाँवों की क्वाँरी लड़कियाँ !
दोने भर-भर बहा रही हैं जलते दीपक !
किस ओर चला गया है जाने
बहकर नदी का घमंड ?

कभी नहीं सूखेगी अब यह नदी
बहती रहेगी सदैव यह चंचल सरिता
चंचल होगी तो होगी, जानमारू नहीं होगी !
बाँटती रहेगी छोटी-छोटी खुशियाँ
छोटी-छोटी लहरों के ज़रिए !

पुरानी जूतियों का कोरस/नई धारा, मार्च 1966

ऐक्शन में आ गए हैं...

जलनिधि उद्वेलित, विस्मय हिमवान
अपना महादेश है ये कितना महान
पुलकित है धरती, मुखर आसमान
एक-एक शतदल बन गया विमान
चकित निखिल विश्व दुश्मन परेशान
ऐक्शन में आ गए हैं लाख-लाख जवान

प्रथम-प्रथम तना विवेक का वितान
प्रथम-प्रथम झलका स्वरूप का ज्ञान
प्रथम-प्रथम उभरा राष्ट्र का सम्मान
प्रथम-प्रथम चढ़ा संकल्प पर शान
प्रथम-प्रथम मिला है शक्ति का संधान
ऐक्शन में आ गए हैं लाख-लाख जवान

एक-तरफ़ा शांति का हो चुका अवसान
आज नहीं वही है जो कल था हिंदुस्तान
करेगा बर्दाश्त कौन अब यों अपमान
झाड़ देंगे अय्यूब का हिटलरी गुमान
ख़बरदार दुश्मन, दुश्मन सावधान
ऐक्शन में आ गए हैं लाख-लाख जवान

झाँकेंगे घर-घर में सुनहिल विहान
गिरवी न कभी रखना पड़ेगा ईमान
चमकेगा खुलकर एक-एक इंसान
होंठों पर थिरकेंगे अमन के गान
दुनिया को भारत का मिलेगा वरदान
ऐक्शन में आ गए हैं लाख-लाख जवान
जलनिधि उद्वेलित, विस्मय हिमवान ....

अपना महादेश है ये कितना महान
पुलकित है धरती, मुखर आसमान
एक-एक शतदल बन गया विमान

चकित निखिल विश्व दुश्मन परेशान
ऐक्शन में आ गए हैं लाख-लाख जवान

हजार-हजार बाँहोंवाली/ज्योत्स्ना, जून 1966

रूठ के चली गईं बुआ

जाने क्या तो हुआ !
रूठ के चली गईं बुआ !
और भी बुजुर्ग हैं, करते रहेंगे जुगाली
बुआ के बिना मगर सदन लगे खाली
जाना था तो कह के जातीं
जल्दी भी क्या थी, रहके जातीं
हमने तो कभी उन्हें माना नहीं ग़ैर
हो रही थीं बोर तो कर आतीं सैर
अजी, क्या कहूँ आपसे वो तो खैर
गुस्से में भी दे गईं दुआ !
चुपचाप चली गईं बुआ !!

वीरान हुई अपनी वो रियासत 'फूलपुर'
लाखों मतदाता हटके चले गए दूर !
कौन उन दईमारों को लाएगा पास ?
सीट थी वो हमारी अपनी खास...
कर दिया बिला-वजह बैलों को आज़ाद
खोल दिया अपने हाथों जुआ !
जाने क्या तो हुआ !
रूठ के चली गईं बुआ !!

तुमने कहा था/जनयुग, 25 जुलाई 1966

कल और आज

अभी कल तक
गालियाँ देते थे तुम्हें

हताश खेतिहर
अभी कल तक
धूल में नहाते थे
गौरैया के झुंड
अभी कल तक
पथराई हुई थी
धनहर खेतों की माटी
अभी कल तक
धरती की कोख में
दुबके पड़े थे मेंढ़क
अभी कल तक
उदास और बदरंग था आसमान

और आज
ऊपर-ही-ऊपर तन गए हैं
तुम्हारे तम्बू
और आज
छमका रही हैं पावस रानी
बूँदों-बूँदियों की अपनी पायल
और आज
चालू हो गई है
झींगुरों की शहनाई अविराम
और आज
ज़ोरों से कूक पड़े
नाचते-थिरकते मोर
और आज
आ गई वापस जान
दूब की झुलसी शिराओं के अंदर
और आज
बिदा हुआ चुपचाप ग्रीष्म
समेटकर अपने लाव-लश्कर।

हजार-हजार बाँहोंवाली/नई धारा, अगस्त 1966

चलो-चलो धरना दें चलकर

चलो-चलो, धरना दें चलकर दिल्ली के दरबार में
ऊब-डूब करते हो बुद्धू नाहक ही मझधार में
अपनी बहन बनी है मलका, जस फैला संसार में
कागज का रुपया रोवे या लगे आग बाजार में
चलो-चलो, धरना दें चलकर दिल्ली के दरबार में

उसे नहीं आडम्बर भाता, खुश है छोटी कार में
माता स्वर्ग सिधार गई तो पली पिता के प्यार में
देशभक्ति पाई थी दादा-दादी से उपहार में
तैराकी सीखी थी उसने वहाँ, टेम्स की धार में
उसे नहीं आडम्बर भाता, खुश है छोटी कार में

जगत्-तारिणी प्रकट हुई है नेहरू के परिवार में
उसके कई मुखौटे, देखो, छपते हैं अखबार में
जान्सन-विल्सन सभी जुटे हैं पूजा में, उपचार में
कोसीगिन भी दिखता तत्पर मैत्री में, सहकार में
जगत्-तारिणी प्रकट हुई है नेहरू के परिवार में

पाटिल-रेड्डी-घोष पड़े हैं भारी सोच-विचार में
कामराज का विकट खोपड़ा, तपता नहीं बुखार में
चुप मोरारजी, नजर टिकी है बस पूनी के तार में
हेरफेर होनेवाली है फिर शायद सरकार में
पाटिल-रेड्डी-घोष पड़े हैं भारी सोच-विचार में

नशा चढ़ा बहुमत का, आती खट्टी बास डकार में
लगता है मिल गई हुकूमत इनको कहीं उधार में
शासक दल के क्या कहने हैं, माहिर कपटाचार में
पार्लमेंट को बदल लिया है इन सबने चटसार में
नशा चढ़ा बहुमत का, आती खट्टी बास डकार में

सत्य-अहिंसा घुटे झूठ-औ-हिंसा की फुफकार में
पैसा पस्त हुआ परदेशी मुद्रा से व्यभिचार में
अपनी आँख गँवा बैठे बाहर की गर्द-गुबार में

जाने कहाँ पहुँचते हैं इस रपटीली रफ्तार में
सत्य-अहिंसा घुटे झूठ-औ-हिंसा की फुफकार में

गिनती के चावल रोते हैं महँगाई की मार में
जीरा हँसा भभाकर, भड़का नकली तेल बघार में
आलू डोल रहे हैं, भिंडी सहमी खड़ी कतार में
देशी गेहूँ पड़े दिखाई सपनों के कोठार में
गिनती के चावल रोते हैं महँगाई की मार में

तर है सारा भारत लाठी-गोली की मनुहार में
बरस रहे हैं विधि-निषेध ही बादल की बौछार में
वोट रो पड़े, इठलाती है कुर्सी मगन दुलार में
कौन खलल डालेगा अब इन मुगलों के अधिकार में
तर है सारा भारत लाठी-गोली की मनुहार में

महिषासुर मुस्तैद हुए देवी के साज-सिंगार में
लो, यह तो आरती सजाते अलमुनियम की थार में
अलमुनियम का छुरा चलाकर निकले ये ज्यौनार में
धन्य चौधरी-मेहता-सुब्रम, घर फूँके त्यौहार में
महिषासुर मुस्तैद हुए देवी के साज-सिंगार मे

ठुमक रही रेशम की साड़ी चिथड़ों के अम्बार में
गूँज रहे हैं महँगाई के पद कोमल-गंधार में
मेंढ़क तबला ठोक रहे हैं झींगुर घुसे सितार में
युग को झुठलाती है थिरकन पायल की झंकार में
ठुमक रही रेशम की साड़ी चिथड़ों के अम्बार में

खूब लड़ी मर्दानी वो तो चमकी थी तलवार में
यह मर्दानी दमक रही है डालर के अभिसार में
उसे फिरंगी झुका न पाए, आगे थी ललकार में
इसको तो वे बहा ले गए हमदर्दी की धार में
खूब लड़ी मर्दानी वो तो चमकी थी तलवार में

चलो-चलो, धरना दें चलकर दिल्ली के दरबार में
शाही नखरे दबे पड़े हैं वहाँ कुतुब मीनार में

क्रांति खिली है लाल किले की लाल-लाल दीवार में
'भूखहरण टिकिया' मिलती है वहाँ सुपर बाजार में
चलो-चलो, धरना दें चलकर दिल्ली के दरबार में

पुरानी जूतियों का कोरस/जनयुग, 23 अगस्त 1966

लो, यह उमड़-उमड़ आया

लो, यह उमड़-उमड़ आया
जन-जन के मन में
तरंगित घन सागर
रग-रग जुड़ा गई पुलकित है रोम-रोम
माँ के ममत्व-सा झुक आया सनेही व्योम
ख़त्म हुआ महाकाल का निदाघी होम

भीगी-भुरभुरी मिट्टी की सोंधी सुवास
भर देगी बूढ़े हाथियों में भी जीवन का अहसास
ख़ाली-ख़ाली, चुपचाप, उदास-उदास
देखेंगे तमाशा गुलमुहर-अमलतास

निकलेंगे झोंपड़ों से छोकरे उलंग
रहेगा जामुन का-सा देह का रंग
सिखाएँगे झरनों को बहने का ढंग
ढलेंगे छंद मादल-बाँसुरी के संग
छोटी-छोटी नदियाँ तक गाएँगी अभंग
लो, यह उमड़-उमड़ आया...

हजार-हजार बाँहोंवाली/नई धारा, सितम्बर 1966

उम्मीदवार

चोंच में लिये टिकट
सीधे आए निकट
मामला था विकट
—चुनने थे उम्मीदवार !

बोरियाँ दीं उलट
हड्डियाँ लाए थे, दिखलाईं झट
शुद्ध परमार्थी हुए प्रगट
—हुक्म मानने को तैयार !

गाँधी ने सोचा, हल करेंगे मुल्क का यही है संकट
निगला है सोना-चाँदी-ताँबा-गिलट
हार मानेंगे इनसे माया-नगरी के भी नट
—यही है असली उम्मीदवार !

पुरानी जूतियों का कोरस/जनयुग, 25 दिसम्बर 1966

आए दिन बहार के

'स्वेत-स्याम-रतनार' अँखियाँ निहार के
सिंडकेटी प्रभुओं की पग-धूर झार के
लौटे हैं दिल्ली से कल टिकट मार के
खिले हैं दाँत ज्यों दाने अनार के
आए दिन बहार के !

बन गया निजी काम—
दिलाएँगे और अन्न दान के, उधार के
टल गए संकट यू.पी.-बिहार के
लौटे टिकट मार के
आए दिन बहार के !

सपने दिखे कार के
गगन-विहार के
सीखेंगे नखरे, समुंदर-पार के
लौटे टिकट मार के
आए दिन बहार के !

1966
तुमने कहा था

मुबारक हो नया साल

फलाँ-फलाँ इलाके में पड़ा है अकाल
खुसुर-पुसुर करते हैं, खुश हैं बनिया-बकाल
छलकती ही रहेगी हमदर्दी साँझ-सकाल
—अनाज रहेगा खत्तियों में बंद !

हड्डियों की ढेर पर है सफेद ऊन की शाल...
अब के भी बैलों की ही गलेगी दाल !
पाटिल-रेड्डी-घोष बजाएँगे गाल...
—थामेंगे डालरी कमंद !

बत्तख हों, बगले हों, मेढक हों, मराल
पूछिए चलकर वोटरों से मिजाज का हाल
मिला टिकट ? आपको मुबारक हो नया साल
—अब तो बाँटिए मित्रों में कलाकंद !

इस गुब्बारे की छाया में/जनयुग, 1 जनवरी 1967

रोए बड़े-बड़े बलिदानी

भड़क उठे थे राजा-रानी
सिंडिकेट की मति बौरानी
इनको मिली न कौड़ी कानी
उन पर चढ़ा अनोखा पानी
खुश हैं रंगा और मसानी
रंग देखकर राजस्थानी
गरज रहे विक्षुब्ध कपीशा
लेंगे वे गुजरात-उड़ीसा
किष्किंधा में लौटे वानर
रामदास, जय देश उजागर
भालू ठेकेदार बने हैं
जामवंत के सब अपने हैं

धनपतियों ने लम्बी तानी
कामराज की गति सठियानी
रोए बड़े-बड़े बलिदानी
टिकटों की थी विकट कहानी !

हजार-हजार बाँहोंवाली/जनयुग, 8 जनवरी 1967

देखा सबने चिड़ियाख़ाना

देखा सबने चिड़ियाख़ाना
सुना चीख़ना औ' चिल्लाना
धवल टोपियाँ फेंक रहे थे
मगर गधों-से रेंक रहे थे
धोती-कुर्तों में थे हाथी
सुअर-ऊँट थे जिनके हाथी
बाघों का था चश्मा काला
डरकर भागा माइकवाला
पर्ची बाँट रहे थे बंदर
गैंडा था पर्दे के अंदर
बैलों के पीछे अनबोले
मचल रहे थे साँप-सपोले
यार पास था, कार पास थी
बुढ़िया कंगारू उदास थी
सीमा के जंगल की बिल्ली
जाने कैसी पहुँची दिल्ली
सुना चीख़ना औ' चिल्लाना
सबने देखा चिड़ियाख़ाना

हजार-हजार बाँहोंवाली/जनयुग, 15 जनवरी 1967

जी, अकाल 'सहाय'

गोलियाँ खाकर गिरे थे,
तरुण थे असहाय !

कफन तक तुम दे न पाए,
जी,
अकाल 'सहाय' !

दस मरे या बीस...
तीस या चालीस...
—प्रेतों का विकट समुदाय
घिर गए हो हाय
बच निकलने का रहा न उपाय !

चबाती है सत्य का शव
अहिंसा की गाय
धुन रहे हैं बैल सिर
उनसे न क्यों ली राय !

पुरानी जूतियों का कोरस/जनयुग, 15 जनवरी 1967

दिन लदे सिंहासनराय के

बैल के सींगों पर प्राण टँगे गाय के
बाघ हँसा, बकरी चली गई मायके
दिन हैं लद चले 'सिंहासन-राय' के
मिल गए आँतों को 'षटरस' ज़ायके
बैल के सींगों पर प्राण टँगे गाय के

गाय के प्राण टँगे सिंगों पर बैल के
कौन भला नकेल डाले बिगड़ैल के
सियासत राह में लेट गई फैल के
भाफ है ऊपर मज़हबी तुफैल के
गाय के प्राण टँगे सिंगों पर बैल के

तुमने कहा था/जनयुग, 22 जनवरी 1967

धन्य-धन्य श्रीमानों के श्रीमान् !

भूख महामारी है, मरघट मसान
गोलियों की फ़सलें, मौत का खलिहान
घर-घर माँगते हैं वोट, गहन दान
सूखी पड़ी धरती, फीका आसमान
दया करें, द्रवित हों, अमरीकी सुजान
धन्य-धन्य जानसन, श्रीमानों के श्रीमान् !

टुकड़ों में मिलेगा टिक्कड़ का यह दान
ऐसे भी मले गए थे क्या किसी के कान
देख के इस तरह हिंद का अपमान
क्यूबा क्या, मिस्र क्या, दुखी है सारा जहान
अपना तो लेकिन पक गया है ज्ञान
करते ही जाएँगे उनके गुण-गान
धन्य-धन्य जानसन, श्रीमानों के श्रीमान् !

हजार-हजार बाँहोंवाली/जनयुग, 29 जनवरी 1967

गेहूँ दो, चावल दो !

गेहूँ दो, चावल दो !
इतना दिया, और दो, पुष्कल दो !
गंगा बेकार है, हडसन का जल दो !
चारा दो, फल दो !
हिलेगी कैसे, दुम में बल दो !
गेहूँ दो, चावल दो !!
जीत हम जाएँ, सवालों का हल दो
बटोर लिये हैं राजा-रानी, मोर-पंख झल दो !
धोखा खा जाएँ पड़ोसी, ऐसी अकल दो !
उगे हैं बग़ावत के अँखुए, उनको मसल दो !
रँगी हैं तरुण निगाहें, जादुई काजल दो !

जपे हैं नाम बहुत, उसका फल दो !
फ़िलहाल गेहूँ दो, चावल दो !
और दो, अधिक दो, पुष्कल दो !

कानों को भले बराबर मल दो !
हिलेगी खूब, दुम में बल दो !

हजार-हजार बाँहोंवाली/जनयुग, 5 फरवरी 1967
नई धारा, मार्च 1967

भारत-पुत्री नगरवासिनी

(महाकवि पंत की अति प्रसिद्ध कविता
'भारत माता ग्रामवासिनी' की स्मृति में)

धरती का आँचल है मैला
फीका-फीका रस है फैला
हमको दुर्लभ दाना-पानी
वह तो महलों की विलासिनी
भारत-पुत्री नगरवासिनी

विकट व्यूह, अति कुटिल नीति है
उच्चवर्ग से परम प्रीति है
घूम रही है वोट माँगती
कामराज कटुहास हासिनी
भारत-पुत्री नगरवासिनी
खीझें चाहे जी-भर जान्सन
विमुख न हों रत्ती-भर जान्सन
बेबस घुटने टेक रही है
घर-बाहर लज्जा-विनाशिनी
भारत-पुत्री नगरवासिनी।

इस गुब्बारे की छाया में/जनशक्ति, 12 फरवरी 1967

गाँधी टोपी : हैट के प्रति
(एक गीति नाट्य)

हाय री हाए ऽऽ
कोई आए ऽऽ

मेरे को बचाए ऽऽ
लुटी री लुटी
पिटी री पिटी
जली री जली री जली
सखी री सखी...अली री अली
परों से गई मैं कुऽचऽली
बड़ा ही जालिम है वो काल बली
फिर भी निगोड़ी तू रहम न खाए ऽऽ
हाय री हाए ऽऽ

जुटा लिये इर्द-गिर्द राजशाही पग्गड़
लोहे की टोपी भी बन्द न करवा सकी गड़बड़
मचा रहे हैं माईक रात-दिन भड़-भड़
ख़ाली सिर, खुली चाँद
बरहमचारी, बेचारा कामराज...
समझ कहाँ पाया—
जाने कब से इनके हालात थे लड़खड़
अब कौन रहा बाक़ी, जो बिगड़ी को बनाए ऽऽ
हाय री हाए ऽऽ

बनी रही वर्षों बड़प्पन की ढाल
जाने कित्ता फ़िदा थे मुझ पे जवाहरलाल
शास्त्री के ज़माने तक ठीक था हाल
अब लेकिन चिढ़ाती है इंदिरा की शाल
सुन ले, सुन ले, ओ मेरी सजनी !
अपना क्या, अपन तो लेंगे ज्यों-त्यों झेल
खत्म हो गया चार दिनों में चुनाव का खेल
सोचती हूँ मगर, इन अभागों का क्या होगा—
सुखाड़िया, मिश्रा सहाये ऽऽ
कोई इन्हें बचाए ऽऽ
हाय री, हाय ऽऽ

बचा नहीं पाए मुझे भाई मोरार जी
पाटिल भी कर लें इतना बंटाढार, जी
सुनी नहीं, तूने रेड्डी की चीख-पुकार, जी

किया है इन्होंने मिलकर बापू का उद्धार, जी
काहे की कांग्रेस, काहे की कांग्रेसी सरकार, जी
बचा नहीं सकी मुझे चौहानी तलवार, जी
काम नहीं कर सके सेठ-साहूकार, जी
अब की तो सचमुच जाऊँगी मैं हार, जी
हाय री, हाय ऽऽ
कोई आए ऽऽ
मेरे को बचाए ऽऽ

हजार-हजार बाँहोंवाली/जनशक्ति, 12 फरवरी 1967

तुम्हें मुबारक शाही नखरे

रानी मक्खी ! रानी मक्खी ! रानी मक्खी !
सच कहता हूँ तुम तो निकली अल्लारक्खी !
रानी मक्खी ! रानी मक्खी !
तुम्हें मुबारक–
ताजे-टटके फूलों की यह चक्खा-चक्खी
रानी मक्खी ! रानी मक्खी !

कौन हमारी सुध ले, हमको कौन पढ़ाए रस का पाठ !
हम तो रहे सदा से ठूँठ,
हम तो रहे सदा से काठ !
चुहलों की भरमार उधर तो–
इधर लिखी है किस्मत झक्खी !
रानी मक्खी ! रानी मक्खी !

इधर झींगुरों की जमात है
उधर सजी भौंरों की महफिल
गीध पा गए दुआ तुम्हारी
धड़क रहा है अपना तो दिल
तुम्हें मुबारक शाही नखरे
तुम्हें मुबारक छत्ते की गद्दी नौलक्खी
रानी मक्खी ! रानी मक्खी !!

मंत्री मक्खी जुड़े रहेंगे
राजा मक्खी जुड़े रहेंगे
युग में जीवन भरनेवाली—
ऋतुओं को तुम धता बताना !

सचमुच तुम्हें बधाई देंगे
सचमुच तुम्हें बढ़ावा देंगे—
दुनिया-भर के क्रूर जानवर आदम मक्खी
रानी मक्खी ! रानी मक्खी ! रानी मक्खी !!

इस गुब्बारे की छाया में/जनशक्ति, 28 मई 1967

चौधरी राजकमल

बाहर छलनामय, भीतर-भीतर थे निश्छल
तुम तो थे अद्भुत व्यक्ति, चौधरी राजकमल !
इस-उस पीढ़ी के लिए विरोधाभास प्रबल
तुम चर्चाओं के केंद्र बिंदु तुम नित्य नवल

तुम महा अघोरी कापालिक, तुम ठोस गरल
अपने कोटर में लीन, किंतु तुम मृदुल-सरल
तुम वही पंक जिसकी फसलें होतीं शतदल
युग की भ्रमरावलि करती हैं गुन-गुन अविरल

युगनद्ध मिथुन की भावभूमि तुम रस-पिच्छल
तुम स्वेद-सुरभि, हारा जिससे मृगमद परिमल
तुम शिशु, लहराया जिस पर तारा का आँचल
ओ लघु विदेह, छाने तुमने बीहड़ जंगल

ओ द्रुत गतिवाले, मिला नहीं तुमको समतल
तुम बढ़े जिधर थे गिरि, कानन, गड्ढे, दलदल
अंधी गलियों से ले आए ऐसा काजल
डर गए प्रौढ़मति, चकित-मुदित किरणें कोमल

सारे उत्तर थे मूक, प्रश्न था मुखर-विकल
तब गए घूमने नरक, साथ था गंगाजल

वापस भेजा धरती पर यम ने भय विह्वल
अब कौन तुम्हें फिर उठा ले गया राजकमल

भोगते रहे सौ-सौ अभिशापों के प्रतिफल
तुम मुक्तचित्त, काँटे पर काँटा गए निगल
पुत्री प्रकाश भी खड़ी रह गई अश्रु-विरल
ओ निर्भय, तुमको लाद ले गया तिमिरांचल

बिम्बग्राही तुम स्वच्छ स्फटिक, तुम प्रभातरल
भासित जिसमें सित-असित, मलिन एवं उज्ज्वल
हमने देखा संयंत्र तुल्य वह अंतस्तल
जो बाहर की छवि से बेधित-चंचल

संत्रस्त भीड़ का पी - पीकर तुम कोलाहल
यों पार कर गए मृत्युबोध का परिमंडल
हम जुटा न पाए, हाय, अस्थि-निर्मित कुंडल
बे-भाव बिका भूखी पीढ़ी का आखंडल

तुम चर्चाओं के केंद्र-बिंदु, तुम नित्य नवल
इस-उस पीढ़ी के लिए विरोधाभास प्रबल
बाहर छलनामय, भीतर-भीतर थे निश्छल
तुम तो थे अद्भुत व्यक्ति, चौधरी राजकमल

11 जुलाई 1967

अच्छा किया, उठ गए हो दुष्ट !

हिलने न पाए बुनियाद
एक ठोस सत्य की...
इसीलिए अक्सर
दस-दस दफ़े
लिया तुमने झूठ का सहारा
हम कभी समझ नहीं पाए
फूलबाबू, तुम्हारी यह लीला !
लहरा रहा है चारों ओर
ऊब-घुटन-डाह-बेचैनी का समंदर

राग-द्वेष-लोभ-मोह-वासना का पारावार
तृप्ति और सुख की वैयक्तिक डोंगियों में बैठे
इत्मीनान का आनंद भोग रहे हैं मुट्ठी-भर लोग
उनकी ओर उठाकर तना हुआ हाथ
चीख़े तुम ऊँची आवाज में :
"चोट्टे हैं ससुरे !
"पाजी हैं ससुरे !
"गद्दार हैं साले !
"पकड़ो, पकड़ो, भागने न पाएँ !"
इस पर हम चार जने
लगे आपस में खुसर-पुसर करने...
एक ने कहा, "वो देखो–
जाने कहाँ से लाया है स्लोगन उधार ?
खुदा ही लगाए इन बीट्निकों का बेड़ा पार
आखिर क्या हो गया है रा. क. चौधरी को ?
घर पे खेती-वेती है न ?..."
इस पर दूसरा सिर हिला के रह गया महज़
विस्फारित थीं बड़ी-बड़ी आँखें
जमे थे गालों के
अंदर मगही पान के बीड़े आठ, पूरे के पूरे
बोला लेकिन तीसरा :
"हाँ भई, यह तो बतला दो !
क्या होती है भूखी पीढ़ी ?
यहाँ-वहाँ बड़ी तारीफ़ छपती है इनकी
अमरीका में छपते हैं फोटो...
जाने कित्ते नखरे हैं इनके !"
अरे, अब इस पे मैं भला चुप रह जाता !
कहा एक के कंधे पे रख के हाथ :
"दर-अस्ल, हमीं ने बना दिया है इनको पागल
छेंक रखी है राह
न खुद बढ़ेंगे आगे
न औलाद को ही मौक़ा देंगे
शासन और समाज और शिक्षा-केंद्र
वाणिज्य और विज्ञान, मठ और मंदिर
आर्मी और खेती-बाड़ी

सरकारी और गैर-सरकारी प्रतिष्ठान...
बँधे हैं हमारी रगों से विकास के सारे सूत्र
तिकड़म और चाटुकारिता
चुगलखोरी और भीतरघात
यही सब तो चलता है यहाँ दिन-रात
सच कहूँ तो यही है सोसाइटी की बाराखड़ी
दुख सत्य है, सुख है धोखाधड़ी
ठगी है शार्टकट कामयाबी का
फिर भी लेना हो जिन्हें धरम-ईमान का ठीका
बाँध के लँगोट, चरते हुए घास
तशरीफ़ ले जाएँ उधर,
कोई ऐतराज़ नहीं, स्वर्ग ही पहुँचें !
जानते हो मित्र ?
हमारी ही पीढ़ी की खुदगर्ज़ी और ढोंग से
फूट निकला था यह फूल
यानी रा. क. चौधरी !
हम मिथिला-निवासी
पुकारते थे उसे लाड़वाले घरेलू नाम से
यानी हमारे लेखे वो था 'फूलबाबू'
पता है तुम्हें, क्या था उसका मूल नाम ?
बतला दूँ ? हाँ, बतला ही दूँ !
कानों पर ज़ोर तो पड़ेगा, मगर अच्छा लगेगा !
मणींद्र नारायण चौधरी !
कहो, कित्ता अच्छा लगता है सुनने में ?
मना किया था मैंनें
आज से बारह साल पहले :
अच्छा-भला नाम था मणींद्र
आ पड़ी थी ऐसी क्या ज़रूरत नए सम्बोधन की ?
इस पे कहाँ कुछ बोला था फूलबाबू !
मुस्कान-भर उभर आई थी गालों पर...
तो यह तुम्हारा रा. क. चौधरी
यों ही नहीं पगलाया था
हाँ सा'ब, वो अदना पागल नहीं था
बड़ा ही विचित्र प्राणी था वो
बीसियों नौजवान मानते थे उसे अपना मसीहा

—अजी वाह, अजी वाह !
इसमें 'अति' की गंध आई आपको ?
मालूम है जनाब,
'अजनबी' तक प्रणत थे उस 'जीनियस' के प्रति
तो ऐसा था वो राजकमल चौधरी !
सुनके मेरा प्रवचन
झुका लिया सबने चुपचाप सिर
अलग हुए ।

किसी ने नहीं देखा फिर किसी की तरफ़।
हाँ, परसों शाम की बात है
अरे हाँ, परसों शाम की ही बात है...
मैं पहुँचा था 'कामायनी'
(भाड़े का मामूली सा-मकान
वर्षों का तुम्हारा रैन-बसेरा
तुम्हीं ने दिया था उसे यह नाम
अपनी रुचि के मुताबिक़ !)
मुक्ता और दिव्या और नीलू...
मिला हूँ बच्चों से परसों शाम !
पिता की छाया से वंचित
क्या होगा अब इन शिशुओं का ?
सुना है, साझे की हमारी यह सरकार
कुछ सोच रही है इनके बारे में
शायद मासिक ग्रांट बाँध देगी
खरीद लेगी 'मुक्ति प्रसंग' की शेष प्रतियाँ
कुछ न कुछ ज़रूर करेंगे महामाया बाबू
मुझे विश्वास है, और मित्रों से सुना भी है
वो अवश्य देंगे ध्यान
मुक्ता और दिव्या और नीलू पर...
ओ स्नेही पिता, फ़िक्र न करना
अब तुम इन बच्चों की,
शशी सँभाल लेगी इनको !
सुना है तुम्हारे नाम पर उगाह रहे हैं लोग चंदा
बंगाल में, राजस्थान में, दिल्ली में, कलकत्ते में !
काश, उसमें से थोड़ी रकम

पहुँच पाती यहाँ तक
यानी मुक्ता-दिव्या-नीलू तक !
शायद पहुँच ही जाय !
न, नहीं पहुँचेगी शायद !!
जाने भी दो, फूलबाबू !
तुम खुद ही ढेर-सा धन छोड़ गए हो
नहीं छोड़ गए हो ?
छोड़ गए हो कि !
भली-भाँति मालूम है मुझको,
अभी ढेर-सा साहित्य है अप्रकाशित
कविताएँ, कहानियाँ, नाटक, निबंध...
तैयार होंगी पुस्तकें दसियों...
सचमुच बहुत-कुछ छोड़ गए हो फूलबाबू,
फ़िक्र न करना ज़रा भी !
और भला, कहता है कौन कि तुम रहे नहीं !
आज ही सवेरे देखा है मैंने
भिखना पहाड़ी से निकलकर
जा रहे थे, स्टेडियम की तरफ...
कहाँ गए थे, फूलबाबू ?
राजेंद्रनगर ? बहादुरपुर ? कंकड़बाग ?
ओह, बच्चों के लिए आम लेने गए थे !
थी न यही बात ?
18 रुपए के सौ ठो मिले थे !
जरूर लँगड़ा रहा होगा
कच्चा लेकिन पकने को तैयार...
अच्छा किया, ले आए आप...
लगाएँगे भोग मुक्ता-दिव्या-नीलू !
अभी उस रोज़
दर्द की टीसों को चाँपते-चाँपते
उपाध्याय से कहा तुमने :
"माँ नाराज़ हो गई है
अब मैं महिसी नहीं लौटूँगा
वह नहीं चाहती है देखना मेरा चेहरा
बेहद रंज है माँ मुझ पर
अब बचूँगा नहीं, ना, नहीं बचूँगा..."

तो क्या सचमुच इतना कुपित थी वो तुम पर ?
माँ उग्रतारा—
ग्राम देवता महिसीवाली
तुम्हारी कुलदेवता...
इस क़दर रंज हो उठी थी तुम पर ?
और इसी से भाग आए थे तुम ?
नहीं फूलबाबू, यह भ्रम था
कोरा भ्रम था तुम्हारा !
माँ भला नाराज़ होगी अपने पुत्रों पर ?
मैं क्या अपरिचित हूँ
पहचानता हूँ अच्छी तरह...
कृष्ण-लोहितवर्णा पाषाणी
चार बाँहोंवाली उग्रतारा देवी
मैंने भी चढ़ाए हैं उसके चरणों पर नील कमल
चढ़ाया है ताज़ा अच्छिन्न जल
हासिल किया है उसका प्रसाद...
यह क्या इतने दिनों बाद
सुनी है माँ की शिकायत
और, सो भी तुम्हारे मुँह से, फूलबाबू !
क्यों भला यूँ ही रंज हुई करुणामयी तारा
किया होगा आखिर
कुछ तो अनाप-शनाप तुमने !
बतलाया उपाध्याय चंद्रमौलि ने :
माँ का ज़िक्र करते समय
बुरी तरह काँप रहे थे तुम्हारे होंठ
दहशत में डूबी थीं धँसी-धँसी आँखें
समझ नहीं पाया मैं
ऐसी क्या बात हुई...
ज़रूर ही किया होगा तुमने
माँ के दरबार में थोड़ा कुछ व्यतिक्रम
बहरहाल, हमेशा के लिए अब तो
चुप हो गए हो फूलबाबू !
आमीन मणींद्र !
आमीन राजकमल !
अलविदा फूलबाबू !

अच्छा, एक बात और...
फूलबाबू, यह सावित्री कौन थी ?
'स्वरगंधा' के पृष्ठों में
बार-बार आता है बेचारी का नाम !
कौन थी वो जिसने लिये बाँध
चार दिनों के लिए तुम्हारे प्राण ?
कौन-सा था वो नगर—
"रूपालोकित पर्वतीय ?
मसूरी तो नहीं ?"
चुप क्यों हो गए ?
बतलाओ न !
किसी से नहीं कहूँगा...
हाँ, सच, नहीं कहूँगा किसी से !
"मुहूर्त
ज्वलितं
श्रेयं
न च
धूमायितं
चिरम्..."
क्या मतलब इसका ?
मतलब बतला दूँ !
तो सुनो, ओ हे अशरीरी प्रेत !
"बेहतर है घड़ी-आधी घड़ी दहकना,
लम्बी मुद्दत तक
ठीक नहीं छोड़ते रहना
धुआँ ही धुआँ, धुआँ ही धुआँ !"
यानी हमारे पूर्वजों को नफ़रत थी
बड़ी उम्र के निठल्लेपन से
तुमने अच्छा किया, खूब किया
झोंक दिया अपना जीवन
जल्दी-जल्दी ताबड़तोड़ !
निर्धूम अग्नि के मध्य
तुम्हारा यह आत्मदाह
भूल नहीं पाऊँगा, आह !
रहते अब अगर और जीवित

फट जाता बीचोबीच तुम्हारा माथा !
कित्ती बेचैनी थी, जाने अंदर क्या था !
हाँ, यदि तुम अब और
रह जाते दस-पंद्रह-बीस साल
तो इस सदी के सरहपा या डोंबीपा होते
चर्राता शौक जूतियों की माला पहनने का !
भले ही सिद्ध कहकर अलग से फुसफुसाते
मगर निकल जाते कन्नी काटकर
छोड़ देते तुम्हारी राह,
दूर, बहुत दूर, भद्रजन !
हाँ, अब और जीते
तो, निश्चय ही मिलती तुम्हें भी कोई कुबेर गृहिणी...
दिलवाती मासिक वेतन
1500...2500...3500...
दिल्ली-बम्बई-कलकत्ता-मद्रास
कोई भी महानगर
दिव्यधाम बनता तुम्हारा
लेकिन, तुम तो बीच में ही दगा दे गए हो दुष्ट !
अच्छा किया, उठ गए हो दुष्ट !
खूब रहा...
पा गए हो छुटकारा भवसागर के थपेड़ों से !
अपन तो भई थेथर हैं...
निर्लज्ज, बेहया, कठजीव...
मरेंगे नहीं जल्दी...

तुमने कहा था/युयुत्सा, 1967

लीडर अपोज़िशन का (कांग्रेसी)

ओह, कहाँ कुछ कर पाता है
फ़क़त ऊँघता बूढ़ा शेर !
अभी मुझे कल पड़ा दिखाई
घास टूँगता बूढ़ा शेर !

उसी माँद में गुर्राता है
गिनता है दिन बूढ़ा शेर

चाल-ढाल से छलकाता है
बस घिन-ही-घिन बूढ़ा शेर !

परसों था जंगल का राजा
कल का घायल बूढ़ा शेर !
आज मगर यह झींख रहा है
जुग कायल बूढ़ा शेर !

घड़ों लहू नित मिले, सभी कुछ
भूलेगा फिर बूढ़ा शेर
सैनिक की मलका का दामन
छू लेगा फिर बूढ़ा शेर !

सरकसवाले क्या जानेंगे
मुसकाता है बूढ़ा शेर
सौ चीतों में अपनी क़िस्मत
टुसकाता है बूढ़ा शेर !

सारे साथी दग़ा दे गए
सिर धुनता है बूढ़ा शेर
जीभ निगोड़ी अकड़ गई तो
सब सुनता है बूढ़ा शेर !

दाँत झड़े, नाखून घिस गए
अकुलाता है बूढ़ा शेर
विगत सुखों की याद आ रही
पछताता है बूढ़ा शेर !
लाशें बिछी पड़ीं बैलों की
बैठा गुमसुम बूढ़ा शेर
चलो विधानसभा के अंदर
देखो जी तुम, बूढ़ा शेर !

अंदर नंगा, बाहर-बाहर—
सज-धज में है बूढ़ा शेर
ऊँट हुकूमत चला ले गए
अचरज में है बूढ़ा शेर !

सत चाटेगा कलेजियों का
लहू पिएगा बूढ़ा शेर
गीदड़ जय-जयकार मनाएँ
अभी जीएगा बूढ़ा शेर !

इन बछड़ों को फुसलाएगा
जाने कब तक बूढ़ा शेर
अपने दिल को झुठलाएगा
जाने कब तक बूढ़ा शेर !

आशा के पतले धागे पर
झूम रहा है बूढ़ा शेर
फँसा मोह में, पाठ प्रकृति के
भूल रहा है बूढ़ा शेर !

हजार-हजार बाँहोंवाली/जनशक्ति, 3 सितम्बर 1967

बाढ़ : '67-पटना

छः महीने का अकाल
दस महीने का संकट--
सभी को दे गई मात
अबकी यह चार दिनों की बरसात
हफ्ता-भर डूबे रहे राजेंद्रनगर-कंकड़बाग
धो दिया पुनपुन ने पटना की धरती का सुहाग
हथिया नक्षत्र में सुनेंगे फिर क्या हम बादल राग
ग़रीब नागरिकों की किस्मत में लग गई आग
सरकार तक मिटा न पाएगी दाग़।

नफीस से नफीस कारों को हो गया है जुकाम
तरावट में डूबी सड़कें कर रही थीं आराम
छोटी-छोटी गलियों का था वहुत बुरा हाल
रह न गया नालों-नालियों में सफाई का मलाल
पाकर अभिजात घरानों की देवियों का अंगस्पर्श
मिला पुनपुन को बाढ़ के माध्यम से अनूठा हर्ष

टुकुर-टुकुर रह गई देखती गंगा बेचारी
अदना से अदना नदियों ने भर दिए रिकार्ड सरकारी
सिकुड़े रहे अफ़सर, 'चरण कमल' भीगने न पाएँ
धँसना न पड़े पानी में, बूट-मोटे उतर नहीं जाएँ
देते रहे दिलासा उन्हें होमगार्ड के जवान
'हमारे जीते जी हुजूर काहे होंगे परेशान'
अभी उस रोज, नाव पर मिले एक प्रखंडाधिकारी
सुसज्जित, सुवासित, चेहरे पर चमक थी सरकारी
बोले, "गनीमत है साहब, दया भगवान की
बच गए अपन तो, आ पड़ी थी जान की
खाई थी बाढ़ के पानी में पैर न भिगोने की कसम
प्रण हुआ पूरा, दिखलाई है खुदा ने रहम
छुट्टियाँ भी तो साली जाने कितनी थीं जमा
घिरे थे पानी में, मगर बच्चों में दिल खूब ही रमा
फैमिली यहीं थी, भरा-पूरा था राशन
डल की झील में शिकारे पर सलामत था इंद्रासन
अभी तो और भी पाँच-सात रोज़ आराम में गुज़ारेंगे
अपन तो मौज है, रिलीफ-सिलीफ कुच्छो नहीं करेंगे !"
इतने में ऊपर मँडराता दिखा हवाई जहाज
मुस्कुराए साहब, कहा, "अमर रहे पाँच पार्टियों का राज !"
"कौन होगा ?" मैंने पूछा तो बोले वो पनातुर
"भोलाप्रसाद, इंद्रदीप, या फिर कर्पूरी ठाकुर...
हाँ, हाँ, और भला कौन हो सकता है !
इनका तो जी नहीं अघाता है, तन नहीं थकता है
बाप रे बाप, किस तरह करते हैं गगन-विहार
हवाई निरीक्षण से ही होगा पब्लिक का उद्धार...
अच्छा, आपका तो नहीं है किसी दल से सरोकार ?
पढ़े-लिखे लोग हैं, आपसे डरता हूँ सरकार !"
मैंने कहा : "कोई बात नहीं, आते ही रहते हैं संकट
कहाँ तक होइएगा परेशान, पानी भी तो रहा घट !"
मधुकर गंगाधर ने लिये थे फ़ोटे झटपट
कैमरे की रील घूम गई खट-खट-खट।

एस-डी-ओ, कलक्टर, कमिश्नर, सब के सब थे मशगूल
मिनिस्टर पहन नहीं रहे थे माला, ले नहीं रहे थे फूल

सब के सब व्यस्त थे, जुटे थे रिलीफ़ के कामों में
फैल गए थे हज़ारों आफ़िसर नगरों में, ग्रामों में
आया यह अकाल के फ़ौरन बाद महा-काल
हाय-बेचारे बी.पी. मंडल, तुम्हें ही होना था हलाल
आती रहे मुसीबत पे मुसीबत, सुदृढ़ हों महामाया बाबू
नया-नया शासन है, बाधाओं पर रहे भी तो क़ाबू
हाय-हाय लाड़ले हमारे छोटे-बड़े आफ़ीसर
पड़ी है किसे, कौन रखता है भला आपकी खबर
खटते थे तब भी, अब तो और भी खटते हैं
दुपहर-रात तक फ़ाइल पे फ़ाइल पलटते हैं
पर्वाह नहीं कुछ भी, चलता रहे आपस में कीचड़-उछालन
और भला होगा क्योंकर मच्छरों-मेढ़कों का लालन-पालन
हार का डर नहीं, न जीत का प्रलोभन
तमाशा है चुनाव इनके लिए, परम सुशोभन
चलती है हुकूमत अफ़सर की तीस-पैंतीस साल
रहेंगे मिनिस्टर पाँच वर्ष रामलाल-श्यामलाल
इसीलिए हाहुत्ती तरह मंत्री खाते हैं चक्कर
तेल के कोल्हू से निकालना चाहते हैं शक्कर
मिनटों में निकला नहीं क्यों बाढ़ का पानी ?
डूबी रही दस दिन क्यों बिहार की राजधानी ?
बीस जगह पुनपुन-तटबंध क्यों टूटा
पाप का बीस-साला घड़ा क्योंकर इसी बार फूटा ?

वाह-वाह रे छोकरों की जमात !
तुमने कर दी है मात
बूढ़ों की चकल्लस मान गई हार
देख के तुम्हारा नौका-विहार
कैमरा था गले में, ट्रांजिस्टर बाँह में
मुखर थीं मुद्राएँ मुस्कानों की छाँह में
उछल रहे थे चूतड़, मटक रहे थे कूल्हे
नवाब के नाती थे, राजा के दूल्हे
लगता था कहाँ ऽऽ
कि संकट-पंकट है यहाँ ऽऽ

तुमने कहा था/29 सितम्बर 1967

माधवन् आनंद शंकर

दक्षिण समुद्र में
कन्याकुमारी के निकट
आज से पचास वर्ष पहले
उठा था भारी तूफ़ान—
नीरव, उत्तराभिमुख...
उसी वात्याचक्र में
उड़कर आया इधर
चंदन का एक बिरवा !

पचा चुका है जाने कितनी बार
ज़हरीले सर्पों के प्राणशोषी दंशन
पहन चुका है जाने कितनी बार
पुरानी केंचुलों की जगमग हार
खीझ-खीझकर जाने कितने तक्षक
फेंक गए हैं मणि हज़ार-हज़ार
फिर भी यह खड़ा है निरपेक्ष, निर्विकार
लुटाए जा रहा है सौरभ लगातार
मिला था मलयद्रुम यह उत्तर को उधार
धन्य है मंदार...
...धन्य है बड़भागी बिहार !

वो देखो, वो देखो—
झुक गए हैं कैसे
नंग-धड़ंग खजूर
लम्बे-लम्बे ताड़

कर लो स्वीकार, बंधु
प्रीतिस्निग्ध वंदन
ओ अद्भुत शीलगंधी चंदन !

वो देखो, वो देखो...

झुलस गए कैसे
बरगद और पीपल के पात
पसंद नहीं आई है उनको यह बात
मगन हैं लेकिन महुआ और नीम
मगन है सीसम, मगन अमलतास
तृण-लता-गुल्म तक
दे रहे तुमको बंधु, आंतरिक स्पंदन
एक-एक उद्भिद् करेगा अभिनंदन
ओ अद्भुत शीलगंधी चंदन !

भवताप तप्त...
अहर्निश के अभिशप्त...
तरुणों के लेखे तुम मातृतुल्य अभयंकर
तुम विनिद्र वाल्मीकि प्रतिभा के
समझ न पाएँगे तुम्हें
सात-सात ऋषि, दस-दस दिक्पाल
दीपंकर तुम, तुम विमलशील ?
बंधु, तुम युग-युग जियो
माधवन् आनंद शंकर !

1967
तुमने कहा था

अहं का शेषनाग

हज़ार फन फैलाए
बैठा है मारकर गुंजलक
अहं का शेषनाग
लेटा है मोह का नारायण
वो देखो नाभि
वो दखो संशय का शतदल
वो देखो स्वार्थ का चतुरानन
चाँप रही चरण-कमल लालसा-लक्ष्मी
लहराता है सात समुद्रों का एक समुद्र

दूधिया झाग...
दूधिया झाग...

1967
इस गुब्बारे की छाया में

बातें

बातें—
हँसी में धुली हुईं
सौजन्य-चंदन में बसी हुईं
बातें—
चितवन में घुली हुईं
व्यंग्य-बंधन में कसी हुईं
बातें—
उसाँस में झुलसीं
रोष की आँच में तली हुईं
बातें—
चुहल में हुलसीं
नेह-साँचे में ढली हुईं
बातें—
विष की फुहार-सी
बातें—
अमृत की धार-सी
बातें—
मौत की काली डोर-सी
बातें—
जीवन की दुधिया हिलोर-सी
बातें—
अचूक वरदान-सी
बातें—
घृणित नाबदान-सी
बातें—
फलप्रसू, सुशोभन, फूल-सी
बातें—

अमंगल, विष गर्भ शूल-सी
बातें–
क्या करूँ मैं इनका ?
मान लूँ कैसे इन्हें तिनका ?
बातें–
यही अपनी पूँजी, यही अपने औज़ार
यही अपने साधन, यही अपने हथियार
बातें–
साथ नहीं छोड़ेंगी मेरा
बना लूँ वाहन इन्हें घुटन का, घिन का ?
क्या करूँ मैं इनका ?
बातें–
साथ नहीं छोड़ेंगी मेरा
स्तुति करूँ रात की, ज़िक्र न करूँ दिन का ?
क्या करूँ इनका ?

हजार-हजार बाँहोंवाली/अनुबिम्ब-1, 1967

छतरीवाला जाल छोड़कर

छतरीवाला जाल छोड़कर
अरे हवाई डाल छोड़कर
एक बँदरिया कूदी धम से
बोली तुम से बोली हम से,
बचपन में ही बापू जी का प्यार मिला था
सात समंदर पार पिता के धनी दोस्त थे
देखो, मुझको यही, नौलखा हार मिला था
पिता मरे तो हमदर्दी का तार मिला था
आज बनी मैं किष्किंधा की रानी
सारे बंदर सारे भालू भरा करें अब पानी
मुझे नहीं कुद और चाहिए तरुणों से मनुहार
जंगल में मंगल रचने का मुझ पर दारमदार
जी, चंदन का चर्खा लाओ, कातूँगी मैं सूत
बोलो तो, किस-किस के सिर से मैं उतार दूँ भूत

तीन रंग का घाघरा, ब्लाउज गाँधी-छाप
एक बँदरिया उछल रही है देखो अपने-आप !

30 अक्टूबर 1967
इस गुब्बारे की छाया में

नशा चढ़ा था बे-अंदाज

पब्लिक ने फूँका है शंख
फैल गया उनमें आतंक
असली बहुमत का विस्फोट
उन्हें दे गया भारी चोट

महँगा पड़ा उन्हें मतदान
अब कांग्रेसी हैं हैरान
आएँगे क्या गाँधी याद
दिल-दिमाग में भरा मवाद

अंदर रावण, मुँह में राम
मिला उन्हें नीयत का दाम
देख इलेक्शन का परिणाम
दंग हो गए अंकिल साम

तिकड़म कब तक देगी काम
कामराज गिर पड़े धड़ाम
पाटिल-घोष कहाँ हैं आज
मिटी कंस वल्लभ की खाज

गली न पटनायक की दाल
पी.सी. सेन हुए पामाल
कहाँ गए चौधरी शचीन
कैसे बदल गया वह सीन

सुब्रहमण्यम् हुए विलीन
भक्त वत्सलम् खुद हैं दीन

सिंह-मुसाफिर मति-गति हीन
बालू पर बेबस ज्यों मीन

चूर-चूर हो गया घमंड
अबकी उन्हें मिला यह दंड
लाभ-लोभ का ब्रह्म पिशाच
उनको नचा रहा था नाच
जनता ने कर दिया इलाज
नशा चढ़ा था बे-अंदाज

इस गुब्बारे की छाया में/जनशक्ति, 12 दिसम्बर 1967

वियतनाम में

विकृत रक्त का होगा शोधन वियतनाम में
घिरा पड़ा है वह दुर्योधन वियतनाम में
महारुद्र का आराधन है वियतनाम में
मृत्युंजय का शवसाधन है वियतनाम में
लाख चिताएँ सुलग रही हैं वियतनाम में
ढाल रहा महाकाल पेट्रोली हाला
राख हुई अमरीकी लाशें चिर विराम में
देवि लिबर्टी, यह लो सित मुंडों की माला
वाह, एशिया के सीने पर, अंध झील में
खौल रहा है बर्बरता का काला पानी
अच्छा ही है खींच गई है निबिड़ नील में
अब न चलेगी गोरी नागिन की मनमानी
पूरब की गीली मिट्टी में, हरियाली में
क्षत-विक्षत है जान्सन, उसकी कोढ़ धुलेगी
युग-ज्वाला में गलकर ढलकर फिर लाली में
नए जन्म में हिरण्याक्ष की आँख खुलेगी !

जनयुग, 17 दिसम्बर 1967

शासन की बंदूक

खड़ी हो गई चाँपकर, कंकालों की हूक
नभ में विपुल विराट-सी, शासन की बंदूक

उस हिटलरी गुमान पर, सभी रहे हैं थूक
जिसमें कानी हो गई, शासन की बंदूक

बढ़ी बधिरता दसगुनी, बने विनोबा मूक
धन्य-धन्य वह, धन्य वह, शासन की बंदूक

सत्य स्वयं घायल हुआ, गई अहिंसा चूक
जहाँ-तहाँ दगने लगी-शासन की बंदूक

जली ठूँट पर बैठकर, गई कोकिला कूक
बाल न बाँका कर सकी, शासन की बंदूक

तुमने कहा था/जनयुग, 31 दिसम्बर 1967

मेघदूत

(काव्यानुवाद)

भूमिका

मेघदूत हमारे भारतीय वाङ्मय का एक अनुपम अंश है। कविकुल-गुरु कालिदास की यह रचना विश्व-साहित्य में बेजोड़ समझी गई। दुनिया की प्रमुख भाषाओं में आज इसका अनुवाद सुलभ है। अंग्रेजी, जर्मन, फ्रेंच, रूसी, सिंहली, तिब्बती रूपांतर देखने का सौभाग्य मुझे प्राप्त है। अपने देश में मेघदूत के अनुवाद हिंदी, उर्दू, बंगला, मराठी आदि भाषाओं में उपलब्ध हैं।

यूरोप और पश्चिमी संसार के समक्ष मेघदूत को उपस्थित करने का श्रेय है होरेस हेमन विल्सन साहब को। उन्होंने अपना अंग्रेजी अनुवाद 'क्लाउड मैसेंजर' सन 1813 ई. में कलकत्ता से प्रकाशित कराया। विल्सन ईस्ट इंडिया कंपनी के असिस्टैंट सर्जन थे और रॉयल एशियाटिक सोसायटी के मंत्री भी। संस्कृत-प्राकृत-पालि-अपभ्रंश की दसियों कृतियाँ उनके द्वारा अंग्रेजी में अनूदित हुईं और इस प्रकार पाश्चात्य जगत् के समक्ष पहुँचीं। मेघदूत का परिचय रूस को सौ वर्ष बाद प्राप्त हुआ ठीक 1913 ई. में, जबकि कारकोव से उसका प्रथम रूसी संस्करण बाहर आया। तब से 'ओब्लाको वेस्तनिक' वहाँ के जनसामान्य की प्रिय वस्तु बना हुआ है। बारहवीं-चौदहवीं सदियों के मध्य का तिब्बती मेघदूत अब भी उपलब्ध है। एक-एक भाषा में पीछे कई-कई रूपांतर होते रहे।

हिंदी में मेघदूत के पद्यानुवाद अब तक मैं आठ देख चुका हूँ, कुछ और भी अवश्य होंगे—अप्रचारित या अप्रकाशित स्थिति में। गद्यानुवाद छः-सात मिले हैं। सर्वप्रथम पद्यानुवाद राजा लक्ष्मणसिंह ने किया ब्रजभाषा में, जो कि 1882 ई. में प्रकाशित हुआ था। पीछे के अनुवादकों में ठाकुर जगमोहनसिंह, अवधवासी 'भूप' उपनाम लाला सीताराम बी.ए., राय देवीप्रसाद पूर्ण, पंडित लक्ष्मीधर वाजपेयी, सेठ कन्हैयालाल पोद्दार, पंडित केशवप्रसाद मिश्र और पंडित रामदास आदि के नाम आते हैं। इनमें से कुछ अनुवाद तो बेहद लोकप्रिय हुए। मुझे लक्ष्मणसिंह, देवीप्रसाद पूर्ण और केशवप्रसादजी वाले रूपांतर विशेष प्रिय रहे हैं।

अपने इस काव्य के लिए कालिदास ने 'मंदाक्रांता' छंद को चुना था। सत्रह-सत्रह अक्षरों का एक-एक चरण होता है इस छंद का। आरम्भ के चार अक्षर द्विमात्रिक, फिर पाँच अक्षर एकमात्रिक (ह्रस्व), फिर एक द्विमात्रिक के साथ स्वरक्रम झटका खाता है; फिर ग्यारहवाँ अक्षर द्विमात्रिक (गुरु), बारहवाँ एकमात्रिक, तेरहवाँ और चौदहवाँ

द्विमात्रिक, पंद्रहवाँ एकमात्रिक और सोलहवाँ-सत्रहवाँ दोनों ही द्विमात्रिक। अर्थात्—

ना ना ना ना, न न न, न न ना, ना न ना, ना न ना, ना
आँ खें मूँ दे व्य थि त स्व र में मे घ से य क्ष बो ला
कश्चित् कान्ता विरहगुरुणा स्वाधिकारात्प्रमत्तः

इस प्रकार समग्र मेघदूत काव्य एक इसी छंद में गुंफित है। काश्मीर-निवासी महाकवि क्षेमेंद्र ने अपने 'सुवृत्ततिलक' में लिखा है कि वर्षा-ऋतु, प्रवास अथवा विपत्ति का वर्णन करना अभीष्ट हो तो 'मंदाक्रांता' का सहारा लेना चाहिए। सम्भवतः मेघदूत की विषयवस्तु और तदनुकूल इसकी लयबद्धता के कारण ही क्षेमेंद्र उक्त निर्णय पर पहुँचे थे।

भारतीय छंदों की गेयता के संबंध में, ऋचाओं के संबंध में, तात्कालिक लोकलय से अनुप्राणित प्राकृत-पालि की गाथाओं के संबंध में प्रामाणिक शोधकार्य अब तक आरंभ नहीं हुआ। अपनी इस विप्रलम्भ-रस-रचना के लिए अकारण ही महाकवि ने मंदाक्रांता छंद को नहीं चुना होगा। यह काव्य रससिद्ध तो है ही, स्वरसिद्ध भी कभी अवश्य रहा होगा।

दिवंगत आचार्य लक्ष्मीधर वाजपेयी ने मेघदूत का अपना अनुवाद मंदाक्रांता छंद में ही किया था। आचार्य महावीर प्रसाद द्विवेदी आदि कतिपय मनीषियों ने वाजपेयी जी के इस प्रयास की भूरि-भूरि सराहना की थी। परंतु समासशक्ति की गुंजाइश न रहने के कारण कालिदास की एक पंक्ति का हिंदी-रूपांतर कोई एक ही पंक्ति में हमेशा कर ले जाए, यह हो नहीं सकता। पच्चर ठोकते-ठोकते मर जाइएगा, फिर भी ढिलाई दूर नहीं होगी ! भाव पूरा नहीं आएगा !

प्रस्तुत रूपांतर और मुक्तवृत्त

मैं बहुत दिनों से सोचता रहा, सोचता रहा कि किस प्रकार कालिदास की मूल भावना को ज्यादा से ज्यादा लोगों तक पहुँचा दिया जाय। हिंदी कविता का आधी शताब्दी का विकासक्रम सामने था। निराला थे, तारसप्तकों की झंकार थी, सरदार जाफ़री का शृंखलित मुक्तवृत्त था। कई कृती कलाकारों के गद्यकाव्य थे। प्रयाग के नए साहित्यकारों की हमारी अपनी गोष्ठी तो ख़ैर थी ही।

आखिर इस अनुवाद के लिए मैंने 'स्वच्छंद' छंद को ही चुन लिया—पंक्तिविच्छेद की शैली में गुम्फित गद्यकाव्य का यह ढाँचा मुझे क्यों प्रिय है, बता नहीं सकता !

मुक्तवृत्त की इन योजनाओं के प्रति हमारा आज का यह जो लगाव है, इसके कई हेतु हैं।

आधुनिक हिंदी काव्य जिस तरह यूरोप, अमरीका और बंगाल के काव्यप्रयोगों का ऋणी है अपनी विषयवस्तु के लिए, ठीक उसी प्रकार रचनाविन्यास की दिशा में भी वह उनका उधार खाता आया है। बंगाली कवियों पर पश्चिमी काव्य-धारा का प्रभाव स्पष्ट

है। माइकेल मधुसूदन दत्त अपने अभिनव प्रतीकों , उत्प्रेक्षाओं, व्यंजनाओं और छांदसिक विच्छित्तियों की वजह से ही युगांतरकारी कवि कहलाए। इस प्रख्याति के पीछे उनकी अपनी प्रतिभा तो थी ही, मगर पाश्चात्य काव्य-प्रयोगों का उनका गम्भीर पांडित्य भी माइकेल की कवि-कीर्ति का अन्यतम आधार अवश्य था। गद्यकाव्य या काव्यगद्य की शैली में रवींद्र की अंग्रेजी 'गीतांजलि' प्रकाशित हुई तो उधर के कुछ एक विदग्ध मीमांसकों ने कहा—भारतीय कवि की यह कोई अपनी शैली थोड़े है, यह तो बाइबिल से उधार ली हुई टेकनिक है ! इसके प्रतिवाद में रवींद्रनाथ ने वैदिक ऋचाओं की ओर संकेत किया था, और यही बात निराला ने 'परिमल' की भूमिका में लिखी है अपनी मुक्तवृत्तता का निदान बतलाते हुए। निराला अपने मुक्त-छंदों में स्वरों की उपेक्षा कभी नहीं करते; स्वतंत्र होते हुए भी उनके काव्यप्रयोग स्वरसंहिता से संयुक्त रहे हैं।

श्री हम्बर्ट वुल्फ ने विश्वकोष में भाव को ही मुक्त छंद का उद्‌गम बतलाया है। अंग्रेजी बाइबिल का अनुलेखन-काल 17वीं शताब्दी के आरंभिक वर्षों में माना गया है। ईसाइयों के उक्त निकाय-ग्रंथ में दाऊद और सुलेमान (संत सोलोमन) के उद्‌गारों की काव्यात्मक लयबद्धता, भावमूलक होने के कारण ही तो हमें इस प्रकार खींचती है। वैदिक ऋचाएँ, उपनिषद के वाक्य, पालि-प्राकृत के सुत्त, आयुर्वेद की संहिताएँ, दर्शनों और व्याकरणों के सूत्र एवं वृत्तियाँ, पिछले युगों में निर्मित भाष्य-महाभाष्य—भारतीय वाङमय की यह लम्बी परम्परा स्वरशून्य गद्यों की नीरस परम्परा नहीं रही। विषय-वस्तु के साथ-साथ गेय तत्त्व का यह सामंजस्य हम 'दशकुमारचरित' में भी पाते हैं और 'हर्षचरित' तथा 'कादम्बरी' में भी।

तथापि यह मानना होगा कि वास्तविक मुक्तछंद आधुनिक युग की ही उपज है। हमारे साहित्यिक प्रयोगों की शृंखला अन्यान्य देशों के साहित्यिक विकास की परंपरा से जुड़ी हुई है। यूरोप और अमरीका के कवियों ने अपने-अपने यहाँ की छांदस परिधि को कैसे तोड़ा, क्यों तोड़ा, हमें यह समझ लेना होगा।

फ्रांस, इटली, अमेरिका, रूस और इंग्लैंड में मुक्तवृत्त की यह नई परम्परा पनपी। राजनैतिक, औद्योगिक एवं सामाजिक उथल-पुथल के दौर में वहाँ के कवियों में अपूर्व मनोमन्थन चला। क्या अंतस्तत्त्व, क्या बाह्य विधान, कविकर्म की 'सनातन' रूढ़ियाँ टूक-टूक हो गईं। ओजस्वी प्रतीकों के परुष कवि मायकोव्स्की की प्रतिभा का उन्मेष इसी अभिनव माध्यम के द्वारा हुआ। 19वीं सदी के अंतिम और 20वीं सदी के आरम्भिक वर्षों में फ्रांस की काव्यात्मा बुर्जुआ विकृतियों का शिकार हो गई; तब से वह अपंग ही पड़ी थी। इधर आकर '40 के बाद लूई अरागों और पाल एलुआर ने उसकी नसों में नवजीवन का संचार किया है। चिली-निवासी (परंतु अपनी भूमि से निर्वासित) कवि पाब्लो नेरूदा और हाल ही विश्व के साहित्य-गगन में चमकनेवाले तुर्की कवि नाज़िम हिक़मत की भी वाणी मुक्तछंदों में ही प्रवाहित है।

फक्कड़ अमरीकी कवि वाल्ट ह्विट्मैन अपने युग में ओजस्वी भावनाओं का सर्वश्रेष्ठ शब्द-शिल्पी था। पहाड़ी नदी के प्रखर प्रवाह की तरह उसकी कविता बह

निकली, छंद सम्बन्धी बंधनों की रत्ती-भर भी परवाह ह्विट्मैन को नहीं थी ! डेमोक्रेसी ही उसकी प्रेरणाओं का स्रोत रहा। परंतु आज के मुक्तछंदी कलाकारों का मसीहा वह बूढ़ा अमरीकी नहीं है, एज़रा पाउंड और टी.एस. इलियट को ही अब इस दिशा में उपाध्याय एवं महोपाध्याय का आसन प्राप्त है। और, इन दोनों पर किसका प्रभाव पड़ा था ? फ्रांस के प्रतीकवादियों का असर तो खैर सर्वव्यापी था ही, चीन की प्राचीन कविताओं से भी शब्दशिल्प की यह स्वच्छंद शैली उन्होंने अपनाई। अंग्रेजी में हॉपकिन्स का भी प्रभाव इन कवियों पर माना जाता है। वैदिक ऋचाओं के ढंग भी पाउण्ड और इलियट को प्रिय हैं, उनसे उन्होंने कुछ लिया भी है।

कहना नहीं होगा कि ह्विट्मैन का मुक्तछंद सर्वथा विमुक्तबंध था, परंतु आज का मुक्तछंद सुसंयत एवं सुगठित है। छंदों का सामान्य गुम्फन जिस कौशल की अपेक्षा रखता है, इसमें उससे कहीं अधिक निपुणता अपेक्षित रहती है। छंदों पर जिनका अच्छी तरह अधिकार होगा, मुक्तवृत्त की रचना में वही सफल रहेंगे। इसी प्रकार, मुक्तछंद के वैरूप्य एवं वैविध्य की अभिज्ञता छांदस प्रतिपत्ति में सहायक होगी।

यथा-तथा रचित ऊटपटांग पंक्तियों का सस्वर पारायण श्रुतिमधुर किंवा श्रवणोत्तेजक हो सकता है, किंतु कविता की असल कसौटी तो श्रुतिमधुरता या श्रवणोत्तेजकता मात्र नहीं हुआ करती ! ठीक उसी प्रकार, टेढ़ी-मेढ़ी सर्पिल पंक्तियों का कथंचित् विन्यास मात्र मुक्तवृत्त नहीं होगा। हाँ, छंद-संबंधी अपनी अक्षमताओं पर पर्दा डालने का इससे बढ़िया कोई दूसरा तरीक़ा शायद ही हो ! आए दिन, हम देखते हैं कि कई-एक मूर्धन्य साहित्यकार अब अपनी बुढ़उती में मुक्तवृत्त पर हाथ साफ कर रहे हैं !! नौसिखुआ को तो समझा-बुझा लीजिएगा, लेकिन सद्यः कवि-कीर्ति के इन लालची महानुभावों का क्या इलाज करेंगे आप ?

मुक्तछंद का मौजूदा रूप भी स्थिर नहीं रहेगा। हमारे देश की वैज्ञानिक प्रगति और औद्योगिक विकास जिस प्रकार लोकचेतना को स्फीत-स्फुरित करते चलेंगे, उसी प्रकार काव्य-प्रयोगों में भी परिवर्तन होता चलेगा।

आज फिर काव्यात्मा लोक-गीतों की ऋजुता पर उतर आना चाहती है। मुक्तछंद ने गद्य की भाषा को पूर्ण कर दिया है और पद्य के संकुचित दायरे को काफी फैला दिया है। इस शैली में क्या कुछ नहीं लिखा गया ? सब कुछ लिखा गया है इसमें। प्रथम श्रेणी के विश्वकवियों ने खुले बन्दों की लचकीली पंखुड़ियों पर अपनी-अपनी प्रतिभा को थिरकाया है। श्रेष्ठ से श्रेष्ठ वस्तु मुक्तछंद में तैयार की गई। राजनीतिक नारेबाजी, सामाजिक विस्फोट, शिशुओं को सुलाने के लिए लोरियाँ, संतों की सूक्तियाँ, शृंगार और विप्रलम्भ, हास-परिहास, काकु और वक्रोक्ति......मुक्तछंद सबको निहाल कर चुका है। कवियों और गद्य-लेखकों को इसने एक ही आसन पर ला बिठाया है। मात्रिक बंधनों और अंत्यानुप्रासों के जटाजाल में उलझी हुई कवि-प्रतिभा को गद्य की समतल भूमि पर उतार लाने का श्रेय इसी मुक्तवृत्त शैली को है।

अनुभव से मैं इस नतीजे पर पहुँचा हूँ कि किसी रचना में अंत तक मुक्तवृत्त की

शैली को निभा ले जाना बड़ा ही दुष्कर काम है। पंक्ति तीन शब्दों की हो चाहे पाँच-छः या दस-ग्यारह-बारह शब्दों की, या चार-आठ-बारह शब्दों की हो, गेयता की दृष्टि से उस पंक्ति का किसी न किसी क्रम में छंदगंधी होना आवश्यक है। अर्थात् किसी न किसी छंद के महीन धागे के सहारे ही यदि पंक्ति की तितलियों को ऊँचा उड़ने दिया जाय और इस प्रकार शब्दशिल्प का सूत्रधार अपनी लाड़ली पुतलियों पर काबू रख सके तो सफलता निश्चित है। इस कौशल का निर्वाह हुआ हो तो उसे मैं 'गुम्फित मुक्तवृत्त' कहूँगा। उदाहरण के लिए—

मैं शुरू हुआ मिटने की सीमा-रेखा पर
रोने में था आरम्भ, किंतु गीतों में मेरा अंत हुआ....
मैं एक अधूरी कथा
कला का मरण-गीत रोने आया

(तारसप्तक–1, गि. कु. माथुर)

अथवा—

फूटा प्रभात, फूटा विहान
छूटे दिनकर के शर, ज्यों छवि के वह्नि-बाण
आलोकित जिनसे धरा
प्रस्फुटित पुष्पों के प्रज्वलित दीप
लौ भरे सीप

(वही, भा. भू. अग्रवाल)

अथवा—

एकांत सत्य बहते रहना
सुधि सम्बल ले चिर-एकाकी
बस सफ़र सफ़र...

(वही, प्र. माचवे)

यह तो रही व्यवस्थित या सुसंयत मुक्तछंद की बात। अब असंयत या अव्यवस्थित मुक्तछंद पर आइए।

मात्राओं के बंधन से बिलकुल अलग, छंद की स्थूल किंवा सूक्ष्म लाक्षणिकता से सर्वथा अछूता। परंतु, आवेगमय भावनाओं पर सवार या फिर वक्रोक्तियों से दमकता हुआ...

मगर इसमें भी स्वरों की गुंजायश रहती है। घनाक्षरी, मनहर जैसे वार्णिक छंदों के पाये पर मुक्तवृत्त के इस प्रभेद को मजे में खड़ा किया जा सकता है। कभी-कभी लोक-कथा की तुकांत शैली भी इसमें आकर भिड़ जाती है तो पंक्तियों की पूँछें जगमगा उठती हैं ! भावनाट्य के लिए यह शैली खूब ही उपयुक्त बैठती है। इसे मैं 'निर्बंध मुक्तवृत्त' कहूँगा। उदाहरण के लिए—

बाँसरी प' चला इमनकल्याण

बेला पर बिछ गया बेसुध मालकोश
बाएँ और दाएँ हाथ की बीचवाली तीनों उँगलियाँ
तबला और डुग्गी पर
नचा गईं जाने किस-किस राग को
तदन्तर कविताएँ सुनी गईं...

अथवा–

सरग था ऊपर, नीचे था पाताल
अपच के मारे बुरा था हाल
दिल-दिमाग भुस के, खद्‌दर की थी खाल

अथवा–

अभी तो तरुणी हूँ
चौंकते युवजन
भिक्षापात्र लेकर जब मैं निकलती

अथवा–

इसी होटल के करीब
भूखे मजबूर गुलामों के गिरोह
टिकटिकी बाँध के तकते हुए ऊपर की तरफ
मुन्तज़िर बैठे हैं उस सायत ए-नायाब के, जब
बूट की नोक से नीचे फैंके
अजनबी देस के बेफ़िक्र जवानों का गिरोह
कोई सिक्का, कोई सिगरेट, कोई केक
या डबल रोटी के जूठे टुकड़े
छीना-झपटी के नज़ारों का मज़ा लेने को
पालतू कुत्तों के एहसास पै हँस देने को।
भूखे मजबूर गुलामों का गिरोह
टिकटिकी बाँध के तकता हुआ इस्तादा है।

(अजनबी मुहाफिज़ : सा. लुधियानवी)

कहना नहीं होगा कि मेघदूत का प्रस्तुत अनुवाद भी इसी शैली में तैयार किया गया है। आरम्भ में कुछ-एक श्लोकों तक अनुवादक की चेतना पर निराला छाए रहे, बाद को उसने उनसे छुटकारा पा लिया।

यहाँ मैं खुले तौर पर स्वीकार कर लूँ कि यह प्रयास कोई सर्वातिशायी प्रयास नहीं है। भविष्य में अच्छी से अच्छी प्रतिभा कालिदास को हिंदी की भावभूमि पर उतारेगी।

मेघदूत : उसकी लोकप्रियता के कारण

शापग्रस्त एक विरही यक्ष ने पावस के उमड़ते बादलों को देखा तो बेचैन हो उठा। अपनी प्रियतमा की याद में विह्वल होकर उसने मेघ से प्रार्थना की—तुम्हें मेरा दूत बनना पड़ेगा मेघ भाई ! अपनी भाभी के नज़दीक जाना होगा, चाहे जैसे भी जाओ, जाना मगर होगा ही...तक़लीफ़ तो तुम्हें इसमें ज़रूर होगी, लेकिन भाई का काम भाई नहीं करेगा तो और कौन करेगा ?...

—भारतीय कवि की यह अनूठी सूझ थी। वैदिक, औपनिषद एवं पौराणिक प्रतिभा जहाँ तक छलाँग मार चुकी थी, यह पहली दफ़े भारतीय प्रतिभा वहाँ से आगे उड़ी। पावस का प्रथम मेघ अपनी मस्ती में था, धीरललित गति से आकाश की सैर कर रहा था वह। ...किंतु चेतना की गिरफ़्त में पड़कर अचेतन तत्त्व बिलकुल ही ठिठक गया। कुछ बस नहीं चला मेघ का, पूरी की पूरी बात विरही यक्ष की उसे सुननी पड़ी ! अनुनय और स्नेह का बंधन कोई मामूली बंधन थोड़े है ?

—सो, मेघ भाई को आख़िर दूत बनना ही पड़ा !

'मेघदूत' को हमारे यहाँ के टीकाकारों और साहित्य-मीमांसकों ने एक अपूर्व खंडकाव्य माना है। व्याख्याकार स्थिरदेव (11वीं सदी) कालिदास की इस कृति को काव्य अथवा खंडकाव्य नहीं, अपितु महाकाव्य मानते हैं। इनकी राय में, महाकाव्य के अठारहों लक्षण 'मेघदूत' में मिलते हैं, फिर आप मेघदूत को क्यों नहीं महाकाव्य कहिएगा ?

—मेघदूत खंडकाव्य है।

—मेघदूत काव्य है।

—मेघदूत महाकाव्य है।

साहित्य-शास्त्र की परिभाषा के अनुसार वह चाहे कुछ भी हो, परंतु साधारणतः विचार करने पर इतना तो बेझिझक कहा जा सकता है, 'मेघदूत' भारतीय काव्यजगत् में सर्वथा नूतन परम्परा का आरम्भ था। हमारे वाङ्मय के लिए यह एक अभिनव अवदान था कालिदास की तरफ़ से।

महामहोपाध्याय मल्लिनाथ ने इंगित किया है और 'मेघदूत' के कतिपय अन्य टीकाकारों की भी राय है कि मेघ से दूत का काम लेने की प्रेरणा कालिदास ने आदिकवि बाल्मीकि से ली होगी—पवनपुत्र हनुमान भी तो लंका पाँव-पैदल नहीं गए थे न ? राम का संदेश सीता तक पहुँचा देना और फिर सही-सलामत वापस आ जाना...आदिकवि ने अंजनीनंदन से इतना काम तो अवश्य ही करवा लिया। तो, कालिदास का विरही यक्ष वही काम मेघ के सुपुर्द करता है—और सो भी गया तो कभी वापस नहीं आया ! पता नहीं, उस बेचारे का क्या हुआ आख़िर ! बाक़ी चार महीने उस गरीब के कैसे कटे, आज तक किसी ने नहीं बतलाया हमें !

तो, क्या कालिदास की प्रतिभा मेघदूत उधार ले आई थी ? यक्ष-संदेश का श्रेय क्या आदिकवि को ही प्राप्त है ?

—नहीं, नहीं, नहीं। नहीं, बिल्कुल नहीं।

'मेघदूत' की कल्पना कालिदास की मौलिक कल्पना थी, बिलकुल अपनी सूझ थी। यहाँ के एक चक्षुष्मान् पृथ्वीपुत्र की नैसर्गिक उद्‌भावना थी यह...अपने हिंद की गँवई गीतों की कड़ियाँ आज भी तो वह काम लेती हैं बादलों से !

दूत के रूप में मेघ को यक्ष के समक्ष पेश करना मौलिक तो खैर था ही, कवि-कल्पना का भारतीय सीमांत भी था यह। ग्रीष्मशेष के धूलिधूसर आकाश में काले-कजरारे बादल देखते ही हमारा दिल थिरकने लगता है। और कहीं, स्नेही स्वजन निकट न हुए तो मन की दशा बुरी से बुरी हो जाती है; जी उचट जाता है बिलकुल, उस बदहाली का भला क्या पूछना !

यों भी तो भारतीय जन-मन पर मेघ छाया हुआ है। हमारी खेती-गिरस्ती उसी पर निर्भर है। अपना प्राचीनतम वाङ्मय—वेद—मेघ-महिमा से मुखर है। यहाँ मेघ केवल आकाश में ही नहीं रहा, ऋचाओं और मंत्रों की सवारी की है उसने। प्राकृत और पालि की गाथाएँ, संस्कृत के छंद, अपभ्रंशों के आख्यान, आंचलिक बोल, प्रादेशिक लोक-कथाएँ...बिंदुमाल सौदामिनी-वल्लभ मेघमहाराज की तरल करुणा से सिक्त है हमारा समग्र वाग्वैभव।

पी. रित्तेर (मे. का रूसी अनुवादक) की राय में मेघदूत "करुणापूर्ण संतप्त स्वगत उद्‌गार" है। 'मेघदूत' का सारांश बता चुकने के बाद वह लिखते हैं—

यात्रामार्ग, तदनन्तर कुबेर के कल्पित राज्य तथा स्वयं यक्ष के निवासस्थान का वर्णन और साथ पौराणिक व काल्पनिक आख्यानों से लिये गए सुझाव, दृष्टांत चित्र आदि कालिदास की काव्यकला के निमित्त प्रचुर सामग्री प्रस्तुत करते हैं। 'मेघदूत' का एक-एक पद्य अपने आप में परिपूर्ण-परिमार्जित-सुसंयत चित्र है, जिन्हें एक सूत्र में पिरोकर एक अनूठे कंठहार का रूप दे दिया है कवि ने। उन रंग-बिरंगे चमकदार पद्यरत्नों के सहारे एक मनोरम चित्र तैयार कर लिया गया है। वे केवल प्रेम तथा सम्भोग के मजे लूटते रहे, यक्षों की सृष्टि विधाता ने की ही इसीलिए। परंतु यहाँ बेचारा यह यक्ष विरह का शिकार हो गया बुरी तरह। अभिशप्त यक्ष की मनोदशा का वर्णन करते-करते कवि की संगीतात्मक करुणा बह निकली है।

इस करुण गीति-काव्य के विषय में बहुत-सी बातें बतलाकर रित्तेर साहब पाठकों से पूछते हैं—'एस्थेटिक इन्ज्वायमेन्ट' (सौन्दर्यमूलक रसोपलब्धि) नाम का वह यूरोपीय रस सही माने में 'मेघदूत' की कविता का आस्वादन करा सकेगा क्या ?

और स्वयं ही वे इस प्रश्न का समाधान भी करते हैं—हाँ, अवश्य करा सकेगा। यह ठीक है कि रसों के विभाव-अनुभावादि यूरोपवालों की चेतना द्वारा दुर्ग्राह्य हैं और अंततः उन्हें भारतीय व्याख्या की ओर ही भागना पड़ता है एवं कालिदास के निम्नोक्त कथन की शरण लेनी पड़ती है—

रम्याणि वीक्ष्य मधुरांश्च निशम्य शब्दान्
पर्युत्सुकी भवति यत्सुखितोऽपि जन्तुः।

तच्चेतसा स्मरति नूनमबोधपूर्वं
भावस्थिराणि जननान्तरसौहृदानि ।।

कहने को यों इस काव्य का नायक है यक्ष, परंतु मैं तो मेघ को ही कवि की विलक्षण कल्पना का नायक मानता हूँ। विश्वविदित कुल में उसका जन्म हुआ। उसकी अंतरात्मा करुण एवं आर्द्र है। दान में कोई उसकी बराबरी नहीं कर सकता। वह कामरूप है, चाहे जब जैसा रूप धारण कर लेता है। वह प्रकृति-पुरुष है, असामान्य व्यक्तित्ववाला ! वह ऐसी उत्तम कोटि का है कि उसके समक्ष हाथ फैलाते वक्त किसी को लज्जा या ग्लानि का अनुभव नहीं होता। संतप्त प्राणी उसी की शरण में आकर शांति प्राप्त करते हैं। इतना प्यारा है वह, इतना भला कि उससे अनुचित प्रार्थना भी की जा सकती है। और, चुपचाप मित्रों का काम कर लाता है....बिजली ठहरी मेघ की प्राणवल्लभा, अलग तो वह होगी नहीं ! कवि ने बीच-बीच में तो उसके बारे में कहा ही है। अंत में आशीर्वाद के समय भी वह मेघप्रिया को याद करता है—मा भूदेवं क्षणमपि चते विद्युता विप्रयोगः !

117 चौपदे हैं 'मेघदूत' के। उनमें से केवल 14 श्लोक 'संदेश' के हैं। बाकी समूचा काव्य यात्रा-पथ-संबंधी निर्देशों से भरा पड़ा है। रामगिरि (रामटेक, जि. नागपुर, मध्यप्रदेश) से कैलाश तक पहुँचाने में काव्य का अधिकाधिक अंश चला जाता है। बत्तीस पंक्तियाँ (आठ पद्य) लेती है अलका। फिर करीब साठ पंक्तियाँ (पंद्रह पद्य) विरहिणी यक्षप्रिया के वर्णन में आती हैं और आगे, बेचारी से क्या-क्या कहना है, यही आता है।

प्रेयसी-विरह की प्रत्यक्ष अनुभूति का यह विवरण कोरा कवि-कर्म नहीं, बल्कि कालिदास की निजी संवेदनाओं का सहज परिपाक था। यात्रा-निर्देश के प्रसंग में भी 'मेघदूत' में जितनी पंक्तियाँ आई हैं, सभी स्वाभाविक सौरभ लिये हुए हैं। एक-एक पंक्ति से भारतीय आत्मा ध्वनित हो रही है। धरती, आकाश, नदियाँ, पहाड़, जंगल, मैदान, खेत, खेतिहर, वृक्ष-वनस्पति, उद्भिद् और घास-फूस, गाँव-नगर-उपनगर, बाग-बगीचा, नर-नारी, पशु-पक्षी, देव-देवी...क्या नहीं है 'मेघदूत' में ?

मेघ रामगिरि से अलका जाने के लिए सीधी राह नहीं पकड़ता है, वह कई जगहों से होता हुआ कैलाश पहुँचता है। इस प्रकार बहुत सारे दृश्य उसके सामने आते हैं। कवि ने जान-बूझकर विस्तृत वर्णन की यह छूट ले रखी है। उज्जयिनी को भला वह कैसे छोड़ता ? शिप्रा की चपल लहरें भला कैसे रह जातीं ? महाकाल को भला किस प्रकार भूला जा सकता था ? मालवा की भूमि का कैसा मोह था कवि को !

यह ठीक है कि 'मेघदूत' में, विशेषतः पूर्वमेघ में कवि ने प्रकृति के बाह्यरूपों का चमत्कार दिखलाया है। परंतु वह क्षण-भर के लिए भी मानवीय भावना को अपने शब्दशिल्प से पृथक नहीं होने देता। मेघ को भी तो उसने मेघमात्र नहीं रहने दिया। मेघ यक्ष का साथी है, भाई है। उम्र में छोटा ही समझिए ! भाई का कुशल समाचार उसे भाभी तक पहुँचाना है। थकने पर वह पहाड़ों पर उतरकर सुस्ता लेता है, प्यास लगने

पर नदियों का पानी पीता है। भारी हो उठता है, तो बरस-बरस कर हल्का हो लेता है। मानसरोवर की तरफ जानेवाले हंस उसका साथी बनते हैं और हरिण उसे राह दिखाते है। नदियों से मेघ का प्रेम-संबंध है, यक्ष की हिदायत है कि वह उनकी उपेक्षा न करे; ज़रा देर हो तो हो, मगर अपनी प्रेयसियों का दिल न तोड़ना ! विरहजनित उनकी कृशता जैसे भी मिटे, वैसा करना !

उज्जैन में घरेलू मयूर नाच-नाचकर मेघ की अगवानी करेंगे। महलों में वह थकावट उतारेगा और तत्पश्चात् महाकाल के दर्शनार्थ निकलेगा। सायंकालिक आरती के समय उसके मंद्र-गम्भीर गर्जन नगाड़े की कमी पूरा करेंगे। अंधेरी रात में उसका विद्युत्प्रकाश अभिसारिकाओं के लिए मार्गदर्शक होगा। जिसकी गौखों में कबूतर सोए होंगे, उन अटारियों को वह अपना रैनबसेरा बनाएगा।

आगे कुरुक्षेत्र मिलेगा, फिर कनखल में गंगा दिखाई देगी। तत्पश्चात् नगाधिराज हिमालय सामने आएँगे।

हिमालय के जंगलों में आग लगी होगी, मेघ उसे अपनी बौछारों से शांत करेगा। कालिदास का मेघ महिमा और अनुकम्पा का प्रतीक है। मुसीबत में पड़ी हुई सृष्टि का संकटमोचन करना उसका स्वभाव है।

और आगे बढ़ने पर उसे कैलाश दिखाई देगा—कर्पूरगौर भगवान शंकर के पुंजीभूत अट्टहास की तरह महाश्वेत महामहोच्च धवल गिरि !

उसी कैलाश की गोद में आबाद यक्षों की अलकापुरी, मेघ को वहीं जाना है।...

अपने देश का यह कवित्वमय भूगोल सिवा कालिदास के और कहाँ किसने पेश किया अपनी जनता के समक्ष ? इतनी नदियाँ, इतने पहाड़, इतने अंचल, इतनी विविधताएँ हम और कहाँ पाएँगे ?

यों कहने को पूर्वमेघ प्रकृति की ही सुषमा के चित्रों से जगमगा रहा है, परंतु उन चित्रों का रंगीलापन कोई सामान्य रंगीलापन नहीं, वह तो मानवमर्म की सहज संवेदनशीलता से अंतर्दीप्त है। इसी प्रकार उत्तरमेघ मनोमय होता हुआ भी नैसर्गिक इंगितों से मेदुर बन गया है।

मेघ अलका पहुँचेगा। मुक़ाबला करनेवाले महल मिलेंगे उसे वहाँ। क्या ऊँचाई, क्या तड़क-भड़क, क्या चित्रमयता, क्या आवाज़, क्या आर्द्रता... किसी भी दृष्टि से अलका के महल मेघ की बराबरी कर सकते हैं।

सदाबहार मौसम, हमेशा फूलों और फलों से लदे पेड़, कुमुदों-कमलों से सदैव जगमगाती बावड़ियाँ, महीने में तीसों रात अंजोरिया ही अंजोरिया...

आनंद से उच्छ्वसित होने पर आँखों में पानी आ जाय तो आ जाय, वर्ना वहाँ आँसू दिखाई ही नहीं पड़ते ! वेदना सिर्फ एक ही हुआ करती है : मदन वेदना। और, उसका इलाज होता है प्रियतम-प्रियतमा का परस्पर समागम। सिवाय प्यार की छेड़खानियों के अन्य प्रकार का कोई कलह नहीं। और, वहाँ धनपतियों (यक्षों) की नगरी में सारी की सारी आयु जवानी ही होती है...

मेघदूत की यह अलका भला क्या थी ?
यह थी हमारे भारतीय मन की 'युटोपिया'।
शोक नहीं, आनंद।
अश्रु नहीं, हास।
वियोग नहीं, संयोग
कलह नहीं, प्यार भरी छेड़खानियाँ।
बुढ़ापा नहीं, जवानी।
मृत्यु नहीं, जीवन।
तम नहीं, नित्यज्योत्स्ना।

—विश्वकल्याण की कामना में व्यग्र आज का हमारा मानवसमुदाय, स्थाई शांति और सर्वमंगला सृष्टि के लिए अधीर आज का हमारा सचेत सुधीवर्ग क्या यही-कुछ नहीं चाहता ? और, कालिदास का मेघसंदेश यदि यही-कुछ है तो वह कभी फीक़ा नहीं पड़ेगा। वह सदैव इसी प्रकार स्फूर्तिप्रद और चेतनामय बना रहेगा।

हमारी कामना अभी अपूर्ण ही है। शोक, अश्रु, वियोग, कलह, वार्धक्य, मृत्यु...किसी पर अब तक हम क़ाबू नहीं पा सके हैं, प्रभुओं के अभिशाप निस्तेज अवश्य हो गए हैं पर मिट नहीं गए हैं पूरी तरह। फिर भी मेघ को हमने जो आशीष दी थी, उसका हमें गर्व है। मेघ से बिजली का ही क्यों, किसी भी प्रीतम से किसी भी प्यारी का बिछोह हमें बर्दाश्त नहीं। हमारी अंतरात्मा आर्द्र है, अतः करुणामय है।

यक्ष की पत्नी सामान्य नारी नहीं है, वह मेघ की भाभी है। मेघ यक्ष का भी कल्याणमित्र है और यक्षिणी का भी। वे दोनों अभिशप्त ठहरे। दोनों तरफ बिछोह है, आँसू है, बेचैनी है। बैरी विधाता ने दोनों का मिलनमार्ग रुद्ध कर रखा है। बीच में हजारों कोस का फासला है...संदेश पहुँचाने का भी साधन नहीं है।

ऐसी स्थिति में प्रियतम का कुशल-क्षेम यदि कोई मित्र आकर बतलाए तो उस खुशनसीबी के क्या कहने !

कान्तोदन्तः सुहृदुपनतः संगमात् किंचिदूनः

साक्षात्समागम की अपेक्षा तनिक ही कम महत्त्व होगा उस घटना का ! प्रेमी का संदेश और सो भी एक अंतरंग बंधु के द्वारा अधिगत !! बंधु भी कोई सामान्य बंधु नहीं, संतप्तों का सहारा ...आर्द्र अंतःकरणवाला...सहज करुणाकर !

मेघ के प्रति यह आस्था यक्ष के अंदर जो हम पाते हैं, सो कालिदास की कोई सर्वथा अभिनव उद्‌भावना नहीं माना जा सकता इसे। भारतीय लोकमानस के लेखे मेघ सखा भी है, साथी भी; वह हमारा भाई भी है, दादा भी। वह हमारा राजा भी है। साथ ही उसे हम अपना 'लंगोटिया यार' भी मानते आए हैं। हम उसके प्रति इस कदर ढीठ हैं कि डाँट-फटकार साधारण-सी बात हो जाती है ! स्वजन या दिलवर नज़दीक न हुआ तो फिर भारी-भारी ऊदे-ऊदे काले बादलों से हमारे खयाल बोझिल हो उठते हैं। हमारा जनकवि चीख पड़ता है—

1. आ गए काले बादल
घने-गुथे मेघों से छा गया आकाश
बरस रहा है आसाढ़
मगर, यहाँ तो बालम ही नहीं
वह किसी दूसरे देश में है !

2. बादलों से छिटक-छिटक
कौंध रहीं बिजलियाँ
बरस-बरस कर लग जाना चाहता है
ढेर-ढेर सा पानी
एक-गुना अंधेरा हो गया लाख-गुना
उत्तर-दक्षिण का आभास तक मिट गया...

3. क्यों खड़ी है गोरी, मन मारकर ?
ठिठक गई है क्यों री, बीच आँगन में ?
धरती का है लहंगा
बादल की चोली
चाँदनी के बटन
कसे हैं दोनों स्तन
खड़ी है मनमारे क्यों री, आँगन में ?

4. नहीं रे ओ ! भाई मेरे, तू नहीं आया रे !
कहाँ जाऊँ, करूँ क्या, बहलाऊँ कैसे दिल को ?
अंतर में दिन-रात
बस तेरी ही बात
जलाता है लगातार भादों का महीना
ओ मेरे बंधु, फिर भी तू नहीं आया !!

5. काँ-काँ कूँ-कूँ कर रहा है मोर
गरजता है बादल
जगमगा रहे हैं जुही के फूल...
सावन का यह महीना !
हाय रे बटोही,
जिएगी नहीं तेरी प्यारी
अगर तू घर नहीं लौटा...

खंड-खंड रूप में भटकनेवाले मेघ पीछे महामेघ का विग्रह धारण करते हैं, इसी प्रकार लोकमानस में समय-समय पर उठनेवाले खंड-खंड भाव जब किसी मेधावी द्वारा एकत्र गुम्फित होने का अवसर पाते हैं तो उदात्त भाव-भूमि का निर्माण हो जाता है। भावों का गुम्फन व्यक्ति का आकस्मिक चमत्कार नहीं हुआ करता। जिस तरह वस्तुसृष्टि अमोघ नियमों से आबद्ध है, उसी तरह हमारी भावों की सर्जना भी विकास के निश्चित क्रमों की अनुवर्तिनी है। स्वाभाविकता का जो तारतम्य भौतिक जगत् के अणु-परमाणु में परिलक्षित होता है, आवेगमय मनोजगत् में भी ठीक वही क्रम काम करता है। मेघ-सन्देश यहाँ एक ही व्यक्ति की अनुभूतियों का फल नहीं है, वह तो समग्र लोकमानस की मेघविषयिणी कल्पनाओं का मार्मिक परिणाम है। कालिदास जैसा अखूट शब्दशक्ति का अधिस्वामी एवं चमत्कारी अभिव्यंजना का जादूगर ही वैसी अरूप मानस सामग्री को रूपायित करके उसे सर्व-साधारण के समक्ष इस प्रकार रख सकता था।

पंचतंत्र, जातक कथामाला, कथा-सरितसागर, ईसप की कहानियाँ, आर्थर के आख्यान ...इनका संकलन भले ही व्यक्तियों ने किया हो, परंतु है यह जन-मन की समग्र अनुभूतियों की ही रूपायित राशि। मधुच्छत्र देखकर इतना तो हम अंदाज लगा लेते हैं कि नाना दिग्देशों से समय-समय पर स्वल्प या अधिक मात्रा में शहद की मक्खियाँ मकरंद और पराग के कण लाती रही हैं—आदान और आहरण का यह क्रम महीनों चला है; और तब जाकर यह मधुकोष तैयार हो पाया है !...काव्यनिर्माण में भी कवि-मन को ठीक इसी प्रकार की मधुकरी वृत्ति अपनानी पड़ती है।

जो काव्य जितना ही अधिक लोकप्रिय होगा, बहुजन की उतनी ही अधिक अनुभव सामग्री उसका आधार होगी। घोंघा-मात्र तक परिसीमित भावभूमि यदि आपको और हमको न छू पावे तो यह केवल उन्हीं के लिए परिताप का विषय होगा जो शैली-सर्वस्व शुद्ध घोंघाबसंत होंगे।

कालिदास को मानवीय हृदय की भारी पहचान थी। इसी से उनके साहित्य में हम तत्कालीन मध्यम एवं उत्तम वर्ग के समग्र लोकमानस की ये झाँकियाँ पाते हैं। इसी से 'मेघदूत' आज भी हमें इतना अच्छा लगता है। इसी से विरह के दिनों की ''घनीभूत भावाकुलता''[1] का यह चित्र हृदयवालों के लिए इतना प्रिय हो उठा।

कालिदास ने मेघ को ही संदेश का वाहन क्यों बनाया ? बसंत के समीर को वह इस काम के लिए चुन सकते थे। दक्षिण से आनेवाले मंदानिल को उत्तर की तरफ भेजना कितना स्वाभाविक होता !...मगर नहीं, कवि को आषाढ़ी बादल ही पसंद आया, क्योंकि उसमें समस्त सृष्टि को संतापमुक्त करने की क्षमता थी। दूत से केवल संवादप्रेषण का ही कार्य लेना होता तो एक बात भी थी, परंतु यहाँ तो अनेकानेक उत्तरदायित्व उस पर डालने थे ! ग्रीष्मदग्ध पृथ्वी का हृदय शीतल करवाना था, खेत सिंचवाने थे, हंसों को मानसरोवर तक लिवा जाना था, जंगली पहाड़ी नदियों का दुबलापन मिटवाना था,

---

1. 'कलेक्टिव इमोशन' (काडवेल)।

उज्जयिनी में अभिसारिकाओं को मदद दिलवानी थी, कदंबों में फूल उगवाने थे, देवदार के जंगलों की आग ठंडी करवानी थी...बहुत सारे काम करवाने थे इस लाड़ले दूत से !

विरही की बातें विरहिणी तक कोई भी ले जा सकता था—पवन, हंस, चकोर, भ्रमर, या अन्य कोई भी रामगिरि से अलका तक जा सकता था। परंच हमारे कवि को वर्षाकालिक नवजलधर ही इस कार्य के लिए सर्वाधिक उपयुक्त जँचा ! ऐसा भला क्यों हुआ ?

आषाढ़ का मेदुर मेघ जब किसी तरफ प्रयाण करेगा तो वह यों ही नहीं देश-काल की दूरी काटता चलेगा। वह औढरदानी ठहरा। स्नेह-सुधावृष्टियों से सप्राण करता चलेगा वह परितप्त संसार को; सरिताओं के सूखे पाट उससे कैसे देखे जाएँगे ? भ्रू-विलासों से अपरिचित किंतु प्रीतिस्निग्ध आँखों के प्रति विश्वासघातकता की तो वह कल्पना तक नहीं कर सकेगा—दौत्यमात्र ही इतिकर्तव्यता की उसकी कोटि में नहीं रहेगा। निखिल विश्व के कल्याणसाधन का अपना महाव्रत भी वह साथ-साथ निभाता ही चलेगा। अतिरेक लाभ की यह सुदुर्लभ उपलब्धि अपने बंधुओं को भला और कौन करा पाएगा ? विरहदग्ध बांधवी अपने प्रवासी पति के कुशलक्षेम तो पाएगी ही, ग्रीष्मदग्ध भूतल भी पावस का प्रथमोपहार पाएगा। लाभ का अपना-अपना लभ्यांश सभी को मिलेगा ! सृष्टि के प्रति सामान्य मांगलिकता भी अक्षुण्ण रहेगी और संवाद-परिवहन का एक विशेष लक्ष्य भी पूरा हो लेगा !

इस प्रकार हम आसानी से समझ सकते हैं कि पावस के प्रथम मेघ को विरही यक्ष के संवादों का वाहन बनाकर कालिदास के कविमानस को कैसा अपूर्व परितोष प्राप्त हुआ होगा।

मेघदूत को छोड़कर वर्षा-ऋतु का कवित्वमय गुम्फन अन्यत्र कहीं नहीं है, किसी भाषा में नहीं और किसी देश में नहीं ! कालिदास की प्रतिभा ने पावस की वेदनाओं को शाश्वत भाषा में समोकर मंदाक्रांता की चौपदियों में ढाल लिया।

इस काव्य को मैं मेघ की वर्षगाँठ का महिम्नस्तोत्र ही मानता हूँ।

यक्ष की बेचैनी से कालिदास अति व्यथित थे, तथापि दूत के मार्ग को उन्होंने संक्षिप्त नहीं किया। बल्कि काफी लंबा कर दिया फासले को कवि ने ! खेतों, बागों, वनों, प्रांतरों और नदियों-पहाड़ों पर बिलमा-बिलमाकर मेघ को आगे बढ़ने दिया गया है। यात्रा की गति अलस और मंद रही है। आगे बढ़कर फिर पीछे मुड़ना, सहज पथ छोड़कर दूर-दूर के शहरों का चक्कर लगाना, जिधर से ही किसी ने इशारा दिया, उधर को ही हो लेना...'ना' करना तो मानो मेघ भाई ने कभी सीखा ही नहीं ! दिग्-दिगंत की और देश-देशांतर की निसर्ग-रमणीयता से हम इस तरह अभिभूत हो उठते हैं कि आवेग शांत हो जाता है। फिर एक अजीब शिथिलता मन को अपने काबू में कर लेती है। जहाँ चाहता है मेघ ठिठक जाता है। हम भी ठगे-ठगे से वहीं ठमक जाते हैं। आगे बढ़ने का कोई उपाय नहीं ! किसकी मजाल कि इस मौजी दूत की मस्तानी रफ्तार में तनिक भी हेर-फेर कर दे !

रवींद्र ने एक स्थान पर लिखा है--

अज्ञात निखिल के साथ अभिनव परिचय, यही है पूर्व मेघ। इसकी एक विशेषता और है। यह हमारे चारों तरफ निभृत परिवेष्टन की रचना करके 'जननांतर सौहृदानि' की याद दिला देता है, अपूर्व सौंदर्य-लोक के बीच किसी एक चिर-परिचित प्रियतम के लिए मन को उतावला बना देता है।

पूर्व मेघ में विचित्र-विलक्षण के साथ सौंदर्य का परिचय है। और, उत्तरमेघ में उसी एक के साथ आनंद का सम्मिलन है। इस भूतल पर विपुल के बीच से उस सुख की यात्रा है और स्वर्ग में एक के बीच से उस अभिसार का परिणाम है।

"नववर्षा के दिन कर्ममुखर संसार में यहाँ रहना किसे नहीं निर्वासन प्रतीत होगा ? आषाढ़ी बादल हमें बाहर निकलने को बुलाता है—यही रहा पूर्व-मेघ का प्रयाण। और, यात्रा के अंत में चिर-मिलन के निमित्त हम साफ आश्वासन पाते हैं; यही है उत्तर-मेघ का संदेश।"[1]

ऐसे भी अनेक विद्वान् हुए हैं जिनकी राय में कालिदास का यह काव्य अधूरा है। आचार्य भामह ने 'काव्यालंकार' में मेघदूत को वाचाशक्तिहीन (गूँगा) बताकर अपनी झल्लाहट जाहिर की है, परंतु अगले ही क्षण वह सँभल गए। कोई उपाय नहीं था, कालिदास के साथ उन्हें रियायत करनी पड़ी : यह कहकर आचार्य ने आत्मसंतोष की साँस ली—

"यदि चोत्कण्ठया यत्तदुन्मत्त इव भाषते।
तथा भवतु भूम्नेदं सुमेधोभिः प्रयुज्यते।।"[2]

(यदि यक्ष बेचैनी के मारे पागल की तरह बकता है तो बका करे ! छोड़ दो उसे...मेधावी लोग बहुधा अपनी रचनाओं में इस प्रकार का प्रयोग करते हैं।)

वस्तुतः आदि से अंत तक मेघ मौन ही रहा, यक्ष उसे अपनी बातें कहता गया—कहता गया और कहता ही गया।

—आचार्य भामह को तो यह अनुचित एवं अनर्गल (अयुक्तिमत्) लगा, वरंच मम्मट की दृष्टि से इस प्रकार के कविकर्म लोकोत्तर माने गए। उन्होंने कविता को 'प्रकृति के नियमों से परे' (नियतिकृत नियमरहिता) बतलाया है। यह आवश्यक नहीं है कि सभी आलंकारिक समान रूप से कवि की आत्मा को सझम पाएँ।

यह सत्य है कि प्रस्तुत दूत आदि से अंत तक मूक बना रहता है और 'प्रकृति के नियमों से परे' वाली अपनी भूमिका का निर्वाह भली-भाँति करता है, तथापि मेघ-संदेश की काव्यात्मा यहाँ नैसर्गिक चमत्कारों से सर्वथा ओत-प्रोत है। इसी अद्भुत कौशल के कारण कालिदास की यह रचना हजारों वर्ष बाद भी आज ताज़ा की ताज़ा है और आगे भी ताज़ा रहेगी।

---

1. विचित्र प्रबंध

2. काव्यालंकार-1/14

अपने इस दूत के विषय में यक्ष कितना अधिक आस्थावान् है !

उसने कहा—

"ओ मेघ, तुम चुप हो तो क्या हुआ !
गुमसुम रहने पर भी तो तुम्हीं हो कि
प्रार्थी चातकों को पानी दिया करते हो !
मैंने इतना-कुछ कहा
और तुमने ध्यानपूर्वक सुन भी लिया
मगर जवाब में एक भी शब्द कहाँ निकला है
तुम्हारे मुँह से ?
मैं तो इस मौन को स्वीकार ही समझता हूँ...."

विश्वास की यह परिपूर्णता ही मेघ-संदेश की इतिश्री बन गई। अनास्था तो थी नहीं कि प्रतिशब्द आवश्यक होता ! शेष कृत्य रह गया था आशीर्वचन । सो, खुले दिल से बेचारे ने आखिर कहा ही कि—

"इष्टान्देशांजलद विचर सम्भृतश्री
मा भूदेवं क्षणमपि च ते विद्युता विप्रयोगः।"

बदले में मेघ से कुछ नहीं कहलवाया, तो मेरी राय में कालिदास ने यह खूब किया ! मौनमूक आषाढ़ी बादल मेघदूत की पंक्ति-पंक्ति पर सवार है, उसकी मंदाक्रांता का एक-एक चरण लोक-मानस में थिरक रहा है।

फिर भी कुछ-एक सहृदयजन तड़पते रहे कि बेचारे यक्ष का अंततः क्या हुआ और अलका से मेघ वापस आया कि नहीं !

तरौनी (मिथिला) निवासी महामहोपाध्याय परमेश्वर झा ने 'यक्ष समागमकाव्यम्' तैयार किया था। कई कारणों से इस जवाबी मेघदूत का प्रचार-प्रसार नहीं हो सका। और भी एक-आध विद्वानों ने इस प्रकार की चेष्टा की होगी, किंतु मुझे उसका पता नहीं है। बीच-बीच में विद्वानों का यह अभिमत सुनता रहा हूँ कि 'मेघदूत' एक अधूरी रचना है। कालिदास ने अपने इस काव्य का वियोगांत क्यों छोड़ दिया ? दूत को भेजा और वह लौटकर नहीं आया, आखिर कब तक हिमालय के पठारों में भटकता रहा होगा।

कालिदास होते तो इन प्रश्नों के जवाब में वह ज़रूर ही मुस्करा पड़ते ! ऐसा अशोभन भाव-दारिद्र्य् उस महाकवि के लिए कल्पना से परे की बात होती !

बता ही चुका हूँ, 'मेघदूत' भारत की काव्य-परम्परा में सर्वथा अपूर्व प्रयोग था। काव्य-नायकों के दूत अब तक सचेतन हुआ करते थे और नायिकाओं के पास पहँच-पहुँचकर लौट भी आते थे। परंतु कालिदास ने अपने काव्यनायक के लिए एक अद्‌भुत दूत चुना। इस अजीब हरकारे को जाना ही जाना था, लौटने की जिम्मेवारी से उसे मुक्ति मिली हुई थी। अचेतन होने पर भी वह निखिल सृष्टि का बंधु था। अविश्वास या अनास्था की तो उसके प्रति कहीं गुंजायश ही नहीं थी।

भारतीय कवि का यह दूत एक असामान्य दूत था। अलका पहुँचकर विरहिणी

यक्षप्रिया से अवश्य ही वह मिला होगा; और चार महीने बाद शापमुक्त यक्ष भी अवश्य ही घर पहुँचा होगा।

कौन कहता है कि मेघदूत नहीं लौटा ! वह अपनी ड्यूटी पूरा करके लौटा, तत्पश्चात् भारत के घर-घर में और भारतीयों के हृदय-हृदय में समा गया !!

कालिदास : व्यक्ति और कृतित्व

यदि एक ही व्यक्ति का नाम भारतीयता के प्रतीक के रूप में लेने को कहा जाय तो मैं कालिदास का ही नाम लूँगा। इस प्रसंग में एक प्राचीन श्लोक अपने यहाँ सुधी-समाज का कंठहार बना हुआ है :

पुरा कवीनां गणनाप्रसंगे
कनिष्ठिकाऽधिष्ठितकालिदासा।
अद्यापि तत्तुल्यकवेरभावात्—
अनामिका सार्थवती बभूव ।।

इसमें बड़ी चतुराई से कालिदास की अद्वितीयता सिद्ध की गई है। एक को सर्वाधिक प्रशंसनीय कह देने से अन्यान्य कवियों की हीनता न मान ली जाय। बाहरी प्रकृति और भीतरी प्रकृति—भारत की समूची प्रकृति जिसकी शब्द-शक्ति का सहारा पाकर रूपायित हो उठी, उसका नाम सिवाय कालिदास के, और भला हो ही क्या सकता है !

हमारे प्राचीन साहित्याचार्य कवियों की खूबियों का जब कीर्तन करने लगे तो उल्लसित होकर कहा—"उपमा कालिदासस्य..." उसकी सौंदर्यानुभूति, पर्यवेक्षण की क्षमता, स्थावर और जंगम सृष्टियों के प्रति उसकी जागरूकता, लोकमानस की अद्‌भुत अभिज्ञता, साधारण एवं स्थूल रूपों में असाधारण व सूक्ष्म तत्वों की इंगिति आदि की तरफ उन्होंने ध्यान नहीं दिया। इतना ही कि कालिदास की उपमाएँ उन्हें अच्छी लगीं और वू झूम उठे ! महान गद्यकार बाणभट्ट ने कहा—

निर्गतासु न वा कस्य कालिदासस्य सूक्तिषु।
प्रीतिर्मधुरसान्द्रासु मंजरीष्विव जायते।।[1]

और आचार्य गोवर्धन की राय थी;

साकूतमधुरकोमलविलासिनी कंठकूजितप्राये।
शिक्षासमयेऽपि मुदे रतलीला कालिदासोक्तिः ।।[2]

और किसी ने कहा—''कालिदास की कविता हो, नई उम्र हो, भैंस के दूध का दही हो और...''

इस प्रकार हम कालिदास के प्रसंग में काफी चर्चा पाते हैं। कवि के संबंध में

1. हर्षचरित,
2. आर्या सप्तशती।

अनेकानेक अनुश्रुतियाँ यत्र-तत्र सुनी जाती हैं। भारत एवं बाहर की आधुनिक भाषाओं में कालिदास की रचनाएँ, तद्विषयक आलोचनाएँ निकलती ही रहती हैं। अंग्रेज शेक्सपीयर की तरह भारतीय कालिदास को भी संसार-भर की शिक्षित जनता ने विश्वकवि के रूप में स्वीकार कर लिया है।

कालिदास का समय क्या था ?

वह कहाँ के रहनेवाले थे ?

—समय के बारे में अधिकांश विद्वानों की राय स्थिर-सी हो चुकी है। भारत का कौन-सा प्रदेश उनकी जन्मभूमि रहा होगा, यह बताना मुश्किल है। मालवा, कश्मीर, मिथिला, महाराष्ट्र आदि के निवासियों की यह चेष्टा रही है कि कालिदास को अपनी-अपनी भूमि का प्रमाणित करें। वरंच इस कार्य में अभी तक किसी प्रदेश के निवासियों को सफलता नहीं मिली है। क्या हानि है, हम कालिदास को केवल 'भारतीय' ही क्यों न रहने दें ?

समय उनका ईस्वी वर्ष गणना का चतुर्थ शतक था। वह विक्रमादित्य, चंद्रगुप्त (द्वितीय) के राजकवि थे—इस तथ्य के पक्ष में काफी प्रमाण मिलते हैं। कुछ लोग उन्हें ईसा-पूर्व प्रथम शताब्दी का प्रमाणित करना चाहते हैं। मालव-गणों के महामुख्य 'प्रथम विक्रमादित्य' के ही दरबार में कालिदास आदि नवरत्न थे, ऐसी राय वालों की दृष्टि में महाकवि अश्वघोष कालिदास के बाद हुए थे।

परंतु विकास-क्रम बतलाता है कि अश्वघोष पहले हुए, कालिदास बाद को। अश्वघोष ने अपने काव्य में जिन दृश्यों को छू-छूकर छोड़ दिया है, उनका चित्रण कालिदास ने क्या ही पूर्णता के साथ किया है ! उदाहरणार्थ दोनों कवियों के एक-एक श्लोक को मिलाकर देख लीजिए—

ततः कुमारः खलु गच्छतीति
श्रुत्वा स्त्रियः प्रेष्यजनात्प्रवृत्तिम्।
दिदृक्षया हर्म्यतलानि जग्मु—
र्जनेन मान्येन कृताभ्यनुज्ञः।।—बुद्धचरित, 3/11

ततस्तदालोकनतत्पराणां
सौधेषु चामीकरजालवत्सु।
बभूवुतिरत्थं पुरसुन्दरीणां
त्यक्तान्यकार्याणि विचेष्टितानि।।—रघुवंश, 7/5

वस्तुविन्यास की अश्वघोष की अपूर्णता कालिदास में आकर पूर्णता प्राप्त करती है, यह मानना पड़ेगा।

कालिदास ने प्रकृति को क्षण-भर के लिए भी अपनी आँखों से ओझल नहीं होने दिया है। धरती, आकाश, पहाड़, समुद्र, नदियाँ, झील, मैदान, फसलों से लहलहाते खेत, घने-पतले जंगल, बड़े-छोटे वनस्पति, छल-छल, कल-कल बहती हुई छोटी नहरें, छलाँग

लगाते हुए हरिण, तालाबों में देह डुबोए हुए भैंसे, उथली तलइयों में पानी के अंदर से मोथी का जड़ चिंचोड़ते जंगली सुअर, बरसात को रात में टरटराते हुए मेढ़क, जगमगाते तारे...क्या नहीं देखा है हमारे महाकवि ने ?

कल्पना को प्रकृति से अभिन्न रखने का आग्रह भारतीय कवि-परम्परा में सदा से रहा है। बाल्मीकि, अश्वघोष, कालिदास, प्रवरसेन, दंडी, बाण, माघ, श्रीहर्ष, विद्यापति, चंडीदास, तुलसीदास, रवींद्र, प्रसाद, पंत, निराला—सबका सम्पर्क रहा है प्रकृति से, किसी का अधिक तो किसी का कम। परंतु कालिदास की बराबरी करनेवाला दूसरा प्रकृति-पुत्र हमारी इस भूमि में फिर पैदा नहीं हुआ, यह सभी स्वीकार करते हैं।

शैली और प्रयोग—दोनों ही दृष्टियों से कालिदास बेजोड़ हैं, विशेषतः नैसर्गिक चित्रों के क्षेत्र में। कहीं भी इनकी कल्पना ने सौंदर्य-विधान और प्रासादिकता का साथ नहीं छोड़ा।

कालिदास की प्रतिभा का स्पर्श पाकर जड़ प्रकृति भी सजीव हो उठती है। तरुण तरु भाई और लताएँ बहनें बनकर हमारे समक्ष आती हैं। शकुंतला के लिए जितनी व्यग्रता कुलपति कण्व के हृदय में है, उतनी ही आश्रम के वनस्पतियों में भी। आश्रम के मनुष्यों में और अचेतन पशुओं-पक्षियों में तथा उद्‌भिदों में कोई पार्थक्य नज़र नहीं आता। शकुंतला तो साक्षात् निसर्ग-कन्या-सी प्रतीत होती है। पतिगृह भेजते समय महर्षि तभी तो उसके लिए वृक्षों से अनुमति माँगते हैं—

पातुं न प्रथमं व्यवस्यति जलं युष्मास्वपीतेषु या
नादत्ते प्रियमंडनाऽपि भवतां स्नेहेन या पल्लवम्।
आद्ये व : कुसुमप्रसूतिसमये यस्या भवत्युत्सवः
सेयं याति शकुंतला पतिगृहं सर्वैंश्नुज्ञायताम्।।

और वनस्पतियों में से भेट में किसी ने क्षौम (दुशाला) दिया, किसी ने महावर। दूसरों ने अलक्षित वनदेवी के लक्षित कर-कमलों द्वारा गहने दिए !

अंत में इन बुजुर्ग और प्यारे वनस्पतियों ने शकुंतला को ससुराल जाने की अनुमति दी—खुद तो वे बोल नहीं सकते थे, कोयल की कूक द्वारा उन्होंने अपना आशय जतलाया !

अनुमतगमना शकुन्तला
तरुभिरियं वनवासबंधुभिः।
परभृतविरुतं कलं यथा
प्रतिवचनीकृतमेभिरीदृशम्।।

आंचलिक विशेषताओं का सन्निवेश जिस हद तक हम कालिदास की रचनाओं में पाते हैं, उतना अन्यत्र नहीं। समग्र भारत के भूखंड, पर्वत, नद और नदियाँ, मैदान और खेत, जंगल और मरु-कांतार, सागर-महासागर—कालिदास में सिमट आए हैं। इलायची की लताओं से आलिंगित चंदनतरु; गुफाओं में लैटे हुए, कोलाहल से आशंकित सिंह; बँधे हुए हाथियों के कारण झुकी डालोंवाले अखरोट के पेड़; मलयाचल की तलहटी में

काली मिर्च की झाड़ियाँ और उनमें इधर-उधर उड़नेवाले हरे-हरे तोते; सिंधु-नद के किनारे रेती पर लोट-पलोटकर अपनी थकावट मिटानेवाले घोड़े; तरंगाधरचुम्बी नदीपति समुद्र; फलों के बोझ से झुके खड़े सुपारी के पेड़; ताज़ा मक्खन लेकर स्वागतार्थ उपस्थित गँवई बूढ़े; ईखों की छाँह में बैठकर धान के खेत अगोरनेवाली औरतें; अंगूर की बेलों से घिरी भूमि में बैठकर मदिरा पीनेवाले सैनिक; लाल-लाल चित्तियोंवाले भोजपत्र; गंगा के झरनों की फुहारें उड़ाए लिये जानेवाली हिमाचली बयार...इस प्रकार के सौ-सौ चित्र कालिदास को छोड़कर और हम कहाँ पाएँगे ?

उदात्तता एवं कल्पना-वैभव की दृष्टि से कालिदास बेजोड़ हैं। हिमालय का जो रूप कवि ने हमें दिखलाया, वह अद्भुत है। यथार्थ और कल्पना का ऐसा अपूर्व समन्वय अन्यत्र दुर्लभ है। कुमारसम्भव का आरम्भ ही हिमालय की चर्चा से हुआ है। शुरू के 17 श्लोक हिमालय के विषय में हैं। कैसी विराट भूमिका बाँधी है कवि ने !

अस्त्युत्तरस्यां दिशि देवतात्मा
हिमालयो नाम नगाधिराजः।
पूर्वापरौ तोयनिधी वगाह्य
स्थितः पृथिव्या इव मानदंडः।।

यह कोई मामूली स्तुति नहीं थी, भारतीय कवि के द्वारा अपने महान् हिमालय के राष्ट्रीय वैशिष्ट्य की प्रथम घोषणा थी यह ! पूर्व-पश्चिम सागरों में भीतर तक जिसके दोनों छोर चले गए हैं, धरती को नापने का वैसा डंडा हो मानो अपना यह हिमालय !! ऐसी महीयसी कल्पना सिवाय कालिदास के और कौन कर सकता था ?

चार काव्य और तीन नाटक—कालिदास की सात कृतियाँ विख्यात हैं। ऋतुसंहार, कुमारसम्भव, मेघदूत, और रघुवंश—ये चारों काव्य हैं। मालविकाग्निमित्र, विक्रमोर्वशीय और अभिज्ञान शाकुंतल—तीन ये नाटक हैं। यों और भी कई ग्रंथ कालिदास के नाम पर प्रचलित हैं परंतु भाव-विन्यास और रचना-शैली की एकतात्मता से, परम्परा के प्रमाणों से यह निश्चित हो चुका है कि कविकुल-गुरु कालिदास के उक्त सात ही ग्रंथ हैं।

'ऋतुसंहार' ग्रीष्म आदि छः ऋतुहों के वर्णन का संकलन है। इसमें कथावस्तु जैसी कोई बात नहीं। कवि ने इसमें स्थान-स्थान पर 'प्रिये' का सम्बोधन अवश्य डाला है। चर-अचर प्रकृति की व्यापक जानकारी ऋतुदर्शन की इन कड़ियों में बड़ी खूबी से गुम्फित है।

जुगाली करते-करते
लिभड़ गया है थूथन फेनिल लार से;
प्यास के मारे निकाले लाल-लाल जीभ
पानी की खोज में निकल पड़ी हैं उन्मुख भैसें
—पहाड़ की खोह से (ग्रीष्म 21)

प्रचंड है सूर्य, तीक्ष्णतम किरणें

उछल आया है बाहर
तापतप्त मेढ़क गँदली तलैया से
बैठा है प्यासे साँप के फन की छतरी के नीचे ! (ग्रीष्म 18)

साँप की सी टेढ़ी-मेढ़ी चाल में
जा रहा है बहा नीचे की ओर
मटमैला बरसाती पानी
बहाए लिये जा रहा कीट, रज, तिनके
ताक रहे उस ओर आतंकित मेढ़क ! (वर्षा 13)

'ऋतुसंहार' में युवक-सुलभ शृंगारी भावोच्छ्वासों का अतिरेक बतलाता है कि इसकी रचना के समय कवि पर रंगीला वयोधर्म हावी था।

'कुमारसम्भव' में भी कहीं-कहीं कवि बहके हैं। परंतु कुल मिलकार इस काव्य से हमें उद्दीपक-उत्तेजक विकारी मनोभावों पर सात्विक साधना की विजय का ही ज्वलंत संदेश मिलता है। हिमालय, गौरी, शिव, कामदेव, रति, वसंत आदि को आधार बनाकर इस काव्य की कथा गुम्फित की गई है। विकारी वातावरण की सर्जना, शंकर का क्रोध, कामदेव का भस्म होना, रति का विलाप...पार्वती ने अच्छी तरह देख लिया कि बाह्य सौंदर्य के बल पर वह महादेव को आकृष्ट नहीं कर सकी। अब उसने घोर तपस्या आरम्भ की, माता या पिता कोई भी उसे इस कठिन पथ से नहीं डिगा सके। अंततः शिवजी का ध्यान पार्वती की ओर आकृष्ट हुआ, उसकी कृच्छ साधना ने उन्हें अपना बना लिया। फिर दोनों का विवाह हुआ और आगे चलकर कुमार (कार्तिकेय) का जन्म।....

'कुमारसम्भव' के शुरूवाले आठ सर्ग मात्र कालिदास-रचित हैं, बाकी का अंश अन्य कवि की रचना है।

'मेघदूत' के बारे में विस्तारपूर्वक लिखा गया है।

'रघुवंश' में दिलीप से लेकर अग्निवर्ण (अट्ठाईस पुश्त) तक की बात आई है। कालिदास की रचना के सभी गुण इस काव्य में मौजूद हैं। छोटे-छोटे उन्नीस सर्गों में 'रघुवंश' का कलेवर विभक्त है। क्या साधारण क्या असाधारण—सभी प्रकार के चित्र इसमें मिलते हैं। मुनिसमाज से भरे हुए तपोवन स्वच्छ-शांत ग्रामों की तरह दिखाई पड़ते हैं। कवि ने राजाओं, रानियों और राजधानियों तक ही यहाँ अपनी प्रतिभा सीमित नहीं रखी है। कल्पना और वास्तविकता के चमत्कार स्थान-स्थान पर लक्षित होते हैं। नैसर्गिक छटाओं के मनोरम शब्दचित्र दस नहीं, बीस नहीं, सैकड़ों की संख्या में यहाँ यत्र-तत्र जगमगा रहे हैं। अस्ताभिमुख लटकते सूर्य की समतल आभा तालाब के पानी पर पड़ रही है, लगता है, सोने का पुल बना हो !

पश्य पश्चिम दिगंतलम्बिना
निर्मितं मितकथे विवस्वता।

लब्धया प्रतिमया सरोम्भसां
तापनीयमिव सेतुबंधनम्।। (रघु.-7)

वर और वधू प्रज्वलित अग्नि के फेरे लगा रहे हैं, इस दृश्य ने कालिदास का ध्यान कनकाद्रि (मेरु) की तलहटियों में चक्कर लगानेवाले दिवस एवं रात्रि की जोड़ी की तरफ खींचा–

प्रदक्षिणप्रक्रमणात् कृशानो-
रुदर्चिषस्तन्मिथुनं चकाशे।
मेरोरुपांतेष्विव वर्त्तमान-
मन्योन्यसंसक्तमहस्त्रियामम्।। (रघु.-7)

कल्पना की यह विशालता अन्यत्र दुर्लभ है।

महाकवि मिल्टन का अंदाज था कि चंद्र स्वयं प्रकाशमान नहीं है और अमावस्या को वह पहाड़ की खोह में जा छिपता है। 'साम्सन् एगोनिस्ट्स' (नाटक) के आरंभ में व्यक्तिगत करुणोक्ति की उनकी कड़ियाँ देखिए–

The sun to me is dark
And silent as the moon
When she deserts the night,
Hide in her vacant interlunar cave.

चंद्र-अदर्शन के विषय में इस प्रकार की कल्पना यहूदियों की थी। चतुर्दशी, अमावस्या और प्रतिपदा (तीन अहोरात्र) सूर्य के निकट बिताकर शुक्ल पक्ष की द्वितीया को चंद्रमा फिर निकल आता है–कालिदास ने बड़ी चतुराई से इस तथ्य का उपयोग एक उपमा में कर लिया है–

तिस्रस्त्रिलोक प्रथितेन सार्ध–
मजेन मार्गे वसतीरुषित्वा।
तस्मादपावर्तत कुण्डिनेशः
पर्वात्यये सोम इवोष्णरश्मेः ।। (रघु.-7)

प्रकृति की छोटी-बड़ी वस्तुओं के अतिरिक्त दर्शन, व्याकरण आदि के नियमों तक को कालिदास अपने उपमान बना लेते थे और यह कौशल उनकी अभिव्यक्तियों में अपूर्व चमत्कार भर गया है।

शकुंतला में कवि का प्रकृति-प्रेम पराकाष्ठा पर पहुँच गया है।

शकुंतला अप्सरा (मेनका) की औरस पुत्री थी। पैदा हुई ही थी कि माँ उसे छोड़कर देवलोक चली गई। तब उसे पक्षियों ने पाला-पोसा और इसी कारण वह 'शकुंतला' (शकुन्त-ला; पक्षि-पोषिता) कहलाई। पीछे महर्षि कण्व ने उसको अपना लिया। आश्रम-निवासियों की परिचर्या-अतिथियों का स्वागत-सत्कार, आस-पास के पौधों-पेड़ों की देख-भाल, पालित पशुओं की निगरानी...यही सब काम उसके जिम्मे थे। इन कामों में उसे आनंद भी आता था। एक जगह शकुंतला ने कहा है–

"पिताजी ने नियुक्त किया है, इसी कारण मैं इन्हें सींचती होऊँ सो बात नहीं; मेरा

खुद का भी तो इनके प्रति सहोदर-स्नेह है !"

तपोवन की एक-एक लता से और एक-एक तरु से उसकी आत्मीयता थी—जिस प्रकार प्रियंवदा से या अनसूया से।

निसर्ग के प्रति यह तदात्मभाव कालिदास के अन्य नाटकों में भी हम पाते हैं।

शकुंतला नाटक की प्रशंसा में भारतीय एवं विदेशी मनीषियों ने ढेरों उद्‌गार प्रकट किए हैं। उनकी चर्चा करना यहाँ पिष्टपेषण मात्र होगा। 'विक्रमोर्वशीय' को कालिदास के नाटकों में द्वितीय स्थान प्राप्त है और 'मालविकाग्निमित्र' को तृतीय। तात्पर्य यह नहीं कि पिछले दोनों नाटक घटिया किस्म की फालतू रचनाएँ हैं। फिर भी, 'अभिज्ञान-शाकुंतलम्' की तुलना में इन्हें हम नहीं रख सकते। शकुंतला न केवल संस्कृत नाटकों में, बल्कि संसार-भर के नाटकों में श्रेष्ठ है, फिर विक्रमोर्वशीय और मालविकाग्निमित्र ही कैसे उसकी बराबरी करें।

वाल्मीकि, कालिदास, भवभूति और तुलसीदास--इन्हीं चार महाकवियों को आलोचकाचार्य रामचंद्र शुक्ल ने अपना आदर्श एवं आधार माना है। निरुत्साह, निराशा, अमंगल, स्वार्थ आदि पर उत्साह, आशा, मंगल, परमार्थ आदि की विजय दिखलानेवाले कवियों में कालिदास का कोई साधारण स्थान नहीं है।

व्यक्ति और समुदाय, इसी प्रकार राष्ट्र और विश्व परस्पर-विरोधी नहीं हैं। हमारी भारतीय परम्परा में कभी इन्हें अलग-अलग करके नहीं देखा गया। 'कला कला के निमित्त' वाली बात हमारे यहाँ कभी नहीं सुनी गई। जीवन के प्रति नकारात्मक दृष्टिकोण न वाल्मीकि का रहा, न व्यास का और न कालिदास का ही। मृत्यु का नहीं, जीवन का दर्शन भारत का अपना दर्शन है।

वाल्मीकि ने कहा, जीवित रहना श्रेय है क्योंकि जीवित रहने पर सुख के दिन कभी न कभी आ ही जाते हैं।

व्यास ने कहा, मैं और कुछ नहीं चाहता, चाहता हूँ यही कि प्राणियों की मुसीबतें मिट जाएँ।

कालिदास ने कहा, क्षण-भर भी यदि जीव का श्वास चालू रहे तो यह उसके लिए लाभ की बात हुई !

जब तक सफलता न मिले, तब तक हमें ढीला नहीं पड़ना चाहिए, आफलोदयकर्मा होना चाहिए। संचय केवल इसलिए हो कि त्याग करना है। अपराधियों को दंड देना आवश्यक है। समय पर सोना और समय से शय्यात्याग करना। कम बोलना, क्योंकि इससे सत्य की रक्षा होगी। यशस्वी होना है तो विजयी बनो। गृहस्थी का भार ढोना इसलिए आवश्यक है कि संतान की परम्परा टूट न जाए। बचपन में जिस प्रकार विद्याभ्यास आवश्यक है, जवानी में लौकिक सुखों का उपभोग भी उसी प्रकार अनिवार्य है। बुढ़ापे में मुनिवृत्ति और अंत में यौगिक क्रियाओं के सहारे देहांत—कालिदास ने अपने युग के आदर्श जीवन की यह झाँकी 'रघुवंश' के आदि में ही दी है।[1]

---

1. 'सोहभाज्न्म शुद्धामाम्'—से लेकर 'रघूणामन्वयं वक्ष्ये' तक।

सदाचार पर महाकवि ने काफी जोर दिया है। रामचंद्र के पुत्र महाराज कुश ने साकेत छोड़कर अन्य स्थान में नई राजधानी बसाई थी। एक रात परित्यक्त अयोध्या की नगर देवता स्त्रीरूप धारण करके राजा से मिलने आई–

"जिस प्रकार दर्पण में छाया प्रविष्ट कर जाती है, उसी प्रकार वह अंदर घुस आई थी। उसे देखकर महाराज को बड़ा आश्चर्य हुआ। उपरला धड़ और सिर उठाकर विस्मित स्वर में वह बोले :

"तुम कौन हो ? बंद घर में घुस आई हो मगर योगिनी होने का एक भी लक्षण दिखाई नहीं देता। हिमदग्ध कमलिनी की तरह उदास आकार धारण किए हो ! हे शुभे, तुम कौन हो ? किसकी पत्नी हो ? मेरे पास क्यों आई हो ? साफ-साफ बताओ ! हाँ, इतना ध्यान रहे कि रघुवंशियों का मन स्वभाव से ही परस्त्री-विमुख रहता है।"

तब उस स्त्री ने कहा–"मैं अयोध्या की नगर देवी हूँ।"

इस प्रकार के चित्रों से कवि की नीयत का पता चलता है।

विश्वजित् यज्ञ के बाद रघु का खजाना खाली था। महर्षि वरतंतु के शिष्य (कौत्स) गुरु-दक्षिणा की रकम के लिए अयोध्या पहुँचे। आतिथ्य-सत्कार के समय मिट्टी के बर्तन देखकर युवक मुनि को घोर निराशा हुई और वह वापस जाने लगा। राजा को सारी बात मालूम हो ही चुकी थी। उसने मुनि से दो-तीन दिन की मुहलत माँगी, क्योंकि विद्वान् याचक का लौट जाना उसके लिए असह्य था। ...तब राजा ने धनपति वरुण पर चढ़ाई करने की सोची और अगली सुबह सदल-बल प्रयाण करनेवाला ही था कि अधिकारियों ने आकर निवेदन किया–"श्रीमान् खजाने में सोने का ढेर लग गया है।"

अब राजा खजाने की समूची स्वर्णराशि मुनि को देने लगे और मुनि ने प्रयोजन से अधिक सोना लेना अस्वीकार कर दिया। महर्षि ने चौदह विद्याओं के लिए चौदह कोटि अशर्फियाँ चाही थीं, शिष्य को राजा से उतनी ही रकम अपेक्षित थी। परंतु राजा का आग्रह था कि यह समस्त-स्वर्णराशि आपके लिए ही तो है !

लोगों ने न ऐसा दानी देखा था, न ऐसा याचक ही। आखिर स्वर्णमुद्राओं से लदे-लदाए सैकड़ों ऊँट कौत्समुनि के साथ कर दिए गए।

कैसी भी अमूल्य वस्तु हो, आवश्यकता से अधिक वह वस्तु नहीं चाहिए...उसी प्रकार, योग्य व्यक्ति को जितना भी कुछ दिया जाय, गुणज्ञ दानी का जी नहीं भरेगा। इन दोनों तथ्यों का कैसा बढ़िया चित्रण कालिदास ने किया है।[1]

जैसे-जैसे जन-सामान्य शिक्षित होता जाएगा, वैसे ही वैसे कालिदास की कविता उसकी समझ में आती जाएगी। काव्य-महाकाव्य की तह में घुसने के लिए अक्षरारम्भ की योग्यता कोई योग्यता नहीं कही जायगी। कलाओं की मर्मज्ञता पहले मुट्ठी-भर लोगों की बपौती थी, अब ज्ञान-विज्ञान की तरह ललितकला का द्वार भी सामान्य जनता के लिए उन्मुक्त होता जा रहा है। कालिदास, विद्यापति, ग़ालिब और रवींद्र किसी खास

1. 'रघुवंश' (पंचम् सर्ग)

जाति, वर्ग या देश के एकाधिकार में नहीं रहने के।

दूसरी बात यह है कि कवि और शिक्षक एक नहीं हुआ करते। सीधे लोक-शिक्षा का कार्य तो लोक-शिक्षक ही करेगा। कवि पर इसका भार डालिएगा तो वह कवि नहीं रह जाएगा। रवींद्र ने एक जगह लिखा है–

''कालिदास की कविता अच्छी है तो वह सभी लोगों के लिए सभी कालों के भंडार मे संचित रही समझिए। आज की जनता जिसे नहीं समझ सकी, शायद कल के लोग उसे समझेंगे, कम से कम आशा तो ऐसी ही करनी चाहिए। किंतु कालिदास यदि कवि के बजाय लोकहितैषी होते, तो हो सकता है कि पाँचवीं सदी के खेतिहरों की प्राथमिक शिक्षा में काम आनेवाली कुछ किताबें लिख जाते। उस स्थिति में उनके बाद की इतनी सदियों की क्या हालत होती ?

"तो क्या आप समझते हैं, तब कोई लोकहितैषी था ही नहीं ? जनसाधारण की नैतिक और जाठरिक उन्नति की चिंता करते हुए तब क्या किसी ने कोई पुस्तक लिखी ही नहीं ? किंतु क्या वह साहित्य था ? साल खत्म होते-होते पाठ्य-पुस्तकों की जो दशा हुआ करती है, उन पुस्तकों के भाग्य में भी वही हुआ होगा।"[1]

कालिदास की वाणी भारतीय भावनाओं का सही संदेश वहन कर रही है। वह जन-कल्याण की एषणाओं से ओतप्रोत है फिर भी 'निष्क्रिय प्रतिरोध' की मोघ शिक्षा का आभास नहीं है उसमें।

'विक्रमोर्वशीय' नाटक के अंत में कवि ने जो शुभकामना व्यक्त की है, उसका उद्धरण आवश्यक है–

"सर्वस्तरतु दुर्गाणि
सर्वे भद्राणि पश्यतु।
सर्वः कामानवाप्नोतु
सर्वः सर्वत्र नंदतु !!"

1. रवींद्र-साहित्य (धन्यकुमार जैन द्वारा अनूदित) भाग 24; पृष्ठ 14

मेघदूत

1

अपने कर्तव्य से भ्रष्ट एक यक्ष
पाकर वर्ष-भर का प्रिया - विरह - शाप
अलकापति धनेश्वर कुबेर से
दीन-हीन कृशकाय ओजरहित खिन्नमन
जाकर रहने लगा रामगिरि की वनस्थलियों में
छाँह थी जहाँ की स्निग्ध, शीतल, मन-भावन
जल था जहाँ का जनकलली के स्नान से पावन ।

कश्चित् कान्ताविरहगुरुणा स्वाधिकारात्प्रमत्तः
शापेनास्तङ्गमितमहिमा वर्ष भोग्येण भर्तुः।
यक्षश्चक्रे जनकतनयास्नानपुण्योदकेषु
स्निग्धच्छायातरुष वसतिं रामगिर्याश्रमेषु ।।

2

दुबली कलाइयों से खिसक पड़े कंगन
प्रिया-विरह-कातर खोया-सा रहता मन
बिता दिए कई एक महीने पहाड़ों पर
कि इतने में आ धमका
आषाढ़ का पहला दिन
लिपट गए शिखरों से घनघोर बादल
महामत्त गजराज मिट्टी के ढूहों से
भिड़े हों ज्यों सिर के बल।

तस्मिन्नद्रौ कतिचिदबलाविप्रयुक्तः स कामी
नीत्वा मासान् कनकवलयभ्रंशरिक्तप्रकोष्ठः।
आषाढस्य प्रथमदिवसे मेघमाश्लिष्टसानुं
वप्रक्रीडापरिणतगजप्रेक्षणीयं ददर्श।।

3

देखते ही मेघ
जग पड़े चिरसुप्त अभिलाष
कथंचित सँभलकर खड़ा हुआ यक्ष उसके सामने
रोककर नयननीर
खिन्नमन बेसुध शरीर
सोचता रह गया बड़ी ही देर तक
राजराजेश्वर कुबेर का अभागा अनुचर
देखकर घनघटा
व्याकुल हो उठते जब सुखी प्रेमियों के जोड़े
तो फिर उसका क्या कहना
पड़ी हो दूर देश में
गले लगने को आतुर प्रणयिनी जिसकी ?

तस्य स्थित्वा कथमपि पुरः कौतुकाधानहेतो–
रन्तर्बाष्पश्चिरमनुचरो राजराजस्य दध्यौ।
मेघालोके भवति सुखिनोऽप्यन्यथावृत्ति चेतः
कण्ठाश्लेषप्रणयिनि जने किं पुनर्दूरसंस्थे।।

4

सोचा बेचारे ने : निकट है सावन
कैसे सँभालेगी अपने को प्रियतमा मेरी ?
क्यों न मैं बेचारी तक इन मेघों के द्वारा
भेज दूँ अपना कुशल-समाचार ?
तत्पश्चात् निवेदित करके कुटज के टटके फूल
प्यारभरे शब्दों में बोला विनीत यक्ष--
बन्धुवर मेघ, स्वागत हो तुम्हारा
तापतप्त जग के एकमात्र तुम हो सहारा।

प्रत्यासन्ने नभसि दयिताजीवितालम्बनार्थी
जीमूतेन स्वकुशलमयीं हारयिष्यन् प्रवृत्तिम्।
स प्रत्यग्रैः कुटजकुसुमैः कल्पितार्घाय तस्मै
प्रीतः प्रीतिप्रमुखवचनं स्वागतं व्याजहार।।

5

ओ भोले यक्ष !
बनेगा मेघ भला कैसे संदेश वाहन ?
सुध-बुध को दे दी है सचमुच तूने तिलांजलि !
धूम, ज्योति, सलिल, समीर के जमघट कहाँ वे बादल ?
कहाँ ये तेरे संदेश, जिन्हें ले जा सकते
—कर-चरणोंवाले सचेत प्राणी ?
...कुछ नहीं सोच पाया उत्सुकता का शिकार
विरही यक्ष !
की नहीं पर्वाह, किससे कर रहा है बातें
क्यों भला कर पाए वासना-विकल प्राणी
जड़ और चेतन की विवेचना ?

धूमज्योतिः सलिलमरुतां संनिपातः क्व मेघः
संदेशार्थाः क्व पटुकरणैः प्राणिभिः प्रापणीयाः।
इत्यौत्सुक्यादपरिगणयन् गुह्यकस्तं ययाचे
कामार्ता हि प्रकृतिकृपणाश्चेतनाचेतनेषु।।

6

कौन जाने, मेघ ने सुना कि नहीं !
यक्ष किंतु कहता गया
परम निमग्न-सा प्रीतिसुधासिंधु में :
पैदा हुए हो मित्र, विश्वविदित पुष्करावर्त कुल में
सुरपति के दूत हो इच्छारूपधारी !
साथिन से बिछुड़ा हूँ दैव-दुर्योग का निशाना
अतः तुमसे करता हूँ प्रार्थना सांजलि
याचक हुआ हूँ गुणी अभिजात के समक्ष
खेद नहीं होगा यहाँ अपूर्ण भी यदि रहे मनोरथ
अधम की कृपा से पूरी हुई प्रार्थना मृत्यु के तुल्य है।

जातं वंशे भुवनविदिते पुष्करावर्तकानां
जानामि त्वां प्रकृतिपुरुषं कामरूपं मघोनः।
तेनार्थित्वं त्वयि विधिवशाद्दूरबन्धुर्गतोऽहं
याच्ञा मोघा वरमधिगुणे नाधमे लब्धकामा।।

7

घनश्याम जलद अहे जीवनदाता
एकमात्र तुम हो तापतप्तों के त्राता
धनपति कुबेर के कोप का हूँ शिकार
प्रेयसी तक पहुँचा दो शब्द मेरे दो-चार
हे सहृदय बन्धु, मुझपर दया करो
यक्षों की बस्ती अलका तुम्हें जाना है
जगमगाए रहती है जिसके महलों को
उपवन-स्थित शंकर के भालचंद्र की चाँदनी।

सन्तप्तानां त्वमसि शरणं तत्पयोद प्रियायाः
सन्देशं मे हर धनपतिक्रोधविश्लेषितस्य।
गन्तव्या वे वसतिरलका नाम यक्षेश्वराणां
बाह्योद्यानस्थितहरशिरश्चन्द्रिकाधौतहर्म्या।।

8

सामने की लटें उठाकर ऊपर
भरोसे की नज़रों से देखेंगी तुमको विरहिनें
होकर पवनपंख पर सवार उड़ोगे जब
छोड़कर मुझ-जैसे पराधीन प्राणी को
और कौन होगा कि उमड़ा तुम्हें देखकर
वियोगाकुल प्रिया की करे अवहेलना ?

त्वामारूढं पवनपदवीमुद्गृहीतालकान्ताः
प्रेक्षिष्यन्ते पथिकवनिताः प्रत्ययादाश्वसन्त्यः।
कः सन्नद्धे विरहविधुरां त्वय्युपेक्षेत जायां
न स्यादन्योऽप्यहमिव जनो यः पराधीनवृत्तिः।।

9

लौ लगाए गिन रही होगी मेरे लौटने के दिन
सकुशल होगी तुम्हारी भाभी
तुम उसे देखोगे अवश्य

स-चराचर सृष्टि में अ-प्रतिहतगति हे प्रियबंधु !
प्रेमल कुसुमसम भंगुर स्त्री-हृदय को
टिकाए रहता है विरह की अवधि में
आशा का बन्धन ही प्रायः।

तां चावश्यं दिवसगणनातत्परामेकपत्नी-
मव्यापन्नामवहितगतिर्द्रक्ष्यसि भ्रातृजायाम्।
आशाबन्धः कुसुमसदृशः प्रायशोह्यङ्गनानां
सद्यःपाति प्रणयि हृदयं विप्रयोगे रुणद्धि।।

10

मृदु-मन्थर गति से
डोल रहा है अनुकूल पवन
बाईं ओर साथी पपीहा तुम्हें पुकार रहा 'पीउ-पीउ'
जानकर गर्भधारण का अपना अवसर उपस्थित
उड़-उड़कर अभिनंदन करेगी तुम्हारा
मादा बगुलों की कतार
नील-निर्मल गगन में !

मन्दं-मन्दं नुदति पवनश्चानुकूलो यथा त्वां
वामश्चायं नदति मधुरं चातकस्ते सगन्धः।
गर्भाधानक्षण- परिचयान्नूनमाबद्धमालाः
सेविष्यन्ते नयनसुभगं खे भवन्तं वलाकाः।।

11

पावस के प्रिय मेघ
सुन-सुनकर तुम्हारा गर्जन
उग आएँगे कुकुरमुत्तों के अँखुए
हो उठेंगे राजहंस मानसरोवर जाने को उतावले;
चोंच में लिये
कमलनाल के टूसों की टुकड़ियाँ
उड़ते हुए जाएँगे साथ कैलाश तक !

कर्तुं यच्च प्रभवति महीमुच्छिलीन्ध्रामबन्ध्यां
तच्छ्रुत्वा ते श्रवणसुभगं गर्जितं मानसोत्काः।
आकैलासाद्बिसकिसलयच्छेदपाथेयवन्तः
संपत्स्यन्ते नभसि भवतो राजहंसाः सहायाः।।

12

विदा होना है
गले मिल लो अब इससे
रघुपति के वन्दनीय चरणों से अंकित पठार हैं
—विलक्षण यह चित्रकूट, तुम्हारा अंतरंग सखा
जब-जब मिलते हो, स्नेह को करता है अभिव्यक्त
चिर विरहजनित गरम-गरम भाप छोड़कर।

आपृच्छस्व प्रियसखममुं तुङ्गमालिङ्ग्य शैलं
वन्द्यैः पुंसां रघुपतिपदैरङ्कितं मेखलासु।
काले-काले भवति भवतो यस्य संयोगमेत्य
स्नेहव्यक्तिश्चिरविरहजं मुञ्चतो बाष्पमुष्णम्।।

13

बता दूँ पहले तुम्हें वह राह
जिधर से जाने में सुभीता होगा
पीछे सुन लेना श्रुतिमधुर संदेशा
थको तो पहाड़ों पर सुस्ता-सुस्ता के जाना
सूखो तो झरनों का हल्का पानी पी-पी के तर होना।

मार्गम् तावच्छृणु कथयतस्त्वत्प्रयाणानुरूपं
सन्देशं मे तदनु जलद श्रोष्यसि श्रोत्रपेयम्।
खिन्नः खिन्नः शिखरिषु पदं न्यस्य गन्तासि यत्र
क्षीणः क्षीणः परिलघु पयः स्रोतसां चोपभुज्य।।

14

लचकीली बेतों से हरी-भरी घाटियोंवाला
यह स्थान छोड़कर नभ में ऊपर उठना

चक्करदार अंधड़ों और भारी बगूलों से होगी मुठभेड़
उन्हें धकियाकर बढ़ जाना आगे
सिर उठाए—
चकित दृगों से देखेंगी तुम्हें मुग्ध विद्याधरियाँ...
क्या है यह मइया री मइया !
शैल के शिखर को उड़ाए लिये जा रहा है पवन !
उनका यह अचम्भा तुम्हारे अंदर फुर्ती भर देगा।

अद्रेः शृंगं हरति पवनः किंस्विदित्युन्मुखीभि-
र्दृष्टोत्साहश्चकितचकितं मुग्धसिद्धाङ्गनाभिः।
स्थानादस्मात्सरसनिचुलादुत्पतोदङ्मुखः खं
दिङ्नागानां पथि परिहरन् स्थूलहस्तावलेपान्।।

15

खेलोगे जब-जब धूप से आँखमिचौनी
उग-उग आएगा मनोरम इंद्रधनुष
बहुविध मणियों की मिश्रित परछाई-सा;
इंद्रधनुशोभित तुम्हारा वह श्याम तनु—
देखते ही नयनों में नाचेगा बार-बार
मोरपंखधारी
साँवलिया विहारी।

रत्नच्छायाव्यतिकर इव प्रेक्ष्यमेतत्पुरस्ताद्
वल्मीकाग्रात् प्रभवति धनुःखण्डमाखण्डलस्य।
येन श्यामं वपुरतितरां कान्तिमापत्स्यते ते
बर्हेणेव स्फरितरुचिना गोपवेषस्य विष्णोः।।

16

तुम पर है निर्भर खेती-किसानी
ऐसा सोच-सोचकर
तुम्हारी ही ओर रहेंगे खुले एकटक
ग्रामांचलवासिनी सुहासिनी बहुओं के

नेह-छोहभरे किंतु तिर्छी चितवनों से कोरे नयन !
हाल की जुती सोंधी-सोंधी उस मालवभूमि पर
मित्र मेरे, थोड़ा ही सही मगर बरसना जरूर
हर्ज क्या ज़रा-सा पच्छिम जाना पड़ेगा
फिर द्रुतगति से कर लेना अपना रुख उत्तर की ओर।

त्वय्यायत्तं कृषिफलमिति भ्रूविलासानभिज्ञैः
प्रीतिस्निग्धैर्जनपदवधूलोचनैः पीयमानः।
सद्यः सीरोत्कषणसुरभिः क्षेत्रमारुह्य मालं
किञ्चित्पश्चाद्व्रज लघुगतिर्भूय एवोत्तरेण।।

17

आगे पड़ेगा आम्रकूट पर्वत...
जंगल की आग को करेंगी प्रशमित
बड़ी-बड़ी बौछारें तुम्हारी
कृतज्ञ वह सहृदय पहाड़
श्रांत-क्लांत जानकर तुम को
ठहरा लेगा अपनी ऊँची चोटियों पर
करेगा मैत्री का बर्ताव
याद करके पहला उपकार
अति अकिंचन भी करता है सखा का सत्कार
—नहीं चूकता है कभी
तो फिर आम्रकूट-जैसे बड़ों का क्या कहना !

त्वामासारप्रशमितवनोपप्लवं साधु मूर्ध्ना
वक्ष्यत्यध्वश्रमपरिगतं सानुमानाम्रकूटः।
न क्षुद्रोऽपि प्रथमसुकृतापेक्षया संश्रयाय
प्राप्ते मित्रे भवति विमुखः किं पुनर्यस्तथोच्चैः।।

18

भली-भाँति छाए होंगे छोरों पर
पके फलोंवाले जगमगाते, आम के जंगली पेड़
बीच में शिखर पर होओगे तुम

चिकने चमकीले बालों की तरह कोमल और काले !
कैसा मनोरम होगा वह दृश्य !
मध्य में श्याम, चारों ओर पीला फैलाव
धरती के पुष्ट-पीन उत्तुंग स्तन तुल्य...
देखेंगे तुम्हें देव-देवियों के जोड़े ले ले के रस !

छन्नोपान्तः परिणतफलद्योतिभिः काननाम्रैः
स्त्वय्यारूढे शिखरमचलः स्निग्धवेणीसवर्णे।
नूनं यास्यत्यमरमिथुनप्रेक्षणीयामवस्थां
मध्ये श्यामः स्तन इव भुवः शेषविस्तारपाण्डुः।।

19

अगणित कुंज हैं आम्रकूट की घाटियों में
करती होंगी विहार जंगली तरुणियाँ
रुक जाना तुम भी वहाँ घड़ी-भर
बरसने से बदन हो चुकेगा हल्का
अब और आगे बढ़ना—
विन्ध्य के ऊबड़-खाबड़ पठारों पर
दिखाई देगी अनेक धारों में छितराई रेवा नदी
हाथी की देह पर सफेद खड़िया से खिंची लकीरों जैसी

स्थित्वा तस्मिन्वनचरवधूभुक्तकुञ्जे मुहूर्तं
तोयोत्सर्गद्रुततरगतिस्तत्परं वर्त्म तीर्णः।
रेवां द्रक्ष्यस्युपलविषमे विन्ध्यपादे विशीर्णां
भक्तिच्छेदैरिव विरचितां भूतिमङ्गे गजस्य।।

20

बाकी जल प्यारे वहीं बरसा देना
और फिर पी लेना जी-भर रेवा का पानी
—जंगली हाथियों के कटु-कषाय मद से सुवासित;
—जामुन के कुंजों में से रुक-रुक के बहता हुआ;
तब आगे बढ़ जाना !
भरे-पूरे मेघ, तुम्हें पवन नहीं सकेगा तोल

रिक्तता है हल्कापन
पूर्णता होती है सदैव गौरवमय।

तस्यास्तिक्तैर्वनगजमदैर्वासितं वान्तवृष्टि-
र्जम्बूकुञ्जप्रतिहतरयं तोयमादाय गच्छेः।
अन्तःसारं घन तुलयितुं नानिलः शक्ष्यति त्वां
रिक्तः सर्वो भवति हि लघुः पूर्णता गौरवाय।।

21

फुहारें बरसाते हुए
मज़े में चलते जाना
राह बताएँगे तुम्हें
कदम्ब के अर्धस्फुटित केसरोंवाले—
हरे-पीले फूलों पर मँडराते भौरे;
कछारों में अभी-अभी मुकुलित कन्दलियाँ चरते हरिण;
तीखी गंधवाली धरती को सूँघते हाथी।

नीपं दृष्ट्वा हरितकपिशं केसरैरर्धरूढै-
राविर्भूतप्रथममुकुलाः कन्दलीश्चानुकच्छम्।
जग्ध्वारण्येष्वधिकसुरभिं गन्धमाघ्राय चोर्व्याः
सारङ्गास्ते जललवमुचः सूचयिष्यन्ति मार्गम्।।

22

ऊपर ही ऊपर
जलबिन्दुग्रहणचतुर चातकों को निहारती
उँगली उठा-उठाकर गिनती : एक दो तीन चार ...
गगनविहारी पंक्तिबद्ध वकों को
खेलती होंगी विभोर विद्याधरियाँ
कि सुनकर तुम्हारा गर्जन उठेंगी काँप-काँप
कसके लिपटेंगी निज-निज प्रिय के गले से
और वे तुम्हारे प्रति कृतज्ञ होंगे !

अम्भोविन्दुग्रहणचतुराँश्चातकान् वीक्षमाणाः
श्रेणीभूताः परिगणनया निर्दिशन्तो वलाकाः।
त्वामासाद्य स्तनितसमये मानयिष्यन्ति सिद्धाः
सोत्कम्पानि प्रियसहचरीसम्भ्रमालिङ्गितानि।।

23

मेरा काम करने को आतुर, मीत प्यारे
पता है मुझे कि तुम रुकना नहीं चाहोगे
किंतु कुटज-कुसुमों से सुरभित पहाड़ों पर
कैसे नहीं बिलमोगे, यह तो बताओ !
करके 'कें - कें - कें'
सजलनयनवाले मोर करेंगे स्वागत
तुम परंतु झटपट–
आगे बढ़ जाने की कोशिश करना !

उत्पश्यामि द्रुतमपि सखे मत्प्रियार्थं यियासोः
कालक्षेपं ककुभसुरभौ पर्वते पर्वते ते।
शुक्लापाङ्गै सजलनयनैः स्वागतीकृत्य केकाः
प्रत्युद्यातः कथमपि भवान् गन्तुमाशु व्यवस्येत्।।

24

खिले हुए केवड़ों से धूसर होंगे बागों के घेरे
बलिभोजी कौओं के घोंसलों से–
मुखरित होंगे गँवई चितामंदिर
पकी-पकी काली-काली जामुनों से लदे होंगे जंगल
कुछ दिन टिके रहना चाहेंगे हंस
जब कि तुम पहुँचोगे 'दशार्ण' जनपद।

पाण्डुच्छायोपवनवृतयः केतकैः सूचिभिन्नै-
र्नीडारम्भैर्गृहवलि- भुजामाकुलग्रामचैत्याः।
त्वय्यासन्ने परिणतफलश्यामजम्बूवनान्ताः
सम्पत्स्यन्ते कतिपयदिनस्थायिहंसा दशार्णाः।।

25

परम प्रथित नगरी वह विदिशा...
सुलभ होंगे सभी साधन विलासिता के वहाँ
देर है पहुँचने-भर की !
बेतवा नदी के किनारे रुकना
मीठे-मीठे हौले-हौले गरजना
पीना जल उसका चपल-तरंगमय
बंकिम भ्रूवाली वनिता का अधरमधु—
पीता ज्यों रसिक नटनागर।

तेषां दिक्षु प्रथितविदिशालक्षणां राजधानीं
गत्वा सद्यः फलमविकलं कामुकत्वस्य लब्ध्वा।
तीरोपांतस्तनितसुभगं पास्यसि स्वादु यस्मात्
सभ्रू भङ्गं मुखमिव पयो वेत्रवत्याश्चलोर्मि।।

26

सुविकसित कदम्बों से आच्छादित
मिलेगा "नीच" नाम का एक पहाड़
पुलकित-सा दीखेगा परस पाकर तुम्हारा
करना आराम वहाँ ज़रा देर के लिए
वेश्या-विलास से सुवासित गुफाएँ
पेश करती हैं जहाँ नागरिकों की अबाध तरुणाई
के सबूत

नीचैराख्यं गिरिमधिवसेस्तत्र विश्रामहेतो-
स्तवत्सम्पर्कात्पुलकितमिवप्रौढपुष्पैः कदम्बैः।
यः पण्यस्त्रीरतिपरिमलोद्गारिभिर्नागराणा
मुद्दामानि प्रथयति शिलावेश्मभिर्यौवनानि।।

27

जंगली नदियों के किनारे-किनारे
फैले होंगे जुही के बाग

थकावट मिटा चुको तो
ताज़ा फुहारों से उन्हें सींचते जाना
गालों के पसीने से म्लान—
लटकते होंगे उनके कानों से नील कमल
रखना ध्यान, बचे रहें घाम से
फूल चुननेवाली मालिनों के मुख;
क्षण-भर को सही परिचित हो लेना उनसे।

विश्रान्तः सन्व्रज वननदीतीरजातानि सिञ्च-
न्नुद्यानानां नवजलकणैर्यूथिकाजालकानि।
गण्डस्वेदापनयनरु- चाक्लान्तकर्णोत्पलानां
छायादानात्क्षणपरिचितः पुष्पलावीमुखानाम्।।

28

उत्तराऽभिमुख यात्री प्रियवर मेघ !
टेढ़ा तो पड़ेगा मगर होते जाना उज्जयिनी नगरी
मिलेगा महलों की गोद का दुलार
समझूँगा तुम्हें नयनमणिहीन—
यदि वहाँ सुन्दरियों की
विद्युत-चितवनों का मज़ा न ले पाए !

वक्रः पन्था यदपि भवतः प्रस्थितस्योत्तराशां
सौधोत्सङ्गप्रणयविमुखो मा स्म भूरुज्जयिन्याः।
विद्युद्दामस्फुरितचकितैस्तत्र पौराङ्गनानां
लोलापाङ्गैर्यदि न रमसे लोचनैर्वञ्चितोऽसि।।

29

रुक-रुक के बहती, दिखाती भँवर-नाभि...
उज्जयिनी से इधर ही मिलेगी निर्विन्ध्या नदी
कमर की करधनी जहाँ लोल-लहर-
मुखरित विहगावली
उपेक्षा मत करना, मिल लेना तुम उससे अवश्य
होते हैं हाव-भाव ही

मौखिक निवेदन प्रणय के
स्त्रियों की ओर से।

वीचिक्षोभस्तनितविहगश्रेणिकाञ्चीगुणायाः
संसर्पन्त्याः स्खलितसुभगं दर्शितावर्तनाभेः।
निर्विन्ध्यायाः पथि भव रसाभ्यन्तरः संनिपत्य
स्त्रीणामाद्यं प्रणयवचनं विभ्रमो हि प्रियेषु।।

30

वेणी-सी पतली-लम्बी धारवाली
तुम्हारी यह विरहिन
तटवर्ती तरुओं के पके पातों से पीली-पीली
करेगी पेश सबूत तुम्हारे सौभाग्य का
अब ऐसा करना कि दूर हो बेचारी की कृशता
भर देना जीवनरस बरस-बरसकर

वेणीभूतप्रतनुसलिलासावतीतस्य सिन्धुः
पाण्डुच्छाया तटरुहतरुभ्रंशिभिशीर्णपर्णैः
सौभाग्यं ते सुभग विरहावस्थ्यया व्यञ्जयन्ती
कार्श्यम् येन त्यजति विधिना स त्वयैवोपपाद्यः।।

31

पहुँचना अवन्ति, जहाँ गँवई पोढ़े-पुराने
सुनाते नहीं थकते उदयन की कहानियाँ !
धनधान्यपुष्ट, तुष्टजनशोभित
आकर्षित करेगी तुम्हें वह उज्जयिनी;
स्वर्गवास की अवधि समाप्त होने के पूर्व ही
शेष अल्पपुण्य के बदले कृती सज्जन
लाए साथ दिव्यलोक का यह चमकीला टुकड़ा :
ऐसा भ्रम होता, जिस नगरी को देखकर !!

प्राप्यावंतीनुदयनकथा- कोविदग्रामवृद्धान्
पूर्वोद्दिष्टामनुसर पुरीं श्रीविशालां विशालाम्।

स्वल्पीभूते सुचरितफले स्वर्गिणां गांगतानां
शेषैः पुण्यैर्हृतमिवदिवः कान्तिमत् खण्डमेकम्।।

32

दूर तक फैलाता हंसों के मदमस्त कलकूजन
तड़के खिले कमलों की कसैली सुगंध से खुशगवार
प्रीतम की तरह विनयी और चाटुकार
शिप्रा का मृदु-मधुर समीर
करता होगा रमणियों की परिचर्या अनुकूल
हरता होगा सम्भोग की थकान।

दीर्घीकुर्वन्पटु मदकलं कूजितं सारसानां
प्रत्यूषेषु स्फुटितकमलामोदमैत्रीकषायः।
यत्र स्त्रीणां हरति सुरतग्लानिमङ्गानुकूलः
शिप्रावातः प्रियतम इव प्रार्थनाचाटुकारः।।

33

देखना भला—
ललित रमणियों के लाक्षारंजित चरण-चिह्नों
की सुषमा
थकावट मिटाना भला—
उज्जैन के कुसुम-सुरभित महलों में
सुगन्धित करके सुन्दरियों के बाल
झरोखें से निकलता होगा अगर की धूप का धुआँ
कर लेना उससे शरीर अपना पुष्ट;
बन्धु-सुलभ स्नेह से अभिभूत पालतू मयूर
देंगे तुम्हें नृत्य का उपहार।

जालोद्‌गीर्णैरुपचितवपुः केशसंस्कारधूपै-
र्बन्धुप्रीत्या भवनशिखिभिर्दत्तनृत्योपहारः।
हर्म्येष्वस्याः कुसुमसुरभिष्वध्वखेदं नयेथा
लक्ष्मीं पश्यंल्ललितवनितापादरागाङ्कितेषु।।

34

आगे मिलेगा चंडीनाथ महाकाल का मंदिर
देखेंगे शिव के गण सादर-सभक्ति तुम्हें—
'श्यामकान्ति वाले धन्य हे मेघ,
हमारे प्रभु के कंठ की तरह !'
तरुणियों की जलकेलि के कारण कटु-कषाय
प्रफुल्ल कमल-कुमुद-पराग-सुरभित
शिप्रा-समीर वहाँ सचल-सचेत किये रहता उपवन को

भर्तुः कण्ठच्छविरिति गणैः सादरं वीक्ष्यमाणः
पुण्यं यायास्त्रिभुवनगुरोर्धाम चण्डीश्वरस्य।
धूतोद्यानं कुवलयरजोगन्धिभिर्गन्धवत्या-
स्तोयक्रीडानिरतयुवतिस्नानतिक्तैर्मरुद्भिः ।।

35

कभी चाहे पहुँचो महाकाल के पास
रुक जाना मगर सन्ध्याकाल तक
गरज-गरज के करना तुम भी नगाड़े की आवाज़
होने लग जाय जब शाम की सुहावनी आरती
इस प्रकार पूरी तरह होंगे सफल
मन्द्र-गम्भीर गर्जन तुम्हारे।

अप्यन्यस्मिञ्जलधर महाकालमासाद्य काले
स्थातव्यं ते नयनविषयं यावदत्येति भानुः।
कुर्वन् सन्ध्याबलिपटहतां शूलिनः श्लाघनीया-
मामन्द्राणां फलमविकलं लप्स्यसे गर्जितानाम् ।।

36

छोड़ते होंगे मीठी-मीठी आवाज़ करधनी के
छोटे-छोटे घुँघरू
पा-पाकर नाच में जिनके थिरकते पैरों की धमक
थक गए होंगे मुलायम कलाईवाले जिनके हाथ

जड़े नगों से दमकती मूँठवाले चँवर डुलाते-डुलाते
चलाएँगी तुम पर भौंरों की कतार जैसी बड़ी-बड़ी
तिर्छी नज़रें
ताज़ा-ताज़ा ठंडी-ठंडी बूँदें पड़ेंगी जब
उन वेश्याओं के नखक्षतों पर।

पादन्यासैक्वणितरशनास्तत्र लीलावधूतै
रत्नच्छायाखचितबलिभिश्चामरैः क्लान्तहसताः।
वेश्यास्त्वत्तो नखपदसुखान् प्राप्य वर्षाग्रविन्दू-
नामोक्ष्यन्ते त्वयि मधुकरश्रेणिदीर्घान् कटाक्षान्।।

37

अड़हुल के टटके फूल की तरह
सान्ध्य लालिमा लिये हुए
छा जाना भोजपत्तर के ऊँचे-ऊँचे पेड़ों पर
आरती के बाद,
आरम्भ होगा भगवान् पशुपतिनाथ का तांडव नृत्य
पूरी करना तुम आर्द्र गजचर्म ओढ़ने की उनकी
अभिलाषा पहले चकित, फिर शान्तचित्त
—देखती रहेगी तुम्हें भवानी दुर्गा
सराहेगी मन ही मन शिव के प्रति इस भक्तिभाव को !

पश्चादुच्चैर्भुजतरुवनं मण्डलेनाभिलीनः
सान्ध्यं तेजः प्रतिनवजपापुष्परक्तं दधानः
नृत्यारम्भे हर पशुपतेरार्द्रनागाजिनेच्छां
शान्तोद्वेगस्तिमितनयनं दृष्टभक्तिर्भवान्याः।।

38

काले पाख का होगा नीरव निशीथ
राजपथ होगा घन तिमिर के कारण आलोकहीन
जा रही होंगी प्रियतम के पास
मिलनातुर सुंदरी तरुणियाँ
आलोकित करना मित्र तुम उनका मार्ग

छिटकाना कनक-कसौटी-सी स्निग्ध-दीप्त बिजली
न तो बरसना, ना ही गरजना
वर्ना बेचारी बीच राह में ही
दम तोड़ देंगी घबरा-घबरा के।

गच्छन्तीनां रमणवसतिं योषितां तत्र नक्तं
रुद्धालोके नरपतिपथे सूचिभेद्यैस्तमोभिः।
सौदामिन्या कनकनिकषस्निग्धया दर्शयोर्वी
तोयोत्सर्गस्तनितमुखरो मा स्म भूर्विक्लवास्ताः।।

39

चिर-विलास के कारण थकी हुई
प्रेयसी अपनी विद्युत् को लेकर
बिता देना किसी ऐसे मकान की छत पर रात
—सोये पड़े हों जहाँ कबूतर
फिर वहाँ से चल देना सूरज निकलते सबेरे-सबेरे
लेकर मित्रों के काम की जिम्मेवारी
ढीले नहीं पड़ते कभी भले आदमी।

तां कस्यांचिद् भवनवलभौ सुप्तपारावतायां
नीत्वा रात्रिम् चिरविलसनात् खिन्नविद्युत्कलत्रः।
दृष्टे सूर्ये पुनरपि भवान् बाहयेदध्वशेषं
मन्दायन्ते न खलु सुहृदामभ्युपेतार्थकृत्याः।।

40

और किसी के साथ गँवाकर रात लौटेंगे प्रीतम
पोंछेंगे वंचिता प्रेयसी के नयनजल तड़के
देखना, उस वक्त सूरज की राह मत छेंकना
वह खुद भी लौट रहा होगा उषा की वेला में
नलिनी के कमलमुख से हिम-अश्रु पोंछने
रोकोगे किरण-करों को तो वह बेहद रंज होगा !

तस्मिन काले नयनसलिलं योषितां खण्डितानां
शान्तिं नेयं प्रणयिभिरतो वर्त्म भानोस्त्यजाशु।
प्रालेयास्त्रँ क्रमलवदनात् सोऽपि हर्तुं नलिन्याः
प्रत्यावृत्तस्त्वयि कररुधि स्यादनल्पाभ्यसूयः।।

41

गम्भीर नदी का जल है
चित्त की तरह प्रसन्न-निर्मल
छायामय मेघ, पड़ेगी उसमें श्यामल प्रतिच्छवि
सहज-सलोने तुम्हारे तन की
कुमुद-धवल चपल मछलियाँ—
लोटती-पलोटतीं, किया करतीं किलोल
वस्तुतः यही तो तुक्हारी उस प्रेयसी की होंगी
शोख चितवनें
आसान नहीं होगा उनकी उपेक्षा करना

गम्भीरायाः पयसि सरितश्चेतसीव प्रसन्ने
छायात्मापि प्रकृतिसुभगो लप्स्यसे ते प्रवेशम्।
तस्मादस्याः कुमुदविशदान्यर्हसि त्वं न धैर्या-
न्मोघीकर्तूं चटुलशफरोद्वर्तनप्रेक्षितानि।।

42

नीचे झुककर पियोगे 'गम्भीरा' का स्वादिष्ट जल
खाली होगी वह, निचले तट तक दिखाई देने लगेंगे
खिसकती साड़ी को सँभालते हाथों-सी—
झुकी रहेंगी बेत की ताजी-हरी छड़ियाँ
हट चुका होगा श्याम-सलिल-चीर
खुल गए होंगे प्रवाह-नितम्ब
कौन भला छोड़ देगा उघरे जाँघोंवाली प्रेयसी
का सम्पर्क
अविदित नहीं रह गया हो यदि स्वाद ?
तो तुम बड़ी मुश्किल से
अपनी उस प्रेयसी का छोड़ पाओगे साथ

अछता-पछताकर प्रस्थान करोगे आगे की ओर।

तस्याः किंचित्करधृतमिव प्राप्तवानीरशाखं
हृत्वा नीलं सलिलवसनं मुक्तरोधो नितम्बम्।
प्रस्थानं ते कथमपि सखे लम्बमानस्य भावि
ज्ञातास्वादो विवृतजघनां को विहातुं समर्थः।।

43

अपना रुख़ करना तब देवगिरि की ओर
बहती होगी नीचे ठंउी-ठंडी हवा—
फुहारों से उच्छ्वसित धरती की ताजी-सोंधी
वास लिये,
उठाकर सूँड़ पी रहे होंगे वही हवा हाथी
हल्की-हल्की चिंघाड़ भर रही होगी दिशाओं में
मादक सिहरन
पक रहे होंगे जंगली गूलर
—पा-पाकर जादुई परस उसी बयार की।

त्वन्निष्यन्दोच्छ्वसितवसुधागन्धसम्पर्करम्यः
स्रोतोरन्ध्रध्वनितसुभगं दन्तिभिः पीयमानः।
नीचैर्वास्यत्युपजिगमिषोर्देवपूर्वं गिरिं ते
शीतो वायुः परिणमयिता काननोदुम्बराणाम्।।

44

देवगिरि में स्थापित है
विश्ववन्द्य स्कंद की प्रतिमा
बरसा-बरसाकर मंदाकिनी-सलिल-सिक्त फूल
उन्हें तुम नहलाना; बन जाना पुष्पवर्षी बादल !
सुरपति की सेनाओं की रक्षार्थ
अर्धेन्दुमौलि भगवान् शंकर ने
डाला था अग्नि के मुँह में तेजोमय अपना वीर्य
—सूर्य तक के लिए असह्य !
वही तो आप हैं परम प्रतापी कुमार कार्तिकेय।

तत्र स्कन्दं नियतवसतिं पुष्पमेघीकृतात्मा
पुष्पासारैः स्नपयतु भवान् व्योमगङ्गाजलार्द्रैः।
रक्षाहेतोर्नवशशिभृता वासवीनां चमूना-
मत्यादित्यं हुतवहमुखे सम्भृतं तद्धि तेजः।।

45

पीछे मेघ प्यारे, जी-भर गरजना
प्रतिध्वनित हो उठेंगी देवगिरि की घाटियाँ
सुन-सुनकर श्रुतिसुखद तुम्हारा गर्जन
नाच-नाच उठेगा कुमार का मोर
धुले-धुले लगते हैं जिसकी आँखों के कोर
—पी-पीकर शंकर के मौलिचंद्र की किरणें;
गिरते ही उठा लेती है जिसका चमकीला पंख भवानी
सजाती है उसी से कान नील-कमल के बदले
कि बेटा खुश होगा देख-देखकर !

ज्योतिर्लेखावलयि गलितं यस्य बर्हं भवानी
पुत्रप्रेम्णा कुवलयदलप्रापि कर्णे करोति।
धौतापाङ्गं हरशशिरुचा पावकेस्तं मयूरं
पश्चादद्रिग्रहण- गुरुभिर्गजितैर्नर्तयेथाः।।

46

करके आराधना
कृत्तिकापुत्र भगवान् स्कंद की
आगे बढ़ जाना
भींगने के डर से खाली कर देंगे तुम्हारी राह
वीणापाणि सिद्धों के विलासी जोड़े
नदी के रूप में प्रभावित है आज भी राजा
रंतिदेव की कीर्ति
किया था उसने गोमेध यज्ञ, बहाई थी खून की धार
नीचे उतर आना तुम
उस चम्बल को अपना प्यार देना।

आराध्यैनं शरवणभवं देवमुल्लङ्घिताध्वा
सिद्धद्वन्द्वैर्जलकणभयाद् वीणिभिर्मुक्तमार्गः।
व्यालम्बेथाः सुरभितनयालम्भजां मानयिश्यन्
स्रोतोमूर्त्या भुवि परिणतां रन्तिदेवस्य कीर्तिम्।।

47

विष्णु की कांति के चोर हे प्रिय बन्धु
चम्बल नदी में उतरोगे जब तुम पानी लेने
पतला-पतला सा लगेगा उसका मोटा प्रवाह
देख-देख के उस दृश्य की ओर ऊपर से
देवयोनि के गगन विहारी जीव
बताऊँ, क्या समझेंगे तुम दोनों को ?
धरती के वक्षस्थल पर
लम्बी-पतली लड़ी मोतियों की पड़ी है एक
बीच में गुँथा है स्थूलतम दाना नीलमणि का...

त्वय्यादातुं जलमवनते शार्ङ्गिणो वर्णचौरे
तस्याः सिन्धोः पृथुमपि तनुं दूरभावात्प्रवाहम्।
प्रेक्षिष्यन्ते गगनगतयो नूनमावर्ज्य दृष्टी
रेकं मुक्तागुणमिव भुवः स्थूलमध्येन्द्रनीलम्।।

48

चम्बल के उस पार
लक्ष्य बनने देना अपने को
दशपुर निवासिनी सुन्दरियों की
उन तिर्छी चितवनों का–
खूबी उड़ा ली है जिन्होंने
हिलते कुन्द कुसुमों के अनुगामी भौरों की
और भँवों की थिरकन से सुपरिचित
ऊपर को 'उठती चंचल पलकें' छू-छूकर
चमकती रहतीं काली-काली पुतलियाँ
जिनकी गतिशील सफेद कोओं के अंदर।

तामुत्तीर्य व्रज परिचितभ्रूलताविभ्रमाणां
पक्ष्मोत्क्षेपादुपरि विलसत्कृष्णशारप्रभाणाम्।
कुन्दक्षेपानुगमधुकर श्रीमुषामात्मबिम्बं
पात्रीकुर्वन् दशपुरवधूनेत्रकौतूहलानाम्।।

49

छायामात्र से ब्रह्मावर्त को अनुगृहीत करके
कुरुक्षेत्र जाना
जूझे थे, हुए थे ढेर लाखों-लाख क्षत्रिय...
इस तथ्य का साक्षी...
कौरव-पांडव दलों का परम प्रथित युद्धस्थल !
छिन्न-भिन्न कर डाले राजपुत्रों के मुख
गांडीवी अर्जुन ने तीखे शरों की अभिवृष्टि से
करते हो कमलों का वही हाल
भारी बौछारें से तुम भी तो !

ब्रह्मावर्तं जनपदमथच्छायया गाहमानः
क्षेत्रं क्षत्रप्रधनपिशुनं कौरवं तद्भजेथाः।
राजन्यानां शितशरशतैर्यत्र गाण्डीवन्धवा
धारापातैस्त्वमिव कमलान्यभ्यवर्षन्मुखानि।।

50

बान्धवजन-सुलभ प्रीति के ही कारण
महायुद्ध से तटस्थ
कृष्णाग्रज हलधर बलदेव
छोड़कर अपनी अभिरुचि का मद्य, प्रेयसी-लोचन
प्रतिबिम्बित
पिया करते थे जिस नदी का सुस्वादु जल
प्रियवर पयोद, तुम भी करना सेवन
सरस्वती के उस पवित्र जल का।
होगा शुद्ध-स्वच्छ अन्तस्तल
सूरत-भर रह जाएगी साँवली !

हित्वा हालामभिमतरसां रेवतीलोचनाङ्कां
बन्धुप्रीत्या समरविमुखो लाङ्गली याः सिषेवे।
कृत्वा तासामभिगममपां सौम्य सारस्वतीना-
मन्तःशुद्धस्त्वगपि भविता वर्णमात्रेण कृष्णः।।

51

आगे पड़ेगा कनखल
नीचे उतरती जहाँ गंगा जन्हुनंदिनी
शैलराज हिमालय की तलहटी छोड़कर
अभिशप्त सगरपुत्रों के स्वर्ग-गमन निमित्त
बना दी थी उसने सीढ़ियों की कतार
सौतिया डाह के कारण गौरी
मुँह चिढ़ाती रही, करती रही भ्रू-भंग
मगर गंगा ही कहाँ की कम थी !
छोड़-छोड़कर ढेरों झाग
करती रही गौरी का परिहास
भालचन्द्रस्पर्शी तरंग-हाथों से
पकड़ लिये आख़िर उसने शिव के बाल।

तस्माद गच्छेरनुकनखलं शैलराजावतीर्णा
जह्नोः कन्यां सगरतनयस्वर्गसोपानपङ्क्तिम्।
गौरीवक्त्रभ्रुकुटिरचनां या विहस्येव फेनैः
शम्भोः केशग्रहणमकरादिन्दुलग्नोर्मिहस्ता।।

52

स्वच्छ स्फटिक निर्मल
गंगा भागीरथी का पवित्र जल
पीना चाहोगे ऐरावत की तरह
निम्नाभिमुख लम्बमान होकर
गतिशील स्रोत में पड़ेगी छाया तुम्हारी
उस तरफ तनिक ताकना तो !
तीर्थराज प्रयाग से अन्यत्र
गंगा-यमुना के संगम-सा वह दृश्य

वाह! कैसा सुशोभन होगा !

तस्याः पातुं सुरगज इव व्योम्नि पश्चार्धलम्बी
त्वं चेदच्छस्फटिकविशदं तर्कयेस्तिर्यगम्भः।
संसर्पन्त्यः सपदि भक्तः स्रोतसिच्छाययासौ
स्यादस्थानोपगत- यमुनासङ्गमेवाभिरामा।।

53

उसी सुरसरि त्रिपथगा का उत्स
बैठे कस्तूरीमृगों की नाभिगंध से सुरभित शिलाओंवाला
ताज़ा बरफों से सफेद पर्वतेश्वर हिमालय
आगे मिलेगा तुम्हें।
मार्गश्रमहारी उसके शिखर पर
थोड़ी देर सही, बैठ किंतु जाना !
दिखाई पड़ोगे तुम—
शिव के श्वेत वृष की सींगों पर लगे हुए पंक-सम !

आसीनानां सुरभितशिलं नाभिगन्धैर्मृगाणां
तस्या एवं प्रभवमचलं प्राप्त गौरं तुषारैः।
वक्ष्यस्यध्वश्रमविनयने तस्य शृङ्गे निषण्णः
शोभां शुभ्रविनयनवृषोत्खातपङ्कोपमेयाम्।।

54

हवा चलने पर
परस्पर यदि रगड़ खा जायँ सरल-द्रुम
हो उठें गरम; चिनगारियाँ निकालें
फैल जाए यदि देवदारु वन में अग्नि विकराल
जल उठें यदि चमरी गायों के झबरीले बाल
तो तुम मूसलाधार अपनी सौ-सौ बौछारों से
प्रशमित कर देना वह दावानल
करती ही आई है काम दीन-दुखमोचन का
भलों की सम्पदा !

तं चेद्वायौ सरति सरलस्कन्धसंघट्टजन्मा
बाधेतोल्काक्षपितचमरीबालभारो दवाग्निः।
अर्हस्येनं शमयितुमलं वारिधारासहस्रै-
रापन्नार्तिप्रशमनफलाः संपदो ह्युत्तमानाम्।।

55

छोड़कर उनकी राह बढ़ोगे तुम आगे
फिर भी यदि गुस्से में भरकर सामने आएँ शरभ
अपनी हड्डी-पसली तुड़वाने पर आमादा, लाँघना
वे तुम्हें चाहें
ज़ोरों से बरसाकर ओले
तितर-बितर कर देना उन्हें !
कौन नहीं झेलता है संकट
निष्फल कामों का प्रयत्न करके ?

ये संरम्भोत्पतनरभसाः स्वाङ्गभङ्गाय तस्मिन्
मुक्ताध्वानं सपदि शरभा लङ्घयेयुर्भवन्तम्।
तान् कुर्वीथास्तुमुलकरकावृष्टिपातावकीर्णान्
के वा न स्युः परिभवपदं निष्फलारम्भयत्नाः।।

56

अमल धवल हिमराशिमंडित—
उसी नगपति की किसी शिला पर
भली-भाँति अंकित हैं भगवान् शंकर के चरणचिन्ह;
करते हैं निवेदित सिद्धगण
बहुविध उपहार जिनके निमित्त।
तुम भी जाना प्रिय, उनके निकट
करना दर्शन;
श्रद्धालुजन करते हैं उन श्रीचरणों का साक्षात्कार
पाते हैं प्रथम आदि गणों के शाश्वत पदाधिकार
—देहत्याग के बाद !

तत्र व्यक्तं दृषदि चरणन्यासमर्धेन्दुमौलेः
शश्वत्सिद्धैरुपचितबलिं भक्तिनम्रः परीयाः।
यस्मिन् दृष्टे करणविगमादूर्ध्वमुद्धतपापाः
कल्पिष्यन्ते स्थिरगणपदप्राप्तये श्रद्दधानाः।।

57

मीठे-मीठे बज रहे होंगे
पवन-पूरित स-छिद्र जंगली बाँस
गा रही होंगी हिल-मिल के किन्नरियाँ
त्रिपुरासुर-विजय के गीत;
पूर्ण हो जाएगा संगीत का आयोजन
गर्जन तुम्हारा यदि हो उठे प्रतिध्वनित
ठीक उसी वक्त गुफाओं के अंदर

शब्दायन्ते मधुरमनिलैः कीचकाः पूर्वमाणाः
संसक्तोभिस्त्रिपुरविजयो गीयते किंनरीभिः।
निर्ह्लादस्ते मुरज इव चेत कन्दरेषु ध्वनिः स्यात्
संगीतार्थो ननु पशुपते स्तत्र भावी समग्रः।।

58

हिमालय के कंगूरों से गुज़रते हुए
देखते हुए उसकी खूबियाँ
पहुँचना उस सँकरी घाटी के निकट
कहते हैं जिसे क्रौंच द्वार—
भृगुपति परशुराम ने करके छेद
जिसमें से निज कीर्ति को बढ़ा लिया था आगे।
तुम भी बढ़ना आगे उत्तर की ओर
उसी क्रौंचरन्ध्र में से होकर
दीखेगी उस समय तुम्हारी आकृति तिर्छी-लम्बी
राजा बलि को अनुशासित करते समय
तिर्छे-लम्बे ऊपर उठे साँवले पैर की तरह
वामनरूपधारी विष्णु के !

प्रालेयाद्रेरुपतटमतिक्रम्य तांस्तान् विशेषान्
हंसद्वारं भृगुपतियशोवर्त्म यत् क्रौञ्चरन्ध्रम्।
तेनोदीचीं दिशमनुसरेस्तिर्यगायामशोभी
श्यामः पादो वलिनियमनाभ्युद्यतस्येव विष्णोः।।

59

फिर ज़रा ऊपर उठकर कैलाश का अतिथि होना
चटक उठी थीं जिसके शिखरों की सन्धियाँ
दसकंधर रावण की बीस बाँहों में कसकर;
दर्पण का काम लेती हैं देव बालाएँ जिससे;
ऐसा वह कैलाश !
कर्पूरगौर करुणापति भगवान् शंकर
दिन-दिन पुंजीभूत सित-उज्जवल अट्टहास तुल्य
फैल रहा नीले आसमान में—
कुमुदाभ अमल-धवल चोटियों की ऊँचाइयाँ लेकर !

गत्वा चोर्ध्वं दशमुखभुजोच्छ्वासितप्रस्थसन्धेः
कैलासस्य त्रिदशवनितादर्पणस्यातिथिः स्याः।
शृङ्गोच्छ्रायैः कुमुदविशदैर्यो वितत्य स्थितः खं
राशीभूतः प्रतिदिनमिव त्र्यम्बकस्याट्टहासः।।

60

हाथी-दाँत के ताज़ा-ताज़ा तराशे हुए टुकड़े की तरह
गोरा है कैलाश !
भली-भाँति बने काजल की तरह
तुम हो चिकने-काले
बताऊँ, सटोगे उससे तो कैसे लगोगे ?
पड़ी हो नीली चादर ज्यों गौरांग बदलेव के कन्धों पर
साँवले-सलोने प्रिय मित्र मेघ
दीखोगे उसी तरह धवलगिरि पर—
ठगी-पगी आँखों से एकटक देखने लायक !

उत्पश्यामि त्वयि तटगते स्निग्धभिन्नाञ्जनाभे
सद्यः कृत्तद्विरदशनच्छेदगौरस्य तस्य।
शोभामद्रेः स्तिमितनयनप्रेक्षणीयां भवित्री-
मंसन्यस्ते सति हलभृतो मेचके वाससीव।।

61

वहीं कैलास पर, एक ओर
क्रीड़ा-पर्वत है उमानाथ का
परे रखकर भुजंग-कंगन
शिवजी देते होंगे हाथ का सहारा
करती होगी पार्वती तब उस पहाड़ी पर
चहल-कदमी
मीत मेरे मेघ !
बरसना मत उस वक्त
अपनी जलराशि को अन्दर ही कर लेना स्तम्भित
होकर भक्ति-भाव से प्रणत शरीर
सीढ़ियों का काम करना उनके निमित्त
मणिमय कंगूरे पर सरलतापूर्वक चढ़ जाएगी भवानी !

हित्वा तस्मिन् भुजगवलयं शम्भुना दत्तहस्ता
क्रीडाशैले यदि च विचरेत् पादचारेण गौरी।
भङ्गीभक्त्या विरचितवपुः स्तम्भितानतर्जलौघः
सोपानत्वं कुरु मणितटारोहणायाग्रयायी।।

62

रगड़-रगड़कर रत्नखचित कंगनों के नुकीले कोर
निकालेंगी तुम्हारी देह से सुरयुवतियाँ पानी
बना डालेंगी तुम्हें फव्वारों का घर
उलझकर उनसे गरम हो उठोगे !
कर्णकटु गर्जनों से धमका देना—
छुटकारा चाहो यदि उन ढीठ अप्सराओं की पकड़ से !

तत्रावश्यं वलयकुलिशोद्धट्टनोद्गीर्णतोयं
नेष्यन्ति त्वां सुरयुवतयो यन्त्रधारागृहत्वम्।
ताभ्यो मोक्षस्तव यदि सखे धर्मलब्धस्य न स्यात्
क्रीडालोलाः श्रवणपरुषैर्गर्जितैर्भाययेस्ताः।।

63

जी-भर घूमना
मनाना मौज कैलास पर्वत पर
मुँह पर सिल्क-सा छाकर—
बहला देना ऐरावत का दिल !
विचित्र-विलक्षण-कोमल नए-नए पात कल्पतरु के...
महीन सतरंगी रेशमी की तरह
हलराना उन्हें बार-बार !!

हेमाम्भोजप्रसवि सलिलं मानसस्याददानः
कुर्वन् कामं क्षणमुखपटप्रीतिमैरावतस्य।
धुन्वन् कल्पद्रुमकिसलयान्यंशुकानीव वातै-
र्नानाचेष्टैर्जलद ललितैर्निर्विशेस्तं नगेन्द्रम्।।

64

प्रियतम की गोद में प्रेयसी की तरह
कैलास की गोद में शोभित है अलका नगरी...
नीचे खिसकी जा रही होगी गंगा, शाल-समान !
हो नहीं सकता कि तुम पहचानो न अलका को...
ऊँचे भवनोंवाली उस नगरी पर
छाए ही रहते हैं बरसते बादल तुम्हारे मौसम में
कि मोतियों की झालरें ज्यों
कामिनी के कुन्तलकलाप पर !

तस्योत्सङ्गे प्रणयिन इव स्रस्तगङ्गादुकूलां
न त्वं दृष्टवा न पुनरलकां ज्ञास्यसे कामचारिन्
या वः काले वहति सलिलोद्गारमुच्चैर्विमाना
मुक्ताजालग्रथितमलकं कामिनीवाभ्रवृन्दम्।।

65

क्यों न करेंगे बराबरी तुम्हारी
अलकापुरी के ऊँचे-ऊँचे प्रासाद
लपलपाती बिजलियाँ हैं तुम्हारे साथ
तो उनके साथ हैं ढीठ और छबीली तरुणियाँ
इंद्रधनुष बढ़ाता है तुम्हारी शोभा
तो वे भी जगमगाते हैं रुचिर चित्रों से
गरजते हो तुम मन्द्र-गम्भीर
तो उनमें भी संगीत के समय ठनकते हैं ढोलक
घनीभूत है तुम्हारे अन्दर श्याम-नील सलिल
तो नीलमणि-खचित हैं उनकी भी गचें
तुम हो ऊँचाई पर तो उनकी भी अटारियाँ
गगन को चूम रहीं।

विद्युत्वन्तं ललितवनिताः सेन्द्रचापं सचित्राः
संगीताय प्रहतमुरजाः स्निग्धगम्भीरघोषम्।
अन्तस्तोयं मणिमयभुवस्तुङ्गमभ्रंलिहाग्राः
प्रासादास्त्वां तुलयितुमलं यत्र तैस्तैर्विशेषैः।।

66

हाथ में कमल
कुन्द के अधखिले फूल गुँथे हें बालों में
रगड़-रगड़कर लोध्र कुसुम का धारा पराग
मुख की कान्ति को बना लिया है पांडुर
जूड़ों में खोंसे हैं कुरबक टटके
सौरभमय शिरीष कानों में हैं लटके
मात्र तुम्हारी ऋतु में खिलनेवाला कदम्ब-पुष्प
पाता है अलका में सीथ पर गौरवपूर्ण स्थान।
हस्ते लीलाकमलमलके बालकुन्दानुविद्धं
नीता लोध्रप्रसवरजसा पाण्डुतामानने श्रीः।
चूडापाशे नवकुरबकं चारु कर्णे शिरीषं
सीमन्ते च त्वदुपगमजं यत्र नीपं वधूनाम्।।

67

खिले-अधखिले फूलों से
लदे रहते हैं सदा ही पेड़
सुनाई पड़ती है मदमस्त भौंरों की गुंजन हमेशा
घेरे रहती हैं हंस की पाँतें
बावड़ियों में सदाबहार कमलों की
जगमग-पंख उन्नत-शिर पालतू मोर
बोलते रहते हैं दिन-रात
रातों पर करती है पोची पै पोची—
महीने में तीसो दिन अँजोरिया

यत्रोन्मत्तभ्रमरमुखराः पादपा नित्यपुष्पा
हंसश्रेणीरचितरशना नित्यपद्मा नलिन्यः।
केकोत्कण्ठा भवनशिखिनां नित्यभास्वत्कलापा
नित्यज्योत्स्नाः प्रतिहततमोवृत्तिरम्याः प्रदोषाः।।

68

आनन्द के कारण ही
सजल हो आती हैं आँखें,
अन्यथा देख नहीं पाओगे आँसू !
लगते कामदेव के तीर बस तभी पैदा होती है जलन
—जिसका प्रतिकार है इच्छित-जन-समागम !
करते हैं चुहलबाज़ आपस में प्यार के झगड़े...
बिछुड़ते हैं जान-बूझकर; यही बस बिछोह है
उनके यहाँ !
बचपन न बुढ़ापा, जवानी ही जवानी होती है
समूची आयु !
धनपति यक्षों का कुछ ऐसा ही होता है अनोखा संसार...

आनन्दोत्थं नयनसलिलं यत्र नान्यैर्निमित्तै-
र्नान्यस्तापः कुसुमशरजादिष्टसंयोगसाध्यात्।
नाप्यन्यस्मात्प्रणयकलहाद्विप्रयोगोपपत्ति-
र्वित्तेशानां न च खलु वयो यौवनादन्यदस्ति।।

69

महलों की श्वेत-शुभ्र मणिमय गचें...
प्रतिबिम्बित तारकदल जगमगाते हैं फूलों की तरह
बैठते हैं यक्ष उन पर चुनी हुई सहचरियों के साथ
कल्पतरुप्रसूत कामदीपन मदिरा की लेते हैं चुस्कियाँ
निकलती होती हैं
हौले-हौले पिटते मृदंगों से
तुम्हारे गर्जनों की तरह मन्द्र-गम्भीर ध्वनियाँ।

यस्यां यक्षाः सितमणिमयान्येत्य हर्म्यस्थलानि
ज्योतिश्छायाकुसुमरचितान्युत्तमस्त्रीसहायाः।
आसेवन्ते मधु रतिफलं कल्पवृक्षप्रसूतं
त्वद्गम्भीरध्वनिषु शनकैः पुष्करेष्वाहतेषु।।

70

ऐसी खूबसूरत होती हैं अलका की तरुणियाँ
पाने को उन्हें सुरगण रहते हैं लालायित
मंदाकिनी-सलिल-सिक्त-शिशिर-समीर-सेवित
तटवर्ती मन्दार तरुओं की छाया में
सुनहले बालू के अंदर डालती हैं मुट्ठियाँ
खेलती रत्नों को छिपाने व ढूँढ़ने का खेल।

मन्दाकिन्याः सलिलशिशिरैः सेव्यमाना मरुद्भि-
र्मन्दाराणामनुतटरुहां छायया वारितोष्णाः।
अन्वेष्टव्यैः कनकसिकतामुष्टिनिक्षेपगूढैः
संक्रीडन्ते मणिभिरमरप्रार्थिता यत्र कन्याः।।

71

गाँठ खोलकर हटाने लगते जब रेशमी साड़ी
सम्भोग के लिए आतुर चपलपाणि प्रियतम
लाल-लाल होठोंवाली भोली किशोरियों की कमर से

हो उठतीं तब वे कातर संकोच के मारे
सह्य नहीं होता रत्नद्वीपों का प्रकाश
फिजूल ही फेंकती हैं भर-भर मुट्ठी गुलाल
जगमगाते उन रत्नों की ओर।

नीवीबन्धोच्छ्वसितशिथिलं यत्र बिम्बाधराणां
क्षौमं रागादनिभृतकेरेष्वाक्षिपत्सु प्रियेषु।
अर्चिस्तुङ्गानभिमुखमपि प्राप्य रत्नप्रदीपान्
ह्रीमूढ़ानां भवति विफलप्रेरणा चूर्णमुष्टिः।।

72

सतमंज़िला मकानों के ऊपरी हाल में होते हैं दाखिल
सदागतिशील पवन से प्रेरित तुम्हारे हमजोली बादल
फुहियों से भिगो-भिगो मिटा देते हैं
भीत पर उरेहे हुए चित्र
और फिर, धुएँ के छल्लों की नकल करने में उस्ताद
डर के मारे निकल भागते हैं दुष्ट
छितरा-छितराकर जालीदार झरोखें से

नेत्रा नीताः सततगतिना यद्विमानाग्रभूमी-
रालेख्यानां नवजलकणैर्दोषमुत्पाद्य सद्यः।
शङ्कास्पृष्टा इव जलमुचस्त्वादृशा जालमार्गै-
र्धूमोद्गारानुकृतिनिपुणा जर्जरा निष्पतन्ति।।

73

हटता है तुम्हारा घेरा
खिलखिला उठती है मध्यरात्रि की चाँदनी
टपकाने लगती हैं बूँद-बूँद पानी—
जालीदार झालरों से लटकती चन्द्रकान्त मणियाँ !
वही तो मिटाता है सम्भोग की उनकी थकावट
ढीले पड़े होते हैं जिन कामिनियों के अंग
प्रियतम की बाँहों में कसे-कसे।

यत्र स्त्रीणां प्रियतमभुजालिङ्गनोच्छ्वासिताना-
मङ्गग्लानि सुरतजनितां तन्तुजलावलम्बाः।
त्वत्संरोधापगमविशदै- श्चन्द्रपादैर्निशीथे
व्यालुम्पन्ति स्फुटजललवस्यन्दिनश्चन्द्रकान्ताः।।

74

तलगृह में सुरक्षित अखूट निधियों के अधिपति
विलासी स्वभाव के अजर-अमर यक्षगण
समय बिताते उपवन में बैठ-बैठ प्रमुख अप्सराओं के साथ
सुनते हैं ललितकंठ किन्नरों से लय-ताल-बद्ध गीत
—राजराजेश्वर कुबेर की विरुदावली के कोमलकमनीय पद !

अक्षय्यान्तर्भवननिधयः प्रत्यहं रक्तकण्ठै-
रुद्गायद्भिर्धनपतियशः किनरैर्यत्र सार्धम्।
वैभ्राजाख्यं विवुधवनितावारमुख्यासहाया
बद्धालापा बहिरुपवनं कामिनो निर्विशन्ति।।

75

रात के वक्त, प्रेमी-जनों के पास जाती हैं प्रेयसियाँ
बिजली की फुर्ती से उठते हैं पैर
खिस-खिसक पड़ते हैं पथ पर
अलकावली-गुम्फिल फूल
कानों से गिर-गिर पड़ते—
छिदी-भिदी पँखुड़ियोंवाले स्वर्ण कमल
बिखेरते चलते हैं मोती उभरी छातियों के दबाव से
टूटे हार
अगले सवेरे सूचित हो जाता है इस प्रकार
सुन्दरियों के निशाविहार का मार्ग।

गत्युत्कम्पादलकपतितैर्यत्र मन्दारपुष्पैः
पत्रच्छेदैः कनककमलैः कर्णविभ्रंशिभिश्च।
मुक्ताजालैः स्तनपरिसरच्छिन्नसूत्रैश्च हारै-
र्नैशो मार्गः सवितुरुदये सूच्यते कानिनीनाम्।।

76

जानकर कुबेरसखा शिवजी को विद्यमान
अलका में अपना धनुष कभी नहीं उठाता आतंकित
पुष्पबाण
तान-तान के कटीली भउहें
फेंक-फेंककर तीखे नैन
साधती हैं अचूक निशाना
करती हैं प्रेमी पुरुषों का शिकार छबीली तरुणियाँ
और क्या चाहिए भला कामदेव को ?

मत्वा देवं धनपतिसखं यत्र साक्षाद् वसन्तं
प्रायश्चापं न वहति भयान्मन्मथः षट्पदज्यम्।
सभ्रूभङ्गप्रहितनयनैः कामिलक्ष्येष्वमोघै–
स्तस्यारम्भश्चतुरविनता विभ्रमैरेव सिद्धः।।

77

अलका की उसी मनोरम नगरी में
दूर से ही दिखाई देगा मेरा मकान तुम्हें–
कुबेर के राजकीय प्रासादों से ज़रा हटकर,
उत्तर की तरफ।
इन्द्रधनु-तुल्य सतरंगी तोरण के कारण
आसान होगी उसकी पहचान
पास ही लहराता है तरुण मंदार तरु
मेरी प्रेयसी द्वारा सन्तान की भाँति लालित-पालित
खड़े-खड़े छू लेगा कोई भी फुनगी पर का पल्लव।

तत्रागारं धनपतिगृहानुत्तरेणास्मदीयं
दूराल्लक्ष्यं सुरपतिधनुश्चारुणा तोरणेन।
यस्योपान्ते कृतकतनयः कान्तया वर्धितो मे
हस्तप्राप्यस्तवकनमितो बालमन्दारवृक्षः।।

78

मरकत-शिला की सीढ़ियोंवाली
बावड़ी भी हैं अपनी, मकान के पास
बिल्लौरी मृणालवाले खिले स्वर्ण-कमलों भरी,
करते हैं किलोल वहाँ निश्चिन्त हंस
देखेंगे तुम्हें तथापि याद न आएगा उन्हें मानसरोवर

वापी चास्मिन् मरकतशिलाबद्धसोपानमार्गा
हैमैश्छन्ना विकचकमलैः स्निग्धवैदूर्यनालैः।
यस्यास्तोये कृतवसतयो मानसं सन्निकृष्टं
नाध्यास्यन्ति व्यपगतशुचस्त्वामपि प्रेक्ष्य हंसाः।।

79

मनोरंजनार्थ निर्मित कृत्रिम पहाड़ी
दिखाई देगी उस बावड़ी के निकट
चिकनी-चमकीली इन्द्रनील मणियों से
बनाई थी हमने उसकी चोटियाँ
लगाई थीं चारों ओर स्वर्णकदली की बाड़ !
उस पर देती थी जान मेरी घरवाली
याद आते ही, देखो, विह्वल हो उठा है चित्त !
कौंधती बिजली के साथ पाकर तुम्हें
नाच उठा है इन आँखों में अपना वही क्रीड़ा पर्वत...

तस्यास्तीरे रचितशिखरः पेशलैरिन्द्रनीलैः
क्रीडाशैलः कनककदलीवेष्टनप्रेक्षणीयः।
मद्गेहिन्याः प्रिय इति सखे चेतसा कातरेण
प्रेक्ष्योपान्तस्फुरिततडितं त्वां तमेव स्मरामि।।

80

क्रीड़ा पर्वत पर
वासन्ती लताओं से लदा है मंडप
चारो ओर जिसके, कुरवक की बाड़ है

निकट ही है चपल-किसलयोंवाला लाल अशोक
और मौलसिरी का खूबसूरत पेड़
मैं मौजूद रहूँ
तुम्हारी भाभी लाल अशोक को लगाए
हौले-हौले लात
मौलसिरी पर फेंके मदिरा की कुल्लियाँ...
खुलकर खिलने के लिए यही तो वे चाहते।

रक्ताशोकश्चलकिसलयः केसरश्चात्र कान्तः
प्रत्यासन्नौ कुरवकवृतेर्माधवीमण्डपस्य।
एकः सख्यास्तव सह मया वामपादाभिलाषी
काङ्क्षत्यन्यो वदनमदिरां दोहृदच्छद्मनास्याः।।

81

अशोक और मौलसिरी के बीचोंबीच
स्वच्छ-स्फटिक की बनी है गोल-मोल पटिया
हरे बाँस की-सी रंगतवाली पन्ना-मणियों से
चिनी हुई
खड़ी है उस पर सोने की मूँठदार छड़ी
दिनान्त में बैठा करता है उसी पर मोर, तुम्हारा मीत
मुखर कंकणवाले हाथों से बजा-बजा के तालियाँ
नचाया करती है उसे नित्य मेरी प्रेयसी।

तन्मध्ये च स्फटिकफलका काञ्चनी वासयष्टि-
र्मूले बद्धा मणिभिरनतिप्रौढवंशप्रकाशैः।
तालैः शिञ्जावलयसुभगैर्नर्तितः कान्तया मे
यामध्यास्ते दिवसविगमे नीलकण्ठः सुहृद्वः।।

82

मित्रवर मेघ !
इन निशानों को भली-भाँति रखना याद
इन्हीं के सहारे पहचान लोगे तुम मेरा मकान
एक ओर शंख, दूसरी ओर अंकित है पद्म...

देख लेना द्वार...
चारों ओर छा रही होगी
मेरे अभाव में अभी वहाँ उदासी;
सूर्य न हो तो खो बैठता है कमल
अपनी स्वाभाविक शोभा !

एभिः साधो हृदयनिहितैर्लक्षणैर्लक्षयेथा
द्वारोपान्ते लिखितवपुषौ शंखपद्मौ च दृष्ट्वा।
क्षामच्छायं भवनमधुना मद्वियोगेन नूनं
सूर्यापाये न खलु कमलं पुष्यति स्वामभिख्याम्।।

83

फिर पीछे उतर आना नीचे
धारण कर लेना तरुण हाथों की भूमिका
बैठ जाना क्रीड़ा-पर्वत के सुभग शिखर पर
वहाँ बैठे-बैठे
हमारे घर के अंदर
हौले-हौले फेंकना बिजली की निगाहें
जुगनुओं की जगमगाहट की तरह।

गत्वा सद्यः कलभतनुतां शीघ्रसपातहेतोः
क्रीडाशैले प्रथमकथिते रम्यसानौ निषण्णः।
अर्हस्यन्तर्भवनपतितां कर्तुमल्पाल्पभासं
खद्योतालीविलसितनिभां विद्युदुन्मेषदृष्टिम्।।

84-85

गोरी छरहरी...
सम स्निग्ध सुकांत सुपंक्ति दाँतोंवाली
विम्ब के पके फलों जैसे होंगे लाल-कोमल रसीले होठ
चौंकी हिरनी की-सी होंगी आँखें
कमर होगी बेहद पतली
गहरी होगी नाभि
चाल को नियंत्रित करता होगा नितम्बों का बोझ

तनिक-सी झुकी होगी स्तनों की उभार के कारण...

हमारे घर के भीतर
बहुत सारी युवतियों के बीच जो कोई हो ऐसी
विधाता की सर्वप्रथम कृति-सी
समझ लेना, बस वही है दूसरी मेरी जान
सहचर के अभाव में कम बोलनेवाली चकई
बहुतों के बीच भी अकेली
बड़ी ही बेचैनी से काट रही होगी वियोग के ये दिन
दिखाई देती होगी
शिशिर-ऋतु में पालों से बर्बाद कमलिनी की तरह
या ऐसी ही किसी दूसरी वस्तु-सी लगती होगी !

तन्वी श्यामा शिखरदशना पक्वविम्बाधरोष्ठी
मध्ये क्षामा चकितहरिणीप्रेक्षणा निम्ननाभिः।
श्रौणीभारादलसगमना स्तोकनम्रा स्तनाभ्यां
या तत्र स्याद् युवतिविषये सृष्टिराद्यैव धातुः।।

तां जानीथाः परिमितकथां जीवितं मे द्वितीयं
दूरीभूते मयि सहचरे चक्रवाकीमिवैकाम्।
गाढोत्कण्ठां गुरुषु दिवसेष्वेषु गच्छत्सु बाला
जातां मन्ये शिशिरमथितां पद्मिनीं वान्यरूपाम्।।

86

ज़ोर की रुलाइयों से सूज आई होंगी आँखें
गरम-गरम साँसों से फीके पड़ गए होंगे होंठ
हथेली पर रखा होगा गाल
समूचा नहीं दीखता होगा मुख
क्योंकि आते होंगे सामने फिर-फिर सूखे-लम्बे बाल
हाय ! तुम करते हो पीछा तो चाँद का भी
होता है यही हाल।

नूनं तस्याः प्रबलरुदितोच्छूननेत्रं प्रियाया
निश्वासानामशिशिरतया भिन्नवर्णाधरोष्ठम्।

हस्तन्यस्तं मुखमसकलव्यक्ति लम्बालकत्वा-
दिन्दोर्दैन्यं त्वदनुसरणक्लिष्टकान्तेविभर्ति।।

87-88-89

बताऊँ मित्र, तुम्हें वह क्या करती मिलेगी
सजा रही होगी देव-देवियों के निमित्त नैवेद्य
या कि रही होगी आँक कल्पनाप्रसूत विरह-खिन्न
मेरा यह शरीर
या कि रही होगी पूछ पिंजड़े में टँगी मिठबोली मैना से...
बोल री गुनवन्ती बोल, आते भी हैं वह तुम्हें याद ?
तू तो उन्हें जान से प्यारी थी !

या कि गोद में बीन लिये मलिन वासना बेचारी
गाने ही वाली होगी मेरे नाम के गीत
आँसुओं से भींग-भींग जाते होंगे तार
कस रही होगी इन्हें बार-बार
रह-रह के भूलती होगी अपने ही स्वरों के चढ़ाव-उतार

या कि देहरी पर बैठी होगी, पड़े होंगे सामने फूल
उन्हें के सहारे गिन रही होगी
विरह की अवधि के बाकी महीने
या फिर बिताए दिनों के सम्पर्क-सुख की
अनुभूतियों का ले रही होगी मन ही मन स्वाद
प्रीतम से बिछुड़ी प्यारी के यही तो होते हैं
विनोद के साधन।

आलोके ते निपतति पुरा सा वलिव्याकुला वा
मत्सादृश्यं विरहतनु वा भावगम्यं लिखन्ती।
पृच्छन्ती वा मधुरवचनां सारिकां पञ्जरस्थां
कच्चिद्भर्तुः स्मरसि रसिके त्वं हि तस्य प्रियेति।।

उत्संगे वा मलिनवसने सौम्य निक्षिप्य वीणां
मद्गोत्राङ्कं बिरचितपदं गेयमुद्गातुकामा।

तन्त्रीमार्द्रां नयनसलिलैः सारयित्वा कथञ्चिद्
भूयोभूयः स्वयमपि कृतां मूर्च्छनां विस्मरन्ती।।

शेषान्मासान् विरहदिवसस्थापितस्यावधेर्वा
विन्यस्यन्ती भुवि गणनया देहलीदत्तपुष्पैः।
मत्सङ्गं वा हृदयनिहितारम्भमास्वादयन्ती
प्रायेणैते रमणविरहेष्वङ्गनानां विनोदाः।।

90

इधर-उधर की बातों में दिल बहलाकर
काट लेती होगी दिन के क्षण
उस समय वैसा अखरता नहीं होगा उसे मेरा अभाव
बेहद बढ़ जाती होगी रात के वक्त बेचारी की पीर
इच्छारूपधारी मीत मेरे मेघ झरोखे पर जाना बैठ
ज़मीन पर लेटी, उनींदी पतिव्रता अपनी भाभी का
दुख हल्का करना सहज होगा तुम्हारे लिए
सुनाकर उसे मेरे सन्देश निशीथ के क्षणों में।

सव्यापारामहनि न तथा पीडयेन्मद्वियोगः
शङ्के रात्रौ गुरुतरशुचं निर्विनोदां सखीं ते।
मत्सन्देशैः सुखयितुमलं पश्य साध्वीं निशीथे
तामुन्निद्रामवनिशयनां सौधवातायनस्थः।।

91

क्षण की तरह बिता देती थी समूची रात
मेरे साथ यथेच्छ रतिरंग में
बिछोह की वजह से बड़ी लम्बी वही रात अब
गुजारती होगी गरम-गरम आँसू बहाकर
व्यथाओं में सूखकर काँटा हो गया होगा शरीर
विरह की सेज पर सिमट-सिकुड़कर
एक तरफ पड़ी होगी बेचारी
क्षीण शशिरेखा-सम
काली चौदस की रात को

प्राचीमूल में गगन के।

आधिक्षामां विरहशयने सन्निषण्णैकपार्श्वां
प्राचीमूले तनुमिव कलामात्रशेषां हिमांशोः।
नीता रात्रिः क्षण इव मया सार्धमिच्छारतैर्या
तामेवोष्णैर्विरहम- हतीमश्रुभिर्यापयन्तीम्।।

92

झरोखे की जालियों से छनकर
आ रही होंगी चाँद की अमृत-शीतल किरणें;
जुड़ती थीं पहले, अब भी जुड़ाएँगी—
इसी भोलेपन में होकर विभोर
मेरी प्यारी डालेगी निगाहें उनकी तरफ,
मगर कर न सकेगी पल-भर भी बर्दाश्त
ढक लेगी आँखों को फौरन भारी-भारी पलकों से !
बदली के दिन की स्थल कमलिनी की तरह
न जागती ही होगी, न सोती ही होगी;
पड़ी होगी वह बस निमीलितनयना !

पादानिन्दोरमृतशिशि- राञ्जालमार्गप्रविष्टान्
पूर्वप्रीत्या गतमभिमुखं सन्निवृतं तथैव।
चक्षुः खेदात्सलिलगुरुभिः पक्ष्मभिश्छादयन्तीं
साभ्रेऽह्नीव स्थलकमलिनीं न प्रबुद्धां न सुप्ताम्।।

93

विरहिणी तुम्हारी सखी
निरे जल से नहाती होगी आज-कल
गालों प' लटक रही होंगी बालों की रूखी-सूखी लटें
हटाती होगी परे वह उन्हें
अधर-पल्लव को झुलसानेवाली साँसों से
चाहती होगी सोना कि स्वप्न में ही सही
प्राप्त तो हो समागमसुख जैसे-तैसे
नयनों को किंतु देते नहीं होगे निद्रा का अवसर

आँसुओं के निरंतर प्रवहमान रेले।

निःश्वासेनाधरकिसलयक्लेशिना विक्षिपन्तीं
शुद्धस्नानात् परुषमलकं नूनमागण्डलम्बम्।
मत्संभोगः कथमुपनयेत् स्वप्नजोऽपीति निद्रा-
माकाङ्क्षन्तीं नयनसलिलोत्पीडरुद्धावकाशाम्।।

94

बिछोह की शुरुआत के दिन
माला खोलकर बाँध ली थी उसने इकहरी चोटी
श्राप की अवधि का होगा अंत
तब प्रसन्नतापूर्वक मैं ही उस चोटी को सँवारूँगा
अभी तो हो गई होगी रूखी, कड़ी, विषम
गालों प' बार-बार छितरा जाती होगी
सँभालती होगी कैसे उसे प्रियतमा मेरी
नाखूनी उँगलियोंवाले हाथ से ?

आद्ये बद्धा विरहदिवसे या शिखा दाम हित्वा
शापस्यान्ते विगलितशुचा तां मयोद्वेष्टनीयाम्।
स्पर्शक्लिस्टामयमितनखेनासकृत्सारयन्तीं
गण्डाभोगात्कठिनविषमामेकवेणीं करेण।।

95

आभूषणशून्य कोमल शरीर को
सँभाले होगी जैसे-तैसे
बिस्तरे पर मुश्किल से पड़ी, अतिशय दुर्बल।
अपनी इस दुर्दशा से
बिना रुलाए न रहेगी वह तुम्हें भी
टपकेंगी नये पानी की बूँदें आँसू होकर
हुआ ही करते हैं करुण प्रकृति के व्यक्ति
भीगी अंतरात्मावाले।

सा संन्यस्ताभरणमबला पेशलं धारयन्ती
शय्योत्सङ्गे निहितमसकृद् दुःखःदुःखेन गात्रम्।
त्वामप्यस्रं नवजलमयं मोचयिष्यत्यवश्यं
प्रायः सर्वो भवति करुणावृत्तिरार्द्रान्तरात्मा।।

96

वह मुझे करती है कितना अधिक प्यार—
जानता हूँ खूब, मगर, बता नहीं पाऊँगा !
सोचता हूँ मैं :
हमारे जीवन के इस प्रथम विरह में
कुछ ऐसा ही गुज़र रहा होगा उस पर
समझ मत लेना—
कि वैसी भली स्त्री का पति होने से
बघारता हूँ शेखी !
नहीं नहीं मित्र, वैसी कोई बात नहीं
शीघ्र ही आनेवाला है तुम्हारी आँखों के सामने
जो भी कुछ कहा है मैंने...

जाने सख्यास्तव मयि मनः सम्भृतस्नेहमस्मा
दित्थंभूतां प्रथमविरहे तामहं तर्कयामि।
वाचालं मा न खलु सुभगम्मन्यभावः करोति
प्रत्यक्षं ते निखिलमचिराद् भ्रातरुक्तं मया यत्।।

97

सामने हिल रही होंगी लटें
काजल के अभाव में आया होगा निखर रूखापन
भूल गई होगी भौंहें चलाना
—मुद्दत से मदिरा न पीने के कारण।
पाकर तुम्हें निकट, फड़क उठेंगी ऊपर की ओर
मृगनयनी की आँखें...
पाकर मछली की चाल हिल उठें जैसे नील कमल
वैसी ही लगेंगी उस वक्त मेरी प्रेयसी की आँखें।

रुद्धापाङ्गप्रसरमल-   कैरञ्जनस्नेहशून्यं
प्रत्यादेशादपि मधुनो विस्मृत भ्रूविलासम्।
त्वय्यासन्ने नयनमुपरिस्पन्दि शङ्के मृगाक्ष्या
मीनक्षोभाच्चलकुवलय- श्रीतुलामेष्यतीति।।

98

तुम्हें पाकर निकट
फड़क उठेगी उसकी बाँईं जाँघ भी गोरी-गोरी—
देखने में सरस कदली-स्तम्भ-सदृश
चाँपा करता था जिसे मैं अपने हाथों से रति के बाद,
उस जाँघ पर अब तुम्हें न तो मेरे नख-चिह्न ही मिलेंगे,
न मातियों की चिर-परिचित करधनी ही दिखाई पड़ेगी।

वामश्चास्याः कररुहपदैर्मुच्यमानो मदीयै—
र्मुक्ताजालं चिरपरिचितं त्याजितो दैवगत्या।
सम्भोगान्ते मम समुचितो हस्तसंवाहनानां
यास्यत्यूरुः सरसकदलीस्तम्भगौरश्चलत्वम्।।

99

उस समय, मेघ, आ गई हो बेचारी को यदि नींद
तो बन्द करके गर्जन-तर्जन
पहर-भर बैठना,
प्रतीक्षा करना।
स्वप्न में कथंचित् मुझसे हुआ होगा समागम;
कर रही होगी गाढ़ आलिंगन गले में डालकर
बाहुपाश ।
तोड़कर नींद विघ्न मत डालना उसके मिलन-सुख में
देखना, पड़ने न पाए ढीली भुजलता-ग्रन्थि !

तस्मिन् काले जलद यदि सा लब्धनिद्रासुखा स्या-
दन्वास्यैनां स्तनितविमुखो याममात्रं सहस्व।
मा भूदस्याः प्रणयिनि मयि स्वप्नलब्धे कथंचित्
सद्यः कण्ठच्युतभुजलताग्रन्थि गाढोपगूढम्।।

100-101

लगने देना उसकी देह में फुहारों से ठंडी अपनी बयार,
खुलने देना पलकों को अपने-आप।
मालती की अभिनव कलियों के समान
कोमल-कमनीय हैं मेरी प्रेयसी के अंग
उनमें तुम धीरे-धीरे स्पन्दन भरना।
झरोखे पर बैठे होगे तुम,
एकटक निगाहों से तुम्हारी तरफ देखती वह होगी;
ध्यान रहे, उस वक्त कौंध न जाए कहीं बिजली।
मानमयी मेरी प्रियतमा से
मृदु-मधुर गर्जनों में कहना—

"सुहागिन, तुम्हारे पति का प्रियमित्र मैं हूँ
मेघ, वारिवाहन...
हृदय में निधि की तरह सम्हालकर लाया हूँ संदेश यहाँ।
राह में सुस्ताते होते हैं प्रवासी पथिकों के गिरोह,
मन्द-मधुर-स्निग्ध अपनी ध्वनियों से
भरा करता हूँ मैं उनके अन्दर घर लौटने की
उतावली"।

तामुत्थाप्य स्वजलकणिकाशीतलेनानिलेन
प्रत्याश्वस्तां समभभिनवैर्जालकैर्मालतीनाम्।
विद्युद्गर्भः स्तिमितनयनां त्वत्सनाथे गवाक्षे
वक्तुं धीरः स्तनितवचनैर्मानिनीं प्रक्रमेथाः।।

भर्तुमित्रं प्रियमविधवे विद्धि मामम्बुवाहं
तत्संदेशैर्हृदयनिहितैरागतं स्वत्समीपम्।
यो वृन्दानि त्वरयति पथि श्राम्यतां प्रोषितानां
मन्द्रस्निग्धैर्ध्वनिभिरबलावेणिमोक्षोत्सुकानि।।

102

इतना सुनते ही खिल पड़ेगी,
मुँह उठाके ऊपर निहारने लगेगी,

मन-ही-मन करेगी सत्कार तुम्हारा,
उत्कंठित-हृदया प्रेयसी मेरी
सुनकर पवन-पुत्र से पति के सन्देश का प्रथम पद
हो उठी थी जिस प्रकार उच्छ्वसित-उन्मुख
वियोगिनी मैथिल-कन्या सीता।
इसके बाद सुनेगी आगे का सन्देश
होकर अति सावधान
तुम्हारे मुँह से मेरे मेघ, भद्रकान्त!
सखा के मुख से प्राप्त कुशल-समाचार पति का
तनिक ही कम होता साक्षात् मिलन की अपेक्षा
सुहागिनों के लेखे।

इत्याख्याते पवनतनयं मैथिलीवोन्मुखी सा
त्वामुत्कण्ठोच्छ्वसितहृदया वीक्ष्य सम्भाव्य चैवम्।
श्रोष्यत्स्मात्यपरमवहिता सौम्य सीमन्तिनीनां
कान्तोदन्तः सुहृदुपनतः संगमात् किंचिदूनः।।

103

मैं कहता हूँ, इसलिए भी—
परोपकार से पुण्य होगा, इसलिए भी—
उससे कहना :
सकुशल है तुम्हारा सहचर,
रहता है रामगिरि की वनस्थलियों में सम्प्रति।
विरह की दशा में जानना चाहता है तुम्हारा
कुशल-मंगल,
विपत्ति ही सुलभ है जिनके निमित्त,
यही तो पुछवाते हैं परस्पर वे लोग पहले।

तामायुष्मन् मम च वचनादात्मनश्चोपकर्तुं
ब्रू यादेवं तव सहचरो रामगिर्याश्रमस्थः।
अव्यापन्नः कुशलमवले पृच्छति त्वां वियुक्तः
पूर्वाभाष्यं सुलभविपदां प्राणिनामेतदेव।।

104

कहना–
निरुपाय पड़ा है दूर–बहूत दूर तुम्हारा प्रीतम,
वैरी विधाता रोके बैठे हैं लौटने की उसकी राह
मनोरथों के द्वारा पहुँचता ही रहता है फिर भी–
तुम तक।
दुबलापन, जलन, लगातार बहते हुए आँसू,
गरम-गरम साँसें, मिलने की आकुलता...
यह सब किधर थोड़े हैं, किधर अधिक–
महा कठिन है समझना !
पा लेता है वह तो भी तुम्हारे दुख की बहुत कुछ थाह
करके अनुभव अपने तन-मन की दुःस्थिति का।

अङ्गेनाङ्गं प्रतनु तनुना गाढतप्तेन तप्तं
सास्रेणाश्रुद्रुतमविरतोत्कण्ठमुत्कण्ठितेन।
उष्णोच्छ्वासं समधिकतरोच्छ्वासिना दूरवर्ती
संकल्पैस्तैर्विशति विधिना वैरिणा रुद्धमार्गः।।

105

कहना–
रहती थी बात प्रकट तौर पर कहने योग्य
फिर भी खुल्लमखुल्ला सहेलियों के सामने
तुम्हारे कानों में सटकर फुसफुसाता था जो ढीठ
बस, होंठों से गाल छू लेने के लालच से,
तुम्हारा वही प्रेमी पड़ा है दूर
कानों से परे,
आँखों से ओझल।
इसी से कहलवाए हैं मेरे मुँह से उसने
उत्कंठा में डूबे हुए कतिपय ये शब्द।

शब्दाख्येयं यदपि किल ते यः सखीनां पुरस्तात्
कर्णे लोलः कथयितुमभूदाननस्पर्शलोभात्।
सोऽतिक्रान्तः श्रवणविषयं लोचनाभ्यामदृष्ट–
स्त्वामुत्कण्ठाविरचितपदं मन्मुखेनेदमाह।।

106

कहलवाया है—
प्रिये, करता हूँ मैं उत्प्रेक्षा...
प्रियंगु-लताओं में विद्यमान है तुम्हारा कोमल शरीर
चकित हरिणी के नयनो में निहित है तुम्हारी चितवन
झलक रही चन्द्र-मण्डल में मुख-छाया तुम्हारी
मोर के पंखों में विराजमान हैं तुम्हारे केश-कलाप,
खेल रहे नदी की लहरों में कटाक्ष तुम्हारे...
रुष्ट मत होना प्रिये,
इनमें से एक भी तो नहीं करेगा कदाचित् तुम्हारी—
बराबरी।

श्यामास्वङ्गं चकितहरिणीप्रेक्षणे दृष्टिपातं
वक्त्रच्छायां शशिनि शिखिनां बर्हभारेषु केशान्।
उत्पश्यामि प्रतनुषु नदीवीचिषु भ्रूविलासान्
हन्तैकस्मिन् क्वचिदपि न ते चण्डि सादृश्यमस्ति।।

107

कहलवाया है—
सिलेटी पत्थर पर गेरु आदि से
करता हूँ तैयार आँक-आँक के
प्यार में रूठी हुई आकृति तुम्हारी।
फिर मनाने के निमित्त तुम्हारे पैरों पर गिरते हुए
दिखाना चाहता हूँ अपने को उसी में।
कि इतने में उमड़ आते हैं अपरिमित आँसू,
लुप्त हो जाती है दृष्टि की क्षमता,
कर सकता सहन नहीं निठुर विधाता
इस प्रकार भी हमारा मिलना-जुलना।

त्वामालिख्य प्रणयकुपितां धातुरागैः शिलाया—
मात्मानं ते चरणपतितं यावदिच्छामि कर्तुम्।
अस्रैस्तावन्मुहुरुपचितैर्दृष्टिरालुप्यते मे
क्रूरस्तस्मिन्नपि न सहते संगमं नौ कृतान्तः।।

108

कहलवाया है—
बहुत दिनों बाद कदाचित्
सपनों में ही पड़ जाती हो दिखाई
गाढ़ आलिंगन के लिए फैला देता हूँ बाँहें
आकाश की ओर
द्रवित हो उठती हैं वन की देव-देवियाँ
देखकर मेरा यह हाल;
टपकते हैं बड़े-बड़े मोतियों की तरह उनके आँसू,
हो-होकर सिक्त चमकते रहते हैं पेड़ों के पल्लव।

मामाकाशप्रणिहितभुजं निर्दयाश्लेषहेतो—
लब्धायास्ते कथमपि मया स्वप्नसंदर्शनेषु।
पश्यन्तीनां न खलु बहुशो न स्थलीदेवतानां
मुक्तास्थूलास्तरुकिसलयेष्वश्रुलेशाः पतन्ति।।

109

कहलवाया है—
झटके से तोड़कर देवदार के टटके टूसे
लेकर उनके रस का सौरभ
आता ही रहता है दक्षिण की ओर हिमालय का शीतल समीर
लगा लिया करता हूँ मैं उसे वक्ष से, प्यारी !
यही समझकर कि आए होंगे देह छूकर तुम्हारी !

भित्त्वा सद्यः किसलयपुटान् देवदारुद्रुमाणां
ये तत्क्षीरस्रुतिसुरभयो दक्षिणेन प्रवृत्ताः।
आलिङ्गयन्ते गुणवति मया ते तुषाराद्रिवाताः
पूर्वं स्पृष्टं यदि किल भवेदङ्गमेभिस्तवेति।।

110

कहलवाया है—
मनाया करता हूँ सदैव—

लम्बे प्रहरोंवाली यह रात हो जाय क्षण की तरह छोटी।
कम-से-कम तपा करे दिन सभी ऋतुओं में
चंचल नयनोंवाली ओ मेरी प्यारी,
सुनता है कौन मेरी यह प्रार्थना
विरह की तिल-तिल जलानेवाली व्यथाओं ने
बना डाला है मेरे मन को असहाय, अशरण।

संक्षिप्येत क्षण इव कथं दीर्घयामा त्रियामा
सर्वावस्थास्वहरपि कथं मन्दमन्दातपं स्यात्।
इत्थं चेतश्चटुलनयने दुर्लभप्रार्थनं मे
गाढोष्माभिः कृतमशरणं त्वद्वियोगव्यथाभिः।।

111

कहलवाया है—
आगे-पीछे बहुत-कुछ सोच-विचारकर
स्वयं ही मैं लेता हूँ थाम अपने आपको
सो, तुम भी होना मत बे-सम्हाल मेरी सुहागिन !
कौन है, जिसको सुख-ही-सुख मिला सदैव ?
कौन है, जिसको दुख-ही-दुख मिला सदैव ?
नीचे ऊपर होते ही रहते हैं ये पहिए के धुरी के समान।

नन्वात्मानं बहु विगणयन्नात्मनैवावलम्बे
तत्कल्याणि त्वमपि नितरां मा गमः कातरत्वम्।
कस्यात्यन्तं सुखमुपनतं दुखमेकान्ततो वा
नीचैर्गच्छत्युपरि च दशा चक्रनेमिक्रमेण।।

112

कहलवाया है—
यह है आषाढ़
चार महीने बाद
शेषशायी विष्णु उठेंगे सोकर
तभी होगी मेरे अभिशाप की अवधि समाप्त।
काट लो आँख मूँदकर कथंचित कुछ-एक महीने...

फिर तो मेरी रानी, विरह-काल में
हृदय के मध्य उबलनेवाली हमारी ये साधें
पूरी होंगी शरद की चाँदनीवाली उन रातों में।

शापान्तो मे भुजगशयनादुत्थिते शार्ङ्गपाणौ
शेषान्मासान् गमय चतुरो लोचने मीलयित्वा।
पश्चादावां विरहगुणितं तमात्माभिलाषं
निर्वेक्ष्यावः परिणतशरच्चन्द्रिकासु क्षपासु।।

113

और, यह भी कहलाया है तुम्हारे प्रीतम ने
मेरे मुँह से—
गले से लगी सोई पड़ी थीं तुम एक बार
जोरों से चिहुँक उठी थीं, जग उठी थीं रोती-रोती
'क्या हुआ, क्या हुआ'...बार-बार मैंने पूछा था।
तुम्हारा मुखमण्डल हो उठा था उद्‌भासित
गुलाबी हँसी की हल्की लहरों से
और दबी आवाज में बोली थीं तुम...
बताऊँ, क्या बोली थीं ?
बोली थीं—सपने में अभी-अभी तुम्हें देखा मैंने—
उड़ा रहे थे मज़े किसी दूसरी के साथ।

भूयश्चाह त्वमपि शयने कण्ठलग्ना पुरा मे
निद्रां गत्वा किमपि रुदती सस्वनं विप्रबुद्धा।
सान्तर्हासं कथितमसकृत्पृच्छतश्च त्वया मे
दृष्टः स्वप्ने कितव रमयन् कामपि त्वं मयेति।।

114

कहलवाया है—
पहचान की इन बातों से समझ लेना कि मैं कुशल हूँ,
अफवाहों की ओर लगाना मत कान
शक न करना, भरोसा रखना
चंचल नयनोंवाली मेरी प्यारी !

व्यर्थ ही कहते हैं लोग कि विरह में मर जाता है प्रेम,
वस्तुतः मिलती नहीं जब मनचाही चीज
बहुत बढ़ जाती है उसे पाने की प्यास
इकट्ठा हो जाता है फिर ढेर-सा प्यार;
विरह की स्थिति में प्रेम बढ़ता ही जाता है इस प्रकार।

एतस्मान्मां कुशलिनमभिज्ञानदानाद् विदित्वा
मा कौलींन्याच्चकितनयने मय्यविश्वासिनी भूः।
स्नेहानाहुः किमपि विरहे ध्वंसिनस्ते त्वभोगा–
दिष्टे वस्तुन्युपचितरसाः प्रेमराशीभवन्ति।।

115

प्रथम विरह के कारण प्रबल शोक से अभिभूत
अपनी भाभी को दो आश्वासन !
खुरों और सींगों से उकेरता रहता है
रुद्र-वाहन वृषभ जिसकी चोटियाँ
फिर यहाँ आओ लौटकर उसी कैलास से !
निशान-पहचान समेत कुशल-समाचार
मुझे भी सुनाओ
सम्हालो प्रिय इस प्रकार
प्रातःकालीन कुन्द-कुसुम की तरह
चू पड़ने को तैयार मेरा यह जीवन !

आश्वास्यैवं प्रथमविरहोदग्रशोकां सखीं ते
शैलादाशु त्रिनयनवृषोत्खातकूटान्निवृत्तः।
साभिज्ञानप्रहितकु- शलैस्तद्वचोभिर्ममापि
प्रातः कुन्दप्रसवशिथिलं जीवितं धारयेथाः।।

116

प्रिय भाई,
मेरा यह काम पूरा करोगे न ?
आखिर, तुमने इस बारे में क्या तय किया ?
रहने दो, अपार आस्था है मुझे तुम पर।

समझता हूँ मैं तुम्हारे मौन का तात्पर्य
'हाँ' या 'हूँ' करोगे, तभी तसल्ली होगी...
ऐसी कोई बात नहीं।
जानता हूँ, तुम्हीं हो कि माँगने पर
दिया करते हो चुपचाप चातकों को पानी।
मालूम हो जाने पर चुपके से कर देते हैं काम–
याचकों के प्रति यही जवाब हुआ करता है
सज्जनों का।

कच्चित्सौम्य व्यवसितमिदं बन्धुकृत्यं त्वया मे
प्रत्यादेशान्न खलु भवतो धीरतां कल्पयामि।
निःशब्दोऽपि प्रदिशसि जलं याचितश्चातकेभ्यः
प्रत्युक्तं हि प्रणयिषु सतामीप्सितार्थक्रियैव।।

117

मित्रवर मेघ !
तुम्हारे योग्य नहीं है यह काम
क्षमा करना, बहुत बड़ी ढिठाई की मैंने।
मित्र हूँ, विरही हूँ, दया का पात्र हूँ...
चाहे कुछ भी समझो !
मान लेना मेरी प्रार्थना,
कर देना काम पूरा।
तत्पश्चात्
होकर मंगलमय पावस से समृद्ध
जहाँ चाहो घूमते फिरना।
क्षण-भर भी इस तरह का बिछोह
प्राणप्यारी, अपनी बिजली से
कभी न हो तुम्हारा !

एतत्कृत्वा प्रियमनुचितप्रार्थनार्वितनो मे
सौहार्दिद्वा विधुर इति वा मय्यनुक्रोशबुद्ध्या।
इष्टान्देशाञ्जलद विचर प्रावृषा सम्भृतश्री-
र्मा भूदेवं क्षणमपि च ते विद्युता विप्रयोगः।।

परिशिष्ट–क

मुक्त-वृत्त, पृ. 7-8

महाकवि निराला ने कविताओं के अपने संकलन 'परिमल' की भूमिका में और 'पंतजी और पल्लव' शीर्षक समीक्षात्मक निबन्ध में इस पर विस्तार से प्रकाश डाला है।

शमशेर बहादुर सिंह ने 'मुक्त छन्द' पर एक तगड़ा निबंध लिखा है। यह उनके 'दो-आब' में संकलित है। प्रभाकर माचवे का इस प्रसंग का लेख 'हिंदी मुक्त-छंद' हाल ही 'नई दिशा' (2) में प्रकाशित हुआ है।

भावनाओं के आवेग छन्द-बन्ध तोड़कर निकलते हैं तो अंत्यानुप्रास, तुक, काफिया आदि का कोई बस नहीं चलता। वाणी का सहज-निराडम्बर प्रवाह किसी प्रकार की मर्यादा स्वीकार नहीं करता। किस परिस्थिति में तरुण निराला ने मुक्त-छंद की सृष्टि की, इस पर वह कहते हैं :

"चिरकाल से बंगाल में रहने के कारण हिंदी और बंगला की नाट्यशालाओं में अभिनय देखते रहने के मुझे विशेष अवसर मिले। कलकत्ता इन दोनों भाषाओं के रंगमंचों से प्रसिद्ध है। हिंदी के रंगमंचों में अलफ्रेड और कोरेंथियन के नाटकों को देखकर मुझे बड़ा दुःख होता था। उनके नटों के अस्वाभाविक उच्चारण से तबियत घबराने लगती थी। उस समय मैं 16-17 से अधिक का न था। कल्पना की सुदूर भूमि में हिंदी के अभिनय की सफलता पर विचार करते हुए, बोलते हुए, पाठ खेलते हुए जिस छंद की सृष्टि हुई, वह यही है और पीछे से विचार करके भी देखा तो इसे स्वभाववश निश्चल हृदय की सत्य ज्योति की तरह निकलता हुआ पाया।" ('प्रबंध-पद्म' में उक्त निबंध, पृ. 100)

मुक्त-छंद का स्वरूप बतलाते हुए निरालाजी ने कहा—"छंदः शास्त्र का निर्माण भाषा के तैयार हो जाने के पश्चात् हुआ करता है, जैसे बच्चे के पैदा हो जाने के बाद उसका नामकरण।। स्वर की बराबर लड़ियों में भी शब्द निकलते हैं और विषम लड़ियों में भी। जैसे आलाप में ताल नहीं होता, राग या रागिनी का चित्र मात्र देखने और समझने के लिए सामने आता है, उसी तरह मुक्त-छंद में स्वर का संयम नहीं देख पड़ता, स्वर की लड़ी बराबर नहीं मिलती, कविता की केवल मूर्ति सामने आती है। राग या रागिनी जब सीमा के अंदर, बजानेवाले की सुविधा के लिए बाँध दी जाती है, तब ताल में उसके बँधे रूप का लावण्य रहता है—जैसे एक ही विहंग की वन में स्वाधीन वृत्तियाँ और पिंजड़े में ससीम चेष्टाएँ।" (वही, पृ. 101)

हिंदी में रूपनारायण पांडेय, जयशंकर प्रसाद, मैथिलीशरण गुप्त और अयोध्यासिंह उपाध्याय द्वारा प्रयुक्त अतुकांत—किंतु व्यवस्थित—छंदों की चर्चा करके निरालाजी दूसरी जगह कहते हैं :

"इस तरह की कविता अतुकांत काव्य का गौरव-पद भले ही अधिकृत करती हो,

वह मुक्त-काव्य या स्वछंद छंद कदापि नहीं। वहाँ मुक्ति रहती है, वहाँ बंधन नहीं रहते। न मनुष्यों में, न कविता में। मुक्ति का अर्थ ही है बन्धनों से छुटकारा पाना। अतुकांत रहने पर भी गण-वृत्तों में गणों की श्रृंखला, मात्रिकवृत्तों में मात्राओं का साम्य, वर्णवृत्तों में अक्षरों की समानता मिलती है। इस प्रकार.के दृढ़ नियमों से बँधी हुई कविता कदापि मुक्त-छंद नहीं हो सकती। मुक्त-छंद तो वह है, जो छंद की भूमि में रहकर भी मुक्त है। इस पुस्तक (परिमल) के तीसरे खंड में जितनी कविताएँ हैं, सब इस प्रकार की हैं। उनमें कोई नियम नहीं। केवल प्रवाह कविता-छंद का-सा जान पड़ता है। कहीं-कहीं आठ अक्षर आप-ही-आप आ जाते हैं। मुक्त-छंद का समर्थक उसका प्रवाह ही है। वही उसे छंद सिद्ध करता है, और उसका नियम-राहित्य उसकी मुक्ति।

'विजन-वन-वल्लरी पर
सोती थी सुहाग-भरी
स्नेह-स्वप्न-मग्न अमल-कोमल-तनु तरुणी
जुही की कली
दृग बन्द किए—शिथिल—पत्रांक में।'

यहाँ 'सोती थी सुहाग-भरी' आठ अक्षरों का एक छंद आप-ही-आप बन गया है। तमाम लड़ियों की गति कवित्त-छंद की तरह है।

हिंदी में मुक्त-छंद काव्य कवित्त-छंद की बुनियाद पर सफल हो सकता है। कारण, यह छंद चिरकाल से इस जाति के कण्ठ का हार हो रहा है। दूसरे, इस छंद में एक विशेष गुण यह भी है, इसे लोग चौताल आदि बड़ी तालों में तथा ठुमरी की तीन तालों में भी सफलतापूर्वक गा सकते हैं और नाटक आदि के समय इसे काफी प्रवाह के साथ पढ़ भी सकते हैं। आज भी हम रामलीलाओं में, लक्ष्मण-परशुराम-संवाद के समय, वार्तालाप में इस छंद का चमत्कार प्रत्यक्ष कर लेते हैं। यदि हिंदी का कोई जातीय छंद चुना जाय, तो वह यही होगा।" (परिमल की भूमिका, पृ. 21-22)

शमशेर का निबंध इस समय सामने नहीं है। भूमिका में मुक्त-छंद पर जो कुछ लिखा था, उसमें इनके मन्तव्यों का मुझे सहारा रहा। (देखिए—भूमिका) उदाहरण के तौर पर उद्धृत कतिपय काव्यांश वहाँ शमशेर के निबंध से ही ज्यों-के-त्यों ले लिये गए हैं।

प्रभाकर माचवे की राय में—"हिंदी में चार तरह के मुक्त-छंद शायद व्यवहृत होते हैं : (1) कविता के चरण को लेकर लिखा जानेवाला बारह मात्राओं वाला या छः-छः मात्राओं के विरामवाला अक्षरप्रधान या वर्णिक मुक्त-छंद, जैसे—'जागो फिर एक बार' या 'शिशिर की राका निशा' या 'आज उचटा-सा हृदय' आदि। (2) दूसरा जो बहुप्रचलित मुक्त-छंद है, वह वार्णिक न होकर अष्टमात्रिक है। जैसे—

सघन बर्फ की कड़ी पर्त-सी
एक-एक कर अमित रूढ़ियाँ
सदियों से जमती जाती हैं
तह पर तह मानव जीवन पर (भा.भू. अग्रवाल, तार-सप्तक-1)

भीगा दिन पश्चिमी तहों से उतर चुका है
बादल ढकी रात आती है
धूप भरी दीपक की लौ पर मंदे पग धर (गि. कु. माथुर, वही)

इसमें भी कई कवियों ने कई प्रकार की छूट ली है। मात्राओं की संख्या की घट-बढ़ी के साथ इसका स्वरूप बदला है। (3) तीसरा जो इन दोनों मुक्त-छंदों में नहीं होता वह देहाती (और, फिल्मी नहीं ?) गीतों की धुनों से प्रभावित उनकी टेक पर आश्रित मुक्त-छंद है। जैसे—'फूल कचनार के, प्रतीक मेरे प्यार के' या 'माली के छोकरे, माली के छोकरे, ला दे मुझे गजरे बेले के' या 'पीले फूल कनेर के' आदि। इस प्रकार के मुक्त-छंद में बहुत संभावनाएँ हैं, चूँकि आल्हा-कजरी-रसिया-होरी-बरवै से लगाकर लावनी जोड़-तोड़ वा ददरिया तक कई तरह की चीजें ग्राम-गीतों में प्रचलित हैं और उनसे अधिक-से-अधिक प्रेरणा और पद्यबंध (Verse Patterns) लिये जा सकते हैं, बशर्ते कि वह संगीतमयता कवि में स्वयं हो। (4) सबसे खतरनाक तो मुक्त-छंद का यह चौथा रूप चल पड़ा है जो उर्दू की आज़ाद नज्म से भी प्रभावित है, जैसे अली सरदार जाफरी का 'एशिया जाग उठा' और बाइबिल तथा वैदिक ऋचाओं या उपनिषदों से भी प्रभावित होकर लिखी गई वाल्ट हिट्मैन की लम्बी-लम्बी लाइनों का जो अनुकरण लारेन्स-इलियट-पाउण्ड आदि ने किया, उसकी भी छाप इस पर है। वह यह मंत्रप्राय कविताई है जिसे मैं पद्य में अराजकता मानता हूँ। मुक्त-छंद की इस अराजकता का प्रभाव रूसी कवि मायकोवस्की पर भी पड़ा था।"

आगे माचवे ने बताया है कि "ज्यों-ज्यों गीत शुद्ध संगीत बनता गया, कविता उससे हटती गई। पर आज ऐसी स्थिति नहीं है।" शुद्ध संगीत और शुद्ध कविता के क्षेत्र में हम अधिकाधिक सार्वजनीनता Community Singing, Collective Poetry की बात भी जनतंत्र में करते हैं।

अंत में वह हमारे सामने कुछ विचारणीय बातें रखते हैं मुक्त-छंद के विषय में। "(क) मुक्त-छंद को आज की तरह निरंकुश, अराजक स्थिति में छोड़ दिया जाय ? (ख) इसमें व्यंजनध्वनि और स्वरध्वनि का क्या अनुपात हो ? (ग) बोलियों की तरह हम हिंदी में कभी-कभी दीर्घ को ह्रस्व उच्चारित करने की और बांगला-मराठी के स्वरालोड़न की सुविधा भी चाहते हैं । उसके लिए क्या कोई चिह्न प्रयुक्त किया जाय ? (घ) मुक्त-छंद का मूल यूनिट क्या होगा—वर्ण, अक्षर, मात्रा-ताल या केवल समावर्तन या आन्दोलन ? (च) पंक्तियों का तोड़ना किस उद्देश्य से हो ? महज फैशन के लिए ? नए भाव या विचार के लिए ? या छंद की सुविधा के लिए ? (छ) पंक्तियाँ स्वयं पूर्ण हों या run-on ? (ज) वितरण की मात्राएँ गिनी जाएँ ? (झ) स्वराघात का क्या होगा ? उसका या उस्का ? सहसा या सह्‌सा ? घर में या घर्में ? उच्चारण के इन खास क्रमों को कैसे व्यवस्थित किया जायगा ?" (हिंदी मुक्त-छंद, नई दिशा-2, पृ. 78, 79, 81)

परिशिष्ट-ख

श्लोक–1; यक्ष : देवताओं की जाति के और मौजी तबीयत के। प्राचीन काव्य और चित्रकला आदि में यक्षों का साक्षात्कार अब भी कर सकते हैं। अपने इस काव्य में कालिदास ने यक्ष को प्रेमी सहृदय के रूप में हमारे सामने रखा है। ताल-तलइया में, झील में, टूटे-फूटे पुराने मंदिर में, बरगद, पीपल, पाकड़ आदि के वृक्ष पर यक्ष का निवास बताया गया है। जैसे अब भी "जवान या निपूती औरत को भूत लगता है" उसी तरह पहले जमाने में यक्ष भी "लगता" था।

रामगिरि : प्राचीन टीकाकार मल्लिनाथ की राय में चित्रकूट (जि. बाँदा, करवी के निकट) ही रामगिरि था, मगर अब अधिक-से-अधिक विद्वानों का यह मत स्थिर हो चुका है कि रामटेक (जि. नागपुर, मध्यप्रदेश) था, वह स्थान जहाँ से कालिदास का यक्ष मेघ को सम्बोधित करता है।

शाप : यक्षों के राजा कुबेर ने इस यक्ष को शाप दिया कि वह साल-भर अपनी पत्नी से अलग रहेगा। टीकाकारों की इस प्रसंग में दो राएँ हैं –कुछ का कहना है कि कुबेर ने यक्ष को अपना उद्यानपाल नियुक्त किया था, किंतु पत्नीभक्त होने के कारण उसने अपनी ड्यूटी में लापरवाही बरती...इन्द्र का हाथी (ऐरावत) एक बार आया और कुबेर के उपवन को तहस-नहस करने लगा। कुबेर ने सुना तो कुपित होकर सेवक को शाप दिया।

शाप : के बारे में दूसरी राय है कि कुबेर प्रतिदिन तड़के ही कमल के टटका फूल से शिवजी की पूजा करते थे और यह फूल मानसरोवर (कैलास) से लाने की जिम्मेवारी इसी यक्ष पर थी। कुछ दिनों तक तो वह मुस्तैदी से कमल का ताज़ा फूल लाता रहा, लेकिन पीछे ढीला पड़ गया। पत्नी को यह अखरता था कि ठीक आधी रात के क्षणों में ही बिस्तरा छोड़कर उसका पति रोज़ बाहर निकल जाए...तब वह दिन-दिखारे ही कमल तोड़कर लाने लगा। रात-भर फूल रखा रहता, सुबह-सुबह मालिक के यहाँ पहुँचा दिया जाता। एक दिन, शाम को ही भौंरा घुस गया कमल के अंदर। प्रातःकाल पूजा के समय भौरें ने कुबेर की उँगली में डंक मार दी। भेद खुलने पर यक्षेश्वर महाराज कुबेर ने अपने इस नौकर को शाप दिया।

श्लोक–2 : दुबली कलाइयों से खिसक पड़े कंगन (कनकवलय-भ्रंश- रिक्तप्रकोष्ठः)– बात यह थी कि उस जमाने में मर्द भी कंगन पहनते थे। अब भी देहातों में जहाँ-तहाँ दोनों हाथों में या एक ही हाथ में चाँदी या सोने का वलय (कड़ा, कंगन, बलिजा) पहने पुरुष दिखाई दे जाते हैं।

गुप्त-साम्राज्य के युगों में नागरिक एक हाथ में सोने का ढीला कड़ा पहनते थे। उन दिनों की बनी पुरुष-प्रतिमाओं के हाथ देखने से अब भी इस तथ्य का साक्ष्य मिलता है।

श्लोक–3 : राजराजेश्वर कुबेर (राजराज)–सामान्य यक्ष भी राजा कहलाता था, इसी से यक्षों के मुखिया को राजराजेश्वर कहा गया।

श्लोक–4 : कुटज। हिंदी में इसे 'कुरैया' कहते हैं। फूल छोटा-छोटा और पंखुड़ियाँ सुफेद होती हैं, बरसात के आरम्भ में ही खिलता है।

श्लोक–5 : धूम, ज्योति, सलिल, समीर के जमघट (धूमज्योतिः सलिलमरुतां सन्निपातः)–मेघ के संबंध में कालिदास के इस काव्य द्वारा काफी-कुछ सूचनाएँ हमें मिलती हैं। आधुनिक ऋतु-विज्ञान के अनुसार मेघों का जो शास्त्रीय विवेचन किया जाता है–उसकी जानकारी के लिए हमारे पाठक राजकमल प्रकाशन (दिल्ली, बंबई, इलाहाबाद) द्वारा प्रकाशित 'मेघदूत' का परिशिष्ट-1 और परिशिष्ट-2 अवश्य देखें। परिशिष्ट-1 का शीर्षक है 'मेघशास्त्र' और परिशिष्ट-2 का शीर्षक है 'मेघों का वैज्ञानिक विवेचन'। पहले परिशिष्ट के लेखक हैं उक्त 'मेघदूत' के सम्पादक स्वयं श्रीवासुदेवशरण अग्रवाल और दूसरे परिशिष्ट के लेखक हैं श्री पुरुषोत्तम प्रसाद ज्ञानी और श्री कैलाशबिहारी प्रसाद (ये दोनों ही साइंस कालेज, पटना के प्रोफेसर हैं।) हिंदी में मेघों के बारे में जानकारी की ऐसी ठोस सामग्री हमें अन्यत्र कहीं नहीं मिली।

ऊपर के दोनों निबंधों ('मेघशास्त्र' और 'मेघों का वैज्ञानिक विवेचन') से कुछ एक अंश यहाँ उद्धृत कर देना आवश्यक प्रतीत होता है :–

"वैज्ञानिक विवेचन के अनुसार मेघ चार प्रकार के कहे गए हैं और संस्कृत साहित्य में भी उनके चार ही भेद हैं। अंग्रेजी नामों के ठीक पर्याय के रूप में तो नहीं, किंतु कुछ विशेषताओं के अनुसार संस्कृत नामों को उन नामों के समकक्ष इस प्रकार माना जा सकता है–

(1) सिरस Cirrus–संस्कृत, पुष्कर।
(2) स्ट्रेटस Stratus–संस्कृत, आवर्त्तक।
(3) क्युमुलस Cumulus– " संवर्तक।
(4) निम्बस Nimbus– " द्रोण।

पुष्कर मेघों में चित्रित वृष्टि अर्थात् ओले, बरफ आदि सूक्ष्म कणों का ढेर कहा गया है। सिरस मेघों की विशेषता है, ये सबसे अधिक ऊँचाई पर रहते हैं । द्रोण मेघों को अत्यन्त जल बरसानेवाला कहा गया है, अतएव इन मेघों की तुलना अंग्रेजी के निम्बस मेघों से करनी उचित ही है। क्युमुलस नामक मेघों में तूफान-गर्जन और घोर वृष्टि होती है। जिस समय वे आकाश में उठते हैं, प्रलय-सी मच जाती है। इन्हीं को

पुराणों में संवर्तक मेध कहा गया है, जो प्रलयांत में आकर वृष्टि के बँधे हुए संस्थान को तोड.-फोड़ डालते हैं। चौथे स्ट्रेटस मेघों में बहुस-सी परतें या तहें पाई जाती हैं, अतएव इन्हें आवर्त्तक नाम से अभिहित किया जा सकता है। (भारत सरकार की तरफ से 1945 ई. में प्रकाशित 'क्लाउड एटलस' भी इस संबंध में द्रष्टव्य है)"

—'मेघशास्त्र'

मेघ का निर्माण कैसे होता है ? वर्षा किस प्रकार होती है ? इन्द्रधनुष की पैदाइश क्योंकर होती है ? बादलों का गरजना क्या है ? आसमान में बिजली कैसे कौंधती है ?—आदि प्रश्नों का समाधान हमें 'मेघों का वैज्ञानिक विवेचन' नामक निबन्ध में मिलता है। यह लेख सर्वप्रथम हिंदी-साहित्य-संघ, पटना द्वारा प्रकाशित-प्रचारित मासिक 'रश्मि' (हस्तलिखित) के मेघांक से लेकर छापा गया है। उक्त मेघदूत के परिशिष्ट-2 के रूप में 'रश्मि' का मेघांक देखने का सौभाग्य मुझे भी प्राप्त हुआ था।

इस विवेचन में कहा गया है—

"पृथ्वीतल में तीन भाग जल और एक भाग स्थल विस्तृत है। जल की सतह से वाष्प सर्वदा उड़ता रहता है। सूर्य का प्रचंड ताप जब समुद्र की सतह पर पड़ता है तो वाष्पीकरण की गति और बढ़ जाती है। अतएव ग्रीष्म ऋतु में बहुत अधिक भाप बनता है। वाष्प साधारण वायु से 0.64 गुना हल्का होता है, अतएव समुद्र की सतह से यह क्रमशः ऊपर उठता है और वायु-प्रवाह में पड़कर स्थल की ओर आता है। वाष्पमिश्रित वायु के मार्ग में जब कोई भूमि या पहाड़ आ पड़ते हैं तो हवा की आगे बढ़ने की गति रुक जाती है। अतः यह पुनः ऊपर की ओर उठने लगता है। वायुमंडल का ऊपरी भाग उसके निम्न भाग से ठंडा होता है। इसलिए ज्यों-ज्यों वाष्पमिश्रित वायु ऊपर उठता जाता है त्यों-त्यों वह ठंडा हाता जाता है। ठंडा वायु गर्म वायु से कम वाष्प धारण कर सकता है, इसलिए वायु के ठंडा होने के कारण वाष्प का कुछ अंश सूक्ष्म जल-कणों के रूप में परिणत हो जाता है। अपनी सूक्ष्मता के कारण ये कण वायु में ही अवलम्बित रहते हैं। ऐसे असंख्य कण वायु के ऊपरी भाग में एक साथ अवलम्बित होकर मेघों का निर्माण करते हैं। शरद् ऋतु में हम प्रायः कुहासा देखते हैं। यह भी मेघ ही है जो पृथ्वीतल के निकट वायु में अवलम्बित रहता है। ऐसा भी कह सकते हैं कि मेघ वायुमंडल के ऊपरी भाग में लगा हुआ कुहासा है। उक्त मेघ वायु के साथ कुछ और ऊपर उठता है, जिसके फलस्वरूप जल के कण कुछ और बड़े-बड़े हो जाते हैं। जब वे वायु में अवलम्बित नहीं रह सकते तो वर्षा के रूप में बरस जाते हैं। वर्षा का अधिकांश जल नदी द्वारा समुद्र में चला जाता है।"

"कभी-कभी आकाश मेघाच्छन्न रहता है, फिर भी वर्षा नहीं होती। कारण यह है कि मेघ से जल की बूँदें पृथ्वीतल की ओर चलती तो हैं पर मार्ग में अधिक गर्म वायु लगने से पुनः वाष्प बनकर वायु में मिल जाती हैं और वर्षा नहीं होने पाती।"

—'मेघों का वैज्ञानिक विवेचन'

1000 गज से नीचे की ऊँचाई पर प्रायः कोई मेघ नहीं आता। वैज्ञानिकों ने इन

मेघों के दस प्रकार बतलाए हैं। शरद् की अपेक्षा ग्रीष्म में ये अधिक ऊँचाई पर उड़ा करते हैं। पवन पंख पर सवार ये अनन्त आकाश की सैर करते रहते हैं। ज्यों-ज्यों ऊपर उठते हैं, उनकी रफ्तार तेज होती जाती है। 5।। मील की ऊँचाई पर मेघ की गति 150 मील प्रति घंटे तक की पाई गई है। धरती से ज्यादा से ज्यादा 10 मील तक ऊपर उठ सकते हैं ये, और ऊपर नहीं।

"मेघों में बिजली भरी होती है। दो मेघों के बीच या मेघ और पृथ्वी के बीच बड़ी-बड़ी विद्युत चिनगारियाँ उत्पन्न होती हैं, उन्हें ही बिजली चमकना कहते हैं। x x x बिजली बहुत ही उच्च तापक्रम उन्नत करती है जिसके कारण निकट का वायु बहुत ही गर्म हो जाता है। अकस्मात् गर्म होकर वायु बहुत फूल जाता है, इसलिए वह चारों ओर भीषण गति से भागता है। फलस्वरूप नभ में गर्जन होता है। इसे ही मेघ-गर्जन कहते हैं।"

"काँच के त्रिपार्श्वीय टुकड़ों में ऐसा गुण है, यह सूर्य का श्वेत प्रकाश खंडित करके सात वर्णों (नील-लोहित Violet, नील Indigo, गाढ़ा नीला Blue, हरा Green, पीला Yellow, नारंगी Orange और लाल Red, में उस प्रकाश को छितरा देता है। उचित परिस्थिति में जल की बूँदें भी ऐसा कर सकती हैं जिससे इन्द्रधनुष बनता है। x x x इन्द्रधनुष देखने की कुछ शर्तें—सूर्य देखनेवाले के ऊपर या पीछे रहना चाहिए और नभ में जल की बूँदें उसके सामने हों। ऐसा होने से सूर्य के श्वेत प्रकाश का किरण-जाल जल की बूँदों पर पड़कर खण्डित हो जाता है और लौटकर देखनेवाले के पास आता है, फिर इन्द्रधनुष के रूप में दिखाई पड़ता है।"

—'मेघों का वैज्ञानिक विवेचन'

'मेघदूत' में कई प्रकार के मेघों की या मेघ के कितने स्वरूपों की चर्चा आई है। कालिदास की कवि-चेतना ऐसी अपूर्व और अनोखी थी कि उसमें मेघ के प्रायः सभी रूप समा गए थे। श्लोकों को उद्धृत करके इसका सबूत देने में बेहद विस्तार होने की आशंका है।

श्लोक—14 : दिङ्नाग। इसका अर्थ हमने चक्करदार अंधड़ (आँधी) और 'भारी बगूला' किया है। दिङ्नाग का मतलब दिग्गज तो होगा ही, इसी नाम से प्रख्यात एक बौद्ध दार्शनिक (चौथी सदी) की तरफ भी कदाचित् कवि का संकेत रहा होगा, जैसा कि मल्लिनाथ आदि कई टीकाकारों की धारणा है। 'आँधी-तूफान' दिग्गज का कोई अपना उद्भावित अभिप्राय मेरा नहीं है, कहीं-किन्हीं विद्वान् के मुँह से सुना था। "दिग्गजों के मोटे-मोटे सूँडों को परे हटाते हुए" की अपेक्षा "आँधी-तूफान की अड़चनों की पर्वाह न करते हुए" वाला यह अर्थ मुझे कहीं संगत जँचा।

श्लोक—15 : वल्मीक। इसका प्रचलित अर्थ होगा दीमकों का अड्डा, बाँबी। मगर टीकाकार रामनाथ ने 'आतप-युक्त मेघ' वाला अर्थ लिया है। मुझे

यही उचित जान पड़ता है। भला, दीमकों के अड्डे से इन्द्रधनुष का क्या लेना-देना ?

श्लोक–17 : आम्रकूट। पता नहीं, इस पहाड़ी से कवि का आजकल की किस पहाड़ी की तरफ इशारा रहा होगा ?

श्लोक–19 : हाथी की देह पर।

यहाँ आचार्य श्री सीताराम चतुर्वेदी ने यों अर्थ किया है –"X X X रेवा नदी मिलेगी जो X X X ऐसी दिखाई देगी मानो किसी ने बड़े-से हाथी का शरीर भभूत से चीत दिया हो।" (कालिदास ग्रंथावली, द्वितीय संस्करण–पृ. 346-347)

परंतु डॉ. श्री वासुदेवशरणजी अग्रवाल ने उक्त अंश का यह रूपांतर किया है –"X X X नर्मदा तुम्हें ऐसी दिखाई देगी जैसे हाथी के अंगों पर भाँति-भाँति के कटावों से शोभा-रचना की गई हो।"

हमें अब अपना यह अर्थान्तर जँचता है–

"हाथी की देह पर
रचित विविध डिज़ाइनों में
पत्र-छापों-सी श्वेत-शुभ्र।"

'भक्तिच्छेदैः' यहाँ मूल में एक खास शब्द है। डॉ. अग्रवाल ने परिशिष्ट की अपनी टिप्पणियों में विस्तार से बताकर 'भक्ति (हिंदी–भांत, गुजराती –भांत, बिहारी–काट या नमूना) को अंततः अंग्रेजी पर्याय 'डिजाइन' से समझाया। 'छेद' को 'स्टेन्सिल' बताया है। यह सर्वथा संगत है।

श्लोक–21 : सारंगाः। सारंग के तीनों अर्थ यहाँ लिये गए हैं–भ्रमर, हरिण और हाथी।

श्लोक–25 : विदिशा। भेलसा (मध्यभारत)

श्लोक–31 : अवन्ति; मालवा (मध्यभारत) का काली मिट्टीवाला जनपद।

श्लोक–46 : स्कंद; कुमार कार्तिकेय (शिवजी का बड़ा लड़का)।

श्लोक–49 : ब्रह्मावर्त; बरेली, मुरादाबाद, हाथरस, अलीगढ़, आगरा, मथुरा, दिल्ली, मेरठ, सहारनपुर, अम्बाला, करनाल आदि (ब्रज, पांचाल और कुरु) अंचल।

श्लोक–53 : त्रिपथगा। तीन राहों से जानेवाली, तीन धारों में बहनेवाली। यह गंगा का एक नाम है। कुमाऊँ-गढ़वाल के पहाड़ों से निकलनेवाली कई छोटी-छोटी नदियों से मिलती-जुलती यह कनखल के करीब आकर समतल मैदानों की तरफ आगे बढ़ती है। इस त्रिपथगा का उत्स है [illegible]

श्लोक–64 : प्रियतम की गोद में...। बस, यहाँ तक का हिस्सा 'पू[illegible] है। इससे आगे, अंत तक 'उत्तर मेघ'।

●●●

नागार्जुन रचनावली - 2

[कविता]

चरण चूमूँ आपके...

देवि, अब तो कटें बन्धन पाप के
लाइए, मैं चरण चूमूँ आपके
सौ नमूने बने इसकी छाप के
लाइए, मैं चरण चूमूँ आपके
खो गए लय बोल के, आलाप के
लाइए, अब चरण चूमूँ आपके
कहीं आहें, जमे बादल भाप के
दीजिए अब चरण चूमूँ आपके
थक गए हैं हाथ गाकर थाप के
लाइए, अब चरण चूमूँ आपके

1974.
पटना

नागार्जुन रचनावली

2

सम्पादन-संयोजन

शोभाकान्त

राजकमल प्रकाशन

नयी दिल्ली पटना इलाहाबाद

मूल्य : ₹ 5500
सात खंडों का सम्पूर्ण सेट

पहला संस्करण : 2003
पहली आवृत्ति : 2011

प्रकाशक : राजकमल प्रकाशन प्रा. लि.
1-बी, नेताजी सुभाष मार्ग
नई दिल्ली-110 002

शाखाएँ : अशोक राजपथ, साइंस कॉलेज के सामने, पटना-800 006
पहली मंजिल, दरबारी बिल्डिंग, महात्मा गांधी मार्ग, इलाहाबाद-211 001

वेबसाइट : www.rajkamalprakashan.com
ई-मेल : info@rajkamalprakashan.com

आवरण-चित्र : अशोक महेश्वरी

मुद्रक : बी.के. ऑफसेट
नवीन शाहदरा, दिल्ली-110 032

NAGARJUN RACHANAVALI-2
Edited by Shobha Kant

ISBN : 978-81-267-2151-1

यह खंड

लगभग अठारह वर्षों के बाद 1980 ई. में नागार्जुन का काव्य-संग्रह 'खिचड़ी विप्लव देखा हमने' प्रकाशित हुआ। इसके संयोजन-सम्पादन वक्तव्य में कहा गया था कि—"मई, 1964 ई. से सितम्बर, 1979 ई. तक की अधिकांश रचनाएँ दो संग्रहों में संकलित की गई हैं। पहला संग्रह है 'तुम रह जाते दस साल और' तथा दूसरा है 'खिचड़ी विप्लव देखा हमने'। परन्तु मित्रों की राय से पहले संग्रह का नाम बदलकर रखा गया—'तुमने कहा था'।

'खिचड़ी विप्लव देखा हमने' में छियासठ रचनाएँ संकलित हैं और उन रचनाओं का सन्दर्भ समग्र क्रान्ति आन्दोलन, आपातकाल और आपातकाल के बाद का समय है। अर्थात् 1974 ई. से 1979 ई. तक की रचनाओं में से यह एक खास तरह का चयन था।

उसी वर्ष 'तुमने कहा था' का प्रकाशन हुआ। 1964 ई. से 1979 ई. तक की रचनाओं में से बावन रचनाएँ इस संग्रह में संकलित की गई थीं। संकलन के आरंभ में यह सूचना भी दी गई कि—"इस अवधि की तीन-चार कापियाँ खो गई हैं और उनके मिलने की संभावना नहीं है।"

कविताओं की संख्या को देखा जाए तो 'हजार-हजार बाँहोंवाली' नागार्जुन का सबसे बड़ा संग्रह है। इसमें एक सौ दस कविताएँ संकलित हैं। इसका प्रकाशन-वर्ष है 1981 ई.। इसके बाद 1983 ई. में 'पुरानी जूतियों का कोरस' नाम से एक संग्रह प्रकाशित हुआ। इसमें बहत्तर कविताएँ संकलित हैं। इन दोनों काव्य-संग्रहों की कविताओं का कालखण्ड 1936 ई. से 1981 ई. तक फैला हुआ है। संकलनकर्त्ता ने इन संग्रहों के शुरू में अपने वक्तव्य में कहा कि—"1935 से 1947 ई. के बीच रचित कविताओं को पूरी तरह संकलित कर पाना असंभव ही है, क्योंकि रचनाएँ या तो खो गई हैं या पत्र-पत्रिकाओं के पुराने अंकों में बिखरी पड़ी हैं, और उनकी अनुपलब्धता एक समस्या है।" फिर भी इस कालखण्ड की लगभग डेढ़ दर्जन कविताएँ इन दोनों संकलनों में दिखती हैं।

यों तो 'रत्नगर्भ' नामक संग्रह का प्रकाशन-वर्ष है 1984 ई. पर इस संग्रह की आठों रचनाओं का काल 1951 ई. तक ही है।

1985 ई. में 'ऐसे भी हम क्या! ऐसे भी तुम क्या!!' नामक संग्रह प्रकाशित हुआ था। इसमें 1981 ई. से 1985 ई. के बीच रची गई कविताओं में से पैंतीस कविताएँ संकलित हैं। पत्र-पत्रिकाओं में प्रकाशित रचनाओं के साथ नागार्जुन की डायरी/नोटबुक से कविताओं को लेकर यह संग्रह बनाया गया था। संग्रह में यह सूचना दर्ज है कि घुमंतू

कवि की डायरी/नोटबुक प्राप्त करना सहज नहीं है, अभी भी उनकी कापियाँ खोती रहती हैं।

हिमालय के विभिन्न भागों/अंचलों का नागार्जुन अपने रचनाकर्म के शुरुआती दौर से ही भ्रमण-दर्शन करते रहे। जब भी मौका मिलता हिमालय के किसी न किसी हिस्से को देख आते। सन् 1980 से 1986 ई. तक अक्सर उत्तराखण्ड के मध्य वे पौड़ी-गढ़वाल के पर्वतीय ग्रामांचल जहरीखाल जा पहुँचते। जाड़ा, बरसात और गर्मी, यानी हर मौसम में वहाँ जाकर अपनी पकी नजरों से हिमालय और पार्वत्य जीवन के उन्मुक्त परिवेश को निहारते। जहरीखाल में ही उन्होंने अपनी पचहत्तरवीं वर्षगाँठ सन् 1986 के जून में 'आखिर ऐसा क्या कह दिया मैंने' नामक अपने नए कविता-संग्रह की प्रकाशित प्रति को पहली बार देखा था। सन् 1981 से 1985 ई. तक रचित कविताओं में से पैंतीस रचनाओं के इस संग्रह को संकलनकर्ता ने जहरीखाल को समर्पित किया है। संग्रह में एक रचना 1973 ई. की भी है।

1990 ई. में 'इस गुब्बारे की छाया में' नाम से संग्रह आया। तैंतालीस रचनाओं के इस संकलन में 1944 ई. से 1988 ई. तक की रचनाएँ हैं। इनमें से तेईस कविताओं का कालखण्ड 1967 ई. तक है।

यायावरी वृत्ति के रचनाकार नागार्जुन की डायरी, कापियाँ, नोटबुक, पुस्तकें आदि यात्रा के क्रम में यहाँ-वहाँ छूट जातीं, कभी मिलतीं, पर अक्सर मिलतीं ही नहीं। डॉ. विजयबहादुर सिंह से नागार्जुन ने कहा था—"पड़ी मार कबीर की, चित से दिया उतार...आप तो समझ ही गए होंगे कि किसके लिए कह रहा हूँ...वो किताब खो गई कटनी में। मेरी बंगला कविता वाली डायरियाँ भी खो गईं...कहाँ चली गईं...?" किताबों और डायरियों के खो जाने का गहरा दुख तो था ही पर किया भी क्या जा सकता था ! कटनी में जिस रिक्शे पर बैठे, उतरते वक्त पता नहीं झोला उसी रिक्शे पर कैसे रह गया ! बंगला की ढेर सारी अमुद्रित कविताएँ भी चली गईं। हिन्दी की कुछ पूरी-अधूरी रचनाओं की कापी भी। ढेर सारे पते लिखे अन्तर्देशीय और पोस्टकार्ड भी...झोला क्या खोया, नागार्जुन का बहुत कुछ लुट गया। काफी समय तक इसके कारण वे उदास बने रहे।

इस तरह की घटनाओं के शिकार नागार्जुन अक्सर होते रहते थे। बाद में कहने लगे थे—"कापियाँ खो जाएँ तो अच्छा रहता है। क्योंकि रचनाएँ जब नहीं छपेंगी तो प्रमाण मिलता है कि नहीं लिख रहे हैं आजकल...." नागार्जुन के घुमन्तूपन और डायरी/नोटबुक खोते रहने को लेकर एक पंक्ति कही जाती थी—'बाबा कविता बोते चलते हैं।'

इन्हीं परिस्थितियों के बीच 1994 ई. में 'भूल जाओ पुराने सपने' नाम से एक संग्रह प्रकाशित हुआ। इस संग्रह में इक्यावन कविताएँ संकलित हैं। छियालीस रचनाओं का काल 1977 ई. से 1993 ई. तक का है तो पाँच रचनाएँ पहले की हैं। इस संग्रह की एक विशेषता यह थी कि आठ कविताओं को छोड़कर बाकी सभी रचनाएँ संग्रह में पहली बार प्रकाशित होकर पाठकों के सामने आईं। इस संकलन की अधिकांश रचनाएँ छोटी-बड़ी स्लिपों, कवि के नाम आए पोस्टकार्डों की खाली जगहों, कैशमेमो के पीछे, किसी किताब के शुरू या

अन्त वाले खाली पृष्ठों पर अथवा पुस्तकों के डस्टकवर के पीछे लिखी गई थीं। नागार्जुन ने एक साक्षात्कार में कहा भी है—"भाई! अखबारों की पूँछ पर लिखी जाती हैं कविताएँ। ऐसी कविताओं को 'खोज' या पकड़ पाना असम्भव है।"

और, 1997 ई. के अंतिम महीने में बत्तीस कविताओं का एक संग्रह 'अपने खेत में' प्रकाशित हुआ। इस संकलन में 1994 से 1996 ई. तक लिखित कविताओं की कुल संख्या उन्नीस है, तो शेष कविताएँ 1994 से पहले की हैं।

'अपने खेत में' नागार्जुन के जीवन-काल की अन्तिम पुस्तक है। 1996 ई. के बाद कविता या अन्य साहित्य-सृजन प्रायः छूट ही गया था। कागज-कलम पास रखा जरूर पर लिखना नहीं हो सका। एकाध रचना लिख पाए तो लिख पाए।

रचनावली के इस खंड में नागार्जुन की 1968 ई. से उनके आखिरी समय तक की कविताएँ शामिल हैं। इस भाग में पचास के करीब ऐसी रचनाएँ भी हैं जो अब तक असंकलित थीं। उनमें से तीस के करीब अब तक कहीं प्रकाशित भी नहीं हैं। कुछ 1996 की हैं, तो कुछ पहले की।

'भस्मांकुर' नामक खंडकाव्य को इसी खंड में रखा गया है। नागार्जुन ने अक्टूबर, 1970 ई. में इसे पूरा किया था और उसी वर्ष दिसम्बर में यह प्रकाशित हुआ। प्रकाशक के कई वर्षों के अनुरोध के बाद ही यह काम उन्होंने किया था।

किसी भी कवि की संपूर्ण रचनाओं को संकलित करना प्रायः असंभव सा कार्य है, क्योंकि इस बात की संभावना बनी ही रहती है कि कहीं से, कभी भी उसकी किसी असंकलित/अप्रकाशित रचना के सूत्र मिल जाएँ.... और नागार्जुन जैसे यायावर-घुमंतू यात्री कवि को जो अपनी कविताओं को खोते हुए भी चलते थे और बोते हुए भी, समग्रता में लाना एक अनहोनी-सी ही बात होगी !

—शोभाकान्त

रचना-क्रम

भस्मांकुर (खंडकाव्य)

भारतीय जनकवि का प्रणाम

गोर्की मख़ीम !
श्रमशील जागरूक जग के पक्षधर असीम!!

घुल चुकी है तुम्हारी आशीष
एशियाई माहौल में
दहक उठा है तभी तो इस तरह वियतनाम
अग्रज, तुम्हारी सौवीं बरसगाँठ पर
करता है भारतीय जनकवि तुमको प्रणाम!
गोर्की मख़ीम !
विपक्षों के लेखे कुलिश-कठोर, भीम !!
श्रमशील जागरूक जग के पक्षधर असीम !!
गोर्की मख़ीम !!

बढ़ गई दस गुनी बीस गुनी स्वर्णमृग-माया
पड़ती है बार-बार कालनेमि की छाया
हावी हुआ फिर से बुद्धि पर युक्तियों का विलास
करने लगे हैं अवचेतन मध्य फिर से निवास
—भगवान भोगनारायण !
चटाता है, तभी तो कुबेर दुविधा का अफ़ीम...
क्या करें, बतलाओ गोर्की मख़ीम ?
तुम्हीं ने कहा था :
"समझौता नहीं करेगा नए युग का नया मानव
होगा वह निखिल विश्व का अधिस्वामी
और, वह समग्रदर्शी पूर्ण-पुरुष होगा..."
तुम्हीं ने कहा था यह सर्वप्रथम हमसे !
मुखरित हुए थे सर्वप्रथम तुम्हारे ही कंठ से
अति गाढ़, परम स्निग्ध, प्रदीप्त आशावाद...
सीखा हमने तुम्हीं से सर्वप्रथम
बहुजन-समाज के अंतस् की अभिव्यक्ति का कौशल...

भूख, प्यास, ठिठुरन—
तिरस्कार, ग्लानि, दुर्वचन—
पिटाई और प्रवंचन—
इस प्रकार भट्ठियों में गला था तुम्हारा बचपन
बिना बुलाए अपने-आप आ धमका था यौवन
बाध्यतामूलक घुमक्कड़ी ने भर दिया था रग-रग में कड़वापन
तभी तो दे गए हो तिक्ततम अनुभूतियों का रसायन
मात है करेला, मात है नीम !
गोर्की मख़ीम !!

अनुपम तुम स्वयंभू-शिरोमणि, विलक्षण कथाकार !
कोटि-कोटि हृदयों में कर गए हो स्फूर्ति का संचार !
दे गए हो सर्वहारा को मुक्ति का मंत्र !
कह गए हो, हासिल होगा कैसे सर्व-सिद्ध तंत्र
ओ हे, इस युग के द्वैपायन व्यास
गुम्फित था तुम्हारी साँसों में
जनता की जीत का अटूट विश्वास
गोर्की मख़ीम !
श्रमशील विश्व के पक्षधर असीम !!

दर-असल 'सर्वहारा-गल्प' का
तुम्हीं से हुआ था श्रीगणेश
निकला था वह आदि-काव्य
तुम्हारी ही लेखनी की नोक से
जुझारू श्रमिकों के अभियान का...
देखे उसी बुढ़िया ने पहले-पहल
अपने आस-पास, नई पीढ़ी के अंदर—
विश्व क्रांति, विश्व शांति, विश्व कल्याण !
'माँ' की प्रतिमा में तुम्हीं ने तो भरे थे प्राण !
गोर्की मख़ीम !
श्रमशील जागरूक जग के पक्षधर असीम !!
विपक्षों के लेखे कुलिश-कठोर भीम !!
गोर्की मख़ीम !

20 फरवरी 1968
हजार-हजार बाँहोंवाली/मुक्तधारा, 30 मार्च 1968

हाय रे, ओ आला कमान !

कानों में डालकर तेल
देखता रहा खेल—
चापलूस स्वार्थी गुटबाजों का...
हाय रे, ओ आला कमान !
हाय रे, ओ भारत-भाग्य-विधाता
हाय रे, ओ भगवान !
हाय रे, ओ काँग्रेसी आला कमान !
देखता रहा तू खेल...
कानों में डालकर तेल...
कहाँ के वे 'शोषित' ?
कहाँ के वे 'पृष्ठ-पोषित' ?
पा गए थे कैसे तेरे आशीर्वाद !
उनके इरादों का घिनौना मवाद—
उल्टे ही तेरी खातिर साबित हुआ इत्र ?
शाबाश ओ रे देश-मित्र !
शाबाश ओ रे भारत-भाग्य-विधाता !
तेरी अक्ल पर मैं रहूँगा तरस खाता !!

हजार-हजार बाँहोंवाली/जनयुग, 24 मार्च 1968

स्वगत-चिंतन कांग्रेसी आला कमान का

हुए यदि मध्यावधि चुनाव...
अपन तो, समझो, डूब ही गए अब !
कोई नहीं आएगा काम !
रामसुभग सिंह या जगजीवन राम !
हाय रे बिहार,
लेगा क्या फिर से संविद-सरकार !
दलबदलू 'विभीषण' करेंगे तेरा उद्धार !
दिया नहीं तूने शोषित-सिंह को अपना प्यार !
हाय रे, बिहार !
सात-सात पार्टियाँ-रहेंगी कंधों पर सवार
फिर भला कैसे हागा बेड़ा तेरा पार ?

हाय रे, बिहार !
कब मिलेगी तुझे अब 'स्थाई सरकार' ?
(और, वो भी अपन सिंडिकेट-छाप !!)
(बाप रे बाप !!)

पुरानी जूतियों का कोरस/जनयुग, 24 मार्च 1968

'फेस-टु-फेस...'

रसातल में जा रहा था
सूबा बिहार—
यानी जनक-याज्ञवल्क्य का देश
स्वार्थियों के चंगुल में
कराह रही थी बिहार-कांग्रेस
दिल्ली के महाप्रभु
ऊपर से फिर भी
लाद रहे थे अपना निर्देश
सच्चे कांग्रेसियों के दिल को
लग रही थी ठेस पर ठेस
असह्य हो गया था क्लेश
सठिया चुके थे सिंह-सहाय-महेश
चल रही थी 'फुल स्पीड' में
तिकड़म की रेस
सुधांशु-हरिनाथ-भोला-दीपनारायण-कृष्णकांत
खड़े हुए पतितों के सामने 'फेस-टु-फेस'
लुभा नहीं पाए इन्हें
थैलीशाह : धनेश
भहरा के गिरी आखिर
बिहार-काँग्रेस
धराशायी हुआ कंस
काम नहीं आया शोषित का भेस !

पुरानी जूतियों का कोरस/जनयुग, 24 मार्च 1968

वाह भई, मंडल

वाह भई, मंडल !
वाह भई, विरोधाभासों का बंडल !
वाह भई, बिहारी कालनेमि का कमंडल !
वाह भई, शोषित-शिरोमणि...
वाह भई, बी. पी. मंडल !!
हाथों में लिये कल्पवृक्ष की मंजरी का डंठल
देवताओं का राजा, इंद्र यानी आखंडल !
बैठा रहा तेरे कंधों पर पूरे पचास रोज
गजब की दमक थी, गजब का था ओज...

दम साधकर देखती रही दुनिया
शोषक का भंडारा, शोषित का भोज
पतितों की सज-धज, फरेबियों का पोज
दम साधकर देखती रही दुनिया—
पूरे पचास रोज...
सम्राट अशोक की नगरी में ऽऽऽ

वाह भई, बी. पी. मंडल !!
वाह भई, विरोधाभासों का बंडल !
वाह भई, काँग्रेसी कालनेमि का कमंडल !

पुरानी जूतियों का कोरस/जनयुग, 24 मार्च 1968

कोरस : चंद विधायकों का

एक स्वर : मुश्किल से पहली बार सफल हुआ जीवन
(अति-शोषित) बना रहे असेम्बली में अब तो अपना आसन
दूसरा स्वर : हमें नहीं चाहिए राष्ट्रपति-शासन
(शोषित) कौन करेगा पसंद 'मिड-टर्म इलेक्शन'
सम्मिलित स्वर : जय हो जीऽ
(अन्य) जय हो !
जय हो जीऽ !
जय हो !!

पासवान भोलाऽऽऽ
फाड़ दिया आपने
साजिशों का झोलाऽऽऽ !

तीसरा स्वर : नाहक अब भी टपकाते हैं लाऽऽर
(साधारण) मंडल जी, कोशिश होगी बेकाऽऽर

चौथा स्वर : पसोपेश में डूब गए चौहाऽऽन
पटने में आना ही था तूफ़ाऽऽन

सम्मिलित स्वर : आओ जीऽ
आओ जीऽ
पासवान भोलाऽऽ
गिरा दिया आपने
सौ मन का बारूदी गोलाऽऽ
काँग्रेसी कंस के गढ़ पर...

पुरानी जूतियों का कोरस/जनयुग, 31 मार्च 1968

डालर रोया बिलख-बिलखकर

रूठ गई है भाग्य-भामिनी !
गलित कुष्ठ के इस रोगी को—
दग़ा दे गई कनक-कामिनी !
प्रभु जानसन को गले लगाकर
हथियारों के उन बनियों की खाज जगाकर
डालर रोया बिलख-बिलखकर !
फ़िक्र पड़ गई, क्या होगा अब
दो छदाम की इज़्ज़त रखकर !
जाने कैसे रेट गिर गया !
जाने कैसे बीच हाट में—
सौ सेठों का सेठ घिर गया !
बेचारे को डसे जा रही
अपने ही बिल में प्रतिपालित जंग-नागिनी
रूठ गई है कनक-कामिनी !!

हजार-हजार बाँहोंवाली/जनयुग, 7 अप्रैल 1968

शिकागो होगा हनोई

आह, काओ की ! पिछली रात सपने में देखा तुमने :
लिंकन का दिव्य प्रेत लिपटा पड़ा है
देवी लिबर्टी की प्रतिमा से...
रेवरेंड मार्टिन लूथर किंग लेकिन
भारी-भरकम यक्ष-सा
जम गया है जानसन के कंधों पर
आह, वह कभी नहीं उतरेगा !
रहेगा सवार प्रेसिडेंट की गर्दन पर
दस हज़ार साऽऽऽऽल !
एक-एक नीग्रो नौजवान होगा छापेमार !
शिकागो होगा हनोई
चचा साम ने अपनी लुटिया डुबोई
सपने में देखा तुमने पिछली रात...

हजार-हजार बाँहोंवाली/जनयुग, 14 अप्रैल 1968

काओ की : स्वगत-चिंतन
(तर्ज़ नवगीत)

अटक रहा है दम
साँसत के मा ा ा ा रे ऽ ऽ
आती है शरम
पुरानी लत के मा ा ा ा रे ऽ ऽ
न इधर के रहे हम/न उधर के हुए हम
यह क्या किया, चचा साम ?
क्यूँ ले लिया वापस अपना नाम ?
करेगा कौन बेड़ा पार/होगा क्यों भला निस्तार ?
गुड़ हो गया गोबर, चचा साम !
मिट जाएगा नक्शे से 'साउथ वियतनाम' ?
क्या करें, अब हम ?
कहाँ जाएँ अब हम ?

अंदर वियतनाम !/बाहर वियतनाम !

क्या करोगे अब तुम, चचा साम ?
रिस रहे फोड़े/बरस रहे कोड़े
पूछेगा कौन, तुम्हारा लेगा कौन नाम ?
शांति ! शांति ! शांति !
क्रांति ? क्रांति ? क्रांति ?
तुम आओ सामने, किंग को करने दो आराम
उठाएगा कोई नहीं हाथ/जाएँगे सब-के-सब साथ
डर के मारे फिर भी जीना हुआ हराम ?
क्या करोगे अब तुम, चचा साम ?

हजार-हजार बाँहोंवाली/जनयुग, 14 अप्रैल 1968

ह-त्या-रा

क्या खूब ! क्या खूब !!
अब कहते हैं कि
भाग गया विदेश
—ह त्या रा !
—तु म्हा रा !
ओ मार्टिन लूथर किंग !
क्या खूब ! क्या खूब ! क्या खूब !
चुल्लू-भर पानी में गए नहीं वे डूब !
हमें तो पोल भरी इन खबरों से आती है ऊब !
जानसन के पथरीले सीने पर उगेगी क्या दूब ?

क्या खूब ! क्या खूब ! क्या खूब !
वाह रे नीग्रो नेता के हत्यारे !
वाह रे गोरी नागिनों के आँखों के तारे !
क्या सचमुच चले गए कहीं और !
नहीं, नहीं, वहीं कहीं मिला है तुम्हें ठौर...
क़सम मैं खाता हूँ लिबर्टी मैया की !

हजार-हजार बाँहोंवाली/जनयुग, 14 अप्रैल 1968

देवी लिबर्टी

शेष बचा है छोटा भाई,
वह भी क्या मारा जाएगा ?
हत्यारा क्या आटोमेटिक
बंदूकों के गुण गाएगा ?

घूम रहे हैं दनुज भेड़िए
प्राण टँगे हैं मनुज-मृगों के ?
अश्रु न पोंछेगा अमरीका
क्या अपने उन लाख दृगों के ?

भले आदमी अमरीका में
अब आगे क्या जन्म न लेंगे ?
प्रभु ईसा के विमल वचन क्या
वहाँ किसी को बोध न देंगे ?

अस्त्र-शस्त्र के मतवालों की
जाने कब तक आँख खुलेगी ?
किसे पता है जाने कब तक
गोरे तन की कोढ़ धुलेगी ?

देवि लिबर्टी, तुमको प्रिय है
कटे सिरों की धवल मालिका ?
अपनी ओर ज़रा तो देखो,
बड़ी बनी हो विश्व-पालिका !

निज तरुणों की ही कलेजियाँ
चबा रही हो वियतनाम में
लगता, कोई और न होगा
तुम्हीं रहोगी धरा-धाम में ।

गलित कुष्ठ के घृणित व्रणों को
ढका रखेगा चंदन कब तक ?
दुनिया-भर के मक्कारों का
पाओगी अभिनंदन कब तक ?

घृणा, द्वेष, वैषम्य, दासता...
अब इससे ज्यादा क्या होगा ?
हिंसा, खुदगर्जी, मक्कारी
सारा कुछ तो तुमने भोगा !

देवि लिबर्टी, तुम्हीं बताओ
और कौन विष शेष बचा है ?
महानाश की अगवानी में
तुमने कैसा मंच रचा है ?

घिरी हुई हो दस्यु-दलों में
नरक-यंत्रणा भोग रही हो
कहलाती हो व्यर्थ लिबर्टी
यों तो तुम आज़ाद नहीं हो !

नए-पुराने जल्लादों को
थमा रही हो झंडे अपने
मादा अजगर हो, तुमने तो
निगल लिये हैं अंडे अपने !

अस्त्र-शस्त्र का विश्व-वणिक वह
बैठा है माँ के कंधों पर
देख रहे हैं उसे गौर से
सारी दुनिया के चमगादर !

पहचानो तुम निज कपूत को
उसे दया की भीख नहीं दो !
ओ मसान की माता, हमको
नव-संस्कृति की सीख नहीं दो!

वह लो, 'धरती पुत्र' तुम्हारे
तुम्हें मुक्ति-सुख देने वाले
बढ़े आ रहे शोषित-पीड़ित
बढ़े आ रहे गोरे-काले

पीर तुम्हारी वही हरेंगे
वे तुमको आज़ाद करेंगे
उनका घूँसा कौन सहेगा
सौ हिटलर बे-मौत मरेंगे ?

अपनी भू के पापहरण-हित
पैदा होंगे उस धरती पर
दस लिंकन, हाँ, दस केनेडी
दस केनेडी, हाँ, दस लूथर !

जनयुग, 30 जून 1968

भज गोविंदं मूढ़मते

शंकित हैं 'सिंहस्थ' सभी दल, सिंह पड़ा बीमार
चुप-चुप, स्वागत में दिल्ली का खुला रहेगा द्वार
जाने अब किस पंडित के गले पड़ेगा हार
शुक्ल-मिश्र दोनों करते हैं उसकी जय-जयकार
भज गोविंदं
भज गोविंदं
गोविंदं भज मूढ़मते !

बड़े साहबों के होठों पर जमती नहीं सिगारें
हुआ नहीं कुछ, अभी मेज़ पर कैसे मुक्का मारें
दिल्ली गुम है, सन्नाटे में थिरक रहा भोपाल
शपथ लिये बैठा है वो जनसंघी बाल-गोपाल
भज गोविंदं
भज गोविंदं
गोविंदं भज मूढ़मते !

धुआँ उड़ा, नव दलपतियों के स्वार्थ शिखर टकराए
परेशान हो उठीं, तुम्हारे दिल-दिमाग़ चकराए
सुनो, राजमाता ! क्यों रूठा सिंह तुम्हारा वाहन
उसे केंद्र में अष्टभुजा का करना है आराधन
भज गोविंदं

भज गोविंदं
गोविंदं भज मूढ़मते !

हजार-हजार बाँहोंवाली/जनयुग, 14 जुलाई 1968

आखिर...इंसान हैं...भाई मोरार जी

बेटा धँसा है बाप भी, भाई मोरार जी !
झख मारता है पाप भी, भाई मोरार जी !
खुद को सके न नाप भी, भाई मोरार जी !
क्या कीजिएगा आप भी, भाई मोरार जी !

खादी में दाग़ लग गया, भाई मोरार जी !
कांति का भाग जग गया, भाई मोरार जी !
मिलता न चैन बाप को, भाई मोरार जी !
क्या हो गया है आपको, भाई मोरार जी !

कुर्ता कफ़न से लड़ गया, भाई मोरार जी !
कम्बख़्त वो भी अड़ गया, भाई मोरार जी !
शैतान सिर पे चढ़ गया, भाई मोरार जी !
गादी का मोह बढ़ गया, भाई मोरार जी !

इज़्ज़त थी, वो हुई हवन, भाई मोरार जी !
आई न चेहरे पे शिकन, भाई मोरार जी !
चुपचाप पी गए जलन, भाई मोरार जी !
है दंग मादरे वतन, भाई मोरार जी !

वो इल्लतों से दूर है, भाई मोरार जी !
बेटे का क्या कसूर है, भाई मोरार जी !
बापों में एक बाप है, भाई मोरार जी !
सबसे महान आप हैं, भाई मोरार जी !

तकली को काटे सूत तो क्या है मोरार जी !
दिल हो अगर मजबूत तो क्या है मोरार जी !

कंचन बटोरे भूत तो क्या है मोरार जी !
खाए-कमाए पूत तो क्या है मोरार जी !

हिलते नहीं चट्टान हैं भाई मोरार जी !
रुकते नहीं तूफान हैं भाई मोरार जी !
इस मुल्क़ के दिनमान हैं भाई मोरार जी !
आखिर तो भी इंसान हैं भाई मोरार जी !

पुरानी जूतियों का कोरस/मुक्तधारा, 29 अगस्त 1968

लगता पागल हो जाएगी

'तीन मूर्ति' के पास रहेगी छोटी बहन हमारी
भरे मुँहों की बात कहेगी छोटी बहन हमारी
लाभ लोभ की बनी कथानक छोटी बहन हमारी
भ्रम-भूतों से घिरी अचानक छोटी बहन हमारी
भीख माँगती घूम रही है छोटी बहन हमारी
किस पीनक में झूम रही है छोटी बहन हमारी

चौराहे पर नाच रही है छोटी बहन हमारी
शायद हमको जाँच रही है छोटी बहन हमारी
देखो, यह कैसी भोली है छोटी बहन हमारी
किस देवी की हमजोली है छोटी बहन हमारी
हम बोदे हैं, परेशान है छोटी बहन हमारी
कुछ के लेखे तो सुजान है छोटी बहन हमारी

सब चलता है, समझ रही है छोटी बहन हमारी
बुरे ग्रहों से उलझ रही है छोटी बहन हमारी
सौ बंधन हैं, महाविवश है छोटी बहन हमारी
उस मिट्टी का यश-अपयश है छोटी बहन हमारी
सोच रही है गुपचुप कल की छोटी बहन हमारी

रीते घन पर फीकी बिजली छोटी बहन हमारी
जैसे थे हम वैसी निकली छोटी बहन हमारी
आशा की बुन रही जालियाँ छोटी बहन हमारी

सुनती है दिन-रात गालियाँ छोटी बहन हमारी
गद्‌दी से नीचे आएगी छोटी बहन हमारी
लगता पागल हो जाएगी छोटी बहन हमारी

दुखी देश की लाज रखेगी छोटी बहन हमारी
सुख के फल सौ साल चखेगी छोटी बहन हमारी
क्यों चाहेगी सीख किसी से छोटी बहन हमारी
जनरुचि के अनुसार सजेगी छोटी बहन हमारी
तीन-मूर्ति का मोह तजेगी छोटी बहन हमारी ।

जनयुग, 1 सितम्बर 1968

जय हे कीचड़

टाँगें गल जाएँगी
सरिता की कछार में
पंक ही पंक है
धँसना तो पड़ेगा ही
कर्दम का तुहिनमय स्पर्श...
कंपन की पराकाष्ठा...
जड़िमा में डूब गया स्पर्श-बोध...
रगों में प्रवहमान रक्त
जम गया मानो !
जय हे कीचड़, जय हे पंक !

हजार-हजार बाँहोंवाली/नई धारा, नवम्बर 1968

उजली हँसी के छोर पर

टँग गईं वीरानियाँ उजली हँसी के छोर पर
टँग गया तमतोम विद्युत् रश्मियों के ज़ोर पर
मशीनें विश्राम लेती हैं घड़ी-आधी घड़ी
क्वार्टरों की वीथियों में लोक-लक्ष्मी हँस पड़ी
टँग गईं वीरानियाँ उजली हँसी के छोर पर

पूर्णता को प्राप्त होगी सृष्टि-संरचना-कथा
विश्व-मानव जान ले यदि तरुण भारत की व्यथा
राष्ट्रतन में स्नायुओं की रक्तवाही जालियाँ
धरा के उर में बिछीं त्यों तेलवाही नालियाँ
पूर्णता को प्राप्त होगी सृष्टि-संरचना-कथा

कोटि-कोटि करों को सक्रिय रखेंगे मित्र हम
उधारी अंगूर अब तो क्यों चखेंगे मित्र हम
खत्म होंगे विलासी गढ़ मिटेगी अंधी गली
निजी श्रम-सीकर बनेंगे मौलि की मुक्तावली
कोटि-कोटि करों को सक्रिय रखेंगे मित्र हम।

हजार-हजार बाँहोंवाली/नई धारा, नवम्बर 1968

कुहरा क्या छाया

कुहरा क्या छाया
बढ़ गई शिशिर की बीस गुनी माया
कुहरा क्या छाया

डूबी थी रात, दिल भी डूबा है
ठिठुरन की हद है, गजब है अजूबा है
दिगंत की साँसों में संशय समाया
कुहरा क्या छाया

शशि-रवि दुबक गए
ओढ़कर भीनी नीहारिका का लिहाफ
जाने किन गुफाओं के अंदर
ठिठका महाकाल, चुप-चुप मुस्कराया
कुहरा क्या छाया
बढ़ गई शिशिर की बीस गुनी माया
कुहरा क्या छाया।

इस गुब्बारे की छाया में/धर्मयुग, 19 दिसम्बर 1968

तीन दिन, तीन रात

बस-सर्विस बंद थी
तीन दिन, तीन रात
लगता था, जन-जन की
हृदय-गति मंद थी
तीन दिन, तीन रात
प्राचार्य, ज़िलाधीश, एस.पी.
रहे सब परेशान
तीन दिन, तीन रात
बस-सर्विस बंद थी
तीन दिन, तीन रात

गुम रहीं गतिहीन सड़कें
तीन दिन, तीन रात
पंक्तिबद्ध वृक्षों के
दिल भला क्यों नहीं धड़कें
तीन दिन, तीन रात
बस-सर्विस बंद थी...

दस गुनी कमाई पर
ताँगा व रिक्शावाले
मस्त थे, मगन थे
तीन दिन, तीन रात
डूबे थे ताड़ी और दारू में
माटी के हज़ारों चुक्कड़
धुत्त थे, नग्न थे
तीन दिन, तीन रात
बस-सर्विस बंद थी
तीन दिन, तीन रात

ठप थीं अदालतें
सस्ते थे वकील व मुख़्तार
तीन दिन, तीन रात
वीरान थे होटल

धीमी थी धुएँ की रफ़्तार
तीन दिन, तीन रात
सरकारी जीप-ट्रक
पीती रहीं पेट्रोल
तीन दिन, तीन रात
बसवाले पीते रहे
मालिकों की खीझ का
मट्ठा और घोल
तीन दिन, तीन रात

बस के अड्डों पर
फ़ौज रही तैनात
तीन दिन, तीन रात
उड़ती रहीं अफ़वाहें
कटती रही हर बात
तीन दिन, तीन रात
विकल थी हकूमत
चिन्त्रित थे अधिकारी
तीन दिन, तीन रात
पूर्णिया टाउन् में
कर्फ़्यू था जारी
तीन दिन, तीन रात
तरुणों में गर्मी थी
लोग परेशान थे
तीन दिन, तीन रात
बस की लाश का
चिता-भस्म देख-देख
हम भी हैरान थे
तीन दिन, तीन रात

बस-सर्विस बंद थी
तीन दिन, तीन रात
तीन दिन, तीन रात
तीन दिन, तीन रात !

1968
तुमने कहा था

सरकाऊ सीढ़ियाँ

विद्युत्-अभियंत्रित सरकाऊ सीढ़ियाँ
चढ़ नहीं पा रहीं पुरानी पीढ़ियाँ
उतर नहीं पा रहीं पुरानी पीढ़ियाँ
खौफनाक लगती हैं सरकाऊ सीढ़ियाँ
दे सकतीं धोखा सरकाऊ सीढ़ियाँ !

चकित-भ्रमित खड़ा हूँ
प्रौढ़ हूँ, बड़ा हूँ
दसियों-बीसियों
चढ़ रहे, उतर रहे
उत्सुक ग्रामीण, तरुण,
चपल-तरल बालिकाएँ
वो देखो, वो देखो, चढ़ गए कैसे
वो देखो, वो देखो, उतर गए कैसे
सरकाऊ सीढ़ियाँ !

यह लो, यह लो !
मैं भी चढ़ता हूँ सरकाऊ सीढ़ियाँ
बच गया हूँ डिगते-डिगते
यह लो, यह लो, हँस पड़े लोग
ले आईं ऊपर मुझे भी आखिर
विद्युत्-अभियंत्रित सरकाऊ सीढ़ियाँ
नाहक ही सहमा, नाहक ही ठिठका
कितनी सरल हैं
त्वरित हैं, तरल हैं
विद्युत्-अभियंत्रित सरकाऊ सीढ़ियाँ !

सवेरे-सवेरे बतला तो दिया था
हर्ष ने, विमल ने
“बाबा, देखने की चीज है
बड़ा ही मजा आएगा आपको !”
और, सचमुच खूब मजा आया...
फिर तो यूँ ही चार-चार बार

चढ़ा मैं, उतरा मैं
सरकाऊ सीढ़ियाँ
भड़काऊ सीढ़ियाँ !

ऑटोमेशन-द्वेषी आदिमानव-सुलभ गुस्सा
तोड़ न दे रीढ़ कहीं
इन सरकाऊ सीढ़ियों की
डाल दे न कहीं चुपचाप पेट्रोल का फाहा
इलेक्ट्रिक प्लांट की कुक्षि के अंदर
उधर, पिछवाड़े से होकर प्रविष्ट, अलक्षित
अंग-अंग में दौड़ गई है सिहरन
मनाता हूँ खैर, मन ही मन
विद्युत्-अभियंत्रित संसरणशील
इन सोपान पंक्तियों की...

11 जनवरी 1969
पुरानी जूतियों का कोरस

अहमदाबाद

मैं सुनता हूँ पुण्यात्मा बापू की कराह
मैं सुनता हूँ गोडसे-गोत्र की वाह-वाह
मैं सुनता हूँ आहत जन-मन की घुटी आह
मैं देख रहा अपनी लापरवाही अथाह
मैं देख रहा भारत माता का गात्र-दाह
मैं देख रहा देसी प्रभु की कानी निगाह

मैंने देखा युग अंध-पंगु है, ठहरा है
मैंने देखा सारा समाज ही बहरा है
मैंने देखा मेरे विवेक पर पहरा है
मैं सुनता हूँ लह-लह द्रोहानल लहरा है
मैं सुनता हूँ जल-जलकर झंडा फहरा है
मैं सुनता हूँ यह क्रंदन कितना गहरा है

हम झेल गए प्रेरित पशुता का चरम ताप
हम झेल गए नफ़रत की भस्मासुरी छाप

हम झेल गए कातर क्रंदन, कोरे प्रलाप
हम खेल गए फिरका-फिरकी बेताल-ताल
हम खेल गए कंकाल काल, विकराल काल
हम खेल गए बेमौसम होली लाल-लाल

मैं देख रहा दहशत हावी है जन-मन पर
मैं देख रहा श्वापद बैठे सिंहासन पर
मैं देख रहा नटराज जमे हैं अनशन पर
मैं सुनता हूँ मैं संविद हूँ मैं सर्वदली
मैं सुनता हूँ मैं महा चतुर मैं महा छली
मैं सुनता हूँ मैं लोल रहा भुस और खली

मैं सुनता हूँ कायरता मेरी बहन सगी
मैं सुनता हूँ संतों की वाणी प्रेम पगी
मैं सुनता हूँ मेरे हाथों पिस्तौल दगी
मैं सिंडिकेट मैं इंडिकेट मैं गड्मड्ड
मैं सत्य-अहिंसा का भक्षक मैं हूँ उजड्ड
मैं पतनशीलता का प्रेमी मैं खोह-खड्ड

छवि तक सीमित डांडी-प्रयाण की रहे लीक
उपयोग तुम्हारा करता हूँ मैं ठीक-ठीक
तुम बापू हो तुम हो केवल पूजा-प्रतीक
तुम अग्निकुंड में कूद गए थे बीस बार
तो आग लगाता फिरता हूँ मैं दुर्निवार
तुम शांतिदूत, मैं घृणा-द्वेष-भ्रम का प्रचार

मैं डाल रहा हूँ अल्पसंख्यकों का अचार
मैंने तो ली थी पूँछ पवनसुत से उधार
बहुसंख्यक हैं, करता हूँ उनका फलाहार
मैं सँजो रखूँगा अपने अंदर का मवाद
वह साबरमती-किनारा-भर आ गया याद
मैं फूँक सका इस बार सिर्फ अहमदाबाद

दिन-रात गालियाँ देता हूँ मैं देख रहा
दायित्व नहीं कुछ लेता हूँ मैं देख रहा

गिरगिट के अंडे सेता हूँ मैं देख रहा
दलितों के सपने सपने हैं मैं देख रहा
फिर मंत्र पुराने जपने हैं मैं देख रहा
टाटा-बिड़ला ही अपने हैं मैं देख रहा

मैं धनपतियों के दिल पिघलाता रहता हूँ
पीड़ित जनता को मैं सहलाता रहता हूँ
मैं विश्व-वेदना में हकलाता रहता हूँ
दंगाग्रस्तों की गलियों से मैं दूर-दूर
सन् बयालिस की मादक सुधियों में चूर-चूर
मैं पुलिस-गाड़ियाँ देख रहा हूँ घूर-घूर

वह पीट रहा है सत्य-अहिंसा की लकीर
देखो, काबुल से आया है बूढ़ा फकीर
धोखे में उसको रक्खूँगा मैं वचन-वीर
पिघलें कुबेर-गण, कल्पवृक्ष की झुके शाख
रुपए माँगूँगा अधिक नहीं, सौ-एक लाख
सीमांत-संत पर चढ़ें मुनक्का और दाख

जनयुग, 25 जनवरी 1970

धूल चटाओ

आओ, आओ !
इस दंगल में हाथ बटाओ...
आओ, आओ !
सिंडिकेट के पहलवान को धूल चटाओ...
आओ, आओ !
प्रजातंत्र की वेदी पर से
कालनेमि की लाश हटाओ...

प्रेसिडेंट के इस चुनाव को भूल न जाओ,
आओ, आओ !
खर-दूषण-मारीचों से धोखा मत खाओ !
आओ, आओ !

अरे नहीं तुम नए हिंद का नाम हँसाओ
आओ, आओ !
झिझको नहीं, नहीं, शरमाओ
आओ, आओ !

नहीं चलेगी अगड़म्-बगड़म्
नहीं चलेगी पाँच सवारों की यह तिकड़म
नहीं चलेगा चंड-मुंड का झगड़ा-झगड़म्
विफल रहा है सिंडिकेट का रगड़ा-रगड़म्
महिषमर्दिनी का त्रिशूल का तगड़ा-तगड़म्
नहीं चलेगी अगड़म्-बगड़म्

नए हिंद में आ धमका है नया जमाना
मुश्किल होगा इसको अब पीछे लौटाना
देख-देखकर इसकी गति-मति
हाथ मलेगा लगातार निक्सन का नाना
अरबों डालर गल जाएँगे
नहीं चलेगा पता-ठिकाना
नए हिंद में आ धमका है नया जमाना

मानव लौटा वहाँ चाँद का जिस्म खुरचकर
यहाँ छछूँदर बना बिलौटा सगी बहन की नाक कुतरकर
पाँचों खूनी, पाँचों दिग्गज जाने किधर छिपे जंगल में !
उनका पट्ठा काँप रहा थर-थर दंगल में !
अनमत-अंकुश लटक रहा भाले-सा ऊपर
जबरन ठेला गया अभागा हद के अंदर
धन्नासेठों की थैली अब क्या कर लेगी
बेचारे की हड्डी-पसली चूर करेगी
दम तोड़ेंगे काँग्रेसी आलाकमान के नाना-नानी
रोएँगे फिर तो बिसूरकर राजा-रानी

आओ, आओ !
भारतमाता के मंदिर में अबकी घी के दिए जलाओ !!
आओ, आओ !
गिरि बाबा की करो आरती, जय बुलवाओ !!

आओ, आओ !
रेड्डी-जैसे छिपे घाघ को सबक सिखाओ !!
आओ, आओ !
निजलिंगी लिंगायतजी को चंदनवन की राह दिखाओ !!
आओ, आओ !
कामराज के और चवन के पकड़ो कान, पास बैठाओ !!
आओ, आओ !
इस दंगल में हमदर्दी का हाथ बटाओ !
सिंडिकेट के पहलवान को धूल चटाओ !
प्रजातंत्र की वेदी पर से कालनेमि की लाश हटाओ !
आओ, आओ !!
आओ, आओ !!

3 अगस्त 1969

पुरानी जूतियों का कोरस/जनशक्ति, 11 अगस्त, 1969

अब तक छिपे हुए थे उनके दाँत और...

संस्कृति की भट्ठी में कच्चा गोश्त रहे थे भून !
छाँट रहे थे अब तक बस वे बड़े-बड़े कानून !
नहीं किसी को दिखता था दूधिया वस्त्र पर खून !
अब तक छिपे हुए थे उनके दाँत और नाखून !
संस्कृति की भट्ठी में कच्चा गोश्त रहे थे भून !

तन-मन अर्पित किए हुए थे, खुश था अंकिल साम !
क्षुधा-अशिक्षा-रोग-रूढ़ि सबका मिलता था दाम !
बाहर-बाहर नेहरू तक को करते रहे प्रणाम !
भुना रहे थे बेदर्दी से बापू जी के नाम !
तन-मन अर्पित किए हुए थे, खुश था अंकिल साम !

गाँधी-तिलक-सुभाष, सभी से परिचित उनकी आँत !
वही इंदिरा की गर्दन पर चले गड़ाने दाँत !
उनकी गद्दारी के आगे हुआ विभीषण मात !
खद्दरधारी बाघों की वो रही पाँत की पाँत !
गाँधी-तिलक-सुभाष, सभी से परिचित उनकी आँत !

मायावी हैं, बड़े घाघ हैं, उन्हें न समझो मंद !
तक्षक ने सिखलाए उनको 'सर्प नृत्य' के छंद !
अजी, समझ लो, उनका अपना नेता था जयचंद !
हिटलर के तंबू में अब वे लगा रहे पैबंद !
मायावी हैं, बड़े घाघ हैं, उन्हें न समझो मंद !

तम ही तम उगला करते हैं अभी घरों में दीप !
वो जनसंघी, वो स्वतंत्र हैं जिनके परम समीप !
उनकी लेंड़ी घोल-घोलकर लो यह आँगन लीप !
उनके लिए ढले थे मोती, हमें मुबारक सीप !
तम ही तम उगला करते हैं अभी घरों में दीप !

सिंडिकेट क्या है ? धूर्तों का वह प्रच्छन्न गिरोह !
सिंडिकेट क्या है ? प्रभुता का सत्ता का व्यामोह !
सिंडिकेट क्या है ? अमानवी तिकड़मियों की खोह !
सिंडिकेट क्या है ? बस, अपनी जनता के प्रति द्रोह !
सिंडिकेट क्या है ? धूर्तों का वह प्रच्छन्न गिरोह !

मानव-तन धारी नर-भक्षी बाघों का समुदाय !
'सिंडिकेट' बन बैठा कैसे, पता न चलता हाय !
बाघिन-सी गुर्राती है गोमुखी अहिंसा-गाय !
जनता इन छलियों के आगे सदा रही निरुपाय !
मानव-तन धारी नर-भक्षी बाघों का समुदाय !

आपस में ही लड़ बैठे हैं, चोट खा गए, वाह !
चाट-चाटकर घाव अभी वे कैसे रहे कराह !
मलयाचल की शिशिर गुफा में बुझा न अंतर्दाह !
लो, सुन लो, दक्षिण से आई गप्पा जी की आह!
आपस में ही लड़ बैठे हैं, चोट खा गए, वाह !

खबरदार, तुम इनकी माया भूल न जाना, मित्र !
भूल न जाना इन पाँचों का गठबंधन अपवित्र !
हावी हो शायद त्रिमूर्ति पर पंचमूर्ति का चित्र !
अभी और निखरेगा इनका वो खूँखार चरित्र !
खबरदार, तुम इनकी माया भूल न जाना, मित्र !

पुरानी जूतियों का कोरस/जनशक्ति, 7 सितम्बर 1969/ 21 सितम्बर 1969

बापू महान

बापू महान, बापू महान !
ओ परम तपस्वी परम वीर
ओ सुकृति शिरोमणि, ओ सुधीर
कुर्बान हुए तुम, सुलभ हुआ
सारी दुनिया को ज्ञान
बापू महान, बापू महान !!

बापू महान, बापू महान
हे सत्य-अहिंसा के प्रतीक
हे प्रश्नों के उत्तर सटीक
हे युगनिर्माता, युगाधार
आतंकित तुमसे पाप-पुंज
आलोकित तुमसे जग जहान !
बापू महान, बापू महान !!

दो चरणोंवाले कोटि चरण
दो हाथोंवाले कोटि हाथ
तुम युग-निर्माता, युगाधार
रच गए कई युग एक साथ।

तुम ग्रामात्मा, तुम ग्राम प्राण
तुम ग्राम हृदय, तुम ग्राम दृष्टि
तुम कठिन साधना के प्रतीक
तुमसे दीपित है सकल सृष्टि।

21 सितम्बर 1969

क्रांति तुम्हारी तुम्हें मुबारक

क्रांति तुम्हारी तुम्हें मुबारक
भ्रांति तुम्हारी तुम्हें मुबारक
कूट-कपट की भीतरघाती
शांति तुम्हारी तुम्हें मुबारक

लाल चीन को वहम मुबारक
तुमको अपना अहम् मुबारक
पूज रहे जो तुम्हें, उन्हें भी
उनका गहमागहमा मुबारक

अर्धशती-अभियान मुबारक
अंतरिक्ष-अभियान मुबारक
एक आँख का भौतिकवादी
द्वंद्वात्मक विज्ञान मुबारक

क्रांति जवाबी तुम्हें मुबारक
समझ जवाबी तुम्हें मुबारक
मार्क्स और लेनिन-स्तालिन के
ताला-चाबी तुम्हें मुबारक

माओ मामा, चाऊ भाई
कर लें तुमसे हाथापाई
हमको क्या है, चरण तुम्हारा
चाँपें पाकिस्तानी नाई

तुम्हें चाहिए अंधअनुगमन
तुम्हें चाहिए ठकुरसुहाती
अनुजों तक के स्वाभिमान से
अब तो तुमको हिचकी आती

प्राहा-पथ पर साँझ-सकारे
तुमने सौ-सौ टैंक उतारे
दंग रह गए वे बेचारे
अपनी सज्जनता के मारे
समझदार वे, दृढ़गंभीर वे
चेक और स्लोवाक वीर वे
दुर्मद, तुमको झेल रहे हैं,
विपदाओं से खेल रहे हैं

उनका तथाकथित 'प्रतिविप्लव'
उनकी 'अवनति' उन्हें मुबारक

उनका सत्य, अहिंसा उनकी
उनकी मति-गति उन्हें मुबारक

भूतनाथ हो, बाँस-देव हो
यों तो साथी ब्रेजनेव हो
ध्वस्त हो गया मोह हमारा
तुमने ऐसा डंडा मारा

ग्रह-उपग्रह आ गए हाथ में
आधी दुनिया खड़ी साथ में
अणु-आयुध अमोघ हैं संचित
पर अंतर्मन परम प्रपंचित

गोरे तन पर चर्बी छाई
चिंतन तक में सुस्ती आई
बदल गए हो, तुम तो भाई
रहा न संशय रत्ती-राई

धन्य क्रेमलिन, धन्य क्रेमलिन
लेकिन यह तो अन्य क्रेमलिन
शरणागत का वधिक क्रेमलिन
क्रूर अधिक से अधिक क्रेमलिन

क्रांति जवाबी तुम्हें मुबारक
अक्ल नवाबी तुम्हें मुबारक
मार्क्स और लेनिन-स्तालिन के
ताला-चाबी तुम्हें मुबारक

पुरानी जूतियों का कोरस/धर्मयुग, 1969

बतला दो बापू, क्या थे तुम ?

शिशु सुलभ सहज मुस्कान लिये
शायद तुम हम पर हँसते हो !

छोड़ो, इस दिल में क्या-क्या है
नाहक ही अंदर धँसते हो !
बाहर वेदी पर जमे रहो
जय-जय हे पूजा के प्रतीक !
अपना पाएँगे कैसे हम
फिर सत्याग्रह की वही लीक ?
खादी के गमछे में लिपटी
सत्तर-साला बूढ़ी शरीर ?
बतला दो बापू, क्या थे तुम
चर्खा, तकली, झोला, कुटीर ?
दिन-दिन पदयात्रा, कर्महीन
चिंतन का केवल चमत्कार
बतला दो बापू, क्या थे तुम
गोरस-मधुसेवन, फलाहार ?
सूत्रांजलि, प्रवचन, पद-गायन
फिर ईश्वर-अल्ला की पुकार ?
बतला दो बापू, क्या थे तुम
केवल विचार, केवल प्रचार ?
गाँधी-मत की चर्चा-वर्चा
एतन्निमित्त शतलक्ष हवन
सर्वोदय का चतुरंग सैन्य
अतिसज्जित ग्रामोद्योग भवन।
श्रद्धा-दोहन की नई रीति
नूतन मठ का नव परिष्कार
बतला दो बापू, क्या थे तुम
जीवनदानी का नभ-विहार ?
शासक वर्गों से साँठ-गाँठ,
प्रभुता का, वैभव का प्रयाग ?
बतला दो बापू, क्या थे तुम
वृद्धावस्था का भोग-राग ?
युवकों पर पग-पग पाबंदी
तरुणों का कुंठित ताप-मान ?
बतला दो बापू, क्या थे तुम
बूढ़े धूर्तों का साम गान ?

हम प्रतिपल तुमको ठगते थे
ओ विश्वात्मा, ओ व्यक्तिरूप !
तुम अब भी करुणा-सागर हो
हम खारे जल के वही कूप !
तुम पर जिससे नफ़रत सुलगी
वह दृष्टि यहीं है साथ-साथ
तुम पर जिनसे पिस्तौल दगी,
बापू, ये मेरे वही हाथ !
क्षण-भर कहकर 'ईश्वर-अल्ला'
बकता जाऊँ कुछ भी अबाध
हत्यारा कह दूँ जिस-तिस को,
खुद को मैं मानूँ निरपराध !
इस 'क्रांति-शांति' के नाटक से
सच कह दूँ, मैं तो गया ऊब !
ब्राह्मणशाही की दलदल में
लो, बापू, फिर हम गए डूब।
इस प्रजातंत्र पर हैं सवार
नव रूढ़िवाद, नव जातिवाद
प्रभुओं के नव-नव गात्र ढले
फैले ताज़े दंगा-फ़साद।
निर्वाचन के हो-हल्ले में
खो गया हाय बहरा विवेक
आपाधापी में सबकी है—
कैसे भी जीतूँ, यही टेक !
इस रेल-पेल में, सोचो तो,
कैसे लगते हैं जिला-दान !
मैं समझ न पाया हूँ अब तक
वह हीनयान, यह महायान।
मैं नाम तुम्हारा बेचूँगा
मारूँगा तुमको रोज़-रोज़
बापू ! तुमको जो अप्रिय थे
वह काम करूँगा खोज-खोज।
यरवदा चक्र पर कातूँगा
सूतों के लच्छे सुबह-शाम
तुम रजत-रूप में कैद रहो
जी, नित्य करूँगा मैं प्रणाम।

फिर तो अपनी कोठी होगी
चमकीली होगी नई कार
नाती - पोते बहकेंगे तो
बहुएँ लेंगी उनको सुधार।
दुनिया-भर को दिखलाऊँगा
चिंतन का अद्‌भुत चमत्कार
फिर नियमित मुझे सुलभ होंगे
गोरस - मधुसेवन - फलाहार।
शिशु-सुलभ सहज मुस्कान लिये
शायद तुम हम पर हँसते हो !
छोड़ो, इस दिल में क्या-क्या है,
नाहक ही अंदर धँसते हो !

1969
तुमने कहा था

तीनों बंदर बापू के

बापू के भी ताऊ निकले तीनों बंदर बापू के
सरल सूत्र उलझाऊ निकले तीनों बंदर बापू के
सचमुच जीवनदानी निकले तीनों बंदर बापू के
ज्ञानी निकले, ध्यानी निकले तीनों बंदर बापू के
जल-थल-गगन-विहारी निकले तीनों बंदर बापू के
लीला के गिरधारी निकले तीनों बंदर बापू के !
सर्वोदय के नटवरलाल
फैला दुनिया-भर में जाल
अभी जिएँगे ये सौ साल
ढाई घर घोड़े की चाल
मत पूछो तुम इनका हाल
सर्वोदय के नटवरलाल !
लंबी उमर मिली है, खुश हैं तीनों बंदर बापू के
दिल की कली खिली है, खुश हैं तीनों बंदर बापू के
बूढ़े हैं, फिर भी जवान हैं तीनों बंदर बापू के
परम चतुर हैं, अति सुजान हैं तीनों बंदर बापू के

सौंवी बरसी मना रहे हैं तीनों बंदर बापू के
बापू को ही बना रहे हैं तीनों बंदर बापू के !
बच्चे होंगे मालामाल
खूब गलेगी उनकी दाल
औरों की टपकेगी राल
इनकी मगर तनेगी पाल
मत पूछो तुम इनका हाल
सर्वोदय के नटवरलाल !
सेठों के हित साध रहे हैं तीनों बंदर बापू के
युग पर प्रवचन लाद रहे हैं तीनों बंदर बापू के
सत्य-अहिंसा फाँक रहे हैं तीनों बंदर बापू के
पूँछों से छबि आँक रहे हैं तीनों बंदर बापू के
दल से ऊपर, दल के नीचे तीनों बंदर बापू के
मुस्काते हैं आँखें मीचे तीनों बंदर बापू के !
छील रहे गीता की खाल
उपनिषदें हैं इनकी ढाल
उधर सजे मोती के थाल
इधर जमे सतजुगी दलाल
मत पूछो तुम इनका हाल
सर्वोदय के नटवरलाल !
मूँड़ रहे दुनिया-जहान को तीनों बंदर बापू के
चिढ़ा रहे हैं आसमान को तीनों बंदर बापू के
करें रात-दिन टूर हवाई तीनों बंदर बापू के
बदल-बदलकर चखें मलाई तीनों बंदर बापू के
गाँधी-छाप झूल डाले हैं तीनों बंदर बापू के
असली हैं, सर्कसवाले हैं तीनों बंदर बापू के !
दिल चटकीला, उजले बाल
नाप चुके हैं गगन विशाल
फूल गए हैं कैसे गाल
मत पूछो तुम इनका हाल
सर्वोदय के नटवरलाल !
हमें अँगूठा दिखा रहे हैं तीनों बंदर बापू के
कैसी हिकमत सिखा रहे हैं तीनों बंदर बापू के
प्रेम-पगे हैं, शहद-सने हैं तीनों बंदर बापू के
गुरुओं के भी गुरू बने हैं तीनों बंदर बापू के

सौवीं बरसी मना रहे हैं तीनों बंदर बापू के
बापू को ही बना रहे हैं तीनों बंदर बापू के !

1969
तुमने कहा था

मंत्र कविता

ओं शब्द ही ब्रह्म है
ओं शब्द और शब्द और शब्द और शब्द
ओं प्रणव, ओं नाद, ओं मुद्राएँ
ओं वक्तव्य, ओं उद्‌गार, ओं घोषणाएँ
ओं भाषण...
ओं प्रवचन...
ओं हुंकार, ओं फटकार, ओं शीत्कार
ओं फुसफुस, ओं फुत्कार, ओं चित्कार
ओं आस्फालन, ओं इंगित, ओं इशारे
ओं नारे और नारे और नारे और नारे

ओं सब कुछ, सब कुछ, सब कुछ
ओं कुछ नहीं, कुछ नहीं, कुछ नहीं
ओं पत्थर पर की दूब, खरगोश के सींग
ओं नमक - तेल - हल्दी - जीरा - हींग
ओं मूस की लेड़ी, कनेर के पात
ओं डायन की चीख, औघड़ की अटपट बात
ओं कोयला - इस्पात - पेट्रोल
ओं हमी हम ठोस, बाकी सब फूटे ढोल

ओं इदमन्नं, इमा आपः, इदमाज्यं, इदं हविः
ओं यजमान, ओं पुराहित, ओं राजा, ओं कविः
ओं क्रांतिः क्रांतिः क्रांतिः सर्वग्वं क्रांतिः
ओं शांतिः शांतिः शांतिः सर्वग्वं शांतिः
ओं भ्रांतिः भ्रांतिः भ्रांतिः सर्वग्वं भ्रांतिः
ओं बचाओ बचाओ बचाओ बचाओ
ओं हटाओ हटाओ हटाओ हटाओ

ओं घेराओ घेराओ घेराओ घेराओ
ओं निभाओ निभाओ निभाओ निभाओ

ओं दलों में एक दल अपना दल, ओं
ओं अंगीकरण, शुद्धीकरण, राष्ट्रीयकरण
ओं मुष्टीकरण, तुष्टीकरण, पुष्टीकरण
ओं एतराज, आक्षेप, अनुशासन
ओं गद्दी पर आजन्म वज्रासन
ओं ट्रिब्युनल, ओं आश्वासन
ओं गुटनिरपेक्ष सत्तासापेक्ष जोड़-तोड़
ओं छल-छद्म, ओं मिथ्या, ओं होड़महोड़
ओं बकवास, ओं उद्घाटन
ओं मारण - मोहन - उच्चाटन

ओं काली काली काली महाकाली महाकाली
ओं मार मार मार, वार न जाए खाली
ओं अपनी खुशहाली
ओं दुश्मनों की पामाली
ओं मार, मार, मार, मार, मार, मार, मार
ओं अपोजिशन के मुंड बनें तेरे गले का हार
ओं ऐं ह्रीं क्लीं हूँ आङ्
ओं हम चबाएँगे तिलक और गाँधी की टाँग
ओं तुलसीदल, बिल्वपत्र, चंदन, रोली, अक्षत, गंगाजल
ओं शेर के दाँत, भालू के नाखून, मर्कट का फोता
ओं हमेशा हमेशा हमेशा करेगा राज मेरा पोता
ओं छूः छूः फूः फूः फट् फिट् फुट्
ओं शत्रुओं की छाती पर लोहा कुट्

ओं भैरो, भैरो, भैरो, ओं बजरंगबली
ओं बंदूक का टोटा, पिस्तौल की नली
ओं डालर, ओं रूबल, ओं पाउंड
ओं साउंड, ओं साउंड, ओं साउंड

ओम् ओम् ओम्
ओम् धरती, धरती, धरती, व्योम् व्योम् व्योम्

ओं अष्ट धातुओं के ईंटों के भट्ठे
ओं महामहिम, महामहो, उल्लू के पट्ठे
ओं दुर्गा, दुर्गा, दुर्गा, तारा, तारा, तारा
ओं इसी पेट के अंदर समा जाए सर्वहारा
हरिः ओं तत्सत् हरिः ओं तत्सत् !

1969

याद आता है तुम्हारा नाम...

तीन-तीन पीढ़ियों के लोग, उधर—
पा गए हैं संघर्ष की उपलब्धियों के स्वाद
हो चुकी है आधी दुनिया तुम्हारी नाम पर आबाद
कहाँ नहीं गूँज रहे तुम्हारी जय-जय के नाद
पहाड़ और मैदान और नदियाँ तक करते हैं याद
सुधियों में विभोर जलनिधि छलकाते आह्लाद
सलाम तवारिश, सलाम !
सलाम कामरेड, सलाम !!

मयस्सर नहीं जिन्हें बित्ता-भर जमीन, घंटा-भर काम
मयस्सर नहीं जिन्हें भोजन और आराम
मयस्सर नहीं जिन्हें ज्ञान-विज्ञान का अंजन
मयस्सर नहीं जिन्हें ललित मनोरंजन
आज नहीं तो कल पहुँचेंगे—
उन दुखियारों तक तुम्हारे विप्लवी पैग़ाम
सलाम तवारिश, सलाम !
सलाम कामरेड, सलाम !!
अफ्रीका, एशिया, लातीन अमेरिका...
जाने कहाँ-कहाँ
विफल हैं कोटि-कोटि प्राण
कसमसा रहे हैं हाथ-पैर लहूलुहान !
कब होगी खत्म गुलामी की कालरात्रि ?
कब होगा अंत—
विश्व-भर में फैले खंड-खंड नरकों का ?
ऐसे में, हमें तो बस याद आता है तुम्हारा नाम !

तवारिश लेनिन, सलाम !
कामरेड लेनिन, सलाम !!

हजार-हजार बाँहोंवाली/मुक्तधारा, 18 अप्रैल 1970

लेनिन, तुमको लाल सलाम

तन वामन, व्यक्तित्व महान
श्रमिक जनों के सुखद सुजान
भूख-जहालत के प्रतिकार
दलित वर्ग के तारणहार
जय-जय लेनिन, गुण-अभिराम !
जयति महामानव, शुभ-नाम !!
    ढहे विषमता के प्राचीर
    पुँछे कोटि नयनों के नीर
    एक साथ चमके शत सूर्य
    गूँजे विश्वविजय के तूर्य
    अभिनव जादू, तुम्हें प्रणाम !
    जय-जय लेनिन, गुण-अभिराम !!
भू पर फैला महा प्रकाश
नव रजनी-पति, नव आकाश
अरुण उषा, संध्या रक्ताभ
बहुजन तक पहुँचे शुभ-लाभ
परम स्फूर्ति के पावन धाम !
जय-जय लेनिन, तुम्हें प्रणाम !!
    "मिटें मनुजता के सब रोग
    सहज सुखी हों सारे लोग"
    "टूटें दनुजों के नख-दंत
    दुष्ट शक्ति का होवे अंत"
    कहाँ न फैला यह पैग़ाम ?
    जय-जय लेनिन, तुम्हें प्रणाम !!
चिर-साथी चिर-उन्नत-भाल,
तुम्हें निछावर ये सौ साल !
चिर बुजुर्ग, चिर-तरुण महान
तुम पर सौ-सौ युग क़ुर्बान !

वर्ग-शत्रु की नींद हराम
लेनिन, तुमको लाल सलाम !
भूरे - पीले - काले - लोग
गोरी चमड़ीवाले लोग
भूख-प्यास के मारे लोग
जग-भर के दुखियारे लोग
—भूले भला तुम्हारा नाम ?
जय - जय लेनिन, जय गुणधाम !
निखिल विश्व की महिमा-मूर्ति
युग-युग की अभिलाषा पूर्ति
क्रिया-शून्य चिंतन के शत्रु
शिथल अलस दर्शन के शत्रु
प्रखर क्रांति - कर्मी अविराम,
लेनिन, तुमको लाल सलाम !
अति उत्तम तुम अति सामान्य
बहुजन प्रिय तुम बहुजन मान्य
दीनबंधु तुम करुणा - सिंधु
अभिनव रवि तुम, अभिनव इंदु
चिरजीवी तुम शाश्वत-नाम
जय - जय लेनिन, तुम्हें प्रणाम !
जन-समुद्र में मीन-समान
गुप्त, प्रकट फिर अंतर्धान
तरुणाई के तुम संन्यास
पीछे बने तुम्हीं इतिहास
कभी न संचित किया छदाम
लेनिन, तुमको लाल सलाम !

1970
तुमने कहा था

बर्बरता की ढाल ठाकरे

बाल ठाकरे ! बाल ठाकरे !!
कैसे फासिस्टी प्रभुओं की—
गला रहा है दाल ठाकरे !

अबे सँभल जा, वो आ पहुँचा बाल ठाकरे !
सबने हाँ की, कौन ना करे !
छिप जा, मत तू उधर ताक रे !
शिव-सेना की वर्दी डाटे जमा रहा लय-ताल ठाकरे !
सभी डर गए, बजा रहा है गाल ठाकरे !
अपने भक्तों को कर देगा अब तो मालामाल ठाकरे !
गूँज रहीं सह्याद्रि-घाटियाँ, मचा रहा भूचाल ठाकरे !
मन ही मन कहते राजा जी, जिये भला सौ साल ठाकरे !
चुप है कवि, डरता है शायद, खींच नहीं ले खाल ठाकरे !
कौन नहीं फँसता है, देखें, बिछा चुका है जाल ठाकरे !
बाल ठाकरे ! बाल ठाकरे ! बाल ठाकरे ! बाल ठाकरे !

बर्बरता के ढाल ठाकरे !
प्रजातंत्र के काल ठाकरे !
धन-पिशाच के इंगित पाकर ऊँचा करता भाल ठाकरे !
चला पूछने मुसोलिनी से अपने दिल का हाल ठाकरे !
बाल ठाकरे ! बाल ठाकरे ! बाल ठाकरे ! बाल ठाकरे !

जनयुग, 7 जून 1970

महाराष्ट्र का सबसे भारी रोग

कैसा शिव ?
कैसी शिव-सेना ?
कैसे शिव के बैल ?
चौपाटी के सागर-तट पर
नाच रहा है भस्मासुर बिगड़ैल !
फैल गए हैं महानगर में उसके चेला-चाटी
गली-गली में कायम कर ली जोर-जुल्म की घाटी
चीफ मिनिस्टर नाइक तक ने मूँद रखी हैं आँखें
शासन-सुख में शिथिल हुईं कल्पना-परी की पाँखें
शिव-सैनिक को नित्य चाहिए श्रमिक वर्ग का रक्त
इसीलिए तो धन-पिशाच होते हैं उसके भक्त
इसीलिए तो मिल-मालिक हैं उसके प्रति आसक्त

शिव-सेना का हुक्म मानते अकलमंद हर वक्त
हिंदू-मुस्लिम-सिक्ख-ईसाई-बौद्ध और ईरानी
शिव-सेना भेजेगी सबको जबरन काला पानी
शिव-सेनावालों की चलती है अपनी सरकार
शामिल है उसमें संघी फिरकापरस्त गद्दार
शिव-सैनिक की पाकिट में है सारा पुलिस विभाग
उसके इंगित से चलती है हवा, सुलगती आग
कहता खुद को बाल ठाकरे हिटलर का अवतार
श्रीचरणों में बिछे हुए हैं सेठों के अखबार
दुआ मिल रही नेताओं से, मिनिस्टरों से प्यार
पहुँच गया यश शिव-सेना का 'सात समुद्दर' पार
थर-थर, थर-थर काँप रहे हैं डर के मारे लोग
शिव-सेना है महाराष्ट्र का सबसे भारी रोग !

जनयुग, 21 जून 1970

कामरेड देसाई

कामरेड देसाई
तुमको
छिपकर मारा
जिन गुंडों ने
मजा चखा देंगे अब उनको
महाराष्ट्र के संग्रामी मजदूर !
बाल ठाकरे का मनसूबा होगा चूरमचूर !
लाखों दिल में अपनी हिम्मत जमा गए हो
लाख-लाख हाथों में अपना प्यारा झंडा थमा गए हो
चौपाटी के तट पर होगा फासिस्टों का अब अंतिम संस्कार
क्रुद्ध-क्षुब्ध मजदूर करेंगे शिव-सैनिक भस्मासुर का संहार !
कामरेड देसाई !
कामरेड देसाई !

जनयुग, 21 जून 1970

लाएँ मीठे वचन कहाँ से

मास्को बर्लिन प्राग सोफिया
हो आए हैं बीस बार वे
मूक क्रांति की अमृत लहरियाँ
लाए हैं घर में उतार वे

भूँक-भूँककर हम तो हारे
बैठे रहते हैं मन मारे
लाएँ मीठे वचन कहाँ से
फीका मन है, चिंतन खारे

बन पाऊँ यदि भगत बेहया
लोग कहेंगे : सिद्धि पा गया
'जन-हित-चिंतन' की बीमारी
छूटे, पाऊँ जनम फिर नया

आएँ, नक्सलपंथी आएँ
कोटि-कोटि मुख रौनक पाएँ
अपनी बुढ़भस भी खलती है
आवें तो उनका गुण गाएँ

आएँ, नक्सलपंथी आएँ
बड़े बड़ों के भूत भगाएँ
युग-युग से संचित कूड़ों में
निर्मम होकर आग लगाएँ

आज़ादी के भ्रम में हमको
बाइस-तेइस साल हो गए
आग उगलते थे जो साथी
चिकने उनके गाल हो गए

कुछ मुखिया, कुछ बने विधायक
कुछ हो बैठे लोकसभाई
बोल बड़े हैं नीयत ओछी
रग-रग में घुल रही मलाई

जात-पाँत के गिरधारी हैं
नारों के ही नागनथैया
प्रजातंत्र की गोल झील में
संविधान की खेते नैया

मास्को बर्लिन प्राग सोफिया
हो आए हैं बीस बार वे
मूक क्रांति की अमृत लहरियाँ
लाए हैं घर में उतार वे !

1970
पुरानी जूतियों का कोरस

दो पंचक

बादल बरसे, चमक रहे हैं नवल शाल के पात
मिली तरावट, मुँदी हुई पलकों पे उतरी रात
जलन बुझ गई, लू के झोंके हुए विगत की बात
कल निदाघ था, अभी उतर आई भू पर बरसात
बादल बरसे, चमक रहे हैं नवल शाल के पात।

जय हो जय हो सजल मेघ-मेदुर, विनम्र आकाश
जय हो जय हो कृषक-वधू की आँखों के उद्भास
जय हो जय हो व्यक्ति-व्यक्ति की नेह-छोह के पास
जय हो जय हो जनपद की जयलक्ष्मी के आवास
जय हो जय हो सजल मेघ-मेदुर विनम्र आकाश।

हजार-हजार बाँहोंवाली/नई धारा, जुलाई 1970

आज मैं बीज हूँ

बस, थोड़ी और उमस
बस, थोड़ी और धूप
बस, थोड़ा और पानी
बस, थोड़ी और हवा

बस, थोड़ा भुरभुरापन
—क्या देर है भला बाहर आने में !
आज मैं बीज हूँ
कल रहूँगा अंकुर
बटुर-बटुर आएगी दुनिया, मुझे देखने को आतुर
आज मैं बीज हूँ
अलक्षित, ना-चीज़ हूँ
गर्क हूँ धरती की जादुई कोख में।

हजार-हजार बाँहोंवाली/नई धारा, सितम्बर-अक्टूबर 1970

झूमे बाली धान की

चमचम चमके हँसिया प्यारा, झूमे बाली धान की,
जय हो इसी निशान की, जय हो मजदूर-किसान की।

नई ज़िंदगी का हरकारा, अमन का पहरेदार है
संघर्षों की हर मंज़िल में, तूफानी ललकार है
कोटि-कोटि जन-जन का जीवन खुशहाली मुस्कान की।
चमचम चमके हँसिया प्यारा, झूमे बाली धान की।

अब न चलेगी लूट यहाँ पर, मुफ्त-मुनाफाखोरों की,
खेतों बागानों, खानों की, हो काले या गोरों की
धन अपना, धरती है अपनी, यह बेला वरदान की।
चमचम चमके हँसिया प्यारा, झूमे बाली धान की।

देश हमारा भूखा-नंगा, घायल है बेकारी से
मिले न रोटी-रोजी, भटके दर-दर बने भिखारी-से
स्वाभिमान, सम्मान कहाँ है, होली है इन्सान की
चमचम चमके हँसिया प्यारा, झूमे बाली धान की।

बदला सत्य, अहिंसा बदली, लाठी-गोली डंडे हैं
कानूनों की सड़ी लाश पर प्रजातंत्र के झंडे हैं
सत्ता सरमाएदारों की, चाटुकार धनवान की
चमचम चमके हँसिया प्यारा, झूमे बाली धान की।

निश्चय राज बदलना होगा, शासक नेताशाही का
पदलोलुपता, दलबंदी का, भ्रष्टाचार, तबाही का
आज़ादी टकशाल बनी है, परमिट के भुगतान की
चमचम चमके हँसिया प्यारा, झूमे बाली धान की।

सर्वोदय कल्याण राज की छोड़ पुरातन बातों को
सोशलिज्म का शोर मचाए अलख जगाए रातों को
सावधान रहना सब कोई बाज़ी है यह आन की
चमचम चमके हँसिया प्यारा, झूमे बाली धान की।

जनयुग, 21 फरवरी 1971

ताशों में ही बचे रहेंगे...

किस पर हुक्म चलाएँगे अब राजा-रानी
नहीं मिलेगा इन्हें कहीं चुल्लू-भर पानी
हाय, हाय, कैसे बेचारे डूब मरेंगे !
दीपक-तारा ध्वजपट ओढ़े, हाँ, इनके महबूब मरेंगे !
इन पर बालू करूँ निछावर
करूँ निछावर खारा पानी
इनके उन काने मित्रों पर
करूँ निछावर सुरमादानी
अमा निशा के निबिड़ तिमिर में तत्पर जिनकी अपलक आँखें
उन जीवों पर करूँ निछावर उल्लू दल की पंगुल पाँखें !
क्षमा करेगी जनता इनको
अब भी यदि इंसान बनें ये
छोड़ें लतें पुरानी अपनी
नव भारत की शान बनें ये
साथ-साथ सब दुख-सुख भोगें, लोक-बंधु हों, लोक-मित्र हों !
कथनी-करनी एक सरीखी, शुभ हों, तन-मन से पवित्र हों !
खंडहरों में लोट-लोटकर प्राण गँवाएँगे क्यों नाहक !
राजा जी के पद-पद्मों में शीश नवाएँगे क्यों नाहक !
दीप करेगा रक्षा इनकी क्षुब्धजनों के कोपानल से !
अमृत-बिंदु पाएँगे कैसे यह युग के विष-भरे अतल से !
अच्छा होता 'प्रिवी पर्स' यदि छोड़ा होता अपने मन से !

अच्छा होता अब भी तो ये समरस होते जन-जीवन से !
अभी करेगी इन 'प्रभुओं' की जाँच–
संघर्षों की निर्मम-निष्ठुर आँच !
लंदन-पेरिस-रोम-शिकागो भटकेंगे ये कब तक ?
चमगादड़-से इधर-उधर तरु-शाखाओं से लटकेंगे ये कब तक ?
ख़ाक बन गए सूर्यवंश-चंद्रवंश के ठूँठ !
तलवारें गल गईं आँच में, बिकी रत्नमय मूँठ !
उँह, इनका तो सदियों पहले उतर गया था पानी !
ताशों में ही बचे रहेंगे अब तो राजा-रानी !!

हजार-हजार बाँहोंवाली/नई धारा, मार्च 1971

रहे गूँजते बड़ी देर तक

सुने इन्हीं कानों से मैंने तुतलाहट में गीले बोल
तीन सालवाले बच्चों के प्यारे बोल, रसीले बोल :
"मेले नाम तेले नाम
बिएनाम बिएनाम
मेले नाम तेले नाम
बिएनाम बिएनाम !"

दंग रह गया सुनकर मैं तो वियतनाम का कीर्तन
दंग रह गए नयन, दिखे शिशुकर-चरणों के नर्तन
नई लगी मुझको श्रमिकों की बस्ती वही पुरानी
दमक रहा था शिशु-मुखड़ों पर तरुणाई का पानी
भूल गया जाने क्यों मुझको अपना दुसह बुढ़ापा
उनकी तुतलाहट से यह बासी स्वर अपना नापा।

उन बच्चों की ग्रीवाओं में रग-रग फूल रही थी
बाल दृगों में जाने कैसी आशा झूल रही थी
छोटी-छोटी झंडी थामे मुन्ने प्यारे-प्यारे
अग्रज पीढ़ी की अनुकृति में लगा रहे थे नारे :

"मेला नाम बिएनाम
तेला नाम बिएनाम

बिएनाम बिएनाम
बिएनाम बिएनाम !"

मैंने सोचा :
निर्भय होकर शोषण की बुनियादें यह खोदेंगे
मैंने सोचा :
बेबस बूढ़े विप्लवियों का कालिख यह धो देंगे
मैंने सोचा :
फिरकाबंदी—जातिवाद का झाड़ेंगे यह भूत
मैंने सोचा :
निबिड़ विषमता को मिटाएँगे
नवयुग के शिशु-दूत !
रहें गूँजते बड़ी देर तक
इन कानों के अंदर
तुतलाहट में गीले बोल
प्यारे बोल, रसीले बोल :
"मेले नाम
तेले नाम
बिएनाम
बिएनाम !"

तुमने कहा था/जनयुग, 6 सितम्बर 1971

महामना मेघराज !

झुक आए हो ?/बस अब झुके ही रहना !
इसी तरह इत्मीनान से बरसते जाना हौले-हौले
हड़बड़ी भी क्या है तुमको !

ओ रे मेघराज, तुम्हारी यह छाया-छत
यों तो तनी रहे सारा दिन, सारी रात...
विराट, अघोर, स्निग्ध-धूसर शामियाना
देखो भई, हटा न ले जाना
बुरा लगेगा धरती रानी को तुम्हारा वो मखौल
झुक आए हो तो अब झुके ही रहना

बरसते रहना इसी तरह हौले-हौले
देखो भाई, जमे रहो सारा दिन, सारी रात
करने दो आराम सूरज और चाँद को
ले रहे होंगे सुख की साँस—
जंगल, पहाड़, नदियाँ, झील, समंदर
ले रहे होंगे चैन की नींद आँधी-तूफान-बवंडर
दम साधे कहीं पड़ा होगा महाकाल
कर चुकी माता प्रकृति नए सिरे से गर्भ धारण

देखो भाई महामना मेघराज,
भाग न जाना कहीं और अब
आए हो तो जमे रहना चार-छै रोज़
थोड़ी-बहुत तकलीफ़ होगी—
उसे हम खुशी-खुशी लेंगे झेल...
देखो भई, बंद न करना अपना खेल !

नई धारा, जुलाई 1972

घर से बाहर निकलेगी कैसे लजवंती

फटे वस्त्र हैं, घर से बाहर निकलेगी कैसे लजवंती
शर्म न आती, मना रहे वे महँगाई की रजत जयंती
काम नहीं है, दाम नहीं है
चैन नहीं, आराम नहीं है
धुआँ भरा है दिल-दिमाग में
सुबह नहीं, शाम नहीं है
तरुणों को डाकू बनने दो
फिर करवाना आत्म-समर्पण
अपराधों की राख मलो तो
चमके प्रजातंत्र का दर्पण
हरित क्रांति के घटाटोप में
पालक की पत्तियाँ गल गईं
माखनचोर बने भू-स्वामी
कृषकों पर गोलियाँ चल गईं

मुँह बाए सुनती झोंपड़ियाँ राग बिलावल जै-जैवंती
शर्म न आती, मना रहे वे महँगाई की रजत जयंती

चाटुकार चीखें - चिल्लाएँ
करें आरती, चँवर डुलाएँ
पूँछ उठाकर नाच दिखाएँ
चिकनी वाणी में गुण गाएँ
सूट डालकर हाथी मचला
कछुआ इम्पाले पर लेटा
भूसी मिला-मिलाकर चीनी
बेच रहा बनिया का बेटा
कंकालों पर बिछा दी गई
खद्दर की सतरंगी चादर
बंदूकें हँस पड़ीं कि देखा
चंदन के चर्खे का आदर
बूँद-बूँद पानी की ख़ातिर
फसलों के शिशु तरस रहे हैं
लेकिन अनुदानी करुणा-घन
झीलों पर ही बरस रहे हैं
महल खड़े, चिमनियाँ खड़ी हैं
लाशें नीचे दबी पड़ी हैं
भवनों के सीने पर हुमके
बिजली के सतरंगी झुमके
सत्तू की पोटरियाँ बाँधे
शिशुओं को बैठाए काँधे
अचरज के मारे मुँह बाए
बहुजन इन्हें देखने आए

नीचे निपट ग़रीबी, ऊपर ठाठ-बाट की रजत जयंती
शर्म न आती, मना रहे वे महँगाई की रजत जयंती

अस्सी प्रतिशत दीन जनों की कष्ट-कथा है रजत जयंती
परदुख-कातर तपोधनों की विकट व्यथा है रजत जयंती
अमृत - मंथनी प्रवंचना की नई प्रथा है रजत जयंती
कथित कथन, चर्वित-चर्वण की मथी-मथा है रजत जयंती

अगस्त 1972
तुमने कहा था

देख लो, इनके कई-कई माथ हैं...

भाई मोरारजी घर के न घाट के
पुत्र की कृपा से खेल गए फाटके
एकवचन, द्विवचन, नाटक - नाटके
बहुवचन सो गया, लिंगों को डाँटके।
उदयपुरी एकलिंग, निजलिंग मैसूरी
एक बात पूरी थी, एक थी अधूरी
फेंक दिया आलू, खा गए पूरी
भाग गए जमूरे, टिक गई जमूरी।
मरियल थीं रानियाँ, राजा थे सड़ियल
सईस थे पुराने, घोड़े थे कड़ियल
तेज़-तर्रार मैना, तोते थे अड़ियल
पड़ गए खाट पै गुरुजी दढ़ियल।
फ़लाँ-फ़लाँ जर्नलिस्ट हो आए लुसाका
हमने सुनी ख़बर तो खा गए सनाका
जा धमके टी-हाउस, इधर-उधर ताका
मुटल्ले की पाकिट पर डालूँ आज डाका।
यब्भागा, वब्भागा, भुब्-भुब् भुब् भूमिचोर
झड़ गए पंख, अब नंगा है मुम्-मुम् मोर
चुनकर आएगा, करेगा बेहद शोर
होगा कभी इस्स ओर, कभी उस्स ओर।
मिलता है भत्ता, भले - बुरे साथ हैं
एक-एक एम. पी. के बीस-बीस हाथ हैं
देख लो, उनके कई - कई माथ हैं
खली की बोरी है, तिलेसर नाथ हैं।

1972
तुमने कहा था

देवी, तुम तो काले धन की बैसाखी पर...

लाभ-लोभ के नागपाश में
जकड़ गए हैं अंग तुम्हारे

घनी धुंध है भीतर-बाहर
दिन में भी गिनती हो तारे

नाच रही हो, ठुमक रही हो
बीच-बीच में मुस्काती हो
बीच-बीच में भवें तानकर
आग दृगों से बरसाती हो

रंग लेपकर, फूँक मारकर
उड़ा रहीं सौ-सौ गुब्बारे
महाशक्ति के मद में डूबीं
भूल गई हो पिछले नारे

चुकने ही वाली है अब तो
डायन की बहुरूपी माया
ठगिनी तूने बहुत दिनों तक
जन-जन को यों ही भरमाया

जैसी प्रतिमा, जैसी देवी
वैसे ही नटगोत्र पुजारी
नए सिंह, महिषासुर अभिनव
नए भगत श्रद्धा-संचारी

ग्रह-उपग्रह सब थकित-चकित हैं
सभी हो रहे चंदा मामा
चंदारानी की सेवा में
लिखा सभी ने राजीनामा

कांति खो गई शरद्-चंद्र की
चंद्र-मुखी क्या, चंदमुखी हो
रवि सहस्र-कर दुखी, तुम्हारे
लाख-लाख कर टैक्स-रुखी हो

अलंकार सब मलिन हो गए
विरस हो गया स्वाद रसों का

महक रही हो, चहक रही हो
सत चूसा भींगती मसों का

महँगाई का तुझे पता क्या !
जाने क्या तू पीर पराई !
इर्द-गिर्द बस तीस-हजारी
साहबान की मुस्की छाई !

तुझको बहुत-बहुत खलता है
'अपनी जनता' का पिछड़ापन
महामूल्य रेशम में लिपटी
यों ही करतीं जीवन-यापन

ठगों-उचक्कों की मलिकाइन
प्रजातंत्र की ओ हत्यारी
अबके हमको पता चल गया
है तू किन वर्गों की प्यारी

जन-मन भरम रहा है, नकली
मत-पत्रों की मृग-छाया में
विचर रही तू महाकाल के
काले पंखों की छाया में

सौ कंसों की खीझ भरी है
इस सुरसा के दिल के अंदर
कंधों पर बैठे हैं इसके
धन-पिशाच के मस्त कलंदर

गोली-गोले, पुलिस-मिलिटरी
इर्द-गिर्द हैं घेरे चलते
इसकी छलिया मुस्कानों पर
धन-कुबेर के दीपक जलते

संविधान का कवच पहनकर
देखो कैसे ठुमक रही है

श्रमिकों के बोनस पर बिगड़ी
बमक रही है, हुमक रही है

बढ़ा काफिला वह दमदम से
सड़क साफ है राजभवन का
'रानी आई', 'रानी आई'
भिखमंगों का माथा ठनका

खड़े किनारे उचक रहे हैं
बुद्धू के नाना मुँह बाए
देवी आई है, राशन में
शायद अबकी गेहूँ आए

कूड़ों के अम्बार जमा हैं
महामार्ग के गलियारों में
सड़क स्वच्छ थी, छप जाएगी
शायद कल के अखबारों में

वृद्ध-वधिर 'बाबा' के कंधों
पर बैठी बबुनी गुड़िया-सी
निकल गई है बड़ी सड़क से
पुतली चंदन की पुड़िया-सी

इस नाटक—इस नौटंकी—पर
सुने ठहाके मैंने उसके
पगली है नाचा करती है
सचिवालय के अंदर घुसके

तू भी देवी वह भी देवी
मैं उसका ही नमन करूँगा
अपनी मारुति-फारुति रख तू
मैं तो उसके चरण धरूँगा

अपने वर्ग-हितों के खातिर
तूने बड़े प्रपंच रचे हैं

दिखा चुकी तू सभी करिश्मे
अब दो ही दिन शेष बचे हैं

जीभ घिस गई रटते-रटते
जनता जनता जनता जनता
ऐसी नकली हमदर्दी से
देखो मैडम, काम न बनता

अपने भोलेपन के चलते
माई, हम तो मार खा गए
तेरे पालित पशु फसलों की
एक - एक पत्ती चबा गए

दीन जनों का लहू पी रहीं
इस पचास में, इस पचपन में
कौन कहेगा, सचमुच माँ का
दूध पिया तुमने बचपन में

सच बतलाना, कहाँ गया अब
प्रियदर्शी वह रूप तुम्हारा
डायन-सी सूखी हँसती हो
मीठा भी लगता है खारा

छाँट-छाँटकर जल्लादों को
थमा रही हो झंडे अपने
मादा अजगर हो तुमने तो
निगल लिये हैं अंडे अपने

तिकड़म ही तिकड़म जीतेगी
क्या रक्खा है किसी नाम में
लगता, कोई और न होगा
तुम्हीं रहोगी धरा धाम में

कागज का रुपया हँसता है
मतपत्रों की खींचतान में

गुंडा-गर्दी महायान है
प्रजातंत्र के हीनयान में

तुम जिनकी अपनी माता हो
उनके दिल-दिमाग उड़ते हैं
कीचड़ में भी इंगित पाकर
उनके पैर नहीं मुड़ते हैं

अपनी ही प्रतिमा की नकली
चमक-दमक पर बिकी हुई हो
देवी तुम तो काले धन की
बैसाखी पर टिकी हुई हो

कदम-कदम पर जी कुढ़ता है
पीट रहा हूँ मैं अपना सिर
इस समाधि में उभर रहा है
चंडी का मुख-मंडल फिर-फिर

10 अक्टूबर 1972
पुरानी जूतियों का कोरस/उत्तरार्ध-6, 1973

अब तो बंद करो हे देवी, यह चुनाव का प्रहसन !

कीर्ति-पताका फहराती है किस प्रकार अंबर में
लोल लहरियों पर सवार हो जन-मन के सागर में
देवि, तुम्हारे स्वर सुरभित हैं युग के आह्वानों से
तरुण तुर्क रुद्राक्ष की तरह लटक रहे कानों से
    प्रतिपक्षी भी सुस्त पड़ गए, जाने क्या है कारण
    निर्वाचित प्रभु पूजा करते, गुण गाते हैं चारण
    संविधान की रुई रुपहली भद्रलोक धुनते हैं
    देवि, तुम्हारे स्टेनगनों से तरुण मुंड भुनते हैं
स्वाद मिला असली सत्ता का, क्यों न मचाएँ शोर
पूँछ उठाकर नाच रहे हैं लोकसभाई मोर
तुम उनकी रानी-अधिरानी, निर्मम निठुर कठोर
गीदड़-भालू, शेर-साँप सब तो हैं मुग्ध विभोर

बड़े-बड़ों का पानी तुमने कैसे दिया उतार
वीराने में ठूँठ मुखर हैं, सुन लो जै-जैकार
बहुत प्रबल हैं, भाग्य तुम्हारे ग्रह हैं परम उदार
तंत्र, मंत्र, ज्योतिष, ओझाई सभी हुए बेकार
भौंचक तुम्हें निहार रहे हैं दुनिया के नटनागर
अजी देख लो, झुका हिमालय, सूखे सातों सागर
देवि, तुम्हारी खातिर खिलती दिन में रजनीगंधा
सिंह चकित है, महिषासुर ने झुका दिया है कंधा
अधभूखे-अधनंगे डोलें हरिजन-गिरिजन वन में
खुद तो चिकनी रेशम डाटे उड़ती फिरो गगन में
महँगाई की सूपनखा को कैसे पाल रही हो
शासन का गोबर जनता के मत्थे डाल रही हो
सोशलिज़्म की नई ऋचाएँ आजीवन चबलाएँ
हम तो माई, सहज दास हैं, तुम पै बलि-बलि जाएँ
तुम देवी दस बाँहोंवाली, हम हैं बकरे बलि के
आज नहीं तो कल निश्चय ही भोग चढ़ेंगे कलि के
मध्यवर्ग की दुम हैं हम, तुम उच्चवर्ग की दुम हो
जिसका रस औषध बनता है, वह निर्गंध कुसुम हो
पग-पग पर तुम लगा रही हो, परिवर्तन के नारे
जन-युग की सतरंगी छलना, तुम जीतीं, हम हारे
अशुभ शक्तियों के खिलाफ़ अब योगी युद्ध करेगा
कावेरी का निर्मल जल हडसन को शुद्ध करेगा
वोल्गा-तट पर करें रात-दिन गंगा-पुत्र विहार
वामपंथ के पथिक तुम्हारी सूरत रहे निहार
आश्वासन की मीठी वाणी भूखों को भरमाती
पाला पड़ता है, लेकिन, वह नंगों को गरमाती
जन-मत को आडंबर प्रिय हैं, प्रिय हैं उसको नाटक
खोल दिए हैं तुमने कैसे इंद्रसभा के फाटक
महँगाई की सूपनखा के दाँत हो गए पैने
चमके चिकने ध्वज-पटलों पर महाकाल के डैने
मधुर-मदिर भ्रम हमें मुबारक, तुम्हें मुबारक सपने
देवि, सँभालो, यहाँ-वहाँ नव सामंतों को अपने
लाभ-लोभ के असुर भद्र वेशों में घूम रहे हैं
तुम पर अर्पित फूलों की पंखड़ियाँ चूम रहे हैं
फेनिल लहरों के रंजित छत्रों पर आसन मारे
गिनती जाओ कल्पित सूरज, कल्पित चाँद-सितारे

नील कमल कानन में होती रहे अनल की वृष्टि
जंगखोर थैलीशाहों की बनी रहे शुभ दृष्टि
शत-सहस्र लंका-पुत्रों के कटे शिरों की माल
बिना झिझक, अपनी ग्रीवा में ली है तुमने डाल
पूर्व बंग धो रहा देश के बँटवारे का पाप
अपनी प्रभुता का उथलापन छिपा रही हो आप
कटी नासिका भारत-पुत्री ढूँढ़ न पाई मोम
इस मसान में हुए इकट्ठे दुनिया-भर के डोम
अपनी गर्दन आप काट लो, करो प्रणति साष्टांग
द्रवित न होंगे किंचित भी तुम पर पिशाच गौरांग
अभी और भी पैने होंगे अपने भी तो दाँत
डायन के गुर जान गई हो, चबा रही हो आँत
कार्तूसों की माला होगी, होगा दृश्य अनूप
हथगोला - पिस्तौल - स्टेनगन सज्जित चंडीरूप
अब की अष्टभूजा का होगा खाकीवाला भेष
श्लोकों में गूँजेंगे अबकी फौजी अध्यादेश
कंकालों की मालाओं के सौ-सौ बंदनवार
कहाँ नहीं हैं सज्जित-शोभित ग्राम-नगर-पथ द्वार
देवि, दशभुजे ! चालू हैं दैनंदिन गगन-विहार
ब्रह्मा-विष्णु-महेश सभी हैं स्वागत हित तैयार
मत-पत्रों से भरी पेटियाँ नभ में नाच रही हैं
बंदूकें उनकी सहेलियाँ, जो हाँ साथ वही हैं
उड़ते-हिलते फुर्तीले कर ठप्पे मार रहे हैं
मौसम चुप है, पीले पत्ते सोच-विचार रहे हैं
ताजे-टटके मतपत्रों पर जमे लहू के दाग
बैलट की जादुई पेटियाँ लील रही हैं आग
कंकालों से महाजनों की करनी है रखवाली
और अधिक लंबी हो आई जीभ, चकित है काली
नोटों की गड्डियों-लाठियों-बंदूकों की जय हो
बोगस मतपत्रों से बोझिल संदूकों की जय हो
गोमुख व्याघ्र बने फिरते हैं, दुनिया को छलते हैं
देवि, तुम्हारी छत्र-छाँह में चंड-मुंड पलते हैं
मतवाले पंडों की थिरकन, देख रहा हूँ गुमसुम
भक्तों-पुजारियों की पुलकन, देख रहा हूँ गुमसुम
सौध-सौध पर दीपावलियाँ, देख रहा हूँ गुमसुम
संगीनों में गुम्फित कलियाँ, देख रहा हूँ गुमसुम

भारत-माँ के कृश शरीर पर बहुमत का गुलरोगन
चमक उठा, वह क्यों न करे अब झुक-झुककर अभिवादन
ऐसी हवा बहा दी तुमने, झूम उठा है जन-मन
अब तो बंद करो, हे देवी, यह चुनाव का प्रहसन
मुँह में तीन रंग का झंडा चाँपे बाघ खड़ा है
देवि, तुम्हारा असली वाहन जी का बहुत कड़ा है
बछड़ावाली गाय उधर सहमी-सी कहीं खड़ी है
गर्म-सुर्ख लोहे की निर्मम-निष्ठुर छाप पड़ी है
तानाशाही रंगमंच पर प्रजातंत्र का अभिनय
देख रहा हूँ हिंसा का ही मैं असत्य से परिणय
सुनता हूँ, वे चीख रहे हैं, देवि तुम्हारी जय-जय
देख रहा हूँ, सभी लुटेरे घूम रहे हैं निर्भय
संकट में थे; अजी हमारा बेड़ा पार हुआ है
सभी दंग हैं, जगत्-तारिणी का अवतार हुआ है
दसों हाथ मजबूत हो गए, लंबी दसों भुजाएँ
ललकारा है तुमने, जिनको आना हो, वे आएँ
किया वहाँ छापेमारों ने नव-युग का शृंगार
चकित-मुदित, मैं, देख रहा हूँ सीमा के उस पार
पाकिस्तानी फ़ासिस्टों का हुआ वहाँ संहार
चकित-मुदित, मैं, देख रहा हूँ सीमा के उस पार
अजी वहाँ पर तरुण रक्त की बही धार पर धार
व्यथित-मथित, मैं देख रहा हूँ सीमा के उस पार
नया राष्ट्र जनमा, धरती ने झेले कष्ट अपार
मुग्ध-मुदित, मैं देख रहा हूँ सीमा के उस पार
कैसे - कैसे घूमे घातों - प्रतिघातों के चाक
बीस साल का अर्सा, सौ-सौ आँचों का परिपाक
वहाँ क्रांति की रक्त-शिखा प्रलयाग्नि बन गई आप
पूर्व बंग धो चुका देश के बटवारे का पाप
तरुणाई पर हावी होगा प्रौढ़ों का नव-तंत्र
बंग - बंधु के होंठ जपेंगे, देवि, तुम्हारा मंत्र
मिला गुरिल्लों के कंधों पर 'जन-सत्ता' को ठौर
पूर्व बंग में पूर्ण हुआ विप्लव का पहला दौर
शत-सहस्र छापेमारों का पता नहीं चलता है
कारों के जमघट में रिक्शा कुढ़ता है, जलता है
चुसा-पिसा-निचुड़ा है जन-जन, शक है, युग छलता है
नया राष्ट्र है, नौकरशाही के हाथों पलता है

देवि ! तुम्हारे दाएँ-बाएँ यह मुजीब - सिद्धार्थ
नए सिरे से साधेंगे अब स्वार्थ और परमार्थ
दिग् - दिगंत रौदेंगे इनके अश्वमेध के घोड़े
होंगे हाथों में चाँदी की मूठोंवाले कोड़े
अभी और भी विप्लव होंगे और बहेगा खून
तरुण शक्ति तोड़ेगी सौ-सौ 'नियम और कानून'
महाक्रांति के प्रबल वह्नि में शोधित होगी सत्ता
अरुणाई में दमक उठेंगे ढाका और कलकत्ता

तुमने कहा था/सामयिकी, 1972

खड़े हैं दिन-रात

खड़े हैं दिन-रात
स्टेनगन सँभाले
सरहदों पे हम
किसानों-मज़दूरों-दस्तकारों-दानिशमंदों-मिश्कीनों–
की इक-इक धड़कन में
घुल रहे हैं दम-ब-दम !
अभी-अभी कल तक जो साथ थे
उनकी याद में आँखें हैं पुरनम
उन्हीं की कुर्बानियों की बदौलत
दरिंदों की माँद पे
लहरा रहा है
अपना परचम !
ख़बरदार नफ़ाख़ोरो, तिकड़मबाज़ो ख़बरदार !!
अवाम के ज़ेहन में ज़हर घोलनेवालो ख़बरदार !!
महज़ निजी कुर्सियों के रखवालो ख़बरदार !!
ओछी नीयत के कंगालो ख़बरदार !!
ख़बरदार, मिलावट के माहिरो ख़बरदार !!
ख़बरदार, पीठ में छुरा घोंपनेवालो ख़बरदार !
ख़बरदार, सोते में गला रेतनेवालो ख़बरदार !!
इन आँखों में धूल मत झोंको,
जवान हैं तो क्या, पता नहीं रखते हैं तुम्हारी ओछी नीयत का ?
मुबारक हों तुम्हीं को

तुम्हारे वे पेचोख़म
बनाए रक्खोगे आख़िर कब तक
अपने घर-आँगन को नरक
रक्खे रहोगे गिरवी आख़िर कब तक
देसी-परदेसी धन्नासेठों के हाथ
खिचड़ी मूँछों की इज़्ज़त का भरम !
सुन लो खोलकर दोनों कान, ताऊजी
यों लार न टपकाओ वक़्त-बेवक़्त
खाओ-पिओ, मौज करो
भोले बाबा को सुबहोशाम रिझाओ बम् बम् बम्
य' देखो, य' देखो
तुम्हारी हिफ़ाजत के लिए
खड़े हैं दिन-रात
स्टेनगन सँभाले
सरहदों पर हम।

5 दिसम्बर 1972
हजार-हजार बाँहोंवाली

आज नहीं तो कल आएगी वियतनाम की याद

नए सिरे से टकराए इस्लाम और विज्ञान।
धूर्त्त करें नकली कंठों से समता का गुणगान।
ढाका और नई दिल्ली में खुश हैं नव सामंत।
तरुणाई की व्यथा-कथा का कहीं नहीं है अंत।।

सुलगे-भीगे, थिरके-सहमे, खिले-खुले मतपत्र।
संगीनें उग आईं फिर तो यत्र-तत्र-सर्वत्र।
परम मुदित हैं, निखिल विश्व के धनकुबेर इस बार।
मजदूरों पर, खेतिहारों पर खुलकर करो प्रहार।।

जय हिंसा की धूप-छाँह, जय निर्वाचन-अभियान।
जय मुजीब, जय बंग पिता जय, जयति बंग संतान
शिथिल क्रांति के श्वेत कुसुम जय वचनवीर जयभाट।
बेच रहे अब नाम तुम्हारे दुनया-भर के हाट।।

लोग पूछते : कहाँ गए वे मुक्ति फौज के वीर ?
कहाँ गए हाशिम, हसमत, बरकत, बुरहान, सुधीर ?
लोग पूछते : किन कंधों पर टिका वहाँ जनतंत्र ?
अब इनके चिकने कानों में कौन फूँकता मंत्र ?

ढाका पहुँचे जंगख़ोर प्रभुओं के घुटे दलाल।
ढाका पहुँचे कूटनीति के पंडे, नटवरलाल।
ढाका पहुँचे अमन-चैन के शत्रु व्याल विकराल।
ढाका पहुँचे मगरमच्छ, ओढ़े बछड़ों की खाल।।

छद्म वाम के कल-कूजन से बुद्धि हुई विभ्रांत।
तरुण विप्लवी पड़े सोच में, मन है परम अशांत।
आज नहीं तो कल आएगी वियतनाम की याद।
पद्मा की लहरों में होंगे लेनिन के अनुवाद।।

क्यों, मई 1973

प्रजातंत्र का होम

सागर-कन्या रेत पर सोई सारी रात
जाने कैसे जुड़ गई पर्णकुटी की बात
पर्णकुटी की बात जुड़ गई जाने कैसे
मथा गया सागर निकले पैसे ही पैसे
संस्कृत में गालियाँ सुनेगी फिर भी धन्या
सोई सारी रात रेत पर सागन-कन्या

सामंतों ने कर दिया प्रजातंत्र का होम
लाश बेचने लग गए खादी पहने डोम
खादी पहने डोम लग गए लाश बेचने
माइक गरजे, लगे जादुई ताश बेचने
इंद्रजाल की छतरी ओढ़ी श्रीमंतों ने
प्रजातंत्र का होम कर दिया सामंतों ने

चंदन कहे कपूर से, चलो, चलें उस ठौर
वहाँ मचलते गंधमृग, हवा वहाँ की और

हवा वहाँ की और, चौर सब शेर डुलाते
वनदेवी के श्रीमुख-सौरभ हमें बुलाते...
चलो, बुलावा आया अबकी बहुत दूर से...
चलो, चलें उस ठौर, कहे चंदन कपूर से

कण-कण से उठती रही सहमी जै-जैकार
माई के उर पर हँसा शिशु-मुंडों का हार
शिशु-मुंडों का हार हँसा माई के उर पर
शंख निछावर हुए पगों के नूपुर-सुर पर
गूँजा नभ बौने तानाशाहों की प्रण से
सहमी जै-जैकार रही उठती कण-कण से

1973
तुमने कहा था

पता नहीं, दिल्ली की देवी गोरी है या काली

तानाशाही तामझाम है
सोशलिज्म का नारा !
पार्लमंट पर चमक रहा है
मारुति का ध्रुवतारा !
तेरी पुलिस, मिलिटरी तेरी
तेरे गोली - गोले
हिंसा की बहती गंगा में
माँ, तू आँचल धो ले !
तरुणों की सौ-सौ कलेजियाँ
तुम पर करूँ निछावर
बना रहे दरबार, रात-दिन,
मंत्र पढ़ूँ में शाबर
ठौर-ठौर पर भीख माँगती
बुढ़िया भारत - माता !
पता नहीं, भारत पुत्री से
क्या है उसका नाता !
नए राष्ट्र की नव दुर्गा है
नए खून की प्यासी

नौ मन जले कपूर रात-दिन
फिर भी वही उदासी
लूट-पाट की काले धन की
करती है रखवाली
पता नहीं, दिल्ली की देवी
गोरी है या काली !
चार-मुखी है, वचन बदलती
यों ही एक - मुखी है
इस छलिया माई से अब तो
जतना बहुत दुखी है
तानाशाही तामझाम है
सोशलिज्म का नारा !
पार्लमंट पर चमक रहा है
मारुति का ध्रुवतारा !

1973

पुरानी जूतियों का कोरस

पैने दाँतोंवाली

धूप में पसरकर लेटी है
मोटी-तगड़ी, अधेड़, मादा सूअर...

जमना-किनारे
मखमली दूबों पर
पूस की गुनगुनी धूप में
पसरकर लेटी है
यह भी तो मादरे-हिंद की बेटी है
भरे-पूरे बारह थनोंवाली !
लेकिन अभी इस वक्त
छौनों को पिला रही है दूध
मन-मिजाज ठीक है
कर रही है आराम
अखरती नहीं है भरे-पूरे थनों की खींच-तान
दुधमुँहें छौनों की रग-रग में

मचल रही है आखिर माँ की ही तो जान !

जमना-किनारे
मखमली दूबों पर
पसरकर लेटी है
यह भी तो मादरे-हिंद की बेटी है !
पैने दाँतोंवाली...

1973
पुरानी जूतियों का कोरस

शालवनों के निविड़ टापू में...

हलबी और हिंदी का
हमारा दुभाषिया साथी
करने लगा उससे बातें

फूल बाबू के लिए चाहिए थी माचिस
पास की झोंपड़ी से वह ले आया साबित दियासलाई
क्षण-भर बाद वापस भी दे आया
फिर वो पैसे माँगने लगा इशारे से
हमने थमा दी अठन्नी...
यानि, पचास पैसोंवाला नया सिक्का
खुशी में चमकने लगीं माड़िया की आँखें
कहने लगा : "जोहार ! जोहार ! जोहार सा ऽऽब..."

मुस्कराकर बतलाया हमारे दुभाषिए ने–
(इत्ती-सी देर में उन दोनों में हो गई थीं ज़रा-मरा-सी बातें)
"दस-पंद्रह वर्ष पहले यह दिल्ली गया था
आदिवासी लोकनृत्यवाली अपनी पार्टी के साथ..."
मैंने जानना चाहा–
"पूछो, उन दिनों कौन था दिल्ली का राजा ?"
नचाकर हथेलियाँ
अबूझ-सी पहेलियों में गुम हो गया बेचारा शबर-पुत्र !...
क्या कहे ! क्या न कहे !

नाम ले कौन-सा !
कौन-सा नाम न ले !
इतनी लंबी अवधि में स्मृति-पटल पर से धुल-पुँछकर
ग़ायब हो चुके थे वे नाम...
मैंने आखिर सुझाईं चंद संज्ञाएँ—
"नेहरू, राजेन्दर परसाद, राधा कृस्नन...
बोलो, कौन था उन दिनों दिल्ली का राजा...?"
"मालूम नहीं अपने को...
अपन को नईं मालूम..."
डालकर भौंहों पर ज़ोर बोला माड़िया अधेड़
और अगले ही क्षण
हथेलियों पर उछालता वही सिक्का
उतर गया सड़क के नीचे
खो गया शालवनों के निबिड़ टापू में
माड़िया अधेड़।
बोला हमारा दुभाषिया मित्र—
(रविशंकर विश्वविद्यालय का एम.एम.)
"अपन इसके साथ दो रोज़ रह पाते !
काश ! झोंपड़ियोंवाली इसकी बस्ती तक
पहुँच पाते अपन
रातोंवाली अड्डेबाजी में साथ देते इसका
साखू के पत्तोंवाले दोने में साथ-साथ पीते सल्फ़ी
चखते भुना हुआ गोश्त सुअर का साथ-साथ
फिर शायद खुलकर बातें करता यह हमसे...।"
और हम चारों जने
देखते रह गए शालवनों की उस पगडंडी की ओर
कम-से-कम दस मिनट तक देखते रहे
तैरती रहीं आरण्यक छवियाँ सूनी निगाहों में
लेकिन वह तो अब तक अलक्षित हो चुका था
जा चुका था गहरे निबिड़ अरण्य की अतल झील के अंदर।
...स्टार्ट हुई हमारी जीप
बैलाडीलावाली उसी सड़क पर
दंतेवाड़ा से 55 किलोमीटर आगे...

1973

तुमने कहा था

मैला आँचल

पंक-पृथुल कर-चरण हुए चंदन-अनुलेपित
सबकी छवियाँ अंकित, सबके स्वर हैं टेपित
एक दूसरे की काया पर पाँक थोपते
औराही के खेतों में हम धान रोपते
मूल गंध की मदिर हवा में मगन हुए हैं
माँ के उर पर, शिशु-सम हुलसित नगन हुए हैं
सोनामाटी महक रही है रोम-रोम से
श्वेत कुसुम झरते हैं तुम पर नील व्योम से
कृषकपुत्र मैं, तुम तो खुद दर्दी किसान हो
मुरलीधर के सात सुरों की सरस तान हो
धन्य जादुई मैला आँचल, धन्य-धन्य तुम
सहज सलोने तुम अपूर्व, अनुपम, अनन्य तुम।

29 जुलाई 1973
आखिर ऐसा क्या कह दिया मैंने/बीजपत्र/ जुलाई 1985

मैं तुम्हें अपना चुम्बन दूँगा

तुम उनकी साजिशों को खत्म कर दोगे
तुम प्रवंचना की उनकी कुटिल चालों का अंत कर दोगे
हत्याएँ करने-करवाने की—
ठंडी फाँसियाँ देने-दिलवाने की
चुपचाप ज़हर घोलने-घुलवाने की—
कारागार की नारकीय कोठरियों में
मानवता को गलाने-गलवाने की—
यानी, उनकी एक-एक साजिश को
तुम खत्म कर दोगे
हमेशा-हमेशा के लिए !

मैं तुम्हारा ही पता लगाने के लिए
घूमता फिर रहा हूँ
सारा-सारा दिन : सारी-सारी रात !
आगामी युगों के मुक्ति-सैनिक, कहाँ हो तुम ?

निपीड़ित-शोषित मानवता के उद्धारक, कहाँ हो तुम ?
आओ, सामने आओ बेटे !
मैं तुम्हारा चुम्बन लूँगा
मैं तुम्हें अपना चुम्बन दूँगा

मैं तुम्हीं को अपनी यह शेष आत्मा अर्पित करूँगा
मैं तुम्हारे ही लिए जिऊँगा, मरूँगा
मैं तुम्हारे ही इर्द-गिर्द रहना चाहूँगा
मैं तुम्हारे ही प्रति अपनी वफ़ादारी निबाहूँगा

आओ, खेत-मजदूर और भूमिदास नौजवान
आओ, खदान-श्रमिक और फैक्टरी-वर्कर नौजवान
आओ कैंप के छात्र और फैकल्टियों के नवीन प्रवीण प्राध्यापक
हाँ, हाँ, तुम्हारे ही अंदर तैयार हो रहे हैं
आगामी युगों के लिबरेटर

आओ भई, सामने आओ !
मैं तुम्हारा चुम्बन लूँगा
मैं तुममें से एक-एक का सिर सूँघूँगा
आओ भई, सामने आओ !
मुझ पगलेट के साथ बातचीत करो
हँसो-खेलो मेरे साथ
मैं तुम्हारी जूतियाँ चमकाऊँगा
दिल बहलाऊँगा तुम्हारा
कुछ भी करूँगा तुम्हारे लिए...
मैं तुम्हें अपना चुम्बन दूँगा...

30 अक्टूबर 1973/ संभलपुर
तुमने कहा था

जय जन-सीता, जय जन-राम

मेरी सीता, मेरे राम !
तूने मुझे लिया है थाम !
आऊँगा, हाँ तेरे काम

मेरी राधा, मेरे श्याम
तूने मुझे रखा है थाम
क्यों न जपूँ मैं तेरे नाम
क्यों न करूँ मैं तुझे प्रणाम ?
मेरी सीता, मेरे राम
मेरी राधा, मेरे श्याम
तूने मुझे रखा है थाम
आऊँगा, हाँ तेरे काम
मेरी सीता, मेरे राम
मेरी राधा, मेरे श्याम
तन-मन-हाड़-मांस औ' चाम
सब कुछ अर्पित तेरे नाम
तूने इन्हें रखा है थाम
मैंने तुझे रखा है थाम
तूने मुझे दिया है दाम
मैं भी दूँगा तुझको दाम
जय जन-जन जय पावन नाम
जय अविजेय, जयति गुणधाम
जय अविकल, जय-जय अविराम
जय जन-सीता जय जन-राम
जय जन-राधा जय जन-श्याम
जल-थल-नभ तेरे सुखधाम
तू उत्पादक, तत्व ललाम
तू ही दक्षिण, तू ही वाम
कर्म-मर्म तू, तू निष्काम
महा नगर तू, तू लघु ग्राम
तू विराट, तू अणु आयाम
क्यों न करूँ मैं तुझे प्रणाम
क्यों न जपूँ मैं तेरे नाम
मेरी सीता, मेरे राम
मेरी राधा, मेरे श्याम
आता है तू मेरे काम
मैं आता हूँ तेरे काम
आया है तू मेरे काम
मैं आया हूँ तेरे काम

आएगा तू मेरे काम
मैं आऊँगा तेरे काम
सारी रचना तेरे काम
सभी कल्पना तेरे काम
सारे चिंतन तेरे काम
सभी नियोजन तेरे काम
तू चलता अविरल अविराम
मैं चलता अविरल अविराम
तू जलता अविरल अविराम
मैं जलता अविरल अविराम
जागा करता आठों याम
भागा करता आठों याम
चलता रहता आठों याम
जलता रहता आठों याम
तू उद्यत अविरल अविराम
मैं उद्यत अविरल अविराम
तू संयत अविरल अविराम
मैं संयत अविरल अविराम !

7 अप्रैल 1974

तुम तो नहीं गई थीं आग लगाने

तुम तो नहीं गई थीं आग लगाने
तुम्हारे हाथ में तो पेट्रोल का गीला चिथड़ा नहीं था
आँचल की ओट में तुमने तो हथगोले नहीं छिपा रखे थे

भूखवाला भड़काऊ परचा भी तो नहीं बाँट रही थीं तुम
दातौन के लिए नीम की टहनी भी कहाँ थी तुम्हारे हाथ में
हाय राम, तुम तो गंगा नहाकर वापस लौट रही थीं
कंधे पर गीली धोती थी, हाथ में गंगाजलवाला लोटा था
बी.एस.एफ. के उस जवान का क्या बिगाड़ा था तुमने ?

हाय राम, जाँघ में ही गोली लगनी थी तुम्हारे !
जिसके इशारे पर नाच रहे हैं हकूमत के चक्के

वो भी एक औरत है !

वो नहीं आएगी अस्पताल में तुम्हें देखने
सीमांत नहीं हुआ करती एक मामूली औरत की घायल जाँघ
और तुम शहीद सीमा सैनिक की बीवी भी तो नहीं हो
कि वो तुम से हाथ मिलाने आएगी।

1974
खिचड़ी विप्लव देखा हमने

इंदु जी, क्या हुआ आपको ?

क्या हुआ आपको ?
क्या हुआ आपको ?
सत्ता की मस्ती में
भूल गईं बाप को ?
इंदुजी, इंदुजी, क्या हुआ आपको ?

बेटे को तार दिया, बोर दिया बाप को !
क्या हुआ आपको ?
क्या हुआ आपको ?

आपकी चाल-ढाल देख-देख लोग हैं दंग
हुकूमती नशे का वाह-वाह कैसा चढ़ा रंग
सच-सच बताओ भी
क्या हुआ आपको ?
यों भला भूल गईं बाप को !

छात्रों के लहू का चस्का लगा आपको
काले चिकने माल का मस्का लगा आपको
किसी ने टोका तो ठस्का लगा आपको
अंट-शंट बक रहीं जनून में
शासन का नशा घुला खून में
फूल से भी हल्का
समझ लिया आपने हत्या के पाप को

इंदुजी, क्या हुआ आपको ?
बेटे को तार दिया, बोर दिया बाप को!

बचपन में गाँधी के पास रहीं
तरुणाई में टैगोर के पास रहीं
अब क्यों उलट दिया 'संगत' की छाप को ?
क्या हुआ आपको, क्या हुआ आपको ?
बेटे को याद रखा, भूल गईं बाप को
इंदुजी, इंदुजी, इंदुजी, इंदुजी...

रानी महारानी आप
नवाबों की नानी आप
नफ़ाखोर सेठों की अपनी सगी माई आप
काले बाजार की कीचड़ आप, काई आप

सुन रहीं गिन रहीं
गिन रहीं, सुन रहीं
सुन रहीं सुन रहीं
गिन रहीं गिन रहीं

हिटलर के घोड़े की एक-एक टाप को
एक-एक टाप को, एक-एक टाप को

सुन रहीं गिन रहीं
एक-एक टाप को
हिटलर के घोड़े की, हिटलर के घोड़े की
एक-एक टाप को...
छात्रों के खून का नशा चढ़ा आपको
यही हुआ आपको
यही हुआ आपको !

1974

खिचड़ी विप्लव देखा हमने

लाइए, मैं चरण चूमूँ आपके

देवि, अब तो कटें बंधन पाप के
लाइए, मैं चरण चूमूँ आपके

जिद निभाई, डग बढ़ाए नाप के
लाइए, मैं चरण चूमूँ आपके

सौ नमूने बने इनकी छाप के
लाइए, मैं चरण चूमूँ आपके

किए पूरे सभी सपने बाप के
लाइए, मैं चरण चूमूँ आपके

हो गए हैं विगत क्षण अभिशाप के
लाइए, मैं चरण चूमूँ आपके

मिट गए हैं चिह्न अंतस्ताप के
लाइए, मैं चरण चूमूँ आपके

दया उमड़ी, गुल खिले शर-चाप के
लाइए, मैं चरण चूमूँ आपके

सिद्धि होगी, मिलेंगे फल जाप के
लाइए, मैं चरण चूमूँ आपके

थक गए हैं हाथ गोबर थाप के
लाइए, अब चरण चूमूँ आपके

खो गए लय बोल के, आलाप के
लाइए, मैं चरण चूमूँ आपके

कढ़ी आहें, जमे बादल भाप के
लाइए, अब चरण चूमूँ आपके

देवि, अब तो कटें बंधन पाप के
लाइए, मैं चरण चूमूँ आपके

1974
खिचड़ी विप्लव देखा हमने

जयप्रकाश पर पड़ीं लाठियाँ लोकतंत्र की

एक और गाँधी की हत्या होगी अब क्या ?
बर्बरता के भोग चढ़ेगा योगी अब क्या ?
पोल खुल गई शासक दल के महामंत्र की !
जयप्रकाश पर पड़ीं लाठियाँ लोकतंत्र की !

उतर चुका है रंग आज भूरी बिल्ली का !
पटना आकर टूट गया है दम दिल्ली का !
समता धागे जोड़ रही है नव बिहार में !
बर्बरता दम तोड़ रही है नव बिहार में !

राष्ट्रतत्त्व चढ़ गया सान पर नव बिहार में
जूझ गए हैं तरुण आन पर नव बिहार में
जन गण मन का उद्बोधन है नव बिहार में
लोकतंत्र का संशोधन है नव बिहार में !

लाख-लाख ताज़े कंठों की अभिनव हुंकृति
राष्ट्र भारती की वीणा में अभिनव झंकृति
अश्रुतपूर्व प्रस्थान-घोष, जनरव की जय हो !
नव-नव अंकुर, नई कोपलें, सबकी जय हो !

भटक गया है देश दलों के बीहड़ वन में
क़दम-क़दम पर संशय ही उगता है मन में
नेता क्या हैं, निज-निज गुट के महापात्र हैं !
राष्ट्र कहाँ है शेष, शेष बस 'राज्य' मात्र हैं !

एक और गाँधी की हत्या होगी अब क्या ?
बर्बरता के भोग चढ़ेगा योगी अब क्या ?

पोल खुल गई शासक दल के महामंत्र की !
जयप्रकाश पर पड़ीं लाठियाँ लोकतंत्र की !

देवी प्रतिमा चंड-मुंड को लिये साथ में
हुई अवतरित, बंदूकें हैं दसों हाथ में
लगे बैठने गद्दों पर हिटलर-मुसोलिनी
हुई मूर्छिता भारतमाता ग्रामवासिनी !

मत-पत्रों को चबा गए देवी के वाहन
ऊपर-नीचे शुरू हुआ उनका आराधन
गूँगापन छा गया देश पर डर के मारे
बड़े-बड़ों को भी दिखते हैं दिन में तारे...

एक और गाँधी की हत्या होगी अब क्या ?
बर्बरता के भोग चढ़ेगा योगी अब क्या ?
पोल खुल गई शासक दल के महामंत्र की !
जयप्रकाश पर पड़ीं लाठियाँ लोकतंत्र की !

1974
खिचड़ी विप्लव देखा हमने

बाघिन

लम्बी जिह्वा, मदमाते दृग झपक रहे हैं
बूँद लहू के उन जबड़ों से टपक रहे हैं
चबा चुकी है ताज़े शिशुमुंडों को गिन-गिन
गुर्राती है, टीले पर बैठी है बाघिन

पकड़ो, पकड़ो, अपना ही मुँह आप न नोचे !
पगलाई है, जाने अगले क्षण क्या सोचे !
इस बाघिन को रक्खेंगे हम चिड़ियाघर में
ऐसा जंतु मिलेगा भी क्या त्रिभुवन-भर में !

1974
खिचड़ी विप्लव देखा हमने

काश, क्रांति उतनी आसानी से हुआ करती

काश, क्रांतियाँ उतनी आसानी से हुआ करतीं !
काश, क्रांतियाँ उतनी सरलता से संपादित हो जातीं !
काश, क्रांतियाँ योगी, ज्योतिषी या जादूगर के चमत्कार हुआ करतीं !
काश, क्रांतियाँ 'बैठे-ठाले सज्जनों' के दिवास्वप्नों-सी घटित हो जातीं !

अग्निगर्भी संकल्प
आत्मविलोपी उत्सर्ग
पावन एवं पुण्य जुगुप्सा
निर्मल करुणा
कठोर अनुशासन
अपरिसीम साहस
अनवरत अध्यवसाय...
यही तो कुछ एक तत्त्व हैं
यही पहुँचा देते हैं क्रांति की तलहटियों तक
शोषित-निपीड़ित-संघर्षशील मानव-समुदाय को

कुंभ के मेले में
'तीर्थराज' प्रयाग की ओर अभिमुख
लाखों-लाख की गतानुगतिक 'भेड़िया धसान' भीड़
लगा-लगाकर डूब 'संगम' के 'जादुई' जल में
वापस आ जाती है अपने-अपने ठौर पर

नहीं, नहीं, वैसा कुछ नहीं हुआ करता
विप्लबी वह्नि-स्नान में शामिल होने की प्रक्रिया में
वहाँ व्याकरण-सम्मत प्रांजल भाषा का घंटों प्रवचन झाड़नेवाला
बना-ठना कोई 'युग-पुरुष' नहीं हुआ करता
वहाँ हजारों-हजार की कीमतवाले विदेशी कैमरे नहीं चमका करते
वहाँ अमरीकी या जापानी या फ्रेंच टेपरिकार्डर नहीं हुआ करते
नहीं, नहीं, वहाँ यह सब कुछ नहीं होता।

1974
खिचड़ी विप्लव देखा हमने

क्रांति सुगबुगाई है

क्रांति सुगबुगाई है
करवट बदली है क्रांति ने
मगर, वह अब भी उसी तरह लेटी है
एक बार इस ओर देखकर
उसने फिर से फेर लिया है
अपना मुँह उसी ओर...
'सम्पूर्ण क्रांति' और 'समग्र विप्लव' के मंजु घोष
उसके कानों के अंदर
खीज भर रहे हैं या गुदगुदी
—यह आज नहीं, कल बतला सकूँगा !
अभी तो देख रहा हूँ
लेटी हुई क्रांति की स्पन्दनशील पीठ
अभी तो इस पर रेंग रहे हैं चींटे
वे भली-भाँति आश्वस्त हैं
इस उथल-पुथल में
एक भी हाथ उन पर नहीं उठेगा
चलता रहेगा उनका धंधा
वे अच्छी तरह आश्वस्त हैं
वे क्रांति की पीठ पर मजे में टहल-बूल रहे हैं
क्रांति सुगबुगाई थी जरूर
लेकिन करवट बदलकर
उसने फिर उसी दीवार की ओर
मुँह फेर लिया है—
मोटे सलाखोंवाली काली दीवार की ओर !
मोटे सलाखोंवाली काली दीवार के उस पार
न सुसज्जित मंच है, न फूलों के ढेर
न बंदनवार, न मालाएँ
न जय-जयकार
न करेंसी नोटों की गड्डियों के उपहार...
मोटे सलाखोंवाली काली दीवार के उस पार
नारकीय यंत्रणा देकर
तथाकथित 'अभियोग' कबूल करवानेवाले
एलेक्ट्रिक कंडक्टर हैं

मोटे सलाखोंवाली काली दीवार के उस पार
लट्ठधारी साधारण पुलिसमैन नहीं हैं
वहाँ तो मुस्तैद है अपनी ड्यूटी में
डी.आई.जी. रैंक का घुटा हुआ अधेड़ बर्बर
कमीनी निगाहों—तिहरी मुस्कानोंवाला :
मोटे होठों में मोटा सिगार दबाए है...
वो अब तक कर चुका है,
जाने कितने तरुणों का नितंब-भंजन...
जाने कितनी तरुणियों के भगांकुर
करवा दिए हैं सुन्न
डलवा-डलवाकर बिजली के सिरिंज...
मोटे सलाखोंवाली काली दीवार के उस पार
शिष्ट-सम्भ्रांत आई.ए.एस. ऑफिसर नहीं है
वहाँ तो हिटलर का नाती है
तोजो का पोता है
मुसोलिनी का भांजा है...
दीवार की इस ओर के
कोमल कंठों से निकले नरम-नरम नारे
वहाँ तक नहीं पहुँच पाते हैं
पहुँच भी पाएँ तो बर्बर हत्यारा
अपने कानों के अंदर गुदगुदी ही महसूस करेगा
उसे बार-बार हँसी छूटेगी
सरलमति बालकों की खानदानी नादानी पर
(गत वर्ष उस बर्बर डी.आई.जी. की साली भी बैठ गई थी
बारह घंटोंवाले प्रतीक अनशन पर, चौराहे के सामने
रिक्शावालों ने कहा था : "हाय, राम !
सोने की चूड़ियाँ भी इस तमाशे में शामिल हैं !")

मोटे सलाखोंवाली काली दीवार के उस पार
अविराम चालू हैं यंत्रणाएँ—
अग्नि-स्नान और अग्नि-दीक्षा की
वहाँ क्रांति और विप्लव
तरुण शांति सेनावालों के
सुगंधित कर्म-कांड नहीं हुआ करते !
मोटे सलाखोंवाली काली दीवार के उस पार

काम नहीं आएँगे शिथिल संकल्प
तरल भावुकता
शीतोष्ण उद्वेलन
वाक्य-विन्यास का कौशल
गणित की निपुणता
कुलीनता के नखरे
मोटे सलाखोंवाली काली दीवार के उस पार
कोई गुंजाइश नहीं होगी
उत्पीड़न की छाया-छवियाँ उतारने की
क्रांति और विप्लव का फिल्मीकरण
कहीं और होता होगा...

बार-बार लाखों की भीड़ जुटी
बार-बार सुरीले कंठों से लहराई
'जाग उठी तरुणाई...जाग उठी तरुणाई'
बार-बार खचाखच भरा गाँधी मैदान
बार-बार प्रदर्शन में आए लाखों-लाख जवान...
बार-बार वापस गए
बार-बार आए
बार-बार आए
बार-बार वापस गए

हवा में भर उठी इन्कलाब के कपूर की खुशबू
बार-बार गूँजा आसमान
बार-बार उमड़ आए नौजवान
बार-बार लौट गए नौजवान...

पटना, मार्च 10-13, 1975
खिचड़ी विप्लव देखा हमने/पश्यंती, 1978

अगले पचास वर्ष और...

अगले पचास वर्ष और आप जिएँ
स्वस्थ-प्रसन्न रहें, शांति-सुधा-रस पिएँ
आगे-पीछे उमड़-उमड़ आएँ तरुणों की टोलियाँ

साथ हों पुलिस वैन, साथ हों आफिसर
हो नहीं लाठी-चार्ज, छूटें नहीं अश्रुगैस-गोलियाँ

अगले पचास वर्ष और
बहती रहे प्रवचन की अनाविल धारा
गुफाओं से निकलें मुनि-गण, वरण करें कारा
तरुण रहें संयत,
    चढ़े नहीं क्रोध का पारा
सुनहली लिखावट हो, चमके नारे पर नारा

अगले पचास वर्ष और बने रहें कूड़ों के ढेर
भंगियों के जीवन में हो नहीं किंचित भी हेर-फेर
गल्लों के आढ़तिए मचाएँ अधिकाधिक अंधेर
चुपचाप देते रहें पुष्ट चंदा अबेर-सबेर
बढ़ती जाए फिर भी समग्र क्रांति की टेर

राशि-राशि किसलय गुच्छित
कुसुमास्तीर्ण प्लास्टिक शर-शय्या पर
लेटे रहें युगावतार पितामह भीष्म
प्रवचनरत, हृदय-परिवर्तनकारी
अगले पचास वर्ष और

समग्र लाभ-लोभ के अविकल अधिकारी
मुक्तहस्त दान दें टैक्स चोर तस्कर व्यापारी
करें निःसंकोच विदुर-बुजुर्ग तरुण कंधों की सवारी
मस्त रहें धृतराष्ट्र, चढ़ी रहे समग्र क्रांति की खुमारी
अगले पचास वर्ष और

हो नहीं चिंतित दलपति, बने रहेंगे सारे ही दल
गति रहेगी सीमित, अ-सीमित रहेंगे फल
जड़ पकड़ लेगी शनैः-शनैः सवैधानिक तानाशाही
पंडितों-मौलवियों से मिलेगी उसे निरंतर वाह-वाही
यही भारत पुत्री करेगी पूर्ण कुबेरों की मनचाही

संत होंगे महासंत, कुसंत होंगे उपसंत
स्वार्थी न होंगे, पर कीर्ति की लालसा का रहेगा न अंत

ऊपर-ऊपर मूक क्रांति, विचार क्रांति, संपूर्ण क्रांति
कंचन क्रांति, मंचन क्रांति, वंचन क्रांति, किंचन क्रांति
फल्गु-सी प्रवाहित रहेगी भीतर-भीतर तरल मदिर भ्रांति!

1975
खिचड़ी विप्लव देखा हमने

वो सब क्या था आखिर

दस लाख की भीड़
उस दिन दिल्ली के माहौल को
कर रही थी कम्पित उत्तप्त
दस लाख की भीड़, उस दिन
तुम्हें अपना 'मुख' बनाकर कूच कर रही थी
दस लाख की भीड़, उस वक्त
तुम्हारा स्पष्ट आदेश चाह रही थी
उस दिन पार्लमेंट के बाहरी कक्ष में
स्पीकर ने तुम्हारी अगवानी की थी
स्वास्थ्य के बारे में पूछा था
शर्बत पिलाया था
तुम उनके समक्ष
मुस्कुराए थे निहायत भद्रतापूर्वक
वहाँ से वापस आकर लगभग दो घंटा बोले थे
बोट क्लबवाले मैदान में वही लाखों की भीड़
फिर तुम्हारे सामने थी
उस दिन मार्च की छठी तारीख थी
'लोकनायक', उस रोज वो तुम कौन थे ?
तुम्हारा भोलापन
तुम्हारी 'लोकनीति'
'सम्पूर्ण क्रांति' वाले तुम्हारे सोंधे ख़याल
व्यापक जनक्रांति की तुम्हारी अनिच्छा
'सर्वहारा' के प्रति परायेपन के तुम्हारे भाव
अभिनव महाप्रभुओं के प्रति शक्ति-संतुलन का
तुम्हारा हवाई मूल्यबोध...
तुम्हारी मसीहाई महत्त्वाकांक्षाएँ...

काहिल, आरामपसंद, संशयशील, डरपोक, कपटी, क्रूर
'भलेमानसों' से दिन-रात तुम्हारा घिरा होना
वो सब क्या था आखिर ?
समझ नहीं पाया कभी, समझ नहीं पाऊँगा
तरल आवेगोंवाला, अति भावुक हृदयधर्मी मैं जनकवि।

1975
खिचड़ी विप्लव देखा हमने

जाने, तुम कैसी डायन हो

जाने, तुम कैसी डायन हो
अपने ही वाहन को गुप-चुप लील गई हो !
शंका-कातर भक्तजनों के सौ-सौ मृदु उर छील गई हो !
क्या कसूर था बेचारे का ?
नाम ललित था, काम ललित थे
तन-मन-धन श्रद्धा-विगलित थे
आह, तुम्हारे ही चरणों में उसके तो पल-पल अर्पित थे
जादूगर था जुगालियों का, नव कुबेर चर्वण-चर्वित थे
जाने कैसी उतावली है,
जाने कैसी घबराहट है
दिल के अंदर दुविधाओं की
जाने कैसी टकराहट है
जाने, तुम कैसी डायन हो !

1975
खिचड़ी विप्लव देखा हमने

इसके लेखे संसद-फंसद सब फिजूल हैं

इसके लेखे संसद-फंसद सब फिजूल हैं
इसके लेखे संविधान कागज़ी फूल हैं
इसके लेखे
सत्य-अहिंसा-क्षमा-शांति-करुणा-मानवता
बूढ़ों की बकवास मात्र हैं

इसके लेखे गाँधी-नेहरू-तिलक आदि परिहास-पात्र हैं
इसके लेखे दंडनीति ही परम सत्य है, ठोस हकीक़त
इसके लेखे बंदूकें ही चरम सत्य है, ठोस हकीक़त
जय हो, जय हो, हिटलर की नानी की जय हो !
जय हो, जय हो, बाघों की रानी की जय हो !
जय हो, जय हो, हिटलर की नानी की जय हो !!

1975
खिचड़ी विप्लव देखा हमने

सूरज सहमकर उगेगा

लगता है
हिंद के आसमान में
अब सूरज सहमकर उगेगा
अपनी किरणें बिखेरेगा डरता-डरता काँपता-काँपता

लगता है
हिंद के आसमान में
ठीक दुपहर के वक्त
सूरज फ्यूज हो जाएगा
जी हाँ, वैशाख-जेठ का प्रखर-प्रचंड मध्याह्न
बिना ग्रहण के भी डूब जाएगा
धुंध के माहौल में

लगता है
हिंद के आसमान में
साबित सूरज भक् से निकल आएगा
फाड़कर मसानी सन्नाटा बरसाती अमावस का

लगता है
हिंद के आसमान में
सूरज पर भी लागू होंगे
'आपातकालीन स्थितिवाले आर्डिनेन्स'

लगता है
हिंद के आसमान में
अब सूरज सहमकर उगेगा...

1975
खिचड़ी विप्लव देखा हमने

इर्द-गिर्द संजय के, मेले जुड़ा करेंगे

इर्द-गिर्द संजय के, मेले जुड़ा करेंगे
तीन रंग के सिल्कन झंडे उड़ा करेंगे
अंधकार ही अंधकार तब छा जाएगा
बेटे का यह मोह आपको खा जाएगा

किधर नहीं हैं सेठ, भूमिपति किधर नहीं हैं ?
कौन कहेगा शातिर गुंडे इधर नहीं हैं !
देवि, तुम्हारी प्रतिमा से मैं दूर खड़ा हूँ
छोटा हूँ पर उन बौनों से बहुत बड़ा हूँ

तुम हारो यदि, जीत जायँ यदि राजनरायन
दल में भगदड़ मचे, कहें सब तुमको डायन
कोई अदना हो यदि दिल्ली का दारोगा
तब क्या होगा, तब क्या होगा, तब क्या होगा

जनकवि हूँ, क्यों चाटूँगा मैं थूक तुम्हारी
श्रमिकों पर क्यों चलने दूँ बंदूक तुम्हारी ?

10 जून 1975
खिचड़ी विप्लव देखा हमने

यह बदरंग पहाड़ी गुफा-सरीखा

देखो, यह बदरंग पहाड़ी गुफा-सरीखा
किस चुड़ैल का मुँह फैला है !
देखो, ये जबड़े लगते कैसे डरावने

देखो, इस विकराल बदन के अंदर कैसे
सारा ही कानूनी ढाँचा खिंचा आ रहा
संविधान का पोथा, देखो,
पूरा का पूरा ही कैसे लील रही है !
यह चुड़ैल है !
देशी तानाशाही का पूर्णावतार है
महा कुबेरों की रखैल है
यह चुड़ैल है
मुस्कानों में शहद घोलकर चुम्बन देती
दिल में तो विषकन्यावाला वही प्यार है
देशी तानाशाही का पूर्णावतार है
महा कुबेरों की रखैल है
सच पूछो तो यह चुड़ैल है–
सारे झंडे चबा रही है
सूरज-चाँद-सितारे सबको चाँप रही है, दबा रही है
दलवालों-बे-दलवालों के उन प्रतीक-चिह्नों को यह तो लील रही है
लोकतंत्र के मानचित्र को रौंद रही है, कील रही है
सत्ता-मद की बेहोशी में हाँफ रही है
आँय-बाँय बकती है, कैसे काँप रही है
यह चुड़ैल है !
महा कुबेरों की रखैल है !!

1975
खिचड़ी विप्लव देखा हमने

छोटी मछली शहीद हो गई

अभी-अभी
छोटी मछली शहीद हो गई है
गर्म दूध की बाल्टी में छलाँग लगा के...
अस्पताल के कर्मचारियों में
भारी पछतावा है
बेचारी की शहादत पे !

'मरी भी तो कैसे !

दूध में डूब के...
हाय राम, यही लिखा था उसकी किस्मत में ?'
—मकबूल बोला
भद्रासन सिंह ने कहा—
हमने तो लेकिन बड़ी कोशिश की...
फौरन इसे ठंडे पानी में डाला
देर तक सहलाते रहे पीठ और गर्दन
पानी उतारते रहे/बेचारी के गले के अंदर
मगर इसके तो कपार में लिखा था
दूध की बाल्टी में डूबकर
प्राणों का विसर्जन करेगी
आह, अब खाली-खाली मर्तबान
सूना लगता है कैसा !...
बड़ी भागमंत थी
दूध में डूबकर मरना था !

कि बीच ही में
ऊँघती आवाज आई मोती सिंह की—
'आग होती तो मक़बुलवा
अभी इसी वक़्त इसको भून के खा जाता'...

2 सितम्बर 1975
खिचड़ी विप्लव देखा हमने

खिचड़ी विप्लव देखा हमने

खिचड़ी विप्लव देखा हमने
भोगा हमने क्रांति विलास
अब भी खत्म नहीं होगा क्या
पूर्ण क्रांति का भ्रांति विलास
प्रवचन की बहती धारा का
रुद्ध हो गया शांति विलास
खिचड़ी विप्लव देखा हमने
भोगा हमने क्रांति विलास
मिला क्रांति में भ्रांति विलास

मिला भ्रांति में शांति विलास
मिला शांति में क्रांति विलास
मिला क्रांति में भ्रांति विलास

पूर्ण क्रांति का चक्कर था
पूर्ण भ्रांति का चक्कर था
पूर्ण शांति का चक्कर था
पूर्ण क्रांति का चक्कर था

टूटे सींगोंवाले साँडों का यह कैसा टक्कर था !
उधर दुधारू गाय अड़ी थी
इधर सरकसी बक्कर था !
समझ न पाओगे वर्षों तक
जाने कैसा चक्कर था !
तुम जनकवि हो, तुम्हीं बता दो
खेल नहीं था, टक्कर था !

1975
खिचड़ी विप्लव देखा हमने

सत्य

सत्य को लकवा मार गया है
वह लम्बे काठ की तरह
पड़ा रहता है सारा दिन, सारी रात
वह फटी-फटी आँखों से
टुकुर-टुकुर ताकता रहता है सारा दिन, सारी रात
कोई भी सामने से आए-जाए
सत्य की सूनी निगाहों में ज़रा भी फ़र्क नहीं पड़ता
पथराई नज़रों से वह यों ही देखता रहेगा
सारा-सारा दिन, सारी-सारी रात

सत्य को लकवा मार गया है
गले से ऊपरवाली मशीनरी पूरी तरह बेकार हो गई है
सोचना बंद

समझना बंद
याद करना बंद
याद रखना बंद
दिमाग की रगों में ज़रा भी हरकत नहीं होती
सत्य को लकवा मार गया है
कौर अंदर डालकर जबड़ों को झटका देना पड़ता है
तब जाकर खाना गले के अंदर उतरता है
ऊपरवाली मशीनरी पूरी तरह बेकार हो गई है
सत्य को लकवा मार गया है

वह लम्बे काठ की तरह पड़ा रहता है
सारा-सारा दिन, सारी-सारी रात
वह आपका हाथ थामे रहेगा देर तक
वह आपकी ओर देखता रहेगा देर तक
वह आपकी बातें सुनता रहेगा देर तक
लेकिन लगेगा नहीं कि उसने आपको पहचान लिया
जी नहीं, सत्य आपको बिलकुल नहीं पहचानेगा
पहचान की उसकी क्षमता हमेशा के लिए लुप्त हो चुकी है
जी हाँ, सत्य को लकवा मार गया है
उसे इमर्जेन्सी का शॉक लगा है
लगता है अब वह किसी काम का न रहा
जी हाँ, सत्य अब पड़ा रहेगा
लोथ की तरह, स्पंदनशून्य मांसल देह की तरह !

12 अगस्त 1975
खिचड़ी विप्लव देखा हमने

अहिंसा

105 साल की उम्र होगी उसकी
जाने किस दुर्घटना में
आधी-आधी कटी थी बाँहें
झुर्रियों-भरा गन्दुमी सूरत का चेहरा
धँसी-धँसी आँखें...
राजघाट पर, गाँधी समाधि के बाहर

वह सवेरे-सवेरे नज़र आती है
जाने कब किसने उसे एक मृगछाला दिया था
मृगछाला के रोएँ लगभग उड़ चुके हैं
मुलायम-चिकनी मृगछाला के उसी अड्डे पर
वो पीठ के सहारे लेटी
सामने अलमुनियम का भिक्षापात्र है
नए सिक्कों और इकटकही-दुटकही नए नोटों से
करीब-करीब आधा भर चुका है वो पात्र
अभी-अभी एक तरुण शांति-सैनिक आएगा
अपनी सर्वोदयी थैली में भिक्षापात्र की रकम डालेगा
झुक के बुढ़िया के कान में कुछ कहेगा
आहिस्ते-आहिस्ते वापस लौट जाएगा
थोड़ी देर बाद
शांति सेना की एक छोकरी आएगी
शीशे के लम्बे गिलास में मौसम्बी का जूस लिये
बुढ़िया धीरे-धीरे गिलास खाली कर डालेगी
पीठ और गर्दन में
हरियाणवी तरुणी के सुपुष्ट हाथ का सहारा पाकर
बुदबुदाएगी फुसफुसी आवाज में—जियो बेटा !
बुढ़िया का जीर्ण-शीर्ण कलेवर
हासिल करेगा ताज़गी
यह अहिंसा है
इमर्जेन्सी में भी
मौसम्बी के तीन गिलास जूस मिलते हैं
नित्य-नियमित, ठीक वक्त पर
दुपहर की धूप में वह छाँह के तले पहुँचा दी जाएगी
बारिश में तम्बू तान जाएँगे मिलिटरीवाले
हिंसा की छत्र-छाया में
सुरक्षित है अहिंसा...

गीता और धम्मपद और संतवाणी के पद
इस बुढ़िया के लिए भर लिये गए हैं रिकार्ड में
यह निष्ठापूर्वक रोज़ सुबह-शाम
सुनती है रामधुन, सुनती है पद

'आपातकालीन संकट' को
इस बुढ़िया का आशीष प्राप्त है।

13 अगस्त 1975
खिचड़ी विप्लव देखा हमने

खटमल

उमड़-उमड़ आए खटमल, मैं
जागा सारी रात
बिस्तर क्या था, जंगल था, मैं
भागा सारी रात
खून खींचता रहा रगों से
आगा सारी रात
अस्पताल में यों हम बैठे
नागा सारी रात

अभी-अभी मारा, फिर कैसे
निकला यह पाताल से
तरुण गुरिल्ला मात खा गए
शिशु खटमल की चाल से
रात्रि जागरण, दिन की निद्रा
चिपके मेरे भाल से
यम की नानी डरती होगी
खटमल के कंकाल से

निकल आया फिर कहाँ से
खटमलों का यह हजूम
मैं ज़रा जाता हूँ बाहर
मैं ज़रा आता हूँ घूम
रक्तबीजों की फसल को
मौत क्या सकती है चूम
मगर बाहर मच्छरों ने भी
मचा रक्खी है धूम
हम भी भागे, छिपकलियाँ भी
भागीं सारी रात

हम भी जागे, छिपकलियाँ भी
जागीं सारी रात
जीत गईं छिपकलियाँ लेकिन,
हमने मानी हार
अपने बूते सौ-पचास भी
खटमल सके न मार !

13 अगस्त 1975
खिचड़ी विप्लव देखा हमने

घुट रहे हैं प्राण

घुट रहे हैं प्राण !
दिलाएगा कौन मुझे इस दमा से त्राण ?
मिल न पाएँगे यहाँ पर पथ्य
हवा में 'अनुगूँज' बनकर डूब जाएँगे यहाँ पर कथ्य
हितैषी हैं सभी, सभी करुणा-सिंधु
सभी अपने, सभी साथी, सभी तो हैं बंधु
फिर भी घुट रहे हैं प्राण...
दिलाएगा कौन मुझको इस दमा से त्राण ?

13 सितम्बर 1975

सिके हुए दो भुट्टे

सिके हुए दो भुट्टे सामने आए
तबीयत खिल गई
ताज़ा स्वाद मिला दूधिया दानों का
तबीयत खिल गई
दाँतों की मौजूदगी का सुफल मिला
तबीयत खिल गई

अखिलेश ने अपनी मेहनत से
इन पौधों को उगाया था

वार्ड नंबर 10 के पीछे की क्यारियों में
वार्ड नंबर 10 के आगे की क्यारियों में
ढाई महीने पहले की अखिलेश की खेती
इन दिनों अब जाने किस-किस को पहुँचा रही है सुख
बीसियों जने आज अखिलेश को दुआ दे रहे हैं
सिके हुए भुट्टों का स्वाद ले रहे हैं–
डिस्ट्रिक्ट जेल की चहारदीवारियों के अंदर

इन क्यारियों में अखिलेश अब सब्जियाँ उगाएगा
वह किसी मौसम में इन्हें खाली नहीं रहने देगा
श्रम का अपना सु-फल वो
जाने किस-किस को चखाएगा
वो अपना मन ताश और शतरंज में नहीं लगाएगा
हममें से जो बातूनी और कल्पना-प्रवण हैं
वे भी अखिलेश की फलित मेधा का लोहा मानते हैं–
मन ही मन प्रणत हैं वे अखिलेश की उद्यमशीलता के प्रति

पसीना-पसीना हो जाते हैं तरुण
लगाते-लगाते सम्पूर्ण क्रांति के नारे
फूल-फूल जाती हैं गर्दनों की नसें...
काश, वे भी जेल के पिछवाड़े क्यारियों में
कुछ न कुछ उपजा के चले जाएँ
भले, दूसरे ही उनकी उपज के फल पाएँ !

14 सितम्बर 1975
खिचड़ी विप्लव देखा हमने

पसंद आएगा तुम्हें ऐसा सुदीर्घ जीवन

गिरता-पड़ता
लड़खड़ाता
लार की बूँदों के तार टपकाता
लकवाग्रस्त, पराश्रित अपंग...
पसंद आएगा तुम्हें ऐसा सुदीर्घ जीवन ?

पुरखों के सुयश का बखान करता
बचपन और तरुणाई की—
अपनी उछल-कूदों की डींगें मारता
प्रवचन की ओट में अपनी अकर्मण्यता को ढँकता
पसंद आएगा तुम्हें ऐसा सुदीर्घ जीवन ?

नई संततियों से ताज़गी की भीख माँगता
सूक्ति की चाशनी में लपेटकर
अंदर की कुंठाएँ बाहर उछालता
लद्दू बनने का अचूक प्रशिक्षण देता
अज्ञों-अल्पज्ञों में बुद्धि-भेद उपजाता
पसंद आएगा तुम्हें ऐसा सुदीर्घ जीवन ?

लिंग-लौल्य...
रसना-रास...
वासनाओं का चैतसिक चुम्बन...
लालसाओं का ललित लास्य...
बाहर-बाहर प्रतिष्ठा का आटोप आडम्बर
पसंद आएगा तुम्हें ऐसा सुदीर्घ जीवन ?

सूक्ष्म, सूक्ष्मतर, सूक्ष्मतम—
चाटुकारिता के सहारे
अभिनव प्रभुओं को अनुरंजित करता
पदे-पदे स्वार्थ-साधनपरायण
अनुकूलन कला-प्रवीण पदे-पदे
वंशधरों को वंचना का प्रशिक्षण देता
पसंद आएगा तुम्हें ऐसा सुदीर्घ जीवन ?

आवेगहीन
उत्तापशून्य
क्रिया-प्रतिक्रिया विरहित
क्रोध-अमर्ष-ईर्ष्या-असूया से दूर, बहुत दूर
पर्त-दर-पर्त बेहोशी में लिपटा हुआ
पसंद आएगा तुम्हें ऐसा सुदीर्घ जीवन ?

बुढ़ापे में
फिर से हासिल करके यौवन
क्या किया आखिर ययाति ने ?
ऋजुमति, विनयावनत, आज्ञापालक पुत्र को
करके निर्वासित सुदीर्घ अवधि के लिए,
दशरथ ने चुकाई कीमत वचनपूर्ति की
रानी हुई तुष्ट। मंथरा को मिले पारितोषिक
निष्ठुर नियति के उस खेल में
महागुरु वशिष्ठ ने आखिर कौन-सी भूमिका निभाई ?

1975
खिचड़ी विप्लव देखा हमने

हुकूमत की नर्सरी

वज्र बनकर गिरते आए हैं
पुरानी पीढ़ियों के पाप
नई पीढ़ियों पर...
नई पीढ़ियों के संकट
सुरक्षित रहे होंगे बीज रूप में
पुरानी पीढ़ियों के अंदर

यह कैसे होगा कि
अपनी सारी मुसीबतों के जिम्मेदार
तरुण स्वयं हों ?
यह कैसे होगा कि
अविकसित एवं अश्वेत मानव-जातियाँ
जहालत और गरीबी के गलित कुष्ठ
स्वयं अपनी ही परिधियों तक सीमित रख लें ?
यह कैसे होगा कि
दासों की संतान
दासता के गुणों का करती रहें बखान
अपने पूर्वजों की भाँति

यह कैसे होगा कि हमारे वंशधर

उत्तराधिकार में छाँट-छाँटकर
सिर्फ गुण ही गुण लेंगे हमसे

सारी दुनिया को हम ढोल पीट-पीटकर बतलाते हैं
हमारे पूर्वज महान् थे, वरेण्य थे हमारे पूर्वज
वे नहाते थे दूध की नदियों में
उनका युग हमारे इतिहास का स्वर्ण-युग था...
दुनिया हमसे पूछती है :
तो अब तुम भीख क्यों माँगते हो ?
क्यों तुमने कोटि-कोटि जनों को 'अछूत' बना रक्खा है ?
एक ब्राह्मण दूसरे ब्राह्मण को अपने चौके में क्यों घुसने नहीं देता ?
भंगी क्यों नहीं डोम का छुआ पानी पीता है ?
पूर्वजों के पुण्य का तुम्हारा जादू कहाँ चला गया ?
दुनिया हमसे पूछती है

दुनिया हमसे पूछती है :
बहुसंख्यक भारतीयों को क्यों नहीं मालूम है
आज़ादी और राष्ट्रीयता का मतलब
दुनिया हमसे पूछती है :
जापान और पश्चिमी जर्मनी
लगभग गुलाम हो गए थे
द्वितीय विश्वयुद्ध के बाद
और आज, ठीक तीस वर्ष बाद
वे फिर से आगे बढ़ गए हैं
तुम जापान और जर्मनी से कब तक पीछे रहोगे
तुम्हारी तुलना में उनकी आबादी
बीस प्रतिशत है या तीस प्रतिशत...
तुम जापान क्यों न हुए ?
क्यों न हुए तुम पश्चिमी जर्मनी ?
दर-असल तुम्हारे जिस्म के कुछ ही हिस्से जिंदा
दर-असल तुम्हारे दिल और दिमाग के अंदर
ढेर-सा कूड़ा सुरक्षित है
दुनिया हमसे पूछती है
लोथ की अखंडता भला किस काम की ?
पुराने रोगों के अपने ही कीटाणुओं ने तो

तुमको लोथ बना रखा है न ?
तमिलनाडु, बंगाल, नगाभूमि, मिजोरम, केरल...
गुजरात, महाराष्ट्र, पंजाब, कर्नाटक, आंध्र...
इनको तुम कब तक नई दिल्ली की जमींदारी बनाकर रखोगे
क्यों नहीं इन सभी प्रदेशों का 'संघ-शासन'
फेडरल राज्य हो, संयुक्त राज्य हो ?
क्यों नहीं सब के सब ये 'राष्ट्रसंघ' के सदस्य हों ?
अकाल-ग्रस्त उड़ीसा क्यों नहीं
सीधे ब्राजील से दो लाख टन मक्का मँगवा ले ?
क्यों नहीं बाढ़-ग्रस्त बिहार
सीधे जापान को नदी नियंत्रण का ठेका दे दे ?
क्यों नहीं महाराष्ट्र के सैकड़ों तरुण
'अकूपंचर' की सरल चिकित्सा-विधि सीखने
सीधे चीन चले जाएँ ?
क्यों नहीं हरियाणवी छोकरे
सीधे आस्ट्रेलिया निकल जाएँ पशुपालन-विधि सीखने
प्रदेशों के विकास का दायित्व सँभाल नहीं पाती नई दिल्ली
आलस्य और बेरुखी के मारे केंद्रीय नौकरशाही
चलती है कछुए की चाल से
व्यक्तिगत स्वार्थ-पूर्ति में लेकिन
बेतहाशा भागती है खटमल के बच्चों की तरह
उसे न तमिलों से मतलब है न बंगालियों से
न तो गिरिजनों से, न हरिजनों से
उसे तो सिर्फ अपनी मोटी तनख्वाह से मतलब है
उसका तो ख़ानदान ही 'हुकूमत की नर्सरी' होता है...

1975
खिचड़ी विप्लव देखा हमने

धज्जी-धज्जी उड़ा दी छोकरों ने इमर्जेन्सी की...

धज्जी-धज्जी उड़ा दी छोकरों ने इमर्जेन्सी की
घूमते-फिरे लगातार चार घंटे
गलियों में, सड़कों पर, चौराहों-तिराहों पर
अवाम ने मजा लिया

साथ-साथ स्लोगन मारे
मुट्ठियाँ उछलीं हवा में साथ-साथ
साथ-साथ पसीना बहा उनका-इनका
साथ-साथ पसीना सूखा इनका-उनका
सारा नगर घूम आया विरोध का काला झंडा
पुलिस ने कहीं भी छेड़खानी नहीं की उनसे
जाने दिया उन्हें
आने दिया उन्हें
लगाने दिए मनमाने नारे
चायवालों ने उस रोज़ पहली बार
निडर होकर तरुणों को चाय पिलाई
जे.पी. के बारे में पूछा, बहुत कुछ जानना चाहा
पानवालों ने पान के बीड़े ऑफर किए...

यह क्या हुआ छपरा टाउन में उस रोज़
धज्जी-धज्जी उड़ा दी छोकरों ने इमर्जेन्सी की
यह क्या हुआ आखिर उस दिन छपरा टाउन में !

प्रोग्राम थे। समिति की तरफ से। समूचे बिहार में
धरना और प्रदर्शन और सत्याग्रह। 2.3.4. अक्टूबर के लिए,
22 प्रदर्शनकारी पहले दिन। दूसरे दिन 18,
अरेस्ट हुए, जेल आए
तीसरे दिन गिरफ्तार तो हुए सही
मगर सब के सब छोड़ दिए गए अगली सुबह...
दस-बारह तरुण उन्हीं में से यह थे...
गुँजा दिया नारों से उन्होंने समूचा ही टाउन
धज्जी-धज्जी उड़ा दी इमर्जेन्सी की !
घूमते फिरे लगातार चार घंटे

पीछे, तफसील में हमने सुनीं सारी बातें...
खूब हँसे, खूब हँसे, खूब हँसे...
खुश हुए खूब, खुश हुए खूब, खुश हुए खूब...

1975
खिचड़ी विप्लव देखा हमने

तकली मेरे साथ रहेगी

राजनीति के बारे में अब एक शब्द भी नहीं कहूँगा
तकली मेरे साथ रहेगी, मैं तकली के साथ रहूँगा
नहीं जरूरत रही देश में सत्याग्रह की, अनुशासन है
सही राह पर हाकिम हैं तो भली जगह पर सिंहासन है

संकट पहुँचा चरम बिंदु पर, एक बरस तक रहा मौन मैं
नहीं पता चलता था बिलकुल, कौन आप हो और कौन मैं
बहुत किया जब चिंतन मैंने, तकली का तब मिला सहारा
आओ भाई, छोड़-छाड़कर राजनीति की सूखी धारा

सत्य रहेगा अंदर, ऊपर से सोने का ढक्कन होगा
चाँदी की तकली होगी, तो मुँह में असली मक्खन होगा
करनी में गड़बड़ियाँ होंगी, कथनी में अनुशासन होगा
हाथों में बंदूकें होंगी, कंधों पर सिंहासन होगा

तकली से तकलीफ मिटाओ, बाकी सब कुछ सहते जाओ
खुद ही सब कुछ सुनते जाओ, खुद ही सब कुछ कहते जाओ
ठंड लगे तो गुदमा ओढ़ो, भूख लगे तो मक्खन खाओ
राजनीति का लफड़ा छोड़ो, बस, बाबा पर ध्यान जमाओ

बीस सूत्र हैं, बस काफी हैं, निकलें इनसे लाखों धागे
तुम आओगे पीछे-पीछे, मैं जाऊँगा आगे - आगे
चीफ मिनिस्टर पैर छुएँगे, शीष नवाएँगे आफीसर
सर्वोदय का जादू अबके नाचेगा शासन के सिर पर

आध्यात्मिकता पर बोलूँगा, बोलूँगा विज्ञान तत्त्व पर
राजनीति का जिक्र करूँगा थोड़ा-थोड़ा ऊपर ऊपर
वही सुनूँगा याद रखूँगा जो मुझसे निर्मला कहेगी
लोगों से मिलने-जुलने का माध्यम मेरा वही रहेगी

शांति, शांति, सम्पूर्ण शांति बस, मेरा एक यही नारा
अपना मठ, अपने जिन प्रिय हैं मुझको प्रिय अपना इकतारा
मुझको प्रिय है मैत्री अपनी, प्रिय है यह करुणा कल्याणी
अपने मौन मुझे प्यारे हैं, मुझको प्रिय है अपनी वाणी

दुर्जन हैं जो हँसते होंगे, बाबा उन पर ध्यान न देता
बकवासों का अंत नहीं है, बाबा उन पर कान न देता
बता नहीं पाऊँगा यह मैं, मौन मुझे कितना प्यारा है
बता नहीं पाऊँगा यह मैं, कौन मुझे कितना प्यारा है

आज वृद्ध हूँ बचपन में था भोली माँ का भोला बालक
महा-मुखर था कभी, आज तो महा-मौन का हूँ संचालक
सब मेरे, मैं भी हूँ सबका, मेरी मठिया सबका घर है
आप और हम सब नीचे हैं, सबके ऊपर परमेश्वर है

राजनीति के बारे में अब एक शब्द भी नहीं कहूँगा
तकली मेरे साथ रहेगी, मैं तकली के साथ रहूँगा।

1975

खिचड़ी विप्लव देखा हमने

जरासंध

पतन और विच्युति-विभ्रम का जरासंध है
लाभ-लोभ की सीमाओं में नहीं अंध है
बुद्धि-भेद के बीज भरे हैं इसके अंदर
महानाश के भस्मासुर का यह कबंध है
तेवर तो हैं छद्‌म वाम के
दक्षिणपंथी भोग-भाग की विकट गंध है
पतन और विच्युति-विभ्रम का जरासंध है...

1975

खिचड़ी विप्लव देखा हमने

सदाशय बंधु

शासन के खिलाफ़
ऐसी उत्कट रचना सुनाकर
कर दिया मैंने पैदा

बहुतेरे 'भद्र' लोगों के सिर-दर्द
दिमाग ने कहा : वाह रे मैं ! वाह रे मर्द !!
लेकिन सहानुभूति में पड़कर दिल हो उठा सर्द
हो आए घने करुणा के भाव
दया आई उन भले-मानसों पर
फिर तो मैंने सुना दीं उन्हें सस्वर
ढेर-सारी नरम-नरम शीतल रचनाएँ
कि बेचारे 'सदाशय' बंधु सही-सलामत वापस तो जाएँ !

1975
खिचड़ी विप्लव देखा हमने

हाथ लगे आज पहली बार

हाथ लगे आज पहली बार
तीन सर्कुलर, साइक्लोस्टाइलवाले
UNA द्वारा प्रचारित
पहली बार आज लगे हाथ
अहसास हुआ पहली बार आज...
गतवर्ष की प्रज्वलित अग्निशिखा
जल रही है कहीं-न-कहीं, देश के किसी कोने में
सुलग रही है वो आँच किन्हीं दिलों के अंदर...
'अंडरग्राउंड न्यूज़ एजेंसी' यानि UNA
फंक्शन कर रही है कहीं-न-कहीं !
नए महाप्रभुओं द्वारा लादी गई तानाशाही
जरूर ही पंक्चर होगी

तार-तार होगी जरूर ही
जनवाद का सूरज डूब नहीं जाएगा
गहन नहीं लगा रहेगा हमेशा अभिनव फासिज़्म का...
अहसास हुआ पहली बार आज
छपरा जेल की इस गुफा के अंदर
ठीक डेढ़ बजे रात में।

1975
खिचड़ी विप्लव देखा हमने

थकित-चकित-भ्रमित-भग्न मन

थकित-चकित-भ्रमित-भग्न मन को
स्फूर्ति देता है किसी समर्थ का सहारा
तो क्या मुझे भी प्रभु की सत्ता स्वीकारनी होगी
तो क्या मुझे भी आस्तिक बन जाना होगा ?

सुख-सुविधा और ऐश-आराम के साधन
डाल देते हैं दरार प्रखर नास्तिकता की भीत में
बड़ा ही मादक होता है 'यथास्थिति' का शहद
बड़ी ही मीठी होती है 'गतानुगतिकता' की संजीवनी

धर्मभीरु पारंपरिक जन-समुदायों की
बूँद-बूँद संचित श्रद्धा के सौ-सौ भाँड़
जमा हैं, जमा होते रहेंगे
मठों के अंदर...
तो क्या मुझे भी बुढ़ापे में 'पुष्टई' के लिए
वापस नहीं जाना है किसी मठ के अंदर ?

1975
खिचड़ी विप्लव देखा हमने

धोखे में डाल सकते हैं

हम कुछ नहीं हैं
कुछ नहीं हैं हम
हाँ, हम ढोंगी हैं प्रथम श्रेणी के
आत्मवंचक...पर-प्रतारक...बगुला-धर्मी
यानी धोखेबाज़

जी हाँ, हम धोखेबाज़ हैं
जी हाँ, हम ठग हैं...झुठ्ठे हैं
न अहिंसा में हमारा विश्वास है
न हिंसा में हमारा विश्वास है
मन, वचन, कर्म...हमारा कुछ भी स्वच्छ नहीं है

हम किसी की भी 'जय' बोल सकते हैं
हम किसी को भी धोखे में डाल सकते हैं।

1975
खिचड़ी विप्लव देखा हमने

पा गए हैं

पा गए हैं
एक सुदृढ़ सुनिश्चित अवलम्ब
सदियों बाद, इस देश में
रजोगुण और तमोगुण

समन्वित और समेकित तौर पर
नए महाप्रभुओं के डेढ़-दो-ढाई सौ खानदान
बैठ गए हैं जमकर सीने पर बहुजन समाज के
कूड़ों के ढेर पर निकल आए हैं कुकुरमुत्ते–
बहुरंगी छतरियोंवाले
उन्हीं के इंगित स्फूर्ति भर रहे हैं
ज़हरीले साँपों में, हिंस्र जंतुओं में

दूर, एक टेकरी पर विराजमान है मादा भेड़िया–
अभी-अभी सलाम बजाकर निकल गए हैं
सिंह, बाघ, रीछ, भालू, गीदड़...
गर्मीली चितवन में इधर-उधर देख रही है
मादा भेड़िया...
यह लो, झूमता-झामता आ पहुँचा
छोटे-बड़े-मझोले हाथियों का झुंड
सबकी सूँडें ऊँची उठी हैं
आए हैं वे शतदल कमलों की भेंट चढ़ाने
भेड़िया के चरणों में...

17 अक्तूबर 1975
तुमने कहा था

अच्छा हो

अच्छा हो
अब मैं भी रक्खा करूँ अपने सामने
बंदरों की उस त्रिमूर्ति को
अच्छा हो, अब मैं भी उन्हें
अपना शिक्षक मान लूँ...
छिद्र-ही-छिद्र नजर आते हैं सर्वत्र
क्या-क्या देखूँ, क्या-क्या न देखूँ ?
अनाप-शनाप बकते हैं लोग
क्या-क्या सुनूँ, क्या-क्या न सुनूँ ?
कदम-कदम पर खीझ उठती है दिल के अंदर
कितना चीखूँ, कितना चिल्लाऊँ ?
किस-किस को फटकारूँ ?
किसे-किसे डाँट पिलाऊँ ?
क्या-क्या बकूँ, क्या-क्या न बकूँ?
अच्छा हो, अब मैं भी
बंदरों की उस त्रिमूर्ति को अपना शिक्षक मान लूँ...

18 अक्तूबर 1975
तुमने कहा था

मगरों के आँसू बहते हैं

मगरों के आँसू बहते हैं
झील भर गई...
अपने ही अपराध–
दूसरों पर मढ़ने का कौशल कोई इनसे सीखे !
इनके दामन पाक-साफ़ हैं
बाकी सारी दुनिया की चादर मैली है
औरों को फ़ासिस्ट कह रहे, शर्म न आती
इनकी विरुदावलियाँ तो बस भाड़े की ही कोयल गाती
निजी रेडियो निज के ही अखबार सभी हैं
सब साधन, हथियार सभी हैं
फिर भी इनको नींद न आती !

1975
तुमने कहा था

मेरे स्वजन

इस निभृत-एकांत में
क्यों स्वजन आते याद ?
चाहता हूँ–
बस, उन्हीं से
हो अभी संवाद !
किंतु
सोचना है मुझको
होगा कौन
मेरा स्वजन आज !
नहीं आए काम
शायद पुराने अंदाज
क्योंकि
मेरे स्वजन हैं
फैले हुए सर्वत्र।

5 नवम्बर 1975
भूल जाओ पुराने सपने

लालू साहू

शोक-विह्वल लालू साहू
अपनी पत्नी की चिता में
कूद गया
लाख मना किया लोगों ने
लाख-लाख मिन्नतें कीं
अनुरोध किया लाख-लाख
लालू ने एक न सुनी...
63 वर्षीय लालू 60 वर्षीय पत्नी की
चिता में अपने को डालकर 'सती' हो गया
अतिरिक्त पुलिस अधीक्षक एफ.एस. बाखरे ने आज
यहाँ बतलाया–
लालू सलेमताबाद के निकट बँधी गाँव का रहनेवाला था
पत्नी अर्से से बीमार थी

लालू ने महीनों उसकी परिचर्या की
मगर वो बच न सकी
निकटवर्ती नदी के किनारे चिता प्रज्वलित हुई
दिवंगत की लाश जलने लगी
लालू जबरन उस चिता में कूद गया
लालू की काया बुरी तरह झुलस गई थी
लोगों ने खींच-खाँचकर उसे बाहर निकाला
मगर लालू को बचाया न जा सका
थोड़े देर बाद ही उसके प्राण-पखेरू उड़ गए
पीछे–
मृत लालू का शव भी उसकी पत्नी की चिता में ही
डाल दिया गया
पीछे–
पुलिसवालों ने लालू के अवशेषों को
अपने कब्जे में ले लिया...
इस प्रकार एक पत्नीप्राण पति उस रोज 'सती' हो गया
और अब दिवंगत पति (लालू साहू) के नाम
पुलिसवाले केस चलाएँगे...
क्या इस हमदर्द कवि को तथाकथित अभियुक्त के पक्ष में
भावात्मक साक्ष्य देना होगा बाहर जाकर ?

26 नवम्बर 1975
खिचड़ी विप्लव देखा हमने

पूछते हैं विज्ञ जन परस्पर

अपने ही यशःशिखर बार-बार लाँघे हैं तुमने !
हाँ, हाँ, ओ अग्रणी, तुम्हारे आगे
बार-बार मानी है हार बज्र ने, कुसुम ने !
पूछते हैं विज्ञजन : जे. पी. अब आगे क्या करेंगे ?
अगला पग अपना वो कहाँ धरेंगे ?

निज-निज गुफा से निकलकर
पूछते हैं विज्ञजन परस्पर
खिल उठे मानो संशय के शतदल

काँप-काँप उठते हैं प्रतिपल
यथास्थिति के पक्षधर
पूछते हैं विज्ञजन परस्पर
पाते नहीं प्रश्नों के आदि-अंत
झल्लाकर हो उठते हैं अतिशय मुखर
उलझ-उलझ जाते हैं–
आपस में ही बेचारों के उत्तर-प्रत्युत्तर
मैं तो अकेले में ही हँस पड़ता हूँ भभाकर
यथास्थिति का जादू चढ़ा है उनके सिर पर
पूछते हैं विज्ञजन परस्पर

फिर भी पूछते ही चले जाते हैं
विज्ञजन परस्पर :
जे. पी. अब आगे क्या कुछ करेंगे ?
अपना अगला पग कहाँ पर धरेंगे ?

1975
तुमने कहा था

नए वर्ष की अगवानी में

नए वर्ष की अगवानी में
हमने चाय की चुस्कियाँ लीं
हमने सिगरेट जलाए
हम नाचे
हमने गाना गाया
हमने थालियाँ बजाईं
नए वर्ष की अगवानी में
हमने उत्सव मनाया
23-30 से 1-30 तक
लगभग दो घंटे
मध्यरात्रि में हमने मनाया जागरण-पर्व
बटुर आए थे ऋग्-यजु : साम-अथर्व
मुझे तो अभी ऐसा ही लगा
तभी तो इतना जगा

कल किस तरह दम फूल रहा था
डॉक्टर सान्याल आए तो मैं साँसत में झूल रहा था
और अभी ?
और अभी ?
कौन कहेगा कि मेरा दम फूलता था कल !
कौन कहेगा कि रामदास बाबू कल रात मुझे देखने आए !
कौन कहेगा कि दमा के डर से रात का खाना नहीं लेता हूँ !
कौन कहेगा कि शाम को 5 बजे ही मैं दड़बे में आ जाता हूँ
कौन कहेगा कि इन दिनों दीवानगी नहीं आ सकती मुझ पर !
कौन कहेगा कि चौदह-चौदह घंटे महदूद रखता हूँ अपने को बिस्तर पर
कौन कहेगा कि अख़लाक़ और मुद्रिका और अखिलेश ही
मेरे हाथ-पैर हैं इन दिनों
कौन कहेगा कि मेरा दम फूलता था कल !

1 जनवरी 1976

पुरानी जूतियों का कोरस

मुर्गे ने दी बाँग

2.5 0 (दो-पचास) पे मुर्गे ने दी बाँग
दड़बे में है बंद
मगर आवाज है बुलंद

वह ठीक 5 बजे बंद कर दिया गया था
खैर, 7 बजे तक तो सो ही गया होगा
तो क्या वो सात-साढ़े सात घंटा सोया ही रहा ?
नहीं, कुछ वक्त उसने चोंच भी सहलाई होगी
प्रणयिनी की गर्दन को खुजलाया हो शायद
दड़बे के अंदर भला उन्हें स्वच्छंद क्रीड़ा के अवसर तो क्या मिले होंगे !

तो, यह सुर्ख मुर्ग ठीक वक्त पे बाँग दे रहा है न ?
कल रात उसने ठीक ढाई बजे बाँग दी थी
और परसों रात ठीक तीन बजे
तो, अलार्म की घड़ी ठहरा न यह !

यह मुर्ग नहीं, अलार्म घड़ी है जेल की...
वाकई ! वाकई...

9 जनवरी 76
खिचड़ी विप्लव देखा हमने

चंदू, मैंने सपना देखा

चंदू, मैंने सपना देखा, उछल रहे तुम ज्यों हिरनौटा
चंदू, मैंने सपना देखा, भभुआ से हूँ पटना लौटा
चंदू, मैंने सपना देखा, तुम्हें खोजते बद्री बाबू
चंदू, मैंने सपना देखा, खेल-कूद में हो बेकाबू

चंदू, मैंने सपना देखा, कल-परसों ही छूट रहे हो
चंदू, मैंने सपना देखा, खूब पतंगें लूट रहे हो
चंदू, मैंने सपना देखा, लाए हो तुम नया कलैंडर
चंदू, मैंने सपना देखा, तुम हो बाहर, मैं हूँ बाहर
चंदू, मैंने सपना देखा, भभुआ से पटना आए हो
चंदू, मैंने सपना देखा, मेरे लिए शहद लाए हो

चंदू, मैंने सपना देखा, फैल गया है सुयश तुम्हारा
चंदू, मैंने सपना देखा, तुम्हें जानता भारत सारा
चंदू, मैंने सपना देखा, तुम तो बहुत बड़े डॉक्टर हो
चंदू, मैंने सपना देखा, अपनी ड्यूटी में तत्पर हो

चंदू, मैंने सपना देखा, इम्तिहान में बैठे हो तुम
चंदू, मैंने सपना देखा, पुलिस-भान में बैठे हो तुम
चंदू, मैंने सपना देखा, तुम हो बाहर, मैं हूँ बाहर
चंदू, मैंने सपना देखा, लाए हो तुम नया कलैंडर

16 जनवरी 76
खिचड़ी विप्लव देखा हमने

बंधु डॉ. जगन्नाथन्

सेन्ट्रल जेल गया...
सेन्ट्रल जेल बक्सर...

सेन्ट्रल जेल मद्रास...
आगे अब आप वहाँ से भी आगे
और किस सेन्ट्रल जेल में जाएँगे
मान्य बंधु डॉ. जगन्नाथन् ?
अनागत की उस केंद्रीय कारा का पता
न आपको है
न इनको है
कोई जरूरी नहीं है कि
आपको निकट भविष्य या दूर भविष्य में
फिर किसी सेन्ट्रल जेल की गुफा में बंद होना ही पड़े
नहीं, नहीं, मान्य बंधु जगन्नाथन्
बिलकुल नहीं, कतई नहीं
कतई नहीं, बिलकुल नहीं
भवितव्यता की अथाह और अपारदर्शी झील के अंदर
कौन-सी दशा
कौन-सी स्थिति या दुःस्थिति
आपका इंतज़ार कर रही है—
कोई नहीं जानता !
जी, मान्य बंधु जगन्नाथन्, यह कोई नहीं जानता...
अपना भवितव्य बिनोबा भी नहीं जानते
अपना भवितव्य जे.पी. भी नहीं जानते
अपना भवितव्य इंदिरा भी नहीं जानती
आप और हम और जगन्नाथ मिश्र और करुणानिधि
—कोई नहीं बतला सकेगा अपना भवितव्य
अपनी अनागत दशा के बारे में किसी को मालूम नहीं
जी, मान्य बंधु जगन्नाथन्, बिलकुल ठीक बतला रहा हूँ
हम में से कोई दैवज्ञ नहीं है
देवकांत बरुआ भी नहीं
ब्रेझनेव भी नहीं
कोई भी नहीं
माओत्से-तुङ् भी नहीं
जी हाँ, मान्य बंधु जगन्नाथन्, जी हाँ !
हम में से कोई ज्योतिषी नहीं है
नजूमी नहीं है कोई हम में से
जी हाँ, कोई दैवज्ञ नहीं है कहीं !

ओह भाई जगन्नाथन्,
चार रोज़ यहाँ रहकर
आप तो अब जा रहे हैं अपनी मातृभूमि में
आप तो जा रहे हैं अपनी पितृभूमि में
तमिलनाडु की अपनी उस जन्मभूमि में आप वापस जा रहे हैं
जहाँ आप बिलकुल मुक्त होंगे
करुणानिधि कुछ भी हो
आखिर तो वह आपका सगा भाई है
वह आप पर लागू नहीं रहने देगा
यह मीसा
यह आसुका
मद्रास सेन्ट्रल जेल में ज्यादा से ज्यादा आप दो रोज़ रहेंगे
जी हाँ, अधिक से अधिक दो दिन और एक रात
करुणानिधि वो चीफ-मिनिस्टर नहीं है
जी हाँ, वो श्रीयुत इंदिरा शंकर राय नहीं है
जी हाँ, वो इंदिरा चरण शुक्ल भी नहीं है
जी हाँ, वो इंदिरा देव जोशी या इंदिरानाथ मिश्र भी नहीं है
बस वो तो ऑनरेबुल चीफ मिनिस्टर करुणानिधि है
और हमें भली-भाँति मालूम है
कि करुणानिधि तो मात्र करुणानिधि है
जी हाँ, मान्य बंधु जगन्नाथन्

नमस्कार भाई जगन्नाथन्
अलविदा ! अलविदा!! अलविदा !!!
हम फिर मिलेंगे
और जरूर मिलेंगे
तंजौर के भूमिहीन खेत-मजदूरों के बीच ही
अब मैं आपको देखना चाहूँगा
तमिलनाडु में ग्रामांचल ही आपके लीला-निकेतन रहे न ?
मैं निश्चित ही आपसे वहीं मिलूँगा...

क्या
बोधगया के दारोगा ने आपके बदन पर घूँसे जमाए थे
उस बदतमीज़ पुलिस-अधिकारी ने आपको गालियाँ दी थीं
मान्य बंधु जगन्नाथन्

फिर भी आप हमेशा याद रखेंगे
फल्गु नदी के उन बलुआही ग्रामांचलों को
वहाँ के गरीब खेतिहर और अकिंचन खेत-मजदूर
बहन कृष्णम्मा और आपको
सचमुच के माँ-बाप मानते हैं
भूमि कुमार को और सत्य को
अपने सगे भाई-बहन की तरह प्यार करते हैं
—ललन ने मुझे बतलाया है यह सब
गणेश शर्मा ने मुझे बतलाया है यह सब
दर-असल आपसे तो मेरी बात ही नहीं हुई
इन दिनों हम जब भी मिले
एक-दूसरे की ओर भर-भर आँख देखते ही रह गए
पहले हमने
एक-दूसरे के बारे में सुना ही सुना था
अब हमने
एक-दूसरे को आमने-सामने पाया
भली-भाँति देखा एक-दूसरे को हमने
भाई जगन्नाथन्, फिलहाल यही क्या कम रहा ?

और अब मैं निकट भविष्य में ही
तमिननाडु पहुँचूँगा
आपके साथ घूम-घूमकर देखूँगा उधर के ग्रामांचल
आपके साथ ही बैठकर
किसान-परिवारों के बीच
ओतप्पम् का नाश्ता करूँगा
काली कॉफ़ी के घूँट भरूँगा
चुस्कियाँ लूँगा नींबूवाली चाय की
बिना कत्थे के पान का बीड़ा मुँह के अंदर घुलता रहेगा
पान के उस पत्ते में गुलाबी चूना लगा होगा
कच्चे नारियल की बुकनी और
कच्ची सुपारी की छालिया
पान के उस बीड़े के अंदर जरूर होंगी
और तमिल के सौ शब्द तब
मेरी इस वाणी के अलंकार बन चुके रहेंगे
भाई जगन्नाथन्, क्या वे सौ शब्द पर्याप्त न होंगे ?

हाय राम, 'इस्कोर्ट' नहीं आता है
और आपका तमिलनाडु का तबादला रुका है
जाने कब तक इस्कोर्ट की व्यवस्था होगी !
जाने कब तक आप मदुराई जेल पहुँचाए जाएँगे !
जाने कब तक आप वहाँ की जेल से मुक्त होंगे !
जाने कब तक आप यहाँ से जाएँगे !
हम अब आपको यहाँ एक मिनट भी देखना नहीं चाहते
हाँ, जगन्नाथन् साहब !
समझ में नहीं आता, अब आप क्यों हैं यहाँ ?
उत्तर भारत के गंगा-तटवर्ती इस केंद्रीय कारागार में
मध्य जनवरी का जाड़े का यह मौसम
आपको ज़रा भारी पड़ रहा है जगन्नाथन्
दक्षिण पथ के समुद्री उपकूलोंवाले
सम-शीतोष्ण जनपद 'रामनाडु' की आपकी काया
इन दिनों यहाँ किस कदर सिकुड़ी रहती है !
गनीमत है कि सुबह-शाम
काफी-काफी देर तक आप यौगिक आसन करते हैं
दिन के वक्त चार-चार, छै-छै घंटे
खुली धूप में बैठे रहते हैं
गनीमत है कि आपकी तंदुरुस्ती अच्छी है—
गनीमत है कि सवेरे-सवेरे आप रोज़ नहाते हैं
गनीमत है कि रहन-सहन में 'रेगुलर' हैं आप
गनीमत है कि धीरज का पतवार आपका दुरुस्त है अब तक
जी हाँ, सरकारी मेहमानदारी के तहत
हमारा यह मिलना 'सहज मिलन' की पुलकन से
बिलकुल ही अछूता रहा !
मगर वह तो हमारे बूते की बात नहीं है
हम तो बस यूँ ही मिल गए हैं इस जेल में
हम तो बस यूँ ही बिछुड़ जाएँगे...
मिलन और बिछोह यहाँ क्या हमारे हाथों में है ?

फिलहाल तो मैं इतना-भर चाहता हूँ
तहेदिल से मानता हूँ
कि जल्द से जल्द आपको ये तमिलनाडु पहुँचा दें
मद्रास से भी आगे जाना है न आपको ?

मदुराई डिस्ट्रिक्ट जेल न ?
आपने अभी कल बतलाया : "छूटकर बम्बई जाएँगे आप
वहाँ जसलोक अस्पताल में जे.पी. से मिलेंगे
और फिर पवनार पहुँचकर
विनोबा से भी मिलेंगे आप..."
जी हाँ, मान्य बंधु जनन्नाथन्
आप उन दोनों से ही मिलिए
जरूर मिलिए जे.पी. से
विनोबा से भी जरूर मिलिए
लेकिन ध्यान रहे–
सर्वप्रथम आपको श्री करुणानिधि से मिलना है
और, यह भी ध्यान रहे–
कि फिलहाल आपको बोधगया नहीं लौटना है
यानी बिहार की सीमा से अलग ही रहिएगा
जी हाँ, मान्य बंधु जगन्नाथन् !
आपात्कालीन आर्डिनेन्स की अवधि के
खत्म होने का इंतज़ार जरूर कीजिएगा
प्लीज़, बोधगया न आइएगा फिलहाल...
बल्कि हमीं तमिलनाडु पहुँचकर आपसे मिल लेंगे...

10 जनवरी 76 से 20 जनवरी 76
खिचड़ी विप्लव देखा हमने

मोर न होगा...उल्लू होंगे !

खूब तनी हो, खूब अड़ी हो, खूब लड़ी हो
प्रजातंत्र को कौन पूछता, तुम्हीं बड़ी हो
डर के मारे न्यायपालिका काँप गई है
वो बेचारी अगली गति-विधि भाँप गई है
देश बड़ा है, लोकतंत्र है सिक्का खोटा
तुम्हीं बड़ी हो, संविधान है तुम से छोटा
तुम से छोटा राष्ट्र हिंद का, तुम्हीं बड़ी हो
खूब तनी हो, खूब अड़ी हो, खूब लड़ी हो

गाँधी-नेहरू, तुम से दोनों हुए उजागर

तुम्हें चाहते सारी दुनिया के नटनागर
रूस तुम्हें ताकत देगा, अमरीका पैसा
तुम्हें पता है, किससे सौदा होगा कैसा
ब्रेझनेव के सिवा तुम्हारा नहीं सहारा
कौन सहेगा धौंस तुम्हारी, मान तुम्हारा
हल्दी, धनियाँ, मिर्च, प्याज सब तो लेती हो
याद करो औरों को तुम क्या-क्या देती हो

मौज, मजा, तिकड़म, खुदगर्जी, डाह, शराफत
बेईमानी, दगा, झूठ की चली तिजारत
मलका हो तुम ठगों-उचक्कों के गिरोह में
जिद्दी हो, बस, डूबी हो आकंठ मोह में
यह कमजोरी ही तुमको अब ले डूबेगी
आज नहीं तो कल सारी जनता ऊबेगी
लाभ-लोभ की पुतली हो, छलिया माई हो
मस्तानों की माँ हो, गुंडों की धाई हो

सुदृढ़ प्रशासन का मतलब है प्रबल पिटाई
सुदृढ़ प्रशासन का मतलब है 'इंद्रा' माई
बंदूकें ही हुईं आज माध्यम शासन का
गोली ही पर्याय बन गई है राशन का
शिक्षा-केंद्र बनेंगे अब तो फौजी अड्डे
हुकुम चलाएँगे ताशों के तीन तिगड्डे
बेगम होगी, इर्द गिर्द बस गुल्लू होंगे
मोर न होगा, हंस न होगा, उल्लू होंगे

25 जनवरी 76
पुरानी जूतियों का कोरस

जी हाँ, यह सबकी चहेती हैं !...

यह रोज़ फेरे लगाती है
ठीक आठ बजे सवेरे
इस वार्ड में, उस वार्ड में, और अगले वार्ड में
चपातियाँ, भात, चने मिल ही जाते हैं

जी हाँ, दाल भी पी लेती है
साग-सब्जी के भी 'सवाद' मालूम हैं इसे तो
दही-मट्ठा, चीनी-गुड़ क्या नहीं चाटती है
नमक का डला मिल जाए, फिर भला क्या कहने !
अरे हाँ, नाम तो बतलाया नहीं
वो तो हम भूल ही गए बतलाना...
मधुमती कहते हैं इसे...

जमनापारी नसल की यह गाय दो व्यान की है
किचनवाले गोलम्बर का चक्कर लगा के लौट आएगी
फिर सारा दिन अपने बथान से बाहर नहीं निकलेगी
फिर कल प्रातः ही 'मधुमती' दर्शन देगी इधर
जी हाँ, यह सबकी चहेती है...

अभी-अभी ठीक उस रोज, ठीक नौ बजे
मधुमती आ धमकी हमारे वार्ड में
(गेट तो बस ज़रा-सा खुला था
इन दिनों कड़ा पहरा है न ?
मगर मधुमती पर कहीं कोई पाबंदी थोड़े है !)

मैं इधर दूर, रूम से बाहर खड़ा था
मधुमती को किचन की ओर लपकती देखकर
अच्छा लगा था, बड़ा ही अच्छा लगा था
वह सीधे किचन के दरवाजे तक गई
लेकिन उलटे पाँव वापस लौट पड़ी...

31 जनवरी 1976
खिचड़ी विप्लव देखा हमने

इन सलाखों से टिकाकर भाल

इन सलाखों से टिकाकर भाल
सोचता ही रहूँगा चिरकाल
और भी तो पकेंगे कुछ बाल
जाने किसकी/जाने किसकी

और भी तो गलेगी कुछ दाल
न टपकेगी कि उनकी राल
चाँद पूछेगा न दिल का हाल
सामने आकर करेगा वो न एक सवाल
मैं सलाखों में टिकाए भाल
सोचता ही रहूँगा चिरकाल...

3 फरवरी 1976

खिचड़ी विप्लव देखा हमने

सुबह-सुबह

सुबह-सुबह
तालाब के दो फेरे लगाए
सुबह-सुबह
रात्रि शेष की भीगी दूबों पर
नंगे पाँव चहलकदमी की
सुबह-सुबह
हाथ-पैर ठिठुरे, सुन्न हुए
माघ की कड़ी सर्दी के मारे
सुबह-सुबह
अधसूखी पतइयों का कौड़ा तापा
आम के कच्चे पत्तों का
जलता, कड़ुवा-कसैला सौरभ लिया
सुबह-सुबह
गँवई अलाव के निकट
घेरे में बैठने-बतियाने का सुख लूटा
सुबह-सुबह
आंचलिक बोलियों का मिक्स्चर
कानों की इन कटोरियों में भरकर लौटा
सुबह-सुबह।

1976

खिचड़ी विप्लव देखा हमने

अच्छा, अब अगर आप...

अच्छा, अब अगर आप 'मुक्त' हो जाओ
अच्छा, अब अगर आप अपनी उसी कुटिया में पहुँच जाओ
अच्छा, अब अगर आप...
तो आप क्या करोगे जे.पी. ?
क्या फिर से एक हज़ार 'चुने हुए अनुगामियों' के
मौन-शांतिमय जलूस का नेतृत्व करोगे ?
क्या फिर से आप लाख़-दो-लाख की भीड़ को
पटना के उसी गाँधी मैदान में संबोधित करोगे ?

आप क्या करोगे जे.पी. ?
मान लो, 'अपनी जनता' के बीच आप सचमुच वापस आ जाओ...
मान लो, अपना 'साप्ताहिक अखबार' आप फिर से निकलवा सको...
मान लो, आपको फिर से 'मुकम्मिल आज़ादी' हासिल हो जाए
तो आप क्या करोगे जे.पी. ?
क्या फिर से आप उसी तरह 'बिहार-बंद' का आह्वान दोगे ?
क्या फिर से आप उसी तरह मिनिस्टरों की कोठियाँ घिरवाओगे ?
क्या फिर से उसी तरह आपकी अगवानी में दिल्लीवाला वह प्रदर्शन होगा ?
क्या फिर से उसी तरह...
लेकिन नहीं, जे.पी. नहीं,
ढेर-सारे मसले आपके इंतज़ार में हैं...
दस-बीस अहम मसले तो हर-दम आपको बे-जार किए ही रहते थे
इधर, दस-बीस और भी अहम मसले खड़े हो गए हैं—
ये भला आपको चैन लेने देंगे ?
नहीं, जे.पी. नहीं...

यहाँ भला समस्याओं का अभाव होगा कभी ?
क्या कभी संकटों का टोटा पड़ेगा यहाँ ?
बहुत बड़ा देश है अपना यह भारत
बहुत बड़ी दुनिया है अपनी यह कि जिसका महज
'इक' छोटा-सा टुकड़ा है हमारा य' हिंदुस्ताऽऽन...
फिर आपका यह बिहार ही कौन-सा अदना पार्ट है जुगराफिया का !
यह तो अच्छा-खासा हिस्सा होता दुनिया-जहान का...
फिलहाल तो इसे नई दिल्ली के महाप्रभुओं की जागीर बने रहना है !

तो आप क्या करोगे जे.पी. ?
क्या नहीं करोगे आप ?

आखिर तुम मुक्त कर दिए गए हो !
जे.पी., तुम अब नजरबंद नहीं हो...
हाँ, हाँ, पैरोल पर छूटे हो
—यानि 'स-शर्त, सावधि रिहाई' हुई है !
ठीक है, ठीक है, जे.पी., वह भी ठीक है !
बंधन तो आख़िर बंधन ही था न ?
बुढ़ापे में तो वह और भी अखरता है
हाँ, हाँ, 'स्वेच्छा-प्रणोदित' क्षेत्र-न्यास
रहा होता तो बिल्कुल ही नहीं अखरता !
मगर यह तो कूटनैतिक डिटेन्शन था—
इंदिरा गाँधी ने मात्र घबराहट में
लाद दी थी तुम पर यह पाबंदी !
यह 'कठोर कर्म' अनिवार्य था उस बेचारी के लिए
यह समष्टि के बचाव का संकट नहीं था
यह था व्यष्टि की सुरक्षा का आपद्धर्म
'स्वजन-परिजन वर्ग' के अस्तित्व की हिफ़ाजत के लिए
उस गरीब को और कुछ नहीं सूझा
वह यही कर बैठी...
जे.पी., भला तुम्हीं सोचो,
वो बेचारी और क्या कर सकती थी ?
25-26 जून '75 की मध्यरात्रि के वे क्षण
इंदिरा गाँधी की सत्ता के लिए 'सर्वग्रासी' क्षण थे न ?
संकट से त्राण पाने के लिए वो भला और क्या करती !
'आपात्कालीन संकट'वाली
विषम स्थितियों की घोषणा करवाकर
उसने अपने को ही नहीं, समूचे देश को बचा लिया
उसने व्यक्ति-व्यक्ति को 'इमर्जेन्सी' की गिरफ्त में ले लिया !
चुपचाप 'सुरक्षा'वालों ने तुम्हें अपनी हिरासत में ले लिया
अगली सुबह जाने तुम कहाँ से कहाँ पहुँचा दिए गए थे !
सच-सच बतलाना, तुम्हें बंसीलाल के हवाले नहीं कर दिया गया था !
कहते हैं, चंद रोज़ के लिए तुम्हें
गोहना के सर्किट-हाउस में रखा गया...

फिर चंद रोज़ के लिए, कहते हैं
तुम्हें दिल्ली कन्टूनमेंट के मिलिटरी अस्पताल के
अति-आरामदेह कक्ष में रखा गया,
जहाँ उच्चतम सैनिक अधिकारी
गाहे-ब-गाहे 'विश्रामार्थ' रखे जाते हैं...
फिर कहने लगे, तुम्हें चंडीगढ़ के किसी बँगले में
'हाउस-एरेस्ट' करके डाल दिया गया था
सच-सच बतलाना जे.पी.,
चंड़ीगढ़ में तुम जेलसिंह के मेहमान थे या बंसीलाल के ?
ख़ैर, अब तो बतलाओगे ही...

नहीं, नहीं, तुम अब भी कुछ बतला नहीं सकोगे !
अब भी तुम पर अप्रत्यक्ष विधि-निषेध लागू है
अब भी तुम खुलकर बातें नहीं कर पाओगे...
ठीक है कि तुम पर इन दिनों सशस्त्र सैनिकों की—
वो चुस्त निगरानी नहीं है, नहीं है वो कड़ा पहरा...
मगर 'सिविल' एवं 'डिप्लोमेटिक' चौकसी तो ज़रूर है
तुम फिलहाल दुहरी-तिहरी घुटन झेल रहे हो जे.पी. !
नहीं, नहीं, तुम अब भी 'गुमसुम' हो !
इमर्जेन्सी के शॉक में मुरझाए कुसुम हो !
बम्बई में पड़े हो भाई के निवासस्थान में...
जसलोक अस्पताल में प्रति सप्ताह
दो या तीन बार अपने 'हृदय' का चार्ज करवाते हो
डॉ. शांतिलाल मेहता की निगरानी में
अभी लंबी अवधि तक तुम्हें वहीं रहना होगा
पता नहीं, तुम क्या सोच रहे हो !
पता नहीं, तुम क्या नहीं सोच रहे हो !
चंडीगढ़वाली अपनी नजरबंदी से छूटे
तुम्हें चार महीने होने को आए न ?
और यहाँ बिहार की जेलों में, हम हजारों हजार लोग
तुम्हारे 'पूर्ण स्वास्थ्य' की 'उत्कट' लालसा में
दिनानुदिन खोते जा रहे हैं
अपना मानसिक संतुलन
आतुर हैं बाहर निकलने को...
हम हजारों हजार MISA बंदी और D.I.R. वाले

रोज़ दस-बीस बार तुम्हें याद करते हैं जे.पी. !
83 साल की उम्र का वो बूढ़ा भोजपुरिया किसान
रोज़ मुझसे पूछता है : दादा, हम कब छूटेंगे ?
13 साल की उम्र का वो छोकरा
रोज़ मुझसे पूछता है : दादा, हमारी रिहाई नहीं होगी क्या ?
मुन्द्रिका एक भरा-पूरा जवान है फौजी मिजाज़ का
कल उसकी बहन की शादी थी—
कम से कम चार रोज़ के लिए भी 'पैरोल' पर
घर जाने को छटपटाया
मगर उस बेचारे को मसोस के रह जाना पड़ा है
अखलाक़ अहमद के माँ-बाप और भावी सास-ससुर
परेशान हैं महीनों से
मगर बाईस वर्षीय यह नौजवान मीसा-बंदी
'पैरोल' पर हफ्ता-भर के लिए भी बाहर नहीं जा सकेगा !
आप तो बाहर हो जे.पी.,
स-शर्त ही सही, सावधि ही सही !

5 मार्च 1976

प्रतिबद्ध हूँ

प्रतिबद्ध हूँ
सम्बद्ध हूँ
आबद्ध हूँ

प्रतिबद्ध हूँ, जी हाँ, प्रतिबद्ध हूँ—
बहुजन समाज की अनुपल प्रगति के निमित्त—
संकुचित 'स्व' की आपाधापी के निषेधार्थ...
अविवेकी भीड़ की 'भेड़िया-धसान' के खिलाफ...
अंध-बधिर 'व्यक्तियों' को सही राह बतलाने के लिए...
अपने आप को भी 'व्यामोह' से बारम्बार उबारने की खातिर...
प्रतिबद्ध हूँ, जी हाँ, शतधा प्रतिबद्ध हूँ !

सम्बद्ध हूँ, जी हाँ, सम्बद्ध हूँ—
सचर-अचर सृष्टि से...

शीत से, ताप से, धूप से, ओस से, हिमपात से...
राग से, द्वेष से, क्रोध से, घृणा से, हर्ष से, शोक से, उमंग से, आक्रोश से
निश्चय-अनिश्चय से, संशय-भ्रम से, क्रम से, व्यतिक्रम से...
निष्ठा-अनिष्ठा से, आस्था-अनास्था से, संकल्प-विकल्प से...
जीवन से, मृत्यु से, नाश-निर्माण से, शाप-वरदान से...
उत्थान से, पतन से, प्रकाश से, तिमिर से...
दम्भ से, मान से, अणु से, महान् से...
लघु-लघुतर-लघुतम से, महा-महाविशाल से...
पल-अनुपल से, काल-महाकाल से...
पृथ्वी-पाताल से, ग्रह-उपग्रह से, निहारिका-जल से...
रिक्त से, शून्य से, व्याप्ति-अव्याप्ति-महाव्याप्ति से...
अथ से, इति से, अस्ति से, नास्ति से...
सबसे और किसी से नहीं
और जाने किस-किस से...
सम्बद्ध हूँ, जी हाँ, शतधा सम्बद्ध हूँ।
रूप-रस-गंध और स्पर्श से, शब्द से...
नाद से, ध्वनि से, स्वर से, इंगित-आकृति से...
सच से, झूठ से, दोनों की मिलावट से...
विधि से, निषेध से, पुण्य से, पाप से...
उज्ज्वल से, मलिन से, लाभ से, हानि से...
गति से, अगति से, प्रगति से, दुर्गति से...
यश से, कलंक से, नाम-दुर्नाम से...
सम्बद्ध हूँ, जी हाँ, शतधा सम्बद्ध हूँ !

आबद्ध हूँ, जी हाँ, आबद्ध हूँ–
स्वजन-परिजन के प्यार की डोर में...
प्रियजन के पलकों की कोर में...
सपनीली रातों के भोर में...
बहुरूपा कल्पना रानी के आलिंगन-पाश में...
तीसरी-चौथी पीढ़ियों के दंतुरित शिशु सुलभ हास में...
लाख-लाख मुखड़ों के तरुण हुलास में...
आबद्ध हूँ, जी हाँ, शतधा आबद्ध हूँ !

5 मार्च 1976

बसंत की अगवानी

रंग-बिरंगी खिली-अधखिली
किसिम-किसिम की गंधों-स्वादोंवाली ये मंजरियाँ
तरुण आम की डाल-डाल टहनी-टहनी पर
झूम रही हैं...
चूम रही हैं—
कुसुमाकर को ! ऋतुओं के राजाधिराज को !!
इनकी इठलाहट अर्पित है छुई-मुई की लोच-लाज को !!
तरुण.आम की ये मंजरियाँ...
उद्भित जग की ये किन्नरियाँ
अपने ही कोमल-कच्चे वृंतों की मनहर संधि-भंगिमा
अनुपल इनमें भरती जातीं
ललित लास्य की लोल लहरियाँ !!
तरुण आम की ये मंजरियाँ !!
रंग-बिरंगी खिली-अधखिली...

7 मार्च 1976
खिचड़ी विप्लव देखा हमने

फिसल रही चाँदनी

पीपल के पत्तों पर फिसल रही चाँदनी
नालियों के भीगे हुए पेट पर, पास ही
जम रही, घुल रही, पिघल रही चाँदनी

पिछवाड़े बोतल के टुकड़ों पर—
चमक रही, दमक रही, मचल रही चाँदनी
दूर उधर, बुर्जी पर उछल रही चाँदनी

आँगन में, दूबों पर गिर पड़ी—
अब मगर किस कदर सँभल रही चाँदनी
पिछवाड़े, बोतल के टुकड़ों पर
नाच रही, कूद रही, उछल रही चाँदनी

वो देखो, सामने
पीपल के पत्तों पर फिसल रही चाँदनी !

12 मार्च 1976
खिचड़ी विप्लव देखा हमने

वो चाँदनी ये सींखचे

वो चाँदनी, ये सींखचे
कैसे गुथें, कैसे बचें
क्योंकर रुकें, क्योंकर रचें
वो चाँदनी, ये सींखचे

याँ ये घुटन, याँ ये कुढ़न
फिर दूधिया माहौल वो
कैसे रुचें, कैसे पचें
वो चाँदनी, ये सींखचे
कैसे गुथें, कैसे बचें ?

12 मार्च 1976
खिचड़ी विप्लव देखा हमने

नंगे तरु हैं, नंगी डालें

नंगे तरु हैं, नंगी डालें
इन्हें कौन से हाथ सँभालें
खीझ भड़कती, घुटती आहें
झेल न पातीं इन्हें निगाहें
कैदी की लँगड़ी मनुहारें
कैसे इनकी सनक उतारें
मौसम के जादू मचलेंगे
कब इनमें टूसे निकलेंगे
हरियाली का छाजन होगा
आसमान कब साजन होगा

अब भी तो पतझर थक जाए

इनका नंगापन ढक जाए
हरियाली इन पर झुक आए
नग्न नृत्य अब भी रुक जाए
नंगे तरु हैं, नंगी डालें...
इन्हें कौन-से हाथ सँभालें !

14 मार्च 1976
खिचड़ी विप्लव देखा हमने

खल गई होली इस साल...

यहाँ हम निश्चिंत हैं
भर-पेट खाते हैं
भर-जी सोते हैं
मर्जी-मुताबिक बोलते-बतियाते हैं
हँसते-हँसते पेट में बल पड़ जाता है
ठहाके छूटते हैं, सारा-का-सारा वार्ड गूँज-गूँज उठता है
हमारी मुस्कानों पर तो सान ही चढ़ता रहता है यहाँ...
फिर भी, भई, जेल तो आखिर जेल ही है न ?

अखाड़ा जगा रखा है हमने
सवेरे-सवेरे दसियों जोड़े आपस में गुँथ जाते हैं
ठोंक-ठोंककर ताल 'जोर-आजमाईश' चलती है
एक-एक की गर्दन और पीठ
पूरमपूर मिट्टी, जी हाँ, दो-दो किलो सोख लेती है
पुट्ठों और रानों से पसीना छूटता है तड़-तड़-तड़
घुटनों से उतरकर एड़ियों तक पहुँच जाती है पसीने की धार
तरुणाई लूटती है यहाँ जवानी की बहार
जवानी करती है कदम-कदम पर तरुणाई की मनुहार
सयाने भी नहीं बैठे हैं, गुमसुम या कि बेकार
वही-वही सीख नई पीढ़ी को दे रहे हैं हमारे सिपहसालार
हमें खानी पड़ती हैं उनकी झिड़कियाँ, उनकी फटकार
तरुणों को बेहद भातें हैं, 'कान-मलाई' वाले लाड़-प्यार

जी हाँ, किलास भी चलते हैं

चैत की तिपहरिया में ये हमें बेहद खलते हैं
क्या करें मगर, सयाने तो अमूमन
हमेशा ही दिमागी खुराक पर पलते हैं
जभी तो हफ्ते में दो बार
सयानों के लेक्चर, यानी हमारे किलास चलते हैं
यूँ हकीकत है कि—
कथन-मथन में ताज़गी बरकरार रहे तो
सामनेवालों को भी मज़ा आता है
समझदारी भी बढ़ती है
और, साहेब, अखरता नहीं है, चैत की तिपहरिया का हाँका

होली हमें बुरी तरह खल गई इस साल
जिन नाजुक गालों पर मला करते थे गुलाल
और जिन्हें गालियाँ देकर होते थे निहाल
हाय, वो सामने नहीं थे इस साल
मगर यहाँ भी हमें—
रहने नहीं पाया मलाल
यहाँ भी हमें मिल गई थी ढोलक और झाल
हमीं में एक बन गया था छोकरी, कर दिया था कमाल
बाकी, हम सभी नाचे थे उस दिन ताल-बेताल
भंग भी छनी, मालपुए भी कटे, उड़े भी गुलाल
फिर भी हमें बुरी तरह खल गई होली इस साल...

15 मार्च 1976
खिचड़ी विप्लव देखा हमने

हरे-हरे नए-नए पात

हरे-हरे नए-नए पात...
पकड़ी ने ढक लिये अपने सब गात
पोर-पोर, डाल-डाल
पेट-पीठ और दायरा विशाल
ऋतुपति ने कर लिये खूब आत्मसात
हरे-हरे नए-नए पात
ढक लिये अपने सब गात

पकड़ी का सयाना वो पेड़
कर रहा गुप-चुप ही बात
ढक लिये अपने सब गात
चमक रहे
दमक रहे
हिल रही-डुल रही, खिल रही, खुल रही
पूनम की फागुनी रात
पकड़ी ने ढक लिये अपने सब गात।

20 मार्च 1976
खिचड़ी विप्लव देखा हमने

होते रहेंगे बहरे ये कान

होते रहेंगे बहरे ये कान जाने कब तक
ताम-झामवाले नकली मेघों की दहाड़ में
अभी तो करुणामय हमदर्द बादल
दूर, बहुत दूर, छिपे हैं ऊपर आड़ में

यों ही गुज़रेंगे हमेशा नहीं दिन
बेहोशी में, खीझ में, घुटन में, ऊबों में
आएँगी वापस जरूर हरियालियाँ
घिसी-पिटी झुलसी हुई दूबों में।

20 मार्च 1976
खिचड़ी विप्लव देखा हमने

आ फँसा इस जाल में

यह किधर से आ फँसा इस जाल में !
काट लेगा मुझे शायद गाल में !
मशहरी बिलकुल टँगी है हाल में
गनीमत थी यही तो कलिकाल में
इमर्जेन्सी ही यहाँ कलिकाल में
आफिसर तो नाक का बाल है

नहीं छूना, अजी उनका माल है
हम बँधें हैं, गजब उनकी चाल है
अबे, हट, जा ! निकल बाहर दुष्ट तू !
सृष्टि का काला कुसुम तू विधाता का कुष्ठ तू !
मलों का शृंगार है तू, गंदगी से पुष्ट तू
खामखा क्यों, मुझी पर है रुष्ट तू !

20 मार्च 1976

आए दिन

आए दिन
अरब-अंचलों के तेली धन-कुबेरों को
दिन-रात आती रहती हैं
डालरों की अपच से खट्टी डकारें
आए दिन
तीव्र उड़ानवाले विमानों से पहुँचते रहते हैं वहाँ
लंदन के बड़े-बड़े डॉक्टर
अमीरों की चिकित्सा करते हैं मुस्तैदीपूर्वक
कदम-कदम पर काम आता है नाम
मिलता है हाथों की सफाई का अधिक से अधिक दाम
आए दिन

आए दिन
कोटिपति, युवक या अधेड़ पूँजीपुत्र
छिप-छिपकर सेवन करता है
सिंगी और माँगुर मछलियाँ
तरुण बकरे की कलेजियाँ
आए दिन
यह सब देख-सुनकर
अत्यधिक पुलकित हो उठता है
यह बनमानुस
यह सत्तर साला उजबक
उमंग में भरकर सिर के बाल
नोंचने लग जाता है यह व्यक्ति

अपने ही सिर के बाल
अकेले में बजाने लगा जाता है सीटियाँ
आए दिन।

22 मार्च 1976
खिचड़ी विप्लव देखा हमने

नेवला

कौन नहीं लाड़ लड़ाना चाहता है इससे ?
कौन नहीं गोद में उठा लेना चाहेगा इसको ?
कौन नहीं खुश होता है
इसकी आँखों में आँखें डालकर ?
जंबू, जमूरा, मोतिया, दुलरुआ...
जाने कितने नाम मिल गए हैं इसे
—हम सारे ही बंदियों का
बड़ा ही लाड़ला खिलौना है यह तरुण नेवला...

एक बार मोतिया ने
मेरी नाक की नोक में
गड़ा दिए थे अपने दाँत—
नहीं, वो गुस्से में नहीं था
वह लाड़ लड़ाने के मूड में था
लेकिन मैं तो उस दुपहरी में
लेटा था, झपकियाँ ले रहा था
मैं कतई नहीं था खिलवाड़ के मूड में
सो, शैतान ने
अपने पैने दाँत गड़ा दिए थे
इस बूढ़े बंदर की नाक की नोक पर
बड़ा ही गुस्सा आया था...
ख़ैर, खरोंच-वरोंच नहीं पड़ी थी
पीछे, सुदामा से बतलाया तो उसने ठहाके मारे
फिर, देर तक मैं भी हँसता रहा था
अखलाक़ को मालूम हुआ
अखिलेश (पांडे) को मालूम हुआ

दीना और मुंद्रिका को मालूम हुआ
हँसते-हँसते सभी के पेटों में बल पड़ गए !
मैं खुद भी हँसता रहा था देर तक
ख़ैर, खरोंच-वरोंच नहीं आई थी !

तू रह-रहकर कहाँ गुम हो जाता है ?
हफ़्ता-हफ़्ता, दस-दस रोज़ गायब रहता है !
देख जमूरे, तेरी आवारगी बेहद खलती है हमें
अब तुझ पर पिटाई पड़ने ही वाली है मोतिया !
हाँ, बतलाए दे रहा हूँ
अब कोई तुझे माफ नहीं करेगा–
अच्छा, बतला तो भला !
कहाँ-कहाँ रहा पिछले दिनों ?
जेलर के क्वार्टर में यानी आनंदी प्रसाद के घर में ?
याकि मंजर बाबू के उस छोटे क्वार्टर में ?
बोल बे, कहाँ रहा इतने दिन ?
च्चुः च्चुः च्चुः च्चुः ! आः आः आः आः
मोतिया ओः ओः ओः
मोतिया ! मोतिया !!
हाँ, इसी तरह बड़ों की बात मानते हैं–
इंसान तो क्या, हैवान तक निगाहें झुकाकर
करीव सरक आते हैं : हाँ, इसी तरह गर्दन झुका देते हैं
हाँ, इसी तरह !
बिलकुल इसी तरह–
कम से कम घंटा-भर तो अभी आराम कर ले
इस बूढ़े बंदर की गोद में !

अख़लाक, अख़लाक !
ये देखो, मोतिया मेरी गोद में लेटा है
जाने कितना थका है आज !
सारे दिन जाने कहाँ-कहाँ के चक्कर लगाता रहा है
अख़लाक, लाओ तो प्लेट में खीर
हाँ, देखना, चार-पाँच चम्मच से ज्यादा न डालना !
क्या होगा सरऊ को ज्यादा खीर चटाकर ?
ओह, नहीं अख़लाक, मेरा मतलब यह नहीं था

जरा-सी इत्ती-सी खीर !
अमाँ, तुम तो भारी किरपिन हो यार...
थोड़ी-सी और डालो बेटे !
'जमूरे को पाकर'
अपनी पीली लुंगी सँभालते-सँभालते
मुस्कुराकर बोला अख़लाक :
'बेहद सेंटिमेंटल हो उठते हैं बाबा आप तो !'
और, इधर—
प्लेट में चम्मच की खटपट सुनते ही
मोतिया ने लगाई छलाँग !
खीर अभी बिलकुल गर्म है...
पतीला अभी बिलकुल गर्म है...
पतीला चूल्हे से उतारकर रख गया है रामबचन
ताज़ा-ताज़ा दूधिया भाप
हवा में घुल उठा है...

मोतिया भली-भाँति ट्रेंड है
गर्मा-गर्म खीर को वो अपनी चंगुल से
नीचे सीमेंटवाली फर्श पर बिखेर चुका है
चप-चप-चप-चप...शप-शप-शप-शप
चाट रहा है खीर मोतिया जल्दी-जल्दी में
जाने कैसी हड़बड़ी में है वो
जाने कितना भूखा है वो
चंगुल से बिखेर-बिखेरकर फर्श पर खीर
शपाशप-चपाचप चाट रहा है
उसकी यह फुर्ती देखते ही बनती है
रामबचन, सुदामा, मुंद्रिका, अखिलेश पांडे,
मोहनिया बाबू, नौशाद, अख़लाक,
दसई, हकेन्दू, कर्मा, सलीम—
मोतिया के इर्द-गिर्द आके जमा हो गए हैं
कमर में झटका देता हुआ सुदामा
और दो कलछी खीर निकाल ले आता है :
"ओह ! ओह ! च्च-च्च-च्च
बड़ा भुखयल मालूम पड़ता है जमूरा
खा रे खा ! तेरे खातीर

बाबा आज खीर-पाटी दे रहे हैं
अरे, हमारे इस तीन नम्बर वार्ड में
नित्तह खीर घुटती है शाम को तो...
ब्बा रे ब्बा, क्खा रे क्खा...जमूरा मेरे।"
सुदामा कहता है–
लगता है कई दिन बाद आज
जमूरे को खीर का 'सबाद' मिला है ?
मगर, जमूरे, आज तेरे को सारी रात हम
मिसा-बंदी बना के रक्खेंगे
सबेरे चार-पाँच बजे रिहा करेंगे
क्या बाबा जमूरे को अभी भागने देंगे ?
जो हुकुम होगा आपका, वही न करेंगे हम...?

अब होली के दिन आ गए
शाम को पाँच बजे से ही मच्छरों का हमला शुरू हो जाता है
अलः सुबह तक उनकी कारस्तानी चलती रहती है
लेकिन मोतिया है कि इन मच्छरों से सुरक्षित है
अभी रात के दो बजेंगे–
मगर देखो तो शैतान किस कदर
सुख की नींद सो रहा है
अख़लाक की मसहरी के अंदर
बेसुध-बेखबर नींद खींच रहा है
इसे क्या पर्वाह है इन साले मच्छरों की
रात्रिशेष में, ठीक पाँच बजे, मोतिया बाहर निकल भागेगा
या कि आधा घंटा पहले ही
अपनी पतली थूथन घुसेड़कर मसहरी से सरकेगा
सलाखों की फाँक से बरामदे में पहुँचेगा
और फिर नींबू की छोटी झाड़ से आगे होगा
अखाड़े के करीब रातरानी के छाँटे-तराशे पौधे के पास
याकि बैंगन की क्यारियों के करीब
पाखाना-पेशाब से निबट लेगा
और, तब फिर, शुरू हो जाएगी जमूरे की दिनचर्या
हो सकता है, वो अगले दो-तीन दिनों तक
इस वार्ड के विशाल प्रांगण में कहीं नजर ही नहीं आए
मंजर बाबू के क्वार्टर में बचपन गुजार चुका है न !

मंजर साहब ने छोटी-छोटी ताज़ा मछलियाँ खिलाकर
बड़े जतन से पाला-पोसा था—
मोतिया के बीसियों नाज़-नखरे झेले हैं मंजर बाबू ने
उन दिनों वो नए-नए बक्सर आए थे
अपना क्वार्टर नहीं था उनका
एक हमपेशा (सब-जेलर) सज्जन के साथ,
रहना पड़ता था बेचारे को। जैसे-तैसे वक्त गुजार रहे थे
फेमिली को नहीं लाए थे मंजर बाबू
फिर एक दिन वो हमपेशा साहबान
अकेले में स्वर धीमा करके बोले थे :
"देखिए साहब, हमारे बच्चे अभी छोटे हैं
होगा मोतिया आपका लाड़ला
लेकिन खतरनाक जानवर है न !
यह हमारे बच्चों की जूजी न काट खाए
नहीं साहब, इसे हटाइए यहाँ से ?"
फिर हुआ यही कि चार दिनों की छुट्टी लेकर
मंजर बाबू सीधे नवादा पहुँचे
इकलौती बिटियावाले सास-ससुर को मना-मुनूकर
अपनी बेगम साहबा को बक्सर ले आए
यानी कि इस मोतिया की खातिर
मंजर साहब उन हमपेशा साहबान के यहाँ से
खुद ही हट गए ! हाँ, जानवर तो जानवर ठहरा न !
गुफ़्तगू में मंजर बाबू ने यह सब बतलाया उस रोज़...
तो जाहिर है कि मंजर साहब का क्वार्टर
मोतिया का वह अपना ही क्वार्टर है

यह लीजिए
ठीक 3.22 पर, 'खन्न' की आवाज़ हुई
छोटी केतली का ढक्कन मीट-शेफ से नीचे गिरा है
ज़रूर ही मोतिया की करतूत है
दूध की गंध पाकर वह मीट-शेप के माथे पर
पहुँच गया है लगा के छलाँग
ढक्कन खोलने की कोशिश में
केतली फर्श पर गिरा दी है
अख़लाक के 'सुपुत्र' ने

आखिर आधा चम्मच दूध तो उसे मिला ही होगा
मगर फिर इत्ती रात मोतिया भागकर गया किधर ?
देखूँ तो अपनी मसहरी से बाहर निकलकर...
(लालटेन को अंदर रखकर लिखना-पढ़ना होता है न !)
क्या पता, बिल्ली की कारगुजारी हो !
वो भी तो दूध की चटोरी होती है...
अकेले क्या मोतिया ही दूध का शौक़ीन है यहाँ ?

ओह, अब मैं क्या बतलाऊँ आपसे !
सचमुच यह मोतिया ही था
फर्श पर केतली गिराकर वही भागा है—
हाँ, वो सचमुच ही गायब है—
अख़लाक की मसहरी के कोने में
सिरहाने की तरफ दुबककर
अभी-अभी वो किस तरह सोया पड़ा था !
गुड़ी-मुड़ी होकर, दुबककर गहरी नींद में कैसे सोया था
आवारा कहीं का...
अभी-अभी ग्यारह बजे, जब हम दूध ले रहे थे
अख़लाक ने पुलकित स्वरों में कहा था :
"बाबा, अब यह सारी रात इसी तरह सोएगा
कहीं नहीं जाएगा यहाँ से..."
मैंने अख़लाकवाली लालटेन की बत्ती खूब तेज कर दी
कि शायद मोतिया नींद की खुमारी में उठा हो
और पहलू बदलकर पाँयताने की तरफ जा लेटा हो
नहीं, वो सचमुच निकल गया है
अख़लाक मसहरी के अंदर अकेला है—
लो बेटे, तुम्हारा सुपुत्र चुपचाप खिसक गया न !
अब वो कई रोज़ बाद तुम्हारी सुध लेगा
अरे वाह, वाह रे, जमूरे, वाह !
तू वापस कब लौटा पाजी ?
फिर दुबक गया अख़लाक के कम्बल में !
क्यों न हो, चार बजे हैं तो रात नहीं भीगेगी ?
बसंत-शेष जो ठहरा यह मौसम...
हवा में कैसी खुनकी है
रात के चौथे पहर का ठंडा पवन—

‘गुलाबी जाड़ा’ तो भला कौन कहेगा इसे ?
नहीं, नहीं, अब मैं फिर लालटेन की बत्ती तेज नहीं करूँगा...
तेरी पूँछ तो साफ-साफ दिखाई दे गई है मुझे !
लेकिन, मोतिया, तू वापस कब लौटा ?
अरे वाह, वाह रे जमूरे, वाह !
तेरे नेचर का पूरा-पूरा पता कहाँ लगा सका हूँ अब तक—
अख़लाक नौ महीनों से तुझे जानता है
मुझे तो यहाँ एक सौ दस ही रोज हुए हैं न ?
मैं नहीं परिचित हो सका हूँ उतना तुझ से
लेकिन हाँ, अब भाग मत जइयो सवेरे-सवेरे
आज तेरे को मैं मछली खिलाऊँगा
एक नहीं, दो दिलाऊँगा...हाँ, रे जमूरे, हाँ !
देखना, सुबह-सुबह भाग नहीं जाना अब !
खीर तो खैर दुपहर बाद रोज पकती है
मगर आज भी मुंद्रिका मछलियाँ जरूर लाएगा
कल भी लाया था, वह अक्सर लाता है मछलियाँ

ताजा गोश्त का लाल टुकड़ा
मजबूत सुतरी के छोर में बँधा है
फर्श से ढाई-तीन फुट ऊपर लटकाए
अख़लाक ने वो सुतरी ऊँचे थाम रक्खी है...
मोतिया बार-बार छलाँग लगा रहा है
लपक रहा है बार-बार गोश्त के टुकड़े की ओर
पूरी ताकत लगाकर उछल रहा है
गुस्से में चीख रहा है...किर्र...किर्र....किर्र !
उबाल खाकर कुलाँचें भर रहा है बार-बार
बीच-बीच में ज़रा-सी देर के लिए
बस, लम्हे-भर के लिए
पल-भर के लिए यानी दस-पाँच सेकंड के लिए
मोतिया दम मार लेता है
फिर पूरी ताकत लगाकर
लपकता है गोश्त के टुकड़े की ओर
मगर वो कामयाब कहाँ हुआ ?
यह खेल क्या देर तक चलता रहेगा ?
नहीं, अब खत्म होगा शो...

तमाशबीन अपनी-अपनी राह धरेंगे
मोतिया गोश्त का टुकड़ा, सुतरी सहित, लेकर
उधर रातरानी के झाड़ की ओट में जा बैठेगा
लीजिए, आखिर उसने लपक ही लिया
पकड़ इतनी पक्की है कि वो खुद ही टँग गया है
बड़ी मजबूती से लटका है मोतिया अधर में
गोश्त के टुकड़े में गड़े हैं उसके दाँत
वो हवा में झूल रहा है
उस्ताद और जमूरे की यह नटबाजी
ढेर सारे लोगों का ध्यान अपनी तरफ खींच चुकी है...

बीच में हमने यह भी देखा, कि
उछल-कूद में विफल होकर
वह अपने उस्ताद के कंधे पर चढ़ गया
(ठीक इसी तरह जामुन के पेड़ पर चढ़ता है गोह
छिपकली की टोह में, चुपचाप, लेकिन फुर्ती से)
कंधे से बाँह पर, या वापस फिर कमर पर
पोजीशन जमाकर उसने गर्दन लम्बी कर ली
इस तरह बीच में ही गोश्तवाली सुतरी को
हड़प लेने की कोशिश कर रहा था मोतिया

आखिर परेशान वो गरीब
फर्श पर दम लेने की खातिर लेट गया
उछल-कूद के, अपने पैतरें सहेजकर
(स्पन्दनशून्य, चेष्टाविहीन उसकी वो भूमिका
किसी सिद्ध हठयोगी की शवाऽऽसनवाली मुद्रा थी क्या !)
हमने मान लिया :
मोतिया थककर लस्त-पस्त हो चुका है...
अख़लाक, इस पर रहम करो
अब बेचारे को ज्यादा न सताओ
गोश्त का टुकड़ा इसके हवाले कर दो
नहीं, नहीं, अब यह खेल खत्म हुआ...
फिर यक-ब-यक जमूरे ने ऊँची छलाँग लगा दी
'हाई जम्प' के अपने पिछले रिकार्ड तोड़ गया
मयसुतरी के, गोश्त का वो टुकड़ा उसने झटक लिया था

हमारे लाड़ले अख़लाक बाबू सौ फीसदी धोखा खा गए थे
उस रोज उनका पालतू 'सुपुत्र' उनसे 20 निकला आखिर !

10 मार्च से 29 मार्च 1976 तक
खिचड़ी विप्लव देखा हमने/अर्थ, जनवरी-मार्च 1980

वेतनभोगी टहलुआ नहीं है

यह आपका वेतनभोगी टहलुआ नहीं है
यह चाकर नहीं है आपका
न नौकर ही है आपका
इस मुगालते में न रहें हजूर
कि यह आपका 'सर्वेन्ट' है
नहीं हजूर, यह सज़ायाफ़्ता कैदी है
सीधा-सादा, लेकिन समझदार आदिवासी है
'आजीवन बंदी' साँवला सलोना युवक
जेल की संहिता के मुताबिक
इन लोगों का अपना एक अलग ही रुतबा होता है
हजूर, यह आपका पनिहा जरूर है
लेकिन भृत्य नहीं है आपका यह...
आपने पहिले ही दिन इसे
जिस तरह अपमानजनक लहजे में सम्बोधित किया था—
वो मुझे बेहद अखरा था हजूर
ठीक है, ठीक है
आप 'आसन त्यागी' विधायक हैं
ठीक है, ठीक है
अपने क्षेत्र में आप 'लोकप्रिय' हैं
ठीक है, ठीक है
बहुपठित एवं बहुश्रुत हैं
ठीक है, ठीक है
आप उच्च श्रेणी के बंदी हैं, विचाराधीन
ठीक है, ठीक है
महीना-पंद्रह रोज बाद हजूर आप
जमानत पर छूट के बाहर निकल जाएँगे
मगर इस 'पनिहा' को हजूर

अपना खानदानी नौकर न समझ लें
और यह खाना-नाश्ता, तेल-साबुन, सब कुछ
अपना अलग से ही पाता है
यह भी 'सरकारी मेहमान' है हजूर
आपकी परिचर्या यह जरूर करता है
लेकिन वो तो इसे ड्यूटी मिली है
गुमटी पर बड़े जमादार के रजिस्टर में
इसकी यह ड्यूटी दर्ज है हजूर
सज़ा की लंबी अवधि में
छूट के दिनों का मार्का मिलता है न हजूर !
समझो हजूर, इसे अपनी ड्यूटी का मार्का मिलता है !!
आप इस पनिहा को क्या देंगे ?
नींबूवाली चाय का आधा प्याला ?
चम्मच-दो चम्मच हलवा ?
एक-आध बोटी 'शिकार' की ?
दिन में दो-एक बीड़ी ?
आप हजूर, इसको अपनी तरफ से और क्या देंगे ?
क्या दे सकते हैं, हजूर, आप इसको !

21 अगस्त 1976
खिचड़ी विप्लव देखा हमने

रहा उनके बीच मैं

रहा उनके बीच मैं !
था पतित मैं, नीच मैं

दूर जाकर गिरा, बेबस उड़ा पतझड़ में
धँस गया आकंठ कीचड़ में
सड़ी लाशें मिलीं,
उनके मध्य लेटा रहा आँखें मींच, मैं
उठा भी तो झाड़ आया नुक्कड़ों पर स्पीच, मैं !
रहा उनके बीच मैं !
था पतित मैं, नीच मैं !!

1975
खिचड़ी विप्लव देखा हमने

सेंटिमेंट

सेंटिमेंट...
एमोशन...
मूड...
बहुत बड़े प्रतिष्ठानों का
एक अदना-सा टेबुल भी
मुस्कुरा देगा इन शब्दों पर—
सेंटिमेंट !
एमोशन !
मूड !
भला, य' भी कोई बात हुई ?
जहाँ मरने की भी फुर्सत
नहीं होती है किसी के पास
वहाँ बैठकर कोई कविताएँ रचेगा !
यह अनहोनी कैसे हो जाएगी ?

1976
पुरानी जूतियों का कोरस

भला और क्या चाहिए

सम्पूर्ण क्रांति—
मुर्गा-संपर्क-शून्य मुर्गी...
क्या, उसी का अंडा तो नहीं है
यह 20 सूत्रोंवाला प्रोग्राम !
पौष्टिक है सुलभ सुपाच्य है
आकार में भी अपेक्षाकृत
कुछ बड़ा ही तो है !
बेचारी जनता को भला—
और क्या चाहिए था ?
हमको और आपको
उनको और इनको
भला और क्या चाहिए था ?

4 दिसम्बर 1976
पुरानी जूतियों का कोरस

बाल-बाल बचा हूँ मैं तो...

भारी-भरकम कलेवर था–
संगठन कांग्रेसवाले, अधेड़, लोकसभाई बोले :
"मैं तो बाल-बाल बचा हूँ
मीसा में आते-आते वर्ना
आपकी तरह...
मैं भी ग्यारह महीने
हवा खा आता कृष्ण-मंदिर की..."

और ज़रा झुककर
अपने होंठों को इस कान के बिलकुल क़रीब ले आए
बाबू अमुकेश्वर प्रसाद नारायण सिंह
बड़ी-बड़ी आँखें फैलाकर फुसफुसाए–
"बाबाजी, आपकी तो खैर जेनुइन बीमारी थी
ऐन वक्त पर जोरों से उभर आई
छुटकारा दिला बैठी...
हाईकोर्ट को हिला दिया न आखिर !
मगर मेरी तो लाश ही बाहर आतीऽऽ...
मुझ गरीब को वहाँ कुच्छो नहीं होता
मैं तो काली गुफाओं की उस दुनिया में
अचार ही बन जाता
हाँ बाबाजी, बाबा विश्वनाथ की कृपा से
मैं तो बाल-बाल बचा हूँ
'मिसा' में धरते-धराते
वर्ना आपकी तरह...
नो नो, एक्सक्यूज मी,
वर्ना राजनराएन की तरह
तराशी हुई दाढ़ीवाले उस 'यंग टर्क' की तरह
जाने कहाँ पड़ा रहता
जाने किस हालत में छीजता रहता..."

1976
खिचड़ी विप्लव देखा हमने

नए-नए दिल हैं

नए-नए दिल हैं
नए-नए मन
नई-नई जातियाँ
नए-नए जन
नया-नया, नया-नया, नया-नया
जन-मन है, जन-मन है जन-मन
ताजा है यह जन-मन
टटका है यह जन-मन
पुलकित है धरती का कन-कन
सब कुछ है नया-नया, सभी कुछ नूतन

बस हुआ
नहीं किसी एक का करना अब पूजन
नहीं किसी एक का करना आराधन
बस हुआ, सुन लिये देवी-देवा के भजन
देख ली आरती, जल गए कपूर, हजार-हजार मन
बस हुआ
देख लिये हिटलरी पूतों के
उछल-कूद, मार-काट-आस्फालन
बस हुआ
बस हुआ
बस हुआ
नहीं किसी एक का करना अब पूजन

देखना,
दुष्टों को क्षमा नहीं करना
देखना,
शैतान निकलने न पाए बेदाग
देखना,
बुझने नहीं पाए, जन-मन की आग
देखना !

1976
खिचड़ी विप्लव देखा हमने

यह गुस्से की ऐक्टिंग

जी हाँ,
आप तिहरे संकट की गिरफ़्त में हो...
जी हाँ, बुरा न मानो, हजूर !
अजी हाँ, हमें तो ऐसा ही लगता है, साहब !
न ऽऽ श्रीमान, बुरा नहीं मान जाना,
हमें तो यही लगता है, हजूर !...
कि, हाँ, आप तिहरे संकट की गिरफ़्त में हो !

हवा में इस तरह मुट्ठियाँ उछालते हो ?
साफ़-साफ़ बतला तो दो हमें
कि फ़लाँ-फ़लाँ यानि अमुक-तमुक-ढमुक
तुम्हारे जानी दुश्मन हैं
किसी भी हालत में उन्हें तुम माफ़ नहीं करोगे
आठों पहर उनको परेशान किए रक्खोगे
आख़िर बतला भी तो दो, वे कौन हैं
क्या बिगाड़ा था उन्होंने तुम्हारा
कौन-से नुक़सान पहुँचाए थे उनने तुम्हें ?
हमें आख़िर कुछ पता तो चले
कि फ़लाँ-फ़लाँ तुम्हारे जानी दुश्मन हैं
किसी भी हालत में उन्हें तुम माफ़ नहीं करोगे
आख़िर बतला तो दो, वे कौन-से लोग हैं
कि खूँखार दरिंदे हैं
कि आदमज़ाद नहीं हैं, शैतान के नाती हैं—पोते हैं ?
बस, अब बतला ही दो
आख़िर हम भी तो जान लें
कि फ़लाँ-फलाँ तुम्हारे जानी दुश्मन हैं
कि तुम किसी भी क़ीमत पर
फ़लाँ-फ़लाँ को माफ़ नहीं करोगे...

हाँ साब, हमने ऐसी ऐक्टिंग बहुत देखी है...
ओफ़, इस क़दर—
मुतवातिर मुट्ठियाँ उछालना !
पसीना-पसीना हो उठना इस क़दर !

इस क़दर फुफकारना !
सुराहीनुमा नफ़ीस गर्दन
पीछे की तरफ़ इस क़दर झटक लेना
इस क़दर लहरिया बालों के बेतरतीब गुच्छों को
नाटकीय शैली में लापरवाह-सा सहेज-सहेज लेना !
इस क़दर होंठ फड़काना
नथुने फुलाना इस क़दर...
ओफ्फोऽऽह, बहुत देखी है हमने ऐसी ऐक्टिंग...

अजी, अपने दुश्मन का हुलिया तो बोल दो !
हाँ, सही-सही हुलिया बतला दो अपने दुश्मन का !
और हाँ, उसका सही-सही ठौर-ठिकाना भी बताओ !
आख़िर कुछ मालूम तो हो ?
कुछ पता तो चले आख़िर ?
कि कौन है वो
कि किसने तुम्हें गुस्से में यों बावला बना रक्खा है
कि किस पे छूटा करते हैं तुम्हारे ये शब्दवेधी जुमले ?
प्लीज़, बतला दो उस ज़ालिम का नाम
मुझसे अब देखी नहीं जाती तुम्हारी यह गुस्से की ऐक्टिंग।

1976
हजार-हजार बाँहोंवाली

मैं उसे छोड़ूँगा नहीं

नहीं, नहीं !
मैं उसे छोड़ूँगा नहीं
पाताल की खोह तक मैं पीछा करूँगा उसका
मैं बिलकुल नहीं छोड़ने का !
ख़बरदार, मुझे कोई न रोके...
कोई न रोके मुझे, ख़बरदार...
नहीं, नहीं !
मैं उसे माफ़ नहीं करूँगा
मैं दिन-रात उसका पीछा करूँगा
नहीं, नहीं, मुझे छोड़ दो

उसका पीछा करने दो मुझे
मुझे न टोको
न रोको मुझे...

दर-असल, उस कोढ़ी को
तिल-तिल गलते देखना चाहता हूँ मैं !
उस शकुनी के बारे में
जब कभी फैलती हैं अशुभ ख़बरें
मैं मन-ही-मन बेहद खुश होता हूँ...
दड़बे से बाहर निकल आता हूँ...
पान की दुकान पर आईने के रू-ब-रू हो लेता हूँ...
चार बीड़े मगही के, इन गालों के हवाले करता हूँ...
दर-असल, उसे उसके दुःस्वास्थ्य की ख़बरें
मेरे लिए स्वास्थ्यवर्धक साबित होती हैं...
वैसी खबरें सुनकर
चौराहों के नुक्कड़ों पर नाचने का जी करता है
खुशी के मारे बुरा हाल हो जाता है मेरा
दर-असल...
तो सुन लो
जी, दोनों कान खोलकर सुन लो !
मैं नरक के गलियारों तक
इस दुष्ट का पीछा करूँगा
'आम आदमी' का एकमात्र प्रवक्ता होने की
इसकी यह ढोंग मैं कभी बर्दाश्त नहीं करूँगा
तभी ठनका था मेरा माथा
ज़ब इसने अपने आप
एक भारी-भरकम
एक भड़काऊ
एक अनूठी
उपाधि का टोपा
ओढ़ लिया था—
जी हाँ, तभी ठनका था मेरा माथा
अपने अंदर का ब्रह्मराक्षस
तभी ठहाके लगाके हँसा था
तभी से मैं इस मॉडर्न जीवनदानी के पीछे हो लिया था

मैं देखना चाहता था कि
आख़िर उसकी मनशा क्या है
परिवर्तन से मतलब क्या है उसका !

1976
हजार-हजार बाँहोंवाली

नए सिरे से

नए सिरे से
घिरे-घिरे से
हमने झेले
तानाशाही के वे हमले
आगे भी झेलें हम शायद
तानाशाही के वे हमले...नए सिरे से घिरे-घिरे से
"बदल-बदलकर चखा करे तू दुख-दर्दों का स्वाद"
"शुद्ध-स्वदेशी तानाशाही आए तुझको याद"
"फिर-फिर तुझको हुलसित रक्खे अपना ही उन्माद"
"तुझे गर्व है, बना रहे तू अपना ही अपवाद"...

10 मार्च 1977
खिचड़ी विप्लव देखा हमने

तीस साल के बाद...

शासक बदले, झंडा बदला, तीस साल के बाद
नेहरू-शास्त्री और इंदिरा हमें रहेंगे याद

जनता बदली, नेता बदले तीस साल के बाद
बदला समर, विजेता बदले तीस साल के बाद

कोटि-कोटि मतपत्र बन गए जादूवाले बाण
मूर्छित भारत-माँ के तन में वापस आए प्राण

प्रभुता की पीनक में नेहरू-पुत्री थी बदहोश
जन गण मन में दबा पड़ा था बहुत-बहुत आक्रोश

नसबंदी के जोर-जुलुम से मचा बहुत कोहराम
किया सभी ने उस शासन को अंतिम बार सलाम

20 मार्च 1977
खिचड़ी विप्लव देखा हमने

इस चुनाव के हवन-कुंड से...

फिर क्या उसके दिन लौटेंगे
फिर क्या वो वापस आएगी
बहकी-बहकी-सी फिर क्या वो
सोशलिज़्म के गुण गाएगी
फिर क्या उसके दिन लौटेंगे
फिर क्या वो वापस आएगी

कल तो बाघों पर सवार थी
पड़ी हुई है आज धूल में
दिखते होंगे विष के कीड़े
हाय, उसे अब फूल-फूल में
कल तो बाघों पर सवार थी
पड़ी हुई है आज धूल में

चुपके से गाँधी मुसकाया
युग की देवी हार खा गई
बछड़ा तो बछड़ा, गैया तक
अजी, मुहर की मार खा गई
चुपके से गाँधी मुसकाया
युग की देवी हार खा गई

क्या-क्या मनसूबा बाँधा था
क्या-क्या तो देखे थे सपने
कौन कहेगा प्यारे थे बस
बहुएँ अपनी, बेटे अपने
क्या-क्या मनसूबा बाँधा था
क्या-क्या तो देखे थे सपने

सारे सपने मिले धूल में
सारे बाल सफेद हो गए
उजड़ी-सी लगती होगी अब
पिछले सब अरमान खो गए
सारे सपने मिले धूल में
सारे बाल सफेद हो गए

क्या-क्या मनसूबा बाँधा था
क्या-क्या तो देखे थे सपने
कौन कहेगा प्यारे थे बस
बहुएँ अपनी, बेटे अपने
क्या-क्या मनसूबा बाँधा था
क्या-क्या तो देखे थे सपने

वाह, खूब थी, चखा गई है
मजे हमें हिटलरशाही के
संतों ने आशीष उँड़ेली
छक्के छूटे गुणग्राही के
वाह, खूब थी, चखा गई है
मजे हमें हिटलरशाही के

इस चुनाव के हवन-कुंड से
जन-मन की ज्वाला लपकी है
आनेवाला है जो आगे
यह उस विप्लव की थपकी है
इस चुनाव के हवन-कुंड से
जन-मन की ज्वाला लपकी है

26 मार्च 1977
खिचड़ी विप्लव देखा हमने

नुक्कड़ ज़िंदाबाद

बड़ी मुश्किल है
इनसे बच के चलना-फिरना

बड़ी मुश्किल है
इनके दरमियान रहना, खुल के साँस लेना
बड़ी मुश्किल है
इनको खुश करना
इनकी खुशियों को बरक़रार रखना
बड़ी मुश्किल है
इनकी कुटिलताएँ परखना
बड़ी मुश्किल है
जी हाँ, बड़ी मुश्किल है
जी हाँ, बार-बार इन्होंने मेरे नम्बर काटे हैं
जी हाँ, उन्होंने भी !
और जी हाँ, उन्होंने भी !
अजी हाँ, उन्होंने भी, जी हाँ
ओफ्फोह ! जाने कैसे आज
आपस में वे एक प्राण-एक दिल हो गए हैं
ओफ्फोह ! जाने कैसे वे आज
एक दूसरे का गुह्य अंग सूँघ रहे हैं
ओफ्फोह ! जाने कैसे वे आज
परितृप्ति की गहरी साँस ले रहे हैं

चलो, अच्छा है
मैं अलग ही खड़ा रहूँगा
चौराहे का यह नुक्कड़ ज़िंदाबाद !

1977
खिचड़ी विप्लव देखा हमने

इतना जल्दी भूल गया ?

कैसे यह सब तू इतना जल्दी भूल गया ?
ज़ालिम, क्यों मुझसे पहले तू ही झूल गया ?
आ, देख तो जा, तेरा यह अग्रज रोता है !
यम के फंदों में इतना क्या सचमुच आकर्षण होता है
कैसे यह सब तू इतना जल्दी भूल गया ?
ज़ालिम, क्यों मुझसे पहले तू ही झूल गया ?

ये खेत और खलिहान और वो अमराई
सारी कुदरत ही मानो गीली हो आई
तू छोड़ गया है इन्हें, उदासी में डूबे
धरती के कण - कण घुटे - घुटे डूबे - डूबे
आ देख तो जा, ये सिर्फ उसाँसें भरते हैं
अड़हुल के पौधे हिलने तक से डरते हैं
ये खेत और खलिहान और वो अमराई
सारी कुदरत ही मानो निष्प्रभ हो आई
ज़ालिम, क्यों मुझसे पहले तू ही झूल गया ?
कैसे यह सब तू इतना जल्दी भूल गया ?

22 जुलाई 77
पुरानी जूतियों का कोरस

हम विभोर थे अगवानी में

हम विभोर थे अगवानी में
तुमने तो नख-दंत दिखाए !
हम तो कुछ भी सीख न पाए
तुमने कैसे पाठ सिखाए !

सतरंगी वो सिल्कन झूले
डाले हमने लाट-लाट पर
देखो, बंदनवार सजाए
चौराहों पर, घाट-घाट पर

तुम आका हो, तुम मालिक हो
दुनिया-भर के महाजनों का
उतरे थे तुम इस धरती पर
भाग्य जगाने अकिंचनों का

हम तो भारी बुद्धू निकले
अपना सौदा पटा न पाए
रिझा न पाए ज्यादा तुमको
तुमको ज्यादा सटा न पाए

छोड़ें अड़ियल हिंदुस्तानी
क्योंकर गाँधी-नेहरू का पथ
अजी, वाहजी, विश्व-विजेता
लौट गए हो, विफल मनोरथ

वहाँ, तुम्हारी बगिया में तो
न्यूट्रन-बम के फल लटके हैं
अणु-ऊर्जा की बढ़ोत्तरी में
यहाँ तुम्हें लगते झटके हैं

हमें नहीं चाहिए मसानी—
माता का बारूदी आँचल
जाओ, भस्मासुरी नृत्य का
कहीं और ही करो रिहर्सल...

1977
खिचड़ी विप्लव देखा हमने

कब होगी इनकी दीवाली

उसका मुक्तिपर्व कब होगा ?
कब होगी उसकी दीवाली
चमकेगी उसके ललाट पर
कब ताजे कुंकुम की लाली ?

अरे, अरे, छै वर्ष हो गए,
उसे मिलेगा कब छुटकारा ?
वो बंदी है वो 'नक्सल' है,
मन का तगड़ा तन का हारा

भले जनों की बड़े-बड़ों की
राजनीति का वो अछूत है
दलित-निपीड़ित मानवता का
वो प्रतिनिधि है अग्रदूत है !

उसे सुनेगी कौन हकूमत ?
कौन मुकदमे वापस लेगी ?
कब वैसी सरकार बनेगी
जो उसको छुटकारा देगी ?

जिनके शोणित की लाली से
लाख-लाख मुख कमल खिले हैं,
सच बतलाओ, भाई यूँ ही
उनको क्या इन्साफ मिले हैं ?

क्या कसूर था बेचारे का ?
क्यों अचार-सा सीझ गया वो ?
मिलना-जुलना छोड़ दिया है,
एक-एक पर खीझ गया वो !

ढँकी सींखचों के अंदर से
दुबला-पतला हाथ हिला तो !
'जी हाँ, ठीक-ठाक हूँ'—मानो
गूँगे का संकेत मिला तो...

मैं बंदी 'सम्पूर्ण क्रांति' का
भोग रहा था 'मिसा'-सुलभ सुख!
इच्छा थी 'नक्सल' बंदी का
देखूँगा संकल्प - सुदृढ़ मुख

मुच्छड़, रोबीला, वर्दीधर
पहरू था यमदूत-सभाई !
चाहे कुछ हो मुझ बूढ़े पर
उसको कुछ भी दया न आई !

वो भी इंगित में ही बोला
हाथ हिला फिर डंडावाला
'साहब चले गए हैं आकर
लगवा दूँगा अब मैं ताला'...

'लूट मचाई' रेप किया है
कतल किया है, यह खूनी है

देखो फिर भी इन सुसरों की
चर्चा कैसी दिन-दूनी है ?

'बाबा' आप बड़े भोले हो !
इनको दर्शन देने आए...
ये तो इस सेन्ट्रल कारा में
जान हमारी लेने आए !...

पता चला वे सात जने थे,
जाने कब से यहाँ पड़े थे !
सातों के सातों 'नक्सल' थे,
अपने हक़ के लिए लड़े थे !

सातों के सातों चमार थे
अति दरिद्र थे, भूमिहीन थे
करते थे मेहनत - मजदूरी
मालिक लोगों के अधीन थे

भूमि-हरण बर्दाश्त कर गए
चुप्पी साधी मार-पीट पर
गुस्सा तब भड़का, बहुओं की
इज्जत जब लूटी घसीटकर

फिर तो वे सातों के सातों
बने भेड़िया, बाघ हो गए
पुरखे तक धरती पर उतरे
जनम-जनम के पाप धो गए

धरती ने आधार दिया है
सूरज ने दी है गरमाई !
इनकी गति से पवन त्रस्त है
फुर्ती से बिजली शरमाई !

लील सकेगा इन्हें न कोई
इनको कौन पचा पाएगा ?

निज तिकड़म से इनके बल की
शादी कौन रचा पाएगा ?

इनकी प्रतिध्वनियों से कारा–
की दीवारें हिल-हिल जाएँ !
आओ इन बंदी वीरों के
स्लोगन वे हम भी दुहराएँ...

फौलादी संकल्पोंवाले
इनका युग, समझो आया ही
सेल-कुंड में सीझ-सीझकर
रुग्ण हुई है बस काया ही

इनकी उर-उष्मा में अब ये
जेल-सेल सब गल जाएँगे
प्रवंचितों के कोपानल में
सौ कुबेर भी जल जाएँगे...

नेतावाले निजी वार्ड में
सोच रहा था ठंडे दिल से
आए हैं, सम्पूर्ण क्रांति में
ताड़ बना लेंगे हम तिल से

किस मुँह से भेजूँ मैं उन तक
अपनी खीर, मिठाई अपनी
सोचा-सोचा, फिर-फिर सोचा
शरमा गई ढिठाई अपनी !

इनका मुक्ति-पर्व कब होगा ?
कब होगी इनकी दीवाली ?
चमकेगी इनके ललाट पर
कब ताजे कुंकुम की लाली ?

2 अप्रैल 1977 से 9 अप्रैल 1977
खिचड़ी विप्लव देखा हमने

तुनुकमिजाजी नहीं चलेगी

तुनुकमिजाजी नहीं चलेगी
नहीं चलेगा जी ये नाटक
सुन लो जी, भाई मुरार जी
बंद करो अपने अब नाटक

तुम पर बोझ न होगी जनता
खुद अपने दुख-दैन्य हरेगी
हाँ, हाँ, तुम बूढ़ी मशीन हो
जनता तुमको ठीक करेगी

बद्तमीज़ हो, बद्ज़ुबान हो...
इन बच्चों से कुछ तो सीखो
सबके ऊपर हो, अब प्रभु जी
अकड़ूमल - जैसा मत दीखो

नहीं किसी को रिझा सकेंगे
इनके नकली लाड़-प्यार जी
अजी, निछावर कर दूँगा मैं
एक तरुण पर सौ मुरार जी

नेहरू की पुत्री तो क्या थी
भस्मासुर की माता थी वो
अब भी है उसको मुग़ालता
भारत-भाग्य-विधाता थी वो

सच-सच बोलो, उसके आगे
तुम क्या थे भाई मुरार जी
सूखे - रूखे काठ - सरीखे
पड़े हुए थे निराकार जी

तुम्हें छू दिया तरुण-क्रांति ने
लोकशक्ति कौंधी रग-रग में
अब तुम लहरों पर सवार हो
विस्मय फैल गया है जग में

कोटि-कोटि मत-आहुतियों में
खालिस स्वर्ण-समान ढले हो
तुम चुनाव के हवन-कुंड से
अग्नि-पुरुष जैसे निकले हो

तरुण हिंद के शासन का रथ
खींच सकोगे पाँच साल क्या ?
जिद्दी हो परले दरजे के
खाओगे सौ-सौ उबाल क्या !

क्या से क्या तो हुआ अचानक
दिल का शतदल कमल खिल गया
तुमको तो, प्रभु, एक जन्म में
सौ जन्मों का सुफल मिल गया

मन ही मन तुम किया करो, प्रिय
विनयपत्रिका का पारायण
अपनी तो खुलनेवाली है
फिर से शायद वो कारायण

अभी नहीं ज्यादा रगड़ूँगा
मौज करो, भाई मुरार जी !
संकट की बेला आई तो
मुझको भी लेना, पुकार जी !

9 जुलाई 1977
खिचड़ी विप्लव देखा हमने

भारत-पुत्री का मुखमंडल...

बेचैनी में उबल रही है चरणसिंह की काया
दक्षिणपंथी नाप रहे हैं वामपंथ की छाया
नए शिखर का विकट व्यूह यह कहाँ समझ में आया
भाँप न पाए सोशलिस्ट तक देसाई की माया
बेचैनी में उबल रही है चरणसिंह की काया

नम्बर दो की जाट-बुद्धि से जगजीवन मुस्काए
कदमकुआँ में लेटे-लेटे जे.पी. तक चकराए
देखो, बापू की समाधि पर फिर बादल मँडराए
बूढ़े के उस जीवन-जल की महिमा कौन बताए
नम्बर दो की जाट-बुद्धि से जगजीवन मुस्काए

व्यर्थ हुई आशीष, मौन था भले संत भूदानी
शरद पवारी दाव-पेंच में कटी इंदिरा रानी
खौल गया फिर अरब महासागर का खारा पानी
पाटिल डूबा, स्वार्थ-सिद्धि की सच हो गई कहानी
व्यर्थ हुई आशीष, मौन था भले संत भूदानी

नाती-पोते ही समझेंगे नाना जी की लीला
भगवा ध्वज का वो बंधन क्या कभी पड़ेगा ढीला
संजय क्या फिर खोद सकेगा मजनूँ का वो टीला
भारत-पुत्री का मुखमंडल हुआ किस कदर पीला
नाती-पोते ही समझेंगे नाना जी की लीला

देखो, देखो, कूटनीति से लूटनीति की टक्कर
देखो, देखो, लूटनीति से फूटनीति की टक्कर
देखो, देखो, फूटनीति से झूठनीति की टक्कर
देखो, देखो, कूटनीति से लूटनीति की टक्कर

1977
खिचड़ी विप्लव देखा हमने

युग की चहल-पहल

हिंसा-अहिंसा के खटराग छोड़ो
ईंटों पर ईंटें जोड़ो
ऊबड़-खाबड़ चट्टान तोड़ो
धरती को बनाओ समतल
सुनें-देखें सभी ओर काम की हलचल
महसूस हो सबको नए युग की चहल-पहल।

12 जुलाई 1977
खिचड़ी विप्लव देखा हमने

एक क्रांतिकारी

टी.वी. पर एक 'क्रांतिकारी' को
देखकर
एक बंधु बोले
क्रांति के इस मसीहा का
अंत कैसा होगा ?
प्राण जब छोड़ देंगे इनकी काया
सुलग उठेगा क्या अपने आप
यह ढाँचा इनका
क्या होगा इनकी हड्डियों का ?

निकलेंगे इनसे
अणु-आयुध विप्लव के
निर्मित होंगे स्तूप-महास्तूप
अस्थि धातुओं पर
विशाल-महाविशाल वे स्तूप
आगामी शताब्दियों में
कहलाएँगे क्रांति-चैत्य
नगर-नगर, ग्राम-ग्राम
पहाड़ों की चोटियाँ, छोटे-बड़े टीले
नदियों के संगम
समुद्र के कूल-कछार
चमका करेंगे दूर-दूर तक

विप्लव के स्तूपों से
टाँगे जाएँगे उन महास्तूपों के गिर्द
एक-एक क्विंटल के पीतलवाले घंटे
जला करेगा मनों कपूर

रक्त-क्रांतिकारी प्रखर-प्रबुद्ध-तरुण
प्रच्छन्न भाव से करेंगे वहाँ चाकरी
अभिनव मठाधीश
दुहरी-तिहरी मुस्कानोंवाला
शासकीय प्रशासक

देंगे सुरक्षा
उन प्रच्छन्न विप्लवी तरुणों को
संवर्धन रहेगा जारी
लोहित-धर्मी शिशुओं का
उत्तप्त वर्गबोध से लैस
कुलीन बालखिल्य
बड़े होते जाएँगे
बनते जाएँगे दिनानुदिन
प्रखर पक्षधर 'सर्वहारा' के
सीख लेंगे अनायास
कमाऊ सहचरियों के 'पालतू' होना
महसूस करेंगे वे अपने को
'मुक्त-महामुक्त'

चाहे जिसको गालियाँ देंगे
चाहे जिसको उछालेंगे
अकेले में—
आदमक़द आईने के सामने
काम निकाल लेने की
अपनी चतुराई पर
आप ही आप मुस्कराएँगे
अँगूठा दिखलाएँगे अपने आपको
क्षण-भर बाद ही ठहाके लगाएँगे
जला लेंगे मोटा सिगार केरलीय

निकल आएगी बाहर अकबकाकर
प्रेयसी—प्रथमा, द्वितीया, तृतीया...
या कि पंचमी, सप्तमी या कि नवमी
अपने प्रसाधन-कक्ष से !
रिपीट करेगी हल्की चीख को
अपने उस अनमोल रणन-वणन को
वो आहिस्ते-आहिस्ते बार-बार
करेगी रिपीट...

फिर वो भोला-भाला

प्रतिभा-पुत्र, अल्ट्रा लेफ्ट
एंग्रीयंगमैन
फ्रेंच कट दाढ़ीवाला
फिल्मी लहजे में अपने कंधों को
झटकाएगा
झटकाता रहेगा थोड़ी देर तक
और फिर
चुपचाप मुसकियाँ फेंकना शुरू करेगा
और फिर
भौंहों-गालों-होंठों में
भर लेगा सिकुड़न की खाइयाँ
और फिर
बड़े बाप की वो अल्ट्रा मॉडर्न बेटी
सिहरन के मारे
पसीना-पसीना हो उठेगी
और फिर...

फिर तो वो प्रतिभापुत्र
छोकरी को मीठी फटकार झाड़ देगा—

कैसी टिमिड हो तुम भी !
सच, तुमने तो ग्राम पुत्री को मात कर दिया !
सच, तुम इतनी डरपोक हो ?
अब तो मुझे दस दफे सोचना पड़ेगा
तुम्हारे बाप की इस आलीशान कोठी की तरफ
अपने डग बढ़ाते !
छिः, रोती है
ज़रा-सी बात पे...

मैं माफी चाहता हूँ !
फिर कभी भी मैं ठहाके नहीं लगाऊँगा
तुम्हारे बाथ-रूम में...

14 जुलाई 1977
भूल जाओ पुराने सपने

माखनी कमान को

थम थम थम थम थाऽऽम !
छम छम छम छम छाऽऽम !
ये क्या हुआ है आसमान को
ये क्या हुआ है चाँद के
माखनी कमान को ?
फिफ् फिफ् फिफ् फी ी ी ी...
पु पु पु पु पु पु पू...
ल लु ल लु ल लु ला ा ा ा
ये कौन लगा गया धुन
मे``` रे```माऽऽऽन को ?
ये क्या हुआ है आस्माऽऽन को ?
ये क्या हुआ है चाँद केऽऽऽ
माखनी कमाऽऽऽन को ?
थम थम थम थम थाऽऽम...
छम छम छम छम छाऽऽम...

16 जुलाई 1977
भूल जाओ पुराने सपने

अभी-अभी हटी है

अभी-अभी हटी है
मुसीबत के काले बादलों की छाया
अभी-अभी आ गई—
रिझाने, दमित इच्छाओं की रंगीन माया
लगता है कि, अभी-अभी
ज़रा-सी ग़फ़लत में होगा चौपट किया-कराया

ठिकाने तलाश रही है चाटुकारों की भीड़
शंख फूँकने लगे नए-नए कुवलयापीड़
फिर से पहचान लो, वाद्यवृंदों में पुरानी गमक और मीड़
दिखाई दे गए हैं गीध के शावकों को अपने नीड़।

17 जुलाई 1977
हजार-हजार बाँहोंवाली

अहिंसा की कसमें

हाय रे
तेरा पूरा का पूरा धड़
अब भी बाहर नहीं निकला
भारत माँ का गर्भ-द्वार
कहाँ खुला है पूरी तरह तेरी खातिर
हाय रे, अभागे,
हाय रे, जिद्दी
खा भी तो जल्दी अहिंसा की कसमें,
तेरे को वे मिनिस्ट्री में शामिल कर लेंगे

थोड़ी देर को ही सही
खा ले जल्दी-जल्दी अहिंसा की कसमें
सुगंधित भाफवाली अहिंसा की
गरम-गरम ताजा-ताजा कसमें
तड़फी हुई कसमें, बघारी हुई कसमें
ओ रे, देर न कर
खा ले कसमें
अहिंसा की कसमें।

6 अगस्त 1977
अपने खेत में

नौ दिन चले अढ़ाई कोस

लाए राहु-केतू के रोग
चंद्र और शेखर संयोग
चाहेंगे वे दुगने भोग
वापस आएँगे जो लोग
लाए राहु-केतू के रोग

चरणसिंह की अंतिम चाह
कैसे भी, पूरी हो, वाह...
लम्बे डग हैं, सँकरी राह

बड़ी जलन है, बेहद दाह
चरणसिंह की अंतिम चाह

बने रहें जगजीवन राम
होगा नहीं विधाता वाम
कमा चुके हैं काफी नाम
शोभित इनसे दिल्ली-धाम
बने रहें जगजीवन राम

नौ दिन चले अढ़ाई कोस
वापस क्या आएगा होश
दिखलाते हैं फिर भी जोश
फूटेगा कितना आक्रोश
नौ दिन चले अढ़ाई कोस

खटक गया दिल, हुए निढाल
सोच-सोचकर संघी चाल
हाथ-कते सूतों का जाल
गला नहीं पाएगा दाल
खटक गया दिल, हुए निढाल।

1977
पुरानी जूतियों का कोरस

तुम धन्य हो ! तुम अनन्य हो !!

वन्द्य हो, प्रणम्य हो !
अनुपम हो, अनन्य हो !
बंधु, तुम धन्य हो !
इतना अधिक आत्ममंथन !
इतना अधिक–
कथितकथन, रोमंथन !
मन-ही-मन, मस्सों से–
इतनी अधिक सूखी खीलें निकालना !
इतना अधिक दोहन स्वगत अनुभूतियों का

इतनी अधिक फेनिल जुगालियाँ
नीतिचिर पुरातनी स्मृतियों की !
इस प्रकार
आम्रेड़न-आलोड़न—
वैयक्तिक व्यथाओं के !
यह सब मुझसे तो न होगा...
न उतना धीरज है
न वो शऊर है
यह सब मुझसे तो न होगा...
बंधु, तुम धन्य हो !
वन्द्य हो, प्रणम्य हो...
अनुपम हो, अनन्य हो !

1977
हजार-हजार बाँहोंवाली

शैलेंद्र के प्रति

गीतों के जादूगर का मैं छंदों से तर्पण करता हूँ
अपने युग की व्यथा-कथा ही कड़ियों में ढलती जाती थी
जाने, कितना नेह भरा था, बाती थी जलती जाती थी
गीत तुम्हारे गूँज रहे हैं अब भी लाख-लाख कानों में
होठ तुम्हारे फड़क रहे हैं छाया-छवि की मुस्कानों में
सच बतलाऊँ, तुम प्रतिभा के ज्योतिपुत्र थे, छाया क्या थी
भली-भाँति देखा था मैंने, दिल ही दिल थे, काया क्या थी
जहाँ कहीं भी अंतर मन से ऋतुओं की सरगम सुनते थे
ताज़े कोमल शब्दों में तुम रेशम की जाली बुनते थे
जन-मन जब हुलसित होता था, वह थिरकन में पढ़ते थे तुम
युग की अनुगूँजित पीड़ा ही घोर घन-घटा सी गहराई
प्रिय भाई शैलेंद्र, तुम्हारी पंक्ति-पंक्ति नभ में लहराई
तिकड़म अलग रही मुस्काती, ओह, तुम्हारे पास न आई
फ़िल्म-जगत की जटिल विषमता आखिर तुमको रास न आई
ओ जन-जन के सजग चितेरे, जब-जब याद तुम्हारी आती
आँखें हो उठती हैं गीली, फटने-सी लगती है छाती
प्रिय साथी शैलेंद्र ! जुहू तट की वे बातें भूल न जाना

भूल न जाना, साथ बैठकर उस प्रकार लिखना-लिखवाना
इन दस वर्षों के सुख-दुख का भोग-भाग अर्पण करता हूँ
गीतों के जादूगर का मैं छंदों में तर्पण करता हूँ।

1977
तुमने कहा था/माधुरी

तना है वितान

तना है वितान
भला, इनकी महिमा का करे कौन बखान
हो चुका दूबों का, घासों का अमृत-नहान
इनकी घटाओं से लदा है आसमान
पता नहीं चलता रात्रिमान या कि दिनमान
सुन रे अभागे, फुहारों के रिमझिम गान
सबके जी जुड़ा गए, मिला है जीवनदान

टिपिर, टिपिर
टिपिर, टिपिर
झर झर झर
झर झर झर
रिमझिम झिम रिमझिम रिमझिम

चल खेतों में, कस ले कमर
पंक-तिलक है यह त्यौहार
सुन ले धरती की मनुहार
रोप रहे होंगे कोटि-कोटि जन मगन-मन धान
यह वो ऋतुओं में सबसे महान
तना है चंदोबा, फैला है वितान
बरस रहे दिन-रात बादल-भगवान
मना रहा इनकी जै-जै दुनिया-जहान
भला, इनकी महिमा का कौन करे बखान !

1977
तुमने कहा था

जादुई परस ! जादुई परस !!

झुलसी अविकच पंखड़ियों पर
फाहों-सी फुहियाँ पड़ीं बरस
यह रोम-रोम में जगा गई
मादक पुलकन
मीठी सिहरन
जादुई परस
जादुई परस

चिर-आकुल रीते प्राणों में
भर गया न जाने कितना रस
हिय आँगन में उतरे जाने
किन सुधियों के छौने सारस
जादुई परस !
जादुई परस !!

1977
तुमने कहा था

उनके उर पर मोहनमाला

उनकी विष्ठा इनका चंदन
वह थू-थू इनका अभिनंदन
इनकी मालिश उनकी मारें
वह धिक्कृति, इनकी मनुहारें
वह बंकिम भ्रू, इनका स्पंदन
उनकी विष्ठा इनका चंदन

वे डाँटें, ये प्यार करेंगे
अपने को तैयार करेंगे
उनके इंगित पर भूकेंगे
ये चाटेंगे वे थूकेंगे
उनका बेड़ा पार करेंगे

वे डाँटें ये प्यार करेंगे
इनका मुँह, मुस्कानें उनकी
इनकी बंशी, तानें उनकी
उनके बाट, तराजू इनके
उनका सिर-धड़, बाजू इनके
इनका कटि-तट, रानें उनकी
इनका मुँह, मुस्कानें उनकी

उनके उर पर मोती-माला
उन पर सोहे शाल-दुशाला
यहाँ मशक्कत, वहाँ मुनाफा
उनके ही सिर शोभित साफा
उनकी कुंजी इनका ताला
उनके उर पर मोहनमाला

9 अक्तूबर 1977
पुरानी जूतियों का कोरस

परेशान हैं कांग्रेसी

पटना-दिल्ली भटक रहे हैं, परेशान हैं कांग्रेसी
कदम-कदम पे अटक रहे हैं, परेशान हैं कांग्रेसी
बिगड़ रहे हैं बात-बात पर, परेशान हैं कांग्रेसी
नींद न आती रात-रात-भर, परेशान हैं कांग्रेसी

बिगड़ चुके हैं नाती-पोते, परेशान हैं कांग्रेसी
बाहर हँसते, अंदर रोते, परेशान हैं कांग्रेसी
खाना-पीना भूल गए हैं, परेशान हैं कांग्रेसी
यूँ ही फाँसी झूल गए हैं, परेशान हैं कांग्रेसी

देवी को डायन कहते हैं, परेशान हैं कांग्रेसी
ज्यादातर गुमसुम रहते हैं, परेशान हैं कांग्रेसी
सारा नाटक भूल गया है, परेशान हैं कांग्रेसी
सिर का गुद्दा फूल गया है, परेशान हैं कांग्रेसी

बदला थाने का दारोगा, परेशान हैं कांग्रेसी
जाने अब क्या से क्या होगा, परेशान हैं कांग्रेसी
कुल जनता फासिस्ट हो गई, परेशान हैं कांग्रेसी
इनकी तो पहचान खो गई, परेशान हैं कांग्रेसी

भारी सज़ा मिली है इनको, परेशान हैं कांग्रेसी
तारे अब दिखते हैं दिन को, परेशान हैं कांग्रेसी
इनके बदले कर्ज़ भरो, जी, परेशान हैं कांग्रेसी
आओ, इन पर रहम करो, जी, परेशान हैं कांग्रेसी

आयँ-बायँ बकते फिरते हैं, परेशान हैं कांग्रेसी
पग-पग पे यूँ ही घिरते हैं, परेशान हैं कांग्रेसी
कम्युनिस्ट तक दगा दे गए, परेशान हैं कांग्रेसी
अपने काडर भगा ले गए, परेशान हैं कांग्रेसी

हरिजन तक अब दूर भागते, परेशान हैं कांग्रेसी
फिर भी आठों पहर जागते, परेशान हैं कांग्रेसी
अरुचि हो गई योगासन से, परेशान हैं कांग्रेसी
उतर चुके हैं जन-गण-मन से, परेशान हैं कांग्रेसी

जे.पी. अब 'सम्पूर्ण संत' हैं, परेशान हैं कांग्रेसी
बाकी सब 'घोंघा वसंत' हैं, परेशान हैं कांग्रेसी
'इंद्रा' डटकर बाहर आई, परेशान हैं कांग्रेसी
बेलछी पहुँची 'जनता-माई', परेशान हैं कांग्रेसी

1977
खिचड़ी विप्लव देखा हमने

हरिजन-गाथा

एक

ऐसा तो कभी नहीं हुआ था !
महसूस करने लगीं वे
एक अनोखी बेचैनी

एक अपूर्व आकुलता
उनकी गर्भकुक्षियों के अंदर
बार-बार उठने लगीं टीसें
लगाने लगे दौड़ उनके भ्रूण
अंदर ही अंदर
ऐसा तो कभी नहीं हुआ था

ऐसा तो कभी नहीं हुआ था कि
हरिजन-माताएँ अपने भ्रूणों के जनकों को
खो चुकी हों एक पैशाचिक दुष्कांड में
ऐसा तो कभी नहीं हुआ था...

ऐसा तो कभी नहीं हुआ था कि
एक नहीं, दो नहीं, तीन नहीं—
तेरह के तेरह अभागे—
अकिंचन मनुपुत्र
जिंदा झोंक दिए गए हों
प्रचंड अग्नि की विकराल लपटों में
साधन-सम्पन्न ऊँची जातियोंवाले
सौ-सौ मनुपुत्रों द्वारा !
ऐसा तो कभी नहीं हुआ था...

ऐसा तो कभी नहीं हुआ था कि
महज दस मील दूर पड़ता हो थाना
और दारोगा जी तक बार-बार
खबरें पहुँचा दी गई हों सम्भावित दुर्घटनाओं की

और, निरंतर कई दिनों तक
चलती रही हों तैयारियाँ सरेआम
(किरासिन के कनस्तर, मोटे-मोटे लक्कड़,
उपलों के ढेर, सूखी घास-फूस के पूले
जुटाए गए हों उल्लासपूर्वक)
और एक विराट चिताकुंड के लिए
खोदा गया हो गड्ढ़ा हँस-हँसकर
और ऊँची जातियोंवाली वो समूची आबादी

आ गई हो होलीवाले 'सुपर मौज' के मूड में
और, इस तरह जिंदा झोंक दिए गए हों
तेरह के तेरह अभागे मनुपुत्र
सौ-सौ भाग्यवान मनुपुत्रों द्वारा
ऐसा तो कभी नहीं हुआ था...
ऐसा तो कभी नहीं हुआ था...

दो

चकित हुए दोनों वयस्क बुजुर्ग
ऐसा नवजातक
न तो देखा था, न सुना ही था आज तक !
पैदा हुआ है दस रोज पहले अपनी बिरादरी में
क्या करेगा भला आगे चलकर ?
रामजी के आसरे जी गया अगर
कौन-सी माटी गोड़ेगा ?
कौन-सा ढेला फोड़ेगा ?
मग्गह का यह बदनाम इलाका
जाने कैसा सलूक करेगा इस बालक से
पैदा हुआ है बेचारा—
भूमिहीन बंधुआ मजदूरों के घर में
जीवन गुजारेगा हैवान की तरह
भटकेगा जहाँ-तहाँ बनमानुस-जैसा
अधपेटा रहेगा अधनंगा डोलेगा
तोतला होगा कि साफ-साफ बोलेगा
जाने क्या करेगा
बहादुर होगा कि बेमौत मरेगा...
फिक्र की तलैया में खाने लगे गोते
वयस्क बुजुर्ग दोनों, एक ही बिरादरी के हरिजन
सोचने लगे बार-बार...
कैसे तो अनोखे हैं अभागे के हाथ-पैर
राम जी ही करेंगे इसकी खैर
हम कैसे जानेंगे, हम ठहरे हैवान
देखो तो कैसा मुलुर-मुलुर देख रहा शैतान !
सोचते रहे दोनों बार-बार...

हाल ही में घटित हुआ था वो विराट दुष्कांड...
झोंक दिए गए थे तेरह निरपराध हरिजन
सुसज्जित चिता में...

यह पैशाचिक नरमेध
पैदा कर गया है दहशत जन-जन के मन में
इन बूढ़ों की तो नींद ही उड़ गई है तब से !
बाकी नहीं बचे हैं पलकों के निशान
दिखते हैं दृगों के कोर ही कोर
देती है जब-तब पहरा पपोटों पर
सील-मुहर सूखी कीचड़ की

उनमें से एक बोला दूसरे से
बच्चे की हथेलियों के निशान
दिखलाएँगे गुरुजी से
वो जरूर कुछ न कुछ बतलाएँगे
इसकी किस्मत के बारे में
देखो तो ससुरे के कान हैं कैसे लम्बे
आँखें हैं छोटी पर कितनी तेज हैं
कैसी तेज रोशनी फूट रही है इनसे !
सिर हिलाकर और स्वर खींचकर
बुद्‌धू ने कहा–
हाँ जी खदेरन, गुरु जी ही देखेंगे इसको
बताएँगे वही इस कलुए की किस्मत के बारे में
चलो, चलें, बुला लावें गुरु महाराज को...

पास खड़ी थी दस साला छोकरी
दद्‌दू के हाथों से ले लिया शिशु को
सँभलकर चली गई झोंपड़ी के अंदर

अगले नहीं, उससे अगले रोज़
पधारे गुरु महाराज
रैदासी कुटिया के अधेड़ संत गरीबदास
बकरीवाली गंगा-जमनी दाढ़ी थी
लटक रहा था गले से

अँगूठानुमा ज़रा-सा टुकड़ा तुलसी काठ का
कद था नाटा, सूरत थी साँवली
कपार पर, बाईं तरफ घोड़े के खुर का
निशान था
चेहरा था गोल-मटोल, आँखें थीं घुच्ची
बदन कठमस्त था...
ऐसे आप अधेड़ संत गरीबदास पधारे
चमर टोली में...

'अरे भगाओ इस बालक को
होगा यह भारी उत्पाती
जुलुम मिटाएँगे धरती से
इसके साथी और संघाती

'यह उन सबका लीडर होगा
नाम छपेगा अखबारों में
बड़े-बड़े मिलने आएँगे
लद-लदकर मोटर-कारों में

'खान खोदनेवाले सौ-सौ
मजदूरों के बीच पलेगा
युग की आँचों में फ़ौलादी
साँचे-सा यह वहीं ढलेगा

'इसे भेज दो झरिया-फरिया
माँ भी शिशु के साथ रहेगी
बतला देना, अपना असली
नाम-पता कुछ नहीं कहेगी

'आज भगाओ, अभी भगाओ
तुम लोगों को मोह न घेरे
होशियार इस शिशु के पीछे
लगा रहे हैं गीदड़ फेरे

'बड़े-बड़े इन भूमिधरों को
यदि इसका कुछ पता चल गया

दीन - हीन छोटे लोगों को
समझो फिर दुर्भाग्य छल गया

'जनबल धनबल सभी जुटेगा
हथियारों की कमी न होगी
लेकिन अपने लेखे इसको
हर्ष न होगा, गमी न होगी

'सब के दुख में दुखी रहेगा
सब के सुख में सुख मानेगा
समझ - बूझकर ही समता का
असली मुद्दा पहचानेगा

'अरे देखना इसके डर से
थर - थर काँपेंगे हत्यारे
चोर - उचक्के - गुंडे - डाकू
सभी फिरेंगे मारे - मारे

'इसकी अपनी पार्टी होगी
इसका अपना ही दल होगा
अजी देखना, इसके लेखे
जंगल में ही मंगल होगा

'श्याम सलोना यह अछूत शिशु
हम सब का उद्धार करेगा
आज यही सम्पूर्ण क्रांति का
बेड़ा सचमुच पार करेगा

'हिंसा और अहिंसा दोनों
बहनें इसको प्यार करेंगी
इसके आगे आपस में वे
कभी नहीं तकरार करेंगी...'

इतना कहकर उस बाबा ने
दस-दस के छः नोट निकाले

बस, फिर, उसके होंठों पर थे
अपनी उँगलियों के ताले

फिर तो उस बाबा की आँखें
बार-बार गीली हो आईं
साफ सिलेटी हृदय - गगन में
जाने कैसी सुधियाँ छाईं

नव शिशु का सिर सूँघ रहा था
विह्वल होकर बार - बार वो
साँस खींचता था रह-रहकर
गुमसुम - सा था लगातार वो

पाँच महीने होने आए
हत्याकांड मचा था कैसा !
प्रबल वर्ग ने निम्न वर्ग पर
पहले नहीं किया था ऐसा !

देख रहा था नवजातक के
दाएँ कर की नरम हथेली
सोच रहा था—इस गरीब ने
सूक्ष्म - रूप में विपदा झेली

आड़ी - तिरछी रेखाओं में
हथियारों के ही निशान हैं
खुखरी है, बम है, असि भी है
गंडासा - भाला प्रधान हैं

दिल ने कहा—दलित माँओं के
सब बच्चे अब बागी होंगे
अग्निपुत्र होंगे वे, अंतिम
विप्लव में सहभागी होंगे

दिल ने कहा—अरे यह बच्चा
सचमुच अवतारी वराह है

इसकी भावी लीलाओं का
सारी धरती चरागाह है

दिल ने कहा—अरे हम तो बस
पिटते आए, रोते आए !
बकरी के खुर जितना पानी
उसमें सौ - सौ गोते खाए !

दिल ने कहा—अरे यह बालक
निम्न वर्ग का नायक होगा
नई ऋचाओं का निर्माता
नए वेद का गायक होगा

होंगे इसके सौ सहयोद्धा
लाख - लाख जन अनुचर होंगे
होगा कर्म - वचन का पक्का
फ़ोटो इसके घर - घर होंगे

दिल ने कहा—अरे इस शिशु को
दुनिया-भर में कीर्ति मिलेगी
इस कलुए की तदबीरों से
शोषण की बुनियाद हिलेगी

दिल ने कहा—अभी जो भी शिशु
इस बस्ती में पैदा होंगे
सब के सब सूरमा बनेंगे
सब के सब ही शैदा होंगे

दस दिनवाले श्याम - सलोने
शिशु मुख की यह छटा निराली
दिल ने कहा—भला क्या देखें
नजरें गीली पलकोंवाली

थाम लिये विह्वल बाबा ने
अभिनव लघु मानव के मृदु पग

पाकर इनके परस जादुई
भूमि अकंटक होगी लगभग

बिजली की फुर्ती से बाबा
उठा वहाँ से, बाहर आया
वह था मानो पीछे-पीछे
आगे थी भास्वर शिशु-छाया

लौटा नहीं कुटी में बाबा
नदी किनारे निकल गया था
लेकिन इन दोनों को तो अब
लगता सब कुछ नया-नया था

तीन

'सुनते हो' बोला खदेरन
'बुद्धू भाई देर नहीं करनी है इसमें
चलो, कहीं, बच्चे को रख आवें...
बतला गए हैं, अभी-अभी गुरु महाराज,
बच्चे को माँ-सहित हटा देना है कहीं
फौरन बुद्धू भाई !'...
बुद्धू ने अपना माथा हिलाया...
खदेरन की बात पर
एक नहीं, तीन बार !
बोला मगर एक शब्द नहीं
व्याप रही थी गम्भीरता चेहरे पर
था भी तो वही उम्र में बड़ा
(सत्तर से कम का तो भला क्या रहा होगा !)
'तो चलो ! उठो, फौरन उठो !
शाम की गाड़ी से निकल चलेंगे
मालूम नहीं होगा किसी को...
लौटने में तीन-चार रोज तो लग ही जाएँगे...

'बुद्धू भाई तुम तो अपने घर जाओ
खाओ, पियो, आराम कर लो

रात में गाड़ी के अंदर जागना ही तो पड़ेगा...
रास्ते के लिए थोड़ा चना-चबेना जुटा लेना
मैं इत्ते में करता हूँ तैयार
समझा-बुझाकर
सुखिया और उसकी सास को...'

बुद्धू ने पूछा, धरती टेककर
उठते-उठते—
'झरिया, गिरिडीह, बोकारो
कहाँ रखोगे छोकरे को ?
वहीं न ? जहाँ, अपनी बिरादरी के
कुली-मजूर होंगे सौ-पचास ?
चार-छै महीने बाद ही
कोई काम पकड़ लेगी सुखिया भी...'
और, फिर अपने आप से
धीमी आवाज में कहने लगा बुद्धू—
छोकरे की बदनसीबी तो देखो
माँ के पेट में था तभी इसका बाप भी
झोंक दिया गया उसी आग में...
बेचारी सुखिया जैसे-तैसे पाल ही लेगी इसको
मैं तो इसे साल-साल देख आया करूँगा
जब तक है चलने-फिरने की ताकत चोले में...
तो क्या आगे भी इस कलुए के लिए
भेजते रहेंगे खर्ची गुरु महाराज ?...

बढ़ आया बुद्धू अपने छप्पर की तरफ
नाचते रहे लेकिन माथे के अंदर
गुरु महाराज के मुँह से निकले हुए
हथियारों के नाम और आकार-प्रकार
खुखरी, भाला, गंडासा, बम, तलवार...
तलवार, बम, गंडासा, भाला, खुखरी...

3 अक्तूबर 77 से 12 अक्तूबर 1977

खिचड़ी विप्लव देखा हमने/पश्यंती-79

जनतावाले परेशान हैं

जनतावाले परेशान हैं तंत्र-मंत्र से, त्राटक से
जनतावाले परेशान हैं देवीजी के नाटक से
जनतावाले परेशान हैं नई-नई हड़तालों से
जनतावाले परेशान हैं R.S.S. वालों से

जनतावाले परेशान हैं अपने ही उन वादों से
जनतावाले परेशान हैं बापू जी की यादों से
जनतावाले परेशान हैं जन-जन की अँगड़ाई से
जनतावाले परेशान हैं दिन-दिन की महँगाई से

जनतावाले परेशान हैं निजी सिफारिशवालों से
जनतावाले परेशान हैं चिकने-चुपड़े गालों से
जनतावाले परेशान हैं कोटि-कोटि बेकारों से
जनतावाले परेशान हैं ताजे-ताजे नारों से

जनतावाले परेशान हैं बूढ़ों की चतुराई से
जनतावाले परेशान हैं उसी इंदिरा ताई से
जनतावाले परेशान हैं अपनी मूत पिएँ कैसे
जनतावाले परेशान हैं नब्बे साल जिएँ कैसे

जनतावाले परेशान हैं पूरब दक्खिन पच्छिम से
जनतावाले परेशान हैं हरिजन गिरिजन मुस्लिम से
जनतावाले परेशान हैं खालिस भगवा झंडों से
जनतावाले परेशान हैं शाखावाले डंडों से

जनतावाले परेशान हैं अति जोशीले नारों से
जनतावाले परेशान हैं मालाओं-जयकारों से
जनतावाले परेशान हैं अपने और परायों से
जनतावाले परेशान हैं जमनापारी गायों से

जनतावाले परेशान हैं छात्र नहीं चुप रहते हैं
जनतावाले परेशान हैं दिल की कभी न कहते हैं

जनतावाले परेशान हैं पता नहीं है बीमारी का
जनतावाले परेशान हैं भेद नहीं है नर-नारी का

जनतावाले परेशान हैं मुटा रही नौकरशाही
जनतावाले परेशान हैं भटक गए फिर से राही
जनतावाले परेशान हैं नजर लगी फिर डायन की
जनतावाले परेशान हैं इनको पड़ी रसायन की

जनतावाले परेशान हैं खींच-तान का आलम है
जनतावाले परेशान हैं सीधे-सामने पालम है
जनतावाले परेशान हैं सबको खुश रक्खें कैसे
जनतावाले परेशान हैं सत्ता-सुख चक्खें कैसे

जनतावाले परेशान हैं जन-जन हँसता है फिर भी
जनतावाले परेशान हैं शासन चलता है फिर भी
जनतावाले परेशान हैं नफ़ाखोर मुसकाता है
जनतावाले परेशान हैं कुछ न समझ में आता है

1977
खिचड़ी विप्लव देखा हमने

मात्राएँ दीर्घ हैं...

छंदों में तो मुश्किल से आएगा य' नाम...
मात्राएँ दीर्घ हैं, क्यों न कर लूँ प्रणाम !
बोल री पूरब, यहाँ खीझ का क्या काम ?
बच्चों की लाड़ को चाहिए ज्यादा ही दाम
मात्राएँ दीर्घ हैं, क्यों न कर लूँ प्रणाम !

यह मगर क्या हुआ ?
तुकों को छलना हुआ !
जमें नहीं मतलब
पेन का चलना हुआ !
पूर्वी फिर कहाँ गई ? कहाँ गई पूर्वा
दूब तो ओझल हुई, हाथ आई दूर्वा

चालू करूँ ट्रांजिस्टर ?
लाहोर, पेकिङ्, मास्को, बी.बी.सी....
जी हाँ, वे भी सुनवाते हैं बम्बइया गीत फिल्मी...
जी हाँ, रात को साढ़े ग्यारह के बाद...
जी हाँ, चालू किया ट्रांजिस्टर...
मल्का-ए-तरन्नुम नूरजहाँ गा रही
जी हाँ, सुनिए बंधु, आप भी
जी हाँ, पूर्वी तो सो गई
सो गई पुरबिया...
ढेर सारे नाम हैं उसके तो...
जी हाँ, बस करूँ अब इस वक्त
मल्काए-तरन्नुम नूरजहाँ गा रही

"मिलके खलोइए, मिलके खलोइए..."
और अपना तो अंतर्मन
चेतना की भीतरी परतों में
अब भी गुनगुनाता है–
गुनगुनाता रहेगा शायद देर तक–
"मात्राएँ दीर्घ हैं, क्यों न कर लूँ प्रणाम ?
बच्चों की लाड़ को चाहिए ज्यादा ही दाम !
बोल री पूरब, यहाँ खीझ का क्या काम
छंदों में तो मुश्किल से आएग य' नाम
मात्राएँ दीर्घ हैं, क्यों न कर लूँ प्रणाम ?"

7 जनवरी 1978
पुरानी जूतियों का कोरस

हमने तो रगड़ा है

तुमसे क्या झगड़ा है
हमने तो रगड़ा है–
इनको भी, उनको भी, उनको भी !

दोस्त है, दुश्मन है

ख़ास है, कॉमन है
छाँटो भी, मीजो भी, धुनको भी !
लँगड़ा सवार क्या
बनना अचार क्या
सनको भी, अकड़ो भी, तुनको भी !

चुप-चुप तो मौत है
पीप है, कठौत है
बमको भी, खाँसों भी, खुनको भी !

तुमसे क्या झगड़ा है
हमने तो रगड़ा है
इनको भी, उनको भी, उनको भी !!

14 जनवरी 1978
हजार-हजार बाँहोंवाली

26 जनवरी, 15 अगस्त

किसकी है जनवरी, किसका अगस्त है ?
कौन यहाँ सुखी है, कौन यहाँ मस्त है ?

सेठ है, शोषक है, नामी गला-काटू है
गालियाँ भी सुनता है, भारी थूक-चाटू है
चोर है, डाकू है, झूठा-मक्कार है
कातिल है, छलिया है, लुच्चा-लावार है
जैसे भी टिकट मिला
जहाँ भी टिकट मिला
शासन के घोड़े पर वो ही सवार है
उसी की जनवरी छब्बीस
उसी का पंद्रह अगस्त है
बाकी सब दुखी हैं, बाकी सब पस्त हैं...

कौन है खिला-खिला, बुझा-बुझा कौन है
कौन है बुलंद आज, कौन आज मस्त है ?

खिला-खिला सेठ है, श्रमिक है बुझा-बुझा
मालिक बुलंद है, कुली-मजूर पस्त है
सेठ यहाँ सुखी है, सेठ यहाँ मस्त है
उसकी है जनवरी, उसी का अगस्त है

पटना है, दिल्ली है, वहीं सब जुगाड़ है
मेला है, ठेला है, भारी भीड़-भाड़ है
फ्रिज है, सोफ़ा है, बिजली का झाड़ है
फैशन की ओट है, सब कुछ उघाड़ है
पब्लिक की पीठ पर बजट का पहाड़ है
गिन लो जी, गिन लो, गिन लो जी, गिन लो
मास्टर की छाती में कै ठो हाड़ है !
गिन लो जी, गिन लो, गिन लो जी, गिन लो
मजदूर की छाती में कै ठो हाड़ है !
गिन लो जी, गिन लो, गिन लो जी, गिन लो
घरनी की छाती में कै ठो हाड़ है !
गिन लो जी, गिन लो, गिन लो जी, गिन लो
बच्चे की छाती में कै ठो हाड़ है !
देख लो जी, देख लो, देख लो जी, देख लो
पब्लिक की पीठ पर बजट का पहाड़ है
मेला है, ठेला है, भारी भीड़-भाड़ है
पटना है, दिल्ली है, वहीं सब जुगाड़ है
फ्रिज है, सोफ़ा है, बिजली का झाड़ है
फैशन की ओट है, सभी कुछ उघाड़ है

महल आबाद है, झोंपड़ी उजाड़ है
गरीबों की बस्ती में उखाड़ है, पछाड़ है
धत् तेरी, धत् तेरी, कुच्छो नहीं ! कुच्छो नहीं
ताड़ का तिल है, तिल का ताड़ है
ताड़ के पत्ते हैं, पत्तों के पंखे हैं,
पंखों की ओट है, पंखों की आड़ है
कुच्छो नहीं, कुच्छो नहीं...
ताड़ का तिल है, तिल का ताड़ है
पब्लिक की पीठ पर बजट का पहाड़ है

किसकी है जनवरी, किसका अगस्त है !
कौन यहाँ सुखी है, कौन यहाँ मस्त है !
सेठ ही सुखी है, सेठ ही मस्त है
मंत्री ही सुखी है, मंत्री ही मस्त है
उसी की है जनवरी, उसी का अगस्त है

1978

तुमने कहा था

हो गए बारह महीने

कुर्सियों पर जमे तुमको
फ़ाइलों में रमे तुमको
क्रांति-पथ पर थमे तुमको
हो गए बारह महीने
हो गए बारह महीने
स्वच्छता की क़सम खाए
दुआ का टीका लगाए
प्रशासन का सुफल पाए
हो गए बारह महीने
हो गए बारह महीने
सजे - सँवरे - जँचे तुमको
छटाओं में रचे तुमको
बसे तुमको, बचे तुमको
हो गए बारह महीने
हो गए बारह महीने
नील नभ में उड़े तुमको
तृप्ति - रस में जुड़े तुमको
कुंज वन में मुड़े तुमको
हो गए बारह महीने
हो गए बारह महीने
सिर हिलाते, दृग नचाते
भीतरी ऊधम मचाते
मार में बचते - बचाते

हो गए बारह महीने
हो गए बारह महीने
पाठ धीरज का पढ़ाते
पत्थरों पर जल चढ़ाते
मोल शब्दों का बढ़ाते
हो गए बारह महीने
हो गए बारह महीने
सादगी - ईमानदारी
गई कुचली, गई मारी
दुखी हैं नर और नारी
हो गए बारह महीने
हो गए बारह महीने
मूत्र अपना पी रहे हो
दिव्य जीवन जी रहे हो
क्या कहूँ जिद्दी रहे हो
हो गए बारह महीने
हो गए बारह महीने
यह घटक है, वह घटक है
हर घड़ी उठ्ठा - पटक है
क्या चटक है, क्या मटक है
हो गए बारह महीने
हो गए बारह महीने
खेल का है गोल चक्कर
काठ पर बैठे हैं बक्कर
नशे में लेते हैं टक्कर
हो गए बारह महीने
हो गए बारह महीने
कली कागज़ की खिली है
मूड में कुर्सी मिली है
जभी तो यह पिलपिली है
हो गए बारह महीने
हो गए बारह महीने
जल रहे, भुन रहे हरिजन
दुखी पुरजन, दुखी परिजन

तुम्हें तो प्रिय हुए अरिजन
हो गए बारह महीने
हो गए बारह महीने
चरण जगजीवन मुरारी
लिये कर में असि दुधारी
अहिंसा के नामधारी
हो गए बारह महीने
हो गए बारह महीने
कुर्सियों पर जमे तुमको
फ़ाइलों में रमे तुमको
क्रांति - पथ पर थमे तुमको
हो गए बारह महीने
हो गए बारह महीने
स्वच्छता की कसम खाए
दुआ का टीक लगाए
प्रशासन का सुफल पाए
हो गए बारह महीने
हो गए बारह महीने

तुमने कहा था/जन संसार, 9 अप्रैल 1978

नित नए मिलन हैं

नित-नए मिलन हैं पुराने यारों के
घिनौने इंगित हैं रँगे सियारों के
दिखावा है, छल है
मल ही मल है
हल्ला है, शोर है, हुआँ-हुआँ है
कुआँ है, कुआँ है, कदम कुआँ है
इधर नहीं बढ़ना—
विक्षुब्ध नौजवानो, होशियार !
इधर नहीं बढ़ना—
कुपित श्रमिको, किसानो, होशियार !
इधर नहीं बढ़ना—
बेसहारे भूमिहीनो, होशियार !

इधर नहीं बढ़ना--
दुखियारे गमगीनो, होशियार
क्रांति का कुहासा है इस ओर
भ्राँति का धुआँ है इस ओर
कदम कुआँ है इस ओर...

1978
खिचड़ी विप्लव देखा हमने

पूर्ण हुए तो सभी मनोरथ

पूर्ण हुए तो सभी मनोरथ
बोलो जे.पी., बोलो जे.पी.
सधे हुए चौकस कानों में
आज ठूँस ली कैसे ठेपी !

ज़ोर-जुल्म की मारी जनता
सुन लो, कैसी चीख रही है
तुमको क्या अब सारी दुनिया
ठीक-ठाक ही दीख रही है

चरण-मुरारी ठीक-ठाक हैं
ठीक-ठाक हैं जगजीवन भी
ठीक-ठाक हैं अटल बिहारी
चला जा रहा सुख-शासन भी

दंडवते की रेल चल रही
अडवानी की गगन भारती
कदम कुआँ तो सभी पहुँचते
सब उतारते दिव्य आरती

बीच गगन में ठमक गई है
कीर्ति तुम्हारी लोकनायिका
उसे फिक्र है, शेष क्षणों में
बिछे न शायद शोक-शायिका

बोलो, जे.पी., चरण-छाप फासिज़्म तुम्हारा क्या लगता है
कह सकते हो, पंतनगर में बचकाना टोटा दगता है
सरकारें हैं खेल-खिलौना, शासन है मजनू का टीला
तुम्हें क्या पता, क्यों सुलगता था वो संबल, वो बैलाडीला

बोलो जे.पी., मुँह न चुराओ
सही सवालों के जवाब दो
चेलों को काबू में लाओ
अपनी ताकत का दबाव दो

तुमने क्या चाहा था जे.पी.
क्या कुछ जी में भरा पड़ा था
सच बतलाओ, दिल के अंदर
कैसा काँटा कहाँ गड़ा था

क्रांति तुम्हारी पूर्ण हो चुकी
सुफल हो चुका अमृत-महोत्सव
बोलो जे.पी., बोलो जे.पी
पूर्ण हुए तो सभी मनोरथ !

22 मई, 1978

भीड़-भाड़ ने पुकारा

जय हो लोकनायक : भीड़-भाड़ ने पुकारा
जीत हुई पटना में, दिल्ली में हारा
क्या करता आखिर बूढ़ा बेचारा
तरुणों ने साथ दिया, सयानों ने मारा
जय हो लोकनायक : भीड़-भाड़ ने पुकारा

लिया नहीं संग्रामी श्रमिकों का सहारा
किसानों ने यह सब संशय में निहारा
छू न सकी उनको प्रवचन की धारा
सेठों ने थमाया हमदर्दी का दुधारा
क्या करता आखिर बूढ़ा बेचारा

कुएँ से निकल आया बाघ हत्यारा
फँस गया उल्टे हमदर्द बनजारा
उतरा नहीं बाघिन के गुस्से का पारा
दे न पाया हिंसा का उत्तर करारा
क्या करता आखिर बूढ़ा बेचारा

जय हो लोकनायक : भीड़-भाड़ ने पुकारा
मध्यवर्गी तरुणों ने निष्ठा से निहारा
शिखरमुखी दल-नायक पा गए सहारा
बाघिन के माँद में जा फँसा बिचारा
गुफा में बंद है शराफत का मारा !

1978

नथने फुला-फुला के

राह चलते-चलते/यक-ब-यक बाँह पकड़ ली
खुद भी खड़े रहे/मुझे भी रोक लिया
और बोले :
क्या कुछ ख़ास-सी महसूस होती है ?
मैं चौंका :
क्या सचमुच कोई ख़ासियत मालूम देती है !
फिर हमारे प्राध्यापक मित्र
भरपूर साँस खींचकर कहने लगे :

"यहाँ, मुलुंड में इत्र का कारख़ाना लगा है
मराठा व्यवसायी एक कोई केलकर साहब ने
सौरभ-द्रव्यों का अपना अभिनव उत्पादन-केंद्र
आरम्भ किया है यहाँ मुलुंड में
प्रतिदिन, संध्याकाल
पवन देव की अनुकम्पा से
इर्द-गिर्द बीसियों किलोमीटर
हो उठते हैं मुअत्तर.../यह सुरभित सांध्य समीर

हमारे मुलुंड की बहुत बड़ी ख़ासियत है...”

“आपकी गंध-चेतना ठस तो नहीं हुई ?
अभी तो सत्तर के न हुए होंगे आप—”
फिर से हमारे प्राध्यापक मित्र ने
अपने तईं भरपूर साँस खींची
नथने फुला-फुला के/वे मुअत्तर हवा भर ली अंदर !

1978

हजार-हजार बाँहोंवाली

डेमोक्रेसी की डमी !

डेमोक्रेसी की डमी !
वो देखो, देखो,
गुफा से निकली संजय की ममी !
खिल पड़े तुम—
झटका खा गए हमीं !
हुई फिर से देवी, डायन में क्या थी कमी ?
वो देखो, वो देखो,
अब न रहा चेहरा मातमी !
वो देखो, वो देखो,
गुफा से निकली संजय की ममी !

क्या तो पवनार, क्या तो बेलछी
पहुँची वो कहाँ नहीं, कहाँ न थमी !
हिम्मत तो देखो, चली गई कदम कुआँ
जे.पी. से मिलते ज़रा भी क्या सहमी ?
वो देखो, वो देखो,
गुफा से निकली संजय की ममी !
डेमोक्रेसी की डमी...

1978

पुरानी जूतियों का कोरस

हमारे दिल में

वल्लतोल हमारे दिल में
विश्वशांति औ' नवरचना के
शुभ-संकल्प जगाते हैं।
गंगा-जमुना के पुलिनों पर
अपने केरल के ओणम का
मेला यहाँ लगाते हैं।

वल्लतोल हमारे दिल में
विश्वशांति औ' नवरचना के
जी हाँ, जी हाँ, शुभ-संकल्प जगाते हैं।

चंदन की खुशबू के झोंके
जन-जीवन में
ताज़ापन ही भरते हैं
हथियारों के सौदागर तो
भू-मंडल को
वायु-प्रदूषित करते हैं
चंदन की खुशबू के झोंके
जी हाँ, जी हाँ, जन-जीवन में
ताज़ापन ही भरते हैं।

केरल की सरसब्ज़ भूमि पर
धान-नारियल-काजू वन की
हरियाली लहराती है
श्रमिकों-कृषकों की नव-संस्कृति
सुधी-जनों के अंतर्मन में
दिन-से-दिन गहराती है
केरल की सरसब्ज़ भूमि पर
जी हाँ, जी हाँ, हरियाली लहराती है।

वल्लतोल हमारे दिल में
विश्वशांति औ' नवरचना के
शुभ-संकल्प जगाते हैं।

1978
तुमने कहा था

माइ डियर दद्दू हमारे

माइ डियर दद्दू हमारे
मार्शल टीटो ऽऽऽ !
मैत्री की चादर को ज़्यादा न पछीटो !
सह-अस्तित्व की लकीर पीटो !
हुआ के माथे पर दूब-अच्छत छींटो !
ब्रेझनेव व कार्टर को लाड़ में घसीटो !
माइ डियर दद्दू हमारे, मार्शल टीटो !
मैत्री की चादर को ज़्यादा न पछीटो !

1978

तुमने कहा था

जो जी में आए, कहो !

जो जी में आए, कहो !
जैसा भी रहना चाहो, रहो !
मर्ज़ी-मुताबिक़ कुछ भी करो !
उतराते ही रह जाओ या डूब मरो
ब्रह्मचारी, भगवान, योगिराज, परमहंस...
कुच्छ भी क ह ला ओ ऽऽ...
हमें लेकिन प्रवचनों की फुहारों में नहलाओ !
करो चाहे सौ-पचास का नितम्ब-भंजन
दो लेकिन पब्लिक को भरपूर मनोरंजन
राजनीति-प्रजानीति, अर्थनीति-दंडनीति...
सबको मारो गोली
तुम तो ठहरे पूर्ण पुरुष
खेलो जी खेलो माया के साथ होली
ऋद्धि-सिद्धि चूमती चलेंगी तुम्हारे चरण
स्वर्ग में बहुत बड़ा मैच होगा
करेगी ज़रूर ही पारियों की कोई टीम तुम्हारा वरण
ज़ो जी में आए, कहो !
जैसा भी रहना चाहो, रहो !

1978

तुमने कहा था

हुआ ! हुआ !! हुआ !!!

हुआ ! हुआ !! हुआ !!!
तुमने तो सचमुच चाँद को छुआ !
सफ़ाई से जीत गए जुआ...
क्या करेगा तुम्हारा कन्फूशियस मुआ !
मैं तो भला लूँगा ही लूँगा—
सम्पूर्ण क्रांति का अपना पुआ...
माओ की 'आत्मा' से माँगता हूँ यही दुआ !
देख लो, ऊपर से अमृत-विंदु चुआ...
हुआ, जो, हुआ !
यहाँ तो, जी, अपने गाँव में
जाने क्या तो हुआ
कलवाली डायन वो
निकल आई हमारे बच्चों की बुआ !
हुआ, ओ, हुआ !
तुमने तो सचमुच चाँद को छुआ...
सफ़ाई से जीत गए जुआ !

1978
तुमने कहा था

आतुर जीव की प्रार्थना सुनेगा कौन ?

यही रह गया बाकी !
जी हाँ, बाकी बचा यही !
वरना, वो सारी दुनिया के
चक्कर लगा चुका है
दसियों बार...।
अदना-सा बेचारा जीव
निहायत मामूली, नाचीज़
भला, किसको नहीं आती है घिन !
नफ़रत के मारे सुलग उठता है रोआँ-रोआँ
बदनसीब बेचारा !!
जी हाँ, वो अबकी वहाँ भी पहुँचेगा

जी हाँ, पहुँच के रहेगा
निहाल हो जाएगा
'पंचशील' की खुशबू में
तरोताज़ा होकर...।
वो फिर से
बेंत की नफ़ीस डलिया के अंदर
पहुँचकर दुबक जाएगा
अखबारी कागज़ोंवाले
छबीले गत्तों के अंतराल
भली-भाँति मालूम हैं !
मालूम हैं ! भली-भाँति
बेंत की ढीली ढक्कनों के फाँक
न्यूयार्क-वाशिंगटन, मास्को-लेनिनग्राद,
काठमांडू-ढाका-रंगून-कोलम्बो-कराची
अदन-कैरो-बेरुत-दमिश्क
रोम-बर्लिन-पेरिस-लंदन
सिंगापुर-हांगकांग-बैंकाक-तोकिओ
दसियों बार चक्कर लगा आया है वो !
जी हाँ, कहाँ नहीं गया है !
कनाडा-आस्ट्रेलिया-इंडोनेसिया
अफ्रिका और भूटान
जी हाँ, कहाँ नहीं गया है वो ?
दो बार, चार बार, दस बार।
बस, लाल चीन की वो राजधानी ही
बाकी बची है
क्योंकि मालिक लम्बी बीमारी में लाचार
पड़े हैं...पूर्ण विश्राम...
जी हाँ, प्रभु को
दरकार है पूरा आराम
यानी कम्प्लीट रेस्ट...
डॉक्टरों की कड़ी निगरानी है
हाय, प्रभु ! आश्रयदाता...
ज़रा जल्दी हो जाओ स्वस्थ...
जग-जाहिर है आपका मनोबल !
आतुर जीव की

प्रार्थना सुनेगा कौन ?
टकराती है
बूढ़े कवि के ख़स्ता दिल से
अपने विदेश-मंत्री के पालतू
तिलचट्टे की आकुल गुहार
दस बार, बीस बार...

9 नवम्बर 1978
तुमने कहा था

घटकवाद की उठा-पटक है

चीं-चीं चें-चें चटक-मटक है
घटकवाद की उठा-पटक है
जै-जै राम सटाक-सटक है
फैल गई हिंसा की लीला
गंगा दूषित, जल है पीला
काँप रहा मजनू का टीला
घोंट-घाँट है, घटा-घटक है
घटकवाद है, उठा-पटक है
बंदूकों ने रंग जमाया
चरणसिंह ने भस्म रमाया
उधर पुलिस ने नाम कमाया
चीं-चीं चें-चें चटक-मटक है
घटकवाद की उठा-पटक है
यम का खुला हुआ फाटक है
छीना-झपटी का त्राटक है
ठगपंथी का ही नाटक है
जै-जै राम सटाक-सटक है
घटकवाद की उठा-पटक है
नानाजी नव कामराज हैं
अटल प्रमुख हैं, बिना ताज हैं
पूर्ण क्रांति के साज-वाज हैं
कुटिल नीति यह कूट-कटक है
घटकवाद की उठा-पटक है

आरक्षण का संरक्षण क्या
नौकरशाही का भक्षण क्या
भ्रष्ट तंत्र का है लक्षण क्या
जातिवाद की भूल-भटक है
घटकवाद की उठा-पटक है
घाव घाव है, दवा नहीं है
घुटन घुटन है, हवा नहीं है
चूल्हा है, पर तवा नहीं है
राशन सीताराम सटक है
घटकवाद है, उठा-पटक है
शासन का जादुई यंत्र है
धन-कुबेर का महा मंत्र है
लोकनीति है पुलिस तंत्र है
हिंसा में क्या कहीं अटक है
पाँच नहीं यह एक घटक है
खुली जीभ का जादू देखो
कबिरा देखो, दादू देखो
झग्गल देखो, लादू देखो
करनी सीताराम सटक है
घटकवाद की उठा-पटक है

1978
तुमने कहा था

पुलिस आगे बढ़ी...

चंदन का चर्खा निछावर है इस्पाती बुलेट पर
निछावर है अगरबत्ती चुरुट पर, सिग्रेट पर
नफ़ाखोर हँसता है सरकारी रेट पर
फ्लाई करो दिन-रात, लात मारो पब्लिक के पेट पर !

पुलिस आगे बढ़ी—
क्रांति को सम्पूर्ण बनाएगी
गुमसुम है फौज—
वो भी क्या आजादी मनाएगी

बँध गई घिग्घी—
माथे में दर्द हुआ
नंगे हुए इनके वायदे—
नाटक बे-पर्द हुआ !

मिनिस्टर तो फूकेंगे अंधाधुंध रकम
सुना करेगी अवाम बक-बक-बकम
वतन चुकाएगा जहालत की फीस
इन पर तो फबेगी खादी नफ़ीस !
धंधा पालिटिक्स का सबसे चोखा है
बाकी तो ठगैती है, बाकी तो धोखा है
कंधों पर जो चढ़ा, वो ही अनोखा है
हमने कबीर का पद ही तो घोखा है !

1978
खिचड़ी विप्लव देखा हमने

देवरस-दानवरस

देवरस-दानवरस
पी लेगा मानव-रस
होंगे सब विकृत-विरस
क्या षट्रस, क्या नवरस
होंगे सब विजित-विवश
क्या तो तीव्र क्या तो ठस
देवरस-दानवरस
पी लेगा मानव-रस

सर्वग्रास-सर्वत्रास
होगा अब इतिहास
फैलाएगा उजास
पशु-विप्लव पशु-विलास
जन-लक्ष्मी अति उदास
छोड़ेगी बस उसाँस
चरेगी हरी घास

संस्कृति की गलित लाश
कूड़ों के आस-पास
ढूँढेंगे प्रात-राश
ग्रामदास-नगरदास
देखेगा जग विकास
अंत्योदय-अंत्यनाश
होगा अब इतिहास
सर्वत्रास-सर्वग्रास !

1978
खिचड़ी विप्लव देखा हमने

हाय, अलीगढ़

हाय, अलीगढ़ !
हाय, अलीगढ़ !
बोल, बोल, तू ये कैसे दंगे हैं
हाय, अलीगढ़ !
हाय, अलीगढ़ !
शांति चाहते, सभी रहम के भिखमंगे हैं
सच बतलाऊँ ?
मुझको तो लगता है प्यारे,
हुए इकट्ठे इत्तिफाक से, सारे ही नंगे हैं
सच बतलाऊँ ?
तेरे उर के दुख-दरपन में
हुए उजागर
सब कोढ़ी-भिखमंगे हैं
फिकर पड़ी बस अपनी-अपनी
बड़े बोल हैं
ढमक ढोल हैं
पाँच स्वार्थ हैं पाँच दलों के
हदें न दिखतीं कुटिल चालाकी
ओर-छोर दिखते न छलों के
बत्तिस-चौंसठ मनसूबे हैं आठ दलों के।

1978
खिचड़ी विप्लव देखा हमने

खूब सज रहे

खूब सज रहे आगे-आगे पंडे
सरों पर लिये गैस के हंडे
बड़े-बड़े रथ, बड़ी गाड़ियाँ, बड़े-बड़े हैं झंडे
बाँहों में ताबीजें चमकीं, चमके काले गंडे
सौ-सौ ग्राम वजन है, कछुओं ने डाले हैं अंडे
बढ़े आ रहे, चढ़े आ रहे, चिकमगलूरी पंडे
बुढ़िया पर कैसी फबती है दस हजार की सिल्कन साड़ी
उफ़, इसकी बकवास सुनेंगे लाख-लाख बम्भोल अनाड़ी
तिल-तिलकर आगे खिसकेगी प्रजातंत्र की खच्चर गाड़ी
पूरब, पश्चिम, दक्खि, उत्तर, आसमान में उड़े कबाड़ी !

12 जनवरी 1979
खिचड़ी विप्लव देखा हमने

वो अंदर से बाँस करेंगे

वो अंदर से बाँस करेंगे
मैं बाहर से बाँस करूँगा
मैं थूकूँगा भी दुश्मनों पर
मैं इत्र भी मलूँगा दुश्मनों को
मैं इनकी ऐसी-तैसी कर दूँगा
मैं इन्हें गालियाँ भी दूँगा
मैं इनकी ठकुर-सुहाती भी करूँगा
कब मैं किसके साथ रहूँगा
कब मैं किसके खिलाफ़ क्या-कुछ कहूँगा
मुझे खुद भी नहीं मालूम
ख़बरदार, अब कोई मुझे न कहे–
'लोहिया नंदन'–जी हाँ,
मैं तो तब भी राजनारायण था
मैं अब भी राजनारायण हूँ
बाक़ी तो मैं क्या हूँ...
जी हाँ, मैं अपने मन का राजा–
अपनी ग्राम-लक्ष्मी का नारायण हूँ

नेहरू की पुत्री का हारायण हूँ
जी हाँ, मैं राजनारायण हूँ !

1 फरवरी 1979
तुमने कहा था

माईक का डंडा

दोनों हाथ जोड़े
झुका खड़ा है
75 वर्षीय दाढ़ीवाला
60 वर्षीय उस दबंग के सामने...
जूड़ेवाली नगर सुंदरी
आगे बढ़कर
कर रही है उसे माल्यार्पण
हुलसित मुद्रा में
गंजी खोपड़ीवाला
वो राज्य सुंदर
खड़ा है अकड़कर
अलग ही...
साक्षी-सा विराजमान है
बीचोंबीच माईक का डंडा...

1 फरवरी 1979
अपने खेत में...

न गधी का, न घोड़े का

न गधी का, न घोड़े का
न बैल का, न गाय का
ससुराल नहीं—मायका...
जी हाँ, सम्पूर्ण क्रांति का
शांति का, भ्रांति का
शत-प्रतिशत मायका !
अपना यह बिहार

यहाँ, दूसरी आज़ादी
दिखला रही अपनी बहार
जे.पी. का सर-दर्द, जे.पी. का मनुहार
जे.पी. की ज़िद, जे.पी. का प्यार
सभी कुछ हासिल है बिहार को
तभी तो निकली अंतरिक्ष अभिसार को !
लो—क—नी—ति...
सम्पूर्ण क्रांति का मायका
अपना यह बिहार !
क्यों नहीं सुनेगा अगले युगों की पुकार
अपना वो बिहार ?
अपना ये बिहार ?

6 फरवरी 1979
तुमने कहा था

गुरु गुड़...

गुरु गुड़
चेला चीनी
विदाई की बेला थी बेहद भावभीनी...
गधा कहीं का, करेगा तू नुक्ताचीनी ?
जी हाँ, वो है चच्चच्चतुर पपूपपूपाजी
मैं ठहरा फुफ्फुफ् फुफ्फूहड़ पपूपपूपाजी
तो कक्कऽऽ कब तक् सिर धुनिएगा
ज्जजूजाइए उधर, इ-इ-इमन् कल्याण नहीं सुनिएगा।

10 फरवरी 1979
तुमने कहा था

कैसे रहा जाएगा...

यह क्या हो रहा है जी ?
आप मुँह नहीं खोलिएगा !
कुच्छो नहीं बोलिएगा !

कैसे रहा जाएगा आपसे ?
आप तो डरे नहीं कभी अपने बाप से
तो, बतलाइए, यह क्या हो रहा है ?
कौन पा रहा है, कौन खो रखा है ?
प्लीज, बतलाएँ तो सही...
अपनी तो बे-कली बढ़ती जा रही
यह क्या हो रहा है जी
प्लीज, बतलाएँ तो सही...

26 फरवरी 1979
भूल जाओ पुराने सपने

आइए हुजूर !

ओ हो हो हो
आइए हुजूर, आइए !
आ हा हा हा
बड़ी मुद्दत के बाद दिखाई पड़े हुजूर !
कहाँ ले चले हैं तशरीफ
खरामा-खरामा चल रहे हैं
पैरों में क्या कोई तकलीफ है हुजूर ?
मैं हुजूर की क्या खिदमत करूँ, हुजूर !
हाय-हाय हुजूर...
होय-होय हुजूर...
मगर ये क्या बात हुई हुजूर !
कि हुजूर से चला नहीं जा रहा है अब
पहले तो जब-जब मुलाकात हुई
तब-तब लगता था कि
हुजूर ने 'चलना' तो सीखा ही नहीं
सरपट भागना ही सीखा है हुजूर ने !
मगर अब ये क्या बात हुई हुजूर !
कि, हुजूर से चला नहीं जा रहा है...

5 मार्च 1979
भूल जाओ पुराने सपने

जी हाँ, लिख रहा हूँ...

जी हाँ, लिख रहा हूँ...
बहुत कुछ ! बहोत-बहोत !!
ढेर-ढेर-सा लिख रहा हूँ !
मगर, आप उसे पढ़ नहीं
पाओगे...देख नहीं सकोगे
उसे आप !

दरअसल बात यह है कि
इन दिनों अपनी लिखावट
आप भी मैं कहाँ पढ़ पाता हूँ
नियोन-राड पर उभरती पंक्तियों की
तरह वो अगले ही क्षण
गुम हो जाती है
चेतना के 'की-बोर्ड' पर वो बस
दो-चार सेकेंड तक ही
टिकती है...
कभी-कभार ही अपनी इस
लिखावट को कागज़ पर
नोट कर पाता हूँ,
स्पंदनशील संवेदन की
क्षण-भंगुर लड़ियाँ
सहेजकर उन्हें और तक
पहुँचाना !
बाप रे, कितना मुश्किल है !
आप तो 'फ़ोर फ़िगर' मासिक–
वेतनवाले उच्च-अधिकारी ठहरे,
मन-ही-मन तो हँसोगे ही,
कि भला यह भी कोई
काम हुआ, कि अनाप-
शनाप ख़यालों की
महीन लफ्फाज़ी ही
करता चले कोई–
यह भी कोई काम हुआ भला !

23 मार्च 1979
तुमने कहा था

गुठलियों के दाम आएँगे

सारवंती गुठलियों के दाम आएँगे
पके आमों को सहेजो, काम आएँगे
चींटियाँ-चींटे कि सुबहो-शाम आएँगे
सिर नवाने कई मेवाराम आएँगे
झुकेंगे दक्षिण, अजी हाँ, वाम आएँगे
रेडियो में तुम्हारे ही नाम आएँगे
पके आमों को सहेजो, काम आएँगे
सारवंती गुठलियों के दाम आएँगे

29 मार्च 1979
इस गुब्बारे की छाया में

कुत्ते ने भी कुत्ते पाले, देखो भाई

कुत्ते ने भी कुत्ते पाले, देखो भाई !
पैदल चलनेवालों की तो शामत आई !
इन्हें सुलभ है फ्रिजवाली वो बरफ-मलाई
किश्तों में भूँका करते हैं, बस, प्रभु के हैं उत्तरदाई
बूढ़ों तक की करते हैं ये खाल-खिंचाई
इनके लेखे जैसे बाभन, वैसे नाई
पैदल चलनेवालों की तो शामत आई
कुत्ते ने भी कुत्ते पाले, देखो भाई !

30 मार्च 1979
तुमने कहा था/साप्ताहिक हिंदुस्तान

साँस खींचो

करो गर्जन, करो तर्जन, साँस खींचो
सींग झाड़ो, खुरों से कीचड़ उलीचो
दिखावट के ओ झरोखो, ओ दरीचो
हवा तक तुमसे सहमती, आँख मीचो
और क्या क्या बनोगे अब, अरे नीचो

तुम्हें क्या है, कुबेरों के बाग सींचो
सींग झाड़ो, खुरों से कीचड़ उलीचो
करो गर्जन, करो तर्जन, साँस खींचो

30 मार्च 1979
भूल जाओ पुराने सपने

स्वगत : अपने को सम्बोधित

आदरणीय,
अब तो आप
पूर्णतः मुक्त जन हो !
कम्प्लीट्ली लिबरेटेड...
जी हाँ, कोई ससुरा
आपकी झाँट नहीं
उखाड़ सकता, जी हाँ !!
जी हाँ, आपके लिए
कोई भी करणीय कृत्य
शेष नहीं बचा है—
जी हाँ, आप तो अब
इतिहास-पुरुष हो...
स्थितप्रज्ञ—
निर्लिप्त, निरंजन...
युगावतार !
जो कुछ भी होना था,
सब हो चुके आप !
ओ मेरी माँ, ओ मेरे बाप !
आपकी कीर्ति—
जल-थल-नभ में गई है व्याप !
सब कुछ हो आप !
प्रभु क्या नहीं हो आप !

क्षमा करो आदरणीय
अकेले में, अक्सर
मैंने आपको

दुर्वचन कहे हैं !
नहीं कहे हैं क्या ?
हाँ, हाँ, बारहा कहे हैं
मैंने आपको दुर्वचन
जी-भर के फटकारा है
जी हाँ, अक्सर फटकारा है
क्षमा करो प्रभु !
महान हो आप...
महत्तर हो, महत्तम हो
क्या नहीं हो आप ?
मेरी माँ, मेरे बाप !
क्या नहीं हो आप ?

8 मई 1979
भूल जाओ पुराने सपने

महादैत्य का दुःस्वप्न

अकस्मात–
अजीब-सी रासायनिक दुर्गंध
पूस की ठिठुरनवाली उस हवा में महसूस हुई
भेड़िए की विष्ठा से मिलती हुई दुर्गंध
बनैले सूअर की गू से मिलती हुई दुर्गंध
छेदकर नासा-रन्ध्र कर दिया उद्विग्न मन को, प्राणों को
"क्या है यह ?"–विचलित हो उठे अंतःकरण मेरे
"क्या है यह ?"–छत पर निकलकर लगाऊँ पता
आवाज दूँ पड़ोसियों को–"क्या है यह ?"
"आ रही है किधर से ऐसी अजीब बद-बू?"

तेरहवीं रात थी पूस के उजाले पाख की
कोहरे में धुली-धुली चाँदनी फैली थी
चमक रही थीं छतें ही छतें
लेटा था शीतकाल उजली-धुली छतों पर
चमक रहा था महागगन महानगर का
भारी-भारी जहाज से खड़े थे महा-प्रासाद

बीस मंजिला-तीस मंजिला-चालीस मंजिला
उनका विद्युत-शृंगार कर रहा था उपहास
चाँदनी गरीबिन का...कोहरे की मारी हुई

बिल्ली-सा अति चौकस
चुपचाप, पैर मारकर
पहुँचा छत पर
बैठा दुबककर
फुला-फुलाकर नथने
लेने लगा गंध का अंदाज
देखने लगा खुली आँखों से आस...पास...
सोचा और फिर-फिर सोचा :
मात्र मुझको ही महसूस हो रही है
यह विकट दुर्गंध !
धोखा तो नहीं खा गई मेरी घ्राण चेतना !
और कहाँ कोई दिखाई पड़ रहा है छतों पर इधर-उधर !
अब इत्ती रात गए, मैं किस-किससे मालूम करता फिरूँ
"क्यों, भाई, तुमको भी हवा में कुछ महसूस हो रही है
यही, कोई खास किस्म की स्मेल !
यही, कोई खास किस्म की गंध !
दुर्गंध या सुगंध !"
कि इतने में—
दुर्गं का वो लहरा निकल गया दूर
सहज हुई हवा
स्वच्छ लगने लगा वातावरण
—ऐसा स्वच्छ कि मुझको लगा... —
दुर्गंध-फुर्गंध कुछ नहीं थी
वो तो अपने चित्त का भ्रम था !

नित्यरत पिशाच का चटख-विकराल मुखौटा
होता गया और चटख और भी विकराल
आकार बढ़ता गया उसका
दुगुना-चौगुना-अठगुना-दसगुना
नृत्यरत पिशाच की बेडौल वीभत्स काया
आकार में बढ़ती गई

दुगुनी-चौगुनी-अठगुनी-दसगुनी...
छतों पर सरकने लगी क्रमशः
किंभूत-किमाकार उस पिशाच को
काली डरावनी छाया...
जंगम आतंक के स्थूलायत सुदीर्घ
पैरों की भद्दी छायाऽऽकृति
मजे में लग गई टहलने-बूलने

फलाँगती आई इस छत पर, उस छत पर
वो दखो, वो देखो !
भारी-भारी जहाज-से खड़े महा-प्रासाद
नृत्यरत पिशाच की जाँघों के अंतराल में
लगते हैं कैसे ! कैसे लगते हैं !...
कोई ढीठ बालक, दुर्दांत प्रकृति शिशु
स्वनिर्मित क्रीड़ा भवनों को
लेकर अपनी जाँघों के अंदर
खड़ा है, खड़ा है
चल रहा है, चल रहा है
बाकी और बालक चकित हैं, विस्मय-विमोहित
—"क्या यह वही साथी है उनका !
जाने कैसी लीला रच रहा है !
क्यों आतंकित कर रहा है इस प्रकार सबको !"
क्या पता, हमारे ही साथ का कोई व्यक्ति
जाड़े के निभृत-निशीथ में
कर रहा हो अभ्यास दानवी माया का
क्या पता, हमारे ही बीच का कोई एक
चुपचाप सीख रहा हो पिशाच-नृत्य का पाठ !

4 जून 1979

इस गुब्बारे की छाया में/साक्षात्कार-81-84, नवंबर 1986

दलबदलू बुजुर्ग

"दर-असल
अपन वही हैं
वही रहेंगे, हाँ, वही

न बदले हैं, न बदलेंगे
बदलते हुए दीखेंगे
फिर भी कुछ नहीं सीखेंगे
80-85-90 के बूढ़ों को ढोएँगे
उन्हीं के साए में, बापू की समाधि पर
शपथ लेंगे, फिर साल-दर-साल रोएँगे

"ऐक्शन लेगी पब्लिक, हमारा होगा रिऐक्शन
च्वाइस रहेगी हमारी, हमारा सिलेक्शन
पटना-लखनऊ-भोपाल
वचनजाल-भ्रमजाल-महाजाल
अपुन तो नेता गोत्र, चकाचक है अपना हाल-चाल
घबराए, सो स्साला; शरमाए; सो ग-ग-गधा
अपुन तो कदम-कदम है सधा
दो हैं, तीन हैं, चार हैं, पाँच हैं
पंचों के भत्ते में क्या भला आँच है

"आएँगी काम दधीचि की हड्डियाँ
सूखेंगी स्वर्ग में संतों की चड्डियाँ
यों ही फला करेगी
कल्पवृक्ष की एक-एक टहनी
यों ही रहेगी चालू–
क ह नी-अ न क ह नी
दर-असल, अपनी तो नीयत वही है
लाभ-लोभ, भीतरघात, आदत रही है
अपनी तो नीयत वही
आदत वही है..."

9 जून 1979
पुरानी जूतियों का कोरस/कथन, जुलाई-अगस्त 1981

दरख्तों की सघन बगीची में

गाढ़ा साँवला रंग
झबरे बालोंवाले सिर

छोटी-छोटी तेज़ आँखें
पतले-पतले होठ
छोटी-छोटी नाक
जरा-सी मूँछें
तनिक-सी दाढ़ी
सफेद झकझक—
नन्हें-नन्हें मोतिया दाँतों की
बेहद चमकीली घनी पाँतें...
कौन हैं ये ! कौन हैं ये !
काले-कलूटे सूखे-साँवले
लगभग नंग-धड़ंग सौ-पचास
आदिवासी मजदूरों की छोटी-सी सभा
झोंपड़ियोंवाली विरल बस्तियों के मध्य
जामुन-नीम बड़हल-आम के
दरख़्तों की सघन बगीची में
मर्द भी, औरतें भी
नवजात शिशुओं को, अपनी पीठ पीछे बाँधे लटकाए !

एक ठिंगना नौजवान उठा
तेज़ आवाज में, जल्दी-जल्दी कहने लगा—
''हम अपने अलावा
और किसी को नहीं जानते
हम आप ही अपने लीडर हैं, अपने मुखिया हैं
जंगल और पहाड़ हमारे बाप हैं, चाचा हैं
नदियाँ हमारी माँ हैं, मौसी-मामी हैं
झरने हैं हमारे सगे
ये खोह, वो झुरमुट, वो कछार
पत्तों-टहनियों से छाई हुई ये झोंपड़ियाँ
ये हैं हमारे गाँव, शहर जिला...
हम किसी रिसी-मुनि की औलाद नहीं हैं
बसिष्ठ-यागबलक-मनु-शांडिल
उनके आदि-पुरुष होंगे
हमारे तो कोई नहीं होते
हम तो जंगली हैं, चंडाल, पामर, भुच्च
सूअर-गाय-मोर-बतक का भोग चढ़ानेवाले

हमारे पितर, हमारी देवियाँ
इतिहास वो होगा, जो हम रच रहे हैं
हमारी तोड़-फोड़, मार-काट
अपना जंगल-अपनी जमीन फिर से
हासिल करने के लिए हमारी यह जदोजिहाद
हमारा यह नया-नया नक्शा
नई-नई भूमिति, नया-नया भूगोल
हमारी अपनी नई हदबंदियाँ...
बाहर का कोई इधर बढ़ेगा
तो हम उसे जिंदा वापस जाने देंगे क्या ?
जिंदाबाद हमारे तीर-कमान
जिंदाबाद हम !
जिंदाबाद हमारे जंगल
जिंदाबाद हमारी नदियाँ
जिंदाबाद हमारे पहाड़
जिंदाबाद हमारे सूअर
जिंदाबाद हमारी मुर्गियाँ...."
बाकी सबने 'जिंदाबाद' दुहराए

तुरंत ही एक साँवली नौजवान औरत उठी
पीठ से बँधे शिशु का माथा
निकला हुआ था बाहर
वो नन्ही-नन्ही आँखों से सभी कुछ
देख रहा था तिर्छे...
तो वो छोकरी-सरीखी औरत
शांत स्वर में बोली–
''मैंने पिछले महीने
दो दुश्मनों पर घात लगाए
तीसरे के निशाना जरा-सा चूका था...
दसियों फौजी जीपें गुजरीं
किसी को मेरी गंध तक न मिली''
कसम खा रखी है
''दुश्मनों पर घात लगाती रहूँगी...''
कि पीठ से बँधा शिशु रो उठा
उसे गोद में लेकर बैठ गई...

तीसरा वक्ता एक अधेड़ आदिवासी था,
उसने उठकर आहिस्ते से कहा—
"हम नाहक किसी का जान नहीं लेंगे
मगर अब आगे चुप नहीं बैठेंगे
देखो न,
कारखाना के नाम पर
पिछले दस-पंद्रह साल के अंदर
हमारे सारे जंगल हमसे
छीन लिये हैं उन लोगों ने
सफेदपोश बाबू लोगों ने
कहीं का न रहने दिया हमें
आज हम पूरी तरह उनके गुलाम हैं
हमारे कुछ-एक लोगों को उन्होंने खरीद लिये हैं
वे हमें भी खरीदने की कोशिश करते हैं...
मगर मैदानी इलाके से
रोजी-रोटी के लिए इधर आए हुए
गरीब कुली-मजदूर भी तो उनके खिलाफ
गोलबंद हो रहे हैं अब
उनके जोर-जुलुम और बे-इन्साफी का
ये कुली-मजदूर भी तो
विरोध कर रहे हैं अब
ये तो हमारे दुश्मन नहीं हैं न ?
अपनी लड़ाई में हम उन्हें जरूर साथ लेंगे
इनके जद्दो-जहद में
हम भी इनके साथ होंगे..."

चौथा, जो उठा वो नीले रंग की निकर
और आधी बाँहोंवाली 'गोलकट' बनियान पहने हुए था
उसने खिचड़ी बोली में कहा—
"हम हिंदू नहीं हैं, न हम ईसाई हैं
हम तो आदिवासी हैं, गिरिजन हैं हम
हिंदू हों चाहे ईसाई, भूख तो सभी को लगती है...
जो हमारी रोजी-रोटी का परबंध करेगा
हम उसी को अपना मानेंगे...
हमारे बाप-दादा बुद्धू थे

हम लेकिन बुद्धू नहीं बनेंगे...''
और अंत में निकर-बनियानवाला
एक नौजवान आवेगी सुरों में
गा उठा–
''सुनो नहीं
आलतू-फालतू बात
खाओ नहीं
डंडा-घूसा-लात
चौकस रहो
एक-एक दिन-रात
तभी तो भैया
जालिम खाएँगे मात
जान लो भैया
गरीबों की एक होती जात
उसी के हुकुम से
हिलेंगे एक-एक पात
किसी की सुनो नहीं
आलतू-फालतू एक भी बात !!''

20 जून 1979
अपने खेत में...

पस्त है आपका फैसला

आपस में मिल गए किसान और मज़दूर
हो गया मालिकों का मनसूबाऽऽ चूर-चूर
जमना किनारे गिर पड़ी शैतान की लाश
भरहराकर गिर पड़े ताश
अपन तो बचा दी थी उनकी
बोनसवाली लाखों करोड़ों की रकम
हमको सुनाते रहे आप बक्-बक् बकम्
मिल गए मजदूर तो हो गया आपकी किस्मत का फैसला
पस्त है आपका हौसला
पस्त है जालिम का फैसला !

22 जुलाई 1979

अच्छा हुआ खूब हुआ

अच्छा हुआ, खूब हुआ
हम गए जीत जी
तुम गए हार जी
तुम गए जीत जी
हम गए हार जी...

गद्दी के खेल में
कुर्सी के खेल में
अपने ही दाँव से
अपने ही पेंच से
हम भी गिर पड़े
तुम भी गिर पड़े
तुम गए हार जी
हम गए जीत जी...

27 जुलाई 1979
अपने खेत में...

भूल जाओ पुराने सपने

सियासत में
न अड़ाओ
अपनी ये काँपती टाँगें
हाँ, महाराज,
रानीतिक फतवेबाजी से
अलग ही रक्खो अपने को
माला तो है ही तुम्हारे पास
नाम-वाम जपने को
भूल जाओ पुराने सपने को
न रहा जाए, तो—
राजघाट पहुँच जाओ
बापू की समाधि से ज़रा दूर
हरी दूब पर बैठ जाओ

अपना वो लाल गमछा बिछाकर
आहिस्ते से गुन-गुनाना :
"बैस्नो जन तो तेणे कहिए
जे पीर पराई जाणे रे"

देखना, 2 अक्टूबर के
दिनों में उधर मत झाँकना
—जी, हाँ, महाराज !
2 अक्टूबरवाले सप्ताह में
राजघाट भूलकर भी न जाना
उन दिनों तो वहाँ
तुम्हारी पिटाई भी हो सकती है
कुर्ता भी फट सकता है
हाँ, बाबा, अर्जुन नागा !

11 अक्तूबर 1979
भूल जाओ पुराने सपने

इत्र-मिलन

इत्र-मिलन
मित्र-मिलन
चित्र-मिलन
पवित्र-मिलन
हुँ, हुँ, अ-पवित्र-मिलन
चरित्र-मिलन ?

जी हाँ, सब-कुछ...
दुश्चरित्र-मिलन
थोड़ा-बहुत
सच्चरित्र-मिलन
कुल मिलाकर
इत्र-मिलन !

11 अक्तूबर 1979
भूल जाओ पुराने सपने

हम भी साझीदार थे

लगता है/प्रजातंत्र का रथ
उतर गया है पटरी से
लगता है/सारी-की-सारी पार्टियों के नेता
रुचिपूर्वक खेल रहे हैं
दलीय स्वार्थों के शतरंज
अंधे धृतराष्ट्र की मोह-माया
भली-भाँति प्रवेश कर गई है
दलपतियों के अंतःकरण में
लगता है/बुद्धिजीवियों की हमारी अपनी बिरादरी भी
शत-प्रतिशत लिप्त है
सुविधाएँ बटोरते जाने की द्यूत-क्रीड़ा में
जी हाँ, अँगूठा दिखला रहे हैं
हमारे पुत्र-पौत्र, स्वजन-परिजन
सुरक्षित है हमारी आशीष
उन्हीं के निमित्त...
जी हाँ, अपन तो स्थितप्रज्ञ ठहरे
कोई अँगूठा दिखलाए
अथवा अर्पित करे फूल-माला
अच्छा ही तो लगता है !
लगता है/ हम भी साझीदार थे
राजघाटवाली उस बेहयाई में !
अभी तो उतर गया/प्रजातंत्र का रथ
पटरी से...

16 अक्तूबर 1979
हजार-हजार बाँहोंवाली/प्रत्यक्ष, मई-जून 1980

निकट भविष्य में

अब आगे निकट भविष्य में
मैं निपट स्व-केंद्रिक
होने जा रहा हूँ
'जनवाद' के इन कृत्रिम

आडम्बरों के अंदर
अपना तो दम ही घुट गया है
अब मैं 'विशुद्ध व्यक्तिनिष्ठ'
हो जाना चाहता हूँ...
जी हाँ, अपनी प्रज्ञा को
अपने तईं ही समेट लूँगा !

20 अक्तूबर 1979
अपने खेत में...

इस नुक्कड़ पर

नुक्कड़ पर
यहाँ, टैगोर पार्क खत्म होता है
आगे-आगे तिर्छी-बाँकी
सड़क शुरू होती है
परमानंद कॉलोनी
और, उधर ज़रा हटकर
सामने है निरंकारी कॉलोनी
और आगे फैला हुआ है
मुखर्जी नगर...

'नियोन-लाईट' के प्रकाश के अंदर
छोटी-सी यह मोमबत्ती
दे रही है अपना विनम्र योगदान

करीब के फ्लैटों में रहनेवाली
कोई संस्कारवती 'कान्वेंट गर्ल'
अपने सहज हुलास में
यहाँ जमा गई है
मोमबत्ती लघु दीपिका
इस वक्त यहाँ कोई नहीं है
मैं देर तक इसे देखता रहूँगा
इस नुक्कड़ पर !

20 अक्तूबर 1979

हम फिर से

हम फिर से
पुरानी गुफाओं के अंदर
पहुँच गए हैं...
हमने अपने-अपने
दाँत-नाखून-पंजे
फिर से पैने कर लिये हैं
विगत युगों के
जान-लेवा जीवन-संग्राम
फिर से वापस
ले आए हैं हम...

30 अक्तूबर 1979
भूल जाओ पुराने सपने

फैल गया है दिव्य मूत्र का लवण सरोवर

फैल गया है दिव्य मूत्र का लवण सरोवर
जादू क्या दिखलाएँ गंगाजल या गोबर
नमक-झील में ऊब-डूब करते हैं सांसद
तैर रहीं कुर्सियाँ, शून्य हैं सारे ही पद
उड़ा भाफ बनकर उन पाँचों घटकों का मद
जादू क्या दिखलाए गंगाजल या गोबर
फैल गया है दिव्य मूत्र का लवण सरोवर
जिन वीरों ने कसमें खाईं राजघाट पर
वे सारे बेहोश पड़े हैं खाट-खाट पर
उन प्राणों का संकट-मोचन कौन करेगा
कदम कुआँ कैसे सबका संताप हरेगा
पुतले हैं वे स्वार्थ-सूत्र में टँगे हुए हैं
सम्प्रति तो बेहोश पड़े हैं खाट-खाट पर
फिर से कसमें खाएँगे वे राजघाट पर
कुर्सी-कुर्सी गद्दी-गद्दी खेल रहे हैं
घटक-तंत्र का भ्रूणपात्र ही झेल रहे हैं
जोड़-तोड़ के सौ-सौ पापड़ बेल रहे हैं

भारत-माता को खाड़ी में ठेल रहे हैं
इसीलिए तो मिलता है सरकारी भत्ता
तिकड़म पर हो गई निछावर शासन-सत्ता
महँगाई के सूपनखा के सगे बंधु हैं
कुटिल क्रूर शोषक समाज के कृपासिंधु हैं
इनका क्या, ये क्रांति-भ्रांति के प्रबल सूत्र हैं
सातों सागर इनके ही तो दिव्य मूत्र हैं
जादू क्या दिखलाए गंगाजल या गोबर
फैल गया है दिव्य मूत्र का लवण सरोवर !

1979
तुमने कहा था

अपना यह देश है महाऽऽन

अपना यह देश है महाऽऽन !
जभी तो यहाँ चल रहा भेड़िया धसाऽऽन !
शब्दों के तीर हैं जीभ है कमाऽऽन !
सीधे हैं मजदूर और बुद्धू हैं किसाऽऽन !
लीडरों की नीयत कौन पाएगा जाऽऽन !
अपना यह देश है महाऽऽन !

6 नवम्बर 1979
भूल जाओ पुराने सपने

इतना भी क्या कम है प्यारे

लाशों को झकझोर रहे हैं
मुर्दों की मालिश करते हैं
...ये भी उन्हें वोट डालेंगी !
मतपत्रों की आँख-मिचोली
सबको ही अच्छी लगती है
फिर भी सच है
किस्मत उनकी ही जगती है
जैसे-तैसे जीतेंगे जो

जैसे-तैसे ज्यादा-ज्यादा मतपत्रों को
खीचेंगे जो, जीतेंगे वो
हाँ, हाँ, वो ही जीतेंगे
जी हाँ, वो ही जीतेंगे !
लाशें भी खुश-खुश दीखेंगी
मुर्दे भी खुश खुश दीखेंगे
उनकी ही सरकार बनेगी

श्रमिक जनों का खेतिहरों का
छात्र वर्ग का, लिपिक वर्ग का
गिरिजन का भी, हरिजन का भी
आम जनों का
लहू चूसने की तरकीबें
नई-नई ईजाद करेगी
निर्मम होकर कतल करेगी
जो भी चूँ बोलेगा, उसका

जो भी अब सरकार बनेगी
सेठों को ही सुख पहुँचाएगी
पाँच साल फिर मौज करेंगे
लोकसभाई-लोकसभाई-लोकसभाई
सांसद-फांसद, M.L.A. गण, M.L.C. गण
पाँच साल फिर मौज करेंगे
यूँ ही बस भत्ता मारेंगे
नौक़रशाही की छाया में
सुविधाभोगी बौद्धिक जनों की
उसको ही आशीष मिलेगी
धर्म-धुरंधर पंडित-मुल्ला
तिकड़मजीवी ग्रंथकीट विद्या-व्यवसाई
कवि-साहित्यिक, पत्रकार, तकनीक-विशारद
सबकी ही आशीष मिलेगी
नवसत्ता, अभिनव सत्ता को
सबकी ही आशीष बटोरेगी
फिर से सरकार...
मुझ-जैसे पागल दस-पाँच

उस सत्ता को पहुँचाएँगे क्या रत्ती-भर भी आँच ?
मुझ-जैसे पागल दस-पाँच
कैसी भी सरकार बने तो
उसका हम क्या कर लेंगे ?
क्या कर लेंगे, हाँ जी, उसका !
कुत्तों जैसे भौंक-भौंककर—
उसकी नींद हराम करेंगे ?
हाँ जी, हाँ जी, हाँ जी, हाँ जी !
इतना तो कर ही सकते हैं...
इतना तो कर ही सकते हैं...
यह भी तो काफी है प्यारे
इतना भी क्या कम है प्यारे ?

मत-पत्रों की लीला देखो
भाषण के बेसन घुलते हैं
प्यारे, इसका पापड़ देखो
प्यारे, इसका चीला देखो
चक्खो, चक्खो पापड़ चक्खो
गाली-गुफ्ता झापड़ चक्खो
मत-पत्रों की लीला चक्खो
भाषण के बेसन का, प्यारे, चीला चक्खो...

लाशों को झकझोर रहे हैं
मुर्दों की मालिश करते हैं
निर्वाचन के जादूगर हैं
राजनीति के मायाधर हैं
इनकी जय-जयकार मनाओ
इनकी ही सरकार बनाओ
पीछे देखा जाएगा जी
आएगा जो, आएगा जी
भुगतें वैसी, करनी इनकी होगी जैसी
नहीं, नहीं, सो क्योंकर होगा ?
नहीं, नहीं, सो क्योंकर होगा ?
नहीं, नहीं, सो क्योंकर होगा ?
फिर क्या होगा !

फिर क्या होगा !
फिर क्या होगा !

9 नवम्बर 1979
भूल जाओ पुराने सपने

वो गगन नील

वो गगन नील, वो गगन नील
उड़ गई चील, उड़ गई चील
रह गए इधर बस कोल - भील
पंखों में फिट थे सौ जुगनू
लोगन दुहराते थे मजनू
लेकिन पब्लिक की खातिर तो
तिकड़म के काँटे हुए कील !

26 नवम्बर 1979

बेतवा-किनारे-1

बदली के बाद खिल पड़ी धूप
बेतवा किनारे
सलोनी सर्दी का निखरा रूप
बेतवा किनारे
रग-रग में धड़कन, वाणी है चूप
बेतवा किनारे
सब कुछ भरा-भरा, रंक है भूप
बेतवा किनारे
बदली के बाद खिल पड़ी धूप
बेतवा किनारे

नवम्बर 1979
हजार-हजार बाँहोंवाली/साक्षात्कार-14,
दिसम्बर-फरवरी 1980

बेतवा-किनारे-2

लहरों की थाप है
मन के मृदंग पर बेतवा-किनारे
मीतों में फुसफुस है
गीत के संग पर बेतवा-किनारे
क्या कहूँ, क्या कहूँ
पिकनिक के रंग पर बेतवा-किनारे
मालिश फ़िज़ूल है
पुलकित अंग-अंग पर बेतवा-किनारे
लहरों की थाप है
मन के मृदंग पर बेतवा-किनारे...

नवम्बर 1979
हजार-हजार बाँहोंवाली/साक्षात्कार-14, दिसम्बर-फरवरी 1980

बदलियाँ हैं

पवन ने बहका लिया था,
    मेघ-कुल की पुत्रियाँ हैं !
        —बदलियाँ हैं
बरस पड़ना कहीं पर भी/भिगो देना किसी को भी
    —दुआ इनसे माँग लो !
ओफ़, इनसे क्यों डरे हो ?
    —कहाँ इनमें बिजलियाँ हैं !
अरे, ये तो ऽऽ
    —बड़ी भोली बदलियाँ हैं !
    —बड़ी सादी बदलियाँ हैं !
अजी, इनको ऽऽ
    —खूँटियों पर टाँग लो !
बरस पड़ना कहीं पर भी/भिगो देना किसी को भी
    —दुआ इनसे माँग लो !
तैर आएँ कब किधर को/कब किधर को खिसक जाएँ
क्या पता...बस, मौज इनकी !
बताऊँ भी ?

ज़रा तो बदनाम है ही फ़ौज इनकी !
मगर, यूँ तो, मेघ-कुल की पुत्रियाँ हैं !
पवन ने बहका लिया था, बदलियाँ हैं !
—दुआ इनसे माँग लो...
—खूँटियों पर टाँग लो...

नवम्बर 1979
हजार-हजार बाँहोंवाली/साक्षात्कार-14, दिसम्बर-फरवरी 1980

दौड़ गई है पुलकन रोम-रोम में

गुदगुदा उठे हैं
चौकस और चिकने गलियारे
कानों के...
रोम-रोम में दौड़ गई है पुलकन
नवम्बर का मासांत
निशांत का शेष प्रहर
जी हाँ, चार बजने ही वाले हैं
हेमंती बादल टपका रहे हैं बूँदें
बड़ी-बड़ी बूँदें, अति शीतल बूँदें
बड़े ही इत्मीनान से
ओह, कैसे मूड में इधर को
निकल आए हैं हेमंती बादल
लगता है, कल ही इन्हें
तगड़ी बोनस मिली है
चार दिनों के रईस हेमंती बादल
मौज के अपने सहज मूड में हैं
निश्चय ही, ये किसी को
चिढ़ाने नहीं निकले हैं
यहाँ तो मगर गुदगुदा उठे हैं
कानों के गलियारे
दौड़ गई है पुलकन रोम-रोम में।

28 नवम्बर 1979
हजार-हजार बाँहोंवाली

प्रतिहिंसा ही स्थायी भाव है

नफ़रत की अपनी भट्ठी में
तुम्हें गलाने की कोशिश ही
मेरे अंदर बार-बार ताक़त भरती है
प्रतिहिंसा ही स्थायिभाव है अपने ऋषि का
वियत्काङ् के तरुण गुरिल्ले जो करते थे
मेरी प्रिया वही करती है...
नव-दुर्वासा, शबर-पुत्र मैं, शबर-पितामह
सभी रसों को गला-गलाकर
अभिनव द्रव तैयार करूँगा
महासिद्ध मैं, मैं नागार्जुन
अष्ट धातुओं के चूरे की छाई में मैं फूँक भरूँगा
देखोगे, सौ बार मरूँगा
देखोगे, सौ बार जियूँगा
हिंसा मुझसे थर्राएगी
मैं तो उसका खून पियूँगा
प्रतिहिंसा ही स्थायी भाव है मेरे कवि का
जन-जन में जो ऊर्जा भर दे, मैं उद्गाता हूँ उस रवि का।

1 दिसम्बर 1979

हजार-हजार बाँहोंवाली/जनमत, जनवरी 1981

दिव्य चिंतन

पीठ पर
विज्ञप्तियों का
बोझ लादे
'दिव्य चिंतन'
जगमगाता है !
योगियों के
दुख भगाता है !
बौद्धिकों के दिलों में
संशय जगाता है !

अकिंचन की खीझ के बारूद में
आगी लगाता है !!

6 दिसम्बर 1979
पुरानी जूतियों का कोरस

बादलों ने डाल दिया है घेरा

अच्छी तरह घिरा हूँ
घिरा हूँ बुरी तरह
ऊदे-ऊदे बादलों ने डाल दिया है घेरा
मुश्किल है अड्डे से निकलना मेरा
कभी मूसल धार, कभी रिमझिम
कभी टिप-टिप, कभी फुहारें, कभी झींसियाँ
कभी बरफ़ की-सी...हीरे के चूरन की-सी महीन कनियाँ
...सावनी घटाओं के अ-विराम हमले
झेल रहा हूँ पिछले चार दिनों से
बड़ा ही अच्छा लगता है
काले-काले झुके-झुके मेघों का यह घिराव
इर्द-गिर्द जम गया है कीचड़ का बैरिकेड
बजा रहे हैं बिगुल
पुष्ट कंठोंवाले पीले मेढक
फुला-फुला के गर्दन...
कानों में सिहरन है
गुदगुदा उठते हैं मन-प्राण
बुरा नहीं लगता है बादलों का घिराव।

1979
तुमने कहा था

हेमंती बादल हैं

हेमंती बादल हैं
इनकी अगवानी में दादुर नहीं बोले !

कोयलों ने कूक नहीं भरी, पर नहीं तोले
इनकी अगवानी में—
चातक तक मौन रहे, मोर नहीं डोले !
हेमंती बादल हैं
जाने कहाँ, जाने किधर—
बरसाकर आए हैं बरफ के गोले !
सुलभ है
तटवर्ती द्रुमों का सहारा
रुपहली सीपियों ने अधर पुट
क्यों नहीं खोले !
हेमंती बादल हैं।

8 दिसम्बर 1979
पुरानी जूतियों का कोरस

इतना भी काफी है !

बोल थे नेह-पगे बोल,
यह भी बहुत है ! इतना भी काफी है !
औचक ही आँख गए खोल,
यह भी बहुत है ! इतना भी बहुत है !
गाहक थे, पता चला मोल,
यह भी बहुत है ! इतना भी बहुत है !
अचल था तन, मन गया डोल,
यह भी बहुत है ! इतना भी काफी है !
लौटे हो, लगी नहीं झोल,
यह भी बहुत है ! इतना भी काफी है !

2 फरवरी 1980
भूल जाओ पुराने सपने

अभी-अभी भागा है

छोड़ दो, छोड़ दो
अभी-अभी भागा है

अभी नहीं आएगा हाथ
छोड़ दो, छोड़ दो...

मिल भी जाए तो अलग ही रहना
छूना नहीं, छूना नहीं
पतंगे का धागा है
छोड़ दो, छोड़ दो...
अभी-अभी भागा है।

2 फरवरी 1980

वाणी ने पाए प्राणदान

1

छूटने लगे अविरल गति से
जब परसाई के व्यंग-वाण
सरपट भागे तब धर्मध्वजी
दुष्टों के कम्पित हुए प्राण

2

धृतराष्ट्र दुखी होंगे, नकली
भीमों का होगा अ-कल्याण
सदियों तक कुंद नहीं होंगे
गुरु परसाई के वचन - वाण

3

बहुजन-हित-व्रत की आँचों में
यह शिल्प पगा, ये तीर ढले
परसाईवाली पीढ़ी के
युगजीत चले, प्रणवीर चले

4

सूखी कलाइयों में किसने

कब राखी बाँधी थी इनके
क्या और किसी ने मारे हैं
जनयुग के दुश्मन गिन-गिन के

5

रवि की प्रतिमा को नमस्कार
शनि की प्रतिमा को नमस्कार
वक्रोक्ति-विशारद, महासिद्ध
हरि की गरिमा को नमस्कार

6

यह निर्वाचन, यह कर्मकांड
यह माई जी, ये यंत्र-मंत्र
घट रही आयु, पट रहा पेट
अद्भुत है अपना प्रजातंत्र

7

खारे जलवाले सागर का
गंगाजल से कर लूँ तर्पण ?
स्वीकार करो जन-वाणी का
युग की निवेदिता का अर्पण !

8

सौ वर्ष किए पूरे तुमने
संघर्षशील तरुणाई में
देखी न गई अनबन तुमसे
अपनों में, भाई-भाई में

9

नेता जी टेढ़ी में बोले—
"परसाई को पढ़ते किसान"
मैंने जोड़ा—"जी हाँ, फिर से
वाणी ने पाए प्राण-दान"

10

छूटने लगे अविरल गति से
जब परसाई के व्यंग-वाण
सरपट भागे तब धर्मध्वजी
दुष्टों के कम्पित हुए प्राण।

25 जन. से 13 फर. 1980
इस गुब्बारे की छाया में

देखो तो महँगाई की लीला

दिन प्रति दिन बढ़ती ही जाती
देखो तो महँगाई की लीला
सौ-सौ बरगद - ताड़ झुक गए
देखो तो राई की लीला
कनक - शिखर गलते हैं, देखो
शेर - छाप पाई की लीला
दिन प्रति दिन बढ़ती ही जाती
देखो तो महँगाई की लीला।

24 फरवरी 1980

फूलन देवी

फूलन देवी
महिलाओं के मध्य छिपी है
सौ-सौ डाके डाले उसने
एक-एक की नाक तराशी
एक-एक की कुतर गई है कान
दसियों की तो आँखें फोड़ीं
बदल-बदलकर घोड़े उड़ती
जिला बदलती ही रहती
फूलन देवी दुर्गामाता की बेटी है

कौन सामना कर सकता है !
दाएँ-बाएँ बीसों को ढंढा करती है
कारतूसों की मालाओं से हमने उसको पहचाना था
मैनपुरी के एक गाँव में
ठाकुर के घर डटी हुई थी फूलन देवी
लगता था, हाँ, सिंहवाहिनी
प्रकट हुई है
मैनपुरी के एक गाँव में !

2 मार्च 1980

छूटने लगा पसीना

छूटने लगा पसीना नकली जनकवि का
राम जाने क्या होगा आगे उसकी छवि का
भीड़ के साभने
क्यों घबराता है
अकेले में शेर बरबराता है
सीटियाँ बजाते हैं
हूट करते हैं, नौजवान हैं
जनकवि जी, आप तो नाहक ही परेशान हैं !

30 मार्च 1980

खिला है यह अनोखा फूल

हज़ार वर्षों बाद/खिला है यह अनोखा फूल
सौ पंखड़ियोंवाला...
अनूठी है महक/अनुपम है रंग
मादरे-हिंद की बगिया के अंदर
खिला है यह अनोखा फूल
अरे बुद्धू !/तुझे इसकी बाबत
कविताएँ रचनी हैं
इसकी तारीफ़ में

कसीदा गूँथना है तुझे
जाएगा कहाँ बच्चू !
भाग तो क्या पाएगा !
तेरे वतन की जादुई बगिया में
खिला है यह नायाब फूल
हज़ार वर्षों बाद
तुझे इसकी बाबत
कविताएँ रचनी हैं
कसीदे काढ़ने हैं
इसके रासायनिक गुणों को
नज़र-अंदाज़ न करना
ख़बरदार बुद्धू, ख़बरदार !
तुझे इस फूल की प्रशस्ति में
अपने शब्द-शिल्प को
चरम पर पहुँचाना होगा
अगर अपना भला चाहता है...
अरे, भोंदू, यह बेरुखी ठीक नहीं
देख, देख, देख
हवा किस कदर बेसब्र हो उठी है
इसके परिमल को
वो क्षितिज के छोरों तक
पहुँचाकर ही चैन लेगी
देख, देख, देख
सवेरे का सूरज कितना अधीर है
वो इसे अलस्सुबह
थपकियाँ देने लगता है
अपनी सतरंगी किरणों से
सहलाता है एक-एक पंखुड़ी
देख, देख, देख
ओ रे बुद्धू,
काम नहीं आएगा तेरे को अपना वो गुमान
अकड़ फ़िजूल है मान भी जा मेरी
इस अपूर्व भूल की तारीफ में
अबे, कुछ तो लिख मार
वरना पछताएगा भविष्य में

हजार साल बाद खिला है एक अनोखा फूल
मादरे-हिंद की संरक्षित बगीची में
अनूठी है महक अनुपम है रंग
शुरू हो गई है इसके रासायनिक गुणों की पड़ताल
जर्मनी में, जापान में
ब्रिटेन और फ्रांस में
बड़ी मुश्किल से उन्हें
इसकी एक-एक पंखड़ी मिली थी
पिछले जाड़ों में ।

1 मई 1980
हजार-हजार बाँहोंवाली

हुआ गिट्टियों में रस का संचार

हुआ गिट्टियों में रस का संचार
होठोंवाले चरण हजार - हजार
इन्हें चूमते चलते बारम्बार ,
महानगर को मिला कसैला प्यार
हुआ गिट्टियों में रस का संचार

धन्य-धन्य यह नरवाहन-समुदाय
भूख पी गई मुई खाल की हाय
रिक्शा क्या है, ठेला का पर्याय
लदी जा रही बछड़ेवाली गाय
धन्य-धन्य यह नरवाहन-समुदाय

यहाँ चरण बन गए छंद की भीड़
विंदुमाल श्रमशील कुवलया पीड़
आई तजकर अपनी-अपनी नीड़
कर्महीन निरुपाय जनों की भीड़
यहाँ चरण बन गए छंद की भीड़

अग्नि प्रसव में हरे धरा की पीर
द्विपद तुरंगम का इंगित - मंजीर

महानगर यह, यह हुगली का तीर
पुलक भरे श्रमजल में सांध्य-समीर
अग्नि प्रसव में हरे धरा की पीर

धिक् अकर्म का यह अति क्रूर विकल्प
धिक् सुख-सुविधा का मौखिक संकल्प
श्रम ही श्रम है, प्रतिफल कितना अल्प
धिक् शासन, धिक् थोथे घने प्रकल्प
धिक् अकर्म का यह अति क्रूर विकल्प

धन्य-धन्य फुटपाथ बनी आधार
पड़ा हुआ है नरवाहन बीमार
रँगी थूक के छीटों से दीवार
सुनता है आरक्षी की फटकार
धन्य-धन्य फुटपाथ बनी आधार

यह घर आँगन यही बना अवलम्ब
यह नेफा है, यही जौरियाँ छम्ब
भाँज रहा है साँसों का मल खम्ब
माँ की ममता साबित हुई प्रलम्ब
यह घर आँगन यही बना अवलम्ब

चल नर पशु, चल, नरपशुओं को खींच
बीच सड़क पर यों मत आँखें मीच
श्रम बूँदों से सींच, प्रगति को सींच
विधि - विधान है, वे महान, तू नीच
चल नर पशु, चल, नरपशुओं को खींच

3 मई 1980
अपने खेत में...

नदियाँ बदला ले ही लेंगी

प्रभुसत्ता के मेरु-शिखर पर
फिर से बैठ गई हो जमकर

मतपत्रों को चबा रही हो
लील रही हो लुगदी थम-थमकर
कुछ तो दया करो पब्लिक पर
कुछ तो रहम करो मौसम पर
कुछ तो रहम करो जी खुद पर
खाओ तरस तनिक तो हम पर
प्रभुसत्ता के मेरु-शिखर पर
फिर से बैठ गई हो जमकर

जीर्ण-शीर्ण है संविधान यह
जैसा अपना पुरुष-पुरातन
नित्य नवीना प्रकृति तुम्हारी
देती अध्यादेश दनादन
बाकी दलपति महिषासुर हैं
काम नहीं आया मशीनगन
चमत्कार पर चमत्कार से
सचमुच अघा गया क्या जन-मन
जीर्ण-शीर्ण है संविधान यह
जैसा अपना पुरुष-पुरातन

बाकी सारे पुरुष-पुरातन
मात्र एक तुम नित्य नई हो
अब तो तुम भारत-माता हो
अब तो तुम आनंदमयी हो
महिला क्या, तुम महामर्द हो
बजरंगी हो कालजयी हो
मौसम तुमसे मार खा गया
पालिटिक्स की तुम कलई हो
बाकी सारे पुरुष-पुरातन
मात्र एक तुम नित्य नई हो

तुम तो सचमुच घासलेट हो
अबके चिल्का झील भरोगी
कहते हैं बेहद दयालु हो
जन-जन के दुख-दैन्य हरोगी

सेंटर में हो पूरब-पश्चिम
उत्तर-दक्षिण एक करोगी
युग-देवी हो, सूक्ष्म भाव से
खाली बस मतपत्र चरोगी
तुम तो सचमुच घासलेट से
अबके चिल्का झील भरोगी

हम धीरज से सुना करेंगे
गाल बजाओ भाषण मारो
जै, जै, जै, जै, जगत्तारिणी
अपने खानदान को तारो
अंदर हो अशांति पर बाहर
विश्वशांति के मंत्र उचारो
शत्रु-शत्रु हैं, मित्र-मित्र हैं
उन्हें डुबाओ, इन्हें उबारो
हम धीरज से सुना करेंगे
गाल बजाओ भाषण मारो

वहाँ बँट रहे डीजल-चीनी
यहाँ किरासन च्यवनप्राश है
खाना नहीं पका है कल से
अपने कवि का मुँह उदास है
पोती नया कलेंडर लाई
फोटो में फिल्मी हुलास है
आग लगेगी तुम दौड़ोगी
झुग्गी में भी श्री निवास है
वहाँ बँट रहे डीजल-चीनी
यहाँ किरासन च्यवनप्राश है

बनी रहेगी रात युगों तक
देखो इसको प्रात न करना
नियमित हरिजन-वध के आगे
अश्वमेध की बात न करना
तीन-तीन हैं, पाँच-पाँच हैं
देखो इसको सात न करना

उल्लू बैठे मुंडेरों पर
तुम उन पर दृक्-पात न करना
बनी रहेगी रात युगों तक
देखो इसको प्रात न करना

इस होली में भूमिहीन की
किस्मत का भुट्टा सिकता है
खेतों में बंदूकें उगतीं
टके सेर तो बम बिकता है
क्रांति दूर है, सच-सच बतला
बुद्धू, तुझको क्या दिखता है
आ, तेरे को सैर कराऊँ
घर में घुसकर क्या लिखता है
इस होली में भूमिहीन की
किस्मत का भुट्टा सिकता है

देखो, देखो, वामपंथ का
असर नहीं फैले उत्तर में
देखो, देखो, इस पंजे की
छाया राज करे घर-घर में
पारसबीघा की लपटों का
धुआँ दिखे अवनी-अम्बर में
सारे चीफ मिनिस्टर रेंकें
भजनलाल के मीठे स्वर में
देखो, देखो, वामपंथ का
असर नहीं फैले उत्तर में

गिरिजन-हरिजन सब तो सहते
सोचा था हम भी सह लेंगे
सोच लिया था हमने पहले
तीस महीना चुप रह लेंगे
जो भी बातें कहनी होंगी
घर के अंदर ही कह लेंगे
जिस धारा में सभी बह रहे
सोचा था हम भी बह लेंगे

गिरिजन-हरिजन सब तो सहते
सोचा था हम भी सह लेंगे
लेकिन तीस दिनों में ही तो
दम घुटता लगता है अपना
बीस सूत्र दहक उट्ठे हैं
सुन लो, रोना और कलपना
व्यर्थ हो रहा विपक्षियों का
गुप-चुप वोटर-वोटर जपना
फीके पकवानों का आया
फागुन में चीनी का सपना
लेकिन तीस दिनों में ही तो
दम घुटता लगता है अपना

स्थिर सरकार बनी है अबकी
ढाँचा है इसका फौलादी
फिर से सधे बीस सूत्रों की
दुनिया-भर में फिरी मुनादी
फुः विपक्ष की कानी आँखें
बुला रहीं अपनी बरबादी
सौ-सौ संजय वापस लाए
सेंत-मेंत अपनी आजादी
स्थिर सरकार बनी है अबकी
ढाँचा है इसका फौलादी

सुनो, सुनो जी, थिरक उठे हैं
फिर से वही राग-दरबारी
वही सिपाही, वही मुलाजिम
वे अफसर, वे ही अधिकारी
देखो, देखो, वापिस आए
सारे ही मुंशी पटवारी
आसन-फासन शुरू हुए फिर
हवन हो गए फिर से जारी
सुनो, सुनो जी, थिरक उठे हैं
फिर से वही राग-दरबारी

पगली ने तो शुरू कर दिया
    फिर से अपना खेल पुराना
हटो, हटो, ओझल हो जाओ
    खुद भी बचना, मुझे बचाना
हुए निछावर जो, उनपे तो
    लुटा रही है खुला खजाना
धारण कर रक्खा है उसने
    अबके तो भगतिन का बाना
पगली ने तो शुरू कर दिया
    फिर से अपना खेल पुराना

गद्दी से उतरे मोरारजी
    तीस महीने गुजर न पाए
घटक-घटक में उठा-पटक थी
    कौन भला किसको समझाए
कूटनीति की जादूगरनी
    लौटी तो बच्चे मुसकाए
महँगाई ने नई अदा से
    चमकीले आँचल लहराए
कूटनीति की जादूगरनी
    लौटी तो बच्चे मुसकाए

माई जी का अलग मंच है
    बेटा व्याकुल है तिकड़म में
बैश्नोदेवी मुसकाई थी
    क्या रक्खा है नेम-धरम में
पब्लिक को ठगने की नीयत
    घुली हुई है मरम-मरम में
समझ सकेंगे नहीं फर्क ये
    सख्त-सख्त में नरम-नरम में
माई जी का अलग मंच है
    बेटा व्याकुल है तिकड़म में

भारत माता की काया में
    गलित कोढ़ के घाव देखिए

नए-नए वाजिदशाहों के
भीतरघाती ताव देखिए
पूरब-उत्तर की आँधी में
हिलती हैं वो नाव देखिए
दिल्ली वाली देवी जी के
वचन सुन लिये भाव देखिए
भारत माता की काया में
गलित कोढ़ के घाव देखिए

भारत-पुत्री ही सवार है
भारतमाता के सीने पर
खुदगर्जी में, औरों के तो
शर्त लगाती है जीने पर
इसकी खातिर कोटि-कोटि जन
आज बाध्य हैं विष पीने पर
लाख-लाख मन रुई निछावर
इस छटाँक-भर पशमीने पर
भारत-पुत्री ही सवार है
भारतमाता के सीने पर

न्यायमूर्ति कठमुल्ले होंगे
न्यायपालिका शीश धुनेगी
संविधान की पंक्ति-पंक्ति अब
दंडनीति का जाल बुनेगी
जग जीतेगी भारत-पुत्री
नहीं किसी की एक सुनेगी
वही हँसेगा जिसे कहेगी
वही बोलेगा जिसे चुनेगी
न्यायमूर्ति कठमुल्ले होंगे
न्यायपालिका शीश धुनेगी

खीझ उठा हूँ खुद ही खुद पर
क्यों न तुम्हारा यश मैं गाता
कल-परसों थी भारत-पुत्री
आज बनी हो भारतमाता
चरण चूमने को आतुर हैं

सौ 'बौद्धिक', सौ-सौ 'निर्माता'
सौ-सौ की तुम 'उद्धारक' हो
सौ-सौ की हो 'जीवनदाता'
खीझ उठा हूँ खुद ही खुद पर
क्यों न तुम्हारा यश मैं गाता

बुद्धू का दिल तो कहता है
अबके भारी गहन लगेगा
बुद्धू का दिल तो कहता है
अबके संसद भवन ढहेगा
बुद्धू का दिल तो कहता है
बच्चा-बच्चा अस्त्र गहेगा
बुद्धू का दिल तो कहता है
कोई अब न तटस्थ रहेगा
बुद्धू का दिल तो कहता है
अबके भारी गहन लगेगा

हाँ, पानी में आग लगाओ
नदियाँ बदला ले ही लेंगी
नयन-नीर सिंचित खेतों को
शोणित की धारें धो देंगी
यह तिकड़म ऐसी गतिविधियाँ
क्या तो साथ हमेशा देंगी
अंत करेंगी यही तुम्हारा
यही तुम्हारी जड़ खोदेंगी
हाँ, पानी में आग लगाओ
नदियाँ बदला ले ही लेंगी

2 मार्च से 4 जून 1980
पुरानी जूतियों का कोरस

भूमिजा

प्रमाणित क्या करना है मुझे ?
पावनता अपनी ? अपना शील ?
प्रमाणित क्या करना है मुझे ?

गुह्य शुचिता ? चारित्रिक ओज ?
हाय रे राजा ! हाय री नीति !
हाय री रूढ़िबद्ध जन - भीति !
हाय रे पुरुष ! हाय रे दम्भ !
हाय रे एकपक्षीय वह न्याय
इकहरी मर्यादा का बोध
करे साडम्बर नारी - मेध
बने पुरुषोत्तम जग - विख्यात
रचित होगा फिर-फिर इतिहास
हमारा क्या ! हम तो हैं घास !

भूमि से निकले, समाएँगे वहीं
और भला जाएँगे हम क्या कहीं
वही है माता, बस वही है पिता
वही है आसन, वही है चिता
चार दिन रहे भले हम साथ
कि तुमने थाम रखे थे हाथ
अयोनिज मैं, तुम थे अभिजात
तुम्हारा तो था कुल अवदात
जनक थे मेरे पालनहार
नहीं थी मैं औरस संतान

कि कोई जोत रहा था खेत
पसीने से लथ-पथ थे गात
मुखर थे कड़ियों में जनगीत
आम्रकानन थे चारों ओर
नदी का तट भी तो था पास
कि टकराई थी हल की नोंक
हो गए थे खड़े अचानक बैल
झुका हल पर हलधर हतवेग
घड़ा निकला ढक्कन से ढका
वज्र-सा ठोस, वज्र-सा पका
बताया था धाई ने मुझे।

बताया था धाई ने मुझे...
जनकपुर में ही बारम्बार—

नहीं है तू इनकी सन्तान
पिता हैं तेरे तो भगवान
भूमि - पुत्री है तू साक्षात्
खुला ढक्कन जब दो दिन बाद
घड़े से निकली थी तू, ओह !
बताया था धाई ने मुझे
वहीं, बचपन में, दसियों बार

बताया था धाई ने मुझे
वहीं, बचपन में दसियों बार
कि ये हैं तेरे पालनहार
खेत में पाई गई थी तू
वहाँ से लाई गई थी तू
लाख बतलाएँ भी ये लोग
न होगी तू इनकी संतान
भूमि-पुत्री है तू साक्षात्...
वहाँ, बचपन में दसियों बार
बताया था धाई ने मुझे

छिपाते थे मुझसे सब लोग
वहाँ मेरे प्रजनन की बात,
नृपति की पुत्री थी मैं वहाँ
सुलभ था मुझे सभी का लाड़
रानियाँ बरसाती थीं प्यार
तरुणियाँ थीं सौ-सौ हम-उम्र
तरुण भी थे दस-बीस-पचास
दिव्य - सुख हासिल थे अ़विराम

क्या न था पिता जनक के यहाँ
दिव्य जन वैसे मिले फिर कहाँ...
बीहड़ पथ के चारण, वज्र-कठोर
ये निसर्गप्रिय, श्यामल, युगल किशोर
इनके लेखे क्या तो है साकेत
राजकीय वैभव का क्या है मूल्य
सभी सिंह-शावक हैं इनके मीत

सर-सरितामय सारी यह तटभूमि
इनका ही है विक्रम-अर्जित राज्य
गिरिजन, वनवासी आते हैं आप
लिये उपायन-राशि, विनीत विमुग्ध
धनुष चलाने का इनका अभ्यास
देख-देखकर सभी हुए हैं दंग
अति-अद्भुत है इनकी वाचा-शक्ति
दूर-दूर तक फैल गए हैं नाम

गाधिवंश - भास्कर गुरु विश्वामित्र
पा जाते यदि इन दोनों को साथ
उद्यत होते भू - परिक्रमा - हेतु
भर जाता उनमें अभिनव उत्साह
करते फिर से दुष्ट-दलन आरम्भ
जमता फिर से स्वयंवरों का योग
ताजा होता फिर से वह इतिहास
फिर चलते अभिषेक-वनगमन आदि
क्या होता उस वनादेश का हेतु ?

होगा शासक कलंकिनी का पुत्र !
प्रजा करेगी क्या इसको बर्दाश्त ?
फिर से होंगे रघुनंदन उद्विग्न...
फिर से देंगे लक्ष्मण को आदेश—
वनवासी हों कम से कम दस वर्ष...
लव-कुश शासक हो सकते किस भाँति
अपनी माँ का वह संक्रमित कलंक
कैसे होगा इन दोनों से दूर !

देकर प्रभु वन जाने का आदेश
हो जाएँगे मूर्छित अपने - आप
सह पाएँगे कैसे पुत्र - बिछोह
मर्यादा का पालन रघुकुल रीति
एकमात्र बस वो ही चरम विधेय...

कष्ट सहे हैं जन-मन-रंजन हेतु
आजीवन जिन नरपतियों ने खूब

उनके कूल का रहा यही इतिहास
उन भवनों में ढला यही आचार
अब क्यों होगा इस क्रम में व्यतिरेक?

निर्वासित हों फिर - फिर राजकुमार
वृद्ध नृपति हों फिर - फिर मूर्छा प्राप्त
भूमि-सुता तो होगी केवल एक
एक बार ही होगा अंतर्धान
सूर्यवंश की किसी बहू का आज
मेरी जननी लेगी मुझे समेट
पाऊँगी मैं माँ की शीतल गोद

साक्षी होगा यह निर्मल आकाश
साक्षी होंगे चंद्र - सूर्य - नक्षत्र
साक्षी होगी जन्हु-सुता की धार
मेरी जननी लेगी मुझे समेट
पाऊँगी मैं माँ की शीतल गोद

सोच रही हूँ, कब होगा वह कल्प
वह मन्वन्तर, युगारम्भ का दौर
सोच रही हूँ परिवर्तित वह काल
कैसा होगा, क्या होगी युग-रीति
एक-एक जन बोलेगा जब सत्य
जब न प्रवादों पर नृप देंगे ध्यान

झूठ गलेगी जबकि मोम की भाँति
सहज सुलभ होगा जब सबको न्याय
स्वेच्छा - संयत होंगे जन - समुदाय
झूठ-मूठ की ग्लानि, असत्य, प्रवाद
नहीं रहेंगे जन-जीवन में शेष

नर-नारी में मर्यादा के बोध
सम-सम होंगे—सम...सम होगा न्याय
सम-सम होंगे विद्या - बुद्धि - विवेक
टिक सकता है क्योंकर वहाँ प्रवाद
जाग्रत होगी जहाँ परख की आँच

अटे पड़े हों घर-घर में धन - धान्य
स्वर्ण-रजत की लगी हुई हो ढेर
प्रभुता भी हो, यौवन भी हो किंतु
जन-मन को चाहिए ज्ञान का दीप
सोच रही हूँ, कब होगा वह कल्प

एक बूँद, दो बूँद, चार-छै बूँद
उतर रहा था इतना-भर ही दूध
सूख गए थे वत्सलता के स्रोत
भूल गई थी कोमलता का नाम
कैसे-कैसे ये जुड़वाँ-नवजात
अनुप्राणित रह गए प्रसव के बाद
करुणा-विगलित तापसियों के मध्य
हुआ भरण-पोषण इनका किस भाँति
सारी बातें आतीं मुझको याद
कहाँ-कहाँ से इन्हें मिला था स्नेह
किस-किसने बरसाया इन पर प्यार

शब्द-रूप-रस-गंध-स्पर्श...सब बोध
इनमें विकसित हुए साथ ही साथ
किस प्रकार तो फूटे इनके बोल
तुतलाहट में काँपे कैसे होठ
कैसे पाए जननी को पहचान
चलना - फिरना पाए कैसे सीख
हिले-मिले थे मुनि-शिशुओं के मध्य
इनमें-उनमें था क्या कुछ भी भेद

लव था चंचल, जाने कितनी बार
नापे होंगे मृग-छौनों के नेत्र
ले जाते थे उसको अपने साथ
विजन विपिन में अक्सर शबर-किशोर

लाया होगा जाने कितनी बार
लव अपनी कुटिया में बच्चा बाघ
उन्हें छोड़ आता था फिर-फिर आप

करती रहतीं तापसियाँ परिहास
मधु मितभाषी अचपल सहज सुधीर
कुश तो था बचपन में भी गम्भीर

ग्रहनशील थी दोनों ही की बुद्धि
तभी हुआ है ऐसा त्वरित विकास
तभी सभी करते इनकी तारीफ
सोच-सोचकर माँ का ही दुख-दैन्य
हो जाते हैं दोनों कभी उदास

लगता है मुख राहुग्रस्त शशि तुल्य
क्लेशांकित वे बुझे - बुझे - से नेत्र
तुहिन दग्ध कुवलय होते हैं, ओह !
कौन सकेगा उन आँखों को देख
कुम्हलाया मुख, फीके-निष्प्रभ गाल

क्षेमा ने टोका लव को उस बार—
क्यों रहता है शबर-सुतों के साथ ?
क्यों जाता है शबर-ग्राम की ओर ?
क्यों न तपोवन तुझे सुहाता, हाय !
क्या ऋषि-कुल की गरिमा के प्रतिकूल
सदा करेगा तू स्वेच्छा-आचार...

कानों में लटके लघु - लघु रुद्राक्ष
सिर पर शोभित जटाजूट कनकाभ
कटि में शोभित कृष्णाजिन चित्रांक
पग-युग में लकड़ी के नव पदत्राण
नलिन विलोचन, विधुमुख, आयतकर्ण
शंखग्रीव, पृथुवक्ष, सुनाभि, सुबाहु...
—क्या होगा इस मुनिकुमार का नाम ?
लगी सोचने त्रिजटा बारम्बार

तरुण तपस्वी का, प्रियदर्शन रूप
सचमुच क्या ऐसा होता है ओ !
लगी सोचने त्रिजटा बारम्बार—

ऐसा ही मुख, यही साँवला रूप...
तरुणाई में दिखते होंगे राम...
इसी छटा में कौशिक ऋषि के पास
धो देगा वह अपनी माँ की ग्लानि
कर देगा वह उस प्रवाद का अंत
लगी सोचने त्रिजटा बारम्बार

लगी सोचने त्रिजटा बारम्बार—
जनकनन्दनी लौटेगी साकेत
आएँगे लक्ष्मण त्रुटि-मार्जन हेतु
विनत वदन श्रीराम रहेंगे मौन
यमज सुतों पर बरसेगी आशीष
छीटेंगे कुलगुरु अक्षत औ' दूब
उत्सव में उतराएगा साकेत
सरयू - तट पर गूँजेगा संगीत
रघुकुल-कीर्ति-कथा के सौ-सौ छंद
मुखरित होंगे वीणा में दिन-रात
यमज कुमारों का होगा अभिषेक
यही बनेगा तब शायद युवराज

लगी सोचने त्रिजटा बारम्बार...
आई थी मिलने सीता से आज
रात्रिशेष में देखा था दुःस्वप्न...
गई सखी वन्या-प्रवाह में डूब
जाऊँ, देखूँ, हाल करूँ मालूम
कामरूपिणी लंकापति - सन्तान
पहुँची थी त्रिजटा तमसा-तट-देश

किंकर्तव्यविमूढ़, विषाद - निमग्न
खड़े रह गए सारी रात महर्षि...

रात्रिशेष के वासंतिक संकेत
निष्प्रभ शशि ने मान लिये चुपचाप
भूमिसुता का सात्विक अंतर्धान
बार-बार भरता था मन में टीस
खड़े रह गए सारी रात महर्षि

सूनी-सूनी तमसा की तटभूमि
महाकाल का निर्मम क्रीड़ा क्षेत्र
आज हुआ था रामकथा का अंत
खड़े रह गए सारी रात महर्षि

श्मश्रु कूर्च-ध्वलित, स्थावर मनुरूप
चर्मसार, अतिवृद्ध, प्रलंबित गात्र
भू पर खड़ा रहा ज्यों संज्ञाशून्य
आतंकित खगमृग कृमि कीट भुजंग
दूर-दूर ही रहे, न फटकें पास
सिरज गई सीता अभिनव इतिहास
धरती पर था खड़ा कल्पना-पुत्र
रुक न रहा था अविरल अश्रु-प्रवाह
प्रतनुजला तमसा कैसे तो, ओह;
प्रशमित कर पाएगी अंतर्दाह

पहले उमड़ी थी फेनिल जलराशि
मटमैली आभामय चारों ओर
हुए विदीर्ण धरा के कोमल वक्ष
कई क्षणों तक गूँज गया आकाश
आसन-सहित हुई वह अंतर्लीन
भूमि-गर्भ में समा गई स्वयमेव
यह तो था उसका इच्छा-अवसान
फटी दरारें जुड़ीं आप से आप...

शेष बचा था वहाँ न कोई चिह्न
भूकम्पन का, मात्र बालुका-राशि
छितराई थी, भास्वर था परिपार्श्व
उपलखंड दस-बीस-पचीस-पचास
चमक रहे थे, पांडुर, विद्रुप-कांति
कहीं-कहीं पर चंदनगंधी पंक
मन-प्राणों में भरता था आमोद
पीली माटी की वो गंध-गरिष्ठ
थी अपूर्व, थी अद्‌भुत, उत्कट बास

कल तक थी वह, आज नहीं है, हाय !
छोड़ गई है हमें यहाँ निरुपाय...
देख सकेगा उसे यहाँ अब कौन
सब विषाद में डूबे हैं , सब मौन
तृण-तरु-लता...सभी तो हैं निःस्पंद
हुआ समीरण अकस्मात क्यों बंद
क्या तो दें तमसा के रुद्ध प्रवाह
पुलिन-द्रुमों को शोकांतक संदेश
महामूक हो गया वृद्ध वटवृक्ष
जटा-जाल में सुलग उठेगी आग
कौन उसे पाएगा अभी सँभाल
झुलस न जाएँ पीपल के नव पर्ण...
होंगे क्या वे बारम्बार विवर्ण ?

पालित पशु भी बन जाएँगे वन्य
खुजलाया है तुमने ग्रीवामूल
सहलाई है तुमने उसकी पीठ
वह हिरनौटा, वह प्यारा चित्रांग
होगा निश्चय बाघिन का आहार
हो जाएगी हेमवती बीमार
बछिया को क्या पीने देगी दूध...

मातृ-कुक्षि में समा गई हो पुत्रि
करो वहीं पर निर्विकल्प विश्राम
सुनकर शायद दुखी न होंगे राम
होगा लक्ष्मण को भारी परिताप
लव-कुश वापस जाएँगे साकेत

मैं ही रह जाऊँगा ठूँठ - समान
तपोभूमि का यह संरक्षित रूप
हो जाएगा अब निश्चित ही लुप्त
खग-मृग सारे ही होंगे स्वच्छंद
खुली प्रकृति होगी अनुशासनहीन
ऋतुओं का स्थापित होगा फिर राज्य
कहीं नहीं दीखेंगे पर्ण - कुटीर

सूझ-समन्वित श्रम का कोई चिह्न
शेष न होगा/होगा प्राकृत दृश्य।

1980
भूमिका

भरे-भरे मायावी बादल

गीले बादल
ऊदे बादल
भरे-भरे मायावी बादल
अटे हुए हैं
पटे हुए हैं
सारे नभ में डटे हुए हैं
सचमुच क्या तो बरस पड़ेंगे

अभी न इनमें
गर्जन-तर्जन का गुमान है
अभी-अभी तो
इनकी स्नेहिल गरिमा में प्रमुदित किसान है

छोटे-बड़े-मझोले बादल
आपस में कुश्तियाँ लड़ेंगे
अभी-अभी तो लगता मुझको
सचमुच ही यह बरस पड़ेंगे !

2 जून 1980
अपने खेत में...

लोह गोपिकाएँ !

पी के आएँ
चंदन की हवाएँ
भले फिर मुड़ जाएँ
बाएँ की दाएँ

लोह गोपिकाएँ !...
निठुराई सिखाएँ–
करतब दिखाएँ
कनक छड़ियाँ नचाएँ
कूट-नए पचाएँ
तरुण-तन चबाएँ
मेंहदी रचाएँ
भले फिर मुड़ जाएँ
दाएँ की बाएँ
लोह गोपिकाएँ !

18 जून 1980
पुरानी जूतियों का कोरस/मधुमाधवी, जन.-अप्रैल 1981

बड़ी फिकर है हमें तुम्हारी

अकस्मात्
नदियाँ हो उठीं तरंगित
लहरों पर लहरें छूने लगीं किनारे
भाग आए बाहर बेचैनी में
बूढ़े कछुए बेचारे

चंद मछलियों ने शुरू किया नाचना
खुशियों में हो उठे दिवाने
कतिपय तरुण कच्छप
रंगीन मिज़ाजवाली शोख़ शफरियाँ
लग गईं थिरकने पॉप स्टाईल में

शोकाभिभूत केंकड़े
गोता लगा गए अतल जल में
युवक हृदय सम्राट, सम्भावित प्रधानमंत्री
हुआ था औचक ही काल कवलित
महा-उत्पाती धूमकेतु की भाँति
हो गया था तिरोहित अपने आप
लाख मना करने पर भी माना नहीं उसने

अपूर्व कीर्तिमान स्थापित करने की धुन में
कर बैठा था वो अपना ही सर्वनाश
और, अब उसके अस्थि-अवशेषोंवाले भस्मकलश
जहाँ-तहाँ किए जा रहे थे प्रवाहित—
प्रयाग में, काशी में, हरिद्वार में
गंगा में, यमुना में, सतलज में, सिंध में
रावी-चनाब में, सरयू-कोशी में
कृष्णा-कावेरी-गोदावरी-नर्मदा में
छोटे-बड़े सौ-सौ तीर्थों में
प्रादेशिक राजधानियों के निकट
छोटी-छोटी नदियों तक में, झीलों में
सागर की तलियों में...
कहाँ नहीं ! कहाँ नहीं !! कहाँ नहीं !!

अनंत काल तक रहेगा विद्यमान
यु. ह्न. स., सं. प्र. मं.,
उसके अस्थि-अवशेष पहुँचेंगे यथासमय
भूमंडल के सभी समुद्रों में
मिल जाएँगे सजीव-निर्जीव जीवाश्मों के अंदर
अगले युगों में मादा ह्वेल-मछलियाँ
करेंगी गर्भधारण तो उनके अंदर
इन अवशेषों के तत्त्व होंगे ही होंगे
और फिर ?
और फिर ?
और फिर ?

बंद करो बकवास, कवि महोदय !
कोई-न-कोई तुमको भी अब
उठा लेगा इस धरा-धाम से...
तुम्हारे जैसे पाजी का यही तो हश्र होना है !
प्लीज़, कवि महोदय,
बंद करो अपनी बकवास
हाँ, यु. ह्न. स., सं. प्र. मं., की
गौरव-गाथाएँ गुम्फित करो
लोकप्रिय छंदों में

टेसुआ ढरकाओ अपनी इन घुच्ची आँखों से
देर ही सही, अबेर ही सही,
'पद्मभूषण' का मैडल तुम्हें मिलना ही है न !

प्लीज़, कवि महोदय, अब भी होश में आ जाओ !
प्लीज़, कवि महोदय, अपनी प्रतिभा को
बहकने मत दो...तुम्हारे अंदर
इस बुढ़ौती में भी छिपी हैं असीम सम्भावनाएँ
बरबाद न करो अपने को, प्लीज़ !
'पद्मभूषण' का मैडल तो तुम्हें मिलना ही है न !
देर ही सही, अबेर ही सही...
प्लीज़, कवि महोदय,
होश में आ जाओ अब भी

महा-महा स्थविर
भूतपूर्व प्रेसिडेंट
गिरि महानुभाव;
हुजूर को भी क्या अपनी
इहलीला संवरण करनी थी
ठीक इन्हीं दिनों !
हाय रे दुर्भाग्य !
आपका अवसान तो
लगभग अचर्चित ही रहा
छः महीने पहले
या छः महीने बाद आँखें मूँदते अपनी !
काश, ऐसा होता !
कहाँ गए हुजूर के अस्थि-अवशेष ?
क्या हुए भस्म-कलश ?
शांतिवन में क्यों नहीं जगह मिली हुजूर को ?
यहाँ-वहाँ पूछते हैं मुझसे लोग
बतलाओ महामहिम, क्या कहूँ इनसे ?

अनोखा है अपना यह देश...
क्या नहीं सम्भव है यहाँ !
मलबे के ढेर में खोजने गई थी माता

चाबियों का गुच्छा !
हो गया हावी
'बैश्नों देवी' की आशीष पर
यमराज का गलमुच्छा !
साबित हुआ यु.ह्र.स. का रौब
बिलकुल फ़ालतू, यकदम छुच्छा !
अनोखा है अपना यह देश...
चमत्कारों की भूमि है अपना यह भारत...
जी हाँ, क्या नहीं मुमकिन है यहाँ ?
अगले युगों में, ऐसे मौक़ों पे
यहाँ पिरामिड न होंगे खड़े ?
पगोडा न होंगे तैयार ?
यह सब बरदाश्त कर गई है,
तो वह सब भी बरदाश्त कर ही लेगी !
जनता आखिर क्यों न मज़ा ले इन–
नौटंकियों में
कवि महोदय, आपके दिल को ठेस–
पहुँची है क्या ?
सच बतलाना प्यारे !
दर-असल, हमें आपकी बड़ी फ़िकर है...
अरे, तुम्हें तो, सुना, रात को नींद ही न–
आती !
चलो, अबके काँके चलके तुम्हारा–
चेक-अप करवा लें...
लगे हाथ यह भी हो जाए अबके !
बोलो, हो न तैयार ?
प्लीज़, कवि महोदय, हमें तुम्हारी बड़ी–
फ़िकर है !
फ़िलहाल, उस ग़रीब के नाम पर
तुम्हीं भला चंद सतरें कागज पे–
उतार लो
वर्ना बेचारा गिरि स्वर्ग में भी–
रोता ही रह जाएगा !

हजार-हजार बाँहोंवाली/जनशक्ति, 21 जुलाई 1980

शताब्दी-समारोह

दिन है–
शताब्दी समारोह के समापन का
दिन है–
पंडों की धूमधाम का, विज्ञापन का
दिन है–
प्रतिबद्धता के व्रत-उद्यापन का
दिन है–
धान रोपने का, सावन का
दिन है–
स्मृतियों की सरिता में प्लावन का

6 अगस्त 1980
भूल जाओ पुराने सपने

लमही से भागे प्रेमचंद

आ जुटे अचानक गुपचुप ही
कुछ नाम - उछालू गर्जमंद
दौड़े शब्दों के सौदागर
दौड़े शिल्पों के नटनागर
पंडों ने घेर लिया घर को
लमही से भागे प्रेमचंद

जिनको अंदर से नफ़रत थी
लाइन में वे भी खड़े दिखे
आहत दलितों के शोणित से
ध्वज-पट पर निज-निज नाम लिखे
चंदाखोरी में महा - मस्त
भागे आए फिरकापरस्त
जिनके दादा ने नाना ने
उस कथाकार को पीटा था
जिन दुष्टों ने बदनामी की
कीचड़ में उसे घसीटा था

वे सबके सब भागे आए
कुछ मतलब था, आगे आए
यजमान ट्रकों में ले पहुँचे
क्विंटल के क्विंटल कलाकंद
पंडों ने घेर लिया घर को
लमही से भागे प्रेमचंद !

6 अगस्त 1980

ये भारी-भरकम ढाँचे...

नौकरशाही के ये भारी-भरकम ढाँचे नहीं चलेंगे
शोषणमूलक लोकतंत्र के नकली सांचे नहीं चलेंगे
पाँच हजारी आफिसरों को वापस ले लो
अपनी नागफनी के पौधे वापस ले लो
नव दिल्ली तो प्रभु नगरी है, बाकी सब बँधुआ गुलाम है
आप समेटो माया अपनी, भाई जी, तुमको सलाम है

3 नवम्बर 1980

लोकतंत्र के दर्पण में

अपराधों की राख मलो तुम
लोकतंत्र के दर्पण में
बीस गुना चमकेगा मुखड़ा
फिर तो आत्मसमर्पण में
अरे हटाओ, क्या रक्खा है
गाँधी जी के तर्पण में
छविरानी के हत्यारे तो
पैदा होते क्षण-क्षण में
अपराधों की राख मलो तुम
लोकतंत्र के दर्पण में

दिल्ली की सर्दी कम होती
तंत्र-मंत्र के हीटर से

अपनी किस्मत आप मिला लो
योग-सिद्धि की मीटर से
राजघाट में बातें कर लो
यूसुफ से या पीटर से
लोकतंत्र का जूस मिलेगा
नाप-नापकर लीटर से
दिल्ली की सर्दी कम होती
तंत्र-मंत्र के हीटर से

भागलपुर के अंधे पहुँचे
दिल्ली के अंधों से मिलने
चोट लगी तो झटका खाया
मानवता के दर्दी दिल ने
सुलग उठे खबरों के कॉलम
होंठ लगे देवी के हिलने
हमदर्दी की बगिया जागी
नकली फूल लगे तब खिलने
स्वेटर आए नए-पुराने
कपड़े शुरू हो गए सिलने
छूकर देखा सुख-दुख महके
ज़रा तसल्ली पाई दिल ने

काश, तुम्हारी आँखों में भी
पड़ता वो ही गंगाजल
जिसकी खबरों से दुनिया में
मची आज भारी हलचल
सुन लो, आरक्षीगण कैसे
नारे लगा रहे 'स-कुशल'
देखो भागलपुर तक चलकर
कैस आ पहुँचा चम्बल !
अपराधों की राख मलो तुम
लोकतंत्र के दर्पण में
बीस गुना चमकेगा मुखड़ा
फिर तो आत्मसमर्पण में !!

7-8 जनवरी 1981
पुरानी जूतियों का कोरस

तटस्थ रहना

तटस्थ रहना
यानि
तटस्थता के मजे लूटना
'G' 'द ग्रेट' होने के बराबर है
तो महोदय, आप
हमारी इन पंक्तियों पर
नजर न डालें
आपको मोतियाबिंद हो जाएगा
आपके तन से दुर्गंध का भभका उठेगा
दस लीटर इत्र भी
आपकी साँसों को
सुरभित न कर पाएगी
जी, आपको अंत तक
तटस्थ ही रहना है
ढेर सारे 'G' हैं धरती पर
वो आपको घर बैठे
दक्षिणा पहुँचा रहे हैं...

22 जनवरी 1981
आखिर ऐसा क्या कह दिया मैंने

मैं बस उड़ ही जाऊँगा

लगता है
पंख निकलनेवाले हैं
लगता है
मैं लंबी उड़ान भरनेवाला हूँ
लगता है
धरती पर पाँव नहीं पड़ रहे हैं
मैं कई फुट ऊपर चलता हूँ

धरती वेचारी उदास है
उसे इन चरणों का जादुई स्पर्श नहीं

मिल रहा है इन दिनों...
यह मुझे क्या हो गया है !
लगता है, अभी-अभी मैं बस उड़ ही जाऊँगा।

3 मार्च 1981
अपने खेत में...

मेत्तोक् मेत्तोक् मेत्तोक्...

मेत्तोक् मेत्तोक् मेत्तोक्...
मैं तो तुम्हें पुकारूँगा अब
मेत्तोक् कह के
नया नाम सुनकर तुम चौंकीं
मेत्तोक् मेत्तोक् मेत्तोक्...
मेत्तोक् मेत्तोक् मेत्तोक्...

पूछा मैंने सहज भाव से—
"क्या होता है 'मेत्तोक्' माने ?
तिब्बती भाषा में 'मेत्तोक्' क्या होता है ?"

भोट-देश की रहनेवाली
सहज सुंदरी मध्यवयसी
लम्बी-सी वो महिला बोली—
'मेत्तोक्' माने फूल !
फूल ही तो होता है 'मेत्तोक्' माने...
क्यों बाबाजी, ठीक बताया ?

"तो, मेत्तोक् ही नाम तुम्हारा रहा आज से !"
ढेर-ढेर-सा हँसनेवाली वो 'सुरजीत'
नामवाली हिमाचली भोट नस्ल की
मध्यवयसी बोल उठी—
"मेत्तोक् मेत्तोक् मेत्तोक्..."

4 अप्रैल 1981
भूल जाओ पुराने सपने

भोजपुर

1

यही धुआँ मैं ढूँढ़ रहा था
यही आग मैं खोज रहा था
यही गंध थी मुझे चाहिए
बारूदी छर्रे की खुशबू !...
ठहरो-ठहरो इन नथनों में इसको भर लूँ...
बारूदी छर्रे की खुशबू !...
भोजपुरी माटी सोंधी है,
इसका यह अद्‌भुत सोंधापन !
लहरा उट्‌ठी है
कदम-कदम पर, इस माटी पर !
महामुक्ति की अग्नि-गंध
ठहरो-ठहरो इन नथनों में इसको भर लूँ
अपना जनम स-कारथ कर लूँ !

2

मुन्ना, मुझको
पटना-दिल्ली मत जाने दो
भूमिपुत्र के संग्रामी तेवर लिखने दो
पुलिस-दमन का स्वाद मुझे भी तो चखने दो
मुन्ना, मुझे पास आने दो
पटना-दिल्ली मत जाने दो।

3

यहाँ अहिंसा की समाधि है
यहाँ कब्र है पार्लमेंट की
भगतसिंह ने नया-नया अवतार लिया है
अरे यहीं पर
अरे यहीं पर
जन्म ले रहे
आजाद चंद्रशेखर भैया भी
यहीं कहीं बैकुंठ शुक्ल हैं
यहीं कहीं बाघा जतीन हैं

यहीं अहिंसा की समाधि है...

4

एक-एक सिर सूँघ चुका हूँ
एक-एक दिल छूकर देखा
इन सबमें तो वही आग है, ऊर्जा वो ही...
चमत्कार है इस माटी में
इस माटी का तिलक लगाओ,
बुद्धू, इसकी करो वंदना
यही अमृत है, यही चंदना
बुद्धू, इसकी करो वंदना

यही तुम्हारी वाणी का कल्याण करेगी
यही मृतिका जनकवि में अब प्राण भरेगी
चमत्कार है इस माटी में...
आओ, आओ, आओ, आओ !
तुम भी आओ, तुम भी आओ
देखो, जनकवि, भाग न जाओ
तुम्हें कसम है इस माटी की
इस माटी की/इस माटी की/इस माटी की !

12 अप्रैल 1981
ऐसे भी हम क्या ! ऐसे भी तुम क्या !

संग तुम्हारे, साथ तुम्हारे

एक-एक को गोली मारो
जी हाँ, जी हाँ, जी हाँ, जी हाँ...
हाँ-हाँ, भाई, मुझको भी तुम गोली मारो
बारूदी छर्रे से मेरी सद्‌गति हो...
मैं भी यहाँ शहीद बनूँगा
अस्पताल की खटिया पर क्यों प्राण तजूँगा
हाँ, हाँ, भाई, मुझको भी तुम गोली मारो
पतित बुद्धिजीवी जमात में आग लगा दो
यों तो इनकी लाशों को क्या गीध छुएँगे

गलित कुष्ठवाली काया को
कुत्ते भी तो सूँघ-सूँघकर दूर हटेंगे
अपनी मौत इन्हें मरने दो...
तुम मत जाया करना
अपना वो बारूदी छर्रा इनकी खातिर
वर्ग-शत्रु तो ढेर पड़े हैं,
इनकी ही लाशों से अब तुम
भूमि पाटते चलना
हम तो, भैया, लगे किनारे...
नहीं, नहीं, ये प्राण हमारे
देंगे, देंगे, देंगे, देंगे, देंगे
संग तुम्हारे, साथ तुम्हारे
मैं न अभी मरनेवाला हूँ...
मर-मरकर जीनेवाला हूँ...

12 अप्रैल 1981
आखिर ऐसा क्या कह दिया मैंने

बार-बार हुए हैं लहूलुहान

(इराक-ईरान युद्ध के संदर्भ में)

सुलगे हैं बार-बार
बारूदी उल्का-पुंज
झुलसे हैं बार-बार
प्रणय-मुखर द्राक्षा-कुंज
बार-बार हुए हैं लहूलुहान
अरब और फारस के जवान
उमर खैय्याम मगर इतना नहीं रोया था !
बुजुर्ग शहंशाह कभी ऐसा नहीं खोया था !
रागारुण सुंदरियाँ बनेंगी अवश्य भिखारिनें
परस्पर कलहाक्रांत धन-पिशाच तेल-वणिक्
गिनेंगे 'स्वगत' लाभांक, औरों को लड़ाएँगे
बढ़ा ही लेंगी अपने-अपने प्रताप-क्षेत्र
छिनाल महाशक्तियाँ, घिनौनी महाशक्तियाँ
कहाँ से मिलेगा उतना सुर्मा

रह जाएँगे सुर्ख महाप्रभुओं के रक्त-विकराल नेत्र
दिखाई नहीं पड़ेंगी
हकीम लुकमान की पीढ़ियाँ
कागज पे रह जाएँगे धरे के धरे
यू.एन.ओ. के फर्मानी सूत्र वाक्य !
उमर ख़ैय्याम कभी इतना नहीं रोया था...
बुजुर्ग शहंशाह कभी ऐसा नहीं खोया था..
झुलसे हैं बार-बार प्रणय-मुखर द्राक्षा-कुंज !
सुलगे हैं बार-बार बारूदी उल्का-पुंज !

पुरानी जूतियों का कोरस/मधुमाधवी, जन.-अप्रैल 1981

अच्छा किया तुमने

भगतसिंह,
गुजर गए तुम्हारी शहादत के
वर्ष पचास
मगर बहुजन समाज की
अब तक पूरी हुई न आस
तुमने किनका भला चाहा था
तुमने किनका संग-साथ निबाहा था
क्या वे यही लोग थे—
गद्‌दार, जनद्वेषी अहसान फरामोश ?
हकूमत की पीनक में बदहोश ?
क्या वे यही लोग थे,
तुमने इन्हीं का भला चाहा था ?
भगतसिंह,
तुम्हारे वे कामरेड क्या लुच्चे थे, लबार थे ?
इन्हीं की तरह क्या वे आप पब्लिक की गर्दन पे सवार थे ?
अपनी कुर्सी बचाने की खातिर
अपनी जान-माल की हिफाजत में
क्या तुम्हारे कामरेड
इन्हीं की तरह
कातिलों से समझौता करते ?
क्या वे इन्हीं की तरह

अपना थूक चाट-चाटकर मरते ?
हमने तुम्हारी वर्षगाँठ को भी
धंधा बना लिया है, भगतसिंह
हमने तुम्हारी प्रतिमा को भी
कुर्बानी का प्रमाणपत्र थामे रहने के लिए
भली-भाँति मना लिया है !
भगतसिंह, दर-असल, हम बड़े पाजी हैं
तुम्हारी यादों के एक-एक निशान
हम तानाशाहों के हाथ बेचने को राजी हैं
दस-पाँच ही बुजुर्ग शेष बचे हैं
वे तुम्हारे नाम का कीर्तन करते हुए
यहाँ-वहाँ दिखाई दे जाते हैं
वे उनके साथ शहीद-स्मारक
समारोहों में अगल-बगल मंचस्थ
होते हैं उन्हीं के साथ
जिनकी जेलों के अंदर हजार-हजार
तरुण विप्लवी नरक यातना भोग रहे हैं
और वे उनके साथ भी
शहीद-स्मारक-समारोहों में अगल-बगल
मंचस्थ होते हैं
जिनकी फैक्टरियों के अंदर-बाहर
श्रमिकों का निरंतर बध होता है
भगतसिंह, क्या वे सचमुच तुम्हारे साथी थे ?
नहीं, नहीं, प्यारे भगतसिंह, यह झूठ है !
ऐसा हो नहीं सकता
कि तुम्हारा कोई साथी इन
मिनिस्टरों से, इन धनकुबेरों से
हाथ मिलाए !
दर-असल वे कोई और लोग हैं
उनकी जर्जर काया के अंदर
निश्चय ही देशद्रोही-जनद्रोही
दुष्टात्मा प्रवेश कर गई है

भगतसिंह, अच्छा हुआ तुम न रहे !
अच्छा हुआ, फाँसी के फंदे पर झूल गए तुम

ठीक वक्त पर शहीद हो गए,
अच्छा किया तुमने
बहोऽऽत अच्छा ! बहोऽऽत अच्छा !!

पुरानी जूतियों का कोरस/जनमत, अप्रैल 1981

पटनायक नागभूषण

मृत्युंजय महा-वीर
पटनायक नागभूषण
अक्षय-अमोघ ऊर्जा के
आकर तुम !
साहस के सागर तुम !
मृत्युंजय परम वीर
महाप्राण, कृशातिकृश शरीर !
पटनायक नागभूषण !!
अप्रतिम सखा हो तुम
विश्व-सर्वहारा के !
प्रतीक हो सुबह की तारा के !
पटनायक नागभूषण–

–रह न जाए कोई निपीड़ित-प्रपीड़ित
–इस धराधाम में
–अन्न-वस्त्र-पूरित, हमेशा चौकस
–मगन रहें सभी निज-निज काम में
–सुलभ रहें सबको स्वगत श्रम-फल
–रह जाए कोई नहीं व्याकुल-विकल
–परस्पर सभी हों निश्छल
–पैशाचिक प्रतिस्पर्द्धा से दूर
–सभी करें शांति की उपासना भरपूर
यही तो कुछ बातें थीं, जो तुम कहते रहे हो ?
इसीलिए क्या
तानाशाही जोर-जुलुम सहते रहे हो ?
भगतसिंह, आजाद चंद्रशेखर, बाघा जतीन...
उनकी अगली कड़ी नहीं हो क्या तुम ?

इतिहास की काली-टेढ़ी गुफाओं के अंदर
गूँज-अनुगूँज भरी चैलेंज नहीं हो क्या तुम ?

जभी तो वे घबराते हैं
अनसुनी करते हैं तुम्हारी रिहाई की अपीलें
तुम्हारी चर्चा तक से कतराते हैं
अमन के सफेद कबूतरों की जगह
अपने आसमान में छोड़ते हैं वे
हजार-हजार लाख-लाख भूरी चीलें
अनसुनी करते हैं तुम्हारी रिहाई की अपीलें
और क्या, यही तो वे कर सकते हैं ?
अपनी लोकसभा के अंदर
अपनी पर-लोकसभा के अंदर
उनके 'श्रीमुख' कभी क्या थकते हैं !
उनके प्रचार-यंत्र कभी क्या रुकते हैं !
मक्कार हैं वे, शत-प्रतिशत फरेबी,
बापू की समाधि के समक्ष नाहक ही झुकते हैं
जभी तो हमें हँसी आती है...
जभी तो हमें रुलाई आती है...

साथी पटनायक नागभूषण
छै मंज़िली इमारत के अपने उस अस्पताली बेड पर
यानी AIMI वाली
शर-शय्या पर
निभृत-विजन-एकांत कोठरी में
तुम भी तो कभी-कभी मुस्कुरा उठते हो !
आहें भरते हो
कभी-कभी !
शासक-जमात की बेवकूफियों पर
सर्वहारा के भोलेपन पर !
साथी पटनायक नागभूषण
है न यही बात ?

1 मई 1981
पुरानी जूतियों का कोरस/जनमत, मई 1981

लुभा रही...

लुभा रही चेतन आँखों को
खेतों की हल्की हरियाली
मेड़ों की निर्दूब चंदनी उर-लकीर पर
सँभल-सँभल चलती घरवाली...

5 मई 1981

जान भर रहे हैं जंगल में

गीली भादों
रैन अमावस...

कैसे ये नीलम उजास के
अच्छत छींट रहे जंगल में
कितना अद्भुत योगदान है
इनका भी वर्षा-मंगल में
लगता है ये ही जीतेंगे
शक्ति-प्रदर्शन के दंगल में
लाख-लाख हैं, सौ हजार हैं
कौन गिनेगा, बेशुमार हैं
मिल-जुलकर दिप-दिप करते हैं...
कौन कहेगा, जल मरते हैं...
जान भर रहे हैं जंगल में

जुगनू हैं ये स्वयंप्रकाशी
पल-पल भास्वर पल-पल नाशी
कैसा अद्भुत योगदान है
इनका भी वर्षा-मंगल में
इनकी विजय सुनिश्चित ही है
तिमिर तीर्थवाले दंगल में
इन्हें न तुम 'बेचारे' कहना
अजी, यही तो ज्योति-कीट हैं
जान भर रहे हैं जंगल में

गीली भादों
रैन अमावस...

5 मई 1981

पुरानी जूतियों का कोरस/साक्षात्कार, अक्टूबर 1981

मुक्तक

भ्रम का भूत परेशानी में डाल रहा है
संशय की हाँडी में इन्हें उबाल रहा है
योगी-फोगी, पीर-फीर कुछ काम न देंगे
युग के संकट भारी टैक्स वसूल करेंगे
भ्रम का भूत...

15 मई 1981

ऐसे भी हम क्या ! ऐसे भी तुम क्या !

भर रहा है चमक...

दमक रहे हैं
बालों के गुच्छे
सुनहले-सफेद...
अविराम वृष्टि का यह मध्यांतर
दे रहा है अवसर
छिपे हुए सूरज को
कि
निचली घाटियों को करे निहाल

कि
चमकाए
धान के मृदु-हरित नवांकुरों को
सीढ़ीनुमा खेतों में

कि भरे अधिकाधिक जीवन-रस

कच्ची नासपातियों के अंदर
कि दमदार बनें
भुट्टों के दूधिया दाने...
फ़िलहाल तो प्रकाश का यह देवता
पहाड़ी बरसात का सहमा-सहमा यह सूरज
भर रहा है रंगकर्म की चमक
मकई के पौधों में...

लो, वह चमक रहा है
सुनहले-सफेद बालों के गुच्छे
लो, वह ओझल हुआ
घिर आया कोहरा
छा गया कोहरा।

15 मई 1981

ऐसे भी हम क्या ! ऐसे भी तुम क्या !

कहाँ नहीं हो आए पुष्पदंत जी !

सुरक्षित अंधकार के ये अंचल...
कब तक जाने इन पर
प्रकाश डाल पाएगा 'संविधान'
भला हो पंगुल 'संविधान' का...

'हो रहा है विकास—'
पुष्पदंत जी बोले
—मंदिर-प्रवेश का मार्ग तो
बापू आप ही दिलवा गए हैं...
अपन इन्हें साथ बैठाते हैं
संसद में, राज्यसभा में
विधान सभाओं में, परिषदों में...
साथ बैठाते हैं यहाँ भी, वहाँ भी...
कहाँ नहीं...

अपने हाथों से पुष्पदंतजी ने
'श्रीखंड' की कटोरी थमाई मुझे
आग्रहपूर्वक...
बोले—

'दमा-फमा कुछ नहीं बिगाड़ेगा...
लीजिए भी तो !...'

फिर आँखें नचाकर
फुसफुसाए पुष्पदंत...
'रत्नम् का नाम सुना होगा...
पुराना आई.सी.एस....
कई देशों में राजदूत रह चुके हैं...
हाँ ऽऽऽ वो ही !
अब आप कैसे कहोगे कि
विकास नहीं हुआ !'

प्रजातंत्र
प्रगति
जनवाद
भारतीय संस्कृति
धर्म-निरपेक्षता
सबमें मिलते-घुलते हैं
सबका आनंद लेते हैं
आपके लिए मजा ही मजा है सर्वत्र
पुष्पदंत जी छः फैक्टरियों के मालिक हैं
कला और साहित्य पर तो आपकी
खास कृपा है

तीन बार 'इंटर कान्टिनेन्टल टूर' किया
मास्को-प्राग-बर्लिन-बैंकाक-तोक्यो
कहाँ नहीं गए हैं पुष्पदंत जी !

1981

ऐसे भी हम क्या ! ऐसे भी तुम क्या !

'सद्गति'

''मेरी पीठ का
उसने सचमुच
पीढ़ा बना दिया है !
मेरे ही वंशधर
भविष्य में इसका इस्तेमाल करेंगे
ठीक है, ठीक है, ठीक है !
फिलहाल तो—
इस पीठ पर जो भी बैठेगा,
जुगाली ही जुगाली करता रहेगा
पद्मासन की मुद्रा में बैठा दीखेगा
भुक्खड़ शब्द-शिल्पियों के अंदर
ईर्ष्या की आग सुलगती होगी
सूखे तालुओं से थूक भी तो न पाएँगे गरीब !
मैं तो भई, गुमसुम पीठ का दर्द झेलता जाऊँगा...
ठीक है, ठीक है, ठीक है !
इसी तरह अपनी 'सद्गति' होनी थी!''

19 जून 1986
आखिर ऐसा क्या कह दिया मैंने/विपक्ष, 21 जुलाई 1986

क्या हम...

क्या, निकट भविष्य में हम रेंगकर चलेंगे ?
क्या, निकट भविष्य में हम अपनी थूक चाटेंगे ?
क्या, हम आगामी वर्षों में
अपने दोनों कान पकड़कर
दंड-बैठक लगाएँगे ?
क्या, हम आँखें मूँदकर
उनकी हर बात पर हामी भरते जाएँगे ?
क्या, हम डर के मारे
हमेशा के लिए गूँगे हो जाएँगे ?
क्या, वे हमें ढोर-डांगर की तरह
डंडे दिखा-दिखाकर हाँकेंगे ?

प्रगतिशील पार्टियों के दलपति तक
हमसे ठकुर सुहाती चाहते हैं
अपनी नुक्ताचीनी सुनकर
वे अंदर ही अंदर बुरा मान जाते हैं
आपस में फुसफुसाते हैं :
"इसके दिलो-दिमाग के अंदर
गोबर भर गया है—
छोड़ो भी, करने दो
सी.आई.ए. का हाथ मजबूत...
छोड़ो भी, पागल कुत्तों की तरह
भौंक-भौंककर मर जाएगा..."

23 जुलाई 1981

अपन तो पीछे जमे रहेंगे...

प्रिय श्रोता-समुदाय,
मंच पर हूँ तो क्या ?
ज्यादा बोर नहीं करूँगा आपको
बल्कि बोरियत की साझीदारी में
प्रतिपल शरीक रहूँगा—
हाँ, सहभोक्ता, सहभागी !
जी हाँ, गद्दा छोड़कर पीछे बैठ गया हूँ
—भागा नहीं हूँ !
आपकी निगाहों से जरा-मरा ओझल हूँ न ?
यहाँ, पीछे, बिलकुल चौकस बैठा हूँ...
झपकियाँ कहाँ ले रहा हूँ !
जी हाँ, प्यास लगी थी जोरों की...
मिथिलेश्वर घड़ा ही उठा लाया है !
औरों के भी हलक सूख रहे होंगे न ?
भई, सभी को पानी पिलाओ !
उधर 'भाषण-वाषण' चलने दो...
अपन तो पीछे ही जमे रहेंगे...

11 अगस्त 1981
इस गुब्बारे की छाया में

हमारा पगलवा

तुम मुझे रोक नहीं सकते
मना नहीं कर पाओगे मुझको
मैंने यहाँ अपना बसेरा बना रखा है
चुपचाप आती हूँ
निकल पड़ती हूँ चुपचाप
यह मेरी अपनी जगह है
अपनी पसंद का ठीहा
अपना मनचीता आरामगाह...
यहाँ मैं मध्य निशा में
अकेली ही नाचती हूँ
गुनगुनाती हूँ अकेली ही
तुम तो मुर्दा की तरह ढेर पड़े हो
पता तक नहीं चल पाता है तुम्हें
मैं यहाँ अपनी लीलाएँ रचती हूँ
सामने होते हैं कतारों में सजे शब्द...
भावनाओं के हजूम दिप-दिप करते हैं
अपनी मौज के मुताबिक
उनसे काम लेती हूँ मैं
तुमसे नहीं कहती हूँ
"ऐ जी, सुना तुमने !
यहाँ तो बड़े मच्छर हैं
खटमलों के लाल-लाल चिरंजीव
परेशान कर रहे हैं मुझे...
ऐ जी, सुनते हो !
बाप रे बाप, इस कदर भी
किसी की नाक बजती है !
यह तीसरी रात है...
पलकों के कोए जाने कब से दहक रहे हैं
मर गई मैं तो !
ऐ जी, सुना तुमने ?"
इस तरह क्या कभी मैंने तुमसे शिकायत की है ?
यह कितना अच्छा है
तुम साँड की भाँति लेटे रहते हो

यह कितना अच्छा है
तुम नींद लेते हो भरपूर...
तुमने तो अपनी रूह को मार ही दिया था
दबा दिया था अपने दिल को चट्टान के नीचे
ठीक उन्हीं लमहों में
मैंने इस जगह को पसंद कर लिया था
अब यह मेरा ठिकाना है
तुमने तो अपनी रूह को बर्बाद ही कर लिया था
जी, तुम्हें क्या लेना-देना था इससे !
मैं यहाँ की 'मलका' हूँ
'पगली मलका'...जी, तुम्हें क्या लेना-देना था इससे !
मैं यहाँ की 'मलका' हूँ
'पगली मलका'...जी, तुम्हें क्या लेना-देना है अब इससे !

'बारह दरीचोंवाला' लता-मंडप...
मैंने इस ठिकाने को बड़े जतन से सजाया है
यहाँ किसी को झाँकने नहीं देती हूँ
यहाँ किसी को झाँकने नहीं दूँगी
किसी को नहीं
किसी को नहीं
किसी को नहीं
कब्भी नहीं, कब्भी नहीं, कब्भी नहीं !
एक बार
यानि सुदूर अतीत में
यानि आज से पच्चीस वर्ष पहले
अपना यह पगलवा
काठमांडू गया था
वहाँ से 'गुद्‌मा'* ले आया था
यह 'गुद्‌मा' अब गूदड़ रह गया है
मगर आज भी काफी गर्माहट है इसमें
मुलायम तो खैर है ही
यानि उस बार ढेर-सी रकम हाथ आ गई थी
यानि उस वर्ष मेरा पगलवा
नेपाल से गुद्‌मा ले आया था
मैं अभी अगले कई वर्षों तक इसे सँभालकर रखूँगी

पगलवा बड़ा खुश होता है इस गूदड़ को ओढ़कर
वो तो गर्मी के मौसम में यह गूदड़
कंधों पे डाल लेता है
नदिया-किनारे निकल जाता है
टोकती हूँ तो गुर्राता है
एक बार पगलवा कहीं से
काठ का स्टूल उठा लाया
पतली बाँस के पंगुल पैरोंवाला स्टूल !
नहीं, यह कमजोर नहीं है
थोड़ा भद्दा दिखता है सही
मगर काफी टिकाऊ है
मैं इस पर अक्सर बैठा करती हूँ
जब 'माउथ आर्गन' बजाने का जी करता है
हाँ, तब मैं इसी स्टूल पर जम जाती हूँ !
उसकी भी अलग कहानी है
जी हाँ, वो दार्जिलिंग से आया था
यही, दस-एक साल होते हैं, जी हाँ !
आप इसे बजाकर देखिए न !
होंठों से लग गई तो फिर हटाने को जी नहीं करेगा !
यह 'माउथ आर्गन' थोड़े है ?
सुरीली बच्ची है
जादू का करिश्मा है
'मेड इन जर्मनी' है
साफ-साफ पढ़ा जाता है
...HAMBURG ...
देखा न ?
यह भी पगलवा उठा लाया था...
नहीं, इसे होंठों से लगा के तो परखिए !
उस बार वो अकेला ही निकला था
मौसम था पूस-माघ का
और हमरा पगलवा
दार्जिलिंग घूम आया था
पीछे किसी ने बतलाया

---

* तिब्बती कम्बल

वो एक लामाइन के साथ
गंगतोक की सड़कों पर चहलकदमी कर रहा था
मैंने जिक्र किया तो मुस्कुरा उठा था,
वो मुझसे तो क्या
किसी से भी झूठ नहीं बोलता...

3 अक्तूबर 1981

आखिर ऐसा क्या कह दिया मैंने/आलोचना, 56-57, जनवरी-जून 1981

विकल हैं, व्याकुल हैं...

पानी की सतह पर
सौ-पचास भ्रमर
मचा रहे अविराम गुंजन
उनकी परेशानियाँ
देखते ही बनती हैं, सुनते ही बनती हैं...

बहुत बड़ी झील है
यहाँ-वहाँ खिले-अधखिले
सौ-सौ कमल कुमुद इठला रहे हैं
बना रहे हैं समीर को बोझिल
उनके पराग, उनके मकरंद
लेकिन इनकी तरफ
एक भी भ्रमर कहाँ खींच रहा ध्यान
सारे के सारे षट्पद
दूर, बहुत दूर, वहाँ काट रहे हैं चक्कर
पानी की सतह पर मचाए हुए हैं
अविराम गुंजन...
विकल हैं, व्याकुल हैं...
लेकिन वो तो निकल नहीं रहा है बाहर
80 दिनों के लिए फिर से लगा गया है गोता
झील के अतल जल के अंदर...
जी हाँ, वो राजीव हैं
चापलूसों की लालसा के अनुसार
लहरा नहीं रहा है झील की सतह पर !

हजार-हजार चाटुकार भ्रमरों को चाहिए
नेहरू खानदान का प्रफुल्ल कमल
राजीव, तुम क्या सचमुच
उन्हें अंत तक निराश ही रखोगे ?

5 अक्तूबर 1981
पुरानी जूतियों का कोरस

छोटी मछली...बड़ी मछली

अभी हाल की बात है...
एक रोज़, अरब-सागर में,
कुमारी अंतरीप के निकट,
अपने दौरे के दरम्यान
बड़ी मछली, झपाटे से छोटी मछली के करीब आई
'गुफ्तगू' वाली शैली में बोली—
"तेरे अंदर
मौजूद हैं
परिवर्तन और विकास के तत्त्व...
तू खूद ही एक दिन
'बड़ी मछली' में तब्दील हो जाएगी...
तेरी 'अस्थि-धातु' के अंदर
वे सभी 'आणविक तत्त्व' मैं स्पष्ट देख रही हूँ
तेरी हड्डियों पर अपने आप
मांस की गुद्दियाँ पनपने लगेंगी...
पतझर के बाद ठूँठ क्या हरा-भरा नहीं होता ?"
इतना कहकर बड़ी मछली मुँह फाड़कर
छोटी मछली के बिलकुल निकट आ गई...
आवाज की अनुगूँज सुनाई पड़ी—
"ना, डरते नहीं प्यारी बच्ची !
"नहीं, नहीं, कतई नहीं !
"अब तू आराम से इन जबड़ों के अंदर, आ जा !
"गीता ने क्या कहा है ? भूल गई ?
"आत्मा का विनाश नहीं होता...
"आत्मा नित्य है, अ-वि-नश्वर

"नैनं छिन्दति शस्त्राणि
"नैनं दहति पावकं...
"तू मेरे उदर में पहुँचकर भी खत्म नहीं होगी...
"तेरी हड्डियाँ कल-परसों तक
"मैं बाहर उगल दूँगी !
"चंद रोज बाद ही तो
"चार गुनी बड़ी नज़र आएगी
"तब तू भी शिकार करती फिरेगी छोटी मछलियों का !
"बड़े-बड़े मगर तेरे चापलूस होंगे...
"मेरी एक-एक विशेषता
"उत्तराधिकार में तू हासिल कर लेगी
"तब तू किसी से नहीं डरेगी मेरी बच्ची !
''आह मेरी बच्ची, वाह मेरी मुन्नी !
"अभी तो आ जा मेरे मुँह में
"देखना, यहाँ अंदर क्या नहीं है !"

छोटी मछली सचमुच चली गई अंदर
जी हाँ, वहाँ क्या नहीं था !
सब कुछ था ! सब कुच्छ !!
शांति-मैत्री-सद्भाव-सुख-समृद्धि...
सीझे हुए विप्लवियों की अस्थियों के अम्बार...
चुसे हुए रक्त की उफनती हुई धार...
जगह-जगह चलाए जा रहे थे–
गुमराह करने की कलाओं के प्रशिक्षण कोर्स...
कंकड़ों-गिट्टियों को पीस-पीसकर...
केमिकल्स के योग से, ढाली जा रही थीं
लाखों-करोड़ों-अरबों स्वर्ण मुद्राएँ
क्रॉस, स्वस्तिक आदि चिह्नों वाले
ठप्पे-प्रतीक
तैयार किए जा रहे थे...जहरीली
पेस्ट के छोटे-बड़े ट्यूब, फसलें जलाने
वाले पाउडर...और न जाने क्या-क्या
तैयार हो रहे थे लेबोरेटरियों में !
तो, छोटी मछली का सींकिया ढाँचा
उछल-उछलकर उलटी-तिरछी भंगिमाओं में

घूम-घामकर मुआयना करता रहा अर्सा तक !!
(बेचारी का बदन गायब हो चुका था,
हजम हो गया था बड़ी मछली के
जठरानल की आँच में...सिर्फ
सींकिया ढाँचा ही बच रहा था !)

तो अंत में हुआ यह कि
छोटी मछली का वो सींकिया ढाँचा
बड़ी मछली के मल-मार्ग से
एक रोज बाहर आ-गया...
फिर एक अवधि के बाद—
जादुई करिश्मे से
छोटी मछली का सींकिया ढाँचा
मझोली मछली का आकार-प्रकार
धारण कर गया, दिखने लगा
तरुण 'ह्वेल' की भाँति !
दिखने लगा 'तरुणी ह्वेल' की भाँति
यानी बड़ी मछली की एक 'सम्पूर्ण शिष्या'
तैयार थी : उदीयमान 'मगरमच्छ'
भावी मादा 'मगरमच्छ'...
तैयार थी : जी हाँ, अब वो
आगे चलकर बड़ी मछली नं.-5,
या फिर बड़ी मछली नं.-7 कहलाएगी
विश्व के सारे समुद्र इसके चारागाह होंगे
चारागाह, जी हाँ, लीला-निकेतन और शिकार-क्षेत्र...
फिर तो पानी के छोटे-छोटे जीव
उसके उदर में समाते चले जाएँगे...
सुरसा की वो नानी तो यही चाहेगी
कि सारी की सारी दुनिया
उसी के जबड़ों के अंदर आ जाए !!

"हाँ, अब ठीक है !
अब तो तू वरुण देवता की
'लायक औलाद'
हो गई : दूरदर्शी-जिम्मेदार

लेकिन अभी तुझे
दस बार मेरे जबड़ों के अंदर
जाना है, वहाँ प्रशिक्षण लेने हैं तुम्हें तो !
आगे तू मेरे मल-मार्ग से नहीं,
मेरी साँसों से बाहर आएगी...
कभी कानों से बाहर आएगी...
कभी आँखों से बाहर आएगी...
और हाँ, आखिरी बार तो
तू मेरे मुँह से पानी के बुलबुले बनकर
निकलेगी...
और, हर बार ज़्यादा बड़ी दिखेगी
और, हर बार तेरी पाचन-शक्ति बढ़ती जाएगी
और हर बार तू अपनी परछाईं से
आप ही चौंक-चौंक उठेगी
भविष्य में तेरे तन के अति सूक्ष्म छिद्रों से
रंगीन आभा फूटती होगी—
कभी नीली...
कभी गुलाबी
कभी पीलिया...
कभी दूधिया...
कभी चटक-सुर्ख...
कभी मिश्रित तिनरंगी...
कभी जोगिया गैरिक...
कभी हल्की चम्पई...
कभी आसमानी
कभी भूरी...
कभी मटमैली...
कभी मोतिया...
डार्लिंग, तू इस सबसे घबराना नहीं;
नहीं, नहीं, बिलकुल नहीं
हाँ, मेरी बच्ची,
तू तनिक भी परेशान मत होना !
बिलकुल नहीं
कतई नहीं
मेरी बच्ची, मेरी जान !

हाँ, एक ही खतरा है, जिससे
                    होगी तू परेशान
बल्कि, ज़रा-सी गफलत में
मिट सकता है तेरा नामोनिशान
तू बाक़ी सब कुछ करना
मगर पानी छोड़कर—
कभी किनारे लगने की
भूल न करना !
देखना, उस प्रलोभन से
अपने को बचाए रखना...
इस तरह युगों-युगों तक
मस्ती का अमृत-रस चखना
हाँ, मेरी बच्ची,
हमारी बिरादरी को
वरुण देवता ने
सृष्टि के आरम्भ में ही
यह अभिशाप दिया था
किनारे पर मौत है
किनारे पर मौत है
किनारे पर मौत है
ओ मेरी बच्ची !
ओ मेरी बच्ची !
ओ मेरी बच्ची !
यों, तो मैं तेरे को
खबरदार करती ही रहूँगी
लेकिन तू खुद भी
अपने आपको क़ाबू में रखना !
बाक़ी सब-कुछ करना—
मगर ध्यान रखना..
किनारे पर मौत है
किनारे पर मौत है
किनारे पर—"

10 नवम्बर-29 नवम्बर 1981
पुरानी जूतियों का कोरस

शिशिर की निशाऽऽ

शिशिर की निशाऽऽ
धुंध में डूब गई
दिशा दिशा दिशाऽऽ

भुरभुरी जमीन
गरम हैं सियारों के माँद
खंडहर के कोने में
घुग्घू गया फाँद

नरवत हुए उदास
खाँसता है चाँद
गगन के बीचोंबीच
हाँफता है चाँद
शिशिर की निशाऽऽ

17 नवम्बर 1981
ऐसे भी हम क्या ! ऐसे भी तुम क्या !

कैसा लगा

कैसा लगाऽऽ
कैसा लगाऽऽ
कैसा लगा कोहरा ?

बना गया है हमें
बना गया है तुम्हें
अपनी वहम का मोहरा !
    कैसा लगाऽऽ
भाफ में नहाया भी
यों ही शरमाया भी
हुआ जाने दोहरा !
    कैसा लगाऽऽ
पूस की ठिठुरन में

पूनम की छुअन में
अच्छा लगा कोहरा !
अच्छा लगा !!

17 नवम्बर 1981
ऐसे भी हम क्या ! ऐसे भी तुम क्या !

शिशिर की सीमन्तिनी का

शिशिर की सीमन्तिनी का
बर्फ है पानी !
इन ठिठुरती उँगलियों ने
हार क्या मानी !
बाल रवि है मुग्ध अतिशय
बन गया दानी !
वृद्ध नगपति विनयवश ही
मौन है ज्ञानी !
सामने केदार-बदरी
जगमगाते गुह्य-संधानी
शिशिर की सीमन्तिनी का
बर्फ है पानी !!

1981
ऐसे भी हम क्या ! ऐसे भी तुम क्या !

लू-शुन

दुर्दम, अनमनीय, क्रांतदर्शी !
छद्म वाम पर निरंतर वाणवर्षी !
अ-कपट बंधु तुम विश्व-सर्वहारा के !
अक्षय उत्स तुम जन-चेतन-धारा के !
करो अंगीकार प्रणतियाँ हमारी...
सहज सरल लू-शुन व्यंग-वज्रधारी...

"कलम से काम लो गदा का, तमंचा का
ढीली न पड़े डोर प्रत्यंचा का

जहरीले साँपों पर दया नहीं करना
दुष्टों पर हमदर्दी के उसाँस नहीं भरना
कटखने कुत्तों पर--रहमदिल न होना
भलमनसाहत में जान से हाथ मत धोना...
इस तरह श्रमशील जनों को दे गए हो सीख...
क्यों कोई माँगे प्रभुओं से भद्रता की भीख !

21 नवम्बर 1981
ऐसे भी हम क्या ! ऐसे भी तुम क्या !

त्यागमूर्ति-प्रज्ञा के सागर

त्यागमूर्ति, प्रज्ञा के सागर, कामरेड अधिकारी
श्रमिक वर्ग की नव-संस्कृति ही, थी बस तुमको प्यारी
प्रलोभनों को अंतिम क्षण तक तुमने ठोकर मारी
थमा गए हो मुक्ति - सैनिकों को तलवार दुधारी
त्यागमूर्ति, प्रज्ञा के सागर, कामरेड अधिकारी

मार्क्स और लेनिन के पथ पर बढ़ते गए निरंतर
झुके नहीं अभिनव प्रभुओं के आगे भी तुम तिल-भर
ओ अद्‌भुत बलिपंथी साथी, ओ अपूर्व प्रतिभाधर
लाख-लाख प्राणों में तुमने तेज भरा तप - तपकर
मार्क्स और लेनिन के पथ पर बढ़ते गए निरंतर

थमा गए हो मुक्ति - सैनिकों को तलवार दुधारी
त्यागमूर्ति, प्रज्ञा के सागर, कामरेड अधिकारी

22 नवम्बर 1981

मध्य रात्रि में

देखना
देखना
देखना
थामे रहना मुझे

मुझको छोड़ मत देना
रूठना न कभी
रूठना न कभी
ओ मेरा कंचन
ओ मेरी पूँजी
ओ मेरे सरबस
ओ मेरे 'सब-कुछ'
ओ मेरी जान
ओ मेरे राजा
ओ मेरी रानी
ओ मेरे क्रोध
ओ मेरी नफ़रत

प्रतिहिंसा की ओ मेरी अपनी आँच
ओ मेरी घिन
ओ मेरी आँच
ओ मेरी आँच
ओ मेरी आँच
अब इन झुर्रियों की
ब्राह्मी-लिपि तू ही बाँच
खरोष्ठी अभिलेख तू ही बाँच
ओ मेरी आँच, ओ मेरी आँच
बाप रे बाप !
बाप रे बाप !
हद कर दी इस खूसट ने
ठीक ढाई बजे
रात की तिपहरिया में
मीटर कर दी डाउन
अब मैं लेट ही नहीं सकता

आओ सहेलियो
स्वागत है तुम्हारा
यही तो इकरार था
हमारा-तुम्हारा
अच्छा किया, वक्त पर आ गई हो !

आओ सहेलियो, आओ सहेलियो !!
हजूम बाँधकर आई हो,
यह क्या बात हुई !
गिरोह में आ धमकी हो
यह क्या बात हुई !
क्यों करती हो तबाह इस गरीब को ?
एक-एक करके आना था न ?
इत्ती वक्त अब मैं क्या करूँ !
कहाँ तुम्हें बिठाऊँ ?
कैसे करूँ अगवानी ?
अच्छा, आ गई तो ठीक ही किया...
मगर एक-एक करके करीब आओ !
लो, यह मैंने चुटकी बजाई...
बाकी सब दफ़ा हो जाओ
हाँ, एक ही रहो !

मगर यूँ नहीं
नहीं, नहीं, यूँ नहीं ीं ीं ीं ीं !
हाँ, मेरी जान, यूँ ू ू ू ू !

अच्छा, अच्छा, अच्छा, अच्छा ा ा ा ा !
तुझे क्या कहके पुकारूँ ?

हाँ, हाँ, पास आ जा
ले मेरा कपार छूकर देख तो ऽऽ
बुखार तो नहीं है मुझे ?
कित्ता सर्द है तेरा हाथ !
ओफ्फोह ! ओफ्फोह !!
बस, बस, बस, बस...
परे कर अपना हाथ
हाँ, मुझे बुखार !
लेकिन मैं तो पूरे होश में हूँ...
मेरी नजरें दिप-दिप कर रही हैं !
मेरे सीने के अंदर धड़कन तेज है !
पसीने में वो 'बू' तो नहीं है ?

वो 'बू' ज्वरों वाली ?
नहीं, मैं ठीक हूँ !
मुझे बुखार-फुखार कुछ नहीं है !
मगर हाँ, एक किस्म की बेचैनी तो
यहाँ हर हमेशा रहती है...
अब तुझ से क्या छिपाऊँ...
यह बेचैनी ही तो अपनी जमा-पूँजी है
हाँ, अस्सल जमा-पूँजी ! अस्सल !
यह अक्सर रात को ही आती है
—ठीक, दो बजे के बाद...
दर-असल यह मेरी जान है
मेरा 'सब-कुछ'...मेरे प्राण हैं यह...
मेरा जीवन, मेरी सरबस
इसे तो नित्य का निमंत्रण है यहाँ...
लेकिन, हाँ, आधी रात के बाद का निमंत्रण
यह अक्सर यहाँ होती है
मध्य-निशा की हमारी 'पर्मानेंट गेस्ट' है यह तोऽऽ
चोऽप ! बाबा चोऽप !!
फिर हो गए तुम चालू !
नहीं मानोगे ?
अभी काफी रात है बाबा !
लेट जाओ ! लेट जाओ !!
डॉक्टर दत्ता ने क्या कहा था, भूल गए ?
"नींद न आए
तो भी लेटे रहना
हाँ, आँखें मूँदकर
चुपचाप पड़े रहना...
इससे भी बेचैनी की मात्रा कम होगी"
डॉक्टर दत्ता ने नहीं कहा था ?
डॉक्टर सेन ने भी कहा था !
डॉक्टर नवाब ने भी तो
                    ऐसा ही कुछ कहा था
लेकिन, तुमसे कौन कहे
किसके बाप की मजाल है कि
तुम्हें समझाएगा ऽऽऽ

यह मुझसे सही माने में
'भगवती-जागरण' करवा लेते हैं
रात को दो बजे के बाद
नींद नहीं आती है
यह तो प्रकृति का वरदन ही मानता हूँ
अपने लिए, जी हाँऽऽऽऽ
दुनिया भला क्या समझेगी
इस उनींदेपन का रहस्य !
मध्यरात्रि में बा-होश रहता हूँ,
बा-खबर ! होशियाऽऽर !
दुनिया को क्या लेना है इससे ?
मैं सोता रहता हूँ कि जागता रहता हूँ
किसी को क्या लेना है इससे
नीरव-निशीथ में अक्सर
'टेलिप्रिंटर' की तरह
लाइनों पर लाइनें
निकालने लगते हैं मेरे अंतस्
तो मैं एकदम बिस्तरा छोड़ देता हूँ
उठ जाता हूँ/ टार्च जलाता हूँ
पानी लेता हूँ थर्मस से...
सिरहाने के नीचे से घड़ी निकालकर देखता हूँ
2.27 या 2.32 या 2.54...
मन ही मन जमाता रहता हूँ
इस पंक्तियों को तरतीब में
डायरी के किसी भी पेज में
लिखना शुरू कर देता हूँ...
तो लो, साहब, आज
आज सद्यः दिवंगत
कामरेड गंगाधर अधिकारी
कागज पर उतर आए !
कल रात 'लू-शुन' आए थे
परसों 'कोहरे' वाले गीत की
दस-एक पंक्तियाँ उभरी थीं...
पिछली गर्मियों की बात है,
गोमती गेस्ट हाउस के रूम नं. 61 में

(वि.चौ. के तख्त पर)
नागभूषण पटनायक
और
शंकर गुहा नियोगी
सरसराकर उतर आए थे कागज पर...
बेईमान नहीं हूँ
मैं सबके साथ इन्साफ करता हूँ
मैं प्यार भी बाँटता हूँ
मैं नफ़रत की भट्ठी भी झोंकता हूँ !

23 नवम्बर 1981
आखिर ऐसा क्या कह दिया मैंने

सजीले, प्रिय देवदार

सजीले, प्रिय देवदार !
कौन भला, तुमको—
यहाँ पर लाया उतार ?
तुम्हारी निवास भूमि
जलधि तल से
ऊपर, अति ऊपर
फुट जहाँ सात-आठ-नौ हजार
ओ, हे, तुम
पहाड़ी तरुओं में, पाहुन उदार
सजीले, प्रिय देवदार !

1981
ऐसी भी हम क्या ! ऐसे भी तुम क्या !

दिसम्बर का अंत

गुनगुनी धूप थी
सैर को निकले थे...
दिनांत का श्रांत-क्लांत सूरज
समेट रहा

पहाड़ियों पर से
किरणों का अपना जाल
उतर रहा नीचे संध्याकाल
दिसम्बर का अंत है
अभी तो दूर-बहुत दूर
चैती वसंत है !

22 दिसम्बर 1981

पर्वत-बालाएँ गईं घूम !

उस ओर, उधर
संध्या की तिगुनी धुंध में
ओझल होती जाती किरणें
हिममंडित शिखरों को
सत्वर रहीं चूम...
भारी-भारी बोरियाँ लदी हैं पीठों पर
पर्वत-कन्याएँ गईं घूम—
इस ओर, नुक्कड़ों से नीचे
ऊभर-खाभर पगडंडी पर...
खुरदरी लुनाई के आगे
श्रम गया लचक
श्रम उठा झूम
पर्वत-बालाएँ गईं घूम !

22 दिसम्बर 1981
ऐसे भी हम क्या ! ऐसे भी तुम क्या !

उषा की लाली

उषा की लाली में
अभी से गए निखर
हिमगिरि के कनक शिखर

आगे बढ़ा शिशु रवि

बदली छवि, बदली छवि
देखता रह गया अपलक कवि
डर था, प्रतिपल
अपरूप यह जादुइ आभा
जाए न बिखर, जाए न बिखर !!

उषा की लाली में
भले हो उठे थे निखर
हिमगिरि के कनक शिखर...

23 दिसम्बर 1981
ऐसे भी हम क्या ! ऐसे भी तुम क्या !

रचो-रचो मधुर गीतम्

इनको इमर्ती
उनको कलाकंद
शासन सुख भोगें
गिरधारी फटकचंद

अपन को झंझट
अपन को लंदफंद
उनके मुखों में
मुसकी है मंद-मंद

रेशमी तिनरंगा
गद्दी में पैबंद
अभागे हो कवि तुम
रचते नहीं उनके छंद

रचो-रचो मधुर गीतम्
विविध भारती अमंद
सैर करो निखिल विश्व
मौज करो निर्द्वंद्व
ले लो कवि इमर्ती

ले लो कवि कलाकंद
बनो जी देवीदयाल
गिरधारी फटकचंद !

18 जनवरी 1982
ऐसे भी हम क्या ! ऐसे भी तुम क्या !

काले-काले

काले-काले ऋतु-रंग
काली-काली घन-घटा
काले-काले गिरि शृंग
काली-काली छवि-छटा...
काले-काले परिवेश
काली-काली करतूत

काली-काली करतूत
काले-काले परिवेश
काली-काली महँगाई
काले-काले अध्यादेश

18 जनवरी 1982
ऐसे भी हम क्या ! ऐसे भी तुम क्या !

जपा कर

जपा कर दिन-रात
जै जै जै संविधान
मूँद ले आँख-कान
उनका ही धर ध्यान

मान ले अध्यादेश
मूँद ले आँख-कान
सफल होगी मेधा
खिंचेंगे अनुदान

उनके माथे पर
छींटा कर दूब-धान
करता जा पूजा-पाठ
उनका ही धर ध्यान

जै जै जै छिन्नमस्ता
जै जै जै कृपाण
सध गया शवासन
मिलेगा सिंहासन !

18 जनवरी 1982
भूल जाओ पुराने सपने

मैं मेघवाहन हूँ

सावनी बदलियाँ
मेरे रोम कूपों के अंदर
समाती जा रही हैं
मेघ टहल-बूल रहे हैं
मेरे साथ-साथ
लगता है, मैं मेघवाहन हूँ

दिन-भर में बारह पैंतरे बदलती है
बरसाती आबो-हवा
जहरीखाल की पहाड़ियों पर
सबेरे कितनी अच्छी धूप थी !
उत्तर की दिशा में
बद्री-केदारवाले हिमखंड
कैसे चमक रहे थे
नीला आकाश
उन्हें अपने आगोश में लेकर
रहस्य-लोक बनाए हुए था !

अब वह नीला आकाश कहाँ गया !
किधर गुम हुए

बद्री-केदारवाले हिमखंड !
ठहरो, ठहरो, यह गुमख़ाल की टैक्सी
आई...

मैं लैंसडाउन हो आऊँ ?
अरे, ये तो बूँदाबाँदी होने लगी
बदलियाँ और भी घनी हो आईं
ठहरो, ठहरो
रबर के जूते तो डाल लूँ पैरों में !

1982
ऐसे भी हम क्या ! ऐसे भी तुम क्या !

लेनिन की समाधि पर

क्या आपकी लिबास
हर वर्ष बदल दी जाती है ?
क्या आपका मुखमंडल
प्रतिवर्ष
रंग-रोगन से
चमकाया जाता है ?
क्या आपका कुसुम-कोमल हृदय
आपके वज्र-संकल्पों और फौलादी कर्म-कलापों के
नीचे तब भी दब नहीं गया था ?
क्या आप वामपंथ के परस्पर विरोधी
अपघातों को यों ही बर्दाश्त कर जाते ?
क्या लिन पिआओ और डांगे को
अंततः क्षम्य मान लेते !
क्या आप आज भी वही होते !

24 जनवरी 1982
ऐसे भी हम क्या ! ऐसे भी तुम क्या !

उत्तर निशा के वासंती माहौल

उत्तर निशा के वासंती माहौल
गुलाबी जाड़ा
निरंतर घूमता, वेगवान् पंखा
एक भी मच्छर
पाएगा नहीं बैठने
इसके गाल पर

आश्वस्त है नानी
आश्वस्त है नाना
लेती रहेगी
निद्रा-सुख निर्बाध
चार वर्षीया

गालों पर
एक भी लाल निशान नहीं है
—दिन में देखा !
आनंदमय भविष्य की गारंटी
भर गई मीठी पुलकन
मेरे रोम-रोम में...

11 फरवरी 1982

इस चिनगारी को

आ जा !
जल्दी आ जा !
बुझने को है यह
तू इसमें फूँक मार
इसे एक प्रचंड अग्नि होना है
यह काम तो तू ही कर सकेगा
मुझमें अब दम नहीं है रे !
खाली चिनगारी यहाँ भला क्या करेगी
फूँक मारकर

इस चिनगारी को
तू 'दावानल' बना डाल !!

21 मार्च 1982
भूल जाओ पुराने सपने

उसे हड़बड़ी थी

पिछली रात
ठीक 3.22 पर एक हादसा हुआ...
मई-जून की वो भरी-पूरी झेलम
नील-निर्मल प्रवाहोंवाली वो वितस्ता
मरे ऊपर से होकर गुजरी—पिछली रात !
लगातार आधा घंटा तक, नहीं, 45 मिनट लगे !
प्रवाहित होती रही मुझ पर से
मैं लेटा रहा, निमीलित-नेत्र..
मन ही मन जागरूक, मोद-मग्न...
आशीष की मुद्रा में मेरे होठ हिलते रहे
जी हाँ, मैं मगन-मन लेटा रहा उतनी देर
जी हाँ, झेलम को हड़बड़ी थी—
वो सिंध से मिलने जा रही थी
मुझे झेलम पिछली रात निहाल कर गई !

1982
ऐसे भी हम क्या ! ऐसे भी तुम क्या !

सोनिया समंदर

सोनिया समंदर
सामने
लहराता है
जहाँ तक नज़र जाती है
सोनिया समंदर !
बिछा है मैदान में

सोना ही सोना
सोना ही सोना
सोना ही सोना

गेहूँ की पकी फसलें तैयार हैं–
बुला रही हैं
खेतिहरों को
–"ले चलो हमें
खलिहान में–
घर की लक्ष्मी के
हवाले करो
ले चलो यहाँ से"

बुला रही हैं
गेहूँ की तैयार फसलें
अपने-अपने कृषकों को...

1982
ऐसे भी हम क्या ! ऐसे भी तुम क्या !

झाग ही झाग तो हो !

असल में–
हुआ है क्या, बतलाऊँ ?
आहिस्ते-आहिस्ते
तुमने इन्हें अपंग हो जाने दिया है–
शब्द, स्पर्श, गंध, रस, रूप
सारे के सारे छीज गए हैं लगभग
लानत है, तुम तो खुलकर हँस भी नहीं पाते !
प्रभावित नहीं होती
लाजवंती तुम्हारे छूने से
गंध-चेतना ठस है तुम्हारी
रसबोध पंगु है
श्रुति-कुहर हो गए रबर की तरह
अपने 'स्व' को सुला दिया है तुमने !

ऐसे में क्या हो आप ?
झाग ही झाग तो हो !

1982

ऐसे भी हम क्या ! ऐसे भी तुम क्या !

कविता

वो रूठ गई है
उसे परेशान मत करो
जाने किस मुहूर्त में
उसे अपमानित किया था तुमने !

तुम्हारी धुली मुस्कान पे
उसे घिन आती है...
आपके शब्दालंकार
भुस की बोरियाँ हैं उसके लिए
प्लीज़, हट जाओ सामने से
उसे परेशान मत करो आप

अभिधा-लक्षणा-व्यंजना
सबकी सब सहेलियाँ हैं उसकी
सबकी सब...
उसे खो चुके हो आप, सदा-सदा के लिए !

1982

ऐसे भी हम क्या ! ऐसे भी तुम क्या !

आँ हाँ, इन्हें ना उतारो

काम नहीं आएगा
चौथेपन का यह नाटक
बेकार जाएँगे प्रवचन सारे
आओ, उठा लो आप भी चाट का दोना !
लो जी, लो, इत्र के फाहे—

भगतिनें लाई हैं

आँ हाँ, इन्हें ना उतारो
झूलने दो ज़रा-देर
मोंगरे की इकहरी लड़ियाँ वक्ष पर
उतरने दो इन्हें छाया-छवियों में

आँ हाँ, इन्हें ना उतारो
निःसंकोच टेपित होने दो अपने आपको
और भला कैसे होगा दूर
सांस्कृतिक सूनापन
अगली पीढ़ियों का !

1982
ऐसे भी हम क्या ! ऐसे भी तुम क्या !

उसने मुझसे पूछा–

सुगंधित आडम्बर...
रंगीन झागों का अ-छोर ज्वार
अनुकूल प्रचार के शंखनाद
सौम्य सामग्री—पिकनिकीय यात्रा की
यह सब क्या था आखिर ?
अहमिका का संयत स्फोट !
विनम्रता का आभाणक !
अभिजात 'अस्मिता' का रिहर्सल !
क्या था आखिर यह सब ?
—उस वस्तुवादी खेतिहर ने मुझसे पूछा
—कौन थे यह लोग ?
—नहीं, बहाना नहीं, सच-सच बतलाओ,
—क्या होता है "जानकी जीवन" ?
—करों का काफिला ? खीर-पकवान ? फोटो-फ़िल्म ?
—नहीं, बहाना नहीं, सच-सच बतलाओ !

1982
ऐसे भी हम क्या ! ऐसे भी तुम क्या !

हिम-शुभ्र पठारों पे रहा है...

महाप्रभु,
उतरा है तुम्हारा वाहन...
हिम-शुभ्र पठारों पे रहा है...
अब आया है विचरण करने
गंगा-तटवर्ती मैदानों में...
महाप्रभु,
भगतों की भीड़ है
भगतिनों का मेला है..
गोबर और जुगालियों के झाग
—सब कुछ महनीय होंगे
—सब कुछ विज्ञप्ति-योग्य
शतायु हो तुम्हारा यह वाहन !
तरुण-तरुणियाँ निराश हों तो हों
वयस्क प्रसन्न रहें इससे !
महाप्रभु !!

1982
ऐसे भी हम क्या ! ऐसे भी तुम क्या !

हवन-काष्ठ...

क्या उससे भी कभी मिलोगे ?
मुंडा जन-जाति के उस 'पुरुषोत्तम' से ?
सौ-सौ किंवदंतियों का नायक था वो
गिरिजन उसे कहते हैं 'विरसा भगवान !'
वे अनंत काल तक
उसकी ऊर्जा से 'वर्चस्'
हासिल करते रहेंगे
क्या उधर भी पदयात्रा करोगे ?
क्या कभी उनके मध्य भी विचरण करोगे ?
गुह निषाद-शबर...
तनी हुई प्रत्यंचा ही
उनका जनेऊ होती है

तीर ही उनके 'हवन-काष्ठ' होते हैं...
क्या आप, स-दल-बल, इसी भाँति
उनके मध्य भी विचरण करोगे ?

1982
ऐसे भी हम क्या ! ऐसे भी तुम क्या !

इत्ते अर्से बाद

इत्ते अर्से बाद
हम मिले भी तो क्यों !
हम मिले भी तो कैसे !
हाय,
तू तब भी क्या ऐसी ही निठुर थी ?
ऐसी ही पगलेट—
मटियाले झाग उछालती...
बेसब्री में खाती हुई पछाड़ पे पछाड़ !
ना, तब तू ऐसी न थी !

पहली बार
लगातार कई दिनों तक
साथ रहा हमारा...
तब तू स्फटिक-सी स्वच्छ थी
पारदर्शी, प्रवहमान, तरल
अपने अंदर लाख-लाख वॉट विद्युत समेटे...
वो तू नहीं थी क्या ?
मेरी प्रिय सखी,
चंद्रभागा !
वहाँ, तब तू चनाब थी न ?
'हीर-राँझा' वाली चनाब न ?
तब चनियोट (पश्चिमी पंजाब) में
तेरी पहली झलक मिली थी मुझे
नील-निर्मल जल के अंदर
तब 'आकंठमग्न' होकर मैं देर तक गुनगुनाता रहा
—मेघदूत के पद, विद्यापति के पद और चंडीदास के पद

क्या, वो तू कोई और थी ?
क्या, वो मैं कोई और था ?
सच-सच बतला
ओ मेरी सनातन सहेली !
चंद्रभागा, प्रिय सखी मेरी !!

18 जून 1982
आखिर ऐसा क्या कह दिया मैंने/साक्षात्कार—81-84, अगस्त-नवम्बर 1986

मेरे बच्चे

क्या हूँ मैं ?
कुछ तो नहीं हूँ
बारह छौनोंवाली—
मादा सुअर की तरह
लेटी रहती हूँ
मुझे सुकून मिलता है
दुर्गंधित कीचड़ की मुलायम सेज पर
मैं नहीं जानती
न कभी जान ही पाऊँगी
वैशाख-जेठ का मौसम आता है, तब
श्रीनगर के कूचों में
ठसाठस भीड़ क्यों हो जाती है
उन दिनों मालकिन
हमें दाने-दाने को क्यों तरसा मारती हैं
मेरे दिल के टुकड़े
उन्हीं दिनों क्यों
एक-एक करके गायब कर दिए जाते हैं
यह सब मैं नहीं जानती
न कभी जान ही पाऊँगी
नर-सुअर का रूप धर के
भगवान कभी धरती पर आया था
शायद वो भी कश्मीर घूमने आया हो
मगर उसे तो तब इनके पूर्वजों ने
महीन शालों में लपेटकर

अपने मजबूत कंधों पर
चाँदी की पालकी के अंदर
सजा-सुजूकर
खुशी-खुशी ढोया होगा
जोरों से आवाज लगाई होगी—
"वराह भगवान् की जय"
"बोलो जी, वराह भगवान की जय"
लेकिन, मैं तो नापाक हूँ, अदना-सी मादा सूअर हूँ !
मुझे क्या पता, हिमालय क्या होता है !
क्या होता है कैलाश !...
मुझे क्या पता
मैं नहीं जानती—
कौन थी गौरी, कौन था शंकर
हाय, कश्मीर में हमदर्द डोम नहीं हैं !
वे मुझे भली-भाँति पहचानते...
बा-इज्जत मुझे रखते !
वसंत क्या होता है, मालूम नहीं
बरफ की सफेदी, चिनार, देवदार, अखरोट...
मैं कुछ तो नहीं जानती !
हाँ, ठंड से बेहद घबराती हूँ मैं
तब मेरे बच्चे मेरे पास नहीं होते !
हाँ, होते हैं लेकिन—
लाल-सुर्ख गालोंवाले भले मानुषों के तन-मन का
जिंदा हिस्सा बन चुके होते हैं
श्रीनगर से वापस जा चुके होते हैं !

30 जून 1982

आखिर ऐसा क्या कह दिया मैंने/साक्षात्कार-81-84, जन.-जून 1986
विपक्ष-21 जुलाई 1986 'क्या हूँ मैं'—शीर्षक से

मेरे जादू से

आज
वर्तमान हूँ
कल 'विगत' कहलाऊँ

परसों मुझे अतीत कहेंगे
और ?
अगले दिन पत्थर बन जाऊँ शायद !
पुरातत्व में शामिल कर लिया जाऊँ शायद !
नहीं, नहीं, नहीं
मुझे ले चलो उठाकर
अभी, अभी, अभी...
घास-फूस के नीचे दबाकर
फूँक देना मुझको...
राख बनकर
उड़ती फिरूँगी
मेरे जादू से
धरती उर्वर होगी।

30 जून 1982
भूल जाओ पुराने सपने

बच्चा चिनार

बच्चा चिनार
उदास है...
उसने इनकार कर दिया
बढ़ने से
अपने बुजुर्गों का चिर जीवन
बच्चा चिनार पसंद नहीं करता...
उसने सामने खड़े
बच्चा चीड़ से पूछा—
'क्या सोच रहा है तू ?'
बच्चा चीड़ हुलसकर बोला—
'मगज खपाने का काम
हमारे बुजुर्ग करेंगे !
अपन तो रत्ती-भर परवाह नहीं करते
किसी बात की, कतई नहीं !
बिलकुल नहीं !!

हाँ, प्यारे, उधर तो सुन !
आदमजाद बच्चों की
किलकारियाँ तो सुन !!
मुन्ने भी हैं
मुन्नियाँ भी हैं
पहाड़ी नहीं, मैदानी हैं वे...
पंजाबी हैं, मराठे हैं, बंगाली हैं,
आपस में जाने क्या कह-सुन रहे हैं।'
बच्चा चिनार झूमकर बोला–
'इनके बुजुर्ग साथ नहीं आए !'
'नहीं'–बच्चा चीड़ बोला, आहिस्ते
'हाँ, दो ही तो थे...
दोनों ही मानतलाई गए होंगे
वहाँ एक हरियाणवी गाय
फ्रिजवाली घास खाती है–
और 45 लीटर दूध देती है रोज
दोनों बुजुर्ग
हरियाणवी गाय के खुरों की पवित्र धूल
सर-माथे लगाएँगे
और, जम्मू वापस आ जाएँगे !
और तब तक ये भी हमारी घाटी छोड़ चुके होंगे।'
गम्भीर होकर कहा बच्चा चिनार ने–
'अच्छा हुआ अल्पजीवी मैदानी बुजुर्ग इधर नहीं आए
वर्ना हमारे चिरजीवी बुजुर्गों का गुमान
दस गुना बढ़ जाता !'

15 जुलाई 1982
ऐसे भी हम क्या ! ऐसे भी तुम क्या !

सार हो तुम

कौन हो तुम
अग्निगर्भी इंगितों में
अति-मुखर हो, मौन हो तुम !
प्रबल बड़वानल सँजोए–

उर-उदधि में, कौन हो तुम ?
मौन हो तुम

सार हो तुम
अवनि की अकुलाहटों के !
तार हो तुम,
संत बुनकर के पटों के !
सेतु हो,
दोनों तटों के !

8 अक्तूबर 1982
भूल जाओ पुराने सपने

माई नहीं रही है चेत...

लोकसभा के गलियारों में घुस आए हैं प्रेत
टिड्डे बनकर चर जाएँगे यही वतन के खेत
देखो, देखो, फिर भी माई नहीं रही है चेत
पालिटिक्स में मिला चुकी है लाभ-लोभ की रेत
लोकसभा के गलियारों में घुस आए हैं प्रेत

नहीं बचा पाएँगी इसको सिक्खों की तलवारें
कैसे होगा, सदा-सदा ही यह जीते, हम हारें
पत्थर को पिघला देंगी क्या पगली की मनुहारें
सुलग उठा है ब्रह्मपुत्र, अब तिरुपति उसे सम्हारें
कैसे होगा, सदा-सदा ही यह जीतें, हम हारें

उत्तर - पूरब दहक उठे हैं, लगता होगा, तुम्हें तमाशा
तुम क्या खाक समझ पाओगी उनके तेवर उनकी भाषा
बोलो, बोलो, कौन करेगा पूरी उनकी चिर-अभिलाषा
एक-एक शिशु एकलव्य है, एक-एक बूढ़ा दुर्वासा
तुम क्या खाक समझ पाओगी उनके तेवर उनकी भाषा

बैश्नो देवी का आराधना करो भले तुम तन-मन-धन से
तिरुपति को तुम लाख रिझाओ शत-सहस्र मुद्रा-अर्पण से
पाहन नहीं पिघल सकता है तस्कर की माँ के पूजन से

तुमको कौन डिगा पाएगा शुद्ध स्वार्थ के अनुचिंतन से
बैश्नो देवी का आराधन करो भले तुम तन-मन-धन से

जनशक्ति/15 अगस्त 1982

इत्ती निर्लिप्तता नहीं चाहिए

नहीं, नहीं, नहीं...
इत्ती निर्लिप्तता नहीं चाहिए !
नहीं चाहिए ठंडी छाँहों का इत्ता बड़ा दायरा !
बिलकुल नहीं, नहीं, बिलकुल नहीं !!
कहते हैं—"इनकी उम्र
सात सौ वर्षों से ज्यादा की होगी..."
बाप रे, सात सौ वर्ष !
खीर-भवानी इनसे कुछ ही बड़ी है...
वे दो-एक नहीं, पंद्रह-बीस रहे होंगे...
हिमा ने बतलाया—"नहीं, ये हजार साल पुराने हैं।"
"नहीं", पवित्रा बोली, "नहीं, साढ़े आठ सौ साल के हैं ये !"
मैंने जानना चाहा—"और
वो कौन हैं, कहाँ हैं, जिनकी उम्र
सौ-पचास वर्षों से ज्यादा की न हो !"
"वो, उधर किनारे-किनारे जो हैं"
—हिमा ने कहा...

टिफिन के डब्बों से वो निकाल रही थी
परांठे और गोश्त और कड़म का साग...
दोनों खीर-भवानी का पूजन करके लौटी थीं
'दर्शन' तो खैर मैं भी कर ही चुका था !
इन्दोरानी का आग्रह जो था !

लेकिन मैं तो दंग था
उन महा-महा बुज़ुर्गों की
कालातीत निर्लिप्तता से !
माता खीर-भवानी के उस विशाल प्रांगण में
कम-से-कम बीस-पच्चीस चिरजीवी चिनार तो होंगे ही

इतनी ज्यादा तादाद में
इतने अधिक वृद्धातिवृद्ध वनस्पति
मैंने कहाँ देखे थे भला
कब देखे थे !
बिलकुल नहीं देखे थे !!

"क्या देख रहे हो" हिमा ने टोका—
"खाना तो खा लो पहले !"
और 'चढ़ावे का पेड़ा' ठूँसने लगी इस मुँह में...
"पता है, मीठा तुम्हें पसंद नहीं है...
मगर, ये तो लेना पड़ेगा
वर्ना मइया नाराज होंगी, हाँ !"
तोड़कर ज़रा-सा पेड़ा ले तो लिया
मगर मेरी निगाहें ऊपर व इर्द-गिर्द
उन बुजुर्गों में ही उलझकर रह गई थीं !
बाप रे, 700 वर्ष ! 850 वर्ष ! 1100 वर्ष !!
इत्ती अधिक उम्र होती है चिनारों की !!...
दर-असल मैं देर-तक उन्हीं में खोया रह जाता
अगर हिमिया परांठा तोड़-तोड़कर
मेरे मुँह के हवाले न करती गई होती !

"लो, नींबू का अचार भी
तुम्हारी इन्दोरानी ने टिफिन के अंदर
डलवा दिया था...
लो, कित्ता खयाल रखती है तुम्हारी सुपुत्री
अपने मुँह-बोले पापा का !...
लो, पहले खाना खा लो अब
फिर इन चिनारों का एक-एक पत्ता गिन लेना !!...

25 अगस्त 1982
भूल जाओ पुराने सपने

गढ़ की गंगा

गढ़ की गंगा
दुबली गंगा

पतली गंगा
कोसों फैला
रेतीला विभ्राट दिख रहा
नंगम नंगा, नंगम नंगा, नंगम नंगा

कौन कहेगा—अरे
यहीं पर मेला-ठेला
जुटा करे है...
गहमा गहमी, संगम संगा
डूब लगाए, भगत भाओ से
एक-एक भीखमंगा !

17 दिसम्बर 1982
अपने खेत में...

बैठा गए हैं

भागती आ रही थी
आगे-आगे हरियाली
हुलास में मुसका रहे थे
नई फसलोंवाले खेत
हापुड़ से आगे
गंगा की दिशा में
दौड़ रही थी
बरेली एक्सप्रेस...

अ. अ. और मसरूर अभी-अभी
बैठा गए हैं मुझे
इस ट्रेन में...
"दो घंटे बाद ही
आप मुरादाबाद पहुँचेंगे
वहाँ माहेश्वर तिवारी
आपकी प्रतीक्षा में
गीतों की कड़ियाँ
गुनगुना रहे होंगे
प्लेटफार्म पर...

बाबा, पोस्टकार्ड जरूर
डाल देना आज ही
सूचित कर देना कि
राजी-खुशी पहुँच गए हैं...

"और हाँ, वहाँ से
किसी को साथ कर लेना
लैंसडाउन तक के लिए
भले ही उसे
वापसीवाली बस में
छुट्टी दे देना बाबा...
क्या पता–
वाचस्पति स्वयं ही
कोटद्वार आ जाएँ...
क्या ठिकाना
माहेश्वर तिवारी खुद ही
साथ हो लें..."
अभी-अभी बैठा गए हैं
मुझे इस ट्रेन में...

17 दिसम्बर 82

एशियाड के खेल...

एशियाड के खेल देख लो...
जादूवाला तेल देख लो...
सोनेवाला इंजन देखो–
चाँदीवाला रेल देख लो...
बिना टिकटवाले खत आते
डाक देख लो, मेल देख लो...
कैदी का राशन गायब है
चूहे पहुँचे जेल देख लो...
एशियाड के खेल देख लो...

30 मार्च 1983

वो हमें चेतावनी देने आए थे

मध्य रात्रि में,
पहले तो
कुपित स्वरों की मिश्रित अनुगूँज
सुनाई पड़ी...
वो अनुगूँज पास आती गई
बिलकुल करीब आ गई...
कि यक-ब-यक प्रगट हुए
चार-पाँच खूँखार चेहरे—
भीम-भयंकर
कद्दावर काठी थी उनकी !

'क' आकृतिवाला पहला बोला :
"जाने कब से तू
हमारी ऐसी-तैसी करता आया !
तेरी करतूत अब बरदाश्त नहीं होती
बोल, क्या करूँ तेरा ऽऽऽ..."

'स' आकृतिवाला दूसरा गरजा :
(वो और भी तैश में था)
"करना क्या है !
गला घोंट दे साले काऽऽ..."

तीसरे की आकृति 'प' जैसी थी
उनमें वही थोड़ा सभ्य लगा...
उसकी भाषा भी शिष्ट प्रतीत हुई...
वो कह रहा था :
"आप तो काफी समझदार हैं !
हमारे प्रति आपके आचरण
इतने अ-शोभन क्यों हैं ?
ज़रा खुद ही सोचिए तोऽऽ
आखिर कब तक कोई चुप रहे ?
सहनशीलता की भी एक सीमा होती !
सोचिए तो खुद ही..."

आखिर में 'ज' आकृतिवाला
सामने आया...
उसने दाँत पीसते हुए कहा :
"साले, हमें सब पता है,
कहाँ-कहाँ जाता है तू !
भोपाल, ज़यपुर, पटना, चंडीगढ़,
लखनऊ, शिमला, नई दिल्ली...
तेरे सारे ठौर-ठिकाने
हमें मालूम हो चुके हैं
बोल, क्या करें तेरा ?"

अपना तो पसीना छूट रहा था...
घिग्घी बँध गई थी...
साँप सूँघ गया था...

फिर हुआ यही कि
उन सबने थूका
मेरी तरफ मुँह करके...
और, यह कहते हुए
अँधेरे में गुम हो गए :
"बस, अभी इतना काफी है।
अगली बार इसकी खबर लेंगे !"

दरअसल यह सब
एक डरावना सपना था
मगर अपना तो
सचमुच बुरा हाल था
प्यास के मारे गला सूख रहा था...
थर्मस से पानी निकालकर
हमने दो बार पिया...
और बाकी रात बैठे रहे !

सोचते रहे, सोचते रहे :
क्रांति, समता, प्रगति, जनवाद
—आजीवन हमने

इन शब्दों से काम लिया है
वो हमें चेतावनी दे गए हैं !

30 मार्च 1983
ऐसे भी हम क्या ! ऐसे भी तुम क्या !

मेरा मन

तन नहीं साथ देगा
तो, क्या कर लेगा मन ?
तो, क्या कर पाएगा मन ?

अधूरे संकल्पों की
याद दिलाएगा...
छान-बीन करेगा
अपने कर्मों की...
ग्लानि-लांछना की
अपमान-तिरस्कार की
रही-सही आँचों पर
विवेक का जल सींचेगा
जहरीले परिवेश में से
अमृत का अर्क खींचेगा...
इतना तो करेगा !
हाँ, यह तो असम्भव नहीं...
ऐसा-कुछ ज़रूर करेगा...
आलसी नहीं होगा मेरा मन
भरपूर सोचेगा
चिंतन को ताज़गी देगा
अपने आपको प्रफुल्ल रक्खेगा
इनता तो करेगा मेरा मन...
जी हाँ, जी हाँ
ऐसा-कुछ जरूर करेगा
अंतिम क्षणों तक
शिथिल नहीं होगा मेरा मन...
सोच-समझ को आगे बढ़ाएगा

बहुत कुछ करेगा
बहुत कुछ करेगा
मेरा अनुशासित मन...
—संस्कारदीपित मेरा मन...
परितप्त नहीं होने देगा मुझे
मेरा मन
मेरा प्यारा मन
लज्जित नहीं होने देगा मुझे
मेरा मन
मेरा प्यारा मन...
मेरा लाड़ला मन...
मैं निछावर हूँ—
अपने इस मन पर !
बलि-बलि जाऊँ
अपने इस मन पर !

30 मार्च 1983
ऐसे भी हम क्या ! ऐसे भी तुम क्या !

ऐसे भी हम क्या ! ऐसे भी तुम क्या !

ऐसा भी तन क्या !
ऐसा भी देह क्या !
सह न सके—

शीतातप-वृष्टि-उमस...
पुलक, पसीना,
प्रभंजनी वात्याचक्र
चरम ठिठुरन, हड़कम्प
लू के थपेड़े, विघूर्णन...
सह न सके—
शिरःशूल, आँतों की मरोड़
ऐसा भी देह क्या !
ऐसा भी तन क्या !

ऐसा भी मन क्या !
ऐसा भी बुद्धि क्या !
कर न सके प्रपंचों का छेदन-भेदन...
घबराए ज़रा-ज़रा बातों में
अकारण बिदके, पग-पग पे रूठ जाए
पहन ले दम्भ का मुकुट
पचा नहीं पाए ग्लानि और अपमान
ले नहीं पाए प्रतिशोध
क्षमा ही क्षमा करता चला जाए...
ऐसा भी बुद्धि क्या !
ऐसा भी मन क्या !

ऐसे भी हम क्या !
ऐसे भी तुम क्या !
रूठ जाएँ पग-पग पे
पग-पग पे मान जाएँ
सोंधते रहें जुगत भीतरघात की
कदर नहीं करें दिन की, रात की
पल-पल खोते चलें
छिन-छिन रोते चलें
औरों की सिद्धि पर सिर धुनें
दूर की ढोल पर गप्प ही गप्प बुनें
आज के काम टालें कल पर
तर्क ही तर्क करें–
सीप की चमक पर, छायामय जल पर
ऐसे भी हम क्या !
ऐसे भी तुम क्या !

1983
ऐसे भी हम क्या ! ऐसे भी तुम क्या !

एक पत्र

साागर की प्रशांत तरंगों से
बोलो :
(जब वे अच्छे मूड्स में हों)

"तुम्हारा एक चहेता
तुम्हें सलाम भेज रहा है।
बार-बार अपना शीश झुकाकर
वो तुम तक अपने आकुल चुम्बन
पार्सल कर रहा है !!
"तुम्हारे सैकत पुलिनों की मृदु उष्मा
मैं ही पहुँचाती रही हूँ उस कवि तक...
अपने लाड़-प्यार, अपना दुलार
अपनी स्नेहिल थपकियाँ
फिलहाल मेरी ही मार्फत
वहाँ तक पहुँचने दो !
"सच, मैं, शैला पाप्पू-एक युवती
तुम्हारी तरफ से अर्जुन नागा को
दावत दे आई हूँ !
प्यारी सहेलियों, तुम्हें मालूम है भलीभाँति
गत वर्ष हम उत्तर भारत गए थे
वहीं तो वो हमें मिला था...
विश्वविद्यालय के कैम्पस में
थोड़ी देर हम दूब पर बैठ गए थे
गर्मागर्म चाय चली थी...
"वयोवृद्ध कवि बीच-बीच में
खाँसता जाता था
लेकिन उसकी आँखों में चमक थी !
मुझे लगा कि वो बुढ़ापे को
सरे-आम अँगूठा दिखला रहा है।...
"तो, उत्तर भारत का वो कवि
तुम्हें सलाम भेज रहा है...
अपने आकुल चुम्बन उसने तुम्हारे लिए
मेरी मार्फत पार्सल भेजा है..."
सागर की प्रशान्त तरंगों से
तुम और भी बहुत कुछ कह सकती हो !
शैल, ढेर-सारी बातें
तुम उन्हें मेरी तरफ से बतला सकती हो...

1983
भूल जाओ पुराने सपने

मेरी नवजात सखी

मेरे-तेरे दर्म्यान
बड़ा फासला है बेबी !
सात दशाब्दियों का लम्बा अंतराल
मगर तूने स्वीकार कर ली
अपने कोमल गाल पर
मेरी उँगलियों की छूअन
चमक रही हैं
प्रसन्न आँखों की तरल पुतलियाँ
तूने कुबूल किया
एक घुमंतू बुजुर्ग का
प्रीति-स्निग्ध प्रतिवेदन
मेरी नवजात सखी, मैं धन्य हूँ
अभी कुल जमा चालीस रोज की है तू !
पुष्पा बोली—'जी हाँ
छै, चौदह, बी ी ी ी स...
जी, आज यह पूरे
चालीस दिन की हुई !'
क्या मैं तेरे लिए कोई प्यारा-सा नाम
खोज लूँ मेरी बेबी !

1983
ऐसे भी हम क्या ! ऐसे भी तुम क्या !

अग्निबीज

अग्निबीज
तुमने बोए थे
रमे जूझते,
युग के बहु-आयामी
सपनों में, प्रिय
खोए थे !
अग्निबीज
तुमने बोए थे

तब के वे साथी
क्या से क्या हो गए,
कर दिया क्या से क्या तो,
देख-देख
प्रतिरूपी छवियाँ
पहले खीझे
फिर रोए थे
अग्निबीज
तुमने बोए थे
ऋषि की दृष्टि
मिली थी सचमुच
भारतीय आत्मा थे तुम तो
लाभ-लोभ की हीन भावना
पास न फटकी
अपनों की यह ओछी नीयत
प्रतिपल ही
काँटों-सी खटकी
स्वेच्छावश तुम
शरशय्या पर लेट गए थे
लेकिन उन पतले होठों पर
मुस्कानों की आभा भी तो
कभी-कभी खेला करती थी !
यही फूल की अभिलाषा थी
निश्चय, तुम तो।
इस 'जन-युग' के
बोधिसत्व थे !
पारमिता में त्याग-तत्त्व थे !

1983

ऐसे भी हम क्या ! ऐसे भी तुम क्या !

लाठी-गोली आबाद रहे

हमने सरकार बनाई है
सरकार चलेगी हमसे ही

लाठी-गोली आबाद रहे
तो बात बनेगी कम से ही

इन मूँछों पर बिच्छू थिरके
बँधुआ श्रमिकों के दम से ही

बाकी बातों में क्या रक्खा
धरती फटती है बम से ही

1983
भूल जाओ पुराने सपने

शाबाश, महान अभिनेत्री !

शाबाश !
यह अभिनय तो
कमाल का रहा आपका
दुख का ऐसा मंचन
दर्शक-समुदाय
पहली बार देख रहा था...
वो हक्का-बक्का हो रहा था...
भाव-विमुग्ध, गूँगे बेचारे !
श्रद्धालु, सरल, सामान्य-जन !
होली के दिन उमंग में
गुलाल का टीका लगाने गए थे
वो आपको !
और क्या,
डेढ़-दो सौ रहे होंगे...
मगर, मादाम,
आपने तो उन्हें चकित ही कर दिया !
आपने कहा—
"मेरा दिल दुखी है
आसाम का दुख देखा नहीं जाता
मैं नहीं दे सकूँगी
उमंग में आपका साथ...

प्लीज़; हमें छोड़ दीजिए...''
खबर में छपा था—
"होलीवाली वो भीड़
चुपचाप वापस लौट गई
खिन्न-मन, उदास-उदास..."
और, उस रोज
आपका, दुख का यह अभिनय
सचमुच अनोखा था !
वैसा अपूर्व मंचन
शायद ही कभी किसी ने देखा हो !
दुख की उस एक्टिंग के क्या कहने !
शाबाश, महान अभिनेत्री !

1983
ऐसे भी हम क्या ! ऐसे भी तुम क्या !

तेरी खोपड़ी के अंदर

गले से रुद्राक्ष की लम्बी माला
लटक रही थी
जोगिया कलरवाले
कुर्ते पर...
दाहिने कान से
लाल फूल अटका पड़ा था,
चमक रहा था भाल पर
चंदन का पीला तिलक...

वो अपना रिक्शा
मेरे निकट ले आया
—"नमस्ते बाबा जी !"
संज़ीदगी में बोला—
"किधर को ले चलूँ बाबा जी ?"

मैं उसको गौर से देखने लगा
वो अच्छा-भला युवक था,

गंदमी सूरत का दुबला-पतला !

बड़ी-बड़ी आँखें, सुरमई...
चौड़ी पेशानी पर
चमक रहा था चंदन का टीका
लुंगी पीली थी
पैर खाली थे...

"चलो बाबा जी
किधर ले चलूँ ?
छीपी तालाब[1] ?
बेगम पुल[2] ?..."
कि इतने में
एक और युवक
इन कानों में
फुसफुसा के कह गया—
"खबरदार, यह मुसलमान है...
इसके रिक्शे पर
कभी ना बैठना आप !"

मगर अपना साथी
अ. अ. बोला—
"हम इसी का रिक्शा लेते हैं।"
हमने उससे कहा—
"हॉस्टल ले चलो,
हाँ-हाँ, मेरठ कालेज हॉस्टल ।"

हमें हॉस्टल के गेट पर
पहुँचाकर
निहायत नरम आवाज में
वो कहने लगा—
"बाबा जी, हम अब चुटैया भी रखेंगे
आठ-दस रोज की

1-2. मेरठ के मुहल्ले।

भुखमरी के बाद
हमारे अंदर
य' अक्किल फूटी है !
बाबा जी,
रुदराछ के मनके
अच्छी मजूरी दिला रहे हैं
बाबाजी, अब हम
चुटला भी रखेंगे माथे पे
अब हम चंदन का टीका भी
रोज़ लगाते रहेंगे...
बाबाजी, अब हम
अपना नाम भी तो
'परेम परकास' बतलाते हैं..."

वो अपना रिक्शा लेकर
वापस जा रहा था...
उसने हमारी बातें सुन ली थीं
जभी तो
अपना 'वक्तव्य'
सूत्र-रूप में
हमारे सामने रख गया था !

अपना रिक्शा लेकर
प्रेमप्रकाश जा रहा था
और हम दोनों
मिनटों उसे जाते हुए
देखते रहे...
......
यों तो वो
कल्लू था—
कल्लू रिक्शावाला
यानी कलीमुद्दीन...
मगर अब वो
'परेम परकास'
कहलाना पसंद करेगा...

कलीमुद्दीन तो
भूख की भट्ठी में
खाक हो गया था

"जियो बेटा प्रेम प्रकाश !
हाँ-हाँ, चोटी जरूर रख लो
और हाँ, पूरनमासी के दिन
गढ़[1] की गंगा में डूब लगा आना !
हाँ-हाँ तेरा यही लिबास
तेरे को रोजी-रोटी देगा !
सच, बेटा प्रेम प्रकाश
तूने मेरा दिल जीत लिया !
लेकिन तू अब
इतना तो जरूर करना
मुझे उस नाले के करीब
ले चलना कभी
उस नाले के करीब
जहाँ कल्लू का कुनबा रहता है !
मैं उसकी बूढ़ी दादी के पास,
बीमार अब्बा जान के पास
बैठकर चाय पी आऊँगा कभी !
कल्लू के नन्हे-मुन्ने
मेरी दाढ़ी के बाल
सहलाएँगे...और..."
"और ?"
"और तेरा सिर !..."
मेरे अंदर से
एक गुस्सैल आवाज आई...
—"बुड्ढ़े, अपना इलाज करवा !
तेरी खोपड़ी के अंदर
गू भर गई है !
खूसट कहीं का !
कुल्लू तेरा नाना लगता है न ?

1. जिला मेरठ में गंगा तटवर्ती एक जगह। यहाँ स्नान के लिए लाखों की भीड़ जुटती है।

खबरदार साले
तुझे किसने कहा था
मेरठ आने के लिए ?..."

लगता है
वो गुस्सैल आवाज
आगे भी कभी-कभी
सुनाई देती रहेगी...

1983
ऐसे भी हम क्या ! ऐसे भी तुम क्या !

बढ़ते गए पैर...

यात्रा के क्षणों में
इर्द-गिर्द दृष्टि गई
पल-भर के लिए...
काँप रहे थे
केले के नए-नए पात
हरे-हरे पात
चीकने पात
साबित पात
विदा-बेला में
अनुमति में हिलते-से कोमल पात !
"फिर कब आओगे ?"
हल्की जिज्ञासा थी, इंगितमय—
'बुजुर्ग यायावर,
'सच, सच, बतलाना
'अब कब आओगे ?'

जवाब में आँखें गीली हो आईं;
चुपचाप, ऊपर पगडंडियों की ओर
बढ़ते गए पैर...

30 जून 1983
ऐसे भी हम क्या ! ऐसे भी तुम क्या !

प्रतिहिंसा का महारुद्र

फिलहाल, तुम्हारा यह मारक खेल
अभी कुछ समय और चलेगा
लेकिन याद रखो—
हम तुम्हारी बिरादरी के
एक-एक सदस्य का वध करेंगे !
तुम मुनाफालोभी
तुम स्वार्थ के नारकीय कीड़े
इस जंगल का एक-एक बिरवा
तुम्हारे समूचे वर्ग के लिए
प्रतिहिंसा का महारुद्र प्रमाणित होगा !

10 सितम्बर 1983
ऐसे भी हम क्या ! ऐसे भी तुम क्या !

शांति मैत्री

संयोगवश
हम यहाँ साथ-साथ खड़े हैं
दुबले-पतले हाथ-पैरोंवाले
मरियल और बीमार क़द-काठीवाले
पिचके गालों और धँसी-धँसी आँखोंवाले
हम यहाँ साथ-साथ खड़े हैं संयोगवश
अपने सुदृढ़ आलिंगनों में कसकर
हमें इतना अधिक मत झकझोरो
लेनिन जैसे आपके पितामह हुए
जिन्होंने हासिल करवा दिया
आपके लिए स्वर्ग-सुख
मगर हमारा तो
कोई पूर्वज वैसा नहीं हुआ

यहाँ तुम्हें
ठौर-ठौर पर
सामंतशाही के गढ़ दिखाई पड़ेंगे

हम इन्हें कितना भी छिपाएँ
कितना भी ओझल रखेंगे तुमसे
अपने आप देख ही लोगे तुम तो
मुसोलिनी, हिटलर, तोज़ो, फ्रांको के बच्चे
हिंदुस्तान में ठौर-ठौर पर मिलेंगे तुम्हें
अपनी द्रव्य-राशि के जादू से
यहाँ के शोषक
घूम-घाम आते हैं सारी दुनियाँ
समाजवादी देशों में भी
इनका अबाध स्वच्छंद विहार होता है
इनकी नकली मुसकानों से
धोखा मत खाना तुम

हम, महँगाई के मारे हुए लोग
हम, गैर-बराबरी के सताए हुए लोग
हम, अंधाधुंध दमन के शिकार लोग
हम, बेरोजगार और जाहिल लोग
हम, सनातन भाग्यवादी और काहिल लोग
तुम्हारे आगे हमें डर लगता है
हम सहम-सहमकर
तुमसे हाथ मिलाते हैं
तुमसे शरमाते हैं हम
तुम्हारी शांति-मैत्री
खाए-पीए अघाए हुए
स्वस्थ-सम्पन्न-सुखी जनों की शांति-मैत्री है
हमारी शांति-मैत्री तो बस यों ही
आपस में भी काफी नहीं पड़ती
फूट-फाट में बिखरे हुए हम
शांति-मैत्री को ही
आपस में घोल-मट्ठा की तरह
इस्तेमाल करते हैं

अगले वर्षों में
भीषण वर्गयुद्ध में से
हमें गुजरना है

अगले वर्षों में हमें
अपने तईं आर्थिक आजादी
नए सिरे से हासिल करनी है
अगले वर्षों में हमें
शत-प्रतिशत शिक्षित होना है
क्रांति और शांति उधार में नहीं
स्वयं अपने बल-बूते पर
हम प्राप्त करेंगे
शोषण और तानाशाही की बुनियादें
खोद-खादकर हम सचमुच
नया हिंदुस्तान बनाएँगे

अभी यों ही आप
हमारी तारीफ के पुल न बाँधो
हमें सच्चे अर्थों में स्वाभिमानी
सांगठनिक शक्तिशाली बनना है
आप शिष्टतावश
यों ही
श्रीमती भा.स. को
सिर न चढ़ाया करो
प्लीज़, संतुलित भाषा में ही
इनकी तारीफ करो
हमें मुसीबत में मत डालो !!

20 अक्तूबर 1983
आखिर ऐसा क्या कह दिया मैंने/विपक्ष-2, 1986

तीन सिरोंवाला बेताल

जी हाँ,
उसके तीन सिर हैं...
यह अक्सर
सामने आ जाता है
नीरव निशा में
दो-ढाई-तीन बजे !

वो मुझे जगा देता है
अपने मजबूत हाथों की छुअन से !
कभी-कभी तो
हल्की चकोटी भी
महसूस होती है उसकी
कभी-कभी !
बहरहाल, वो जगा देता है...
तीन सिरोंवाला बेताल
लगता है,
अपना पुराना दोस्त है

आज रात
इसने मेरे सामने
रंगीन रूपकों के जाल
बिछा दिए दूर-दूर तक !
एक ही मुँह खुला
सफेद दाँत चमक उठे
रंगीन जालों की किनारियाँ
रोशन थीं
हल्के नीले प्रकाश में !
धीमी फुसफुसाहट सुनाई पड़ी
एक दोस्त की सलाह मशविरा-सी,
मैत्रीपूर्ण परामर्श-सी,
साफ-साफ...
"तुम्हारे आगे
कई रंगीन जाल बिछे हैं—
लुभावने, प्रकाशमय...
कोई खतरा नहीं,
सारे के सारे जाल निरापद हैं !
लो, आओ...
इसमें से किसी एक पर
चलकर तो देखो !
शुरू में अटपटा लगेगा,
फिर तो मालूम होगा
अच्छा ही अच्छा, अच्छा ही अच्छा !

तुम्हारी कसम !
आओ इसमें से
किसी एक पर चलकर देखो !

"बतलाओ तो अब,
क्या कुछ दीख रहा है ?
ज़रा गौर से देखना,
ज़रा गौर से सुनना !
आँ, हाँ, डरो नहीं..."
कानों में आने लगी
घुँघरू की आवाज
दो मिनट बाद
सुनाई पड़ने लगे हल्के पदचाप !
और तब
प्रकट हुए सुमुखी किशोरियों के
अनेक ग्रुप—
उनके वस्त्राभरण
बड़े ही आकर्षक थे...
मनोरम थीं अंग-भंगिमाएँ...
दो ग्रुप थे केरल कन्याओं के
अलग दिखा मणिपुरी ग्रुप
थोड़ा हटकर गर्बा चल रहा था
गुर्जर बालाओं का,
और उधर उत्तरप्रदेश,
मौन चपल, रासमग्न
लेकिन छोटा-सा दल था
ओडिशी "छउ"
इन सबसे अलग नजर आया
गर्बा की "खट-खट" के अनुरणन
घुँघरुओं की छूम-छनन पर
हावी हो रहे थे परंतु...

लगा कि बहुत बड़ा हाल है,
यहाँ नित्य ही
ऐसा ही कुछ चलता रहेगा

चलता रहा है...

बेताल बोला—
"यह नृत्य-नाट्य के
दैनिक अभ्यास का स्थान है
अनुदान-पोषित कला केंद्रों की
एक प्रशासकीय शृंखला
निगरानी रखती है इस पर...
पहचानो इनमें
तुम्हारे प्रिय मित्रों की
वे लड़कियाँ भी तो यहीं हैं
जिन्हें तुमने उनके बचपन में
देखा हो बार-बार
बातें की हों बार-बार जिनसे ?
लो पहचानो...."
मैंने ध्यान से देखा
देखा और देखा और देखा
इस तरह नृत्य-अभ्यास में
लगी हुई बालिकाओं में मध्य,
सचमुच दो तीन चार
परिचित चेहरे नजर आए
एक संजना थी, एक रंजना
एक शीरा थी, एक नीरा...
इनके पिता उच्च अधिकारी थे,
राजस्थान, मध्यप्रदेश
हिमाचल, बिहार में...
वक्त नहीं था वरना
मैं आखीर तक यह सब देखता
इनसे बातें करता...
इनके तजुर्बे सुनता...

"अरे, तुम तो इन्हीं में चिपक गए !
अभी तो ढेर सारा देखना है
क्या तुम्हारे पास फालतू वक्त है !"
लगा कोई बाँह पकड़कर

पीछे खींच रहा है मुझे...
लगा, बेताल को
कोई और बात याद आ गई है,
अभी यह और कुछ देखने नहीं देगा...
चार-पाँच रोज बाद,
रात की आखिरी छोर पर
बेताल का दूसरा मस्तक
सामने उभरा...
चौड़ी पेशानी, बड़ी-बड़ी आँखें,
लंबी नुकीली नाक,
चौड़े कान, सुंदर ग्रीवा,
उसके सुडौल कंधों पर
वो खूब जँच रहा था
होंठ सिकोड़कर बेताल ने
आँखें मींच लीं
और तब ढेर सारी साँस ली
और तब दम साथ लिये
और अब, सीध में
फूँक मारी !
दूसरी बार फूँक मारी
तीसरी बार फूँक मारी
और अब लम्बी टाँगें छितराकर
बेताल मानो दुगना लम्बा हो गया !
पल-भर में सामने था
सजा-सजाया सतरंगा शामियाना
ढाई सौ टेबिल पर
हजार मुख झुके थे
काले-सुनहले रेखाचित्रोंवाले,
सौ-सौ शानदार प्लेट
नाना प्रकार की खाद्य वस्तुएँ
चर्व्य, चौप्य, लेह्य, पेय
सामिष, निरामिष
ताजे अनूठे स्वादों का
यह एक अवर्णनीय महौल था
रसना की परितृप्ति के लिए

यह एक दैव-दुर्लभ संयोग था !
सह-अस्तित्वमूलक—
तथाकथित आधुनिकता
और
भोगवाद की अभिनव परिधि के
लचकीले तंतुओं में बँधे
दो हजार भद्र स्त्री-पुरुष
भोज खा रहे थे
मनोयोगपूर्वक
अपनी-अपनी भुजा पर
अपने होटल का बिल्ला लगाए
दर्जनों बैरागण
फुर्ती से इन्हें 'सर्व' कर रहे थे

बेताल ने मेरे कानों में कहा—
"तुम्हें कोई नहीं देख पाएगा...
तुम इन्हें गौर से देखो...
कई मित्र हैं तुम्हारे यहाँ...
उन्हें पहचानो..."
सचमुच बिहार, उत्तरप्रदेश
मध्यप्रदेश, दिल्ली के हमारे
कई मित्र 'भोज' में शामिल थे !
बेताल फिर बोला—
"यह शिक्षा मंत्री की
दी हुई पार्टी है...
उसकी लड़की की शादी थी कल
इस पार्टी में सब हैं—
बारातवाले भी,
कन्या-पक्ष वाले भी
वर-वधू की विदाई में
और दहेज में
और स्वागत-सत्कार में
लगभग पाँच लाख रुपए
खर्च आएँगे, हाँ !"
और नहीं तो क्या !

हमें यहाँ बीसियों सांसद,
दसियों मंत्री
पचासों साहित्यिक और कलाप्रेमी
नजर आए...
आठ-दस महीने निकल गए
मगर वो प्रकट नहीं हुआ
मैं अंदर ही अंदर
बेहद परेशान था
तीन सिरोंवाला
अपना प्रिय मित्र
जाने कहाँ छिप गया !

दमा का सनातन मरीज
रात को थोड़ा सोनेवाला
घुमक्कड़ी का शौकीन
मैं, यानी
अर्जुन नागा...
उर्फ बैजनाथ मिसिर
उर्फ यात्री जी
साक़िन मौजे तरौनी बड़की
थाना बहेड़ा
जिला दरभंगा
बिहार राज्य
होशो-हवास
अपनी धर्मपत्नी
आदरणीया श्रीमती
अपराजिता देवी के
चंद लफ्जों के मुताबिक
"हम तो आज तक
इन्हें समझ नहीं पाए"

तो जब लगातार
तीन रात अपने तईं
उसके इंतज़ार में
बैठे रह गए,

तो बेताल को रहम आई
अब वो साक्षात
सामने था...
अभी उसका तीसरा मुख
खुलेगा...
तीसरा मुख खोलने से पहले
बेताल ने अपनी दाहिनी
हथेली फैलाई—
मेरी तरफ वो फैली थी...
वो बोला—
"आओ ! इस पर बैठो
मैं तुम्हें पूर्वांचल ले चलूँगा
फौरन आ जाओ !
देर न करो..."
बेताल की हथेली काफी बड़ी हो गई
मैं उस पर जम गया
अगले ही क्षण
बेताल मुझे लेकर
पूर्वांचल यानी असम
पहुँच गया...

ब्रह्मपुत्र के किनारे
किसी पोलिंग बूथ के सामने
उसने मुझे उतार दिया
आज निर्वाचन का दिनांक था
मैंने देखा—
दुबली-पतली बीमार
बकरियों की लाइन लगी थी
वे मत-पेटियों के अंदर
अपना-अपना मतपत्र
डाल रही थीं
मतपत्र क्या थे—
छोटे-छोटे पीले पत्ते थे !
वही मत-पेटी के अंदर
डाल रही थीं बकरियाँ

सहमा-सहमा निर्वाचन-अधिकारी
एक ओर बैठा था
छोटी टेबिल सामने थी
एक-एक बकरी
मत-पेटी के छेद में
मतपत्र डालती जाती थी
हल्के नीले ठप्पे भी
मतपत्रों पर पड़े थे,
नहीं भी पड़े थे
सहमी-सहमी-सी बकरियाँ
मतदान कर रही थीं
थोड़ी देर बाद
भेड़ों ने इसी तरह
शांतिपूर्वक मतपत्र डाले...
और अब अंत में
एक रात
विराट आकृति
सामने आई...
पहले किंतु
वातावरण मिश्रित सुगंध से
बोझिल हो उठा था !
मेरी गंध-चेतना के लिए
वैसा ताजा सौरभ
सर्वथा अनूठा था
विलक्षण, अपूर्व !

दिव्य भव्य सुंदर काया थी
तीन मस्तक थे
चमकीले मुकुटों से सुशोभित
मुखों की कांति
परम प्रसन्न थी
ऐसा लगा कि
तीन जोड़ी
कमलपत्री आँखों से
शुभ ही शुभ

छलका पड़ रहा है
ऐसा लगा कि इस बार
वो मुझे निहाल करने आया है
—जो भी चाहूँगा
ढेर लग जाएगी उस वस्तु की

तीनों सिर
प्रसन्न भंगिमा में
मेरे समक्ष
स्थिर रहे थोड़ी देर
मस्तक ही मस्तक थे
नीचे धड़ नहीं था
मानों किसी अलक्षित आधार पर
वे जमे हों !
सिर छोटे-बड़े होते रहे
स्थूल आकृति में
परिणित होते रहे क्रमशः
मंद मधुर हास-मुद्रा
उनकी बरकरार थी...

लगभग दस मिनट बाद
जोरों से घूमने लगे तीनों सिर
घूमते गए, घूमते गए,
घूमते-घूमते
वे बवंडर हो गए
फिर उन्होंने रूप लिया
प्रचंड आँधी का !
देखते-देखते
कई पेड़ धराशायी हो गए
कुटीरों के बीसियों छप्पर नदारद थे
इतनी धूल उड़ी कि
कुछ भी नहीं दीख रहा था
सभी के साँस घुटने लगे
वात्याचक्र की यह तांडव लीला
टोंटी के भाप की पतली शक्ल में

कई पलों तक
मेरे दाहिने कान के अंदर
भरती रही
फिर मैंने अपना बायाँ कान
उसके सामने कर दिया
अब न आँधी थी
न तूफान था
हाँ, इतना जरूर था कि
मैं आहिस्ते-आहिस्ते
ऊपर उठता गया
एक अदृश्य पैराशूट से
लटक रहा था मैं

"बस-बस मित्र, घबराना नहीं
तुम सही-सलामत
अपने ठिकाने पर
वापस पहुँचोगे !
अरे, तुम तो अपने साहस के लिए
बहुत मशहूर हो बच्चू !"
ऊपर आसमान था
नीचे आलोकित थी राजधानी
मुझे कहीं कोई देख नहीं रहा था
इक्के-दुक्के विमान
उड़ान भर रहे थे
मध्य रात्रि या रात्रि शेष के
प्रशांत महासागर के अंतवर्ती
छोटे-बड़े देशों की दिशा में
ये सुदूरगामी जेट थे !

परंतु मैं तो
पैराशूट में टँगा-टँगा-सा
अपने देश की कैपिटल के
आकाश में तैर रहा था

नीचे, थोड़ी देर बाद
इंडिया गेट वाला मैदान था
राजपथ, राजपथ, राजपथ...
राष्ट्रपति भवन, राष्ट्रपति भवन...
ज़रा देर बाद
लगा कि पैराशूट की डोर
ढीली कर दी गई
मैं राष्ट्रपति भवन की छत पर
अब टहल-बूल रहा हूँ
मुझे कोई देख नहीं रहा
मगर मैं यहाँ से
बाहर निकलूँगा कैसे !
ठीक है कि इसमें
दसियों द्वार हैं
किधर से भी कोई निकल सकता है
लेकिन यहाँ तो
मिलिट्रीवालों का पहरा होगा !
कोई भला निकलेगा कैसे ?

कि तभी कानों में
फुसफुसाहट सुनाई पड़ने लगी
"कोटि-कोटि
अन्नहीन, वस्त्रहीन जनों का प्रतिनिधि !
तू भला बाहर नहीं निकलेगा !
किसकी सामर्थ्य है
जो तुझे रोक सके !!

"एक-एक मिलिट्रीवाला तुझे पहचानता है
एक ने तुझे देखा था
जिला जालंधर के एक गाँव में
दूसरा मिल चुका है तुझसे
जमशेदपुर में टिस्को के गेट पर
तीसरे को तूने देखा था
कोहिमा के एक चायघर में
चौथा ठहरा था एक रात

सिकंदराबाद के उस सस्ते होटल में
वह तभी से तुझे जानता है
पाँचवें का बड़ा भाई
झूठ-मूठ के खूनी मामले में फँसा था
सासाराम में उसे तूने
वकील ठीक कर दिया था
अब यहाँ का कोई पहरेदार
अपनी बंदूक का रुख तेरी ओर
नहीं करेगा
बाकी पहरेदार भी
तुझसे अपरिचित नहीं होंगे
सारे के सारे बच्चे हैं खेतिहरों के''

सच, मैं तो आसानी से बाहर आ गया !
हम दोनों हल्के-हल्के मुस्काए
परस्पर हमने हाथ मिलाया,
फिर दस का एक ताजा नोट
मेरी मुट्ठी में गोंजकर
वो फुसफुसाया—"प्लीज़,
मेरी तरफ से चाय पी लेना
हम अच्छी तरह तुमको पिछाणते हैं
फौजी जरूर हैं मगर हमारे पास
दिल है
सरमाएदारों को हम माफ नहीं करेंगे
भगतसिंह ने क्या कहा था—
हम कभी नहीं भूल सकते !"

रा.प. भवन के महाविशाल
दक्षिणी गलियारे में पहले तो
टार्च की तेज रोशनी चमकी
फिर दूर से, बंद गेट के पार
मिलिटरीवाला दिखलाई पड़ा
वो हाथ के इशारे से
मुझे बुला रहा था
मानो कोई पुराना मददगार

सही मार्गदर्शन के लिए
आगे बढ़कर खड़ा है !

15 अक्टूबर से 7 नवम्बर 1983
ऐसे भी हम क्या ! ऐसे भी तुम क्या !

जेठ मास

गुजर गया आधे से अधिक जेठ मास
पंक्तिबद्ध पुष्पित खड़े हैं अमलतास
दूर से तो दिखते हैं पीले-पीले उदास
छिपाए नहीं छिपता अंदर का हुलास
फूल होंगे सौ हजार, पत्ते, ओफ्फो, सौ-पचास
गुजर गया आधे से अधिक जेठ मास

5 मई 1984
भूल जाओ पुराने सपने

बादल जहरीखाल के

उमड़-घुमड़कर
नभ में छाए
बादल जहरीखाल के !
हमको तो ये बेहद भाए
बादल जहरीखाल के !

क्यों करते हैं इतने नखरे
बादल जहरीखाल के !
क्यों लगते हैं बिखरे-बिखरे
बादल जहरीखाल के !
सचमुच हमें निहाल करेंगे
बादल जहरीखाल के !
हरे-भरे होंगे ग्रामांचल
अब पौड़ी-गढ़वाल के

उमड़-घुमड़कर
नभ में छाए
बादल जहरीखाल के !

31 मई 1984
अपने खेत में

वीर-बाँकुरे गढ़वाली...

हमें बहुत प्यारे लगते हैं
        वीर-बाँकुरे गढ़वाली
सीमा पर, अपलक जगते हैं
        वीर-बाँकुरे गढ़वाली

मातृभूमि का चप्पा-चप्पा
इनके शोणित से सिंचित
इनके दिल में पा न सकोगे
संशय या दुविधा किंचित

साक्षी है इति हा ा ा ा ा ा ास...
साक्षी धरती
साक्षी है आ का ा ा ा ा ा श...
किसे नहीं प्यारे लगते हैं
वीर-बाँकुरे गढ़वाली
करते हैं दिन रा ा ा ा त
मातृभूमि की रखवाली...
वीर-बाँकुरे गढ़वाली...

हमें बहुत प्यारे लगते हैं
वीर-बाँकुरे गढ़वाली
सबसे ही न्यारे लगते हैं
वीर-बाँकुरे गढ़वाली...

31 मई 1984
अपने खेत में

सब कुछ कोहरे में

अभी नहीं
आएँगे नजर
सलेटी छतोंवाले गाँव
सूरज की किरणें, बादल की छाँव
नहीं, नहीं
अभी नहीं आएँगे नजर...

अभी नहीं आएगी नजर
लम्बे पतले चीड़ों की
बे-तरतीब कतार
अभी नहीं आएगी नजर
चाँदी-सी चमकती
बाँकी-तिर्छी धार
नहीं, नहीं, अभी नहीं...

अभी तोऽऽऽ
जी हाँ, अभी तो—
डूबा है सब कुछ कोहरे में !
निचले-उपरले गाँव...
आवारा बादलों की छाँव...
चीड़ों की कतार
पानी की पतली धार
डूबा है सब कुछ कोहरे में !

2 जून 1984
आखिर ऐसा क्या कह दिया मैंने

'रास' बदलियों का

देखो, देखो !
बादलों को निगल गए कोहरे...
देखो, देखो !
कोहरों को उगल रहे बादल...

इनकी यह लीला अभी चलती रहेगी...
चलता रहेगा 'रास' बदलियों का
काले-काले बादल
झूमते नजर आएँगे कभी-कभी !
कभी-कभी कोहरा ही कोहरा होगा इर्द-गिर्द...
लगेगा कभी कि बादल
काफी नीचे झुक गए हैं
वो अपनी सूँड़ लटकाकर
झरनों से पानी लेंगे
एक-एक बूँद जल खींच लेंगे !
तब वो हाथी नजर आएँगे
बादल नहीं होंगे तब...

14 जून 1984
आखिर ऐसा क्या कह दिया मैंने

चाँदी की हँसुली

नीचे,
बहुत नीचे
बहोत नी ी ी ी चे``` ...
सतपुली-सी गहराई में
अच्छी-खासी पहाड़ी नदी
प्रवाहित है जाने कब से...
बीसियों पतले स्रोत
मिलकर धारा बनते हैं न !
चक्करदार पहाड़ी सड़कों से देखने पर
ये नदियाँ चाँदी की हँसुली-सी लगती हैं !

14 जून 1984
आखिर ऐसा क्या कह दिया मैंने

आखिर ऐसा क्या कह दिया मैंने

नहीं, नहीं,
हमें यहाँ नहीं डालो !

जी नहीं, कतई नहीं !
भई, यहाँ तो अपना
दम ही घुट जाएगा
हमें यहाँ नहीं गोदो
टंकित नहीं करो यहाँ
नहीं, बिलकुल नहीं !
प्लीज़, हमारे साथ
यों बल-प्रयोग न करना
जी हाँ, आप ऐसा करो !
हमें एक-एक
दिल के अंदर डालते चलो
गोदते चलो
एक-एक हृदय-पटल पर
टंकित करो
अंतरतर की
मसृण-मुलायम पाटियों पर !
हाँ, हाँ, वैसा ही करना
हमारे प्रीतम प्यारे !
कवि मित्र
भाव-सखा हमारे !
नहीं, नहीं
अब कोरे कागजों पर
नहीं उतरूँगी मैं !
मैं तो विचरण करूँगी
दिलोंवाली
नदियों का
सैकत-पुलिन पर !
टंकित होऊँगी
दीन-दुखियों के मानस-पटल पर
अरे, अरे, अरे !
तुम हमसे मुँह चुराते हो !
आखिर ऐसा क्या कह दिया मैंने ?

2 अगस्त 1984
आखिर ऐसा क्या कह दिया मैंने/साक्षात्कार, जून 1986

बूढ़े हैं, बीमार हैं

शासक दल से साँठ-गाँठ है, बूढ़े हैं बीमार हैं
इनसे क्या उम्मीद, यहाँ तो सभी साठ के पार हैं
अजी, आपने बुला लिया है, यों तो हम बेकार हैं

बकने की लत छूट चुकी है, बूढ़े हैं बीमार हैं
आपस में कुछ कह-सुन लेंगे, सभी साठ के पार हैं
हाकिम ही तो गुणी जनों के दिलवर हैं, आधार हैं

13 अगस्त 1984
भूल जाओ पुराने सपने

निभृत निर्जन में

लूटिए चिंतन-सुख निभृत निर्जन में
आने न दीजिए वृथा विकल्प मन में
अति अधिक अभिरुचि रखिए न धन में
कभी-कभी कुफल भी चखिए जीवन में
लूटिए चिंतन-सुख निभृत निर्जन में

21 अगस्त 1984
भूल जाओ पुराने सपने

इन घुच्ची आँखों में

क्या नहीं है
इन घुच्ची आँखों में !
इन शातिर निगाहों में
मुझे तो बहुत कुछ
प्रतिफलित लग रहा है !
नफ़रत की धधकती भट्ठियाँ...
प्यार का अनूठा रसायन...
अपूर्व विक्षोभ...
जिज्ञासा की बाल-सुलभ ताज़गी...

ठगे जाने की प्रायोगिक सिधाई...
प्रवंचितों के प्रति अथाह ममता...
क्या नहीं झलक रही
इन घुच्ची आँखों से ?
हाय, हमें कोई बतलाए तो !
क्या नहीं है
इन घुच्ची आँखों में !

1984
आखिर ऐसा क्या कह दिया मैंने

रातो-रात भिगो गए बादल

मानसून उतरा है
जहरीखाल की पहाड़ियों पर

रातो-रात
भिगो गए बादल
सलेटी छतोंवाले
कच्चे-पक्के घरों को
रातो-रात

सोंधी भाफ छोड़ रहे हैं
ज्यामितिक आकृतियों में
फैले हुए खेत
दूर-दूर, ऊँच-नीच
ऊँच-नीच, दूर-दूर
दीख रहे इधर-उधर
डांडे के दोनों ओर
फैले हुए खेत, पसरे हुए खेत
ज्यामितिक आकारों में
दीख रहे खेत !

दावानल-दग्ध वनांचल...
चीड़ों की झुलसी कतारें

डाल रहीं व्यवधान कहीं-कहीं
मौसम का पहला वरदान
इन तक भी पहुँचा है

जहरीखाल पर
उतरा है मानसून
बादल भिगो गए चुपचाप
रातो-रात सबको...
इनको
उनको
हमको
तुमको
आपको, आपको, आपको !
मौसम का पहला वरदान
पहुँचा है सभी तक

उतरा है मानसून
जहरीखाल की पहाड़ियों पर
रातो-रात भिगो गए बादल
सलेटी छतोंवाले कच्चे-पक्के घरों को !

1984
आखिर ऐसा क्या कह दिया मैंने

कोहरे में शायद न भी दीखे

वो गया
वो गया
बिलकुल ही चला गया
पहाड़ की ओट में
लाल-लाल गोला सूरज का
दीख जाए पूरब में
शायद सुबह-सुबह
कोहरे में शायद न भी दीखे
फिलहाल तो वो

डूबता-डूबता दीख गया
दिनांत का आ-ताम्र भास्कर
जेठ के उजाले पाख की
नौवीं साँझ
पसारेगी अपना आँचल
हिम्मत न होगी तमिस्रा को
धरती पर झाँकने की !
वो प्रतीक्षा करेगी सहमी-सहमी
उधर, उस तरफ, खंडहर की ओट में !
जी हाँ, पुरानी राजधानी के
खंडहरोंवाले उन उदास झुरमुटों में
तमिस्रा करेगी इंतजार
दो बजे रात तक !
यानि तिथि-क्रम के हिसाब से
आधी धुली चाँदनी
तब तक खिली रहेगी
फिर आएगा नम्बर तमिस्रा का !
यानि अँधेरा फैलेगा तब...

1984
आखिर ऐसा क्या कह दिया मैंने

फुहारोंवाली बारिश

जाने किधर से
चुपचाप आकर
हाथी सामने लेट गए हैं,
जाने किधर से
चुपचाप आकर
हाथी सामने बैठ गए हैं !
पहाड़ों-जैसे महाविशाल
भूरी रंगतवाले
पाँच-सात हाथी
सामने बिलकुल निकट
जम गए हैं

इनका झुंड—इनका सर्किल
हमें बार-बार ललचाता रहेगा
छेड़ने के लिए/छिड़ने के लिए
बुलावा देता रहेगा बार-बार

लो, ये गिरि-कुंजर
और भी बड़े होने लगे
विशाल, महाविशाल
लो, ये दूर हट गए
लो, ये और भी पास आ रहे
लो, इनका लीलाधारी रूप
और भी फैलता जा रहा,
लेकिन, ये गुम-सुम क्यों हैं !

अरे, इन्होंने तो
ढक लिया अपने आपको
हल्की-झीनी चादरों से
लूज़ बिनावटवाली
वो मटमैली ओढ़नी
बादलों को ढक लेगी अब
अब फुहारोंवाली बारिश होगी
बड़ी-बड़ी बूँदें तो यह
शायद कल बरसाएँगे
शायद परसों...
शायद हफ्ता बाद...
गिरि-कुंजर तब
पूरे आसमान में
फैल जाएँगे
गर्जन-तर्जन नहीं
बरसेंगे, बस बरसते रहेंगे चुपचाप !
सारा-सारा दिन, सारी-सारी रात
बिना कहे, आपो आप
चुपचाप !!

1984

आखिर ऐसा क्या कह दिया मैंने

यह तो वो नहीं है

यह तो वो नहीं है !
क्या मैं रोज यहीं बैठता था ?
क्या नाशपाती का वही पेड़ है यह ?
मैं ऐसे भला क्यों मान लूँ !
क्या हम इसी की छाँह में
विगत ग्रीष्म के
मध्याह्न गुजारते थे—
सफरी पलंग पर लेटकर
क्या हम यहीं बैठते थे ?
मूँज की रस्सियोंवाले मूढ़े पर ?
ढाई सालवाले उस शिशु से
मैंने यहीं तो दोस्ती गाँठी थी ?
उसका नाम 'अ' से था न ?
फलोंवाली प्रजाति का यह तरुण तरु
आज मुझे बिलकुल नया-नया लगता है
ताम्रवर्णी पत्तियोंवाली टहनियाँ
चाँदी के फूलों से ढक गई हैं,
लगता है नहीं कि यह वही पेड़ है !
पिछले साल, जब हमने
इससे विदाई ली थी,
यह हजार-हजार फलों से लद रहा था
रसीले-खट्मिट्ठे फलों से !
अभी तो पट्ठा
सफेद फूलों से पटा पड़ा है :
लगता ही नहीं कि वही है
लेकिन हाँ,
उस शिशु की प्रसन्न आँखों का साक्ष्य
इस समय
हमारे काव्य-सखा को
अनायास प्राप्त हो गया है
खुशियाँ छलकानेवाली
अपनी प्रसन्न दृष्टियों से
'अ' बतला रहा है—

"बाबा, अब आप
यहीं तो बैठोगे !
यहीं तो लेटोगे !
पापा जब नहीं होंगे
तब मैं ही आपका साथ दूँगा !"

1984
आखिर ऐसा क्या कह दिया मैंने

क्रंदन भी भा सकता है

अपना न हो तो
क्रंदन भी
कानों को
भा सकता है...
स्वजन-परिजन,
चहेते पशु-पक्षी,
निकटवर्ती बगिया के
फूलों पर मँडराते
सु-परिचित भ्रमर,
किसी का आर्तनाद
दुखा जाता है मेरा दिल...
बरसाती मौसम के निशीथ में
सुने मैंने हाल ही
उस गरीब के चीत्कार
साँप के जबड़ों में फँसा था वो
कर रहा था
चीत्कार निरंतर
मेढ़क बेचारा...
हमारी पड़ोसवाली
तलइया के किनारे...
हाय राम, तुझे—
काल-कवलित होना था यहीं!

1984
आखिर ऐसा क्या कह दिया मैंने

ध्यानमग्न वक-शिरोमणि

ध्यानमग्न
वक-शिरोमणि
पतली टाँगों के सहारे
जमे हैं झील के किनारे
जाने कौन हैं 'इष्टदेव' आपके !

'इष्टदेव' हैं आपके
चपल-चटुल लघु-लघु मछलियाँ...
चाँदी-सी चमकती मछलियाँ...
फिसलनशील, सुपाच्य...
सवेरे-सवेरे आप
ले चुके हैं दो बार !
अपना अल्पाऽऽहार !
आ रहे हैं जाने कब से
चिंतन-मध्य मत्स्य-शिशु
भगवान् निराकार !

मानता हूँ मन ही मन,
सुलभ हो आपको अपना शिकार
तभी तो जमेगा
आपका माध्यन्दिन आहार
अभी तो महोदय, आप
डटे रहो इसी प्रकार
झील के किनारे
अपने 'इष्ट' के ध्यान में !
अनोखा है
आपका ध्यान-योग !
महोदय, महामहिम !!

1984
आखिर ऐसा क्या कह दिया मैंने

बाघ आया उस रात

“वो इधर से निकला
उधर चला गया ऽऽ”
वो आँखें फैलाकर
बतला रहा था :
“हाँ बाबा, बाघ आया उस रात,
आप रात को बाहर न निकलो !
जाने कब बाघ फिर से आ जाए !”
“हाँ, वो ही ी ी ! वो ही जो
उस झरना के पास रहता है
वहाँ अपन दिन के वक्त
गए थे न एक रोज ?
बाघ उधर ही तो रहता है
बाबा, उसके दो बच्चे हैं
बाघिन सारा दिन पहरा देती है
बाघ या तो सोता है
या बच्चों से खेलता है...”

दूसरा बालक बोला—
“बाघ कहीं काम नहीं करता
न किसी दफ्तर में
न कालेज मेंऽऽ”
छोटू बोला—
“स्कूल में भी नहीं...”

पाँच-साला बेटू ने
हमें फिर से आगाह किया
“अब रात को बाहर होकर बाथरूम न जाना !”

1984

आखिर ऐसा क्या कह दिया मैंने

ऊर्जा हमारी अखूट-असीम

मुँह की खाएँगे हमीं से
वर्ग-शत्रुओं के अर्जुन और भीम
ऊर्जा हमारी
अखूट-असीम

फिर से महाभारत
जमा नहीं पाएँगे
दुःशासन-दुर्योधन
काम नहीं आएगा
गीतावाले सारथी का
छलिया प्रबोधन
अबकी करेंगे हम
महर्षि वेद व्यास का ही
सचमुच संशोधन
आत्मघात करेगा
सम्राट वो बूढ़ा अंधा
युधिष्ठिर तक नहीं देगा
अंधे ताऊ की अर्थी को कंधा
अंत में
विदुर
करेगा
आत्मदाऽऽऽह !
किसी के मुँह से
निकलेगी नहीं आऽऽह !!

3 दिसम्बर 1984
भूल जाओ पुराने सपने

डियर तोताराम !

उल्टा लटककर
वो कुतर रहा है नाशपाती
दस का यह गुच्छा ही

इसे जाने क्यों भाया ?
लीजिए, हमारी आहट पाकर
वो उड़ गया...
पहाड़ी तोता...

जरूर ही वो बार-बार
नाशपाती का जायका लेने आएगा
बार-बार उल्टा लटकेगा
दस की घौद में से तब
एक नाशपाती टूट के नीचे गिरेगा
फिर दूसरे-तीसरे नाशपाती का नम्बर आएगा
नहीं भी आए शायद !
इन घनी टहनियों में
उल्टा लटकना आसान होगा शायद !
किंतु,
घनी-पतली टहनियों में
उल्टा लटकने की सुविधा तो
तोते को दूसरे-तीसरे ठिकानों पर भी
मिलेगी
जहरीखाल में नाशपाती का
क्या एक यही पेड़ है ?
मियाँ मिट्ठू,
(महोदय आत्माराम)
आप तो नाहक ही
हमारे पैरों की आहट से भड़क गए !
भला, य' भी कोई बात हुई !
आइए, इत्मीनान से
इन टहनियों में उल्टा लटकिए !
मौसम की ताजगी का स्वाद लीजिए !
लेकिन आप तो भई, 'गृह-पालित' नहीं, आज़ाद तोता थे ना ?
आइए, बेखटके आइए !
उल्टा लटकिए,
हमारा मनोरंजन कीजिए !
प्लीज़, डियर तोताराम !

1984

-आखिर ऐसा क्या कह दिया मैंने

न तीन में, न तेरह में

हाँ, मैंने उसकी पिटाई कर दी !
हाँ, मैंने उसका चश्मा छीन लिया
हाँ, वो जिंदगी-भर याद रखेगा
बुढ़ऊ ने मुझे सरेआम पीटा
बुढ़ऊ ने मेरे सिर के बड़े-बड़े बालों को
गुस्से में नोचा
जी हाँ, इस बूढ़े ने उस रोज
उसकी ऐसी-तैसी कर दी !
दस जने चश्मदीद गवाह हैं...
वे उसे वहाँ से हटा नहीं लेते
तो मैं जरूर ही अपनी चप्पलें
उसकी पीठ पर तोड़ डालता !
जी हाँ, वोऽऽऽ, वोऽऽऽ ही, जी हाँऽऽऽ
'चालू' नीयत का महा-अपोर्चुनिस्ट...
चूहा-गोत्र का वो विभ्रांत प्राणी
ट्यूशन-जीवी...
सभी पर रिमार्क कसता रहता है
वो 'प्रगति' भी है, जनवाद भी है वो
नव जनवाद भी
तीसमार खाँ,
मेरुदंडहीन नकारा जीव...
छछूँदर कहिए
चूहा कहिए
वो लेकिन अपने को
प्लेखानोव से इंच-भर भी छोटा नहीं मानेगा
उसने हमारे 'शिविर' को
हमारे आयोजन को गाली दी थी
आहिस्ते-से कहा था :
"अरे, यह भी तो
सेठिया फंक्शन था न !
हाँ, बाबा आ गए थे
बाबा को भला क्या मालूम
यहाँ के बारे में

बाबा को फाँस लियाऽऽ
हाँ, शिविर-फिविर क्या था
—सेठिया समारोह का ही रूपांतर था...''
स्साले !
मैं तेरी जीभ काट लूँगा !
तुझे वापस अपने गाँव पार्सल कर दूँगा !
तू समझता क्या है अपने को ?
न तीन में, न तेरह में
न कवि, न कथाकार, न निबंधकार
बस धीमी फुसफुसाहटों का कलाकुशली !

17 जनवरी 1985
भूल जाओ पुराने सपने

इस गुब्बारे की छाया में

"सारी रात रही मैं बैठी
कसम खुदा की, शपथ राम की
सारी रात रही हूँ बैठी
मेरे इस अभिनव प्रिय शिशु का
माथा गुब्बारे-सा फूला
ओह, फूलता चला गया है
अभी और भी फूलेगा क्या ?
हाथ-पैर तो ठीक-ठाक हैं
ठीक-ठाक हैं
गर्दन-कंधे
बाँह-बूँह भी ठीक-ठाक हैं
लेकिन देखो, सिर कैसा है
भारी-भड़कम गुब्बारे-सा
दीख रहा है
जाने क्या तो रोग ढुक गया
पैदा होते ही यह बबुआ
भद्दा-भद्दा लगा दीखने
डॉक्टर साहा, बतलाओ जी
अभी और कितना फूलेगा

मेरे बबुआजी का माथा ?
हाय राम, यह—
कैसा तो भद्दा दिखता है !
जाने अब इसकी किस्मत में
विधना फिर से क्या लिखता है !
डॉक्टर साहा,
इसका माथा छोटा कर दो
पैर पड़ूँ हूँ
सही शकल में ला दो इसको
जो-कुछ मेरे पास धरा है
दे डालूँगी सारा ही कुछ
हाँ, हाँ, सारा सरबस दूँगी
माथा इसका छोटा कर दो
जाने क्या तो रोग ढुक गया !
जी, पैदा होते ही इसमें !"

डॉक्टर उवाच—
"सुन री माई, सुन री माई
यह प्रचंड बहुमत ही सचमुच
तेरे शिशु का महारोग है
ये ही इसको ले डूबेगा
नहीं काम का रहने देगा
यह प्रचंड बहुमत ही
—इसको ले डूबेगा
यही गले का ढोल बनेगा
इस गुब्बारे की छाया में
तस्कर-मेला जमा करेगा
मतपत्रों का यह अति-वर्षण
प्रजातंत्र की पीर हरेगा
कौन करेगा, कौन भरेगा
अगला युग ही बतलाएगा
सच बतला बबुआ की माई
हालीवुड का नाम सुना क्या ?
अमिताभों का मक्का है वो
वो सुनील दत्तों का काबा

अरी, वही बैकुंठ-लोक है
निखिल
भुवनमोहिनी फिलिम-सुंदरी
हालीवुड का देखे सपना
हम क्या बोलें कैसा भी हो
जी, बच्चन तो ठहरा अपना
धन्य हो गईं गंगा-यमुना
धन्य हुए अक्षयवट-संगम
तीस साल पर वहाँ जमा फिर रंगारंगम्"

"डॉक्टर साहब, इसका मत्था छोटा कर दो
अभी चार दिन नहीं हुए हैं
जाने कैसा रोग ढुक गया
यह क्या तो माथा लगता है
यह क्या तो सिर-सा दिखता है
हाथ-पैर तो ठीक-ठाक हैं
गर्दन-कंधे भी जँचते हैं
लेकिन देखो डॉक्टर साहब
माथा कैसा भद्दा लगता
देखा नहीं जा रहा सचमुच
क्या तो गड़बड़ घटी 'गरभ' में
रोग भर गए माथे में ही
जाने यह कैसा था, क्या था
पुरुब जनम में जाने कैसा पाप किया था !
पानी भरा अभी से सिर में
इसमें से पानी निकाल दो
डॉक्टर, यह भद्दा दिखता है
देखा नहीं जा रहा हमसे
तुम यह माथा छोटा कर दो
इंजक्शन दो, सुई लगाओ
जैसे भी हो, इसका माथा छोटा कर दो"

"नहीं, नहीं, री माई, यह तो
ठीक न होगा, ठीक न होगा
गुब्बारे-सा फूला-फूला

यह आगे भी दिखा करेगा
खुद ही यह अपने लिलार में
अपनी किस्मत लिखा करेगा
लम्बा-लम्बा भाषण देना भी सीखेगा
शाहंशाहों के लिबास में भी दीखेगा
बुद्धू होगा, साथी इसमें अकल भरेंगे
कुछ तो इसकी नकल करेंगे...”

रोती-रोती
माई लेकिन रही बोलती
रही पूछती डॉक्टर से वो–
“लेकिन
गुब्बारे-सा भारी-भड़कम यह माथा
ऐसा ही क्या रह जाएगा ?”
“शुकुर मनाओ,
इसका बढ़ना यहीं रुक गया !
बंग और तैलंग हवा कुछ और लगे तो
दम न घुटेगा
साँस खुली की खुली रहेगी
शुकुर मनाओ
माता जी, तुम शुकुर मनाओ
जा़न बची तो लाखों पाए
फिर तो क्यों कोई घबराए
शुकुर मनाओ, माता जी, तुम शुकुर मनाओ
आपोआप रुक गया बढ़ना
गुब्बारे-सा अब यह माथा
ऐसा ही दीखेगा सबको
वो मसूर सी-नन्हीं आँखें
नजर आ रहीं भारी सिर में !
जाओ, जाओ !
उन नन्हीं-नन्हीं आँखों में
अंजन कर दो !
जाओ, जाओ सोहर गाओ
दिल्ली पहुँचो, नेग-जोग की जुगत भिड़ाओ
जाओ, जाओ,

दिल्ली पहुँचो !
राज-तिलक होनेवाला है
जो भी छींके, वो साला है
जाओ, जाओ, दिल्ली पहुँचो;
थाप पड़ गई, ढोलक गूँजे
'रस बरसे री, रस बरसे

21 जनवरी 1985
इस गुब्बारे की छाया में

सबके लेखे सदा सुलभ

गाल-गाल पर
दस-दस चुम्बन
देह-देह को दो आलिंगन
आदि सृष्टि का चंचल शिशु मैं
त्रिभुवन का मैं परम पितामह
व्यक्ति-व्यक्ति का निर्माता मैं
ऋचा-ऋचा का उद्‌गाता मैं
कहाँ नहीं हूँ, कौन नहीं हूँ
अजी यहीं हूँ, अजी वहीं हूँ
जहाँ चाहिए वहाँ मिलूँगा
स्थापित कर लो, नहीं हिलूँगा
उच्छृंखलता पर अनुशासन
दया-धरम पर मैं हूँ राशन
सबके लेखे सदा सुलभ मैं
अति दुर्लभ मैं, अति दुर्लभ मैं
महाकाल भी निगल न पाए
वामन हूँ मैं, मैं विराट हूँ
मैं विराट हूँ, मैं वामन हूँ।

23 जनवरी 1985
आखिर ऐसा क्या कह दिया मैंने

बार-बार हारा है

गोआ तट का मैं मछुआरा
सागर की उद्दाम तरंगें
मुझसे कानाफूसी करतीं

नारिकेल के कुंज वनों का
मैं भोला - भाला अधिवासी
केरल का वह कृषक पुत्र हूँ
'ओणम' अपना निजी पर्व है
नौका चालन का प्रतियोगी
मैं धरती का प्यारा शिशु हूँ
श्रम ही जिसकी अपनी पूँजी
छल से जिसको सहज घृणा है
मैं तो वो कच्छी किसान हूँ
लवण-उदधि का खारा पानी
मुझसे बार - बार हारा है...

सौ - हजार नवजात केंकड़े
फैले हैं गुनगुनी धूप में
देखो तो इनकी यह फुर्ती
वरुण देव को कितनी प्रिय है !
मैं भी इन पर बलि-बलि जाऊँ !
मैं भी इन पर बलि-बलि जाऊँ
मेरे इस भावुकता मिश्रित
बुद्धूपन पर तुम मुस्काओ
पागल कह दो, कुछ भी कह दो
पर मैं इन पर बलि-बलि जाऊँ !

23 जनवरी 1985
आखिर ऐसा क्या कह दिया मैंने

क्या कोई दूसरा भी

फिर
क्या कोई दूसरा राजा भी

उसे चराने ले गया
हिमाद्रि की तलहटियों में ?
क्या कोई दूसरा भी
'पिता' बना
उसकी परिचर्या से ?

बँधुआ श्रमिकों के
बँधुआ बालक
आज भी चराते हैं पशु
लाखों की तादाद में
क्या कोई राजपुत्र भी
इनमें कभी कहीं शामिल होगा
अपनी मर्जी से ?

4 मार्च 1985
आखिर ऐसा क्या कह दिया मैंने

इनकी लीला

देखिए तो इनकी लीला
बूँद-बूँद बरसते हैं
टुकड़ों में बँटे-बँटे
नीचे, धरती की ओर बढ़ते हैं
फ्रिज के अंदर जम जाते हैं !
देखिए तो इनकी लीला !

क्या ये वही हैं
जिन्होंने कालिदास को
अपनी तरफ खींचा था ?
क्या यही उस कवि को
उड़ा ले गए थे अलकापुरी ?
देखिए तो इनकी लीला !

5 मार्च 1985
आखिर ऐसा क्या कह दिया मैंने/नई संस्कृति, मार्च 1985

लोकतंत्र के शिशु

दिन-रजनी में भेद नहीं है
हत्याओं पर खेद नहीं है
यह पुनपुन है उधर मसौढ़ी
कटी लाश कल ही तो दौड़ी
मतपत्रों की छीना झपटी
मुंडमाल पहने हैं देवी
पुलिस कैंप में रपटा-रपटी
भू-स्वामी की सेवा में हैं
गाँव-गाँव के कुल 'जनसेवी'
लोकतंत्र के शिशु जन्मे हैं बूथ-बूथ पर
भारत माता प्रसव कर रही नाभि भेदकर
युग की आँधी दो गाँधी के बीच घुट रही
महँगाई में पाई-पाई यहाँ लुट रही
रीगन पीठ नहीं ठोकेगा ? जी, ठोकेगा
उन करतूतों को चेरनेंकों क्यों रोकेगा ?

6 मार्च 1985

हमारा यह प्रतिनिधि

वो
क्यारी खोद रही है
भुरभुरी मिट्टी के अंदर
मक्का बोएगी
चौथी पीढ़ी का
हमारा यह
तीन-साला प्रतिनिधि भी
हाथ में खुर्पी लेकर
अपनी अम्मी का
अनुसरण कर रहा है
पसीने की बूँदियाँ
चमक रही हैं
माथे पर !

बोकारो में बाप...
चाचा टाटा में...
सिन्द्री में जीजा...
पलायन कर गई जीजी
हावड़ा में करती है गुप्त-वास
अपने मजनूँ के साथ...
बड़ा होने पर
क्या करेगा
चौथी पीढ़ी का
हमारा यह प्रतिनिधि ?

20 मार्च 1985
आखिर ऐसा क्या कह दिया मैंने/विपक्ष-2, जुलाई 1986

चौथी पीढ़ी का प्रतिनिधि

यहाँ गढ़वाल में,
कोटद्वार-पौड़ीवाली सड़क पर
ऊपर चक्करदार मोड़ के निकट

मकई के मोटे टिक्कड़ को
सतृष्ण नजरों से देखता रहेगा अभी
इस चालू मार्ग पर
गिट्टियाँ बिछानेवाली मजदूरिन माँ
अभी एक बजे आएगी
पसीने से लथपथ
निकटवर्ती झरने में
हाथ-मुँह धोएगी
जूड़ा बाँधेगी फिर से
और तब शिशु को चूमकर
पास बैठा लेगी
मकई के टिक्कड़ से तनिक-सा
तोड़कर
बच्चे के मुँह में डालेगी
उसे गोद में लेकर

उसकी आँखों में झाँकेगी
पुतलियों के अंदर
अपनी परछाईं देखेगी
पूछेगी मुन्ना से;
मेरी पुतलियों में देख तो, क्या है !
वो हँसने लगेगा...
माँ की गर्दन को बाँहों में ले लेगा

तब, उन क्षणों में
शिशु की स्वच्छ पुतलियों में,
बस, माँ ही माँ प्रतिबिम्बित रहेगी...

दो-चार पलों के लिए
सामनेवाला टिक्कड़
यों ही धरा रहेगा...
हरी मिर्च नमकवाली चटनी
अलग ही धरी होगी
चौथी पीढ़ी का हमारा प्रतिनिधि
बछंद्रीपाल का भतीजा हो सकता है !

21 मार्च 1985

आखिर ऐसा क्या कह दिया मैंने/पहल-29, जनवरी-1986

क्या है जहरीखाल

मुझे याद आता है
        रह-रह जहरीखाल
खींच रही है मुझको
        हरियाली की खुरदुर ढाल
वही शिखर है
        वही रोड है माल
देवदार के शिशिर पवन में
        कम्पित होते गाल
मत पूछो जी
        क्या है जहरीखाल

फटे चीथड़ोंवाले गिरिजन
        जहाँ दिखे बेहाल
वहाँ चाट पर झुके न होंगे
        लम्बे-लम्बे पाल
समझ लीजिए
        वह है जहरीखाल !

13 अप्रैल 1985

यह सुख छोटा नहीं

डेढ़ वर्ष उम्र का सलोना शिशु
—स्वस्थ, प्रसन्न, सुदर्शन शिशु
अपने आप आकर
तुम्हारी गोद में लुढ़क गया
"लो, मुन्नी तो सो भी गई !
लो, इसका प्यारा गेंद"
—लाल, हल्का, रबड़वाला गेंद
हाथ से छूटकर उधर जा पड़ा
"लो यह तो गाढ़ी नींद में आ गई !
मुन्नी ी ी ! मुन्नी ी ी !! मुन्नी ी ी !!!"

यह सुख छोटा नहीं है बंधु !
अपने आप में बहुत बड़ा है !!
सभी को नसीब नहीं होते ऐसे सुख...
यह भी सबको कहाँ मिलता !
हाँ, यह एक छोटा-सा 'सुख' भी
सभी को नसीब नहीं होता !!

14 अप्रैल 1985
आखिर ऐसा क्या कह दिया मैंने

मैंने देखा

मैंने देखा :
दो शिखरों के अंतरालवाले जंगल में
आग लगी है...

बस जब ऊपर के मोड़ों से
आगे बढ़ने लगी सड़क पर
मैंने देखा :
धुआँ उठा रहा
घाटीवाले
खंडित-मंडित अंतरिक्ष में
मैंने देखा आग लगी है
दो शिखरों के अंतरालवाले जंगल में

मैंने देखा :
शिखरों पर
दस-दस त्रिकूट हैं
यहाँ-वहाँ पर चित्रकूट हैं
बाएँ-दाएँ तलहटियों तक
फैले इनके जटा-जूट हैं
सूखे झरनों के निशान हैं
तीन पथों में बहनेवाली
गंगा के महिमा-बखान हैं
दस झोंपड़ियाँ, दो मकान हैं
इनकी आभा दमक रही है
इनका चूना चमक रहा है
इनके मालिक वे किसान हैं
जिनके लड़के मैदानों में
युग की डाँट-डपट सहते हैं
दफ्तर में भी चुप रहते हैं।

5 मई 1985
आखिर ऐसा क्या कह दिया मैंने/पहल-29, जनवरी 1986

सुन रहा हूँ

सुन रहा हूँ
पहर-भर से
अनुरणन—
मालवाही खच्चरों की घंटियों के

निरंतर यह
टिलिंङ्-टिङ्-टाङ्
टिङ् टिङा-टङ्-टाङ् !
सुन रहा हूँ अनुरणन !
और सब सोए हुए हैं
उमा, सोमू, बसंती, शेखर, कमल...

सभी तो सोए पड़े हैं !
अकेले मैं जग गया हूँ

सुन रहा हूँ
मालवाही खच्चरों की
घंटियों के अनुरणन
दूरगामी खच्चरों की
घंटियों के अनुरणन
श्रुति-मधुर है यह क्वणन
मुख्य पथ से दूर
वे पगडंडियाँ हैं
भारवाही खच्चरों के
खुरों से रौंदी हुई हैं

पहाड़ी ग्रामांचलों तक
ट्रक तो जाते नहीं हैं !
कौन उन तक माल पहुँचाए
तेल, चीनी, नमक, आटा—
गुड़ य' माचिस—मोमबत्ती
दवा-दारू या कि चावल-दाल
ईंधन, लोह-लक्कड़
साहबों की कुर्सियाँ तक
खच्चरों की पीठ पर ही लदी होतीं !

निकर या बुशशर्ट...
रेडीमेड सारे
शिशु-जनोचित
सभी कुछ तो

खच्चरों की पीठ पर ही लदा रहता
पहुँचता है दूर-दूर...
पहाड़ी ग्रामांचलों तक...
क्या पिठौरागढ़, भुवाली...
रानीखेत—अल्मोड़ा...कहीं भी
पहुँचने की
निजी ही पगडंडियाँ हैं
खच्चरों के खुरों से रौंदी हुई
वे युगों तक
इतर साधारण जनों की
पथ-प्रदर्शक...

सुन रहा हूँ
खच्चरों की घंटियों का अनुरणन...
नित्य ही सुनता रहूँगा...
रात्रि के अंतिम प्रहर में...
भारवाही खच्चरों की
घंटियों के अनुरणन—
तालमय, क्रमबद्ध...

10 मई 1985
आखिर ऐसा क्या कह दिया मैंने

शिखरों पर

ये तुंग-शृंग, ये अद्भुत...
शिखरों पर शिखर जमे हैं
ये रजत - राशि नैसर्गिक
इन पर कैलास थमे हैं
इनकी छवि-छटा निराली
वह धौली-भूरी-काली
बालारुण इनमें भरता
पिघले कंचन की लाली

हम जहरी के डांडे पर
विस्मय-विमुग्ध लखते हैं
नयनों से रजत-अचल की
बस, रूप-सुधा चखते हैं

ग्रीष्मांत घनों की करुणा
बरसी थी आज सवेरे
यों तो आवारा बादल
कल लगा गए थे फेरे

नीले नभ में चमकेगी
प्रतिदिन हिमसृष्टि शिखरिणी
समतल में आम पकाएँ
ये नखत अश्विनी-भरणी

26 मई 1985
आखिर ऐसा क्या कह दिया मैंने/पहल-29, जनवरी 1986

जंगलों में

जंगलों में
लगी रही आग
लगातार तीन दिन, दो रात
निकटवर्ती गुफावाला
बाघ का खानदान
विस्थापित हो गया है
उस झरने के निकट
उसकी गुफा भी
दावानल की चपेट में
आ गई थी...
वो अब किधर
भटक रहा होगा ?
रात को निकलता होगा
पूर्ववत्...

बाघिन बेचारी
अपने दोनों बच्चों पर
रात-दिन पहरा देती होगी
मध्य रात्रि में
आसपास की झाड़ियों के
चक्कर लगा आती होगी
जरूर ही जल्द वापस होती होगी
वात्सल्य क्या
उस गरीब का
स्थाई भाव न होगा
बाघ लेकिन
सारा-सारा दिन
वापस न आता होगा
हाँ, शिकार पर जाने पर
फौरन लौटता होगा बाघ !

5 जून 1985
आखिर ऐसा क्या कह दिया मैंने/शीराजा, 1986

कणिका, माई डियर !

जिनकी उम्र छै महीनों से
ज़्यादा की नहीं हुई, मुझे
उन नव जातकों की बोलियों के
व्याकरण सीखने थे...
तेरी पुतलियाँ चमकने लगीं,
तूने कहा—"मैं सिखला
दूँगी वो सब..."
कणिका डियर, तू हमारे
परिवार की कनिष्ठ मेम्बर है।
अब छठा महीना पूरे करेगी...
किलकारियों का
'शार्ट कोर्स' तू रोज ही
मेरे सामने खोलती है...
आगे की कई सदियों का

आभास पा रहा हूँ इनमें...
कणिका, माई डियर !

कहाँ पैदा हुई थी तेरी ममी !
कहाँ पैदा हुए थे तेरे पापा !
और, कहाँ आकर तू पैदा हुई ?
सोचता हूँ, भविष्य का मानव
'इन्टरकान्टिनल' होगा...भविष्य की
मानवी 'युनिवर्सल' होगी...और,
तब, आज के साहित्य की
प्रासंगिकता टिक पाएगी क्या ?

तू लेकिन अपनी किलकारियों में
ही, हमारी इन शंकाओं का
समाधान कर रही है !
कणिका, माई डियर...

जुलाई, 1985

बदलियाँ चलेंगी साथ

लगता है
सैर करने के मूड में
बदलियाँ इधर से ही
निकली हैं...

भिगो गई हैं
भुर-भुरे खेतों को
कोलतार-पुती पक्की सड़क की
बाँकी-तिर्छी 'काया' को
बगीचियों के आम्र-कुंजों के
चिकने पातों को
तर कर गई हैं
चमक रहे हैं वे तोऽऽ

मगध-एक्सप्रेस अब
जरा-सी देर बाद
मुगलसराय पहुँचनेवाली है
लो 'अहरौरा रोड' का 'नेम प्लेट'
य' आया, वो गुजर गया !

शो. का. ने कहा—
खिड़कियों के शटर उठाकर
—य' देखिए, इधर से नहीं मुड़ीं
बदलियाँ ऽऽ
मेघ-लीला की भला
यह कौन-सी
कैसी विडम्बना है ?
जी हाँ, इस पर आप गौर फर्माएँ...
खैर, फिर कभी...
जी हाँ, फिर कभी, कुछ देर बाद
बदलियाँ चलेंगी साथ...
अभी तो मुगलसराय सामने है !

6 जुलाई 1985
अपने खेत में

वे खा गए...

मिट्टीवाली
कच्ची समाधि से
पाँच दिनों-पूर्व की
जरा-सी राख
ऊपर साफ़-साफ़
नज़र आ रही थी
दर-असल ग्राम-सीमा पर
वह एक विशाल प्रांगण था
बुझी हुई चिताओं का...ताज़ा मिट्टीवाली
कच्ची समाधियाँ थीं
इधर-उधर फैली पड़ी

दस दिन पहले की
महीना-भर पहले की
दो और तीन-चार महीने पहले की
बरसात में धुलने के बाद
एक ताज़ा समाधि पर
जली हुई हड्डियों का चूरा दिख रहा था
उस अस्थि-चूर्ण में
अकस्मात् थोड़ा कम्पन लक्षित हुआ
अति निकट होने पर
सूक्ष्मतम स्वरों में सुनाई पड़ा—
"मैं स्वतंत्रता-संग्राम का सैनिक था
हमारी पेंशन-राशि
वे खा गए..."

29 सितम्बर 1985
इस गुब्बारे की छाया में/जनसत्ता, 1986

भारी ताला

दीवाली ?
ना, दीवाला !
कौन करेगा मुँह काला !
दमदम तक वापस आए हैं
दिल्लीवाले वो लाला !
करवा के मुखड़ा काला
जी हाँ, जी हाँ, दीवाला !!
मथुरा-वृंदावन में बहता
दूध-दही का परनाला
नींबूवाली चाय ले रहे हैं लाला
अंदर से भी खुल जाएगा
फाटक का भारी ताला !

8 नवम्बर 1985
इस गुब्बारे की छाया में

भाता कैसे कुल्लू जी

पहुँचे
चुप-चुप
कुल्लू जी !
दीवाली के उल्लू जी !
उनकी ख़ातिर
'प्योर मिल्क' का
पम्प लगा था 'टुल्लू' जी
मगर नहीं था चुल्लू जी !
गुम-सुम लौटे उल्लू जी
भाता कैसे कुल्लू जी !!

8 नवम्बर 1985
इस गुब्बारे की छाया में

वज्रसार पाषाण

यह भी होना था
वो भी हुआ
यह भी होना था
करुणा की शीतल छाँह में
नाच रहे हैं प्रमत्त पिशाच
कहाँ गया तुम्हारा शासन
कहाँ गया तुम्हारा अनुशासन

यत्र-तत्र दिखाई पड़ रहे हैं
डाकू अंगुलिमाल के अनुचर
नित्य-नियमित तुम्हारी सूक्तियों का
प्रवचन
होता है वहाँ अब भी पारायण
चीवरधारी भिक्खु
उनके संघनायक
महास्थविर
निरंतर आशीष बरसाते हैं

अंगुलिमाल के सैनिकों पर
क्या तुम भी उनके साथ हो ?
कैसे अभागे हैं तमिल
तुम्हारी करुणा का एक बूँद भी
प्राप्त नहीं हुआ उन्हें !
अभागे तमिलजनों को
एक बूँद भी नहीं मिला
नहीं प्राप्त होगा
एक बूँद भी !

तुम पत्थर हो...
वज्रसार पाषाण...
हाँ, तुम सीमेंट बनते हो
बहुत बढ़िया शिलाचूर्ण तैयार होता है
तुम्हारे खंडों से...
हाँ ! हाँ ! जलने दो उनकी बस्तियाँ
उजड़ने दो उनके घर-बार
अर्धदग्ध तमिल शिशु
परितृप्ति प्रदान करें गीधों को
कुत्तों को...
कौओं को...
तुम तो बस इसी तरह
देखते-भर रहना !
तुम सचमुच निर्लिप्त हो क्या ?
हमें तो अति लिप्त दिखते हो !
ऐसी-तैसी करवा रहे हो
अपनी करुणा की...

जनवरी, 1986
भूल जाओ पुराने सपने

बरसात

विस्थापित होते हैं
बरसात में

कीड़े-मकोड़े
खिसकती हैं चट्टानें
शिला वृष्टि के
उछलते हैं रोड़े
गरजते हैं बादल के
घोड़े
हम भी मात्र
दर्शक रह जाते हैं
थोड़े !

10 सितम्बर 1986
भूल जाओ पुराने सपने

हमें वापस दे दो

हमारी लंगोटी
हमें वापस दे दो
तुमने हमारी धरती को
सितुआ-जितना छोटी आकार का
बना दिया
—हमारी धरती हमें वापस दे दो
हमें झंडेवाली आजादी नहीं चाहिए
वापस लेके रहेंगे
हम अपने जंगल
अपनी पहाड़ियाँ
अपनी लाल मिट्टी
खबरदार ! खबरदार !!
हम भूले नहीं हैं तीर-धनुष चलाना...
हमें नहीं चाहिए तुम्हारा पटना
नहीं चाहिए तुम्हारी नई दिल्ली
हम नहीं साफ करेंगे
पागलखाने का पाखाना
'सफैया मजदूर' नहीं हैं हम
हम तो राजा यहाँ के थे
आइंदा भी हमीं मालिक होंगे यहाँ के

समूचा झारखंड हमारा था—
हमारा होगा,
हाँ-हाँ, हमारा होगा
हमारा तब वो खुदमुख्तार राज होगा
मगर अभी तो
हमारी लंगोटी वापस लाओ !
हम सनकी नहीं हैं
हैवान नहीं हो गए हैं हम
हमारे सिर पर कभी सींग नहीं उठेंगे
लेकिन हमें
अपनी लंगोटी वापस लेनी है
अपना नमक-भात, अपना पानी
अपनी धरती, अपना जंगल
अपना आसमान—
सभी कुछ वापस ले के रहेंगे
बस, अभी तो हमारी लंगोटी दे दो !!

इस गुब्बारे की छाया में/जनशक्ति, 1 मई 1987

गुपचुप हजम करोगे

कच्ची हजम करोगे
पक्की हजम करोगे
चूल्हा हजम करोगे
चक्की हजम करोगे

बोफोर्स की दलाली
गुपचुप हजम करोगे
नित राजघाट जाकर
बापू - भजन करोगे

वरदान भी मिलेगा
जयगान भी मिलेंगे
चाटोगे फैक्स फेयर
दिल के कमल खिलेंगे

फोटो के हित उधारी
मुस्कान रोज दोगे
सौ गालियाँ सुनोगे
तब एक भोज दोगे

फिर संसदें जुड़ेंगी
फिर से करोगे वादे
दीखोगे नित नए तुम
उजली हँसी में सादे

बोफोर्स की दलाली
गुपचुप हजम करोगे
नित राजघाट जाकर
बापू - भजन करोगे

21 सितम्बर 1987
इस गुब्बारे की छाया में

गांधी गांधी गांधी

गांधी, गांधी, गांधी, गांधी
गाँधी को घेरे हैं गांधी
गाँधी को घेरे हैं आँधी

अंदर गांधी, बाहर गांधी
नीचे गांधी, ऊपर गांधी

आँधी में गिरते हैं पत्ते
दिल्ली पहुँच गई कलकत्ते
जय माँ काली, जय माँ काली
सुनती जै-जै, सुनती गाली

24 सितम्बर 1987

और बढ़े दाम, और बढ़े दाम !

प्लानों को
गई फलाँग
महँगाई की
छलाँग
छले गए मन्सूबे
मतलब तमाम
वाह भई, क्या कहने...
खूब बढ़े दाम
और बढ़े दाम, और बढ़े दाम !!

24 फरवरी 1988
इस गुब्बारे की छाया में

हम ठहरे

हम ठहरे
घीसू-माधव के
औ ऽ ला ऽ द !
क्यों रहेगा याद ?
क्यों रहेगा याद ?
मिलता रहे कर्ज
बढ़ता रहे मर्ज
छुट्टियाँ मनेंगी टापू में
फर्क नहीं रहेगा
बा औ' बापू में !!

24 फरवरी 1988
इस गुब्बारे की छाया में

शासन रहा ऊँघ

शासन रहा ऊँघ
बताओ तो भैयन
कौन गया सूँध ?

उनके सपूत
नरम-नरम घास रहे टूँग
क्या कहते इस पर
लेनिन औ'
माओ-त्से-तुंग ?

24 फरवरी 1988
इस गुब्बारे की छाया में

जागते रहे निरंतर

नाम नहीं होगा हरियाली का
पेड़-पौधे सूखेंगे
न होगी घास, दूब नहीं दिखेगी
परिणत होंगे सारे ही खेत
चटियल मैदानों में
छोड़ेगी जहरीला भाप
मरी हुई मछलियोंवाली तलइया
पटापट बेहोश होंगे ढोर-डंगर
ग्रीष्म के अतिरिक्त
नाम-शेष होंगी बाकी सब ऋतुएँ

बहुत बड़ा देश है
तो क्या हुआ !
सुविस्तृत है भौगोलिक आयतन
तो क्या हुआ !
बहुविधि-बहुभाषिक जनगण है
तो क्या हुआ !
उनकी तिकड़म अ-छोर है
असीम है उनकी सत्यानाशी दुर्बुद्धि
अपूर्व हैं नाभिकीय संग्राम की—
उनकी तैयारियाँ

क्योंकर भला आए हमारी समझ में
जंगखोरों की नीयत

सामरिक परिकल्पना उनकी
क्योंकर भला आए हमारी समझ में !
काफी होंगे दो ही चार हिटलर
काफी होंगे दो ही चार मुसोलिनी-तोजो
जन-गण अजेय हैं—
इतना-भर सोच-सोचकर
हम बे-फिक्र न हो जाएँ...
जागते रहें निरंतर
इलाज करें आपसी फूट-फाट का
अनदेखा न करें
गलियारों में ऊँघते कटखने कुत्तों को...

25 फरवरी 1988
इस गुब्बारे की छाया में/समकालीन सृजन, जन.-मार्च 1988

नर्सरी राइम

अंदर - बाहर धींगामुश्ती
परमारथ में भारी सुस्ती
स्वारथ में तो बेहद चुस्ती
एक - दूसरे की जड़ काटें
मन में खोट, बदन-भर चाटें
तकरीरों से अग - जग पाटें
अंग्रेजी की धकापेल है
हिंदी - उर्दू खसम - खेल है
नौजवान के लिए जेल है
सेठों से ही दिली मेल है
सूखा - राहत सुपरफास्ट है
अब कुर्सी का चांस लास्ट है
फौरन - फौरन जल्दी - जल्दी
जमा करो तुम धनिया - हल्दी
जीरा - मेथी मिर्च - मसाला
सारा कुछ लॉकर में डाला
छोड़ गए हैं सारे साथी
द्वार खड़े हैं बूढ़े हाथी

एनी ह्वेयर, एनी टाइम
क्राइम - क्राइम - क्राइम - क्राइम
ट्विंकिल्-ट्विंकिल्-लिटिल स्टार
पीस-पीस, हाँ नेहूवर वार
राजू भैया, राजू भैया
पार लगाएँ वतन की नैया
हमें और से क्या मतलब है
आप यहाँ आया कब-कब हैं
पाँच बरस गुजरेंगे जब तो
दीखोगे प्यारे तुम तब तो
एनी ह्वेयर, एनी टाइम
क्राइम - क्राइम - क्राइम - क्राइम

10 मार्च 1988
इस गुब्बारे की छाया में/वर्तमान साहित्य, मई 1988

नाटक में टूटेगा नमक-कानून

क्या पहुँचाओगे ?
दांडी तक पहुँचोगे
क्या और आगे नहीं जाओगे ?
लाख-लाख गाँव
इस नाटक से
क्या भला पाएँगे !
रोटी नहीं, महँगाई खाएँगे
दाम नहीं
दाना कैसे लाएँगे
दांडी मार्च में तुम्हारा यश गाएँगे
किसको ओढ़ेंगे
किसको बिछाएँगे
ढेर सारे गाँधी हैं
नाटक में टूटेगा नमक-कानून
महँगाई उसको चाटेगी
कुतिया उसे काटेगी
जो भी 'भौं-भौं' करेगा

पागलखाने में मरेगा
'दांडी मारच' का फल चक्खेगा !
राजू भैया की इज्जत रक्खेगा !!

12 मार्च 1988
इस गुब्बारे की छाया में

निर्मल आश्रम

निर्मल आश्रम जीवन-धारा
केवल प्रभु है यहाँ सहारा
उसे झुकाए सिर जग सारा
माता मरियम का शिशु प्यारा

पथ-दर्शक है वही हमारा
पथ-दर्शक है वही तुम्हारा
संत जनों का प्राण - अधारा
माता मरियम का शिशु प्यारा

मरियम-सुअन भेड़-चरवैया
पार लगावे सबकी नैया
वो सबकी सुध राखनहारा
वही बहाए जीवन-धारा

यहाँ कहाँ है सागर खारा
सुधा-सिंधु है अगम-अपारा
यह आश्रम है जीवन-धारा
वही महाप्रभु यहाँ सहारा
तुम भी आओ
तुम भी आओ
मैं आया हूँ
तुम भी आओ
यह भी आए
वो भी आए...

14 मई 1988

गुड़ मिलेगा

गूँगा रहोगे
गुड़ मिलेगा

रुत हँसेगी
दिल खिलेगा
पैसे झरेंगे
पेड़ हिलेगा
सिर गायब
टोपा सिलेगा

गूँगा रहोगे
गुड़ मिलेगा

1988
इस गुब्बारे की छाया में

खुशी के मारे

खुशी के मारे
नुसरत की आवाज़
खूब साफ़ नहीं थी...
आख़िर आज वो नानी थी...

बेनज़ीर ने उस दिन अस्पताल में
बच्चा जना था—
सात पाउंड का है
माँ पर गया है...

गर्भ के आठवें महीने ही
यह शिशु माँ की कोख से
बाहर आ गया !
ज़िया ज़िन्दा होता तो
जच्चे-बच्चे की खैर नहीं थी !

जभी तो...
पाकिस्तान में जनरल इलेक्शन के लिए
ज़िया ने 16 नवम्बर 88 का वक्त
मुकर्रर किया था

गर्भ-भार से अलस-मंथर
तब कैसे भला बेनज़ीर
चुनाव की धमाचौकड़ी में
खुलकर हिस्सा लेती ?
ज़िया ने सोचा होगा—
जी हाँ, बेनज़ीर भाग-दौड़
न कर पाती तो...

1988
इस गुब्बारे की छाया में

धिन् धिन् ता ता

धिन् धिन् ता ता धिंता
क्यों हो उसे वतन की चिंता
ठोंक दिये काले कानून
क्यों उतरे सिर चढ़ा जनून
कुर्सी न हिलने पाए
कसके थामो !
थामो, थामो !
कसके थामो !!

6 सितम्बर 1988

लोकतंत्र के मुँह पर ताला

लोकतंत्र के मुँह पर ताला
द्वारे पर मकड़ी का जाला
बैठ गया है अफसर आला
पगलों से पडना था पाला

कहीं दाल है पानी-पानी
कहीं दाल में काला-काला
लोकतंत्र के मुँह पर ताला

कहीं दलाली, कहीं घुटाला
मनके बिखरे, टूटी माला
जपते थे जनतंत्री माला
नाना जी ने संकट पाला
उल्लू तक वरदान पा गए
तकरीरों का खुला पनाला
कहीं दलाली, कहीं घुटाला

शरम नहीं है, लाज नहीं है
काम नहीं है, काज नहीं है
रायल्टी है, राज नहीं है
पुरखों की आवाज नहीं है
गूँज भर गई है खोखल में
फिर भी आता बाज नहीं है
शरम नहीं है, लाज नहीं है
मम्मी फिर भी समझदार थी
खरबूजा क्या, वो अनार थी
बड़ा प्यार था, कड़ी मार थी
जीत जीत थी, नहीं हार थी
डॉलर-रूबल सभी झुक गए
दिखती थी, पर निराकार थी
मम्मी बेहद समझदार थी

6-7 सितंबर 1988
इस गुब्बारे की छाया में

बच्चो, जयहिंद

उसने बोलना
शुरू किया कि
बच्चे खिलखिला पड़े...

टूटे दाँतोवाली
यह उद्घोषिका
बच्चों को यों भी
शुरू में ही हुलसित कर देती
'चुनमुन' समुदाय आपस में
इस उद्घोषिका की
पोली आवाज की
खिल्लियाँ उड़ाते रहते थे
—दस वर्षीय
एक 'चुनमुन' ने कहा—
जाने कब इस बुढ़िया से
हमें छुटकारा मिलेगा !
दूसरी बोली—टी.वी. में तो
हमेशा ताजा चेहरे और
मीठी-खनकती आवाजें और
मीठी चितवनोंवाली आँखें
सामने आती रहती हैं...
तीसरा चुनमुन बोला
—आकाशवाणीवाले
फिसड्डी हैं...
इस पर सभी चुनमुन
खिलखिला पड़े !
आखिर में एक ने कहा—
"बच्चो, जयहिंद !"

23 सितम्बर 1988
भूल जाओ पुराने सपने

यही करेंगे उनका बेड़ा पार

यही करेंगे उनका बेड़ा पार
यही करेंगे उनका उद्धार
इन्हीं की प्रतीक्षा में थे वे
रक्तबीजों की जय हो
दांभिक-स्वार्थी

झूठी गुर्राहट के धनी
चाटुकारों के सरपरस्त
तथाकथित मर्मज्ञ ललित कलाओं के

दुम हिलाऊ शैली-सर्वस्व
पहरुए अभिनव सामंतों के
अभिनव सामंत
रक्ताऽतिसार के चिर रोगी होते हैं
इन्हीं के गुह्यांगों में पलते हैं
रक्तबीज...
प्रशासनिक चारपाइयों के खटमल
सौ-सौ, हजार-हजार
रक्तबीज इसी तरह पैदा करते चलें
जय हो उनकी...

वे जंगलों को आबाद करते चलें
भूमिहीनों को जमीन का मालिक
बनाते चलें
चंद्रपुरा-बस्तर-भोजपुर के सर्वहारा
हमेशा अकिंचन थोड़े रहेंगे !
रक्तबीज उन्हें नया-नया
मतलब समझाने में
सफल हो रहे हैं
अब तुम 'नक्सल' कहकर
बदनाम नहीं कर पाओगे
वे अब अपना नया 'अर्थशास्त्र'
रच रहे हैं...

वहाँ 'बंधुआ विमुक्ति' का
नाटक नहीं हो रहा
जो कुछ वहाँ हो रहा,
उसी में तुम्हारा सर्वनाश
अब निकट आ गया है !!

28 जनवरी 1989

औघड़ मलंग

श्लील-अश्लील के खयालों को
परे झटक दे बरखुर्दार
जभी तो होगा तू
औघड़
जभी तो होगा मलंग
दर्म्यानी दर्जे का फक्कड़
कभी औघड़ नहीं होगा
हाँ, वो भाँड़ भले हो जाए
उसके दोस्त उसे
ज़रा ढंग के पहनावे में
सजा-सुजूकर
अपना वर्गीय मनोरंजन
भले कर लें
लेकिन औघड़ तो उस पे
बार-बार थूकेंगे
वजनी गालियाँ देंगे
भगा देंगे दूर
बहोऽऽऽत दूर—जा स्साले, उस दर्बार में जा !
पटना जाऽऽ
लखनऊ जाऽऽ
चंडीगढ़ जाऽऽ,
जाऽऽ भोपाल जाऽऽ
जैपुर जाऽऽ
ऊँट-गाड़ी पर
सारंगी बजाते हुए
उस गुलाबी नगर की परिक्रमा करियो !
जैपुर से निकलने का
जी न करे तो
भोपाल भाग आना
खट्टे-मीठे सपने परेशान करें
फिर तो भा.भ. से कहना होगा
हुजूर, इस गरीब को यहाँ
एक कुठरिया अलाट कर दो

जी हुज़ूर,
यह हँसोड़ है
आपकी तबीयत खुश कर देगा !

8 फरवरी 1989
भूल जाओ पुराने सपने

आदरणीया जी

अपनी आदरणीया जी के
झूलते कानों से
अपना य' फीका होठ
भिड़ाकर
मैं फुसफुसाया–
'अब ये सब कैसा लगता है !'
बुजुर्ग अभिनेत्री की भंगिमा में
आदरणीया जी
तनिक परे सरक गईं
'हटोऽऽ
वो क्या कहेगीऽऽ'

अपनी तरेहसाला पोती
अभी-अभी
लौटी थी स्कूल से
बस्ता पटककर
उधर जूते-मोजे उतार रही थी
–'दाऽऽदीऽऽ
भूख के मारे
जान निकल गई रेऽऽ
आज क्या सब्जी थी ?'
अपने भावोद्वेलन में
मैं यह भूल ही गया था
कि स्कूल से लौटने का
वक्त हो रहा है उसका
अपनी वह लाडो रानी

किचन के अंदर जाकर अब
खुद ही खाना निकाल रही थी

इधर से दादी ने टोका–
‘बिना हाथ-पैर धोए !
हे भगवान्
इस लड़की को कब अकल आएगी
ताड़ जितनी लम्बी हो गई !’
–‘तो मैं खाना भी न खाऊँ ?
प्लीज़, दादी माँ !’
दो मिनट बाद...
‘अरे हाँ, मैं तेरे लिए वो लाई हूँ
तेरी ब्लाउज के लिए,
हुक लाई हूँऽऽ...’
मुँह के अंदर
दाल-भात ठूँसे थे
आवाज साफ नहीं आ रही थी

दादी चारपाई पर लेट चुकी थी
बोली–‘बैंगन का भर्ता
कैसा बना है ?’
पोती बोली–
‘भर्ता-फर्ता
तुम्हीं लोगों को भाता है
अपन तो आलू-गोभी पर
जान देते हैंऽऽ
दादी माँ, तुम्हें क्या-क्या
अच्छा लगता है ?
प्लीज़, दादी माँ
बताओ तो जरा...’
भरे थे मुँह में दाल-भात उधर
और इधर
आदरणीया जी
अर्थात् पोती की दादी माँ
लेट चुकी थीं चारपाई पर !

8 फरवरी 1989
भूल जाओ पुराने सपने

तेरा क्या-क्या होगा ?

तेरा क्या-क्या होगा ?
निरीह भोले !
तेरे को कभी पता नहीं चलेगा
तेरी इस छवि का,
तेरी उस छवि का,
क्या-क्या इस्तेमाल हुआ !
निकट भविष्य में
या दूर भविष्य में
कहाँ-कहाँ, कब-कब
तेरी इन छवियों का
कैसे-कैसे इस्तेमाल होगा,
तेरे को कभी पता नहीं चलेगा

लगभग भूखा ! लगभग नंगा तू
अभी क्या खाना चाहता है ?
पेट भर जाने पर
तू क्या-क्या पहनना चाहेगा ?
क्या-क्या ओढ़ना चाहेगा ?
पेट भर जाने पर
यों ही उलंग—
तू भाग जाना चाहेगा
अपने सम-वयसी
उलंग साथियों के बीच
तू उन्हें दस पैसे पाँच पैसेवाला
यह ताजा सिक्का
नहीं दिखाना चाहेगा ?

3 मार्च 1989
भूल जाओ पुराने सपने

अपने बच्चों को

सुना है
तुम्हें एक लड़की है

एक लड़का है
तुम दोनों को यहाँ छोड़ दो
हम उन्हें अपने साथ रखेंगे
यहीं पढ़ाएँगे-लिखाएँगे
अपने साथ हम
तुम्हारे दोनों बच्चों को
पारम्परिक नृत्य-शैली
परिचित करा लेंगे
हमारा ही लिवास
उनका भी लिवास होगा
अंग्रेजी-फ्रेंच-जर्मन
पुर्तगीज़-स्पेनिश
यहाँ सब कुछ सीख लेंगे
हमारे बीच रहकर वे
खाँटी विश्व-नागरिक बनेंगे

प्लीज़, तुम अपने बच्चों को
हमारे यहाँ रख दो...
हम उनके बदन की रंगत
नहीं बदलेंगे
हममें कोई डायन नहीं है
हम तुम्हारे बच्चों का दिमाग
कमजोर नहीं होने देंगे

तुम उन्हें यहाँ ले आना
अगली बार जब आप
इधर आओ तो
अपनी फेमिली को
जरूर साथ लाना

हमने सुना है
तुमने अपनी फेमिली को
कभी गाँव-घर की ओर
झाँकने तक नहीं दिया है
यह कैसी शर्म की बात है !

6 अक्तूबर 1989
अपने खेत में

नहीं डराना जी

होश-हवास गँवा बैठेगा इसको नहीं डराना जी
जिससे मोती हुआ जवाहर, इसका वही घराना जी
प्रजातंत्र का लोकतंत्र का छेड़ो नहीं तराना जी
संसद के सदनों में बैठो फिर क्या तो घबराना जी

जनसत्ता, 5 नवम्बर 1989

तुम्हें नींद नहीं आती

तुम्हें नींद नहीं आती
बीच-बीच में चौंक पड़ते हो
मिजोरम में अक्सर भुतहा आवाज उठती है
काजीरंगा का अभयारण्य
बाढ़ में डूबा रहा दस रोज
गैंडे और हाथी घुट-घुटकर मर गए
क्या तुमने उनकी सड़ी लाशें देखीं ?
इन मूक जंतुओं की निष्प्राण काया
असम के तुम्हारे हवाई सर्वेक्षण की
परिधि में न आती थी, न आई।
अच्छा तो है तुम्हें नींद न आए
अच्छा तो है तुम चौंक-चौंक पड़ो
तुम्हारी इस नटलीला के प्रति
मेरा कवि ज़रा भी हमदर्द नहीं...

भूल जाओ पुराने सपने/जनसत्ता, 5 नवम्बर 1989

तुमको केत्ता मिला

सौ वर्ष पुरानी बुढ़िया
अपनी झोंपड़ी के बाहर
सवेरे-सवेरे
धूप सेंक रही थी

इधर-उधर लोग आ-जा रहे थे
मुझे उँगली के इशारे से
उसने रोका—
अस्पष्ट भाषा की
अवधी बोली थी :

'बाबू, क्या पाँच साल बाद
फिर वही खेल
खेलने आए हो आप लोग ?
दिल्ली से आए हो ?
चाँदी का गोल-गोल सिक्का
बिछाकर यह खेल खेलते हैं
इस बार भी क्या वही राजा बनेगा ?
क्या वही दरबारी होंगे ?
सच-सच बतलाना
तुमको केत्ता रुपया मिला है ?
कुछ हमको भी दिलवाना भइया !'
बुड्ढी का बकवास सुनने के लिए
हमारे पास वक्त नहीं था,
हम सरपट भागे
गौरीगंजवाली सड़क की तरफ !

भूल जाओ पुराने सपने/जनसत्ता, 5 नवम्बर 1989

कौन हाँफ रहा है ?

यह कौन हाँफ रहा है ?
किसका दम घुट रहा है ?
अरे, अरे, मैं पहचानता हूँ
दूर से ही सही
मैंने बार-बार
उसके पैरों की आहट सुनी है
जी, मैं उसे पहचानता हूँ
वो सोशिलिज़्म है
वो कम्युनिज़्म की तरफ

तेजी से बढ़ रहा था
हाय, बीच रास्ते में ही
इसका दम क्यों फूलने लगा ?
क्या वे कोलखोज यक्-ब-यक्
ऊसर हो गए ?
सामूहिक कृषि-फार्म के
गेहूँ तो हम तक भी पहुँचे थे
दूर-ग्रामांचल में, 'तरौनी' गाँव तक
सोवूरवोज वाली सुनहली फसलों की खुशबू
मेरे ग्रामांचल की आबोहवा में भी
जाने कितनी बार फैली है...
यह सब कुछ तुम्हें बतलाएँगे
कामरेड चतुरानन झा !!
साथी श्यामल किशोर
आप बतलाओ,
वे कोलखोज क्या अब
बालू ही बालू रह गए
क्या सचमुच रूस के लोग भूखे-प्यासे
दिन पर दिन गुजारते हैं अब ?
'पेरेस्त्रोइका' क्या हुआ !
'ग्लास्नोस्त' शंख-नाद क्या हुआ !
कामरेड गोर्बाचोव सच-सच बतलाओ—
सोवियत भूमि में इन दिनों
क्या कुछ कर रहे हैं लोग ?

2 दिसम्बर 1990
भूल जाओ पुराने सपने

वह एक दीवानापन

जन-जन के गले से
निकलती थीं
अनमोल गीत-पंक्तियाँ
तुम उन्हें चुनने जाते थे
वह एक दीवानापन था

सयाने थे कि तुम्हें सनकी कहते थे
मगर तुम्हारी वो सनक रंग लाई
पाँच-पाँच नदियों ने संदेशा दिया
सातों समुद्र चंचल हो उठे
ज्वार आया उनमें
जगह-जगह गश खा गईं
टेलिप्रिंटर और टेलेक्स की मशीनें !
विश्वकवि रवि हो उठे पुलकित
मुदित हुए महामनीषी रोम्या रोलाँ
सच-सच बतलाओ
वो तुम्हीं थे क्या ?

23 अप्रैल 1991
भूल जाओ पुराने सपने

सबकी आँखों में उजास था

पब्लिक ने तेवर दिखलाए
गुंडों की हो गई ठुकाई
पुलिस सहमकर अलग हट गई
जैसे - तैसे आन बचाई

अपना - अपना जीप सँभाला
खिसके शासन के अधिकारी
उस दिन तब जालिम जमात ने
साहस खोया, हिम्मत हारी

सबकी आँखों में उजास था
कोई वहाँ क्रिकेट नहीं था
सट्टा के शेयर-वेयर का
खुलनेवाला रेट नहीं था

वो तो पब्लिक के तेवर थे
गुंडों की हो गई धुनाई

पुलिस सहमकर अलग हट गई
उसने अपनी जान बचाई !

अप्रैल 1991
भूल जाओ पुराने सपने/अलाव-4, जून 1992

भारत-रत्न

चरम सीमा पर
पहुँच गया है
दारिद्र्य विवेक का...
सौ-सौ प्रतिमाएँ
जाग पड़ी थीं
म्यूजियम सारे के सारे
भास्वर थे, मुस्कान में खिले थे
—राम और कृष्ण
—गौतम बुद्ध और महावीर
—सभी में आ गई थी जान
ये सब के सब 'भारत-रत्न' थे
समूचा विश्व
नए सिरे से नतमस्तक था

स्वामी दयानंद तक हैरान थे
स्वर्गलोक में
मिश्रित प्रतिक्रिया थी
उनके अपने-अपने प्रिय ऋषि-मुनि
अब तक 'भारत-रत्न' नहीं
हुए थे घोषित
गजानन गणपति ढुंढिराज
काशी में बैठे थे
अब तक क्यों भला
लखनऊ-शिमला-भोपाल ने
लम्बोदर के लिए
'पद्म विभूषण' तक की

सिफारिश नहीं भेजी थी
महामहिम राष्ट्रपति के पास !

25 जून 1992
भूल जाओ पुराने सपने

मौज मारो बेटे

वाह, बेटे !
मौज मारो बेटे !
अमरीकी सदर
बुश ने तुम्हें गोद ले लिया !
अब तो तुम्हारे
मजे ही मजे हैं
वा बेटे !
एल्तासिन् !
लाल झंडे को
चबा गए हो !
शैतान, तू जिंदा है ?
तेरा पेट नहीं फटा ?
हरामी, साले !!

5 फरवरी 1992

भाऊ समर्थ

लगातार
सत्तर घंटे
भाऊ की पलकें
खुली रहीं
मोना परेशान थी
बार-बार
(डॉक्टर को बुलाकर लाई)

पाँचवें दिन

डॉक्टर आया तो
भाऊ को बेहद
प्रसन्न मुद्रा में पाया
—"मोना, तू नाहक परेशान है
तेरे नानाजी को कुछ नहीं हुआ है !
मोना, बस
तू अपने 'आजोवा' को
नींबूवाली चाय
पिलाती चल !
हाँ, तू स्कूल से
हप्ता-भर की छुट्टी ले ले"

भाऊ की बड़ी-बड़ी आँखें
और कुछ बड़ी लगती थीं...
"लगता है तुम पिछली रात
अच्छी तरह सोए हो
भाऊ ! तुम्हें और सोना है
चाहिए अब तुम्हें आराम..."

5 फरवरी 1992
भूल जाओ पुराने सपने

बुढ़वा मंगल

गनीमत है विगत दीपावली
सकुशल निकल गई
भवानी अन्नपूर्णा के दरबार में
अन्नकूट पर कोई पाबंदी
नहीं लगी थी गनीमत है !
गनीमत थी, दस-पाँच
जोड़े ही कीमती जूते
गायब हुए थे
पंडापुत्रों का इंतजाम
बेहद पुख्ता था

दर्शनार्थी जूता-चोर
लगभग निराश ही लौटे...
अबकी बाबा की नगरी में
मु. म. जोशी की अंतयात्रावाला
मोर्चा जमनेवाला है
'बुढ़वा मंगल' के बाद !

5 फरवरी 1992
भूल जाओ पुराने सपने

सर्वोदय सिंह

कोई कहे तो !
मैंने किसका कल्याण नहीं चाहा
दर-असल मेरा नाम ही
'स' सिंह है ! नहीं, नहीं—
'सकल नारायण सिंह', नहीं,
सर्वोदय सिंह हूँ अब मैं
सवा करोड़ का फिक्स डिपोजिट
पच्चीस-पच्चीस लाख के पाँच
हजार-हजार प्राइमरी स्कूलों में
मैं दीवार घड़ी सप्लाई करवा
चुका हूँ...
आसानी से बिल पास करवा लिये हैं
—2, 5, 10, 50 और 100 के
नोट हमेशा बैग में रखता हूँ
सेक्रेटरियट और बोर्डों के
चपरासी से लेकर बड़े बाबू तक
सभी को धन्य-धन्य करता रहा हूँ
तभी तो मित्रों ने मेरा नाम
'सर्वोदय सिंह' रख लिया है !
शिमला, नैनीताल, राँची, पंचमढ़ी में
मैंने दो-दो कोठियाँ बनवा दी हैं
जन-जन के हित में ही मोटा होता गया हूँ
अब मैं वो सकल नराएन नहीं

मैं सर्वोदय सिंह हूँ
अगले वर्ष 'पद्म श्री' हासिल करके रहूँगा
देख लीजिएगा बिरादर !

14 फरवरी 1992
भूल जाओ पुराने सपने

मरा मरा मरा मरा...

दलीय दृष्टि धुंध में न देख पा रही
हितानुकूल विश्व के न काम आ रही
विलोम क्या 'नुलोम क्या कि ठौर-ठाँव क्या
विमूढ़ क्षुद्र स्वार्थ में प्रदोष ला रही
दलीय दृष्टि धुंध में न देख पा रही

महामना कहाँ छिपे, कहाँ गए ब्रती
कहाँ गए शिवेश उफ् कहाँ छिपी सती
भ्रमांध योगिराज हैं कि चू पड़े यती
गुल खिला रही है वो छिनाल श्रीमती
महामना कहाँ छिपे, कहाँ गए ब्रती।

मरा मरा मरा मरा मरा मरा जपो
कि राम राम राम राम राम ही छपो
भरो भरो भरो भरो खपो खपो खपो
तुलो तुलो तुलो तुलो नपो नपो नपो नपो
मरा मरा मरा मरा मरा मरा जपो

16 अप्रैल 1992

चंदन

अपनी साइकिल
झाड़-पोंछ रहा है
वो किसी को छूने नहीं देता
अपनी साइकिल

यह साइकिल ही चंदन की
प्रिय सखी थी...
वो इससे
बातें किया करता था

एक बार दो बजे रात में
चंदन अपनी प्यारी सखी को
फटकार रहा था...
बरामदे में वहाँ फूलों के पौधे थे
कनेर की पतली टहनी से
चंदन अपनी सखी को पीट रहा था
'क्यों पीट रहा है इसे ?
क्या कसूर है इसका ?'
'साली बहक गई थी आज !
मुझे इसकी पिटाई करने दो
साली को बदमस्ती का मजा चखाता हूँ !
बाबा जी, इस वक्त आप मुझे मत रोको !'
चंदन गुस्से में था...
इशारे से
चंदन ने मुझे परे हट जाने को कहा...
रात के सवा दो बजे
सभी सो रहे थे
सरला, सुधीर, शीलू, नीलू
सभी सो रहे थे...

हम तेरे पापा की
दफ्तरवाली जीप में
चंद्रमोहन के साथ
निकलते हैं...
अगले तीन चौराहों पर
तू दिखाई पड़ जाता है !
तेरी मुस्कान हमारा पीछा करती है...

लगा कि चंदन हमेशा
मेरा पीछा करता रहेगा

लगा कि अपनी इसी–
प्यारी साइकिल पर सवार होकर
चंदन पिछले महीने
पूना हो आया है
लगा कि यह साइकिल
चंदन का साथ
कभी नहीं छोड़ती !
ना तो वो छोड़ता
ना ही साइकिल ही छोड़ती
हाय, यह साइकिल ही
चंदन को वहाँ पहुँचा
आई है–
वहाँऽऽ...हाँ, वहाँऽऽ
जहाँ से कोई कभी
वापस नहीं आया !

आगे-आगे दो ट्रकें...
पीछे एक खटारा जीप
अगल-बगल
दो पहियोंवाले
छोटे-बड़े स्कूटर
बीचो-बीच
फँस गया चंदन
उतावलेपन में
धीरज की डोर छोड़कर
चंदन ने
अपनी साइकिल
इधर-उधर
निकालनी चाही
किशोर-सुलभ घबराहट में
चंदन संतुलन खो बैठा...

और–
और जो नहीं होना था
वो होके रहा !!

वो कहाँ गया
किधर गया वो ?
अब दिखाई नहीं पड़ेगा क्या ?

चंदन वहाँ गया
जहाँ से कभी कोई वापस नहीं आता
बारह वर्ष की उम्र थी
सुंदर-सुरूप किशोर—
वो निरंतर इन आँखों के सामने
मुस्कुरा रहा है !
डियर चंदन अभिषेक,
तू, सपनों में अक्सर आ धमकता है !
अपनी बड़ी-बड़ी आँखों से
मुझे यूँ ही घूरता रहेगा—
कि कुछ बातें भी करेगा !

भूल जाओ पुराने सपने/वर्तमान साहित्य, जून 1992

गुस्से का काला नाग

जाने कितने वर्षों बाद
आज शाम
हम पर
काले साँप का हमला हुआ
यानि
आज शाम
सवा सात बजे
हम पे गुस्से का हमला हुआ !
रिचा का एक्जाम था,
दो पर्चे थे
उसे 6.30 तक तो लौटना ही था...
मगर वो वापस आई
7.15 पे
आते ही बोली—

"आप परेशान हुए नाऽऽऽ..."
और हँसने लगी...
बोली—"सर को एक बात
समझाती रही...
समझाती रही—
और समझाती रही...
इसी में देर हो गई..."
और फिर थकान में घुली
हँसी, और हँसी...
और फिर गुस्से का काला नाग
—लहराता हुआ 'करैत' साँप
मेरी तरफ दौड़ा
तीन-तीन बार उसने मुझे डँसा
और मैंने
रिचा के सर के बाल पकड़े
उसे दो-तीन तमाचे लगाए...
वो हक्का-बक्का,
बैठ गई...

पापा ने कहा,
यानि रिचा के पिता
शोभाकांत
गम्भीरतापूर्वक बोले—
"यह इस लड़की को
आपकी आशीष ही मिली है
यह बुद्धू याद रक्खेगी
आजीवन
ता-हयात
अपने बूढ़े दादा की दुआ
अगर इस गधी को याद रही
तो, इसका सब-कुछ
सुधरेगा..."

10 जून 1993
भूल जाओ पुराने सपने

अपना घर : तीन चित्र

जी तरसता है
बार-बार तरसकर रह जाता है
घर के लोग
भुने हुए चने चबाते हैं
चाबते हैं चावल भुने हुए...
अपन को बस सत्तू ही सत्तू
माफिक आता है !
कमजोर दाँतोंवाला बुढ़ापा
तुझे लानत है ! जय हो तेरी !!

थोड़ी-थोड़ी देर बाद
आम चूसने को मिलते हैं
तीन-चार आमों से ही जी भर जाता है
बीजू (तुख्मी) आम पंचोभ से
सुप्रीता लाई थी न !
यह अनूठा रसायन है इस मौसम में !

आगे दस-एक रोज यही चले...
यही चले तो दरभंगा, तेरी जै-जैकार—
करता हुआ दिल्ली पहुँचूँगा !
कौन कहेगा—
'क्या रक्खा है दरभंगा में ?'
कोलाहल बच्चों का
शिशुओं का शोरगुल
किशोरियों-किशोरों की कानाफूसी
सयानों की डाँट-डपट
बूढ़ियों-बूढ़ों की खट-मिट्ठी खीझ
सब कुछ अच्छा लगता है—
यदि अपना मन सहज हो !

27 जून 1993
भूल जाओ पुराने सपने

अनिरुद्ध बोलता है...

भाखड़ा-नाँगल को
नए सिरे से बनाना था
अपने इस अभिनव—
प्रोजेक्ट को साकार करने के लिए
वो जर्मनी-अमेरिका-रूस
इटली जैसे देशों की यात्राएँ
करने की सोच रहा था...
और अनिरुद्ध को
रात-रात भर नींद नहीं आती थी
रात्रि-शेष में वो अपनी पलकों को
बेकाबू पाता था...

अहले-सुबह अनिरुद्ध की ममी
दूध का गिलास लेकर
उस किशोर के पायताने
क्षण-भर को खड़ी होती थी...
आहिस्ते से बुदबुदाती थी—
"दूध तो पी ले बेटे !"
मगर नहीं, वो उसे उठाएगी नहीं
दूध का गिलास रखकर हट जाएगी...
15 मिनट बाद, वो शिल्पा से कहेगी—
"शिल्पी बेटे, जा तो देख के आ बेटे,
वो उठा कि नहीं
उसे दूध तो पिलाती आ, बेटे..."

वो अक्सर, चौंकानेवाले
सवाल करता—
"बाबा, तूने अपने को
बूढ़ा बंदर कहा था ?
पड़ोस की लड़की हमसे बोली;
'कन्या विद्यालय में
भाषण-वाषण के बाद
अलग, एक कमरे के अंदर

चाय-फाय चल रही थी
जब चाय की प्याली
खुद ही नीचे लुढ़का दी !'
और, तू आप ही हँसने लगा !
और तभी
अपने को तूने
बूढ़ा बंदर कहा !
और ज़रा देर हँसता रहा !
और लड़कियाँ
तब तक हँसती रहीं...
और दुबारा
तेरे सामने चाय का कप रखा गया
और तू तब बोला—
'बच्चो, मैं फिर
अपनी चाय नीचे लुढ़का दूँ ?'
नजदीक से एक मिसेज
तेरे पास आकर
तेरे कान की तरफ अपना मुँह
करके बोली थी—'बाबा जी, आप इन्हें
ज्यादा न हँसाना !'
तब आपने उल्टे कहा—
'घर के बच्चे हैं ना !'
और फिर मुस्कुराते रहे...
गनीमत थी
वहाँ कोई फोटूवाला न हुआ !
हमारी पड़ोसवाली लड़की
बोल रही थी !
हम शाम को उसे यहीं बुलवा लेंगे
वो खुद भी आपसे
मिलना चाहती है...
उसका भाई—"
इतने में अनिरुद्ध की ममी
किचन से भागती आई..
बेटे का कान पकड़ा...
यानि उसका भाई

घर से भागा था...
(शायद उग्रवादियों के
किसी ग्रुप में
शामिल हो गया था...)

उस रात–
3.35 पर
अनिरुद्ध की आवाज सुनकर
मैं जाग गया था
वो अपनी दादी से
कह रहा था–
"तू मानती क्यों नहीं ?
यहाँ रात को गेट का
पहरा क्यों देती है ?
अपनी छोटी-सी मंत्री
डालकर लेटी रहती है !
इस सुनसान रात में
रिक्शे-फिक्शे भी तो
नहीं चलते दादी !
आ, तू अंदर, आ जा !"
लेकिन दादी अंदर नहीं आती
बोलती–"अपणा क्या होणा है
जिसके माल-वाल हो
उसे ही डरना है मौत-फौत से...
बंदे जाणते हैं–
तरसेम की माँ पगली है...
हाँ, भाई, अपण पगली सही
अनरुद् तू नाहक मेरे पीछे पड़ा है,
जा मेरे लाल, अंदर जा
आराम कर बेटे !"
और वो तो सचमुच
सो ही जाता है...

शिल्पा की आवाज–
"बाबा, चाय रखी है आपकी ी ी ी"

यही शिल्पा
मेरी सेक्रेटरी है आजकल !
बड़ी सयानी बच्ची है...
अनिरुद्ध बोलता है—
"भारी शैतान है
आप इसे नहीं पहचान पाओगे बाबा !"
मध्य रात्रि में
सीमांत की तरफ उड़ते हुए
दो-एक विमान
हमें अक्सर जगा जाते हैं—
अनिरुद्ध पास आकर कहता है—
"लाहौर करीब है ना !
ये पहरा देते हैं रात को हमेशाऽऽऽ
उधर से जवाबी पहरा भी चलता है !
बाबा, तू तो पेशावर-फेशावर
बहोत पहले
घूम-घाम आया होगा ना ?
क्या फिर से दोनों पंजाब एक होंगे ?
बाबा, अपना तो दिल कहता है
जरूर एक होंगे ...."

संदर्भ–
स्थान—जालंधर
काल—सितम्बर, 1990
पात्र—अनिरुद्ध, एक किशोर, जो अब नहीं रहा।

2 अगस्त 1993
भूल जाओ पुराने सपने

ताई बिन

ताई बिन
सब सूना !
क्या बम्बई
क्या पूना

ताई बिन सब सूना...
इनको तू मत छूना
उनको तू मत छूना
लग जाएगा चूना...
ताई बिन सब सूना !!

13 अक्तूबर 93

अटपटे बोल

1

मुखड़ा क्या देखै दरपन में
तेरे दया-धरम नहिं मन में
मुखड़ा क्या देखै दरपन में

घुप्प अँधेरा, कंचन बरसै
तेरे घर आँगन में
बाहर-बाहर रोनी सूरत
अन्दर लछमी नाचै
तू तो मगन मस्त है भाऊ वाको छूम-छनन में
तेरी मस्ती के क्या कहने
बाहर है तू, बूढ़ी जिभ्या
रामायन जी बाँचै
तेरी मस्ती के क्या कहने
रहने दे भइ रहने
घुप्प अँधेरा, कंचन बरसै
तेरे घर-आँगन में !

2

ठगिनी माया भगिनी तेरी
पीर पराई जाणे
अपना तन-मन सिंडिकेट है
जग-भर प्रेम बखाणे

रोनी सूरत में क्या रक्खा
हड्डी-हड्डी बीमा तेरा
मौन खड़ा नौलक्खा
रोनी सूरत में क्या रक्खा !

1 नवम्बर 93

लच्छो की अम्मा

लच्छो की अम्मा
हमसे दो गुनी बड़ी थी
उमर में भी
कद-काठी में भी
भाभी-देवर का रिश्ता
छत सें उतरते-चढ़ते पका था...

एक रोज हमने
छत पे लेटे-लेटे ही कहा था
—'भाभी, अब किसी दिन
सबेरे-सबेरे गायब हो जाऊँगा...'
आँखें नचाकर
लच्छो की अम्मा बोली थी—
'अरे लालू मेरे
क्या तुम्हें यों ही छोड़ दूँगी...'
उसकी तरफ देखता रह गया था मैं
'जाएगा कहाँ तू
पच्छिम में सिरिफ जौनपुर-
सुलतानपुर ही नहीं
बरेली-लुधियाना और पूरब में
मोगलसराय-गया-कलकत्ता तक
पीछा करूँगी
सारी हेकड़ी भूल जाओगे...'
और फिर ओठों से
चूमने का स्वर छोड़ दिया था
हवा में उसने !

17.1.1994

बुदुल...

ढाल से
उतराई के शुरू में ही
वो रोगी-सा लेटा दिखेगा—
मोटी दफ्ती में
टेढ़े-मेढ़े आखर
पढ़ लो...
"बुदुल पहलवान
उमिर पचासी साल..
आप सबन का आसरा है...
जै गंगा मइया...
जै जमुना मइया...
आप के दादा ने
हमें देखा था
हम जवान थे—
लाहौर तक
अपनी पहलवानी का जादू
दिखलाया दो बार
आप आगे बढ़ो
बस एक चवन्नी छोड़ जाओ
भगवान तुम्हारा भला करे
बुदुल का आशीर्वाद लेते जाओ
और बुदुल को याद रखना..."

17 जनवरी 1994
अपने खेत में/समकालीन भारतीय साहित्य, जन.-मार्च 1995

वो तो परमेसुर के अउतार रहे...

यह एक अजीब सनक थी—
वो अपने बारे में
ऐसी कोई बात किसी को
बताते नहीं थे...
रैदास बिरादरी की

नब्बे वर्षीय उस बुढ़िया ने कहा था—
हजूर, वो तो परमेसुर के
अउतार रहे...हमारे नाना की
लाश को नई-नकोर चादर में
लपेट के अकेले गंगा-किनारे ले गए
अउर धार में बहा दिया...
हजूर तुमसे का बतलाऊँ—
वो तो देउता रहे...
हम अउर भी कई बातें बतलाते
मगर अब लोग यकीन नहीं करेंगे—
अपने लिए परोसी थाली
भिखारी को खिला देते थे
बड़े परमेसुऽऽ...
उनके घर का कोई नहीं जानता...

और वो बुढ़िया फिर से
अपनी हथेली की खैनी मलने लगी...

यह थे पंडित गिरिजाशंकर
ठेठ अवधिया किसान...
किसी को बिच्छू काटे तो आप
फूटी धुआँही लालटेन लेकर
फौरन औझा-गुनी को
जाकर जगाते थे, दो बजे रात में
जेठ की उस गर्मी में
गाँव-बस्ती के कुएँ तक सोए रहते थे...
—आपका नाम था गिरजा पंडित...

चमार को कोई रविदास कह के
नहीं बुलाता था
फिर भी वह युग था
आपसी एका का
इन दिनों की सद्भावना-यात्रा
बिलकुल नकली

एकदम फीकी लगती है
बोलो कि नहीं...
बोलो कि हाँऽऽऽ...

24 जनवरी 1994
अपने खेत में

बादल चक्कर लगा रहे हैं

बादल चक्कर लगा रहे हैं
हवा उन्हें बहला रही है
फुसला रही है !

जेठ अभी-अभी गुजरा है
बीच-बीच में बूँदा-बाँदी हो जाती है
गरज के साथ छींटे पड़ जाते हैं
धरती के बाल
मुखमंडल-कंधे
उभरे हुए सीने
बीच-बीच में भींग जाते हैं
मगर बिचारी के होंठ सूखे के सूखे हैं !
जमकर वर्षा हो तो–
धरती का दिल जुड़ा रहे
मगर आवारा बादल
पसंद करते हैं सुनना
खेतिहरों की गालियाँ !
हवा उन्हें फुसला रही है
बहका रही है
छलावे में टहला रही है !

28 जून 1994
अपने खेत में

उछलता पानी मचलता पानी

लो, सामनेवाली सड़किया
फिर डूब गई है पानी में !
दो-तीन रोज पहले भी डूबी थी
ठीक इसी तरह...
हम, शाम सवा छै बजे,
अन्दर से आकर हल्की कुर्सी पर
जम गए हैं
डूबते सूरज की मटमैली किरणों से
चमक रहा है पानी...
इधर झाजी का यह मकान—
इसके बाहरी बरामदे पर
हम डटे हुए हैं
सामने से
गुजरते वाहनों की द्रुत-विलम्बित
लयात्मक अनुगूँज...
बरामदे की ऊँचाई तक छलकता पानी...
गंदा पानी—मटमैला पानी...
उछलता पानी
मचलता पानी...
गति है तो जीवन है
जीवन है तो गति
इर्द-गिर्द घरों से निकलता पानी
बदबू के मारे नाक की बारीक रगों में
खुजलाहट होती है
दिल खुद को ही कोसता है
'तुम्हें घिन नहीं आती
'तुम्हारी गंध चेतना कुंद हो गयी है क्या ?
'क्यों यहाँ बैठे हो ?
'महानुभाव, आप धन्य हैं
'आप बीभत्स रस का उपमान
'क्या और कहीं नहीं मिला ?'

—इत्ते में रिचिया आई

जबरन मुझे उठाकर,
मुड़नशील चेयर उठाकर अन्दर ले गई।

'बाबा, हो गया, बस, अब उठिए भी
चलिए अन्दर...
उधर पिछवाड़ेवाले रूम में बैठिएगा..
कल आपको नीताजी के घर जाना है !'

4 जुलाई 1994

उसकी भंगिमा

निचले खेतों में
जहाँ-तहाँ पानी चमक रहा है
प्रभाती किरणें
महौल को हल्का महसूस करा रही हैं
सामने ल. स. स्टेशन की तरफ
एक लम्बी मालगाड़ी बढ़ रही है
थलवारा औ' लहेरिया सराय के दर्म्यान
फासला यही कोई चार साढ़े चार
किलोमीटर पड़ता होगा
मालगाड़ी को जरा-सी भी उतावली नहीं है
वो आहिस्ते-आहिस्ते रेंगती-सी
आगे बढ़ रही है–
मीटरगेज वाली सिंगल ट्रैक
सर्पिल भंगिमा में 'पसरी' हुई है
उसकी यह भंगिमा
चारागाह के पशुओं तक को
मोहक लगती होगी...
बरसाती मौसम
और
'मन्दाक्रान्ता' की धीर ललित गति...
कौन नहीं निछावर होगा
इस नजारे पर

लो, कुछ आगे बढ़कर
यह रुकी तो बस रुक ही गई
सिगनल का 'वर्जनापूर्ण' संकेत...
लगता है सिगनलवाले की
लड़की की शादी हुई है
उसने हफ्ता-दस रोज की मुहलत लेकर
यहाँ अपने एवज में
अपने नौजवान भतीजे को
बैठा दिया है...

5 जुलाई 1994

कट फट गया है शायद...

ओस के ताज़े बूँद
उगते सूरज की अगवानी में
चमक रहे हैं
घासों की नोंक-नोंक
धन्य हो गई...

जरा-सी तो जगह बची थी
फिलहाल यह उनकी 'बगीची' है
पड़ोसी के पास भी
दिल तो होगा ही...
मगर वो दिल
कुटीर निर्माण के चालू प्रोजेक्ट में
कट-फट गया है शायद...

9 जुलाई 1994

भारती उमा

भारती उमा
माला जपे लालवानी
आनी न जानी

उड़ती फिरे सयानी
सन्तनी-लिबास में
माल-ही-माल है वनवास में
भाजपाई राज में
होगी 'अन्नपूर्णा' होगी 'भवानी'
भाजपाई राज में
भरेगी दिन-रात उड़ानी
क्या है कर्नाटक की राजधानी
दर्शकों की रानी
विहिप में तरुणों की नानी !

16 अगस्त 1994

इगोर राहुलोविच्

हाय, हाय, इस दर्म्यान
किसी ने तुम्हें याद नहीं किया !
तुम्हीं बाकी बचे रहे चर्चित होने से !

इतना कुछ हुआ, इतना कुछ हुआ !
तुम्हीं कैसे छूट गए ?
तुम्हीं क्यों शेष बचे ?
इगोर इंदुश्की राहुलोविच् !

'38 में तुम पैदा हुए
माँ की गोद में पले-बढ़े
पढ़-लिखकर सयाने हुए
लाइब्रेरियन की ड्यूटी पर लगे
लोबा-नदी-तटवर्ती लेनिनग्राद में
वक्त गुजरने लगा, सोवियत जनता के मध्य

दूसरा विश्वयुद्ध चला
अपने महानगर के घेराव को
तुम्हारे शैशव ने
बहादुरी और धीरज से झेला

इंदुश्की इगोर तुम साक्षी हो
विश्वयुद्ध के उस अग्निवर्षी दौर के !

तेरे पापा इस दर्म्यान दो बार
लेनिनग्राद जाकर तुम्हारे साथ रहे
वहाँ वो बौद्ध-दर्शन और भारत-तत्व के
गहन अनुशीलन में लगे
शोधार्थियों का मार्गदर्शन करते रहे
और खुद भी
'मध्य-एशिया' वाले महाग्रंथ के लिए
सामग्री जुटाते रहे !

इगोर इंदुश्की, तेरी माँ लोला इवानोव्ना
सच्चे अर्थों में अपने पति की अर्धांगिनी थी !
हम सन् '71 में तीन सप्ताह के लिए सोवियत-भूमि गए
तब, तुम्हारी माँ से मिलना चाहा था
तुम्हारे अपार्टमेंट के उस कमरे तक पहुँचे थे
एक युवती अपने रूम से बाहर निकल के बोली :

"इवानोव्ना आपसे नहीं मिलेंगी
वो रूखी और चिड़चिड़ी हो गई है
हिंदुस्तान का जिक्र आते ही
वो गुस्से में आ जाती है
हाँ, 5 बजे शाम को आओ तो उसके बहू-बेटे से
मिलोगे, तब वे इवानोव्ना के कानों में
जोर-जोर से बोलकर कहेंगे—
'ये इंदुश्की तूरिस्त हैं
तुम्हें सलाम करने आए हैं'
इस पर लोला चीख के बोलेगी
सिर हिलता रहेगा
इनकार की मुद्रा में—
'न्येत्-न्येत् (ना-ना) हमारा
वहाँ कोई नहीं है, तुम वापस जाओ
हटो सामने से...' "
और तब हम वापस आ गए थे

सेर्गेई (हमारा दुभाषिया) बोला—
चलिए, यहाँ से निकलिए
बाहर कहीं चाय लेते हैं

एल्तासिन की हुकूमत के इस जमाने में
इगोर-परिवार को राशन तो मिल जाता है ?
उनके बच्चों के स्कूल तो वक्त पर खुलते हैं ?
अपने पिता के नाम पर लगनेवाले
इन समारोहों-सभाओं-गोष्ठियों की खबरें
क्या इगोर-परिवार तक नहीं पहुँची होंगी ?

5 सितम्बर 1994
अपने खेत में

तेरे दरबार में क्या चलता है

तेरे दरबार में
क्या चलता है ?
मराठी-हिंदी
गुजराती-कन्नड़ ?
ताता गोदरेजवाली
पारसी सेठों की बोली ?
उर्दू-गोआनीज़ ?
अरबी-फारसी...
यहूदियोंवाली वो क्या तो
कहलाती है, सो, तू वो भी
भली-भाँति समझ लेती
तेरे दरबार में क्या नहीं
समझा जाता है !

मोरी मइया, नादान मैं तो
क्या जानूँ हूँ !
सेठों के लहजे में मैं कहूँ तो—
"भूल-चूक लेणी-देणी..."

तेरे खास पुजारी
गलत-सलत ही सही
संस्कृत भाषावाली
विशुद्ध 'देववाणी'
चलाते होंगे...
मगर मैया, तू तो
अंग्रेजी-फ्रेंच-पुर्तगीज़
चाइनीज़ और जापानी
सब कुछ समझ लेती ही है
नेल्सन मंडेला के यहाँ से
लोग-बाग आते ही रहते हैं...

अरे वाह ! देखो मनहर,
अम्बा ने सिर हिला दिया !
जै हो अम्बे !
नौ बरस की लम्बी
सज़ा दे दी...
चलो, ये भी ठीक रहा !!
देख मनहर भइया
मुसकरा रही है ना !
चल मनहर, मइया ने
सिर हिला दिया, देख रे !
अब तो बार-बार
भागा आऊँगा मनहर !

14 जनवरी 1995
अपने खेत में

मेरी बहन हो न आप !

आप हमसे दो वर्ष बड़ी हो
मेरी बहन हो न आप ?
ओह, ऐसी बात है तो
मुझे तो मिल गया आज !

नाटे कद की बुजुर्ग महिला
—नौटियाल की माँ
बिलकुल निकट आ के बैठ गई
मुझे गौर से देखा
तनिक रुककर बोली—
कब आए ?
कहाँ से आए ?
पहाड़ देखा है तुमने ?

शोभाकांत ने उन्हें प्रणाम किया
पैर छूकर...और बोला—
जी, बुआ जी,
ये बद्रीनारायण और केदारनाथ
कई बार घूमे-फिरे हैं...
तो, हमारी बहन हुलस के बोली—
वाह ! वाह ! वाह !
अच्छा तुम पौड़ी भी गए हो
देव प्रयाग-करन प्रयाग...
सब देखा तुमने
हाँ, भाई तुमने
भारी पुन्न कमाया है !

अच्छा ऽऽ...
फिर हमारी बहन ने
मेरे दाहिने कान से
अपना होठ सटाकर पूछा—
मेरी भाभी को गंगोत्री-जमनोत्री
घुमा लाए हो न ?

शोभाकांत ने कहा—
बुआजी, गंगोत्री तो ये
अकेले गए थे
मगर वो तब की बात है
जब ये जवान थे
मैं तो तब छोटा बच्चा था

मेरी अम्मा गाँव रहकर
हमें पाल-पोस रही थी...
ये तब उत्तरकाशी से आगे...
हाँ, हमने सुना है
राहुलजी का साथ था उत्तरकाशी में
बीस रोज रुके थे, कहते हैं !
अब तो खैर
उत्तरकाशी अलग जिला बन गया है
वहाँ एम.ए. तक की पढ़ाई होती है
तब की उत्तरकाशी
आज काफी बड़ी टाऊन
हो गई बुजा जी ी ी ी...
आपने शायद नाम सुना होगा
उत्तरकाशी की एक लड़की बछेंद्रीपाल
'माउंट एवरेस्ट' पर चढ़के
अपने भारत का झंडा फहरा आई
बछेंद्रीपाल सारी दुनिया में मशहूर हो गई...
लाखों रुपए इनाम में
जाने कहाँ-कहाँ से मिले !
वो मशहूर हो गई रातो-रात...
हाँ, बछेंद्रीपाल आज-कल
जमशेदपुर रहती है
तातावालों की सर्विस में है वोऽऽऽ

हमारी बहन झपकियाँ ले रही थी !
ज़रा आँख लग गई...
इत्ते में नौटियाल ने
इशारे से कहा—
खाना खा लो बाबाऽऽ
फिर थोड़ा रेस्ट भी कर लेना...

तो हमने रेस्ट भी करा
अंदर बाथरूम जा के
'फरेश' भी हो लिये
और अब देखता क्या हूँ कि

खार के उस उपनगरीय
अंचल के 'लघु-लता कुंज' वाले
मकान के अंदर जहाँ हम थे
हमारी बहन दो महीने के नवजातक
शिशु की नन्हीं आँखों में
आँखें डाले जाने क्या देख रही है !
और वो शिशु (लड़का) भी
अपनी दादी की आँखों में
जाने क्या देख रहा है !

बहन बोली—
लड़का है, हमारे गढ़वाल की
पहाड़ी मिट्टी का नया अंकुर है...
भाई, इसे आसीस दो...
यह क्या बनेगा, बतलाओ...
फौजी न बने,
ईमानवाला डॉक्टर बने भैया !
गरीबों का दुख-दर्द समझे...हाँ,
मन से आप इसको आसीस दो...
अभी तो खैर अँखुआ है भैया !

तो हमने झुक के
नवजातक का सिर सूँघा...
दो बार - तीन बार...
ओह, कितनी अच्छी
दूधिया खुशबू आ रही थी !!

नौटियाल, वो नवांकुर
तुम्हारा पोता था
था ना ?
तुम बड़े भागवाले हो
मेरे यार !!

17 जनवरी 1995
अपने खेत में

वो सब क्या हुए

सोवियत भूमि !
वो कहाँ गई ?
वो, जो अमेरिका के
समानांतर ही
एक तगड़ी 'महाशक्ति' थी
आज वो कहाँ गई ?

जी हाँ,
अब भी यदा-कदा
मास्को का नाम सुनता हूँ
मगर लेनिनग्राद का क्या हुआ
'नेवा' नदी-तटवर्ती उस महानगर में तो
अपने महापंडित राहुल का पुत्र
इगोर का परिवार हुआ करता था
और हाँ, वारान्निकोव के भी तो
पुत्र-पौत्र वहीं थे ना ?
ढेर - सारे 'भारत बंधु' थे
लेनिनग्राद में,
वो सब क्या हुए...

13 फरवरी 1995

फाँद-फूँदकर

भालू पेड़ पर
उलटे पैरों भी चढ़ लेता है
मृत्यु भी
उलटे पैरों जीवन पर चढ़ लेती है
वो भी उलटे पैरों
दो तनों और तीन तनोंवाली
शाखा-संधि तक
बेझिझक पहुँच लेती है
कैसा भी घना कोहरा हो

अँधेरी रात हो सावन भादोंवाली
गाढ़ी-बदबूदार–
कीचड़ दूर-दूर तक
आमने-सामने
दखल जमाए हुए हो
मौत पहुँच लेती है फाँद-फूँदकर...
वो रेंगनेवाले लम्बे बरसाती
कीड़ों की भाँति,
अपनी पीठ पर लादे
अपनी ही तरह के कीड़ों की
दुहरी-तिहरी कतार
मजे में आगे बढ़ आती है वहाँ
जहाँ सुदीर्घ जीवनवाला बुड्ढ़ा
हार्लिक्स का लम्बा गिलास
थामे हाथ में
चुस्कियाँ ले रहा होता है...

19 फरवरी 1995
अपने खेत में

गो माता

जिस किसी ने पहले-पहल
गाय को माँ कहा
तो भैंस-बकरी-भेड़ को
'माता' क्यों न कहा ?
भला य' भी कोई बात हुई !
अकेली गाय पर ही आपकी
भावुकता प्रवाहित हुई !
हमने अक्सर–
पिछवाड़े की गलियों में
विष्ठा भरा कागज
'गो माता' को चबाकर खाते देखा है
'गाय'–आखिर है वो भी तो निरा पशु
शायद नगरों के गलियारों में

अपने मुँह का जायका बदलने के लिए
विष्ठा भरा अखबारी कागज चबाती है...
'गो माता' वाले श्रद्धा-विगलित सम्बोधन से
अपना तो सिर-दर्द होने लगता है...

18 मार्च 1995
अपने खेत में

नीम का यह पौधा

'शिवाला' घाट की तरफ
गलियों में आगे बढ़ते हुए
दिखाई देता है 'रत्नाकर भवन'
(प्रख्यात ब्रजभाषा-कवि
जगन्नथदास रत्नाकर
उद्धव-शतक रचयिता)
ज़रा और आगे बढ़िए
एक भग्न मंदिर के कंधे पर
लघुवृक्षों का सघन झुरमुट
विनाश-लीला को
अँगूठा दिखाता मिलेगा
आप मुग्ध मन से, मिनट-भर खड़े होंगे
प्रकृति की इस लीला को
एकटक देखते रह जाएँगे !

पीछे से आएगा कोई
आपके कंधे पर
हाथ रखके पूछेगा
—"क्या देख रहे हो भाई ?
यह टूटा-फूटा खंडहरनुमा मंदिर ?
यहाँ कोई जल चढ़ाने नहीं आएगा...."

बच्चा पीपल हरित केतु इसी तरह
निरंतर फहरता रहेगा
गंगा नहाकर लौटती हुई

कोई भी महिला
(सधवा या विधवा)
इस पीपल-बरगद पर
गंगाजल नहीं छिड़केगी
ऊपर तीन सीढ़ियाँ चढ़कर
कौन अपनी टाँग तुड़वाए
पैरों में मोच भी पड़ सकती है !

अरे हाँ, इस झुरमुट में
नीम भी छिपा है
नीचे गली के किनारे होता तो उसे
दतुअन बनाकर जाने कब
चबा गए होते !
गनीमत है—
गली के किनारे नीचे नहीं है खड़ा
नीम का यह पौधा बड़भागी है !

11 दिसम्बर 1995
अपने खेत में

प्रीति-भोज

आगरा मेडिकल कालेज की प्राचार्या
परेशान हैं बंदरों के मारे...
उन्हें रात में नींद नहीं आती
बंदर किस छात्र या छात्रा को
काट खाएगा, कहा नहीं जा सकता

एक नहीं, दो नहीं
बंदरों की पूरी बटालियन
इर्द-गिर्द पेड़ों पर हमेशा
जमी रहती है...
लोग हैं कि
हनुमान के वंशजों को
अक्सर 'प्रीतिभोज' देते रहते हैं

लड्डुओं से भरा परात
मेडिकल कालेज के अंदरवाले 'द्रुम कुंजों' के बीच
उड़ेल जाते हैं

महीने के पहले हफ्तेवाले दो-तीन दिनों में
या प्रथम सप्ताह के पहले मंगलवार को
लगता है समूचे उत्तर प्रदेश का
मर्कट-मंडल लड्डू भोज के लिए
आ जुटता है यहाँ...

उस रोज कोई भी
मेडिकल कालेज के अंदरवाले परिसर में
दिखाई नहीं पड़ेगा
चार गेट-कीपर हैं
वे भी गेट के बाहर ही
दम साधे बैठे रहते हैं स्टूलों पर
अंदर कपि समाज का
चलता रहता है प्रीतिभोज
कालेज का सभी काम-काज
बंद रहता है उस दिन !

23 दिसम्बर 1995
अपने खेत में

सनीचर भगवान

आज सनीचर है
महीने की दूसरी तारीख
पुल के उस पार
कश्मीरी गेट के इर्द-गिर्द
फैली हुई गलियों में
सुबह से आठ बजे शाम तक
किस्म-किस्म की चीज-बस्तु
आपको मिलेगी...

और, पुल के इस पार
आते ही आप
सनीचर भगवान का दर्शन पाते हो...
लोहे की काली परात में
तेल भरा है
उसमें ढेर सारे सिक्के
चमक रहे हैं
दस पैसे पाँच पैसे पचीस पैसे
पचास पैसे...

निकट ही पतली लकड़ी में
टँगा एक दफ्तीवाला जुमला...
—'सावधान, साहब !
आप जियादा चढ़ावा
हर्गिज ना चढ़ाना...
सनी महाराज सराप देंगे...'
सनीचर भगवान के
पुजारी की ऐसी वार्निंग !

आप मिनट-भर के लिए रुकते हो
कोट की पाकिट टटोलते हो
सिक्का तो नहीं है !
लेकिन, पास ही पान-बीड़ीवाला
आपकी मदद करता है,
...दस-पैसे, पचीस पैसे, पचास पैसे का
सिक्का आपके हवाले करता है...
आप सिगरेट का पैकेट लेकर
सनीचर भगवान को प्रणाम करते हो
पचास पैसे तेल भरे
परात में छोड़ते हो !

अगले सनीचर को
आप सौ अठन्नी
सनीचर महाराज को
चढ़ा आते हो !

पचास रुपए !!

आपकी सास
पिछले वर्ष वैश्नो देवी गई थी
वो फेमिली के
सारे मेंबरों के लिए
पाँच-पाँच रुपएवाली टिकटें
खरीद के रक्खे हुए है
'नियम-निष्ठा' वाली
साठ साला महिला हैं
सो, इस बार आपके
नामवाली टिकट का
निकल आया नम्बर
25000 मिलेंगे...

आप एक वामपंथी पार्टी के
मेम्बर रह चुके हो तरुणाई में
और अब हमदर्द-भर हो
और आप सौ अठन्नी
खुशी-खुशी चढ़ा आते हो !
सनीचर तुम्हारे सर पर नहीं
दिल में आ बिराजे हैं...

वो सनीचर का पुजारी
आप जैसे 'भगत' को
ढूँढ़कर निकालेगा !!

25 दिसम्बर 1995
अपने खेत में

अपने खेत में

जनवरी का प्रथम सप्ताह...
खुशगवार दुपहरी धूप में
इत्मीनान से बैठा हूँ...

अपने खेत में हल चला रहा हूँ
इन दिनों बुआई चल रही है
इर्द-गिर्द की घटनाएँ ही
मेरे लिए बीज जुटाती हैं
हाँ, बीज में घुन लगा हो तो
अंकुर कैसे निकलेंगे !

जाहिर है
बाजारू बीजों की
निर्मम छँटाई करूँगा
खाद और उर्वरक और
सिंचाई के साधनों में भी
पहले से जियादा ही
चौकसी बरतनी है
मकबूल फ़िदा हुसैन की
चौंकाऊ या बाजारू टेकनीक
हमारी खेती को चौपट
कर देगी !

जी, आप
अपने रूमाल में
गाँठ बाँध लो ! बिलकुल !!

सामने, मकान-मालिक की
बीवी और उसकी छोरियाँ
इशारे से इजाज़त माँग रही हैं
हमारे इस छत पर आना चाहती हैं
ना, बाबा ना !

अभी हम हल चला रहे हैं
आज ढाई बजे तक हमें
बुआई करनी है...

2 जनवरी 1996
अपने खेत में

ना सही

गोरी कलाइयों पर
हरी-हरी चूड़ियाँ...
पूरा मुखमंडल
बैंगनी घूँघट की ओट में...

और कुछ दिखाई ना भी पड़े
ना सही

अपना क्या जाता है
अपना क्या आता है !

2 जनवरी 1996
अपने खेत में

नीले आसमान में

नीले आसमान में
उड़े जा रहे हैं
सफेद-सफेद बगुले
कितनी दूर मंजिल है ?
क्या आगे भी तलैया है कोई ?
वहाँ भी छोटी-छोटी मछलियाँ
इनका शिकार बनने को तैयार हैं ?

बच्चे ही नहीं, सयाने भी
नीले, भूरे या काले पतंगें उड़ाकर
इन श्वेत विहंगों का
पीछा कर रहे हैं
नीले आसमान में !

8 जनवरी 1996
अपने खेत में

नॉन भेजिटेरियन आमदनी

महोदय
आपके शिशु
अब सयाने हो रहे हैं
आगे चलकर
ये अग्रणी बनेंगे
इनमें से दस-बारह
शिशु तो अभी से
'कुड़क्-कुड़क्' बोलने लगे हैं
रात्रि-शेष में उनकी आवाज़ें
हमारे कानों में
गुद्गुदी भरने लगती हैं
आगे अचिर भविष्य में
अच्छी-खासी मुर्गियों के रूप में
इनका विकास सुनिश्चित है
दो-तीन तो स्याह और सुर्ख मुर्ग़ होंगे
इनकी कलगी
बेहद आकर्षक होंगी
प्रजनन की अपूर्व क्षमताओं से लैस
इनके बीसियों चूजे
हर तीसरे-चौथे महीने
अनगिनत अंडे देंगे
जिनको से-सेकर मुर्गियाँ बड़े करेंगी
फिर सौ-सौ चूजे
फिर मुर्गियाँ-मुर्गे...
सैकड़ों-हजारों...

अंडों की व्यावसायिक खपत
बेहद बढ़ती जाएगी
फिर तो दूर-देश-प्राझजन की
अंडों का—और फिर मुर्गियों का
व्यापार करने लगेंगे
प्रशासन उन्हें बार-बार
आर्थिक सहायता देता रहेगा

बस, बिल्लियों से बचाव के लिए
जालीदार चौकोर घेरा
डलवा लेना होगा

आपका मुर्गीखाना
इलाके-भर में नाम करेगा
आपके लिए
आमदनी का अक्षय-स्रोत
साबित होगा
अंडों-मुर्गियों के ग्राहक
अपने आप पहुँचते रहेंगे
परिवार भले ही शाकाहारी हो
आमदनी लेकिन
नॉनभेजिटेरियन होगी
आप उधर प्रवचन देते घूमेंगे
मगर आपका मुर्गीखाना
अधिकाधिक लाभ पहुँचाएगा
व्यक्तिगत एवं सामाजिक रूप में
आप स्वयं और आपका परिवार
विशुद्ध सात्विक बना रहेगा !

10 जनवरी 1996
अपने खेत में

लिट्टी इंटरनेशनल

लालू ने
लिट्टी को
इंटरनेशनल बना दिया !
आप्रवासी भारतीय जुटे थे
इंटरनेशनल हो गया था
समूचा पटना !
बड़ी गहमागहमी रही
दो-तीन रोज़ तो
लालू बोले :

हम चौबीस रोज
अमेरिका रहे
उहाँ हमें उधर का ही
खाना लेना पड़ा, मजबूरी थी
अपनी लिट्टी कहीं नहीं,
ब्रेड ही ब्रेड आगे आता था
जाम-जेली-सॉस...जी हाँ
बहू नहीं सामने आई कहीं !

विदेशी भारतीय विदा हुए तो
लालू ने एक-एक किलो सत्तू दिया
और...हाँ, और
लिट्टी बनाने का तरीका
खुद-ब-खुद सिखलाया—
"जी हाँ, इसमें क्या दिक्कत है
गैस की आँच में नहीं—
कंडे की आँच में सिकने पर
इसका अरिजिनल सबाद मिलेगा !
आप चाहेंगे तो आप उहाँ से
अपना कुक (रसोइया) भेजिए,
इहाँ महीने-भर रहेगा
सीख जाएगाऽऽ
मगर हाँ,
एक ठो दिक्कत फिर भी रह जाएगी
कच्चे आम की चटनी,
करोंदे का अचार
कच्चे आँवले की चटनी ी ी ी...
ई सब कइसे होगा ?
लेकिन हाँ, जाना-आना लगा रहेगा तो
आपके तरफ का खाना-पीना
हमारे इहाँ के लोग भी जान जाएँगे
और हाँ, गुझिया, मालपुआ
मिस्सी रोटी...ई सब सीखने में
आपके कुक् को कई महीने लग जाएँगे...
हड़बड़ाइए नहीं

रसे-रसे सब कुछ आपके कुक्
सीखिए लेगा नऽ !!”

15 जनवरी 1996
अपने खेत में

और फिर दिखाई नहीं दी

वो चार बार
भारत आई
और फिर दिखाई नहीं दी !

अंतिम बार पटना में
उषाकिरण खान के बँगले में
जाड़े का मौसम था
हम बाहरी बरामदे में
धूप में बैठे दैनिक पत्र
पढ़ रहे थे...
कियो-कुरु ने अचानक
चौंका दिया था
वहाँ पहुँचकर

सफेद लिबास में सफेद हैट
एक जापानी प्रौढ़ा का
छोटी आँखोंवाला चेहरा
आँखों ही आँखों में मुस्कुराई थी...
पाँच मिनट, हाँ पाँच मिनट
हम एक-दूसरे को देखते रहे
मैंने इशारों से जानना चाहा—
कहाँ से आ रही हो ?
“शांतिनिकेतन से, जी हाँ
बोलपुर से वर्दमान-भागलपुर
होती हुई पटना आ गई...
आपके लिए सत्तू का पैकेट लाई हूँ...
मैं खुद घोलकर पिलाऊँगी...”

अंदर से गिलास और पानी आ गए...
कियो-कुरु ने सत्तू घोला
मेरी तरफ बढ़ाते हुए
मुस्कुराई, बोली—
"नमक तो अधिक नहीं डाला मैंने ?
बात यह है कि इतने बखत बाद
आपको पा सकूँगी
भरोसा नहीं था मुझको !
अच्छा, बाबाजी,
अगले शनिवार की शाम को
आप नई दिल्लीवाले
कॉफी हाउस में मिलेंगे तो ?"

—"अरे, आप
कहाँ-कहाँ भागती फिरोगी !
हम तो अभी मध्यप्रदेश जाएँगे...
भोपाल नहीं
हमें रायपुर-बिलासपुर जाना है !"
कियो-कुरु ने अपना
जापानी एटलस निकाला
उसमें रायपुर-बिलासपुर
पाकर, बेहद खुश हुई...

"फिर बाबा जी, आप
नागपुर भी जाएँगे ?"
—"नहीं, नहीं, हम तुम्हें
फिर कभी नागपुर ले चलेंगे..
इस बार नहीं भाई !"
"ओ यह बात है
आपकी कोई प्रेमिका
रहती होगी नागपुर—
रायपुर-बिलासपुर के नाम
हमने भी सुने हैं !"
हम दोनों हँसते रहे
देर-देर तक

वो परिहास की मुद्रा में
यह सब कह गई थी !

उसी रोज दोपहर में
वो खा रही थी
खिचड़ी आलू का भर्ता
पापड़ और दही...
अचार भी था शायद
अचार उँगली से छूकर
उसने जीभ से टेस्ट लिया
—"उई ! ओ ऽऽऽ"
क्या हुआ ! क्या हुआ
अंदर से दो महिलाएँ
भागती आईं—
"क्या हुआ ! क्या हुआ !"
और फिर कभी दिखाई नहीं दी !

16 जनवरी 1996
अपने खेत में

चलते-फिरते पहाड़

तुम्हारी आँखें छोटी हैं
दाँत बड़े-बड़े हैं—
बाहर निकले हुए, झक सफेद
डील-डौल भारी है
तुम काले हो
शाकाहारी जीव
लम्बी सूँड ही तुम्हारी नाक है
अपनी सूँड से
आप कई काम लेते हो
धीर प्रकृति के
ओ चलते-फिरते पहाड़ !
अजी, तुम्हें छोटी-छोटी बातों पर
गुस्सा नहीं आता

कभी आ भी जाय तो
अपने क्रोध पर
तुम्हारा नियंत्रण जग-जाहिर है
तुम्हारा सेवक (महावत) ही
सच्चा सखा होता है तुम्हारा
तुम भुलक्कड़ कतई नहीं हो !

केरल के 'गुरुवायूर' देवस्थान के परिसर में
चालीस है तुम्हारी तादाद
सुना है वहाँ तुम्हारे महानायक की
अर्धांगिनी का प्राणांत हुआ
तब आपने कई दिनों तक
अन्न-जल त्याग दिया था
तुम्हारा 'महाशोक' तब कैसे कम हुआ ?
बतलाओ भी तो ज़रा !
ओ, धीर प्रकृति के चलते-फिरते पहाड़ ?

18 जनवरी 1996

सुजन सखा हरिपाल

मीत-भौन की भीत को कीन्ह्यो मालामाल।
निज चित्रन-दुति-दाय सौं दिलबर श्री हरिपाल।।

जहँ-जहँ हम घूमे-फिरे, भले सकाल-विकाल।
उहैं-उहैं हमको मिले सुजन सखा हरिपाल।।

सुमन सबद की नाद की, जहाँ न गलती दाल।
उत देखो मुसकी भरे राजतु हैं हरिपाल।।

सादी कागद हो भले, सादी हों दीवाल ।
रेखन सौं जादू भरैं कलाकार हरिपाल।।

इत-उत दीखैं गंगजल, नाहीं जहाँ अकाल।
धरा धन्य बिजनौर की, जहँ प्रगटे हरिपाल।।

2 मार्च 1996

बस, बस यार

मेरे मीत, मेरे हितू, यार
इस कदर न टपकाओ लार !

कीचड़ में फँस जाएगी कार
मुसीबत में पड़ जाएगा परिवार
कैसे होगा बेड़ा पार !

तर गए रिश्तेदार
बस, बस, हो गया यार !
अब और न टपकाओ लार
सड़क होगी पंकिल, गीली
फँसी रह जाएगी कार !

तू तो खुद है भारी समझदार
बहुतों का करवा चुका है उद्धार
बस, बस, बहुत हुआ यार !
मैं क्या कभी भूलूँगा तेरा आकार
बस, बस, यार !
यहाँ करें अपन संतों का उद्धार !

20 मई 1996
अपने खेत में

उपसर्गों का मसीहा

उपसर्गों का
सरताज़
उपसर्गों का मसीहा...
'निर्' 'निर्' 'निर्' 'निर्'...
निराला-निर्लेप-निरंजन
निर्माण-निर्विवार-निर्विरोध
निर्बुद्धि-निश्चय-निर्गुण
निःशुल्क-निर्लोभ—

निरत्तेज-निर्धारणा—
निष्क्रिय-निर्मोह—
निश्चिह्न-निर्धूम आदि...
अब कौन कहेगा कि 'निर्'
उपसर्ग, कोई अदना-सा
उपसर्ग है !!

5 अगस्त 1996

कोप भवन से बाहर आइए...

हाँ, साब !
सईद मुफ्ती साहब
बस, अब काफी हुआ
'कोप भवन' से
बाहर आइए साहब !!
आपके यों रूठने की
क्या वजहें हो सकती हैं !
कश्मीर तो ख़ैर आपका
था ही, आगे भी रहेगा—
आप कहीं रहें, लंदन-
पेरिस-मास्को-बैंकाक-
शांघाई-मनीलाऽऽऽ
आप कहीं जाएँ-आएँ...
अब तो आप जम्मू-श्रीनगर
अनन्तनाग-बारामूलाऽऽऽ
सब आपका अपना है साहब !
अदना-सी बातों पर
यों मत रूठा कीजिए
डियर मुफ्ती !
ओ, अब समझ में
आ रहा है थोड़ा-थोड़ा

बेगम मुफ्ती ने आपको
ताना दिया पिछले

शुक्कर की शाम कोऽऽ
—जाइए, आपसे नहीं बोलते
अबके, ईद के रोज़ मैंने
बड़े-बड़े तीन पतीले
शीरनी बनवाई—
हाय !! कोई नहीं आया !!
देवगौडा भी आपकी
कीमत समझ गया है
जभी तो ऽऽऽ

ओ, आपकी निगाहें कहीं
और हैं !
आप लखनऊ में चीफ मिनिस्टर होंगे ?
यह भला मुलायम सिंह यादव को
बर्दाश्त होगा ?
क्या सोचते हैं आप ?

वो जमाना बहोत पीछे
छूट गया साहेब !
नेहरू जी ने रफी साहब को
सेंट्रल केबिनेट में फूड मिनिस्टर का
सारा कारोबार सौंप दिया था...
तब आप
नौजवान रहे होंगे...
सरदार पटेल ने काश्मीर में
फौजी कार्रवाई करवा दी थी—
समूचा कश्मीर
हिंदुस्तान के साथ आ गया था
यानि आ जाना चाहता था...
तब आप, मुफ्ती साहेब,
नौजवान रहे होंगे...
कहीं मदरसे में टीचरी कर रहे होंगे...

बात पुरानी है
—बहुत पुरानी नहीं

विश्वनाथ प्रताप सिंह तब
प्रधानमंत्री थे–
लोगों में, खासकर नौजवानों में
बेहद उछाल थी–
उत्तरप्रदेश की तरुणाई
–"सारे जहाँ से अच्छा हिंदोस्ताँ हमारा"
और
"कदम-कदम बढ़ाए जा !
खुशी के गीत गाए जा !"

लेकिन कश्मीर में उग्रवादियों ने
मुफ्ती साहब की अठारह-साला
लड़की को, स्कूल से वापसी के
वक्त उठा लियाऽऽऽ
वी.पी.सिंह, सारा मंत्रिमंडल
तीन रात–दो दिन पलकें
तक न झपक पायाऽऽ...

हाँ, साब !
बस, अब काफी हुआ
कोप भवन से बाहर
आइए साहब !!

6 अगस्त 1996

फूलन-कथा

दिल्ली-कानपुरवाली
फास्ट स्पीडवाले
शताब्दी एक्सप्रेस
इंजिनवाले केबिन में
फूलन प्रवेश करती है
ड्राइवर अपनी तर्जनी
उठाकर मना करता है...
नीचे उतर जाने को

कहता है—
सांकेतिक भाषा में
आग्रहपूर्वक...
फूलन कहती है—
नहीं, नहीं,
मैं नहीं उतरूँगी
तुम्हारे साथ, इटावा तक
चलूँगी—मैं फूलन हूँ
अब मैं वो फूलन नहीं
अब मैं लोकसभा का
मेम्बर हूँ—गैर-कानूनी नहीं
मैं नागरिक इन्सान
मिसेज फूलन देवी हूँ...
घबड़ाओ नहीं —
बस, मैं इटावा तक
तुम्हारे साथ चलूँगी...
ड्राइवर के मुँह में
बर्फी का एक पीस
आग्रहपूर्वक रखती है
दूसरा पीस अपने मुँह में
फिर इशारे से इंजन स्टार्ट करने को कहती है...
और पाँच सेकेंड
एक दूसरे को देखते रहते हैं
बुद-बुदाती है—
"अब मैं किसी की नाक
नहीं काटूँगी...
अब मैं किसी के कान नहीं
कुतरूँगी—अब मैं
पार्लमेंट का आनरेबल
मेम्बर हूँ ना !!...

"ड्राइवर, तुम कहाँ के
रहनेवाले हो ?
बीवी-बच्चे हैं ?
तुम्हारा क्वाटर कहाँ है ?"

ड्राइवर चुपचाप
रेल-लाइन के सामने
अपनी निगाहें
रखे-रखे
फूलन की बातें
सुनता जाता है
ट्रेन फुल-स्पीड में
चल रही होती है
उसे ठीक वक्त पर
इटावा पहुँचना है...

इटावा में
पता चल चुका था
फूलन देवी शताब्दी एक्स्प्रेस से आ रही है
पचास-साठ लोग
स्टेशन पर फूल-माला
लेकर तैयार थे
ट्रेन से उतरने पर
दो महिलाओं ने
फूलन को चूमा
स्कूलवाली चार-छै
बालिकाएँ भी थीं
उन्होंने 'फूलन बुआ' के
गालों को चूम-चूमकर
मानो लाल ही कर दिया !
हलवा-पूड़ी और खीर के
कटोरे तैयार थे
लोग बिना खिलाए छोड़ेंगे नहीं...
लगता था, सचमुच
फूलन कोई देवी ही है !
इटावा के रेलवे क्वार्टरों के
स्त्री-पुरुष चाहते थे
फूलन दीदी दो-एक रोज
रुककर अपना
अगला प्रोग्राम

पूरा कर लेंगी—यहाँ से
खबर करवा दी जाएगी
"हाँ, दीदी !" "हाँ, बुआऽऽ"

ग्वालियर का सेंट्रल जेल...
जेल के भारी-भरकम फाटक से
पचास कदम दूर ही
एक ताँगा रुका
फौजी वर्दीवाला
एक सिपाही सामने आया
ताँगे से उतरकर
दो लड़कों ने कहा—
"फूलन देवी जेल के अंदर जाकर
अपने साथियों से मिलेंगी
शाम 5 बजे तक
जेल के अंदर ही रहेंगी
आज ये भी
जेलवाला खाना ही खाएँगी...
जेल के नल का
पानी ही पिएँगी..."
और, तब मिठाइयों के
दस बड़े-बड़े पैकेट
जेल-गेट के सामने
उतारकर रक्खे गए
संतरों के दो टोकरे भी थे
फूल-मालाएँ भी...

गेट पर छोटा जेलर बोला—
"आप अंदर नहीं जा सकतीं
यह 'जेल-मेनुअल' के खिलाफ होगा...
हाँ, हम जेल के सुपरिंटेंडेंट से
बातें करते हैं
कमिश्नर और कलक्टर से
बातें करनी होंगी...
और कमिश्नर दो रोज के लिए

भोपाल गया हुआ है
जिलाधीश को बुखार चढ़ा है
आज तो अब देवीजी,
यह मिठाई-सिठाई वापस ले जाएँ...''

''हमने कमिश्नर से
फोन पर बात कर ली है,
कमिश्नर ने कहा—
'अब कल ही कुछ हो सकेगा'...''
फिर दो मिनट बाद
छोटा जेलर बोला—
''जेल का डॉक्टर भी
छुट्टी में है, वो दिल्ली गया है
बंगाली है सिविल सर्जन,
तो, देवी जी, यहाँ होटल में
दो-तीन रोज ठहर लें...''

फूलन बोली—
''देखिए साहब, आप
किससे बातें कर रहे हैं ?
पार्लमेंट का मेम्बर
फूलन देवी ी ी ी, हाँ,
सोच लीजिए जरा फिर से
हम वापस नहीं जाएँगे
जेल के अंदर तो हम जाएँगे
जरूर जाएँगे, फिर चाहे
आप हमें गिरफ्तार ही
क्यों न कर लो
हम सात वर्ष इस जेल के
अंदर रह चुके हैं...
हम वापस नहीं जाएँगे
घंटे-भर का वक्त देते हैं
आप अंदर जाने दीजिए
वर्ना हम जोर-जबर्दस्ती
जेल के अंदर दाखिल होंगे...

आप भोपाल फोन करो
नई दिल्ली फोन करो...
बोलो, फूलन जेल-गेट पर
सत्याग्रह करने पर आमादा है—
वो घंटे-भर का टेम दे रही है
पर्धान मंत्री, होम मिनिस्टर
डीफेन्स मिनिस्टर सभी तो
हमें जानते हैं...''
और फूलन ने जेलवालों के
चाय-पानी लेने से
इन्कार किया...

फूलन ने ताँगेवाले को
विदा किया और खुद
वहीं जेल-गेट के पास
बाहर बैठ गई...

अंदर नारे लगने लगे—
''फूलन देवी को अंदर
आने दोऽऽऽ
कमिश्नर जाए चूल्हे-भाड़ मेंऽऽ''

15 मिनट के अंदर
नई दिल्ली से फोन आ गया—
''—आप फूलन देवी
इस सत्याग्रह पर मत बैठो...
यहाँ से ग्वालियर फोन कर दिया गया है
आप दश मिनट के अंदर
जेल के अंदर जाकर
अपने कैदी साथियों से मिलो...
भोपाल से चीफ मिनिस्टरवाला
स्पेशल हवाई जहाज आपको
नई दिल्ली ले आएगा...
हलो, फूलन मेम साहब !
आप चाय-पानी अब
दिल्ली आकर ही करना...''

8 अगस्त 1996

सुखराम : शार्ट रूप सुक्रम

अब तक कहाँ छिपे थे
ये 'भारत-रत्न'
हिमाचल में पैदा हुए...
पले-पुसे बड़े हुए
पी.वी. की गोद में
बैठे, 5 वर्ष तक मौज किया
संचार मंत्री रहे
पी.वी. ने प्यार से
पीठ सहलाई
अपने आप
जादुई तरीके से
नगदा-नगदी करोड़ों की रकम
लॉकर में संचित
होती रही
3 करोड़ से ऊपर हो गई
परिवार की महिलाओं और
बाल-बच्चों के आभूषण...
हीरा-मोती-पन्ना-पुखराज-
जड़ित गहने
और न जाने क्या-क्या
हिमाचल से बाहर, सुदूर
हैदराबाद (आंध्र) के बैंक के
अंदर लॉकर से निकले हैं...

जय हो सुखराम की !
जय हो पी. वी. के
अंतरंग सखा की !!
मगर, दरअसल
'सुखराम' कोई एक
व्यक्ति नहीं, गोत्र है—
पूरा का पूरा—पी.वी.
नरसिंह राव इस
गोत्र के बीज-पुरुष हैं

राव अगर 5 वर्ष और
प्रधानमंत्री रह पाते तो
पट्ठा सुखराम
जाने क्या हो जाता !

सुखराम—शार्ट रूप
'सुक्रम' तब हो जाता
त्रिभुवनव्यापी—
'इंटरकांटिनेंटल'
विश्व का महानगर—
कोई शायद ही छूट पाता
सुक्रम् की पचास-
पचपन मंजिली इमारतों से !
इयरबुक भर जाते
'सुक्रम्' से...

18 अगस्त 1996

मंडेला ने चुम्बन लिया

मंडेला—
सारी दुनिया के
बुजुर्गों में श्रेष्ठ हैं
उन्होंने मेरे दोनों
गालों का चुम्बन लिया
मैं धन्य हो गई !
मगर यहाँ हिंदोस्तान में
मुल्ला-मौलवियों ने
इस पर भारी बावेला मचाया !
जमीन-आसमान
इनके गुस्से के धुएँ से
भर गया...
कई रोज़ तक अखबार
मुल्लों के उल्टे-सीधे बयानों से
भरा रहा !

खामोश रही शबाना
आखिर बोली—
नेल्शन मंडेला के सामने
मैं तीन साल की बच्ची हूँ
उनकी गोद में बीस बार
बैठना चाहूँगी...
मैं सौ बार अफ्रिका जाऊँगी...
मंडेला से मिलने !

20 अगस्त 1996

मायावती-मायावती

मायावती-मायावती
दलितेंद्र की छायावती-छायावती
मायावती-मायावती
जय-जय हे दलितेंद्र
प्रभु, आपके चाल-ढाल से
दहशत में है केंद्र
जय-जय हे दलितेंद्र

जय-जय हे दलितेंद्र
आपसे दहशत खाए केंद्र
अगल-बगल हैं पंडित सुखराम
जिनके मुख में राम
सोने की ईंटों पर बैठे हैं
नरसिंह राव
राजा होंगे आगे चलकर
उनके पुत्र प्रभाकर राव

मायावती-मायावती
दलितेंद्र की शिष्या
छायावती-छायावती

दलितेंद्र कांशीराम

भाषण देते धुरझार
सब रहते हैं दंग
बज रहे दलितों के मृदंग
जय-जय हे दलितेंद्र
आपसे दहशत खाता केंद्र
मायावती आपकी शिष्या
करे चढ़ाई
बाबा विश्वनाथ पर
प्रभो, आपसे शंकित है केंद्र
जय-जय हे दलितेंद्र

मायावती-मायावती
गुरु गुन मायावती
मायावती-मायावती
गुरु गुन मायावती
मायावती-मायावती...

10 जुलाई 1997

भस्मांकुर

(खंडकाव्य)

भूमिका

दक्ष प्रजापति की कन्या देवाधिदेव शिव की पहली पत्नी थी। यज्ञ में अपने पति को अनामंत्रित पाकर क्षुब्ध हुई तो पिता से कैफियत तलब करने पहुँच गई। दक्ष ने शिव के प्रति (अपने जामाता के प्रति) अपमान-भरे उद्‌गार प्रकट किए तो शिवानी का धीरज छूट गया और वहीं हवन-कुंड में कूद पड़ी...

यह पौराणिक आख्यान प्रसिद्ध है और लम्बा चलता है...

फिर चिर-काल तक शंकर पत्नी-विहीन रहे। सभी ओर से विरक्त होकर उन्होंने कैलास-शिखर पर ध्यान-योग की सुदीर्घ प्रक्रिया अपना ली...

लगता है, बीच में कई कल्प गुज़र गए होंगे। फिर एक ऐसा कालखंड आ गया कि महाबली राक्षस तारक सुर-समाज को परेशान करने लगा...

तारकसुर के सामने सुर-समाज टिक नहीं पाता। देवगण विष्णु को आगे करके चतुरानन ब्रह्मा से प्रार्थना करने पहुँचते हैं !

ब्रह्मा उनसे कहते हैं—"शिव यदि हिमालय की पुत्री उमा से विवाह कर लें तो उस दम्पति से ऐसे शिशु का जन्म होगा जो महाबली दानवेश्वर को हरा सकेगा..."

नगाधिराज हिमालय की पत्नी थी मेना। पार्वती इन दोनों की लाड़ली बेटी थी। बड़ी होने पर जब वह तप करने के लिए निकली तो माता मेना ने उससे कहा—"उ, मा !" यानि तपस्या के लिए घर छोड़ते समय मना किया था 'अरे, नहीं-नहीं।' तभी से 'उमा' नाम पड़ गया पार्वती का ! (यह रोचक व्युत्पत्ति कालिदास द्वारा उद्‌भासित हुई थी...)

उमा की सुंदरता अपूर्व थी। मानो विधाता ने एक ही नारी-शरीर में समूची विशेषताएँ देखने की लालसा से उसका निर्माण किया था !

एक बार नारद मुनि ने हिमालय के समक्ष भविष्य-कथन किया—"आपकी यह कन्या शिव का वरण करेगी..."

वस्तुतः पिता की भी यही इच्छा थी किंतु शिव से रू-ब-रू इस प्रकार की चर्चा करने में संकोच होता था। क्या पता, महादेव इन्कार ही कर दें !

उन्हीं दिनों समग्र हिमांचल में यह खबर फैल गई कि जटाजूटधारी चंद्रमौलि गंगाधर शिव कैलास-शिखर पर तपस्या कर रहे हैं। पार्वती अपनी सखियों के साथ जाए और शिव की सेवा करे—इसमें हिमालय की भी अनुमति थी और खुद शंकर को भी इसमें किसी प्रकार की आपत्ति नहीं थी। कालिदास की लेखनी से यहाँ सहज ही एक अनूठा

पद निकल आया है—

विकारहेतौ सति विक्रियन्ते
येषां न चेतांसि स एव धीराः।

(विकार का कारण मौजूद रहने पर भी जिनकी चित्तवृत्तियाँ दूषित नहीं होतीं, सच्चे धीर पुरुष तो वही होते हैं...)

ब्रह्मा ने उपाय बतला तो दिया, लेकिन उस उपाय को कारगर बनाने के लिए सुर-समाज के प्रमुखों को बहुत सोचना पड़ा। देवसभा (सुधर्मा) की आपातकालिक बैठक हुई। यह कोई कम टेढ़ा सवाल नहीं था कि समाधि में निमग्न रहनेवाले शिव-शंकर के चित्त को पार्वती की ओर किस तरह मोड़ा जाय।

देवलोक के राजाधिराज शचीपति इंद्र की हजारों आँखें एक-साथ जिस एक व्यक्ति पर पड़ीं, सुर-संसद के बाकी सभी सदस्यों ने उसकी तरफ विस्मयपूर्वक देखा : वह था रतिपति कंदर्प-कुमार (कामदेव)...

संदेश पाकर वह इंद्र के बिलकुल करीब आकर बैठा।

तब विनम्र भाव से मीठी परंतु दृढ़ वाणी में कामदेव ने इंद्र से पूछा—"प्रभु, वह कौन-सा काम है जिसके लिए आपने मुझे याद किया है ? आप बतला तो दो उसका नाम ! वह कौन है जिसने आपको परेशान कर रखा है ? क्या वह कोई नारी है जो आपके हृदय को मथित कर रही है, मगर पास नहीं आ रही है ? पुरुष हो चाहे स्त्री, जो भी आपकी अशांति का कारण बना हो या बनी हो, आप उसका नाम-भर बतला दो मुझे ! फिर देखिए कि कैसे मैं उसे आपकी शरण में ले आता हूँ ! आपकी आज्ञा हो तो मैं ध्यानमग्न शिव के भी छक्के छुड़ा दूँ..."

यह सुनकर देवराज इंद्र का मनोबल वापस लौटा। उसने कामदेव के कंधे पर हाथ रखकर कहा—"मित्र, तुम सब-कुछ कर सकते हो ! वज्र की तरह तुम भी मेरा हथियार हो...वज्र वह काम नहीं कर सकता जो काम तुम करते हो। तपोबल के मुकाबले वज्र सदा कुंठित हो जाता है, लेकिन तुम तो सदा से अचूक रहे हो !...बस, अब तुम्हें करना यही है कि कैलास-शिखर पर ध्यानमग्न शिव के मन को हिमाद्रिनंदिनी गौरी के प्रति आकर्षित कर दो...यह काम बड़ा ही ज़रूरी काम है। सारे सुर-समाज का संकट दूर करने का और कोई रास्ता नहीं बंधु ! गिरिजा के प्रति आकर्षण पैदा होगा तो शिव उससे विवाह-सूत्र में आबद्ध होंगे। विवाह होगा तो पार्वती माँ बनेगी और हमें एक सफल सेनापति मिलेगा...शिव को उमा के प्रति आकर्षित करने के इस काम में तुम अपने चिर-सखा वसंत से भरपूर सहायता पाओगे ही। अनुपम सुंदरी रति तो छाया की भाँति सदैव तुम्हारा अनुगमन करती है...जाओ भाई, जाओ ! अब सुर-समाज की सारी आशाओं के एकमात्र केंद्र-बिंदु तुम्हीं हो !..."

देवराज ने मदन को भूरि-भूरि आशीष दी। उसकी पीठ पर बार-बार हाथ फेरा। खिले हुए हज़ार-कमलों का महाविराट् छत्राभ गुच्छा, अर्थात् सहस्रनेत्र इंद्र मन्मथ की संवर्धना कर रहा था; अपनी हजार-हजार आँखों से नेह-छोह बरसा रहा था।

•

उसने ठान लिया कि प्राण देकर भी वह सुर-समाज के प्रधान की ओर से सौंपा हुआ यह काम पूरा करेगा।

वह वसंत को साथ लेकर उधर चल पड़ा, कैलास-शिखर की ओर। बेचारी रति भी शंकित मन से पीछे-पीछे चली...

बस, यहीं से 'भस्मांकुर' का आरम्भ होता है।

वसंत ने कैलास के उस अंचल में जादू कर दिया है...

समूची अधित्यका हरियाली से ढक गई है...

जमा हुआ बर्फ एकाएक पिघल गया है...

(लेकिन, यह वसंत भारतवर्ष के मैदानी अंचलों का पूस-माघवाला वह मदालस वसंत नहीं...हिमालय की ऊपरी अधित्यकाओंवाले अंचलों का अपना वसंत है यह !

(उनका यह वसंत वैशाख और जेठ के महीने में अपनी गरिमा के साथ, पूरे उभार में होता है। बर्फीली चोटियाँ फिर भी सुफैद ही रहती हैं। झरने मुखर हो उठते हैं। नदियों के ढलवाँ कगारों पर खेती-लायक पट्टियाँ निकल आती हैं।

(और, 'भस्मांकुर' का संक्षिप्त वसंत तो यों भी 'कृत्रिम वसंत' है, उसे 'माया कानन' कहा गया है...)

•

किशोरी पार्वती ने सखियों से अपने स्वप्नों की चर्चा की है।

अनिष्ट की आशंका से किस प्रकार रति बीच-बीच में खिन्न हो उठती है ! अपनी खिन्नता को मदन से छिपाने की कोशिशों में सफल नहीं होती बेचारी...

गिरिजा का सौंदर्य देखकर कामदेव आश्वस्त होता है—शंकर अवश्य इसकी ओर आकर्षित होंगे...

और सच...हाँ, सचमुच शिव का ध्यान शिथिल पड़ जाता है।

यों, बीच-बीच में खंड ध्यान लगते रहते हैं...प्रभु बीच-बीच में, परिचर्यार्थ आई हुई पार्वती की प्रणतियाँ स्वीकार करते हैं। अपनी दो सखियों (जया-विजया) के साथ वह सेवा के छोटे-मोटे काम मनोयोगपूर्वक निबटाती आई है...आकस्मिक वसंत-विस्फोट के इस अपूर्व अवसर पर आज पार्वती रक्तांशुक (लाल रेशमी परिधान) और फूल के आभूषण धारण करके आ गई है !

योगेश्वर शिव ने प्रीति-स्निग्ध नेत्रों से पार्वती की ओर देखा है...

सारा परिवेश हुलसित है...

प्रभु के बदन से लिपटे हुए बड़े-छोटे नाग तक उमंग में आकर अलग हट गए हैं, इधर-उधर टहल-बूल रहे हैं !

इस आकस्मिक उमंग का असर समूची प्रकृति में परिलक्षित होता है...वातावरण में अजीब-सी थिरकन घुली हुई है !

प्रभु पार्वती के प्रति आज निरपेक्ष वत्सलता नहीं, सापेक्ष अनुरक्ति महसूस कर रहे हैं...

•

कि, एकाएक, शिव को अपने अन्तस् की वह तिल-भर विह्वलता अपने-आप स्पष्ट तौर पर भासित हो उठी !

अपने चित्त-विक्षेप का कारण जानने के लिए उन्होंने इधर-उधर दृष्टि फेरी...

कि लताकुंज की ओट में उन्हें मदन दिखाई पड़ गया...वह उन्हीं की तरफ अपने 'पुष्पवाण' का निशाना साधकर धनुर्धर की मुद्रा में खड़ा था !

बस, फिर क्या था...रुद्र का कोपानल भड़का तो अगले ही क्षण कामदेव 'भस्म की ढेर' बन चुका था।

•

फिर पल-भर में सारे दृश्य पलट जाते हैं...

शिव, अपने गण के साथ, जाने किस तरह पल-भर के अंदर ही अदृश्य हो गए हैं !

जाने कितनी देर बाद रति की मूर्च्छा टूटती है !...होश आने के बाद बेचारी का विलाप शुरू होता है...

मित्र वसंत का कहीं पता नहीं है !

रति रो-रोकर उसे पुकारती है...''मैं आत्मदाह करूँगी, मुझे आग नहीं ला दोगे कहीं से ? वसंत, तुम खुद भी जलकर खाक हो गए हो क्या ? उस परम क्रोधी महारुद्र ने ज़रूर ही तुम्हारे भी प्राण ले लिये हैं...''

बीच में ही बंधु वसंत सामने आ जाता है...लुटा-पिटा-सा, शोक-शुष्क, गूँगा। बेचारा खड़ा-खड़ा रति का रोना सुनता रहाता है...

•

इतने में जोरों का उद्घोष होता है...

आकाश-वाणी...अप्रत्यक्ष बोल सुनाई पड़ते हैं—''अरी बावरी, तेरा पति मरा नहीं है ! वह कभी मर ही नहीं सकता...कोई आग कामदेव के शरीर को भस्म नहीं कर पाएगी कभी। भस्म हो भी जाए तो अपने-आप अंकुर बनकर उसी भस्म-राशि से फूट पड़ेगा बार-बार...वह सृष्टि की कामना का अक्षय केंद्र है।

''तू नाहक आत्महत्या क्यों करेगी भला ?...

''तेरा सुहाग कभी नहीं लुट सकता !...

''वसंत, तू इसे भली-भाँति समझा तो दे...

''अभी निकट भविष्य में शिव-पार्वती परिणय-सूत्र में आबद्ध होंगे। तब देख लेना, स्वयं शिव ही मदन को सादर आमंत्रित करेंगे...''

आश्वासन की यह अमृत वाणी वहाँ समूचे माहौल में गूँज गई...

रति और वसंत दोनों के प्राण मानो वापस आ गए। खुशी के मारे दोनों एक-दूसरे से लिपटे रहे कुछ क्षणों तक।

फिर, ज़रा-सी देर बाद वे दोनों भी वहाँ नहीं थे ! थीं वे ही तुषाराच्छन्न अधित्यकाएँ...दूर-दूर तक रजताभ शृंग-कूट चमक रहे थे।

मदन का भस्ममय शरीर बर्फ की कनियों के अम्बार के अंदर दब गया था...

•

वसंत के आकस्मिक आविर्भाव से लेकर कामदेव के भस्म होने तक और बादवाली आश्वासन की आकाशवाणी तक, अति संक्षिप्त कथा-वस्तु ही 'भस्मांकुर' का मूल आधार बनी है।

मदन, वसंत और रति...तीनों ही समान रूप से मुखर प्रतीत होंगे इस काव्य में। आज के अति-सामाजिक वाचक-समुदाय को इनकी मुखरता नहीं अखरेगी।

कथन-प्रतिकथन के सिलसिले में भाषा स्वतः सरल-अति सरल हो गई है। उन स्थलों पर, बोलचाल के उन लहजों में, फिर से जान-बूझकर कृत्रिमता नहीं भरी गई... यों, वर्णन-क्रम में, संस्कृतगर्भित चुस्त वाक्यों की छटा यत्र-तत्र देखने को मिलेगी ही।

•

आदि से अंत तक इसमें एक ही छंद रखा गया है—'बरवै'...यह पुरानी हिंदी के हमारे पूर्वज कवि-गुरुओं का बड़ा ही प्यारा (मनचीता) छंद रहा है।

रहीम के कुछ पद 'बरवै' छंद में बड़े प्रसिद्ध हैं।

तुलसीदास की 'बरवै रामायण' आज भी अयोध्या—और जनकपुर में बहुतेरे भक्तों को कंठस्थ है...

हमने 24 वर्ष पहले एक लम्बी रचना में इस छंद का प्रयोग किया...वह रचना ('पाषाणी') पहली बार जब प्रतीक (त्रैमासिक : इलाहाबाद : 1947) में प्रकाशित हुई, उसे कवि-मित्रों ने बेहद पसंद किया था।

आज हमारी वह पुरानी अभिलाषा पूर्ण हुई कि 'बरवै' छंद में एक समग्र 'लघु काव्य' पूर्ण हुआ। 'काम-दहन' वाली कथा-वस्तु को काव्य का रूप देने का संकल्प नया नहीं था। पिछले सात-आठ वर्षों से यह कथानक अपने मन-मस्तिष्क के अंदर एतदर्थ पकता-उबलता रहा है !

—नागार्जुन

असमय अंकुर, असमय लतावितान
वृद्ध वनस्पतियों का नव परिधान
असमय मुकुलोद्गम, मधुमद चहुँ ओर
असमय कुसुमविलास, हास-हिलकोर
गुंजित अलिदल कम्पित कलिकाकोर
असमय चंचल दखिन पवन चितचोर
असमय हरियाली का पारावार
असमय पिककुल मुखरित वारम्वार

मैं वसंत, मैं मदनसखा सुकुमार
त्रिभुवन पर मेरा अखंड अधिकार
मैं मरु-उर में उद्भिद का अवतार
नवल सृष्टि विधि को मेरा उपहार
मैं धरती का यौवन, मैं शृंगार
ऋतुएँ करती हैं मेरा मनुहार

जगत् प्राण मैं चंचल मलयसमीर
सबको रखता हुलसित, सतत अधीर
भरता रहता हूँ कण-कण में पीर
चला-चलाकर सुरभि-श्वास के तीर
मैं अति चंचल, मैं अत्यंत गँभीर
मुझमें घुलते मृगमद और उशीर

मैं नर-कोकिल, मेरी पंचम तान
पीने को उत्सुक रहते हैं कान
मेरे स्वर का है अचूक संधान
मिलन-मनोरथ हो उठता गतिमान

मुझसे दीपित विरहातुर के प्रान
'कुहू-कुहू' सुनते ही घुलता मान

चटुल भ्रमर मैं, मेरा गुंजन नाद
भरता है उर में मादक अवसाद
नहीं एक भी कान रहा अपवाद
छलकाता हूँ सात स्वरों का स्वाद
करते हैं गंधर्व सदा ही याद
सर्वप्रथम मैं, औरों के स्वर बाद

मैं झिल्ली : मेरी अविरत झंकार
स्वर-संहति को देती है आधार
मदिर उदासी पर चढ़ता ध्वनि-भार
गहराई को देती हूँ विस्तार
धीर-उदात्त यहाँ सब एकाकार
चिन्ता को पहुँचाती स्मृति के पार

•

विह्वल हरिणी मान गई मनुहार
बदल-बदलकर सींग, हरिण उत्कर्ण
खुजलाता है उसका ग्रीवा-मूल
रोम-रोम से टपकाता है प्यार
असमय हरिणी गई उछलना भूल
नेत्र निमीलित, अंग-अंग बेभान
नासापुट को मिला गंध-संधान
मगन हो रहे बेचारी के प्राण

उछल-उछलकर रौंद रहे हैं घास
शशक - युग्म पर हावी है मधुमास
हरित भूमि को अद्‌भुत छटा प्रदान—
करते उसके विद्रुमवर्णी कान
देखो, असमय माँद पड़ा सुनसान
अनुधावन में अनुरंजन में लीन

उनके निश-दिन निद्रा - भूखविहीन
नरम दूब तक नहीं रहे हैं टूँग
एक - दूसरे का मुँह लेते सूँघ

•

अंग-अंग में कनक-छटा की कौंध
दिव्य पारदर्शी छवि-रंजित गात
मृदुता और कठिनता में समतूल
तरल लुनाई का निरुपम अनुपात
मायामूर्ति सुमध्यम सुगठित देह
प्रतिमित तरुणाई का जंगम गेह

रविकर विकसित कमल कोश उपमान
चित्रकार - तूली - उन्मीलित रूप
नव यौवन से सुविभाजित अवदात
भुवन नोहिनी स्मिति, सौंदर्य-प्रभात
उमा पार्वती त्रिभुवन शोभा-धाम
अपर्याप्त उसके लेखे सौ नाम
विविध वर्ण प्रतिभासित फटिक समान
वयःसन्धि का तरल-मृदुल प्रतिमान
रोम-रोम से फूट रहा लावण्य

हुई अचम्भित गिरिजा अपने-आप
समझ न पाई ऋतु-व्यतिक्रम का भेद
देखा उसने नैसर्गिक विस्फोट...

शिशिर मध्य में पिघल रहा था बर्फ
हरित तृणांकुर छाए थे सब ओर
फैल गई थीं वल्लरियाँ चुपचाप
सूखे वल्कल हरे हो गए आप
मुदित विटप-समुदाय, सरस आमूल
पोर-पोर टहनी-टहनी उद्‌भिन्न...
अगणित टूसे मना रहे उल्लास

शाखाएँ हो उठीं खूब छतनार
रोक न पाईं आलिंगन की चाह
लतिकाओं ने पकड़ी सुख की राह
दीर्घ प्रलम्बित थाम लिये भुजदंड
एक-एक कर टूट गए पाखंड
प्रौढ़ वनस्पति मान चुके हैं हार
बेलें उनसे लिपट गईं निर्द्वंद्व

मधु ऋतु की जादुई छुअन से तृप्त
थिरक उठीं कंटकित झाड़ियाँ आज
काँटों तक के बदल गए हैं रूप
हरित सुधा का करते हैं जयगान
भ्रम पाएँगे इनसे भी अनुदान
अपत कटीली डारों से आच्छन्न
झुरमुट में यदि निर्मित हो मधुछत्र
वहाँ चलेगा क्यों न भला रसपान !

•

रात्रिशेष में देखा अद्‍भुत स्वप्न :
तरुण वृषभ के निकल रहे हैं सींग
तरुण शम्भु की मसें रही हैं भींग
आसन में है कस्तूरी-मृग-छाल
सुभग सपोले सजा रहे हैं देह
रजत दंडवाला कनकाग्र त्रिशूल
मणि कुट्टिम में गड़ा हुआ। तन्मध्य
लता तंतु में डमरु बँधा अभिराम
आगे - पीछे शैल - शृंग हिम - शुभ्र
किंतु मध्य में अधित्यका, मृदुभूमि...
वर्ण-गंध थे जिनके अमित-असीम
जान न पाई उन फूलों के नाम !
इन आँखों से पाऊँगी क्या देख
शंकर का वह तरुण-मनोहर रूप !

रात्रिशेष में देखा अद्‍भुत स्वप्न :
मुझे देखकर मुसकाते हैं आप

चटुल दृगों में प्रीति गई है व्याप
झुक-झुक सूँघ रहे हैं लीला-पद्‌म
शिथिल पड़ा मम व्रीड़ा-विगलित हाथ
थाम लिया है प्रिय ने फिर चुपचाप
लगी उभरने उद्‌दीपन की छाप

मन में थिरकन, तन में है रोमांच
पलकों पर जमकर बैठा संकोच
उठ पाती है ऊपर कहाँ निगाह...
तरुणी गिरिजा तरुण शम्भु के साथ
निपट मुग्ध-सी बैठी भाव-विभोर
कौन बताए, जाने कितनी देर

रात्रिशेष में देखा अद्‌भुत स्वप्न :
तरुण वृषभ पर दोनों हुए सवार
मैंने उनकी कमर रखी है थाम
बंधुर गिरिपथ, हिम-प्रांतर सुनसान
उदयपूर्व का आरम्भिक दिन-मान
इधर-उधर हैं शैल-सानु कनकाभ
पल-पल पुलकन भरते शिशिर समीर
बर्फ-बर्फ सब ओर, नहीं है नीर
बढ़े जा रहे मेरे प्राणाधार
मुझे मिला है यायावर का प्यार
नापेगा वह क्षितिजों का विस्तार
तरुण वृषभ पर हम दो जने सवार
निकल पड़े हैं जाने पहली बार

"मेरे प्रियतम, मुझे लग गई प्यास"
बोली मैं ! छलका उनका मृदु हास
हाथ उठाकर देखा दाईं ओर
फिर रुककर बोले मेरे चितचोर

"पहुँच गए बस लाँघा जहाँ पठार
फिर हल्की उतराई के उस पार
मृगमदवासित शिखर गुफा गृह - द्वार

वहीं करेंगे अपन क्लांति-परिहार..."
हँसकर प्रिय ने थपकाए थे गाल
इतने-भर से मैं हो उठी निहाल
तरुण वृषभ की त्वरित हो उठी चाल

रात्रिशेष में देखा अद्भुत स्वप्न :
पहुँचाकर प्रिय तक मुझको, तत्काल
सखि, तुम दोनों चली गई हो दूर
अरे, यहाँ तो मार गया है काठ
भूल गई तुमसे सीखे जो पाठ
कहाँ पा रही वल्कल-वसन सँभाल !...

"हमने देखे स्वप्न तुम्हारे साथ !
गौरी तरुणी, तरुण-तरुण शिवनाथ..."
विजया बोली, मुसकाई कुछ देर
जया रही थी देख फेरकर दृष्टि
तोल रही थी ग्रीवाभंग ललाम !
"कहती है क्या सजनी ?

होश सँभाल
चाट न जायँ हाय हमारे गाल
प्रभु के गले लटकते मोटे व्याल

सर्प-स्पर्श-सुख की आदत तो डाल
भुगतेंगे फिर होगा जो भी हाल..."
समझ न पाई जया नर्म-परिहास
लेकिन फैला थिरकन भरा हुलास
हुई विभासित हैमवती-मुख-कांति
फिर से मुस्काए विजया के होठ

•

पग-पग पर ऋतुपति का छवि-सम्भार
दिशा-दिशा में किशलय-कुसुम-प्रसार
विविध गंधबंधुर समीर-संचार
पिकरव, अलिगुंजन, झिल्ली-झंकार

स्निग्ध - सुकोमल सतरंगी संसार
मुखर हिमाचल, पिघले तरल तुषार
प्रकृति-परी ने सजा हरित शृंगार
त्वरा-भरित झरने हो उठे उदार

उधर शिशिर, मधुमास इधर, इस पार
नहीं कहीं भी दीख रहा पतझार
नंदन वन ही लाया यहाँ उतार
बंधु ले गया मुझसे बाजी मार
त्रिभुवन में छलकाता मधुमद सिन्धु
आजीवन सहकर्मी अपना बंधु
साध्य कठिन हो, साधन चाहे स्वल्प
पूर्ण करेगा वह मेरा संकल्प

सहज-सखा सहभोगी रुचिर वसंत
अंतिम क्षण तक देगा अपना साथ
साँग सवाहन सायुध मेरा मित्र
फैलाकर बैठा है मायाजाल

मुझे नहीं है अब कुछ भी संदेह
विवश, करेंगे रागारुण शितिकंठ
गिरितनया का अधर-सुधारस-पान
दोनों ही तब दीखेंगे युगनद्ध
देश-काल का टूटेगा व्यवधान
मूक हास में थिरकेगा कैलास
और सभी तो हट जाएँगे दूर
छिपा रहूँगा मैं उनके ही पास
पूरा होगा सुरपति का अभिलाष

पूरा होगा सुरपति का अभिलाष
गौरी-नंदन, शिव का औरस पुत्र
वही करेगा तारक का संहार
सुर - समूह की चिन्ता होगी दूर
यश के भागी, हम होंगे कृतकृत्य

अभी-अभी तो उतरे हैं इस ठौर
टहल-बूलकर देख रहे हिमभूमि
चमक उठा है कुसुमाकर का क्षेत्र
लगता क्या असमय वसंत-विन्यास...
पूर्णकाम प्रभु, जय-जय हे सुरराज
सुखी रहे अपना वह देव-समाज
अपनों के हित आऊँ यदि मैं काम
समझूँगा, सार्थक है अपना नाम

"प्रिय, किधर हो ?
आओ, यहाँ समीप
देखो तो कैसी लगती वनभूमि
रातों - रात यहाँ उतरा मधुमास
निखर उठे हैं बहुरंगी परिवेश
पूरा होगा निश्चय अपना लक्ष्य..."
"जी, कब से मैं देख रही यह दृश्य !"
निकट आ गई रतिरानी सुकुमारि
(सजी-धजी गुड़िया-सी सुंदरि नारि)
पति से बोली :
"सब कुछ है तैयार
धन्य-धन्य कुसुमाकर, ऋतुपति धन्य !
चलो, पिन्हाएँ उसे जुही का हार
जादूगर है मदन, तुम्हारा मीत
हिममंडित शिखरों के बीचोबीच
देख रही हूँ कानन पहली बार
शिलीभूत तुहिनों से अटे पठार
पता नहीं, किस ओर हो गए लुप्त
"जी, कब से मैं देख रही यह दृश्य...
मायाकानन में डूबा धवलाद्रि
हरित हास ही छिटकाता सब ओर
तट तरु, तुहिन शिलोच्चय, सरित् प्रवाह
लगते तिहरे प्रभातरल प्रतिबिम्ब
अनुरंजित छवियों में सब हैं क़ैद

लता, मुकुल, टूसे, पत्रांकुर, पुष्प...
पशु-पक्षी-कृमि-कीट सभी हैं मस्त
राग-रंग में अग-जग सारे व्यस्त
आओ साजन, करें कहीं विश्राम
भ्रमर-दूत को भेजो मधु के पास
उधर गुफा में बैठेंगे कुछ देर..."

रखकर पति के कंधों पर मृदु हाथ
आँखों में दीं आँखें रति ने डाल
दो-दो दृगमणि, चारों की द्युति एक—
अंतर उर के तरल स्निग्ध प्रतिरूप
तैर रहे थे उनमें वारम्वार
भासित हुई मदन को कुछ क्षण बाद
संशय-मिश्रित भय की हल्की छाँह—
स्पंदित चम्पक पंखड़ियों के बीच
दो मणि गोलक चमके शंकाश्याम !

छिपा न पाई भीतर का आतंक
मलिन-मुखी रति पास आ गई और...
झट से झुककर लिया मदन ने थाम
काँप रहा था रति का मृदुल शरीर
स्वेदसिक्त, रोमांचित कांतिविहीन
अंग-अंग लगता था स्पंदन-शून्य
होंठों पर से ग़ायब थी मुसकान

फीकी आभा में उदास थे गाल
रत्नशिला की पटिया पर तत्काल
लिटा दी गई उसकी बेसुध देह
लगा बीजने मन्मथ किशलयगुच्छ
वापस लाए क्रमशः तन की स्फूर्ति
मंदाकिनी - सलिल - शीकर - सम्पात
खुले नयन, देखा रति ने : प्रियमित्र
खड़ा सामने सहृदय सखा वसंत
अपर मदन-सा अति सुंदर सुकुमार

"लगा, मित्र ने मुझे किया है याद
अभी भागता आया हूँ मैं देवि
क्षण-भर में तुम हो जाओगी स्वस्थ
यह कुबेर - अधिवासित हिमगिरि गोद
यहाँ सुलभ हैं केवल मोद-प्रमोद
उठो-उठो सखि, चलो, करें मधुपान
पत्रपुटों में पियो आज मकरंद
चलकर देखो, निज आँखों से आज
लटक रहे कैसे सौ-सौ मधुछत्र..."

मुदित हुए सुनकर वसंत के बोल
कोमल प्राणोंवाली रति के प्राण
अभी-अभी तो लगभग थी बेहोश
वापस आई अभी जान में जान
लगी छिटकने होंठों पर मुसकान
मन-ही-मन हो उठी परम आश्वस्त
कहाँ दब गया जाने संशय-कीट
कुसुमाकर को उसने किया प्रणाम

मन ही मन जाने कितनी ही बार...
जादूगर-सा रति को लगा वसंत !
रत्नशिला थी निर्झरिणी के पास
इधर-उधर फैला था फेनिल हास
हुए वहीं पर सुखपूर्वक आसीन
और न कोई, रहे तीन के तीन
चला देर तक उनका वह मधुपान
वर्ण-गंध-रुचि खींच रहे थे ध्यान
खटरस फल थे सज्जित विविध प्रकार
बीच-बीच में बदला जिनसे स्वाद
पत्र-चषक भरते, तिर उठती आप
रति के रतनारे नयनों की छाप
हिलती दृगछाया से करते खेल
पाननिरत दोनों मित्रों के होंठ...

''सुना-सुनाकर क्लांतिहरण का मंत्र
भौरों ने भर दी है कितनी स्फूर्ति
अपने ही धनु की अविरत टंकार–
जैसी लगती यह झिल्ली-झंकार
उठो बंधु, पूरा करना है काम
अरे, हो चुका मध्यांतर - विश्राम...''
इतना कहकर मदन उठा तत्काल
रतिरानी भी उठी साथ ही साथ
पर, मधु-माधव गया वहीं पर लेट
बोला : ''मुझ पर दुगनी चढ़ी थकास
लेटूँगा मैं अभी यहीं कुछ देर

तुम जाओ, बूढ़े का करो इलाज
भाभी को चाहे ले जाओ साथ
मगर इन्हें तुम रखना अपने पास
मत करना उस खूसट पर विश्वास
पकड़ लिया यदि शिव ने रति का हाथ
सोचो, गौरी का होगा क्या हाल...''

उठे ठहाके, हँसा खूब कंदर्प
नभ में छायी अट्टहास की गूँज
हँसते-हँसते रति हो गई निढाल
फूलीं नाकें, सुर्ख़ हो उठे गाल
दबी रही कुसुमाकर की मुसकान
गालों में घुटती होठों में क़ैद
खूब रहा यह नाटकीय परिहास
मन्मथ के अंदर भर गया हुलास

•

अति सुंदर मुखमंडल, चम्पक कांति
हुई मदन को स्वर्णचंद्र की भ्रांति
भृकुटि-सुरेखित आयत पक्ष्मल नेत्र
उन्मद अलि परिपंखित पद्म समान
तिल पुष्पोपम नासा, ललित कपोल
कम्बुग्रीव, कुंचितशिति कुंतलजाल...

ढले हुए-से कंधे, मृदु भुज-नाल
तनिक उगे सींगों-से युगल उरोज
निराभरण सम-अंतराल, अरुणाभ...
शिशु नागिन-सी रोमावलि निःशंक
लटक रही है नाभि-विवर की ओर...
लगा मदन को, गिरिजा का कौमार्य
अक्षत ही रह जाएगा आकल्प
नज़र नहीं सकता है कोई डाल
संरक्षक हैं स्वयं अलक्षित माल
बैठा सिर पर फन फैलाए व्याल !

कामदेव के मन में उपजी आस :
एक झलक देखें शिव इसकी ओर
फिर क्या पाएँगे अपने को रोक !
यह भोलापन, इतना सुंदर रूप
रिझा नहीं पाएगा प्रभु का चित्त ?

रति से बोला :
"सुनती हो वरनारि,
लक्ष्यसिद्धि के प्रति हूँ मैं आश्वस्त
गिरितनया का यह अनुपम लावण्य
कर ही लेगा आकर्षित निज-ओर
शिव के मन को। जय जय है देवेंद्र !"

रति ने कहा :
"उमा का यह सौंदर्य
लगता है मुझको भी विरल, अपूर्व
पर, तुमने तो, ओ हे प्राणाधार,
मुनि-मन मथित किए हैं सौ-सौ बार !
बतलाओ, क्या रह जाता है शेष
जरठ हृदय में बिंदु-मात्र भी स्नेह ?
मुझको तो प्रिय, लगता है बेकार
सारा नाटक। आख़िर वह सुकुमारि
क्यों बूढ़े को करने लगी पसंद ?
क्या अनमेल समागम है अनिवार्य ?

सुर-समाज की बुद्धि हो गई भ्रष्ट !
करते हैं कैसे-कैसे खिलवाड़
बस यों ही ये ब्रह्मा-विष्णु-महेश...''
दिया मदन ने पत्नी का मुँह मूँद
कहने लगा :
''हुआ क्या तुझको आज ?
बकती क्या-क्या बातें ऊटपटाँग !
पगली, तू होती है इनके कौन ?
हाँ, हाँ, निश्चय, अधिक पी गई आज...
खीचूँगा मैं तो वसंत के कान...''

''क्यों खींचोगे उस गरीब के कान ?''
रति बोली : ''इसमें उसका क्या दोष ?
हैं दुरुस्त मेरे तो होश-हवास...
अच्छी लगती तुम्हें न मेरी बात ?
तो वसंत को इसमें रहे लपेट ?
अच्छा, अब धारण करती हूँ मौन
सचमुच, इनके होती हूँ मैं कौन !
गिरितनया यदि शिव को करे पसंद
होगी मेरी साँस भला क्यों बंद
मना रही मैं सिर्फ़ तुम्हारी ख़ैर
वे ठहरे देवाधिदेव सर्वेश
लेकिन, तुम हो दीवाने दरवेश
याद रख सको यदि इतनी-सी बात
होगा प्रीतम, मेरा भी कल्याण...''

''तू न करेगी अपनी बक-बक बंद,
पागल औरत ! भाग अरी, ओ भाग
अरे इसे तो भूत लगा है भूत...
प्रिय वसंत, तू किधर गया, आ, देखा !''
खिन्न, संकुचित, चिंतित, किंचित त्रस्त
भावी अशुभों की शंका में म्लान
रहा सोचता मदन अनाप-शनाप
आगे आया मधु-माधव चुपचाप

''समझाओ अपनी भाभी को मित्र,
दिल-दिमाग हैं इसके बड़े विचित्र
देती है दुनिया-भर को उपदेश
नहीं भा रहा शिवशंकर का भेस...''

सुनी बंधु की बात। रहा गम्भीर
दृष्टि सचेतन, मुद्रित थे पर होंठ
लगता था कुसुमाकर परम प्रशांत
पत्नी के प्रतिवादों से उद्विग्न
मदन समर्थन चाह रहा था और
चाह रहा था माधव से कुछ शब्द
चाह रहा था, ले वह इसका पक्ष
शिवशंकर की महिमा करे बखान
क्या समझेगी वर्ना रति नादान

अलग ले गया रति को उधर वसंत
वापस आए दोनों ही तत्काल

''मान गई है भाभी अपनी भूल,
वापस लेती है अपने अपशब्द...''
बोला मृदु लहजे में सखा वसंत
''क्षमा करो अब तुम इसका अपराध !
महारुद्र की क्षमताओं का ज्ञान
होता तो फिर क्यों करती यह भूल !
क्यों निकालती मुख से हल्के शब्द !
शिशु - समान होती है नारी - जाति
मृदुमति, तरल स्वभाव, रूप-रस-गंध-
शब्द-स्पर्श के प्रति अर्पित आप्राण !
पी जातीं यह हालाहल चुपचाप
कंठ नहीं होते हैं इनके नील
खंडित होने देतीं अपना शील
चुकता करतीं भावुकता का मूल्य
तन-मन-धन सब-कुछ देती हैं झोंक...''

''बहुत हुआ, बस, सावधान प्रिय बंधु !
छोड़ो अब तो, चलों चलें उस ठौर

देखो, गिरिजा गई शम्भु के पास
चलकर साधें अपने तीर-कमान !
पूर्ण करें हम सुरपति का अभिलाष..."

मदन हुआ आश्वस्त ! खिल गए होंठ
असगुन की छाया थी अब तो लुप्त
जिसके डर से काँप गए थे प्राण,
अभी-अभी था दिल का कैसा हाल !

•

कानों में लटकाए घुँघची-गुच्छ
विविध धातु-द्रव-अनुलेपित तन। पुष्ट
गणवेशों में प्रमथ आदि आत्मीय
घूम रहे थे इधर-उधर मुस्तैद
जितने तन थे, उतने उनके रूप
धजें अलहदा, सबके रूप विचित्र...

रति ने देखा, सिकुड़ गई चट नाक
मुश्किल से ही खुद को पाई रोक
भावांतर को दबा गई तत्काल
आगे बढ़कर बोली दो क्षण बाद :
"भड़कीली कौड़ियाँ, विकट रुद्राक्ष
सौ-सौ जानवरों के हाड़-कलाप
पूँछ-सींग-खुर-बालों वाले खाल
कमठ-पीठ, अधजले बाँस औ' काठ
घास-फूस-तृण, फटे-पुराने चीर...
यह भूषण हैं, यही जहाँ शृंगार
उस जमात से अलग रहूँ सौ कोस
होऊँ यदि मैं सचमुच ही स्वाधीन
तुम दोनों ही लाए मुझको खींच,
दिखा रहे हो कैसे-कैसे दृश्य !"

"किंतु आज ये दिखते हैं कुछ भद्र
मौसम का जादू ले आया रंग
देखो, लगता बदला-बदला ढंग

उधर कहीं झंकार रही है बीन
ठनक रहा है जाने किधर मृदंग
गूँज रही है वंशी-ध्वनि इस ओर
छलक उठा है नयनों में अनुराग
डाकिनियाँ भी मृदुमन दिखतीं आज
गण-मित्रों में घूम रहीं निर्द्वंद्व
चर्राया है गलबहियों का शौक
प्रिय मधु, तुमसे मान गई मैं हार
ठूँठों में कर दिया स्नेह-संचार

"ठूँठों में कर दिया स्नेह-संचार !
पक्के जादूगर हो बंधु वसंत
पूर्ण हुआ अब सुरपति का अभिलाष
गौरीशंकर होंगे स्मरशरबिद्ध
परिणय होगा, होगी अब संतान..."

•

देवदारु द्रुम - विरचित - वेदी मध्य
व्याघ्र चर्म पर पद्मासन - आसीन
शोभित हैं चिर जागरूक शिवशम्भु

अर्द्धनिमीलित नेत्र, पलक निस्पंद
अचपल मणिगोलक नासाग्रनिबद्ध
मेरुदंड अति उन्नत, कटि थिरमूल
निहित गोद में पाणि युगल उत्तान
सद्यःविकसित शुचि राजीव समान
कर्णाभूषण अभिसूत्रित रुद्राक्ष
मौलिमाल लालन लोलित युव नाग
चाट रहे पीछे से सुरसरि-फेन
रुचिर हार नागेंद्र, नाग केयूर
नाग वलय, अँगुलिभूषण शिशुनाग
तक्षक, वासुकि, शेष। सभी मौजूद
सब हाज़िर हैं प्रिय पार्षद की भाँति
प्रतिपल प्रभु का चोला रहे अगोर

पारद की नदियों-सी वारम्वार
जटाजूट में दिपती सुरसरि-धार
बालचंद्र उद्भासित लट की छोर
मंद पवन में लेती मृदुल हिलोर
कर्पूरोज्ज्वल दीपित विस्तृत भाल
झेल रहा है मानों यहाँ त्रिकाल
फुहियों की माला, किरणों का जाल

रहा देखता मन्मथ शंकाग्रस्त,
योगेश्वर शंकर की सहज समाधि
डर के मारे अनजाने ही आप
शिथिल पड़ गई फूलोंवाली चाप
आतंकित था निकट जानकर अंत
काँप-काँप जाते थे सारे अंग
फिर-फिर पुलकोद्गम, फिर-फिर प्रस्वेद
आँखों के आगे ही फिर-फिर धुंध
प्राणहानि का शंका से मतिशून्य
मदन हो रहा था अतिशय उद्भ्रांत
पास खड़ी रति का भी था क्या भान !
आतंकित था निकट जानकर अंत

लक्ष्यसिद्धि की आशा थी कुछ शेष
क्योंकि दिखा श्लथ-कम्पित भृकुटि प्रदेश
—शिव ने ताका क्योंकि उमा की ओर
क्योंकि उसी क्षण कौंध गई मृदुदीप्ति
दमक उठा गिरितनया का मुखपद्म
तभी कपोलों पर संकोच-विलास
छिटके, मानो, मिला सुखद आभास—
गौरी को प्रभु कर लेंगे स्वीकार !
लक्ष्यसिद्धि के प्रति होकर आश्वस्त
लिया मदन ने फिर से धनुष सँभाल
हुलसित रति फिर लगी फेरने हाथ
पीठ और कंधों पर वारम्वार
वापस आया पति के अंदर ओज

"रहो यहीं तुम अनुपल मेरे पास
हों महसूस तुम्हारे सुरभित श्वास
कुंचित कुंतलराशि... मिले यदि स्पर्श
रग-रग में भर जाती है नव स्फूर्ति

"सजनि, तुम्हारी चितवन मेरे हेतु
हुई प्राणदा साबित कितनी बार
इंगितगर्भी प्यार - पगे ये बोल
श्रुति-सम्पुट में अमृत रहे हैं घोल..."
सुनकर मन्मथ के मुख से ये शब्द
गई अशुभ आशंका में वह डूब
पर, छलकाकर होंठों में मुसकान
लगी बटाने अपने प्रिय का ध्यान
बोली :

"देखो मदन, अजी, उस ओर
उमा दे रही अभिसूत्रित कमलाक्ष
शिवशंकर करते हैं अंगीकार
सखियों ने छितरा रक्खे हैं फूल
नवपल्लव, दूर्वा-दल, कोरक-गुच्छ।
नंदी-प्रमथ सभी हैं परम प्रसन्न
देख-देखकर मालिक के मृदु भाव...

"यह समाधि का मध्यांतर। अभिराम—
कालखंड। दुर्लभ क्षण। उत्सवपूर्ण...
देखो, देखो, महाधवल कैलास
थिरक उठा है पाकर दशगुण दीप्ति
लखकर शिव की यह मंजुल मुखकांति
महारुद्र को कौन करेगा याद ?

"अजी देख लो, अलग हो रहे नाग
टहल-बूलकर आ जाएँगे आप
लीलामय प्रभु का अनुपल सम्पर्क
इनमें भी तो भरता होगा ऊब !

"सफल-मनोरथ होंगे सुरपति आज
परिणय की शुभ बेला है आसन्न
देखो, इनकी मुखछवियों के रंग
देखो, इनके हाव-भाव के ढंग..."

•

मन्मथ ने देखा यह सब साश्चर्य
निज-दृग-युग पर हुआ नहीं विश्वास...
यातुधान की छलना थी साकार
थे वैतालिक के मायामय दृश्य
पर, तत्क्षण ही गया खुशी में डूब
लक्ष्यसिद्धि के प्रति होकर आश्वस्त

ठोकी उसने रतिरानी की पीठ
फिर दोनों हँस पड़े साथ-ही-साथ
होठों पर तर्जनी डालकर किंतु
चुप रहने का किया स्पष्ट संकेत

रति ने जतलाया :
"संधानो लक्ष्य !
हाँ, हाँ, बढ़िया मौका आया हाथ
मत चूको यह अवसर छोड़ो तीर..."

"अरी उधर हट, रानी, हाँ, उस ओर"—
इंगित में बोला उत्साहित काम
"प्रिये, वहीं रह, इधर-उधर मत डोल
प्रत्यंचा मैं तान चुका हूँ देख—
बस, अब तो यह तीर रहा है छूट !"

रति हट गई वहाँ से काफी दूर
रही देखती लेकिन पति की ओर
थी यद्यपि अब बाहर से आश्वस्त
किंतु हृदय था संदेहों से ग्रस्त
बार-बार आते थे अशुभ विचार

फड़क-फड़क उठती थी दाईं आँख

•

गौरी भावविभोर सलज्ज विनीत
चम्पकद्युति - तन, रक्तांशुक - परिधान
फूल-फूल थे अलंकार - विन्यास
हार वलय, मेखला...सभी थे फूल
लटके थे कानों में लघु रुद्राक्ष !

ऋतुपति के जादू का तरल प्रभाव
शिव ने भी कर लिया सहज स्वीकार
—जया और विजया थीं परम प्रसन्न
दीख रहा था सब कुछ तो अनुकूल

सखियाँ प्रभु को बीज रही थीं चौंर
गिरिजा लेकिन बाघम्बर की छोर
कंघी से कर रही बराबर स्वच्छ
झाड़ चुकी कापालिक भिक्षापात्र
अब शायद चमकाए गड़ा त्रिशूल

देख रही रति :
शिव ने वारम्वार
मूँद लिये हैं, खोल दिए हैं नेत्र
लिपट गए हैं वापस आकर नाग

सिर-सुरसरि निर्वीचि, लुप्त हैं झाग
मर्यादित हैं मौलिचंद्र की ज्योति
प्रमथ आदि हो गए पूर्ववत् शिष्ट
अनुशासित-सा सहज शुभ्र कैलास
गुप-चुप देता संयम का संकेत
नीचे नत है प्रौढ़ वृषभ की पूँछ
झुके हुए हैं कान, निराकुल नाभि

देख रही रति :
शिव होंगे ध्यानस्थ

जाएँगे फिर से समाधि में डूब !
जोड़ रहे हैं, लगता, टूटा तार
जमा नहीं पाते हैं लगता, चित्त
गिरितनया की मुखछवि के अनुबिम्ब
उभर रहे हैं मन में कितनी बार !
जान - बूझकर करते हैं खिलवाड़
ध्यान - भंग में आती होगी मौज...
त्रिभुवन-भर में पा सकता है कौन
प्रभुओं की लीला का अंतिम छोर !

विस्मित थी वह :
क्यों करता है देर !
अब तक मन्मथ चला न पाया तीर ?
हो जाएँगे यदि शिव फिर ध्यानस्थ
गौरी वापस लौटेगी तत्काल...
सारी मेहनत जाएगी बेकार !
प्रिय वसंत का जी होगा न उदास ?

खीझ उठी रति रानी अपने आप
मन-ही-मन वह लगी पिलाने डाँट—
"तुम भी मन्मथ बौड़म हो क्या खूब :
लक्ष्यभेद की युक्ति गए हो भूल ?
नहीं करेगा कोई अब विश्वास
रही न तुम पर सुर-समाज की आस
ऐसे ढीले-ढीले हो तुम मित्र ?..."

मन-ही-मन वह रही पिलाती डाँट
मन-ही-मन थी कई क्षणों तक रंज
देख रही थी लेकिन पति की ओर
कड़ा कर लिया दिल को अबकी बार
लक्ष्यसिद्धि के प्रति लगभग आश्वस्त
अघटित घटना की ख़ातिर तैयार
खड़ी रही वह झरने के इस पार

•

झुकी हुई डालों का सघन निकेत
लता-वितानों के अंदर का कुंज :
देखा प्रभु ने खर्वाकृति सुकुमार
वीर मदन बस साध चुका है लक्ष्य
प्रत्यंचा से छूटेगा अब तीर
(पुष्प-धनुष था, पुष्प-पुष्प थे बाण !)

भड़क उठा कोपानल, तड़का भाल
महारुद्र निज को पाए न सँभाल
विद्युत-गति से छूटा नयन-कृशानु
हुआ प्रमाणित प्रभु का लक्ष्य अचूक
भस्म हो गया तत्क्षण मदन-शरीर
इर्द-गिर्द में व्यापी हा-हा-कार
गुंजित धरती, अनुगुंजित आकाश

गुंजित धरती, अनुगुंजित आकाश
इर्द-गिर्द में व्यापी हा-हा-कार
शेष बची थी सिर्फ़ देह की राख
अरे, वहीं का वहीं पड़ा था ढेर
खर्वाकृति कंदर्प। भस्म-प्रतिमान
(राखरचित नरविग्रह संज्ञा-शून्य
डाल गया हो ज्यों कोई चुपचाप)
गण समेत शिव कहाँ गए इस बीच
सुना न देखा ऐसा अंतर्धान...
गिरिजा गिरी विसुध ज्यों कदली-स्तम्भ
भूलुंठित थी जाने कितनी देर

•

पहर, घड़ी, या जाने कितना वक़्त
बीता। रति का वापस आया होश
पलकें हल्की पड़ीं, खुल गई दृष्टि
टुकुर-टुकुर ताकती रही कुछ देर
सावधान उठ बैठी अपने आप
देखा पति का रूपांतर : बीभत्स—

विहँस रहा था, गायब था शृंगार
(राख-रूप में लेटा है रसराज !)
सही परिस्थिति का पाकर अंदाज़
लगी पीटने छाती वारम्वार
हुए प्रवाहित अविरल दृगजलस्रोत
नहा रहे थे गाल और वक्षोज
चंदन-सी लगती थी भीगी धूल

उपालम्भ के शोक - विलोलित बोल
लगे रोलने फीके-सूखे होठ
(सब अपने थे, लेती किसका नाम !)

"छलिया निकला निखिल देव समुदाय
यों ही मैं लुट गई अभागिन, हाय
मन-ही-मन आतंकित थी, प्राणेश !
आह, अंततः फूट पड़ा दुर्दैव
विश्वविदित हैं सुरपति के छलछंद
स्वामिभक्ति में भाग्य पड़ गया मंद

"प्रियतम, तुम पर हावी रहा हुलास
खुद पर था कितना ज्यादा विश्वास
मैं पुलकित थी लखकर तरल उछाह
कैसी थिरकन थी पग-पग पर, आह !
तुम्हें मिला था रुद्रविजय का योग
किंतु चढ़ गए कोपानल के भोग
छूट न पाया अरे एक भी तीर
स्वयं धनुर्धर भस्म हो गया हाय
कौन लक्ष्य था, कैसा शर-संधान
कहाँ हुए प्रलयंकर अंतर्धान ?
सच, क्या थे वह शंकर मंगलमूर्ति ?
सच, क्या थे वह करुणा के अवतार ?
जप-तप-संयम, था क्या सारा ढोंग ?
कुसुम-सुकोमल-प्रतिपक्षी पर, हाय
बरसा दी उसने सौ मन बारूद !
कंठ नील था, दिल भी था क्या स्याह !

''तोड़ चुके हो कितनों के तप, किंतु
अब के प्रीतम, स्वयं हुए हो ख़त्म
(जाने किसके आए हो तुम काम
व्यर्थ गई बलि, यश रह गया अनाम)
अबके महँगा पड़ा तुम्हें खिलवाड़

''यह तो बतला दो, हे प्राणाधार !
रहूँ तड़पती मैं अब कितनी देर
यहाँ पड़े हो मदन, भस्म-प्रतिमान
दूँ भी तो क्योंकर आलिंगन दान !
हाय, हाय, यह कैसा नियतिविधान !
तन-भर लेपूँ, रखूँ राख का मान ?

''मूर्छित ही रह जाती मैं चिरकाल
रह जाती मैं निरवधि संज्ञाशून्य
है असह्य अब क्षण-भर भी वैधव्य
क्यों न करूँ मैं आत्मदाह तत्काल

''लोग कहेंगे :
'मदन हो गया ख़ाक़
मगर बिलखती रही देर तक राँड़
अजी, औरतें होती हैं कठजीव
बतलाएँ भी, रति था उसका नाम...'
कौन सुनेगा मेरी यह अपकीर्ति ?
(वाह, तुम्हारी प्रेयसियाँ हों तुष्ट !
कहाँ न हैं वे ?
त्रिभुवन में हैं व्याप्त
सुंदरियों के मनमोहन थे किंतु
मेरे तो तुम जीवन के आधार...
जान जाएगा यह सारा संसार)
लो, करती हूँ आत्मदाह तत्काल

''प्रिय वसंत, तू किधर छिपा है मीत ?
ढीठ, सुना फिर विश्वविजय के गीत !
(जय-मद में दोनों रहते थे चूर...)

कैसे जानूँ, क्या है तेरा हाल !
जीवित नहीं बचा है तू भी बंधु
सहज सखा की भाँति बन चुका भक्ष्य
महारुद्र के अंध क्रोध का; ओह !
प्रौढ़ तपोधन को सौ-सौ धिक्कार...
जीवित नहीं बचा है तू भी मीत !
(गूँज रहे कानों में जय के गीत...)

●

सुनता-सुनता रति के दुसह विलाप
प्रकट हुआ मधु मानो अपने आप
प्राणशून्य-सा खड़ा रहा चुपचाप

मूक हतप्रभ किंकर्त्तव्यविमूढ़
लुटा-पिटा-सा उत्पीड़ित संत्रस्त
यह वसंत था शायद वही वसंत ?

रति का क्रंदन पकड़ गया फिर ज़ोर
फिर उमड़े दुर्वारित अश्रु-प्रवाह
फूट पड़े फिर पीड़ा के आवेग

जैसे-तैसे खुद को लिया सँभाल
फिर बोली :
"हाँ, चिता सजाओ बंधु !
करो बांधवी का अंतिम संस्कार !
तुमने प्रियवर, हम दोनों के हेतु
जाने कितनी बार रची सुख-सेज
बिछा-बिछाकर कोमल किशलय-राशि !

मुझे जानकर एकाकी इस बार
देखो माधव, करना नहीं विलम्ब
झटपट मेरी चिता करो तैयार
लेप-लेपकर प्रिय के तन की राख
चिता-पटल पर जाऊँ जब मैं लेट
इस मुख में तुम करो अग्नि संयोग

मिले अनल को मलयानिल का स्पर्श
फिर देखे दुनिया लपटों का नाच

''हम दोनों की स्मृति में नव सहकार
प्रतिरोपित करना तुम बंधु वसंत !
चपल टहनियाँ दीखें तनिक उदग्र
फूट रहे हों गंध-कषायित गुच्छ
अरुण हरितप्रभ मंजरियों के किंतु

''हाय, हाय ! तू भी है वाणीहीन,
पथराए क्या तेरे अपलक नेत्र !
स्मृतिभ्रंश है अथवा पक्षाघात ?
हाय बंधु मधु-माधव, हाय वसंत !
कुछ भी तो तू मेरी खातिर बोल...

''देख, लेटती हूँ मैं प्रिय के साथ !
उस छलिया का भस्मीभूत शरीर
आलिंगन में बाँध रही हूँ, देख !

''देख, कर रही इन प्राणों का अंत
जन्मांतर में दूँगी उसका साथ
फ़िक्र न करना, करना मुझको माफ़
हमें भूल जाना तू बंधु वसंत !''

●

''कौन मदन, तुमको कर सकता नष्ट ?
जयति-जयति भस्मांकुर, जयति अनंग...''

अतनु गिरा से गूँज उठा माहौल
नभ से भू तक व्याप गया अनुनाद
रति-वसंत दोनों हो गए सतर्क
सुने उन्होंने आश्वासन के शब्द—
तीन बार उच्चारित स्फुट-गम्भीर :

"कौन मदन, तुमको कर सकता नष्ट !
जयति-जयति भस्मांकुर, जयति अनंग !
जयति-जयति रतिनाथ, कामनाकंद !
जिजीविषा के उत्स, सृष्टि के मूल !
जयति-जयति कंदर्प, अजय-अमेय !
कौन, मदन, तुमको कर सकता नष्ट !

"झुका रहेगा धरती पर आकाश
आँख - मिचौली खेलेंगे नक्षत्र
तिमिर - पुत्रियों का पाएँगे प्यार
शत-सहस्र नदियों का संगम - लाभ
सात समुद्रों को रक्खेगा शांत
शम्भु रहेंगे गिरिजा के ही साथ..."

अतनु गिरा से गूँज उठा माहौल
नभ से क्षिति तक व्याप गया अनुनाद :

"जल्द खत्म होगा तप का यह दौर
हर-गौरी का परिणय है आसन्न
पनपेगा तेरा पति अपने आप
संग-सुखों में मदन आएगा याद
मथित करेगा प्रभु के मन-मस्तिष्क
सच, मनोज है सर्वाधिक दुर्दांत
सच, मनोज है सर्वाधिक जीवंत
भस्म हुआ है बाहर-बाहर, ठीक
पर, वो तो है प्राणिमात्र में व्याप्त
भोली रति, तू हुई व्यथा में मूढ़,
करती चिता रचाने का अनुरोध !
यह वसंत भी कैसा है मतिशून्य !"

अतनु गिरा से गूँज उठा माहौल
नभ से क्षिति तक व्याप गया अनुनाद
रति - वसंत दोनों हो गए सतर्क
सुने उन्होंने आश्वासन के शब्द—
तीन बार उच्चारित, स्फुट-गम्भीर :

"जयति-जयति भस्मांकुर, जयति अनंग !
जिजीविषा के मूल, सृष्टि के उत्स !
जयति-जयति रतिनाथ, अजेय-अमेय !
जयति-जयति कन्दर्प कामनाबीज..."

पुलकित थी रति, ऋतुपति मोदविमूढ़
हुलसित थे दोनों मित्रों के प्राण
समदर्दी हो बंधु, गए तब डूब
विह्वल आलिंगन में किंचित् काल
उधर गगन से कुछ ही क्षण उपरांत
लगे बरसने हिमशीकर अविराम

स्वच्छ बर्फ की धवल-मुलायम शाल
कौन गया है इस शहीद पर डाल !
इतनी जल्दी कैसे अपने आप
रचित हो गया अरे यहाँ हिम-स्तूप
कहाँ गई रति, किधर लुप्त ऋतुराज !
माया - कानन के वे सारे दृश्य
आनन-फानन ग़ायब हैं किस भाँति !

खत्म हो गया वह चौपहरा खेल
दीख रहे फिर चारों तरफ तुषार
गुफा भवन के निभृत कक्ष में लीन
स-परिवार नगपति हैं चिंताधीन
दिव्य उक्ति वह भी सुन पाते, काश !
क्षण-भर को भी बाहर आते, काश !
नभ-वाणी सुन पाते, काश, सुखांत
जचता तनया का तारुण्य प्रशांत
परम विज्ञ है लीलामय कैलास
खबर भेज देगा नगपति के पास
गुफागर्भगत तपोनिरत शिवशम्भु
मदन-दहन से खुद भी हैं अनुतप्त
अतनु गिरा उनको भी होगी ज्ञात...

•

यह सब होगा, होगा सभी, परंतु
जान न पाएगी गिरिजा नादान
उद्यत होगी फिर से तप के हेतु
निकल पड़ेगी फिर सखियों के साथ
अनुमति देंगे एतदर्थ माँ-बाप
कल-परसों से तप होगा आरम्भ

शमित हो चुका रूप-सुधा का दम्भ
(यदि तिल-भर भी था उसका अस्तित्व)
तरुण तापसी का प्रशांत सौंदर्य
खींच सकेगा निश्चय अपनी ओर
महारुद्र की महिमा को इस बार !!

परिशिष्ट-1

भस्मांकुर : भस्म में से अंकुर, भस्म के बाद पैदा होनेवाला अंकुर। ध्वंस के पश्चात् अनिवार्यतः उभरनेवाला सृष्टि का रूप। 'भस्मांकुर' से यह भी इंगित मिलता है कि मृत्यु की तुलना में जीवन की शक्तियाँ अधिक प्रबल होती हैं।

आकाशवाणी द्वारा मिलनेवाले आश्वासन में कहा गया है :

"पनपेगा तेरा पति अपने आप
संग-सुखों में मदन आएगा याद
मथित करेगा प्रभु के मन-मस्तिष्क
भस्म हुआ है बाहर-बाहर ठीक
पर वो तो है प्राणिमात्र में व्याप्त..."

इस काव्य का नाम 'भस्मांकुर' न होकर 'मदन पराजय', कंदर्प दर्पहरण', 'काम दहन' जैसा कुछ होता तो क्या हानि थी ?

हानि और तो कुछ नहीं थी; हाँ, आधुनिकता की दृष्टि से 'भस्मांकुर' नाम कुछ अधिक सांकेतिक प्रतीत होता है। शिव की विजय या कामदेव की पराजय में कवि को जीवन की अक्षय शक्ति का आभास मिला। भस्म के ढेर पर अंकुर का आविर्भाव यों भी आकर्षक लगता है।

आरम्भ की आठ पंक्तियों में वसंत का आकस्मिक विस्फोट अभिव्यक्त हुआ। शिशिर, वसंत और शरद—ये तीन ही ऋतुएँ ऊपरी हिमलाय में होती हैं। कैलास यदि कहीं हिमालय की तलहटियों में होता तो वहाँ वसंत के कुछ और ही नज़ारे होते। कालिदास के शब्दों में, हिमगिरि पूर्व से पश्चिम की ओर लम्बा लेटा हुआ है। वह धरती को नापने का लम्बा डंडा है...("पूर्वापरौ तोयनिधि वगाह्य स्थितः पृथिव्या इव मानदंडः"—कुमारसम्भव) अफगानिस्तान से लेकर बर्मा तक हिमालय के ऊँचे पठार फैले हुए हैं। कैलास-शिखर अलमोड़ा से सीधे उत्तर, लगभग डेढ़ सौ मील आगे पड़ता है। अक्टूबर से मार्च तक कैलास बर्फ से ढँका रहता है। मई-जून-जुलाई-अगस्त-सितम्बर के महीने वसंत और शरद की संक्षिप्त झलक देते हैं। अंतर्राष्ट्रीय राजनीति की विडम्बनाओं के कारण कैलास सम्प्रति हमारे लिए 'अगम्य' बन गया है। हम किसी भी रूप में वहाँ जा नहीं सकते ! हाँ, अपने प्राचीन साहित्य में और पौराणिक आख्यानों में अब भी हमें कैलास की झाँकियाँ मिल सकती हैं। काश्मीर, हिमाचल प्रदेश, उत्तर प्रदेश आदि हमारे कई 'राज्य' हैं, जहाँ तुषारावृत हिम-स्राव देखकर हमें छोटे-छोटे कैलासों का अंदाज मिल

सकता है...

'भस्मांकुर' के कथाक्षेत्र की भौगोलिक स्थिति जानने के लिए हमें हिमालय का मानचित्र अवश्य देख लेना चाहिए। कालिदास ने 'कुमारसम्भव' के आरम्भ में हिमालय की भव्य प्रशस्तियाँ दी हैं, उनसे परिचित रहना हमारे लिए लाभदायक ही रहेगा। (देखिए, परिशिष्ट-2)

कैलास-अंचल में वसंत का आकस्मिक आविर्भाव हुआ, उससे पहले की घटना यहाँ 'कुमारसम्भव' से उद्धृत की जाती है—

"अब तुम ऐसा प्रयास करो कि समाधि-मग्न शिव का मन पार्वती के प्रति आकर्षित हो उठे...गुप्तचर का काम करनेवाली अप्सराओं के मुँह से हमने सुना है कि पार्वती अपने पिता की अनुमति लेकर शिव की परिचर्या कर ही है...तुम जाओ, देवताओं का यह काम कर डालो ! तुम्हारे भरोसे यह काम अटका पड़ा है। जैसे बीज को अंकुर बनने के लिए जल की आवश्यकता पड़ती है, ठीक उसी प्रकार यहाँ तुम्हारी सहायता अपेक्षित है। इस काम में तुम्हारा धनुष तो अपना काम करेगा ही, परंतु उससे किसी की हिंसा नहीं होगी। तुम्हारे तीर की यही तो विशेषता है। तुम्हारी यह अतुल सामर्थ्य सुर-समाज में सभी के लिए स्पृहणीय है...

"हे कामदेव, वसंत तो तुम्हारा चिरसखा है ही, इसीलिए हमने उसका नाम नहीं लिया। वह तो साथ रहेगा ही। पवन से यह थोड़े ही कहा जाता है कि तुम जाकर आग की सहायता करो !

"जैसी आज्ञा—कामदेव ने इंद्र का आदेश सिर झुकाकर मान लिया, उपहार में मिली हुई माला की तरह...सुरेश्वर इंद्र ने मदन की पीठ पर हाथ फेरकर उसे उत्साहित किया !

"उसने निश्चय कर लिया कि मैं अपने प्राण देकर भी देवताओं का यह काम पूरा करूँगा...फिर वह वसंत को साथ लेकर उधर चल पड़ा, जिधर शिवजी बैठे तपस्या कर रहे थे...उन दोनों के पीछे-पीछे बेचारी रति भी मन-ही-मन डरती-सहमती चली जा रही थी कि आज जाने क्या होनेवाला है !...

"उस वन में पहुँचकर मुनियों के चित्त को डिगानेवाला और कामदेव की सहायता का घमंड करनेवाला वसंत अपनी समूची सामर्थ्य लगाकर चारों ओर अचानक (जादूगर की भाँति) छा गया..."

बस, यहीं से इस कथाकाव्य का आरम्भ होता है। मात्र आठ पंक्तियों में वसंत का आकस्मिक विस्फोट अभिव्यक्त हो गया है। इस प्रकार का अति संक्षिप्त आमुख नाटकीयता का आभास देता है...

तत्पश्चात् छः-छः पंक्तियों की पाँच प्रगीतात्मक स्वगतोक्तियाँ आई हैं : वसंत, मलयानिल, कोकिल, भ्रमर और झिल्ली (झिंगुर)...इन लघु मुक्तकों से एक प्रकार का दृढ़ विश्वास झलकता है कि कामदेव अपने अभियान में अवश्य सफल होगा।

वसंत के आकस्मिक इस आविर्भाव ने प्राणी-जगत् में उथल-पुथल मचा दी है। हिरनी मंत्रमुग्ध-सी खड़ी है, हरिण उसकी गर्दन सहला रहा है—कभी दाहिने सींग से, कभी बाएँ सींग से...वह मानो उछलना-कूदना भूल गई है !

कालिदास ने यहाँ कहा था—

"शृंगेण चस्पर्श निमीलिताक्षीं
मृगीम् अकंडूयत कृष्णसारः !"

(काला हरिण अपनी उस हरिणी को सींग से खुजलाने लगा जो उसके स्पर्श का सुख लेती हुई आँखें मूँदे बैठी थी...)

खरगोश के जोड़े उछल-उछलकर घासों को रौंद रहे हैं। उनकी भूख-प्यास जाने कहाँ गायब हो गई है !

विस्मयाविमोहित पार्वती ने प्रकृति में आकस्मिक परिवर्तन देखा तो कुछ भी समझ नहीं पाई...पहले कभी शिशिर-मध्य में बर्फ नहीं पिघला था, वृक्षों की सूखी छालें कभी अकस्मात् हरी नहीं हुई थीं...काँटोंवाली सूखी झाड़ियाँ पहले एकाएक कभी हरी नहीं हुई थीं ! बूढ़े वनस्पतियों की लताओं ने इस तरह कभी आलिंगित नहीं किया था !...

वसंत-वर्णन में 'भस्मांकुर' का रचनाकार अत्यंत संयम का परिचय देता है। उसे भली-भाँति पता है कि हिमाद्रि के ऊपरी अंचल में वसंत थोड़े ही दिनों के लिए आता है, मैदानी अंचलों का वसंती-चमत्कार वहाँ तक कभी नहीं पहुँच पाता !

बर्फ-ढकी घाटियों में सैकड़ों प्रकार के फूल खिले हैं :

"वर्ण-गंध थे जिनके अमित-असीम
जान न पाई उन फूलों के लाभ
आगे-पीछे शैलशृंग हिम-शुभ्र
पल-पल पुलकन भरते शिशिर समीर
बर्फ-बर्फ सब ओर, नहीं है नीर..."

स्पष्ट है कि वसंत-वैभव कैलास-क्षेत्र में ठीक उसी प्रकार नहीं दीख पड़ेगा, जिस प्रकार इधर-उधर हमें दिखाए जाते रहे हैं। कैलास की तो बात अलग रखिए, बद्रीनाथ-केदारनाथ अथवा गुलमर्ग-खिलनमर्ग-अमरनाथ अथवा कुलू-मनाली-स्पिति-लाहुल-लदाख-लेह तक भी जो व्यक्ति घूम-फिर आया है, उससे इस बर्फीले वसंत की असलियत के बारे में पूछा जा सकता है।

किशोरी पार्वती ने रात्रिशेष में सपने देखे हैं। स्वप्न में वह अपने को तरुण शम्भु के साथ देख रही है। स्वप्न-दर्शन के ये चारों प्रसंग बड़े ही सहज ढंग से 'भस्मांकुर' के कवि ने हमारे सामने रखे हैं। स्वप्न की ये बातें कवि की मौलिक उद्भावना है और युगदृष्टि से मेल खाती है।

भारतीय परम्परा में कहीं भी तरुण शम्भु की चर्चा नहीं आती। हिमालय की पुत्री

लेकिन किशोरावस्था में ही दिखलाई गई है। वह प्रतिदिन प्रौढ़ शंकर की परिचर्या के लिए अपनी दोनों सखियों के साथ समाधिस्थल में जाती है। पार्वती शिव के प्रति सर्वथा अर्पित पाती है अपने को। दुविधा या संशय की कोई गुंजाइश नहीं है यहाँ। परंतु यह भी शायद नैसर्गिक विकृतियों का अनागत चमत्कार है कि आज, रात के पिछले पहर में उसने स्वप्न में कई बार कई रूपों में तरुण शंकर के साथ अपने को पाया। कवि ने यहाँ पार्वती को देवपुत्री या देवी की भूमिका में नहीं रखा, वह उसे पर्वत-पुत्री की मानवी की सहज भूमि पर उतार लाया है...तभी तो वह इस प्रकार के सपने देख सकी ! अवचेतन में दबी हुई 'तरुण वल्लभ' पाने की लालसा पार्वती को आधुनिक कुमारी कन्या का रूपक प्रदान करती है ! निश्चय ही यह कालिदास-वाली पार्वती नहीं हो सकती, इस प्रतिमा का निर्माण तो आज का कवि ही कर सकता था ! वास्तविक भासित होनेवाले ये सपने पार्वती को अनजाने की मानव-परिधि के अंदर खींच लाए हैं।

आगे चलकर हम देखेंगे कि किशोरी के प्रति कामदेव की पत्नी रति के हृदय में असीम सहानुभूति है। रति की यह हमदर्दी छिपी नहीं रहती, प्रकट हो जाती है :

"रति ने कहा : उमा का यह सौंदर्य
लगता है मुझको भी विरल, अपूर्व
पर, तुमने तो, ओ हे प्राणाधार,
मुनि-मन मथित किए हैं सौ-सौ बार !
बतलाओ, क्या रह जाता है शेष
जरठ हृदय में विन्दुमात्र भी स्नेह ?
मुझको तो, प्रिय, लगता है बेकार
सारा नाटक । आखिर वह सुकुमारि
क्यों बूढ़े को करने लगी पसंद ?
क्या अनमेल समागम है अनिवार्य !
सुर-समाज की बुद्धि हो गई भ्रष्ट !
करते हैं कैसे-कैसे खिलवाड़
नाहक ही ये ब्रह्मा-विष्णु-महेश...
(पृष्ठ 20)

काम, वसंत और रति—यही तीन मुख्य पात्र हैं इस कथा-काव्य के। इन तीनों में भी सर्वाधिक संवेदनशील, सर्वाधिक मुखर है रति। अंततः झेलना भी तो उसी को पड़ता है सारा कुछ...

पार्वती दिखाई तो आदि से अंत तक पड़ती है, लेकिन बातें कम-सम ही करती है। सपनों के बारे में सखियों से सब-कुछ बतला दिया था, फिर कुछ नहीं बोली। सखियों (जया-विजया) की बातचीत पार्वती से दुबारा नहीं होती। शिवजी तो एक बार भी अपना मुँह नहीं खोल सके...हाँ, कामदेव और वसंत की आपसी बातें बार-बार सुनाई पड़ी हैं।

यह आसानी से कहा जा सकता है कि एक अच्छा-भला प्रबंध-काव्य यहाँ लघु-काव्य या खंड-काव्य के रूप में हमारे समक्ष रख दिया गया है। 'भस्मांकुर' के वर्णनोंवाले अंश शब्दशिल्प की दृष्टि से बड़े सुगठित बन पड़े हैं। खोजने पर साहित्य-रसिकों को शब्दालंकार और अर्थालंकार स्थान-स्थान पर मिल ही जाएँगे। आधुनिक काव्यों में ऐसी प्रामाणिक और व्यंजना-लक्षणापूर्ण भाषा का प्रयोग दो ही चार कवियों ने किया है। कथोपकथनवाले अंश बड़ी ही सरलता से गुम्फित हुए हैं। बातचीत के सिलसिले में संस्कृत शब्दों के साथ ही अरबी-फारसी शब्द भी यत्र-तत्र आ गए हैं। विद्यापति से लेकर तुलसीदास तक—श्रीधर पाठक से लेकर निराला तक—सभी ने ऐसा किया है।

कालिदास की रति अंत में विलाप करती है। उसके बारे में कहा तो अवश्य गया था कि डरती-सहमती-सी वह अपने पति के साथ चल पड़ी थी। परंतु बीच में कालिदास ने रति को कहीं याद नहीं किया।

यहाँ 'भस्मांकुर' में कामदेव को अनुक्षण रति का सक्रिय साहचर्य उपलब्ध है... कामदेव का चित्र अनिष्ट की आशंका से उद्विग्न है। यहाँ 'रामचरितमानस' के उस अंगद की याद आ जाती है जिसके संबंध में महाकवि तुलसीदास ने कहा है : "अंगद कहैं जाऊँ मैं पारा। कछु संसय मोहि फिरती बारा"। रति भी अंदर-अंदर विकल है। हाँ, ऊपर-ऊपर दोनों हँसते-बोलते हैं। प्रयास यही रहता है कि एक-दूसरे को प्रसन्न, पुलकित रखें, उत्साह में ज़रा भी कमी न आने पाए !

लेकिन प्रयास से क्या होता है ! जी की धुकधुकी बीच-बीच में प्रकट हो जाती है, आँखों की पुतलियों में तैर आती है वह...

"रखकर पति के कंधों पर मृदु हाथ
आँखों में दी आँखें रति ने डाल
दो-दो दृगमणि, चारों की द्युति एक
अंतर उर के तरल स्निग्ध प्रतिरूप
तैर रहे थे उनमें वारम्वार
भासित हुई मदन को कुछ क्षण बाद
संशयमिश्रित भय की हल्की छाँह
स्पंदित चम्पक पंखड़ियों के बीच
दो मणिगोलक चमके शंकाश्याम
छिपा न पाई भीतर का आतंक
मलिनमुखी रति पास आ गई और
झट से झुककर लिया मदन ने थाम
काँप रहा था रति का मृदुल-शरीर..."

फिर वह संज्ञाशून्य हो जाती है। फिर उसका शीतोपचार होता है, होश में आती है तो मित्र वसंत को सामने खड़ा पाती है...वह कहता है :

"क्षण-भर में तुम हो जाओगी स्वस्थ

यह कुवेर-अधिवासित हिमगिरिगोद
यहाँ सुलभ हैं केवल मोद-प्रमोद–"

कामदेव का प्रिय सखा (वसंत) जादूगर-सरीखा असीम सामर्थ्य का धनी होने के साथ ही अचूक विनोद-वृत्ति का भी उत्स है। देवाधिदेव शिव पर इसने स्थान-स्थान पर व्यंग्य किया है...शंकर की सम्प्रभुता पर प्रच्छन्न कटाक्ष 'भस्मांकुर' में कई बार किए गए हैं।

आस्थावान् शैव पाठकों को दृष्टि में रखकर यदि कोई श्रद्धालु शैव कवि इसी विषय पर रचना तैयार करता तो वह और ही प्रकार की वस्तु होती। परंतु यह भी परम सत्य है कि संस्कृत-प्राकृत-अपभ्रंश से लेकर क्षेत्रीय भाषाओं तक में 'बम्भोले बाबा' की जितनी फजीहत कवियों ने की है, उसकी तुलना में 'भस्मांकुर' की वक्रोक्तियाँ सात्त्विक ही मानी जाएँगी।

परिशिष्ट-2

आदि वैदिक युग का 'रुद्र' पौराणिक काल तक आते-आते 'शिव' बन बैठा। देवाधिदेव और महादेव आरम्भ में नहीं था। ऋग्वेदकाल में रुद्र का महत्त्व इंद्र के बराबर था, यह लगभग निश्चित प्रतीत होता है।

मरुत् (गण) इंद्र के साथी थे। रुद्र मरुतों, का पूर्वज था, क्योंकि ऋग्वेद में ढेर-सारी ऋचाएँ रुद्र की हैं।

यजुर्वेद का युग आते-आते स्थिति बदल गई होगी। उसमें एक ही रुद्र नहीं, अनेक रुद्र मिलते हैं। 'शतरुद्रीय' से कुछ उद्धरण, अनूदित रूप में, यहाँ दे रहे हैं :

"हे रुद्र, तेरे क्रोध को नमस्कार। तेरे बाण को नमस्कार। धनुष धारण करनेवाले, तुझे नमस्कार। ...हे नीलग्रीव, सहस्राक्ष, वृष्टिकर्ता, तुझे नमस्कार। अपने धनुष का शर-संधान मुझ पर न होने दे। अपना तरकश हमसे दूर रख।

"हरिण्यबाहु को, सेनापति को, दिशाओं के स्वामी को नमस्कार।

"धनुर्धारी को नमस्कार। चोरों के अधिपति (सरदार) को नमस्कार। डाकुओं के सरदार को नमस्कार।

"गणों को, गणपतियों को, तुम लोगों को नमस्कार। बड़ों को, छोटों को, तुम लोगों को नमस्कार। रथवालों को, बिना रथवालों को, तुम लोगों को नमस्कार। सेनाओं को, सेनापतियों को, तुम लोगों को नमस्कार। बढ़इयों को, रथ तैयार करनेवालों को, तुम लोगों को नमस्कार। कुम्हार को, लुहारों को, तुम लोगों को नमस्कार। शिकार करनेवालों को, कुत्ते पालनेवालों को, तुम लोगों को नमस्कार। कुत्तों को, कुत्तों के मालिकों को, तुम लोगों को नमस्कार...

"सोम को नमस्कार। रुद्र को नमस्कार। उग्र और भीम को नमस्कार। पशुपति को नमस्कार..."

रुद्र की यह स्तुति (शतरुद्री) आज भी बहुत लोकप्रिय है। शहद-दूध आदि से शिव का अभिषेक करते समय 'शतरुद्री' का पूरा पारायण चलता है, यजमान तगड़ा हुआ तो सारा-सारा दिन चलता रहता है।

सीमांत अंचलों में, कबीलों के बीच, जो भी देवता पूजे जाते थे, धीरे-धीरे उन सभी को 'रुद्र' की परिधि में समेट लिया गया।

अथर्ववेद के युग में 'भव', 'शर्व' आदि का रुद्रत्व प्रदान किया जा चुका था। पृथ्वी, जल, अग्नि, वायु आदि आठ मूर्तियोंवाला 'महादेव' उपनिषदों के समय में प्रतिष्ठालाभ कर बैठा था। कालिदास ने 'अभिज्ञान शाकुंतलम्' के मंगलाचरणवाले श्लोक में कहा है : "जल, अग्नि, होता, सूर्य, चंद्र, आकाश, पृथ्वी और वायु—इन आठ रूपों में जो भगवान् शिव सबको दिखाई देते हैं, वह आप लोगों का कल्याण करें।"

पहले युगों में जो रुद्र तमोगुणवाली शक्तियों का प्रतिनिधि देवता था, वही बादवाले युगों में रजोगुणवाली शक्तियों का देवता बन बैठा। 'महादेव' का परिवार भी बहुत बड़ा हो गया। उनमें देवों-देवियों, यक्षों, गंधर्वों, विद्याधरों, पिशाचों, प्रेतों, डाकिनियों का समावेश होता गया। रावण और भस्मासुर जैसे दानव भी शिव के कृपापात्र थे। सज़ा देने के बाद कामदेव को भी महादेव ने अपना अनुचर बना लिया।

शक राजाओं—राजपुरुषों में इस 'रुद्र-शिव' के लिए असीम आदर-भाव था। बाद में उनकी भक्ति-भावना में बुद्ध भी साझेदार हुए।

शम्भु-शितिकंठ, शिव, महेश, महारुद्र, शंकर, देवाधिदेव, प्रलयंकर...इस प्रकार महादेव के आठ-दस पर्याय 'भस्मांकुर' में आए हैं। संस्कृत के सर्वाधिक लोकप्रिय कोष-ग्रंथ 'अमरकोष' में शिव के 48 पर्याय मिलते हैं। इन नामों के अतिरिक्त अन्यान्य सैकड़ों नाम तो प्रचलित हैं ही, कामदेव से जुड़े हुए कुछ-एक नाम शिव के मिलते हैं : कामेश्वर, मदनेश्वर, मन्मथनाथ आदि...इससे यही प्रतीत होता है कि 'महाप्रभु' ने कामदेव को जलाया नहीं था। लीला की थी, खिलवाड़ किया था...

"उमा, कात्यायनी, गौरी, काली, हैमवती, ईश्वरी, शिवा, भवानी, रुद्राणी, शर्वाणी, सर्वमंगला, अपर्णा, पार्वती, दुर्गा, मृदानी, चंडिका और अम्बिका"—इतने नाम हिमालय की पुत्री के मिलते हैं (अमरकोष में)...निश्चय ही 'महादेव' के साथ 'महादेवी' की भी प्रतिष्ठा बढ़ती गई। हमारे आरण्य समाजों और ग्रामीण समाजों की बदलती आस्थाओं के अनुसार देवियों को देवों के साथ कर दिया गया। लोकमाताओं के लिए लोकपिता अनिवार्य हो उठे ! 'देवाधिदेव' के 'अर्धनारीश्वर' विग्रह की कल्पना तो हमारे पौराणिक दिल-दिमाग की विशिष्ट उपज थी ही !

कामदेव के इक्कीस नाम 'अमरकोष' में आए हैं : मदन, मन्मथ, मार, कंदर्प,

अनंग, काम, पंचशर आदि।

मदन वस्तुतः प्रेम का अधिष्ठाता है। ब्रह्मा-विष्णु-महेश आदि की तरह वह प्रमुख देवता नहीं है। उसकी हैसियत छोटी है। फिर भी, उसके बिना देव-समाज अधूरा रह जाता।

कामदेव ब्रह्मा का मानसपुत्र है। पैदा होते ही देखा गया कि वह अति सुंदर है। उसके अंग-अंग से खुशबू आ रही थी...

ब्रह्मा को प्रणाम करके कामदेव ने पूछा—"मेरे क्या कर्त्तव्य होंगे, कौन-सा दायित्व आप मुझ पर डालेंगे ?"

"अपने पुष्प-बाणों से तू स्त्रियों और पुरुषों को मोहित किया करना।" ब्रह्म देव ने उससे कहा—"मैं तुझे आशीष देता हूँ, विष्णु-शिव आदि सभी देवगण तेरे अधीन होंगे..."

कामदेव ने सोचा : ब्रह्मा के इस वर की शक्ति का अंदाज़ मैं अभी-अभी क्यों न ले लूँ ?

उसने धनुष की डोरी तानकर तीर को भिड़ाया ही था कि ब्रह्मा के अन्यान्य मानसपुत्र (दक्ष आदि) विकारग्रस्त हो उठे। ब्रह्मदेव की मानस कन्या संध्या अपने उन भाइयों पर मोहित हो गई। आश्चर्य की बात यह और हुई कि ब्रह्मा स्वयं ही अपनी पुत्री पर रीझ गए...वह भागी तो चार मुखोंवाले यह विधाता भी उसके पीछे-पीछे भागने लगे !

इस दुर्घटना से क्षुब्ध होकर शंकर ने ब्रह्मा को फटकारा। विकार का मूल हेतु जानकर ब्रह्मा ने कामदेव को शाप दिया—"तू रुद्र की तीसरी आँख से निकली हुई ज्वाला में भस्म हो जाएगा...यह रुद्र ही तेरा संहार करेंगे।"

फिर मदन ने ब्रह्मा से कहा—"आप तो नाहक ही मुझ पर अपना गुस्सा झाड़ते हो ! मैंने कोई अपराध नहीं किया है। खुद आपने ही तो मुझे ऐसा वर दिया है। मैं उसकी जाँच कर रहा था..."

ब्रह्मा ने कामदेव को शाप-मुक्ति का आश्वासन दिया और बोले—"शिव जब पार्वती को पत्नी के रूप में स्वीकार करेंगे, उसी समय तुझे नया शरीर प्राप्त होगा..."

काम की पत्नी रति प्रजापति दक्ष की पुत्री है। अपने सौंदर्य और कोमल स्वभाव के लिए उसकी बड़ी ख्याति है। रति एक क्षण भी मदन से अलग नहीं रह सकती।

वसंत मदन का अनन्य मित्र है। तोता उसका वाहन है।

कामदेव का धनुष गन्ने (इक्षु) का माना गया है। जिन पाँच फूलों से वह बाणों का काम लेता है, वे हैं : अरविंद, अशोक, आम्रमंजरी, मल्लिका (बेला या जूही) और नीलकमल। भावनात्मक स्तर पर इन तीरों के नाम हैं : उन्मादन, तापन, शोषण, स्तम्भन, और सम्मोहन...

पुराने युगों में नगरों के बाहर, उद्यानों में (कहीं-कहीं नगरों के मध्य भाग में भी) कामदेव के मंदिर हुआ करते थे। उज्जैन में इस प्रकार का एक मदन-मंदिर था, ऐसा

उल्लेख 'मृच्छकटिक' नाटक में मिलता है। सम्राट् हर्षवर्धन की बहन (राज्यश्री) के कौतुकगृह में, एक ओर कामदेव के और दूसरी ओर रति-प्रीति के चित्र अंकित थे—यह तथ्य हमें महाकवि बाणभट्ट के 'हर्षचरित' से ज्ञात होता है। कामदेव की प्रतिमा कैसी होनी चाहिए, इसका निर्देश विष्णुधर्मोत्तर पुराण में मिलता है : "आठ बाँहोंवाले कामदेव का रूप अनुपम ही होना चाहिए...शंख-पद्म-चाप-बाण चार हाथों में..रति-प्रीति-शक्ति-मत्तता (मदशक्ति) उसकी चार पत्नियाँ होंगी; चारों के वक्षःस्थलों पर उसके बाक़ी चार हाथ होंगे। सबकी आँखें मदमस्त दिखानी होंगी। झंडे पर मगर होगा..."

बुद्ध की साधना में 'मार' ने भारी उत्पात मचाए थे। मार की तुलना में यह कामदेव तो अहिंसक ही कहा जाएगा। कोष में यद्यपि 'मार' कामदेव का ही पर्याय बतलाया गया है, परंतु महाकवि अश्वघोष ने 'बुद्धचरित' में 'मार' का जो रूप दिखलाया है, वह बड़ा ही विकराल है...।

गीता में काम को 'महाशनो महापाप्मा' (महाभुक्खड़, महापापी) कहा है, अंधी वासना का सत्यानाशी प्रतीक !

दूसरी ओर काम भारतीय वाङ्मय में सर्जनामूलक उद्दाम आकांक्षा के तौर पर बहुधा चर्चित होता रहा है। 'धर्म-अर्थ-काम-मोक्ष' में वही काम तो है। शिव ने 'अनंग' की निराकार महिमा अंगीकार कर ली थी, यह वही 'काम' था।

अर्थ एवं टिप्पणियाँ

पृष्ठ 474

लतावितान—लताओं का आच्छादन; बेलों की छतनार झुरमुट।

मुकुलोद्गम—कलियों का फूटना।

कलिकाकोर—कलियों की पंखुड़ियों की नोकें।

दखिन पवन—दक्षिण समीर; मलयानिल। वसंत-ऋतु में जो पवन दक्षिण की ओर से चलता है, कवियों की भावना के अनुसार वह बहुत उद्दीपक होता है।

मदन-सखा—कामदेव का मित्र।

उद्भिद—सम्पूर्ण वनस्पति-जातियाँ (तरु, लता, तृण, गाँठवाले कंद, मिट्टी के अंदर दबे रहनेवाले अंकुर, यहाँ तक कि आकाश-बेल पर्यन्त) उद्भिद कहलाती हैं।

मनुहार—अनुनय; मनाने के लिए की जानेवाली विनती।

हुलसित—उल्लसित।

मृगमद—कस्तूरी (हिरण की नाभि से उत्पन्न होने के कारण ही यह 'मृगमद' कहलाती है)।

उशीर—खस (यह एक घास होती है जिसकी जड़ों में शीतल सुगंध होती है। सूखने पर भी भिगोकर गर्मियों में लोग शीतलता के लिए इसका प्रयोग करते हैं)।

नर-कोकिल—पिक; कहते हैं, मादा कोयल की आवाज़ आकर्षक नहीं होती है। वस्तुतः वह नरकोकिल ही होता है, जिसकी कूक पंचम तान कहलाती है।

पृष्ठ 475

चटुल—चंचल; चटुल शब्द से चाटुकार एवं चंचल दोनों अर्थों का इंगित होता है।

गंधर्व—देवताओं की अत्यंत सुंदर जाति, जो अपनी नृत्य, वाद्य, गायन आदि ललित-कलाओं के लिए विख्यात रही हैं। इनकी दो श्रेणियों का उल्लेख मिलता है—दिव्य और मर्त्य।

झिल्ली—झींगुरों की सम्मिलित आवाज़ अपनी अनवरत लयबद्धता के लिए विख्यात है। अमराइयों से हज़ार-हज़ार झींगुर अपनी एकतान मीठी झंकृतियों से वसंत-ऋतु को और भी सुहावना बनाते हैं।

स्वर-संहति—स्वर-समूह; स्वर-सामंजस्य।

उत्कर्ण—उठे हुए कानोंवाला। मन जब आवेग में होता है (उमंग या आतंक की स्थितियों में) तो हरिण-हरिणियों के कान खड़े हो जाते हैं।

ग्रीवा-मूल—गर्दन का मूल-प्रदेश; कंधों के पास।

निमीलित—बंद; मुँदे हुए।

बेभान—बेखबर।

नासापुट—नथुने।

गंध-संधान—गंध का पता लगा।

शशक-युग्म—खरगोशों के जोड़े।

विद्रुमवर्णी—मूँगे की तरह के लाल।

पृष्ठ 476

समतूल—बराबर अनुपातोंवाला।

लुनाई—सलोनापन; लावण्य।
प्रतिमित—मूर्तिमान; प्रतिमाबद्ध।
चित्रकार-तूली-उन्मीलित—चित्रकार की कूचियों द्वारा निखरा हुआ।
सुविभाजित—सुडौल।
अवदात—चमकीला; सुंदर।
शोभा-धाम—सौंदर्य का भंडार।
प्रतिभासित—प्रतिफलित; प्रतिबिम्बित।
वयःसंधि—बारह से लेकर पंद्रह तक की आयु (लड़कियों के लिए) वयःसंधि मानी जाती है। परंतु ठंडे प्रदेशों में वयःसंधि की यह सीमा पंद्रह से बीस वर्ष की आयु तक देखी गई है।
अचम्भित—आश्चर्यान्वित।
ऋतु-व्यतिक्रम—मौसम की गड़बड़ी।
नैसर्गिक—प्राकृतिक।
उद्‌भिन्न—विकासोन्मुख। अभी-अभी फूटा हुआ।
टूसे—पल्लवों के नवांकुर; कलियों के कल्ले।
छतनार—छायादार।

पृष्ठ 477

दीर्घ प्रलम्बित—बड़े और लम्बे।
छुअन—स्पर्श।
हरित सुधा—हरियाली का अमृत।
अपत—पत्रहीन।
कटीली—काँटोंवाली।
आच्छन्न—ढका हुआ।
मधुछत्र—शहद का छत्ता।
रात्रिशेष—रात का पिछला पहर। कहते हैं रात्रिशेष में देखे हुए सपने सत्य होते हैं।
कस्तूरी-मृग-छाल—कस्तूरीवाले हरिण की खाल, जिसे योगासन के लिए पवित्र माना गया है।
सपोले—साँप के बच्चे।
रजतदंड—चाँदी के डंडेवाला त्रिशूल, जिसके अगले तीनों छोर स्वर्णमय हैं।
मणिकुट्टिम—रत्नों से खचित शिलातल।
तन्मध्य—उसके बीचोबीच।
अधित्यका—पहाड़ की ऊपरी चोटियों के मध्य स्थित अंचल। इसे भूगोल की आधुनिक शब्दावली में 'टेबुल लैंड' कहते हैं।

पृष्ठ 478

लीला पद्‌म—ताजा कमल, जो शौकिया तौर पर हाथ में रखा जाए।
व्रीड़ा-विगलित—लज्जा या संकोच में कम्पित, किंवा शिथिल।
बंधुर-गिरिपथ—ऊँचे-नीचे (विषम) पहाड़ी रास्ते।
हिम प्रांतर—बर्फ से ढका पठार।
सानु—शिखर।
कनकाभ—स्वर्णिम आभावाला।
शिशिर समीर—बर्फीली हवा।
यायावर—खानाबदोश; घुमंतू।
मृगमदवासित—हिमालय के ऊपरी इलाकों में गुफाएँ (सहज या निर्मित्त) कुटियों का काम देती हैं। इन गुफा-गृहों में जब कस्तूरी-मृग बैठते हैं, तो कई-कई दिनों तक उन गुफा-गृहों से सुगंध आती रहती है।
क्लांति-परिहार—थकावट दूर करेंगे।

पृष्ठ 479

त्वरित—फुर्तीली; तीव्र।
मार गया है काठ—सुन्न हो गया है।
वल्कल वसन—आदिम युगों में (या अब भी आदिवासी अंचलों में) पेड़ की छाल वस्त्रों के रूप में प्रयुक्त की जाती थी।
ग्रीवाभंग—गर्दन की लचक।
विजया और जया—पार्वती की दो सखियाँ जो तपस्या के समय निरंतर उसके साथ रहीं। कहा गया है कि ये दोनों सखियाँ

वन-देवियाँ थीं।

सर्प-स्पर्श-सुख—साँपों की त्वचा बेहद चिकनी होती है। इसी से पालतू साँपों को अपने अंगों से सटाकर रखने में आनंद आता रहा होगा।

नर्म-परिहास—हल्के-फुल्के मज़ाक; चुहल।

हैमवती—पार्वती। हिमवान् की पुत्री।

छवि-सम्भार—शोभा-समृद्धि।

गंध-बंधुर—कभी कम और कभी अधिक सुगंधि से भरा हुआ।

पृष्ठ 480

त्वरा-भरित—तीव्र गतिवाले; वेगमय।

नंदन-वन—स्वर्ग-लोक का विशिष्ट उद्यान। पुराणों में नंदन-वन की महिमा के बखान में बहुत-कुछ कहा गया है। वहाँ आकाश-गंगा में सुनहले कमल खिलते हैं; कल्पवृक्ष होता है जो सदैव आकांक्षाओं के अनुसार सब-कुछ देने को उद्यत रहता है। वहाँ कामधेनु होती है। नंदनवन में देव-कुमार अप्सराओं के साथ और देव-कन्याएँ गंधर्वों के साथ विहार करते रहते हैं।

सहभोगी—भोग का साथी।

सांग—स्वजन समेत, वाहन सहित, अपने सारे अस्त्र-शस्त्रों के साथ।

रागारुण शितिकंठ—प्रीति-दीप्त नीलकंठ।

गिरि-तनया—पार्वती।

युगनद्ध—भोगकालीन मुद्राओं में परस्पर गुँथे हुए। काम-केलिरत तरुण-तरुणियों के जोड़े प्राचीन काव्यों एवं कला-कृतियों में यत्र-तत्र पाए जाते हैं।

व्यवधान—अंतर, फासला, दूरी।

गौरीनंदन—पार्वती-पुत्र, कार्तिकेय (गणेश भी गौरीनंदन कहलाते हैं, जोकि कार्तिकेय के अनुज हैं)।

तारक—हज़ारों वर्ष की तपस्या करने पर यह महादानव ऐसा प्रतापी हो गया कि सारे देवगण उससे आतंकित रहने लगे। उसे ब्रह्माजी का वरदान था कि उसके समान दूसरा कोई बली न होगा और शिव के औरस पुत्र को छोड़कर और किसी के हाथों वह मारा नहीं जा सकेगा।

कृतकृत्य—सफल; कृतार्थ।

पृष्ठ 481

कुसुमाकर—वसंत।

परिवेश—माहौल; चारों ओर का वातावरण।

शिलीभूत तुहिनों से—पथराई हुई बर्फों से।

मायाकानन—जादुई प्रभाव से दिखनेवाला जंगल; कृत्रिम वन।

धवलाद्रि—कैलास पर्वत; धौला-गिरि।

शिलोच्चय—शिलाओं के ढेर; चट्टानों के सिलसिले।

प्रभातरल प्रतिबिम्ब—चमकीली छाँहों में काँपती हुई परछाइयाँ।

पृष्ठ 482

भ्रमरदूत—संवाद ले जाने का काम करनेवाला भौंरा। यह भी कवियों के दिमाग की उपज है।

मधु—वसंत।

दृगमणि—आँखों की पुतलियाँ।

शंकाश्याम—संशय के कारण काले पड़े हुए।

स्वेद-सिक्त—पसीने से तर-ब-तर।

स्पन्दन-शून्य—निश्चेष्ट।

बीजने—पंखे की तरह झलने।

मंदाकिनी...—आकाश-गंगा के जलकणों के बार-बार दिए जानेवाले छींटे।

पृष्ठ 483

कुबेर-अधिवासित—कुबेर द्वारा आबाद।

मधुपान—मदिरापान।

पत्र-पुटों में—दोनों में भरकर।

मकरंद—पुष्पों का रस।
संशय-कीट—संदेह का कीड़ा।
फेनिल—झागयुक्त।
खटरस फल...—अनेकानेक स्वादोंवाले फल। पहाड़ों और आरण्यक अंचलों में मदिरापान के समय नाना प्रकार के छोटे-बड़े जंगली फल सामने रख लिये जाते हैं, जिससे मदिरा का स्वाद रोचक बना रहे।
पत्र-चषक—पत्तों के बने हुए दोने।
क्लांतिहरण—श्रम-हरण।

पृष्ठ 484
मधु-माधव—वसंत
कंदर्प—कामदेव।
भृकुटि सुरेखित—लकीरों जैसी भौंहोंवाली।
आयत—विशाल।
पक्ष्मल—बड़ी-बड़ी पलकोंवाली।
परिपंखित—पंखों से घिरी हुई।
कम्बुग्रीव—शंख जैसी सुडौल गर्दन।
कुंचितशीति—घुँघराले और काले।
निराभरण—आभूषणशून्य।
समान्तराल—समान अंतर पर।
अरुणाभ—ललाई लिये हुए।

पृष्ठ 485
आकल्प—युगांत तक।
वरनारि—श्रेष्ठ नारी; उत्तम नारी।
जरठ—शुष्क; नीरस; खूसट।

पृष्ठ 486
देवाधिदेव—सबसे बड़े देवता।
सर्वेश—सबके ईश्वर।
दरवेश—फकीर।

पृष्ठ 487
महारुद्र—जगत् की सृष्टि करते समय ब्रह्मा की भौंहों के बीच से क्रोध रूप से रुद्रदेव की सृष्टि हुई थी। पुराणों में इनकी संख्या 11 मानी गई है। महारुद्र अर्थात् रुद्रों में श्रेष्ठ भगवान् शंकर।
अर्पित आप्राण—हृदय से समर्पित।

पृष्ठ 488
घुँघची गुच्छ—शंखनुमा छोटे-छोटे घोंघे, जिनका गुच्छा अब आदिवासी गहनों के तौर पर इस्तेमाल करते हैं।
विविध धातु द्रव अनुलेपित तन—शरीर पर अनेक प्रकार के खनिजों यथा गेरू आदि के द्रवों का लेप किए हुए।
गणवेश—गणों के परिधान।
प्रमथ—शिवजी के मुख के फेन से प्रमथों की सृष्टि हुई। ये शिवजी के खेल-कूद और विहार में साथ देनेवाले आत्मीय गण हैं। विचित्र आभरणों से अलंकृत। जटा-जूट और अर्ध-चंद्र धारण किये हुए। शिव की समाधि में किसी प्रकार की अड़चन न पड़ने पाए, इसकी चौकसी रखना प्रमथ-गण का प्रमुख कर्त्तव्य प्रतीत होता है। प्रमथों को हास्य रस के अधिष्ठाता भी बतलाया गया है।
भावांतर—अन्य भाव।
रुद्राक्ष—एक पहाड़ी फल का बीज, जिसकी माला धारण करना बहुत कल्याणकर माना गया है। शिव-भक्तों को यह बेहद प्रिय है।
कमठपीठ—कछुए की पीठ।

पृष्ठ 489
मृदंग—पक्की मिट्टी से बना हुआ एक प्रकार का बाजा, जो ढोलक से कुछ लम्बा होता है। कहा जाता है कि त्रिपुरासुर के मरने पर उसके रक्त से पृथ्वी पर जो कीचड़ हो गया था, उसी से ब्रह्मा ने मृदंग बनाया और उसी असुर के

चमड़े से वह मढ़ा गया। द्वापर में कृष्णलीला के समय से वह काठ का बनाया जाने लगा।

मृदुमन—कोमल मनवाली।

स्मरशरबिद्ध—कामदेव के बाणों से घायल।

देवदारु—हिमालय पर छह हजार से नौ हजार फीट तक की ऊँचाई पर उगनेवाला एक वृक्ष, जो 80 गज तक सीधा ऊँचा चला जाता है। इसकी पत्तियाँ पतली और नुकीली होती हैं और इसका घेरा ऊपर से नीचे तक ढलुआँ होता है। इसकी लकड़ी सुंदर, हल्की, सुगंधित और गेहुँए रंग की सफेद होती है। इसमें घुन या कीड़े नहीं लगते। हिमांचलीय वृक्षों में यह सर्वाधिक पवित्र माना जाता है।

निस्पंद—चेष्टाशून्य; चित्तवृत्ति को निरुद्ध कर लेने पर पैदा होनेवाली निष्कम्प शारीरिक स्थिति।

अचपल...—आँखों की स्थिर पुतलियाँ नाक की नोक पर टिकी हों, ऐसी स्थितिवाला।

थिरमूल—स्थिर मूलवाला; जिसका मूलाधार स्थिर हो।

उत्तान—उल्टे तने हुए, ऊपर की ओर।

शुचि—पवित्र; निर्मल।

राजीव—कमल।

अभिसूत्रित—सूत्रों में गुम्फित; अभिमंत्रित।

मौलिमाल...—जटाजूट में लपेटकर लाड़ में रखे गए तरुण सर्प।

केयूर—बाँहों का आभूषण।

वलय—कंगन (पुरुष के भी और स्त्री के भी)।

नागेंद्र—नागराज।

तक्षक—आठ नागों में से एक। इसका जन्म कश्यप और कद्रु के गर्भ से हुआ था। यह खांडव वन में रहता था और इसने ही श्रृंगी ऋषि का शाप सफल करने के लिए राजा परीक्षित को काट लिया था, जिससे क्रुद्ध होकर जनमेजय ने सर्प-यज्ञ किया था। यज्ञ का समाचार सुनकर तक्षक ने इंद्र की शरण ली और वासुकी ने यज्ञ रोकने के लिए आस्तीक को भेजा। राजा जनमेजय ने तक्षक को इंद्र का शरणागत जानकर ऋत्विजों से कहा कि तक्षक के साथ इंद्र की आहुति कर डालिए। फलतः 'इंद्राय तक्षकाय स्वाहा' कहते ही तक्षक के साथ इंद्र भी अग्नि की ओर आकृष्ट हो गए। तब इंद्र ने डरकर तक्षक को छोड़ दिया जो अग्नि की ओर गिरने लगा। इसी समय आस्तीक ने अपनी आन देकर महाराज जनमेजय से सर्प-यज्ञ बंद करने की भिक्षा माँगी। आठ प्रधान नाग हैं—अनंत, वासुकि, पद्म, महापद्म, तक्षक, कर्कोटक, शंख और शेष।

अँगुलिभूषण—अँगुली का आभूषण; अँगूठी।

शिशुनाग—सपोले; साँप के बच्चे।

वासुकि—नागों का राजा; आठ प्रधान नागों में से एक।

अगोर—रखवाली।

पृष्ठ 490

पारद—पारा।

दीपित—चमकती; जगमगाती।

सुरसरिधार—गंगा की धारा।

कर्पूरोज्ज्वल—कपूर-जैसा श्वेत।

मन्मथ—कामदेव।

पुलकोद्गम—रोमांच।

प्रस्वेद—पसीना।

मतिशून्य—किंकर्त्तव्यविमूढ़; उद्भ्रांत।

श्लथ-कम्पित—शिथिल एवं कम्पनमय।

संकोच-विलास—लज्जा की भंगिमा।

पृष्ठ 491

अनुपल—प्रतिक्षण।

प्राणदा—जीवनदायिनी।

इंगितगर्भी—संकेतपूर्ण।
श्रुतिसम्पुट—कानों की कटोरियाँ।
कमलाक्ष—कमल के सूखे बीजों (कमलगट्टों) की माला। जप के लिए यह बहुत पवित्र मानी जाती है।
कोरक-गुच्छ—कलियों के गुच्छे।
नंदी—शिवजी के गणों में से एक।

पृष्ठ 492

सफल-मनोरथ—पूर्णकाम।
साश्चर्य—आश्चर्य सहित; विस्मयपूर्ण।
यातुधान—जादूगर।
वैतालिक—ऐन्द्रजालिक; कर्तब दिखानेवाले।
संधानो—निशाना साधो।
प्रत्यंचा—धनुष की डोरी।
आश्वस्त—आश्वासन से भरी हुई; संतुष्ट।

पृष्ठ 493

फड़क-फड़क...—महिलाओं की दाईं आँख का फड़कना अशुभ माना जाता है।
चम्पकद्युति-तन—चम्पा की-सी देह-शोभावाली।
रक्तांशुक-परिधान—लाल रेशम के वस्त्र।
मेखला—करधनी; कमर का आभूषण।
चौंर—चँवर; चमर या चमरी गायों की एक नस्ल होती है। हिमालय के बर्फीले अंचलों में यह पशु अपने गाढ़े दूध, गर्म खाल आदि के लिए बहुत महत्त्व का स्थान रखता है। इसी पशु की पूँछों से चँवर बनते हैं।
निर्वीचि—तरंगहीन; स्थिर शांत जल।
कैलास—मध्य हिमाचल का वह शिखर प्रदेश जो बाईस हजार फीट से ऊपर है। इसकी प्रसिद्धि शिव का निवास होने के कारण विशेष मानी गई है। सिंधु, सतलुज और ब्रह्मपुत्र जिन ऊँची पहाड़ियों से निकलते हैं, वह विशाल दायरा कैलास-शिखरों का ही दायरा है। सम्प्रति इस पर चीन का अधिकार है।
निराकुल—स्वस्थ; अचंचल।

पृष्ठ 494

अनुबिम्ब—गोलाकार परछाईं।
बौड़म—ज्ञानशून्य या मूर्ख।
निकेत—गृह; छत और प्राचीरों से घिरा हुआ धूप, हवा, बरसात आदि से बचानेवाला। यहाँ लेकिन निकेत से कुंज अभिप्रेत है।

पृष्ठ 495

खर्वाकृति—बौने आकार का; धनुष चलाते समय शरीर की मुद्रा झुक जाती है। खर्वाकृति से यहाँ यही अभिप्राय है।
नयन-कृशानु—आँख से निकलनेवाली प्रचंड आग।
भस्म-प्रतिमान—भस्म की प्रतिमा-जैसा दिखाई पड़नेवाला (भस्म हो जाने के बाद)।
नर-विग्रह—पुरुष शरीर।
संज्ञा-शून्य—प्राणहीन।
विसुध—बेहोश।
कदली-स्तम्भ—केले का थम्भ। पतली, सुंदरी किशोरी या युवती के शरीर की उपमा के तौर पर हमारे साहित्य में इसकी बार-बार चर्चा आई है।
भूलुंठित—जमींदोज़।
बीभत्स—भद्दा; घिनौना; विकृतियों और विरूपताओं का पुंज। भारतीय साहित्यालोचन में 'बीभत्स' अन्यतम रस है।

पृष्ठ 496

वक्षोज—स्तन; कुच।
उपालम्भ—उलाहना।
उछाह—उत्साह।
धनुर्धर—धनुष धारण करनेवाला।
शर-संधान—तीर का निशाना।

अंतर्धान—लुप्त, तिरोहित, अदृश्य।
कुसुम-सुकोमल...—ऐसा प्रतिद्वन्द्वी जो फूलों से बढ़कर मुलायम था।

पृष्ठ 497

नियतिविधान—भाग्यलेख।
निरवधि—काल-सीमा से रहित।
कठजीव—जो मरकर भी न मरे; जिसके बारे में लगे कि इसके प्राण तो कभी निकलेंगे ही नहीं।
अपकीर्ति—कलंक, बदनामी।

पृष्ठ 498

दुर्वारित—जो न रोका जा सका हो।
बांधवी—सखी, बंधु की पत्नी।
माधव—वसंत।

पृष्ठ 499

सहकार—आम का कलमी पौधा।
उदग्र—ऊपर की ओर उठी हुई।
गंधकषायित—गंध से कसैले।
अरुण हरितप्रभ—लाल-हरी आभावाली।
स्मृतिभ्रंश—एक बीमारी जिसमें स्मृतिशक्ति लुप्त हो जाती है।
पक्षाघात—लकवा, फालिज, अपंगपन।
जन्मान्तर—दूसरा जन्म, अन्य जन्म।
भस्मांकुर—भस्म हो जाने पर जो अंकुर की तरह फूट पड़े।
अनंग—शरीरहीन, मनोज (मन के अंदर अंकुरित होनेवाला)।
अतनु—अगोचर, आकारहीन, दिव्य।

पृष्ठ 500

तिमिर-पुत्रियों का—कृष्णपक्ष की काली रातों का।
सतर्क—सावधान।

पृष्ठ 501

जिजीविषा—जीने की दुर्दमनीय लालसा।
उत्स—स्रोत का उद्गम स्थान।
मोदविमूढ़—खुशी के मारे बेसुध।
समदर्दी—समान पीड़ावाले।
हिमशीकर—बर्फ की कड़ियाँ।
निभृत कक्ष—निर्जन कमरा।
गुफागर्भगत—खोह के अंदर स्थित।
तपोनिरत—तपस्या में निमग्न।

●●●

नागार्जुन रचनावली - 3

[हिन्दीतर कविता]

'चिनार'-स्मृतिः

वासन्ती कनकप्रभा प्रगुणिता
पीतारुणैः पल्लवैः
हेमाम्भोजविलासविभ्रमरता
दूरे द्विरेफैः हृता
यैः आखण्डलकेलिकाननकथा
विस्मारिता भूतले
छायाविभ्रमतारतम्यतरलाः
तेऽमी 'चिनार'द्रुमाः ॥

××

সুড়ঙ্গগর্ভের তিমিরাঙ্কে
এখনো কেউ কি তোমার অংকশায়িনী?
ওহে, বুড়ো বাঁদর,
বেরিয়ে এসো
ঝাঁপিয়ে পড়ো জীবনের কর্মমুখর পারাবারে

কাজের লোক জনকে
অদ্ভুত দশায়, কাঁধে তুলিয়ে
বহন করে ওরা...
ক্যাম্পে চিকিৎসার ব্যবস্থা
হবেই হবে—

কাজের লোক-জনকে
জীবিত কিংবা মৃত দশায়,

नागार्जुन रचनावली

3

सम्पादन-संयोजन

शोभाकान्त

राजकमल प्रकाशन

नयी दिल्ली पटना इलाहाबाद

मूल्य : ₹ 5500
सात खंडों का सम्पूर्ण सेट

पहला संस्करण : 2003
पहली आवृत्ति : 2011

प्रकाशक : राजकमल प्रकाशन प्रा. लि.
1-बी, नेताजी सुभाष मार्ग
नई दिल्ली-110 002

शाखाएँ : अशोक राजपथ, साइंस कॉलेज के सामने, पटना-800 006
पहली मंजिल, दरबारी बिल्डिंग, महात्मा गांधी मार्ग, इलाहाबाद-211 001

वेबसाइट : www.rajkamalprakashan.com
ई-मेल : info@rajkamalprakashan.com

आवरण-चित्र : अशोक महेश्वरी

मुद्रक : बी.के. ऑफसेट
नवीन शाहदरा, दिल्ली-110 032

NAGARJUN RACHANAVALI-3
Edited by Shobha Kant

ISBN : 978-81-267-2151-1

यह खंड

संस्कृत की समस्यापूर्ति-शैली से कवि-कर्म की शिक्षा आरम्भ की थी नागार्जुन ने। उम्र थी तेरह-चौदह वर्ष की। गर्मी की दोपहरी में, अमराई में आमों की रखवाली करते हुए तरौनी के पंडित अनिरुद्ध मिश्र 'प्रथमा' में तुरन्त-तुरन्त उत्तीर्ण वैद्यनाथ को तीन-चार दिनों तक पिंगल की शिक्षा देते रहे। उसके बाद वाल्मीकि और कालिदास के छन्दों के तौर-तरीके का हल्का ज्ञान करवाया। शब्दों के अर्थ और अर्थ से निकलनेवाले प्रयोजन पर थोड़ी-बहुत उपयोगी बातें बताईं। छात्र कितना हजम कर पाया है, यह देखने के लिए एक समस्या दी—'बालानाम् रोदनम् बलम्'। शिष्य ने गुरु का चरण स्पर्श करते हुए कुछ समय लिया और फिर गुरुदेव को उसने आश्वस्त किया; अर्थात् वैद्यनाथ ने यह भासित तो करा ही दिया कि गुरुदेव की बातें वह समझ रहा है। यह था कवि-कर्म में प्रवेश के लिए नागार्जुन के प्रशिक्षण का पहला कदम।

'मध्यमा' उत्तीर्ण करने के लिए तीन वर्ष लग गए। साधनहीन वैद्यनाथ ने गनौली (जिला मधुबनी) और पंचगछिया (जिला सहरसा) में रहकर यह परीक्षा पूरी की। खूब श्लोक गढ़ते...लोगों को सुनाते। गरीबी के कारण स्थायी ठौर-ठिकाना था नहीं, तो उन श्लोकों का स्थायित्व भला कैसे हो पाता !

नागार्जुन रचित संस्कृत कविता की जब चर्चा होती है तो 'देश दशकम्', 'कृषक दशकम्' , 'श्रमिक दशकम्' आदि की बात आ ही जाती है। दस-दस श्लोकों का बीस पंक्तियों, तीस पंक्तियों या फिर चालीस पंक्तियों का एक-एक दशकम् रहा होगा...कहाँ और कब छपे या नहीं छपे—कुछ नहीं कहा जा सकता। इन 'दशकमों' के सम्बन्ध में मात्र सूचनाएँ हैं—एक भी श्लोक कहीं मिल नहीं पाया। हिन्दी-मैथिली-बँगला रचनाओं के साथ संस्कृत रचनाओं की चर्चा भी तेज हुई पर नागार्जुन स्वयं भी उन संस्कृत श्लोकों की पंक्तियों को पुनः कागज पर उतार नहीं पाए।

इसी तरह विद्यालंकार परिवेण (श्रीलंका) में जब बौद्ध होकर रह रहे थे तो सिंहली लिपि में 'धर्मलोक शतकम्' की रचना की थी। यह भी सूचनात्मक चर्चा है। इसके छपित होने की भी सूचना मिली। पर वर्षों के प्रयास के बाद भी इसका मुद्रित अंश देखने को नहीं मिला।

'लेनिन स्तोत्रम्' के अनेक श्लोक बार-बार लिखे गए। डायरी/नोटबुक के यहाँ-वहाँ खिसकने-खोने से उनमें से भी अनेक अंश खोए और गए...संस्कृत रचनाएँ छोटी-छोटी स्लिपों पर अनेक बार लिखी गईं।

एक बार नागार्जुन ने कहा था—"संस्कृत काव्यों की जो रचनाभूमि है, वह जब हमारे सामने आती है तो फिर हिन्दी-बँगला-मैथिलीवाला वो सब हम भूल जाते हैं। दिमाग से हटाना पड़ता है उसे।" हिन्दी और मैथिली का यह रचनाकार स्वीकारता है—"शब्दों को गढ़ने की ताकत मुझे संस्कृत से प्राप्त हुई है।" नागार्जुन की संस्कृत रचनाओं पर उनके कवि-मित्रों ने उनसे अक्सर चर्चा की थी और जब वे नहीं हैं तब भी उन संस्कृत रचनाओं की चर्चा होती है।

नागार्जुन की जो भी संस्कृत रचनाएँ उपलब्ध हैं, उन्हें रचनावली के इस खंड में दिया जा रहा है। इनमें से कुछ हिन्दी की पत्र-पत्रिकाओं में छपी भी हैं। कुछ पहली बार रचनावली में ही मुद्रित हो रही हैं।

1929 ई. के अन्तिम माह में 'मिथिला' (मासिक पत्र, लहेरिया-सराय) के अंक-9 में मैथिली के प्रसिद्ध साहित्यकार महामहोपाध्याय पं. मुरलीधर झा के निधन पर 'शोक ध्वनि' मुख्य शीर्षक के अन्तर्गत 'शोक श्रद्धांजलि' नाम से एक रचना छपी। रचनाकार थे वैद्यनाथ मिश्र 'विद्यार्थी', तरौनी निवासी। मेरी जानकारी के अनुसार मैथिली की यही प्रथम प्रकाशित रचना है 'यात्री' की या 'नागार्जुन' की भी।

काशी में 'शास्त्री' के विद्यार्थी वैद्यनाथ मिश्र को प्रख्यात मैथिली कवि पं. सीताराम झा ने संस्कृत से हटाकर मैथिली और हिन्दी की ओर रुचि जगाई। वैद्यनाथ मिश्र की समझ में यह बात आ गई कि बोली जानेवाली जनभाषा में वह बहुत कुछ कर सकते हैं। फिर वैद्यनाथ मिश्र ने अपना उपनाम 'वैदेह' रखा। सन् 1931 ई. से 1934 ई. तक यह उपनाम उनके साथ रहा।

1934 ई. में गुरुदेव रवीन्द्रनाथ ठाकुर की दो पंक्तियों—'पतन अभ्युदय-बंधुर पंथा, युग-युग धावति यात्री तुमि चिर सारथि, तव रथ चक्रे, मुखरित पथ दिन रात्री'—से अभिभूत होकर 'यात्री' शब्द के सर्वांशतः अर्थ को जीवन में उतारने के लिए अपना उपनाम 'यात्री' रखा।

1941 ई. तक हिन्दी और मैथिली की कविताएँ प्रायः इसी 'यात्री' नाम से प्रकाशित होती रही हैं। नागार्जुन नाम से कम ही कविताएँ दीखती हैं। इस वर्ष के बाद 'यात्री' नाम को मात्र मैथिली रचनाओं के लिए रहने दिया। मैथिलेत्तर रचनाएँ चाहे पद्य की हों या गद्य की, 'नागार्जुन' नाम से आने लगीं।

1942 ई. में यात्री ने 'बूढ़वर' और 'विलाप' नाम से दो बुकलेट छपवाईं। 'बूढ़वर' बुकलेट में 'बूढ़वर' नामवाली कविता और 'विलाप' में 'विलाप'। यह दोनों बुकलेट्स उन दिनों हाटों, बाजारों, मेलों, रेलों के डिब्बों में खूब बिकीं। 'यात्री' स्वयं भी कविता-पाठ करके इन बुकलेटों को बेचा करते थे। प्रबुद्ध मैथिलों के बीच उन दिनों इन दोनों कविताओं की खूब चर्चा हुई थी।

1946 ई. में 'यात्री' के प्रथम उपन्यास 'पारो' का प्रकाशन हुआ था। 'पारो' के अन्तिम कवर पृष्ठ पर 'षोडषी' नामक एक मैथिली कविता-संग्रह के शीघ्र प्रकाशन की

सूचना है। उसमें सोलह मैथिली कविताओं को संकलित होना था। कुछ महत्त्वपूर्ण रचनाओं के नाम भी दिए गए थे, जैसे—'लखिमा', 'फेकनी', 'मेहिया चमार', 'ठीकर मामा'। परन्तु 'षोडशी' नाम से संग्रह छप नहीं पाया।

'पारो' के प्रकाशन के तीन वर्ष बाद कवि 'यात्री' की अट्ठाईस मैथिली कविताओं का एक संग्रह प्रकाशित हुआ, 1949 ई. में इलाहाबाद से। संग्रह का नाम था 'चित्रा'। उस संग्रह की भूमिका में 'षोडशी' की चर्चा तक नहीं है। 'चित्रा' में 'षोडशी' के लिए विज्ञापित महत्त्वपूर्ण कविता-सूची में से 'मेहिया चमार' को छोड़कर शेष रचनाएँ शायद आ गईं। 'शायद' इसलिए कि 'षोडशी' नामक संग्रह में ली जानेवाली 'सोलहों' कविताओं की कोई सूची कहीं उपलब्ध नहीं है। 'मेहिया चमार' नाम की कविता अन्यत्र कहीं दिखाई नहीं पड़ी और न इस रचना की चर्चा ही कहीं मिली। 1949 से अब तक 'चित्रा' के कई संस्करण हो चुके हैं।

यों तो मैथिली भाषा को बिहार में माध्यमिक स्तर से लेकर उच्च शिक्षा तक से जोड़कर रखा गया है। साहित्य अकादेमी से भी यह मान्यताप्राप्त भाषा है। विद्यापति के अलावा ज्योतिरीश्वर के 'वर्ण रत्नाकर' से मैथिली का सीधा सम्बन्ध रहा है। फिर भी इस भाषा में प्रकाशन व्यवसाय कभी व्यवस्थित नहीं रहा। पत्र-पत्रिकाओं की हालत भी ठीक नहीं है। 'यात्री' या अनेक महत्त्वपूर्ण रचनाकारों की पुस्तकें वर्षों तक अनुपलब्ध रहती हैं। यों यात्री को अपने समय में कोई न कोई प्रकाशक मिल ही जाता। इन्हीं परिस्थितियों के बीच 'चित्रा' के प्रकाशन के अट्ठारह वर्ष बाद 1967 ई. में उनका दूसरा काव्य संग्रह 'पत्रहीन नग्न गाछ' इलाहाबाद से प्रकाशित हुआ। इसी संग्रह के लिए 'यात्री' को 1968 ई. में साहित्य अकादेमी पुरस्कार दिया गया। 1969 ई. में कवि ने 'पत्रहीन नग्न गाछ' का पुनर्मुद्रण करवाया। इसके बाद से इस संग्रह का कोई संस्करण नहीं हुआ। मैथिली रचनाकार के रूप में 1971 ई. में यात्री ने रूस यात्रा की थी।

'पत्रहीन नग्न गाछ' के बाद 'यात्री' की कविताओं के एक नए संग्रह 'विशाखा' की योजना बनी। यात्री ने 1937 ई. के एक साक्षात्कार में कहा था—"चालीस कविताओं की पांडुलिपि कलकत्ता के एक मैथिली-सेवी संगठन के कर्ता-धर्ता को दी थी। राजनीतिक रचनाएँ भी थीं उनमें। पता नहीं वे कविताएँ अब कहाँ हैं ?..." 'विशाखा' नाम से कभी कोई संग्रह प्रकाशित नहीं हुआ।

'विशाखा' नाम उन्हें अपने संग्रह के लिए न जाने क्यों पसन्द था। वह भी मात्र यात्री की कविताओं के लिए। 1946 में 'पारो' छपने के साथ ही 'षोडशी' की घोषणा के तुरन्त बाद यात्री नाम से अपनी प्रकाशित छिटपुट कविताओं का एक संग्रह चाहते थे। इसकी भूमिका डॉ. रामविलास शर्मा से लिखवाना था उन्हें। सम्भवतः यह यात्री के नाम से प्रकाशित हिन्दी कविताओं का संग्रह होता।

इस प्रकार 'यात्री' की कविताओं के मूल मैथिली में मात्र दो संग्रह हैं : 'चित्रा' और 'पत्रहीन नग्न गाछ'।

1981 ई. में 'पत्रहीन नग्न गाछ' का हिन्दी-मैथिली सहित एक द्वि-भाषी संस्करण

प्रकाशित हुआ। हिन्दी अनुवाद सोमदेव ने किया था। यह अनुवाद आने के बाद सुधी-पाठक नागार्जुन की मैथिली कविताओं को पढ़ने लगे। इसी बात को ध्यान में रखकर 1995 ई. में नागार्जुन की मैथिली कविताओं का एक संग्रह तैयार किया गया, जिसमें उनके दोनों प्रकाशित मैथिली काव्य-संग्रहों ('चित्रा' और 'पत्रहीन नग्न गाछ') के अतिरिक्त बावन असंकलित कविताओं को भी शामिल किया गया। मूल मैथिली रचनाओं के साथ उनके हिन्दी अनुवादवाले इस संग्रह का नाम है—'पका है यह कटहल'। मैथिली कविताओं के अनुवादक रहे, सोमदेव और शोभाकान्त।

रचनावली के इस खंड में 'पका है यह कटहल' के अतिरिक्त तेईस वे कविताएँ भी हैं जो अब तक असंकलित रही हैं।

वैद्यनाथ मिश्र 'विद्यार्थी', 'वैदेह' और फिर 'यात्री' की लम्बी साहित्यिक यात्रा (1929 ई. से 1996 ई. तक) रही, तो इस बात की पूरी सम्भावना बनी हुई है कि और कुछ कविताएँ हम से छूट रही होंगी।

बँगला भाषा और साहित्य से नागार्जुन का लगाव शुरू से ही रहा। काशी में रहते हुए उन्होंने अपने छात्र जीवन में बँगला साहित्य को मूल बँगला में पढ़ना शुरू किया। उनका 'यात्री' नाम भी तो बँगला भाषा की ही देन कहा जा सकता है।

काशी के बाद कलकत्ता के गवर्नमेंट संस्कृत कॉलेज में काव्यतीर्थ की परीक्षा के लिए नामांकन करवाया था। 1933 ई. के मध्य से इस क्रम में साल-भर वहाँ रहे और तत्कालीन बँगला साहित्य को रुचिपूर्वक पढ़ा था। नागार्जुन जीवन-भर बँगला भाषा की क्लासिक और अत्याधुनिक रचनाओं से निकटता बनाए रहे। निकट से जाननेवाले जानते हैं कि उनके झोले में बँगला पत्र-पत्रिकाओं के साथ सद्यःप्रकाशित बँगला पुस्तकें भी रहती थीं। 1945 ई. से 1955 ई. तक के बीच बँगला की कई गद्य कृतियों का हिन्दी में अनुवाद किया था उन्होंने।

देश के महानगरों में कलकत्ता सबसे अधिक प्रिय महानगर था उनका। जब भी कलकत्ता पहुँचते मास-दो मास रह ही लेते। 'प्यासी पथराई आँखें' (हिन्दी काव्य-संग्रह) की अधिकांश कविताओं में कलकत्ता महानगर दिखता है। खैर !

मौलिक रूप से बँगला लिखना फरवरी 1978 ई. में शुरू किया और सितम्बर, 1979 ई. तक लगभग पचास कविताओं के लिखे जाने की जानकारी है। कुछ रचनाएँ बँगला की पत्र-पत्रिकाओं में भी छपीं। कुछ हिन्दी की लघु पत्रिकाओं में लिप्यन्तर और अनुवाद सहित प्रकाशित हुईं। नागार्जुन स्वयं भी अपनी बँगला कविता को खूब रुचिपूर्वक सुनाया करते थे।

1997 के अन्त में 'मैं मिलिट्री का बूढ़ा घोड़ा' नाम से बँगला कविताओं के देवनागरी लिप्यन्तर और हिन्दी अनुवाद का एक संग्रह छपा। अनुवादक थे शोभाकान्त। इस संकलन में नागार्जुन की इकतालीस बँगला कविताएँ संकलित हैं। हाँ, इस संग्रह में एक रचना 1992 ई. की भी है।

रचनावली के इस खंड में 'मैं मिलिट्री का बूढ़ा घोड़ा' नामक संग्रह की रचनाओं के अलावा जो अन्य बँगला कविताएँ उपलब्ध हैं, उनको संगृहीत कर लिया गया है। यहाँ भी एक सम्भावना बनी रहती है कि शायद कहीं कुछ छूट रहा हो...क्योंकि बँगला कविताएँ भी यहाँ-वहाँ खोई खूब हैं।

मैथिली और बँगला भाषा की कविताओं का हिन्दी अनुवाद वृहत हिन्दी पाठकों को ध्यान में रखकर ही दिया जा रहा है।

संस्कृत, मैथिली और बँगला भाषा में रचित कविताओं के बाद इस खंड में नागार्जुन द्वारा विद्यापति के गीतों और जयदेव कृत 'गीत गोविन्द' के हिन्दी भावानुवाद को भी हमने रखा है।

1965 ई. में नागार्जुन ने विद्यापति के सौ गीतों का भावानुवाद किया था पटना में रहकर। उसी वर्ष 'रामलोचन पॉकेट बुक्स' पटना से 'सौ गीत विद्यापति के' का प्रथम प्रकाशन हुआ। फिर 1972 ई. में हिंद पॉकेट बुक्स से 'विद्यापति के गीत' नाम का एक संग्रह आया। इस संग्रह में नागार्जुन ने विद्यापति के अट्ठाईस और भी पद एवं उनके भावानुवाद शामिल किए। 1979 ई. में इसका पुस्तकाकार संस्करण भी छपा था। हमने इसी संस्करण को रचनावली में रखा है।

'गीत गोविन्द' का भावानुवाद नागार्जुन ने 1948 ई. में किया था। उसी वर्ष इसका प्रकाशन इलाहाबाद से हुआ। दो संस्करणों के बाद यह पुस्तक काफी समय तक़ अनुपलब्ध रही, फिर 1979 ई. में इसका नया संस्करण हुआ।

रचनावली का यह खंड नागार्जुन के बहुभाषी कविकर्म को सामने रखने के साथ-साथ क्लासिक रचनाओं के उनके द्वारा किए गए भावानुवाद को भी पाठकों के समक्ष रखता है।

–शोभाकान्त

अनुक्रम

संस्कृत कविता

मैथिली कविता

चित्रा

असंकलित रचनाएँ

बंगला कविता

संस्कृत कविता

लेनिन स्तोत्रम्

अपि कौशेयनिचिताः स्वर्णवर्णांमिता अपि।
रोदन्ति सूक्तयस्तेद्य दुर्व्याख्या विषमूर्च्छिताः।।

धूमायिता दार्शनिकैः पिच्छिला च पुरोहितैः।
त्वामाजुहाव प्रथमं मानवी कर्मपद्धतिः।।

स्थापितोऽसि शवाधान्या स्फटिके पारदर्शके।
शयानोऽपि हि जागर्षि भास्वरे तवलोचने।।

गगनं गगनाकारं सागरः सागरोपमः।
जार - लेनिनयोर्युद्धं जार - लेनिनयोरिव।।

दुःशासनाः प्रमथिताः कंसा नैर्वंश्यमापिताः।
पाटच्चराः कुवलयापीडा निर्वलयीकृताः।।

क्षत्रपाः कामयन्तेस्म मिथो ध्वंसं मिथः क्षयम्।
तत्र त्वया संघटितं सफलं क्रांतिकौशलम्।।

गृहयुद्धानले दग्धाः सीमान्ताभोगभूमयः
श्रमस्वेदोल्बणैः सिक्तास्तास्त्वया श्रमसीकरैः।।

स्वेच्छाप्रणोदिते स्वाम्ये समेषां सहभागिता।
सत्यश्रमाभ्यामित्येषा सुस्थिरा तव पद्धतिः।।

प्रणालीयं सौवियती लोकलक्ष्मी समाहिता।
शुभंकरी मानवानां दानवानां भयंकरी।।

आकल्पमेवं सौदन्तु शस्त्रास्त्र व्यवसायिनः।
त्वन्नामश्रवणादेव मूर्च्छन्तु धनदस्यवः।।

प्रिय शिष्या च पत्नी च प्रवासे चिरसंगिनी।
महीयसी क्रुप्सकाया छायेवाऽनुगतातव।।

मेधाविनीं सुपठितां सखीं सेवापरायणाम्।
साहसेऽपि द्वितीयां तां जानाति भुवनत्रयम्।।

दरिद्रा लुंठिता भीता ध्वस्तप्रज्ञा निरक्षराः।
त्वयाऽनुशिष्टास्ते सर्वे स्वयं शासकतां गताः।।

सेयं ते पश्चिमाशय्या विद्युद्वलय दीपिता।
विश्वमानव महामाल्य प्रतिभानमुपागता।।

लोठितैर्हि परद्रव्यैरैश्वर्य्यमधिष्ठितम्।
सर्वेऽपितेनिर्विशेषा भस्मीभूतास्तवाग्निना।।

स्वच्छस्फटिक मंजूषा सा मयाऽप्यवलोकिता।
धन्योऽस्मि कृतकृत्योऽस्मि सुफले मम चक्षुषी।।

वहुमूल्याश्मखचिता शवाधानी तवाद्भुता।
विराजते गुफागर्भे क्रेम्लिन् प्रासाद प्रांगणे।।

मुनीनांतं मुनिश्रेष्ठं कार्ल मार्क्सम् नतोऽस्म्यहम्।
यस्य त्वं प्रथमः शिष्यः परां सिद्धिमुपागतः।।

येऽप्यासन् जार सामन्ताः प्रजापीडन पंडिताः।
उत्पाटितास्त्वत्शिष्यैनी-दूयाय्यनुशोचितः।।

त्वद्युगे येहि भूपालाः प्रजापीडनपंडिताः।
तेषां सम्प्रति नामानि रूसीया विस्मृतिं गताः।।

सारापहार चतुरं मृषादंभ प्रमाथितम्।
त्वया निश्छिद्रतं नीतं जार सामन्त मंडलम्।।

सिकतासु हिमानीषु प्रान्तरेषु वनेषु च।
नगरेषु च ग्रामेषु विश्वात्मन् त्वं विराजसे।।

पातालष्वन्तरिक्षेषु भू चक्रेषु ग्रहेष्वपि।
वाक्काय कर्मसु नृणां विश्वात्मन् त्व विराजसे।।

छेत्ता दैन्यद्रुमाणां दलितदुरितयोः प्रक्रमाणांचभेता।।
बोद्धा वै सृष्ट्यसृष्योः सपदि सविदितो चिन्तकश्वाययोद्धा।।

बद्धो वैषम्यसीमा भुविच दिविच यैर्लैनिनीयैः प्रकल्पैः।
स्तेषां लीला विचित्रा प्रथयतु नितरां पद्धतेरानुकूल्यम्।।

क्यूवांऽगोलावियत्नम् प्रभृतिषुविषयेष्वद्य यन्नाम दीप्तम्।
किन्नस्यादन्तरिक्षे ग्रहगणापथिषु प्रोथितातस्य गाथा।।

विक्षोभाग्नि प्रयोगी कुमति विषजुषां दुष्कृतेर्भुक्तभोगी।
पुण्यश्लोको विशोकों जगति विजयतां लेनिनः कर्मयोगी।।

हिंसा महिमा

हिंसे देवि नमस्तुभ्यं
महाकाल सहोदरे।
शत साहस्रिका जिह्वा
नाद्यापि तव तृप्यति ॥ 1 ॥

दंष्ट्राकराल वदने
नित्यं शोणित पायिनि।
ध्वंसस्तूप समासीने
समरांभण सुन्दरि ॥ 2 ॥

भुक्ति मुक्ति प्रदे मातः
सद्यः शोणितकांक्षिणी।
यमस्तु हरते प्राणान्
त्वयैवाऽऽघ्राय थूत्कृतान् ॥ 3 ॥

10 मार्च 1976

जननी ते विषमता
लोभस्तव पितायतः।
कोमलांगी स्वसाऽहिंसा
क्रोधस्तु तव सोदरः ॥ 4 ॥

11 मार्च, 1976

कर्णाज्जलं जलेनैव
कंटकेनैव कंटकम्।
हिंसयैवहि हिंसाऽपि
तदौपम्येन नश्यति ॥ 5 ॥

15 मार्च, 1976

वाग्विभूतिः

विक्षोभोद्रेकरूपा क्वथन प्रगुणिता पुण्यकोप प्रसूति-
र्निद्रा विद्रावणीयं विलसतु वदने छान्दसी वाग्विभूतिः।
यस्याः स्वादैर्विमुग्धः प्रतिपदमनिशं सागरान्तामदीनः
पृथ्वीमासेतु बन्धं चरति मम मनोघोटकः भ्लान्तिहीनः।।

28 सितंबर, 1981

चश्माशाही

प्रतिक्षणं प्रतिप्रदं ग्रीष्मः प्राप्नोति पंगुताम्।
चश्माशाहीति विख्याते निर्झरोद्यानमण्डपे।।
भूरिशः पश्यति वरो नवोढ़ाया मुखाम्बुजम्
सात्वीक्षते नीलह्रदे वल्लभस्य विलोचने
स्वतापत्रपया भुग्बा ग्रीष्मः प्राप्नोति पंगुताम्
चश्माशाहीति विख्याते निर्झरोद्यानमंडपे।

28 दिसंबर, 1981

हैमी पार्वती

तारुण्यात् पूर्वमेव प्रथितविजयिनां अग्रणी कार्तिकेयः
स्तीक्ष्णप्रज्ञश्च विश्वे वितरति प्रतिभां बालको वारणास्यः।
तातस्याधित्यकासु प्रमुदित वदना कान्तसांनिध्य तुष्टा
निद्रात्येषा मृड़ानी-तुहिन विततिभिः प्रावृतेवाऽऽसमन्ता।

10 जुलाई, 1982

शीते वितस्ता

जाड्यार्तानां सहस्रं दिशिदिशि प्रसृतं देवदारूद्रुमाणं
पांडत्वग्वेष्टनान्तः शिथिलिति करणा दैन्यमाप्तावनानी।
क्षुत्क्षामे शुष्ककंठे विषमतलगृहे निर्झराणां कुलेऽस्मिन्
शैत्याधिक्यप्रभावाद् विजड़ितगतिका स्विद्यतीयं वितस्ता।

10 जुलाई, 1982

चिनार-स्मृतिः

वासंती कनकप्रभा प्रगुणिता
पीतारुणैः पल्लवैः
हेमाम्भोज विलास विभ्रममरता
दूरेद्विरेफाः कृता
भैराखण्डलकेलि काननकथा
विस्मारिता भूतले
छायाविभ्रमतारतम्य तरलाः
तेऽमी 'चिनार' द्रुमाः

तारुण्येश्लथ लंबमान शिथिले दीर्घायिते यौवने
वार्धक्ये सुचिरायिते च किमुते स्यादाशिषां राशिभिः
पीत्वा वर्षशतानि तानि चषकाणीवामृतस्यानिशं
सत्यं ब्रूहि 'चिनार', जीवति न वा कश्चिद् वयस्यस्तवः।

डल झील

ग्रीष्में पश्यसि नौ गृहाणि परितो व्यालोलविद्युच्छटाऽऽ-
क्षेपैर्विच्छुरितानि दोलिततलान्येतानि मद्वक्षसि।
स्वच्छाच्छस्फटिकावभासिततनुः सुप्तोहिमानीष्विव
क्रीड़ाप्रान्तरतां गतोऽस्मि शिशिरे किं त्वं विजानासितत्।।

मिजोरम

महाप्रभुमसीहःभक्तिरससिक्त बाह्यान्तरो
दुरन्तरणपंडितः सततनर्तनातिप्रियः।
वनेचरजनाधिवासमहितोमहेच्छोच्छलो
मिजोरम इति प्रथापृथुल एषलोकालयः।।

भारतभवनम्

दक्षिणालाभतुष्टेन रोषाभिनयकारिणा।
भूयो भूयः स्वतो दृष्टं भारतंभवनं मया।।
दन्तेश्वरीसनाथे शबराध्युषिते वने गहने।
दिव्यं महाविशालं भारतभवनं मया दृष्टम्।।
कृषकाणां श्रमिकाणां यूनां क्षुत्क्षामकंठानाम्।
पृष्ठे जठरे शिरसि च भारतभवनं मया दृष्टम्।।

कुमारलीला

नमामि हरपार्वतीप्रणयपद्मकिंजल्कजं
शिशुं शरवणोद्भवं गजमुखं च सिद्धिप्रभुम्।
यदीयहिमकन्दुकैः शिखरकोटिसंस्पर्शिभिः
शतद्रुरपि धावनेषु शिथिलादरा दृश्यते।।

सरस्वति

लुनातु जनमानसाद् विमतितन्तुजालावली:
पुनातु कलिकल्विषाविलमिदं महीमंडलम्।
सरस्वति तवांघ्रिपद्मयुगलं तडिद्भास्व
तनोतु सततं शुभानि, विनिहन्तु विघ्नानि नः।

गुरुकृपा

तंत्री वेणुः कांस्यकूटं मृदंगः
केषांचित् सा सिद्धिरभ्यासनिष्ठा
रक्षासूत्रैः किं श्लथैर्मन्त्रपूतैः
नादाम्भोधौ सद्गुरुः कर्णधारः

डालराः

स्वर्णानां दाडिमानीव
डालराः सु-मनोहराः।
किं चित्रमभ्रगमने
यूकालिक्षापि योगिनी।।

महामुनिः

लक्ष्मीः प्रतीक्षते विष्णुं
वहिरागन्तुमुद्यतम।
सागरं चुलके कृत्वा
सुखं शेते महामुनिः

देशदशकम्

यन्मस्तके मुकुट एष नगाधिराजो
विन्ध्यचलो ब्रजति कौस्तुभतां च यस्य

प्रातः प्रदोष समये च नमोनमोऽस्तु
तस्मै पयोधिपरिमार्जितपादुकाय

नानानदीनदशतानिशिरा यदीया
नानाविहंगविरूतानिगिरा यदीया
कश्मीरकुर्मसुषमा हसितिर्यदीया
तत्पादयोः प्रणतिरस्त्वियं मदीया

गोधूमशालियवमुग्द तिलादिपुष्ठा
मध्विक्षुगव्यंमसृणा सुखिता स्वतंत्रा
क्षीरोदकी भवदनेकविभागयुक्ता
तिष्ठेत सदा मनसिमे प्रतिमा त्वदीया

हे देश भारत, तवाद्भुत धर्मशाला
अश्वथपर्कवटप्रमुखा जयन्तु
शीतातपादिविविघाऽभिभवैर्विभीता
यन्नाश्रयन्ति पारितः पशुपक्षिपान्थः

त्रिलोचन त्रिकम्

त्रिलोचनः पंचमुखः
दिगन्ते सुप्रतिष्ठितः।
चतुर्दशपदी शैली
साधिता येन सिद्धिदा।।

भूतलं सुतलं येन्
पदाभ्यामेव संभृतम्।
सूर्य्याचन्द्रमसौ श्रान्तौ।
धरिणीहि सुखास्थिता।।

पश्यामो वयमेकत्र
बन्धुरूपे प्रकल्पिता।
शतसाहस्त्रिकी कीर्तिः
महाभारतकालिकी।।

1 जुलाई, 1992

गोविंदाय नमोनमः

निर्भीकायवरेण्याय पैशुन्यध्वंसकारिणे।
स्वतेजसैव दीप्ताय गोविंदाय नमोनमः।।

निर्लोभाल्पतुष्टाय विशोकाय सहिष्णवे।
बहुभाषानिविष्टाय गोविंदाय नमोनमः।।

प्रसन्नाय विकुंठाय पाटलीपुत्रवासिने।
जिज्ञासुजनमित्राय गोविंदाय नमोनमः।।

प्रसन्नाय सुचित्ताय सुहृज्जनसमागमे।
परोपकृतिशीलाय गोविंदाय नमोनमः।।

श्लोक चतुष्टयमलं रचितं श्री वैद्यनाथेन।
यात्रीनाम्ना प्रथितं यस्य यशः को न जानति।
त्रिभुवन विदिता मिथिला जनकनंदिनी यत्र संभूता।।
विख्यातोऽभूत् तत्रैव कविर्नागार्जुनोमहान्।।

28 दिसंबर, 1995

मैथिली कविता

चित्रा

माँ मिथिले !

मुनिक शान्तिमय पर्णकुटीमे,
तापसीक अचपल भृकुटीमे,
साम श्रवणरत श्रुतिक पुटीमे,
छल अहाँक आवास
बिसरि गेल छी से हम
किंतु ने झाँपल अछि इतिहास।

यज्ञधूम-संकुचित नयनमे
कामधेनु-खुर-खनित अयनमे
मुनिकन्याक प्रसून-चयनमे
छल अहाँक आमोद
स्मरणो जकर करै अछि छन भरि,
सभ शोकक अपनोद।

गौतम अनुमित न्यायक अथमे
याज्ञवल्क्य-दर्शित-नय पथमे
ज्ञानी जनकक जीवन रथमे
अंकित तव पद-पद्म
अछि मैथिलिक मौलि मुकुलावलि
लालित जे छविसद्म।

शारदा-यति-जयालापमे
विद्यापति-कविता-कलापमे
नान्यदेव नृपतिक प्रतापमे
देखिय तोर महत्त्व
जहि सँ आनो कहइछ जे अछि
मिथिलामे किछु तत्व।

कीर दम्पतिक तत्ववादमे
लखिमा कृत कविताक स्वादमे

माँ मिथिले !

मुनि की शान्तिमय पर्णकुटी में,
तापसी की अचपल भृकुटी में,
साम श्रवणरत श्रुति-पुटी में,
था तेरा आवास
भूल गए हैं हम वह सब
पर न ढका इतिहास।

यज्ञधूम-संकुचित नयन में
कामधेनु-खुर-खनित अयन में
मुनिकन्या के पुष्प चयन में
था तेरा आमोद
क्षण-भर स्मरण मात्र से होता
सब दुख का अपनोद।

गौतम अनुमित न्याय अथ में
याज्ञवल्क्य-दर्शित-नय पथ में
ज्ञानी जनक के जीवन-रथ में
अंकित तव पद-पद्म
मैथिली की मौलि मुकुलावलि से
लालित यह छवि सद्म।

शारदा-यति-जयालाप में
विद्यापति कविता-कलाप में
नृपति नान्यदेव के प्रताप में
देख तेरा महत्त्व
जिससे अन्य लोग भी कहते
है मिथिला में कुछ तत्त्व।

कीर-दम्पति के तत्त्ववाद में
लखिमाकृत कविता के रसास्वाद में

विजयि उदयनक जयोन्मादमे
अछि से अद्भुत शक्ति
जहि सँ होइछ अधर्मिहुकें
तव पद-पंकजमे भक्ति।

धीर अयाचिक सागपातमे
पद्यबद्ध शंकरक बातमे
पक्षधरक प्रतिभा-प्रभातमे
छल अहाँक उत्कर्ष
औखन धरि जे झाँपि रहल अछि
हमर सभक अपकर्ष।

लक्ष्मीनाथक योगध्यानमे
कविचन्द्रक कविताक गानमे
नृप रमेश्वरक उच्च ज्ञानमे
आभा अमल अहाँक
विद्याबल विभवक गौरवमे
अहँ छी थोर कहाँक ?

काशी/दिसंबर, 1931

अंतिम प्रणाम

हे मातृभूमि, अंतिम प्रणाम

अहिबातक पातिल फोड़ि-फाड़ि
पहिलुक परिचयकें तोड़ि-ताड़ि
पुरजन-परिजन सब छोड़ि-छाड़ि
हम जाय रहल छी आन ठाम
माँ मिथिले, ई अंतिम प्रणाम

दुःखोदधिसँ संतरण हेतु
चिरविस्मृत वस्तुक स्मरण हेतु
सूतल सृष्टिक जागरण हेतु
हम छोड़ि रहल छी अपना गाम
माँ मिथिले, ई अंतिम प्रणाम

विजयी उदयन के जयोन्माद में
है वह अद्‌भुत शक्ति
जिससे अधर्मियों में भी होती
तव पद-पंकज-भक्ति।

धीर अयाची के साग-पात में
शंकर की पद्यबद्ध बात में
पक्षधर के प्रतिभा-प्रभात में
था तेरा उत्कर्ष
जिसने ढक रखा आज तक
हम लोगों का अपकर्ष।

लक्ष्मीनाथ के योगध्यान में
कवि चंद्र के काव्यगान में
नृप रमेश्वर के उच्च ज्ञान में
आभा है शुचि अम्लान
विद्या बल-वैभव-गौरव में तेरा
किससे कम सम्मान ?

अंतिम प्रणाम

हे मातृभूमि, अंतिम प्रणाम

वैवाहिक शुभ-घट फोड़-फाड़
पहले के परिचय को तोड़-ताड़
पुरजन-परिजन सब छोड़-छाड़
चला प्रवास मैं, छोड़ धाम
माँ मिथिले, यह अंतिम प्रणाम

दुःखोदधि से संतरण हेतु
चिर विस्मृत वस्तु-स्मरण हेतु
सुप्त सृष्टि-जागरण हेतु
जा रहा आज मैं छोड़ ग्राम
माँ मिथिले, यह अंतिम प्रणाम

कर्मक फल भोगथु बूढ़ बाप
हम टा संतति, से हुनक पाप
ई जानि हैन्हि जनु मनस्ताप
अनको बिसरक थिक हमर नाम
माँ मिथिले, ई अंतिम प्रणाम !

काशी/नवंबर, 1936

कविक स्वप्न

जननि हे, सूतल छलहुँ हम रातिमे
निन्न छल आएल कतेक प्रयाससँ
स्वप्न देखल जे अहाँ उतरैत छी
एकसरि नहु-नहु विमल अकाससँ

फेर देखल जे कने चिन्तित जकाँ
कविक एहि कुटीरमे बैसलि रही
वस्त्र छल तीतल, चभच्चामे मने
कमल तोड़' लै स्वयं पैसलि रही

फेर देखल, कोनमे छी ठाढ़ि माँ,
किछु कह' औ' किछु सुन' चाहैत छी
भ' रहल अछि एहेन कोनो वेदना
जाहिसँ माथ धुन' चाहैत छी

श्वेतकमलक हरित कान्ति मृणालसँ
बान्हि देलहुँ हमर दुनू हाथकें
हम सशंकित, आँखि धरि मुनने छलहुँ
स्नेहसँ सूँघल अहाँ ता माथकें

वाजि उठलहुँ अहाँ हे कल्याणमयि—
सुनह कवि, हमही थिकहुँ ओ देवता
राति-दिन जकरा तकैत रहैत छ'
आँखि मुनि लए कल्पनाक सहायता

भोगें कर्मफल अब वृद्ध बाप
एक ही संतति, यह उनका पाप
यह सोच होता है जैसे मनस्ताप
जाएँ अब मेरा भी भूल नाम
माँ मिथिले, यह अंतिम प्रणाम !

कवि का स्वप्न

हे जननि, जब सोया हुआ था रात में
नींद आई थी, कितने प्रयास से
स्वप्न में देखा कि तुम उतर रही हो
धीरे-धीरे अकेली विमल आकाश से

फिर देखा जरा चिंता लिये
बैठी हुई इस कवि के कुटीर में
जैसे तोड़ने तलैया से कमल
पैठी स्वयं, यूँ लगी भीगे चीर से

फिर देखा तुम्हें माँ, कोने में खड़ी हो
कुछ कहना और कुछ सुनना चाहती हो
हो रही है कोई ऐसी वेदना
जिससे स्वयं ही सिर धुनना चाहती हो

श्वेत कमल के हरित कांति मृणाल से
बाँध डाला तुमने मेरे दोनों हाथ को
मैं सशंकित आँख तक मूँदे रहा
तुम स्नेह से सूँघती रहीं मेरे सिर को

बोल पड़ीं तुम, हे कल्याणमयी–
सुनो कवि, मैं ही हूँ वह देवता
ढूँढ़ते रहते जिसे तुम रात-दिन
आँख मूँद ले कल्पना की सहायता

विद्ध क्रौंचक वेदनासँ खिन्न भए
वाल्मीकिक कंठसँ फूटल रही,
आइओ हम पड़लि कमला-कातमे
उपेक्षित छी, पुल जनु टूटल रही

तोहर मन दौड़ैत छहु कोठाक दिश
पैघ-पैघ धनीक दिश, दरबार दिश !
गरीबक दिश ककर जाइत छइ नजरि,
के तकइ अछि हमर नोरक धार दिश ?

क' रहल छ' अपन प्रतिभा खर्च तों
ताहि व्यक्तिक सुखद स्वागत-गानमे
जकर रैयति ठोहि पाड़ि कनैत छइ
घ'र आङन खेत ओ खरिहानमे

ओम्हर देखह, हथकड़ीसँ बद्ध कर
देशमाता छथि झुकौने माथकें
श्वेत कमलक हरित कान्ति मृणालसँ
बन्हलियहु अछि हमहु तोहर हाथकें

हाय ! ई राका निशा, तों मस्त भए
करइ छ' अभिसार नीलाकासमे
कल्पनाक बनाय पाँखि उड़ैत छ'
मंद मलयानिलक मृदु उच्छ्वासमे
तों जकर लगबैत छ' सदिखन पता
सुनह कवि, हमही थिकहुँ ओ देवता

जिनगी भरि जे अमृत मंथन करए
जिनगी भरि जे सुधा संचित करए
ओ पियासे मरि रहल अछि, ओकरे
अमृत पीवासँ जगत वंचित करए

परम मेधावी कते बालक जत'
मूर्ख रहि हा गाय टा चरबैत छथि

वाल्मीकि के कंठ से फूट निकली
विद्ध क्रौंच की वेदना से खिन्न हो
आज भी मैं पड़ी कमला के किनारे
उपेक्षिता हूँ भग्न पुल ज्यों छिन्न हो

तेरा मन दौड़ता है महलों की तरफ
बड़े-बड़े धनिकों, दरबार की तरफ !
गरीबों की तरफ किसकी जाती है नजर,
देखता है कौन मेरी अश्रुधार की तरफ ?

कर रहे अपनी प्रतिभा खर्च तुम
उन्हीं लोगों के सुखद स्वागत-गान में
जिनके रैयत फूट-फूटकर रो रहे हैं
घर आँगन खेत औ' खलिहान में

उधर देखो, हथकड़ी से बद्ध कर
देशमाता है झुकाए हुए सिर को
श्वेत कमल के हरित कांति मृणाल से
बाँध डाला मैंने भी तुम्हारे दोनों हाथ को

हाय! यह राका निशा ! तुम मस्त हो
कर रहे अभिसार नीलाकाश में
कल्पना की पाँख गढ़कर उड़ रहे
मंद मलयानिल के मृदु उच्छ्वास में
लगाते रहे हरदम तुम जिसका पता
सुनो कवि, मैं ही हूँ वह देवता

जिंदगी भर जो अमृत मंथन करे
जिंदगी भर जो सुधा संचित करे
प्यासा मर रहा वह, उसे ही
अमृत पीने से जग वंचित करे

परम मेधावी जहाँ बालक कितने
चराते हैं गाय निरे मूर्ख रहकर

कते वाचस्पति कते उदयन जत'
हाय ! बनगोइठा बिछैत फिरैत छथि

तानसेन कतेक रविवर्मा कते
घास छीलथि बाग्मतीक कछेड़मे
कालिदास कतेक विद्यापति कते
छथि हेड़ाएल महिसबारक हेड़मे

अन्न ने छै कैंचा ने छै कौड़ी ने छै
गरीबक नेना कोना पढ़तैक रे ?
उठह कवि, तों दहक ललकारा कने
गिरि-शिखर पर पथिक-दल चढ़तैक रे !

हमर वीणाध्वनि कने पहुँचैत जँ
सटल-पाँजर बोनिहारक कानमे
सफल होइत तखन ई स्वरसाधना
चिर-उपेक्षित जनक गौरव-गानमे

नाव पर भए बाग्मतीक प्रवाहमे
साँझखन झिझरी खेलाइ छलाह तों
वास्तविकता की थिकई से बुझितहक
बनल रहितह जँ कनेक मलाह तों

आइ गूड़ा काल्हि खुद्दी एहिना
तोहर बहिकिरनी कोना निमहैत छहु
साँझ दइ छहु, हाय, ओ पतलो जरा
गारि फज्जति मोन मारि सुनैत छहु !

बाजि एतबा भ' गेली तों मौन माँ
बह' लागल नोर हमरा आँखि सँ
प्रगट भेल मराल, ऐल समीप किछु
फूल दनुफक झ'ड़ लगलइ पाँखिसँ

वाचस्पति कितने, उदयन कितने
हाय ! घूमते हुए वन में कंडे चुनें

तानसेन कितने, कितने रवि वर्मा यहाँ
घास छीलें बागमती के किनारे
कालिदास कितने, कितने विद्यापति यहाँ
भैंसवारों के झुंड में खोए पड़े

अन्न नहीं, पैसे नहीं, न फूटी कौड़ी यहाँ
अरे, गरीब के बच्चे, कहो, कैसे पढ़ेंगे ?
उठो कवि, तुम कुछ हुंकार भरो—
गिरि शिखर पर अब पथिक दल चढ़ेंगे !

वीणा-ध्वनि मेरी जरा यदि पहुँच पाती
सटे पंजर बनिहारों के कान में
सफल होती तब यह स्वर-साधना
चिर उपेक्षित जनों के गौरव गान में

नाव पर बैठ बागमती के प्रवाह में
शाम को जलक्रीड़ा में मस्त तुम
मल्लाह यदि बने होते
वास्तविकता क्या है, यह समझते

आज गूड़ा[1] कल खुद्दी[2] महज
तेरी नौकरानी किस तरह निर्वाह करती है
साँझ-बाती देती, हाय, पत्ते जलाकर
गाली-फजीहत मन मारकर सुनती है

बोल इतना, हो गईं तुम मौन माँ
लगे बहने अश्रु मेरी आँखों से
प्रकट हुआ मराल, आया पास जरा
झड़ने लगे दनुफ के फूल उसकी पाँख से

1. चावल छाँटने से निकला बुरादा। 2. छाँट में निकले चावल के टुकड़े।

‘जूनि कानह’–उठौलह तों तर्जनी
हंस पर चढ़ि उड़ि गेली अकासमे
निन्न टूटल कैल निश्चय, किछु होअओ
बिताएब नहि आयु आब प्रवासमे

जननि हे, सूतल रही हम रातिमे
निन्न छल आएल कतेक प्रयाससँ
स्वप्न देखल जे अहाँ उतरैत छी
एकसरि नहु-नहु विमल अकाससँ !

काशी/फरवरी, 1941

बूढ़ वर

घर रहन्हि वरक कमला कात
करै छला खेती साँझ-परात
मरि गेलथीन्ह जखन तेसरो बहु
सौख भेलन्हि बिआहक फेर की कहु
देख’मे सुखैल-पखठैल काठ
रुपैया बान्हि बूढ़ ऐला सौराठ
माथ छलन्हि औन्हल छाँछ जकाँ
जीह गाँझक गोलही माछ जकाँ
दाँत ने रहन्हि, निदंत रहथि
बूड़ि रहथि, घोघा बसन्त रहथि
खा रहल छला पान तइपर
कन्यागत दइ छलथीन्ह जान तइपर
देखिकै बूढ़ वरक चटक-मटक
घुमैत-घुमैत पहुँचला घटक
पान गलोठिकें उठौलन्हि बात
पूछै लगलथीन्ह परिचय पात
हाथमे हुनक नोसिदानी रहन्हि
छाता रहन्हि, टूटल कमानी रहन्हि

'मत रो'—तुमने उठाई तर्जनी
हंस पर चढ़ उड़ी आकाश में
नींद टूटी, किया निश्चय—भले कुछ हो
नहीं बिताऊँगा उम्र अब प्रवास में

हे जननि, जब सोया हुआ था रात में
नींद आई थी कितने प्रयास से
स्वप्न में देखा कि तुम उतर रही हो
धीरे-धीरे अकेली विमल आकाश से !

बूढ़ा दूल्हा

घर था दूल्हे का, कमला[1] किनारे
करते थे खेती, साँझ-सकारे
मर गई जब तीसरी भी घरवाली
क्या कहूँ, शादी की चाह फिर हो आई
देखने में सूखे-साखे से काठ
रुपए बाँध बूढ़े आए सौराठ[2]
सिर उनका औंधा-सा छाँछ लगे
जीभ, टापी में गोलही माँछ लगे
दाँत थे नहीं, निदंत थे
बुद्धू थे, घोंघा बसंत थे
खा रहे थे पान उस पर
लड़की वाले दे रहे थे जान उन पर
देख बूढ़े दूल्हे की चटक-मटक
घूमते-घामते पहुँच गए घटक[3]
पान दबाकर उठाई बात
पूछने लगे परिचय-पात
हाथ में उनके नसदानी थी
छाता जिसमें टूटी कमानी थी

---

1. मिथिला की एक पवित्र नदी। 2. मिथिला का एक प्रसिद्ध गाँव, जहाँ वैवाहिक सम्बन्ध तय करने के लिए मेले जैसी सभा लगती है। 3. अगुआ; बिचौलिया।

उसरगल छलन्हि कि दनही छलन्हि
कुकुरक चिबौल पनही छलन्हि
साठा पाग रहन्हि चूनक छाँछी जकाँ
कनपट्टीक मसुबिर्ध माछी जकाँ
निमूह धनक जड़ि कटैत रहथि
पाँजि पाटिमे चेफड़ी सटैत रहथि
घटक कहलथीन्ह—"हजारेक टका लागत,
विधि-व्यवहार सै सँ ऊपर लागत
बेसी नहि, गोड़ पचासेक देब हमरो
विधाताक संग आशीर्वाद लेब हमरो
सै मे एक अछि 'कान्या', भोग होऔ
सोनमे सुगन्धिक संयोग होऔ।"

हम अजग्गि, बाप उताहुल रहथि
व्यौला रहथि, बेचै लै आकुल रहथि
शेष शुद्ध दिन नौ सै मे पटलन्हि जा क
हमर गर्दनि बाबू कटलन्हि जा क
घटक पँजियाड़ दूनू बजला मिथ्या
सिद्धांत भेलन्हि तखन उठला विख्या
सड़लि घोड़ीक एकटा एक्का कैलन्हि
सोझै फल्लाँ गामक सड़क धैलन्हि
मुन्हारि साँझकैं पहुँचैत गेला गाम
पकैत रहइ गाछीमे भरखरि आम
पसरल सबतरि बूढ़ बरक बात
आहि रे कनिया, आहि रे अहिबात
ठाढ़ होथि त लागथि धनुष जकाँ
कथी लै बुझि पड़ता मनुष जकाँ
दाढ़ी बनाओल, कपचल मोछ रहन्हि
नाक जेना टिटहिक चोंच रहन्हि
चिक्कन माथ लगन्हि काछुक पीठ जकाँ
बुझि पड़थीन्ह असर्ध जकाँ, ढीठ जकाँ
देखिकें माइकें लगलइ केहेन दन

उत्सर्जित थे या कि दान में पाए !
जूते थे कुत्ते के चबाए
साठा पाग, जैसे चूने की कटोरी रखी
कनपट्टी पर मस्सा जैसे बैठी मक्खी
दबे धन की जड़ काटते थे
जाति की पंजी में पैबंद साटते थे
घटक बोले—"करीब हजार टका लगेंगे
विधि-व्यवहार में सौ से ज्यादा लगेंगे
अधिक नहीं तकरीबन पचास मैं भी लूँगा
विधाता के साथ-साथ आशीर्वाद मैं भी दूँगा
सौ में एक है लड़की, भोग होय
सोने में सुगंध का संयोग होय।"

'कुमरठेली'[1] मैं, बाप उतावले थे
बेचने को आकुल, बावले थे
नौ सौ में पटा, अन्तिम लगन में जाकर
और काट दी पिता ने मेरी गर्दन
झूठ बोल गए दोनों घटक और पंजीकार
हुआ सिद्धांत[2], हुए उठ तैयार
मरियल घोड़ी वाला एक एक्का किया
सीधे 'फलाँ' गाँव का रास्ता लिया
पहुँच गए गाँव में गहराती शाम
पक रहे थे बागों में खूब आम
फैली हर तरफ बूढ़े दूल्हे की बात
हाय री दुल्हन, हाय अहिवात[3]
खड़े होते तो लगते धनुष की तरह
क्यों लगते वह किसी मनुष्य की तरह
बनी हुई दाढ़ी, कतरी हुई मूँछ
नाक ऐसी जैसी टिटहरी की चोंच
चिकना माथा, कछुए की पीठ की तरह
लगते थे अश्रद्ध की तरह, ढीठ की तरह
देखते ही कैसा तो लगा माँ को

1. जिस लड़की की शादी की उम्र बीती जा रही हो। 2. वैवाहिक निश्चयपत्र। 3. सुहाग।

तामसें भ गेलई घोर ओकर मन
नाक पर पसेना, कपार पर घाम
ठकुआ गेलि बेचारी ठामक ठाम
दौड़लि गेलि, बाबू कें लगलि कह'
विषादें नोर भ' क लागलि बह'—
"ई की कैल उठाक ल आनल
कमलक कोंढ़ी लै ढेंग कोकनल
बेटीकें बेचलउँ मड़ुआक दोबर
बूढ़ बकलेलसँ भरलऊँ कोबर
जनमितहिं मारि दितिअइ नोन चटा क'
कुहरए न पड़ितै घेंट कटा क'।"
पीअर झोरी दिस आँगुर उठा क'
बाबू कहलथीन्ह रुपैया देखाक—
"दूर जाउ, शुभक बेर कनै छी की
दिन धुरलइ छौंड़ीक, जनइ छी की
बनति सै बीघा खेतक मलिकाइनि
हमरा बेटी सन के हएत धनिकाइनि
बहुत भेल, रहए दिअ, जुनि किछु कहू
जाउ, 'अथ-उत मे' पड़लि ने रहू
जाउ, कन्यादानक ओरिऔन करू ग
पड़िछन करू ग, चुमौन करू ग
दुसई लै, लजबई लै, डरबइ लै
बजै अछि लोक तँ की करबइ लै।"
अहुरिया कटलक, मललक हाथ
बाबू आगाँ माइ झुकौलक माथ
हुनक अनटोटल बात एक दिस
झरकल सन हमर अहिवात एक दिस
करब की, सब पी गेलऊँ घोंटि क'
चम्पाक कली फेकल गेलऊँ खोंटि क'
बिआह-चतुर्थी सब भेलई सम्पन्न
ओ ससुर धन्न ई जमाय धन्न
हम लोहछलि, ओ रहथि आतुर
(खिसियैल बिलाड़ि नोंचे धुरखुर)
कोहबरसँ माइ लग जाइ पड़ा क'
पड़ि रहि चुपचाप देह नड़ा क'

गुस्से में बाँध नहीं पाई मन को
नाक पर पसीना, घाम चला सिर पर
ठमक गई बिचारी जहाँ थी वहीं पर
भागी-भागी पिता से लगी कहने
विषाद के आँसू लगे बहने—
"क्या ले आए हैं, यह उठाकर
कमल की कली के लिए घुन खाए लक्कड़
मडुए के भाव बेटी को बेचकर
बूढ़े-बकलोल से सजाएँगे कोहबर
जन्म लेते ही मार देते नमक चटाकर
कुहरना न पड़ता गर्दन कटाकर।"
पीली झोली की तरफ उँगली उठाकर
पिताजी बोले रुपए दिखाकर—
"धत्, जाओ भी, शुभ घड़ी में रोती हो क्या
दिन लौटे बिटिया के समझती हो क्या
सौ बीघे खेत की बनेगी मालकिन
अपनी बिटिया सी कौन होगी धनिकाइन
बहुत हुआ, रहने दो कुछ मत कहो
जाओ, 'अथ-उत' में पड़ी मत रहो
जाओ कन्यादान का इंतजाम कराओ
परिछन करो, लड़के को चुमाओ
लोग बोलते ही हैं, चिढ़ाने के लिए
लजाने के लिए, डराने के लिए।"
तड़पती हुई मसलती रही हाथ
पिता के आगे माँ ने झुका दिया माथ
उनकी अनमेल बात एक तरफ
जली-सी मेरी अहिवात एक तरफ
करती क्या सब पी गई घोंटकर
चम्पा की कली फेंकी गई नोंचकर
ब्याह-चतुर्थी सब हुए सम्पन्न
ससुर भी धन्न, जमाय भी धन्न
मैं जली-भुनी, वे जल्दी को सोचें
(खिसियानी बिल्ली खंभे को नोंचे)
भाग-भाग आती, माँ के पास कोहबर से
लेट जाती, देह सिकोड़कर चुपके से

बूढ़ा नाचै लगला हर्षे
दुरागमन भ' गेलन्हि सोझे वर्षे
मनुष रहिअन्हि अपन, ल' अनलन्हि
ताला-कुंजी सबकथु द' देलन्हि
देखिक' हमरा परभच्छय उठइए
कहिओ जँ नहिराक लोक अबइए
गराँमे पड़ल सोनक सूति
चलै लागल घरमे सब पर जुइत
बूझि पड़ि निचिंत, अछि खगते कथिक
साँइ करैत छथि डरै सिक सिक
मुदा हृदय अछि हाहाकार करैत
कोंढ़ अछि ध ध ध ध जरैत
छुच्छ कोर, आँखिमे अछि नोर भरल
ने देखल ककरो एहेन कर्म जरल
मनमे उठैत रहइए स्वाइत—
"जो रे राक्षस, जो रे पुरुषक जाति !
तोरे मारलि हम सभ मरि रहलि छी
किकिया रहलि छी, कुहरि रहलि छी
मोल लइ छैं हमरा तों टका द' क'
कनबई छैं बाप भ' क', काका भ' क'
जाइ अछि पानी जकाँ दिन हमर
जीवन भेल केहेन कठिन हमर
ककरा कि कहबइ, सुनत के आइ
फाट' हे धरती, समा हम जाइ !"

तरौनी/जनवरी, 1941

बिलाप

नान्हिटा छलौं, दूध पिबैत रही
राजा-रानीक कथा सुनैत रही
घर-आँगनमे ओंघड़ाइ छलौं,
कनिया-पुतरा खेलाइ छलौं,
मन ने पड़ै अछि, केना रही
लोक कहै अछि, नेना रही

बुढ़ऊ नाच उठे हर्ष में
हो गया गौना उसी वर्ष में
पत्नी थी उनकी, करा ली विदाई
और सभी तालों की कुंजी थमाई
देखकर, मुझ को लगता, अब रोई
जब कभी मैके से आता है कोई
सोने की हँसली पड़ी गले
रौब अब मेरा ही घर में चले
लगती निश्चिंत, कमी क्या घर से
करते हैं स्वामी थर-थर डर से
हृदय लेकिन हर पल हाहाकार करता है
अंदर से कलेजा धू-धू कर जलता है
खाली गोद भरे आँसू नयन में
देखा न किसी का भाग्य ऐसा जीवन में
मन में उठता रहता है स्यात्–
"जा रे राक्षस, जा रे पुरुष-जात !
तेरी ही मारी मर रही हैं हम
कराह रही हैं, कुहर रही हैं हम
खरीदते हो हमें दे करके टाका
रुलाते हो होकर बाप और काका
गुजरता है पानी की तरह दिन मेरा
जीवन हो गया है कैसा कठिन मेरा
सुने कौन आज, किसे क्या कहूँ
फटो हे धरती, समा मैं जाऊँ !"

विलाप

नन्ही-सी थी, पीती थी दूध
राजा-रानी की सुनती कहानियाँ
लोटती रहती थी घर-आँगन में
गुड्डे-गुड्डी का रचती थी खेल
कैसी थी तब, स्मरण नहीं अब
कहते हैं लोग नन्ही-सी थी

माइक कोरामे दूध पिबैत
बैसलि छलौं उँघाइत झुकैत
परतारि क' मड़वा पर बहीन ल' गेल
की दन कहाँ दन भेलै, बिआह भ' गेल
पैरमे होमक काठी गड़ल
सीथमे जहिना सिन्नूर पड़ल
वर मुदा अनचिन्हार छला
फूसि न कहब, गोर नार छला
अवस्था रहन्हि बारहक करीब
पढ़ब गुनब तहूमे बड़ दीब
अंगनहिमे बजलै केदन ई कथा
सुमिरि सुमिरि आइ होइये व्यथा
सत्ते कहै छी, हम ने जनलिअइ
हँसलिअइक ने, ने कने कनलिअइ
बाबू जखन मानि लेलथीन
सोझे वर्षे दुरागमनक दिन
सिखौला पर हम कानब सीखल
कपारमे मुदा छल कनबे लीखल
सिन्नूर लहठी छल सोहागक चीन्ह
हम बुझिअइ ने किछु उएह बुझथीन्ह
रहै लगलौं भाइ-बहीन जकाँ
खेलाय लगलौं राति-दिन जकाँ
कोनो वस्तुक नहि छल बिथूति
कलेसक ने नाम दुखक ने छूति
होम' लागल यौवन उदित
होम' लागल प्रेम अंकुरित
बारहम उतरल, तेरहम चढ़ल
ज्ञान भेल रसक, सिनेह बढ़ल
ओहो भ' गेला बेस समर्थ
बूझै लगला संकेतक अर्थ
सुखक दिन लगिचैल अबैत रहै
मन आशाक मलार गबैत रहै
बन्हैत रही बेस मनोरथक पुल
विधाता बूझि पड़ै छल अनुकूल
दनादन दिन बितैत रहै

पीती थी दूध माँ की गोद में
बैठी ऊँघती हुई, झुकती हुई
बहलाकर मंडप पर बहन ले गई
क्या सब तो हुआ और हो गया विवाह
पाँव में गड़ी होम की लकड़ी
माँग मैं जैसे ही सिंदूर पड़ी
लेकिन अजनबी था दूल्हा
झूठ न कहूँगी, था गोरा-भला
बारह के करीब रही होगी उमर
पढ़ने-लिखने में भी बड़े सुघड़
आँगन में ही किसी ने कही यह बात
याद कर-करके आज भी उठती है टीस
सच्ची कहती हूँ, मैं न समझ पाई
न आई थोड़ी हँसी, न आई रुलाई
जब मान लिया पिता ने
वर्ष के भीतर ही गौने का दिन
सिखाने पर सीखा मैंने रोना
भाग्य में तो लिखा ही था रोना
सिंदूर और चूड़ियाँ सुहाग के चिन्ह थे
न मैं समझती, न वे समझते थे
रहने लगे भाई-बहन की तरह हम
खेलने लगे रात-दिन की तरह हम
किसी चीज की नहीं थी कमी
नाम नहीं क्लेश का, दुख का नहीं लेश
होने लगा यौवन उदित
होने लगा प्रेम अंकुरित
बारहवाँ उतरा, तेरहवाँ चढ़ा
बोध हुआ रस का, स्नेह बढ़ा
वे भी हो गए पूरे सयाने
समझने लगे संकेत के माने
नजदीक आ रहे थे सुख के दिन
आशा का मल्हार गा रहा था मन
बनाती रहती कामनाओं के पुल
लग रहे थे विधाता भी अनुकूल
बीत रहे थे दिन दनादन

अभागलि हैब, से क्यौ ने कहै
एक दिन उठलन्हि हुनका दर्द
टोल भरिमे भ' गेल आसमर्द
कतै वैद डाक्दर बजाओल गेला
तैयो ने हाय ओ नीकें भेला
बहार कै देलकन्हि लोग आबि क'
जान लै लेलकन्हि रोग आबि क'
बैतरणीमे उसरगल गेलन्हि बाछी
उठा क' ल' जाइत गेलथिन्ह गाछी
पोखरिपर लहठी फूटल हमर
सीथसँ सिन्नूर छूटल हमर
ठोहि पाड़िक हकन्न कनैत रही
एना हैत से की जनैत रही
लगै अछि चारू दिस अन्हार जकाँ
ने बूझि पड़ै क्यौ चिन्हार जकाँ
विष सन अवस्था, पहाड़ सन जीवन
संसारमे हमर के अछि अपन ?
कानी तँ चुप कैनिहार क्यौ नहि
रूसी तँ बौंसनिहार क्यौ नहि
हम पड़लि छी टूटल पुल जकाँ
मौलैल, बिनु सूँघल फूल जकाँ
आगि छुबै छी तँ जरैत ने छी
माहुर खाइ छी तँ मरैत ने छी
कोंढ़ फाटै मुदा ने जाय जान
कोन पाप कैने छलौं हे भगवान
भरल आँगन सुन्न हमरा लेखै
फूजल घर निमुन्न हमरा लेखें
लोक अलच्छि बुझैए, अशुभ बुझैए
अनके नहि, से अपनो सुझैए
बिनु बजौने कतौ जाइ ने आबी
मुँहमे लगौने रहै छी जाबी
भुस्साक आगि जकाँ नहू नहू
जरै छी मने-मने हमहू
फटै छी कुसियारक पोर जकाँ

किसी ने नहीं कहा हो जाऊँगी अभागन
एक दिन उठा उन्हें दर्द
पूरे टोले में मच गया शोर,
कितने वैद्य-डाक्टर बुलाए गए
तब भी न हाय, वे ठीक हो पाए
बाहर निकाल दिया लोगों ने आकर
ले ली जान रोग ने आकर
वैतरणी के लिए दी गई बछिया दान में
उठाकर ले गए सब बगीचे के मसान में
पोखरे पर फोड़ी गईं मेरी चूड़ियाँ
मिट गई माँग से मेरी सिंदूर
रो रही थी चिल्लाकर जार-बेजार
जानती कहाँ थी कि ऐसा हो जाएगा
लगता है हर दिशा अंधकार हो जैसे
नहीं कोई अपना, हों सभी बेगाने जैसे
जहर-सी उम्र पहाड़-सी जिंदगी
संसार में अब कौन रहा भला अपना
रोऊँ तो चुप कराने वाला कोई नहीं
रूठूँ तो मनाने वाला कोई नहीं
पड़ी हूँ टूटा पुल होऊँ जैसे
कुम्हलाए अनसूँघे फूल हूँ जैसे
आग छू लूँ तो जलती नहीं हूँ
जहर खा लूँ तो मरती नहीं हूँ
फटता है कलेजा मगर निकलती नहीं जान
कौन-सा पाप किया था हे भगवान
भरा-पूरा आँगन सूना मेरे लिए
खुला घर निरर्थक मेरे लिए
लोग कुलच्छनी समझते हैं—अशुभ मानते हैं
दूसरों को ही नहीं, मुझे खुद भी लगता है
कहीं न आती-जाती हूँ बिन बुलाए
मुँह सीये रहती हूँ जाबी लगाए
धीरे-धीरे भूसे की आग की तरह
जलती हूँ मन-ही-मन मैं भी
फटती रहती हूँ ईख के पोर की तरह

चैतक पछवामे ठोर जकाँ
काते रहै छी जनु घैल छुतहड़
आहि रे हम अभागलि कत बड़
भिन्सरे उठि प्रातःस्नान क' क'
जप करै छी हुनके ध्यान ध' क'
धर्मसँ जीवन बिताबै चाहै छी
इज्जति आबरू बचाबै चाहै छी
तैओ करै चाहै छथि हमरा नचार
केहेन केहेन ठोप चानन कैनिहार !
ओहनाक सङे जँ हम खाधिमे खसी
ओ नुकैले रहता, हमर हैत हँसी
स्त्रीगणक जाति हम थिकौं अबला
तहू पर विधवा, कहू त भला !

पुरुषक जाति ओकरा के की कहतै
ओकरे समाज ओकरे बात रहतै
उठा लितथि बरु भगवान हमरो
कथी लै भारी लगितिअइ ककरो
मरब तँ कानत क्यौ नहिएँ
रहब तँ क्यौ जानत नहिएँ
इहो जीवन कोनो जीवन थीक
एहिसँ कुकुर-बिलाड़िए नीक
माय-बापक मनोरथक शिकार भ' क'
बेकार भ' क, दबल हाहाकार भ' क'
पँजियाड़ औ' घटकराजक नामपर
व्यवस्था औ' समाजक नामपर
विधवा हमरे सन हजारक हजार
बहौने जा रहलि अछि नोरक धार
ओहीमे ई मुलुक डूबि बरु जाय
ओहीमे लोक-वेद भसिया बरु जाय
अगड़ाही लगौ बरु बज्र खसौ
एहेन जाति पर बरु धसना धसौ
भूकम्प हौक बरु फटौ धरती
माँ मिथिला रहिये क' की करती !

तरौनी/जनवरी, 1941

चैत की पछिया में ओठ की तरह
छुतहर[1] घड़े की तरह रहती हूँ किनारे पड़ी
आह री ! अभागी हूँ मैं कितनी बड़ी
भोरे-भोर उठ करके प्रातःस्नान
करती हूँ उन्हीं का जप धर ध्यान
चाहती हूँ धर्मपूर्वक जीवन बिताना
चाहती हूँ इज्जत-आबरू बचाना
तब भी करना चाहते हैं मुझे लाचार
बड़े-बड़े चंदन-टीकाधारी करते ऐसा व्यवहार
वैसों के साथ जो जा गिरूँ गढ़े में
वे गुमनाम ही रहेंगे, मेरी होगी हँसी
औरत की जात, मैं हूँ अबला
इस पर भी विधवा, कहो तो भला !

मर्दों की जात उसे कौन क्या कहेगा
उसकी चलेगी बात, समाज उसका ही होगा
इससे तो अच्छा भगवान उठा लेते
किसी पर रहती क्यों बन भार
मरूँगी तो रोएगा नहीं कोई
जीऊँ तो जानेगा नहीं कोई
ऐसी भी जिंदगी कोई जिंदगी है ?
इससे तो कुत्ते-बिल्ली अच्छे हैं
माँ-बाप के मनोरथ का शिकार होकर
बेकार होकर, दबी हाहाकार होकर
पंजीकार और घटकराज के नाम पर
व्यवस्था और समाज के नाम पर
विधवाएँ मेरी जैसी हजार के हजार
बहाए जा रही हैं आँसू की धार
उसी में यह मुल्क डूब भले जाय
उसी में लोग-बाग बह भले जाय
नाश हो जाय या वज्र भले गिरे
ऐसी जाति पर भले ही धँसना धँसे
हो जाय भूकम्प या फट जाय धरती
माँ मिथिला रहकर ही क्या करेगी !

---

1. किसी की मृत्यु के बाद त्याग दिए गए मिट्टी के बरतन।

कौसिकीक धार

कौसिकीक धार
नावपर बैसि जखन करै छलहुँ पार
देखि तखन रुद्र हुनक रूप
मोन पड़ल पोखरि मोन पड़ल कूप
डूबल भसल मोन पड़ल नाव
मोन पड़ल हैजा मलेरियाक ताव
उपटल सन डीह-डावर सुन्नसान गाम
—लेवलै नाम
रहल होइ वंशमे क्यों ने जाहि ठाम
कल्पना ताहि ठाँक जोड़ै लागल तार
नावपर बैसि जखन करै छलहुँ पार
—कौसिकक धार
कहतैन्ह के हिनका अरे दयालु !
एक दिस कुस-कास दोसर दिस बालु
नङ्टे नचै छैन्ह बीचमे हहैल-फुहैल धार
थिकै ककर दिन जे जैत ओहि पार
कोसक कोस झौआ जौं ने भेटै ठाढ़
बूझि लेब जे थिकैक मास ई अषाढ़
कुम्हीक लैत अऽढ़
चारक पुरान खऽढ़
कोड़ो धरैत खाम्ह
बरेड़ीक संग संग
छल जा रहल बहैत
उपराग उलहन दैत
—देखि भेलहुँ दंग
क्षीर सागर मे सुतल भगवान कें करबाक हेतु तंग
जाइत रहै, बूझि पड़ल, कौसिकीक धार
नावपर बैसि जखन करै छलहुँ पार
—कौसिकीक धार
गाछी सुखा गेल
कलमबाग नष्ट भेल
उजड़ल देहात
बिगड़ल बसात

कोशी की धार

कोशी की धार
नाव पर बैठा जब कर रहा था पार
देखकर तब उसका वह रूद्र रूप
याद आए पोखर, याद आए कूप
डूबती-उतराती याद पड़ी नाव
याद पड़े हैजा मलेरिया के ताव
खंडहर बनी डीह, उजड़े-उजड़े ग्राम
—लेने भर को नाम
रहा न हो वंश में कोई भी जहाँ
वहाँ की कल्पना से जुड़ने लगे तार
नाव पर बैठा जब कर रहा था पार
—कोशी की धार
कहेगा कौन अरे, इनको दयालु !
एक ओर कास-कुश, दूसरी ओर बालू
बीच में नाचती है नंगी, इनकी फुँफकारती धार
है किसकी मजाल जो जाए उस पार
कोस के कोस खड़े हैं झौंआ के झाड़-झंखाड़
समझ लो महीना आ गया आषाढ़
कुम्भियों की लिए ओट
पुराने फूस छप्पर के
बल्लियों को पकड़े खम्भे
बरेड़ी के संग-संग
जा रहे थे बहते
उलाहना-उपराग कहते
—देख हुआ दंग
क्षीरसागर में सोए भगवान को करने के लिए तंग
जा रही थी—ऐसी लगी, कोशी की धार
नाव पर बैठा जब कर रहा था पार
—कोशी की धार
बगीचे सूख गए
कलमबाग नष्ट हो गए
उजड़ गए देहात
दूषित हुई बसात

लोकवेद बेहाल
पड़ल अकाल
मुइल माल-जाल
कतहु रहल ने शेष
आरि धुरक ने रेख
लै गेली बहाय सभक
खेत औ' पथार
कौसिकीक धार !

पटना/जून, 1943

प्रेयसी

ठाढ़ि भेली आबि तों तैखन कहाँसँ
हे हमर हीरा, हमर मोती, हमर हे सोन !
चिन्तनाक अथाह जलमे लगौलक डुबकी
—जखन ई मोन !
उठाओल चिरकाल सँ निहुँड़ल अपन ई माथ
कान्हपर जैखन देलह तों हाथ !
हे हृदय ! हे प्राण !

तों ने रहितह संगमे
तँ क' ने सकितहुँ हिमगिरिक अभियान !
रोहिणिया आमक सुपक्क गोपी जकाँ तों
करै छह सदिकाल गमगम सजनि हमरा हेतु
सकै छथि क की हमर ओ राहु आ, की केतु
जाबत तोंही केंद्रमे छह राति-दिन साकांक्ष ?
चिर वियोगक आगिमे
तोरा जखन हम ठेलि बनलहुँ
परिब्राजक एसगरे ओहि बेर सखि चुपचाप
कते सहने रह तों परिताप ?
बहुत दिन पर ज्ञान एतबा भेल जे हम
केहेन निष्ठुर केहेन निर्मम, केहेन पाषाण !
हे हृदय ! हे प्राण !

लोग-बाग बेहाल
पड़ा अकाल
माल-मवेशी मरे
कहीं नहीं रहे शेष
मेड़ों के निशान
ले गई बहाकर सबके खेत
खेत-खलिहान
कोशी की धार !

प्रेयसी

खड़ी हो गईं आकर तुम उस क्षण कहाँ से
ओ मेरी हीरा, मेरी मोती, ओ मेरी सोना !
चिंतन के अथाह जल में लगाने लगा डुबकी जब
अपना यह मन !
उठाया चिरकाल से झुका अपना यह माथ
तुमने जिस घड़ी रख दी कंधे पर हाथ
हे हृदय ! हे प्राण !

जो तुम न रहतीं साथ
तो कर न पाता हिमगिरि का अभियान !
गछ-पका रोहिणियाँ-गोपी आम की जैसी
सुवासित रहती हो हर क्षण सजनि मेरे हेतु !
बिगाड़ क्या सकते हैं मेरा ये राहु और केतु
जब तक तुम ही केंद्र में हो रात-दिन साकांक्ष ?
चिर-वियोग की आग में
ढकेलकर तुमको जब मैं बन गया
परिव्राजक अकेला उस समय सखि चुपचाप—
कितना सहा होगा तुमने परिताप ?
बहुत दिनों पर ज्ञान इतना हुआ कि मैं
कैसा निष्ठुर, कैसा निर्मम, कैसा पाषाण !
हे हृदय ! हे प्राण !

अपन इच्छापर तोहर आशाक कैलियहु होम
तों बनलि रहली सदै सखि मोम !
जखन तोरा लग एलहुँ फेर,
क्षमा कैलह हमर सब अपराध
कनियो ने लगौलह देर !
बाजि उठली सुमुखि तों बिहुँसैंत–
की करबैक लै एहिना एलैऐ हैत !
एक आँखि कनैत अछि जग एक आँखि हँसैत !
कोनो कारणसँ कदाचित रहै अछि जँ स्त्री-पुरुष दुइ ठाम
बढ़ल जाइत छइ सिनेह, ने हैत छैक विराम !
हैत एलैऐ सदै संयोग आ, कि वियोग
हमहूँ लेलहुँ भोगि, ता' भोगबाक छल जे भोग !
एकसँ दू भेलहुँ प्रियतम,
आब मिलि-जुलि क' सकब
हमरा लोकनि घरबाहरक कल्याण
आउ, स्वागत
हे हृदय! हे प्राण !

जै दियौ गऽ
अहाँ की करबैक लै
एहिना एलैऐ हैत...
बाजि उठली सुमुखि तौं बिहुँसैत !

आइयो तँ छी समुद्रक कातमे हम ठाढ़
(हम एम्हर छी तों ओम्हर छ बीचमे व्यवधान–
एक डेढ़ हजार कोसक !
की करौ स्थलयान वा जलयान ?
कते व्यक्ति बजैत छथि जे
एहि युद्धक बाद खूब हेतैक सस्ता विमान !)
हे हृदय, हे प्राण !

बंबई/अप्रैल, 1945

अपनी इच्छाओं पर कर दिया तुम्हारी आशा का होम
तुम बनी रहीं सदा सखि मोम !
जब तुम्हारे पास आया पुनः
क्षमा कर दिए मेरे सभी अपराध
तनिक भी न लगाई देर !
बोल उठीं सुमुखि तुम बिहुँसकर—
क्या कीजिएगा, ऐसा ही होता आया है !
एक आँख रोता संसार, एक आँख हँसता आ रहा है !
दो जगहों पर रहें स्त्री-पुरुष किसी कारण से कदाचित्
बढ़ता ही जाता है स्नेह, होता नहीं विराम !
होता ही आया सदा संयोग या कि वियोग
भोग लिए हमने जितना भोगना था भोग
एक से दो हुए प्रियतम
अब मिल-जुलकर कर सकेंगे हम
घर-बाहर का कल्याण
आइए स्वागत
हे हृदय ! हे प्राण !

जाने भी दीजिए
क्या करेंगे आप भी
ऐसा ही होता आया है...
बोल उठीं सुमुखि तुम बिहुँसकर !

आज़ भी तो हूँ सागर के किनारे खड़ा मैं
(मैं इधर तुम उधर हो, बीच में
एक-डेढ़ हजार कोस का व्यवधान !
क्या करे स्थलयान वा जलयान ?
कितने लोग कह रहे हैं कि
खूब सस्ता हो जाएगा युद्ध के बाद विमान !)
हे हृदय, हे प्राण !

फेकनी

छैं रखने पौआही फुच्ची दैवहिक देल,
दै छही मिला तइओ अँटकर सँ पानि नित,
तइओ तोरहिसँ दूध उठौना लैत छिअउ
टिप्पी टा देने जाइत छैं
से नहि कहियो बिसरल ताकहि।
बान्हल छउ दूटा बूढ़ि गाए दच्छिनबरिया ओरियानीमे
बेचलएहें बाछा गोड़ पाँचेक कोरियानीमे
बाछी नहि छउ जे रखितैं बैतरनीक हेतु
गै, क्यौ नहि औतहु काज, कथीलै छैं बेहाल ?
ने खाई छही ने पिबइ छही बहिते रहैत छैं सदरिकाल
की करबैं तों कैंचा बचाय
गै, बेटा पीबै छउ ताड़ी।
टाड़ामे रखबै नुका नुका ?
क लेतउ पुतहु ओहो बहार !
ओहू दिन देखने रहिअउ जे तोहर दलान लग
ठाढ़ रहौ रूपन सोनार
अपने तों सहजहि बूढ़ भेलैं
भ गेलै नातियो सभ समर्थ
कर दान-पुन्न, कर तीर्थ-बर्त
गै फेकनी, तों कपिलेस्सर जो !
दसहरा एलइ
सपनहुँमे नहि तों गेल हेबै
एहि जन्म सिमरिआ घाट—हे गै !
जो भऽ आ ग,
संगी-साथी लै नहि खगतउ—
टुनटुन जाइत छथि सपरिवार
मैना पीसी सेहो जैती आ, यारकका सेहो जेता;
की ग्वार-गोढ़ि की तेलि-सूँड़ि
सब जाय रहल गंगा नहाय !
दसहरा एलइ
गै फेकनी, तहूँ भ आ ग, की करबै तों कैंचा बचाय,
बरु नातिनिएँकें कहि जैहइ—
पौआहीसँ दू फुच्चीकँ ता देल करत बरु दूध वैह,

फेकनी

पौआही नपना भी रखा है तूने भगवान का दिया,
उस पर भी मिला देती है पानी अंदाज से नित्य,
फिर भी तुझसे ही लेता हूँ दूध माहवारी पर
बस टीपती भर जाती है एक निशान,
वह कभी भूलने से रही !
बँधी है दो बूढ़ी गाय दक्षिणी कोने में
पाँचेक तो बेचे होगे बछड़े जाकर 'कोरियानी' में
बछिया तो है नहीं जो रखे रहती वैतरणी के लिए
अरी, कोई नहीं देगा काम, क्यों है बेहाल ?
न खाती है, न पीती है, खटती रहती है हर क्षण
क्या करेगी बचाकर पैसे
अरी, बेटा तो पीता रहता है ताड़ी।
हँड़िया में रखेगी छुपा-छुपा?
निकाल लेगी वह भी पतोहू !
उस दिन भी देखा था तेरे ही दलान के पास
खड़ा था रूपन सुनार
खुद तो तू बूढ़ी हो ही चली
नाती सब भी तो हो गए सयाने
कर दान-पुण्य, कर ले अब तीर्थ-व्रत
अरी फेकनी, दर्शन कर आ कपिलेश्वर के !
दशहरा आया
सपने में भी नहीं गई होगी तू
इस जन्म सिमरिया घाट, अरी ओ !
जा, हो आ
साथी-संगी की भी नहीं होगी कमी—
टुनटुन जा रहे हैं सपरिवार
मैना फूफी भी जाएगी और यार काका भी जाएँगे
क्या ग्वाल-गोंढ, क्या तेली-सूरी
सबके सब जा रहे गंगा नहाने !
दशहरा आया
अरी फेकनी, तू भी हो आ, क्या करेगी पैसे बचाकर
न हो तो नतिनी को ही कह जाना—
पौआही से दो नपने दूध वही दे दिया करेगी तब तक

सिखतउ परोच्छमे तोहर गुन
देतैक मिला छौंड़ी अँटकरसँ पानि नित्त
टिप्पी देमऽ अबिते हेतैक !
की करबैं तों कैंचा बचाए
फेकनी गै, जो कर तीर्थ-बर्त
बुचिया, बचबा, आ कंचनमा
भ गेलउ नाति तीनू समर्थ
जिनगीक ठेकाना कोन,
आब तो सहजहिँ पाकल आम भेलैँ !
दै छही मिला तइओ अँटकर सँ पानि नित
छैं रखने पौआही फुच्ची दैबहिक देल...

बम्बई/अप्रैल, 1945

लखिमा

कवि कोकिलक कल-काकलिक रसमञ्जरी
लखिमा, अहाँ छलि हैब अद्‌भुत सुन्दरी
रुष्ट होइतहुँ रूपसी
कहि दैत कियो यदि अहाँ के विद्यापतिक कवि-प्रेयसी
अहाँ अपने मौन रहितहुँ
कहनिहारक मुदा भ जइतैक सत्यानाश !
मानित'थिन ईह !
सुनित'थिन शिवसिंह तऽ घिचबा लित'थिन जीह !
दित'थिन भकसी झोंकाय तुरन्त
क दित'थिन कविक आवागमन सहसा बंद
अहूँ अन्तःपुरक भीतर
बारिकँ अन्न-पानि
सुभग सुन्दर कविक धरितहुँ ध्यान
बूढ़ि बहिकिरनीक द्वारा
कोनो लाथें
अहाँकें ओ पठबितथि संदेश—
(सङहि सङ झुलफीक दुइटा केश !)
विपुल वासन्ती विभवकेर बीच विकसित भेल
कोनो फूलक लेल

सीख भी लेगी परोक्ष में तेरा गुण
छोकरी मिला देगी पानी अंदाज से नित्य
निशान टीपना तो जानती ही होगी !
क्या करेगी तू पैसे बचाकर
अरी फेकनी, जा कर ले तीर्थ-व्रत
बुचिया, बचबा और कंचनमा
तीनों नाती हो गए सयाने
जिंदगी का क्या ठिकाना
अब तो यों ही तू पका हुआ आम हुई !
उस पर भी मिला देती है पानी अंदाज से नित्य
पौआही नपना भी रखा है तूने भगवान का दिया...

लखिमा

कवि कोकिल की कल-काकली की रसमंजरी
लखिमा, तुम रही होंगी अद्‌भुत सुंदरी
रूठ जाती रूपसी
कह देता यदि कोई तुम्हें विद्यापति की कवि-प्रेयसी
स्वयं तो तुम मौन ही रहतीं
मगर कहने वाले का हो जाता बंटाधार !
मान जाते क्या, ऊँह !
सुनते ही तो खिंचवा लेते शिवसिंह जीभ !
भट्ठी में देते झोंकवा तुरंत
देते करवा कवि का आवागमन सहसा बंद
अंतःपुर के भीतर तुम
त्यागकर अन्न-जल
सुभग सुंदर कवि का करतीं ध्यान
बूढ़ी दासी के द्वारा
किसी बहाने
तुम्हें वे भिजवाते संदेश—
(साथ ही साथ अपने लटों के दो केश !)
विपुल वासंती विभव के बीच विकसित हुए
किसी फूल के लिए

लगबथुन गऽ क्यौ कतेको नागफेनिक बेढ़
मुदा तैं की भ्रमर हैत निराश ?
मधु-महोत्सव ओकर चलतइ एहिना सदिकाल !
कहू की करथीन क्यौ भूपाल वा नभपाल
अहाँ ओमहर
हम एम्हर छी
बीचमे व्यवधान
राजमहलक अति विकट प्राकार
सुरक्षित अन्तःपुरक संसार
किन्तु हम उठबैत छी
कोखन कतहुँ जँ
वेदना-विह्वल अपन ई आँखि
अहींटाकें पाबि सजनि ठाढ़ि चारू दिस
विस्मय विभोहित कंठसँ बहराय जाइछ 'ईस' !
खिन्न भ' अलसाई जनु धनि
वारि जनु दिय अन्न किँवा पानि
व्यर्थ अपनहि उपर कौखन करि जनु अभिरोष
विधि विडम्बित बात ई, एहिमे ककर की दोष ?
नहि कठिन खेपनाइ कहुना चारि वा छौ मास
देवि, सपनहुँमे करि जनु हमर अनविश्वास
अहिंक मधुमय भावनासँ पुष्ट भय
प्रतिभा हमर
रचना करत से काव्य
जाहिसँ होएताह प्रसन्न नरेश
पुनि हमरो दुहुक मिलनाइ होएत–
सखि, सहज संभाव्य।

अहाँकें कवि पठवितथि संवाद
पावि आश्वासन अहाँ तत्काल अनशन छाड़ि
होइतहुँ कथंचित् प्रकृतिस्थ !
मनोरंजन हेतु–
हंसक मिथुन अंकित क' देखबितए
कोनो नौड़ी,
कोनो नौड़ी आबि गाबिकँ सुनबैत
ओही प्रियकविक निरुपम पदावलि

भले कोई कितना भी नागफनी की लगावे बाड़
मगर इससे क्या, भ्रमर होगा निराश ?
इसी तरह चलता रहेगा उसका मधुमहोत्सव हर समय
कहो, क्या कर लेंगे कोई भूपाल या नभपाल
तुम उधर
मैं इधर हूँ
बीच में व्यवधान
राजमहल का अति विकट प्राकार
सुरक्षित अंतःपुर का संसार
किंतु यदि कभी कहीं
उठाता हूँ मैं
वेदना-विह्वल अपनी यह आँख
तुम्हें ही पाता हूँ सजनि, खड़ी चारों ओर
तो विस्मय विमोहित कंठ से निकल जाती है 'आह !'
अलसा न जाना रमणि, तुम खिन्न होकर
त्याग मत देना अन्न किंवा जल
स्वयं अपने पर कभी करना नहीं अभिरोष !
विधि विडंबित बात यह, इसमें कहो किसका दोष ?
कठिन नहीं किसी तरह काट लेना चार या छः मास
सपने में भी नहीं करना मुझ पर देवि, अविश्वास
तुम्हारी ही मधुमय भावना से पुष्ट हो
प्रतिभा मेरी
रचेगी वह काव्य
होंगे जिससे प्रसन्न नरेश
फिर, हम दोनों का भी होगा मिलन–
सखि, सहज संभाव्य !

तुम्हें कवि भिजवाते सम्वाद
पा आश्वासन तुम तत्काल अनशन छोड़
होतीं किसी प्रकार प्रकृतिस्थ !
मनोरंजन हेतु–
दिखाती चित्रित कर मिथुन हंसों को
कोई दासी,
कोई दासी आ गा सुनाती
उसी प्रिय कवि की निरुपम पदावली

जाहिसँ होइत अहाँकेर
कान दुनू निरतिशय परितृप्त !
चित्त होइत तृप्त !
घृणा होइतए महाराजक उपर
धिक धिक !
स्वयं अपने
एकसँ बढ़ि एक एहन
निरुपम गुणसुन्दरी शत-शत किशोरीकें
विविध छल-छंदसँ
किंवा प्रतापक प्रबलतासँ
पकड़ि कए मँगवाय
अन्न-जल भूषण-वसन शृंगार सामग्रीक ढेर लगाय
सुरक्षित अन्तःपुरक एहि अरगड़ामे
बनौने छथि कैकटा रनिवास
बंदी शिविर सन डेरासभक क्रम-पात
एककें दोसराक सङ नहि रहइ जाहिसँ मेल
चक्रचालि चलैत छथि ताहि लेल
कखन करथिन ककर आदर वा ककर सम्मान–
घटौथिन ककर कखन दिनमान–
अही चिंतामे सदए लागल रहए हमरासभक जीजान
महाराजक चरण सम्वाहन करऽमे
सफल होइछ
एक मासक भितर जे दुई राति
पुण्यभागा सुहासिनि अभिशप्त से देवांगना
नहि थीक स्त्रिगणक जाति !
अभागलि कै गोट होएत एहन जकरा
छूबि छाबि कनेक
देने छथिन पुनि अनठाय
मने ओसभ गाछसँ तोड़लाक उतर
कने दकरल लतामक थुरड़ी जकाँ हो
एम्हर-ओम्हर पड़ल पांडुर
कोनो अगिमुत्तूक निर्मम निठुरताक प्रतीक !
सुनई छी, राजा थिका नारायणक अवतार
करवाक चाही हुनक जय-जयकार
किंतु भगवान सेहो

जिससे होते तुम्हारे
कान दोनों निरतिशय परितृप्त !
और चित्त होता तृप्त
महाराज से होती घृणा
धिक् धिक् !
स्वयं तो आप
एक से बढ़ एक ऐसी–
निरुपम गुणसुंदरी शत-शत किशोरियों को
विविध छल-छद्म से
किंवा प्रताप की प्रबलता से
मँगवा पकड़कर
अन्न-जल भूषण-वसन शृंगार-सामग्री का लगाकर ढेर
सुरक्षित अंतःपुर के इस पशु कारागार में
बना रखे हैं कई रनिवास
बंदी शिविर की तरह डेरों की पंक्ति
जिससे एक-दूसरे के संग रह न पावे मेल
इसीलिए रचते हैं चक्रचाल
कब किसका आदर करेंगे, किसका सम्मान–
कब किसका घटा देंगे दिनमान–
इसी चिंता में लगी रहती है सदा हमारी जी-जान
महाराज के चरण संवाहन करने में
सफल हो पाती हैं
एक मास के अंदर जो दो रात
पुण्यभागा सुहासिनी अभिशप्त वह देवांगना
नहीं है सामान्य औरत !
कई अभागिनें तो ऐसी होंगी जिन्हें
छू-छाकर भी
भूल बैठे हैं अनजान
जैसे पेड़ से तोड़ने के बाद वे सब
तनिक दाँत से कुतरे अमरूद के कच्चे फल हों
इधर-उधर पड़ी पांडुर
किसी 'अगमुत्तू' की निर्मम निष्ठुरता का प्रतीक !
सुनते हैं, राजा हैं नारायण के अवतार
करना चाहिए उनकी जय-जयकार
किंतु क्या भगवान भी

क्षीरसागर मध्य
एहिना आइूबाल रचि विचरैत छथि ?
इच्छानुसार करैत छथि अभिसार–
आइ ककरो
काल्हि ककरो
इन्दिराकें बाध्य भ की एहिना
अनका बनाव' पड़इ छनि हृदयेश ?
...तुमैत एहिना तूर
जाइत होएब अहाँ बहुतो दूर
भावनाक अनन्त पथ दिस
एकसरि चुपचाप...
तुमैत अहिना तूर !
विद्यापतिक कविताक हे चिरउत्स, हे चिरनिर्झरी !
लखिमा, अहाँ छलि हैब अद्‌भुत सुंदरी !

पटना/जनवरी, 1945

उड़ान

कल्पनाक पाँखि
प्रेयसीक आँखि
सहि सकत हमर स्वप्न केर भार ?
बजा सकत हमर हृदय-वल्लरीक तार
तापसिक कठोर
तर्जनीक पोर ?

सुरभि मृदु समीर
परसि ई शरीर
कै सकत एहिमे चेतना प्रदान ?
गाबि सकत हमर मुक्तवृत्त करुण गान ?
सागरक तरंग
मधुरताक संग
तप्त मरुक भूमि
एलहुँ हम घूमि
जनिक स्मरण-सलिल सिक्त हृदय रहल थीर

•

क्षीर सागर मध्य
इसी तरह रच ताम-झाम विचरते हैं ?
इच्छानुसार करते हैं अभिसार–
आज किसी से
कल किसी से
इसी तरह क्या बाध्य होकर इंदिरा को
बनाना पड़ता है अन्य को हृदयेश ?
...इसी तरह तूमती कपास
चली जाती होंगी तुम बहुत-बहुत दूर
भावना के अनंत पथ की ओर
अकेली चुपचाप...
इसी तरह तूमती कपास !
विद्यापति की कविता की हे चिरउत्स, हे चिरनिर्झरी !
लखिमा, तुम रही होंगी अद्भुत सुंदरी !

उड़ान

कल्पना की पाँख
प्रेयसी की आँख
सह सकेंगे मेरे स्वप्न के भार ?
बजा सकेंगी मेरी हृदय-वल्लरी के तार
तापसी के कठोर
तर्जनी के पोर ?

सुरभि मृदु समीर
परस यह शरीर
कौन कर सकेगा इसमें चेतना प्रदान ?
गा सकेगा मेरा मुक्तवृत्त करुण गान ?
सागर की तरंग
मधुरता के संग
तप्त मरुभूमि
आया मैं घूम
जिसके स्मरण-सलिल से सिक्त हृदय रहा थीर

बूझि पड़ल बालु आ कि रेत जनु अबीर
की तनिक नाम ?
कोन हुनक गाम ?

पड़ल जखन साँझ
घोर विपिन माँझ
तहि समय मूनि आँखि शरण जकर लेल
सएह त ने तों थिकी, नाम बिसरि गेल।
एहने अनूप
मोन पड़ए रूप

बेश, रह' सएह
मुदा छाड़ि दएह
एखन उड़ल जाइछी नील गगन दिस
संग सखा एक नहीं, पाँच-दस-बीस
अप्सरा नचैछ
हृदयकें जँचैछ !

बंबई/मार्च, 1945

गामक चिट्ठी

चिट्ठी पठौत देरी तुरंत
भ जैब बिदा
जँ हाथ होए खाली तइओ...
से लिखलनि अछि बउआक माइ
अपनहि हाथैं !

झट आउ गाम,
नहि आबी त हमरे सप्पत;
जँ होए एको रत्ती सिनेह बेटाक हेतु
जनु अनठबियौ
भ जाउ बिदा चिट्ठी पबैत देरी तुरंत
से लिखलन्हि अछि अपनहि हाथैं बउआक माइ !

मालूम पड़ा बालू अथवा रेत ज्यों अबीर
क्या उनका नाम ?
कहाँ उनका ग्राम ?

हुई जब संध्या
घोर विपिन मध्य
उस समय आँख मूँद गया जिसकी शरण
कहीं वही तो नहीं तुम, हुआ नाम विस्मरण
ऐसा ही अनूप
याद आया रूप

बेशक वही रहो
मगर छोड़ दो मुझे
अभी तो उड़ा जा रहा हूँ नीलगगन दिश
साथ में साथी एक नहीं, पाँच-दस-बीस
नाच रही हैं अप्सराएँ
हृदय को जाँचती हुई !

गाँव की चिट्ठी

चिट्ठी पाते ही तुरंत
विदा हो जाना
हाथ हो खाली तब भी...
ऐसा लिखा है बबुआ की माँ ने
अपने ही हाथों !

झट आ जाओ गाँव
न आओ तो मेरी कसम तुम्हें
यदि रत्ती-भर भी हो बेटा के लिए स्नेह
मत करना टाल-मटोल
हो जाओ विदा चिट्ठी पाते ही तुरंत
ऐसा लिखा है अपने ही हाथों बबुआ की माँ ने !

पछुअति दिस चुबै छल परुकों
जनितहि छी भनसाघरक चार
एहि बेरि ने मानल जैत
छराबहि पड़त पुरनका खऽढ़ उछेहि
बाती पुरान
बन्हन सेहो सड़ि गेल छैक
सजमनिक रहै लत्ती लतरल
गोन्हू कन्हाई बौका करिया सबहक पैरें
धाङल गेलैक अछि राति-दिन
फड़ितहुँ रहैक सरिपहुँ कत्ते
खैलक अछि भरि टोलाक लोक
दुद्धी सजमनि
बतिया सजमनि
से एहि बेरि
अति आबस्सक अछि घर छरएब—
ई लिखलनि अछि बउआक माइ !

बउआ तकैत अछि बाट सदए
बाबू-बाबू करितँहि रहैत अछि ओ सदिखन
बिनु वीटहुँ ओ
चिट्ठीक खातिर
दरबज्जा दिस
ताकऽ जाइत छइ डाकपीनकें अपनहिसँ
पबितँहि लिफाफा वा पोसकाट
दउड़ल अबैत अछि आङन दिस
देहरि लग
नाच लगैत अछि ओ हर्षे
हम्मल बाबू...हम्मल तिट्ठी
हम्मल तिट्ठी...हम्मल बाबू
जो नइ देबौक...
हम्मल बाबू...
हम्मल तिट्ठी...
नाच' लगैत अछि ओ हर्षे
एह, धन्न, रहू
एतबे दिनमे

पार साल भी टपकता था पिछवारे
जानते ही हैं रसोई का छप्पर
इस बार नहीं चलेगा
निकलवाकर सड़ा फूस छवाना ही पड़ेगा
बातियाँ पुरानी
बन्धन भी सड़ गए हैं
फैली थी लौकी की बेल
गोन्हू, कन्हाई, बौका, करिया सबके पाँवों तले
रौंदी गई है रात-दिन
फलती भी थी सचमुच कितना
खाए हैं टोले भर के लोग
दुद्धी लौकी
बतिया लौकी
सो इस बार
अति आवश्यक है घर छवाना–
यह लिखा है बबुआ की माँ ने !

बबुआ देखता है राह सदा
बाबू-बाबू करता रहता है वह हरदम
बिना बताए भी वह
चिट्ठी की खातिर
दरवाजे की तरफ
देखने जाता है डाकपिउन को खुद ही
पाते ही लिफाफा या पोस्टकार्ड
दौड़ता आता है आँगन की ओर
देहरी के निकट
लगता है नाचने खुशी से–
मेले बाबू...मेली तिट्ठी
मेली तिट्ठी...मेले बाबू
ना दूँगा, जाओ...
मेले बाबू...
मेली तिट्ठी...
नाचने लगता है खुशी से
एह, धन्य हो जी !
इतने ही दिन में

ओ कोना बिसरना गेल, एह!
ओकरा त ओहिना मोन छिअइ
ओ तँ तकैत अछि बाट सदए
बाबू-बाबू करितहिं रहैत अछि ओ सदिखन
आ एहि साल
की मूड़न नहि करबई ओकर ?
ई चैत थिकइ
जेठहिसँ चारिम चढ़ि जेतइ
तकबा क कोनो नीक दिन
नहि बेसी तँ
खाली पातड़िओ द दिएन्हि भगवत्तीकें
दूटा छागर छन्हि कबुला से ताबे रहौन्ह
तइओ त चाही एक गोट दसटकही हमरा तातकाल
मुदा अहाँ
नहि करी एहि सबथुक चिंता
देखल जयतइ
चिन्ता केने की हैत फऽल
चल आउ गाम
जँ हाथ होए खाली तइओ...
ई लिखलन्हि अछि बउआक माइ !

खेपब हम चरखा काटि, मुदा
नहि जाएब नइहर एहि बेर ओहि साल जकाँ
नहि कहा पठैबन्हि काकाकें
हम एहि बेरि ओहि साल जकाँ—
"गाड़ी ल क कनहा आवओ
सङे सङे बुच्चो अबथुन्ह
ल जाथु एतसँ ओ हमरा
छौड़ाक देह सड़ि गेलइ अछि
नहि बचतइ ओकर जान आब
भुस्सो परजंत ने छइ घरमे
हम की करिअउ
काका बुच्चोकें पठा दियनु..."
नहि कहा पठैबन्हि से हुनका
हम एहि बेरि ओहि साल जकाँ

कैसे बिसरा दिए उसे, ओह !
उसको तो वैसे ही याद है
वह तो देखा करता राह सदा
बाबू-बाबू करता ही रहता है हरदम
और, इस साल
क्या मुँडन नहीं कराएँगे उसका ?
यह चैत है
ज्येष्ठ से ही चढ़ जाएगा चौथा
दिखवाकर कोई शुभ दिन
नहीं ज्यादा तो
खीर ही केवल चढ़ा दें कुलदेवी को
मनौती के दो बकरे तब तक रहने दें
दस का नोट तो चाहिए ही फिर भी तत्काल
किंतु आप
नहीं करें इन सबकी चिंता
देखा जाएगा
चिंता करने से क्या मिलेगा फल
आ जाइए गाँव
हाथ रहे खाली तब भी...
यह लिखा है बबुआ की माँ ने !

बसर कर लूँगी मैं चर्खा कातकर मगर
नहीं जाऊँगी नैहर इस बार उस साल की तरह
नहीं संवाद भेजूँगी काका को
इस बार मैं उस साल की तरह—
"कनहा को भेजो गाड़ी लेकर
साथ-साथ बुच्चो को भी
ले जाएँ यहाँ से वे मुझको
बदन सड़ गया है लड़के का
नहीं बच पाएगी अब जान उसकी
भूसा तक नहीं है घर में
करूँ क्या मैं
काका, बुच्चो को भेजो..."
नहीं संवाद भेजूँगी यह उनको
इस बार मैं उस साल की तरह

काटब चर्खा, काटब टकुरी
हम खेपि लेब अप्पन कहुना
जँ सैह अहाँकें होए बेश
हम वृत्त बनल छी अचार भूखैं टटाय
नहि कहब किच्छु
हम अलट-बिलट नहि किछु बाजब
चल आउ गाम
जँ हाथ होए खाली तइओ
नहि आबी त हमरे सप्पत...
आबहु नहि आएब तँ अबस्स हम देब तार...

मोड़ल-माड़ल ओ मैल सनक
एहि पोस्टकार्ड पर लिखलन्हि अछि
कौआक टाङ सन अच्छरमे
बउआक माइ
अपनहि हाथें !

बंबई/अप्रैल, 1945

ठीठर मामा

ठीठर पाठक
पितरपच्छमे गेल छलाह गया जी
भागिन छलथिन्ह बी.ए. मे से
हुनेक आग्रह मानि
पटनामे दू दिन रहबालै भेला कहुना राजी

'सोनमणि भवन' मैथिलक होटल नामी अछि ओहि ठाम
मुदा ओत नहीं ल सकैत छी इच्चो माछक नाम
की करता मैथिल बेचारे सौंसे पेटक लेल—
जीहि सैंतने रहथि राति-दिन आधा वैष्णव भेल !
जीबछ ठाकुर,
ठीठरक भागिन
ओहि होटलक ऊपर
रखने छलथिन्ह डेरा...

कातूँगी चर्खा, कातूँगी तकली
गुजर कर लूँगी अपना किसी तरह
यदि यही आपको लगे भला
मैं आदतन भूखी रहकर, सूखकर हो गई हूँ अचार
नहीं कहूँगी अब कुछ भी
अनाप-शनाप नहीं बोलूँगी कुछ भी
आ जाइए गाँव
हाथ रहे खाली तब भी
न आए तो मेरी कसम आपको...
नहीं आएँगे अब भी तो निश्चय ही दे दूँगी तार...

मुड़ा-तुड़ा औ' मैला-सा
इस पोस्टकार्ड पर लिखा है
कौए की टाँग जैसे अक्षर में
बबुए की माँ ने
अपने ही हाथों से !

ठीठर मामा

ठीठर पाठक
पितृपक्ष में गए थे गया जी
बी.ए. में पढ़ता था भांजा, सो
मान उसका ही आग्रह
पटना में दो दिन रहने को हुए किसी तरह राजी

'सोनमणि भवन' मैथिल का नामी होटल है वहाँ
मगर वहाँ नहीं ले सकते झींगी मछली तक का नाम
क्या करें बेचारे मैथिल, भर पेट के लिए
रात-दिन जी दाबे रहते हैं आधा वैष्णव बने !
जीवछ ठाकुर,
ठीठर का भांजा
उसी होटल के ऊपर
रखा था उसने डेरा...

रतुका रहन्हि जगरना, तइसँ
ठीठर मामा
खा-पिबि रहला सूति
बाँकी छलइ कने दिन तक्खन जा क' टुटलन्हि निन्न
ऊठिक-पूठिकें कैलन्हि कूरुड़
जनउ चढ़ौलन्हि कान—
छर छर छर छर...
मोड़ीमे नहि कङनीपरसँ लग्घी ओ क ऐला
रच्छ रहल, पछुआड़ छलइ, तैं
नहि तँ खैतथि मारि
ठीठर मामा खइतथि सरिपहुँ मारि
के खइतए तक्खन रसगुल्ला पिन्टू होटल जाय ?
गोल-गोल ओ उज्जर उज्जर अतिशय शोभन
सरस स्वादु सुरमुनि मनमोहन
रसगुल्ला के खइतए ?
चुनबए लगला जखन तमाकू, तइखन जीबछ आबि
कह लगलथिन्ह—चलू सिनेमा
मामा, बढ़ियाँ खेल एलइए
नाच गान औ' रागरंग एहन नहि देखने हैब
दड़िभंगोमे देखि सकइ छी आब सिनेमा
मुदा ओहिठाँ एहेन बढ़िम्मा कत सँ अओतइ खेल ?
नहि मानब हम लइए जाएब, मामा देखऽ लेल
नौ आनाक सीट पर बैसल ठीठर बाबू
देखइ छलाह सिनेमा
भागिन रहथिन्ह संगहि
देखि देखिकँ अजगुत लगलन्हि...
कोना नचइए कोना गबइए एत्ते छौंड़ा-छौंड़ी
पर्दापर भ ठाढ़
कोना बजइए कोना झुकइए...
थुकरि तमाकू ठामहिं,
पाँखुड़ पकड़ि पुछलथिन्ह ठीठर जीबछकें तातकाल
(फुसुर-फुसुर क')—
की हओ बाबू, कोना बनौने हैत ?
एहेन कल अङरेज बहादुर कोना बनौने हैत ?
पछुअति दिस छइ भूर कैल ताहींसँ अबइ इजोत

रात का जगरना था, इसी से
ठीठर मामा
सो गए खा-पीकर
शेष रहा जब थोड़ा-सा दिन, तब जाकर खुली नींद
किया उठकर कुल्ला
चढ़ा जनेऊ कान पर–
छर-छर-छर-छर...!
नाली में नहीं, वे मुँडेर पर से ही पेशाब कर आए
गनीमत थी पिछवाड़ा था, इसी से
नहीं तो खा जाते मार
ठीठर मामा खाते सचमुच मार
खाता कौन तब पिंटू होटल जाकर रसगुल्ले ?
गोल-गोल और उजले-उजले अतिशय शोभन
सरस स्वाद सुरमुनि मनमोहन
कौन खाता रसगुल्ले ?
मलने लगे तम्बाकू जब, तभी जीवछ आकर
कहने लगा–सिनेमा चलिए
मामा, अच्छी तस्वीर लगी है
नाच-गान औ' राग-रंग ऐसा नहीं देखा होगा
अब तो देख सकते हैं दरभंगा में भी सिनेमा
लेकिन वहाँ ऐसी दमदार तस्वीर कहाँ से आएगी !
नहीं मानूँगा मैं, देखने के लिए ले ही जाऊँगा मामा
नौ आने वाली सीट पर बैठे ठीठर बाबू
देख रहे थे सिनेमा
भांजा था साथ में
देख-देखकर लगा अजूबा...
कैसे नाच रहे हैं, कैसे गा रहे हैं, इतने छोकरे-छोकरियाँ
पर्दे पर हो खड़े
कैसे बोल रहे, कैसे झुक रहे...
थूककर वहीं तम्बाकू
हिलाकर कंधा पूछा ठीठर ने जीवछ से तत्काल
(फुसफुसाकर)–
कहो, ओ बाबू, बनाया होगा कैसे ?
मशीन ऐसी अंग्रेज बहादुर ने बनाई होगी कैसे ?
छेद कर रखा है पीछे की तरफ और उससे ही आता है प्रकाश

अगुअति दिस पर्दा छै टाङल
लगातार ताहीपर, बाबू
कौखन छाहरि कौखन पड़इ इजोत...
भागिन देलथिन्ह डाँटि—
देखू मामा, एखन रहू चुपचाप !
बेटासँ तकरार करई छै बाप !
पुतहु लैत छै, देखियहु, कक्कर पच्छ ?
जे पूछक हो से सब डेरापर जाक पूछि लेब
फड़िछा फड़िछा बात बुझा हम देब !

पिन्टूमे जाइत जखन गेलाह,
चारि कचौड़ी चारि सिंघाड़ा दू-दू टा रसगुल्ला
तइपर पिउलन्हि चाह
आप्यायित भ श्री ठीठर पाठक पुनि बजलाह—
आब ने कहियो कहबइ, हओ, हम मग्गहकें अधलाह

जाय महेन्द्रू
देलथिन्ह टिकट कटा
सीढ़ीसँ भ हेठ
तखन घाटपर दाहिना हाथें दुहु पएर छुबि
मामाजीकें गोड़ लागि कँ
कने काल धरि भागिन हुनका दिस छलथिन्ह तकैत—
जेटी पर भ ठाढ़...
दालि भात दू टा तरकारी—दुहू झिङुनिक !
(भुजबी सेहो झिङुनिक)
चटनी-पापड़
चारि फाँक ओ आठ खंडमे सँ खंडो भरि नेबो !
नहिए कहिओ सेहो !
निश्चय दुक्खित पड़ि जाइ,
बाबू, तोरा होटलमे जँ चारि-पाँच दिन खाइ !
गून करत हओ बाबू
अइठाँ नइ तँ गाम जाय क ई पचौल मेरिचाइ...
ई बजैत श्री ठीठर पाठक चढ़ला जाए जहाज !

पटना/फरवरी, 1946

आगे की तरफ टँगा है पर्दा
बाबू, उस पर ही लगातार
कभी छाया और कभी पड़ता प्रकाश...
डाँटा भांजे ने–
देखिए मामा, अभी रहिए चुपचाप !
बेटे से झगड़ रहा है बाप !
देखते रहिए, लेती है बहू किसका पक्ष ?
जो पूछना हो कुछ भी, डेरा पर जाकर पूछिएगा सब
बता दूँगा मैं समझा-समझाकर !

जब पहुँचे पिंटू होटल में
चार कचौड़ी, चार समोसे, दो-दो रसगुल्ले
उस पर से पी चाय
आप्यायित हो श्री ठीठर पाठक फिर बोले–
सुनो जी, अब न कहूँगा फिर कभी मगह[1] को खराब

महेंद्रू घाट पहुँच
कटा दिया टिकट
सीढ़ी से हो बगल
फिर दाहिने हाथ से छूकर दोनों पाँव
मामाजी को कर प्रणाम
कुछ देर तक रहा ताकता भाँजा उनकी ओर–
जेटी पर हो खड़ा...
दाल-भात दो सब्जी–दोनों तुरई की !
(भुजिया भी तुरई की)
चटनी-पापड़
चार फाँक नीबू के आठ टुकड़ों में से एक
नहीं कभी वह भी
तो निश्चय ही पड़ जाएँ बीमार
बाबू, तुम्हारे होटल में यदि खाएँ चार-पाँच दिन !
फायदा करेगी खूब बाबू
यहाँ नहीं तो गाँव पहुँचकर पची हुई यह मिर्च...
यह कहते श्री ठीठर पाठक जाकर चढ़े जहाज !

---

1. मगध।

परमिटक साड़ी

कुड़ कुड़ कुड़ कुड़
क' उठल दाँत तर जइतहि तिलकोड़ाक पात
तीसीक तेलमे स्वाद कोन !
गिड़ि लेल कोहुना मोन मारि
गतिआक चालिपर गेल ध्यान
ओ तेलि थीक
पहिरए लागल अछि आइ काल्हि—
खधड़क अंगा, खधड़क टोपी
ओ नोन नुकाकँ रखने अछि भनसाघरमे
दू-दू आनामे बेचइए दीआसलाइ
हनुमान चालीसा पाठ करइए साँझ-प्रात...
कुड़ कुड़ कुड़ कुड़ कुड़ कुड़ कुड़ कुड़
क' उठल दाँत तर जइतहि तिलकोड़ाक पात !

आगूमे बइसलि रहथि मुदा कनियाँ काकी—
बीअनि हौंकैत;
कुट्टी-कुट्टी भ' गेलन्हि साड़ी हुनकर
बढ़ियाँ लगैत अछि हमरा कुम्हड़ौड़िक तीमन
परसन ल' ल' क' खाइत छी...
नहि ओहि दिन से खैल गेल...
हम दउड़ल दउड़ल गेल रही परमिटक लेल
परमा बाबू के दरबज्जापर
ओ गेल रहथि झंझारपुर
किछु काज छलन्हि
लाइसेन्सबला मरबड़िआसँ
हम ओत्त' धरि
हुनका पिठिओने गेल रही
ओ बजला : अओजी, चउअन्नी बेहरी लागत...
परमिट चिट्टकें हथियबैत
गाहकि दिस गहकी नजरि मारि
सूरजमल मरवाड़ी बाजल—
बरहत्थी साड़ी एकमात्रटा बाँचल अछि,
सेहो खोंचाह...

परमिट की साड़ी

कुड़ कुड़ कुड़ कुड़
कर उठे दाँत तले पड़ते ही तिलकोर के पत्ते
स्वाद क्या मिले तीसी तेल में !
निगल गया किसी तरह मन मारकर
ध्यान गया गतिया की चाल पर
तेली है वह
पहनने लगा है आजकल—
खद्दर का कुर्ता, खद्दर की टोपी
नमक दबा कर रखा है रसोईघर में
दो-दो आने में बेचता है दिआसलाई
हनुमान चालीसा पाठ करता है सुबह-शाम...
कुड़ कुड़ कुड़ कुड़ कुड़ कुड़ कुड़ कुड़
कर उठे दाँत तले पड़ते ही तिलकोर के पत्ते !

पर, सामने बैठी कनिया काकी
पंखे डुलाती
तार-तार हो गई है साड़ी उनकी
अच्छी लगती है मुझे रसदार 'कुम्हड़ौड़ी'
परोसा ले-लेकर खाता हूँ...
पर उस दिन नहीं खाया गया...
मैं भागा-भागा गया था परमिट के लिए
परमा बाबू के दालान पर
वे गए थे झंझारपुर
कुछ काम था
लाइसेंस वाले मारवाड़ी से
मैं वहाँ तक
उनका पीछा करता गया था
वे बोले; सुनोजी, बतौर चन्दा चवन्नी देनी पड़ेगी...
परमिट की चिट हथियाते
गाहक की ओर गहकी नजर मार
सूरजमल मारवाड़ी बोला—
बारहहत्थी साड़ी एक मात्र ही बची है
वह भी खरोंचदार...

की अहाँ सभक आङनमे एहन वस्त्र छजत ?
हँ, भ' सकैत अछि, बहिकिरनीकें ददिऐक...
हे लिअ' तीन टका लाबत ।
रहि गेलहुँ गुम्म,
की कहितिऐक ?
बरहत्थी साड़ी अति अभद्र
ने पाढ़ि नीक ने सूत नीक, खर खर करैत
सेहो खोंचाह...
एहन विचित्र साड़ी कहुना देलिएन्हि आनि
देलन्हि ताहू पर आसिरबाद
कनियाँ काकी
ढाकिकऽ ढाकी !

पटना/अगस्त, 1946

कृत्तिका नक्षत्रमे

कृत्तिका नक्षत्रमे शशि—
कोदरिकट्टा मेघसँ
झगड़ा करैत छलाह
हम रही टहलैत धानक आरि पर ओहि काल
हाथसँ छुबि देखलिअइ तँ
स्वर्णकेशी सुंदरिक अलकावली सन बुझि पड़ल
आसिनक सिताहल सीस
मोन हमरा पड़ल केसरि काशमीरक
ओ, शिरीखक फूल
ओह, कोसक कोस धनहर बाध
हरिअरिक सागर जकाँ हिलकोर रहि रहि लैत
ताहिपर सँ अमृत किरणक मृदुल आभा छलइ
किछु छछलैत
हरितवसना शस्यलक्षितक अंचलोदितपत्रमे
कृत्तिका नक्षत्रमे।

तरौनी/अक्टूबर, 1946

क्या आप लोगों के घर में ऐसा छजेगा ?
हाँ, हो सकता है नौकरानी को दे दें...
यह लीजिए, तीन रुपए लगेंगे।
रह गया चुप,
कहता क्या ?
बारहहत्थी साड़ी अति अभद्र
न किनारी अच्छी, न सूत अच्छा, खर-खर करता
वह भी खरोंचदार...
ऐसी विचित्र साड़ी किसी तरह लाकर दी
उस पर भी दिया आशीर्वाद
टोकरी के टोकरी
कनिया काकी ने !

•

कृत्तिका नक्षत्र में

कृत्तिका नक्षत्र में शशि–
कुदालकटे-से बादलों से
झगड़ रहे थे
मैं टहलता धनखेतों की मेड़ पर
हाथ से छूकर देखा तो
स्वर्णकेशी सुंदरी की अलकावली-सी लगीं
क्वार की ओस से भीगी बालियाँ
याद हो आए मुझे केसर कश्मीर के
वे शिरीष के फूल
अहा! कोस के कोस धान के खेत–
हरियाली के सागर की तरह रह-रह हिलकोरे मारते
उस पर से अमृत किरण की मृदुल आभा
कुछ फिसलती-सी
हरितवसना शस्यलक्षित के अंचलोदित पत्र में
कृत्तिका नक्षत्र में।

हिमगिरिक उत्संगमे

हिमगिरिक उत्संगमे
देवदारुक विपिन-मध्य घुरैत
पहुँचलहुँ अलकापुरी
देखल विरहिणिक अस्थि संचित भेल
उठल तामस मेघपर
पाबिओ कँ कालिदासक निष्कपट आशीष
आइधरि जे एहिठाँ नहि ऐल
भेल हमरो मोन जे पल्था लगाबी हमहु एहीठाम
आ' कि ताबहि प्रगट भेली
वियोगिनि तों
स्मृतिक धोखरल रंगमे
हिमगिरिक उत्संगमे !

प्रयाग/ 1946

भए गेल प्रात

हिम शुभ्र ओससँ धौत गात
भूपर उतरल नभसँ प्रभात
सिहकए लागल मलयानिल जे
खोलू केवाड़;
भए गेल प्रात
चों चों चों चों...
कए रहल मने बगड़ा-बगड़ी
खोतासँ बहरएबाक ब्योंत
भए गेल प्रात
टुटि गेल निन्न
तइओ देखू हम पड़ले छी
दए रहल मनो उठबाक नोंत
झाँझनक फाँकसँ हुलकि-हुलकि भोरुक इजोत !

सतलखा/1946

हिमगिरि के उत्संग में

हिमगिरि के उत्संग में
घूमता देवदारु के वन में
पहुँचा अलकापुरी
देखा संचित पड़ी विरहिणी की अस्थि
गुस्सा हो आया मेघ पर
प्राप्त कर भी कालिदास के निष्कपट आशीष
आज तक जो यहाँ पर आया नहीं
मेरे भी मन में हुआ, यहीं पर आसन जमा दूँ
बस तभी, प्रकट हुई
वियोगिनी तुम
स्मृति के धुले-धुले रंग में
हिमगिरि के उत्संग में !

हो गया प्रात

हिम शुभ्र ओस से धौत गात
भू पर उतरा नभ से प्रभात
डोलने लगा मलयानिल—
खोलो किवाड़
हो गया प्रात
चें चें चें चें...
चिड़ी-चुनमुनी करते जैसे
घोंसले छोड़ने को तत्पर
हो गया प्रात
खुल गई नींद
तब भी देखो मैं लेटा ही हूँ
उठने को दे रही निमंत्रण
बाँस की झंझरी की फाँकों से झाँक-झाँककर प्रातःकिरण !

ताड़क गाछ

विकट पातर माँझ
एसगरे अछि ठाढ़ ताड़क गाछ
स्वयं सौंसे तर्जनी बनि,
विधातकें रहल अछि ललकारि
नहि उपस्थित करइ छन्हि ककरो बङौर लगाय
सब फूसि ओकरा हेतु !

जेठक रौद !
झमाझम बरसैत मूसलाधार;
माघक ठार;
चैतक तस;
सब फूसि ओकरा हेतु !

लगाबथु ग केओ कतेको जोर
बाप पित्तीकें करथु ग सोर
मुदा रोइयाँ एकोटा ओकर
उपाड़ल नहि हेतन्हि ककरो बुतें

प्रयाग/1946

द्वंद्व

चिरप्रवासी व्यर्थ हम अनका उपर
करिअउ कथी लए कनेको अभिरोष ?
कथी लए अनका दिअउ हम दोष ?
के मेटाओत कपारक ई लिखलहा
जन्म भरि हम सहब जननी वियोगक परिताप
क्रूर नियतिक भयंकर अभिशाप
नहि बहराइ अछि जे गामसँ बोमियाय
धन्न थिक ओ व्यक्ति
घरहि लग क लैछ कोनो वृत्ति वा व्यवसाय
स्वजन-परिजन देआद-बाद समेत
जकर जिनगी होइत छैक गुदस्त

ताड़ का पेड़

विकट प्रांतर मध्य
अकेला खड़ा है ताड़ का पेड़
स्वयं में पूरी तर्जनी बना हुआ
विधाता को रहा ललकार
अपने सामने कुछ नहीं समझता किसी को
झूठ उसके लिए सारे !

ज्येष्ठ की धूप !
झमाझम बरसता मूसलाधार
माघ का शीत
चैत का ताप
झूठ उसके लिए सारे !

भले कोई कितनी भी ताकत लगा लें
बाप-चाचों को बुला लें
मगर एक भी बाल उसका
उखाड़ा नहीं जाएगा किसी से !

द्वंद्व

चिरप्रवासी व्यर्थ मैं क्यों करूँ
औरों पर तनिक भी अभिरोष ?
मढ़ूँ क्यों दूसरों पर दोष ?
कौन मिटाएगा यह भाग्य का लिखा
सहूँगा आजन्म जननी वियोग का परिताप
क्रूर नियति का भयंकर अभिशाप
जो निकल नहीं पड़ता तमक कर गाँव से
धन्य है वह व्यक्ति
कर लेता घर के पास ही व्यवसाय या कोई वृत्ति
स्वजन-परिजन, कुल-कुटुम्ब समेत
जिसकी गुजर जाती जिंदगी समस्त

उगइ अछि जाहिठाँ तहीठाँ होइत अछि जे अस्त
ज्ञान छइ जकरा फराक-फराक
चंद्र रवि ताराक...
चिड़इ चुनमुन्नीक...
चुट्टीक वा पिपड़ीक...
रूप गुण अनुसार जे आमक रखइ अछि नाम
धानक रखइ अछि नाम
जननि, तोहर प्राण, तोहर शक्ति
धन्य थिक ओ व्यक्ति !!

चिरप्रवासी हम तोहर संतान
दूरसँ भ ठाढ़ केवल क सकैत छिअहु किछु गुणगान
कोन लग्नें पएर राखल गंडकिक गंगाक हम एहि पार
बिसरि गेलहुँ
बागमती कमला बलानक—
तिलजुगा धेमुड़ाक—
रुद्ररूपा कौसिकिक ओ धार
बिसरि गेलहुँ माइ बापक भाइ बहिनिक स्नेह
बिसरि गेलहुँ
कोन माटिक कोन पानिक थिक बनल ई देह !

वर्षपर दू वर्षपर जँ जाइ छी हम देस
चारि दिनधरि से लगइ अछि बेश
ताहिसँ बेशी ओम्हर रहनाई
बुझि पड़इ अछि डाँड़
बुझि पड़इ अछि सब प्रकारें हानि
छिन्नमस्ता भगवती
थिकी ओ कुलदेवता...
हुनका करैत प्रणाम
छाड़ि क हम तरौनी सन गाम
चल अबइ छी दूर, बहुतो दूर
रेलपर चढ़ि चल अबइछी बहुतो दूर

एम्हर अबितहिँ
संगठित सन

उगता जहाँ पर वहीं होता अस्त
ज्ञान है जिसे, अलग-अलग सभी का
तारा चंद्र रवि का
पक्षी पखेरुओं का
चींटियों व पिपड़ियों का
रूप-गुण अनुसार जो अलग-अलग आम के रखता है नाम
धान के रखता है नाम
जननि, तेरा प्राण, तेरी शक्ति
धन्य है वह व्यक्ति !!

चिरप्रवासी मैं तेरी संतान
दूर से हो खड़ा कर सकता मात्र कुछ गुणगान
किस मुहूर्त में मैंने पाँव रखे गंडकी के, गंगा के इस पार
भूल गया
बागमती, कमला, बलान की—
तिलयुगा, धेमुड़ा की—
रूद्ररूपा कोशी की वह धार
भूल गया माँ-बाप भाई-बहन का स्नेह
भूल गया
किस माटी किस पानी की है बनी यह देह !

वर्ष-दो वर्ष पर जो अपने देस चला जाता
चार दिन तो लगता भला
इससे अधिक दिन उधर रहना
मालूम पड़ता दंड सहना
मालूम पड़ता हर तरह से हानि
छिन्नमस्ता भगवती
हैं कुलदेवता...
उन्हें करके प्रणाम
छोड़कर मैं तरौनी-सा गाम
चला आता दूर, बहुत ही दूर
रेल पर चढ़, चला आता बहुत ही दूर

आते ही इधर
संगठित-सा

बन्धुतामे परस्पर आबद्ध
रंग-बिरंगक लोक विविधाचार आर विचार
नीक हमरा लगइ अछि ई आधुनिक संसार
रेल मोटर ट्राम...
पोस्ट टेलीग्राम...
जलधिपर जलयान
नील नभमे श्वेत पीत विमान...
प्रेस बिजली रेडियो औ' फिल्म
नीक हमरा लगइ अछि ई आधुनिक संसार
सड़लि घोड़ीबला ओ सकुरीक एक्का
नहि पड़इ अछि मोन
फेर ओहि देहातमे हम किअए जाएब
प्रयोजन अछि कोन
किन्तु...
किन्तु की हम बिसरि पाएब
तरौनी-सन गाम ?
गरड़हा-सन आम ?
दीदिक इनारक पानि ?
अपन पोखरिक ओ ठुट्ट पातर जाठि ?
हरिअरिक सागर जकाँ हिलोर रहि रहि लैत
धनहर बाध कोसक कोस
चौठचन्द्रक पिड़ुकिआ कोजागराक मखान
थलकमल ओ सिङरहारक फूल
देवउठान आर नवान
कलमखोड़ा कनकजीर सतरिआ कामोद...
परबापाँखि लछुमनभोग...
बिसरत कोना गमकैत मेहीं धान
नहि देलनि भगवान अपना खेत औ' खरिहान
तइओ गामपर चल जाइ अछि यदि ध्यान
तँ से ककर थिक साध्य ?

छला अपने मूर्ख
हमरा चारि आखर पढ़ा गेला बाप जे—
बौआ कमा क लगा देता टाल...
बुढ़ारीमे बैसि कँ हम खाएब...

बंधुता में परस्पर आबद्ध
तरह-तरह के लोग विविधाचार और विचार
अच्छा लगता है मुझे यह आधुनिक संसार
रेल मोटर ट्राम...
पोस्ट टेलीग्राम...
जलधि पर जलयान
नील नभ में श्वेत पीत विमान
प्रेस बिजली रेडियो और फिल्म...
अच्छा लगता है मुझे यह आधुनिक संसार
सकरी का वह मरियल घोड़ी-जुता एक्का
नहीं आता याद
क्यों जाऊँ फिर उस देहात में,
है क्या प्रयोजन
किंतु...
किंतु क्या मैं भूल पाऊँगा
तरौनी-सा गाम ?
'गरड़हा'-सा आम ?
'बुआ के कुआँ' का जल ?
अपने तालाब के बीच खड़ा वह ठूँठ-पतला जाठ ?
हरियाली के सागर की तरह रह-रह हिलकोरे मारते—
धान के खेत कोस के कोस
चौठचंद्र की गुझिया, कोजागरा का मखान
थल-कमल और हरसिंगार के फूल
देवोत्थान और नवान्न
कलमखोड़ा, कनकजीर, सतरिया, कामोद...
परबापाँख, लक्ष्मणभोग
भूल कैसे पाऊँगा खुशबूदार बारीक धान
दिया नहीं, भगवान ने अपना खेत और खलिहान
फिर भी गाँव पर चला जाता है यदि ध्यान
तो यह किसका है साध्य ?

खुद थे मुर्ख
मुझे चार अक्षर पढ़ा गए बाप कि
बबुआ कमाकर लगा देगा ढेर...
मैं बुढ़ापे में बैठकर खाऊँगा

हीतक सङे सतरंज खूब खेलएब...
आहि रे कप्पार !
हमर नहि से हुनक कर्मक दोष
पढ़ि गूनिकँ सन्तान लोकारण्यमे गेलन्हि जे भुतिआए
बुढ़ारीमे हकन्न जे कनलाह
मुइलाह जे अनका उपर द भार
बिन्दुओ भरि जलसँ तर्पण ने केओ केलकन्हि
हमर नहि से हुनक कर्मक दोष

करह जनु अपसोच
मुइल बहिनिक मुइल भाइक
मुइल बापक मुइल माइक
करह जनु अपसोच
गाम दिशि घुरबाक जनु इच्छा करह तों
पूर्वपरिचित व्यक्ति किंवा वस्तुसभहिक हेतु–
करह जनु अपसोच
चलह आगू पथिक तों छाड़न सभहिकें छाड़िं
देखलहक अछि श्रोतकें घुरियाय पाछाँ होएत ?
वन्य जीवन, ग्राम्य जीवन छाड़ि
आधिभौतिक शक्तिकें दासी बनओने जा रहल अछि
प्रगतिशील प्रबुद्ध मानव-नागरिक;
जन्मभरि तों गाम लए रहबह हकन्न कनैत ?
बुड़ित्वक ई मोह !
तोड़ि ताड़ि सलाइ
रगड़ि पाथरसँ आगि जँ करबाक होहु बाहर
नलकें भङठाए जँ कोड़बाक होहु इनार
फोड़ि बिजुलिक बल्ब जँ पतलोक धधरासँ–
इजोतक काज लेबक होहु
होहु जँ पुनि रेलगाड़ीसँ अधिक बसहेक पीठ पसिन्न
देहाती बहुरुपिआक अभावमे यदि
सिनेमासँ होहु ई मन खिन्न
आधुनिक विज्ञानसँ यदि बढ़ि तोरा
बुझि पड़हु एकादशी-माहात्म्य
छपइ छइ अखबारमे जे किछु सबटा फूसि–
ई बुझि फाड़ि जँ 'मिथिला मिहिर'

यारों के साथ शतरंज खूब जमाऊँगा...
आह ! हाय रे भाग्य !
मेरा नहीं, यह उनके कर्म का ही दोष
जो पढ़-लिखकर पूत खो गया लोकारण्य में
जो रोए बुढ़ापे में आठ-आठ आँसू
जो मरे दूसरों पर देकर भार
बूँद भर जल से भी किसी ने नहीं किया तर्पण
मेरा नहीं, यह उनके कर्म का ही दोष

करो मत अफसोस
मरी बहन के लिए, मरे भाइयों के लिए
मरे बाप के लिए, मरी माँ के लिए
करो मत अफसोस
गाँव की तरफ लौटने की इच्छा मत करो तुम
पूर्वपरिचित व्यक्तियों अथवा वस्तुओं के निमित्त—
करो मत अफसोस
चलो आगे पथिक तुम नदी से कटी धाराओं को छोड़
देखा है नदी को पलटकर लौटते पीछे ?
वन्य जीवन, ग्राम्य जीवन छोड़
आधिभौतिक शक्ति को दासी बनाए बढ़ रहा है
प्रगतिशील प्रबुद्ध मानव-नागरिक;
जन्म भर तुम गाँव के लिए घुट-घुटकर रोते ही रहोगे ?
मूढ़त्व का यह मोह !
अब तोड़कर माचिस
रगड़ पत्थर यदि निकालनी हो आग
तोड़ नल को भी, खोदना हो जो कुआँ
फोड़ विद्युत बल्व यदि पत्तों की लपट से—
रोशनी का काम लेना चाहते हो
यदि हो पुनः रेलगाड़ी से अधिक वृषभ की पीठ ही पसंद
देहाती बहुरूपियों के अभाव में यदि मन
हो सिनेमा से खिन्न
आधुनिक विज्ञान से बढ़कर तुम्हें यदि
मालूम पड़े एकादशी माहात्म्य
छप रहे अखबार में जो कुछ, सारे झूठ—
समझ यह फाड़ यदि 'मिथिला मिहिर'

आँचे पजारक होहु तोरा म'न
तखन तों घुरि जाह गामहि
जमाइनसँ नीककँ छौंकवाय खइह खूब पटुआ साग
खूब खैइह ओल औ' अरिकौंछ
सरिसो देल माछक झोर
काँचे जमीरी गारि
पिबिहह सतत दीदिक इनारक पानि
अबइ छहु जे किछु से सब बिसरि जैइह
आम जामुन लताम कटहर सरिफ्फा केरा कि बड़हड़
लगबिइह भगवानकें ओ भगवतीकें भोग
एहिसँ यदि समय बाँचहु
से, गोलैसीमे लगबिइह
खेलैइह सतरंज चौपाड़—
अंखिगरक ई काज !
साँझकें सब दिन जैइह महादेवक थान
बोतू जकाँ बोकिआए गाल बजाय बम् बम्—
साम्वशिवकें भक्तिभाव देखाए
घुरिइह टोल
अपने आ कि अनके दरबज्जापर बैसि
तमाकू चुनबैत हँकिइह गप्प...
क रहल अछि तरक्की धरि राज
ल रहल अछि मोल दशटा पैघ वाइ जहाज...
ताहिमेसँ दुइटा
राजाबहादुर
खानगी रखताह
हड़ाही-मुड़ियाक बीचोबीच
लेनक दो-बगली
बड़का टा पाँतर पड़इ छइ
तही ठाँ बनतैक ओ मएदान
जाहि ठाँ रहतैक सुसतेतैक' वाइ जहाज...
लाट बनि गेला जमाहिरलाल—
सुनल से बुचुआक मातृक एहुसँ ओहि राति एबा काल...
दरबज्जापर बैसि
खूब हँकिइह गप्प

चूल्हा जलाना ही तुम चाहते हो
फिर तुम लौट जाओ गाँव ही
अजवाइन से अच्छी तरह छौंक-बघार खाना खूब पटुआ-साग
खूब खाना जिमीकंद और अरिकंच
मछली का सरसों दिया झोल
कच्ची जमीरी नीबू निचोड़
पीते रहना हमेशा 'बुआ के कुआँ' का जल
जो कुछ भी सीखा सब भुला देना
आम, जामुन, अमरूद, कटहल, शरीफा, केला और बड़हल
लगाते रहना भगवान और भगवती के भोग
समय इससे भी बचे यदि
उसे गुटबंदी में लगाना
खेलना शतरंज का चौपड़–
यह आँख-पाँखवालों का काम !
जाया करना महादेव-स्थान हर शाम
बकरे की बोली में बजाकर गाल बम् बम्
साम्वशिव को दिखाकर भक्ति भाव
लौटना टोले में
अपने या दूसरे के दालान पर बैठ
मलते हुए तम्बाकू हाँकते रहना गप्प...
तरक्की कर तो रहा है राज
ले रहा है मोल दस बड़े हवाई जहाज
उनमें से दो रखेंगे
राजाबहादुर
खानगी
हड़ाही-मुड़िया के बीचो-बीच
लाइन के दोनों बगल
बड़ा-सा प्रांतर है जहाँ
बनेगा वहीं मैदान
जहाँ पर रहेगा, सुस्ताएगा हवाई जहाज...
लाट वन गए जवाहर लाल–
सुना यह वुचुआ की ननिहाल से आते समय उस रात...
दालान पर बैठ
खूब हाँकते रहना गप्प

नहि, नहि
से कि हमरा बुतें कहिओ हएत, नहि, नहि !
वृद्धजन बिसुनाइ छथि,
बिसुनाथु
देखि आएल छी पुरनका ग्रामतंत्र टुटैत
समाजक संस्थानमे शत-शत दराड़ि फटैत।
घुराएब की मूँह पाछाँ दिस
से कि हमरा बुतें कहिओ हएत ?
राड़ भए गेल आइ फूजल ऊक
गोआर-गोंढि-अमात-धानुख-केओट केओ खएते ने ककरो ऐंठ
डोम धोबि चमार नहि पबनौट लेबए अओत
दुरदुरएबइ त उनटिक देत ओहो टोक
की करबैक
सकुरी, मधुबनी चल जएत
औ बिलाँ, अपने लोकनिकें
काज आओत पुरनका बहिखत ने किछुआ आब
बलचनमा कि ललचनमा
हड़ाही जाए
उघइ अछि मोटा
पबई अछि दुइ टका रोज

तोड़ि कँ हरिसिंहदेवक डाँड़
काल्हि जँ बौआ बिआहथि मेम
महाश्वेता बहुरिया
चनमाड़पर ओ आबि
बिहुँसि लगती गोसाउनिकें गोड़
तऽ अहाँ की छाड़ि कँ ई माटि
पड़एब चल जाएब मोरङ दिश ?

पटना/मई, 1947

नहीं-नहीं, नहीं-नहीं
यह क्या मुझसे हो पाएगा कभी, नहीं-नहीं !
नींद में बड़बड़ाते हैं वृद्धजन।
बड़बड़ाएँ
देख आया हूँ टूटता हुआ पुराना ग्रामतंत्र
सामाजिक संस्थान में फटती हुई शत-शत दरार
करूँगा क्या मुँह पीछे की तरफ
यह क्या मुझसे हो पाएगा कभी ?
दलित हो गए आज खुली मशाल
ग्वाल-गोंढ़, अमात, धानुक, केओट खाएँगे नहीं जूठन किसी का
नहीं आएँगे लेने त्योहारी डोम-धोबी-चमार
दुत्कारने पर पलटकर देंगे जवाब
क्या कर लीजिएगा
चला जाएगा सकरी मधुबनी
अरे यार, आप लोगों के
बँधुआ वाले पुराने बही-खाते अब नहीं देंगे काम
बलचनमा या ललचनमा
जाकर हड़ाही[1]
ढोता है मोटा
कमाता है दो रुपए रोज

तोड़कर हरिसिंह देव की कमर
कल यदि बबुआ ब्याह लाएँ मेम
दुलहन महाश्वेता
पहुँचकर घर, कुल-देवता के पास
बिहुँसकर भगवती को करे प्रणाम
तो आप क्या छोड़कर यह भूमि
भागकर चले जाएँगे मोरंग की तरफ ?

---

1. दरभंगा।

ऋतु-संधि

चिर प्रतीक्षा कएल
बहुत ताकल बाट
जेठ बीतल
भेल नहीं बर्खा
रहल नभ ओहिना खल्वाट
आइ थिक आषाढ़ वदि षष्ठी
उठल अछि खूब जोर बिहाड़ि
तकरा बाद
सघन कारी घन-घटासँ
भए रहल अछि व्याप्त ई आकाश
आइ वर्षा हएत सजनि, होइत अछि विश्वास
भए रहल छथि अवनि पुलकित, लैत छथि निश्वास
मुदा अपना देसमे तँ हएत वर्षा भेल
सरिपहुँ एक नहि, कए खेप !
मुदित मनसँ लोक बेश गबैत हएत मलार
भरल होएत अबस्से भुतही बलानक धार
अपन पोखरिक ओ ठुट्ट पातर जाठि डूबल हएत
जकर जोर अदृष्ट से अंडाएल पोठी खएत
धान गम्हड़ी आँसु मड़ुआ मकई मूँग उड़ीद–
साम कॉओन जनेर
दूबि घास अनेर
की ने ई सभ लहलहाइछ
बीत भरि
दुइ बीत भरि
किंवा तहूसँ पैघ–
आँखि मुनि हम क रहल छी ध्यान
हरिअर बाध, हरिअर बोन...
कि लिखू हम एहि ठामक हाल
आगुएमे बहइ छथि भागीरथी
अछि सएह टा कल्याण
प्रबल गर्मिक तापसँ कहुना बचल अछि प्राण !
सजनि, नमरल घनघटाकें देखि
मोन होइछ, हमहु करिअइ–

ऋतु-संधि

की चिर प्रतीक्षा
बहुत जोहा बाट
ज्येष्ठ बीता
हुई नहीं वर्षा
रह गया नभ यों ही खल्वाट
आज है आषाढ़ कृष्ण पक्ष की षष्ठी
उठा है जोरों का तूफान
उसके बाद
सघन काली घनघटा से
हो रहा व्याप्त यह आकाश
आज होगी सजनी वर्षा, हो रहा विश्वास
हो रही है अवनि पुलकित, ले रही निःश्वास
किंतु अपने देश में तो वर्षा हुई होगी
सचमुच एक ही बार नहीं कई बार
गा रहे होंगे मुदित मन लोग खूब मल्हार
भर गई होगी अवश्य 'भुतही बलान' की धार
डूब गई होगी अपने पोखरे की वह ठूँठ पतली जाठ
प्रारब्ध में होगा जिसके वह खाएगा अंडेभरी पोठी मछलियाँ
धान गम्हड़ी और अँसुआ, मूँग, उड़द, मकई, मड़ुआ—
साम कौनी ज्वार
उग आई घास-दूब बेकार
क्या ये लहलहाती नहीं होंगी
एक-एक बीत्ते की
दो-दो बीत्ते की
अथवा उससे भी बड़ी—
आँख मूँद कर रहा मैं ध्यान
हरे खेत, हरे वन-झाड़...
क्या लिखूँ मैं यहाँ का हाल
सामने ही बह रही भगीरथी
बस यही कल्याण
प्रबल गर्मी की जलन से किसी तरह बच रहे हैं प्राण !
सजनि, झुकी घनघटा को देख
मन यही करता कि मैं भी—

कालिदासे जकाँ ओकरा सोर
के कहओ, नहि क सकै अछि ओ लिफाफक काज !
राति-दिन झरकी लगइ अछि
आरि धूरक नहि कोनहुठाँ रेख
निरंतर आगूमहँक ई नग्न पाँतर देखि
दुखाइत अछि माथ
चसमा अवइ अछि नहि काज
(हरिअरका कि करिआ–ओह !)
मुदा हमरा हवैत अछि विश्वास
अहू ठाँ, सखि, आब मूसलाधार बर्खा हएत
तखन नहि ई आँखि माथ दुखएत
भोरखन गंगा नहेबा काल
ठरल लागल पानि
बुझल तइखन,
हिमालयमे गलि रहल अछि बर्फ
भ रहल अछि ग्रीष्म आब समाप्त–
बर्खा प्राप्त...

प्रयाग/जून, 1947

वंदना

हे तिरहुत, हे मिथिले, ललाम !
मम मातृभूमि, शत-शत प्रणाम !
तृण तरु शोभित धनधान्य भरित
अपरूप छटा, छवि स्निग्ध-हरित
गंगा तरंग चुम्बित चरणा
शिर शोभित हिमगिरि निर्झरणा
गंडकि गाबथि दहिना जहिना
कौसिकि नाचथि वामा तहिना
धेमुड़ा त्रियुगा जीबछ करेह
कमला बाग्मतिसँ सिक्त देह
अनुपम अद्भुत तव स्वर्णांचल
की की न फुलाए फड़ए प्रतिपल
जय पतिव्रता सीता भगवति

कालिदास की तरह उसे पुकारूँ
कौन कहे, नहीं कर सकता वह लिफाफे का काम
दिन रात जलती देह
मेड़ों के नहीं कहीं निशान
निरंतर सामने का यह नग्न प्रांतर देख
सिर में हो रहा है दर्द
चश्मा भी नहीं आ रहा है काम
(हरा अथवा काला--उफ !)
लेकिन हो रहा विश्वास मुझको
सखि, यहाँ भी अब होगी मूसलाधार वर्षा
आँख और सिर में तब नहीं होगा दर्द
सुबह गंगा नहाते वक्त
लगा पानी सर्द
समझा तभी
हिमालय में गल रही है बर्फ
हो रहा है ग्रीष्म अब समाप्त–
बरखा प्राप्त...

वंदना

हे तिरहुत, हे मिथिले, ललाम !
मम मातृभूमि, शतशत प्रणाम !
तृण तरु शोभित धनधान्य भरित
अपरूप छटा, छवि स्निग्ध-हरित
गंगा तरंग चुम्बित चरणा
सिर शोभित हिमगिरि निर्झरणा
जैसे गाए गंडकी दाएँ
वैसे कोशी नाचे बाएँ
धेमुड़ा त्रियुगा जीबछ करेह
बागमती-कमला से सिक्त देह
अनुपम अद्भुत तब स्वर्णांचल
क्या-क्या न फूले-फले प्रतिपल
जय पतिव्रता सीता भगवती

जय कर्मयोगरत जनक नृपति
जय-जय गौतम, जय याज्ञवल्क्य
जय-जय वात्स्यायन जय मंडन
जय-जय वाचस्पति जय उदयन
गंगेश पक्षधर सन महान
दार्शनिक छला', छथि विद्यमान
जगभर विश्रुत अछि ज्ञानदान
जय-जय कविकोकिल विद्यापति
यश जनिक आइधरि सभ गाबथि
दशदिश विख्यापित गुणगरिमा
जय-जय भारति जय जय लखिमा
जय-जय-जय हे मिथिला माता
जय लाख-लाख मिथिलाक पुत्र
अपनहि हाथें हम सोझराएब
अपने देशक शासनक सूत्र
बाभन छत्री औ' भुमिहार
कायस्थ सूँड़ि औ' रोनियार
कोइरी कुर्मी औ' गोंढि-गोआर
धानुक अमात केओट मलाह
खतबे ततमा पासी चमार
बरही सोनार धोबि कमार
सैअद पठान मोमिन मीयाँ
जोलहा धुनियाँ कुजरा तुरुक
मुसहड़ दुसाध ओ डोम-नट्ट...
भले हो हिन्नू भले मुसलमान
मिथिलाक माटिपर बसनिहार
मिथिलाक अन्नसँ पुष्ट देह
मिथिलाक पानिसँ स्निग्ध कान्ति
सरिपहुँ सभ केओ मैथिले थीक
दुविधा कथीक संशय कथीक ?

ई देश-कोश ई बाध-बोन
ई चास-बास ई माटि पानि
सभटा हमरे लोकनिक थीक
दुविधा कथीक संशय कथीक ?

जय कर्मयोगरत जनक नृपति
जय-जय गौतम, जय याज्ञवल्क्य
जय-जय वात्स्यायन, जय मंडन
जय-जय वाचस्पति, जय उदयन
गंगेश पक्षधर-से महान
दार्शनिक थे, हैं विद्यमान
जगभर विश्रुत है ज्ञानदान
जय-जय कवि कोकिल विद्यापति
यश जिनके आज तक सब गाते
दशदिश विख्यापित गुण-गरिमा
जय-जय भारति, जय-जय लखिमा
जय-जय-जय हे मिथिला माता
जय लाख लाख मिथिला-सुपुत्र
अपने ही हाथों हम सुलझाएँगे
अपने देश का शासन-सूत्र
ब्राह्मण क्षत्रिय और भूमिहार
कायस्थ सूरी और रोनियार
कोइरी कुर्मी और गोंढ-ग्वाल
धानुक अमात केओट मलाह
खतवे ततमा पासी चमार
बढ़ई कमार धोबी सुनार
सैयद पठान मोमिन मुसलमान
जुलहा धुनिया कुजड़ा तुरुक
मुसहर दुसाध नट और डोम
भले हों हिंदू या हों मुसलमान
जो बसते मिथिला की माटी पर
मिथिला के अन्न से पुष्ट देह
मिथिला के पानी से स्निग्ध कांति
है सत्य, सभी मैथिल ही हैं
दुविधा कैसी, संशय कैसा ?

यह देश-कोस यह वन-उपवन
यह खेत-खलिहान यह मिट्टी-पानी
सब कुछ हम लोगों का ही है
दुविधा कैसी, संशय कैसा ?

जय-जय हे मिथिला माता
सोनित बोकरए जँ जुअएल जोंक,
तँ सफल तोहर बर्छीक नोंक !

खएता न अयाची आब साग !
ककरो खसतैक किएक पाग ?
केओ आब कथी लै मूर्ख रहत ?
केओ अब कथी लै कष्ट सहत ?
केओ किअए हएत भूखें तबाह ?
केओ किअए हएत फिकरें बताह ?
नहि पड़ल रहत, भेटतैक काज !
सभ करत मौज, सभ करत राज !
पढ़ता गुनता करताह पास—
जूगल कामति, छीतन खवास
जे काजुल से भरि पेट खएत
ककरो नहि बड़का धोधि हएत
कहबओता अजुका महाराज
केवल कामेश्वरसिंह काल्हि
हमरालोकनि जे खाइत छी
खएताह ओहो से भात-दालि

अछि भेल कतेको युग पछाति
ई महादेश स्वाधीन आइ
दिल्ली पटना ओ दड़िभंगा
फहराइछ सभठाँ तिनरंगा
दुर्मद मानव म्रियमाण आइ
माटिक कण कण सप्राण आइ
नव तंत्र मंत्र चिंता धारा
नव सूर्य चंद्र नवग्रह तारा
सब कथुक भेल अछि पुनर्जन्म
हे हरित भरित हे ललित भेस
हे छोट छीन सन हमर देश
हे मातृभूमि, शत-शत प्रणाम !!

पटना/15 अगस्त, 1947

जय-जय हे मिथिला माता
करे रक्त वमन यदि मोटे जोंक
तो सफल तेरे बर्छे की नोक !

खाएँगे अब न अयाची साग-पात !
गिरेगी किसी की क्यों पगड़ी ?
कोई अब क्यों मूर्ख रहेगा ?
कोई अब क्यों कष्ट सहेगा ?
कोई क्यों होगा भूख से तबाह ?
कोई क्यों होगा पागल चिंता से ?
कोई बैठा नहीं रहेगा सब पाएँगे काम-काज
मौज करेंगे सभी, करेंगे सभी राज
होंगे पढ़-लिखकर पास
जुगल कामत, छीतन खबास
जो कमाएगा पेट भर खाएगा
बड़ी तोंद नहीं होगी किसी की
आज के महाराज कल
केवल कामेश्वर सिंह कहलाएँगे
हम लोग जो खाते हैं
वही दाल-भात वे भी खाएँगे

कितने युगों पश्चात् हुआ है
यह महादेश स्वाधीन आज
दिल्ली पटना और दरभंगा
हर जगह लहराता तिरंगा
दुर्मद मानव म्रियमाण आज
कण-कण मिट्टी सप्राण आज
नव तंत्र मंत्र चिंता धारा
नव सूर्य चंद्र नवग्रह तारा
है हुआ सभी का पुनर्जन्म
हे हरित भरित हे ललित वेश
हे मेरे छोटे से प्रदेश
हे मातृभूमि, शत-शत प्रणाम !!

गाँधी

जय-जय परमपिता हे गाँधी
जय-जय जयति महाबलिदानी
ओह, अहाँक वियोग-व्यथामे
के नहि आइ कनइ अछि प्राणी
जा धरि रहता सूर्य-चंद्रमा
जा धरि ग्रहगण, जा धरि तारा
जा धरि बहती गंगा-गंडकि
बाग्मति कमला कोसिक धारा
जा धरि पृथिवी, सागर जा धरि
जीवित रहब अहाँ तहिआ धरि
काए-वचनसँ अथवा मनसँ
हिंसा कएल न कोनो जीवक
कोटिक कोटि मनुक्खक हित लए
जिनगी अपन बिताओल गरीबक
दुख ककरो नहि देल कनेको
अपने विपत उठाओल अनेको
जिवितहिं पसरल कीर्ति भुवन भरि
तेना बहाओल शांतिक सुरसुरि
जय-जय राष्ट्रपिता हे गाँधी
जय-जय जयति महाबलिदानी
कमल थलकमल भेंट, कुमुदनी
सिङरहार गेना गुलाबरी
इंद्रकमल औ' तीरा मधुरी
चम्पा बेली तथा चमेली
बंशीप्रेम दनुफ औ' जूही
सभ फूले थिक
ककरो सुरभि महा आह्लादक
केओ देखवहिटामे मनमोहक
ककरो रस बड़का औषध थिक
सभक प्रयोजन पड़ि जाइत छइ बेर कालमे
ककरो किए अनस्था करबइ
सभ फूले थिक
गाँथल रहओ सदक्षण सभटा एक तागमे

गाँधी

जय-जय परमपिता हे गाँधी
जय-जय जयति महाबलिदानी
आह, आपकी वियोग-व्यथा में
कौन आज नहीं रोता प्राणी !
जब तक कायम सूर्य चंद्रमा
जब तक ग्रहगण, तारे जब तक
जब तक बहती गंगा-गंडक
बागमती कमला कोशी की धारा
जब तक पृथ्वी, सागर जब तक
जीवित आप रहेंगे तब तक
काय-वचन से अथवा मन से
हिंसा न की किसी जीव की
कोटि-कोटि लोगों के हित में
जिंदगी बिताई खुद गरीब की
दिया जरा भी दुख न किसी को
उठा विपत्तियाँ आप अनेकों
जीते-जी फैली कीर्ति भुवन-भर
वैसी बहाई शांति की सुरसरि
जय-जय राष्ट्रपिता हे गाँधी
जय-जय जयति महाबलिदानी
कमल, थलकमल, भेंट, कुमुदिनी
हरसिंगार, गेंदा, गुलदाऊदी
इंद्रकमल और तीरा माधुरी
चंपा बेली तथा चमेली
वंशी प्रेम दनुफ और जूही
हैं सभी फूल ही
किसी की सुरभि महाआह्लादक
कोई देखने में ही मोहक
किसी का रस महाऔषधि है
प्रयोजन सभी के पड़ जाते अवसर आने पर
अनास्था क्यों करें किसी पर
हैं सभी फूल ही
हर समय सभी एक ही धागे में रहें गुँथे

अहिना हिंदू मुसलमान सिख बौद्ध जैन ख्रिष्टान पारसी
रहओ एक भ
रहओ एक ठाँ
सभ मनुक्ख थिक
सभ एक्के थिक
देश आइ स्वाधीन भेल अछि सभक मेलसँ
सभक बुद्धिसँ
सभक यत्नसँ
सभक जोरसँ
सभक देह निर्माण भेल छइ
अही माँटिसँ अही पानिसँ अही अन्नसँ
सभक देह सप्राण भेल छइ
अही माँटिसँ अही पानिसँ अही अन्नसँ
एहि भूमिपर एहि देशपर सभक छैक अधिकार
अपनामे नहि करी अरे तकरार
ई सिखौल हे पिता अँही हमरालोकनिकें
कालनेमि थिक दुष्ट गोडसे देशभरिक थिक पाप
इतिहासक अभिशाप
क्षमा ने करतइ क्यों कहिओ ओकर महान अपराध
शूलवेध ईसाक
सुकरातक विषपान
ताहूँ सँ बढ़ि बुझि पड़ैछ
बापू अहाँक ई अति नृशंस प्राणांत
सुनि कँ ई वृत्तांत—
के नहि कानल हएत ?
क्षुब्ध-क्रुद्ध भ दैत बधिककें गारि—
वृद्ध पितामह, के ने अहाँकेर तर्पण कएने हएत ?
मुक्त देशमाताक हाथ निज कम्पित हाथ धएल !
देल अपन बलि
जन-जागरण-व्रत-उद्यापन कएल !!
जय जय परम पिता हे गाँधी;
जय जय जयति महा बलिदान !
ओह, अहाँक वियोग-व्यथामे
के नहि आइ कनइ अछि प्राणी !

पटना/मार्च, 1948

इसी तरह हिंदू, मुसलमान, सिक्ख, बौद्ध, जैन, पारसी, ईसाई
रहें एक हो
रहें एक जगह
हैं सभी मनुष्य ही
हैं सभी एक ही
देश आज स्वाधीन हुआ है सभी के मेल से
सभी की बुद्धि से
सभी के यत्न से
सभी की ताकत से
सभी के तन रचे गए हैं
इसी मिट्टी से, इसी पानी से, इसी अन्न से
सभी के तन प्राणवान हुए हैं
इसी मिट्टी से, इसी पानी से, इसी अन्न से
इस भूमि पर, इस देश पर सबका है अधिकार
आपस में नहीं करें अरे तकरार
यह सिखाया है, हे पिता आपने ही हम लोगों को
कालनेमि है दुष्ट गोडसे, देश भर का पाप
इतिहास का अभिशाप
क्षमा नहीं करेगा कोई कभी उसका महान अपराध
शूली ईसा की
सुकरात का विषपान
उससे भी बढ़कर लगता है
बापू आपका यह अतिनृशंस प्राणांत
सुनकर यह वृत्तांत—
कौन नहीं रोया होगा ?
क्षुब्ध-क्रुद्ध होकर देता गालियाँ बधिक को !
वृद्ध पितामह, किसने नहीं किया होगा आपका तर्पण—
मुक्त देशमाता का हाथ निज कंपित कर में लेकर !
देकर अपनी बलि
जन-जागरण-व्रत-उद्यापन किया !!
जय-जय परम पिता हे गाँधी,
जय-जय जयति महाबलिदानी !
आह, आपकी वियोग-व्यथा में
कौन आज नहीं रोता प्राणी !

आसिन मासक राति इजोड़िया

आसिन मासक राति इजोड़िया
तिथि त्रयोदशी
झुलि झुलि गाबि रहल बटगमनी दोलङ्कि गम्हड़ा
बुढ़बा पिपरक ठूठ ठारिपर बैसल बैसल—
नीलकंठ कें कें करैत अछि
बितल दसहरा, ककरा छैक पुछारी ओक्कर आब
सभठाँ पोखरिमे फुलएल अछि भेंट कुमुदिनिक फूल
खाली हमरेटा भरिऔलक अछि भदबा ओ दिक्शूल
प्रकृति ने मानथि पंडितलोकनिक कालविवेचन
रुचिगर बेश लगैअछि हमरा धनहा खेतक गैंची
आरि आरि तैं बौआइत छी
डेढ़ पहर बिति गेल इजोड़िया आसिन मासक

दरभंगा/अक्टूबर, 1948

फागुनक इजोड़िया टहाटही

बोझल गाड़ी
सूतल अधवयसू बहलमान
नाथल ओ मुठिया सिंहवाला कैला बड़दक सुन्दर जोड़ी
जा रहल लीख धएने सोझहिं
पकिआ सड़कक काते काते
टुन टुन टन टन टन टिलिङ टाङ...
कर रहल निशीथक शांति भंग
मधुबनी दिशुक बोझल गाड़ी
भ भ चित-पट फैला फैला—
जुआक बाँहिपर पएर दुहू
दिनुका ठेही कें पचा रहल
सूतल अधवयसू बहलमान
फागुनक इजोड़िआ टहाटही

सकरी/फरवरी, 1949

आसिन की रात चाँदनी

आश्विन महीने की चाँदनी रात
तिथि त्रयोदशी
झूल-झूलकर गा रहा बटगमनी 'दोलंगी' का गम्हरा धान
बूढ़े पीपल की ठूँठ डाल पर बैठा-बैठा—
नीलकंठ करता है कैं-कैं
गया दशहरा कौन उसे पूछे अब
हर जगह पोखरे में खिले हैं भेंट कुमुदिनी के फूल
हम पर ही केवल चढ़ा हुआ है पंचक और दिक्शूल
प्रकृति नहीं मानती पंडितों के काल-विवेचन
रुचिकर खूब लगती है मुझको धन-खेतों की गैंची मछली
उसके ही लिए भटक रहा हूँ मेड़-मेड़
डेढ़ पहर बीत गई चाँदनी आश्विन महीने की

फागुन की चकचक चाँदनी

लदी गाड़ी
सोया अर्द्धवयस्क गाड़ीवान
नथे मुठिया सींगवाले कैला बैलों की सुंदर जोड़ी
जा रही लीक धरे सीधे
पक्की सड़क के किनारे-किनारे
टुन टुन टन टन टन टिलिङ टाङ...
कर रही निशीथ की शांति भंग
मधुबनी तरफ की लदी गाड़ी
हो-होकर चित-पट फैला-फैलाकर—
जूए की दोनों बाँहों पर अपने दोनों पैर
पचा रहा दिन भर की थकान
सोया अर्द्धवयस्क गाड़ीवान
फागुन की चकचक चाँदनी

युग धर्म

नहि मानइ अछि बात ओहिना अपनो बेटा-नाति
मास मास पर गहन लगइ अछि पल पल पर संकराँति
बदलि रहल अछि छन-छन दुनियाँ किछु नहि क्यों नहि थीर
भ गेलाह बाबा कपिलेसर आन्हर आर बहीर
सुनतहि नब नचारी बूढ़ाकें उठैत छन्हि खौंत
भरि-भरि ढाकी फाँकि जाइ छथि भाङ्क भनहि सुखौंत
शहर शहरमे फुजल सिनेमा, कियो नहि सुनए पुरान
ककरो नहि चिंता छइ जे खौंझा उठता भगवान
कोना छजत पहिलुक ढाठीपर आजुक टटका रङ
अपन महिंस कुल्हड़िअहि नाथब, के ने कहत अबढंग
खुटिया मिर्जइ नहि सोहाइ छइ पहिरए कोट-कमीज
बूड़ि ने कहिअउ, कन्हुआकँ ताकत बेटा-भतीज
कोना बुझब जे पूर्वजलोकनि रहथि वेश बुधिआर
पढ़ुआ कका करब जँ, नहि हमरासँ बात-बिचार

प्रयाग/मई, 1949

जेठक विकट दुफरिआ

जेठक विकट दुफरिआ
छाहरि दुबकलि बड़क गाछतर
किछु बैसल, किछु ठाढ़े ठाढ़े
आँखि मूनि कँ
पाजु करइ अछि माल जाल सभ
चिड़इ चुनमुनी कत गेल, ने जानि
धिपल लगइ छइ ऊपर ऊपर पानि
बोमिआइत अछि अठगामा पाड़ा पोखरिमे
बकरिक नेड़ी भरि भरि घरमे
खेला रहल भुल्ला चरबहा
दूनू दिस एसगरे सतघरा
जङ्लासँ सँसार देखइ छी
पड़ल पड़ल अप्पन खोन्हीमे
हमहुँ कहुना खेपि रहल छी जेठक विकट दुफरिआ

तरौनी/जून, 1949

युग-धर्म

अपने बेटे-नाती वैसे भी नहीं मानते बात
मास-मास पर लगता ग्रहण पल-पल पर संक्रांत
बदल रही है हर क्षण दुनिया, कोई न कुछ भी थीर
हो गए बाबा कपिलेश्वर भी अंधे और बधिर
लगती आग बुढऊ को ज्योंही सुनते नव नचारी
फाँकें सूखी भाँग भले ही भरी-भरी टोकरी
खुला सिनेमा शहर-शहर कोई न सुने पुराण
चिंता नहीं किसी को कि फिर खीजेंगे भगवान
कैसे फबे पुराने ढंग पर आज के ताजे रंग
नाथें भैंस कुल्हाड़ी से तो कौन न कहे अवढंग
नहीं सुहाती छोटी मिरजई कोट-कमीज पहनेंगे
कहो न अल्हड़, पुत्र-भतीजे गुस्से से देखेंगे
कैसे समझूँ पूर्वजगण थे बहुत बड़े होशियार
पढ़ुआ काका, गर न करेंगे मुझसे बात-विचार

विकट दुपहरी ज्येष्ठ की

विकट दुपहरी ज्येष्ठ की
छाया दुबकी बरगद के नीचे
कुछ बैठे, कुछ खड़े-खड़े
आँखें मूँदें
ढोर-मवेशी कर रहे जुगाली
पाँख-पखेरु न जाने कहाँ चले गए
तपा हुआ लगता ऊपर-ऊपर से पानी
पोखर में हुंकार रहा अठगाँवा भैंसा
बकरी की लेड़ी भर-भरकर घर में
खेल रहा भुल्ला चरवाहा
दोनों तरफ से 'सतघरा' अकेले
देख रहा हूँ खिड़की से संसार
लेटा-लेटा अपनी मड़ई में
किसी तरह मैं भी काट रहा हूँ विकट दुपहरी ज्येष्ठ की

देशदशाष्टक

पलरि गेल छन्हि नेतालोकनिक सूढ़
भ गेलाह जमाहिर थुत्थुर बूढ़
प्रभु पटेल छथि सर्वशक्ति-सम्पन्न
कनबथि तइओ चीनिक लेल हकन्न

बनिआ-लीडर-अफसर तीन त्रिमूर्ति
क रहला अछि अपन मनोरथ-पूर्ति
अपना लए सभ, अनका हेतु बङौर
तइपर फाटन्हि रहि रहि कते बुकौर

बापूक भजन करइ छथि साँझ परात
टकुरी काटथि बइसल सड़कक कात
जपथि संदक्षण अष्टोतर शत नाम
ईश्वर अल्ला रघुपति राघव राम

भाय-भातिजक साढ़ुक सारक लेल
अपनहि चढ़िकँ, तोड़थि झोंझक बेल
धन्न भाग जे चानि ने छैन्हि उघाड़
नहि तँ कोना पचबितथि सौंस पहाड़

श्री श्रीकृष्ण अनुग्रह होथु सहाय
जनिक गुणक कीर्तन नहि कएना जाय
हे जनकवि हठ अपन पुरनका छाड़ि
आबहु जाउ बनू ग बिसुन-बिलाड़ि

अपनहि हाथें देता पान मखान
पाएब थुल थुल देहक तउलल दान
सत्त ने कउखन बाजी बजबी झालि
भेटत सोनक गुल्ली चानिक टालि

छन्हि तिनरंगा घोघ, ताड़ सन देह
रुच्छ अलच्छ पएर, कतहु नहि नेह

देशदशाष्टक

फैल गए हैं नेताओं के सूँड़
बूढ़े जर्जर हो गए जवाहर
प्रभु पटेल हैं सर्वशक्तिसंपन्न
तब भी कितने रुला रहे चीनी की खातिर

बनिये-लीडर-अफसर तीन त्रिमूर्ति
कर रहे हैं अपनी मनोरथ पूर्ति
अपने हित में सब करते हैं औरों के लिए झाँसा
रोते फटे कलेजा जैसे देने हेतु दिलासा

भजन करें बापू के साँझ सबेरे
तकली काटें बैठे सड़क किनारे
जपें सदा ही अष्टोत्तर शतनाम
ईश्वर अल्ला रघुपति राघव राम

भाई-भतीजे के साढ़ू के सालों के हित
खुद ही चढ़ पेड़ के झुरमुट से तोड़ें बेल नित
धन्य भाग्य जो थे नहीं वे खल्वाट
नहीं तो कैसे पचा वे पाते पूरा पहाड़

श्री श्रीकृष्ण अनुग्रह होवें सहाय
जिनके गुण का कीर्तन हो नहीं पाय
हे जनकवि हठ अपना पुराना छोड़
बन जाओ तुम अब भी बिशुन बिलाड़

अपने ही हाथों देंगे पान-मखान
पाओगे स्थूल देह से तुलित दान
सच मत बोलो कभी, झाल बजाओ
चाँदी का डंडा, सोने की गिल्ली पाओ

घूँघट तिनरंगा और ताड़-सी देह
रुक्ष अभागे पैर तनिक ना नेह

महगिक बड़का खरड़ा नेने ठाढ़ि
की होएत स्वाधीन एहिसँ बाढ़ि

धन्न रहू हे भारतमाता, धन्न !
महगिक मारल लोक कनैछ हकन्न !
ढाकिक ढाकि पास होए प्रस्ताव
तइओ बढ़ले जाइत सबथुक भाव

देशदशाष्टक जे पढ़थि मन लगाय नित प्रात
ओ पाबथि पार्सल सदए, जगर्नाथजिक भात

काशी/नवंबर, 1949

परम सत्य

फूसि थिक संसार
फूसि धरती, फूसि थिक आकाश
फूसि थिक ई माटी
फूसि थिक ई पानी
हम, अहाँ, ओ, ई, भने क्यो होथु—
व्यक्ति मात्र थिकाह अगबे फूसि
सत्य की तँ शून्य
सत्य की तँ ब्रह्म
सत्य की तँ घनानंद, अखंड, चित्, कूटस्थ,
—सैन्धवलवणसम नीरंध्र
सत्य की तँ जे ने देखल जाए
सत्य की तँ जकर गुण वर्णन न कएला जाए...
बाप-पित्ती पितामह-मातामहक मूँहसँ सुनल ई बात
जीबनक संग्राममे यदि आबि जइतए काज
तखन की छल !
तखन सरिपहुँ
हमहु बजितहुँ
फूसि थिक संसार
फूसि धरती, फूसि थिक आकाश

खड़ी महँगाई-सी बड़ी झाड़ू लेकर
क्या होगा स्वाधीन इससे बढ़कर

धन्य रहो हे भारतमाता, धन्य
पछाड़ खाकर रो रहे हैं लोग महँगाई के मारे
पारित हो रहे हैं टोकरी की टोकरी प्रस्ताव
फिर भी बढ़ते ही जाते हैं सब कुछ के भाव

देशदशाष्टक जो पढ़े मन लगाय नित प्रात
पावे वह पार्सल सदा, जगन्नाथजी के भात

परम सत्य

झूठ है संसार
झूठ धरती, झूठ है आकाश
झूठ यह मिट्टी
झूठ यह पानी
मैं, तुम, वह, यह भले कोई हो–
व्यक्ति मात्र है बिलकुल झूठ
सत्य क्या तो शून्य
सत्य क्या तो ब्रह्म
सत्य क्या तो घनानंद, अखंड, चित्त, कूटस्थ,
–सैन्धवलवणसम नीरंध्र
सत्य क्या तो जो न देखा जा सके
सत्य क्या तो जिनके वर्णन किए न जा सकें गुणों के...
बाप-चाचे, दादा और नाना के मुँह से सुनी यह बात
आ जाती कुछ काम यदि जीवन-समर में
तो बात ही क्या थी फिर !
तब सचमुच
मैं भी बोलता–
झूठ है संसार
झूठ धरती, झूठ है आकाश

जूनि पूछी, आइ-काल्हुक हाल
नहि अबइ छथि काज कोनो ब्रह्म
नहि अबइ अछि काज ई कुल-गोत्र
शिखा-सूत्र त्रिपुंड चानन-ठोप
अबइ अछि किछु काज नहि ई पुरनका आटोप
फूसि सभटा थिक
थिक महाजंजाल
फूसि ब्रह्मा-विष्णु दश दिक्पाल
फूसि श्रुति-स्मृति
फूसि शास्त्र-पुराण
फूसि व्रत उपवास
फूसि थिक राजासभक इतिहास
सत्य की, तँ—
सत्य थिक ई माटि
सत्य थिक ई पानि
सत्य थिक ई संसार
सत्य धरती, सत्य थिक आकाश
हम, अहाँ, ओ, ई, थिकहुँ सब गोटे बड़का सत्य
सत्य जीवन, सत्य थिक संघर्ष
सत्य आशा, सत्य थिक आयास
सत्य थिक निर्माण चेष्टा, सत्य थिक आवास
सत्य थिक ई देह
सत्य थिक ई बुद्धि
सत्य थिक ई धैर्य आओर विवेक
सत्य थिक ई मनोबल अ-विजेय
सत्य थिक ई बाँहि
सत्य थिक ई हाथ—
जे एकरे प्रतापेँ कमा लइ छी चारि कैंचा नित्त
नहि अबइ छथि काज हमरा चारि हाथवाला ओ भगवान
नहि अबई अछि काज वेद-पुरान
छाड़ि अप्पन काज
अनेरे हम किए हएव हरान ?
नहि कुकर्म करैत छी जे 'नरक' जाएब 'यम' पकड़ता कान
करा लइ अछि काज राच्छस जखन दश टाकाक
तखन दइ अछि दूइ टाका, ओह !

पूछिए मत आज कल के हाल
आते नहीं काम कोई ब्रह्म
आता नहीं है काम यह कुल-गोत्र
शिखा-सूत्र-त्रिपुंड, चंदन और टीका
आते नहीं हैं काम कुछ ये आडंबर पुराने
झूठ हैं सारे
है महाजंजाल
झूठ ब्रह्मा-विष्णु दश दिक्पाल
झूठ श्रुति-स्मृति
झूठ शास्त्र-पुराण
झूठ व्रत उपवास
झूठ हैं राजाओं के लिखित इतिहास
सत्य क्या, तो–
सत्य है मिट्टी
सत्य है पानी
सत्य है संसार
सत्य धरती, सत्य है आकाश
मैं, तुम, वह, यह–हैं सब जन महासत्य
सत्य जीवन सत्य है संघर्ष
सत्य आशा सत्य है आयास
सत्य है निर्माण-चेष्टा सत्य है आवास
सत्य है यह देह
सत्य है यह बुद्धि
सत्य है यह धैर्य और विवेक
सत्य है यह मनोबल अ-विजेय
सत्य है यह बाँह
सत्य है यह हाथ
कि इसकी ही कृपा से कमा लेता हूँ चार पैसे रोज
नहीं आते काम मुझको चार हाथ वाले वे भगवान
नहीं आते काम वेद-पुराण
छोड़ अपना काम
क्यों होऊँ व्यर्थ मैं हैरान ?
नहीं करता कुकर्म कि 'नरक' जाऊँगा 'यम' धरेंगे कान
करा लेता है राक्षस जब दस रुपयों के बराबर काम
तब धरा देता दो रुपए बस, ओह !

पच्छ ओकरे लइ छथिन भगवान
पैघ लोकक—धनिकहा सबहिक
हाथमे छन्हि राम-कृष्णक टीक
जे बजइ अछि फूसि तकरा डरैं थर थर कपइ छथि हलुमान
घूस रोटक पाबि दुष्टक पीठ ठोकथि काल भैरव-सन
बिकट बलवान

सत्त थिक मनुक्ख
सत्त थिक समाङ
धिआ-पुता स्वजन-परिजन खेत ओ खरिहान
मकइ मड़ुआ साम-कॉओन आँसु-गम्हड़ी धान
माछ-मधु फल-मूल पान-मखान
एहिसँ की बढ़ि होएत सत्य ?
जाहि भाखामे बजइ छी, सत्त थिक से बोल
आन बाणी थिक दूरक ढोल
सत्य ई जे बाप-माइक बीचसँ धिआ-पुता
ताहिसँ पुनि पौत्र-पौत्री नाति-नतिनी आदि
वंशवृक्षवितान
नित्य नूतन वस्तु सबहिक सदक्षण संधान
स्थिति-स्थापकताक पूर्ति संघर्ष
फेर परिवर्तन
पुनः निर्माण
स्थितिक स्थापन फेर
तखन पुनि गति-रोध
तखन पुनि संघर्ष...
एहि क्रमसँ निरंतर परिवर्तनमान प्रगतिशील समाज
जहिना ज्वैल बँसबिट्टीक दमगर ओधिमेसँ
फेर कोपड़
फेर पोरगर बाँस
फेर बाँसक झमटगरहा झौंझ...
सत्य ई क्षय वृद्धिकेर व्यवहार
सत्य ई संसार
चिंतनाक प्रवाहमे भसिआए
पुरखा लोकनि प्रायः
खसि पड़ल छलाह

उनका ही पक्ष लेते हैं भगवान
बड़े लोगों का—धनिक लोगों का
हाथ में है राम-कृष्ण की शिखा
बोलते हैं जो झूठ उनके ही डर से थर-थर काँपते हैं हनुमान
मीठे टिक्करों का घूस पा, पीठ ठोकें दुष्ट की काल-भैरव-जैसे
विकट बलवान

सत्य है मनुष्य
सत्य अपने लोग
बाल-बच्चे, स्वजन-परिजन, खेत और खलिहान
मकई-मड़ुआ साम कौनी आँसु-गम्हरी धान
मत्स्य-मधु, फल-फूल, पान-मखान
इससे बढ़कर क्या कुछ होगा सत्य ?
जिस भाषा में बोलते हैं सत्य है वह बोल
वाणी दूसरों की दूर का है ढोल
सत्य यह कि बाप-माँ से बेटे-बेटियाँ,
उनसे पुनः पोते-पोतियाँ, नाती-नतिनियाँ आदि
वंशवृक्ष वितान
नित्य नूतन वस्तुओं का हर समय संधान
स्थिति-स्थापकता की पूर्ति और संघर्ष
फिर परिवर्तन
पुनः निर्माण
स्थिति की पुनः स्थापना
और फिर गतिरोध
और फिर संघर्ष
इसी क्रम से निरंतर परिवर्तनमान प्रगतिशील समाज
जैसे पके बाँसों की ताकतवर जड़ों से
फिर कोंपल
पुनः पोर वाले बाँस
पुनः बाँस के फैले घने जंगल...
सत्य यह क्षय-वृद्धि का व्यवहार
सत्य यह संसार
चिंतन के प्रवाह में बहकर
अक्सर ही पुरखे
गिर जाया करते थे

जाहि सीमाहीन सागर-माँझ
('नेति-नेति'क बिकट मोनिक मध्य)
खसू ग की तहीमे हमरोलोकनि ?
आधिभौतिक उपद्रवसँ खिन्न,
प्रकृतिकेर रहस्य सँ संत्रस्त,
आदि मानव देखि लेलनि भीड़ जँ दिबड़ाक
आ' कि पीपर-पाकड़िक वा आम-जामुक गाछ
स्तुति कर' लगलाह तइखन, तकर पट द,
ऋचा निर्मित भेल
मानि लेलहुँ,
ताहि युगमे सएह छल हो सत्य
किंतु तैं की आई
दिवाड़क ओ भीड़
पीपर-पाकड़िक ओ गाछ
हमरालोकनिक कोनो वेगर्ता
करत कउखन शांत ?
वा वरदान कोनो देत ?
पिठारक घोड़कलस, दूधक धार—
व्यर्थ थिक, बेकार !
आइ काल्हुक मनुक्खक क्षमताक आगाँ
मानि लेलन्हि देवता-गण हारि
आब एटम बमक आगाँ भ' गेलन्हि अछि
भोथ चामुंडाक ओ तरूआरि
ताहि दिन छल एक पुष्पक
आइ नभमे विविध वर्ग विमान लाखक लाख
उड़ि रहल अछि शानसँ दिन राति
तरहथीक औंरा जकाँ सम्पूर्ण ई संसार
आब सबहक नजरि पर अछि साफ
आइ नहि तँ, काल्हि हिमगिरि मानताहे हारि
महोदय स्वाधीन ओ सम्बुद्ध—
सर्वसाधारण मनुक्खक लेल
की रहत अज्ञेय
के रहत अ-विजेय

धन्य हे श्रमशील मानव—विश्वभरिमे व्याप्त

जिस सीमाहीन सागर के बीच
('नेति-नेति' के विकट गड्ढे के मध्य)
हम भी क्या उसी में गिरें जाकर
आधिभौतिक उपद्रव से खिन्न
प्रकृति के रहस्य से संत्रस्त
आदिमानव ने जो देख लिया दीमकों का टीला
किंवा पीपल-पाकड़ या आम-जामुन के वृक्ष
स्तुति करने लगे तत्क्षण तुरंत उसकी
ऋचाएँ निर्मित हुईं,
चलो ! मान लिया,
उस युग में वही रहा हो सत्य
किंतु आज भी क्या
दीमकों का वह टीला
पीपल-पाकड़ के वे वृक्ष
हमारी कोई भी जरूरत
करेंगे कभी पूरी ?
या देंगे कोई वरदान ?
पीठार से बने अश्व-कलश, दूध की धार—
व्यर्थ है, बेकार !
आज के मनुष्य की क्षमता के सामने
मान ली देवताओं ने हार
एटम बम के आगे अब हो गई है
भोथरी चामुंडा की वह तलवार
उन दिनों था एक पुष्पक
आज नभ में विविध वर्ग विमान लाखों-लाख
उड़ रहे हैं शान से दिन-रात
हस्तामलकवत् संपूर्ण यह संसार
अब सभी की नजर पर है साफ
आज नहीं तो कल हिमालय भी मान लेंगे हार
महोदय, स्वाधीन और सम्बुद्ध—
सर्वसाधारण जन के लिए
रहेगा क्या अज्ञेय
रहेगा क्या अ-विजेय

धन्य हे श्रमशील मानव—विश्व-भर में व्याप्त

धन्य तोहर जाति !
नरक कें सुरपुर बनएबाक लेल
सदच्छन तों रहइ छह अपस्याँत
एक दिशसँ तोड़ि रहला राक्षसक तों दाँत
सम्मिलित स्वेच्छा प्रणोदित जयति जय जन शक्ति !
हृदयमे अछि एक केवल तोहरेटा भक्ति
आन देवी-देवता दिश नहि नवइ अछि माथ
आई नहि तँ काल्हि दानवदलक करबह अबस्से उच्छेद
कृषक श्रमिकक जीवनो कें बनबिहह पुनिवेद
लैत प्राचीनक सगुण सद्ज्ञान
लोक हितमे लगबिहह अपना युगक विज्ञान
कियो ने रहते अकिंचन, सब हएत लक्ष्मीवान
सबहि कर्मठ सबहि भोगी हएत सभ विद्वान
एहि धरतीक ओहि स्वर्गक दिव्य सुख जँ हम कदाचित्
भोगि नहि पओलहुँ तखन भोगत हमर संतान
आइए हम मुक्त कंठे करइछी जनताक तैं जय-गान

जयति जनता-जनार्दन भगवान
कविक वाणी करओ दीपित आलसीहुक हृदयमे अभिमान
विजयिनी जनवाहिनी-संङसँ मिलितभ करओ ओहो—ओहिना अभियान

सत्य थिक संसार
सत्य थिक मानवसमाजक क्रमिक उन्नति—
क्रमिक वृद्धि-विकास
सत्य थिक संघर्षरत जनताक ई इतिहास
सत्य धरती, सत्य थिक आकाश
परम सत्य मनुक्ख अपनहि थिक

काशी/नवंबर, 1949

गोठबिछनी

बीछि रहल छैं बनगोइठा तों
घूमि घामि कएँ बाध-बोनमे
पथिआ नेने भेल फिरइ छैं
तिनू खूट, चारिओ कोनमे

धन्य तुम्हारी जाति !
नरक को सुरपुर बनाने के लिए
रहा करते हर घड़ी बेचैन
एक तरफ तो तोड़ते जा रहे हो राक्षस के दाँत
सम्मिलित स्वेच्छा-प्रणोदित जयति जय जनशक्ति
हृदय में है एक केवल तुम्हारी ही भक्ति
अन्य देवी-देवताओं की ओर झुकता नहीं सिर
आज नहीं तो कल दानव-दल का करोगे अवश्य ही उच्छेद
किसानों-मजदूरों के जीवन को भी बनाना फिर वेद
लेते हुए प्राचीन का सगुण-सद्ज्ञान
लगाना लोक हित में अपना सामयिक विज्ञान
रहेगा न कोई अकिंचन होंगे सभी लक्ष्मीवान
सभी कर्मठ, सभी भोगी होंगे, सभी विद्वान
इस धरती के उस स्वर्ग के दिव्य सुख को यदि हम कदाचित
नहीं पाएँगे भोग, भोगेंगे हमारी संतान
इसीलिए आज ही जन-जन का मुक्त स्वर से मैं कर रहा जय-गान

जयति जनता-जनार्दन भगवान
कवि-वाणी करे दीपित, काहिलों के भी हिय-अभिमान
विजयिनी जनवाहिनी संग मिल करें वे भी—उसी तरह अभियान

सत्य है संसार
सत्य मानव समाज की क्रमिक उन्नति
क्रमिक वृद्धि-विकास
सत्य है संघर्षरत जनता का यह इतिहास
सत्य धरती, सत्य है आकाश
परम सत्य स्वयं ही है मनुष्य

उपले बीननेवाली

जंगल के उपले चुनती हो
घूम घामकर वीराने में
लिए टोकरी भटक रही हो
तीनों तरफ चारों कोनों में

मैल पुरान पचहथ्थी नूआ
सेहो फाटल चेफड़ी लागल
देहक रङ जमुनिआ, तइपर
मुँह माइक गोटीसँ दागल

बगड़ा जेना लगाबाए खोंता
तेहने रूच्छ केस छउ तोहर
दू छर हारी मात्र गराँमे
केहेन विचित्र भेस छउ तोहर

माघक ठार, रौद बइसाखक
तोरा लेखे बड़नी' धन सन
दीन बालिके अजगुत लागए
केहेन कठिन छउ तोहर जीवन

कने ठाढ़ि हो, सुन कहने जो
नाम की थिकउ, कतए रहइ छैं
बीतभरिक भए कोन बेगतें
एते कष्ट आ दुक्ख सहइ छैं

पटना

मैली-पुरानी पचहत्थी साड़ी
वह भी फटी हुई पैबंद लगी
देह का रंग जमुनी, जिस पर
दाग हैं चेचक के मुँह पर

घोंसला बनाए चिड़ी जिस तरह
वैसा तेरा रुक्ष है केश
मात्र लड़ी दो पड़ी गले में
कैसा तेरा है अजीब वेश

बैसाखी धूप, माघ का पाला
तेरे लिए सब एक जैसे
दीन बालिके, विस्मित हूँ मैं
कितना कठिन है तेरा जीवन

जरा रुक जा, सुन, कहती जा
अपना नाम, कहाँ रहती है
बित्ते-भर की है, फिर किसलिए
इतने कष्ट और दुख सहती है

पत्रहीन नग्न गाछ

नान्हि-नान्हि टा फूल

नान्हि-नान्हि टा फूल
उज्जर-उज्जर फूल
लाल-लाल डंटीबला फूल
सिङरहारक फूल
आसिनक निशाशेष
नबकी पोखरिक दुबिआही भीड़
भए रहल धन्य फूलक पथार सँऽ
कए रहल गम गम गम
वायुमंडल चारू दिशुका
इएह थिक पारिजात ?
इएह थिक हरिसिङार ?
रोपि गेल छथि एक्के पाँती मे
सात टा सिङरहारक गाछ
अपन इष्ट देवताक प्रीत्यर्थ
कोनो पुण्यवान् व्यक्ति
के रहथि ओ महानुभाव ?
की छल हेतइन हुनक नाम ?
हृदयानंद प्रतिहस्त !
तृप्तिनारायण मल्लिक !
प्राणमोहन पाठक !
शुभंकर लाभ !
की छल हेतइन हुनक नाम ?
माए अथवा मातामहीक खुनवाओल
                    हेतइन ई नबकी पोखरि
किंवा मोसम्मात सासुक खुनवाओल होइन
से बेश...से बेश...
ककरो खुनवाओल होउक ई पोखरि
किच्छु रहल होइन हुनक नाम !

नन्हे-नन्हे फूल

नन्हे-नन्हे फूल
उजले-उजले फूल
लाल-लाल डंठलोंवाले फूल
हरसिंगार के फूल
आश्विन का निशाशेष
'नया पोखरा' का दूबभरा भिंडा
हो रहा कृतार्थ फूलों की ढेर से
कर रहा मह मह मह
वायुमंडल चारों दिशाओं का
यही है पारिजात ?
यही है शेफालिका ?
लगा गए हैं एक ही पाँत में
सात-सात हरसिंगार के पौधे
अपने इष्टदेव के प्रीत्यर्थ
कोई पुण्यवान् व्यक्ति
कौन थे वे महानुभाव ?
क्या रहा होगा उनका नाम ?
हृदयानंद प्रतिहस्त !
तृप्तिनारायण मल्लिक !
प्राणमोहन पाठक !
शुभंकर लाभ !
क्या रहा होगा उनका नाम ?
माँ अथवा नानी ने खुदवाया
होगा यह 'नया पोखरा'
या फिर विधवा सास ने खुदवाया हो
ठीक है...ठीक है...
किसी ने भी खुदवाया हो यह पोखरा
कुछ भी रहा हो उनका नाम !

जे लगा गेल छथि एक्के पाँतीमे
सात टा सिङरहारक ई नवगछुली
हुनकहि नामें बीछब हम दू आँजुर फूल
नान्हि-नान्हि टा फूल
लाल-लाल डंटीबला फूल

भोरे-भोर

भोरे-भोर
आएल छी बूलि
दुबिआही लॉनमें
भोरे-भोर
आएल छी धाङि
पथार मोतीक
भोरे-भोर
क' आएल छी अनुभव
पुलकित होइत छइ रोम रोम
स्पर्शक प्रतापें कोना कोना
भोरे-भोर
पैरक दुहू तरबाक ग'ह ग'ह द'ने
आएल छी पीबि
माघी आकाशक हेमाल ओस
भोरे-भोर
आएल छी बूलि
दुबिआही लॉनमें

बाँसक छाहरि

केहेन बिखाह होइत अछि
बाँसक छाहरि
केहेन झरकाह होइत अछि
बाँसक छाहरि
एकोटा घास किए जनमत

जो लगा गए हैं एक ही पाँत में
सात-सात हरसिंगार के ये नन्हे पौधे
उनके ही नाम चुनूँगा मैं दो अँजुरी फूल
नन्हे-नन्हे फूल
लाल-लाल डंठलों वाले फूल

सुबह ही सुबह

सुबह ही सुबह
आया हूँ टहल
दूब भरी लॉन में
सुबह ही सुबह
रौंद आया हूँ
मोतियों का पथार
सुबह ही सुबह
किया है अनुभव
पुलकित हो रहे हैं रोम रोम
स्पर्श के प्रभाव से किस तरह
सुबह ही सुबह
पैरों के दोनों तलवों के सहारे
पी आया हूँ
माघी आकाश की हिमानी ओस
सुबह ही सुबह
आया हूँ टहल
दूबभरी लॉन में

बाँस की छाया

कैसी विषैली होती है
बाँस की छाया
कैसी झुलसानेवाली होती है
बाँस की छाया
एक भी घास क्यों जन्मे

बँसबिट्टीक छायातर
कोनो टा अंकुर–
कथू टा बीजक उद्भिद
किंवा गुल्मग्रंथिक पेंपी
कहिओ किए देखबामे आओत
बँसबिट्टीक छायातर...
केहेन दूरदर्शी रहथि हमर पितामह
बुद्धि छलइन कते मेंही
आरिसँ सटाकँ' कइएक ठाम
लगा गेल छथिन बँसबिट्टी
ने जानि ककर खेत काते काते
कनैत छइ हकन्न, सुनैत छइ गारि-फज्झति !

सुखैल टटैल एकटा बेङ

सुखैल टटैल एकटा बेङ
दराड़ि सँ आएल ऊपर
रहि गेल तकैत आकाश दिश
पसरल छलइ लग-पासमे
शुष्क-नीरस क्षत-विक्षत भूमि
शून्यप्राय प्रान्तर, सहस्रधा विदीर्ण
वातावरण बइशक्खा, दारुण निर्लिप्त
सूर्यक मध्याह्नोत्तर प्रखर ताप–
खंड मेघक क्षणिक अभिसारें एक रत्ती स्निग्ध...
सुखैल टटैल एकटा बेङ
तकई छल निरन्तर आकाश दिश
भेटल होइक कदाचित् ओकरा
पूर्व सूचना असामयिक वृष्टिक
महाराज इन्द्र कएने हेथिन टेलीपैथी...
किंवदन्तीक मोताबिक–
बेङे टा जनइए मेघक भाखा...
आइ अथवा काल्हि अथवा परसू
हेबेटा करत वृष्टिपात...
कृशकाय ई दर्दुर बेचारे

बँसवाड़ी की छाया तले
कोई भी अंकुर—
किसी बीज का उद्भिद
किंवा गुल्म-ग्रंथियों की कोंपल
कभी क्यों देखने में आए
बँसवाड़ी की छाया तले...
कितने दूरदर्शी थे मेरे पितामह
कितनी तेज थी बुद्धि उनकी
मेड़ से सटाकर कई जगह
लगा गए हैं बाँस की जड़ें
न जाने किसके खेत किनारे किनारे
रो रहे हैं बेशुमार, सुन रहे गाली-फजीहत !

सूखा मरियल एक मेढक

सूखा मरियल एक मेढक
दरार से ऊपर आया
देखता रह गया आकाश की ओर
फैली थी आस-पास में
शुष्क-नीरस क्षत-विक्षत भूमि
शून्यप्राय प्रान्तर, सहस्रधा विदीर्ण
वैशाख का वातावरण, दारुण निर्लिप्त
सूर्य का मध्याह्नोत्तर प्रखर ताप—
खंड मेघ के क्षणिक अभिसार से रत्तीभर स्निग्ध...
सूखा मरियल एक मेढक
देखता रहा निरंतर आकाश की ओर
मिली हो उसे कदाचित्
पूर्व सूचना असामयिक वृष्टि की
महाराज इंद्र ने की होगी टेलीपैथी
किंवदंती के मुताबिक—
मेढक ही जानता है मेघ की भाषा...
आज अथवा कल अथवा परसों
होगा ही वृष्टिपात...
कृशकाय ये दादुर बेचारे

ने जानि कते काल धरि
रहताह तकैत आकाश दिश !
अहेतुक नहि थिक हिनक ई त्राटक
हेबेटा करत वृष्टिपात
आइ अथवा काल्हि अथवा परसू

हे निरभ्र आकाश !

हे निरभ्र आकाश !
हे धूसर आकाश !
हे भारल आकाश !
हे धीपल आकाश !
हे तानल आकाश !
हे तमसाएल आकाश !
कोना क' जुड़ेतइन अभागिल पृथ्वीक कोखि ?
कहिआ धरि पूर्ण हेतइ झरकल दूबिक मनोरथ ?
हजार-हजार नाँगट गाछ यत्र-तत्र ठाढ़
कार कउआ कर्कश स्वर में
चिचिआ उठतहु मने अइखन :
'कतए नुकओने छह अपन ओ तरल अमृतधन'
'कतए नुकओने छह ओ सृष्टिक संजीवनी रसायन'
हमरा सभ ओहिना नहि नष्ट होएब
तोरहि नामे करैत जाएब आत्मदाह
एकक पछाति दोसर
तकरा बाद तेसर, तदुपरान्त चारिम
तत्पश्चात् पाँचम
एहि क्रमे हजारक हजार...
आत्मदाह करैत जाएब हमरा सभ
हमरा सभक चिताधूम क' देतहु तोरा अकच्छ
पहुँचि अंतरिक्षमे भ' जेतहु प्रलयंकर मेघ
प्रचंड घनघटाक ओ दुर्दान्त झोंप महाझोंप
क' देतहु तोहर दर्पकें चूर्ण विचूर्ण
की क' लेबहक ओकर ?
तोहर एहि दंभपर खसहु बस बज्र

न जाने कब तक
देखते रहेंगे आकाश की ओर !
अकारण नहीं है इनका यह त्राटक
होगा ही वृष्टिपात
आज अथवा कल अथवा परसों

हे निरभ्र आकाश !

हे निरभ्र आकाश !
हे धूसर आकाश !
हे भुने आकाश !
हे तपे आकाश !
हे तने आकाश !
हे कुपित आकाश !
किस तरह जुड़ाएगी अभागिन इस पृथ्वी की कोख ?
कब तक पूरा होगा मनोरथ जली दूब का ?
हजार-हजार नंगे गाछ यहाँ-वहाँ खड़े
काला काग कर्कश स्वर में
अभी अभी मानो चिल्ला उठेगा :
'कहाँ छुपाए हो अपना वह तरल अमृतधन'
'कहाँ छुपाए हो वह सृष्टि का संजीवनी रसायन'
हम सब यूँ ही बरबाद नहीं हो जाएँगे
करेंगे आत्मदाह तुम्हारे ही नाम
एक के पीछे दूसरे
उसके पीछे तीसरे, तदुपरांत चौथे
तत्पश्चात् पाँचवें
इसी क्रम में हजारों हजार...
आत्मदाह करते जाएँगे हम
हमारा चिताधूम कर देगा नाकोदम तुम्हें
अंतरिक्ष में पहुँचकर बन जाएगा प्रलयंकर मेघ
प्रचंड घनघटा वह दुर्दान्त जटा महाजटा
कर देगी तुम्हारी दर्प को चूर्ण विचूर्ण
क्या कर लोगे उसका ?
तुम्हारे इस दंभ पर गिरे अब बस बज्र

तों जाह बरू निखत्तर
हे निरभ्र आकाश !
हे धूसर आकाश !
हे धीपल आकाश !
हे भारल आकाश !
हे तानल आकाश !
हे तमसाएल आकाश !

पसेनाक गुण-धर्म

क्षार-अम्ल
विगलनकारी, दाहक
रेचक, उर्वरक...
रिक्शाबलाक पीठ दिशुका फाटल तार-तार बनियाइन
पसेनाक अधिकांश गुण-धर्मकें
कए रहल अछि प्रमाणित
मोन होइए हमरा
विज्ञानक कोनो छात्रसँ जा कए पुछिअइनं—
बेशी सँ' बेशी की सभ होइत छइक
पसेनाक गुण-धर्म
रिक्शाबलाक पीठक चाम
आओर कते शुष्क-श्याम हेतइ ?
स्नायुतंतुक ऊर्जा आओर कते बरकतइ ?
एहि नरवाहनक प्राणशक्ति आओर कते सिद्ध हेतइ ?
आओर कते...
क्षार-अम्ल, दाहक विगलनकारी...

पड़ल छी छगुन्तामे

की कहब हजूर !
की कहब मालिक !
पड़ल छी भारी छगुन्तामे
लगइए अजगुत अपनो

जाओ भले तुम निःछत्र
हे निरभ्र आकाश !
हे धूसर आकाश !
हे तपे आकाश !
हे भुने आकाश !
हे तने आकाश !
हे कुपित आकाश !

पसीने का गुण-धर्म

क्षार अम्ल
विगलनकारी, दाहक
रेचक, उर्वरक...
रिक्शावाले की पीठ पर तार-तार बनियाइन
पसीने के अधिकांश गुण-धर्म को
कर रही है प्रमाणित
मेरा मन करता है
विज्ञान के किसी छात्र से जाकर पूछूँ
अधिक से अधिक क्या सब होता है
पसीने का गुण-धर्म
रिक्शा वाले की पीठ की चमड़ी
और कितनी शुष्क-श्याम होगी ?
स्नायुतंतु की ऊर्जा और कितनी पिघलेगी ?
इस नरवाहन की प्राणशक्ति और कितनी पकेगी ?
और कितना...
क्षार-अम्ल, दाहक विगलनकारी...

आश्चर्य में पड़ा हूँ

क्या कहें हुजूर !
क्या कहें मालिक !
पड़ा हूँ भारी आश्चर्य में
लगता है खुद भी अजूबा

चाटि गेल कोन घून कोंढ़ ओ करेजकें
उघइत छलिअइ पहिने
तिन तिन शए बोरा अही पीठ पर
आब मुदा मोशकिल सँ
लादि होइए शए शबा शए बोरा
दूनू उखड़ा मिला कँए...
की कहब हजूर !
की कहब मालिक !
पड़ल छी भारी छगुन्तामे
लगइए अजगुत अपनो
खा नइ होइए
पा भरि चाउरक भात
रुचि भए गेल ए नश्ट
पानि टा पिबइ छिअइ
ढकर ढकर दश खेप
झाजीक हुकुम छइन—
बीलट कें ऊघए दहुन
आधा-छीधा हलुकाही बोरा
झाजीक प्रतापें जाइ छी खेपने
जिन्दाबाद सरकारी गोदाम !
जिन्दाबाद सरकार बहादुर !

कंकाले-कंकाल

शिशु कंकाल
तरुण कंकाल
वृद्ध कंकाल
कंकाल वृद्धाक
कंकाल तरुणीक
कंकाल ननकिरबीक
फड़िच्छ चमड़ीबला कंकाल
कारी चमड़ीबला कंकाल
पांडुश्याम चमड़ीबला कंकाल
टहलैत-बुलैत कंकाल

चाट गया कौन घुन अंदर केलेजे को
पहले ढो लेता था
तीन-तीन सौ बोरे इसी पीठ पर
अब कहीं मुश्किल से
लाद पाता हूँ सौ सवा सौ बोरे
दोनों समय मिलाकर...
क्या कहें हुजूर !
क्या कहें मालिक !
पड़ा हूँ भारी आश्चर्य में
लगता है खुद भी अजूबा
खाया नहीं जाता है
पावभर चावल का भात
रुचि ही गई है मर
पानी भर पीता हूँ
ढकर-ढकर दस बार
झाजी का हुक्म है—
बीलट को ढोने दो
आधे-छीजे हल्के बोरे
झाजी की कृपा से पार लगाए जा रहा हूँ
जिन्दाबाद सरकारी गोदाम !
जिन्दाबाद सरकार बहादुर !

कंकाल ही कंकाल

शिशु कंकाल
तरुण कंकाल
वृद्ध कंकाल
कंकाल वृद्धाओं के
कंकाल तरुणियों के
कंकाल नन्ही बच्चियों के
साफ चमड़ीवाले कंकाल
काली चमड़ीवाले कंकाल
पांडुश्याम चमड़ीवाले कंकाल
घूमते-टहलते कंकाल

चलैत-फिरैत कंकाल
पड़ल कंकाल
ठाढ़ कंकाल
सूतल कंकाल
जागल कंकाल
सुखाएल थनबला कंकाल
चोकड़ गर्भबला कंकाल
मालगाड़ीबला साइडिंग दिश
लाइन केर दोबगली
भरि भरि आँजुर, भरि भरि मुट्ठी
दाना मिश्रित धूरा उठबैत कंकाल

सप्लाइ विभागक चपरासिक नजरि थाहैत कंकाल
दूदू टा प्लेटफार्म सोझाँसोझी टपैत
गोड़ पाँचेक कुलीक
एक मिससिया मात्सर्य, एकरती सहानुभूति
अनायास हासिल करैत कंकाल
जेठक दुफरिआमे जरैत कंकाल
गया दिशुक कोना ब्रोडगेज स्टेशन
की छल हेतइ नाम ?
अनुग्रह नारायण रोड ?
आ कि गुरारू ! आ कि किदन !
मुदा एखन तँ शेष रहि गेल अछि
ओतुक्का स्मृतिक खातामे
कंकाले कंकाल
कंकाले कंकाल..

नब नचारी

अगड़ाही लागउ, बज्र खसउ,
बरु किच्छु होउक...
नहि नबते तोरा खातिर किन्नहु हमर माथ !

चलते-फिरते कंकाल
लेटे कंकाल
खड़े कंकाल
सोए कंकाल
जगे कंकाल
सूखे स्तन वाले कंकाल
छँटुआ गर्भवाले कंकाल
मालगाड़ीवाली साइडिंग की ओर
लाइन के दोनों किनारे
अँजुरी-अँजुरी भर, मुट्ठी-मुट्ठी भर
दाना मिश्रित धूल उठाते कंकाल

सप्लाई विभाग के चपरासी की नजर थाहते कंकाल
दो-दो प्लेटफार्म आमने-सामने फलाँगते
पाँचेक कुलियों का
तनिक-सा मात्सर्य, रत्तीभर सहानुभूति
अनायास हासिल करते कंकाल
ज्येष्ठ की दुपहरी में जलते कंकाल
गया की तरफ का कोई ब्रॉडगेज स्टेशन
क्या रहा होगा नाम ?
अनुग्रह नारायण रोड !
या फिर गुरारू ! या फिर क्या तो !
लेकिन अभी तो शेष बच रहा है
वहाँ की स्मृति के खाते में
कंकाल ही कंकाल
कंकाल ही कंकाल...

नव नचारी[1]

आग लगे गिरे वज्र !
हो जाए कुछ भी...
कभी भी नहीं तुम्हारे लिए झुकेगा मेरा सिर !

---

1. शिव की स्तुति

पाथर भेलाह तो सरिपहुँ बाबा बैदनाथ !
बेत्रेक अन्न भऽ रहल आँट नेना-भुटका
दुबरैल आँगुरे कल्लर सभ बीछए झिटुका
मकड़ाक जालसँऽ बेढ़ल छइ चुलहाक मूँह
थारी-गिलास सभ बेचि बिकिनि खा गेलइ, ऊँह
कैंचा जकरा से खाए भात
क' रहल मौज से, जकरा छइ कोनो गतात
सरकारी राशन बेचि रहल अछि
अन्हरागाँही चउबर दामे चाँइ चोर
आन्हर-बहीर, बंभोला !
तोरा पर उठैत अछि तामस हमरा बड्ड जोर
गौरा पहिरथि फाटल नूआ
छन्हि कर्महिमे लागल भूआ
कार्तिक-गणेश छथि गीड़ि रहल
उसिनल अगबे अल्हुआक पात
बइमान बापसँ की माँगथु गऽ दालि-भात
अपने पबैत छह भोग छप्पनो परकारक
अनका लेखें त दुर्लभ छइ आको धथूर
बुझि पड़ितहु जँ सुनितहक—
उपासल कमरथुआकेर मुइल सूर !
बरु किच्छु कहऽ
पचकल लोढ़ा, तों धन्न रहऽ
नहि आब नचारी केओ गओतहु !
जे बूढ़ि हैत से बोकिअओतहु !
नहि रहलइ ककरो किच्छु मात्र तोहर भरोस...
माटिक महत्त्व कें चीन्हि लेलक इ देश-कोश !
पाथर भेलाह तों सरिपहुँ बाबा बैदनाथ !
नहि नबते तोरा खातिर किन्नहु हमर माथ !

बाबा वैद्यनाथ, हो गए तुम सचमुच पत्थर !
नन्हे-मुन्ने अन्न बिना हो रहे विकल
सूखी उँगली से कंकड़ चुनते भुक्खड़ दल
मकड़े का जाला बुना हुआ चूल्हे का मुख
बेच-बाच खा गए गिलास-थाली, पा दुख
पैसा जिसके पास वह भात खाय
करें मौज वही जिन्हें है थोड़ा भी उपाय
सरकारी राशन बेच रहे हैं
यहाँ-वहाँ चौगुने दाम में बटमार चोर
अंधे-बहरे, बंभोला !
उठता है तुम पर मुझको क्रोध घोर
गौरी पहनती फटी साड़ी
लगा है भाग्य में ही घून !
कार्तिक-गणेश हैं निगल रहे
अल्हुआ[1] के उबले साग-पात
बेईमान बाप से क्या माँगें जाकर दाल-भात
खुद पाते हो भोग छप्पन प्रकार के
दूसरों के लिए तो दुर्लभ है आक-धतूरा भी
समझ पाते यदि सुनते तुम–
भूखे 'कमरथुओं'[2] की मरी टेर !
चाहे जो भी कहो
पिचके लोढ़ा, तुम धन्य हो
नहीं नचारी अब कोई गाएगा !
जो बेवकूफ होगा वही बोकियाएगा[3] !
लेशमात्र भी नहीं किसी को रहा भरोसा तुम्हारा
मिट्टी का महत्त्व पहचान गया यह देश हमारा !
बाबा वैद्यनाथ तुम हो गए सचमुच पत्थर !
कभी भी नहीं तुम्हारे लिए झुकेगा मेरा सिर !

1. शकरकंद, 2. बाबा वैद्यनाथ को जल चढ़ाने के लिए यात्रा करनेवाले, काँवड़वाले, 3. शिवपूजा के अंत में बोऽ-बोऽ (बकरे की तरह) स्वर निकालना।

जगतारनि !

बाँसक
ओधि
उपाड़ि
करइ छी जारनि...
हमर
दिन
नहि
घूरत की जगतारिन ?

पाकल अछि ई कटहर !

चाबश ! चाबश ! चाबश !!
एह, केहेन दीब पाकल अछि ई कटहर
एह, कते टा अछि ई कटहर
एह, केहन गम-गम करइत अछि ई कटहर
एह, कोना अपनहि खसल गाछसँ
एह, कोन तरहें पड़ल अछि छहोछित भ' क'
एह, कोना लुबधल छलइ अइ ले लोकक मोन
एह, केहेन, दीब पाकल अछि ई कटहर

पैघ-पुरान गाछक, एकमात्र ई सौंसे कटहर
फड़ल सहजहिं प्रकृतिक प्रतापें
जोआएल सहजहिं प्रकृतिक प्रतापें
पाकल सहजहिं प्रकृतिक प्रतापें
खसल ओहिना
ओहिना भेल उपलब्ध हमरा लोकनि कें
आउ, आउ ! अओ बिलाँ, अबइत जाउ
एकहक कोऽ, दू-दू कोऽ अबस्से लेल जाओ
एहेन अपूर्व सजबी कोऽ भेटत नहिए अन्तऽ
हमरा लोकनि पाबि रहल छी प्रसाद अपनहुँ
परसि लेल अछि एक दोसराक समक्ष
एक कोऽ, आधा कोऽ तेहाई कोऽ

जगतारन !

बाँस की
जड़
उखाड़
करती हूँ जलावन...
मेरा
दिन
नहीं
लौटेगा क्या जगतारन ?

पका है यह कटहल !

शाबास ! शाबास ! शाबास !!
अह्, क्या खूब पका है यह कटहल
अह्, कितना बड़ा है यह कटहल
अह्, कैसा मह-मह करता है यह कटहल
अह्, कैसे खुद ही गिर पड़ा गाछ से
अह्, किस तरह पड़ा चारों खाने चित
अह्, कैसा लुब्ध था लोगों का मन इसके ऊपर
अह्, क्या खूब पका है यह कटहल

पुराने बड़े गाछ का एकमात्र यह पूरा कटहल
फला सहज ही प्रकृति के प्रताप से
जुआया सहज ही प्रकृति के प्रताप से
पका सहज ही प्रकृति के प्रताप से
गिरा उसी तरह
उसी तरह हुआ उपलब्ध हम लोगों को
आओ, आओ ! अजी, ओ फलाँ, आते जाओ
एक-एक कोआ, दो-दो कोए अवश्य लेते जाओ
ऐसा अपूर्व असली कोआ तो मिलेगा नहीं कहीं और
हम लोग खुद भी पा रहे हैं प्रसाद
परोस लिए हैं एक दूसरे के आमने-सामने
एक कोआ, आधा कोआ, तिहाई कोआ

आउ, आउ ! अबइ जाउ, अओ बिलाँ...
हे लिअऽ, हे लिअऽ, हे लिअऽ
की कहल ? कने जोरसँ कहू !
की कहल ? की कहल ?
निंघटत नहि की ई कटहर ?
आओर कते विलहब ई कटहर ?
अहँऽ, अहँऽ, एखन नहि निंघटत
आउ, आउ, देखिअउ ने अपनहि आँखिएँ
सुगंध त लगले हैत !
आउ, आउ, एक रती पाबि लिअऽ
महाकालीक ई अपूर्व प्रसाद
शताब्दीक बादे भेटइ छइ लोक कें
आउ, आउ, अओ बिलाँ,
माताक प्रसाद थिकइन
निंवटतइ नहिए...
आउ, आउ, अओ बिलाँ,
ग्रहण करू सुचित भ' क' प्रसाद
कान कें होमऽ दिअउ पवित्र
प्रसाद-ग्रहण करितहिं सुनबामें आओत
एकटा अद्‌भुत, एकटा अश्रुतपूर्व मंत्र...
"अकाली...
काली...
कंकाली...
महाकली...
विकाली...
सकाली...
ला रे अभगला,
बढ़ा अप्पन गर्दनि
पड़ऽ दहि ओइ पर
हम्मर कत्ता, हम्मर भुजाली
एम्हर देख, एम्हर देख, करमजरुआ
कतऽ देखने हेबही ई रूप मुंडमाली
क्लीँ क्लीँ क्लूँ क्लूँ
ऐँ ह्रीँ हूँ आँ होँ
खच् खच् खच् खचाक्

आओ, आओ ! आते जाओ अजी ओ फलाँ...
यह लो, यह लो, यह लो
क्या कहा ? जरा जोर से कहो !
क्या कहा ? क्या कहा ?
नहीं सधेगा क्या यह कटहल ?
और कितना बाँटोगे यह कटहल ?
उहुँक, उहुँक, अभी नहीं सधेगा
आओ, आओ, देखो तो अपनी ही आँखों
सुगंध तो लगी ही होगी !
आओ, आओ, थोड़ा-सा पा लो
महाकाली का यह अपूर्व प्रसाद
शताब्दी के बाद ही मिलता है लोगों को
आओ, आओ, अजी ओ फलाँ
माता का प्रसाद है
नहीं ही सधेगा।
आओ, आओ, अजी ओ फलाँ
शुचिभाव से ग्रहण करो प्रसाद
कान को होने दो पवित्र
प्रसाद-ग्रहण करते ही सुनने में आएगा
एक अद्भुत, एक अश्रुतपूर्व मंत्र...
'अकाली...
काली...
कंकाली...
महाकाली...
विकाली...
सकाली...
ला रे अभागे
बढ़ा अपनी गरदन
पड़ने दे उस पर
मेरी कत्ता, मेरी भुजाली
इधर देख, इधर देख, करम-हीन
कहाँ देखा होगा यह रूप मुँडमाली
क्लीँ क्लीँ क्लूँ क्लूँ
ऐँ ह्रीँ हूँ आँ होँ
खच् खच् खच् खचाक्

ल'ग आ, निच्चाँ ताक्
खच् खच् खच् खचाक्
ला रे अभगला, बढ़ा अप्पन गर्दनि
तोरा सभक मूँड़ी छोपबउ हनि हनि
आ रे अभगला !
आ रे कोढ़िया !
ऐँ ह्रीँ आँ होँ
क्लीँ क्लीँ हूँ हूँ।"

डरें पड़ाइ जुनि अपने, अओ बिलाँ !
आइ काल्हि ओ मंत्र काज कहाँ करइ छइ
उनटि गेलइए अर्थ
आउ आउ, लिअऽ माताक प्रसाद...
अकालक प्रसाद
दुर्भिक्षक प्रसाद
अहिना केने रहथि प्राप्त
अहाँक प्रपितामह-प्रमातामह
बाबाक बाबाक बाबा, नानाक नानाक नाना
आउ आउ, अओ बिलाँ,
लिअऽ लिअऽ प्रसाद प्रलयंकारी माताक
अमेरिकाक दलिया, कनाडाक दुद्धी पाउडर
ने जानि कतऽ कतऽ क स्वाद
समेटने अछि अपना भीतर !
अपूर्वे लागत अहाँ कें ई कटहर
आउ आउ, पाबि लिअऽ छोड़ि-छाड़ि डर-भर
शुद्ध सनातनी, निर्लिप्त निरंजन
सुच्चा महापात्र हमरा लोकनि
अगबे कन्टाह, नहि नहि, अगबे अघोरी !
तहू पर ई की तऽ कालीमाइक प्रसाद थीक...
एकर अभेला जुनि करिअउ !
आउ आउ, ल' लिअऽ एक रती...
केहेन दिव्य ई दुर्देवी कटहर !!

पास आ, नीचे देख
खच् खच् खच् खचाक्
ला रे अभागे, बढ़ा अपनी गरदन
तुम सभी के सिर उड़ाऊँ हन-हन
आ रे अभागे !
आ रे कोढ़ी !
ऐँ ह्रीँ आँ हौँ
क्लीँ क्लीँ हूँ हूँ।"

अजी ओ फलाँ, डर कर भाग नहीं जाना, आप !
आजकल वह मंत्र कहाँ काम करता है
उलट गया है अर्थ
आओ, आओ, लो माता का प्रसाद...
अकाल का प्रसाद
दुर्भिक्ष का प्रसाद
इसी तरह किया था प्राप्त
तुम्हारे परदादा-परनाना ने
दादा के दादा के दादा, नाना के नाना के नाना ने
आओ, आओ, अजी ओ फलाँ,
लो, लो प्रसाद प्रलयंकारी माता का
अमरीका का दलिया, कनाडा का दूद्धी-पाउडर
न जाने, कहाँ कहाँ का स्वाद
समेटे है अपने भीतर
अपूर्व ही लगेगा तुम्हें यह कटहल
आओ, आओ, ग्रहण कर लो, छोड़ सभी डर-भय
शुद्ध सनातनी, निर्लिप्त निरंजन
असली महापात्र हम लोग
विशुद्ध श्राद्ध करानेवाले ब्राह्मण, नहीं-नहीं, विशुद्ध अघोरी !
उस पर भी क्या, यह कालीमाई का प्रसाद है
इसकी अवहेलना मत करो !
आओ, आओ, ले लो थोड़ा-सा...
कैसा दिव्य, यह दुर्दैवी कटहल !!

बीच सड़क पर

बीच सड़क पर
हरिअर-हरिअर घास
तइपर ससरए ट्राम
मने आरिपर डोंका
भदबारिक ई भीजल-तीतल
चिक्कन-चाकन सनगर बालीगंज
मध्य वक्षपर ट्राम लाइनकेर जनउ पहिरने

माघ

ठारि-ठारि मे, पोर-पोर मे फुटलइ कोंढ़िक गुच्छा
सूतल मुनिगा हँसल भभाक'
झुंड-झुंड मधुमाछी भेल बताह
ओम्हरे उड़ि उड़ि गेल !
ओम्हरे उड़ि उड़ि गेल !
टुस्सा पर टुस्सा हुलकइ छइ
देखहक आमक नबगछुलीकें
छँउड़ी सभ बहराइलि भोरे, पुजए गेलि तुसारी
किछु रँइची-सरिसोक-प्रतापें
किछु तीसीक प्रतापें
भिट्ठा खेतक लतरल अल्हुआ केलकइन सभकें मात !
गत्र गत्र कनकन करइत अछि, जो रे माघक प्रात !

बीतल आधा फागुन

बीतल आधा फागुन !
चिबा चिबा कँऽ आमक मज्जर
कोइली सूर पिजाबए
भन भन भन मधुमाछी भनकए

बीच सड़क पर

बीच सड़क पर
हरी हरी घास
उस पर सरकती ट्राम
मानो मेड़ पर घोंघा
भादों का यह भीगा-भीगा
साफ-सुथरा सुन्दर बालीगंज
मध्य वक्ष पर ट्राम-लाइन का जनेऊ पहने

माघ

डाल-डाल में, पोर-पोर में कलियों का गुच्छा फूटा
सोया सहजन हँसा ठठाकर
झुँड-झुँड मधुमक्खियाँ हो गईं दीवानी
उधर ही उड़-उड़ गईं !
उधर ही उड़-उड़ गईं !
टुस्सों के ऊपर चढ़े टुस्से झाँक रहे
देखो आम के नए पेड़ को
निकली बालिकाएँ सुबह-सुबह पूजने तुषार
कुछ तो राई-सरसों के प्रताप से
कुछ अलसी के प्रताप से
भीठ[1] खेत के लतरे अल्हुआ[2] ने किया सभी को मात !
अंग-अंग कनकन करता, जा रे माघी प्रात !

आधा फागुन बीता

आधा फागुन बीता !
चबा-चबा मंजरी आम की
शान चढ़ाती सुर पर कोयल
भन-भन-भन भिनभिनाती मधुमक्खियाँ

1. ऊँची जमीन, 2. एक प्रकार का कंद।

चिप चिप करइछ दूबि
बचा बचा कँऽ पैर चलइए नेना-भुटका
मधुआ लागल पात चटइए बीछि बीछि कँऽ
उज्जर-पीअर-लाल-कपिश-लिधुराह
रंग-बिरंगक मज्जर देखि कँ
आँखि हमर अगधैल
पनिचोभक ओइ कलमबागकें
नमस्कार हम कैल
बीतल आधा फागुन !

चैत

पछवा सिहकए
सूरुज दमकए
पाकल सुक्खल रब्बिक छीमड़ि बालि
मेंही सुरमे बजबए मने सितार
दूरहिं सँ चकचक करैत अछि चैतक खेत-पथार
डोला-डोलाकँ' नमहर-नमहर आङुर
सहिजन सहजहिं दइ छनि हरिअर सिगनल—
आबथु आब निदाघ
चाटथु माटिक सत्त
सुरकथु पानिक प्राण
पछवा सिहकओ, सूरुज दमकओ
चैतक धरतीकें चाही बस वैशाखी शृंगार

अखाढ़

उठलइ बेश बिहाड़ि
ताहि पर झपलक मेघ आकाश
साधि लेलक दम पुरबा-पछबा
सृष्टि भेल निस्तब्ध
गड़गड़ गड़गड़ गुड़म गुड़म गुम...
गरजल इन्द्रक हाथी

चिप-चिप करती दूब
बचा-बचाकर पाँव धर रहे नन्हे-मुन्ने
चाट रहे मधुआ लगे पत्ते चुन-चुनकर
उजले-पीले-लाल-कपिश-रक्ताभ
रंग-बिरंगी मंजरियों को देख-देखकर
मेरी आँखें तृप्त हो गईं
पनिचोभ गाँव के उस बगीचे को
मैंने नमस्कार किया
आधा फागुन बीता !

चैत

पछिया सिहके
सूरज दमके
दलहन की पकी सूखी छीमियों वाली बालियाँ
मानो महीन सुर में बजाती सितार
दूर से ही चकाचक चमक रहा चैत का खेत-खलिहान
हिला-हिलाकर लंबी-लंबी उँगलियाँ
सहज भाव से सहजन दे रहा हरी सिगनल
पधारें अब निदाघ
चाटें मिट्टी का सत्व
सुड़क लें पानी का प्राण
पछिया सिहका करे, सूरज दमका करे
चैत की धरती को चाहिए केवल वैशाखी शृंगार

आषाढ़

जोरों की आँधी उठी
ऊपर से मेघ ने ढक लिया आकाश
दम साधा पुरबा-पछिया ने
सृष्टि हुई निस्तब्ध
गड़गड़ गड़गड़ गुड़म गुड़म गुम...
इंद्र का हाथी गरजा

छाड़ि नचारी गाबए लगला गिरहथ लोकनि मलार
प्रमुदित दूबिक सीर-सीर
अछि पुलकित कूशक पेंपी
बगए बदलि गेलइक माटि केर
पानि भेल मटमैल
एकार्णवा करह पृथिवीकें
आबऽ हे अखाढ़ !
आबऽ हे अखाढ़ !

साओन

धरतीक कोंढ़-करेज जुड़ाएल
बाध-बोन हरिअर भ' गेल
प्रकृति-नटी केर अंग अंगमे
महाकाल टेमी द' देल
सर-सरिताकें भरल देखिकएँ
बिजुलत्ताकें सुझलइ खेल
बँसबारिक भगजोगनी सभसँ
ओ धोछिया कए लेलक मेल
तामस उठलन्हि मेघराजकें
ठनका ठनकल डाँटक लेल
डूबल रहइ दोबगली लाइन
कहुना ससरल छोटकी रेल
धरतीक कोंढ़-करेज जुड़ाएल
बाध-बोन हरिअर भ' गेल

भीजल-तीतल, ध्वैल-नहाएल
सिमसिमाह ई साओन मास
कतबो झहरल मेघ तदपि अछि
रिमझिमाह ई साओन मास
अनका लेखेँ मजगर, विधुरक
लेखेँ आगि-लगाओन मास
पिछड़ि-पिछड़ि कँऽ खसथु राधिका
कान्ह क लेल हँसाओन मास

छोड़ नचारी कृषकजन गाने लगे मल्हार
प्रमुदित दूबों की पोर-पोर
पुलकित कुश की नोक
वेश ही बदल गया मिट्टी का
हुआ पानी मटमैला
एकार्णवा बनाओ पृथ्वी को
आओ हे आषाढ़ !
आओ हे आषाढ़ !

सावन

धरती की छाती जुड़ा गई
रँगे खेत-वन हरित रंग में
महाकाल ने शिखा जला दी
प्रकृति नटी के अंग-अंग में
सर-सरिता को भरा देखकर
विद्युल्लता को सूझा खेल
बाँसवनों के जुगनू दल से
कैसा किया मुई ने मेल
गुस्सा आया मेघराज को
कड़का डपट के स्वर में
रेंग रही यह छोटी रेल
डूबी पड़ी दुहरी लाइन
धरती की छाती जुड़ा गई
रँगे खेत-वन हरित रंग में

भीगा-भीगा धुला नहाया
सिमसिमाया यह सावन मास
कितने भी झहरे बादल, फिर भी
रिमझिम बरसता यह सावन मास
मजे और कं लिए, विधुर हित
आग लगावन सावन मास
फिसल-फिसलकर गिरें राधिका
कान्हा हेतु हँसावन मास

गाइनि लोकनिक हेतु मोदमय
कोहबर महक ओछाओन मास
तीसो दिन थिक मधुश्रावणी
नवतुरिआक चुमाओन मास
भीजल-तीतल ध्वैल-नहाएल
सिमसिमाह ई साओन मास

मोट डारिमे मचकी बान्हल
झूला झुलथु नन्दकिशोर
पलखति भेटन्हु नजरि बचा कएँ
नहूँ-नहूँ आबथु चित्तचोर
तिलक फूल सन रुचिर नासिका
मधुरी फूल जकाँ छन्हि ठोर
दूइ देह छन्हि, एक परिस्थिति-
एक प्राण छथि साँवर-गोर
किए कान्ह ओंघड़ेता भूपर
राधा किए बहओती नोर
आनक सुख-सोहाग देखतइ तऽ
किए हेतइ ककरो मन घोर
मोट डारिमे मचकी बान्हल
झूला झुलथु नन्दकिशोर

कान पाथि कँ सुनब पहर भरि
गाबथु प्रौढ़ा लोकनि मलार
भीजब हम भरि पोख पहर भरि
बदरा बरसओ मूसलधार
चोंभब राढ़ी आम भदइया
शलहेशक हम करब सिङार
बिशहराक गहबर ओगरब ग'
देखब ग' लाबाक पथार
सूपक सूप उझिलता अइखन
पाछाँ बरू भ' जेता देखार
बिला जेता भादबमे बिलकुल

मोद मनावें सखियाँ गावें
कोहबर बीच बिछावन मास
तीसों दिन है मधु-श्रावणी
युवकों हेतु चुमावन मास
भीगा भीगा धुला नहाया
सिमसिमाया यह सावन मास

मोटी डार बँधी है मचकी[1]
झूला झूलें नन्दकिशोर
समय मिला तो नजर बचाते
दबे पाँव आवें चित्तचोर
तिल पुष्प-सी रुचिर नासिका
अधर माधुरी फूल समान
दो तन तो हैं, एक परिस्थिति
श्यामल-गोरी एक परान
लोटेंगे कान्हा क्यों भू पर
राधा क्यों रोवें आँखें भर
देख किसी के सुख-सुहाग क्यों
मन में उठे उदासी घोर
मोटी डार बँधी है मचकी
झूला झूलें नन्दकिशोर

कान लगाकर सुनें पहर-भर
गायें प्रौढ़ मल्हार
भीगे भर-मन एक पहर हम
बरसे बादल मुसलाधार
चूसें राढ़ी आम भदइया
करें सलहेस[2] का हम शृंगार
विषहरा-स्थान सेवें जा
देखें लावा का पथार
अभी उड़ेलें सूप भर-भर
भले बाद हो बंटाढार
लुप्तप्राय होंगे भादों में

---

1. बाँस का झूला, 2. लोक देवता !

मेघक लीला अपरम्पार
कान पाथि कें सुनब पहरभरि
गाबथु प्रौढ़ा लोकनि मलार

लोचन-अंजन, जन मन रंजन
पावस ऋतु कें करिअ प्रणाम
जनिक कृपासँ जनिक स्नेहसँ
खेत-खेत कहबए वसुधाम
जनिक प्रतापे हरि विश्वंभर,
अन्नपूर्णा देवीक नाम
जनिक दया सँ वृक्ष वनस्पति
जनिक रसें फल-फूल ललाम
जनिकर ममतामय अनुशासन
गछने छथि ऋतुराज गुलाम
जनिक ऋणी छथि सातो सागर
जनिक प्रजा थिक सृष्टि तमाम
लोचन-अंजन, जन मन रंजन
पावस ऋतुकें करिअ प्रणाम

कने-कने मध्यान्तर दैत

कने-कने मध्यान्तर दैत
उझिलि गेल छ' मुल्की पानि
कने-कने मध्यान्तर दैत
द' गेल छहक अछार पर अछार
कने-कने मध्यान्तर दैत
क' गेल छहुन धरतीकें आप्यायित
कने-कने मध्यान्तर दैत
गली-गलीमे लगा गेल छहक
भरि छाबा पानि
भरि ठेहुन पानि
बाजह हे श्याम घन
बाजह हे कारी-कारी मेघ
की करबहक राति खन ?

घन की लीला अपरम्पार
कान लगाकर सुनें पहर भर
गायें प्रौढ़ मल्हार

लोचन-अंजन, जन-मन रंजन
पावस ऋतु को करें प्रणाम
जिनकी कृपा और स्नेह पा
खेत कहाते हैं वसुधाम
जिनके प्रताप से हरि विश्वंभर
अन्नपूर्णा देवी का नाम
जिनकी दया से वृक्ष वनस्पति
जिनके रस से फल-फूल ललाम
जिनके ममतामय अनुशासन
धारण किए ऋतुराज गुलाम
ऋणी उन्हीं के सातों सागर
प्रजा उन्हीं की सृष्टि तमाम
लोचन-अंजन, जन-मन रंजन
पावस ऋतु को करें प्रणाम

थोड़ा-थोड़ा मध्यान्तर देकर

थोड़ा-थोड़ा मध्यान्तर देकर
उड़ेल गए हो ढेर सा पानी
थोड़ा-थोड़ा मध्यान्तर देकर
दे गए हो बौछार पर बौछार
थोड़ा-थोड़ा मध्यान्तर देकर
कर गए हो धरती को आप्यायित
थोड़ा-थोड़ा मध्यान्तर देकर
गली-गली में लगा गए हो
पाँव भर पानी
घुटने भर पानी
बोलो हे श्यामघन
बोलो हे काले-काले मेघ
क्या करोगे आज रात ?

की करबहक राति खन ?
बाजह हे श्याम घन !
बाजह हे कारी-कारी मेघ
की करबहक राति खन ?
नुकओने जुनि रहिहक,
नाच' दिहक एक रती बिजुलत्ता कें
ककरो कहाँ लगतइ अधलाह
पैर छूबि कँ लगतहु तोरा गोड़
सुहासिनि अन्हरिआ राति !
तखन फेर थीर भ' क'
देखइत बरु रहिह'
हजार-हजार भगजोगनीक नाच !
सुनइत बरू रहिह'
हजार-हजार झिङुरक अजस्र झंकार !
हजार-हजार ढाबुसक मेदुर उद्गार !
अहिना बरु होम' दिहक प्रात
अहिना बरु सिहक' दिहक दोरस बसात
दोहाइ हे श्याम घन
दोहाइ हे कारी-कारी मेघ !
संच मंच रहिह' रातिखन
समेटने रहिह' अपन भाभट

अन्त-श्रावण केर ई मेघ

बरिसइत रहओ अहिना
भरि दिन, भरि रात
अन्त-श्रावण केर ई मेघ
भिजबइत रहओ अहिना
कमतिआ ज'न-ज'नीक गत्र-गत्र
अन्त-श्रावण केर ई मेघ
सुनइत रहिओ अहिना
रिक्शाबला इसखी छओंड़ा क गारि
अन्त-श्रावण केर ई मेघ
लोकोक कतवहिमे

क्या करोगे आज रात ?
बोलो हे श्यामघन !
बोलो हे काले-काले मेघ
क्या करोगे आज रात ?
छुपाए मत रहना
नाचने देना तनिक, विद्युल्लता को
किसी को कहाँ लगेगा बुरा
पाँव छूकर करेगी तुम्हें प्रणाम
सुहासिनी अँधेरी रात !
तब फिर स्थिर होकर
देखते भले रहना
हजार-हजार जुगनुओं का नाच !
सुनते रहना भले
हजार-हजार झींगुरों की अजस्र झंकार !
हजार-हजार मेढकों के मेदुर उद्गार !
बल्कि यूँ ही होने देना प्रात
बल्कि यूँ ही सिहकने देना दोरस बयार
दुहाई हे श्यामघन
दुहाई हे काले काले मेघ !
स्थिर ही रहना आज रात
समेटे रहना अपने नखरे

आखिरी सावन का यह मेघ

बरसता रहे इसी तरह
दिन भर, रात भर
आखिरी सावन का यह मेघ
भिगोता रहे इसी तरह
खेतिहर मजदूर-मजदूरनियों के अंग-अंग
आखिरी सावन का यह मेघ
सुनता रहे इसी तरह
रिक्शेवाले दिलफेंक छोकरे की गाली
आखिरी सावन का यह मेघ
लोकों के आसपास

अर्धदग्ध ऊपर फाँटू कोइला बिछइत
आयत आँखिवाली संथाल-छँउड़ीक उपराग
सेहो सुनइत रहओ अहिना
अन्त श्रावण केर ई मेघ
तितबइत रहउ अहिना
तीसी तेलक चिकनाओल ओकर खोपा
अन्त श्रावण केर ई मेघ

छीप पर रहओ नचैत

छीपपर रहओ नचैत
कनकाभ शिखा
उगिलैत रहओ स्निग्ध बाती
भरि राति मृदु-मृदु तरल ज्योति
नाचथु शलभ-समाज
उत्तेजित आबथु जाथु
होएत हमर अंगराग हुतात्माक भस्म
सगौरव सुप्रतिष्ठ हँसितहि हम रहबे
दीअटिक जड़िसँ के करत बेदखल हमरा
ने जानि, कहिआ, कोन युगमे
भेटल छल वरदान
आकल्प हम रहल बइसल दीप देवताक कोर मे

पत्रहीन नग्न गाछ

पत्रहीन नग्न गाछ
लगइए कारी बस कारी, ठूठाकृति
अन्हार गुज्ज रातिमे
स्पंदनहीन, रूक्ष, तक्षक शिशिर
पसरल अछि सबतरि ऊपर-ऊपर
नीचाँ किन्तु, तरबातर दूबिक मोलाएम नवांकुर
बाँटि रहल रोमांचक टटका प्रसाद सउँसे शरीरकें
मोन होइए, गाबी अन्हरिओमे बसन्तक आगमनी

अर्द्धदग्ध छिटके-फिंके कोयले चुनती
आयत आँखोंवाली संथाली लड़की का उलाहना भी
सुनता रहे इसी तरह
आखिरी सावन का यह मेघ
तर-ब-तर करता रहे इसी तरह
अलसी के तेल से चिकनाया उसका जूड़ा
आखिरी सावन का यह मेघ

फुनगी पर नाचती रहे

फुनगी पर नाचती रहे
कनकाभ शिखा
स्निग्ध बाती उगलती रहे
रातभर मृदु-मृदु तरल ज्योति
नाचें शलभ-समाज
उत्तेजित आयें-जायें
हुतात्माओं का भस्म बनेगा मेरा अंगराग
हँसता ही रहूँगा मैं सगौरव सुप्रतिष्ठ
दीवट की जड़ से कौन करेगा बेदखल मुझे
पता नहीं, कब, किस युग में
मिला था वरदान
आकल्प बैठा रहा हूँ दीप देवता की गोद में

पत्रहीन नग्न गाछ

पत्रहीन नग्न गाछ
लगता है काला बस काला, ठूँठ आकृति
घुप्प अँधेरी रात में
स्पंदनहीन, रूक्ष, तक्षक शिशिर
फैला पड़ा है सर्वत्र ऊपर ही ऊपर
किंतु नीचे, तलवे-तले दूब के मुलायम अंकुर
रोमांच का ताजा प्रसाद बाँट रहे हैं संपूर्ण तन को
मन करता है, गाऊँ अँधेरी रात में भी वसंत की आगमनी

आउ हे ऋतुराज,
नुकाएल छी कालक कोखिमे अनेरे !
दिअउ निश्छल आशीर्वाद
तकइए अहींक बाट घासक पेंपी
आउ हे ऋतुराज !

नबतुरिए आबओ आगाँ...

तीव्रगंधी तरल मोबाइल
क्षणस्पंदी जीवन
एक-एक सेकेन्ड बान्हल !
स्थायी-संचारी-उद्दीपन-आलंबन...
सुनियन्त्रित एक-एक एक भाव !
परकीय-परकीया सोहाइ छइ ककरा नहि
खंड प्रीति सोन्हगर उपायन ?

असह्य नहि कुमारी विधवाक सौभाग्य
असह्य नहि गृही चिरकुमारक दागल ब्रह्मचर्य
सरिपहुँ सभ केओ सर्वतंत्र स्वतंत्र
रोक टोक नहिए कथूक ककरो
रखने रहू, बेर पर आओत काज
अमौटक पुरान धड़िका...
धर्म-अर्थ-काम-मोक्ष !
पघिलओ नीक जकाँ सनातन आस्था
पाकओ नीक जकाँ चेतन-कुम्हारक नवका बासन
युग-सत्यक आबामे...
जुनि करी परिबाहि बूढ़-बहीर कानक
टटका मन्त्र थीक,
नबतुरिए आबओ आगाँ !!
उएह करत रूढ़िभंजन, आगू मूँहें बढ़त उएह...
हमरा लोकनि दिअइ आशीर्वाद निश्छल मोने;
घिचिअइ नहि टाङ पाछाँ...
ढेकी नहि कूटी अपनहि अमरत्वता'क...

आओ हे ऋतुराज !
व्यर्थ ही छुपे हो काल की कोख में !
दो निश्छल आशीर्वाद
तुम्हारी ही जोह रही हैं बाट घास की कोंपलें
आओ हे ऋतुराज !

नवयुवक ही आगे आवें...

तीव्रगंधी तरल मोबाइल
क्षणस्पंदी जीवन
बँधा एक-एक सेकेंड !
स्थायी-संचारी-उद्‌दीपन-आलंबन...
सुनियंत्रित एक-एक भाव !
किसे पसंद नहीं परकीय-परकीया
खंड प्रीति का सोंधा उपायन ?

नहीं असह्य कुमारी विधवा का सौभाग्य
नहीं असह्य गृही चिरकुमार का चिह्नित ब्रह्मचर्य
सच ही, सभी सर्वतंत्र स्वतंत्र
किसी का भी रोक-टोक नहीं किसी के लिए
रखे रहो, आएगा समय पर काम
अमावट के पुराने रॉल
धर्म-अर्थ-काम-मोक्ष !
ठीक से पिघले सनातन आस्था
ठीक से पकें चेतन-कुंभकार के नए बर्तन
युगसत्य के आबा में...
बूढ़े-बहरे कानों की परवाह क्यों भला
ताजा मंत्र है
नवयुवक ही आगे आवें !!
वे ही करेंगे रूढ़िभंजन, वे ही बढ़ेंगे अग्रमुख
निश्छल मन दें हम आशीर्वाद
पीछे खींचें नहीं टाँग...
कूटें नहीं केवल अपने ही अमरत्व की ढेंकी...

प्लास्टिकक लत्ती

प्लास्टिकक लत्ती
प्लास्टिकक फूल
रंगवेश चटकदार
गंध मुदा बीभत्स—
रासायनिक मिक्शचर केर सड़लहा काटि सन !
कोना क' कोनो देवी होइती अनुकूल
सूँघि-सूँघि क' ई फूल !

हीटरक आँच मे

हीटरक आँच मे कोंढ़ी फुला गेल
असली परिमल मुदा की भेल
सूर्यक सहज-स्वस्थ तापकें
फराकहिसँ नमस्कार क' लेल
आगुता क' माथा झुका देल
युगक समक्ष।

मनुपुत्र दिगम्बर

समुद्रक कछारमे
सितुआक पीठपर
तरंगित रेखाक बहुरंगी अइपन, हल्लुक !
ऊपर अउन्हल आकाश
निबिड़-नील !
नीचाँ श्याम सलिल वारुणी सृष्टि !
सभ किच्छु बिसरि
तिरोहित कए सभ किच्छु
—अवचेतन मध्य
रहताह ठाढ़ मनुपुत्र, दिगम्बर
ने जानि कती काल...
पश्चिमाभिमुख !

प्लास्टिक की लता

प्लास्टिक की लता
प्लास्टिक के फूल
खूब चटक रंग
लेकिन बीभत्स गंध
रासायनिक मिक्शचर की सड़ी काई की तरह !
किस तरह हों भला अनुकूल कोई देवी
सूँघ-सूँघकर ये फूल ?

हीटर की आँच में

हीटर की आँच में खिल गई कली
मगर कहाँ गया असली परिमल
सूर्य के सहज-स्वस्थ ताप को
दूर से ही कर लिया नमस्कार
घबड़ाकर टेक दिया सिर
युग के समक्ष।

मनुपुत्र दिगंबर

समुद्र के तट पर
सीपी की पीठ पर
तरंगित रेखाओं की बहुरंगी अल्पना, हलकी !
ऊपर औंधा आकाश
निविड़-नील !
नीचे श्याम सलिल वारुणी सृष्टि !
सब कुछ भूल
तिरोहित कर सभी कुछ
—अवचेतन मध्य
खड़े रहेंगे मनुपुत्र, दिगंबर
पता नहीं, कब तक...
पश्चिमाभिमुख !

एक फाँक आँखि, एक फाँक नाक !

कोना क' बिसरिअउ
अधक्के देखल ओहि रातुक ओहि ठाँक
एक फाँक आँखि, एक फाँक नाक !
कोना क' बिसरिअउ ?

गेल रही सेकेंड शो सिनेमा
अबइत रही घूरल
सी ब्लाक, 3 सी एच...अपन बासा दिश
कोनो क्वार्टरकेर जँगला रहइ फूजल
रेशमी-नील पर्दा छलइ सहजहिं संयत कएने
बिजलीक प्रकाशकें भितरे भितर भरि छाती, भरि कंठ
तइसँ ऊपर ड्योढ़-बेढ़ केबाड़ी, शुद्ध-निरीह सन...
अपना सूरमे अबइत रही हनहनैल
जँगला लग अबितहिँ नजरि भेल ऊपर
आँ कि देखल अधक्के गोर-गोल मुखचन्द्रक अंर्धांश
सावधान सचेत एक फाँक आँखि
सङहि एक फाँक नाक
अधक्के देखना गेल
आ कि जँगला भ' गेलइ बंद
आबिकँ अंगन्यास कएल मुदा
कतीकाल धरि रहल नचैत
कपारक भितरका कटोरीमध्य
धारण कए क्रमहि टकुरीक रूप
एक फाँक आँखि...
एक फाँक नाक...

राधिका

गोर-गहुमा कांति
देह नमछर आ सुरेबगर
मूँह कटगर
ठोर लालेलाल

एक फाँक आँख, एक फाँक नाक !

कैसे भूल जाऊँ भला
झटके में देखी उस रात, वहाँ की
एक फाँक आँख, एक फाँक नाक !
कैसे भूल जाऊँ भला ?

गया था सिनेमा, सेकेंड शो
आ रहा था वापस
सी ब्लाक, 3 सी एच...अपने आवास की तरफ
किसी क्वार्टर की खिड़की थी खुली
रेशमी नीला पर्दा सहज ही संयत किए था
बिजली के प्रकाश को भीतर ही भीतर छातीभर, कंठभर
उससे ऊपर अधखुला किवाड़, सीधा निरीह जैसा
अपनी धुन में आ रहा था दनदनाता
खिड़की के पास आते ही नजर हुई ऊपर
कि बस, देखा झटके से, गोरे गोल मुखचंद्र का अर्द्धांश
सावधान सचेत एक फाँक आँख
साथ ही एक फाँक नाक
झटके में दीख गई
और बस, बंद हो गई खिड़की
आकर अंगन्यास किया, मगर
कितनी देर तक रही नाचती
कपाल के भीतर की कटोरी में
धारण किए क्रमशः तकली का रूप
एक फाँक आँख...
एक फाँक नाक...

राधिका

गोरी-गेहुआँ कांति
देह पतली और सुघड़
मुख कटीला
होंठ कितने लाल

बाब्ड हेयर—बेश कपचल कृष्ण कुंतल जाल
भउँह बेश पिजौल
मर्मबेधी टाकुसन कजरैल आँखिक कोर
अनावृत मुक्तोदरी, आवर्त दारुण नाभि
रङल बीसो नखक उज्जर पीठ
हरित वसना आइ काल्हुक राधिका
देवि स्कूटरवाहिनी, घुरिआउ संध्याकाल
कोनो होटल मध्य बाट तकैत छथि बाँकेबिहारी लाल

कइए देलकइए गोल

हाँजक हाँज छउँड़ी सभ खेलाइत अछि बास्केट बॉल
चउरंगीक रमना...
सुविस्तृत मैदान...
रविक जड़काला अपराह्न...
मित्रलाभें प्रमुदित, परस्पर विनोदलीन
हमरा लोकनि तीनि गोटें
देखइ छी फुर्तीबाज तरुणीवृन्दक क्रीड़ा-कौतुक
दू रंगक परिधानें दू हाँज मे विभक्त—
ऐंग्लो-इंडियन छउँड़ीसभ
छरपइए, कुदइए, बॉल पर लुधकइए
बचवइए दहिना-बामा...
हे लिअ' हे लिअ' कइए देलकइ गोल
वाह रे वाह, काँकोड़केशी कुइरी-पतरकी छउँड़ी !!

जुनि अबउ भरि राति मेल ट्रेन

बइसल बइसल मेल ट्रेनक प्रतीक्षामे
बाहर भए गेल आँखिक सूत
घंटा भरि लेट
आधा घंटा आओर लेट
पैंतालीस मिनट आओर लेट...
आहि रे दैव, की भेलहु तोरा ?

बाब्ड हेयर–कुतरे हुए कृष्ण कुंतल जाल
भौं पर चढ़ाई शान
मर्मवेधी तकुए-सा कजरारी आँख का कोर
अनावृत मुक्तोदरी, आवर्त दारुण नाभि
बीसों नखों को रँगे, उजली पीठ
हरितवसना आजकल की राधिका
स्कूटरवाहिनी, चक्कर लगावें देवि संध्याकाल
किसी होटल मध्य बाट जोहते बाँके बिहारीलाल

गोल कर ही डाला

झुंड बाँधे लड़कियाँ खेल रही हैं बास्केटबॉल
चौरंगी का रमना...
सुविस्तृत मैदान...
रविवारीय शरद् का अपराह्न
मित्रलाभवश प्रमुदित, परस्पर विनोदलीन
हम तीन जने
देख रहे हैं फुर्तीली तरुणियों के क्रीड़ा-कौतुक
दो रंग के परिधान में, दो झुंड में विभक्त–
ऐंग्लो इंडियन लड़कियाँ
फलाँगती हैं, कूदती हैं, बॉल पर लपकती हैं
बचाती हैं दायाँ-बायाँ...
यह लो, यह लो, गोल कर ही डाला
वाह रे वाह, केंकड़-केशी भूरी आँखों वाली पतली लड़की !!

न आए बेशक रात-भर मेल ट्रेन

बैठे-बैठे मेल ट्रेन की प्रतीक्षा में
बाहर निकल आए हैं आँखों के डोरे
घंटा भर लेट
आधा घंटा और लेट
पैंतालीस मिनट और लेट...
आह रे विधाता, क्या हुआ तुझे ?

कइएक खेप फोड़ल आङुर
कइएक बेर भेल हाफी
चाटि गेल छी मुल्की मैगजीन
सुड़ुकि आएल छी सात कप चाह
सोंटि लेल अछि दू पाकिट सिगरेट
आहि रे दैव, आब की करू ?
रङल-टीपल पेटारक भरें ओङठलि
दुरागमनिया कनिआ
सूतलि अछि कि जागलि
घोघक अ'ढ़ तर !
व'र मुदा कटइ छइ फोंफ
करिआ कंबल पर ठामहि
सामान रखने अछि सँइति सिरमादिश
कए रहलइए अइहबक ओगरबाहि
सूति-पातिवाली अधबएसू लोकनिन
लाल पाढ़िक पीअर साड़ी पहिरने...
मांगुर सन एनमेन ओकरा देहक कांति
लगइए केहेन दिब
आब किए बहरैत आँखिक सूत
जुनि अबउ मेल ट्रेन भरि राति !

एकटा सामान्य जंक्शन

एकटा सामान्य जंक्शन
एकटा सामान्य ट्रेन
द. पू. रे.... द. पू. रे....द. पू. रे.
अन्तिम श्रावण केर स्निग्ध आर्द्र परिवेश
निराकुल प्लेटफार्म
जनविरल मोसाफिरखाना
बीच-बीचमे अवैत जाइत
गोटेक-आधेक आदिवासी चेहरा
केहन दीब लगइए ई
एकटा सामान्य जंक्शन
चुपचाप ससरि गेल

कई दफा चटखाईं उँगलियाँ
कई बार आई जँभाई
चाट गया देसी मैगजीनें
सुड़क आया हूँ सात क़प चाय
खींच गया हूँ दो पाकेट सिगरेट
आह रे विधाता, अब क्या करूँ ?
रँगी-रची बाँस-पेटी से उँगठी
गौना कराई दुलहन
सोई है या जगी
घूँघट की आड़ में !
लेकिन दूल्हा भर रहा है खर्राटें
वहीं काले कम्बल पर
सिरहाने रख रखा है सामान
सुहागिन की रखवाली कर रही है
कंठा और बाजूबंद वाली अर्धवयस्क दुलहन की नौकरानी
लाल किनारी की पीली साड़ी पहने...
बिलकुल माँगुर मछली सी है उसकी देह-कांति
लगती है कितनी अच्छी
अब क्यों निकलेंगे आँखों के डोरे
न आए भला रात-भर मेल ट्रेन !

एक सामान्य जंक्शन

एक सामान्य जंक्शन
एक सामान्य ट्रेन
द. पू. रे....द. पू. रे....द. पू. रे.
आखिरी सावन का स्निग्ध आर्द्र परिवेश
निराकुल प्लेटफार्म
जनविरल मुसाफिरखाना
बीच-बीच में आते-जाते
एकाध आदिवासी चेहरे
कितना अच्छा लगता है यह
एक सामान्य जंक्शन
चुपचाप सरक गई

नजरिक सोझासँ
एकटा सामान्य ट्रेन

स्लीपिंग कोचक
समानान्तर बर्थ पर
सूतलि ओहिना पहुँचि
ओ बेचारी कनी कालमे चाकुलिया
एखन उतरवा काल, अलक्षिते
नमस्कार क' आएत छिअइन
ओहि सुमुखी-सुदर्शना कें
मोन होइए रहि रहि
भने हमहू अपना बर्थ पर पड़ले पड़ल
अवचेतनमे करैत ओहिना गपशप
चल गेल रहितहुँ चाकुलिया

गय नूनू !

माथ पर उत्तुंग खोपा
तपोवनी स्टाइलमे बान्हल
आ' ताहिमे लपेटल चम्पाफूलक माला...
गय नूनू !
ककर ककर प्राण लेवही तों आइ ?
हमर कोंढ़-करेज कपइए
थर थर थर थर, थर थर थर थर !
वयोवृद्ध तटस्थ तपस्वीलोकनिक
अहिना दलकल हेतइन छाती
मदन-दहन-दिवसक पहिलुका उखड़ामे
किशोरी नगनन्दिनीक रंग-ताल देखि
उठल हेतइन कचोट...
अघटित घटन-सम्भावना-दोलित चित्त
काँपल हेतइन कोंढ़
थर थर थर थर, थर थर थर थर
गय नूनू, एना नइ बहरो !

नजरों के सामने से
एक सामान्य ट्रेन

स्लीपिंग कोच की
समानांतर बर्थ पर
सोई यूँ ही पहुँच जाएगी
वह बेचारी थोड़ी देर में चाकुलिया
अभी उतरते समय अलक्षित ही
कर आया हूँ नमस्कार
उस सुमुखी-सुदर्शना को
मन होता है रह-रहकर
जैसे, मैं भी अपने बर्थ पर लेटा-लेटा
अवचेतन में यूँ ही बतियाता हुआ
चला गया होता चाकुलिया

अरी बबुनी !

माथे पर उत्तुंग जुड़ा
तपोवनी स्टाइल में बँधा..
और उसमें लिपटी चम्पे की माला...
अरी बबुनी !
किस-किसके प्राण हरेगी आज तू ?
काँप रहा है भीतर से मेरा कलेजा
थर थर थर थर, थर थर थर थर !
वयोवृद्ध तटस्थ तपस्वियों की
इसी तरह दलकी होगी छाती
मदन-दहन-दिवस की प्रथम बेला में
देख किशोरी नगनन्दिनी के हाव-भाव
उठी होगी कचोट...
अघटित घटन-सम्भावना-दोलित-चित्त
काँप गया होगा कलेजा
थर थर थर थर, थर थर थर थर
अरी बबुनी, यूँ बाहर मत निकल !

चें चें चें चें

चें चें चें चें
चूँ चूँ चूँ चूँ...
चीं चीं चीं चीं
अपनहिमे मस्त अछि चिड़इ-चुनमुन
अपनहिमे व्यस्त अछि चिड़इ-चुनमुन
नहि छइक परबाहि एकरा सबहिकें
न'ब घर ऊठल आ' कि पुरान घर खसल
नहि छइक परबाहि एकरा सबहिकें
प्रशासकीय आङ-वाल क...
कमिश्नर साहेबक कोर्टरूम, बड़की टा हाल
असामान्य फर्नीचर
भारी भारी पर्दा झुलैत
बौद्ध स्तूपवाला मॉडल
हाथ-करघाक मेही शिल्प
छ'त सँ लटकल दू टा तुम्बी
दूनू तुम्बी सँ प्रलंबित नमहर डंडावला भारी-भारी पंखा
मुदा ई बगड़ाक जाति कते होइए एडभेंचर्स
बिजलीवला ओहि पंखाक दूनू तुम्बीमें
लगा नेने अछि खोंता
आ' जखन-तखन अहिना चिचियाइत रहइए
कथी लए करतइन ई सभ परबाहि बङौर भरि
न'ब घर ऊठल त' ऊठल—
पुरान घर खसल त' खसल
कथी लए करतइन परबाहि इ सभ कथूक

कमिश्नर साहेब बाजल रहथि एक बेर अही प्रसंगें
बगड़ाक जातिक ई चिड़इ चुनमुन
होइत अछि सरिपहुँ कते ढीठ
कइएक दुपहरिया एहनो भेलइए जे
केबिन मे लंच पर्यन्त लेलक अछि
ई सभ हमरा सङे

प्रशासकीय विधिनिषेधक बंधन

चें चें चें चें

चें चें चें चें
चूँ चूँ चूँ चूँ...
चीं चीं चीं चीं
अपने में ही मस्त हैं चिड़इ-चुनमुन
अपने में ही व्यस्त हैं चिड़इ-चुनमुन
नहीं है परवाह इन्हें
नए घर बने या पुराने घर गिरे
नहीं है परवाह इन्हें
प्रशासकीय तौर-तरीके...
कमिश्नर साहब का कोर्टरूम, बड़ा-सा हॉल
असामान्य फर्नीचर
लटकते बड़े-बड़े पर्दे
बौद्ध स्तूप के मॉडलवाले
हथकरघे के महीन शिल्प
छत से लटकती दो तुम्बियाँ
दोनों तुंबियों से प्रलंबित लंबे डंडेवाले वजनदार पंखे
लेकिन यह बयाँ की जात होती है कितनी एडवेन्चर्स
बिजली के पंखों की उन दोनों तुंबियों में
बना डाले हैं घोंसले
और जब-तब करते रहते हैं इसी तरह चें-चें
क्यों हो भला तनिक भी परवाह
नए घर बने तो बने
पुराने घर गिरे तो गिरे
क्यों करें ये किसी की परवाह

कमिश्नर साहब ने कहा था एक बार इसी प्रसंग में
बया जाति के ये चिड़इ-चुनमुन
सच में, होते हैं कितने ढीठ
कई दोपहर ऐसा भी हुआ है कि
केबिन में लंच तक लिया है
इन्होंने मेरे साथ

प्रशासकीय विधि-निषेध के बन्धन

मानत की कउखन चिड़इ चुनमुन !
कमिश्नर साहेबक मिसिओ भरि अनुशासन
कथी लए मानतइन ई चिड़इ चुनमुन
करैत रहतइन अहिना चें चें चूं चूं चीं चीं...

अँहँऽ, अँहँऽ...

अँहँऽ, अँहँऽ, नहि चाहिअइन, नहि चाहिअइन
ऐटमी आयुध नहि चाहिअइन हमरा भगवान कें
शंख-चक्र-गदा-पद्‌म...
बझले रहइ छनि चारू हाथ
अँहँऽ, अँहँऽ, खागि नहि छइन आन कोनो हथियारक
सेहो, की त सूतल छथिन एखन
के उठओतइन हुनका देव-उठानसँ पूर्व ?
अँहँऽ अँहँऽ छोड़ि दिअउन एखन
पाछाँ बरू भेट क’ लेबइन कहिओ !

अँहऽ अँहँऽ नहि चाहिअइन, नहि चाहिअइन
पद्‌मासना लक्ष्मी कें सखा-पात
लगइ छनि हुनका बड्ड बेश अपन बज्र-बहीर कोखि
सृष्टिक आदिमे उएह छली
प्राचार्या परिवार-नियोजन-विद्याक
अँहँऽ अँहँऽ केओ नहि करिअइन आलोचना
बाँझे रहथु अहिना माता लक्ष्मी
उल्लुक सौभाग्य थीक हुनका देहक मइल
बैरक ऐश्वर्य थीक हुनक निर्माल्य
सात-समुद्र-पार आन-आन देशक अच्छोद सरोवर
होइत रहओ प्रतिफलित ओहिना हुनक
स्मित-भास्वर ठोरसँ
पड़लि रहथु अनुर्वर, उदास, पेटकान्ह देने
अपना देशक ई रत्नगर्भा भूमि, हुनके उपेक्षाक मारल !

अँहँऽ अँहँऽ नहि टोकिअउन महास्थविर ब्रह्माकें
रहथुन हेड़ाएल ढीलक लीख जकाँ

कभी क्या मानेंगे चिड़इ-चुनमुन !
कमिश्नर साहब का तनिक भी अनुशासन
क्यों मानने लगे ये चिड़इ-चुनमुन
करते रहेंगे इसी तरह चें चें चूं चूं चीं चीं...

ना-ना...

ना, ना, नहीं चाहिए, नहीं चाहिए
एटमी आयुध नहीं चाहिए मेरे भगवान को
शंख-चक्र-गदा-पद्म...
फँसे ही रहते हैं चारों हाथ
ना, ना, किसी और हथियार का नहीं है प्रयोजन
वह भी, जबकि सोए हुए हैं अभी
कौन उठाएगा उन्हें देवोत्थन से पूर्व ?
ना, ना, छोड़ दीजिए अभी
बाद में मिल लीजिएगा कभी !

ना, ना, नहीं चाहिए, नहीं चाहिए
पद्मासना लक्ष्मी को संतान
अपना वज्र-बधिर कोख ही पसंद है उन्हें
वे ही थीं सृष्टि के आदि में
परिवार-नियोजन-विद्या की प्राचार्या
ना, ना, न करे कोई आलोचना
बाँझ ही रहें इसी भाँति लक्ष्मी
उल्लू का सौभाग्य है उनके तन की मैल
वैर का ऐश्वर्य है उनका निर्माल्य
सात समुद्र पार अन्य देशों के अच्छोद सरोवर
इसी भाँति होते रहें प्रतिफलित उनके
स्मित-भास्वर अधर से
लेटी रहें पेट के बल अनुर्वर, उदास
अपने देश की यह रत्नगर्भा भूमि, उनकी ही उपेक्षा की मारी !

ना, ना, टोकिए नहीं महास्थविर ब्रह्मा को
खोए रहें जूँ के अंडों की तरह

हिनक पाकल दाढ़ीक बड़का जंगल मध्य
शत-सहस्त्र अनागत विश्वामित्र अहिना
पटपटाइत रहनु बरू अहिना चारू मूँहक आठोटा ठोर
अँहँऽ अँहँऽ जुनि राखी एको रत्ती भरोस एहि बूढ़ बाबाक

बइसल रहथु अहिना भने प्रज्ञाकें द' क' तिलांजलि
अनंतशायी भगवान् विष्णुकेर नाभिकमलक मचानपर
इएह रहथीन खेहारने सरस्वतीकें...
बिसरतइ ककरा !
अँहँऽ अँहँऽ छोड़ि दिअनु हिनका !

पिता-पुत्र संवाद

हिमधवल तुंग-शृंग...
बइसल छथि एहिपर पद्मासन लगओने !
नेत्र छन्हि अर्धनिमीलित
विरजित ठामहि गौरी गिरिकन्या।
ऋद्धि-सिद्धि झोरामे
लंबोदर कोरामे
कार्तिक कतहु गेल छथिन घूमऽ
बसहा छन्हि ठाढ़, पाजु करैत...
चाहिअन्हि आर की हुनका ?

'प्रिय बटुक, बूझल अछि अहाँ के–
की थिकइ कुंठा ?
की थिकइ संत्रास ?
की थिकइ मृत्युबोध ?
होइत छइ कोना आक्रोशक विस्फोट ?
अल्पजीवी लघुप्राण व्यक्ति भेटल अछि अहाँ कें ?'
गजानन तत्काल उतरि गेलथीन कोरासँ
चारि हाथ फराक भऽ कँऽ ठाढ़...
लाल नमहर ठोर हिलबैत कहलथीन–
'बुझा तऽ हम दितहुँ...
मुदा, अहाँ बुझबे नहि करबइ !

इनकी पकी दाढ़ी के घने जंगल में
शत सहस्र अनागत विश्वामित्र इसी भाँति
उनके चारों मुँह के आठों ओठ, भले हिलते रहें इसी भाँति
ना, ना, रखिए मत भरोसा तनिक भी इस बूढ़े बाबा पर

बैठे रहें भले इसी भाँति देकर प्रज्ञा को तिलांजलि
अनंतशायी भगवान विष्णु के नाभिकमल के मचान पर
इन्होंने ही खदेड़ा था सरस्वती को...
भूल पाएगा कौन !
ना, ना, छोड़ दीजिए इनको !

पिता-पुत्र संवाद

हिमधवल तुंग-शृंग...
बैठे हैं इस पर लगाए पद्मासन !
नेत्र हैं अर्द्धनिमीलित
विराज रही हैं वहीं गौरी, गिरिकन्या।
झोले में ऋद्धि-सिद्धि
गोद में लंबोदर !
कहीं घूमने गए हैं कार्तिक
बसहा बैल खड़ा है, करता जुगाली...
और क्या चाहिए उन्हें ?

'प्रिय बबुआ, मालूम है तुम्हें–
किसे कहते हैं कुंठा ?
किसे कहते हैं संत्रास ?
किसे कहते हैं मृत्युबोध ?
किस प्रकार से हुआ करता है आक्रोश का विस्फोट ?
मिला है कभी क्या अल्पजीवी लघुप्राण व्यक्ति ?'
गजानन तुरत उतर गए गोद से
चार हाथ अलग हटकर हो गए खड़े...
बोले हिलाते हुए लाल लंबे ओठ–
'बता तो देता मैं...
लेकिन, आप तो समझेंगे ही नहीं !

हिमाद्रिक ई तुंग-शृंग छोड़ि–
नीचाँ तराइ दिश ताकिओ टा हैत ?'

देखि पिताकें मौन-गम्भीर-निरपेक्ष
माय दिश लगलाह ताकऽ तरुण गणेश
तखन, सहज स्नेहें अभिभूत–
पार्वती बजलीह–
'अहुना केओ ठाँहि-पठाँहि
बापकें देलक अछि जबाब ?
जाउ छोटन, की कहब अहाँकें...
अपन जेठ भाय सँ
किछुओ त सिखने रहितहुँ !'

सिंहवाहिनी दशभुजा चंडी

सिंहवाहिनी दशभुजा चंडी
शत-सहस्र शरीरधारिणी
कोना रहती सन्नद्ध ?
रक्षा कोना करती सीमांत-रेखाक ?
क्षीरसागर मध्य बारहो मास बर्खक बर्ख
अहिना यदि सुतले रहि गेला विष्णु
अहिना यदि रहला बइसल
नाभिपद्म संभूत अपरोजक विधाता !
अहिना यदि रहि गेली लक्ष्मी बाँझक बाँझे !
अहिना यदि स्वर्णमृगक पाछाँ–
रहला अपस्याँत मनुपुत्र !
पिआसलि पृथिवी
अहिना यदि कनैत रहली हकन्न !

ओ ना मा सी धङ !

ओ ना मा सी धङ !
आहि रे बा, आहि रे बा,

इस हिमाद्रिका तुंग-शृंग छोड़—
नीचे तराई की ओर देख भी सकेंगे आप ?'

पिता को देख मौन गंभीर निरपेक्ष
माँ की ओर देखने लगे तरुण गणेश
तब, अभिभूत होती हुई सहज स्नेह से
बोलीं पार्वती—
'इस तरह बेलौस
कोई देता है बाप को जवाब ?
जाओ छोटे, क्या कहूँ तुम्हें...
अपने बड़े भाई से
कुछ तो सीखा होता !'

सिंहवाहिनी दशभुजा चंडी

सिंहवाहिनी दशभुजा चंडी
शत-सहस्र शरीरधारिणी
रहेंगी कैसे सन्नद्ध ?
करेंगी किस तरह सीमांत रेखा की रक्षा ?
क्षीरसागर मध्य बारहों मास सालोंसाल
यदि इसी तरह सोए रह गए विष्णु
यदि इसी तरह रह गए बैठे
नाभिपद्‌म संभूत बेकार विधाता !
रह गईं यदि इसी तरह लक्ष्मी बाँझ की बाँझ
यदि इसी तरह स्वर्णमृग के पीछे—
दौड़ते परेशान रहे मनुपुत्र !
पृथिवी प्यासी
रोती रही यदि इसी तरह जार-बेजार !

ओ ना मा सी धं !

ओ ना मा सी धं !
अरे वाह, अरे वाह

खुश्चेव खसला, चितङ !
क्रान्तिमे थूरल गेला शांतिक दूत
लोककें लगलइ अजगूत
उतारि कऽ फेकि देल गेलनि फोटो
अपनो तँ एहिना
रहथिन कएने स्तालिनकेर कपालक्रिया
सुनने रही कतहु की मुर्दाक ओहन दुर्गति ?
आहि रे कप्पार !
दशो प्रतिशत क्षमा नहीं पूर्वजक लेल
ऊपर अन्तरिक्षमे चलैत रहौ' उड़ानक खेल
क्रेमलिनक मुदा कीदन भऽ गेल
कइएक टा खुश्चेव ढहनेता मने उसिनल बेल
भारतीय थिकहुँ, सभकें तिल-जल देल...
'येनास्ता पितरो जाताः, येन जाताः पितामहाः'
सैह गति होउन हिनको...
ओं शान्ति शान्ति शान्तिः !!

की लाल ? की लाल ?

की लाल ? की लाल ?
अढ़ूलक फूल लाल !
आरतिक पात लाल !
तिलकोड़क फऽड़ लाल !
छउँड़ीक ठोर लाल !
छओड़ाक टाइ लाल !
सूगाक लोल लाल !
ई लाल ! ओ लाल !

की लाल ? की लाल ?
शोणित लाल, क्रांति लाल !
युद्धोत्तर शांति लाल !
रूसकेर देह लाल !

गिरे ख्रुश्चेव चितंग !
कुचले गए क्रांति तले शांति के दूत
आश्चर्य हुआ लोगों को
उतारकर फेंक दिए गए फोटो
खुद भी तो इसी तरह
की थी स्तालिन की कपाल-क्रिया
सुनी गई थी कहीं कभी लाश की वैसी दुर्गति ?
हाय रे कपार !
दस प्रतिशत भी क्षमा नहीं पूर्वजों के लिए
ऊपर अंतरिक्ष में चला करे उड़ान का खेल
क्या तो हो गया लेकिन क्रेमलिन का
लुढ़केंगे कई एक ख्रुश्चेव जैसे उबले हुए बेल
भारतीय मैं, देता हूँ सभी को तिल-जल...
'येनास्ता पितरो जाताः, येन जाताः पितामहाः'
इनकी भी हो वैसी ही गति...
ओं शान्ति शान्ति शान्तिः !!

क्या लाल ? क्या लाल ?

क्या लाल ? क्या लाल ?
अड़हुल के फूल लाल !
आरती के पात लाल !
तिलकोड़[1] के फल लाल !
लड़की के होंठ लाल !
लड़के की टाई लाल !
तोते का चोंच लाल !
यह लाल ! वह लाल !

क्या लाल ? क्या लाल ?
लहू लाल, क्रांति लाल !
युद्धोत्तर शांति लाल !
रूस की देह लाल !

---

1. विम्बाफल

चीनकेर कोंढ़ लाल !
अमेरिकाक नाक लाल !
ब्रिटेनक जीह लाल !
ई लाल ! ओ लाल !
की लाल ? की लाल ?
हम्मर मोसि लाल !
अहाँक कलम लाल !
हिनकर पोथी लाल !
हुनकर गत्ता लाल !
ककरो गाल लाल !
ककरो आँखि लाल !
ई लाल ! ओ लाल !

दोहाइ हे इन्द्र महाराज !

उपजत
मोनक खेतमे
अगबे कुँठाक फसिल

लागत
सृष्टिक क्रम-पात
आद्यन्त बिलकुल जटिल

झहरत
राति-दिन, सदक्षण
निराशाक कारी-कारी मेघ

लटकत
बढ़ल जाएत नहू-नहू
अवांछित असफलताक घेघ

मिझैत
प्रीतिक मधुर आँच
भेल जाएत सुरुचि नष्ट

चीन का हृदय लाल !
अमरीका की नाक लाल !
ब्रिटेन की जीभ लाल !
यह लाल ! वह लाल !
क्या लाल ? क्या लाल ?
मेरी रोसनाई लाल !
आपकी कलम लाल !
इनकी किताब लाल !
उनकी जिल्द लाल !
किसी के गाल लाल !
किसी की आँख लाल !
यह लाल ! वह लाल !

दुहाई हे इन्द्र महाराज !

उपजेगी
मन के खेत में
केवल कुंठा की फसल

लगेगा
सृष्टि का रंग-ढंग
आद्यंत, बिलकुल जटिल

बरसेंगे
रातदिन, हमेशा
निराशा के काले काले मेघ

लटकेगा
बढ़ता चला जाएगा धीरे-धीरे
अवांछित असफलता का घेघ

बुझ जाएगी
प्रीति की मीठी आँच
सुरुचि होती जाएगी नष्ट

मेटैत
बढ़िमका रेख तरहत्थीक
बढ़ल जाएत नानाविध कष्ट

सूझत
हँ, आन किच्छु टा नहि
भासित हैत मात्र त्रास-महात्रास

बूझत
सगरो जहान मतिक्षिप्त
मूँह दूसत धुआँठल आकाश

ससरत
दोहाइ हे इन्द्र महाराज !
हिलाउ जुनि अपन कुंडल

उनटत
उनटिए जाएत सरिपहुँ
हमरा लेखें समग्र भू-मंडल

? ? ? ? ?

रविरंजित शिखरवला
हिमाद्रिका वक्ष पर
देवदारु वनमे
टहलैत शिशु मेघ कें
छूने छहक कहिओ ?

किन्नर-परिवारक
मुक्त अतिथि रूपें
द्राक्षाक पुटपाकी
अति पुरान आसव
चखने छहक कहिओ ?

मिट जाएँगी
हाथ की अच्छी रेखाएँ
बढ़ते जाएँगे नानाविध कष्ट

सूझेगा
जी हाँ, और कुछ भी नहीं
भासित होगा केवल त्रास-महात्रास

समझेगा
सारा जहान पागल
मुँह चिढ़ाएगा धूमायित आकाश

छिछलेगा
दुहाई हे इन्द्र महाराज !
मत हिलाओ अपने कुंडल

उलटेगा
सचमुच, उलट ही जाएगा
मेरे लिए समग्र भू-मंडल

? ? ? ? ?

रविरंजित शिखरवाले
हिमाद्रि के वक्ष पर
देवदारु के वन में
टहलते मेघ को
छू पाए हो कभी ?

किन्नर परिवार का
मुक्त अतिथि बनकर
द्राक्षा की पुटपाकी
काफी पुराना आसव
चख पाए हो कभी ?

भीठ पर लगाओल
सफेदा मालदहक
प्रथम-प्रथम
मंजरी गुच्छ
सुँघने छहक कहिओ ?

शारदीय
बंकिम धार मे
टुटैत कगार केर
क्षुब्ध-मथित-आहतनाद
सुनने छहक कहिओ ?

प्लास्टिकक ट्यूबमे
लिपि रूपें प्रवहमान
क्षण-प्रभा विद्युत केर
छायामय भास्वर स्पंदन
देखने छहक कहिओ ?

तृप्यंताम् तृप्यंताम्...

पुरखा लोकनि
पिबइ छला भाङ्, खाइ छला माजूम
चिबाबथि ललमुँहा रोहुक तरल-झोराओल मूड़ा
मोदनिक पेटी; करिया छागरक करेजी
हमरा लोकनि आजुक प्रबुद्ध मैथिल
चढ़वइ छी नापि क' देशी-विदेशी दारू मात्रानुसार
(करइ छइ गून अतत्तह जड़कालामे)
चखि लइ छी कहिओ क' गोलमेजी केबिन मध्य
कीमा-कबाब-कोफ्ता-रोगनजोश-मुर्ग मुसल्लम !
रहथि पुरखा लोकनि भोग पीड़ित
हमरा लोकनि छी अगबे योग पीड़ित
देश-कालक व्यवधान पार करथि हुनका सभ
बइसि बइसि सग्गड़ पर, घोड़ी पर, नाओ पर...
व्यापारी काफिलाक संगे सुरक्षित भए ससरथि !

भीठे पर लगाए गए
सफेदा मालदह आम का
प्रथम-प्रथम
मंजरी-गुच्छ
सूँघ पाए हो कभी ?

शारदीय
वंकिम धारा में
टूटते किनारों का
क्षुब्ध-मथित-आहतनाद
सुन पाए हो कभी ?

प्लास्टिक की ट्यूब में
लिपिरूप में प्रवहमान
क्षण-प्रभा विद्युत का
छायामय भास्वर स्पंदन
देख पाए हो कभी ?

तृप्यंताम् तृप्यंताम्...

पुरखे
पीते थे भंग, खाते थे माजूम
चबाते थे ललमुँहा रोहु मछली का भुना-रसदार मूँड़ा
मेदनी मछली की पेटी, काले छागल की कलेजी
हम आज के प्रबुद्ध मैथिल
नापकर चढ़ाते हैं देशी-विदेशी शराब मात्रानुसार
(खूब ही फायदा पहुँचाता है जाड़ों में)
चख लेते हैं कभी-कभार गोलमेजी केबिन में
कीमा-कबाब-कोफ्ता-रोगनजोश-मुर्ग-मुसल्लम !
पुरखे थे भोग पीड़ित
हम हैं पूरे योग पीड़ित
देश-काल के व्यवधान, वे पार करते थे
बैठ-बैठकर छकड़ों पर, घोड़ियों पर, नावों पर...
व्यापारी काफिलों के साथ सुरक्षित हो खिसकते थे आगे !

हमरा लोकनि थिकहुँ रेल-वल्लभ
ट्राम-टैक्सी-कार-डकोटा-स्टीमलंच...
कथूसँ अपरिचित नहि !
कल्हुआड़क आगाँ मूल्य की चनमाड़क ?
चउरंगी, चउपाटी, कनाटप्लेस,
थीक मने आङन-खरिहान...
रेहल-खेहल, धाङल बिल्कुल !
कदाचित् पुरुखा लोकनि देखि जँ पबितथि
अनठिआ माउगि सभक एहेन-एहेन रतुठिआ मुँहठान
चल जइतनि ठामहि जान !
हमरा लोकनि : अजुका युगमानव
अपने प्रज्ञासँ स्वतः प्रणोदित
चउचक सदिखन
जाइ छी सभठाँ, करइ छी सभकिच्छु
पसरल छथि कत' नहि सउजनिआ ?
पुरखा लोकनि रहथि महात्मा
हमरा सभ छी विश्वात्मा
पलरि-पलरि भेल जाइछ अदृश्य
शिखा-सूत्र, पाँजि-पाटि, गोत्र
गबइ छथि ब्रह्मा शूद्रक महिम्नः स्तोत्र
चारू मूँहें रेघाकँऽ...
दड़िभंगा-सहर्सा-पूर्णिया-भागलपुर
सभकें एक करत धाङि-धूङि काल बलीबर्दक खूर

सिन्धी षोड्शीक मर्मवेधी अव्याहत कटाक्ष
पंजाबी बछेड़ीक लीलामय आस्फालन
कलकतिआ किशोरीक सस्मित साकूत कमलायत दृक्पात
सुगठित तनुभंगिमा मराठी-गुजराती तरुणीक...
द्रविड़-केरल कन्याक मोहक नाट्यलीला...
'हेरतहिं हृदय हनए पंचवाण' दुष्ट महादुष्ट !
धराशायी भेल छथि कतेको कुलीन मिथिलानंदन...
लड़ओलनि नजरि केओ मसूरीक 'कैमेल-बैक' बीथी मध्य
केओ बउआ क' चउपाटीक बलुआही सामुद्रिक कछारमे

हम हैं रेल-वल्लभ
ट्राम-टैक्सी-कार-डकोटा-स्टीमलंच...
किसी से नहीं अपरिचित !
कोल्हूघर के आगे क्या मोल पूजाघर का ?
चौरंगी, चौपाटी, कनॉटप्लेस,
बन गए हैं आँगन-खलिहान...
देखे-भोगे हुए, रौंदे हुए बिलकुल !
कदाचित् देख जो पाते पुरखे
अनजानी औरतों की ऐसी-ऐसी नैन-मुद्राएँ
वहीं निकल जाती जान !
हम आज के युगमानव
अपनी ही प्रज्ञा से स्वतः प्रणोदित
सजग सदा
जाते हैं हर जगह, करते हैं सभी कुछ
बिखरे हैं कहाँ नहीं हमारे स्वजन-समाजी ?
पुरखे थे महात्मा
हम हैं विश्वात्मा
फैल-फैल कर होते जा रहे अदृश्य
शिखा-सूत्र, जात-पात, गोत्र
गाते हैं ब्रह्मा शूद्र-महिम्नः स्तोत्र
चारों मुँह से लेते हुए आलाप...
दरभंगा-सहरसा-पूर्णिया-भागलपुर
सभी को रौंद-रूँदकर एक कर देंगे काल-वलीवर्द्ध के खुर

सिंधी षोडशी का मर्मवेधी अव्याहत कटाक्ष
पंजाबी बछेड़ी का लीलामय आस्फालन
कलकत्ते की किशोरी का सस्मित साकूत कमलायत दृक्पात
सुगठित तनुभंगिमा मराठी-गुजराती तरुणियों की...
द्रविड़-केरल कन्या की मोहक नाट्यलीला...
'हेरितहिं हृदय हनए पंचवाण'[1] दुष्ट महादुष्ट !
धराशायी हुए पड़े हैं कितने ही कुलीन मिथिलानंदन...
लड़ाए नैन किसी ने मसूर की 'कैमेलबैक' बीथी में
कोई घूमकर चौपाटी के बालुकामय सामुद्रिक कछार में

---

1. उसे देखते ही हृदय को (मदन का) पंचवाण आहत कर देता है। (विद्यापति)

भेला केओ पराजित कनाटप्लेसक गेलार्ड' धरि पहुँचतहिं
किनको कान पिउलक विनोदक कालकूट बीच मद्रासमे
भए गेलाह खाली केओ बालीगंज अबैत-अबैत
दूना क' देलकनि ककरो मोनकें अहमदाबाद-पूना
घसए लगला चानन केओ जइतहिँ उटकमंड...

जे रहथि बड्ड पैघ साहेब-श्रीमंत
राजा-महाराज बाबु-बबुआन
हुनक लेल लंडन छल प्रेमनगर, पेरिस प्रमोदवन
की रहलनि बाँकी बाजथु पजिआड़ लोकनि
कएने छथि ठाढ़ मने दंभक देवाल, भ्रांतिक भीत !
प्रबुद्ध पौत्रक आश्रयमे रहिकँ महानगरीमध्य
कलहा पानिसँ' अहिना कएल करथु तर्पण—
तृप्यंताम्, तृप्यंताम्...तृप्यंताम्, तृप्यंताम् !

जोड़ा मंदिर

कच्ची सड़कक कातहिमे
देखल सँगे ल'ग ल'ग छोट छीन जोड़ा मन्दिर
पुछलिअइ घसबाहिनिकें
ऐं हए, के बनबओलक अछि
बीच बाधमे जोड़ा मन्दिर ?

उठा कँ' खुर्पी समेत दाहिना हाथ
ओम्हरे इंगित करैत
बाजलि भुटिआ घसबाहिनि :
थापित भेल छइन ओइ ठमा पीड़ी
भोकर राउत आ' मुङिआ माइकेर
बूढ़ा-बूढ़ीक सारा पर
ठाढ़ क' देलकइन'ए बेटा जोड़ा मंडिल
धन्न ओहेन माए-बाप
धन्न एहेन पूत...

कनॉटप्लेस के 'गेलार्ड' तक पहुँचते ही कोई हो गए पराजित
विनोद का कालकूट पिलाया किसी ने कान को बीच मद्रास में
हो गए खाली कोई बालीगंज आते-आते
दूना कर गया किसी के मन को अहमदाबाद-पूना
घिसने लगे चंदन कई जाते ही उटकमंड...

जो थे बहुत बड़े साहब-श्रीमंत
राजे-महाराजे बाबू-बबुआन[1]
लंदन था प्रेमनगर उनका, पेरिस प्रमोद वन
क्या रहा बाकी, बोले, पंजीकारगण[2]
खड़ी कर रखी है मानों दंभ की दीवार, भ्रांति की भित्ति !
प्रबुद्ध पौत्र के आश्रय में रहते हुए महानगरी मध्य
पाइप के जल से किया करें यूँ ही तर्पण—
तृप्यंताम्, तृप्यंताम्...तृप्यंताम्, तृप्यंताम् !

जोड़ा मंदिर

कच्ची सड़क के किनारे ही
देखा, पास-पास छोटे-छोटे मंदिरों का एक जोड़ा
पूछा एक घसियारिन से
अरी ओ, किसने बनवाया है
बीच परती-पाँतर में यह जोड़ा मंदिर ?

खुर्पी सहित दायाँ हाथ उठाकर
करती हुई उधर ही इंगित
बोली वह ठिंगनी घसियारिन :
थापित[3] हुई है वहाँ पर पिंडी
भोकर राउत और मुंगिया-माई की
बूढ़े-बूढ़ी की समाधि पर
खड़ा कर दिया है बेटे ने जोड़ा मंदिर
धन्य वैसे माँ-बाप
धन्य ऐसे पूत...

---

1. रईस, 2. मैथिल ब्राह्मण एवं कायस्थों की वंशावली-पंजी रखनेवाले, 3. स्थापित।

एक रती भ गेलहुँ ध्यानस्थ ठाढ़े-ठाढ़
झुका लेल माथ
भोकर राउत आ' मुङिआ माइक स्मृति मे

दोसर दिन
पोखरिक भीड़ पर
भालसरिक छाहरिमे
सुसताइत पाओल सरजुगकें
कुशल-क्षेमक पूछा-पेखीक वादे
कहलिअइ सरजुग राउतकें :
'ऐं हओ सरजुग, बाप-माइक सारा पर
तरउनी गाँओमे कहाँ केओ ठाढ़ केने छल जोड़ा मन्दिर !'
पातर मोछवला पिंडश्याम ग्रामीण युवक
सरजुग राउत
बाजल निरभिमान स्वर मे—
'बूढ़ा अपनि हाथें परुकाँ साल
रोपने रहथीन पाँच कट्ठा कुसिआर
तहीमहक शए-पाँचेक
लगा देलअनिए हुनके नाम पर
मासक भितरे दूनू परानी मुनि लेलखीन आँखि
किरिआ-करम, भोज-भातमे उठल हजारेक टाका
मुदा हमरा अपना त संतोख नहिए भेल तइसँ

'फागुन जाइत जाइत एमरी
मीलवला देलकइ पुरजी
राटन पर तउला एलिअइ ऊखि
दू दिन बाद आएल हाथ
नौ टा नमरी, सात टा टशटकही, एकटकही छओटा...
गामहिमे भेटिगेल
दू बोरी सीमटि, हजार तिनिएक पाकल पजेबा
बूढ़ा-बूढ़ीक मंडिल भ' गेलइन तइआर सहजहिँ...'

एतबा कहि कँ'

खड़ा-खड़ा ही हो गया तनिक ध्यानस्थ
झुका लिया सिर
भोकर राउत और मुंगिया माई की स्मृति में

दूसरे दिन
पोखरे के भिंडे पर
मौलश्री की छाँह में
आराम करता मिला सरजुग
कुशल-समाचार पूछा-पूछी के तुरंत बाद
कहा मैंने सरजुग राउत से :
'ए हो सरजुग, बाप-माँ की समाधि पर
तरौनी[1] गाँव में कहाँ किसी ने खड़ा किया था जोड़ा मंदिर !'
पतली मूँछोंवाला साँवला ग्रामीण युवक
सरजुग राउत
बोला निरभिमान स्वर में--
'अपने ही हाथों बूढ़े ने पिछले वर्ष
लगाया था पाँच कट्ठे में गन्ना
उसी में से पाँच-एक सौ
लगा दिए हैं उनके नाम पर
माह के भीतर ही दोनों जनों ने मूँद लीं आँखें
क्रिया-कर्म भोज-भंडारे में खर्च हो गए करीब हजार रुपए
लेकिन खुद मुझे तो हुआ ही नहीं संतोष उससे

'फागुन जाते-जाते इस बार
मिलवाले ने पर्ची दी
'राटन'[2] पर तौला आया गन्ना
दो दिन बाद हाथ में पड़े
नौ नम्बरी, सात दस के, एक के छै...
गाँव में ही मिल गईं
सीमेंट की दो बोरियाँ, पक्की ईंट करीब तीन हजार
बूढ़े-बूढ़ी के मंदिर हो गए सहज ही तैयार...'

इतना कहकर

---

1. नागार्जुन का गाँव, 2. ईख तौलने की जगह।

मूड़ी झुका लेलक
खोंट' लागल संकोचें दूबि
पातर मोंछवला सरजुग राउत

कने आगू बढ़ि क'
ओकरा पीठ पर फेरैत अपन हाथ
कहलिअइ हम गद्गद भ' क' :
'आइ धरि अइ परोपट्टामे
फुरल छलइ ककरो कहाँ ई बिखए !
देश-विदेश मुल्की दुनिया जहान
धाङि आएल छी हम...
कहाँ कतउ देखलिअइए
माइ-बापक नामे तइआर जोड़ा मन्दिर
एह, सरजुग, धन्न थिकह तों !'

भेलइन संकोच भंजन
तखन पुनि बजलाह
सरजुग राउत उर्फ सरजुग यादव—
'हमर बूढ़ा-बूढ़ीमे रहइ छलइन अतत्तह मेल
ओहन केओ नहि देखने हैत कतउ
से, हमरा आउर अपनहुँ गबाह छिअइन
लोको कें बूझल छइ नीक जकाँ
हमरा बूढ़ा-बूढ़ी में कहाँ कहिओ भेलइन झगड़ादन
हमरा बूढ़ा-बूढ़ी में कहाँ कहिओ रहलइन ओदाउत
कहबी छइ जे एक परान दू देह
एन मेन तकरे नमूना छलइथ हमर बूढ़ा-बूढ़ी
तही खातिर फुरल ई बात
ठाढ़ क देने छिअइन जोड़ मंडिल
चढ़ा अबइ छिअइन जा क'
दूनू गोटाक पीड़ी पर फूल
ओ सतकठवा कोलाक तीन धूर जमीन
उसर्गल जा चुकल छइन बूढ़ा-बूढीक नाम पर
हमरा बिचारें जल्दी सँ जल्दी
लिखा-पढ़ी सेहो भइए जाइ...'

झुका लिया सिर
संकोचवश टूँगने लगा दूब
पतली मूँछोंवाला सरजुग राउत

थोड़ा आगे बढ़कर
उसकी पीठ पर फिराता हुआ हाथ
गद्‌गद होता हुआ कहा मैंने :
'आज तक इस इलाके में
कहाँ सूझी थी किसी को यह बात !
देश-विदेश पूरा दुनिया-जहान
घूम आया हूँ मैं...
कहाँ कहीं देखा है
माँ-बाप के नाम बना जोड़ा मंदिर
वाह सरजुग, धन्य हो तुम !'

हुआ संकोच-भंजन
तब पुनः बोले
सरजुग राउत उर्फ सरजुग यादव—
'हमारे बूढ़े-बूढ़ी में रहा करता था हद से ज्यादा मेल
वैसा नहीं देखा होगा किसी ने कहीं
सो हम और आप भी गवाह
सभी को है पता अच्छी तरह से
हमारे बूढ़े-बूढ़ी के बीच कहाँ कभी हुआ झगड़ा-तकरार
हमारे बूढ़े-बूढ़ी के बीच कहाँ कभी रहा मनमुटाव
कहावत भी है कि एक प्राण, दो देह
बिलकुल उसी का नमूना रहे हमारे बूढ़े-बूढ़ी
इसी कारण सूझी यह बात
बना दिया है जोड़ा मंदिर
चढ़ा आता हूँ जाकर
दोनों जनों की पिंडियों पर फूल
उस सतकठवा खेत से तीन धूर जमीन
उत्सर्ग की जा चुकी है बूढ़े-बूढ़ी के नाम पर
मेरा विचार है जल्द से जल्द
लिखा-पढ़ी भी हो ही जाय...'

फेर हमरा नजरिक थाह लैत बाजल सरजुग
कनफुसकी आवाजमे :
'तरौनी गामक बाबू-भइआ लोकनि
हँसी उड़बइ छइथ हमर !'
तइपर कहलिअइ हम सरजुगकें :
'धुः मर्दे, इहो केओ बाजए !
बूझल नहि छहु तोरा,
तरउनी गामक बाबू-भइआ लोकनि
हँसी उड़बइ छथि हमरो !'

टूटि गेल अछि निन्न

टूटि गेल अछि निन्न
हे लिअऽ, भक दऽ भेल इजोत
तर्जनी पड़ितहिँ स्विचपर
टेबुल लैम्प स्वयं आलोकित,
आलोकित कएलक सउँसे छत...
काँपी सँ संपृक्त पड़ल अछि पेन एक दिश
पेपरवेटक भार सँ जाँतल मेघदूत अछि शान्त एक दिश
बिहुँसि रहल अछि 'वाटरमैन'क पॉट
पियरका लेबुल सटने—
सभक बोझ माथापर धएने
निर्विकार अछि बाँसक फट्ठिक ई सस्तउआ मेज
ठामहि छइ समगोत्री चेयर
—ततबे धरि परितोष !
बइसि जाइ छी
बइसब नहि तऽ मगजिक उसिना कोना हेतइ तइआर ?
हम ही टा नहि, आनो अछि बुधिआर !

आन्हर जिनगी

आन्हर जिनगी
सेहंताक ठेङासँऽ थाहए

फिर मेरी नजरों को थाहता बोला सरजुग
फुसफुसाहट के स्वर में :
'तरौनी गाँव के बाबू-भैया सभी
हँसी उड़ाते हैं मेरी!'
इस पर कहा मैंने सरजुग से :
'धत् पगले, ऐसा भी कोई बोले !
पता नहीं है तुझे,
तरौनी गाँव के बाबू-भैया लोग
हँसी उड़ाते हैं मेरी भी !'

टूट गई है नींद

टूट गई है नींद
यह लो, भक् से हो गया उजाला
तर्जनी पड़ते ही स्विच पर
स्वयं आलोकित हो गया टेबल-लैंप
समूची छत करता हुआ आलोकित...
कापी से संपृक्त पड़ी कलम एक तरफ
पेपरवेट के भार से मेघदूत दबा पड़ा है शांत एक तरफ
बिहँस रहा है 'वाटरमैन' का पॉट
पीला लेबुल लगाए—
सबका बोझा सिर पर उठाए
निर्विकार है बाँस की यह सस्ती मेज
पास ही है समगोत्री चेयर
—इतना भर ही परितोष !
बैठ जाता हूँ
बैठूँ नहीं तो कैसे हो पाएगा तैयार दिमागी खुराक ?
केवल मैं ही नहीं, दूसरे भी हैं होशियार !

अंधी जिंदगी

अंधी जिंदगी
लालसा की लाठी से लेती हुई थाह

बाट-घाट, आँतर-पाँतरकें
खुट खुट खुट खुट...

आन्हर जिनगी
चकुआएल अछि
ठाढ़ भेल अछि
युगसंधिक अइ चउबट्टी लग
सुनए विवेकक कान पाथिकँ
अदगोइ-बदगोइ

आन्हर जिनगी
नाङड़ि आशाकेर कान्ह पर हाथ राखि कँऽ
कोम्हर जाइ छएँ ?
ओ गबइत छउ बटगवनी
तों गुम्म किए छएँ ?
तऽहुँ धऽले कोनो भनिता !

आन्हर जिनगी
शान्ति सुन्दरीकेर नरम आङुरक स्पर्श सँ
बिहुँसि रहल अछि !
खंड सफलताकेर सलच्छा सिहकी
ओकर गत्र-गत्रमे
टटका स्पंदन भरि देलकइए...

आजुक महाकारुणिक बुद्ध

आजुक महाकारुणिक बुद्ध
छपबइ छथि अपन वक्तव्य
अमेरिका-इंग्लैण्ड-फ्रांस-जापानमे
ने जानि, कत' कत' सँ अबइ छनि भक्त-अनुरक्त

बाट-घाट, परती-पाँतर की
खुट खुट खुट खुट...

अंधी जिंदगी
चकित है
खड़ी है
युगसंधि के इस चौराहे के पास
सुनती है विवेक के कान लगाए
भला-बुरा

अंधी जिंदगी
लँगड़ी आशा के कंधे पर धरे हाथ
किधर जा रही है ?
वह गाता 'बटगमनी'[1]
तू चुप क्यों है ?
शुरू कर दे तू भी कोई 'भनिता'[2] !

अंधी जिंदगी
शांति सुंदरी की नरम उँगली के स्पर्श से
बिहँस रही है।
खंड सफलता के शुभ समीर ने
उसके अंग-अंग में
ताजा स्पंदन भर दिया है...

आज के महाकारुणिक बुद्ध

आज के महाकारुणिक बुद्ध
छपवाते हैं अपने वक्तव्य
अमेरिका-इंग्लैण्ड-फ्रांस-जापान में
पता नहीं कहाँ-कहाँ से जुटते रहते हैं भक्त-अनुरक्त

---

1. राह चलते गाया जाने वाला लोकगीत, 2. प्राचीन कवियों द्वारा अपने पद के अंत में जोड़ा जानेवाला नाम : यथा–'भनई विद्यापति...'

जाइत छन्हि चढ़ा नानाविध नैवेद्य !
आजुक महाकारुणिक बुद्ध
पहिरि लइ छथि कउखन कउखन
शए टाकावला जोड़ा चढ़उआ चप्पल
ओढ़ि लइ छथि कउखन
हजार टाकावला जोड़ा पश्मीना चद्दरि
पाबि लइ छथि कउखन
आस्ट्रेलियाक सेब, इस्राइलक अंगूर
आजुक महाकारुणिक बुद्ध
रहइ छथि सदक्षण अपस्याँत
कुबेर लोकनिक हृदयकें द्रवित करबाक हेतु
अउनाएल घुरइ छथि दिवारात्रि
कलकत्ता-मद्रास-बंबई-दिल्ली
दिल्ली-बंबई-मद्रास-कलकत्ता
आजुक महाकारुणिक बुद्ध
ने जानि, कहिआधरि पूर्ण हेतइन हिनक भिक्षापात्र !
साठिसँ बेशिए भ' गेलइन वयःक्रम
आहि रओ बा !...कत' विश्वक कोन दोगमे
नुकाइलि छथि आजुक विशाखा मृगारमाता !
अपार वैभवक अधिस्वामिनी—
सहज द्रवणशीला, परम अनुरक्ता...
भेटथीन कहियाधरि हिनका सेठानी विशाखा ?
के कहओ, कहिआ, सिद्धिक प्रतापें
अमावस्याक निबिड़ निशीथमध्य
आप्लावित क' देथिन
निरंजना नदीक बलुआही पाट
आजुक महाकारुणिक बुद्ध
भिक्षाटन ? भिक्षाटन त हिनक महालीलाक
मामूली अभिनय थीक शतांश मात्र !

आजुक महाकारुणिक बुद्ध
केलिफोर्नियाक देहातमे
खेने रहथि खीर गौरांगी सुजाताक हाथें
बुद्धत्व-प्राप्तिसँ एक राति पूर्व !
तत्पश्चात् केने रहथि युगधर्म-चक्र-प्रवर्तन !

चढ़ा जाते हैं नानाविध नैवेद्य !
आज के महाकारुणिक बुद्ध
पहन लेते हैं कभी-कभार
चढ़ावे में आई सौ रुपए की चप्पल
ओढ़ लेते हैं कभी कभार
हजार रुपए कीमत की दोहरी पश्मीना चादर
पा लिया करते हैं कभी कभार
आस्ट्रेलिया के सेब, इस्राइल के अंगूर
आज के महाकारुणिक बुद्ध
रहते हैं सदा नाकोंदम
कुबेरों के हृदय द्रवित करने के पीछे
परेशान चक्कर लगाते हैं दिवारात्रि
कलकत्ता-मद्रास-बंबई-दिल्ली
दिल्ली-बंबई-मद्रास-कलकत्ता
आज के महाकारुणिक बुद्ध
नहीं मालूम, कब तक भर पाएगा इनका भिक्षापात्र !
साठ से अधिक की ही होगी उम्र
आह रे बा !...कहाँ विश्व के किस कोने में
छुपी हैं आज की विशाखा मृगारमाता !
अपार वैभव की अधिस्वामिनी—
सहज द्रवणशीला, परम अनुरक्ता...
मिलेंगी इन्हें कब तक सेठानी विशाखा ?
कौन कहे, कब सिद्धि के प्रताप से
अमावस्या के निविड़ निशीथ मध्य
आप्लावित कर देंगे
निरंजना नदी का रेतीला किनारा
आज के महाकारुणिक बुद्ध
भिक्षाटन ? भिक्षाटन तो इनकी महालीला का
मामूली अभिनय है शतांशमात्र !

आज के महाकारुणिक बुद्ध
केलिफोर्निया के देहात में
खाई थी खीर गौरांगिनी सुजाता के हाथों
बुद्धत्व-प्राप्ति से एक रात पूर्व !
तत्पश्चात् किया था युगधर्म-चक्र-प्रवर्तन !

सउँसे सृष्टिमे, लागल पहुँचाबऽ
हिनक प्रवचनक एक एक आखर कें
भारत भूमिक दोरस बसात...
जूमऽ लगलथीन नहू-नहू
सारिपुत्र, मौद्गल्यायन, महाकश्यप...
छलथीन आइलि शरणमें हिनको
नगरवधू आम्रपाली...
अपन परित्यक्ता यशोधरापर
भेल छलइन अंकुरित हिनको हृदयमें
अपरिसीम करुणा...

साइन्सक पचफोड़नासँ छोंकल छइन
आजुक बुद्धक विवेक ओ संयम
शोधित छइन मैत्री भावना हिनक
अर्थशास्त्र-राजनीति आदिक पुटपाक सँ...
वियतनाम दिश केने पीठ,
तकई छथि तिब्बत दिश
आजुक महाकारुणिक बुद्ध

गगनक कोन-कोन कें छापल

गगनक कोन-कोन कें छापल
घुमड़ि घुमड़िकँ अग-जग व्यापल
तन हुलसाबए
जिय सरसाबए
बादर कारी कारी
सुरुज-किरन पर करफू लागल
शुभ सोहाग धरतीकेर जागल
करु असनाने
धरु हुनि ध्याने
बादर कारी कारी
बिरहक मातलि सुनु सुनु सुंदरि
साजन घुरता, भेटत छाहरि
सबहिक दुखहर

संपूर्ण सृष्टि में लगा पहुँचाने
इनके प्रवचन के एक-एक अक्षर को
भारत भूमि का दोरस बयार...
जुटने लगे धीरे-धीरे
सारिपुत्र, मौद्गल्यायन, महाकश्यप...
आई थी इनके भी शरण में
नगरवधू आम्रपाली...
अपनी परित्यक्ता यशोधरा के लिए
अंकुरित हुई थी इनके भी हृदय में
अपरिमित करुणा

साइंस के 'पचफोड़ना' की पड़ी है छौंक
आज के बुद्ध के विवेक और संयम में
शोधित है मैत्री-भावना इनकी
अर्थशास्त्र-राजनीति आदि के पुटपाक से
वियतनाम की ओर किए पीठ
देखते हैं तिब्बत की तरफ
आज के महाकारुणिक बुद्ध

आकाश के कोने-कोने में छाए

आकाश के कोने-कोने में छाए
घुमड़-घुमड़कर सृष्टि के कण-कण में व्याप्त हो गए
तन में हुलास भरते
हृदय को सरस बनाते
काले-काले बादल
सूर्य-किरणों पर कर्फ्यू लग गया
धरती का शुभ सुहाग जग गया
स्नान करो
उनका ध्यान करो
काले-काले बादल
हे विरह की मातलि सुंदरि, सुनो
साजन लौटेंगे, छाया मिलेगी
सबका दुख हरनेवाला

साओन सुखकर
बादर कारी कारी

अनसोहाँत इ कदमक फूल

अनसोहाँत इ कदमक फूल
हमर विधाता छथि प्रतिकूल
दिन बीतल तँ राति पहाड़
तिलकें देखल भे'लछि ताड़
की इच्छा अछि कहु कहु साजन
किए कठोर पिरीतिक शासन
विरह धुआँठलि हम अनबूझ
परम अभागलि, पथ नहि सूझ
के रोकत, हम जाएब संग
रति सङ निशि-दिन बसथि अनंग
प्रिय, यदि अहाँ रहब अनुकूल
बड़दिब लागत कदमक फूल

पुलिनक सेज पड़लि छथि सरिता

पुलिनक सेज पड़लि छथि सरिता
बिरह झमारलि, कृश, दुख-भरिता
मृदु सित सैकत पाटी शीतल
चेहरा-मोहरा नोरें तीतल
जीवन पथ छनि केहेन नमहर
नखत-प्रदीपित पातिल पुरहर
औथिन हुनि अभिभावक पावस
भरि जेथिन रस सहज दयावश
सुलभ हेतनि पुनि सागर संगम
करती सरिपहुँ सुख हृदयंगम
एखन झमारलि, कृश दुख-भरिता
पुलिनक सेज, पड़लि छथि सरिता

सुखद सावन
काले-काले बादल

नहीं सुहाते ये कदंब के फूल

नहीं सुहाते ये कदंब के फूल
विधाता मेरे अनुकूल नहीं हैं
दिन बीता तो रात पर्वत हुई
तिल को देखती हूँ, ताड़ हो गया है
हे साजन, कहो न, कहो न, क्या चाहते हो
प्रीति का शासन इतना कठोर क्यों ?
विरह के धुएँ से भरी मैं तो नासमझ हूँ
बड़ी अभागिन हूँ, रास्ता नहीं सूझ रहा है
कौन रोक लेगा, मैं साथ ही चलूँगी
कामदेव भी रति के साथ दिन-रात रहा करते हैं
हे प्रियतम, यदि तुम अनुकूल रहे,
तो कदंब के फूल बड़े दिव्य लगेंगे

रेत की सेज पर लेटी है सरिता

रेत की सेज पर लेटी है सरिता
विरह से झकझोरी हुई, दुबली, दुख से भरी
सुंदर, श्वेत बालुकाराशि की शीतल पट्टी
मुखाकृति आँसू से भीगी हुई
लंबा है जीवन-पथ कितना
नक्षत्रों से प्रदीपित मंगलकलश सँजोए
अभिभावक पावस आने वाले हैं
दयार्द्र होकर सहज ही रस छलका जाएँगे
सुलभ हो पाएगा पुनः सागर-संगम
सचमुच, सुख को करेगी तब वह हृदयंगम
अभी तो झकझोरी हुई, दुबली, दुख से भरी
रेत की सेज पर लेटी है सरिता

श्यामघटा, सित बीजुरि-रेह

श्यामघटा, सित बीजुरि-रेह
अमृत टघार राहु अवलेह
फाँक इजोतक तिमिरक थार
निबिड़ विपिन अति पातर धार
दारिदउर लक्ष्मी जनु हार
लोहक चादरि चानिक तार
देखल रहि रहि तड़ित-विलास
जुगलकिशोरक उन्मद रास

घन घमंड गरजए चहुँ ओर

घन घमंड गरजए चहुँ ओर
कतए नुकाएल छथि चित्तचोर
दादुर धुनि सुनि फाटए कान
विरहक वेदन आन कि जान
दामिनि दमसए, फाटए मोन
कन्तकथाक भरोसे कोन
हरिअर बाध की हरिअर बोन
छीलल हिय पर छींटए नोन
सुनु सुनु भामिनि तजिअ न आश
सुपुरुख नहि तोड़थि विश्वास

सुजन नयन मनि

सुजन नयन मनि
सुनु सुनु सुनु धनि
मथित करिअ जनि
पिअ हिअ गनि गनि
शितशर हनि हनि
सुनु सुनु सुनु धनि
मनमथ रथ बनि

श्याम घन, उजली बिजली की रेखा

श्याम घन, उजली बिजली की रेखा
पिघले हुए अमृत को राहु बनाए दे रहा है अवलेह
अंधकार के थाल में रोशनी के फाँक रखे हैं
घनघोर जंगल में बड़ी पतली-सी धारा
मानो लक्ष्मी ने दरिद्रा के गले में डाली हो माला
लोहे की चादर पर चाँदी के तार
रह-रहकर होने वाले विद्युत-विलास
जुगलकिशोर का उन्मद रास

घुमड़ते घनों का चतुर्दिक गर्जन

घुमड़ते घनों का चतुर्दिक गर्जन
चितचोर कहाँ छुपे हैं
मेढक की टर्र-टर्र सुनकर कान फटे जा रहे हैं
विरह-वेदना को दूसरा कैसे समझ सकता है
बिजली कौंधती है, छाती फटने लगती है
प्रियतम की बात का भरोसा ही कितना
हरे भरे खेत और हरे भरे वन
छिले हृदय पर छिड़कते हैं नमक
सुनो-सुनो हे नारी, आस मत छोड़
सुपुरुष विश्वास नहीं तोड़ते

सुजन-नयन-मणि

सुजन-नयन-मणि
हे रमणी, सुनो, सुनो, सुनो
प्रियतम के हृदय को
गिन-गिनकर
मार-मारकर बाण मत करो उद्वेलित
हे रमणी, सुनो, सुनो, सुनो
कामदेव का रथ बनकर

विपद हरिअ तनि
शुभ सद गुन खनि
सुनु सुनु सुनु धनि
सुजन नयन मनि

जय भारत जननी !

जय जय जय जय भारत जननी !
शत सहस्त्र संस्कृति-संगमनी !
जय जय जय जय भारत जननी !
शतश्रुति, शतगंधा, शतरूपा !
शत रस ओ शत परस, अनूपा !
शत शत शत शत दल संचारिणि !
विंध्य-हिमाचल शिखर-विहारिणि !
शत शत शस्य सुशोभित धरणी !
खनिज भरित, त्रिभुव मन हरणी !
जय जय जय जय भारत जननी !
शत सहस्त्र संस्कृति-संगमनी !
जय जय जय जय भारत जननी !

जय भारत माता !

जय जय जय जय भारत माता !
सुखमयि, सुंदरि, सुमुखि, सुजाता !
जय जय जय जय भारत माता !
पदम पुहुप दल आयत लोचनि !
दरस दान दारिद दुख मोचनि !
केरल-काश्मीर तक फैला !
नागा-भूमि से आगे निकला !
दिशि-दिशि सागर चुंबित चरणा !
सिक्त शीश हिमगिरि निर्झरणा !

तनिक दुःख हरण करो
हे सद्गुणों की खान
सुनो, सुनो, सुनो
हे सुजन-नयन-मणि-रमणी

कौस्तुभमणि सब विंध्य विराजित !
शत-शत छबि, शत शोभा साजित !
गति गंभीर ओ मति अवदाता !
जय जय जय जय भारत माता !

असंकलित रचनाएँ

शोक-श्रद्धांजलि

(महामहोपाध्याय पण्डित मुरलीधर झाजीक प्रति)

जाहि महाप्रभु पंडितराजक कीर्ति सुगन्धि सदा गमकै अछि
पुण्य प्रताप कृपाणक धार समान सदा चमचम चमकै अछि
से 'मुरलीधर' भूतल में नहिं ई यदि कौखन ध्यान अबै अछि
तौं पुनि देखि दशा निज देशक
जानथि ईश्वर कोंढ़ फटै अछि

जैखन नन्दनवन गेला मुरलीधर सन नाथ
मिथिला मैथिल मैथिली तैखन भेल अनाथ
तैखन भेल अनाथ आब भेटत की कैने।
अछि क्रोधित भै काल-व्याल मिथिला कैं धैने।।
हमरा सबहिक पूर्ण कोश खाली तौं तैखन।
एहन-एहन नर रत्न, ताहि सौं चलला जैखन।।
अपने गेलहुँ जखन, रहल नहि बुधजन समितिक लाली।
देवधाम कैं कैल अलंकृत मिथिला भेली खाली।।

मिथिला/1929

बाबाक विभूति

इन्द्र कुबेर डरैं भय कातर,
पातर भै भै जैतथि पीपरि,
काटि लितौं झट लोभहिं कें
ममता-मदकें पुनि दोमरि-तेमरि।
घास लगाय गुदानब स्वर्गहुँ कें
न सुमेरहुँ कें झिटुकी भरि,
ज गिरजापति देथि खसाय
विभूति खुसी भए कें चुटकी भरि।

मिथिला-मित्र, उदय-1, किरण-3 साल 1338/ 1930

शोक-श्रद्धांजलि

(महामहोपाध्याय पं. मुरलीधर झाजी के प्रति)

जिस महाप्रभु पंडितराज की कीर्ति-सुगंधि सदा गमके नित
पुण्य प्रताप कृपाण की धार समान सदा चमचम चमके नित
ऐसे 'मुरलीधर' नहीं धरती पर यदि ऐसी कभी आता है ध्यान
तो पुनः देख दशा निज देश की
जाने ईश्वर, दिल दहलने लगता है

जब गए नंदनवन मुरलीधर जैसे नाथ
मिथिला मैथिल मैथिली—तब हुए अनाथ
तब हुए अनाथ कहें किस विधि क्या पाएँ
क्रोधित काल-व्याल के कब्जे में मिथिला भू को पाएँ
हम लोगों का सकल खजाना तब ही खाली
ऐसे-ऐसे रत्न जभी बिछुड़े हम खाली
आप गए तो बची नहीं, बुधजन समिति की लाली
देवधाम को किया अलंकृत, मिथिला हो गई खाली।

बाबा की विभूति

इंद्र कुबेर डर से हो कातर,
दुबला हो-हो जाता पीपर,
तुरत लोभ को ही लेता मैं काट,
फिर ममता-मद को भी बारंबार
तिनका-भर भी मैं न समझता स्वर्ग
न तो सुमेरू को ही कंकड़-भर,
यदि गिरा देता गिरजापति
हो प्रसन्न, अपनी विभूति चुटकी-भर।

अंम्ब !

1

थोड़हि सौं अगुताइल छी, कहिया तक सृष्टिक नाटक देखब।
धर्मक सागरमे हम पापक, पाथर कें कहिया पुनि ढेलब।।
पाँखुर टूटल बीचहिमे, भवसागरमे कहिया तक हेलब।
जों पुनि आँखिक कोनहुँ सौं जगदम्ब ! अहाँ हमरा नहि हेरब।।

2

क्यौ जन बाजथि के हमरा सन जौं हम लाखपति बनि जैतहुँ।
क्यौ पुनि बाजथि के हमरा सन जौं हम ब्रह्महिमे मिलि जैतहुँ।।
क्यौ किछु बाजथु जौं हम अम्ब ! अहाँक पदाम्बुजमे अलि लैतहुँ।
तौं हमरा सन के जग मे हम ही सबके टपिकँ जिति जैतहुँ।।

मिथिला मित्र/ वर्ष-1, अंक-9, 1931

गीत

भगवान ! हमर ई मिथिला सुख शान्ति केर घर हो
आदर्श भै सभक ई इतिहास मे अमर हो
जहि ठाम जाइ हम सब सिंहे तहाँ कहाबी
दुर्दान्त होई सभठां केवल अहाँक डर हो
जग भरि सुनी नचारी तिरहुति महेशबानी
सभ केर कण्ठपथ में मृदु मैथिलीक स्वर हो
अत्यन्त शक्तिशाली जे द्वीप अछि तहू पर
एहि देश केर भाषा ओ भेषहुक असर हो
पसरए एतय यथोचित अभिनव कला-कुशलता
प्रतियोगिताक रणमे ई प्रान्त अग्रसर हो
अन्तिम विनय दयालो ! बस आब एकटा, जे–
ई पाग विश्व भरि में समकेर माथ पर हो।

मैथिली सन्देश/1933

अम्ब

1

थोड़े-से ही हूँ व्याकुल सृष्टि का नाटक देखूँ कब तक।
धर्म के सागर में पाप का पत्थर मैं फेंकूँगा कब तक।।
टूट गए पर बीच ही में भवसागर में तैरूँ कब तक।।
जगदंबे ! आप एक नजर नहीं देखेंगी मुझको जब तक।।

2

कोई बोलता कौन मुझ जैसा यदि मैं लखपति बन जाऊँ।
कोई फिर कहे कौन मुझ सा यदि ब्रह्म में मिल जाऊँ।।
कोई कहे कुछ अंब, यदि तेरे चरण कमल रस ले पाऊँ ।
तब मुझ-सा कौन जग में, सबको पीछे कर जीत जाऊँ।।

गीत

भगवान! मेरी यह मिथिला सुख शांति का घर हो
आदर्श हो सबों का इतिहास में अमर हो
हम सब जहाँ भी जाएँ सिंह ही कहलाएँ
दुर्दांत होएँ हर जगह केवल तुम्हारा डर हो
जग भर सुनूँ नचारी तिरहुत महेश वाणी
हर एक कंठ-पथ में मृदु मैथिली मुखर हो
अत्यंत शक्तिशाली जो द्वीप हैं, वहाँ भी।
इस देश की भाषा औ' वेश का असर हो
फैले यहाँ यथोचित अभिनव कला कुशलता
प्रतियोगिता के रण में यह प्रांत अग्रसर हो
अंतिम विनय दयानिधि बस एक अब हमारी
यह पाग विश्व भर में हर एक शीश पर हो।

जन्मभूमि

छी शरीरें दूर, किन्तु अहींक–
स्मरण सँ अछि भरल अन्तर्धाम !
चिर प्रवासी एहि आत्मज केर–
करब स्वीकृत अश्रु-सिक्त प्रणाम !

जीवनक उद्देश्य की, पथ कोन,
कैल निश्चित, मुदा भेल विलम्ब !
बुझि पड़ल कल्याणमय, तैं हेतु–
जा रहल छी एहि दिशि हम अम्ब !

होइ कोनहु ठाम, किछु भै जाइ;
रही बहुतो दूर वा 'नजदीक' !
बंधुगण बरु दुरदुराबथि, किंतु–
जननि, राखब भाव अहँ जननीक !

अहिंक अणु-अणु सँ रचित जैं देह,
अहिंक स्फूर्तिक स्पंद जैं चैतन्य !
अहीं मिथिले ! जैं कि जन्मस्थान,
जैं कि मैथिल धन्य, तैं हम धन्य !

विभूति/दिसंबर, 1937

हे कृष्ण !

गजराजक टेर सुनैत अहाँ
        ब्रज सौं पुनि दौड़ि ततै चट गेलहुँ।
प्रहलादक फज्झति देखि कने
        नरसिंहक रूप ततै झट लेलहुँ।।
सुनि कानब-खीजब पाण्डव स्त्रीक
        अहाँ अपने लगले पट भेलहुँ।।
हम जौं पुनि पाड़ल सोर
        कियै सुनि कान दुहू अनठा पट देलहुँ।।

मिथिला मोद/ मई, 1938

जन्मभूमि

देह से तो दूर हूँ, किन्तु तुम्हारे ही
स्मरण से है भरा अन्तर्धाम !
चिरप्रवासी इस आत्मज का–
स्वीकार करना अश्रु-सिक्त प्रणाम !

उद्देश्य क्या जिंदगी का, पथ कौन;
किया निश्चित, किंतु हुआ विलंब !
लगा है कल्याणमय, इस हेतु–
जा रहा इस ओर मैं हे अंब !

ठौर कहीं रहे, कुछ भी हो जाय;
रहूँ बहुत दूर या 'पास'।
बंधु-बांधव भले ही दुरदुरावें किंतु–
जननी का भाव न छूटे तुमसे यह आस।

तुम्हारे अणु-अणु से रचित यह तन
तुम्हारी ही स्फूर्ति-स्पंद से चैतन्य
तुम हो मिथिले, तब ही जन्मस्थान
जब मैथिल धन्य, तो मैं धन्य

हे कृष्ण !

गजराज की टेर सुनी कि तभी
ब्रज भूमि से दौड़ तुरत वहाँ आए।
प्रह्लाद की दुर्गति देख भले
तुरतहि नरसिंह का रूप बनाए।।
पांडव-अबला का सुन क्रंदन
अपने पट बन तहि लाज बचाए।
फिर मेरी सुन पुकार तो भला
क्यों मूँद के कान रहे बिसराए।।

आत्मनिवेदन

संसृति मरूस्थलीमे
	अविरल हम घूमि रहल छी।
एहि मोहमयी मदिराकें
	पुनि-पुनि पिबि झूमि रहलछी।।
जहाँ-तहाँ सिकता टा
	केवल देखैमे अबै।
ने जानि, कहाँ के अस्फुट,
	श्रुतिसुखकर गायन गाबै।।
ऐलहुँ हम कोन प्रकारैं
	एहि ठाम न से टाजानी।
किछु देखि हँसै छी कखनो,
	कखनो पुनि बैसलकानी।।
एहि निर्जन, सैकत थलमे
	ककरो पदपंक्ति नअंकित।
नैराश्य निशीथक तममे
	करुणामय ! छी बड़शंकित।।
लटकौने की बैसल छी ?
	मायाक जवनिका भारी।
ई उचित पतित पावन ! नहि,
	कहबै छी बड़ उपकारी।।

मिथिला मोद/मई, 1938

गृहपतिसँ

औ अहिंक प्रतीक्षामे हम,
	जीवन-मृत भै बैसल छी।
अछि सहज प्रवेश एतै नहि,
	कत साहस कै पैसल छी।

ओहि पथ मे कते चतुष्पथ—
	भेटल अति विभ्रमकारी।

आत्मनिवेदन

संसृति मरुस्थल में
अविरल मैं घूम रहा हूँ।
इस मोहमयी मदिरा को
फिर-फिर पी झूम रहा हूँ।।
जहाँ-तहाँ सिकता केवल
मुझे देखने में आता है।
न जाने कौन कहाँ अस्फुट
श्रुति सुखकर गायन गाता है।।
न पता हुआ है कैसे
इस जगह हमारा आना।
कुछ देख कभी हँसता हूँ
फिर कभी आ रहा रोना।।
इस निर्जन सैकत-थल में
पदपंक्ति न कोई अंकित।
नैराश्य निशीथ के तम में
करुणामय ! हूँ बहुत शंकित।।
क्यों बैठा हूँ लटकाए
माया का पर्दा भारी।
यह उचित नहीं पतितपावन
कहलाते हो बड़े उपकारी।।

गृहपति से

अजी, आपकी ही प्रतीक्षा में
जीवनमृत हो बैठा हूँ।
है सहज प्रवेश यहाँ नहीं
कितना साहस कर पैठा हूँ।।

कितने चतुष्पथ, उस पथ में
मिले अति विभ्रमकारी।

हम आह! कते भुतिऐलहुँ
लेने ई मोटा भारी।।

एहिमे षड्रसमय गुण दोष
अछि बहु पाथेय सुसंचित।
ई अपहृत हो नहि, तै हम—
छी सुख सुषुप्ति सँ वंचित।।

ई धरू आब करुणामय !
कहि, "शयन करू अहँ सुख सँ।
चिर तन्द्रित हमहुँ मिलाबी
निद्रित भै सुख कें दुख सँ।।

"प्रभु ! एहि घरक हमहुँ छी
ई हो छी देने अपने।"
से आब बुझल बौऐलहुँ—
एत दिन निज स्मृति कैं झँपने।।

मिथिला मोद/जून, 1938

विदेह...

व्यास कहल, "मुनिजन-गणनामे हमहुँ कहाबी एक,
किन्तु यथावत् कै न सकै छी कर्मक गूढ़ विवेक।
जाऊ पुत्र ! जनक क्र लग, ओ छथि पुड़इनि-पात समान,
हुनके टा सँ भै सकैत अछि-कर्मक तात्त्विक ज्ञान"।। 1।।
शुकजी जाय ओतै देखल जे' कविक कल्पनातीत—
राजसभा सज्जित भै सुनइछ मादक मृदु संगीत।
नर्तकीक भावुक इंगितमे तन्मय, दिव्य स्वरूप—
आगाँ मणिमय सिंहासन पर शोभि रहल छथि भूप।। 2।।
"ओह ! यैह कहबै छथि योगी ! जीवन्मुक्त !! विदेह !!!
एना आत्मविस्मृति सँ विषयी मधुपर्कक अवलेह!
क्षणिक सौख्यमे भै न सकै छथि, जनक एना तल्लीन
नहि, नहि ! ई क्यौ आन भ्रामरी लोलुपताक अधीन"।। 3।।

मैं, आह ! कितना भटका हूँ
	लिये यह गट्ठर भारी।।

इसमें षड्रसमय गुण-दोष—
	है बहु पाथेय, यह सुसंचित।
यह अपहृत नहीं हो इस कारण
	हूँ सुख सुषुप्ति से वंचित।।

यह लो अब करुणामय !
	कह, "शयन करो तुम सुख से।
चिर तंद्रित मैं भी मिलाऊँ
	निद्रित हो सुख को दुख से।।

"प्रभु ! इसी घर का मैं भी हूँ
	यह भी आपने दे रखा है।"
यह अब समझा भटका इतने दिन
	निज स्मृति ढँक के रखा है।।

विदेह...

कहा व्यास ने "मुनिजन-गणना में मैं भी कहलाऊँ एक
किंतु यथावत् कर नहीं सकता हूँ कर्म का गूढ़ विवेक।
जाओ पुत्र ! जनक के पास, जो हैं कमल-पत्र समान
एक उन्हीं से पा सकते हो कर्म का तात्त्विक ज्ञान।। 1।।
वहाँ गए शुकदेव तो देखा कि कवि कल्पनातीत—
सज्जित राजसभा, सुन रही मादक मृदु संगीत।
नर्तकी के भावुक इंगित में तन्मय दिव्य स्वरूप—
सम्मुख मणिमय सिंहासन पर शोभ रहे हैं भूप।। 2।।
'ओह ! यह कहलाते हैं योगी ! जीवन्मुक्त-विदेह ?
इस तरह आत्मविस्मृति विषयी, मधु पर्क का अवलेह !
क्षणिक सौख्य में नहीं हो सकते इस तरह जनक तल्लीन
नहीं, नहीं ! यह कोई दूसरा भ्रामरी लोलुपता-अधीन'।। 3।।

एवं मन शंकित भै गेलन्हि शुकदेवक तत्काल,
योगीराज जनकहुक बुझैमे ऐलन्हि से सभ हाल।
तैखन शस्त्र सज्ज प्रहरी के जनक इशारा देल–
संगहिँ पुनि सामन्त-वृन्दहुक दृष्टि तही दिश गेल।। 4।।
"ओहि तरुण तापसक हाथमे भरि माली दै तेल–
सौंसे नगर घुमाबह हुनका सतत सतर्कित भेल।
बिन्दुमात्र यदि तेल खसावथि मुनि बालक, तहि मध्य–
तत्क्षण काटि हुनक शिर लबिहह, नहिं तँ तोंहि बध्य..."।। 5।।
सहमि गेलाह सभ्य सभ नृपतिक सुनि भीषण आदेश,
मुनिक भविष्यक सोचि विषमता रहि रहि होइन्हि क्लेश।
सान्ध्य कृत्य करवाक कारणैं नृपति तखन उठलाह,
देखि शुकक गम्भीर भावकें विस्मित परम छलाह।। 6।

"तापस ! पुरमे की की देखल ? कहू कने से हाल,
पौर-प्रबन्धक ढंग केहन की बूझि पड़ल तत्काल ?
यद्यपि 'देवयजन' कहबै अछि हमरा देशक भूमि,
तैयो की नहि देखल राजस-दृश्य नगरमे घूमि"।। 7।।
"चकमक करइत महानगर छल, किंबा ठेठ देहात
सात्विक राजस, दृश्य, श्राव्य वा सन्ध्या तथा प्रभात ?"
"मालिक तेलक मध्यलीन छल, हमर चित्त; तैं हेतु–
से सभ किछु ने बुझि सकलहुँ हम तत्क्षण निमि कुल केतु"।।8।।
"तापस ! जहिना सगर नगर मे घुमलहुँ अहाँ, तथापि–
कहू, अहाँक चित्त मे किछुओ विकृति सकल ने व्यापि !
तहिना सतत सत्व रज ओ तम-त्रिगुणातीत रहैत–
अनासक्त भै छी हम संसृति-सरिता मध्य बहैत"।।9।।
शुक कहलन्हि "चिर कालिक हृदयक ग्रंथि आइ फूजि गेल,
महानिशामे जनु चिर वांछित अछि अरुणोदय भेल।
अहीं आइ छी जगमे जागृत, निरलस औ' निष्काम,
हे अन्तर्निर्लेप ! अहाँकें लाखक लाख प्रणाम"।।10।।

दूरागत अगणित जिज्ञासुक जीर्ण जटिल सन्देह–
उन्मूलित करवामे अनुपम कहबै छलहुँ विदेह !
जतै पार्थ कें देल गेल छन्हि कर्म करक उपदेश
उदाहरणमे ततै प्रथम अछि अहिंक नाम मिथिलेश।।11।।

और शंकित हो गया शुकदेव का मन यों तत्काल
इधर योगी जनक भी समझ गए सब हाल।
तभी शस्त्र-सज्ज प्रहरी को दिया जनक ने संकेत
तभी सभी की दृष्टि उधर ही गई सामंत समेत।। 4।।
"भरी कटोरी तेल दे उस तरुण तापस के हाथ
पूरा नगर घुमाओ उनको सतत सतर्कित साथ।
बिन्दुमात्र यदि तेल गिरावे मुनि बालक इस मध्य—
तत्क्षण लाना काट उनका सिर अन्यथा तुम ही बध्य..."।। 5।।
सहम गए सभ्य सभी सुन नृपति का भीषण आदेश
मुनि के भविष्य की सोच विषमता रह रह उठता क्लेश
और नृपति उठ गए तभी करने निज संध्या कर्म
परम विस्मित, समझ शुक के गंभीर भाव का मर्म।।6।।

"तापस ! नगर में क्या-क्या देखा, जरा सुनाओ हाल
पौर-प्रबंध के ढंग, कैसा क्या लगा तुम्हें तत्काल ?
यद्यपि कहलाती है 'देवयजन' हमारे देश की भूमि
तब भी क्यों नहीं दिखे राजस-दृश्य नगर में घूम।।7।।
"चकमक करता महानगर था अथवा ठेठ देहात
सात्विक राजस, दृश्य, श्राव्य वा संध्या याकि प्रभात ?"
"भरी कटोरी तेल मध्य था लीन चित्त इस हेतु
वह सब कुछ भी जान न पाया मैं तत्क्षण निमि-कुलकेतु"।।8!!
"तापस ! जिस तरह घूमे सारे नगर में आप, तथापि—
कहिए, रंचमात्र भी हो सका चित्र में विकार व्याप !
उसी तरह सदा, सत्व, रज और तम-त्रिगुणातीत रहता
संसृति सरिता मध्य अनासक्त हो मैं बहता।।9।।
शुक बोले—"चिरकाल की हृदय की ग्रंथि आज खुल गई है
जैसे महानिशा में चिरवांछित अरुणोदय हुआ है
आप ही आज हैं जग में जाग्रत निरलस और निष्काम
हे अंतर्निर्लेप ! आपको लाख-लाख प्रणाम"।।10।।

दुरागत अगणित जिज्ञासु के जीर्ण जटिल संदेह—
उन्मूलित करने में अनुपम कहलाए आप विदेह !
जहाँ पार्थ को दिया गया था कर्म करने का उपदेश
उदाहरण में वही प्रथम है नाम आपका मिथिलेश।।11।।

अहिंक सुयश सँ माँ मिथिला छथि जगभरिमे विख्यात,
कर्मक विषम मार्ग कैं समतल अहीं बनावल तात !
हे राजर्षि ! अहाँक नाम लै प्रतिदिन प्रातः काल
कोटि-कोटि जनता झुकबै अछि सादर सांजलि—भाल।। 12।।

मिथिला मोद/ जुलाई, 1939

भारत माता

किये टूटल जननि ! धैर्यक सेतु ?
कानि रहलहुँ अछि, अरे, की हेतु ?
अहा ! जागल आइ कहु स्मृति कोन ?
जाहिसँ भै गेल व्याकुल मोन ?

विश्व भरि मे विदित नाम अहाँक !
कान्तियो नयनाभिराम अहाँक !
केहन उज्ज्वल, माँ ! अहाँक अतीत !
भेलहु अछि पुनि कोन भय सँ भीत ?

जलधि वसने ! हिम किरीटनी देवि !
तव चरण - पंकज - युगल कें सेवि,
'लोक' कहबै अछि, अरे तिहुँ लोक !
अहीं कैं चिन्ता अहीं कैं शोक !

कहु जननी ! किये नोर बहै छ ?
छाड़ि रहलहु अछि किये निःश्वास ?
कोन आकस्मिक विषादक हेतु
भै रहल अछि मूँह एहन उदास ?

मिथिला मोद/सितंबर, 1939

अरुणोदय

जयति अरुणोदय !
जयति सिंदुरी-किरण !!

आपके ही सुयश से पा माँ मिथिला जग भर में विख्यात
कर्म के विषम मार्ग को समतल आपने ही बनाया तात
हे राजर्षि, आपका नाम ले प्रतिदिन प्रातःकाल
कोटि-कोटि जनता झुकाती है सादर सांजलि-भाल।।12।।

भारत माता

जननि, क्यों टूट गया धैर्य का सेतु ?
रो रही हो, अरे, किस हेतु ?
अहा ! कहो जगी आज कौन सी स्मृति ?
जिससे हो गया मन व्याकुल अति ?

विश्व भर में विदित तुम्हारा नाम !
कांति भी तुम्हारा नयनाभिराम !
कैसा उज्ज्वल माँ ! तुम्हारा अतीत !
फिर हुई हो किस भय से भीत ?

हिम-किरीटनी, देवि ! जलधिवसन !
सेवन कर तेरे युगल पंकज चरण,
सभ्य कहाते हैं अरे तीनों लोक !
तुम्हें ही चिंता, तुम्हें ही शोक !

कहो जननि, क्यों बह रहे हैं अश्रु ?
छोड़ रही हो क्यों निःश्वास ?
किस आकस्मिक विषाद हेतु
हो रहा है मुँह ऐसा उदास ?

अरुणोदय

जयति अरुणोदय !
जयति सिंदुरी-किरण !!

भय रहल रक्ताभ प्राची
अति मुदित मनसँ गबइ छथि भैरवि कते सव्यसाची
समुद्यत अधिकार-लाभ हेतु
इतर साधारण क्रमहिं भेल जाइछ
आक्रमणकारी तथा दुर्दांत
छाड़ि कऽ अनुताप-अनुनय, कऽ रहल संघर्ष
निकट अछि पापग्रहक अवसान
निकट अछि पुण्याह
निकट अछि जयमंगलाक विराट आविर्भाव
सफल होयत घटस्थापन आब
फाटि रहलइ-ए अन्हारक कोंढ़
जयति अरुणोदय, जयति सिंदुरी-किरण !!

किरण-1/1950; सन्निपात-4/1986

सिनुरिआ आम

दुइ फेंड़वला बुढ़वा गाछ...
कोनइला तर ठाढ़ छी—
करइ अछि आकृष्ट मन कें
डारि पर लटकल सिनुरिआ आम

काल्हि परसू आ' कि चारिम दिन जएतइ पाकि
पाबि सिहकी रात्रिशेषक
टब्भ दए खसि पड़त चुप्पेचाप
के कहओ, लगतैक ककरा हाथ

किछु होअओ, भावीक चिन्ता नहि करी
एखन न झरकल नयनकें जुड़ा ली तत्काल
दिव्य ओ अभिराम
करइ अछि आकृष्ट मनकें
डारि पर लटकल सिनुरिआ आम !

किरण-1/1950; सन्निपात-4/1986

हो रही रक्ताभ प्राची
अति मुदित मन से गा रहे भैरवी कई सव्यसाची
समुद्यत अधिकार-लाभ हेतु
इतर साधारण क्रमशः हो रहे हैं
आक्रमणकारी तथा दुर्दांत
छोड़कर अनुताप-अनुनय कर रहे संघर्ष
निकट है पापग्रह का अवसान
निकट है पुण्याह
निकट है जयमंगला का विराट् आविर्भाव
अब होगा, सफल घट-स्थापन
फट रहा है अँधेरे का कलेजा
जयति अरुणोदय, जयति सिंदुरी-किरण !!

सिंदुरिया आम

दो शाखोंवाला बूढ़ा पेड़...
कोनेवाले वृक्ष तले खड़ा हूँ—
कर रहा आकृष्ट मन को
डाल पर लटका सिंदुरिया आम

पक जाएगा कल परसों या कि चौथे दिन
पाकर रात्रि-शेष की हल्की बयार
गिर पड़ेगा 'टप' से चुपचाप
कौन कहे, लगेगा किसके हाथ

कुछ भी हो, भविष्य की चिंता क्या करना
अभी तो झुलसे नयन को जुड़ा लूँ तत्काल
दिव्य और अभिराम
कर रहा है आकृष्ट मन को
डाल पर लटका सिंदुरिया आम !

युद्ध-गीत

उठऽ, उठऽ, उठऽ
चलऽ, चलऽ, चलऽ
बढ़ऽ, बढ़ऽ, बढ़ऽ
अलस प्रमाद केर कालरात्रि बीति गेल
व्यक्ति-व्यक्ति दऽल दऽल संघबद्ध भेल
विश्वमंच मध्य अपन उचित स्थितिक लेल
—उठऽ, उठऽ, उठऽ !
—चलऽ, चलऽ, चलऽ !
—बढ़ऽ, बढ़ऽ, बढ़ऽ !
विशद विविध भेस
हरित भरित देस
जाति पाँति वर्ण-धर्म वर्ग-श्रेणी-भेद-भावहीन
राज-पाट काज-कर्म सभ अपन अधीन
श्रमिक, कृषक, बुद्धिजीव, उद्यमी उदार
ग्रंथित एक सूत्र मध्य व्यक्ति शत प्रकार
मुक्ति-भुक्ति हेतु
वृत्त आइ एकताक हेतु
—उठऽ, उठऽ, उठऽ !
—चलऽ, चलऽ, चलऽ !
—बढ़ऽ, बढ़ऽ, बढ़ऽ !
समान श्रम, समान भोग
व्यक्ति व्यक्ति केर राज योग
सभ प्रबुद्ध सभ सचेत
पएर पाछु केओ ने देत
प्राप्त हेतइ लोक कें अपन श्रमक फऽल
चला हेतइ सभक बुतें हुकुमतीक कऽल
—उठऽ अही लेल !
—चलऽ अही लेल !
—बढ़ऽ अही लेल !
तिर्हुतऽक माटि पर रहनिहार भाइ
स्वाधिकार लाभ हेतु ठाढ़ होअऽ आइ
लाख-लाख कोटि-कोटि केर ई प्रयाण
के कहैछ, मैथिली बजनिहार ह्वैछ अल्प प्राण

युद्ध-गीत

उठो, उठो, उठो
चलो, चलो, चलो
बढ़ो, बढ़ो, बढ़ो
बीत गई कालरात्रि, अलस-प्रमाद की
व्यक्ति-व्यक्ति दल-दल हो गए संघबद्ध
विश्व मंच-मध्य अपनी उचित स्थिति के लिए
—उठो, उठो, उठो !
—चलो, चलो, चलो !
—बढ़ो, बढ़ो, बढ़ो !
विशद विविध भेस
हरित भरित देश
जाति पाँति वर्ण-धर्म वर्ग-श्रेणी-भेद-भावहीन
राज-पाट काज-कर्म सभी अपने अधीन
श्रमिक, कृषक, बुद्धिजीव, उद्यमी उदार
ग्रथित एक सूत्र मध्य व्यक्ति शत प्रकार
मुक्ति-भुक्ति हेतु
वृत्त आज एकता के लिए
—उठो, उठो, उठो !
—चलो, चलो, चलो !
—बढ़ो, बढ़ो, बढ़ो !
समान श्रम समान भोग
व्यक्ति व्यक्ति हेतु राज योग
सब प्रबुद्ध सचेत सब
पीछे न कोई पैर अब
प्राप्त करेंगे लोग अपनी मेहनतों के फल
चला सकेंगे सभी खुद हुकूमतों के कल
—इसीलिए उठो !
—इसीलिए चलो !
—इसीलिए बढ़ो !
तिरहुत की मिट्टी के बंधु और समाज
स्वाधिकार लाभ हेतु खड़े होएँ आज
लाख-लाख कोटि कोटि का यह प्रयाण
मैथिली भाषियों को कौन अब कहेगा अल्पप्राण

लक्ष्य चीन्हि लेल आब नीधि चीन्हि लेल
स्वाधिकार लाभ केर बीधि चीन्हि लेल
—उठऽ, उठऽ, उठऽ !
—चलऽ, चलऽ, चलऽ !
—बढ़ऽ, बढ़ऽ, बढ़ऽ !
अलस प्रमाद केर' काल रात्रि...

मिथिला/12 जनवरी, 1953

नेहरू !

हे लीलाधर
पंडित नेहरू !
शून्य गगन मे अपने मुङदर भांजि रहल छी
देखा रहल छी खेल कतेको
दुइ जहाज पर राखल अछि समतोल पएर
सबकें लगइत छइ भारी अजगुत
कर्णधार सरकारक से छी
प्रेसिडेण्ट कांग्रेसक से छी
अमेरिका दिश हाथ बढओने
घेंचुल गरदनि से नमरओने अमेरिके दिश
प्रेस थीक ढेलमासु
रेडियो थीक गुलेंती
सत्य-अहिंसा-क्षमा-शांति-करुणा-मानवता
तप-संयम-संतोष-धैर्य-परिवार नियोजन
भरिगर भरिगर शब्दक गोली छोड़ि रहल छी
हमरा लोकनिक कान निशाना
लक्ष्यबेध करबा मे अपने अनुपम छीहे
गुरु गुड़ त चेला चीनी—
से अपनेक शिष्य लोकनिमे हम पबइत छी सोलह आना
अपने कें तऽ नहिं कथूक रहि गेल बेगर्ता
भेटि गेल अछि राज
आब हिंडुला झुलैत छी
घी मे तरल छहोड़ा जहिना फुलए दूधमे
तहिना अपने अफसर सबहिक मानस मदिरामे फुलैत छी

लक्ष्य जान गया अब, निधियाँ पहचान गया
स्वाधिकार लाभ की विधियाँ भी जान गया
—उठो, उठो, उठो !
—चलो, चलो, चलो !
—बढ़ो, बढ़ो, बढ़ो !
बीत गई कालरात्रि अलस-प्रमाद की...

नेहरू !

हे लीलाधर
पंडित नेहरू !
शून्य गगन में खुद ही गदा भाँज रहे हैं
दिखा रहे हैं खेल अनेक
दो नावों पर समतुल्य पड़ा है पाँव
लगता सभी को भारी अचंभा
कर्णधार सरकार के हैं
प्रेसिडेंट काँग्रेस के भी
अमेरिका की ओर हाथ बढ़ाए
लंबी गर्दन भी किए अमेरिका की ही ओर
प्रेस है ढेलबाँस
रेडियो है गुलेल
सत्य-अहिंसा-क्षमा-शांति-करुणा-मानवता
तप-संयम-संतोष-धैर्य-परिवार नियोजन
भारी-भारी शब्दों के गोले छोड़ रहे हैं
हम लोगों के कान निशाना
लक्ष्य-भेद करने में हैं ही माहिर आप
गुरु गुड़ तो चेला चीनी—
यह सोलहों आना पाते हैं हम सब आपके शिष्यों में
आपको तो नहीं रही जरूरत कुछ की भी
मिल गया है राज
अब तो हिंडुला में झूल रहे हैं
घी से भूना छुहाड़ा जैसे सीझे दूध में
उसी तरह अपने अफसरों के मानस मदिरा में घुल रहे हैं

बगुला पंखी चुस्त पजामा
करिया चपकन
खजबा टोपी...!
लाल किला पर बइसल अपने
तिनरंगा छत्ता तनने छी
एक रामुलू मुइला तइ सँऽ
अइ छत्ताक कमानी कोनो टेढ़ कनेको हैत कथीलए
किए होइत छी चिंतित मालिक ?
किए एना खउँझा उठैत छी ?
सभ मडैत अछि स्वाधिकार ?
सभ भूकि रहल अछि ?
की करबह लए !
अहिना लोक बजैत ऐल अछि अहिना बाजत
जहिना छी अपने बजैत उर्दू-अङरेजी
बिहुँसइ छी ओहीमे जहिना, देखबइ छी ओहीमे तेजी
अपने छी गद्दी गरमओने
हमरा लोकनि ठाढ़ भेल एड़ी अलगओने मुँह बबैत छी !
कहल जाओ सरकार बुझा कँऽ
एहि दिशुक की ग्वार-गोंढि मुर्खे रहि जेतइ ?
कोशी की नङ्टे नचैत रहती युग युग धरि ?
अन्न-वस्त्र लए लोक बेलल्ला भेल घुरत की ?
कहल जाओ सरकार, बुझा कँऽ...
हे लीलाधर !
पंडित नेहरू !
धनकुबेर सबहीक दुलरूआ
धन्न रहूँ गऽ !!...

मिथिला/9 फरवरी, 1953

गीत

दुर-दुर छीआ ! छीआ ! छीआ !
महग सिलेट, महग अछि पिनसिल, महग ककवा कीआ
बेटा कोना पढ़त, बियाहलि जैती कोना धीआ
बीतल सौन भेल नहीं बरखा जरि गेल सबटा वीआ

बगुला-पंखी चुस्त पाजामा
काला अचकन
गाँधी टोपी...!
लाल किला पर खुद बैठे
तिरंगा छाता ताने...
एक रामुलू मर ही गया तो क्या
इस छाते की कोई कमानी जरा भी टेढ़ी हो क्यों भला
मालिक, क्यों होते हैं चिंतित ?
क्यों इस तरह चिढ़ते हैं ?
सभी माँग रहे स्वाधिकार ?
सभी रहे हैं भौंक
क्या कीजिएगा !
इसी तरह लोग बोलते आए हैं, बोलते रहेंगे
जैसे आप बोलते उर्दू-अंग्रेजी
विहँसते हैं उसमें जिस तरह, दिखाते तेजी भी उसी में...
खुद तो हैं गद्दी गरमाए
हम सब खड़े एड़ी सहारे, मुँह फैलाए
कहा जाय सरकार ! समझा-समझा कर
इस तरफ का ग्वाल-बाल क्या मूर्ख ही रह जाएगा ?
क्या कोशी युग-युग तक नंगा नाच करती रहेगी ?
क्या लोग सब अन्न-वस्त्र के लिए भटकते रहेंगे ?
कहा जाय सरकार ! समझा-समझा कर !
हे लीलाधर !
पंडित नेहरू !
धन-कुबेरों के दुलारे
हैं धन्य आप !!

गीत

दुर-दुर ! छीः-छीः ! छीः-छीः ! छीः-छीः !
महँगी स्लेट, महँगी है पेन्सिल, क्यों महँगी कंघी सामान
पूत पढ़ेंगे कैसे, कैसे हो अब कन्यादान
बीता सावन, मेघ नहीं बरसे, जल गए सारे बीज के दाने

बंभोला तहूँ बनि गेला हमरा लै अनठीआ
डिड़िआईछ सब खाली पेटे कोनाक बचतइ जीआ
बाबू भइया जुलुम करइ छथि के करऽत तसफीआ
दुर-दुर छीआ ! छीआ ! छीआ !

मिथिला/2 मार्च, 1953

चीन

हे नवल चीन
हे प्रबल चीन
हे महा चीन
हे स्वतःप्रणोदित संघबद्ध, हे बहुजनीन
संसार भरिक जनताक मनोरथ-परिधिहीन !
हमरा लोकनि अधापि नवग्रह केर अधीन
शासक वर्गक छन्हि मोन मलिन तन किन्तु पीत
तो कोटि जनगणक हृदय मँह समासीन
हे नवल चीन !
हे प्रबल चीन !
हे महा चीन !

मिथिला/9 मार्च, 1953

हे अभागल देश

हे अभागल देश
पाकि जाएत प्रवासहिमे
की हमर ई केश ?
नहि रहल जाइछ तखन पुनि
छोड़ि तोड़ि अबइत छी प्रतिवर्ष
थऽरि सूँघक हेतु—
बसौल्ली हाटक बिकउआ
माल-जाल समान
निघेसहुसँ करइ छइ

बमभोले, तुम भी बन गए हो हमारे लिए अनजाने
हाहाकार कर रहे हैं सब खाली पेट कैसे बचेंगे प्राण
बाबू-भैया जुल्म ढा रहे, कौन बचावे जान
दुर-दुर ! छीः-छीः ! छीः-छीः ! छीः-छीः !

चीन

हे नवल चीन
हे प्रबल चीन
हे महाचीन
हे स्वतःप्रणोदित संघबद्ध, हे बहुजनीन
संसार भर की जनता के मनोरथ परिधिहीन !
हम लोग अभी भी हैं नवग्रह के अधीन
शासक वर्ग के मन से मलिन हैं तन किंतु पीत
तुम कोटि-कोटि जनगण के अंतर में समासीन
हे नवल चीन !
हे प्रबल चीन !
हे महाचीन !

हे अभागे देश

हे अभागे देश
पक जाएँगे प्रवास में ही
क्या मेरे ये केश ?
नहीं रहा जाता है तभी तो पुनः
छोड़-तोड़ भाग आता हूँ प्रतिवर्ष
बथान सूँघने के लिए
'बसौली' हाट में बिकनेवाले
पशु की तरह
निघेस[1] से भी करता

---

1. वह चारा जो जानवरों के पैरों से कुचले जाने के कारण दुबारा खिलाने लायक नहीं रहता। मूत्र और गोबर से सन जाने से इसे खेतों में खाद के रूप में भी प्रयोग किया जाता है।

नहि जकर केओ सम्मान !
ओह, उनटे मारि डाङे
पीठ दइ छइ फोड़ि
उठइ छइ हुहुआए !
देश-कालक मोह थीक बुड़ित्व !
स्वजन परिजन धिआ पूता
माटि-पानिक मोह थीक दौर्वल्य !
दुराग्रह थिक झोंकमे पड़ि
कथू खातिर 'सती' भ गेनाइ !
थिकहुँ थेथर नहि बुझइत छिअइक जे
ककरा कहइ छइ ठेस
हे अभागल देश !

आने ठाँ चल अबइ छी,
तों नहिं रहइ छह मोन
सोंटि लइ अछि समय सबटा
भात-रोटी तेल किंवा नोन
जतए हमरा सनक व्यक्तिक
होइ नहि निर्वाह
जतए कविकें कलाकार
बुझन्हि लोक बताह
जतए उल्लूकेर होइक चुमान
जतए वानर-भालू कचरए पान
ताहि ठाँ लए सेहन्ता कि हयत ?
ढनमनाइत छी स्वयं
हुक हुक करइ अछि गाम-घर पलिवाड़
कतहु परिजन, स्वजन कोनहु ठाम
पूरब छथि मसिअउत तँ
पितअउत पश्चिम भ'र
दयाद लोकनि मनुसुबाइत
रहइ छथि जे घराड़ी पर
मकई करता वाउग
क्षुब्ध छी हम देखि
हुनका सभक ई आवेश !
हे अभागल देश !

नहीं जिसका कोई सम्मान !
ओह, उल्टे डंडा मार
देता है पीठ फोड़
कर उठता फुफकार !
देश-काल का मोह है बेवकूफी
स्वजन-परिजन, बाल-बच्चे,
मिट्टी-पानी का मोह है दौर्बल्य !
दुराग्रह है आवेश में आकर
किसी के लिए 'सती' हो जाना !
हूँ बेहया, नहीं समझ पाता हूँ
किसे कहते हैं ठेस
हे अभागे देश !

अन्यत्र चला आता हूँ तो
तुम्हारी आती नहीं याद
खींच लेता समय सारा
तेल-नमक औ' रोटी-भात
जहाँ मुझ सा व्यक्ति का
होता नहीं निर्वाह
जहाँ कवि को, कलाकार को
समझते लोग पागल
जहाँ उल्लू का होता तिलक-मान
जहाँ बन्दर-भालू चबाएँ पान
वहाँ के लिए ललक क्यों भला ?
भटकता रहता हूँ स्वयं
हुकुर-हुकुर करता है गाँव में परिवार
कहीं परिजन तो स्वजन कहीं और
पूरब में है मौसेरे तो
चचेरे पश्चिम की ओर
गोतियों की रहती है कुदृष्टि
वास-भूमि पर
जहाँ करेंगे मक्के की खेती
क्षुब्ध हूँ देखकर मैं
उन लोगों का यह आवेश !
हे अभागे देश !

पढ़ल अछि अकबारमे—
गाम सँ अछि ऐल चिट्ठी—
मरि रहल अछि लोक भूखएँ...
जरि रहल छइ गरिबहाक कपार...
पाबि बाबू लोकनि मसलङ मालिकक
कचरइत टा छथि पान
फाटि रहलइए गृहस्थक कोंढ़
भात दू मुट्ठी, करछु भरि दालि—
के कहओ ज, मकइ-मड़ुआ
जनेरो पर्जन्त दुर्लभ भेल !
आहि रे ई लोकतंत्री खेल !
आहि रे रइअति, तोहर कप्पार !
आहि रे सरकार !
कतए छह ओ (पूर्व घोषित)
लक्ष्य आ उद्देस ?
हे अभागल देश !

एह, तोरा लेल
किछु नहि क भेल !
कटइ छी जिनगी
कोहुना क' हटाय झमेल...
छी ने तोरा सँ तथापि निराश
आइ नहि त काल्हि कटतहु
अवश्शे भवपाश !
जोंक सभ ज ऐंठि कें मरि जाए
तखन नहि पड़तइक ककरो
एना भ बउआए
मुदा सम्प्रति देखि तोहर रंग
तोहर ताल
ओह, सरिपहुँ होइत अछि बड़ क्लेश
हे अभागल देश !
पाकि जाएत प्रवासहिंमे
की हमर ई केश
हे अभागल देश !

मिथिला/16 मार्च, 1953

पढ़ा है अखबार में—
गाँव से आया है पत्र—
मर रहे हैं लोग भूख से...
जल-भून रहा है गरीबों का भाग्य...
पाकर मालिकाना गद्दी-मसनद बाबू लोग
चबाते ही रहते हैं पान
फट रहा कलेजा गृहस्थों का
दो मुट्ठी भात, कलछी भर दाल—
कौन कहे कि मकई-मड़ुआ
ज्वार भी दुर्लभ हो चला !
वाह रे, यह लोकतंत्री खेल !
वाह रे रैयत, तेरा भाग्य !
वाह रे, सरकार !
कहाँ है वह (पूर्व घोषित)
लक्ष्य औ' उद्देश्य ?
हे अभागे देश !

ओह ! तेरे लिए
कुछ न कर सका
काटता हूँ जिंदगी
किसी तरह हटाकर झमेला...
तथापि हूँ नहीं तुमसे निराश
आज नहीं तो कल कटेगा ही
अवश्य भवपाश !
जोंक सारे यदि अकड़कर मर जाएँ
तब नहीं पड़ेगा किसी को
इस तरह भटकना
परंतु अभी तो देख तेरा रंग
तेरा ताल
ओह ! सचमुच हो रहा है बहुत क्लेश
हे अभागे देश !
पक जाएँगे प्रवास में ही
क्या मेरे ये केश !
हे अभागे देश !!

किसान

उठह भाइ किसान !
अपना दुक्ख अपने नहि बुझबह तँ के बुझतह आन
आबह तों सबतरि फहराबह लाले लाल निशान
उठह भाइ किसान !

जमिन्दार पर जकर नजरि छह, पूँजीपति दिश ध्यान
तकरा बुते कोना क' हेतइ गरिबहाक कल्यान
दिल्ली मे नेहरू पटना मे सिरीकिसुन श्रीमान
गाल बजाबथि, भोग लगाबथि मेवा ओ मिस्टान
घोंघा गाँथि माला बनाओल, धएलक बक सन ध्यान
घर भरलक ओ धोधि बढ़ओलक कङरेसिया बइमान
दिन दिन दुर्लभ अन्न, कंठ मे अटकि रहल छइ प्रान
एकमतिया ज नहि हेबह त भ जेबह हलकान
उठह भाइ किसान !

मिथिला/30 मार्च, 1953

कोरिया

छोट-छीन हरित-भरित देश कोरिया
ज़ाहि ठाँक चास-वास बाध-बोन माटि-पानि
घास-पात खाक-छारू
सब धधकि रहल
जाहि ठाँ कमरथिन निशुंभ-शुंभ चंड-मुंड
रक्तबीज आदि दैत
दिगविमूढ़ भेल
जाहि ठाँक अद्वितीय ओ अपूर्व ई स्वतंत्रता समर
विश्वभरिक ध्यानकेन्द्र, धीर-वीर
ताहि कोरियाक लेल माथ ई नबइत अछि हमर !
उदीयमान कोरियाक लोकशक्ति, धन्य !
तोर धीरताक आगु मोन आब नइ पड़इछ अन्य !

मिथिला/13 अप्रैल, 1953

किसान

उठो भाई किसान !
अपना दुख खुद न जानो तो क्यों भला कोई देगा कान
आओ तुम सभी जगह लहराओ लाल ही लाल निशान
उठो भाई किसान !

जमींदार पर जिसकी नजर है, अमीरों पर ध्यान
उससे भला किस तरह होगा गरीबों का कल्याण
दिल्ली में नेहरू, पटना में श्रीकृष्ण श्रीमान
गाल बजावें, भोग लगावें मेवा और मिष्ठान
घोंघे की माला बनाकर धरते हैं बगुलों-सा ध्यान
घर भरा और तोंद फुलाया कांग्रेसिया बेईमान
दिन दिन दुर्लभ अन्न, कंठों में फँसा है प्राण
एकमत यदि नहीं हुए तो हो जाओगे हलकान
उठो भाई किसान !

कोरिया

छोटा-सा हरा भरा देश कोरिया
जहाँ घर-जमीन, खेत-जंगल, मिट्टी-पानी
घास-पात राख-धूल
सब जल रहे
जहाँ मरे निशुंभ-शुंभ चंड-मुंड
रक्तबीज आदि दैत्य
दिग्विमूढ़ हुआ !
जहाँ अद्वितीय औ' अपूर्व स्वतंत्रता-समर
विश्व-भर का ध्यान केंद्र, धीर-वीर
उस कोरिया हेतु सिर झुक रहा हमारा
उदीयमान कोरिया की लोकशक्ति, धन्य !
तुम्हारे धैर्य के आगे याद नहीं आता अब कोई अन्य !

नेहरूक लन्दन-यात्रा

नेहरू जी जाइत छथि लन्दन
रानिक महफा उठाक लेल
ताहू पर ठी-ठी करैत छी
हम सभ छी भारी बकलेल
अइहब-सोहब युग-युग जीबथु
बनिया सभहिक रानी दाई
जनिक पीठ दिश ठाढ़ हेता गऽ
चामर नेने नेहरू भाइ

धन्य नेहरू, धन-धन चर्चिल
धन कॉमनवेल्थक चौपाड़ि
ह्वीनबुलक कोरामे बइसलि
रानी सींध रहल छथि फाड़ि
एक्के पाँतीमे बइसथु गऽ
नेहरू-मुहमद अली मलान
टेम्स नदी केर एके घाट मे
तीनू, गोधिया करता स्नान
चर्चिल-अटली हिनक पुरोहित
बर्मिंघम हिनकर चनमाड़
लंदन हिनकर असली आँगन
पेकिङ थिक भुतही पछुआड़
अफ्रिका केनिया मलाया
सभ तरि जे करइछ नरमेध
ताहि फिरङिया सभहिक लेखे
नहि किछु विधि, ने किछु निषेध
दुखी देश कें दूहि दूहि कें
पीबए जे सोनित सदिकाल
तही पिशाच सभक रच्छा लए
चतुर ओकील जमाहिर लाल
जतऽ ततऽ अछि मोनि सोनितक
जतऽ ततऽ कंकालक टाल
हमरे लोकनिक सतू चाटिकऽ
रानिक तरबा भेलन्हि लाल

नेहरू की लन्दन-यात्रा

नेहरू जी चले हैं लंदन
रानी की पालकी उठाने
इस पर हम हँसी उड़ाते
कितने हैं हम मूर्ख सयाने
सौभाग्यवती हों, युग-युग जिएँ
बनियों की रानी माई
जिनके पीछे खड़े होंगे
चँवर लिये नेहरू भाई

धन्य नेहरू, धन्य-धन्य चर्चिल
धन्य कॉमनवेल्थी चौपाल
ह्वीनबुल की गोदी में बैठी
रानी सँवार रही हैं बाल
एक ही पंक्ति में जाकर बैठें
नेहरू-मोहम्मद अली मलान
टेम्स नदी के एक ही घाट पर
तीनों सहभागी करें स्नान
चर्चिल-अटली इनके पुरोहित
पूजाघर इनका बर्मिंघम
लंदन इनका असली आँगन
पेकिंग है भुतहा पिछवार
अफ्रीका-केनिया-मलाया
सर्वत्र जो करते नरमेध
उन फिरंगियों के लिए
न कुछ विधि, न कुछ निषेध
दुखी देश को दूह-दूहकर
पीता है जो लहू सब काल
उन्हीं पिशाचों की रक्षा हेतु
चतुर वकील जवाहर लाल
जहाँ-तहाँ पर लहू-कुंड है
जहाँ-तहाँ ढेरों कंकाल
चाट-चाट हम लोगों के सत्
तलवे रानी के हुए लाल

झण्डा बदलल, कैंचा-कौड़ी
पर चढ़ि गेल अशोकक थम्भ
सटकल पेटक लेल भेल की
नवका युग आवहुँ आरम्भ ?
भेल स्वराज, मुदा आवहुँ थिक
अङरेजक मौजे ई देश
नेहरू थिका बराहिल ओकरे
ओकर कहचरी थिक कङरेस
फाओ-दाओ जे, लाभ नफा जे
तइमे इ पाबथि कए पाइ ?
पहिलुक सभ संकल्प बिसरला
मंत्री बनितहि नेहरू भाइ
बड्ड दीब छन्हि प्रकृति, तहीसँ
काल्हुक दुश्मन, आजुक मीत
सभ कनैत अछि जकरा नामें
ई गबैत छथि तकरे गीत
कर्जा लऽ लऽ जग्ग करइ छथि
ठेकेदारक भरथि बखार
कंसो यदि पाहुन अवैत छन्हि
करथि तकर स्वागत-सत्कार
मोन होइन्हि जे, सएह करथु गऽ
जत्तऽ इच्छा, तत्तहि जाथु
रानिक डेउढ़ी डेबथु पुनि-पुनि
चाह पिबथु ओ बिस्कुट खाथु
अर्थनीति अनके अधीन अछि
राजनीति थिक अप्पन वस्तु
नेहरू जी जाइत छथि लन्दन
सभहिं गोटें कहिअन्हु—'शुभमस्तु'
लीडरगण गद्दी गरमाओल
बाँचू बिलाँ, महिम्न स्तोत्र
कुटमइती इन्द्रहु सँ होएत
छी अपने यदि नेहरू गोत्र
हिनक नाकमे कउड़ी बन्हलक
लेलक अपन काज सुतारि
क्रांतिभीरू पंडित नेहरू कें

झंडा बदला, बदले पैसे
उस पर बैठा अशोक स्तंभ
पिचके पेट के लिए हुआ क्या
नये युग का हुआ आरंभ ?
हुआ स्वराज, मगर अब भी है
अंग्रेजी जागीर यह देश
नेहरू हैं उनके कारिंदा
कचहरी उसकी है कांग्रेस
लाभ-मुनाफा दाव-फाव में
पाते इसमें कितने पाई ?
पिछले सब संकल्प भूल गए
मंत्री बनते नेहरू भाई
बड़ी विलक्षण प्रकृति, इसी से
कल के दुश्मन आज के मीत
सब रोते हैं जिसके नाम पर
ये उसके ही गाते हैं गीत
कर्जे ले-लेकर कर रहे यज्ञ
ठेकेदार भरे भंडार
कंस भी यदि बन आता है अतिथि
करते ये स्वागत-सत्कार
जो मन होवे, वही करें वे
जहाँ इच्छा हो, वहीं वे जाएँ
नापें रानी की ड्योढ़ी बार-बार
चाय पीएँ और बिस्कुट खाएँ
अर्थनीति पराये हाथ में
राजनीति बस अपनी वस्तु
नेहरू जी चले हैं लंदन
बोलें सब मिलकर—'शुभमस्तु'
गद्दी गरमावें लीडरगण
बाँचें फलाँ महिम्न स्तोत्र
कुटुम्ब इंद्र भी हो सकते हैं
हैं यदि आप नेहरू-गोत्र
इनकी नाकों में नकेल डाल
अपना कार्य सुधार लिया
क्रांतिभीरू पंडित नेहरू को

अङरेजबा देलक परतारि
गप्प हकइ छथि ढाकिक ढाकी
बोल भरोस देथि दिन-राति
हिनक अमलमे धऽन हँसोथए
दूहू हाथए धनिकक जाति
कोइला-लोह ताम ओ अबरख
सनपटुआ ओ मटिया तेल
रब्बड़-चाह-लाह ओ राङा
कल-करखाना, मोटर-रेल...
सभक लाभ गौरांग कोटिपति
आवहुँ ऊघि-ऊघि लऽ जाए
नेहरू कें से बेश लगइ छन्हि
टोकबन्हि तऽ उठता खँउझाए
रहन्हि देहटा एहि भूमि पर
लंदन मे टाङल छन्हि प्राण
बात-विचार बिलैंती, करता
अइ माटिक कपार कल्याण

नेहरू काका, नेहरू काका
दउगल दउगल लंदन जाउ
लोक बजइ अछि, की करबइलए
कॉमनवेल्थी कुटुम कहाउ

जइमे जोतल सोड़ह घोड़ा
तइ बग्गी पर होइती ठाढ़ि
रानी के देखबन्हि त आओत
दू हु आँखि सँऽ हर्षक बाढ़ि
चर्चिल-अटली चतुर पुजेगरी
अहाँ लोकनि अगबे डलिवाह
देखि एलिजाबेथ देवता
मुँह कोंचिया कऽ बजती—'वाह'
किच्छु कहाबउ, कोनो रूप होउ
बनल रहउ अङरेजक राज
अहाँ मोसाहिब रहबे करवन्हि
अनका होउ बरू कतबो लाज।

मिथिला/1जून, 1953

अंग्रेजों ने फुसला लिया
गप्पें मारें, भर-भर टोकरी
बोल-भरोसा देते हैं दिन-रात
इनके संरक्षण में धन बटोरती
दोनों हाथ धनी की जाति
कोयला, लोहा, ताँबा, अबरख
पटसन औ' मिट्टी का तेल
रबर-चाय-लाह और रांगा
कल-करखाना, मोटर-रेल...
सभी के लाभ गौरांग कोटिपति
अब भी ढो-ढोकर ले जाएँ
यह अच्छा लगता है नेहरू को
टोको तो जरा, चिढ़ वे जाएँ
मात्र शरीर अपनी जमीन पर
टँगे हुए लंदन में प्राण
बात-विचार खालिश विलायती
खाक करेंगे इस मिट्टी का कल्याण ?

नेहरू चाचा, नेहरू चाचा
दौड़े-दौड़े लंदन जाएँ
लोग बोलते हैं, बोलने दें
कॉमनवेल्थी कुटुम्ब कहलाएँ

जिसमें जुते सोलह घोड़े
उस बग्गी पर हों सवार
रानी को देखें, तो उमड़ेंगी
दोनों आँखों से हर्ष की धार
चर्चिल-अटली चतुर पुजारी
आप सब हैं चमचेबाज
देख एलिजाबेथ देवता
मुँह सिकोर बोलें–'वाह'
कुछ भी कहावें कुछ भी रूप हो
बना रहे अंग्रेज का राज
रहेंगे बने आप मुसाहिब
भले दूसरों को आवे लाज।

काङ्रेसी कनवासर

खिस्टानो सँ बाढ़ि म्लेच्छ थिक
टीक कटओलक
जनउ घोरि कँऽ पीबि गेल अछि
सोसलिस्ट थिक
ओकरा देबही भोट कथी लए
अपन चालि जे छोड़ि देलक
रओ तकरा बुत्ते
घासो छीलल पार कोना लगतइक
बाज तँ ?
गाँधीजी कें गोली लगलन्हि जकरा हाथे
ओहो भारी सोसलिस्ट छल
गाँधी जी कहने रहथिन—
मरवा काल, छउक से बूझल ?
कहने रहथिन;
काङरेस कें जे नइ देतइ गऽ भोट...
चार पर तकर बइसतइ गिद्ध...
बड़द बन्हले मरि जेतइ...
जानि राख से !
आँखि मूनिकें काङरेसकें भोट दिहइ रओ !
सोसलिस्ट थिक राँड़क पाटी
ने माउग ने मनुख
थिक बलगोबिने ओ सभ
गान्धीजी के भोट दिहुन
पंडित लाल जमाहिर नेहरू
बड़दबला पेटी मे हुनके भोट दिहुन तों
गाछ बला कें किन्नहु नहि तो भोट दिहइ गऽ
जनी जाति कें ल जेतउ ओ सब उढ़ारिक दिन-देखारे
टिक कट्टा ओ तग टुट्टा सबहीक
        जाल सँ बचिहँए बाबू !
...काङ्रेस के भोट ने देबही ?
की बजलएँ रओ ?
भूजि देबउ हम
चीन्हि राख ई मुचकुन चउधरि

काँग्रेसी कनवासर

खिस्तान से भी बढ़कर मलेच्छ है
चुटिया कटवाई
जनेऊ घोलकर पी गया है
सोशलिस्ट है !
उसे क्यों भला दोगे वोट
अपनी चाल जिसने छोड़ी
अरे, इससे तो
घास छिलना भी लगेगा कैसे पार
बोलो तो ?
गाँधीजी को गोली लगी जिसके हाथ से
वह भी बड़ा सोशलिस्ट था
गाँधीजी ने कहा था—
मरते समय, है यह मालूम ?
कहा था—
काँग्रेस को जो न देगा वोट...
उसके छप्पर पर बैठेगा गिद्ध...
बँधा-बँधा ही मरेगा बैल...
समझ रखो यह !
अरे, आँख मूँदकर काँग्रेस को ही देना वोट !
सोशलिस्ट है रंडुओं की पार्टी
न मरद, न औरत
वह सब है 'बलगोविना'
गाँधीजी को वोट देना
पंडित लाल जमाहिर नेहरू
'बैलों वाले' बक्सा में उन्हें ही देना तुम वोट
'पेड़ वालों' को कदापि न देना वोट तुम
बहू-बेटी को ले जाएगा भगाकर दिन-दहाड़े
चोटी-कट्टा और जनेऊतोड़ सब के जाल से
बचना ओ बाबू !
...काँग्रेस को वोट नहीं दोगे ?
क्या कहा रे ?
भून दूँगा मैं
पहचान लो इस मुचकुन चौधरी को

नइ थिकाह ढेकुल जे ककरो माफ क देथिन
बूझि जेबउ हम–
जँ अशुद्ध पेटएँ तों हमरा आगू अपन
घाड़ डोलएबएँ !
मुँह कोचिआक 'हँ' कहि देबएँ !
बसहे बड़दक नाङड़ि ध कें
बंभोला–सोझे चढ़ि गेला
कैलाशक ऊपर रओ बाबू
हमरो लोकंनि ओही बड़दक नाङड़ि ध क
पार करी भोटक बइतरनी
...धोती भेटतऽ
...साड़ी भेटतऽ
मटिया तेलक कोन कथा जे
भरि-भरि फाँफड़ चीनी फँकिहँए !

2

काङरेसकें भोट दिअउ अए सुफ्फलि बाबी !
गाँधीजी अवतार रहथि साक्षात् विष्णु केर
पंडित नेहरू थिका युधिष्ठिर धर्मराज
सत्यव्रत पांडव
भीष्म पितामह थिका बुझू राजिन्दर बाबू
भरि कातिक जँऽ रहब सिमरिआ
कल्पवास जँऽ करब माघ भरि तीर्थराज मे
चारू धामक जतरा जँऽ कऽ आएब पएरहिं
दंड प्रणाम करइत कदाचित पहुँचि जैव जँ
कपिलेश्वर धरि
बड़दबला बक्कस मे अप्पन भोट खसओने
पुन्न हैत ततवा अए बाबी
कमूनिस्ट थीक धुँधकारि
थिक राहु केतु
थिक महाम्लेच्छ
कारी पनाड़ थिक
हरिण कश्यप राज करइए रूस देशमे
तकरे ई सभ नऽर जऽर थिक
जँ एसगर पाबए त ई सभ

नहीं है मिट्टी का माधो जो माफ करे किसी को
समझ जाऊँगा मैं—
यदि पेट में कपट रखकर मेरे सामने अपनी
गर्दन डुलाओगे !
मुँह बनाकर 'हाँ' कह दोगे ?
बसहा बैल की पूँछ पकड़कर
बंभोला सीधे जा चढ़े
कैलाश के ऊपर ओ बाबू
हम लोग उसी बैल की पूँछ पकड़कर
पार उतरे वोट की वैतरणी
...धोती मिलेगी
...साड़ी मिलेगी
मिट्टी तेल की बात ही क्या !
अरे, भर-भर मुट्ठी चीनी फाँकना !

2

काँग्रेस को वोट दीजिए, ओ सुफ्फल बाबी !
गाँधीजी थे अवतार साक्षात् विष्णु के
पंडित नेहरू हैं युधिष्ठिर धर्मराज
सत्यव्रत पांडव
भीष्म पितामह हैं, समझो तो राजिन्दर बाबू
कार्तिक भर यदि रहें 'सिमरिया'
कल्पवास यदि करें पूरा माघ तीर्थराज में
चारों धाम की यात्रा यदि कदाचित कर आएँ पाँव पैदल
दंड-प्रणाम देते यदि कदाचित पहुँच जाएँ
कपिलेश्वर तक
बैलों वाले बक्से में अपना वोट देने से
उतना ही पुण्य होगा, ओ बाबी !
कम्युनिस्ट हैं काली आँधी
हैं राहु-केतु
हैं महामलेच्छ
काला पनाला हैं
हरिण्यकश्यप कर रहा शासन रूस देश में
उसी के सखा-सन्तान हैं ये सब
यदि अकेला पावें तो ये लोग

बापो कें नहि छोड़ि सकइए
सुफ्फलि बाबी, पहिने ई सभ बेश पोल्हाओत
जाँतत पएर
प्रेमसँऽ फोड़त आँगुर कुट-कुट
सओदा-बाड़ी आनि देत चल जैत गिलेशन
अपन बेगर्ता शांत भऽ जेतइ तखन एक दिन
मोकि देत चुपचाप कंठ अए सुफ्फलि बाबी
बचल रहू एकरा लोकनि सँऽ
हमरे सप्पत, कमूनिस्ट कें भोट दिअइ जँ
अहाँ एकोटा
एकरे लोकनिक कहला सँऽ अहमदाबादमे
भङठा देलकइए करखाना मजदूरबा सभ
बंद पड़ल छइ मील
कऽल बेकार भेल छइ
की पहिरब अए सुफ्फलि बाबी,
की ओढ़व अए सुफ्फलि बाबी !
गहुम अबइ छल अमेरिका सँऽ
से जहाज पांचोटा डुबलइ
एहि दुष्ट सभहक चालि सँ, गुरूक सप्पत
जे बजइत हो फूसि जीह गलि जेतइ तक्कर
फाड़ि फेक दी भोट मुदा नहि कमूनिस्ट केर
हाँसुवला बक्कस दिश कनिओ हाथ बढ़ावी
ज मानब नहि बात हमर त
जुलूम हैत अए सुफ्फलि बाबी !

मिथिला/ 18 मई, 1953

छट्ठू बाबू

हमर नाम थिक छट्ठू बाबू
ढोलिक ढोली पान चिबाबी
लखनउआ पत्ती फँकइत छी भरि-भरि बाकुट
बापक अरजल थीत-बीत पर मओज करइछी
गाम भरिक ललबबुआ हमही
नाम हमर थिक छट्ठू बाबू !

पिता को भी नहीं छोड़ सकते हैं
सुफ्फल बाबी, पहले तो ये सब खूब पुचकारेंगे
मालिश करेंगे पाँव
अँगुली चटका देंगे प्रेम से कट-कट
सौदा-सुलुफ ला देंगे, जाएँगे गिलेशन-बाजार
अपना मतलब निकल जाने के बाद एक दिन
दबोच देंगे गला चुपचाप, ओ सुफ्फल बाबी !
सावधान रहिए इन लोगों से !
कसम मेरी, कम्युनिस्ट को यदि आपने वोट
दिया एक भी
इन्हीं लोगों के उकसाने पर अहमदाबाद में
गड़बड़ी कर दी कारखाने में मजदूरों ने
बंद पड़ा है मिल
मशीन बेकार पड़ी है
क्या पहनोगी, ओ सुफ्फल बाबी
क्या ओढ़ोगी, ओ सुफ्फल बाबी !
गेहूँ आ रहा था अमेरिका से
पाँचों के पाँचों जहाज डूब गए
इन दुष्टों की चाल से, गुरु कसम
बोल रहा यदि झूठ तो जीभ गल जाए
फाड़कर फेंक दो वोट, पर कदापि नहीं कम्युनिस्टों के
'हँसुआ' वाला बक्सों की ओर जरा भी मत बढ़ाना हाथ
यदि नहीं मानोगी मेरी बात तो
जुलूम हो जाएगा, ओ सुफ्फल बाबी !!

छट्टू बाबू

नाम मेरा है छट्टू बाबू !
ढोली-ढोली पान चबाऊँ
लखनवी-पत्ती फाँकूँ मुट्ठी भर-भर
पिता द्वारा अर्जित धन-सम्पत्ति पर मौज मारता हूँ
पूरे गाँव का मैं ही ललबबुआ
नाम मेरा है छट्टू बाबू !

मोसम्मात ओ भारखमी छथि सासु
            हमर नामी गिरथाइनि
बेटी तनिक एकसरि
धन्न बाबा कपिलेश्वर !
भागक छी बरियार भेलहु नहि सतभँइया जे
नहि सतमाए
बहिन से हो नहि
जथा-जाल अछि ततबा
जाहि सँ भरि जिनगी हम
मखा मखा कँ नेनु निकेना मोछ पिजाएब...
भगिनमान नहि
अपना डीहक अपने मालिक
हमर नाम थिक छट्‌ठू बाबू !

एनटरेन्स छी फेल
एहिसँ बेशी पढिकें
की करितहुँ हम ?
दू माइल पर
भिरले दक्षिण
स्टेशन से अछि
चीनिक मिल से हो लगे अछि
दूर पड़इ छथि कने दरोगा
से टमटम पर जाइत-अवइत
दरभंगा दिस भेटइ छथिहे
काँग्रेसी नेता थिकाह साढू साक्षाते
सोसलिस्ट मसिअउत
माम छथि रामराज परिषदक सभापति
टिकट लेल अछि सोसलिस्ट केर
भोट देल अछि काँग्रेस कें
बड़का भोट हमर पाओलन्हि महाराज बहादुर
मैथिल कें मैथिलक भोट पड़ले टा चाही
बूढ़-सूढ़ भ
अही हेतु आएल छलाह हमरा दलान पर
नइयाइक जी...
हमर नाम थिक छट्‌ठू बाबू !

मिथिला/15 जून, 1953

मोसम्मात और सामर्थ्यवान सास मेरी
नामी गृहस्वामिनी
बेटी उनकी एक अकेली
धन्य बाबा कपिलेश्वर !
भाग्य का हूँ तेज, नहीं हुआ सत-भैया
नहीं सौतेली माँ
बहन भी नहीं
माल-पूँजी इतना तो है ही
जिससे ता-जिंदगी मैं
जैसे-तैसे भी ताव दूँगा ही अपनी मूँछों पर...
भगिनमान नहीं
अपनी डीह का खुद ही मालिक
मेरा नाम है छट्टू बाबू !

इन्ट्रेंस हूँ फेल
इससे अधिक पढ़कर
भला क्या करता ?
दो मील
जरा दक्षिण
स्टेशन है
चीनी मिल भी है निकट ही
जरा दूर पड़ते हैं दारोगा जी
टमटम से जाते-आते दरभंगा
मिल ही जाते वह भी
कांग्रेसी नेता हैं अपने साढ़ू
सोशलिस्ट मौसेरे
मामा ठहरे सभापति रामराज परिषद के
टिकट लिया है सोशलिस्ट का
वोट दिया है काँग्रेस को
बड़े वोट पड़े हैं मेरे महाराज बहादुर को
मैथिल को मैथिल का वोट मिलना ही चाहिए
बूढ़े बुजुर्ग होकर
इसीलिए तो आए थे मेरे दरवाजे पर
नैयायिक जी...
नाम मेरा है छट्टू बाबू !

सुग्गा-मेना इन्स्टीच्यूट

बूढ़-बूढ़ ओ नामी-नामी
सुग्गा सभ टाङल अछि अइ ठाँ
सभक आगूमे
राखल छइ पाकल तिलकोड़
पानि भरल चानीक कटोरी
लाल लाल मेरचाइ धएल छई
—केहन दिव सोनमणि सराइ बिच
नहि सम्हारि होइ छन्हि ताहू पर
अपसैं हात छथि ओगरबाह
से क' रहला अए ओ बेचारे—
हा नारायण, हा नारायण !
मारि हबक्का
लाल-लाल मेरचाइ खाइए
बिन काजें टें-टें करइत अछि
बूढ़वा सुग्गा
देह हिलाबए
चंचु पिजाबए
उड़ि गेलइए रोइआँ पाँखिक
ताहू पर सेखीक अंत नहि !
नबका सुग्गा
गोड़ बीसेक की गोड़ तीसेक अछि
फूटे टाङल
ड'रे सकदम
आगू में अकुरी छई राखल
टीनक बिझलग्गू रिकबीमे
एतबो पर नहिए सोहाइ छई
नबतुरिया दल बुढ़बा सभके
सुग्गा-मेनाक इन्स्टीच्यूटक
हाल देखि कँ
दम सधने अछि देश
गुम्म अछि लोक
कथी ले केओ किछु बाजत !

चौपाड़ी/1954

तोता-मैना इन्स्टीच्यूट

बूढ़े-बूढ़े नामी-गिरामी
तोते टँगे हैं इस जगह
सबके आगे
रखे हुए हैं पके फल तिलकोड़ के
पानी-भरी कटोरियाँ चाँदी की
लाल-लाल मिर्च पड़ी हैं
—कितने दिव्य स्वर्णमणि तश्तरियों में
फिर भी नहीं सँभाल पा रहे
हाँफते हुए रखवाले
ऐसे कह रहे हैं बेचारे—
हा नारायण, हा नारायण !
भर मुँह दाँत काटकर
लाल-लाल मिर्च खा रहा
बिना काम के टें-टें करता है
बूढ़ा तोता
देह हिलाता
चोंच रगड़ता
झड़ गए हैं रोएँ पंख के
इस पर भी अंत नहीं शेखी का !
नए तोते
करीब बीस या तीस
अलग टँगे हैं
डर के मारे सर्द बने
आगे में अँकुरे चने पड़े हैं
टीन की जंग-लगी रकाबियों में
इतने पर भी नहीं सुहाते
'युवा दल' इन बूढ़ों को
तोता-मैना के इन्स्टीच्यूट का
हाल देखकर
स्तब्ध है देश
मौन हैं लोग
क्यों कोई कुछ बोलेगा !

तीव्र विषाक्त विलक्षण गन्धी

हरित-श्याम शाद्वल जंगल केर
माझा माझी
पातर-छीतर पिच्च रोड
बंकिमभंगीमे
कते दूर धरि पसरल अछि इ
गोबर सँ नीपल आङनमे
मन्थर गतिए
ससरि रहल हो
ऋजु-आयत नमहर करइत जनु !
सर सर सर सर सर सर आइलि
बेबी आस्टिन !
बढ़ल अपन आगू मूहें पथ पर...
तीव्र विषाक्त विलक्षण गंधी
पावि महक पेट्रोलक तत्क्षण
दउगए लागल घ्राणशक्ति
अवचेतन मोनक दोग-दोगमे
होइतहिं अतिचेतन अंतस्तल लहरए लागल
बेबी आस्टिन ! बेबी आस्टिन !!
बेबी आस्टिन !!!
दृष्टि शून्य छल
वन वैभव सेहो छल शून्ये
नहि कहबे...
अभ्यस्त चरण एक पेड़िआ ध' कएँ
पहुँचल कोना अपन वासा धरि !

चौपाड़ी/1954

हम छी क्षुब्ध...

सभक मोन भरउ...
निके ना सभ रहओ...
किए हेतइ अन्न-वस्त्रक कष्ट ककरो ?
किए केओ दुक्खित रहत ?

तीव्र विषाक्त विलक्षण गंधी

हरित-श्याम शाद्वल जंगल के
बीचोबीच
पतली-सी यह पक्की सड़क
बंकिमभंगी
कितनी दूर तक फैली है
गोबर से लिपे-पुते आँगन में
मंथर गति से
सरक रहा हो
जैसे ऋजु-आयत लंबा 'करैत' !
सर-सर-सर-सर-सर-सर आई
बेबी आस्टिन !
आगे बढ़ चली निज पथ पर...
तीव्र विषाक्त विलक्षण गंधी
पाकर महक पेट्रोल की तत्क्षण
लगी दौड़ने घ्राणशक्ति
अवचेतन मन की फाँक-फाँक में
अतिचेतन होते ही चलने लगा अन्तस्तल,
बेबी आस्टिन ! बेबी आस्टिन !!
बेबी आस्टिन !!!
दृष्टि शून्य थी
वन-वैभव भी शून्य था
कह न सकूँगा...
अभ्यस्त चरण पगडंडी होकर
कैसे पहुँच गए बासा तक !

क्षुब्ध हूँ...

सभी की इच्छा-पूर्ति हो
स्वस्थ-प्रसन्न सभी रहें...
क्यों किसी को होगा अन्न-वस्त्र का कष्ट ?
क्यों कोई रोगी बना रहे ?

किए अउखघ लेल ककरो घरक लोक बेलल्ल हेतइ ?
किए केओ भरि जन्म मूर्खे रहत, अउँठा छाप सभठाँ देत ?
किए ककरो चार पर पड़तइक नहि खढ़ ?
किए ककरो ढहल रहतइ भीत ?
किए ककरो बहिन-बेटी रहि जेतइक अजग्गि ?
किए कोनो बाध सहते विकट रउदिक धाह ?
किए कोनो चओर चउरी द'ह बनले रहत भरि भदवारि ?
किए अओतइ बाढ़ि ?
पृथिवी किए हेती अनेरे एकार्णवा ?
किए कोनो नदी अति उद्‌दाम भ' बहतीह ?
किए जनपद बनल रहते सदै बज्र देहात ?
किए नहि लगतइक सभकें नगर केर बसात ?
किए ई पछुऐल रहते अपन मिथिला-देश ?
पाकि जेतइ प्रवासहि मे किए ककरो केश ?
किए भेटतइ काज नहि ककरो समाङ अछइत ?
किए परती पड़ल रहते भूमि ?
चाँछि कोनो पोखरिक छाती करत बीआ किए केओ बाग ?
किए गोचर भूमि केओ चुपचाप लिखबा लेत ?
किए ककरो केओ देतइक उजाड़ि ?
किए ककरो केओ अनेरे छीनि लेतइ खेत ?
किए कोनो गाम मे रहि जैत केओ निर्भूमि ?
रहि जेतइ अव्यक्त–
किए ककरो चित्र ?
हेतइ नहि लिपिबद्ध–
किए ककरो बोल ?

युद्ध-जर्जर विश्व सदिखन शांति चाहए
व्यक्ति-व्यक्ति सुखी जीवन लए सदत अपस्याँत
विलक्षण ई माटि-माङर
जाहिमे सभ अपन डीहक माटि किछु-किछु खोंटि
चीरि कनगुरियाक अगिला पोर
गारि कँ दुइ-चारि वा दश बिन्दु शोणित
सनइ अछि से माटि
करए परस्पर ठोप
छइ संकल्पदीपित नेत्र !

क्यों किसी के घरवाले होंगे विकल दवा के लिए ?
क्यों कोई जन्मभर बना रहेगा मूर्ख, देता रहेगा अँगूठा सभी जगह ?
क्यों किसी के छप्पर पर नहीं पड़ेगा फूस ?
क्यों किसी की दीवाल गिरी रहेगी ?
क्यों किसी की बहन-बेटी बिन-ब्याही रहेंगी ?
क्यों कोई खेत झेले अनावृष्टि की ताप ?
क्यों कोई चास-चाँचर दह बना रहे बरसात भर ?
क्यों आए बाढ़ ?
क्यों भला पृथ्वी होगी एकार्णवा ?
क्यों कोई नदी अति उद्दाम हो बहे ?
क्यों जनपद बना रहे ठेठ देहात ?
क्यों नहीं लगेगी सब को शहरी हवा ?
क्यों पिछड़ी रहेगी अपनी यह मिथिला-भूमि ?
क्यों पक जाएँगे प्रवास में ही किसी के बाल ?
क्यों नहीं मिलेगी मजदूरी किसी को समर्थ रहते हुए ?
क्यों परती पड़ी रहेगी भूमि ?
क्यों कोई बोएगा बीज तालाब की छाती को छील-छालकर
क्यों कोई गोचर भूमि लिखवा लेगा चुपचाप अपने नाम ?
क्यों कोई किसी को करेगा बेदखल ?
क्यों कोई किसी का खेत लेगा हड़प ?
क्यों कोई किसी गाँव में रहेगा निर्भूमि ?
रह जाएगा अव्यक्त—
क्यों किसी का चित्र ?
होगी नहीं लिपिबद्ध ?
क्यों किसी के बोल ?

युद्ध-जर्जर विश्व चाहता हमेशा शांति
व्यक्ति-व्यक्ति सुखमय जीवन हेतु है क्लांत
विलक्षण यह मिट्टी-माड़व
जिसमें सभी अपनी डीह की थोड़ी-थोड़ी मिट्टी खुरच
चीर छोटी अँगुली की अगली पोर
निचोड़ दो-चार या दस बूँद खून
उससे सनी मिट्टी
करे परस्पर टीका
है संकल्पदीप्त नेत्र !

वज्र थिक वाणी–
सहज शब्दावली थिक महाशक्तिक मंत्र !
सभक सभकें आस
सभक सभकें बल
सभक सभ मनबैइत अछि कल्याण
सभक हित लए सभक टाङल प्राण

ठाढ़ कएल हेतइ ककरा बुते भेदक भीत ?
सभक भीतर आइ स्पंदित–
विश्व मानव केर शिव संकल्प !
किंतु 'कृत्रिम एकता'क प्रयासी शासक लोकनि पर
देश अछि तमसैल
हम छी क्षुब्ध !
क रहल अन्तःकरण विद्रोह...
लोकवाणी केर ई अवहेलना लोकोदयक थिक शत्रु...
प्राण जाए तथापि नहि जिह्वा स्तम्भन कें करब स्वीकार
जयति मिथिला, जयति भारत, जय अखिल संसार !!
होउक विकसित एकरङ सभकेर हिय झंकार !
–परस्पर निर्भर सभक उद्धार !

वैदेही/मार्च, 1954

मुक्तक

चोट सहइ छथि निट्ठुर हाथें धीपल फार जकाँ
कोन कानमे राखल छथि टूटल ग्रिमहार जकाँ
सरिआ कँ नहिं बाजि होइन्हि बिन कसल सितार जकाँ
देखऽटा मे फोंकगर धुम्मा धानक नार जकाँ

फुच्च रहथ दोरस बसातमे तानल पाल जकाँ
गजबजाइ छन्हि मोन मुदा भदबारिक थाल जकाँ
सौंसे देह दिनाए, चाम छन्हि जिमड़क छाल जकाँ
अपना कें भरिआबथि तई पर नारक टाल जकाँ

वज्र है वाणी–
सहज शब्दावली है मंत्र महाशक्ति का !
सब को सभी की आस
सब को सभी का बल
सब का सभी चाहते कल्याण
सभी के हित में टँगे सब के प्राण !

कौन कर पाएगा खड़ा भेद-भाव की दीवाल
सब के भीतर आज स्पंदित–
विश्व मानव हेतु शिव संकल्प !
किंतु 'कृत्रिम एकता' के लिए प्रयासी शासकों पर
देश को आ रहा गुस्सा
हम हैं क्षुब्ध !
कर रहा अंतःकरण विद्रोह...
लोकवाणी की यह अवहेलना है शत्रु लोकोदय का...
प्राण भले ही जायें पर नहीं स्वीकार जिह्वा स्तम्भन !
जयति मिथिला, जयति भारत, जय अखिल संसार !!
हो विकसित एक सा सब में शुभ संस्कार !
–परस्पर निर्भर सभी का उद्धार !

मुक्तक

चोट सह रहे निष्ठुर हाथों तपे हुए फाल की तरह
किसी किनारे पड़े उपेक्षित भग्न ग्रिमहार की तरह
बोल नहीं पा रहे ठीक से बिन कसे सितार की तरह
देखने में ये मात्र धान के मोटे खोखले नाल* की तरह

दोरुखी हवा में टर्र रहते हैं तने पाल की तरह
गजबजा रहा मन लेकिन भादों के कीचड़ की तरह
बदन समूचा दाद भरा, त्वचा जीमड़ की छाल की तरह
ऊपर से भारी बनते नाल के टाल की तरह

*धान के पौधे का तना।

हुनक मुखाकृति छन्हि प्रसन्न दीपित अहिबात जकाँ
हमर कोंढ़ मुल थर-थर कपइछ कड़रिक पात जकाँ
हम उदास हथियामे झपसी लाधल प्रात जकाँ
ओ सिहकइ छथि मुदा बसंतक मधुर बसात जकाँ

टन टन टन टन बाजथि कनिञा सेदल ढोल जकाँ
देखऽ मे महकारी प्रकृतिक कब-कब ओल जकाँ
तूर तुमइ छथि मुँह भरिऔने कुँड़वा डोल जकाँ
चटुआ पर बैसलि बिनु काजे फलकल खोल जकाँ

विद्यापति के देश में/1955

जय-जय भारत ! जय हिंद भूमि

जय-जय भारत ! जय हिंद भूमि
सीरम हिममय उत्तंग शृंग,
जलनिधि गद-गद पद चूमि-चूमि !
आरती छथुन करइत रवि-शशि,
नद-नदी बहइ छहु घूमि-घूमि
विन्ध्याद्रि बीचमे पसरल-सन,
तरुवर अगणित रहलाह झूमि
थिक माटिक ई तासरि एतए
त्रिभुवन लक्ष्मी छथि गेल जूमि
लगवे करतई वैभवक ढेर
साधन औ श्रम तूमि तूमि
जय-जय भारत ! जय हिंद भूमि

वैदेही/ जनवरी, 1955

सभसँऽ प्रिय निज देश !

निखिल विश्व प्रिय, निखिल भूमि प्रिय,
निखिल लोक प्रिय हमरा
तइओ अपने माटिक सउरभ लए आकुल मन भमरा
सभसँऽ प्रिय निज देश।

मुखड़ा उनका है प्रसन्न दीप्त सुहाग की तरह
काँप रहा पर हृदय हमारा करड़ी के पात की तरह
हम उदास हैं हथिया की बरसाती प्रात की तरह
वे हैं कि बस सिहक रहे हैं वासंती मधुर बयार की तरह

टन-टन बोले दुल्हन, सिंके ढोल की तरह
देखने में महकारी, स्वभाव से कब-कब जिमिकंद की तरह
रुई तुनती, मुँह लटकाए कुँड़वा डोल की तरह
बिना काम पीढ़े पर बैठी फूली खोल की तरह

जय-जय भारत ! जय हिंद भूमि

जय-जय भारत ! जय हिंद भूमि
सिरहाने हिममय उत्तंग शृंग,
जलनिधि गद-गद पद चूम-चूम !
कर रहे आरती हैं रवि-शशि,
नद-नदियाँ बहती घूम-घूम
विन्ध्याद्रि बीच में फैली सी,
तरुवर अगणित हैं रहे झूम
मिट्टी की यह तासीर यही,
त्रिभुवन लक्ष्मी आ गईं स्वयं
लग जाएगा अब वैभव का ढेर,
साधन और श्रम तूमि-तूमि
जय-जय भारत ! जय हिंद भूमि

सबसे प्रिय निज देश !

निखिल विश्व प्रिय, निखिल भूमि प्रिय,
निखिल लोग प्रिय मुझको
फिर भी मन आकुल भौंरे का निज मिट्टी के सौरभ को
सबसे प्रिय निज देश

कतहु करी निरबाह जनम भरि, पाकओ कहुँ बरु केश
तहुँ प्रिय अपन निज देश
कतहु रहि पँऽ जन्मभूमि लए सदिखन आकुल प्राण—
अपना लोकक हित मे देखि हम विश्वक कल्याण—
यश-अपयश हो, लाभ-हानि हो, सुख हो अथवा शोक
सभ सँऽ पहिने मोन पड़ई अछि अपने भूमिक लोक
बड़ प्रिय अपन देश !
सभसँऽ प्रिय निज देश !

वैदेही/जनवरी, 1955

पुनि पुनि पसरओ

दुख-दुबिधाक उदधि में उब डूब करइत अछि संसार
कुमति-घृणा-हिंसा-संदेहक लागल बेश पथार
पुनि-पुनि पसरओ सबठाँ हे प्रभु आभा अमित अहाँक
प्रज्ञालित भए जाइक जन-मन सँ अज्ञानक पाँक
नोनी लगऊ ढहऊ जाति-पाँतक ई घातक भीत
केआ ककरो बइरी नहि होउक, होउक सभक सब मीत
द्वेख-जनित पीड़ा सँ ककरो आँखि न होइक गील
व्यक्ति निबाहओ, राष्ट्र निबाहओ पंचशील-दशशील
बाधा-बन्धन हीन प्रीति सँ नष्ट होइक छल-छद्म
मैत्रीटा सँ विकसित होइक कोटि-कोटि मुख पद्म
जन-जनमे उद्वेलित होइक करुणा-पाराबार
सत्य अहिंसा सँ धवलित होइक सगरे संसार
जय-जंय महामानव, जय-जय हे करुणा सिन्धु
हटओ कुमति मल पाबि अहिंक प्रज्ञा पीयूषक बिन्दु
विश्व शांति लए फेर अहिंक उपदेश बनओ आधार
जय जय हे अमिताभ बुद्ध जय जय हे शीलागार
पुनि पुनि पसरओ हे प्रभु सबठाँ आभा अमित अहाँक
प्रज्ञालित भए जाइक जनजीवन सँ दुक्खक पाँक

पल्लव-1/जून, 1956

कहीं करें निर्वाह जन्म भर, पके कहीं भी केश
प्रिय अपना ही देश
कहीं रहे पर जन्मभूमि हित प्रतिक्षण आकुल प्राण
निज जनगण हित पड़े दिखाई मुझे विश्व कल्याण
यश-अपयश हो, लाभ-हानि हो, सुख हो अथवा शोक
सबसे पहले याद आते हैं निज धरती के ही लोग
बड़ा प्रिय अपना देश !
सबसे प्रिय निज देश !

फैले बारम्बार

दुख-दुविधा के उदधि में ऊब-डूब करता है संसार
कुमति-घृणा-हिंसा-शंका का लगा खूब अंबार
आभा अमित आपकी हे प्रभु, फैले बारंबार
धुल जाएँ जन-मन से पंकिलतम अज्ञान अपार
घून खाए ढहे जात-पात की यह घातक दीवार
कोई किसी के न हों बैरी, हों सबके सब यार
आँख किसी की गीली न हो द्वेष-दर्द से होकर तवाह
पंचशील औ' दस शीलों का करे व्यक्ति, राष्ट्र निर्वाह
बाधा-बंधनहीन प्रीत से हो समाप्त छल-छद्म
केवल मैत्री से विकसित हो कोटि-कोटि मुख-पद्म
जन-जन में उद्वेलित हो करुणा-पारावार
सत्य-अहिंसा से धवलित हो यह सारा संसार
जय-जय महामानव, जय-जय हे, करुणा के सिंधु
हटे कुमति-मल, पाकर तेरी प्रज्ञा और पीयूष की बूँद
विश्व-शांति के लिए पुनः उपदेश तुम्हारा हो आधार
जय-जय हे अमिताभ बुद्ध जय-जय हे शीलागार
आभा अमित आपकी हे प्रभु, फैले बारंबार
धुल जाएँ जन-जन से, जीवन से पंक-दुख के भार

उपहार

निविड़-तिमिर जल
ज्योति सहस दल

अरुणोज्ज्वल पीताभ किरण सँ दीप्त भेल संसार
रग-रग कुंचित
शोणित सिंचित
आहत मानवता करइत अछि बुद्धक जय जयकार
शील सुगंधित
कण-कण बंदित
भारत माता देथु विश्व कें सुख-शांतिक उपहार।

पल्लव-1/जून, 1956

एते' दिनुका बाद

बहुत दिनुका बाद–
सुवासित खोपाक सौरभ
रतुठिया मुस्कीक झलकी
जित्त आङ्क मृदुल-मादक स्पर्श
भेल सभथुक संगहि संग अनुभूति
बहुत दिनुका बाद–

एते दिनुका बाद
एना की तों मोन पड़ली प्राण ?
एना की तों आबि सोझे भऽ गेलीह ठाढ़ि
सम्हारौ पपनी कोना कऽ आब नोरक बाढ़ि
देखै छी ई स्वप्न अथवा
भऽ रहल अछि सहज साक्षात्कार ?
के कहत, ओझरा देलक कवि-चेतना कें
अपरिचित महिलाक कुन्तल-जाल ?
के कहत, हम भाङ पीने रही सन्ध्याकाल ?
किछु होअउ, तों बहुत दिनुका बाद
मोन पड़ली प्राण !

उपहार

निविड़-तिमिर जल
ज्योति सहस्र दल

अरुणोज्ज्वल पीताभ किरण से दीप्त हुआ संसार
रग-रग कुंचित
शोणित सिंचित
आहत मानवता करती है जयति बुद्ध जयकार
शील सुगंधित
कण-कण बंदित
देवे जग को भारत माता, सुख और शांति उपहार

इतने दिनों के बाद

बहुत दिनों के बाद
सुवासित जूड़े का सौरभ
रतजगी मुस्कान की झलक
जीवित अंग का मृदृल मादक स्पर्श
हुई सबकी एक साथ ही अनुभूति
बहुत दिनों के बाद

इतने दिनों के बाद
इस तरह क्या तुम याद आई प्राण ?
इस तरह क्या तुम आकर सीधे हो गई हो खड़ी
पलकें किस तरह सम्हालें अब आँसू की झड़ी
देख रहा हूँ यह स्वप्न अथवा
हो रहा है सहज साक्षात्कार ?
कौन कहे, उलझा दिया कवि-चेतना को
अपरिचिता का कुंतल-जाल ?
कौन कहे, पी ली थी मैंने भंग संध्याकाल
कुछ भी हो, तुम बहुत दिनों के बाद
याद आई प्राण !

सुवासित खौपाक सौरभ, धन्य
रतुठिया मुस्कीक झलकी, धन्य
जित्त आङक मृदुल-मादक स्पर्श सेहो धन्य
सुकोमल संबोधनक स्वर-संधि सेहो धन्य
स्वप्न वा जागरणमे
कोहुना तँ भेल साक्षात्कार
कोहुना तँ भेली तों साकार
एते दिनुका बाद, एते दिनुका बाद

मिथिला मिहिर/15 सितंबर, 1960

देखल सपनामे

सपनामे देखल
मुंडमालिनी चामुण्डा
हाथ मे लेने बड़ीटा त्रिशूल
ठाढ़ि छथि कंचनजंघाक माथ पर
उत्तराभिमुख !

सपनामे देखल
चामरवला अँड़िब्बा करिया बरद
चढ़ि रहल छल ऊपर कैलाश दिस
लपेटल छे दुनू सीङमे
रेशमी तिनरंगा !

सपनामे देखल
सुन्न छनि वेदी, खाली छनि मंडप,
सीमा दिश गेल हेता सल्हेश...
हिनहिनाइत रहनि घोड़ा ओम्हर !

मिथिला मिहिर/11 अगस्त, 1963

सुवासित जूड़े का सौरभ धन्य
रतजगी मुस्कान की झलकी धन्य
जीवित अंग का मृदृल-मादक स्पर्श भी धन्य
सुकोमल संबोधनों की स्वर-संधि भी धन्य
स्वप्न या जागरण में
किसी तरह तो हुआ साक्षात्कार !
किसी तरह तो हुईं तुम साकार
इतने दिनों के बाद, इतने दिनों के बाद !

देखा सपने में

सपने में देखा
मुंडमालिनी चामुण्डा
हाथ में लिए बड़ा-सा त्रिशूल
खड़ी है कंचनजंघा के सिर पर
उत्तराभिमुख !

सपने में देखा
चँवर वाला अँड़िअल काला बैल
चढ़ रहा है ऊपर कैलाश की दिशा में
लपेटा हुआ है दोनों सिंग में
रेशमी तिरंगा !

सपने में देखा
सूनी है वेदी, खाली है मंडप
सीमा की ओर गए होंगे सलहेश...
हिन-हिना रहा घोड़ा उधर ही !

स्वर्ण-मृग

बहराह, स्वर्ण-मृग !
अनेरे, नुकाएल छह स्वर्ण-मृग
केओ नहि किच्छु कहतहु स्वर्ण-मृग
बहराह, स्वर्ण-मृग !

देखलि अहु रिहर्सलमे
सुनलिअहु कथावाचक मूँहें
मुदा आब प्रकट नहि होइत छह किए ?

देह पर फेरइत हेतहु हाथ आबहु
अन्हार गुज्ज रातिमे रावण असली
लीलावला रघुनन्दन राम
की करथुन तोहर ?
ई त अपनहि गनइत छथि दिन
अनेरे नुकाएल छह स्वर्ण-मृग
बहराह, स्वर्ण-मृग !

अभियान-2/1963

ओ तँ थिका दधीचिक हाड़

महात्मा गाँधी
राष्ट्रपिता हमरा लोकनिक
छथि बड्ड पैघ...
देखू हुनका चौरंगीक कातमे ठाढ़
मास थिकई अखाढ़
भीजइ छथि बर्खा-बुन्नी मे बापू !
गलतइ त नहिए
प्रतिमा थिकई धातुक
मुदा तें की ?
लागत नहीं अनसोहाँत ई दृश्य
कने दूर हटिक अही मैदानमे
चमकइए दुग्ध धवल विक्टोरिया टेम्पुल
आउ, एम्हर आउ !
लग आउ, भीतर आउ !

स्वर्ण-मृग

बाहर निकलो, स्वर्ण-मृग !
नाहक ही छिपे हो स्वर्ण-मृग
कोई नहीं कुछ भी कहेगा स्वर्ण-मृग
बाहर निकलो, स्वर्ण-मृग !

देखा था रिहर्सल में
सुना था कथावाचक के मुँह से
पर अब प्रकट क्यों नहीं हो रहे हो ?

बदन को सहलाता होगा अब भी
घुप्प अन्धेरी रात में असली रावण
लीलावाले रघुनन्दन राम
क्या कर लेंगे तेरा
ये तो गिन रहे हैं अपना ही दिन
नाहक ही छिपे हो स्वर्ण-मृग !
बाहर निकलो, स्वर्ण-मृग !

वे तो हैं दधीचि की अस्थि

महात्मा गाँधी
राष्ट्रपिता हमारे
हैं बहुत बड़े...
देखो उन्हें चौरंगी के किनारे खड़े
महीना है आषाढ़ का
भीग रहे हैं वर्षा-पानी में बापू !
गलना तो है नहीं
प्रतिमा है धातु की
मगर इससे क्या ?
असंगत नहीं लगेगा यह दृश्य
थोड़ी ही दूर हटकर इसी मैदान में
चमक रहा है दुग्ध-धवल विक्टोरिया टेम्पुल
आओ, इधर आओ !
करीब आओ, अंदर आओ !

दर्शन करू राजराजेश्वरीक...
चित्त हैत निर्मल !
प्रपितामही एलिजाबेथक...
करथु कल्याण हमरा लोकनीक
ई कथी लए भिजती बर्खा-बुन्नीमे कहिओ !
हिनका किए लगतइन वैशाखक रौद
हिनका किए लगतइन पूसक पाला
आउ, भीतर आउ
दर्शन करू हिनकर !
बिसरि जाउ भिजइ छथि गाँधी...
ओ त थिका दधीचिक हाड़
रहथु भने ठाढ़
मैदानक कतबहि मे खुल्लम-खुल्ला !

वैदेही/सितंबर, 1963

अन्तिम दर्शन : डॉ. अमरनाथ झाक

रिक्त कऽ गेलहुँ अप्पन क्षेत्र !
तकै छी आबहुँ अपलक नेत्र !
लेल अछि जे अंतिम निःश्वास
होइछ मिसियो भरि नहि विश्वास !
सूर्य मिथिलाक, भारतक चंद्र !
निखिल विश्वक हे अनुपम दीप
सुपरिचित रहय अहाँक निमित्त
जड़ि प्रज्ञाक, विवेकक छीप
ओह ! झा साहेब, इ की कयल—
अनेरे की अन्तक पथ धयल ?
अहाँकें रहय अभाव कथीक ?
माँटि-जल ई लागल नहि नीक ?
समय-कुसमय हुरपेटथिन राहु
डाँटि की सकथिन शरदक इन्दु ?
पड़ल रहतै सितुआ मूँह बाबि
पऽरि नहि लगतै स्वातीक बिंदु
मनुष्यत्वक ओहने अभिमान

दर्शन करो राजराजेश्वरी के...
निर्मल हो जाएगा चित !
परदादी एलिजाबेथ का...
हमारा कल्याण करे
वे क्यों भीगें वर्षा या बूँदा-बाँदी में कभी !
इन्हें क्यों लगेगी वैशाख की धूप
इन्हें क्यों लगेगी पूस की बर्फीली ठंड
आओ अंदर आओ
दर्शन करो इनके !
भूल जाओ भीगते हैं गाँधी...
वे तो हैं दधीचि की अस्थि
रहें भले खड़े
मैदान के एक किनारे खुल्लम-खुल्ला !

अंतिम दर्शन : डॉ. अमरनाथ झा का

रिक्त कर गए अपना क्षेत्र !
देखता हूँ अब भी अपलक नेत्र !
लिया है जो आपने अंतिम निःश्वास
नहीं हो रहा है रत्ती-भर भी विश्वास !
सूर्य मिथिला के, भारत के चंद्र !
निखिल विश्व के हे अनुपम दीप
सुपरिचित थी आपके लिए
विवेक की शिखा, प्रज्ञा की जड़
आह ! झा साहेब, यह क्या किया—
निरर्थक ही क्यों धर लिया अंतिम रास्ता ?
किस बात का था अभाव आपको ?
यह मिट्टी और जल रुचा नहीं आपको ?
समय-कुसमय चपेट में लेगा राहु
डाँट क्या सकेगा शरद का इंदु
पड़ी रहेगी सीपी मुँह खोले
मिल नहीं पाएगी स्वाती की बूँद
मनुष्यत्व का वैसा अभिमान

देखाओत आब कतऽ के आन
कोन ठाँ छाहरि तर असंख्य
नवांकुर पाओत जीवन-दान
ओह ! झा साहेब ई की कयल
रिक्त कऽ गेलहुँ अप्पन क्षेत्र !
तकै छी आबहुँ अपलक नेत्र !

मिथिला मिहिर/16 फरवरी, 1964

बिहुँसैं छी हम !

"कािल्ह रही अहाँ क्रान्तिकारी
मुदा आइ भए गेल छी देशद्रोही !"
चिचियाकऽ तों कहै छह
हम सुनै छी
बिहुँसैं छी हम !
"कािल्ह छल अहाँक हाथमे अग्निवीणा
आइ मुदा पिटै छी फाटल सुखायल बाँस..."
चिचियाकऽ तों कहै छह
हम सुनै छी
बिहुँसैं छी हम !
वेश, वेश, वेश
बुझले अछि हमरा
हे अभिनव क्रांतिशिल्पी
एखन हमरा दैत छह गारि
मुदा साँझखन
दू गोट छौंडीक सङे
लोकिक नजरि बचा कँऽ
देखबह गऽ सड़लहा फिल्म !

मिथिला मिहिर/19 जुलाई, 1964

सभागाछी

साँझ धरि
गनगनाइत रहए सभागाछी

दिखाएगा अब कौन आपके समान
किस जगह छाँह तले असंख्य
नवांकुर पाएँगे जीवनदान
आह ! झा साहेब, यह क्या किया–
रिक्त कर गए अपना क्षेत्र !
देखता हूँ अब भी अपलक नेत्र !

विहुँसता हूँ मैं

"कल थे आप क्रांतिकारी
मगर आज हो गए हैं देशद्रोही।"
चिल्लाकर तुम कहते हो
मैं सुनता हूँ
विहुँसता हूँ मैं !
"कल तक थी आपके हाथों में अग्निवीणा
लेकिन आज पीट रहे हैं फटे सूखे बाँस..."
चिल्लाकर तुम कहते हो
मैं सुनता हूँ
विहुँसता हूँ मैं !
ठीक है, ठीक है, ठीक है
मालूम ही है मुझे
हे अभिनव क्रांति-शिल्पी
अभी दे रहे हो मुझे गालियाँ
मगर शाम में
दो छोकड़ियों के साथ
नजर बचाकर लोगों की
देखने जाओगे सड़ी-गली फिल्म !

सभागाछी

शाम तक
शोर से गूँजती रहती है सभागाछी

रातिमे मुदा नीरस-निर्जन अरण्य भेल...
अनवरत वर्षा सँ भीजि गेल मॉटि-दूबि...
आन की किछु मोन पड़त हमरा कहियो
मोन पड़त खाली
शत-सहस्र कलकतियाक आँठी
चारि बैटरीवला टार्चक इजोत में...
अभिभावक लोकनिक
दामी अहंकारक निठुर प्रतीक

मिथिला मिहिर/19 जुलाई, 1964

ठाम-ठाम

ठाम-ठाम
खाली राखल अछि भस्म-कलश
पुष्पगुच्छ-पल्लव राशि
पहुँचि गेल होयत हिन्द महासागर धरि

ठाम-ठाम
ओखन भिजैत होयतैक आँखिक कोर
तकैत होयतैक लोक ग्रीष्मांत मेघ दिस
मोने-मोन लैत अहाँक नाम
अबैत होयतैक चेतनामध्य
अद्भुत ओ नाटकीय व्यक्तित्व

ठाम-ठाम
बुनैत होयताह जाल
कूटनीति विशारद, देशी-विदेशी
भिड़बैत होयताह चालि दोमरि-तेमरि

ठाम-ठाम
चमकैत होयत नाम
बिजलीक सतरंगी ट्यूब मे

मिथिला मिहिर/28 जून, 1964

किन्तु रात में नीरस-निर्जन अरण्य हो जाती है...
भीग गयी माटी और दूब अनवरत वर्षा से...
सिवाय इसके और कुछ याद आएगी कभी
याद आएँगी केवल
शत-सहस्र 'कलकतिया' आम की गुठलियाँ
चार बैटरीवाले टार्च के प्रकाश में
अभिभावकों के
कीमती अहंकार के निठुर प्रतीक !

ठौर-ठौर पर

ठौर-ठौर पर
खाली रखा है भस्म-कलश
पुष्पगुच्छ-पल्लव राशि
पहुँच गए होंगे हिंद महासागर तक

ठौर-ठौर पर
अभी भी भीग रहे होंगे आँखों के कोर
ताक रहे होंगे लोग ग्रीष्मांत मेघ की ओर
मन ही मन तुम्हारा नाम लेते हुए
चेतना मध्य उभर रहा होगा
अद्भुत वह नाटकीय व्यक्तित्व

ठौर-ठौर पर
बुन रहे होंगे जाल
कूटनीति विशारद, देशी-विदेशी
चल रहे होंगे चाल दुहरी-तिहरी

ठौर-ठौर पर
चमक रहे होंगे नाम
बिजली की सतरंगी ट्यूब में

कनैत अछि गुलाब

कनैत अछि गुलाब
के करतैक दुलार
कंटकित वृन्त कें ?

कनैत अछि गुलाब
अनवरत के बुझतैक
अन्तर्वेधी मुकुलित सौरभ ?

कनैत अछि गुलाब
मृदुताकें करतैक अंगीकार
कतऽ कोन संकल्प-दीपित वक्ष ?

कनैत अछि गुलाब
के हटौतैक आब
जन्मजात अभिशाप ?

कनैत अछि गुलाब
सुनतैक के ध्यान सँ
गमलाक अरण्यरोदन ?

मिथिला मिहिर/28 जून, 1964

दोहाई हे 'लिबर्टी' मैया...

नाङड़ छी हमरालोकनि
हमरालोकनि लुल्ह छी
अन्न दियऽ, औषध दियऽ
हर दियऽ, फाड़ दियऽ
सुइ दियऽ, धार दियऽ
बढ़िया हथियार दियऽ
दोहाइ हे लिबर्टी मैया, पातालनिवासिनी देवी !

रो रहा है गुलाब

रो रहा है गुलाब
कौन करेगा दुलार
कंटकित वृंत को ?

रो रहा है गुलाब
अनवरत समझेगा कौन
अंतर्वेधी मुकुलित सौरभ ?

रो रहा है गुलाब
मृदुता को करेगा अंगीकार
कहाँ, कौन, संकल्प-दीपित वक्ष ?

रो रहा है गुलाब
कौन हटाएगा अब
जन्मजात अभिशाप ?

रो रहा है गुलाब
सुनेगा कौन ध्यान से
गमले का अरण्यरोदन ?

दुहाई हे 'लिबर्टी' मैया...

लंगड़े हैं हम लोग
हम लोग अपंग हैं
अन्न दें, औषधि दें
हल दें, फाल दें
सुई दें, नोक दें
बढ़िया हथियार दें
दुहाई हे लिबर्टी मैया, देवि पातालनिवासिनी !

गहूम दियऽ, धान दियऽ
रथ दियऽ, विमान दियऽ
पूआ-पकमान दियऽ
गुआ दियऽ, पान दियऽ
सुरुज दियऽ, चान दियऽ
साँझ दियऽ, विहान दियऽ
ज्ञान दियऽ, प्राण दियऽ
दोहाइ हे लिबर्टी मैया, पातालनिवासिनी देवी !

जेट दियऽ, टैंक दियऽ
मिल दियऽ, बैंक दियऽ
बिजुलीक मशान दियऽ
तिनमहला मकान दियऽ
भीमसेनी पेट दियऽ
बिना धोधिक सेठ दियऽ
दोहाइ हे लिबर्टी मैया, पातालनिवासिनी देवी !

पड़ल छी, उठा दियऽ
बैसल छी, चला दियऽ
सूतल छी, जगा दियऽ
अलाइ-बलाइ भगा दियऽ
मूर्ख छी, पढ़ा दियऽ
आगू मुँह बढ़ा दियऽ
हाथ ने हिलै अछि
माथ ने हिलै अछि
दियऽ अहाँ इन्जेक्शन
होइ हम टनमन
दोहाइ हे लिबर्टी मैया, पातालनिवासिनी देवी !

सिगारक धूप लियऽ
मरकरीक दीप लियऽ
अण्डाक खीर लियऽ
नीराक नीर लियऽ

गेहूँ दें, धान दें
रथ दें, विमान दें
पूए-पकवान दें
गूआ[1] दें, पान दें
सूरज दें, चान दें
साँझ दें, विहान दें
ज्ञान दें, प्राण दें
दुहाई हे लिबर्टी मैया, देवि पातालनिवासिनी !

जेट दें, टैंक दें
मिल दें, बैंक दें
विद्युतीय श्मशान दें
तीन-तल्ला मकान दें
भीमसेनी पेट दें
तोंदहीन सेठ दें
दुहाई हे लिबर्टी मैया, देवि पातालनिवासिनी !

लेटा हूँ, उठा दें
बैठा हूँ, चला दें
सोया हूँ, जगा दें
अला-बला भगा दें
मूर्ख हूँ, पढ़ा दें
आगे को बढ़ा दें
हिलते हैं हाथ नहीं
हिलता है माथ नहीं
दें आप इन्जेक्शन
उठें हम दनादन
दुहाई हे लिबर्टी मैया, देवि पातालनिवासिनी !

सिगार के धूप लें
मर्करी के दीप लें
अंडे का खीर लें
नीरा का नीर लें

---

1. सुपारी

बलि लियऽ मनुक्खक
बाढ़ि आबओ दुक्खक
आइ लियऽ वियतनाम
काल्हि लियऽ नेफा-आसाम
परसू लेब काश्मीर
हिन्दू-कुश-पामीर
बढ़ाउ अपन आँचर
धन्न होअओ चर-चाँचर
दोहाइ हे लिबर्टी मैया, पातालनिवासिनी देवी !

बचाउ हमरा चीन सँ
बचाउ पाकिस्तान सँ
बचाउ हमरा रूस
ब्रिटेन जपान सँ
बचाउ हमरा अप्पन
फौजक जवान सँ
काज हमर चलैत रहय
अहींक देल दान सँ
बाजि हम आबि गेलहुँ
अप्पन इमान सँ
दोहाइ हे लिबर्टी मैया, पातालनिवासिनी देवी !

मिथिला मिहिर/19 दिसंबर, 1965

आहि रे कर्म !

कोना क' मोन पड़थु अन्नपूर्णा बेचारी !
सरिपहुँ की रहइन हुनका
सोनाक बट्टुक ?
कड़छुओ सोनेक ?
सरिपहुँ की कउखन
खाली नहि होइन हुनक ओ अद्भुत पात्र
लगइए अनसोहाँत,

बलि लें लोगों की
बाढ़ आए रोगों की
आज लें वियतनाम
कल लें नेफा-आसाम
परसों लेना काश्मीर
हिंदू-कूश-पामीर
बढ़ावें अपना आँचर
धन्य हो चर-चाँचर[1]
दुहाई हे लिबर्टी मैया, देवि पातालनिवासिनी !

बचाएँ हमें चीन से
बचाएँ पाकिस्तान से
बचाएँ हमें रूस,
ब्रिटेन-जापान से
बचाएँ हमें अपने
फौज के जवान से
चलते रहें काम सारे
आपके ही दिए दान से
आ गए बाज हम
अपने ईमान से
दुहाई हे लिबर्टी मैया, देवि पातालनिवासिनी !

हाय री किस्मत !

कैसे याद आएँ बेचारी अन्नपूर्णा !
क्या सचमुच में थी उनके पास
सोने की हाँड़ी ?
कलछुल भी सोने की ?
क्या कभी भी सचमुच
खाली नहीं होता था उनका वह अद्भुत पात्र ?
लगता है असंगत

1. गाँव के बाहर फैले विस्तृत कृषि क्षेत्र।

अगबे गप्प जकाँ
पुराणक ई आख्यान...
लिखल छइ कपारमे
अमेरिका गहूँमक निःसत्व सोहारी
आहि रे, कर्म !
जुटितए त खइतहुँ दूनू साँझ साग
ठढ़िया, गेन्हारी, पलाँकी, पोरो, पटुआ, कर्मी...
ध्यान में अबइ छथि शाकंभरी देवी !
आहि रे, कर्म !
लगले रहइए क्यू पर क्यू राशनक लेल...
ने जानि, कोन भूर मे बिला गेल अछि
बढ़िमका अन्न !
कोना क' मोन पड़थु अन्नपूर्ण बेचारी ?

मैथिली कविता/अप्रैल, 1968

स्वागत हे विलंबित...

तरंगित घन सागर
अछोर-असीम,
झपने अछि समुच्चा आकाश कें
आइ त' भरि राति
टिप टिपाइत रहत अहिना
तरंगित घन सागर
होयताह प्रमुदित पावस नट-नागर
देखू त' मलमासी आषाढ़क क्रीड़ा-कौतुक
स्वागत हे विलंबित–
आरंभ वर्षाक !
स्वागत हे विलंबित
हे उम्मस !!

सोनामाटि/अप्रैल, 1968

मात्र गप्प जैसा
पुराण का यह आख्यान...
लिखा है भाग्य में
अमेरिकी गेहूँ की निःसत्त्व रोटी
हाय री किस्मत !
मिल पाता तो खाता दोनों शाम साग
ठढ़िया, गेन्हारी, पालक, पोई, पटुआ, कर्मी...
आती है ध्यान में देवी शाकंभरी
हाय री किस्मत !
लगा रहता है क्यू पर क्यू राशन के लिए
पता नहीं किस खोह में खो गया है
बढ़िया अनाज !
कैसे याद आएँ बेचारी अन्नपूर्णा ?

स्वागत हे विलंबित...

तरंगित घन सागर
अछोर-असीम,
ढँक रखा है सारा आकाश
आज तो पूरी रात
टिपटिपाता रहेगा इसी तरह
तरंगित घन सागर
होंगे प्रमुदित पावस नट-नागर
देखो तो मलमासी आषाढ़ का क्रीड़ा-कौतुक
स्वागत हे विलंबित—
आरंभ बरसात का !
स्वागत हे विलंबित
हे उम्मस !!

बाजलि सुखमा

बाजलि सुखमा—
''कती-कती काल धरि
हेलइत रहिअइ पोखरिमे
कती-कती काल धरि
बुढ़बा तेतरि तर बुलइत रही, मारइत रही टहलान
चिबा-चिबा कँ' थुकरि देइत रहिअइ कांच फड़ ओक्कर
कती-कती काल धरि
बिछिते रहि जइअइ सिङहारक फूल...
बाबा, अहाँ लोकनि कोन तरहें चिकरि चिकरि डाँटी...
हे भगवान, फेर नहि देखब की नहिराक मुँह ?''
बाजलि सुखमा।

दहीक शर्बत घोरइत हमरा लए
बाजलि सुखमा—
''आपरेशन कहाँ करब' दइत छथि हिनका लोकनि !
एकइशम बर्ख थीक
भऽ गेल एतबहिमे चारि-चारिटा बच्चा
अकच्छ रहइ छी बाबा, ओकरे सभक पाछाँ
जिनगीक स्वादे चल गेल
भोगि रहल छी नरकक भोग
आपरेशन नहि करब' दइत छथि सासु-ससुर
आ ऽऽ ऽऽ ऽऽ अपनहुँ ई
नहि बुझइत छथि हमर कस्ट !''
बाजलि सुखमा।

दुधकट्टू नेना कें फराक टारइत
आ' शर्बतक गिलास हमरा दिश बढ़बइत
आ' तकइत ममत्वपूर्ण दृष्टि सँ
बाजलि सुखमा—
''आठ दश बर्खक बाद देखल अछि अहाँ के...
अहूँक त केश बढ़ियें जकाँ पाकि गेल बाबा !''
बाजलि सुखमा।

सन्निपात-1

बोली सुखमा

बोली सुखमा–
"कितनी-कितनी देर तक
तैरती रहती थी तालाब में
कितनी-कितनी देर तक
बूढ़े इमली के नीचे घूमती रहती टहलती रहती
चबा-चबाकर थूकती रहती उसकी कच्ची फलियाँ
कितनी-कितनी देर तक
चुनती ही रह जाती हरसिंगार के फूल...
बाबा, आप लोग किस तरह चिल्ला-चिल्लाकर डाँटते...
हे भगवान, फिर नहीं देखूँगी क्या मायके का मुँह ?"
बोली सुखमा।

दही का शर्बत घोलती हुई मेरे लिए
बोली सुखमा–
"ऑपरेशन कहाँ कराने देते हैं ये लोग !
इक्कीसवाँ वर्ष है
हो गए हैं इतने में ही चार-चार बच्चे
परेशान रहती हूँ बाबा उन सबके पीछे
जिंदगी का स्वाद ही चला गया
भोग रही हूँ नरक का भोग
ऑपरेशन नहीं कराने देते हैं सास-ससुर
और खुद ये भी
नहीं समझते हैं मेरा कष्ट !"
बोली सुखमा।

दूधकट्टू बच्चे को अलग हटाती हुई
और शर्बत का गिलास मेरी ओर बढ़ाती हुई
और देखती हुई ममत्वपूर्ण दृष्टि से
बोली सुखमा–
"आठ-दस वर्षों के बाद देखा है आपको...
आपके भी तो बाल पूरी तरह पक गए हैं बाबा !"
बोली सुखमा।

सारस्वत सरमे हे' मराल

संतुलित विवेकक अभिनन्दन !
अर्पित प्रसून, अक्षत चन्दन !
जन जन प्रशस्ति नैवेद्य तोर !
उल्लसित आइ अगणित चकोर !
हे यशोधवल, हे सुकृत चंद्र !
हे प्रथितसिद्ध, हे चिर आतन्द्र !
सारस्वत सरमे हे मराल !
हे साहित्यिक उद्यानपाल !
तुअ तेज पाबि, ई मैथिली क
उत्फुल्ल जलज, दृढ़ मूल ना !
नहि छथुन्ह शिष्य की शत सहस्र ?
मुक्ता सम गुम्फित गुण अजस्र
के नहि जनैत छहु तोर नाम ?
अलोकि कएलह धराधाम !
हे महाप्राज्ञ, हे पूर्णकाम !
स्वीकार करह हमरो प्रणाम !

रमानाथ झा अभिनंदन ग्रंथ/21 सितम्बर 1968

केहेन दिव्य, केहेन भव्य !

खोपामे खोंसने बेलीक गोड़-पाँचेक फूल
बद्ध परिकर, श्याम-कान्ति, भुट्टि, श्वेत वस्त्रा...
आदिवासी गोत्रक मेहतरनी
बहारने जाइए पीच रोड
खर्र खर्र खर्र...
खर्र खर्र खर्र...
आषाढ़ी भोरक अनगुत्ते
कदमाक छोर दिश बढ़ितहिं
सुनल अही कानसँ खर्र खर्र खर्र

आबहुँ मने सुनिए रहल छी
आबहुँ मने देखिए रहल छी

सारस्वत सर के हे मराल

संतुलित विवेक का अभिनंदन !
अर्पित प्रसून अक्षत चंदन !
नैवेद्य तेरा जन जन प्रशस्ति !
आज अगणित चकोर उल्लसित !
हे यशोधवल, हे सुकृति चंद्र !
हे प्रथितसिद्ध, हे चिर आतन्द्र !
सारस्वत सर के हे मराल !
हे साहित्यिक उद्यानपाल !
पा तेज तेरा यह मैथिली
उत्फुल्ल जलज, दृढ़ मराल
हैं नहीं क्या शिष्य शत सहस्र ?
मुक्ता सम गुम्फित गुण अजस्र
कौन नहीं जानता तुम्हारा नाम ?
आलोकित किया धरा धाम !
हे महाप्राज्ञ, हे पूर्ण काम !
स्वीकार करो मेरा प्रणाम !

कैसा दिव्य, कैसा भव्य !

जूड़े में लगाए बेली के पाँचेक फूल
बद्ध परिकर, श्याम-कांति, ठिंगनी, श्वेतवस्त्रा...
आदिवासी गोत्र की मेहतरनी
बुहारे जा रही है पीच रोड
खर्र खर्र खर्र...
खर्र खर्र खर्र...
आषाढ़ी प्रात के धुँधलके में
कदमा के छोर की ओर बढ़ते हुए
सुना इसी कान से खर्र-खर्र-खर्र

अब भी मानो सुन ही रहा हूँ
अब भी मानो देख ही रहा हूँ

आदिवासी युवतीक सड़क शोधन अनुष्ठान
अही दूनू आँखिएँ...
अही दूनू कानें...
सुनिए रहल छी आबहुँ मने
खर्र खर्र खर्र

निर्विशेष गरदनि
गोल मोल समतूल सामान्य मुखमण्डल
साटल-सन विरल-विरल भऊँह
सँइतल सन कनीटा नाक
ठोकल-पीटल गाल...
ताँबूल रंजित ठोर...
टिकुली रंजित कपार...
ओहि सबहुक ओगरवाही करैत मने
बादामी आँखिक सतर्क जोड़ा
—मात्र अप्पन गतिविधि दिश एकाग्र !
केहेन दिव्य...
केहेन भव्य...
केहेन अपूर्व...
आदिवासी गोत्रक मेहतरनीक ओ रूप !
नमहर डंटावला झाड़ूक ओ ध्वनि—
खर्र खर्र खर्र !
खर्र खर्र खर्र !

कविता कलाप/1970

कालिदास कवि-कुल-गुरु

पचासम पार कयलाक पछाति
भऽ गेल रहनि हुनका मधुमेह
पिबैत छलाह काँच करैलाक रऽस
कालिदास कवि-कुल-गुरु
पचासम पार कयलाक पछाति

आदिवासी युवती का सड़क शोधन अनुष्ठान
इन्हीं दोनों आँखों से...
इन्हीं दोनों कानों से...
सुन ही रहा हूँ अब भी मानो
खर्र खर्र खर्र

निर्विशेष गर्दन
गोलाकृत समतूल सामान्य मुखमण्डल
चिपकाई-सी विरल-विरल भौंहें
सँवरी-सी छोटी नाक
समतल गाल...
तांबूल-रंजित होंठ...
टिकुली-रंजित माथा...
मानो उन सबकी निगरानी करता
बादामी आँखों का सतर्क जोड़ा
—मात्र अपनी गतिविधि की ओर एकाग्र !
कैसा दिव्य...
कैसा भव्य...
कैसा अपूर्व...
आदिवासी गोत्र की मेहतरानी का वह रूप
लंबे डंडेवाले झाड़ू की वह ध्वनि—
खर्र खर्र खर्र !
खर्र खर्र खर्र !

कालिदास कवि-कुल-गुरु

पचास पार करने के पश्चात्
हो गया था उन्हें मधुमेह
पीते थे कच्चे करैले का रस
कालिदास कवि-कुल-गुरु
पचास पार करने के पश्चात्

साठिम पार कयलाक पछाति
भय गेल रहथिन बड़ दुब्बर
सेवन करए लगलथिन मोती-मुङाक भस्म
कालिदास कवि-कुल-गुरु
साठिम पार कयलाक पछाति

सत्तरिम पार कयलाक पछाति
रसायनिक सिद्धिक जोगें
भऽ गेल छलनि हुनक काया-कल्प
तदुत्तरे मने करऽ लगलथिन गुम्फित
'कुमारसंभव'
भेल रहथि दत्तचित्त प्रतिभाक दोहन निमित्त
कालिदासक शिप्रा तट (प्र) वासी
सत्तरिम पार कयलाक पछाति

अस्सिम पार कयलाक पछाति
भेल रहथि बहाल दानाधिकारी
अर्थात् ताहि दिनुक वित्त मंत्री (सांस्कृतिक)
बहाल रहथि भेल
कालिदास कवि-कुल-गुरु
अस्सिम पार कयलाक पछाति

मिथिला मिहिर/17 दिसंबर, 1972

राज्यमंत्री भेला उत्तर

रौ बा ! बाप रे !
आरि रौ बा !
ई की भऽ गेल हमरा
दुत्तोरी !
खोत्तोरी !
खसऽ लागल रोम-राम सँ मधु
बजै छी त बहराइए
फर्र-फर्र मिसरीक बुकनी
श्वास-प्रश्वासमे बुझना जाइछ

साठ पार करने के पश्चात्
हो गए थे काफी दुर्बल
सेवन करने लगे थे मोती-मूँगा-भस्म
कालिदास कवि-कुल-गुरु
साठ पार करने के पश्चात्

सत्तर पार करने के पश्चात्
रासायनिक सिद्धियों के योग से
हो गया था उनका काया-कल्प
तदुत्तर ही मानो करने लगे गुंफित
'कुमारसंभव'
हुए थे दत्तचित्त प्रतिभा के दोहन निमित्त
कालिदास के शिप्रा तट (प्र) वासी
सत्तर पार करने के पश्चात्

अस्सी पार करने के पश्चात्
हुए थे बहाल दानाधिकारी
अर्थात् उन दिनों के वित्त मंत्री (सांस्कृतिक)
बहाल हुए थे
कालिदास कवि-कुल-गुरु
अस्सी पार करने के पश्चात्

राज्यमंत्री बनने पर

बाप रे
अरे बाप रे !
यह क्या हो गया मुझे
धत्तेरे की !
हत्तेरे की !
टपकने लगे रोम-रोम से मधु
बोलता हूँ तो निकलते हैं
फुर्र-फुर्र मिसरी के पाउडर
श्वास-प्रश्वास में लगता है

चाननक परिमल, चोआक सुगंध
सुतलो रहै छी त
चटैए चाम गिरगिट
पहिने कहाँ अबै छल लग ?
परसू निशोदण्ड राति मे
श्रान्त क्लान्त लेलहुँ एक रत्ती कल्याण-करोट
पाचि गेल कोनो प्राणी
नाकक टुरनी अपन सूड़सँ
से बड्ड विलक्षण लागल...
दू-तीन मास पूर्व
ई सब कहाँ किछु होइ छल
आब एम्हर की भऽ गेलए हमरा
आहि रौ बा,
पाँखि त न जनमत !
आहि रौ बा !

मिथिला मिहिर/13 अप्रैल, 1973

एम्हर जुनि अबै

बैसलि एकसरि
कुसियारक छाहरि मे
आरि पर किसान-कन्या
ओगरैत पकलाहा धान
गबैए पद–

"जय हे गान्ही बाबा
चढ़ेबौ तोरो मूरुत पर
बकरीक दूध, जनेरक लाबा..."

खाकी रंगक विमान
उत्तर दिस हिमावृत्त गिरिशृंग-समूह पर
फेरा लगबैत देखबा मे अयलै...
ओगरैत पकलाहा धान
चिबबैत कुसियार
बाजि उठलि अकस्मात् किसान-कन्या–

चंदन का परिमल, चोआ की सुगंध
सोया भी रहता हूँ तो
चाटते हैं बदन गिरगिट
पहले कहाँ फटकते थे पास ?
परसों निशोदण्ड रात में
ली जो रत्ती भर कल्याण-करवट शांत-क्लांत
टीका लगा गया कोई प्राणी
नाक के नोक पर अपने दंश से
वह बड़ा ही विलक्षण लगा...
दो-तीन मास पूर्व
कहाँ कुछ होता था यह सब
अब इधर क्या हो गया है मुझे
अरे बाप रे !
पंख तो नहीं उगेंगे !
अरे बाप रे !

इधर मत आना

बैठी अकेली
ईख की छाँह में
मेड़ पर किसान-कन्या
पके धान की करती रखवाली
गाती है पद—

"जय हे गान्ही बाबा
चढ़ाऊँगी तेरी मूरत पर
बकरी का दूध, जनेर का लावा..."

खाकी रंग का विमान
उत्तर दिशा में हिमावृत्त गिरि-शृंगार समूह पर
चक्कर लगाता हुआ देखने में आया...
पके धान की करती रखवाली
चबाती ईख
अकस्मात् बोल उठी किसान-कन्या—

"जो रे मुँहझौंसा !
ओम्हरे रह...एम्हर जुनि अबै..."
एतबा बाजिकऽ फेकिं दलकै
उत्तरे दिस
मुँहक सिट्ठी...

मिथिला मिहिर/6 मई, 1973

हऽ, आब भेल वर्षा

प्रतीक्षामे बीति गेल कइएक पहर
प्रतीक्षामे चुइल गत्र-गत्र सँ घाम घैलक घैल
प्रतीक्षामे ठमकल रहलै गाछक पात-पात,
सिहकी नहि चललै बसातक
प्रतीक्षामे सूर्य रहि गेल झाँपल ने जानि कतैकाल
मेघक अऽढ़मे
प्रतीक्षामे सुनलक बड्ड गारि अखाढ़क ई मास
हऽ, आब भेल वर्षा
हऽ, आब भीजल संसार
हऽ, आब हलुक भेल मोन
हऽ, आब उगला सूर्य
हऽ, आब देखबामे आयल चिड़ै चुनमुन
बीज होयत अंकुर नयनाभिराम
प्रतीक्षाक सुफल भेटतैक ओकरा
बाध-बोन होयत हरियर
जुड़ा जयतनि धरतीक मोन-प्राण
ओढ़ि लेत कदम्बक गाछ
पीयर फुदनाबला झालरि
ठीक-ठाक करत भगता सलहेसक गहबर
दूभि के छीलि-छालि साफ कऽ देतनि आङन
भरि जायत पोखरि भऽ जायत उमडाम
पसरतै ओहिमे ललका कुमुदिनीक पात...
भरि-भरि दिन भीजत लोक
भरि-भरि दिन धान रोपत लोक
आरि पर बैसिकऽ मझनी खायत लोक

"जा रे मुँहजला !
उधर ही रह...इधर मत आना..."
इतना बोलकर फेंक दी उसने
उत्तर दिशा में
मुँह से सिट्ठी...

चलो, अब हुई वर्षा

प्रतीक्षा में बीत गए कई एक पहर
प्रतीक्षा में अंग-अंग से बहता रहा बेशुमार पसीना
प्रतीक्षा में थिर रहा वृक्ष का एक-एक पत्ता
साँस भर हवा भी नहीं चली
प्रतीक्षा में ढँका रह गया सूर्य न जाने कितनी देर तक
बादलों की ओट में
प्रतीक्षा में आषाढ़ के इस मास ने कितनी ही गालियाँ सुनीं
चलो, अब हुई वर्षा
चलो, अब भीगा संसार
चलो, अब हलका हुआ मन
चलो, अब उगा सूर्य
चलो, अब देखने में आया पक्षी-पखेरु दल
बीज बनेंगे अंकुर नयनाभिराम
प्रतीक्षा का सुफल पाएँगे वे
वन-प्रांतर होंगे हरे-भरे
ठंडे होंगे धरती के मन-प्राण
ओढ़ लेंगे कदम्ब के वृक्ष
पीले फुदनों वाले झालर
ठीक-ठाक करेगा सलहेस के गह्वर को भगत
छील-छालकर दूब को साफ कर देगा आँगन
भर जाएगा तालाब ऊपर तक लबालब
फैल जाएँगे उसमें लाल-लाल कुमुदिनी के पत्ते...
दिन-दिन भर भीगेंगे लोग
दिन-दिन भर धान रोपेंगे लोग
मेंड़ पर बैठकर दोपहर का खाना खाएँगे लोग

आशाक मचकी पर झूलत लोक
कल्पनाक स्वर्गमे बूलत लोक

मिथिला मिहिर/15 जुलाई, 1973

सुनल शब्द विमान परिचारिकाक

विहंगम विमानक वातानुकूलित कक्ष...
मोलायम-गुदगुद-फैल सुन्दर सीट...
कातवला गोलकी शीशा में सटौने आँखि
बैसल रही
रही ओङठल
जाइत रही उड़ल मास्को दिश
आकि अकस्मात्
नीचा देखबामे आयल –
तरंगित अरब सागर
निविड़ नील तरल-भास्वर
निचुलका स्निग्ध-शीतल श्याम-सलिल
आब नहि लगतैक नजरि के असह्य
मध्य अन्तरिक्षक प्रखर रौद
आब नहि लगतै नजरि के अनसोहाँत
नीचा दिशुक धूसर किंवा रुक्ष दृश्य
एखन त देखि ली तरंगित अरब सागर
साठि मिनट आकि सत्तरि मिनट...
आकि एतबे मे
ध्वनि-विस्तारक यंत्र सँ सुनल शब्द
विमान परिचारिकाक–
"यात्रीवृन्द, अपने लोकनि
कने कालक बादे इरानक आकाशमे प्रवेश करब
अपने सभहक मध्याह्न भोजन
ठीक एक बजे परसल जायत
ताहिकाल ई विमान
तेहरानक दक्षिण देने उड़ैत रहत
तत्पश्चात् किछुए कालक वाद
कास्पियन-समुद्र पार करिते
पहुँचब हमरा लोकनि अजरवाइजान

आशा के झूले पर झूलेंगे लोग
टहलेंगे कल्पना के स्वर्ग में लोग

सुने शब्द विमान परिचारिका के

विहंगम विमान का वातानुकूलित कक्ष...
मुलायम गद्देदार चौड़ी सुन्दर सीट...
बगल के गोल शीशे में सटाए आँख
बैठा था
उँगठा हुआ
उड़ा जा रहा था मास्को की ओर
तभी अकस्मात्
देखने में आया नीचे
तरंगित अरब सागर
निविड़-नील तरल-भास्वर
नीचे का वह स्निग्ध-शीतल श्याम सलिल
नजर को नहीं लगेगी अब असह्य
मध्य अंतरिक्ष की प्रखर धूप
नहीं लगेगी नजर को अब अजनबी
नीचे वाला यह धूसर किंवा रुक्ष दृश्य
अभी तो देख लूँ तरंगित अरब सागर
साठ मिनट या सत्तर मिनट...
अकस्मात् इतने में
ध्वनि-विस्तारक-यंत्र से सुने शब्द
विमान परिचारिका के—
"यात्री-गण, आप लोग
थोड़ी ही देर बाद प्रवेश करने वाले हैं इरान के आकाश में
आप लोगों का मध्याह्नकालीन भोजन
ठीक एक बजे परोसा जाएगा
उस समय यह विमान
तेहरान के दक्षिण होकर उड़ रहा होगा
तत्पश्चात् कुछ ही समय वाद
कास्पियन-समुद्र पार करते ही
पहुँच जाएँगे हम लोग अजरवाइजान

स्वागत करत अपनेक सोवियत-अंतरिक्ष...''
सुनल शब्द विमान परिचारिकाक
ध्वनि विस्तारक यंत्र सँ...
पसरल छल नीचाँ
निविड़ नील भास्वर
तरंगित अरब सागर
विहंगम विमानक वातानुकूलित कक्ष
मोलायम-गुदगुद-फैल-सुन्दर सीट...
कातवला गोलकी शीशा में सटौने आँखि
डाँड़ सोझ कऽ कऽ रही बैसल
देखैत निचुलका दृश्य
आकि लग मे आबि कऽ भऽ गेलि ठाढ़ि
विमान परिचारिका
झुकि कऽ नहूँ-नहूँ बाजलि—
''अहाँ त ओ सब वस्तु लेवै नहि,
पियास लागय तँ कहब...
आ हँऽऽता ई राखू मुँह मे...''
दूटा चाकलेट राखि देलक तरहत्थी पर
आ फुर्ती सँ आगाँ दिशुक कक्ष चलि गेलि
पालम एवं मास्कोक मध्य
ओहि आकाश-यात्रा मे
सवा सात घंटा वैह हमर गार्जियन छलि
नाम रहैक ओकर रत्ना—
(मलयालम भाषी माता-पिताक संतान)
ओ हमरा सम्बोधित कयने छलि
'चाचाजी' कहि कऽ
लगमे आबि कऽ गेलि छलि बैसि
चिन्हा देने छलि नीक जकाँ...
निविड़ नील भास्वर
तरंगित अरब सागर
तत्पश्चात् पर्सियन गल्फ
रत्नाक अनुगूँजित स्वर लहरीक अंतिम छोर
आबौ कौखन-कौखन मने
कानक कटोरी के आलोड़ित कऽ जाइत अछि—
'एण्ड नाउ दिस इज पर्सियन गल्फ !'

मिथिला मिहिर/12 अगस्त, 1975

स्वागत करेगा आपका सोवियत अंतरिक्ष...''
सुने शब्द विमान-परिचारिका के
ध्वनि विस्तारक यंत्र से
फैला था नीचे
निविड़ नील भास्वर
तरंगित अरब सागर
विहंगम विमान का वातानुकूलित कक्ष...
मुलायम गद्‌देदार चौड़ी सुन्दर सीट...
किनारेवाले गोल शीशे में सटाए आँख
कमर सीधी कर बैठा रहा
देखता रहा नीचे का दृश्य
तभी पास में आकर हो गई खड़ी
विमान परिचारिका
नीचे झुककर धीरे से बोली–
''आप तो वह सब चीज लेंगे नहीं
प्यास लगे तो कहिएगा...
और हाँ, तब तक मुँह में रखिए इसे...''
दो चाकलेट रख गई तलहत्थी पर
और तेजी से चली गई आगे वाले कक्ष की ओर
पालम एवं मास्को के मध्य
उस आकाश-यात्रा में
सवा सात घंटे तक वही मेरी गार्जियन रही
नाम था उसका रत्ना
(मलयालम-भाषी माता-पिता की संतान)
उसने मुझे संबोधित किया था
'चाचाजी' कहकर
बैठ गई थी पास में आकर
दिखा दिया था खूब अच्छी तरह
निविड़ नील भास्वर
तरंगित अरब सागर
तत्पश्चात् पर्सियन गल्फ
रत्ना की अनुगूँजित स्वर-लहरी के अंतिम छोर
अब भी कभी-कभी जैसे
कान की कटोरी को आलोड़ित कर जाते हैं–
'एण्ड नाउ दिस इज पर्सियन गल्फ !'

मामा आँखि मूनि लेलथिन

मामा पिल्ला पोसलथिन
मामा गेन मोटर तर फेकि देलथिन
मामा फकड़ा जोड़ऽ लगलाह
मामा डाक्टर कें दाँते काटि लेलथिन
मामा गीत सिखलनि
मामा ब्राह्मणी दिशि थारी फेकि देलथिन
मामा लिखनाई आरम्भ कयलनि
मामा अखाड़ा मे ओंघड़यलाह
मामा स्कूल मे भर्ती भेलाह

मामा पिल्ला पोसलनि
मामा कार ड्राइभ करब सिखलनि
मामा मैट्रिकमे तीन खेप फेल कयलनि
मामा समर्थ भेलाह
मामा टेबुल-टेनिसक टुर्नामिंट जितलनि
मामा दोसर बियाह कयलनि

मामा तेसर बियाह कयलनि
मामा एलेक्सन हारि गेला
मामा के डायबिटीज भऽ गेलनि
मामा आँखि मूनि लेलथिन
मामा दू लाखक कर्ज छोड़ि गेलथिन

मिथिला मिहिर/23 सितंबर, 1973

वाह रे हमर नाति

चभच्चाक ढलान पर
तख्ताक भरें
छछलैत रहय हमर नाति
अपन तूरक दूटा ननकिरबाक सङे
टोकलिऐ तऽ मारि देलक मुस्की
बाजल मुदा नहि किछु

मामा ने आँखें मूँद लीं

मामा ने पिल्ला पोसा
मामा ने मोटर के नीचे गेंद फेंक दी
मामा ने कवित्त जोड़ना शुरू किया
मामा ने डाक्टर को दाँत काट लिया
मामा ने गीत सीखा
मामा ने ब्राह्मणी पर थाली फेंकी
मामा ने लिखना आरंभ किया
मामा अखाड़े में लोटे-पोटे
मामा स्कूल में भर्ती हुए

मामा ने पिल्ला पोसा
मामा ने कार ड्राइव करना सीखा
मामा मैट्रिक में तीन बार फेल हुए
मामा जवान हुए
मामा ने टेबुल टेनिस टुर्नामेंट जीता
मामा ने दूसरा विवाह किया

मामा ने तीसरा विवाह किया
मामा एलेक्शन हार गए
मामा को डाइबिटीज हो गया
मामा ने आँखें मूँद लीं
मामा दो लाख का कर्जा छोड़ गए

वाह रे मेरा नाती

चभच्चे की ढलान पर
तख्ते के सहारे
फिसल रहा था मेरा नाती
अपनी उम्र के दो छोटे बच्चों के साथ
टोका तो फेंक दी मुस्कान
बोला मगर कुछ भी नहीं

ने जानि कतीकाल
रहि गेल खेलाइत ओहिना।
पाछाँ, बैसल छलहुँ एकान्त मे
तखन मोन पड़ल अकस्मात्
ओहि दिन ओहो गेल रहए देखऽ
सोवियत चित्रावलीक प्रदर्शनी
देखने होयतै अबस्से
अपना तूरक बच्चा सभकें
हिमावृत ढलान पर छछलैत
स्लेजक भरे बेर-बेर
कयने होयतै आकर्षित
बर्फक आमोदी खेल !

वाह रे हमर नाति
वाह रे पूर्वाभ्यास
तख्ताक भरे ढलान पर छछलबाक !

मिथिला मिहिर/28 अक्टूबर, 1973

एहि घर पर बैसल रहय गिद्ध

एहि घर मे लगा दियौ आगि
अपने हाथे धरा दियौ एहिमे
दियासलाइक काठी
सुड्डाह होबऽ दियौ एकरा
व्यर्थ जुनि मोह राखी चारक
व्यर्थ जुनि मोह राखी
खाम्ह, खाम्ही, बरेड़ी धरनिक
ढाहि दियौ अपने हाथे एहि घरक भीत
नाम-निशान हटाउ एकर
काल्हि-परसू आ चारिम दिन
एहि चारक मुड़ेर पर गिद्ध बैसल छल
एकटा नहि
दू टा नहि
पूरा पाँती छलै ओकर

न जाने कितने देर तक
रह गया खेलता उसी तरह।
बाद में, बैठा था एकांत में
तब याद आया अकस्मात्
उस दिन वह भी गया था देखने
सोवियत चित्रावली की प्रदर्शनी
अवश्य ही देखा होगा
अपनी उम्र के बच्चों को
हिमावृत्त ढलान पर फिसलते हुए
स्लेज के सहारे बार-बार
किया होगा आकर्षित
बर्फ का आमोदी खेल !

वाह रे मेरा नाती
वाह रे पूर्वाभ्यास
तख्त के सहारे ढलान पर फिसलने का !

इस घर पर बैठा था गिद्ध

इस घर में लगा दीजिए आग
अपने ही हाथों लगा दीजिए इसमें
माचिस की तीली
भस्म हो जाने दीजिए इसे
व्यर्थ है मोह रखना छप्पर का
व्यर्थ है मोह
खंभे, खंभेली, शहतीर, बरेड़ी का
गिरा दीजिए अपने ही हाथों इस घर की दीवार
नामोनिशान मिटा दीजिए इसका
कल, परसों और चौथे दिन
इस छप्पर की मुँडेर पर बैठा था गिद्ध
एक नहीं
दो नहीं
पूरी पाँत थी उनकी

जँ कुशल चाही अपन
जँ कुशल चाही परिवारक
जँ कुशल चाही गामक औ' परोपट्टाक
अपने हाथें लगाउ एहि घरमे आगि
ई घर अपवित्र भऽ गेल
एकर चारु चारक छाहरि
भऽ गेल अलच्छ
अमांगलिक भऽ गेल
एहि घर पर गोड़ चारियेक गिद्ध बैसल रहय
ने जानि ओ सभ
कोन-कोन जीव-जन्तुक सड़ल औ' विकृत मांस
कयने छल भक्षण ओहि दिन
ने जानि कोम्हर सँ आयल छल
उड़ि गेल कोन दिस, ने जानि

मुदा बड़ी काल धरि
बैसल रहय अहाँक घर पर चारिटा गिद्ध
अपनो तँ देखिनहि होयबैक
तँ आब जुनि करी बिलम्ब
अपने हाथें धरा दियौ एहि घरमे
दियासलाइक काठी

मिथिला मिहिर/30 जनवरी, 1974

अपन आ आनक

अपन मल परिमल
आनक मल विष्ठा
आनक बात जिद्द
अपन जिद्द निष्ठा
आनक विवेक दुर्बुद्धि
अपन विचार शुद्धि
आनक आँखि बट्टम
अपन आँखि आँखि
आनक पाँखि घास-पात

यदि कुशल चाहें अपना
यदि कुशल चाहें परिवार का
यदि कुशल चाहें गाँव और इलाके का
अपने ही हाथों लगा दीजिए इस घर में आग
यह घर अपवित्र हो गया
इसके चारों छप्परों की छाँह
हो गई है अशुभ
अमांगलिक हो गई
इसी पर बैठे थे करीब चार गिद्ध
पता नहीं उन्होंने
किन-किन जीव-जंतुओं के सड़े और विकृत मांस
किया था भक्षण उस दिन
पता नहीं किधर से आए थे
उड़ गए किधर, पता नहीं

पर बहुत देर तक
बैठे थे आपके घर पर चार गिद्ध
आपने भी तो देखा ही होगा
तो अब मत कीजिए विलंब
अपने ही हाथों लगा दीजिए इस घर में
माचिस की तीली

अपना और दूसरों का

अपना मल परिमल
दूसरों का मल विष्ठा
दूसरों की बात जिद
अपनी जिद निष्ठा
दूसरों का विवेक दुर्बुद्धि
अपना विचार शुद्धि
दूसरों की आँख बटन
अपनी आँख, आँख
दूसरों के पंख घास-पात

अपन पाँखि, पाँखि

अपन घानी सँ बहराइए
शत-प्रतिशत सुच्चा तेल
अनकर कोल्हु करइ छइ
घोंकल थालक खेल
भासा उएह, जे हम बाजी
आन मुजरिम, हम काजी
आन प्रजा, हम राजा
आनक लेल भुसवा
अपना लेल खाजा
आनक भाखा बोली
हमर भाखा भाखा
अनकर ठेङा मुठबाँसी
हमर डंटा चानी मढ़ल
कल्पवृक्षक शाखा
हमर गोली दनुफक फूल
आनक कलम त्रिशूल

29 सितंबर, !978

ने जानि, इ के थीकि !

ने जानि, इ के थीकि !
देवी आ कि दानवी ?
चुड़ैल अथवा डाइनि ?
आ कि झुनकुट बताहि कोनो नारी ?
इ के थीकि, ने जानि !

जिलाक जिला
इलाकक इलाका
गामक गाम, टोलक टोल...
अपन जीह काटि कऽ चढ़ा देलक एकरा
कटलाहा जीहक अमार लागि गेल छइ
गह्वरक भीतर

अपने पंख, पंख

अपनी घानी से निकलता है
शत-प्रतिशत खाँटी तेल
दूसरों का कोल्हू करता है
गंदे कीचड़ का खेल
भाषा वही, जो बोलूँ मैं
दूसरे मुजरिम, काजी मैं
दूसरे प्रजा, मैं राजा
दूसरों के लिए भुसवा
अपने लिए खाजा
दूसरों की भाषा बोली
मेरी भाषा भाषा
दूसरों की लाठी लकुटी
मेरी छड़ी चाँदी मढ़ी
कल्पवृक्ष की शाखा
मेरी गोली कोमल दनुफ के फूल
दूसरों की कलम त्रिशूल

पता नहीं, कौन है यह !

पता नहीं, कौन है यह !
देवी या दानवी ?
चुड़ैल अथवा डायन ?
या कि झुकी-बूढ़ी पगली कोई नारी ?
कौन है यह, पता नहीं!

जिले के जिले
इलाके के इलाके
गाँव के गाँव, टोले के टोले...
अपनी जीभ काटकर चढ़ा चुके हैं इसको
कटी जीभों का अंबार लग गया है
देवी-स्थान के भीतर

गह्वरक अङनइ मे

बलि बला जित्त जीह सभइक 'ग्रूप-डांस'
पड़ेला फोटोग्राफर लोकनि
रिपोर्टर लोकनि...
से, इ के थीक
ककरा समक्ष जीह चढ़ोलक अछि
कोटिक कोटि एते लोक !...

28 सितंबर, 1978

हमहुँ सन्ध्या-तर्पण करितहुँ भोरमे

चानन बूझि किदन लेपल हम देहमे
झरकि रहल अछि मोन आब संदेहमे
सुन्न भेल ई जीह, जहर मिश्रित छलइ
तथाकथित ओहि संजीवन-अवलेहमे,
चानन बुझि किदन लेपल हम देहमे।

उन्मद परिमल रूसल मजरल ठारिसँ
ग्रामगीत तमसायल धानक आरिसँ
विरस, विनिद्रित विकृत, उन्मथित चित्तकें
कोना लगउ गुदगुदी डहकनक गारिसँ;
उन्मद परिमल रूसल मजरल ठारिसँ

कमल बिलायल डंटी गललई थालमे
भुन्ना हँसल भभाकऽ फाटल जालमे;
तटबन्धक महिमा सँ कोशी गुम्म छथि
धेमुड़ा-त्रियुगा गेली कालक गालमें
कमल बिलायल, डंटी गललई थालमे।

तों नहि भेली भने समुद्रक कातमे
पछुआइल छह भने कतेको बातमे

देवी-स्थान के आँगन में

बलि-योग्य जीवित जीभों का ग्रुप-डांस...
भाग खड़े हुए फोटोग्राफर
रिपोर्टर गण...
आखिर यह कौन है
किसके समक्ष चढ़ाई है जीभ
कोटि-कोटि इतने लोगों ने !...

मैं भी संध्या-तर्पण करता भोर में

चंदन समझ न जाने क्या मल डाला देह में
झुलस रहा है मन अब संदेह में
सुन्न हुई यह जीभ, जहर मिला था
तथाकथित उस संजीवन-अवलेह में
चंदन समझ न जाने क्या मल डाला देह में !

रूठ गया उन्मद परिमल मंजरित डाली से
तमक उठा ग्रामगीत धानों की मेंड़ से
विरस, विनिद्रित, विकृत, उन्मथित चित्त को
गुदगुदाएँ कैसे डहकन[1] की गाली से
रूठ गया उन्मद परिमल मंजरित डाली से।

खो गया कमल, गल गया डंठल कीचड़ में
भुन्ना[2] हँसी भभाकर, फटी जाल में
कोशी है खामोश तटबंधों की महिमा से
धेमुड़ा-त्रियुगा चली गई काल के गाल में
खो गया कमल, गल गया डंठल कीचड़ में

भले नहीं हुई तू सागर के कछार में
पिछड़ी रही भले कितनी बातों में

1. महिलाओं द्वारा बारातियों के लिए गाया जानेवाला गाली-गीत, 2. एक प्रकार की मछली।

माँ मिथिले, तों पंगुल रहि गेली भने
उधिअइली नहि विप्लव बला बसातमे;
तों नहि भेली भने समुद्रक कातमे।

डाइनि ठमकलि बूढ़वा प्रेतक नाचमे
भस्म भेल कते कली विप्लवक आँचमे;
देखि करब की करिअम्मा दिश दूर सँ
बूझि पड़त किछु भेद ने पाकल-काँचमे;
डाइनि ठमकलि बूढ़वा प्रेतक नाचमे।

राङा चाही जोड़य खातिर सोन कें
सुतरी सँ की बन्हबई फाटल मोन कें,
खुर्पी लऽ ली, बढ़ी कने हम खेत दिश
अकटा-मिसिया छपलक चारू कोन कें
राङा चाही जोड़य खातिर सोन कें।

हमहुँ सन्ध्या-तर्पण करितहुँ भोरमे
मातृमूर्ति प्रतिबिम्बित होइत नोरमे,
अंतरिक्ष नापओ जिनगी भरि क्यो ओना
शरण अन्तमे भेटतइ पृथ्वीक कोरमे;
हमहुँ सन्ध्या-तर्पण करितहुँ भोरमे

मिथिला भारती/वर्ष 7, अंक 1, 1979

तोहर तानी हम्मर भरनी

तोहर तानी
हम्मर भरनी
तोहर गपशप
हम्मर करनी
तोहर लीला गड़बड़-सड़बड़
हम्मर लीला संकट हरनी

माँ मिथिले, तू पंगुल रह गई भले
बही नहीं विप्लव वाली आँधी में
भले नहीं हुई तू सागर के कछार में।

ठमकी डायन बूढ़े प्रेतों के नाच में
कितनी कलियाँ हुईं भस्म विप्लव की आँच में
देख कर करोगे क्या, करिअम्मा[1] को दूर से
मालूम न हो सके कुछ अन्तर पके-कच्चे में
ठमकी डायन बूढ़े प्रेतों के नाच में।

राँगा चाहिए जोड़ने के लिए सोने को
सुतली से भला क्या बाँधें फटे मन को
खुर्पी ले लें बढ़ें खेत की ओर जरा हम
अकटा-मिसिया[2] ने घेर लिया है चारों कोनों को
राँगा चाहिए जोड़ने के लिए सोने को ।

मैं भी संध्या-तर्पण करता भोर में
मातृमूर्ति प्रतिबिम्बित होती नोर[3] में
अंतरिक्ष नापे भले ही कोई जीवन-भर
मिलती है शरण अंत में पृथ्वी की ही गोद में
मैं भी संध्या-तर्पण करता भोर में

तेरी तानी मेरी भरनी

तेरी तानी
मेरी भरनी
तेरी बातचीत
मेरी करनी
तेरी लीला गड़बड़झाला
मेरी लीला संकट हरनी

---

1. छोटे आकार का एक स्वादिष्ट मीठा काला आम, 2. दाल की फसल के साथ उगनेवाली दाल की ही एक प्रजाति, जो खाने के समय कंकड़ का काम करती है, 3. आँसू।

तों कुत्थइ छ' डेग-डेग पर
छरपि गेलउँए हम बैतरनी
बड़नी-बड़नी बड़नी-बड़नी
पान गलोठ्थुन तोहर घरनी
एम्हर खुर्पी, ओम्हर नहरनी
सोंटथि जन्नउ हम्मर घरनी
तोहर तानी
हम्मर भरनी

4 मार्च, 1981

हुनका लगबा मारलकइन

हुनका लकबा मारलकइन
अंग-अंग में ऊर्जाक इन्जेक्शन दिअउन
ऊपर-नीचाँ सभ सुन्न
स्पर्श चेतना सुन्न
वाणीविहीन

ओ आब संज्ञाहीन भेल जाइत छथि
किछु करिअउन हुनका लेल
किछु करबेटा करिअउन
प्लीज ! प्लीज !! प्लीज !!!

नहि ! नऽऽहि !!
किच्छु नहि क' हैत अहाँ बुते !
हुनका लेल किछु नहि कयल हैत अहाँ स' !
बेस, तखन एकटा बात...
हँऽ, कान मे कह'ब...
बेहोशीक कोनो अचूक टेबलेट खोआ दिअइन
आ, तखन अन्हार गुज्ज रातिमे
जीवछक बीचो-बीच प्रवाहित क' अबिअइन
नाओ वला इश टाका सँ बेशी किन्नहुँ नहि लेत...

हाँफ रहा तू कदम-कदम पर
लाँघ गया हूँ मैं वैतरणी
हाँ जी-हाँ जी, हाँ जी-हाँ जी
पान दबाए तेरी घरनी
इधर है खुरपी, उधर नहरनी
जनेऊ माँजे मेरी घरनी
तेरी तानी
मेरी भरनी

उन्हें लकवा मार गया

उन्हें लकवा मार गया
अंग-अंग में ऊर्जा के इंजेक्शन लगाइए
ऊपर-नीचे सब सुन्न
स्पर्श चेतना सुन्न
वाणीविहीन

वे होते जा रहे हैं अब संज्ञाहीन
कुछ कीजिए उनके लिए
कुछ तो कीजिए ही
प्लीज ! प्लीज !! प्लीज !!!

नहीं ! नहींऽऽ ईंऽऽ ईं !!
कुछ नहीं होगा आपसे !
उनके लिए कुछ नहीं हो पाएगा आपसे !
खैर, तब एक बात...
हाँ, कान में कहूँगा...
बेहोशी का कोई अचूक टेबलेट खिला दीजिए
और, फिर स्याह अँधेरी रात में
जीबछ नदी के बीचोबीच प्रवाहित कर आइए
नाववाला भी दस रुपए से ज्यादा कदापि नहीं लेगा...

हँऽऽ, हम सरिपहुँ बताह छी
एहने-एहने विचार हमरा-माथाक भीतर
घुर-घुर करइत रहइए
हुनके चक्रचालिसँ हम बताह भ' गेल रहिअइ
नबकी माय हमरा घर सँ बहार के' देलइन
आ ओ किछु नहि बाजल रहथि
हमरा हिसाबें ओहि दिन
हुनका लकबा भेल रहनि
एहनो दुष्ट चूड़ामणि बाप भेल हेतइ ककरो !

हँ इयार, अहींक शप्पत
जँ एक्को आखर फूसि बाजल होई...
अहाँ हमर उद्धार करू इयार...
आब हमरा उतरी पहिरबाक सेहन्ता होइए
प्लीज, इयार, प्लीज !

4 मार्च, 1981

बुढ़ारीमे

बुढ़ारीमे
कने-मने रोगाहे रही
हँ, बेशी रोगाह नहि
कने-मने रोगाह—
से बेश सुविधाजनक होइ छइ
हमदर्दीक निमित्त
अहाँ कें कत्तहु चेष्टा नहि करए पड़त
करुणा-मैत्री एवं मुदिता भावनाक
साक्षात्कार अहाँ कें डेग-डेग पर होइत चलत
यत्र-तत्र दाइ-माइलोकनि
बेटी आ पुतअहुक ड्यूटी हेतु तत्पर रहतीह !

28 मार्च, 1981

हाँऽऽ, सचमुच सनकी हूँ मैं
ऐसे-ऐसे विचार मेरे माथे के भीतर
घुरघुराते रहते हैं
उन्हीं की साजिश से हो गया था सनकी मैं
नई माँ ने घर से बाहर कर दिया था मुझे
और वे कुछ न बोल पाए थे
मेरे हिसाब से उसी दिन
उन्हें लकवा मार गया था
ऐसा भी दुष्ट शिरोमणि पिता मिला होगा किसी को !

हाँ, दोस्त, आपकी कसम
यदि एक भी अक्षर झूठ कहा हो...
आप मेरा उद्धार कीजिए दोस्त...
अब मुझे उत्तरी पहनने की लालसा हो रही है
प्लीज, दोस्त, प्लीज !!

बुढ़ापे में

बुढ़ापे में
थोड़ा-बहुत बीमार ही रहना चाहिए
हाँ, ज्यादा बीमार नहीं
थोड़ा-बहुत बीमार—
यह बड़ा सुविधाजनक होता है
हमदर्दी के निमित्त
आपको चेष्टा नहीं करनी पड़ेगी कहीं भी
करुणा-मैत्री एवं मुदित भावना का
साक्षात्कार कदम-कदम पर होता चलेगा आपको
यत्र-तत्र अगल-बगल की पड़ोसिनें
तत्पर रहेंगी बेटी-बहू की ड्यूटी बजाने के लिए

मीनी मिथिला

तरुआ तिलकोड़क पात
भूजल तिसिअउड़ी-दनौड़ी
रऽहूक तरल-झोराओल पेटी
कुतरुमक चटनी
मखानक खीर
हमरा दिल्लिओ मे सुलभ भऽ जाइए
झाजीक प्रतापें...

अपना देश-कोशक सोन्हगर वाक्य-विन्यास
चहटगर इडियम
भृकुटिक इंगितगर्भी आकृति
हमरा दिल्लिओ मे सुलभ होइए
झाजीक प्रतापें...

अकस्मात् मोन पाड़ि दइत छथि झाजी
इशर्गत...
अनन्त...
राखी...
जयन्ती...

ओ प्रतिबर्ख
दड़िभंगा सँ पतड़ा मङा लइत छथि
हुनका क्वार्टर मे जितिया पाबनि सेहो होइत छइन
एवं प्रकारे हमरा

सुलभ भ' जाइ छथि
'मीनी मिथिला' दिल्लिओ मे...
झाजीक प्रतापें...

मुदा, अइ बेर, भेट भेला उत्तर
बाजल रहथि झाजी—

मिनी मिथिला

तिलकोड़[1] के तले हुए पत्ते
भूनी हुई तिसिऔड़ी[2] दनौड़ी[3]
रेहू मछली की तली रसदार पेटी
कुतरुम की चटनी
मखाने की खीर
दिल्ली में भी सुलभ हो जाती है मुझे
झाजी के प्रताप से...

अपने गाँव-घर के सोंधे वाक्य-विन्यास
स्वादिष्ट इडियम
भृकुटी की इंगितगर्भी आकृति
दिल्ली में भी सुलभ हो जाते हैं मुझे
झाजी के प्रताप से...

अकस्मात् याद दिला देते हैं झाजी
इशर्गत...[4]
अनंत...
राखी...
जयंती...

वे प्रति वर्ष
दरभंगा से पंचांग मँगवा लेते हैं
उनके क्वार्टर में 'जितवाहन' पर्व भी होता है
विभिन्न प्रकार से मुझे

सुलभ हो जाती है
'मिनी मिथिला' दिल्ली में भी
झाजी के प्रताप से...

लेकिन इस बार मुलाकात होने पर
कहा था झाजी ने—

---

1. मिथिला के घर-घर में रुचिपूर्वक खाए जाने वाले एक बेल के पत्ते जिन्हें पिसे चावल के घोल से सानकर पकौड़ों की तरह तलकर खाया जाता है, 2. अलसी की बड़ी, 3. दाल की बड़ी, 4. सर्पगंधा जड़ी।

ई सभ त' बड़ बेश...
अपने ओतुक मालदहक आँठी
रोपने रहिअइ
बर्ख तिनिएक सँ दश-बीसटा कैऽ
फड़ितो अछि...
कार्पोरेशनक ग्राउन्ड फ्लोरवला ई फ्लैट
आइ सभ अर्थे हमरा बेस धारलक अछि
पछुआड़में, देखितहि छी—
छोट छीन बगीची लगा देने छिअइक
हँ, तखन, अपशोचक बात इएह जे
धिया-पूता पंजाबी भेल जाइएऽऽ...

मैथिली अकादमी पत्रिका/अप्रैल, 1981

शनि महाराज

तीसीक तेल मध्य
आकंठमग्न शनि महाराज
—कारी खटखट, बेढंग लौहमूर्ति
प्रति सप्ताह एक दिन अर्थात् भरि दिन
चउबटियाक बीचोबीच
रहइ छथि विराजमान
सिनुरक ठोप कएने !
हिनको अपन भक्तक फिकिर छइन
दशपइसाही सिक्का हमहू बरु चढ़ाइए दिअइन
एखन त मने
ताकि रहल छथि हमरे दिस
सतर्क-साकांक्ष शऽनि महाराज
तीसीक तेल मध्य, आकंठमग्न...
पुराना दिल्ली स्टेशनसँ सटले दक्षिण...
आइयो भरिदिन ई ठाढ़ रहताह
अपना भक्तकें एक छिट्टा रेजकी चढ़उआ
अर्पित करथीन साँझ धरि

माटिपानि/अगस्त, 1983

यह सब तो ठीक ही है...
अपने यहाँ के मालदह आम की गुठली
रोपी थी
विगत तीन वर्षों से दस-बीस
फल लग भी जाते हैं...
कार्पोरेशन का ग्राउंड फ्लोरवाला यह फ्लैट
आज हर तरह से मेरे लिए फलदायी रहा है
पिछवाड़े में देख ही रहे हैं—
छोटी सी बगीची लगा रखी है
हाँ, तब अफसोस की बात यही है कि
बाल-बच्चे पंजाबी होते जा रहे हैं...

शनि महाराज

अलसी के तेल मध्य
आकंठ मग्न शनि महाराज
—काली-स्याह, बेढंगी लौह-मूर्ति
प्रति सप्ताह एक दिन अर्थात् पूरे दिन
चौराहे के बीचोबीच
रहते हैं विराजमान
सिंदूर का टीका लगाए !
इन्हें भी अपने भक्तों की फिकर है
दस पैसे का सिक्का मैं भी तो चढ़ा ही दूँ
अभी तो जैसे
देख रहे हैं मेरी ही ओर
सतर्क-साकांक्ष शनि महाराज
अलसी के तेल मध्य, आकंठ मग्न...
पुरानी दिल्ली स्टेशन से सटे दक्षिण...
आज भी दिन भर ये रहेंगे खड़े
अपने भक्त को एक टोकरी रेजगारी का चढ़ावा
अर्पित करेंगे शाम तक...

बप्प रे बप्प ! बाप्प रे बाप्प !!

भरि ट्रक ! एत्ते रास चानन ?
बप्प रे बप्प ! बाप्प रे बाप्प !!
भरि हॉल ! एत्ते रास चन्द्रानन ?
बप्प रे बप्प ! बाप्प रे बाप्प !!
भरि आङन ! एते रास बेङ ?
बप्प रे बप्प ! बाप्प रे बाप्प !!
भरि गाछी ! एत्ते रास ढेङ !!
बप्प रे बप्प ! बाप्प रे बाप्प !!
बड़की टा मूँह, कनीटा जीह !
बप्प रे बप्प ! बाप्प रे बाप्प !!
हथिया कान, कउड़िया आँखि ईह !
बप्प रे बप्प ! बाप्प रे बाप्प !!

माटिपानि/अगस्त, 1983

हजूर, हँऽ, हजूर !

नाक परसँ सुगंधित रूमाल
हटबिअउ हजूर
कार परसँ उतरिकँ
दू-चारि डेग सड़क पर चलिअउ हजूर
आँखि परसँ धुपछाँही चश्मा कने
उतारि लिअउ हजूर
पिअरका ढाबुसक भाखा सुनिअउ कने हजूर
मड़ुआ रोटीक स्वाद त
सरकार कें अपूर्व लागत
बोनिहारक पाहुन होइअउ कने
हजूर, हँऽ, हजूर !

ओकर तरहत्थिक ठेला
अपनेक कर-कमलकें बर्दाश्त नहि हेतइ हजूर,

बप्प रे बप्प ! बाप रे बाप !!

पूरा ट्रक ! इतने चंदन ?
बप्प रे बप्प ! बाप रे बाप !!
पूरा हॉल ! इतने चंद्रानन ?
बप्प रे बप्प ! बाप रे बाप !!
पूरा आँगन ! इतने बंग[1] !
बप्प रे बप्प ! बाप रे बाप !!
पूरा बाग ! इतने ढेंग !
बप्प रे बप्प ! बाप, रे बाप !!
बड़ा सा मुँह, छोटी सी जीभ !
बप्प रे बप्प ! बाप्प रे बाप्प !!
हाथी वाला कान, कौड़िया आँख इस्स !
बप्प रे बप्प ! बाप रे बाप !!

हुजूर, हाँऽ, हुजूर

नाक पर से सुगंधित रूमाल
हटाइए हुजूर
कार से उतरकर
दो-चार कदम सड़क पर चलिए हुजूर
आँखों से रंगीन चश्मा जरा
उतार लीजिए हुजूर
पीले मेढकों की भाषा सुनिए जरा हुजूर
मड़ुआ की रोटी का स्वाद तो
श्रीमान को अपूर्व ही लगेगा
बनिहार के अतिथि होइए जरा
हुजूर, हाँऽ, हुजूर !

उसकी हथेलियों का घट्ठा
आपके कर-कमल को बर्दाश्त होगा ही नहीं हुजूर

---

1. मेढक।

ओ सात बरखसँ सरकारेक ट्रैक्टर
ड्राइभ करइत आएल अछि...हजूर, हँऽ, हजूर !

मातिपानि/अगस्त, 1983

खूब चटइ जो

कूथि-कूहरि कँऽ कहुना बड़नी
मजरल अछि ई आमक रोगहा गाछ
डोमा बँबइ बूढ़ो अछि तऽ
जोर लगौलक बेश
तहिना ओ बुढ़िया कलकतिया
मजरलि एहू बेर
ओहो सदिखन
रहिते अछि दुखिताहि
मालदहक नवगछुली, देखू,
केलकनि सभकें मात
धिया-पुताकें चटा रहल ई
मधुआ लागल पात
पात पर पात...पात पर पात
अरे अबइ जो सौंसे टोलक धीया-पूता
खूब चटइ जो, खूब चटइ जो, खूब चटइ जो
मधुआ लागल पात...मधुआ लागल पात...

हे हमर आद्या

हे हमर आद्या
हे हमर आद्या
हे हमर माटि
हे हमर पानि
हे हमर धरती
हे हमर आकाश
हे हमर इजोत

वह सात वर्षों से श्रीमान का ही टैक्टर
ड्राइव करता आया हैं...हुजूर, हाँऽ, हुजूर !

खूब चाटते जाओ

हाँफ-कराह कर, जैसे भी हो
मँजराया तो है मरियल-सा यह आम
बूढ़ा होकर भी 'डोमा बम्बइया' ने
खूब लगाया जोर
वैसे ही वह बूढ़ी 'कलक़तिया' भी
मंजराई अबकी बार
वह भी हरदम
रहती है बीमार
नया पेड़ होने पर भी देखो, 'लंगड़े' ने
किया सभी को मात
बाल-वृंद को चटा रहा है
मधुआए नव पात
पात पर पात...पात पर पात...
आते जाओ टोले भर के बाल-वृंद
खूब चाटते जाओ...खूब चाटते जाओ...
मधुआए नव पात...मधुआए नव पात...

ओ मेरी आद्या

ओ मेरी आद्या
ओ मेरी आद्या
ओ मेरी माटी
ओ मेरे पानी
ओ मेरी धरती
ओ मेरे आकाश
ओ मेरे प्रकाश

हे हमर अन्हार
हे हमर देह
हे हमर मोन-प्राण
हे हमर ऊर्जा
हे हमर प्रज्ञा
हे हमर ओज
हे हमर तेज
हे हमर आद्या

हमरा अनुमति दियऽ
बीच-बीचमे
अहिना हम हेड़ा जाइ
भसिया जाइ अहिना
बीच-बीच मे
हमरा आशीष दियऽ
अहिना हम बीच-बीचमे
भक दऽ प्रकट होइ
चकचोन्ही लगइ अहिना
लोककें हमरा देखि-देखि
हे हमर आद्या
हमरा आशीष दियऽ
अहिना चेतनाक ई टेमी हमर
बरैत रहओ अविराम
निरन्तर, अविच्छिन्न

हे हमर आद्या जननी
हे हमर प्रथमा प्रेयसी
हे हमर सभ किच्छु
हे हमर किछु नहि
हे हमर शून्य
हे हमर पूर्णता
हे हमर अहाँ
हे हमर हम
हमरा आशीष दियऽ
अनुमति दियऽ हमरा

ओ मेरे अंधकार
ओ मेरी देह
ओ मेरे मन-प्राण
ओ मेरी ऊर्जा
ओ मेरी प्रज्ञा
ओ मेरे ओज
ओ मेरे तेज
ओ मेरी आद्या

अनुमति दो मुझे
बीच-बीच में
ऐसे ही मैं खो जाया करूँ
बह जाऊँ इसी तरह
बीच-बीच में
आशीष दो मुझे
इसी तरह मैं बीच-बीच में
भक् से प्रकट हो जाऊँ
चकचौंधी लगे इसी तरह
लोगों को मुझे देख-देखकर
ओ मेरी आद्या
आशीष दो मुझे
इसी तरह मेरी चेतना की यह लौ
जलती रहे अविराम
निरंतर, अविच्छिन्न

ओ मेरी आद्या जननी
ओ मेरी प्रथमा प्रेयसी
ओ मेरे सब कुछ
ओ मेरे कुछ नहीं
ओ मेरे शून्य
ओ मेरी पूर्णता
ओ मेरी तुम
ओ मेरे मैं
आशीष दो मुझे
दो मुझे अनुमति

बीच-बीच मे
कालक प्रवाहमे
अहिना हम भसिआएल घुरी
लिप्त महालिप्त रही अहिना
अहिना निर्लिप्त रही
हमरा आशीष दियऽ
हे हमर आद्या
हे हमर आद्या
हे हमर आद्या

1 नवंबर, 82/आरम्भ नवम्बर, 1982

लिप्सा

छओंड़ा सबहिक कथनानुसार
महा चहटगर
'अमुक' फिल्म
ओहि डिविजनल टाउनमे
चउबटिए पर
लगल रहइक
मात्र एक्के सप्ताहक निमित्त
मैटिनी टा
चलबइत रइहक...
रिटायर्ड इशखी बुजुर्ग
लोकनिक सेहो
कने-मने
मनोरंजन भइए गेलइन...
स्वाइत पुन्नी बाबू बाजल छलाह
ओइ दिन—
"की हेतइ
आइ हमहूँ देखबइ गऽ
आइ बरु टेबलेट नइँ गीड़ब
तथाकथित सड़लाही
फिल्में देखब गऽ आइ..."

मादिपानि/अगस्त, 1983

बीच-बीच में
काल के प्रवाह में
इसी तरह मैं बहता घूमूँ
लिप्त-महालिप्त रहूँ इसी तरह
इसी तरह निर्लिप्त रहूँ
आशीष दो मुझे
ओ मेरी आद्या
ओ मेरी आद्या
ओ मेरी आद्या

लिप्सा

छोकरों के कथनानुसार
बड़ा मजेदार
'अमुक' फिल्म
उस डिविजनल टाउन में
चौक पर ही
लगी थी
मात्र सप्ताह भर के लिए
केवल 'मेटिनी'
चलती थी...
रिटायर्ड इश्की
बुजुर्गों का भी
थोड़ा-थोड़ा
मनोरंजन हो ही गया...
तभी तो पुन्नी बाबू ने कहा था
उस दिन—
"क्या होगा
आज मैं भी देखूँगा
चलिए आज टेबलेट नहीं खाऊँगा
तथाकथित सड़ियल
फिल्म ही देखूँगा आज..."

रति-रहस्यक ऊहापोह मध्य

अन्ततः
ओ अपनहिं मूँहें
स्पष्ट भाषा मे
कहलथिन अछि—
हमर ब्रह्मचर्य
रति-रहस्यक ऊहापोह मध्य
भ्रमित रहल अछि
हम शुक्रमोचनवला
तृतीय कोटिक
पंचमकारक
लीलाधारी प्रतीक थिकहुँ
से सत्ते
हम 'दिनेश' नहि
रजनीश थिकहुँ हम
से सत्ते
एहि जमानाक
सर्वश्रेष्ठ प्रपंची
अद्वितीय प्रवंचक
से सत्तेऽऽऽ
हमर नाम थिक रजनीश
छिः, हम दिनेश किए हैब गऽ ?
स्वर्णमेरुक शिखर पर
विराजमान हम
हम रजनीश
त्रिकाल मध्य
हमर समतूल
कथीलए केओ हेताह गऽऽऽ !!

सन्निपात-4/1986

रति-रहस्य के ऊहापोह मध्य

अंततः
उन्होंने अपने ही मुँह से
स्पष्ट भाषा में
कहा है—
मेरा ब्रह्मचर्य
रति-रहस्य के ऊहापोह मध्य
भ्रमित रहा है
मैं शुक्रमोचन वाले
तृतीय कोटि के
पंचमकार का
लीलाधारी प्रतीक हूँ
सचमुच
मैं 'दिनेश' नहीं
रजनीश हूँ मैं
सचमुच
इस जमाने का
सर्वश्रेष्ठ प्रपंची
अद्वितीय प्रवंचक
सचमुच
मेरा नाम है रजनीश
छिः, मैं दिनेश क्यों होने लगा ?
स्वर्णमेरु शिखर पर
विराजमान मैं
मैं रजनीश
त्रिकाल मध्य
मेरे समतुल्य
कैसे होगा कोई !!

दुनू गोटे तथैव च

अबितहिं,
अहीं हमर स्वागत निमित्त
स्नेह-सिंचन
आरम्भ कए देल !
वस्तुतः, ई हमरे टा नहि
अहुँक परम सौभाग्य थिक
वस्तुतः हमरा लोकनि
—'दुनू मीता'
अनन्य सामान्य थिकहुँ
हम सेहो,
आ अहाँ सेहो।
केओ कम विलक्षण नहि
कम लोकोत्तर नहि केओ
दुनू गोटे 'सम-तूल'
अपन अपन वैशिष्ट्य मे
दुनू गोटे 'तथैव च'
कहू 'हँऽऽ'
कहू 'हँऽऽ'
से बेश ।
अहाँ दिश सँ
मृदु-मन्द ध्वनि
सुनबा मे आबि रह अछि !
अपन-अपन यात्राक क्रममे
अपन-अपन यात्राक मध्य
ने हमहीं उताहुल
ने अहीं उताहुल ।
से इ कथा ककरा नहि बूझल हेतइ ?
हमरो 'निखिल भुवन' चिन्हइए
अहूँ के चिन्हिते अछि निखिल भुवन ।
तैं, अहीं हमर स्वागत निमित
स्नेह-सिंचन
आरम्भ कए दैल...

सन्निपात-4/1986

दोनों जने तथैव च

आते ही
तुमने ही मेरे स्वागत में
स्नेह-सिंचन
आरंभ कर दिया !
वस्तुतः यह मेरा ही नहीं
तुम्हारा भी परम सौभाग्य है
वस्तुतः हम लोग–
'दोनों मीता'
अनन्य सामान्य हैं
मैं भी
और तुम भी !
कोई भी कम विलक्षण नहीं
कम लोकोत्तर नहीं कोई भी
दोनों जने 'सम-तुल्य'
अपने-अपने वैशिष्ट्य में
दोनों जने 'तथैव च'
बोलो 'हाँऽऽ'
बोलो 'हाँऽऽ'
चलो, ठीक है।
तुम्हारी ओर से
मृदु-मंद ध्वनि
सुनने में आ रही है !
अपनी-अपनी यात्रा के क्रम में
अपनी-अपनी यात्रा के मध्य
न मैं ही उतावला
न तुम ही उतावले।
और यह बात किसे नहीं मालूम है ?
मुझे भी 'निखिल भुवन' पहचानता है
तुम्हें भी पहचानता ही है 'निखिल भुवन'।
इसीलिए मेरे स्वागत में तुमने
स्नेह-सिंचन...
आरंभ कर दिया...

बेलीक पाँच फूल

नहि, नहि, नहि
किन्नहु नहि
आइ हमरा पलखति कहाँ भेटत !
एकदम्मे नइ...
ओइ...फूल पर
समुच्चा दिन
हमरा दया अबइत रहत
एह, केहेन सेहन्ता सँ
कते आवेगमे
बेलीक ओ पाँचों टा फूल तोड़ने रही !
मुदा कर्म-चेतना
गन्ध-चेतना कें फुर्सति कहाँ देतइ एखन !
साँझ धरि दइ त दइयो दइ...

सन्निपात-4/1986

कोचिंग इन्स्टीच्यूट

हँऽ, हँऽ, बूझल, बूझल !
बुझबा में भाङठ नहि,
नीक जकाँ बुझवामे आबि गेल !
बाउ, अहाँ तऽ अपने लोक थिकहुँ...
सुच्चा, स्व-जन
एकदम्मे भितरिआ
मुदा एकटा बात कहब अहाँ कें
मुदा से अहाँ के अततह गून करत
बाउ, कहू ?
कहू, बाउ ?

अहाँ के आब चाही
निरंतर एकान्त
अविच्छिन्न एकान्त
गम्भीर साधनाक निमित्त

बेली के पाँच फूल

नहीं, नहीं, नहीं
कदापि नहीं
आज मुझे समय कहाँ मिलेगा !
बिलकुल नहीं...
उस...फूल पर
पूरे दिन
मुझे दया आती रहेगी
अहा! कितने शौक से
कितने आवेग में
बेली के वे पाँचों फूल तोड़े थे !
लेकिन कर्म-चेतना
गंध-चेतना को फुर्सत ही कहाँ देगी अभी !
शाम तक दे दे तो दे दे...

कोचिंग इन्स्टीच्यूट

हाँऽ, हाँऽ, समझ गए, समझ गए !
समझने में कोई कठिनाई नहीं
अच्छी तरह सगझ में आ गया !
प्यारे, तुम तो अपने ही आदमी हो...
खाँटी-स्वजन
पूरे अंतरंग
लेकिन एक बात कहूँगा तुम से
लेकिन, वह तुम्हें बेहद फायदा करेगा
प्यारे ! कहूँ ?
कहूँ प्यारे, कहूँ ?

तुम्हें अब चाहिए
निरंतर एकांत
अविच्छिन्न एकान्त
गंभीर साधना के निमित्त

चरम सम्बल होइत छइ—
की ? की होइत छइक चरम सम्बल
गम्भीर एकाग्रताक निमित्त ?
बाजू ने बाउ !
कहू ने किच्छु !
—ओना नहि मानब हम...
हम पुछबे टा करब !
हँऽऽऽ घाड़ सोझ करिअउ !
मिलऽ दिअऽ नजरि कें नजरि मे
हेऽऽ हम धऽ नइ लेब अहाँ के...
दुइए-एकटा किच्छु पूछब !
मुदा से टा पुछबे करब !

हमरा अहाँक पिता-पितामह सँ
कहिओ साक्षात्कार नहि...
अहाँक मातामहक प्रसंगें
हमरा किच्छुटा ज्ञात नइ अछि
हँ, तखन एतबा धरि अवश्श,
बाउ, अहाँ-गाममे हम तीन बर्ख रही
समुच्चा सिद्धान्त कौमुदी
घोखि नेने छलिअइ
पाँचो सर्ग रघुवंश
आरम्भ दिश कुमारसंभव
सेहो सर्ग तिनिएक
दू उच्छास दशकुमारो महक
एतवा हम अहीं-गाम मे क नेने रही
तखन बरुआरी
तखन पंचगछिआ
तखन काशी !
राजा ठाकुरक कोठा...
तारा मन्दिर—नेपाली खपड़ा
रानी कोठा—मीर घाट
अगस्ति कुंड...

अमरकोश त पढ़नहि हेबइ ?

चरम संबल होता है—
क्या ? क्या होता है चरम संबल
गंभीर एकाग्रता के निमित्त ?
बोलो न प्यारे !
कुछ कहो न !
—वैसे नहीं मानूँगा मैं...
मैं पूछ कर ही रहूँगा !
—अजी गर्दन सीधी करो
मिलने दो नजर से नजर को
अजीऽऽ मैं पकड़ नहीं लूँगा तुम्हें...
दो-एक कुछ पूछूँगा !
लेकिन वह पूछूँगा ही !

मुझे तुम्हारे पिता-पितामह से
कभी साक्षात्कार नहीं...
तुम्हारे मातामह के प्रसंग में
मुझे कुछ भी ज्ञात नहीं
हाँ, तब इतना अवश्य
प्यारे, तुम्हारे गाँव में मैं तीन वर्ष रहा
पूरी सिद्धांत-कोमुदी
रट डाली थी
पाँचों सर्ग रघुवंश
आरंभ से कुमारसंभव
वह भी तीन-एक सर्ग
दो उच्छास दशकुमार में से
इतना तो मैंने तुम्हारे ही गाँव में पूरा कर लिया था
इसके बाद बरुआरी
इसके बाद पंचगछिया
इसके बाद काशी !
राजा ठाकुर का कोठा...
तारा मन्दिर—नेपाली खपड़ा
रानी कोठा—मीर घाट
अगस्ति कुंड...

अमरकोश तो पढ़ा ही होगा ?

हम जे अहाँ के पूछब
तकर जबाब अमरकोशे मे छइक
अष्टाक्षरी समाधान !
हँ, सरिपहुँ आठे अक्षर !
अनुष्टुप् केर एक चरण-मात्र
त बेश !
कहू त, बाउ,
अन्न ओ फलमे की भेद ?
ओहो फड़इए, इहो फड़इए
तखन धाने फल किए नहि ?
आम-जामुन अन्न किए नहि ?
बाजू बाउ, किछु बाजू
दुइओ आखर !
बाजू, बाउ, बाजू...
गुम्मी किए लाधि लेल ?
किछु कहिअउ ने !

वैदेही/सितम्बर, 1989

अहाँ बड्ड फूसि बजइ छी !

बाबा !
अहाँ फूसि बजैत छी ढाकीक ढाकी...
अहाँ फूसि बजैत रहइ छी
आ, हमरा बड्ड बेशी
हँसी लगैत रहइए...
मोन होइए, कउखन कऽ
कने-मने फूसि हमहूँ बाजी
मुदा हमरा बुतें
से कहाँ पार लगइए !
सिखा दिअऽ हमरो
फूसि बजनाइ, प्लीज, बाबा ने !

ई बात हम
ककरो नइ कहबइ

मैं जो तुमसे पूछूँगा
उसका जवाब अमरकोश में ही है
अष्टाक्षरी समाधान !
हाँ, बिलकुल आठ ही अक्षर !
अनु[illegible] का एक चरण मात्र...
अच्छा तो !
कहो तो प्यारे
अन्न और फल में क्या है भेद ?
यह भी फलता है, वह भी फलता है
तब फिर धान ही फल क्यों नहीं ?
आम-जामुन ही अन्न क्यों नहीं ?
बोलो प्यारे, कुछ तो बोलो
दो ही अक्षर सही !
बोलो प्यारे, बोलो...
चुप्पी क्यों साध ली ?
कुछ कहो न !

आप बहुत झूठ बोलते हैं !

बाबा !
आप बोलते हैं झूठ टोकरी के टोकरी
बोलते रहते हैं झूठ आप
और मुझे बहुत ही
आती रहती है हँसी...
मन होता है कभी-कभी
थोड़ी-बहुत झूठ मैं भी बोलूँ
पर मुझसे
यह कहाँ हो पाता !
सीखला दो मुझे
झूठ बोलना, प्लीज, बाबा मेरे !

यह बात मैं
नहीं कहूँगा किसी से

फूसि बजनाइ हम
अप्पन बाबासँ सिखने छी
से ई बात हम ककरो नइ कहबइ

अहाँ सँ कत्ते गोटे
भेंट करए अबैत रहइ छथि
किदन-कहाँदन गप्प करइ छथि
अहाँ बेशी सँ बेशी
सुनितहिं छिअनि
कौखन मूड़ी
डोला दइत छिअनि
तखन बजनिहारे हारि
मानि लइत छथि

हीनू
हमर छोटका पौत्र
तेना जकाँ करइए जे
हमरा बड्ड हँसी लगइए
मुदा करब की ?
अंग्रेजी माध्यम बला
आनन्दमार्गी इसकुलमे
पढ़निहार हीनू
अर्थात हेमेन्द्र मिश्र
सातम क्लासक छात्र...
हमर दुलरूआ...

संकल्प-4/1994

एना भ' क' केओ

मोशहरिक भीतर
पौने नओ बजे राति...
दलिआ एवं भाँटाक चोखाक
भोग लगा कँऽ

झूठ बोलना मैंने
अपने बाबा से सीखा है
नहीं बताउँगा किसी को यह बात

आप से कितने ही लोग
आते हैं मिलने को
जाने क्या-क्या बातें होती हैं
आप अधिकतर
सुनते ही रहते हैं
कभी-कभी
हिला देते हैं माथा
तब बोलने वाला खुद ही
मान जाता है हार...

हीनू
मेरा छोटा पौत्र
इस तरह करता है कि
मुझे आती है बहुत हँसी
लेकिन करूँ भी क्या ?
अंग्रेजी माध्यम वाले
आनन्दमार्गी स्कूल में
पढ़नेवाला हीनू
अर्थात हेमेन्द्र मिश्र
सातवें वर्ग का छात्र
मेरा प्यारा दुलारा...

इस तरह भी कोई

मशहरी के अंदर
पौने नौ बजे रात...
दलिया और बैंगन के चोखा का
भोग लगाकर

पोखरामक गुरूजीक
धेआन करइत, आब
पनरह मिनटक बादे
कल्याण-करोट देथिन
जात्री जी महाराज—
अउद नाम 'ठक्कन'—
आवहुँ तरउनी गामक
बूढ़-पुरनिया एहि ओरिजिनल नामे
शोर पाड़इ छनि

भदराक माए परूकाँ साल
पुछनहु रहइन—
''ठक्कन बाबू, एना भ' क' केओ
अपन गाँओ-घर कें
बिसरइए, से कहू हमरा !
ओना हमरो बेटा कलकत्ता रहइए
साल मे दू-दू बेर जाइए-अबइए
सोनाइक बेटा बोकारो रहइ छइ...
बरोबरि जाइ-अबइ छइ...
हम मुरूख मेहरारू
मुदा हमहू बोकारो जाइ त' हमरो
बाबू आउर के क्वाटर मे
झाड़ू-बुहारी आ
बर्तन-बासन माँजक
काज भेटि सकइए...
सोनाइक बेटा कहलक
—'चाची, चारि बासा मे
काज क' देमही त
दू शए रुपइआक
महिनबारी नगद आमदनी
तोरो भेटबे करतऊ
चल बोकारो चाची
अइ ठमाक उद्‌बेग लगउ त'
फटाक सँ चल अबिहँए—
बोकारो-दरभंगा

पोखराम के गुरु जी का
ध्यान करते हुए, अब
पंद्रह मिनट के बाद ही
सो जाएँगे
'जात्री जी' महाराज—
पुराना नाम 'ठक्कन'—
अब भी तरौनी गाँव के
बूढ़े-पुराने इस ओरिजनल नाम से
पुकारते हैं

भदरा की माँ पिछले वर्ष
पूछ ही बैठी—
''ठक्कन बाबू, इस तरह भी कोई
अपने गाँव-घर को
भूलता है, बताइए तो मुझे !
वैसे तो मेरा बेटा भी कलकत्ता रहता है
साल में दो बार आता-जाता है
सोनाई का बेटा बोकारो रहता है
बराबर आता-जाता है
मैं मूरख मेहरारू
पर, मैं भी बोकारो जाऊँ तो मुझे भी
बाबू लोगों के क्वार्टर में
झाड़ू-बुहारू और
बर्तन माँजने का
काम मिल सकता है...
सोनाई का बेटा ने कहा था
—'चाची, चार बासा में
काम कर दोगी तो
दो सौ रुपए का
मासिक नगद आमदनी
तुम्हें मिलेगी ही
चलो बोकारो, चाची !
यहाँ के लिए उद्वेग लगे तो
फटा-फट चली आना
बोकारो-दरभंगा

बोकारा-मधुबनी
बोकारो-जैनगर
बोकारो-निर्मली...
सगरो दुनिया-जहान के
बस मिलइ छइ बोकारो सँऽ
काकी हमरे सप्पत तोराऽऽ
चल बोकारो एक बेर
दशो-पनरह दिनुका लेल
चल एक बेर
देखबही अपने आँखि सऽ
कोना हमरा आउर
बोकारो मे रहइ छी...'
मुदा, ठक्कन बाबू, हमरा
अपन गाम-घर कऽ बिना
केना कऽ रहल जाइत..."

आ ओ भदरा माय ठामहि
ठठवे सँऽ कने इम्हरे
रस्ता छेकि क पुछलकइन
सङे गेल रहथीन वाचस्पति
हुनका द' भदरा माय बाजलि
—"हिनका नइ केओ रोकतइन
मुदा अहाँ के लोक जाए नहि देत
ठक्कन बाबू, एना भ' क' केओ
अपन गाँओ-घर के
बिसरइए, से कहू हमरा..."

24 दिसंबर, 1995/आरम्भ, जून, 1997

सुन्दर राउत

भकड़ार मोछवला
पैंतालिस बर्खक
सुन्दर राउत

बोकारो-मधुबनी
बोकारो-जयनगर
बोकारो-निर्मली...
सारे दुनिया-जहान की
बस मिलती है बोकारो से
चाची, मेरी ही कसम है तुम्हें
चलो बोकारो एक बार
दस-पंद्रह दिनों के लिए
चलो एक बार
देख लोगी अपनी ही आँखों से
कैसे हम सब
बोकारो में रहते हैं...'
परन्तु ठक्कन बाबू, मुझे
अपना गाँव-घर के बिना
कैसे रहा जाएगा..."

और वहीं भदरा की माँ वहीं
'ठठवे' से जरा इधर ही
रास्ता रोककर पूछ बैठी
साथ गए थे वाचस्पति
उनके बारे में भदरा की माँ बोली—
"इनको कोई नहीं रोकेगा
पर आपको लोग जाने नहीं देंगे
ठक्कन बाबू, इस तरह भी कोई भला
अपने गाँव-घर को
भूलता है, बताइए तो मुझे..."

सुन्दर राउत

घनी मूँछोंवाला
पैंतालिस वर्ष के
सुंदर राउत

हमर अपने समाङ थिकाह—
एक दिन ओ बजलाह
—"हम गाम नहि रहऽ चाहैत छी
बेटा दूनू ध पकड़िक रखने अछि
अहाँ हमरा ल चलूऽऽ
हम अहाँक सेवा करब
जाँति-पिचि देब—
सदरिखन संगहि रहब...
मोटा ऊघब, कपड़ा साफ करब
हम भातो दालि रान्हि सकइ छी
हँ, तीमन-तरकारी
बनैब नइ ओरिआइत अछि
लोढ़ी-सिलओट रहतइ तऽ
आमक कुच्चा कऽ देब...
जँ आमक समय रहइ..."

सुनरा आठ-दश बर्ख
फारबिसगंज रहि चुकल अछि
ओतऽ टंडेली करैत छल—
माने मेट-माइनजनक काज
सम्हारैत रहइ...
कने चापलुसी,
एक रती फूसि-फटक,
अपढ़-अपरोजक-डरबुक
मजूर सब पर
अपन एहि मोछक परतापे
दबाब रहइ छलइ एकर...
से इएह सुन्दर राउत आब
अपन गाम-घर ओगरने छथि
फारबिसगंजमे धन्धाक मन्दा...
हँऽऽ, तखन विराटनगर
चल गेल रहितथिन
मुदा नेपालवला बात रहइ
दोसर मुलुक, ओहि ठमाक
कानून-कायदा फराके...

हमारे अपने लोग हैं
एक दिन वह बोले
—"मैं गाँव नहीं रहना चाहता हूँ
दोनों बेटों ने पकड़-धकड़कर रख रखा है
आप मुझे ले चलिए
आपकी सेवा करूँगा
देह मालिश कर दूँगा
हमेशा साथ रहूँगा...
गठरी ढोऊँगा, कपड़ा साफ कर दूँगा
चावल-दाल पका सकता हूँ
हाँ, सब्जी-भाजी
बनाना नहीं सँभलता
सिल-लोढ़ा हो तो
आम की चटनी बना दूँगा
यदि आम का मौसम रहा तो..."

सुनरा आठ-दस वर्ष
फारबिसगंज रह चुका है
वहाँ वह मटरगश्ती करता था
अर्थात मेट और अगुआ का काम
सँभाल रहा था...
थोड़ी चापलूसी
जरा-सा झूठ-फरेब
अपढ़-अपचेष्ट-डरपोक
मजदूरों पर
अपनी इसी मूँछ के प्रभाव से
दबदबा रहता था उसका
और वही सुंदर राउत अब
अपने गाम-घर बैठ गए हैं
फारबिसगंज के धंधे में मंदा...
हाँ, तो, तब विराटनगर
चल दिए होते
पर नेपाल वाली बात थी
दूसरा मुलुक, वहाँ का
कानून-कायदा अलग ही...

तही लेल सुन्नर विराटनगर दिश
नहि बढ़ला...
से, सुन्दर राउत आब
तरउनीक अप्पन घर-दुआरि
डेबैत-डेबैत
माने अपनहि ऊपर
खउँझाइत रहइ छइथ !
सुन्नर चारि भाइ—
सुन्नर, सुबध, कुसेसर, आ बकलेल
ओ तीनू बाहर जाइ अबइए
बेश कमाइए...
बाप हिनक—रामचरन राउत,
विधुर भेलाक उपरान्त
सार सरबेटाक पलिवाड़मे
रहइ छथिन...तरउनी ओ
बर्ख-दू बर्ख मे गोटेक बेर
अबइत छथिन...
सुन्नर बाजल छथि कइएक बेर
—बाबू अहाँक चर्चा
करैत रहइए,
हुकुम दी त बजा अनिअइ...
मुदा हमही कहइ छिअअइ
—कथी लए रामचरन के अनबहुन
ओ हमरे बतारी थिकाह !
ओना मोन त होइते अछि
दू-एक दिन रामचरन कें
अपना लग रखितियनि
पुरान-नव बात होइतइ
तखन की तऽ एखन एकटा काज में
बाझल छी ी ी ी...
इएह लिखउआ काज मे...
अप्पन इएह खेती-बाड़ी थीक...
नइ कोदारि त खुर्पिए...

एँ रओ सुन्नर

इसी कारण सुंदर विराटनगर की ओर
नहीं बढ़े...
वही सुन्दर राउत अब
तरौनी का अपना घर-आँगन
देखभाल करते-करते
मानो स्वयं पर ही
चिढ़ते रहते हैं !
सुन्नर चार भाई—
सुन्नर, सुबध, कुसेसर और बकलेल...
वे तीनों बाहर आते-जाते रहते हैं
अच्छा कमा लेते हैं...
पिता इनके—रामचरन राउत,
विधुर होने के उपरांत
साले-साले के बेटों के परिवार में
रह रहे हैं...तरौनी वे
साल-दो साल में एकाध बार
आते हैं...
सुन्नर ने कहा है कई बार
—बाबू आपकी चर्चा
करते रहते हैं
हुकुम करें तो बुला लाऊँ...
पर मैं स्वयं कहता हूँ—
क्यों लाओगे रामचरन को
वे भी तो हैं मेरी ही उम्र के !
वैसे मन तो करता ही है
दो-एक दिन रामचरन को
अपने साथ रखता
नई-पुरानी बातें होतीं
लेकिन अभी एक काम में
फँसा हूँ...
यही लिखाई वाला काम...
अपनी तो यही खेती-बाड़ी है...
कुदाल न तो खुर्पी ही सही...

अरे ओ सुन्दर

तोहर बाप कउखन
मोनो पाड़इए हमरा ?
महीना-पनरह दिन मे एक्को बेर
ईह खो तऽ हमर सप्पत—
रामचरन के 'ठक्कन बाबू'
मोन पड़इ छथिन ?
बेश, त' एक बेर बजाइए लबहीन
दश-पनरह दिनुका भीतरेऽऽ
बाद मे हमरा राँची-हजारीबाग
जेबाक अइ
हँ, एक दिनुका खातिर
कोडरमो जेबउ...
चलिहँ तँऽहू...
हजारीबाग-राँची देखने अबिहेंऽऽ
हरेकान्त-रमाकान्त
छथुन मोन ?
आ किशून ?
नइ छथि किशून आब,
पलिबाड़ हेबे करतइन..
आ बिजिन्दर मोन छथुन ?
ओहो नहि छथि !
त, बेश चलिहें तँऽहू...
टाटा सेहो देखि लिहें
भ' सकइ छउ,
टाटा मे कोनो काजक
जोगाड़ लागि जाउ !
तखन हँ, पनरह दीन
अबस्से लागि जेतउ...

कुसेसरे जा कऽ
रामचरन के बजा अनलकैन
रामचरन दू दिन रहथि
बजलाह—"महींस बिआएल छइ
पाड़ी भेलइए
हमर निगरानी रहतइ त'

तेरा बाप कभी
याद करता है मुझे ?
महीना-पंद्रह दिनों में एक बार भी
ई ऽऽ, खाओ तो मेरी कसम—
रामचरन को 'ठक्कन बाबू'
याद आते हैं ?
अच्छा, तो एक बार बुला ही लाओ
दस-पंद्रह दिनों के भीतर ही
बाद में मुझे राँची-हजारीबाग
जाना है
हाँ, एक दिन के लिए
कोडरमा भी जाऊँगा
चलना तुम भी...
हजारीबाग-राँची देख आना
हरेकान्त-रमाकान्त
हैं याद ?
और किसुन ?
किसुन नहीं रहे अब
परिवार होगा ही...
और विजेन्दर हैं याद ?
वे भी नहीं हैं अब !
तो, ठीक, चलना तुम भी...
टाटा भी देख लेना
हो सकता है
टाटा में किसी काम का
जुगाड़ लग जाए !
पर पन्द्रह दिन
अवश्य ही लग जाएँगे...

कुसेसर ही जाकर
रामचरन को बुला लाया
रामचरन दो दिन रहे
बोले—"भैंस ब्यायी है
पाड़ी हुई है
मेरी निगरानी रहेगी तो

महींस आ पाड़ी दुनूक
तालता हेतइ
हमरा एखन जै दिअऽ
सुनरा कें बुझा-सुझा कऽ
ठीक रास्ता धरा दिअउ...
बेकारे गाम मे पड़ल अइ
बाबू-भइया सँ
दस कट्ठा खेते बटाइ
लऽ लेने रहइत, त,
सेहो नहि !
हमरा आउर के पलिवाड़ मे
जिनगी बड़ लम्माऽऽ
हमर बापक बाप बुलाकी राउत
एक सए आ पाँच बर्ख
जिलथीन, हँ, ठक्कन बाबू !
हमरा बाबाक बड़ नाम—
बड़ जस...हुनका बारे मे
बड़ खेढ़ा पसरल छइन !
गोसाँइ पोखरि पर
सल्हेसक मंडप
हमरे बाबाक ठाढ़ कैल छिअइन
आब पुरनका
देवी-देवता मे
खाली हलुमाने जी
जगजिआर छथीन
सब ठमा हलुमानेजी
अपन धुजा आ
ललकी पतक्का सङे
विदमान छथिन !
जत्तहि पिपरक गाछ
तत्तहि निच्चा चबुतरा पर
हलुमानजी ठरा छथीन
रेडिओ सेहो हलुमान चलीसा
सुनबैत रहइ छइ कि ने ?
हमरा भगवानोपुर मे

भैंस और पाड़ी दोनों की
देखरेख में सहूलियत होगी
मुझे अभी जाने दें
सुनरा को समझा-बुझाकर
सही रास्ता लगा दें...
नाहक ही गाँव में बैठा है
बाबू लोगों से
दस कट्ठा खेत ही बटाई पर
ले लिया होता
सो भी नहीं !
हम लोगों के परिवार में
उम्र बड़ी लंबी होती है
मेरे पिता के पिता बुलाकी राउत
एक सौ और पाँच वर्ष तक
जिंदा रहे, हाँ, ठक्कन बाबू
हमारे बाबा का बड़ा नाम था
बहुत यश...उनके बारे में
कई कहानियाँ फैली हैं
गुसाईं पोखर पर
सल्हेस का मंडप
मेरे बाबा का बनाया हुआ है
अब पुराने
देवी-देवता में
केवल हनुमानजी ही
सर्वव्याप हैं
सभी जगह हनुमानजी ही
अपनी ध्वजा और
लाल पताका के साथ
विराजमान हैं !
जहाँ भी पीपल के पेड़
वहीं नीचे चबूतरे पर
हनुमान जी खड़े हैं !
रेडियो भी हनुमान चालीसा
सुनाता रहता है कि नहीं !
मुझे भगवानपुर में भी

हलुमानजिक दरसन होइए !
सुनरा हलुमानजी के
नइ गुदानइ छइन...
रे अभगला, बरू
सल्हेसेक अस्थान मे
कनीकाल बइसल क'र
मोन थीर हेतउ !
सुनरा की थीक ?
गोबरक चोत थीक...
अहाँ सुनरा के कत्तउ नहि ल जेवइ !..."

सुन्नर !
तो अपन ई भकड़ार मोछ
छोट करा लेऽऽ
तइखन तोरा कतउ
कोनो काज भेटतउ !!

31 दिसंबर, 1995/आरम्भ, जून 1997

हँऽ, गुरुक सप्पत

शुरू बइशाख मे गाम सँऽ
आएल रहथि आ'
कंचन भवन (नया टोला, पटना) मे
डेरा जमा कऽ साँझ-परात
प्रवचन देल करथि
स्वर बड़ मधुर रहइन
सदरिखन चारि-छओ
गोटे हुनका लग जुटले रहथिन
भोरे भोर
ओ पराती गावथि—
'जागहु हे ब्रजराज
लाज मोरि राखहुँ हे ब्रजराज...'
उठू अओ गजाधर बाबू !

हनुमानजी के दर्शन होते हैं...
सुनरा हनुमानजी को
मानता ही नहीं...
रे अभागा, बेशक
सलहेस-स्थान में ही
कुछ देर तो बैठा कर !
मन स्थिर होगा !
सुनरा क्या है ?
गोबर का लोंदा है...
आप सुनरा को कहीं नहीं ले जाइएगा...''

सुन्नर !
तुम अपनी यह घनी मूँछ
छोटी करवा लो
तभी तुम्हें कहीं भी
काम मिलेगा कोई !!

हाँ, गुरु की शपथ

शुरू वैशाख में गाँव से
आ गए थे और
कंचन भवन (नया टोला, पटना) में
डेरा जमाकर, सबेरे-शाम
प्रवचन दिया करते
स्वर बड़ा मीठा था
हर-हमेशा चार-छः लोग
उनके पास जमे ही रहते
सबेरे-सबेरे
वह प्रभाती गाते—
'जागहुँ हे ब्रजराज
लाज मोरि राखहुँ हे ब्रजराज...'
उठिए भी तो ओ गजाधर बाबू !

भोर भ' गेल, अहाँ नोकरिअहा,
दाढ़ी-ताढ़ी बनैब,
नहैब-सोनैब, आकि अहिना
पड़ले रहबइ ?
गजाधर बाबू पड़ले रहला
मुदा महाकान्त बाबू फेर
पराती धएलन्हि–
'ठुमुकि चलत रामचन्द्र
बाजत पैजनियाऽऽऽ'

''कोन दुर्घटना मे
अहाँक आधा टाङ चल गेल ?''
लोक बेर-बेर पुछइन,
''हेहो, की त बामा टाङ !
की गाछ पर सँ
खसल रहिअइ ?
अस्पताल मे डाक्टर
कटलकइन ?
दरभंगा मेडिकल कालेज मे ?''
अइ सभ सवाल पर
ओ बौक-बहीर भ' जाथिन !

बइशाख आ कातिक,
अही दू मास मे ओ
पटना आबथि,
हीत-अपेक्षित के कहथीन–
''ब्राह्मणी हमरा
गाम सँऽ बइला देने छथि...''
एतवा बाजि कँऽ
हँसऽ लागथि–
–''सत्ते कइ छी यात्रीजी
ब्राह्मणी हमरा घर सँऽ
ठोंठिआ कऽ...
आङन टपा देथि...
पाँच दिन जखन लगातार

सबेरा हो गया, आप नौकरीपेशेवाले
दाढ़ी-ताढ़ी बनवाइएगा
स्नान वगैरह कीजिएगा या कि इसी तरह
लेटे ही रहेंगे...?
गजाधर बाबू लेटे ही रहे
लेकिन महाकान्त बाबू पुनः
प्रभाती शुरू किया–
'ठुमुकि चलत रामचन्द्र
बाजत पैजनियाऽऽऽ'

"किस दुर्घटना में
आपका आधा पाँव चला गया ?"
लोग बार-बार पूछते–
"वह भी बायाँ पैर !
क्यों, पेड़ से
गिर गए थे ?
अस्पताल में डाक्टरों ने
काटा था ?
दरभंगा मेडिकल कालेज में ?"
इन तमाम सवालों पर
वे गूँगे-बहरे हो जाते।

वैशाख और कार्तिक
इसी दो माह में वे
पटना आते
हित-अपेक्षितों से कहते–
"मेरी ब्राह्मणी ने मुझे
गाँव से निकाल दिया है..."
इतना कहकर
हँस पड़ते–
"सच कहता हूँ यात्रीजी
ब्राह्मणी मुझे घर से
जबर्दस्ती निकालकर...
आँगन से बाहर कर देती...
लगातार पाँच दिनों तक जब

दुसंझी अल्हुआ चललइ
तखन ब्राह्मणी के नइ
रहल गैंलइन, बजली—
'हम जेना-तेना खेपिए लेब
मुदा अहाँ के पटना
जाइए पड़त, हमरे सप्पत !'
से, हम अगहनी पूर्णिमा
बितलाक उपरान्त
गाम जेबइन...
धान-पानि नीके हेतइ
अइ बेरूका धानक फसिल
बेश बढ़िआ हेतइ
हमरो ब्राह्मणीक पोस्काट
एबे करत—
'जल्दी अबिअउ
नवका धानक चूड़ा
नवका चाउरक भात
तीसी-सजमनि, भांटा-अदौड़ि...
हमरा असगरे कोना अरघत ?
से अहाँ चिट्ठी पबैत, तुरन्ते
'वस' धरब, पटना-दरिभंगा
आ दरिभंगा सऽ कमतौल...
दरिभंगा जूनि बिलमब...
हम नवका गूड़ो
अहाँ लए ल' क' रखने छी,'

ब्राह्मणी त हमर हीरे छथि
की कहू अहाँ के !
बिआह भेल
बाइसम बर्खक अवस्था मे
ओ सत्तरह बर्खक...
आँखि बड़ कटगर
आमक फाँक सन, एनमेन
हँऽ तखन की त'
कने पिंडश्याम

दोनों शाम शकरकंद ही चला
तब ब्राह्मणी से नहीं
रहा गया, बोली—
'मैं तो जैसे-तैसे झेल लूँगी
पर आपको पटना
जाना ही पड़ेगा, मेरी ही शपथ !'
तो मैं अगहन पूर्णिमा
हो जाने के बाद ही
गाँव जाऊँगा...
धान-पानी ठीक ही होगा
इस बार धान की फसल
काफी अच्छी होगी
मुझे भी ब्राह्मणी का पोस्टकार्ड
आएगा ही—
'जल्दी आइए
नए धान का चिउड़ा
नए चावल का भात
तीसी-लौकी, बैंगन-बड़ी...
अकेले कैसे गले के नीचे उतरेगा
सो आप पत्र पाते ही, तुरन्त
बस पकड़ें, पटना-दरभंगा
और दरभंगा से कमतौल...
दरभंगा मत रुकिएगा...
मैंने नया गुड़ भी
आपके लिए लेकर रखा है...'

ब्राह्मणी तो मेरी हीरा है
क्या बताऊँ आपको !
शादी हुई
बाईस वर्ष की उम्र में
वह सत्रह वर्ष की...
आँखें बड़ी कँटीली
जैसी आम की फाँक, ठीक वैसी ही
हाँ, लेकिन
थोड़ी श्यामवर्णा

आ बेश नमछर देह
की कहू—सपनामे हमरा कहिओ
आन माउगिक मुखमंडल
नहि देखाइए ! हँऽऽ गुरूक सप्पत !!

15 जनवरी 1996/आरम्भ जून, 1997

तुलसी बाबा

तुलसी बाबा साथ रहइँ त'
पार करब
कविता बइतरनी

तुलसी बाबा साथ रहइँ त'
नहि बिसरब हम
शब्द-सुमिरनी।

17 जनवरी, 1996/आरम्भ, जून, 1997

और देह खूब लंबी छरहरी
क्या बताऊँ—सपने में भी कभी मुझे
किसी दूसरी स्त्री का मुखमंडल
नहीं दिखता ! हाँ, गुरु की शपथ !!

तुलसी बाबा

तुलसी बाबा साथ रहें तो
पार करूँ
कविता वैतरणी

तुलसी बाबा साथ रहें तो
नहीं भूलूँ मैं
शब्द सुमरनि।

बंगला-कविता

आचमका होलो भाग्योदय

काल नाकि परशु
आचमका होलो भाग्योदय
धोरे फेललुम मल्का-एक-तरन्नुम
नूर जहान के
रेडियो पाकिस्तान प्रसारितो प्रोग्रामे
शुंना गेलो ओइ सुकंठिर स्वरलहरी—
'कजरारि अँखियाँ में निंदिया न आए
जिया घबराए
पिया नहिं आए
कजरारि अँखियाँ में...'

सारा दिन सारा रात्रि
अनुरणित होते थाकलो
कर्ण-कुहरे आमार
ओर गानेर ओइ कोलिगुलि

आचमका होए गेलो भाग्योदय
अनेक बछरेर परे
काल ना कि परशु !

19 फरवरी, 1978

सकाले-सकाल

"विक्टोरिया गिए छेन
बेड़ाते बाबू...
कोथाय थाकेन आपनि
नागाद आटटार परे

अचानक हुआ भाग्योदय

कल या कि परसों
हुआ एकाएक भाग्योदय
पकड़ लिया मल्का-ए-तरन्नुम
नूरजहाँ को
रेडियो पाकिस्तान से प्रसारित प्रोग्राम में,
सुनाई पड़ी उस सुकंठी की स्वरलहरी—
'कजरारी अँखियाँ में निंदिया न आए
जिया घबराए
पिया नहीं आए
कजरारी अँखियाँ में...'

सारे दिन सारी रात
गूँजती रहीं
मेरे कर्ण-कुहरों में
गीत की कड़ियाँ

हुआ अचानक भाग्योदय
कई वर्षों बाद
कल या कि परसों !

सबेरे-सबेरे

"विक्टोरिया गए हैं
घूमने बाबू
कहाँ रहते हैं आप
आठ बजे तक

द्याख्या पाबेन बाबूर संगे..."
—बोललेन दरोयान जी
अमार समबयसी इनिओ
अन्ततः ताइ मोने होलो
जखन आमि
सकाले सकाले
गिए दाड़ालुम
सेठेर दरजाय
निए हाते नोतून काव्यो संकलन
बूड़ो दरोयानजीर पाका चोखे
जिज्ञासा एवं आकुति
लोक्षितो होलो !

1 जून, 1978

भावना प्रवण यायावर

भावना प्रवण यायावर
ओइ जे बुड़ो मानुष
आध पागला झानु
हयत मारा जाबेन एक दिन
ट्राम लाइनेर धारे पड़े थाकबेन

केउ नेइ जे ओके बुझिए-सुझिए
कोथाओ बसिए राखबे
केउ नेइ जे ओके चेपे धोरबे
केउ नेइ जे ओके बाध्य करबे
केउ नेइ जे ओके बलबे—
"दादू बयस हयेछे एखन आपनार
क्षेत्रन्यास निन
अभ्येस करुन बिराम प्रत्ययेर
धारन करुन चरम परितोषेर भाब..."

केउ नइ मने होच्छे ओर
एमन आत्मीय

1 जून, 1978

भेंट हो सकती है साहेब से...''
—बोले दरबानजी
रहे होंगे हमउम्र
ऐसा लगा मुझे
—जब मैं
सबेरे-सबेरे
जाकर खड़ा हुआ
सेठ के दरवाजे
लिए हाथ में नया काव्य संग्रह
बूढ़े दरबान की पारखी नजरों में
जिज्ञासा और उत्कंठा
लक्षित हुई

भावना प्रवण यायावर

भावना प्रवण यायावर
वह बूढ़ा
अर्धपागल जीर्णकाय
लगता है मारा जाएगा एक दिन
पड़ा रहेगा ट्राम लाइन के किनारे

कोई नहीं जो समझा-बुझाकर उसे
कहीं बिठा रखे
कोई नहीं जो बाँधकर रखे उसे
कोई नहीं जो उसे बाध्य करे
कोई नहीं जो उसे कहे—
''दादा, उमर हो गई है अब आपकी
क्षेत्र-न्यास ले लो
अभ्यास करो विराम प्रत्यय का
धारण कर चरम परितोष भाव...''

लगता है, कोई नहीं है उसका
ऐसा आत्मीय

प्रवचनेर फोयारा

नव यौवन लाभे महाखुशी मोरारजी भाई
दिवारात्रि छाड़ेन प्रवचनेर फोयारा
चालिए जाच्छेन जीवन-जल, चक्र-चालन,
फलाहार
भालइ होच्छे परिलक्षित जे एखन
ओर ग्रह-नक्षत्र तारा

3 जून, 1978

कोथाओ कि बैराम

भालइ कोरे जाच्छेन काल क्षेप
बाबू श्री जगजीवनराम
घोराघुरी करेन भालइ
भालइ घुमोन
स्थित प्रज्ञ लोकेर दृयाखा गेछे
कोथाओ कि बैराम ?

3 जून, 1978

रेड्डी संजीवन नीलम

राष्ट्रपति आमादेर रेड्डी संजीवन नीलम
हये जेते पारेन अकस्मात ना कि
एइ प्रकांड प्रजातंत्रेर बज्र कीलम
खुले बोलेछेन अनेकेइः
उनि होते पारबेन ना
रबार स्टाम्प गोछेर
प्रभावशून्य बोका राष्ट्राध्यक्ष
येमन हये गेछेन अतीते
अनेक-अनेक...

3 जून, 1978

प्रवचनों की फुहार

नवयौवन लाभ से अति प्रसन्न मोरारजी भाई
दिन-रात छोड़ते हैं प्रवचनों की फुहार
चलाए जा रहे हैं जीवन-जल, चक्र-चालन,
फलाहार
शुभ परिलक्षित हो रहे हैं न अभी
उनके ग्रह-नक्षत्र-तारे

कोई व्याधि

अच्छा भला तो काटे जा रहे हैं समय
बाबू श्री जगजीवन राम
चल-फिर लेते ही हैं
नींद भी आ ही जाती है
कभी दिखाई पड़ी है क्या
किसी स्थिति-प्रज्ञ की व्याधि ?

रेड्डी संजीवन नीलम

राष्ट्रपति हमारे रेड्डी संजीवन नीलम
क्या हो नहीं सकते अकस्मात्
इस प्रकांड प्रजातंत्र के वज्र-कीलम्
कई बार खुलकर कहा है
नहीं बन सकले वे
रबर स्टाम्प-टाइप
प्रभावशून्य निरीह राष्ट्राध्यक्ष
जैसा कि हुए हैं अतीत में
अनेक-अनेक...

आद्या छान्दसी

शुचि शुभ्र दशने, ओगो आद्या छान्दसी
धन्य हनु आजि अनुरणित रशाने
तोमार झिलिक पेये ध्वस्त मम तम
धौत सकल कल्मष की जे हये गेछि
एमन भास्वर कि कभुओ छिनु आमि
भेंगे गेछे बज्र अर्गला सौध वाङमय
पुरोपुरि उन्मुक्त एखन प्रथम बार

ओ गो माँ ! रूपसी कमलासने विमले
महाब्रह्मेर मानस कन्ये, जाड्यहरे
तव सुगंभीर अनुकम्पाय कृतार्थ आमि
की जे हये गेछि वलो मोरे प्रियंबदे
लभिनु आजि जन्म नव तव अनुग्रहे
ब्रह्म बेलाय बेड़ाते आसि हुगली तटे
बाग बाजारेर पाशापाशि आसार परे
तुमि दिले देखा कलसि हाते जननि
होलो दृष्टि विनिमय प्रीति स्निग्ध नेत्रे...!

4 जून, 1978

आहा बेचारा चन्द्रशेखर

की भावे करेन मेंटेन भार साम्य
जनतापति चन्द्रशेखर
द्विदल-त्रिदल-पंचदल-अदल-बिदल
सदल-निर्दल-दलातीत-दलोर्ध्व
एकोदर, पृथकग्रीव, अन्यान्य फलभक्षी
किंभूत किमाकार पंचतंत्रेर सेइ
भावन्ड पक्षी एइ जे नड़बड़े
जमायेत...
ओदेर मध्य...
सटीक भावे भार शाम्य मेंटेन करते-करते

आद्या छान्दसी

शुचि शुभ्र दशने, ओ मेरी आद्या छान्दसी
धन्य हुआ आज मैं, अनुरणित हुआ रस से
तुम्हारी एक झलक मिटा गयी सारा तम
धौत सकल कल्मष ! क्या हो गया मैं ?
कहाँ कभी था, इतना भास्वर
टूट गई वाङमय-सौध की वज्र-अर्गला
पूर्ण उन्मुक्त हो गया अभी पहली बार

ओ माँ, रूपसी, कमलासने, विमले
महाब्रह्म-मानस-तनये, जाड्यहरे
तेरी सघन अनुकम्पा पा कृतार्थ हुआ मैं
क्या हो गया मैं, बोलो मेरी प्रियंवदे
तुम्हारे अनुग्रह से पाया नवजन्म आज
ब्राह्म-बेला में घूमता-घामता हुगली तट पर
बाग बाजार के आस-पास आते ही
तुम पड़ीं दिखाई लिए कलश हाथ में, ओ मेरी जननी
हुआ दृष्टि विनिमय, प्रीति स्निग्ध नयनों से...

हाय बेचारा चंद्रशेखर

कैसे करते हैं मैंटेन भार संतुलन
जनतापति चंद्रशेखर
द्विदल-त्रिदल-पंचदल-अदल-बिदल
सदल-निर्दल-दलातीत-दलोर्ध्व
एकोदर, पृथकग्रीव, अन्यान्य फलभक्षी
किंभूत, किमाकार पंचतंत्र के
भावंड पक्षी सा अभी जो डोल रहे हैं
जमात में...
इनके मध्य
सटीक भार संतुलन करते-करते मैंटेन

शुकिए नियेछेन आपन कलेजा
आहा बेचारा चन्द्रशेखर !

8 जून, 1978

बिनिद्र चरणसिंह

दुश्चिंताये बिनिद्र चरणसिंह
बखत केटे याच्छेन
राजनारायण निजेइ निच्छेन यत्न
चालाच्छेन प्रतिपल नार्सिंग

8 जून, 1978

ओ देरइ जन्य

ओरा आस छे ना कैनो ?
आमि दाँरिये अछि एखाने
शुधु ओ देड़इ जन्य
आबार ओरा आसुक ताड़ाताड़ि
ओदेरइ प्रतीक्षाय आमि
येन कल्प-कल्पान्तो थेके
दाँड़िए आछि उद्ग्रीव

3 जुलाई, 1978

कोथाय गेलो सिंह चरण

कोथाय गेलो सिंह चरण
के जे कोरलो बुद्धि हरण

कोथाय गेलो सिंह शरण
शृगालेर गुफाय राजकरण
गोदि हरण महाहरण

सुखा लिया है कलेजा
हाय, बेचारे चंद्रशेखर...

निद्राविहीन चरणसिंह

दुश्चिंता में पड़े निद्राविहीन चरणसिंह
काट रहे हैं वक्त,
तीमारदारी में खुद लगे हैं राजनारायण
चला रहे हैं प्रतिपल नर्सिंग

उन्हीं के लिए

वे आते क्यों नहीं
उन्हीं के लिए तो मैं
खड़ा हूँ यहाँ
अबकी फिर तो आएँ वे झटपट
उनकी ही प्रतीक्षा में
जैसे कल्प-कल्पान्तर से
खड़ा मैं उद्ग्रीव !

कहा गए सिंह चरण

कहाँ गए सिंह चरण
कर लिया किसने बुद्धि-हरण

कहाँ गए सिंह शरण
गीदड़ की गुफा में राजकरण
गद्दी-हरण, महाहरण

मूर्ख मृत्यु महामरण

भव जलधि संतरण
पार गेलो सिंह चरण

के जे कोर लो बुद्धि हरण
कोथाय गेलो सिंह चरण

3 जुलाई, 1978

अघोषित भारे

निभृते निरिबिलिते
निबिड़ एकान्ते
सह्याद्रिर उपत्यकाय निर्मित
कोनो सार्किट हाउसे
किंवा सिकिमेर
कोना लामामठे
अथवा बस्तर अरण्यांचलेर
कोना माड़िया अध्युषित
कुटिर-परिसरे
निभृत निरिबिलीते
निबिड़ एकान्ते
चुपचाप अघोषितो
एका-एका पालिये जाय
ए मन...
पोष ना माना आधा पालतु
बिडालेर मोतोन
उधाओ होए जाए
की कोरे ओके टेलिग्राम कोरबो
सब जाय-गाये तारघर जे नेइ

4 जुलाई, 1978

मूर्ख-मृत्यु महामरण

भव जलधि संतरण
पार गए सिंह चरण

किसने किया बुद्धि हरण
कहाँ गए सिंह चरण

अघोषित भरा-भरा

निभृत अकेले में
निविड़ एकांत में
सह्याद्रि के उपत्यका में निर्मित
किसी सर्किट हाउस में
या कि सिक्किम के
किसी लामा मठ में
अथवा बस्तर अरण्यांचल के
किसी माड़िया के
कुटीर-परिसर में
निभृत अकेले में
निविड़ एकांत में
चुपचाप अघोषित-सा
अकेले-अकेले भाग निकला है
यह मन...
पोस न माने हुए आधा पालतू
बिडाल की तरह
फरार हो जाता है
कैसे उसे टेलिग्राम करूँ
सब जगह तारघर जो नहीं है

विद्यासागर

के बा कारा
छिलो ओरा...
ठीक दश बछरेर परे
आबार कोरे गेलो
तोमार प्रतिमूर्तिर मुंडोच्छेद
के छिलो ओ
के छिलो ओरा
आँधारे सेरे कुकृत्य
चंपोट दिलो तस्कोरेर मतोन

कि जे बाजे कोरे छिले तुमि एदेर
कैनो बा शिकार करलो ऐरा
    तोमार मुँडु दुइ-दुइ बार
कोथाय जे लुकिय आछे ऐरा
तोरुणदेर अग्रोणी नवयुगेर शेरा

शिद्धार्थो बलेननि, ज्योतिओ बलबेन ना
आनन्दो पोत्रिका किंबा जुगान्तोर किंबा स्टेट्समैन
केउ ना बोले कोभु
आर जे के बोलबे
कतो बार आबार आलादा हबे मुँडु तोमार

लहो हे विद्यासागोर
ममो शतो शतो नमस्कार !

4 जुलाई, 1978

चाक-चिक्य दुम-दाम

दुम-दाम, चाक-चिक्य
टाका कड़िर आधिक्य
मतेर अनमिल पार्थक्य
भुँड़ि एवं बार्धक्य

विद्यासागर

कौन या कितने
थे वे...
ठीक दस बरस बाद
कर गए पुनः
तुम्हारी प्रतिमूर्ति का सर-कलम
कौन था
कितने थे
अँधेरे में किया कुकृत्य
और चंपत हो गए तस्कर की तरह...

क्या बिगाड़ा था तुमने इन लोगों का !
क्यों किया शिकार इन लोगों ने
      तुम्हारे सिर का दो-दो बार
कहाँ छुप गए हैं
वे अग्रणी तरुण, नवयुग के 'शेर'

सिद्धार्थ नहीं बोले, ज्योति भी नहीं बोलेंगे
आनंद पत्रिका किंवा युगान्तर या स्टेट्समैन
कोई नहीं बोला कभी
और बोलेगा भी कौन
कितने बार और अलग किया जाएगा तुम्हारा सिर

स्वीकारो हे विद्यासागर
मेरा शत-शत नमस्कार !

चाक्य-चिक्य दुम-दाम

दुम-दाम चाक-चिक्य
पैसा-कौड़ी...आधिक्य
मतों का अनमिल पार्थक्य
तोंद-पृथुल वार्धक्य

बाबू श्री जगजीवनराम
चाक-चिक्य दुम-दाम

5 जुलाई, 1978

भाबेर जोनाकि

भाबेर जोनाकि गुलो चुपि-चुपि घुमोय शब्देर जंगले
भाबेर जोनाकि गुलो चुपि-चुपि बेड़ाए शब्देर जंगले
भाबेर जोनाकि गुलो निशुति राते करे स्वेच्छा अभिसार
भाबेर जोनाकि गुलो श्रावण निशिथे दारुण दुर्निवार

6 जुलाई, 1978

गदिच्यूत हये

गदिच्यूत हये
मुंडहीन एकेबारे
देखाच्छेन कबंधेर मतन
आहा बेचारा चरणसिंह
माथाय ढोकालो अढेल दुर्बुद्धि

लोहियानंदन सेइ राजनारायण
एखन तो बेश समय पाबेन
कोरबेन गांधि-चरित पारायण
सूरज कुंडे ना कि कोथाए
फेटे-फेटे परबेन व्यथाए
गाला गाल कोरबेन कथाय कथाय

आर एखोन
कि जे कोरबेन आहा बेचारा
चरणसिंह
गदिच्यूत हये !

8 जुलाई, 1978

बाबू श्री जगजीवन राम
चाक-चिक्य दुम-दाम

भावों के जुगनू

शब्दों के जंगल में सो रहे हैं चुपचाप भावों के जुगनू
शब्दों के जंगल में घूम रहे हैं चुपचाप भावों के जुगनू
भावों के जुगनू गहरे निशीथ में रचा रहे हैं स्वच्छाभिसार
श्रावण निशीथ में भावों के जुगनू दारुण दुर्निवार

गद्दीच्युत होकर

गद्दीच्युत होकर
एकदम बेसिर
लग रहे हैं जैसे कबंध हो गए हैं
हाय, बेचारे चरणसिंह
मगज में ठूँसे ढेर सारी दुर्बुद्धि

लोहियानंदन राजनारायण
अभी तो खाली ही रहेंगे
करेंगे गाँधीचरित पारायण
सूरज कुंड अथवा और कहीं
फूट-फूट पड़ेंगे व्यथा से
गाली-गलौज करेंगे बात-बात पर

अभी और
करेंगे ही क्या, हाय, बेचारे
चरणसिंह
गद्दीच्युत होकर !

आमारा कृतार्थ होयेछि...

माझ श्राबणेर निशीथे,
जेगे आछि आमरा दुइ प्राणी
सूची भेद्यो अन्धकारे
एइ क्षुद्र कुठरीर भेतोरे
निःस्वप्न निद्राय घुमुच्छे तीन जन
जेगे आछि शुधु आमरा दुइ प्राणी
निजो निजो शिकार शन्धाने
बाहिरे अझोर बृष्टीर दापोट
भेतेरे किन्तु आमरा दुइ जीव
अतन्द्र, सचेतन, उद्यत...!
ओइ जे कोरले शेकार
धोरे फेल्लो मस्तो बड़ो ईंदुर के
अमिओ तो धोरे फेलेछि आमार भाब तरंग के
शाबाश रे शाबाश; आमार दुलाल
मस्तान मुषिक् के धोरे फेलेछीस
अचोम्भिते एके बारेइ लाफिए
कैंच कैंच कोरे आर्तनाद कोरेबे
बेचारा मस्तान-मूषिक...
शाबाश रे शाबाश, आमार दुलाल !
आमार बन्धु बिडाल !
बाहिरे अझोर अबिराम बृष्टि चालू
आमिओ तो धोरे फेलेछि
तोर एइ बाहादुरी के...
आमारा कृतार्थ होयेछि
समाने-समाने...
शाबाश रे शाबाश, आमार दुलाल !

9 जुलाई, 1978

येटा-सेटा

येटा-सेटा
एटा-ओटा

हम हुए कृतार्थ...

श्रावण की मध्यरात्रि में
जाग रहे हैं हम दो जने
सूचीभेद्य अँधेरे में
इस छोटी कोठरी में
निःस्वप्न नींद सो रहे तीन जने
जाग रहे हैं सिर्फ हम दो
अपने-अपने शिकार की तलाश में
बाहर लगी अविराम झड़ी बरसात की
अंदर में लेकिन हम दो जीव
अतन्द्र, सचेतन, उद्यत...!
वह देखो कर लिया शिकार
पकड़ लिया बड़े से चूहे को
मैंने भी पकड़ लिया अपने भाव-तरंग को
शाबाश रे, शाबाश, मेरे दुलारे
मस्तान मूषिक को पकड़ लिया तूने
अचानक एक ही छलाँग में
'कैंच-कैंच' आर्तनाद करेगा
बेचारा मस्तान मूषिक...
शाबाश रे, शाबाश मेरे दुलारे
मेरे बन्धु बिलाड़ !
बाहर लगी अविराम झड़ी बरसात की
मैंने भी पकड़ लिया है
तेरी इस बहादुरी को...
हम कृतार्थ हुए हैं
बराबर-बराबर...
शाबाश रे शाबाश, मेरे दुलारे !

यह भी, वह भी

यह भी, वह भी
वे भी, ये भी

तोरइ पेटे
आमार कोटा

एदिक-ओदिक
कोठी-कोठा
बीबी मोटी
सेठ मोटा

येटा-सेटा
एटा-ओटा
ओटा-ओटा
येटा-सेटा

9 जुलाई, 1978

काव्य शिशु

भूमिष्ठ हलो
आमार काव्य शिशु
निशूति रात्रे
केउकि शुनेछे ओर क्रन्दन
केउकि शुनेछे ओर आर्तनाद
आमि निजेई एइ नबजातकेर धात्री
आमि निजेई एइ नबजातकेर जननी
भूमिष्ठ हयेछे
आभार काव्य शिशु
निशूति रात्रे !

10 जुलाई, 1978

भुतुड़े तेतुलेर गाछ

से ये एई भुतुड़े गाछ तेंतुलेर
से ये एई वृद्ध प्रपितामह-वृद्ध प्रमातामह
वनस्पतिदेर

पेट में तेरे
मेरा कोटा

इधर भी, उधर भी
कोठी-कोठा
बीवी मोटी
सेठ मोटा

यह भी, वह भी
वे भी, ये भी
ये भी, वे भी
यह भी, वह भी

काव्य-शिशु

जन्म लिया
मेरे काव्य-शिशु ने
गहन रात्रि में
क्या किसी ने सुना उसका क्रंदन
क्या किसी ने सुना उसका आर्त्तनाद
मैं स्वयं ही इस नवजात की धात्री
मैं स्वयं ही इस नवजात की जननी
जन्म लिया है
मेरे काव्य-शिशु ने
गहन रात्रि में !

भुतहा पेड़ इमली का

यह वही भुतहा पेड़ इमली का
वृद्ध प्रपितामह-वृद्ध प्रमातामह
वनस्पतियों का

डेढ़ श' सवा श' बछरेर आयु हबे
ततोधिक ना कि !

काल बोशेखिर प्रलयंकर तांडवे
हये गैलो धराशायी सबे मात्र
आहा, जीवनान्ते कि ये
मर्मन्तुद परिदृश्य हये गेछे

11 जुलाई, 1978

छलनार नामगंध नेइ

प्रीति स्निग्ध, बुद्धिदीप्त, जोड़ा चोख एइ
एखाने तो छलनार नामगंध नेई
सुठाम सुविस्तृत कपाले सिन्दुर गोलक
नासाग्रे दुलछे कलित लघु कनक लोलक
तोमार ध्याने सेरे जाय माथा व्यथा
स्फुरित हये थाके अंतरे रूप कथा

कोथाय छिलि तुई आमार तिलोत्तमे
भूलिनि तो कखनो तोमाके सुमध्यमे
प्रीति स्निग्ध बुद्धिदीप्त जोड़ा चोख एइ
एखाने तो छलनार नामगंध नेइ

13 जुलाई, 1978

चरोण-मुरारी

आमार बड्ड परिताप
आमि रइबो चुपचाप
कि नो ये कांड बाधिये छे
चरोण-मोरारी !

डेढ़ सौ-सवा सौ साल की
अवस्था तो होगी ही, कहीं उससे अधिक ही हो !

वैशाखी-तूफान के प्रलयंकारी तांडव से
धराशायी हो गया अभी-अभी
आह, कैसा मर्मांतक परिदृश्य है
जीवन का यह अंत !

छल का नाम-गंध भी कहाँ

प्रीति स्निग्ध बुद्धिदीप्त, दो आँखें यहाँ
यहाँ किसी छल का नाम-गंध भी कहाँ
सुठाम सुविस्मृत सुभाल पर सिंदूरी, गोलक
नासिकाग्र पर दुलित कलित लघु कंचन लोलक
ध्यान आते ही छूमंतर माथे की व्यथा
खिल उठती है अंतर तल में रूपकथा

कहाँ रहीं अब तक तुम मेरी तिलोत्तमे
भुला कहाँ पाया कभी, तुमको सुमध्यमे
प्रीति स्निग्ध बुद्धिदीप्त, दो आँखें यहाँ
यहाँ किसी छल का नामगंध भी कहाँ

चरण मुरारी

मुझे बड़ा परिताप
रहूँगा मैं चुपचाप
कैसे उत्पात मचा रखा है
चरण-मुरारी !

हरे कृष्ण ओह हरे राम
जनोता पार्टीर सुनाम
ऐम्निइ कोरे फेल्लो नष्टो
सबाइ अनाड़ी !

14 जुलाई, 1978

दाड़िये आछि

भागिरथीर एई महाप्रवाह
श्रावणेर मेघाच्छन एई आकाश
ओपार सुविस्तृत दियारा
संबलपुर

एपारे बिहारेर 'राजनगर' पटना
माझे ओइ महाप्रवाह भागिरथीर
बृस्टिर भये माथार ओपर गामछा
दाड़िए आछि
तटवर्त्ती मंदिरेर आङिनाय
सकाले-सकाले एका

17 जुलाई, 1978

दीप्त सीमन्त

एखन तो कोना पत्ता नेइ
तोमार सेइ दीपितो सीमन्तेर
संधान पाबो कि कोरे जायगाटिर
कोथाए ये प्रथम प्रथम
सिंदूर लागिए छिलाम
तोमार सेइ कुंतल कपाल
पुरातत्वेर स्मृतिते
परिणत संप्रति

हरे कृष्ण, ओह, हरे राम
जनता पार्टी का सुनाम
इसी तरह कर दिया नष्ट
सारे अनाड़ी !

खड़ा हूँ

भागीरथी का यह महाप्रवाह
श्रावण का मेघाच्छादित यह आकाश
उस पार सुविस्तृत दियारा
संबलपुर

इस पार बिहार का 'राजनगर' पटना
बीच में वह महाप्रवाह भागीरथी का
बारिश के डर से सिर पर अंगोछा रखे
खड़ा हूँ
तटवर्ती मंदिर के आँगन में
सुबह-सुबह, अकेला

दीप्त सीमन्त

अब तो कुछ पता नहीं
तुम्हारी उस दीप्त माँग का
कैसे करूँ उस जगह का संधान
जहाँ पहले-पहल
लगाया था सिंदूर
तुम्हारा वह कुंतलित भाल
अब तो हो रहा मात्र
पुरातत्त्व-स्मृति

अथच एइ चेतना पटले
ओ ज्वल-ज्वल करिते छे
तोमार सेइ सद्य सिंदूरित सीमन्त खानि
अथच एखन तो होदिस पाइनि
एकजन किशोरीर सेइ दीप्त सीमंतेर...

21 जुलाई, 1978

ओइ माताल युवक

छत्रिश बछर वयसेर
ओइ माताल युवक
बेश भालइ लेखा पाड़ा करतो
ओर कवि-प्रतिभा एकदा
आमाके चमत्कृत कोरे छिलो

एखन कि ये होएछे ओर

आज सकाले ओर बाबार
सँगे देखा कोरते गियेछि
उनि बल्लेन–
　　प्रभात संपति दारूण माताल
　　ओके एखन आपनि
　　किच्छु बलवेन ना
　　ओ एखन एके बारेइ खाप छाड़ा

24 जुलाई, 1978

शिङ-टिङ नेइ

आमार शिङ-टिङ नेइ
मा आमा के ऐका छेड़े गेछे
स्तन्यापानेर अवसर पाइनि
आमार कोनो सहोदर जीवित नेइ

जबकि इस चेतना पटल पर
अब भी है झिलमिल
तुम्हारी वह सद्यः-सिंदूरित माँग
जबकि अब रेख वह नहीं मिलती
उस एक किशोरी की उस दीप्त माँग की !

वह उन्मादी युवक

छत्तीस वर्ष की उमर का
वह उन्मादी युवक
अच्छा ही लिख-पढ़ लेता था
उसकी कवि-प्रतिभा ने
मुझे भी चमत्कृत कर दिया था एक बार

अब क्या हो गया है उसे !

आज सुबह गया था
उसके पिता से मिलने
वे बोले—
    प्रभात घोर उन्मादी हो गया है इन दिनों
    उसे आप
    कुछ न कहेंगे अभी
    वह अभी एकदम बेलीक हो गया है

सींग-वींग नहीं है

सींग-वींग नहीं है मेरे
माँ मुझे अकेले ही छोड़ गई है
स्तनों से दूध पीने का अवसर नहीं मिला
मेरा कोई सगा जीवित नहीं है

ऐकाई आमि
बिज्ञप्ति हये
घोरा फेरा करि
कृतार्थ कोरे छे आमाय
धारिओयाल कोम्पानी
आमार शिङ-टिङ नेइ

27 जुलाई, 1978

सुगन्धितो मुर्खेर सारहीन प्रलाप

कालके विकेल बेलाए
सुनते होलो पोनरो मिनिट पर्यन्तोऽ
एकजन सुगन्धितो मुर्खेर
विश्रृंखलित तो प्रलाप...
ओ बेचारा शिक्षाविभागेर
राज्यमंत्री छिलो
आमादेर एमन दुर्विपाक
जे ओर आजे-बाजे कथा
सुनतेइ होलो लागातार
पनेरो मिनिट पर्यन्तोऽ
तिमिर बरण मोटा-सोटा
नेता छाप ओइ युवक
मास दुऐक पूर्वेइ
शपथ ग्रहण कोरेछिलो
विद्यालयेर कर्त्तारा उच्छवसित भावे
राज्योमंत्री महोदये अभ्यर्थना
जानिए छिलेन
आमरा चुप कोरे बोसे रोइलाम
विद्यालयेर कल्याण कामोनाये
एक जन सुगंधितो मुर्खेर
सारहीन प्रलाप सुनतेइ होलो
पनेरो मिनिट पर्यन्तो काल के विकेले
ओः से जे कि
दुर्विसह यंत्रणा-भोग !

6 अगस्त, 1978

अकेला मैं
विज्ञापन होकर
घूम-फिर रहा हूँ
कृतार्थ किया है मुझे
धारीवाल कम्पनी ने...
मेरे सींग-वींग नहीं...

सुगन्धित मूर्ख का सारहीन प्रलाप

कल दोपहर ढले
सुनना पड़ा पूरे पंद्रह मिनट तक
एक सुगंधित मूर्ख का
विशृंखलित प्रलाप...
वह बेचारा शिक्षा विभाग का
राज्य मंत्री था
हमारा ऐसा दुर्योग
कि उसकी फिजूल की बातें
सुननी ही पड़ीं लगातार
पंद्रह मिनटों तक
साँवले से मोटे-ताजे
नेता छाप उस युवक ने
लगभग दो महीने पहले
शपथ ग्रहण किया था
विद्यालय-संचालकों ने बढ़-चढ़कर
राज्यमंत्री महोदय की
अभ्यर्थना की थी
हम लोग चुप बैठे रहे
विद्यालय की कल्याण-कामना में
एक सुगंधित मूर्ख का
सारहीन प्रलाप सुनना ही पड़ा
पंद्रह मिनटों तक कल दोपहर ढले
ओह ! कैसा दुःसह
यंत्रणा-भोग !

थाकतो उद्यत

प्रतिपल थाकतो उद्यत
बंधु सुलभ कोला कुलिर जन्यो
प्रतिपल थाकतो उद्यत
धनुषेर प्रत्यंचाए बोसिए शिलीमुख
शत्रुर संधाने

प्रतिपल थाकतो उद्यत
सद्गुरु निर्देशित
यौगिक अनुष्ठानेर जन्यो

सेई जे आमार एइ बाहु युगल
संप्रति एमनि झुलछे
अनेक चेष्टा कोरेओ
एखन आमि एके उठाते पारिनि
दुलाते पारिनि
आमार बाहुयुगल एखन
ग्रस्त संपूर्ण पक्षाघाते

प्रतिपल थाकतो उद्यत
भरा भाद्रे उद्दाम
भागिरथिर वन्या विलुप्त कुलांचले
झापि दिए परापार संतरणेर जन्यो

प्रतिपल थाकतो उद्यत
भरा भाद्रे झाँपि दिए !

8 अगस्त, 1978

नामदास

आस्तो बड़ो बोका छिलो हनुमान रामदास
ये युगेर अभियंता नल-नील घामदास

रहता उद्यत

रहता था उद्यत प्रतिपल
भर लेने को मित्र सुलभ बाहु-पाश में
रहता था उद्यत प्रतिपल
धनुष की प्रत्यंचा पर सीधे तीर
शत्रु के संधान में

रहता था उद्यत प्रतिपल
सद्‌गुरु निदेशित
यौगिक अनुष्ठान की खातिर

वही मेरे ये बाहु-युगल
संप्रति यों ही झूल रहे हैं
अनेक प्रयत्न करने पर भी
मैं इसे उठा नहीं पाता
हिला-डुला नहीं पाता
मेरे बाहु-युगल को इस क्षण
पूरा का पूरा लकवा मार गया है

रहता था उद्यत प्रतिपल
उफनते भादों में उद्‌दाम
भागीरथी की बाढ़ में विलुप्त कूल-कछार में
लगाकर छलाँग, तैर जाने के लिए
इस पार से उस पार
रहता था उद्यत प्रतिपल
उफनते भादों में लगाकर छलाँग !

नामदास

सचमुच बड़ा बुद्धू था हनुमान रामदास
उस युग का अभियंता नल-नील घामदास

ध्वस्तो होलो दसमुख लंकापति कामदास
एटाइ बले गेलेन आदि कवि नामदास

20 अगस्त, 1978

विप्लव विलास

कुंठित होइ कखनो एवं कखनो हताश
ओरा कोरूक वितर्को, आमि फेल ना कि पास
थर थर काँपिते छे, दुर्बल हाथेर ताश
बुड़ो वयसे खाप खाएनि विप्लव विलास

20 अगस्त, 1978

आमि मिलिटारिर बुड़ो घोड़ा

आमि
मिलिटारिर बुड़ो घोड़ा
आमाके ओरा कोरबे निलाम
कोनो चतुर ताँगाबाला
निये जाबे आमाके
बोसिए देबे चोखेर धारे
रंगीन खोलश
बलते थाकबे :
        सामने चल बेटा
        सामने चल...
        सामने...

27 सितंबर, 1978

युग-पुरुष

भ्रष्ट-भ्रष्ट महाभ्रष्ट
कष्ट-कष्ट महाकष्ट

ध्वस्त हुआ दस-मुख लंकापति कामदास
ऐसा ही कह गए आदिकवि नामदास

विप्लव विलास

कुंठित होता हूँ कभी, होता कभी हताश
करते रहते वितर्क वे मैं फेल हुआ या पास
काँप रहा थर-थर, थर-थर दुर्बल हाथों ताश
नहीं सुहाया वृद्ध वयस में विप्लव-भरा विलास

मैं मिलिटरी का बूढ़ा घोड़ा

मैं
मिलिटरी का बूढ़ा घोड़ा
करेंगे वे मुझे नीलाम
कोई चतुर ताँगावाला
ले जाएगा मुझे
चढ़ा देगा आँखों के किनारे
रंगीन आवरण
और कहता रहेगा :
सामने चल बेटा
सामने चल...
सामने...

युग-पुरुष

भ्रष्ट-भ्रष्ट महाभ्रष्ट
कष्ट-कष्ट महाकष्ट

पष्ट-पष्ट महापष्ट
भ्रष्ट-भ्रष्ट महाभ्रष्ट

महामिलन-महामलिन
गहन पंक-लिप्त नलिन

लघु प्रकाश गुरु तिमिर
गलित पंगु अंध बधिर
शर शयन हिम शिविर
युग पुरूष द्विज-दिविर
लघु प्रकाश गुरु तिमिर

27 सितंबर, 1978

सबाइ बलतो ओके सन्त महाराज

आमाके बॉरन कोरलो
रूद्राक्षेर सेई मिहिदाना वाला माला—
अपव्यवहार कोरो ना आमार
ओरा होए छे अकालेइ काल कवलित
आमार अपव्यवहार कोरे छिलो
तोमार ओ यदि वांछित हये
कखनो अपमृत्यु
शुधु तखनइ दुरुपयोग कोरबे आमार
कि तुमि ब्रह्मराक्षस हते चाओ
ता जदि ताइ हए तोमार साध
पूर्ण हबे मनोरथ
आस्त बड़ो ब्रह्मराक्षस हते पारबे तुमि
दुषित चित्त निए जदि
अपवित्र कर पल्लवे स्पर्श कोरो आमार

ओ एके बारेइ योगेश्वर सेजे छिलो
सबाइ बलतो ओके सन्त महाराज

राजधानिर विमानबदरे
धरा पड़ले

स्पष्ट स्पष्ट महास्पष्ट
भ्रष्ट भ्रष्ट महाभ्रष्ट

महामिलन - महामलिन
गहन पंक, लिप्त नलिन

लघु प्रकाश गुरु तिमिर
गलित पंगु अंध बधिर
शर-शयन हिम शिविर
युग पुरुष द्विज-दिविर
लघु प्रकाश गुरु तिमिर

सभी कहते उसे सन्त महाराज

मना किया था मुझे
उस महीन दानेवाले रुद्राक्ष की माला ने—
अपव्यवहार मत करना मेरा
अकाल काल कवलित हो गया
जिसने भी अपव्यवहार किया मेरा
तुम्हें भी यदि चाहिए
कभी अपमृत्यु
केवल तभी करना मेरा दुरुपयोग
अगर तुम होना चाहो ब्रह्मराक्षस
अगर यह होता है तो हूँ मैं तुम्हारे साथ
तो पूर्ण होगी तुम्हारी मनोरथ
हो जाओगे महाब्रह्मराक्षस
दूषित चित्त से
अपवित्र कर पल्लव से जबी कर दोगे मेरा स्पर्श

वह बना हुआ था साक्षात् योगेश्वर
सभी कहते थे उसे सन्त महाराज

जब राजधानी के हवाई अड्डे पर
पकड़ा गया

सारा दिन ओके थाकते होलो
सिक्युरिटिर आओताए...

7 अक्तूबर, 1978

प्रौढ़ कापालिक

आसरे नामो प्रौढ़ कापालिकेर चित्त निए
कुलीन ओ जड़मति जन्मान्धेर वित्त निए
सरे पड़ो बिजने नाकि रोदन करो गिए
वन्य पाखिर मतन अलक्षित मरो गिए

5 नवंबर, 1978

निर्लज्य नाटक

राजनीति होयेछे सम्प्रति निर्लज्ज नाटक
आमिओ कोरेछि यत्र-तत्र अनेक त्राटक
कोथाओ अध्यक्ष एवं कोथाओ उद्घाटक
खुले दियेछि शत-शत महामुक्तिर फाटक

5 नवंबर 78

कि दरकार नाम-टाम बलार

की जे दरकार नाम-टाम बलार
एखोन आमि श्री श्री प्रेमानंद !
एकान्ते ताइ आमि भाबि
भाबि आर हासि
हासि आर भाबि
की जे दरकार नाम-टाम बलार
आझे, एखोन आमि
श्री श्री श्री प्रेमानंद
ऐक जोन निर्धात प्रेमिक

सारा दिन उसे रहना पड़ा
सिक्यूरिटी के आव-भगत में...

प्रौढ़ कापालिक

उतरो अखाड़े में प्रौढ़ कापालिक-चित्त लेकर
कुलीन, जड़मति जन्मांधी वृत्त लेकर
या खिसक लो, एकांत में, रुदन करो जाकर
वन्यपक्षियों-सा अलक्षित मरो जाकर

निर्लज्ज नाटक

राजनीति हो गई है संप्रति निर्लज्ज नाटक
मैं भी किया करता हूँ, यत्र-तत्र अनेक त्राटक
कहीं होता हूँ अध्यक्ष, कहीं उद्घाटक
खोल चुका हूँ शत-शत महामुक्ति के फाटक

क्या जरूरत है नाम-धाम कहने की

क्या जरूरत है नाम-धाम कहने की
अभी मैं श्री-श्री प्रेमानंद !
एकांत में इसीलिए सोचता हूँ
सोचता और हँसता
हँसता और सोचता
क्या जरूरत है नाम कहने की
जी हाँ, अभी मैं
श्री-श्री प्रेमानंद
निश्चित ही एक प्रेमिक

प्रेम योगिओ तो बलते पारेन !

आसले व्यापार टा कि
                खुलेइ बलि
कालके आमि
चुमु खेयेछि तिन बार
            ताजा चुम्बन
अनाघ्रात कुसुम कोरकेर अमृत आस्वाद
एके बारेइ निरामिष
आमि ऐखोन सिद्ध सरहपा
नालान्दायुगेर
बज्रयानेर सेइ आदि पुरुष
ओ हे आमार प्रिय श्रोता
ओ हे आमार प्रिय पाठक
आहे आमार प्रिय पाठिका
प्रिय बान्धबी आमार !
तोमरा ऐखोन
आमार जय-जयकार कोरो
नाम जप कोरो आमार
आमि रजनीशेर बृद्ध प्रपितामह !
बृद्ध प्रमातामह सेई बोझाय
आमि
आमि आसोल युगावतार
विलक्षण खैपा आमि
दारुण माताल !
बुड़ो हिपिदेर आदिब्रह्म
सबेमात्र पेयछि सम्बोधि
जे.एन.यू. र निकटे
ढिबिर उपरे बसे छिलुम
सारा रात्रि
एकजोन प्रज्ञादीप्त अंकुरित-यौवना किशोरी
अमाके भोग दियेछे
चिंड़ि माछेर काटलेट
रात्रि शेषे
ताइ आमि ऐखोन

प्रेमयोगी भी कह सकते हैं !

दरअसल बात यह है
खोलकर ही बतला दूँ
कल मैंने
लिए तीन बार
ताजा चुंबन
अनाघ्रात कुसुम कली का अमृत-आस्वाद
एकदम निरामिष
मैं अभी सिद्ध सरहपा
नालंदा युग का
बज्रयान का वह आदिपुरुष
ओ मेरे प्रिय श्रोता
ओ मेरे प्रिय पाठक
ओ मेरी प्रिय पाठिका
प्रिय बान्धवी मेरी !
तुम अभी
मेरा जय-जयकार करो
मेरा नाम जपो
मैं हूँ रजनीश का वृद्ध प्रपितामह !
वृद्ध प्रमातामह भी समझो
मैं
असली युगावतार मैं
विलक्षण उन्मादित मैं
बिलकुल मदमस्त !
बुजुर्ग हिप्पियों का आदिब्रह्म
अभी-अभी मिली है संबोधि
जे.एन.यू. के पास
टीले पर बैठा था
सारी रात
एक प्रज्ञादीप्त अंकुरित-यौवना किशोरी ने
मुझे भोग दिया है
झींगा मछली का कटलेट
रात्रि शेष में
इसीलिए मैं अभी

सम्यक् सम्बुद्ध !
भाषित हयेछे आमार चित्त फलके
सत्य-चतुष्ट्य एइ प्रथम-प्रथम
सुख सत्य
सुखेर आकांक्षा सत्य
सुखप्राप्तिर उपाय सत्य
एवं सुख प्राप्तिर उद्भावना सत्य
एइ आर्ष सत्य चतुष्ट्य प्रथम-प्रथम
शुधु आमि जानते पेरेछि
ताइ आमि ऐखोन परम ज्ञानी
ताइ आमि ऐखोन परम सुखी !!

3 फरवरी, 1979

एइ रथ

एइ रथ सामान्यो नय

एके बारे गंधमादन
एके बारे ऋष्यमूक

एर भेतरे प्रविष्ट हओवा मात्र
लुप्त होलो आमार गंध-चेतना

कि कोरे फिरे पाबो
पुनराय आमार घ्राण शक्ति ?

18 फरवरी, 1979

पलातक शिशिरेर द्विरागमन

मध्य फाल्गुनेर मेघला निशिथे
एकटु परेइ हबे
पलातक शिशिरेर द्विरागमन

सम्यक् संबुद्ध !
भासित हुआ मेरे चित्त फलक पर
सत्य चतुष्ट्य यह पहली ही बार
सुख सत्य है
सुख की आकांक्षा सत्य है
सुख-प्राप्ति का उपाय सत्य है
और सुख-प्राप्ति के उपाय का उद्भावना सत्य है
यह आर्ष सत्य-चतुष्ट्य, पहली बार
केवल मैं ही जान पाया हूँ
इसीलिए मैं अभी परम ज्ञानी हूँ
इसीलिए मैं अभी परम सुखी हूँ !!

यह रथ

सामान्य नहीं है यह रथ

पूरा का पूरा गंधमादन
पूरा का पूरा ऋष्यमूक

अंदर प्रवेश मात्र से ही
लुप्त हो गई गंध-चेतना

कैसे लौटा पाऊँगा फिर
अपनी वह घ्राणशक्ति ?

भगोड़े शिशिर का पुनरागमन

मध्य फागुन के मेघाच्छादित निशीथ में
बस होने ही वाला है
भगोड़े शिशिर का पुनरागमन

एखनि हबे आरंभो
बृष्टिर टापुर-टुपुर

सकाले-सकाल ओरा बोलबे
उल्लसित कंठे, उन्मित भ्रूभंगिमाय
निशुति राते कोरे छेन करुणामय भगवान
कांचनेर वर्षा !

सकाले-सकाल एरा बोलबे
विषण्ण कंठे, अवनमित भ्रू-पाते
एबार महामारी हबेइ हबे !

19 फरवरी, 1979

एइ जे.एन.यू.

नवल-नवलिकादेर
निर्बाध लिला-प्रांगण
एइ जे.एन.यू.

आसले बलते गेले, बलेइ फेलि
जायगाटि भारी चमत्कार
दारुण भालो
आर जे की बलबो...

भावछि आमिओ ना कि ढूके पोड़ि
टिवेटियान निले केउ कि
        आपत्ति कोरबे ?
डाक्टर विमला प्रसाद
डाक्टर नामवर
डाक्टर मुजीब...
ऐरा रिकमेंड कोरबेनइ
ता हले नतून भावे
उपनयन संस्कार हबे आमार
छात्रावासे कुठरि पेये जाबो

अभी शुरू होगी
टिपिर-टिपिर बरसात की

बोलेंगे वे सुबह-सुबह
उल्लसित स्वर, उन्मित भ्रूभंगिमा लिए
गहन रात्रि में करुणामय प्रभु ने
बरसाया है कंचन !

और बोलेंगे ये सुबह-सुबह
उदास स्वर आँखें झुकाए
इस बार तो महामारी हुई ही हुई है !

यह जे.एन.यू

नवल-नवेलियों का
उन्मुक्त लीला-प्रांगण
यह जे.एन.यू.

असल में कहा जाय तो कह ही डालूँ
बड़ी अच्छी है यह जगह
बहुत ही अच्छी
और क्या कहूँ...

सोचता हूँ मैं भी ले लूँ दाखिला
'टिब्बेटियन' लेने पर क्यों कोई
एतराज करेगा
डाक्टर विमला प्रसाद
डाक्टर नामवर...
डाक्टर मुजीब...
ये सब तो रिकमेंड करेंगे ही
तब नए सिरे से
उपनयन संस्कार होगा मेरा
छात्रावास में कमरा मिल ही जाएगा

वृतिर व्यवस्था तो हबइ हबे
शाब्बाश ! बेटा अर्जुन नागा

भावछि आर भावछि
        ऐते कि आछे आबार
असले जायगाटि एइ भारी चमत्कार
जे.एन.यू. जे.एन.यू. जे.एन.यू.

19 फरवरी, 1978

आमि वाचस्पति

आमि वाचस्पति
एसो हे भामति
कामड़ बसिए जाओ एइ वक्षे
कोरे जाओ शाणित
प्रज्वलित जाओ करे

तोमारइ प्रतीक्षाय बोसे छिलुम
उत्कलित, हिल्लोलित

तुमिइ तो आमार आद्‌या प्रणयिनी
सारा जीवन अनुधावन कोरेछि तोमाके

जुगिए रेखेछि राशि-राशि भास्वर निर्मोक तोमार
एखाने ओखाने यत्र-तत्र पर्णशाला गुलिते

19 फरवरी, 1979

भालोबासार आदान-प्रदान

नैवेद्य बले
बासी जिलिपिर खंडित अर्द्धांशे
से जे कि अपूर्व आस्वाद
निर्माल्य बले

वृत्ति की व्यवस्था तो होगी ही
शाबाश ! बेटा अर्जुन नागा

सोचता ही जा रहा हूँ
आखिर क्या रखा है इसमें
दरअसल यह जगह है बड़ी शानदार
जे.एन.यू. जे.एन.यू. जे.एन.यू.

मैं वाचस्पति

मैं वाचस्पति
भामति हे, आओ !
गड़ा दो अपने दाँत इस वक्ष में
किए जाओ तीक्ष्ण
प्रज्वलित किए जाओ !

बैठा था तुम्हारी ही प्रतीक्षा में
उत्कंठित हिल्लोलित

तुम्हीं तो हो मेरी आद्या प्रणयिनी
सारा जीवन अनुधावन किया है तुम्हारा

जुगाकर रखी हैं ढेर सारी चमकीली केंचुलें तुम्हारी
यहाँ-वहाँ यत्र-तत्र पर्णशालाएँ

प्यार का आदान-प्रदान

नैवेद्य के नाम पर
बासी जलेबी के आधे टुकड़े में
कैसा अपूर्व स्वाद
निर्माल्य के नाम पर

म्लान गोलापेर शीर्ण पापड़िगुलिते
से जे कि निरूपम सौरभ

एक जन तेरो बछर वयसेर
प्रथम प्रथम हृदयेश्वर
एवं अपर एक जन नए बछरेर
प्रथम प्रथम प्राण बल्लभा
ओदेर मध्ये
नित्य नियमित चलते थाकलो
भालोबासार आदान-प्रदान
मास छः-एक
किंवा मास चारेक

साक्षी हए थाकते
जोड़ा शेफालिर/वयस्क झोप शुधु
ग्रीष्मेर प्रलंबित निशीथे !

19 फरवरी, 1979

किम्भूत किमाकार कर्णाभूषण

एमोन बड़ो धाँचेर
किम्भूत किमाकार
कर्णाभूषण आर कोनो मेयेके
                कस्मिन काले
धारण कोरते देखिनि।
हिडिम्बार एइ चोख धाँधानो
मर्दाना मुखमंडल
एकबार जालंधरे
ना कि अमृतसरे साक्षात्
कोरे छिलाम एकदा
आबार एखोन हरियाणा
एम्पोरियाम धन्यो मोने होच्छे
एइ श्रीमुखेर विद्यमानताय
गंगटोकेर भुटिया गोत्रीय

म्लान गुलाब की शीर्ण पँखुड़ियों में
कैसा अनुपम सौरभ

एक था तेरह साल का
पहला-पहला हृदयेश्वर
और दूसरी थी नौ साल की
पहली-पहली प्राणवल्लभा
उनके बीच

प्यार का आदान-प्रदान
छः-एक माह
या फिर चार-एक

साक्षी बनी रहती
एक जोड़ी हरसिंगार की बूढ़ी झाड़ी
ग्रीष्म की प्रलंबित निशीथ में !

कर्णाभूषण

इस तरह का
बड़ा बेढंगा
कर्णाभूषण किसी नारी को
        किसी काल में
पहने नहीं देखा
हिडिंबा का यह चकाचौंध
मर्दाना मुखमंडल
एक बार जालंधर में
या फिर अमृतसर में
देखा था कभी
फिर अभी हरियाणा इम्पोरियम
धन्य प्रतीत हो रहा है
इस श्रीमुख की विद्यमानता से
गंगतोक की भुटिया गोत्रीय

सेइ खर्बाकृति अतिलघु स्वर्णकेशी
सारमेय नंदिनी
एइ कर्णाभूषणेर
भेतर होए बेस भालो भाबेइ
पार होये आसबे
पार होये जाबे
आमार एइ स्पेकुलेशन
शतो प्रतिशतो प्रमाणितो
हबेइ-हबे
आपनादेर मध्ये जे केउ
परीक्षा-निरीक्षा
कोरते पारेन !

12 मार्च, 1979

पाथरेर शिल्प

उनबिंशो शताब्दीर
बोनेदी बुर्जुआर
साजानो बागान बाड़ीर
प्रकांडो बारान्दाय
सारिबद्धो ओइ नग्नो प्रतिमागुलि
कि जे मनोरम
कि जे अपरूप
आमि बोका
आमि अभागा
आमि आस्तो बड़ो गाधा
ताइतो जानि ना आजिओ
ओइ पाथुरे शिल्पो सृष्टिर
समुच्चयेर आदि स्रष्टार नाम !
आमार अग्रज
काव्यरसिक श्री श्री बालकृष्ण व्यास
महानुभाबेर काछे
सबे मात्रो सुनेछि
ओगुलि इतालीय कलाकृतिर

वह खर्वाकृति अतिलघु स्वर्णकेशी
सारमेय नंदिनी
इस कर्णाभूषण के
अंदर से बड़े आराम से
पार हो आएगी
पार हो जाएगी
मेरा यह स्पेकुलेशन
शत-प्रतिशत
सच उतरेगा ही
आप लोगों में से कोई भी
परख सकते हैं

पथरीली शिल्प

उन्नीसवीं शताब्दी की
कुलीन बुर्जुआ के
सुसज्जित बगीचे वाली कोठी के
विशाल बरामदे में
पंक्तिबद्ध वे नग्न प्रतिमाएँ
कितनी मनोरम
कितनी अपरूप
मैं मूर्ख
मैं अभागा
मैं बहुत बड़ा गधा
इसीलिए तो अब तक नहीं जानता
उस पथरीली शिल्प सृष्टि-समुच्चय के
आदिस्रष्टा का नाम !
मेरे अग्रज
काव्यरसिक श्री श्री बालकृष्ण व्यास
महानुभाव से
अभी सुना है
वह इतालवी कलाकृतियों के

चरम निदर्शन...
अथोचो शलभ श्रीरामसिंह
एवं शंकर माहेश्वरी रमते
ओ गुलि होच्छे
फ्रेंच भास्कर्येर चुड़ान्तो प्रोतिफलन
आझे, आमि कि भाबछि...
से जे कि बोलबो...
आमि तो एके बारेइ मूक
अथोचो स्वीकार कोरबो
प्रभाव मात्र

प्रत्योह सकाले-सकाले
परिक्रमा कोरि एका-एका
ओइ बागान बाड़िर
खोला चोखे अबलोकन कोरि
ओइ नग्न प्रोतिमा गुलिर सौंदर्य
एइ बुड़ोर मन-प्राणके
भीषण भालो लागे ओ गुलि !

13 मार्च, 1979

वयस्क पुलिस मैन-प्रकांड भुड़िवाला

हाँ करे दाँड़िए आछि
चेये आछि
ओइ प्रकांड भुड़िवाला
पुलिसमैनेर चेहराय
"बाबा साहेब
सलाम बोललाम
आपनाके ऽऽ...
बोध हय, शोनेननि
आपनि !
आसुन, आसुन
नामबेन बोध हय

हैं चरम निदर्शन
जबकि शलभ श्रीरामसिंह
एवं शंकर माहेश्वरी के मतानुसार
वे सब
फ्रेंच मूर्ति शिल्प के चरम प्रतिफलन हैं
जी, क्या सोच रहा हूँ मैं
क्या बताऊँ
एकदम बन गया मूक मैं तो
जबकि स्वीकारना ही है
प्रभाव

प्रत्येक सुबह
परिक्रमा करता हूँ अकेले-अकेले
उस बगीचेवाली
कोठी को खुली आँखों से देखता हूँ
उन नग्न प्रतिमाओं का सौंदर्य
इस बूढ़े के मन-प्राण को
बहुत भाते हैं !

बड़ी तोंदवाला वयस्क पुलिस

मुँह बाए खड़ा हूँ
देख रहा हूँ
उस बड़ी तोंदवाले
पुलिस का चेहरा
"बाबा साहेब
सलाम कहा मैंने
आपको हीऽऽ...
शायद सुना नहीं
आपने !
आइए, आइए
शायद उतरेंगे आप

चौद्‌द मिनट थामबे
एखन...''
कि जानि,
किसेर अपेक्षाय
तोषामोदेर एमोन
प्रलेप बसालो
आमार हृदय पटले
ओइ दण्डपाणि
वयस्क पुलिसमैन
प्रकांड भुड़िवाला...

कि जे आस्त बड़ो
गाधा आमि
बुझते पारबो कि कोरे
ओर सलामेर
आसल अभिप्राय...

एक मिनट परे
भगवत कृपाय
हलो बोधोदय
बखशिश टानते चाय
लोकटि ताइ ना कि !
एक टाकार नोट
निलो ना
दुइ आङुल तुले
सप्रतिभ इंगित कोरलो...

सन्तर्पणे दुइ टाकार नोट
आयत्त केर
आबार बललो
'सलाम, बाबा साहेब !'

22 मार्च, 1979

यहाँ चौदह मिनट
ठहरेगी अभी...''
क्या पता,
किसलिए
खुशामद का ऐसा मुलम्मा
चढ़ाया उसने
मेरे हृदयपटल पर
दंडपाणि वह
वयस्क सिपाही
बड़ी तोंदवाला...

कितना बड़ा
महा गधा हूँ मैं
कैसे समझ पाता
उसके सलाम का
सही अर्थ...

एक मिनट बाद
भगवान की कृपा से
हुआ बोधोदय
बख्शीश टानना चाहता है वह
यही तो बात होगी !
एक का नोट
लिया नहीं उसने
दो उँगलियाँ दिखाकर
साफ-साफ जताया

नफासत से दो का नोट
दबाकर
दुबारा बोला वह—
''सलाम, बाबा साहेब !''

अफुरन्त मोउचाक

एखोन आमि मुक्त
निर्बन्ध आमि एखोन
पेये गेछि
भालोबासार अक्षय
मोउचाक अफुरन्त
अनुपल आपूर्यमान
एमोन अपरूप
मोउचाक केउ पायनि
इदानिं काले
आमिइ हच्छि
प्रथम अधिगृहीता
एइ अपूर्व मोउचाकेर

आमार काने
फिस-फिसिये
बले गेछेन
शुभ्र वसना ओइ देवी—
एइ मधुचक्र
एकें बारेइ अदृश्य हबे
यदि कस्मिन काले
कोनो कुबेर कन्या
तोर चुमु खाबार
अबसर पेये जाय !
साबधान ओ हे बुड़ो !
बाछाधन आमार !!'
ताइ आमि कामना करि
दुर्वासा मुनिर
बिलोम अभिशापेर
ता हलेइ बेचे थाकबे
एइ बुड़ो
रसिक बिहारी !

22 मार्च, 1979

अक्षय मधुछत्र

अभी मैं मुक्त हूँ
निर्बंध हूँ अभी
मिल गया है मुझे
प्यार का अंतहीन
अक्षय मधुछत्र
प्रतिपल भरा-भरा
ऐसा अपूर्व मधुछत्र
कौन पा सका है
इस युग में
मैंने ही
पहली बार पाया
इस अद्भुत मधुछत्र को

मेरे कान में
फुसफुसाकर
बोल गई
वह शुभ्रवसना देवी—
'यह मधुचक्र
एकाएक ही हो जाएगा अदृश्य
यदि कदाचित्
किसी कुबेर कन्या को
तुम्हें चूम लेने का
अवसर मिल जाए !
सावधान ओ बूढ़े !
ओ मेरे प्यारे !!'
तभी तो मैं कामना करता
दुर्वासा मुनि के
विलोम अभिशाप का
तभी तो बच पाएगा
यह बुड्ढा
रसिक बिहारी !

कवि

सारा जीवन असुखे जाबे
कोथाओ कि तुमि आराम पाबे
बेलाल्ला होए कोरबि घोरा-फेरा
उत्यक्तो कोरे थाकबेन पंडितेरा
थाकबे कि हाथे टाका कोड़ि ?
प्रज्ञाइ हबे तोर गलाए दोड़ि !

30 जुलाई, 1979

कपाल भेंगे छिलो

"गांधिर कपाल भेंगे छिलो
आमार बाबार बाबा

"हरिजन देर संगे निए
बमभोलार मंदिर गर्भे
ढुकते याच्छिलो ओइ बूड़ो
कि ये आस्पर्द्धा तखन ओर–

"ओके बलतो ओरा
बापू एवं महात्मा गाँधी
आमार बाबार बाबा ओर कपाल भेंगे छिलो
लाठि मेरे..."

5 अगस्त, 1979

ओई मध्यान्हे

यदि तुमि चीन जेते चाओ
से व्यवस्था आमि कोरे दिच्छि
आमाके निभृते बोललेन ऊनि
से अनेक अनेक बछर पूर्बेर कथा
आमार तखन एकटू रोमांचो होलो

कवि

सारा जीवन रोगी-सा रहोगे
कहीं क्या तुम आराम पाओगे !
बेलल्ला जैसे घूमते फिरोगे !
पंडित लोग परेशान करेंगे !
रहेगा क्या हाथ में पैसा-कौड़ी ?
प्रज्ञा ही बनेगी तुम्हारे गले की फँसरी !

कपाल फोड़ दिया

"गाँधी का कपाल फोड़ दिया था
मेरे बाप के बाप ने...

"हरिजनों को साथ लिए
बमभोला के मंदिर के गर्भ-गृह में
घुसा जा रहा था वह बूढ़ा
कैसी ढिठाई पर उतर आया था वह

"लोग कहते हैं उसे बापू—महात्मा गाँधी
मेरे बाप के बाप ने
कपाल फोड़ दिया था उसका
लाठी मारकर..."

उस मध्याह्न में

अगर तुम चीन जाना चाहो
इन्तजाम मैं किए देता हूँ
—अकेले में कहा था मुझे उन्होंने
यह वर्षों पुरानी बात है
थोड़ा रोमांच हुआ था उस समय

परे खानिक हासिओ पेलो
ऊनि सोत्यि-सोत्यिइ
भेतोरे ढुकिए दितेन
आमाके चीनेर सीमानाए
नेहरू युगेर ओइ मध्यान्हे...

9 अगस्त, 1979

आदि पर्व

आमि आबूदार जानिये
ओके उद्यत कोर्लुम
ओर किन्तु तबुओ खूब संकोच
अगत्या आमार दाड़िते
करपल्लव बुलिए निलो
आमि सन्तर्पणे
ओर चूमू खेलुम
एटाइ छिलो
अन्तर्जातिक शिशु वर्षेर
आदि पर्व...

5 सितंबर, 1979

बोकामिर एइ यज्ञ

बोकामिर,
प्रात्यहिक त्रिकाल दर्शन
एवं
अघमर्षण पाठ
'यदह्ना पापमकार्ष'
इत्यादि-इत्यादि
त्रिकाल पाठ
नित्य-नियमित भाबे
चलते थाकुक

बाद में थोड़ी हँसी भी आई
वे सचमुच
भेज ही देते
मुझे चीन के सीमा के भीतर
नेहरू-युग के उस मध्याह्न में...

आदि पर्व

मैंने प्यार से
उसे अपनी तरफ खींचा
कितना संकोची था वह फिर भी
मेरी दाढ़ी पर
अपने कोमल हाथ फिरा लिये उसने
बड़े जतन से धीरे से
चूम लिया मैंने उसे...
यही तो था
अंतर्राष्ट्रीय शिशु वर्ष का
आदि पर्व...

बेवकूफी का यज्ञ

बेवकूफी का
दैनिक त्रिकाल दर्शन
एवं
अघमर्षण पाठ
'यदह्ना पापमकार्ष'
इत्यादि-इत्यादि
त्रिकाल पाठ
नित्य नियमित रूप से
चलता रहे

शनिबारेर निशीथे
2.40 A.M. पर्यन्त
चलते थाकुक

बोकामिर एई यज्ञ
बोध हय
एइ ब्रतेर
कोनो उद्‌यापन
भविष्यत् काले
एक बारेइ अभाबनीय
आरे आरे छै
की-की ये अलाई-बलाई
बले जाच्छ ?
ओ बुड़ो बुजरूक् !
तुमि आसत बड़ गाधा
आ—ब—गा !!

13 मार्च, 1992

शनिवार की रात को
2.40 A.M. पर्यन्त
चलता रहे

बेवकूफी का यह यज्ञ
शायद
इस व्रत का
कोई उद्यापन
भविष्य में
बिलकुल अकल्पनीय
अरे, अरे, छिः
क्या-क्या अलाई-बलाई
बकते जा रहे हो ?
ओ बूढ़े धुरंधर
तुम हो महा-महा गधा
'म—म—ग !!'

विद्यापति के गीत

विद्यापति के गीत

इन गीतों का यह ताज़ा प्रकाशन अति आवश्यक था। मुझे प्रसन्नता है कि आयुष्मान् श्री अशोक महेश्वरी ने अपनी सहज सहृदयता के चलते इस संकलन को इतनी शीघ्रता से छपवा दिया है...कई वर्षों से अपनी इस विशिष्ट रूपांतरित कृति को काव्य-रसिक जनता के मध्य अलभ्य देखकर मैं खिन्न हो रहा था। वस्तुतः इस पुस्तक की अप्राप्यता का कारण मेरी अपनी लापरवाही था...।

मुझे पूर्ण विश्वास है, महाकवि के चुने हुए गीतों का यह छाया-रूप पसंद किया जाएगा। पाठकों-पाठिकाओं की सुविधा के लिए मूल पद भी साथ-साथ डाल दिए गए हैं।

4 अप्रैल, 1979

--नागार्जुन

कवि परिचय

महाकवि विद्यापति का यश समूचे संसार में फैला हुआ है। वह उन कतिपय गीतकारों में से एक हैं जिन्हें विश्व की रसिक-मंडली ने सम्मान प्रदान किया है। पिछले वर्षों में अमेरिका के एक प्रकाशक ने विद्यापति के चुने हुए गीतों का अंग्रेजी रूपांतर प्रकाशित किया। विगत सौ वर्षों में उनकी पदावलियों के भिन्न-भिन्न प्रकार के पचासों संस्करण कलकत्ता, ढाका, पटना, इलाहाबाद और दिल्ली जैसे महानगरों से प्रकाशित हो रहे हैं। बीसियों आकाशवाणी केंद्रों से विद्यापति की कोमलकांत पदावलियों का गायन आए दिन हम सुनते ही रहते हैं। विश्वविद्यालयों के पाठ्यक्रम भी कविकोकिल की वाणी से धन्य हुए हैं। दर्जनों थीसिसें शोध-छात्रों ने अंग्रेजी, बँगला, हिंदी, मैथिली आदि भाषाओं के माध्यम से तैयार की हैं। विभिन्न प्रदेशों की सांस्कृतिक गोष्ठियों में इन गीतों को हम गूँजते पाते हैं।

महाकवि विद्यापति मिथिला अंचल में एक अति-संपन्न ब्राह्मण-कुल में, सन् 1350 ईसवी के लगभग, दस-बीस वर्ष बाद, पैदा हुए थे। कहा जाता है कि उन्होंने बड़ी लंबी उम्र पाई थी, कई राजघरानों के हेर-फेर अपनी आँखों से देखे थे। बूढ़े राजाओं, बूढ़ी रानियों से लेकर विकसित, अर्धविकसित राजकुमारों-राजकुमारियों तक से कवि का अति निकट का संपर्क रहा। राजपुरुषों के कूटनीतिक दाँव-पेंच उन्हें भली-भाँति मालूम थे। व्यावहारिकता की कसौटी पर विद्यापति शत-प्रतिशत चतुर व्यक्ति रहे होंगे, यह उनकी रचनाओं से स्पष्ट है। केवल विरह-शृंगार वाली सरल पदावलियाँ ही नहीं, उन्होंने संस्कृत के माध्यम से दसियों नीतिग्रंथ और शिक्षाग्रंथ भी तैयार किए थे। एक राजा पड़ोसी देश के राजा को किस प्रकार पत्र लिखेगा, एक सेनापति एक अधिकार-प्राप्त युवराज को किस तरह अपनी बातें सूचित करेगा, दासों के लिए मुक्ति-पत्र किस प्रकार लिखे जाएँगे—इस प्रकार के व्यावहारिक पत्र-लेखन के दर्जनों नमूने विद्यापति अपनी पुस्तक 'लिखनावली' में हमें दे गए हैं। कुत्ता-बिल्ली, कबूतर-गीदड़ जैसे जन्तुओं को पात्र नहीं बनाकर विद्यापति ने राजकुमारों की नीति-शिक्षा के लिए समकालीन ऐतिहासिक-सामाजिक पात्रों के आधार पर नीति-शिक्षा की पुस्तक तैयार की थी। यह पुस्तक 'पुरुष-परीक्षा' अंग्रेज़ विद्वानों को बेहद पसंद आई थी।

यह नहीं कि राधा-कृष्ण की लीलाओं से संबंधित ये गीत कवि ने स्वान्तःसुखाय लिखे थे। यह भी नहीं कि उन्होंने वैष्णव भावना के आवेग में ये पद लिखे हों। विद्यापति वैष्णव थे या शैव थे या शाक्त थे—समालोचकों की खींचातानी सामान्य पाठकों को

अवश्य ही मनोरंजन प्रदान करेगी। मुझे तो विरह-शृंगार वाले ये कोमल गीत तत्कालीन सामंतवर्ग के मनोविनोद की सामग्री प्रतीत होते हैं। नर्तक और नर्तकियाँ भावाभिनयपूर्वक इन गीतों को गाते थे और सुविधाभोगी वर्गों के प्राण-मन इन्हें सुन-सुनकर परितृप्त होते थे। मुग्धा राधिका की अभिसार-लीला बूढ़े राजाओं का दिल गुदगुदाती थी। राजकुमारों और राजकुमारियों की रसिकता पर मान-मनौवल के विदग्ध वचन सान चढ़ाते थे। एक किशोर नर्तक कान्हा की भूमिका में सजता रहा होगा। दूसरा किशोर नर्तकी सखी की भूमिका धारण करता रहा होगा। तीसरा किशोर नर्तक आकुल राधिका की मुद्रा में निःश्वासें छोड़ता हुआ ज़रा अलग हटकर बैठा रहता होगा—इस प्रकार इन पदों के गीताभिनय सारी-सारी रात चलते रहे होंगे। नए-नए गीतों के लिए अनुरोध (आदेश नहीं) आने पर कवि बदलती हुई ऋतुओं के अनुक्रम में प्रणय-लीला को नई-नई भावभूमियों में जमाता रहा होगा...चमत्कार की बात यह थी कि नवद्वीप और वृंदावन के रसिक वैष्णव समाज तो विद्यापति के भावभीने पदों पर और भी अधिक फ़िदा थे।

जीवन की अंतिम घड़ियों में कवि की बेलाग स्पष्टोक्ति भी असाधारण थी। उन्होंने कहा—"माधव, जीवन के अंत में मेरे सामने निराशा ही निराशा नजर आ रही है...आधी ज़िंदगी मैंने सोकर गँवा दी है। बुढ़ापा और बचपन ने जाने कितने दिन हड़प लिए होंगे। शेष आयु मैंने स्त्रियों के साथ रंगरेलियाँ मनाते हुए, मदमस्त जवानी के हवाले कर दी। तुम्हारे भजन-ध्यान के लिए मेरे पास अब कौन-सी बेला बाकी रह गई है ?" बुढ़ापे के दिनों का कवि का एक और पद है, इसमें कहा गया है—"बड़ी मुश्किलों से मैंने पाप की कमाई बटोरी। घर वाले मिलजुलकर उस धन का उपभोग कर रहे हैं।" लगता है, लंबी आयु के अंतिम छोर पर पहुँचकर कवि बिलकुल ऊब गया था...।

राधा-कृष्ण वाले पदों में अंत वाली पंक्ति प्रायः आशा का संदेश देती है। मिलन होगा और अवश्य होगा—इससे यह स्पष्ट होता है कि महाकवि किसी भी स्थिति में अपने श्रोताओं को निराश छोड़ना पसंद नहीं करता।

इन गीतों को अलग-अलग राग-रागनियों में बाँधकर गानेवाले गायकों की कमी नहीं है। तनिक-सा प्रयास करने पर आप उन्हें कहीं भी सुन सकते हैं।

निश्चय ही विद्यापति की पदावली में प्रक्षिप्त गीतों का अभाव नहीं है। यह भी उनकी लोकप्रियता का ही एक प्रमाण रहा होगा कि दसियों गीतकारों ने प्रच्छन्न तौर पर इन पदों के अंदर अपने पद डाल रखे हैं। पिछली कई शताब्दियों से मिश्रित होते-होते कवि के गीतों की भाषा (मैथिली) भी 'हलवा' बन गई है। यत्र-तत्र इन पदों में बाँग्ला, उड़िया, असमिया, सन्थाली, नेपाली, मगही, भोजपुरी, अवधी और ब्रजभाषा के सैकड़ों ठेठ शब्द बैठे दिखाई पड़ेंगे। भाषाओं की यह घुलावट अभिव्यंजना की दृष्टि से आवश्यक रही होगी। भिन्न-भिन्न अंचलों के लाखों लोक-कंठ व्याकरण के कठोर अनुशासनों में सुदीर्घ काल तक कैसे बँधे रहते ?

—नागार्जुन

1

जय जय भैरव असुर-भयाउनि, पसुपति-भामिनि माया।
सहज सुमति बर दिअहे गोसाउनि, अनुगति गति तुअ पाया ॥
बासर-रैनि सबासन सोभित, चरन चन्द्रमनि चूड़ा।
कतओक दैत्य मारि मुँह मेलल, कतन उगिलि करु कूड़ा ॥
सामर बरन, नयन अनुरंजित, जलद-जोग फुल कोका।
कट कट बिकट ओठ-पुट पाँड़रि, लिधुर-फेन उठ फोका ॥
घन घन घनन घुघुर कत बाजए, हन हन कर तुअ काता।
विद्यापति कवि तुअ पद सेवक, पुत्र बिसरु जनि माता ॥

राक्षसों को आतंकित करनेवाली भैरवी शिवानी, तुम्हारी जय हो ! तुम्हारे चरण-युगल ही इस दास के लिए एकमात्र सहारा हैं...देवि, मैं तुमसे 'सहज-सुबुद्धि' की ही वरदान के रूप में याचना कर रहा हूँ।

दिन-रात तुम्हारे चरण शव-आसन पर शोभित हैं...तुम्हारा सीमंत चंद्रमणि से अलंकृत है...कितने ही दानवों को मारकर तुमने अपने मुँह के अंदर डाल लिया, कितने ही दानवों को तुम हज़म कर गई हो...उगल दिए जाने पर कितने ही दानव सीठी (निःसत्व) बनकर धूल में मिल गए हैं !

तुम्हारी सूरत साँवली है। आँखें लाल-लाल हैं। लगता है, बादलों में लाल-लाल कमल खिले हैं। पंखुड़ियों जैसे होंठ हैं तुम्हारे, जिनसे कट-कट की विकट आवाज़ निकल रही है। खूनी रंग के झाग बुलबुले पैदा कर रहे हैं। मेखला (करधनी) के घुँघुरुओं से झन-झन-झनन घन-घन-घनन की मीठी आवाज़ निकल रही है। तुम्हारी कृपाण प्रहार करने के लिए हमेशा तैयार रहती है...।

तुम्हारे चरणों का सेवक विद्यापति कवित कहता है—"माता, पुत्र को कभी नहीं भूलो !"

2

नंदक नंदन कदंबक तरु-तर धिरे-धिरे मुरलि बजाव।
समय संकेत-निकेतन बइसल बेरि-बेरि बोलि पठाव॥
सामरि, तोहरा लागि अनुखन विकल मुरारि।
जमुनाक तिर उपवन उद्वेगल फिरि-फिरि ततहि निहारि॥
गोरस बेचये अबइत जाइत जनि-जनि पुछ बनमारि॥
तोंहे मतिमान, सुमति मधुसूदन वचन सुनह किछु मोरा॥
भनइ विद्यापति सुन बरजौवति बन्दह नन्द-किसोरा॥

नन्द का लाडला (कृष्ण) कदंब की छाँह में बैठा है। हौले-हौले बाँसुरी टेर रहा है।

स्वर-संकेत में ही कान्हा मिलने की जगह और स्थान के बारे में बतला रहा है। बाँसुरी की टेर में मिलन-संदेश गुंजित हो रहे हैं...।

ओ साँवली-सलोनी, मुरारी तेरे लिए व्याकुल है। पल-भर उसे चैन नहीं मिलता।

जमुना के किनारे गोरस (दूध-दही) बेचने के लिए जाने-आने वाली हरएक युवती से वनमाली तेरे बारे में पूछा करता है। वह उन युवतियों में से एक-एक की ओर बार-बार निहारता है फिर भी बेचारे का उद्वेग (आकुलता) कम नहीं होता...

तू तो खुद ही समझदार है ! कान्हा भी चतुर है...जा, उसे मना ले ! विद्यापति कहता है—"ओ श्रेष्ठ सुंदरी, तुझे नन्दकिशोर की वंदना करनी ही चाहिए...।

3

सैसब जौबन दुहु मिल गेल। स्रवनक पथ दुहु लोचन लेल॥
वचनक चातुरि लहु-लहु हास। धरनिये चाँद कएल परगास॥
मुकुर हाथ लए करए सिंगार। सखि पूछए कइसे सुरत-बिहार॥
निरजन उरज हेरत कत बेरि। बिहुँसए अपन पयोधर हेरि॥
पहिलें बदरि सम पुन नवरंग। दिन-दिन अनंग अगोरल अंग॥
माधव पेखल अपरूब बाला। सैसब जौबन दुहु एक भेला॥
विद्यापति कह तोहें अगेआनि। दुहु एक जोग एह के कह सयानी॥

बचपन और जवानी दोनों मिल गए। आँखों ने कानों की राह पकड़ ली, तीर चलने लगे।

बातचीत में चतुराई आ गई। हँसी की रफ्तार मद्धिम पड़ी। चाँद ने धरती को आलोकित कर दिया।

हाथ में आईना लेकर तरुणी बनाव-सिंगार रचाने लगी। सहेली से मालूम करना

चाहती है—"कामकेलि क्या होती है ?"

अकेले में आप ही अपना सीना देखती है, अपने कुचों की ओर देख-देखकर आप ही मुस्कराती है। वह पहले बेर की तरह के थे, फिर नारंगी जैसे होने लगे। कन्हाई ने देखा—यह अनोखी है, बचपन और जवानी दोनों इसी में आकर मिले हैं।

कवि विद्यापति ने तरुणी से कहा—"तुम तो भारी नादान हो ! बचपन और जवानी दोनों एक जगह मिलते हैं तो लड़की सयानी कहलाती है।"

4

सैसब जौबन दरसन भेल। दुहु दल-बलहि दन्द परि गेल ॥
कबहुँ बाँधए कच कबहुँ बिथार। कबहुँ झाँपए अंग कबहुँ उघार ॥
थीर नयन अथिर किछु भेल। उरज उदय-थल लालिम देल ॥
चपल चरन, चित चंचल भान। जागल मनसिज मुदित नयान ॥
विद्यापति कह करु अवधान। बाला अंग लागल पंचबान ॥

बचपन और जवानी दोनों आमने-सामने दिखाई पड़े। दोनों दलों में द्वंद्व मच गया।

कभी तो बालों को बाँधती है, कभी खोलकर उन्हें फैला देती है। कभी अंगों को ढँक लेती है, कभी उन्हें उघारे रखती है।

स्थिर नयन कुछ चंचल हो उठे। कुचों के उदय-स्थल में लाली उभर आई।

पैरों की गति में तो चपलता थी ही, अब मन भी उड़ने लगा। कामदेव जागा, आँखें खिल उठीं।

विद्यापति ने कहा—"अब तुम अपने को सँभालो। तरुणी के एक-एक अंग से कामदेव के पाँच-पाँच तीर छूटा करते हैं।"

5

कुच-जुग अंकुर उतपति भेल। चरन-चपल-गति लोचन लेल।
अब सब खन रह आँचर हाथ। लाजे सखिजन न पुछए बात ॥
कि कहब माधब बयसक संधि। हेरइत मनसिज मन रहु बंधि ॥
तइअओ काम हृदय अनुपाम। रोपल कलस ऊँच कए ठाम ॥
सुनइत रस-कथा थापए चीत। जइसे कुरंगिनि सुनए संगीत ॥
सैसब जौबन उपजल बाद। केओ नहि मानए जय-अबसाद ॥
विद्यापति कौतुक बलिहारि। सैसब से तनु छोड़नहिं पारि ॥

कुचों की जगह अँखुए फूट पड़े। चरणों की चपलता आँखों ने ले ली।

अब हमेशा हाथों से आँचल सँभालती रहती है। लाज के मारे सहेली से कुछ पूछती भी नहीं।

माधव, मैं तुमसे क्या बताऊँ ! शैशव और तरुणाई मिलते हैं तो उस उम्र में ऐसा ही होता है। देखते ही कामदेव मन को बाँध लेता है। हृदय के अंदर वह अनोखे चमत्कार पैदा करता है। उसने कितनी ऊँची जगह पर कलश रख दिए हैं !

सुंदरी रसभीनी बातें सुनती है, मन को उसी में जमाए रहती है। हिरनी संगीत सुनती है तो वह भी ऐसा ही करती है।

बचपन और जवानी में बहस छिड़ गई है। किसकी जीत और किसकी हार ! कोई मानने को तैयार नहीं। विद्यापति इस खिलवाड़ पर निछावर हैं। उनकी राय में बचपन को ही हार माननी पड़ेगी, शरीर पर से अपना अधिकार छोड़ना पड़ेगा।

6

पहिलें बदरि कुच पुन नवरंग। दिन-दिन बाढ़ए पिड़ए अनंग॥
से पुन भए गेल बीजकपोर। अब कुच बाढ़ल सिरिफल जोर॥
माधब पेखल रमनि संधान। घाटहि भेटलि करइत असनान॥
तनसुक सुबसन हिरदय लाग। जे पए देखब तिन्हकर भाग॥
उर हिल्लोलित चाँचर केस। चामर झाँपल कनक महेस॥
भनइ विद्यापति सुनह मुरारि। सुपुरुख बिलसए से बर नारि॥

कुच पहले बेर बराबर हुए, फिर नारंगी जैसे। वे दिन-दिन बढ़ने लगे। कामदेव अंग-अंग को पीड़ा पहुँचाने लगा।

स्तन बढ़ते-बढ़ते अमरूद जैसे दिखाई देने लगे। उन्होंने आगे ज़ोर मारा और बेल जैसे लगने लगे।

कन्हाई अवसर की टोह में था। उसने सुंदरी को ढूँढ़ निकाला। वह घाट पर नहा रही थी। भीगा हुआ महीन वस्त्र वक्ष से चिपका हुआ था। ऐसी भूमिका में जो भी इस तरुणी को देखता उसके भाग्य जग जाते।

लंबे, गीले, काले बाल इधर-उधर छाती के इर्द-गिर्द लहरा रहे थे। सोने के दोनों शिवलिंगों (स्तनों) को चँवर ने ढँक लिया था।

विद्यापति कहते हैं—"मैं तुमसे साफ-साफ बतला दूँ, कुँवर कन्हैया ! सुंदर पुरुष ही ऐसी सुंदरी के साथ रंगरेलियाँ मनाता है।"

7

पीन पयोधर दूबरि गता। मेरु उपजल कनक लता॥
ए कान्ह ए कान्ह तोरि दोहाई। अति अपरुब देखलि राई॥
मुख मनोहर अधर रंगे। फुललि मधुर कमल संगे॥
लोचन जुगल भृङ्ग अकारे। मधु मातल उड़ए न पारे॥
भउँहुक कथा पूछह जनू। मदन जोड़ल काजर-धनू॥
भन विद्यापति दूतिबचने। एत सुनि कान्ह करु गमने॥

स्तन बड़े-बड़े हैं। देह दुबली है। लगता है, कनक-लता ने मेरु-गिरि उपजाए हैं।

कान्हा, तुम्हारी दुहाई ! तुम्हारी कसम ! राधा इन दिनों बेहद अनूठी लगती है, मैंने उसे अपनी आँखों से देखा है।

मुख मनोहर है, होंठ लाल हैं। लगता है, कमल के साथ 'मधुरी' के छोटे-छोटे फूल खिले हैं। कजरारी आँखें काले भौंरों की तरह लगती हैं। मालूम होता है, मकरंद पीकर दोनों भौंरे इस तरह मस्त हैं कि वहीं चिपक-से गए हैं और आँखों जैसे दिखाई पड़ते हैं। अब यह मत पूछो कि भौंहें कैसी हैं ! लगता है, कामदेव ने काजल के कमान भिड़ा रखे हैं।

विद्यापति की उक्ति है—"दूती के मुँह से इतना कुछ सुनकर कान्हा राधा से मिलने चले।"

8

कि आरे ! नब जौबन अभिरामा।
जत देखल तत कहए न पारिअ छओ अनुपम एक ठामा॥
हरिन इन्दु अरबिन्द करिनि हेम पिक बूझल अनुमानी॥
नयन बदन परिमल गति तन रुचि अओ अति सुललित बानी॥
कुच जुग उपर चिकुर फुजि पसरल ता अरुझाएल हारा॥
जनि सुमेरु उपर मिलि ऊगल चाँद बिहिन सब तारा॥
लोल कपोल ललित मनि-कुंडल धिर बिम्ब अध जाई॥
भौंह भमर, नासापुट सुन्दर से देखि कीर लजाई॥
भनई विद्यापति से बर नागरि आन न पाबए कोई॥
कंसदलन नारायन सुन्दर तसु रंगिनि पए होई॥

वाह ! नवयौवन भी कितना आकर्षक होता है, कैसा अभिराम ! जितना देखा है, उतना

कह नहीं पाऊँगा। छह अनूठी वस्तुएँ एक-एक जगह बटुर आई हैं—हरिण, इंदु, अरविंद, हाथी, सोना और कोयल ! आँखें हरिण की, मुख चाँद-सा, खूशबू कमल की, गति गज की, शरीर शोभा कंचन की और बोल का मिठास कोयल का-सा... !

खुले हुए बाल स्तनों पर फैल गए। मोतियों का हार बालों में उलझ गया। सुमेरु पर्वत पर प्रकाश भी है, अँधेरा भी है, तारे भी निकल आए हैं। चाँद बेचारा गायब है।

जड़ाऊ कुंडल हिल रहे हैं। गालों की खूबसूरती बढ़ गई है। होंठों की लाली देखकर बिम्बफल शरमा उठा है। भौंहों ने भ्रमरों को नीचा दिखाया है। नाक का नुकीलापन देखकर तोते को काठ मार गया।

विद्यापति कहते हैं—"वह सुंदरी दूसरे को नहीं मिलेगी। कंस का दलन करनेवाले नारायण बहुत सुंदर हैं, वह रमणी उन्हीं की होकर रहेगी।"

9

जुगल सैल-सिम हिमकर देखल एक कमल दुइ जोति रे॥
फुललि मधुरि फुल सिंदुर लोटाइलि पाँति बइसलि गज-मोति रे॥
आज देखल जत के पतिआएत अपुरुब बिहि निरमान रे॥
बिपरित कनक-कदलि-तर सोभित थल-पंकज अपरूप रे॥
तथहु मनोहर बाजन बाजए जागए मनसिज भूप रे॥
भनइ विद्यापति पुरुबक पुन तह ऐसनि भजए रसमन्त रे॥
बुझए सकल रस राजा सिवसिंह लखिमा देइ केर कन्त रे॥

दो पर्वतों की सीमा पर मैंने चाँद देखा है। कमल के एक ही फूल में मैंने दो आलोक देखे हैं।

खिले हुए लाल फूल सिन्दूर में सन गए। गजमुक्ता के दाने दो पंक्तियों में जमे बैठे हैं...।

आज जितना जो कुछ देखा, भला किसे विश्वास होगा ! विधाता की अनूठी सृष्टि थी वह... !

कनक-रचित कदली स्तंभ उल्टे शोभित थे (उनका पतला हिस्सा नीचे था, मोटा ऊपर)। नीचे दो थल-कमल (चरण) थे। वहाँ मनोहर वाद्य बज रहा था (पायल छमक रही थी)। यह आवाज़ मानो महाराज कामदेव को जगाने के लिए थी...।

विद्यापति कहते हैं—"पूर्व-जन्म का संचित पुण्य हो, तभी रसिक व्यक्ति इस प्रकार की युवती पा सकता है....लखिमा देवी (रानी) के पति राजा शिवसिंह ही इन गीतों का मर्म जानते हैं...।"

10

चाँद-सार लए मुख घटना करु। लोचन चकित चकोरे॥
अमिअ धोए आँचर धनि पोछल। दह दिसि भेल उँजोरे॥
कामिनी कओने गढ़ली।
रूप सरूप हमे कहए न पारिअ लोचन लागि रहली॥
गुरु नितम्ब भरे चलए न पारए माझहि खीनि निमाई॥
भाँगि जाएत मनसिज धरि राखलि त्रिबलि लता अझुराई॥
भनइ विद्यापति अद्‌भुत कौतुक ई सब बचन सरूपे॥
रूपनराएन ई रस जानथि सिवसिंह मिथिला भूपे॥

चाँद का निचोड़ लेकर मुख का निर्माण किया। चकोरी की आँखें चकित रह गईं। सुंदरी ने अमृत से धोकर हाथों को आँचल से पोंछा। दसों दिशाएँ चाँदनी में नहा उठीं।

इस सुंदरी का किसने निर्माण किया, कैसे निर्माण किया, इसकी खूबसूरती के बारे में कुछ नहीं कह पाऊँगा। मेरी तो आँखें उससे चिपक गई हैं।

नितम्ब इतने भारी हैं कि बेचारी से चला नहीं जाता। कमर बिलकुल पतली और लचकीली है। नाभि के पास तीन जगहों पर बल पड़ गए हैं। कामदेव ने लता में उलझाकर, बाँध-बूँधकर उसे सँभाल रखा है कि टूट-फूटकर कहीं गिर न जाए।

विद्यपति कहते हैं–"बात अचम्भे की है, लेकिन गलत नहीं है। मिथिला-नरेश शिवसिंह स्वयं ही रूपनारायण हैं। वह कवि के इस कथन का मर्म जानते हैं।"

11

जाइत देखलि पथ नागरि सजनि गे, आगरि सुबुधि सेयानि।
कनक-लता सनि सुन्दरि सजनि गे, विहि निरमाओलि आनि॥
हस्ति-गमन जकाँ चलइत सजनि गे, देखइत राजकुमारि।
जनिकर एहनि सोहागिनि सजनि गे, पाओल पदारथ चारि॥
नील वसन तन घेरल सजनि गे, सिर लेल चिकुर सँभारि।
तापर भमरा पिबए रस सजनि गे, बइसल पाँखि पसारि॥
केहरि सम कटि गुन अछि सजनी गे, लोचन अम्बुज धारि।
विद्यापति कवि गाओल सजनि गे, गुन पाओल अवधारि॥

सुन तो, सखी री ! मैंने उस सुंदरी को रास्ते से जाते देखा। वह तो बड़ी होशियार है, भारी चालाक। कनकलता जैसी खूबसूरत है। बहुत सोच-समझकर विधाता ने उसका

निर्माण किया है। हाथी जैसी मस्तानी चाल से चलती है तो राजकुमारी लगती है। जिस पुरुष को ऐसी सुहागिन औरत मिली होगी, वह धन्य है। उसने चारों पदार्थ प्राप्त कर लिये !

शरीर में नीले परिधान लपेट रखे थे, बालों को बाँध रखा था। भौंरे पंख फैलाए बैठे थे, निश्चिन्त होकर रस पी रहे थे। सिंह की-सी पतली कमर थी, आँखें तो कमल-सी थीं ही।

विद्यापति कवि ने उस सुन्दरी में कुछ गुण देखे, तभी तो उसका गीत गाया।

12

कबरी-भय चामरि गिरि-कन्दर मुख-भय चाँद अकासे।
हरिनि नयन-भय, सर-भय कोकिल गति-भय गज बनबासे ॥
सुन्दरि, किए मोहि सँभासि न जासि।
तुअ डर इह सब दूरहि पड़ाएल तोहें पुन काहि डरासि ॥
कुच-भय कमल-कोरक जल मुदि रहु घट परबेस हुतासे।
दाड़िम-सिरिफल गगन बास करु सम्भु गरल करु ग्रासे ॥
भुज-भय पंक मृनाल नुकालए कर-भय किसलय काँपे।
कवि सेखर भन कत कत ऐसन कहब मदन परतापे ॥

सुन्दरी ! तुमसे सभी डरते हैं। बालों के डर से चँवरी (गाय) भागकर पहाड़ की ओर चली गई और खोह में छिप गई। मुख के डर से चाँद उछला तो आकाश से जा लगा। आँखों के डर से हिरण भागा। स्वर से सहमकर कोकिल भागा। गति के डर से हाथी भाग गया। सभी के सभी जंगल में चले गए। सुन्दरी ! कहाँ जा रही हो ? तुम्हें क्या डर है ? कुछ तो कहती जाओ, यों मत भागो ! तुम्हारे डर से सभी दूर भागे, तुम किससे डरती हो ?

कुचों के डर से कमल की कलियाँ पानी के अंदर छिपी पड़ी हैं। घड़े आग के अंदर चले गए। अनार और बेल आसमान में लटक गए। शिवजी ने जहर पी लिया।

बाँहों के डर से मृणाल कीचड़ के अन्दर धँस गए। हाथों के डर से पल्लवों में कँपकँपी पैदा हो गई।

कवि शेखर का कहना है कि यह सब कामदेव की महिमा है। मदन के प्रताप का कहाँ तक कोई बखान करे !

13

रामा, अधिक चंगिम भेलि।
कतन जतन कत अद्‌भुत, बिहि निधि तोहि देलि॥
सुन्दर बदन सिंदुर-बिन्दु सामर चिकुर भार।
जनि रवि-ससि संगहि ऊगल पाछु कए अंधकार॥
चंचल लोचन बाँक निहारए अंजन शोभा पाए।
जनि इन्दीबर पवन-पेलल अलि भरें उलटाए॥
उनत उरोज चीरें झपाबए पुनु पुनु दरसाए।
जइओ जतने गोअए चाहए हिमगिरि न नुकाए॥
एहनि सुन्दरि गुनक आगरि पुनें पुनमत पाव।
ई रस बिन्दक रूपनरायन कवि विद्यापति गाव॥

सुन्दरी, अब तो और अधिक खिल उठी है तू ! विधाता ने कैसे अद्‌भुत खज़ाना सौंप दिया था ! कितनी कोशिशों के बाद !

सुन्दर मुख पर सिन्दूर का टीका लगा लिया है। पीछे काले-काले बाल हैं। लगता है, सूरज और चाँद साथ-साथ निकल आए हैं, पीछे अँधेरा है।

चंचल नेत्रों की तिरछी चितवन...ऊपर से अंजन चमकता है। कमल की जोड़ी को पवन ने परेशान कर रखा है, ऊपर से आकर दो भौंरे उन पर बैठ गए, बोझ पड़ा तो कमल उलट गए !

ऊँचे उरोजों को कितना भी ढँकें फिर भी वे दीख ही जाते हैं। कितना भी छिपाना चाहे कोई, हिमगिरि को छिपा नहीं सकता।

सभी गुणों की खान है यह सुन्दरी। बड़ी किस्मतवाले ही ऐसी सुन्दरी को प्राप्त करतें हैं। राजा रूपनारायण इस रस को जानते हैं, विद्यापति ने तभी तो इस गीत को गाया।

14

कामिनि करए सनाने। हेरितहि हृदय हनए पँचबाने॥
चिकुर गरए जलधारा। जनि मुख-ससि डरें रोअए अँधारा॥
कुच-जुग चारु चकेवा। निअ कुल मिलत आनि कोने देवा॥
ते संकाएँ भुज-पासे। बाँधि धएल उड़ि जाएत अकासे॥
तितल बसन तनु लागु। मुनिहुक मानस मनमथ जागू॥
सुकवि विद्यापति गावे। गुनमति धनि पुनमत जन पावे॥

कामिनी नहा रही है। देखते ही पंचबाण (कामदेव) हृदय को घायल करता है।

बालों से पानी की धार नीचे बही जा रही है। लगता है, मुख-चंद्र के डर से अंधकार रो रहा है।

दोनों स्तन चकवा पक्षी के जोड़े हैं, उसी की तरह गोल-मटोल और सुंदर। ये जाकर अपने झुंड में शामिल हो जाएँगे, फिर इन्हें पकड़कर कौन वापस लाएगा और उसे देगा ? इसी डर से सुन्दरी ने उन्हें भुजपाश में बाँध रखा है, वे उड़कर आसमान की ओर न चले जाएँ।

गीला कपड़ा तन से चिपक गया है, वह मुनियों के भी मन में ललक पैदा कर रहा है।

सुकवि विद्यापति ने गाया—"ऐसी गुणवती स्त्री भाग्यशाली लोग पाते हैं।"

15

जाइत पेखलि नहाएलि गोरी। कत सएँ रूप धनि आनल चोरी॥
केस निगारइत बह जल धारा। चमर गरए जनि मोतिम-हारा॥
तीतल अलक बदन अति सोभा। अलिकुल कमल बेढ़ल मधुलोभा॥
नीर निरंजन लोचन राता। सिन्दुर मंडित जनि पंकज-पाता॥
सजल चीर रह पयोधर-सीमा। कनक-बेलि जनि पड़ि गेल हीमा॥
ओ नुकि करतहि जाहि किए देहा। अबहि छोड़ब मोहि तेजब नेहा॥
ऐसन रस नहि पाओब आरा। इथे लागि रोइ गरए जल धारा॥
विद्यापति कह सुनहु मुरारि। बसन लागल भाव रूप निहारि॥

गोरी अभी-अभी नहायी थी, मैंने जाते-जाते उसे देखा। इतना अधिक रूप वह कहाँ से चुरा लायी है ?

निचोड़ने पर बालों से जलधारा बह रही थी, चँवर से मानो मोती के हार झड़ रहे हों। भीगे हुए अलकों के चलते मुख बेहद सुहावना लगता था। लगता था, रसलोभी भ्रमरों ने कमल को घेर रखा है। अंजन अच्छी तरह धुल गया है, आँखें लाल हैं। लगता है, कमल के पत्ते पर किसी ने सिन्दूर मसल दिया है।

भीगे हुए वस्त्र कुचों के सीमांत हो रहे हैं। सोने से बेलों के इर्द-गिर्द मानो बर्फ जम गई है।

वह (वस्त्र) छिप-छिपकर देह को देख रहा है कि मुझे अभी-अभी अलग कर देगी, नेह-छोह छूट जाएग !

सुन्दरी नहा के चली जाएगी, अब मुझे ऐसा रस नहीं मिलेगा, यही सोचकर नदी रो रही है।

विद्यापति कहते हैं—"ओ कान्हा, यह रूप देखकर तुम्हारा भी मन सुन्दरी के भीगे वस्त्र से चिपक जाएगा।"

16

पथ-गति नयन मिलल राधा कान।
दुहु मन मनसिज परल संधान॥
दुहु मुख हेरइत दुहु भेल भोर।
समय न बुझए अचतुर चोर॥
बिदगधि संगिनी सब रस जान।
कुटिल नयान कएल समधान॥
चलल राज-पथ दुहु उरझाई।
कह कवि-सेख़र दुहु चतुराई॥

राह में जाते-जाते राधा और कृष्ण की आँखें आपस में टकरा गईं। दोनों दिलों के अंदर कामदेव का निशाना ठीक बैठा। दोनों ने एक-दूसरे का मुख देखा, दोनों मगन हो गए। बुद्धू चोर को वक्त-बेवक्त पता नहीं चलता। चतुर साथिन को सही रसों का स्वाद मालूम था, उसने नज़र से प्रीतम को सावधान कर दिया।

मन ही मन एक-दूसरे से उलझ गए थे, फिर भी राधा और कृष्ण सड़क पर अलग-अलग चल रहे थे।

विद्यापति का कहना है कि दोनों ही चतुर थे।

17

ससन-परस खसु अम्बर रे देखल धनि देह।
नव जलधर-तर चमकए रे जनि बिजुरि-रेह॥
आज देखलि धनि जाइते रे मोहि उपजल रंग।
कनक-लता जनि संचर रे महि निर अवलम्ब॥
ता पुन अपरुब देखल रे कुच-जुग अरबिन्द।
बिगसित निह किछु कारन रे सोझाँ मुख-चन्द॥
विद्यापति कवि गाओल रे रस बुझ रसमन्त।
देवसिंह नृप नागर रे हासिनि देइ कन्त॥

हवा लगी तो कपड़े सरक गए। मैंने सुंदरी की देह देख ली। ऐसा लगा कि नए बादल की ओट में बिजली की लकीरें जगमगा उठी हैं।

मैंने आज उसे राह में देखा। मेरे अंदर अनुराग उमड़ आया। मुझे लगा, बिना किसी सहारे के, धरती पर कनकलता टहल-बूल रही है। फिर एक बात यह भी अनोखी देखी कि दोनों उरोज उरोज नहीं थे, कमल थे। मगर वे खिले क्यों नहीं थे ? इसलिए नहीं खिल पा रहे थे कि सामने पूरा चाँद-मुखड़ा था।

विद्यापति ने गाया—"रसिक जन ही इसका मर्म समझेंगे। हासिनी देवी के प्राणवल्लभ राजा देवसिंह बड़े रसिक हैं।"

18

अलखित मोहि हेरि बिहुँसलि थोर । जनि रयनी भेल चाँद इजोर ॥
कुटिल कटाख लाट पड़ि गेल । मधुकर-डम्बर अम्बर भेल ॥
काहिक सुन्दरि के ताहि जान। आकुल कए गेल हमर परान ॥
लोल कमल भमर धरु बारि । चमकि चललि गोरि चकित निहारि ॥
तें भेल बेकत पयोधर सोभ। कनक कमल हेरि काहि न लोभ ॥
आध नुकाएल आध उगास । कुच कुम्भे कहि गेलि अप्पन आस ॥
से अब अमिल निधि दए गेल संदेस । किछु नहि रखलन्हि रस परिसेस ॥
भनइ विद्यापति दुहु मन जागु । बिसम कुसुम-सर काहु जनु लागु ॥

मेरी ओर देखकर वह थोड़ा-सा मुस्कुराई, मगर उसे किसी दूसरे ने नहीं देखा। चाँदनी में रात आलोकित हो उठी।

कुटिल कटाक्ष लट्ठ बनकर दिल में खुब गया, नीला परिधान भौंरों का छत्ता बन गया। वह कहाँ की थी, किसकी थी, कौन थी, किसे पता है ! मेरे प्राणों को वह बिलल्ला करके छोड़ गई।

उसके हाथ में कमल का फूल था। एक भौंरा आकर मँडराने लगा तो उसने हाथ हिलाकर भौरों को परे हटा दिया। मेरी ओर चकित नेत्रों से बार-बार देखती रही और ठुमुक चाल में आगे बढ़ने लगी। कुच झाँकने लगे तो वह दृश्य बड़ा ही सुहावना लगा। स्वर्ण-कमल दिखलाई पड़ने पर कौन अपना लोभ संवरण कर सकेगा ? आधे ढके थे, आधे खुले कुचों के जरिए वह मुझे आशा दे गई—'मैं कभी तुमसे मिलूँगी जरूर'...और अब वही संदेशा मेरे लिए अनमोल निधि बन गया है। बाकी और किसी वस्तु में मुझे रस नहीं मिलता।

विद्यापति की उक्ति है—"दोनों के मन में कामदेव जगा है। पाँच फूल ही जिसके लिए तीर का काम करते हैं, वह कामदेव किसी को परेशान न करे।"

19

सहजहि आनन सुन्दर रे भौंह सुरेखलि आँखि।
पंकज मधु पिबि मधुकर रे उड़ए पसारल पाँखि॥
ततहि धाओल दुहु लोचन रे जतहि गेलि बर नारि।
आसा लुबुधल न तेजए रे कृपनक पाछु भिखारि॥
इंगित नयन तरंगित रे बाम भौंह भेल भंग।
तखन न जानल तेसर रे गुपुत मनोभव रंग॥
चन्दन चरचु पयोधर रे ग्रिम गज मुकुताहार।
भसम भरल ज़नि संकर रे सिर सुरसरि जलधार॥
बाम चरन अगुसारल रे दाहिन तेजइत लाज।
तखन मदन सर पूरल रे गति गंजए गजराज॥
आज जाइत पथ देखलि रे रूप रहल मन लागि।
तेहि खन सब गुन गौरब रे सब धैरज गेल भागि॥
रूप लागि मन धाओल रे कुच-कंचन गिरि साँधि।
तें अपराधें मनोभव रे ततहि धएल जनि बाँधि॥
विद्यापति कवि गाओल रे रस बूझए रसवंत।
रूपनरायन नागर रे लखिमा देइ सुकंत॥

सहज सलोना मुखड़ा ! सुंदर आँखें, जिन पर भौंरे का मनोरम अंकन है। कमल का मकरंद पीकर भौंरे उड़े हैं, पंख फैलाकर। कृष्ण की आँखें उसी तरफ भागीं जिस तरफ सुंदरी गई है। आशा की डोर में बँधा हुआ भिखारी क्या कभी कंजूस का पीछा छोड़ता है ?

इंगित से आँखें तरंगित हो उठी हैं। बायीं भौंह टेढ़ी हो गई हैं। कामदेव का छिपा हुआ खिलवाड़ तीसरे की समझ में नहीं आया !

स्तनों पर चन्दन का लेवा लगा था, गले में मोती के हार थे। लगता था, शंकरजी ने भभूत रमा रखी है। ऊपर माथे पर गंगा की धाराएँ मचल रही हैं।

बायाँ पैर आगे बढ़ाया और दाहिने को उठाते हुए शर्म लग रही है। ठीक उसी मौके पर कामदेव ने अपने तीर का निशाना साधा। चाल का मस्तानापन गजराज को मात दे रहा है। आज मैंने उसे रास्ते में जाते हुए देखा। मेरा मन तभी से उसके रूपजाल में उलझ गया है। मेरा धीरज जाने कहाँ भागा !—वह धीरज, जो गुणों में सबसे श्रेष्ठ है।

रूप के पीछे-पीछे मन भागा। भागकर आखिर कहाँ जाता बेचारा ! स्तनरूपी कंचन पहाड़ों के बीच में भटक गया और कामदेव ने उसे वहीं बाँध रखा है।

विद्यापति कवि ने यह गीत गाया—"रसिक-जन रस का आनंद लें। राजा रूपनारायण नायक ठहरे और नायिका ठहरी लखिमा देवी।"

20

जहाँ-जहाँ पद-जुग धरई । तहिं-तहिं सरोरुह झरई ॥
जहाँ-जहाँ झलकए अंग । तहिं-तहिं बिजुरि - तरंग ॥
कि हेरलि अपरुब गोरि। पइठलि हिअ मधि मोरि ॥
जहाँ-जहाँ नयन विकास । ततहिं कमल परकास ॥
जहाँ लहु हास संचार । तहिं-तहिं अमिअ-बिथार ॥
जहाँ-जहाँ कुटिल कटाख । ततहिं मदन-सर लाख ॥
हेरइत से धनि थोर। अब तिन भुवन अगोर ॥
पुनु किए दरसन पाब। अब मोर ई दुख जाब ॥
विद्यापति कह जानि। तुअ गुन देहब आनि ॥

जहाँ-जहाँ अपने पैर रखती है वहाँ-वहाँ कमल निकल आते हैं। जहाँ-जहाँ अंग छलकता है वहाँ-वहाँ बिजली की हिलकोर उठती है। मैंने उस अनूठी गोरी को क्या देखा, वह तो मेरे दिल में हमेशा के लिए खुब गई।

जिधर आँखें खोलती है उधर कमल खिल उठते हैं। जहाँ मुस्कुराती है वहाँ अमृत का छिड़काव होता है। भौंहें तिरछी होती हैं तो लगता है, कामदेव के लाख तीर साथ-साथ छूटे हैं।

सुंदरी की ओर देखता हूँ तो मेरे लिए तीनों भुवन उजागर हो उठते हैं।

क्या मैं उसे फिर देख पाऊँगा ? क्या मेरा दुख फिर दूर होगा ?

विद्यापति का कहना है—"तुम्हारी खूबियाँ ही सुन्दरी को तुम तक वापस ले आएँगी।"

21

कि लागि कौतुक देखलहुँ सखि निमिष लोचन आध।
मोर मन-मृग मरम बेधल बिषम-बान बैआध ॥
गोरस बिरस बासी बिसेखल छकहि छाड़ल गेह।
मुरलि निसान मो मन मोहल बिकहु भेल सन्देह ॥
तीर तरंगिनि कदम्ब-कानन निकट जमुना घाट।
उलटि हेरइत विपथ जाइत चरन चीरग काँट ॥
सुकृत सुफल सुनह सुन्दरि विद्यापति भन सार।
कंसदलन गोपाल सुन्दर मिलल नन्द कुमार ॥

सखी, मैं पछता रही हूँ कि उसे मैंने देखा ही क्यों ? आधी ही नज़र से सही, मैंने उसे

क्यों देखा ? विषम तीरोंवाले बहेलिए ने मेरे मन-मृग के मर्म को बुरी तरह बेध डाला है।

गोरस विरस हो गया। बासी को मैंने अच्छा समझकर छींके पर लटका दिया। बाँसुरी ने मेरे मन को मोह लिया। बेचने के काम से निकली तो घोटाले में पड़ गई।

जमुना का किनारा। कदम्बों के जंगल। उलट-उलटकर उसे देखती रही, बिना रास्ते के चलती रही। काँटों ने पैरों का हाल बुरा कर दिया...।

विद्यापति ने कहा—"सुन सुन्दरी, यह पुण्य का फल है जो तुम्हें नन्दकिशोर मिल गया।"

22

कत बेदन मोहि देसि मदना।
हर नहि बाला मएँ जुबति जना॥
बिभूति-भूषन नहि चन्दनक रेनू।
बघछाल नहि सिर नेतक बसनू॥
नहि मोरा जटाभार चिकुरक बेनी।
सुरसरि नहि सिर कुसुमक स्रेनी॥
चन्दनक बिन्दु मोरा नहि इन्दु छोटा।
ललाट पाबक नहि सिन्दुरक फोटा॥
नहि मोरा कालकूट मृगमद चारु।
फनिपति नहि मोरा मुकुता-हारु॥
भनइ विद्यापति सुन देब कामा।
एक पए दूखन नाम मोर बामा॥

मुझे कितनी पीड़ा पहुँचाते हो, कामदेव ! साधारण-सी युवती हूँ, मैं तो तप में मगन शिव नहीं हूँ ! मुझको इतना न सताओ !

अपनी देह में यह मैंने राख नहीं लेप रखी है, यह तो चंदन का प्रलेप है ! बघछाला नहीं, यह तो छींट का मामूली-सा परिधान है मेरे बदन पर।

सिर पर यह जटाओं का बोझ नहीं है, बालों की वेणी गुँथी हुई है; जिसे तुम गंगा समझ रहे हो, फूलों की माला है !

भाल पर, ऊपर की ओर बालचंद्र नहीं है यह ! यह तो चंदनचर्चित रेखा-विन्यास है—देखो, धोखा न खाना !

गले में यह जो काला-काला-सा दिख रहा है तुम्हें, कालकूट (विष) का निशान नहीं है—यह तो कस्तूरी का लेप लगा रखा है मैंने ! और, हाँ, मोतियों के हार को कहीं नागराज न समझ लेना !

विद्यापति के शब्दों में कहती हूँ—"सुनो हे कामदेव, एक ही दोष है मुझमें कि नाम की 'वामा' हूँ।"

23

अवनत मुख कए रहलिहुँ बारल लोचन-चोर।
पिआ मुख-रुचि पिबए धाओल जइसे चाँद चकोर॥
ततहु सयँ हठे हटि मो आनल धएल चरन राखि।
मधुप मतल उड़ए न पार तइओ पसारए पाँखि॥
माधव बोलल मधुर बानी से सुनि मूदु मएँ कान।
ताहि अवसर बिहि बाम भेल धरु धनु पचबान॥
तनु पसेब पसाहनि भासलि पुलक तइसन जागु।
चूनि-चूनि भए काँचुअ फाटलि बाहु बलआ भाँगु॥
भन विद्यापति कम्पित अन्तर बोल न बोलल जाए।
राजा सिबसिंघ रूपनरायन साम सुन्दर काए॥

चेहरे को मैं झुकाए रही। नेत्र ठहरे चोर, इन्हें रोके रखा। फिर भी वे प्रीतम के मुख की शोभा को पीने दौड़े, जैसे चाँद के लिए चकोर दौड़ता है। वहाँ से भी उन्हें जबरन हटा लाई, नीचे देखती रही। आँखों ने यहाँ भी अपनी बदमाशी नहीं छोड़ी। मतवाला भौंरा भले ही उड़ न सके, पंख तो जरूर ही फैलाता है।

माधव ने मीठे बोल कहे। सुनकर मैंने अपने कानों को मूँद लिया। ठीक उसी अवसर पर विधाता बाम हुआ और कामदेव ने कमान उठा लिया। इतना पसीना निकला, इतना पसीना कि शृंगार के प्रसाधन बह गए; रोंगटे इस तरह खड़े हुए कि चोली फटकर तार-तार हो गई, कंगन टूट-फूट गए।

विद्यापति ने कहा—"उसका दिल काँप रहा है। उससे अभी इस वक्त बोला नहीं जाएगा। राजा शिवसिंह को रूपनारायण श्यामसुंदर की काया मिली है।"

24

कान्ह हेरब छल मन बड़ साध।
कान्ह हेरइत भेल एत परमाद॥
तबधरि अबुधि सुगुधि हमे नारि।
कि कहि कि सुनि किछु बुझए न पारि॥

साओन-घन सम झर दु नयान।
अबिरत धक धक करए परान॥
कि लगि सजनी दरसन भेल।
रभसें अपन जिब परहाथ देल॥
न जानिअ किए करु मोहन-चोर।
हेरइत जिब हरि लए गेल मोर॥
एत सब आदर गेल दरसाए।
जत बिसरिअ तत बिसरि न जाए॥
विद्यापति कह सुनु बर नारि।
धैरज धरु चित मिलब मुरारि॥

बहुत बड़ी साध थी--कान्हा को अपनी आँखों से देखूँगी। देखने पर पता चला कि मैंने कितनी बड़ी गलती की है। मैं भोली-भाली ठहरी। समझ में नहीं आ रहा है कि क्या कहूँ, क्या सुनूँ ! दोनों आँखें सावन के बादल बन गई हैं। प्राण लगातार काँप रहे हैं। देखा-देखी क्या हुई, यह तो जिद में पड़कर मैंने अपने प्राण ही दूसरे के हवाले कर दिए !

क्या पता, वह चोर मेरे साथ कैसा सलूक करेगा ! देखते-देखते मेरा दिल उड़ा ले गया। ओह ! उतना आदर, उतनी घुलन ! क्या वह सारा का सारा दिखावा ही था ? जितना ही भूलना चाहती हूँ, यादें उतनी ही परेशान करती हैं।

विद्यापति ने कहा--"सुन्दरी, धीरज रखो, मुरारी जरूर मिलेगा।"

25

कि कहब हे सखि, एह दुख ओर। बाँसि-निसास-गरल तनु भोर॥
हठ सएँ पइसए स्रबनक माझ। तहि खन बिगलित तन मन लाज॥
बिपुल पुलक परिपूरए देह। नयन न हेरि हेरए जनु केह॥
गुरु-जन समुखहि भाव-तरंग। जतनहि बसन झाँपिअ सब अंग॥
लहु-लहु चरण चलिअ गृह माझ। आजु दइबें मोहि राखल लाज॥
तन मन बिबस खसए निबि-बंध। कि कहब विद्यापति रहु धन्द॥

क्या कहूँ, सखी ! इस दुख का न ओर है, न छोर। बाँसुरी की फूँक का ज़हर मेरे शरीर को बेसुध बना रहा है।

बाँसुरी की टेर जबरन कानों के अंदर घुस आती है। तन-मन काबू से बाहर चले आते हैं, क्योंकि तन की लाज पिघल चुकी होती है।

देह पुलकनों से भर उठती है। लगता है, देखने का काम आँखें नहीं कर रही हैं, कोई और कर रहा है।

घर के बड़े-बूढ़ों के सामने ही भाव तरंगित हो उठते हैं। बड़ी मुश्किल से मैं अंगों को ढँकती हूँ, अपनी चेष्टाओं को बुजुर्गों से छिपाती हूँ।

आज तो शरीर और मन ऐसे बेसुध हो उठे कि साड़ी की गाँठ ही खुल गई। मैं बहुत धीरे-धीरे चलकर घर को बीचोबीच पार कर गई। आज विधाता ने मेरी लाज रख ली।

विद्यापति ने कहा—"क्या कहूँ, मुझे भी फिक्र थी।"

26

मनमथ तोहि कि कहब अनेक।
दिठि अपराध परान पए पीड़सि ते तुअ कओन बिबेक ?
दाहिन नयन पिसुन गन बारल परिजन बामहि आध।
आध नयन-कोने जें हरि पेखल तें भेल एत परमाद ॥
पुर-बाहर पथ करैत गतागत के नहिं हेर ए कान।
तोहर कुसुम-सर कतहु न संचर हमरे हृदय पाँचो बान ॥

ओ कामदेव, मैं अब तुझसे क्या कहूँ ! कसूर था आँखों का, और तूने सज़ा दे दी प्राणों को ! यह कैसा इन्साफ हुआ ?

पूरी नहीं, आधी आँख का कसूर था। दाहिनी आँख से देखना दुष्टों ने मना कर रखा है। बाईं आँख का आधा परिवारवालों की निगरानी करता रहा। बाकी रहा आधा। उस आधे के कोने से कृष्ण को देखा। यह देखना भी क्या गलत हुआ ?

बस्ती से बाहर और बस्ती के अंदर जाने-आनेवाला ऐसा कौन है जो कन्हैया को नहीं देखता होगा ? ओ कामदेव, औरों पर तो तू एक भी तीर नहीं छोड़ता, लेकिन मेरे लिए पाँचों तीर चलाता है ! यह कैसा न्याय है ?

27

एक दिन हरि हेरि हँसि-हँसि जाए।
आओ दिन नाम धए मुरलि बजाए ॥
आजु अति नियर कएल परिहास।
न जानिअ गोकुल ककर बिलास ॥

साजनि ओ नागर-समराज।
मूल बिनु परधन माँग बेआज॥
परिचय नहि देखि आनक काज।
न करए संभ्रम न करए लाज॥
अपन निहारि निहार तनु मोर।
देअ आलिंगन भाव बिभोर॥
खन-खन बैदगधि कला अनुपाम।
अधिक उदार देखिअ परिनाम॥
विद्यापति कह आरति ओर।
बुझिओ न बुझए एह रस भोर॥

उस रोज कान्हा सिर्फ देखकर और मुस्कराकर चला गया, लेकिन आज नाम ले-लेकर बाँसुरी टेर रहा है। आज उसे क्या सूझा कि ऐसा मखौल कर रहा है !

सखी, तू तो जानती ही है, वह रसिकों का राजा ठहरा, बिना मूल से ही दूसरे के धन में से ब्याज माँग रहा है। न उसे संकोच है, न झिझक ! गाढ़े परिचय की भी जरूरत नहीं। उसने पहले खुद को देखा, फिर मेरी देह की ओर निहारा, फिर विभोर होकर उसने मुझे आलिंगन दिया।

क्षण-क्षण में वह छलिया अपनी कलाबाजी दिखाता है, लेकिन बाद को बेहद उदार हो उठता है।

विद्यापति का कहना है—"यह कान्हा रस में ऐसा पगा है कि जानकार होकर भी नादान की तरह करता है।"

28

सुनु मनमोहन कि कहब तोए। मुगुधिनि रमनी तुअ लागि रोए॥
निसि-दिन जागि जपए तुअ नाम। थर-थर काँपि पड़ए सोइ ठाम॥
जामिनि आध अधिक जब होइ। बिगलित लाज उठए तब रोइ॥
सखिगन जत परबोधए जाए। तापिनि ताप ततहिं अधिकाए॥
कह कविसेखर ताक उपाए। रचइत तबहि रयनि बहि जाए॥

मेरी सखी तुम्हारे लिए अपनी जान दे रही है। मनमोहन, मैं तुमसे क्या कहूँ ? वह रात-दिन तुम्हारा नाम जपती रहती है, थर-थर काँपती हुई वहीं की वहीं पड़ जाती है।

रात आधी से अधिक होती है तो उसकी रुलाई फूटती है, लज्जा और संकोच का बन्धन छूट जाता है। सहेलियाँ जितना अधिक समझाती हैं, उसका सन्ताप उतना

ही अधिक बढ़ जाता है।

कवि शेखर ने कहा—"परेशानी से छुटकारा पाने के उपाय सोचते-सोचते रात ही बीत गई।"

29

धनि-धनि रमनि जनम धनि तोर।
सब जन कान्ह-कान्ह करि झूरए से तुअ भाव बिभोर॥
चातक चाह पिआसल अम्बुद चकोर चाहि रहु चन्दा।
तरु लतिका अबलम्बन कारी मोर मन लागल धन्दा॥
केस पसारि जखन तोहें राखल उर पर अम्बर आधा।
से सब सुमिरि कान्ह भेल आकुल कह धनि इथे कि समाधा॥
हँसइत कब तोहें दसन देखाओल करे कर जोरहि मोर।
अलखित दिठि कब हृदय पसारलि पुनु हेरि सखि करु कोर॥
एतहु निदेस कहल तोहि सुन्दरि जानि तोहें करह बिधान।
हृदय-पुतलि तुहु से सून कलेबर कवि विद्यापति भान॥

सुन्दरी, तुम धन्य हो ! तुम्हारा जन्म धन्य है ! दुनिया कृष्ण के लिए बेचैन रहती है, लेकिन कृष्ण तुम्हारी याद में खोए रहते हैं। बादल चातक की आशा में प्यासा है। चाँद चकोर की ओर टकटकी लगाए हुए है। पेड़ लता का सहारा चाहता है। ऐसी-ऐसी उलटी बातें देखकर मैं दुविधा में पड़ गई हूँ।

तुमने बाल खोल लिए थे। छाती को आधा ढँक लिया था। कान्हा को तुम्हारी वह भंगिमा याद आती है तो वह व्याकुल हो उठते हैं। सखी, तुम्हीं बताओ, इसका क्या इलाज है ?

जाने कब उसने तुम्हें हँसते हुए देख लिया था ! हँसते वक्त तुम्हारे सुन्दर दाँत ज़रा-से दिखाई दे गए थे। फिर तुमने मेरे हाथों को अपने हाथों में ले लिया था ! फिर अपने हाथों को छाती पर फैला लिया और मुझे आलिंगन में ले लिया। मैंने तो नहीं ध्यान दिया, लेकिन कान्हा को सब कुछ याद है।

मैंने संकेत से इतनी बातें बतलाईं। अब तुम्हें जो उचित जँचे वैसा करो ! तुम उसके हृदय की पुतली हो, तुम्हारे बिना उसका कलेवर सूना है।

30

सुन सुन ए सखि कहए न होए। राहि राहि कए तन मन खोए॥
कहइत नाम पेम होअ भोर। पुलक कम्प तनु ढारहि नोर॥
गद-गद भाखि कहए बर-कान। राहि दरस बिनु निकस परान॥
जब नहि हेरब तकर से मुख। तब जिउ-भार धरब कोन सुख॥
तुहु बिनु आन इथे नहि कोइ। बिसरए चाह बिसरि नहि होइ॥
भनइ विद्यापति नाहि बिखाद। पूरब तोहर सबहि मन साध॥

सखी, सुनो तो ! मैं अच्छी तरह बतला नहीं पाऊँगी। वह राधा राधा करते हुए बेहोश हो उठता है।

तुम्हारा नाम लेते-लेते वह प्यार के मारे विभोर हो जाता है। उसके रोंगटे खड़े हो जाते हैं, अंग-अंग में कँपकँपी भर जाती है, आँसू बहने लगते हैं।

मगन होकर वह तुम्हारे बारे में बातें करता रहता है। कहता है—रधिया को न देखूँगा तो प्राण निकल जाएँगे। कहता है—रधिया का मुखड़ा सामने नहीं होगा तो ज़िंदगी का बोझा ढोने में क्या सुख है ?

तुम्हारे बिना कान्हा के लिए दूसरा कौन है ? वह अपनी व्यथा को भूलना चाहता है, लेकिन भूल नहीं पाता।

31

कंटक माझ कुसुम परगास। भमर बिकल नहि पाबए पास॥
भमरा भेल घुरए सबे ठाम। तोहि बिनु मालति नहि बिसराम॥
रसमति मालति पुनु पुनु देखि। पिबए चाह मधु जीब उपेखि॥
ओ मधुजीवी तोहें मधुरासि। साँचि धरसि मधु मने न लजासि॥
अपनेहु मने धनि बुझ अबगाहि। तोहर दुषन बध लागत काहि॥
भनइ विद्यापति तओं पए जीव। अधर सुधारस जओं पए पीब॥

फूल काँटों के बीच में खिला है। भ्रमर बेहद परेशान है, लेकिन बेचारे को मौका नहीं मिलता, फूल तक पहुँचना अभागे के लिए मुश्किल हो रहा है।

भ्रमर बिलल्ला होकर भटक रहा है। मालती, तुम्हारे बिना उसे चैन कहाँ ?

तुम काँटों के दरम्यान खिली हो। वह जान की बाज़ी लगाकर भी तुम्हारा रस पीना चाहता है।

भ्रमर मधुजीवी ठहरा और तुम ठहरीं मधुवाली। ढेर की ढेर मधु लिये बैठी हो

और वह बूँद-बूँद के लिए तरसता है ! तुम्हें शर्म आनी चाहिए, कितनी अधिक मात्रा में तुमने मधु संचित कर रखी है !

भ्रमर कैसे जीएगा, अगर उसे तुम्हारे अधरों का अमृत नहीं मिलेगा ?

32

आजु हम पेखल कालिन्दी कूले। तुअ बिनु माधव बिलुठए धूले ॥
कत सत रमनि मनहि नहि आने। किए बिष दाह समय जल-दाने ॥
मदन-भुजंगम दंसल कान। बिनहि अमिअ-रस कि करब आन ॥
कलबति धरम काँच समतूल। मदन दलाल भेल अनुकूल ॥
आनल बेचि नीलमनि हार। से तोहें पहिरब करि अभिसार ॥
नील निचोल झाँपबि निज देह। जनि घन भीतर दामिनि-रेह ॥
चौदिसि चतुर सखी चलु संग। आजु निकुंच करह रस-रंग ॥

आज मैंने देखा, तुम्हारी याद में कान्हा छटपटा रहा है। जमुना के किनारे वह रेती में लेटा पड़ा है।

तरुणियों की कमी नहीं है, तरुणियाँ तो बहुत हैं, लेकिन कान्हा के दिल में तो तुम्हीं समाई हो। विष की जलन से अंग-अंग झुलस रहा हो तो पानी बेचारा क्या करेगा !

कृष्ण को मदन-भुजंग ने डस लिया है। अमृत के बिना इलाज कैसे होगा ?

कुलवंती नारी का शील काँच की तरह होता है। अभी कामदेव जैसा दलाल भली-भाँति साथ देने को तैयार है। वह काँच के बदले नीलम का हार ले आया है। यह हार गले में डालकर तुम अभिसार के लिए निकलो। नीले रंग की चोली पहन लेना । फिर तुम बादल के अंदर बिजली की लकीर-सी चमकोगी।

इर्द-गिर्द चतुर सहेलियाँ साथ चलेंगी। चलो, आज कुंज-वन में रंगरेलियाँ मनाओ।

33

लोटए धरनि, उठए धरि सोई।
खने खन साँस खने खन रोई ॥
खने खन मुरछइ कंठ परान।
इथि पर कि गति दैव से जान ॥
हे हरि पेखलिहुँ से बर नारि।
न जिउति बिन कर-परसें तोहारि ॥

केओ केओ जपए बेद दिठि जानि।
केओ नब ग्रह पुज जोतिअ आनि॥
केओ केओ कर धरि धातु विचार।
बिरह-बिखिन कोइ लखए न पार॥

वह जमीन पर लोटती है। उठती है और फिर लोटती है। उसकी साँस की रफ्तार तेज़ हो जाती है और बीच-बीच में वह रो भी उठती है।

लगता है, अभी-अभी वह बेहोश हो जाएगी, उसके प्राण गले में अटक गए हैं...।

कृष्ण, मैंने उस तरुणी को देखा है। वह नहीं जिएगी। हाँ, जी जाएगी, अगर तुम्हारे हाथों का स्पर्श मिले !

उसके बचाव के लिए कोई तो मंत्रों का पाठ करवा रहा है और कोई ज्योतिषी को बुलवाकर ग्रहों की पूजा करवा रहा है। कोई नब्ज टटोल रहा है...बेचारी का असल रोग किसीकी समझ में नहीं आ रहा है।

34

ए धनि कामिनि सुनु हितबानि। पेम करब जब सुपुरुष जानि॥
सुजनक पेम हेम समतूल। दहइत कनक दुगुन होअ मूल॥
टुटइत नहिं टुट पेम अद्भुत। जइसन बढ़ए मृनालक सूत॥
सबहु मतंग मोति नहि मानि। सकल कंठ नहि कोइल बानि॥
सकल समय नहि रीतु बसन्त। सकल पुरुष नहि होअ गुनबन्त॥
भनइ विद्यापति सुनु बर नारि। पेमक रीति अब बुझह बिचारि॥

सुन्दरी, अपने हित की बातें तुम मुझसे सुनो...प्यार करना हो तो सोच-समझकर करो ! जिसे तुम्हारा प्रेम मिले, उसे सुजन तो होना ही चाहिए...।

सुजन का प्रेम स्वर्ण-समान होता है। तपाने पर सोना दुगुनी कीमत का हो जाता है।

प्यार ऐसी अनूठी वस्तु है कि टूटकर भी वह टूटता नहीं। कमल की डंठल (मृणाल) का सूत टूटकर भी नहीं टूटता। प्यार का भी वही हाल है। प्यार है ही अनोखी वस्तु !

सभी हाथियों के मस्तक के अंदर 'गजमुक्ता' (मोती) नहीं हुआ करती; न सभी कंठों से कोयल की-सी सुरीली आवाज़ निकलती है। न हर मौसम वसंत होता है, न सारे ही मनुष्य गुणी हुआ करते हैं।

विद्यापति कहते हैं–"सुनो हे सुंदरी, प्रेम का मर्म अच्छी तरह जान लो ! सोच-समझकर ही किसी को प्यार करो।"

35

लाखे तरुअर कोटिहि लता जुवति कत न लेख।
सब फुल मधु मधुकर नहि फुलहु फुल बिसेख॥
जे फुल भमर निन्दहु सुमर बासि न बिसरि पार।
जाहि मधुकर उड़ि-उड़ि पड़ सेहे संसारक सार॥
सुन्दरि, अबहु बचन सून।
सबे परिहरि तोहि इछ हरि आपु सराहहि पून॥
तोहरे चिन्ता तोहरे कथा सेजहु तोहरे ठाम।
सपनहु हरि पुनु पुनु लए उठए तोहरे नाम॥
आलिंगन दए पाछु निहारए तोहि बिनु सुन कोर।
अकथ कथा न गुपुत बेथा लाजे तेजए नोर॥
राहि राहि नाम जाहि मुँह सुन ततहि आपए कान।
सिरि सिबसिंह इ रस जानए कवि विद्यापति भान॥

लाखों तरु हैं, करोड़ों लताएँ पड़ी हैं। युवतियों की भला क्या कमी है ! सब फूलों में न तो मधु होता है, न मधुकर ही सभी फूलों के पास जाता है। कुछ ही फूल होते हैं जिन्हें भ्रमर पसंद करता है।

ऐसे फूल कम ही होते जिन्हें मधुकर सपनों में भी याद करता है। ऐसे फूल विरले ही होंगे जिनका संग-सुख पाकर भ्रमर उन्हें भूल जाए !

जिस पर बार-बार भ्रमर मँडराता है, वही फूल सर्वश्रेष्ठ माना जाता है। सुंदरी, अब भी तो मेरी बात मानो ! कान्हा को और किसी की याद नहीं आती, वह इन दिनों तुम्हारी ही सराहना किया करता है ! तुम्हारी ही सोच में डूबा रहता है, बातें भी तुम्हारी ही करता है। लेटते-सोते समय आधी शैया तुम्हारे लिए खाली रखता है ! नींद में भी बार-बार तुम्हारा नाम लेकर उठ बैठता है। आलिंगन की मुद्रा में बाँहें फैलाता है, लेकिन आँखें खुलने पर पाता है कि पास में कोई नहीं है—सूनापन ही सूनापन है सब ओर। बेचारे की स्थिति अकथनीय है, व्यथा छिपाए नहीं छिपती। लाज के मारे आँसू भी तो नहीं बहा सकता !

जिस मुख से भी 'राधा-राधा' शब्द निकलता है, उधर ही वह अपने कान लगाता है। विद्यापति कहते हैं—"राजा शिवसिंह ही इन पदों का रस जानते हैं।"

36

कर धरि करु मोहि पारे। देव मएँ अपरुब हारे, कन्हैया ॥
सखि सबे तेजि चलि गेली। न जानु कओन पथ भेली, कन्हैया ॥
हमे न जाएब तुअ पासे। जाएब औघट घाटे, कन्हैया ॥
विद्यापति एही भाने। गूजरि भजु भगवाने कन्हैया ॥

मैं नदी के उस पार जाऊँगी, मुझे हाथ धरके नदी पार करा दो, कन्हैया !

मुझे छोड़कर सहेलियाँ आगे चली गई हैं। जाने किधर को गईं ! जाने किस रास्ते से गईं।

ऊहूँ, मैं तुम्हारे पास नहीं आऊँगी ! तुम्हारे साथ नदी नहीं पार करूँगी। मैं औघट घाट पार करूँगी, तैरकर या कैसे भी निकल जाऊँगी।

विद्यापति कहते हैं–"गोपी, तू कन्हैया के साथ ही नदी पार कर ले ! उसी का सहारा अच्छा रहेगा।"

37

कुंज भवन सएँ निकसलि रे रोकल गिरिधारी।
एकहिं नगर बसु माधव हे जनि करु बटमारी ॥
छाड़ कान्ह मोर आँचर रे फाटत नब सारी।
अपजस होएत जगत भरि हे जनि करिअ उघारी ॥
संगक सखि अगुआइलि रे हम एकसरि नारी।
दामिनि आए तुलाएलि हे एक राति अँधारी ॥
भनहि विद्यापति गाओल रे सुनु गुनमति नारी।
हरिक संग किछु डर नहि हे तोंहे परम गमारी ॥

कुंज-भवन से निकली ही थी कि गिरधारी ने रोक लिया...।

माधव, बटमारी मत करो ! हम एक ही नगर के रहने वाले हैं।

कान्हा, आँचल छोड़ दो ! मेरी साड़ी अभी नई-नई है, फट जाएगी ! छोड़ दो ! दुनिया में बदनामी फैलेगी, मुझे नंगी मत करो।

साथ की सहेलियाँ आगे बढ़ गई हैं। मैं अकेली हूँ। एक तो रात ही अँधेरी है, उस पर बिजली भी कौंधने लगी–हाय, मैं अब क्या करूँ ?

विद्यापति ने कहा–"तुम तो बड़ी गुणवती हो ! हरि से भला क्या डरना ! तुम गँवार हो ! गँवार न होतीं तो कान्हा से क्यों डरतीं !"

38

प्रथमहि सुन्दरि कुटिल कटाख । जिब जोखि नागर देअ दस लाख ॥
केओ देअ हास सुधा सम नीक । जइसन परहोंक तइसन बीक ॥
सुनु सुन्दरि नव मदन-पसार । जनि गोपह आओब बनिजार ॥
रोस दरसि रस राखब गोए । धएलें रतन अधिक मूल होए ॥
भलहि न हृदय बुझाओब नाह । आरति गाहक महंग बेसाह ॥
भनइ विद्यापति सुनह सयानि । सुहित बचन राखब हिय आनि ॥

सुंदरी, पहली चितवन पर ही वह तुम्हें दस लाख दे देगा; क्योंकि वह भारी रसिया है...वह तो नटनागर है, पक्का छैलबिहारी !

हाँ, कोई-कोई तो ऐसे अवसरों पर हास-परिहास का ही अमृत वितरण कर देती है...शुरू-शुरू में जैसा 'शुभ-लाभ' (बोहनी) होता है, बिक्री उसी धड़ल्ले से चलती है।

सुंदरी, तुम्हारी तो नई-नई दुकान है...छिपाकर माल को न रखो ! व्यापारी आने ही वाला है...ऊपर-ऊपर तो भले ही रोष (कड़ापन) ज़ाहिर करो, अंदर की कोमलता (रस) छिपाए रखना ! जुगाए हुए रतन का दाम ज़्यादा ही मिल जाता है। दिल की बात प्रगट न होने देना...गाहक गर्जमन्द होता है तो निश्चय ही सौदा महँगा लेता है।

कवि विद्यापति कहते हैं—"तुम तो बड़ी सयानी हो, अपनी भलाई की बातें हृदय में सुरक्षित रखना !"

39

काहे डरसि सखि चलु हमे संग। माधब नहि परसब तुअ अंग ॥
एह रजनी फुल-कानन माझ। केओ एक भमए साजि बहु साज ॥
कुसुमक घोर धनुष धरि पानि। मारए सर बाला जन-जानि ॥
अतए चलह सखि भीतर कुंज। जहाँ रहए हरि महाबल पुंज ॥
एत कहि आनलि धनि हरि पास। पूरल बल्लभ सुख-अभिलास ॥

सखी, आखिर तू डरती क्यों है ? मैं जो साथ हूँ ! चल, आगे बढ़ती चल ! माधव... तेरे बदन को ज़रा भी नहीं छूएगा, मैं जो साथ हूँ !

यह रात का वक्त है। फूलों के इस जंगल में जाने कौन शिकारी चहलकदमी कर रहा है ? उसके हाथों में कुसुम का धनुष है। सुन्दर तरुणी देखते ही वह तीर चला देता है !

चल, आगे बढ़ ! अंदर लता-कुंज में महाबलि कान्हा बैठा है...उस महाबलि के

सामने इस शिकारी की एक नहीं चलेगी ! चल, सखी, आगे बढ़ !

सखी राधा को कुंज के अंदर ले आई, कृष्ण के पास।

प्रियतम (बल्लभ) का मनोरथ पूरा हुआ।

40

परिहर संका न कर तरास।
साधस नहि कर, चल पिय पास॥
दुर कर दुरमति कहल मो तोए।
बिनु दुख सुख कहिओ नहि होए।
तिल आध दुख जनम भरि सुख।
इथे लागि धनि किए होअह बिमुख॥
तिल एक मूँदि रहह दु नयान।
रोगि करए जइसे औषध पान॥
चल चल सुन्दरि करह सिंगार।
विद्यापति कह एहे सुबिचार॥

शंका और संशय छोड़ो ! डर को दिल से निकाल दो ! चलो, प्रीतम के पास चलो !

मैंने तो पहले ही कहा था—बेवकूफी छोड़ो ! बौड़मपन से काम नहीं चलेगा ! बिना दुख के, सुख कभी नहीं मिलेगा।

आधा तिल के बराबर तनिक-सी तकलीफ बर्दाश्त करनी होगी। बदले में जीवन-भर का सुख मिलेगा। सुंदरी, इसमें झिझकना बेकार है।

तनिक-सी देर के लिए आँखें मूँद तो लो, जैसे बीमार आदमी दवा पीता है।

"चलो, तैयार हो जाओ ! साज-सिंगार कर लो !" विद्यापति की यही राय है।

41

सुन-सुन सुन्दर कन्हाई। तोहि सोंपलि धनि राई॥
कमलिनि कोमल कलेबर। तुहु से भूखल मधुकर॥
सहज करह मधु पान। भूलह जनि पँचबान॥
परबोधि पयोधर परसह। मधुकर जइसे सरोरुह॥
गनइत मोतिम हारा। छलें परसब कुच भारा॥
न बुझए रति-रस-रंग। खन अनुमति खन भंग॥

सरिस-कुसुम सम तनु। थोरि सहब फुल-धनु॥
विद्यापति कवि गाब। दूतिक मिनति तुअ पाब॥

सुनो, ओ सलोने कन्हाई, मैंने तुम्हें अपनी सहेली सौंप दी है। राधा की देह मुलायम कमल है, तुम प्यास से तड़पते हुए भ्रमर हो। हौले-हौले मधुपान करना, उतावली का शिकार न होना। देखना, कामदेव कहीं तुम्हारा होश न गायब कर दे ! कहीं उस बेचारी पर तुम टूट न पड़ो। समझा-बुझाकर, बातचीत में भुलाकर उसके कुचों पर हाथ फेरना। भ्रमर पचास फेरे लगाता है, देर तक गुनगुनाता है, तब कहीं जाकर कमलिनी राज़ी होती है और वह उसे छू पाता है।

कुचों में योंही हाथ नहीं लगाना। हार के मोतियों के गिनने के बहाने चाहे स्तनों को भले छू लो, यों मत छूना !

उसे अभी काम-केलि का पता नहीं है। वह कब 'हाँ' करेगी, कब 'ना' करेगी, यह समझना आसान नहीं होगा। उसकी देह सिरीश के फूल की तरह कोमल है, कामदेव का तीर वह कैसे झेलेगी ?

विद्यापति कवि ने गाया--''दूती की विनती-भरी बातें तुम तक पहुँचा दी गई हैं।''

42

कौतुक चललि भवन कए सजनि गे सँग दस चौदिस नारि।
बिच-बिच सोभित सुन्दरि सजनि गे जाहि घर मिलत मुरारि॥
लय अभरन कए षोड़स सजनि गे पहिरि उतिम रँग चीर।
देखि सकल मन मोहित सजनि गे मुनिहक चित नहि थीर॥
नील बसन तन घेरल सजनि गे सिर लेल घोघट सारि।
लहु-लहु पहु घर चलइत सजनि गे सँकुचलि अंकम नारि॥
सखि सभ देल भवन कए सजनि गे घुरि आइसि सभ नारि।
कर धए लेल पहु लग कए सजनि गे हेरए वसन उघारि॥
भए बर सनमुख बोलए सजनि गे दुहु मन परम हुलासा।
नव रस रीति पिरिति भेल सजनि गे दुहु मन परम हुलासा॥
विद्यापति कवि गाओल सजनि गे ई थिक नव रस रीति।
बएस जुगल समुचित थिक सजनि गे दुहु मन परम पिरिति॥

आशा, उमंग और उत्सुकता में डूबी हुई वह अपने प्रीतम के भवन की ओर चली। साथ-साथ चारों ओर सहेलियाँ चल रही थीं। सखियों के मध्य सुन्दरी सुशोभित थी, उसे आज मुरारी से मिलना था।

वह उत्तम से उत्तम परिधान पहने हुए थी। उसने सोलहों शृंगार कर रखे थे।

उसे देखकर सभी का मन मोहित हो रहा था। मुनियों का चित्त भी चंचल हो रहा था।

नीले वस्त्रों में उसका शरीर वेष्टित था, सिर पर घूँघट था। वह हौले-हौले अपने प्रीतम के घर की ओर जा रही थी। सखियों ने सहारा दे रखा था, फिर भी वह सकुचा रही थी। उसका अंग-अंग झनझना रहा था।

सखियों ने उसे पति-गृह के अंदर कर दिया। लगा कि उन्होंने ज़बर्दस्ती उसे भवन के भीतरी भाग की ओर ठेल दिया और सब की सब वापस चली गईं।

प्रिय ने हाथ पकड़कर नज़दीक खींच लिया। घूँघट हटाकर मुख देखने लगा।

फिर वह आमने-सामने होकर बातें करने लगा।

फिर वह खेलने लगा।

नए रस की नई रीतियों में मैंने नई प्रीति का अनुभव किया। हम दोनों का मन हुलसित हो उठा।

विद्यापति कवि ने गाया—"सखी, यह नया रस है। नई रीति है यह। दोनों की उम्र इस अभिनव रस-रीति के लायक है। दोनों के मन प्यार में डूबे हुए हैं।"

43

सुन्दरि चललिह पहु-घर ना । चहुदिस सखि सब कर धर ना ॥
जइतहु लागु परम डर ना । जइसे ससि काँप राहु डर ना ॥
जाइतहि हार टुटिए गेल ना । भूखन बसन मलिन भेल ना ॥
रोए रोए काजर दहाए देल ना । अदँकहि सिंदुर मेटाए गेल ना ॥
विद्यापति कवि गाओल ना । दुख सहि सहि सुख पाओल ना ॥

सुंदरी प्रीतम के शयन-कक्ष की ओर चली। चारों ओर से सहेलियों ने अपने हाथों के सहारे उसे थाम रखा है।

सुंदरी को बड़ा डर लग रहा है। राहु के डर से जिस तरह चाँद काँपता है, उसी तरह वह भी काँप रही है।

अंदर गई। जाते ही हार टूट गए। साज-सिंगार, कपड़ों और गहनों में फीकापन आ गया।

आँखें बार-बार इस तरह गीली हुईं कि काजल बह गया। दहशत के मारे सेंदुर पुँछ गया।

विद्यापति ने गाया—"दुख झेल-झेलकर सुख मिला।"

44

आहे सखि आहे सखि लए जनि जाह।
हम अति बालिका निरदए नाह॥
गोट-गोट सखि सब गेलि बहराए।
बजर केवाड़ पहु देलन्हि लगाए॥
ताहि अवसर सखि जागल कंत।
चीर सँभारइत जिब भेल अंत॥
नहि नहि करिअ नयन ढर नोर।
काँच कमल भमरा झिकझोर॥
जइसे डगमग नलिनिक नीर।
तइसे डगमग धनिक सरीर॥
भन विद्यापति सुनु कविराज।
आगि जारि पुनि आगिक काज॥

ओ सखी, मुझे अंदर मत ले जाओ ! मैं बहुत छोटी हूँ और कंत बड़े निठुर हैं।

हाय, सहेलियाँ एक-एक करके सिखक गईं। जाते-जाते ज़ोरों से किवाड़ लगा गईं।

उसी वक्त कंत जग गए। मैंने मुश्किल से कपड़ों को सँभाला, मेरी जान निकल रही थी।

ना-ना होती रही। आँखों से आँसू बहते रहे। अधखिले कमल को भ्रमर झकझोरता रहा।

कमल के पत्ते पर जैसे पानी काँपता है, उसी तरह सुंदरी का शरीर थरथरा रहा था।

विद्यापति ने कहा—"आग अपनी आँच से कष्ट पहुँचाती है, फिर भी आग की ज़रूरत पड़ती है।"

45

सखि परबोधि सयन-तल आनि।
पिय हिय हरषि धएल निज पानि॥
छुबइत बालि मिलन भए गेलि।
बिधु-कर मलिन कमलिनी भेलि॥
नहि नहि कहए नयन झर नोर।
सूति रहलि राहि सयनक ओर॥

आलिंगए नीबि-बंध बिनु खोरि।
कर कुच परस सेह भेल थोरि॥
आँचर लेइ बदन पर झाँप।
थिर नहि होअए थर-थर काँप॥
भनइ विद्यापति धैरज सार।
दिन-दिन मदनक होए अधिकार॥

सहेली समझा-बुझाकर उसे शयन-गृह तक पहुँचा गईं। प्रीतम बहुत खुश हुआ। उसने सुन्दरी के हाथ पकड़ लिए।

पति के छूते ही वह लड़की मुरझा गई। लगा कि चाँद की किरणों के स्पर्श से कमलिनी उदास हो उठी है।

वह लगातार 'नहीं-नहीं' कहती रही। आँखों से आँसू आते रहे। आखिर राधा ने अपने को बिस्तरे के किनारे से सटा लिया। सो गई।

साड़ी की गाँठ नहीं खुली फिर भी आलिंगन तो मिला ही। कुचों पर थोड़ा-बहुत हाथ फिरे। इतना ही क्या कम है ?

मुख को उसने आँचल से ढँक लिया। थर-थर काँपने लगी।

विद्यापति ने कहा—"धीरज सब गुणों का निचोड़ है। कामदेव धीरे-धीरे अपना अधिकार जमा लेगा।"

46

मँगइते अधर अआँध कर माथ। सहए न पार पयोधर हाथ॥
विघटलि नीबी करें धर जाँति। अँकुरल मदन, धरए कत भाँति॥
कोमल कामिनि नागर नाह। कओन परि होएत केलि निरबाह॥
कुच-कोरक तब कर गहि लेल। काँच बदरि अरुनिम रुचि भेल॥
लाबए चाहए नखर बिसेख। भौंह न आँटए चाँदक रेख॥
तसु मुख सोभा रहु हेरि। चाँद झपाब बसन कत बेरि॥

कन्हैया ने चाहा कि होंठों पर झुके। राधा ने सिर को नीचे कर लिया! उसने स्तनों की ओर हाथ बढ़ाया, राधा को यह भी बर्दाश्त नहीं हुआ।

साड़ी की गाँठ खुली, राधा ने हाथों से उसे ढाँपकर रखा; कन्हैया उसे नग्न नहीं कर सका। कामदेव अंकुरित हुआ, मगर राधा ने अपने को काबू में रखा।

सुंदरी बेहद नाजुक है, प्रीतम ठहरा भारी रसिक। काम-केलि कैसे निभेगी ?

आखिर नायक से नहीं रहा गया। अविकसित कुचों पर हाथ रख ही दिया।

कच्चे-कच्चे दोनों बेर अरुणिम हो उठे। वह उन पर नाखून के निशान अंकित करना चाहता है। अब क्या चंद्रलेखा भौंह के बाँकपन की बराबरी करेगी ?

वह उसके मुख-मंडल की शोभा निहार रहा है। राधा आँचल से चाँद को कितनी बार ढँकेगी ?

47

जतने आएलि धनि सयनक सीम।
पांगुर लिखि खिति रहु नतगीम॥
सखि हे, पिया पास बैठलि राहि।
कुटिल भौंह करि हेरए काहि॥
नबि बर नारि पहिल पिया मेलि।
अनुनय करइत राति आध गेलि॥
कर धरि बालमु बइसाओल कोर।
एक पए कह धनि नहि नहि बोल॥
कीर करइत मोड़ए सब अंग।
प्रबोध न मानु, जनि बाल भुजंग॥
भनइ विद्यापति नागरि रामा।
अन्तर दाहिन बाहर बामा॥

अपने को सँभालकर वह आगे बढ़ी। प्रीतम की शैया के निकट पहुँची। गर्दन झुकाए हुए, बाएँ पैर की उँगली से भूमि पर जाने क्या लिखती रही !

सखी, बतलाऊँ ? पास ही प्रीतम था, मगर वह बैठी तो बैठी ही रही ! बीच-बीच में भौंहें तिरछी करके वह क्या देखती है ? किसे देखती है ?

नया-नया दूल्हा है। नई-नई दुलहिन है। वे पहली बार मिले हैं। मनाते-मनाते आधी रात बीत गई।

हाथ पकड़कर बालम ने गोद में बैठा लिया। नवेली तो बस 'नहीं-नहीं' करती जा रही है। सपोले की तरह अंगों को लचका रही है, मोड़ रही है।

विद्यापति के शब्दों में–"नववधू के ढंग होते ही ऐसे हैं। वह अंदर-अंदर तो अनुकूल होती है, लेकिन बाहर प्रतिकूल दिखाई पड़ती है !"

48

जखन लेल हरि कंचुअ अछोड़ि।
कत परि जुगुति कएलि अँग मोरि॥
तखनुक कहिनी कहल न जाए।
लाजे सुमुखि धनि रहलि लजाए॥
कर न मिझाए दूर जर दीब।
लाजे न मरए नारि कठजीब॥
अंकम कठिन सहए के पार।
कोमल हृदय उखड़ि गेल हार॥
भनइ विद्यापति तखनुक भान।
कओन कहए सखि होएत बिहान॥

हरि ने चोली उतार ली तो मेरा बदन अपने को सँभालने की जाने कितनी कोशिशें करता रहा !

सखी, मैं बतला नहीं सकूँगी। लाज के मारे काठ हो रही थी मैं तो ! दीया दूर था, मैं हाथों को लंबे तो कर नहीं सकी और न फूँक ही पाई दूर से...लाज से स्त्रियाँ नहीं मरा करतीं, वह कठजीव होती हैं !

कठोर आलिंगन भला कैसे बर्दाश्त कर पाती ? कोमल उर में हार के निशान उभर आए !

विद्यापति कहते हैं—"रात तो सखी, ऐसा लग रहा था कि सवेरा नहीं होगा।"

49

ए हरि बलें यदि परसब मोहि।
तिरि-बध-पातक लागत तोहि॥
तोहें रस आगर नागर ढीठ।
हमे न बुझिअ रस तीत कि मीठ॥
रस परसंग उठाए मोहि काँप।
बान हरिनि जनि करए निझाँप॥
असमय आस न पूरए काम।
भल जन न कर बिरस परिनाम॥
विद्यापति कह बुझलहुँ साँच।
फल पए मीठ होअए नहि काँच॥

ओ कान्हा, मुझे मत छुओ ! इस शरीर का स्पर्श करोगे तो तुम्हें स्त्री-वध का पाप लगेगा !

तुम तो बड़े ही रसिक हो। ढीठ नागरिक हो ! मगर मैं तो बिलकुल नादान हूँ। मुझे क्या पता कि रस तीता होता है या मीठा !

तुम्हें रस मिलता है। मज़ा आता है तुम्हें...लेकिन मुझे तो कँपकँपी छूटती है। तीर लगता है तो हिरनी कैसे तड़प उठती है !

बे-वक्त की उमंग को कामदेव पूरी नहीं करता। भले आदमी ऐसा नहीं करते जिनका नतीजा बुरा हो।

विद्यापति ने कहा—"मैं सच्ची बात मालूम कर चुका हूँ...फल मीठा तभी होता है जब वह पक चुका होता है। कच्चे फल में क्या तो रस होगा, क्या मिठास !"

50

रति-सुबिसारद तुहु राख मान।
बाढ़लें जौबन तोहि देब-दान ॥
आबे से अलप रस न पुरब आस।
थोर सलिल तुअ न जाब पियास ॥
अलप अलप रति एह चाह नीति।
प्रतिपद चाँद-कला सम रीति ॥
थोर पयोधर न पुरब पानि।
नहि देह नख-रेख रस जानि ॥
भनइ विद्यापति कइसनि रीति।
काँच दाड़िम फल ऐसनि पिरीति ॥

तुम कामकेलि-विशारद हो ! कान्हा, मेरा मान रख लो ! जवानी जब पूरे निखार पर आएगी तो उसे मैं अपने-आप तुम पर निछावर करूँगी ! अभी तो इस कच्ची तरुणाई से तुम्हारी आस पूरी नहीं होगी। थोड़े जल से प्यास भला किस तरह बुझेगी ?

चंद्रकला थोड़ा-थोड़ा करके बढ़ती है, काम-कला भी उसी प्रकार थोड़ा-थोड़ा करके पूर्णता प्राप्त करती है।

अभी तो मेरे कुच भी छोटे हैं, तुम्हारे हाथों में भरपूर नहीं आएँगे। रस के धोखे में इन पर अपने नाखून न जमा देना कहीं, देखना !

विद्यापति के शब्दों में—"यह कैसी रीति है ! अनार के कच्चे फल को इसी तरह दुलराया जाता है !"

51

हरि-कर हरिनि-नयनि धनि सोंपलि सखिगन गेलि आन ठाम।
अबसर पाइ धनि-कर धरि नागर विनति करए अनुपाम॥
हरिनि-नयनि धनि रामा।
कानुक सरस परस संभाषन मेटल लाजक नामा॥
सुखद सेज पर नागरि नागर बइसल नबरति-साधे।
प्रति अंग चुम्बन रस अनुमोदन थर-थर काँपए राधे॥
मदन-सिंहासन कएल अरोहन मोहन रसिक सुजान।
भय-गढ़ तोड़ल अलप समाधल राखल सकल समान॥
कह कबि-सेखर गरुअ भूख पर करु जत थोर अहार।
अइसन दुहु तन तलफइ पुन पुन उपजल अधिक विकार॥

हरिणी की-सी आँखोंवाली राधिका को हरि के हाथों में सौंपकर सखियाँ निकल गईं। मौका पाकर रसिकबिहारी ने अपनी प्यारी का हाथ पकड़ा और मीठे वचनों की झड़ी लगा दी।

जादुई परस और सरस बातचीत से लाज मिट गई तो सुखद शैय्या पर अभिनव रति-साधना में दोनों ही मगन होने लगे। कृष्ण राधा के अंग-अंग को चूमने लगा। राधा राग-रस की मोदमयी अनुभूतियों में डूबने लगी तो हल्के कम्पन महसूस हुए।

रसिक-शिरोमणि मोहन कामदेव के सिंहासन पर आरूढ़ हुआ। उसने भय के दुर्ग को तोड़ दिया, राधा बिलकुल निडर हो गई। मान भी रह गया और थोड़े में संतुष्टि भी मिली।

कवि-शेखर विद्यापति कहते हैं—"अधिक भूखा रहने पर जितना भी आहार ग्रहण करो, थोड़ा ही मालूम देगा...ऐसे में दोनों के तन-मन तड़पते रहते हैं, अधिकाधिक बेचैनी सताती रहती है !"

52

सुरत समापि सुतल बर नागर पानि पयोधर आपी।
कनक संभु जनि पूजि पुजारी धएल सरोरुह झाँपी॥
सखि हे माधव केलि बिलासे।
मालति रमि अलि ताहि अगोरए पुनु रति-रंगक आसे॥
बदन मेराए धएल मुख-मंडल कमल मिलल जनि चंदा।
भमर चकोर, दुअओ अलसाएल पीबि अमिय-मकरंदा॥

भनइ अमिअँकर सुनह मधुरपति राधा-चरित अपारे।
राजा सिबसिंघ रूपनरायन लखिमा देइ कंठहारे॥

नट-नागर कृष्ण संभोग के बाद सो गया है, हाथ राधा के उरोजों पर रखकर। पुजारी ने कनक-शंभु की पूजा कर ली है, अब उन्हें कमलों से ढँककर विश्राम कर रहा है। सखि, सुनती हो ! माधव ने केलि-विलास पूरा कर लिया है। मालती के साथ आनंद का उपभोग करके भ्रमर अब उसकी रखवाली कर रहा है। उसे उम्मीद है कि फिर अवसर मिलेंगे।

अपना मुख आगे करके कृष्ण ने राधा के चेहरे को सामने थाम लिया। चाँद और कमल दोनों आपस में मिल गए। भ्रमर को मकरंद मिला, चकोर को मिला अमृत; दोनों छककर मस्त हो गए। राधा का चरित्र अपार है। लखिमा के कंठहार राजा शिवसिंह को यह सब पता है।

53

हे हरि हे हरि सुनिअ स्रवन भरि अब न बिलासक बेरा।
गगन नखत छल से अबेकत भेल कोकिल कुल कर फेरा॥
चकबा मोर सोर कए चुप भेल उठिअ मलिन भेल चंदा।
नगरक धेनु डगर कए संचर कुमुदनि बस मकरंदा॥
मुख केर पान सेहो रे मलिन भेल अवसर भल नहि मंदा।
विद्यापति मन एहो न उचित थिक जग भरि होएत निंदा॥

सुनो जी कन्हैया, कान खोलकर सुन लो ! विलास के क्षण अब नहीं रहे, भोर हो गई !

आसमान में तारे थे, वे छिप गए। कोकिलों के दल इधर-उधर आने-जाने लगे। चकवा चुप हो गया। मोर भी आवाज़ लगा चुका। चाँद फीका हो आया। उठो, बाहर निकलो, सवेरा हो गया है।

गायें चरने निकलीं। कुमुदिनी ने अपना कोष बंद कर लिया। मुँह के अंदर पान का स्वाद कैसा फीका लगता है ! सेज छोड़ने का वक्त हो गया। अब अंदर रहना अच्छा नहीं होगा।

विद्यापति की राय है कि तुम बाहर निकल आओ ! शयन-कक्ष के अंदर घुसे रहोगे तो दुनिया क्या कहेगी ?

54

रयनि समापलि फुलल सरोज। भमि भमि भमरी भमरा खोज॥
दीप मंद रुचि अम्बर रात। जुगुतहि जानल भेल परात॥
अबहु तेजह पहु मोहि न सोहाए। पुनु दरसन होत मदन दोहाए॥
नागर राख नारि मन-रंग। हठ कएलें पहु हो रस-भंग॥
ततबे करिअ जत फाबए चोरि। पर धन लए नहि रहिअ अगोरि॥

रात बीत गई। कमल खिल उठा। भ्रमर और भ्रमरी मँडरा-मँडराकर एक-दूसरे की खोज-खबर ले रहे हैं।

दीप की लौ मंद पड़ गई है। आकाश अरुणिम हो उठा है। मुझे अच्छी तरह पता चल गया है कि सुबह हो गई है।

प्रीतम, अब मुझे छोड़ दो ! अभी और यह सब अच्छा नहीं लगेगा। हमारा मिलना फिर तो होगा ही; दुहाई कामदेव की ! चतुर पुरुष नारी के मन की रुचि का ध्यान रखते हैं। हठ करने से रस भंग होता है।

चोरी वहीं तक लाभदायक है जब तक कोई पकड़ न लिया जाये। दूसरे की दौलत अगोरने से क्या फायदा ?

55

सामरि हे झामरि तोर देह। कह कह का सए लाओल नेह॥
नींद भरल अछ लोचन तोर। कोमल बदन कमल-रुचि चोर॥
निरस धुसर करु अधर पँवार। कोन कुबुधि लुटु मदन-भंडार॥
कोन कुमति कुच नख-खत देल। हा-हा सम्भु भगन भए गेल॥
दमन-लता सम तनु सुकुमार। फूटल बलय टुटल गृम हार॥
केस कुसुम तोर, सिरक सिंदूर। अलक तिलक हे सबहु गेल दूर॥
भनइ विद्यापति रति अबसान। राजा सिबसिंघ इ रस जान॥

सुंदरी, तुम्हारी सूरत फीकी पड़ गई है। बोलो, किससे प्यार हो गया है ?

आँखों में नींद भरी है। मुख ने कमल की शोभा चुरा ली है, चेहरा लाल हो गया है।

किस पाजी ने तुम्हारे होंठों को नीरस कर दिया है। तुम्हारे मदन-भंडार को किस बेवकूफ ने लूटा है ?

किसने उरोजों पर नाखूनों के निशान जमा दिए हैं ? हाय, हाय, कनक-शंभु का

क्या हाल है ! नाज़ुक देह किस तरह मसल दी गई है ! कंगन टूट गए हैं, गले का हार टूट गया है।

अलकों में सजे हुए वे फूल कहाँ गए ? सीमांत का सिंदूर कहाँ गया ? कस्तूरी का वह काला टीका कहाँ गया ?

विद्यापति कहते हैं–"राजा शिवसिंह ही इस रस को अच्छी तरह समझ सकते हैं।"

56

ए धनि ऐसन कहब मोहि। आजु जे कैसन देखिय तोहि॥
नयन बयन आनहि भाँति। कहइत कहिनि भूलसि पाँति॥
सुरँग अधर बिरँग भेलि। का सयँ कामिनि कएलि केलि॥
बेकत भए गेल गुपुत काज। अतए ककर करह लाज॥
सघन जघन काँपए तोर। मदन मथन कएल जोर॥
गोर पयोधर रातुल गात। नखर आँचर झाँपसि हाथ॥
अमिअ-सागर तुहु से राहि। मुकुंद मातंग बिहर ताहि॥
कह कबि-सेखर कि कर लाज। कह कहिनी सखि समाज॥

सुंदरी, क्या हुआ है ? तुम आज ऐसी क्यों दिखाई दे रही हो ? आँखों की सूरत बदल गई है, बोलने के ढंग बदल गए हैं ! बातें करती हो तो बीच-बीच में कड़ी भूल जाती हो !

होंठ बदरंग हो गए हैं। तुम किसके साथ थीं ? कौन-सा खिलवाड़ रचा आई हो ?

फिजूल की लाज छोड़ो ! छिपकर जो काम तुमने किया, वह मुझे मालूम हो चुका है।

तुम्हारी जाँघों में तनाव है। लगता है, मदन की मथानी ज़ोरों से चली थी। गोरे कुचों का रंग लाल हो गया है। नखों की रेखाएँ आँचल से ढँक रही हो, ऊपर से हाथ रख लिए हैं !

राधे, तुम अमृत की झील हो ! मुकुन्द मस्त हाथी की तरह इस झील में जल-विहार करता है।

कवि शेखर विद्यापति का कहना है–"अब झूठ-मूठ शरमाओ नहीं, जो कुछ हुआ है, सहेलियों से बतला दो।"

57

आजु देखिअ सखि बड़ि अनमनि सनि बदन मलिन सन तोरा।
मन्द बचन तोहि कओने कहल अछि से न कहिअ किअ मोरा॥
आजुक रयनि सखि कठिन बितलि अछि कान्ह रभस कर मंदा।
गुन-अबगुन पहु एकओ न बुझलन्हि राहु गरासल चंदा॥
अधर सुखाएल केस अरुझाएल घामे तिलक बहि गेला।
बारि बिलासिनि केलि न जानथि भाल अरुन उड़ि गेला॥
भनइ विद्यापति सुन बर जौबति ताहि कहबें किअ बाधे।
जे किछु पहु देल आँचर बाँधि लेल सखि सभ कर उपहासे॥

सखी, आज तुम कितनी उदास हो, कितनी अनमनी ! तुम्हारे चेहरे पर फीकापन छा रहा है।

किसने तुम्हें क्या कहा है ? मुझे बतला तो दो, उसकी खबर लूँगी।

राधा ने कहा—आज की रात बुरी कटी। कान्हा ने मुझे काम-केलि में परेशान कर दिया। अच्छा-बुरा, सुविधा-असुविधा, उसने कुछ नहीं देखा; मेरी कोई दलील काम नहीं आई। राहु ने चाँद को पूरी तरह ग्रस लिया। देखो न, होंठ सूख गए हैं ! बाल उलझ गए! इतना पसीना बहा कि तिलक धुल-पुँछ गया !

सुंदरी की उम्र अभी छोटी है। उसे केलि-कला की अभी उतनी जानकारी नहीं है। माथे का सिंदूर उड़ गया है।

विद्यापति कवि ने कहा—"सुंदरी, मेरी यह बात सुन लो ! पिछली बातें बतलाने में अब तुम्हें रुकावट क्यों महसूस हो रही है ? प्रीतम ने तुम्हें जो कुछ दिया, उसे तुमने आँचल की खूँट में बाँध लिया। अब अगर सहेलियाँ तुम्हारा मखौल उड़ाती हैं तो उड़ाने दो।"

58

कि कहब हे सखि रातुक बात। मानिक पड़ल कुबानिक हाथ॥
काच कंचन नहि जानए मूल। गुंजा रतन करए समतूल॥
जे किछु कभु नहि कला रस जान। नीर खीर दुहु करए समान॥
तन्हि सएँ कैसन पिरिति रसाल। बानर-कंठ कि मोतिम माल॥
भनइ विद्यापति एह रस जान। बानर-मुँह की सोभए पान॥

सखी, पिछली रात की बातें क्या बतलाऊँ ! मणि बेवकूफ जौहरी के हाथ में पड़ गई।

मूर्ख काँच और कंचन का भेद कैसे समझेगा ? वह गुँजा-फल और रत्न को

बराबर-बराबर तौल रहा है।

जिसने कभी कला का मर्म नहीं जाना, वह पानी और दूध को बेधड़क मिला रहा है। ऐसे आदमी से भला कौन प्यार की बातें करेगा ? बानर के गले में मोतियों की माला भला कैसे अच्छी लगेगी ?

विद्यापति को इस कथन का मर्म मालूम है—बानर के मुँह में पान की क्या शोभा ?

59

उठ उठ माधब कि सुतसि मंद। गहन लाग देखु पुनिमक चंद॥
हार-रोमाबलि यमुना गंग। त्रिबलि त्रिबेनी बिप्र अनंग॥
सिन्दुर-तिलक तरनि सम भास। धूसर मुख-ससि नहि परगास॥
एहन समय पूजह पँचबान। होअ उगरास देह रतिदान॥
पिक मधुकर पुर कहइत बोल। अलपओ अबसर दान अतोल॥
विद्यापति कवि एहो रस भान। राजा सिबसिंघ सब रसक निधान॥

उठो, माधव, उठो ! गँवार की तरह क्यों सो रहे हो ? देखो, पूनम के चाँद को ग्रहण लगा है।

उठो, संगम में स्नान करो। हार और रोमावली, गंगा-यमुना रो रही हैं, त्रिबली त्रिवेणी है। कामदेव ब्राह्मण है। सिंदूर का तिलक नाव की तरह लगता है। मुख-चंद्र मलिन होने के कारण प्रकाश का अभाव है। ग्रहण की बेला के सारे लक्षण मौजूद हैं। उठो, माधव, उठो ! ऐसे समय में कामदेव की आराधना करो ! चाँद को राहु से छुटकारा मिले ! उठो, रतिदान दो।

कोकिल और भ्रमर नगर में घूम-घूमकर आवाज़ लगा रहे हैं—दान दो, दान दो ! उचित अवसर पर थोड़ा भी दान दोगे तो बहुत बड़ा फल मिलेगा।

60

अम्बर बदन झपावह गोरि। राज सुनइ छिअ चाँदक चोरि॥
घरें घरें पहरि गेल अछ जोहि। एखने दूखन लागत तोहि॥
कतए नुकाएत चाँदक चोर। जतहि नुकाएत ततहि उजोर॥
हास-सुधारस न कर उजोर। बनिक धनिक धन बोलब मोर॥
अधर समीप दसन कर जोति। सिंदुर सीम बैसाउलि मोति॥
भनइ विद्यापति होहु निरसंक। चाँदहु काँ किछु लागु कलंक॥

अपना चेहरा ढँक लो, गोरी ! सुना है, इस राज्य में चाँद चोरी चला गया है। पहरेदार आकर एक-एक घर देख गया है। तुम अपना चेहरा ढँक लो, नहीं तो मुझ पर चोरी का अभियोग लग जाएगा।

चाँद का चोर चाँद को छिपाकर कहाँ रखेगा ? जहाँ रखेगा वहीं से चाँदनी फूट पड़ेगी।

हँसो नहीं, आलोक फैलेगा। मेरे छिपे धन का भेद लोगों को मालूम हो जाएगा। तुम्हारे होंठों के निकट ही दाँत उजाला फैला रहे हैं। सिंदूर के साथ माँग में मोती भी तो मौजूद हैं...मुझे डर लगता है । गोरी, तुम अपने को छिपाकर रखो !

विद्यापति ने कहा—"डर की कोई बात नहीं। चाँद में धब्बा है, लेकिन तुम्हारे चेहरे पर कोई दाग नहीं है।"

61

बड़ कौसल तुअ राधे। किनल कन्हाई लोचन आधे॥
ऋतुपति हटबए नहि परमादी । मनमथ मधथ उचित मूलबादी॥
द्विज पिक लेखक मसि मकरंदा। काँप भमर-पद साखी चंदा॥
बहि रति-रंग लिखापन माने । सिरि सिबसिंघ सरस कवि भाने॥

राधे, तुम बड़ी चालाक हो। कन्हाई को तुमने आधी आँख के बदले खरीद लिया है। ऋतुपति वसंत हाट का मालिक था; कामदेव था दलाल, उसी ने भाव तय किया। द्विज कोकिल ने दस्तावेज़ तैयार किया। मकरंद से स्याही का काम लिया गया। अच्छी लिखावट के लिए भ्रमर के पतले पैर ने कंडे की कलम का काम किया। मसीपात्र (दवात) की जगह चाँद था ही। काम-केलि से कागज़ का काम लिया गया। लिखने की फीस थी मान-मनौअल।

राधे, तुम कितनी चालाक हो ! कृष्ण को तुमने सिर्फ आधी आँख की कीमत पर खरीद लिया।

62

कउड़ि पठाओलें पाव नहि घोर। घीव उधार माँग मतिभोर॥
बास न पाबए माँग उपाति। लोभक रासि पुरुष थिक जाति॥
कि कहब आज की कौतुक भेल। अपदहि कान्हक गौरब गेल॥
आएल बइसक पाब पोआर। सेजक कहिनी पूछए बिचार॥

ओछाओन खंड़तरि पलिया चाह। आओर कहब कत अहिरिनि नाह॥
भनइ विद्यापति एहु गुनमंत। सिरि सिबसिंघ लखिमा देइ कंत॥

पैसे भिजवाने पर मट्ठा भी नहीं मिलता है। देखो, घी उधार लेने आया है। कैसा बुद्धू है !

टिकने के लिए तो पूछता नहीं, खाना माँग रहा है। पुरुष बड़े लोभी होते हैं। सुनो, आज मज़ा आ गया। बड़े बेमौके मैंने उसे उल्लू बनाया। आया तो बैठने के लिए, मैंने आसन नहीं दिया, पुआल डाल दिए; सेज की तो बात ही क्या ! बिछावन के नाम पर मैं टूटी-फूटी चटाई सामने कर देती...पलंग की चाह तो उसके मन में ही रह जाती...आज कान्हा आया, तो मैं अहीरिन की तरह पेश आई।

63

कह कह सुन्दरि न कर बेआज। देखिअ आजु तुअ अपरुब साज॥
मृगमद पंक करसि अंगराग। कोन नागर परिनत होअ भाग॥
पुनु-पुनु उठसि पछिम दिसि हेरि। कखन जाएत दिन कत अछ बेरि॥
नूपुर उपर करसि कसि थीर। दृढ़ कए पहिरसि तम सम चीर॥
उठसि बिहँसि हँसि तेजिअ सार। तोर मन भाव सघन अँधियार॥
भनइ विद्यापति सुनु बर नारि। धैरज धरु मन मिलत मुरारि॥

बतला दो, छल न करो, सुन्दरी ! क्या बात है, ज़रूर बतला दो ! आज तुमने अनूठी सज्जा सजाई है–कितनी जँच रही हो !

अंग-अंग में तुमने कस्तूरी का लेप लगा लिया है। आज किस रसिक की किस्मत जगनेवाली है ?

उठती हो और बार-बार पच्छिम की ओर देख आती हो–दिन कितना शेष है ! क्या वक्त हुआ !

पायलों को तुमने ऊपर कस लिया है, अब उनसे आवाज़ नहीं निकलेगी। अन्धकार की तरह काले परिधान धारण किए हैं, उन्हें अच्छी तरह बाँध लिया है।

आज तुम बात-बात पर हँसती हो। गम्भीरता का नाम नहीं है। आज तो तुम्हें अँधेरा ही अच्छा लगेगा।

64

चन्दा जनि उग आजुक राति । पियाके लिखिअ पठाओब पाँति ॥
साओन सएँ हम करब पिरिति । जत अभिमत अभिसारक रीति ॥
अथवा राहु बुझाएब हँसी । पिबि जनि उगिलह सीतल ससी ॥
कोटि रतन जलधर तोहें लेह । आजुक रयनि घन तम कए देह ॥
भनइ विद्यापति सुभ अभिसार । भल जन करथि परक उपकार ॥

चाँद, आज रात तुम न निकलो ! आज मैं प्रीतम को पाती भेजनेवाली हूँ।

यह सावन का महीना है। मैं इसे प्यार करती हूँ। इसमें अभिसार का बड़ा सुभीता रहता है।

मैं राहु को समझा-बुझाकर पटा लूँगी। चाँद को वह निगल जाएगा, छोड़ेगा नहीं।

बादलो ! लाख-लाख हीरे-जवाहर तुम मुझसे ले लो। आज की रात अँधेरा घना कर दो।

विद्यापति ने कहा—"यह अभिसार की शुभ बेला है। भले आदमी ऐसे ही क्षणों में परोपकार करते हैं।"

65

निअ मंदिर सएँ पद दुइ चारि। घन घन बरिस मही भर बारि ॥
पथ पीछर बड़ गरुअ नितम्ब। खसु कत बेरि न किछु अवलम्ब ॥
बिजुरि-छटा दरसाबए मेघ। उठए चाह जल धारक थेघ ॥
एक गुन तिमिर लाख गुन भेल। उतरहु दखिन भान दुर गेल ॥
ए हरि करिअ मोहि जनि रोस। आजुक बिलम्ब दइब दिअ दोस ॥

कान्हा, मुझ पर नाराज़ नहीं होना ! देर हुई, इसमें मेरा कसूर नहीं। आज सारा कसूर विधाता का है।

मैं कैसे निकलती मकान से ? बाहर ज़ोरों की वर्षा हो रही थी। चारों ओर पानी ही पानी भरा था।

रास्ते पर बड़ी फिसलन थी। मेरे नितंब भारी हैं न ! कितनी बार गिरी हूँ, क्या बताऊँ !

बादलों के अंदर बिजलियाँ कौंध रही हैं। जल-धाराएँ मोटे-मोटे प्रवाहों में उमड़ पड़ना चाहती हैं।

एक गुना अंधकार लाख गुना हो गया। पता नहीं चलता, किधर उत्तर है, किधर

दक्खिन ?

कान्हा, मुझ पर नाराज़ न होना, मेरा कसूर नहीं है आज।

66

राहु मेघ भए गरसल सूर। पथ परिचय दिबसहि भेल दूर॥
घन-बरिसए अबसर नहि होए। पुर परिजन संचर नहीं कोए॥
चल चल सुन्दरि कर गए साज। दिवस समागम सपरत आज॥
गुरुजन परिजन डर करु दूर। बिनु साहस अभिमत नहि पूर॥
एहि संसार सार बथु एह। तिला एक संगम, जाब जिब नेह॥
भनइ विद्यापति कवि कंठहार। कोटिहुँ न घट दिबस-अभिसार॥

सुंदरी, चलो ! आज दिन में ही अभिसार की बेला आ गई।

राहु ने बादल बनकर सूरज को ग्रस लिया है। दिन में भी रास्ते का पता नहीं चलता।

बादल बरस रहे हैं। मौका ही नहीं मिलता कि कोई घर से बाहर निकले। पुरजन, परिजन का चलना-फिरना बंद है।

सुंदरी, बड़ा अच्छा मौका है। तैयार हो जाओ, अपने को सँवार लो ! आज दिवसकालीन समागम रहे।

दिल से बुजुर्गों का डर हटा दो ! बिना हिम्मत के मनोरथ पूरा नहीं होता।

इस संसार में सार वस्तु यही तो है—तनिक-सा यह सहवास कर लोगी तो प्यार जीवन-भर बना रहेगा।

विद्यापति कवियों के गले का हार है। उसका कहना है—"दिवसकालीन अभिसार करोड़ों उपाय करने से भी हाथ नहीं लगता।"

67

अरुन किरन किछु अम्बर देल। दीपक सिखा मलिन भए गेल॥
हठ तेज माधब जएबा देह। राखए चाहिअ गुपुत सनेह॥
दुरजस जाएत परिजन कान। सगर चतुरपन होएत मलान॥
भमर कुसुम रमि न रह अगोरि। केओ नहि बेकत करए निअ चोरि॥
अपनहु धन हे धनिक धर गोइ। परक रतन परगट कर कोइ॥
फाब चोरि जओं चेतन चोर। जागि जाएत पुर परिजन मोर॥
भनइ विद्यापति सखि कह सार। से जीवन जे पर उपकार॥

माधव, छोड़ो ! अभी मुझे जाने दो ! जिद न करो ! प्यार को छिपाकर रखना चाहिए !

आसमान में लाली उभर आई। दीप की लौ फीकी हो गई। मुझे छोड़ो, जाने दो।

हमारी बदनामी घरवालों के कान तक पहुँचेगी। सारी चतुराई खत्म हो जाएगी।

भ्रमर फूल के साथ रमण करता है। रसपान करके वह उसे छोड़ देता है, उस पर भ्रमर पहरा नहीं देता है। अपनी चोरी को कौन ज़ाहिर होने देगा ?

चोर समझदार हो तो चोरी पकड़ में नहीं आती, निभ जाती है। छोड़ो, मेरे घरवाले जग जाएँगे।

अपना धन भी गुप्त रखा जाता है। माल अगर दूसरे का हो, फिर तो कहना ही क्या ?

विद्यापति ने कहा—"सहेली असल बात समझती है...जीवन वही है जो दूसरों के काम आये।"

68

मंदिर अछलिहुँ सहचरि मेलि। परसंगे रजनि अधिक बहि गेलि ॥
जब सखि चललिहुँ आपन गेह। तब मोहि नींदे भरल सब देह ॥
सूति रहलिहुँ हमे करि एक चीत। दैब-बिपाके भेल बिपरीत ॥
न बोल सजनि, सुन सपन-संबाद। हँसए केओ जनि कए परिवाद ॥
विषाद पड़ल मोर हृदयक माँझ। तुरित घोंचओंलहुँ नीबिक काज ॥
एक पुरुष पुनु आओल आगे। कोप अरुन आँखि अधरक दागे ॥
से भएँ चिकुर चिर आनहि गेल। कपाल-काजर मुख सिन्दुर भेल ॥
अन्तर (?) कहब केओ अपजस गाब। विद्यापति कह के पतिआब ॥

सखी, मैं अंदर थी। पर-पुरुष के सहवास में रात ज़्यादा हो गई।

अपने घर से चली तो अंग-अंग में नींद भरी थी।

हम बातें करते-करते एक मन, एक प्राण हो गए। इसी में नींद आ गई। सारा मामला गड़बड़ा गया, भगवान की यही मर्ज़ी थी।

अरे, बीच में बोलो नहीं। सपने में क्या-क्या हुआ, सुनो ! देखो, बीच में रुकावट डालकर कोई हँसे नहीं। मैं जो कहती हूँ, सब ध्यान से सुनती जाओ।

मेरे हृदय में विषाद उमड़ आया। मैंने नीबी का बंधन ठीक कर लिया। फिर एक पुरुष आगे आया। आँखें गुस्से में लाल थीं। होंठों पर निशान थे...डर के मारे मेरे बाल बिखर गए। काजल कपार में लग गया, सिंदूर लगा गाल पर।

दिल की बात कहूँगी तो कलंक लगेगा। विद्यापति कहते हैं—"कोई विश्वास भी तो नहीं करेगा ?"

69

कुसुम तोरए गेलहुँ जहाँ। भमर अधर खंडल तहाँ॥
तें चलि अएलिहुँ जमुना तीर। पवन हरल हृदय चीर॥
ए सखि सरुप कहल तोहि। आन किछु जनि बोलसि मोहि॥
हार मनोहर बेकत भेल। उजर उरग संसअ लेल॥
तें धसि मजूर जोड़ल झाँप। नखर गाड़ल हृदय काँप॥
भनइ विद्यापति उचित भाग। वचन पाटव कपट लाग॥

फूल तोड़ने गई थी। सखी, भौंरों ने मेरे होंठों को काट खाया।

फिर मैं यमुना के किनारे आ गई। वहाँ इतनी तेज़ हवा चल रही थी कि मेरे कपड़े अस्त-व्यस्त हो गए।

हे सखी, मैंने तुझसे सीधी बातें बतला दीं। अब मुझे कुछ कहना मत।

सीने पर मोती का हार था, उसे सफेद साँप समझकर मोर ने झपट्टा मारा। इसी से वक्ष पर नाखूनों के निशान पड़ गए।

विद्यापति ने कहा—"किस्मत ठीक थी। छल की लागत से बातचीत में पटुता आती है।"

70

आध आध मुदित भेल दुहु लोचन बचन बोलत आध आधे॥
रति-आलस सामर तनु झामर हेरि पुरल मोर साधे॥
माधब, चल चल चल तहि ठाम।
जसु पद-जाबक हृदयक भूषन अबहु जपह तसु नाम॥
कत चंदन कत मृगमद कुंकुम तुअ कपोल रहु लागि॥
देखि सौतिनि अनुरूप कएल बिहि अतए मानिअ बहु भागि॥

आज मेरी साध पूरी हुई।

दोनों आँखें आधी-आधी मुँदी थीं। बातें भी आधी-आधी कर रहा था। साँवली-सलोनी देह काम-क्रीड़ा की थकान से और भी साँवली हो गई थी। तुम्हें इस रूप में देखकर आज मेरा मनोरथ पूरा हुआ।

कान्हा, चलो, चलो, वहीं चलें! वहीं चलें, उसी के पास, जिसके तलवों का आलता तुम्हारे वक्ष का आभूषण बन रहा है और अब भी तुम जिसका नाम जप रहे हो; चलो, उसी के पास चलें!

देखा है, तुम्हारे गालों पर क्या-क्या लगा है ? ओह, कितना चन्दन लगा है ! कितनी कस्तूरी लिथड़ी हुई है ! कितना कुंकुम !

विधाता ने मुझे सौत दी है, अच्छा किया है ! मैं इसे अपना भाग्य ही मानती हूँ।

71

सुन सुन सुन्दरि कर अबधान। बिनु अपराध कहसि काहे आन ॥
पुजलहुँ पसुपति जामिनि जागि। गमन बिलम्ब भेल तेहि लागि ॥
लागल मृगमद कुंकुम दाग। उचरइत मंत्र अधर नहि राग ॥
रजनि उजागर लोचन घोर। ताहि लग तोहें बोलसि चोर ॥
नवकबि सेखर कि कहब तोए। सपथ करह तब परतित होए ॥

सुनो सुंदरी, ध्यान देकर सुनो ! बिना अपराध के ही तुम मुझे जाने क्या-क्या कह रही हो !

मैं रात-भर जगा हूँ और शिवजी की पूजा की है। इसी से देर हुई।

गालों पर इसी से चंदन और कुंकुम के दाग पड़ गए। कस्तूरी भी वहीं लगी थी। होंठ इसलिए सूख गए हैं कि रात-भर मंत्रों का पाठ किया है।

रात-भर जगा हूँ, इसी से आँखें लाल हैं। अब तुम चाहे जो कहो ! मैं चोर ही सही।

विद्यापति ने कहा—"मैं तुमसे क्या बतलाऊँ ! शपथ दिला लो तभी विश्वास होगा।"

72

ए धनि माननि करह संजात।
तुअ कुच हेम-घट हार भुजंगिनी ताक उपर धरु हाथ ॥
तोहें छाड़ि जदि हम परसब कोए। तुअ हार नागिन काटब मोए ॥
हमर बचन यदि नहि परतीत। बूझि करह साति जे होए उचीत ॥
भुज पास बाँधि जघन-तले तारि। पयोधर-पाथर अदेह मारि ॥
उर-कारा बाँध राखह दिन-राति। विद्यापति कह उचित इ साति ॥

सुंदरी, मान छोड़ो ! गुस्सा कम करो !

तुम्हारे स्तन कनक-घट के समान हैं, मोतियों का हार नागिन की तरह है। मैं इन पर हाथ रख के कसम खाता हूँ। तुम्हें छोड़कर अगर मैंने किसी और स्त्री के शरीर

पर हाथ रखा हो तो यह नागिन डँस ले।

मेरी बात पर यकीन न हो तो तुम जैसा चाहो, मैं वही करूँ। जो सज़ा दोगी, उसे मैं खुशी-खुशी झेलूँगा।

तुम चाहो तो अपने बाहु-बंधन में मुझे जकड़ लो ! जाँघों के नीचे कसकर दबा लो ! कड़े उरोजों से उसी तरह मारो जैसे पत्थर से मारते हैं।

तुम चाहो तो अपने हृदय की कारा में मुझे हमेशा के लिए कैद कर लो !

विद्यापति ने कहा–"यही सज़ा ठीक रहेगी।"

73

माधब, ई नहि उचित बिचार।
जनिक एहनि धनि काम-कला सनि से किअ करु बेभिचार॥
प्रानहु चाहि अधिक कए मानए हृदयक हार समाने।
कोन परि जुगुति आनकें ताकह की थिक तोहर गेआने॥
कृपिन पुरुषकें केओ नहि निक कह जग भरि कर उपहासे।
निज धन अछइत नहि उपभोगब केवल परहिक आसे॥
भनइ विद्यापति सुनु मथुरापति ई थिक अनुचित काज।
माँगि लाएब बित से जदि हो नित अपन करब कोन काज॥

माधव, यह तुमने अच्छा नहीं किया ! जिसकी प्रेयसी इतनी सुन्दरी हो, देखने में रति-रानी सी लगे, वह क्यों दूसरी औरत के पास जाएगा ?

वह तो तुम्हें अपने प्राणों से भी बढ़कर मानती है। तुम उसके गले का हार हो। फिर क्यों दूसरी की ओर ताक-झाँक करते हो ? बलिहारी है तुम्हारे विवेक की !

कंजूस को कोई अच्छा नहीं कहता, सारी दुनिया उसका मखौल उड़ाती है। दूसरे के धन की आशा में अपने धन का उपभोग न करना कितनी बड़ी नादानी है !

विद्यापति ने कहा–"कृष्ण, यह तुम अच्छा नहीं कर रहे हो ! माल अपने पास मौजूद है, फिर भी माँगने की तुम्हारी लत नहीं छूटती है।"

74

सजनी अपद न मोहि परबोध।
तोड़ि जोड़िअ जहाँ गाँठ पड़ए तहाँ तेज तम परम बिरोध॥

सलिल सनेह सहज थिक सीतल ई जानए सब कोइ।
से जदि तपत कए जतने जुड़ाइअ तइओ बिगत-रस होइ॥
गेल सहज हे कि रिति उपजाइअ कुल-ससि नीली रंग (?)।
अनुभवि पुनु अनुभवए अचेतन पड़ए हुतास पतंग॥

सखी, बेमौके की तुम्हारी यह सलाह मुझे अच्छी नहीं लगती !

प्रकाश और अंधकार में भारी विरोध रहता है। गाँठ पड़ जाए तो धागे को तोड़कर उन्हें फिर से जोड़ना ठीक होगा।

पानी सहज ही शीतल और तरल होता है। यह बात सारी दुनिया जानती है। पानी को खौलाकर यदि उसे फिर ठंडा कर लिया जाए तो उसका स्वाद फीका होता है। पतिंगा समझता है कि दीया उसे भस्मीभूत कर देगा, फिर भी वह वहाँ जाता ही रहता है। चेहरे की रौनक बिगड़ती है तो कौन-सी बात हो गई !

75

जनम होअए जनु, जओं पुनि होइ।
जुब्ती भए जनमए जनु कोइ॥
होइए जुबति जनु हो रसमंति।
रसओ बुझए जनु हो कुलमंति॥
निधन माँगओं बिहि एक पए तोहि।
थिरता दिहह अबसानहु मोहि॥
मिलओ सामि नागर रसधार।
परबस जन होअ हमर पिआर॥
परबस होइह बुझिह बिचारि।
पाए बिचार हार कओन नारि॥
भनइ विद्यापति अछ परकार।
दंद-समुद होअ जिब दए पार॥

सखी, अच्छा है, कोई पैदा ही न हो ! अगर पैदा हो ही जाए तो लड़की होकर पैदा नहीं हो !

अगर युवती ही हो तो उसे रसवंती नहीं होना चाहिए। यदि रसवंती हो तो उसे अच्छे खानदान की नहीं होना चाहिए।

विधाता, मैं तुमसे मृत्यु माँगती हूँ। साथ ही एक बात का ध्यान रखना। अंतिम क्षणों में भी मेरे मन को चंचल न बनाना।

स्वामी मिले और चतुर मिले, रसिक मिले, मगर मेरा प्यार कभी पराधीन न हो।

पराधीन ही हो तो इतना ज़रूर ध्यान रखना कि प्रेमी विचारवान हो। प्रेमी के अंदर विवेक हो तो कौन नारी बाज़ी हारेगी ?

विद्यापति कहते हैं—"हाँ, है रास्ता इसका भी। जान की बाज़ी लगाकर अड़ जाओगी तो सारे झमेले हल हो जाएँगे।"

76

चरन-नखर मनि-रंजन छाँद । धरनि लोटाएल गोकुल चाँद ॥
ढरकि-ढरकि परु लोचन नोर । कतरुप मिनति कएलि पहु मोर ॥
लागल कुदिन कएल हमे मान । अबहु न निकसए कठिन परान ॥
रोस तिमिर अत बेरि किए जान । रतने भेल मोहि गेरुक भान ॥
नारि जनम हमे कएल अभागि । मरन सरन भेल मानक लागि ॥
विद्यापति कह सुन धनि राइ । रोअसि काहे कह भल समुझाइ ॥

सखी, गोकुल का चाँद धरती पर लोट गया। हाय, वह मेरा मान हटाने आया था ! मेरे पैरों के नखों को नगों की तरह चमकाने की बात थी, मगर यह तो बहाना था।

आँखों से आँसू ढुल-ढुल पड़े...मेरे प्रीतम ने जाने कितनी विनती की ! मुझे पता नहीं था कि मनाने के इतने तरीके होते हैं।

मैं तो भारी झमेले में पड़ गई। जाने किस बुरे वक्त पर मैं मान कर बैठी ! अब तो निठुर प्राण निकलेंगे भी नहीं !

गुस्सा मेरे दिमाग पर अंधकार की तरह छा गया था, मैंने रत्न को गेरू समझा !

नारी का जीवन अभिशाप है। और मैं तो अभागी हूँ ही। मान की अकड़ के चलते अब मुझे कोई नहीं बचा सकता। मृत्यु ही मुझे अपनी शरण में लेगी।

विद्यापति ने कहा—"राधे, रो क्यों रही है ? समझा-बुझाकर प्रीतम को मना ले।"

77

एत दिन छलि नब रीति रे। जल मिन जेहनि पिरिति रे॥
एकहि बचने बिच भेल रे। हँसि पहु उतरो न देल रे॥
एकहि पलँग पर कान्ह रे। मोरे लेखें दुर देस भान रे॥
जाहि बन केओं नहि डोल रे। ताहि बन पिया हँसि बोल रे॥
धरब जोगिनिआक भेस रे। करब मएँ पहुक उदेस रे॥
कवि विद्यापति भान रे। सुपुरुष न कर निदान रे॥

सखी, इतने दिनों तक सब कुछ नया था ! ऐसा था कि हम दोनों में बड़ा प्यार था। पानी और मछली में जितना प्यार होता है उतना प्यार था।

फिर ऐसा हुआ कि एक ही बोल ने हमारे अंदर फर्क पैदा कर दिया। प्रीतम न मुस्कराए, न कुछ कहा ही !

हम एक ही पलंग पर थे। लेकिन लगता था, कान्हा पास में नहीं है बल्कि बहुत दूर, किसी दूसरे देश में रह रहा है !

जिस जंगल में कोई नहीं डोलता, मेरा प्रीतम उसी वन में हँस रहा है। मैं उसकी बोली यहीं से सुन रही हूँ...!

मैं जोगिन का भेष धारण करूँगी। मैं अपने प्रीतम की खोज में निकलूँगी।

विद्यापति ने कहा—"पुरुष अगर अच्छा हो तो वह मर्यादा का उल्लंघन नहीं करता।"

78

की हमे साँझक एकसरि तारा भादब चौठिक ससी ॥
इथि दुहु माझ कओन मोर आनन जे पहु हेरसि न हँसी ॥
साए साए, कहह कान्हु कपट करह जनु कि मोरा भेल अपराधे ॥
न मएँ कबहु तुअ अनुगति चुकलिहुँ बचन न बोलल मंदा ॥
सामि समाज पेम अनुरंजिअ कुमुदिनि सन्निधि चंदा ॥
भनइ विद्यापति सुनु बर जौबति मेदिनि मदन समाने ॥
राजा सिबसिंघ रूपनरायन लखिमा देबि रमाने ॥

प्रीतम, मेरी ओर क्यों नहीं देखते हो ? क्या मैं अकेली तारा हूँ ? क्या मैं भाद्रपद की चौथी तिथि का चाँद हूँ ? इन दोनों में से मेरा मुख किससे मिलता है जो तुम मेरी ओर हँसकर नहीं देख रहे हो ?

कान्हा, सच्ची-सच्ची बतला दो ! छल-कपट न करो ! मेरा क्या कसूर है ?

मैंने हमेशा तुम्हारा अनुगमन किया। मैंने कभी कोई बुरी बात नहीं कही। कुमुदिनी जैसे चाँद का अनुरंजन करती है, उसी तरह मैं अपने प्रीतम के अनुराग में पगी रहती हूँ।

79

करतल कमल नयन ढर नीर। न चेतए अभरन कुंतल चीर ॥
तुअ पथ हेरि-हेरि चित नहि थीर। सुमिरि पुरुब नेह दगध सरीर ॥

कत परि माधब साधब मान। बिरही जुबति माँग दरसन दान ॥
जल-मध कमल गगन-मध मसूर। आँतर चान कुमुद कत दूर ॥
गगन गरज मेघ सिखर मयूर। कत जन जान नेह कत दूर ॥
भनइ बिद्यापति बिपरित मान। राधा बचनें लजाएल कान ॥

हथेली पर कमल (मुख) टिका है। आँखों से आँसू ढुलक रहे हैं। न गहनों का ध्यान है, न बालों का, न कपड़ों का।

माधव, वह तुम्हारी प्रतीक्षा में बैठी है। उसका चित्त चंचल है। पूर्व-प्रीति की स्मृतियाँ उसके शरीर को झुलसा रही हैं।

माधव, कब तक मान किए बैठे रहोगे ? विरहिन राधा तुमसे दर्शन-दान माँग रही है, उसे अपना दरस दिखा आओ।

कमल और कुमुद पानी में रहते हैं। सूरज और चाँद आसमान में, बादल आकाश में गरजता है, मोर पहाड़ी पर बैठकर उसको अभिनंदित करता है। प्रेम के आगे दूरी क्या है !

विद्यापति ने कहा—"सच, उल्टा मान ठीक नहीं। राधा की बातों से कान्हा को लाज जगी।"

80

बड़ रे चतुर मोर कान । साधन बिनहि भाँगल मोर मान ॥
जोगी बेस धरि आओल आज । के इह समुझव अपरुब काज ॥
सासु बचनें हमे भीख आनि देल । मोर मुख हेरइते गदगद भेल ॥
कह तब—'मान-रतन देह मोय'। समुझल तब हमे सुकपट सोय ॥
जे किछु कहल तब कहइते लाज । केओ नहि जानल नागर-राज ॥
विद्यापति कह सुंदरि राइ। किए तोहें समुझबि से चतुराइ ॥

मेरा कान्हा भारी चतुर है। आज यों ही उसने मेरा मान तोड़ दिया।

आज वह योगी का भेष धरकर सामने आया।

मेरी सास ने मुझसे कहा—"इसे भीख दे आओ।"

मैं भीख देने आई। वह मेरा मुख देखकर गद्गद हो गया। बार-बार मेरी ओर देखता रहा।

आहिस्ते से बोला—"यह भीख लेकर मैं क्या करूँगा ! भिक्षा के तौर पर तुम अपना अनमोल मान ही मुझे दे दो।"

अब मैंने उस छलिया को अच्छी तरह पहचान लिया।

उससे जो कुछ मैंने कहा, तुम्हें बतला नहीं पाऊँगी। लाज लगती है। अच्छा हुआ कि किसी ने उस वक्त नट-नागर को नहीं पहचाना।

विद्यापति ने सखी से कहा—"राधिका बड़ी सुंदर है, बेहद सयानी है। तुम उसकी चतुराई नहीं समझ सकतीं।"

81

हमे अबला सखि किअ गुन जान। से रसमय तनु रसिक सुजान॥
कतहु जतने मोहि कोर बइसाए। बाँधल बेनि से कबरि खसाए॥
कंचुक देल हृदय पर मोर। परसि पयोधर भए गेल भोर॥
कंठ पहिराओल मनिमय हार। अंग विलेपन कुंकुम भार॥
बसन पेन्हाओल कए कत छंद। किंकिनि जालहि नीबि निबंध॥
निज कर पल्लव मोर मुख माज। नयनहि कयल सु-काजर साज॥
अलक तिलक दए चोलि निहारि। कह कबि सेखर जाओं बलिहारि॥

सखी, मैं तो अबला नारी ठहरी। मैं पुरुष के गुणों को क्या जानूँ ? वह तो भारी रसिक है। उसका तन भी रसमय है, मन भी।

बड़े जतन से उसने मुझे अपनी गोद में बैठाया। बाल खोल दिए और फिर से चोटी गूँथ डाली।

वक्ष पर चोली पहना दी, कुचों को बार-बार छूकर वह विभोर था।

मेरे गले में उसने रत्नों का हार डाल दिया। अंगों में कुंकुम और चंदन का लेप चढ़ा दिया।

उस छलिया ने फुसलाकर मुझे साड़ी तक पहना दी, नाभि के नीचे गाँठ बाँधकर ऊपर करधनी डाल दी।

मुलायम हथेलियों से मुँह पोंछ दिया। आँखों में काजल लगा दिया।

माथे पर तिलक रचा दिया।

वह मुझे बार-बार देख रहा था।

कवि शेखर विद्यापति ने कहा—"मैं उस नटनागर कान्हा पर अपने को निछावर करता हूँ।"

82

हरि धरु हार चओंकि परु राधा। आध माधब कर गिम रहु आधा॥
कपट कोप धनि दिठि धरु फेरी। हरि हंसि रहल बदन-बिधुहेरी॥

मधुरिम हास गुपुत नहि भेला। तखने सुमुखि-मुख चुम्बन देला॥
कर धरु कुच, आकुल भेलि नारी। निरखि अधर-मधु पिबए मुरारी॥
चिकुर चमर झर कुसुमक धारा। पिबि कहु तम जनि बम नव तारा॥
विद्यापति कह सुन्दरि बानी। हरि हँसि मिललि राधिका रानी॥

माधव ने हार थाम लिया। राधा चौंक पड़ी। वह सो रही थी।

आधा हार कान्हा के हाथों में था, आधा राधा के गले में।

सुंदरी ने बनावटी गुस्से में निगाहों को फेर लिया। कान्हा लेकिन मुस्करा रहा था और राधा के मुखचंद्र को बार-बार निहार रहा था।

राधा की भी दबाई हुई हँसी दबी न रह सकी। वह मीठी हँसी भी क्या छिपाने लायक थी ? कि इतने में कृष्ण ने सुंदरी के मुख पर चुंबन जड़ दिया।

उरोजों पर हाथ पड़ते ही सुंदरी तड़प-सी उठी। कान्हा ने बार-बार आँखों में झाँका और होंठों का अमृत पिया।

बालों से फूल झड़ रहे थे। लगा, अँधेरा पहले तो तारे निगल गया, पीछे उन्हें उगल रहा है।

विद्यापति ने कहा—"राधारानी कान्हा से हँसी-खुशी मिली।"

83

कि कहब हे सखि आजुक रंग। सपनहि सूतल कुपुरुष संग॥
बड़ सुपुरुख बलि आएल धाई। सूति रहल मोर आँचर झँपाई॥
काँचुलि खोलि आलिंगन देल। मोहि जगाए आपु निंद गेल॥
हे बिहि हे बिहि बड़ दुख देल। से दुख रे सखि अबहु न गेल॥
भनइ विद्यापति एह रस धंद। भेक कि जान कुसुम-मकरंद॥

सखी, आज रात अच्छा खिलवाड़ रहा। जाने कैसे भुच्चड़ मर्द सपने में मेरे साथ सोया !

अच्छे भले आदमी की तरह पास आया और मेरे आँचल में अपना मुँह छुपाकर मेरे पास लेट गया।

पहले तो उसने मेरी अँगिया खोली, फिर वह मुझसे चिपट गया। वह मूर्ख मुझे जगाकर खुद सो गया।

हाय रे दैव, हाय रे दैव ! उसने मुझे कितना दुःख दिया ! सखी, वह दुःख मैं अब भी भूल नहीं पाई हूँ।

विद्यापति कहते हैं—"यह तो रस नहीं, रसाभास हुआ। कुसुम के मकरंद की असलियत मेढ़क क्या जाने !"

84

बिगलित चिकुर मिलित मुखमंडल चाँद बेढ़ल घनमाला ॥
मनिमय कुंडल स्रबन दुलित भेल घाम तिलक बहि गेला ॥
सुन्दरि तुअ मुख मंगल दाता।
रति-बिपरीत समर जदि राखब कि करब हरि हर धाता ॥
किंकिनि किनिकिनि कंकन कनकन घनघन नूपुर बाजे ॥
रति-रन मदन पराभव मानल जय-जय दुन्दुभि बाजे ॥
तिल एक जघन रब करइत होअल सैनक भंग ॥
विद्यापति कवि ई रस गाबए जामुन मीललि गंग ॥

बाल अस्त-व्यस्त हो गए। एक मुख-मंडल दूसरे मुख-मंडल से लगा हुआ है। चाँद को घनमाला ने घेर लिया है। कानों के जड़ाऊ कुंडल हिलने लगे, तिलक पसीने में बह गया ! सुंदरी, तुम्हारा मुख मंगलकारी है। विपरीत रतिवाले संग्राम में यदि इसे सामने रखा जाए तो ब्रह्मा, विष्णु, महेश—तीनों मिल करके भी क्या बिगाड़ लेंगे ?

किंकिणियाँ बज रही हैं किन-किन, किन-किन...कंगन बज रहे हैं कन-कन, कन-कन...घन-घन बज रहे हैं नूपुर।

रति-रण में कामदेव ने अपनी हार मान ली है। जीत के नगाड़े बज रहे हैं।
आवाज़ करती हुई मोटी जाँघों ने ज़रा-सी देर के लिए बीच में लड़ाई बंद रखी।
विद्यापति ने यह रस गाया—"गंगा और यमुना दोनों आपस में मिल गई हैं।"

85

आजु बिपरित धनि देखिअ तोहि। बुझए न पारिअ, संसय मोहि ॥
तुअ मुख-मंडल पुनिमक चाँद। का लागि भए गेल ऐसन छाँद ॥
नयन-जुगल भेल काजर बिथार। अधर निरस करु कओन गमार ॥
पीनपयोधर नखरेख देल। सोनक कुंभ भगन जनि भेल ॥
अंग बिलेपन कुंकुम भार। पीतांबर धरु इथे कि बिचार ॥
सुजन रमनि तुहु कुलबति बाद। का सयँ भूँजलि मरमक साध ॥
कामिनि कहिनी यह सम्बाद। कह कबि-सेखर नहि परमाद ॥

आज क्या हुआ है तुझे ? तेरे रंग-ढंग बदले-बदले-से नज़र आते हैं ! समझ नहीं पा रही हूँ, मुझे तो शक हो रहा है...।

ऐसा तो नहीं था तेरा चेहरा ! वह तो पूनम के चाँद-सा दिखता था ! क्या हो

गया है आज ?

आँखों का काजल इस तरह फैल क्यों गया ? किस गँवार ने होंठों को रसहीन कर दिया ? किसने इन सुडौल स्तनों पर नाखून के निशान डाल दिए ? लगता है, स्वर्ण-कलश ही फूट गए हैं !

चंदन का प्रलेप पीला पड़ गया है। किसने तेरे इन अंगों पर केशर का रंग डाल दिया है ? क्या सोच रही है ! पीताम्बर (रेशम का पीला परिधान) पहनकर आई है ?

तू तो अच्छे-भले पुरुष की घरवाली है, अच्छे कुलवालों की बहू-बेटी है तू तो ! अपने अंदर की साध किससे पूरी करवाकर आई है ?

कविशेखर ने कहा–"यह कोई शिकायत या भूल-भरम की बात नहीं है। यह तो एक सुंदरी से कही गई सखी की बात थी...।"

86

कि कहब हे सखि आजुक विचार।
से सुपुरुष मोहि कएल सिंगार (?)॥
हँसि-हँसि पहु आलिंगन देल।
मनमथ अंकुर कुसुमित भेल॥
आँचर परसि पयोधर हेरु।
जनम पंगु जनि भेटल सुमेरु॥
जब निबि-बंध खसाओल कान।
तोहर सपथ हम किछु जदि जान॥
रति-चिन्हे जानल कठिन मुरारि।
तोहर पुने जीअलि हमे नारि॥
कह कवि-रंजन सहज मधु राई।
न कह सुधामुखि गेल चतुराई॥

सखी, क्या बतलाऊँ तुझसे ? रात उसने अपने हाथों से मेरा सिंगार किया...।

वह बीच-बीच में हँस पड़ता था, मुझे सीने से लगा लेता था। मन्मथ (कामदेव) अब तक अंकुर-रूप में था, अब उसमें फूल आ गए।

उसने आँचल उठाकर मेरे स्तनों को बार-बार निहारा। लगा कि लँगड़े को कनकगिरि (सुमेरु) हाथ लग गया है।

मेरा कटिबन्ध (नीबी) ढीला करके जब उसने वस्त्र को नीचे खिसक जाने दिया, तो कसम तेरी, फिर क्या हुआ, पता नहीं !

बाद को काम-केलि के गहरे निशान देखकर ही मैं मुरारी की मर्दानगी जान सकी !

यह तेरा ही पुण्य था कि मैं ज़िंदा निकल आई।

कविरंजन विद्यापति कहते हैं—"राधा तो सहज ही मीठी है। उस अमृतमुखी की चतुराई के बारे में कुछ न कहना ही ठीक रहेगा।"

87

गुरुजन घरहि नींदे भेल भोर।
सेज तेजल उठि नन्दकिशोर॥
सघन गगन हेरि नखतक पाँति।
अवधि न पाओल छूटल राति॥
जलधर रुचिहर सामर काँति।
जुबति-मोहन बेस धरु कत भाँति॥
धनि अनुरागिनि जानि सुजान।
घोर अँधियारहि कएल पयान॥
पर-नारी पिरितिक ऐसनि रीति।
चलल निभृत पथ न मानए भीति॥
कुसुमित कानन कालिन्दि-तीर।
तहँ चलि आएल गोकुल बीर॥
कबिसेखर पथ मीलल जाई।
आएल नागर भेटलि राई॥

घर के अंदर गुरुजन (बड़े-बूढ़े, बुजुर्ग) निद्रा में बेसुध हो गए तो नन्दकिशोर बिस्तरा छोड़कर उठा।

आसमान में बदलियाँ भी थीं और तारे भी थे। रात कितनी बीत गई, पता न चल सका।

सजल मेघ की-सी साँवली सूरत वाला कान्हा ऐसा भेष बनाकर निकला जिससे युवतियों के मन रीझ जाएँ!

'वह तो मुझ पर जान देती है', राधा के प्यार का उसे भली-भाँति पता था तभी तो वह उस निबिड़ अन्धकार में भी अभिसार के लिए निकल पड़ा था!

परनारी (परकीया) का प्रेम होता ही ऐसा है, उसकी रीति निराली है। वह सुनसान रास्ते पर निडर चल रहा था।

यमुना के किनारे, खिले हुए विपिन में वह आ पहुँचा।

कविशेखर ने कहा—"कान्हा की अगवानी में राधा वहाँ खड़ी थी। वहाँ दोनों का मिलन हुआ।"

88

माधब, करिअ सुमुखि समधाने।
तुअ अभिसारे कएल जत सुन्दरि कामिनि करु के आने॥
बरिस पयोधर धरनि बारि भर रयनि महाभय भीमा।
तइयो चललि धनि तुअ गुन मने गुनि तसु साहस नहि सीमा॥
देखि भवन-भिति लिखित भुजँग-पति जसु मने परम तरासे।
से सुबदनि करें झपइत फनिमनि बिहुसि आइलि तुअ पासे॥
निअ पहु परिहरि सन्तरि विषम नरि आँगिरि अपन कुल गारी।
तुअ अनुराग मधुर मदे मातलि किछु न गुनल बर नारी॥
ई रस-रसिक विनोदक बिन्दक कवि विद्यापति गाबे।
काम पेम दुहु एक मत भए रहु कखने कि न कराबे॥

माधव, सुंदरी का मनोरथ पूर्ण करो ! उसे सन्तुष्टि प्रदान करो...।

तुम्हारे अभिसार के लिए उसने जितना कुछ किया है, जितना कुछ झेला है उतना दूसरी कौन युवती करेगी या झेलेगी ?

बादल बरस रहे थे, धरती पर पानी ही पानी दिख रहा था...कैसी डरावनी रात थी ! फिर भी वह चलती चली आई, ध्यान में बस तुम ही तुम आ रहे थे। उसके साहस की क्या कोई सीमा है भला ?

भवन की दीवारों पर चित्र-लिखित नागराज देखकर जिसकी रग-रग में आतंक व्याप्त हो जाता था, उस सुमुखी ने मार्ग में मिलने वाले साँपों की परवाह नहीं की—उनके चमकीले फणों पर हथेलियाँ फैलाकर आगे बढ़ती आई, हँसी-खुशी तुम तक पहुँच गई !

उसने अपने पति को छोड़ा। वह विकराल नदी तैरकर इस पार चली आई। उसने गालियों की तरफ ध्यान नहीं दिया। तुम्हारे अनुराग का नशा बड़ा ही मीठा निकला। यह मतवाली सब कुछ बर्दाश्त करके तुम पर निछावर होने चली आई।

कवि विद्यापति का कहना है—"इस रस का रसिक अपूर्व सुख प्राप्त करेगा। काम और प्रेम दोनों जब एक हो जाते हैं, तो व्यक्ति से वह क्या नहीं करवा लेते।"

89

खरि नरि बेग भासलि नाई। धरए न पारथ बाल कन्हाई॥
तें धसि जमुना भेलहुँ पार। फूटल बलआ टूटल हार॥
ए सखि ए सखि न बोल मंद। बिरुह बचन बाढ़ए दंद॥
कुंडल खसल जमुन माँझ। ताहि जोहइते पड़लि साँझ॥

अलक तिलक तें बहि गेल। सुध सुधाकर बदन भेल॥
तटिनि तट न पाइअ बाट। ते कुच गड़ल कठिन काँट॥
भनइ विद्यापति नहि अवसाद। बचन-कउसले जिनिअ बाद॥

नदी का प्रवाह तेज़ था। नाव बेकाबू होकर बहने लगी। तरुण कान्हा नाव को पकड़ नहीं पाया।

आखिर मुझे नदी में उतरना पड़ा। कंगन (लाहका) टूट गया। हार बिखर गए। सखी, अब तू ऊट-पटाँग न बोल ! रहने भी दे ! अटपटी बातों से झमेला ही बढ़ता है। मेरे तो कुंडल जमुना में गिर पड़े। ढूँढ़ते-ढूँढ़ते शाम हो गई, तिलक-फिलक सारा कुछ धुल गया। मुख मानो बेदाग चाँद-सा लग रहा है।

नदी किनारे बाट नहीं मिली। कुठौर ही कुठौर चलने पड़े। काँटों ने कुचों का बुरा हाल कर दिया।

विद्यापति कवि कहता है—"दिल को छोटा न करो। बातचीत की चतुरता से बहस में जीत मिलती है।"

90

लोचन अरुन बुझल बड़ भेद। रयनि उजागर गरुअ निबेद॥
ततहि जाह हरि न करह लाथ। रयनि गमाओलह जन्हिके साथ॥
कुच कुंकुम माखल हिअ तोर। जनि अनुरागे राँगि करु गोर॥
आनक भुसन कलंक तुअ अंग। बड़ओ मन्द मन्दक परसंग॥
चिटि-गुड़ चुपड़लि राड़क पोरि। लाओले लाथ बेकत भेल चोरि॥
भनइ विद्यापति बजबहु बाध। बड़ अपराध मौन पए साध॥

आँखों की लाली का भेद मुझे मालूम हो गया। इससे साफ-साफ पता चलता है कि सारी रात तुमने जागकर बिताई है। हरि, तुम बहानेबाज़ी मत करो, जिसके साथ रात गुज़ारी है वहीं वापस चले जाओ।

उसके कुचों का कुंकुम तुम्हारे वक्ष पर लगा है। अपने अनुराग के रंग में रँगकर उसने तुम्हारे साँवले उर को निखार दिया है।

उसके लिए भले ही भूषण रहा हो, तुम्हारे लिए तो कलंक बन रहा है। गुड़ की चोरी चीटियाँ ज़ाहिर कर देती हैं।

विद्यापति कहते हैं—"ऐसे में बोलना ठीक नहीं। अपराध बड़ा हो तो मौन ही एकमात्र सहारा होता है।"

91

रामा, कि आब बोलसि आन।
तोहर चरन सरन से हरि आबहु मेटह मान॥
गोबर्धन गिरि बाम करे धरि कएल गोकुल पार।
बिरह खिन से करक कंकन गरुअ मानए भार॥
काल-दमन कएल जे जन चरन-जुगल-तरे।
आब भुजंगम भरमे भूलल हृदय हार न धरे॥
सहज चातक छाड़ न बरत बैसल नदी तीर।
नव नहि जलधर-बारि बिनु पिबए तकर नीर॥

सुंदरी ! अब और क्या कहोगी, हरि तुम्हारे चरणों की शरण में है, अब मान करना उचित नहीं।

बाईं हथेली पर गोवर्धन पहाड़ उठाकर जिसने गोकुल का उद्धार किया, वही कान्हा अब कितना दुर्बल हो गया है ! तुम्हारे विछोह में सूखकर काँटा हो गया है। बेचारे को कंगन तक भारी लगता है।

अपने पैरों के नीचे दबाकर उसने काले नाग का दमन किया था, और आज साँप का भरम उसे हार नहीं पहनने देता।

चातक अपना व्रत नहीं छोड़ेगा, वह नदी-किनारे बैठा रह जाएगा। वह पीएगा तो नए बादल का ही पानी पीएगा।

92

मधु सम बचन कुलिस सम मानस प्रथमहि जानि न भेला।
अपन चतुरपन पिसुन हाथ देल गरुअ गरब दुर गेला॥
सखि हे, मन्द पेम परिनामा।
बड़ कए जीवन कएल पराधिन नहि उपसम एको ठामा॥
झाँपल कूप देखहि नहि पाओल आरति चललिहुँ धाई।
तखन गरुअ लहु किछु नहि गूनल अब पछताबक जाई॥
एत दिन अछलिहुँ आन भान हमे आब बुझल अबगाहि।
अपन मूँड़ अपनेहि हम चाँछल दोख देब गए काहि॥
भनइ विद्यापति सुनु बर जौबति चीत गनब नहि आने।
पेमक कारन जीब उपेखिअ ईजग के नहि जाने॥

बातें मधु-सी मीठी थीं, मन वज्र-सा कठोर था। पहले मैं जान नहीं पाई ! अपनी सारी चतुराई उस चुगले के हवाले कर दी। मेरा सारा घमंड चूर-चूर हो गया। सखी ! प्रेम का परिणाम बुरा होता है। मैंने अपने अच्छे-भले जीवन को दूसरों के अधीन कर दिया। अब पल-भर की खातिर भी कहीं चैन नहीं मिलता।

राह में, आगे कुआँ ढँका पड़ा है, कहाँ देख पाई मैं ! मैं तो दौड़ती ही चली गई ! मैं व्याकुल थी। बुरा-भला समझने का ज्ञान नहीं था, अब पछता रही हूँ।

तब मैं बेभान थी। अब सारा कुछ समझ रही हूँ। अपने माथे पर अपने ही हाथों मैंने रन्दा फेर लिया है। मैं भला किसको दोष दूँ ?

विद्यापति कवि कहता है, "बुरा न मानो, सुंदरी ! प्रेम में पड़कर जान की जोखिम उठानी ही पड़ती है।"

93

मानिनी आब उचित नहि मान।
एखनुक रंग एहन सन लागए जागल पए पँचबान॥
जूड़ि रयनि चकमक करु चाँदनि एहन समय नहि आन।
एहि अवसर पिय-मिलन जेहन सुख जकरहि होए से जान॥
रभसि-रभसि अलि बिलसि बिलसि कलि करए मधुर मधु पान।
अपन-अपन पहु सबहु जेमाओल भूखल तुअ जजमान॥
त्रिबलि तरंग सितासित संगम उरज सम्भु निरमान।
आरति पति मँगइछ परतिग्रह करु धनि सरबस दान॥
दीप-बाति सम थिर न रहय मन दिढ़ करु अपन गेआन।
संचित मदन बेदन अति दारुन विद्यापति कबि भान॥

मानिनी, अब मान छोड़ो, इस समय अपने पाँचों शरों को सन्धान कर कामदेव आ डटा है। कैसी सुंदर रात है, चाँदनी जगमगा रही है। एक-एक पत्र से अमृत बरस रहा है। ऐसा समय अब और नहीं मिलेगा। मिलन-सुख के लिए यही अवसर ठीक रहेगा।

भ्रमर मँडरा-मँडराकर, झूम-झूमकर कली को छेड़ रहा है; मकरंद पान कर रहा है, सब अपने-अपने प्रीतम को जिमा चुकी हैं, तुम्हारा प्रीतम भूखा है।

तुम्हारी नाभि के ऊपर की लहरियाँ तरंगित हैं। गंगा-यमुना के संगम पर दोनों स्तन शिव-शंभु जैसे प्रतीत होते हैं। प्रियतम बहुत ही आतुर हो रहा है, वह याचक बनकर खड़ा है। सुंदरी, इस सुअवसर पर तुम अपना सर्वस्व दान कर दो।

मन का क्या ठिकाना है ! वह तो दीपशिखा की भाँति काँपता ही रहेगा। अपने

विवेक को दृढ़ करो। मदन-वेदना बहुत अधिक मात्रा में संचित हो चुकी है। वह बड़ी भयानक यातना देगी तुझको—विद्यापति कवि तुम्हें समझा रहे हैं।

94

जतहि पेम रस ततहि दुरन्त।
पुनु कर पलटि पिरिति गुनमन्त॥
सबतहु सुनिअ अइसन बेवहार।
पुनु टूटए पुनु गाँथिअ हार॥
ए कान्ह ए कान्ह तोहहि सयान।
बिसरिए कोप करह समाधान॥
पेमक अंकुर तोहें जल देल।
दिन-दिन बाढ़ि महातरु भेल॥
तोहें गुन न गुनल, सउतिनि आछ।
रोपि न काटिअ बिषहुक गाछ॥
जे नेह उपजल प्रानक ओल।
से न करिअ दुर दुरजन बोल॥
जगत बिदित भेल तोहें-हमे नेह।
एक परान कएल दुइ देह॥
भनइ विद्यापति न कर उदास।
सुपुरुख बचन करिअ बिसबास॥

जहाँ प्रेम-रस होता है, खटपट भी वहाँ लगी रहती है। लेकिन गुणी जन फिर-फिर प्यार करते हैं। यह तो पुराना रिवाज है। हमने इस व्यवहार के बारे में काफी कुछ सुन रखा है। टूटे हुए हारों को लोग छोड़ नहीं देते हैं। उन्हें फिर-फिर गुम्फित करते हैं। फिर से हार तैयार कर लेते हैं।

कान्हा, तुम तो बड़े सयाने हो, उसके क्रोध को भूल जाओ, उसे संतोष प्रदान करो। प्रेम का अंकुर तुम्हारे ही दिए हुए पानी से इतना बड़ा हुआ है। फिर तुमने बड़ा गलत काम किया, बेचारी के लिए सौत ले आए। वह सौत इसके लिए छाती का पीपल बन गई। अपने रोपे हुए उस विषवृक्ष को तुम अपने ही हाथों काट भी तो नहीं सकते।

लेकिन प्राण के कोने में जो प्यार अंकुरित हुआ था, उसकी उपेक्षा न करो। लोग बुराई करेंगे।

तुम्हारा और मेरी उस सखी का प्यार जग-जाहिर है। शरीर तो दो रहे, लेकिन प्राण एक ही रहा।

विद्यापति कवि ने कहा, "सुजन के वचन का विश्वास करना ही चाहिए। सुंदरी, उदास क्यों होती हो ?"

95

आजुक लाज तोहे कि कहब माई।
जल दए धोइ जदि तबहु न जाई॥
    नहाइ उठलि हमे कालिन्दी तीर।
    अंगहि लागल पातल चीर॥
तें बेकत भेल सकल सरीर।
ताहि उपनीत समुख जदुबीर॥
    बिपुल नितम्ब अति बेकत भेल।
    पलटि ताहि पर कुंतल देल॥
उरज उपर जब देहल दीठ।
उर मोरि बइसलिहुँ हरि करि पीठ॥
    हँसि मुख मोड़ए ढीठ कन्हाई।
    तनु-तनु झाँपइते झाँपल न जाई॥
विद्यापति कह तोहें अगेआनि।
पुनु काहे पलटि न पैसलि पानि॥

आज तो ऐसी बात हुई कि क्या कहूँ, बतला भी नहीं सकूँगी। उस संकोच को पानी से धोना चाहूँगी तो भी नहीं धुलेगा।

जमुना में नहा रही थी। नहाकर किनारे आई, पतली साड़ी अंगों से चिपकी हुई थी। सारा ही बदन दिखाई पड़ रहा था। सामने आकर वह यदुवीर (कृष्ण) खड़ा हो गया। लाज के मारे मैं काठ हो गई। अपने नितम्बों पर पलटकर मैंने भीगी हुई कुन्तल राशि डाल दी।

लगा कि मेरे उरोजों पर उसकी नजर गड़ गई है। फिर मैं उसकी तरफ पीठ करके बैठ गई। सीने को घुटने से ढँक लिया। कान्हा क्या थोड़ा ढीठ है...वह हँस भी रहा था और मुँह फेरकर बार-बार मुझे देख भी रहा था।

"तन से कहीं तन ढँका जाता है... !" विद्यापति ने कहा—"तुम नादान हो ! फिर से वापस पानी के अंदर क्यों नहीं चली गईं ?"

96

सासु सुतलि छलि कोर अगोर।
तहि अति ढीठ पीठ रहु चोर॥
कत कर-आखर कहल बुझाई।
आजुक चातुरि कहल कि जाई॥
नहि कर आरति ए अबुझ नाह।
अब नहि होएत बचन निरबाह॥
पीठ आलिंगन कत सुख पाब।
पानि पियास दूध किए जाब॥
कत मुख मोरि अधर रस लेल।
कत निसबद कए कुच कर देल॥
समुख न जाए सघन निसोआस।
किए कारन भेल दसन विकास॥
जागलि सासु चलल तब कान।
न पूरल आस विद्यापति भान॥

मुझे सीने से लगाकर मेरी सास सो गई थी, लेकिन एक ढीठ चोर पीठ की ओर आकर सट गया। उसने उँगलियों से मेरी पीठ में जाने कितने अक्षर लिखे ! जाने क्या-क्या जतलाने की कोशिश की ! उस चतुराई के बारे में मैं क्या बतलाऊँ !

आतुर प्रियतम कुछ मानने को तैयार नहीं था, और मैं उसके इंगित वचनों को कैसे निभा पाती ? पीठ की तरफ से आलिंगन करने में उसे क्या सुख मिला होगा...! पानी की प्यास भला दूध से शांत होगी ? फिर भी कितनी ही बार अपना मुख उधर फिराकर मैंने उसे अधरामृत पान कराया। उसने भी चुपचाप कुचों पर हाथ डाला।

चिंता यही थी कि सघन साँसें सामने न जाएँ। मैं बड़ी ही सँभल-सँभलकर साँस ले रही थी। फिर हुआ ऐसा कि दाँत चमक उठे और लगा कि वह अब जग जाएगी। ''कान्हा चला गया था, उसकी आस पूरी नहीं हुई थी,'' विद्यापति ने कहा।

97

आकुल चिकुरें बेढ़ब मुख सोभ।
राहु कएल ससि-मंडल लोभ॥
बड़ अपरुब दुहु चेतन मेलि।
बिपरित रति कामिनि कर केलि॥

कुच बिपरित बिलम्बित हार।
कनक कलस बम दूधक धार॥
पिआ मुख सुमुखि चूम तेजि ओज।
चाँद अधोमुख पिबए सरोज॥
किंकिनि रनित नितम्बहि छाज।
मदन-महासिधि बाजन बाज॥
उभरल चिकुर माल धरु रंग।
जनि जमुना जल गांगतरंग॥
बदन सोहाओन स्रम-जल बिन्दु।
मदन मोति लए पूजल इन्दु॥
भनइ विद्यापति मने अनुमान बानी।
नागरि रम पिआ अनुमत जानी॥

हिलते-छिटकते बालों ने मुख की शोभा ढँक ली। लगा कि राहु को शशिमंडल ग्रसित करने का लोभ हो आया है।

दो चतुर आपस में गुँथ गए थे। विपरीत रति की स्थिति में दोनों केलि-मग्न थे। उल्टे हुए स्तनों के नीचे हार लटक रहा था। लगता था कि स्वर्ण-कलश दूध उँड़ेल रहे हैं।

सुंदर मुँह वाली राधा कृष्ण का मुँह चूम रही थी...औंधा चाँद कमल का रसपान कर रहा था।

नितम्ब से लगी हुई करधनी मधुर आवाज़ कर रही थी, मदन-महोत्सव का बाजा बज रहा था।

बिखरे-बिखरे बालों में माला भंगिमा पैदा कर रही थी। लगता था कि यमुना के जल में गंगा की तरंगें खेल रही हैं।

पसीने की बूँदों से चेहरा सुहावना लग रहा था। प्रतीत होता था कि कामदेव ने मोतियों से चाँद का पूजन किया है।

विद्यापति ने कहा—"चतुर सुंदरी ने अपने प्रियतम की अभिमत-इच्छा जानकर ही यह सब किया।"

98

सखि हे कि कहब किछु नहि फूर।
सपन कि परतेख कहए न पारिअ किअ नियरहि किअ दूर॥

तड़ित-लता तल जलद समारल आँतर सुरसरि धारा।
तरल तिमिर ससि सूर गरासल चौदिस खसि पडु तारा ॥
अम्बर खसल धराधर उलटल धरनी डगमग डोले।
खरतर बेग समीरन संचरु चंचरिगन करु रोले ॥
प्रनय-पयोधि-जलहि तन झाँपल ई नहि जुग अवसान।
के बिपरित कथा पतिआएत कवि विद्यापति भान ॥

सखी ! मैं तुझसे क्या कहूँ, समझ में नहीं आ रहा है। मैंने सपना देखा या कि प्रत्यक्ष की बात थी, बतला नहीं सकूँगी। समय और स्थान के फासले के बारे में भी कुछ नहीं कह सकती।

विद्युत्-लता के तले बादल विराजमान था, बीच में गंगा की धारा थी। चंचल तिमिर ने शशि और सूर्य को ग्रसित कर लिया। तारे टूटकर गिरे, चारों ओर छितरा गए।

आसमान नीचे आ गया। पहाड़ उलट गए। धरती डगमगा गई। समीर प्रबल वेग से चलने लगा। भौंरे शोर करते रहे।

प्रलयंकालीन समुद्र के जल में शरीर डूब गए। मगर यह युग का अंत नहीं था।

विद्यापति ने कहा—"इन विपरीत बातों का विश्वास भला कौन करेगा ?"

99

कोने गुने पहु परबस भेल सजनी बुझल तनिक भल-मंद।
मनमथ मन मथ तनि बिनु सजनी देह दहए निसि चंद ॥
कहओ पिसुन सत अबगुन सजनी तनि सम मोहि नहि आन।
कतन जतन कए मेटिअ सजनी मेटए न रेख पखान ॥
अजों दुरजन कटु भाखए सजनी मोर मन न होए बिराम।
अनुभव राहु पराभव सजनी हरिन न तेज हिमधाम ॥
जइओ तरनि जल सोखए सजनी कमल न तेजए पाँक।
जे जन रतल जाहि सओं सजनि कि करत बिहि भय बाँक ॥
विद्यापति कवि गाओल सजनी रस बूझए रसमंत।
राजा सिबसिंघ मन दए सजनी मोदवती देह कंत ॥

सखी ! उस दूसरी स्त्री में कौन-सी खूबी दिखाई दी कि मेरा प्रियतम उसके अधीन हो गया ? उसने भले-बुरे का ज़रा भी विचार नहीं किया। मन्मथ ने मेरे मन को मथित कर दिया है। उसके बिछोह में चाँद की किरणें मेरे रोम-रोम को सुलगाती रहती हैं।

चुगलखोर लोग उसकी सौ निंदा करें, मेरे लिए तो उस जैसा दूसरा कोई नहीं

है। लाख कोशिश करके मिटाना चाहो तो भी पत्थर की रेखा नहीं मिटती।

दुर्जन उसके बारे में कितनी भी कड़वी बातें कहें, मेरे मन के अंदर उसके लिए कभी भी विरक्ति नहीं आती। हिरन चाँद का साथ नहीं छोड़ता है, यद्यपि राहु से ग्रसा होने पर वह भी मुसीबतें झेलता है।

सूरज पानी सोख लेता है, फिर भी कमल पंक का साथ नहीं छोड़ता।

जो व्यक्ति जहाँ रम गया है, वहीं रमा रहेगा। विधाता टेढ़ा होकर भी उसका कुछ बिगाड़ नहीं सकता।

विद्यापति कवि ने गाया—"सखी, रसिक जन ही रस का अनुमान लगा लेते हैं।"

100

सजनी कान्ह कें कहब बुझाई।
रोपि पेम बिज अंकुर मूड़ल बाँचव कओने उपाई॥
तेल-बिन्दु जैसे पानि पसारिअ ऐसन मोर अनुराग।
सिकता जल जैसे छनहि सुखाए सखि तैसन मोर सोहाग॥
कुल-कामिनि छलों कुलटा भए गेलों तनिकर बचन लोभाई।
अपनेहि करें हमे मूँड़ मुँड़ाओल कान्ह सओं पेम बढ़ाई॥
चोर-रमनि जनि मने-मने रोइअ अम्बर बदन झपाई।
दीपक लोभ सलभ जनि घाएल से फल भुजइत चाई॥
भनइ विद्यापति ई कलिजुग रिति चिन्ता करइ न कोई।
अपन करम-दोष आपहि भुंजइ जे जन पर-बस होई॥

सखी ! कान्हा से समझाकर कहना—

खुद ही उसने प्रेम का बीज बोया। अंकुर होने पर खुद ही अपने हाथों से उसे खोंट लिया...। अब मैं कैसे बचूँगी ? मेरा अनुराग तो तेल की उस बूँद जैसा है जो पानी पर फैलता ही जाता है। लेकिन मेरा सुहाग बालू पर पड़े हुए जल-बिन्दु की तरह क्षण-भर में ही सूख गया।

मैं कुलवधू थी, उसकी बातों में आकर कुलटा बन गई। अपने ही हाथों मैंने अपना मूँड़ मुँड़ लिया। अब मेरा हाल यह है कि चोर की प्रेमिका जैसी मन-ही-मन रो रही हूँ। बाहर से बदन अच्छा-भला ढँका नज़र आता है।

दीप की लौ के लोभ में शलभ (परवाना) दौड़ा आया...ठीक वैसा ही नतीजा मैं भुगत रही हूँ।

विद्यापति ने कहा—"यह कलियुग का रिवाज है, कोई चिंता न करो। अपने किए का फल आप ही भोगना पड़ता है।"

101

दुहुक संजुत चिकुर फूजल, दुहुक दुहू बलाबल बूझल।
दुहुक अधर दसन लागल, दुहुक मदन चौगुन जागल॥
दुअओ अधर करए पान, दुहुक कंठ आलिंगन दान।
दुअओ केलि सँग-सँग भेलि, सुरत सुखे बिभाबरि गेलि॥
दुअओ सअन चेत न चीर, दुहु पिआसल पीबए नीर।
भनइ विद्यापति संसय गेल, दुहुक मदन लिखन देल॥

दोनों के बाल साथ-ही-साथ खुल गए। दोनों को दोनों की ताकत और कमज़ोरी समझ में आई। दोनों के होंठों पर दोनों के दाँत गड़ गए, दोनों के अंदर कामदेव चार गुना अधिक ज़ोरदार हो उठा।

दोनों दोनों के होंठ चूसते रहे, दोनों ने एक-दूसरे को आलिंगन दिया। दोनों ने साथ-साथ काम-केलि की। दोनों साथ-ही-साथ सुख में विभोर हो गए।

सेज पर दोनों ऐसे बेसुध थे कि कपड़ों का होश नहीं था। दोनों को बार-बार प्यास लगती थी, दोनों बार-बार पानी पीते थे।

विद्यापति ने कहा—"खटका मिट गया, कामदेव ने दोनों के प्रेम पर मोहर लगा दी।"

102

अभिनव पल्लव बइसक देल। धवल कमल फुल पुरहर भेल॥
करु मकरंद मंदाकिनि पानि। अरुन असोग दीप दहु आनि॥
माइ हे आज दिवस पुनमन्त। करिअ चुमाओन राए बसन्त॥
सँपुन सुधानिधि दधि भल भेल। भमि भमि भमर हँकारए गेल॥
केसु कुसुम सिंदुर सम भास। केतकि धूलि बिथरहु पटबास॥
भनइ विद्यापति कवि कंठहार। रस बुझ सिवसिंघ सिब अवतार॥

अभिनव किसलय ही आसन के तौर पर बिछा दिया। खिले हुए फूल मंगल-घटों की भाँति आगे रख दिए गए। मकरंद से गंगाजल का काम लिया गया। लाल अशोक के टूसों को दीपों की तरह सजा दो! सखी, आज बड़ा अच्छा दिन है, आओ, आज हम ऋतुराज बसंत का चुमावन करें।

पूरा चाँद दही की नदिया है। भ्रमर घूम-घूमकर सभी को बुलावा देने गए हैं।

टेसू के फूल सिंदूर की तरह लगते हैं। केवड़े का पराग सुगंधित चूर्ण की तरह

छिड़का जा रहा है। सखियो, आओ ! हम ऋतुराज बसंत का चुमावन करें।

कवि कंठहार विद्यापति ने कहा—"मैंने जो कुछ कहा, उसका रस शिवसिंह जानते हैं। वह शिव के अवतार हैं।"

103

अभिनव कोमल सुन्दर पात। सगर कानन पहिरल पट रात॥
मलय-पवन डोलए बहु भाँति। अपन कुसुम रसे अपनहि माति॥
देखि-देखि माधब मन हुलसंत। बिरिंदाबन भेल बेकत बसंत॥
कोकिल बोलए साहर भार। मदन पाओल जग नब अधिकार॥
पाइक मधुकर कर मधु पान। भमि-भमि जोहए मानिनि-मान॥
दिसि-दिसि से भमि बिपिन निहारि। रास बुझाएब मुदित मुरारि॥
भनइ विद्यापति ई रस गाव। राधा-माधव अभिनव भाव॥

नए मुलायम खूबसूरत पत्ते कैसे लगते हैं ! मालूम होता है, सारे जंगल ने लाल वस्त्र पहन लिया है।

मलय पवन धीरे-धीरे डोल रहा है, अपने फूलों के रस में आप ही मस्त है।

वृन्दावन में बसंत का उल्लास देखकर माधव के मन में हुलास भर गया।

आम की मंजरियों के सौरभ में विभोर होकर नर-कोकिल ज़ोरों से कूक रहा है। लगता है, वह इस बात की घोषणा कर रहा है कि संसार का नया राजा कामदेव है। शासन का सारे अधिकार आज से उसी को मिले।

फेरियाँ लगाकर मधुपान करनेवाले भ्रमर घूम-घूमकर मानमयी तरुणियों की अकड़ का अंदाज़ ले रहे हैं। वे दिशाओं के चक्कर लगा आए हैं, सारा जंगल छान मारा है उन्होंने। वे कृष्ण को रास की संभावनाओं के बारे में सूचित कर रहे हैं। कृष्ण को इससे भारी प्रसन्नता हो रही है।

विद्यापति ने कहा—"यह गीत रसमय है, क्योंकि इसमें राधा और माधव के मनोभाव बिलकुल अभिनव हैं।"

104

मधुरितु मधुकर पाँति। मधुर कुसुम-मधुमाति॥
मधुर वृन्दावन माँझ। मधुर मधुर रससाज॥
मधुर जुबति जन संग। मधुर मधुर रसरंग॥

मधुर मृदंग रसाल। मधुर मधुर करताल॥
मधुर नटन-गति भंग। मधुर नटनि नट संग॥
मधुर मधुर रस गान। मधुर विद्यापति भान॥

ऋतु मधुमय है। पाँत-के-पाँत मधुकर मँडरा रहे हैं। मधुमय कुसुमों के कोष मकरंद और पराग से भरे हैं।

वृंदावन में कितनी मिठास है ! यहाँ का सब कुछ मधुर है। तरुणियाँ मधुर हैं, रस-रंग मधुर है।

मृदंगों के बोल मधुर हैं, करतल भी मीठे-मीठे बज रही है। नाचने की गति-भंगिमा मीठी है। नर्तकी मधुर है, नर्तक भी मज़ेदार हैं। गीत भी मधुर है, गायन भी।

विद्यापति ने कहा—"सब कुछ मधुर है।"

105

चलु देखए जाऊ रितु बसंत।
जहाँ कुंद-कुसुम केतकि हसंत॥
जहाँ चंदा निरमल भमर कार।
जहाँ रयनि उजागर दिन अँधार॥
जहाँ मुगुधलि मानिनि करए मान।
परिपंथिहि देखए पंचबान॥
परिठबइ सरस कवि - कंठहार।
मधुसूदन राधा वन बिहार॥

चलो, ऋतुराज बसन्त को देखने चलें ! केतकी और कुन्द के झाड़ हँस रहे हैं। चाँद निर्मल है। भौंरे काले-काले। रात उजाली है, दिन धुँधला है।

मानिनी मुग्धाएँ पग-पग पर रूठती हैं। कामदेव अपने दुश्मनों से निबटता है।

राधा और माधव वन-विहार के लिए निकलनेवाले हैं—कवि विद्यापति की ऐसी ही धारणा है।

106

सरसिज बिनु सर सर बिनु सरसिज की सरसिज बिनु सूरे।
जौबन बिनु तन तन बिनु जौबन की जौबन पिअ दूरे॥

सखि हे मोर बड़ दैब बिरोधी।
मदन बेदन बड़ पिआ मोर बोलछड़ अबहु देह परबोधी॥
चौदिस भमर भम कुसुम-कुसुम रम नीरसि माँजरि पीबे।
मंद पवन बह पिक कुहु-कुहु कह सुनि बिरहिनि कइसे जीबे॥
सिनेह अछल जत हमे भेल न टूटत बड़ बोल जत सब थीर।
अइसन के बोल दहु निज सिम तेजि कहु उछल पयोनिधि नीर॥
भनइ विद्यापति अरेरे कमलमुखि गुनगाहक पिया तोरा।
राजा सिबसिंघ रूपनरायन सहजे एको नहि भोरा॥

कमल के बिना सरोवर क्या है ? सरोवर के बिना कमल क्या ? बिना यौवन की देह क्या है ? देह बिना यौवन क्या है ? वह जवानी क्या है जिसमें प्रीतम नज़दीक न रहे ! सखी, सुनती हो ? मेरा तो दैव ही प्रतिकूल है। मदन की वेदना जितनी बड़ी है, मेरा प्रीतम उतना ही बड़ा झूठा है ! सखी, तुम उसे अब तो समझाओ-बुझाओ !

भ्रमर चारों ओर चक्कर काट रहा है। एक-एक कुसुम के साथ वह छेड़खानी करता है। रस-विहीन मंजरी तक को नहीं छोड़ता ! पवन धीरे-धीरे बह रहा है। कोयल कूक रही है। ऐसे में कोई विरहिन कैसे प्राण धारण करेगी, तुम्हीं बताओ !

हम दोनों में कितना अधिक प्यार था ! मैंने सोचा था, हमारे प्रेम का धागा कभी नहीं टूटेगा। मैंने सोचा था, बढ़-बढ़ के बातें बोलनेवाले नीयत के ठोस होते होंगे। सखी, तुम ऐसे व्यक्ति से बतला दो—समुद्र तरंगित अवश्य होता है, परंतु अपनी मर्यादा कभी नहीं छोड़ता।

विद्यापति ने कहा—"अरे, अरे, घबराती क्यों हो ? तुम्हारे प्रीतम तो बहुत बड़े गुण-ग्राहक हैं। रूपनारायण राजा शिवसिंह इतनी आसानी से किसी को भूलते नहीं।"

107

लोचन धाए फेधाएल हरि नहि आएल रे।
सिव-सिव जिबओ न जाए आस अरुझाएल रे॥
मन कर तहाँ उड़ि जाइअ जहाँ हरि पाइअ रे।
पेम-परसमनि जानि आनि उर लाइअ रे॥
सपनहु संगम पाओल रंग बढ़ाओल रे।
से मोर बिहि बिघटाओल निन्दओ हेराओल रे॥
भनइ विद्यापति गाओल धनि धइरज धर रे।
अचिरें मिलत तोहि बालम पुरत मनोरथ रे॥

आँखें प्रतीक्षा में आगे-आगे दौड़ीं, उनमें झाग आ गया, लेकिन कृष्ण नहीं आए। हाय, मुझसे जिया नहीं जाएगा। मेरी उम्मीदें मुरझा गईं।

मन करता है, उड़कर वहीं पहुँच जाऊँ जहाँ कृष्ण मिलें। मन करता है, प्रेम के उस पारस पत्थर को मैं कहीं से ले आऊँ और छाती से लगा लूँ।

सपने में हम मिले थे, मौज मनाई थी। उसमें भी विधाता ने विघ्न डाल दिया, नींद ही गायब कर दी।

विद्यापति ने भले-भले गाया—"सुंदरी, ज़रा धीरज धरो ! जल्दी ही तुम्हारा बालम तुमसे मिलेगा, तुम्हारा मनोरथ पूरा होगा। घबराओ नहीं !"

108

आसक लता लगाओलि सजनी नयनक नीर पटाए।
से फल अब परिनत भेल सजनी आँचर तर न समाए॥
काँच साँच पहु देखि गेल सजनी तसु मन भेल कुह (?) भान।
दिन-दिन फल परिनत भेल सजनी अहुखन न कर गेआन॥
सबकर पहु परदेस बसि सजनी आएल सुमिरि सिनेह।
हमर एहन पति निरदए सजनी नहि मन बाढ़ए नेह॥
भनइ विद्यापति गाओल सजनी उचित आओत गुन साह।
उठि बधाब करु मन भरि सजनी अब आओत घर नाह॥

सजनी, मैंने आशा की लता लगाई, उसे नयनों के पानी से सींच-सींचकर बड़ा किया। आस की वह बेल बढ़ी, फूली और फली। वे फल अब इतने बड़े हो गए हैं कि आँचल उन्हें ढँक नहीं पा रहा है।

प्रीतम इन्हें कच्ची हालत में देख गए थे। उन्हें कुछ भी अन्दाज़ नहीं होगा। हाय, ये फल अब कैसे बड़े-बड़े हो गए हैं ! मेरे प्राणवल्लभ क्यों नहीं यह सब समझते हैं ? उनका ज्ञान कहाँ चला गया ?

सभी के पति परदेश गए थे, उन्हें अपनी-अपनी घरवाली की स्नेहभरी याद आई और वे लौट आए। मेरा पति ऐसा निठुर निकला कि उसके दिल का स्नेह बढ़ेगा तो क्या, सूख गया लगता है।

विद्यापति ने कहा—"तुम्हारा पति बड़ा गुणवन्त है, वह लौट आएगा। उठो, अपने-आपको जी भर बधाइयाँ दे लो ! वह अब घर पहुँचने ही वाला है।"

109

जौबन रतन अछल दिन चारि। ताबे से आदर कएल मुरारि॥
आबे भेल झाल कुसुम रस छूछ। बारि बिहून सर केओ नहि पूछ॥
हमरि ए बिनति कहब सखि रोए। सुपुरुष नेह अन्त नहि होए॥
जाबे से धन रह अपना हाथ। ताबे से आदर कर संग-साथ॥
धनिकक आदर सबतहु होए। निरधन बापुर पुछ नहि कोए॥
भनइ विद्यापति राखब सील। जओं जग जिबिअ नबओ निधि मील॥

सखी, तरुणाई की उम्र अनमोल रत्न हुआ करती है। यह रत्न चार दिन मेरे भी पास था। जब तक यह निधि मेरे पल्ले थी, कन्त ने तभी तक मेरा आदर किया।

अब कुसुम मुरझा गया है, उसकी खुशबू चली गई है। अब कुसुम रसहीन है। भौंरा इसकी खोज-खबर अब क्यों लेगा ? सूखे सरोवर को कौन पूछता है ? पथिक उसकी ओर झाँकते तक नहीं ?

हे सखी, मेरी यह विनती उन तक पहुँचा दो, रो-रोकर मेरा संदेश उन्हें बतला दो--भले आदमी का प्यार अंतहीन होता है।

जब तक धन अपने पास रहेगा तभी तक स्वजन-परिजन प्यार करेंगे। धनवाले की आवभगत सभी जगह होती है, बेचारे निर्धन को कोई नहीं पूछता है।

विद्यापति ने कहा--"सुंदरी, अपने शील की रक्षा करो ! जीती रहोगी तो नौवों निधियाँ तुम्हें मिलेंगी।"

110

के पतिआ लए जाएत रे मोरा पिअतम पास।
हिए नहि सहए असह दुख रे भेल साओन मास॥
एकसरि भवन पिआ बिनु रे मोहि रहलो न जाए।
सखि अनकर दुख दारुन रे जग के पतिआए॥
मोर मन हरि हर लए गेल रे अपनो मन गेल।
गोकुल तेजि मधुपुर बस रे कत अपजस लेल॥
विद्यापति कवि गाओल रे धनि धरु मन आस।
आओत तोर मनभावन रे एहि कातिक मास॥

अरे, कौन पाती ले जाएगा मेरे प्रीतम के पास ? मेरा हृदय अब इस दुष्ट पीड़ा को कैसे बर्दाश्त करेगा ? हाय, सावन आ गया !

बालम के बिना अकेले मुझसे इस मकान में रहा नहीं जा रहा है। दूसरे का दुःख भी मर्मान्तक हो सकता है, यह मानने को यहाँ कौन तैयार है ?

हरि मेरा दिल तो हरके ले गया, अपना भी साथ लेता गया ! वह गोकुल छोड़के मथुरा रहने लगा है। कितनी बदनामी उसने अपने ऊपर ओढ़ ली है !

विद्यापति कवि ने कहा—"सुंदरी, धीरज धरो ! तुम्हारा मनभावन इसी कातिक में आनेवाला है।"

111

चानन भेल बिषम सर रे भूषन भेल भारी।
सपनहुँ नहि हरि आएल रे गोकुल गिरधारी॥
एकसरि ठाढ़ि कदम-तर रे पथ हेरथि मुरारी।
हरि बिनु देह दगध भेल रे झामर भेल सारी॥
जाह जाह तोहें ऊधव हे तोहें मधुपुर जाहे।
चन्द्र बदनि नहि जीउति रे बध लागत काहे॥
भनइ विद्यापति मन दए रे सुनु गुनमति नारी।
आज आओत हरि गोकुल रे पथ चलु झटझारी॥

चंदन उसके लिए जहर में बुझा तीर साबित हुआ। गहने उसके लिए सिल-सरीखे भारी पड़े। ऊधो, गिरिधारी तो सपने में उसके पास नहीं फटका !

कदंब की छाँह में अकेली खड़ी रहती है। बेचारी हमेशा कान्हा की राह देखती है। कृष्ण के बिना देह झुलस गई। साड़ी का रंग फीका पड़ गया।

जाओ, ऊधो, तुम मथुरा चले जाओ ! जल्दी निकल जाओ। शशिमुखी जिएगी नहीं, नाहक तुम्हें वध का दोष लगेगा। तुम आहिस्ते से निकल जाओ !

विद्यापति ने कहा—"ओ गुणवन्ती, ध्यान देकर सुनो ! आज कान्हा गोकुल आनेवाला है। चलो, जल्दी चलो ! झटकार के चलो, राधा के कानों तक यह खुशखबरी पहुँचा दो।"

112

सरस बसंत समय भल पाओल दछिन पबन बहु धीरे।
सपनहुँ रूप वचन एक भाखिए मुख सओं दुरि करु चीरे॥

तोहर बदन सम चान होअथि नहि जइओ जतन बिहि देला।
कए बेरि काटि बनाओल नब कए तइओ तुलित नहि भेला॥
लोचन-तूल कमल नहि भए सक से जग के नहि जाने।
से फेरि जाए नुकाएल जल भए पंकज निज अपमाने॥
भनइ विद्यापति सुनु बर जौबति ई सभ लछमी समाने।
राजा सिबसिंघ रूपनरायन लखिमा देह रमाने॥

सुंदरी, तुम्हारा रूप मेरे लिए सपना हो गया है। घूँघट हटा लो, अपने श्रीमुख से एकाध बोल निकालो न ! मैं कब से तरस रहा हूँ !

यह कितना अच्छा अवसर मिला है ! रसमय बसंत सामने है। दक्षिण पवन हौले-हौले बह रहा है। घूंघट हटा लो न !

विधाता ने बड़ी तरकीब भिड़ाई, बड़े यत्न किए। फिर भी वह चाँद को तुम्हारे मुख की तरह नहीं बना पाए ! कई बार उसने चाँद की काट-छाँट की, नए सिरे से कई बार उसने चाँद को गढ़ा, फिर भी चाँद तुम्हारे मुख की तुलना में पूरा नहीं उतरा !

कौन नहीं जानता है कि कमल तुम्हारी आँखों की बराबरी नहीं कर पाया ! बेचारे कमल को ऐसी ग्लानि हुई कि जाकर पानी के अंदर छिप गया।

विद्यापति ने कहा—"सुंदरी, मेरी बात सुनो। तुम साक्षात् लक्ष्मी हो। रूपनारायण राजा शिवसिंह और रानी लखिमा देवी प्रसन्न रहें।"

113

सुतलि छलहुँ हमे घरबा रे गरबा मोतिहार।
राति जखन भिनुसरबा रे पिआ आएल हमार॥
कर कौसल कर कँपइत रे हरबा उर टार।
कर-पंकज उर थपइत रे मुख-चन्द्र निहार॥
केहनि अभागलि बैरिनि रे भाँगलि मोर निन्द।
भल कए नहि देखि पाओल रे गुनमय गोबिन्द॥
विद्यापति कवि गाओल रे धनि मन धरु धीर।
समय पाए तरुबर फर रे कतबो सिचु नीर॥

मैं घर के अंदर सोई थी। गले में मोती का हार था। रात्रि-शेष में मेरा प्रीतम आ टपका। उसने बड़ी चतुराई की, यद्यपि उसके हाथ काँप रहे थे। मेरी छाती पर से उसने हार को ज़रा हटा दिया। उरोजों पर अपने कर-कमल रखकर वह मेरा मुख निहारता रहा...।

मैं कैसी अभागिन हूँ ! अपनी नींद ही मेरे लिए बैरिन बन गई। वह बिलकुल

उचट गई। अच्छी तरह मैं कान्हा को देख भी कहाँ पाई !

विद्यापति ने काह—"सुंदरी, धीरज धरो ! चाहे कितना ही पानी सींचो, पेड़ वक्त पर ही फलेगा।"

114

आओब जखन पिआ मोर गेहे। मंगल जतन करब निज देहे ॥
कनअ-कुम्भ करि कुच जुग राखि। दरपन धरब काजर दए आँखि ॥
बेदि बनाओब अंकम अपने। झाड़ि करब ताहि चिकुर बिछाने ॥
कदलि रोपब हम गरुअ नितम्ब। आम पल्लव ताहे किंकिनि सुझम्प ॥
दिसि-दिसि आनब कामिनि ठाट। चौदिसि पसारब चाँदक हाट ॥
विद्यापति भनइ पूरब आस। दुइ एक पलके मिलब तुअ पास ॥

पिया घर वापस आएगा तो जो कुछ आनंद-मंगल मनाना होगा, वह सब अपने अंगों के माध्यम से मैं मना लूँगी।

उरोजों को स्वर्ण-कलश की तरह सजाऊँगी। काजलवाली इन आँखों को आईने की तरह आगे की तरफ रखूँगी।

गोद को बेदी बना लूँगी, उस पर इन बालों को झाड़कर बिछा दूँगी।

ये विशाल नितम्ब कदली-स्तभों की तरह दीखेंगे। साड़ी का झालरदार आँचल आम्र-पल्लव की तरह जँचेगा।

प्रीतम की अगवानी में चारों तरफ मैं चाँदों का हार सजा दूँगी; पास पड़ोस की सुंदरियों को बुलवा लूँगी।

विद्यापति ने कहा—"तुम्हारी आशा अवश्य पूरी होगी, कुछ ही क्षणों की देरी है, प्रीतम तुम्हारे पास होगा।"

115

सुनु रसिआ, आब न बजाउ बिपिन बँसिआ।
बेरि बेरि चरनारबिंद गहि सदा रहब बनि दसिआ।
कि छलहुँ कि होएब से नहि जानह बृथा होएत कुल हँसिआ ॥
अनुभव ऐसन मदन-भुजंगम हृदय मोर गेल डँसिया।
नंद-नंदन तुअ सरन न त्यागब, बरु जग होए दुरजसिआ ॥
विद्यापति कह सुनु बनितामनि तोर मुख जीतल ससिआ।
धन्य-धन्य तोर भाग गोआरिनि हरि भजु हृदय हुलसिआ ॥

सुनो रसिक, अब जंगल में बाँसुरी न बजाया करो ! मैं पैरों पड़ती हूँ। अब बाँसुरी न बजाओ। यों ही हमेशा के लिए दासी बनी रहूँगी।

क्या थी, क्या हो जाऊँगी, तुम्हें इसका पता नहीं है। मेरे खानदान में झूठ-मूठ हँसी उड़ाई जाएगी।

लगता है, मदन-भुजंग ने मेरे हृदय को डस लिया है। ओ नन्द के दुलारे ! मैं तुम्हारी शरण नहीं छोड़ूँगी, दुनिया चाहे जितनी बदनाम करे।

विद्यापति ने कहा—"सुनो राधा, तुम सुंदरियों में श्रेष्ठ हो ! तुम्हारे मुख ने चाँद को जीत लिया है। ओ ग्वालिन, तुम्हारी किस्मत बुलंद है ! तुम कृष्ण की सेवा करो, मन को खुश रखो।"

116

सखि हे, कि पुछसि अनुभव मोए।
सेह पिरिति अनुराग बखानिअ तिल तिल नूतन होए॥
जनम अबधि हम रूप निहारल नयन न तिरपित भेल॥
सेहो मधुर बोल स्रबनहि सूनल स्रुति पथ परस न गेल॥
कत मधु-जामिनि रभस गमाओलि न बूझल कइसन केलि॥
लाख-लाख जुग हिअ हिअ राखल तइओ हिअ जरनि न गेल॥
कत बिदगध जन रस अनुमोदए अनुभव काहु न पेख॥
विद्यापति कह प्रान जुड़ाइते लाखे न मीलल एक॥

सखी, अनुभव की बातें मुझसे क्या पूछती हो ?

उस प्रीति और अनुराग का बखान कैसे करूँगी ! वह तो तिल-तिल करके नया होता जाता है, पुराना पड़ ही नहीं सकता।

जीवन-भर हमने उस रूप को निहारा, आँखें नहीं भरीं। और वे मीठे बोल कानों से सुनती रही, मगर कान प्यासे ही बने रहे।

बसन्त की कितनी रातें रंग-रेलियों में गुज़ार दीं, फिर भी पता नहीं चला कि काम-केलि क्या होती है ! लाख-लाख युग उसे हृदय के अंदर रखा, फिर भी हृदय की जलन न गई ! कितने ही रसिक जन रस का उपभोग करते हैं; परन्तु वे उसको समझ नहीं पाते, न देख पाते हैं।

विद्यापति का कहना है—"प्राणों को जुड़ाने के लिए लाख में एक भी नहीं मिला।"

117

जय-जय संकर जय त्रिपुरारि। जय अध पुरुष जयति अध नारि॥
आध धवल तनु आधा गोरा। आध सहज कुच आध कटोरा॥
आध हड़माल आधा गजमोति। आध चानन सोह आध विभूति॥
आध चेतन मति आध भोरा। आध पटोर आध मुँजडोरा॥
आध जोग आध भोग बिलासा। आध पिधान आध दिग-बासा॥
आध चान आध सिंदुर सोभा। आध बिरूप आध जग लोभा॥
भने कबिरतन विधाता जाने। दुइ कए बाँटल एक पराने॥

हे शंकर, हे त्रिपुरारी, आपकी जय हो! आधे पुरुष की जय हो, आधी नारी की जय हो!

आधी देह धौली है, आधी गोरी है। आधा स्तन सपाट है, आधा कटोरे की तरह।

आधी माला हाड़ों की है, आधी माला गजमोतियों की। आधे में चन्दन लगा रखा है, आधे में भभूत रमा रखी है।

आधा होश ठीक है, आधे में दीवानापन है। आधा कटि-सूत्र रेशम का है, आधी मूँज की डोरी है।

आधे में योग है, आधे में भोग-विलास। आधे में परिधान है, आधे में नंगापन।

आधे में चाँद है, आधे में सिंदूर का टीका। आधा रूप बेढंगा है, आधा भुवन-मोहन। विद्यापति ने कहा—"विधाता को ही पता होगा कि यह क्या है! उसी ने एक प्राण को इस तरह दो हिस्सों में बाँट रखा है।"

118

आजु नाथ एक ब्रत महा सुख लागत हे।
तोहें सिब धरु नट बेष कि डमरु बजाबह हे॥
तोहें गौरी कहैछह नाचए हमे कोनो नाचब हे।
चारि सोच मोहि होए कोन बिधि बाँचब हे॥
अमिअ चुबिअ भुमि खसत बघम्बर जागत हे।
होएत बघम्बर बाघ बसहा धरि खाएत हे॥
सिरसँ ससरत साँप पुहुमि लोटाएत हे।
कातिक पोसल मजूर सेहो धरि खाएत हे॥
जटासँ छिलकत गंग भूमि भरि पाटत हे।
होएत सहस मुखि धार समेटलो न जाएत हे॥

मुंडमाल टुटि खसत, मसानी जागत हे।
तोहें गौरी जएबह पड़ाए नाच के देखत हे॥
भनहि विद्यापति गाओल गाबि सुनाओल हे।
राखल गौरी केर मान चारू बचाओल हे॥

नाथ, आज व्रत का दिन है। मुझे सुख का अनुभव हो रहा है। मेरा मन करता है कि तुम नट का भेष धारण करो और डमरू बजाओ।

गौरी, तुम कहती हो, तो मैं नाचूँ। मैं कैसे नाचूँगा ? चार बातों की मुझे फिक्र हो रही है, मैं कैसे सँभालूँगा ?

नाचने लगूँगा तो चाँद से अमृत की बूँदें टपकेंगी और बाघम्बर सजीव हो उठेगा। वह बाघ हो जाएगा और बैल को पकड़कर खा जाएगा !

नाचने लगूँगा तो जटा-जूट में लिपटा हुआ साँप चंचल होगा। खिसककर वह नीचे आएगा और धरती पर रेंगने लगेगा। कुमार कार्तिकेय का पोसा हुआ मयूर उस साँप को पकड़कर खा जाएगा।

नाचने लगूँगा तो गंगा छलककर नीचे आ जाएगी, धरती पर फैल जाएगी। सौ धारों में बहने लगेगी तो उसे कौन सँभालेगा ?

नाचने लगूँगा तो मुंडमाल टूट-टूटकर गिरेगी, मसान जग जाएगा। गौरी, तुम भाग जाओगी तो मेरा नाच कौन देखेगा ?

विद्यापति ने गाया। गाकर सुनाया—"शिवजी ने गौरी का मान रख लिया और उसे चारों खतरों से बचा लिया।"

119

आगे माइ जोगिआ मोर जगत सुखदायक दुख ककरहु नहि देल।
दुख ककरहु नहि देल महादेव दुख ककरहु नहि देल॥
एहि जोगिआ के भाँग भुलोओलक धतुर खोआए धन लेल।
आगे माइ कातिक गनपति दुइ जन बालक जग भरि के नहि जान॥
तनिका अभरन किछुओ न थिकइन रति एक सोन नहि कान।
आगे माइ, सोना रूपा अनका सुत अभरन आपन रुद्रक माल॥
अपना सुत लए किछुओ न जुरइनि अनका लए जंजाल।
आगे माइ, छनमे हेरथि कोटि धन बकसथि ताहि देबा नहि थोर॥
भनइ विद्यापति सुनु हे मनाइनि थिकाह दिगम्बर भोर।

मइया री, मैं क्या बतलाऊँ ! मेरा योगी दुनिया-भर को सुख पहुँचाता है। उसने किसी

को दुख नहीं दिया।

इस योगी को भंग ने भुला रखा है। धतूरा खिलाकर इस योगी से लोग माल हासिल कर लेते हैं।

मइया री, कार्तिक और गणेश दो लड़के हैं इसके। उन्हें दुनिया में कौन नहीं जानता ? उनके लिए एक भी आभूषण नहीं है। रत्ती-भर सोना उनके कानों में नहीं है !

मइया री, दूसरे के लड़कों के लिए सोना-रूपा और अपनों के लिए रुद्राक्ष की माला ! अपने पुत्रों के लिए कुछ नहीं जुटा पाते हैं, दूसरों के लिए जंजाल ओढ़ रखा है !

मइया री, देखेंगे तो क्षण-भर में करोड़ों का धन बख्श देंगे ! उसे मामूली देवता मत समझो ! विद्यापति ने कहा—"सुनो हे मनाइन, यह योगी दिगम्बर है, बमभोला है।"

120

एहि बिधि चलला बिआहए मोर बाउर जोगी।
टपर-टपर कए बसहा आएल खटर-खटर रुँडमाल॥
भकर भकर सिब भाँग भकोसथि डमरू लेल कर लाए।
ऐपन मेटल पुरहर फोड़ल फेंकल चौमुख दीप॥
धिआ लए मनाइनि मंडप बइसलि गाबह जनु सखि गीत।
भनइ विद्यापति सुनु ए मनाइनि ई थिका त्रिभुवन ईस॥

तेरा बावला योगी शादी करने चला...।

टपर-टपर करते हुए बैल आया। गले में हाड़ों की माला खटर-खटर बोल रही थी। शिव ने भकर-भकर भंग भकोस ली। सूखी पत्तियाँ ही चबा डालीं। हाथ में ले लिया डमरू।

आलपना मिटा दिया। मंगल-घट फोड़ दिया। चौमुख-दीप को परे फेंक दिया। मनाइन (गौरी की माँ) अपनी बेटी को लेकर मंडप में बैठी हैं।

सखियो, गीत मत गाओ ! गीत गाके क्या होगा !

विद्यापति ने कहा—"सुनो हे मनाइन, घबराओ नहीं। यह बावला योगी त्रिभुवन का मालिक है। इसी से तुम्हारी साध पूरी होगी।"

121

बेरि-बेरि अरे सिब हमे तोहि कहलहुँ किरिषि करिअ मन लाए।
रहिअ निसंक भीख मँगइते सब गुन गौरब दुर जाए॥
निरधन जन बोलि सब उपहासए नहि आदर अनुकम्पा।
तोहें सिब आक धतुर फुल पाओल हरि पाओल फुल चम्पा॥
खटँग काटि हर हर जे बनाबिअ तिरसुल तोड़ि करु फार।
बसहा धुरन्धर हर लए जोतिअ पाटिअ सुरसरि धार॥
भनइ विद्यापति सुनहु महेसर इ लागि कएलि तुअ सेबा।
एतए जे होएत से बरु होअओ ओतए बिसरि जनि देबा॥

शिवजी, मैंने बार-बार तुमसे कहा—मन लगाकर खेती करोगे तो बेफिक्र रहोगे। भीख माँगने से गुण-गौरव घट जाते हैं।

निर्धन जान के सभी मखौल उड़ाते हैं। कोई न तो आदर देता है, न कहीं से दया मिलती है।

शिवजी, तुम्हें लोग आक-धतूरे के फूल देते हैं और विष्णु को चम्पा का फूल मिलता है।

अपनी इस मोटी लट्ठ का तुम हल क्यों नहीं बना लेते हो ? त्रिशूल गलाकर उससे फाल क्यों नहीं तैयार करते हो ? कितना तगड़ा बैल है तुम्हारा ! इसको हल में जोत दो। जटा-जूट में गंगा है। उससे सिंचाई का काम लो....।

विद्यापति ने कहा—''शिवजी, मैंने इसीलिए तुम्हारी सेवा की है। यहाँ जो होना है, हो। वहाँ मत भूल जाना।''

122

नाहि करब बर हर निरमोहिआ।
बित्ता भरि तन बसन न तन्हिका बाघ छाल काँख तर रहिआ॥
बन-बन फिरथि मसान जगाबथि घर आँगन ओ बनौलनि कहिआ।
सासु ससुर नहि ननदि जेठौनी जाए बैसति धिआ ककरा ठहिआ॥
बूढ़ बड़द ढकढोल गोल एक सम्पति भाँगक झोरिआ।
भनइ विद्यापति सुनु हे मनाइनि सिव सन जग के कहिया॥

ऐसे निर्मोही शिव को मैं अपनी बिटिया का दूल्हा नहीं बनाऊँगी।

बदन पर बीता-भर भी कपड़ा नहीं है। बगल में बाघम्बर दबा रखा है।

जंगलों में भटकता रहता है। मसान जगाता फिरता है। घर-बार उसने कब बनाया ?

मेरी लड़की कहाँ जाकर रहेगी, किसके पास बैठेगी ? न सास है, न ससुर है, न ननद है, न जेठानी...कहाँ जाएगी मेरी बिटिया ?

शिव के पास क्या है ? धौली सूरत का बेढंगा-सा बड़ा बैल है और जमा-पूँजी के नाम पर भंग की एक झोली है ! और क्या है ?

विद्यापति ने कहा—"सुनो हे मनाइन (गौरी की माँ), संसार में शिवजी की बराबरी करनेवाला कोई और है ही नहीं।"

123

जओं हम जनितहुँ भोला भेला ठकना होइतहुँ राम गुलाम, गे माइ।
भाइ बिभीखन बड़ तप कएलन्हि जपलन्हि रामक नाम, गे माइ॥
पूरुब पच्छिम एको नहि गेला अचल भेला ठामे ठाम, गे माइ।
बीस भुजा दस माथ चढ़ाओल भाँग देल भरि गाल, गे माइ॥
नीच-ऊँच सिब किछु नहि गुनलन्हि हरषि देलन्हि रुंडमाल, गे माइ।
एक लाख पूत सवा लाख नाती कोटि सोबरनक दान, गे माइ॥
गुन अबगुन सिब एको नहि बुझलन्हि रखलन्हि रावनक नाम, गे माइ।
भन विद्यापति सुकवि पुनित मति कर जोर बिनमों महेस, गे माइ॥
गुन अबगुन हर मन नहि आनथि सेवकक हरथि कलेस, गे माइ॥

अगर मैं जानता कि शिवजी मुझे ठग लेंगे तो मैं राम का गुलाम होता।

भाई विभीषण ने बड़ी तपस्या की, राम का नाम जपते रहे। पूर्व-पश्चिम कहीं नहीं जाना पड़ा, राम की दया से वहीं जम गए।

रावण ने बीस भुजाएँ काटकर चढ़ा दीं, दस मस्तक काट कर चढ़ा दिए। शिवजी ने उसके गालों में भंग ठूँस दी ! नीच-ऊँच कुछ नहीं देखा, खुशी के मारे हड्डियों की माला पहना दी।

ऐसा नहीं है। शिवजी ने रावण को बहुत कुछ दिया...एक लाख पूत दिए, सवा लाख नाती ! करोड़ों स्वर्ण-मुद्राएँ दीं। गुण-अवगुण की परख नहीं की, शिवजी ने रावण का नाम फैला दिया।

विद्यापति कवि ने कहा—"शुद्ध मन से मैं शिवजी को प्रणाम करता हूँ, दोनों हाथ जोड़कर।"

शिवजी गुण-अवगुण पर ध्यान नहीं देते। सेवक के क्लेशों का निवारण करते हैं।

124

रे नरनाह सतत भजु ताही । जाहि नहि जननि जनक नहि जाही ॥
बसु नइहरा ससुरा के नाम । जननिक सिर चढ़ि गेलि ओहि गाम ॥
सासुक कोर मे सुतल जमाए । समधि बिलह तँ बिलहल जाए ॥
जाहि उदर सँ बाहर भेलि । से पुनि पलटि ततहि चलि गेलि ॥
भन विद्यापति सुकवि सुजान । कबिक मरम के कबि पहिचान ॥

राजा, तुम उनका भजन करो जिसकी न माँ थी, न जिसका बाप था।

वह हमेशा पीहर में रही। ससुराल का तो नाम-भर था। वह माँ के माथे पर चढ़कर माँ के गाँव (मायके) चली गई।

सास की गोद में दामाद सोया, समधी ने समधिन को लोगों में बाँट दिया।

वह जिस कोख में पैदा हुई, फिर उसी कोख में वापस चली गई।

विद्यापति ने कहा—"कवि के मर्म को कवि ही पहचानेगा।"

सीताजी की वंदना में यह उलटबाँसी कही गई है। वह धरती से पैदा हुई थी। धरती ही उसका मायका था। ससुराल में रहने पर भी वह पीहर में ही रहती थी। दामाद (राम) सास की गोद में सोए (धरती पर) ! समधी (दशरथ) समधिन को (जमीन को) चाहते तो लोगों में उसे बाँट देते। सीता धरती की कोख से निकली और धरती की कोख में ही वापस चली गई।

125

बड़ सुख सार पाओल तुअ तीरे । छाड़इते निकट नयन बह नीरे ॥
कर जोरि बिनमओं बिमल तरंगे । पुन दरसन होअ पुनमति गंगे ॥
एक अपराध छेमब मोर जानि । परसल माए पाए तुअ पानि ॥
कि करब जप-तप जोग धेआने । जनम कृतारथ एकहि सनाने ॥
भनहि विद्यापति समदओं तोहि । अन्तकाल जनु बिसरह मोहि ॥

गंगा मैया, तेरे किनारे मैंने बड़ा ही सुख पाया। साथ छोड़ते वक्त आँखों से आँसू बह रहे हैं।

दोनों हाथ जोड़कर मैं प्रणाम करता हूँ। विमल तरंगोंवाली गंगे, मैं चाहता हूँ कि बार-बार तुम्हारे दर्शन मुझे होते रहें।

मेरा एक अपराध क्षमा करना ! जान-बूझकर क्षमा करना, माता ! मेरे पैर जल के अंदर फैले हुए हैं—यह अपराध क्षमा करना।

क्या करूँगा जप-तप करके ? जोग भी बेकार है, ध्यान भी बेकार है। गंगा में एक ही बार स्नान करने से जन्म सफल हो जाता है।

विद्यापति कहते हैं—"गंगा मैया, जाते-जाते मैं तुम्हें विछोह के पद सुना रहा हूँ...जीवन के अंतिम क्षणों में मुझे मत भूलना।"

126

माधव कत तोर करब बड़ाई।
उपमा तोहर कहब ककरा हम कहितहुँ अधिक लजाई॥
जओं सिरिखंड सौरभ अति दुरलभ तओं पुनि काठ कठोरे।
जओं जगदीस निसाकर तओं पुनि एकहि पच्छ उजोरे॥
मनिक समान आन नहि दोसर तनिकर पाथर नामे।
कनक कदलि छोटि लज्जित भय रह की कहु ठामहि ठामे॥
तोहर सरिस एक तोहीं माधब मन होइछ अनुमाने।
सज्जन जन सओं नेह उचित थिक कवि विद्यापति भाने॥

माधव, मैं तुम्हारी बड़ाई कहाँ तक करूँ ? किससे तुम्हारी उपमा दूँ ? कहते शर्म लगती है।

चंदन का परिमल अत्यंत दुर्लभ है, लेकिन उसके साथ कठोर काठ लगा हुआ है।

निशाकार-चंद्रमा त्रिभुवन को उजागर करता है, पर उसकी अंजोरिया एक ही पखवारे तक रहती है।

रत्न बड़ी अनूठी वस्तु है। कोई दूसरा उसकी तुलना में नहीं टिकेगा, मगर है तो आखिर वह पत्थर ही।

सुनहला केला (कनक-कदली) लजाकर छोटी हो गई है, जहाँ की तहाँ ठिठक गई है।

मेरा अन्दाज़ है, माधव, तुम्हारी उपमा तुम्हीं हो।

विद्यापति ने कहा—"सज्जन के साथ स्नेह निभाना उचित है।"

127

तातल सैकत बारि-बिन्दु-सम सुत-मित-रमनि-समाज।
तोहि बिसारि मन ताहि समरपल आब होएब कोन काज॥
माधव, हम परिनाम निरासा।

तोहें जगतारन दीन दयामय अतए तोहर बिसबासा॥
आध जनम हम नींद गमाओल जरा सिसु कत दिन गेला।
निधुबन रमनि-रभस रंग मातल तोहि भजब कोन बेला॥
कत चतुरानन मरि मरि जाएत न तुअ आदि अवसाना।
तोहि जनमि पुनु तोहि समाएत सागर लहरि समाना॥
भनइ विद्यापति सेष समन भय तुअ बिनु गति नहि आरा।
तोहें अनाथक नाथ कहाओसि तारन भार तोहारा॥

माधव, जीवन के अंत में मेरे सामने निराशा-ही निराशा नज़र आ रही है।

स्त्रियाँ, बंधु-बांधव, मित्र, बेटा-बेटी—यह सब क्या हैं ? तपते हुए बालू में पानी की बूँदें हैं। कुछ नहीं है। माधव, मैं निराश हूँ। मुझे तुम्हारी ही आशा है। तुम दयालु हो। जगतारन हो ! इसीसे मुझे तुम्हारा विश्वास है।

आधी ज़िंदगी मैंने सोकर गँवा दी है। बुढ़ापा और बचपन ने जाने कितने ही दिन छीन लिए होंगे ! बाकी आयु मैंने औरतों के साथ रंगरेलियाँ मनाते हुए मदमस्त जवानी के हवाले कर दी। तुम्हारे भजन-ध्यान के लिए मेरे पास अब कौन-सी बेला रह गई है ?

कितने विधाता मर-मर जाएँगे ! वे तुम्हारा आदि-अंत नहीं पाएँगे। तुम्हारे में पैदा होकर वे फिर तुम्हारे ही अंदर समा जाएँगे, जैसे समुद्र में उठनेवाले ज्वार फिर से समुद्र के अंदर विलीन हो जाते हैं।

विद्यापति ने कहा—"मेरे अंतिम भय को तुम्हीं हटाओगे। तुम्हारे सिवा मेरा कोई और नहीं है। तुम अनाथों के नाथ कहलाते हो, उबारने का भार तुम्हारे ही ऊपर रहा।"

128

जतने जतेक धन पापें बटोरल मिलि-मिलि परिजन खाए।
मरनक बेरि हरि केओ नहि पूछए एक करम सँग जाए॥
ए हरि, बन्दओं तुअ पद नाए।
तुअ पद परिहरि पाप-पयोनिधि पारक कओन उपाए॥
जनम अवधि नहि तुअ पद सेवल जुबती रति-रंग मेलि।
अमिअ तेजि हालाहल पिउल सम्पद आपदहि भेलि॥
भनइ विद्यापति लेह मनहि गुनि कहलें कि होएत काज।
साँझक बेरि सेवकाई मँगइते हेरते तुअ पद लाज॥

हे हरि, मैं विनम्र होकर तुम्हारे चरणों का वंदना करता हूँ।

बड़ी मुश्किलों से मैंने पाप की कमाई बटोरी। घरवाले मिल-जुलकर उस धन का उपभोग करते रहे। मरने के समय कोई नहीं पूछता। अपना ही कर्म साथ जाएगा। हे हरि, मैं तुम्हें प्रणाम करता हूँ।

तुम्हारे चरणों को छोड़कर पाप-सागर से पार होने का और कौन उपाय है !

जीवन में मैंने कभी तुम्हारे चरणों की सेवा नहीं की। मैं युवतियों के साथ काम-केलि में दीवाना बना रहा। अमृत छोड़कर मैंने जीवन-भर विष ही पिया है। सम्पदा मेरे लिए मुसीबत हो गई।

विद्यापति ने कहा—"खुद ही मन में सोच लो, कहने से क्या होगा ! संध्या की बेला में अब हरि के पास शरण माँगने आए। भगवान के चरणों की ओर देखते हो, इसमें भी लाज लगती है।"

गीत गोविंद

पूर्व-पीठिका

कवि जयदेव को हुए 800 वर्ष बीते हैं।

वह बंगाल के गौड़ राजा लक्ष्मण सेन के दरबारी कवि थे।

लक्ष्मण सेन 1119 ई. में सिंहासन पर बैठा, बल्लाल सेन उसका पिता था। वह कब तक राज करता रहा, पता नहीं। उमापति, शरण, गोवर्धन, धोयी और जयदेव–पाँचों कवि लक्ष्मण सेन के दरबार की शोभा थे।

बीरभूम (पश्चिम बंगाल) इलाके में एक गाँव है केंदुली, वहाँ अब भी जयदेव की समाधि मौजूद है। हर साल मकर-संक्रांति के अवसर पर समाधि के इर्द-गिर्द बहुत बड़ा मेला लगता है। हज़ारों वैष्णव जुटते हैं, कीर्तन करते हुए कवि की समाधि के चारों ओर फेरा लगाते हैं।

'भक्तमाल' (संस्कृत) में चंद्रदत्त कवि ने 'गीत-गोविंद' के रचयिता की जीवनी दी है, उसका सारांश इस प्रकार है–

उड़ीसा में पुरी (जगन्नाथ) के निकट ब्राह्मणों की एक बस्ती थी, विंदुविल्व। वहीं जयदेव का जन्म हुआ। उसी गाँव में देवशर्मा नाम का एक अन्य ब्राह्मण था।

देवशर्मा के बहुत दिनों तक कोई संतान नहीं हुई तो उसने जगन्नाथ से प्रार्थना की–पहली सन्तान आप ही को अर्पित कर दूँगा। एक कन्या हुई, फिर लड़के भी हुए। लड़की को वह जगन्नाथ जी के पास ले गया। पुजारी से सारी बातें बतला दीं और लड़की को वहीं छोड़ आया।

पुजारी को स्वप्न हुआ–लड़की जयदेव को दे दो।

जयदेव गाँव के बाहर एक कुटिया में रहकर स्वाध्याय करते थे। पुजारी उस लड़की को जयदेव के समक्ष ले गया। उन्होंने लड़की को अस्वीकार कर दिया। परंतु पुजारी बेचारी को वहीं छोड़ आया।

अकेली और असहाय देखकर भक्त जयदेव का हृदय उस किशोरी पर द्रवित हुआ, अपने पास रखकर उन्होंने उसे शिक्षा देना आरंभ कर दिया। लड़की का नाम था पद्मावती। आगे चलकर पद्मावती से जयदेव का विवाह हो गया। दोनों तन्मय होकर जगन्नाथ का कीर्तन करने लगे।

एक बार जयदेव के मन में विचार उठा–क्यों न मैं अपने गीतों से ही भगवान को प्रसन्न करूँ ? दूसरों के बनाए गीतों की क्या ज़रूरत है ?

बस, फिर क्या था ! शुरू हुई पदों की रचना। उसी दिन से 'गीत-गोविंद' के गीतों का निर्माण आरंभ कर दिया कवि ने। अपने गीतों से ही अब जयदेव भगवान जगन्नाथ को रिझाने लगे।

दसवाँ गीत जोड़ते समय एक कड़ी ने कवि को भारी उलझन में डाल दिया। "...कृष्ण राधा से अनुनय कर रहे थे : कामज्वर को ठंडा करनेवाला अपना चरण-पल्लव तुम मेरे माथे पर रख दो, प्यारी !..." संकोच के मारे गीत की यह कड़ी वह जोड़ नहीं पा रहे थे, ऊबकर आखिर नहाने चले गए। पीछे से भगवान स्वयं कवि जयदेव का रूप धारण करके आए और लिख गए :

'स्मरगरल खंडनं
मम शिरसि मंडनं
देहि पदपल्लवमुदारम्...'

वह नहाकर लौटे तो यह पद देखकर चकित रह गए। पत्नी से पूछा तो वह आँखें नचाकर बोली—"भंग तो नहीं पी ली है ? अभी-अभी खुद ही आकर लिख गए, और अब मुझसे पूछने आए हो कि कौन लिख गया है !"

कवि को विश्वास हो गया, यह भगवान की ही लीला है ! तब से पति-पत्नी दोनों 'गीत-गोविंद' के पदों को नाच-नाचकर गाने लगे।

एक बार वहाँ के राजा ने किसी के मुँह से 'गीत-गोविंद' के पदों को सुना तो बहुत ही प्रभावित हुआ। उसने खुद भी 'गीत-गोविंद' की तरह के गीत लिखे—एक दूसरा गीत-गोविंद तैयार करके राजा ने प्रजा को आदेश दिया : आज से मेरे ही गीत-गोविंद के पद गाये जाएँगे, जो ऐसा नहीं करेगा उसे सज़ा होगी।

जयदेव ने राजा की आज्ञा को नहीं माना, वह बराबर अपने ही पद गाते रहे। राजा ने कैफियत तलब की तो कवि ने कहा—"महाराज, भगवान् आपके पदों को उतना पसंद नहीं करते जितना कि मेरे पदों को, आप चाहें तो इस बात की परीक्षा कर लें।"

जगन्नाथ की प्रतिमा के सामने दोनों गीत-गोविंद रखे गए। राजा ने भगवान् के सामने हाथ जोड़कर कहा—"इनमें से जो अच्छा हो, उसे ऊपर रख दीजिए, प्रभो !"...यह कहकर उसने फाटक बन्द करवा दिया। कुछ देर बाद वह खुला तो जयदेव वाला 'गीत-गोविंद' ऊपर दिखाई पड़ा।

राजा को अपनी हार माननी पड़ी। तब से सर्वत्र कवि जयदेव के 'गीत-गोविंद' का प्रसार-प्रचार होने लगा।

एक बार कोई औरत खेत में बैंगन तोड़ रही थी, साथ ही जयदेव के पदों को भी गाती थी। प्रेम और भक्तिपूर्वक गाये जाने वाले वे पद भगवान् जगन्नाथ को इतने मोहक लगे कि वह बैंगन के खेत में उस औरत के पीछे-पीछे हो लिए और अपने कीमती कपड़े काँटों से छिदवा लाए। अगले दिन पुजारी ने प्रतिमा के वस्त्रों की दुर्दशा देखी तो बेचारा भारी संकट में पड़ा, लेकिन सपने में राजा को सारा भेद मालूम हो गया था। बैंगन बेचनेवाली वह औरत दरबार में बुलाई गई, उसे पुरी में बसाया गया। तब से

जयदेव भक्तराज माने जाने लगे। उनके पदों में मानो पंख लग गए।

यूरोप के वेबर, कीथ आदि संस्कृत-पंडितों ने 'गीत-गोविंद' के रचना-कौशल की मुक्तकंठ होकर प्रशंसा की है। अति सरस होने से यह कई विद्वानों को खटकता भी रहा है। परंतु अंग्रेज़ी में क्या सॉलोमन के गीत नहीं हैं? डा. राजेन्द्रलाल मित्र ने लिखा है—'गीत-गोविंद के और सॉलोमन के गीतों की समता से डा. आदम क्लार्क बहुत मुग्ध हो गए, बाइबल की अपनी टीका तक में उन्होंने इस बात की चर्चा की है।'... नमूने के तौर पर संत सॉलोमन का एक गीत यहाँ दिया जाता है :

प्राप्त करूँ मैं
अपने प्रिय के अगणित चुंबन
कुच-युगलों के बीच लेटकर
पड़ा-पड़ा वह रात बिताए
इस छाती पर
इस ग्रीवा के नीचे उसका वाम बाहु हो
अन्य बाहु हो आलिंगनरत !*

विद्यापति पर तो 'गीत-गोविंद' का इतना अधिक प्रभाव पड़ा कि लोगों ने उन्हें 'अभिनव जयदेव' की उपाधि ही दे डाली।

यहाँ विद्यापति के कुछ वैसे पद दिए जाते हैं जिनमें यह भाव-साम्य अथवा छाया-सादृश स्पष्ट परिलक्षित होता है :

1. कतहु मदन तन दहसि हमारि
हम नहि शंकर, हँउ वरनारि
नहि जटा इह वेणिविभंग
मालति माल न सिर पर गंग
कंठ गरल नहि मृगमदसार
नहि फनिपति उर एहि मनिहार। (विद्यापति)

हृदि विलसता हारी नायं भुजंगमनायकः
कुवलयदलश्रेणी कंठ न सा गरलद्युतिः
मलयजरजो नेदं भस्म प्रियारहिते मयि
प्रहर न हर भ्रान्त्याऽनंग क्रुधा किमुधावसि। (जयदेव)

2. लोचन अरुन बुझल बड़ भेद
रयनि उजागर गरुअ विभेद

* Let him kiss me with the kisses of his mouth ...he shall lie all night betwixt my breast his left hand is under my head and right hand doth embrace me.

—Songs of Soloman.

ततहि जाह हरि ने करह लाथ
रअनि गमओलह जनिके साथ। (विद्यापति)

हरिहरि याहि माधव याहि केशव मा वद कैतववादं
रजनिजनितगुरुजागररागकषायितमलसनिमेषं। (जयदेव)

3. नृप आसननवपीठलपात
कंचन कुसुम छत्र धरु माथ
कुंद वल्लितरुं धवल निसान
पाटलतून असोकदल बान। (विद्यापति)

मदनमहीपतिकनकदंडरुचिकेसर कुसुमविकासे
मिलितशिलीमुखपाटलिपटलकृतस्मरतूणविलासे। (जयदेव)

4. चंद्रातप उड़े कुसुमपराग
मलयपवन सहमेल अनुराग। (विद्यापति)

दरविगलितमल्ली वल्लिचंचत्पराग
प्रकटितपहवासै...। (जयदेव)

सन् 1935 में अखिल भारतीय प्राच्य परिषद (ऑल इंडिया ओरियंटल कॉन्फरेंस) का वार्षिक अधिवेशन हुआ था, मैसूर में दिसम्बर के अंतिम दिन थे।

उस अवसर पर विदुषी मुत्ताम्मा ने 'गीत-गोविंद' के आठवें सर्ग के पहले दो गीतों का गायन और भावानुसार अभिनय भी किया था। श्रोता और दर्शक मुग्ध हो गए—कई विदेशी विद्वान भी वहाँ मौजूद थे।

दक्षिण भारत, बंगाल, उड़ीसा, असम, बिहार प्रदेशों में 'गीत-गोविंद' के पदों का अभिनय एवं गायन अब भी देखा-सुना जा सकता है। वैष्णव तीर्थों में अब भी लोग जयदेव के पदों को गुनगुनाते रहते हैं।

यह उस शैली का परम प्राचीन रूपक है जो पूर्णता-प्राप्त शैलीवाले नाटकों से पहले मौजूद रहा होगा—'गीत-गोविंद' के संबंध में ऐसा मानना असंगत है। भारतीय नाट्यशैली का पूर्ण विकास हमें भास, कालिदास आदि के नाटकों में दिखाई पड़ता है, जयदेव तो बारहवीं सदी में हुए हैं। हाँ, समकालीन राग-रागिनियों के अनुसार कोमल-कान्त पदावलियों का विन्यास और सामन्ती रसोपलब्धि का वैष्णवीकरण इस कवि की अपनी खूबियाँ समझी जाएँगी।

—नागार्जुन

*मेघैर्मेदुरम्बरं वनभुवः श्यामास्तमालद्रुमैः
नक्तं भीरुरयं त्वमेव तदिमं राधे गृहं प्रापय।
इत्थं नन्दनिदेशतश्चलितयोः प्रत्यध्वकुञ्जद्रुमं।
राधा-माधवयोर्जयन्ति यमुनाकूले रहः केलयः।।

बरसात ज़ोरों पर थी। नदी-नाले भरे पड़े थे। धानी रंग की साड़ी और चादर में प्रकृति नटी खूब फब रही थी। ऐसे समय में एक रात नन्द ने वृषभानु-कुमारी राधा से कहा :

*"आकाश बादलों से लदा है। तमाल के तरुण वृक्षों के कारण वनभूमि साँवली-सलोनी लगती है। रात बहुत बीत गई है और हमारा लड़का ठहरा डरपोक ! अभी और कौन है जो इसे ले जाएगा ? जाओ लली, तुम्हीं इसे पहुँचा आओ।"

नन्द का आदेश पाते ही श्री राधा और श्री गोविंद दोनों चले। यमुना की कछार और ब्रज के कुंज—मनोरम पगडंडियाँ ! अकेले में काम-केलि का मनमाना अवसर पाकर दोनों धन्य हो गए...ऐसे राधाकृष्ण की जय हो ! (इसी प्रकार कवि जयदेव ने अपने गीतों का मंगलाचरण किया है।)

वाग्देवता चरितचित्रितचित्तसद्मा
पद्मावतीचरणचारणचक्रवर्ती।
श्री वासुदेवरतिकेलिकथासमेतं
मेतत्करोति जयदेवकविः प्रबन्धम्।।
यदि हरिस्मरणे सरसं मनो
यदि विलासकलासु कुतूहलम्।
मधुरकोमलकान्तपदावलीं
शृणु तदा जयदेव-सरस्वतीम्।।
वाचः पल्लवयत्युमापतिधरः सन्दर्भशुद्धिं गिरां
जानीते जयदेव एव शरणः श्लाध्यो दुरूहद्रुतेः।
शृंगारोत्तरसत्यप्रमेयरचनैराचार्य्यगोवर्धन—
स्पर्द्धी कोऽपि न विश्रुतस्त्रिभुवने धोयी कविः क्ष्मापतिः।।

जिसके मन-मंदिर में सरस्वती के चरित अंकित हैं और जो राधा के श्रीचरणों का महान्

गुणगायक है, वह जयदेव कवि कृष्ण की केलि-कथाओं से समन्वित काव्य की रचना करने जा रहा है।

यदि हरि की स्मृतियों से मन को सरस करना चाहो और यदि भोग-विलास की कलाएँ जानने का कौतूहल हो तो कवि जयदेव की मधुर-कोमल-कमनीय पदों वाली कविता सुनो।

कवि उमापतिधर बातों को फैलाकर कहना जानता है। कवि शरण की प्रसिद्धि है कठिन काव्यों की शीघ्र रचना में। सामान्य नायक-नायिका का वर्णन करते समय शृंगार रस के चरम परिपाक में आचार्य गोवर्धन अनुपम हैं। कविवर धोयी को सारी रचनाएँ याद रहती हैं--अपनी और पराई भी। परंतु वाणी और अर्थ की संदर्भ-शुद्धि तो जयदेव ही जानता है।

●

(मालव-गौड़ राग--रूपक ताल)

प्रलयपयोधिजले धृतवानसि वेदं
विहित वहित्रचरित्रमखेदं
केशव धृतमीनशरीर
जय जगदीश हरे !

क्षितिरतिविपुलतरे तिष्ठति तव पृष्ठे
धरणिधरण किणचक्रगरिष्ठे
केशव धृतकूर्म्मशरीर
जय जगदीश हरे !

वसति दशनशिखरे धरणी तव लग्ना
शशिनि कलंककलेव निमग्ना
केशव धृतशूकररूप
जय जगदीश हरे !

प्रलय काल में जब सारा संसार जलमय हो रहा था तो हे भगवान्, तुमने वेदों की रक्षा की; उनके लिए तुमने नाव का काम किया। हे मीन-(मछली) शरीर-धारी जगदीश्वर, तुम्हारी जय हो !

तुम्हारी चौड़ी पीठ पर सारी धरती आ गई, बड़े-बड़े घट्ठे पड़ गए। कच्छप-रूपधारी भगवान्, तुम्हारी जय हो !

तुम्हारे सफेद दाँतों की नोक पर धरती ऐसी लगती है जैसे चन्द्रकला पर काला निशान। हे वराह-रूपधारी भगवान, तुम्हारी जय हो !

तव करकमलवरे नखमद्भुतशृङ्गं
दलित हरिण्यकशिपुतनुभृङ्गं
केशव धृतनरहरिरूप
जय जगदीश हरे !

छलयसि विक्रमणे बलिमद्भुतवामन
पदनखनीर जनितजनपावन
केशव धृतवामनरूप
जय जगदीश हरे !

क्षत्रियरुधिरमये जगदपगतपापं
स्नपयसि पयसि शमितभवतापं
केशव धृतभृगुपतिरूप
जय जगदीश हरे !

कैसे विचित्र हैं तुम्हारे कर-कमल ! कि जिनके नुकीले सूँगों (शृंगों) ने हिरनाकस के शरीर-रूपी भ्रमर को फाड़ डाला ! (भ्रमर के सूँग कमल को छेदते हैं, न कि कमल के सूँग भ्रमर को)। हे नृसिंह भगवान्, तुम्हारी जय हो !

अपने चरण-उदक से जनता को पवित्र करने वाले हे वामन ! कितने अद्भुत थे तुम ! दो ही पग में तीनों लोक टाप गए—बलि को मात दे दी। भगवान् तुम्हारी जय हो !

क्षत्रियों के शोणित से संसार को नहलाने वाले परशुराम, तुम्हारी जय हो !

●

वितरसि दिक्षु रण दिक्पतिकमनीयं
दशमुखमौलिबलिं रमणीयं
केशव धृतरामशरीर
जय जगदीश हरे !

वहसि वपुषि विशदे जलदाभं
हलहति भीति मिलित यमुनाभं
केशवधृत हलधररूप
जय जगदीश हरे !

निन्दसि यज्ञविधेरहह श्रुतिजातं
सदयहृदयदर्शितपशुघातं

केशव धृतबुद्धशरीर
जय जगदीश हरे !

दसों दिशाओं के दिक्पालों को तुमने (रावण के) दस शिरों की सुंदर बलि दी। हे राम, तुम्हारी जय हो !

गोरी देह पर आसमानी वस्त्र धारण करनेवाले ! लगता है कि हल-प्रहार के पुनः संभावित आतंक से यमुना ने अपना रंग तुममें मिला दिया है। हलधर बलदेव, तुम्हारी जय हो !

यज्ञविधान की वैदिक परंपरा को तुम निन्द्य बतलाते हो—पशुवध तुम्हें असह्य है। हे भगवान् बुद्ध, हे विष्णु के शांतिमय अवतार, तुम्हारी जय हो !

●

म्लेच्छनिवहनिधने कलयसि करवालं
धूमकेतु मिव किमपि करालं
केशव धृतकल्किशरीर
जय जगदीश हरे !

श्री जयदेवकवेरिदमुदितमुदारं
शृणु सुखदं शुभदं भवसारं
केशव धृतदशविधरूप
जय जगदीश हरे !

वेदानुद्धरते जगन्ति वहते भूगोलमुद्बिभ्रते
दैत्यं दारयते बलि छलयते क्षत्रक्षयं कुर्वते।
पौलस्तयं जयते हलं कलयते कारुण्यमातन्वते
म्लेच्छान् मूर्च्छयते दशाकृतिकृते कृष्णाय तुभ्यं नमः।।

म्लेच्छों का नाश करने के लिए तुमने तलवार उठाई—धूमकेतु की भाँति उनका नामोनिशान तक मिटा दिया। हे कल्कि अवतारधारी भगवान्, तुम्हारी जय हो !

श्री जयदेव कवि द्वारा गाया गया यह सुखदायी गीत सुनो ! (श्रोताओ, तुम्हारा कल्याण होगा) भगवान ने दस रूप धारण किए—जगदीश की जय हो !

वेदों का उद्धार...तीनों लोक को पीठ पर उठाये रहे...दाँतों से पृथ्वी का उद्धार...दैत्यराज का पेट फाड़ डाला...घमंडी बलि का होश दुरुस्त किया...क्षत्रियों का सत्यानाश...रावण को मारा...हलधर बने...करुणा का प्रचार किया...म्लेच्छों का विध्वंस—इस प्रकार दस आकृति धारण करनेवाले हे कृष्ण, तुम्हें नमस्कार !

●

(गुर्ज़री राग—निःसार ताल)

श्रितकमलाकुचमण्डल धृतकुण्डल कलितललितवनमाल
जय जय देव हरे !
दिनमणिमण्डलमण्डन भवखण्डन मुनिजनमानसहंस !
कालियविषधरगंजन जनरंजन यदुकुल नलिनदिनेश।
मधुमुरनरकविनाशन गरुड़ासन सुरकुलकेलिनिदान !
अमलकमलदललोचन भवमोचन त्रिभुवननिधान !

लक्ष्मी के स्तनों पर हाथ रहे हुए, कुंडलभूषित वनमाली ! तुम्हारी जय हो ! हे हरि, तुम्हारी जय हो !

हे सूर्यमंडल की शोभा, भवतापहारी, मुनिजनमानसहंस ! तुम्हारी जय हो !

हे कालिय नाग-नथैया, लोकप्रिय, यदुकुल-कमल-दिवाकर कृष्ण ! तुम्हारी जय हो !

मधु-मुर-नरक नामक राक्षसों का संहार करनेवाले, सुरगण-सुखदायी, हे गरुड़ासन भगवान् ! तुम्हारी जय हो !

हे अमल कमलपत्र की तरह आँख वाले, जन्म-मरण संबंधी दुखों से मुक्ति दिलानेवाले, त्रिलोक के आधार ! तुम्हारी जय हो !

●

जनकसुताकृतभूषण जितदूषण समरशमितदशकंठ !
अभिनवजलधरसुन्दर धृतमन्दर श्रीमुखचन्द्रचकोर !
तव चरणे प्रणता वयमिति भावय कुरुकुशलं प्रणतेषु।
श्री जयदेवकवेरिदं कुरुते मुदं मंगलमुज्ज्वलगीत।

पद्मापयोधरतटीपरिरम्भलग्न
काश्मीरमुद्रितमुरो मधुसूदनस्य।
व्यक्तानुरागमिव खेलदनङ्गखेद
स्वेदाम्बुपूरमनुपूरयत प्रियम्वः ।।

हे जानकीभूषण, दूषण (राक्षस) नाशकारी, रावण के यमराज ! तुम्हारी जय हो !

नए मेघ की भाँति मनोहर, मंदरधारी हरि ! तुम लक्ष्मी के मुख-चंद्र के लिए चकोर हो। तुम्हारी जयजयकार करता हूँ मैं। हम तुम्हारे चरणों पर झुक गए हैं, हमारा कल्याण करो। श्री जयदेव कवि का यह निर्मल गीत श्रोताओं को कल्याण और सुख दे रहा है।

कसकर आलिंगन करते समय लक्ष्मी के स्तनों का केसर भगवान् की छाती में

लग गया है; परस्पर काम-केलि (मैथुन) से पसीना निकल आया है। ऐसा लगता है कि ढलमलाती बूँदों के रूप में उनका अनुराग ही प्रकट हो रहा है—यह सब तुम्हारा भला करे।

●

वसन्ते वासन्तीकुसुमसुकुमारैरवयवैः
भ्रमन्ती कान्तारे बहुविहितकृष्णानुसरणां
अमन्दं कन्दर्पज्वरजनितचिन्ताकुलतया
वलद्बाधां राधां सरसमिदमूचे सहचरी।

(वसन्तराग—यति ताल)

ललित लवंगलतापरिशीलन कोमलमलयसमीरे
मधुकरनिकरकरम्बित कोकिलकूजितकुञ्जकुटीरे
विहरति हरिरिह सरसवसन्ते
नृत्यति युवतिजनेन समं सखि विरहिजनस्य दुरन्ते।

वसंत के दिन थे। राधा व्याकुल होकर कृष्ण को खोज रही थी। जंगल में भटक-भटककर अपने कुसुम-कोमल अंगों को उसने झुलसा लिया था। काम-ज्वर से बेचारी का खून खौल रहा था। फिर भी कुँवर कन्हैया हाथ नहीं आ रहे थे। ऐसी स्थिति में सरसतापूर्वक एक सखी ने राधा से कहा :

"देखो तो प्यारी, वृंदावन कैसा लग रहा है ! सुंदर से सुंदर लवंग-लतिकाएँ दक्षिण पवन द्वारा आलिंगित हो रही हैं। कुंज की कुटियों में भौंर गुनगुना रहे हैं, कोयल की कूक तो सुनो। सरस वसंत में कृष्ण विहार कर रहा है। वह स्वयं तो तरुणियों और किशोरियों के साथ रास रचाए हुए है, परंतु विरही और विरहिनों के लिए यह सब असह्य है।"

●

उन्मदमदनमनोरथपथिकवधूजनजनितविलापे
अलिकुलसंकुलकुसुमसमूहनिराकुलवकुलकलापे

मृगमदसौरभरभसवशम्वदनवदलसमालतामले
युवजनहृदयविदारणमनसिजनखरुचिकिंशुकजाले

मदनमंहीपतिकनकदंडरुचिकेशरकुसुमविकासे
मिलितशिलीमुखपाटलिपटलकुतस्मरतूणविलासे

विगलितलज्जितजगदवलोकनतरुणकरुणकृतहासे
बिरहिनिकृन्तनकुन्तमुखाकृतिकेतकिदन्तुरिताशे।

काम-मद से मतवाली होकर पथिक-वधुएँ विलाप कर रही हैं। बकुल वृक्ष फलों से लद गए हैं जिन पर मकरंद-लोभी भ्रमरों ने कोलाहल मचा रखा है।

पल्लवों से सुसज्जित तमाल तरु कस्तूरी जैसी नई सुगंध फैला रहे हैं। अधखिले किंशुकपुष्प विरही तरुणों का कलेजा फाड़ने में नाखून का काम कर रहे हैं।

वसन्त के प्रकृति-राज्य में कामदेव राजा की भाँति हैं। विकसित नागकेसर उनका स्वर्णछत्र है और भ्रमर-मंडित गुलाब तीरों से पूर्ण तरकस का काम कर रहे हैं।

वसंत ऋतु की विचित्रता तो देखो, सारे जीव-जन्तु लज्जा को तिलांजलि दे बैठे हैं। केतकी (क्यौड़ा) के दन्तुरित फूल कैसे लग रहे हैं ? ऐसे कि विरहियों का हृदय मानो इन्हीं को चीरता है।

●

माधविकापरिमलललिते नवमालिकयातिसुगन्धौ
मुनिमनसामपि मोहनकारिणि तरुणाकारणबन्धौ

स्फुरदतिमुक्तलतापरिरम्भणपुलकितमुकुलितचूते
वृन्दावन विपिने परिसरपरिगतयमुनाजलपूते

श्रीजयदेवभणितमिदमुदयति हरिचरणस्मृतिसारं
सरसवसतन्तसमयवनवर्णनमनुगतमदनविकारं

दरविदलितमल्लीवल्लिचञ्चत्पराग
प्रकटितपटवासैर्वासयन् काननानि
इह हि दहति चेतः केतिकीगन्धबन्धु :
प्रसरदसमवाणप्राणवद्गन्धवाहः।

माधविका और नवमालिका की भीनी-भीनी खुशबू आ रही है। वसंत का समय तरुण और तरुणियों का अकारण बन्धु है। यह मुनियों का मन मोह लेता है।

मचलती-इठलाती जूही ने जाकर जब सहकार (आम) के तरुण वृक्ष को आलिंगित किया तो वह पुलकित हो उठा। उसमें बौर निकल आए।

आस-पास बहने वाली यमुना के जल से पवित्र है यह वृंदावन। भगवान् की स्मृतियों से पूर्ण है जयदेव का कथन। राधा के मदन-विकार को आधार बनाकर किया गया यह सरस वसंत-वर्णन कितना सुंदर है !

कामदेव का प्राण-स्वरूप यह मलयानिल हृदय में जलन पैदा करता है, बेली और चमेली के पराग से इसने वनभूमि को सुरभित कर डाला है।

अद्योत्संगवसद्भुजंगकवलक्लेशादिवेशाचलं
प्रालेयप्लवनेच्छयाऽनुसरति श्रीखण्डशैलानिलः
किञ्च स्निग्धरसालमौलिमुकुलान्यालोक्य हर्षोदयाद्
उन्मीलन्ति कुहूः कुहूः इति कलोत्तालाः पिकानां गिरः
उन्मीलन्मधुगन्धलुब्धमधुपव्याधूतचूतांकुर
क्रीडत्कोकिलकाकलीकलकलैः उद्गीर्णकर्णज्वराः
नीयन्ते पथिकैः कथंकथमपि ध्यानावधानक्षण–
प्राप्तप्राणसमासमागमरसौल्लासैरमी वासराः
अनेकनारीपरिरम्भसम्भ्रमस्फुरन्मनोहारिविलासलालसं
मुरारिमारादुपदर्शयन्त्यसौ सखीसमक्षं पुनराह राधिकाम्।

चंदन वृक्षों की जड़ में बड़े-बड़े विषधर साँप हैं। उनके विष से मलयानिल व्याकुल हो उठा और बड़ी कठिनाई से उत्तर की ओर चला है। वहाँ हिमालय में आज वह अपनी जलन मिटाएगा।

आम्र की रस-भरी मंजरियाँ देखकर खुशी के मारे कोयलों ने 'कुहू-कुहू' की मानो रट लगा दी है।

आम्र-मंजरियों की भीनी-भीनी महक जितनी ही फैलती है, भौंरे उतने ही उल्लास से उन मंजरियों को आंदोलित करते हैं। कोयल की कूक से बटोहियों के कान गरमा गए हैं। ध्यानस्थ होकर स्मृति द्वारा ही वे समागम-सुख की अनुभूति ले रहे हैं। इस प्रकार बेचारे विरही जिस किसी भाँति वसंत के ये दिन काट रहे हैं।

सखी ने दिखलाकर कहा–"देखो वृषभानुदुलारी, वह रहे तुम्हारे कन्हैया ! एक साथ ही आप अनेक युवतियों के बाहुपाश में अपने को आबद्ध किए हुए हैं...इतने से भी मन नहीं भर रहा हैं और भोग-विलास की लालसा और भी प्रबल हो उठी है।"

(रामकिरी राग–यति ताल)

चन्दनचर्चितनीलकलेवरपीतवसनवनमाली
केलिचलत्मणिकुण्डलमण्डितगण्डयुगस्मितशाली
हरिरिह मुग्धवधूनिकरे, विलासिनि विलसित केलिपरे
पीनपयोधरभारभरेण हरि परिरम्य सरागं
गोपवधूरनुगायति काचिदुदञ्चितपञ्चमरागं
कापि विलासविलोलविलोचनखेलनजनितमनोजं
ध्यायति मुग्धवधूरधिकं मधुसूदनवदनसरोजं

कापि कपोलतले मिलिता लपितुं कमपि श्रुतिमूले
चारु चुचुम्ब नितम्बवती दयितं पुलकैरनुकूले
केलिकलाकुतुकेन च काचिदमुं यमुनाजलकूले
मञ्जुलवञ्जुलकुञ्जगतं विचकर्ष करेण दुकूले।

मुग्धाओं के मध्य में हरि विलास कर रहे हैं, बिलकुल निमग्न हैं। नीला कलेवर चंदन से अनुलिप्त है। परिधान में पीतांबर है, वनमाला धारण किए हुए हैं। सम्भोग-काल में मणिमय और मकराकृति कुंडल हिल-डुल रहे हैं, इससे गालों की छटा निराली लगती है।

किसी गोपी ने घन-उन्नत स्तनों से कृष्ण को कसकर दबा लिया है और पंचम राग में गाना शुरू कर दिया है।

कोई गोपी कटीली आँखों से बाँका-तिरछा देखनेवाले हरि की ओर बार-बार देखती जा रही है।

किसी ने कुछ कहने के बहाने अपना मुँह कान के बिल्कुल निकट ले जाकर उन्हें चट् से चूम लिया।

कोई पल्ला पकड़कर उन्हें यमुना के कछार में खींच रही थी कि मेरे साथ कुछ काम-केलि करो।

●

करतलतालतरलवलयावलिकलितकलस्वनवंशे
रासरसे सहनृत्यपरा हरिणा युवतिः प्रशशंसे
श्लिष्यति कामपि चुम्बति कामपि कामपि रमयति रामां
पश्यति सस्मितचारुपरामपरामनुगच्छति वामां
श्रीजयदेवभणितमिदमद्‌भुतकेशवकेलिरहस्यं
विपिनविनोदकलापलितं वितनोतु शुभानि यशस्यं।
विश्वेषामनुरञ्जनेन जनयन्नानन्दमिन्दीवर–
श्रेणीश्यामलकोमलै रूपनयन्नंगैरनंगोत्सवं
स्वच्छन्दं व्रजसुन्दरीभिरभितः प्रत्यंगमालिंगितः
शृंगारः सखि मूर्तिमानिव मधौ मुग्धो हरिः क्रीड़ति।

रास में साथ देने पर किसी गोपी को जब बड़ा ही आनंद आया तो कृष्ण के बाँसुरी बजाने में वह तालियाँ पीटकर ताल देने लगी। कृष्ण ने भी 'वाह-वाह' कहकर उसकी प्रशंसा की।

वह किसी से चिपटता है, किसी को चूमता है, किसी के साथ सम्भोग करता है, किसी को मुसकराकर गौर से ताकता है और किसी से पैर मिलाकर चलता है।

ऐसा है केशव की केलि का यह रहस्य। इसे कवि जयदेव ने बखाना है। यह

तुम्हारे लिए कल्याण और यश फैलाए !

कृष्ण क्रीड़ा में निमग्न है। अनुरंजित करके लोगों को वह आनन्द प्रदान करता है। इन्दीवर (नील कमल) सदृश सुंदर और कोमल अंगों से कामदेव के लिए महोत्सव की सामग्री जुटाता है। ब्रज-सुंदरियाँ उसके एक-एक अंगों को अशेष और निःसीम परितृप्ति के साथ आलिंगित कर रही हैं। वसंत के इन दिनों में तो मूर्तिमय शृंगार ही प्रतीत होता है।

●

रासोल्लासभरेण विभ्रमभृतामाभीरवामभ्रुवां
अभ्यर्णे परिरम्य निर्भरमुरः प्रेमान्धया राधया
साधु त्वद्वदनं सुधामयमिति व्याहृत्य गीतास्तुति-
व्याजादुद्भटचुम्बितः स्मितमनोहारी हरिः पातु वः।

इति श्री गीतगोविन्दमहाकाव्ये सामोददामोदरो नाम
प्रथमः सर्गः

अब राधा से न रहा गया। वह हाव-भाव-भरी ब्रज-बालाओं के बिलकुल निकट आ गई और कृष्ण को कसकर छाती से लगा लिया। ''प्राणवल्लभ, तुम्हारा मुँह अमृतमय है''—यह कहकर गीतों की प्रशंसा के बहाने उसने यदुनन्दन को चूम लिया। बड़े जोर से चूम लिए जाने के कारण कृष्ण का मुखचंद्र उद्भासित हो उठा। ऐसे कृष्ण भगवान् आपकी रक्षा करें !

●

विहरित वने राधा साधारण प्रणये हरौ
विगलितनिजोत्कर्षादीर्षावशेन गताऽन्यतः
क्वचिदपि लताकुंजे गुञ्जन्मधुव्रतमण्डली—
मुखरशिखरे लीना दीनाऽप्युवाच रहः सखीं
सञ्चरदधरसुधामधुरध्वनिमुखरितमोहनवंशं
चलितदृगंचलचञ्चलमौलिकपोलविलोलवतंसं
रासे हरिमिह विहितविलासं
स्मरति मनो मम कृतपरिहासं
चन्द्रकचारुमयूरशिखण्डकमंगलवलयितकेशं
प्रचुरपुरन्दरधनुरनुरञ्जितमेदुरमुदिरसुवेशं
गोपकदम्बनितम्बवतीमुखचुम्बनलम्भितलोभं
बन्धुजीवमधुराधरपल्लवमुल्लतिस्मितशोभम्।

(कृष्ण को गोपियों के साथ समान भाव से रमण करते देखकर राधा के हृदय में मान जगा। वह अपने को कृष्ण की असाधारण प्राणवल्लभा समझती थी, अब उसे चोट पहुँची।)

ब्रज-सुंदरियों के साथ हरि की यह रासलीला देखकर राधा मन ही मन खिन्न हुई और दूसरी ओर चल पड़ी। एक जगह भ्रमरगुंजित लता-कुंज में जाकर लेट गई और व्यथित मन होकर सखी से बोली :

"प्यारी, हरि का वह विलास मुझे नहीं भूलता। मेरा आहत मन उस दृश्य को बार-बार याद कर रहा है। हरि अपनी मधुर अधर-सुधा से बाँसुरी में प्राण भर रहा है। बलखाती भौंहोंवाली उसकी आँखें कैसी चंचल हैं। कानों के आभूषण हौले-हौले हिल रहे हैं।

जगमगाते चाँदों से चित्रित मोरपंखियों से उसके घुँघराले बाल सँवारे हुए हैं, मानो इंद्रधनुषों से अनुरंजित मेघ हों। जिस समय नितम्बवती गोपियों को चूमने के लिए हरि अपने होंठ बढ़ाता है उस समय विकसित बन्धुजीव पुष्प मानो मात खा जाते हैं।"

●

विपुलपुलकभुजपल्लववलयितवल्लवयुवतिसहस्रं
करचरणोरसि मणिगणभूषणकिरणविभिन्नतमिस्रं
जलदपटलवलदिन्दुविनिन्दकचन्दनतिलकललाटम्
पीनपयोधरपरिसरमर्दननिर्दयहृदयकपाटम्
मणिमयमकरमनोहरकुण्डलमण्डितगण्डमुदारं
पीतवसनमनुगतमुनिमनुजसुरासुरपरिवारं
विशदकदम्बतले मिलितं कलिकलुषभयं शमयन्तं
मामापि किमपि तरंगदनंगदृशा मनसा रमयन्तं
श्री जयदेव भणितमतिसुंदरमोहनमधुरिपुरूपं
हरिचरणस्मरणं प्रति सम्प्रति पुण्यवतामनुरूपम्।

हरि जिस समय आनन्दमग्न हो अपनी बड़ी-बड़ी बाँहों से हज़ार-हज़ार गोपियों को एक साथ ही आलिंगित करते हैं, उस समय उनके कंकण-नूपुर और हार की मणियों की उद्दीप्त आभा से अँधेरा भाग जाता है।

कृष्ण के ललाट का चन्दनतिलक मेघ-वेष्ठित बालशशि को मात करता है। युवतियों के मांसल स्तनों को दबाने और मसलने में उनका हृदय कैसा निर्दय है !

मणिमय एवं मकराकृति कुंडलों से उनके गाल शोभित हैं। पीतांबर...देव-दानव और मुनि-मानव से सतत घिरे हुए...

"हे सखि, कदम्ब के तले मैंने कलिकलुषहारी उन हरि को देखा है। तरंगी तथा

प्रीतिमय नेत्रों से उन्होंने मेरे चित्त को बार-बार मुग्ध किया है।''

कवि जयदेव द्वारा वर्णित मोहन मधुरिपु का यह मनोरम रूप धन्य है जो कि पुण्यवान् व्यक्तियों को हरि का स्मरण दिलाता है।

●

गणपति गुणग्रामं भीमं भ्रमादपि नेहते
वहति च परितोषं दोषं विमुञ्चति दूरतः
युवतिषु बलतृष्णे विहारिणि मां विना
पुनरपि मनो वामं कामं करोति करोमि किम्

(मालगौड़ राग—एक ताल)

निभृतनिकुञ्जगृहं गतया निशि रहसि निलीय वसन्तं
चकित विलोकितसकलदृशा रतिरभसभरेण हसन्तं
सखि हे केशिमथनमुदारं
रमय मया सह मदनमनोरथभावितया सविकारं
प्रथमसमागमलज्जितया पटुचाटुशतैरनुकूलं
मृदुमधुरस्मितभाषितया शिथिलीकृतजघनदुकूलम्।

प्रिय सखि, कुँवर कन्हैया मुझे छोड़कर अन्य गोपियों के साथ रासलीला कर रहे हैं; फिर भी मेरा मन उनके प्रति विरक्त नहीं, बल्कि अनुरक्त ही हो रहा है। क्या करूँ ? मेरा मन उनके गुणों को ही देखता है, उनका अपराध इसे याद नहीं आता। कृष्ण की करनी पर मेरे मन को पूर्ण सन्तोष है। उनके अंदर दोष भी हो सकता है, इस बात की कल्पना तक वह नहीं कर सकता।

आज तुम बाँकेबिहारी को मुझसे मिलवाओ। मेरा मदन-मनोरथ उस कामी द्वारा पूर्ण हो। मैं कुंज में छिपी रहूँगी, प्राण वल्लभ चकित होकर इधर-उधर नज़र मारते हुए मुझे जब देख पाएँगे तो मगन होकर भभाकर हँस देंगे।

पहले-पहल मिलने के कारण मैं शर्मिंदा होऊँगी। तब वह नरम-मीठी और चटोरी बातों से मेरी लज्जा को दूर करेंगे। मैं मुसकराकर हौले-हौले बोलूँगी और वह इस कमर की साड़ी की गाँठ को ज़रा ढीली कर देंगे...

●

किसलयशयननिवेशितया चिरमुरसि ममैव शयानं
कृतपरिरम्भणचुम्बनया परिरभय कृताधरपानं
अलसनिमीलित लोचनया पुलकावलिललितकपोलं
श्रम जलसकलकलेवरया वरमदनमदादतिलोलं

कोकिलकलरवकूजितया जितमनसिजतन्त्रविचारं
श्लथकुसुमाकुलकुन्तलया नखलिखितघनस्तनभारं
चरणरणितमणि नूपुरया परिपूरितसुरतवितानं
मुखरविश्रृंखलमेखलया सकचग्रहचुम्बनदानम्।

पल्लवों का मुलायम बिछावन, उस पर उतान लेटी पड़ी मैं ! और, मेरी छाती पर बड़ी देर तक श्यामल किशोर सोए रहेंगे—दोनों एक-दूसरे का आलिंगन और चुंबन करेंगे।

मदिर और विभोर ये आँखें मुँद जाएँगी, उनके कपोल भी पुलकित हो उठेंगे। सम्भोग से श्रान्त यह कलेवर ढलमलाते स्वेद-कणों से और भी सुंदर दीखेगा। तब हरि की वासना और भी तीव्र हो उठेगी। परितृप्त और मुदित होकर मैं कुहुकने लगूँगी, मदन-युद्ध में वही विजयी होंगे। आकुल कुन्तल के शिथिल कुसुम...नखों से विलिखित स्तन-प्रान्त। पैर हिलते रहने के कारण नूपुर क्या मुखरित न होंगे ? कम्पित कटि की करधनी का कलरव सुनकर वह और अधिक आवेग में आ जाएँगे और इस सुवासित जूड़े को पकड़कर फिर-फिर अधर पान करने लगेंगे।

●

रतिसुखसमयरसालसया दरमुकुलितनयनसरोजं
निःसहनिपतिततनुलतया मधुसूदनमुदितमनोजं
श्री जयदेवभणितमिदमतिशयमधुरिपुनिभुवनशीलं
सुखमुत्कंठितगोपवधूकथितं वितनोतु सलीलम्

हस्तस्रस्तविलासवंशमनृजुभ्रू वल्लिमइल्लवी—
वृन्दोत्सरिदृगन्तवीक्षितमतिस्वेदार्द्रगण्डस्थलं
मामुद्वीक्ष्य विलक्षितस्मितसुधामुग्धाननं कानने
गोविंद व्रजसुंदरी गणवृतं पश्यामि हृष्यामि च।

संभोग-सुख की चरम अनुभूति से मेरा अंग-अंग शिथिल हो जाएगा। उनके भी नयनकमल तृप्ति से मुकुलित होंगे।

मनमोहन कृष्ण की रतिलीला का यह सजीव वर्णन कवि जयदेव ने किया है। उत्सुक राधा के कथनानुसार रचित यह गीत आपको सुख पहुँचावे।

सखि ! बीती बातें रह-रह मुझे याद आती हैं। हरि निकुंज-वन में थे। चारों ओर ब्रज-सुंदरियाँ उन्हें घेरे हुए थीं। हाथ से बाँसुरी गिर पड़ी थी। कुटिल भौंहवाली तरुणियों पर से आँख उठाकर उन्होंने मेरी ओर देखा था। उनके गाल पसीने से तर थे। मेरी तरफ

देखते ही मुस्कान से गोविंद का मुखमंडल दीप्त हो उठा था...यह सब सोचती हूँ तो आनंद आता है।

●

दुरालोकः स्तोकस्तवकनवकाशोकलतिका—
विकासः कासारो पवनपवनोऽपि व्यथयति
अपि भ्राम्यद्भृंगीरणितरमणीय न मुकुल—
प्रसूतिश्चूतानां सखि शिखरिणीयं सुखयति।

साकूतस्मितमाकुलाकुलगलद्धम्मिल्लमुल्लासित
भ्रूवल्लीकमलीकदर्शितभुजामूलार्द्धदृष्टस्तनं
गोपीनां निभृतं निरीक्ष्य गमिताकांक्षश्चिरं चिन्तयन्
अन्तर्मुग्धमनोहरं हरतुवः क्लेशं नवः केशवः।

इति श्री गीतगोविन्दमहाकाव्ये अक्लेशकेशवो नाम
द्वितीयः सर्गः

थोड़े-थोड़े गुच्छोंवाला यह विकसित अशोक, सखि, मुझसे देखा नहीं जाता; सरोवर और उद्यान का स्पर्श लेकर बहनेवाला यह पवन मुझे व्यथित कर रहा है; भौंरों की 'गुन गुन' ध्वनि-भरी ये आम्रमंजरियाँ मुझे सुख नहीं पहुँचा पातीं।

विजन में मतलब-भरी मुस्कान से गोपियों ने हरि के प्रति अपना आशय जतलाना चाहा। बाँहों पर से साड़ी के पल्ले को उन्होंने खिसक जाने दिया कि हरि उनके स्तनों की एक-आध झलक पाकर फिर भड़क उठेंगे, परंतु उनकी यह आशा पूर्ण नहीं हुई। कृष्ण की स्मृति में राधा का सौंदर्य आ बसा...हरि आपके क्लेश को दूर करें!

●

कंसारिरपि संसारवासनाबन्धशृंखलां
राधामाधाय हृदये तत्याज व्रजसुंदरीः
इतस्तरत्तामनुसृत्य राधिकामनंगवाणव्रणखिन्नमानसः
कृतानुतापः स कलिन्दनन्दिनीतटान्तकुंजे विषसाद माधवः।

(गुर्जरी राग—यति ताल)

मामियं चलिता विलोक्य वृतं वधूनिचयेन
सापराधतया मयापि न वारिताऽतिभयेन
हरि हरि हतादरतया गता सा कुपितेव।

सांसारिक वासनाओं से बाँध रखनेवाली शृंखला—अर्थात् मोहिनी-स्वरूपा राधा को अपने हृदय-आसन पर बैठाकर कृष्ण ने दूसरी गोपियों का ख्याल छोड़ दिया।

काम के बाण से घायल होकर कृष्ण ने राधिका को इधर-उधर बहुत ही खोजा, पर वह न मिली। तब वह पश्चात्ताप करने लगे। अंत में यमुना किनारे कहीं किसी कुंज में बैठकर सोच में डूब गए—

हाय, हाय ! मैंने उसका अपमान किया और वह कुपित होकर जाने कहाँ चली गई ! मुझे गोपियों से घिरा देखकर उससे न रहा गया, वह उलटे पैर वहाँ से लौट गई। मैं उसे रोकता भी तो कैसे ? अपराध तो मेरा था ही... !

●

किं करिष्यति किं वदिष्यति सा चिरं विरहेण
किं धनेन जनेन किं मम किं सुखेन गृहेण
चिन्तयामि तदाननं कुटिलभ्रु कोपभरेण
शोणपद्ममिवोपरि भ्रमताऽऽकुलं भ्रमरेण
तामहं हृदि संगतामनिशं भृशं रमयामि
किं वनेऽनुसरामि तामिह किं वृथा विलपामि
तन्वि खिन्नमसूयया हृदयं तवाकलयामि
तन्न वेद्मि कुतो गताऽसि न तेन तेऽनुनयामि
दृश्यते पुरतो गतागतमेव मे विदधासि
किं पुरेव न ससम्भ्रमं परिरम्भणं न ददासि।

मेरी प्राणवल्लभा क्या करती होगी ? क्या कहती होगी अपने मन में ? धन-दौलत और नौकर-चाकर लेकर मैं क्या करूँगा ? उसके बिना सूना है घर, बेकार है सुख !

रह-रह मुझे उसका मुँह याद आता है...क्रोध से तमतमाता चेहरा—तनी हुई भौंहें ! लाल कमल पर मानो बेचैन भ्रमर मँडरा रहा हो !

रात-दिन वह इसी हृदय में ही निवास करती है, निरंतर मैं उसके साथ रास किया करता हूँ, फिर व्यर्थ ही क्यों मैं इधर-उधर उसे खोजूँ ? क्यों मैं विलाप करूँ ?

हे कृशांगि, ईर्ष्या के मारे तेरा हृदय जल रहा होगा। किंतु मैं क्या करूँ ? जाने किधर चली गई हो ! मिल जाती तो मना भी लेता...लगता है, आँखों के समक्ष ही तुम घूम-फिर रही हो, फिर भी क्या बात है कि मुझे अपनी छाती से नहीं लगातीं !

●

क्षम्यतामपरं कदापि तवेदृशं न करोमि
देहि सुंदरि दर्शनं मम मन्मथेन दुनोमि

वर्णितं जयदेवकेन हरेरिदं प्रवणेन
केन्दुविल्वसमुद्रसाभवरोहिणी रमणेन
हृदि विसलताहारोनायं भुजंगमनायकः
कुवलयदलश्रेणी कंठे न सा गरलद्युतिः
मलयजरजो नेदं भस्म प्रियारहिते मयि
प्रहर न हरभ्रान्त्याऽनंग क्रुधा किमु धावसि।

क्षमा करो सुंदरि, कहता हूँ, फिर न करूँगा ऐसा
कहाँ छिपी हो, दर्शन तो दो; व्याकुल है मन कैसा !

केन्दुविल्व (गाँव) में पैदा होनेवाले कवि जयदेव ने हरि के पश्चात्ताप को इस प्रकार व्यक्त किया :

हे कामदेव, यह मेरी छाती पर साँप नहीं; यह तो मृणालहार है। गले से लिपटी हुई यह नीलकमल माला है, न कि विष-कान्ति। तन पर यह चंदन का अनुलेप है, दग्ध मदन का भस्म नहीं। शिव समझकर नाहक ही मुझे अपना कोपभाजन न बनाना...इधर दौड़कर क्या पाओगे ?

●

पाणौ मा कुरु चूतशावकममुं मा चापमारोपय
क्रीड़ानिर्जितविश्व मूर्च्छितजनाघातेन किं पौरुषं
तस्या एव मृगीदृशो मनसिजप्रेक्षत्कटाक्षाशुग–
श्रेणीजर्जरितं मनागपि मनो नाद्यापि संधुक्षते।
भ्रूपल्लवं धनुरपांगतरंगितानि
वाणा गुणः श्रवणपालिरिति स्मरेण
तस्यामनंगजयजंगमदेवताया
मस्त्रणि निर्जितजगन्ति किमर्पितानि
भ्रूचापे निहितः कटाक्षविशिखो निर्मातु मर्मव्यथां
श्यामात्मा कुटिलः करोतु कवरीभारोऽपि मारोद्यमं
मोहं तावदपंच तन्वि तनुतां विम्बाधरो रागवान्
सद्वृत्तःस्तनमंडलस्तव कथं प्राणैर्मम क्रीड़ति।

हे कामदेव, आम के बौर को अपने धनुष पर मत चढ़ाओ ! तुमने तो चुटकी बजाकर ही संसार को जीत लिया है, फिर घायल आदमी पर क्यों तीर चलाते हो ? यह भी क्या कोई बहादुरी है ! देख ही तो रहे हो, उस मृगनैनी (राधा) ने अपनी तिरछी चितवन से इस कलेजे को छलनी बना दिया है–अभी तक इसे होश नहीं हुआ है...।

मदन ने व्यर्थ ही उसे हथियार दिए, सब तो वहाँ मौजूद था ही। धनुष की जगह भौंहें थीं, तीर थे कटाक्ष; डोरी का काम कानों से लेती है...यों ही वह अनंग की जयलक्ष्मी बनी हुई है—हथियारों की कोई आवश्यकता न थी।

भ्रू-धनुष पर आरोपित कटाक्ष-तीर भले ही मर्मवेधन करे; काला-कलूटा केशकलाप भले ही जान लेने की कोशिश करे; रँगीले होंठ भले ही ठगें; परंतु सुंदरि, तुम्हारा यह गोलमटोल और भला-भला-सा स्तन-मंडल क्यों इन प्राणों से खिलवाड़ किए हुए है, यह समझ में नहीं आता...!

●

तानि स्पर्शसुखानि ते च तरलाः स्निग्धा दृशोर्विभ्रमाः
तद्वक्त्राम्बुजसौरभं स च सुधास्पन्दी गिरां वक्रिमा
सा विम्बाधरमाधुरीति विषयासंगेऽपि चेन्मानसं
तस्यां लग्नसमाधि हन्त विरहव्याधिः कथं वर्धते।

तिर्यक्कंठविलोलमौलितरलोत्तंसस्य वंशोच्चरद्—
गीतिस्थानकृतावधानललनालक्षैर्न संलक्षिताः
सम्मुग्धं मधुसूदनस्य मधुरे राधामुखेन्दौ मृदु—
स्पन्दं कन्दलिताच्चिरं दधतु वः क्षेमं कटाक्षोर्मयः।

इति श्री गीतगोविन्दमहाकाव्ये मुग्धमधुसूदनो नाम
तृतीयः सर्गः

मेरा चित्त निरन्तर प्रियतमा के अनुचिन्तन में निमग्न है। स्पर्श-सुख की अनुभूति, स्निग्ध दृष्टि, मुखकमल का सौरभ, अमृतमयी वाणी, अधर की मिठास—फिर भी जाने क्यों इस अनुचिन्तन से ताप शान्त नहीं हो रहा ? विरह-व्याधि बढ़ती ही जा रही है !

बाँसुरी बजाते समय गर्दन को ज़रा टेढ़ी करके कृष्ण ने राधा की ओर बार-बार देखा—तिरछी आँखों से; गोपियाँ बाँसुरी सुनने में मस्त थीं। राधा के मुखचन्द्र-सुधा पर पड़नेवाली कृष्ण की कटाक्ष-लहरियों पर उनका ध्यान नहीं गया—राधामुखचन्द्र-सुधा से कन्दलित कृष्ण की वे कटाक्ष-लहरियाँ आपका कल्याण करें !

●

यमुनातीरवानीरनिकुंजे मन्दमास्थितं
प्राह प्रेमभरोद्भ्रान्तं माधवं राधिकासखी
(कर्णाट राग—यति ताल)

निन्दति चन्दनमिन्दुकिरणमनुविन्दति खेदमधीरं
व्यालनिलयमिलनेन गरलमिव कलयति मलयसमीरं
सा विरहे तव दीना
माधव मनसिजविशिख मयादिव भावनयात्वयिलीना
अविरलनिपतित मदनशरादिव भवदवनायविशालं
स्वहृदयमर्मणि वर्म करोति सजलनलिनीदलजालम्।

कृष्ण यमुना-किनारे कदम्बकुंज में पड़े थे कि इतने में राधा की सहेली आई। प्रेम में पागल हरि से उसने कहा :

मेरी सखी तुम्हारे वियोग में बेचैन है। कामदेव के बाण घायल न कर दें, इस डर से वह अपने को तुम्हारी अनुचिन्तना में डुबाए रहती है। चन्दन का अनुलेप उसे पसन्द नहीं, चाँद की किरणें उसे जलाती हैं और दक्षिण समीर को तो वह विष ही समझती है।

तुम उसके हृदय में सदा विद्यमान रहते हो, वह नहीं चाहती कि कामदेव के तीर तुम्हें चोट पहुँचाएँ...अपने मर्म की रक्षा के लिए कमलपत्र को उसने ढाल बना लिया है।

●

कुसुमविशिखशरतल्पमनल्पविलासकलाकमनीयं
व्रतमिव तव परिरम्भसुखाय करोति कुसुमशयनीयं
वहति च वलितविलोचनजलधरमाननकमलमुदारं
विधुमिव विकटविधुन्तुददन्तदलनगलितामृतधारं
विलिखति रहसि कुरंगमदेन भवन्तमसमशरभूतं
प्रणमति मकरमधो विनिधाय करे च शरं नवचूतं
प्रतिपदमिदमपि निगदति माधव तव चरणे पतिताऽहं
त्वयि विमुखे मयि सपदि सुधानिधिरपि तनुते तनुदाहं
ध्यानलयेन पुरः परिकल्प्य भवन्तमतीव दुरापं
विलपति हसति विषीदति रोदिति चंचति मुंचति तापम्।

बहुत प्रकार की विलास-सामग्री से सुसज्जित पुष्प-शय्या उसके लिए शर-शय्या साबित हो रही है। हरि द्वारा आलिंगन-सुख प्राप्त हो, इस आशा से वह मानो कोई कठिन व्रत कर रही है।

राधा का मनोरम मुखकमल आँसू से गीला रहता है। लगता है कि राहु ने अपने दाँतों से चन्द्रमंडल को क्षत-विक्षत कर डाला है और उससे अमृत स्रवित हो रहा है।

वह निर्जन में कस्तूरी से कामदेव को चित्रित करती है—मगर पर बैठे कामदेव

को; हाथ में बाण की जगह आम्रमंजरी अंकित करती है...फिर स्वयं ही उस चित्रित मदन को प्रणाम भी करती है।

रह-रहकर उसके मुँह से निकलता है कि माधव, मैं तुम्हारे चरणों पर आ पड़ी हूँ; तुम्हें छोड़कर चन्द्रमा भी मुझे नहीं सुहाता। तुम नहीं हो तो चाँद मुझे जलाए जा रहा है।

वह कल्पना में तुम्हें सामने खड़ा समझकर चिल्लाती है, हँसती है। दुखी होती है, गाती है, रोती है। निःश्वासें लेती है।

●

श्री जयदेवभणितमिदमधिकं यदि मनसा नटनीयं
हरिविरहाकुलवल्लवयुवतिसखीवचनं पठनीयं
आवासो विपिनायते प्रियसखी मालाऽपि जालायते
तापोऽपि श्वसितेन दावदहनज्वाला कलापायते
साऽपि त्वद्विरहेण हन्त हरिणीरूपायते हा कथं
कन्दर्पोऽपि यमायते विरचयन् शार्दूलविक्रीडितम्।

(देशाग राग—एकताली ताल)

स्तनविनिहितमपिहारमुदारं
सा मनुते कृशतनुरिव भारं
राधिका तव विरहे केशव !

(श्रोताओं के प्रति) यदि इच्छा हो कि मन आनन्द से नाच उठे तो जयदेव-विरचित यह गीत गाओ (पढ़ो), इसमें विरहिणी राधा की आत्मा बोल रही है।

हे माधव ! मेरी सखी के लिए घर अभी जंगल है, माला फन्दा है, साँस उसके लिए दावानल की ज्वाला है। उस हरिणी के लिए कामदेव अभी कृतान्त बन गया है; उस बेचारी के साथ बाघ की तरह मौत का खेल खेल रहा है।

स्तनों पर पड़ा हुआ हार अभी उसे भार मालूम पड़ता है। केशव, सच कहती हूँ, तुम्हारे वियोग में ठंडी वस्तुओं से उसे जलन होती है।

●

सरसमसृणमपि मलयजपंकं
पश्यति विषमिव वपुषि सशंकं
श्वसितपवनमनुपमपरिणाहं
मदनदहनमिव वहति सदाहं
दिशि दिशि किरति सजलकणजालं
नयन नलिनमिव विरलित नालं

नयनविषयमपि किशलयतल्पं
गणपति विहितहुताशविकल्पं
त्यजति न पाणितलेन कपोलं
बालशशिनमिव सायमलोलं
हरिरिति हरिरिति जयति सकामं
विरहविहितमारणेव निकामम्।

अपने शरीर पर अनुलिप्त सरस मसृण चन्दन को विष समझकर वह आतंकित रहती है। श्वास-सुरभि कितनी दाहक प्रतीत होती है उसे !

जगह-जगह अश्रु-बिन्दु टपकाया करती है, मानो उसके लोचनकमल को किसी ने वृन्त से तोड़ लिया हो !

किसलय-शयन उसके लिए हवनकुंड की वह आग है, आहुतियाँ दे-देकर जिसे खूब प्रज्वलित कर दिया गया हो। हथेली पर गाल डाले बैठी रहती है, मानो बाल-चन्द्रमा को अपने हाथ पर ही रखे रहेगी।

लगता है, विरह के मारे अब उसने मर जाना तय कर लिया है...तभी तो हरि-हरि करती रहती है।

●

श्रीजयदेवभणितमिति गीतं
सुखयतु केशवपदमुपरीतं
सारोमांचति शीत्करोति विलपत्युत्कम्पतेताम्यति
ध्यायत्युद्भ्रमति प्रमीलति पतत्युद्याति मूर्च्छत्यपि
एतावत्यतनुज्वरे वरतनुर्जीवेन्न किन्ते रसात्
स्वर्वैद्यप्रतिम प्रसीदसि यदि त्यक्तोऽन्यथा हस्तकः।
स्मरातुरां दैवतवैद्यहृद्य
त्वदंगसंगामृतमात्रसाध्यां
विमुक्तवाधां कुरुषे न राधां
उपेंद्र व्रजादपिदारुणोऽसि।
कन्दर्पज्वरसंज्वरातुरतनोराश्चर्यमस्याश्चिरं
चतश्चन्दनचन्द्रमः कमलिनीचिन्तासु सन्ताम्यति
किन्तु क्षान्तिरसेन शीतलतरं त्वामेकमेव प्रियं
ध्यायन्ती रहसि स्थिता कथमपि क्षीणा क्षणं प्राणिति।

जयदेव कवि का यह गीत आपको सुखी करे !

वह रह-रह कंटकित हो उठती है, सी-सी-सी-सी करती है। कम्पन और विलाप

...ध्यान और घुर्मी (चक्कर खाना)...जलन और मूर्च्छा–कामदेव ने मेरी सखी को जब ऐसा बेहोश कर दिया है तो हे धन्वन्तरि, अब तुम्हारी ही आशा है; तुम्हीं उसे जीवनदान दे सकते हो, नहीं तो गई बेचारी...!

राधा के लिए तुम्हारा स्पर्श ही संजीवनी सुधा का काम करेगा, यह बात भली भाँति जानते हुए भी यदि तुमने उसे प्रकृतिस्थ नहीं किया तो यही कहूँगी कि तुम वज्र से भी कठोर हो !

काम-ज्वार से बेचारी का अंग-अंग भट्ठी बन रहा है। चन्दन, चन्द्रमा और कमल (शीतोपचार) की तो याद तक उसे जलाती है। इस स्थिति में भी किसी प्रकार जो वह जीवित है तो तुम्हारी स्मृति और प्रतीक्षा का ही माहात्म्य है।

●

क्षणमपि विरहं पुरा न सेहे
नयननिमीलनखिन्नया यया ते
श्वसिति कथमसौ रसालशाखां
चिरविरहेण विलोक्य पुष्पिताग्रां
दृष्टि व्याकुल गोकुलावनरसांदुद्धृत्य गोवर्द्धनं
विभ्रद्वल्लवल्लभामिरधिकानन्दाच्चिरं चुम्बितः
दर्पेणैवतदर्पिताधरतटीसिन्दूरमुद्रांकितो
बाहुर्गोपतनोस्तनोतु भवतां श्रेयोसि कंसद्विषः।

इति श्री गीतगोविन्दमहाकाव्ये स्निग्धमधुसूदनो नाम
चतुर्थः सर्गः

पलक मारते समय क्षण-भर का विरह भी जिसे सहन न था, आज वही राधिका चिरविरहिणी बनी हुई है, हाय ! आम की मंजरित डालियाँ देखकर वह कैसे जिएगी ?

इन्द्र कुपित हुआ, वर्षा में सारा गोकुल डूबने लगा। जोश आया तो कृष्ण ने गोवर्धन पहाड़ को अपनी बाँह पर उठा लिया। आनन्द के मारे गोपियों ने कृष्ण के बाहुमूल को बारम्बार चूमा, उनके ललाट का सिन्दूर तब जिस बाँह में लग गया, भगवान् की वह बाँह आपका कल्याण करे।

●

अहमिह निवसामि। याहि राधामनुनय मद्वचनेन चानयेथाः
इति मधुरिपुणा सखी नियुक्ता स्वयमिदमेत्य पुनर्जगाद राधां।

(देशी वराड़ी राग–रूपक ताल)

वहति मलयसमीरे मदनमुपनिधाय
स्फुटित कुसुमनिकरे विरहिहृदयदलनाय
सखि हे, सीदति तव विरहे वनमाली
दहति शिशिरमयूखे मरणमनुकरोति
पतति मदनविशिखे विलपति विकलतरोऽति
ध्वनति मधुपसमूहे श्रवणमपिदधाति
मनसि वलितविरहे निशि निशि रुजमुपयाति।

कृष्ण ने सखी से कहा—मैं यहीं कुंज में हूँ। तुम जाओ, राधा को मना लाओ।

सखी ने जाकर वृषभानुदुलारी से कहा—

प्यारी, तेरे वियोग में वनमाली बड़े खिन्न हैं। बहता हुआ मलय-समीर और खिले हुए फूल...वह बेचैन हैं। चाँद की किरणें उनके संताप को और बढ़ा रही हैं। कामदेव के तीरों से आहत होकर वह विलाप कर रहे हैं। भौरे गुनगुनाते हैं तो वह कान मूँद लेते हैं, विरह का ताप जैसे-जैसे बढ़ता जाता है, वैसे-वैसे उनका रोग गहरा होता जाता है।

●

वसति विपिनविताने त्यजति ललितमपि धाम
लुठित धरणिशयने बहु विलपति तव नाम
भणति कवि जयदेवे हरिविरहविलसितेन
मनसि रभसविभवे हरिरुदयतु सुकृतेन।
पूर्वं यत्र समं त्वया रतिपतेरासादिताः सिद्धयः
तस्मिन्नेव निकुंजमन्मथमहातीर्थे पुनर्माधवः
ध्यायन् त्वामनिशं जपन्नपि तवैवालापमन्त्राक्षरं
भूयस्त्वतत्कुचकुम्भनिर्भरपरीरम्भामृतं वांछति।

(गुर्जरी राग—एकताली ताल)

रतिसुखसारे गतमभिसारे मदनमनोहरवेशं
न कुरु नितम्बिनि गमनम्विलम्बनमनुसर तं हृदयेशं
धीरसमीरे यमुनातीरे वसति वने वनमाली
गोपीपीनपयोधरमर्दितचंचलकरयुगशाली।

सुन्दर सुसज्जित घर को छोड़कर जंगल में भटकता फिर रहा है; देखा कि लोटन कबूतर की भाँति छटपटा रहा है। मुँह से और कुछ नहीं, बस तेरा ही नाम निकलता है।

जयदेव कवि ने हरि-विरह को अपने गीत में व्यक्त किया—आपके मन में भगवान का उदय हो !

हे सखी, जिस निकुंज में कृष्ण ने तुम्हारे साथ अनेकों बार काम-साधना सिद्ध

की है उसी महातीर्थ में आज भी वह बेचैनी से तुम्हारी प्रतीक्षा कर रहा है। रात-दिन तुम्हारी स्मृति में मग्न, तुम्हारे बोल को मन्त्र की तरह जपता हुआ प्रतिपल वह उन्नत स्तनोंवाली तुम्हारी छाती से आलिंगित होने के स्वप्न देखा करता है।

अभिसार संभोग-सुखों का निचोड़ है। मुरलीमनोहर अभी तुम्हारा अभिसार कर रहा है। देखो, विलम्ब मत करो। उसका अनुगमन करो। यमुना का तीर, मृदु मन्द समीर। वनमाली वहीं है। गोपियों के मांसल स्तन मसलते समय उसके हाथ चंचल हो उठते हैं।

●

नामसमेतं कृतसंकेतं वादयते मृदुवेणुं
बहु भनुतेऽतनु ते तनुसंगतपवनचलितमपि रेणुं
पतति पतत्रे विचलितपत्रे शंकितभवदुपयानं
रचयति शयनं सचकितनयनं पश्यति तव पन्थानं
मुखरमधीरं त्यज मंजीरं रिपुमिव कलिषु लोलं
चल सखि कुंज सतिमिरपुंज शीलयनीलनिचोलं
उरसि मुरारेरू पहितहारे घन इव तरलवलाके
तड़िदिव पीते रति विपरीते राजसि सुकृतविपाके
विगलितवसनं परिहृतरसनं घटय जघनमपिधानं
किसलयशयने पंकजनयने निधिनिव हर्षनिधानम्।

सुनो, वह बाँसुरी बजा रहा है--तुम्हारा नाम ले-लेकर; मिलने का इशारा भी है इस मुरली-ध्वनि में। हवा से उड़ाई हुई धूल को वह बहुत महत्त्व देता है, इसलिए कि शायद वह तुम्हारी देह छू आई हो !

पक्षियों के छू जाने से पत्ते खड़खड़ा उठते हैं, इसलिए कृष्ण को तुम्हारे आने का संदेह होता है। फूलों-पल्लवों से शय्या तैयार करके वह तेरी बाट जोहता है—चौंक-चौंककर।

नूपुर (पैंजनी) उतार डालो, इससे किण-किण की आवाज़ उठती है। संभोग की मूक घड़ियों में ये शत्रु का काम करेंगे। चलो सखि, कुंज की ओर जहाँ घुप्प-अन्हार होगा—नीली साड़ी और नीली चोली पहन लो।

साँवलिया बिहारी की छाती पर मोती के हार कैसे लगते हैं, जैसे बादल में उड़ते बगुलों की कतार ! विपरीत रति में उसकी छाती पर जब तुम लेटी रहोगी तो बिजली-सी मालूम पड़ोगी।

पल्लवों के उस बिस्तरे पर, हे कमलनयने, नग्न हो जाना। करधनी भी निकाल डालना। जघन (कमर के नीचे का भाग) ऐसे समय बिलकुल खुला रखना...वह आनन्द की निधि ही तो है।

●

हरिरभिमानी रजनिरिदानीमियमपि याति विरामं
कुरु मम वचनं सत्वररचनं पूरय मधुरिपुकामं
श्री जयदेवे कृतहरिसेवे भणति परमरमणीयं
प्रमुदितहृदयं हरिमतिसदयं नमत सुकृतकमनीयं
विकरित मुहुः श्वासानाशाः पुरो मुहुरीक्षते
प्रविशति मुहुः कुंजं गुंजन्ममुहुर्बहु ताम्यति
रचयति मुहुः शय्यां पर्याकुलं मुहुरीक्षते
मदनकदनक्लान्तः कान्ते प्रियस्तव वर्तते
त्वद्ध्याने न समं समग्रमधुना तिग्मांशुरस्तंगतो
गोविंदस्य मनोरथेन समं प्राप्तं तमः सान्द्रतां
कोकानां करुणस्वनेन सदृशी दीर्घा मदभ्यर्थना
तन्मुग्धे विफलं विलम्बनमसौ रम्योऽभिसारक्षणः।

इतना होते-होते रात्रिशेष हो रही होगी, प्यारी सखी, मेरी बात भूलना मत—उस समय अभिमानी हरि का मदनमनोरथ अवश्य पूर्ण होने देना। (ऐसा न हो कि वह न कहें और तुम सन्तुष्ट न करो।)

हरिभक्त श्री जयदेव की रचना है यह, प्रसन्न हरि को तुम लोग (श्रोतागण) प्रणाम करो।

सखी, तुम्हारा प्राणवल्लभ काम-शर से विद्ध है। उसकी निःश्वास तो देखो ! पल-भर भी उसे चैन नहीं है। कभी कुंज में, कभी बाहर, रह-रह उसका चेहरा फीका पड़ जाता है। किसलयों को फिर-फिर बटोरता और बिछाता है। व्याकुल होकर इधर-उधर देखता है।

सारा दिन उसका ध्यान तुम्हीं पर केन्द्रित रहा। अब तो सूर्य भी अस्त हो चला गया है। गोविन्द का मनोरथ जैसे चूर-चूर हो गया है, अंधकार भी उसी तरह घना हो आया है। मैं तुम्हें बार-बार समझा रही हूँ, परन्तु मेरी यह अभ्यर्थना चकवा की आर्त्त पुकार की भाँति लम्बी होती जा रही है। भोली, अभिसार के योग्य यही तो समय है, क्यों देर कर रही हो ?

●

आश्लेषादनु चुम्बनादनु नखोल्लेखादनु स्वान्तजा—
प्रोद्बोधादनु साभ्रमादनु रतारम्भादनु प्रीतयोः
अत्यार्थं गतयोः भ्रमान्मिलितयोः सम्भाषणैर्जनितोः
दम्पत्योरिह को न को न तमसि व्रीड़ाविमिश्रोरसः।

सभयचकितं विन्यस्यपन्तीं दृशौ तिमिरे पथि
प्रति तरु मुहुः स्थित्वा मन्दं पदानि वितन्वतीं
कथमपि रहः प्राप्तामंगैरनंग तरंगिभिः
सुमुखि सुभगं पश्यन् स त्वामुपैतु कृतार्थतां।
राधामुग्धमुखारविंदमधुपस्त्रैलोक्यमौलिस्थली—
नेपथ्योचितनीलरत्नमवनीभारावतारान्तकः
स्वच्छन्दं व्रजसुंदरीजनमनस्तोषप्रदोषश्चिरं
कंसध्वंसनधूमकेतुखतु त्वां देवकीनन्दनः !

इति श्री गीतगोविन्दमहाकाव्ये साकांक्षपुण्डरीकाक्षो नाम
पञ्चमः सर्ग :

पहले कई बार इसी प्रकार अँधेरी रात में तुम दोनों मिले हो। फिर आलिंगन, चुम्बन, उद्दीपन, संभोग द्वारा परस्पर परितृप्त हुए हो। घनघोर अंधकार, और किसी काम के लिए निकलना, पर अकस्मात् टकरा जाना, स्वर और स्पर्श आदि से एक-दूसरे को पहचान लेना और फिर...लज्जा एवं आनन्द की वह कौन-सी रसोपलब्धि होगी जो तुम दोनों को न हुई होगी ?

हे राधिके, कृष्ण तुम्हें पाकर कृतार्थ हो। अँधेरी राह में भीत-चकित निगाहों से इधर-उधर देखती जाओगी; दम लेने के लिए एक-एक पेड़ के तले रुकोगी, धीरे-धीरे पैर उठेंगे। धड़कते दिल से जैसे-जैसे वहाँ पहुँचोगी—नीरव निर्जन और अंधकार में तुम्हें पाकर कन्हैया उछल पड़ेगा।

राधा के मुख-कमल का भ्रमर, त्रिभुवन के ललाट को शोभित करनेवाले नीलमणि, धरती के भार को उतारनेवाले, ब्रजसुन्दरी-गण-संतोषदाता, कंसध्वंसकारी, देवकीनन्दन, आपकी रक्षा करें !

●

अथ तां गन्तुमशक्तां चिरमनुरक्तां लतागृहे दृष्ट्वा
तच्चरितं गोविन्दे मनसिजमन्दे सखी प्राह—

(गोंडकिरी राग—रूपक ताल)

पश्यसि दिशि दिशि रहसि भवन्तं
त्वदधरमधुरमधूनि पिवन्तं
नाथ हरे, सीदति राधा वासगृहे
त्वदभिसरणरभसेन वलन्ती
पतिति पदानिकियन्ति चलन्ती
विहितविशदविसकिशलयवलया

जीवति परमिह तव रतिकलया
महुखलोकितमंडललीला
मधुरिपुरहमिति भावनशीला।

सखी ने देखा कि कुंज में बैठी राधा बैठी ही रह जाएगी, संकोच और शालीनता के कारण स्वयं उठकर कृष्ण के निकट नहीं जाएगी। तब उसने हरि से जाकर कहा :

राधा कुंजगृह में तुम्हारी प्रतीक्षा कर रही है। नज़र उठाकर देखने पर चारों ओर वह तुम्हें ही देखती है। उसे ऐसा अनुभव होता है कि तुम उसके होंठ चूस रहे हो। तुम्हारे अभिसार में उत्साहित होकर वह चलती है, परन्तु पैर लड़खड़ाते हैं, दो कदम चलती है और गिर पड़ती है। कलाइयों में कंगन की जगह धवल मृणाल और नवल पल्लव धारण कर रखे हैं, वह भावी समागम की आशा से जीवित है। तुम्हारी तरह वस्त्र-आभूषण पहनकर हमारी प्यारी सखी कभी-कभी बड़बड़ा उठती है—"मैं ही तो मुरलीधर-मनोहर हूँ।"

●

त्वरितमुपैति न कथमभिसारं
हरिरिति वदति सखीमनुवारं
श्लिष्यति चुम्बति जलधरकल्पं
हरिरूपगत इति तिमिरमनल्पं
भवति विलम्बिति विगलितलज्जा
विलपति रोदिति वासकसज्जा।
श्री जयदेवकवेरिदमुदितं
रसिकजनं तनुतामतिमुदितम् !
विपुलपुलकपालिं स्फीतशीत्कारमन्त-
र्जनितजड़िमकाकुव्याकुलं व्याहरन्ती
तव कितव विधायामन्दकन्दर्पचिन्तां
रसजलधिनिमग्ना ध्यानलग्ना मृगाक्षी।

वह बार-बार सभी से पूछती है कि हरि शीघ्र क्यों नहीं आते हैं यहाँ ? मेघवर्ण अंधकार को ही कृष्ण समझकर उसे राधा फिर चूमती है, आलिंगित करती है।

तुम जितनी ही देर कर रहे हो उतनी ही लज्जारहित होकर वह रोती-कलपती है...वस्त्र और आभूषण से सुसज्जित होकर हमारी प्रिय सखी तुम्हारा इन्तज़ार कर रही है...।

जयदेव कवि की यह रचना रसिकों को आनन्दित करे !

हे धूर्त, तुम्हारी अनुचिन्तना में मेरी सखी राधिका का कैसा हाल है, चलकर देखो

तो ! रह-रह रोंगटे खड़े हो जाते हैं, अकस्मात् ठण्ड का दौर आता है तो सी-सी-सी-सी कर उठती है—सोचते-सोचते अन्त में वह तुम्हारे रसमय ध्यान में लवलीन हो जाती है।

●

अंगेष्वाभरणं करोति बहुशः पत्रेऽपि संचारिणि
प्राप्तं त्वां परिशंकते वितनुते शय्यां चिरं ध्यायति
इत्याकल्पविकल्पतल्परचनासंकल्पलीलाशत
व्यासक्ताऽपि त्वया विना वरतनुर्नैषा निषां नेष्यति।
किं विश्राम्यसि कृष्णभोगिभवने भांडीरभूमीरुहि
भ्रातर्यासि न दृष्टिगोचरमितः सानन्दनन्दास्पदं
राधाया वचनं तदध्वगमुखान्नदान्तिके गोपतो
गोविन्दस्य जयन्ति सायमतिथि प्राश्स्त्यगर्भा गिरः।

इति श्री गीतिगोविन्दमहाकाव्ये वासकसज्जावर्णने धृष्टवैकुंठो नाम
षष्ठः सर्गः

एक भी पत्ता खड़खड़ाता है तो वह अपने आभरणों को सँभालने लगती है कि प्राणवल्लभ आ गया...शय्या ठीक करती है और गंभीर हो उठती है। इस प्रकार गहने उतारना, फिर पहन लेना...पल्लवों का बिस्तरा समेट लेना और फिर उसे बिछा देना—नाना प्रकार के संकल्प-विकल्पों में मगन रहने पर भी राधा तुम्हारे बिना यह रात नहीं काट सकेगी।

बटोही भैया, इस वृक्ष के नीचे क्यों टिके हो ? यहाँ काला साँप (करैत) रहता है। आगे क्या नन्द का घर नहीं देख रहे हो ? वहीं चले जाओ न ! इस तरह बटोही के मुँह से सुनी हुई राधा की बात का आशय छिपानेवाले कृष्ण की वाणी ! तुम्हारी जय हो !

●

अत्रान्तरे च कुलटाकुलवर्त्मपात
संजातपातक इव स्फुटलांछनश्रीः
वृंदावनान्तरमदीपयदंशुजालैः
दिकसुन्दरीवदनचन्दनविन्दुरिन्दुः।
प्रसरति शशधरबिम्बे विहितविलम्बे च माधवे विधुरा
विरचितविविधविलापं सा परितापं चकारोच्चैः।

(मालव राग—यति ताल)

कथितमसमयेऽपि हरिरहह न ययौ वनं
मम विफलमिदमपि रूपयौवनं
यामि हे कमिह शरणं सखीजनवचनवंचिता
यदनुगमनाय निशि गहनमपि शीलितं
तेन मम हृदयमिदमसमशरकीलितम्।

कि इतने में चन्द्रोदय हुआ। उससे वृंदावन का कोना-कोना उद्‌भासित हो उठा। चाँद ऐसा लगता था मानो दिशा-सुन्दरियों के ललाट पर किसी ने चन्दन का टीका लगा दिया है। कुल-वधुओं को अपनी परम्परा से डिगाने के कारण चन्द्रमा ने जो पाप किया था, काला निशान उसी का प्रतीक था।

चन्द्रमंडल आकाश में ऊपर उठा, फिर भी कृष्ण नहीं आए, तब राधा परिताप से छटपटाकर बकने लगी :

समय और स्थान की सूचना देकर भी हरि नहीं आए...आग लगे मेरी जवानी में ! सखियों ने मुझे धोखा दिया। अब मैं किसकी शरण जाऊँ ? जिसका अनुगमन करने के लिए रात को मैं जंगल में भटकती फिरी, उसी ने मेरे हृदय को छिन्न-भिन्न कर डाला।

●

मम मरणमेववरमतिवितथकेतना
किमित विषहामि विरहानलमचेतना
मामहह विधुरयति मधुरमधुयामिनी
काऽपि हरिमनुभवति कृतसुकृतकामिनी
अहह कलयामि वलयादिमणिभूषणं
हरिविरहदहनवहनेन बहुदूषणं
कुसुमसुकुमारतनुमतनुरलीलया
स्रगपि हृदि हन्ति मामतिविषमशीलया
अहमिह निवसामि न गणितवनवेतसा
स्मरति मधुसूदनो मामपि न चेतसा।
हरिचरणशरणजयदेवकविभारती
वसतु हृदि युवतिरिव कोमलकलावती।

बेकार है यह वयस, बेकार है देह; अचेतन हूँ, फिर क्यों विरहाग्नि का ताप सहूँ ? वसन्त की यह मादक रात्रि मुझे बेचैन कर रही है; होगी वह कोई सौभाग्यवती ही जो कि इन घड़ियों में हरि के सहवास का आनन्द लूट रही होगी... !

ये कंगन, कर्णफूल, करधनी और पैंजनी—प्राणवल्लभ के अभाव में सब मुझे

असह्य लगते हैं; भूषण नहीं, ये तो दूषण हैं ! कुसुम जैसी कोमल मेरी देह को यह माला तीर की तरह चुभ रही है...।

जंगली झाड़ियों की परवाह नहीं, मैं यहाँ आ गई हूँ ! परन्तु कैसा निठुर है मधुसूदन ! उसे मेरी याद तक न रही !

हरिभक्त जयदेव कवि की वाणी लोगों के हृदय में वास करे—कोमल और कलामयी तरुणी की तरह !

●

तत्किं कामपि कामिनीमभिसृतः किंवा कलाकेलिभिः
बद्धो बन्धुभिरंधकारिणी वनाभ्यर्णे किमुद्भ्राम्यति
कान्तः क्लान्तमना मनागपि पथि प्रस्थातुमेवाक्षमः
संकेतीकृतमंजुवंजुललताकुंजेऽपि यन्नागतः।

अथागतां माधवमन्तरेण
सखीमियं वीक्ष्य विषादमूकां
विशंकमाना रमितं कयाऽपि
जनार्दनं दृष्टवदेतादाह।

(वसन्तराग—यति ताल)

स्मरसमरोचितविरचितवेशा
गलितकुसुमदलविलुलितकेशा
कापि मधुरिपुणा विलसिति युवतिरधिकगुणा।

मेरे प्राणवल्लभ मिलने के लिए संकेत का समय और स्थान सूचित करके भी नहीं आए ! नहीं जानती, क्या हुआ रास्ते में ! या तो किसी तरुणी के अभिसार में निकल गए होंगे, या बन्धुओं ने खेलों में उलझा लिया होगा। यह भी हो सकता है कि राह न पाकर जंगल में भटक रहे होंगे !

फिर राधिका ने देखा : विषाद-भरी सखी अकेली और चुपचाप आ रही है। निश्चय ही हरि दूसरी युवती के साथ भोग-विलास कर रहे हैं—वृषभानुनन्दिनी को संदेह हुआ...और मानो हरि को दूसरी गोपी के साथ रमण करते स्वयं उसने देखा है। इस प्रकार कहने लगी :

मुझसे अधिक सौभाग्यशाली कोई तरुणी कृष्ण के साथ केलि कर रही है। उसका वेश तो देखो—मदन-युद्ध के उपयुक्त ही सज-धजकर आई है। जूड़े में गुँथे फूल बिखर गए हैं, कबरी ढीली पड़ गई है।

●

हरि परिरम्भणवलितविकारा
कुचकलसोपरि तरलितहारा
विचलदलक ललिताननचन्द्रा
तदधरपानरभसकृततन्द्रा
चंचलकुंडलललितकपोला
मुखरितरशनजघनगतिलोला
दयितविलोकितलज्जितहसिता
बहुविधकूजितरतिरसरसिता
विपुलपुलकपृथुवेपथुभंगा
श्वसितनिमीलितविकसदनंगा
श्रमजलकणभरसुभगशरीरा
परिपतितोरसि रतिरणधीरा
श्री जयदेवभणितहरिरमितं
कलिकलुषं जनयतु परिशमितम्।

लक्षणों से स्पष्ट है कि कसकर हरि ने इसका आलिंगन किया है, स्तन-कलशों पर मोती का हार फिसल रहा है....चंचल लटों ने मुखचंद्र को और अधिक आकर्षक बना दिया है। कृष्ण ने बार-बार अधरपान किए हैं, इसी से इसके चेहरे पर एक प्रकार की मादकता छाई है। हिलते कुंडलों ने गालों का सौन्दर्य बढ़ा दिया है...करधनी से 'किण-किण' की आवाज आ रही है। कटि से नीचे का प्रदेश स्थिर नहीं है। प्रेमी की ओर देखकर शरमाती, सकुचाती और हँसती जाती है। संभोग-सुख से परितृप्त होकर तरह-तरह के सन्तोषसूचक उद्‌गार मुँह से निकल रहे हैं...पुलक, रोमांच और कम्पन, श्वास-प्रश्वास...अनंग ('योनि' की ओर संकेत है) सिकुड़ रहा है और फूल रहा है...पसीने की छोटी-छोटी बूँदें कितनी अच्छी लग रही हैं ! थककर प्रियतम की छाती पर ढेर हो रही है—कामदेव के अखाड़े में खूब कुश्ती लड़ी है....। जयदेव कवि ने इस तरह हरि की रति-लीला का बखान किया—वह आपके कलि-कलुष को ध्वंस करे।

●

विरह पांडुमुरारिमुखाम्बुज—
द्युतिरयं तिरयन्नपि वेदनां
विधुरतीव तनोति मनोभवः
सुहृदये हृदये मदनव्यथाम्

(गुर्जरी राग–एकताली ताल)

समुदितमदने रमणीवदने चुम्बनवलिताधरे
मृगमदतिलकं लिखति सपुलकं मृगमिव रजनीकरे
रमते यमुनापुलिनवने विजयी मुरारिरधुना
घनचयरुचिरे रचयति चिकुरे तरलिततरुणानने
कुरुवककुसुमं चपलासुषमं रतिपतिमृगकानने
घटपति सुघने कुचयुगगगने मृगमदरुचिरूषिते
मणिसरममलं तारकपटलं नखपदशशिभूषिते।

चन्द्र अस्त होने जा रहा है। अभिशप्त जनों की वेदना वह दूर करता है, मानती हूँ; परन्तु मेरी वेदना तो इससे बढ़ ही गई है। अस्तोन्मुख विधु की क्षीण आभा देखकर मुझे व्याकुल हरि का फीका चेहरा याद आ रहा है।

यमुना के किनारे उस सौभाग्यवती गोपी के साथ कृष्ण आनन्द मना रहा है। चूम-चूमकर अपनी प्रेयसी के मुखमंडल को प्रफुल्लित बना डाला है उसने...और तब उन गालों पर कस्तूरी-रस से वह लता-पत्र आदि के चित्र अंकित कर रहा है–मानो चन्द्रमंडल में हरिण आँक रहा हो ! बादल जैसे स्निग्ध सुन्दर और काले बालों में कुरबक के फूल गूँथ रहा है। तरुणी का स्तनयुगल कस्तूरीरसलिप्त होकर आकाश जैसा दीखता है। नख के निशान मानो बंकिम चन्द्र हों...हरि उन पर मोती की लड़ें डालता है–चन्द्र-तारा सहित आकाश जैसा वह वक्षःस्थ कितना मनोरम लगता है !

●

जितविसशकले मृदुभुजयुगले करतलनलिनीदले
मरकतवलयं मधुकरनिचयं वितरति हिमशीतले
रतिगृहजघने विपुलापघने मनसिजकनकासने
मणिमयरशनं तोरणहसनं विकिरति कृतवासने
चरणकिशलये कमलानिलये नखमणिगणपूजिते
बहिरपवरणं यावकभरणं जनयति हृति योजिते
रमयति सुदृशं कामपि सुदृशं खलहलधरसोदरे
किमफलमवसं चिरमिह विरसं वद सखि विटपोदरे
इह रसभणने कृतहरिगुणने मधुरिपुपदसेवके
कलियुगचरितं न वसतु दुरितं कविनृपजयदेवके।

मृदुल मृणाल-सी बाँहें, कमल जैसे हाथ...हरि ने उनमें मरकतमणि खचित वलय डाल दिए हैं। कमरवाला भाग रति का घर होता है, कामदेव का स्वर्णिम सिंहासन...कृष्ण ने वहाँ मणिमयी मेखला पहना दी है–मदन भवन का मानो मेहराब हो वह ! पल्लवों की भाँति

सुन्दर और कोमल चरणतल...नख रत्नों की तरह जगमगा रहे हैं; प्रेमी कृष्ण उन पैरों में अपने हाथ से महावर लगा रहा है...।

देखो सखि, कृष्ण भी कैसा धूर्त है ! आखिर बलदेव का ही भाई ठहरा न ! निकला मेरे लिए और उलझ गया किसी दूसरी के साथ–व्यर्थ ही मैंने उसकी आशा में इतने दिन बिताए...।

कविराज जयदेव ने हरि की लीला का यों गान किया–इससे आपका पाप दूर हो।

●

नाऽऽयातः सखि निर्दयो यदि शठस्त्वं दूति किं दूयसे
स्वच्छन्दं बहुवल्लभः स रमते किं तत्र ते दूषणं
पश्याद् प्रियसंगमाय दयितस्याकृष्यमाणं गुणैः
उत्कंठार्तिभरादिव स्फुटदिदं चेतः स्वयं यास्यति।

(देशबराड़ी राग–रूपक ताल)

अनिलतरलकुवलयनयनेन
तपति न सा किशलयशयनेन
सखि वा रमिता तनमालिना
विकसितसरसिज ललितमुखेन
स्फुटति न सा मनसिज विशिखेन।

सखि, वह शठ यदि नहीं आया तो तू नाहक ही क्यों दुखी होती है ? वह स्वच्छन्द है, बहुतेरी हैं जो उसके लिए जान देती हैं, इससे तेरा क्या आता-जाता है ? आज देख तो तमाशा, स्वयं ही यह हृदय अब उसके पास पहुँच जाएगा–उत्कंठा की अति हो गई, अब यह फटने ही वाला है।

कृष्ण की आँखें नीलकमल-सी तरल हैं, पल्लवों के बिस्तर पर उसके साथ रँगरेलियाँ मचानेवाली वह तरुणी भला क्यों दुखी रहेगी ? धन्य है वह स्त्री, कि जिसके साथ वनमाली इस प्रकार रम गया है। विकसित कमल जैसा मनोहर मुँहवाला यदुनन्दन, तुम्हें पा जाने पर कामदेव का तीर किसी के हृदय को कैसे बेधेगा ?

●

अमृतमधुर मृदुतरवचनेन
ज्वलति न सा मलयजपवनेन
स्थलजलरुहरुचिरकरचरणेन
लुठति न सा हिमकरकिरणेन

सजलजलदसमुदयरुचिरेण
कनकनिकषरुचि शुचिवसनेन
श्वसिति न सा परिजनहसनेन
सकलभुवनजनवरतरुणेन
वहति न सा रुजमतिकरुणेन।
श्रीजयदेवभणितवचनेन
प्रविशतु हरिरपि हृदयमनेन।

जिसके कानों में मुरारि की अमृतमयी वाणी पड़ रही हो, यह मलयानिल उसे जला नहीं सकता।

थलकमल-से कोमल और सुन्दर कर-चरण जिसके लिए सुलभ हो गए हैं, उसके लिए चाँद की किरणें सन्तापदायिनी हो नहीं सकतीं।

सजल मेघों का मधुर स्पर्श-सुख जो पा गई है, विरहानल की ज्वाला उसका भला क्या बिगाड़ लेगी ?

पीताम्बर कृष्ण का संपर्क जिसे मिल गया है, स्वजन-परिजन के परिहास की उसे क्या परवाह ?

दुनिया-भर में सर्वश्रेष्ठ तरुण जिस पर रीझ गया है, उसका सारा रोग, सारी पीड़ा नष्ट ही समझो !

कवि जयदेव के कथन से हरि तुम्हारे हृदय में प्रवेश करें ! (पाठकों के प्रति)

●

मनोभवानन्दचन्द्रनानिल
प्रसीद रे दक्षिण मुंच वामतां
क्षणं जगत्प्राण विधाय माधवं
पुरो मम प्राणहरो भविष्यसि।
रिपुरिव सखीसंवासोऽयं शिखीव हिमानिलो
विषमिव सुधारश्मिर्यस्मिन् दुनोति मनोगते
हृदयमदये तस्मिन्नेवं पुनर्बलयते बलात्
कुवलयदृशां वामः कामो निकामनिरंकुशः।
वाधां विधेहि मलयानिल पंचवाण
प्राणान् गृहाण न गृहं पुनराश्रयिष्ये
किं ते कृतान्तभगिनि क्षमया तरंगै
रंगानि सिंच मम शाम्यतु देहदाहः ।

मदन को आनन्दित करनेवाले मलयानिल, मुझ पर तनिक अनुकम्पा करो; क्षण-भर के

लिए कृष्ण की झलक दिखा दो, फिर प्राण भले ही ले लेना।

सखियों के साथ रहना नहीं सुहाता, ठंडी हवा आग जैसी लगती है। चन्द्रकिरण तो बिलकुल जहर-सी मालूम होती है। जिस हरि के कारण हृदय की यह दशा है, ध्यान फिर-फिर उसी पर जाता है ! काम भी कैसा उच्छृंखल होता है !

हे मलयानिल, जो जी में आए कर डालो; हे कामदेव, तुम भी अपने पाँचों तीर चलाकर मेरी जान ले लो—घर तो मैं लौटकर जाती नहीं ! यमुना, तू यमराज की सगी बहन है; अपनी तरंगों से सदा के लिए मेरी जलन बुझा डाल !

●

प्रातर्नीलनिचोलमच्युतमुरः सम्वीतपीतांशुकं
राधायाश्चकितं विलोक्य हसति स्वैरं सखीमंडले
ब्रीडाचंचलमंचलं नयनयोराधाय राधानने
स्मेरस्मेरमुखोऽयमस्तु जगदानन्दाय नन्दात्मजः।

इति श्रीगीतगोविन्द महाकाव्ये विप्रलब्धावर्णने नागरनारायणो नाम
सप्तमः सर्गः

एक बार प्रातःकाल (रात भर साथ रहने के बाद) नीली चोली पहनकर कृष्ण निकले और पीतांबर ओढ़कर राधा निकलीं। यह देखकर सखियाँ भभाकर हँसने लगीं। कृष्ण ने चंचल और शर्मीली निगाहों से बार-बार राधा की ओर देखा...स्मितमुख नन्दकिशोर आपको आनन्दित करें !

●

अथ कथमपि यामिनीं विनीयं
स्मरशरजर्जरिताऽपि सा प्रभाते
अनुनयवचनं वदन्तमग्रे
प्रणतमपि प्रियमाह साम्यसूयंः

(भैरवी राग-यति ताल)

रजनिजनितगुरुजागररागकषायितमलसनिमेषं
वहति नयनमनुरागमिव स्फुटमुदितरसाभिनिवेशं
हरि हरि याहि माधव याहि मा वद कैतववादं
तामनुसर सरसीरुहलोचन या तव हरति विषादं
कज्जलमलिनविलोचनचुम्बनविरचितनीलिमरूपं
दशनवसनमरुणं तव कृष्ण तनोति तनोरनुरूपं।

रात बिताकर हरि अब सामने हाज़िर था। अपने अपराधों के लिए बारम्बार क्षमा माँग रहा था। राधा यद्यपि कामाग्नि से विकल थी, उसके मनोरथ खंडित हो चुके थे; फिर भी उसने कृष्ण से ईर्ष्यापूर्वक यह बात कही :

जाओ माधव, जाओ ! यहाँ क्या है तुम्हारा ? क्यों झूठ-मूठ को गिड़गिड़ाते हो ? हे कमलनेत्र, तुम उसी के पास लौट जाओ जो तुम्हारी ग्लानि मिटाया करती है; यहाँ रहकर क्या करोगे ? रात-भर तुम जागे हो, तुम्हारी यह कड़वी और लाल आँखें और बोझिल पलकें कुछ और ही बता रही हैं; लाख छिपाओ, यह तो तुम्हारी सारी पोल खोल रही हैं। होंठ काले पड़ गए हैं–किसी ने कजरारी आँखों से अवश्य ही इन्हें चूम लिया है...पहले देह-भर काली थी, अब तो तुम्हारे गुलाबी होंठ भी स्याह हो रहे हैं...चलो, यह खूब हुआ !

●

वपुरनुहरति तव स्मरसंगरखरनखरक्षतरेखं
मरकतशकलकलितकलधौतलिपेरिव रतिजयलेखं
चरणकमलगलदलक्तकसिक्तमिदं तव हृदयमुदारं
दर्शयतीव वहिर्मदनद्रुमनवकिशलयपरिवारं
दशनपदं भवदधरगतं मम जनयति चेतसि खेदं
कथयति कथमधुनाऽपि मया सहतव वपुरेतदभेदं
बहिरिव मलिनतरं तव कृष्ण मनोऽपि भविष्यति नूनं
कथमथ वंचयसे जनमनुगतमसमशरज्वरदूनं
भ्रमति भवानवलाकवलाय वनेषु किमत्र विचित्रं
प्रश्यति पूतनिकैव वधूवधनिर्दयवालचरित्रं।

नील-मणि पर स्वर्णलिपि की तरह तुम्हारी श्याम देह पर कामिनी के ये नखचिह्न ऐसे लग रहे हैं जैसे कि विजयी मदन के अभिलेख हों ! तुम्हारे वक्षस्थल पर प्रेमिका के महावर-रँगे पैर की छाप है–नहीं, यह हृदयस्थित मदन-तरु का कोमल-अरुण किसलय है जो बाहर भी दिखाई दे रहा है; दाँत-कटे तुम्हारे ये होंठ मुझे व्यथित कर रहे हैं; ठीक ही तो है, हम-तुम 'एक प्राण दो देह' ही तो ठहरे–तभी तो तुम्हारे क्षत अधर की पीड़ा मुझे हो रही है ! निश्चय ही तुम्हारा दिल भी काला होगा; नहीं तो एक संतप्त प्राणी को भला तुम ठगते ही क्यों ? समझ गई, अबलाओं की हत्या के लिए ही जंगल में घूम-फिर रहे हो; बेचारी पूतना को, सुनती हूँ, तुमने मार डाला...स्त्रियों के प्रति तुम्हारे क्या भाव है, अब सभी को यह मालूम हो गया है।

श्री जयदेवभणितरतिवंचितखंडितयुवतिविलापं
शृणुत सुधामधुरं विबुधा विबुधालयतोऽपि दुरापं।

तवेदं पश्यन्त्या : प्रसरदनुरागं बहिरिव
प्रियापादालक्तच्छुरितमरुणच्छायहृदयं
ममाद्य प्रख्यातिप्रणयभरभंगेन कितव
त्वदालोकः शोकादपि किमपि लज्जां जनयति।
अंतर्मोहनमौलिघूर्णनचलन्मन्दारविस्रंसन—
स्तब्धाकर्षणदृष्टिहर्षणमहामंत्रः कुरंगीदृशां
दृप्यद्दानवदूयमानदिविषद्दुर्वारदुःखापदां
भ्रंशः कंसरिपोर्व्यपोहर्तुस वः श्रेयांसि वंशीरवः।

इति श्रीगीतगोविन्द महाकाव्ये खंडितावर्णने विलक्षलक्ष्मीपतिर्नाम
अष्टमः सर्गः

(वंचित राधा के मर्मवेधी विलाप को जयदेव कवि ने इस प्रकार अपनी वाणी द्वारा व्यक्त किया...सहृदय श्रोता इसका आस्वादन करें, स्वर्ग में भी ऐसी अमृतमय वस्तु नहीं मिलेगी।)

बड़े छलिया हो अजी तुम ! उचित था कि इस समय तुम्हें देखते ही मुझे खेद या शोक होता...परंतु नहीं, मैं लज्जा ही अनुभव कर रही हूँ।

(कृष्ण की मुरली-ध्वनि तुम्हारा कल्याण करे; मृगनैनी तरुणियों को मोहित करने का महामन्त्र है वह...उसकी आवाज़ सुनते ही गोपियों का हृदय बेबस और बेचैन हो उठता है, झूमने लगती हैं वे...कानों में लगे पारिजात-पुष्प चू पड़ते हैं....विवेक-शक्ति खो जाती हैं। मुरली की उस ध्वनि की दूसरी विशेषता यह है कि कान में उसके पड़ते ही दृप्त दानव द्वारा निपीड़ित, देवगण अपनी विजय के प्रति आशापूर्ण हो उठते हैं...ऐसे मुरली-ध्वनि श्रोताओं का कल्याण करे !)

तामथ मन्मथखिन्नां रतिरसभिन्नां विषादसम्पन्नां
अनुचिन्तितहरिचरितां कलहान्तरितामुवाच रहः सखी

(रामकिरी राग—यति ताल)

हरिरभिसरति वहति मृदुपवने
किमपरमधिकसुखं सखि भवने

माधवे मा कुरु मानिनि मानमये
ताफलादपि गुरुमतिसरसं
किम विफलीकुरुषे कुचकलसं
कति न कथितमिदमनुपदमचिरं
मा परिहर हरिमतिशयरुचिरं
किमिति विषीदसि रोदिषि विकला
विहसति युवतिसभा तव सकला।

कामातुर, रतिसुख-वंचित, चिन्ताकुल राधिका से एक सखी ने एकांत में कहा—प्यारी, अभी मान का समय नहीं है। हरि स्वयं यहाँ आ पहुँचे हैं...मृदु समीर के हल्के झोंके अंग-अंग को पुलकित कर रहे हैं, इस समय मुँह मत फुलाओ...ताड़-फल जैसे अपने कठिन-उन्नत स्तनों को बेकार मत होने दो। बार-बार मैं समझा रही हूँ, ऐसे भुवनमोहन प्राणवल्लभ को नाराज़ न करो ! वाह! तुम तो बस आँसू ही बहाए जा रही हो; तुम्हारी इस नादानी पर सहेलियाँ हँस रही हैं।

●

सजलनलिनदलशीलितशयने
हरिमवलोकय सफलय नयने
जनयसि मनसि किमिति गुरुखेदं
शृणु मम वचनमनीहितभेदं
हरिरुपयातु वदतु बहु मधुरं
किमिति करोषि हृदयमति विधुरं
श्रीजयदेव भणितमतिललितं
सुखयतु रसिकजनं हरिचरितं

स्निग्धे यत्परुषाऽसि यत् प्रणमति स्तब्धाऽसि यद्रागिणि
द्वेषस्थाऽसि यदुन्मुखे विमुखतां याताऽसि तस्मिन् प्रिये
तद् युक्तं विपरीतकारिणि तव श्रीखंडचर्चाविषं
शीतांशुस्तपनो हिमं हुतवहः क्रीड़ामुदो यातनाः।

सजल कमलों का मृदु मनोरम बिछावन बिछा है, उत्सुक प्रियतम प्रतीक्षा कर रहे हैं—जाओ, अपनी आँखों को जुड़ाओ। बीती बातों को लेकर कलेजा कुरेदने से लाभ ही क्या है ? लली, मान जा मेरा कहा—आज मुरलीमनोहर तेरे अंग-अंग को पुलकित कर देगा, देखना।

(श्री जयदेवकवि-कथित यह हरिचरित रसिक जनों को सुखी करे !)

आज प्राणवल्लभ स्निग्ध है तो तुम रूखी हो गई हो, वह विनम्र हैं तो तुम तन

गई हो, वह अनुरक्त हो उठा है परन्तु तुम्हारा हृदय द्वेष से धधक रहा है...उधर उत्कंठा तो इधर किनाराकशी ! ठीक है बहन, ठीक है। जब वह विमुख था तो तुम्हारे लिए भी यही उलटबाँसी थी...शीतल चन्द्रमा सूर्य बन गया था, बर्फ बन गई थी आग...खेल के सामान काटने दौड़ते थे...।

●

सान्द्रानन्दपुरन्दरादिदिविषद्वृन्दैरमन्दादरा
दानम्रैर्मुकुटेन्द्रनीलमणिभिः सन्दर्शितेन्दीवरं
स्वच्छदं मकरन्दसुन्दरगलन्मन्दाकिनीमेदुरं
श्रीगोविन्दपदारविन्दमशुभस्कन्दाय वन्दामहे।

इति श्रीगीतगोविन्दमहाकाव्ये कलहान्तरितावर्णने मुग्धमुकुन्दो नाम
नवमः सर्गः

इन्द्रादि देवगण असीम आनन्द और संभ्रमपूर्वक जब अपना मस्तक झुकाते हैं तब उनके मुकुट-स्थित नीलमणि जिन पर पड़कर भ्रमर-जैसे मालूम देते हैं और अनन्त प्रवाहमयी मन्दाकिनी जिन्हें प्रतिपल स्निग्ध एवं सजीव बनाए रहती है, श्रीकृष्ण के उन चरण-कमलों की हम वंदना कर लें...हमारा अशुभ दूर हो।

●

अत्रान्तरे मसृणरोषवशामसीम–
निःश्वासनिःसहमुखीं सुमुखीमुपेत्य
सव्रीडमीक्षितसखीवदनां प्रदोषे
सानन्दगद्‌गदपदं हरिरित्युवाच।

(देशवराड़ी राग–अष्ट ताल)

वदसि यदि किंचिदपि दन्तरुचिकौमुदी
हरति दरतिमिरमतिघोरं
स्फुरदधरसीधवे तव वदनचन्द्रमा
रोचयति लोचनचकोरं
प्रिये चारुशीले मुंच मयि मानमनिदानं
सपदि मदनानलो दहति मम मानसं
देहि मुखकमलमधुपानं
सत्यमेवासि यदि सुदति मयि कोपिनी
देहि खरनयनशरघातं।

इतने में सन्ध्या हो गई। रुष्ट राधिका को प्रसन्न करने की इच्छा से हरि निकट आए। वह संकोचपूर्वक सखी की ओर ताक रही थी। कृष्ण ने कहा–

मान छोड़ दो, प्यारी ! अजी, कुछ तो बोलो...तुम्हारे दाँतों की अनूठी झलक घने अंधकार का कलेजा फाड़ दे। तुम्हारा मुखचन्द्र मेरे नयन-चकोरों को अधर-सुधा पीने के लिए बुला रहा है...।

मदनानल हृदय को जलाए जा रहा है, सुमुखि, इसे शीतल करो। यदि सचमुच ही नाराज़ हो तो अपने नाखूनों से मुझे घायल कर डालो।

●

घटय भुजबन्धनं जनय रदखंडनं
येन वा भवति सुखजातं
त्वमसि मम भूषणं त्वमसि मम जीवनं
त्वमसि मम भवजलधिरत्नं
भवतु भवतीहमयि सततमनुरोधिनी
तत्र मम हृदयमतियत्नं
नील नलिनाभमपि तन्वि तव लोचनं
धारयति कोकनदरूपं
कुसुमशरवाणभावेन यदि रंजयसि
कृष्णमिदमेतदनुरूपं
स्फुरतु कुचकुंभयोरुपि मणिमंजरी
रंजयतु तव हृदयदेशं
रसतु रशनाऽपि तव घनजघनमंडले
घोषयतु मन्मथनिदेशं।

बन्दी बना लो मुझे अपने बाहुपाश में आबद्ध करके; लो, ये रहे होंठ, दचक डालो दाँतों से इन्हें–सम्भवतः इसी से तुम्हारा जी भरे। मेरा परिधान, मेरे आभूषण, मेरा जीवन...तुम्हें यदि अपना सर्वस्व कहूँ तो अतिशयोक्ति न समझना इसे। मेरी आन्तरिक अभिलाषा है कि तुम इस दास पर सदा अनुरक्त रहो...नील कमल-सदृश तुम्हारे ये नेत्र लाल-लाल क्यों हो रहे हैं ? अरविन्द कामदेव का अन्यतम तीर है, अपनी काली आँख से अभी यदि वही काम तुम्हें लेना हो तो ठीक है।

तुम्हारे स्तन-कलशों पर मोती का हार शोभित हो...इससे वक्षःस्थल और अधिक आकर्षक लगेगा। कमर में करधनी देखना चाहता हूँ–उसकी मधुर ध्वनि मन्मथ के शासन की घोषणा करे।

●

स्थलकमलगंजनं मम हृदयरंजनं
जनितरतिरंगपरभागं
तव मसृणवाणि करवाणि चरणद्वयं
सरसलसदलक्तकरागं
स्मरगरलखंडनं मम शिरसि मंडनं
देहि पदपल्लवमुदारं
जलति मयि दारुणो मदनकदनानलो
हरतु तदुपाहितविकारं
इति चटुलचाटुपटुचारु मुखैरिणा
राधिकामधि वचनजातं
जयतिपद्मावतीरमणजयदेवकवि
भारतीभणितमतिशातं।

आदेश दो रानी, कि अविलम्ब तुम्हारे इन मनोरम चरण-तलों को महावर से रँग डालूँ—मंजुभाषिणि, यह मदन के बहुत बड़े सहायक हैं।

पल्लव-जैसे मृदु-लोहित अपने पैर मेरे मस्तक पर रक्खो कि काम-विष शान्त हो, कि दग्ध हृदय शीतल हो...रूठी राधिका से कही गई मधुसूदन की ये चटोरी बातें पद्मावती-पति कवि जयदेव द्वारा गाने योग्य छन्द में बाँध दी गई हैं—इनकी जय हो !

●

परिहर कृतातंके शंकां त्वया सततं घन-
स्तनजघनयाऽऽक्रान्ते स्वान्ते परानवकाशिनि
विशति वितनोरन्यो न कोऽपि ममान्तरं
प्रणयिनि परीरंभारंभे विधेहि विधेयतां।
मुग्धे विधेहि मयि निर्दयदन्तदंश-
दोर्वल्लिवन्धनिविडस्तनपीड़तानि
चंडि त्वमेव मुदमंच न पंचवाण-
चांडालकांडदलनादसवः प्रयान्तु।
शशिमुखि तव भाति भंगुरभ्रू-
र्युवजनमोहकरालकालसर्पी
तदुदितभयभंजनाय यूनां
त्वदधरसीधुसुधैव सिद्धमंत्रः।

मेरे मन-प्राण में तुम छाई हुई हो—केवल तुम्हीं। यहाँ किसी अन्य तरुणी के लिए स्थान ही कहाँ है ? हाँ, अनंग है एक भाग्यवान जो इस अन्तरतर में कभी-कभी घुस आता है...प्रेममयि आलिंगन करके मुझे कृतार्थ करो !

मुग्धे, जितनी चाहे सज़ा दो...दाँतों से इन होंठों को क्षत-विक्षत कर डालो...बाहुपाश में कसकर आबद्ध कर लो...कठोर स्तनों से चाँप लो निठुरतापूर्वक मुझे; जैसे भी हो तुम खुश हो लो—कामदेव के तीर से आहत होकर मरना अभीष्ट नहीं...हाँ, तुम चाहो तो मार दो।

चन्द्रमुखी, टेढ़ी-मेढ़ी-सी तुम्हारी ये भौंहें तरुणों को नागिन-सी मालूम पड़ती हैं...इस नागिन का डर दूर करने का बस एक ही उपाय है कि तुम्हारा अधरामृत मिल जाए।

●

व्यथयति वृथा मौनं तन्वि प्रपंचय पंचमं
तरुणि मधुरालपैस्तापं विनोदय दृष्टिभिः
सुमुखि विमुखीभावं तावद्विमुंच न मुंच मां
स्वयमतिशयस्निग्धो मुग्धे प्रियोऽयमुस्थितः।
बंधूकद्युतिबान्धवोऽयमधरः स्निग्धौ मधूकच्छविः
गंडे चंडि चकास्ति नीलनलिनश्रीमोचनं लोचनं
नासाऽभ्येति तिलप्रसूनपदवीं कुन्दाभदन्ति प्रिये
प्रायस्त्वन्मुखसेवया विजयते विश्वं स पुष्पायुधः।
दृशौ तव मदालसे वदनमिन्दुसन्दीपनं
गतिर्जनमनोरमा विजतिरम्भमूरुद्वयं
रतिस्तव कलावती रुचिरचित्रलेखे भ्रुवौ
अहो विवुधयौवनं वहसि तन्वि पृथ्वीगता।

तुम्हारा मौन मुझे व्यथित कर रहा है, तुम तो कोकिल-कंठी ठहरीं। अपने मृदु मधुर आलाप और स्निग्ध दृष्टि से मुझमें जीवन का संचार करो—मुँह फेरकर यों मत बैठो...आज तेरे चरणों पर मैं स्वयं समर्पण बनकर झुक आया हूँ।

पंचवाण को भला और क्या चाहिए ? तुम्हारा मुँह काफी है, इसी से वह सारा संसार जीत लेगा...महुआ-फूल जैसे सरस-स्निग्ध गाल, गुलाब-से होंठ, नील कमल-सी आँखें, तिल के फूल जैसी नाक, दाँत कुन्द सदृश...तुम्हारा चेहरा विश्वविजयी मदन के लिए अमोघ अस्त्र है।

हो तो तुम भूतल पर, मगर लक्षण सारे सुर-सुन्दरी के हैं...अलस मदिर नयन, इन्दु-सा मुख, मनोरम चाल, जाँघ ऐसी कि केले के थंभ शरमा जाए, रति (संभोग-स्थान—योनि से मतलब है) कलामय, भौंहें चित्रलेखा-सी...अप्सरा की कौन-सी विशेषता नहीं है तुममें ?

प्रीतिं वस्तनुतां हरिः कुवलयापीडेन सार्धं रणे
राधापीनपयोधरस्मरणकृत्कुम्भेन संभेदवान्
यत्र स्विद्यति मीलति क्षणमथ क्षिप्ते द्विपे तत्क्षणात्
कंसस्यासमभूज्जितं जितमिति व्यामोहकोलाहलः।

इति श्रीगीतगोविन्दमहाकाव्ये मुग्धमाधवो नाम
दशमः सर्गः

'कुवलयापीड़' कंस का हाथी था। उसने कुवलयापीड़ को भेजा कि कृष्ण को कुचल आओ। कृष्ण ने उसका कुंभस्थल (चौड़ा मस्तक) छुआ तो उन्हें राधा के मांसल-कठिन स्तन याद हो आए। इस स्मृति से उन्हें पसीना आ गया और आँखें झिपने लगीं...फिर कुवलयापीड़ को हरि ने पछाड़ दिया। 'जीत गए, जीत गए'—जन-रव हुआ तो कंस को व्यथा हुई और सर्व-साधारण को खुशी...वह मदनमोहन भगवान् आपकी रक्षा करें !

सुचिरमनुपेन प्रीणयित्वा मृगाक्षी
गतवति कृतवेशे केशवे कुंजशय्यां
रचितरुचिरभूषां दृष्टिमोषे प्रदोषे
स्फुरित निरवसादां काऽपि राधां जगाद।

(वसन्त राग—यति ताल)

विरचित चाटुवचनरचनं चरणे रचितप्रणिपातं
सम्प्रति मंजुलवंजुलसीमनि केलिशयनमनुयातं
मुग्धे मधुमथनमनुगतमनुसर राधिके !
घनजघनस्तनभारभरे दरमन्थरचरणविहारं
मुखरितमणिमंजीरमुपैहि विधेहि मरालनिकारं
शृणु रमणीयतरं तरुणीजनमोहनमधुरिपुरावं
कुसुमशरासनशासनवन्दिनि पिकनिकरे भज भावं।

बहुत अनुनय-विनय करके हरि ने प्रियतमा को मना लिया। तब आप जाकर पल्लवों के बिस्तरे पर लेट गए। सान्ध्य अन्धकार के उन क्षणों में किसी सखी ने प्रमुदित राधिका से कहा :

प्रिय सखी, मदनमोहन अभी तुम्हारे हाथ में है, उसकी आशा पूरी करो। तुम्हें

मनाने में एक भी मीठे शब्द को नहीं छोड़ा उसने...यहाँ तक कि पैरों पर गिर पड़ा। और, अब कुंज-कुटी के भीतर जाकर तुम्हारी प्रतीक्षा में बैठा है; जाओ उसका परिताप शान्त करो।

पीत-उन्नत स्तनोंवाली राधे, मृदु-मंथर गति से कुंज-भवन के भीतर जाओ; तुम्हारी पैंजनियों के मणि मुखरित हो उठें, जिन्हें सुनकर तरुणियाँ मोहित हो जाती हैं, मुरारी के वे शब्द सुनकर अपने कानों को सफल करो। कोकिल कामदेव की महिमा गा रहे हैं, उनका मतलब तुम्हें समझना चाहिए।

●

अनिलतरलकिसलयनिकरेण करेण लतानिकुरम्बं
प्रेरणमिव करभोरु करोति गतिं प्रति मुंच विलम्बं
स्फुरितमनंगतरंगवशादिवसूचितहरिपरिरम्भं
पृच्छ मनोहरहारविमलजल धारममुं कुचकुम्भं
अधिगतमखिलसखीभिरिदं तव वपुरपि रतिरणसज्जं
चंडि रणितरथनाखडिंडिममभिसर सरसमलज्ज
स्मरशरसुभगनखेन करेण सखीमवलम्ब्य सलीलं
चलवलयक्वणितैखरोधय हरिमपि निजगतिशीलं
श्रीजयदेवभणितमधरीकृतहारमुदासितवामं
हरिविनिहितमनसामधितिष्ठतु कंठतटीमविरामं
सा मां द्रक्ष्यति वक्ष्यति स्मरकथां प्रत्यंगमलिंगनैः
प्रीतिं यास्यति रंस्यते सखि समागत्येति संचिन्तयन्
स त्वाम्पश्यति वेपते पुलकयत्यानंदति स्विद्यति
प्रत्युद्गच्छति मूर्च्छति स्थिरतमः पुंजे निकुंजे प्रियः।

अनिल-चालित लताएँ भी तुम्हें मान-भंजन का संकेत कर रही हैं, देर क्यों करती हो ? इन बातों पर विश्वास न हो तो अपने स्तन-कलशों से ही पूछ लो न, वह बतला देंगे। जलधार की भाँति निर्मल और उन्मद मदन द्वारा तरंगित तुम्हारे ये स्तन हरि का आलिंगन चाहते हैं...सखियों ने सारा भेद मालूम कर लिया है—तुम्हारा अंग-अंग मदन-युद्ध के लिए फड़क रहा है, शरमाने की क्या ज़रूरत है ? मुखरित करधनी ज़ोर-ज़ोर से समर की घोषणा कर रही है। पाँचों अँगुलियों के तुम्हारे नाखून काम के पाँच तीर हैं, कंगन नगाड़े का काम देंगे...चलो, कृष्ण पर चढ़ाई कर दो।

(जयदेव कवि की यह सूक्ति कंठहार से भी अधिक सुन्दर है, रमणी से भी अधिक मनोरम है—यह सदैव सज्जनों के गले का आभूषण बनी रहे।)

निर्जन और तमसावृत्त कुंज में, राधे, हरि तुम्हारी प्रतीक्षा बड़ी बेचैनी से कर रहा है...वह सोच रहा होगा—प्रियतमा मुझे जब देखेगी तो एक-एक अंग का आलिंगन

करेगी...हम असीम आनन्द का उपभोग करेंगे...अब क्षण-भर का विलंब न करो—कम्पन, रोमांच, स्वेद, मूर्च्छा...क्या नहीं हो रहा है उसे, बड़ा ही बुरा हाल है उसका।

●

अक्ष्णोर्निक्षिपदंजनं श्रवणयोस्तापिंछगुच्छावलीं
मूर्ध्नि श्यामसरोजदाम कुचयोः कस्तूरिकापत्रकं
धूर्तानामभिसारसत्वरहृदां विष्वङ निकुंजे सखि
ध्वान्तं नीलनिचोलचारु सुदृशां प्रत्यंगमालिंगति।
काशमीरगौरवपुषामभिसारिकाणा
माबद्धरेखमभितो रुचिमंजरीभिः
एतत्तमालदलनीलतमं तमिस्रं
तत्प्रेमहेमनिकषोपलतां तनोति
हारावलीतरलकांचनकांचिदाम
मंजीरकंकणमणिद्युतिदीपितस्य
द्वारे निकुंजनिलयस्य हरिं विलोक्य
व्रीड़ावतीमथ सखीमियमित्युवाच

आँखों में अंजन है, कानों में तमाल-पत्र के गुच्छे। सिर पर नील-कमलों की माला लपेट रखी है। स्तन कस्तूरी-रस से चित्रित हैं, नीली साड़ी और चोली भी नीली—चतुर अभिसारिकाओं का एक भी अंग नहीं बचा जिसे अन्धकार ने आलिंगित न किया हो !

कुंकुम का अनुलेप समूची देह में है, गोराई चौगुनी बढ़ गई है। अभिसारिकाओं की सुनहली शरीर-कांति से भास्वर होकर काला अंधकार कसौटी जैसा लगता है—ऐसी कसौटी कि जिस पर सोने की परख के निशान पड़े हों।

मोती के हार, सोने की मेखला (करधनी), पैंजनियों के मणि...कुंजकुटी का द्वार जगमगा उठा। वहाँ हरि को उपस्थित देख राधा लजा गई। तब सखी ने कहा :

●

(देशवराड़ी राग—रूपक ताल)
मंजुतरकुंजतलकेलिसदने
प्रविश राधे माधवसमीपमिह
विलस रतिरभसहसितवदने
नवभवदशोकदलशयनसारे।
प्रविश राधे माधवसमीपमिह
विलस कुचकलशतरलहारे

कुसुमचयरचितशुचिवासगेहे
प्रविश राधे माधवसमीपमिह।
विलस कुसुमकुमारदेहे
चल मलयपवनसुरभिशीते
प्रविश राधे माधवसमीपमिह।
विलस रतिवलितललितगीते

राधे, अन्दर जाओ माधव के पास...कुंज का यह केलि-भवन कितना सुन्दर है ! आनन्द करो, संभोग-सुख से तुम्हारा चेहरा चमक उठे।

अशोक के नए पल्लवों का मुलायम बिछावन है, तुम्हारी छाती धड़क रही होगी--हार हिल रहे हैं...जाओ प्यारी, अन्दर जाओ !

तुम फूल से भी अधिक कोमल हो, कुंज-भवन भी फूलों से भरा है...जाओ लली, अन्दर, प्रियतम के निकट।

शीतल सुरभित मृदु मन्द समीर चल रहा है, अनुराग से मुखरित तुम्हारा अन्तरतर संगीतमय हो रहा होगा...जाओ राधे, अन्दर माधव के पास।

●

विततबहुवल्लिनपल्लवधने
प्रविश राधे माधवसमीपमिह।
विलस चिरमिलितपीनजधने
मधुमुदितमधुपकुलकलितरावे
प्रविश राधे माधवसमीपमिह।
विलस मदनरसरसभावे
मधुतरपिकनिकरनिनदमुखरे
प्रविश राधे माधवसमीपमिह।
विलस दशनरुचिरुचिरशिखरे
विहितपद्मावतीसुखसमाजे
कुरु मुरारे मंगलशतानि
भणित जयदेवकविराजराजे।
त्वां चित्तेन चिरं वहन्नयमतिश्रान्तोःभृशं तापितः
कन्दर्पेण च पातुमिच्छति सुधासम्बाधविम्बाधरं
अस्यांकं तदलंकुरु क्षणमिह भ्रुक्षेपलक्ष्मीलव–
क्रीते दास इवोपसेवितपदाम्भोजे कुतः सम्भ्रमः।

तुम्हारा निम्न कटि-भाग मादक और मांसल है, जाओ, राधे अन्दर ! आनन्द करो कृष्ण के साथ...!

मदन देवता ने तुम्हारे चित्त को सरस कर रखा है—केलि-भवन मकरन्द लोभी भ्रमरों से मुखरित है। क्यों करती हो देर ? जाओ सखी अन्दर...!

मोती जैसे दाँतों की स्वच्छ आभा से तुम्हारा मुँह उद्‌भासित हो रहा है...कोयल की 'कुहू-कुहू' ने वातावरण को मर्मवेधी बना दिया है, जाओ प्यारी, अपने प्रियतम के पास...!

(पद्‌मावती-पति कवि जयदेव कहते हैं—हे माधव, सब का कल्याण करो !)

तुम्हारा अनुचिन्तन करते-करते हरि का मन श्रान्त हो गया है। कामदेव ने अपनी ज्वालाओं से उसे सन्तप्त कर दिया है...तुम्हारे अमृतमय होंठ ही अब उसे शान्त कर सकते हैं, अरे जाकर क्षण-भर तो बेचारे की गोद में बैठो...बाँकी भौंहों और तिरछी चितवनों से तुमने उसे अपना गुलाम बना लिया है; फिर भी विश्वास नहीं होता ?

●

सा ससाध्वससानदन्दं गोविन्दे लोललोचना
शिंजानमंजुमंजीरं प्रविवेश निवेशनं।

(बराड़ी राग—रूपक ताल)

राधावदनविलोकनविकसितविधिविकारविभंगं
जलनिधिमिव विधुमंडलदर्शनतरलिततुंगतरंगं
हरिमेकरसं चिरमभिलषितविलासं
सा ददर्श गुरुहर्षवशंवदवदनमनंगविकाशं
हारममलतरतारमुरसि दधतं परिलम्ब्य विदूरं
स्फुटतरफेनकदम्बकरम्बितमिव यमुनाजलपूरं
श्यामलमृदुलकलेवरमंडलमधिगतगौरदुकूलं
नीलनलिनमिव पीतपरागपटलभरवलयितमूलं
तरलदृगंचलचलनमनोहरवदनजनितरतिरागं
स्फुटकमलोदरखेलितखंजनयुगमिव शरदि तडागं
वदनकमलपरिशीलनमिलितमिहिरसमकुंडलशोभं
स्मितरुचिरुचिरसमुल्लसिताधरपल्लवकृतरतिलोभं

तब गोविन्द की ओर तिरछी निगाह से राधा ने देखा, प्रसन्न मन से कुंज-भवन के भीतर गई। पैंजनियों से 'रुनझुन-रुनझुन' आवाज़ आ रही थी।

वहाँ उसने आतुर हरि को देखा।

राधा को देखते ही उसका मुखचन्द्र विकसित हो उठा, प्रसन्नता की रेखाएँ होंठों पर उभर आईं। पूर्णिमा को चन्द्रमा का अवलोकन करके समुद्र पागल हो उठता है, वही हाल था कृष्ण का।

श्यामल वक्ष पर हार शोभित थे मानो यमुना के पानी पर झाग हों...साँवलिया बिहारी ने उस समय पीली शॉल डाल रखी थी कंधों पर...पीले पराग से भूषित नील-कमल का भ्रम होता था।

मदनमोहन की तरल आँखें बड़ी भली लग रही थीं–शरद् ऋतु का नीला आसमान...परछाईं से नीला तालाब...खिले हुए कमलों पर खेलने वाला खंजनों का जोड़ा !

कुंडलों के बहाने कानों में दो बाल-रवि लटका रखे थे कि इनसे मुखकमल सदैव विकसित रहेगा...मुस्कान से उद्दीपित अधर रति रानी के लिए भी प्रलोभन था।

●

शशिकिरणच्छुरितोदरजलधरसुन्दरकुसुम केशं
तिमिरोदितविधुमंडलनिर्मलमलयजतिलकनिवेशं
विपुलपुलकभरदन्तुरितं रतिकेलिकथाभिरधीरं
मणिगणकिरणसमूहसमुज्ज्वलभूषणसुभगशरीरं
श्रीजयदेवभणितविभवद्विगुणीकृतभूषणभारं
प्रणमत हृदि विनिधाय हरिं सुचिरं सुकृतोदयसारं।

अतिक्रम्यापांगं श्रवणपथपर्यन्तगमन–
प्रयासेनैवाक्ष्णोस्तरलतरतारं पतितयोः
तदानीं राधायाः प्रियतमसमालोकसमये
पपात स्वेदाम्बुःप्रसर इव हर्षाश्रुनिकरः

भजन्त्यास्तल्पान्तं कृतकपटकंडूतिपिहित–
स्मितं याते गेहाद्बहिरवहितालीपरिजने
प्रियास्यं पश्यन्त्याः स्मरशरसमाकूतसुभगं
सलज्जा लज्जाऽपि व्यगमदतिदूरं मृगदृशः

फूलों से सजी जुल्फें हैं या चन्द्रकिरणों से युक्त बादल–निश्चय करना कठिन था। ललाट पर टीका था जो खूब ही फब रहा था। काम-केलि के लिए अंग-अंग अधीर हो रहा था, रोमांच का अन्त नहीं...आभूषण के मणि जगमगा रहे थे।

(जयदेव की कविता से हरि के अलंकारों की शोभा दुगुनी हो गई है...ध्यानस्थ होकर भगवान को प्रणाम करो !)

प्रियतम पर दृष्टि पड़ते ही राधा के हर्ष के आँसू निकले–नहीं, नेत्र अपने

सीमान्त पार कर कानों तक जा पहुँचे, इसमें चंचल पुतलियों को कड़ी मेहनत करनी पड़ी—ऐसी कि पसीना आ गया !

श्रीमती वृषभानुदुलारी प्राणवल्लभ के बिछावन के बिलकुल निकट जा पहुँचीं तो सखियाँ बाहर निकल गईं—कनपटी नहीं खुजलाने लगतीं तो हँसी का छिपाना असम्भव होता। मृगनैनी ने फिर प्रियतम की ओर देखा तो लज्जा दूर हुई।

●

जयश्रीविन्यस्तैर्महित इव मन्दारकुसुमैः
स्वयं सिन्दूरेण द्विपरणमुदा मुद्रित इव
भुजाऽऽपीड़क्रीड़ाहतकुवलयापीड़करिणः
प्रकीर्णासृग्विन्दुर्जयति भुजदंडो मुरजितः।

इति श्रीगीतगोविन्दमहाकाव्ये अभिसारिकावर्णने सानन्दगोविन्दो नाम एकादशः सर्गः

(हरि के आरक्त विशाल बाहु की जय हो...कुवलयापीड़ को जब पछाड़ दिया था तब उसके खून की कुछ बूँदें छिटककर इन बाँहों पर आ पड़ी थीं...ऐसा भी हो सकता है कि उस पागल हाथी से कुश्ती लड़ने जाते समय प्रथानुसार स्वयं ही बाँहों में सिन्दूर मल लिया हो...या विजयी होने पर जयश्री ने मंदार के रँगीले फूल इन पर बिखेर दिए हों...!)

●

गतवति सखीवृन्दे मन्दत्रपाभरनिर्भर—
स्मरशरवशाकूतस्फीतस्मितस्नपिताधरां
सरसमन संदृष्ट्वा राधां मुहुर्नवपल्लव—
प्रसवशयने निक्षिप्ताक्षीमुवाच हरिः प्रियां।

(विलास राग—एकताली ताल)

किशलयशयनतले कुरु कामिनि चरणनलिनविनिवेशं
तव पदपल्लववैरि पराभवमिदमनुभवतु सुवेशं
क्षणमधुना नारायणमनुगतमनुभज राधिके
करकमलेन करोमि चरणमहमागभिमाऽसि विदूरं
क्षणमुपकुरु शयनोपरि मामिव नूपुरमनुगतिशूरं
वदनसुधानिधिगलितममृतमिव रचय वचनमनुकूलं
विरहमिवाऽपनयामि पयोधररोधकमुरसि दुकूलं
प्रियपरिरम्भणरभसवलितमिव पुलकिमतिदुरवापं
मदुरसि कुचकलसं विनिवेशं शोषय मनसिजतापं।

सखियाँ बाहर चली गईं। शरमीली राधा का मुखमंडल भावावेश से अनुरंजित हो उठा। होंठों पर मुस्कुराहट खेल रही थी। आँखें पल्लवशय्या में अटक रही थीं। प्रियतमा की यह स्थिति देखकर मुरली-मनोहर ने कहा :

क्षण-भर के लिए मुझ पर कृपा करो...प्यारी, इस बिछावन पर अपने चरण-कमल रखो। पल्लवों की लाली और नरमी का घमंड चूर-चूर कर दो। दूर से चलकर आई हो, लाओ, इन पैरों को चाँपूँ—नूपुरों की भाँति मुझे भी अपने चरणों का दास समझना।

तुम्हारा मुँह सुधानिधि चन्द्रमा है, बोलोगी तो निश्चय ही अमृत चुएगा...यह लो, छाती पर से ओढ़नी हटा देता हूँ—स्तन क्यों ढँके रहेंगे ? आओ प्रिये, मेरे सीने से इन्हें सटा लो...जलन को शान्त करने का और दूसरा उपाय ही क्या है !

●

अधरसुधारसमुपनय भामिनि जीवय मृतमिव दासं
त्वयि विनिहितमनसं विरहानलदग्धवपुषमविलासं
शशिमुखि मुखरय मणिरशनागुणमनुगुणकंठनिनादं
श्रुतिपुटयुगले पिकरुतविकले शमय चिरादवसादं
मामति विफलरुषा विकलीकृतमवलोकितमधुनेदं
मीलति लज्जितमिव नयनं तव विरम विसृज रतिखेदं
श्रीजयदेवभणितमिदमनुपदनिगदितमधुरिपुमोदं।
जनयतु रसिकजनेषु मनोरमरतिरसभावविनोदं
प्रत्यूहः पुलकांकुरेण निविडाश्लेषे निमेषेण च
क्रीडाकूतविलोकनेऽधरसुधापाने कथानर्मभिः
आनन्दाधिगमेन मन्मथकलायुद्धेऽपि यस्मिन्नभू
दुद्भूतः स नयोर्बभूव सुरतारम्भः प्रियम्भावुकः।

जाने कब से बेसुध पड़ा हूँ, इन होंठों को चूस लोगी तो मेरी रग-रग में नई चेतना प्रवाहित होने लगेगी...इस दास का दग्ध हृदय रात-दिन तुम्हारी अनुचिन्ता में निमग्न रहता है। अपनी करधनी की मधुर ध्वनि से इन प्यासे कानों को परितृप्त कर दो। बिना कारण तुम नाराज हो गई थीं, मेरी बेचैनी की भी क्या कोई हद थी ? इसी से अभी तुम्हारी शरमीली आँखें झिप रहीं...आओ, कामकेलि आरम्भ करें।

(मुरारि की प्रसन्नता का यह गीत जयदेव कवि ने अपने शब्दों में गुम्फित किया है...इससे रसिकों का मनोविनोद हो !)

अब दोनों का चिर-समीहित संभोग-सुख आरम्भ हुआ। रोमांच ने आलिंगन में विघ्न पैदा किया; पलकों ने विलोकन में बाधा पहुँचाई, चुम्बन में बातचीत ने। मैथुन में आनन्द क्षण की शीघ्र प्राप्ति उन्हें अच्छी न लगी...परन्तु यह सब आखिर उनको खूब पसन्द आया।

●

दोर्भ्यां संयमितः पयोधरभरेणाऽऽपीड़ितः पाणिजै-
राविद्धो दशनैः क्षताधरपुटः श्रोणीतटेनाहतः
हस्तेनाऽऽनमितः कचेऽधरसुधापानेन सम्मोहितः
कान्तः कामपि तृप्तिमाप तदहो कामस्य वामा गतिः
मारांके रतिकेलसंकुलकथारम्भे तया साहस-
प्रायं कान्तजयाय किंचिदुपरि प्रारम्भि यत्सम्भ्रमात्
निष्पन्दा जघनस्थली शिथिलिता दौर्वल्लिरुत्कम्पतं
वक्षो मीलितमक्षि पौरुषरसः स्त्रीणां कुतः सिद्धयति
मीलदृष्टि मिलत्कपोलपुलकं शीत्कारधारावशाद्-
अव्यक्ताऽऽकुलकेलिकाकुविलसद्दन्तांशुधौताधरं
श्वासोन्नद्धपयोधरोपरिपरिष्वंगी कुरंगीदृशो
हर्षोत्कर्ष विमुक्तिनिःसहतनोर्धन्यो धत्याननम्।

राधा ने कृष्ण से अच्छा बदला लिया! बाँहों में ज़ोर से कस लिया। कठोर स्तनों से देर तक दाबे रही। नखों से छत-विक्षत कर दिया। दाँतों से होंठ काट लिए। कमर से करारी चोट दी। हाथों से पकड़कर जुल्फें खींचीं...और कितने आश्चर्य की बात है कि गोपीरमण इससे बहुत ही प्रसन्न हुए ! कामदेव की लीला अपरम्पार है...!

आरम्भ में वृषभानुदुलारी ने साहस किया। उसे पूर्ण विश्वास था कि मदन-युद्ध में मधुसूदन को अवश्य पछाड़ देगी...परन्तु कुछ ही देर बाद उसकी कमर अचल हो गई, बाँहें ढीली पड़ गईं, सीना धड़कने लगा, आँखें मुँद गईं...ठीक तो है, मर्दों का सामना औरतें भला कब तक करेंगी !

मुँदी आँखें। पुलकित कपोल। संभोग के अन्तिम क्षणों में अनुकूल पीड़ा से लगातार सी-सी करते रहने पर कुछ खुला मुँह—दन्तप्रभादीप्त मृगलोचना का मुखमंडल ऐसा हो रहा था उस समय। दम फूलने से स्तनों का परिवेश भी घट-बढ़ रहा था। उन पर चिपटे पड़े कृष्ण अतृप्त होकर प्राणवल्लभा का अधरपान कर रहे थे...मदनमोहन, तुम धन्य हो !

●

तस्याः पाटलपाणिजांकितमुरो निद्राकषाये दृशौ
निर्धौतोऽधरशोणिमा विलुलिताः स्रस्तस्रजो मूर्द्धजाः
कांचीदाम दरश्लथांचलमिति प्रातर्निखातैदृशौः
एभिः कामशरैस्तदद्भुतमभूत् पत्युर्मनः कीलितं
व्यालोलः केशपाशस्तरलितमलकैः स्वेदलोलौ कपोलौ

स्पष्टा दष्टाधरश्रीः कुचकलसरुचा हारिता हारयष्टिः
कांची कांचिद् गताशां स्तनजघनपदं पाणिनाऽऽच्छाद्य सद्यः
पश्यन्ती सत्रपं मां तदपि विलुलितस्रग्धरेयं धिनोति
इति मनसा निगदन्तं सुरतान्ते सा नितान्तखिन्नांगी
राधा जगाद सादरमिदमानन्देन गोविन्दम्।

(रामकिरी राग—यति ताल)
कुरु यदुनन्दन चन्दनशिशिरतोरेण करेण पयोधरे
मृगमदपत्रकमत्र मनोभवमंगलकलससहोदरे
निजगाद सा यदुनन्दने क्रीडति हृदयानन्दने

लाल नखों से चिह्नित छाती। अन्निद्र आँखें। फीके होंठ। बिखरे बाल। ढीली-ढाली साड़ी...राधा को इस मुद्रा में पाकर हरि के नेत्र घायल हो गए—हृदय छटपटाने लगा (क्या बात है ! घायल हुई आँखें, तड़पा दिल !)।

शिथिल कवरी...खुली लटें...तर गाल...कटे होंठ...निष्प्रभ स्तन...खिसकी मेखला... नग्न होने के कारण छाती और नाभि की निचली जगह को हाथों से ढँक लिया गया है—कितनी आकर्षक है प्रियतमा की यह भूमिका !

संभोग के पश्चात् मन ही मन कृष्ण यही सब सोच रहे थे कि राधा ने कहा—स्तन पर कस्तूरी-रस से लता-पत्र अंकित थे, वे पुँछ गए हैं। अपने मृदु-शीतल हाथों से तुम इन पर फिर चित्र बना दो।

●

अलिकुलगंजनसंजनकं रतिनायकशायकमोचने
त्वदधरचुम्बनलम्बितकज्जलमुज्वलय प्रियलोचने
नयनकुरंगतरंगविलाशनिराशकरे श्रुतिमंडले
मनसिजपाशविलासधरे शुभवेश निवेशय कुंडले
भ्रमरचयं रचयन्तमुपरि रुचिरं सुचिरं मम संमुखे
जितकमले विमले परिकर्मय नर्मजनकमलकं मुखे
मृगमदरसवलितं ललितं कुरु तिलक मलिकरजनीकरे
विहितकलंककलं कमलानन विश्रमितश्रमशीकरे
मम रुचिरे चिकुरे कुरु मानद मानसजध्वजचामरे
रतिगलिते ललिते कुसुमानि शिखंडिशिखंडकडामरे
सरसघने जघने मम शम्बरदारणचारणकन्दरे
मणिरशनावशनाभरणानि शुभाशम वासय सुन्दरे।

चूम-चूमकर आँखों के काजल को तुमने फीका कर डाला है, उसे फिर से ठीक कर दो। कानों के मणिकुंडल अपनी जगह से हट गए हैं, अच्छी तरह पहना दो। लटें बिखर गई हैं, इन्हें सँवारना होगा। ललाट पर कस्तूरी का काला टीका था, पसीना से धुल गया है; भली भाँति पोंछकर दुबारा तिलक कर दो। जूड़ा खुल गया है, वेणी शिथिल हो गई है—इनमें फूल गुँथे थे; तुम तो सब जानते हो...बाँध तो दोगे ही। मणि-मेखला खिसक गई है, उसे कमर में फिर से डाल दो...!

●

श्री जयदेववचसि जयदे हृदयं सदयं कुरु मंडने
हरिचरणस्मरणामृतकृतकलिकलुषज्वरखंडने
रचय कुचयोः पत्रं चित्रं कुरुष्व कपोलयोः
घटय जघनं कांचीं अंच स्रजा कबरीभरं
कलय वलयश्रेणीं पाणौ पदे कुरु नूपुरौ
इति निगदितः प्रीतः पीताम्बरोऽपि तथाऽकरोत्
पर्यंकीकृतनागनायक फणाश्रेणीमणीनां गणे
संक्रांतप्रतिबिम्बसम्बलनया विभ्रद्विभूपक्रियां
पादाम्भोरुहधारिवारिधिसुतामक्ष्णां दिदृक्षुः शतैः
कायव्यूहविचारन्नुपचिताभूतो हरिः पातु वः।
त्वामप्राप्य मयि स्वयम्बरपरां क्षीरोदनीरोदरे
शंके सुन्दरि कालकूटमपिवन्मूढ़ो मृड़ानीपतिः
इत्थं पूर्वकथाभिरन्यमनसो निक्षिप्य वक्षोंऽचलं
राधायाः स्तनकोरकोपरि मिलन्नेत्रो हरिः पातु वः

(श्री जयदेव की मधुर वाणी पर ध्यान दो—हरि का स्मरण कलिकलुष का अपहरण करता है।)

पीताम्बर हरि ने प्रियतमा की इच्छा के अनुसार फिर से उसका शृंगार कर दिया...राधा को अपने सौभाग्य पर अभिमान हुआ।

शेषशय्या पर लेटते समय भगवान् की परछाईं से हज़ार-फनों के मणि जगमगा उठे...चरणसेविका लक्ष्मी को दस सौ आँखों से देखने की अभिलाषा ही मानो यह विराट् रूप धारण कर रही थी...ऐसे लक्ष्मीनारायण आपकी रक्षा करें !

मथते वक्त क्षीरसागर से तुम निकलीं। स्वयंवर हुआ तो तुमने मुझे मनोनीत किया। सम्भवतः इसी से हताश होकर शंकर ज़हर पी गए—इस प्रकार कृष्ण राधा को अतीत-कथा सुना रहे थे और वह मुग्ध होकर सुन रही थीं कि इतने में चट से हरि ने वृषभानुदुलारी की छाती को उघाड़ दिया और अम्बियों-से उठे स्तनों पर निगाहें गड़ा दीं...वह हरि आप सबकी रक्षा करें !

●

यद् गान्धर्वकलासु कौशलमनुध्यानं च यद् वैष्णवं
यत् शृंगारविवेकतत्वमपि यत् काव्येषु लीलायितं
तत् सर्व जयदेवपंडितकवेः कृष्णैकतानात्मनः
सानन्दाः परिशोधयन्तु सुधियः श्रीगीतगोविन्दतः
साध्वी माध्वीकचिन्ता न भवति भवतः शर्करे कर्कराऽसि
द्राक्षे द्रक्ष्यन्ति के त्वां अमृत मृतमसि क्षीर नीरं रसस्ते
माकन्द क्रन्द कान्ताऽधर धरणितलं गच्छ यच्छन्ति यावद्
भावंशृंगारसारस्वतमिह जयदेवस्य विष्वग्वचांसि।

श्री भोजदेवप्रभवस्य वामा-
देवीसुतस्य श्रीजयदेवकस्य
पराशरादिप्रियवन्धुकंठे
श्रीगीतगोविन्दकवित्वमस्तु।

इति श्री जयदेवकृतौ गीतगोविन्दे महाकाव्ये सुप्रीतपीताम्बरो नाम
द्वादशः सर्गः

संगीतकला में निपुणता। वैष्णव भावना का प्राबल्य। शृंगार तत्त्वों का परिज्ञान। काव्य का चमत्कार–यह सभी गुण सज्जनों को एक ही जगह कृष्ण-भक्त कवि जयदेव के 'गीत-गोविन्द' में मिलेंगे।

धराधाम पर जब तक कवि जयदेव की सरस सूक्तियाँ विद्यमान हैं तब तक हे मधु, कौन तेरा खयाल करेगा ? मिस्री और चीनी को तब तक कौन पूछेगा ? दाख, तेरी तरफ तो कोई देखेगा तक नहीं ! अमृत, तू अपने को मरा समझ ! दूध, तेरी क्या बात है, तू तो पानी ही ठहरा !

आम, तू तो रोता ही फिरेगा ! रमणी के होंठ तुम्हारी आवश्यकता नहीं, पाताल-प्रवेश करो !

भोज थे पिता, वामा थी माँ...केन्दुविल्व गाँव में निवास था...स्त्री का नाम पद्मावती। जयदेव का यह 'गीतगोविन्द' काव्य पराशर आदि प्रिय बन्धुओं को समर्पित है, वे लोग उसे गाएँ...!

●●●

नागार्जुन रचनावली - 4

[उपन्यास]

वह जान-बूझकर थोड़ी देरकेलिए चुप रहा। प्रकट तौरपर रंजनासे उस प्रकारकी बातें पद्मकांतके सामने कैसे करता भला! वह भी समझ रही थी कि पद्मकांतके अंदर टीपूके बारेमें कोई खास दिलचस्पी नहीं है। उसकेलिए तो बस अपनी जीजीकी सास थी, जो संयोगवश हजारीबाग पहुँच गई थी... जीजाकी माँका आतिथ्य पद्मकान्तको करना था, सो वह भली भाँति कर रहा था। टीपू तो उसकी नजरमें 'एक पथभ्रष्ट युवक' था। रंजना यहाँ न होती तो पद्मश्री को टीपूकी यादतक न आती।

बहूने इशारेसे रंजनाको अंदर बुला लिया। वह जानना चाहती थी कि चाचाजी नाश्तेमें क्या लेना चाहेंगे... अब तो आ ही रहे होंगे!

रंजना बोली—"वह नहीं आ रहे हैं, मैं ही उधर जा रही हूँ। मेरेलिए खाली चाय तैयार करो..."

"वह कैसे होगा?" बहूने आँखें फैलाकर कहा—"मैं आपकेलिए बथुएकी कचौड़ी तल रही हूँ..."

"मेरी तो जरा भी इच्छा नहीं है। न मानोगी, तोड़कर एक टुकड़ा ले लूँगी। लेकिन वह तो नहीं आयेंगे,

भरतपुरा-अंचलका यादव विधायक पहली बार दलके टिकटपर चुना गया था। संविद (संयुक्त विधायक दल)-मंत्रिमंडलमें वह मिनिस्टर बना। संविद टूटनेपर उसने दो बार दल बदले। बीचमें उपमंत्री रहा, बादमें राज्य मंत्री। गाँजाके तस्कर व्यापारियोंका एक गिरोह नाव-समेत पकड़ा गया तो उसीकी दौड़-धूपसे सकुशल छूट गया... हरिनाथ इन दिनों उसका पक्षधर नहीं थे, उनकी सांठगांठ अब स्वतंत्र पार्टीवाले एक वकीलसे थी, जो दो बार एलेक्शन हारनेपर भी निरुत्साहित नहीं हुआ था।

नागार्जुन रचनावली

4

सम्पादन-संयोजन

शोभाकान्त

राजकमल प्रकाशन
नयी दिल्ली पटना

मूल्य : ₹ 5500
सात खंडों का सम्पूर्ण सेट

पहला संस्करण : 2003
पहली आवृत्ति : 2011

प्रकाशक : राजकमल प्रकाशन प्रा. लि.
1-बी, नेताजी सुभाष मार्ग
नई दिल्ली-110 002

शाखाएँ : अशोक राजपथ, साइंस कॉलेज के सामने, पटना-800 006
पहली मंजिल, दरबारी बिल्डिंग, महात्मा गांधी मार्ग, इलाहाबाद-211 001

वेबसाइट : www.rajkamalprakashan.com
ई-मेल : info@rajkamalprakashan.com

आवरण-चित्र : अशोक महेश्वरी

मुद्रक : बी.के. ऑफसेट
नवीन शाहदरा, दिल्ली-110 032

NAGARJUN RACHANAVALI-4
Edited by Shobha Kant

ISBN : 978-81-267-2151-1

यह खंड

सन् 1939 ई. के मार्च में राहुल सांकृत्यायन और नागार्जुन अमबारी में किसान आन्दोलन का नेतृत्व करने के कारण गिरफ्तार कर छपरा जेल में रखे गए थे। नागार्जुन की यह पहली जेल-यात्रा थी। राहुलजी उस समय तक कई बार जेल जा चुके थे। जेल में वे अपने समय का उपयोग लिखाई के लिए किया करते। अकसर 'डिक्टेशन' देकर लिखवाते। इस जेल-यात्रा में राहुलजी ने अपना उपन्यास 'जीने के लिए' नागार्जुन को डिक्टेशन देकर लिखवाना शुरू किया। सम्भवतः उपन्यास लिखने की पहली प्रेरणा नागार्जुन को इस डिक्टेशन से ही मिली। कथा बुनने और चुनने में वे अपना सामर्थ्य 'असमर्थदाता' शीर्षक कहानी लिखकर 1936 ई. में ही आँक चुके थे। बौद्ध होने से पूर्व साहित्य सदन, अबोहर में 'दीपक' का सम्पादन करते हुए गद्य लिखने की बारीकियों से वे परिचित हो ही गए थे।

1944 ई. के मध्य में गुजराती भाषा के एक उपन्यास (पृथ्वी वल्लभ) का हिन्दी अनुवाद किया था और उसके बाद शरतचन्द्र के कई छोटे उपन्यासों और कहानियों का अनुवाद किया। इन्हीं अनुवादों के क्रम में नागार्जुन के भीतर उपन्यासकार पैदा हुआ।

उपन्यासकार बनने की ललक में नागार्जुन ने पहला उपन्यास अपनी मातृभाषा मैथिली में लिखा। 'पारो' नामक यह मैथिली उपन्यास मई 1946 ई. में पटना से प्रकाशित हुआ था। मैथिली के सजग पाठकों ने इस उपन्यास को हाथोंहाथ लिया। 'पारो' की भाषा भले ही मैथिली रही, पर कवि नागार्जुन बिहार के एक उभरते उपन्यासकार की तरह देखे जाने लगे। फिर नागार्जुन ने हिन्दी में उपन्यास लिखने का मन बनाया।

और, 1948 ई. में उनका पहला हिन्दी उपन्यास 'रतिनाथ की चाची' इलाहाबाद से प्रकाशित होकर आया। यह उपन्यास तब से अब तक हिन्दी का चर्चित उपन्यास रहा है। अब तो इस उपन्यास में हम शिशु नागार्जुन से किशोर और युवावस्था के नागार्जुन का जीवन भी तलाशते हैं।

'रतिनाथ की चाची' का दूसरा संस्करण 1953 ई. में इलाहाबाद से ही प्रकाशित हुआ था, पर इस संस्करण में उपन्यासकार ने सत्रह पंक्तियों को उपन्यास से निकाल देने की सूचना दी है। नागार्जुन ने 'रतिनाथ की चाची' के दूसरे संस्करण में लिखा था, "उन पंक्तियों पर सजग पाठक और मित्रों ने आपत्तियाँ की थीं।"

1977 ई. में 'रतिनाथ की चाची' का अभिनव संस्करण दिल्ली से प्रकाशित हुआ।

यह दूसरे संस्करण का ही परिमार्जित रूप था। इसमें कई पृष्ठ हटाए गए थे। आंचलिक शब्दों को हटाकर शुद्ध हिन्दी के शब्द रखे गए और फुटनोट निकाल दिए गए। पुस्तकाकार रूप में 'रतिनाथ की चाची' का यही परिमार्जित संस्करण प्रकाशित होता आ रहा है। हाँ, 'रतिनाथ की चाची' का राजकमल प्रकाशन से पेपरबैक संस्करण 'द्वितीय संस्करण' का पुनर्मुद्रण है।

नागार्जुन का दूसरा उपन्यास है 'बलचनमा'। यह उपन्यास 1952 ई. में पहली बार इलाहाबाद से प्रकाशित हुआ था। 'रतिनाथ की चाची' का लेखन खत्म होने के तुरन्त बाद वे इस उपन्यास पर लग गए थे। नागार्जुन ने 1948 में पटना से 'उदयन' नाम से साहित्यिक पत्रिका निकाली थी। 'उदयन' के दो ही अंक निकले। दूसरे अंक (1948 ई.) में 'बलचनमा' का एक अंश छापने की सूचना छपने से पूर्व ही नागार्जुन ने अपने मित्र डॉक्टर रामविलास शर्मा को एक पत्र में दी थी।

'बलचनमा' का दूसरा भाग लिखने की योजना भी थी। काफी समय तक हिन्दी का पाठक वर्ग इस उपन्यास के दूसरे भाग की प्रतीक्षा करता रहा। जहाँ पाठक 'बलचनमा' की आगे की कहानी जानना चाहता था, वहीं नागार्जुन भी 'बलचनमा' जैसे प्रिय पात्र को कभी भूल नहीं पाए। यह पात्र उपन्यासकार से बार-बार टकराता रहा। पर घायल बलचनमा को फिर से न जाने क्यों उपन्यासकार ने खड़ा नहीं किया। 'बलचनमा' के प्रथम प्रकाशन के बीस वर्षों बाद एक साक्षात्कार में नागार्जुन कहते हैं—"पिछले पाँच वर्षों से मैं उससे मिला नहीं हूँ। सुना है, कई वर्षों तक इस बीच वह ग्राम पंचायत का मुखिया रहा...उसका लड़का औसत खेतिहर है। अपनी चार भैंसों की सेवा में वह व्यस्त रहता है। लेकिन बालचन्द की तीसरी पीढ़ी ने वर्ग संघर्ष की अगली कड़ी थाम ली है। पिछले दो वर्षों के अन्दर वह तीन बार जेल हो आया है। फूल बाबू के गुंडों की लाठियों का शिकार हुआ है। वह खुलकर अपने दादा के स्वार्थी रुझानों की आलोचना करता है।" आगे वे फिर कहते हैं—"यह पात्र बहुत मार्मिक है। उसकी यह परिणति...पिछले बीस वर्षों के अन्दर भारतीय वामपन्थी राजनीति में तेजी से मिलावट आई है। राजनीति में पुरानी पीढ़ी कितनी तेजी से पंगु हो गई है, बलचनमा उसी का नमूना है। उससे हम क्या आशा करें ! उसकी चर्चा छेड़ने पर बड़ी व्यथा होती है।"

1987 ई. में 'बलचनमा' का नया संस्करण दिल्ली से प्रकाशित हुआ। इसके पूर्व 'बलचनमा' यदा-कदा पाठ्यक्रम में लगता रहा, तो प्रकाशक ने पाठ्यक्रम के अनुसार इसके आंचलिक शब्दों तथा यहाँ-वहाँ कुछ वाक्यों को परिवर्तित किया। पर उपन्यासकार ने कभी भी अपने इस प्रिय उपन्यास को परिवर्तित नहीं किया।

नागार्जुन का तीसरा उपन्यास है 'नई पौध'। यह 1952 ई. में लिखा गया और 1953 ई. में इलाहाबाद से प्रकाशित हुआ। तीन संस्करणों के बाद 1976 ई. में उपन्यासकार ने पाठ्यक्रम के लिए नए सिरे से इसे परिमार्जित और परिशोधित किया। जिसे यात्री प्रकाशन, पटना की ओर से दिल्ली के एक प्रकाशन ने छापा। इक्कीस

अध्यायों के इस उपन्यास को बीस अध्यायों में संगृहीत किया गया। बीसवें और इक्कीसवें अध्याय के कथा-क्रम में से कुछ अंश हटाकर एक अध्याय बनाया गया। तमाम आंचलिक शब्दों को हटा दिया गया। बाद में, 1980 में 'नई पौध' का जो पुस्तकाकार संस्करण छपा, उसका आधार 1967 के संस्करण को बनाया गया, परन्तु यह संस्करण भी इक्कीस अध्यायों के बजाय बीस अध्यायों का ही रहा।

'नई पौध' के बाद, नागार्जुन ने 1953 ई. के नवम्बर माह में 'बाबा बटेसरनाथ' नामक उपन्यास लिखकर पूरा किया और 1954 ई. में यह दिल्ली से प्रकाशित हुआ। इस उपन्यास में कभी किसी तरह का परिवर्तन नहीं हुआ।

इलाहाबाद से साहित्यिक संकलन 'संकेत' की योजना बनी तो नागार्जुन ने 1956 ई. की जनवरी में इलाहाबाद में रहकर 'वरुण के बेटे' नाम से एक उपन्यास लिखा। 'वरुण के बेटे' पहली बार 'संकेत' में प्रकाशित हुआ। 1957 में इसका अलग पुस्तकाकार रूप इलाहाबाद से प्रकाशित हुआ था। 1966 ई. में इसका पॉकेट बुक संस्करण भी छपा था। फिर इसका पुस्तकाकार संस्करण दिल्ली से ही प्रकाशित होता रहा।

'वरुण के बेटे' के किसी भी संस्करण में कोई परिवर्तन नहीं है।

नागार्जुन के पहले उपन्यास 'पारो' का हिन्दी अनुवाद हमने रचनावली के इस खंड में रखा है। 'पारो' का हिन्दी अनुवाद कुलानन्द मिश्र ने किया था और यह 1975 ई. में हिन्दी पाठकों के बीच पहली बार प्रकाशित होकर आया।

नागार्जुन का एक और मैथिली उपन्यास है—'नवतुरिया'। 1954 में उपन्यासकार ने 'नई पौध' (1953 ई.) का स्वयं ही 'मैथिली' में पुनर्लेखन किया था। उसी वर्ष 'नवतुरिया' भी प्रकाशित हुआ था। 'नई पौध' (1953) और 'नवतुरिया' (1954 ई.) में पात्र, परिवेश और कथा के क्रमिक विकास में किसी भी तरह का अन्तर नहीं है। दोनों की भाषा, शैली और शिल्प में अलग-अलग मौलिकता है।

'नई पौध' को रचनावली में रखने के बाद 'नवतुरिया' के हिन्दीकरण की बात ही नहीं रह जाती।

मैथिली में नागार्जुन के एक और उपन्यास की चर्चा होती है, वह है 'बलचनमा'। 1954 में नागार्जुन ने एक निबन्ध लिखा था—'मैथिली और हिन्दी'। नागार्जुन अपनी मातृभाषा मैथिली के श्रेष्ठतम रचनाकारों में एक रहे हैं। मैथिली भाषा, संस्कार और व्यवहार तो उनमें भरा पड़ा था। 'मैथिली और हिन्दी' नामक निबन्ध उन्होंने तब लिखा था, जब उनके प्रिय मित्र डॉ. रामविलास शर्मा ने उस समय अपने एक लेख में कहा कि मैथिली एक बोली है और यह हिन्दी का अंग है। इस निबन्ध का जवाब देना नागार्जुन (मैथिली के 'यात्री') को आवश्यक लगा। अपने इस जवाबी लेख में नागार्जुन ने लिखा कि प्रकाशन के अभाव में 'बलचनमा' को मैथिली के बजाय हिन्दी में पहले प्रकाशित करवाना पड़ा। यही एक बिन्दु है, जहाँ मैथिली के लोग 'बलचनमा' को मैथिली

उपन्यास मानते हैं। सम्भवतः नागार्जुन ने उस समय सोचा होगा कि वह शीघ्र ही 'बलचनमा' को मैथिली में लिख डालेंगे। पर ऐसा नहीं हुआ। 'बलचनमा' के बजाय उन्होंने 'नई पौध' को मैथिली में लिखा और उसी वर्ष 'नवतुरिया' छपा।

'बलचनमा' का मैथिली अनुवाद 1967 में कलकत्ता से छपा था। कहा जाता है कि उसके शुरू के कुछ पृष्ठ ही नागार्जुन ने मैथिली में लिखे, शेष का अनुवाद किसने किया, यह जानकारी नहीं है। रचनाकार की जगह 'यात्री' (नागार्जुन) नाम है, जबकि नागार्जुन की किसी भी मैथिली पुस्तक में रचनाकार के रूप में नागार्जुन का उल्लेख नहीं मिलता। मैथिली 'बलचनमा' के शुरू के कुछ पृष्ठों की भाषा और शिल्प का बाद के पृष्ठों की भाषा, शिल्प और वाक्य-विन्यास पर कोई असर नहीं दिखता है। कहीं से भी वह पाठकों पर यात्री की भाषा का प्रभाव नहीं छोड़ता है। यहाँ मेरे मन में एक शंका और है, जबकि यात्री को 'पारो', 'नवतुरिया', 'चित्रा', 'पत्रहीन नग्नगाछ' जैसी कृतियों के प्रकाशक उन दिनों मिलते रहे तो मैथिली 'बलचनमा' को प्रकाशक क्यों नहीं मिला। जिसने 1954 में 'नवतुरिया' प्रकाशित किया, वही 'बलचनमा' भी छाप सकता था, यदि वह तैयार रहा होता। रही 'बलचनमा' की पांडुलिपि खो जाने की आशंका तो कविताओं की कापियाँ तो खोई हैं, पर उपन्यास या गद्य के अंश नहीं, क्योंकि गद्य लिखने के तत्काल बाद ही वह प्रकाशक के हवाले कर दिया गया और तुरन्त छपा। फिर 1948 ई. से ही जब 'बलचनमा' (हिन्दी) का जिक्र मिलता है तो 1967 तक यानी लगभग 19 वर्षों तक यात्री के मूल उपन्यास की पूरी पांडुलिपि कहीं पड़ी रहे—यह मेरी समझ से बाहर की बात है ! नागार्जुन के 'बलचनमा' के मैथिली सम्बन्धी कथन को मैं तो मात्र मैथिली के पक्ष में एक राजनीतिक जवाब ही मानता हूँ, जो उस समय मैथिली के पक्ष में एक माकूल तर्क था। काश, नागार्जुन ने स्वयं 'बलचनमा' को मैथिली में लिखा होता तो शायद वह और भी अद्‌भुत कृति होती।

•

रचनावली की योजना जब पक्की हो गई तो यह तय किया गया कि उपन्यासों के प्रथम संस्करण ही रचनावली में दिए जाएँ। नागार्जुन की भी राय यही थी। काफी प्रयास के बाद 'रतिनाथ की चाची' को छोड़कर शेष उपन्यासों के प्रथम संस्करण खोज लिये गए। 'रतिनाथ की चाची' का हमें दूसरा संस्करण ही उपलब्ध हो पाया।

इस प्रकार नागार्जुन के छह उपन्यास, जिनका रचनाकाल 1946 ई. के पूर्वार्द्ध से 1956 ई. के पूर्वार्द्ध तक रहा है, रचनावली के इस खंड में रखे गए हैं।

—शोभाकान्त

क्रम

रतिनाथ की चाची

एक

चैत का महीना था और शाम का वक्त। बीच आँगन में टोल-पड़ोस की औरतें जमा थीं। सभी किसी-न-किसी बातचीत में मशगूल थीं। दो-एक की गोद में बच्चा भी था। दो-एक जनेऊ का धागा तैयार करने के लिए तकली लिए आई थीं। उनकी तकलियाँ किर्र-किर्र करके काँसे के कटोरे में नाच रही थीं और पूनी से खिंचकर सर्र-सर्र निकलता जा रहा था सूत।

एक थी जो बेकार और चुप बैठी थी। उसके चेहरे पर विषाद की काली छाया मँडरा रही थी। वह न तकली ही कात रही थी, न गोद में उसके कोई बच्चा ही था। बाकी औरतें रह-रहकर उसकी ओर अजीब निगाहों से ताका करतीं।

थोड़ी देर बाद दम्मो फूफी आ पहुँचीं। अदालत में मुजरिम हाजिर हो, वकील-मुख्तार, गवाह सभी मौजूद हों, फिर अगर जज ने किसी कारण से देर कर दी तो क्या होता है ? दम्मो फूफी के बिना यही हाल था इस महिला-परिषद् का।

फूफी को आग्रहपूर्वक आसन पर बैठाया गया। गोरा और छरहरा बदन, गोल-मटोल चेहरा। नन्हे-नन्हे पतले होंठ। गंगा-जमनी बाल। कानों में छोटे-छोटे मगर लटक रहे थे। शांतिपुरी धोती पहने हुए थीं। गले में बारीक रुद्राक्षों की माला शिव-भक्ति की सबूत थी या शौक की, कहा नहीं जा सकता। अंटी में से चाँदी की सुंदर डिबिया निकालती हुई वह बोलीं, ''आज गर्मी मालूम होती है, तूफान उठा तो आम की फसल चौपट हो जाएगी।'' नस[1] निकालकर चुटकी से नाक के पूड़ों में उसे भरते हुए फूफी ने फिर कहा, ''गुज्जी बिटिया, हमारे यहाँ से ज़रा पंखा तो लेती आ !'' गुंजेसरी ने पंखा ला दिया।

इतने में रूपरानी का बच्चा रो पड़ा, न जाने किधर से नज़र बचाकर एक लाल चींटा आया और बच्चे को काट लिया। बाएँ पैर का अँगूठा धरती से छू रहा था। बच्चे की चीख़ बढ़ती ही गई। दम्मो फूफी ने कहा, ''जाओ रूपरानी, लोहा छुआ दो। जलन जाती रहेगी।''

अपने बच्चे को लेकर रूपरानी जब चली गई तो फूफी ने एक बार और सुँघनी सुरकी।

सभी की दृष्टि, सभी का ध्यान फूफी पर केंद्रित था। एक ही थी, जो विषाद

1. सुँघनी।

और जड़ता की प्रतिमा बनी बैठी थी। अब दम्मो फूफी ने अच्छी तरह आँख फाड़कर उस पाषाणी की ओर देखा। उसके बाद सभी को अपनी निगाह के दायरे में समेटती हुई बोलीं, "उमानाथ की माँ, कब तक चुप रहेगी ? कुछ-न-कुछ तो इसे कहना ही पड़ेगा। समूचे गाँव में इसी बात की चर्चा है। आख़िर जो होना था, वह होकर ही रहा। विधना के विधान को भला हम-तुम टाल सकते हैं ? यह बेचारी..."

इतना कहकर अपने सुंदर और कोमल हाथ से फूफी ने उस विषादमयी प्रतिमा की ओर संकेत किया। सुननेवाली औरतों ने साँस खींचकर अपने कानों को मानो और भी साफ़ कर लिया। फूफी बोलती गईं, "वैद्यनाथ के मरने के बाद कितनी कठिनाई से उमानाथ को पाल-पोसकर इतना बड़ा कर पाई है, यह तुममें से बहुतों को मालूम नहीं होगा। भगवान करें, उमानाथ अपने बाप का नाम रखे।"

सहानुभूति के ये शब्द सुनकर उमानाथ की माँ की आँखें छलछला आईं और ऐसा लगा कि पाषाणी प्रतिमा में फिर से प्राणों की प्रतिष्ठा हो गई है। उसने कृतज्ञ आँखों से दमयंती (दम्मो फूफी) को देखा और सिर नीचा कर लिया। शिकार को गिरफ्त करके बाघिन को जितना संतोष होता है, इस समय फूफी के भी संतोष की वही मात्रा थी। बेचारी उमानाथ की माँ को क्या पता कि, इस सहानुभूति के पीछे एक डायन का निठुर अट्टहास छिपा पड़ा है ! बेचारी को जयनाथ याद आया जो आज चार महीनों से लापता है।

फूफी ने नस लेते हुए कहा, "कोई चिंता नहीं, सारा इंतज़ाम हमने कर लिया है। परसों इस समय तक यह बोझ तुम्हारे सिर से उतर चुका होगा। उमानाथ की माँ, रत्ती-भर भी फिकर मत करो।"

कृतज्ञता के मारे उमानाथ की माँ का मन करता था कि दमयंती के पैरों पर अपना सिर रख दे और सुबक-सुबककर कुछ देर रोए। यह चतुर बुढ़िया उस बेचारी को ममता का अवतार प्रतीत हो रही थी। वह विधवा है, अकिंचन है। उसे गर्भ रह गया है। कहीं वह मुँह दिखाने के काबिल नहीं रही। पेड़-पौधे, पशु-पक्षी सभी गुप-चुप उमानाथ की माँ के इस महान् कलंक का मानो कीर्तन कर रहे हैं। ऐसी स्थिति में यदि दम्मो फूफी जैसी संभ्रांत वृद्धा उसे सांत्वना देने आई हैं तो इससे बढ़कर व्यावहारिक मानवता भला और क्या होगी ? मगर वहाँ तो बीसियों बैठी थीं, दम्मो फूफी अकेले रहतीं तब न ! उमानाथ की माँ को साहस नहीं हुआ कि फूफी के पैरों पड़ जाए। लज्जा भी निगोड़ी कैसी होती है कि उसका अंचल घोर-से-घोर पापी के लिए भी सुलभ है !

स्वर को अधिक-से-अधिक कोमल करके फूफी ने कहा, "अच्छा, कौन था वह कलमुँहा, उमानाथ की माँ, जिसने तुम्हें आग में यों झोंक दिया ?"

इस असंभावित प्रश्न से बेचारी के रोम-रोम काँप उठे, समूचे शरीर का लहू पानी-पानी हो गया। विकराल मुँहवाली राक्षसी याद आई, जिसकी कहानियाँ बचपन में अपने नाना से वह सुना करती थी। दमयंती का वह सौम्य रूप उमानाथ की माँ के लिए अब मिटता जा रहा था, उसकी जगह कहानी की विकरालवदना वही राक्षसी नज़र

आने लगी। अभागिनी का हृदय केले के पत्ते की तरह काँपने लगा।

तो क्या, जयनाथ का नाम वह बता देगी ? नहीं, कभी नहीं। उसने कहा, "पता नहीं, मैं कैसे बताऊँ ?"

"हूँ !" दमयंती ने ग़ौर से उमानाथ की माँ की ओर देखा और पंखे के बेंट से पीठ खुजलाते हुए मुस्कुराना शुरू किया। फूफी की इस लंबी मुस्कान का और स्त्रियों ने हँसकर समर्थन किया। परंतु इस मुस्कान और इस हँसी के पीछे उमानाथ की माँ को उछलता-कूदता काला पहाड़ स्पष्ट दिखाई पड़ा, जोकि आहिस्ते-आहिस्ते उसी की ओर बढ़ा आ रहा था। ये लोग मानेंगे नहीं, कुछ-न-कुछ कहना ही पड़ेगा। क्या कहा जाए, क्या नहीं–वह बेचारी देर तक इसी गुन-धुन में पड़ी रही।

फूफी ने बदले हुए स्वर में पूछा, "तो, तुम इस बारे में कुछ नहीं जानतीं ?"

उमानाथ की माँ नाखून-से-नाखून खोंट रही थी। आँगन के एक कोने में रतिनाथ बैठा था। महज ग्यारह वर्ष की उम्र होने के कारण ही वह स्त्रियों के इस गुप्त अधिवेशन में शामिल हो सका था। इस सवाल से उस लड़के का दिल धड़क रहा था कि कहीं उसी के बाप का नाम–चाची के मुँह से न निकल आवे ! चार मास से रत्ती का बाप–जयनाथ लापता है।

इस मातृहीन बालक का अपनी चाची के प्रति बहुत ही गहरा स्नेह था। चाची भी रत्ती को खूब मानती थी। पिछले चार मास में यह स्नेह और भी घना हो उठा था। चारों ओर से लांछित, चारों ओर से तिरस्कृत होकर उमानाथ की माँ जब भूखे पेट ही सो जाना चाहती तो रतिनाथ सत्याग्रह कर देता, 'ऐसी क्या बात है चाची कि तुमने खाना-पीना छोड़ रखा है ? अच्छा, नहीं खाना है, न खाओ। मगर कल मैं भी नहीं खाऊँगा, नहीं खाऊँगा, नहीं खाऊँगा।' इतना कहकर वह चाची की पीठ से सटकर बैठ जाता और उसके रूखे बालों में अपनी नन्हीं-नन्हीं अँगुलियाँ उलझाने लगता। चाची की देह सिहर उठती और जयनाथ याद आ जाते। तब वह उठ बैठती, और दो-चार कौर भात खा लेती।

एक दिन पड़ोस की एक लड़की ने रतिनाथ से कहा था, 'तेरी चाची को, रत्ती, बच्चा होनेवाला है।' उसने कसकर छोकरी को एक तमाचा लगा दिया...बेचारे को कुछ पता ही नहीं, कि आख़िर बात क्या है ? एक दिन दूर की किसी भाभी ने खुलासा कहा, 'लाला, तुम्हारी चाची की अगर दूसरी शादी हो गई होती तो ठीक था।' इस पर रतिनाथ ने उस भाभी को फटकारते हुए बतलाया था कि पंडित की लड़की होकर तुम ऐसी बातें करती हो ! दूसरी-तीसरी शादी क्या कभी किसी विधवा या सधवा ब्राह्मणी ने की है ?

"अच्छा भई," फूफी ने उठते हुए कहा, "अँधेरा हो गया, मुझे तो शिवजी के दर्शन करने नित्य इस समय भी मंदिर जाना होता है। तुम्हारी मर्ज़ी ! लेकिन पाँच साल की बच्ची भी इतना बता देती है कि आँखमिचौनी के वक्त उसकी पीठ थपथपानेवाला आख़िर कौन रहा होगा, और एक तुम हो ! ओह, कितनी भोली..." अबके फूफी खिलखिलाकर हँस पड़ीं, औरों ने भी साथ दिया। यह उन्मुक्त हास उमानाथ की माँ

को असह्य हो उठा। मन में आया कि वह भी कसकर चिकोटियाँ काटे। दमयंती के बाल वैधव्य की रंगीनियों का उसे सारा हाल मालूम था। मगर नहीं, रत्ती की चाची ने अपने को सँभाला और उठकर कहा, ''मैं और कुछ नहीं जानती। वह भादों का महीना था। अमावस की रात थी। एक घनी और अँधेरी छाया मेरे बिस्तर की तरफ बढ़ आई। उसके बाद क्या हुआ, इस बात का होश अपने को नहीं रहा..''

फूफी ने इस पर कुछ नहीं कहा। परंतु रामपुरवाली चाची ने आँगन से निकलते समय हल्की आवाज़ में कहा था, ''होश कैसे होता ? मौज मारने की घड़ियों में किसी को भला कैसे होश रहेगा ? बला से, अब पेट कोहड़ा हो गया है तो होने दीजिए।''

दो

उस रात चूल्हा नहीं जला।

चाची जाकर बिस्तरे पर लेट गई। बिस्तरा क्या था, खजूर के पत्तों की चटाई थी। बीच घर में वही बिछाकर चाची लेट गई, न तकिया लिया न सुजनी। दाईं बाँह पर सिर रखकर वह पड़ी रही और आँखों की रोशनी को घने अंधकार में भटकने के लिए छोड़ दिया, जैसे थका और भूखा चरवाहा लापरवाह होकर अपनी गायों को जंगल में छोड़ देता है, वे लौट भी आना चाहती हैं तो मार डंडा से, मार डंडा से वह उन्हें फिर जंगल की ओर खदेड़ देता है। बस्ती नज़दीक नहीं होने से किसी पेड़ के नीचे वह भी बाँह का तकिया बनाकर करवट लेट जाता है...

रतिनाथ भी जाकर संदूक पर पड़ा रहा। विपत्ति के अथाह समुद्र में गोते खा रही इस चाची के लिए बेचारे ने उस रात कितने आँसू बहाए, यह रहस्य भगवान ही जानते हैं। दिन का भात हाँडी में था, पत्थर के बड़े कटोरे में दाल थी। एक दूसरी पथरौटी में ज़रा-सा बैंगन का चोखा रखा हुआ था। पर किसी ने हाथ तक नहीं लगाया। रत्ती भूखा ज़रूर था, लेकिन उसकी भूख-प्यास हवा हो गई, जबकि टोल-पड़ोस की महिलाओं का दल मुस्कुराता और आँखें मटकाता हुआ शाम को रत्ती के आँगन से चला गया। चाची बुत बनी वहीं खड़ी रही, उसकी आँखों से आँसू की चार बड़ी-बड़ी बूँदें ढुलक पड़ी थीं। समाज व्यक्ति के प्रति इतना निठुर, इतना नृशंस हो सकता है, उस अबोध को अपनी छोटी-सी आयु में आज यह सत्य पहली बार भासित हुआ था।

परंतु दोपहर रात को किसी ने रत्ती के मुँह में दस-पाँच कौर अवश्य डाल दिए थे। और कौन होगा ? चाची ही होगी।

हाँ, चाची ही थी। उसी ने नींद में विभोर रतिनाथ को उठाकर दाल-भात और बैंगन का चोखा खिला दिया। रत्ती बराबर आँखें मूँदे ही रहा। खिला-पिलाकर कुल्ली कराकर चाची ने उसे अपने पास सुला लिया। खुद उसने कुछ नहीं खाया। बचा भात बाहर डाल दिया था।

उस रात चाची को नींद नहीं आई। जिसके माथे पर विपत्ति का इतना बड़ा पहाड़ हो, वह भला कैसे सोए ? भादों, आसिन, कातिक, अगहन, पूस, माघ, फागुन और यह चैत–आठवाँ महीना चल रहा था। पेट में बच्चा ऊधम मचाने लगा था। चाची को ख्याल आया जयनाथ का चेहरा और फिर उसने सोए हुए रत्ती का मुँह चूम लिया। उमानाथ की माँ जानती थी कि जयनाथ देवघर था और आजकल काशी में है। बेचारी ने कई बार चिट्ठी लिखवाना चाहा, मगर किससे लिखवाती ? जयनाथ वादा कर गए थे कि दस दिन में ही मैं बाबा (वैद्यनाथ) को जल डालकर आ रहा हूँ।

पूस चढ़ते गए और चैत भी बारह दिन में बीत गया। चाची को सारी पुरुषजाति पर घृणा हो गई। इस मुसीबत का सामना जिसे करना चाहिए वह कहीं यों बाबा वैद्यनाथ और काशी विश्वनाथ के इर्द-गिर्द गाल बजाता फिरे ? छिः! ऐसा था तो मुझे भी साथ ले लिया होता। हे भगवान ! पानी में डूब मरने के अतिरिक्त क्या और कोई उपाय नहीं है ? सुनती हूँ, लहेरियासराय के सरकारी अस्पताल की डाक्टरनी गर्भ गिराने में बहुत कुशल है...मगर वहाँ तक मैं पहुँचूँगी कैसे ?

मुसीबत की इस घड़ी में एकाएक चाची को अपनी माँ याद आई। उसने तय किया कि आज तो नहीं, कल रातोंरात वह तरकुलवा चली जाएगी। वहाँ, गाँव में ही, कई चमाइनें हैं। डाँट-फटकार, गंजन-फजीहत के बावजूद भी माँ आख़िर माँ ही होगी। लड़की का कवच बनकर तमाम मुसीबतों को वह अपने ऊपर ले लेगी, इसमें भी क्या कुछ शक है ?

इस निश्चय से चाची को राहत मिली और रात्रिशेष में बेचारी की बोझिल पलकें ज़रा झपक गईं।

रतिनाथ की आँख सवेरे ही खुली। चाची को दूसरे दिन की भाँति आज उसने नहीं जगाया। आँख मलते-मलते वह चाची के घर के पिछवाड़े में गया। पेशाब करते वक्त उसकी निगाह घिवही पर पड़ी। आम के इस बड़े पेड़ को वह बहुत प्यार करता था। इसके आम गोल-गोल होते थे। पकने पर मुँह पीला और बदन लाल हो जाता था। स्वाद घी जैसा। रस गाढ़ा और गुठली छोटी होती थी। इस आम का यह नाम दादी का रखा हुआ था। पेड़ फलता भी खूब था। बीस-बीस, पच्चीस-पच्चीस हज़ार तो सिर्फ पकने पर निकलते। आँधी और तूफान में हज़ारों कच्ची अँबियाँ गिरतीं सो अलग। वह भी बेकार नहीं जातीं, अचार और सूखी खटाई लोग साल-भर खाते। पकने पर घिवही का पेड़ कल्पवृक्ष-सा मनोहर लगता। गाँव में ऐसा कौन होगा, जिसने घिवही के दस-पाँच आम नहीं खाए हों। उनका अमावट ये लोग साल-दो साल तक खाते। इस बार भी घिवही में फल खूब आए थे। रतिनाथ ने देखा, पचीसों टिकोरे गिरे पड़े हैं। उसका रोम-रोम पुलकित हो उठा, चटनी के लिए यह काफी हैं।

वह टिकोरे इकट्ठे करने लगा। चुनने को कुछ रह गए थे कि चाची ने आवाज़ दी "रत्ती, ओ रत्ती ! कहाँ गया ?"

"यह रहा चाची, टिकोरे चुन रहा हूँ," रतिनाथ ने ज़ोर से जवाब दिया, तब तक

चाची भी वहाँ पहुँच गई। नज़दीक आकर रत्ती की ठुड्डी पर हाथ फेरती हुई बोली, "तुझे क्या है पागल ? तू क्यों इतना दुबला हो गया है ?"

लड़के ने नज़र नीची कर ली। ज़रा देर बाद कहा, "चाची, आज मैं पाठशाला अवश्य जाऊँगा। रसोई तो भला तुम जल्दी कर लो, चटनी मैं खुद ही कर लूँगा।"

चुने हुए टिकोरे लेकर चाची आँगन में चली गई। चौका-बर्तन करने के बाद उसने चूल्हा जलाया। खानदानी खबास की बुढ़िया औरत आज पानी भरने नहीं आई, घड़े रीते पड़े थे। रतिनाथ ने छोटी बाल्टी में पोखर का पानी ला-लाकर उन्हें भर दिया। चाची समझ गई कि दमयंती का अनुशासन उसके खिलाफ शुरू हो गया आज से। अब इस आँगन में न धोबिन आएगी, न नाइन, न डोमिन, न चमाइन। ब्राह्मणी की तो भला बात ही कौन कहे।

पुरानी दियासलाई में अभी चार-छः तीलियाँ थीं, एक तीली घिसकर चाची ने चूल्हा जला लिया था। नहीं तो गाँव-गँवई में आग एक घर से माँगकर दूसरा घरवाला ले जाता है, दूसरे से तीसरा। यों दियासलाई का काम ही नहीं पड़ता। फिर भी लोग सलाई की दस-पाँच तीलियाँ बचाकर रखते अवश्य हैं। यह नहीं कि रतिनाथ किसी के यहाँ से आग ला नहीं सकता था। ला सकता था, अगर किसी ने चाची के संबंध में कुछ अनाप-शनाप उसे सुना दिया तो लड़के के दिल को कितनी चोट लगेगी ! यही सब सोचकर चाची ने रत्ती को कहीं आग लाने नहीं जाने दिया।

रत्ती को चाची का यह रुख़ पसंद नहीं आया। वह सोचता, जो एक सुनाएगा, हम उसे दस सुना देंगे। जो आग नहीं देगी, उसके चूल्हे पर पेशाब कर दूँगा।

ख़ैर, थोड़ा पानी से भी काम चल गया। चाची ने सिर्फ चार-छः लोटा पानी नहाने में खर्च किया, बाकी रसोई में। पीने के लिए एक बाल्टी रत्ती कुएँ से स्वयं ले आया भरकर। भात तैयार हो गया तब जाकर वह पोखर में नहा आया।

सौ साल पहले पंडित नीलमणि ने यह पोखर खुदवाया था। वह रत्ती के दादा के दादा थे। अपने दालान के बिलकुल करीब आप छोटा-सा पोखर खुदवा गए। इस पोखर के भिंडों पर अब उपाध्याय घराने की बढ़ती आबादी छा गई थी। केवल पूरबवाला भिंड बच रहा था। पास-पड़ोस के मर्द आकर उसी ओर के घाट पर नहाते।

आज शालिग्राम की पूजा में रतिनाथ का मन लगा नहीं। सराइयाँ तीन थीं, देवता दो ही थे—शालिग्राम और नर्मदेश्वर। ताँबे की सराई शालिग्राम के लिए, पीतलवाली नर्मदेश्वर के लिए। तीसरी भी पीतल की ही थी। वह पंच देवता के उद्देश्य से थी। चंदन रगड़कर उसने अच्छत भिगोए। "ॐ सहस्रशीर्षा..." आदि मंत्र पढ़कर शंख से शालिग्राम पर जल डाला, फिर नर्मदेश्वर पर। फिर अनमने भाव से चंदन, अच्छत, फूल वगैरह चढ़ाकर रत्ती ने पूजा खतम की। उधर थाली में भात-दाल परोसा जा चुका था।

थोड़ा-सा उसने खाया होगा कि तब तक चाची ने चटनी भी पीस ली। भुना हुआ जीरा भी दिया था उसमें। रतिनाथ ने चटनी का स्वाद ले-लेकर खूब खाया। खाते-खाते उसे चाची ने कहा, "बेटा, पाँच-छः रोज़ तुझे अकेला ही रहना पड़ेगा।"

"और तुम कहाँ रहोगी ?" उठते हुए कौर को रोककर रतिनाथ ने आँखों से ही सवाल किया। "तरकुलवा जाऊँगी, किसी से कहना मत।" चाची बोली।

उसने फिर कहा, "रात को पड़ोस के आँगन में सो जाना। चावल, दाल, लकड़ी, धनिया, हल्दी, नमक, तेल सामान सब मौजूद है। खुद पकाकर खा लेना। पाँच-छः रोज की ही बात है, उसके बाद तो मैं आ ही जाऊँगी।"

रत्ती खाना खतम करते-करते बोला, "मैं भी साथ चलूँ ?"

"नहीं," चाची ने कहा, "बात ऐसी आ पड़ी है कि अकेली ही जाऊँ, यही अच्छा रहेगा।"

रतिनाथ ने चुप रहकर चाची की बात का औचित्य मंजूर कर लिया, अब वह खाना खा चुका था। हाथ-मुँह धो आया। खाकर मुखशुद्धि के तौर पर सुपारी का एक छोटा-सा टुकड़ा चबाना उसके अभ्यास में शामिल हो गया था। सुपारी का टुकड़ा थमाते हुए चाची ने आले की ओर इशारा किया और कहा, "यहाँ आठ-दस सुपारी रख जाऊँगी, सरौता भी रहेगा।"

तब तक दिन काफी उठ आया था। रत्ती पाठशाला जा चुका था। चाची अपनी चिंता की धारा को समकूल रखने के लिए तकली लेकर बैठी। खाना वह देर से खाएगी।

बीच घर में बैठकर वह तकली कातने लगी—किर्र-किर्र-किर्र। (मिथिला की कुलीन ब्राह्मणियों के जीवन में इस तकली का बहुत बड़ा स्थान रहा है। कुटीरशिल्प का यह मधुर प्रतीक अब तो उठता जा रहा है, फिर भी जनेऊ के लिए तकली से निकले इन बारीक सूतों की आवश्यकता अनिवार्य समझी जाती है। फुर्सत का वक्त स्त्रियाँ तकली के सहारे बहुत आसानी से काट लेती हैं।) आठ-दस वर्ष की उम्र से लेकर जीवनपर्यंत तकली का और उनका साथ रहता है। कहते हैं, ईस्ट इंडिया कंपनी के शासन से पहले तकली चलती थी। तकली के ये सुंदर और महीन सूत मलमल बुनने के काम आते। परंतु अब तो यह वस्तु ब्राह्मणों के ही घरों में रह गई और इन सूक्ष्म और मनोहर सूतों का उपयोग सिर्फ जनेऊ तक सीमित रह गया है। हाँ, तो तकली की मृदु मधुर ध्वनि में एकरस होकर चाची सोचने लगी—इस समय अगर जयनाथ होते.. .अगर जयनाथ होते तो, उन्हें कुछ-न-कुछ प्रतिकार अवश्य करना पड़ता। यह गरीबी और इतनी असहाय अवस्था। विपदाओं का यह महाजाल। कौन मुझे उबारेगा ? कुछ भी हो, मर्द फिर मर्द ही है।

चाची को एक-एक कर पुरानी बातें याद आने लगीं—सुखी माँ-बाप। भरा-पूरा बचपन। कुलीन, परंतु दरिद्र से विवाह। रोगी पति। घुन लगा हुआ दांपत्य। लड़का उमानाथ, लड़की प्रतिभामा। वैधव्य ! सुदूर दक्षिण (भागलपुर) में लड़की का बेचना। ऋण से छुटकारा...ओह ! उमानाथ जब सुनेगा कि उसकी विधवा माँ गर्भवती हो गई थी तो...

उमानाथ की उम्र पंद्रह साल की थी। वह जिद्दी, गुस्सैल और पढ़ने में मंद था। प्रतिभामा सत्रह साल की थी, उसे ससुराल गए तीन-चार साल होने आ रहे थे। कुलीनता

की दृष्टि से बहुत ही नीच, मूर्ख और चालीस साल के एक अधेड़ ब्राह्मण ने सात सौ नकद गिनकर उससे शादी की। छः महीने के बाद ही गौना कराकर ले गया और तब से प्रतिभामा फिर शुभंकरपुर की इस भूमि पर पैर नहीं रख पाई—

इतने में किसी के पैर की आहट पाकर चाची का ध्यान भंग हुआ। उसकी बोटी-बोटी काँपने लगी—हे भगवान् ! यह कौन आ रहा है...कल किसी ने कहा था कि थाने में भी इस बात की खबर हो गई है।

उसका दिल धड़कने लगा। मुसीबत के इन दिनों में किधर से भी वज्रपात हो सकता है। कैसी भी अनहोनी हो सकती है। चाची को टोल-पड़ोस की एक-एक औरत दमयंती मालूम हो रही थी। हवा से उड़ा हुआ एक-एक तिनका खतरे से भरा मालूम होता था।

आहट बिलकुल करीब आ गई। चाची ने अपने को और कड़ा कर लिया—कोई भी हो, घबराना नहीं चाहिए। बदनामी तो फैल ही गई, अब और इससे अधिक क्या होगा ? दारोगा फाँसी तो देगा नहीं। हाँ, पहरा ज़रूर बैठा सकता है। सरकार के कानून में गर्भ गिराना नाजायज़ है; तो क्या सोचकर अंग्रेज़ बहादुर ने यह कानून बनाया होगा, कि कोई भी विधवा भ्रूणहत्या नहीं कर सकती...चाची अब भी उसी रफ्तार से तकली कात रही थी। पूनी-पर-पूनी खत्म होती गई, मगर सोचने का धागा अपने छोर पर नहीं पहुँचा।

चाची के सामने जयनाथ खड़े थे। दाढ़ी बढ़ी हुई थी, चेहरा खिला हुआ। चाची की उँगली रुक गई, तकली का तकुआ ठिठक गया। कता हुआ सूत तकली में जल्दी-जल्दी लपेटकर उसने पूनियाँ और तकली डाली में रख ली।

जयनाथ ने कहा, "रहने दे उमानाथ की माँ ! तुम क्यों उठती हो ! पैर धोने के लिए लोटा-भर पानी घड़े से क्या खुद नहीं ले आऊँगा मैं ?"

पर चाची तब तक पानी ला चुकी थी। वह अपने हाथों से ही जयनाथ के पैर धोने लगी, परंतु जयनाथ नहीं माने। खुद पैर धोने लगे।

"दातून भी नहीं किया होगा," चाची ने कहा, "ठहरो, ला देती हूँ।" दक्खिन तरफ जो घर था, उसमें से वह साहड़ का दातून ले आई और जयनाथ को थमा दिया। बोली, "कल सुबह यह दातून रत्ती कहीं से लाया था। देखो न, अभी तक हरा है..." कपार पर आई एक रूखी लट को बाएँ हाथ से ठीक करती हुई चाची फिर बोली, "चार अच्छर लिखना तुम्हारे लिए पहाड़ हो गया ! कोई ख़त नहीं, खबर नहीं ! बड़े अजीब आदमी हो !"

जयनाथ ने कोई सफाई नहीं दी, मुस्कुरा भर दिए। गठरी में से उन्होंने अपनी धोती निकाल ली और दातून करते-करते स्नान करने चले गए।

तीन

बी.एन.डब्ल्यू (बंगाल नार्थ वेस्टर्न रेलवे) का एक छोटा-सा स्टेशन। नाम था—राजनगर। ग्यारह बजे रात की ट्रेन से चाची और जयनाथ उतरे। स्टेशन से बाहर आकर उन्होंने कोई बैलगाड़ी किराए पर कर लेना चाहा। पाँच कोस पैदल चलना चाची के बूते से बाहर था।

शुभंकरपुर से तारसराय स्टेशन महज कोस-भर पड़ता है। उतने में ही चाची को चार जगह बैठना पड़ा था और यह पाँच कोस का लंबा रास्ता बेचारी कैसे तय करेगी !

जयनाथ ने तय कर लिया था कि पाँच रुपया भी लेगा तो क्या, बैलगाड़ी बिना किए तरकुलवा नहीं जाएँगे। स्टेशन से बाहर, सड़क की ओर दस-बारह गाड़ियाँ थीं ज़रूर, लेकिन उनमें से एक भी तरकुलवा की नहीं थी। आसपास की थीं, पर उनके आरोही सुबह की ट्रेन से आनेवाले थे।

चाची का मन था कि किसी तरह किरण फूटने से पहले मैके पहुँच जाती। जयनाथ का भी यही विचार था और ठीक ही था। चाची जिस काम के लिए अपनी माँ के यहाँ जा रही थी, उसमें सराहना, खुशी और स्वागत की कल्पना ही नहीं की जा सकती। उसके मुँह पर तो कालिख पुता हुआ था। माँ न जीती होती तो तरकुलवा जाने की अपेक्षा वह यहीं कमला की धार में डूब मरना अधिक पसंद करती। उसे अपनी माँ के सरल, शीतल, दयालु स्वभाव पर बहुत भरोसा था, इसीलिए तो जा रही थी।

जयनाथ ने अपनी भाभी को वहीं सड़क पर एक ओर बैठा दिया और खुद निकले सवारी की तलाश में। उन्हें मालूम था कि दस-बारह इक्के भी राजनगर के स्टेशन पर मौजूद रहते हैं, लेकिन आज उनका भी पता नहीं था। कमला का पुल पार कर जब वह आगे बढ़े तो पाकड़ के नीचे एक इक्का दिखाई पड़ा। मचान पर जो आदमी सो रहा था, वह जयनाथ के पैर की आहट पाकर जग गया है, उसने यह बात अपनी खाँसी से जाहिर कर दी। पूछने पर मालूम हुआ कि वह तरकुलवा पहुँचा देने को तैयार है, मगर छः रुपया से धेला भी कम न लेगा।

आख़िर साढ़े-पाँच पर सौदा पट गया। इक्केवाले ने कहा, "आप स्टेशन चलिए। घोड़ी को जोतकर अभी लाया।"

उन लोगों के पास सामान के नाम पर कुछ नहीं था। था क्या, आठ महीने का गर्भ। सही-सलामत तरकुलवा तक पहुँचने की ही उन्हें चिंता थी। इक्का आया तो उस पर इक्केवान से कहकर ओहार (पर्दा) डलवा दिया गया। इस काम के लिए जयनाथ ने अपनी ही धोती निकालकर दी थी।

चाची सवार हुई और जयनाथ चले पैदल। बाज़ार के बाद सड़क पर रोड़ियाँ नहीं थीं। बिलकुल कच्ची और देहाती सड़क हो और उस पर धूल और बालू न रहे तो इक्का मजे में चल निकलता है।

ज़रा-सी रात बाकी थी, कि वे तरकुलवा पहुँच गए। जयनाथ को चुम्मन झा

(चाची के पिता) का घर मालूम था। इक्के को लिवाए सीधे वहीं पहुँचे।

इक्के से उतरकर चाची अपने बाप के आँगन में आ गई। उधर जयनाथ ने इक्केवाले को किराया देकर रवाना किया। इसके बाद वह खुद भी अंदर गए।

स्त्रियाँ अपने दामाद से हल्का-सा पर्दा करती हैं और जयनाथ ठहरे यहाँ दामाद के छोटे भाई साहब। खैर, अंदर जाकर जयनाथ ने देखा कि पच्छिमवाले घर के ओसारे पर माँ-बेटी दोनों एक-दूसरे से गले लगकर सिसक-सिसककर रो रही हैं।

जयनाथ के अंदर आ जाने पर रोने की इस धीमी आवाज़ में और भी अधिक धीमापन आ गया।

पैर छूकर प्रणाम करने पर वृद्धा ने आशीर्वाद दिया।

जयनाथ ने सोचा—खुल करके सारी बातें भाभी ने अपनी माँ से न कही होंगी और बिना कहे बनेगा नहीं। यह कठिन कर्तव्य मुझे ही करना पड़ेगा।

वृद्धा को अलग ले जाकर जयनाथ ने शांति और संकोच के साथ सारी बात समझा दी और कहा, "यहाँ मेरे रहने की कोई ज़रूरत नहीं। स्नान और भोजन के उपरांत मैं चला जाऊँ, यही अच्छा है। और..."

अपने बटुवा में से जयनाथ ने दस रुपए के नोट निकाले। यह रकम वृद्धा के हाथ में थमाते हुए वे बोले, "इसकी चिंता नहीं कीजिए। बाबा विश्वनाथ की कृपा से अभी इतना और निकाल सकता हूँ।"

वृद्धा ने आग्रहपूर्वक रुपए लेने से इनकार कर दिया। बोली, "गौरी (चाची) का कर्म ही फूट गया है तो इसमें किसी को क्यों मैं दोष दूँ ? रही खर्चे की बात, सो कमला मैया की कृपा से सब ठीक हो जाएगा। आप ज़रा भी चिंता न करें। हाँ, किसी के साथ रतिनाथ को यहाँ भेज दें तो अच्छा होगा। मैं उसका मुँह देखना चाहती हूँ।"

स्नान और भोजन के बाद जयनाथ तरकुलवा से चल पड़े। चैत की दोपहर। धूप कड़ी अवश्य थी, परंतु वहाँ रहना जयनाथ ने बेकार समझा। इसके अलावा उन्हें इस बात की भी चिंता थी कि रत्ती घर पर अकेले कैसे रहेगा।

उन दिनों रेलवे-लाइन इस ओर जयनगर तक ही थी। उसके आगे नेपाल का इलाका पड़ता है और अब तो नेपाल सरकार ने जयनगर से जनकपुर तक अपनी रेल खोल ली है। उस दिन जयनाथ को शाम की ट्रेन मिल गई, पाँच मिनट की भी देर हुई होती तो गाड़ी खुल जाती।

राजनगर से मधुबनी, पंडौल, सकरी और तारसराय—चारों स्टेशन वह खड़े ही आए। नेपाली औरत-मर्द सिमरिया घाट जा रहे थे, गंगा नहाने। गाड़ी का वह डिब्बा उन्हीं से ठसाठस भरा हुआ था।

पहर रात बीतते-न-बीतते जयनाथ अपने घर पहुँचे। रतिनाथ अपने साथी नरेश के साथ उसी के घर में सो रहा था। जयनाथ ने उसे उठाया नहीं। सामान मौजूद था, खिचड़ी पका ली और खाकर सो गए।

सुबह उठते ही वह कुटी पर चले गए। यह कुटी गाँव से बाहर पूरब और बलुआहा

पोखर के भिंड पर थी। वहाँ पंद्रह साल से एक महात्मा रहते थे, जिनका असल नाम कोई नहीं जानता था। सभी उन्हें तारा बाबा कहा करते, क्योंकि रोज सुबह-शाम आप 'माई तारा, माई तारा' बीस-पच्चीस बार इतने ज़ोर से चिल्लाते कि आस-पास के चारों-पाँचों गाँव उस सिंहनाद से परिव्याप्त हो जाते। उनकी धोती लाल-सुर्ख रहती थी। गले में हाथीदाँत के खरादे हुए दानों की माला थी। दाईं बाँह पर दो बड़े-बड़े रुद्राक्ष और एक बड़ा-सा मूँगा पहनते थे। दाढ़ी-मूँछ, बाल और नाखून कभी कटाते नहीं थे।

जयनाथ को तारा बाबा के प्रति बड़ी श्रद्धा थी। वह नित्य एक बार बाबा के दर्शन कर आते। मन की आकुलता ही सुबह-सुबह आज इस ब्राह्मण को वहाँ ले गई।

बिना किसी संकोच के जयनाथ ने तारा बाबा को उमानाथ की माँ के संबंध में आज सब कुछ बता दिया। सुनकर बाबा की आँखें चमकीं। वह बोल उठे, "नाहक ही उस बेचारी को तुम तरकुलवा में छोड़ आए हो ! मुझे क्यों नहीं कहा ? सब ठीक हो जाता। खैर, फिर भी मैं एक यंत्र बनाकर दूँगा, भिजवा देना।"

अपने पिता के बारे में रतिनाथ को सोकर उठते ही मालूम हो गया कि लौट आए हैं। वह जल्दी से निबटकर रसोई करने लगा। चाची सब चीज़ें रख तो गई ही थीं। जब भात भी हो गया, दाल भी हो गई, बैंगन और सहजन की तरकारी चढ़ी थी तब आए जयनाथ। वह उधर से नहाते ही आए थे।

पूजा भगवान की जयनाथ आज स्वयं करने बैठे। वह अधिक पढ़े-लिखे नहीं थे, फिर भी एक कुलीन ब्राह्मण के साधारण दैनिक जीवन में जितनी उपासना और कर्मकांड की आवश्यकता होती है, उतना तो जानते ही थे। प्रातःस्मरण, संध्या-तर्पण, पंचदेवता पूजन (शिव, विष्णु, और दुर्गा का विशेष रूप से) चंडी (सप्तशती) पाठ...इतना बिना किए उन्हें चैन नहीं पड़ता। इसके अतिरिक्त, विद्यापति की महेशबानी भी जयनाथ बड़ी तन्मयता से गाया करते। सिद्धांत-कौमुदी और तर्कसंग्रह वह पूरा-पूरा नहीं पढ़ पाए। अपनी अल्पज्ञता पर उन्हें जीवन-भर पश्चात्ताप होता रहा।

करीब आधा घंटा पूजा में जयनाथ लगाते थे। यह गोल-मटोल मनोहर शालिग्राम नकली नहीं था, जिसे बनारस या जयपुर के कारीगर काले पत्थर से तराशकर बनाते हैं। यह भगवान् पाँच पुश्त से इस कुल में श्रद्धा और भक्ति के पात्र बने हुए थे। पलिवाड़ महावंश की यह शाखा 'झा' उपाधिवाली थी, जयनाथ के वृद्ध प्रपितामह नीलमाधव उपाध्याय बहुत बड़े नैयायिक थे। उनकी विद्वत्ता से प्रभावित होकर मुर्शिदाबाद के नवाब ने पूर्णिया जिले में सौ बीघा ज़मीन लाखिराज ब्रह्मोत्तर के तौर पर उन्हें दी थी। जयनाथ के पितामह-भ्राता जगदानंद झा अच्छे ज्योतिषी थे। उनके दो भाई और थे। गृहकलह हुआ तो यह ब्रह्मोत्तर उन लोगों ने बेच डाला। उन्हीं नैयायिक नीलमाधव उपाध्याय को मुक्तिनाथ का दर्शन करके लौटनेवाले एक महात्मा ने यह शालिग्राम दिया था। नारायणी नदी (गंडक) का जहाँ उद्गम-स्थान है, वहीं यह दिव्य प्रस्तर उस महात्मा को मिला था। बेतिया के तत्कालीन महाराज के यहाँ एक बार नैयायिकजी गए थे, महात्मा ने उन्हें यह शालिग्राम दे दिया। महाराज ने इनकी महिमा सुनकर सोने का

छोटा-सा सिंहासन बनवा दिया था। आज से चालीस साल पहले नैयायिकजी के प्रपौत्र इन्द्रमणि झा ने गया से लौटते समय पटना में भगवान का वह सिंहासन बेच डाला। इन्द्रमणि को पुत्र का मुँह देखने की लालसा कभी पूरी नहीं हुई। हाँ, लड़कियाँ चार अवश्य हुईं। उन्हें अपने से भी उच्च कुल में कन्याएँ दान करने की सनक थी और मिथिला का ब्राह्मण, जो जितना ही कुलीन होता है, उसकी दरिद्रता भी उतनी ही बड़ी हुआ करती है। इंद्रमणि को भी अपनी तीन कन्याओं का भरण-पोषण आजन्म करना पड़ा, क्योंकि चार में से तीन दामाद परम अभिजात महादरिद्र और बिकौआ[1] थे। मरते वक्त, जो कुछ था, लड़कियों के नाम चढ़ा गए। इंद्रमणि जब मृत्युशय्या पर थे, तभी जयनाथ ने यह भगवान (शालिग्राम) उनसे माँग लिया था। आज पंद्रह साल से जयनाथ उनकी पूजा करते आ रहे हैं।

पूजा समाप्त करके वह खाने गए।

अपने पुत्र की सहनशीलता और कार्यक्षमता देखकर प्रसन्न होने का अवसर आज जयनाथ को यह पहली ही बार मिला हो, ऐसी बात नहीं है। अब तो रतिनाथ ग्यारह साल का हो गया है। पाठशाला में सबसे अधिक तीव्र बुद्धिवाला समझा जाता है। बहुत कम बोलता है। फुर्ती गजब की है उसमें। गरीबी के मारे बाप उसे हिंदी-अंग्रेज़ी स्कूलों में नहीं रख सका। और रसोई-वसोई तो जब रत्ती सात साल का था, तभी से करना जानता है। सातवें (गर्भस्थिति के अनुसार आठवें) साल की उम्र में उपनयन (यज्ञोपवीत-संस्कार) हुआ था। हाँ, मछली और मांस बनाना अभी उससे नहीं सपरता। पिता और पितियाइन (चाची) घरेलू कामों में रत्ती को कम उलझाते।

दो थालियों में परोस लिया गया था। दोनों बाप-पूत खाने बैठे।

चार

माँ-बाप ने चाची का नाम रखा था गौरी।

वह बहुत सुंदर थी। चेहरे में लंबाई-गोलाई की अपेक्षा फैलाव ही अधिक था। आँखें बड़ी-बड़ी। नाक नुकीली। कपार छोटा। बाल खूब काले और एड़ी तक लंबे। गोरी तो थी ही। गले की आवाज़ नरम और सुरीली थी। हाथ-पैर छोटे-छोटे, लाल और भरे हुए, मानो आम के पल्लव हों।

गौरी के इस सौंदर्य का रहस्य उसके माँ-बाप की भरी-पूरी गृहस्थी तथा निर्विघ्न

1. बिकौआ उन्हें कहा जाता था, जो अपनी कुलीनता बेच-बेचकर अपनी जीविका चलाते थे। एक-एक व्यक्ति बाईस-बाईस तक शादियाँ करते थे। उनका जीवन ससुरालों में ही कट जाता था। समाज में उनकी काफी इज्जत थी। आदरपूर्वक आमंत्रित करके लोग उनसे अपनी कन्या का पाणिग्रहण करवाते थे। तीन-चार और पाँच दफे बिकनेवाले बिकौआ अब भी मैथिल ब्राह्मणों में यदा-कदा दिखाई पड़ जाते हैं। यह प्रथा अब मर चुकी है।

जीवन में निहित था। चुम्मन झा के पास पच्चीस बीघा ज़मीन थी, उपजाऊ। चार सौ मन धान साल-साल होता था। एक बड़ा-सा कलमबाग था, जिसमें कलमी आम के पचासों पेड़ थे। मालदह, कृष्णभोग, बंबई, फजली, शाहपसंद, राढ़ी, भदई, दुर्गीलाल का केरवा, सुकुल, सिपिया, जर्दा—सब थे। किसी साल नागा नहीं जाता, सब साल फलता वह कलमबाग। चुम्मन झा पाँच पेड़ छोड़कर, बाकी खटिकों के हाथ बेच लिया करते। चार सौ, पाँच सौ और कभी छः सौ तक मिल जाता। इस तरह आम भी इनके लिए एक अच्छी फसल थी।

संतान कुल चार हुईं—दो लड़के और दो लड़कियाँ। एक लड़का और एक लड़की बची थी। लड़का जयकिशोर किसी जिला स्कूल में हेड पंडित था और बाल-बच्चे और पत्नी समेत बाहर ही रहा करता। उन दिनों शायद डाल्टनगंज में था। गृहपति को मरे सात साल हुए। अब गृहस्थी का सारा भार वृद्धा के कंधों पर था। जयकिशोर का मामा कभी-कभी इसमें अपनी बहन की मदद करता और अक्सर उसका रहना तरकुलवा ही होता।

तीन साल पहले छोटे भतीजे का मुंडन-छेदन हुआ था। पिछले दफे तभी गौरी यहाँ आई थी।

परिस्थिति की भयानकता का अंदाज लगाकर गौरी की माँ गुमसुम थी। जयनाथ जब चले गए, तब उससे नहीं रहा गया। गौरी की ठुड्डी छूकर कर्कश स्वर में उसने पूछा, "यह क्या कर आई है तू ?"

साहस नहीं हुआ कि गौरी माँ की आँख से आँख मिलाती। माँ बोलती गई, "इस खानदान में जो किसी ने नहीं किया, इस अभागिन ने वही कर डाला ! हे दुर्गा ! हे बाबा कपिलेश्वर ! अब मैं इसका क्या इलाज करूँगी ? कब तक इस बात को मैं छिपा सकूँगी ?"

नाखून से नाखून खोटती रही गौरी।

अभी तक किसी को मालूम नहीं हुआ था कि गौरी आई हुई है। लोगों ने जयनाथ को सिर्फ गाँव से जाते ही देखा। आए तब तो अभी कुछ रात बाकी थी।

भैंस की बीमारी के बहाने गौरी की माँ ने बुधना चमार की औरत को बुलवा भेजा। यह चमाइन इन कामों में उस्ताद थी। गाय, भैंस, औरत, घोड़ी, बकरी वह सबके काम आती। आसपास के दस-बारह गाँवों में उसकी शोहरत थी। गौरी की माँ के दो भैंसें थीं ज़रूर, मगर उन्हें कहाँ कभी कुछ हुआ ? फिर भी बुधना चमार की औरत फौरन आई।

गौरी की माँ ने सारी बात समझा-बुझाकर चमाइन के हाथ पर पाँच-पाँच रुपए के दो नोट धर दिए, लेकिन वह सिर हिलाने लगी, "नहीं मलिकाइन, इतने में काम नहीं चलेगा। यह तो दवा का दाम भी नहीं होगा। मेरी मजदूरी आप क्या देंगी, बस इतना ही ?"

"दो तो तुम्हारा बँधा हुआ है ही," गौरी की माँ ने कहा, "और मैं तो इतना-सा

दे रही हूँ।''

मुस्कुराकर सिर हिलाते हुए चमाइन ने कहा, ''यही बबुई तुम्हारी और भी तो दो बार यहाँ से बच्चे पैदा कर गई है। तब कहाँ मैंने तुमसे कुछ कहा, मलिकाइन ? मगर आज तो मामला ही कुछ और है...''

इतना कहकर वह गंभीर हो गई। ज़रा देर बाद बोली, ''अगर थाने में किसी ने जाकर चुगली कर दी तो मुझे जेहल-डामुल होगा। तुम लोग तो धनवाली हो; हाकिम भी तुम्हारी तरफ़दारी कर लेगा। कितने जोखिम का काम है पेट गिराना ! पता चल जाय तो सरकार मेरा सत्यानाश कर देगी...''

गौरी की माँ पाँच रुपए का एक नोट और निकाल लाई, फिर भी वह राजी नहीं हुई। उसने कहा, ''दस और देने होंगे। जब काम कर दूँगी तो अपनी खुशी से आप कुछ-न-कुछ और दे दीजिएगा।''

चमाइन की बात पर गौरी की माँ ने ग़ौर किया। वह काफी प्रतिभाशाली स्त्री थी। समझ गई कि पच्चीस तो यह लेकर ही रहेगी। ज़रूरत ऐसी आ पड़ी है कि पचास पर भी अड़ जाए तो देना ही पड़ेगा। ख़ैर, दस रुपए का एक नोट और भी वह निकाल लाई। देते हुए कहा, ''देखो, मेरी लड़की को इस मुसीबत से पार कर दो। पाँच-सात दिन के अंदर ही यह सब हो जाना चाहिए और गुपचुप।''

जीभ निकालकर चमाइन बोली, ''भला, यह भी क्या कहने की बात है, मलिकाइन ? आपकी बदनामी क्या हमारी बदनामी नहीं है ? पर एक बात कहती हूँ, माफ करना, बड़ी जातवालों की तुम्हारी यह बिरादरी बड़ी मलेच्छ, बड़ी निठुर होती है मलिकाइन ! हमारी भी बहू-बेटियाँ राँड़ हो जाती हैं, पर हमारी बिरादरी में किसी के पेट से आठ-आठ, नौ-नौ महीने का बच्चा निकालकर जंगल में फेंक आने का रिवाज नहीं है। ओह, कैसा कलेजा होता है तुम लोगों का ! मइया री मइया !''

गौरी की माँ निसाँस खींचकर भी कुछ बोलीं नहीं। अपनी लड़की के बढ़े हुए पेट पर उनका ध्यान गया और ऐसा लगा कि उसके अंदर एक सुंदर और स्वस्थ शिशु पड़ा हुआ है। आँखें मुँदी हुई परंतु पलकें लगातार फड़क रही हैं—ओ अभागे, तुम्हारा क्या कसूर ? यही चमाइन तुम्हें गाँव के बाहर किसी झुरमुट के अंदर डाल आएगी ! फिर कुत्ते और सियार नोच-नोचकर तुम्हें खाएँगे ! जैसे और बच्चे अपनी माँ के पेट से समय पर बाहर आते हैं, तुम उस तरह समय पर गर्भ से बाहर नहीं निकल सकते। तुम्हारे जन्म से प्रसन्न हो सोहर गाए, ऐसी एक भी औरत नहीं होगी...मेरा बस चलता तो...

''अच्छा मलिकाइन, अभी मैं चली। कल शाम को आऊँगी।'' इतना कहकर चमाइन आँगन से बाहर हो गई, लेकिन फिर लौट आई। कहा, ''ज़रा देख तो लूँ बबुई को।''

माँ ने कहा, ''पूरबवाले घर में है, आओ।''

गौरी को झपकी आ गई थी। आहट पाते ही उसने आँखें खोल दीं। चमाइन

ने करीब जाकर देखा। बोली, "आठवाँ महीना है। बबुई, नाहक तुमने बखत बर्बाद किया। पेट तीन या चार महीने तक काबू में रहता है। अब देखना, तंदुरुस्ती पर कितना बुरा असर पड़ता है।"

माँ को अंदेसा हुआ। उसने आँखें फाड़कर पूछा, "क्या री, गौरी की देह को फिर तैयार होने में बहुत दिन लग जाएँगे ?"

"हाँ, मलिकाइन !" चमाइन घर से बाहर निकलती हुई बोली, "दुसंझी मालिश करवाती रहें तो पच्चीस दिन लगेंगे। हाँ, आज और कल बबुई को कुछ खाने नहीं देना।"

"आज अभी तो खा चुकी।" माँ ने कहा, "हाँ, रात और कल नहीं खाने दूँगी। तो तू कल रात आएगी न ?"

"ज़रूर माईजी, आती तो मैं आज शाम को भी, मगर डीहटोल में सल्हेस[1] महाराज की पूजा है। भाव-भगत होगी। हमारे यहाँ के सभी जाएँगे देखने।"

इतना कहकर बुधना चमार की औरत चली गई। गौरी की माँ ने उँगली पर गिनकर हिसाब लगाया। बड़ी छुट्टियों में, खासकर गर्मियों में राजकिशोर गाँव अवश्य आया करते। इस बार भी आएँगे। माँ ने सोचकर देखा, आधा चैत बीत चुका है। अभी समूचा महीना बैसाख पड़ा ही है। जेठ की दशहरा से पहले शायद ही कभी जयकिशोर का स्कूल बंद हुआ हो। और, तब तक गौरी बिलकुल तंदुरुस्त हो जाएगी। इस गणित से उस वृद्धा को कुछ आश्वासन मिला। जयकिशोर बाबू बहुत ही अच्छी प्रकृति के आदमी हैं, फिर भी माँ को खटका था कि अपनी बहन के संबंध में यह कुकांड जब किसी तरह उन्हें मालूम होगा तो कुछ कहेंगे अवश्य। इसके अतिरिक्त, उमानाथ भी किसी-किसी साल आम खाने आता है। अपनी माँ के बारे में जब वह सुनेगा तो आश्चर्य नहीं कि कुआँ में कूदकर जान दे दे या माँ को ही मार दे। लड़की को छः मास, आठ मास अपने पास रखना माँ को और भी भारी लग रहा था। इन बातों को सोचते-सोचते वृद्धा का दिमाग जब पथरा गया तो एक बार फिर आप पूरबवाले घर में घुसी और गुस्से में आकर गौरी की ठोड़ी पर एक ठुनका लगा दिया। गौरी हाउ-हाउ करके रो पड़ी। आँखों से आँसू का धार जो बहने लगा, वह बंद होने का नाम ही नहीं लेता था। माँ जी कड़ा कर कुछ देर अवाक् खड़ी रही, फिर धम्म से वहीं बैठ गई और लड़की को अपनी छाती से लगाकर आप भी रोने लगी।

दरिद्र कुल में लड़की ब्याहने का ही यह दुष्परिणाम था। शुभंकरपुर के यह वैद्यनाथ झा कुलीनता की दृष्टि से ही ज़रा बड़े थे। गौरी के पिता चुम्मन झा को स्वयं भी पीछे जाकर यह विवाह-संबंध असंतोषप्रद लगने लगा। जमाई महाशय, दमा के रोगी और प्रकृति के सुस्त थे। शादी के बाद तो पढ़ना जानबूझकर ही उन्होंने छोड़ दिया।

---

1. सल्हेस दुसाधों का देवता है। पीपल, पाकड़ या बरगद के नीचे कुटी बनाकर उसमें सल्हेस की प्रतिमा स्थापित की जाती है। आकार-प्रकार में यह अश्वारोही सामंत की तरह लगते हैं।

ससुराल आते तो बीस-बीस दिन, पच्चीस-पच्चीस दिन तक पड़े रहते। शतरंज का इतना शौक था कि एक बैठक में दस-दस घंटे खेलते रहते। कमाकर शायद ही दो पैसे कभी झाजी ने अपनी स्त्री के हाथ पर दिया हो। जाते-जाते एक क्वाँरी लड़की और एक अबोध शिशु बेचारी के मत्थे ठोक गए। यह लोग औसत दर्जे के मध्यवित्त की एक लड़की को अपने यहाँ ले जाकर उसे नाना प्रकार के अभाव-अभियोगों की परिधि में डाल देते हैं। लड़की जिंदगी-भर अपने माँ-बाप को उलाहना देती रहती है। वैद्यनाथ को विरासत में सात बीघा खेत मिले थे। तीन बीघा शुभंकरपुर में और चार बीघा कोसी के किनारे (उत्तर भागलपुर में)। बस्ती का नाम था, रामगंज। वहाँ वैद्यनाथ का ननिहाल था। नाना को लड़का नहीं हुआ था। लड़की मात्र थी, तीन दौहित्र थे। कमलनाथ, वैद्यनाथ और जयनाथ। इन्हीं तीनों के नाम पर वह अपनी जायदाद चढ़ा गए। शुभंकरपुर के खेत तो वैद्यनाथ बेच-बेचकर खा ही गए थे, डेढ़-दो बीघा रामगंज में भी बंधक रख दिया था।

बहनोई की मृत्यु के बाद जयकिशोर ने चाहा कि गौरी हमेशा के लिए तरकुलवा ही रह जाए, मगर गौरी को यह प्रस्ताव स्वीकार नहीं हुआ। यह दूसरी बात है कि इस समय बेचारी एक विचित्र परिस्थिति में पड़ गई है, मगर यों गौरी की प्रकृति में स्वाभिमान की मात्रा कूट-कूटकर भरी हुई है। इसी कारण पितृगृह की अपेक्षा पतिगृह में रहना उसने पसंद किया। एक बार आग्रह करने पर अपनी माँ को गौरी ने कहा था, 'बाबू (पिता) ने कुश-तिल-जल लेकर मुझे दान कर दिया, फिर मेरा इस घर में रहना अनुचित नहीं होगा माँ ? विवाहिता के लिए पितृकुल का अमृत भी पतिकुल के माँड़ या पीने के साधारण जल की तुलना में तुच्छ है। माँ, तभी तो तुमने अपनी नानी के धन पर लात मार दिया था। है न माँ ?..." यह सब बातें एक-एक करके माँ को याद आती रहीं और उसकी आँखों से जल-प्रवाह जारी रहा।

न जाने कितनी देर तक माँ-बेटी रोती रहीं। शोक और पश्चात्ताप के इस समुद्र से उनका उद्धार तब हुआ, जबकि चरकर वापस आई हुई भुल्ली भैंस चरवाहे की लापरवाही से आँगन के अंदर घुस आई। उसके खुरों की खुट्ट-खुट्ट, खट्ट-खट्ट ने माँ का भी और बेटी का भी स्थान एवं समय की ओर ध्यान खींचा। अपने को छुड़ाकर माँ घर से बाहर निकली तो देखा अमावस की संध्या अपने साज-सरंजाम लेकर आसमान से धरती पर उतर चुकी है। ऊपर ताकने पर एक तारा नज़र आया। गौरी की माँ ने चारों ओर घूम-फिरकर आसमान में दूर-दूर तक आँखें दौड़ाईं, परंतु दूसरा तारा न दिखाई पड़ा। तब हाथ जोड़कर उसने पहले तारे को प्रणाम किया और साथ ही यह श्लोक पढ़ा—

एकातारा मया दृष्टा द्वितीया नैव दृश्यते।
तद्दोप परिहाराय नारदाय नमोऽस्तुते।।"[1]

---

1. एक तारा तो मैंने देख़ लिया, दूसरा नहीं देख पा रही हूँ। हे नारद महाराज, इस दोष को दूर करने की नीयत से मैं तुम्हें नमस्कार करती हूँ—(देखना, किसी से झगड़ा मत लगाना)।

नौकरानी ने आकर कहा, ''रसोई में देर न हो जाएगी, मलिकाइन ! क्या बात है ? आज तबियत कुछ ढीली देखती हूँ।''

गौरी की माँ ने कहा, ''नहीं, कुछ नहीं सुक्खो ! यों ही ज़रा सो गई थी। पानी भर चुकी घड़ों में ?''

''हाँ, मलिकाइन ! अब जाती हूँ।'' उसने कहा। नज़दीक आकर गौरी की माँ बोली, ''अपनी सास को ज़रा भेज देना। ज़रूरी काम है।''

''अच्छा !'' सुक्खो चली गई। थाली में दिन का जूठा भात, दाल और कई किस्म की भाजियाँ लिए हुई थी। मेहमान की थाली में दुगुना भात परोसना कोई नई बात तो है नहीं। जयनाथ सवेरे ही खाकर चले गए थे। और, तब से अब तक करीब आठ-नौ घंटे खाने की यह सामग्री खुली पड़ी थी। सैकड़ों मक्खियाँ इससे परितृप्त हुई होंगी। जौ-मकई-मड़ुआ की रोटी खाकर तंग आए हुए सुक्खो के बच्चे देखते ही इस पर टूट पड़ेंगे, चाट-पोंछकर थाली साफ कर देंगे। सुक्खो, उसकी सास, उसका घरवाला सब ललचाई निगाहों से उस दृश्य को देख भर सकेंगे !

गौरी की माँ को खाना बनाने में मन नहीं लग रहा था, लेकिन कल मंगल है। प्रति मंगल को उपवास रखती है। अभी कुछ पेट में डाल देगी तो अच्छा रहेगा।

झटपट उसने आग जलाई। अदहन हो जाने पर चावल उसमें छोड़ दिए। उसी में चार-छः आलू चोखा के लिए डाल दिए। सुजनी डालकर बीच आँगन में लेटी रही। लेटे-लेटे सोचने लगी, 'इस तरह गौरी को मैं छिपाकर कब तक रख सकूँगी ? इसी तरकुलवा में यह घटना क्या पहले कभी नहीं हुई है ? अवश्य हुई है, तब ? चतुरा चौधरी की लड़की, मक्खन पाठक की पतोहू, पंडितजी की बहन...' गौरी की माँ के सामने का समूचा आसमान तारों से झलमल-झलमल कर रहा था। नक्षत्रखचित यह रजनी उसको वैसी ही लग रही थी, जैसी चाँदी के दस-पाँच गहनों से भूषित कोई साँवली औरत।...वह थोड़ी देर तक आँखें मूँदे रही, फिर मानो किसी निश्चय पर पहुँच गई हो, उसकी आँखें चमक उठीं। अंदर के संकल्प को वाणी का परिधान देने के लिए उसके होंठ फड़कने लगे। वह अपने आप ही बुदबुदाने लगी, 'कोई क्या कर लेगा हमारा ? बिटिया को मैं प्याज की तरह ज़मीन के अंदर दबाकर नहीं रख सकती, इसके चलते जो कुछ हो। जिस समाज में हज़ारों की तादाद में जवान विधवाएँ रहेंगी, वहाँ यही सब तो होगा। मक्खन पाठक की पतोहू उढ़रकर पंजाब चली गई है, एक सिक्ख के साथ रहती है। मैं अपनी लड़की को झाड़ू से झाड़-पीटकर घर-निकाला और देश-निकाला दूँगी, सो मुझसे नहीं होगा, मेरे जीते-जी गौरी मुसलमान या सिक्ख के घर जाने को मजबूर नहीं की जा सकती...'

भात तैयार हो चुका था। छिलके छीलकर गौरी की माँ ने चोखा बनाया। नमक, हरी मिर्च और सरसों का तेल डाला। थाली में भात परोसा। चमाइन मना कर गई थी, मगर माँ का दिल ठहरा, वह कहाँ माने ? थोड़ा-सा भात एक छोटी थाली में भी परोसा। फूल की चमचमाती यह छोटी-सी थाली माँ का ध्यान अतीत की ओर खींच ले गई।

जयकिशोर भी इसी थाली में खाकर बड़ा हुआ और गौरी भी इसी में खाकर बड़ी हुई। प्रतिभामा और उमानाथ ने भी कई बार इस थाली में खाया होगा। जयकिशोर बाबू के तीनों बच्चे इसमें खा चुके हैं। ममता के मारे माँ का हृदय छलकने लगा। वह पछताने लगी कि नाहक ही दिन में गौरी को एक ठुनका मार दिया ! माँ हूँ, तभी तो आई है। नन्हीं तो मुजफ्फरपुर, पटना न भाग जाती ? कहते हैं, अरिया समाज (आर्य समाज) की तरफ से बड़ा ही अच्छा इंतजाम है। विधवा हो चाहे कोई हो, वहाँ गरभ किसी का नहीं गिराया जाता। ठीक समय पर बच्चा पैदा होता है। माँ चाहती है तो बच्चे को रखती है, नहीं तो अरिया समाज ही बच्चे को रख लेता है। अच्छा है न। आख़िर अच्छे लोग नहीं हैं तो दुनिया कैसे चलती है !

सब ठीक-ठाक करके वह उठी और गौरी को ले आई खिलाने। वह आ नहीं रही थी, परंतु माँ ने कहा, "तो मैं भी नहीं खाऊँगी, जा।"

दोनों खाने बैठीं। दही का बर्तन नज़दीक में रख लिया।

पाँच

रतिनाथ को अपनी माँ याद नहीं है। थोड़ा-सा आभास मात्र है। वह गौरश्याम थी। उसे दमा का रोग था। ज्यादातर वह लेटी ही रहती थी। बस, यही रत्ती को याद है। माँ का चेहरा कैसा था ? कपार छोटा, आँखें न छोटी, न बड़ी। नाक नुकीली नहीं थी। माँ का प्रसंग छिड़ते ही एक भयानक दृश्य इस लड़के की आँखों के आगे नाच जाता था। वह नहीं चाहता था कि इस तरह का अप्रिय और भयानक दृश्य उसे याद आए। किंतु सिर्फ आँखें मूँद लेने से ही कोई बात मन में न आए, ऐसा तो कहीं हुआ नहीं।

क्या थी वह बात ? यही कि रतिनाथ की बीमार माँ बिस्तर पर उतान लेटी पड़ी है और जयनाथ रौद्र रूप धरकर बेचारी की छाती पर बैठा है। हाथ में कुल्हाड़ी है और वह अपनी स्त्री की गर्दन रेतता जा रहा है। वह घिघिया रही है, लेकिन कोई भी इस नरमेध में हस्तक्षेप करनेवाला वहाँ मौजूद नहीं है...माँ घिघियाती है। साढ़े-तीन साल के अबोध रत्ती ने यह दृश्य देखकर दम साध लिया है। घर के कोने में बैठा हुआ वह कनखी से रह-रहकर अपनी माँ और बाप को देख लेता है...

माँ की स्मृति के साथ यह भयानक चित्र रत्ती की आँखों के आगे आ जाता है। पिता के रुद्र स्वभाव के प्रति इस बालक के हृदय में प्रतिहिंसा की आग कभी-कभी सुलग उठती है। तनी भौंहों और चढ़ी आँखों से वह बाप की ओर घूरता है। जिसको चाची से सदैव घुल-घुलकर बातें करते पाया है, उसी का माँ के प्रति वह नृशंस और रूक्ष व्यवहार रतिनाथ की समझ से परे की बात थी। वह चार साल का था, तभी माँ मरी थी। माँ के बाद चाची ने ही उसकी देखभाल की है। अकारण क्रोधी स्वभाव के इस पिता से चाची ही उसे बचाती आई है। इन बातों से रतिनाथ अपनी चाची के लिए

जान तक देने के लिए हाजिर रहता। पिता के प्रति उसकी भक्ति या श्रद्धा बिलकुल दिखावटी थी। हृदय से वह चाची को ही बाप और माँ सब समझता था।

आँगन में तीन घर थे। दच्छिन, पूरब और उत्तर तरफ। पच्छिमवाला डीह खाली था। मिट्टी की तीन भीत और बाँस के छप्पर, खर (खढ़) के छाए हुए। पूरबवाला घर चाची का था। दच्छिन और उत्तरवाले घर जयनाथ के थे। कमलनाथ को शुभंकरपुर से न कुछ लेना था, न देना। अपने हिस्से की जायदाद उन्होंने इन्हीं लोगों के सुपुर्द कर दी थी। इसी तरह जयनाथ और उमानाथ की रामगंजवाली जायदाद का उपभोग कमलनाथ करते थे। कमलनाथ पढ़े-लिखे नहीं थे। उनके तीन लड़के थे, तीनों मूर्ख। यह मूर्खता, इन लोगों की चार-पाँच पुश्त की विरासत थी। मिथिला में कहावत है कि मूर्ख का लड़का मूर्ख हो सकता है, मगर पंडित का लड़का पंडित नहीं होगा। परंतु, पंडित का लड़का भी पंडित होता है, जैसे कि नीलमाधव उपाध्याय का पुत्र जयमाधव झा।

नीलमाधव के तीन लड़के थे—जयमाधव, वेणीमाधव और श्रीमाधव। इनमें दो अपठित थे, उनके जिम्मे खेती-बाड़ी का काम था। जयमाधव के दो लड़के हुए—सोनमणि और राजमणि। सोनमणि ने व्याकरण का अध्ययन काशी में रहकर किया था। सोनमणि के एकमात्र लड़का हुआ, इंद्रमणि। वही मूर्ख भगवान् के छत्र-सिंहासन बेचकर खा गया। कमलनाथ आदि श्रीमाधव के प्रपौत्र थे। वैद्यनाथ ने पढ़ना आरंभ किया था, परंतु ब्याह के बाद उनकी पढ़ाई शीघ्रबोध और मुहूर्त्त चिंतामणि तक ही सीमित रह गई।

आँगन में पच्छिमवाला डीह खाली पड़ा था। उस पर मौसम के मुताबिक भिंडी, बैंगन, मिर्ची वगैरह उपजाया जाता। इस वास-स्थान से पूरब तालाब था, दच्छिन बाग और बाँस। बाग में चार ही छः आम के पेड़ थे। दो पेड़ कटहल के, एक बड़हल का, एक सहजन का। अड़हुल, इंद्रकमल, करवीर, कनैल, थलकमल, थल-कुमुदिनि, हरसिंगार, बेला—दो-दो, एक-एक झाड़ इन फूलों के थे। जम्बीरी नींबू का भी एक बड़ा-सा झाड़ था। तालाब में रोहू, ब्वारी, भाकुर से लेकर सिंगी, माँगुर, इंच्चा, पोटी, यानी बड़ी-से-बड़ी और छोटी-से-छोटी मछलियाँ थीं। तालाब में इन लोगों का अठारहवाँ हिस्सा पड़ता था। तीनों भाइयों के बीच नौ बीघा खेत था, सो अलग। पुरखों की लगाई हुई अमराई थी, छठवाँ भाग उसमें भी होता था। दस कट्ठा ज़मीन ऐसी थी जिसमें खढ़ होता था। घर छवाने के लिए खढ़-वर इन्हें खरीदना नहीं पड़ता था। एक परिवार बहिया (खबास) का था, कुल्ली राउत का। कुल्ली राउत का परदादा ठीठर राउत था। उसने सात रुपए में अपने को रतिनाथ के परदादा के हाथ बेच दिया था।

गृहस्थी के उपयुक्त सबकुछ था, लेकिन करनेवाला कोई नहीं था। जयनाथ का मन खेती-बाड़ी में लगता तो घर की यही हालत रहती ? सारे खेत बटाई पर लगे हुए थे। पूरी उपज घर में नहीं आती थी। साल-साल कुछ खेत बेचना या रेहन रखना पड़ता था। उमानाथ की माँ भला कर ही क्या सकती थी ? कोई टोकता तो जयनाथ कह उठते—का चिंता मम जीवने यद हरिर्विश्वम्भरो गीयते ? यदि भगवान् का नाम विश्वंभर है तो फिर चिंता किस बात की ? खेत जोता ही रह जाएगा यदि बारिश न हो। धन्य

भगवान् कि धान उपजता है, कि हमारे-तुम्हारे मुँह में दोनों जून पाँच-पाँच कौर भात जाता है ! धन्य भगवान् !

जयनाथ को इस बात का बड़ा अभिमान था कि वह ब्राह्मण हैं। पूजा-पाठ, गप-शप, सैर-सपाटा, बाबा वैद्यनाथ, बाबा विश्वनाथ, दुर्गा-तारा-काली—इनकी चर्चाओं के अतिरिक्त यदि और कोई वस्तु जयनाथ को प्रिय थी, वह थी विजया बनाम भंग भवानी। बंभोले की बूटी का समय पर सेवन हो, वह इसके पाबंद थे। जब आधा पहर दिन रहता, तब जयनाथ के नित्यकृत्य का यह महत्त्वपूर्ण अध्याय आरंभ हो जाता। इस सिलसिले में वह मौलवियों का दृष्टांत बड़े ही उल्लासपूर्वक दिया करते, 'देखो, मौलवी लोग कहीं भी हों, गाड़ी पर चाहे नाव में, जल में चाहे थल में, परंतु नमाज का समय जहाँ आया कि अँगोछा बिछाकर चट से घुटने टेक देंगे ! आहा हा हा !! कितनी तत्परता है !' और, तब जोर-जोर से जयनाथ भंग रगड़ने लगते। उनका दीप्त चेहरा और भी दीप्त हो उठता। बीच-बीच में सोटे को रोककर कुंडी की ओर गौर से देख लेते और बोल उठते—स्वधर्मे निधनं श्रेयः परधर्मो भयावहः।

औरत मर गई तो लोगों ने कहा था, 'दूसरी शादी कर लो जयनाथ, नहीं तो घर बर्बाद हो जाएगा। लड़का अभी बहुत छोटा है, उसकी देखरेख के लिए भी तो कोई चाहिए।'

'नहीं-नहीं' जीभ निकालकर और दोनों हाथ दोनों कान पर डालकर जयनाथ तब बोले थे, 'हरे-हरे ! इतना हल्का मुझे मत समझिए। जगदंबा की कृपा होगी तो दस वर्ष में रत्ती ही इस योग्य हो जाएगा। मैं तो अब यही प्रयत्न करूँगा कि देवघर या विन्ध्याचल में कोई मारवाड़ी अपने राम के लिए छोटी-सी एक मड़ैया डलवा दे, बस।'

सुननेवाले अवाक् रह गए थे।

कुछ साल जयनाथ रत्ती को इधर-उधर टाँगते फिरे, पीछे लड़के ने एक दिन झुँझलाकर कहा, 'इस तरह मैं पढ़ नहीं सकूँगा, भुट्टू और टुन्नी मेरे सहपाठी थे, अब वे मुझसे एक दर्जा आगे हैं।'

उमानाथ की माँ ने भी समझाया। जयनाथ इस बात पर राजी हो गए कि लड़का गाँव में ही रहे और संस्कृत पढ़े।

तभी से रत्ती अपनी चाची के पास रहता आया है।

उमानाथ बूढ़ानाथ पाठशाला (भागलपुर) में रहकर पढ़ रहा था। इससे पहले कुछ दिन वह अपने मामा के पास मोतिहारी में रहा। बुद्धिमंद होने के कारण अपने पाठ उसे कभी याद नहीं हुए। हिसाब में जोड़ना जैसे-तैसे उसको आ गया, लेकिन गुणा और भाग दिमाग में घुसा ही नहीं था। घर से आया हुआ घी पिघलाते समय उमानाथ की असावधानी से कड़ाही ही उलट गई, सारा घी राख और चूल्हे की गरम मिट्टी पी गई। मामा ने भांजे को इस अपराध के लिए दो तमाचे लगाए तो भागकर वह भागलपुर चला गया अपने एक साथी के पास, पाँच साल से वहीं है। प्रथमा में पिछले साल फेल किया था, इस साल पास कर जाने की संभावना है। गीता भाषाटीका बाँचकर सुनाने से एक

मारवाड़ी सीधा-सामान देता है। रोज मालिश करवाकर पंडितजी कहीं से दो रुपया मासिक और दिलवा देते हैं।

वह घर बहुत कम आता है। एक बार रत्ती से भी उमानाथ ने कहा था भागलपुर चलने के लिए। परंतु रत्ती ने जवाब दिया, 'मध्यमा तक तो गाँव में भी पढ़ा जा सकता है भैया, फिर कहीं क्यों ले जाओगे ?'

रत्ती का कहना यथार्थ था। पंडितों के इस गाँव में छोटी-बड़ी दो पाठशालाएँ थीं। एक लोअर प्राइमरी स्कूल था। छोटी पाठशाला के अध्यापक का नाम था पंडित योगानंद ठाकुर, व्याकरणाचार्य। प्राइमरी स्कूल के मास्टर थे जयवल्लभलाल दास। वह पुराने थे। हमेशा एक खजूर की छड़ी उनके पास पड़ी रहती थी। लड़कों को पीटते भी खूब थे और पढ़ाते भी खूब थे। बड़ी पाठशाला का नाम था, 'श्री तारिणी संस्कृत टोल' शुभंकरपुर। यह चटसाल बहुत पुरानी थी। बिहार जब बंगाल सरकार की मातहत था, तब संस्कृत पाठशालाएँ टोल कहलाती थीं। वही पुराना नाम अब तक इस पाठशाला का चला आ रहा था। पंडित भी इसके बहुत ही वृद्ध थे, नाम था बबुअन मिश्र। व्याकरण और धर्मशास्त्र में आप बड़े ही निष्णात थे। दूर-दूर से लोग पतिया-प्रायश्चित्त लिखाने आते। आसपास के इलाकों में धार्मिक बातों को लेकर जब वाद-विवाद उपस्थित होते तो फैसला आप पर ही निर्भर करता। मिश्रजी के पास बड़ी उम्र के छात्र ही पढ़ा करते।

जयनाथ को अब यही महत्त्वाकांक्षा थी कि लड़का पढ़-लिखकर अच्छा पंडित बने। रतिनाथ था भी पढ़ने में खूब तेज। अपने साथियों में हमेशा वह बीस ही रहा। उसकी मंशा थी हिंदी-अंग्रेज़ी पढ़ने की, मगर जयनाथ मास्टर को फीस देने में बराबर आनाकानी करते। लोअर प्राइमरी का इम्तिहान देकर पिछले साल रत्ती आया तो अपर प्राइमरी की किताबें बाप से माँगीं। इधर-उधर टोह लेकर जयनाथ को जब पता चला कि चार-पाँच रुपए सिर्फ किताबों में ही लग जाएँगे तो तय किया—नहीं, कभी नहीं ! यह नहीं हो सकता। प्रातःस्मरणीय नीलमाधव उपाध्याय का वंशधर म्लेच्छ भाषा पढ़ेगा ? उस दिन धरती उलट जाएगी और आसमान से अंगारे बरसने लगेंगे ! वकील बालस्टर बनकर प्याज-लहसन और अंडा नहीं खाना है रत्ती को, उसे तो अपने पूर्वजों की कीर्ति-रक्षा करनी है...बस, एक फटा-मैला अमरकोष कहीं से उठा लाए और बेटे के हाथ में उसे थमाते हुए कहा, 'क्या करना है अंग्रेज़ी पढ़कर, क्रिस्तान बनना है ! लो यह अमरकोष, जिस दिन यह कंठस्थ हो जाएगा, उस दिन तीनों लोक तुम्हारे लिए हस्तामलक हो जाएँगे। क्या समझते हो, मैंने ज्यादा पढ़ा है ? नहीं-नहीं, बेटा, यही अमरकोष थोड़ी लघु (कौमुदी) थोड़ा सिद्धांत (कौमुदी) ! बस ! फिर भी देखो, लोग मुझे पंडितपछाड़ कहते हैं।'

सिर से पैर तक रतिनाथ ने अपने पिता को देखा और फटा हुआ अमरकोष ले लिया। मन-ही-मन उसे बहुत अफसोस हुआ कि प्राइमरी स्कूल के पुराने साथियों से बिछुड़ना पड़ेगा। जयनाथ बोले, 'दो पन्ने इसमें नहीं हैं, सो मैं पाठशाला जाकर किसी

से लिखवा दूँगा। एक दुअन्नी लगेगी जिल्द में, कोई बाज़ार जाएगा तो वह इसे लेता जाएगा और बँधवा लाएगा। और हाँ, 'विद्यारंभे गुरुः श्रेष्ठः' मतलब यह कि बृहस्पतिवार को विद्या का आरंभ करना अच्छा है। आज कौन-सा दिन है ?'

'शनीचर ?' रत्ती बोला।

जयनाथ ने उँगली पर हिसाब लगाकर कहा, 'शनि एक, रवि दो, सोम तीन, मंगल चार, बुध पाँच और बृहस्पति छः। आज से छठवें दिन हमारे साथ तुम चलना। योगानंद ठाकुर की पाठशाला में जय गणेश, जय गणेश करके अमरकोष आरंभ कर देना।'

सिर झुकाकर रतिनाथ ने पिता का आदेश मंजूर किया, परंतु हृदय उसका रो रहा था।

रत्ती अपने बाप से बहुत डरता था। ज़रा-ज़रा-सी बात पर जयनाथ उसे पीटते थे। पिटाई में वह इस बात का ख्याल नहीं रखते कि दस-ग्यारह साल का बच्चा है, कोमल शरीर और लचीली हड्डियों में चोट ज्यादा लगती होगी। छड़ी, कलछी, चैला, लोढ़ी जो भी हाथ में पड़ जाता, उसी से पीटने लगते। कभी-कभी खंभे में कसकर बाँध देते। एक दफे गर्दन पकड़कर ऊपर उठा लिया और धरती पर पटक दिया था। ये घोर दंड उसे किन अपराधों के कारण सहने पड़ते ? बहुत ही मामूली अपराध हुआ करते। खाते समय ज़मीन पर ज़रा पानी डुल गया। थाली में थोड़ी दाल बाकी रह गई। पैसा या अधेली चुरा ली। तालाब में नहाने गए तो हाथ-पैर पटककर ज़रा तैर लेना चाहा। पेड़ पर चढ़कर अमरूद खाते समय नाखून-भर खरोंच लग गई। लुक-छिपकर कहीं तमाशा देखने निकल गए। इसी किस्म के अपराध हुआ करते थे। पिता के भय से रतिनाथ जी-भर कभी दौड़ नहीं लगा सकता था। खिलखिलाकर खूब हँसना उसके लिए स्वप्न की वस्तु थी। पेड़ पर चढ़ना कल्पनामात्र थी।

चाची उसे बहुत बचाती थी। इसी से उसका रोम-रोम चाची के प्रति कृतज्ञ था। किसी के मुँह से चाची की शिकायत जब सुनता तो गुस्से के मारे उसके छोटे-छोटे नथुने फड़कने लगते।

और अभी चाची नहीं थी। जयनाथ ने एक दिन कहा था, "उमानाथ की माँ बीस-पच्चीस रोज में लौटेंगी।" यह अरसा रत्ती के लिए पहाड़ था। बहुत ही बच-बचकर उसे चलना था। रसोई तो खैर जयनाथ खुद भी खुशी-खुशी कर लेते थे। घर के और कामों में भरसक रत्ती भी हाथ बँटाता। बचा हुआ समय वह पढ़ाई में लगाता। इंद्रमणि के घर में रामायण का एक बड़ा-सा पोथा था—तुलसीदासी। रत्ती ने निश्चय किया कि पाँचों दिन वह रामायण बाँचने में लगा देगा। डरते हुए उसने बाप से अपनी यह इच्छा प्रकट की। वह राजी हो गए।

इंद्रमणि स्वयं तो अब थे नहीं। तीनों लड़कियाँ बाप के वैभव की मालकिन थीं। चौथी लड़की चूँकि बिकौआ की औरत नहीं थी, ससुराल में ही रहती थी, उसका पति धनी था। ससुर की जायदाद में हिस्सा बँटाने की उस भले आदमी की कभी इच्छा ही नहीं हुई। ये तीनों लड़कियाँ भी एक-दूसरे से अलग हो गई थीं। दस-दस बीघा खेत

एक-एक के बखरे पड़ा था। तीन में से एक निःसंतान थी। एक के एक लड़का और दूसरे के दो लड़कियाँ थीं। तीनों नाममात्र की सधवा थीं। पाँच दिन में रत्ती अयोध्याकांड के अंत तक पहुँच गया।

बृहस्पतिवार के दिन रतिनाथ ने पाठशाला में जाकर अमरकोष आरंभ किया। जयनाथ ने अपने बटुए से एडवर्ड छाप का एक रुपया निकाला और लड़के के हाथ पर धर दिया। कहा, "गिरो पंडितजी के पैरों पर, प्रणाम करो।"

रत्ती ने रुपया गुरुजी के पैर पर रख दिया, फिर प्रणाम किया। गद्गद होकर पंडितजी ने आशीर्वाद दिया, "आयुष्मान् भव। विद्यावान् भव !"

छह

अगले दिन सुबह तरकुलवा के लोगों को मालूम हो ही गया कि गौरी आई है। कब आई, क्यों आई, कैसे आई—इस जिज्ञासा ने पुरुषों से अधिक स्त्रियों को ही चंचल बनाया। लोगों को इतना-भर पता लग सका कि कलेजे की बीमारी है, डॉक्टर ने हिलना-डुलना तक मना कर रखा है।

लेकिन इससे क्या ? लोग तो हिल-डुल सकते थे। उनका तो घर से निकलना वर्जित नहीं था ?

आहिस्ते-आहिस्ते एक-एक, दो-दो करके टोल-पड़ोस की औरतें जयकिशोर बाबू के आँगन में आने-जाने लगीं। गौरी की माँ ने अपने दिल को काफी मज़बूत बना लिया था—कोई आए, कोई देखे। मेरी लड़की किसी का गला काटकर तो आई नहीं।

गौरी भाई के खाली पलंग पर लेटी पड़ी थी। दूर के रिश्ते की दो भाभियाँ बिलकुल करीब आ गईं, और गौर से घूरते हुए पूछा, "लली, आखिर क्या हो गया है तुम्हें ? चेहरा पीला पड़ गया है, बदन पर खून का नाम नहीं है। नाखून सफेद पड़ गए हैं। यह क्या हो गया है तुम्हें ?"

गौरी कुछ बोली नहीं। मन-ही-मन अपनी स्त्री-जाति पर उसे क्रोध हुआ—ओ अभागी औरतो ! मुझे क्या हो गया है, यह तुम भलीभाँति जानती हो। तुम्हें रत्ती-रत्ती पता है कि इस तरह का चेहरा एक स्त्री का कब होता है। इस तरह की झेंप, इस तरह का संकोच किसी विधवा की मुखाकृति पर कब छाया रहता है, यह भी तुम भलीभाँति जानती हो। फिर क्यों मेरा दिमाग चाटने आई हो ? तुम्हें जिसका खटका है, उसी दुर्भाग्य का मैं शिकार हूँ। मेरी नियति के साथ क्यों मखौल करने आई हो...

उनमें से एक बिलकुल पास आकर गौरी को देखने लगी। ज़रा देर बार आहिस्ते से उसने अपना हाथ गौरी के सीने पर रख दिया। चट से गौरी ने उसका हाथ पकड़ लिया, "नहीं, मुझे कुछ नहीं होता है, भाभी। छोड़ दो।"

उसकी आँखों की कड़ाई से भाभी सकपका गई। दो कदम पीछे हटकर उसने

कहा, "नहीं लली, यों ही मैं देख रही थी। किसी ने कहा, तुम बीमार होकर यहाँ दवा कराने आई हो, सो मैं ज़रा देखने चली आई।"

इतनी देर बाद अब दूसरी भाभी ने मुँह खोला, "सुनती हूँ, कलेजे में दर्द होता है।"

गौरी कुछ बोली नहीं। घूरकर रह गई।

जिस उल्लास से ये दोनों स्त्रियाँ गौरी के पास आई थीं, वह मर गया। पत्थर पर तीर मार-मारकर उन्होंने अपने तरकस खाली कर दिए, तो चलीं गौरी की माँ से बातें करने। वह अजवायन सुखा रही थी। खुद छाँह में बैठी थी और आध सेर के करीब अजवायन आँगन में पड़ी सूख रही थी। ये स्त्रियाँ जो रिश्ते में उसकी पतोहू होती थीं, दिखावटी नम्रता से एक ओर खड़ी हो गईं और इशारे से पूछा, "चाची, इस अजवायन का क्या करोगी ?"

गौरी की माँ को लगा कि समूचे गाँव ने मुझे चिढ़ाने के लिए इन्हीं दोनों छोकरियों को भेजा है। वह बाघिन की भूखी आँखों से उन्हें घूरने लगी कि इतने में उन्हीं में से एक बोली, "बहना, पटुआ का साग अजवाइन से छौंकने पर बहुत ही स्वादिष्ट हो जाता है। इतनी-सी मामूली बात आश्चर्य है, कि तुम नहीं जानतीं।"

अब गौरी की माँ से न रहा गया। उन्हें विश्वास हो गया कि जानबूझकर ये मुझे बनाने आई हैं। मगर उसने अपने आवेश को दबाया, और बोली, "बेटी, यह दवा में काम आती है।" ज़रा रुककर उसने फिर कहा, "कहाँ आई थीं, गौरी को देखने ?"

आधी घूँघट के अंदर से सिर हिलाकर दोनों ने जतलाया—"हाँ"। और आँगन से बाहर हो गईं। गौरी की माँ बड़बड़ाने लगी, 'लुच्ची कहीं की ! अजवायन का और क्या होता है, दवा बनती है, वह दवा जोकि ब्याने के बाद औरतें खाती हैं। जान-बूझकर मुझे चिढ़ाने आई थीं।'

उसके बाद दिन-भर फिर कोई नहीं आया। शाम को सुक्खो की सास आई। उसने बतलाया कि कैसे गाँव-भर में गौरी की चर्चा हो रही है। कि कैसे इस घटना को लेकर औरतें छी-छी, थू-थू कर रही हैं। मर्दों का लोकमत क्या है, इस बारे में सुक्खो की सास ज़रा भी जानकारी नहीं रखती थी। सबकुछ सुन-समझकर गौरी की माँ बोली, "अब तो बात फैल गई, जानत सब कोई !"

थोड़ी देर चुप रहकर फिर छाती ठोंकती हुई वह बोली, "देखें, कौन क्या बिगाड़ता है ? मैं रुई का फाहा नहीं हूँ कि लोग फूँक देंगे, और उड़ जाऊँगी। मर्द हो तो सामने आकर कोई कहे।"

सुक्खो की सास ने अपनी मलिकाइन को शांत किया। जाते-जाते वह कहती गई, "जब तक इस जर्जर देह में साँस बाकी रहेगी, गौरी की माँ, तब तक किसकी मजाल है जो तुम्हारी ओर उँगली उठाए।"

पहर-भर रात बीती कि चमाइन आई।

गौरी की माँ को इस बात का खतरा था कि कहीं लड़की के प्राण न निकल

जाएँ। परंतु बुधना चमार की औरत इन कामों में बहुत होशियार थी। उसने कह दिया, "नहीं मलिकाइन, खतरा किस बात का ? यह मेरे लिए कोई नई बात तो है नहीं, ऐसा मौका तो आता ही रहता है। चार मास का, छः मास का, आठ मास का, पेट चाहे कितना ही असाध हो, इन हाथों के लगते ही सब ठीक हो जाता है, कमला मैया की कुछ ऐसी मेहरबानी है..."

माँ ने दक्खिन ओर मुँह करके दोनों हाथ उठा लिए और आर्त स्वर में गुनगुनाई, "दोहाई बाबा बैजनाथ की ! इस मुसीबत से राजी-खुशी मेरी लड़की निकल गई, तो गंगाजल भरकर मैं सुल्तानगंज से तुम्हारे धाम पहुँचूँगी।"

इतना कहकर छलछलाई आँख और भर्राई आवाज़ से नाम लेकर बाबा बैजनाथ को उसने प्रणाम किया।

चमाइन अपने काम में लगी।

सात

तारा बाबा की उम्र सत्तर साल से कम न होगी। उनके प्रति लोगों की बहुत ही गंभीर श्रद्धा थी, बतला ही चुके हैं। शुभंकरपुर की मिट्टी से उन्हें एक प्रकार का मोह हो गया था। साल-डेढ़ साल बाद वह विन्ध्याचल या पशुपतिनाथ की यात्रा में निकला करते थे। डेढ़-दो महीने बाद वापस आ जाते। फिर वही गाँव, फिर वही कुटी।

गाँव से पूरब बलुआहा पोखर था। कहते हैं, खोदते समय उसमें से इतना बालू निकला कि उसका नाम ही बलुआहा पड़ गया। यह पोखर शुभंकरपुर गाँव के मालिक राजा बहादुर दुर्गानंदन सिंह का था। आपके परदादा महाराजकुमार गणेशसिंह ने इसे खुदवाया था। बाईस बीघा ज़मीन पानी के अंदर पड़ती थी। आठ बीघा ज़मीन भिंड (भींड़, भीट) थी। आसपास पाँच कोस में ऐसा तालाब नहीं होने से बलुआहा पोखर इलाके-भर में मशहूर था। चौगवाँ के धनी मल्लाह इस पोखर की मछलियों का ठेका लिए हुए थे। उन्हें दो हज़ार रुपया जल-कर के तौर पर ज़मींदार को प्रतिवर्ष देना पड़ता था। मछलियाँ इतनी अधिक निकलती थीं कि कम-से-कम छः हज़ार रुपए बिक्री से आ जाते थे। इसका मतलब यह नहीं कि तालाब की मछलियों का स्वाद गाँव के लोगों की लालसा तक सीमित था। प्रकट और अप्रकट रूप से गाँव के लोग काफी मछलियाँ पीटते थे। बड़ी और छोटी सभी किस्म की मछलियाँ ! कहने को गाँव में और भी कई पोखर थे, मगर उनकी मछलियाँ लोगों की पारखी जीभ को रुचती नहीं थीं।

यह तो हुई मछली की बात। पानी का यह हाल था कि भारी से भारी अकाल में भी बलुआहा पोखर पास-पड़ोस के दस गाँवों की टेक रखता था। कभी उसका पानी खराब होता नहीं देखा गया। बरसात के दिनों में वह समुद्र जैसा लगता था। शरद् ऋतु की चाँदनी में नील निर्मेघ आकाश बिखरे नक्षत्रों की अपनी जमात के साथ बलुआहा

पोखर के श्यामल वक्षस्थल पर जब प्रतिफलित हो उठता, तो भिंड (भीट) पर बैठे हुए निपट निरक्षर दुसाध-मुसहड़ भी कवि की तरह उसासें भरा करते। उन्हें जाने अपने जीवन की मधुमय घड़ियाँ एक-एक कर याद आतीं, या क्या !

हेमंत की हल्की ठंड में सिल्लियों और बनमुर्गियों का झुंड बलुआहा के निर्मल जल में घने सेंवार पर इधर से उधर छप-छप करके दौड़ा करता। शिशिर की नीरव निस्तब्ध निशा में रह-रहकर एक-आध बड़ी मछली पानी पर उतराकर अपने पर फटकारती तो ठिठुरती प्रकृति के वे एकांत क्षण मुखरित हो उठते। बसंत में ग्रामीण बालक-बालिकाएँ लाख मना करने पर भी अपना जल-विहार आरंभ कर देते। बैसाख और जेठ के महीने में तो मानो वरुण देवता का खजाना धनी-गरीब, बूढ़े-बच्चे, औरत-मर्द सभी के लिए खुल जाता। इन्हीं दिनों मछुए महाजाल डालकर बलुआहा की तमाम बड़ी मछलियाँ निकाल लेते। बरसात के दिन भी भूलने के नहीं हैं। बाहर से जब पानी का रेला आता तो इस पोखर की बची-खुची मछलियाँ बाहरी दुनिया की सैर करने निकल पड़तीं। उनका वह अभियान स्वाद-लोलुप ग्रामीणों के लिए महोत्सव का द्वार उन्मुक्त कर देता। मतलब यह कि चौमासे में भी काफी मछलियाँ मारी जातीं। आश्विन और कार्तिक की कड़वी दुपहरियों में काँटे डालकर मछलियाँ फँसाना देहाती जीवन का एक बड़ा रोमांस है।

भिंड पर चारों ओर बरगद, पीपल, पाकड़, मौलश्री, आम और जामुन के पेड़ थे। गर्मी, बरसात और जाड़े के दिनों में चरवाहों और राहगीरों के वे माँ-बाप थे। अपनी शरण में आए हुए पशु-पक्षियों के लिए भी उनमें अपार ममता थी। कीड़े-मकोड़े तक उनकी स्नेह-सुधा से वंचित न थे।

इसी पोखर पर तारा बाबा की कुटिया थी।

बाबा थे तो फक्कड़, मगर अपने जीवन का भेद उन्होंने किसी से कभी नहीं कहा। बड़ी मुश्किल से इंद्रमणि ने यह पता लगाया था कि आप बड़े उच्च कुल के ब्राह्मण हैं और सौतेली माँ से अनबन हो जाने के कारण संसार के प्रति विरक्त हो गए हैं।

आश्विन के महीने में बड़ी धूमधाम से बाबा दसभुजा दुर्गा की पूजा किया करते। शुभंकरपुर से उत्तर, नज़दीक ही छोटा-सा एक गाँव पड़ता है, परसौनी। वहाँ के वंशीमंडल प्रतिमाएँ बनाने में बहुत ही कुशल थे। यह गुण उनमें अपने पूर्वजों की परंपरा से आया था। आजकल तो लोगों में इन बातों की ओर से काफी उदासीनता दिखाई देती है, परंतु सौ-पचास साल पहले का जमाना कुछ दूसरा ही था। उन दिनों गाँव-गाँव में प्रतिमाएँ बना करतीं। आश्विन में दुर्गा की। कार्तिक में काली, चित्रगुप्त और कार्तिकेय की। माघ में सरस्वती की, चैत में राम, लक्ष्मण, सीता तथा उनके स्वजन-परिजन, अनुचर-परिचर की—कुल मिलाकर तेरह मूर्तियाँ। भादों में कृष्ण आदि की। इनके अलावा मिट्टी, रंग और कूची के इन उस्तादों की ज़रूरत और भी कामों में हुआ करती थी।

इसके लिए समूचा गाँव बाबा की मदद करता। वह थे भी तो गाँव-भर के गुरु, गाँव-भर के शुभचिंतक। कितने गरीबों की बाबा ने चुपचाप सहायता की होगी। कितने रोते चेहरों के आँसू पोंछे होंगे। पीठ थपथपाकर कितने ही लड़खड़ाते पैरों को आगे बढ़ाया होगा, यह कोई बता नहीं सकता। उनके बारे में नाना प्रकार की किंवदंतियाँ जनता में प्रचलित हो चुकी थीं। कहते हैं, एक दफे रात को बाबा की कुटिया में चोर घुसा। थोड़ी-बहुत काम की जो भी चीज़ मिली, उसे ले करके वह बाहर निकलने लगा तो निकल ही न सका। उसके पैरों में मानो किसी ने जाँत बाँध दिया।

बाबा बाहर चारपाई पर सोए पड़े थे। सुबह-सुबह उठे, तो चोर को ज्यों-का-त्यों बैठा पाया। पूछने पर वह रो पड़ा। बाबा ने उसे सांत्वना दी और खिला-पिलाकर विदा किया। मरी गाय को बाबा ने जला दिया, इस बात को कहते-कहते लोग थकते नहीं। छट्‌टू कुम्हार की एक पूँछ कटी काली गाय थी, मगर दूध बहुत देती थी। एक दिन चरकर आने के बाद वह चित-पट हो गई, जंगल की कोई जहरीली घास खाकर मर गई। छठुआ दौड़ा-दौड़ा गया, धम्म से बाबा के पैरों पर गिरा। बाबा एक जड़ी उखाड़ लाए, और गाय के मुँह में डाल दिया। थोड़े देर पीठ पर हाथ फेरते रहे कि वह उठ खड़ी हुई।

बाबा खाने-पीने या बरतने की चीज़ सँजोकर नहीं रखते। इसका फल यह होता है कि न देनेवालों की कमी है और न लेनेवालों की। परिवार में सिर्फ दो कुत्ते हैं। उन्हें बाबा बहुत मानते हैं। यात्रा में निकलने पर खासकर उन्हीं कुत्तों के लिए एक सेवक को नियुक्त कर जाते हैं। सर्दी, जुकाम या फोड़ा-फुंसी हो जाने पर उसी तत्परता से इन कुत्तों की दवा-दारू होती है, जिस तत्परता से राजा बहादुर दुर्गानंदनसिंह की एकमात्र कन्या की। शाम को बड़े प्रेम से बाबा भाँग छानते हैं। उसमें नशा की अपेक्षा ठंढई की ही मात्रा अधिक रहती है। जयनाथ जैसे भंग-भक्तों का मन बाबा की ठंढई से नहीं भरता।

उस दिन जब बाबा भाँग छान रहे थे, ठीक उसी वक्त जयनाथ पहुँचे। पैर छूकर प्रणाम किया। बाबा ने कहा, "बच्चा, भोजपत्र तो है नहीं। यंत्र कैसे बनेगा ?"

कुटिया के ओसारे पर खंभोली के सहारे बैठते हुए जयनाथ ने कहा, "तो क्या होगा ? बादामी रंग के काग़ज पर लिख देने से काम नहीं चलेगा ?"

दाँतों तले जीभ दबाकर बाबा ने सिर हिलाया—"नहीं रे नहीं। भोजपत्र का माहात्म्य ही कुछ और होता है। यों तो पीपल के पत्ते पर भी बीज-मंत्र लिख देने से काम चल सकता है, परंतु यह तो खास मामला है न ? भगवती त्रिपुरसुंदरी का एक पंचाक्षर मंत्र है, वह अवांछित गर्भ गिराने में अनुपम है। समझते हो न ? इसीलिए कहा कि भोजपत्र ही चाहिए।"

जयनाथ कुछ देर के लिए मौन रहे, फिर कहा, "पंडित कालीचरण पाठक साल-दर-साल नेपाल जाते थे। वहाँ से वह ढेर का ढेर भोजपत्र लाते थे। उनको मरे आठ-दस साल हो गए हैं। ठहरिए, मैं ज़रा उनके लड़के से पूछ लूँ।"

इतना कहकर तुरंत जयनाथ वहाँ से बस्ती की ओर चल पड़े।

कालीचरण का मकान बस्ती के पूर्वी छोर पर था। जयनाथ वहाँ पहुँचे, तब तक पंडितजी का लड़का अपनी अमराई की ओर निकल चुका था। फिर भी आवाज़ देने पर पंडितजी की पत्नी बाहर आई। रिश्ते की भाभी होने के कारण वह जयनाथ के सामने आती थी। परंतु यह क्या, छूटते ही पंडिताइन ने जो पूछा, उस प्रश्न का संबंध जयनाथ की कल्पना के भोजपत्र से तो था नहीं; उलटे वह प्रश्न उमानाथ की माँ पर चोट करता था।

"क्यों बाबू," पंडिताइन ने पूछा, "लक्ष्मण ने आसन्नप्रसवा सीता को ले जाकर कहाँ छोड़ दिया ?"

कुछ हतप्रभ होकर जयनाथ ने कहा, "छोड़ा तो आखिर जंगल में ही।"

"और आप लक्ष्मण लौट आए ?"

जयनाथ ने चुप्पी साध ली।

पंडिताइन बोली, "धिक्कार है तुम्हें। उमानाथ की माँ और तुम वर्षों से साथ रहते आए हो और आगे भी सारी ज़िंदगी साथ कटेगी, यह मुझे विश्वास है। फिर तुम उस बेचारी को अकेली तोप के मुँह पर छोड़ आए हो ?"

जयनाथ ने झुँझलाकर कहा, "तो भौजी, मैं करता ही क्या ? तरकुलवा में बैठे-बैठे पहुनाई करना और लोगों के कटाक्ष सहना...भला, इससे क्या फायदा था ? उनकी माँ सब ठीक कर लेंगी।"

"ठीक तो कर ही लेंगी," पंडिताइन का सुर मद्धिम पड़ गया। कुछ रुककर उसने फिर कहा, "बुरा न मानना जयनाथ बाबू ! मैं दमयंती नहीं हूँ जो हाथ धोकर उमानाथ की माँ के पीछे पड़ जाऊँ। मेरे दिल में मुसीबत की मारी उस औरत के लिए बड़ा दर्द है।" तब दक्खिन की ओर मुँह करके पंडिताइन बोली, "जाने गंगा माई, उमानाथ की माँ को मैं अपनी सगी बहन समझती हूँ। इस दुर्घटना के बाद भी उसके प्रति मेरा स्नेह ज्यों-का-त्यों है। परंतु..."

इतनी देर बाद पंडिताइन का ध्यान इस बात की ओर आया कि अरे ! जयनाथ को बैठने के लिए तो कहा ही नहीं। देखते ही लगी मैं उस पर तीर चलाने ! तब ममता-भरी आवाज़ में उसने कहा, "कब तक खड़े रहोगे ? ज़रा बैठ तो लो।"

दरवाज़े पर तख़्तपोश पड़ी थी। जयनाथ उस पर बैठने लगा तो पंडिताइन बोली, "अजी ठहरो, दरी तो ले आने दो।"

जयनाथ मना ही करते रहे, तब तक लपककर आँगन से वह दरी उठा लाई और तख़्तपोश पर उसे बिछा दिया।

ममता की इस प्रतीक को जयनाथ बहुत गंभीरता से देख रहे थे।

हाथ पकड़कर पंडिताइन ने बैठा दिया। "ताकते क्या हो ? बैठो न। कोई जल्दी थोड़े है।"

जयनाथ ने कहा, "जल्दी तो नहीं, लेकिन जिस आँगन में भूकंप हुआ हो, उस आँगन के प्राणी चैन से तो कहीं बैठ नहीं सकते।"

जयनाथ की आँखें डबडबा आईं। उसके दिल के चढ़े हुए तारों को पंडिताइन ने ज़रा छू-भर दिया था कि वे झनझना उठे। उस तीव्र झनकार की लहरी में जयनाथ का पूरा व्यक्तित्व तिनके की तरह कंपित हो उठा। क्षण-भर के लिए उनकी आँखों के आगे उमानाथ की माँ का चमचमाता चेहरा नाचने लगा। उमानाथ की माँ ! तुम इतनी सुंदर क्यों हुईं ? पूर्व-जन्म के किस अभिशाप से वैधव्य का यह दुर्वह भार ढो रही हो ? मेरी कृतघ्नता को, देवि, कभी क्षमा मत करना...जयनाथ की आँखें छलक पड़ीं।

पंडिताइन से नहीं रहा गया। अपनी सफेद धोती के आँचल की खूँट से जयनाथ के आँसू पोंछती हुई वह कहने लगी, ''ओह ! नाहक ही यह सब मैंने तुम्हें कहा ! बच्चा तो तुम हो नहीं, रोते क्यों हो ?''

पंडिताइन की इस सांत्वना का फल यह हुआ कि आँसू और भी बह निकले। अब अपने ही अँगोछे से आँख पोंछकर और नाक साफ करके जयनाथ ने इशारा किया कि भौजी बैठ जाओ तुम भी।

पंडिताइन आँगन की ओर चली और कहती गई, ''भाग मत जाना, मैं सुपारी ले आती हूँ।''

बड़ी मुश्किल से जयनाथ ने अपने को प्रकृतिस्थ किया। तब तक सुपारी के दस-बारह खंड तश्तरी में सामने रख दिए गए थे। पंडिताइन ने कहा, ''हाँ, यह तो नहीं बताया कि मेरे लड़के की कौन-सी ज़रूरत थी, जो पुकार रहे थे ?''

दो टुकड़े सुपारी मुँह में डालकर जयनाथ बोले, ''कालीचरण भैया नेपाल से भोजपत्र लाया करते थे। तारा बाबा को एक यंत्र बनाना है, दो उँगली-भर भोजपत्र चाहिए। और कहाँ मिलेगा ?''

अपनी गोल-गोल आँखों को बड़ी करके पंडिताइन बोली, ''लाते तो थे...ठहरो, मैं देखती हूँ।''

पंडिताइन भोजपत्र की खोज में अंदर गई और जयनाथ सोचने लगे–'आह ! कितना अच्छा स्वभाव है इस स्त्री का ! इसके पिता ज़िंदगी-भर बनैली में राज पंडित रहे। सज्जनता की मूर्ति थे। जैसा बाप, वैसी बेटी। क्यों न हो, हीरे की खान से काँच थोड़े ही निकलता है...''

पंडिताइन फौरन वापस आई, उसके हाथ में भोजपत्र था। जयनाथ को उसे देती हुई वह कहने लगी, ''पंडित रोज चंडी का पाठ करते थे। उसी पोथी के गत्ते में यह भोजपत्र पड़ा था। मुझे खयाल आया और मैं निकाल ले आई।''

भोजपत्र लेकर जयनाथ चले तो तश्तरी में बचे पड़े सुपारी के टुकड़े उठाकर पंडिताइन ने कहा, ''बाबू, यह रख लो बटुए में। खुद न खाना तो, किसी को खिला देना।''

''वाह भौजी, तुमने भी खूब कहा, खुद न खाना...''

आठ

पाठशाला में भी जल्दी ही रतिकांत ने छोटे-बड़े विद्यार्थियों का ध्यान अपनी ओर आकृष्ट कर लिया। पंडितजी भी उस पर प्रसन्न रहते थे, क्योंकि अपने पाठों को खूब मन लगाकर वह याद किया करता। इसके अलावा जब जिस काम में वह उस लड़के को लगाते तो उसमें वह ज़रा भी आनाकानी नहीं करता। हाँ, पंडितजी का धौला बैल बड़ा बदमाश था। एक दिन रत्ती से उन्होंने कहा, ''इसे ले जाकर तालाब से पानी तो पिला लाओ।'' रत्ती ने असमर्थता जाहिर की तो पंडितजी बोले, ''अरे, यह काम तो सात साल का हमारा मुन्नू कर लेता है।''

इस पर रत्ती ने कहा, ''गुरुजी, हमारे अपने यहाँ तो बैल-गाय हैं नहीं। फिर हम क्या जानें कि किस तरह पुचकारने से बैल सीधी राह पकड़कर पानी पी आता है।''

यह पंडितजी बड़े ही चतुर थे। बारह रुपया महीना डिस्ट्रिक्ट बोर्ड से भी लेते थे, और पाँच रुपया राजाबहादुर से भी। पतिया-प्रासचित से भी कुछ निकल आता था। पुरोहिती के कामों में भी पंडितजी का दखल था। गरज यह कि कुल मिलाकर पंडित की आमदनी पच्चीस रुपए माहवार पड़ जाती थी। अपने ही दालान पर पाठशाला थी। सात-आठ बीघा खेत थे। दो चचेरे भाई थे। तीन लड़कियाँ, दो लड़के। तीन गाय-बैल, एक हलवाहा, एक खेत-मजदूर। घर-गिरस्त का छकड़ा मजे में पंडितजी चला रहे थे। अध्यापन का कार्य उनके लिए उतने महत्त्व का नहीं था, जितने महत्त्व की खेती-बाड़ी और पुरोहिती। राजाबहादुर दुर्गानंदनसिंह पंडितजी को खूब मानते थे। अंदर हवेली में रोज चंडी-पाठ करने का संकल्प पंडितजी के दादा ही कर गए थे। अभी तक उसे यह पंडितजी चलाए जा रहे हैं। इसीलिए बारह रुपया सालाना मिलता है। रक्षाबंधन के दिन राजाबहादुर की कलाई में पंडितजी राखी बाँधते हैं। विजय दशमी के दिन राजाबहादुर के सिर पर जौ के मृदु मनोरम हरित-गौर अंकुर डाल आते हैं। इसका भी एक-एक रुपया बँधा है। पर्व-त्योहार के दिन कभी पंडितजी अपने घर नहीं खाते, ऐसे अवसरों के लिए राजाबहादुर के यहाँ उनका नित नेवता रहता है। पेट भरकर खा भी आते हैं और अँगोछे में बाँधकर ले भी आते हैं।

राजाबहादुर और उनके पूर्वजों का गुणगान पंडितजी के नित्यकृत्य का ही एक अंग है। अपने छोटे-बड़े छात्रों को पाठ के आदि, मध्य या अंत में राजाबहादुर से संबंध रखनेवाली कथाएँ अवश्य वह सुना जाते हैं और है भी ठीक। वैद्यनाथ धाम में उस साल नौ दिनों तक 'हरिवंशपुराण' रानी ने यदि पंडितजी के मुँह से न सुना होता तो यह लड़की भी न हुई होती। पंडितजी कहा करते, ''यह मेरा ही दुर्भाग्य है कि राजाबहादुर के यहाँ लड़का नहीं हो रहा है...'' यह कहकर दाएँ हाथ की तीन बिचली उँगलियों से वह अपना चंदनचर्चित ललाट ठोकने लगते।

शुभंकरपुर की उस छोटी-सी पाठशाला में नियमित रूप से पढ़नेवाले लड़कों की तादाद तेरह थी। उनमें से पाँच शब्द रूपावली, धातु रूपावली और अमरकोष पढ़ रहे

थे। रत्ती पढ़ने में तेज तो था ही, महीना पूरा होते-होते अपने साथियों में प्रमुख हो गया। इस पाठशाला का वायुमंडल उसे और भी स्वतंत्र मालूम पड़ता था। प्राइमरी स्कूल में तीस-पैंतीस लड़के थे। खजूर की छड़ी लेकर बैठे हुए मुंशी जयवल्लभलाल की कड़ी मूँछोंवाली वह सूरत रत्ती को बहुत भयावनी लगती थी। वहाँ अनुशासन काफी कड़ा था। घर में क्रोधी पिता के डर से जी-भरकर वह कभी मुस्कुरा भी तो नहीं सका ! इस पाठशाला का यह शिथिल अनुशासन रतिनाथ की चेतना के लिए कुछ स्फूर्तिप्रद साबित होने लगा। यहाँ पंडितजी लड़कों को परेशान नहीं करते थे। बहुत हुआ तो हल्की उँगलियों से कान उमेठ दिए; गधा, कुत्ता और पाजी कह दिया; बस। खजूर की उस छड़ी के आगे मीठी सज़ा का यह संसार रत्ती को रोचक लगा। इसका फल यह हुआ कि उसे मुक्त प्रकृति के साथी मिले। उछल-कूद का मौका मिला।

अपने पिता से कई दफे उसने कहा, "शब्द रूपावली और धातु रूपावली मँगवा दीजिए। अमरकोष की जिल्द बँधवा दीजिए।" परंतु जयनाथ ने बराबर झिड़क दिया, "अभी यह तो खत्म करो। किताबें आ जाएँगी। जिल्द नहीं हुई तो क्या हुआ ? तुम्हारे हाथ से तेल चूता रहता है ?"

भीतर-ही-भीतर रत्ती का दिल कचोट और आत्म-ग्लानि से भर उठता। उसे चाची याद आतीं।

एक दिन बैसाख की कड़ी दोपहरी में वह पाठशाला पहुँचा। और लड़के दो-अढाई बजे के करीब आया करते थे। रत्ती भी दूसरे दिन समय पर ही आता था, मगर आज वह निर्जन दोपहरी में पाठशाला के अंदर घुसा।

सरस्वती की एक सुंदर प्रतिमा थी। प्रतिवर्ष वसंत पंचमी (माघ) के दिन सरस्वती की नई प्रतिमा का स्थापन होता था, और साल-भर वह प्रतिमा ज्यों-की-त्यों वहाँ रहती थी। दूसरे कोने में एक रद्दी-सी आलमारी थी। उसी में पंडितजी अपनी पुस्तकें रखा करते। टूटी होने के कारण वह ऐसी थी कि कोई भी चीज़ अंदर रख या बाहर निकाल सकते थे। लड़कों को जिस दिन खूब खेलने का मन रहता, उस दिन वे भी अपनी किताब आलमारी में डाल देते थे। आज रत्ती ने अपने साथियों को आलमारी के अंदर किताब डालते देखा था।

इधर-उधर नज़र मारता और पैर बचाता हुआ वह आलमारी के पास पहुँचा। अंदर हाथ डालकर, चार-छः किताबें निकालीं। तीन नई और अच्छी किताबें उसने छाँट लीं और पुराने अखबार में लपेटकर उन्हें पाठशाला से ज़रा दूर एक झाड़ी में छिपा दिया। फिर शंकित चित्त से बार-बार झाड़ी की ओर देखता हुआ वह अपने घर चला आया। उस दिन दुबारा रत्ती पाठशाला नहीं गया।

अगले दिन सुबह जब पाठशाला पहुँचा तो उसके सभी साथी चोर को गालियाँ दे रहे थे। रतिनाथ को उन्होंने घेर लिया, और ऊपरा-ऊपरी कहने लगे, "देखो रत्ती, आलमारी के अंदर से किसी ने हमारी किताबें उड़ा ली हैं...हे सरस्वती माता, आपको तो पता होगा !"

रत्ती का दिल धड़क रहा था। आज तक उसने बाहर चोरी नहीं की। अपने घर में समय-समय पर दुअन्नी, इकन्नी, चवन्नी और अठन्नी चुराई थी। बाप ने दो-तीन दफ़े पकड़ा भी था। और आज रत्ती के इस छोटे-से जीवन में यह पहला ही अवसर है कि किसी की कोई चीज़ चुराई है।

रत्ती के अंदर से एक धीमी-सी आवाज़ आई, 'धिक्कार है ! अपने साथियों की किताबें तुम चुरा ले गए !'

झूठ, वह पचीसों बार और बोला है, मगर आग में तपाए लोहे के लाल गोले की भाँति इतना असह्य झूठ रत्ती के कंठ से कभी बाहर नहीं निकला। वह बोला, "चोरी ! नहीं, नहीं, चोरी नहीं, किसी ने देखने के लिए उठा लिया होगा।"

साथी एकसाथ चिल्ला उठे, "अरे भाई, इन छोटी-छोटी किताबों की ज़रूरत और किसको पड़ी होगी ? भूत-प्रेत तो ले नहीं गए होंगे ! अच्छा, परसौनी का जूगल कामति कटोरा चलाना जानता है। जिस साले ने हमारी किताब ली होगी, उस पर अगर कटोरा न चलवाया तो..."

यह सुनकर रतिनाथ का चेहरा फक हो गया, उसे लगा कि चोरी का पाप दानव बनकर आज उसको निगल जाएगा। पिता सुनेंगे तो कच्चा खा जाएँगे। हे भगवान् ! बेचारे की आँखों के सामने अँधेरा छा गया। शौच जाने का बहाना कर वह नज़दीक के पोखर की ओर चला गया। उसके मुँह से इतनी-सी भी बात नहीं निकल सकी कि साथियो ! कटोरा चलवाने की क्या ज़रूरत है ? पाठशाला के सभी लड़कों को सुनाकर यह कह दो, आज शाम तक—नहीं, कल सुबह तक आलमारी के अंदर किताबें वापस न आईं तो हम परसौनी जाकर चोर पर कटोरा चलवाएँगे।

रत्ती शौच के लिए गया तो पोखर के भिंडे से नीचे उतरकर इमली के एक बूढ़े पेड़ की आड़ में बैठा। उसकी आँखों से आँसू का अविरल प्रवाह अपने आप बह चला, मुदा आज चाची नहीं थी कि अपनी धोती की खूँट से आँसू पोंछती और पीठ पर हाथ फेरती हुई चुमकारती, पुचकारती !

सूने मन से वह बड़ी देर तक रोता रहा। रो-रोकर अपनी आँखें उसने लाल कर लीं और वापस लौटा। पोखर में नहाने के घाट पर घुटने-भर पानी के अंदर धँसकर उसने आँख-मुँह और हाथ-पैर धोए। बाहर निकलकर अँगोछे के फटे-पुराने कपड़े से चेहरा पोंछा और फिर पाठशाला आ गया। अपनी किताब लेकर जब पढ़ने बैठा तो सत्तो (सत्यनारायण) ने कहा, "तुम्हारी आँखें क्यों लाल हो गई हैं रत्ती ?"

"पोखर पर गया था, उड़ते कीड़े पड़ गए थे। बड़ी मुश्किल से निकले। मसलने से आँखें लाल हो गईं।" रतिनाथ ने जवाब दिया।

थोड़ी देर बाद रत्ती घर के लिए चल पड़ा। आज पिताजी नहीं हैं, रसोई करनी पड़ेगी।

उस दिन भी दुबारा वह पाठशाला नहीं गया ! अगले दिन आलमारी में गायब किताबें मौजूद थीं। किताबें मिलने की खुशी में सत्तो, परमा, उत्तिम, नित्या और

रत्ती—पाँचों साथियों ने मिलकर सरस्वती भैया को पाँच पैसे की मिठाई अगले इतवार को चढ़ाना मंजूर किया।

नौ

आम अब बड़े-बड़े हो गए थे। बैसाख का महीना खत्म हो गया था। चाची के न रहने से इस बार सतुआ संक्रांति रत्ती के लिए फीकी रही। बीच-बीच में कई बार अंधड़ और तूफान आए। इतने आम गिरे कि घिवही की टहनियाँ हलकी हो गईं। अचार तो बनाती ही कौन ? रह गई आमिल और फाँकी की बात, इसमें जयनाथ ने तत्परता दिखाई। दो मजूरिन रखकर गिरे-पड़े आमों का आमिल और फाँकियाँ उन्होंने काफी बनवा लीं।

अब इक्के-दुक्के आम पकने लग गए थे। एक दिन सुबह-सुबह रतिनाथ ने एक पका आम पाया और खुशी के मारे चिल्ला उठा—"पिताजी, मैंने गोपी[1] पाई है, यह देखिए, कैसा बढ़िया है !" घर के अंदर से ही जयनाथ ने आवाज़ दी—"अरे सूँघ मत लेना, भगवान को भोग लगाएँगे।"

रत्ती ने वह आम लाकर फूल-डाली में रख दिया।

इस बार शुभंकरपुर में आम खूब नहीं फला था। जिनके बाग में दस-पाँच भी कलमी पेड़ थे, उनकी तो बात नहीं, लेकिन बीजू ही बीजू के पेड़ जिनके बाग में थे, उनके लिए सचमुच ही आम कम था। जयनाथ के पिता एक कलकतिया और एक मालदह का कलम लगा गए थे। सेवा नहीं होने के कारण ये दोनों पेड़ प्रौढ़ होने से पहले ही बुड्ढे हो रहे थे। कुछ डालें सूख गई थीं। कुछ में टहनियाँ कम थीं। फिर भी सौ-दो सौ आम हर साल वे देते थे। मालदह (लँगड़ा) का पेड़ लंबा नहीं, फैला हुआ था। जब जयनाथ नहीं रहते, उस समय मालदह की टेढ़ी-मेढ़ी डालों पर रतिनाथ का एकच्छत्र राज्य रहता। टोल-पड़ोस के पाँच-सात लड़कों को बुलाकर खेलने लग जाता था। और इस बार तो मालदह में गिने-गिनाए पचास आम बच रहे थे। मालदह आमों का राजा है—जिसने एक बार खाया, उसका कहना है। कलकतिया फलने में बहादुर होता है, लेकिन जयनाथ का कलकतिया अपने मालिक की लापरवाही से चिढ़कर कसम खा बैठा है, कम-से-कम फलो।

इससे क्या ? आम के अपने पेड़ फलें, या न फलें, जयनाथ ब्राह्मणों की भिक्षावृत्ति के बहुत प्रशंसक थे। राजाबहादुर की ड्योढ़ी के चारों ओर सैकड़ों बीघा कलमबाग थे। दुनिया के लिए आम का अकाल भले ही हो, लेकिन राजाबहादुर का स्टेट कभी आम के फलों से खाली नहीं जाता था। दस-दस, पाँच-पाँच करके भी फलते तो

---

1. जेठ के आरंभ में रोहिणी नक्षत्र का जब प्रवेश होता है, तो आम पकने लग जाते हैं। इक्के-दुक्के पक जानेवाले आम को गोपी कहा जाता है।

लाखों फल निकल आते। बंबई आम जेठ से ही पकने लगता है, और बथुआ ठेठ कुआर तक जाता है। इन चार-पाँच महीनों में स्टेट के अमले आम खा-खाकर लाल बुंद हो जाते। अवधनारायण मल्लिक राजाबहादुर के यहाँ दीवानगीरी करते थे। मल्लिकजी के घर बच्चे हो-होकर मर जाते। न लड़का जीता, न लड़की। तारा बाबा के आदेश से दीवानजी साधु-ब्राह्मणों की बड़ी सेवा करते थे।

जयनाथ पर तो उनकी खास कृपा थी; वह कई बार मल्लिकजी के यहाँ महामृत्युंजय का जप कर चुके थे। दक्षिणा के अलावा दो धोतियाँ, कंबल का आसन, अर्घा, पंचपात्र, आचमनी, ताँबे की पवित्री (अँगूठी) मिला करती है। जितने दिनों तक जप चलता, तस्मई (खीर) और पकवानों से एकभुक्ति होती।

जयनाथ को मल्लिकजी का बड़ा भरोसा रहता था। जब जाते, शास्त्र-पुराण की बात सुनकर, कोई-न-कोई चीज़ या एक-आध रुपया ले आते। दीवानजी की तीसरी पत्नी का मायका मानिकपुर में था और जयनाथ की भी शादी वहीं हुई थी। गाँव के रिश्ते में वह जयनाथ की सरबेटी होती थी और इन्हें फूफा कहा करती। इस प्रकार मल्लिकजी के परिवार में जयनाथ का प्रवेश हो गया था। अब, दुनिया में चाहे आम फले या न फले, मल्लिकजी बरकरार रहें; जयनाथ को और क्या चाहिए ?

आठ-दस दिन बीतते-बीतते घिवही के आम पक-पककर पटपटाने लगे। दिन-भर की प्रचंड गर्मी, दोपहर रात तक की ठिठकी हवा और उसके बाद रात्रिशेष में जब दक्षिण पवन ग्रीष्म ऋतु की श्रांत शिथिल अलग प्रकृति-नटी के सिमटे हुए आँचल को फरफराने लगता, तो घिवही के विशाल वृक्ष की निस्पंद टहनियाँ उच्छ्वसित हो उठतीं। टप-टप करके आम गिरने लगते। पूर्वी आसमान में शुक्रतारा अपने मधुर उज्ज्वल प्रकाश से दिग्वधुओं को ललचाता हुआ सहसा उग आता कि रत्ती की आँखें खुलतीं। वह पेड़ के नीचे जाकर आम चुनने लगता। एक-एक करके बीती बातें उसे याद आतीं...—पद्मा की आँखें। बागो के लंबे बाल, अपर्णा का गोल-मटोल चेहरा। और इन सब पर अपने बड़े-बड़े, परंतु हलके पंख फैलाकर मुस्कुरानेवाला चाची का वह अनुपम सौंदर्य। आसिन की दूध-धुली रातों में इन लड़कियों के साथ वह छुटपन से ही हरसिंगार के फूल चुनता आया है। बाप की मार खाकर यही जगह है कि घंटों खड़े होकर माँ की याद में उसने आँसू बहाए हैं। यही जगह है कि चाची की अशेष सहानुभूति का अधिकृत उत्तराधिकारी की भाँति हृदय से उपभोग किया है।...

तब तक जयनाथ भी उठ जाते और अच्छी तरह पौ फटती, फिर बिहान हो जाता। पूर्वजों के खुदवाए हुए अपने उस छोटे पोखर की हलकी लहरों पर जब रतिनाथ बालरवि की किरणों को मचलते देखता, तो एक प्रकार की सिहरन से उसका रोम-रोम कंटकित हो उठता।

जयनाथ का उमानाथ की माँ पर तो ध्यान था ही, फिर भी तारा बाबा ने जो यंत्र दिया था, उसे उन्होंने तरकुलवा नहीं भेजा। लिफाफे में भेजने से यंत्र का प्रभाव घट जाता। शूद्र के द्वारा इसे भेजा जा नहीं सकता। अंततोगत्वा जयनाथ ने तय किया

कि रत्ती को तरकुलवा भेज दें।

कुल्ली राउत का साथ कर दिया। यह खबास सत्तर साल का था। बातचीत, रंग-ढंग, और बनाव-देखाव ऐसा था कि अपरिचित लोगों को भ्रम हो जाता, यह ऊँची जाति का कोई आदमी है। उसे संस्कृत के कई स्तोत्र याद थे। जनेऊ का मंत्र वह जानता था और, कहते संकोच होता है, गायत्री भी उसे आती थी। संकोच इसलिए कि जिस गायत्री के लिए ब्राह्मण-वटुकों का उपनयन संस्कार होता है, और जो सिर्फ द्विजों की चीज़ है, उस महान् प्रणव को एक शूद्र जान जाए, यह असह्य है। जाने कैसे उसने सीख ली थी। जयनाथ से इस बात की किसी ने शिकायत की, तो वह फुफकार उठे, ''साले की चमड़ी उधेड़ लूँगा। शूद्र है तो शूद्र की भाँति रहे।''

तरकुलवा के रास्ते पर दरभंगा महाराज का एक बड़ा-सा पोखर पड़ता है। वहीं दोनों ने स्नान किया, रतिनाथ ने जल्दी-जल्दी संध्या की तो कुल्ली राउत ने टोका, ''बबुआ, तुम नीलमाधव उपाध्याय के वंशधर हो। फिर अपने कर्म-धर्म में इतनी हड़बड़ी क्यों दिखाते हो ? कहीं कोई जान जाएगा तो शुभंकरपुर की हँसी होगी।''

रत्ती ने जवाब दिया, ''अरे, यहाँ कौन देखता है ? देखना चलकर तरकुलवा में, घंटा-भर नाक न दबाए रहा, तो जो कहो।''

राउत ने मुस्कुराकर कहा, ''लो, बाप का गुन सीख न गए ! जयनाथ भी जब दूसरी जगह जाते हैं, तो चार-चार घंटे पूजा करते हैं।''

रत्ती को बात लग गई। ऊपर से उसने कहा, ''चलो राउत, धूप कड़ी हो जाएगी।''

दोनों चले, परंतु रास्ते-भर रतिनाथ यही सोचता रहा कि राउत का कहना गैरवाजिब नहीं था। पिताजी अपने यहाँ तो पूजा-पाठ में आधा घंटा मुश्किल से ही लगाते हैं, मगर लोगों के सामने गप्पें खूब मारते हैं। क्यों किसी को ऐसा करना पड़ता है ? रतिनाथ को कुल्ली राउत बहुत ही चतुर, बहुत ही व्यावहारिक और बहुत बड़ा ज्ञानी मालूम पड़ा। वह सोचने लगा—'अगर यह भी ब्राह्मण के घर में पैदा हुआ होता, तो निश्चय ही इसके बदन पर फटे-पुराने कपड़े न होते। हमारा जूठन खाकर, हमारा पहिरन पहनकर इनके बच्चे पलते हैं। उन्हें कभी स्कूल और पाठशाला जाने का अवसर नहीं मिलता। क्या मर्द, क्या औरत—इन लोगों का जीवन बड़ी जातिवालों की मेहरबानी पर निर्भर है...' सोचते-सोचते रतिनाथ का दिमाग चकराने लगा तो तरकुलवा नज़दीक था। पूछने पर एक घर से आवाज़ आई, ''ग्वाले का घर है।'' कुल्ली ने रत्ती से कहा, ''आ तो गए ही, बबुआ, ज़रा सुस्ता न लें ?''

इस सुस्ताने की ओट में कुल्ली राउत के तमाखू पीने की इच्छा काम कर रही थी। अंदर से बुढ़िया निकली तो कुल्ली ने कहा, ''पीनी हमारे पास है, तुम हुक्का भरकर ला दो।''

''और, आग नहीं चाहिए ?'' मुस्कुराकर बुढ़िया ने कहा। फिर उलटे पैर आँगन चली गई। पीनी लेती गई थी।

हुक्का और चिलम जब आया तो राउत रतिनाथ को तरकुलवा का भूगोल बता रहे थे, "पाँच कोस उत्तर नेपाल है। पूरब लोकहा थाना है, दक्खिन थाना फुलपरास पड़ता है। पच्छिम कमला मैया बहती हैं। जमीन बड़ी उपजाऊ है। दो-दो मन कट्ठा धान उपजता है।"

फिर तन्मय होकर राउत तमाखू पीने लगे। गुड़गुड़ाते-गुड़गुड़ाते जब जी भर गया, तो हुक्का बुढ़िया को थमा दिया।

चुम्मन झा का घर राउत को मालूम था। वह कई दफे भार लेकर तरकुलवा आया है। सीधे दोनों जयकिशोर बाबू के दालान पर पहुँचे। रतिनाथ आँगन चला गया। चाची पूरब की ओरवाले घर के ओसारे पर बैठी थी। आँखें चार होते ही वह बोल उठीं, "लाल मेरे, इतनी कड़ी धूप में पैर तो तुम्हारे ज़रूर ही भरता हो गए होंगे ! साथ कौन आया है, राउत ?"

"हाँ।" कहते हुए रत्ती ओसारे पर पहुँचा और चाची के पैर छुए। गौरी ने उसे छाती से लगा लिया और ठुड्डी छूती हुई बोली, "हे भगवान् ! भूखे पेट इस जेठ में कैसे आया होगा ?"

रत्ती ने कहा, "नहीं चाची, भूखा नहीं हूँ। चिउड़ा और आम साथ थे।"

आँखें नचाकर चाची ने कहा, "रहने भी दे, चिउड़ा और आम। पेट पाँजर से सटा जा रहा है, और भूखे नहीं हैं !"

रत्ती ने देखा, आषाढ़ में जब पहले-पहल किसी दिन मूसलाधार वर्षा होती है, तब जिस भाँति धरती का सद्यःस्नात रूप निखर आता है, उसी प्रकार चाची का शरीर लगता है। डेढ़ मास पहले चाची की शक्ल जैसे कुछ पीली-पीली लगती थी, अब वैसा रंग नहीं था। इस परिवर्तन का रहस्य उस किशोर का मन भला जान ही कैसे सकता था ! उसके लिए इतना काफी था कि बीमार होकर चाची तरकुलवा आई थी, और अब राहु-मुक्त चंद्रकला की भाँति अपने स्वाभाविक स्वास्थ्य को फिर से उन्होंने पा लिया है।

लोटा-भर ठंडा पानी लाकर अपने ही हाथ से चाची ने रत्ती के पैर धोए। अपने ही आँचल से उन्हें पोंछा और कहा, "राउत को भी पानी दे आओ, हाथ-पैर धोएँगे।"

जब तक राउत को पानी देकर वह आया, तब तक इधर चाची ने फूल की उसी चमचमाती छिपली में खाना परोस रखा था। वह आया और फिर से पैर धोकर पीढ़े पर बैठ गया। खाने लगा तो चाची पंखा झल रही थी। खाते-खाते रत्ती ने पूछा, "क्यों चाची, इस साल इधर आम की फसल कैसी है ?"

पंखा के बेंट से अपनी ठुड्डी को टेककर चाची बोली, "आठ आना समझो।"

रतिनाथ की आँखें चमक उठीं। वह गुनगुनाया, "फिर तो दस दिन रहने का मन करता है।"

इतने में उसे भूली हुई कोई बात याद आई। खाते-खाते ही ग़ौर से इधर-उधर नज़रें घुमाईं और कहा, "नानी को नहीं पाता हूँ।"

पंखा झलते हुए चाची ने कहा, "रात में चोरों ने आम तोड़ लिये। मालदह के दो पेड़ साफ कर दिए, माँ वहीं गई है। जो कुछ बच रहे हैं, उनकी हिफाजत का इंतजाम तो करना ही पड़ेगा।"

रत्ती मचल उठा, "खाने के बाद मैं भी वहीं जाऊँगा।"

"नहीं बेटा, जब ठंडा होगा, तब जाना, अभी बहुत धूप है। और, मैं तो राउत के सामने जाती नहीं। बूढ़े को खाना कौन खिलाएगा ?"

वह इस दलील से चुप हो गया।

राउत को खिलाकर और दो टुकड़े सुपारी देकर रत्ती अंदर आया और जयकिशोर बाबू के पलंग पर चाची के साथ सो गया।

थोड़ा दिन बाकी रहा तो गौरी की माँ बाग से लौटी। रतिनाथ को देखकर बहुत खुश हुई। शाम को रत्ती और राउत बाग की ओर टहलने गए। बंबई आम जा रहा था और मालदह का पकना शुरू हो गया था कि ऐन मौके पर चोरों ने धावा किया। फिर भी डेढ़-दो सौ बच रहे। दोनों ने घूम-फिरकर सारा बाग देखा। राउत की भी तबियत हुई कि दस दिन रहकर आमों की बहार लूटी जाए, मगर उसे अपने वे खेत याद आए, जो मड़आ रोपने के लिए तैयार पड़े थे।

राउत दो ही दिन तरकुलवा में रहा, फिर भी काफी आम उसे खाने को मिले। गौरी की माँ को खिलाने-पिलाने का बड़ा शौक था। स्वयं विधवा होने के कारण वह निरामिषभोजी थी, परंतु आगंतुकों के लिए दूर-दूर से मछलियाँ मँगवाती, खसी पिटवाती। यह ठीक है कि कुल्ली राउत के लिए तरकुलवा में कभी खसी नहीं पिटवाया गया, फिर भी उमानाथ की नानी का स्वागत-सत्कार इस बूढ़े खबास के लिए खास आकर्षण रखता था। वह दो दिन रहा, और तीसरे दिन प्रातःकाल शुभंकरपुर के लिए रवाना हो गया। चाची ने जयनाथ के लिए दस बंबई और दस मालदह आम दिए थे।

दस

समाज उन्हीं को दबाता है, जो गरीब होते हैं। शास्त्रकारों को बलि के लिए बकरे ही नज़र आए। बाघ और भालू का बलिदान किसी को नहीं सूझा। बड़े-बड़े दाँत और खूनी पंजे पंडितों के सामने थे, इसलिए उधर से नज़र फेरकर उन्होंने बेचारे बकरों का फतवा दे डाला।

गौरी की माँ समाज के लिए बाघिन थी। इतना बड़ा कुकांड हो जाने पर भी तरकुलवा में किसी ने गौरी की माँ को खुल्लमखुल्ला कहा नहीं। गर्भ गिराने के ठीक ग्यारहवें दिन उसने सत्यनारायण की पूजा की। गाँव-भर को आमंत्रित किया था। पाँच ही छः थे, जो नहीं आए। उनमें से तीन तो ऐसे थे, जिनकी इस घर से पुश्तैनी अनबन थी। बाकी दो-तीन ऐसे थे जिनका खयाल था कि सिमरिया घाट जाकर प्रायश्चित कर

लेने के उपरांत ही सत्यनारायण की पूजा करवानी चाहिए थी।

गौरी की माँ का कहना था कि बूँद-भर गंगाजल में उतनी ही सामर्थ्य है, जितनी कि सिमरिया घाट की गंगा में। यों कोई कहे तो मेरी बेटी पच्चीस बार गंगा नहा आने को तैयार है। गो-हत्या, ब्रह्म-हत्या का पाप तो इसने किया नहीं, फिर महज़ मामूली बीमारी के लिए किसी को इतना बड़ा दंड मैं कैसे दिलवाती ?

गरी-छुहारे और मुनक्के डलवाकर पंजीरा तैयार किया गया था। पुरोहित महाराज थे, बुढ़ऊ वैदिक नरेश ठाकुर। गुलाबी रंग में रँगी हुई दो धोतियाँ सत्यनारायण भगवान् को चढ़ाई गई थीं। पीले रंग में रँगा हुआ तीन हाथ का एक अँगोछा। पुजारी बने थे शंकर बाबा। संकल्प कराते समय वैदिकजी ने जयकिशोर की माँ से कहा, "गौरी बिटिया से कहो, पुजारी के सामने आकर ज़रा बैठ जाए।"

स्वच्छ सफेद शांतिपुरी धोती पहने गौरी सामने आई, तब संकल्प हुआ—'ॐ अद्य ज्येष्ठे मासे शुक्ले पक्षे त्रयोदश्यां तिथौ निवृत्तरोगाया अस्याः श्री गौरी देव्याः सर्वाऽपत्ति प्रशमनार्थ सांगसाऽयुध सवाहन सपरिवार श्री सत्यनारायण पूजनमहं करिष्यामि...'

पूजन हुआ, कथा हुई, विसर्जन हुआ। फिर आमंत्रितों में प्रसाद बाँटा गया। इस बीच में रह-रहकर ढोल, पिपिहरीवाले गाते-बजाते रहे। छाँटकर पंद्रह ब्राह्मणों को खाने का निमंत्रण दिया गया था, उन्हें खिलाया गया।

गाँव की तीन-चार वृद्धाओं ने भी असहयोग कर दिया था। गौरी की माँ को किसी की परवाह नहीं थी। हाँ, बेटे का डर ज़रूर था। अभी जयकिशोर के आने में आठ-नौ दिन की देरी थी। उनके आने से पहले ही गौरी ने शुभंकरपुर लौटना चाहा। इस विचार से माँ भी सहमत हो गई।

जेठ की पूर्णिमा को, रात के समय बैलगाड़ी पर रत्ती और चाची राजनगर स्टेशन की ओर चले। गाड़ीवान एक ग्वाला था। गाँव से बाहर आने पर रतिनाथ ने बाबा से कहा, "स्टेशन बहुत दूर है, आइए आप भी चढ़ लीजिए। नहीं तो थक जाएँगे।"

दाँतों तले जीभ दबाकर बाबा ने गंभीरतापूर्वक सिर हिलाया, "उहूँ !"

रत्ती बाबा की ओर बकर-बकर ताकने लगा। अपने हाथ से उसका हाथ दबाकर गौरी ने कहा, "बाबा, कभी बैलगाड़ी पर नहीं चढ़े। तुम्हारा गाँव कहने को तो पंडितों का गाँव है, किंतु आँख-मुँह ढँककर बड़े-बूढ़े भी बैलगाड़ियों पर दूर-दूर तक हो आते हैं। तुम्हारे बाप को भी मैंने एक बार बैलगाड़ी पर बैठे देखा था।"

रत्ती को बूढ़े बाबा के प्रति एक अजीब-सी श्रद्धा हो आई। वह बोला, "तो चाची, कुछ दूर तक मुझे भी इन्हीं के साथ पैदल चलने दो।"

"पागल कहीं का !" चाची ने डाँटा, "फूलकर पैर तुंबा हो जाएँगे !"

आखिर रत्ती ने नहीं माना। छलाँग मारकर नीचे आ गया और शंकर बाबा के पीछे-पीछे चलने लगा। थोड़ी दूर जाकर उसने मुँह खोला, "क्यों बाबा, आप बैलगाड़ी पर क्यों नहीं चढ़ते ?"

बाबा सुरती खाते थे। थूककर कहा, "बच्चा, अब कोई इन बातों का विचार नहीं करता। बैल ठहरे शिवजी के वाहन। इनके चारों पैर धर्म के ही चार चरण हैं। इसीलिए ब्राह्मण न हल जोतते हैं, न गाड़ी चलाते हैं। चढ़ना भी मना है।"

बाबा ने एक बार फिर थूका। रत्ती ने फिर पूछा, "तो क्यों लोग चढ़ने लगे हैं ? हल तो कोई नहीं जोतता है।" बाबा ने चलते-चलते रतिनाथ का कंधा पकड़ लिया और थोड़ा रुक गए। बोले, "घोर कलियुग आ गया है, आज नहीं तो कल ब्राह्मण हल भी जोतेंगे, देख लेना। अंग्रेज़ी पढ़े-लिखे ब्राह्मण, सुना है, प्याज-लहसुन खाते हैं। मुर्गी का अंडा खाते हैं..." इतना कहकर बाबा ने फिर थूक दिया।

गाड़ी चली जा रही थी—ढचर-ढचर-ढच ! गौरी उसी पर लेटी पड़ी थी। आकाश से चाँद अमृत बरसा रहा था। हौले-हौले हवा चल रही थी। तारों को एक-दूसरे से दूर-दूर देखकर उसे फिर एक बार अपने एकाकी जीवन का खयाल आया। स्त्री और पुरुष, पुरुष और स्त्री एक-दूसरे के पूरक हैं। एक-दूसरे से रहित कुछ नहीं हैं...इसके बाद गौरी को वह व्यक्ति याद आया कि जिसके हाथ में आज से बाईस साल पहले वैदिकजी ने यह हाथ धरा दिया था। फिर उसे अपना अभाव-अभियोग-ग्रस्त वह दांपत्य-जीवन याद आया, जो इसी गाड़ी की भाँति ढचर-ढचर कुछ दिनों जैसे-तैसे चलता रहा। इस गाड़ी के भी दो बैल बराबर नहीं हैं, और हमारी भी जोड़ी ऐसी ही विषम थी...इसके बाद अपने हृदय-आकाश में अकस्मात् उग आनेवाले उस स्वस्थ तरुण की याद आई, जिसे लोग जयनाथ कहते थे।

तब गौरी ने रतिनाथ की ओर मुड़कर देखा। वह बाबा के साथ आहिस्ते-आहिस्ते चला आ रहा था। चाँदनी में उस किशोर का सुंदर मुखमंडल चमक रहा था। मन हुआ कि आवाज़ देकर फिर उसे गाड़ी पर बैठा ले।

और सचमुच ही उसने आवाज़ दी, "आओ, गाड़ी पर चढ़ जाओ।"

रत्ती ने एतराज नहीं किया। चुपचाप आ बैठा। हिलती-डुलती उस गाड़ी पर थोड़ी देर बाद वह नींद के झकोरे खाने लगा और चाची के बदन पर उठंग गया। कुछ समय तक गौरी रतिनाथ की देह पर हाथ फेरती रही। उसे सहसा एक खयाल आया। जयनाथ को धर-पकड़कर किसी तरह दूसरी शादी कर लेने के लिए राजी कर लिया जाए, तो कैसा रहे ? एक ही खतरा है कि सौतेली माँ इस लड़के को ज़िंदगी-भर परेशान करती रहेगी ! अरे, क्या परेशान करेगी ! मैं भी तो रहूँगी। रत्ती को अपने साथ रखूँगी, अपनी दुनिया लेकर जयनाथ और उनकी बीवी अलग रहें। दूसरा फायदा इससे यह होगा कि मुझ पर जयनाथ की लोलुप दृष्टि नहीं पड़ेगी। नई-नवेली सहचरी पाकर निश्चय है कि मेरी ओर से उनका मन खट्टा हो जाएगा। तीसरा फायदा यह कि उतने बड़े आँगन में रात-बिरात मुझे अकेले रहना पड़ता है। एक साथिन मिलेगी।

आधे रास्ते पर एक ओर बहुत ही चालू एक कुआँ पड़ता था। शंकर बाबा झटककर आगे जा चुके थे। उसी कुआँ पर बैठे सुस्ता रहे थे। गाड़ीवान को दूर से ही उन्होंने आवाज़ दी, "रोकना हो ऽऽ..."

सड़क कुएँ से दो बीघा दूर थी। गाड़ीवान सोया हुआ था। बैल बेचारे लीक पकड़कर चले जा रहे थे। बाईं ओर जो जुता था, वह सिलेबिया (सँवलिया) था, दाईं ओर धोला। डील-डौल, चाल-ढाल, रंग-रूप, सभी दृष्टि से सिलेबिया अव्वल था। उसकी तुलना में धौला काफी हलका था। सिलेबिया की गर्दन में घंटी बँधी थी। उसकी टुनटुन-टुनटुन उस नीरव निशीथ में अवश्य दूर-दूर तक प्रतिध्वनित होती होगी। बाबा की परिचित आवाज़ सुनकर बैल ठिठक गए ! हलका-सा दचका लगा तो गाड़ीवान की नींद टूट गई। गौरी और रतिनाथ भी जगे। सबने उतरकर पानी पिया, पेशाब की, कुछ देर तक खड़े रहने से बैलों को भी दम मारने की फुरसत मिली। उन्होंने भी मूता।

करीब आध घंटे के बाद गाड़ी फिर चली।

दूर की निविड़ अमराइयों में से चुहचुहिया की आवाज़ आ रही थी। शंकर बाबा राह चलते ही सोते जा रहे थे। एक बार आँख झपकती तो दस कदम तक उसी हालत में चले जाते। वह देहात की कच्ची सड़क थी। राह के किनारे एक ओर तो गाड़ी की लीक थी, और दूसरी ओर पगडंडी। पगडंडी पर कहीं धूल, कहीं चिकनी मिट्टी और कहीं दूब-ही-दूब पड़ती थी। बाबा के पैरों की खुरदरी उँगलियाँ दूब में उलझ जातीं, तो नेत्र खुल जाते। मिट्टी और धूल से तो पैरों को कोई डर था नहीं, इस स्थिति में चुहचुहिया की मधुर आवाज़ ने बाबा को एकदम जगा दिया और उन्होंने प्रभाती का तान छेड़ दिया—"जागहु हो बृजराज, लाज मोर राखहु हो बृजराज..."

स्टेशन करीब आ गया था। बाबा ने गाड़ीवान से कहा, "अभी तक बैल अपने मन से चले हैं। अब ज़रा इनकी पीठ थपथपाओ। चाल तेज होगी, तो संभव है, सुबहवाली टेन (ट्रेन) मिल जाए। नहीं तो दिन-भर राजनगर ही अगोरना पड़ेगा। तुम्हें क्या है, अभी लौट जाओगे।"

गाड़ीवान ने कहा, "तो बाबा, तुम चलो झपटकर आगे। टिकट-उकट लेना।"

उसने शाबाशी देकर बैलों को ललकारना शुरू किया। वे सरपट दौड़ने लगे। उनकी जोड़ी ठीक रहती, तब तो खूब ही दौड़ सकते थे। थोड़ी देर में बैलगाड़ी राजनगर पहुँच गई। महाराजा के महलों के बगल से जाती हुई आगे उसने कमला का पुल पार किया कि बस स्टेशन !

और ठीक ही उस दिन सुबहवाली ट्रेन घंटा-भर लेट थी। अभी जयनगर से ही वह चली थी। जयनगर के बाद खजौली और खजौली के बाद राजनगर।

शंकर बाबा, चाची और रत्ती प्लेटफॉर्म पर जा बैठे। सामान ज्यादा नहीं था। गाड़ीवान को उन लोगों ने छुट्टी दे दी थी। मगर उसने कहा, "क्या है, पहर-आध पहर देर ही होगी तो क्या है? आप लोगों की गाड़ी जब छूट जाएगी, तब मैं भी अपनी लढ़िया हाँक दूँगा।"

शंकर बाबा ने दूसरी और तीसरी दफे पैटमैन से पूछकर मन को पक्का किया कि आधा घंटा और बाकी है, तब स्टेशन से बाहर निकलकर पुल के पार एक बाग में वह पहुँचे, और आम के तीन दतुवन तोड़ लाए। नदी के किनारे बैठकर दाँत साफ

करने लगे और सोचा —'बहुत दिन हो गए, कमला स्नान नहीं किया। आज तो हो नहीं सकेगा, लौटते समय, हे मैया, अवश्य मैं तुम्हारी धारा में दो डूब लगाऊँगा।'

इतने में टिकट कटाने की घंटी बजी। जल्दी-जल्दी दतुवन चीरकर बाबा ने जीभ साफ किया, और घाट के अंदर घुटने-भर पानी के अंदर कुल्ला किया, आँख-मुँह धोए। फिर तीन बार अपने ऊपर हिमालय से निकली उस पुण्य सलिला का जल छींटकर अपने को सिक्त किया।

टिकट कटाया। दो पूरा और एक अद्धा। तब तक बंगाल-नार्थ रेलवे की वह छोटी गाड़ी भी आ पहुँची। भीड़-भाड़ अधिक नहीं थी। तीनों चढ़ गए। इंजन ने छुस-छुस की आवाज़ की और चल पड़ी।

तारसराय में शंकर बाबा ने इक्का ठीक किया। इक्केवान ने उस पर बाँस की दो कैनी लगाकर, ऊपर से बड़ी-सी चादर डालकर तंबुआ बनाया। पर्दे का इंतजाम हो जाने पर चाची इक्के पर बैठ गई। इधर का इक्का बनारस और इलाहाबाद के इक्के की तरह नहीं होता। वहाँ के इक्कों पर छतरी होती है। उन्हें देखकर ऐसा लगता है कि पुराने जमाने के रथ का बिगड़ा हुआ आधुनिक नमूना ही हमारे सामने खड़ा है, लेकिन इधर के यह इक्के छतरीदार नहीं होते।

कच्ची सड़क पर डिस्ट्रिक्ट बोर्डवालों ने किसी जमाने में अपनी उदारता दिखलाई थी। वही रोड़ियाँ यातायात की आधुनिक सुविधा के नाम पर अपना रोना रो रही थीं। इक्का इतना हिलता-डुलता कि चाची ने वह सारा रास्ता आह-ऊह कहते हुए पार किया। बाबा और रत्ती बातें लड़ाते हुए पीछे आ रहे थे।

थोड़ी देर में वे शुभंकरपुर पहुँच गए।

ग्यारह

दमयंती ने टोल-पड़ोस की प्रमुख और मुँहजोर औरतों को इकट्ठा किया। दोपहर के बाद का समय था। अपने-अपने परिवार को खिला-पिलाकर खुद खा-पीकर औरतें जब निश्चिंत होती हैं, तो ज्ञान-गोष्ठी का सबसे निर्विघ्न यही उनका समय होता है। एक-दूसरे के सुख-दुख की चर्चा; जो मौजूद न रही उसका छिद्रान्वेषण। अर्थ, धर्म, काम, मोक्ष; काशी, प्रयाग, गंगा, यमुना और जाने क्या-क्या। आज की गोष्ठी में रामपुरवाली चाची, सन्नो की माँ, दम्मो फूफी, शकुंतला और जनककिशोरी शामिल हुई थीं।

दम्मो फूफी अपने भतीजे की मसकी हुई चादर में जाली मढ़ रही थीं। रामपुरवाली चाची और सन्नो की माँ अपनी-अपनी तकली लिए आई थीं, शकुंतला को तकिया के खोल पर रंग-बिरंगे सूतों में नक्काशी निकालना था। जनककिशोरी के नाखून ज़रा बड़े-बड़े थे, वह नहरनी लेती आई थी। रामपुरवाली चाची के साथ उसकी दस साल की लड़की बागो भी थी। बागो के हाथ में हनुमानचालीसा था।

पीला धागा सुई में डालती हुई शकुंतला ने कहा, "दम्मो दीदी, दोपहर में तुम्हें सोने की आदत नहीं है ?"

रामपुरवाली चाची ने अभी तक तकली चलाना आरंभ नहीं किया था। वह प्यूनियाँ बना रही थीं। काम पर नज़र रखकर ही वह बोलीं, "खाकर तुरंत सबको नींद नहीं आती।" अपनी सुई रोककर दमयंती मुस्कुराई, "नींद का कोई ठिकाना नहीं !"

जनककिशोरी वहीं मिट्टी पर नहरनी की धार ठीक कर रही थी। उसने जब देखा कि सबसे मनोरंजक बात को छोड़कर ये लोग बहकी जा रही हैं, तो उससे नहीं रहा गया। वह बोली, "उमानाथ की माँ नइहर से आई हैं। फूफी, तुम्हारे यहाँ भी आम भिजवाया होगा।" इसका जवाब फूफी के बदले रामपुरवाली ने दिया। कहा, "हमारे यहाँ भी मालदह के दो आम रत्ती देने आया था। लौटा दिया।"

दमयंती का चेहरा खिल उठा। वह अपनी बारीक सुई को चादर पर चला रही थीं। प्रसन्नता से उँगली की गति रुक गई और वह बोलीं, "उस भ्रष्ट औरत से भगवान् हमें बचाएँ। इन आँखों के सामने वह न आवे, महादेव से मेरी यही प्रार्थना है।" सन्नो की माँ तन्मय होकर अपनी तकली चला रही थी, किर्र-किर्र-किर्र। अब उसका ध्यान भंग हुआ। ऊपरी मन से यह बातें वह सुन रही थी। टकुरी में कते सूत को लपेटती हुई वह बोली, "आम लेने में क्या हर्ज है ? हाँ, पकवान-वकवान होता तो बात दूसरी थी।"

दमयंती सुलग उठी। उसकी भौंहें तन गईं। वह सन्नो की माँ पर बरस पड़ी, "सवाल यह आम और पकवान का नहीं है।"

शकुंतला और जनककिशोरी ने अपना सिर हिलाकर इस बात का समर्थन किया। इससे उत्साहित होकर दमयंती दूने ओज से बोलने लगीं, "बात इतनी ही नहीं है सन्नो की माँ, देखना यह है कि पड़ोस के इस पाप का जीवन पर क्या असर पड़ता है। अपराधी को यदि दंड न मिले तो एक दिन भी संसार टिक नहीं सकता। उमानाथ की माँ अपने मायके जाकर पाक-साफ हो आई है। परंतु, शुभंकरपुर का नाम इससे कितना कलंकित हुआ है..."

दम्मो फूफी आवेश में आ गईं। बागो के हाथ से छूटकर हनुमानचालीसा ज़मीन पर गिर पड़ा। सन्नो की माँ ने कहा, "तो अब उसका क्या होगा ? इतना बड़ा कलंक क्या मामूली सज़ा है ?"

रामपुरवाली चाची चाहती थीं कि दमयंती और बोलें। तकली छोड़कर उसने सन्नो की माँ का हाथ पकड़ लिया। कहा, "पूरा-पूरा कहने तो दो।"

दमयंती कहती गईं, "अब और क्या होगा ? मर्दों का तो कोई ठिकाना है नहीं। अगर हम न रहें, तो संसार से आचार-विचार हट जाए। उमानाथ की माँ व्यभिचारिणी है, पतिता है, भ्रष्टा है, कुलटा है, छिनाल है। उससे हमें किसी प्रकार का संबंध नहीं रखना चाहिए। बोलचाल बंद। बात-विचार बंद। प्रत्येक व्यवहार बंद। हाँ, जयनाथ और रतिनाथ, दोनों बाप-पूत यदि प्रायश्चित्त कर लें तो इस समाज में उनके लिए स्थान हो

सकता है, परंतु उमानाथ की माँ को समाज किसी भी हालत में क्षमा नहीं कर सकता।''

रामपुरवाली ने कहा, ''बिलकुल ठीक। अपराधी को सज़ा मिलनी हीं चाहिए।''

थोड़ी देर तक उस गोष्ठी पर सन्नाटा छाया रहा।

निस्तब्धता को भंग करते हुए कोमल स्वर में दम्मो फूफी से जनककिशोरी ने पूछा, ''उमानाथ की माँ भी तो प्रायश्चित करके शुद्ध हो सकती है ?''

सन्नो की माँ ने जनककिशोरी की ओर देखा मानो यह कह रही हो कि तुम्हारी जिज्ञासा ठीक है। मैं भी यही जानना चाहती थी।

उत्तर दिया दमयंती के बदले रामपुरवाली ने। वह बोलीं, ''प्रायश्चित की बातें तो कोई पंडित ही बता सकता है। इसमें किसी दूसरे के लिए रियायत थोड़ी ही हो सकेगी।''

दम्मो ने चादर में जाली मढ़ने का अपना काम खत्म कर दिया था। सुई को एक कागज में टाँचते हुए उन्होंने कहा, ''रामपुरवाली की राय सही है, मुदा खाली प्रायश्चित किसी काम का नहीं; जाति-बिरादरी का दंड ही इस प्रकार के अपराधों को फिर से न दुहराने की दवा का काम करता है। सामाजिक बहिष्कार तो उमानाथ की माँ का हर हालत में करना पड़ेगा।''

सन्नो की माँ ने कहा, ''और इस बात को लेकर अगर गाँव में दो गोल हो जाएँ ?''

इस प्रश्न पर सभी थोड़ी देर तक चुप रहीं। मौन भंग किया रामपुरवाली ने। उन्होंने कहा, ''भले ही तीन गोल हो जाएँ, हमारा तो उमानाथ की माँ से किसी भी प्रकार का संपर्क न रहेगा।''

दम्मो फूफी ने मौन रहकर अपनी स्वीकृति इस विचार पर दी।

सन्नो की माँ उतनी मुँहजोर नहीं थी, जितनी कि समझदार। रामपुरवाली अपने पति की दूसरी स्त्री थी। भोला पंडित ने पुत्र की लालसा से पैंतालीस साल की उम्र में यह दूसरी शादी की थी। पहली स्त्री भी अब तक मौजूद है। दोनों मुर्गियों की तरह आपस में लड़ती रहती थीं। रामपुरवाली को ही दुनिया विजयिनी मानती है। क्योंकि अपनी सौत को इन्होंने ऐसी करारी हार दी कि वह बेचारी पाँच साल से मायके में पड़ी है। यहाँ शुभंकरपुर के पाँच घरों के इस टोले में अब रामपुरवाली का एकच्छत्र राज है। झगड़ते-झगड़ते अंत में गालियों के अपने जिन तीरों का वह इस्तेमाल करने लग जाती है, यहाँ उनका ज़िक्र न करना ही अच्छा है। एक बार भोला पंडित ने स्वयं अपने श्रीमुख से कहा था, ''पूर्वजन्म में बहुत बड़ा प्रत्यवाय मैंने किया होगा, जिससे रामपुर में अवतार लेनेवाली यह चंडी मेरे घर आ गई।' पंडित को जब बहुत गुस्सा चढ़ता है, तो झोंटा पकड़कर चार लात देते हैं। और भगवान् की कृपा से ऐसे अवसर इस दंपत्ति के जीवन में आते ही रहते हैं। बागो कोयले की खान का हीरा है। कम बोलना, स्निग्ध और स्थिर आँखों से देखते रहना, मुस्कान और सौंदर्य। बागो का यही परिचय है।

जनककिशोरी और शकुंतला। इंद्रमणि की वही लड़कियाँ हैं जिनका ब्याह बिकौआ से हुआ था। दोनों बहनों का स्वभाव तीव्र था। परंतु बुद्धिमती होने से उनकी यह तीव्रता

बात नहीं, काम से जाहिर होती थी। एक का अपने चचेरे भाई से, और दूसरे का कुल्ली राउत के जवान बेटे से गुप्त स्नेह-संबंध था। साल-डेढ़ साल पर बिकौआ महाशय आ ही जाते। डेढ़-दो मास रहकर फिर चले जाते। शकुंतला के तीन लड़के थे, और जनककिशोरी के एक लड़का और एक लड़की। शकुंतला के पति की सात शादियाँ थीं, और जनककिशोरी के पति की दस। शकुंतला का तीसरा लड़का हू-ब-हू उसके चचेरे भाई की शक्ल का था। जनककिशोरी की दोनों संतानें आकृति में कुल्ली राउत की परंपरा में आती थीं।

दम्मो के पिता की दो शादियाँ थीं। पहली शादी से एकमात्र यही दमयंती हुई। दूसरे से दो लड़के थे। पिता का नाम था—विश्वनाथ झा। यह सभी लोग नीलमाधव उपाध्याय के ही वंशज थे। जयनाथ के पिता और विश्वनाथ चचेरे भाई थे। तांत्रिक-साधना में दिलचस्पी लेने के कारण विश्वनाथ आजीवन रक्तांबरधारी रहे। बड़े-बड़े बाल, बड़ी-बड़ी दाढ़ी। दीप्त और प्रशस्त ललाट, सिंदूर का बड़ा-सा ठोप। लाल-सुर्ख धोती। लाल जनेऊ। हाथी के दाँत के तराशे हुए दानों की सुंदर माला—विश्वनाथ का यह स्वरूप अब भी शुभंकरपुर में बहुतों को याद है। उन्हें लोग 'सिद्धजी-सिद्धजी' कहते थे। अपनी ढलती उमर में ग्वालियर और इंदौर जाकर वह रुपए भी काफी बटोर लाए थे। अपनी बाल-विधवा पुत्री—दमयंती को उन्होंने आग्रहपूर्वक यहीं रख लिया। दमयंती के ससुरालवाले उस कोटि के ब्राह्मण थे, जिन्हें अपनी परंपरा से चली आई मर्यादा का बहुत अधिक ख्याल रहता है, जिनकी रग-रग में ब्रह्मवाद और आस्तिकता भरी रहती है, पूर्वजों का ज्ञान-निधि के संरक्षण में बड़े-से-बड़ा त्याग करते हुए जो हिचकते नहीं। जिनके साथ दमयंती का विवाह हुआ उनका नाम था—वाचस्पति पाठक। न्याय और व्याकरण के अद्वितीय विद्वान् थे। छब्बीस साल की उमर में हैजे से उनका देहांत हो गया। और तब से दम्मो अपने पितृ-कुल में रहती आई है। अपनी जायदाद का तीसरा हिस्सा पिता उसके नाम चढ़ा गए हैं।

एक सम्मानित व्यक्ति की बुद्धिमती बेटी होने के नाते गाँव के सामाजिक जीवन में दमयंती का जो स्थान है, वह उपेक्षणीय नहीं है। समाजपतियों के कूटनीतिक शतरंज की वह भी एक खिलाड़िन है। उसकी पैनी सूझ का लोहा सभी मानते आए हैं।

इसलिए उमानाथ की माँ के संबंध में दम्मो फूफी का उक्त निर्णय बड़ा ही महत्त्व रखता था।

बारह

रतिनाथ तेरह-चौदह दिन पर गाँव आया था।

देहात की पाठशाला और सो भी संस्कृत की। उसका बंद रहना और न रहना बराबर है। अपने साथियों से मिलने की इच्छा रत्ती को पाठशाला की ओर खींच ले

गई। पहर-भर दिन बाकी था। तीन-चार ही लड़के थे। सरस्वती को प्रणाम करने के पश्चात् रतिनाथ ने पंडितजी के पैर छुए। वह उल्लसित होकर बोले, "क्यों रे, कहकर नहीं गया था ?"

रत्ती की जबान बेधड़क होकर झूठ खेल गई, "क्या करता गुरूजी, पिताजी ने कहा। जाना ही पड़ा। बतला तो उन्होंने आपको दिया ही होगा !"

गाय का पगहा टूट गया था। पंडितजी कुशासन पर बैठे हुए उसकी मरम्मत कर रहे थे। आगे सन पड़ा था। पगहा की नई गाँठ को दोनों हाथों की पूरी ताकत लगाकर पंडितजी कस रहे थे। बीच ही में बोल उठे, "नहीं, तुम्हारे बाप ने मुझे यह सब नहीं बतलाया। हाँ, सत्तो से तुम्हारे तरकुलवा जाने की बात मालूम हुई थी..." तब पंडितजी ने गौर से रत्ती की ओर देखा और आँखें फाड़कर बोले, "देखता हूँ, दस ही दिन की पहुनाई में तेरी शक्ल बदल गई है।"

सत्तो मौजूद था। मुस्कुराकर उसने कहा, "हाँ, गुरूजी, बंबई और मालदह इतना अधिक खा आया है, कि साल-भर बदन इसका लाल ही रहेगा।"

रत्ती ने मटकी मारकर सत्तो की ओर देखा, फिर नज़र नीचे कर ली।

पगहा की मरम्मत हो चुकी थी। कुछ मामूली-सा पढ़ा-वढ़ाकर पंडितजी शौच के लिए निकल गए। थोड़ी देर बाद रतिनाथ भी चला आया। कल ही से रत्ती का मन बागो से मिलने के लिए तरस रहा था। आज शाम को पाठशाला से लौटने के बाद वह अपने घर की ओर न जाकर भोला पंडित के दालान की ओर चला गया।

भोला पंडित का घर इंद्रमणि के घर से कुछ उत्तर तरफ था। उसके दो तरफ खेत थे। पीछे की ओर बाँस का जंगल था। रामपुरवाली चाची की कोख से बागो के अलावा एक और संतान पैदा हुई थी, लड़का। नौ महीने का होकर वह चल बसा। उसके बाद संतान होने का कोई लक्षण किसी को दिखाई नहीं पड़ा। भोला पंडित सत्तर की उमर टाप गए थे। हड्डी इतनी मजबूत थी कि चौदह-चौदह, सोलह-सोलह घंटा अब भी खटते रहते। तेरहों अध्याय चंडी (दुर्गा सप्तशती) का पाठ रोज करते। कंठस्थ हो गया था सारा। सुबह उठकर, शौच से निबट चुकने के बाद उनका यह भनभन शुरू हो जाता। हाथ लगे रहते काम में और जीभ नाम में। दुनियादारी और जगदंबा की स्तुति। इहलोक और परलोक। यह दोनों भोला पंडित साथ चलाते। इस बीच कोई मिलनेवाला आता तो उससे एक प्रकार की अस्पष्ट भाषा में मतलब की बात भी कर लेते, जैसे कि कोई आकर कहता, 'पंडितजी, आज दोपहर का निमंत्रण देता हूँ,' तो पंडित पाठ छोड़कर उससे पूछ बैठते, 'ङौङ-ङौङ-ङङेङा (कौन-कौन रहेगा)' और उनका ऐसा करना बिलकुल दुरुस्त था। चंडी, गीता अथवा किन्हीं अन्य धार्मिक ग्रंथों का पारायण करते समय बीच-बीच में आप बातचीत नहीं कर सकते। हाँ, संस्कृत की बात दूसरी है। वह ठहरी देवताओं की वाणी। उसका इस्तेमाल भले ही कोई कर ले। अनिवार्य आवश्यकता पड़ने पर समझदार लोग इसी ङू-ङा या ऊँ-आँ जैसी अव्यक्त ध्वनियों का सहारा लेते हैं।

भोला पंडित की दौड़-धूप का क्षेत्र चार जिलों तक विस्तृत था—दरभंगा, मुंगेर, भागलपुर और पूर्णिया। साल में एक बार तीन दिन के लिए वह बेतिया भी जाते थे। भिक्षा, आशीर्वाद, अनुष्ठान और रिश्तेदारी के सिलसिले में प्रतिवर्ष चार-छः महीने उनके बाहर बीत जाते। राजाबहादुर दुर्गानंदनसिंह से लेकर बनैली के राजा कीर्त्यानंदसिंह तक भोला पंडित की शुभकामनाओं के पात्र थे। भागलपुर का सबसे धनी मारवाड़ी उन दिनों रायबहादुर भोलीराम जयपुरिया था। वहाँ तक पंडित की पहुँच थी।

असमर्थ व्यक्तियों के प्रति इस ब्राह्मण के हृदय में असीम करुणा थी। कितने ही लूले, लँगड़े, अंधे, अपाहिज और बूढ़े भोला पंडित की कृपा से अधखिली कलियों-जैसी बालिकाओं को गृहलक्ष्मी के रूप में पाकर निहाल हो गए। एक-एक ब्याह में पचास-पचास रुपए पंडित के बँधे हुए थे। उमानाथ की बहन को भी इन्हीं महाशय ने पैंतालीस साल के एक महामूर्ख के चंगुल में डाल दिया था। इस तरह पचीसों लड़कियाँ आपका नाम लेकर दच्छिन-पच्छिम में करम कूट रही थीं। तारा बाबा का कहना था कि भोला पंडित ब्रह्मपिशाच होगा। पचीसों लड़कियाँ जिसके नाम पर रात-दिन आँसू बहाएँ, उसका भला कैसे होगा ? दस-पाँच लड़कों को भी ठगने में पंडित ने सफलता पाई थी। किसी के पल्ले गूँगी पड़ी, तो किसी के पल्ले अंधी। किसी के पल्ले लँगड़ी पड़ी, तो किसी के पल्ले कुबड़ी।

परंतु इससे क्या ? बाबा बैद्यनाथ प्रसन्न रहें, पंडित का कौन क्या कर लेगा ? वह साल-साल कंधे पर कामरू लेकर गंगाजल भरकर पैदल ही देवघर पहुँचता है। बाबा पर जल डालता है। कौन है ऐसा शुभंकरपुर में ?

बागो के बारे में रामपुरवाली चाची अभी से सतर्क थी। डर था कि पंडित कहीं से किसी मसानवासी कापालिक को लाकर इस गौरी के साथ न उसे बैठा दें।

रतिनाथ की दरवाज़े पर ही बागो से भेंट हो गई। नज़र पड़ते ही लड़की ने मुँह फेर लिया। रत्ती नज़दीक आया और बोला, "कल दिन-भर घर के काम में लगा रहा। आज सुबह चाची के काम से परसौनी गया था। दोपहर के बाद पाठशाला जाना पड़ा और अब जाकर कहीं फुरसत मिली है।" भौंहें तानकर बागो ने सिर हिलाया।

"नहीं, अपनी कसम ! मैं बहानेबाजी नहीं करता।" रत्ती ने कहा। लड़की ने चट से लड़के की कलाई पकड़ ली, "बड़ी बुरी आदत है तुम्हारी, कुछ बात हुई नहीं कि अपनी कसम खा ली।"

रत्ती ने बागो के चेहरे पर आँखें गड़ा दीं। थोड़ा रुककर बोला, "तुम मानती जो नहीं हो !"

हाथ पकड़कर बागो रत्ती को खींचे आँगन ले गई। रामपुरवाली चाची किसी दूसरे के घर गई हुई थीं। बागो ने एक पीढ़ा डाल दिया और इशारे से कहा, "बैठ जाओ।"

रतिनाथ चुपचाप बैठ गया और निर्निमेष बागो की ओर देखने लगा। चार-पाँच साल की पुरानी मित्रता थी। दोनों एक-दूसरे को जी-जान से प्यार करते थे। दोनों ने

साथ-साथ तालाब में तैरना सीखा था। आसिन के रात्रिशेष में उस बूढ़े हरसिंगार के नीचे खड़े होकर दोनों ने एक-दूसरे के लिए फूल चुने थे। किसी रात हवा नहीं चलने से खिले फूल अपने-अपने वृंतों से चिपके रह जाते। तब बागो सहारा देती और रतिनाथ उस पेड़ पर चढ़ जाता। छोटी-बड़ी डालों को हिलाकर नीचे उतर आता, फिर दोनों साथ फूल चुनने लगते। दोनों की डालियाँ जब भर जातीं, तो वे एक-दूसरे पर चुने हुए फूल बिखेर देते। अपने बड़े-बड़े बालों में उलझे फूलों की ओर संकेत करती हुई बागो कहती, 'यह तुमने क्या किया ? कैसे ये झड़ेंगे ?'

हँसकर रतिनाथ उत्तर देता, 'रहने भी दो। क्या बिगाड़ते हैं ?'

झुँझलाकर वह रत्ती की गरदन से लपेटे हुए गमछे का पल्ला पकड़ लेती, 'नहीं, मेरे बालों से एक-एक कर ये फूल तुम्हें हटाने होंगे।'

'नहीं तो ?'

'नहीं तो फिर कभी तुम्हारे साथ इस हरसिंगार के नीचे मैं नहीं आऊँगी।'

तब, हरे काँच की चार-चार चूड़ियोंवाले उन गोरे हाथों को अपने हाथों से रतिनाथ दबा देता और उसका सिर सूँघ लेता।

फिर विभोर होकर वह चुपचाप उसकी पीठ की तरफ हो लेता और बालों में से लगता फूल निकालने। दो-एक फूल जानबूझकर छोड़ देता...।

"क्या बात है ?" खंभे से सटकर खड़ी हुई बागो बोली, "क्या सोच रहे हो ?"

रत्ती का सपना टूट गया। चौंककर उसने कहा, "कुछ तो नहीं।" फिर दोनों टोल-पड़ोस के दूसरे लड़कों और लड़कियों की चर्चा में लग गए। अंत में बागो ने दम्मो फूफी की उस ज्ञान-गोष्ठी का जिक्र किया, जिसमें वह खुद भी मौजूद थी। रत्ती इतना ही समझ सका कि उसकी चाची के खिलाफ लोग कुछ साजिश कर रहे हैं।

कहीं से आए हुए दो पेड़े रखे पड़े थे। उनमें से एक बागो निकाल लाई और रत्ती के हाथ पर धर दिया। बोली, "पानी लाती हूँ। पीकर जाना।"

तोड़-तोड़कर थोड़ा-थोड़ा वह पेड़ा खाने लगा। खाते-खाते सोच रहा था, चाची के बाद दूसरी कोई औरत मुझे मानती है तो यही बागो। कई बार ऐसा हुआ है कि रत्ती बाप के पैसे चुराकर कहीं से कुछ खा-पी आया है। और, पीछे पिटाई के आतंक से चेहरा कुम्हला गया है, तो खोद-खोदकर इस लड़की ने चिंता का कारण मालूम कर लिया। फिर उतने पैसे अपनी माँ की डिबिया में से लेकर रत्ती को दिए हैं। और उसने अपने बाप के बटुए में ज्यों-के-त्यों वे पैसे फिर से रख दिए हैं।

अपने आँगन में पैर रखते ही रतिनाथ की निगाह पिता पर पड़ी। वह भाँग घोट रहे थे। चुनार के पत्थर की बनी हुई यह कुंडी जयनाथ विंध्याचल से लेते आए थे। वह लाल पत्थर की थी। बड़ी मजबूत, वजन में तीन सेर की रही होगी। सोंटा अमरूद का था। भोला पंडित की बगिया में अमरूद का एक पेड़ है। उसी की पतली डाली काटकर जयनाथ ने भाँग घोटने का यह सोंटा तैयार किया था। सदियों के तजुर्बे के बाद भंग-भक्तों की राय अब पक्की हो गई है, कि अमरूद का सोंटा घिसता कम है। भाँग

पीसने के लिए बहुत ही उपयोगी होता है। आम, जामुन, कटहल वगैरह की डाली से तैयार किया हुआ सोंटा भुस-भुस घिसता है। बंभोले की बूटी छाननेवाले इसीलिए अमरूद के सोंटे की प्रशंसा करते थकते नहीं। जयनाथ कड़ी पत्ती का इस्तेमाल करते थे। गिनकर ग्यारह काली मिर्च डालते, दो बादाम। चुटकी-भर सौंफ। चीनी और गुड़ डालकर भाँग पीना उन्हें पसंद नहीं था। वह कहते, 'यह साधकों की चीज़ नहीं है। पर्व-त्योहार को नशाखोरी की नीयत से भाँग पीनेवाले ऐसा भले कर लें, परंतु विजयादेवी के जो नित्य सेवक हैं, उन्हें कड़वी भाँग ही प्रिय होती है।'

रत्ती ने छिपाकर एक बार थोड़ी भाँग पी ली थी। बुरा हाल हो गया उसका। खाते समय मुँह के बदले कान में ही उसने भात के कौर डालने शुरू किए। जयनाथ ने पूछा, 'दाल में नमक तो ठीक है ?' लड़के ने यों ही मुँह चलाकर सिर हिला दिया। कंधे पर कान से भात गिरते देखकर पिता ने समझा, लड़के ने भाँग खा ली है। बस, फिर क्या था–रत्ती पर बड़ी पिटाई पड़ी। चाची ने आकर छुड़ा लिया था, नहीं तो उस रात पीट-पीटकर जयनाथ उसे दुंबा[1] बना देते। उस वक्त नशे में चोट नहीं लगी, मगर अगले दिन रत्ती का बदन टूटा जा रहा था। चाची ने दो बार मालिश कर दी, तब जाकर दर्द हटा। मालिश के वक्त जयनाथ ने देखा तो दाँत पीसते हुए कहा, 'बेटीचोद ! फिर कभी भाँग तूने पी, तो कुल्हाड़ी से गरदन काट लूँगा।'

चाची ने जयनाथ को फटकारा, 'खुद जो पीते हो, भर-भर लोटा।'

जयनाथ बड़बड़ाते हुए आँगन से बाहर हो गए कि मैं तो अभिमंत्रित करके पीता हूँ, उसमें नशा कम होता है।

जयनाथ तन्मय होकर भाँग घोंट रहे थे ! रत्ती नज़दीक आकर खड़ा हो गया।

पिता ने पूछा, "क्या चाहिए ?"

"कड़वा तेल नहीं है।" पुत्र ने कहा।

जयनाथ बोले, "अभी उमानाथ की माँ से लेकर काम चला लेंगे, कल देखा जाएगा।"

रत्ती की आवाज़ सुनकर चाची निकल आई। उपालंभ के स्वर में वह बोली, "आज नाश्ता नहीं किया रे !"

रतिनाथ ने निगाहें ज़मीन पर गड़ा लीं। चाची ने सिर से पैर तक उसकी ओर देखा। ज़रा रुककर बोली, "तो खाना मैं ही बना रही हूँ।"

रत्ती चुप रहा। पिसी हुई भाँग के गोले को पानी से मिलाते हुए जयनाथ बोल उठे, "तो इस गर्मी में अपने पेट के लिए चूल्हे के पास बैठकर मैं तपस्या क्यों करूँ ? पाव-डेढ़ पाव चिउड़ा घर में है ही, घिवही आम का गाढ़ा रस और फूला हुआ चिउड़ा...ज़रा-सी कसौंझी...आहा-हा !! इस दिव्य पदार्थ के आगे भात-दाल-तरकारी गोबर है।"

---

1. पंजाब-सरहद और कश्मीर में मोटा-तगड़ा बकरा दुंबा कहलाता है।

चाची से न रहा गया। वह बोली, "रात-दिन वही गोबर तो खाते रहते हो।"

"अरे गोबर, नहीं एक बात कही है।" जयनाथ ने कहा, "जब परिश्रम किए बिना भी खाने की चीज़ सुलभ है, तो रसोई के झंझट में वह पड़ते ही क्यों ?"

कमलनाथ, वैद्यनाथ और जयनाथ–जब तक माँ जीती रही, तीनों इकट्ठे रहे। उसके बाद अलग-विलग हो गए। ज़मीन-जायदाद, बर्तन-बासन सभी के तीन हिस्से हुए। चूल्हे भी तीन। कमलनाथ यहाँ थे नहीं। रह गए वैद्यनाथ और जयनाथ। यह दोनों भी अलग-विलग थे। वैद्यनाथ की मृत्यु के बाद जब रत्ती की माँ मरी तो बेचारे जयनाथ की गृहस्थी छिन्न-भिन्न हो गई। यों तो वह पहले ही से गई-गुजरी थी, क्योंकि जयनाथ ठिकाने से कभी शुभंकरपुर नहीं रहे। उनकी सारी जवानी कटी थी भागलपुर से बाईस कोस दक्षिण बड़हड़वा में। वहाँ इन लोगों की बड़ी बहन सुमित्रा की ससुराल थी।

इसकी भी एक कहानी है। आज से चालीस साल पहले रुपया ही महँगा था, चीज़ें खूब सस्ती थीं। मेवालाल ठाकुर बड़हड़वा के बहुत बड़े काश्तकार थे। पचास वर्ष की उमर में उन पर यह सनक सवार हुई कि किसी कुलीन कन्या का पाणिग्रहण करना चाहिए। दो शादियाँ इससे पहले की थीं। वे दोनों औरतें मौजूद थीं। उनमें से एक के चार और दूसरी के सात संतानें थीं। जयनाथ के पिता को अपने एक मित्र से मेवालाल की यह इच्छा मालूम हुई। यह जानकर कि बड़हड़वावाले बहुत ही धनी हैं और धूमधाम से शादी करेंगे, उन्होंने निश्चय किया कि अपनी कन्या सुमित्रा का ब्याह उधर ही कर देंगे, तदनुसार बातचीत शुरू हो गई और संबंध स्थिर हो गया। रानी छाप के दो सौ नगद रुपए, सौ मन कनकजीरा चावल, पंद्रह मन अरहर की दाल, दो मन घी, पाँच थान ननगिलाट (लाँग क्लॉथ)–इतना सामान लेकर मेवालाल ठाकुर शुभंकरपुर आए थे शादी करने। बारात में कुल चार आदमी थे। एक खबास था। गरीब ब्राह्मण के घर को ठाकुरजी ने भर दिया। गहनों से सुमित्रा लद गई। खानदान के पाँचों घर की औरतों को एक-एक बिसहत्थी साड़ी मिली थी। कुल्ली राउत को दो धोतियाँ। उसकी घरवाली को दस हाथ की साड़ी ! छः महीने बाद ही गौना हुआ।

भाइयों में जयनाथ ही छोटे थे। वही साथ गए। पहली यात्रा में वह साल-भर बड़हड़वा रह आए। दूध, दही, घी, मछली-मांस–इनकी प्रचुरता ने जयनाथ के मन और तन दोनों पर प्रभाव डाला। वह सदा के लिए अपने बहनोई के यहाँ रहने के लिए तैयार थे। अपनी शादी और गौने के बाद भी जयनाथ का मन घर पर नहीं लगता था। वह भाग-भागकर बड़हड़वा पहुँच जाते। टट्टू और गधे को छोड़ दीजिए। वह उसी मैदान की ओर पिछली दो टाँगों के बल पर रुक-रुककर कूदता हुआ पहुँच जाएगा जिसकी हरी-हरी मुलायम दूबों का स्वाद उसे भलीभाँति मालूम है। यही हाल था जयनाथ का। बड़हड़वा उनके लिए हरी घास का अक्षय मैदान था। फिर अपनी सारी जवानी अगर उन्होंने दक्षिण भागलपुर के उस देहात में बिता दी, तो इसमें आश्चर्य ही क्या ? ठाकुरजी की विधवा भावज वहाँ जयनाथ के लिए जान देती थी। खेत की मजदूरिनों से हँसी-मखौल करने का जयनाथ को अबाध अधिकार था। विशाल वटवृक्ष की छाया में दस-पाँच गायों

के बीच खड़े होकर साँड जैसे आँखें मूँदे जुगाली करता रहता है, वही स्थिति थी जयनाथ की।

यही बात थी कि गृहस्थी में कभी जयनाथ का मन नहीं लगा। रत्ती की माँ मर गई, तब से उमानाथ की माँ ने अपने देवर की टूटी गृहस्थी को सँभालने की बराबर ही चेष्टा की है।

अलगाव-विलगाव की वह मोटी दीवाल बहुत कुछ ढह चुकी थी। नाममात्र को दो चूल्हे थे। खाना बहुधा साथ ही बनता। और जयनाथ जब बाहर रहते, तब तो रत्ती रात-दिन चाची के ही घर में आसन जमाए रहता; आँगन के दक्षिण ओर अपना बंद घर उस लड़के का ध्यान शायद ही कभी आकर्षित करता।

भाँग पीकर जयनाथ बलुआहा पोखर की ओर निकल गए और रत्ती चाची के घर में घुसा। खाना तैयार होने में कुछ देर थी।

तेरह

ठीक दीवाली के दिन वैद्यनाथ की वर्षी पड़ती थी। इस अवसर पर उमानाथ घर आता। कम-से-कम पाँच ब्राह्मण जिंवाए जाते। किसी-किसी वर्ष यह संख्या, सात और नौ तक पहुँच जाती। प्रथा यह है कि पाँच वर्षों तक कम-से-कम ग्यारह व्यक्तियों को निमंत्रण दिया जाए। उसके बाद आप स्वतंत्र हैं।

परंतु, इस वर्ष तो समस्या ही दूसरी थी ! कौन खाएगा उमानाथ के घर ? सभी ने उसकी माँ को समाज से बहिष्कृत कर दिया है।

उमानाथ दुर्गा-पूजा की छुट्टी में हमेशा आता और दीवाली के दिन बाप की वर्षी करके फौरन चल देता, बहन के यहाँ। (कार्तिक शुक्ल द्वितीय उन व्यक्तियों के लिए एक महत्त्वपूर्ण तिथि है, जिनकी बहन जीवित हो। भाई-दूज का यह त्योहार उमानाथ के लिए बचपन से ही आनंद और उत्साह का दिन रहा है।) ब्याहकर दूर चली जाने पर भी प्रतिभामा, प्रतिवर्ष अपने भाई को इस त्योहार के अवसर पर बुलवाती ही। उमानाथ जब से भागलपुर रहने लगा, तब से तो आग्रह और भी अधिक हो गया।

इस बार दुर्गा-पूजा की छुट्टी में, कलश-स्थापन (नवरात्रि के आरंभ का दिन—आश्विन शुक्ल, प्रतिपदा) से दो रोज पहले उमानाथ घर पहुँचा, पर थोड़ी ही देर बाद अपनी माँ के संबंध में सारी बात जब उसे मालूम हुई, तो ग्लानि और क्षोभ के मारे उसका दिमाग फटने लगा। और उससे यह सब कहा किसने ? दम्मो बुआ ने।

आँखों में आँसू भरकर विषाद की फीकी छाया चेहरे पर लाकर फूफी ने उमानाथ से कहा था, "बबुआ, तेरी माँ ऐसी कुलबोरनी निकलेगी, इस बात का ज़रा भी पता पहले होता, तो कभी मैं वैद्यनाथ की शादी तरकुलवा में नहीं होने देती। सोचो तो, नीलमाधव उपाध्याय का यह विमल वंश कितना प्रसिद्ध है ! और एक विधवा..." इतना

कहते-कहते उन बनावटी आँसुओं को आँचल के खूँट से दमयंती ने पोंछ लिया और हाथ पकड़कर उमानाथ को अपने दरवाज़े की भीत के ओट में ले गई।

उमानाथ फुँफकारता हुआ अपने आँगन में आया और माँ का झोंटा पकड़ लिया। वह बेचारी इस आकस्मिक आक्रमण से चकित थी ही कि इसी बीच लड़के ने उसकी पीठ पर आठ-दस लात गदागद जमा दिए। चाची ऐंचकर रह गई। उसे यह समझते देर न लगी कि दमयंती ने उमानाथ के कान भरे हैं।

अपने आँसू, अपनी आह—चाची सब पी गई।

पति, पुत्र या परिपालक के द्वारा पीटी जाने पर जो औरत न रोए, न चिल्लाए और न आह-ऊह करे, तो क्या होगा ? होगा यही कि पीटनेवाले का क्रोध क्षोभ के रूप में बदल जाएगा। तब अपना कपार आप ही वह पीट लेगा...

उमानाथ का मन न भरा। दाँत पीसता हुआ वह बोला, "राक्षसी कहीं की ! ले, रख अपना घर। मैं जाता हूँ, तालाब में डूबने और तब तू मौज मारती रहना..."

उठकर चट से चाची ने उमानाथ के पैर छान लिए।

लड़का चिल्लाया, "नहीं, नहीं, जीकर मैं क्या करूँगा। गले में घड़ा बाँधकर डूब मरूँगा, तभी मुझे शांति मिलेगी।"

"नहीं भैया !" लड़के के पैरों पर अपना मुक्त-कुंतल मस्तक डालकर माँ गिड़गिड़ाई, "नहीं भैया, कोने में कुल्हाड़ा रखा है, उठा लाओ, मुझे खंड-खंड कर दो ! मैं खुद इसीलिए नहीं डूब मरी कि तुम्हारे हाथों सद्गति मिलेगी तो मेरे सारे कुकर्म धुल जाएँगे।"

माँ के बाहुपाश से अपने पैर छुड़ाकर वह अलग हो गया और बीच घर में बैठकर फूट-फूटकर रोने लगा। माँ की आँखें भी आँसुओं से तर थीं। वह उठी। लड़के के बिलकुल करीब जाकर बैठ गई। आँचल के खूँट से उसके आँसू पोंछने लगी। परंतु आज उमानाथ का हृदय गर्मी की गंगोत्री बन गया था। तापविगलित हिमानी प्रखर स्रोत की भूमिका बनकर जब बह निकलती है, तो मैदान की गंगा अपने दोनों तटों को आप्लावित करती हुई बहती चली जाती है।

बहुत देर तक उमानाथ रोता रहा, माँ पास ही बैठी बराबर उसके आँसू पोंछती रही। पाठशाला से रतिनाथ आ गया, अब जाकर वह उठा और लोटा में पानी लेकर आँख-मुँह धो आया।

रत्ती को साहस नहीं हुआ कि चाची से पूछे।

यह सब तो हुआ, किंतु निमंत्रण देने पर वर्षी के दिन कोई खाने नहीं आया। मूर्ख और मंदबुद्धि रहने पर भी उमानाथ होनहार को बलवान् तो मानता ही था। अपनी अपराधिनी माँ को क्षमा करके उसे फिर कभी पश्चात्ताप नहीं हुआ। दीवाली के दिन ही वह भागलपुर के लिए रवाना हो गया।

चौदह

दुर्गा-पूजा के दसों दिन जयनाथ ने विंध्याचल में बिताए। एक मारवाड़ी ने चंडी का सम्पुट पाठ करवाया था। पाठ करनेवाले नौ थे। पच्चीस-पच्चीस की दक्षिणा मिली थी। एक-एक जोड़ा धोती। दसों दिन फलाहार का इंतजाम था। शाम को गंगा के किनारे पंडे ठंढई छानते। वहीं जयनाथ भी अपनी कुंडी और सोंटा लेकर एक ओर बैठ जाते। पाठ करनेवालों में से चार मैथिल थे और पाँच सरयूपारी। सेठ था कलकत्ते का, मगर प्रबंध में मिर्जापुर के हरिहर पंडे का हाथ था। सेठ के लड़के को लड़का नहीं हो रहा था। इसीलिए भगवती विंध्यवासिनी की आराधना वह करवा रहा था। हरिहर पंडा से जयनाथ का पहले से ही परिचय था। खत लिखकर उसने जयनाथ को इस बार बुलाया था। शर्त यह थी कि अपनी दक्षिणा में से पाँच रुपया पंडा को देना पड़ेगा। सभी से पाँच-पाँच उसने लिए थे। सेठ से एकमुश्त पाँच सौ लिया था।

दीवाली के बाद जयनाथ प्रयाग चले गए। वहाँ बेतिया की महारानी रहती थी। पागल करार देकर उनका राज सरकार ने कोरट में ले लिया था। सालाना डेढ़ लाख रुपया उन्हें खर्च के लिए मिलता था। इलाहाबाद में एक बड़ा-सा बँगला लेकर अपने अमले और नौकर-चाकर के साथ रहती थीं।

बेतिया की महारानी के यहाँ पूजा-पाठ, अनुष्ठान, जप और ध्यान का कुछ-न-कुछ सिलसिला लगा ही रहता। रुद्रधर मिश्र पुजारी के तौर पर रानी के यहाँ रहते थे। इस बार विजयादशमी के दिन महारानी भगवती का दर्शन करने विंध्याचल गईं तो मिश्रजी भी साथ थे। वहीं जयनाथ का मिश्रजी से परिचय हुआ और वही परिचय जयनाथ को प्रयाग खींच लाया। एक मास महामृत्युंजय का जप करके चालीस रुपया दक्षिणा पाई। भोजन का प्रबंध तो खैर अलग से था ही।

प्रयाग से जयनाथ काशी आ गए।

काशी बहुत ही विलक्षण और बड़ा ही विचित्र स्थान है। ऐसा लगता है, मानो हिंदुत्व और भारतीयता के सारे गुण और सारे दुर्गुण यहाँ बाबा विश्वनाथ की शरण में दुबके पड़े हैं। इससे पहले भी जयनाथ दो बार काशी आ चुके थे। बनैली के राजा पद्मानंदसिंह की रानी पद्मावती ने नेपाली खपड़ा मुहल्ले में तारा भगवती का एक मंदिर बनवाया। भोग-राग के लिए लाख रुपए की तहसील भगवती के नाम ट्रस्ट कर गईं। गरीब विद्यार्थी और काशीवास की इच्छा से आनेवाले बूढ़े पचासों की तादाद में वहाँ नित्य भोजन पाते। परंतु यह सुविधा केवल मैथिल ब्राह्मणों के लिए ही थी। मंदिर के मैनेजर से जयनाथ का दूर की रिश्तेदारी का लपेट था। इसलिए चाहे जितने दिन काशीवासी बनकर वह तारा भगवती का प्रसाद पा सकते थे। फिर भी होली तक ही रहे। साढ़े-तीन महीने के इस काशीवास की स्मृतियाँ जयनाथ को जीवन-भर न भूलेंगी। यह अनुताप कि पंडित नहीं बना, उनके हृदय में काशी रहते समय और तीव्र, और भी असह्य हो उठा। बड़े-बड़े पंडितों को गंगा में तख्त पर बैठे त्रिपुंड किए, जप में लीन

देखते तो जयनाथ सोचने लगते—यह अगर पच्छिम की ओर निकल जाएँ, तो सौ-सौ रुपए का मासिक वेतन पाएँ। परंतु विद्या भी विजया की तरह एक मादक वस्तु है। तभी तो पंद्रह-पंद्रह, बीस-बीस रुपए लेकर ज़िंदगी-भर ये लोग काशी ही में पढ़ाते रह जाते हैं। जयनाथ को अपने देश के महामहोपाध्याय भवनाथ मिश्र का नाम याद आया, जिन्हें लोग अयाची कहते थे। वह जीवन-भर किसी से कुछ माँगने नहीं गए। अपनी कुटिया में बैठकर विद्यार्थियों को पढ़ाते रहे।

इन बातों से रह-रहकर जयनाथ को अपनी मूर्खता खलती और आहत मन को बहलाने के लिए वह कचौड़ी गली, कुंजगली, ठठेरी बाज़ार, चौक और दशाश्वमेध की राह लेते। यदाकदा परिचितों की निगाह बचाकर दालमंडी का भी चक्कर लगा आते। 'राँड़, साँड़, सीढ़ी, संन्यासी, इनसे बचे तो सेवै काशी।' सो, बेचारे जयनाथ झा आखिर उलझ ही गए। विश्वनाथ और अन्नपूर्णा की पूजा कर चुकने पर लोग ढुंढिराज पर जल चढ़ाने जाते हैं। वहाँ से दंडपाणि। दंडपाणिवाली गली में चूड़ियों की कई दुकानें हैं।

एक दिन जयनाथ ने देखा कि दो विधवाएँ वहीं एक दुकान पर मैथिली बोली में चूड़ियों का मोल-भाव कर रही हैं। जयनाथ के कंधे पर भीगी धोती थी, हाथ में लोटा था। जल चढ़ाकर आ रहे थे। अपनी मातृभाषा में विधवाओं को बोलते पाकर वह ठिठक गए। बाद में जिधर वे चलीं, वह भी उधर ही हो लिए। जाते-जाते मणिकर्णिका घाट के पास ऊपर एक गली में एक मकान के अंदर वे घुसीं। उस मकान की दीवाल पर किसी ने गेरू से लिख दिया था—मैथिल विधवानिवास। साहस हुआ, अंदर गए। एक बुढ़िया नल के पास कपड़ा फींच रही थी। उसने देखते ही पूछा, "किसे ढूँढ़ते हो ?"

"शुभंकरपुर की एक मुसम्मात यहाँ रहती है। उससे ही मिलने आया हूँ।"

बुढ़िया ने सिर हिलाकर कहा, "ना, ना, शुभंकरपुर की तो कोई नहीं है यहाँ।"

इतने में उन्हीं दो में से एक विधवा ने ऊपर से झाँककर देखा और पूछा, "आप कहाँ के रहनेवाले हैं ?"

"शुभंकरपुर के।" जयनाथ ने कहा।

ऊपर से आवाज़ आई। "ठहरिए..." सीढ़ियों से धम्‌धम् करते दो हल्के पैर नीचे उतर आए। नज़दीक आकर उस विधवा ने माथे का कपड़ा ठीक किया और बोली, "मैं परसौनी की रहनेवाली हूँ। शुभंकरपुर और परसौनी दोनों पड़ोसी हैं।"

जयनाथ बरबस मुस्कुरा पड़े, "तो हम और आप पड़ोसी हुए।"

बिना किसी संकोच के चट से उस औरत ने कहा, "इसमें भी क्या कुछ संदेह है ?..." थोड़ा रुककर वह फिर बोली, "ऊपर चलिए, हमारी कोठरी को अपनी चरण-धूलि से..."

जयनाथ ने टोका, "प्रतिदिन भोरे-भोरे जहाँ की गलियाँ झाड़-बुहारकर साफ कर ली जाती हों, वहाँ भला चरण-धूलि ?"

"धूल न सही, चरण तो पड़ेंगे !" विधवा ने कहा, और सीढ़ियों पर से चढ़कर ऊपर चलने का संकेत किया।

चार महीने हो गए थे, जयनाथ को घर छोड़े। इतने दिनों पर नज़दीक से एक स्त्री का मुँह देखकर और उस मुँह से निकली बातें सीधे अपने कानों से सुनकर उनका मन प्रसन्न हो गया।

दुतल्ले पर पहुँचकर पूरब की ओर एक छोटी कोठरी के पास वह औरत रुक गई। मुड़कर जयनाथ की ओर देखा और बोली, "इस मकान का किराया अपने ही जिले के एक श्रीमान् देते हैं। हम विधवाओं पर उनकी विशेष कृपा रहती है। और आप देखते ही हैं, इस मकान में कमरा दो ही एक है। तीन तल्लों में कुल मिलाकर पाँच ही सात कोठरियाँ हैं, बाकी बरांडा-ही-बरांडा है।"

चारों ओर नज़र घुमाकर जयनाथ ने उस मकान को देखा।

खयाल में आया—'वह कौन श्रीमान् हैं, इन विधवाओं के प्रति जिनके हृदय में करुणा का यह उद्रेक हुआ है ?'

कुश का आसन बिछाते हुए विधवा ने बैठने का इशारा किया और बोली, "लोटा रख दीजिए और धोती दीजिए इधर। सूखते क्या देर लगेगी।"

जयनाथ ने कहा, "बैठने को तो थोड़ा मैं बैठ लेता हूँ, मगर तारा मंदिर में ठीक ग्यारह बजे भोजन की घंटी बजती है।"

आसमान की ओर दृष्टि डालकर वह विधवा बोली, "दस भी न बजे होंगे। तब तक यह गीली धोती क्या आप कंधे पर ही लिए रहेंगे ?"

जयनाथ ने कंधे से उठाकर वह गीली धोती उसे थमा दी।

संसार का जयनाथ को जो थोड़ा-बहुत ज्ञान था, तदनुसार यह विधवा उसे उन विधवाओं से विलक्षण मालूम हो रही थी जिन्हें शुभंकरपुर, बड़हड़वा या कहीं और देखा था। चौड़े पाढ़ की सफेद साड़ी वह पहने थी। गले में चाँदी की तीन सिकड़ियाँ झूल रही थीं। भ्रमर-कुंचित-केश और खिला हुआ चेहरा देखकर ऐसा लगता था कि इस जीवन को वह उपेक्षा के योग्य नहीं समझती।

तब तक बरामदे की खूँटियों पर वह धोती डाल आई और कोठरी के अंदर जाकर एक दोने में चार पेड़े लाकर जयनाथ के सामने धर दिए। कहा, "अभी तक आपने पानी नहीं पिया होगा।"

जयनाथ से 'न' कहते नहीं बना। उन्होंने अपने को समझाया—'मिट्टी की ओर सभी खिंचते हैं। मेरी-इसकी कोई जान-पहचान तो थी नहीं। शुभंकरपुर का नाम सुनकर इसे अपनी मातृभूमि परसौनी याद आई। पास-पड़ोस का होना ही इस खिंचाव का कारण है...जयनाथ भी चार महीने से प्रवासी-जीवन बिता रहे थे। एकाएक यों पड़ोस के आदमी से भेंट हो जाना कितना बड़ा सौभाग्य है ?'

उन्हें साहस नहीं हो रहा था कि प्रथम परिचय के इन क्षणों में ही नाम, कुल, जीविका आदि पूछकर मालूम कर लें।

पेड़ा खाकर, पानी पीकर वह निवृत्त हुए, तब तक पान के दो बीड़े सामने आ गए। विधवा और मगही पान ! जयनाथ की आँखें कपार तक फैल गईं ! पान खाकर

उन्होंने कहा, "धोती मैं आकर फिर ले जाऊँगा, अभी जाने दीजिए।"

स्त्री ने निषेध-मुद्रा में हाथ उठाकर कहा, "अब आठ बजे रात से पहले मैं नहीं मिलूँगी। एक खत्री के तीन बच्चे हैं। उसकी औरत पिछले साल चल बसी। उन अबोध बच्चों की मैं ही देखभाल करती हूँ।"

मन-ही-मन जयनाथ बोले—तभी तो ! अब बात समझ में आई।

"मेरा नाम सुशीला है। धोती आपकी थोड़ी देर बाद पहुँच जाएगी, उसकी चिंता न करें।" विधवा ने कहा।

उस समय तो जयनाथ चले आए, मगर सुशीला उनके हृदय-कमल पर मानो वज्रासन मारकर बैठ गई।

तारा मंदिर में जयनाथ के ननिहाल की एक वृद्धा चावल फटकने का काम करती थी। अवसर पाकर सुशीला के बारे में जयनाथ ने कुछ बातें मालूम कीं। वह सचमुच परसौनी की ही रहनेवाली थी। बाल-विधवा हो जाने के बाद जेठानी और ननद के दुर्व्यवहार से तंग आकर नैहर रहने लगी। वहाँ भाभी से खटपट हुई तो भागकर काशी आ गई। पहले एक घाटिया महाराज के पल्ले पड़ी, और अब उस खत्री दुकानदार के घर की मलिकाइन बनी हुई है। खूब चुगती है, खूब छितराती है। भाई और चाचा आते हैं, तो उन्हें भी काफी दे-दिवाकर विदा करती है।...सुशीला की यह गुण-गाथा सुनकर जयनाथ ने उसके प्रति और भी आकर्षण अनुभव किया। वह तीसरे-चौथे दिन सुशीला के यहाँ पहुँचने लगे। संपर्क बढ़ता गया तो इससे क्या ? उस विधवा ने अपने व्यक्तित्व को सदैव जयनाथ की कोरी भावुकताओं से ऊपर रखा। एक दिन, रात को वह उन्हें सिनेमा दिखाने ले गई। भागलपुर और इलाहाबाद में जयनाथ सिनेमा पच्चीसों बार देख चुके थे। लेकिन ऐसी अद्‌भुत साथिन तो उन्हें कभी नहीं मिली। एक बार पंचगंगा घाट पर बैठे-बैठे सुशीला ने कहा, "बहता पानी ही धार कहलाता है। देखो, सुबह-शाम हज़ारों आदमी नहाने आते हैं। मगर, तुम जिस जाति में, जिस समाज में पैदा हुए हो, वह ज़िंदा नहीं, मुर्दा धार है, वह छाड़न है। फिर भी मिथिला की उस मिट्टी का मुझे बहुत ही मोह है। उस धनी सज्जन का नाम मैं तुम्हें नहीं बताना चाहती कि जिसका हृदय हम विधवाओं के प्रति करुणामय है। इतना करुणामय कि तीन-तीन विवाहिताएँ और पाँच-पाँच रखैलें रहते हुए भी चूड़ियों से सूनी कलाई की ओर ललचाई निगाह से देखा करता है। ताड़ी पीनेवाले को तुमने अवश्य देखा होगा, मेरा भी वही हाल है। मैं प्रज्वलित अग्नि-कुंड हूँ, जो जितनी ही स्निग्ध समिधाएँ पाता है, उतना ही निर्धूम, उतना ही निठुर होता जाता है।"

जयनाथ समझदार ज़रूर थे, मगर सुशीला की जलन को भलीभाँति समझ सके, इसमें संदेह है। वह जब आवेश में आती तो लगते सिगरेट-पर-सिगरेट फूँकने। एक दिन उसे कीमती चूड़ियाँ पहने देखकर जयनाथ दंग रह गए थे और इस पर क्या कहा था, सुशीला ने ? कहा यही था कि मेरे जितने मित्र बनते हैं, उतनी बार मैं चूड़ियाँ पहनती हूँ, और फोड़ती हूँ।

पंद्रह

पंडित कालीचरण की स्त्री और सन्नो की माँ ने अब चाची से मिलना-जुलना आरंभ कर दिया था। और लोगों का भी रुख बदल रहा था। कर्ज, घाव का निशान और बदनामी—ये तीन ऐसी बातें हैं, जो आहिस्ते-आहिस्ते मिट जाती हैं। चाची के भी कलंक को अब लोग भूलने लगे थे। और शुभंकरपुर जैसे प्रतिष्ठित गाँव में हर छः माह पर किसी-न-किसी ऐसी घटना का हो जाना असंभव नहीं, जो पिछली तमाम दुर्घटनाओं पर पर्दा डाल दे।

जयदेव मिश्र एक ज्योतिषी थे। उन्होंने अपने तीन लड़कों में से दो को अंग्रेज़ी की उच्च शिक्षा दिलवाई थी। बड़ा लड़का हरिदेव एम.ए. में सर्वप्रथम होकर फौरन पटना कॉलेज का प्रोफेसर हो गया था। छोटा भवदेव एम.एस-सी. में सर्वप्रथम होकर फिलहाल अनुसंधान का कोई काम कर रहा था। घरवाले उससे आगे चलकर एस.डी.ओ. और कलेक्टर हो जाने की उम्मीद रखते थे। वह स्वयं विलायत जाकर और भी उच्च शिक्षा प्राप्त करना चाहता था। बड़े की शादी हो चुकी थी और अब इसकी होनेवाली थी।

पच्छिमी बंगाल के दिनाजपुर और मालदह जिले बिहार की पूर्वी सीमा से बहुत दूर नहीं हैं। आज से सैकड़ों वर्ष पहले कुछ मैथिल ब्राह्मण उधर जाकर बस गए। अब भाषा, वेश, शिक्षा, आदि की दृष्टि से वे बिलकुल बंगाली हो गए। औरतों तक ही अपने देश की संस्कृति, सभ्यता और भाषा सीमित रह गई है। रायबहादुर ब्रजबिहारी ठाकुर दिनाजपुर के रहनेवाले थे। पूर्णिया में आप कलेक्टर के ओहदे पर थे। अपनी लड़की के लिए वर का पता लगाते-लगाते उनकी नज़र भवदेव पर पड़ी। बात पक्की हो गई। रायबहादुर ने मान लिया कि वह या तो भवदेव को विलायत में पढ़ने का सारा खर्च देंगे या डिप्टी मजिस्ट्रेट का ओहदा दिलवा देंगे। पिता का विचार न रहने पर भी भाई तो इस विवाह-वार्ता से सहमत था ही। पूर्णिया में ही भवदेव की शादी हो गई। बस, फिर क्या था ? उठा शुभंकरपुर में तूफान ! लोगों ने कहना शुरू किया, "बंगाली की लड़की से जयदेव ने अपने लड़के की शादी करा दी। लड़की का बाप किरिस्तान है और अंडा खाता है। बाल-बच्चे समेत इतवार के दिन गिरजा जाता है।..." इस चर्चा ने इतना तूल पकड़ा कि चाची की कलंक-कथा उसके आगे बिलकुल फीकी पड़ गई। समाजपतियों ने तुलसी, ताम, गंगाजल उठाकर आपस में शपथ खाई—"यदि लड़का शादी करके आया, और बाप ने उसे अपने घर में घुसने दिया, तो जयदेव के यहाँ का अन्न-जल हममें से जो भी ग्रहण करे, वह गो-मांस खाए। तीन बार सविधि उच्चारणपूर्वक यह शपथ ली गई थी, दमयंती के दरवाज़े पर। दमयंती ने भी शपथ ली थी।

चैत का महीना था। एक दिन संध्याकाल पाँच इक्कों ने गाँव में प्रवेश किया और जाते-जाते जयदेव के दरवाज़े पर वे रुक गए। पीछे-पीछे गुलाबी रंग की धोती और आसमानी रंग की कमीज पहने, हैट लगाए, भवदेव साइकिल पर आया। लोगों ने आँख फाड़-फाड़कर देखा। वह आकर सीधे अपने दरवाज़े पर उतरा। तख़्तपोश पर बैठे पिता

को प्रणाम किया। सामान उतारा जा चुका था। तीन इक्कों पर सूती, ऊनी कपड़ों से भरे ट्रंक लदे थे। दो पर मिठाइयों से भरे खाँचे। उन मिठाइयों की खुशबू से गाँव-भर की हवा भारी-भारी हो रही थी। नथुने बिचका-बिचकाकर बुढ़िया कहने लगीं, "हुआ भ्रष्ट ! सारा गाँव इन मिठाइयों को खाकर किरिस्तान हो जाएगा।" सभी परिवार-पति अपने-अपने दालान पर किंकर्त्तव्यविमूढ़ होकर बैठे थे। दो बातें उन्हें परेशान किए हुए थीं। एक यह कि बच्चों पर बराबर तो निगरानी रखी जा नहीं सकती। दिनाजपुर के बंगाली के यहाँ से आई हुई यह मिठाइयाँ अगर बच्चों को गुपचुप खिला दी गईं तो अंदर-ही-अंदर सारा गाँव विधर्मी के संपर्क में आ जाएगा। दूसरी, यह बात उन्हें परेशान कर रही थी कि जयदेव और उसके कुपुत्र भवदेव का अधिक-से-अधिक अपमान किस तरह से किया जा सकता है। इन दोनों बाप-बेटों को चित करने के लिए किस्म-किस्म के दाँव-पेंच सोचे जा रहे थे। बच्चों को धमकाकर कह दिया गया था कि उस दरवाज़े की ओर गए, तो टाँग तोड़ देंगे।

उसी रात को जयदेव ने लोगों को बुलाया कि आकर नवविवाहित भवदेव पर दूब, अक्षत डाल जाएँ। आशीर्वाद दे जाएँ। परंतु, दो को छोड़कर तीसरा नहीं गया। पचकौड़ी पाठक और घूटर झा, यही दो जने गए थे। आशीर्वाद देने के लिए कम-से-कम पाँच ब्राह्मणों का होना तो अनिवार्य है, परंतु भवदेव का आना निश्चित तिथि से तीन दिन पहले ही हुआ, इस असावधानी से दुश्मनों को खिल्ली उड़ाने का बहुत ही बढ़िया अवसर हाथ लगा। जयदेव टिटियाकर मर गए, अपने लगाकर भी चार से अधिक ब्राह्मणों का जुटना पहाड़ हो गया उस दिन। चौथे सज्जन थे जयदेव के मौसेरे भाई यदुनंदन। वह पाँच-छः दिनों से यहाँ पहुनाई कर रहे थे। मछली के अंडों का बरा बहुत ही स्वादिष्ट होता है। यदुनंदन ने कुछ अधिक खा लिया था। दूसरे दिन रोहू के तले खंडों के साथ घी में भूना चिउड़ा नाश्ता किया था। अगले दिन कटहल की भाजी आवश्यकता से अधिक खा ली थी। नतीजा यह हुआ कि पेट खराब हो गया और अब दही और बेल खाकर शीतोपचार कर रहे थे। इन्हीं कारणों से पहुनाई में तीन दिन के बदले छः दिन हो गए थे।

पचकौड़ी पाठक समूचे गाँव के निर्णय को अमान्य करके भी जयदेव के यहाँ जो आए, वह भी निस्वार्थ नहीं था। पचकौड़ी के लड़के ने इसी साल मैट्रिक किया था और आशा थी कि हरिदेव उसे पटना ले जाकर आगे पढ़ने का कोई रास्ता पकड़ा देंगे। घूटर झा ठहरे पाकशास्त्री। वह जयदेव की बात में इसलिए आ गए थे कि भवदेव का डिप्टी मजिस्ट्रेट और थोड़े ही दिनों बाद एस.डी.ओ. बन जाना बिलकुल निश्चित था। सरकारी अफसर के साथ रहना कम भाग्य की बात नहीं है।

गाँववालों को अपार आनंद हुआ, जब उन्होंने यह सुना कि वर के माथे पर दूब-अक्षत डालने के लिए जयदेव को पाँच भी हाथ न मिले।

तब भी जयदेव ने बड़ी नम्रता दिखलाई। जयनाथ भी गाँव ही में थे। भोला पंडित भी मौजूद थे। दमयंती थी ही। दूसरे टोले में प्रमुख थे जयनारायण झा और रमानाथ

मिश्र। जयदेव ने स्वयं जा-जाकर इन पाँचों के पैर पकड़े। गिड़गिड़ाकर कहा, "जिसे आप लोग बंगाली कहते हैं, किरिस्तान कहते हैं, वह प्रवासी मैथिल हैं। कुल और शील सब अच्छा है। चाहें तो पंजीकार[1] से जाँच करवा लें।"

इस पर सभी ने यही कहा कि भवदेव को प्रायश्चित लगेगा। तुम्हारे घर-भर को प्रायश्चित करना होगा।

सभी घरों में मिठाइयाँ भेजी गई थीं। मगर यह बायना लोगों ने लौटा दिया। जयनाथ ने लौटाया तो नहीं, परंतु दमयंती के बैल को खिला दिया। दो दिन के बाद भोला पंडित गोल से फूट गए। जयदेव ने उन्हें एक जोड़ा महीन धोती देकर चाँदी के दस रुपए सुँघा दिए थे। अब क्या था ? भोला पंडित ने तारा बाबा की कुटिया पर जाकर गरजना शुरू किया, "अरे, मैं तो उस ब्राह्मण की सत्रह पीढ़ियाँ जानता हूँ। ब्रजबिहारी ठाकुर के दादा, परदादा बहुत बड़े तांत्रिक थे। मुर्शिदाबाद के नवाब ने दिनाजपुर जिले के अंदर पाँच हज़ार बीघा लाखिराज ब्रह्मोत्तर उन्हें दिया था। ये लोग तभी से उधर बस गए।...जयदेव के घर और कोई न खाए, मगर..."

आवेश में आकर भोला पंडित अपनी छाती पर आप ही मुक्कियाँ मार-मारकर कहने लगे, "मैं ? यह चला मैं जयदेव के घर खाने। देखूँ, कौन मेरा क्या कर लेता है ?..."

कहते-कहते वह इतने आवेश में आ गए कि कच्छा खोलकर अपने को अर्धनग्न कर लिया। इसके बाद प्रतिद्वंद्वियों का नाम ले-लेकर बड़ा ही वीभत्स संकेत किया।

जोरों की गरजना सुनकर आसपास के खेतों से कुछ ग्वाले जमा हो गए। उन्हें डर हुआ कि उन्हीं में से किसी की गाय या भैंस पंडित की बगिया में घुसकर कुछ नुकसान कर आई है। जब वे नज़दीक आए, तब तक अविराम गरजन के कारण भोला पंडित का गला बेसुरा हो चुका था; मानो फूटा शंख हो। कच्छा-वच्छा वह ठीक कर चुके थे।

बिरजू अहीर ने झुककर पालागन किया और नम्रता से पूछा, "क्या बात है ? किस पर आप इतना गरज रहे थे ?"

भोला पंडित ने थके स्वर में कहा, "अरे, जयदेव का लड़का ब्याह करके आया है। जानते हो न ?"

"हाँ, सब जानते हैं।" बिरजू बोला।

भोला पंडित खिसियानी सूरत बनाकर बोले, "सारा शुभंकरपुर जयदेव के ऊपर उलट पड़ा है। चाहते हैं लोग यही कि जयदेव सबकी जूतियाँ धो-धोकर पिए।..."

थोड़ा-सा विश्राम पाकर भोला पंडित के गले में फिर ताकत आ गई और दायाँ

---

1. करणाटवंशी राजा हरिसिंह देव चौदहवीं शताब्दी में मिथिला के तमाम ब्राह्मणों की पंजी (फेहरिस्त) बना गए, तब से लेकर वह प्रथा चली आ रही है। मिथिला के ब्राह्मणों का मुकम्मल रिकार्ड मौजूद है, किसका संबंध किससे पड़ता है, यह पता लगाना वहाँ बहुत आसान है। इन लंबी फेहरिस्तों का जानकार पंजीकार (पजियाड़) कहलाता है।

हाथ उठकर चला गया मूँछ पर। मूँछ के विरले बालों को मरोड़ने की निष्फल चेष्टा ने उनके आवेश को द्विगुणित कर दिया। वह तमककर बोले, "अंग्रेज़ बहादुर का राज है, कोई किसी को चबाकर खा जाएगा, सो नहीं होगा।"

इस पर बिरजू अहीर बोला, "आखिर गाँववाले चाहते क्या हैं ?"

"चाहेंगे क्या ?" भोला बोले, "जयदेव के दिन फिरेंगे। किसी से भला यह कैसे देखा जाएगा ?"

ब्राह्मणों के समाज पर टीका-टिप्पणी करने का अवसर पाकर बिरजू अहीर को सचमुच ही बड़ी खुशी हुई। वह बोला, "जब ऐसी बात थी, तब क्या जयदेव बाबू ने सबसे राय नहीं ले ली ? और समाज को भी अब सोचना पड़ेगा कि इस जमाने में किसी को एकघरा बनाकर छोड़ा नहीं जा सकता। हज्जाम अगर बाल नहीं बनावेगा तो क्या ? इस्टीसन पर दिन की गाड़ी के वक्त दस-दस हज्जाम दाढ़ी-बाल बनाने को तैयार बैठे रहते हैं। जाति-पाँति नहीं किसी की पूछते। अब बताओ महाराज, जिसका हज्जाम तुम बंद कर दोगे, तो जाकर इस्टीसन से बाल न बनवा आएगा ?"

भोला ने कहा, "बिरजू, अब इस गाँव में पंडित तो कोई रहा नहीं, खाली गधे भरे पड़े हैं। उनकी समझ में यह बात नहीं आती।"

अभी तक तारा बाबा कुटिया में बैठे जप कर रहे थे। जप खत्म हो गया। वह बाहर निकले। देखा, भोला पंडित बिना नाथे बैलों को हाँके जा रहे हैं। गाँव का कोई भी रहस्य बाबा से छिपा नहीं था। गाँववालों पर कभी बाबा ने अपना निर्णय थोपने की कोशिश नहीं की। फिर भी बाबा के लिए सभी के हृदय में श्रद्धा थी। उनके पास जयनाथ जैसे कामचोर, जिद्दी और रगड़ी आते थे और भोला पंडित जैसे लोलुप, अवसरवादी और काइयाँ भी आते थे। कभी-कभी जयदेव भी आते थे।

बाबा को सामने खड़े देखकर भोला पंडित और बिरजू अहीर, जो बैठ चुके थे, खड़े हो गए। बाबा ने हाथ से इशारा किया—"बैठो।"

एक बार और अंदर जाकर फिर वह बाहर आए तो हाथ में एक बड़ा-सा बेल था। उसे भोला की ओर बढ़ाते हुए बाबा ने कहा, "बागो जगदंबा की पूजा के लिए अड़हुल के लाल फूल मुझे दे जाया करती है। यह बेल ले जाओ, उसको दे देना।"

भोला पंडित का गर्जन सुनकर दो-चार ग्वाले जो और आए थे, वे गरजने की वजह जानकर वापस चले गए थे। बिरजू ही था, जो नज़दीक आकर बैठा था। तारा बाबा की यह कुटिया गाँववालों की साँझी संपत्ति थी। सुखी, धनी-गरीब, बाभन-राड़[1], पठित-अपठित, सभी आते थे समय पाकर। बाबा भी गाँव-भर में सबके यहाँ जाने को तैयार रहते। इधर बुढ़ापे के कारण वह कुटिया से बाहर निकलते कम थे। कल जयदेव के यहाँ से दही, केले, मिठाइयाँ आई थीं। भगवती को भोग लगाकर और थोड़ा-सा अपने लिए रखकर, बाकी बाबा ने बच्चों में बँटवा दिया।

---

1. छोटी जाति के लोग।

भोला पंडित को अपने पक्ष में पाकर जयदेव निश्चिंत हो गए कि यह बुड्ढा खुद ही कई को खींच लाएगा।

और हुआ भी ऐसा ही।

सोलह

शुभंकरपुर की कुल उपजाऊ ज़मीन का रकबा तीन सौ बीघा था। ढाई सौ बीघा धान के खेत थे। पचास बीघा रबी और भदई के। इसके अलावा आमों के बाग, बाँसों के जंगल, तालाब, गोचर आदि के लिए पचास बीघा और पड़ते थे। ढाई सौ परिवारों की आबादी, खानेवाले मुँह ग्यारह सौ। साफ है कि गरीब ही अधिक थे। यह गरीब भी दो श्रेणी में बँटे थे। बाभन और गैर-बाभन। ब्राह्मणों में विद्या का खूब प्रचार था। पढ़े-लिखे लोग शहरों में फैले थे। चिट्ठियाँ और मनीऑर्डर उन्हीं की बदौलत गाँव में खूब आते। सौ घर ब्राह्मण थे; मुश्किल से पंद्रह घर ऐसे होंगे, जिनकी शुमार महादरिद्रों में होती थी। बाकी लोग खेती के अभाव में भी भरपेट खानेवालों में से थे। गाँव के नज़दीक ही हाट लगता था, सोमवार और गुरुवार को। धान, चावल, दाल, तेलहन, मड़ुआ, मकई, साग-भाजी, मछली, पान, मोटिया गमछा और चादरें—हाट के रोज शुभंकरपुर के लोग यह चीज़ें जाकर खरीद लाते थे।

इस गाँव के ब्राह्मणों का खिला चेहरा देखकर बाहरवाले सोचते—बड़े सुखी होंगे ये लोग। काफी खेत होंगे इन लोगों के पास। मगर, असलियत यह थी कि लूट लाओ, कूट खाओ। ये लोग जवार में जब भोज खाने जाते, तो इनका साफ-सुथरा पहनावा, विनीत और भद्र वेश देखकर दूसरे गाँववालों को भ्रम होता कि ज़मींदार घराने के होंगे।

इस मौजे के मालिक रायबहादुर दुर्गानंदनसिंह बड़े ज़मींदार तो थे ही, साथ ही लहना-तगादा का भारी कारोबार भी चलाते थे। आसपास की पाँच कोस ज़मीन पर उनकी छत्रछाया थी। तीन लाख रुपए पचीसों बस्तियों के इस समुद्र में दाँत निपोड़े, पूँछ कड़ी किए मगरों की भाँति टहल-बूल रहे थे। ब्याज का दर प्रतिमास डेढ़ रुपए सैकड़ा था। राजाबहादुर पुराने अँगूठे को साल-साल नया करवाते जाते। सूद भी मूर बनता जाता। चक्रवृद्धि का यह क्रम राजाबहादुर की शरीर-वृद्धि के लिए रसायन का काम कर रहा था। कहते हैं, हवेली में नगद रुपए रखने के लिए उन्हें चहबच्चा बनाना पड़ा था। माँ के श्राद्ध में समूचे भारत के उन पंडितों की आपने सभा बुलवाई थी, जो महामहोपाध्याय की उपाधि से विभूषित थे। प्रत्येक पंडित को दुशाला और एक सौ एक रुपए की विदाई दी गई थी। आने-जाने का सेकेंड क्लास का खर्च। सात दिनों तक पंडितों का शास्त्रार्थ चला था। मैथिल पंडितों को अपनी भूमि पर अपने पांडित्य-प्रदर्शन का जो सुयोग मिला, वह अभूतपूर्व था। बाहर के पंडित विदा होते समय राजाबहादुर को 'धर्म-दिवाकर' की गौरवपूर्ण उपाधि से सुशोभित करते गए। जवार के पचासों गाँव

निमंत्रित किए गए थे। उन्हें पूड़ी-तरकारी से नहीं, खाजा, मुँगबा (बुँदवा), घेवर, बर्फी, पेड़ा, बालूशाही, रसगुल्ला, गुलाबजामुन, जलेबी वगैरह अठारह किस्म की मिठाइयों से परितृप्त कर दिया गया। हाथी के कान जैसा बड़ा-बड़ा खाजा, फुटबाल-जैसा मुँगवा था। दरअसल ये चीज़ें खाने की नहीं, तमाशे की थीं। सबके आगे बड़े पत्तलों में मिठाइयों का ढेर लगा था। जूठन की उन मिठाइयों को जवार के शूद्रों ने कई दिन तक खाया था और आज भी उल्लसित होकर वे राजाबहादुर का गुणगान कर रहे हैं। ब्राह्मणों को भर-भर अँजुरी बंबइया सुपारी दी गई थी। महापात्र को हाथी मिला था।

अपने वैभव के इस विराट् प्रदर्शन से राजाबहादुर को इतना आत्मसंतोष हुआ कि खाने-पीने में अरुचि हो गई। कोई भी चीज़ चित्त पर चढ़ती ही न थी। एकमात्र कन्या थी। धूमधाम से उसकी शादी वह पहले ही कर चुके थे। स्टेट का सारा भार घर-जमाई के कंधों पर डालकर राजाबहादुर तीर्थयात्रा के लिए निकलने ही वाले थे कि सन् 37 का वह कांग्रेसी जमाना आ धमका।

बार-बार आगा-पीछा सोचकर कांग्रेस ने जब प्रांतों के शासन में हाथ बँटाना स्वीकार कर लिया तो जनता ने युग की ओर नई आशा से देखा। मिनिस्टरी कबूल कर लेने पर नेताओं का उत्तरदायित्व बेहद बढ़ गया। चुनाव के समय उन्होंने जनता से बड़े-बड़े वादे किए थे।

ज़मींदार चुनाव में हारकर अपने अंधकारमय भविष्य की कल्पना करते हुए कछुए की भाँति दुबके पड़े थे। अंदर-ही-अंदर कुछ सोचकर अपने पैंतरे बदल डालने का उन्होंने निश्चय किया। परंपरा की दुहाई देकर कांग्रेसी मंत्रियों को उन्होंने धमकी दी—"आपका खादी का कुर्ता पहले हम अपने खून से तर कर देंगे, उसके बाद जाकर ज़मींदारी-प्रथा उठा दीजिएगा।"

मंत्रियों ने अपनी पीठ कर दी किसानों की ओर, मुँह कर दिया ज़मींदारों की ओर। दुनिया-भर में बदनामी फैल गई कि बिहार की कांग्रेस पर ज़मींदारों का असर है। जवाहरलाल तक ने खुल्लमखुल्ला यह बात कही।

किसान संगठित होने लगे। उनका नारा था—"कमानेवाला खाएगा, इसके चलते जो कुछ हो।" संगठन की यह हवा राजाबहादुर की भी ज़मींदारी में पहुँची। उनकी सूदखोरी और ज़मींदारशाही से सारा इलाका तंग आ गया था।

हज़ारों बीघा ज़मीन वह किसानों को मनखप (कूत, मनहुंडा) दिए हुए थे। चार मन फी बीघा से लेकर पंद्रह मन फी बीघा तक रेट था। शुभंकरपुर के ग्वाले सत्तर-अस्सी बीघा खेत मनखप पर जोतते थे। अब वे लोग भी सुरफुराए। गाँव में से ही दो-तीन लीडर निकल आए। बलुआहा पोखर के भिंडे पर किसान-कुटी बन गई। घर-घर से मुठिया वसूल होने लगा। किसान-कुटी के लिए किसी ने लोटा दिया, किसी ने थाली दी। कुम्हार ने घड़े दिए, तौला दिया, कड़ाही दी। उमानाथ की माँ ने अपना दो साल का पुराना कंबल दे दिया। उसके पास दूसरा कंबल नहीं था। रतिनाथ ने मना किया तो बोली, "यह दस का काम है। देश का काम है। गरीबों का यज्ञ है। मेरे पास

और है ही क्या, जो दूँगी।''

ब्राह्मणों में इस बात को लेकर दो दल हो गए। एक दल ज़मींदारों की ओर था, दूसरा किसानों की ओर। जो लोग ज़मींदारों की ओर थे, वे खूब नफा में रहे। आंदोलन की बातें इस तरह बढ़ा-चढ़ाकर राजाबहादुर के कानों में डाली गईं कि वह बदहवास हो गए। बढ़िया-से-बढ़िया धनहर खेत सौ या पचास रुपए फी बीघा लुटाने लगे। 'आग लगन्ते झोपड़ी जो आवे सो हाथ।' किसान बित्ता-भर भी ज़मीन छोड़ने को तैयार नहीं थे। उनमें गजब का जोश था। उनके लीडर दरभंगा और पटना तक दौड़ लगा रहे थे। इस संघर्ष की ज़रा-ज़रा-सी बात भी 'जनता' में विस्तारपूर्वक छपती थी। सभा, जुलूस, दफा एक सौ चवालीस, गिरफ्तारी, सज़ा, जेल, भूख-हड़ताल, रिहाई—यह सिलसिला किसानों को ठंडा नहीं कर सका। जयदेव, ज्योतिष पढ़-लिखकर घर बैठ गए और अब तीन-तीन लायक बेटों का भाग्यवान् बाप बनकर बुढ़ापे के दरवाज़े पर खड़े थे ! शायद ही कोई कुकर्म उनसे छूटा हो। तरुणी विधवाओं को प्रेमपाश में फँसाकर फिर उनकी जायदाद अपने नाम लिखवा लेना और चूसे आम की गुठली की भाँति फिर उन्हें फेंक देना; दो खेतवालों में सिमान का झगड़ा खड़ा करके मुकदमों में बझा देना और उनमें से एक को खदुका बनाकर लील जाना, सस्ते दामों में अँगूठे (हैंडनोट) खरीदकर पीछे ज्यादा-से-ज्यादा रकम चढ़ाकर उन्हें अदालत में पेश कर देना; अपने घर में आप ही सेंध डलवाकर पड़ोसी को गिरफ्तार करवा देना—इसी रास्ते से चलकर जयदेव उस मंजिल तक पहुँचे थे, जहाँ कि चोरों का सरदार और थाने का दरोगा समान श्रद्धा-भक्ति से स्वागत पाता है। किसान-आंदोलन से सर्वाधिक लाभ इन्हीं महाशय को पहुँचा, क्योंकि राजाबहादुर ने दबंग समझकर मनखपवाले दस बीघा खेत जयदेव को लिख दिए, सिर्फ छः सौ रुपए लेकर। मालूम होने पर किसान गुस्से के मारे पागल हो गए, मगर अंदर के घूसखोर और ऊपर के पुरजोर कुछ किसान-सेवकों ने उल्टा-सीधा समझाकर उन्हें शांत कर दिया। जिला-किसान सभा के एक प्रमुख नेता रमापति झा परसौनी के रहनेवाले थे, तीन साल तक एड़ी-चोटी का पसीना एक करके उन्होंने राजाबहादुर के रैयतों को जगाया था। और अब उनके भी मुँह से लार टपकने लगी। चौदह बीघा ज़मीन मिली, बारह सौ का कर्जा माफ हो गया। शुभंकरपुर के तीन तरुण ब्राह्मण छोटी जातिवाले किसानों का अगुआ बनकर उठे थे। दो-दो बीघा खेत देकर राजाबहादुर ने उनके भी मुँहों में दही लगा दिया। इतने पर भी किसान डटे रहे। पड़ोस के एक दूसरे छोटे ज़मींदार ने राजाबहादुर के शुभंकरपुरवाले सारे खेत लिखा लिए। किसानों के संघर्ष को अवसरवादी नेता चौपट कर चुके थे। मुकदमा लड़ते-लड़ते उन बेचारों का बुरा हाल था। ऐसी स्थिति में पंडित कालीचरण के नौजवान लड़के ताराचरण ने बीच-बचाव करके नए ज़मींदार से यह मनवा लिया कि खेत किसानों की ही जोत में रहेंगे। फी बीघा ग्यारह मन के हिसाब से अनाज इसके एवज में उसे साल-साल मिलता रहेगा। हारती बाजी के समय का यह मामूली नेतृत्व किसानों की दृष्टि में ताराचरण को आगे ले आया।

किसानों के उस संघर्ष का जब इस प्रकार उपसंहार हो रहा था, तब दो साल

पूरे हो चुके थे और यूरोप हिटलर के चंगुल में था। कांग्रेसी मंत्रिमंडल इस्तीफा देकर विश्राम कर रहा था। विश्राम तो क्या कर रहा था, आगामी महासंघर्ष की चर्चा में जोरों से लग गया था।

सत्रह

जयकिशोर की बदली मोतिहारी जिला स्कूल में हो गई थी। एक ही भेंट ने रतिनाथ के प्रति उनके हृदय में ममता पैदा कर दी थी। इस बार प्रथमा परीक्षा पास कर चुकने पर रत्ती ने उन्हें पत्र लिखा और साथ रहने की अपनी इच्छा प्रकट की। जवाब में जयकिशोर ने लिखा—"तीन जून से हमारा स्कूल बंद हो रहा है। तेरह जुलाई को खुलेगा। पाँच-सात दिन पहले ही तुम तरकुलवा आ जाना। साथ ही मोतिहारी आ जाएँगे।"

रत्ती ने चाची को मामा का पत्र दिखाया तो वह गंभीर हो गई। चर्खा चला रही थी। खतम हो रही पूनी के छोर पर नई पूनी रखते हुए एक बार उसने रत्ती के मुँह की ओर देख लिया। चर्खा ज्यों-का-त्यों चल रहा था। ज़रा देर बाद अपनी दृष्टि को तकुए पर सीमित किए हुए ही चाची बोली, "मुझे क्या, अकेली भी रह लूँगी। परंतु मेरे भैया के साथ रहकर तुम अपने बाप को न भूल जाना।"

रतिनाथ ने कहा कुछ नहीं; सिर्फ गौर से चाची की ओर देखा। वह बोली, "समझती हूँ, बाप के प्रति तुम्हारे हृदय में माया-ममता बहुत ही कम है। परंतु, सद्गति तो उनकी तुम्हारे ही तर्पण से होगी। संसार उन्हें खिला सकता है, पिला सकता है, जिला सकता है, पर मरने के बाद वह उन्हें प्रेत होने से नहीं बचा सकता। यह तुम्हीं कर सकते हो।"

रत्ती बकर-बकर सुन रहा था। उसे माँ याद आ रही थी। साथ ही पिता का वह कसाईपन और कुल्हाड़ी से गला काटने की चेष्टा का वह दृश्य भी याद आ रहा था...

चिंतना की गहरी छाप रत्ती के चेहरे पर देखकर चाची ने बातचीत का सिलसिला बदल दिया। बोली, "अरे ! हाँ, अब मेरा सूत खादी भंडार कौन ले जाएगा ?"

रत्ती थोड़ी देर चुप रहा, फिर बोला, "मधुबनी जानेवालों की भी क्या कमी है ? जिससे कहोगी, तुम्हारे सूत के लच्छे पहुँचा देगा।"

अपने बारीक सूत पर निगाह टिकाकर चाची बातचीत कर रही थी। उसने कहा, "क्या-क्या ले जाओगे ?"

"लोटा, धोती और किताब।"

चाची ने मुस्कुराकर कहा, "और मुझे क्या इसी जंगल में छोड़ जाओगे ?"

अब रत्ती का मुँह खुला, "सुनता हूँ, पुराने जमाने में तापसियाँ वनवासिनी होती थीं। कम-से-कम खाना-पीना, कम सोना। व्रत और उपवास। भक्ति और भजन।

अतिथियों की सेवा। सबके प्रति ममता का भाव। यही उनकी जीवन-चर्या थी। और चाची, तुम भी बहुत बदल गई हो। दिन-रात चर्खा चलाकर अपने लायक पैसा कमा लेती हो। तीस दिन में दस दिन तो तुम्हारा उपवास में चला जाता है। शरीर सूखकर काँटा हो गया है। गाँव में भूला-भटका कोई आ जाता है तो लोग उसे इस टोले में भेज देते हैं कि उमानाथ की माँ दो मुट्ठी भात और कलछी-भर दाल आगंतुक को खिला ही देंगी। बारहखड़ी मुझसे सीखकर, अब तुम रामायण बाँचने लग गई हो। ऐसा लगता है कि दिन-से-दिन तुम देवता होती चली जा रही हो।''

जिस हाथ से चाची चर्खा चला रही थी, उसी हाथ से रत्ती के गाल पर हल्की चपत लगाकर बोली, ''दुत् पगला !'' और हाथ फिर चर्खा चलाने लगा। बाएँ हाथ में तो पूनी थी ही।

इतने में रत्ती को पुकारता हुआ सत्तो आ गया। उसके साथ रत्ती बाहर चला गया।

चाची का जीवन सचमुच ही इधर एक विशेष प्रकार का हो गया था। रत्ती ने अभी जो कहा, उसमें थोड़ी भी अत्युक्ति नहीं थी। तीसरे साल जब वह तरकुलवा से आई, तभी से चर्खा चला रही है। पच्चीस-तीस रुपए हर महीने इससे निकल आते हैं। सूत बेहद बारीक कातती है। चर्खा-संघवाले भी कम चालाक नहीं होते। चाची जैसी कत्तिनों के सूत को कभी तो एक सौ दस नंबर का करार देते हैं और कभी साठ। तरीका चर्खा-संघवालों का यह है कि पहले कुछ दिनों तक महीन सूत कातनेवाली के प्रति कुछ इंसाफ का अभिनय किया, सूतों के माकूल नंबर दिए। बाद में धीरे-धीरे नंबर घटाते गए। झख मारकर कत्तिनों को यह सब बर्दाश्त करना पड़ता है, तभी तो चाची जैसी कत्तिनें अखिल भारतीय सूत-प्रतियोगिता में सर्वप्रथम पदक पाने पर भी इतनी कम मजदूरी पाती हैं।

चाची की समझ में यह नहीं आ रहा था कि गाँधीजी के चेले इस प्रकार की बेईमानी क्यों करते हैं ? फिर भी चर्खा चलाते रहने से चाची को बहुत लाभ पहुँचा है। आर्थिक समस्या हल हो गई। मन नियंत्रित हो गया। दुर्भावनाओं से छुटकारा मिला। इधर वह जयनाथ की भी ओर से तटस्थ थी। आजकल वह अधिकतर गाँव में ही रहते हैं। बचे-खुचे खेत बेचकर महाजन बनने की धुन में कजरौटा और सादा कागज लिए बैठे रहते हैं। बादाम और खीरा के बीज डालकर तैयार की गई दूधिया भाँग आप उन्हें पिला दीजिए और पचास-पचहत्तर ले लीजिए, अँगूठा का निशान भले ही दो दिन बाद बना दीजिएगा। दादा, परदादा के जमाने के खेत बेचने का विचार रत्ती को असह्य लगा था; परंतु चौदह साल का लड़का कर ही क्या सकता था ?

एक विधवा तेलिन इन दिनों जयनाथ की प्राणवल्लभा बनी थी। चाची ने समझाया, ''शादी कर लो बाबू, एक भले आदमी की ज़िंदगी बिताओ। सेंध लगाने के फिराक में भीतों की ओर घूरते रहनेवाला चोर क्या खाक चैन से रहेगा ?''

अपनी भूतपूर्व प्रेयसी की ये बातें जयनाथ को गुड़िच-सी कड़वी लगीं। उनकी

सिर्फ एक ही दलील थी कि संसार मुझे क्या कहेगा ? लड़का सयाना हो रहा है, शादी तो उसकी न होनी चाहिए ?

इस पर चाची का कहना था कि लड़के के खा-पी लेने पर क्या तुम्हारी भी भूख-प्यास मिट जाती है ? उमानाथ की उसी माँ के मुँह से यह बात सुनकर जयनाथ देवरोचित परिहास कर बैठते, "और, तुमने क्या अमृत पी लिया है ?"

चाची का चेहरा दीप्त हो उठता। क्षुद्र पुरुष के इस धृष्ट परिहास का मुँहतोड़ उत्तर देना अत्यंत आवश्यक समझकर वह बोल पड़ती, "किसी भी युग में स्त्री को अमृत पीने का सुयोग नहीं मिला। पुरुष को अमृत पिलाकर स्वयं वह विषपान ही करती आई है...जाने दो, तुम यह सब क्या समझोगे !"

पिछले साल इन्हीं महाशय ने उमानाथ की माँ को क्या कम परेशान किया है ! दिन में तो नहीं, परंतु रात को सोना चाची के लिए हराम हो गया था। वह रत्ती को बराबर अपने नज़दीक सुलाती, फिर भी जयनाथ नहीं मानते। खा-पी चुकने पर कहानियाँ सुनते या गप करते जब रत्ती सो जाता तो किसी-न-किसी बहाने जयनाथ चाची के पास आ बैठते। वह बेचारी भी सँभलकर उठ बैठती। उसका रोम-रोभ जागरूक प्रहरी बन जाता। जयनाथ का हाथ बहकता तो चाची उसे पकड़कर आहिस्ते से हटा देती। वासना के उद्रेक से जयनाथ की जीभ लड़खड़ाने लगती तो वह फुर्ती से उठकर बीच आँगन में आ जाती। ऊपर नीले आकाश में, नक्षत्रों का मृदु मधुर आलोक उस समय चाची को आकर्षित नहीं करता। उसका सारा ध्यान रुग्ण हृदयवाले अभागे जयनाथ पर केंद्रित रहता।

मन्मथ का यह नृत्य देर तक देखते रहना उसे जयनाथ के प्रति अन्याय प्रतीत होता। वह दौड़कर पीढ़ा ले आती और उस पर जयनाथ को बैठा देती। कुएँ का ठंडा पानी घड़े में मौजूद रहता ही। चाची फुर्ती से घड़ा उठा लाती और जयनाथ के माथे पर धीरे-धीरे ठंडा पानी डालने लगती। आपत्ति करने पर कहती, 'नहीं, धो लो। फिर देखा जाएगा।' परंतु, पंद्रह मिनट तक शीतल जल के इस अभिषेक से जयनाथ स्वस्थ हो जाते। चाची धोती लाकर पहना देती। 'चलो, सो रहो।' जयनाथ का हाथ पकड़े चाची उन्हें बिस्तरे पर लिटा आती। जब वह लेट जाते तो तेल और पानी मिलाकर तलवे रगड़ने लगती। इस तरह उन्हें सुलाकर तब रत्ती के पास आती और सो रहती।

इसी प्रकार वह अपने को जयनाथ से बचाती रही है। तैंतीस साल के इस विधुर देवर के प्रति उसका वही भाव रहता है, जोकि एक समझदार माँ का अपने बीमार बालक के प्रति। वह उन्हें घृणा की दृष्टि से नहीं देखती थी। खेत भी जयनाथ ने अपने मन से बेचा था। उससे पूछते तो ज़रूर मना करती। रत्ती के संबंध में चाची उतनी चिंतित नहीं रहती थी, जितनी कि जयनाथ के संबंध में। उस तेलिन से जयनाथ का संपर्क जो इधर स्थापित हो गया, उसका पता चाची को कई महीने बाद ही लग सका। यह समझकर कि यों भी भला गाँव में इनका मन लगा रहे, उसने इस बारे में जयनाथ से कभी कुछ कहा नहीं।

अब चाची आत्मलीन रहने लगी थी। इसीलिए रत्ती का मोतिहारी जाना उसने इतनी आसानी से मंजूर कर लिया।

मर्दों में से एक ही था कि जिससे इन दिनों चाची की घनिष्ठता थी। वह था ताराचरण। किसान-आंदोलन के आरंभ में ही उसे अख़बार पढ़ने की चाट लगी और अब वह दैनिक 'आज' का नियमित ग्राहक एवं समझदार पाठक हो गया था। किसान-सभा के नाम पर चाची ने कई बार थोड़ा-थोड़ा करके चंदा दिया था। गरीबों के स्वराज और धनिकों के स्वराज में आकाश-पाताल का अंतर है, यह बात चाची के हृदय में ताराचरण ने भलीभाँति बैठा दी थी। ताराचरण दूसरे-तीसरे दिन पर आकर चाची को देश और दुनिया के हाल बताया करता। पर्व-त्योहार के दिन वह न्योता देकर उसे ही खिलाया करती।

अठारह

उमानाथ भागलपुर से कलकत्ता चला गया था। खूब मन लगाकर पढ़ने पर भी भागलपुर में जब वह प्रथमा पास नहीं कर सका, तो विशाल और कोलाहलपूर्ण कर्म-क्षेत्र में अपना उचित स्थान प्राप्त करने की नीयत से कालीजी की छत्रछाया में उसने प्रवेश किया। थोड़े दिनों तक इधर-उधर धक्के खा लेने के बाद पान की एक दुकान पर कसैली काटने का काम पा गया। दस घंटा काम। पंद्रह रुपए की माहवारी। शुभंकरपुर के वैदिक अच्युतानंद दिन-भर घास की तरह पान कचरते रहतै। हरीसन रोड और अपर चितपुर रोड का जहाँ क्रॉस हुआ है, उसी नुक्कड़ पर पान की वह दुकान थी जहाँ से वैदिकजी पान लिया करते। इस दुकान के तंबोली लोग दरभंगे के ही रहनेवाले थे। कलकत्ते में लाखों बिहारी हैं। उत्तर प्रदेश के पूर्वी जिलों के भी हज़ारों होंगे। उन्हें बँगला पान नहीं सुहाता; मगही और देशी पान ही उन्हें रुचते हैं। इसीलिए उधर के सैकड़ों तमोली कलकत्ते में पान की दुकान करते हैं। वह चलती भी खूब है। उस नुक्कड़वाली दुकान के मालिक ने वैदिकजी से पुराने नौकर के भाग जाने का जिक्र किया तो अगले दिन ही वह उमानाथ को भर्ती करा गए। हाँ, कमीशन के तौर पर पहले मास के वेतन में से पाँच रुपया देने की बात उन्होंने उमानाथ से मनवा ली थी। इन बातों को वैदिकजी वेद-पाठ के अंदर ही समझते थे। नए आगंतुकों की पहली कमाई में से इस तरह कुछ-न-कुछ ले लेना अच्युतानंदजी की अच्युत नीति थी।

उमानाथ दसों घंटा अविराम गति से सरौता चलाता हो, ऐसी बात नहीं थी। पान की दुकानों का तरीका यह है कि सुपारी के छोटे-छोटे टुकड़े करके आज शाम को उसे पानी में डाल देंगे और कल सुबह दुकान खोलने पर उसे छाँक लेंगे या थोड़ा-थोड़ा करके ज़रूरत के मुताबिक दिन-भर छाँकते रहेंगे। उमानाथ को दिन-भर के लायक सुपारी काटने में छः घंटे लगते थे। उसके बाद मौज थी। लेकिन दुकान पर मौजूद रहना

लाजिमी था। कुल मिलाकर वहाँ चार छोकरे थे। मालिक स्वयं शाम को आकर डेढ़ घंटा, दो घंटा बैठा करता। सारा काम नौकर ही करते। उनमें से एक का काम था, पीतलमढ़ी चौकी को, कत्थे की फुलही गड़वी को, जर्मन सिल्वर की दो मझोली बाल्टियों को, पान कतरनेवाली छुरियों को माँज-मूँजकर झकाझक रखना। एक का काम था सुपारी काटना, कत्था फुलाना, स्टॉक से लेकर छोटे डिबों में ज़र्दा, मसाला, इलायची भर देना। दो का काम था पीतलमढ़ी, उस चौकी के दोनों ओर बैठकर फुर्ती से ग्राहकों को पान लगा-लगा देते जाना।

चारों नौकर हमउम्र थे। अपना देहाती दायरा छोड़कर वह बाहर आ गए थे। कलकत्ते की हवा उन्हें लग रही थी। आपस में अनबन का कोई कारण नहीं था। इसीलिए किसी व्यक्तिगत काम के लिए उनमें से एक भी अपनी ड्यूटी छोड़कर कहीं जाता तो बाकी तीनों उसका काम सम्हाल लेते। उमानाथ चार महीने उस दुकान पर रहा। छोड़ते समय वह बीस पा रहा था। लड़ाई छिड़ जाने पर भी खाने-पीने की चीज़ें अभी सस्ती थीं। मंदिर स्ट्रीट के एक मकान में डेरा था। पाँच-छः जने थे, मिल-जुलकर रसोई कर लेते। खाने का खर्च छह से अधिक नहीं पड़ता। साबुन, तेल, हजामत वगैरह के लिए दो रुपए काफी थे। बारह रुपया प्रतिमास बचाए जाने पर उमानाथ को किसी प्रकार की दिक्कत महसूस नहीं होती। माँ को खत या रुपया वह कुछ नहीं भेजता। उन्नीस वर्ष का हो रहा था, जाने किसने उसके दिल में यह बात बैठा दी थी कि चार-पाँच सौ रुपया जमा नहीं करोगे, तो शादी नहीं होगी। बचे हुए रुपए वह डाकखाने में जमा करने लगा।

उसके मेस में खानेवाले सभी प्रायः दरभंगा जिले के ही थे। सब-के-सब ट्रॉम कंपनी के मुलाजिम थे। दो ड्राइवर, तीन कंडक्टर। उन्हीं लोगों की बदौलत उमानाथ को ट्रॉम कंपनी में ड्राइवर का काम मिल गया। ऊपर बिजली के तार का सहारा लेकर नीचे सड़क से सटी पटरियों पर दौड़नेवाली यह छोटी-छोटी गाड़ियाँ कलकत्ता के नागरिक जीवन में अपना एक विशिष्ट स्थान रखती हैं। ट्रॉम गाड़ी बिजली के चार-चार, पाँच-पाँच खंभों की दूरी के फासले पर खड़ी होती जाती हैं। एक ओर से आप चढ़िए, दूसरी तरफ से उतर जाइएगा। कंडक्टर आकर टिकट के लिए पूछेगा। इकन्नी का टिकट ले लीजिएगा, चार-चार मील चले जाइए। सबसे सस्ती सुविधाजनक सवारी है यह !

पाँच ही छः दिन में उमानाथ ने ड्राइव करना सीख लिया। ट्रॉम के ड्राइवर को मोटर के ड्राइवर की तरह लंबी ट्रेनिंग नहीं दी जाती। रोकना, चालू करना, दाएँ-बाएँ मोड़ना, पीछे खिसकना, और राहगीरों की भीड़-भाड़ में से गाड़ी को बचाकर ले जाना—यही सब उसे सिखलाया जाता है। दस-पंद्रह दिन पुराने ड्राइवर के पास खड़ा रहकर उसे गाड़ी चलाने दी जाती है। बाद में धोखाधड़ी मिट जाने पर वह अकेले ही गाड़ी चलाने लगता है। ट्रॉम में इंजन तो होता नहीं, होती है बिजली। छोटी लाइन की रेलगाड़ी के डिब्बों से भी छोटे-छोटे डिब्बे होते हैं। दो डिब्बों की एक गाड़ी बनती है।

अगले डिब्बे के सिरे से संबंधित एक बड़ा-सा डंडा ऊपर की ओर उठा रहता है। उसका ऊपरी छोर सड़क के बीचोबीच फैले चले गए तार को छूता रहता है। ड्राइवर के स्विच दबाते ही ऊपरी तार से संपर्कित डंडा सर-सर-सर-सर सरकने लगता है और गाड़ी चल पड़ती है। गाड़ी को रोकना होता है तो स्विच को ऊपर कर देते हैं। इसी तरह चलाने, ठहराने, मोड़ने, तेज करने वगैरह की स्विचें ड्राइवर के सामने होती हैं। ट्रॉम का फुर्ती से सरकने लगना, फुर्ती से खड़ा हो जाना और फिर चल पड़ना, अनभ्यस्त और अपरिचित लोगों को अजीब-सा लगता है। चढ़ते-उतरते समय दस-पाँच दिनों तक उनके पैर लड़खड़ाते हैं।

बत्तीस रुपए पर उमानाथ बहाल हुआ। फिर भी अपना खर्चा उसने नहीं बढ़ाया। उसके पिता कुछ ज़मीन गिरवी रख गए थे। पचहत्तर रुपए में पंद्रह कट्ठा ज़मीन फँसी थी। बेचने पर आजकल छः सौ रुपए मिलते। उमानाथ ने भोला पंडित के नाम छिहत्तर रुपया आठ आना मनीऑर्डर भेजा। समूचा गाँव दंग रह गया। किसी ने कहा, "यह है बाप का बेटा।" किसी ने कहा, "उमानाथ की माँ के दिन फिर गए।" भोला पंडित इसीलिए फूलकर कुप्पा हो गए कि मनीऑर्डर जयनाथ के नाम से न आकर उनके नाम आया। लंबी साँस खींचकर जयनाथ ने कहा, "बाबा विश्वनाथ मेरे भतीजे पर इसी प्रकार दया-दृष्टि रखें।" रत्ती को बड़ी खुशी हुई। चाची ने सुना तो उसकी आँखों में आँसू छलक आए।

पति के देहांत के बाद न जाने कितनी मुसीबतें झेलकर चाची ने अपने लड़के को पाला-पोसा, बड़ा किया था। आज उमानाथ इस योग्य हुआ है कि बाप के फँसाए खेत को छुड़ा रहा है। ज़मीन के इस उद्धार को चाची ने भगीरथ द्वारा उद्धृत तथा अवतरित गंगा से कम महत्त्व नहीं दिया। अगले ही दिन उसने रत्ती से खत लिखवाया–

स्वस्ति सकल मंगलाऽलय चिरंजीवी श्री बबुआ उमानाथ को गौरी का शुभ आशीर्वाद पहुँचे। अत्र कुशलं तत्रास्तु।

आगे हाल-समाचार यह है कि तुम्हारा भेजा हुआ मनीऑर्डर बागो के बाप के नाम पर आया। खेत उन्होंने छोड़ दिया। बेटा, दो साल से तुम घर नहीं आए। कसूर मेरा ही है, मगर इस तरह संन्यासी बनने से तुम्हारा काम नहीं चलेगा। सौराठ[1] की सभा के दिन नज़दीक आ गए। मुझे कब तक यों अकेली रखोगे ? देह मेरा दिन-प्रतिदिन दुर्बल होता जा रहा है। तुम ब्याह करते, बहुरिया आती। फिर मैं निश्चिंत होकर ज़रा काशी-प्रयाग हो आती। इति।

ज्येष्ठ सुदि पंचमी बुध सन् 1346 साल।

इस खत का जवाब डाकिया नहीं लाया, लाए अच्युतानंद वैदिक। खचिया-भर प्रशंसा करते हुए उमानाथ का जो संवाद वैदिकजी ने चाची से कहा, उसका सारांश इतना ही था कि वह अभी रुपया जमा कर रहा है। पाँच सौ हो जाएगा तब आकर शादी करेगा।

---

1. विवाह संबंध निश्चित करने के लिए जहाँ एकत्र होते हैं, उस स्थान का नाम सौराठ है।

चाची मुट्ठी बाँधकर खर्च करती तो उसके लिए भी सौ-दो सौ बचा ले जाना आसान था, परंतु इधर उसे 'देवाय-धर्माय' का चस्का पड़ गया था। रत्ती को वह अपने ही आश्रम में रखती थी। दैनिक 'आज' मँगाने के लिए ताराचरण को प्रतिवर्ष पाँच रुपया देने का वादा किया था, इस साल का दे चुकी थी। इसके अलावा, धीरे-धीरे कई बरतन चाची ने खरीद लिए थे। फूल की दो थालियाँ ली थीं, दो लोटे, दो गिलास। अतिथि-अभ्यागत आते तो पहले दरी या कंबल न रहने के कारण लेटने-पड़ने के लिए उन्हें खजूर की चटाई देते समय चाची को कचोट होता। अब उसने काली भेड़ की ऊन के दो कंबल मँगवा लिए थे।

यह सब उमानाथ की भावी गृहस्थी का पूर्वाभास नहीं तो और क्या था ?

और अब रतिनाथ जा रहा था मोतिहारी। खर्च में कमी होने जा रही थी। फिर भी चाची उमानाथ के विचार से अप्रसन्न नहीं थी। ब्याह मुफ्त में होता नहीं, और उसके बाद तो खर्च का ताँता ही बँध जाता है। पाँच सौ तो क्या, हज़ार भी हों तो कम ही होगा।

रतिनाथ चौदहवाँ साल पार कर पंद्रहवें में पैर रख रहा था। बड़हड़वा में पुरोहित की आठ साल की एक लड़की थी। चार सौ पर पिछले साल ही जयनाथ सौदा पटा चुके थे। उन्होंने चाची के सामने एक दिन यह चर्चा छेड़ दी, "रत्ती का ब्याह बड़हड़वा में कराने का निश्चय कर चुका हूँ। कन्या क्या है, साक्षात् गंधर्विणी है। आठ वर्ष की लड़की यों भी 'गौरी' कहलाती है। चार सौ रुपए मिलेंगे। पढ़ने का खर्च देगा। जब चाहोगी, गौना कराकर बहू ला देंगे..."

सुनते ही चाची के बदन में आग लग गई। जयनाथ को फटकारती हुई बोली, "तुम भी धन्य हो ! महाजन बनने की धुन में यही सब सोचा करते हो ? इस तरह मैं तुम्हें रत्ती का गला काटने नहीं दूँगी। तुम्हारा वह खिलौना मात्र है, परंतु मेरा ? मेरा वह कलेजा है। उसके साथ खिलवाड़ मत करो।"

यह बात बतलाकर बाप के प्रति रत्ती की घृणा को और अधिक तीव्र होने देना चाची को अभीष्ट नहीं था। इसी से रत्ती को उस अष्ट वर्षा गौरी के संबंध में कुछ पता न चला। ज़रूरत भी क्या थी, वह तो मोतिहारी जाने की भावनाओं में मग्न हो रहा था।

रत्ती के मोतिहारी जाने में जयनाथ को भला आपत्ति ही क्या हो सकती थी ? अब वह अलग होकर दूर जा रहा था। जयनाथ ने जीवन में पहली बार संतान के प्रति ममता का अनुभव किया। वह उसे दरभंगा ले गए, पैर नपवाकर जूता खरीद दिया। देह नपवाकर दर्जी से कमीज सिलवा दी। आज तक न उसने कभी जूता पहना था, न देह की नाप लेकर कटी-सिली कमीज पहनी थी। अपने प्रति पिता का यह वात्सल्य देखकर भीतर-ही-भीतर उस मातृहीन किशोर का हृदय भर उठा।

जाने का दिन आ पहुँचा। शौच आदि से निबटकर रतिनाथ नहा आया और भक्ति से भगवान् की पूजा की। सोचा—चिरपरिचित यह शालिग्राम, यह नर्मदेश्वर, अब

मुझे कहाँ मिलेंगे ?

पूजा कर चुकने पर वह खाने बैठा। दाल-भात, परवल की तरकारी, अचार, आम और दही। चाची पंखा झलने बैठी, दस-पाँच कौर मुँह में डालकर वह उठ गया। खाया नहीं गया उससे।

कमीज पहनी। कुलदेवता (उग्रतारा) को जाकर प्रणाम किया और छोटी-सी गठरी लेकर बाहर निकला। चाची को प्रणाम करते समय उसकी आँखें तर थीं। आशीर्वाद देते हुए उसका भी गला भर आया। गठरी जयनाथ ने लड़के के हाथ से ले ली। गाँव से बाहर छोड़ आने को वह साथ हो गए।

नए जूतों ने पैर काट खाए थे। उन्हें बाएँ हाथ की उँगलियों से उठाकर जब रतिनाथ आँगन से बाहर निकला; तो पीछे मुड़कर एक बार उसने घिवही आम के जाने-पहचाने पेड़ की ओर देखा। घर के पिछवाड़े की ओर बाँस का जंगल था, रत्ती ने उस ओर भी देखा।

आज अपने टोल-पड़ोस की एक-एक वस्तु सचेतन प्रतीत हो रही थी। लगा कि सब उसे मना कर रहे हैं—मत जाओ, मत जाओ, मत जाओ। तालाब, बुड्ढा पीपल, मौलसिरी का वह बौना पेड़, वे खेत, वे बाग, वे झाड़ियाँ, वे झुरमुट, वह बलुआहा—उन्होंने मानो चिल्लाकर रतिनाथ को मना करना शुरू किया—कहाँ जाओगे, लौट चलो, लौट चलो, लौट चलो !

नई जगह, नए लोग-बाग, नई वस्तुएँ—यह भला किसे न अच्छा लगेगा ? रतिनाथ भी उल्लास और उमंग से भरा हुआ मोतिहारी के लिए विदा होना चाहता था। मगर छुटपन से ही जिनके बीच वह रहता आया था, जिन्हें देखता आया था, जिनके रंग-ढंग से परिचित था, उन व्यक्तियों, पशु-पक्षियों, चींटियों-मकोड़ों और यहाँ तक कि सचल-अचल सभी वस्तुओं से बिछुड़ते समय उसका हृदय रो रहा था। पैर उसके उठ नहीं रहे थे।

गाँव से बाहर आने पर उसने पिता के दोनों पैर छू लिए। जयनाथ की आँखें छलछला आईं। इससे पहले रतिनाथ ने अपने बाप की आँखें कभी गीली नहीं देखी थीं। ऊपरी दाँत से निचला होंठ दबाकर ही वह अपने को रोने से रोक सका।

पिता के हाथ से गठरी लेकर जब रत्ती चला, तो उन्होंने पाँच रुपए का एक नोट उसकी जेब में डाल दिया और चुपचाप लौट गए।

उन्नीस

उस साल आम बिलकुल नहीं फला था। शादी-ब्याह, मूड़न-छेदन, उपनयन—संस्कारों और उत्सवों की धूम थी। शुभंकरपुर की ही बात लीजिए। वहाँ बाहर के नौ दूल्हे ब्याह करने आए थे। साथ घरों में जनेउआ हुआ था। मूड़न-छेदन भी पाँच-सात बच्चों के हुए थे। गौना करके चार बहुएँ आई थीं।

बागो का भी ब्याह हुआ था, इसी आषाढ़ में। रामपुरवाली की बात रह गई। वर अच्छा मिला। काशी का साहित्य-शास्त्री। बीस साल की उम्र। गेहुआँ रंग। लंबा चेहरा। नुकीली नाक, गोल-गोल आँखें। चौड़ा कपार, बड़े-बड़े कान। सिर के बाल पतले और मुलायम थे। लड़के का बाप मुजफ्फरपुर में होटल चलाता था। छोटा भाई मिडिल स्कूल में पढ़ रहा था। यह लोग हरिपुर के रहनेवाले थे। शुभंकरपुर के दस कोस उत्तर बेनीपट्टी थाने में यह गाँव पड़ता था। भूमिहारों की बस्ती थी। मैथिल दो ही चार घर थे।

रामपुरवाली चाची के मायके के लोग न पड़े होते तो इतना अच्छा काम होता ? होता यही कि भोला पंडित अपनी टेव के मुताबिक कहीं से कोई ठूँठ पीपल उखाड़ लाते और ज़िंदगी-भर बागो उसकी परिक्रमा करती रहती।

अब उमानाथ की माँ समाज से बहिष्कृत न रह गई थी। उस कुकांड को लोग अब भूलते जा रहे थे। इधर गाँव में एक तीसरा भूचाल उठा था। जयनारायण झा के छोटे भाई की शादी जयनगर के पास भुतही में हुई थी। जयनारायण शुभंकरपुर के उन चार-पाँच भाग्यशालियों में थे, जो समाज के स्तंभ कहलाते हैं। और जयनारायण के पास तो कुलीनता भी थी, धन भी था। एक मौजे में दो आने की ज़मींदारी पड़ती थी। बैठक के सामने चार बखार थे। काठ के लंबे नाँद में सानी-भूसा खाते हुए आठ तंदुरुस्त बैल उनकी भरी-पूरी गृहस्थी की गवाही दे रहे थे। नाटे कद का हिनहिनाता हुआ भोटिया घोड़ा वैभव का ओजस्वी प्रमाण था। अपने छोटे भाई की शादी उन्होंने भुतही के ज़मींदार की एकमात्र कन्या से करवाई थी। सोने के टुकड़े जैसे दस बीघा खेत उस ज़मींदार ने अपनी लड़की के नाम लिख दिए थे। अभी कुछ दिन पहले उसकी ज़मींदारी के किसी दूसरे मौजे में किसान-आंदोलन ने जोर पकड़ा, रैयतों ने अपनी जोत की तीस बीघा ज़मीन छोड़ने से साफ इंकार कर दिया। मालिक उसे पड़ोस के किसानों के हाथ बंदोबस्त कर देना चाहता था। जो पच्चीसों वर्ष से उस ज़मीन को जोतते-बोते और फसल काटते आ रहे थे, वे लोग डट गए, "इस पर हमारा हक है।"

रैयतों में से पाँच-सात घर ब्राह्मण भी थे। तनातनी बढ़ी। सरकार ने एक सौ चवालीस दफा लगाकर ज़मीन को लाल साफे और लंबी लाठी की अपनी निगरानी में ले लिया। किसानों ने सत्याग्रह आरंभ किया। मालिक को लठैत और पुलिसवाले मिल गए। ऊपर कांग्रेसी मंत्रिमंडल था, नीचे धरती माता थी। सत्याग्रही पृथ्वी-पुत्र जब पिटने लगे, खून से तिरंगा तब लाल हो उठा। इस छोटे-से महाभारत में दो कुर्मियों और एक ब्राह्मण की जान गई। किसानों को कुछ हद तक सफलता अवश्य मिली, परंतु मालिक को ब्रह्महत्या का पाप लग गया। चाँदी और सोने का भस्म कई बड़े रोगों की अचूक दवा है। ज़मींदार बाबू ने अपना पाप धोने के लिए भगीरथी गंगा की शरण नहीं ली। कर्मकांडकेसरी वयोवृद्ध पंडित बुच्चन पाठक के आदेशानुसार मालिक बाबू ने कमला नदी में स्नान किया, वहीं एक पीपल के नीचे साधारण-सा प्रायश्चित कर लिया। प्रकट रूप से कुल दस-बारह रुपए खर्च पड़े। यह दूसरी बात है कि कर्मकांडकेसरी महाशय

को दस कट्ठा बढ़िया ज़मीन इस सिलसिले में मिली।

जयनारायण के अनुज का नाम था—लक्ष्मीनारायण। इस बार जब वह ससुराल से लौटे, तो गाँव गनगना उठा—ब्रह्मवध का महापाप हजम करनेवाले ससुर का दामाद होकर, उसके यहाँ खा-पीकर लक्ष्मीनारायण अपने भाई की आँखों में भले ही धूल झोंकें, परंतु शुभंकरपुर का समाज उनको माफ नहीं कर सकता। अरे राम ! ब्राह्मण की हत्या करके उस महापापी ने समूचे देश को कलंकित किया है, और अब लक्ष्मीनारायण भुतही का पाप शुभंकरपुर के माथे पर लादने आए हैं ! हरे ! हरे !!

बात बिलकुल दुरुस्त थी। ब्रह्महत्या महापाप है, तो महापापी से संसर्ग रखना भी पाप है। लक्ष्मीनारायण जनकपुर जाने के बहाने गाँव से निकले थे और ससुराल में चार-पाँच दिन बिताकर परसों रात दबे पैर चुपचाप घर आ गए थे। आज फिर पूरे दो दिन के बाद जो यह भूचाल उठा, इसमें अंदरूनी ज्वालामुखी का काम जयदेव ने किया था। उसने अपने चारों पट्टशिष्यों को सारी योजना समझा दी और वे गाँव-भर में लक्ष्मीनारायण के प्रच्छन्न पाप की मुक्त घोषणा कर आए। इन चारों में जो अगुआ थे, वह और कोई नहीं, यही हमारे भोला पंडित थे। अपने मझले लड़के (भवदेव) की शादी के बाद जयदेव जयनारायण-गुट द्वारा बार-बार अपमानित और तिरस्कृत हुए थे। अब बदला लेने का अच्छा सुयोग जयदेव के समक्ष स्वतः उपस्थित हो गया था।

जयनारायण भी मामूली अखाड़े का पहलवान नहीं था। विरोधी दल के हमलों से वह बिलकुल नहीं घबराया। प्रायश्चित की तो बात ही क्या, अपने छोटे भाई पर लगाए गए अभियोग को ही उसने उड़ा दिया। कहा, "जिसके बाल-बच्चे मुर्गी का अंडा और प्याज-लहसुन खाते हैं, अशौच में केश नहीं कटाते, वह इतना बड़ा निर्लज्ज होगा, यह मैं नहीं जानता था। ईसाई की लड़की अपनी माँग में सिंदूर लगाती है, तो लगाए, परंतु भुतही के हमारे उस कुटुंब ने ऐसा कौन-सा पाप किया कि जिसका पंडित लोग प्रायश्चित कराते ! रैयतों की हुल्लड़बाजी को किसान-आंदोलन कह देने से काम नहीं चलेगा। ब्राह्मण मरा सही, मगर गोली तो सरकार बहादुर की लगी थी। इसमें लक्ष्मीनारायण के ससुर का क्या कसूर ?"

फिर भी जयदेव जयनारायण के गोल में से आठ-दस परिवारों को फोड़ लेने में कामयाब रहे। इसका पता तब चला जबकि जयनारायण के लड़के का उपनयन हुआ।

जयनाथ और दमयंती भी अब जयदेव के गोल में आ गए थे। ताराचरण उधर ही रहे।

भोला पंडित दामाद की विदाई के समय घर से रूठकर दरभंगा चले गए थे। उन्हें यह पसंद नहीं था कि जमाई की विदाई में सौ रुपए से एक पाई भी अधिक खर्च किया जाए। रामपुरवाली ने नहीं माना। तीन सौ रुपए का सामान मधुबनी से उसने मँगवाया। चार जोड़ा धोती, ओढ़ने की दो चादरें, दो तौलिया, हाफ जूता, दो जोड़ा पैताबा, बनियाइन, कमीज, तसर का कोट, रेशमी पाग, छड़ी-छाता, बारह आने-भर सोने की अँगूठी, कंबल, दरी, तोसक, उलैंच (बिछाने की चादर), दो तकिया, फूल की बड़ी थाल,

लोटा और गिलास, दाल खाने का बड़ा कटोरा, छः छोटे कटोरे (भाजियों के लिए), घी और चटनी खाने की दो कटोरियाँ, इसके अलावा रसोई में काम आनेवाले तमाम बरतन, पीकदान।...इतनी सारी चीज़ों से रामपुरवाली ने जमाई की विदाई का आयोजन किया। भोला पंडित को यह असह्य लगा, गाँव से टल गए।

जमाई बाबू विदा हुए, तो उनके साथ भार लेकर पंद्रह भरिया गए। दही, केला, मिठाई, पान-सुपारी, मेवा-मखान, बहुत-कुछ सामान था। बाकी चीज़ें तो थीं ही।

दूध, दही, घी, मछली आदि खिला-पिलाकर रामपुरवाली ने दूल्हे की देह को लाल-बुंद कर दिया था। इक्कीस रोज रहे थे वह।

रतिनाथ बागो की शादी के सात दिन बाद निकला था। अपनी बाल-सखी के इस रूपांतर से रत्ती को बड़ी प्रसन्नता हुई थी। चतुर्थी[1] (सुहागरात) के बाद, अगले दिन थोड़ी देर के लिए दोनों मिले थे। किसी काम से वह चाची के यहाँ आई थी। रत्ती अपने ओसारे पर बैठा 'कन्यादान'[2] पढ़ रहा था। प्रसंग बहुत रोचक था। नायक की संभावित वधू बुच्चीदाई की मुग्धताओं पर मस्त होकर रतिनाथ उस उपन्यास को सरसर पढ़े जा रहा था कि पीछे से आकर किसी ने अपने छोटे-छोटे मृदु-सुरभि हाथों से उसकी आँखें झाँप दीं। एक हाथ से उपन्यास पकड़े रहकर, दूसरे हाथ से रतिनाथ इस चोर का हाथ टटोलने लगा। लाह की चूड़ियों पर उँगलियाँ पड़ते ही वह खिलखिला उठा। बोला, "धत् तेरी की ! बागो, कैसे आई ?"

पीछे से हाथ हटाकर बागो सामने हो गई थी। पूछा, "अब तो तुम मोतिहारी में पढ़ोगे, आओगे कब ?"

"दुर्गापूजा की छुट्टी में।" रत्ती ने कहा था।

इसके बाद देर तक वे एक-दूसरे को ताकते रह गए थे। इससे पहले दोनों जब मिलते थे, तो बड़ी देर तक गप-शप चलती रहती। मगर उस दिन न रतिनाथ के मुँह से कुछ निकला और न बागो के मुँह से।

बीस

अषाढ़ बीत चुका था।

खेतों में धान के पौधे लहलहा रहे थे। बरसात भली-भाँति शुरू हो गई थी। धान रोपने के दिन थे। क्यारीनुमा खेत पानी से भरे थे।

आज रात फिर बारिश हुई थी, खूब हुई थी।

जयकिशोर सुबह-सुबह उठे और लोटा लेकर दिशा-फराकत के लिए घर से

1. विवाह के बाद चौथी रात, पहले की तीन रातें वर-वधू को ब्रह्मचर्य के कड़े नियंत्रण में बितानी पड़ती हैं।
2. मैथिली भाषा में हरिमोहन झा द्वारा लिखित एक लोकप्रिय उपन्यास।

निकले। तरकुलवा में सभी जाति के लोग बसते थे। दुसाध, मुसहर, डोम थे तो धुनिया, जुलाहा भी थे। लेकिन बाभन, राजपूत, बनिया, ग्वाला वगैरह गाँव के एक ओर थे। मुसलमान दूसरी ओर। छोटी जातिवाले उसके बाद—सड़क के किनारे लंबाई में बसा था गाँव। आठ-दस पोखर थे। कुछ बस्ती के सामने और कुछ पीछे की ओर। एक का नाम 'बड़ी पोखर' था। जयकिशोर ने बचपन में इसी पोखर में तैरना सीखा था। भादों-आसिन की तपती दुपहरियों में छाता लगाए इसी के बाँध पर घंटों बैठकर काँटों में मछलियाँ फँसने की प्रतीक्षा की थी। बीसों बार इसके छाती-भर पानी में घुसकर नीले-सफेद कमल वह तोड़ लाए थे। इन्हीं कारणों से यह पोखर उन्हें प्रिय था।

कान पर जनेऊ चढ़ाए, हाथ में लोटा लिए जयकिशोर जब बड़ी पोखर के घाट पर हाथ मटियाने आए तो शंकर बाबा मिल गए। वह बाँस की छतरी (मेघडंबर) लगाए हुए थे। कछौटा मारकर बड़े ही गौर से उस नाले की ओर देख रहे थे, जिसमें से बरसाती पानी आ रहा था। तालाब की मछलियाँ रात में काफी निकल चुकी थीं, लोगों ने खूब पकड़ा था। पोते ने जिद की तो अब शंकर बाबा भी आए थे। अभी तक दो पोठियाँ हाथ लगी थीं, कुछ और हो जातीं तो अच्छा था...जयकिशोर को देखते ही बोले, "किशोर, तुम्हें इनका शौक नहीं रहा क्या ?"

"वाह, क्यों नहीं !" जयकिशोर ने कहा, "मछलियों का शौक भी कभी जा सकता है ? मगर, कौन रात-भर इनके लिए परेशानी उठाए ! चरवाहे ने कुछ मछलियाँ पकड़ी होंगी ज़रूर। हमारे यहाँ यह सब वही करता है। तालाब से मछलियाँ पकड़ना, बाग में से आम तोड़ लाना, हाट से साग-भाजी ले आना...सब वही करता है। दूसरा है ही कौन ?"

इतना कहकर जयकिशोर बाबू पानी के किनारे रखे काले सिल पर बैठ गए और हाथ मटियाने लगे। इस बीच में शंकर बाबा को एक पोठी और दिखाई पड़ी। वह नाले के छल-छल करते पानी में उस मछली को पकड़ने के लिए लपके। पैर लगाकर छपाक् से पानी उछाला, निशाना ठीक बैठा था। पोठी नाले से बाहर आकर उछल रही थी। हरी-हरी दूब पर चाँदी-सी सफेद और चमकदार वह छोटी मछली जयकिशोर को बहुत बढ़िया लगी। बाबा ने उसे उठाकर जोर से पटक दिया, वह निष्प्राण हो गई। उछल-कूद बंद हो जाने पर भी दूब पर वह सुंदर तो लग ही रही थी। बाबा ने कहा, "बस, एक और हो जाए।"

जयकिशोर हाथों में तीन बार मिट्टी लगा चुके थे, अब लोटा माँज रहे थे। वह शंकर बाबा की ओर नज़र फेंकते हुए बोले, "बस, चार ही पोठी ? सारा परिवार इतने से ही तृप्त हो जाएगा ?"

बाबा की निगाह फिर छल-छल करते पानी पर जम चुकी थी। उन्होंने कहा, "मुझे अब इन वस्तुओं का आवेश नहीं है। बुचनू का हठ था, उसके लिए तीन-चार काफी होंगे।"

इतने में एक बड़ा-सा झींगा तालाब से निकलकर बाहरी दुनिया की सैर करने

के लिए नाले के रास्ते पर आगे बढ़ा। बाबा ने देख लिया। उसका मटमैला रंग उनकी आँखों को धोखा नहीं दे सका। वह फिर उसी भाँति झपटे। इस बार अँजुरी से पानी उछाला उन्होंने। झींगा नाले से बाहर आ पड़ा। बाबा ने उसे भी दे पटका। जयकिशोर यह सब देख रहे थे। कुल्ली कर चुके थे। अब उन्हें भिंडे पर बैठकर दाँतुन करना था। बाबा से कहा, "अब तो आप जाएँगे ?"

"एक-आध और हो जाए तो क्या हर्ज है ?" शंकर बाबा गुनगुनाकर बोले। जयकिशोर ने सोचा—इनका लोभ बढ़ता जा रहा है। मनुष्य जब प्राप्तव्य पा जाता है, तब उसकी दृष्टि आगे की ओर इतनी तेजी से क्यों फिसलती है ?

बड़ी पोखर के भिंडे पर उत्तर की ओर मुँह करके जयकिशोर दाँतुन करने बैठे। आगे खेतों में धान के हरे-हरे पौधे लहरा रहे थे। उनसे परे आमों के नील-निविड़ कुंज थे ! उनसे भी परे सुदूर उत्तरी आकाश में हिमालय की धवल-धूमिल चोटियाँ थीं जो उगते सूरज की पीली किरणों से उद्भासित होकर स्वर्ण-शृंग-सी लग रही थीं। जयकिशोर ने इसी भाँति यह दृश्य कई बार देखा है और यहीं बैठकर, किंतु आँखों को परितृप्ति नहीं हुई। हिमालय क्या इतना नज़दीक है ? उन्हें विश्वास नहीं होता। फिर भौगोलिक जानकारी चिकोटी काटती कि दरभंगा जिले की उत्तरी सीमा यहाँ से चार कोस पर है, आगे नेपाल है। यह हिमालय नेपाल ही में तो पड़ता है। हाँ, ठीक तो है। फिर वह स्वप्न देखने लगे कि पेंशन मिल जाने पर जब घर बैठेंगे, तब रोज यह दृश्य देखने को मिलेगा। वह कभी बिहार छोड़कर बाहर नहीं गए, फिर भी अपनी मातृभूमि की प्रशंसा करते थकते नहीं। सुजलां सुफलां मलयजशीतलां फुल्ल कुसुमित द्रुमदलशोभिनीं शुभ्रज्योत्स्ना-पुलकितयामिनीं सुहासिनीं सुमधुरभाषिणीं सुखदां वरदां—मातृभूमि की वंदना के लिए बंगीय बंकिमचंद्र ने इन विशेषणों का उपयोग किया है। जयकिशोर का दावा था कि हमारी मातृभूमि मिथिला भी ठीक इन्हीं विशेषणों की अधिकारिणी है। इस संबंध में दक्षिण बिहार के अपने भाइयों से वह उलझ पड़ते।

जयकिशोर के तीन बच्चे थे, दो लड़के और एक लड़की। सपरिवार वह प्रवास में रहते। बहुत कोशिश की कि माँ भी साथ रहे, मगर बुढ़िया ने मंजूर नहीं किया। जिद करने पर वह कहती, 'जनम भर कहीं नहीं गई और अब बुढ़ापे में क्यों कुलदेवता और ग्रामदेवता की पूजा मुझसे छुड़वाओगे ? पर्व और त्योहार के दिनों में देवता-पितर आवेंगे, आँगन-घर सूना रहेगा तो निराश लौट जाएँगे।' यह सब सुनकर जयकिशोर चुप हो जाते। श्रद्धालु माँ के दिल को दुखाना इस शिक्षित पुत्र को अच्छा नहीं लगता। दूसरी बात भी थी। जायदाद काफी थी, दूसरे पर निगरानी का भार सौंप देने से निश्चित था कि उसमें चूहे लग जाते। जयकिशोर की नौकरी मजबूरी की नौकरी नहीं थी। वह थी खाते-पीते आदमी द्वारा शौक से की जानेवाली नौकरी। जिला स्कूल में हेड पंडिताई यों भी मामूली नौकरी नहीं कहलाएगी, उसका संबंध सीधे सरकार बहादुर से रहता है। औरत उन्हें अच्छी मिली है। उसका कुल-शील भी अच्छा है, चेहरा-मोहरा भी बढ़िया है। गौना के बाद कई साल तक वह अपनी सास के साथ ही रही। जब जयकिशोर की नियुक्ति राँची

के जिला स्कूल में हुई तब से रूपरानी भी साथ रहती आई है। यह नाम सास का रखा हुआ है। मायके का नाम था शशिमुखी। भले घर की सभी औरतों के दो-दो नाम हुआ करते हैं—एक ससुराल का और दूसरा मायके का।

पिछले दिन संध्याकाल रतिनाथ तरकुलवा पहुँचा था, अकेला। इधर वह कई बार शुभंकरपुर से तरकुलवा आ-जा चुका था। इसलिए जयनाथ ने अकेले ही आने दिया।

रतिनाथ यद्यपि जयकिशोर का अपना भांजा नहीं था, फिर भी वह उसे बहुत मानते थे। उसके गुणों पर मुग्ध थे। वह बहुत कम बोलता। फुर्ती से काम करता। कमज़ोर और दुबला रहने पर भी सभी प्रकार के कामों के लिए तैयार रहता। पढ़ने में तो ख़ैर तेज़ था ही, अक्षर भी उसके सुंदर होते थे। खाते-पीते समय कभी कोई शिकायत नहीं कि यह खाऊँगा और वह नहीं। रसोई भी करना उसे आता था। एक प्रवासी के लिए यह बहुत बड़ा गुण है कि वह खाना पकाना जाने।

जयकिशोर के जाने में तीन दिन बाकी थे। आम इस बार नहीं फरा था। फिर भी जिनके पास कलमी आम के पेड़ थे, उन्हें कुछ-न-कुछ हाथ लगा ही। कलकतिया थोड़ा-बहुत हर साल फलता है। मालदह और कृष्णभोग के बारे में ठीक यही बात नहीं कही जा सकती। और वर्षों की भाँति इस वर्ष भी सौ-डेढ़ सौ आम जयकिशोर साथ ले जाना चाहते थे। माँ को भला इसमें क्या आपत्ति होती ? उसने कहा, "यहाँ खाओ तब भी और वहाँ खाओ तब भी, बराबर है। कौन है खानेवाला ? बच्चों को खाते देखती हूँ, तो यों ही मेरा मन अघा जाता है। नहीं तो अकेले कोई अच्छी चीज़ खाना मेरे लिए पहाड़ हो जाता है।"

रूपरानी ने कहा, "आम मोतिहारी में भी हैं, क्या होगा ले जाकर ? यहाँ रहेगा तो पड़ोस और समाज के लोग खाएँगे। जस देंगे।"

मगर माँ ने बहुत जोर दिया, "कितना भी ले जाओगी, यहाँ के लिए घटेगा नहीं। इस गाँव में सभी के यहाँ अपने-अपने पेड़ हैं। थोड़ा-बहुत आम सभी के पेड़ों में फरे हैं। कुछ ने तो बेचा भी है। तुम वहाँ खरीदकर खाओगी और यहाँ सड़ेंगे, सो कैसे होगा ?"

आखिर दो सौ आम दो खाँचों में भरकर ऊपर से एक-एक खाँचा डालकर उन्हें मजबूती से सी दिया गया। इन कामों में जयकिशोर की माँ बहुत चतुर थीं। वह वास्तव में नारी के रूप में पौरुष की अवतार थीं। जयकिशोर मुक्तकंठ हो कहा करते—ऐसी माँ और किसकी होगी ? कभी किसी काम के लिए मुझे नहीं कहा। मैं राजकुमार की तरह रह रहा हूँ। हाथ से कदाचित् ही एक तिनका भी उठाना पड़ा हो ! और, जयकिशोर बाबू का ऐसा कहना अनर्गल नहीं था। उनकी माँ घर के सारे कामकाज स्वयं ही करती-कराती थी। खेती-बाड़ी के लिए कभी उसने कारपर्दाज नहीं रखा। कभी-कभी भाई मदद कर जाता था। तरकुलवा में खेत-मजदूर सुलभ थे। जयकिशोर की माँ ने दो खेत-मजदूरों को पाँच-पाँच कट्ठा खेत दे दिए थे। वे पिशाच की तरह कड़ी मेहनत से सारे काम करते। धान रोपने के दिनों में रोज पाँच-पाँच, सात-सात, दस-दस तक मजदूर

लगे रहते। उन्हें अढाई सेर धान और पेट-भर खाना मिलता। दाल-भात, तरकारी और अचार। छोटी जात के उन गरीब और भूखे बनिहारों (खेत-मजदूरों) के लिए जयकिशोर बाबू के खेतों में धान रोपने के ये दिन महोत्सव के दिन थे, पुण्याह थे। इसका असर पड़ता गृहस्थी पर। सबसे पहले जयकिशोर के ही खेतों में धनरोपनी हो जाती, औरों की पारी पीछे आती। सोहनी करने (निराने) और फसल कटाने में भी यही सिलसिला रहता। यह सब उस वृद्ध महिला का ही पौरुष था, नहीं तो प्रवासी पंडित की खेती-बाड़ी का नमूना देखना हो तो शुभंकरपुर के जनार्दन पंडित के खेतों को देखिए। खुद कलकत्ता रहते हैं। बेटा राँची स्कूल में मास्टर है। परिवार को साथ रखता है। बेटा-पतोहू राँची में हैं। दो छोटे लड़के पटना में पढ़ते हैं। घर पर पिचासी साल की वृद्धा चाची हैं। जायदाद काफी है, मगर यह सब खबास नारायण मड़ड़ के भाग में लिखा है। भैंस का दूध वह पीता है। मालभोग और कनकजीर का भात वह खाता है। बगिया का चंपा केला, मालदह आम, बनारसी अमरूद—सब उसी के बालभोग में चला जाता है। बाप-दादे के जमाने का राजशाही पलंग। पंडित नहीं हैं तो उस पर टाँग फैलाकर और कौन सोएगा ? सोता है नारायण खबास। चाची बेचारी न जीती हैं, न मरती हैं, हुकुर-हुकुर करती हैं। राँची से जब-जब पोता आता है, अपनी इसी दादी के लिए एक-न-एक रसोइया बहाल कर जाता है। मगर, वह रसोइए को दस-पंद्रह दिन से ज्यादा टिकने नहीं देतीं। जिंदगी-भर वह अकेली ही रहीं, अकेले पकाकर अकेले ही खाया। अब उन्हें दूसरे के हाथ की रसोई कैसे पसंद आए ? आँगन में चारों तरफ चार घर हैं। एक में चाची का डेरा है। दूसरे में पलंग वगैरह है। तीसरे में धान-चावल, चूहा, झींगुर और नेवले रहते हैं। चौथा खाली पड़ा है, जिसमें धान की भुस, टूटी संदूक, पुराना पिटारा वगैरह सुरक्षित है। कुंती और नीलो इसी घर में ब्याती हैं। टोल-भर की सार्वजनिक कुत्ती का नाम जाने कब किसने 'कुंती' रख दिया ! नीलो बिल्ली थी। कुंती के प्रसव का सुनिश्चित स्थान पिटारा है और नीलो रानी टूटी संदूक में बच्चे जनती है। जनार्दन पंडित का घर-आँगन किसी अभागे ज़मींदार की उजाड़ कचहरी जैसा लगता है ! बिना देख-भाल की घर-गृहस्थी का यही हाल होता है।

जयकिशोर को अपनी माँ का बहुत बड़ा अभिमान था। कभी उन्होंने माँ की किसी बात का प्रतिवाद नहीं किया। तीसरे साल जब वह घर आए तो किसी ने गौरी के उस कुकांड का सारा समाचार जयकिशोर से कहा और बारंबार कहा, परंतु वह उत्तेजित नहीं हुए। समाज में एक तरुणी विधवा को किन परिस्थितियों का मुकाबला करना पड़ता है, इस बात को वह भली-भाँति समझते थे। थोड़ा क्षोभ और संकोच जयकिशोर को अवश्य हुआ, परंतु उसे उन्होंने दूसरे ही रूप में प्रकट किया। प्रतिवर्ष की भाँति उस साल भ्रातृद्वितीया में अपनी बहन के यहाँ वह नहीं गए, बस। माँ को समझाने के लिए कोई बहाना ढूँढ़ लिया।

रतिनाथ को स्नेह-भाजन बनाकर जयकिशोर उसे अपने साथ रखने के लिए तैयार हुए थे, इसके अंदर उनका भगिनी प्रेम ही काम कर रहा था। उमानाथ को वह पढ़ा

नहीं सके थे, तो इसमें उनका क्या दोष ? रतिनाथ को गौरी कितना मानती थी, यह जयकिशोर को खूब अच्छी तरह मालूम था। रत्ती की प्रतिभा देखकर उन्हें पूरा विश्वास हो गया कि यह लड़का उमानाथ की तरह मुझे बहन की दृष्टि में हलका नहीं बनाएगा।

स्कूल तेरह जुलाई को खुल रहा था। ग्यारह और बारह को मंगल और बुधवार पड़ते थे। उत्तर की तरफ जाने में दिशा-शूल होता। इसीलिए जयकिशोर आषाढ़ शुक्ल पंचमी सोम को सपरिवार मोतिहारी के लिए चल पड़े। एक अहीर का लड़का—ठकवा साथ रहता था। तीन बच्चे, नौकर, रतिनाथ और दो जने खुद। कुल मिलाकर इस बार परिवार में सात प्राणी हो गए थे। तरकुलवा से राजनगर। काम एक ही बैलगाड़ी से चल गया।

भीड़ के कारण औरत और बच्चों को जनाना डिब्बे में बैठा दिया गया था। सुबह की ट्रेन थी, रतिनाथ ने सोचा, चलो अच्छा हुआ। देखते चलेंगे। तारसराय तक, नहीं दरभंगा तक, उसका देखा हुआ था ही। उसके आगे रत्ती सहस्राक्ष बनकर चलती गाड़ी में से आसपास के दृश्य देखने लगा। कोसों तक फैले धान के हरे-भरे खेत। उनकी लहराती हरियाली क्या थी, तरंगित समुद्र का ही हरा संस्करण था। लेकिन रतिनाथ ने समुद्र नहीं देखा था। हाँ, बाढ़ के दिनों में परसौनी के पच्छिम, जब मोहना चौर पानी से भर जाता तो लोग कहते, 'मोहना तो समुद्र हो गया है।' इससे समुद्र का एक कल्पित नक्शा उस किशोर के दिमाग में था अवश्य, फिर भी धान के खेतों की कोसों लहराती हरियाली को हरा समुद्र कह देना उसके बूते की बात नहीं थी। असीम हरीतिमा के इस भव्य दृश्य से रत्ती की आँखें अघाती नहीं थीं। इधर-उधर बैठे-खड़े मुसाफिरों के गुल-गपाड़े उनका ध्यान भंग करने में असमर्थ थे। गाड़ी हड़हड़ाती हुई जब एक पुल को पार करने लगी तो ठकवा ने चकोटी काटकर कहा, "रत्ती बाबू, जानते हैं, कौन नदी है ?"

"नदी तो," रतिनाथ ने चौंककर कहा। ठकवा बोला, "बागमती है।" रत्ती को किसी कवि का एक पद याद आया जिसमें कहा गया—बागमती, तू धन्य है ! तेरा पानी विद्यापति के श्वास से सुरभित है और तेरे तट के बालुका-कण दार्शनिकों की दृष्टि से भास्वर। तेरा प्रवाह जिस भूमि पर से एक बार भी गुजर जाता है, वह सदा के लिए रत्नगर्भा बन जाती है। बागमती, तू धन्य है। शरद् ऋतु की पूर्णिमा के इस निशीथ में मन करता है, मैं अपनी देह तेरे प्रवहमान वक्ष पर छोड़ दूँ...सोचते-सोचते वह झपकियाँ लेने लग गया।

एक दचके के साथ नींद टूटी, तो गाड़ी समस्तीपुर आ चुकी थी। लोग धड़ाधड़ उतर रहे थे। रतिनाथ भी उतरा। उसकी छोटी-सी गठरी मामा-मामी के बिस्तरों में डाल दी गई थी। उस ओर से वह निश्चिंत था। इत्मीनान से उतरा और मामा के पास जाकर खड़ा हो गया।

बहुत बड़ा स्टेशन। लोगों की अपार भीड़। ट्रेनों की कमी नहीं। पान-सिगरेट-बीड़ीवालों का कोलाहल। दुनिया के इस विचित्र पहलू से रतिनाथ आज तक अनजान था। बाप, चाची और साथियों के विछोह से जो दिल अभी तक भारी-भारी-सा था, वह अब हल्का

होता जा रहा था। नई जगह, नए लोग, नए नज़ारे। स्मृतिपट पर से पिछली रेखाएँ मिटती जा रही थीं, रंग तो धुँधला पड़ ही चुका था। रत्ती को खयाल आया—यह तो समस्तीपुर का हाल है ! और कलकत्ता कितना बड़ा शहर होगा ? कहते हैं, वहाँ पंद्रह लाख लोग रहते हैं। बड़ा होने पर भैया के साथ मैं भी कलकत्ते जाऊँगा...

इतने में मुजफ्फरपुर की गाड़ी आ धमकी। सब उसमें सवार हुए। भीड़ कम थी। पूसा रोड, ढोली, सिलौट और चौथा स्टेशन मुजफ्फरपुर। रत्ती गिनता गया था। वहाँ पहुँचते-पहुँचते बारह बज गए। लाइन के दोनों ओर आम और लीची के बड़े-बड़े बाग थे। धान के खेत भी थे, मगर उतने हरे-भरे नहीं। लीची का मौसम बीत चुका था और आम फरा ही न था। फिर भी स्टेशन पर 'बथुआ' आम बिक रहे थे, रुपए में बारह। वह उन लोगों के लिए अलभ्य वस्तु नहीं थी, क्योंकि दो सौ बड़े और बढ़िया आम साथ जा रहे थे।

मोतिहारी की गाड़ी में अभी कुछ विलंब था। दरी बिछाकर प्लेटफार्म पर वे बैठ गए। वहीं खाना-वाना हुआ। जयकिशोर पड़ रहे तो ठकवा ने उनके पैर और जाँघ में मुक्कियाँ लगाना शुरू किया। मुक्कियाँ लगवाते-लगवाते उन्हें नींद आ गई।

छोटी बच्ची के आगे से पूड़ी उठा लेने के कारण सड़ी दुमवाले काने कुत्ते को रतिनाथ ने एक लात लगाई। वह आँउ-आँउ-आँउ कर उठा, तो जयकिशोर की आँख खुली। बिस्तर बाँध-बूँधकर तैयार हो गए। थोड़ी देर में पहलेजा घाट से गाड़ी आई, उसी पर सब सवार हुए। तीन बज रहे थे। गाड़ी के चलते ही रतिनाथ को नींद आ गई।

आठ बजे रात को ट्रेन मोतिहारी पहुँची।

इक्कीस

सूर्यदेव मैट्रिक की परीक्षा में दो बार फेल हो चुका था। मुजफ्फरपुर के सीतामढ़ी डिवीजन में उसका घर पड़ता था। जयकिशोर ही उसके अभिभावक थे। स्टेशन के उत्तर गुमती के नज़दीक उनका डेरा था। पास ही एक मंदिर था। बीच में मंदिर, चारों ओर धर्मशाला। यह सब बकुलहर मठ की मिल्कियत थी। पिछले साल महंतजी आए तो जयकिशोर का उनसे परिचय हुआ और उसी परिचय का फल है कि यह धर्मशाला और मंदिर अब जयकिशोर की निगरानी में हैं। इनको इससे और कुछ नहीं, पर एक फ़ायदा ज़रूर था कि वक्त-बेवक्त दो-चार आदमियों को वहाँ टिका देते।

धर्मशाला में पचीसों कोठरियाँ थीं। बहुधा वे खाली ही पड़ी रहतीं। खाली रहने के दो कारण थे। एक तो वह शहर से बाहर पड़ती थीं और दूसरा यह कि मोतिहारी कोई बड़ा शहर तो है नहीं। जिला चंपारन का सदर होने से ही इसका थोड़ा-बहुत नाम है। नहीं तो चंपारन में प्रमुख नगर अगर है तो वह बेतिया है। सभी दृष्टि से वह मोतिहारी से अव्वल है।

सूर्यदेव उसी धर्मशाला की एक बढ़िया कोठरी में रहता था। यह पंडित जयकिशोर की ही कृपा थी। एक बड़ी तख़्तपोश थी उस कोठरी में, उसी पर सूर्यदेव दरी बिछाकर सोता था। बीस साल की उम्र। साँवला रंग, दुहरा बदन, लंबा कद, सूअर के जैसे खड़े-खड़े बाल। खाते-पीते घर का लड़का था। शादी हो चुकी थी, मगर ससुराल जाना बाप ने उसके लिए वर्जित कर रखा था। शादी करनेवालों में, यानी दूल्हे के बाप और दुल्हन के बाप में गहरा मनमुटाव हो गया था। लड़के को मोहनमाला (सोने का कंठहार) नहीं दी गई थी, बस इसी पर।...सूर्यदेव अपनी नवोढ़ा से उतना ही अलग था, जितना कि चाँद कुमुदिनी से। पर वे नज़रों से तो भला एक-दूसरे के सामने रहते हैं। लड़के का जी न पढ़ने में लगता था, न खेलने-कूदने में।

उस रात स्टेशन से जब मकान आए, तो जयकिशोर ने कहा, ''रतिनाथ, आज तुम सूर्यदेव के साथ सो जाओ। उसकी चौकी बड़ी है, और मसहरी भी चौड़ी है। कल दूसरा इंतजाम कर देंगे।''

सूर्यदेव भी वहीं था। ऐसा अवसर कई बार आया है। नवागंतुक विद्यार्थी को बोर्डिंग में सीट नहीं मिलती, तो वह पंडित जयकिशोर के सुपुर्द किया जाता। पंडितजी इसी धर्मशाला में उसके रहने का प्रबंध कर देते। और न तो दो-चार दिन नया लड़का सूर्यदेव के ही साथ रह लेता।

रत्ती खा-पीकर सोने आया।

नई और अपरिचित जगह में जल्दी से नींद नहीं आती। सूर्यदेव ने परिचय के रथ को आगे धकेलने की बात छेड़ी, मगर रतिनाथ ने हर सवाल का सीधा-सीधा ज़वाब दिया और अपनी ओर से कुछ न पूछा। परिचय और मित्रता समवयस्कों में ही शीघ्रता से होती है। यहाँ एक था बीस का, और दूसरा था पंद्रह का, तो फिर हृदय के कपाट फौरन कैसे खुल जाते ?

रतिनाथ को नींद आ गई, परंतु वह गाढ़ी नींद नहीं थी। सोते समय मालूम हुआ कि कोई धीरे-धीरे उसकी जाँघ पर हाथ फेरने लगा है। लड़के की आँख खुल गई और वह सावधान हो गया। देखा कि पास सोनेवाला उससे बिलकुल सट रहा था यद्यपि बिस्तर खूब चौड़ा था। रत्ती के जागने से सूर्यदेव एकदम निश्चेष्ट पड़ गया। रतिनाथ सतर्क हो गया। उसे जयकिशोर पर गुस्सा आ रहा था, मन-ही-मन कि राक्षस का साथ कर दिया, सोना हराम कर रखा है ! वह उठकर बाहर आ जाना चाहता था कि सूर्यदेव ने उसकी मुट्ठी में दो रुपए डालकर शांतिपूर्वक लेटे रहने का इशारा किया। अँधेरा था, इसलिए संकेत का काम थपकियों से लिया गया था। यह रुपया तो रतिनाथ को पागल बना देने के लिए काफी था। उसके बदन में आग लग गई। अँगनई में मंदिर था, उसमें भगवान् लक्ष्मीनारायण सो रहे थे। कोठरी का किवाड़ खुला था, मंदिर साफ़ नज़र आ रहा था। रत्ती बिस्तरे पर उठ बैठा। मसहरी में से हाथ निकालकर खूब जोर से उसने चाँदी के वे दोनों रुपए मंदिर की ओर फेंक दिए और कहा—''हे लक्ष्मीनारायण ! हे भगवान् ! तुम साक्षी रहना।'' इतना कहकर वह कोठरी से निकल गया। धर्मशाला से

बाहर एक कुआँ था। वहीं एक पेड़ के नीचे टूटी चौकी पर बैठकर लड़के ने वह रात बिता दी।

सुबह जयकिशोर ने पूछा, "कैसी नींद आई रत्ती ?"

उसने कहा, "सूर्यदेव से पूछ लीजिए।"

जयकिशोर ने समझा, मच्छरों ने काटा होगा। बात खत्म हो गई। मोतिहारी आते ही सबसे पहली शिक्षा रतिनाथ को जो मिली, वह यही थी। झेंप के मारे बहुत दिनों तक सूर्यदेव ने उसकी तरफ भर आँख देखा तक नहीं।

दूसरे दिन उसी धर्मशाला की एक छोटी-सी कोठरी रतिनाथ को मिली। वह उसी में रहने लगा।

मोतिहारी में संस्कृत का एक अचल विद्यालय था। अध्यापक थे पंडित दूधनाथ तिवारी व्याकरणाचार्य। जयकिशोर स्वयं भी कभी-कभी रत्ती को पढ़ाते थे। रतिनाथ का पढ़ने में खूब मन लगता था। काव्य और व्याकरण, यही दो विषय थे। व्याकरण वह विद्यालय में पढ़ आता, काव्य जयकिशोर पढ़ाते।

विद्यालय शहर के बीच में पड़ता था। पढ़नेवाले बीस से अधिक न थे। पंडितजी को बीस रुपए मासिक मिलता था। कुछ अनियमित रूप से मारवाड़ी लोग भी दान दे दिया करते। बात यह है कि संस्कृत पाठशाला के अध्यापक और विद्यार्थियों के प्रति धनी समाज का वही दृष्टिकोण रहता है जो कि पिंजरापोल के प्रति सेठों का। सड़े-सूखे आम, रद्दी चादरें, खुरदरे कंबल, घुन-लगा अनाज, फटी-पुरानी किताबें—इन वस्तुओं का दान और कौन लेगा ?

विद्यालय के पास ही 'कमला नेहरू पुस्तकालय' था। वहाँ दैनिक 'आज', 'सरस्वती', 'बालक', 'योगी', 'विश्वामित्र' आदि कई अखबार आते थे। रतिनाथ उन्हें पढ़ना पसंद करता था। मासिक पत्रों ने उसकी रुचि को उपन्यासों की ओर मोड़ दिया।

जयकिशोर ही उसे लाए थे, इसलिए खाना-कपड़ा वही देते थे। एक संस्कृत-प्रेमी ज़मींदार ने अपने छोटे लड़के को पढ़ाने के लिए अपने यहाँ एक विद्यार्थी रखना चाहा। उसने जयकिशोर से यह बात कही। उन्होंने रतिनाथ को उसके यहाँ रखवा दिया। खाना-कपड़ा और रहने की जगह अब सभी कुछ रत्ती को वह ज़मींदार ही देने लगा। बदले में ज़मींदार के लड़के को संध्या, गीता आदि पढ़ाना पड़ता। लड़के की उम्र थी बारह साल की। वह देखने में खूबसूरत था, पढ़ने में मंद।

यह ज़मींदार महाशय जिला गोरखपुर के कोई दूबे थे। मोतिहारी शहर से डेढ़ मील उत्तर उनका मौजा था। दो सौ बीघा काश्तकारी भी थी। चम्पारन की ज़मीन खूब उपजाऊ है, वहाँ की मामूली मिट्टी सोना उगलती है। फिर यह दूबे तो ज़मींदार भी थे और काश्तकार भी। इस साल वर्णाश्रम स्वराज्यसंघ (काशी) के किसी महोपदेशक ने उन्हें इतना प्रभावित किया कि अपने कनिष्ठ पुत्र को संस्कृत की शिक्षा दिलाने का आपका निश्चय वज्र संकल्प बन गया, इसीलिए एक गरीब विद्यार्थी को अपने परिवार में शामिल करके उससे लड़के को पढ़ाना चाहते थे।

शुभंकरपुर के जीवन से मोतिहारी के इस जीवन की कोई तुलना हो ही नहीं सकती। यहाँ नागरिकता का वातावरण था। रतिनाथ की प्रतिभा खिल उठी। संस्कृत के साथ ही हिंदी में भी योग्यता हासिल करना उसने अपना लक्ष्य बनाया। संस्कृत के लिए जयकिशोर थे, विद्यालय था। हिंदी के लिए पुस्तकालय था और अखबार थे। कठोर और रूक्ष प्रकृति के पिता का नियंत्रण हटते ही रतिनाथ स्वतंत्र हो उठा। स्वतंत्र नहीं, स्वच्छंद कहना चाहिए। इस स्वच्छंदता से उसके अंदर दो दुर्गुण प्रवेश कर गए। एक तो पाठ्य-पुस्तकों के प्रति अरुचि, दूसरा कुसंगति। पाठ्य-पुस्तकों के प्रति अरुचि ने अधिक-से-अधिक उपन्यास, काव्य और नाटक पढ़ने का रूप धारण किया, और कुसंगति ने अस्वाभाविक व्यभिचार का। ज़मींदार का लड़का खूबसूरत तो था ही, रतिनाथ उसकी सुंदरता पर मुग्ध रहने लगा। दूबेजी (ज़मींदार) का आदेश हुआ—"विद्यार्थीजी, तुम दोनों को एक अलग कमरा देता हूँ। उसी में सोया करो। आपस में तुम लोग देववाणी (संस्कृत) में ही बतियाया करो।" बस, फिर क्या था ? दोनों किशोर, दोनों राम-लक्ष्मण साथ रहने लगे। उनका सोना-जागना, उठना-बैठना, खाना-पीना सब साथ चलता। परंतु उनमें से एक अभावों-अभियोगों की सीमांत भूमि से आया था और दूसरा था विलासिता के वातावरण में पनपनेवाला। उस लड़के का नाम था नरेश। अपने पिता के कठोर शासन के अनुसार आजकल वह ब्रह्मचारी का जीवन बिता रहा था। न तो सिर में वह तेल डाल सकता, न आईने में मुँह देख पाता और न कंघी का इस्तेमाल कर सकता। जूता तक ज़मींदार साहब ने उसके लिए वर्जित कर रखा था। रतिनाथ के लिए यह त्याग कोई नया अभ्यास नहीं था, बल्कि एक आसान खेल था। मगर नरेश की माँ को अपने पति का यह पागलपन कतई पसंद न था। वह बीच-बीच में लड़के के सिर में बंगाल केमिकल (कलकत्ता) का सुवासित तेल डाल देती, शायद नारियल का। खद्दर की मोटी धोती और मोटा कुर्ता उतरवाकर मिल की महीन धोती और नफ़ीस कमीज पहना देती। पैसे देकर रतिनाथ का साथ कर देती, सिनेमा देखने के लिए। यह सब तब होता जब कि दूबेजी गोरखपुर गए होते। नासमझ, जाहिल और दुर्व्यसनी नौकर बड़े घर के लड़के को कभी-कभी बचपन में ही बिगाड़ देते हैं और ऐसा ही नरेश के साथ हुआ था। एकांत और सहशैया का परिणाम यह हुआ कि रतिनाथ अपने को बहुत दिनों तक रोक नहीं सका, उस लड़के के साथ उसका अप्राकृतिक संबंध स्थापित हो गया।

मुजफ्फरपुर के प्रख्यात व्यापारी रायबहादुर श्री ललितकिशोर शरण प्रकट रूप से वैष्णव और प्रच्छन्न रूप से सखी-समाजी थे। बहुत सारे सुंदर छोकरों में से छाँट करके तीन उन्होंने अपने यहाँ रख लिए थे। उन्हें राम, लक्ष्मण और सीता के रूप में पूजते थे। रायबहादुर की यह उत्कट सखी-भावना जब उत्तर बिहार के कतिपय बुद्धिजीवियों में अंदर-ही-अंदर फैलने लगी, तो दूबेजी भी उस ओर आकृष्ट हुए। शायद इसीलिए रतिनाथ और नरेश का जोड़ा उनकी आँखों को एक प्रकार की परितृप्ति देता था। पढ़ने में तेज़ थे, इसलिए रतिनाथ पर किसी को किसी प्रकार का संदेह क्यों होता ?

नरेश की घड़ी, चश्मा और अच्छी पेंसिल देख-देखकर रतिनाथ का मन मचल उठता। चुराने की इच्छा होती मगर छिपाकर रखने की कोई दूसरी जगह तो थी नहीं, इससे वह इच्छा ज्यों-की-त्यों रह जाती। घूम-फिरकर उसकी तमाम उच्छृंखलताएँ आखिर एक ही उच्छृंखलता में केंद्रित हो गई। वह, बतला ही चुके हैं, अप्राकृतिक व्यभिचार के फंदे में पड़ गया। यह चस्का रत्ती का इतना बढ़ा कि विद्यालय के हमउम्र या छोटे लड़कों पर उसकी भूखी आँखें अक्सर मँडराती रहतीं। उसे ख्याल आता कि पाठशालाओं और विद्यालयों में लड़कों के साथ लड़कियाँ भी पढ़ने आतीं तो कैसा रहता !

आठ-दस दिन पर वह जयकिशोर के बासे पर जाया करता। मामी उसे खूब मानती थीं। उनकी राय नहीं थी कि रतिनाथ ज़मींदार के यहाँ जाकर रहे। मगर जयकिशोर ने अपनी पत्नी को जब समझाया कि यहाँ तुम्हारे बच्चों की चहचह-चुहचुह में उसकी पढ़ाई ठीक से नहीं होगी तब रूपरानी मान गईं। फिर भी जब-जब खास किस्म का कोई खाना बनता तो वह रत्ती को बुलवा लेतीं। जिस दिन मछली पकाई जाती उस दिन तो ज़रूर ही। रत्ती को मछली खाने का बड़ा शौक था। शुभंकरपुर में एक छोटे-से पोखर का वह पट्टीदार था ही, बचपन से ही छोटी-बड़ी मछलियों का स्वाद उसे मालूम था। वहाँ, विधवा होने के कारण चाची के लिए मछली-मांस अखाद्य था और इसीलिए जयनाथ और रतिनाथ ही थे कि पानी-फल (मछली) का भोग लगाते। हाँ, चाची यत्नपूर्वक मछलियाँ तलती अवश्य कि रतिनाथ और जयनाथ मन से खाएँगे। यहाँ दूबेजी जब से वैष्णव हुए थे तब से परिवार भर को निरामिषाहारी बनने का सत्याग्रह कई बार कर चुके थे। दो-चार दिन के लिए जब वह बाहर जाते तभी उनके यहाँ मछलियाँ पकतीं और नरेश की माँ का जी भरता। ज़मींदार बाबू स्वयं पचपन साल की अवस्था तक मछली-मांस का स्वाद ले चुके थे और अब जाकर रायबहादुर ललितकिशोरी शरण की छत्रछाया में कंठी बाँध आए थे। कंठी क्या थी ? तुलसी-काठ के खरादे हुए मसूर जैसे दाने थे, उन्हीं को गूँथकर बनाया हुआ कंठहार था। परंतु संस्कार क्या कम प्रबल होता है ? बाबू साहब को जब कभी ललमुँहा रोहू का स्वाद याद आता तो बाज़ार चले जाते, मछली बेचनेवालों के इर्द-गिर्द चार चक्कर लगा आते—सट्टी की मत्स्यगंधा आबोहवा उन्हें तृप्त कर देती। एक दिन किसी साथी ने दूबेजी की चुटकी ली तो आप बोले, "भाई, इतना भी नहीं करने दोगे ? खाना तो मछली का छूट ही गया, कहो तो अब नाक भी काट लूँ।"

उस दुर्गापूजा की छुट्टियों में न जयकिशोर घर गए न रतिनाथ। रतिनाथ को तो मोतिहारी ऐसी मनलग्गू जगह मालूम हुई कि सपने में भी उसे घर जाने की इच्छा न होती। साथी भी कई मिल गए थे। हाँ, चाची की याद आती तो क्षण-भर के लिए उसका दिल झनझना उठता। बीच में दो-एक खत शुभंकरपुर से आए थे ज़रूर मगर उनमें कोई बात नहीं थी।

विजयादशमी के रोज बेतिया में बहुत भारी मेला लगता है। गाय, बैल और घोड़े खूब बिकते हैं। ज़मींदार बाबू प्रति वर्ष मेले में जाते थे। इस बार गाड़ी के लिए बैलों का जोड़ा उन्हें खरीदना था। साथ में नरेश, रतिनाथ, दो नौकर और रसोइया गया।

बाईस

उस साल (1347 फसली) का सावन शुभंकरपुर के लिए मौत का पैगाम लेकर आया। मलेरिया का ऐसा प्रकोप उस इलाके में इससे पहले शायद ही हुआ हो। लोग पटापट मरे। मवेशी तक न छूट पाए। भोला पंडित उन्नीस दिन तक बुखार में उबलकर स्वर्ग सिधार गए। दम्मो फूफी भी इस बीमारी के चपेट में आ गईं। डॉक्टर, वैद्य कोई काम न आया। काम आई उमानाथ की माँ। बेचारी ने जी-जान से सेवा की फिर भी दमयंती न बची तो इसमें किसका दोष ? फूफी की सारी जायदाद भतीजे के हाथ लगी।

जयनाथ भागकर बड़हड़वा चले गए। चाची को भी दो दिन का बुखार आया मगर वह शीघ्र ही ज्वरमुक्त हो गई। छोटे-बड़े सौ से कम नहीं मरे होंगे। सरकारी सहायता तब पहुँची जब सत्तर के करीब लोग मर चुके। कुनैन की टिकिया बँटी थी, किंतु गरीबों को वह मुश्किल से ही मिली थी। तुलसी का काढ़ा पी-पीकर आखिर कब तक लोग मलेरिया का मुकाबला करते ?

ताराचरण ने बड़ी कोशिश की कि जिले और थाने के कांग्रेसी अधिकारियों से इस मामले में कुछ करवाएँ, मगर अभी अंतर्राष्ट्रीय घटनाओं की तुलना में नेताओं के लिए इन बातों का क्या महत्व था ? यह वे दिन थे जब कि हिटलर आधे से अधिक यूरोप को जीत चुका था और गाँधी कोई नया कदम उठाना चाहते थे।

लोगों का कहना था कि भूकंप (1934) के बाद देश की आबोहवा बदल गई है। नदियाँ, तालाब और पोखर उथले हो गए हैं। उपज कम होने लगी है। मलेरिया का प्रकोप बढ़ गया है, अकाल मृत्यु बढ़ गई है। इधर पैदा होनेवाले बच्चे साँवले नज़र आते हैं। आमों की फसल अब साल-साल नहीं होती।

शुभंकरपुर के इस टोले में चौदह आरतें थीं, उनमें छः को मलेरिया ने लील लिया। दस मर्द थे, अब पाँच ही बच रहे। सन्नो की माँ, दमयंती, जनककिशोरी, जयदेव की बहन और पतोहू, नरेश की माँ—यही छः औरतें मरी थीं। एगारह ब्राह्मणों का जुटना मुश्किल हो गया था कि क्रिया-कर्म करनेवाले का उद्धार होता। परसौनी के महापात्र भी मलेरिया का शिकार हो गए थे। हज्जाम इस गाँव में तीन ही थे, उनमें से दो मर चुके थे। क्रिया-कर्म की कौन कहे, लाश उठाकर ले जानेवाले नहीं थे। पास में कोई बड़ी नदी थी नहीं। हाँ, लकड़ी की कमी नहीं थी। फिर भी सैकड़ों चिताएँ तैयार करने में गाँव-भर की अमराइयाँ ठूँठ हो गईं। छोटी जातवालों को अपनी लाशें बहाने में जीबछ नदी की बाढ़ ने काफी मदद न पहुँचाई होती तो मुश्किल था। कहाँ से बेचारे उतनी लकड़ियाँ लाते ?

भागकर जो बाहर जा सकते थे, जा चुके थे। मगर औरतें और बच्चे कहाँ जाते ? मुसीबत का यह पहाड़ उन्हीं पर अधिकतर गिरा। सौभाग्य से रतिनाथ और उमानाथ बाहर थे, चाची को अपनी परवाह नहीं थी। जयनाथ श्रावणी पूर्णिमा से चार दिन पहले ही भाग चुके थे। आँगन में और कोई नहीं था। दिन तो खैर जैसे-तैसे कट जाता मुदा

रात का कटना पहाड़ हो जाता। एक तो यों ही ये लोग गाँव के छोर पर थे, तिस पर जयनाथ का आँगन बिलकुल अलग था। वह छोर की पूँछ पर था। छिद्रों में हवा भर जाने के कारण जब सूखे-अधसूखे बाँस रात-बिरात बेतुकी तान अलापने लगते, तो चाची का हृदय काँपने लगता। बेचारी साफ देखती कि अँधेरी रात में भैंसे पर सवार काले-कलूटे यमराज आग बरसाती अपनी लाल-लाल आँखों से उसे घूर रहे हैं। तब उसे अपने विजन का वह बालसाथी—रत्ती याद आता। घोर एकांत के इन दारुण क्षणों को चाची उस लड़के से चिपटकर जाने कब से फटकारती आई थी और अब वही सहारा पचासों कोस दूर हट गया था ! उदास देखकर चाची के कंधे पर या पीठ पर रतिनाथ जब अपने हाथ रख देता तो असमर्थता या अनाथपन की उसकी भावना खटाई पड़े दूध की तरह फट जाती। वह महसूस करती कि एक ऊर्जस्वी पुरुष का क्षमताशील हाथ पीठ पर है; लड़का है तो क्या हुआ, मर्द तो है।

चार-छः महीने बड़ी मुश्किल से कटे। कभी-कभी तो ढिबरी जलाकर रात-रात भर चाची चर्खा ही चलाती रहती। दिन में बहुधा ताराचरण की माँ आ जातीं या कोई और। चाची की पिछली भूल-चूक का लेखा लेनेवाला अब कोई रह नहीं गया था। गरीबी और मलेरिया ने लोगों की कमर तोड़ दी थी। लड़ाई की तेजी के साथ अनाज का भाव भी चढ़ता जा रहा था। चाची के हाथ में पैसे थे, बेसाह खरीदकर चावल, मकई, अरहर सब कुछ वह मँगाती थी। ताराचरण की खेती काफी थी। साल-भर का सारा खर्चा उसका उसी से निकलता था। चाची ने कभी अपने लड़के को रुपए-पैसे के लिए नहीं लिखा। जब लिखा तब यही कि खाने-पीने में कंजूसी नहीं करना। अपने शरीर का ख्याल रखना। सौ रुपए पिछले छः महीनों में चाची ने बचा लिए थे। कोकटी की रुई खरीदकर उसने दो सेर सूत इसलिए काता कि दोनों लड़कों की चादरें और कुर्ते का कपड़ा बनवा लेगी।

जयनाथ का महाजन बनने का उत्साह शांत हो चुका था। दो सौ रुपए डूब गए थे। बाकी भंग, माजून, घी, दूध, मछली, मांस और प्रेयसी के पीछे लग रहा था। आजकल आप बड़हड़वा चले गए थे। वहाँ भांजे अपने एक पट्टीदार से मुकदमा लड़ रहे थे। मामूली पैरवी के लिए भी भागलपुर दौड़ना उन अमीरजादों को अखरता था। ऐन वक्त पर उन्होंने अपने लायक मामा को याद किया। आतुर गजराज की पुकार पर शेषशय्या छोड़कर और लक्ष्मी को समझा-बुझाकर नारायण भी उतनी फुर्ती से नहीं दौड़े होंगे जितनी फुर्ती से जयनाथ बड़हड़वा पहुँचे। प्रेयसी को पाँच रुपए का एक नोट थमा और उमानाथ की माँ को सौंप दिया घर-आँगन, चल पड़े। दुतरफा झोला कंधे से लटक रहा था। भगवान् (शालिग्राम) इस बार साथ जा रहे थे। जाते-जाते उन्होंने चाची से कहा—"कृष्णाष्टमी तक अवश्य लौट आऊँगा, बाबा (वैद्यनाथ) पर जल ढारना है। और तो कोई काम है नहीं। तुम किसी बात का अंदेशा मत करना..."

चाची ने कहा था, "बाबू, जल्दी की क्या बात है? समूचा गाँव भट्ठी पर चढ़ा हुआ है। देखते हो, लोग मलेरिया के मारे तबाह हैं। क्या करने आओगे अभी ? कृष्णाष्टमी क्या और जगहों में नहीं होती ? हम तो ठहरीं लाचार, तुम्हारा क्या है ? जहाँ

धड़ तहाँ घर !"

इस बात का जयनाथ ने प्रतिवाद किया था—"नहीं-नहीं, उमानाथ की माँ, कहीं क्यों न हों, जी तो हमारा यहीं टँगा रहता है ! घर है बार है, बाप-दादों की जायदाद है। टोल-पड़ोस, जान-पहचान, चीन्हा-परिचय क्या-क्या नहीं है ? सबकुछ तो अपना यहीं है...उमानाथ की माँ, ऐसा मत समझना कि जयनाथ को इस मिट्टी का मोह नहीं है..."

अंत में उसका गला भर आया था और झुककर आँगन की भूमि में से एक चुटकी मिट्टी उसने उठा ली थी। उसमें से ज़रा-सा तो जयनाथ ने कपार में लगा लिया था और बाँध लिया था चादर की खूँट में। उस दिन देवर का वह अपूर्व भावावेश देखकर उमानाथ की माँ का सारा शरीर सिहर उठा था ! जयनाथ का वह रूप आज तक उसने नहीं देखा था। उत्तरदायित्व की भावनाओं से शून्य, मेहनत-चोर, आवारा, कृतघ्न, कठोर, झूठा—जयनाथ यह नहीं तो और क्या थे ? ऐसे मनुष्याभास के हृदय में भी कहीं अपनी पितृभूमि की मिट्टी के प्रति इतनी ममता हो सकती है ? हाँ, हो सकती है। अपने देवर का भरा हुआ गला और डबडबाई आँखें चाची के सामने थीं। यह सबकुछ किसी निपुण अभिनेता का असंभावित कौशल नहीं, बल्कि प्रत्यक्ष वास्तविकता थी।

सचमुच इस बार जयनाथ बड़हड़वा में रम गए। उनका नित्य-कृत्य था सुबह उठकर शौच आदि से निबटना फिर भाँग छानना। दस बजे स्नान-पूजा। ग्यारह बजे भोजन। उसके बाद घंटा-भर मनोयोगपूर्वक देशी सरौते से कतर-कतरकर सुपारी फाँकते जाना और साथ ही बातें भी लड़ाना। बारह से चार बजे तक सोना। छः तक फिर भंग-भवानी की आराधना। आठ तक भांजों के इस्टेट का काम। नौ बजे भोजन। उसके उपरांत दिवंगत बहनोई की छोटी भ्रातृ-वधू से नर्म-आलाप। वह बाल-विधवा बड़ी हँसोड़ तबियत की थी और जयनाथ के लिए जान देती थी। कहने के लिए एक-दूसरे के लिए भाई-बहन थे, परंतु उनका आपस के संपर्क का क्षण दो संतप्त प्राणियों के चिरवांछित मिलन का मधुपर्व ही था। सुमित्रा बहन का वैधव्य नैष्ठिक ब्रह्मचर्य का उज्ज्वल प्रतीक था। उनकी कोख से यही एक मात्र कमलाकांत उत्पन्न हुए थे। बाईस साल हुए, पति के देहांत के बाद कभी सुमित्रा ने रंग-बिरंगी या पाढ़वाली साड़ी नहीं पहनी। न पान खाया, न दाँतों में मिस्सी लगाई। गहने पतोहुओं को दे दिए। मेले के दिनों में गंगा या और तीर्थों में नहीं गई। मार्कीन की पतली धोती, गले में बारीक रुद्राक्षों की माला, कपार पर गंगौट (गंगा की मिट्टी) का ठोप—यही उनका भेस था। अकेले में किसी ने मर्द से बातें करते उन्हें कभी नहीं देखा। बहुत कम बोलती थीं, सो भी ज़मीन-जायदाद या घरेलू मामलों की गुत्थियाँ सुलझाने के लिए ही। अब तो खैर लड़के बालिग हो गए थे। उन्होंने गृहस्थी का भार भलीभाँति सँभाल लिया था। फिर भी एक सतर्क निरीक्षक की भाँति सुमित्रा की दृष्टि सदैव अपने पुत्रों पर रहती। एक कमलाकांत था और कई सौतेले थे। व्रत, उपवास और नियमित आहार से सुमित्रा ने स्वास्थ्य को अपने काबू में कर लिया था। मधुर वाणी और सरल व्यवहार से वह स्वजन-परिजन, नौकर-चाकर और

खबास-खबासिन, सभी की श्रद्धा का पात्र बन गई थी। इस प्रकार तिरहुत और शुभंकरपुर का नाम उसके कारण उज्ज्वल हुआ था। बहन ने बड़ी कोशिश की कि भाई आदमी बने, पर वह नहीं सुधरा। जयनाथ को काफी ज़मीन देकर बड़हड़वा में ही अलग बसाने की सुमित्रा की इच्छा थी, किंतु वह पूर्ण न हुई। इसमें जयनाथ का ही दोष था। वह शादी करने के लिए तैयार नहीं हुआ। दो साल तक पड़ोस की एक लड़की को सुमित्रा अपने भाई के लिए रोके रही, मगर 'यहाँ न लागहिं राउर माया !'

इस बार भी सुमित्रा की देवरानी ने ही छल-बल से जयनाथ को बुलवाया था। प्रेमी या तो अविवाहित हो या फिर विधुर। वैसी स्थिति में प्रेमिका को सहूलियत रहती है। देवरानी का नाम था चंद्रमुखी। धनी माँ-बाप की लाड़ली बेटी 'फुदनी' ससुराल में चंद्रमुखी क्यों कहलाई ? इसका रहस्य उसके सौंदर्य की अब तक अकंपित दीप-शिखा में निहित है। विधवा हुई तो क्या हो गया ? मछली-मांस छोड़कर और सभी वस्तुएँ वह खाती है। बचपन से ही छटाँक-भर घी, आधा पाव मलाई रोज खाती आई है। काँच और लाह की न सही, सोने-चाँदी की चूड़ियाँ पहनने से कौन उसे मना करेगा ? खान-पान, ओढ़न-पहिरन सभी में चंद्रमुखी बदलती ऋतुओं के मुताबिक रुचि वैचित्र्य का ध्यान रखती थी।

चंद्रमुखी से भर गप-शप कर चुकने पर जयनाथ दालान के उस खंड में सोने आते जो हवेली से संबद्ध था। सोने से पहले वह दो-चार श्लोक गुनगुनाते और अँधेरे में बिस्तरे पर बैठे-बैठे ही बटुए से निकालकर दस-दस रुपएवाले पंद्रहों नोट गिन लेते। यही डेढ़ सौ बच रहा था। यह आमदनी की जगह थी, इसीलिए खर्चा नहीं पड़ रहा था। छूते-टटोलते अब पंद्रहों नोट जयनाथ की उँगलियों से ऐसे परिचित हो गए थे कि कोई ज़रा भी हेर-फेर या कमोबेश उनमें करता तो वह ज़रूर ही जान जाते।

तीन-चार रुपए प्रति माह वह रतिनाथ को मनीआर्डर भेजते थे। इसके लिए किसी ने उससे कहा नहीं था। स्वतः ही यह बात उनके दिमाग में बैठ गई थी कि लड़का परदेस में है। कभी कोई खास चीज़ खाने-पीने का मन करेगा तो किससे कहेगा ? यों भी हाथ में चार पैसे रहेंगे तो दिल मजबूत रहेगा।

रत्ती महीने में एक खत बाप के नाम डालता था। एक खत चाची को भी भेजता था। कभी-कभी उसका हृदय अपने गाँव के लिए रोता था। बागो याद आती। सत्तो याद आता। वह कई बातों में रत्ती का गुरु था। तैरना और पेड़ पर चढ़ना उसने सत्तो से ही सीखा था। रोने की तालीम भी रत्ती को उसी उस्ताद से मिली थी।

उम्र में दो महीने का छोटा होने पर भी सत्तो इन्हीं कारणों से रत्ती का गुरु था। अपने इस प्रिय साथी की याद रतिनाथ को बहुत सताती। दूसरा नंबर था बागो का, मगर अब उसका ब्याह हो चुका था, इससे उसके प्रति थोड़ा बिलगाव और बेगानापन अनुभव करना अस्वाभाविक नहीं था।

जाड़े के दिन आए। रत्ती ने अपने मन को पढ़ने में लगाया। रात में बड़ी देर तक वह जागता रहता। यह जागरण उपन्यासों की सैर के लिए नहीं, पाठ्य-पुस्तकों के

लिए था। होली तक उसने मध्यमा का कोर्स पूरा कर लिया। उसके बाद वह हिंदी के पीछे लगा। गर्मियों के दिन आते-आते कुछ अंग्रेज़ी भी उसने सीख ली थी। इसके अलावा संस्कृत से हिंदी और हिंदी से संस्कृत करने में जो विशेष योग्यता वह हासिल कर सका, इसका सारा श्रेय जयकिशोर बाबू को ही देना चाहिए।

बेतिया रतिनाथ को मोतिहारी से अच्छा लगता था। इस बीच में कई बार वहाँ से वह हो आया था। वहाँ की प्राकृतिक शोभा और वातावरण उसे दरभंगा जैसा ही लगता था, मगर जिला स्कूल तो मोतिहारी में ही था। रतिनाथ की इच्छा से तो नरेश बेतिया नहीं आ-जा सकता था। दूबेजी का सुनहला पिंजड़ा उसे अब अच्छा नहीं लगता। नरेश की रुचि पढ़ने-लिखने की ओर थी नहीं। बाध्य होकर रत्ती को उसके साथ ताश, कौआठुट्टी, मोगल-पैठान और बाघगोंटी खेलना पड़ता। यह ठीक है कि अपरिग्रह का बंधन अब बिलकुल शिथिल हो गया था और सुवासित तेल-साबुन का व्यवहार, ताम्बूल-सेवन, नृत्य, गीत, वाद्य, नाट्य आदि का दर्शन-श्रवण, चर्व्य-चोष्य-लेह्य का आस्वादन नरेश ने आरंभ कर दिया था, परंतु रतिनाथ का हृदय इन बातों को अपनी पढ़ाई का अंतराय समझता था। अपने पूर्वज नीलमाधव उपाध्याय का नाम उसे इस प्रवाह में अपने को समा देने से रोक रहा था। उसने सोचा—क्या है, इनके लिए यही विद्या है, यही पढ़ाई है। नरेश और उनके बाप (दूबेजी) की ज़रा-सी छींक पर चुटकी बजाकर 'चिरंजीव' कहनेवाले, इनकी कलाई पर रक्षासूत्र बाँधनेवाले पचासों नहीं, सैकड़ों निकल आएँगे। मगर, हमें कौन पूछेगा ? इस उमर में चार अच्छर पढ़ नहीं लिया, तो ज़िंदगी-भर इन्हीं की जूतियाँ हमारी इष्ट-देवता बनी रहेंगी।

तेईस

सौराठ की सभा उस साल बैसाख के ही अंत में हुई थी। उमानाथ की शादी पंडौल स्टेशन से पाँच कोस पश्चिम महनौली के एक खेतिहर बाभन की सयानी लड़की के साथ हो गई। सिर्फ दो घंटे लगे, बात पक्की हो गई। उमानाथ का यह ब्याह इतना चटपट तय हो जाएगा, किसे पता था ? (सौराठ में यही तो होता है। हज़ारों विवाहार्थी इकट्ठे होते हैं। कन्याओं की तरफ से उनके अभिभावक बड़ी तादाद में जमा रहते हैं।) सभा में यदि कन्याएँ भी शामिल होतीं तो स्वयंवर का यह विराट् पर्व न केवल भारत-भर में परंतु संपूर्ण विश्व में अद्वितीय कहलाता। तब सोनपुर के प्लेटफार्म और हरिहर क्षेत्र के मेले की तरह सौराठ की यह विवाह-सभा भी मशहूर हो गई रहती। (यद्यपि अपनी मौजूदा स्थिति में भी ब्राह्मणों का यह वैवाहिक मेला अनुपम है।)

चौदहवीं सदी में कर्णाटवंशीय राजा हरिसिंहदेव मिथिला के शासक थे। उनके राजत्वकाल में, एक जनश्रुति के अनुसार, किसी अभिजात ब्राह्मणी पर व्यभिचार का आरोप लगाया गया। राजसभा में वह खड़ी की गई। हाथ में पीपल का पत्ता और उस

पर आग रखकर धर्माध्यक्ष ने उससे कहलवाया—"चाण्डाल से कभी मेरा संपर्क नहीं हुआ, अगर हुआ तो इस आग से मेरा हाथ जल जाए।" तीन बार ब्राह्मणी ने कहा। हाथ जलने लगा। तब पंडितों का दिमाग चकराया। उन्होंने सोचा—इसके विवाह-संबंध की छानबीन करनी चाहिए। कदाचित् इसका पति ही दूषित विवाह-संबंध के कारण चाण्डाल की कोटि में आ गया हो...ब्राह्मणी और ब्राह्मण—दोनों के मातृकुल तथा पितृकुल का लेखा-जोखा हुआ। (बाप की तरफ से सात पुरखा और माँ की तरफ से पाँच पुरखा तक यदि कुछ लगाव रहा तब तो शादी नहीं होनी चाहिए। कन्या और वर, दोनों के पुरखों की छानबीन की जाती है तब जाकर ब्याह होता है) उन दोनों की शादी के समय इस गणना में कुछ गड़बड़ हो गई थी। पक्का सबूत मिल जाने पर धर्माध्यक्ष ने फिर उस ब्राह्मणी के हाथ पर आग रखवाई और कहलवाया, "पति को छोड़कर यदि किसी दूसरे से मेरा लैंगिक संपर्क हुआ हो, तो यह हाथ जल जाए।" इस तरह करने से ब्राह्मणी का हाथ नहीं जला।

इस घटना के उपरांत राजा हरिसिंह देव को इस बात की बड़ी चिंता हुई कि मिथिला के ब्राह्मणों का आभिजात्य कैसे सुरक्षित रहेगा। साथियों से परामर्श करके तत्कालीन ब्राह्मणों का उन्होंने पंजा (ब्यौरेवार सूची) तैयार करवाई। (विद्या, आचरण, कुलीनता आदि का विचार करके बनवाई हुई ब्राह्मणों की अनुक्रमणिका समयानुसार बढ़ती ही गई। प्रत्येक नवजात ब्राह्मण-कुमार का नाम पंजीकार लोग आज भी अपनी अनुक्रमणिका में लिख लेते हैं।)

इससे हुआ यह कि शादी-ब्याह में ब्राह्मणों को सहूलियत होने लगी। ब्राह्मणों की ऐसी सिलसिलेवार फेहरिस्त भारत-भर में और कहीं नहीं है। पंजीकार लोग इन छः सौ वर्षों तक निर्लोभ और तटस्थ रहकर यह काम करते आए हों सो बात नहीं। कुलीनता बनाम आभिजात्य विनिमय, क्रय, विक्रय आदि का प्रामाणिक इतिहास अभी काल के गर्भ में छिपा रहे, यही अच्छा। वह भी इन्हीं लोगों का शासन था कि रतिनाथ के नाना की दस विषमताएँ थीं। जयनाथ के परदादा ने इक्कीस शादियाँ की थीं। तिब्बत में जैसे बहुपति-प्रथा अभी तक जायज और जीवित है, उसी तरह रतिनाथ की मिथिला में बहुपत्नीं-प्रथा जायज और जीवित है।

सौराठ इन लोगों का बड़ा बाज़ार है।

मगर, अब जमाना बहुत बदल गया है। कुलीनता ही काफी नहीं थी, उमानाथ दरिद्र था। उसके बाप और दादा भी दरिद्र थे। उसकी शादी की बात इतनी चटपट जो तय हुई उसका श्रेय ट्राम कंपनी की नौकरी को था। उमानाथ आजकल चालीस पा रहा था। अंग-अंग से जवानी झाँक रही थी। लगता था कि हरौती बाँस का कोंपल सर्र से बढ़ आया और अब उसमें से कड़चियाँ फूटने ही वाली हैं। पतला-छरहरा। क्या ही खूबसूरत किल्होर था ! फिर भी दो सौ रुपए देने पड़े। जयदेव व जयकिशोर ने अभिभावक का काम किया। पंजीकार वीरभद्र मिश्र ने ताल-पत्र पर सिद्धांत लिख दिया। उन्हें दो रुपए उसकी लिखाई मिली। यह रकम कन्यावाले ने दी थी क्योंकि उसका वंश

कुछ निम्न कोटि का था।

जयदेव और जयकिशोर बारात में गए। तीसरा स्वयं उमानाथ था। अगले दिन से अतिचार पड़ता था। शुभ लग्न का अंतिम क्षण् दोपहर रात तक ही था। जैसे-तैसे सब महनौली पहुँचे। सौराठ से छह कोस पच्छिम।

यह देखकर महनौलीवाले खूब खुश हुए। कन्या के बाप का नाम था—नंद झा। लोगों ने कहा, ''नंद का यह काम अच्छा सुतरा। पैसे भी मिले, पात्र भी मिला। लड़की जाएगी तो उसे बरगद की छाँह मिलेगी। कमासुत पति मिलेगा, मुसम्मात सास मिलेगी और क्या चाहिए ?''

आँगन में औरतों ने कमीज, कोट और बनियाइन खुलवाकर उमानाथ को गहरी निगाह से देखा। एक मुँहफट खबासिन बोली—''आँख मूँद लो भैया, धोती भी खुलेगी।''

''आ, तू ही खोल दे,'' अधेड़ उम्र की एक औरत ने अपनी छोटी आँखें नचाकर उससे कहा, वह अप्रतिभ हो गई। उमानाथ को ट्राम कंपनी का वह बंगाली डॉक्टर याद आया जिसके सामने इसी भाँति कपड़े खोलकर खड़ा होना पड़ा था। उस दिन भी पसीना निकल आया था और आज भी। फर्क यही था कि उस दँतटुट्टे डॉक्टर ने फोते टटोलकर देखा था, इन औरतों ने वैसा कुछ नहीं किया। एक बुढ़िया ने आगे बढ़कर पूछा—''कुछ पढ़ा-लिखा भी है ?''

''ज ज ज ज्योतिष...थोड़ा...'' उमानाथ के मुँह से पूरा वाक्य नहीं निकला। उसका दिल बेहद धड़क रहा था। तब तक पुरोहित ने उधर से आवाज़ दी—''सिंदूरदान का मुहूर्त्त निकट आ गया। आप लोग जल्दी करें।''

धोती बदलकर उमानाथ पुरोहित के पास, वेदी के निकट पहुँचा।

कई प्रकार के विधि-व्यवहार होते-हवाते कन्यादान जब संपन्न हुआ तो रात ढल चुकी थी।

अगले दिन जयदेव और जयकिशोर ने वधू का मुँह देखा। चार-चार रुपए मुँह-दिखाई दी। लड़की का स्वस्थ, सुंदर चेहरा देखकर दोनों खूब प्रसन्न हुए और भगवान् से प्रार्थना की, बहू जैसी रूपवती है वैसी ही सुशील निकले।

उसी दिन दोपहर को वे दोनों चल पड़े। नंद झा ने दोनों को दो-दो धोतियाँ और चार-चार रुपए विदाई में दिए। रुपए लौटाकर धोतियाँ इन लोगों ने रख लीं।

शाम तक दोनों शुभंकरपुर पहुँचे। उन्हें लाल धोती पहने देखकर लोग समझ गए कि उमानाथ का विवाह निर्विघ्न संपन्न हो गया।

चाची को यह शुभ समाचार कल रात ही मिल चुका था। सौराठ से जो लोग लौटे थे, उन्होंने ही आकर कहा था।

कुल जमा तीन सौ लेकर उमानाथ कलकत्ते से घर आया था। माँ को शक था कि इस बार काम होगा। इसी से पहले इस शुभ समाचार को चाची ने मज़ाक ही समझा। मगर गुलाबी रंग में रँगी धोती पहने जयदेव और जयकिशोर आकर जब सामने खड़े हो गए तो खुशी से उसकी आँखें डबडबा आईं। जयकिशोर को प्रणाम करते समय उसके

हाथ काँपने लगे।

जयदेव ने मुस्कुराते हुए कहा—"लो उमानाथ की माँ, तुम्हारा काम हमने कर दिया। कब मिठाई खिला रही हो ?"

वह भावावेश में थी, चुप रही। जयकिशोर बहन की तरफ से बोले—"खाइए न, अब से आसिन तक कितना खाइएगा ?"

(और ठीक ही कहा था जयकिशोर ने। गरीब-से-गरीब सास-ससुर भी नए दामाद को हरेक त्यौहार पर दही, पकवान, चूड़ा, केला, मिठाई, दो-चार चंगेरा भरिया के द्वारा ज़रूर भिजवाता है। संतान की ससुराल से आई सौगात की यह सामग्रियाँ लोग अड़ोस-पड़ोस में बायना के तौर पर बँटवा देते हैं। सबकी मिठाई सब खाते हैं। सबका पकवान सब खाते हैं। शादी के बाद साल-भर तक यही सिलसिला रहता है। सास-ससुर अगर धनी और उदार हुए फिर तो कहना ही क्या ?)

जयदेव चले गए अपने घर की ओर। जयकिशोर बहन के साथ आँगन आए। वहाँ और कोई तो था नहीं। शाम की ठंडक में बीच आँगन में ही चाची ने कंबल बिछा दिया। पानी लाकर भाई के पैर धोने ही जा रही थी कि रतिनाथ भी आ गया। वह बलुआहा पोखर पर कबड्डी खेलने गया था। लाल-गुलाबी धोती पहने दो आदमियों को अपने घर के सामने दूर से ही देखा तो खेल से उसका मन उचट गया और भाग आया। आते ही लपककर उसने मामा के पैर छुए। फिर एक ओर होकर बैठा।

भाई के पैर धोते-धोते चाची बोली, "हमको तो भरोसा नहीं था। समय-साल खराब है। चीज़-वस्तु दिन से दिन ऊपर चढ़ती जा रही है...।"

"भगवान् की कृपा !" जयकिशोर ने कहा—"सारी बातचीत मिनटों में तय हो गई। रत्ती तो गया ही नहीं था। नहीं तो यह भी इस समय कहीं ससुराल में ही होता।"

शर्म से रतिनाथ की कनपटी सुर्ख हो गई, मामा ने अपनी आँखें उसके चेहरे पर गड़ा दीं और बोले—"इसी डर से यह सौराठ गया तक नहीं। है न रे !"

संकोच के मारे रतिनाथ की गर्दन टूट रही थी। चाची ने इस अवग्रह से उसे छुटकारा दिलाया। उसने कहा—"जाओ बेटा, बूढ़े राउत को समझाकर कहना कि मामा बहुत थके हैं। रात में आकर मालिश कर जाएँ।"

रत्ती झटककर आँगन से निकल गया।

चाची पंखा ले आई थी। झल रही थी। जयकिशोर ने कहा—"दो सौ देने पड़े मगर काम अच्छा हुआ। लड़की सयानी है। खूबसूरत तो है ही।"

भाई के एक-एक शब्द को चाची मानो पी रही थी। उसका रोम-रोम कंटकित हो रहा था। जाने कितनी मुसीबतें झेलकर उमानाथ को उसने पाला-पोसा था। कितना कष्ट, कितनी तपस्या इस लड़के के लिए उसने की थी। आज उमानाथ ने शादी की, कल बहू आएगी। परसों चाची ज़रूर ही पोते का मुँह देखेगी...वह सुख-स्वप्न में डूबने-उतराने लगी। हाथ में पंखा था, कब उसका डुलना रुक गया और बाँह निश्चेष्ट होकर घुटने से आ लगी और कब फिर कम्पित चेतना की संधि के किसी क्षण में बाँह अपने

आप हिलने लगी और पंखा फिर चलने लगा, चाची को पता नहीं। ध्यान उसका तब भंग हुआ जब एक बार पंखा कंबल के छोर से ज़रा छू गया।

जयकिशोर एक नहीं, दसों दफे शुभंकरपुर आ चुके थे। सब देखा-सुना था। ब्याह के बारे में साधारण बातें कह चुकने पर दिशा-फराकत के लिए लोटा लेकर बलुआहा की ओर निकल गए। चाची रसोई में लगी। जयदेव ने लोटा-भर दूध भेज दिया था। उनकी दो भैंसें दुधारू थीं। दूध-दही के लिए शुभंकरपुर मरुस्थल था। मेहमान आ जाने पर अच्छे-अच्छे गृहस्थ तक गोरस के अभाव में निर्लज्जता का अनुभव करते थे।

जयनाथ अभी तक बड़हड़वा में ही थे। शुभंकरपुर में उनके लिए कोई आकर्षण तो था नहीं। जायदाद बेच-बूचकर स्वाहा कर गए थे। रतिनाथ अब अच्छी तरह समझ गया था कि महादरिद्र तो हूँ ही, पढ़ूँगा नहीं तो बुरी गत होगी। इसलिए प्रतिदिन चार-छै घंटे वह अपनी पाठ्य-पुस्तकों से चिपटा रहता। हाँ, गाँव में कभी-कभी मन ऊब उठता तो मोतिहारी का वह छोटा-सा पुस्तकालय ध्यान में आ जाता। यहाँ ताराचरण के पास 'आज' बराबर आता था, उससे थोड़ा कुछ मनोरंजन हो जाता। परंतु उपन्यास पढ़ने की चाट पड़ चुकी थी, इसका क्या उपाय हो ?

पोखर में उस दिन मछलियाँ पकड़ी गई थीं। मल्लाह आए थे। केले के थंभों पर तख्तपोश डालकर उसे मज़बूती से बाँध दिया गया था। वही फिर अच्छी-खासी नाव हो गई। तख्तपोश दम्मो फूफी की थी। आठ हाथ लंबी और छह हाथ चौड़ी। पोखर के बीच में उसे हेला दिया। चारों मछुए जाल लिए हुए उस पर सवार थे ही। समूचे तालाब में घूम-घामकर वे जाल फेंकने लगे। भाकुर, ब्वारी, रोहू, भुनचट्टी, सौरा, नेन—किस्म-किस्म की मछलियाँ पकड़ी गई थीं। रत्ती को तीन फ़रीक का हिस्सा दस सेर का एक रोहू मिला था। अट्ठारह में से तीन भाग। एक हिस्सा कमलनाथ का, जो रामगंज में बस गए थे। एक भाग चाची का। तीसरा भाग अपना। रिवाज़ यह था कि मछुए तीन में से एक भाग, तेहाई, के हक़दार हों। इसके मुताबिक उस दिन उन्होंने कुल नब्बे सेर (दो मन, दस सेर) मछलियाँ मारी थीं। तीस सेर उनकी मजूरी हुई थी। साठ सेर पोखर के मालिकों का हुआ था। दमयंती, भोला पंडित आदि तीन और थे जो चार-चार, छह-छह पट्टियों के हक़दार थे। पोठा, झिंगा या इंच्चा जैसी छोटी-छोटी मछलियाँ कभी मारी जातीं। दो सेर होने पर भी अट्ठारह जगह उनका बाँट-बखरा होता।

अकेले इतनी बड़ी मछली लेकर चाची क्या करती ? पाँच सेर रखकर बाकी उसने जयदेव के घर भेज दिया था। चीरने पर रोहू के पेट से करीब आधा सेर अंडा निकला था, देखने में ठीक पोश्ता-दाना की तरह।

जयकिशोर निबट आए तो भुना हुआ चूड़ा और रोहू के तले टुकड़े तश्तरी में सामने आए। अंडे के बड़े थे। उन्हें यह सुयोग बहुत दिनों पर प्राप्त हुआ था। चार साल पहले जयकिशोर के ससुर मरे थे। वहाँ तेरही के दिन रोहू मछली का पर्याप्त प्रबंध किया गया था। ज़मींदार थे वह, चार पोखरों के मालिक। भला वहाँ की मछलियों का क्या कहना ? और इतने दिन बाद आज फिर वही वस्तु आगे आई थी। मोतिहारी में या

तरकुलवा में खरीदकर खाना पड़ता था। खरीदकर खाने में यह आनंद कहाँ ?

जल-योग कर चुकने पर मालिश का अवसर आया। असल में यह अवसर रात का खाना खा लेने के बाद आया करता है। आप खाकर लेट जाइए। थकावट ज्यादा है। खबास आएगा। हाथ में ज़रा-सी चिकनई (तेल) मखाकर वह आपके पैरों से शुरू करेगा, एक-एक नस को मानो दुहता चला जाएगा। पैर, गोड़, टाँग, घुटने, जाँघ, कमर, पीठ, पसलियाँ, गर्दन, कंधे-सिर, माथा, कपार, कनपटी, बाँह, केहुनी, कलाई, हाथ, पंजे—अंग-अंग की नसों को दुह लेगा। पंजे से पंजा लड़ाकर अँगुलियों के एक-एक पोर को चटकाकर अपने हाथ एक बार फिर आपके पैरों पर ले जाएगा। घुट्टियाँ चाँपकर अँगुलियाँ (पैरों की) चटकाकर कुछ देर तक तलवे रगड़ता रहेगा और अंत में टाँग, जाँघ और कमर में हल्की मुक्कियाँ लगाता रहेगा। तब तक आपकी पलकें झप चुकी होंगी, आप अवश्य ही रेशम की रस्सियोंवाले नींद के झूले पर बेभान हो गए होंगे। इसमें कम-से-कम घंटा-भर तो लग जाएगा।

परंतु जयकिशोर बचपन से ही परदेस रहे। खबासों की इस कला के प्रति उनकी ज़रा भी दिलचस्पी नहीं थी। कल और आज पैदल इतना अधिक चलना पड़ा था कि चूर-चूर हो रहे थे। एक मात्र यही कारण था कि अपना बदन राउत से चँपवाने के लिए वह राजी हो गए। फिर भी इस बूढ़े खबास़ ने अपने तईं कोई कसर न रखी। जयकिशोर की आँखें लग ही गईं।

ताराचरण की माँ, जयदेव की चचेरी बहन, शकुंतला, रामपुरवाली और नरेश की भाभी ने आकर तीन मंगल-गीत गाए। चाची का भी मन था, साथ मिलकर गाए। दूसरा लड़का तो है नहीं कि कभी और गाकर मनोरथ पूरा कर लेगी। किंतु बेचारी रसोई में मशगूल थी। फिर भी दूसरे गीत में थोड़ा योग दिया था। जयकिशोर को औरतों की इस मांगलिक गोष्ठी का पता तक न चला, वह सो रहे थे। जाते-जाते रामपुरवाली ने कहा, "अहा, आज कहीं जयनाथ भी यहाँ होते !"

नाक पर उँगली चढ़ाकर और आगे बढ़कर ताराचरण की माँ बोली—"उनका क्या, महनौली में समधी की दालान हो चाहे बड़हड़वावाले बहनोई का दालान हो, कहीं भी बैठा दो, लेकिन भंग और कुंडी-सोटा उनका सही-सलामत रहे...हाँ, यह कहो बहिना, कि कहीं आज बाबू वैद्यनाथ खुद होते तो..."

चाची ने लंबी साँस ली और पड़ोसिनों को दरवाज़े तक जाकर छोड़ आई।

थोड़े काल बाद रत्ती ने धीरे से उठाया तो मामा उठे। खाना पकाने में चाची ने कुछ लंफलंफा नहीं किया। मछली, भात, अंडे का बड़ा। झोल भी थी और तले टुकड़े अलग से भी थे। जयकिशोर मछली के आगे और किसी भोज्य पदार्थ को महत्व नहीं देते थे। हाँ, साथ में जम्बीरी नींबू रहना ही चाहिए। 'जम्बीरनीरपरिपूरितमत्स्यखंडे' की तुलना में मैथिल लोग अमृत तक को तुच्छ समझते हैं। राघव (रोहू) का मूँड़ भी जयकिशोर के ही भाग्य में बदा था। पीठ, पेट, पुछरी, सिर—रोहू के अंग-अंग में पृथक्-पृथक् स्वाद होता है, इससे जयकिशोर अनभिज्ञ नहीं थे। चालीस मिनट लगे होंगे

खाने में। भात तो दो ही चार कौर खाए होंगे, रोहू के आगे भात-दाल को कौन पूछता है ? मछली पर से दही खाना अच्छा रहता है, मगर वहाँ तो दूध था। चाची को इस अभाव का खेद अवश्य हुआ।

गर्मी की रात थी। तीनों जने आँगन में ही सोए। चाची को देर तक नींद नहीं आई। कल नहीं, परसों उसे कम-से-कम चार भार तो भेजने ही होंगे नहीं तो महनौली में लोग क्या कहेंगे ? दूध कहाँ से आएगा ? केले तैयार कहाँ मिलेंगे ? कपड़े और मिठाई तो खैर बाजार से आ जाएँगे। भरिया कौन-कौन जाएगा ? राउत एक, बुचिया दो, किसुनी मँड़ड़ तीन और चौथा ? बहू के लिए एक-आध गहना जाना ही चाहिए...अच्छा तो है, बाजार से नाक का लौंग मँगवा लूँगी। पंद्रह लगेगा कि बीस ?...

इन्हीं परिकल्पनाओं में जाने कब चाची की आँखें झिंप गईं।

चौबीस

गेहुआँ रंग। लंबा कद। फैला हुआ चेहरा। प्रशस्त ललाट। पतले होंठ। बड़ी-बड़ी आँखें। नाक ज़रा चिपटी। पंद्रह-सोलह साल का तरुण। साफ़ धोती और नीली धारीवाली पीली कमीज पहने जब उसने उस विशाल आँगन में बेधड़क प्रवेश किया तो सूर्यास्त का समय था।

किसी ने उसे नहीं पहचाना। वह भी किसी को पहचान नहीं पा रहा था कि इतने में कुंजी खबास की औरत जनकमनि सिर और कमर पर पानी-भरे दो घड़े लिए पहुँची। आगंतुक का मुँह देखते ही वह उल्लास से चिल्ला उठी—"दइया री दइया ! यह तो रत्ती बबुआ है। कितना बड़ा हो गया है।"

तब तक दो मामियाँ सामने घर से दौड़ आईं। नानी बीच आँगन में खजूर की सीतलपाटी पर बैठी थीं, वह भी उठ खड़ी हुईं। उनके हाथ में बाँस की बिजनी थी। गर्मी के मारे सारे बदन में फुंसियाँ निकल आई थीं। बिजनी के बेंट से पीठ खुजलाती हुई वह भी चार कदम आगे आईं।

बड़ी मामी ने रत्ती के हाथ से गठरी ले ली और कहा—"नानी को नहीं पहचाना ?"

वृद्धा के पैरों पर धब से पड़कर उसने प्रणाम किया। नानी रो पड़ीं—"भूल गए हमें बेटा ?"

अपनी मृत पुत्री की, पुरानी स्मृति इतने जोर से उभर आई कि वृद्धा का गला रुँध गया। वह आगे लपकी और लड़के को छाती से लगा लिया। माथे पर हाथ फेरते मानो संतोष ही नहीं हो रहा हो ! वात्सल्य का यह रूप रतिनाथ ने आज तक नहीं देखा था। उसके जीवन में सर्वप्रथम यह रस उड़ेलनेवाली चाची थी। उसको माँ की तो याद तक नहीं है। ननिहाल पूरे दस साल पर आया है...

ओसारे पर घड़े रखकर जनकमनि भी स्वागत के इस अद्भुत समारोह में शामिल हो गई। मौका पाकर बोली—"और मामियों को परनाम नहीं किया ? और मैं ? तुम क्या जानो, मैंने तुम्हें साल-भर अपनी छाती का रस पिलाया है..."

मामियों को अनजाने तो पहले भी वह प्रणाम कर बैठा था, अब जान-बूझकर प्रणाम किया। तब तक नानियों और मामियों की पूरी पल्टन आकर आस-पास खड़ी हो गई। बात यह थी कि रतिनाथ के नाना पाँच भाई थे। अपने और चचेरे कुल मिलाकर सत्रह मामा थे। बारह मौसियाँ थीं। चौदह मामियाँ थीं। सचमुच उसका मातृ-कुल बहुत विशाल था।

नाना रुद्रधर पाठक संत और झक्की स्वभाव के आदमी थे। जयनाथ उनको फूटी आँखों भी नहीं सुहाते। प्रतिदिन तीन पहर तक उनका पूजा-पाठ चलता। उसके उपरांत भोजन। दिन-रात में केवल एक बार। बाल-बच्चे, नौकर-चाकर मिलाकर तिरसठ प्राणियों के उस महान् परिवार के वह कुलपति थे, बारह सौ बीघा ज़मीन के मालिक। चालीस बैल थे, बीस हल। अठारह भैंस। तीन गाय। पाड़ी-पाड़ा, बाछी-बाछा सब जोड़कर अस्सी के लगभग थे। पक्का और बड़ा, चार ओसारोंवाला दालान था। पहियोंवाले पाँच बड़े-बड़े संदूक उन ओसारों पर पड़े रहते थे। दालान से पूरब ज़रा हटकर एक कतार में ग्यारह बखार थे, चिकनी मिट्टी से लिपे-पुते और गोल-मटोल। उन्हें देखकर किन्हीं पंक्तिबद्ध ऐतिहासिक स्तूपों का भ्रम होता था।

रतिनाथ ने उठकर सबको प्रणाम किया। इस समय मर्द एक भी अंदर नहीं था। गोधूलि का समय क्या घर में घुसे रहने के लिए है ? दिन के काम से थके और गर्मी से ऊबे गृहस्थ शाम को पोखरों और विरल-वृक्ष बागों की ओर निकल जाते हैं। बूढ़े दालान के आँगन में पड़ी चारपाइयों और तख़्तपोशों पर, खुले आसमान के नीचे। बच्चों को अपने बीते दिनों की बातें सुनाना उनके लिए सबसे बढ़कर मनोरंजक काम हुआ करता है। शाम का वक्त मखौलिए नौजवानों और अधेड़ों से पीछा छुड़ाकर वृद्धों को मनोरंजन का यह अवसर प्रदान करता है। वे दिल खोलकर तब बच्चों से कहते-सुनते हैं। सुनते कम, कहते अधिक।

रतिनाथ को संकोच हो रहा था यह पूछते कि नाना अपना कहाँ हैं, मामा कहाँ हैं ? और कहाँ इस वक्त उनसे भेंट हो सकेगी ? नानियों और मामियों की उत्सुकता, उनका अकृत्रिम वात्सल्य, सहज आत्मीयता—ऐसा लग रहा था मानो किसी अमृतकुंड में उसको आकंठ खड़ा कर दिया गया हो।

अपनी छोटी मामी ने स्नेहपूर्वक उसके पैर धो दिए और अंदर कमरे में ले गई। वहाँ भिगोया हुआ चूड़ा, दही और केले से रत्ती ने जलपान किया। बातें और मौखिक छेड़खानी करके छोटी मामी भगिना बाबू का संकोच काफी हद तक हटा चुकी थीं। रत्ती प्रसन्नवदन होकर कमरे से निकला और दालान पर आ पहुँचा।

नाना को बाल मंडली से अपने दौहित्र के आने की सूचना मिल चुकी थी। वह दालान के नीचे, आँगन में पड़े एक बहुत बड़े तख़्तपोश पर पाल्थी मारे बैठे थे। आगे,

कुछ हटकर एक छोटी चौकी पर पीतल का बहुत बड़ा कलगइयाँ[1] लोटा रखा था। उसी चौकी से टिकाकर बाँस की सुंदर फराठी (फट्टी से तैयार की हुई छड़ी) रखी थी।

नाना के सामने अर्धचंद्राकार बालपरिषद् बैठी थी। वह अनुशासक और प्रवक्ता की तरह परिषद् को कुछ समझा रहे थे।

उनकी देहकांति गौर-श्याम थी। चेहरा गोल था। चौड़े कंधे। तना हुआ सीना। लंबी-लंबी बाँह। वैसी विशाल काया शुभंकरपुर में कहाँ किसी की थी ? बाल, दाढ़ी, मूँछ सब सफेद हो चुके थे। भौंह और कान तक के बाल सफेदी पकड़ चुके थे। दीप्त ललाट, छोटी-छोटी आँखें और कान बहुत भले लगते थे। नाक नुकीली नहीं थी। होंठ न पतले थे, न मोटे। गले में स्फटिक की माला थी। पीला और बारीक यज्ञोपवीत बाएँ कंधे से वक्षस्थल के बीच और वहाँ से दाहिनी ओर पेट और कमर की तरफ लटक रहा था। दाहिने हाथ की अनामिका में चाँदी की पवित्री थी। वह साफ धोती पहने हुए थे। पास में अँगोछा रखा था।

रतिनाथ ने दोनों पैर छूकर प्रणाम किया। नाना ने माथे और पीठ पर हाथ फेरते हुए आशीर्वाद दिए—आयुरानन्दयोर्वृद्धिरस्तु (आयु और आनंद बढ़ती रहे)।

रत्ती प्रणाम करके एक ओर बैठ गया तो नाना बोले—"क्यों रतिनाथ, मैं समझता था कि जब तक ओझा (जयनाथ) जिएँगे तब तक तुम नहीं आओगे और अब इन आँखों से तुम्हें देख नहीं पाऊँगा। खैर, आ गए।"

रत्ती गुम ही रहा।

नाना ने फिर घर का हाल और पढ़ाई-वढ़ाई के बारे में पूछा। रतिनाथ संक्षेप में उत्तर देता गया। अंत में उन दर्जनों लड़कों का नाम और रिश्ता उन्होंने अपने दौहित्र को बताया—"यह हिमकर हैं। यह श्रीकर, वह क्षेमकर, वह शंकर, वह दिनकर, यह सुधाकर, वह रहा मधुकर, पद्मनाभ, रेवतीशरण, इंद्रकांत, गोपीकांत, जयकांत, श्रीनाथ, शिलानाथ, एकनाथ, लक्ष्मीनाथ, जटाधर, श्रीधर, गंगाधर, धरणीधर...यह सब तुम्हारे ममेरे भाई होंगे। और भी हैं।" नाना झोंक में आ गए थे। पच्चीस-तीस नाम बता गए। रतिनाथ लद गया।

थोड़ी देर वहाँ बैठकर वह टहलने के लिए निकला तो कई और समवयस्क साथ हो लिए।

रत्ती का यह ननिहाल, मानिकपुर जोगियाड़ा स्टेशन से एक कोस पच्छिम पड़ता था। पूछ-पूछकर वह पहुँचा था। सड़क कच्ची थी। और, मानिकपुर तो बड़ा ही प्रसिद्ध गाँव है। पाठकों की खानदान पास-पड़ोस के पचीस कोस देहात में मशहूर थी। ये लोग कुलीनता की दृष्टि से निम्नकोटि के ब्राह्मण थे। आचार-विचार, शील-स्वभाव, ठाट-बाट,

---

1. भागलपुर से पूरब कहलगाँव बहुत पुरानी एक मंडी है। मुगलों और नवाबों के युग में कहलगाँव मशहूर कस्बा था। वहाँ के ठठेरी पीतल के बर्तन बनाने में बेजोड़ थे। यही कहल गउआँ लोटा अब कलगइयाँ कहलाता है, यद्यपि बनता है वह भागलपुर में।

धन-दौलत—यह सब प्रमाणित करता था कि उनमें वैशाली के लिच्छवि और मिथिला के विदेह इन दोनों गणों का रक्त मिश्रित है। यह भी क्या कोई रहस्य है कि इन पाठकों का संपर्क एक ओर दरिद्र मैथिलों से है तो दूसरी ओर धनाढ्य भूमिहारों से भी। इनका मालिक कोई दूसरा ज़मींदार नहीं है। अब भी चालीस सौ बीघे का इतना बड़ा रक़बा पाठक लोगों की खास अपनी जायदाद है। आसपास के कई गाँवों की ज़मींदारियों में वे पट्टीदार हैं। इनके गोतिया और भी कई जगह हैं। मगर यहाँ मानिकपुर में पाठकों के छोटे-बड़े बावन परिवार हैं। इस गाँव के बाकी ब्राह्मण, जो पाठक नहीं हैं, भी इन्हीं लोगों के भांजे, दौहित्र या उनकी औलाद हैं। ब्राह्मणों की कुल आबादी सत्रह सौ पचहत्तर है परंतु सभी की धमनियों में एक ही रक्त प्रवाहित है। पाठक कुल एक जटायु वटवृक्ष है जिसके दसियों धड़ और पचीसों शाखाएँ होती हैं। फिर उन शाखाओं की पचासों डालें, सैकड़ों डालियाँ एवं हज़ारों टहनियाँ। बड़े-बूढ़ों के श्राद्ध में, लड़कों के मुंडन-छेदन और उपनयन में पाठकों के यहाँ जब जातिभोज—कुलभोज होता है तो वह दृश्य देखकर अवश्य ही आप मुग्ध रह जाएँगे। उस समय आपस का सारा वैमनस्य, व्यक्तिगत राग-द्वेष से अंकुरित छोटे-मोटे झगड़े सब भूल जाते हैं वे। पंक्तिबद्ध होकर बैठते हैं और दो-दो घंटे, तीन-तीन घंटे तक वह महाभोज चलता रहता है। पाठकों की परंपरागत अनुश्रुतियाँ, वीरता के आख्यान इतने अधिक हैं कि एक पोथा बन जाएगा।

माँ मरी थी तो रतिनाथ नानी के पास रहने लगा था। साल-भर रहा होगा कि एक ऐसी बात हो गई जिससे जयनाथ क्रुद्ध होकर लड़के को ले आए। तब से कभी रत्ती को बाप ने मानिकपुर नहीं आने दिया था। इस बार साहस करके वह स्वयं ननिहाल आया हुआ था।

नानी एक बड़े ही भद्र और कुलीन ब्राह्मण की संतान थीं—माँ-बाप की तीसरी बेटी। बचपन में ही उनके माँ-बाप मर गए। चाचा ने तीन सौ में बेचारी को पाठकों के कुल में बेच दिया। अभाव-अभियोग के बीच पनपनेवाली इस स्त्री का स्वभाव ऐसा उदार और विनीत होगा, किसे पता था ? जितनी प्रशंसा की जाए, थोड़ा होगा। संत और सनकी स्वभाव के पति मिले। तिस पर इतने बड़े परिवार की जिम्मेवारी ! नानी ने अपने माँ-बाप और नइहर के नाम पर कभी धब्बा नहीं लगने दिया। कम-से-कम पहंना, कम-से-कम खाया-पिया। अधिक-से-अधिक बर्दाश्त किया, अधिक-से-अधिक सुना। अपने को पति-कुल की गतिविधि में, क्रियाकलाप में इस भाँति खपा दिया कि आज सारा मानिकपुर शशिधर (मामा) की माँ का नाम लेकर ही सुबह-सुबह आँख खोलता है। नानी पुण्यश्लोक हैं, प्रातःस्मरणीय हैं। पंच कन्या के बाद इस नर्मदा का नाम कोई कवि जोड़ दे तो अनर्गल नहीं होगा।

मानिकपुर और पाठकों का राज। ननिहाल में रतिनाथ का मन ऐसा रमा कि पैंतीस रोज रह गया। संसार ऐसा स्वर्गीय है, इतना मनोरम है, रत्ती ने इस बात की कल्पना तक नहीं की थी। मोतिहारी के विद्यालय में पंडितजी संसार की तुलना मछली

के तले टुकड़े से करते थे। कोई चाहेगा कि काँटे न हों, मछली-ही-मछली हो। सो कैसे होगा ? सुख को दुख से बिलकुल अछूता रहकर भोगा नहीं जा सकता। सोचता था, नहीं, संसार उजाड़ है। इसमें दुख-ही-दुख है। परंतु ननिहाल की दुनिया से वह इतना प्रभावित हुआ कि सारा ब्रह्मांड उसे एक विराट् रसगुल्ला-जैसा दीखने लगा।

उस बार आमों की फसल खूब तो नहीं, मगर आठ आना ज़रूर हुई थी। नाना का बचास बीघों का बाग था। कलमी-ही-कलमी आमों का। बंबई, मालदह, किसुनभोग, कलकतिया, फजली, दड़मी, जर्दालू, साहपसिन (शाहपसंद), सुकुल, सिपिया, कपुरिया, दुर्गीलाल का केरवा, बथुआ, राढ़ी, भदई, मोहनठाकुर की भदई। मालदह आमों का राजा है। बनारस की तरफ यही लँगड़ा कहलाता है। बंबई सबसे पहले पकने लगता है। मालदह पतला छिलका, मामूली गुठली और अपने विशिष्ट स्वाद के लिए मशहूर है। बंबई का छिलका मोटा होता है मगर मिठास गजब की होती है उसमें। किसुनभोग दुलरुआ ठहरा, ज़रा-सी असावधानी से उसमें पीलू पड़ जाते हैं। गूदा कड़ा और काफी रहता है उसमें। शक्ल बिलकुल गोल। कलकतिया गरीबों और साधारण जनता का प्रिय ठहरा। खूब फलता है और साल-साल। भादों तक टिकता है। माकूल मिठास और भरपूर गूदा। सुलभ और सस्ता। उसका नाम ही गरीबनेवाज रख दिया है लोगों ने। फजली का नंबर किसी की राय में तीसरा और किसी की राय में चौथा है। शक्ल के खयाल से इसका स्थान दूसरा समझना चाहिए। प्रथम स्थान दुर्गीलाल के केरवा को प्राप्त है। दुर्गीलाल का केरवा दो-दो सेर तक का देखा गया है परंतु स्वाद में वह असाधारण नहीं होता। दड़मी, जर्दालू और साहपसिन यह तीनों सगे हैं। आकार में जर्दालू बड़ा और अंदर से पीला होता है। सुकुल और सिपिया की आम के शौकीनों में काफ़ी इज्जत है। सुकुल की गुठली धागेदार या सनवाली होती है। घुला हुआ सुकुल चूसने की चीज़ है, दाँतों से छिलकर खाने की नहीं। सिपिया की शक्ल सीपी की तरह और स्वाद मनोरम होता है। कपुरिया और सिपिया में केवल स्वाद का भेद है, आकार का नहीं। कपुरिया का स्वाद और गंध ठीक कपूरी मालूम होगा। बथुआ आसिन तक चलता है, स्वाद में साधारण। राढ़ी, भदई अपने पतले छिलके और सुरभित माधुर्य के लिए प्रसिद्ध है। उसकी मौसिम आधा सावन और भादों हैं। मोहन ठाकुर की भदई छोटी और नुकीली होती है। राढ़ी का छिलका पीला और गूदा थोड़ा लाल होता है...

कलमी आमों का यह परिज्ञान रत्ती को नाना की कृपा से हुआ था। बाग में मचान पर बैठे हुए नाना ने एक बार कहा था—''इन बातों का शौक़ लोगों में रहा ही नहीं। देखो न, इतना बड़ा बाग है तो क्या आज का है ? तीन पुरखों की तपस्या का फल है। इसमें कितने ही पेड़ अब बूढ़े और रोगी हो गए हैं, साल-साल आँधी-तूफान में दो-एक पेड़ जड़-मूल से उखड़कर धराशायी हो जाते हैं, परंतु उनकी जगह नए कलम रोपने की चेष्टा कोई नहीं कर रहा। लड़के अहदी हो गए हैं। किसी की कोई सुनता नहीं।''

पुराने पेड़ों की जगह में नए थाले[1] पड़े अवश्य थे परंतु उनकी संख्या कम ही थी। रुद्रधर पाठक को इतने से भला क्या संतोष होता ?

कलमी आमों के इस बाग को छोड़ दें तो वहाँ बीजू आमों का एक दूसरा बाग भी था। बीजू आमों का बगीचा 'गाछी' कहलाता है। स्वाद के ख्याल से लोग कलमी आम पसंद करते हैं, फायदे के खयाल से बीजू। बीजू का दूसरा नाम शरही भी है।

गाछी अब उजड़ रही थी। लकड़ी के अभाव में बड़े-बड़े गाछ कट रहे थे। डेढ़-डेढ़ सौ वर्ष की उम्र के विशालकाय वृक्षों के आम रत्ती को यहीं मिले थे। ये उसकी घिवही के परदादा थे ! रूप और गुण के अनुसार आमों के अलग-अलग नाम होते हैं। वहाँ सौ पेड़ बच रहे थे, सबके नाम याद रखना असंभव है। कुछ नाम अब तक रतिनाथ को याद हैं—केरवा, परोड़िया, बुनक्का, करिअम्मा, धुमनाही, लडुब्बा, केरवी, घिवही, रोहिणिया, बेलहा, चक्रपाणिभोग, रतुठिया (लाल होंठोंवाली), कठमिया, कोनैला, तिनरंगा, सिनुरिया, पहुनपदौना, अमतहा, सनहा, तमहा, चफेलवा, चक्रपाणिभोग और बङालेट करोड़ों की तादाद में फरते और आँधी-तूफान का मुकाबला करते झड़ते-झुड़ते, पकने के मौसम तक लाखों की तादाद में बचे रहते थे। बेल-जैसे स्वाद के कारण बेलहा 'बेलहा' था। शक्ल में छोटा। चक्रपाणिभोग का छिलका बेहद मोटा और रस गाढ़ा था। मिठास उसमें खूब थी। बङालेट बड़ा रसीला ठहरा। शक्ल-सूरत में पहुनपदौना अद्वितीय था मगर चूसने के लिए मुँह लगाते ही आपकी नाक-भौं टेढ़ी हो जाती, जीभ विरस हो जाती और रोम-रोम सिहर उठता। हास-परिहास एवं छकाने की नीयत से मनचले नौजवान यह आम पाहुनों को थमा दिया करते—"पहुना, यह कपुरिया आम है; ऐसा स्वादिष्ट आम आपको कहाँ मिलेगा ?" उल्लसित होकर पाहुन महानुभाव जब उसमें मुँह लगाते तो हे राम ! बेचारों का बुरा हाल होता ! खिलानेवाले ठहाका मारकर हँस पड़ते हः हः हः हः हः हिः हिः हिः हिः...

रतिनाथ कुछ दिन और रहना चाहता था मगर चाची का बुलावा आ गया।

पच्चीस

ससुराल में सत्रह रोज रहकर उमानाथ घर आया। रामपुरवाली ने अपने जमाई को जिस प्रकार धूमधाम से विदा किया था, उमानाथ के सास-ससुर ने उस प्रकार अपने दामाद की विदाई नहीं की। काँसे की मामूली थाली, एक बड़ा और छः छोटे कटोरे। लोटा-गिलास। रसोई के साधारण बर्तन। कंबल-दरी और चादर-तकिए। जूता-छाता। दो जोड़ा धोती। एक चादर और पाग-दुपट्टा।

मगर चाची इतने में ही मग्न थी। पाँच भार आए थे। केला, दही, चूड़ा, मिठाइयाँ,

---

1. संस्कृत में इसके लिए हम 'आलवाल' शब्द पाते हैं। उत्तर बिहार में यह थाला है। खाद-पानी के टिकाव के वास्ते पहले बड़े थाल की शक्ल में जगह तैयार करते हैं फिर उसके बीच में कलमी पौधा रोपा जाता है।

पकवान। गरी-छुहारे, मेवा-मखान। चाची ने कुछ नहीं रखा, सारा बँटवा दिया।

उमानाथ एक मास का अवकाश लेकर आया था। तीन सौ साथ लाया था। दो सौ माँ ने निकाले थे। शादी में कुल मिलाकर चार सौ रुपए खर्च हुए। मधुश्रावणी[1] में फिर वह ससुराल जा सकेगा, इसकी संभावना नहीं थी। फिर भी गौरी-पूजन और साधारण त्योहार के लिए साड़ियाँ वगैरह महनौली भेजी ही जाएँगी, इसीलिए बाकी रुपए उसने माँ के ही पास रहने दिए।

उमानाथ कलकत्ता चला गया।

चाची के हृदय को एक बार फिर जोर का धक्का लगा। सोचा था, समाज जैसे पुरानी बात को भूल गया है वैसे ही उमानाथ भी भूल गया होगा। अपनी माँ की पहली और शायद आखिरी भूल को बिसर गया होगा...मगर अपने प्रति वह लड़के की रुखाई देखकर भीतर-ही-भीतर रो रही थी। उमानाथ जिस दिन जानेवाला था, माँ ने सहमते हुए पूछा—"भैये, अगहन में गौना करा लाना ठीक रहेगा न ?"

लड़का कुछ बोला नहीं, जूते पहनकर फीता कस रहा था।

उत्तर के प्रति अवज्ञा की घोर भावना उमानाथ के चेहरे पर लाली बनकर छा गई। आकृति का यह रूपांतर देखकर चाची को साहस नहीं हुआ कि दुबारा वही प्रश्न पूछे। चलते-चलते उमानाथ ने दिखावटी तौर पर माँ के पैर छू लिये। माँ की आँखें सजल हो आईं, आहत मर्म की नीरव वेदना का वह प्रतीक—आँसू—लड़के ने देखना नहीं चाहा। उलटे, कड़ककर कहता चला गया कि चर्खा चलाकर तूने दुनिया-भर को बतला दिया—"उमानाथ आवारा है, कलकत्ता में खुद तो मौज मारता है और घर पर माँ जुलाहिन हुई जा रही है ! खबरदार ! अब कभी चर्खा छूआ तो हाथ काट लूँगा..."

उमानाथ आँगन से बाहर निकला और चाची सीतलपाटी बिछाकर पेट के बल पड़ी रही। आँखों से अश्रु का अविरल प्रवाह निकल चला। वह अब नहीं जिएगी, अवश्य मर जाएगी। इस जीवन से मृत्यु लाख गुना श्रेयस्कर है। कुत्ती (कुतिया) से भी गई-बीती हूँ मैं—चाची ने सोचा—रोज खाकर उठने के बाद अतूऽऽह अतूऽऽह अतूऽऽऽऽ की आवाज़ लगाकर उमानाथ कुत्ती को बुलाता था और पूरा कौर भात खाने को देता था। चुमकारता था, पुचकारता था। और, मैं तुम्हारी माँ हूँ उमानाथ ! क्या मैं कुत्ती से भी बदतर हूँ ?

अवश्य तू कुतिया से भी गई-गुजरी है—चाची के अंतस्तल से आवाज़ आई—तू जीने योग्य नहीं है। तेरे कलेजे में जितनी सुइयाँ चुभोई जाएँ उतना अच्छा है। सिसककर तू ज़ितना ही रोएगी, मेरा कलेजा उतना ही ठंडा होगा। चुड़ैल, तेरा सत्यानाश हो। कुहर-

---

1. श्रावण शुक्ल तृतीया नवविवाहित वर-वधू के लिए त्योहार की तिथि है। तीज और हरितालिका व्रत का यह त्योहार किसी-न-किसी प्रकार समूचे भारत की सुहागिनों का एक सम्मान्य पर्व है। मिथिला में यह नववधुओं के सौभाग्य का महान् पर्व समझा जाता है, घृतमिश्रित बाती की हलकी लौ से वर-वधू के पैरों को छू देना है, वह 'ईस' कर उठती है ! सखी उसके पैरों पर दही-शहद अथवा शीतोपचार की और कोई वस्तु या मक्खन मलती है।

कुहरकर मरे तू। तेरे अंग गलकर गिरें...

कि एकाएक उसकी आँखों के आगे किसी किशोरी की सौम्य, संयत प्रतिमा कहीं से अलक्षित ही आकर खड़ी हो गई। चाची का रोम-रोम सिहर उठा...यह उसकी कल्पना की पुत्रवधू थी। गद्‌गद होकर चाची ने आँखें मूँद लीं। उसे भान हुआ, पतोहू नज़दीक आई है और अपनी तिनपढ़िया साड़ी के आँचल से आँसू पोंछ रही है। आह ! कितना शीतल स्पर्श है लाह की चूड़ियों और कंगनवाले इन मृदु-मांसल हाथों का ! ओह!... अपनी नई-नवेली पुत्रवधू का भला कौन-सा नाम मैं रखूँगी—पद्मसुंदरी ? जयमुखी ? चंद्रमुखी ? नहीं, पद्मसुंदरी ही ठीक रहेगा...

कोने में से निकलकर एक चुहिया घर में विहार करने जा रही थी। उसने चाची का ध्यान आकृष्ट किया। किसी घरेलू दुर्घटना में बेचारी की दुम थोड़ी कट गई थी। बेहोश हालत में देखकर चाची ने ज़रा 'अमृतधारा' लगा दी थी। फिर क्या था ? चार दिन में वह चंगी हो गई और पहले के माफिक उछलने-कूदने लगी। वह इतनी ढीठ बन गई थी कि चाची के पैर, हाथ, मुँह, सिर सूँघ जाती और चाची उसकी इस धृष्टता को उल्लसित होकर, स्मितमुखी होकर बर्दाश्त करती। आज उसे देखते ही उन्होंने विचारा—मनुष्य होकर जन्म लेना अच्छा नहीं है। हे भगवान् ! अगले जन्म भले ही मैं चुहिया होऊँ, भले ही नेवला, मगर चेतनामय इस मानव समाज में फिर कभी न पैदा होऊँ। ओह, जो औरतें किसी विषाद के कारण कुएँ में कूदकर या गले में फंदा डालकर अपने प्राणों का अंत कर लेती हैं अवश्य ही पुनः इस मानव योनि में उनका जीवन नहीं आता...तो क्या मैं वैसा नहीं कर सकती हूँ ! कुआँ में कूदना और कूदकर जान देना आसान नहीं है। लोग मानते नहीं, निकाल डालते हैं। हाँ, घर में फंदा लगाकर झूल जाने से ठीक रहेगा। जिसै किसी के हाथ पड़ूँगी निष्प्राण, निश्चेष्ट, निस्पंद शव के रूप में ही; जीवित नहीं।

तब फिर उमानाथ का ख्याल आया। विचार जब उड़ते-उड़ते आसमान को छू लेता है, अवश्य ही उस स्थिति में वह जोर का पलटा खाता है। हिचकी लेकर एक बार सिहर उठी। उसने सोचा—विधवा होकर मैं गर्भवती हुई और आठ मास का बच्चा कोख से निकलवाया। चमाइन उसे जंगल-झाड़ी में फेंक आई ! ऐसी यशस्विनी माता हूँ मैं ! और, अब गले में फंदा लगाकर मरूँगी तो बेचारा (उमानाथ) सुयश का ऐसा भारी पहाड़ कैसे सँभाल सकेगा ? ना, माँ को लेकर जितना यश उसे अब तक मिला है वही पर्याप्त है। फाँसी लगाकर, गौरी, स्वयं तो तू भवबंधन से छुटकारा पा लेगी लेकिन उस अभागे का क्या होगा ?

परंतु जीवन की एकमात्र आशा—पुत्र जब इस प्रकार विमुख हो रहा है तब किसके बूते वह अपने दिन काटेगी ? अपमान या आघात स्वजन की ओर से जब होता है तो उसकी असह्यता कई गुना अधिक होती है।

और समाज में कैसे विषधर छिपे पड़े हैं ! जाने किसने उमानाथ के कान भरे थे ? चाची की यह ज़रा भी खुशहाली जाने किसे चुभ रही थी ?

चर्खा और तकली कातते-कातते चाची के हाथ में घट्ठे पड़ गए थे। सारा गाँव जानता था कि कितनी कड़ी मेहनत वह करती थी। आठ घंटा, दस घंटा ? व्रत का दिन हो या उपवास का, पर्व का हो चाहे त्योहार का। चाची का यज्ञ कभी समाप्त नहीं होनेवाला था। बदले में वह पाती क्या थी ? बीस-पच्चीस रुपए मासिक। कभी यह आमदनी तीस तक पहुँच जाती थी। अपने खाने में तो बहुत ही कम खर्च करती, दस से अधिक कभी नहीं। बाकी पैसे जमा रहते या घर के किसी काम में लगते। दस-पाँच उधार उससे कौन नहीं ले गया होगा ? कभी चाची ने ना नहीं किया। सास-ससुर, बाप और पति की वर्षी में पाँच-सात ब्राह्मणों को बराबर वह खिलाती आई थी। घर छवाने के साल-साल खढ़ चाहिए, डोरी चाहिए। मजदूर चाहिए। एक दिन दो दिन देकर अतिथि-अभ्यागत आ धमकते, दो मुट्ठी चावल का भात खिलाए बिना चाची स्वयं कैसे दाना-पानी मुँह में डालती ? पर्व-त्योहार साल में दसों पड़ते हैं, उन दिनों कुछ न करो तो देवता नाराज हो जाते हैं और लक्ष्मी चिढ़ जाती है...यह सब आखिर कहाँ से होता था ?

उमानाथ ने इतना भी नहीं सोचा कि शादी में जो चार सौ लगे हैं और सौ रुपया यह जो और जमा है सो यह कहाँ से आया ? तीन सौ उसकी कमाई ठीक है, मगर बाकी दो सौ कहाँ से आया ? यह सब ओछे स्वभाववाले उस नौजवान ने कुछ भी नहीं सोचा। बस रामपुरवाली चाची की चुगलखोरी पर ही अपने संपूर्ण विश्वास को उसने टिका दिया। माँ के प्रति तिलशः जीभूत अश्रद्धा को प्रकट करने का क्या कोई दूसरा रास्ता नहीं था ?

चाची ने अपनी दृष्टि से भी सोचा और उमानाथ की दृष्टि से भी। फिर भी इस प्रकार तिरस्कृत जीवन की चरितार्थता उसकी समझ में नहीं आई। कौन-सी भावना है जिसे वह जीवन की सार्थकता के प्रमाण में पेश करे ?

अगहन में उमानाथ गौना तो करेगा ही। चाची ने निश्चय किया, पतोहू का मुँह देखकर अपनी जीवनलीला समाप्त कर लेनी चाहिए। फिर वही बात ? नहीं, वह बात नहीं। जीवनलीला समाप्त करने में पल-भर भी लग सकता है, पहर-भर भी। मास, छह मास, साल-भर भी लग सकता है। अलक्षित रूप में अपने को बीमार कर लेना, दवा-दारू नहीं करवाना और लगातार कुपथ्य और असंयम करते चले जाना...इस तरह कोई मरता है तो घरवालों की बदनामी नहीं होती। और यहाँ तो टलती बला को जानकर कोई भी 'हाय, हाय' नहीं करेगा।

इस निर्णय से चाची की आँखें चमक उठीं और वह बैठी। हाथ पर ठुड्डी टेककर उसने देखा—लाश तुलसी-चौरे के नज़दीक पड़ी है। मुँह उत्तर की ओर है। रतिनाथ निकट ही बैठा है। उसकी आँखों से आँसू की धारा अविराम बह रही है...वहाँ और कोई नहीं है।

रतिनाथ !

हाँ, रतिनाथ ही अपने हाथ से मेरा अंतिम संस्कार करेगा। वह मेरा मानस पुत्र है...चाची का चिंतन-चक्र चलने लगा...रत्ती ने कुछ ही दिन पहले कहा था—'चाची, नहीं

माँ कैसी हुआ करती है मगर मेरे लिए तो तुम्हीं माँ हो। हो न चाची ?'

और तब अपने उच्छ्वसित आवेश को छिपाने के लिए चाची ने उसके गाल पर हल्की-सी एक चपत जमा दी थी—'दुत् पगला !' अप्रतिभ आँखों से लड़के ने चाची की आँखों में झाँका। इनमें छलकते वात्सल्य का तरल रूप पाकर रतिनाथ का चेहरा खिल उठा...उस समय तकली कात रही थी। डेढ़ सौ नंबर का महीन सूत। अपने ध्यान को फिर से उसने एकाग्र कर लिया था। किंतु बैशाख शुक्ल दशमी की इँजोरिया रात क्या कम आकर्षक होती है ? रतिनाथ ऊपर निगाह किए गगन-विहारी चंद्रमा की ओर अपने को टिकाए हुए था। जहाँ तकली की कटोरी थी वहीं उसके सिर की छाया पड़ती थी। बस, बीत आधी बीत का फासला हो तो हो। छाया में चाची ने देखा, उसकी ओर गर्दन को तिरछी करके रत्ती ने दाहिने हाथ की तर्जनी अँगुली में चोटी के लंबे बालों को लपेट लिया है। थोड़ी देर बाद चोटी के बालों से अँगुली छुड़ा ली और उसे इस भाँति हिलाने लगा मानो शून्य में कुछ लिख रहा हो। अंत में उसी अँगुली से उसने अपनी गर्दन को मानो रेतना शुरू किया। फिर एकाएक पूछ बैठा—'क्यों चाची, मुझे कोई जान से मार दे तो तुम बहुत रोओगी ?'

चाची ने उसे डाँट दिया—'भाँग तो नहीं पी आए हो ?'

वह झेंप गया और अपनी सुजनी पर जाकर सोने के उपक्रम में लगा...

रतिनाथ के हृदय में विश्रृंखलताओं का पता चाची को खूब था। रत्ती भी चाची को खूब पहचानता था।

आज चाची ने भगवान् से प्रार्थना की कि उसका अंतिम संस्कार रतिनाथ के हाथों ही हो। पुत्र को जब माँ पर इतनी घृणा है तो यह अप्रिय कार्य उसे न करना पड़े—यही एकमात्र कामना थी जिसने बार-बार उस दिन चाची से हाथ जुड़वाए।

कालाजार और मलेरिया का शिकार बन जाना शुभंकरपुरवाले के लिए बड़ा आसान था। चाची को निश्चय था कि इस बार वह अपने को इस मोर्चे पर आगे कर देगी और फिर देखा जाएगा।

दिन ढल गया था मगर चाची ने खाना नहीं खाया।

उमानाथ की ससुराल का सामान सहेज-सँभालकर एक ओर रख दिया। मन हुआ कि चर्खा तोड़कर फेंक दे, मगर नहीं। इसने पिछले पाँच साल से जीवन का साथ दिया है, अब उमानाथ के कहने से वह उसको छोड़ बैठेगी ? ना, ऐसा नहीं हो सकता। उमानाथ चाहे चमारिन कहे चाहे जुलाहिन, चाची चर्खा नहीं छोड़ेगी।

कि इतने में बादल गड़गड़ा उठे। चाची बाहर निकल आई घर से। देखा, पश्चिमाकाश काली घनघटा से छा गया है। उसे रतिनाथ याद आया। अभी रहता तो बाग की ओर दौड़ता। आँधी-तूफान के इस अवसर पर जो भी दस-पाँच आम होंगे सब गिर पड़ेंगे। फटे-फूटे कच्चे आमों का और क्या होगा ? अचार बनेगा। कसौंझी बनेगी। आमिल बनेगा। चटनी और कुच्चा। रतिनाथ के अभाव में टोल-पड़ोस के और लड़के क्या बैठे रहेंगे ?

रत्ती आजकल तरकुलवा में था। अब ननिहाल गया होगा या जानेवाला होगा।

दच्छिनवाला घर खढ़ के अभाव में चूने की सूचना पहली बारिश में ही दे चुका था। वह तीसरा साल था। इस बार यदि नया खढ़ छप्पर पर नहीं पड़ेगा तो बरसात में समूचा मकान बैठ जाएगा। चाची ने बड़े खेद के साथ उस घर की ओर देखा—रतिनाथ की माँ मर गई तभी से इस घर की शोभा चली गई। चूहे, झींगुर और नेवले रहते हैं अब। मगर इस साल उनके भी रहने लायक नहीं रह जाएगा...

जयनाथ को कई पत्र चाची दे चुकी थी कि इस बार बरसात में घर बैठ जाएगा। खुद न आ सको तो रुपए ही भेज देना। यहाँ सब ठीक हो जाएगा। परंतु किसी पत्र का उत्तर बड़हड़वा से नहीं आया। रतिनाथ मोतिहारी से आया तो बाप की इस लापरवाही पर झुँझला उठा। निष्फल झुँझलाहट उपेक्षा की भूमिका होती है। पैसे तो बेचारे के हाथ थे नहीं कि छवाने का कोई प्रबंध करता। चाची ने कहा था—'बेटा, अपने हाथ से बाप को चार आखर लिख दो, शायद इससे उनकी नींद टूटे।' रतिनाथ को यह बात जँची नहीं।

छब्बीस

अगहन में नहीं, माघ में उमानाथ कलकत्ते से आया और महनौली से गौना करा लाया।

चाची चौमासा (बरसात) भर मलेरिया खेलती रही। बेहद कमजोर थी; परंतु खूब उत्साह से उसने पतोहू का स्वागत किया। लड़की सचमुच ही स्वस्थ और सुंदर थी।

गहनों के नाम पर माँ-बाप ने उसे कुछ नहीं दिया था। नंद झा दरिद्र नहीं था परंतु उसके चार लड़कियाँ थीं। खेती-गृहस्थी मामूली ढंग की ही थी। दो लड़के थे, दो बैल। साल-भर हड्डी-तोड़ मेहनत करने के बाद कहीं घर का पूरा खर्चा जुटा पाता था। पाल-पोसकर चौदह साल की लड़की को किसी की 'गृहलक्ष्मी' के लायक बना देना ही क्या कुछ कम था ?

इस अवसर पर उमानाथ ने प्रतिभामा को भी बुलवा लिया था। पति स्वयं ही उसे पहुँचा गया था।

रतिनाथ भी मौजूद था। पिछली गर्मियों में जब मोतिहारी से वह गाँव आया तब से लौटकर कहाँ वह दुबारा मोतिहारी गया ? बात यह हुई कि नानी ने बड़ा ही आग्रह किया कि दरभंगा के विद्यालय में ही पढ़ो, सीधा-सामान या और जो भी कुछ लगेगा तुम्हारे मामा देने को तैयार हैं। नानी का यह मधुर आग्रह रत्ती टाल नहीं सका। दरभंगा की महाराजी पाठशाला (रमेश्वरलता संस्कृत विद्यालय) में वह भर्ती हो गया। पढ़ाई अच्छी थी, व्याकरण-मध्यमा का कोर्स उसका पूरा हो ही चुका था। दस-बारह साथी और मिले ! छोटी छुट्टियों में ननिहाल चला जाता। कभी-कभी चाची के पास भी।

ताराचरण की माँ, रामपुरवाली चाची, शकुंतला और चाची—सबकी राय से दुलहिन

का नाम पड़ा कमलमुखी बहुरिया। सास ने मधुबनी से पैंजनी मँगवा दी कि कमलमुखी ताल बाँधकर चलेगी। मगर वह ठहरी ठेठ किसान की बेटी, खेत में राख डाल आना, गोइठा पाथना, तालाब और कुएँ से पानी भर लाना, मौका-बेमौका गाय-बैल चरा लाना—यही सब जानती थी। भद्र कुलवधुओं की चाल उसे अभी सीखनी थी। कमलमुखी के संबंध में शुभंकरपुर की औरतों का कहना था कि खेतिहर की बेटी है, मोटा-झोटा खाना दो और कसकर काम लो।

उमानाथ महीना-भर की छुट्टी ले आया था। इतने दिन काफी थे। सिखा-पढ़ाकर कमलमुखी को शेर बना गया।

आँगन का क्या कहना ? जहाँ पहले चाची अकेले उदासी के तराने सुना करती वहीं कई प्राणी अब और आ गए थे। कमलमुखी थी। प्रतिभामा थी। उसके दो बच्चे थे। बीच-बीच में रतिनाथ भी आ जाता।

चाची ने बड़ी कोशिश की, मन को इनमें उलझाए। मगर उमानाथ का रूक्ष व्यवहार उसे दिन-दिन असह्य लग रहा था। अपना हृदय उसने पतोहू के लिए खोल दिया, प्रतिभामा से अधिक वह उसे ही मानने लगी। परंतु आखिर खरबूजे को देखकर खरबूजे ने रंग पकड़ ही लिया। कमलमुखी चाची की स्वतंत्रता में हस्तक्षेप करने लगी। होली का त्योहार आया। चाची का विचार था, कम-से-कम पाँच सेर आटे के लायक घी-गुड़ का प्रबंध करना चाहिए। कमलमुखी ने कहा—"नहीं, इतना क्या होगा ? ढाई सेर आटा काफी रहेगा।" चाची बोली, "तुम नहीं समझती हो, इस बार भगवान् की कृपा है कि आँगन भरा-पूरा है, तुम हो, प्रतिभामा है, बाल-बच्चे हैं ! पूआ-पकवान कुछ ज्यादा ही बन जाएँगे तो क्या हर्ज है ?"

इस पर कमलमुखी ने ठुमुककर कहा—"मना कर गए हैं।"

चाची ने जोर दिया—"तो क्या हुआ ?"

"ऊँ हूँ"—पतोहू अचल होकर बोली। प्रतिभामा ने माँ को इशारा किया—"क्यों झगड़ती हो ?" चाची इस घटना से टूट गई। उसने कुछ नहीं किया। प्रतिभामा ने त्योहार की तैयारियाँ कीं। सास-पतोहू दोनों अलग-अलग कोपभवन में पड़ी हुई थीं। लगता था कि वही मेहमान हैं और प्रतिभामा ही गृहस्वामिनी है। उसके दोनों बच्चे फुदक-फुदककर मालपूआ खा रहे थे। रामपुरवाली चाची आई तो कमलमुखी की पीठ थपथपा गई।

वैसी मनहूस होली चाची ने कभी नहीं बिताई।

जिस बात का संदेह था, वह सच निकली। पतोहू का स्वभाव पति की ओर झुका हुआ था। किसी नववधू का स्वभाव यदि पति की ओर अनुरक्त हो तो बुरा है ? नहीं। पति में अनुरक्त होना और बात है, मगर बात-बात में सास-ससुर को चिकोटी काटना और ही बात है। उमानाथ माँ के प्रति अपनी घृणा का कुछ अंश पत्नी के भीतर उँड़ेल गया था। औरत अब उसके लिए 'स्वजन' थी और माँ थी 'पराई'।

चाची ने सिर झुकाकर परिवार की इस नई व्यवस्था को कबूल कर लिया।

कमलमुखी को उसने अपनी राह जाने दिया। प्रतिभामा तीन मास शुभंकरपुर रही, देवर बुला ले गया। स्वागत-सत्कार बहुत ही साधारण हुआ था बेचारी का। उमानाथ की प्रकृति में जिन गुणों का विकास हुआ था उनमें कृपणता का ही स्थान प्रथम था। 'कम-से-कम खाकर कम-से-कम पहन-ओढ़कर पैसे बटोरते चलो'—सफल गृहस्थी का अपना यह मूलमंत्र वह कमलमुखी के भी कान में फूँक गया था। अपनी लड़की की बिदाई में चाची ने अलग से पचीस रुपए खर्च किये। कमलमुखी ने उमानाथ को चुपचाप लिखवाया—घर के काम में तो कुछ देतीं नहीं मगर लड़की की बिदाई के समय पचास जाने कहाँ से निकाले ? कितनी लंबी है तुम्हारी माँ की आँत !

प्रतिभामा चली गई तो चाची के लिए फिर एकांतवास आरंभ हुआ। कमलमुखी से वह कम ही बोलती थी। उसने भी अपनी सास से अधिक रामपुरवाली चाची का ही आदर-सत्कार शुरू किया। क्यों न हो ? वह आकर दुनियादारी के नए पैंतरे बतलाया करती। टोल-पड़ोस की औरतों के गुन-औगुन ! यहाँ तक कि कमलमुखी को अपनी सास की वह कलंक-कथा भी मालूम हो गई।

चाची को संग्रहणी हो गई थी। चैत का महीना। ताराचरण की माँ ने कहा, "कुछ दिन अन्न छोड़ दो; दही और उबला हुआ बेल खाओ।" परंतु पथ्य का यह सिलसिला चार-छः ही दिन चला। चर्खे में कूबत नहीं था, वह अब सो रहा था।

रतिनाथ परीक्षा में मशगूल था। पंद्रह अप्रैल को उसकी परीक्षा पड़ती थी। एक बार आकर वह दवा दे गया था। परंतु सेवा-सुश्रूषा और पथ्य-पानी कौन करे ? खाली दवा से क्या होता है ?

कमलमुखी सास की सेवा करती अवश्य थी परंतु हृदय से नहीं। और श्रद्धा-भक्ति से यदि आपको कोई विष भी देता है तो उसमें आपके होंठ उल्लसित ही होते हैं। चाची का स्वास्थ्य दिन-पर-दिन बिगड़ता ही जा रहा था। कमलमुखी का रूखापन उससे छिपा नहीं था। लगता था कि बेटा और पतोहू अब उस बुढ़िया को नहीं चाहते। एक ही आदमी था जिसे इस बुढ़िया की ज़रूरत थी। किसको ?

रतिनाथ को ?

हाँ, रतिनाथ को। उसे चाची की अभी ज़रूरत थी।

पिता के जीवित रहने से रतिनाथ को न हानि थी न लाभ। जयनाथ का भी एक ही काम था कि अपना पेट पोसें। आज न रत्ती सोलह-सत्रह साल का हुआ है, बचपन में भी उसने अपने बाप के रंग-ढंग देखे हैं। जयनाथ को वह सदा कंकड़-पत्थरवाला चटियल मैदान ही समझता आया। इसके विपरीत, चाची उसे सदाबहार बगिया प्रतीत हुई। सहज स्नेह की फहियाँ बरसानेवाली यह बदली न होती तो रतिनाथ का कैसा बुरा हाल होता ?

परंतु वह बदली अब स्वयं ही पथरा रही थी। उसे धक्के पर धक्का लग रहा था। उसकी वर्षण-क्षमता, उसकी प्रस्रवण-शक्ति, उस अमृतद्रव की वह सामर्थ्य अब क्षीण होती जा रही थी। इस बात का आभास रत्ती पा ज़रूर गया था किंतु असहाय

था बेचारा। उमानाथ को रास्ते पर ले आना उसके बूते की बात नहीं थी। महनौलीवाली को समझाना वह बेकार समझता था। और जो लोग थे, तमाशबीन थे। वे यही चाहते थे कि उमानाथ की माँ अपनी पतोहू को खुलकर गालियाँ दे, झोंटा पकड़कर घसीटे। झाड़-मुस्सर से मारे। बदले में पतोहू भी उसको एक की दस सुनावे, झोंटा पकड़े...फिर बाकी औरतें पंच बनकर फैसला करें...परंतु चाची ने यह सब होने का अवसर ही नहीं दिया। वह सारा विष स्वयं ही पीती गई।

परीक्षा देकर रतिनाथ आया। पर्चे अच्छे बने थे। पास होने की पूरी उम्मीद थी।

उसकी इच्छा थी कि आषाढ़ की पूर्णिमा तक मन लगाकर चाची की परिचर्या करे। परंतु अब चाची का जमाना लद चुका था। कमलमुखी गिन-गिनकर चावल निकालती और पकाती। रतिनाथ का हिसाब वह मेहमान के तौर पर करने लगी। दो नहीं चार दिन रहो, चार नहीं दस दिन रहो; हमेशा के लिए यहीं पाल्थी लगा लो सो नहीं होगा। ऐसा हो तो अपना घर है, खुद पकाकर खा लो अपना।

रतिनाथ के लिए यह नई बात थी। जहाँ अपने घर की भाँति वह आज तक रहता आया, वहाँ अब मेहमान बनकर रहना उसे अखरने लगा। पाँच ही सात दिन रहा फिर अपने सहपाठी के यहाँ चला गया भौंर। तालाब में साथ तैरने और मछली खाने का निमंत्रण सहपाठी श्री धर्मनाथ सिंह ठाकुर की तरफ से पहले ही मिल चुका था।

मन परंतु उसका चाची पर ही लगा रहता था।

वह बेहद कमज़ोर हो गई थी। पतले-पतले वे सुंदर होंठ फीके पड़ गए थे। कपार पर नीली नसें उभर आई थीं। आँखें धँस गई थीं मानो दो कुओं में दो तारे टिमटिमा रहे हैं ! छाती की हड्डियाँ बाँस की फट्टियों की तरह झकझक कर रही थीं। पेट और पीठ सटकर एक हो गए थे।

रतिनाथ ने पूछा था—"कलकत्ते लिखूँ ?"

"नहीं"—चाची ने सिर हिला दिया था। थोड़ी देर बाद रत्ती के हाथ को अपने कमज़ोर हाथ में लेकर कहा था--"बबुआ, कहीं कुछ हो जाए तो इस मुँह में आग तुम्हीं देना, हाँ !"

रतिनाथ चुप ही था...

"अरे, क्या कहा मैंने ? समझा नहीं ?"

रतिनाथ से फिर भी 'हाँ' कहते न बना।

चाची ने तीव्र स्वर में पूछा—"अरे, क्या कहती हूँ ?"

इस बार रत्ती ने भीगी आँखों से चाची की ओर देखा।

"अरे ! तू तो रोता है !"—चाची ने फक् से हाथ छोड़ दिया और अपनी धोती के खूँट से लड़के की आँख पोंछने लगी।

रतिनाथ ने कहा था—"चाची, यह सब अभी तुम क्यों बोलती हो ?"

मौन रहकर चाची ने अपनी गलती मान ली थी और रतिनाथ दौड़कर गया था। तारा बाबा से एक यंत्र बनवा लाया था। चाची के वाम बाहुमूल में लाल धागे से उस

यंत्र को रतिनाथ ने अपने हाथ से ही बाँध दिया था।

चाची की इन बातों से सचमुच ही रतिनाथ खिन्न रहता था। चाहता था कि खुद बीमार हो जाए मगर चाची की तंदुरुस्ती सुधर जाए। पर चाहने ही से कुछ थोड़े ही हो जाता है ?

रत्ती की नानी पचहत्तर साल की थी फिर भी अभी स्वस्थ थी। रतिनाथ सोचता था, क्यों न चाची भी उतने दिनों तक जिए ? तरकुलवा में चाची की माँ सत्तर के अंदर ही है, तो चाची इतनी कम उमर में मर जाएगी ?

परंतु दीर्घ आयु का संबंध जिन परिस्थितियों से है क्या चाची उन्हीं परिस्थितियों में अपना जीवन बिताती थी ? ग्लानि और अपमान, तिरस्कार और उपेक्षा चाची ने बहुत सही थी, किंतु अब उमानाथ का बर्ताव और कमलमुखी की अश्रद्धा उस बेचारी को अधिक-से-अधिक यातना दे रही थी। इतने दिनों तक तो पुत्र की आशा से सबकुछ सहती आई थी और अब आशा का वही केंद्र निराशा का गड्ढा साबित हो रहा था। ऐसी स्थिति में निरानंद और नीरस जीवन बिताने से लाभ ?

रतिनाथ ने निश्चय किया, कहीं भी रहेगा, दस-पंद्रह दिन में एक बार शुभंकरपुर आकर वह चाची को देख जाया करेगा।

ताराचरण बीच-बीच में आकर खबरें सुना जाते थे। हिटलर ने रूस पर हमला करा दिया था। इस अशुभ समाचार से चाची को खेद हुआ। वह बोली—"कैसा दिमाग है दरिद्दर का ! मुदा बच्चा-बच्चा कट मरेगा तभी रूस दखल होगा। है न बाबू ?"

ताराचरण का ख्याल था कि अंत में रूस हार जाएगा लेकिन चाची का कहना था, "मैं पढ़ी-लिखी नहीं हूँ मगर इतना समझती हूँ कि पच्चीस साल से रूसवालों ने अपने यहाँ जो नया संसार बसाया है उसके अंदर जाकर राक्षसों की बड़ी-से-बड़ी फौज भी मात खा जाएगी..."

"देख लेना"—ताराचरण कहते।

"देख लूँगी, यदि जीती रही"—चाची मुस्कुरा पड़ती। उसके चेहरे पर विश्वास की एक चमक कौंध जाती।

ताराचरण आजकल सार्वजनिक प्रवृत्तियों में ज्यादा दिलचस्पी ले रहे थे।

गाँव का किसान-भवन बड़ी बुरी हालत में था, ताराचरण ने इसकी मरम्मत करवाई। पंचायत के फैसलों से जुर्माने की जो रकम आती, वह अब उसी के जिम्मे रहती थी।

बरसात के दिनों में सड़क इतनी खराब हो जाती कि कीचड़ और बदबू के मारे नरक उसके सामने कुछ नहीं था। तकलीफ सब उठा रहे थे लेकिन उसको दुरुस्त करने के लिए आगे आनेवाला कोई नहीं था। शुभंकरपुर जैसा शिक्षित गाँव और उसका ऐसा हाल ! मगर धिक्कार या फटकार आप किसे सुनाएँगे ? एक भी शिक्षित व्यक्ति घर पर तो बैठा रहता नहीं, पाँख मजबूत होते ही वह चुगने के लिए बाहर निकल जाता है। हाँ, बाबू ताराचरण हैं जिन्हें गाँव के नाम पर कुछ लाज-शर्म है।

ताराचरण ने बैसाख में मुसहड़ों को सड़क की मरम्मत में भिड़ा दिया। सबसे बड़ा काम था मिट्टी डालना। उधर ब्रह्मस्थान से लेकर इधर पलिवाड़ के पोखर तक, आधा कोस पड़ता है। इतनी दूर तक मिट्टी डलवाने में चालीस मजदूर लगे। ताराचरण आवश्यकतानुसार लोगों से अनाज या नगद लेते गए। 'कमाऊ पूत' कि जिनका नाम बाहर सम्मान से लिया जाता है, इस अवसर पर फिसड्डी निकले। उन सुशिक्षितों से मूर्ख और गँवार ही भले।

मिट्टी पड़ जाने से सड़क ऊँची हो गई। कुछ लोगों ने अपने-अपने दालान के सामने सड़क की ज़मीन हद से ज्यादा दबा ली थी। ताराचरण ने नक्शा उठाकर रस्सी और जरीब से नए सिरे से पैमाइश की। इस तरह सड़क की मुनासिब ज़मीन निकल आई। आधा धूर खुद उसके भी दालान के सामने दबी पड़ी थी।

चाची ने दो रुपए सड़क-सुधार के इस काम में देना चाहा, परंतु कमलमुखी ने घोर आपत्ति प्रदर्शित की। चाची दम साधकर शांत हो गई। कमलमुखी ने हाथ चमकाकर रामपुरवाली चाची से कहा था, "यहाँ न माल न मवेशी, गाड़ी आवे न इक्का। सड़क खराब हो गई है तो इसकी सज़ा हम क्यों भोगें ?"

चाची ने चुपचाप कहला भेजा ताराचरण को—"अभी हाथ पर नहीं है।"

तीन पोखर बेकार हो गए थे, ताराचरण ने गर्मियों में उनकी सफाई करवा दी। इसमें कुछ खर्चा नहीं पड़ा। शर्त यह थी कि मछलियाँ जो जिसके हाथ लगें वह उसी की रहें। फिर क्या था ? अहीर, केवट, अमात, धानुख और बाभन भी भूत की भाँति तालाब की सफाई में लग गए। मछली भी उस दिन खूब निकली।

ताराचरण के रूप में नए नेतृत्व का उदय हुआ था। बूढ़े पहले कुछ दिनों तक उसे मान्यता देने को तैयार नहीं थे। परंतु बाद में उन्हें झुकना पड़ा। बूढ़े समाजपति पुराना अधिकार कायम रखने के लिए हाथापाई करके कई बार शिकस्त खा चुके थे। गत वर्ष कृष्णाष्टमी के अवसर पर उनका विचार था नटुआ मँगवाने का। तरुणदल कीर्तन-मंडली के पक्ष में था। बूढ़ों ने असहयोग की धमकी दी परंतु भगवान् कृष्ण नए अर्जुनों की बात में आ गए। दूसरी पराजय बूढ़ों की राजाबहादुर दुर्गानंद सिंह के संबंध में हुई थी। राजाबहादुर के दामाद ने किसी देशी नाटक मंडली को बुलाया था। उनका विचार था कि शुभंकरपुरवाले भी आकर नाटक देखें, वे हमारी प्रजा हैं। उन्हें अलग से बुलवा भेजने की ज़रूरत ही क्या है ? नवयुवक अड़ गए, बिना बुलावे के हम क्यों जाएँगे ? इसमें बुजुर्ग लोग राजाबहादुर को पहले ही आश्वासन दे आए थे। अब उनकी नाक कट रही थी। ताराचरण ने कहा—"जमाना बदल गया है। हम जब अंग्रेजों की नाक में कौड़ी बाँधते हैं तो राजाबहादुर की बिसात ? उनका दामाद खुद आकर हमें लिवा ले जाए, तब चलेंगे।" अंत में हुआ यही कि दो-एक बूढ़ों को छोड़कर और कोई नहीं गया।

सत्ताईस

परसौनी से हैजा शुरू हुआ। शुभंकरपुर, केरवनिया, मकरंदा, दहौरा, पकड़िया, अमरितपुर इन आठ-दस गाँवों में फैल गया। वर्षा रुकी रही तो हैजा अपना नंगा नाच नाचता रहा।

चाची साल-भर से बीमार थी। उसकी कमज़ोर देह हैजे का धक्का बर्दाश्त नहीं कर सकी। संयोगवश रतिनाथ मौजूद था। उसने आखिरी हालत में उमानाथ को तार दिया, परंतु अंत समय में चाची अपने पुत्र का मुँह नहीं देख सकी। छत्तीस घंटे पाखाना-पेशाब रुका रहा। अंतिम क्षण में रतिनाथ ने कहा—"चाची, सिमरिया घाट चलोगी ?"

"नहीं"—हाथ से इशारा किया चाची ने और नज़दीक बुलाकर कहा—"यही आँगन मेरे लिए भगीरथी गंगा है।"

चाची की आवाज़ इतनी क्षीण हो गई थी कि बड़ी मुश्किल से रतिनाथ समझ सका। कमलमुखी हल्दी का चूरन और चावल का आटा एक महीन कपड़े में बाँधकर उस पोटली से अपनी सास के तलवे मल रही थी। चाची की बेचैनी अतिकोटि पर पहुँच गई थी। उसने डॉक्टरी दवा लेने से इनकार कर दिया था। अमृतधारा तक उसे मंजूर न थी। रतिनाथ को ऐसा लगा कि मरने का यह अवसर चाची अपने हाथ से जाने देना नहीं चाहती; वह इस जीवन से ऊब गई है। अब विराम चाहती है। परिवार में एक भी ऐसा प्राणी नहीं है जिसे चाची का यह असमय प्रयाण सह्य न हो।

आषाढ़ कृष्ण पंचमी के रात्रिशेष में जब ढिबरी की पीली लौ ज़रा देर के लिए फुरफुरा उठी तब रतिनाथ समझ गया कि चाची चली। उसकी आँखों से आँसू बह चले। कमलमुखी ने जोर से रोना शुरू किया। रत्ती ने दिल को कड़ा किया। तुलसीचउरा के नज़दीक पहले सुजनी बिछा आया फिर चाची को सँभालकर वहाँ उठा ले गया। वहीं तुलसीचउरा के नज़दीक चाची ने एक बार जोर से ऊर्ध्वश्वास लिया और उसकी आँखों की पुतलियाँ उलट गईं, मुँह से थोड़ा रक्त-मिश्रित कफ़ निकला और बस !

ताराचरण, घूटर, सुखदेव, गदाधर और रतिनाथ यही पाँचों अर्थी उठा ले गए। अपनी ही पुरानी अमराई में चिता तैयार हुई। ठीक उसी जगह जहाँ थोड़ी-थोड़ी दूर के फासले पर उमानाथ के बाप-दादा, परदादा और दादी-परदादी आदि का अंतिम संस्कार हुआ था। मृतक को नहलाकर नया कपड़ा पहना दिया गया और तब उसे चिता पर डाल आए। लंबा पूला की तरह खढ़ का ऊक (उल्का) बनाया गया। साथ लाई आग को फूँककर रतिनाथ ने उस ऊक को धधकाया और चिता की परिक्रमा करके चाची के मुँह में अग्नि-स्पर्श कराया। यह विधि तीन बार की गई। अंत में ऊक को चिता पर छोड़ दिया गया। आग लाश को पकड़ चुकी थी।

जलने में करीब दो घंटे लगे। सभी एकमत थे कि उमानाथ जान-बूझकर अपनी माँ को बीमार रखता आ रहा था, यद्यपि होनहार को भला कौन रोक सकता है। रतिनाथ बराबर गुमसुम रहा।

चिता उसी दिन बुझाई गई। यह काम वहाँ की प्रथा के अनुसार तीसरे दिन हुआ। उस समय बची-खुची दो-एक हड्डियाँ सँभालकर अलग रख ली गईं और बाकी राख समेटकर उस पर छोटा-सा एक चबूतरा बना दिया गया। ऊपर से तुलसी का पौधा उस पर रोप दिया गया। हड्डियाँ ले जाकर समय और सुविधा के अनुसार गंगा में प्रवाहित करना था।

चौथे दिन उमानाथ आ धमका।

श्राद्ध साधारण रूप में ही हुआ। रतिनाथ तेरही के दिन उपस्थित था ही। जयनाथ को खबर कर दी गई थी फिर भी वह नहीं आए। कुल ढाई सौ खर्च पड़ा। एकादशाह की कच्ची रसोई का भोज था और द्वादशाह को चूड़ा-दही का (जयदेव का लड़का भवदेव विलायत से आया था, इसीलिए समाज में दो गोल थे। उमानाथ विलायती गोल में था। यही कारण था कि किफायत में ही काम चल गया)।

उमानाथ बीस दिन गाँव रहा। कमलमुखी गृहकार्य में खूब होशियार नहीं तो भोथड़ भी नहीं थी और अब तो सारी जिम्मेदारी उसी के कंधे पर आ पड़ी थी। उसने अपने भतीजे को बुलवा लिया।

रतिनाथ ने काशी जाकर पढ़ना तय किया। नानी और नाना इस विचार से सहमत न थे, परंतु रत्ती का मन अब इधर बिलकुल नहीं लग रहा था। चाची के अभाव में शुभंकरपुर अब उसके लिए श्मशान था। उस महिला को उसने तिल-तिल करके खपते देखा था। वह चाची की वेदना का हिस्सेदार था। चाहता था कि घर से दूर, खूब दूर रहकर वह वात्सल्य की उन स्मृतियों का उपभोग करे।

आषाढ़ की पूर्णिमा जब हो गई तो एक दिन चाची की हड्डियाँ और राख लेकर रतिनाथ काशी पहुँचा। उसके जिम्मे कुल पंद्रह रुपए थे। बचपन में बाप के साथ एक बार वह और काशी जा चुका था। परंतु तब की देखी-सुनी अब किस काम की ?

तारा मंदिर (क्षेत्र) के अध्यक्ष से रतिनाथ का दूर का रिश्ता पड़ता था। उन्होंने भोजन का प्रबंध अपने यहाँ कर दिया। पढ़ाई के लिए मीरघाट पर मारवाड़ी संस्कृत कॉलेज मानो उसकी प्रतीक्षा कर रहा था।

यह सब निश्चित हो चुकने पर रतिनाथ एक दिन प्रातःकाल नाव भाड़ा करके मणिकर्णिका घाट के सामने बीच गंगा में गया और चाची की अस्थियों को कंपित हाथों तथा आर्द्र आँखों से प्रवाहित कर आया।

अस्थियाँ गंगा में प्रवाहित करके लौटते समय रतिनाथ के हृदय में बारंबार यही बात उठ रही थी कि अमावस की उस रात को वह कौन था चाची ? एक घनी और अँधेरी छाया तुम्हारे बिस्तर की तरफ बढ़ आई, वह क्या थी चाची ? सदा के लिए तुम्हारे सिर पर कलंक का टीका लगा गया, वह कौन था चाची ? शील और शालीनता की प्रतिमे ! तुमने क्यों उस धूर्त का नाम नहीं बतला दिया ?

बलचनमा

घटनास्थल : जिला दरभंगा, बिहार

घटनाकाल : 1936 ई. के शुरू तक

एक

बारह बरस की उम्र में मेरा बाप मर गया। परिवार में माँ, दादी और छोटी बहन थी। नौ हाथ लंबा, सात हाथ चौड़ा घर था–दो छप्परोंवाला। सामने छोटा-सा आँगन था। बाईं ओर आठ-दस धूर (विस्वाँसी) बाड़ी थी। उसमें साल के बारहों महीने कुछ न कुछ उपजा लिया जाता। पिछवाड़े गिरहथ (मालिक) का इनारा था, पक्की जगतवाला। सामने इन्हीं के खेत फैले पड़े थे। दाईं ओर कुछ हटकर उन्हीं लोगों का पोखरा पड़ता था।

कहना न होगा कि वह थोड़ी-सी जमीन, जिस पर हम बसे थे, गिरहथ लोगों की ही थी। अपने जीवन की सबसे पहली घटना जो मुझे याद है, वह खूब साफ नहीं है...मालिक के दरवाजे पर मेरे बाप को एक खभेली[1] के सहारे कसकर बाँध दिया गया था। जाँघ, चूतर, पीठ और बाँह–सभी पर बाँस की कैली के निशान उभर आए हैं। चोट से कहीं-कहीं खाल उधड़ गई है और आँखों से बहते आँसुओं के टघार[2] गाल और छाती पर से सूखते हुए नीचे चले गए हैं...चेहरा काला पड़ गया है। होंठ सूख रहे हैं। अलग कुछ दूर पर छोटी चौकी पर यमराज की भाँति मझले मालिक बैठे हुए हैं। दाएँ हाथ की उँगलियाँ रह-रह मूँछों पर फिर जाती हैं...उनकी वह लाल और गहरी आँख कितनी डरावनी है, बाप रे ! मेरी दादी काँपते हाथों मालिक के पैर छाने हुए है। उसके मुँह से बेचैनी में बस यही एक बात निकल रही है कि दुहाई सरकार की, मर जाएगा ललुआ ! छोड़ दीजिए सरकार ! अब कभी ऐसा न करेगा, दुहाई मालिक की ! दुहाई माँ-बाप की...और माँ रास्ते पर बैठी हाय-हाय करके रो रही है, और मैं भी रो रहा हूँ। मेरी छोटी बहन की तो डर के मारे हिचकी बँध गई है।

सुना है, मेरा बाप दोपहर के समय बाग से दो किसनभोग[3] तोड़ लाया था। किसनभोग कच्चा भी खाने में खूब स्वादिष्ट होता है। ठीक वैसा ही जैसा भिगोया हुआ चावल। तोड़ते तो किसी ने देखा नहीं, मगर पुराने बखारों की ओट में बैठे-बैठे वह आम सोह रहा था तो किसी ने देखा और जाकर चुगली कर दी। फिर क्या था, मझले गिरहथ आग-बबूला हो गए और...

---

1. छोटा, पतला खंभा, 2. बहाव, 3. कलमी आम की एक किस्म, कृष्णभोग।

बावू जब मरा तो दादी को चौठइया बुखार लग रहा था। कुछ मालिक से लेकर, कुछ इधर-उधर से--जैसे-तैसे किरिया-करम[1] हुआ और मेरे गले की उतरी टूटी। उसके बाद दादी और माँ की राय हुई कि मैं मालिकों की किसी पट्टी में चरवाहे का काम करूँ। दादी ने मना किया था—अभी खाने-खेलने के दिन हैं, इसी समय जोत दोगी तो कलेजा सूख जाएगा, इस पर माँ क्या बोली थी ? यही कि अभी से पेट की फिकिर नहीं करेगा तो आगे बहतरा हो जाएगा...

कुछ ही दिनों बाद छोटे मालिक के यहाँ भैंस चराने का काम मिला। हे भगवान ! कितनी कठिनाई से और कितना गिड़गिड़ाने पर छोटी मलिकाइन मुझे रखने को राजी हुईं। उनके यहाँ जब हम पहुँचे तो अपना मुलायम और गुलाबी हाथ चमकाकर दादी से उन्होंने कहा—अरे, यह तो मेरे बखारों को खुक्ख कर देगा। डेढ़ सेर इस जून, डेढ़ सेर उस जून। छोकरे का पेट तो देखो, कमर से लेकर गले तक मानो बखिया है। कैसा बेडौल, कितना भयानक है, मइया री मइया ! इस पर मेरी ओर सिनेह भरी निगाहें डालती हुई दादी ने कहा—नहीं मलिकाइन, ऐसी बात न कहिए। मेरा बालचन मुट्ठी भर से अधिक भात नहीं खाता। कोदो, मड़ुआ, मकई, साँवाँ, काँवन चाहे जिसकी भी रोटी दे दो, खुशी-खुशी खा लेगा और दो चुल्लू पानी पीकर संतोख की साँस लेता उठ जाएगा, बड़ा ही सुभर है, तनिक भी नहीं खलेगा, मलिकाइन !

मेरे कमर से फटी-सी मैली-सी बिस्ठी झूल रही थी। बिस्ठी न तो लंगोटी है न कच्छा, कपड़े के लीरे को अगर तुम कौपीन की भाँति पहन लो तो वही हमारे यहाँ बिस्ठी कहलाएगी। मलिकाइन ने बिस्ठी की ओर इशारा करके कहा—कपड़ा-वपड़ा हमसे पार नहीं लगेगा। यह सुनकर दादी ने दाँत निपोड़ दिए। चेहरे की झुर्रियों और लकीरों में बल पड़ गया। दोनों हाथ जोड़कर वह गिड़गिड़ाई—क्या कमी है, मलिकाइन आप लोगों के यहाँ ? आप ही का तो आसरा है, नहीं तो हम गरीब जनमते ही बच्चों को नोन न चटा दें ! अरे, अपना जूठन खिलाकर, अपना फेरन-फारन पहनाकर आप ही तो हमारा पर्तपाल[2] करती हैं...

छोटी मलिकाइन का चेहरा खिल गया, उनके दाँत दनुफ के फूल जैसे झकझक कर रहे थे। होंठों की लाली बड़ी भली लगती थी। मेरी दादी पर अहसान का मनों भार लादती हुई बोलीं—खाना-पीना, लत्ता-कपड़ा और ऊपर से दो आना महीना ! कौन देगा इतना ? अभी सारा काम इसे सिखाना पड़ेगा। समझाते-समझाते दिमाग का गूदा चट हो जाएगा।

दादी ने मलिकाइन के पैर पकड़ लिए—आज से आप ही इस निभागे की माँ-बाप हुईं गिरहथनी ! आपका जूठन खाकर इसका भाग चमकेगा...

अगले दिन से मैं उनके यहाँ काम करने लगा। बतला ही चुका हूँ, चौदह साल की उमर थी। यों खास काम मेरा भैंस चराना था, फिर भी और कई काम थे जैसे कि बच्चे को खेलाना, पानी भरना, बाहर बैठक में झाड़ू लगाना, दुकान से नून, तेल, मसाला लाना और मलिकाइन के पैर दबाना...

---

1. क्रिया-कर्म, श्राद्ध, 2. प्रतिपाल, रक्षा।

चौधरी लोगों का यह घराना किसी जमाने में बहुत ही भरा-पूरा और अकबाली था। अब इनकी जमींदारी तो नहीं रही थी, परंतु रोब-दाब, रहन-सहन, चाल-ढाल और बातचीत से हुकूमत की बड़ी बिकट बू आती थी। चार पट्टियों में बँटे थे ये लोग। अलग-अलग हवेलियाँ थीं। बची-खुची जमीन-जायदाद बँटी हुई थी। गाछी, कलमबाग, बाँस, पोखर, खढ़ोर[1] और चरागाह—यह सब साझा चला आ रहा था। बीजू या सरही (देसी) आमों का बाग गाछी कहलाता है, बीस बीघा में फैले हुए थे। उनके बाग में हजार के लगभग पेड़ होंगे। कलमबाग भी काफी बड़ा था। बाँस भी तीन सौ बीट थे—तीन बीघे में फैले हुए। पोखर उनके तीन थे। खढ़ोर इतना बड़ा था कि सभी पट्टीदारों को अपने मकान छवाने लायक खढ़ उसी से निकल आता। चरागाह थी तो बड़ी, लेकिन ऊसर हो गई थी। इसके अलावा सीसम, महुआ, तून, इमली, जीमड़ जैसे तरह-तरह के सैकड़ों पेड़ों से भरा एक जंगल था।

पहले दिन सुबह-सुबह भैंस खोलकर जब मैं चराने ले चला तो अभी काफी सबेरा था। मुझे डर लगा। दादी के मुँह से भूत-प्रेत की कहानियाँ रोज ही सुनी थीं। गाँव के बाहर का हर एक बूढ़ा पीपल या बरगद मेरे लिए भूतों का रैन-बसेरा था। भैंस सीधी-सादी थी, नाकों में नाथ[2] थी। नाथ से जुड़ी रस्सी को हाथ में लपेटकर भैंस की पीठ पर मैं पट पड़ गया और वह अपनी इच्छा से पूरब की ओर चल पड़ी। जेठ का महीना था। उस साल आम नहीं फरे थे। इसलिए चरवाहे बागों में ले जाकर अपनी भैंसों को छोड़ देते थे और खुद भैंस की पीठ पर पड़े-पड़े सुबह की मीठी नींद के झोंके लेते रहते। उन्हें इस तरह सोते देखकर मुझे कई बार डाह हुई थी, पर आज तो मैं खुद भैंस की पीठ पर सवार था।

छोटे मालिक किसी राजा के यहाँ मनेजरी करते थे। परिवार को कभी उन्होंने साथ नहीं रक्खा। मलिकाइन बहुत बड़े घर की बेटी थीं। बिना दूध-दही का खाना उनके कहने के मुताबिक बालू-गोबर निगलना था। दो सौ रुपए लगाकर गुजराती नसल की यह भैंस उन्होंने मालिक से खरीदवाई। सेवा नहीं होने से यह भैंस बड़ी दुबली हो रही थी। पड़िया मर जाने से बिसुक गई थी। पुट्ठों का हाड़ और रीढ़ निकल आई थी। पुराना चरवाहा भागकर कटिहार चला गया था, चटकल (जूटमिल) में। फिर उन्होंने एक जवान दुसाध को इस काम के लिए रक्खा। उसकी एक ग्वालिन से साँठ-गाँठ हो गई तो मझले मालिक को इस बात का पता लग गया। पकड़े जाने पर उन्होंने उसे जूतों से इतना पीटा कि आधा पहर तक बेचारा आहऊह भी न कर सका, भाग तो गया ही...

अब भैंस मेरे सुपुर्द थी। पहले दिन मालिक के बाग से ही मैं उसे चरा ले आया। दूसरे दिन से तो वह मुझे प्यार करने लगी। अभी तक माँ, दादी और रेबनी (छोटी बहन) से ही हिला-मिला हुआ था। बाबू चल ही बसा था। उन चारों के बाद वह भैंस ही थी जिसकी गीली आँख और गरम साँस मुझ पर अपना असर डाल सकी। सुबह-सुबह मैं

---

1. ऐसी जमीन जहाँ घर छवाने की फूस पैदा होती है, 2. नकेल।

रोज उसे चरा लाता। पहर दिन उठने पर मलिकाइन मुझे कलेवा देतीं, महुआ की लाल रोटी। नोन और सरसों के तेल के साथ मैं जब वह रोटी खा लेता, तो छोटा बच्चा मेरे जिम्मे कर दिया जाता। यह लड़का मानो रोना ही जानता था। घड़ी भर में ही उसकी रुलाई से मेरा माथा दुखने लगता। चुप करने की सारी कोशिशें बेकार जातीं और तब खस की कूची से बाल झारती हुई मलिकाइन सिर नीचा किए ही डपटकर मुझे कहतीं—कंधे के सहारे बच्चे को ले ले और घूमघाम...माँ ने तुझे ठूँस-ठूँसकर खाना तो खूब सिखला दिया है मुदा फूल-सा हलका बच्चा भी तुझसे नहीं सँभलता...कोढ़िया !

यह गालियाँ सुनकर पहले दो-चार दिन तो मुझे थोड़ी-बहुत ग्लानि हुई पर बाद में कान खूब पक्के हो गए। गदहा, सुअर, कुत्ता, उल्लू...क्या नहीं कहती थीं वह मुझे ! उनका गुस्सा चुपचाप सह जाना मुझे सीखना पड़ा। एक दिन दोपहर को घास लाने में जरा देर हो गई। बैसाख और जेठ की जलती धरती हो तो घास छीलने में बड़ी कठिनाई होती है। पचीसों जगह खुरपी चला-चलाकर तंग आ जाओगे फिर भी टोकरी भर घास नहीं होगी। लेकिन जो देवी कई-कई डेवढ़ियोंवाली हवेलियों के भीतर छाँह में आराम से बैठी हुई हों, उन्हें अपनी यह दिक्कत तुम समझा पाओगे भैया ? उनके लिए सारी धरती हरी-हरी, नरम-नरम दूबों से भरी हुई है। सो उस रोज घास लेकर जब मैं जरा देर से पहुँचा तो गिरहथनी हुहुआ उठीं—मर क्यों न गया ? बड़े नवाब के नाती हुए हैं। कहीं बैठकर बाप के साथ कौड़ी भाँज रहा होगा और देर हो गई तो घास नहीं मिलती है, खुरपी भोथी है, बेंट[1] ढीला पड़ गया था...पचास बहाने बनाता है। मुँहझौंसा[2] ! इतना कहकर जब उन्हें संतोख न हुआ तो झाड़ू उठा लाईं और मेरी पीठ पर सात बार झटाझट बरसा दिए ! मैं ऐंचकर वहीं बैठ गया--ईह-ईह कर उठा।

वह जब बहुत खुश होतीं तो सूखा या बासी पकवान, सड़ा आम, फटे दूध का वदबूदार छेना या जूठन की बची हुई कड़वी तरकारी देती हुई मुझे कहतीं—बलचनमा, ऐसी अच्छी चीज तेरे बाप-दादा ने भी नहीं खाई होगी।

किसी चीज की कमी नहीं थी। ऊपर से मालिक ढाई सौ रुपया महीना कमाते थे। मलिकाइन के नइहर से भी महीने में दो-एक भार आ ही जाता था। यों तो भार का मतलब है बोझा, मगर सौगात में एक गाँव से दूसरे गाँव भेजे जानेवाले ये भार मामूली ढंग के नहीं होते। बाँस की लचकदार बहँगी कंधे पर होती है, उसके दोनों छोर से लटकते छिक्कों पर दही के छाँछ, चिवड़ा से भरा चँगेरा, केले की घौद, पकवानों या मिठाइयों से भरी डालियाँ, धोती, साड़ी, लहठी[3] या ऐसा ही और भी कुछ डाल दिया जाता है; बस यही भार कहलाता है। इसको लेकर चलनेवाले भरिया कहलाते हैं। तुम इन्हें बोझ ढोनेवाले मजूर समझ लो। मलिकाइन के नइहर से कभी-कभी ऐसा ही भार आता था। सौगात की सारी चीजों को वह टोल-पड़ोस के छोटे-बड़े घरों में बायना के तौर पर बँटवा देती थीं। हाँ, चावल, चिवड़ा, साड़ी, लहठी जैसी वस्तुएँ बायने में नहीं दी जातीं।

---

1. मूँठ, 2. मुँहजला, कलमुँहा, 3. लाख की चूड़ियाँ।

दही जब बहुत खट्टा हो जाता था, उससे बदबू आने लगती थी और वह उनके अपने या किसी पड़ोसी के खाने लायक न रह जाता तब मुझे मिलता। मैं उस दही को कुत्ते की भाँति खा लेता। याद आता है कि एक बार जास्ती खट्टा और दुर्गंध रहने से उस दही को नहीं खा पाया तो मलिकाइन ने सजा दी थी–अगले दिन खाना नहीं मिला था।

भैंस चराना मुझे खूब पसंद था। गाँव के बाहर मेरी ही उमर के जब और-और चरवाहे इकट्ठे होते तो हम अपना-अपना दुख भूलकर खूब खेलते। कभी कौड़ी भाँजते, कभी बकरी की सूखी लेड़ियों से सतघरा खेलते, कभी कंकड़ों से कौवाढुट्ठी, मोगल-पठान या बाघ-गोटी का भी खेल चलता। हमारी भैंसें दूब भरे मैदान या चरागाह में चरती होतीं और हम अपने गिरहथ या गिरहथनी की अदगोइ-बदगोइ[1] करते हुए खेला करते। बड़े मालिक का चरवाहा बूढ़ा था, सबूरी मंड़ड़। ठिंगने कद का बूढ़ा धानुक। कान दोनों बुच्च थे। कपार छोटा। आँखें चमकदार, मगर धँसी हुईं। बाल सन जैसे सफेद। अपने पशु की सेवा वह बड़ी ही तत्परता से करता। हमें अपने बीते दिनों की कहानियाँ सुनाते कभी न थकता। खेल में मशगूल पाकर बहुधा हमको वह फटकारता भी।

और जो कुछ हो, मंड़ड़ की दो बातें मैं अभी तक भूल नहीं पाया। एक तो यह कि अपनी भैंस को वह शायद ही पीटता और दूसरी यह कि सगी संतान की तरह उसकी सेवा। उसकी भैंस की आँखों में कभी किसी ने कीचड़ नहीं देखा। हर तीसरे दिन वह उसे तालाब में ले जाकर नहलाता, मुलायम दूबों की नूड़ी[2] से भैंस की पीठ, पेट, पुट्ठे, चाँध, गर्दन, माथ और पैर को भली-भाँति रगड़ता। इस तरह अपनी भैंस को वह साफ-सुथरी रखता...हम तो खैर थोड़ी ही उमर के थे, जिनकी उमर बड़ी थी उन चरवाहों से भी अपनी भैंसों की ऐसी सेवा पार नहीं लगती।

एक दिन मैं दोपहर के वक्त बड़े मालिक के बथान पर गया। उनके सोलह बैल थे और चार भैंसें थीं। चरवाहे तीन थे। राउत के जिम्मे दो भैंसें थीं। वहीं अलग एक झोंपड़ी में रहते थे। जिस समय मैं उनके पास गया तब वह हुक्का गुड़गुड़ा रहे थे। नारियल की पेंदीवाला इसी तरह का हुक्का मेरा भी बाप पीता था। मैं जाकर उनके पास बैठ गया। आँखें उठाकर अपने नजदीक बैठने का उन्होंने इशारा किया। थोड़ी देर बाद बड़े प्रेम से उन्होंने पूछा–तुम्हारी भैंस का यह सातवाँ महीना चल रहा है न ?

हाँ–मैंने कहा–बाबा, यह तुम कैसे जान गए ?

इस पर पतली मूँछोंवाले उनके होंठ खिल उठे। सच, जोर से ठहाका लगाते उन्हें कभी नहीं देखा। बहुत हुआ तो खिलखिला पड़े, और तब बिना दाँत के उनके वे लाल मसूड़े बड़े ही सुंदर लगते। हुक्के को खूँटे से टिकाकर और चिलम को उलटाकर मंड़ड़ ने कहा–जिनगी भर तो भैंस ही चराई है, बलचनमा ! मैं जब ननिहाल से भागकर यहाँ आया तो बाईस साल का था। तेरा बाप लालचंद तेरी ही उमर का रहा होगा...लच्छन से मालूम होता है कि तेरी भैंस के पेट में सात महीने की पड़िया है।

---

1. नुक्ताचीनी, आलोचना, 2. मोटा ब्रुश।

यह सुनकर मैं दंग रह गया। वह उठकर भैंस के पास जा बैठे। उसके थनों से ऊपरवाली नसों को सहलाते हुए मंड़ड़ बोले—खाली बखत में इधर-उधर भटकना ठीक नहीं, चरवाहे को चाहिए कि अपने पशु के रोएँ-रोएँ को गौर से देखे। लापरवाही से कई तरह के कीड़े पड़ जाते हैं—अठोड़ी, किलनी, जूँ, चिल्लड़...कभी-कभी कुकुरमाछी भी इन्हें तंग करती है। इन बातों का ख्याल चरवाहा न रक्खेगा तो कौन रक्खेगा। इसके अलावा उनके रहने की जगह को साफ और सूखा रखना बहुत जरूरी है...आजकल के चरवाहे हराम का खाते हैं, तभी तो उनका जानवर कलपता रहता है।

उस दिन मुझे ऐसा लगा कि मंड़ड़ भैंस की सेवा करने में बड़े ही होशियार हैं। इनके पास घड़ी-आध घड़ी रोज आकर बैठूँ तो बहुत-सी बातें यों ही समझ में आ जाएँगी। और, तब से जब कभी मुझे मौका मिलता तभी जाकर सबूरी मंड़ड़ के पास जा बैठता। हम एक बिरादरी के नहीं थे। वह थे धानुक, मैं ठहरा ग्वाला। वह थे सबूरी मंड़ड़, मैं था बालचंद राउत, फिर भी दादा-परदादा की तरह वह मुझे प्यार करते। कहीं कोई खाने-वाने की अच्छी चीज मिल जाती तो उसमें से थोड़ा कुछ मेरे लिए सँजोकर रखते। मुझसे और तो कुछ नहीं होता मगर रात को कभी-कभी जाकर पैर चाँप आता था।

मालिक की नौकरी ऐसी थी कि छुट्टी का नाम नहीं। तब भी छठे-छमाहे आ वह जरूर जाते। दो-चार दिन रहकर जब वह बिदा होते तो इसटीसन तक सामान मुझे ही पहुँचाना पड़ता। चमड़े का छोटा-सा सूटकेस, होल्डाल में बँधा हुआ बिस्तरा। यह दोनों सिर पर और हाथ में टिफिन-कैरियर। रामपुर से मधुबनी अढ़ाई कोस पक्का पड़ता है। उठते-बैठते किसी तरह मैं पहुँचा। गरदन टूट जाती। पसीने से सारी देह तर हो-होकर सूख चुकी होती। और इतने पर भी जब मालिक की गाड़ी पलेटफारम छोड़कर खिसकने लगती तो दो पैसे मेरी ओर फेंककर वह कहते—ले, मूढ़ी या चना खरीद लेना, फाँकते-फाँकते घंटे भर में घर पहुँच जाएगा।

मन करता कि उन पैसों को वहीं पलेटफारम पर ही छोड़कर चल दूँ ! इतनी मेहनत का यह दाम ! आखिर मैं वह पैसा उठा लेता। पैसे का चना और पैसे की बीड़ी। किसी तरह घर पहुँचता और माँ के पास धम्म से जा गिरता।

माँ मेरे बाप की ब्याही औरत नहीं थी। पहले ब्याह की औरत जब मर गई तो बाबू कुछ रोज कलकत्ता रह आया था। बाद में जिस विधवा से समंध[1] हुआ वही थी मेरी माँ। दादी को भैंस चराने का काम, मेरा यह काम पसंद नहीं था। बहन थी छोटी, उसकी राय का कोई सवाल ही नहीं। हमारे पास कुल सात कट्ठा जमीन थी। मझले मालिक सौ कसाई के एक कसाई थे। बाबू के मरने पर बारह रुपए माँ को उन्होंने कर्ज दिए थे। बदले में सादे कागज पर अँगूठे का निशान ले लिया था। सूद देते-देते हम थक गए, मूर ज्यों का त्यों खड़ा था। छोटी मलिकाइन दुअन्नी के हिसाब से साल भर का दरमहा डेढ़ रुपैया देती थीं, उतने से क्या होता...

---

1. संबंध, पुनर्विवाह।

जाड़े की रात हमारे लिए परलय की डुगडुगी बजाती आती थी। गर्मी के दिन जैसे-तैसे कट जाते, मुदा जाड़ा से निबटना बड़ा ही मुश्किल होता। गुदड़ी-कथड़ी भी ओढ़ने को अगर काफी न हो तो पूस-माघ की ठंढी रात यमराज की बहन साबित होती है। जलावन के लिए लकड़ी भला हम लाते ही कहाँ से, हाँ दादी ने दो बकरियाँ पाल रखी थीं, उनकी सूखी लेड़ियाँ ताप-तापकर हम रात काटते। मालिकों के पास न लकड़ी की कमी, न घास-फूस की। गोइठा (कंडा), गोरहा (बड़े आकार का कंडा) भी उन्हीं के पास होता जिनके माल-जाल हों। माल-जाल के नाम पर हमारे यहाँ दो बकरियाँ थीं। आम, लताम (अमरूद), जामुन, कटहर, खीरा, कुसियार (गन्ना), ककड़ी, तरबूजा और खरबूजा...हमारा पेट भरने में इनसे काफी मदद मिलती। दादी अँधेरे में निकल जाती और मालिक के बाग से आम ले आती। गन्ना और दूसरे मौसमी फलों का यही हाल था। छोटी चीजें चुराने में मेरी दादी कमाल करती थी। वह कभी नहीं पकड़ी गई। माँ से यह काम नहीं होता था।

गाँव के बाहर जाड़े के दिनों में हर साल मालिकों का कोल्हू गड़ता। हमारे गिरहथों के यहाँ गन्ने की खेती कम नहीं होती। मैं अपनी छोटी बहन को लेकर रात को कोल्हुआड़ में ही बिताया करता। गन्ना खा-खाकर पेट भर लेना और भट्ठी की आँच से गरमाकर सो जाना। डेढ़-दो महीने तक हर साल जाड़ों में हम ऐसा ही करते।

मझले मालिक की निगाह हमारे उन थोड़े से खेतों पर थी जिनमें मड़ुआ उपजाकर तीन-चार महीने का खर्चा हम निकालते आए थे। उन्होंने सोचा—लौंडा अभी छोटा है। जमाने का रंग-ढंग अच्छा नहीं। कमाने लायक होने पर कटिहार या कलकत्ता कहीं न कहीं जरूर भाग जाएगा, फिर कोई इसका क्या कर लेगा ! अभी तो खैर इस औरतिया का अँगूठा निशान अपने कब्जे में है...

सोच-समझकर एक दिन मझले मालिक ने हम तीनों को बुलाया। वहाँ गाँव के बूढ़े पंडित भी बैठे थे। आधा पीतल और आधा लोहे से बना सरौता मालिक के हाथ में था। वह सुपारी कतर रहे थे। कुछ बारीक कतरा पंडितजी की ओर बढ़ाते हुए उन्होंने कहा—ललचनमा जब तक जिया, जी-जान से मेरी सेवा उसने की और इनको तो देखिए—

पंडितजी ने सुपारी फाँक लिया। फिर टूटे डंठलवाले चश्मे को नाक पर से हटाकर कपार पर चढ़ाया। मेरी ओर तनिक देर गौर से ताकते रहे। तब जाकर बोले—जसोधर बाबू, छोकड़े के रोआँ-रोआँ से नमकहरामी टपकती है। देखो न कैसे मुलुर-मुलुर ताकता है।

इस पर मझले मालिक ने कहा—हाँ गुरु, बड़ा ही पाजी है। कभी पकड़ में नहीं आता। पाहुना आए थे, उनका नौकर बीमार पड़ गया। मैंने इस ससुर को कहला भेजा कि आकर मेहमान की मालिश कर जाए। साला आया ही नहीं...

मैं कुछ नहीं बोला। मेरी ओर से दादी बोली।

उसने कहा—कल का बच्चा है बाबू ? दिन-भर का थका-माँदा, चूर-चूर, रात को बेसुध होकर सो जाता है।

चुप रह कुतिया—मालिक गुर्राए। पंडितजी ने सिर हिलाया और गुनगुना उठे—राड़ं एड़ं पवित्रं हूँः।

लेकिन मझले मालिक को अपना मतलब गाँठना था। अपनी बोली में मिठास घोलकर मेरी माँ से उन्होंने कहना शुरू किया—बलचनमा की माँ ! तुम्हें तो याद होगा, वेर-वखत में हम कभी पीछे नहीं रहे। दो की जरूरत पड़ी तो तुम्हें चार दिए, पाँच की जरूरत पड़ी तो तुम्हें दस दिए। जैसे अपने परिवार के प्राणी हैं तुम लोगों को हमने वैसा ही समझा। हाँ, काम-काज की भीड़ रहती है। खयाल नहीं रहता है। कभी-कभी तुम्हारी बात पर ध्यान नहीं भी जाता है, मानता हूँ, मगर महतो और बहिया आखिर बाप-बेटे ही तो होते हैं। दूसरा काम नहीं आता है। कान भरनेवालों की कमी नहीं है...इतना कहकर मालिक ने पलकों से इशारा करके मुझे अपने नजदीक बुला लिया। मेरे सिर पर हाथ फेरते हुए वह बोले—तुम्हारे दिन, बलचनमा की माँ, अब लौटने ही वाले हैं। बड़ा कमासुत निकलेगा बेटा। अपने बाप का नाम उजागर करेगा। भगवान करेंगे, तुम्हारे सारे मनोरथ पूरे होंगे। बाकी, थोड़ा दिन और धीरज से काम लो...

माँ की समझ में नहीं आ रहा था कि इतना कुछ कहने का आखिर मतलब क्या है। भीतर-ही-भीतर काँप उठी। दादी चुपचाप बैठी थी। पंडितजी तम्बाकू चुना रहे थे। मैं खम्हेली के सहारे, वहीं मालिक के नजदीक खड़ा था।

पंडितजी बोले—जो बहिया, महतो को प्रसन्न रखता है उसके लिए स्वर्ग में अमृत की धार बहती है। अरे जसोधर बाबू, मिट्टी का ठहरा शरीर, गिरता है तो खाक हो जाता है। समझदार वह है जो इस चोले को पाकर कुछ कर जाता है...मान लीजिए आपको बित्ता-आध बित्ता जमीन की जरूरत है और बलचनमा की माँ उतनी जमीन आपको दे देती है तो होता है क्या ?

हम सभी ने भक्कू की भाँति पंडितजी की ओर देखा। मालिक की भी नजर उन्हीं पर थी। वह सुर्ती खा चुके थे। लड़खड़ाती जीभ से एक-एक शब्द पर डबल जोर देते हुए उन्होंने कहा—होता है क्या ?

इस पर मालिक से चुप नहीं रहा गया। वह बोले—अरे होगा क्या ? आपस की वात है। एक का भात दूसरे की दाल, एक की रोटी दूसरे की भाजी। मतलब यह है कि किसी तरह काम चलना चाहिए।

तब मालिक ने एक बार मुझे, एक बार माँ की ओर, एक बार दादी को गौर से देखा। हमारे चेहरे पर कोई खास भाव नहीं था। सूखे कोहड़ों के लिए क्या बसंत, क्या सरदी ! हमारे अन्दर का अंदाजा पा चुकने पर मझले मालिक ने कहा— कल बुधवार है, परसों बृहस्पति। बलचनमा की माँ, जरा खजौली चलना होगा। तुम्हारे घर से पच्छिम हमारा जो भिट्ठा खेत पड़ता है उसमें करेवी आम के कलम लगाना चाहता हूँ, तुम्हारी कुछ जमीन वहीं पड़ती है। वह अगर दे दो तो खेत बिलकुल चौकोर हो जाएगा।

माँ कुछ नहीं बोली। दादी भी चुप थी। मैं कुछ ज्यादा समझ ही नहीं सकता था। सुरती थूककर बूढ़े पंडितजी ने अपनी बड़ी-बड़ी आँखों को नचाया। फिर मेरी ओर मुड़

करके बोले--क्या होता है उसमें ? कभी चार सेर मड़ुआ, कभी सेर भर सुथनी, कभी पाव भर अल्हुआ...मैंने तो तुम्हारी ऊसर टुकड़े में दूब भी उगते नहीं देखा।

अब दादी से न रहा गया। लपककर उसने मालिक के दोनों पैर पकड़ लिए। भर्राई आवाज में कहने लगी--नहीं सरकार, ललुआ की कमाई का निशान है वह खेत। उसे न छीनें। क्या कमी है आपको...

मालिक ने 'हट-हट' कहते हुए अपने पैरों को हटा लिया। कुछ देर तक वह घूरकर हमारी ओर देखते रहे। फिर बोले--दो कट्ठा के बदले चार कट्ठा देने को तैयार हूँ, धनहर खेत। तुझसे सपरेगा ?

इस पर मेरी माँ ने मुँह खोला--गिरहथ, यह जमीन घर के नगीच पड़ती है। मकई या मड़वा जो चाहें छीट दें, बो दें, कुछ न कुछ हो ही जाता है। निगाह के सामने रहने से अगोरने का इंतजाम अलग से नहीं करना पड़ता है। बलचनमा अभी बच्चा है। कौन सँभालेगा ?

मालिक उठे और छप्पर की ओलती से लटकते खढ़ को खोट लिया और फिर बैठ गए। खढ़ की उसी टुकड़ी से कान खोदते-खोदते कहा--अरे, मैं सब कर दूँगा। जहाँ इतनी खेती-बाड़ी होती है वहाँ तुम्हारा दो-चार कट्ठा भला क्यों न आबाद होगा ? हाँ, हल-बैल, बीज पर जो मजूरी न दे सके तो उतने का रकम जोड़कर कागज पर मैं कहीं टीप लूँगा...भगवान जो करते हैं, अच्छा ही करते हैं।

मैंने मन ही मन सोचा--अच्छा तो भगवान करते ही हैं। चार परानी का पलिवार[1] छोड़कर मेरा बाप मर गया, यह भी भगवान ने ठीक ही किया। भूख के मारे दादी और माँ आम की गुठलियों का गूदा चूर-चूर कर फाँकती हैं, यह भी भगवान ठीक ही करते हैं। और, सरकार आप कनकजीर और तुलसीफूल के खुशबूदार भात, अरहर की दाल, परवल की तरकारी, घी, दही, चटनी खाते हैं, सो यह भी भगवान की ही लीला है। चौकोर कलमबाग के लिए आपको हमारा दो कट्ठा खेत चाहिए और हमें चाहिए अपने चौकोर पेट के लिए मुट्ठी भर दाना।

अच्छी तरह मुझे याद नहीं है कि माँ को जबरन कैसे राजी किया गया, लेकिन मझले मालिक का कलमबाग आखिर चौकोर हो ही गया। बदले में बटाई के तौर पर धान का खेत तो कौन कहे, अँगूठे का वह पुराना निशान भी वापस नहीं मिला। कहा गया कि मिल नहीं रहा है, कागजात के नीचे तुम्हारा वह छोटा-सा पुरजा कहीं दब गया है। अरे मेरा न सही, भगवान का भरोसा तो करो...

छोटी मलिकाइन के यहाँ से फुरसत मुझे बहुत ही कम मिलती थी। भैंस के चरवाहे दोपहर का समय खूब आराम से बिताते हैं। लेकिन मैं तो सिर्फ चरवाहा ही नहीं था, उनका बहिया भी था। मेरी हड्डी-हड्डी, नस-नस और रोएँ-रोएँ पर उनका मौरूसी हक था। पोसने-पालने, सड़ाने-गलाने और मारने-पीटने का भी उन्हें पूरा हक था !

1. परिवार।

दोपहर का खाना खाकर जब मैं बैठता कि अंदर से खवासिन आवाज देती—बलचनमाऽऽऽऽ, कहाँ गया रेऽऽ, अरे बलचनमाऽऽ, कोढ़िया बोलता भी नहीं, कहाँ मर गया !

थकावट के मारे चूर-चूर रहता मैं। ऐसा मन होता कि कलमुँही का जाकर मुँह नोंच लूँ। वह खवासिन बड़ी मुँहफट थी। मलिकाइन के नइहर की रहनेवाली, देखने में खूबसूरत। गोरी और छरहरी। दोनों बाँहों पर बाँसुरी बजाते हुए बाँके बिहारी कृस्न गोदे हुए थे। ठोड़ी पर बाईं ओर तिल गोदा हुआ था, कपार पर बिंदी। गरदन में चाँदी की मोटी हँसुली थी। बाँहों में बाजूबंद थे, नाक के छेद में सोने का छक (कील) था। कलाइयों में लाह की मोटी-मोटी चार लहठियाँ बड़ी भली लगती थीं। पैर खाली थे। हाँ, उन पर पीपल के पत्ते की शकल का गोदना गोदवा रक्खा था। चौड़े पाट की साफ साड़ी पहनकर जब वह बाहर निकलती तो और भी खूबसूरत लगती। और तो नहीं कुछ, मखौल और ठिठोली उससे सब करते थे। मझले मालिक का लँगड़ा खबास तक इसमें नहीं चूकता। और वही जब कोढ़िया कहकर मुझे पुकारती तो मन करता कि झपटकर उसका थूथन नोंच लूँ...। छन भर भी मेरा बैठना उसे बरदाश्त नहीं था। कुछ काम नहीं रहता तो भी फिजूल की बातों में वह मुझे उलझाए रहती—बलचनमा, दूकान जाकर देख तो आ कि नहाने का साबुन आया है या नहीं। कभी कहती, बखार के अंदर घुसकर देख कि नेवले ने वहाँ अड्डा तो नहीं बनाया है। कभी उसका हुकुम यों होता—बलुआ पाठक की हवेली के अंदर जो बगिया है, उसमें मेंहदी के झाड़ हैं, तुम्हारी मलिकाइन के हाथ और पैर कई दिनों से सूने पड़े हैं। जा, मेंहदी के पत्ते ले आ।

सभी बात में मलिकाइन का ही वह नाम लेती। ढीठ वह इतनी थी कि अकेले में पाकर कितनी दफे इन गालों को उसने चूम लिया होगा। हमारे छोटे मालिक का उससे लगाव-संबंध था कि नहीं, यह बतलाना मेरे लिए कठिन है। लेकिन इतना मैं कहूँगा कि थी वह बड़ी चालाक। साफ था, जिस आबोहवा में पल-पुसकर वह बड़ी हुई थी उसमें कई हाथों की फेरी रही होगी। चाँदी के गहने उसके खूबसूरती के गवाह थे। चुलबुलापन कूट-कूटकर भरा था उसमें। मलिकाइन के लिए वह दाहिना हाथ थी।

पीछे मैंने भैंस दुहना भी सीख लिया था। सबूरी मंड़ड़ मेरे गुरु थे। दूध काफी होता था। मगर नई-नई बिआई भैंस का दूध पतला होता है। उससे मक्खन बहुत कम निकलता है। दूसरी बात यह है कि सूखे दिनों की कड़ी घास और बरसात की मुलायम घास में बहुत फर्क है। भैंस आठ-दस महीने के बाद बकेन हो गई। फिर दूध जास्ती से मीठा होता गया। तिस पर जेठ-बैसाख की कड़ी घास तो बकेन भैंस के दूध को और भी मीठा बनाती गई। गरमी के दिनों में भैंस दूध कम जरूर देने लगी मगर उसमें मक्खन अधिक रहता था।

झूठ मैं नहीं कहूँगा कि उनके यहाँ दूध-दही खाने को मुझे कभी नहीं मिला। मिला क्यों नहीं, लेकिन सिनेह और जतन से नहीं। अमृत भी अगर दुतकारकर मिला तो क्या मिला ? उस मिलने से न मिलना लाख गुना अच्छा।

हमारे तरफ छोटी जातवाले बड़ी जातवालों का जूठन खुलकर खाते थे। अब

पंचायत ने जूठन खाना और भार ढोना रोक दिया है। पर मैं तो यह बहुत पहले की बात कह रहा हूँ। बचपन में गिरहथ लोगों की बहुत जूठन मैंने खाई है। बल्कि यों कहूँ कि अच्छी चीज जो भी खाई होगी वह बाबू लोगन की जूठन ही रही होगी। इन लोगों के यहाँ दामाद, बहनोई, समधी या ससुर जैसे मेहमान आते ही रहते थे। उनके आने पर बढ़िया-बढ़िया चावल कोठार से निकलता। अरहर की पुरानी दाल निकलती। कुंजड़ा से कहकर अच्छी से अच्छी तरकारी मँगवाई जाती। मल्लाहों से अपने तालाब में रोहू मछली पकड़वाई जाती। दही, दूध, घी का तो कहना ही क्या ! इस तरह मालिक के घरों में 'महामहोच्छव' होता रहता। ऐसे अवसरों पर हम अभागों का भाग्य चमक उठता। कायदे के अनुसार मेहमानों के आगे खाने-पीने की सामग्री अधिक ही रक्खी जाती थी। वह आधी या चौथाई ही खा पाते। बाकी जो बचता उससे हमारे जैसों की जीभ का सराध होता। ओह ! जिस दिन मेहमान आते उस दिन मेरी दादी कितनी बेचैनी से उनके जूठन का बाट जोहती ! उनके खा लेने पर जूठन बटोरकर दादी ले आती। मैं भी बुलाया जाता। हम सभी उस जूठन को घेरकर बैठते। सबको अपना-अपना बखरा मिलता। खाते समय दादी बतलाती जाती—यह कटहल का बड़ा है, यह सहिजन का अचार, यह रोहू की पेटी, और देखो न, खटमिट्ठी कैसी अच्छी है ! यह मझले मालिक के ननिहाल से आई थी। अरे बाह, कनकजीर चावल का भात कितना मीठा गमक रहा है ! दाल से घी की खुशबू आती है...मगर मलिकाइन का हाथ छोटा है। खुलकर जब परोसती ही नहीं तो बेचारा मेहमान क्या खाएगा और क्या बचाएगा ?

मैं गाँव छोड़कर जब से बाहर निकला हूँ तब से दो ही एक बार जूठन खाई होगी। पर उन दिनों मालिक के यहाँ मेहमानों की जूठन पा जाना भाग की ही बात थी क्योंकि मालिकों की तरह बहियों के भी अनेक परिवार थे। उन्होंने आपस में घर बाँट रक्खे थे। हमारे हिस्से में छोटे मालिक पड़ते थे। कभी-कभी यह सीमा टूट भी जाती थी। ऐसा तभी होता जब मूड़न, छेदन, जनेउआ, शादी-ब्याह, बूढ़ों का सराध वगैरह आ पड़ता। काम-काज के उस भीड़-भाड़ में एक मालिक के यहाँ बहिया खानदान के सभी मिलकर खटते थे।

मालिकों की चार पट्टियाँ थीं। पुरानी हवेली बड़े मालिक के हिस्से में पड़ी थी। मझले और सझले (तिसरके) मालिकों ने मिलकर उस पुरानी हवेली की मरम्मत करवा ली थी जो उनके निपूती चचा की थी। और इधर पंद्रह-बीस साल से ढंढमंढ पड़ी थी।

छोटे मालिक ने अपने लिए एक हवेली अलग बनवाई। यह थोड़ी ही जगह को छेंककर बनाई गई थी। यही कोई दो बीघे की। बीच में आँगन, चारों ओर घर। इन घरों के चार-चार छप्पर थे। छप्पर को हमारे यहाँ चार कहा जाता है। कच्ची ईंटों की दीवारें खड़ी कर उन पर दो-दो धरनें डाल दी गई थीं। धरनों पर छोटे-छोटे खंभे थे, खंभों के सहारे मुड़ेरे पर लंबी बड़ेरी पड़ी थी। कीलों ठुकी साखों की कड़ियों पर चार टिके हुए थे। मालिकों को न बाँस की कमी थी न लकड़ी की। घास-फूस, खढ़खढ़ी, सरपत-सावे किसी ऐसी चीज का अभाव वहाँ नहीं था जिसकी जरूरत घर बनाने में होती है। चौखटें सीसम की। किवाड़ थे कटहल की लकड़ी के बने। देखने में पीले,

बनावट के अच्छे यह किवाड़ बड़े ही अच्छे लगते थे। आँगन की ओर चारों घरों में ओसारे थे। आँगन के दच्छिन-पूरब कोने में तुलसी का चबूतरा था, वहीं हनुमानजी की धुजा गड़ी हुई थी। लाल पताका पर लंबी लंगूरवाले महाबीरजी सफेद कपड़े से सी दिए गए थे। हाथ में टेड़ी-सी गदा थी। उत्तर और पूरब के कोने बाहर निकलने का रास्ता था। दरवाजे पर भी किवाड़ थे। बंद कर लेने पर घर और आँगन मिलकर हवेली को एक अलग संसार बना देते थे। दरवाजे से सटा हुआ सुंदर दालान था। उसके अंदरवाले दो कमरों का हवेली के पुबरिया घर से भीतर ही भीतर संबंध था। बरसात के दिनों में पाहुनों को अंदर जाने के लिए सुभीता था। घूमकर सदर दरवाजे से जाने पर भीगना होता लेकिन अंदर का दरवाजा खोल देने पर तुम हवेली पहुँच जाते। दालान के सामने खुली जगह थी। बाईं ओर बड़े-बड़े बखार थे। बैठक में एक ओर चार-चार पहियोंवाली बड़ी-बड़ी संदूकें पड़ी थीं जिनमें पुराने जमाने के बेढंगे खुरदरे ताले लटक रहे थे। दूसरी ओर दो तख्तपोश थे, उनमें से एक पर बीचोबीच शतरंज का घर खुदा हुआ था। अंदर कमरों में छोटे-छोटे दो खपसूरत (खूबसूरत) पलंग खड़े थे।

हवेली के उत्तर मवेशीखाना था। लकड़ी का लंबा नाँद रखा था जिसके दोनों तरफ चार-चार खूँटे ठुके हुए थे। जरा हटकर सीमेंट की गहरी और गोल हौद बनी थी, उसके भी दोनों ओर दो खूँटे गड़े थे। यह भैंसों के लिए था। उन आठ खूँटों में बैल बाँधे जाते थे। बैलों की सेवा मुझे नहीं, हलवाहों को करनी पड़ती थी। गाय वहाँ एक भी नहीं थी। बड़े घरों में गाय रखना दलिद्दर समझा जाता है। जिन्हें भगवान ने पालने-पोसने की सामर्थ दी है, उनके यहाँ तुम भैंस ही पाओगे।

हमारे मालिक की पट्टी में दिखावा कम था मगर रुपइया-पइसा जास्ती था। गाड़कर रखे हुए थे। दस हजार का लहना-तगादा चलता था। खानेवाले सात ही मुँह थे। उपज थी हजार मन की। मलिकाइन बड़ी चालाक थीं। भादो-आसिन में वह अपने बखार खोलतीं और चढ़े दाम पर सारा धान बेच लेतीं। डेढ़-दो सौ मन ड्योढ़े-सवाए पर भी लगातीं। देते समय का बटखरा लेते समय गायब बतलाया जाता। एक बार फूदन मिसर की विधवा औरत पूस में धान वापस करने आई थी। बराम्हनी ने टोकरी में ढो-ढोकर मलिकाइन के सामने धान का ढेर लगा दिया और कहा—तौलकर लाई हूँ, साढ़े सात मन से कुछ जास्ती ही है। फिर भी मलिकाइन, आप तौलवा लीजिए !

उस बखत गिरहथनी हाथों में मेंहदी लगाए हुए थीं। मुझे अंदर बुलाया और कहा—जा, जूगल कामत को बुला ला। वह तौल भी लेगा और बखार में डाल भी देगा।

जूगल कामत केवट थे। छोटे मालिक ने दस कट्ठा (बिस्वा) खेत दे रखा था। इसी घर से उनकी परवरिस होती थी। इन्हीं के यहाँ मजूरी-बनिहारी करके बेचारे का निरबाह होता था। अकाल-बिकाल, बेर-कुबेर, रात-बिरात, समय-कुसमय जभी जरूरत पड़ती, मलिकाइन कामत को बुलवा लेतीं। कर्ज और गुलामी में सिर से पैर तक डूबा हुआ यह आदमी मलेरिया की हड्डीतोड़ बीमारी में गल-पचकर जब मरा तभी छुटकारा पा सका।

जूगल को मैं बुला लाया। मलिकाइन ने उससे कहा—उतरबरिया (उत्तरवाले) घर

में बटखरा पड़ा है, तराजू भी वहीं है। लाकर तोल लेना यह धान।

कामत सफेद पत्थर की गोलमटोल पनसेरी से जब तौलने लगे तो ठुड्डी हिलाकर बराम्हनी (ब्राह्मणी) बोली—ऊँ हुँ ! यह नहीं है वह बटखरा जिससे तौलकर मिला था...ऊँ हुँ...

हँ ऽ ऽ ऽ ! सच बघारने आई है—गरजकर मलिकाइन ने कहा—देखो तो कामत, फूदन मिसर की यह विधवा क्या बक रही है ? जब पेट जलने लगता है तब तो आ-आकर नाक रगड़ती है, ईसर-परमेसर, अनपुर्ना-लछमी जाने क्या-क्या बनाकर पैर पकड़ती है ! मौके पर न दो धान तो समूचे गाँव को बरमबध (ब्रह्मवध) लगेगा, दो तो लौटाते समय...फटता है ! सँइयाडाही, कहती है कि बटखरा बदला हुआ है !!

फिर ताव में आकर मलिकाइन ने मेंहदी लगे अपने हाथों को दच्छिन की ओर फैला लिया और चिल्ला उठीं—दुहाई गंगा मइया की ! छटाँक-आधा छटाँक जान के लिए जो मैंने बटखरा बदला हो तो मेरा सत्यानाश हो नहीं तो झूठ-मूठ का कलंक लगानेवाली इस राँड़ का सींथ अगले जनम में भी खाली का खाली रहे...

मोसम्मात बेचारी चुप रही, और चारा ही क्या था ? हर साल जेठ-अखाढ़ में वह यहीं आकर हाथ फैलाती थी। उसने जी को कड़ा कर लिया—पसेरी-दो पसेरी धान यह अधिक ही ले लेगी तो क्या ? घटेगा तो देना भी इसी को पड़ेगा न ?

मलिकाइन की ओर वह घूरकर रह गई। तौलना खतम हो चुका था। सात मन दो पसेरी हुआ। झख मारकर बेचारी टोकरी भर धान और ले आई। दो पसेरी तौल लेने पर थोड़ा-सा धान टोकरी में बच रहा। जूगल ने हाथ से हाथ ठोंककर धूल झाड़ी, फटे-मैले अँगोछे से मुँह-कान पोंछा। अँगना के किनारे जाकर खखार आया और ब्राह्मणी से कहा—ले जाइए मिसराइन, यह धान बचा है।

गिरहथनी ने टोका—अरे, ले कहाँ जाएँगी ? पाव-आधा पाव भी क्या कोई चीज है। जाओ, यह भी बखार में डाल आओ। हमारे यहाँ पड़ा रहेगा तो समय पर इनके ही काम आएगा नहीं तो फाजिल अनाज ये लोग छींट-टाँट डालते हैं।

रंज और गम के मारे मिसराइन का चेहरा स्याह पड़ गया था। उलटकर टोकरी को जोर से उसने झाड़ दिया और झपाटे से निकल गई। आँगन से निकलकर उसने कहा था—हे भगवान् ! इनका पेट है कि अगम कुआँ ! इतना धन, इतनी संपदा ! फिर भी संतोख नहीं !

ऐसे ही करिमबक्क्स (करीमबख्श) को भी एक बार मैंने छिलमिलाते देखा था। बसंत पंचमी का दिन, शाम होने में तनिक देर थी। वह और उसका बेटा दो टोकरी धान लाए। उस रोज मलिकाइन ने खुद तौला था। वही सफेद पत्थरवाली पनसेरी थी। तराजू मगर दूसरा था। तीन मन में एक पनसेरी धान कम हुआ। शेख हाय-हाय करने लगा—सरकार, हम तो दो सेर ज्यादा ही लाए थे। घट कैसे गया ?

उनकी दाढ़ी के नजदीक अपने दाहिने हाथ को चमकाती हुई मलिकाइन गुर्रा उठीं—सुगरखौका, लाज-शरम तुझे छू तक न गई लेकिन मुझे तो भगवान का डर

है...वही बटखरा, वही तराजू। वही तू और वही मैं...फिर हाथ के अँगूठे और बिचली अँगुली को टेढ़ी करके मलिकाइन ने ऐसा अभिनय किया मानो करिमबक्कस की दाढ़ी नोंच लेंगी।

इस तरह की कई बातें मुझे याद हैं। उनके यहाँ काम करनेवालों की कमी तो थी नहीं। मजदूरी में अच्छा दाना नहीं मिलता था। झख मारकर मजदूरों को लेना तो पड़ता ही। दिनभर काम कराके कच्ची तौल से तीन सेर खेसाड़ी या जौ या मड़आ मिलता। दाने हलके और कभी-कभी घुन लगे होते। कभी-कभी धान भी मिलता था। डेढ़ पहर काम कर चुकने पर पाव भर पिसान से बनी मड़ुआ की रोटी पनपिआइ (नाश्ता) मिलती।

धान रोपने के दिन बड़ी चहल-पहल के होते थे। उत्तर बिहार के कई जिलों में धान की फसल काफी अच्छी होती है। वहाँ की खास फसल धान ही समझ लो। दरभंगा जिला तीन डिविजनों (तहसीलों) में बँटा हुआ है—सदर, समस्तीपुर और मधुबनी। सदर और मधुबनी धान की अपनी अच्छी फसल के लिए मशहूर हैं। बरखा (बारिश) उधर बैसाख के अंत से ही शुरू हो जाती है। रोहिनी नछत्तर (नक्षत्र) में कोसों फैले खेत धान के नए-नए पौधों से हरे समुंदर की भाँति लहराते हैं। आँखों को तर करनेवाली वैसी हरियाली तुम्हें और कहाँ मिलेगी ! यह पौधे महीना-डेढ़ महीना में बड़े हो जाते हैं, हाथ-हाथ भर के। तब तक निचली सतह के खेतों में जोत-जोतकर किसान कादो किए रहते हैं। असाढ़ में धान के छोटे पौधे उपाड़-उपाड़कर लोग इन्हीं खेतों में रोपना शुरू करते हैं। धान रोपने का यह सिलसिला सावन तक चलता रहता है। हाँ, ऐसा वहीं होता है जहाँ बारिश काफी होती है। हमारे यहाँ नहर का इंतजाम नहीं है। इन दिनों हर काश्तकार की कोशिश यही रहती है कि पहले उसी के खेतों में धनरोपनी हो जाए। बनिहारों और खेत मजदूरों की मदद के बिना ऐसा होना असंभव है। छोटे-बड़े सभी गिरहथ (गृहस्थ) इसी से धान रोपनेवाले मजदूरों को चार सेर की मजूरी देते थे, और यह भी कि मेड़ पर बैठाकर दाल-भात, तरकारी-अचार खिलाते थे।

मलिकाइन अपनी खेती को सँभालने के लिए नइहर (मायके) से मजदूर मँगवा लेती थीं। काम की निगरानी के लिए दूर के रिश्ते का भाई साथ आता। रामपुर के पड़ोस में दो छोटी-मोटी बस्तियाँ मुसहरों की थीं। साँवला रंग, ठिंगना कद, गोल माथा, छोटी-छोटी आँखें, दीया जैसी नाक—मुसहर होते हैं; मगर मजबूत काठी के। मेहनती और ईमानदार। थोड़े में ही संतोख करनेवाले। मगर मुसहरों की दो बस्तियों से क्या होता ? वहाँ आस-पास पचासों काश्तकार और कई जमींदार बिछे पड़े थे। धान रोपने के दिनों में मजदूरों की कमी पड़ जाती। हमारे मालिक की औकात के लोग अपने ससुराल-ननिहाल से कमकर मँगवाते नहीं तो ठीक बखत पर काम सपरना मुश्किल होता।

मलिकाइन इन दिनों अपनी मुट्ठी जरा खोल देती थीं। आम और मिर्च का अचार भंडार से निकल आता। लगातार कई दिनों तक तीस-तीस, चालीस-चालीस आदमियों की रसोई होती। बैलगाड़ी पर चटाई बिछा दी जाती। उस पर केले के पत्ते। फिर भात डाल दिया जाता। पीतल के बड़े हंडे में दाल, टोकरी में तरकारी और अचार। खेतों के बीच-बीच गुजरनेवाले बाँध पर जाकर गाड़ी खड़ी हो जाती। साहड़ के तले दूब पर

बैठकर मजूर खाना खाते और फिर रोपनी शुरू होती।

मेरा भी मन मचलता कि मजूरों के साथ जाकर धान रोपूँ मगर नहीं। सुबह-सुबह भैंस चरा आने के बाद बथान साफ करना पड़ता। आठ बैल थे। भैंसें अब दो ही रह गई थीं। मलिकाइन के भाई घोड़ा पर चढ़के आए थे। सो, उसकी जगह भी लीद से भरी रहती। मैं नहीं तो और कौन साफ करता ? अपनी भैंसों का गोबर-मूत उठाना भला क्यों अखरता ? लेकिन बैलों की जगह साफ करते समय मेरा रोआँ-रोआँ मलिकाइन को गालियाँ देता। गोबर-गोंत (मूत), कीचड़ और लीद उठाकर उन जगहों पर बालू डाल देता ताकि आराम से मालजाल वहाँ बैठ सकें।

इसके बाद बासी भात या मड़ुआ की गरम रोटी कलेवे में मिलती। अच्छी तरह निगलकर शायद ही कभी खा पाता होऊँगा क्योंकि मलिकाइन और खबासिन का हुकुम पर हुकुम छूटता रहता–बलचनमा, जा दौड़, तालाब की मछलियाँ नाले से निकलकर भाग रही हैं; बलचनमा, कलमबाग में वह देख कोई आम तोड़ रहा है; बलचनमा, अरे वह किसकी गाय मूँग चर रही है...लगता था कि एक ही बलचनमा बीस शरीरधारी है और एक ही समय में बाखूबी बीस काम कर सकता है। खबासिन खा-खाकर खूब तगड़ी हो गई थी, सबसे अधिक गुस्सा मुझे उसी पर आता–ससुरी मलिकाइन की सौत बन गई है ! जिसकी अपनी कोख सूनी हो वह क्या जाने कि बच्चों का मोह क्या होता है। उसे क्या पता है कि चौदह-पंद्रह साल का बलचनमा बोतल झा (पहलवान) नहीं है। खुद हरामजादी सुअर की तरह मोटी हो गई है, चला तक नहीं जाता और मुझ पर हुकुम चलाती है ! बस चले इसका तो मेरे कंधों पर सवार होकर...

कभी-कभी खबासिन चिंग्घाड़ मारकर रो पड़ती थी। कोंचा[1] खोलकर नंगी हो जाती और हाय बाप हाय बाप करती हुई जीभ निकालती। बोलती–ही ही ही ही मैं काली हूँ, पोखर पर जो बौना पीपल है उसी पर रहती हूँ, खा जाऊँगी समूचा गाँव। बकरा दो बकरा...

मलिकाइन चीखकर दोनों हाथ जोड़ लेतीं–दुहाई भगवती की, सुखिया (नाम) का भूत भगा ले जाइए। दो कुँआरी लड़कियों को आपके निमित्त खीर-पूड़ी खिलाऊँगी–फिर मेरी ओर मुँह करके कहतीं–बलचनमा, दामो ठाकुर को बुला ला।

दामो ठाकुर तांत्रिक थे। झाड़-फूँक, पूजा-पाठ, टोना-टापर सब करना जानते थे। लाल रंग की धोती, लाल अँगोछा, कपार पर सिंदूर का लाल टीका। चोटी के बाल बहुत बड़े थे, इतने बड़े कि खोल देने पर पीठ के पीछे कमर तक लटक आते। चोटी के आधे बाल हमेशा बँधे रहते। साल में छः महीने वह बाहर रहते और छः महीना घर। गले में हाथी के दाँतों को तरासकर बनाए गए दानों की माला थी–लाल रेशम से गूँथी हुई। सुमेर की जगह उसमें ऐसा दाना था कि जो दोमुँहे बाघ की तरह था। तांत्रिकजी की दाईं बाँह पर काले धागे में गूँथा हुआ बड़ा-सा मूँगा बँधा था। कानों के छेद में

---

1. नीबी, साड़ी की गाँठ (कमर के पास)।

से कुंडल की जगह रुद्राक्ष लटक रहे थे। तीन जगह से टेढ़ी, नेवले के मुँह जैसी मूठवाली बकुली[1] छड़ी लेकर दामो ठाकुर जब चलते तो बच्चों को बड़ा ही डर लगता। पैरों से खड़ाऊँ कभी नहीं छूटते।

तीन बार बुलाने पर वह आते। दच्छिनवाले घर में उन्हें बैठने को कहा जाता। मलिकाइन उनसे परदा करती थीं। बड़े मालिक की लड़की का नाम था जयमंगला। वह बाल-विधवा थी। देखने में खूब सुंदर। साँवली। बड़ी-बड़ी आँखोंवाली। उसे ऐसे समय बुला लिया जाता। वह बिचवई का काम करती। चूहे के बिल की मिट्टी, पुराने बिनौले, तोड़े हुए कुश के तिनके, चार बूँद गंगाजल, पीपल के सूखे पत्ते...इतनी चीजें मिलाकर दामो ठाकुर खबासिन को झाड़ना शुरू करते।

फिर-फिर नंगी न हो जाए, इसलिए मलिकाइन खबासिन की साड़ी में कमर के पास गाँठ बाँध देतीं। दो हलवाहे—कल्लर और छीतन उसे बीच आँगन से पकड़कर तांत्रिकजी के नजदीक बैठा जाते। वह ऊपर बताई चीजों से झाड़ना शुरू करते—ओम् काली काली महाकाली इंद्र की बेटी ब्रह्मा की साली फूः...इतना कहकर कुछ देर तक होंठ पटपटाते और फिर खबासिन की छाती पर फूँक मारते। फिर सिर पर, कंधों पर, कमर में। आँखों से इशारा करने पर दूसरे लोग घर से निकल जाते, किवाड़ भिड़का दिया जाता। अंदर से हुँ हुँ की आवाज आने लगती।

थोड़ी देर बाद किवाड़ खुलता। लेकिन किसी को अंदर जाने का साहस नहीं होता। थोड़ी देर बीतने पर पसीने से लथपथ दामो ठाकुर बाहर निकलते और यह कहते हुए आँगन से निकल जाते कि खबासिन का मिजाज ठीक कर दिया, वह बड़ा जबरदस्त भूत था, बड़ी मुश्किल से काबू में आया...अभी थोड़ी देर, जयमंगला, उसे अकेली छोड़ दो।

बरसाती नदी में बाढ़ आती है। कैसी विकराल हो जाती है वह ! न कूल, न किनारा ! भूत लगने पर खबासिन का यही हाल होता। भूत उतर जाने पर वह कुआर-कातिक की नदी की तरह हो जाती। भूत या जिन्न अक्सर बाँझ औरत को ही पकड़ता है। हमारी मलिकाइन के यहाँ उस खबासिन पर साल में दो-एक बार इस तरह का दौरा आया करता और तब दामो ठाकुर की गुहार होती। उनके न रहने पर डेढ़-दो दिन तक वह उछलती-कूदती, रोती-हँसती। खुले बाल, नंगी पकड़कर उसे मलिकाइन उतरबरिया[2] घर में डाल देतीं, किवाड़ बंद कर जंजीर चढ़ा देतीं।

एक बार अंदर से खबासिन ने खूब जोर लगाकर किवाड़ों को पीटना शुरू किया। मलिकाइन ने अनंत बाबू को बुलाया। वह खूब हट्टे-कट्टे थे। आठों पहर उनका खेती-गृहस्थी में बीतता। बदमाश से बदमाश घोड़े को सही रास्ते पर लाने में, बिगड़े बैल की सींग पकड़कर काबू करने में उनकी बराबरी दूसरा कोई नहीं कर सकता था। उस दिन गिरहथनी ने उन्हें खबासिन के भूत से भिड़ा दिया। लगी कुश्तम-कुश्ता होने। वह भी मरदों की भाँति पैंतरे बाँधती थी...लेकिन वह तमाशा मैं देख नहीं सका, न दूसरे

---

1. बाँकी, टेढ़ी, 2. उत्तर दिशावाला मकान।

देख सके। क्योंकि बाहर से किवाड़ लगा दिए गए। मलिकाइन का कहना था—तमाशगीरों के सामने भूत-पिशाच की ताकत चार गुनी बढ़ जाती है, यह अकेले ही में पस्त होते हैं...मुझे तो भूत-पिशाच के बल का भेद कभी समझ में नहीं आया।

भैंस चराते तीन साल जब हो गए तब दादी बीमार पड़ी। ऐसी पड़ी कि फिर उठने का नाम नहीं लिया। अंदर से पेचिस, बाहर से दमा। पुराना ढाँचा उसका चूर-चूर था ही और अधिक दिन चलना असंभव था। वहाँ गाँव में किसी को कुछ होता तो मधुबनी के सरकारी अस्पताल से दवा लाता। बाबू-भैया लोग थे कि छोटी बीमारी में भी उनके यहाँ डाक्टर बुलाए जाते। अढ़ाई रुपया उनकी फीस थी, एक रुपया एक्के का भाड़ा। दवा का दाम अपना ऊपर से दो। बाप रे ! गरीबों के पास पथ-पानी के लिए भी धेला-पैसा नहीं रहता, डाक्टर की फीस और दवा के दाम का क्या ठिकाना ?

गाँव में ही एक बूढ़े थे जो वैद्य का काम करते थे। लेकिन छोटी जातवालों के यहाँ जाकर भला बीमार की नाड़ी वह क्यों देखने लगे ? अपनी दादी के लिए दवा मैं उन्हीं से लाया था। बरसात का अंत था। भादों की धूप कितनी कड़ी होती है। एक रोज दोपहरिया में डेढ़ पहर तक पंडितजी ने मुझसे काम लिया। काम क्या था ? यही कि भदई-धान (आँउस) की दँवरी करवानी थी। काम खतम होने पर उन्होंने 'मुझे दवा की तीन पुड़िया थमाईं। डर था कि मुझे भी बुखार आ दबोचेगा मगर हम तो कठजीव ठहरे। मामूली बुखार भला हमारे पास क्यों फटकेगा ? मेरी जगह कोई मलिकाइन का लड़का होता और उसी तरह भादों की तपती दुपहरिया में दँवरी करता तो बिना बिछावन पकड़े न रहता।

दादी को रोटी हजम नहीं होती थी, चावल जरूरी था। लाख छटपटा आया, बड़ी, मझली या छोटी किसी मलिकाइन ने मुट्ठी भर चावल नहीं दिया। माँ ने जाकर मझले से कहा तो उनकी आँखें घूम गईं। बोले—बखत पड़ता है तो घिघियाकर हमारे यहाँ दौड़ती है नहीं तो...

गाली दी थी मालिक ने, वह मैं तुमसे नहीं कहूँगा भैया ! मेरी माँ रोकर कहने लगी—सेर भर चावल चाहिए नहीं तो बुढ़िया की जान नहीं बचेगी। सरकार, कागज पर चढ़ा लीजिए। ड्योढ़ा कि दुगना जैसा कहेंगे पूस में दे दूँगी।

हें, बड़ी देनेवाली हुई है ! दो रुपैया पहले का बाकी है सो खटाई में सीझ रहा है और यह चावल लेगी, पाँच महीने बाद जस की तस लौटा देगी। नहीं-नहीं, तुम लोगों पर रत्ती-भर विश्वास मुझे नहीं रह गया है...फिर मालिक ने छोटी मलिकाइन के घर की ओर इशारा करते हुए कहा—जाती है न वहाँ, तुम्हारी अन्नपूर्णा वहीं तो विद्यमान हैं !

छोटी मलिकाइन से हम सेर भर चावल पहले ही ले गए थे।

रात को सोते समय मझले मालिक मुझसे मुक्कियाँ लगवाते थे। पहर भर मुक्कियाँ लगा-लगाकर मैं थक जाता। दिन भर की थकान। अपने को भी ऊँघ आती और मुक्कियों की रफ्तार धीमी पड़ती तो गिरहथ सोते ही सोते टोक देते—ऊँह, और इस

तरह मेरी ऊँघ को तोड़कर आप वह करवट बदल लेते, पोन[1] पर हाथ धरकर इशारा करते—इधर मुक्कियाँ लगा...

इस तरह बड़ी देर तक मुक्कियाँ लगाने के बाद उन्हें नींद आती और तब मैं फुरसत पाता। कई बार उन्होंने कह रक्खा था—जिस चीज की जरूरत पड़े, दिन में कहकर ले लेना। और इसी भरोसे पर मैं उनसे चावल माँगने गया था। मन में खटका तो था ही, माँ को इसीलिए साथ ले गया था। लेकिन बेकार, बहुत घिघियाने पर पाव-डेढ़ एक चावल मिला वहाँ से। उसमें से छटाँक-छटाँक करके कई दिनों तक दादी को भात खिलाया गया। कभी-कभी मैं अपनी मलिकाइन का जूठन लुका-छिपाकर घर दे आता था। चौमासे में मेहमान भी नहीं आते हैं। असाढ़, सावन, भादों, और आसिन[2] इन चार महीनों में रास्ता कीचड़, कादो और पानी से भरा रहता है। और तुम जानते ही हो कि देहात में सब जगह सड़कें नहीं होतीं। सूखे दिनों में लोग खेत ही खेत होकर चलते हैं। बहुत हुआ तो घूम गए, मेंड़ पकड़ ली। धान के खेतों में अक्सर पानी भरा रहता है या फिर जमीन बहुत गीली रहती है। कमर और छाती तक ऊपर उठकर लहलहाते धान के पौधे अपने बीच से चलने में बड़ी रुकावट डालते हैं। रबी के खेतों में से होकर चलना आसान है, मगर धनहर खेतों को पार करने के लिए तुमको मेंड़ का ही सहारा लेना होगा। इसीलिए बरसात के चार महीने, देहातों में घूम-फिरकर पहुनाई करनेवालों के लिए ठीक नहीं। लगातार इतने दिनों तक मेहमान न आने पर हम घाटे में रहते थे। जूठन का भात हमारे दैनिक जीवन का बहुत बड़ा अवलंब होता था।

सावन-भादों में आकर सभी अनाज महँगे हो जाते थे। जिन घरों में कमाने लायक मजबूत काठी के आदमी थे, मैं उनकी बात नहीं कहता। उनके यहाँ तो धान रोपने की मजदूरी में थोड़ा बहुत धान आ जाता था। पर मेरे यहाँ कौन था ? ले-देकर समूचा मैं था। सो मुझे छोटी मलिकाइन और उनकी दुलरुआ लौंडी रात-दिन हुक्मों में नाथे रहतीं।

दादी के लिए दवा लाने की छुट्टी नहीं मिलती। मेरा मन अंदर ही अंदर रोता कि काम छोड़कर दादी के पास बैठा रहूँ। असल में मैं उसे माँ से बढ़कर प्यार करता था। जब से होश सँभाला तब से अपने को दादी ही की गोद में पाया। चरवाहा के काम करने के पहले तक दादी के ही बिस्तरे पर, उसी की बाँह को तकिया बनाए सोया करता था। वह कहीं से कोई अच्छी चीज लाती तो मेरे लिए उसमें से थोड़ा अलग रख देती।

मरने से दो दिन पहले उसे इच्छा हुई कि पोठी मछली का भुरता खाए। मगर पोठी चढ़ती बरसात में जितनी आसानी से मिलती है उतनी आसानी से और समय नहीं। फिर भी मछली तो कहीं से लाना ही था। भादों खतम हो रहा था। अपने भजार (दोस्त) से मैं बनसी (काँटा) ले आया। दोपहर के बखत बुढ़िया पोखर के दच्छिन तरफवाले भिंडे पर पहुँची। उधर कुछ जंगल-सा था। बाँस, जामुन, साहड़ और गूलर के पेड़ थे। गूलर का एक बौना पेड़ पोखर के बिलकुल किनारे तीन जगह से मोटी और टेढ़ी डाल

1. चूतड़, 2. क्वार, आश्विन।

पोखर की कछार में दूर तक फैल आई थी। बरसात के दिनों में पोखर भरा रहता। पानी कभी-कभी भिंडे के उपरली सतह को छुए रहता। तब उस गूलर की झुकी डाल पानी में डूब जाती। भादों के बाद पानी घटने लगता, वह डाल बाहर निकलती जाती। छिपकर काँटे से मछली फँसानेवाले गूलर की इसी डाल पर, झुरमुट की आड़ में बैठ जाते। चाली,[1] गुँधा आटा या सत्तू का बोर[2] देकर बनसी को पानी में डाल देते और निगाह को एकटक उस ओर गड़ाए रहते। पहर-दो पहर की कड़ी तपस्या के बाद कभी टेंगरा, कभी भुनचट्टी, कभी गरई, कभी सिंगी हाथ आती।

मालिकों को पता लगता तो वे मछलियाँ भी छीन लेते और काँटेवाली डोरी और बाँस या लग्घा भी। फिर जूतों से पीठ की पूजा करते।

आखिर गोसैंया[3] का नाम लेकर मैंने भी काँटा डाल दिया, गूलर की डाल पर बैठकर इंतजार करने लगा। थोड़ी ही देर हुई कि काँटे की डोरी में कुछ कंपन मालूम हुआ, लग्गी (बाँस) को छपाक से खींच लिया मैंने। देखा टेंगरा है। काँटा मय मछली के, भीड़ के कगार से सटी गूलर की टहनी में उलझ गया। सोचा, चलो दादी के लायक मछली हो गई। काँटा-डोरी समेटकर लग्गी को बगल में दबाए मैं घर की ओर चला। घास से नाथकर टेंगरे को मैंने उँगली से लटका रक्खा था। डेढ़ पहर दिन बाकी रहा होगा। दूर का चक्कर लगाकर घर पहुँचा था, सीधा रास्ता छोड़कर। माँ ने मछली को आग में डाल दिया। पकते समय उसकी गंध बहुत दूर न सही, कुछ दूर तो पहुँच ही रही थी।

कि इतने में हन-हन पट-पट करती हुई खबासिन आ धमकी। मुँह बनाकर और हाथ चमकाकर उसने पहले तो मेरी ओर देखा, फिर कहा—जाओ न आज मलिकाइन गाँड़ का गूदा निकाल लेंगी...इसके बाद उसने नथने बिचका लिए। भौंह और मुँह को बुरी तरह सिकोड़कर उसने फिर कहा—मछली फँसाने का शौक चर्राया है ! कितनी मार लाए हो ? महक तो खूब आ रही है। खाओ, बाबू खाओ, गाँड़ फटेगी तो मालूम होगा...चल बदमसवा, मलिकाइन के पास...

दादी अंदर लेटी पड़ी थी। पलक उठाकर उसने देखा तो मुझे मालूम पड़ा कि बिल के अँधेरे से खरगोश की आँख चमक रही है। दोनों हाथ जोड़कर खबासिन को मैंने इशारा किया—चुप रहो। अलग ले जाकर माँ को समझा दिया—यह यों ही बकती है, जाता हूँ। तू दादी को टेंगरे का भुरता और भात खिला देना। माँ क्या कहती है, इसकी परवाह किए बिना ही घर से मैं निकल गया। हाथ पकड़कर खबासिन को भी खींचता आया।

रास्ते में बड़े मालिक की हवेली के पिछवाड़े खबासिन ने दोनों बाँहों में मुझे कस लिया। चूमती हुई बोली—अगर तू मेरी बातों में 'ना' कभी न करे तो...

धत चुड़ैल की—छिटककर मैंने अपने को उसकी बाँहों से छुड़ा लिया। ऐसा लगता था कि उसकी भूखी आँखें मुझे निगल जाएँगी। उसने मुस्कुराकर कहा—कुत्ता से

1. साँप के पोए (बच्चे) की तरह का एक बरसाती और रेंगनेवाला कीड़ा। भूरे रंग का होता है। इसके लिए गीली धरती चाहिए, 2. आहार, 3. भगवान।

भी बदतर है तू जो चुमकारने-पुचकारने पर अगली दोनों टाँगों के सहारे खड़ा होकर अपने सिनेही के सीने से सटने को बेताब हो जाता...

सिर से पैर तक खबासिन को मैंने एक बार देखा और छिन में मेरा रोआँ-रोआँ सिहर उठा। मुँह बनाकर मैंने कहा—कल्लर से सगाई क्यों नहीं कर लेती है ?

'और तू ?'

'मैं तो अभी छोटा हूँ।'

'मगर है तो बतिया खीरा, अभी से...'

उछलकर मैंने अपनी हथेली से उसका मुँह बंद कर दिया। दूसरी ओर होकर मैंने थूका और बोला—बेहया कहीं की ! लाज-शरम सब धो-धाकर पी गई !

'पी न जाती तो निर्बाह कैसे होता ?''

खबासिन मुझे गंदगी की पिटारी जैसी लगी। तय था कि काँटे से मछली निकालने की बात कहकर मलिकाइन के हाथों वह मुझे पिटवाएगी। लेकिन पिटवाना अपने को मंजूर था, उसके पाँच सेर भारी मुँह से अपने मुँह को चटाना मंजूर नहीं था।

उस दिन हुआ यही था कि गिरहथनी ने आम की आधी जली चैली से पीठ दाग दी थी मेरी।

मलिकान[1] में कोई ऐसा नहीं था जो बिना गाली दिए मुझे संबोधित करता हो। बात-बात में साला। बात-बात में ससुर, पाजी और नमकहराम का तो कहना ही क्या। दो पहर रात को सोए रहने पर कभी-कभी ऐसा होता कि मालिक मुत्ती[2] करने बाहर आते। मुत्ती करके कुल्ला करते। उनके खड़ाऊँ की खटर-खटर, खट्ट-खट्ट से भी जब आँख न खुलती तो नजदीक आकर बेदर्दी से वह मेरा कान खींचने लगते। खींचते-खींचते कहते—ललचनमा का बाप, उठ साला ! भैंस को मच्छरों ने परेशान कर रक्खा है, जा वहीं। फिर से घूर[3] कर दे; धुआँ लगने से मच्छर भग जाएँगे...

रोता-रोता मैं उठता और जाकर देखता कि घूर में अभी काफी आग है और धीरे-धीरे धुआँ भी उठ रहा है। लेकिन इससे क्या ? सो जो रहा था मैं ! यह भला मालिक से कैसे देखा जाता ?

इस तरह गालियाँ, पिटाई, तिरस्कार, अपमान, दुतकार और फटकार यही वह रास्ता था जिस पर से मेरा जीवन आगे की ओर खिसक रहा था। अब मेरी आयु सत्रह साल की थी। मेरी ही उमर का था रमखेलौना जो बड़े मालिक के छोटे बाबू के साथ पटना रहता था। छुट्टियों में अपनी मालिक बाबू के साथ वह भी आता। छँटे हुए बाल, आधी बाँह की कमीज, धारीदार नेकर...रमखेलौना का यह रूप मुझे बिलकुल अलौकिक और दिव्य लगता। इरखा (ईर्ष्या) होती कि मैं भी किन्हीं मालिक बाबू के साथ कुछ दिन किसी शहर में जाकर रह आता। अपनी मौजूदा जिनगी[4] से मैं ऊब चुका था। दुनिया की बातों को समझने के लिए जिस पक्की उमर की जरूरत है वह यहाँ नहीं

---

1. मालिकों का खानदान, 2. पेशाब, 3. अलाव, 4. जिंदगी।

थी। फिर भी छोटी-छोटी दो आँखें तो थीं ? दो कान तो थे ? घर जाने पर माँ को जब कठौती में मड़ुआ का आटा गूँधते देखता तो अपनी गरीबी फार (फाल) बनकर कलेजे को फाड़ने लगती।

दो

मलिकाइन के भतीजा बाबू पटना में पढ़ते थे। उन्हें अपने साथ रखने के लिए किसी खबास[1] की जरूरत थी। काम था बर्तन-बासन माँज देना, कमरे में झाड़ू-बुहारू देना, बाहर दूकान से पान-सिगरेट लाना और डेरे की रखवाली करना। इस काम के लिए किसी बड़े और सयाने और समझदार आदमी की जरूरत नहीं थी और वैसा आदमी दो-चार महीने से ज्यादा टिकता भी नहीं।

उमर के लिहाज से छोटा मैं जरूर था, मगर ठिंगना या नाटा नहीं। मेरे बाप-दादे लंबे-तगड़े, खासी अच्छी डील के आदमी थे, माँ मेरी साँवली जरूर रही, लेकिन कद्दावर थी।

मलिकाइन के भतीजा बाबू दुर्गापूजा की पिछली छुट्टी में आए थे और पाँच-सात दिन रहे भी। नाटा कद, गोल-मोल चेहरा, बड़ी-बड़ी आँखें, मझोली नाक, पतले होंठ, कपार चौड़ा था। देखने में खूबसूरत थे। स्वभाव के मधुर, बात के तनिक कड़े।

डेढ़ पहर दिन उठे जब मैं घास छीलकर लौटता तो वह हवेली में मुझे बुलवा लेते। इधर-उधर की बातें कर लेने के बाद मेरी ओर अपना हाथ बढ़ा देते। उनकी वह मुलायम हथेली अपने कंधों पर डालकर मैं उसे चाँपने लगता। वह आँख मींचकर कुछ-कुछ बतियाते रहते और मैं अपने हाथ को उनकी कुहनी तक ले जाकर वापस ले आता। दरअसल नसें दुहवाना उन्हें बहुत पसंद था। दो अँगुलियों के सहारे उनकी मांसल बाँहों को मानो मैं घंटों गूँधा करता। इसके अलावा चूतड़ों पर मुक्कियाँ लगवाना भी उन्हें खूब अच्छा लगता था। कहा करते—मेरे खबास का लड़का मनोरथा हैजे से मर गया, तब से क्या बताऊँ बलचनमा, इस देह की कैसी दुर्गत हो रही है...बाबू करवट बदलकर उस ओर तकिया में मुँह को गोंत लेते और कुछ देर तक ङु ङ् ङु ङ् करते रहते। सारी देह थिर, मगर एड़ियाँ दोनों डोलती रहतीं। यह किसी भारी सोच में पड़ जाने का उनका लच्छन था।

एक रोज ऐसे ही लच्छन के बाद बिजली की फुर्ती से मुँह उठाकर मेरी ओर वह बकर-बकर ताकने लगे। थोड़ी देर ताकते रहे। फिर पूछा—बलचनमा, रहेगा मेरे साथ ? चलेगा पटना ?

न हाँ, न हूँ—मुझसे कुछ कहते नहीं बना। उन्होंने कई बार पूछा। आखिर मुँह मुझे खोलना ही पड़ा। निगाह नीचे की ओर, गर्दन भारी। अपनी फटी बनियाइन के

---

1. सेवक, परिचारक।

लटकते पल्ले को छूते-छूते मैं बोला—'मलिकाइन जाने देंगी ?'

'अरे मलिकाइन की बात छोड़। तेरी माँ अगर मान जाए तो सब मामला ठीक हो जाएगा।'

इस पर मैं कुछ नहीं बोला था। जाने कैसे माँ को उन्होंने मना लिया और मलिकाइन का क्या पूछना ! वह तो पचास बार मौका-बेमौका मुझे सुनाकर बोल चुकी थीं। एक जाएगा एगारह आएगा। चरवाहे की क्या कमी है।

मलिकाइन अपने भतीजे को 'फूल बाबू' कहकर बुलाती थीं। बाकी लोग भी उन्हें इसी नाम से जानते थे। मैं भी उन्हें फूल बाबू-फूल बाबू कहा करता। रहे भी खूब खुशमिजाज। मिसरी-सी बोली थी। छोटे-छोटे खुदिया दाँतोंवाले उनके मुँह से बातें निकलतीं तो लगता, किसी सुंदर फुलडाली से झरझर हरसिंगार के फूल गिर रहे हैं।

फूल बाबू बचपन से ही अपनी पीसी (फूआ) के यहाँ आते रहे। माँ उनके शील-सुभाव से परिचित थी। बल्कि वह कई बार उनके घर से हो आई थी। उनकी माँ, उनके बाप, उनका कूल-खूँट, सबका हाल मेरी माँ को मालूम था और इसीलिए इतनी आसानी से मेरा उनके साथ जाना माँ को मंजूर हुआ। दुर्गापूजा की छुट्टी बिहार-बंगाल में बड़ी लंबी होती है, जानो ही हो। पितरपख[1] से लेकर दिवाली-भाईदूज तक स्कूल-कालेज बंद रहते हैं। लड़कों और मास्टरों और परफेसरों (प्रोफेसरों) के लिए मौज है भैया ! फूल बाबू दसहरा भर मलिकाइन के यहाँ रहे। उड़ता हुआ नीलकंठ देखकर अपने गाँव गए। इधर मलिकाइन को चिंता हुई नए चरवाहे की—एक जाएगा एगारह आएगा—कहने में क्या रक्खा है ! बाकी, आदमी आदमी है। दुइ हाथ, दुइ गोड़। और नाक, कान-कपार। सब जानवर के पास महजूत[2] हैं, मगर दिल और दिमाग इन्सान के ही बच्चे के पास मिलेगा। भैंस चराओ चाहे गाय, बकरी चराओ चाहे भेड़। थोड़ी-बहुत अकिल (अकल) तो चाहिए ही। लेकिन अकिल कहाँ मिले। भिंडी और बैंगन के खेत में आदमी फूस का पुतला खड़ा करता है। तो क्या वह पुतला गाय-भैंस की चरवाही कर सकता है ? नहीं भैया, नहीं, इन्सान का बच्चा ढेप-चेप[3] नहीं है कि जहाँ पाया, उठा लिया।

बड़ी खोज के बाद मलिकाइन को एक आदमी मिला। निपट बहीर। हाथ-पैर दुरुस्त थे, मगर था बूढ़ा। हमारे रहते ही वह आ गया था। चारज (चार्ज) हम अपना उसे दे चुके थे, पर भीतर ही भीतर अफसोच[4] हुआ कि भैंस को इस बूढ़े के चलते भारी मुसीबत उठानी पड़ेगी। ठीक है, गर्जू का यही हाल होता है। मलिकाइन गरजमंद थीं, तभी तो कल्यानपट्टी के इस बहीर और बूढ़े दुसाध को चरवाहा रख लिया। वह सवूरी मंड़ड़ तो था नहीं कि चरवाही में रस लेता।

दिवाली से दो रोज पहले ही मैं फूल बाबू के घर पहुँचा। अकेला नहीं, मलिकाइन ने एक बनिहार[5] को साथ कर दिया था। जिस दिन मैं घर छोड़नेवाला था, उस दिन माँ की आँखें जाने कितनी बार भर आईं। वह मेरे सामने तो खुलकर रो न सकी, मगर

---

1. पितृपक्ष, आश्विन का कृष्णपक्ष (कुवार का काला पख), 2. मौजूद, 3. ढेला, 4. अफसोस, 5. मजदूर जिसे मजदूरी में अनाज मिलता है।

परोछ (परोक्ष) में जरूर रोई होगी। माँ का दिल ठहरा न। और भैया मैं ही कौन सयाना था। सो सात-आठ कोस के उस रस्ते में ही पाँच-छ दफे बकौर[1] फटी। काहे न फटती। बाप तो मेरे लिए कभी था ही नहीं। जब तक जिया तो कभी कलकत्ता, तो कभी ढाका, कभी जलपाईगुड़ी, तो कभी फारबिसगंज। कहने का मतलब यह है कि एक भारी-भरकम डील-डौल का आदमी, बड़ा कपार और बड़ी-बड़ी मूँछें !—बस यही तसवीर है जो बाप के नाम पर मेरे सामने आती है। सरम-लाज इतनी थी कि कभी गोद में लिया ही नहीं मुझे उसने, चुम्बा-चाटी भी नहीं। बात यह थी कि दादी मुझे अपना कोंढ़-करेज (कलेजा) समझती थी। बुढ़िया का ही लाड़-प्यार इतना था कि उसके सामने इन्द्रासन भी फीका। मेरा ही नहीं और बच्चों का भी यही हाल होता है। माँ का दूध छूटा कि दादी, नानी, फूआ, मौसी, चाची, मामी, जो पीठ थपकावे, बोलारी दे, खेलावे वही बच्चे का सबकुछ हो जाता है। माँ चाहे बाप। और मेरी माँ कहती भी थी—रेबनी मेरी है, बलचनमा बूढ़ी का।

तो रास्ते में काहे न बकौर फटती। फूल बाबू के घर पर छह दिन रहा, फिर पीछे हम पटना गए। उनकी एक ही बहन थी। सीतामढ़ी के पास कहीं ब्याही थी। भाईदूज के दिन वह अपनी बहन से न्योता लेने गए। लौटकर फिर घर आए और तब जाकर हम दोनों पटना के लिए बिदा हो सके।

फूल बाबू हमारी मलिकाइन के सगे भातिज[2] थोड़े थे ? नहीं, मलिकाइन के बाप की तीन शादी। पहली स्त्री निपूती निकली। दूसरी से फूल बाबू के बाप जनमे। तीसरी से हमारी मलिकाइन गुनमन्ती देवी का अवतार हुआ। जमीन-जजात सारी फूल बाबू के बाप की हुई। मलिकाइन को कुल पचीस बीघा बाप दे गए। अरे, जहाँ हजार बीघा की बात हो वहाँ बीस-पचीस बीघा भला क्या चीज है ? लेकिन हमारे हियाँ[3] बड़ी जातवाले में माँ-बाप के दिल लड़कों के लिए और होते हैं और लड़कियों के लिए और। यानी घर-गिरस्ती, जमीन-जजात, माल-जाल, रुपैया-पैसा, कैंचा-कौड़ी, लत्ता-कपड़ा—दौलत का चाहे अमार[4] लगा हो, बाकी[5] धी-बेटी के लिए उस ओर निगाह उठाना भी गुनाह समझा जाता है। पढ़ाई-लिखाई, इलिम-विदया, (इल्म, विद्या) सबकुछ लड़कों के भाग में। लड़की जब तक बिन ब्याही रही, खाएगी-पिएगी, थोड़ा-बहुत सौख-सिंगार करेगी, बस। और यही बात हमारी छोटी जातवालों ने भी जस की तस अपने में उतार ली है।

हाँ, तो मैं क्या कह रहा था ? यही कि बाप की सारी संपदा बेटे के हाथ लगी। बेटी के नाम गौरी-गणेश की तरह चार अच्छत अलग से डाल दिए गए। फिर भी मलिकाइन का अपने बैमातरे[6] में सिनेह-भाव था ही। भरदुजिया[7] के रोज साल-साल फूल बाबू के बाप मेरे गाँव जाया करते। फूल बाबू की माँ का सुभाव विलकुल देवता का सुभाव था। अपनी ननद के लिए उनके हिरदय[8] में इतना आवेस[9] था कि क्या कहूँ ! परब-त्यौहार, छठे-छमाहे, भरिया भेजती भार लेकर।

---

1. अंदर की रुलाई, 2. भतीजा, 3. यहाँ, 4. अंबार, 5. लेकिन, अपितु, 6. वैमात्रेय, सौतेला, 7. भाईदूज, 8. हृदय, दिल, 9. स्नेह।

तो ऐसी माँ के बेटा थे हमारे फूल बाबू। तमोड़िया इसटीसन (स्टेशन) चढ़कर हम हड़ाही उतरे। सामान बहुत जास्ती नहीं था। लोहे का एक बकसा, चमड़े का एक सूटकेस। टाड़ा भर घी। ओढ़ना-बिछौना का मोटा। यह सब तो था ही, एक पथिया[1] में ही धान का चूड़ा था, उसी पर ठकुआ, खजूर और टिकिया बनाकर डाल दिए गए थे। वहीं एक ओर केले के पत्ते में और कागज में लपेटकर अचार पड़े थे। ऊपर एक डाली देकर फिर साबे की जौंड़ (रस्सी) से कसकर बाँध दिया गया था, मगर कैसा भी बाँधे, कितना भी बाँधे, खाने-पीने की चीज भला किसका ध्यान नहीं खींचेगी ? सच कहता हूँ भैया, बड़ी खुशबू आ रही थी।

थे तो हम दो जने, बाकी फूल बाबू ने हड़ाही में गाड़ी रुकते ही कुली-कुली कहके पुकारा। एक आदमी दौड़ा आया। काला अंगा पहिने हुए था, कुर्ता कह लो। अधबाँही। दाईं बाँह पर भूरे रंग की एक चिप्पी उस कुर्ते में सिली हुई थी, जिस पर कुछ लिखा हुआ था। वह कुली था। फाटक खोलकर इधर से लोग उतर रहे थे, उधर से बेसबूर कुली उन्हें धकिया (धक्का दे) कर भीतर घुस आया। हबर-हबर[2] हमारा सामान उठाने लगा।

मालिक ने मुझे कहा—उतर, यहाँ दूसरी गाड़ी पर चढ़ेंगे।

मैं उतरा और अलग जाकर खड़ा हुआ कि मालिक ने चिचिया[3] कर कहा—ले, सूटकेस सँभाल।

सूटकेस लेकर मैंने नीचे रख दिया। इसके बाद घी का टाड़ा भी उन्होंने थमाया और मैं बड़ी हो!शियारी से उसे ले जाकर सूटकेस के नगीच रख आया। कुली ने बकसा, कम्वलवाला मोटा और चूड़ावाला पथिया एक-एक कर तीन खेप में उतारा।

सूटकेस के करीब खड़ा-खड़ा मैं चारों ओर ताक रहा था, चकुआ-चकुआकर। सत्रह साल की उमर थी। गाँव-घर छोड़कर कभी नहीं निकला था। एक ही जगह इतनी अधिक रेलवी-लैन, इतनी अधिक गाड़ियाँ, इतने जास्ती ऐंजन, रंग-बिरंग के मुलुक भर के लोग—देखकर मैं दंग रह गया। अपने आपको जाने कहाँ मैंने खो दिया। लगता था, जाने किस दुनिया में फूल बाबू मुझे ले आए हैं।

इसटीसन की अँगनई ऐसी साफ, इतनी चिकनी थी कि बाह। मन ने कहा—अपने यहाँ गाँव-घर में गरीब-गुरबा क्या मालिक-मलिकाइन के भी ऐसा आँगन नहीं होता। अभी तक मैंने सरकार बहादुर और अँगरेज बहादुर का नाम भर सुना था। मगर उस बार पहले-पहिल अपनी जिनगी (जिंदगी) में हड़ाही जकसन का लाटफारम (प्लेटफार्म) जो देखा, तो अकिल हैरान हो गई।

बहुत बड़ा लाटफारम। इधर भी लाटफारम, उधर भी लाटफारम, बीच में रेलवी लैन। उधर उस ओर भी लैन बिछी थी। दरभंगा इसटीसन का नाम हड़ाही है। अरे भाई, आसपास के लोग जो कहकर पुकारें, वही न नाम ? अँगरेजी अच्छर में आकि

---

1. टोकरी, 2. जल्दी-जल्दी, 3. चीखकर, चिल्लाकर।

(या) संसकिरित में लिख देने से क्या होगा ? मैं बहुत दिनों तक धोखे में पड़ा रहा कि हड़ाही जकसन एक है और दरभंगा इसटीसन कोई और होगी। लेकिन अभी कुछ दिन पहले यह भेद परगट हुआ। एक लड़का अपनी इसकूली (स्कूली) पोथी में दरभंगे का भूगोल पढ़ रहा था और मैं वहीं बैठे बीड़ी पी रहा था। पढ़ते-पढ़ते इसके मुँह से निकला—दरभंगा स्टेशन को हड़ाही भी कहते हैं, क्योंकि नजदीक ही जो बड़ा पोखरा है, वह हड़ाही पोखरा कहलाता है। खोदते बखत शायद हाड़ निकला होगा।

खैर भैया, फूल बाबू कुली से सामान लदवाकर आगे चले। मैं चला पीछे-पीछे, सूटकेस सिर पर उठाए। इस लाटफारम से उस लाटफारम पर जाने के लिए एक ठो बड़का[1] पुल है। पक्का, मजबूत। ऊपर से टीन की छतरी भी है। सीढ़ियाँ बनी हैं। चढ़ने को भी और उतरने को भी।

मैंने यह सब कब देखा ? उस दिन पुल पर चढ़ते-उतरते गिरा नहीं, सो अचंभे की बात है।

उस लाटफारम पर जब हम पहुँचे तो गाड़ी खड़ी थी। कुली ने सामान भीतर रख दिया। मालिक ने मुझे कहा—बैठ बलुआ, मैं चाह पीकर आता हूँ। वह गए चाह पीने, मैं चाह से अनजान नहीं था, क्योंकि मेरा बाप ढाका-कलकत्ता घूमा हुआ था। घर पर कभी सरदी-खोंखी[2] होती तो चाह बनवाके पीता था। चीनी न हुई तो गुड़ ही सही। और दादी को एक बार ओकासी हुई जोर की, तो काढ़ा के बदले नोन डालकर उसने चाह बनवाई। उसी से उसका दुख दूर हुआ।

फूल बाबू चाह पीने गए और मैं आँख फाड़-फाड़कर लाटफारम पर चलते-फिरते लोगों को देख रहा था। रूप-रंग के साथ यहाँ लोगों की बोली भी बदली थी। यह काह-कुहे[3] सुनने का पहिला मौका था मेरे लिए। अपने गाँव पर पड़ोस में सैयदपुर के मियाँ लोगों को पजामा पहने देखा था, मुदा बोली तो हमारी उनकी एक ही थी। सामने दो पजामाधारी फर-फर बतिया रहे थे, यही काह-कुहे की बोली में। अब तो भैया, कानों को आदत पड़ गई है। मगर पहिले-पहिल जब यह बोली सुनी थी, तो ऐसा लगा था, जाने कोई कानों में खूँटा ठोंकता जा रहा है। अब तो मुझे भी इसी बोली की लत पड़ गई है। अपनी बोली भूलता जा रहा हूँ। बबुनी की तो बात छोड़ो, चार बरस का मेरा ननकिरवा[4]—परदिपवा—फर-फर हिंदी बोलता है।

ऐंजन ने सीटी दी और फूल बाबू आकर हमारे नगीच बैठ गए। उन्होंने अखवार खरीद लिया था। कैसा बड़ा फर्द था ! छोटी पोथी आ[5] पंडितजी का भागवत का पोथा—अखबार के बड़े-बड़े फर्दों का मुकाबला कर सकते हैं ? फैलाकर पढ़ोगे तो बाँह टूटने लगेगी। देखते नहीं नबरास्टर[6] रोज आता है। कामरेड सुक्खू पढ़-पढ़कर सुनाते हैं। चार तह, आठ तह का, पहले मोड़ लेते हैं, तब फिर पढ़ना शुरू करते हैं। फूल बाबू ने थोड़ी देर फैलाकर पढ़ा, फिर दो तह और फिर चार तह, करके पढ़ने लगे।

---

1. बड़ा, 2. खाँसी, 3. 'का'-'को' वाली बोली, हिंदी-उर्दू, 4. बेटा, 5. और, 6. दैनिक नवराष्ट्र।

मुझे तो नींद आ रही थी। हिलती-डुलती गाड़ी में ऐसा लग रहा था कि मलिकाइन के कलम[1] में मचकी (झूला) झूल रहा हूँ। नीचे, पैर के बिलकुल नीचे रेल के पहिए हड़ाक-हड़ाक कर रहे थे। जुड़े हुए डब्बे ढब्बर-ढब्बर बोल रहे थे। ऐंजन झज्झ काली, झज्झ काली करती चली जा रही थी। खूब आस लग रही थी। मचकी का मजा आ रहा था। झूलन का कहो। पलकें सौ-सौ मन की भारी हो उठीं। आँखें झिपतीं तो झिपकी ही नहीं, मेरा माथा फूल बाबू की केहुनी से उठंग गया। मैं सो रहा।

बड़े झटके के साथ नींद टूटी तो सामने समस्तीपुर का बड़ा इसटीसन आ गया। शाम हो रही थी। यहाँ भी गाड़ी बदलनी पड़ी। सुना कि मुजफ्फरपुर जो गाड़ी जाती है, सो सीधे कटिहार से आती है। बड़ी भीड़ थी। अतत्तह[2]। कुली से मोटा सहेजवाकर, मुझे बैठाकर मालिक खाने चले, मुझसे कहते गए—चूड़ा और ठकुआ निकालकर खा ले। पानी फिर पी लेना।

आदमी का सुभाव छन भर में मालूम हो जाता है। फूल बाबू को मैं बहुत पहले से और अच्छी तरह पहचान चुका था। उनके सुभाव में एक अजीब मस्ती थी। लापरवाही कह सकते हो। जितना ही उनके बाप कंजूस थे, उतना ही फूल बाबू की मुट्ठी ढील[3] थी। मलिकाइन के यहाँ कई दफे ऐसा हुआ कि छहोड़ा-किसमिस तक उन्होंने मुझे दिया, मगर छिपाकर। अपने घर पर उन्होंने मुझे कै खेप सरबत पिलाई, मगर माँ की नजर बचाकर। मेरा मन हरा हो गया—मालिक हो तो ऐसा। कामधेनु वह जिसे खड़ी-खड़ी दुह लिया जाए, साँझ-सबेरे जब चाहो। भीतर ही भीतर मैंने एक दिन अपने आपसे कहा—जिनगी भर फूल बाबू की खबासी करूँगा।

चूड़ा और ठकुआ जिस पथिया (टोकरी) में था, वह सीट के पास ही रखी हुई थी। मन माफिक मैंने उसमें से निकाल लिया। चूड़ा भी, अचार भी और ठकुआ भी। समस्तीपुर में रेलों का भारी जुटान होता है। गाड़ियाँ पहर-पहर तक खड़ी रहती हैं। पीह-पाह करती हुई ऐंजनें इधर से उधर, उधर से इधर टहलान मारती रहती हैं। झिल्ली-कचरी, लाई-मूढ़ी, लावा-फुटहा, पूड़ी-मिठाई, मखान-मेवा, दाख-किसमिस, गड़ी-छुहाड़ा, बीड़ी-पान, सब मिलता है वहाँ ! सीसेवाली सनुकचियों[4] को सिर पर लादे बेचनेवाले चक्कर लगाते रहते हैं। कहीं घबहा कुकुर, कहीं चालाक कौआ, कहीं दतनिपोड़ा कल्लर[5]—चाहोगे कि खड़े-खड़े कुछ लें और खाएँ, नहीं होगा।

खैर, मैं तो गाड़ी के भीतर ही अपनी सीट पर बैठे-बैठे चूड़ा फाँक रहा था। बीच-बीच में तोड़-तोड़कर ठकुआ के टुकड़े मुँह में डाल देता। करेला और परवल का अचार। क्या पूछना है, कैसा लग रहा था !

फूल बाबू उधर से आए तो एक खिल्ली पान मेरे लिए भी लेते आए। और हँसकर कहा—हाँहुत्ती[6] कहीं का, सारा का सारा आज ही भकोस लेगा।

लाज से मेरी गरदन झुक गई। मुँह चलाना बंद कर मैं अपने पैरों की ओर ताकता

---

1. कलमी आमों का बाग, 2. बेहद, अनन्त, 3. खुली, ढीली, 4. शो-बाक्सों, 5. भिखारी, 6. उतावला, अधीर।

रहा। मालिक ताड़ गए। बोले—अरे हाँ, खजूर नहीं निकाल लिया ?

और तब फिर मेरा मुँह चलने लगा और दाँत चबर-चबर बोलने लगे।

वह आकर मेरे नजीक[1] ही बैठे, पान थामे हुए। मैं जब फंकी लगा चुका तो बोले—पानी पी आ। वह देख, लोग पानी पी रहे हैं। कल की टोंटी को धीरे से दबाना, नहीं तो कपड़े भींग जाएँगे। जोर से दबाने पर जोर का फुचुक्का निकलता है।

जैसा बाबू ने कहा था, उसी मोताबिक मैंने कल की टोंटी को दबाया और पानी पिया। अजगुत लगा कि कहाँ से पानी आता है। न इनार है, न पोखर, न डाबर, न चभच्चा, तो क्या पाताल से आता है ? अब तो खैर सयाना हो गया हूँ। देस-दुनिया काफी देखी है। कल-मशीन की बातें जानता हूँ, मगर घर से जब निकला तब तो मैं भी पर्बतिया बोको था। जाड़े के दिनों में पीठ पर बकुच्ची बाँधे ऊपर से भोटिया नेबार उतरते हैं ! नेपाली भी उतरते हैं। पहाड़ से उतरकर जयनगर—नीचे के इलाकों को वे लोग मोगलान और मधेस कहते हैं। कातिक-अगहन में आते हैं और माघ-फागुन में लौट जाते हैं। बड़े बुद्धू, गाय जैसे सीधे। बोली अलग, बानी अलग, भेख अलग। उन्हीं को हमारे यहाँ पर्बतिया बोको कहते हैं।

मेरी सिधाई पर फूल बाबू जब कभी हँसते तो बोकुआ ही कहते थे !

पानी पीकर मैं आ गया और गाड़ी में जा बैठा। ऐंजन ने पुक्की[2] दिया। फक्-फक् कर गाड़ी चलने लगी।

रात हो गई थी। बाहर के बाध-बोन (खेत-वेत) दिखाई नहीं पड़ रहे थे। और भैया, कटिहार की गाड़ी बड़ी तेज चलती है। मैं झुकने (ऊँघने) लगा। सोने की जगह तो थी नहीं, फिर भी बैठे ही बैठे मुझे नींद आ गई। मालूम नहीं, कितनी देर बाद गाड़ी वड़े जोर से हड़र-हड़र, हड़ाक-हड़ाक करने लग गई और फूल बाबू ने मुझे झकझोरकर दिखाया कि देख, हरिहर छेत्तर का पुल। मल-मलकर मैंने आँख साफ की और हाजीपुर के उस बड़े पुल को देखने लगा। पच्छिम की ओर बड़ी दूर, पानी के पार झिलमिल-झिलमिल रोशनी जल रही थी। बाबू ने कहा—वही पटना है।

बड़ी देर तक मैं दाँत चियारे रहा—वही पटना है !!

इतने में सोनपुर आ गया। ऐसा लम्बा-चौड़ा लाटफारम सुनते हैं कि जहान भर में नहीं है। तुम तो गंगापार गए ही नहीं, जो जाते तो देखते। देखकर अकिल गुम हो जाती। इस छोर पर से उस छोर पर जाने में टाङ[3] दरद करने लगेगा।

सोनपुर में हमने गाड़ी बदली। कटिहार से जो गाड़ी आती है, वह सीधे छपरा-नखलौ[4] चली जाती है। घटही[5] गाड़ी पर चढ़कर हम पहलेजा घाट आए। मगर सोनपुर में डेढ़ पहर बैठना पड़ा। घटही गाड़ी कोढ़िया होती है। आज बीस-पचीस बरिस बाद भी पहलेजावाली गाड़ी का यही हाल है। साली इतनी-इतनी देर बैठाती है कि दिमाग को कुफुत हो जाता है। सामान था हमारे पास मुलकी,[6] सो भी नहीं सकते थे। घाट पर

---

1. नज़दीक, 2. सीटी, 3. टाँग, गोड़, 4. लखनऊ, 5. घाट को जानेवाली, 6. काफी।

आते-आते पौ फट गई थी।

जहाज का नाम ही सुना था आज तक। हम समझे थे कि जैसे लोहे की पटरी पर रेल चलती है उसी तरह जहाज भी पटरी पर ही चलता होगा। मगर, नहीं भैया, नहीं। वह तो नाव जैसा होता है। दोमहला-तेमहला।

कुली से सामान उठवाकर जहाज की ओर चले। जेटी पर बड़ी धक्कमधुक्की थी। सब आपाधापी करके एक-दूसरे को रेड़ते-ठेलते जहाज पर जा रहे थे। लोहे का भारी-भारी सूटकेस बाबू लोग हाथ ही में लिए हुए थे। बाबू लोग, भाई, आखिर बाबू ही न ठहरे ! कितनहू भारी होगा तो भी सिर-कंधे पर नहीं लेंगे, मोटा या बकसा हाथों में ही ढोने की कोशिश करेंगे। सिर-कंधे पर गठरी डालने से बाबूगिरी में बट्टा लगता है।

जहाज पर किसी तरह बैठे क्योंकि इतजाम[1] नहीं था। जो जहाँ पावे, बैठ जाए। यही हाल था। आजकल तो भला जहाज में दो-चार बेंच भी दिखाई देती है, लेकिन मैं जिस जमाने की बात कह रहा हूँ, उन दिनों ऐसा नहीं था। जहाज देर में छूटा। घंटा बजा। लोहे के मोटे-मोटे सिक्कड़, जो जहाज पर चारों ओर घिरे थे उनमें हरकत आई और मानो गंगा का किनारा ही पीछे की ओर खिसकने लगा। उस बखत महिंदरू और पहलेजा दोनों आमने-सामने पड़ते थे। पार होने में घंटों नहीं लगे। इधर महिंदरू घाट की जेटी से जहाज लगा कि नहीं, लगे पसिंजर कूद-कूदकर उतरने। जिनके हाथ खाली थे, उनको तो उतरने में और भी आसानी थी। धड़फड़-धड़फड़ करते कुली आए और बाबू लोगों का सामान उठाकर उतरने लगे। फूल बाबू को यह आपाधापी बिलकुल नापसंद थी। एक कुली ने बिस्तर पर हाथ रखा तो उन्होंने मना कर दिया—ठहरो, भीड़ छँटने दो।

मैं तब तक जहाज का ऐंजन देखता रहा। ऐसा समझो कि लम्बा-चौड़ा घर है। बीच में चौकोर खद्धा। उसी में तमाम कल-पुरजा बैठाया हुआ है। मोटी और पतली पेंचदार नालियाँ गरम भाफ से सुसुआ रही हैं। गाड़ी के ऐंजन का पहिया जितना बड़ा होता है, उतने ही बड़े-बड़े, धुरी-लगे चक्के नीचे-ऊपर हो रहे हैं। उधर एक ओर जमदूत जैसे काले दो जवान कोयला झोंक रहे हैं। और भैया, छरर-छरर, सरर-सरर पानी काटता हुआ जहाज गंगा मैया की छाती पर आगे बढ़ा जा रहा है। मैं तो पच्चीस बेर आया हूँ, पच्चीस बेर गया हूँ। अब जहाज मेरे लिए घर-आँगन हो गया है।

भीड़ कम हुई तो कुली ने सामान उठाया और हम जहाज से उतरे। टिकस बाबू को टिकस दे दिया गया और सीढ़ियों से चढ़कर महिंदरू घाट इसटीसन के हाते में पैर रखा। तब रिक्शा इतना नहीं चला था। पटनिया टमटम का ही राज था। टमटम पर चढ़कर बाबू और मैं डेरे पर आए। डेरा फूल बाबू का असालतन था। मतलब यह कि रहते या न रहते किराया मास-मास भरते थे। मकान किसी बनिए का था और पड़ता

---

1. इंतजाम।

था मछुआ टोली में। आधे में मालिक-मकान खुद रहता। सड़क की ओर, नुक्कड़ पर चौथाई हिस्सावाला कोना भी किराए पर उठा था। बाकी हमारे फूल बाबू भाड़ा पर लिए हुए थे। इनके बखरे में[1] दो कमरा और तनी गो[2] बरंडा था।

पहले ही दिन मालिक ने मुझे एक निकर खरीद दिया, आधी बाँह की कमीज भी। दूसरे दिन भोरे उठकर कहते हैं—बलचनमा, तेरे बाल हैं कि बगड़ा-बगड़ी[3] का खोंता है ? ठहर, छँटवा देते हैं आज।

लाज के मारे कनपटी लाल हो गई। क्यों भैया, बाल छँटवाने में लाज कैसी ?

समझा नहीं, हमारे गाँव में पंडितों का बड़ा दबदबा है। राज ही उन्हीं का है। हाँ भैया, आजकल भी। अब तो थोड़ा-बहुत जमाना बदल भी गया है, मुदा कुछ पहिले अगर तुम इसी भाँति सतमहला बाल छँटाए, दाढ़ी-मूँछ साफ किए मेरी बस्ती में पहुँच जाते, तो परलय (प्रलय) मच जाता। दादी की कही हुई बात सुनाऊँ। मेरा बाबू एक बार ढाका से आया, बाबड़ी छँटाकर। बूढ़े मालिक उन दिनों महजूत[4] थे। उन्होंने मेरे बाप को बड़ा ही फटकारा। पछबारी टोल के पंडित बबुअन झा बुलाए गए और उन्होंने फतवा दिया। नदी के किनारे जाकर असतूरा (उस्तरा) से बाल कटाना होगा। बाबू को झख मारकर माथ मुड़ाना पड़ा। एक बार मेरा मामा आया, तो हाट पर जाकर उसने दाढ़ी बनवाई। मुझे भी ले गया था। मेरे भी बाल छँटवा दिए थे। क्या पूछते हो भाई, कितना बाबेला मचा उस रोज ! अगले ही दिन मुझे भी परास्चित (प्रायश्चित) करना पड़ा। अब मगर जमाना पलटा खा रहा है। पंडितों और मालिकों के अपने ही घराने में यह सब नहीं चलता। दादा पूरब की ओर ताकता है, पोता बिलकुल पच्छिम की ओर खड़ा-खड़ा मूतता है। बूढ़े-बूढ़ियाँ मरते हैं, इसटीसन पर गाड़ी से उतरते समय पोते को अगर पता लग गया, तो मूड़ मुड़ाने के डर से वह सीधे पच्छिम की राह लेता है। घुरती गाड़ी से पटना-मुजफ्फरपुर आपस[5] चला आता है।

फूल बाबू ने नहीं माना। खुद सामने खड़े होकर हजाम से बाल मेरे छँटवा दिए और बिलकुल नगीच आकर आँखों में आँखें डालकर मुझे बोले—आज तो तू आदमी बन गया है।

आदमी तो मैं बन ही गया था। इसमें भी क्या कुछ शक था ? नया देश, नया मुलुक, नए-नए चेहरे, नई बोली-बानी, नया भेख, नया बेहवार (व्यवहार), सबकुछ नया। मेरे लिए पटना में सबकुछ नया था। लगता था ऐसा कि मैं दूसरी दुनिया में पहुँच गया हूँ। दादी के मुँह से शहरों की कहानियाँ सुनी थीं। सुना था कि शहर में पैर रखते ही आदमी का मन फिर जाता है। घर की ओर, माँ-बाप की ओर, जोरू-जनाना की ओर उसका ख्याल ही नहीं जाता। मगर मुझे तो माँ बड़ी याद आती थी। रात-दिन रेबनी न जाने कितनी दफे याद आती। अपना वह छोटा घर, वह चितकबरी बकरी, वाड़ी में ठूँढ़े जीमड़ की टेढ़ी बाँहों पर लतरी हुई घेरा (नेनुआ) की वह हरी-भरी लत्ती...क्या

---

1. हिस्से में, 2. छोटा-सा, 3. गौरैया, 4. मौजूद, 5. वापस।

बताऊँ भाई, घर-आँगन का पूरा नक्शा आँखों के सामने सिनेमा जैसा चलता-फिरता दिखाई देने लगता।

गाँव-घर की बातें याद आतीं जरूर, लेकिन निगाह के आगे पटना का शहर था। माथे पर फूल बाबू की छाया थी, फिर जरा-मरा कचोट होती भी तो दिल बहलाने के लिए वहाँ पचीसों रस्ते थे।

फूल बाबू ओकालत पढ़ते थे। साथ ही साथ एम.ए. में भी नाम लिखाए हुए थे। हमारा काम था भोरे-भोरे उठना और चूल्हा जलाकर चाह का पानी चढ़ा देना। यह सब उन्होंने मुझे दो ही चार दिनों में सिखला दिया। चाह पीकर सात बजे वह लॉ कॉलेज चले जाते। साढ़े नौ बजे खाना तैयार हो जाता। वह आते और नहा-खाकर फिर निकल जाते। शाम को तीन-चार बजे लौटते, तो एक संतरा छीलकर धीरे-धीरे खाते और मुझसे कहते—जा, घूम आ। देखना सम्हलकर सड़क पर चलना नहीं तो साना-पिचड़ा हो जाएगा।

दो पैसा रोज मुझे वह अलग से देते थे। मैं उसे बचाकर रखता था। जब तीन आना या चार आना जमा हो जाता था तब मैं भी टेबुल-कुर्सी पर बैठकर चाह पी आता था। एक इकन्नी चाह में, दुअन्नी बिस्कुट में। पैसे का पान और पैसे की बीड़ी। पान की दूकान के सामने बड़ी देर तक खड़ा रहकर पान से रँगे अपने होंठ और जीभ बार-बार देखने में मुझे खूब मजा आता। नया टोला से लेकर सब्जी बाग तक तमोलियों की दूकान पर जहाँ भी ऐना[1] होता, खड़ा होकर मैं अपना चेहरा जरूर देख लेता। एक-आध घंटे में वापस आता डेरे पर, फिर चूल्हे की आरती शुरू हो जाती।

भानस-भात[2] में कभी-कभी मालिक भी हाथ बँटाते। और यह तब होता जबकि उनके दोस-महीम आ जाते। महीने में एकाध दिन अंडे का हलुआ वह जरूर बनाते। उन्हें खाने और खिलाने का बड़ा सौख था। अपने भी तो भोगिंदर[3] ही थे। खेबा-खर्चा की कमी थी नहीं, फिर क्यों न खाते, क्यों न खिलाते ? ऐसा नहीं कि मुझे भागीदार न बनाते हों। कैसा भी पदारथ होता मेरे लिए सँजोकर जरूर रखते। उन्हीं के परताप से पिंटू होटल का रसगुल्ला मैंने जाने कितनी बार खाया होगा, कोई ठिकाना है !

दस-पंद्रह दिन तक मैं रसोई बनाने में कच्चा रहा, मगर आगे चलकर ऐसा पक्का भनसीआ[4] हो गया कि फूल बाबू के दोस्त तक मेरे बनाए हुए पकौड़े की तारीफ करने लगे। बाकी जो कुछ मैं नहीं बना पाता वह मालिक बड़े सिनेह से, बड़े जतन से बना देते थे। एक बात थी। बात यह कि तिरहुतिया बाँभन बड़े खटकर्मी होते हैं। छोटी जातवालों का छुआ नहीं खाएँगे। अब तो खैर सब चलता है, मगर इस बात का काफी ख्याल रक्खा जाता है कि गाँव-घरवालों को न मालूम हो। पोल सबकी सबको मालूम रहती है। लेकिन एक दूसरे के सामने सभी बाबू-भैया पाक-साफ बने रहते हैं। फूल बाबू ने मुझे भली भाँति समझा दिया था कि गाँव में यह सब मत बताना !

---

1. आईना, 2. रसोई, 3. भोगेंद्र, खाने का शौकीन, 4. रसोइया।

फूल बाबू बड़े हँसोड़ थे, बड़े खुशमिजाज। तबियत चुलबुली थी। घंटा-आध घंटा चुप रहना उनके लिए भारी सजा थी। भानस-भात, डेरे की रखवाली यह सब सिरिफ बहाना था। सच पूछो तो उन्हें आदमी की कोई जरूरत नहीं थी। और जरूरत होती भी तो क्या पटने में आदमी नहीं मिलते, मगर नहीं, मुझे जो वह ले आए सो एक ही ओजह था। अकेले उनका मन नहीं लगता था। साथी-संघाती दो-चार या कि आठ-दस घंटे साथ रहेंगे। किसी के साथ चौबीस घंटा पिंजरे में कौन बंद रहना चाहेगा ? मैं उनके लिए पिंजरे का सूगा था, जिससे वह साम-सुबह, दिन-रात, बखत-कुबखत मन बहलाया करते।

बाप उनके किरपिन थे, माँ की मुट्ठी खुली थी। अपनी माँ की सुफारिस करके कुछ और जास्ती खर्चा फूल बाबू निकाल लेते। बाप ने एतराज किया—बुलुर, अरे क्या करोगे इस छौंड़े[1] को साथ रखकर ? दोनों बेर सेर-सेर भर भात ठूँसेगा और टाँगें फैलाकर सोएगा, मत ले जाओ साले को। किसी होटल में ठीक कर लेना। इसको साथ रखने से नाहक ही झंझट में पड़ोगे। गले का घेघ बन जाएगा। मेरी बात पर ध्यान दो बुलुर !

इस पर फूल बाबू क्या बोले थे ? बोले यही थे कि होटल का खाना तो बबे, आपका यह गोला[2] कुकुर भी फटकी[3] से सूँघकर छोड़ देगा। आप लोग तो दो-चार महीने में एक ही आध बार हाईकोर्ट जाते हैं। दो-चार साँझ ही होटल में खाने का मौका मिलता है। चार-चार, छै-छै साल तक बरोबर पटना में रहनेवाले पढ़न्तू नौजवान चार महीना भी अगर इन होटलों का खाना खाएँ, तो बबे, घरवालों को उनसे हाथ ही धोना पड़े।

फूल बाबू का उनकी माँ ने पच्छ लिया तब जाकर मैं साथ आ पाया, नहीं तो उनके बाप भारी कसाई थे। ठीक वैसे ही जैसे कि हमारे मझले मालिक। सौ कसाई के एक कसाई, न लड़के का मोह न लड़की का, न भाई का मोह न बहन का, न बाप का मोह न माय का ! हाय रुपैया, हाय रुपैया ! जब देखो तब रुपैया। मैं तो दो ही रोज रहा उनके यहाँ, इसी में सब समझ गया। दस-बीस हजार की लगानी-भिड़ानी थी उनकी। आसपास के इलाकों में दुसाध, मुसहर, चमार, खतबे, पासी, धुनिया, जुलाहा लोगों की बस्तियाँ थीं। मुसीबत के मारे, खगती[4] से सताए हुए जन-बनिहार आजकल भी पेट बेचते फिरते हैं। और भैया, उन दिनों भी इनका यही हाल था। फूल बाबू के बाप इन्हीं गरीबों की जमीन-जजात हड़प-हड़पकर औकातवाले बने थे। इन लोगों का यही पेशा था। फूल बाबू के दादा भी लगानी-भिड़ानी करते थे। परदादा थे बनैली राज में तहसीलदार। चार-चार, छै-छै, आठ-आठ, दस-दस रुपैया देकर वह ऐसी नथान नाथते थे लोगों को कि मरने पर भी बेचारों को छुटकारा नहीं। छोटी जातवाले जन-बनिहारों के पास होता ही क्या ? बहुत हुआ तो दो-चार धुर की डीह, दो-एक मड़ैया, एकाध बकरी-बाछी। मगर भैया इन कसाइयों के चलते बेचारों के पास यह सब भी नहीं रह पाता। लिलाम[5] करा लेते हैं। कुर्क हो जाती है। अदालत उनकी, हाकिम उनका, थाना-दरोगा उनका, पुलिस उनकी। गरीबों के लिए सिवाय लात-जूता के और है ही

---

1. छौड़ा यानी छोकरा, 2. धौरा, 3. अलग से, 4. गर्ज, 5. नीलाम।

क्या ? अब तो तनी-मनी जमाना बदला भी है, बाकी दस-पंद्रह साल पहले देहातों में घुप-अँधेरा था। जिसकी लाठी उसकी भैंस, यही चलता था। आजकल तो दरोगा-पुलिस लोगों से दबने भी लगे हैं। बड़ी जातवालों की माया तब भी अपार थी और अब भी। बात-बात में अपनी गोटी वही लाल करते हैं।

गरीब-गुरबा का गला रेत-रेतकर जमीन-जथा जोड़नेवाले बाप के घर ऐसा देवता किस तरह पैदा हो गया, यही मेरी समझ में नहीं आया। फूल बाबू उन दिनों तो देवता ही थे। इसलिए नहीं कहता हूँ कि मुझे कभी एक चाँटा नहीं मारा, न कभी एक बात ही कही, कहता हूँ इसलिए कि उनका सुभाव बड़ी जातवालों के सुभाव से लाख गुना अच्छा था। झगड़ा-झमेला, झूठ-फूस, लाई-लेपटाई, लल्लो-चप्पो हमारे मालिक को यह सब पसंद कहाँ था ? एक दिन की बात सुनाऊँ। सुबह में रोज वह दूध पीते थे। उस रोज ऐसा हुआ कि बाहर मदारी आया था। बानर और बनरिया ताल पर नाच रहे थे। बनरिया बनी थी दुलहिन, बानर दूल्हा। शादी हो गई थी। सुहागरात बाकी थी। मैं तमाशा देखने में मगन था। उधर उधिया[1] कर सारा दूध चूल्हे पर जा पड़ा। मलाई जलने की सोंधी गमक[2] आई, तो मैं दौड़ा, पर गिरा हुआ दूध फिर कहाँ से आए ? बाबू गए थे टहलने। रोज टहलने की उनकी आदत थी। टहलकर आते तो दो बिस्कुट खाते और ऊपर से यही डेढ़-एक पाव दूध पी लेते। उस रोज दूध चूल्हा पी गया था और मैं अपना कसूर छिपाने के लिए झूठ बोल बैठा—बिल्ली पी गई मालिक !

'बिल्ली पी गई ?'

मैं अनबूझ अपराधी बनकर नाखून खोटता रहा, निगाह नीचे की ओर किए। मालिक ने नथने फैलाकर हवा में कुछ महक महसूस की और बोले—बलचनमा, झूठ मत बोल। झूठ बोलना और गूह खाना, दोनों को मैं बराबर समझता हूँ। दूध बिल्ली ने नहीं पिया है। साफ-साफ बतला क्यों न दिया ? तुझे फाँसी कोई थोड़े देगा !

मुझे भारी अफसोस हुआ और कान पकड़े—फिर कभी मालिक के सामने झूठ नहीं बोलूँगा। एक ही बात थी, जिससे मुझे तरद्दुद होता था। अरे भाई वही तूफानी जमाना था। काँगरेसी लोग नमक बना-बनाकर जहल जा रहे थे। भले तो क्या नाम था, अभी याद नहीं आ रहा है। सबना[3] मङ आंदोलन था कि सबने भंग आंदोलन। फूल बाबू नित्त[4] अखबार पढ़ते थे। अखबारों को सरकार ने बंद करा दिया था, मगर छिपे तौर पर अखबार क्या जाने कहाँ से आता था ? लेथो से छपकर निकलता था। कौन निकालते थे, इसका पता नहीं। हमारे मालिक खूम (खूब) डमकी (डुबकी) लगा-लगाकर अखबार पढ़ते थे। अखबार काहे का भैयन, कागज का छोटका ताओ देखा है न ? वही ताओ, जिसको मोड़-माड़कर आठ परत की कापी बनाते हैं, वैसा ही फर्द रहता था। इतना बड़ा-बड़ा फर्द नहीं, जितना बड़ा नवराष्ट्र या स्वाधीनता का होता है। लालटेन जलाकर बड़ी रात तक पढ़ते थे। स्कूल-कालेज की किताब नहीं, यही गाँधीजी का अखबार।

---

1. उफनकर, 2. खुशबू, महक, 3. सविनय अवज्ञा या सविनय आज्ञाभंग आंदोलन, 4. रोज, नित्य।

दस दिन कातिक बाकी रह गया था, तब हम पटना आए थे, बता ही चुका हूँ। अगहन और पूस इसी तरह कटा। आधा पूस में फूल बाबू को सनक सवार हुई, एक दिन नमक बनाने गए। भोरे कह गए--दीघा जाता हूँ, सदाकत आश्रम में हमारे दो-चार साथी-संगी हैं। उन्हीं से मिलना है। रात न आऊँ तो घबराना नहीं। मकान मालिक की बुढ़िया सास से कह दिया है। वह इसी कमरे में सो जाएगी। तुझे डर न लगेगा।

मुझको पता ही नहीं चला कि मालिक के मन में कौन-सी बिजलता (बिजली) छिटक रही है। मगर इतना जरूर था कि मुझको भीतर ही भीतर उनके लच्छनों से अंदेसा हो रहा था। लग रहा था कि हमारे मालिक भी नमक बनाने जाएँगे और गिरफतार होंगे। मेरे सामने एक ही सवाल था। मालिक जहल चले जाएँगे तो मैं क्या करूँगा ? माँ कहो बाप कहो, पटना में वही तो मेरा सबकुछ थे और उनके हेड़ा (खो) जाने से मेरी क्या दशा होगी। यह सोचते ही मेरा रोआँ खड़ा हो जाता। पटना जैसा शहर। लोगों की भीड़भाड़। सड़कों का न ओर न छोर। जान-पहचान का और कोई था नहीं, फिर अकेला होकर मैं मर न जाता ? यही अंदेसा था।

सुकुर हुआ कि फूल बाबू उस रोज रात को लौट आए। मेरा तो कलेजा केले के पत्ते की तरह काँप रहा था। अपने लिए भात-दाल और उनके लिए रोटी-तरकारी बनाकर रख दिया और कोठरी में जंजीर चढ़ा दी। बाहर आकर उसी मकान के नजदीक खड़ा हुआ।

शहर में सड़क के किनारे बेकार भी खड़े हो जाओ, तो बहुत बात मालूम होगी। आने-जानेवाले तरह-तरह के चेहरे। एक्का, बग्घी, टमटम, फेरी लगाकर सामान बेचते हुए ठेलावाले। खोन्चावाले। मोड़ पर किसी दुकान के आसरे बैठे मोची। बहुत बातें देखने को मिलेंगी। बड़े घराने की औरतें ठोर रँगकर, गाल पोतकर शाम को घूमने निकलती हैं। सामने से गुजरेंगी तो खुशबू के मारे तुम्हारे नथने फड़क उठेंगे। उनकी साड़ी-जम्फर देखकर आँख दंग रह जाएगी। ऊँची एड़ी की जूती पहनकर जब वे उचकती चलेंगी तो सच बतलाना भैया, अपनी हँसी रोक सकोगे ?

लो मैं फिर बहक गया। कहना था क्या और कह गया क्या ! हाँ, तो सड़क के किनारे खड़े होकर बटोहियों को देख रहा था। बटोहियों को काहे देखूँगा; मालिक की बाट ताक रहा था। ताकता रहा, ताकता रहा और ताकता ही रहा। जब पैर उखड़ गए, तब कहीं जाकर फूल बाबू आते दिखाई दिए।

नजदीक आए तो देखा ठोरों में पपड़ी पड़ गई है। बाल बिखरे हुए हैं। उन पर धूल छाई हुई है। गर्दन की तरफ से कुर्ते की दो बट्टन खुली पड़ी है। बाँहवाला हिस्सा उसका केहुनियों तक मोड़ा हुआ है।

देखकर बड़ा दुख हुआ। समझने में कसर न रही कि किसी ने बाबू को पानी तक नहीं पिलाया। दिन भर भूखे रह गए। परदेस में कौन किसकी माँ, कौन किसका बाप ? काहे कोई तुमसे पूछेगा कि पानी पिओगे, दो मुट्ठी भात खाओगे ? काहे कोई पूछेगा ? और भैया, बड़े घर के लड़के भारी संकोची होते हैं। प्यासे मर जाएँगे, मुदा गिलास भर पानी

नहीं माँगेंगे। भूख के मारे अँतड़ी ऐंठती रहेगी बाकी मुट्ठी भर चना-चबेना माँगकर खा लें, सो नहीं होगा। अपने मालिक की यह दसा देखकर मेरे कलेजे में फार धँस गया। बिलकुल पास आकर वह मुस्कुराए और कहा—बलचनमा, यहाँ क्यों खड़ा है रे ?

मालिक की मुस्कान का जवाब बिहुँस[1] कर दूँ, उस दिन ऐसा मुझसे न हो सका। कैसे होता ? उनकी तो वह फीकी मुस्कान थी। थके-हारे आदमी की बेबस मुस्कान। उसका जवाब मुस्कुराकर देना निम्मन नहीं था भैया। मैं सीधे डेरे में आया। पीछे-पीछे बाबू आए। इतने थके थे कि धम्म से चौकी पर बैठ गए। फीता ढीला करके उनके पैरों से मैंने जूता निकाल लिया, चप्पल रख दी पास ही। चौका के अंदर जाकर, आसन पर बैठकर खाने की सामर्थ नहीं थी उनमें। जरा दूर कुर्सी पड़ी थी। उसे खींचकर मैंने सामने कर दिया। खाना परोसकर थाली ले आया और कुर्सी पर रख दी। कुल्ला करने के लिए गिलास में पानी दिया तो डबल घूँट पानी मुँह में लेकर वहीं दीवाल के कोने में बाबू ने कुल्ला फेंका। और किसी दिन वह ऐसा नहीं करते थे। हाथ-पैर धोकर कुल्ला करके चौके में आते। पीढ़ी पर बैठ ठेकाने से खाना खाते। मगर उस दिन तो बेसुध थे बाबू।

खाना खाकर, वहीं थाली में हाथ-मुँह धोकर जो सोए, सो दूसरे रोज दुपहरिया में ही उठे। तीसरे रोज वह फिर दीघा गए और उसी तरह कह गए। उस दिन मैंने कह दिया था—रात को बाहर नहीं रहिएगा मालिक ! आप नहीं रहते हैं, तो मुझे डर लगता है।

डर !—उन्होंने कहा था—डर कैसा रे ? यहाँ कैसा डर ? मैं तो शाम तक लौट ही आऊँगा।

सुनोगे, तीसरे रोज क्या हुआ ?

तीसरे रोज दोपहर रात तक मैं उनका आसरा देखता रहा। वह नहीं आए, तो हारकर बिना खाए ही मैं सो रहा। यह भी नहीं समझ सका कि कब मकान-मालिक की बुढ़िया सास आई और मुझसे सटकर सो रही। जड़काला (जाड़े का समय) था न, इसीलिए सटकर सोई।

सुबह में फूल बाबू के साथी महेन बाबू आए। आते ही उन्होंने मुझसे कहा—मालिक तुम्हारे पकड़े गए हैं। फूल-माला पहनकर जहल चले गए हैं। तुझे अकेला डर मालूम होता होगा, तो चल हमारे घर। फूल बाबू का सारा सामान तब तक यहाँ बंद रहेगा। तू रहना हमारे यहाँ।

सोलह-सत्रह साल की उमर थी मेरी। देखकर दया आती थी लोगों को। महेन बाबू को भी मेरे ऊपर दया ही आई थी। मालिक उन्हें मेरे बारे में कहाँ कुछ कह गए थे। मगर जब उन्होंने सुना कि फूल बाबू सदाकत आसरम (आश्रम) के नजदीक नमक बनाते बखत पकड़ा गए हैं, तो बेचारे मेरे पास दौड़े आए। अपने साथी के टूगर[2] खबास की खोज-पुछारी करने। और उस रात नींद भी तो मुझे अच्छी तरह नहीं आई थी। उचट गई थी साली। डेढ़ पहर रात बाकी थी तभी जो नींद उचटी, सो एकदम बिहान हो

1. मुस्कुराकर, 2. अनाथ।

गया। किरन फूटते न फूटते महेन बाबू आ धमके थे।

खटका तो मुझे था ही। मालिक की गिरफतारी सोचकर साम को रसोई बनाते समय मैं रोया था, खूब रोया था—फूट-फूटकर, सुबक-सुबककर। और अभी सच्ची बात मालूम करके बड़ा दुख हुआ। ऐसा लगा कि कोई कोंढ़-करेज में लात मारकर चला गया है। चुप मैं तनिक देर ही रहा। फिर बोला—सरकार, दरभंगा-मधुबनी की ओर आपकी जान-पहचान का कोई जानेवाला हो, तो मुझे उसके साथ कर दीजिएगा। यहाँ तो अपने महतम (मालिक) के बिना मैं रह सकूँगा, खुद भी मुझे इस बात का भरोसा नहीं। इस पर मुस्कुराकर महेन बाबू ने क्या कहा था ?

कहा यही कि तेरे लिए जैसे फूल बाबू वैसे महेन बाबू। हम जंगल में थोड़े रहते हैं। आदमी हैं, आदमी के ही बीच रहते हैं। तो, हमारे यहाँ तेरा निरबाह नहीं होगा ? तेरे मालिक महीना-दो महीना जेल काटकर छूट आवेंगे, फिर तू उनके साथ ही रहना।

उस बखत महेन बाबू की यह राय चिरैता-सी कड़वी लगी। मैंने सोचा—बाबू लोग बड़े मतलबी होते हैं। इनका नौकर-चाकर भाग गया होगा तभी तो मुझ पर इतना जोर डाल रहे हैं, नहीं तो मँगनी[1] में कौन किसको दाना-पानी देता है ? फिर भी इनके यहाँ रहकर दस दिन देखना चाहिए। ऐसे अकेले देस पहुँचूँगा, तो मलिकाइन खोद-खोदकर सारी बात मालूम कर लेंगी। फिर सारा हाल फूल बाबू के माँ-बाप सुनेंगे, तो उनको हौलदिल हो जाएगा। मालिक की माँ तो जरूर ही अन-पानी छोड़कर जान देने को उतारू हो जाएँगी। यह सारा बरमबध[2] मेरे ही मत्थे पड़ेगा ? बाप रे ! नहीं, ऐसा तो हो नहीं सकता।

भीतर ही भीतर मैंने तय किया कि जब तक फूल बाबू जहल से छूटकर नहीं आते हैं, तब तक मैं देस नहीं जाऊँगा। ठीक ही तो कहते हैं महेन बाबू। जैसे महेन बाबू वैसे फूल बाबू। बोलचाल, रहन-सहन, रंग-ढंग सब बराबर। कहना मुस्किल था कि दोनों में कौन उनैस है, कौन बीस।

तो समझे भैया, जल्दी-जल्दी हमने सामान सरियाया[3], जंगला-खिड़की भली-भाँति बंद कर दी। अपने कपड़े और बिस्तरे, सिलेट-पिनसिल निकालकर बाहर रखा। डेरे में ठोक दिया ताला। चला आया महेन बाबू के साथ।

बड़े खुश हुए महेन बाबू। घर के बारे में बहुत-सी बातें रास्ते में मुझसे पूछ ली थीं। बाप मर गया। दादी मर गई। माँ है, छोटी बहन है। दो-तीन साल भैंस चराई है। यह सब महेन बाबू ने मुझसे मालूम कर लिया था।

शहर के बाहर बाँकीपुर मैदान के नजदीक एक बड़ा बँगला लाल रंग से रँगा था। वह सीधे मुझे अंदर ले गए। हमारी मलिकाइन की उमर से तनिक बड़ी कोई माँजी पीढ़े पर बैठी हुई तिल से कंकड़ चुन रही थीं। महेन बाबू ने मेरा पाखुड़ पकड़कर कहा—अम्मा, फूल बाबू का नौकर है।

---

1. मुफ्त, 2. ब्रह्मवध, हत्या का पाप, 3. ठीक किया।

अम्मा ने पहले सिर से लेकर पैर तक देखा, तब जाकर बोलीं—फूल बाबू को यह क्या सनक सवार हुई ? गाँधी ने भले घर के लड़कों को बिगाड़ने का ठेका ले लिया है क्या ? पढ़ाई-लिखाई छोड़कर कौलेज के लड़के अब क्या नमक ही बनाया करेंगे ?

इतना कहकर सूरज की ओर हाथ करके बोलीं—हे दीनानाथ दिनकर ! आप इन लड़कों को सुबुद्धि दें।

भारी मकान था। बड़े-बड़े दस-बारह कमरे थे। आँगन में अमरूद, हरसिंगार और नीबू के झाड़ थे। मैं उन्हीं झाड़ों की ओर बकर-बकर ताक रहा था कि अम्मा ने पुकारकर रसोइए से कहा—बाबाजी, फूल बाबू का नौकर आया है। इसका भी खाना बनेगा।

मुझे महेन बाबू लेकर अपनी कोठरी में आए। अपना कोट उतारकर उन्होंने खूँटी पर टाँग दी। कुर्सी पर बैठे और इशारे से मुझे भी बैठने को कहा।

मैं नीचे ही पलस्तर पर बैठ गया। कोठरी अच्छी और बड़ी थी। साफ और सुथरी थी। एक पलँग। कुर्सी और मेज। किताबों से भरी रैक। कपड़े टाँगने की खूटियाँ। पलँग पर चनवे की तरह ऊपर तनी हुई मच्छरदानी। पैर पोंछने का पापोश। बड़ा अच्छा लगा।

महेन बाबू बंगाली थे। हमारे मालिक के साथ पढ़ते थे। दोनों में गाढ़ी दोस्ती थी। मालिक जो घर से चूड़ा, घी, अचार लाए थे, उसमें से आधा महेन बाबू के घर भेजवा दिया। महेन बाबू के बाप और माँ सब पहचानते थे मालिक को। अपने लड़के की भाँति वे फूल बाबू को मानते थे।

बंगाली लोगों का परिवार बड़ा ही भरा-पूरा रहता है। उनकी गिरहस्थी, उनका घर, उनका खान-पान, उनकी ओढ़न-पहिरन देसवाले लोगों से अलग किसिम का होता है। महेन बाबू आठ भाई-बहन थे। बाप थे, माँ थी। विधवा मौसी थी। दो नौकर थे। एक रसोइया था, जिसे बाबाजी कहकर पुकारा जाता। पूरा इस्टेट था भैया। महेन बाबू के बाप सिकटेरियट में अफसर थे। आठ सौ रुपया दरमाहा पाते। बारह साल की पुरानी नौकरी थी। बँगले के पिछवाड़े दो बीघा के करीब खाली जमीन मिली थी। सामने हरी घास का कटा-छटा छोटा-सा मैदान—नीम के दो झूमते-झामते जवान पेड़। लकड़ी का छोटा-सा फाटक। साहब का नाम तकथी पर लिखा हुआ था। घर में घुसने से पहले ही उस तकथी पर तुम्हारी नजर पड़ेगी।

उनके यहाँ चार दिन रहकर मेरे मन को बड़ा संतोख हुआ। महेन बाबू मुझे अपना चाकर बनाके रखे हुए थे। किसी ने एतराज नहीं किया। नौकर को उन्होंने मना कर दिया था—आज से मेरी कोठरी में बलचनमा झाड़ू लगाएगा। मेरी चाह अब से बलचनमा ही इस मेज पर रख जाया करेगा। मेरी धोती को बलचनमा ही चुनियाएगा...कहने का मतलब यह कि अपने सिनेह में महेन बाबू ने मुझे सराबोर कर दिया। लेकिन भाई मेरे, इतनी आसानी से भला मैं अपने फूल बाबू को कैसे भूल जाता ?

बड़े याद आते फूल बाबू। अकेले में कै बार कलेजा फटा, कै बार आँख डबडबाई—कह नहीं सकता। उन दिनों गाँधीजी का बड़ा जोर था। पकड़-धकड़ जारी थी। सरकार बहादुर की ओर से कानून है कि नमक सब नहीं बना सकते। गाँधी महतमा

सरकार को झुकाना चाहते थे। चाहते थे कि दो-चार बातें उनकी मान ले—सरकार। गोरी सरकार अपनी जिद पर अड़ी थी। कलकत्ता, बंबई के सेठ-साहूकार भीतर ही भीतर गाँधीजी का पछ ले रहे थे। उनको साफ-साफ लौकता था कि सुराज होने से सबसे जास्ती भलाई उन्हीं की होगी। वे देख रहे थे कि सरकार झुकती है, तो सुराज मिलता है। सुराज मिलता है, तो अधिक से अधिक कल-कारखाने वे खड़ा कर सकते हैं। अभी जो देस को दुहकर सारी धन-सम्पदा अँगरेज ले जाते हैं, सुराज होने पर वह सब सीधे उनके अपने खजाने में आने लगेगी...हाँ भैया, पहले इतनी समझ मुझमें नहीं थी। यह तो पीछे, सयाना होने पर मालूम होने लगी है।

क्या कह रहा था मैं ? आंदोलन की बात ?

हाँ भैया, याद आई। तीस-बत्तीस का जमाना था। गाँधी महतमा के हुकुम से बाबू लोग गिरफतार हो रहे थे। हमारे फूल बाबू को भी गाँधी महतमा की बसात लगी थी। मगर मेरी समझ में नहीं आता था कि क्यों लोग नाहक अपने को पकड़वाते हैं। न मार-पीट, न गाली-गलौज, न झगड़ा न झंझट। फिर क्यों किसी को पुलीस पकड़कर ले जाती है ! सरकार पगला तो नहीं गई है ? मैंने एक दिन महेन बाबू से पूछा भी और उन्होंने जवाब में बहुत सारी बातें बताईं। मगर भैया, मेरी समझ में कुछ नहीं आया। बार-बार यही सोचता कि बाबू को जब जहल ही जाना था, तो मुझे भी साथ ले जाते। यह जो दस-दस, पाँच-पाँच आदमी कुर्ता, धोती, टोपी पहनकर गले में माला डाले चढ़उआ (बलि देनेवाले) बकरे की तरह नमक बनाने जाते थे, सो मुझे बाबू लोगों का एक खिलवाड़ ही लगता था। ऐसे भी कहीं किसी को सुराज मिला है ?

ज्यादा देर तक गुम-सुम रहने का मौका महेन बाबू के यहाँ मुझे कभी नहीं मिला। हमारी उमर के बच्चों से उनका घर भरा था। अपने भाई-बहनों में महेन बाबू ही बड़े थे। तीसरा भाई और चौथी बहन उमर में मेरे करीब थे। चार छोटे-छोटे। उन्होंने कभी मुझे उदास नहीं रहने दिया। बड़े बाबू और अम्माजी की भी मुझ पर अच्छी निगाह थी। पंद्रह-पंद्रह रोज पर हजाम आता और बच्चों के बाल छाँट जाता। सनीचर-सनीचर को धुले कपड़ों का गट्ठर लादे धोबी आता। खाने में दो-एक कुटिया मछली रोज मिल जाती। मैं नहीं चाहता था कि चाह पीने की लत पड़े, लेकिन महेन बाबू जबरदस्ती मुझे चाह पिलाते थे।

और मेरा काम क्या था। वही जरा-मरा महेन बाबू का सेवा-टहल और साम को छोटे खोखा बाबू को रबड़ की पहियोंवाली छोटी गाड़ी पर घुमा लाना। बड़ी मौज थी। भर पेट खाओ और तानकर सोओ। हमारी उस छोटी मलिकाइन के और इस अम्माजी के बीच अकास-पताल का फरक था। यहाँ कभी किसी ने मुझे गाली नहीं दी। किसी ने कुत्ता, सुअर नहीं कहा। किसी ने कान नहीं उमेठे। उलटे यहाँ महेन बाबू की छोटी बहनें तग्गर और कनेर के झुमकों से मेरे कानों को सजातीं-सिंगारतीं। एक बात बताऊँ, कहोगे तो नहीं किसी को ? नहीं कहोगे, तो कहूँगा। अच्छा तो सुनो। मुझसे साल-छः महीने की छोटी थी। अनीता नाम था। महेन बाबू की छोटी बहन। एक बहन और दो भाई उससे बड़े थे। साँवली-सलोनी। गोल चेहरा। बड़ी-बड़ी आँखें। बड़ा कपार।

पतले होंठ। नाटे कद की थी। नाच-गान सिखाने के लिए उनके यहाँ मास्टर आते थे। पढ़ाने के लिए अलग मास्टर था ही।

बंगाली लोग बड़े मौजी जीव होते हैं। खाली खाना-पीना, पढ़ना-लिखना और रुपैया-पैसा नहीं, गाना-बजाना, राग-रंग भी उनको चाहिए। ठीक न है ! कोई अगर ठिकाने से जिनगी को बितावे तो क्या बुरा है ? तो भैया, वह अनीता अच्छी नाचती थी। गला भी उसका सुरीला था और मुझे तो बेहद मानती थी। कुछ दिन तक तो मैं उससे कन्नी काटता रहा। बड़े आदमी के बच्चे ठहरे। उनका मिजाज बड़ा ही तुन्नुक होता है। इसी से पहले कुछ दिन तक कन्नी काटता रहा। मगर बाद में देखा कि बेचारी छिपा-छिपाकर मेरे लिए बिस्कुट और चाकलेट लाती है। एक छोटी-सी कंघी और छोटा-सा एक ऐना कहीं से लाकर उसने मुझे दिया और उलहना देकर कहा—दादा (महेन बाबू) के पास रहते हो। वहाँ इतना बड़ा शीशा रक्खा है। कभी-कभी उसमें अपना चेहरा तो देख लिया करो।

'क्यों, क्या है मेरे चेहरे में ?'

मैंने यह पूछा, तो अनीता ने मेरे दाएँ गाल में एक हलकी चपत लगाई और कहा—रहेगा क्या ? तुम्हारे बाल बड़े अच्छे हैं। सुनहले बाल सबके नहीं होते। इन बालों में कंघी जरूर फिरनी चाहिए...

थोड़ी देर बार फिर बोली—मैं राधा बनूँगी, तू कृष्ण बनकर मेरे साथ नाचेगा ?

लोग देखेंगे तो क्या कहेंगे ?—उसकी ओर देखकर मैं बोला।

मेरे कान में फुसफुसाकर उसने कहा—दुपहर में कहाँ कोई रहता है ! और नाचते समय घुँघरू नहीं पहनेंगे। न झुनुर-झुनुर की आवाज उठेगी, न किसी को पता चलेगा...

उसके बाद अपने दोनों हाथ मेरे कंधों पर डालकर मीठी निगाहों से अनीता ने मुझसे हाँ करा लिया और उसी दिन तो नहीं मगर तीन दिन बाद मौका मिला; हम खूब नाचे। नाचना-वाचना तो मुझे आता नहीं, तब अनीता का हठ था, सो भैया, मैंने उसकी बात रख ली।

फूल बाबू फागुन में छूट आए। महेन बाबू फुलबाड़ी सरीफ के केम्प जेल में जाकर उनसे मिल आए थे, मेरा कुसल-छेम उन्हें बता आए थे। छूटते ही वह सीधे महेन बाबू के मकान पर पहुँचे।

अपने मालिक को देखते ही मेरा मन गहबरिन[1] हो उठा। उन्होंने ठुड्डी उठाकर मेरी आँखों में देखा और कहा—कैसे रहा बलचनमा ?

आँखें मेरी डबडबा आईं। कह नहीं सकता कि वह मेरी खुशी का लोर[2] था कि पहले के विछोह का।

फिर वह अम्माजी के पास चले गए। महेन बाबू थे नहीं, मुँडेर[3] गए थे। ननिहाल। उसी रोज साम को मालिक अपने डेरे में चले आए।

---

1. विह्वल, 2. आँसू, 3. मुंगेर।

मैंने देखा, मालिक बहुत बदल गए थे। सुबह-साम गाँधीजी का भजन गाते थे। जेल ही से गीता की एक छोटी पोथी ले आए थे। इधर अगले ही दिन एक चरखा खरीद लाए। अरे भैया, वही चरखा जो छोटे बक्से में बंद रहता। खाना-पीना भी उनका बदल गया था। मसाला-मिरचाई कुछ नहीं। तरकारी उसिन[1] कर खाते थे। एक दिन देखा, गहूम (गेहूँ) भींगने दिया कटोरे में। मैं तो समझ ही नहीं सका कि इसका क्या होगा। अगले दिन छाँककर गेहूँ को उन्होंने भीगे अँगोछे पर फैला दिया। अगली सुबह गहूम के दानों में जब अंकुर निकल-निकल आए तब फूल बाबू ने एक-एक कर उन्हें खाया। कभी उबाले हुए आलू, प्याज और गुड़ पर ही रह जाते। मुझे तो भैया, अन्देसा हो गया कि बाबू का मिजाज सनक गया है।

कौलेज से नाम कट गया था। गाँव-घर जाने का तो नहीं, मगर दरभंगा जाकर काँगरेस का काम करने का विचार वह करने लगे। महेन बाबू बीच-बीच में आते और दोनों में देर-देर गपसप होती। मैं उजबुक-सा उनकी बातें सुना करता। अपने मालिक और महेन बाबू की मेहरबानी से अच्छरों में मंतरा (मात्रा) लगाना अब मैं सीख गया था। कट-मट करके बच्चों की पहली पोथी मैं बाँचने लग गया था।

फूल बाबू का मन पढ़ाई से उखड़ चुका था। माँ-बाप की परवाह उन्हें नहीं रह गई थी। उन्होंने महेन बाबू से एक दिन साफ-साफ कहा—भाई, मुझसे यह सब नहीं होगा। घरवाले मुझे वकील बनाना चाहते हैं। वकालत में डेग-डेग[2] पर झूठ बोलना पड़ता है। अब कोई दूसरी-तीसरी नौकरी भी मुझसे पार नहीं लगेगी। जमीन इतनी है कि मेरे माँ-बाप भूखों नहीं मरेंगे। अपने देस की सेवा करने दो। तुम बालिस्टर बनोगे, बिलायत जाओगे। तुम्हारा रास्ता और है, हमारा रास्ता और।

पहले दो महीनों में मेरी माँ के नाम पाँच-पाँच रुपैया का मनिआडर भेजा था। जहल से आए, तो पाँच रुपया फिर भेज दिया।

एक दिन सुबह उठकर मुझसे उन्होंने कहा—बलचनमा, महेन के यहाँ नौकरी करेगा ? भाई मैं तो पढ़ाई अब छोड़ चुका हूँ। दरभंगा, समस्तीपुर, मधुबनी, मुजफ्फरपुर, पटना जहाँ कहीं भी काँगरेस भेज देगी, वहीं रहकर काम करूँगा। अब मुझे नौकर नहीं चाहिए। गाँधीजी का हुकुम है कि अपना पाखाना तक अपने आप साफ करो। अपने कपड़े आप धोओ। अपना खाना आप पकाओ।

मैं पहले से ही समझ रहा था। थोड़ी देर बाद कहा—चार-पाँच महीने हो गए। माँ याद आती है। घर जाना चाहता हूँ। माँ की राय होगी, तो फिर पटना आऊँगा।

इस पर वह बोले—तो चल, दरभंगा तक तो साथ चलें।

उसी दिन रात के जहाज से हम देस की ओर विदा हुए।

---

1. उबालकर, सिझाकर, 2. पग-पग पर।

तीन

मेरी छोटी बहन रेबनी चौदहवाँ पार कर पंद्रहवें में पैर रख चुकी थी, चेहरा-मुहरा खुल आया था। समर्थ[1] हो रही थी। गौने की यही तो उमर है, भैया ! हमारी बिरादरी में शादी पर उतना ध्यान नहीं दिया जाता है जितना कि गौने पर।

मेरा मन था कि गौना हो जाए रेबनी का। मुदा माँ मेरी ऐसा नहीं चाहती थी। उसका विचार था कि अभी बच्ची है। दो-तीन साल और नइहर में खाए-खेले, फिर तो जिनगी भर गिरहस्ती का पहाड़ सिर पर ढोना है ही।

माँ जो ऐसा सोचती थी, उसका एक दूसरा ओजह (वजह) भी था। बात यह थी कि हमारे उस छोटे से पलिवार (परिवार) में कुल मिलाकर तीन ही परानी (प्राणी) तो थे। बुढ़िया मर ही चुकी थी। ले-देकर मैं रह गया था, रेबनी थी और माँ थी। मैं सात महीना परदेस में बिता आया था। रेबनी ही थी जिसे छाती से सटाकर माँ सोया करती थी। अब मैं जवान हो चला था। इसी से अलग से तो माँ का प्यार पा सकता था मगर बिलकुल नगीच से नहीं। कहने का मतलब यह है कि रेबनी का गौना हो जाने के बाद माँ बेचारी अकेली पड़ जाती। मेरा रहना और न रहना बराबर था क्योंकि मैं जवान हो रहा था, माँ की देख-रेख, हिफाजत और खबरगिरी और परबरिस तो मैं कर सकता था लेकिन रेबनी की भाँति उसकी सहेली की कमी को दूर करना मेरे बूते की बात नहीं थी। जनानी न ठहरी ! समझते नहीं हो। और मैं क्या सोचता था ?

अरे भैया, मैं क्या सोचूँगा। मुझे यही था कि जमींदारों का गाँव है। बड़े लुच्चे होते हैं ये लोग। असूल-तहसील का काम गुमस्ता-बराहिल के हवाले, घर-गिरस्ती की देख-रेख छुटभइयों के हवाले, सेवा-टहल का काम बहिया-खबास के हवाले, बाकी बचे बेटा-नाती, भाई-भतीजे, सार-सरबेटा। सो बैठे-बैठे तास पीटेंगे, सतरंज खेलेंगे, सहर जाकर सिनेमा देख आएँगे, बेकार मन शैतान का घर। खान-पान और आराम की कमी नहीं, काम करेंगे नहीं। किसी की लड़की सयानी हुई नहीं कि निशाना साधने लग जाते हैं। यह नहीं कि बहन-बेटी सबकी बराबर होती है। अपनी इज्जत-आबरू सम्हालोगे तो दूसरे का भी भला होगा। मगर भैया, जिनके पास दौलत होती है वह निपट अंधे होते हैं, अपना-पराया कुछ नहीं सूझता !

और हम तो गरीब ठहरे। हमारे पास और क्या चीज होती है। कमाने-खटने को ये दो हाथ, माँ-बहन, बेटी की इज्जत-आबरू, यही न हम लोगों की दौलत है ? तुम्हीं बताओ, हम इनकी भी हिफाजत अगर न कर पावें तो यह जिंदगानी किस काम की ?

हाँ, तो हमारा गाँव जमींदारों का गाँव था। बड़े घरों के क्या जवान, क्या बूढ़े, बहुतेरों की निगाह पाप में डूबी रहती थी। गौना होकर कोई नई-नवेली किसी के घर आती तो इन लुच्चों की आँख उसकी घूँघट के इर्द-गिर्द मँडराया करती। जब तक

---

1. जवान।

आधी-पौनी निगाह से ये उसे देख न लेते तब तक नींद न आती, बदमासों को। कई बार ऐसा होता कि जिसे देखने को बाप बेताब हो उठता उसी पर बेटा भी फिदा ! उन दिनों मालिक लोगों का ही राज था। उनके खिलाफ तुम अपनी कानी उँगली तक न हिला सकते थे। किसी की इज्जत-आबरू को बेदाग रहने देना न पसंद था उन्हें।

मैं नहीं चाहता था कि मेरी बहन के तन पर कुत्तों की चंगुल पड़े, मैं नहीं चाहता था कि मेरी माँ अपनी लड़की को आमदनी का जरिया बनाए। गरीबी नरक है भैया, नरक। चावल के चार दाने छींटकर बहेलिया जैसे चिड़ियों को फँसाता है उसी तरह ये दौलतवाले गरजमंद औरतों को परपंच (प्रपंच) में फँसा मारते हैं ! उनके पास धन भी होता है और अकल भी होती है। अपरंपार है उनकी लीला। बड़े खानदान का अवारा से अवारा आदमी पंडितों और पुरोहितों से भलमनसाहत का फतवा पा जाता है।

सो भैया, मैं चाहता था कि रेबनी अब अपने मर्द के पास रहे। बाबू लोगों की इस बस्ती में अपनी बहन का रहना मुझे नापसंद था। छोटे मालिक, चाहे मझले मालिक, चाहे दूसरी पट्टियों के बाबू-बबुआन, किसी के इमान पर मुझे भरोसा नहीं था। और अब तो मैं पटना देख आया था। महेन बाबू क्या राजा नहीं थे ? उनके यहाँ क्या खपसूरत औरत-मर्दों की कमी थी ? वैसी जगहों में रेबनी का चार-छै महीना रह जाना मुझे नहीं अखरता। महेन बाबू के घर के लोग ठंडी और अच्छी निगाहवाले थे। लेकिन, यहाँ महेन बाबू का पलिवार मेरे किस काम आता ? यहाँ तो छोटे, मझले मालिक थे, मलिकान की वही पट्टियाँ थीं, हीरा बाबू, बुच्चन बाबू, मानिकजी, बचोल बाबू, लाल साहेब—मालिकों के खचिया भर साहबजादे थे। एक से एक सैतान ! एक से एक मजनू ! यह हो नहीं सकता कि मेरी बहन पर उनकी निगाह न हो ?

माँ इन बातों को नहीं समझती थी, उसको मालिक लोगों पर बड़ा ही भरोसा था। समझाने-बुझाने पर भी वह यही कहती कि पानी में रहकर मगर से बैर ? जिन लोगों का जूठन खाकर तू बड़ा हुआ है उन्हीं के बारे में ऐसी-ऐसी बातें सोचता है ? अधरम होगा रे बलचनमा, अधरम ! गोसैंया[1] नाराज हो जाएँगे। सहर जाकर यही इलम सीख आया है ? बूढ़े-पुराने भी तो तेरे इन्हीं लोगों का जूठन खाकर, फेरन-फारन पहन-ओढ़कर अपनी जिनगी गुदस्त कर गए। इतना उड़ाँत मत बन बेटा !

ऐसा ही सोचती थी मेरी माँ। छोटी जाति की दूसरी औरतों का भी मालिक लोगों के बारे में ऐसा ही कुछ खयाल था। गिरती हालत के होने पर भी थे तो आखिर वे मालिक ही ना ? मालिक राजा होते हैं और राजा ठहरे भगवान के अवतार ! कौन उनके खिलाफ कुछ भी सोच सकता था ?

मुदा बराबर मेरे समझाने का नतीजा यह हुआ कि माँ कुछ सोचने को मजबूर हुई। वह राजी हुई कि रेबनी का गौना कर दिया जाए।

बैसाख का महीना था। उस बार आम नहीं फरे थे। अब मुझे पूरी मजूरी मिलने

---

1. भगवान।

लगी। कच्ची तौल से पूरे चार सेर धान मेरी मजूरी में जिस रोज माँ को मिले उस रोज वह फूली नहीं समाई। एक बुढ़िया भिखमंगनी को उसी खुसी में उसने आधा सेर धान दे दिया। उस रात जब मैं खाने को बैठा तो बड़े सिनेह से माँ पंखा झल रही थी। उसकी निगाह में भैया, अब मैं पूरा आदमी था। था न ?

हमारे यहाँ छोटी जातवालों में मड़ुआ के लिए बड़ा आदर है। कभी-कभी मजूरी में धान के बदले मड़ुआ को ही पसंद करते हैं। इसीलिए गरीबों के पास जो थोड़ी-बहुत भीठा जमीन होती है उसमें मड़ुआ रोपना जरूरी हो जाता है। बैसाख में घड़ों पानी से पटा-पटाकर मड़ुआ का बीआ (बीज) उगाया जाता है। रोज पचीसों घड़े पानी चाहिए उसके लिए। बित्ता-डेढ़ बित्ता का हो जाने पर मड़ुआ उपार लिया जाता है, फिर उसे जोती और भुरभुरी मिट्टीवाले तर खेतों में रोपते हैं। मड़ुआ के साँवले-सलोने पौधों से लहलहाते खेत तुमने कभी देखे हैं ? न देखे हों तो देख आना भैया, तबियत हरी हो जाएगी ! धान के हरे पौधों की अपनी अलग सोभा है तो साँवलिया बिहारी मड़ुआलाल की अलग।

घर के पिछबाड़े में थोड़ी जमीन पड़ती थी। इस बार मैंने खुद सीक-पटइ सँभाले और मलिकान के पोखरे से भर-भरकर घड़े ढोए। मेरा बाप भी इसी तरह पानी ढो-ढोकर मड़ुआ पटाता था। बहँगी और छिक्कों के सहारे पानी ढोने का मौका इससे पहले कभी मेरी जिनगी में नहीं आया था, फिर भी जिस जोस और उमंग से उस बार मड़ुआ की खेती मैंने की उसे देखकर लोग दंग रह गए। इधर क्या, थकावट मालूम पड़ी तो जड़ा बीड़ी टान ली। बीड़ी पीने का यह चस्का पटने में लगा था। थकान पर बीड़ी की एकाध कस खूब ठीक बैठती है भैया। और फिर मेरा तो यह हाल है कि दो कस खींचा और पट से बुता दी और फिर भैया उस अधजली बीड़ी को कान पर खोंस लिया। तीन खेप में खतम करता था बीड़ी को मैं।

वह मेरी उपजाई हुई पहली फसल थी। डेढ़ कट्ठा खेत में छः पसेरी मड़ुआ हुआ था। कितना मीठा होता है अपनी मेहनत का फल, खुद के उपजाए हुए मड़ुआ की लाल रोटी खाकर पेट चाहे भर जाए, हियाव नहीं भरेगा तुम्हारा; हाँ।

मड़ुआ के बाद धान रोपने के दिन आए। मालिकों के खेतों में दिन भर मैं धान रोपता रहता, घर का सारा काम माँ और रेबनी सँभालतीं। थका-माँदा, मेहनत से चूर-चूर साँझ को जब मैं लौटता तो घर में खाना तैयार पाता, दुपहर का खाना मालिकों की ओर से खेत में ही पहुँच जाता था—दाल, भात, अचार। धनरोपनी के दिनों में गिरहथ लोग खेत के मजूरों को हमारे तरफ खाना भी खिला देते हैं। इसमें दया-माया की कोई बात नहीं, उनका अपना स्वारथ काम करता है। अपने-अपने खेत पहले आबाद करा लेने की फिकिर पड़ी रहती है। दूर-दूर से मजूर बुलवाए जाते हैं। बाबा, दादा, काका कहा जाता है। सूगा, राजा, मुन्ना की बोली दी जाती है। पूरी मजूरी और एक जून का भरपेट खाना देकर सब अपनी-अपनी खेती कराते हैं। उस बार पहली दफे मैंने पूरी मजूरी पर धान रोपने का काम किया था। छोटी मलिकाइन कुछ दिनों के लिए नइहर

गई थीं। नौकरी छोड़कर मालिक घर बैठे थे। खेती का काम मलिकाइन का भाई देख रहा था। मालिक बाबू भर दिन किताब और हारमुनियम में डूबे रहते।

माँ उनके यहाँ घरेलू काम पहले की ही भाँति अब भी किए जा रही थी—बरतन माँजना, पानी भरना, झाड़ू-बुहारी देना, लीपना-पोतना, चूल्हा जलाकर रसोई चढ़ा देना यही कुछ काम थे। काम जास्ती नहीं था, मगर लपटौनी बहुत बड़ी थी। लपटौनी का मतलब समझे भैया ? नहीं समझा होगा तुमने। अरे भाई एक होता है काम लेना—चट से कहा पट से काम हो गया। दूसरी होती है घिचिर-पिचिर। घिचिर-पिचिर का मतलब होता है खुद भी उलझन में पड़े रहना और दूसरे को भी उलझाए रखना। न अपने बखत की कदर न दूसरे के। देहात में जो बड़े लोग कहलाते हैं उनके यहाँ न काम की कीमत, न कमकर मजदूरों की। हमारे बाप-दादे दो-दो पहर बैठकर मालिकों की उँगलियाँ चटकाया करते थे। मलिकान के जरा-सी उमर के बच्चे के पैर धोने में उन्हें घंटों लग जाता था। बूढ़े मालिक के लिए तमाकू (सुरती) चुनाते तो आधा पहर उसी में बीत जाता। सुना है, मेरा दादा बड़ी अच्छी खबासी करता था। अपने मालिक की धोती को वह इस तरह चुनियाता—ऐसी बारीकी और इतनी नफासत के साथ—कि कोई फूँक दे धोती को तो सर से उड़ जाए और आकर खाली फिर जस की तस बैठ जाए। मालिस वह इस तरह करता था कि पागल से पागल आदमी की आँखों पर नींद सवार हो जाती। छड़ी बनाने में दस कोस तक उसकी सोहरत थी। लेकिन भैया, उसकी हथेलियों का समूचा रस चाट-चाटकर मालिक के तलवे भले ही गुलाब बने रहे, अपना बाल-बच्चा तो उसका सायद ही कभी पूरी देह कपड़ा पहन सका या पूरा पेट खा पाया। तीन पुरखों का हाल तो मैं भी बता सकता हूँ। मालिकों के जूठन का गुन गाते, उनकी बिकट गालियों को परेम-भाव से सुनते दादी को देखा। रात-दिन की सेवा करते रहने पर भी पाव-आध पाव खुदी[1] के लिए माँ किस तरह रिड़ियाती फिरती थी, यह क्या भूलने की बात है ? और अपने बचपन का थोड़ा-बहुत हाल मैं बता ही चुका हूँ। अब तुम्हीं बताओ कि हमारे तीन पुरखे भला किस काम आए ? मालिकों के लिए जिए, मालिकों के लिए मरे। सहर में देखा है, कैसी फुरती से लोग काम करते हैं, कैसे एक दूसरे की मेहनत और बखत का उन्हें ध्यान रहता है। ओह तीन पुस्त पहले जो आदमी कुली-मजूर बनकर पटना पहुँचा और वहीं बस गया उसके बाल-बच्चे पढ़-लिख गए हैं भैया, अच्छा पहनते-खाते हैं। कारीगर, मिस्त्री, फिटर या फोरमैन बन गए हैं। और सात पुस्त उस गाँव में हमें रहते हो गए, फटीचरी में कोई फरक न पड़ा। दादी के मुँह से सुना है, हमारे पुरखा पहले पनिचोभ में बहियागिरी (गुलामी) करते थे। मेरे परदादा के परदादा को वहीं के एक जमींदार ने दहेज में दामाद के साथ कर दिया था। तब से लेकर यह सातवाँ पुरखा चल रहा है। दुनिया बदली है, जहान बदला है। मालिकों की हालत बदली है। हमारी बहियागिरी पर भी काफी असर पड़ा है लेकिन अब भी मालिकों की

---

1. चावल की कनी।

रहन-सहन इस ढंग की रही कि रात-दिन हम उनके आगे-पीछे दुम हिलाते फिरते थे। काम उतना नहीं जितनी कि खुशामद। हमारे मुँह से दिन में पचास-पचास बार मालिक-मालिक, सरकार-सरकार, हजूर-हजूर सुनने में जाने बाबू लोगों को क्या रस आता। और माँ का तो कुछ पूछो ही नहीं, वह तो बात-बात में रट लगाए रहती—मलिकाइन-मलिकाइन, सरकार-सरकार। कलकतिया, मालदह, किसुनभोग और बंबई की एक फाँक के लिए वह घंटों मलिकाइन के पैर दबाती रहती।

हाँ, तो क्या कह रहा था मैं ? यही न कि काम कम था, जी-हजूरी जास्ती थी। हाँ यही कह रहा था। हमारे छोटे मालिक रँगीली तबियत के आदमी थे। चालीस को पार कर चुके थे। मोछ-दाढ़ी साफ। लाल-गुलाबी और गोल-मटोल चेहरा ऐसा खपसूरत लगता था कि क्या कहूँ। सिर के बाल कारी-भुजंग थे, घुँघराले। चोटी अलग से नहीं थी। सहर की हवा खाए हुए थे न ? बी.ए. तक पढ़कर छोड़ दिया था। पहले कुछ साल सुपौल में मास्टरी करते रहे। बाद में राँची, हजारीबाग की तरफ किसी राजा के यहाँ मनीजरी हाथ लगी। जब तक वहाँ रहे, पौबारह कटी। इधर दो-तीन महीने से घर बैठे थे। मलिकाइन थीं नहीं, मन उदास था।

एक रोज माँ के साथ रेबनी भी गई काम पर। आटा पीसना था। माँ ने कहा—तनि चल गे[1]। दो हाथ लगा देगी तो जल्दी पीस लूँगी। मालिक बाबू मधुबनी जाएँगे, दिन को आम, दूध और फुलका खाकर।

गई रेबनी साथ। दोनों माँ-बेटी आटा पीस चुकीं तो मालिक ने आवाज दी—बलचनमा की माँ, अरे लड़की तो तेरी बढ़कर ताड़ हुई जा रही है।

यह कहकर उन्होंने सिर से पैर तक रेबनी के समूचे बदन पर उड़ती निगाह मारी और नचाकर आँखें मींच लीं। उतरबरिया[2] घर के ओसारे पर पलंग पड़ी थी। तोसक था, उलेंच[3] थी। तकिया थी जिसके दूध जैसे हप-हप उजले खोल पर लाल-हरे धागों से कसीदगिरी की गई थी—चोंच में चोंच भिड़ाए दो सूगा। उसी पर केहुनी टिकाए मालिक बैठे थे।

आँख फाड़-फाड़कर उन्होंने रेबनी को देखा था। आटा पीस चुकने पर माँ से जब उन्होंने रेबनी की बात उठाई तो उसने कहा—बच्ची है बाबू अभी, क्या खा-पीकर ताड़ होगी ?

इतना कहकर वह फिर किसी काम में लग गई। बड़ी जातवालों के सामने हमारे घर की माँ-बहनें बहुत कम बोला करती हैं। और उसमें भी रिस्ता अगर मालिक और नौकरानी का रहा तो लिहाज और भी बढ़ जाता है। मगर भैया, बड़े आदमियों की चुलबुली तबियत को इतने में संतोख कहाँ। वे नाहक ही हमारे घरों की जनीजात (औरतों) से बेबात की बात करने का बहाना ढूँढ़ते रहते हैं।

माँ के उस जवाब से छोटे मालिक की तबियत नहीं भरी। थोड़ी देर के बाद वह

---

1. जरा, साथ चल री, 2 उत्तरवाले, 3. बिछाने की चादर।

बोले—तू जाकर आग जला बलचनमा की माँ, रेबनी इधर आए और जरा पंखा झल दे। इतना कहकर मालिक ने ऐसी फुफकार छोड़ी मानो आग में पड़ी बैगन हो। बतला ही चुका हूँ कि मेरी माँ को मालिकों की नीयत पर बड़ा भरोसा था। वह उन्हें देवताओं का अवतार समझती थी।

तो उसने आँख से रेबनी को इशारा किया—जाओ, झल दो पंखा।

पंखा नहीं था, बिजनी थी जो रेबनी के हाथ में थमा दी गई और वह निगाह नीचे किए बिजनी चलाने लगी। बिजनी में मूठ की जगह पतले बाँस की फोंफी होती है। गोल और चिकनी फोंफी के अंदर बिजनी की डंठल पड़ी रहती है। मूठ में लेकर जरा-सा हिलाओ कि बिजनी मानो अपने आप चलने लगेगी—किर्र किर्र, खिर्र खिर्र, किरिर...बड़ी मीठी आवाज होती है भैया ! पास बैठकर कोई बिजनी हाँके और तुम लेटे-लेटे हवा खाते रहो तो तुम्हारी कसम भैया, पलक न झुक जाए तो जो कहो।

रेबनी जब बिजनी झल रही थी तो आहिस्ते से मालिक ने सिरहाने के अंदर हाथ डाला और अठन्नी निकाली। पलंग के पावे का मत्था चिपटा था। उसी पर उन्होंने अठन्नी रख दी। रेबनी की आँख में लालच की लकीर नहीं खिंची, उसने अठन्नी की ओर देखा तक नहीं। पहले की तरह थिर रहकर मालिक को हवा करती रही। मन में सोचा कि दुकान से उसका कोई चीज-वस्तु मँगवाना चाहते हैं। इसी से अपना चुपचाप रेबनी बिजनी झलती रही।

और इधर मालिक के मन में भैया, सैतान झिंगुर की तरह झझकार रहा था। वह सोच रहे होंगे, लड़की है कि खंभा है। न हिलती है न डुलती है। कैसी पत्थर है।

उन लोगों का ऐसा सोचना फाजिल नहीं था। क्योंकि जब वे नौजवान थे तो इसी गाँव में दुअन्नी के बदले जवान लड़की मिलती थी।

खैर, रेबनी अडिग होकर मालिक को हवा कर रही थी।

फिर मालिक ने अठन्नी की तरफ इशारा करते हुए कहा—उठाती क्यों नहीं ?

रेबनी ने एक नजर अठन्नी की ओर डाली और फिर बिजनी झलने लगी। जरा रुककर मालिक से उसने कहा—कुछ मँगवाना है सरकार ? दुकान जाऊँ ?

कहते समय रेबनी की निगाह नीचे की ओर थी। आँखों में तनिक भी बिकार नहीं था। एक तो इस उमर में लड़कियाँ योंही लजाधुर[1] हुआ करती हैं भैया, और हमारी बहन का तो हाल ही न पूछो। लड़कपन से ही वह सील-संकोचवाली थी। आँख मिलाकर किसी से बातचीत करते कभी उसे देखा ही नहीं। यह सोचकर कि बनती है, मालिक मुस्कुराए। सिर हिलाकर, भौंहें तानकर आँखों को नचाया। वह हवा करती जा रही थी, सैतानी खुरापात से बिलकुल अनजान।

अपनी पहली उमर में खेले-कूदे हुए थे मालिक। ऐसे मौकों पर गुम-सुम खड़ी या ना-ना कहती बीसियों रेबनी की उन्होंने कलाई पकड़ी थी। वह उनके लिए महज

---

1. शर्मीली।

मामूली बात थी—खाँसने-छींकने की तरह भैया, बिलकुल मामूली बात।

रसोईघर के अंदर उधर माँ हँसिया से लौकी चीर रही थी। जानते ही हो, बड़े आदमियों का आँगन कितना बड़ा होता है। उतरबरिया और दछिनबरिया घरों के बीच कितनी दूर का फैसला होता है। उस ओसारे पर कोई बात करेगा तो इधरवाले को कुछ भी सुनाई नहीं देगा, भैया।

इस ओसारे पर छः महीने का चिलका[1] गला फाड़-फाड़कर मर जाएगा तो उस ओसारे पर बैठी चिल्काउर[2] को पता न चलेगा। काज-परोजन के दिनों में पड़ोस के हजारों बाभन पाँती में बैठकर जीमते हैं। सूखने के लिए पचास-पचास मन धान का पथार लगता है। इतने-इतने बड़े आँगन होते हैं जमींदारों के। तो भैया, मालिक ने यही मौका देखा और चट से रेबनी की कलाई पकड़ ली।

हाथ झटककर फुरती से रेबनी दो कदम पीछे हो गई। मानो किसी ने सिर पर सूप भर आग उझल दी हो ! बिजनी हाथ से छूट गई थी। चीख के बदले हल्की हाय सुनकर मालिक ने इसे नाटक समझा और पलंग से उठकर आगे बढ़े।

मैयाँ गे मैयाँ—चिल्लाती हुई रेबनी भागी तो मालिक ने उलटे चिल्लाकर कहा—कहाँ गई री बलचनमा की माँ, तेरी लड़की को तो भूत लग गया है। एक हाथ में हँसिया और दूसरे में छिली हुई लौकी की फाँक लिए माँ दछिनबरिया घर से बाहर निकली तो रेबनी बेतहासा दौड़ी और उससे चिपट गई—गे माँय गे माँय ! वह सैतान भी आँगन में कुछ दूर बढ़ आया था और सूखे गले से बुरी तरह खिलखिला रहा था।

मेरी माँ इस तरह हक्का-बक्का हो गई कि आँखें फाड़कर रेबनी की तरफ ताक भर रही थी। इधर मालिक ने पैंतरा बदला। अपना दाहिना हाथ हिला-हिलाकर जोरों से चीखने लगा—होय् होय् ! बाप रे बाप ! बिड़नी (बर्रे) ने काट खाया।

रेबनी को छोड़कर माँ दौड़ आई। इसी बीच मालिक ने बाँह पर अपने आप चिकोटी काट ली कि जरा-मरा लाली निखर आवे। इसके बाद उन्होंने माँ से कहा—दो बूँद मिट्टी का तेल तो ले आओ।

हमारे यहाँ बर्रे काटने पर मिट्टी का तेल लगाते हैं। घर में मिट्टी का तेल था नहीं। यह बात मालिक को मालूम थी। इसलिए माँ से उन्होंने कहा—दौड़ो, कहीं से ठोप[3] भर मिट्टी का तेल तो लाओ।

उधर दछिनबरिया ओसारे पर बैठकर रेबनी सिसक रही थी। आँगन फिर सूना पड़ गया क्योंकि माँ मिट्टी का तेल लाने चली गई थी। नजदीक आकर मालिक ने रेबनी से कहा—पगली कहीं की ! आखिर हुआ है क्या तुझे ? मैंने तो योंही जरा छू दिया था और तू करनपिसाची खेलने लगी ! तेरी जितनी उमर में ही तेरी माँ का गौना हुआ था। और इसी तरह पचासों बार मैंने उसका हाथ पकड़ा होगा...

झूठ—गुस्से में तुनककर रेबनी ने जवाब दिया—झूठ बोलते हैं आप ! इतना

---

1. नवजात शिशु, 2. जच्चा, 3. बूँद।

कहकर उठ खड़ी हुई। दोनों हाथ फैलाकर आगे से मालिक ने उसे घेरना चाहा। रेबनी की भवें इस बार तन गईं, चेहरे पर घिन छा गया। हिम्मत बाँधकर उसने कहा—यह क्या हो गया है आज आपको मालिक ? सरकार...

सरकार...सरकार...सरकार...! गिरहथ ऐसी हँसी हँसे कि रेबनी का होस गुम हो गया। गुस्सा, नाराजी और बरजोरी की यह खिलखिलाहट पंद्रह साल की उस अबोध लड़की के लिए बिलकुल नई चीज थी भैया, एकदम नई चीज !

डर के मारे उसका कलेजा काँपने लगा, काँपने लगा जैसे कि केले का नया चिकना पत्ता बयार की हलकी से हलकी सिहकी पाकर काँप उठता है। थोड़ी देर के लिए बिचारी का होस-हवास गुम हो गया। अचेत जैसी हो गई। मगर रही खड़ी ही।

एकाएक रेबनी के अंदर बिजली जैसी गुस्से की लहर दौड़ गई। उसका अंग-अंग मानो झनझना उठा। आँखों में लाली चढ़ आई। सीना धड़कने लगा। होंठ फड़फड़ाने लगे।

मालिक अपनी धुन में मस्त थे। उस राच्छस ने तय कर लिया था कि आज इस छोकरी को अछूती न छोड़ूँगा। बहुत दिनों से उसकी आँखें मेरी बहन पर लगी हुई थीं। वह मौका खोज रहा था। और दैव की इच्छा, आज सैतान को वह मौका हाथ लगा था। एक साधु के मुँह से मैंने एक बड़ा ही अच्छा पद सुना था भैया ! लेकिन अब याद नहीं है। उस पद का मतलब यही था कि कामिनी और कंचन के पीछे किसी का मन जब खिंचता है तो उस पर सौ बोतल दारू का नसा चढ़ जाता है। सो, हमारे छोटे मालिक पर भैया उस दिन सौ बोतल दारू का नसा चढ़ गया था। अपना होस-हवास वह खो बैठे थे।

आखिर उन्होंने रेबनी को जबरन जमीन पर गिरा दिया और खुद उसके बदन पर काबू पाने की कोशिश करने लगे। पंद्रह साल की वह असहाय लड़की अपनी समूची ताकत बटोरकर उस पस्त हालत में भी मुकाबिला करने लगी। कुत्ते और बिल्ली की लड़ाई कभी तुमने देखी है भैया ? वही हाल था, मेरी बहन ने हार नहीं मानी। उसने मालिक के पहुँचे पर इतने जोर से दाँत गड़ा दिए कि ससुर अचेत हो गए और रेबनी बिजली की फुर्ती से उठकर भाग आई।

इसके बाद जो बवंडर उठा उसने मेरी जिनगी के बहाव को ही मोड़ दिया।

बात यों हुई कि छोटे मालिक बिलकुल आगबबूला हो गए। मिट्टी का तेल लेकर माँ जब उनके पास पहुँची तो उस बेचारी की पीठ पर उन्होंने कसकर चार लात जमाई। मेरी माँ रोई नहीं, ऐंचकर रह गई। रेबनी को जब उसने वहाँ न देखा तो किसी भारी अंदेसा से उसका सिर चकराने लगा। छोटे मालिक के इस राच्छसी सुभाव को वह नहीं जानती हो, ऐसी बात नहीं थी। वह सब जानती थी। बेचारी का चेहरा सफेद पड़ गया। अदंक (आतंक) के मारे आँखों के आँसू सूख गए। आँगन को सूना पाकर मालिक ने पीछे उसे पानी भरने की रस्सी से हाथ-पीठ कसके पलंग से बाँध दिया। अब वह फूट-फूटकर रोने लगी तो मालिक ने गुर्राकर कहा—बोल साली, अपनी बेटी को यहाँ

ले आएगी कि नहीं ? बोल !

वह बेचारी क्या जबाब देती ! अपनी जान के डर से लोग क्या नहीं बक जाते हैं। मगर मेरी माँ बड़ी दिलेर थी। हमारी दादी की तरह बात-बात में दाँत निपोड़ना उसने नहीं सीखा था। तबीयत की झगड़ालू न होने पर भी अपनी आन-बान की वह बहुत पक्की थी।

उस रोज वैसी हालत में भी मालिक हमारी माँ से किसी तरह का बचन न ले सके। बड़ी पिटाई पड़ी थी उस पर, आह-ऊह करके हाय राम-हाय राम, हाय गोसैंयाँ-हाय गोसैंयाँ करके हमारी माँ ने सारा दरद, सारी पीर निकाली, घड़ों आँसू बहाए फिर भी उस बहादुर औरत ने इस शर्त पर मालिक की कैद से छूटना न चाहा कि रेबनी को हमारे पास ले आना होगा। ना, पीछे उसने आँसू भरी आँखों से रो-रोकर बताया था—बबुआ बालचन ! मर जाना लाख गुना अच्छा है मगर इज्जत का सौदा करना अच्छा नहीं।

अपनी माँ के मुँह से ऐसी भारी बात सुनकर मेरी छाती बाँसों उछलने लगी। बहुत बड़े भागमंत को ही ऐसी माँ मिलती है भैया। मैंने भी यह ठान लिया कि चाहे उजड़ जाना पड़े, चाहे जहल-दामुल हो, चाहे फाँसी चढ़ूँ मगर कभी जालिम के सामने सिर नहीं झुकाऊँगा।

मैं उस रोज घर में नहीं था, बाहर गया हुआ था। दूर नहीं, दो-अढ़ाई कोस पर। बात यह थी कि महपूरा में खान बहादुर सदुल्ला खाँ कुस्ती के बड़े सौकीन थे। नबाबी खानदान के थे। बहुत बड़ी जमींदारी थी। इलाके भर में यही दो खानदान थे जो सैकड़ों साल से राज करते चले आ रहे थे। एक खानदान यही हमारे मालिकों का था, और दूसरा खान बहादुर का। हमारे मालिकों की जमींदारियाँ बहुत सारी बिक चुकी थीं। दस ही पाँच हजार सालाना आमदनी के मौजे बच रहे थे। यह मामूली जमींदारी भी कई पट्टियों में बँटकर छोटी से छोटी हो गई थी। सोलह आने की सरकार छोटी-बड़ी पट्टियों में बँटते-बँटते एकन्नी, अधन्नी, पैसा, पाँच कौड़ी, दो कौड़ी और आधी कौड़ी तक की हो गई थी। हमारे मलिकान की ऐसी एक पट्टी के बाबू का नाम पचकौड़ी बाबू था। एक दूसरी पट्टी के किन्हीं बाबू का नाम तिनकौड़ी बाबू था। मगर नबाबी खानदान की जमींदारी अभी तक बरकरार थी। पुराना रोबदाब महपूरावालों का भी उठ नहीं गया था। फिर भी पचास-साठ हजार रुपयों के वसूल-तहसीलवाली जमींदारी जैसी होनी चाहिए सो तो था ही।

खान बहादुर को कुस्ती लड़ने का बड़ा सौक था। दो पहलवान तो उन्होंने खुद ही पाल रखे थे। उनका कहना था कि हाथियों के बदले पहलवान पालना चाहिए, सवारी का काम तो बग्गी-टमटम से भी चला लिया जा सकता है मगर अखाड़े में जब दो पैंतरेबाज पट्ठे आपस में गुथते हैं फिर जो मजा देखनेवालों को मिलता है वह भला हाथी पालने से क्या खाक मिलेगा !

तो मैं उस रोज महपूरा गया था दंगल देखने। लौटा तो शाम हो चुकी थी। गाँव के बाहर ही चुन्नी मिला। यह मेरा हमजोली था। उसी ने हमको पहले टोका—कौन ? बालचन ?

पानी का बाहा[1] था। उसमें लाठी घोंपकर उसके सिरे के सहारे छलाँग मारकर मैं बाहर टप आया और जबाब दिया—हाँ चुन्नी, देर हो गई। महपूरा से आ रहा हूँ।

"खूब कुस्ती देखी होगी ! कै जोड़े थे ?"

मैंने आगे बढ़कर कहा—मीता, तू तो गया ही नहीं। तुझे तो न अपनी भैंस से फुरसत मिलती है न मेहरिया से। भैंस खोलता है तो मेहरिया बन्ही रहती है। मेहरिया को चराता है तो भैंस बन्ही रहती है।

मुझे हँसी आ गई। जोर से भभाकर मैं हँसा लेकिन जबाब में चुन्नी चुप रहा। मैंने सोचा—अँधेरा है, चुन्नी मुसका रहा है। फिर पूछा—बोलते नहीं ? भाभी ने दुलत्ती झाड़ी है ? चोट लगी हो तो चलो मैं मालिस कर दूँगा। पटने से सीख आया हूँ।

अब हम एक दूसरे के करीब पहुँच गए थे। झाँककर मैंने देखा। चुन्नी का चेहरा बड़ा उदास था। खुले होंठों से सफेद दाँत भी उदासी का ही सबूत दे रहे थे। लाठी को बगल में दबाकर दोनों हाथों से मैंने चुन्नी के कंधे झकझोरे और कहा—क्या बात है ? इतनी देर से तुम चुप क्यों हो ? कोई नई बात तो नहीं हुई है ?

अब भी चुन्नी कुछ नहीं बोला। धीरे से मेरे हाथों को अपने कंधों से छुड़ाते हुए वह बोला—कुछ नहीं।

इतना कहकर चार डेग[2] आगे बढ़कर चुन्नी फिर ठिठक गया। खटका तो मेरे मन में पहले ही हो गया था, अब संदेह पक्का हो गया कि हो न हो टोल-पड़ोस में कुछ खराब बात जरूर हुई है। अब मेरी भी चुहलबाजी खतम हो गई और किसी खतरे का अंदेसा सूआ बनकर मन को बेधने लगा। चार कदम मैं भी आगे बढ़कर चुन्नी के आगे खड़ा हो गया और बोला—मेरी कसम। बोलो, क्या हुआ है, भैंस तो तुम्हारी किसी के खेत में नहीं चली गई थी ? मलिकान के किसी छोकड़े ने तो कोई बात नहीं कह दी।

अब भी चुन्नी चुप ही रहा। सिर्फ मेरा हाथ पकड़कर वहीं पगडंडी के किनारे पोखर के भिंडे पर धम्म से बैठ गया। मैं भी बैठा। मन मेरा भी भारी हो चुका था।

थोड़ी देर हम दोनों चुप रहे, फिर चुन्नी बोला, फुसफुसाकर—तुम घर न जाओ।

क्यों ?—आँखें फाड़कर और दम साधकर मैं उसकी ओर देखने लगा। वह संछेप में दिनवाली सारी बात मुझे बतला गया और फिर कंधे पकड़कर कहने लगा—बालचंद, आज दिन भर छोटे मालिक के हरवाह-चरवाह तुम्हें खोजते फिरे हैं, पचीसों आदमियों से उन्होंने तुम्हारे बारे में पूछा है कि कहाँ गया बलचनमा। भाई, थोड़ी देर यहीं तू बैठ, मैं झाड़ा[3] फिरकर आता हूँ फिर तुझे अपने यहाँ ले चलूँगा।

मेरे पैरों के नीचे से मिट्टीं खिसकने लगी। आँखों के आगे अँधेरा छा गया। मैं गूँगा बन गया। मुझे उसी हालत में छोड़कर चुन्नी दीसा[4] फिरने गया। घुटनों पर कपार रखकर मैं गुमसुम उसी तरह बैठा रह गया। मेरे मन में किसिम-किसिम के भाव उठ रहे थे। एक मन तो यह होता था कि पघरिया हाँसू[5] लेकर दोपहर रात में जाऊँ और

---

1. नाला, 2. कदम, पग, 3-4. टट्टी-फराकत, 5. बड़ी हँसिया।

छोटे मालिक का गला काट आऊँ। दूसरा मन यह होता था कि मालिक के कागजातों के उन बंडलों को उड़ा लाऊँ जिनमें हजारों की लेन-देन का तमस्सुक और सैकड़ों दस्तावेज रक्खे हुए हैं। तीसरी बात जो मन में उठ रही थी वह यही कि माँ-बहन को लेकर रातोंरात पटना भाग जाऊँ। चौथी बात यह भी मन में बड़े जोर से उठी कि उलटे यहीं से दरभंगा चला जाऊँ अकेले। वहाँ जाकर फूल बाबू से छोटे मालिक की करतूत बतला दूँ। इस तरह किसिम-किसिम की बातें मेरे मन में उठ रही थीं। ऐसे तूफान में मैं कभी नहीं पड़ा था भैया, छोटे मालिक के बारे में ऊँचा विचार तो मेरा कभी नहीं रहा लेकिन यह आदमी ऐसा राकस होगा, यह तो मैंने सपने में भी नहीं सोचा था।

चुन्नी इतने में दीसा फिरकर पोखर में पानी छूने आया। आवाज आई—छपर-छपर-छप्प—छपर-छपर-छप्प।

इस आवाज से मुझे कुछ होश हुआ और मैं सँभला, आखिर चुन्नी से भी पूछ लूँ। अकेले दिमाग कुछ काम नहीं कर रहा था। मन बवंडर का तिनका बन रहा था।

हाथ मटियाकर, पैर धोकर, कुल्ला करके चुन्नी ऊपर आया पोखर के भिंडे पर, जहाँ मैं बैठा हुआ था। मेरा कंधा हिलाकर उसने कहा—पगलई से तो कुछ होगा नहीं, ठंढा मन से सोच-विचार कर और दोस्त-मीत से सलाह-राय लेकर तब ठीक करना चाहिए कि इस राच्छस को हम किस तरह से सजा दें।

चुन्नी की यह बात मुझे ओजनदार मालूम हुई। दोस्त-मीत, हीत-बंधु तुम्हें सब जगह मिलेंगे भैया ! जहाँ अपनी अकिल काम न करे वहाँ हीत-मीत से राय लेनी ही चाहिए। एक आदमी की अकिल से दस आदमियों की मिली-जुली अकिल लाख गुना अच्छी है। मुझे उस बखत कुछ नहीं सूझ रहा था। चारों ओर घुप्प अँधेरा नजर आ रहा था। कोंढ़-करेज थर-थर काँप रहा था। ऐसी हालत में चुन्नी हमारा सहारा हुआ और मैं उठकर खड़ा हुआ।

वह बोला—जा तू भी घाट पर, हाथ-मुँह धो आ। ठेहुना-गोड़ धोने से, मुँह-हाथ धोने से थकान भी मिटेगी और मन भी हलका होगा।

लाठी उसे थमाकर मैं पोखर के घाट की ओर बढ़ा। नीचे छाबा भर[1] पानी में उतरकर हाथ-मुँह धोए, खखासकर गला साफ किया। रगड़-रगड़कर ठेहुना-छाबा धोया। आँख-नाक, कपार, कान, कनपट्टी, गरदन, बगल पर हाथ फेरा और बाहर निकल आया। चुन्नी तब तक खड़ा ही था। फिर हम दोनों आगे बढ़े गाँव की ओर। वह आगे-आगे और मैं पीछे-पीछे।

चुन्नी मुझे सीधे नहीं ले गया। मलिकान की पट्टियों से फरक-फरक गोसाईंजी के भीठे खेतों की मेंड़ पर से तीरी अमात के घर के पिछबाड़े होते हुए वह मुझे अपने यहाँ ले आया। भैया, तुम भी तो देहात के ही रहनेवाले हो। जानते ही हो कि गाँव के लोग साँझ-सकारे खा-पीकर सो जाते हैं। बूढ़-पुरनियाँ तो रात में बड़ी देर तक खाँसते-खोंखते

---

1. घुटना भर।

रहते हैं या फिर अँधेरे में ही अपने बीते दिनों की याद में बिभोर होकर बतियाते-बतराते रहते हैं। दिन की कड़ी मेहनत से चूर-चूर जवान और अधेड़ लोग बहुत तड़के सबेरे ही सो जाते हैं। खेती का मौसम न रहा तो बेकारी में सोते-ऊँघते दिन बीतता है और तब भी रात को जल्दी नहीं सोते। लोरिक, बिरहा, सल्हेस या कबीर के भजन गुनगुनाते रहते हैं या फिर किसी चौपाड़ पर पुआल के बीड़ों पर बैठे हुए उन्हें तुम खैनी मलते और चिलम फूँकते पाओगे। औरतें देर तक जगी रहती हैं और तड़के उठ जाती हैं।

चुन्नी का बाप मनियार मंड़ड़ मामूली ढंग का खेतिहर था। अपनी पहली उमर में सात साल तक ढाका के किसी चटकल में मजूरी करके काफी रुपैया चुन्नी की माँ को उसने भेजा था। चुन्नी की माँ जिन्हें हम छोटी उमर से ही धन्नो चाची कहने के आदी हो गए थे, बड़ी लछमिनियाँ थी। अपने घरवाले की कमाई से धीरे-धीरे उसने तीन बीघा खेत भरना ले लिए थे। अब ये लोग छोटी जातवालों में हैसियतवाले माने जाते थे। माने ही नहीं जाते थे, हैसियत थी भी। दो भैंस थी, एक जोड़ा बैल था, आँगन में चारों ओर घर थे। कमाने-खटनेवाले तीन समर्थ जवान थे। मजबूत काठी की दो कमासुत जनाना थीं। बेर-बखत पर सलाह देने के लिए बूढ़ा था। लछमिनियाँ बूढ़ी थी। हमारे यहाँ ऐसे पलिवार को भरा-पूरा पलिवार कहते हैं।

उस रात कहीं बिरादरी का भोज था। चुन्नी के दोनों भाई और बूढ़े मंड़ड़ खुद बाल-बच्चों को साथ लेकर पत्तल गरमाने गए थे। रसोई का झंझट न रहने से जनीजात भी पड़ोस के आँगन में गप्प लड़ाने गई थीं। दरवाज़े पर भैंस और बैल बँधे थे। बैठक खाली थी। घर सूना था।

ऐसे समय में पैर मारकर हम दोनों उस आँगन में घुसे। चुन्नी ने अपने पुरबिया घर का केबाड़ा खोलकर कहा—आराम कर, मैं खाने का इंतजाम करता हूँ और तुम्हारी माँ की खबर भी लिए आता हूँ।

चुन्नी चला गया। मैंने अपनी लाठी कोने में भीत के सहारे खड़ी कर दी। गंजी निकालकर अरगनी पर टाँग दिया। धोती का ढड्ढा जरा ढीला कर लिया और बिछी हुई सितलपाटी[1] पर अँधेरे में लेट गया।

बड़ी भूख लगी थी भैया, मगर जो कुछ हुआ था उसके आगे भूख साली सूखकर अँतड़ी के किसी कोने में समा गई थी। दादी ने एक बार कहा था—बहुत जास्ती खुसी हो तब भी भूख मिट जाती है, जास्ती रोग-बिरोग हो तब भी भूख मिट जाती है। सो उस दिन मेरी भूख उड़ गई थी। मैं बार-बार अकेले उस अन्हरिया में यही सोचता था कि छोटे मालिक से बिना डटकर मोर्चा लिए निस्तार नहीं। साफ-साफ बात थी। या तो तुम अपनी बहन को उस जालिम के हवाले कर दो या फिर मुसीबतों का पहाड़ खुशी-खुशी सिर पर उठा लो। दो ही बात थी, तीसरा रास्ता नहीं था। मैंने मन ही मन अपनी ओर से पक्का कर लिया कि कैद काटूँगा, फाँसी चढ़ूँगा, गाँव से उजड़ जाऊँगा।

1. खजूर के पत्तों की बिनी चटाई।

जोश में आकर भैया, मैं उठकर बैठ गया। कमर सीधी कर ली। उस घुप्प अँधेरे में भी अपने दुश्मन की परछाहीं मैं साफ-साफ देखने लगा। उस राच्छस को ललकारते हुए मैं बोल उठा—बेसक ! मैं गरीब हूँ। तेरे पास अपार संपदा है, कुल है, खानदान है, बाप-दादे का नाम है, अड़ोस-पड़ोस की पहचान है, जिला-जवार में मान है। और मेरे पास कुछ नहीं है। मगर आखिरी दम तक मैं तेरे ख़िलाफ डटा रहूँगा। अपनी सारी ताकत को तुम्हारे विरोध में लगा दूँगा। माँ और बहन को जहर दे दूँगा लेकिन उन्हें तू अपनी रखैल बनाने का सपना कभी पूरा न कर सकेगा...

मैं बैठा नहीं रह सका। अंदर से निकलकर आँगन में घूम-फेर करने लगा। तुमने कलकत्ते का चिड़ियाघर देखा है भैया ? वहाँ जिस पिंजड़े में शेर रहता है, वह देखा होगा। शेर जब नाराज रहता है, गुस्से से उसकी आँख लाल रहती है और वह पिंजड़ा में बंद रहता है तो क्या करता है ? करता है यही कि अपने पिंजड़े में पाँच कदम इधर, पाँच कदम उधर, किसी भाँति अपनी नाराजी की आँच को चहलकदमी करके पचाता है। सो भैया, मैं भी अपने गुस्से की आँच को चुन्नी के उस छोटे से आँगन में फेरा लगाकर पचाने लगा।

अरे तुम घूम रहे हो—चुन्नी की आवाज आई तो मेरा ध्यान टूटा। उसके एक हाथ में रोटी थी, दूसरे में कटोरा। मेरे कुछ पूछने से पहले ही वह बोला—रेबनी सो गई है और चाची (मेरी माँ) लेटी पड़ी है। मैंने उन्हें समझा-बुझा दिया है। तुम्हारे बारे में निचिंत कर दिया है। लो पीढ़ा पर बैठ जाओ, खा लो। मैं डोल लेकर ताजा पानी भर लाता हूँ।

मैं नहीं बैठा तो चुन्नी ने हाथ पकड़कर बैठा दिया। रोटी का बड़ा-सा टुकड़ा तोड़कर तरकारीवाली कटोरी में उसे डुबाकर चुन्नी ने मेरे मुँह में कोंच दिया। मिरचा मैं बचपन से ही थोड़ा कम खाता हूँ मगर रामतरोई की उस तरकारी में बनानेवाली ने न जाने कितना मिरचा झोंक दिया था ! मिर्च के तीखे-तीते स्वाद ने मेरा नसा तोड़ दिया। नसा ही कह लो भैया, क्योंकि मन की बेचैनी, दिमाग की परेसानी, अंदर की बेकली भी आदमी को उसी तरह बेहोस कर देती है जिस तरह दारू और ताड़ी।

तो तरकारी के कड़ुएपन से मेरा ध्यान टूटा, मैंने पूछा—और तुम क्या खाओगे ?

मैं तो खाकर गया था पोखर की ओर। छोटी भैंस की तबियत खराब है। सरदी हो गई है। इसीलिए बिरादरी के भोज में न जा सका। खाना दिन का ही रक्खा हुआ था। तुम्हारे लिए रामचरन चाचा के यहाँ से रोटियाँ ले आया हूँ। उनके यहाँ बुढ़िया के पथपानी के लिए बराबर आग जलती ही रहती है।

चुन्नी ताजा पानी ले आया था। रोटी जौ की थी। रामतरोई की तरकारी और जौ की सोहारी[1] बड़ी अच्छी होती है, लेकिन उस रोज तो मेरी ज़ीह ही पथरा गई थी। जैसे-तैसे निगलकर भर छाँक पानी पिया और बाहर जाकर मुत्ती कर आया। मैं चाहता

1. चपाती।

था चुन्नी से बातें करना। लेकिन उसे किसी जरूरी काम से बभनटोली जाना था। उसने कहा—अभी आराम करो, तड़के हम उठेंगे और तब बातचीत होगी।

मैं देर तक गुन-धुन में पड़ा रहा। किसिम-किसिम की बातें सोचता रहा और उसी सोच-फिकिर में पता नहीं, कब नींद आ गई।

चार

चुन्नी ने अगले रोज तड़के ही मुझे उठाया और बताया कि फूल बाबू से काम सधेगा, छोटे मालिक उन्हीं से दबेंगे।

चुन्नी की यह सलाह अच्छी जँची। चुपचाप मैं लहेरियासराय पहुँचा, टरेन (ट्रेन) मौके पर मिल गई थी। लोगों से पूछ-पाछकर बरहमपुरा आया, आसरम गाँव के बाहर ही था। पहुँचने में तनिक भी दिक्कत नहीं हुई।

दोपहर का बेर था। आसरम की अँगनई में आम के एक बड़े पेड़ के नीचे कंबल की आसनी डालकर फूल बाबू पलथी मारे हुए थे। मगन होकर चरखा कात रहे थे।

फूल बाबू का पैर पकड़कर मैं रोने लगा।

एकाएक अपने पैर पकड़कर मुझे जो उन्होंने रोते पाया तो बाएँ हाथ की पूनी का तार बीच में ही टूट गया और दाहिना हाथ चरखे की मूठ से अनेरे (अनायास) अलग हो गया। चरखे का तूमा रफ्तार बंद होने से धीरे-धीरे थिर हो गया। सामने कते हुए सूतों के तीन-चार लच्छे, आठ-दस पूनियाँ एक पथिया (टोकरी) में रक्खी हुई थीं।

फूल बाबू की दाढ़ी-मूँछ बढ़ी हुई थी। बाल भी बढ़े हुए थे। बदन पर कमीज या बनियाइन कुछ नहीं था। खद्दर के पचहत्थी टुकड़े से धोती का काम तो भला क्या चलेगा, हाँ, घुटनों तक लपेटकर किसी तरह लाज-सरम का परदा उससे जरूर हो जाएगा। बाबू-भैया लोगों को कहीं मैंने आज तक इस तरह फकीरी भेख में नहीं देखा था। फूल बाबू ने कमर में खादी का टुकड़ा लपेट रक्खा था और देह पर सूत के नाम पर सिरिफ जनेऊ भर देखा। इस रूप में मुझे फूल बाबू महतमा जैसे लगे। अब तो खैर बैरागी-बरहमचारी लोगों को बिना पिछुआ के धोती लपेटे काफी देख चुका हूँ। अपने जनकपुर को ही ले लो। चोरौत है, मटिहानी है, और भी बड़े-बड़े महंथान अपने मुलुक में महजूत (मौजूद) हैं। वहाँ तुम, भैया, बैरागियों की पलटन पाओगे। बारीक महीन मलमल की धोती को बैरागी लोग जिस तरह गले से लपेटकर कमर में डालते हैं, उनकी बोली में उसे क्या कहते हैं, जानते हो ? नहीं न जानते हो। अरे भैया, अपने इस पहनावे को बैरागी लोग बरहमगाँती कहते हैं। मैं तो महंथान में रह चुका हूँ, इसी से यह सब जानता हूँ।

तो आसरम में पहुँचकर फूल बाबू को मैंने उस भेख में जो देखा तो भीतर की सारी सरधा उमड़ आई। ऐसे तो पहले ही पहल जब उन्हें उस बार मलिकाइन के यहाँ देखा था तभी मेरा मन उनमें गड़ गया था। बाद में चार-छै महीने उन्होंने मुझे अपने साथ पटना

में रक्खा। बड़े परेम से रखते थे, जैसे बाप बेटा को रखता है। और अब इस भेख में उनको देखकर मेरे घायल मन को ऐसा लगा कि यही फूल बाबू मेरा उद्धार करें तो करें नहीं तो छोटे मालिक के परकोप से छुटकारा पाने का और कोई रास्ता नहीं है।

सो, मैं लुद्द से उनके पैर दोनों छानकर धरती पर पड़ गया और सुसुक-सुसुक कर रोने लगा।

फूल बाबू ने मुझे उठा लिया। बार-बार पूछने लगे कि क्या हुआ है बालू ? बलुआ, कौन-सा संकट तुझ पर है ? माँ तो नहीं बिमार है बालचन ? तेरी बहन को नहीं कुछ हो गया बालो ?

मेरा हिचकना बंद ही नहीं हो रहा था। बड़ी देर तक वह मेरे देह पर हाथ फेरते रहे। अँगुलियों से कई बार आँखों का आँसू पोंछा।

मेरा यह हाल देखकर फूल बाबू का चेहरा एकाएक सपेता मालदह[1] जैसा हो गया। उसी दिन मुझे पहले-पहल यह बात मालूम हुई कि दिल भरा हो, भारी ठेस लगी हो तो खूब रोओ। इससे मन हलका होता है। बहुत आँसू बहाने पर मेरा भी मन जब हलका हुआ तब जाकर हिचकी बंद हुई।

फूल बाबू वहाँ से उठे, खादी की लच्छियों और पूनियोंवाली टोकरी खुद उठा लिया। आसनी और चरखा मैंने ले लिया। वह आगे-आगे, मैं पीछे-पीछे। दोनों जने उस कुटिया में आए जहाँ फूल बाबू रहते थे।

फूल बाबू ने मन ही मन सोचा होगा—चलो, खाएगा-पिएगा, इधर-उधर की बातें करेगा, घूम-घामकर आसरम की चीज-बस्त देखेगा। मन हलका होगा। तब अपने सब बात बता देगा।

बता ही चुका हूँ पहले कभी कि फूल बाबू का सुभाव बड़ा मीठा था, उनकी बातों से मधु (शहद) टपकती थी। उनकी आँखों से मानो दूध की ठंडी धार फुहार बनकर निकलती थी। देखने में भी बेस (खासा) खपसूरत थे।

अपनी कुटिया में जब वह पहुँचे तो दिन का एगारह बज चुका था। वह काठ के बक्कस में सूतों की लच्छियाँ सरियाने लगे। मैं चकुआ-चकुआकर चारों ओर ताक रहा था। यह कुटिया एक बहुत बड़े और लंबे फूसघर का छोटा-सा कमरा था। बाँस के झाझनों की देवाली एक कमरे को दूसरे कमरे से अलग किए हुए थी। खंभे सीसम के थे। तड़ख ताड़ के। बरेड़ी में लंबा, पतला साखू का इस्तेमाल किया गया था। ऊपर छप्पर घने खर के छवाए गए थे। चौकोर काटकर झाझन की दीवार में खिड़की बनाई हुई थी। बरंडे को बाँस की बातियों से बनी-बढ़ियाँ जाफरी से बीच-बीच में घेर दिया गया था। बाँस की ऐसी कारीगरी इससे पहले मैंने कभी नहीं देखी थी। फूल बाबू के कमरे में सामान मामूली था। बस एक तखतपोस। लकड़ी का एक बकसा। सामने दो-दो ईंटें डालकर लकड़ी का तकथा रखा था, उस पर दस-बारह मोटी मझोली पोथियाँ रक्खी

---

1. लँगड़े की जाति का, लेकिन कुछ बड़ा कलमी आम (सफेद छिलके का)।

हुई थीं। एक कोने में मिट्टी का घड़ा पानी से भरा रक्खा हुआ था। छोटा-सा कलगइयाँ[1] लोटा भी। छोरों पर डोरी बाँधकर अरगनी के नाम पर बाँस का लट्ठा लटक रहा था। उस पर पचहत्थी खद्धड़ और छोटा-सा अँगोछा सूख रहा था। शीशा में मढ़े हुए तीन फोटो तीनों ओर लटक रहे थे। उनकी ओर आँख गड़ाए मुझे पाया तो फूल बाबू अपनी गरदन सहलाते हुए बोले—महात्मा गाँधी हैं।

महतमाजी का नाम सुना तो मैंने जरूर था और सुना भी था ऐसे कि सरकार बहादुर से अगर कोई लोहा ले सकता है तो गाँधी महतमा ही ले सकते हैं। अँगरेज बहादुर के उन्होंने नाक में कौड़ी बाँध दी है। सरकार हरान-हरान है। महतमा गाँधी को पकड़ना और पानी में आग लगाना दोनों मुस्किल हैं। महतमाजी को अपसर लोग जहलखाना में डाल देते हैं लेकिन, भैया, अगले ही रोज उनको दूसरी जगह खड़ाऊँ पहनकर टहलते हुए देखकर सरकार बहादुर के पेट का पानी हिलने लगता है। बम्बई में पकड़कर बंद किया तो महतमाजी कलकत्ते में दिखाई पड़े। अहमदाबाद में पकड़ा तो मद्रास में मिटिन (मीटिंग) करते नजर आए। मनियार चाचा के मुँह से सुना था कि गाँधी महतमा को पूना के जेलर ने नाराज होकर कोल्हू में जोत दिया, दो मन सरसों पेरने को कहा। जेलर ने सोचा होगा कि दुबला-पतला कमजोर आदमी है, कोल्हू में क्या बहेगा; माफीनामा लिखकर बैठ जाएगा ! मगर भैया, मनियार चाचा ने बतलाया कि गाँधी महतमा के हाथ लगाते ही आपे आप दोनों मन सरसों करुआ तेल में बदल गया। मनियार चाचा बतलाते थे—काला पहाड़ जैसे दो बड़े-बड़े बेताल गाँधी महतमा के दासोदास बनकर साथ चलते हैं, उन्हीं बैतालों का यह खेल था...इस तरह की अजीब बातों के साथ महतमा का नाम जब हमारे जिला-जवार में फैला तब मेरे कान में इनका नाम पड़ा। मैं सोचता था कि कैसे होंगे गाँधी महतमा। मगर समझ में कुछ आता नहीं था। सोच-सोचकर रह जाता था। सो, आज फोटो में देखा तो मन को तनिक तसल्ली हुई। सिर के बाल उड़े हुए। कान छोटे-छोटे और उठे हुए। कपार बड़ा। चेहरा नीचे की ओर होता गया है। अरे, यही महतमा गाँधी हैं ! यह तो बिलकुल हमारे चुम्मन बाबा की तरह लगते हैं !

दूसरा फोटो रोब-दाब का था। बढ़िया अंगा पहिने, सिर पर पगड़ी डाले। बड़ी-बड़ी मूँछ। तेज-तर्रार आँखें।—यह कौन हैं ? मैंने फूल बाबू से पूछा।

जबाब मिला—लोकमान तिलक।

तो यह भी काँगरेस के भारी अपसर हैं ?

नहीं, हैं नहीं, इनका सुरगबास हो चुका है लेकिन बहुत बड़े लीडर थे।

तीसरे फोटो की ओर हाथ दिखलाकर फूल बाबू ने कहा—और यह तो अपने यहाँ के राजिन्दर बाबू हैं।

अपने यहाँ के, दरभंगा के ?

---

1. कहलगाँव (भागलपुर) में बहुत बड़े पैमाने पर पहले पीतल के बर्तन बनते थे, वहाँ का बना हुआ लोटा तिरहुत में कलगइयाँ कहलाता है, (कहलगउवाँ=कलगइयाँ)।

फूल बाबू ने हँसकर कहा—दुत पागल कहीं का ! अपने यहाँ का मतलब सिरिफ अपना ही गाँव और जिला नहीं होता है। इसका मतलब होता है अपना परांत, अपनी कमिसनरी, अपना जिला, अपना इलाका, अपना देश। इस भारत मुलुक के छोटे-बड़े नौ सूबे हैं।[1] हम लोग जहाँ रहते हैं वह सूबा बिहार कहलाता है। इसके अंदर उड़ीसा भी सामिल है। छोटानागपुर भी सामिल है। भोजपुरी इलाका सामिल है, अपना तिरहुत है। मगह का इलाका है। राजिन्दर बाबू छपरा के रहनेवाले हैं और गाँधी महतमा के बहुत बड़े चेला हैं। आला दरजे के वकील थे। बड़ी अच्छी प्रैकटीस थी। सैकड़ों मोकिल थे। खानदानी रोबदाब था। जमींदारी ठाट-बाट था। सब छोड़-छाड़कर गाँधी महतमा के पीछे फकीर हो गए हैं।

फूल बाबू ऐसे तो कम बोलते थे मगर कभी-कभी जैसे बोतल का काग खुल जाता है उसी तरह से उनके मुँह का भी काग खुल जाता और तब भैया उनसे दुनिया भर की अल्लम-बल्लम सुन लो। ऐसे मौके पर कुछ और पूछना आग में घी डालना होता था। इसीलिए मैं चुप रहा।

वह बोलते ही रहे कि इतने ही में घंटी बजी। मैं चकुआने लगा। फूल बाबू ने कहा—खाने का बुलावा है। 'बिझओ'[2] समझो। हमारे मलिकान में भोज-भात होता ही रहता था। टोल-पड़ोस और कभी-कभी समूचे गाँव के बाभन देवता नोता (न्यौता) खाने आते थे। बूढ़े, बच्चे, जवान सब जब आ चुके होते तो कोई घरबैया आकर जोरों से यह आवाज लगाता कि 'बिझओ हो, बिझओ हो।' सो बिझओ का मतलब मुझे मालूम था लेकिन खाने के बुलावे के लिए घंटी बजाकर यह बिझओ करना मेरे लिए बिलकुल नई बात थी।

मालिक ने कहा—चल साथ खाएँगे। यहाँ ऊँच-नीच का झंझट नहीं है। गाँधी महतमा को अपना गुरु माननेवाले आसरम के लोग न तो छूतछात मानते हैं न ऊँच-नीच।

सच बतलाता हूँ भैया, फूल बाबू की यह बात सुनकर मुझे बड़ा अचंभा हुआ, भीतर-भीतर हँसी आई। ऊँच-नीच का भेद सदा से चला आया है, सदा रहेगा। चार आदमियों के मानने से क्या आता-जाता है ?

फूल बाबू ने कहा कि लोटा ले ले और जल्दी चल।

आसरम का रसोईघर दूसरे छोर पर पिछवारे की ओर था। दो छप्परोंवाला छोटा-सा घर। झाझन का टाट। सीसम के दो खंभे। बड़ेरी पर टिके हुए चार (छप्पर), पीछे की ओर धुआँ निकालने के लिए जाफरीदार जँगला था। खाने के लिए एक छप्परवाली लंबी एकचारी थी। ताड़ के पत्तों की छोटी-छोटी आसनियाँ वहाँ बिछी हुई थीं। एक ही कतार में मालिक जाकर बैठ गए। और भी दस-बारह बाबू लोग थे। अपने जैसा मैं अकेला था। कई लोगों ने हमारे बाबू से पूछा—बुलाने आया है ? फूल बाबू, उस बेचारी को आप नाहक सता रहे हैं !

---

1. उन दिनों (1830) उड़ीसा अलग नहीं हुआ था, 2. 'बिझओ' का साधारण मतलब है 'विजय हो' लेकिन भोज-भंडार के समय खास तौर पर कहा जाता है, याने भोजन तैयार है, चलिए [विजय हो]।

मैं समझ गया। यह इसारा बाबू लोगों का किसके तरफ था सो समझे भैया ? यह इसारा था फूल बाबू की जनाना के तरफ। उन्हें फूल बाबू ने नइहर में छोड़ रक्खा था। खुद आसरम में बैरागी जीवन बिता रहे थे।

फूल बाबू ने कहा उन लोगों से—आप लोग योंही अललटप्पू मारते हैं। यह मेरे घर से नहीं, फूफी के यहाँ से आया है। उन्हीं का बहिया (पुश्तैनी मजूर) है।

एक दूसरे बाबू ने हँसते हुए कहा—तो, आपके लिए कोई दूसरी लड़की ठीक की जा रही है ?

इस पर सभी बाबू-भैया खिलखिलाकर हँस पड़े।

सामने पुरैन[1] का पत्ता परोसा जा चुका था। पानी भर-भरके गिलास रक्खा जा चुका था। बाबाजी महराज अब भात परोस रहे थे। मैंने देखा, उजले धुले खद्दर के कपड़े पहने हुए, चिक्कन-चुनमुन चेहरा-मोहरावाले उन बाबू लोगों के सामने भनसीया (रसोइया) कराँकुल जैसा लग रहा था। पतली-पतली टाँग। लंबी देह। धँसी आँखें। सूखा चेहरा। कमर में उसने मैली धोती लपेट रक्खी थी। जनेऊ भी मैला था। छाती के हाड़ झकझक कर रहे थे।

मैंने सोचा, मुलुक से अँगरेज बहादुर चला जाएगा, फिर यही बाबू-भैया लोग अपसर बनेंगे। और तब इस बाबाजी महराज का भी उद्धार हो जाएगा। इसके हाड़ों पर मांस चढ़ेगा। चेहरे पर चिकनई आवेगी। बूढ़ा सूगा हो जाने पर पढ़-गुन तो यह क्या सकेगा मगर बाँकी आराम-सुभिस्ता इस रसोइया को भी मिलेगा। सोराज होने पर क्या होगा ? यह बात मैंने एक बार पटना में महेन बाबू से पूछी थी। उन्होंने क्या जबाब दिया था, भैया, क्या बताऊँ ? महेन बाबू ने यही कहा था कि सोराज होने पर सबके दिन लौटेंगे, सबका भाग चमकेगा। हमारा भी, तुम्हारा भी।

पत्तल में भात परोसा गया। पीतल की कटोरी में अरहर की दाल। बिना मिरचाई की तरकारी थी आलू की। एक-एक फाँक प्याज मिला था।

बाबू लोग खाते समय बोलते-बतियाते रहे। मेरा तो मिजाज ही ठीक नहीं था, किसी तरह दस कौर मार लिए और हाथ रोककर बैठ रहा। देखा, किसी ने पत्तल में जूठा नहीं छोड़ा है। उठते समय पत्तल को लपेटकर सब बाहर निकले और उसे एक बड़ी टोकरी में डाल दिया। हाथ-मुँह धोने के लिए कोई खास जगह नहीं थी, खुला मैदान था।

खाकर फूल बाबू और मैं उसी कमरे में आए। फूल बाबू बिना बिस्तर के ही तखतपोस पर लेट गए और मुझे भी बैठने को कहा।

फूल बाबू को सुपारी का कतरा और छोटी इलायची खाने का सौक था लेकिन इस आसरम में आकर तो उन्होंने यह भी छोड़ दिया था। इधर-उधर आँख मारकर कुटिया में मैंने देखा तो जूता भी नहीं पाया, हाँ, खड़ाऊँ जरूर थे। तब मुझे फूल बाबू की पटनावाली पहली जिनगी याद आई। किसिम-किसिम की बनियाइन, किसिम-किसिम

1. कमल।

का कमीज-कुरता, पाँच-पाँच, छै-छै कोट, तीन-तीन जोड़ा जूता, चार जोड़ी धोती, दो तौलिया, दो छोटे अँगोछे, दूध-सी धुली हुई सानदार मसहरी, बिस्तरे में गयावाला सफेद कम्मल, खपसूरत सतरंजी तोसक, उलेंच, तीन गो तकिया। हमारे फूल बाबू राजा की तरह रहते थे, अब फकीर हो गए हैं। मन में भारी कचोट हुआ मगर साथ-साथ सरधा भी बढ़ने लगी थी।

थोड़ी देर बाद फूल बाबू ने मुझसे पूछा कि क्यों आया है।

फिर तो मैंने एक-एक करके सारी बात उन्हें बता दी। अंत में कहा—छोटे मालिक ने थाना में रिपोट करवाई है, मुझ पर चोरी का इलजाम लगाया है। दरोगा तो नहीं मानेगा। या तो घूस लेगा या फिर बात को आगे बढ़ा देगा। इससे मेरा उद्धार कैसे होगा ?

इतनी सारी बात सुन लेने पर भी फूल बाबू के मुँह से एक आखर नहीं फूटा। हमारी सारी बात को वह पी गए।

मैंने सोचा कि छोटे मालिक इनके फूफा लगते हैं, यह अगर सिफारिस कर देंगे तो छोटे मालिक का मन साइत (शायद) नरम हो जाएगा। साइत थाना में जो बात मालिक ने रिपोट करवाई है वह खतम हो जाए। फूल बाबू पुरजी लिखकर मुझे दे देंगे या किसी दूसरे आदमी को मालिक के पास भेजेंगे ? कैसा भी हो, काम तो हो ही जाएगा।

मगर फूल बाबू तो अगम कुआँ बन गए, जिसमें झाँकने से भी डर लगता है।

मैंने बिचारा—आज बाबू सोच-सोचकर कोई बात करेंगे, भोरे जब मैं जाने लगूँगा तो पुरजी जरूर देंगे। मैंने बहुत-सी बातें सोच रखी थीं। अगर फूल बाबू चाहेंगे तो मैं सात पुस्त का अपना डीह[1] छोड़कर उन्हीं की बहियागीरी[2] करूँगा। फूल बाबू का मन होगा तो रेबनी का गौना चटपट कराकर अपनी माँ के साथ मैं पटना चला जाऊँगा, वहाँ रिक्सा खींचकर या डीघाघाट पर जहाज का माल ढोकर—माँ की और अपनी जिनगी गुदस्त करूँगा। नहीं अगर फूल बाबू की यही राय होगी कि कटिहार या सिलीगुड़ी-जलपाईगुड़ी जाकर चटकल में मजूरी करूँ तो वैसा भी करूँगा ही। इस तरह बहुत-सी बातें सोचकर मैं आसरम पहुँचा था। मुझे यह भी भरोसा था कि फूल बाबू जब गाँधी महतमा के चेला बन गए हैं तो हमारे मालिक को इस जोर-जुलुम के लिए दो बात वह जरूर कहेंगे। गाँधी महतमा न बड़े लाट से डरते हैं, न छोटे लाट से, न सरकार से, न अमला से। गरीबों का पच्छ लेते हैं। फूल बाबू उन्हीं गाँधी महतमा के चेला होकर मेरे लिए क्या इतना भी नहीं करेंगे कि अपने फूफा-फूफी को जरा समझा दें ?

उस रोज फिर फूल बाबू ने मेरे सामने मुँह नहीं खोला। मैं बड़ी देर तक सोता रहा। जेठ का महीना था। आसरम एक बड़े कलमबाग के बीचोबीच होने से ठंढा था। कुटिया के बाहर बरंडे में एक चटाई पड़ी थी, टूटी-फूटी-सी। उस पर मैं चित होकर जो लेटा सो तभी नींद टूटी जब गोसैंयाँ (सूरज) लुक-झुक कर रहा था, साम होने ही वाली थी।

आँख मलते-मलते उठा और फूल बाबू की कुटिया के नजदीक पहुँचा। साँकल

---

1. वासभूमि, 2. गुलामी।

चढ़ी थी, दोनों पट बंद थे। फिर मैं कमरा खोलकर अंदर नहीं गया। इधर-उधर टहलता रहा।

इतने में फिर घंटी बजी।

यह क्या है ?

देखा कि एक चौमुहाँ दलान पर बाबू-भैया लोग इकट्ठे हो रहे हैं। मैं भी उधर ही आया।

दलान बड़ा नहीं था। बल्कि उसे दलान न कहकर मड़वा (मंडप) कहो तो अच्छा। चौकोना मंडप, कमर भर ऊँचा। ऊपर चढ़ने के लिए चार ईंटें रखकर सादी सीढ़ियाँ बनी हुई थीं। खजूर के पत्तों की बनी बड़ी-सी चटाई बिछी हुई थी, हँसली के सकल में लोग बैठ गए। बाबू-भैया थे। हमारी छोटी मलिकाइन जैसा चेहरा-मोहरावाली एक जनानी भी थी। पच्छिम की ओर कम्मल की एक चितकबरी आसनी रक्खी थी, उस पर अधेड़ उमरवाले धोतीधारी एक बाबू बैठ गए। इसके बाद सब एक आवाज में सिलोक पढ़ने लगे। मेरी हिम्मत नहीं हुई कि मड़वा पर जाकर बैठूँ। नीचे ही अलग खड़ा रहा। थोड़ी देर बाद जो जनानी थी उसने भजन गाना शुरू किया। बाकी बाबू-भैया उसके गाए हुए पदों को दुहराने लगे।

जास्ती कुछ न समझने पर भी इतना तो मैं समझ ही गया कि गाँधी महतमा के पूजा-पाठ का यही ढंग है। हमारे फूल बाबू भी मगन होकर भजन गा रहे थे।

उमेद थी कि रात को, खाने के बाद फूल बाबू कुछ बोलेंगे। लेकिन नहीं बोले तो कछमछाकर मगर तनिक नरमी से मैंने पूछा—सरकार, हमारा निस्तार कैसे होगा ?

इस पर थोड़ी देर गुम रहकर बाबू बोले—मुझे तो अब गाँव-घर से भी कोई तालुक नहीं रहा। माँ और बाबूजी भी अब मुझसे हार मान बैठे हैं। पहले चिट्ठी लिखकर बात-बिचार पूछते थे। जब मेरी ओर से लगातार उन्होंने उदासी देखी तो अब उस तरह की बात चिट्ठी में नहीं लिखते हैं। पीसी (फूफी) के यहाँ दो साल से मैं नहीं गया हूँ। पीसा (फूफा) से भेंट-मुलाकात किए तीन बरख हो गए हैं। बालचन, अब तू ही बता कि ऐसी हालत में मेरी किसी बात का तुम्हारे मालिक पर कितना असर पड़ेगा ?

अन्हेरी रात थी। दूसरी कुटियों से खाँसने-खखारने की आवाज उठती थी तो पहली रात का हलका सन्नाटा फट जाता था। आसपास की बस्तियों से कुत्तों के भूँकने की आवाज साफ-साफ आ रही थी। रात अधिक नहीं, डेढ़ पहर बीती होगी। मगर आसरम में रहनेवालों के लिए दिन को सोना मना था। नींद की झोंक से गर्मी के दिनों में आसरम के बाबू-भैया कैसे मोरचा लेते थे ? जानते हो भैया ?

होता ऐसा था कि कोई-कोई सोराजी बाबू चरखा चलाकर दुपहरिया खेपते थे। कोई बाबू लंबे बरंडे पर टहल-फिरकर अपनी नींद को पचाते थे। कोई-कोई बाबू दो-तीन जने मिलकर गीता या रमायन ले बैठते थे। एक गो बाबू साहेब ऐसे थे कि छोटी-छोटी

सीसी में से दवाई का सरिसबा[1] दाना निकालते और गिन-गिनकर उसी सीसी में फिर उन दानों को रखते जाते। यह भी आलस-ऊँघ को पचाने का एक तरीका था।

मतलब यह कि दिन भर पलकों पर आसरम में कड़ा पहरा रहता था। इसी से साँझ सकाल ही खा-पी चुकने के बाद बाबू-भैया लोग अपने-अपने बिस्तरे पर ढेर हो जाते थे। बिहान को, बिलकुल तड़के घंटी बजती थी। उठना लाजमी होता था।

मैंने सोचा—अभी मालिक को सोने देना चाहिए, भोर होने पर बाकी बात हो जाएगी। मगर फूल बाबू ने यह कहकर तभी बात खतम कर दी कि तुम्हारा तो आपस का झगड़ा है, बहिया-महतो[2] का। इसका निपटारा भी तुम्हीं दोनों कर लोगे। इसमें मेरी कोई जरूरत नहीं। जा, जाकर अपने मालिक के ही पैर पकड़। वह तुझे माफ कर देंगे।

फूल बाबू से मुझे इस बात की उमेद नहीं थी। भरोसा था कि वह मेरे बचाव का कोई न कोई रास्ता जरूर निकालेंगे।

कैसे धोखे में मैं पड़ा हुआ था ! मेरा सारा मोह छन-भर में फट गया। साफ-साफ लौकने लगा कि बाबू-भैया लोग वहीं तक हमारा पच्छ लेंगे जहाँ तक उनका अपना मतलब रहेगा। देखो न, फूल बाबू एक छोटी-सी पुरजी अपने फूफा के नाम मुझे दे देते तो इसमें उनके महतमापन का क्या बिगड़ता ? अँधेरा था, सूझ नहीं रहा था कुछ। लेकिन मुझे साफ-साफ दिखाई पड़ा कि फूल बाबू का माथा भारी हो उठा है और तकिये पर एक ओर लुढ़क गया है। अरे भैया, फूफा और सरबेटा का रिस्ता बाप-बेटा का रिस्ता समझो। इस रिस्ते से उस छोटी-सी पुरजी से खरोच न पड़ जाती ! सोराजी हो गए तो क्या, थे तो आखिर बाबू-भैया ही न ! गरीब-गुरबा का दुख ये लोग क्या जानें ?

सच जानो भैया, उस बखत मेरे मन में यह बात बैठ गई कि जैसे अँगरेज बहादुर से सोराज लेने के लिए बाबू-भैया लोग एक हो रहे हैं, हल्ला-गुल्ला और झगड़ा-झंझट मचा रहे हैं उसी तरह जन-बनिहार, कुली-मजूर और बहिया-खबास लोगों को अपने हक के लिए बाबू-भैया से लड़ना पड़ेगा।

फूल बाबू से रत्ती भर भी भरोसा नहीं रहा। थोड़ी देर अँधेरे में मैं बैठा रहा, फिर बाहर आकर बरंडे पर उसी टूटी चटाई की ओर बढ़ा। अँधेरा था, निपट अँधेरा। पैर से टटोलकर चटाई मिली और उस पर लेट गया। उसके बाद कब नींद आ गई और कैसे भोर हो गया पता नहीं।

आँख मलकर उठा और फूल बाबू के कमरे की ओर बढ़ा तो देखा जंजीर चढ़ी हुई है, किबाड़ा बंद था। बाबू नहाने गए होंगे। मैं भी पोखर की ओर बढ़ा।

यहाँ जरा आसरम के बारे में तुम्हें बता दूँ।

यह आसरम दस बीघा जमीन के हाते में फैला हुआ था। साकीन बरहमपुरा, थाना लहेरियासराय, जिला दरभंगा। यहाँ के बहुत बड़े जमींदार बाबू शुभंकर ठाकुर भुँइहार खानदान के थे। अच्छे जमींदारों में इनकी गिनती थी। अस्सी-नब्बे हजार की

---

1. सरसों की शक्ल का, 2. गुलाम और मालिक।

मालगुजारी असूल होती थी। डेढ़ हजार बीघा धनहर खेत अपने जोत में था। बीजू और कलमी आमों के बाग पचीसों बीघा तक फैले हुए थे। करजान[1] था, खढ़ोर[2] थी। गाय-बैल, घोड़ा-भैंस के चरने लायक पचासों बीघा जंगल था। आठ-दस छोटे-बड़े पोखर थे। गुमाश्ता-बराहिल, अमला-फैला, नौकर-चाकर, देवानजी-मुन्सीजी सब थे।

बूढ़ा मालिक इलाका भर में राजा बाबू कहलाते थे। दो बेटे थे। एक हीराजी, दूसरे मानिकजी। हीराजी का दूसरा नाम था किसुनबल्लभ नरायन ठाकुर। मानिक बाबू का नाम था राधाबल्लभ नरायन ठाकुर।

मानिकजी पढ़ने में बड़े तेज थे। कलकत्ते में रहकर बी.ए. तक पढ़े थे। उसके बाद गाँधीजी की लहर में हमारे फूल बाबू की तरह मानिकजी भी भसिया गए। जज-बालिस्टर न बनकर अपने जिला के लीडर बन गए। अपना दरबारी नाम (मानिकजी) छोड़कर वह सीधे राधा बाबू कहलाते थे। बड़े पक्के काँगरेसी थे। ऐसे पक्के कि बाप और बड़े भाई से झगड़कर आसरम के लिए इतना बड़ा अहाता राधा बाबू ने दफान लिया था। वही इस आसरम के सर्बेसर्बा थे। उनके पीछे सोराजी बाबुओं की छोटी-सी पलटन थी। शुरू-शुरू में उनकी साहखरची ने इस जिले में गाँधी महतमा के कामों को आगे बढ़ाने में काफी मदद पहुँचाई। उसके बाद बाप और बड़े भाई ने इसटेट से एक पैसा भी देना इनकार कर दिया। इससे नराज होकर राधा बाबू ने घरवालों से असहयोग कर लिया।

असहयोग क्या होता है भैया ?

गाँधी महतमा ने यह तरीका निकाला था कि दुस्मन अगर ताकतवर हो तो तुम लाठी से उसका मुकाबला कर नहीं सकते, हाँ उससे बोलचाल बंद कर दो, उसके किसी काम में मदद न पहुँचाओ। दुस्मन दच्छिन की ओर मुँह करके खड़ा रहे तो तुम पीठ फेरकर अपना मुँह उत्तर कर लो। सहयोग माने साथ देना, साथ जुड़ जाना।

सो, भैया, राधा बाबू ने अपने घरवालों से असहयोग कर लिया था। यहाँ तक कि बाल-बच्चे ननिहाल में रहते थे। जनानी उनकी अपने नइहर में रहने लगी। भगवान के परताप से ससुर भी उनके बहुत बड़े जमींदार थे। और भैया, राजा अपने बाल-बच्चों की सादी करता है तो राजा के ही खानदान में करता है न ? राधा बाबू को नगद पचास हजार तिलक चढ़ा था। हाथी, घोड़ा, पालकी, खबास, जमीन-जजात दहेज में मिला था। राधा बाबू जब सोराजी बने तो—उनके बीबी-बच्चे को सँभालने में ससुराल की दौलत ने बड़ी मदद पहुँचाई। जिले में दो-तीन बाबू-भैया ने अपनी-अपनी जनानी को परदे से बाहर निकाला था। उन्हीं में से एक थे राधा बाबू। बूढ़े मालिक ने अपने पतोहू की बेपर्दगी के बारे में जब सुना तो उनका दिमाग पथरा गया, आँख चुन्हिया गई। उन्होंने राधा बाबू को कहवा दिया—ड्योढ़ी के अंदर पैर न रक्खें। बाप ही ने असहयोग की शुरुआत की थी, बेटे ने असहयोग की हद कर दी। राधा बाबू की माँ मरीं तब भी

1. केले का बाग, 2 छप्पर छवानेवाली फूस का जंगल।

उन्होंने घरवालों का साथ नहीं दिया। लोग कहते थे कि राधा बाबू अकरी[1] हो गए हैं, नास्तिक हो गए हैं। माँ के मरने पर न बाल कटाए न असौच माना। आसरम का सारा काम-काज पहले की तरह करते रहे। जब उनकी माँ मरी थीं उन दिनों थाना मधेपुरा-फुलपरास की ओर जोर की बाढ़ आई हुई थी। लोगबाग, माल-मवेसी सबका बुरा हाल था। राधा बाबू चार ठो डेंगी लेकर उस इलाके में अपने साथियों के साथ रिलीफ का काम कर रहे थे।

शाम को, मंडप में अलग आसनी पर बैठकर जो बाबू पूजा-पाठ कर रहे थे और पीछे मगन हो-होकर भजन गा रहे थे वही तो थे राधा बाबू।

पोखर की ओर जाते बखत उन्हीं राधा बाबू से मेरी भेंट हो गई। रुककर उन्होंने पूछा—धानुक है कि ग्वाला ?

ग्वाला हूँ सरकार !—मैं बोला।

वह चार कदम आगे चले गए। मैं गर्दन टेढ़ी करके उनकी ओर देखता रहा। एकाएक रुककर राधा बाबू ने पीछे से मेरी ओर देखा और कहा—आसरम में रहेगा ? तुझे अपने साथ रक्खूँगा, कुछ पढ़-लिख भी जाएगा। दस-पाँच रुपए ऊपर से दे दूँगा, घर भेज दिया करना।

मैंने कुछ कहा नहीं, गुमसुम रहा। उँगलियों से उँगलियाँ फोड़ने की कोशिश कर रहा था।

राधा बाबू बिलकुल नजीक आ गए। मेरे कंधे पर अपना हाथ रक्खा तो बड़ा अच्छा लगा। नहाकर न आए थे, हथेली हेमाल[2] हो रही थी ! मैं सोकर उठा था। सो, रात भर की गरमी बदन पर तैर रही थी। कंधे पर उनका हाथ मुझे बड़ा अच्छा लग रहा था। एक नजर उनकी ओर देखकर अपनी पपनी[3] फिर मैंने नीचे गिरा ली।

क्या बात है?—बाबू बोले।

मैं फिर चुप रहा।

अबके और करीब आकर उन्होंने मेरी ठुड्डी उठाई। सरम और झिझक भरी मेरी आँखों में अपनी आँखें डालकर वह बोले—नहीं रहेगा आसरम में ?

सिर हिलाकर मैंने मंजूरी बताई तो उन्होंने छोड़ दिया। फिर कहा—जा, नहा आ; मैं फूल बाबू से बातें कर लूँगा।

मैं पोखर के भिंडे पर पहुँचा। दो पुस्त पुराना पोखर था। हरियर[4] कचोर पानी। चारों ओर सीमिंट का पक्का घाट। भिंडे पर तीन तरफ कलमी आमों के पेड़, एक ओर सीसम की सुंदर कतारें देखकर कुछ देर तक वहाँ मन गड़ा रहा।

भिंडे से नीचे उतरकर खेत में दीसा[5] फिरा, पोखर के एक कोने में जहाँ पैरों के निसान बने हुए थे, जाकर छोंच[6] किया।

---

1. अक्रिय, करम-धरम को जो छोड़ दे, 2. बिलकुल ठंडी, 3. पलक, 4. हरियाला—हरा और काँच-सा (पारदर्शी), 5. शौच, 6. आबदस्त।

पक्के घाट पर आकर हाथ मटिआया। आम का पल्लो तोड़कर दतवन की, उसे चीरकर जिभिया बनाई और जीह को साफ किया।

कपड़े मेरे पास मामूली थे। आठ हाथ की मैली पुरानी धोती थी। बदन पर बनियाइन, दो हाथ का गमछा। धोती फेरकर पहनने के लिए रख लिया। डरांडोर[1] के सहारे गमछा[2] को कमर से लपेटकर पोखर में नहाने उतरा। कहावत है "आन गामक पोखरि अपना गामक गाछी" याने अपने गाँव का बाग और दूसरे गाँव का पोखर डरावना होता है। मुझे भी पानी में जाते हुए कुछ डर लगा। मगर मैं तैरना तो जानता ही था, डर काहे का ? हाँ, उन बड़े-बड़े पोखरों या झीलों से जरूर डरना चाहिए जिनमें गोह, बोच, घरियाल, सोंस या बड़े-बड़े रेहू-भुन्ना या भाकुर माछ हुआ करते हैं। यह गाँव नदी के किनारे न होने से पोखर में गोह और घरियाल हो ही नहीं सकता था, सो निफिकिर होकर बड़ी देर तक पानी में बोहियाता रहा। तैरना और बोहियाना दो अलग बातें हैं भैया ! हाथ-पैर मारते जाओ तो तैरना हुआ। ऐसा अक्सर अथाह पानी में किया जाता है। गरमी के दिनों में तरावट का मजा लेने के लिए लोग देर तक थाह पानी में अपने को डाले रहते हैं; समूचा धड़ पानी के अंदर होता है, सिर ऊपर रहता है। इसी को बोहियाना कहते हैं; समझा भैया ?

मन जब तिरपित[3] हो गया, देह जब हेमाल[4] हो गया, तब बाहर निकला। जल्दी-जल्दी धोती पहनकर गमछा फींचा और ऊपर आए।

मुझे हो तो रहा था कि आसरम में रह जाऊँ मगर माँ और बहन को उस हालत में छोड़ देना बुरा लग रहा था। दूसरी बात यह भी थी कि छोटे मालिक ने थाने में चोरी की रिपोट कर दी थी। मुझे लगता था कि चार-छः महीने जेल में सजा काटनी पड़ेगी।

नहाने से देह तो ठंढा हुआ लेकिन मन को फिकिर फिर गरमाने लगी। भारी पैरों से मैं आसरम लौटा और फूल बाबू के कमरे के अंदर आया। वह कुछ पिनसिल से लिख रहे थे। मुझे हुँकारी भरकर इसारा किया कि पास आकर बैठ जा।

मैं बैठ गया। लिखाई खतम करके बोले--राधा बाबू मुझे तेरे बारे में बतला रहे थे। वह तुझे अपने पास रखना चाहते हैं। क्यों नहीं रह जाता है।

मेरी गर्दन तो फँसी हुई है--मैंने कहा--जहल होगा कि जरिमाना, पता नहीं।

बाबू बोले--कुछ नहीं होगा, तू राधा बाबू के पास रह जा। सारी बात ठीक कर ली जाएगी।

मुझे बड़ा अचरज हुआ, कैसे सारी बात ठीक कर ली जाएगी। कैसे कोई छोटे मालिक पर आँकुस देगा।

फिर मन ही मन मैंने यह थिर किया कि हो न हो राधा बाबू ने फूल बाबू से सारी बात न सही थोड़ी बात तो जरूर मालूम कर ली है और वही कोई ब्योंत लगाएँगे। नहीं तो फूल बाबू से क्या होगा ? यह तो अपने ही भारी दब्बू हैं।

---

1. कटिसूत्र, कमर का धागा, 2. अंगोछा, 3. तृप्त, मस्त, 4. ठंडा, सर्द।

बात भी यही थी भैया ! राधा बाबू नामी सोराजी थे। हमारे यहाँ के बड़े मालिक से राधा बाबू का कोई रिस्ता भी लगता था। उन्होंने एक खत तो बड़े मालिक के लड़के के नाम से भेजा और दूसरा खत दरोगाजी के नाम। दरोगाजी एक बार एस.पी. की कड़ी निगाह से राधा बाबू की ही मेहरबानी से बचे थे और तब से दरोगाजी के दिल में राधा बाबू के लिए बड़ी इज्जत पैदा हुई। कहने का मतलब यह है कि मेरा मामला खतम हो गया। सजा-वजा नहीं हुई, न जरिमाना हुआ। बात जहाँ की तहाँ दब गई। छोटे मालिक इसके बाद गाँव से चले गए।

छोटे मालिक की यह करतूत छिपी न रह सकी। हमारी बहन पर जो उन्होंने हमला किया था, यह बात धीरे-धीरे समूचे गाँव में फैल गई। बाबू-भैया लोग अंदर-अंदर एक दूसरे पर सह चलाते रहते हैं। बिरादरी की दुस्मनी बड़ी खतरनाक होती है। हमारे मालिकों में भी आपस का दाव-पेंच खूब चलता था। एक दूसरे की कमजोरी का फायदा उठाने की कोसिस में बाबू-भैया अपनी सारी अकिल लगा देते थे। कहते हैं सतरंज खेलनेवाले को आगे की दस-दस चाल सोचकर रख देनी पड़ती है। बाबू-भैया आपस में एक-दूसरे को मात करने के लिए सतरंज की ही भाँति सह पर सह सोचते रहते थे।

सो, छोटे मालिक पर जब मलिकान के छोटे-बड़े बाबू लोग नाक-भौं सिकोड़ने लगे तो बेचारे को तत्काल गाँव से टल जाने में ही अपनी भलाई मालूम हुई। रेबनी पर, मेरी माँ पर और मुझ पर जो खीझ थी उसे उन्होंने जुगत कर मन के किसी गाँठ में बाँध लिया और कलकत्ते की ओर चले गए।

मैं राधा बाबू के पास रहने लगा। सबसे पहला काम उन्होंने जो किया सो यही कि मेरे लिए नीले रंग का नीकर सिलवा दिया, खाकी रंग का हाफ कमीज और सफेद टोपी। सब खद्दर का। पहनकर जब मैं तैयार हुआ तो कहा—कोई पूछे तो यह मत कहना कि आसरम का नौकर हूँ।

तो क्या कहूँगा ?

कहना कि काँगरेस का भोलनटीयर हूँ। समझा ?

मैंने सिर हिला दिया।

अब फूल बाबू से मेरा कोई लाग-भाग नहीं रहा। राधा बाबू ही मेरे मालिक थे।

मेरी उमर सत्रह पार कर रही थी। पम्ह आ रहा था। मूँछ की रेख को हमारे यहाँ पम्ह कहते हैं। देखने में खपसूरत नहीं था तो बदसूरत भी नहीं था। बता ही चुका हूँ, मेरे बाप-दादा अच्छी काठी के मजबूत आदमी थे। चौड़ी छाती, बड़ा कपार, भारी चेहरा, तगड़ी डील। सोंटे हुए हाथ-पैरवाले। मेरी माँ भी ठिंगनी या नाटे कद की औरत नहीं थी। कुछ साँवली जरूर रही मुदा चेहरा-मोहरा, साँचा-ढाँचा बड़ा अच्छा था। थोड़ी ही उमर का था मैं, तभी बाबू मर गया। घर पर मुसीबत का पहाड़ गिर पड़ने से हमारी गिरस्ती चौपट हो गईं थी। दादी और माँ ने न जाने कितनी कठिनाई से हम दोनों भाई-बहनों को पाल-पोसकर चेतन बनाया था। न जाने कै घड़ा आँसू से हमारा बचपन सींचा गया था।

छोड़ो भैया इस बात को, हाँ तो मैं क्या कह रहा था ?

राधा बाबू की बात कह रहा था।

राधा बाबू आसरम के महंथ थे। बहुत पढ़े-लिखे थे। भागलपुर और कलकत्ता में रहकर अपनी पढ़ाई उन्होंने पूरी की थी। पूरी क्या की थी, पार पहुँचते-पहुँचते किनारा छोड़ दिया था। थोड़ा-सा और पढ़ते तो—परफेसर हो जाते। धन-दौलत की तो कोई कमी थी नहीं, बिलैत भी जा सकते थे और बालीस्टर भी हो सकते थे। लेकिन बीच में ही मगजी उलट गई। दिमाग बदल गया। कहते हैं, बूढ़ा मालिक राधा बाबू से बड़ी आस रखते थे। उनका ख्याल था कि मानिकजी चाहे कलट्टर बनें, चाहे एस.डी. ओ., इससे छोटा हाकिम भला क्या होंगे। फिर बूढ़ा मालिक सपनाते (स्वप्न देखते) रहे होंगे कि मानिक (राधा बाबू) जब कलट्टर बनकर अपने जिला में आवेंगे तो इस खानदान का रोबदाब कितना बढ़ जाएगा। जिला भर के बड़े-बड़े आदमी मानिकजी के सामने हाथ जोड़े खड़े रहेंगे। बड़े-बड़े बाबू-बबुआन मानिकजी से हाथ मिलाने में अपना अहोभाग्य समझेंगे। खरोड़े[1] खानदान के भारी-भारी राजा-राजकुमार आदर और जतन से मानिकजी को भेंट-सौगात भेजेंगे। महराज खुद भी मानिकजी का आदर-सम्मान करेंगे।

यह सब सोचते-सोचते राधा बाबू के बाप, बूढ़ा मालिक चौधरी शुभंकर ठाकुर इतना मगन हो जाते कि कलट्टर की कलट्टरी भूलकर उनके लिए बपौती-बिरासत जैसी दिखाई देने लगती थी।

तनिक सोचो भैया कि राधा बाबू ने एकाएक पढ़ाई छोड़कर अपने बूढ़े बाप के आस-भरोसा पर कितना भारी बज्जर गिराया !

राधा बाबू के ससुर भी बहुत बड़े जमींदार थे। अपने दमाद के बारे में उन्होंने भी बड़ी-बड़ी उम्मीद लगा रक्खी होगी सो वह बेचारे भी चितंग होकर गिरे होंगे।

राधा बाबू डेढ़ साल की सजा काट आए थे। पटना कम्प जहल में उनको रक्खा गया था। जब महतमा गाँधी का लाट बहादुर इरवीन से बुझारत (समझौता) हो गई तो मुलुक भर में सभी जहलों से सुराजी कैदी छोड़ दिए गए। फूल बाबू भी तभी जहल से छूटकर आए थे। राधा बाबू भी तभी छूटे थे।

आसरम में बाबू-भैया और नौकर-चाकर मिलाकर बीस जने थे।

महतमाजी का हुकुम नहीं था कि सोराजी बाबू आसरम में किसी को नौकर-चाकर के तौर पर रक्खें। फिर भी आसरम में हम चार जने थे जो नौकर ही थे। कहने को भोलनटियर कह लो, सेवक कह लो लेकिन थे तो हम नौकर ही। एक का नाम था रूपलाल, दूसरे का नाम था छट्टू, तीसरा था मंगल, चौथा मैं था। रुपललवा, छठुआ, मंगला, बलचनमा। हम चारों अलग-अलग बिरादरी के थे। रुपललवा धानुक था। छठुआ था मलाह। मंगला पासी था। मैं ग्वाला। इसके अलावा परगना बछौर के एक मीसिरजी थे, वह भी नौकर ही थे। भनसिया का काम करते थे। भनसिया का माने समझा ?

1. दरभंगा महाराज का ब्राह्मण खानदान।

अरे भाई हमारी बोली में भानस कहते हैं रसोई को। रसोइया भनसिया कहलाता है। मीसिरजी को खाना-पीना देकर ऊपर से बारह रुपैया तलब मिलता था। मेरा तलब ठीक नहीं था। कभी सात, कभी आठ, कभी दस। राधा बाबू मौजी जीव थे। मुझ पर सिनेह (स्नेह) भी उनका भारी था। खाना-पीना, कपड़ा-लत्ता अच्छी तरह मिलता था। अपना खास भोलनटियर बनाकर वह मुझे रक्खे हुए थे। टूर में जहाँ जाते थे, मैं भी जाता था। राधा बाबू को मेरा बड़ा ध्यान रहता था। लोग उन्हें देवता के तरह मानते थे। अच्छत-फूल-नबेद उनको जो मिलता था, सो थोड़ा-बहुत मैं भी पाता था।

रुपललवा बुतात छोड़कर आठ रुपया दरमाह पाता था। छठुआ भी आठ। मंगला का तलब छै रुपैया था।

रुपललवा के जिम्मे आसरम की खेतीबाड़ी का काम था। छठुआ आसपास के गाँवों से मुठीया बटोरकर लाता था। मंगला आसरम का चपरासी था। झाड़ू देना, घड़ों में पानी भरके रखना, डाक लाना-ले जाना, बिमार हो जाने पर बाबू-भैया का पथ-पानी करना—यही सब मंगला का काम था।

ऐसे तो राधा बाबू ने मुझे और आसरम भर के लोगों से यही कह रक्खा था कि छै रुपैया महीना मिलेगा। मगर देते बखत बाबू हमेसा मुझे कुछ जास्ती ही देते थे। ऐसा क्यों होता था ?

बात यह थी भैया कि राधा बाबू राजा खानदान के थे। पढ़ाई करते समय इसटेट का पैसा फूँकते रहे और अब पबलिक का। चंदा आसरम में काफी आता था। कोई उनसे हिसाब लेनेवाला नहीं था। जैसी मरजी आई वैसे खरच किया। मुझे भी उसी झोंक में कभी सात, कभी आठ, कभी दस और एक आध दफे तो बारह रुपैया मेरे हाथों में उन्होंने थम्हा दिया था। अलावा इसके मेला-ठेला, हाट-बजार, पबनी-तिहार के मौकों पर इकन्नी-दुअन्नी, चौअन्नी-अठन्नी देते ही रहते थे।

नए मालिक से मेरी अच्छी पटती थी। फूल बाबू के तरफ से जो उदासी मन को घेरे हुए थी वह अब धीरे-धीरे फटने लगी। आसरम का हवा-पानी, बोल-चाल, रंग-ढंग मुझे अच्छा लगता था। यह दो-चार बाबू-भइया ऐसे भी थे जो भीतर से गरीबों का दुख-दर्द समझते थे। बातचीत में उनके मुँह से मलिकाना बू-बास नहीं आता था। राधा बाबू तक काफी नरमी से बोलते-बतियाते थे। हाँ, कभी-कभी नाक-भौं चढ़ाकर वह अपना रोब जरूर परगट करते थे। मगर उनका गुस्सा, उनकी नाराजी आसरम के लोगों के लिए वैसे ही थी जैसे किसी अच्छे खानदान के इमन्दार (ईमानदार) मुखिया की होती है।

पाँच

हमारी बिरादरी में शादी बड़ी ही कच्ची उमर में हो जाती है। शादी न कहकर उसे सगाई कहना ही ठीक होगा। छः वर्ष की उमर ही में शादी हो गई थी। और तो कुछ याद

न रहा लेकिन बरात में सिंगा बजानेवालों का नजारा कभी नहीं भूलेगा। बड़े मालिक के यहाँ से पालकी मँगनी की गई थी। कनेर के फूल से थोड़ा बहुत सजाकर उस पर बैठाया गया। बरात में दस-बारह जने गए थे। पीले रंग की धोती, धारीदार हरा-सा कुरता। माथे पर जरी गोटेवाली टोपी। पैर खाली। मुझे सबकुछ याद नहीं है। लेकिन केला और लाई खाना अच्छी तरह याद है। अपने मन से पके हुए केले देखने में पीले और खाने में खूब मीठे लगे थे। मुरही के लड्डू को हमारे यहाँ लाई कहते हैं। बच्चे उन्हें खूब पसंद करते हैं। शादी के सिलसिले में मुझे तीन रोज माँ से और दादी से अलग रहना पड़ा क्योंकि जहाँ शादी तय हुई थी, वह गाँव हमारे गाँव से बारह कोस दच्छिन पड़ता था। बरियाती में हमारे लोग औरतों को नहीं ले जाते हैं। सुना है, पच्छिम में ऐसा रिवाज है। उतनी छोटी उमर में इससे पहले मैं अपने घर से बाहर नहीं निकला था, गाँव से कहो। हमारी दुलहिन की उमर रही होगी यही कोई तीन-चार के करीब की। हम दोनों ही इतने छोटे और नादान थे कि सिवाय धूमधाम के, सिवाय भोज-भात के, सिवाय बाजा-गाजा के और कुछ याद नहीं है। हाँ, यह भी याद है कि हम दोनों पालकी में बैठे उस गाँव के बड़े-बड़े बाबू लोगों के यहाँ बिलोकि माँगने गए थे। आज तक मैंने तुम्हें अपनी शादी के बारे में नहीं बताया था। मगर आज तो बताना ही पड़ा। सतरह साल की उमर हो चुकी थी। माँ पिछले साल से ही जोर डालती आ रही थी कि गौना करा लाऊँ। और सच पूछो तो इसीलिए मेरी मइया अपनी लड़की के गौने की ओर से उदास थी। वह सोचती थी--कि घर में पहले पतुहु आ ले, लड़की का गौना पीछे होगा।

यह तो बीच में मालिक से खट-पट हो गई, इसी से गौना रुका रहा। नहीं तो, अब तक तो गया होता।

शादी और गौने के बीच के ये एगारह साल हमारे लिए खाने-खेलने के दिन थे। इस बीच में कभी ससुराल नहीं गया। गौना से पहले ससुराल जाना हमारी बिरादरी का कैदा नहीं है। और भी कई बातों में हम लोगों का शादी-ब्याह बड़ी जातवालों के शादी-ब्याह से अलग किसिम का होता है। एक तो बिना जनेऊ हुए उनकी शादी नहीं होती, दूसरी बात यह है कि शादी और गौना के बीच-बीच में भी वे लोग ससुराल जा-जाकर रह आते हैं। और भी बहुत-सी बातें हैं।

मतलब यह कि माँ के जोर डालने से मुझे खुद भी गौना के लिए तैयार होना पड़ा। छोटी मलिकाइन ने अम्मा को बोल-भरोस देकर मना लिया था। मालिक मलिकाइन से डरते थे और हमारी बहन के इस मामले से तो मालिक बाबू अपनी जनाना को मुँह दिखाने के काबिल नहीं रह गए थे। बहुत दिनों तक चिट्ठी-पतरी बंद थी। बहुत दिनों तक मालिक घर नहीं आए।

मालिक बाबू के घर नहीं आने से हमारी छोटी मलिकाइन का बंगोर भी नहीं बिगड़ता। वह खुद ही सात मरद की एक मरद थीं। जरूरत पड़ने पर उनके भाई भी घोड़ा पर चढ़कर पहुँच जाते थे। हरवाहा था। चरवाहा था। चार बरजाना थे। खेती में खटने के लिए रात-दिन तैयार बनिहारा की भी कमी नहीं थी। खानदानी रोबदाब था।

सोना के टुकड़े जैसे सैकड़ों बीघा धनहर के खेत थे। बाग-बगैचा, गाछी-बिरछी, झार-झाखर, पोखिर-पनिबट सब सम्पदा थीं। चार जोड़े बैल थे। गुजराती नस्ल की दो भैंसें थीं। नौकर-चाकर, बहिया-खबास सब थे। छोटी मलिकाइन घर-गिरहस्थी का बड़ा अच्छा इन्तजाम करती थीं। यह गुण उनका नइहर का था। फूल बाबू के बाप भी खूब चतुर गिरहथ थे। बड़े घर की जनानी बड़ी अकलवाली होती हैं। हवेली और ड्योढ़ी से बाहर पैर नहीं रखती हैं, ससुर-भैंसुर, गुमस्ता-बराहिल, भंडारी-पुजारी, मुनसीजी-देवानजी, सीधे वह किसी से बातचीत नहीं करतीं। या तो नौड़ी से कहवाती हैं या फिर चिक या परदा की आर से, खम्भा कि देवाल को संबोधित करके अपना काम चलाती हैं। समझ में न आया होगा भइया, खुलासा समझा दूँ।

अँगनई में या सहन में तुम खड़े रहोगे। मलिकाइन को तुमसे कुछ कहना रहेगा तो देवाल या केवारे की आर लेकर वह यों कहेंगी—किसी को बाजार जाना ही होगा, यह न जाएँगे तो कौन जाएगा। बेर बखत पर इन्हीं का तो भरोसा रहता है...

इस तरह मलिकाइन तुमसे बातें करेंगी। तुम या आप सीधे न कहकर यह और इन कहकर काम चलाएँगी। हमारी छोटी मलिकाइन इसी तरह काम चलाती थीं। कोई काम छोटी मलिकाइन का रुका नहीं रहता था। मालिक घर में रहें या न रहें, मलिकाइन खुद ही गिरिस्ती का सारा काम सँभालती थीं।

यह जनानी बड़ी चालाक थी। दबकर, झुककर, तनकर या ऐंठकर जैसे भी हो अपना मतलब पूरा करने में ओस्ताद थी। सच समझो भइया, अगर वह मरद होती तो डेनबी साहब के कान काटती।

सो, उसने भइया मेरी माँ को न जाने कौन-सी जड़ी सुँघा दी कि अपनी बेजती भूलकर मेरी माँ गाय-सी सीधी हो गई। आसरम में दो महीना रहने के बाद ही जब मैं माँ से मिलने गया था तो उसके मुँह से मलिकाइन का गुनगान सुनकर रोआँ-रोआँ लहरने लगा। माँ ने कहा—तो, इसमें मलिकाइन का क्या कसूर था ? वह तो यहाँ थी भी नहीं।

मैंने कहा—गिरहथनी ही कौन देवता है ! जिसके यहाँ मेरा निरबाह नहीं हुआ, उसके यहाँ तू अगर रहती है तो अपना थूक चाटकर ही रहती है।

मुझे तैस में पाकर माँ चुप रह गई थी। कुछ देर बाद गौने की बात उठी। खर्चा कहाँ से आवेगा ?

माँ बोली—भगवान कोई न कोई ब्योंत जरूर लगाएँगे।

मैं देखता था, जब कोई ऐसी बात आ पड़ती थी जिसका जबाब हमें नहीं सूझता तो चट से भगवान का नाम वह ले लेती थी। यह उसकी पुरानी आदत रही। मगर मैंने कहा—भगवान कहाँ से ब्योंत करेंगे ? चोरी हम करेंगे नहीं, डाका हम डालेंगे नहीं, घर में भूजी भाँग नहीं। आगे-पीछे कोई खोज-खबर लेनेवाला नहीं है। तो फिर भगवान बाकी कौन उपाय करेंगे।

इस पर माँ कुछ नहीं बोली। मैंने सोचा—इस बार यह मानेगी नहीं, बिना पतोहू का मुँह देखे इसे चैन कहाँ ? और, आज न कल, परसों न तरसों, कभी न कभी गौना

कराकर लाना ही पड़ेगा। ऐसा नहीं है कि आज निछछह दलिद्दर है तो कल कहीं से पैसों से भरा घरा मिल जाएगा ? ऐसा नहीं है कि आज खाने का उपाय नहीं है तो कल करणपिचासी काबू में आ जाएगी। गरीब-गुरबा का बिआह-गौना साहखरची में नहीं, सादगी ही में होता आया है।

सोचते-सोचते मन को थाह मिली। बात यह थी कि राधा बाबू मुझे बहुत मानने लगे थे। थे तो वह फकीर मगर अलछा फकीर नहीं। शाही फकीर थे। बड़े-बड़े महन्थ-महतमा, भारी-भारी जमातवाले साधु-संत, दूध जैसी धुली हुई मलमल से समूचे देह को ढके हुए बैरागी महराज, यह सभी शाही फकीर होते हैं। कमर में नगोछे की तरह चार हाथ की खड़की लपेटनेवाले यह जो एक आध त्यागी नेता दिखाई पड़ते हैं, वह भी शाही फकीर हैं। शाही फकीरों की लीला अपरम्पार होती है। यह औढर तुम पर अगर ढर जाएँ तो कसम तुम्हारी, तुम्हारे एकैसो पुरखा का उद्धार कर देंगे।

हमारे राधा बाबू खानदानी मिलकियत छोड़कर बाबाजी बन गए थे सही लेकिन अब भी उनकी मुट्ठी खुली हुई थी। मुझे गिनकर रुपैया-पैसा नहीं दिया। जब दिया तब आँख मूनकर जेब में हाथ डालने पर जितना कुछ निकल आता उतना निकालकर। बतला ही चुका हूँ, यह गाँधी महतमा का जमाना था। सुराजी बाबू-भइया देवता की छाँह बने डोलते-फिरते थे। जहाँ चरन पड़ जाए वहीं चबूतरा तैयार ? जिधर इनकी निगाह मुड़े उधर से ही जय-जयकार सुनाई पड़े।

ऐसे ही लीडर के साथ मेरा भाग जुड़ गया था।

और, भइया, जब ऐसी बात थी तब फिकिर काहे का ? सोच-संकोच कैसा ? भीतर ही भीतर मुझमें एक तरह की उमंग भर गई। मैंने गिरह बाँध लिया कि गौना करा ही लाऊँगा।

दूसरे दिन माँ से पूछा—साइत-मुहूरत पुछवाया है ?

सिलौट पर वह हलदी पीस रही थी। लोढ़ी चलने की घिसिर-घिसिर आवाज में पहिली खेप उसे मेरी बात नहीं सुनाई पड़ी। दूसरी बार मैं तनिक जोर से बोला तो बीच ही में लोढ़ी रोककर माँ ने कहा—तेरा मन हो तो साइत-मुहूरत की क्या !

किससे पूछेगी ?

डिह टोल जाकर वैदिकजी से पूछ आऊँगी। तू तो यों ही मेरे साथ खिलबार कर रहा है। कब तक मेरे मन को टोता रहेगा ?

माँ की यह बात सुनकर मुझे साफ-साफ झलक गया कि दूसरी के घर की गघरू जवान बेटी को अपनी पतोहू के तौर पर दरवाजे पर परिछन करने के लिए यह बेचैन है, अपनी रूखी-सूखी जिनगी में हेर-फेर कौन नहीं चाहता ? बारहों महीना जाड़ा ही पड़ता रहे तो कैसा लगेगा ? कभी रात न हो, सुबह शाम न हो, हर-हमेस दुपहरिया ही तपती रहे तो कैसा लगेगा ?

कहने का मतलब यह है कि क्या जिनगी क्या जहान, क्या जुग क्या जमाना, सभी में फेर-फार चलती रहती है। हेर-फेर का यह चक्कर घूमता ही रहता है ?

मइया के लिए मुझे तैयार होना पड़ा। मेरे मुँह से गौने की बात सुनकर बड़ी खुश हुई।

यह आशिन का महीना था। उस साल भदई खूब हुई थी। आठ मन मरुआ अपने बटाई के खेतों में मुझे भी हुआ था। दो-अढ़ाई मन धान की भी उमीद थी। अगहन में गौना का दिन होगा, यह हम जानते थे।

माँ की राय थी कि धनकटनी के दिनों में आसरम से महीने भर की छुट्टी ले लूँ। माँ, रेबनी और मैं तीनों जने मिलकर मलिकान के खेतों में धान काटेंगे। मजूरी में जो धान मिलेगा उससे दो-अढ़ाई महीना गिरहस्ती का खर्चा जरूर निकल आवेगा।

अलावा इसके, मेरा अपना भी मन था कि धान काटने के दिनों में इस बार परदेस में नहीं रहना चाहिए। खेत में काम करने के लिए सच पूछो तो मेरा मन तरसता रहता है। कमर में अँगोछा लपेटकर या फिर लँगोट ही कसकर जब मैं खेत में धान रोपने उतरता हूँ तो दो बोतल दारू का नशा सिर पर सवार हो जाता है। लगता है ऐसा कि संसार में कुछ नहीं है। मैं हूँ और खेत है। मेरे हाथ हैं और धान के छोटे-छोटे, हरे-हरे, भले-भले मनमोहक पौधे हैं। कई बार जोतकर तैयार और कदबाए हुए खेत में मेरे ऐसे और भी कितने बनिहार धन रोपनी करते हैं। मगर मुझे दूसरों का ख्याल नहीं रहता है। पनियाए हुए चास में धान का पौधा रोपते समय छुप-छुप, सुप-सुप आवाज उठती रहती है। यह आवाज इन कानों के लिए सुरैया के तान से भी मीठी है। हमारे जिला-जबार में नामी-नामी गवैया हैं। उनका सुर हवा के पंखों पर जब थिरकने लगता है तब सुननेवाला मगन होकर आँख मून लेता है। बाबू घराने की औरतें महीन गले से जब मलार और बटगवनी या समदाउन का तान अलापती हैं तो गाय-बैल भी चरना छोड़कर इधर-उधर ताकते रह जाते हैं। धान रोपते समय छुप-छुप, सुप-सुप की जो आवाज आती रहती है उससे बढ़कर कोई दूसरी तान मेरे लिए मीठी नहीं होती। इसी तरह धान काटते बखत हँसिया से जो खप-खप की आवाज आती है अपने कानों को उसके आगे बाकी सारा तान-तमौड़ा बेकार लगता है। अगर ये खेत, ये चास अपनी ही मिलकियत के होते तो फिर छुप-छुप, खप-खप की आवाज सौ गुनी मीठी लगती।

सो, भइया, भीतर ही भीतर मैंने ही पक्का कर लिया कि अगहन-पूस गाँव में ही बितावेंगे। गौना भी होगा। धनकटनी भी होगी, आना चोठी घर गिरहस्थी का रस भी मिलेगा।

मरुआ की रोटी देखने में भी अच्छी लगती है, खाने में भी अच्छी लगती है। रंग बैंगनी होता है। मगर स्वाद सोंधी और मीठी होती है। मजूर-बनिहार लोगों का खास खाना हमारे यहाँ यही मरुआ की रोटी ठहरा। जिसके पास भैंस या गाय हुई वह दूध के साथ ही मरुआ की रोटी खाता है। मामूली बनिहार नमक, करुआ तेल और हरी मिरचाई के सहारे खाते हैं। बरसात के दिनों में तिरहुत का मुलुक किसिम-किसिम की तरकारी का बगीचा बन जाता है। गरीब से गरीब, नचार से नचार आदमी अपनी मरैया के पिछवारे या अगल-बगल झिमनी, रामझिमनी, ठरिया, गेनहारी, पोरो, घेरा, कड़ैल,

ओल, अरकोछ, तेकुना, खम्हाउर, हल्दी, अदरख, मिरचाई, बैंगन, कदीमा, कुम्हर, सजमन लगा लेता है। बाबू-भइया के पोखरों से छिप-छिपकर मछरी भी मार लाते हैं। मछरी का हमारे तरफ बड़ा महातम है। बरसात के दिनों में ऐसा कौन अभागल होगा, जो जल-सीम का भोग नहीं लगाता है !

जलसीम, समझा भैया ? नहीं न ?

बैरागियों को भरमाने के लिए चतुर-चलाक बाबू-भइया लोगों में से कभी किसी ने मछरी को सीधे मछरी न कहकर जलसीम यानी पानी के अंदर पैदा होनेवाला सेम कह दिया होगा। तब से जलसीम चालू हो गया।

नदी-नाला, डबरा-पोखर कहाँ नहीं मिलेगा ? हमारे तिरहुत में पानी का अकाल नहीं बराबर समझो। गाँव-गाँव में पोखर, गली-गली में डबरा, जबार-जबार में धार; कहीं-कहीं समुंदर जैसे बड़े-बड़े पोखर देखने को मिलेंगे। ऐसे पोखर को दैत-का-खोदा-पोखर कहते हैं। दैत का खोदा इसलिए कि बूढ़-पुरनिया लोगों को भी उसके खोदनेवालों का पता नहीं। मुदा, मैंने राधा बाबू के मुँह से सुना है कि पुराने जमाने में किसी-किसी राजा का मिजाज जब सनकता था तो जर-जबार के लोगों को बेगारी में लगाकर बड़ा-बड़ा पोखरा खुदवाता था। ऐसे पोखर का नाम 'शिबसागर', 'गंगासागर' जैसा हुआ करता था। सुना है कि राजा सगर के साठ हजार बेटों ने खोद-खोदकर समुंदर को तैयार किया था। सो, भैया जहाँ कहीं तुम बड़ा-बड़ा पोखरा देखते हो, सब धरती मैया के हजारों बेटों के हाथ से खुदा हुआ है। दूसरों की मेहनत से खोदे हुए पोखर का नाम रखते बखत अब भी मालिक लोग उसमें अपने माई-बाप का नाम जोड़ देते हैं। इसी तरह सेठ लोग चावल-चीनी मिल का नाम अपने बाप-भाई के नाम पर रखते हैं।

हाँ, भैया, बात कहते-कहते फिर मैं भसिया गया। क्या कह रहा था ? मछरी की बात ? पोखर की बात ?

हाँ, हाँ, जलसीम से तरकारी का काम चलता है। भुइयाँ-मुसहर भी आसानी से सेर-आध सेर इच्चामारा, पोठीकतरा डबरे से छाँक लाते हैं। आग में भूनकर बिना नमक भी मछरी खाओ तो बुरी नहीं लगेगी। गरीब-गुरबा लोग महँगी-अकाल के जमाने में महीनों मछरी पर गुजार देते हैं। महंथ-बैरागी किसके-किसके गले में कंठी बाँधते फिरेंगे ? कोठी-बखारी में धान-चाउर भरा हो, बाग-बगीचे में तर-तरकारी, फर-फूल लगा हो तभी कंठी की इज्जत बची रहती है। गरीबों के गले में चार दिन भी कंठी सही-सलामत बँधी नहीं रह सकती।

मतलब यह कि बाहर मजूरी करनेवाला भी साल में हर महीने घर पर बिता सकता है। समांग (तंदरुस्ती) दुरुस्त रहे तो सब ठीक है। मैंने सोचा—औरतिया भी तो कुछ न कुछ करती ही रहेगी। खेत में गोबर डाल आवेगी, घर का काम-काज करेगी। झाड़ू-बुहारी, चक्की-चूल्हा, उखड़-ढेंकी, रस-रसोई। सबकुछ करेगी। माँ को तभी आराम मिलेगा। दम मारने की तनिक फुरसत मिलेगी। रेबनी की जुदाई अम्मा को नहीं अखरेगी, क्योंकि पतोहू नगीच में रहेगी। मैं छः महीना घर रहूँगा, छः महीना बाहर रहूँगा।

आशिन, कातिक, अगहन, पूस और माघ। अभी पाँच महीना बाकी था। छै पंजे तीस। तीस रुपैया हुआ। कुछ ऊपर से मालिक भी देंगे ही। कुछ पहले का जमा है। मिला-जुलाकर काम चल जाएगा।

बात बिलकुल पक्की हो गई। गौना होगा ही। मगर अगहन में नहीं, माघ में होगा। और, जब होना ही है तो जैसे अगहन में वैसे माघ। चार महीना कसकर घर रहूँगा। चैत में ओरहा खाकर गाँव छोड़ूँगा। नहीं तो यह भी हो सकता है कि बैसाख में मड़ुआ की पटौनी करके तब गाँव छोड़ूँगा।

इस तरह बिचारता हुआ मैं आसरम लौट आया।

राधा बाबू जहल से छूट आए थे। गाँधी महतमा के हुकुम से खद्धर और चरखा का परचार करते फिरते थे। मधुबनी में बाबू-भइया का जुटान था। आसपास के इलाकों में हजारों चरखा चलने लगे, सैकड़ों जवान जगह-जगह कते हुए सूतों की लच्छियों का हिसाब लेते थे। बदले में कातनेवाली औरतें पैसा भी पाती थीं और कपड़ा का भी अच्छा इंतजाम था। राधा बाबू इलाके-इलाके में घूम-घूमकर काम देखते थे।

जहाँ-जहाँ जाते, मुझे भी साथ लिए फिरते। मेरा काम था बाबू के कपड़े साफ करना, कागज-पत्तर सरियाकर रखना, किसी के पास भेजें तो वहाँ से हो आना, कभी पैदल चले हों तो पैर-डाँड़ जाँत देना और सामान की खबरगिरी रखना। डूटी (ड्यूटी) कभी-कभी कड़ी हो जाती थी। यह तब होता जबकि बाहर से कोई लीडर आए रहते। लीडर के आने पर उन्हें लेकर इलाकों में घूमना पड़ता। कभी टमटम से, कभी बैलगाड़ी पर। एकाध बार राधा बाबू मोटरगाड़ी का भी जोगाड़ कर लेते थे।

मेरी डूटी (ड्यूटी) इसलिए बढ़ जाती थी कि बहुत से सोराजी बाबू इकट्ठे हो जाते थे। राधा बाबू का टहलुआ होने की ओजह से सभी सोराजी बाबू मुझे अपना-अपना टहलुआ समझते थे। पचीस फरमाइश पूरा करते-करते मैं तबाह हो जाता। लीडरों में से जो जितने बड़े खानदान के होते उनकी आवाज से उतनी ही मालिकाना गंध आती। सभी राधा बाबू के तरह संत महतमा तो थे नहीं। उनकी अपनी-अपनी आदत थी, अपना-अपना सुभाव (स्वभाव) था, अपनी-अपनी रुझान थी। किसी को चुनियायी हुई धोती चाहिए, तो किसी के बदन में घंटा भर मालिश होनी चाहिए। सोते बखत पैर जँतवाना (चपवाना) किन्हीं बाबू के लिए जरूरी था तो किन्हीं को साहौर का दतवन चाहिए। कोई पान के पीछे पागल थे तो किन्हीं को बढ़ियमका (बढ़िया) सिगरेट। किन्हीं को उँगली फोड़वाने का सौख (शौक़) था, तो किन्हीं के माथे पर जवाकुसुम का तेल सोते बखत मलना ही पड़ेगा। दो बाबू ऐसे भी थे जो अपना चरखा साथ लिए रहते। वही सूट-केशी चरखा जिसको अरवद्धा या जरवहा चक्कर (चखदा चक्र) कहते हैं। यह चरखा हमारे राधा बाबू के पास भी था। मगर बाबू जब टूर में निकलते तब चरखा को साथ नहीं लेते। आसरम में रहते बखत ही राधा बाबू चरखा चलाते थे। कभी-कभी ऐसा होता कि बाबू लोग खुद बड़े लीडर के साथ मोटरगाड़ी में लटककर चले जाते और उनका चरखा मुझे ढोना पड़ता। एक बार ऐसा हुआ कि समस्तीपुर के किसी बाबू का

चरखा इसी आपाधापी में पीछे छूट गया। सुबह-साम परार्थना के बाद वह 15 मिनट चरखा चलाते थे। मगर उस रोज संयोग से उनका चरखा पीछे रह गया था। बाबू मुँह फुलाकर बैठ गए—न पानी पीएँगे न खाएँगे। मुझको तो भइया, बड़ा रस आ रहा था बाबू के इस नाटक में। आखिर बड़े मुस्किल से बाबू को मनाया गया और संतरा, बेदाना खाने को राजी हुए। राधा बाबू मुझको बड़ा डाँटिन (डाँटा)—क्यों श्रीपति बाबू का चरखा छोड़ आया ?

इस तरह लीडरों के जुटान में डर के मारे मैं सिक-सिक करता रहता कि कुछ भूल-चूक न हो जाए, बाबू नाराज न हो जाएँ। मगर जानते हो भैया, राधा बाबू अपने नुकसान के लिए मुझे थोड़े डाँटते ? नहीं। राधा बाबू का सुभाव तेज जरूर था लेकिन मेरे लिए नहीं। मुझे तो वह बहुत मानते थे। अकेले में कभी-कभी नरमी से मेरे कान-नाक मलते थे, कभी ठुड्डी छू लेते थे, कभी पीठ थपथपाते थे। लेटते बखत जो मैं उनके नजदीक बैठा रहता तो अपनी टाँग मेरी गोद में या जंघे पर डाल देते और घर-गिरहस्ती की बात पूछते। एक-एक करके मेरे घर की सारी बातें मालूम कर ली थीं। मेरे दुःख-सुख का ख्याल रखते थे। वह नहीं चाहते थे कि मैं मैला या ओछा कपड़ा पहनूँ। इस बार आशिन में घर से लौटकर जब आसरम पहुँचा तो उन्होंने मुझे धोती खरीद दी, कमीज बनवा दिया, चप्पल ले दिए। एक दिन राधा बाबू ने मुझसे कहा—खबास की तरह नहीं, आदमी की तरह रहना होगा; टहलुआ बनाकर नहीं, साथी बनाकर तुझे मैं रखना चाहता हूँ।

पहले मैं उन्हें बात-बात में जी सरकार-जी सरकार कहा करता था। मुदा बाबू एक रोज जोर से डाँट दिहीन। तब से खाली जी-जी कहने लगा। यह तो हुई राधा बाबू की बात। लेकिन दूसरे सुराजी बाबुओं में सैकड़े-नब्बे ऐसे ही मिले हैं, जिनको जी सरकार कहलाने में बड़ा निम्मन (अच्छा) बुझाता है। न कहो तो गुर्रा-गुर्राकर ताकते रहेंगे। जिनगी भर जिनके कान 'मालिक-मालिक', 'सरकार-सरकार', 'हजूर-हजूर' सुनते आए हैं उनके लिए इन शब्दों का बड़ा महातम (महत्व) है। बिना छौंकी (बघारी) दाल की तरह बिना जी-हजूरी की बात उनको पसंद नहीं पड़ती। पच्छिम के मुलुक हैं गुजरात, रजपुताना, पंजाब। एकाध दफे पच्छिम के सुराजी बाबू से मेरी मुलाकात हुई है। उनको दो-चार बार जब मैंने सरकार-सरकार, हजूर-हजूर कहा तो बड़े भड़के भैया ! कहने लगे—कैसा बदजबान छोकड़ा है ! बात-बात में हजूर-हजूर, सरकार-सरकार करता है ! बेटे, हजूरों और सरकारों के खिलाफ तो हमारी जद्दोजहद चल रही है, फिर मुझे तू गालियाँ देता है ? मैंने बड़ी मुश्किल से उन्हें समझाया कि हमारे यहाँ बाबू-भइया लोग 'हजूर-सरकार' के बगैर बात ही नहीं सुनते...यह जानकर पच्छिम के सुराजी बाबू की आँख दुगुनी हो गई और जीभ छट से निकल आई, ऐसी बात है ! धत तेरी की ! मैंने कहा—जी हजूर, जी हजूर, हमारे यहाँ यही रिवाज है।

लीडरों की जुटान डेढ़-दो महीने पर होती थी। तब मेरी डूटी बढ़ जाती थी, बता ही चुका हूँ। बाकी मौज था। राधा बाबू कुरता, कमीज, गंजी (बनियाइन) नहीं पहनते

थे। सिला हुआ कोई कपड़ा नहीं। कभी तीन गज की, कभी चार गज की धोती पहनते थे। बदन पर छोटी-सी चादर रहती थी। जाड़े के दिनों में काश्मीरी लोई ओढ़ते थे। एकाध पल्ला अंडी का भी रहता था। मतलब यह कि धुलनेवाले कपड़ों की गिनती चार से ज्यास्ती कभी नहीं हुई। सुदेसी (स्वदेशी) कपड़ा और सुदेसी साबुन तिस पर से सुदेसी हाथ। जहाँ चार चोट मारते थे कि कपड़ा साफ हो जाता था। चार-चार रोज, पर राधा बाबू के कपड़े मैं साफ करता था। सुना कि पहले अपना कपड़ा वह आप साफ करते थे। मगर बाद में काम बहुत बढ़ जाने से यह जिद्द उनको छोड़नी पड़ी। खाना वह उसी तरह खाते थे जैसे आसरम के बाकी लोग। महतमाजी के यहाँ से टमाटर और पियाज खाना सीख आए थे। सो, आसरम के बाग में खूब टमाटर लगा हुआ था। पियाज भी वहीं उपजता था। मौसम में चार ठो पियाज और आठ ठो टमाटर खाते थे हमारे राधा बाबू। पियाज तो मैं भी खाता था मगर तैयार टमाटर जब-जब मैंने खाने की कोशिश की, तब-तब फेल हो गया। भेहाइन लगता था, ऐसा महकता था मानो सरकारी अस्पताल के कम्पोटर का कमरा हो। तरकारी में डालकर पचासों दफे टमाटर मैंने खाया होगा मगर आम की तरह पक्का टमाटर चूसना मुझसे कभी नहीं सपरा। आसरम में माछ-मछरी खाना मना था। मुझे महीने में एकाध दफे मछरी मिल जाती थी। कैसे मिलती थी ? छट्टू भाई मलाह थे। उनकी चाची का नइहर पास ही एक गाँव में पड़ता था। छट्टू जाते ही रहते थे। पुरैन के पत्ते में लपेटकर मेरे लिए दो-चार कुटिया मछरी लाते थे। मैं आड़ में ले जाकर जलसीम का भोग लगाता था। एक बार राधा बाबू ने कहा—अरे, तेरे मुँह से तो मछरी का गंध आता है। मैंने माथा झुका लिया तो बोले थे—कोई हर्ज नहीं, हम वैष्णव हैं तो इससे क्या सारी दुनिया कंठी बाँध लेगी ? यह कहकर बिहुँस पड़े। पीछे कहा—मछरी खाने के बाद एकाध खिल्ली पान खा लेना चाहिए। इससे मछरी का महँक मर जाता है।

हम तो भुच्च गँवार ठहरे। हमें क्या मालूम कि किसकी महक कैसे मरती है। फिर भी हमारे राधा बाबू बड़े अच्छे आदमी थे। खुले मिजाज के। कभी उन्होंने मुझे मना नहीं किया। मैं बीड़ी पीता था, मछरी खाता था, कभी उन्होंने मना नहीं किया।

अगहन में उनके सार (साले) आए। साथ में एक आदमी था। धान का चूरा, पकमान, गुड़, अँचार, औरा (आँवला) का मुरब्बा। दो टोकड़ी सनेसा ले आए थे। आसरम भर, मुनी लोगों ने खूब खाया। चार दिन रहने के बाद लौटे तो मुझे भी साथ लेते गए। मालूम हुआ, मलकिनी आनेवाली हैं। मालिक के दूगो बेटा हैं, ऊ भी आएँगे। बोझा-मोटा ढोने के लिए एक आदमी उधर से भी आवेगा और मैं भी रहूँगा।

अभी तक मलकिनी का मैंने नाम ही सुना था, दरसन तो किया था नहीं। इसी से मेरे मन में हुदहुदी बैठ गई। अगर हमारी छोटी मलिकाइन की तरह ये मलकिनी भी हुई तो चार ही रोज में आसरम छोड़कर भागना पड़ेगा। नहीं, अगर फूल बाबू की माँ जैसी होंगी तब तो निरबाह होगा।

इस तरह सोचता-बिचारता मैं कुटुम के साथ हो गया। लहेरियासराय से समस्तीपुर।

वहाँ से पहलेजा। पहलेजा से महेन्दरू। फिर बड़की इसटीसन।

आज तक मैं बड़की गाड़ी पर नहीं चढ़ा था। तब तक पटना जंकसन का यह नया बिलडिंग नहीं बना था। अब तो खैर बहुत बड़ा बिलडिंग है। पहले इससे छोटा था। बाहर भी इतनी बढ़िया सिलमिटवाली चिकनी सड़क नहीं थी। लेकिन गाड़ी तो बड़की ही ठहरी। मैं पहले सोचता था कि बड़की गाड़ी का टिकट भी बड़का होता होगा, तास की तरह। मगर नहीं, टिकट में कुछ फरक नहीं। हाँ, टिकट कटाने में वैसी धक्कामुक्की नहीं, जैसे कि हराही (दरभंगा जंकसन) में होती है।

गया जानेवाले हम तीन जने थे। कुटुम, उनका नौकर और मैं। कुटुम ठहरे जमीनदार के बेटा। गाड़ी में साथ कैसे बैठेंगे ! इंटर का टिकट लिहिन। बाकी दो टिकट थड़ के थे।

गया लैन की गाड़ी तीसरे लाटफारम से सटकर लगती है। पहला, दूसरा लाटफारम मेन-लाइन के लिए है। पूरब की ओर जाओगे तो सीधे हबड़ा पहुँचोगे। पच्छिम की ओर जाओगे तो नखलऊ, दिल्ली। बड़ी-बड़ी इंजन, बड़ा-बड़ा डब्बा, बड़की-बड़की सीट। आने-जाने के लिए खुशफैल रास्ता। बड़की ठो फाटक, सबकुछ बड़ा। कुली भी पक्की बोली बोलते हैं। बीड़ी-सिगरेट बेचनेवाले भी काहे-कूहे करते हैं। साहबी ठाठ में कोट-पैंट पहने हुए पचासों आदमी कोई जमशेदपुर जा रहा है, कोई धनबाद। कोई हजारीबाग जा रहा है तो कोई चइबासा।

बड़ी लाइन की गाड़ी के आगे छोटी लाइन की मधुबनी, झंझारपुरवाली गाड़ी बकरी जैसी लगती है। पटना के तरफ शहरूपन भी ज्यादा है। उधर जिसको रखना कहेंगे, इधर उसको हम धरना कहेंगे। उधर के लोग साफ जबान बोलते हैं। यहाँ गाड़ी में बाबू लोगों के मुँह से 'किहिस-दिहिस' निकलता है, तो उधर तुम लोगों के मुँह से 'किया-दिया' सुनोगे। अकास-पताल का फरक पड़ जाता है, भइया।

रात का बखत था। गाड़ी पर बैठते ही मुझे नींद आ गई।

गया पहुँचने पर ही नींद टूटी। वहाँ से दूसरी गाड़ी पकड़कर नवादा पहुँचे। नवादा से आधा कोस पड़ता है मोहनपुर। दूर से ही कोठा चमक उठा। कुटुम के लिए टमटम आया था। वह उसी पर चढ़कर गए। हम दोनों जने पाँव-पैदल।

राधा बाबू के ससुर लखपती जमींदार थे। दो पट्टियों में इसटेट बटा हुआ था। उपज और आमदनी ही बटती थी, जायदाद-जमीन इकट्ठी ही थी। हाथी भी था। मोटर भी थी। टमटम भी था, बग्गी भी थी। खड़खड़िया पालकी भी थी। पक्का बैठकखाना था। कुरसी, आरामकुरसी, कोच, बेंच, टेबुल सबकुछ था। नौकरों के लिए कच्ची ईंट की दो-तीन कोठरियाँ उस तरफ बनाई गई थीं, जिधर गाय-भैंस के रहने की जगह थी। मुझे टिकाने के लिए कुटुम का नौकर उसी कोठरी में ले गया।

दस नाँदों की लंबी कतार। दोनों ओर बँधे हुए बीस भैंसे। भैंसा को इधरवाले 'पाड़ा' कहते हैं। उन्हीं से उधर हल जोते जाते हैं। मगर राधा बाबू के ससुर का एक भी भैंसा ऐसा नहीं था जिसके पीठ और कमर की हड्डी झकझक न करती हो !

बीस-बीस गो भैंसा, उनके खिलाने का कोई ठिकाना नहीं। सभी रोते रहते थे। सभी की आँखों में मैंने कीचड़ देखा। पेट और काछ में अठगोरवा कीड़ा बजबज करता था। सच जान लो भैया, बहुत बड़ा कुकरम किया होगा तभी जमींदार के यहाँ भैंसा होकर जनम लिया होगा उन्होंने। न मरना न जीना, हुकहुक करना। मैंने एक आदमी से पूछा—ये कमजोर आदमी किस तरह हल खींचते हैं ? उसने कहा—खेती के मौसम में इन्हें थोड़ा बहुत खाने दिया जाता है, जब खेती हो गई तो सत राम! लार-पुआर, घासी-भूसी को अमला लोग छिपा-छिपाकर बेचते रहते हैं। किराए पर मकान उठानेवालों को जितनी ममता अपने मकानों के प्रति होती है, उससे भी कम ममता जमींदारों को अपने माल-मवेशियों के तरफ हुआ करती है। नौकर-चाकर, अमला-फैला बहुत मामूली तनखाह पाते हैं। उन दिनों किसी की तनखाह दो रुपए माहवार थी, किसी की चार, किसी की सात। दस से ऊपर किसी की नहीं।

भैया, तुम पूछोगे कि इतनी कम तनखाह में जमींदार के नौकरों की दुनिया-जहान कैसे चलती होगी ?

जवाब टेढ़ा नहीं, बिलकुल सीधा है। अमला लोग तनखाह की कमी लूट-पाट से पूरा करते हैं। रैयत को लूटने में जमींदार के नौकर-चाकर किसी बात की परवाह नहीं करते। हरी-बेगारी से लेकर कोहरा-कद्दू तक रैयत की एक-एक चीज पर मालिकों का एकछत्र अधिकार रहता है। इसमें सरकार बहादुर अपनी पुलिस-पलटन से जमींदारों की मदद करती है। नौकर-चाकर लूट-पाटकर, छीन-झपटकर निर्वाह करते हैं। जमींदार का भी खजाना भरते हैं और अपना भी घर भरते हैं। जमींदारों के अमला लोगों का सब जगह यही हाल है।

कुटुम के दरवाजे पर ठाट-बाट की कमी नहीं थी। हाल में दू गो आरामकुर्सी, चार गो मामूली कुर्सी, एक ठो गोल मेज पड़े थे। मोटे गद्दे का एक भारी-भरकम कोच पड़ा था। सिर टेकने की जगह तेल से काला और चिकना करवाया था। कोच की बाँहों पर जहाँ-तहाँ चूना और सुँघनी के दाग पड़े थे। जरूर ही बैठनेवाले सुँघनी के सौकीन होंगे, पान खा चुकने पर ऊपर से और चूना खाते होंगे।

दूसरी ओर बैठक में दो बड़े-बड़े तख्तपोस पड़े थे। उनमें कहीं-कहीं कील उभरी हुई थी। सतरंज के खाने चाकू से खरोंचकर कभी किसी ने बनाए थे, यह निसान भी मौजूद था। तख्तपोस के नीचे मकड़ी ने जाले लगा रक्खे थे। जरूर ही झाड़ू देनेवाला लापरवाह या अहदी होगा। बक्सर के गाँव की ओर के दो मेहमान टिके हुए थे।

राधा बाबू के सार को मेरे बारे में अच्छी तरह मालूम था। अपनी आँखों से देख भी चुके थे। इसलिए मेरे साथ मामूली जन-बनिहार का-सा बर्ताव नहीं किया। टहलुआ की तरह मुझे भितरिया समझा गया।

मलकिनी दो ही भाई-बहन थीं। नाम लवंगलता। भाई का नाम बाबू कामेन्द्रप्रसाद नारायण सिंह था। सरकारी अफसर—बाबू के.पी.एन. सिन्हा कहा करते थे। हमारी मलिकाइन दुलार के मारे बबुनी कहलाती थीं। उनका रहना नइहर ही होता था। राधा

बाबू ठहरे सोराजी, अपने घरवालों से मनमुटाव चल रहा था। बाल-बच्चों को ससुराल ही में छोड़े हुए थे। यहाँ भी किसी चीज की कमी नहीं थी। लाख से ऊपर की जमीन-जायदाद थी। पच्चीस-तीस हजार का लहना था। हजारों मन की उपज थी। पुश्त-दर-पुश्त से आई हुई खानदानी इज्जत थी।

बाबू कामेन्द्रप्रसाद नारायण सिंह कौलेज की पढ़ाई पूरी नहीं कर पाए थे। बाप को आसाम के जंगलों में हाथी फँसाने का शौक था। इस शौक के चलते बेचारे की जान भी गई। कहते हैं, एक बार छोटे लाट साहब के कोई दोस्त बिलायत से आए। उन्हें हाथियों के बारे में बड़ी दिलचस्पी थी। कैसे आसाम के जंगलों में हाथी पकड़े जाते हैं ? कैसे उन्हें पालतू बनाया जाता है ? कैसे फिर वे बिकने के लिए हरिहरछेत्तर तक लाए जाते हैं ? यह सब लाट बहादुर के दोस्त साहब अपने तजुर्बे से जानना चाहते थे। इसी सिलसिले में रायबहादुर जानकीनाथ कुँवर को छोटे लाट साहब ने आसाम भेजा था। डिग्बोई के पास जंगल में कैंप डाला गया था। हाथी पकड़नेवाले पहाड़ियों की असावधानी से हाथी का एक झुंड कैंप पर टूट पड़ा था। साहब बहादुर ने पेड़ पर चढ़कर अपनी जान बचाई। मगर रायबहादुर एक बिगड़ैल दंतार हाथी के गुस्से के शिकार हो गए। उनकी लाश तक घर नहीं पहुँच सकी थी।

तभी 19 वर्ष की उमर में कामेन्द्रप्रसाद नारायण सिंह के कंधों पर इसटेट का भार पड़ा। बाप के न रहने से चाचा की नीयत बदलने लगी, मगर माँ की होशियारी की वजह से इनको नोकसान नहीं उठाना पड़ा। बाबू साहब की माँ बड़ी अकिलमंद मोसमात थीं। उन्हीं की अकिल का परताप कहो कि इसटेट तरक्की करता गया।

अपनी नई मलिकाइन को इससे पहले मैंने नहीं देखा था। लम्बी डील-डौल, चाकर (चिपटा, चौड़ा) मुँह, बड़ा कपार, फैली हुई आँखें, औसत दर्जे की नाक, पतले ओठ, सुराही-जैसी गरदन। रंग गेहुँआ था। हाथ-पैर बड़े-बड़े थे। धानी रंग की तीन पढ़िया साड़ी पहने हुई थीं। बोलने से पहले आँखें फैलाकर माथा नचाने की आदत थी। याद है, मुझे देखकर उन्होंने गहराई से माथा हिलाया था और जरा देर के लिए मेरी ओर देखती रह गई थीं। पैर छूकर मैंने प्रणाम किया तो मुस्कुरा उठीं। दाड़िम के दानों जैसे उनके दाँत पान की हल्की लाली के कारण खूब खिल रहे थे। कुछ कहा नहीं था। थोड़ी देर हवेली में बैठकर मैं बाहर आ गया।

कातिक का महीना था। जाड़े की शुरुआत। सुबह चावल की फरही, नीमक, हरी मिर्ची। यह रहा नास्ता। उसके बाद मैं बाबू साहब की धोती में साबुन लगाता रहा। फिर अपने मालिक के छोटे बच्चों के साथ तास खेलकर जान-पहचान बढ़ाई। बच्चे उनके तीन थे। एक लड़की, दो लड़के। लड़की नौ साल की। बच्चे सात और पाँच साल के। लड़कों का चेहरा बाप से मिलता था, लड़की का नहीं। बड़े घर के बच्चे तुनुक-मिजाज तो होते ही हैं। घमराड़, फरेब और झूठ—यह बड़ी आसानी से उनके अंदर जड़ कर जाते हैं। मचलना, रूठना, बिदकना, रंज होना—यह सब वे माँ-बाप ही से सीखते हैं। अच्छाई जो कुछ सीखते हैं उनमें से ज्यादा हिस्सा नौकर-चाकर और गरीब पड़ोसियों

की देन रहता है।

हमारे मालिक के बच्चे बराबर ननिहाल में रहते आए थे। बाप-चाचा की सोहबत उन्हें नहीं मिली थी। ननिहाल के नौकर-चाकर उनकी ओर एक अजीब तरह की लापरवाही बरतते थे। नतीजा यह था कि वे नौकरों के बच्चों से हिलमिलकर खेलते थे। अम्माजी (राधा बाबू की सास) अपना बखत पूजा-पाठ करने और कथा-पुरान सुनने में बिताती थीं। हवेली के कामों की देखभाल बाबू साहब के ममेरे भाई साहब करते थे। हमारी मलिकाइन को किताब पढ़ने का भारी चाव था। किस्सा-कहानी की पोथियाँ खूब पढ़ती थीं। बच्चों की देखभाल नौड़ी (लौंडी) करती थी।

मुझे मालूम हुआ कि मलिकाइन भी अब आसरम में ही रहेंगी। बच्चे भी अब वहीं रहकर पढ़ेंगे। यह जानकर मुझे बड़ी खुशी हुई।

इसमें खुश होने की क्या बात थी भैया ?

समझा नहीं ? बात यह थी कि आसरम मर्दों से भरा था। एक देवी थीं। कभी रहतीं, कभी नहीं रहतीं। और अब राधा बाबू का पलिवार (परिवार) बराबर आसरम में रहेगा। जनानी और बच्चों की बात सुनने को मिलेगी, उनका चेहरा देखने को मिलेगा। आसरम जहलखाना जैसा नहीं लगेगा। घर जैसा मालूम होगा।

खाने गया तो थाली में दो तरह के भात दिखाई पड़े। बाबू लोगों के लिए महीन चावल का खुशबूदार भात होता है। जूठन में बच रहने पर खुशबूदार महीन चावल का भात नौकर-चाकर की किस्मत में जाता है। मैं देखते ही समझ गया कि राधा बाबू के साले साहब का जूठन है। बता ही चुका हूँ पहले कि उन दिनों बाबू-भैया का जूठन हम बड़े चाव से खाते थे। या यों कहो कि अच्छी चीज जो भी खाते थे वह जूठन ही होती थी। नौकरों के लिए मोटे चावल का जो भात बना था, उसमें धान के छिलके और कंकड़ थे। हाय रे तिरहुत ! क्या मजाल कि तिरहुतिया चावल में एक भी कंकड़ तुम निकालो। यह कंकड़-वंकड़ गंगा के उत्तर तरफ जाने की हिम्मत नहीं करेंगे। खैर, खाना कोई खराब नहीं था। मगर बैंगन की भुजिया इस बात का गवाह थी कि हवेली में कंजूसी का राज है। बूँद भर तेल डालोगे और चाहोगे कि अच्छी भुजिया बन जाए तो यह कैसे होगा ? अचार अलबत्ता अच्छा था। थाली देखने में कठौती जैसी थी। हमारे इलाके के बड़े घरों में थालियाँ बड़ी अच्छी और छोटे किनारेवाली होती हैं। ऐसी नहीं कि देखने पर पराँत याद आए।

खा चुकने पर मलिकाइन के इशारे से रसोइया ने जरा-सा दही दिया। यह उनकी मेहरबानी थी। मालिक लोगों के कहने के मुताबिक, 'नौकर-चाकर, टहलू और खबास को दही खाने का हक नहीं है।' फिर जो थोड़ा-सा दही मिला, इससे मुझे बड़ी खुशी हुई। खुशी इसलिए नहीं हुई कि दही मिला। खुशी की वजह थी कि मलिकाइन को मेरा खयाल था। मलिकाइन के मन के किसी कोने में मैं जरूर बैठ चुका था। इस बात से यह साफ हो गया कि आगे भी मलिकाइन मेरा खयाल रक्खेंगी।

खाने के बाद, हाथ धोकर जब मैं लोटा रखने आँगन में गया तो सरौते से सुपारी

कतरंती हुई मलिकाइन बोलीं—पुराना स्वीटर है, जास्ती पुराना नहीं, दो साल का पुराना। तेरे देह में अँटे तो पहन ले।

उन्होंने सरौतेवाले हाथ को उठाकर अंदर ट्रंक की ओर इशारा किया। उस पर कपड़ों का गट्ठर पड़ा था। उसी गट्ठर पर वह स्वीटर भी था। मैं जाकर उसे उठा लाया। मलिकाइन ने आँखें नचाकर पहनने का इशारा किया तो मैंने उसे पहन लिया। बिना बाँह का वह स्वीटर मेरे बदन पर चुस्त होकर बैठा। मलिकाइन के बदन का होगा, यह सोचकर मुझे खुशी हुई।

एक कुर्ता भी सिलवा दूँगी—वह बोलीं। अहसान के बोझ से मेरी गर्दन झुक गई। मन ने कहा—जिएँ जुग-जुग हमारी यह मलिकाइन ! सिनेह से भरी निगाह में ऐसा ही जादू होता है भइया। बाल-बच्चोंवाली का दिल बड़ा ही मुलायम होता है। हमारी छोटी मलिकाइन ने कसाई का दिल पाया था। वह तुम्हें अमिरती भी देतीं तो उसमें करैले का स्वाद लगता !

पालथी मारकर बैठ जाना और पान का डब्बा खोलना और फिर कायदे से बीड़े लगाना। दो बीड़े मलिकाइन पहले अपने मुँह में डालतीं, बाद को मेहमान के लिए या किसी और के लिए। भाई मौजूद होते तो पहले उन्हीं को। आखिर में अलग से एक पत्ती का छोटा-सा बीड़ा वह मेरे लिए भी लगातीं। चाँदी की डिबिया से बनारसी सुर्ती निकालतीं और मुँह में चुटकी भर डाल लेतीं। इसमें दूसरा कोई साझीदार नहीं था। बाबू कामेन्द्रप्रसाद नारायण सिंह सुर्ती नहीं खाते थे।

कामेन्द्र बाबू का ससुराल छपरा के देहात में था। ससुर नेता थे, लड़की को गाँधीजी के आश्रम में रखकर पढ़ा-लिखा रहे थे। आगे चलकर उन्हें लीडरानी बनना था। उनका एक फोटो कामेन्द्र बाबू के रहने के कमरे में था। सूखा चेहरा, धँसी आँखें, पिचके गाल। सामने चरखा पड़ा था। नाम था कनककिशोरी।

राधा बाबू और कामेन्द्र बाबू के शील-सुभाव में बड़ा ही अंतर नजर आया मुझे। एक को फकीरी पसंद थी तो दूसरे को अमीरी। हमारी मलिकाइन भी अपने भाई की तरह थीं। राधा बाबू की फकीरी उन्हें पसंद नहीं थी। आसरम का जीवन भी उन्हें पसंद नहीं था। मगर कई साल दोनों एक दूसरे से अलग रहे थे। अब कुछ दिनों तक साथ रहने का मन हुआ।

रिस्ते के एक भाई के साथ हमारी यह नई मलिकाइन बरहमपुरा आ गईं। मैं तो खैर साथ था ही। राधा बाबू के पलिवार आ जाने से मेरी खुशी का ठिकाना नहीं था। खुशी यही कि आसरम मुझे हमेशा सूखा-सूखा-सा लगता था। कहने को वहाँ हरियाली काफी थी, बाग-बगीचे का क्या कहना ? लेकिन खाली हरियाली से क्या अगर मन उदास रहा ? और, मन की उदासी को भगाने के लिए मुस्कुराते चेहरों की जरूरत पड़ती है। जरूरत पड़ती है किलकारियाँ भरते बच्चों की। निगाहों से ममता टपकानेवाली माँ-बहनें, मिठास भरी बोलियोंवाली भाभियाँ, दिल-दिमाग को गुदगुदाकर गम को गर्क कर देनेवाले हमदर्द साथी—यह सब न हुआ तो खाली हरियाली, खाली घर-आँगन, खाली

बाँस-काठ किस काम के ? आसरम की जिंदगी बेहद रूखी-सूखी थी, बतला ही चुका हूँ। वहाँ मिठास बूँद भर थी तो चिड़चिड़ापन घड़ों था ! मैं तो भइया, थोड़े ही दिनों में ऊब गया था। वह तो खैर समझो कि राधा बाबू घूमते-फिरते रहते थे और बंदा उनके साथ रहता था। अब तीन बच्चे, मलिकाइन और एक नौकरानी—ये पाँच प्राणी उदासी को मेरे पास फटकने तक न देंगे, यही सोचकर मैं खुश हो रहा था।

आसरम के अंदर ही अलग बाँस-फूस के दो मकान थे, रसोई के लिए एक मड़इया थी साथ। जाफरी और सरपत के टाट से आँगन घिरा हुआ था। आँगन के बीचोबीच आम का एक भारी पेड़ बड़ा ही सुहावना लगता था। मकान के दो-दो कमरे थे। तीन-एक तख्तपोश रहे होंगे। एक पलिवार के लिए काफी था।

मलिकाइन को भी जगह पसंद आई। हाँ, उन्होंने घरेलू सुभीते की निगाह से वहाँ कुछ और सुधार किए। रसोईवाली मड़इया में धुआँ निकालने की खिड़की डलवाई। घड़े रखने के लिए लंबोतरी चबूतरा बनवाया। पाखाना और नहाने की जगह, बर्तन-बासन माँजने की जगह, ईंधन और लकड़ी के लिए मचान...सबकी जरूरत पड़ती है भैया ! राधा बाबू आसरम में अकेले रहते थे तो न अलग क्वाटर की जरूरत थी न दूसरे खटरागों की। मुदा, अब गिरस्ती का सुभीता तो देखना ही था न ?

आसरम में चाह (चाय) पीना मना था, मलिकाइन मगर नहीं मानती थीं। रोज तो नहीं, कभी-कभी बड़े प्रेम से चाह बनाया करतीं। दूध और चीनी उसमें खूब डालती थीं। पटने में फूल बाबू के साथ रहते बखत चाह बनाना मैं जान गया था। वह भी चाह में दूध-पानी काफी डलवाते थे। महेन बाबू के जो चाह बनती वह मुझे कभी पसंद नहीं आई। जास्ती मीठा होने पर महेन बाबू चाह को होंठ लगाते ही छोड़ देते थे। कहते—क्या शर्बत बना लाया है, शूः ! जानते हो भैया, चाह के असली पियक्कड़ कैसी चाह पसंद करते हैं ? पानी को खूब खलबला लो और पीछे केटली में पत्ती डाल दो। थोड़ी देर इसी तरह छोड़ दो। फिर कप या गिलास में छान लो। उसमें छोटे चम्मच से डेढ़-दो चम्मच दूध और उतना ही चीनी डालो। मिलाने पर गूलर के रंग की चाह तैयार हो जाएगी। बड़े-बड़े दिमागवाले बाबू लोग इसी किसिम की चाह पसंद करते हैं। यहाँ हमारी मलिकाइन जो चाह बनाती थीं वह तो भैया सोलहों आना शर्बत होती थी। पूस की सुबह-शाम को जब ठंडी हवा चलती थी या बच्चों को सर्दी-जुखाम हो जाता था तो वह चाह जरूर बनातीं। उनको पान का भी बड़ा शौक था।

आसरम के बाहर, बस्ती (बरहमपुरा) के इसी तरफ एक स्कूल था। अपर प्राइमरी स्कूल। राधा बाबू के बाप ने खुलवाया था। उसमें चार मास्टर थे। पढ़नेवाले लड़कों की कमी नहीं थी। आसपास के गाँवों से आकर सत्तर के लगभग विद्यार्थी वहाँ पढ़ते थे। खास इस गाँव के भी बीस-एक लड़के रहे होंगे। स्कूल का मकान खपड़ैल था, तीन रूम थे। भीतें मजबूत और मोटी। दो बिना बाँहों की कुर्सियाँ, एक स्टूल, एक छोटी चौकी। सामने लंबी फुलवाड़ी। उसी के बीचोबीच स्कूल में आने के लिए मेहराबदार रास्ता। गेंदा के लाल-पीले फूल वहाँ इतने अधिक खिले हुए थे कि कुछ मत पूछो। स्कूल ऊँची जमीन

पर था, हमारे आसरम से स्कूल ही नहीं, फुलवाड़ी तक दिखाई पड़ती थी। मालिक ने अपने बच्चों के नाम इसी स्कूल में लिखवा दिए, लड़की का भी। लड़कियाँ वहाँ तीन ही चार आती थीं। तुमसे क्या छिपा है भैया, हमारे तरफ जनाना लोग पढ़ी-लिखी नहीं होती हैं। अब दरभंगा-मधुबनी जैसे शहरों में मास्टरनी-डाक्टरनी दिखाई पड़ती हैं। देहात में भी कहीं-कहीं लड़कियों का स्कूल देखोगे...मगर, भैया, इतने से क्या होता-जाता है ? जब लड़कियाँ भी लड़कों की तरह पढ़ी-लिखी होने लगेंगी तभी इस मुलुक का उद्धार होगा। अभी तो बाबू-भैया लड़कियों को मतलब भर पढ़ने देते हैं। पढ़ता सूगा गाहक को अपनी ओर खींचता है, पढ़ती लड़की काबिल दूल्हे को अपनी ओर खींचती है। इससे बाप का काम हलका होता है। शादी हुई कि पढ़ाई बंद। बाप भी आँख मूँद लेता है, ससुर भी। कहीं-कहीं ऐसा नहीं भी होता होगा। खैर, राधा बाबू काँगरेसी थे, उनकी नज़रों में लड़का-लड़की दोनों बराबर थे। बच्ची पढ़ेगी नहीं तो करेगी क्या ?—एक रोज मलिकाइन से उन्होंने कहा—तुम पढ़ी-लिखी होतीं तो मैं दुगुना काम कर दिखाता !

इस पर मलिकाइन आँखें नचाकर बोलीं—ना भाई, तुम्हारा यह काम तुम्हीं को मुबारक ! मैं अपढ़ ही भली हूँ...लँगोटी लगा लो और जटा बढ़ा लो, बाज आई मैं तुम्हारे इस चर्खे से ! तुम्हें तो औरत होकर जनम लेना था, बड़ा ही किरोध होता है मुझे विधाता पर...

मालिक हँसने लगे। थोड़ी देर बाद बोले—समझोगी क्या ? जिसके खानदान में हाथियों का कारोबार होता रहा हो उसकी अकिल बारीक हो ही नहीं सकती...

इस पर मलिकाइन ने हाथ चमकाकर कहा—रहने भी दो, मैं भी तुम्हारे बाप-दादे के बारे में कहूँ तो कैसा लगेगा ? कौन मना करता है ? लड़की तुम्हारी, स्कूल तुम्हारा। जितनी मर्जी उतना पढ़ा देना, हुआ न ?

राधा बाबू चुप हो गए।

अब वह मुझसे भी पढ़ने को कहने लगे थे। कहते पहले भी रहे लेकिन इधर बल्कि जोर डालने लगे। मलिकाइन नहीं चाहती थीं कि मैं अच्छर बाचूँ या गिनती-पहाड़ा याद करूँ। एक बार ननद मिलने आई तो उसने मेरे बारे में पूछ दिया। मैं वहीं आड़ में बैठा तिपहरी को जरा दम मार रहा था। मलिकाइन मेरी परसंसा कर चुकने के बाद बोलीं—तुम्हारे भाई साहब ने बलचनमा का दिमाग खराब कर दिया है। कोढ़िया खड़ी लेकर बैठता है और समूचा पहाड़ा लिख लेता है !

इस पर ननद ने कहा था—ऐसा ! मैं भाईजी को मना कर दूँगी। नौकर-चाकर जितना नासमझ रहे उतना अच्छा भाभी ! हमारे अजिया ससुर का कहना था कि छोटी जातवालों को जो एक आखर भी ज्ञान देता है उसका अपना ही तेज घटता है; और जो कोई शूद्र को समूची पोथी पढ़ा दे उसके पितर स्वर्ग छोड़कर नरक में रहने को मजबूर होते हैं !

मलिकाइन ने इसी बात की दुनियादारी पहलू को छुआ और बोलीं—वह तो खैर

ऊपर की चीज हुई, असल मुसीबत यह होती है कि पढ़-लिखकर नौकर तुम्हारी बटलोई रगड़ने को बैठा नहीं रह जाएगा। और फिर इन्हें पढ़ाने-लिखाने से फायदा ही क्या ?

अच्छा !—मैं मन ही मन बोला—तो यह बात है ? इसी से तुम मुझे खड़िया नहीं खरीद देती हो ? देख लेना महतमाइन, कैसे मैं नहीं पढ़ता हूँ...

मुझे बड़ा अपसोच (अफसोस) हुआ, मलिकाइन की नीयत यों बुरी नहीं मालूम हुई थी और खाना वह कभी खराब नहीं खिलाती रहीं। तो, भैया, बात यह है कि चोला जितनी आसानी से बदलता है उतनी आसानी से आदमी का खयाल नहीं बदला करता।

राधा बाबू ने जाने कितना मनाया, कितना समझाया तब जाकर तो वह खद्दर पहनने को राजी हुईं ! जो कपड़ा वह पहनती थीं वह महीन से महीन सूतों की बुनावट का होता था। छपउआ साड़ी, छींट का ब्लाउज। ब्लाउज समझा तुमने ? अरे, वही आँगी। नए फैशन की चोली समझो। उनकी गेहुँआ सूरत पर हरे छींटों का ब्लाउज और लाल फूल व भूरी तितलियों के छापेवाली साड़ी बहुत अच्छी लगती थी। वह बड़े बाप की बेटी थीं, मोटा-झोटा कपड़ा भला काहे पहनतीं ? महीन खद्दर भी वह जो पहनती थीं सो मानो अपने घरवालों पर भारी एहसान लादती थीं ! राधा बाबू ठहरे नामी लीडर और उनकी आँगनवाली भला खादी न पहने ! बच्चों के लिए लेकिन वह एक रोज लड़ पड़ीं—इनको मैं किसी भी हालत में मोटिया कपड़ा नहीं पहनने दूँगी। बड़े होकर चाहे जो पहनें-ओढ़ें, अभी से क्यों जुलाहों का बाना धरेंगे ?

भरी सभा में अँगरेज सरकार को ललकारनेवाले हमारे राधा बाबू अपनी घरवाली की टेढ़ी भौंहों से बुरी तरह घबराते थे। बाबू का बाहर तो खूब चलता था, घर में नहीं चल पाता था। यहाँ मलिकाइन ही दहला होती थीं, मालिक हमेशा नहला रहते थे।

उनका आपस में जो चलता रहा हो, मुझ पर बुरी निगाह नहीं थी उनकी। मलिकाइन को मेरा किताब छूना या खड़ी पकड़ना असहाज (असह्य) था लेकिन दूसरी बातों में वह कभी मुझे नहीं टोकती थीं। मालिक तो खैर हरफंद मौला थे ही !

गौना का दिन नगीच आ गया। राधा बाबू ने पचास रुपया नगद दिया। लहेरियासराय के एक बनिये से दो साड़ियाँ जनानी और दो मर्दानी दिलवा दीं। मैं मगन हो गया। खुशी के मारे देर तक मुँह खुला रहा। आखिर मालिक-मलिकाइन के पैर छूकर और बच्चों को दुलारकर तीन रोज पूस बीते मैं अपने घर के लिए चला।

छह

धान की कटाई जहाँ-तहाँ शुरू हो गई थी। बल्कि आधी फसल कट भी चुकी थी। राँगी धान सब धानों से पहले तैयार होता है।

पकी पीली फसलों से समूचा बाध ऐसा बुझाता था मानो सुंनहली मिट्टी से पुता

हुआ भारी मैदान हो। मेंड़ों की चौचीर लकीरें धान के सीसों (बालियों) से ढकी पड़ी थीं। बीच-बीच में अगोरनेवालों की झोपड़ियाँ भूरे पालवाली नावों की तरह लगती थीं। सारे खेतों पर अनपुर्ना (अन्नपूर्णा) भवानी के असिरबाद (आशीर्वाद) पकी फसलों की शकल में छाए हुए थे। लोगों की खुशी का न ओर था न छोर। सभी के मुँह पर मुस्कान, सभी की आँखों में कामयाबी की झलक। जिनके अपने फसलें थीं वे भी खुश थे, जिनके नहीं थीं वे भी खुश थे। गिरहथ, बनिहार, जन-जनी, कल्लर-भिखमंगा सभी के चेहरों पर आशा की रौनक थी। फसलें हुई हैं तो मजूरी भी मिलेगी, बनिहारी भी। भिखमंगों को भीख भी मिलेगी, बाह्मन देवता को दान भी मिलेगा। और गिरस्तों का क्या कहना ? मूँड़न-छेदन और सुन्नत से लेकर सराध और चालीसा तक सब काम इन्हीं फसलों के भरोसे चलता है। अच्छी फसलें देखकर महाजन को भी कर्जा देने में उत्साह होता है। पुजारी मंदिरों में दिल से घंटी बजाते और मन से आरती उतारते हैं। फसल अच्छी दिखाई दी तो मिन्नत-मनौती में भी सुभीता रहता है। काली माई को छागर (बकरा) की जोड़ी, बरहम बाबा को झूल-छत्र, पितरों को गया का पिंड, बाबा कुसेसरनाथ को घी-दूध यह सब तुम तभी करोगे जबकि खेती सुतरेगी। समय-समय पर बादल न बरसे और बाढ़ नहीं आवे तब तो ठीक है नहीं तो खेती हुई चौपट। और खेती चौपट हुई तो लोगों के गाल चुकट जाएँगे, आँखें धँसकर अनगढ़ दीया बन जाएँगी...

इस बार लेकिन कमला मइया की किरपा हुई थी, जहाँ देखो वहीं लछमी महरानी धान के रंग-बिरंगे सीसों पर छाई हुई थीं। हाट-बाजार में इसी से अनाज का भाव काफी नीचे उतर आया था। दो रुपैया मन धान और मड़ुआ डेढ़ रुपैया मन था।

हमने पहले ही पक्का कर लिया था कि भर पूस धन-कटनी करेंगे। धान काटने की मजूरी से इतना अन्न हो जाएगा कि चार महीने का बुतात चलेगा। मगर माँ कातिक में पड़ी बीमार, पैंतीस साँझ (जून) उसने कुछ नहीं खाया था। काफी कमजोर हो गई थी। गाँव के बैदजी ने बुखार को और लम्बा कर दिया था। वह तो खैर हुआ कि संजोग से फूल बाबू आ गए और छोटी मलिकाइन की मेहरबानी हुई। एक बोतल अलबर टोनी (एडबर्ड टॉनिक) उन लोगों ने मँगवा दिया था, थोड़ी-बहुत पथ-पानी का भी इंतजाम कर दिया...

रेबनी से मैंने पूछा—तुझे इतना भी नहीं फुरा कि भैया को एगो (एक) पोसकाट लिखवाकर भेज देती !

मइया ने मना कर रखा था—वह बोली।

मुझे रेबनी की अकिल पर तरस आई। इसमें भला अम्मा को पूछने की क्या बात थी ? चार अच्छर किसी से लिखवा लेती और इस्टीसन (स्टेशन) पर ढोल टँगा रहता है उसमें डाल आती पोसकाट ! यह तो ससुराल में अपने नइहर का नाम हँसावेगी, हे भगवान !

मगर कसूर रेबनी का नहीं था। पीछे मालूम हुआ कि लिखनेवाला नहीं मिला। छोटे मालिक से वह लिखवाती तो कैसे ? बल्ली-बाबू का छोटा भाई पढ़ाई छोड़कर घर

बैठा हुआ था। उससे लिखवा सकती थी लेकिन रेबनी की हिम्मत नहीं हुई वहाँ जाने की। वह लड़का थोड़ा बदनाम था और उन लोगों का मकान गाँव से जरा हटकर, बाँसों की लंबी झुरमुटों की आड़ में पड़ता था। उधर जाते हुए रेबनी ही नहीं, गाँव की सभी बहू-बेटी काँप उठती थीं। बाँसों का वह छोटा-सा जंगल लुच्चों के लिए आनंद बाग था। कई तरह की खट्टी-मीठी कहानियाँ उस झुरमुट के बारे में मैं बचपन से ही सुनता आया था। अच्छा हुआ, रेबनी उधर नहीं गई चिट्ठी लिखवाने।

माँ अब भी कमजोर थी फिर भी धनकटनी में वह हमारा हाथ बटाना चाहती थी। मैंने समझाया—मर जाएगी, बेटा-बेटी या पतोहू कोई नहीं काम आवेगा। आप भला तो जहान भला ! बड़ी मुश्किल से उसने माना, फुच्ची[1] भर गाय का दूध बँधवा दिया।

हम दोनों भाई-बहन मालिकों के खेतों में जाकर रोज धान काटते थे। रात का रखा हुआ खाना सुबह-अँधेरे हाथ-मुँह धोकर खा लेते थे। मैं जब तक हुक्का पी लेता था तब तक रेबनी बर्तन-बासन माँजकर चूल्हा-चौका कर लेती थी। फिर कमर में हँसिया खोंसकर हम खेतों की ओर चल देते। अगले रोज किस खेत में फसल कटेगी सो पिछली शाम को ही गिरहथ बता देता है। मर्द-मेहरारू, जवान-बूढ़े सभी ठीक बखत पर खेत में पहुँच जाते हैं। एक कतार में होकर बनिहार धान काटना शुरू कर देते हैं। निचले खेतों में धान के पौधे पाँच-पाँच, छः-छः हाथ लम्बे होते हैं, उनके सिरिफ सीस छोप लिए जाते हैं। हमारे तरफ ऐसे निचले खेत कम हैं। यहाँ तो भैया हम जड़ से काटते हैं। काटते समय खप-खप, खुप-खुप की आवाज उठती रहती है। यह आवाज कानों को बड़ी मीठी लगती है।

पहर-डेढ़ पहर तक तो हम सारी सुध-बुध खोकर धान काटते रहते। हँसी-खुसी की आवाज, गाने की आवाज और खेत-खेत घूमकर लाई-मूढ़ी बेचनेवालों की आवाज, सारंगीबाजों का भरथरी-विलाप...कैसे दुपहरी टपकर तिपहरी आ जाती, पता ही नहीं चलता। माँ खाना और पानी लिए आती तो घड़ी भर के लिए हँसिए को आराम मिलता। मेंड़ पर नहीं, खेत ही में बैठकर हम खाते। धनखेतों में कटी फसलों की खूटियाँ मुलायम ही होती हैं। तुम्हारे मुलुक में गेहूँ-जौ, ज्वार-बाजरा होता है, उनकी खूँटियाँ कड़ी होती हैं। उन पर इस तरह बैठा-लेटा नहीं जा सकता।

बड़े-बड़े मालिक खुद खेतों में नहीं आते थे। बराहिल, गुमस्ता या कोई दूसरा नौकर-चाकर धनकटनी की देखभाल करता। मझोले मालिक और गिरहथ लोग खुद आते थे। छोटे-छोटे किसान और मामूली खेतिहर बड़ी मुस्तैदी से बनिहारों की पीठ पर सवार रहते। खेत-मजूरों के अपने भी तो खेत हुआ करते हैं जिनकी फसल वे खुद काट लेते हैं। मेरे भी चार कट्ठा खेत था जिसमें धान था। अपनी फसल हमने आप काट ली थी।

बत्तीस बोझों की मजदूरी एक बोझ धान होती है। खास बनिहारों को मालिक लोग कुछ ज्यादा मजदूरी देते हैं। उस साल हमने बीस-बाईस रोज फसल काटी थी।

---

1. मिट्टी की लुटिया, दूध का एक पैमाना (पाव भर के लगभग)।

मजूरी में छः मन धान हुआ था। यह तीन महीने के गुजारे के लिए काफी था। माँ बीमार न हुई होती तो दो-तीन मन और होता। अपनी जमीन में छः मन धान हुआ था। दो-तीन कट्ठा खेत में रबी की भी फसल थी, जौ-बूट और खेसारी।

खलिहान मालिकों के बड़े-बड़े थे। सधारन गृहस्थ का खलिहान भी सधारन ही हुआ करता है। तिपहरी के बाद धान के बोझ खेतों से खलिहान आने लगते हैं। पहर भर तो खाली ढुलाई में लग जाती है। खलिहान कभी खेत के नजदीक होता है तो कभी दूर। फसल के बोझ एक पर एक रखते जाओ और टाल बनता जाएगा। टाल या खोप इतना-इतना बड़ा हो जाता है कि गर्दन टूट जाएगी ऊपर ताकोगे तो, हाँ ! हमारी बस्ती में ऐसे गृहस्थ चार ही पाँच थे जिनकी उपज हजार मन से जास्ती थी—बड़े मालिक, मझले मालिक, छोटे मालिक और बाबू। मझले मालिक की उपज ढाई हजार मन की, बल्ली बाबू की डेढ़ हजार मन की। बाकी हजार मन वाले थे। यह तो हुई सिरफ धान की उपज की बात, रब्बी और भदई (खरीफ) की उपज इससे अलग थी। सौ-डेढ़ सौ मन वह भी हो ही जाती थी।

खलिहानों में दँवरी का काम माघ-फागुन तक चलता रहता। फागुन में रब्बी की फसल तैयार होने लगती। सरसों, तीसी, खेसारी, चना...चैत में जौ, गेहूँ, मसुरी वगैरह।

हमने अपना धान झाड़-पीटकर तैयार किया। खेत-मजूरों के पास कहाँ खेत और कहाँ खलिहान, कहाँ बैल और कहाँ हर-फार ? मनियार चाचा के यहाँ से बड़ी ओखली ले आए और उसी की कमर पर सारा धान हमने झाड़ डाला। तुम्हारी तरफ तो ऐसा नहीं होता है न ? ओखल को लेटा देते हैं, सीसवाले धान के पौधों को उस पर जोर-जोर से पटकते हैं। ठीक उसी तरह जैसे धोबी पत्थर या लकड़ी पर कपड़े को पटकता है; सीस से झड़-झड़कर धान के दाने नीचे गिरते जाते हैं। झाड़े हुए पौधों को अलग रखते जाओ और दाना झाड़ते जाओ। लेकिन इस तरह सैकड़ों मन धान नहीं तैयार किया जाता, यह तो दो-चार मन धानवालों का ढंग है। बाकी दँवरी चलती है।

मिला-जुलाकर देखा तो छः महीने का खर्चा घर में मौजूद था। चार परानी खानेवाले भी तो होंगे। कौन, दस रोज तो रह गए थे गौने के।

माँ जल्दी अच्छी हो गई। लेब-मूँदकर उसने घर के टाट को चिकना बना दिया। अलग एक सात हाथ का छप्पर डलवा लिया मैंने। उसका भी रुख आँगन की ही ओर था। आँगन के बाहर घर के सामने दूब थी, उसे छील-छालकर साफ कर लिया।

डोरा-सिंदूर और सगुन का सामान लेकर चुन्नी मेरे ससुराल गया और गौने के लिए उन लोगों को राजी कर आया। यह एक किसिम की रसम-अदाई थी।

मेरी सास को मरे पाँच-सात साल हो गए थे। ससुर के तरफ से गौने का इशारा पिछले साल ही मिल चुका था। माघ सुदी पंचमी का दिन तय हुआ। चुन्नी की माँ, उसकी घरवाली, भौजी और भाबो—सबका अबर्जात बढ़ गया। कोई बरी के लिए बेसन पीसने बैठती तो कोई पुती-लिपी घर की टाटों में हाथी-घोड़ा आँकने लगती। तेल में सेंदुर घोला गया और उससे कई जगह पेड़-पौधे आँके गए। मैं देख-देखकर हँसता था।

धनवंती चाची (चुन्नी की माँ) ने मुझे हँसते देखकर कहा—तुम्हें क्यों पसंद आवेंगे भैया ? दरभंगा-पटना घूमे हुए हो, हम तो जाहिल-जपाट ठहरीं। हमें क्या पता कि फूल-पत्ती कैसे आँकी जाती है ! अपनी घरवाली को पटना ले जाना, सीख आएगी...

धनवंती चाची जब हँसती थी तो घर-आँगन उसके ठहाके से गूँज उठता। उस बखत मेरी लाज-शरम उसके ठहाके की भरी आवाज में दब गई। चुन्नी की घरवाली भी मुसका रही थी। छेड़ती ही रहती। पिछली होली में भर लोटा अबीर उसने मेरी नई गंजी पर उड़ेल दी और देर तक हो-हो करती रही, तो मैंने क्या यों ही छोड़ दिया ? थोड़ी देर बाद अबीर ले आया कि रानीजी मसाला पीस रही थीं, झपाटे से जाकर दबोच डाला और गालों पर आधा पाव अबीर मसल दिया; घड़ी भर 'मइयो-बप्पो' करती रहीं ! समझ गईं कि बालचंद को छेड़ने का कैसा फल मिलता है।

यह कोसी-किनारे की लड़की थी। साँवली सूरत हो, आँख-नाक अच्छी हो, चेहरे का काट ठिकाने का हो तो ऐसी जनाना खपसूरत ही कहलाएगी भैया, नहीं कहलाएगी ? उस पर तंदुरुस्ती अच्छी हो तो क्या कहना ! गोद में उसके एक ढाई साल की लड़की थी। मनियार चाचा का मनोरथ था कि पोते का मुँह देखकर मरें। रोज बेचारे नहाकर उस बूढ़े पीपल की जड़ों में लोटा भर अछिंजल[1] इसीलिए डालते थे। मगर यह अपने बस की बात तो थी नहीं ?

गौने से दो रोज पहले ही मामा आ पहुँचे। तैयारी सब पूरी हो चुकी थी। घर-आँगन की जिम्मेवारी माँ पर थी। नगदी का इंतजाम मैंने कर ही लिया था। हाँ, साड़ी एक खंड और मँगवाना पड़ा।

मुझे याद नहीं था कि जिससे कभी शादी हुई उसकी शकल-सूरत कैसी है। दो-एक दफे दिमाग ने कोशिश की याद को सही लकीरों पर लाने की मगर कुछ फल नहीं निकला भैया ! फिर तंग आकर मैंने कहा—छोड़ो भी, अपने ही कौन मैं राजा नल हूँ कि उसे जमेंती[2] होना चाहिए !

बाढ़ की नदी में तैरते वक्त जैसे कोई थककर आँखें मूँद ले और थोड़ी देर के लिए देह को छोड़ दे, उसी तरह मैं अपने को चिंता की धार में छोड़ देता कि चट से नींद आ जाती..

मामा, चुन्नी और मैं—तीन जने गए गौना कराने। पैदल ही जाना पड़ा, उस ओर रेल नहीं गई है। बहेड़ी से दो कोस और दच्छिन-पच्छिम। गाँव का नाम सितलपट्टी था। बस्ती कोई बड़ी नहीं, निहायत मामूली। चार-छै घर राजपूत, पचीस-तीस घर ग्वाले और पचास-एक घर जुलाहे थे। गाँव से कोस भर पच्छिम जीवच्छ[3] का छाड़न था, बरसात में उसके जरिए कमला का पानी यहाँ की फसलों को दो-चार दिनों के लिए डुबा जाता था। उससे नुकसान नहीं, गृहस्थों को फायदा ही था। राजपूत मझोले ढंग के कास्तकार थे, बाकी छोटे-छोटे खेतिहर। जमींदारी शुंभा ड्योढ़ी के राजपूत जमींदारों की थी। खेत-

---

1. अच्छिन्न जल अर्थात् पूजा के लिए भरा गया पवित्र पानी, 2. दमयंती, 3. एक नदी।

मजूर हो चाहे खेतिहर, सधारन गिरहथ हो चाहे कास्तकार—सितलपट्टीवालों की जिनगी उतनी कठोर नहीं थी जितनी हमारे गाँववालों की। इसका दूसरा ओजह यह भी था कि वहाँ के जुलाहे खेती के अलावा अपना बखत तानी-भरनी और करघों के सहारे गुजारते थे। उनके टोले में दस करघे चल रहे थे। दरभंगा-समस्तीपुर से सूत लाकर वे चादर-अँगोछा, तहमद-लुंगी, चारखाना वगैरह तैयार करके पास-पड़ोस के हाटों पर और नजदीकी बाजारों में बेच आते। बीसों जवान जुलाहे ढाका और कलकत्ते रहकर अपने गाँव की खुशहाली को बढ़ा रहे थे। सच पूछो तो इन जुलाहों ने उस बस्ती का ढाँचा ही बदल रखा था, हाँ भैया !

वहाँ हम एक दिन और एक रात भर रहे। हमारी बिरादरीवालों ने वहाँ एक साधू को पाल रखा था। वह अपर (दर्जा चार) पास करके पहले काँगरेस का भोलंटियर और बाद में रमता जोगी बन गया था। अब उमर तीस के लगभग रही होगी। यादव महासभा का भी परचार करता था। सितलपट्टी में उसकी फूफी रहती थी, निपूती होने से माइनजन[1] को अपना डीह-डाबर[2] सौंप गई थी। वही मकान बाबा जोगादास का आसरम बन गया। इनका नाम पहले कारी राउत था। उन्होंने हम तीनों को उस शाम को भाँग पिला दिया। मुझे कुछ भी नहीं मालूम कि उस रात ससुराल की औरतों ने मुझसे क्या-क्या रस्म अदा करवाई !

सुबह गौने का महूरत था। महफा[3] और चार कहार उन्हीं लोगों ने ठीक कर रखे थे। औरतों ने रो-रोकर आसमान को माथे पर उठा लिया। गौनेवाली का तो मानो कंठ ही फूट गया था। पीली साड़ी और लाल चोली। पीठ की ओर से साड़ी पर हथेलियों के लाल-लाल थप्पे पड़े हुए थे। तलवों में महावर के नाम पर लाल रंग अपनी गहरी लाली खिला रहा था। आँचल में धान-दूब-पान की पत्ती और साबित सुपारी और हल्दी बँधी थी। हथेलियों में मेंहदी का निशान दिखाई पड़ा।

रस्म के तौर पर थोड़ी दूर तक महफे में मुझे भी रहना पड़ा। गाँव के बाहर मैं उतर गया। दो आदमियों का बोझा चार बेचारे कैसे ढो पाते ? और, शरम के मारे उसकी गर्दन भी तो टूट गई होती ! अरे हँसते हो ! नई-नवेली का सील-संकोच से तुम्हारा भी तो पाला पड़ा ही होगा, या कि नहीं पड़ा ? झूठ मत बोलो भैया !

बहू का अपना भाई नहीं था, चचेरा भाई साथ हुआ। दही, पकवान, केरा और समधिन के लिए साड़ी-लहठी[4]...एक आदमी छीकों पर यह सब लिए हुए था, पटई[5] के सहारे। बीच में दो बार मैंने पर्दा उठाकर महफे में झाँका, एक दफे नजर मिलते ही बिहुँस पड़ी और दूसरी दफे नींद में मगन थी बेचारी। पहले-पहल यही मैंने उसकी झलक पाई। अरे देखा तो रात को भी होगा ही लेकिन साले ने जाने भाँग में क्या मिला दिया था, सुध-बुध बिलकुल खो गई थी ! अभी मगर होश में था। आहा ! बुचुआ की मइया का

---

1. मान्यजन, सरपंज, मुखिया, 2. वासस्थान और उसके निकट की भूमि, 3. पालकी की एक किस्म, इसे ढोनेवाले उस इलाके में कहार या कहरिया कहलाते हैं, 4. लाख की मोटी चूड़ियाँ, 5. बहँगी।

वह चेहरा आज तक नहीं भूल पाया हूँ भैया ! वह भी क्या भूलने की चीज है ? गोल मुँह, बदामी आँख, छोटी नाक, पत्तर-सा कपार, सुनहले बाल, पतले होंठ, तनिक-सी ठुड्डी, सुरेब गर्दन—बड़ी भली लगी वह। पहली झाँकी में ही इस मन में धँस गई, सच कहता हूँ भैया ! सींथ में सेंदुर की घनी लकीर, कपार पर चमकी के खुदिया दानों से सिंगार किया हुआ था। गले में सुंदर हँसली थी। बाँहों में बाजूबंद, कलाइयों में लाख की चूड़ियाँ। पैरों में गिलट के कड़े। दाहिने हाथ की दो अँगुलियों में पीतल की अँगूठियाँ...माँ नहीं थी तो क्या, बाप ने सँवारने में कोई कसर नहीं रखी। मामूली खेतिहर था बेचारा। मैं ही कौन-सा नबाब का नाती था ? सच पूछो तो मुझसे मेरे ससुर की हैसियत कई गुनी अच्छी थी।

जाड़े का दिन यों ही छोटा होता है। हम पहले से भी थके-माँदे थे ही, उस रोज तो और भी चूर-चूर हो गए। कहार तो मानो दौड़ते ही चलते हैं। नई-नवेली बहू-बेटी अगर महफे में सवार रही फिर तो उनके पैरों में पंख ही लग जाते हैं। मैंने और चुन्नी ने कहारों को मना कर दिया—रफ्तार इतनी तेज मत करो, मामा बेचारे तुम लोगों के साथ कब तक दौड़ सकेंगे ?

इस पर अधेड़ उम्र का एक कहरिया तुनुककर बोला—मैं तो पहले से ही जानता था, इसी से चौठी[1] भर चढ़ा आया हूँ...हूँ। अब क्या कछुए की चाल चलें हम ?

मामा ने डपटकर कहा—खच्चर कहीं के ! छोटी जातवालों की अकिल भी छोटी ही होती है। चल, जितनी तेजी से चलना हो...छोड़ दे बालचंद, दौड़ें ससुर !

कहारों में से जो सबसे कम उमिर का था वह काफी कठमस्त और खुशमिजाज था। जरा रुखाई से उसने कहा—त, गाइर देबइ, अहाँ-और[2] ?

बाकी कहारों ने हमारे तरफ घूरते रहकर उसके गुस्से पर और सान चढ़ा दिया।

मामा के देह पर पैर से लेकर माथे तक बुढ़ौती छाई हुई थी। बाल अच्छी तरह सफेद हो चुके थे। इस वक्त वह हथेली पर खैनी मल रहे थे। ग्वाले को एक तो गुस्सा आता नहीं और कहीं आ गया तो परलय मच जाता है भैया ! सो, मामा भी बमक उठे और छाती तानकर उस जवान कहार को उन्होंने ललकारा; आगे बढ़ते हुए बोले—तो क्या कर लेगा हमारा ?

पहले कहार ने उस जवान को जबाब देने से रोक दिया। चुन्नी ने इधर मामा को सँभाला। बीच-बचाव करते हुए मैं बोला—इसमें नाराजी की भला बात ही क्या थी ? कैसे भी हम चलें, साँझ से पहले ही घर पहुँच जाएँगे...

इतना कहकर कहारों की ओर नजर मारी। मामा के तरफ ताककर बोला—ये बेचारे कहाँ तेज चल रहे हैं ? अपनी असल चाल अगर ये लोग दिखावें तो आल्हा-ऊदल के घोड़े भी इनका मुकाबला नहीं कर सकेंगे !

दोनों ओर का तामस[3] ठंढा पड़ गया। मैंने पेड़ की आड़ में मामा से अलग ले

---

1. ताड़ी का एक पैमाना, चौथाई (लबनी का चतुर्थांश), 2. तो, आप लोग इसको गाली देंगे ?, 3. क्रोध।

जाकर उस नौजवान कहार को समझा-बुझा दिया कि तुम लोग अपनी चाल में भी चल सकते हो लेकिन डेढ़-डेढ़, दो-दो कोस पर हमसे मिल लिया करना, बस ?

इस पर उसने खुश होकर कहा था—हाँ मालिक, कंधे पर भारी बोझ हो तो फिर फुर्ती चाहिए। वैसी हालत में तनिक भी सुस्ती कोंढ़-करेज को खखोड़कर खा जाती है।

कैसी बात कही थी उसने ? थी न लाख रुपैया की बात ?

आधा रास्ता पार करने पर हम घड़ी भर के लिए खाने को रुके। सड़क के किनारे ही इनारा[1] था। कलमी आमों का बड़ा बगीचा। पीपल का भारी पेड़। देवी का मंडिल। स्कूल का खपरैल मकान। इंजन की सीटी सुनाई पड़ी।

हम तीनों चूड़ा भिगो रहे थे कि फिर सीटी सुनाई पड़ी। अबकी मामा ने पत्तल से हाथ उठाकर पूछा—कौन टीसन है यह बालचंद ?

सकुरी—मैंने कहा। चुन्नी ने भी मुँह खोला—जहाँ बैठे हो मामा, यह कौन गाँव है, जानते हो ?

अपनी अनजानपन जतलाने के लिए मामा ने मुँह बा दिया। चुन्नी ने उठकर दही परोसा। गठरी में नमक खोजते हुए वह बोला—यह दहउरा है मामा, कई बार आया हूँ मैं इधर; बड़े मालिक की कुटमैती[2] इस गाँव में भी है और नेहरा में भी। यहाँ के सरसुती[3] लोग और नेहरा के चउधरी लोग मुलुक भर में नामी हैं।

मैंने पहला कौर निगलते हुए कहा—मैं भी इधर से गुजरा हूँ, चुन्नी !

भगू ! तू कब इधर आया ?—वह डपट बैठा तो मैंने कहा—बाबा कुसेसरनाथ का दरसन करने जो जाते हैं, वह किधर से जाते हैं ?

अब चुन्नी को कबूल करना पड़ा—हाँ, इधर से ही कुसेसरधाम का रास्ता गया है।

हम चारों ने चूड़ा-दही खाया। कहारों ने सूखा ही चूड़ा फाँक लिया। हम मामा के अधीन थे, और वह इसके लिए कतई राजी नहीं हुए कि थोड़ा दही कहारों को भी दिया जाए।

सवार को भी वही खिलाया गया। हमारी निगाह बचाकर वह जरा देर के लिए महफा से निकली भी। इधर हम हुक्का गुड़गुड़ाते रहे। मामा ने हुक्का साथ ले लिया था। खैनी उन्हें उतनी प्यारी नहीं थी जितना प्यारा हुक्का था। कहते थे—बाह्मनों की सोहबत से ही सुर्ती खाने की लत पड़ी; मार साली के, मुँह गंधा देती है !

दहउरा से डोली उठी तो एकदम पंडौल चली गई। कौन, डेढ़ ही कोस तो पड़ता था ! मामा भी टनमना गए थे। राज[4] के सर्कल के नगीच सड़क के किनारे-किनारे बड़े-बड़े छायादार पेड़ थे, मामा वहीं लुद् से बैठ गए तो हमें भी बैठना पड़ा वरना हम जरा आगे चलकर हाट की गाछी[5] में बैठकर सुस्तानेवाले थे।

---

1. बड़ा कुआँ, 2. रिश्तेदारी, 3. सरस्वती, पढ़े-लिखे, 4. दरभंगा-महाराज की जमींदारी 'राज' कहलाती है, 5. बीजू आमों का बाग।

चुन्नी गए, मामा के लिए वहीं पानी ले आए। अबकी खैनी का लंबर था। हथेली पर तमाकू-चूना ठोका गया। थोड़ी देर में सुर्ती तैयार हुई तो चुन्नी और मामा ने उसे अपने-अपने होंठों तले दबाया और चल पड़े। मैं बीड़ी का भगत ठहरा, एक फूँककर आधा टुकड़ा दूसरी का भी खतम कर चुका तब उठकर बिदा हुआ। रास्ते में एक-दो बार उस जवान को भी मैंने बीड़ी दी थी, बिलकुल स्वारथ भी किस काम का भैया ! सस्ती-महँगी और खुली-तंगी तो जिनगी भर साथ चलेगी। जीना है संग्राम बंदे, जीना है संग्राम ! सुना है न कभी ?

एक जगह सड़क बेहद खराब थी। वहाँ सवार को डोली से उतर जाना पड़ा था। डिस्टिक बोड का पुल जाने कब से टूटा पड़ा था। उस साल की बरसात में उस जगह सड़क पर कई गड्ढे पड़ गए थे। मगर अब तक मरम्मत नहीं हुई थी। वहाँ आते ही सभी को सवारी छोड़नी पड़ती। मैंने मन में ठान लिया कि राधा बाबू से कहूँगा, बोड के चेयरमेन उनके दोस्त हैं...

राम-राम करके आगे बढ़े। रइमा[1] के पास एक जगह आम के मज्जरों[2] की खुशबू का ऐसा झोंका आया कि तबियत मस्त हो गई। माघ बीस रोज बीत चुका था। आम के मजरने का समय आ गया था। कहते हैं, आम का बौर चूस-चूसकर ही कोइली अपनी तान को तीखी बनाती है। खुशबू का वह झोंका लगा तो मामा तक अपनी लाठी टेककर खड़े हो गए। चुन्नी बोला—साला पेड़ ! मानो चिढ़कर बौराया है, ऐसी मस्त खुशबू तो यार कहीं नहीं मिली थी आज तक !

पास के मेंड़ पर एक आदमी खड़ा था। एक हाथ में दो छड़ कुसियार[3], दूसरे में ताजी खोंटी हुई मटर के साग की मूँड़ियाँ ! वह गुनगुना रहा था :

सखि हे मजरल आमक बाग !
कुहू कुहू चिकरए कोइलिया
झींगुर गाबए फाग !
कंत हमर परदेस बसइ छथि
बिसरि राग-अनुराग !
बिधि भेल बाम, सील भेल बैरी
फूटि गेला ई भाग !
सखि हे मजरल आमक बाग !...[4]

मैं समूचा गाना सुन लेना चाहता था। मगर चुन्नी से नहीं रहा गया, उसने बीच में ही टोक दिया—खूब मजरा है, कौन आम है बाबू ?

कपुरिया के दो पेड़ हैं, वही अबकी बौराए हैं—जबाब मिला।

---

1. एक गाँव, 2. मंजरियों, बौरों, 3. ईख, गन्ना, 4. सखी, आम का बाग मंजरियों से लद गया है, कोयल चीख रही है—कुहू कुहू ! झींगुर फाग गाने में मस्त हैं। राग-अनुराग भूलकर मेरा बालम परदेश में है। मेरे लिए विधाता प्रतिकूल है और अपना ही शील-संकोच दुश्मन बन गया है ! मेरी किस्मत फूट गई है...आम के पेड़ मंजरियों से लद गए हैं।

जभी तो—मैं और चुन्नी साथ ही बोल पड़े।

मामा ने धीमी आवाज में कहा—कपुरिया आम खाने में भी ऐसा ही गमकता[1] है। बाबू, यह किसकी बगिया है ?

सकल-सूरत तो नहीं, लेकिन कपार का लाल टीका और छाती पर के सफेद धागे बता रहे थे कि वह बराहमन है। ये लोग सीधे-सादे सबद[2] को चिबा-चिबाकर बोलते हैं। तो उसने कहा—बाबू छत्रमणि ठाकुर की।

मामा ने दुहरा दिया—छतरमइन ठाकुर ! बड़े अकबाली आदमी होंगे ?

हाँ—वह बोला—अपने तो ठाकुर परतापी थे ही मुदा लड़िका दोनों अबुरबान[3] निकला...

मैंने कहा—छोड़िए भी मामा, डोली बहुत आगे निकल गई। पकने लगेगा तो इस आम की गुठली ले जाइएगा, चलिए !

गुठली क्यों, दो-चार गो आम ही मिल जाएँगे—बराहमन देवता बोले—जरूर आना, असाढ़ में...तुम लोग कौन आश्रम[4] हो ?

जदुबंशी—चलते-चलते चुन्नी के मुँह से निकला।

उधर मइया और रेबनी और टोल-पड़ोस के मर्द-मेहरारू हमारा बाट जोह रहे थे। दाल-भात, चार तरकारियाँ, बड़ी, अचार, नींबू और आँवले की चटनी...सबकुछ तैयार था। दुलहिन के लिए खीर बना था।

डोली पर गुलाबी रंग की साड़ी लपेटी हुई थी। छोकड़ों ने दूर से ही देख लिया। गाँव के बाहर पोखर के भिंडे पर रेबनी और चुन्नी की भाभी वगैरह अगवानी के लिए खड़ी हो गईं।

मुझे लाज लगी। मामा से बोला—तुम चलो मामा, मैं दिसा-फराकत से निबटके अभी आया...

चुन्नी ने मुस्कुराकर नजर मारी। खग ही जानै खग की भाखा ! मैंने इशारे से ही डाँट दिया। शरमाए को और शरमाकर क्या फायदा ! मगर ऐसे भी लोग होते हैं जिनको भिगोए पर पानी उलीचने में मजा आता है। मामा आगे बढ़े तो चुन्नी के कानों में मैंने कहा—बड़ी लाज लग रही यरवा, क्यों तू मेरे पीछे पड़ा है हाथ धोके ?

ऐसे मौके पर सबका यही हाल होता है—चुन्नी ने हँसकर कहा और अपने दाहिने हाथ से मेरे बाएँ गाल पर एक चपत मार दी...वह भी गाँव की ओर चला गया।

लेकिन नहीं, रिवाज के मुताबिक दुलहा और दुलहिन दोनों को एक ही डोली पर सवार होकर आँगन में दाखिल होना चाहिए।

मालिक की हवेली से दच्छिन बाग था, उससे दच्छिन रास्ता। पच्छिम की ओर हमारे घर थे। बाग के पास मुझे डोली पर सवार हो जाना पड़ा, वह घूँघट डाले हुए थी। उसकी हथेली पर अपनी अँगुली से गोदकर मैंने छेड़ने की कोशिश की लेकिन वह तो

---

1. खुशबू देता है, महकता है, 2. शब्द, 3. बेहद अवारा, 4. जाति।

तनिक भी नहीं सगबगाई, कठुआ गई थी।

सभी उमर की औरतें गीत गाने लगीं। मोटी और महीन शंख जैसी भोंपू आवाजें सब मिलके एक अजीब समाँ बाँध रही थीं।

आँगन की मुहानी पर महफा रखा गया और कहारों को फुर्सत मिली। देखा, तेल-बाती डालकर कछुए के खप्पर को दीया बना दिया गया है। परछन[1] की वही चीज अब तक मुझे याद है ! हम दोनों के माथे पर धान छींटकर, मुँह, बाँहों, छाती और घुटनों से दही छुआकर चुमौन किया गया; बस !

देर तक जनी-जात गाती रहीं। मुझे छुट्टी मिल गई थी। कुछ खाकर हम सभी सो गए, मामा शायद देर तक जागते रहे थे। कहारों के लिए चुन्नी ने अपना बथान दे दिया, पुआरा बिछाकर उन्होंने वहीं अपना आसन जमाया। ऊपर छप्पर तो थे ही। मेहमान दोनों नई मड़इया में ठहराए गए। टिकिया, हुक्का और पीने के तंबाकू का इंतजाम था ही। आवभगत का भार था चुन्नी के छोटे भाई पर। गारजियन का काम मनियार चाचा कर रहे थे। ऐसा लगता था कि समूची बिरादरी मेरे ही कामों में जुटी हुई थी। नौजवान भाई मेहमानों को चींथ रहे थे—साले, तुम जुलाहे की औलाद हो ! तुम्हारी नानी हमारे ही पड़ोस की थी...मुसहर हमारे पड़ोसी हैं...

मेहमान तो गूँगा पड़ गया, साथ जो आदमी आया था वह बोला—तभी तो आप लोगों की साँस से डोका की महक[2] आ रही है...

उनका यह सब चलता रहा और उधर एक ओर खजूर की पटिया पर मैं सो गया।

जाने कितनी रात गए, रेबनी ने झकझोरकर मेरी नींद तोड़ दी। शराबी की तरह गुर्राकर मैंने उसकी कलाई पकड़ ली और कहा—क्या है ?

भीतर चलो भइया !—बाँह पकड़कर उठाते हुए वह बोली—मइया चाल पाड़ती है, उठो, झप सनी आओ[3]।

नींद का झोंका आया तो मैं फिर ढेर हो गया। रेबनी हारकर वापस चली गई। थोड़ी देर बाद माँ आई और पीठ पर हलका चाँटा लगाकर बोली—उठ रे बालो, उठ, भीतर चल !

चिकोटी काटकर, कान में तिनके से सिहरन पैदा करके माँ ने आखिर मुझे उठा ही दिया। अकास में चनरमा[4] नहीं थे। आज पंचमी थी न ? पाँच ही घड़ी अँजोरिया रही होगी...

कितनी रात बीती ?—माँ से पूछा और जँभाई ली। माँ मुझे आगे धकेलती हुई बोली—दो पहर रात बीत गई बेटा ! मुझे पिछली दो रातों में नींद ही नहीं आई, पलकों पर पनसेरी पड़ी है मानो; चल सो जा ! हम भी सो जाएँगे...

घर के अंदर ढकेल दिया मइया ने। पुआल की सेजावट[5] पर बोरी बिछी हुई थी।

---

1. दुल्हा-दुल्हन के गृह-प्रवेश से पूर्व एक रस्म, 2. दुर्गंध, 3. मैया पुकार रही है, झट से आओ, 4.चंद्रमा, 5. पुआल का मोटा बिछावन।

दुलहिन दुबककर एक ओर हो गई थी और सोने का बहाना किए हुए थी। फटक[1] धकेलकर अंदर से मैंने घर बंद कर लिया।

ढिबरी आले में जल रही थी, लौ काफी तेज था। किरासन की भभक से दिमाग भारी हो उठा। रानीजी से इतना भी नहीं हुआ कि बाती तनिक कम कर देतीं !

फिर बेचारी पर दया आ गई—फँसाकर लाई गई चिड़िया ही तो है ! पराए घर में क्या छुए, क्या न छुए ! किससे क्या कहे, किधर कैसे देखे ! महीना-दो महीना तो बेचारी को अपना बथान पहचानने में लग जाएगा..

खुद ही मैंने ढिबरी आले से उतार ली और उसका मुँह खोला। बत्ती पर उँगली डालते ही घुप ! बुत गई साली, धत् तेरी !

जो सोने का नाटक रचे हुए थी, उससे नहीं रहा गया। खिलखिलाकर हँस पड़ी...

ढिबरी छोड़कर मैं बिस्तरे की ओर लपका, ठिकियाकर उसे बाँहों में कस लिया तो मेरा मुँह उसकी कनपटी पर पड़ा। उतावले में फुसफुसाकर मैं बोला—तरीका तो तुमने यह अच्छा निकाला लेकिन इतने जोर से खिलखिलाना ठीक नहीं था, मइया और रेबनी क्या कहती होंगी अपने मन में ?

मुझे अँधेरे में अनुभव हुआ कि बेचारी लजाकर काठ हो गई है। चुम्मा लेते हुए मैंने कहा—खैर, कोई बात नहीं है। अच्छा, दियासलाई कहाँ है, बताओ ?

वह उठी। सिरहाने से माचिस निकालकर चुपचाप जलाया, ढिबरी की बाती से तीली को छुआकर फिर उसे बुताकर अलग फेंक दिया...लौ को मद्धिम करके ढिबरी को आले पर रख रही थी तो देखा, चेहरा भारी हो आया था। मिट्टी से रगड़कर जब अपनी उँगलियाँ मैं साफ कर चुका तब उठकर उसे अपने पास बैठाया।

फिकिर काहे की ?—मैं बोला—अपने घर में ये दो ही परानी तो हैं, बाकी मैं हूँ और अब तुम आई हो। तुम्हारी खिलखिलाहट सुनकर माँ बड़ी खुश हुई होगी, आज उसके मन पर से चिंता का सिल उतर गया होगा। देखना, बुढ़िया को आज से अच्छी नींद आएगी, रही रेबनी सो वह बड़ी सुधंग[2] है। वह तुम्हारे इस ढीठपने का कहीं भी जिकिर नहीं करेगी।

अब उसके चेहरे की साबिक सूरत लौट आई थी। बात-बात का फरक है भैया, एक बात आदमी को रुला देती है और दूसरी बात उसे हँसा देती है। सोलह-सत्रह की उमेर,[3] मेहरारू की जात और ससुराल की पहली रात—लाज और डर का भला क्या पूछना !

मैंने कहा—घर का नाम तो बताओ।

फिर लजा गई। दुबारा पूछा तो आहिस्ते से बोली—सुगनी !

सूगा तो तुम हो ही—ठोढ़ी उठाकर उसके मुँह को अपनी तरफ करते हुए मैं

---

1. बाँस के झंझरों का फाटक, 2. सीधे स्वभाव की, 3. उम्र।

बोला—बड़ा अच्छा नाम है। मैं भी इसी नाम से तुम्हें पुकारूँगा।

इनकारी तौर पर उसने माथा हिलाया।

क्यों ?—मैंने पूछा।

कपड़े के एक खूँट को अँगूठे में लपेटती हुई बोली—यह मेरा नइहर नहीं है, यहाँ उस नाम से बुलाओगे तो सब मुझे चिढ़ाएँगे।

तो अकेले में सुगनी कहके बुलाऊँगा, है न मंजूर ?

अबकी उसने मुस्कुराते होंठों और नचाती नजरों से मंजूरी का इशारा किया। इसी बीच कई बार जँभाई ले चुकी थी। मैंने कहा—सो जाओ और, हाँ...यह रहा तुम्हारा मुँह-बजावन[1]...

पाँच रुपैया अंटी से निकालकर उसके हाथ पर मैंने धर दिया। जो रस्म नइहर में नहीं पूरी हुई, वह आखिर यहाँ पूरी हुई। उस रात बाबा जोगादास ने भाँग पिलाकर मति-गति मेरी हर ली थी। इसीलिए यह रुपया माँ ने दिया था।

बाप ने सुगनी को रजाई दी थी, हम वही ओढ़के सो गए। बेचारी को नींद भी आ रही थी और बात-बात में लजा जाती थी सो अलग। मैंने उसे सो जाने दिया। हमारी साझी जिंदगी का यह पहला ही मौका था। वह मुझे काफी लजाधुर और काफी ठंढी मालूम हुई। बिना माँ के पाँच-सात साल बेचारी ने न जाने कैसे काटे थे !

सात

गौना के बाद मैंने तय किया, गाँव नहीं छोड़ेंगे और दूर-दराज जाकर चाकरी भी नहीं करेंगे। तुम कहोगे, नई मेहरिया का मोह हो गया ! हाँ, भैया, सो तो था ही। झूठ काहे कहूँ, जनाना मुझे बड़ी गुनमंती मिली।

जब से वह आई, कैसे बखत बीतने लगा कुछ पता नहीं चलता था। अगले बैशाख में हमने रेबनी को बिदा कर दिया, माँ को कचोट जरूर हुआ मगर रास्ता भी तो दूसरा नहीं था। आदमी मेरी बहन को भी अच्छा ही मिला था। वह पटना के एक होटल में काम करता था। पुरानी और बढ़िया नौकरी थी। खा-पीकर पाँच रुपैया महीना ऊपर पाता था। रेबनी बहुत रोई थी, माँ भी। धन्नो चाची ने समझाया—जभी लड़की होकर पैदा हुई तभी न पराए करम के साथ तेरी नसीब जुड़ गई ! कै रोज नइहर रहेगी ?

सुगनी माँ को इतना आराम पहुँचाने लगी कि कुछ मत पूछो। घर के अंदर का कोई काम वह बुढ़िया को नहीं करने देती थी। दुपहरिया में खाने के बाद और रात को सोते बखत सुगनी मलसी में तेल लेकर अम्मा के पायताने बैठ जाती, लगती गोड़-डाँड़ चापने। कुआँ पर जाकर नहला देती थी। राख-गोबर खेत में डालना होता तो खुद ही

1. पहली बार बोलने के लिए दी जानेवाली रकम या वस्तु (रस्मी तौर पर)।

डाल आती। माँ का काम था मलिकाइन के यहाँ जाकर छोटा-मोटा टहल-टकोरा कर देना, दुकान से सौदा-सुलुफ कर लाना, खेत से साग-छीमी तोड़ लाना, मुझे मजूरी करते बखत कलेवा पहुँचा आना।

वह भी सुगनी को बहुत मानने लगी। पैसा-कौड़ी खुद नहीं रखती थी। मलिकाइन के यहाँ खाने-पीने की कोई निम्मन (भली) चीज-बस्त हाथ लगती तो अकेले कभी नहीं खाती। कनिञा (बहू) बखत पर खाए, बखत पर सोए, मइया को इसका भारी ध्यान रहता।

अपने खेतों में हम सभी काम करने जाते थे। पहले कुछ दिनों तक माँ ने सुगनी को खेत में नहीं जाने दिया, पीछे मगर वह मान गई। गरीबों के यहाँ भैया यह सब चोंचले-नखरे नहीं चलते। बहू हो चाहे बेटी, खेत में काम करने जाना पड़ेगा, पानी भरना होगा, माल-मवेशी चराने होंगे। सिंगार-पटार में बर्बाद करने लायक बखत गरीब घर की जनानी को कहाँ से मिलेगा भैया ? बड़ी जातवाले चाहे कितना ही गरीब हों, उनके घर की औरतें रोजी-धंधा के कामों में मर्दों का हाथ नहीं बटा सकतीं। उनके यहाँ औरतें निकम्मी-निठल्ली बैठी रहती हैं। जितना ही बड़ा खानदान होगा, औरतों में उतना जास्ती निठल्लापन पाओगे। हमारी औरतें मेहनत-मजूरी का दाना खाती हैं। अपनी माँ-बहनों और बहू-बेटियों के हाथ-पैर हमारे यहाँ सिरिफ छूने-मसलने या नचाने-थिरकाने का सामान नहीं हुआ करते; हमारी जिंदगी का सहारा हैं वे हाथ-पैर। क्या मैं झूठ कहता हूँ भाई ?

रेबनी ससुराल रहने लगी तो अपनी तीनों बकरियाँ मैंने बेच डालीं, दस रुपैया मिले। चरवाहा न हो तो जान की बबाल हो जाती है माल-मवेशी। बकरी तो साली और भी परेशान कर देती है। मझले मालिक की गालियाँ सुननी पड़ी थीं एक बार—अब कौन रेबनी थी जो उन पर नजर रखती ? दो छागर (बकरे) थे, सो भुइँया[1] महराज को बलि चढ़े। मनौती थी।

उस साल रबी की फसल भी खूब हुई थी। आम भी अच्छे फले थे। बल्ली बाबू कई बगीचों के मालिक थे। उनसे एक छोटे बाग की रखवाली का काम मुझे मिल गया। दिन को मइया भी अगोरती, रात को मुदा मुझे ही वहाँ मचान पर सोना पड़ता। पचीस-तीस पेड़ थे, उनमें खट्टे दो ही तीन रहे होंगे, बाकी सभी पेड़ों के आम बड़े मीठे, रसदार और गुदगर[2] निकले। हमने खाया भी खूब, बेचा भी काफी। मइया ने अमोट[3] भी खूब डाला। तिहाई बखरा मिलता था। पाँच हजार से कम आम हमारे हिस्से नहीं पड़े होंगे, दो हिस्से मालिक के हुए। रात को लगभग एक महीना मैं बाग में ही सोया, आसपास बाग ही बाग थे जिनमें मेरी ही तरह पचीसों जवान अगोरवाह[4] रात-दिन मौजूद रहते थे। सुगनी का मन कभी-कभी ऊबता था लेकिन थी तो आखिर कमाऊ जनानी, दिन भर डट के काम करती और रात भर तानके सोती। एक रात मैंने रामखेलावन को

---

1. एक देवता जो आदिवासियों के वीर पूर्वज थे, 2. गूदादार, 3. आम का पापड़, 4. रखवाले।

अपने बदले बाग में रख दिया, खुद आकर घर में सोया।

दोनों परानी मिलकर उस बार हमने अपने खेत में मड़ुआ भी ढाई-तीन मन उपजा लिया।

धान रोपने का मौसम आया। मैं दो मजूरों का काम करने लगा। याने दो मजूर जितना काम करते उतना मैं अकेले कर लिया करता था। आठ सेर धान मजूरी मिलती थी, एक आदमी का खाना भी घर आता था। चालीस रोज में मैंने अस्सी बनिहारों का काम किया। माँ मना करती ही रह गई—अरे, बीमार पड़ेगा ! काहे इतना खटता है बेटा ?

जबाब में मैं तनिक हँस देता और बीड़ी टानता हुआ आँगन से निकल जाता।

भादों, आसिन, कातिक और आधा अगहन—साढ़े तीन महीने वहाँ कोई काम नहीं रहता। इन दिनों कोई पूरब निकल जाता सिलीगुड़ी, दिनाजपुर, ढाका की ओर। कोई कलकत्ते के तरफ चला जाता। कोई घर पर ही बैठा रहता—ऐसे लोग मोथी की चटाई बुनते, सन-सावे या मूँज की डोरी बाँटते या फिर मछली फँसाने के लिए टापी, गाँजा वगैरह तैयार करते।

लेकिन मैं कहीं नहीं जाता। बीड़ी पीता रहता और बाघगोटी खेला करता। ईमानदार और मजबूत काठी का था, इसी से महीना पीछू पाँच-सात मजदूरियाँ भी मुझे मिल ही जातीं। मेरी शोहरत थी कि बलचनमा खूब मन लगाकर काम करता है। एक मजदूरी में वह सवा मजूर की मेहनत करता है। कितने ही लोग ताना मारते थे—गधा है, अकिल छू नहीं गया ! उस जनम में तेली का बैल रहा होगा ! अच्छा भाई, मैं बैल ही सही, गधा ही सही ! बेईमान तो नहीं हूँ, कामचोर तो नहीं हूँ, कोढ़ी तो नहीं हूँ...असल बात यह थी भैया कि काम करते बखत मैं किसी भी किसिम की घिचिर-पिचिर या ढिलाई का कायल नहीं था। जिस मुस्तैदी से अपना काम करता उसी मुस्तैदी से दूसरे का भी।

दूसरी ओर मजदूरी में अगर कोई खराब अनाज देता तो फौरन मैं उसे वापस कर आता। गाली मुझे बिलकुल बर्दास्त नहीं होती। झूठमूठ की जी-हजूरी मेरे लिए जहर-माहुर था...

लेकिन अपनी बिरादरी में कभी-कभी झुकना भी पड़ता ही है। अभी वह जमाना कहाँ आया है कि खाली ईमानदारी से सारा काम निकल आए। चालाक और चाँई लोगों की चालबाजियों से बचने के लिए चौकस रहना जरूरी हो जाता है भैया !

भात-रोटी-चबेना...निबाह एक तरह से हो ही रहा था। माँ भी खुश थी, सुगनी भी मस्त रहती थी और मैं भी मगन रहता।

इस तरह हमारी गिरस्ती के तीन साल कटे। बीच में एक दफे बाढ़ आई लेकिन फसिल को नुकसान नहीं पहुँचा। भूचाल आई, गाँधी महतमा आए और राधा बाबू सोसलिस्ट हो गए। मेरे लिए यह तीनों बातें नई थीं। भूचाल बड़े जोर की आई थी। माघ का महीना था, अढ़ाई पहर दिन बीतने पर गड़गड़ाहट सुनाई पड़ी। मैं चुन्नी की

बैठक में लेटा हुआ था कि एकाएक छप्पर मचमचा उठे, भीत समेत दालान हिलने लगी। चुन्नी भी लेटा हुआ था। हम दोनों बातचीत कर रहे थे। दालान के हिलने का अंदाज मुझे तो बिलकुल ही नहीं हुआ लेकिन चुन्नी 'बाप-बाप' करता हुआ उठ खड़ा हुआ। उधर बूढ़े मनियार चाचा धूप सेंक रहे थे, वह भी चिल्लाकर आँगन की ओर भागे।

क्या है जी ?—मैंने उठकर चुन्नी से पूछा तो वह मुँह बनाकर बोला—क्या है ! क्या है ! देखता नहीं है ? धरती डोल रही है, बाहर निकल बुरबक[1] कहीं के !

बैठक से कूदकर हम बाहर आ गए। चुन्नी अपने घर की ओर दौड़ा और मैं अपने घर की ओर।

सुगनी अंदर सोई हुई थी, माँ ने उसे जगाकर बाहर निकाल लिया था। पंद्रह-बीस मिनट के लगभग धरती उसी तरह डोलती रही। हाथी पर चढ़े हो कभी ? नहीं ? अरे, रेलगाड़ी पर तो खूब चढ़े हो न ? सोनपुर से जो रेलगाड़ी पहलेजाघाट तक जाती है वह किस तरह हिलती-डोलती चलती है, बस, वही समझ लो ! उससे कुछ अधिक ही भैया !

माँ और सुगनी की ओर से निफिकिर (बेफिक्र) होकर मैं फिर मनियार चाचा के मकान के दिस[2] दौड़ा। उनके दो घर भीतोंवाले थे, दो जगह भीतों में हलकी दरारें पड़ गईं। बरेरी तनिक अलग हो गई थी एक भीत के माथे पर से। बस, मनियार चाचा का इतना ही नोकसान हुआ था।

खैर, भगवान मालिक हैं सबके !—मेरे मुँह से निकला कि उधर से रामखेलावन का छोटा भाई सुबधा दौड़ा आया। हाँफते-हाँफते वह बोला—बालो भाई, मझले मालिक का इनारा पानी फेंक रहा है, बलुआ पानी ! और मालिकों के कई मकान गिर पड़े हैं, साइत कोई दब भी गया है...

मैं और चुन्नी दौड़े मालिकों की हवेलियों की ओर। पहले बड़ी तरफ गए। वहाँ हाहाकार मची हुई थी। डिप्टी साहब की नई नबेली औरत दुतल्ले के नीचे सो रही थी। उसी साल गौना हुआ था। नींद टूटी तो बाहर जयमंगला के मामा की आहट सुनकर अंदर ही रह गई। ईंट की पुरानी दीवाल भहराकर गिरी सो बेचारी दब मरी। लोग अब मलबा हटा रहे थे। थोड़ी ही देर में उसके अचेतन देह को बाहर निकाला गया और तुलसी-चबूतरे के नजदीक उत्तर सिरहाने लाश लेटा दी गई। जयमंगला और उसकी माँ गला फाड़-फाड़कर और छाती पीट-पीटकर रोने लगीं, बाकी लोग बुत बने खड़े रहे।

महपुरा के खान बहादुर का भी मकान गिर पड़ा था। बल्ली बाबू का भोटिया घोड़ा दब गया। गोसाईं पोखर के उत्तर थोड़ी दूर हटकर जो मैदान है उसमें भारी दरार पड़ गई, उसमें तीरी अमात की बछिया धँसके दब मरी थी।

हमारे जवार (हलके) में लोगों का काफी हर्जा हुआ। दस कोस पच्छिम, सीतामढ़ी के तरफ तो मानो परलय मच गया। सैकड़ों जान-माल बर्बाद हुए, पक्के मकानों की बस्तियाँ पहपट पड़ गईं। सरकारी बँगले, पोस्टाफिस, थाना, कचहरी, जहल, असपताल,

---

1. बेवकूफ, 2. तरफ, दिशा में।

इसकुल (स्कूल) बेकार हो गए। सड़कें फट गईं, जगह-जगह पानी और बालू पट गया। रेलवी लैन अलग-अलग किसी काम की न रही। तार के खंभे झूलने लगे। दस-पंद्रह रोज के लिए सरकार की मानो नाड़ी ही डूब गई ! जो जहाँ था सो वहीं कैद हो रहा। देवी-देवता के मंडिल (मंदिर) तक नहीं साबित बचे भैया ! और क्या बताऊँ ! इधर सीतामढ़ी और उधर मुंगेर—इन्हीं जगहों पर जास्ती धक्का पड़ा।

पीछे सरकार भी सँभलकर खड़ी हुई, लीडर लोग भी दौड़े। रजिंदर बाबू की रिहाई हुई। जवाहिरलाल तक भोलंटियर बनके सीतामढ़ी आ धमके। बंबई के सेठों ने खैराती होटल खोल दिए आकर। काँगरेस ने चन्दे के लिए अपील निकाली तो तीस-चालीस लाख रुपैया इकट्ठा हो गया।

पीने के पानी का सवाद सैकड़ों जगह बिगड़ गया था। अजीब बदबू आती थी। होंठों से पहले साली नाक ही जबाब दे देती ! जंगली गड्ढों में भर चौमासा घास-फूस, डंठल-टहनी, लत्ती-पत्ती जाने क्या-क्या सड़ती रहती हैं, उनके करीब से गुजरोगे तो नाक मूँद लेना होगा...जूट और सन के पौधों को पानी में डाल देते हैं, कुछ दिनों के बाद निकालते हैं तो वहाँ भी बिकट बदबू उठती है...भूचाल ने जिन कुओं को खराब कर दिया उनका भी पानी कुछ वैसा ही गँधाता था। हाय-हाय मच गई ! सबसे बड़ा जरूरी काम कुआँ सुखाना हो गया।

काँगरेस ने जो रिलीफ फंड खोला उसकी तरफ से कुएँ खुदवाने के लिए लाखों की रकम बाँटी गई। हमारे इलाके में रकम बाँटने का काम फूल बाबू के हाथों से हुआ। इधर के गाँवों के लिए उन्हीं को अफसर बनाकर भेजा गया था। रामपुर भारी और नामवर गाँव ठहरा। बाल-बच्चा, औरत-मर्द, धनी-गरीब कुल मिलाकर दो हजार आदमी बसते थे। लेकिन भुइकम्प से इस बस्ती का एक भी कुआँ खराब नहीं हुआ था। कुल बीस कुएँ थे। चमारों और मुसलमानों के कुएँ अलग थे ही। सुना कि रिपोट माँगी गई थी, छोटे मालिक और बल्ली बाबू ने मुन्शी बिपिनबिहारी लाल दास से राय-बात करके जिला काँगरेस कमेटी को लिख दिया था : चार कुएँ खराब हो गए हैं और बीस-एक परिवार ऐसे भी होंगे जिन्हें थोड़ी-बहुत मदद मिलनी चाहिए क्योंकि अपने गिरे-पड़े मकानों को फिर खड़े करने की सामर्थ बेचारों में नहीं है...

फूल बाबू मधुबनी से टमटम पर आए, सीधे जाकर अपने फूफा के घर उतरे। बता ही चुका हूँ, हमारे छोटे मालिक उनके फूफा लगते थे।

एक ही रोज वह हमारी बस्ती में रहे थे, मैं जान-बूझकर उनसे नहीं मिला। मालिकों के यहाँ और बभनटोली में एक चक्कर लगाया था उन्होंने, साथ में दो भोलंटियर रहे।

जानते हो, उस रोज फूल बाबू हमारी बस्ती में क्या कुछ कर आए थे !

रिलीफ फंड की ओर से भगवान जाने कितनी रकम इस गाँव के लिए उन्हें मिली थी ! लेकिन कुछ दिनों बाद मुन्शीजी के लड़के से जो मुझे मालूम हुआ वही तुम्हें बता देता हूँ। इससे तुम्हें अंजाद (अंदाज) जरूर होगा कि लाखों की वह रकम लोगों में किस

तरह बँटी होगी ! लो सुन लो भैया :

1.	बबुअन पाठक के	नाम पर	60	की रकम लिखी थी	30 मिले
2.	दामो ठाकुर	”	40	”	20 ”
3.	मोसम्मात जानकी	”	30	”	15 ”
4.	तारानंद झा	”	30	”	15 ”
5.	खोंखाइ मिसिर	”	25	”	10 ”
6.	चतुरानन चौधरी	”	40	”	20 ”
7.	पचकौड़ी झा	”	25	”	10 ”
8.	जैबल्लभ मलिक	”	25	”	10 ”
9.	बंभोल झा	”	25	”	10 ”
10.	बचवे मिसिर	”	25	”	10 ”
11.	मनियार गोप	”	25	”	8 ”
12.	छकौड़ी गोप	”	25	”	8 ”
13.	कपिलेसर मंड़ड़	”	25	”	8 ”
14.	तीरी अमात	”	20	”	6 ”
15.	कल्लर केवट	”	20	”	6 ”
16.	मोसम्मात कुंती	”	15	”	3 ”
17.	बुद्धू चमार	”	15	”	3 ”
18.	शेख अब्दुल	”	25	”	3 ”
19.	करीम बक्श	”	15	”	3 ”
20.	मोसम्मात हमीदा	”	15	”	3 ”

समझा भैया, बीस आदमियों के नाम सवा पाँच सौ रुपए की खैरात लिखी गई लेकिन लोगों को मिले सिरिफ दो सौ छः रुपए ! कुएँ सुधारने के नाम पर एक हजार रुपैया मिला। उस रकम को छोटे मालिक ने, बल्ली बाबू ने और दासजी ने आपस में बाँट लिया था। एक-एक को अलग-अलग बुलाकर बल्ली बाबू और दासजी ने रुपए बाँटे। लोगों ने अकासी आमदनी समझकर दसखत कर दिया, अँगूठे की छाप दे दी। जिसका जैसा मुँह, जिसकी जैसी आवाज, उसको उतनी ही रकम मिली। हमारे मनियार चाचा ने चुपचाप ली थी, चुन्नी खैराती रकम लेने के खिलाफ अपनी राय परगट कर चुका था। मालिक मेरी माँ को भी पाँच रुपए देना चाहते थे, पूछने आई तो मैंने उसे डाँट दिया। मोसम्मात कुंती जूगल कामत की विधवा औरत थी, उसे भी खैरात मिली थी। पूछने पर बोली—बबुआ बालो, भुइकंफ[1] यह क्या हुआ, बड़े लोगों के लिए आमदनी का एगो अउर रास्ता निकल गया...

हँसिया था हाथ में, घास काटने जा रही थी। नजीक आकर मेरे कान की तरफ

1. भूकंप, भूचाल।

मुँह करके वह फुसफुसाई—ये लोग जुलुम करते हैं बेटा, देते हैं दो और कागज पर चढ़ाते हैं दस ! इमान-धरम इनका सब डूब गया, तेल जरे तेली का और फटे मशालची का ! छोटे मालिक का सरबेटा आया था अफसर बनके खैरात बाँटने। हो न हो, हजार-पाँच सौ उसने जरूर मार लिया होगा...पता लगाना बेटा, मेरे नाम कै रुपैया चढ़ा है।

चाची, तुमको मिला कितना ?

हलके हाथ से छाती ठोंक के कुंती बोली—हाय गोसँइयाँ[1], तीन ही तो मिले हैं !

मुझे तब तक कोई खास बात खैरात के बारे में कहाँ मालूम हो सकी थी ! सिर हिलाता हुआ मैं उस अनाथ औरत की ओर आँखें फाड़-फाड़कर देखने लगा। छन भर बाद बोला—जाने दो चाची, क्या होगा अब पता लगाकर ? राकस के पेट में जो गया सो गया !

फूल बाबू पर इसके बाद मुझे और असर्धा[2] हो गई। काँगरेस के बारे में सोचने लगा कि स्वराज मिलने पर बाबू-भैया लोग आपस में ही दही-मछली बाँट लेंगे, जो लोग आज मालिक बने बैठे हैं आगे भी तर माल वही उड़ावेंगे। हम लोगों के हिस्से सीठी ही सीठी पड़ेगी।

राधा बाबू पर सर्धा बढ़ गई क्योंकि वह सोसलिस्ट हो गए थे। बरहमपुरा जाकर मैं चार रोज उनके साथ इस बीच भी रह आया था। उतने बड़े लीडर से बातचीत तो भला मैं क्या करता, मगर देखा कि अब वह धोती-कमीज पहनने लगे थे, दाढ़ी तीसरे दिन पर बनाने लगे थे। सुना कि आसरम छोड़कर आगे शहर में डेरा जमावेंगे। रूपलाल कुछ समझदार था, अब वही राधा बाबू के साथ रहता। उससे मालूम हुआ कि काँगरेस के अंदर ही इन लोगों का एक अलग दल बन गया है। इस दल में बूढ़े लीडर नहीं हैं; सभी जबान हैं। गाँधी महतमा से किस बात में सोसलिस्टों का मेल नहीं खाता है ? अँगरेजी राज न् काँगरेस चाहती है, न सोसलिस्ट ही चाहते हैं। लेकिन गाँधी महतमा कल-कारखाना के खिलाफ हैं। वह इसके भी खिलाफ हैं कि सेठों-जमींदारों, राजों-महराजों से जमीन-जायदाद और धन-संपदा छीनकर उसे लोगों में बाँट दिया जाए। बूँद भर भी लोहू नहीं बहाना चाहिए। मार खाना ठीक, मारना ठीक नहीं। लबकर-दबकर अपनी बात मनवाना चाहिए। सचाई पर रहोगे और अपनी माँग पर अड़े रहोगे तो एक न एक दिन जालिम का भी दिल जरूर पसीजेगा...गाँधी महतमा नोकसान किसी का नहीं चाहते, न गरीब का और न अमीर का। वह अँगरेजों से भी कड़ाई का बर्ताव नहीं रखते। उनका कहना है कि एक न एक दिन अँगरेजों की मति फिर जाएगी तब वे आपो-आप यह मुलुक छोड़कर चल देंगे, उनको जास्ती परेशान मत करो !

इस पर, भैया, सोसलिस्टों का क्या कहना था ? उनका कहना यही था कि दो-चार साधू-महतमा के गिड़गिड़ाने से अँगरेजों का दिल नहीं बदलेगा। समूची जनता आपस के भेद-भाव भुलाकर उठ खड़ी होगी, तभी अँगरेज भागेगा। समूची जनता कैसे

---

1. भगवान, परमेश्वर, 2. अश्रद्धा, घृणा।

आपस का भेद-भाव भूलेगी, कैसे एक होगी ? लोगों को जब बिसवास हो जाएगा कि जमींदार-महाजन की फाजिल धन-संपदा उन्हीं में बँट जाएगी, रोजी-रोटी का सवाल हल होगा, बच्चों की पढ़ाई-लिखाई...बुढ़ापे की बेफिक्री...खान-पान और रहन-सहन का ठौर-ठिकाना...दवा-दारू, पथ-पानी का इंतजाम...यह सब सभी के लिए सुलभ होगा, दरभंगा के महराज हों चाहे पटना के लाट साहब—मुफत का खाना किसी को नहीं मिलेगा...सब काम करेगा, सब दाम पावेगा...लूल-अपंग, बूढ़-बेकार सबकी जिम्मेवारी सरकार को उठानी पड़ेगी, पैसे के बल पर कोई किसी को बँधुआ गुलाम नहीं बना सकेगा—

मैं बोला—ठीक तो कहते हैं सोसलिस्ट भाई, जिसका हर-फार उसकी धरती ! ज़िसका हुनर और जिसका हाथ उसी का कल-कारखाना।

रूपलाल बोला—हाँ बालचंद, कमानेवाला खाएगा...इसके चलते जो कुछ हो !

सोसलिस्टों के बारे में उस रोज जितना कुछ मुझे मालूम हुआ, अभी उतने से ही मेरा दिल उछलने लगा भैया ! कहो न कैसी अच्छी बात थी ? फूल बाबू पटना में एक बार नमक बनाते बखत खूब पिटाए थे, तब भी गाँधी महतमा के पंथ की यह बात मेरी समझ में नहीं आई थी। इस तरह तो तुम पिटाते-पिटाते बेदम हो जाओगे, एक भी काम नहीं होगा।

राधा बाबू की रहन-सहन, बात-बिचार में यह जो फेर-फार हुआ इससे उनकी स्त्री भी तिरपित[1] मालूम हुई। घर आने लगा तो बाबू ने कहा—क्या करता रहता है गाँव में बैठकर ?

बाएँ हाथ की उँगलियों से मेरे दाहिने कान को वह हौले-हौले मसलने लगे। मैं सकुचाकर खड़ा हो गया। छन भर बाद वह फिर बोले—दो महीने बाद मैं महपुरा आनेवाला हूँ, खबर कर दूँ तो जरूर मिलना।

इशारे से मैंने 'हाँ' कहा और चला आया।

उसी महीने में गाँधी महतमा की अवाई हुई। मैं, चुन्नी और रामखेलावन उनका दरसन करने मधुबनी पहुँचे थे। भारी मेला जुट गया, पचास हजार लोग आए थे महतमा को देखने। फूल-फल, केला, अररनेबा (पपीता), हाथ का कता हुआ सूत, खुशबूदार धान की बालियों के गुच्छे, लौकी, बैंगन...चढ़ाने के लिए न जाने कितनी किसिम की चीज-बस्त लोग ले आए थे। खद्दर भंडार के पासवाले मैदान में ऊँची जगह बनाई गई थी, उसी पर गाँधीजी बैठे हुए थे। हम सीसम के पेड़ पर चढ़े तभी उनको भर आँख देख पाए। रमखेलौना पेड़ पर चढ़ना नहीं जानता, वह यों ही उचक-उचकके अपने आप खीझता रहा साथ ही कोसता भी। मगर इसमें हमारा क्या कसूर था ? पल्थी लगाए बैठे थे महतमा, उनकी बोली हमारे कानों तक नहीं पहुँच रही थी। हाँ, दाहिना हाथ उठा-उठाकर बार-बार समझा रहे थे, यह साफ लौक रहा था।

---

1. तृप्त, संतुष्ट।

घर लौटते-लौटते रात हो गई थी। माँ खा-पीकर सो चुकी थी, सुगनी मेरा बाट जोह रही थी। ऐसा ही होता था। लाख समझाने-बुझाने पर भी उसे मैं इस बात के लिए राजी कहाँ कर सका कि खाने-पीने में मेरा बाट नाहक न जोहती रहे ? जड़काला[1] तो वह था ही, भात ठिठुरकर चावल के दाने हो गए थे !

खा-पीकर निचेन[2] हुआ तो सुगनी को थोड़ा गाँधी महतमा के बारे में समझा दिया। जोरू न ठहरी ! कौड़ी भर भी नई बात मालूम हो उसमें से तनी (तनिक) खोंटकर बेचारी के कान में जरूर डाल देना चाहिए, क्या राय है तुम्हारी ?

अगले बैसाख में छोटी मलिकाइन के लड़के का जनेऊ हुआ। काफी भोज-भात, खूब रमन-चमन। मैंने और कल्लर ने मिलकर आम का एक गाछ[3] काटा, उसके दो तने थे। फाड़कर हमने चैलियों का ढेर लगा दिया। बीस-पचीस मन से कम का तो वह क्या रहा होगा ? मालिक का घराना था, काज-परोजन के दिन थे। मालिक ने मुझसे अकेले में माँफी माँग ली थी। उस साल मेरी बहन के साथ वैसा सलूक करके उन्होंने हमारे मन को हमेशा के लिए फाड़ दिया था, किस मुँह से उस शख्स ने फिर मुझसे माफी माँगी ! मैं तो भैया दंग रह गया ! मलिकाइन पर मुझे उतना गुस्सा कभी नहीं आया जितना इस पतीत पर...उपनैन[4] के रोज मुझे गुलाबी रंग में रँगी हुई दो धोतियाँ मिलीं मलिकाइन के हाथों से, माँ को बारह हाथ (6 गज) की साड़ी मिली। सोलह ठो तो छागर (बकरा) ही बलि चढ़े थे, चार खस्सी पीटे[5] गए थे। चार रोज तक हवेली मसुआइन महकती रही। भगवती की पिंडी के सामने देवाल (दीवार) पर खून के फव्वारों की निशानी हवेली के अंदर तुम अब भी देखोगे। हमारे तिरहुतिया बराहमन, औकात रही तो, लड़के का जनेऊ, बड़ी धूमधाम से करते हैं। ढोल-ढाक, रशनचौकी,[6] नटुआ-रंडी का नाच, कीर्तन, ठेटर,[7] भेड़ों की लड़ाई जैसा पंडितों का सासतराथ (शास्त्रार्थ)...क्या नहीं होता है ? सब होता है भैया ! तमाम रिश्तेदार बुलाए जाते हैं, नाते की औरतों का भी लिआवन[8] होता है। गाँव की और कभी-कभी पड़ोस गाँवों की बिरादरी को जिंवाया जाता है। छोटी जातवालों की तकदीर में उनका जूठन और बचा हुआ बासी ही पड़ता है। यहाँ भी वही हुआ भैया !

फूल बाबू अब भारी लीडर हो गए थे, साइकिल से आए, मँडवा पर[9] थोड़ी देर बैठकर जनेउआ का रसम-रेवाज देखते रहे और उठकर चल दिहिन तो घेर-घेर के मलिकाइन ने नास्ता कराया। फिर वह फौरन चल पड़े। उनकी माँ का लिआवन हुआ था, वह पाँच-छः रोज रही थीं।

कुछ और खेत मैंने बँटाई पर ले लिये। फूदन मिसिर की विधवा जरुफ मोसम्मात जानकी ने अपनी उपजाऊ जमीन का एक टुकड़ा मुझे बटाई पर दे दिया। यह चार कट्ठा था। जब से मिसिर मरे तभी से छकौड़ी चाचा इस खेत को उपजाता आया था। सूखा

---

1. जाड़े का मौसम, 2. बेफिक्र, 3. पेड़, 4. उपनयन, जनेऊ, यज्ञोपवीत, 5. लाठी से मार डाले गए, 6. रोशनचौकी, ताशा, 7. थिएटर, 8. आनयन, लिवा लाना या ले जाना, 9. मंडप में।

हो चाहे महीनों मेघ बरसे, यह जमीन कभी धोखा नहीं देती थी। फी कट्ठा मन भर धान तो होता ही, समय-साल अगर अच्छा हुआ तो फिर पूछो ही मत। फिर तो आठ मन से कम उपजता ही नहीं। मगर, पिछले दो-तीन बर्खो (वर्षों) से यह छकौड़ी चाचा से सँभल नहीं रहा था। दो जवान लड़के बंगाल में नौकरी पर थे, काम चलाने लायक रुपैया भेजते रहते। अपनी उमर सत्तरह पार कर आई थी। बेचारे ने कई बार बाट-घाट पर राह छेककर मुझसे जब कहा तो मैं राजी हो गया। बात यह थी कि मेरा बाप गाढ़े बखत पर छकौड़ी के काम आया था। गाय बँधी थी। सावन का महीना, रात का बखत। करैत[1] आकर बेचारी को डस गया। जहर-रग-रग में फैलने लगा, गाय रँभा-रँभा उठती थी। छकौड़ी ताड़ी पीकर उस रोज बुत्त[2] पड़ा था। औरत बाल-बच्चे लेकर नइहर गई हुई थी, माँ के सराध में...सुबह होते-होते अभागी जीव के प्रान डूब गए, छकौड़ी को गोबध का परासचित[3] लगा—वही पंडित बबुअन झा ने पचास रुपए लिए तब जाकर पतिया[4] लिखा था। सिमरिया घाट (गंगा) जाना पड़ा, मय चोटी के बाल कटाने पड़े, बालू-गोबर निगलना पड़ा, दान-दच्छिना करनी पड़ी। घर लौटकर सतनरायन भगवान की कथा सुनी। बिरादरी को और समाज को तब जाकर छकौड़ी का छुआ हुआ पान-परसाद (प्रसाद) गरहाज (ग्राह्य) हुआ ! और, भैया, मेरा बाप ऐन मौके पर सौ ठो रुपैया नहीं दिए होता तो छकौड़ी चाचा रामपुर छोड़-छाड़के भाग गए होते ! बाबू मेरा ढाका से दो साल पर आया हुआ था। छकौड़ी आकर उसके पैरों पर गिर पड़ा और रोता हुआ बोला—लालचन, जो चाहे सो लिखवा लेना लेकिन 'ना' मत करो; भीत से टकराकर कपार फोड़ लूँगा और मर जाऊँगा तेरे ही सामने। चलके इस पाप से मेरा उद्धार कर दे लालो !...बाबू चुपचाप भीतर आया, सौ गो रुपैया लेकर उसके हाथ पर धर दिया—दादी के मुँह से यह सब मैंने सुना था। सो, छकौड़ी ने अब उसी उपकार का बदला चुकाकर अपने सिर को हल्का कर दिया। यों वह कर्जा उसने मेरे बाबू के जीते जी ही चुका दिया था।

पाँच कट्ठा खेत दामो ठाकुर के मेरे पास यों ही आ गए। बटाई भी लोग उसी खेतिहर को देना पसंद करते हैं जो मेहनती और ईमानदार हो। ठाकुर गाँव में अब साल-पीछे छः महीना भी नहीं रहते। घरवाली नइहर गई थी, वहाँ हैजा फैला तो उसी की लपेट में आ गई बेचारी। दस साल की एक लड़की थी, उसे कहाँ-कहाँ लिए फिरते ? हारकर उसको भी ननिहाल में छोड़ आए। जमीन-जाल मामूली ही था। यही पाँच कट्ठा भिट्ठा[5] खेत, घर-आँगन, बाड़ी, बँसवार,[6] कलकतिया[7] के छै-सात पेड़ बस। लोग कहते हैं, ठाकुर दारू भी पीते थे। मैंने नहीं देखा कभी, हाँ, भंग वह जरूर पीते रहे। एक बार क्या, दिन में दो-दो बार कहो !

नहाते बखत, जँभाई लेते बखत, भेंट-मुलाकात के बखत, अहल-भोरे नींद टूटते

---

1. काला और विषधर साँप, 2. धुत्त बेहोश, 3. प्रायश्चित, 4. व्यवस्थापत्र, 5. जिस जगह कभी घर-वर रहा हो, ऊँचा, 6. बाँसों की बगिया, 7. आम की एक उम्दा किस्म।

बखत उनके मुँह से 'तारा-तारा, जगदंबा, जगत्तारिणी, माँ-माँ' यही निकला करता था।

मुझ पर खूब खुश थे। पीछे चलकर अपने घर-आँगन की निगरानी का भार मुझको ही सौंप दिया। बाहर से आते तो मेरे लिए कमीज-कुर्ता या बनियाइन जरूर लाते। एक बार मैंने कहा—यह क्या देत हैं मालिक, धोती दीजिए !

पहनी हुई को छूकर बोले—गाढ़े रंग की यह तो तुझे पसंद आवेगी नहीं तो फिर सादी निकालकर रखूँगा, ले लेना कल।

अगले दिन फस्ट किलास की एक धोती ठाकुर ने दी तो मेरी बाछें खिल गईं, मन ही मन बोला—एँ, ऐसी बढ़िया धोती पहनके तू निकलेगा !

उन्होंने मुझे छूट दे रखी थी—चाहे जितने बाँस काट लेना मुदा अपने ही मतलब के, न दूसरों के लिए और न बेचने के लिए। मैं भी साल भर में मुश्किल से चार-पाँच से जास्ती बाँस न काटता रहा होऊँगा !

उपज का अपना हिस्सा वह नगदी ही लेना पसंद करते थे।

राधा बाबू की खबर लेकर एक रोज महपुरा से एक बूढ़ा पासी आया तो मैं वहाँ गया। उस बस्ती के डाक्टर रहमान इलाके भर में मशहूर थे। काँगरेस की तरफ से जेल भी हो आए थे। राधा बाबू उन्हीं के यहाँ ठहरे थे।

जमींदार खानबहादुर सादुल्ला खाँ थे। रैयत हिंदू-मुसलमान सभी जात की थी। आठ-दस मौजे की मालगुजारी आती थी। वह खुद ढाई-तीन सौ बीघा ही रखे हुए थे, बाकी हजारों बीघा जमीन मनखप लगी थी। मनखप समझा भैया ? नहीं, अरे भाई, उपज का सोलहवाँ-बीसवाँ या दसवाँ हिस्सा मालिक वसूल करता है, जिन्सी लगान के तौर पर; एक मन बीघा, दो मन बीघा या तीन मन...उतना अनाज या उतने की रकम जाकर मालिक के यहाँ जमा कर दो।

महपुरा के छोटी औकात के तीन सौ खेतिहर खानबहादुर की हजार बीघा जमीन पुश्त-दर-पुश्त से मनहुंडा जोतते आए थे। अब काँगरेसी अमल (शासन) आनेवाला था। तरह-तरह की अफवाहें फैल रही थीं। खानबहादुर पहले से ही चौकस हो गए। वह इस कोशिश में लगे कि एक की जोत का खेत दूसरे के नाम बंदोबस्त होता चला जाए। गुपचुप चार-छः बंदोबस्तियाँ हो भी चुकी थीं।

खेतिहरों में कुनमुनाहट आई। उनके तरफ से डाक्टर रहमान जिला के काँगरेसी लीडरों के पास पहुँचे। लेकिन महतमाजी के चेला लोग उल्टे रहमान साहब को ही शांति और संतोख (संतोष) का शर्बत पिलाकर चुप बैठे रहे। मगर खानबहादुर नहीं बैठे रहे, भीतर ही भीतर जमींदारी दाँव-पेंच उनका बढ़ता ही गया। गरीब किसानों की यह जमीन अपने-अपने नाम चुपचाप लिखा कौन रहे थे ? बड़े-मझले किसान जो अक्सर हमारे तरफ के बराहमन, भुँइहार (भूमिहार), शेख और सूँड़ी-महाजन होते हैं—यही हड़पना चाहते थे गरीबों के मुट्ठी-दो मुट्ठी भात को ! डाक्टर रहमान कब तक बैठे रहते, गरीब लोग उन्हें कैसे बैठने देते ? राधा बाबू के साथ उनकी पटना-कम्प जेल की दोस्ती थी, पहुँचे सीधे उनके पास। उन दिनों सोसलिस्टों में बड़ी गर्मी थी भैया ! वे जो कुछ कहते,

उसे करने की भी कोशिश उनकी ओर से होती थी। मजूरों की हड़ताल हो, चाहे किसानों का आंदोलन—सोसलिस्ट भाई उसमें आगे बढ़कर हिस्सा लेते थे। सो, राधा बाबू ने डाक्टर रहमान की बातें मन लगाकर सुनीं और खानबहादुर के खिलाफ लड़ाई छेड़ने का रास्ता बता दिया। किसानों का संगठन, अखबारों से जमींदार की जालिमाना हरकतों का पर्चार (प्रचार), कम से कम पचास भोलंटियरों की बहाली, बीस-पचीस मन अनाज और सौ ठो रुपैया, इलाके भर के किसानों की एक भारी मीटिंग...

डाक्टर रहमान महपुरा लौट आए और किसानों को सबकुछ समझा दिया। लोग फौरन राजी हो गए। उस जालिम जमींदार का मुकाबला अकेले तो कोई कर नहीं सकता था? उसके पीठ पर थाने के दरोगा साहब थे, दरभंगा के कलट्टर साहब थे; इलाके भर के जमींदार, पंडित और मौलबी सब खानबहादुर के पच्छ (पक्ष) में थे। पच्छिम के दस लठैत जवान, नेपाल के पाँच खुखरी-बहादुर...बड़ा ताकतवर था खानबहादुर ! अकेले कौन उससे भिड़ता ? लेकिन सौ ठो साली लाठी एक जगह हो जाए तो उसका एक भारी बोझ बन जाता है ! अपनी-अपनी धरती की हिफाजत के लिए किसान एक होने लगे। पहले उनकी तरफ से रहमान साहब जमींदार को कई बार समझा चुके थे, अब और कोई रास्ता नहीं था। रैयत लोगों ने तय कर लिया कि लाश गिरे तो गिरे, मगर अपने खेत दूसरों की दखल में नहीं जाने देंगे !

किसानों की ओर से काफी तैयारी हो चुकी थी, इलाके भर में नोटिस बँटी थी। राधा बाबू मीटिंग से दो रोज पहले ही आ डटे थे।

मुझे देखते ही वह बोले—अबकी तुझे भी जेल की खिचड़ी खानी होगी !

इतना कहकर बाबू मुस्कुराए और नजर मारकर एक नाटे-गोरे आदमी का ध्यान मेरी ओर खींचा। फिर बोले—यह रहा बलचनमा रहमानसाहब, लिख लीजिए इसका भी नाम भोलंटियरों में।

खादी का सफेद पैजामा, चारखाना कमीज। मूँछ थी, दाढ़ी साफ। बाल अँगूठिया थे। उस बखत उनके हाथ में बधना (एक प्रकार का लोटा) था, पैखाना जा रहे होंगे। भरी-पूरी खिलखिलाहट से आसपास को गुँजाकर वह बोले—क्यों रे, लिख लूँ नाम ?

कह तो दिया एक बार—चश्मा खोलकर उसे हाथ में लेते हुए राधा बाबू ने कहा—जाइए, पाखाना से हो आइए, तब।

धोती के छोर से उन्होंने चश्मा को साफ किया, उसे नाक पर बैठाते हुए बोले—तीन रोज अभी यहाँ तुझे साथ रखूँगा, फिर छुट्टी ! जा, आश्रम देख आ।

तो क्या यहाँ भी आसरम है ?—मैं चकुआकर[1] इधर-उधर ताकने लगा। पास-पड़ोस में साफ-सूफ मकान थे। छोटे-छोटे। घूरों पर दो-तीन जगह मुर्गे दिखाई दिए, दो-एक मुर्गी भी थी। जरा हटकर भीत की आड़ में काले रंग की कुतिया पीली हड्डी चबा रही थी। बथान पर चार तंदुरुस्त बैल काठ की लम्बी नाँद में मुँह डाले सानी-भूसी खा रहे

1. चौंककर।

थे। दूसरी ओर भूरे रंग की नाटी घोड़ी बँधी हुई थी। भूसी का ढेर, दो ठो हल। बैठक में दो कुर्सियाँ, एक तख़्तपोश। एक मामूली आलमारी, बंद। आले पर दवा की गोलियों से भरी कुछ शीशियाँ, रबड़ की नली और सफेद डब्बा खूँटी में टँगा था। भैया, आखिर डाक्टर का बैठकखाना ठहरा न ? अपना-अपना औजार किसके घर नहीं होता ?

जो मुझे घर से बुला लाया था, वही ले गया अब आसरम की ओर। गाँव के बिलकुल बाहर, बगीचे के पास।

दूर से ही देखा, बाँस की छिपाठी[1] पर लाल झंडा फहरा रहा है। नगीच जाकर नजर ऊपर की तो लाल झंडे पर दो औजारों के निशान दिखाई पड़े—एक निशान था हँसुआ का, दूसरा हथौड़े का[2]...हँसुआ के सूने पेट पर हथौड़े का माथा !

आसरम क्या था, फूस-घास की टंपरेली[3] मड़इया थी ! खाकी जँघिया और लाल हाफ-कमीज पहने दो नौजवान अंदर बैठे थे। ईंटों का चूल्हा, मिट्टी की हाँड़ी। रसोई बोल रही थी खुद-बुद खुद-बुद, खद-बद खद-बद। बूढ़े बराहमन बाप की बिना ब्याही बेटियों की तरह आम की सूखी टहनियाँ फटे-सूखे बाँस के साथ जल रही थीं, उनका धुआँ भी उतना ही कड़वा था !

भोलंटियर भाइयों से देर तक मैं बातें करता रहा। उनसे मैं जल्दी ही हिल-मिल गया। वे रोजी-रोटी की लड़ाई के बहादुर सिपाही थे। सोसलिस्ट पार्टी ने उन्हें दरभंगा से यहाँ भेजा था। मेरी ही भाँति वह भी गरीब माँ-बाप के बेटा थे। एक बराहमन था, दूसरा ग्वाला। उमर भी उनकी मेरी जितनी थी। उनमें यहाँ जात-पाँत का कोई फरक नहीं था। एक का नाम था दिनेस, दूसरे का सुरजा। दिनेस ने मुझे चूड़ा फाँकने को दिया और कहा—भूख लगी होगी कामरेड, डाल लो तब तक पेट में कुछ।

कामरेड !—यह तो मैंने कभी सुना ही नहीं था ! लाज के मारे उस रोज तो इसका मतलब मैं मालूम नहीं कर सका लेकिन दो दिन बाद मालूम हो गया। कामरेड का मतलब है लड़ाई का साथी। एक ही मोर्चे के दो फौजी जवान एक-दूसरे को कामरेड कहकर बुलाते हैं। अपने हक के लिए लड़नेवाले हम गरीबों के लिए कामरेड से जास्ती प्यारा कोई लबज (लफ़्ज़) है नहीं।

थोड़ी देर बाद लौटकर मैं राधा बाबू के पास आ गया, उनकी धोती और कमीज को साबुन लगाकर कचार दिया। बाहर कपड़े फैलाते ही उधर खाना हाजिर। बरहमपुरा आसरम में कई महीने रह चुका था, मुसलमानों का छुआ खाना खाने में परहेज-उरहेज नहीं था लेकिन इतना डर जरूर लग रहा था कि बिरादरी का कोई देख लेगा तो यह ख़बर गाँव-घर पहुँच जाएगी; नाहक बखेड़ा ख़ड़ा होगा ! इसी से थाली उठाकर बैठक़खाने के अंदरवाले रूम में चला गया, वहीं खा लिया। खेसारी की दाल और भात था, तरकारी थी भिङ्नी (तरोई) की। भैया, मुसलमानों के यहाँ जैसा बढ़िया खाना बनता है वैसा बढ़िया और कहाँ ! बाजी तो नहीं बदोगे ?

---

1. छोरवाला हिस्सा, 2. सोशलिस्ट झंडे के पहले निशांन, 3. टेम्परेरी।

माँ को खबर करने की छुट्टी माँगी तो बाबू ने हँसकर कहा—हाँ रे, जानता हूँ, तू किसको खबर करने जाना चाहता है !

मैं लजा गया और निगाहें नीची कर चल पड़ा अपने गाँव की ओर।

आठ

मीटिंग में चार सौ करीब लोग आए थे। आसरम के पासवाले मैदान में सभा नहीं हो सकी, बाग में भी नहीं। खानबहादुर के मनेजर ने ऐन मौके पर वहाँ अपने लठैतों को तैनात कर दिया था। अब क्या हो ? क्या मीटिंग नहीं होगी ? नहीं, मीटिंग हुई और शानदार मीटिंग हुई !

अधेड़ उमर के एक आदमी ने लोगों से ललकारकर कहा—वह रहा मेरा खेत, पाँच कट्ठे का टुकड़ा है। उसमें मड़ुआ के पौधे लहलहा रहे हैं...आओ भाइयो, वहीं मीटिंग होगी; आओ, मड़ुआ काटकर घड़ी-आध घड़ी में जगह बना लेते हैं...

बिजली की फुर्ती से वह आगे बढ़ा। देखते-देखते बस्ती से बीच-पचीस हँसिया मँगा ली गईं और लोग पौधे काटने लगे। किसानों का भारी जोश उमड़ा। आधा घंटे के अंदर समूचा खेत साफ हो गया। बीचोबीच तख्तपोश डालकर लीडरों के लिए जगह बना ली गई और मीटिंग का काम शुरू हुआ।

भैया, कौन था वह आदमी जिसने अपनी हरी-भरी फसल बर्बाद करके मीटिंग के लिए जगह बना दी ?

उसका नाम लतीफ था। मेहनती, गरीब और ईमानदार। कुल डेढ़ बीघा जमीन उसकी जोत में थी। बड़े-बड़े नेताओं के त्याग-तपस्या की कहानियाँ तुमने सुनी होंगी, लेकिन महपुरा के उस गरीब किसान के इस त्याग को भला कौन-सा दर्जा दोगे ? हरी फसल कटते वक्त मेरी तो भैया आँखें छलछला आईं ! मैं सपने में भी इस किसिम की बात नहीं सोच सकता था।

लीडर पाँच-छः आए थे। पटने से स्वामीजी, गया से शर्माजी, मुजफ्फरपुर से मिसिरजी, कहीं के एक और बाबू थे, समस्तीपुर के गंगा बाबू और राधा बाबू। स्वामीजी नाटे कद के जरा साँवले आदमी थे, कपड़े गेरुआ रंग में रँगे हुए। बोलते थे तो ऐसा बुझाता था मानो भाड़ में मकई का लावा फूट रहा हो ! खाना-पीना फल और दूध, बस। उनके लिए गाय का पाँच सेर दूध, पके केलों की समूची घौद और भर छिट्टा[1] संतोला-लेंबू आया था। खाते भी खूब थे, भोगिंदर[2] समझ लो ! खाने बैठे तो एक ही बार में इतना संतोला खा गए कि सामने सीठी और छिलका का ढेर लग गया, भर छाती ! मुदा, मीटिंग में स्वामीजी दहाड़े भी खूब ! मय खानबहादुर, मय दरोगाजी, मय

---

1. टोकरी, खँचिया, 2. ज्यादा मात्रा में और अच्छी चीजें खानेवाला, भोगेंद्र।

एस.डी.ओ., मय क़लट्टर उन्होंने सबको ललकारा। महराज बहादुर[1] को ऐसा रगड़ा, ऐसा रगड़ा कि क्या बताऊँ ! सरकार की भी खूब छीछालेदर की सामीजी ने ! पटना से दो ठो अफसर रिपोट लेने आए थे, वे सामीजी के लेकचर का एक-एक अच्छर लिख रहे थे—खानबहादुर की डेवढ़ी से उनके लिए टेबुल-कुर्सी आई थी। उन्हीं के लिए क्यों, दो कुर्सी और एक टूल (स्टूल) और भी तो मँगवाई गई थी ! कुर्सियों पर एस.डी.ओ. और डिप्टी मजिस्ट्रेट बैठे थे, टूल पर खजौली के दरोगाजी।

स्वामीजी ने किसानों से कहा—बाहरी लीडरों के भरोसे मत रहिए, अपना नेता आप खुद बनिए। मँगनी और उधार के बाहरी नेता बहुत देखे, मगर कुछ हुआ-हवाया नहीं। माना कि नेता पढ़े-लिखे होते हैं और आप अपढ़-अनजान हैं, लेकिन गेहूँ-चावल, दूध-घी, तिलहन-कपास सब कुछ आप ही पैदा करते हैं, लीडर लोग तो आपकी ही कमाई का हलवा खाकर लेक्चर देने आते हैं और अपने दिमाग व पेट की बदहजमी मिटाते हैं। आप अपनी अकल से इतना तो जानते ही हैं कि लेक्चर कोई चाहे लाख दे जाय, उससे न एक दाना चावल पैदा होता है न गेहूँ और न घी-दूध ही ! लेक्चर सुनके भूख-प्यास नहीं मिटती। आप लोग लीडरों से लाख दर्जे अच्छे हैं। आप सबकुछ पैदा करते हैं तो अपना लीडर भी अपने ही यहाँ पैदा कीजिए। जो आपका आदमी होगा वही आपकी तकलीफों को समझेगा, जाके पाँव न फटी बिवाई सो क्या जाने पीर पराई !...काँगरेस आपका दुख-दर्द क्या समझेगी ? वह खादी पहनाकर और गले में माला डालकर जमींदारों को जेल भेजने का नाटक करती है। पीछे जेल से निकले वही जमींदार काँगरेसी आप लोगों को शांति और संतोष का सबक सिखाते फिरते हैं...खबरदार ! भाइयो, ऐसे लीडरों के फेर में कभी मत पड़ना...आप अकेले नहीं हैं, करोड़ों की तादाद है आपकी। आप जब उठके खड़े होंगे और एक कंठ होकर हुँकार करेंगे तो जालिम जमींदारों का कलेजा दहलने लगेगा। वे हैं ही कितने, दाल में नमक के बराबर ! वे अपने बल पर नहीं, सरकारी आफिसरों के बल पर ही जुल्म करते हैं। आप सिर्फ तीन काम कीजिए—संगठित होकर एक हो जाइए, जान जाय तो जाय मगर जमीन नहीं छोड़िए और अदालत-कचहरी के इर्द-गिर्द कभी मत जाइए...किसान सभा आपकी मदद करेगी, बाहर के किसान लीडर आपके बीच आते-जाते रहेंगे। किसान भाइयो, अब आप जग गए हैं। खानबहादुर हो चाहे महाराज बहादुर, कोई आपका हक नहीं छीन पाएगा। आप अपनी ताकत को पहचानिए, बोलिए सब मिलकर इन्किलाब...

जिंदाबाद !...लोगों ने मिलकर आवाज लगाई। सबके चेहरे पर तेज छा रहा था, आँखें चमक रही थीं। स्वामीजी देर तक बोले थे, किसानों ने दम साधकर सुना।

खानबहादुर के मनेजर ने लोगों के बीच चार-छै बदमाशों को बैठा रख़ा था। शुरू-शुरू में उन्होंने 'महात्मा गाँधी की जय', 'भारत माता की जय' और 'स्वामीजी बैठ जाइए' वगैरह कुछ आवाजें लगाईं तो किसानों को बड़ा गुस्सा आया, बाँह पकड़-पकड़कर

---

1. दरभंगा के महाराज।

उन्होंने गुंडों को बैठा दिया। लोगों की नाराजी और कड़ा रुख देखकर फिर उनकी हिम्मत ही नहीं हुई !

स्वामीजी के बाद शर्माजी उठे, गया वाले। लम्बा कद, साँवली सूरत। बेतरतीब बाल। बदन पर कमीज-कुर्ता या गंजी कुछ नहीं था। ढाई-तीन गज कपड़ा कमर से लपेटे थे। उन्होंने कहा :

रहिमन चाक कुम्हार का माँगे दिया न देय
बिल में डंडा डाल के जो चाहे गढ़ि लेय

किसान भाइयो, माँगने से कुछ नहीं मिलेगा। अपनी ताकत से ही अपना हक आप पा सकते हैं। आपकी ताकत क्या है ? एका है आपकी ताकत, संगठन। घर में रोते-रोते, अकेले हाय-हाय करते-करते हजारों साल गुजर गए। सरकार को आपकी रत्ती भर भी पर्वाह नहीं है। वह आप लोगों से नहीं, चोर-डाकुओं से घबड़ाती है। उन्हें पक्के मकानों (जेलों) में हिफाजत से रखती है। खाने-पीने का, पहनने-ओढ़ने का, दवा-दारू का उनके लिए सारा इंतजाम सरकार करती है। मगर गेहूँ-बासमती पैदा करके गैरों को लुटानेवाले आप खुद भूखों मरते हैं, सरकार को आपकी जरा भी फिक्र नहीं ! वह मानो खुद इशारा करती है—किसानो, चोरी करो और डाके डालो तभी तुम्हारा गुजर होगा...

शर्माजी ने समझाते हुए कहा—जमींदार बड़ा पर्पची, बड़ा जालिम होता है। अउअल (अव्वल) तो पहले वह तुम्हारे अंदर आपस ही में फूट डालने की कोशिश करता होगा, नहीं, तुम सभी एक और मजबूत होकर अपनी जमीनों पर डटे ही रह गए तो वह पैसे के बल से तंग करेगा। अफसरों से मिलकर वह तुम लोगों को जेल भेजने की कोशिश करेगा। सम्मन, नोटिस, वारंट, सजा—सब हो सकता है। मगर खबरदार, अपने खेतों से न हटना। भुलावे में न पड़ना और कचहरी जाने की गलती न करना। पुलिस और हाकिमों से साफ कह देना कि इन्हीं खेतों को जेल बना दीजिए, हम पड़े रहेंगे, भागेंगे नहीं। उस जेल में ले चलना है तो सबको ले चलिए...बाल-बच्चे, जवान-बूढ़े, मर्द-औरत, गाय-बैल, भेड़-बकरी, कुत्ता-बिल्ली, चूल्हा-चक्की...हमारी सभी चीजें साथ जाएँगी तभी हम जेल जा सकते हैं नहीं तो टस से मस नहीं होंगे...जो करना हो, यहीं कीजिए ! और अगर पुलिसवाले खामखाह पकड़ना ही चाहें तो बूढ़े-बच्चे, मर्द-औरत एक-दूसरे को अच्छी तरह पकड़के पड़ जाना होगा। सैकड़ों आदमियों को ले जाने के लिए हजारों सिपाही और पचीसों लारियाँ चाहिए...फिर देखना कौन तुम लोगों को कैसे कहाँ ले जाता है ! अगर तुमने मेरी ये बातें मान लीं और डटे रहने का निश्चय कर लिया तो फिर तुम्हारे खेतों पर से तुम्हें हटानेवाली कोई ताकत इस दुनिया में नहीं है। जमींदार, सरकार, पुलिस, गुंडे...सभी थकके बैठ जाएँगे !

इसके बाद नारे लगे—कमानेवाला खाएगा...इसके चलते जो कुछ हो ! इन्किलाब...जिंदाबाद। जमीन किसकी...जोते-बोए उसकी। अँगरेजी राज...नाश हो।

जमींदारी पर्था[1]...नाश हो। किसान सभा...जिंदाबाद। लाल झंडा...जिंदाबाद। इन्किलाब ...जिंदाबाद।

फिर बाकी लीडर बोले। अंत में डाक्टर रहमान ने महपुरा के जमींदार खानबहादुर सादुल्ला खाँ को आगाह करते हुए कहा कि वह अपनी जालिमाना हरकतों से बाज नहीं आवेंगे तो इलाके का एक-एक किसान आगे बढ़ेगा और उनका होश दुरुस्त कर देगा...दरोगा और एस.डी.ओ. से भी डाक्टर साहब ने कहा—एक बूँद भी खून गिरा तो उसकी जिम्मेवारी आप पर होगी। किसानों को धमकाने से पहले आप खानबहादुर के लठैतों को रोकिए जो खुलेआम गालियाँ बकते घूमते हैं।

राधा बाबू रहमान साहब से पहले ही जिला के अफसरों को फटकार चुके थे। तीन घंटे तक सभा चलती रही। खतम होने से पहले एक नौजवान ने गाना गाया :

दुर्दिनमा केलक हरान
रे फिकिरिया मारलक जान !
करजा करिके खेती केलूँ, मरि गेलइ सब धान—रे फिकि.
बैल बेचि रजवा के देलू, छोड़ए नहिं बइमान
जमींदार के जूलुम रोकऽ, चेतऽ भाइ किसान—रे फिकि.

गाँव को गरमाकर लीड़र अगले ही रोज चले गए।

मेरी भी बस्ती के पंद्रह-बीस किसान सभा देखने आए थे। किसान-सभा की गर्मी रामपुर के लोगों में भी कुछ आने लगी। मुंशीजी का लड़का थोड़ी-बहुत अँगरेजी पढ़-लिखकर बेकार बैठा था। वह भी लीडरों का लेक्चर सुन आया और राधा बाबू से कुछ बात भी उसने की थी।

महपुरा के किसानों ने भीतर ही भीतर तय किया था कि जिन्होंने अपने नाम से खेत लिखा लिया है वे खेतों को आबाद करें तो करने दो, लेकिन फसल हमीं काटेंगे। लेकिन जमींदार की ओर से किसी किसान का खेत आबाद नहीं किया गया। लोग समझ गए कि वह फसल पर ही धावा मारना चाहता है।

हमारी बस्ती के भी मालिकों के कान खड़े हो गए। इक्का-दुक्का यहाँ भी हेर-फेर शुरू हुआ। सर्वे के बखत मालिक के परदादे ने और बल्ली बाबू के दादा ने किसानों की जोत के हजारों बीघा जमीन को बकाश्त के तौर पर दर्ज करा दिया था। समझदार किसान दस-पाँच ही थे जिनका काश्तकारी हक सर्वे में कायम रहा था। आम किसान लगान देते आए थे लेकिन रसीद लेने की जरूरत उन्होंने नहीं समझी। बात उठती तो कहते—मालिक बइमानी थोड़े ही करेंगे ?

पाँच-एक सौ बीघा जमीन छोटी जातवालों के पास ऐसी भी थी जिसका दर मनहुंडा था। फी बीघा धान दो मन, रबी-खरीफ एक मन। रसीद इसकी भी नहीं मिलती

---

1. प्रथा, सिस्टम।

थी। अलावा इसके, किसान हजारों बीघा बटाई पर भी जोतते आ रहे थे।

मालिक लोग सूद-दर-सूद में बेचारे किसानों को काफी लूटते थे। अनाज का डेवढ़ा-सवाया जमराज की तरह असूलते थे। मगर अब किसान महपुरा की ओर नजर लगाए हुए थे और मालिकों की भी निगाह उधर ही थी।

अगले अगहन में फसल की जो छीनाझपटी हुई उसमें एक किसान की लाश गिरी थी। गँड़ास जिसने मारा था वह खानबहादुर का कोचवान ही था। पुलिस टुकुर-टुकुर ताकती रही और हत्यारा लापता हो गया। उल्टे दफा 144 को तोड़ने के नाम पर दो-ढाई दर्जन किसानों की गिरफ्तारी हुई। उन पर कई तरह के मुकदमे चलाए गए। फसल, लेकिन किसानों के घर पहुँच गई थी।

धान काटने के दिन थे, इसी से मैं मन मसोसके रह गया। नहीं तो चार-छः रोज महपुरा रहकर किसानों का साथ देता। और, संयोग देखो भैया कि उसी माघ में सुगनी के बच्ची पैदा हुई !

चमारिन और नाइन को इनाम-तिनाम[1] देने में, छट्ठी और पड़ोसिनों को तेल-सेंदुर देने में पंद्रह-एक रुपैया लगे होंगे। ज्यादा खरचने की हमारी औकात ही कहाँ थी ?

बच्ची पैदा होने से माँ तनिक उदास हो गई लेकिन मनियार चाचा ने कहा—हमारी बिरादरी बराहमन की, भुँइहार-रजपूत की नहीं है कि लड़की के सींथ में सेंदुर पड़ना पहाड़ हो जाएगा। काहे का सोच, काहे की फिकिर ? एक रेबनी गई तो दूसरी रेबनी आ पहुँची !

यह बोलते हुए चाचा आँगन में आए। सुगनी धूप सेंक रही थी चिलका[2] को लिये हुए। खखास[3] सुनते ही उसने घूँघट को तनिक सरका लिया था। बुढ़ऊ आगे आकर बोले—दुर्गा भवानी का दरसन करने आया हूँ।

माँ ओसारे पर धान उसन रही थी। चट से वह सुगनी के नजदीक उठ आई और बच्ची को अपने हाथों में लेकर मनियार चाचा के सामने कर दिया, अपना मुँह फेरे ही रही क्योंकि बाबू मेरी उमर में मनियार चाचा से साल-भर छोटा था।

चिलका के कपार पर अठन्नी साट दी चाचा ने और कहा—चेहरा-मोहरा बिलकुल बालो जैसा है। टिट् टिट् टिट् टी...

बच्ची ने लेकिन बुढ़ऊ की उस टिटकारी के जबाब में कोई इशारा नहीं दिया—न पुतली हिली, न होंठ ही फड़के ! बोल तो खैर बेचारी क्या पाती ?

माँ के सामने उसे मैंने भर आँख कभी नहीं देखा ! लाज लगती थी। अकेले में लेकिन देर तक उसे देखता रहा। कैसी अच्छी लगती थी ! तलवे गुलाबी कमल जैसे लगते थे, उन्हें मैं अपने होंठों से, नाक से, पलकों से, कपार से हलके दबाया करता—इससे भारी संतोख होता था। छाती में या कि कपार में कभी चंदन घिसके लगाया है तुमने ? हाँ, तो बस समझ लो कि उसी किसिम की तरावट—उससे कुछ जास्ती

---

1. इनाम-अकराम, 2. नवजात शिशु, 3. खाँसने की कृत्रिम आवाज।

ही कहो—बच्ची को छूने से मिलती थी। संतान कोई मामूली चीज नहीं होती भैया ? जिसके यह चीज नहीं, ठूँठ से बत्तर[1] समझो उसकी जिनगी को, हाँ !

किसी ने बता दिया होगा, एक दफे पँवारा गानेवाले पँवरिया आए, दो जने थे। उनकी ढोलक सुराहीनुमा थी। पहर-भर वे सोहर वगैरह गाते रहे। डेढ़ रुपैया और दो सेर धान लिया तभी उठे, बड़े लगार होते हैं ये लोग भी ! बाबू लोगों की हवेली से तो न जाने कितना सामान उठा ले जाते हैं !

एक रोज सुबह-सुबह आँख मलता हुआ उठकर बाहर निकला तो रामखेलावन से टकरा गया। वह बोला—चल भाई, कमीज पहन ले !

मैं कुछ समझ ही नहीं पाया। पूछा—क्या है रे ?

अरे, जुलुम हो गया !

बता भी कुछ तो !—मैं चिढ़कर बोला तो उसने फुसफुसाकर कान में कहा—जमङ्ला (जयमंगला) को वह लहेरियागंजवाला दर्जीवा उड़ा ले भागा।

अचरज के मारे मैंने मुँह बा दिया, अभी चार ही पाँच रोज पहले मैंने उसे पोखर पर खड़ी देखा था। आखिर ऐसा हुआ कैसे ?

चल, रास्ते में बताऊँगा—रामखेलावन ने कहा।

कमीज पहनकर, दोहर[2] कंधे पर डालकर मैं घर से बाहर निकला—हाथ में लाठी थी। मालूम हुआ कि पहले लहेरियागंज, फिर मधुबनी, दरभंगा और जयनगर (जनकपुर) तक जाना पड़ेगा...

रास्ते में रामखेलावन से जो कुछ मालूम हुआ, बता दूँ ? तो, लो सुनो—

हमारे बड़े मालिक बाबू गौरीशंकर चौधरी के दो लड़के और एक लड़की, यही जयमंगला। बूढ़े मालिक का कई साल पहले ही सुरगबास हो चुका था। बड़ा लड़का ओकील और छोटा डिप्टी मजिस्ट्रेट। लड़की जब से मसोमात[3] हुई तब से माँ के पास रही। साँवली सूरत, बड़ी-बड़ी आँखें, गोल-मटोल चेहरा। देखने में काफी अच्छी थी। उमर रही होगी चौबीस-पचीस की।

लहेरियागंज का एक नौजवान दर्जी हवेली के सारे कपड़े सीता था। गठीला और खूबसूरत मुसलमान। उसका मामा मधुबनी बाजार में सिलाई की दुकान किए हुए था। बूढ़े मालिक उसी से अपने कपड़े सिलवाते थे। हुनर सीखकर भगिना जब तैयार हुआ तो जनानी कपड़ों का नाप लेने के लिए हवेली के अंदर आने-जाने लगा। इधर दो-तीन साल से अलग मशीन लेकर वह लहेरियागंज में रहने लगा था। बीच में दो-तीन बार ऐसा हुआ कि कपड़े कई किसिम के और काफी सिलवाने पड़े, कुछ कपड़े कीमती भी थे। नया दर्जी सिलाई बड़ी अच्छी करता था, छोटा था तभी से मलिकाइन उसे जानती थीं। तो, बैठक में ही अलग एक कोठरी के अंदर दर्जी को सिलाई करने का हुकुम मिला। चार-चार, छः-छः रोज दो-तीन बार वह मालिक के यहाँ रह चुका था। मशीन आती थी

1. बदतर 2. दुहरी चादर जो सिली रहती है, 3. मुसम्मात, विधवा।

और जाती थी। दर्जी को मजदूरी भी मिलती, खाना भी मिलता और नाश्ता-पानी भी...इसी बीच दोनों की नजरें चार हो गईं, दो दिलों ने मिलने का अपना रास्ता भी निकाल लिया। बाहर किसी को कुछ मालूम नहीं, अंदर-अंदर कड़ाही में गुड़ पगता रहा। अब की बार दर्जी आया तो शाल रफू करने के बहाने यों ही आया, मशीन लाने की फिर जरूरत ही क्या थी ? दो दिन रहके रात को गायब हो गया, जयमंगला भी गायब थी ! खानदान की नाक कट गई भैया !

अब हम लाठी लेकर लैला-मजनू को खोजने निकले। लहेरियागंज में जो कमरा दर्जी ने किराए पर ले रखा था उसे वह दो महीने पहले ही छोड़ चुका था। मधुबनी में उसके मामा से पूछा तो उस बुड्ढे ने ठुड्ढी की छँटी-खिचड़ी दाढ़ी पर बारी-बारी से दोनों हाथ फेरा, फिर कान छुए और बोला--तो...बा ! तो...बा ! यह क्या सुनाने आया है मुझे ? या इलाही !

कुछ रुककर उसने पैर से एक जूती निकाल ली, जूतीवाले हाथ को इस तरह भाँजने लगा मानो किसी को पीटनेवाला हो। फिर गुस्से की आवाज में चिल्लाया--साले की खाल उधेड़ लूँगा, आवारा कहीं का ! दो-तीन महीने से गायब है, मशीन बेचकर खा गया है...

हम वहाँ से हट गए। गिलेसन[1] घूमते हुए टीसन पर आए। सेर-तीन-एक चिउड़ा दिया था मलिकाइन ने, रामखेलावन उसी को खोल के खाने लगा और मैं भी। बड़ी भूख लगी थी। थोड़ा-थोड़ा फाँक चुकने पर नमक और हरी मिर्च की सुध आई ! खाकर टीसन के बाहर से पानी पी आए।

थोड़ी देर में गाड़ी आई। अब तक हमने टिकट नहीं कटाया था। एकाएक मुझे सूझा कि नाहक ही कहाँ भटकते फिरेंगे। जयमंगला यों ही नहीं निकली थी, पाँच हजार का गहना भी अपने साथ लेकर उड़ी थी। चोंच में जिनके धान के सीस या गेहूँ की बाल हो उस उड़ते जोड़े का पीछा भला कौन कर पाएगा ? छोड़ो भी !

समूचा दिन और समूची रात हमने मधुबनी में काट दी, सबेरे घर पहुँचे। रामखेलावन गया, बड़ी मलिकाइन को ताक-हेर का नतीजा बता आया।

झूठ क्यों कहूँ, मुझे कोई खास तकलीफ नहीं थी। बदन में ताकत थी, कसकर काम करता था। पंद्रह कट्ठा के लगभग जमीन आ गई थी मेरे हाथ, अपना पाँच कट्ठा अलग था। संतोखी माँ मिली थी, फरमाइस पूरा करनेवाली घरवाली मिली थी, सोने की हिलती-डुलती, बोलती-चालती मूरत जैसी बच्ची मिली थी ! और क्या चाहिए ? मगर एक बात जरूर थी भैया, कभी-कभी पैसे की तंगी बुरी तरह खलती थी। पाँच रुपैया भी महीना-पीछू कहीं से आ जाता, फिर तो बालचंद राउत घटेसर राजा हो जाते ! झूठ कहता हूँ भैया ? समाङ[2] दुरुस्त रहे, कामकाज मिलता जाए, पलिवार छोटा हो, नीयत बिगड़े नहीं, दिल में दस-बीस के लिए जगह हो...और क्या चाहिए ? तो, पैसों की तंगी

---

1. मधुबनी का ग्रियर्सन-मार्केट, 2. जाँगर, एक मजदूर की श्रमशक्ति।

कैसे मिट सकती थी भैया ?

एक तो, मैंने तय किया कि अबकी गन्ने की खेती जरूर करेंगे। दूसरी बात जो सोच-सोच के पक्की की वह थी बड़े पत्तोंवाली तमाकू की खेती करने के बारे में। मेरे घर से दच्छिन पचकौड़ी बाबू की थोड़ी जमीन पड़ती थी, उसको उन्होंने बे-आबाद छोड़ रखा था। खाते-पीते आदमी थे, बेटा राज में तहसीलदार था। सतरंज खेलने का भारी सौख (शौक) था। इसमें पंडितजी उनके जोड़ीदार थे, वही पंडित बौअन पाठक।

पूछने पर पचकौड़ी बाबू ने कहा—तमाकू नहीं, आलू उपजा सको तो ठीक है; नहीं तो नहीं।

अच्छा सरकार !—मैं लौट आया। कई दिनों तक सोचता रहा कि वह जमीन लूँ या नहीं लूँ। घर के बिलकुल करीब थी, मेरे लिए यही उसका भारी गुन था। भाँग और चकोढ़ के पौधे थे उसमें, दो-एक झाड़ धतूर का रहा होगा। खैर, भैया, तमाकूवाली बात उड़ गई। गन्ने की खेती जरूर करनी थी। दामो ठाकुरवाला खेत था भी उसी के लायक !

पिछले साल एक बैल हाथ लगा था।

फूदन मिसिर की घरवाली के पास एक पुरानी गाय थी। सात बार तो मेरे ही होश में ब्याई और तब मरी थी। अब उसकी निशानी के तौर पर बस यही एक बैल बराहमनी के घर रह गया था। इधर कई साल से बेचारी असक[1] थी, बैल की सेवा उससे पार नहीं लगता था। हुआ यह कि चार दाँत[2] का जवान जानवर बेहद कमजोर पड़ गया। चराने-चुगानेवाला वहाँ कोई था नहीं, दिन-रात गरीब खूँटे से बँधा रहता ! मोसम्मात एक ही बार दिन में उसे खोला करती, सो भी इसलिए कि पास के तालाब से पानी पी आवे ! दो मुट्ठी पुआल सबेरे और दो मुट्ठी शाम को उसके आगे डाल दिया जाता। यह पुआल खाते-खाते बेचारे की भूख भोथी पड़ गई थी...आँखों में कीचड़, कनपटियों के पास नीचे की ओर आँसू के निशान ! हाड़-पाँजर पर रोएँदार चमड़ी मढ़ के किसी नाराज देवता ने मानो इस जीव को बीमार बैल की बेडौल और बदसूरत शकल दे दी हो ! खूँटे के इर्द-गिर्द थोड़ी ही जगह थी जो मूत-गोबर से हरदम गीली रहती, दूर से ही सड़े-सूखे गीले पुआल की अजीब गैस तुम्हारी नाक को छेदती हुई अंदर चली जाती ! तीन ओर फूस की झीनी टाट खड़ी थी। अपने थूथुन से उस गरीब ने जाने क्यों उस टाट में सामने छेद कर दिया था, ठीक उतना ही जितना कि सिर भर निकालने को काफी हो। गले की रस्सी शायद सिर को और आगे जाने से रोकती थी। सो भैया, बराहमनी का वह बीमार बैल टाट के उस छेद से सिर निकाले आने-जानेवालों की ओर एकटक ताकता रहता—बेबस और सूनी निगाह से ! वैसा नजारा मैंने कहीं नहीं देखा...महीनों मैं बेचारे के बारे में सोचता रहा, बीच-बीच में जाकर देख आता था—वह जबर्दस्ती जी रहा था। देहाती दुनिया की लाचारी का एक डरावना साइनबोट-सा वह मुझे लगता रहा !

---

1. अशक्त, अस्वस्थ, 2. दूध के दाँत टूटने के बाद अब तक जिसके चार ही दाँत निकले हों (बैल की उम्र इसी तरह आँकी जाती है)।

आखिर एक रोज ऐसा मालूम हुआ कि अब अगर उस बैल से आँखें चार हुईं तो यह माथा फट जाएगा...खचिया-भर घास लेकर शाम को बैल के पास पहुँचा, घास सामने डालकर उससे मैंने कहा—नहीं बेटा, मैं तुम्हें इस तरह मरने नहीं दूँगा। बस, बहुत हो चुका ! आज से मैं तेरा और तू मेरा...

वह धीरे-धीरे घास खाने लगा, बिना सिर उठाए खाता रहा। मैं मोसम्मात के नगीच पहुँचा और पाँ-लगी की। वह आँगन में सितलपाटी बिछाकर तकिया के सहारे लेटी हुई थीं। भादों की उमस थी। बाँस की खपच्चियों से बनी बिजनी थी हाथ में। आहट पाते ही उठ बैठीं और आवाज पहचानकर बोलीं—बलचनमा, क्या है रे ?

कुछ नहीं मलकिनी, घास लाया था थोड़ी—मैंने कहा।

'डाल दिया बैल के सामने ?'

'हाँ मलकिनी, डाल दी।'

'अच्छा...'

'अच्छा नहीं मलकिनी'—उसाँस लेकर मैं बोला, 'यह बैल आज से मेरा हुआ...'

मोसम्मात हँसने लगीं। उनको लगा कि बलचनमा दिन-भर का थका है, हलकी-फुलकी बातें करके अपना जी बहलाने आया है। कुछ नहीं फुरा तो बैल ही की बात उठा दी।

बिजनी की मूँठ से पीठ खुजलाती हुई बोलीं—दुर मुड़हा[1] ! महीना-डेढ़ महीना भी यह बैल अब काट सकेगा ? मरेगा तो अगले जनम में तेरा ही हल बहेगा ! घास खिलाई है, याद नहीं रखेगा ? ही ही ही ही हुः हुः हुः हुः हुहू होह...

ठहाका मार-मारके हँसीं बराहमनी, मैं मगर गुमसुम था। वह भी क्या हँसने की बात थी भैया ?

हँस-हँसकर जब हलकी हुईं तो बोलीं—कौन ले जाएगा इस बैल को ? चार रुपए की खाल तो निकलेगी, मैं बुधुआ (बुद्धू चमार) को बुलवाने ही वाली हूँ। वह आकर खोल ले जाए इसे, जब तक जिए तब तक सबूर रखे, पीछे...

नहीं मलकिनी, मैं इसे अभी खोल ले जाता हूँ—इतना कहकर मैं उठा तो वह मुँह लटकाकर बोलीं—कुछ हो गया इसे तो नाहक तुझे परासचित न लग जाए। बालो, मुझे तो बड़ा डर लगता है !

डर काहे का मलकिनी ?—मैंने कहा—भगवान करेंगे तो चार महीने में इसका ढाँचा ही बदल जाएगा। आप कुछ फिकिर मत कीजिए...यह मुझे धोखा दे, हो नहीं सकता।

इस पर मोसम्मात बोलीं—सो तुम जानो !

कुछ रुककर कहा—कल सबेरे खोल ले जाना, अभी रात को ठीक नहीं रहेगा।

मैंने कहा—अच्छा मलकिनी !

---

1. मूढ़, मूर्ख।

उस रात को खुशी के मारे मुझे नींद नहीं आई थी। ऐसा लगता था कि बहुत बड़ा काम कर आया हूँ...

सबेरे ही अगले रोज बैल को अपने यहाँ ले आया था। महीने-भर की सेवा ने बेचारे की सूरत-शकल बदल दी ! दो महीने बाद तो वह मैदान में दौड़ने लग गया। भादों, आसिन, कातिक और अगहन...चार महीने बाद उसकी एकदम कायापलट हो गई। बराहमनी को कई आदमियों ने अकेले-अकेले समझाया—लौटा लीजिए अपना बैल, क्या वह बलचनमा के बाप का है ? चालीस-पचास रुपए से कम मत लेना, हाँ...

मोसम्मात जानकी ने किसी की बात पर कान नहीं दिया, मुझसे एक रोज बोलीं—बालो, अब यह काम लेने लायक हो गया है। छकौड़ी ने मेरे खेत को तुम्हारे जिम्मे कर ही रखा है, यह बैल भी तुम्हीं रखो बाबू ! मेरे यहाँ जाएगा तो फिर इसकी वही दसा होगी।

यह मोसम्मात जानकी ही की दया थी कि तुम्हारे दोस्त बालचंद राउत बैलवाले कहलाने लगे।

एक बैल रामखेलावन के भी पास था। मैंने उसी से अपनी भाँज भिड़ाई। हल उसका ही था। एक रोज वह जोतता था, दूसरे रोज मैं। हमारे पास अपनी जमीन तो मामूली ही थी। अक्सर हमारे हल-बैल दूसरों की जमीन में काम कर आते थे, इसके लिए चार आने रोज बतौर भाड़ा के मिलते थे।

गन्ने की खेती के लिए मुझे चुन्नी जैसा अनुभवी गुरू मिल गया। चुन्नी हर साल चार-छै कट्ठा ऊख जरूर गोंड़ता था। कुछ मिल में भेजता रैयाम[1] और कुछ का गुड़ बना लेता। डेढ़-दो सौ नगद मिल ही जाते।

दामो ठाकुरवाली जमीन बुढ़िया-पोखर के करीब पड़ती थी। आठ-दस बार जोत-जोतकर मैंने खेत तैयार किया। दो बार पोखर से पानी लाना पड़ा करीन[2] लगाकर। सूखने पर फिर जोता। ढेलों को भुरभुरा किया। तब जाकर सीधी लकीर में टुकड़े-टुकड़े करके ऊख को गोड़ते गए। मैं था, रामखेलावन और चुन्नी थे।

मिट्टी डालने के बाद, कतारों के बीच-बीच थोड़ा-थोड़ा पानी और डाला गया।

महीने-भर बाद पेंपी[3] निकली तो खुशी के मारे मैं नाच उठा। घर आकर बड़ी देर तक बच्ची से खेलता रहा। गन्ने की खेती यह जो मैंने शुरू की, इससे सुगनी भी फूली नहीं समाई। वह ठेठ किसान की बेटी थी। उसका नइहर मेरे घर की तरह निपट उजाड़ नहीं था। भूल से भी जब कभी मैं बाहर जाकर नौकरी करने की बात उठाता तो उसकी भौंहें गुलेती की तरह तन जातीं ! और जब कभी मेरे मुँह से खेती-बाड़ी के बारे में कोई नई बात निकलती तो सुगनी का चेहरा थलकमल जैसा खिल उठता !

---

1. रैयाम सुगर-फैक्टरी, 2. लम्बे पतले काठ की खुली खोल—ढेकुल और तीन डंडों के सहारे इसे पानी के किनारे लटकाते हैं, नीचे-ऊपर करते रहने से इसमें पानी उठता है और बाहर नाले में गिरता जाता है, 3. कोंपल।

बैसाख आते-आते गन्ने के पौधे कमर तक लहराने लगे। इस साल सबतर[1] गन्ने की खेती अच्छी थी। मौके-मौके पर बारिश होती रही; कोई रोग नहीं, न कोई कीड़ा।

मुंशीजी का लड़का मधुबनी-दरभंगा जाता-आता ही रहता। अबकी सावन में वह एक नई खबर लाया कि अगले साल काँगरेसी लोग मिनिस्टर बन जाएँगे, अँगरेजों की अमलदारी उठ जाएगी और जमींदारी भी नहीं रहने पाएगी...

ब्रजबिहारी था उसका नाम, लेकिन दुलार से लोग बच्चू कहा करते थे। मैं शाम को ही, जिस रोज वह दरभंगे से आया था उसी शाम को उससे मिला और पूछा—बच्चू, मजिस्टर-कलट्टर तो सभी की समझ में आता है, यह मलिस्टर क्या होता है ?

मलिस्टर नहीं, मिनिस्टर !—वह हँसकर बोला—कानून-कायदा को अमल में लाने के लिए, मामूली हाकिमों की देखभाल के लिए और मुलुक की सरकार को चलाने के लिए मेम्बर लोग अपने में से जिन दस-पाँच आदमियों को माइंजन[2] चुनते हैं वे ही मिनिस्टर कहलाते हैं। समूचा मुलुक भोट देकर लाखों-करोड़ों में से सैकड़ों को मेंबर चुनते हैं। सैकड़ों मेम्बर अपने में से दस-बीस पर सारा काम चलाने की जिम्मेदारी सौंप देते हैं फिर उन्हीं के आडर के मुताबिक लोग सबकुछ करते हैं।

अब मेरी समझ में आ गया कि मिनिस्टर का क्या मतलब होगा। स्वामीजी ने कहा था कि जमींदार लोग काँगरेसी बनके किसानों को ठगते फिरते हैं। मेरा माथा ठनकने लगा कि ये ही जब मिनिस्टर हो जाएँगे तो गरीबों की भलाई होगी इनसे या कि बड़े-बड़े बाबू लोगों की !

बच्चू से यह भी मालूम हुआ कि फूल बाबू भी मेम्बरी के लिए खड़े होंगे। काँगरेस इसी इलाके के लोगों से भोट दिलवाकर फूल बाबू को असेम्बली में मेम्बर बनाना चाहती है।

मैं सोचने लगा, हो सकता है कि मेम्बर बन चुकने पर हमारी छोटी मलिकाइन के यही भतीजा बाबू मिनिस्टर भी हो जाएँ; तब तो हुआ ! भूचाल के बाद रिलीफ फंड का रुपैया लेकर यह बाबू साहब हमारी बस्ती में जैसी खैरात बाँट गए थे तीसरे साल, सो तुम्हें बता ही चुका हूँ भइयन मेरे। ऐसे मेम्बर से तो हमारे इलाके का बंटाढार हो जाएगा, पानी में आग लग जाएगी...

गाँव में दो-एक अखबार आने लगा था। पटना से सात-सात रोज पर निकलनेवाला एकबार[3] 'क्रांति' किसानों और मजूरों के बारे में खुलकर लिखता था। उसकी पाँती-पाँती से असंतोख की चिनगारी निकलती थी। दो रुपैया भेजकर उस अखबार को पहले बच्चू ने ही मँगवाना शुरू किया था। उसने बताया कि महपुरा के किसानों की बातें 'क्रांति' में कई बार छप-छप चुकी हैं। काँगरेसी अखबार या सेठों-जमींदारों के अखबार ऐसी खबरों को भूलकर भी नहीं छापते थे।

'क्रांति' मंगलवार को निकलता था। हमारी बस्ती में बिरहस्पत और सोमवार दो

1. सर्वत्र, 2. मुखिया, मान्यजन, 3. अखबार।

बीटें थीं डाकपीन[1] के आने की। बच्चू को यह अखबार बिरहस्पत को मिल जाता था। उस रोज शाम को उसकी बैठक में चौकड़ी जुटती। लालटेन जलाकर बच्चू हमें 'क्रांति' पढ़के सुनाता। सुननेवालों में पाँच-छः जने तो हुआ ही करते—तारानंद बाबू, बंभोल झा, रामखेलावन, तीरी अमात, कपिलेसर मँड़ड़ और मैं। कभी-कभी चुन्नी भी उस चौकड़ी में शामिल हो जाता। तारानंद मामूली गिरहत थे, कर्ज-वर्ज नहीं था। बंभोल झा को था पहलमानी का सौख—खाना अच्छा पकाते थे, खासकर गोस और मछरी। घर के गरीब थे, दरभंगा-मुजफ्फरपुर रह-रहकर के बीच-बीच में होटल की नौकरी और जमींदारों के यहाँ कुश्ती के दाँव-पेंच दिखा आते थे। तीरी, कपिलेसर और रामखेलावन मेरी ही तरह के आधा खेत-मजदूर और आधा किसान थे। बच्चू के बाप मुंशी बिपिनबिहारी लाल दास मधुबनी इस्टेट में एकमंट[2] थे, अच्छी आमदनी थी। तो, हमारी यह मंडली मन लगाकर बच्चू के मुँह से उस एकबार की एक-एक पाँती को सुना करती...

कुछ दिनों बाद बच्चू कहीं से, शायद रहमान साहब के पास से, किसान सभा की रसीदें उठा लाया। इकन्नी दो और अधकट्टी[3] लो, बस आज से तुम किसान सभा के मेम्बर बन गए।

अपने टोले-मुहल्ले में मैंने दस आदमियों को मेंबर बनाया। मोसम्मात कुंती ने सुना तो खुद आकर इकन्नी दे गई और रसीद ले गई, कहा था—बालो, देवता के पर्साद के लिए यह एक चुटकी पिसान गरीबिन का भी !

समूचे गाँव में पचास-एक मेम्बर बने होंगे। महपुरा के किसानों की लड़ाई का ही यह एक असर था। मालिकों और बड़े किसानों को छोड़कर बाकी सबकी दिलचस्पी थी पड़ोसी इलाके के उस आंदोलन की ओर। मनियार चाचा से लेकर शेख अब्दुल तक, तारानंद बाबू से लेकर तीरी अमात तक और फूदन मिसिर की विधवा से लेकर मोमिन मोसम्मात हमीदा तक...सबने मेंबरी की रसीद ली और एक-एक आना दिया।

मझले मालिक और बल्ली बाबू ने इसको अपने खिलाफ आंदोलन का ओनामासीधं[4] समझा। थी भी बात ठीक ही। इन लोगों के सूद-दर-सूद की लपेट में पड़कर गाँव की जनता तबाह हो गई थी। एक रुपैया साल-भर में डेढ़-पौने दो रुपैया और एक मन धान महीने-दो महीने बाद ही डेढ़ मन हो जाता था।

छोटे जमींदार तो और भी कसाई होते हैं, एक तो करैला फिर नीम चढ़ा हुआ ! कुछ मत पूछो भैया ! मझले मालिक भारी कंजूस थे, देखते तुम तो कह उठते, हाय राम, मैली धोती, पीले दाँत...यही डेढ़ लाख रुपैया का आदमी है ?

हाँ भैया, यही डेढ़ लाख रुपए का मालिक है बाबू जसोधर चौधरी...

और बल्ली बाबू की भी लगानी-भिड़ानी पचास हजार रुपए की थी। ढाई सौ

---

1. डाकप्यून, पोस्टमैन, 2. एकाउन्टैन्ट, 3. रसीद का आधा हिस्सा, 4. आरंभ, शुरुआत से (बच्चों को खड़िया धराते समय सबसे पहले लिखाते हैं : 'ओनामासीधं' यानी ओं नमः सिद्धम्)।

बीघा खेत भी थे। मझले मालिक की अपनी खेती थी चार सौ बीघे की।

मालिकों की चारों पट्टियों की डेढ़ हजार बीघा काश्त जमीन बेनीपट्टी के नजदीक थी, जिसे वहाँ के किसान आबाद करते थे और इन लोगों को मालगुजारी मिलती थी। यहाँ अपने गाँव में सिर्फ डेढ़ सौ बीघा जमीन रैयत जोतते थे, मनहुंडा। दूसरी तरफ छल-फरेब से छोटे किसानों की मौरूसी जमीन का काफी हिस्सा मझले मालिक ने पहले हड़प लिया था। बल्ली बाबू की तो कुल जमीन की तीन-चौथाई ही बेईमानी का पर्साद थी। उनके परदादा भारी पंडित थे, पच्छिम की रियासतों से खूब कमा लाए थे। दादा की पाँच हजार की संपदा पोते के अमल में आकर एक लाख की हो रही थी। दस-एक हजार की हैसियत ससुराल में भी हाथ लगी बल्ली बाबू के, जनानी ऐसी कि अपने भागमंत माँ-बाप की एक ही वारिस।

सो, अब तक किसानों को कुछ सूझता नहीं था। वे यह बात सोच ही नहीं सकते थे कि मालिकों की नादिरशाही का मुकाबिला किया जा सकता है। महपुरा के किसानों की लड़ाई से हमारी आँख खुल गई थी, हमने यह तय कर लिया कि आगे बित्ता भर भी जमीन मालिकों को हड़पने नहीं देंगे।

गाँव से पच्छिम, बिलकुल करीब, खेतों का एक बढ़िया टुकड़ा था, नब्बे बीघे का। इस जमीन में सबकुछ उपजता था। धान भी, मड़ुआ भी, सरसों भी, गन्ना भी, तीसी भी, अरहर भी, जौ-गहूम भी, उड़द भी, कुर्थी भी। यह जमीन तीस-एक मुसलमान, ग्वाले और केवट लोगों के अधिकार में सैकड़ों साल से थी मगर चालाकी से मालिक के परदादा ने इसे अपने नाम चढ़ा लिया था।

उन तीसों किसानों के नाम एक रोज एकाएक अदालत का सम्मन आया तो गाँव-भर में बिजली दौड़ गई। कागज देखने पर पता चला कि चार साल की बकाया मालगुजारी की नालिश ठोंक दी है मालिक ने !

परेशान करने का यह एक बहाना था, किसान मालगुजारी साल-साल देते आए थे।

हमारी राय हुई कि समन ले लें मगर कचहरी जाय कोई नहीं।

अगले ही दिन बरहम-अस्थान में लोग जमा हुए। मैं महपुरा जाकर डाक्टर रहमान को बुला लाया...पचास-एक किसानों ने मिलकर कसम खाई कि जमीन नहीं छोड़ेंगे, चाहे कुछ भी हो जाय ! बच्चू को सिकरेटरी बनाया गया, मैं बना भोलंटियर का मुखिया—फौज से पहले सर्दार ही चुना गया।

मालिकों को रुपैया का बल था, दरोगा, एस.डी.ओ. और कलक्टर का बल था। उन्होंने पहले ही ऐसी चाल चली कि किसान हिम्मत हारकर बैठ जायँ।

फसल तैयार हुई तो उस पर दफा 144 लग गई। दो लारी मलेटरी[1] आई, जमीन के नजदीकवाले बगीचे में तंबू तन गया। खेतों पर पहरा था।

---

1. मिलिटरी।

इस मौके पर मोसम्मात हमीदा ने बहुत बहादुरी दिखलाई। जिनकी यह जमीन थी उन्हीं किसानों के यहाँ से दस-पंद्रह औरतों को बुला ले गई और चार कट्ठे की तैयार फसल—धान काट लाई ! जाड़े की रात, लक्कड़ जल रहा था और ड्यूटीवाले दोनों सिपाही पेड़ से उठंगकर सो गए थे।

महपुरा में किसानों ने खुलेआम दिन-दहाड़े फसल काटनी चाही थी जिसमें एक आदमी का खून हो गया था। अपने यहाँ हमने पैंतरा बदल लिया। जमींदार और सरकारी अफसर दुरजोधन ठहरे, उनको जुधिष्ठिर नहीं पस्त कर सकते भैया ! पिटाई पर पिटाई खाना और भेड़-बकरी की तरह पकड़ाकर जेल चले जाना बहादुरी नहीं है। ऐसी सिधाई से पूजा तुम्हारी हो तो हो, जमीन सुई की नोक भर भी नहीं मिलने की, हाँ !

दरोगा ने पड़ोस के मुसहरों को फसल काटने के लिए तैयार किया तो मैं, बच्चू, तीरी, अब्दुल वगैरह ने उन्हें हाथ जोड़कर समझाया। बड़े ही सीधे-सादे और ईमानदार होते हैं, हमारी बात मान गए और बोले—हमारे मुखिया से कल मालिक ने कहा, दो बीघा तुमको और बाकी आमदी (आदमी) को घर-पीछू दस-दस कट्ठा जमीन लिख देते हैं, कितने घर हो तुम लोग ?...मुखिया ने साफ जबाब दे दिया—नहीं सरकार, दूसरों का पेट काटकर हमको मत दीजिए। हाँ, अपने खेतों में से देना चाहते हैं तब तो ठीक है...सो, कैसे हम तुम्हारी फसल काटेंगे ?

मुसहरों के मुँह से हमदर्दी की यह बात सुनकर हमारा सीना चौड़ा हो गया भैया।

अफसर लोग सोच-विचार में पड़ गए। किसानों को फोड़ने की भी चाल चली जा रही थी। मालिकों की ओर से और बल्ली बाबू जैसे बड़े किसानों की तरफ से भी किसानों पर दबाव डाला जा रहा था। डिप्टी मजिस्टर और एस.डी.ओ. तो बीच-बीच में आते ही रहते थे। मालिक अपना मुंशीवाला हिसाब भिड़ाए हुए थे। मलेटरीवालों से आखिर फसल कटवाकर कैंप के पास जमा किया गया।

माँ को और सुगनी को बारी-बारी से बुलाकर छोटी मलिकाइन ने काफी डाँटा, आगाह कर दिया कि बलचनमा अपनी हरकतों से बाज नहीं आया तो घर फुँकवा दूँगी...

एक दिन आँसू-भरी ऑखें लेकर माँ मेरे नजदीक आके बैठी। शाम को अँधेरा था, मैं पलानी में बैठा हुक्का पी रहा था। पूछा—क्या है मइया ?

वह बोली—मलिकाइन तुझ पर बहुत बिगड़ी हुई हैं, कहा है, संच-मंच[1] नहीं बैठेगा तो घर फुँकवा दूँगी।

घर फुँकवा देंगी—मैं कड़ककर बोला—उनके बाप का घर है ? जा, बैठ...तू गई थी क्या करने ?

गोदी में गरमाकर मुँगिया सो गई थी, मुँगिया मेरी मुन्नी ! अठारह महीने की बिटिया ! मेरी कड़क आवाज सुनते ही वह जग पड़ी और रोने लगी। हुक्के को मैंने

1. हाथ-पैर समेटकर।

खंभेली[1] से टिका दिया। माँ वापस चली गई अंदर तो अपने आप बड़बड़ाया मैं–पगली कहीं की ! किसी का घर फूँक देना क्या इतना आसान है ! मेरा ही क्या, जमींदार का बस चले तो वह सबके घर फूँक दे।

मुँगिया को ले जाकर अंदर सुगनी के पास छोड़ दिया और लाठी उठाई, चल पड़ा आसरम की ओर। सुगनी ने चलते समय मना किया तो मैं बोला–दत्, तू इतना डरती है क्यों ?

आसरम बरहम-अस्थान के पास सिसबोनी[2] के भीतर था। शेख अब्दुल को अपने मामा और ससुर शेख मकदम की बिरासत में यह जमीन भी मिली थी, पंद्रह कट्ठा थी। आसरम के लिए शेख ने समूची सिसबोनी सौंप दी, बच्चू और बंभोल झा ने बाँस दिए, चुन्नी ने बावजूद बाप की नाराजी के दो बोझ नार[3] दिया। मैंने साबे की सेर भर जौड़ (डोरी) दी थी।

हम वहाँ पारी-पारी से सोते थे। उस रात मेरा लंबर था। बच्चू, बंभोल और शेख डेढ़ पहर रात तक रहे–बीच में अलाव था, सहन में चारों ओर बैठे किसान इसी तरह आसरम में रोज रात के देर-देर तक बात-बिचार किया करते थे। उस रात एक नई खबर मिली थी–रैयाम-कोठी की चीनी-मिल के मनेजर पर अपने फूफा (छोटे मालिक) के कहने से फूल बाबू ने दबाव डाला है कि रामपुर के फलाँ-फलाँ किसान का गन्ना नहीं लीजिएगा...

हमारे लिए यह भारी मुसीबत आ रही थी। मेरी तरह बीसों की गन्ने की फसल तैयार खड़ी थी–काफी अच्छी फसल ! साल-भर से इस फसल की ओर हम आस लगाए हुए थे। एक-एक किसान ने मनों पसीना सुखाया तब आकर मीठी घास की ये रसभरी छड़ें तैयार हो सकी थीं। किसी को सौ, किसी को दो सौ और किसी-किसी को पाँच-पाँच सौ तक मिलनेवाले थे, इन पैसों के बल पर जालिम जमींदार को हम अभी से अँगूठा दिखाने लगे थे। धान की सैकड़ों मन फसल मलेटरी के कब्जे में थी और गन्ने की खड़ी खेती पर इस तरह का संकट मँडरा रहा था...वे लोग चले गए थे, मुझे देर तक नींद नहीं आई। दो भोलंटियर–कभी-कभी तीन, चार, पाँच तक–तो वहाँ रात-दिन मुस्तैद रहते ही मगर हममें से एक का पारी-पारी से हर रात वहाँ रहना लाजमी था। ये दोनों स्वयंसेवक भाई देकुली से भेजे गए थे, वहाँ जमींदार के खिलाफ किसानों का बड़ा ही मजबूत मोर्चा था। यहाँ भी जोरदार आंदोलन छिड़नेवाला था, इसी से किसान सभा की जिला-कौन्सिल ने शुरू में दो नौजवानों को हमारे बीच भेजा था। सीधा-सामान, साग-सब्जी, नोन-तेल, लकड़ी-फट्टा, घी, हाँड़ी-घड़ा सब इंतिजाम आसरम में हमारी तरफ से रहता था। वे सुबह-शाम हमारे नौजवानों के आगे-आगे नारे लगाते फिरते–गाँव के अंदर भी और झगड़ावाली जमीन के चौगिर्द भी। कभी-कभी पास-पड़ोस की बस्तियों

---

1. छोटा-पतला खंभा, 2. शीशम का जंगल, 3. छप्पर छवाने के लिए धान का डंठल–शीश या वाली काट लेने के बाद बच रहे धान के सूखे डंठल।

में जाकर वे लोगों को यहाँ का हाल समझा आते, साथ ही मुट्ठिया[1] अनाज वसूलते आते थे। हफ्ते में दो ही बार वे पड़ोस के गाँवों की ओर निकलते फिर भी खूब पर्चार हो गया था।...भोलंटियर भाई सो गए थे और मैं फिकिर से सो नहीं पा रहा था। पुआल के सेजावट पर लेटा जरूर पड़ा था। महपुरा में एक किसान जान से मारा गया था, यहाँ भी किसी की लाश गिर सकती है—मैं सोचता रहा—किसी की क्या, कितनों की लाश गिर सकती है। उनमें मैं भी हो सकता हूँ ! हैजा-प्लेग पकड़ता है तो उसमें आदमी तड़-फड़ मर जाता है, बिखधर साँप के काटने पर नाड़ी हमेशा के लिए डूब जाती है, चौमासे में कोसी महरानी या कमला मइया रातोरात कितनों को अपने पेट में ले लेती हैं, बिजलत्ता कौंधती है और बज्जर (वज्र) गिरता है तो उसमें भी कभी किसी की जान चली जाती है...बच्ची का गोल और हँसता चेहरा निगाह पर नाचने लगा...सुगनी की खिलखिलाहट कान में गूँज उठी...माँ की खुरदुरी हथेलियाँ इन गालों पर फिरती मालूम हुईं ! सोचते-सोचते माथा झन-झन करने लगा तो मैं उठ गया। निमस्तीन की ऊपरवाली जेब में एक बीड़ी पड़ी थी, उसे निकाला और पलानी से बाहर आ बैठा—घूरे के पास। उँगली डालकर देखा तो अंदर आग थी।

दो मुट्ठी पुआल बिछावन से खींच लाया, घूरे (अलाव) से चिनगारी निकालकर फूँक-फाँकके पुआल को धधकाया। बीड़ी धराई। चिलम की तरह लम्बी-गहरी कश मारी कि तीन चौथाई साफ...

अब ऊपर आसमान की ओर मुँह किया, एक बड़े-बूढ़े सीसम का सिर झुककर आगे बढ़ आया था—ठीक मेरे माथे पर। अँजोरिया[2] का तेरस, रात की दुपहरी। गाँव-घर, खेत-बाग, बड़, पीपल, ताड़ सब झकाझक ! सब धुले हुए, सभी उजले; सब साफ, सभी धौरे ! थक-थकाके बेसुध पड़ी धरती पर चन्दरमा भर-भर सूप दूध उझिल रहे थे। बल्ली बाबू का बैठकवाला नया खपड़ैल मकान हाल ही चुनेटा गया था, वह तो सबसे जास्ती सफेद लगता था। ऊपर मामूली खपड़ों की एक पाँत थी तो दूसरी थी सफेद खपड़ों की। उस मकान के छप्पर एक तो यों ही निगाह खींचते थे मगर इस बखत और भी गजब कर रहे थे। पास-पड़ोस में चार-छै कोस तक वैसा खपसूरत मकान दूसरा नहीं था। मालिकों के भी मकान दिखाई पड़ रहे थे। अपनी मड़इया भला कैसे दीखती ?...मझले मालिक और बल्ली बाबू के मकानों के पास पुआल के बड़े-बड़े तीन-चार टाल थे, ताड़ जितनी ऊँचाई के गोल घर समझ लो ! उनकी जमीन-जजात के सबसे बड़े गवाह यही थे, थे न ?

जब-तब कुत्ते की आवाज रात के सन्नाटे से टकरा उठती तो मेरा मन अपनी खोली में लौट-लौट आता। बूढ़े सीसम के झुके सिरकी छाँह से दिल को एक किसिम की तसल्ली मिलती, लगता कि अपना ही कोई पुरखा मुझे असिरबाद[3] दे रहा है—ऐन

---

1. एक-एक परिवार रोज एक-एक मुट्ठी अनाज अलग रखता जाता है, पीछे स्वयंसेवक घर-घर जाकर उस अनाज को ले आते हैं, इस तरह आसानी से काफी अनाज इकट्ठा हो जाता है, 2. शुक्ल पक्ष, उजाला पाख, 3. आशीर्वाद, दुआ।

माथे पर झुककर ! जिस नए रास्ते पर मैंने कदम बढ़ाया था बराबर उसी पर चलते जाने का इतना साफ इशारा पाकर और उसे अच्छी तरह समझ लेने के बाद मेरी रीढ़ एकदम सीधी हो गई। मैंने अपने आपमें एक अनूठी ताजगी महसूस की, उठकर झटके से खड़ा हो गया। सीना तन गया था। बाँहों को फैलाकर कुछ देर मैं अपनी परछाईं देखता रहा...

अब मत्था हलका हो आया, पैर अपने आप आसरम की मड़इया की ओर बढ़ गए। अंदर आकर पुआल के उसी पंचायती बिछावन पर लेट गया, टटोलकर गँड़ासे को ठिकिया लिया। वह अपनी जगह पर उसी तरह पड़ा था...

आसरम में छिपाकर हम एक गँड़ासा रखते थे। मालिक की बुरी निगाहों से हम नावाकिफ नहीं थे। बच्चू, बंभोल, रामखेलावन, अब्दुल और मैं—हम पाँचों को पुलिस भी फँसाना चाहती थी, मालिक भी हमें घायल करके अपंग बना डालने के मनसूबे बाँध रहे थे। चुनाव में काँगरेस की भारी जीत हुई थी, अफसर हाकिमों के बदले अब स्वदेशी मिनिस्टरों की हकूमत कायम होने जा रही थी। सन् सैंतीस (1937 ई.) के शुरू होते न होते काँगरेसी जमींदारों के भाई-बंद और सार-ससुर मूँछों पर ताव देने लग गए थे. ..काँगरेसी राज जमींदारों का ही फायदा करेगा—स्वामीजी की यह बात हमारी रग-रग में समा गई थी। हम पुलिस को भी समझ रहे थे और जमींदार के लठैतों को भी—जमींदार की शह पाकर पुलिसवाले हमें तरह-तरह के मुकदमों में फँसाना चाहते थे। मालिकों की निगाह मुंशी की हिसाबी निगाह थी। जमाने की रफ्तार को परखने की अकिल उनमें आती ही कब थी ? उनका खयाल था कि बस रामपुर में पाँच ही आदमी हैं जिनको काबू में करने की जरूरत है—नहीं आवें काबू में तो मारकाट, जेल, खून...जैसे भी हो, अपनी राह के एक-एक को वह नेस्तनाबूद करना चाहते थे ! रात-दिन आठों पहर अपनी जनता की निगरानी में हमारे तरफ से चौकसी रहती थी। यह गँड़ासा उसी चौकसी का एक सबूत था।

दोनों भोलंटियर बेखबर सोए पड़े थे, ऐक की नाक बज रही थी—फों फर...फर्र फों...फों फू...

बाईं बाँह का सिरहाना बनाकर मैंने आँखें बंद कर लीं।

नींद आ ही रही थी कि चोरबत्ती[1] की तेज रोशनी आँखों पर पड़ी, मैं धड़फड़ाकर उठ बैठा। एक हाथ में गँड़ासा सँभालता हुआ कड़क आवाज में बोला—कौन ?

तेरा बाप—जबाब में वैसी ही आवाज आई—मार साले को, लगा !

भोलंटियरों को झकझोरकर जगाने का बखत नहीं था। मैं गँड़ासा लिये बाहर लपका। दस हाथ की दूरी पर दो काले-कलूटे आदमी दिखाई पड़े—दोनों दो ओर तैयार खड़े थे। 'चोर-चोर' 'चो ो ो ो ऽ ऽ ऽ ऽ र र ओ-ओ-ओ-ओ...' और 'दउड़ई जाइ जो र ओ ओ ओ...'[2] जोर-जोर से चिल्लाता हुआ मैं उनमें से एक की ओर दौड़ा तो दूसरे

1. टार्च, 2. दौड़ते जाओ रे ऽऽऽ।

ने पीछे से मुझ पर मछली फँसानेवाला जाल फेंका। मैं उसी तरह हल्ला मचाता रहा। हाथ-पैर बुरी तरह जाल में उलझ गए थे, गँड़ासा बेकार था। इसके बाद मुझ पर लाठी के चार भरपूर वार पड़े। गँड़ासा से जाल को जहाँ-तहाँ मैंने काट जरूर दिया था मगर उससे मुझे कोई मदद नहीं मिली हो सो बात नहीं।

इतने में मार की दूसरी दौड़ शुरू हुई। वे दो ही नहीं थे, उनके पीछे और भी कई आदमी थे जो पलानी के अंदर घुस गए। इधर एक के मुँह से निकला—बलचनमा, माफी माँग चलकर मालिक के यहाँ।

दूसरी आवाज आई—ना ना ना, ऐसा मत कर। चलके माफी माँगना ससुर मंजूर कर लेगा और पीछे निपत्ता[1] हो जाएगा साला !

मैंने कहा—तुम्हारा मैंने क्या बिगाड़ा है ? तुम भी मेहनत-मजूरी करके पेट पालते हो और हम भी। जाल हटा लो, भुसुक[2] बाँधकर ले चलो जहाँ भी ले चलना है...

उन्हें शायद बोलना मना कर दिया गया था। डील-डौल के काफी तगड़े और काला भुजंग जवान थे। जाने क्या सोचकर मय जाल के वे मुझे बाँधने लगे। उनमें से एक का हाथ अपने मुँह के करीब पाकर मैंने उसकी कलाई पर दाँत धँसा दिए। 'बाप-बाप' करता हुआ वह वहीं पर ऐंठकर गिर पड़ा। फिर भी मैंने उसकी कलाई नहीं छोड़ी।

जिनगी अनमोल चीज है भैया, मगर मौके की भी अपनी कीमत हुआ करती है। होती है कि नहीं होती है ? कहो कि होती है !

उस वक्त मौत को सामने देखकर घिरनी[3] की तरह मेरा दिमाग नाच रहा था...बेटी, औरत, माँ, गन्ने की खड़ी फसल, पलानी में सोए हुए भोलंटियर कि जिनके मुँहों में शायद कपड़े ठूँस दिए गए हैं, और कमानेवाला खाएगा, इसके चलते जो कुछ हो...धरती किसकी ? जोते-बोए उसकी ! किसान की आजादी आसमान से उतरकर नहीं आएगी, वह परगट होगी नीचे जुती धरती के भुरभुरे ढेलों को फोड़कर...बूढ़ा सीसम अब भी झुककर मेरा कपार चूम रहा है...

कि इतने में आसरम के पिछवाड़े से दौड़कर एक और आदमी आया, उसके हाथ में नेपाली खुखरी थी।

मैं बँधा था और जाल में सभी अंग उलझे हुए थे। हाँ, दाँतों से एक की कलाई को चापे हुए था।

पहले ने अब मेरे सिर पर जोर से लाठी मारी—एक नहीं; दो बार...मैं बेहोश होकर जमीन पर लुढ़क गया।

---

1. लापता, 2. मुश्कें बाँधकर, 3. लट्टू।

नई पौध

एक

जेठ का महीना था।

लगन के दिन थे। अबकी दो साल बाद ये दिन आए थे। इन दिनों का बाट जोहते-जोहते कई बूढ़ियों को उन्निद्र रोग हो गया था। कोई पोते की लड़की के दामाद का मुँह देखकर मरने की बात करती थी तो किसी का मनोरथ नतनी के बेटे की बहू का घूँघट हटाना-भर रह गया था। कोई परपोते का मूँड़न-छेदन देख लेना चाहती थी। किसी की परपोती छिकी पड़ी थी, वह उसका ब्याह देखकर ही इस धरा-धाम से विदा होनेवाली थी। विधवा सहुआइन ने बड़े उत्साह से चभच्चा खुदवाया था, इन्हीं दिनों में वह उसका जग[1] करनेवाली थी...

गरज यह कि लगन के दिनों की इन्तजारी में ढेर के ढेर काम रुके पड़े थे।

पंडित खोंखाइ झा की नतनी काफी खूबसूरत थी। चौदहवाँ टपकर[2] पंद्रहवें में अभी उसने पैर रखा ही था कि यह जेठ का महीना आ धमका। अब उसकी शादी होनेवाली थी। समूचा गाँव चौकन्ना था कि खोंखा पंडित इस परी के लिए कैसा दूल्हा लाते हैं।

खोंखा पंडित पर प्रजापति विधाता की बड़ी दया थी। सात लड़कियों और पाँच लड़कों के 'पूजनीय पिताजी' होने का सौभाग्य उन्हें प्राप्त था।

पंडिताइन का कद दिन से दिन नाटा होता गया और 'दैव की इच्छा' ही उसके तमाम दुःख-दर्दों की दवा थी। आँख-मुँह और कान-नाक का नक्शा अच्छा था, सूरत गेहुआँ थी। पंडित की अपनी कांति साँवली थी तो क्या हुआ, बच्चों की शकल-सूरत पर माँ की ही छाप पड़ी थी। पंडिताइन का शील-स्वभाव भी मीठा था, बोल भी उनके मीठे थे।

जथा-जाल[3] मामूली था। पेशा था पंडिताई का। जमीन इतनी ही थी कि चार महीने का बुतात उसकी उपज से निकल आता। विद्या से ही उनकी असल आमदनी थी। भागलपुर, मुंगेर, संथाल-परगना और पूर्णिया—इन चारों जिलों में खोंखा पंडित का नाम था। आवाज सुरीली और मीठी होने से भागवत की उनकी कथा लोग कान पाथकर[4] व मन लगाकर सुना करते। अब तो खैर सर्धा-विश्वास कम हो गया, पहले मगर भागवत से काफी आमद थी। पुराने ढर्रे की साहखर्ची और पास-पड़ोस के लोगों से यश पाने की भूख—इन दोनों लतों ने खोंखा पंडित को तबाह कर रखा था। पहली

---

1. यज्ञ, 2. पार करके, 3. धन-सम्पदा, 4. फैलाकर, बिछाकर।

लड़की की शादी अच्छे घर-वर देखकर की थी। सबने उस रिश्ते को पसंद किया था। हिटलर की लड़ाई छिड़नेवाली थी। चावल रुपए का दस सेर और घी सवा सेर आता था। पूस में साल-भर का खेवा-खर्चा जुटाकर पंडित घर में भर लेते और खुद निकल जाते जजमनिका[1] में, पूरब या दच्छिन की ओर।

सौराठ[2] में शादी के उम्मीदवारों का जो मेला लगता है, पंडित अपने बेटों को लेकर वहाँ पहुँच चुके थे। लड़की या लड़के का ब्याह ठीक कराने के लिए गाँव के और लोग भी सौराठ गए थे।

घर में ब्याह की पूरी तैयारी थी। महीन चावल, अरहर की दाल, गेहूँ का आटा, घी, तेल, कई किस्म के अचार, धोतियों के दो जोड़े, दुपट्टा, पगड़ी, घूनस[3], दो साड़ियाँ, सुपारी और चीनी...बिसेसरी की नानी ने तमाम जरूरी चीजें जुटा रखी थीं।

पंडित ने स्वयं नतनी का नामकरण किया था—विश्वेश्वरी ! भूल से भी उनके मुँह से 'बिसेसरी' नहीं निकलता। एक-एक अक्षर मानो प्रयत्नपूर्वक कंठ, तालू, होंठ और दाँत-जीभ से टकराकर निकलता। लोगों से शब्दों का शुद्ध उच्चारण करवाने का उनका उत्साह अब तो काफी ठंडा पड़ चुका था, लेकिन पंडिताइन को वह यदा-कदा फिर भी डाँट दिया करते थे—"क्या बिसेसरी, बिसेसरी करती हो ! तुम्हारे पिता तो बैयाकरण केसरी थे न ? बाप का संस्कार क्या कौड़ी-भर भी तुम्हारे हिस्से में नहीं पड़ा ? हे राम !!"

ऐसे अवसरों पर पंडिताइन गम खा जाती, बकर-बकर ताकती रह जाती अपने पतिपरमेश्वर के मुँह की ओर। बेचारी ने संस्कृत-प्राकृत-अपभ्रंश के संबंध में अनेकों प्रवचन सुन रखे थे, लेकिन ऐन मौके पर मानो उनकी जीभ फिसल जाती—"बिसेसरी !"

आखिर एक दिन यह अफवाह उड़ ही गई कि आज संध्याकाल खोंखा पंडित सौराठ से दूल्हा ला रहे हैं...शकल-सूरत तो उसकी ठीक है मगर उमर अधिक है....बहुत बड़ा काश्तकार है....सीतामढ़ी से पच्छिम कहीं उसका घर है...यह पाँचवीं बार वह दूल्हा बन रहा है...

गाँव के सयानों ने अपने को इस पर 'अगम कुआँ'[4] बना लिया। इस अफवाह पर किसी प्रकार की टीका-टिप्पणी करने से उन्होंने बिलकुल इन्कार कर दिया। मुँहफट लोग फूटे ढोल की तरह इधर-उधर बोलते फिरे, डोलते फिरे !

औरतों की कानाफूसी पंडिताइन के लिए दुश्चिंता का विषय बन गई। रामेसरी को वह क्या कहकर दिलासा दे, कुछ समझ में नहीं आ रहा था।

रामेसरी बड़ी लड़की थी और आज तेरह साल से विधवा थी। उसने बड़ी कोशिश की कि ससुराल में ही जमी रहे, लेकिन जेठानी और देवरानी ने बेचारी के खिलाफ एक अजीब संयुक्त-मोर्चा बना लिया तो भागकर माँ-बाप की छाया में आ गई थी।

अपने पिता की इधर की गतिविधि से रामेसरी बड़ी शंकित रहती थी। शंकित

---

1. यजमानी, पुरोहिताई, 2. एक स्थान जहाँ ब्याह की बात पक्की होती है, 3. घूँघटदार सेहरा, 4. परम गम्भीर।

होने का कारण क्या था ?

कारण यही था कि रामेसरी को छोड़कर बाकी छहो बेटियाँ खोंखा पंडित ने बेच डाली थीं।

महेसरी से उन्हें 1100) मिले थे।

भुवनेसरी से 800) मिले थे।

गुनेसरी से 700) मिले थे।

गुंजेसरी से 1000) मिले थे।

वानेसरी से 700) मिले थे। और–

धनेसरी से 900) मिले थे। और अब बिसेसरी का नम्बर था। फसल तैयार खड़ी थी, कटने-भर का विलंब था !

रामेसरी अपने अभाग पर उतना कभी नहीं रोई जितना कि बहनों की बदनसीबी पर रोती रहती थी। सभी बहनें माँ-बाप को सराप दिया करती थीं। कोई गूँगे के पल्ले पड़ी थी तो कोई बौड़म के पल्ले। कोई तीन जिला पार फेंक दी गई थी तो कोई पाँच सौ कोस पर। उनमें से चार को भाग्य ने वैधव्य के बीहड़ जंगल में डाल दिया था। एक पगली हो गई थी, एक को उसके आदमखोर पति ने किरासन तेल की मदद से जलाकर खाक कर डाला था।

अपनी बच्ची के सौन्दर्य पर जहाँ उसे अभिमान था, वहीं अपने बाप के राक्षसी लोभ पर उसके मन में घृणा ही घृणा थी। कई बार वह सोचती कि बिसेसरी को कनेर की गुठली घिसकर पिला दे ! क्या करेगी जीकर बिसेसरी ? ऐसी जिन्दगानी से मौत लाख गुना बेहतर !! मगर, माँ का मोह रामेसरी के परिताप पर मानो चंदन का लेप चढ़ा जाता। वह सोती हुई बिसेसरी को खींचकर अपनी छाती से सटा लेती। होंठों को आहिस्ते से चूमकर गाल से गाल सटाकर अपनी बेचैनी पर हावी हो जाती। साँस अपनी स्वाभाविक गति पर आ जाती और फिर निद्रादेवी का दरबार बेचारी को अंदर दाखिल कर लेता।

रामेसरी ने ममता का मक्खन और स्नेह की सुधा खिला-पिलाकर बिसेसरी को पाला-पोसा था। बड़े ही जतन से उसने लड़की को अपर प्राइमरी[1] तक शिक्षा दिलवाई थी...

रामेसरी थोड़ी देर अकेले में जाकर चटाई पर औंधी लेट गई, भाभियों की नजर बचाकर। वह बहुत कुछ सोचती रही—लड़की के जीवन को धूल में मिलाने का उसे क्या अधिकार है ? बाबू (पिता) को यह हो क्या गया है ? दूल्हे को आने तो दो, उस बुड्ढे के माथे पर अंगारे न डाल दूँ तो रामेसरी मेरा नाम नहीं ! एक बुड्ढा मेरी लड़की का सींथ भरेगा, मुँह झुलसा दूँगी मरदुए का ! ...आवेश की भाफ निकल गई तो उसे अपनी सामर्थ्य का खयाल आया...मैं कर क्या सकती हूँ ! चीखूँगी और चिल्लाऊँगी और अपना

---

1. दर्जा चार तक।

सर पटकूँगी, पिताजी को असह्य होगा तो मुझे किसी कमरे में बंद करके बाहर से साँकल चढ़ा देंगे; शादी तो होकर रहेगी...या, माहुर[1] का प्रबन्ध करूँ कहीं से और खिला दूँ छोकरी को...

बेसुधी में रामेसरी की पलकें झपक आईं।

दो

ज्यादा तो नहीं, पाँच ही सात नौजवानों का एक गुट था गाँव में। सयाने लोग परिहास में इस गुट को 'बमपाटी' कहा करते। ऐसा कहलाना वे नवयुवक अपने लिए शान की बात समझते थे।

जबार में ही हाई स्कूल खुल गया था, मिडिल स्कूल तो खैर पाँच कोस के उस इलाके में अब तीन थे। गाँव में अपर प्राइमरी स्कूल था ही, संस्कृत पाठशाला भी थी। पढ़े-लिखे लोग नजदीक और दूर के शहरों में नौकरी कर रहे थे। महँगी के इस जमाने में समूचे परिवार को साथ रखना उन्हें अखरता था। दूसरी बात यह भी थी कि सबके पास दो-दो, चार-चार बीघा खेत थे, घर था, बगीची थी, आम के दो-चार, दस-पाँच पेड़ थे, मछलियों के लिए सामूहिक पोखरा था--गाँव की इस पुश्तैनी संपदा को छोड़ने के लिए आखिर कौन तैयार है ? हाँ, तीन-चार ऐसे 'बड़े बाबू' भी थे जो अकबाली ससुरालवालों की मेहरबानी से सरकारी नौकरी पा गए थे और अब तरक्की करते-करते सेक्रेटरियट की अँगनई में दाखिल हो बैठे थे। उनकी दुनिया अब इस दुनिया से एकदम अलग हो चुकी थी। गाँववाले उनकी नजरों में अब उजड्ड व गँवार थे। दफ्तर का काम कर चुकने के बाद अधिकांश समय उनका अपने-अपने बँगले की बैठक में आरामकुर्सी पर कटता था। बैठे-बैठे थके--बूढ़े साँड़ की तरह अधमुँदी आँखों से वे जुगाली किया करते थे--श्रीकृष्ण सिंह, अनुग्रह नारायण सिंह, कृष्णवल्लभ सहाय, नेहरू, शेख अब्दुल्ला...ट्रूमैन और स्टालिन... डेमोक्रेसी, कम्युनिज्म, अमेरिका, रूस, चीन... डी-स्वी-सी[2], कोसी प्रोजेक्ट...महँगाई, वेतन-वृद्धि, फैमिली प्लानिंग... अरविंद और गोगिया पाशा...लड़के को अमेरिका भेजवाना है...दामाद को टाटा में घुसाना है...

मगर मामूली नौकरी-पेशावाले लोगों के लिए तो यह सब संभव था नहीं, वे तो गाँव की अपनी दुनिया को बिलकुल छोड़ नहीं सकते थे। घर-गिरस्ती की निगरानी के लिए इस श्रेणी के शिक्षित ग्रामीण अपने लड़के को घर पर ही छोड़े हुए थे। पास के स्कूल में ये पढ़ते भी और घर के कामों की व्यवस्था में परिवार की सहायता भी करते। मैट्रिक हो जाने पर इनमें से बहुतेरे मधुबनी या दरभंगा के कालेजों में आगे की पढ़ाई के लिए भर्ती हो जाते। तो भी अपने घर-गाँव से इनका संपर्क टूटने नहीं पाता।

---

1. विष, जहर, 2. दमोदर वैली कारपोरेशन।

इन्हीं युवकों ने गाँव में पुस्तकालय की स्थापना की थी। माँग-मूँगकर किताबें इकट्ठी की गई थीं, दो-तीन अखबार भी आने लगे थे। शाम को गाँव के बाहर मैदान में गेंद और कबड्डी खेलते जाकर।

समय की धारा से वे अपरिचित नहीं थे। बड़ों-बूढ़ों की कठोर से कठोर नुक्ताचीनी उनसे सुनी जा सकती थी। गाँव का मुखिया चीनी और मिट्टी का तेल कंट्रोल रेट पर और सो भी समय पर कम ही लोगों को देता था। अपने मकान के सामने उसने बीस गज लंबी बाँस गाड़ रक्खी थी, जिसके छोर पर तिरंगा फहरा रहा था। कपड़े की परमिट में भी लाइसेन्सदार मारवाड़ी से साँठ-गाँठ करके मुखिया काफी कमा चुका था।

पिछले साल 'बमपाटी' वालों ने डिस्ट्रिक्ट मैजिस्ट्रेट के पास दरखास्त दी—"हमारे गाँव का मुखिया चीनी और किरासिन के बँटवारे में धाँधली करता है, इस गड़बड़ी को फौरन दुरुस्त किया जाय।"

सप्लाई-इन्स्पेक्टर आकर गवाही ले गया। दरखास्त पर नौ आदमियों के हस्ताक्षर थे। मुखिया के आतंक से इन्स्पेक्टर के सामने पाँच जने ही आए। उन पाँचों के नाम पर अलग-अलग कार्ड बना दिया, बस !

और तब से समूचे गाँव पर 'बमपाटी' वालों की धाक जम गई। गरीब-गुरबा बड़ों की आँख बचाकर इन नौजवानों से बात-विचार करने लगे।

इनका अड्डा दालानों पर या बैठकबाजी के लिए निश्चित खुली जगहों में न जमकर किसी प्राइवेट घर में अथवा गाँव के बाहर किसी बाग में, किसी बरगद या पीपर-पाकड़ के तले जमा करता।

गुट की गतिविधियों से परिचित दो-तीन बहू-बेटियाँ भी थीं गाँव में। एक नौजवान ग्वाला था।

बैठक या अड्डेबाजी के लिए 'एजेंडा' जैसी कोई चीज पहले से तय करके नहीं रखी जाती ! जब जैसा मौका आया वैसी बात उठी और 'ऐक्शन' लेने या न लेने का फैसला ले लिया गया ! यह गुट अपने-आपमें दरअसल एक मौजी गिरोह था। खेल-कूद, मनोरंजन, मामूली बात-विचार और छोकरों की आपसी शिकायतों को सुलझाने तक ही इसकी गतिविधि सीमित थी। लेकिन पिछले साल एक ऐसी घटना हो गई कि गुट को सयानों के अधिकार-क्षेत्र में हस्तक्षेप करना पड़ा और, तभी से चंद किशोरों की यह छोटी-सी जमात 'बमपाटी' जैसे गौरवपूर्ण नाम से भूषित-भाषित होने लगी। रोष, आवेश, व्यंग और चिढ़ के मारे खोंखा पंडित ने ही इस गुट का ऐसा नामकरण किया था। क्यों ?

क्योंकि पंडित के स्वार्थ पर गुट ने करारी चोट की थी।

चतुर्भुज भरी जवानी में इस धरती से उठ गया था। मूर्खता, गरीबी, दस कट्ठा ऊसर खेत और आठ धूर[1] बासभूमि—विरासत में बाप-दादों से बेचारे को यही संपदा

1. बिस्वाँसी।

मिली थी। बारह साल की छोटी आयु में ही लहेरियासराय के किसी होटल में वह अग्निहोत्री[1] की ट्रेनिंग लेने लग गया था, पीछे एक अच्छे रसोइए के रूप में वहीं उसका विकास हुआ। दो साल वहाँ और बारह साल मुजफ्फरपुर-पटना के कई एक छोटे-बड़े होटलों में कलछी-चम्मच भाँजता रहा था, तब जाकर चार सौ रुपए हुए थे और शादी हो सकी थी।

चतुर्भुज का बाप खोंखा पंडित का चचेरा था। वह भी कम उमर में मरा था। चतुर्भुज खोंखा पंडित को फूटी आँखों भी नहीं सुहाता था। पंडित की मंशा रही कि परेशान होकर और तंग आकर यह कहीं भाग जाय तो इसकी घराड़ी[2] पर अपनी दखल जमा लेंगे, उसमें भाँटा-रमझिङ्नी[3] उपजाएँगे। मगर चतुर्भुज के जीते-जी खोंखा पंडित का वह मनोरथ पूरा नहीं हो पाया।

चतुर्भुज का बड़ा लड़का माहे बाप से चार कदम आगे था—समझ-सूझ में भी और जीवट में भी। वह हिंदी मिडिल और संस्कृत प्रथमा पास करके कुछ दिनों तक कानपुर की हवा खा आया था। था तो खूबसूरत मगर कपार पर बाईं ओर घोड़े के खुर का निशान था, बचपन में चोट लगी थी। अठारह साल की उमर थी। खोंखा पंडित की निगाहों में वह भले ही काँटा हो, दूसरे सभी उसे प्यार करते थे।

पिछले वर्ष पंडित ने माहे के पिछवाड़े में दो हाथ चौड़ा, दस हाथ लंबा और तीन हाथ गहरा गढ़ा खुदवा लिया।

इस गढ़े में कलमी आम के नए पेड़ों के लिए खाद तैयार करना है—यही कहना था पंडित का। माहे ननिहाल गया हुआ था। उसकी माँ रिश्ते में खोंखा पंडित की पतोहू होती थी, लेकिन गालियों की बौछार अधिक देर तक वह बर्दाश्त कहाँ कर सकी ? उसने आखिर अपना मुँह खोला। वह उन्हें एक के बदले चार सुनाने लगी तो भंग पीसने का सोंटा उठाकर पंडित उस औरत पर बरस पड़े। स्वाद ले-लेकर दोनों तरफ की गालियाँ सुननेवालों को अब पड़ोसी की मर्यादा का ध्यान आया तो वे भी दौड़े और खोंखा पंडित को सँभालने लगे। मगर बादल तो बरस चुका था, रह गया था धुला-फीका आकाश !

माँ के बुलाने पर अगले ही दिन माहे ननिहाल से दौड़ा आया। बड़ी देर तक वह माँ से घटना का विवरण सुनता रहा, शांतिपूर्वक। फिर दोस्तों से मिलने गया। बिना उनकी राय लिए, कुछ निर्णय करना माहे के बूते की बात नहीं थी।

दिगंबर मल्लिक माहे का दिली दोस्त था, नाइन्थ क्लास तक पढ़कर स्कूल छोड़ बैठा था। वह काफी चतुर तो था ही, धनी घर का लड़का होने से लोग उसे आदर और गौरव की दृष्टि से देखते थे। नौजवानों पर भी उसकी अच्छी धाख थी। धन या शिक्षा ने दिगंबर के अंदर घमंड उस मात्रा में नहीं भरा था जिस मात्रा में नम्रता। छोटी-बड़ी आयु के लड़के ध्यान से मल्लिक की बातें सुनते थे।

माहे की परेशानी दिगंबर को अपनी परेशानी मालूम हुई। वह काफी देर तक इस

---

1. रसोइया, 2. गृहभूमि, डीह, 3. बैंगन-भिंडी।

पर सोचता रहा। नौजवानों का स्वयं-निर्वाचित नेता होने से एक साथी की समस्या को सुलझाना वह अपना फर्ज समझने लगा। सबसे पहले उसने मुखिया से भेंट की और अनुरोध किया कि वह खोंखा पंडित से कहकर माहे के पिछवाड़े का गढ़ा भरवा दे। मुखिया को सब बात मालूम थी, पंडित की जोर-जबर्दस्ती का भी उसे अच्छी तरह पता था। तो भी कई दिनों तक वह टाल-मटोल करता रहा।

मल्लिक, माहे और दूसरे नौजवान चुप नहीं बैठे थे। एक कोतवाल (चौकीदार) को समझा-बुझाकर अपने साथ थाना ले गया। हेड कानिस्टबिल[1] तिरहुतिया बाभन था और उस युवक की चाची के फुफेरे भाई का सरबेटा[2] था। मय कोतवाल के बयान के; वह माहे का केस थाने में दर्ज करा आया। पड़ोस के गाँव में एक नामी कम्युनिस्ट लीडर थे, कामरेड तेजनारायण झा। माहे और मल्लिक खुद उनसे मिल आए। नजदीक के हाई स्कूल और मिडिल स्कूल के मास्टरों को भी समस्या की जानकारी करा दी गई। बूलो टेंथ[3] में पढ़ता था, फकड़ा[4] जोड़ने की अद्‌भुत सामर्थ्य थी उस छोकरे में। अगले ही दिन उसने एक फकड़ा तैयार किया और जमात के सामने लिखित रूप में उसे पेश किया। मल्लिक की आज्ञा से बूलो ने बाँचकर अपनी रचना सुनाई :

खोंखा पंडित बड़े सयाने
दच्छिन-पच्चिम गए कमाने
बेटा रोया, बेटी रोई
करम न इनसे छूटा कोई
चूहा मारो, करो पराश्चित
पाप हरेंगे खोंखा पंडित
रात बता देंगे यह दिन को
चूड़ा-दही खिलाओ इनको
माल मुफ्त का यदि पा जाएँ
फिर तो दुम दिन-रात हिलाएँ
पैसा पावें, गूह चाट लें
सूना पावें, गला काट लें
बड़े घाघ हैं पंडित खोंखा
ईसर को भी देते धोखा

सुनते समय बीच-बीच में हँसी के फव्वारे छूटते रहे। फकड़ा लाजवाब बना था, इस पर सभी एकमत थे। माहे ने कहा :

" 'दच्छिन-पच्छिम' की जगह 'दच्छिन-पूर्व' कर दो क्योंकि हमारे खोंखा बाबा कमाने के लिए मुजफ्फरपुर से पच्छिम कभी नहीं गए हैं, हाँ, पढ़ने के लिए, सुना है कि काशी गए थे कभी !"

---

1. कान्स्टेबल, 2 साले का लड़का, 3. दसवाँ दर्जा, 4. तुकबंदी, पद, फिकरा।

मंडली फिर हँसने लगी। बूलो ने संशोधन पसंद किया, लेकिन 'दच्छिन-पूर्व' नहीं क्योंकि एक मात्रा घटती थी; उसने 'दच्छिन-पूरब' करके समूचा फकड़ा एक बार फिर सुना दिया।

दूसरे दिन गाँव के लड़के इधर से उधर इन पदों को गाते फिरे। पंडित भीतर ही भीतर बेहद चिढ़े। पंडिताइन से सलाह ली। उसे नौजवानों के पंडित-विरोधी इस आंदोलन की गंध लग चुकी थी, इसीलिए दस-पंद्रह दिनों के लिए कहीं पहुनाई में चले जाने का परामर्श दिया।

खोंखा पंडित ने मिर्जई पहनकर, माथे पर पगड़ी डालकर दूसरे दिन अनगुत्ते[1] इसटीसन का रास्ता पकड़ा था।

इधर पंडिताइन ने लड़कों से बात-विचार करके उसी रोज गड्ढा भरवा दिया तो नई पीढ़ी के लोगों को बड़ी खुशी हुई थी। तब से बड़े-बूढ़े और सयाने लोग नवयुवकों को प्रतिद्वंद्वी दृष्टि से देखने लगे थे।

और आज समूचे गाँव की नाक कटनेवाली थी। पंद्रह साल की बिसेसरी साठ वर्ष के चतुरानन चौधरी को ब्याही जानेवाली थी !! दिगंबर ने यह खबर सुनी तो उसे ऐसा लगा कि किसी ने भर-भर कलछी खौलता हुआ कडुआ तेल बारी-बारी से उसके दोनों कानों में डाल दिया है !

मल्लिक का माथा जोरों से ठनकने लगा, सोचने की रत्ती-भर भी सामर्थ्य उसके दिमाग में नहीं रह गई।

तीन

खोंखा पंडित ने आधा घंटा बातचीत कर चुकने पर पाया कि आदमी काफी अकबाली है। उमर जरा ज्यादा है तो क्या हुआ ? कम उमर के लोग क्या नहीं मरते हैं ? बाबा वैद्यनाथ की अनुकंपा होगी तो इसी दूल्हे के घर विश्वेश्वरी की कोख से एक से एकइस संतान हो सकती है। 500 बीघा जमीन की मलिकाइन बनेगी हमारी विश्वेश्वरी ! इहलोक और परलोक दोनों बन जाएगा। मेरे नाना के दादा ने इसी आयु में विवाह किया था, लड़की का वयस बारह वर्ष का था और तब उन्हें चार बेटे और तीन बेटियाँ हुई थीं—अर्जुन, भीम जैसे बलिष्ठ; द्रौपदी और सुभद्रा जैसी सुंदर एवं सुगठित शरीरवाली ! हाँ ! नहीं, ऐसा अच्छा वर अब आगे ढूँढ़े नहीं मिलेगा; ऊँ हूँ...शुभस्य शीघ्रम्...गणेश गणेश, लम्बोदर करिवरवदन !!

भावों का आवेग इतना बढ़ गया कि पंडित सौराठ के उस अनुपम लोकारण्य में अपनी जगह छोड़कर इधर-उधर घूमने लगे। घटकराज[2] मटुकी पाठक पर पंडितजी

---

1. सूरज उगने से पहले ही, 2. ब्याह का संबंध पटानेवाला 'घटक' कहलाता है।

पूरी तरह निर्भर थे। उन्हीं महानुभाव ने विश्वेश्वरी जैसी कन्या-रत्न के लिए इस प्रकार का परम सुदुर्लभ वर-रत्न ढूँढ़ निकाला था। जिन खोजा तिन पाइयाँ गहरे पानी पैठ—अब और क्या चाहिए ? घटकराज पंडितजी के सहपाठी थे। सुगौना-ड्यौढ़ी के पुराने महाविद्यालय में पचास वर्ष पूर्व दोनों जने साथ ही रहते थे। एक ही गृहस्थ-परिवार में दोनों के भोजन का प्रबंध था। किसी कारण से पाठक की पढ़ाई छूट गई और अब वह घटकराज के रूप में प्रख्यात थे। रामेसरी को छोड़कर, बाकी लड़कियों के लिए वर खोजने का श्रेय आप ही को प्राप्त था। यह आप ही के शुभ परामर्शों का परिणाम था कि पंडितजी चार हजार का कर्जा चुका सके और दो बेटों को शादी के बाद अपनी-अपनी विधवा सास की जायदाद हाथ लगी।

पंडित ने घटकराज को तीन रोज से उस बूढ़े वर की अँतड़ियाँ उधेड़ने में लगा रखा था और निःसंदेह, इस साधना में साधकप्रवर पाठकजी महाराज को अनुपम सफलता प्राप्त हुई थी।

कितनी जमीन है ?...

नगद कितना है ?...

लहना-तगादा कै हजार है ?...

पिछली पत्नियों के कितने लड़के हैं ?...

लड़कों के ननिहालवाले किस हैसियत के हैं ?...

कोई रखेली तो नहीं है ?...

गोतिया हैं कि नहीं ?...

हैं तो किस हैसियत के हैं ?...

कागज-पत्तर, दस्ताबेज-तमस्सुक, हिंदलोट[1] वगैरह जिस संदूक में हैं, उसकी चाबियों का गुच्छा किसके जिम्मे है ?...

असल आयु कितनी है ?...

साल में कै बार बीमार पड़ते हैं ?...

लड़कों से मनमुटाव तो नहीं है !...

बाप रे ! किसका मजाल है जो फलाँ बाबू के बारे में इतनी बातों का पता लगावे ? लेकिन नहीं, है एक बहादुर ! घटकराज मटुकधारी पाठक !! अ हा हा हा !!!

—इस तरह गद्‌गद होकर पंडितजी घटकराज का सुमिरन कर ही रहे थे कि सदेह पाठकजी महाराज जाने किधर से अलक्षित ही आकर सामने खड़े हो गए।

"आइए पाठकजी, आइए। आप ही को तो खोजने निकला हूँ। हः हः हः हः !!"

घटकराज ने चट नसदानी निकाली—छोटे श्रीफल की चाँदी-मढ़ी डिबिया, चेन लगी हुई ठेपीवाली।

बाईं हथेली पर कौड़ी-भर नस निकालकर उसे पंडितजी के आगे फैलाते हुए वह

1. हैंडनोट।

बोले—"सत्यश्रमाभ्यां सकलार्थ सिद्धिः[1] ! आपका हृदय बड़ा ही पवित्र है खोंखाइ बाबू ! शुद्ध चित्त से आप यहाँ आए थे, बच्ची के लिए अखंड सौभाग्य की कामना बाबा कपिलेश्वरनाथ अवश्य पूर्ण करेंगे। पंजीकार से पता लगा आया हूँ, दोनों कुलों में विवाह संबंध का अधिकार होगा। कोई भी बाधा नहीं, शुभ शुभ शुभ शुभ...दुर्गा, माधव, गणेश..."

प्रसन्नता के मारे खोंखा पंडित ने मुँह बा दिया, वह नस लेना तक भूल गए !

—ऐं ! सचमुच अधिकार हो गया ?

—और नहीं तो क्या ?

अंदर से जनेऊ जरा निकालकर उसे अंजलि की दशों अँगुलियों में लपेटते हुए पंडित ने कहा—"मैं आमरण आपका ऋणी रहूँगा पाठकजी ! आपने हमारी विश्वेश्वरी का उद्धार कर दिया, विश्वेश्वरी का ही नहीं, हमारे एकइस पुरखों का आपने आज उद्धार किया है..."

पंडित की आँखें छलक आईं, इससे आगे उनके मुँह से एक आखर भी नहीं निकला। कृतज्ञता के भाव दिमाग की एक-एक रग को फुलाने लगे। इतने बड़े खानदान का प्रतापी मालिक आज मेरे दरवाजे को अपने पैरों की धूल से पवित्र करेगा। पास-पड़ोस के इलाकों में नौगछिया गाँव का नाम इंद्रधनुष की तरह अब उजागर हो उठेगा ! विश्वेश्वरी आज रानी बनेगी, वह ऐसे घर की मालकिन बनेगी जहाँ घोड़े हिनहिनाते हैं और हाथी झूमते रहते हैं...फिर पंडित की निगाहों में नौ अंक पर दो शून्य नाच उठे, बड़ी शकल में। नौ का वह अंक और उस पर के वे दोनों शून्य धीरे-धीरे बड़े होते गए, बड़े होते गए और बड़े होते गए—

घटकराज ने उनका हाथ पकड़ा—"चलिए खोंखाई बाबू, शुभ कार्य में विलंब सर्वथा अनुचित होता है। आज ही रात को सिंदूरदान[2] हो जाय।"

पंडित नस के शौकीन नहीं थे। लेकिन आत्मीयता प्रकट करने के लिए वह इस काम में पाठकजी का साथ देते थे। सो, जरा-सी नस लेकर खोंखा पंडित ने अपने को सँभाला।

लगन का यह अंतिम दिन नहीं था, फिर भी पटापट सौदे पट रहे थे। लड़कीवाले और लड़केवाले, दोनों एक-दूसरे का शिकार कर रहे थे। कलकत्ते के रायल एक्सचेंज में, बंबई के कालवादेवीवाले मुहल्लों में और दिल्ली के चाँदनी चौक की गलियों में सट्टेबाजों की हलचल देखी है कभी आपने ? हाँ ? तो बस समझ लीजिए कि मैथिल ब्राह्मणों की ब्याह की इस अनोखी मंडी में कुछ वैसा ही चल रहा था ! गजब की चहल-पहल थी। ऐसा लगता था कि समूची दुनिया के लोग इन चार दिनों के अंदर ही क्वारों-क्वारियों का ब्याह करा डालेंगे ! घटकों और दलालों की कुछ मत पूछिए, वे अँधेरे में ही निशाना साधते हैं। रिश्तों की तुक शायद ही कभी ठीक बैठती हो...

---

1. सचाई और मेहनत से सब काम बनते हैं, 2. सेंथ में सेंदुर डालने की विधि, ब्याह।

नौ सौ रुपए पर बात पक्की हुई थी, पचास रुपए घटकराज को मिले थे। ताड़ के लंबे पत्ते पर लाल स्याही से पंजीकार ने सिद्धांत[1] लिखा। वर–बाबू श्री चतुरानन चौधरी–की ओर से पंजीकार को दक्षिणा-स्वरूप एक दशटकही नोट मिला।

पिता की रुद्र प्रकृति से पूर्ण परिचित होने के कारण साथ के तीनों में से कोई बेटा इस कार्य में किसी प्रकार की आपत्ति प्रकट नहीं कर सका–एक था पितृभक्त संस्कृत अध्यापक, दूसरा मधुबनी अदालत में किसी वकील का मुहर्रिर था और तीसरा मैट्रिक तक पढ़ा था। गठरी-मोटरी, दरी-कम्बल-तकिया, लोटा-खड़ाऊँ ढोनेवाला सुवधा भला यह सब क्या जाने ?

नोट की गड्डी सँभालकर पंडित ने दो टमटम ठीक किए। घोड़े तगड़े और तेज थे। रास्ता खूब अच्छा नहीं था और मौसम था बरसात का, नहीं तो चार कोस का यह फासला वे डेढ़ घंटे में मार लेते ! खैर, अढाई घंटे तो तब भी काफी थे। ट्रेन से जाने पर कोई फायदा नहीं। और फायदा हो या न हो, अवध-तिर्हुत रेलवे (O.T.R.) ऐसे बड़े मेले के अवसर पर भी सनातन प्रथा से ही काम लेती है ! न टिकट ही मिल पाता और न वे चढ़ ही पाते ट्रेन में ! मान लो, इन दोनों मोर्चों में फतह हासिल कर भी लेते तो क्या आधी रात तक नौगछिया पहुँच जाते ? नहीं, बिल्कुल नहीं।

तो खोंखा पंडित ने पैसे का मोह छोड़कर दो टमटम जो भाड़े पर कर लिए सो उनकी समझदारी का ही सबूत था।

दूल्हे ने कहा, वह अपने घोड़े पर ही जाएगा। उनसे बाद को सौराठ से विदा होगा और तारसराय (स्टेशन) उनसे पहले ही पहुँच लेगा !

उसे अपने घोड़े पर अभिमान था। कत्थई रंग का औसत कद का वह जानवर वाकई बिजली का लम्बोतरा लट्टू था, जरूर जई और मक्खन खाता रहा होगा !

पंडित को दुविधा में देखकर बुड्ढा उमेदवार[2] बोला–"चिंता मत कीजिए रत्ती-भर, मैं अभी आया।"

यह कहकर उसने घोड़े की पीठ थपथपाई, हलकी हिनहिनाहट अभी-अभी उमड़ते आ रहे बादलों को मानो डाँटने लगी। पच्छिम का आकाश अभी साफ था, सूरज तेजी से नीचे उतर रहा था। लोगों की भीड़ भी क्रमशः छँट रही थी। बदली के आसार देखकर वे पास-पड़ोस के गाँवों में 'रैन बसेरा' के लिए चल पड़े थे। नवजात धान के तोता-पंखी पौधों से लहलहाते खेतों की पगडंडियाँ अपनी छातियों पर हजारों-हजार मानव-चरणों की धमक महसूस करके परम प्रसन्न हो रही थीं और सौराठ के उस महामेला को दुआ दे रही थीं। सौराठ है भी बसा ऐसी जगह जिसके सभी ओर कोसों तक खेत ही खेत फैले हैं–धनहर[3] खेत; बरसात के मौसम में इनकी छटा बिल्कुल निराली होती है। ऐसे दृश्य से प्रभावित होकर मिथिला के किसी कवि ने कहा होगा :

---

1. दोनों कुलों में ब्याह का रिश्ता कायम हो सकता है, वर-वधू का यह संबंध सर्वथा निर्दोष है, इस प्रकार का शास्त्रीय फरमान, 2. विवाहार्थी, 3. धान की खेती के उपयुक्त, सिर्फ धान की ही पैदावारवाले।

हे हरित-भरित हे ललित वेश !
हे छोट-छीन सन हमर देश !!

दूल्हे का सामान, उसका भांजा, नौकर, खोंखा पंडित के दो लड़के अगले टमटम पर थे। घटकराज, पंडित, बड़ा लड़का, सुवधा और इन लोगों की गठरी-मोटरी पिछले टमटम पर।

टमटम चले तो घटकराज और पंडित दोनों बुजुर्गों के मुँह से मंगल-पाठ का श्लोक निकलता रहा :

मंगलं भगवान् विष्णुमंगलं गरुड़ध्वजः।
मंगलं पुण्डरीकाक्षो मंगलायतनो हरिः।।

दूल्हे का भांजा भी आचार्य परीक्षा उत्तीर्ण था, स्वस्तिवाचन के इस अवसर पर वही क्यों पीछे रहता ? गंभीर स्वर में उसके मुँह से निकला :

लाभस्तेषां जयस्तेषां कुतस्तेषां पराभवः।
येषां इंदीवरश्यामो हृदयस्थो जनार्दनः।।

और, टमटमवालों ने अपनी टिटकारियाँ भरनी शुरू कीं। घोड़े सरपट दौड़ने लगे।

पिछले कई दिनों की थकान, मानसिक द्वंद्व और ऊब, और अब कामयाबी का हल्का-सा नशा—कुल मिलाकर खोंखा पंडित को झपकियाँ आने लगीं। घटकराज ने सहपाठी के सिर को पीठ का सहारा दे दिया। खुद वह नस की मस्ती में विभोर हो गए।

चार

आँखें खुलीं तो रामेसरी चट से उठी और देखने गई कि बिसेसरी कहाँ है, क्या कर रही है।

घर के बड़े लड़के को पंडित और पंडिताइन 'बच्चन' कहते थे। परिवार के सभी लोग उसे यही कहकर पुकारते, बहुएँ ऐसा नहीं कर सकती थीं। बड़ी बहू तो खैर पति का कोई भी नाम क्यों लेने लगी ? बहुतों की तरह उसके भी दो नाम थे—बच्चन और गिरिजानन्द ! लाड़-प्यार, आवेग-आवेश के कारण दूसरा नाम दब गया था।

रामेसरी संतान में सबसे बड़ी थी। बच्चन उससे चार साल छोटा था। वह बत्तीस वर्ष की थी, बच्चन अट्ठाइस का। बाकी भाई-बहिनें ढाई-ढाई, तीन-तीन साल के दर्म्यान पैदा होते आए थे।

अभी जाकर रामेसरी ने बच्चन के घर में बाहर से ही झाँका, कोई नहीं था। फिर वह मझली बहू के कमरे की ओर गई, उधर से हँसने की मृदु-मंद ध्वनि उठी।

—हाँ, यहीं होगी बीसो मेरी !

रामेसरी बिल्कुल अन्दर आ गई। बोलचाल बंद, हँसी-ठिठोली सब बंद। तीनों बहुएँ घर के कामों में मशगूल थीं। एक के आगे सूप था, वह चलनी से आटा चाल

रही थी। दूसरी के आगे तरकारी काटनेवाली हँसिया और परवल-आलू से भरी डलिया पड़ी थी, वह आलू के टुकड़े कर रही थी। तीसरी तिलों से कंकड़ चुन रही थी।

रामेसरी ने देहली लाँघते-लाँघते ही पूछ दिया—बिसेसरी कहाँ गई ? इधर तो नहीं आई और माँ को भी तो नहीं देख रही हूँ कहीं !

छोटी बहू के होंठ पटपटा उठे—माँ तो मुखियाजी के घर गई हैं...

बीच में ही इसके होंठ बंद क्यों हो गए हैं ?

रामेसरी को बड़ा ही अजगुत[1] लगा। छोटी बहू आँखें नीचे करके तिल में से उसी तरह कंकड़ चुन रही थी मानो उसने कुछ भी नहीं कहा है, वह कुछ भी नहीं जानती ! बात क्या है आखिर ?

तरह-तरह के तर्क-वितर्क रामेसरी के हृदय को मथने लगे। जी को उसने कड़ा कर लिया, फिर एक-एक करके तीनों बहुओं के चेहरे ताकने लगी। सब उमस के मौसम की झीलों का गहरापन पिए हुए थे ! कोई लहर नहीं, तरंग और चंचलता का नाम नहीं ! अगम, अथाह !

मझली बहू पर नजरें गड़ाकर रामेसरी ने पूछा—तुम भी नहीं जानती हो फुलकुम्मरि ?

परवल आधा ही खुभा था हँसिया के धार में, उसे आधा-आधा करके फूलकुँवरि ने घनी भौंहोंवाले कपार पर बल डाला और बोली—क्या ?

—अरे, यही...बिसेसरी कहाँ गई है ?

—मैं क्या बताऊँ दइयनि[2] ?

इतने में बड़ी बहू चलनी के चोकर को अलग रखी चँगेरी में डालती हुई बोल पड़ी—ताश पीटती होंगी रानीजी, ताश !

—गे मइयो[3] । ताश ?

—तो और क्या ? सोने की कौड़ियाँ कहाँ से लावेंगी ?

हे भगवती ! यह कैसी-कैसी बात आज रामेसरी को सुननी पड़ रही हैं ! ना, यह नहीं हो सकता। बीसो किसी और काम से कहीं गई होगी...

ताश खेलना रामेसरी की नजरों में एक भारी अपराध था, क्योंकि उसकी बालविधवा ननद को ताश की पत्तियों ने ले जाकर पेशावर पहुँचा दिया था ! पड़ोस के एक नौजवान ने उस 'मुँहझौंसी'[4] के मन में 'कोटपीस' खेल का ऐसा चस्का डाल दिया था कि एक रात वह उसके साथ भाग खड़ी हुई ! और न जाने क्या-क्या हुआ !

तो अभी इसी बात को लेकर अदगोई-बदगोई[5] हो रही थी ?

रामेसरी को अपनी बेटी पर गुस्सा आया—कहाँ जाकर बैठ गई है कलमुँही !

इतने में पायल की रुनझुन-रुनझुन सुनाई पड़ी, बिसेसरी आ रही थी। रामेसरी घर से निकल आई और आँगन के बीचोबीच खड़ी हो गई।

---

1. अयुक्त, अनुचित, 2. दीदी या लड़की के लिए दुलार का सम्बोधन, 3. मइया री मइया, 4. मुँहजली, 5. बुरी आलोचना।

—कहाँ गई थी ?

—जरइलवाली काकी ने बुलाया था।

—हूँ ! चल, इधर आ !

बीसो अपनी माँ के पीछे हो गई।

दोनों अंदर आए, गुमसुम। रामेसरी पहियोंवाली पुरानी संदूक पर बैठी, बिसेसरी दोनों हथेलियाँ उलटकर उँगलियों की पीठ पर के सुनहले रोएँ देखती रही। माँ ने उसे बैठने के लिए नहीं कहा।

बीसो माँ की इकलौती लड़की थी। बेटा भी थी, बेटी भी थी। रामेसरी ने बड़े ही प्यार से पाल-पोसकर उसे बड़ा किया था। बड़ी उमर तक निपूती रहनेवाली स्त्री जिस नेम-निष्ठा से, जिस नेह-छोह से तुलसी के पौधे को पोसती है, उसी तरह रामेसरी ने बिसेसरी को पोसा था। कभी अवाच-कुवाच नहीं कहती थी। मारना-पीटना तो दूर, खीझ से भरकर चपत तक नहीं लगाती।

रामेसरी का घरवाला अच्छा पंडित था, नेकनीयत और मिठबोला। तीन वर्ष के उस छोटे से दाम्पत्य-जीवन में रामेसरी पर उसने कभी हाथ नहीं उठाया, कभी गाली नहीं दी। अपने पति से रामेसरी ने रुपए-पैसे तो नहीं, दो-चार गुण ही अच्छी मात्रा में पाए थे। पिता और पति के स्वभावों में आकाश-पाताल का अंतर था। विद्वान तो दोनों ही अच्छे थे, लेकिन प्रकृति उनकी भिन्न-भिन्न प्रकार की थी। माँ के बाद, पति ही वह व्यक्ति था जिससे रामेसरी के जीवन-तत्त्वों का निर्माण हुआ था।

बिसेसरी ऐसी माँ की बेटी थी। माँ के शील-स्वभाव का असर वह अपनी प्रकृति में अच्छी तरह उतार ले आई थी। अपर प्राइमरी तक पढ़ने का भी यह सुयोग जो उसे मिल सका सो अपनी माँ की बदौलत। नाना की कतई यह राय नहीं थी कि बिसेसरी पढ़े-लिखे। वह तो रामेसरी के लगातार आग्रह का ही यह फल था कि खोंखा पंडित अपनी नतनी का स्कूल जाना बर्दाश्त कर सके।

बिसेसरी अपनी माँ से कोई बात छिपाती नहीं थी, दोनों में अब मानो सहेलियों का-सा लगाव था। माँ ठहरी बाल-विधवा, बेटी ठहरी इकलौती—दोनों एक-दूसरी का सहारा थीं, अभिभावक भी थीं और साथिन भी।

थोड़ी देर अलग खड़ी रहकर बिसेसरी माँ के बिलकुल करीब आ गई। बाहर निगाहें फेंककर फिर अपनी नजरें उसने रामेसरी की आँखों में गड़ा दीं।

माँ भी बेटी की ओर अर्थपूर्ण दृष्टि से देखने लगी। अनमेल ब्याह के भयंकर परिणामों की कल्पना से उसकी रग-रग दहक उठी, रोंगटे खड़े हो गए। बेटी को खींचकर माँ ने धड़कते सीने से सटा लिया, बिसेसरी का किशोर कलेवर रामेसरी की अधेड़ बाँहों के घेरे में कस गया। थोड़ी-थोड़ी देर तक एक-एक की गर्दन दूसरी के कंधे पर पड़ी रही।

—माँ !

—बीसो !

—आज यह क्या हो गया है तुझे ?

....

—एक बात बताऊँ ?

—बोल !

रामेसरी ने बिसेसरी को छोड़ दिया, वह संदूक से सटकर खड़ी हो गई। साड़ी का पल्ला सँभालती हुई कहने लगी—माहे भइया बता रहे थे, यह शादी हम नहीं होने देंगे।

रामेसरी के कपार में तनाव पड़ गया, आँखें बड़ी-बड़ी हो गईं। बाहर की ओर एक नजर मारकर वह फुसफुसाई—चुप ! चुप ! किसी ने सुन लिया तो पानी में आग लग जाएगी ! माहे तो पागल है, यों ही अल्लम-गल्लम बकता रहता है...

—दिगंबर भी तो था।

—गे मइयो[1] ! और, तू वहाँ यही सब सुनने गई थी ?

बिसेसरी बेखबर नहीं थी। उसे अच्छी तरह मालूम था कि नाना आज रात एक कसाई को ला रहे हैं, धूमधाम से अपनी नतनी का जिबह कराएँगे...जब से उसने बूढ़े दूल्हे की बात सुनी है तब से उसकी कलेजी भुन रही है। अब तक अपनी बेचैनी को वह जब्त किए हुए थी, इसके बाद धीरज ने जवाब दे दिया। तन-मन की समूची ताकत बटोरकर उसने पैरों को लड़खड़ाने से बचा लिया, यही क्या कम था ? बकोटकर आखिर उसने बाएँ हाथ से ठुड्डी और गालों को दबा लिया। जीभ, तालू, दाँत, मसूड़े, होंठ—सभी उस शिकंजे में कस गए। वह अपने-आपमें जूझने लगी कि बूँद-भर भी आँसू गिरने नहीं पाए !

खोपड़ी में मानो बीसियों तकलियाँ बिजली की गति से चल रही थीं—किर्र र्र र्र र्र र्र र्र र्र...

बीच ही में रामेसरी ने उसे झकझोरा और चुमकारा, ढाढ़स दिया—पगली कहीं की ! ऐसा भी कहीं हुआ है ?

समवेदना की इस चुमकार ने बिसेसरी के हृदय को मोम-सा पिघला दिया। दो बड़ी-बड़ी बूँदें आँखों का कूल-किनारा पार करके नीचे धरती पर गिर पड़ीं—टप् टप् !

अपनी साड़ी के आँचल के खूँट से माँ ने बेटी के आँसू पोंछ डाले। थोड़ी देर के लिए उसे अकेली छोड़कर वह बाहर निकल आई। माहे और दिगंबर भला इस ब्याह को कैसे रोकेंगे, यही बात रामेसरी के माथे में घिरनी[2] बनकर नाचने लगी। भला, जब दरवाजे पर दूल्हा आकर खड़ा हो जाएगा तो उसे कोई किस मुँह से लौटने कहेगा ? ऐसा भी कहीं हुआ है ? बाबू जब हाथ धरके किसी भलमानस[3] को उठा लाए हैं तो उसकी और अपनी लाज को अलग-अलग करके थोड़े ही देखा जाएगा ?...

पिता की प्रतिष्ठा रामेसरी के संकल्प को जड़-मूल से हिला रही थी। बार-बार

---

1. री मइया, 2. लट्टू, 3. भला आदमी।

वह अपने पर घटाकर इस ब्याह के बारे में सोचने लगी—कैसी अच्छी जोड़ी थी हमारी। लेकिन वह तीन ही वर्ष जिए। माँ-बाप अपने जानते सन्तान को कुआँ में थोड़े ही फेंकते हैं ? सुना है, धन-सम्पदा काफी है। रानी बनकर रहेगी मेरी बीसो...उमिर कुछ अधिक है तो क्या हुआ ?

क्या हुआ ! धन-सम्पदा ही क्या सबसे बड़ी चीज है ? पन्द्रह साल की कच्ची छोकरी पचास साल के पकठोस दूल्हा के साथ किस तरह अपनी जिनगी काटेगी ? हे राम !

...मगर, खान-पान, कपड़ा-लत्ता, गहना-गुड़िया, जर-जेवर का अमार लगा रहता होगा उसके यहाँ! नहीं ? ना, जरूर अमार लगा रहता होगा। वह तो अपने इलाके का राजा है !

फिर एक दफे रामेसरी की आँखों के आगे अपनी बेटी का मासूम मुखड़ा जोरों से नाच उठा और उसका सिर घूमने लगा, फिर एकाएक भवें तन गईं। अपने-आप वह बुदबुदाई : नहीं, होगा ! नहीं होगा यह ब्याह!!

तब रामेसरी को माहे और दिगम्बर की बात याद आई...क्या कर सकते हैं वे ?

उपेक्षा-भरी हल्की हँसी के सहारे अपनी याद को उसने उन नौजवानों की चंगुल से छुड़ा लेना चाहा कि माँ की आवाज सुनाई पड़ी : बुच्ची ?

—आई अम्मा !

यह रामेसरी का दुलार का नाम था।

वह सँभली, पूरी तरह अपनी चेतना को उसने साकांक्ष बनाया और माँ के सामने जा खड़ी हुई।

माँ मुखिया के यहाँ से पेट्रोमैक्स लिवा लाई थी।

—इसे बरामदे में रखवा ले, चौकसी रखना। ऊधमी लड़के कहीं इस पर हाथ-वाथ न डालें।

—अच्छा।

रामेसरी ने उस बड़े लैंप को माँ वाले घर के बरामदे में रखवा लिया। मुखिया का हलवाहा लैम्प रखकर चला गया।

इसके बाद रामेसरी को माँ का दूसरा आदेश मिला—बिसेसरी के बाल सँवारने होंगे, चोटी काढ़नी होगी।

पंडिताइन ने इस बेबसी पर अफसोस जाहिर किया कि आज नतनी की कंघी-चोटी वह खुद अपने हाथों नहीं कर सकी ! बेचारी को बहुत सारे काम करने थे, अकेली राधा कितना नाचे ! बड़ी और छोटी बहू ने पिछले कई दिनों से सविनय अवज्ञाभंग आंदोलन छेड़ रखा था एक प्रकार का। रसोईघर को रामेसरी सँभाले हुए थी। घर-आँगन का बुहारना-लीपना और अपने तीन बच्चों को सँभालना—मझली बहू के जिम्मे काफी काम था। बड़ी के दो बच्चे बड़े हो चुके थे, दो छोटे थे। छोटी के दो बच्चियाँ थीं। दोनों अपने बच्चों में उलझी रहतीं, घर के सामूहिक कामों में जरा भी दिलचस्पी नहीं

लेतीं। खाना तैयार हो जाने पर मेहमान की तरह जातीं और रसोईघर से खा आतीं, जीमने के बाद धुले हुए हाथ अपनी-अपनी कोठरी में ही आकर सुखातीं ! बच्चे तो खैर अपना-अपना थाली-कटोरा सँभाले दिन-भर पंगत जमाए रहते, उन्हें यही ट्रेनिंग मिली थी। मझली अपने काम कर चुकने पर सास और ननद की जरा-मरा सेवा जरूर करती थी। बिसेसरी भी काफी काम करने को तैयार रहती, लेकिन रामेसरी को यह पसंद नहीं था कि लड़की इस जंजाल में अभी से जुत जाय। बाकी तीन लड़के थे जो परिवार के लिए बाहरी काम भी करते, थोड़ी-बहुत खेती भी और अपना पढ़ते भी।

पाँच

स्टेशन कोस-भर दच्छिन था, तारसराय मुड़िया। नौगछिया स्टेशन से सीधे उत्तर पड़ता था।

लेकिन शाम को जो दो टमटम गाँव के भीतर घुसे वे दच्छिन नहीं, उत्तर से आए थे।

ट्रेन से न आकर सड़क से आए थे, इसी से।

खोंखा पंडित ने उमर छिपाने की लाख कोशिश की मगर दूल्हे के भांजे ने इतना तो कबूल कर ही लिया कि मामाजी की आयु पचपन वर्ष की है। पंडित की बात से तो यही लगता था कि अधिक से अधिक चालीस की उमर होगी वर की।

दूल्हा के आने में अभी दो घंटे की देरी थी।

शुक्ल पक्ष था तो क्या, बरसात का मौसम शुरू हो चुका था। जेठ सुदी तेरस। ब्याह का लगन साढ़े दस बजे रात का था। ठीक उसी वक्त उस गाँव के भी दो ब्राह्मण-युवकों की शादी कहीं होनेवाली थी। उनके बारे में भी लोग बातें कर रहे थे। ताजा और गरम खबर लेकिन पंडित की नतनी के लिए आनेवाले इस दूल्हे को लेकर ही उड़ रही थी।

साफ-साफ तो कोई किसी को बताता नहीं था। सभी कह रहे थे—"बड़ा अच्छा हुआ; घर भी ठीक, वर भी ठीक। बिसेसरी को जैसा चाहिए वैसा ही दूल्हा, भगवान ने जुटा दिया..." मुदा अंदर-अंदर कुछ दूसरी ही बातें सुनाई पड़ती थीं। जहाँ देखिए, दो-तीन जने खड़े हैं या बैठे हैं और फुसफुस चल रही है। चलिए, आप भी अपना कान कहीं भिड़ा दीजिए :

—देखा तो नहीं है अभी !

—अरे, अभी आया ही कहाँ ?

—दुपहर रात से पहले थोड़े ही आएगा !

—पंडित तो बुड्ढा बैल पकड़ लाया है, राम-राम !

—समूचे गाँव की नाक काट ली इसने तो ?

—और नहीं तो क्या !

—अच्छा, यह तो बताओ, कितना गिनाया होगा पंडित ने ?

—डेढ़ हजार।

—धत् ! इतना कौन देता है ?

—अजी नहीं, बड़ी चिड़िया फँसी है !

—हजार से ज्यादा नहीं मिला होगा !

—आठ सौ !

मुखियाजी के दालान के सामने चार-पाँच जने बैठे थे। अलग एक ओर बंबई आम का ढेर लगा था। चोरों के डर से तोड़ लिया गया था। अपनी बाड़ी[1] में मुखिया के बाप ने चार पौधे कलमी आम के लगाए थे। दो बंबई के, एक सफेदा का और एक कलकतिया का। अबकी मालदह (लँगड़ा) तो दगा दे गया था, बाकी तीनों पेड़ खूब फले थे।

क्या होगा अधिक लेकर ?—मुखिया का भाई बोला। वह खैनी ठोककर फिर कहने लगा एक अधेड़ आदमी की ओर अपना रुख करके—सुनते हैं फतूरी काका ?

कहो न ! —फतूरी बोले और बगल में माथा झुकाकर निचले होंठ को दीये की शकल में कर लिया, बड़ी देर तक भीतर दबाकर रखा हुआ सुरती का जूम 'पिच्' से जमीन पर गिरा। लार की तार टूटी तो धोती के खूँट से होंठ पोंछकर वह पूछनेवाले की तरफ गर्दन बढ़ा चुके थे।

मुखिया का भाई भीमनाथ अपने खास श्रोता को सतर्क पाकर कहने लगा—क्या होगा इससे अधिक लेकर ? देवता-पितर और बाल-बच्चों के लिए यही आम काफी हैं, ऐं फतूरी काका ? नहीं ?

हाथ फरकाकर फतूरी बोले—दुर् बुड़बक कहीं के ! आम से भी कभी किसी का मन भरा है ?

सवा पसेरी के वजन की बात सुनकर कमजोर दिलवाला भीम एकदम सिटपिटा गया। दबी आवाज निकली—सो नहीं फतूरी काका ! सो नहीं, मैंने सो कहाँ कहा है ? कहा है कि इतना आम...

इतना आम फतूरी ठाकुर दो बैठक में चट कर जाएँगे।—अपना सीना ठोककर वह वीरपुंगव गरज उठे।

हतप्रभ होकर भीम वहाँ से उठ गया, सुरती अभी तैयार नहीं हुई थी।

कहाँ चले ?—स्वर हल्का करके पूछा।

—कहीं नहीं, जरा बछड़े को देखता हूँ... बेचारे को डाँस परेशान कर रहे हैं...बाईं मुट्ठी में चून-तम्बाकू दाबे दाएँ हाथ से अँगोछी की गदा घुमाते हुए चले गए भीमनाथ, सामने जहाँ तीन-चार गाय-बैल बँधे थे।

---

1. वासभूमि के साथ की खाली जगह।

तब तक कथा का सूत्र खोंखा पंडित को छू चुका था।

—कैसे हो ? यह सब क्या सुन रहे हैं ?

—बुड्ढा बैल यह कहाँ हाथ लगा पंडित के ?

—जिसकी कहीं न पूछ, उसी के लिए तो सौराठ का मेला लगता है !

—सुना है कि रतौन्ही[1] है !

—अजी, दाँत तो बत्तीसो झड़ चुके हैं !

—सुनाई पड़ता है कि नहीं ?

—है मुदा भारी मातबर[2]...

—सो तो है !

—दो हाथी भी हैं !

—भारी मातबर है, कल यहाँ घर पीछू दो-दो रुपैया बाँटेगा, हाँ !

—हाँ बाबू, खानदान बड़ा हो तो मुट्ठी भी खुली ही होती है।

—दलिद्दर के दरवाजे पर इतना बड़ा आदमी आ रहा है, बात-व्यौहार में कहीं कुछ अलट-बिलट हो तो अपने नौगछिया की जगहँसाई होगी !

—सो, मुखियाजी रहवे करेंगे।

इस पर मुखिया भरियाकर बोला—फतूरी काका भी रहेंगे ही !

सभी ने एक स्वर से कहा—फिर काहे की तरद्दुत !

मुखिया के मकान के कुछ आगे बढ़ने पर छोटा-पुराना एक पोखरा था। पचासों साल की लापरवाही का जीता-जागता सबूत। पनियाही घासों की हाथ-भर मोटी घनी तह छाई हुई थी, इस कछार से उस कछार तक। चौकोर गढ़े की छाती पर स्वयंभू घासों का वह अजीब मैदान जेठ के इस महीने में भी आँखों को अच्छा नहीं लगता था। बीचोबीच जाठ[3] खड़ी थी, बीस-एक हाथ ऊँची रही होगी। अपने पुरखों की इस कीर्ति की ओर से मुखिया और उसके गोतिया लोग बिलकुल उदास थे। भिंड पर तीन तरफ केवटों और ग्वालों के घर थे, चौथी ओर साहड़, जामुन, बेल, खैर, जीमड़, पितोझिया का मामूली जंगल था। गाँव-भर की दिसा-फराकत का स्थान। उस ओर की सड़क से बाहर का कोई अंधा आता होता तो विकट दुर्गंध के मारे वह यों ही समझ लेता था कि गाँव पास ही है।

छेदी राउत के बथान की छोर उस पोखरे के भिंड को छूती थी। वहाँ तीन-चार अधेड़ औरतें खड़ी थीं। वही फुसुर-फुसुर चल रही थी :

—सुना है तुमने ?

—क्या, कुछ बताएगी भी कि ऐसे ही ?

—खोंखा पंडित की नतनी का ब्याह हो रहा है।

—कहाँ का लड़का है ?

1. रात के वक्त न सूझने की बीमारी, 2. धनी, 3. लट्ठ, लाठ।

—लड़का ! हिः हिः हिः हिः...लड़का !!

—ठूँठ पीपल की गाँठ उठा लाया है पंडित।

—भक् !

—अदुर् जो[1] ! सच कहती हूँ, तेरी कसम !

—खचिया-भर रुपैया गिनाया है पंडित ने !

—अगे मँइयाँ ! एको गो दाँत नहीं होगा उसके...

—बिसेसरी कैसे बुड्ढे के साथ सोएगी ?

—सोएगी कपार ? करम कूटेगी।

—बुढ़वा भारी मातबर है।

—मातबर होगा तो अपने घर, हमें क्या ? देगी पंडिताइन एक छीमी केला भी हमें ?

दिगंबर का बैठका सूना पड़ा था। तख्तपोश के नीचे सिलेबिया कुत्ता गोलियाकर बैठा हुआ था। आकाश में हल्के-फुल्द धुआँ-से बादलों से तेरही चंद्रमा की हाथापाई देखने लायक थी।

बूलो की भाभी बीच आँगन में पुराने कंबल के टुकड़े पर बैठी हुई थी। सामने पूनियों से भरी डलिया थी, कटोरा था, तकली थी। गोदी का बच्चा सोनेवाला था। अभी वह एक थन को बाएँ हाथ से थामकर हौले-हौले पी रहा था, दाएँ हाथ की पहली-दूसरी उँगलियाँ दूसरे थन की घुण्डी पर यों ही फिर रही थीं। माँ तकली-पूनी परे करके अभी सोए बच्चे की पीठ और जाँघों पर अपना दाहिना हाथ फेरने में मगन थी।

अंदर, घर में लालटेन की हल्की मगर साफ रोशनी छाई हुई थी, वह प्रकाश चौकठ लाँघकर आँगन की बीचवाली दो हाथ जगह की परिधि को क्रमशः अधिक फैलाता हुआ चला गया था और सामने अमरूद की सादी हरी पत्तियोंवाली घनी टहनियों में उलझकर अपनी गति खो बैठा था।

हल्की-पतली फुसफुस !

मन की समूची शक्ति लगाकर सुनोगे तो भी पल्ले नहीं पड़ेगा कुछ, हाँ !

तो, भीतर बूलो किसी से सलाह-मशविरा कर रहा होगा ! क्यों, है न यही बात ?

अच्छा ? यह बात है !

बूलो, माहे, दिगंबर...दो और अपरिचित चेहरे !

फुसफुस !

—जल्दी करो !

—हाँ माहे, देर हो रही है।

—माहे, तुम फौरन निकलो।

—हूँ।

---

1. दुत्।

—और तुम दोनों भी !

—अच्छा !

बूलो और दिगंबर को छोड़कर बाकी तीन निकल गए, एक-एक करके।

अपरिचितों में से एक हेहुआ था, दूसरा गोनउड़ा। हेहुआ केवट था, गोनउड़ा था ग्वाला। दोनों नौजवान थे, मसें भीग रही थीं।

हेहुआ के चेहरे पर माई की गोटी के दाग थे। साँवली सूरत, डील-डौल का अच्छा। कद औसत। पहनावे में नौ हाथ धोती, बस ? नहीं, काले धागों में गुँथा हुआ चाँदी का कंठा गले में और दाहिनी भुजा पर मूँगे का बड़ा-सा दाना—छेद के सहारे पीले धागों की तीन बारीक डोरियों से बँधा था...बस !

भूरे बालोंवाले श्री गोनउड़ राउत यादव भाई थे, सूरत गोरी-भूरी और आँखें बादामी। कद ऊँचा, चेहरा भरा हुआ। पहनावे में धोती। हाथ-गोड़[1] बड़े-बड़े।

वे दोनों निकल गए तो माहे जरा देर तक भाभी के पास बैठा रहा।

फुसफुसाकर वह बोली—देखो बाबू, मार-पीट नहीं करना !

माहे दाहिने हाथ की एक उँगली से बार-बार साफ-सुथरे आँगन की चक-चक करती हुई उस धरती पर 'माहेश्वर झा', 'माहेश्वर झा' लिखता-मिटाता था। अब मार-पीट की बात कान में पड़ी तो एक नजर से भाभी के मुँह की ओर देख लिया, फिर बोला—सबकुछ करना होता है मौके पर रानीजी !

—ऊँ ?

—खेल नहीं है भाभी, एक लड़की के जीवन का सवाल है।

भाभी चुप रह गई, अपने आवेग को उसने रोक लिया। समस्या की गंभीरता पर ध्यान जाते ही उसका चेहरा भारी हो उठा। गोदी का बच्चा सो चुका था। उठकर उसे सुलाने चली घर की ओर तो माहे से उसने पूछ लिया—पानी पियोगे बबुआ ?

—पिला दो !

—अच्छा !

माहे सोचता रहा, आज इसको भी नींद नहीं आएगी। हर बात में भाभी हमारी तरफदारी करती है। हमारे खिलाफ जो भी शिगूफा छूटता है, उसमें यह हमारी ओर से वकालत करती है। हमें बढ़िया से बढ़िया सलाह देती है...और मोह तो देखो ! मार-पीट मत करना ! बिसेसरी की भलाई हम जितनी चाहते हैं उससे रत्ती-भर भी कम भाभी नहीं चाहती होगी, बल्कि अधिक ही कह लो। मगर हम किसी मुसीबत में पड़ जायँ, यह भी इसे बर्दाश्त नहीं है...नहीं भाभी, हम नाहक मार-पीट नहीं करेंगे।

झकाझक करते हुए फुलही गिलास में लाकर भाभी ने पानी दिया माहे को। वह गट-गट करके एक ही साँस में सारा खींच ले गया भीतर। आँखें मगर भाभी के चेहरे पर नाचती रहीं थीं।

---

1. पाँव।

भाभी कोई ऐसी सुंदरी नहीं थी कि लाख में एक हो। हजार में एक शायद रही हो वह। लेकिन थी दिलेर और दिलदार, इस दृष्टि से वह अवश्य ही लाख में एक रही होगी। बूलो की तो खैर वह अपनी ही थी, दिगंबर और माहेश्वर और जो भी कोई उसके संपर्क में थे, सभी का मुँह टूटंता था नेपाल तराई की इस किसान-कन्या की सराहना करते ! किसी दूसरे व्यक्ति की प्रशंसा से उनका जी भले अघा उठता हो, भाभी के गुणगान से कभी उनका मन नहीं भरा ! ऐसी थी बूलो के भाई की यह घरवाली !

छह

नौ-दस साल की एक लड़की आई और बिसेसरी के पास जाकर बैठ गई। उसके बाल सँवारे जा चुके थे, चोटी गुँथ चुकी थी, आँखों में काजल लग चुका था।

गहने रामेसरी के अपने कम ही थे। अपनी हँसली दो साल पहले ही उसने बेटी के गले में डाल दी थी। पति की दी हुई नथ थी, कंगन थे और करधनी थी। सो, आज संदूकजी से निकालकर—खटाई से माँज-मूँजकर, सुखा-पोंछकर रखे हुए थी। मझली बहू से चंद्रहार ले आई थी, छोटी बहू से झुमके। गले में डालने की चाँदी की चकतियाँ बड़ी बहू खुद ही निकाल लाई थी।

रामेसरी ने एक-एक कर बिसेसरी को गहने पहनाए। लड़की को बार-बार प्यास लगती थी, उसका मन परेशान था। दिल बुरी तरह धड़क रहा था। आज सभी उसे एक अजीब नजर से देख रहे थे। अँधेरे घर में साँप ही साँप ! उसे बड़ा ही डर लग रहा था, अगले क्षणों में क्या होनेवाला है...दूल्हे के बारे में सही बातें बिसेसरी से अच्छी तरह छिपा रखी गई थीं। वह तो खैर बूलो की भाभी से सबेरे ही थोड़ा—कुछ बेचारी को मालूम हुआ था। चतुरा चौधरी के पीछे पिछले तीन दिनों से पंडित पड़ा था, रिश्ते की बात पक्की-सी हो चुकी थी और कल रात को जो लोग सौराठ से लौट आए थे, उनकी मेहरबानी से यह समाचार गाँव के वायुमंडल में तभी से मँडरा रहा था। पहला आदमी खंजन थी जिसके मुँह से बिसेसरी को यह बात मालूम हुई और तब बेचारी को जैसे साँप सूँघ गया ! घायल हिरनी-सी दौड़कर वह बूलो के घर गई और भाभी की गोद में बेसुध गिर पड़ी। अपनी नौकरानी भेजकर भाभी ने फौरन दिगंबर और माहे को बुलवाया, बूलो मौजूद था ही। बिसेसरी उस गँवई 'बमपाटी' की अनियमित सदस्या थी, पिछले छः महीने से। वे एक-दूसरे की दिक्कतों से पूर्ण परिचित थे। खेल-मनोरंजन, सोच-विचार, सुख-दुःख...कभी-कभी नाश्ता-पानी भी—बहुत-सी बातों में वे परस्पर आत्मीय बन चुके थे। आज दुपहर तक माहे और दिगम्बर भाभी के पास बैठे थे, यह तय करके ही उठे थे कि बिसेसरी का ब्याह उस बूढ़े से कदापि न होने देंगे। बिसेसरी गो कि पहले ही वहाँ से उठ आई थी मगर मन उसका अच्छी तरह मान गया था कि मेरा गला ये लोग नहीं कटने देंगे...लेकिन यह तो दुपहर की बात हुई न ? पहर-भर रात बीत गई

है, दूल्हे का सर-सामान और उसके आदमी बाहर बैठके में आकर जम गए हैं। नाना स्वयं अपने हाथों 'कन्यादान' करेंगे, सो, नहा आए हैं और सन्ध्याकालीन पूजा-पाठ से निबट रहे हैं। कुलदेवता के समक्ष मंगलगान आरंभ हो चुका है, बड़ी-बूढ़ी औरतें और नई-नवेली बहू-बेटियाँ रस ले-लेकर गा रही हैं। नानी स्वयं पूड़ियाँ छानने बैठी है, माँ साधारण रसोई में। मुझे सजा-सँवारकर मौके के लिए तैयार कर लिया गया है—अब और मेरे सर्वनाश में क्या बाकी बचा है ? वह देखो, नाई हवन की लकड़ियाँ ला रहा है, कुम्हार हाथी-पातिल-पुरहड़[1] और सकोरे वगैरह ले आया है। मझली मामी आँगन के बीचोबीच ब्याह के लिए जगह लीप रही है। छोटी मामी कनेर के पीले फूलों की माला गूँथ रही है। बड़ी मामी का सारा ध्यान अपने बच्चों को धड़िया-धोती, अंगा-टोपी और आंगी-घघरा पहनाने में लगा हुआ है और दुलहिन यहाँ झख मार रही है ! हे भगवान, कैसे मैं यह जहर पियूँगी ?

रह-रहकर बिसेसरी के मन में यही तरंग उठती थी कि कुएँ में जाकर कूद पड़े... बीच आँगन में खड़ी होकर चिल्ला पड़े—इससे अच्छा यही होगा कि भगवती दुर्गा की पीड़ी पर मेरी बलि चढ़ा दो...

उसे भाभी, माहे, दिगंबर और बूलो आदि याद आए—वे बैठे नहीं होंगे; कुछ न कुछ मेरे लिए वह जरूर करेंगे। घुप अँधेरे में आशा की एक झलक बिसेसरी को दिखाई पड़ी और कमर सीधी करके एकाएक वह खड़ी हो गई। गहनों के झंकार से घर का वह मौन टूट गया।

वह छोटी लड़की जो अभी तक चुपचाप बैठी थी, चट से उठकर आगे बढ़ी। उसने इधर-उधर देखा, वहाँ कोई नहीं था। सब आँगन या दूसरे घरों में कुछ न कुछ कर रही थीं। इस कोठरी में बिसेसरी को छोड़कर वह खुद ही थी।

मौका पाकर उसने बिसेसरी के हाथ में एक पुर्जी गोंज[2] दी और चली गई।

इस घर में एक ढिबरी जल रही थी, लालटेन सभी बाहर जगमगा रहे थे।

बिसेसरी निकलकर बाहर बरामदे तक गई और झाँककर देखा, सब अपने-अपने काम में लगी थीं। फिर वह अंदर आ गई। संदूक की आड़ में ले जाकर कोने के एक आले में ढिबरी रख दी, पुर्जी को खोलकर बाँचना शुरू किया।

"प्रिय बिसेसरी,

घबड़ाना नहीं। हमने तुमको जो वचन दिया है, उसे पूरी तरह हम निभाएँगे। तुम जरा भी मत घबड़ाओ। तुम्हारी मदद की अभी तो कोई जरूरत नहीं है, आगे भी जरूरत नहीं पड़ेगी—ऐसी आशा है। सबसे बड़ी सहायता तुम हम लोगों की यही कर सकती हो कि अपने दिल को कड़ा किए रहना।—13/6/50 दिगंबर"

भरोसे की चंद पंक्तियाँ बिसेसरी को संकट-मोचन का अमोघ आश्वासन प्रतीत

1. शादी के वक्त मिट्टी का पक्का हाथी सामने रखा जाता है। पातिल वह हँडिया है जिसके अन्दर दीया जलाकर, ऊपर ढक्कन से आधा ढँका रहता है। पुरहड़ (पुरोघट)—मंगलकलश, 2. पकड़ा।

हुईं। एक, दो, तीन, चार जाने कै बार वह उन पंक्तियों को आदि से अंत तक पढ़ गई, फिर भी संतोष नहीं हुआ। देवी-देवता का फूल अंदर डालकर लोग बड़े जतन से जंतर मढ़वाते हैं ताँबे का, चाँदी का, सोने का, अष्टधातु का; वे उसे बाँह में, गले में, कमर में बाँधते हैं कि हमेशा शरीर से लगा रहे। लेकिन बिसेसरी को इतने-भर से कहाँ तसल्ली होती ? उसका वश चलता तो अभी छाती चीरकर इस पुर्जी को वह अंतःकरण में सँभाल रखती !

पिछले आठ-दस घंटों में अपने इन बंधुओं के मन की एक भी बात बिसेसरी तक नहीं पहुँची थी, पहुँचता रहा बस एक यही सुसमाचार कि रानी बनेगी बीसो—सोने के गहनों से लद जाएगी, हाथी पर चढ़के गौरी को पूजेगी !

अपने अंदर आज उसे सचमुच नया खून महसूस हुआ। एक प्रकार की नई चेतना से उसके अंग-अंग में फुर्ती दौड़ने लगी—तो वह अकेली नहीं है। दिगंबर और माहे, भाभी और बूलो गाल ही नहीं बजाते थे सिरिफ, वे कुछ कर भी सकते हैं।

मन हुआ कि एक-एक करके सब गहने उतार डाले और चुपके से भाग जाय। पिछवाड़े से दाईं तरफ माहे की बाँसों की बाड़ी है, आगे खेत शुरू होते हैं। काफी दूर तक गन्ने की खेती है।...मगर इस तरह भागकर वह जाएगी कहाँ ?

बिसेसरी का दिमाग फिर चकराने लगा।

भीत के सहारे वह धम्म से बैठी तो कागज का वही टुकड़ा ठुड्डी से छू गया। वह अब तक उसके हाथ में ही था। पुर्जी के स्पर्शमात्र से बिसेसरी फिर सँभल गई।

ढिबरी को नीचे किए बिना ही वह पुर्जी को फिर बाँचने लगी, मन ही मन...

अपने को उसने फटकारा—घबड़ाती क्यों है ? सोचने का सारा ठेका तूने ही ले रखा है क्या ?

तब उसे ध्यान आया कि पेंसिल से चार आखर घसीटकर भाभी को भेजवा देती ! लेकिन, अब वक्त भी कहाँ है ? और ले भी कौन जाएगा आखिर !

कि इतने में एकाएक आँगन की हलचल कई गुनी बढ़ गई !

यह क्या हुआ ?

आ तो नहीं गया वह कसाई ?

हे भगवान !

सचमुच यही बात थी। घोड़े की हिनहिनाहट ने बिसेसरी के दिल की धड़कन को और बढ़ा दिया। वह न उठी, न हिली। बाईं हथेली पर ठुड्डी टेके, रुक-रुककर चलती साँसों से घबड़ाहट को परे धकेलने की कड़ी कोशिश में वह लग गई।

बाहर बैठक में, कई तख्तपोशों पर कम्बल और जाजिम बिछे थे। छोटी चौकी पर ऊन का खूबसूरत आसन बिछा था। पास ही बड़ा लोटा, पानी भरा ताँबे का घड़ा और पीतल की अढ़िया धरी थी।

दूल्हा बाबू के पैर धुलवाए गए, उन्हें भली-भाँति पोंछवाया गया। इस ड्यूटी पर बूढ़े छकौड़ी खबास तैनात थे।

दूल्हा के बैठ चुकने पर घरवाले और गाँववाले भी बैठ गए। सब चुप थे, एकटक दूल्हे के चेहरे की तरफ देख रहे थे।

उमर उसकी साठ से कम की तो क्या होगी, दो-एक वर्ष अधिक ही होगी। चेहरा रोबीला था। कान छोटे-छोटे, आँखें बादामी। नाक न खड़ी, न पड़ी। होंठ पतले। बाल पके हुए। मूँछें बारीकी से छँटी हुईं, दाढ़ी साफ। गालों में गढ़े पड़ गए थे। सिल्क का कुर्ता, टसर की पगड़ी, रेसमी चादर। सिकिया कोर की फस्ट क्लास धोती। हिना और केवड़े की तेज खुशबू से लोगों की नाक भर-भर उठती थी। गेहुआँ कपार पर गीले सेंदूर का गोल टीका पेट्रोमैक्स की तेज रोशनी में बड़ा ही भला लग रहा था।

पंडित मय पाँचों पूत आगंतुक की अभ्यर्थना में हाजिर थे।

बाकी लोगों में मुखियाजी थे, फतूरी ठाकुर थे, परमानंद पाठक थे। जयनारायण मल्लिक, मधुसूदन कंठ, श्रीनारायण प्रतिहस्त, गाँव के स्कूल के चारों मास्टर, संस्कृत पाठशाला के जोतखीजी और बीसियों दूसरे लोग भी मौजूद थे।

रात पहर-डेढ़ पहर बीत चुकी थी। दस क्या, एगारह का अमल होगा। उमस काफी थी। पंखों के अभाव में बड़े-सयाने अँगोछी झुला-झुलाकर हवा ले रहे थे, लड़के हाथ झुला-झुलाकर। पेट्रोमैक्स ने गर्मी की मात्रा को कई गुना बढ़ा दिया था। कीड़ों-फतिंगों को झुलस-झुलसकर मरने का अपूर्व अवसर प्राप्त हुआ था।

चर्चा चली कि पाकिस्तान जोर मार रहा है, काश्मीर में फिर घमासान मचेगा... बात का छोर कांग्रेसी शासन से छू गया तो खोंखा पंडित बीच में ही टप-से बोले—अंग्रेज बहादुर ही अच्छे ! इनसे तो हम भर पाए...बिना राजा के कहीं कोई राज चला है ?

छकौड़ी खबास बैठक से हटकर अँगनई में बैठा था। तमाकू खोंट रहा था, खैनी मलने के लिए। वह बोला—अंग्रेज लहू पीता था, ई लोग हड्डी चबाते हैं पंडितजी !

इस पर मुखियाजी कड़वाहट से भर गए, कहा—धन्य कांग्रेस सरकार कि हमारी-तुम्हारी इज्जत-आबरू बची हुई है ! दूसरे की हुकूमत होती तो आजकल केला-थम्भ की छाल इसी भाव से खरीदते लोग और सो भी कहाँ मिलती ?

फतूरी ठाकुर ठीक इसी वक्त कपड़ा कंट्रोल की शिकायत करने लगा—जमाहिरलाल का भला इसमें क्या कसूर है ! अफसर साले घूस खाते हैं, दुकनदार उनको चाँदी सुँघा देता है बस...

दूल्हा भला क्यों पीछे रहने लगा ? बोला—सरकार मलेच्छों के प्रभाव में है, हम हिंदू अगर आपसी भेद-भाव भूलकर एक हो जाएँ तो कल ही रामराज स्थापित हो जाय।

दैहिक दैविक भौतिक तापा
रामराज काहुहि नहि व्यापा।

बाबा तुलसीदास की बात एकता और धर्म के बिना कैसे अमल में आएगी !

कि बूँदाबाँदी शुरू हुई।

बादल उमड़-घुमड़कर तो नहीं आए थे। दो-चार खंडमेघ आकाश में मटरगश्ती

कर रहे थे, अब ठीक माथे पर पहुँचकर अलसा गए तो ढीले पड़ने लगे। बूँदों की पटापट सुनकर बैठक में बैठे हुओं के कान गुदगुदा उठे, देह में हल्की सिहरन हुई।

छकौड़ी ने जल्दी में सुरती ठोंकते हुए कहा—देखना हो इन्नर महराज, सुभ काज में भङ्ठी[1] मत डालना !

फिर उसे कुछ याद आया—

—मालिक का घोड़ा कहाँ है पंडितजी ?

—अरे हाँ, घोड़ा कहाँ है बच्चन ?

पेट्रोमैक्स की लाइट जहाँ सबसे अधिक पड़ रही थी वहीं बैठकर बच्चन नई जनेऊ में गाँठ दे रहा था, सामने चँगेरी में तीन-चार जोड़े जनेऊ के पड़े थे—पीले रंग के। और तानियों में गाँठ पड़ चुकी थी, यही एक तानी गँठियाने को रह गई थी। एक तानी में इतना लंबा धागा रहता है कि तीन फेरों की एक जनेऊ होती है, आमतौर पर लोग छः फेरों की दो जनेऊ धारण किए रहते हैं कि एक-आध धागा कहीं टूट-टाट गया तो तन-मन की शुद्धि बनी रहेगी। सो, आज बियाह-संस्कार के समय कई जनेउओं की जरूरत थी। बच्चन जल्दी-जल्दी जनेऊ गठिया रहे थे। गाँठ डालकर जनेऊ को उन्होंने समेटा-गोलियाया और बोले—"घोड़ा तो पोखर पर है, पीपल की जड़ से बँधा है। दो टोकरे हरी घास डाल दी गई थी उसके आगे, खा-वाकर आराम कर रहा होगा बैठ के।"

पंडित ने यह सुना तो उनका मन थिर हुआ, हल्की-सी हुँकारी भरकर रह गए।

तब तक बूँदाबाँदी खतम हो चुकी थी।

छकौड़ी ने तैयार सुर्तीवाला दाहिना हाथ सलीके से आगे बढ़ाकर दूल्हे के भांजे से कहा—"लिया जाय हजूर !"

उसने डबल जूम तमाकू छकौड़ी की तलहथी पर से उठाकर निचले होंठ और दाँतों के दर्म्यानी गढ़े के हवाले किया और बैठने की मुद्रा बदल ली। पल्थी मारकर बैठा था सो अब चुक्कीमाली[2] हो गया।

खबास ने फतूरी ठाकुर को भी सुर्ती दी, बल्कि हाथ बढ़ाके लेने को कहा।

रही-सही खैनी उसने आप फाँक ली तो बरामदे से नीचे उतरकर अँगनई में जीमड़ के अधबीजू खूँटे से पीठ टिकाकर आ बैठा...

कटी-टूटी बातें पंखहीन तितलियों-सी बैठकें में अब भी रेंग-रेंगकर चल ही रही थीं।

छोटी जात का एक छोकड़ा दूल्हे के पास खड़ा था और किनारीदार बड़ा पंखा झल रहा था, पुराना और पीला पड़ गया हुआ ताड़ के पोढ़े पत्ते का पंखा—लंबी-मोटी डंठलवाला।

बीच ही में मुखिया ने मँगवा लिया था, दादे के अमल का अपना पंखा। गाँव

1. विघ्न, रुकावट, 2. मुड़े घुटनों को पीठ के सहारे अँगोछी से तनिक ढीलाढाला-सा बाँध लेते हैं, इससे बिना उठे भी अपने-आप एक सहारा हो जाता है।

की इज्जत को ऊँची बनाए रखने में मुखिया अपना-पराया सब भूल जाता था !

कितना बड़ा मातबर आदमी आज नौगछिया आया था !

फिर भी जाने क्या बात थी कि दूल्हा रह-रहकर कछमछा उठता था। वह इधर-उधर नजर घुमाकर फिर-फिर अपनी बाईं कलाई उठाता था।

कै बज गए ?

पौने बारह !

देर क्यों हो रही है ?

कुछ नहीं, दूसरा मुहूर्त पौने एक बजे पड़ता है जो कि साढ़े दस वाले से कहीं तगड़ा और महाशुभ है।

अच्छा, तो यह बात है !

मगर बड़ा ही विलंब होगा।

हटाओ भी, मंगलमय परिणामों के लिए हमारे पूर्वज कठोर से कठोरतर साधना कर गए हैं, हम रात-भर जाग भी नहीं सकते ? छिः !

दूल्हे की कमर सीधी हो गई, वह तनकर बैठा।

सात

बिसेसरी को लेकर सधवा औरतें गाँव के बाहर आम और महुआ के पेड़ पुजवाने गई थीं।

बाहर बैठक में तो रौनक थी, लेकिन आँगन मानो खाली था। रामेसरी और मझली बहू, बस दो ही जने रह गए थे घर में। बाकी सब—बच्चे तक—पेड़पूजन के निमित्त जो शोभायात्रा निकली थी अपने आँगन से, उसी में शामिल होकर बाहर निकल गए थे। टोल[1] की अपनी पुरानी कुतिया तक उस जुलूस में साथ गई थी...वह बिलकुल स्वस्थ रही हो ऐसी बात नहीं, तो भी बेचारी साथ गई थी—बारह साल के पिछले जीवन में उसका बिसेसरी से अटूट सखीभाव चला आ रहा था, आज ही भला यह क्यों पीछे रह जाती ?

रामेसरी और मझली बहू अपने कामों में मशगूल थीं।

बैठक के कोने पर एक छोटा दरवाजा था, वह अंदर घर की ओर खुलता था। यों तो समूचा ही बैठका भीतरी मकान का बाहरी हिस्सा था, लेकिन था वह बिलकुल स्वतंत्र। बैठके के दोनों छोर क्या थे, कमरे थे दो छोटे-छोटे। उन्हीं में ऐसे एक कोठरी का लगाव अंदर हवेली से था।

रामेसरी झाँक-झाँककर दूल्हे का चेहरा-मोहरा देख चुकी थी। वह बहुत उदास

1. मुहल्ला।

थी। शकल-सूरत तो आदमी की कोई उतनी बुरी नहीं थी, हाँ, पकी उमर और तीन-चौथाई सफेद बाल बेचारे को बिसेसरी के अयोग्य घोषित कर रहे थे।

अभी वह वर-वधू के लिए तस्मै[1] तैयार कर रही थी।

साधारण रसोई से अलग, मिट्टी के ताजे चूल्हे पर पीतल का मामूली तसला चढ़ा था। दो चैलियाँ, फटे-पुराने बाँस की फट्टी। मजे की आँच थी। खौलते दूध में चावल उबल रहे थे।

पास ही रामेसरी बैठी थी। आधी पल्थी, दूसरा घुटना उठा हुआ। दाहिने हाथ में पीतल की कलछी, बाईं हथेली पर ठुड्डी टिकी थी।

सामने की आँच की ओर एकटक निगाह।

—किस गुनधुन में पड़ी हो दइयनि ?

मझली बहू के स्वर ने रामेसरी की अन्यमनस्कता से टक्कर ली, फल कुछ नहीं निकला। वह सूनेपन में छितरा गया।

मझली बहू नजदीक आ गई।

ननद की आँखों में झाँककर देखा।

अब भी रामेसरी खोई ही रही, मन की समूची शक्ति जाने किस झोंझ में उलझ गई थी कहाँ जाकर ! शरीरमात्र वहाँ पड़ा था।

तसले का गला खौलते दूध के फेन से लबालब भर आया। मझली बहू रामेसरी के हाथ से कलछी लेकर उस ओर लपकी और खीर घोटने लगी।

मझली बहू भी दूल्हा देखकर झँवा गई थी। यह उसकी कल्पना से परे की बात थी कि बीसो जैसी सोनछड़ी को बूढ़े पीपल की डाल से लटका दिया जाएगा। वह स्वयं एक गरीब ब्राह्मण की बेटी थी। उसका बाप ईमानदार और निर्लोभी पंडित था। पूर्वजों की अर्जित जमीन थी, पाँच बीघा। दो हट्टे-कट्टे बेटे थे। लग-भिड़कर वे धरती माता की उपासना करते थे। लड़कियाँ एक नहीं, तीन थीं। मुदा उनमें से एक की भी शादी से उस बाभन ने रुपैया नहीं बनाया। अपनी ही तरह के मामूली गृहस्थी के घर उसे पसंद आए।

मझली बहू की आँखें छलछला आईं, गला भारी हो आया—दइयनि !

उसने रामेसरी के कंधे पकड़ लिए, उन्हें हल्का झकोरा दिया—एक बार, दो बार, और तीसरी दफे भी।

रामेसरी की चेतना लौट आई। वह सँभलकर बैठी।

—हो गया फुलकुम्मरि ?

—हाँ, डाला सज गया।

—देखो न, खीर अब भी नहीं हुआ है !

—वाह! हो गया, मैंने देख लिया।

---

1. खीर।

—सच ?

—तो क्या झूठ ?

—ॐ !

—तुम चलो दइयनि, आँगन में चलकर बैठो। मैं आँच हटाकर अभी आई।

रामेसरी उठी और जाकर बीच आँगन में खड़ी हुई।

—अरे, बूँदें पड़ी थीं !

अधिक नहीं, दस ही पाँच बूँदें पड़ी हैं, यह जानकर रामेसरी को संतोष हुआ।

लिपे-पुते आँगन में सफेद अइपन[1] चक-चक कर रहा था, गाड़ी का चाका जैसी गोल और बड़ी परिधि में कुईं के फूलों की माला आँकी गई थी। मध्य में षोडश-दल कमल अंकित था।

अइपन पर ध्यान जाते ही रामेसरी को अपनी माँ के बारे में अभिमान महसूस हुआ—मेरी मइया कैसी गुनमन्ती है ! लोढ़ा-सिल और चक्की-ऊखल तो सब चला लेती है, यह विद्या सबके बस की नहीं।

सारी तैयारी पूरी हो चुकी है—रामेसरी अपने-आप बिदबिदाई। दूल्हे की शकल-सूरत न याद आ जाय, इसी से वह कुछ न कुछ बुदबुदाती रही। उसका मन इस अप्रिय स्मृति से बेहद कतरा रहा था।

—जो होना है, जल्दी हो जाय !

—तो अब देर ही क्या है ?

—गे मइयो, अभी क्या हुआ !

—नाहक ही मत घबड़ा तू !

—कहाँ घबड़ाती हूँ..

कमर सीधी करके खड़ी हो गई रामेसरी, जैसे ट्रेनिंग के समय रँगरूट को हवलदार ने कह दिया हो—हो शि या र !

घर से मझली बहू निकल आई।

पास आकर ननद से उसने कहा—दइयनि, और सब तो ठीक है, मेघों का विश्वास नहीं।

—नहीं, अभी बरखा-तरखा नहीं होगी।

—और अभी-अभी जो बूँदें पड़ गईं सो ?

—बस, इतना-भर बरसना था।

आकाश की ओर दाहिना हाथ उठाकर रामेसरी ने कहा—दो-तीन टुकड़े बादलों के वह देखो पच्छिम तरफ भाग चुके हैं। पछिया हवा होती तो तुम्हारा डर ठीक था, यह तो पुरवइया सिहक रही है...

—भगवान करें !

---

1. भिगोए हुए चावल को पीसकर और घोलकर अँगुलियों से अंकित मांगलिक चित्रण, आलिम्पन।

इसी बीच बाहर, बैठके की ओर से दुतर्फा आवाज आने लगी। स्वर साधारण नहीं था, उसमें झगड़े की धसक थी। ऐसी कि मेंड़ के दो ओर खड़े होकर दो खेतिहर आधा बित्ता जमीन के लिए तकरार कर रहे हों आपस में।

स्वर की तिखाई एकाएक बढ़ गई। एक आवाज थी खोंखा पंडित की, दूसरी माहे की।

दूसरी आवाज में तिखाई उतनी नहीं थी जितनी कि दृढ़ता...

—फुलकुम्मरि, तुम इधर देखती रहो। मैं तनिक उधर देखूँ।

रामेसरी दौड़कर पछवरिया घर के ओसारे में आई और दाहिनी तरफ से होकर उस कोठरी में घुसी जिसका अगला दरवाजा बैठके की ओर खुला था। उसकी कोंढ़-करेज केले के नए पत्ते की तरह काँपने लगी थी...क्या होनेवाला है !

रामेसरी छाती पर दोनों हाथ रखकर किवाड़ी की आड़ में खड़ी हो गई। झाँककर देखने का साहस उसमें बाकी नहीं था। खतरे की प्रतीक्षा में निश्चेष्ट खड़ी रही वह।

''बाप चूल्हा फूँकते-फूँकते मर गया और तू हमारे घर में आग लगाने आया है ?"—माहे की ओर हाथ बढ़ा-बढ़ाकर खोंखा पंडित चिल्ला रहे थे। वह चुप था, निगाहें मगर दूल्हे पर गड़ी हुई थीं।

"जाता है कि नहीं यहाँ से सूअर कहीं का !"—पंडित फिर चिकरे[1]।

माहे ने मजबूती से कहा—मैं जाने के लिए नहीं आया हूँ पंडित बाबा, आपसे तो मैंने कुछ कहा भी नहीं है...

—आग तो लगा दी है, कहेगा क्या !

—मुझे आपसे कुछ मतलब नहीं है...

माहे ने दूल्हे के भांजे को संबोधित किया—आप तो, सुना है, पढ़-लिखे हैं। क्यों न अपने मामा को समझाते हैं ? साठ साल की उमर, पाँच-पाँच जवान बेटों के बाप...छी-छी-छी-छी ?

खोंखा पंडित ने यह सुनते ही माहे पर अपनी एक खड़ाऊँ फेंकी, वह वार को बचा गया। जाकर जरा अलग खड़ा हुआ और मुस्कुराता रहा।

बच्चन अपने बाप को सँभालने में लगा था। दूसरे बेटे किंकर्त्तव्यविमूढ़ खड़े थे। पंडित दाँत पीस-पीसकर मुँह टेढ़ा कर-करके अनाप-सनाप अपना बके जा रहे थे; दाहिने हाथ की मुष्टिमुद्रा बना-बनाकर और बाएँ हाथ से उसकी हत्थड़ पकड़-पकड़के वह माहे को कह रहे थे—केला लेगा, केला ? भोस और बाड़नर[2] ? अपनी माँ के...

उधर फतूरी और मुखिया दूल्हे से बातें कर रहे थे। उसका भगिना[3] भी उन्हीं बातों में अपना कानमुँह भिड़ाए हुए था।

पंडित का चौथा लड़का—टुनाई—इस साल मैट्रिक में था। उसकी आयु बिसेसरी से डेढ़ साल बड़ी थी। उसका भी मन इस प्रकार के दूल्हे के पक्ष में नहीं था।

---

1. चीत्कार किया, चिल्लाए, 2. मोटे-मोटे केलों की दो जातियाँ, 3. भांजा।

माहे का रुख देखकर टुनाई को यह समझते देर नहीं लगी कि गाँव-भर के नौजवान इस ब्याह के खिलाफ हैं, यह विरोधप्रदर्शन न तो अकेले माहेश्वर की ओर से है और न असंगठित ही है।

टुनाई स्वयं भी समझदार था और बहुत-सी बातों में वह नवयुवकों का साथ देता। पिता की संकीर्ण मनोवृत्ति का शिकार वह खुद भी कई बार हो चुका था, बहनों की दुर्दशा उसे रह-रहकर कोंचती थी।

इस समय भाइयों को चुप पाकर टुनाई ने समझ लिया कि सिवाय बाबू (पिता) के यह दूल्हा किसी को पसंद नहीं है; माँ और बहन डर के मारे कभी कुछ बोलती नहीं; जो मन में आता है बाबूजी वही करते हैं...देखो न, माहे बेचारा नाहक इनकी गालियाँ सुन रहा है, क्या बुरा कहा है उसने ? दूल्हे की क्या कमी है, एक नहीं एकइस मिलेगा...

वह चट से माहे के पास गया।

दोनों अलग जाकर सिंदुआर की झाड़ियों की आड़ में फुसफुसाने लगे।

—अब क्या होगा ?

—वापस जाएगा बुड्ढा, और क्या होगा ?

—लोग क्या कहेंगे ?

—और, ब्याह हो जाने पर दुनिया क्या कहेगी ?

....

—एक काम करोगे ?

—क्या ?

—अभी बिसेसरी गई है आम-महुआ के पेड़ पूजने, लौट आए तो कहना : खूब पानी पी ले और मुँह में उँगली डाल-डालके कै करे...

—फिर ?

—फिर तुम बैठके में आकर सबके सामने यह खबर सुनाओ कि बिसेसरी की तबियत एकाएक खराब हो गई है, उसे तीन कै और दो दस्त हुए हैं...

—अच्छा।

अब टुनाई ने माहे के बाएँ कंधे पर अपना दाहिना हाथ धर दिया और पूछा—तुम अब क्या करोगे ?

देख लेना—अपने कंधे पर से उसका हाथ हटाकर माहे बोला।

टुनाई इधर आया, माहे उधर गया—पोखर की तरफ।

आठ

रात अधिक हो गई थी।

बहुतेरे दूल्हा के पास तनिक देर बैठकर चले गए थे कि सेंथ में सेंदुर पड़ेगी और फेरे पड़ेंगे तब आएँगे और दूल्हा-दुलहिन को आशीर्वाद दे जाएँगे।

फतूरी, मुखिया और संस्कृत पाठशाला के जोतखीजी[1] और छकौड़ी खबास—बस, गाँव का और कोई नहीं था। जो थे सो सब घरवैया ही थे, पंडित और उनके बेटे। बाकी, दूल्हा बनने का मंसूबा बाँधकर जो आए हुए थे वह बाबू श्री चतुरा चौधरी तो विराजमान थे ही, भगिना भी था उनका। अलग, फटी दरी पर अधेड़ उमर का टहलुआ[2] था बैठा हुआ। उसकी आँखें अपनी नींद-लदी पलकों से जूझ रही थीं।

ऐसे ही समय माहेश्वर आकर महफिल में मानो बम फोड़ गया था, धुआँ से सबका दिमाग भारी और बेकाम हुआ जा रहा था। घायल दो जने हुए थे।

भावी दूल्हा बुरी तरह घायल हुआ !

खोंखा पंडित का हाल तो और भी खराब था।

भारी-भारी रुँधी-रुँधी बातें होती रहीं।

मुखिया बोला—अपने गाँव के छोकड़ों का मिजाज सनक गया है, इनका इलाज होना चाहिए फतूरी काका !

मुँह की खैनी थुकर[3] के फतूरी ने कहा—चारों चरन कलजुग इसी नौगछिया बस्ती पर छा गया है...

मगर जोतखीजी ने जो बात कही इस पर, उससे सवाल का रुख ही पलट गया।

गेहुँआ खाल से मढ़ा हाड़ों का कमजोर ढाँचा। फाँक-सी आँखें। नुकीली नाक। बड़े-बड़े कान। पतली मूँछ, चिकने गाल। पहनावे में मामूली धोती, कंधे पर गमछा चारखाना।

भीत से पीठ टिकाकर बैठे थे वह।

उन्होंने कहा—अगहन में ब्याह के अच्छे दिन पड़ते हैं, लगन के वैसे बढ़िया योग इधर कई वर्षों में नहीं आए...

फतूरी ठाकुर छूटते ही बोले—अगहन ! आ हा ! मेरा ब्याह अगहन में ही हुआ था, हम दोनों कभी बीमार नहीं पड़े।

पंडित को धर-पकड़के लड़के अंदर ले जा चुके थे। उधर से फिर कौन क्या बोलता ! दूल्हे के भांजे को बातचीत के इस नए रुख से आज का लगन टालने की गंध आई तो चट से उसने कहा—नहीं, अभीवाला लगन भी बेजोड़ है।

—होगा!

जोतखी नकियाकर बोले।

---

1. जोतसी, ज्योतिषाचार्य, 2. सेवक, नौकर, 3. थूः करके, फेंककर।

फतूरी का मन कर रहा था कि प्रधान पाहुने की चुप्पी टूटे। लेकिन वह तो एकदम हतप्रभ और मौन बैठा था, पल्थी पर केहुनी थी और बँधी मुट्ठी पर ठुड्डी टिकी हुई थी। दृष्टि सामने जीमड़ के खूँटे पर।

कुछ देर तक फिर वातावरण गंभीर हो गया। कोई कुछ नहीं बोल रहा था। बीच-बीच में गमछे से पीठ झाँटने की आवाज। पेट्रोमैक्स की लाइट के कारण इधर-उधर उड़नेवाले कीड़े पीठ पर बैठते थे और गमछे की चोट खाकर सद्‌गति प्राप्त करते थे।

दूल्हे के लिए जो खास पंखा आया था, वह भी अब आराम कर रहा था। टट्टी फिरने जाने का बहाना बनाकर पंखा झलनेवाला छोकरा कब का जा चुका था।

इस तरह महफिल पर मुर्दनी छा रही थी।

वह तो मुखियाजी मुस्तैद थे, नहीं तो हवा के अभाव में पेट्रोमैक्स भी अपना काम तमाम कर चुका होता !

छकौड़ी अँगनई में, जीमड़ के उसी खूँटे से पीठ टिकाए झपकियाँ ले रहा था।

—इधर आइए मुखिया काका !

अंदर से निकलकर टुनाई ने जोर से पुकारा तो मुखिया चिहुँक उठा—क्या बात है हो ?

—बिसेसरी के दो दस्त हुए हैं और तीन बार कै !

—अब क्या हाल है ?

—हाल क्या पूछते हैं, दाँती[1] लग गई !

—जाओ, हमारे घर से पुदीना का अरक और अमरितधारा लेते आओ।

टुनाई मुखिया के मकान की ओर गया।

फतूरी और मुखिया धड़धड़ाकर अंदर घुसे।

दूल्हा का धीरज अब जवाब दे गया। वह तख्तपोश पर से उठा। नीचे अँगनई में आकर चहलकदमी करने लगा। उसे नौ सौ रुपए डूबने की उतनी पर्वाह नहीं थी जितनी कि बे-आबरू होकर वापस जाने की। थोड़ी देर वह अकेले टहलता रहा, फिर भगिने को बुला लिया।

दोनों फुस-फुस करते हुए चहलकदमी करते रहे।

छकौड़ी भी भीतर चला गया था, बिसेसरी को देखने।

चतुरा चौधरी का नौकर अपना उसी तरह ऊँघता रहा। मालिक किस मुसीबत में यहाँ आके फँसे हैं, इसका ज्ञान उस अलबौक को था ?

नहीं था।

नहीं था क्योंकि चौधरी का अपना आदमी किसी फौजदारी मामले का हाजती कैदा था आजकल, लहेरियासराय जेल में बंद। जरूरत थी तो मालिक इसी मतसुन्न[2] को

1. मूर्च्छा, बेहोशी जिसमें दाँत पर दाँत बैठ जाते हैं, 2. मतिशून्य, बुद्धिहीन।

पकड़ लाए थे। तीन बार कहोगे तो बात इसके माथे में घुसेगी। डेढ़-सेर चावल का भात दोनों साँझ[1] ठूँसेगा, कुम्भकरन की तरह सोएगा...लाद-बोझ दो तो पक्का ढाई मन बोझा ढोएगा, चार लात लगाओगे तो पीठ झाड़कर और दाँत-मुँह चियारकर चला जाएगा; फिर बुलाओगे तो बिना चीं-चपड़ के वापस आएगा !

नाम क्या है ?

बड़ा अच्छा नाम है, ढहलेलवा[2] !

इससे बढ़िया नाम उसका और होगा ही क्या?

मालिक का कंठ सूख रहा था।

तीन बार आवाज देने पर आदमी बोला—आँ ?

—प्यास लगी है !

—आँए !

—पानी रे बैल, पानी चाहिए !

—ओं; पाइन मालिक ?

—मर साले !

आखिर ढहलेलवा उठा और पानी लाकर अपने मालिक को उसने ठंडा किया।

कहने पर भगिना बाबू को भी वह पानी दे आया, अपनी ऊह[3] होती तो पूछ भी लिया होता !

पानी पीकर मामा-भगिना दोनों फिर बैठने को हुए...

ठहरो, लघुशंका कर आऊँ—कान में जनेऊ लपेटकर मामा बोले।

भगिना बाबू के लिए मामा का सक्रिय समर्थन मानो आवश्यक था, कान पर जनेऊ चढ़ाते हुए बोले—मैं भी मामा!

दोनों पेशाब कर आए पानी लेकर।

तख्तपोश पर बैठते हुए मामा ने फुसफुसी आवाज में कहा—देखा कुछ ?

क्या ?—विस्मय से आँखें फैल गईं भांजे की।

—अरे, उधर पीपल के तले पाँच-छः आदमी खड़े थे।

—यही लोग होंगे ?

—तो, और कौन ?

दुर्गा ! दुर्गा ! काली ! काली !!

भांजा पंडित था, सीधा-साधा संस्कृत पंडित। उसका हृदय एक अज्ञात आशंका से कंपित हो उठा। वह सोचने लगा...मामाजी के माथे पर ब्याह का यह कौन-सा भूत सवार है, यह इनको चौपट करेगा एक-न-एक दिन ! फिर उसे याद आईं अपनी दिवंगत मामियाँ, एक-एक करके याद आईं। ममेरे याद आए, अपने पिता के प्रति उन लड़कों की जो कुढ़न थी सो याद आई...अपने ननिहाल के बहुतेरे दृश्य उसकी आँखों के सामने

---

1. जून, 2. महाबुद्ध, 3. समझ।

नाचने लगे। किस चक्रव्यूह में आज मामा फँस गए हैं ! ...यह सोचते ही बेचारे का चेहरा भारी हो उठा। उसे लच्छन अच्छे नहीं नजर आ रहे थे। यह विश्वास उसका संशय के भँवर में ऊब-डूब करके रह गया था कि सकुशल यहाँ से लौटेंगे और घर पहुँचेंगे।

बाबू चतुरानन चौधरी भी गुमसुम थे। इस तरह की पशोपेशी में वह भी कभी कहाँ पड़े थे ? पहला ब्याह तो खैर सत्रह साल की ही आयु में हुआ था, मुला[1] बाकी तीनों शादियाँ चालीस के ऊपर की थीं उन्होंने। क्या मजाल, कहीं किसी ने चूँ तक किया हो ! और, आज क्या इस छोटी-सी बस्ती के ये मामूली छोकरे शेर की मूँछें नोच डालेंगे ?

खानदानी शान-शौकत की याद आते ही मालिक की रीढ़ तन गई, चेहरे पर तेज छा गया और आँखों की चमक चौगुनी हो गई। मन ऐसा ताजा हो उठा कि पान के चार स्पेशल बीड़े एक ही बार मुँह में डाल लेने की इच्छा होने लगी ! लेकिन अब तो वह 'दूल्हे के रूप में' छिंक चुके थे, जब तक ब्याह नहीं हो लेगा तब तक सिवाय पानी के और कोई भी वस्तु मुँह में नहीं डालने देंगे लोग !

किसकी मजाल है कि अब इस ब्याह को रोके ?

छोकरे ऐसी-वैसी हिमाकत करेंगे, चाबुक से एक-एक की पीठ फोड़ दूँगा, हाँ !

मैं कुजड़े के खेत का मूली-बैंगन नहीं हूँ, मानिकपट्टी-मढ़िया के चौधरी-खानदान का पट्टीदार हूँ ?

शेर शेर हैं, गीदड़ गीदड़ ही रहेंगे...

...दूल्हे ने दिमागी मैदान में स्वाभिमान का घोड़ा छोड़ दिया था, टापों की कल्पित आवाज से मन-प्राण उसके भर-भर उठे थे।

घटकराज ने आते ही भंग छानी थी, मामूली कुछ खाकर जलपान किया था और बैठके की दूसरे छोरवाली कोठरी में खिड़की के सामने चारपाई पर तनकर सो गए थे। अभी तक उनकी योगनिद्रा पूर्ण नहीं हुई थी। कड़ी हिदायत थी कि उन्हें कोई उठाए नहीं। हाँ, सिंदूरदान के पश्चात् उन्हें अवश्य ही उठा दिया जाय—वर-वधू के मस्तक पर दूध और अच्छत डालकर आशीष देंगे, अपने ही घर का तो काम है वह !

बीच में इतना बड़ा कुकांड मच जाने पर भी घटकराज की नींद नहीं टूटी थी, अब भी ऋषभ-स्वर में वह अपनी नाक बजाए जा रहे थे—ठर्र र्र र्र र्र र्र....ठो ो ो ो ...ठर्र र्र र्र र्र र्र...बड़ी पुष्ट और लयबद्ध ध्वनि थी, ऐसी कि सुनने पर कान तिरपित हो उठते और हृदय का अँतरा-कोना गुदगुदा जाता !

घटकराज की इस सुख-समाधि पर दूल्हे का भांजा मन ही मन ईर्ष्यालु हो रहा था, उसे पिछली रात भी अच्छी नींद नहीं आई थी।

ढहलेलवा बैठके के छोर पर खँभेली से अपनी पीठ टिकाए नींद के झकोरे लेने लग गया था, फिर निचले होंठ का मध्यप्रदेश तार-तार लार टपका रहा था उसका।

1. मुदा, लेकिन।

जाँघ पर की धोती भीग रही थी।

हवा की कमी से पेट्रोमैक्स की रोशनी मद्धिम पड़ती गई। अंत में लाइट बिलकुल कम हो जाने पर प्रकाश का वह यंत्र फप्-फप् करने लगा !

फिर भी किसी का ध्यान उस ओर नहीं आकृष्ट हुआ !

रोशनी बिलकुल ही कम हो गई। लगा कि आखिरी हिचकी लेकर पेट्रोमैक्स अब अपनी इहलीला का संवरण कर लेगा।

इतने में चट् से दो युवक आए, एक नीचे ही खड़ा रहा और दूसरा मिट्टी की दो सीढ़ियाँ टपकर बैठके में आ धमका।

उसने फुर्ती से पेट्रोमैक्स में हवा भरनी शुरू की। मैंटल एकबारगी भभक उठा, फिर घुप्प ! और फिर झकाझक लाइट से समूचा दालान जगमगा उठा...

अब वह युवक नीचे आ गया अँगनई में।

दूल्हा और उसका भगिना—दोनों सँभलकर उन अपरिचित चेहरों की ओर घूरने लगे।

भगिना ने चतुराई की, बोला—आइए, नीचे कब तक खड़े रहेंगे आप लोग ?

आइए न !—दूल्हे ने शंकित स्वर में भांजे की बात का अनुमोदन किया।

दोनों चुपचाप आकर फर्श पर बैठ गए।

पूछने पर साँवली सूरत और फैली-फैली आँखोंवाले युवक ने कहा—मेरा नाम है दिगंबर मल्लिक और इनका बलभद्र मिश्र। मैं घर का काम-काज करता हूँ, यह नाइन्थ क्लास के विद्यार्थी हैं...

थोड़ी देर तक दोनों ओर चुप्पी।

इसी बीच में पुदीना का अर्क और अमृतधारा लेकर टुनाई लौटा, उसके पीछे माहे था।

टुनाई अंदर चला गया, माहे आकर मल्लिक के पास बैठा।

मल्लिक गौर से दूल्हे के मुँह की ओर देख रहा था इतनी देर तक। अब गंभीर स्वर में उसने कहा—बाबू साहेब, हम आपसे फिर प्रार्थना करने आए हैं। ब्याह का यह आग्रह आप छोड़ दें...

—ऐं, क्या कहा !

बुड्ढा बमक उठा, पागल और घवहा कुत्ते की तरह वह भौंकने लगा—तुम लोग गुंडई पर उतर आए हो ! सारी काबिलियत घुसाड़ दूँगा। देखो तो भला, सावन जनमा गीदड़ और भादो आई बाढ़ और गिदड़वा चिल्लाया बाप रे ! ऐसा बाढ़ कभी न देखी। बच्चू, अभी तो कुल चार रोज के होवे किए हो, नाभी की नार तक नहीं कटी है अभी ! अभिए चले अभें सबक सिखाने ? चार अच्छर पढ़ लिए हो तो क्या बूढ़-पुरनिया लोगों की गंजी चाँद पर चप्पल मारोगे ?...

गुस्सा के मारे कपार की नसें उभर आई थीं उसके तो ! आँखों के कोए लाल-लाल डोरों से सुर्ख हो चले थे, मुँह से अबरक का चूरन उड़ रहा था ! नाक की

नोंक पर पसीने की बूँदियाँ हीरे की कनियों को मात दे रही थीं। बारी-बारी से हाथ फड़क और सिमट रहे थे।

हल्ला-गुल्ला सुनकर खोंखा पंडित निकले, हाथ में मोटी लट्ठ थी।

माहेश्वर उनका निशाना था।

पंडित ने भरपूर वार की थी, इस दफे भी माथे को उसने बचा लिया मगर कमर में काफी चोट आई। वह लट्ठ का छोर पकड़कर वहीं बैठा रहा।

बलभद्र (बूलो) पंडित को ढकेलकर अंदर दे आया और इधर से साँकल चढ़ा दी उसने।

आप यों नहीं मानेंगे !—दिगंबर ने मुँह में दो उँगलियाँ डालकर जोर से सीटी बजाई।

सीटी बजते ही पाँच-छः जवान सिंदुआर की झाड़ियों की आड़ में से परगट हुए, सबके अपनी-अपनी लाठी थी। पीछे से एक आदमी दूल्हे का घोड़ा लेकर आया।

—लीजिए, यह आपकी सवारी आई, आप फौरन चल दीजिए।

—बाकी सामान कल चला जाएगा।

—फिर इस बस्ती में आप कभी मत आइएगा।

—पाँच लड़कों का बाप, साठ वर्ष की उमर और दूल्हे की यह साज-सिंगार ! छी-छी-छी !!

—डूब मरने को पानी क्या गाँव में नहीं मिला जो इतनी दूर आए ?

—सूरत-सकल तो देखो !

—कहाँ का छछूँदर यह हमारी बस्ती में आ गया !

आदर-सम्मान की यह तैयारी देखकर चतुरा चौधरी की सारी हेकड़ी भूल गई। इस समय उसे फतूरी और मुखिया का अभाव खटका।

फतूरी ठाकुर और मुखियाजी रंग में भंग देखकर किसी बहाने खिसक चुके थे, जोतखीजी बीच में ही उठकर चल दिए थे, जबकि मालिक और भगिना बाबू पानी पी-पीकर आप ही अपना दिमाग चाट रहे थे।

पंडित को अंदर दो बेटों ने पकड़ रक्खा। बच्चन और टुनाई आँगन के सदर रास्ते से बाहर आए और पूरी पल्टन को मुस्तैद पाकर बेहद घबड़ाए।

मोटी आवाजवाले दूल्हे की गर्जना सुनकर टोले-मुहल्ले के लोग जग गए थे। अपने-अपने घर से उचक-उचककर सभी पेट्रोमैक्स के जगमगाते प्रकाश में हो रहे उस नाटक का आस्वाद ले रहे थे, संशय और कौतुक का मिश्रित भाव सबके चेहरों पर छाया हुआ था।

अंदर, रूम में कैद पंडित ताबड़तोड़ गालियाँ बके जा रहा था।

बच्चन और टुनाई को सामने पाकर दूल्हा के बोल फूटे—कहिए बच्चन बाबू, आपकी क्या राय है ?

माहे को चोट तो काफी लगी थी, फिर भी उसने तड़ाक से कहा—चुपचाप घोड़े

पर चढ़िए, सीधे चले जाइए दरभंगा !

गुर्राकर चतुरा चौधरी बोला—मैंने तुमसे नहीं पूछा !

—तो, बच्चन बाबू की भी यही राय है।

दिगंबर अधिकारपूर्ण टोन में बोला और बच्चन की ओर देखने लगा।

—हाँ बच्चन बाबू ?

....

बच्चन की मानो घिग्घी बँध गई हो ! एक शब्द क्या, एक अक्षर भी उसके मुँह से बाहर नहीं आ रहा था।

दूल्हे का भगिना खड़ा हो गया। हाथ जोड़कर लोगों से कहा उसने—आप सब कब तक खड़े रहेंगे ? आइए, बैठ जाइए...

हम बैठने नहीं आए हैं ।—एक बोला, शायद गोनउड़ा था।

तो, लो फोड़ दो ! यह रहा मेरा सिर !—आवेश में भरकर दूल्हा बोला और माथे को जरा आगे बढ़ा दिया।

राम राम राम राम !!—बच्चन बोला।

दिगंबर ने कड़ाई से कहा—बच्चन बाबू, यह बाबू साहेब जितनी देर लगाएँगे, अशांति उतनी ही बढ़ेगी। आप यह गाँठ बाँध लीजिए कि गाँव का एक-एक नौजवान पिटते-पिटते बिछ जाएगा मगर यह ब्याह नहीं होने देगा। यह बहुत बड़े आदमी हैं, इलाके-भर में नामी हैं। इनके दो लड़के पटना और मुजफ्फरपुर में प्रोफेसरी करते हैं, एक लड़का लहेरियासराय में वकालत करता है...लाज-शरम को धो-धाकर यही पी गए हैं तो क्या हम भी बेहया बन जाएँ ? पंडितजी लालच के मारे उठा लाए हैं इन महाशय को, उनकी बात छोड़िए। बिसेसरी जैसी तो इनकी नतनी-पोती होगी...यह अभी सीधे नहीं मानेंगे तो बाँध-बूँधकर और खटोले पर ढोकर इन्हें कल तक फिर सौराठ पहुँचा दिया जाएगा, इन्हीं के खिलाफ कल नौज़वानों का हम एक जुलूस निकालेंगे। समझ क्या रखा है इन्होंने आखिर ? खुद ही बाबू साहेब अपनी बेइज्जती करा रहे हैं ! ठीक है, अकिल भी सठिया गई होगी !

बच्चन बुत बना खड़ा रहा।

टुनाई का भी वही हाल था।

अंदर भूँकते-भूँकते पंडितजी का गला अब अजीब आवाज निकाल रहा था। उधर बाहरवाली एक कोठरी में घटकराज की नाक बदस्तूर अपनी तरन्नुम में थी।

ढहलेलवा बैठा था, शोरगुल ने उसकी तंद्रा को तोड़ दिया था। अब वह लोगों की ओर मुलुर-मुलुर देख रहा था।

दूल्हे का माथा चक्कर खा रहा था। जिन्हें उसने महज छोकरे समझ रखा था, उन्होंने अब उसकी बोलती बंद कर दी थी। वृद्ध-विवाह के विरोध में इस प्रकार का संगठित मोर्चा ! इस बात की तो बाबू चतुरानन चौधरी ने स्वप्न में भी कल्पना नहीं की थी कभी ! काल बली जो न दिखावे, जो न सुनावे।

उठो, चलें !—बाबू चतुरानन चौधरी ने भांजे से कहा और माथे पर पगड़ी डालकर उठ खड़े हुए। हाथ से नौकर को चलने का इशारा दिया। तख्तपोश से नीचे उतरे, जूते पहनकर अँगनई में आए।

भगिना ने पहला काम यह किया कि तख्तपोश के नीचे से जीन ले जाकर घोड़े की पीठ पर डाल दी। लगाम बाबू साहेब ने घोड़े के मुँह में खुद ही डाला।

सब चुप थे। भीतर खोंखा पंडित भूँक रहे थे। बाहर कभी-कभी वह कुतिया भूँक उठती थी।

उचककर बाबू चतुरा चौधरी घोड़े पर चढ़ गए और वह चल पड़ा। उन्होंने न किसी से कुछ कहा और न बच्चन ने नमस्कार का ही प्रत्युत्तर दिया। हाँ, भगिना से कहते गए—धीरे-धीरे आओ तुम दोनों, तारसराय में मिलेंगे...

भावी दूल्हा के भगिना बाबू और गठरी-मोटरी का भार सँभालकर ढहलेलवा खबास उधर चले तो इधर पेट्रोमैक्स भी अपनी अंतिम साँस ले रहा था।

नौ

थोड़ी रात थी तो एकाएक बादल उमड़ आए और डबल अछार[1] बरखा हुई।

रात की घटना को भूलकर लोग अपने-अपने काम में लग गए थे।

हलवाहे बैलों को आगे किए कंधे पर हल सँभाले अपनी-अपनी दिशा में जा रहे थे। हेहुआ भी उनमें था, वह बूलो का अपना हलवाहा था।

खोंखा पंडित, घटकराज और बच्चन पौ फटने से पहले ही घर से निकल गए थे। हवेली का लच्छन ऐसा लग रहा था कि ऊपर महामारी मँडरा रही हो। उत्साह और जीवन का एक भी निशान बाकी नहीं था। वर्षा की चोटें खाकर भी बीच आँगन का वह कलात्मक अइपन[2] मिट बिलकुल ही नहीं गया था। घर से निकलते समय पंडितजी खीझ के मारे खुद ही उसे एँड़ी से घिसकर मिटा गए थे। अपने हाथों से अंकित किए हुए मांगलिक चित्र का इस प्रकार अवसान देखकर पंडिताइन देर तक रोती रही थीं, रोती-रोती बरामदे की भीगी सतह पर ही बेचारी सो गई थीं।

बिसेसरी को बुखार चढ़ आया था, रामेसरी संज्ञा-शून्य होकर बेटी के पायताने औंधे मुँह लेटी हुई थी।

बच्चे रात देर तक सो नहीं सके थे, वे अब तक बेसुध सोए पड़े थे।

बड़ी और छोटी बहुएँ अपनी-अपनी देहरी[3] पर चौकठ[4] में पीठ टिकाए और कमर टेढ़ी किए बैठी थीं, बाईं हथेली पर बायाँ गाल थामे। मझली रसोईवाले घर के ओसारे में झाड़ू दे रही थी। चेहरा उसका भी फीका ही नजर आ रहा था।

---

1. तोड़, वर्षा की एक मात्रा, 2. आलिंपन, चित्र, 3. दहलीज, देहली, 4. चौखट।

टुनाई और छोटा लड़का बुदुर बैठक में अभी तक सो रहे थे। मँझला सबेरे उठकर, दिसा-फराकत से निपटकर मधुबनी की छबज्जी गाड़ी पकड़ने इसटीसन जा चुका था। यों भी वह अपने वकील साहेब से आज हाजिर होने की बात करके आया था। सझला गाछी[1] की ओर इस मतलब से निकल गया कि तीन-चार गाही आम तो जरूर अपना हिस्सा हुआ होगा।

दालान में पेट्रोमैक्स अब तक उसी तरह लटक रहा था। तख्तपोश पर कम्बल, दरी और उलैंच ज्यों के त्यों बिछे पड़े थे। मुखियावाला बड़ा पंखा उस पर उसी भाँति पड़ा था, भीत से टिका हुआ।

माहे पर पंडितजी ने रात जो खड़ाऊँ फेंकी थी, उसे अँगनई से उठाकर और जोड़ी से मिलाकर छकौड़ी ने तख्तपोश के नीचे रख दिया था, वे भी वहीं पड़ी थीं।

चाँदी की खिलबट्टी[2] में सँभालकर रखे हुए पान के आखिरी दो बीड़े यहाँ आने पर चतुरा चौधरी ने मुँह के भीतर डाले थे, ऊपर से किमाम और पतिनजार[3] डाला था। फिर थोड़ी देर बाद गाढ़ी पीक की जो पिचकारी बाबू साहेब ने छोड़ी थी, वह अँगनई की उस ठोस सतह पर अब भी अमिट थी—रात्रिशेष की घनघोर-घटाओं के प्रबल आघात कुछ भी कहाँ बिगाड़ सके थे उसका ?

दिन काफी चढ़ आया तो टुनाई की भी नींद टूटी, उसने बुदुर को झकझोरकर उठा दिया।

दोनों मिलकर फर्श, दरी, कम्बल वगैरह समेटने लगे। किसी को तो आखिर समेटना ही था। लगन के दो दिन बाकी थे। इस बार जो नाटक होना था हो चुका था। अब इन दो दिनों में बिसेसरी के लिए दूसरा दूल्हा कहाँ से आएगा ? अगहन में अगर उसके भाग ने अपना जोर दिखाया तो मिल जाय शायद कोई ठौर-ठिकाने का आदमी ! ...यही सब सोच रहा था टुनाई और बुदुर को भी हिदायत दे रहा था काम की और खुद भी कर रहा था।

...कहाँ मिलते हैं अच्छे लड़के ? लड़की का ब्याह बड़ा मुश्किल काम है ! रामजी के हाथों शिवजी का भारी धनुष तोड़ा जाना उतना कठिन काम न भी हो मगर सीता के लिए अच्छा लड़का मिल जाना अब उतना आसान काम नहीं रहा। रामजी सैर करते हुए मिथिलापुरी में दाखिल हुए, सीताजी के अभिभावकों को लड़का पसंद आ गया। गुरु विश्वामित्र भी चट से राजी हो गए ! धनुष पीछे उठा था न, बातचीत तो पहले ही उठी थी ! ...दिगंबर और माहे ला देंगे कहीं से कोई दूल्हा हमारी भांजी के लिए ? जिसकी अपनी बहन क्वाँरी बैठी हो, वह दूसरे की लड़की-भांजी की शादी के लिए कहाँ से आदमी गढ़ेगा ?...

टुनाई का ऐसा सोचना गलत थोड़े ही था ?

मल्लिक की बहन शकुंतला सत्रह साल की थी, अब तक उसका ब्याह न हो पाना

---

1. बगीची, 2. पान के बीड़े रखने की डिबिया, 3. बनारस का मशहूर और महँगा जर्दा।

नौगछिया के सयानों-समझदारों की भलमनसाहत पर एक करारा तमाचा था, जमाना उनकी मूँछों को मानो चैलेंज दे रहा था !

दिगंबर को लेकिन इस फिक्र ने कभी परेशान नहीं किया। बूढ़ी या अधेड़ किसी स्त्री ने साहस करके अगर उससे कभी पूछ ही लिया तो चट से जवाब मिलता—क्या जल्दी पड़ी है अभी चाची ? आदमी का बचपन तो बीस साल की उम्र तक चलता है ! चार दिन और खा लेगी, खेल लेगी। तब तक अपना कुछ सीख-साख भी लेगी ही।

ऐसा जवाब पाकर औरतें दिगंबर का मुँह ताकती रह जातीं। उनकी समझ में आता ही नहीं कि यह कैसा भाई है। सास-ननद और घरवाला खुद जितना सिखाता है, उतना भला और कोई क्या सिखलावेगा ? धाकड़[1] दीखती है शकुंतला, बाँह ऊपर करती है तो छप्पर छू जाता है और अपने भाई के लेखे अभी छोटी है ? हुँह !

नुक्ताचीनी के इन उड़ते रेशों से दिगंबर कभी नहीं घबड़ाया। बड़ी लगन से वह शकुंतला को पढ़ा रहा था। प्राइवेट तैयारी से मिडिल करवा दी थी। आजकल साहित्य-सम्मेलन की प्रथमा का कोर्स ले दिया था, थोड़ी-बहुत अंग्रेजी भी चल रही थी।

दिगो खुद कहानियाँ लिखता था, अब तक चार-छः से ज्यादा नहीं लिखी होगी। यों अधूरी तो दसियों पड़ी थीं, फुटकल कागजों और स्कूली कापियों के बाकी बचे पन्नों में बिखरी हुई थीं—कुछ एक पेन्सिल की धुँधली-मिटती लिखावटों और कुछ एक नई-पुरानी निबों की पतली-मोटी व हल्की-गाढ़ी नीली-बैंगनी लिखावट में। वे किसी साहित्यकार तक बेशक नहीं पहुँची थीं, लेकिन बूलो और माहेश्वर ने और अपने गँवई स्कूल के उठती मूँछोंवाले दो छोटे मास्टरों ने दिगंबर मल्लिक की एक-एक कहानी ध्यानपूर्वक सुनी थी, अपना-अपना परामर्श भी दिया था। अनेक सुझाव दिगंबर को पसंद आए थे, उन्हें वह अमल में ला चुका था।

दिगंबर का पिता नीलकंठ मल्लिक बिहार बैंक (पटना) में असिस्टेंट एकाउंटेंट था। कुल जमा 210) मिलते थे उसे। '30-'32 के राष्ट्रीय आंदोलन में हाई-स्कूल की मास्टरी छोड़कर और नमक बनाकर नीलकंठ बाबू जेल चले गए, साल-भर की सजा हुई थी। छूटकर आए तो पिता का देहांत हो चुका था—दिगो के दादा मुंशी बिदेश्वर मल्लिक बरह-गोड़िया के खरौड़े-खानदान में अपने अंतिम दिनों तक एकमंट[2] थे। उन्हीं की अरजी हुई सम्पदा पर यह मल्लिक परिवार नौगछिया के उन पाँच-सात सुखी परिवारों में से एक था। दो लड़के, दो लड़कियाँ—बस, नीलकंठ की औलाद की सीढ़ियाँ यहीं आके ठमक गई थीं। महिलाओं की मंडली जुटती और संतान का प्रसंग छिड़ता तो ललाइन दच्छिन तरफ हाथ-मुँह उठाके कहा करतीं—दुहाई गंगा मइया की, अपने तो यही चारों जिएँ और अच्छे दिन देखें-दिखलावें ! खाँचा-भर धी-पूत लेके क्या करेंगे ?...बात की यह आखिरी कड़ी पंडिताइन जैसी बरियार[3] कोखवाली सुहासिनों के मरम को आर-

---

1. साँड़, दोगला तगड़ा बैल, 2. अकाउंटेंट, हिसाब-रखनेवाला किरानी, 3. अच्छी उपजवाली।

पार छेद डालती थी, उनके लिए फिर वहाँ बैठना कठिन हो जाता !

गणित में कमजोर था, नाइन्थ में दो बार फेल हुआ। और तब से दिगंबर घर पर ही रहने लगा। बाप ने भी छोड़ दिया। उनका ध्यान अब छोटे पर पड़ा, क्योंकि वह हिसाब में तेज था और अंग्रेजी में भी–लम्बोदर को नीलकंठ बाबू अब साथ रखने लगे। बाकरगंज (पटना) में सात साल पुराना अपना डेरा था; दोनों बापूत[1] साथ रहते। खाना तिरहुत भोजनालय में।

प्रख्यात कांग्रेसी नेता गुणवंत लाल दास की मेहरबानी से यह नौकरी नीलकंठ बाबू स्वदेशी शासन के पहले दौर ('37-'40) में पा गए थे। थे भी गणित में तेज। स्कूली जीवन में गणित का ही अध्ययन इनके जिम्मे पड़ता था।

उनके अपने ही कहने के मुताबिक दिगंबर की हिसाबी कमजोरी पैतृक नहीं, मातृक थी। उसके नाना यानी नीलकंठ बाबू के ससुर श्री यदुनंदन लाभ मैथिली और पुरानी हिंदी (ब्रजभाषा-अवधी) के सुकवि थे, आप 'ललितकिशोर' उपनाम से अपने इलाके में प्रसिद्ध रहे–उन दिनों बिहार बंगाल के अंदर था, युनिवर्सिटी कलकत्ते में ही थी, लाभजी तीन बार मैट्रिक में फेल हुए...तीन बार गणित में ही गिरे थे। तभी से अपना मन दूसरे विषयों से हटाकर वह कविताएँ लिखने लगे और 'ललितकिशोर' नाम रखा; घर-गिरस्ती का भार आ पड़ा तो भी 'ललितकिशोरजी' की प्रतिभा कुंठित नहीं हुई। सो, दिगंबर ने अपने नाना की विरासत सँभाली थी। पिता को मालूम हो चुका था कि कहानियाँ लिखता है।

ललाइन को इन बातों से कोई मतलब नहीं था। वह थीं तो साक्षर मगर हनुमान चालीसा, नागलीला, दानलीला, घरेलू काज-परोजन के गीत, मुसाइ ठाकुर की नचारियाँ[2] –इनसे अधिक कुछ नहीं बाँचती थीं...जरूरत भी क्या थी !

आज दिगंबर दिन-भर सोता रहा !

सबका यही हाल था–बूलो, उसकी भाभी...डेढ़ पहर दिन उठने पर उठे। खा-पीकर जो सोए सो घड़ी-आध घड़ी दिन बाकी रहा तभी जाके उठे थे। हाँ, भाभी को बच्चे ने उतना नहीं सोने दिया जितना वह चाहती थी।

माहेश्वर पर लाठी की चोट पड़ी थी, माँ ने घरेलू उपचार किया था। वह भी दिन-भर आराम करता रहा।

साँझ तक जब खोंखा पंडित और बच्चन नहीं लौटे तो पंडिताइन का जी धक्-धक् करने लगा...

कहीं फिर दूल्हा न आ जाय आज भी !

सौराठ जाकर दूसरा दूल्हा भी तो ला सकते हैं !

बुढ़वा अपना रुपैया वापस ले लेगा।

---

1. बाप और पूत, 2. नचारी, लाचारी, लोकगीत जो शिव को सम्बोधित करके अपनी बेबसी के बारे में होते हैं।

अभी तो आ सकते हैं, अबेर[1] थोड़े हुआ है ?

तरह-तरह के तर्क-वितर्क पंडिताइन के मन को झकझोर रहे थे। रात को खैर तूफान आ ही गया, आज दिन में भी बेचारी से कुछ खाया नहीं गया। पानी ढकोस-ढकोसकर अपने मुँह का स्वाद फीका कर लिया सो अलग। रात जो खीर पकी थी दूल्हा-दुल्हन के लिए, वह सबेरे बच्चों ने खाई। उमस के कारण भात-दाल खाने के काबिल नहीं रह गए थे, उन्हें फेंक दिया गया। दाल थोड़ी ले गई सुवधा की माँ; भात बिलकुल गल गया क्योंकि शाम को उसे उतरे चौबीस घंटे हो गए थे। बड़ी और पकौड़े दिन में तो कुछ बच्चों ने खाए थे; कुछ सँझला भाई, टुनाई और बुदुर ने। बहुओं ने भी थोड़ा-कुछ खाया ही होगा।

रामेसरी ने तीन बार पानी पिया था, बस। बिसेसरी का बुखार अब उतर चुका था। नानी संझा-बाती[2] के बाद छोकरी का कपार छूकर बोली—जर उतरा नहीं, भितरा गया है। खाने को कुछ नहीं, पीने को औंटा हुआ पानी मिलेगा...

किसने खाना माँगा है ?—बिसेसरी रुआँसी होकर बोली और करवट फेरकर लंबी तन गई। रामेसरी बरामदे में बैठी थी सो उठ आई और बेटी से सटकर बैठी, और हाथ फेरने लगी उसकी पीठ पर।

माँ चली गई तो पूछा—कैसा मन है ?

बिसेसरी कुछ नहीं बोली।

रामेसरी ने अपनी दाहिनी हथेली पहले तो उसके कपार पर रखी, फिर छाती के बीच ले गई। फिर उसकी एक हथेली को अपने कपार से लगाया और बोली—नहीं गे[3], कौन कहता है कि बुखार भितराया हुआ है !

हथेली छोड़ दी उसने।

थोड़ी देर चुप रही, विभोर होकर बेटी के उतरे चेहरे को देखने लगी !

कुछ छन बाद उसकी ठुड्डी छूते हुए पूछ दिया—भूख लगी होगी बेटा !

लड़की ने इनकारी में आहिस्ते से माथा हिला दिया।

—गाय का गरम दूध थोड़ा जरूर पीना पड़ेगा, हाँ !

जवाब में फिर उसी तरह सिर हिला।

—तो मैं भी कुछ नहीं खाऊँगी !

अब लड़की की भौंहें तन गईं, कड़ककर उसने कहा—मैं कोई निरी बच्ची हूँ ? दुधमुँही ? क्या समझती हो मुझे ?

रामेसरी अकबका गई, कौन-सी ऐसी बात उसके मुँह से निकली जिससे बीसो के जी को आघात पहुँचा है ? निगाहों को सामने की सादी भीत पर टिकाकर वह सोचने लगी...

थोड़ी देर बाद रामेसरी ने बेटी के मुँह की तरफ अपनी नजर फेरी तो उसके

1. बेवक्त, 2. सन्ध्या का दीप, दीया-बाती, शाम के वक्त दीया जलाना, 3. री।

गालों पर आँसू के टघार[1] ढिबरी की धुँधली रोशनी में भी चमक रहे थे।

वह दंग रह गई, अब भी अपनी भूल उसकी समझ में नहीं आई।

एक अपराधी की कातर दृष्टि से माँ अपनी बेटी की तरफ देखने लगी।

आँचल के पल्ले से स्वयं ही अपनी आँखें पोंछती हुई बिसेसरी बोली—माँ, मुझे किसी काम के लिए मजबूर मत करो !

रामेसरी धीरे से बाहर निकल गई।

दस

तारसराय स्टेशन के प्लेटफार्म पर कम्बल बिछाकर चतुरा चौधरी लेटा हुआ था, भगिना भी उसी मुद्रा में था। गठरी-मोटरी का बाकी सामान सिरहाने सहेज लिया गया था।

ढहलेलवा को बैठे ही बैठे ऊँघ आ रही थी। वह कुछ हटकर बैठा हुआ था।

पौ फटने को थी। अभी-अभी बादल बरस चुका था, इसी से हवा में कुछ ठंडक थी। पेड़ अपनी-अपनी पत्तियों से अब भी मोटी-मोटी बूँदें टपका रहे थे। सूखी धरती ने दिल खोलकर वर्षा का स्वागत किया था। जहाँ-तहाँ मेढक पुलकित हो-होकर ऋतु की रानी की जयजयकार कर रहे थे। ऊसर खेतों की बलुआही मिट्टी पर से नंगे पैरों चलना बड़ा अच्छा लग रहा था।

खोंखा पंडित आपे में नहीं थे। ऐसा लग रहा था उन्हें कि खोपड़ी के भीतर कोई मानो फरही भून रहा है। रात-भर खीझ और लाचारी के मारे वह कबाब की तरह सिंकते रहे थे।

घटकराज का भी जी बेचैन था। इतने ब्याह आज तक उसने ठीक किए थे, ऐसी दुर्घटना तो कभी हुई ही नहीं थी ? मुट्ठी-भर छोकड़ों ने सयानों की नाक में कौड़ी बाँध दी। लेकिन गाँव के लोगों ने लापरवाही क्यों दिखलाई ? मुखिया क्यों नहीं आगे आया ?

बच्चन भी बहुत चिंतित था। अब बिसेसरी का क्या होगा ? क्या बुरा था, यह शादी हो जाती तो निश्चिंत हो जाते ! वह पहले ही शंकित था कि गाँव के नौजवान कोई खुरापात[2] न खड़ा करें, सो आखिर वही हुआ...

दूर से ही घटकराज ने आवाज दी—चौधरीजी !

आइए, आइए !—उधर से जवाब आया।

यह स्वयं मालिक का स्वर था।

वह उठकर बैठ गया था। भांजे को उसने पड़े ही छोड़ दिया। क्या आवश्यकता थी आखिर बेचारे को उठाने की ? पास ही लोटा रखा था, पानी से भरा। मालिक ने गर्दन फेरकर वहीं कुल्लियाँ कीं, मुँह-आँख-नाक-कान-कपार पोंछे और छोटका अँगोछा

1. बहुत पतला प्रवाह, पतली धार, 2. खुराफात, उपद्रव।

खोजने लगा। नहीं मिला तो नौकर को आवाज दी—गमछा कहाँ रखा रे ?

ङ्!—भगिना नींद-भरे स्वर में ही बोला और पीठ के नीचे हाथ डालकर गमछा निकाला, मामा ने थाम लिया। गमछा से हाथ-मुँह पोंछकर चतुरा चौधरी पल्थी मारके बैठा। तब तक वे भी नजदीक आ गए थे।

कम्बल पूरा बिछा था। अभी बैठने को भी काफी जगह उस पर थी। काली ऊन का आठ हाथ लंबा, चार हाथ चौड़ा नेपाली कम्बल। सभी बैठ गए। बच्चन ने छाता और गठरी एक ओर रख दिए।

बातचीत के सिलसिले को पहले बच्चन ने ही चालू किया !

—इधर तो वर्षा हुई नहीं मानो ! प्लेटफार्म गीला-भर दीखता है !

चौधरी ने कहा—आपके तरफ काफी हुई होगी ?

हाँ, घटकराज ने अपना मुँह खोला—वायुदेवता का खेल है ! एक गाँव में मेघ बरसता है और आधा कोस हटकर दूसरे गाँव में धूल उड़ती है। सब परमात्मा की कृपा है !

परमात्मा का नाम सुनकर पंडित ने जोर की साँस ली।

घटकराज ने बच्चन से पूछा—मधुबनी कै बजे जाती है ट्रेन ?

—छऽ बजने में दस मिनट रहता है तब।

—अभी क्या टैम होगा ?

—ठहरिए, स्टेशन से घड़ी देख आऊँ !

—जाओ !

खोंखा पंडित अपने को महा-अपराधी समझ रहा था। वह किस मुँह से बाबू श्री चतुरानन चौधरी के सामने अब कुछ कहे ? नजर मिलाने तक की हिम्मत नहीं हो रही थी ! अपना बस चलता तो लौटाकर चौधरी को अभी घर ले चलते और आज दुपहर को ब्याह हो जाता...

पाँच बजे हैं अभी,—बच्चन ने वापस आकर कहा—अभी देर है !

यह लोटा लो, तुम तब तक डोल-डाल से हो आओ।—पंडित ने लड़के से कहा तो वह मतलब समझ गया।

लड़के के सामने पराये के आगे झुकना का[1] दु कैसा-कैसा बुझाता था।

लोटा लेकर बच्चन चला गया तो हाथ जोड़कर पंडितजी बोले—बाबूसाहेब, यह जो कुछ हुआ है सो सब मेरे ही पापों का फल समझिए ! अवश्य ही पूर्वजन्म में मैंने कोई भारी प्रत्यवाय[2] किया होगा...

गला रुँध आया खोंखाई झा का, आँसू उमड़ आए ! चौधरी का चेहरा साफ-साफ नहीं दीख रहा था। कपार की नसें उभर आईं।

आहि[3] रे बा ! रोते हैं आप ?—घटकराज ने पंडित का कंधा झकझोरा।

---

1. क्या तो, 2. बहुत बड़ा कुकर्म, 3. हाय रे बाप।

—आपका नहीं पंडितजी, जुग का दोख है यह !—चौधरी बोले—इसमें भला रोने की क्या बात है ?

पंडित ने स्वयं ही धोती के खूँट से अपनी आँखें पोंछी और खखारकर गले को साफ किया, बगल में झुके और बाएँ हाथ की पहली-दूसरी उँगलियों से नाक के पूड़े को दबाकर पानी निचोया। धोती के पल्ले से नाक और उँगलियाँ पोंछ लीं।

घटकराज ने अपनी नस निकाल रखी थी बाईं हथेली पर और नाक के दोनों पूड़ों में एक-एक बार डाल भी चुके थे शायद। नस-भरी चुटकी को नचाकर वह बोले—समझा चतुरानन बाबू, काम तो यह होकर रहेगा ! स्वयं विधाता भी इस कार्य को रोक नहीं सकते। चार दिन के लिए तिथि समझिए कि आगे को खिसक गई है, बस इतना-भर विधाता अड़ंगा डाल सकते थे सो हो गया; उनकी भी बात रह गई। आप नाहक ही उठ आए, काम तो आज होके रहता यह...

—इसमें भी क्या संदेह की कोई गुंजाइश थी ?—पंडित टनमना[1] कर बोले।

चतुरा चौधरी अब भी गंभीर बना रहा। उसे दिगंबर का तमतमाया चेहरा बार-बार याद आ रहा था। आज क्या, कभी भी यह नौजवान अब अपने गाँव में इस तरह की शादी नहीं होने देगा। हाँ, यह दूसरी बात है कि लड़की दूसरी जगह पहुँच जाय और वहाँ जैसे-तैसे उसकी सेंथ में सेंदुर डाल दूँ...लेकिन ये छोकड़े लड़की पर निगरानी नहीं रखेंगे क्या ?

चौधरी को चुप पाकर पंडित बोले—हमने सोच लिया है। बच्चन समस्तीपुर के मारवाड़ी हाईस्कूल में संस्कृत पढ़ाते हैं। अब कुछ महीनों के लिए परिवार को भी साथ रखेंगे। विश्वेश्वरी भी साथ रहेगी। अगहन में वहीं यह कार्य सम्पन्न होगा...

फिर घटकराज की ओर मुँह करके कहा—ठीक है न मटुकी बाबू ?

सोलहो आना दुरुस्त !—घटकराज ने समर्थन किया।

थोड़ी देर चुप रहकर चतुरानन चौधरी ने कहा—पहले गाँव के लड़कों को तो समझा लीजिए !

खीज-भरी आवाज में पंडित बोला—सब अवारा हैं बाबू साहेब ! और दिगंबर ? उसे तो गाँव से निकाल बाहर न करूँ तो आप मेरे नाम पर काला कुत्ता पोस लीजिएगा !

नस की डबल चुटकी नाक के दोनों पूड़ों में ठूँसकर घटकराज ने खोंखा पंडित की ओर अपनी गर्दन लंबी की—बाप क्या करता है इसका ?

—पटने में नौकरी करता है।

—कितना पाता है ?

—अढ़ाई सौ।

—यह छोकड़ा घर बैठे-बैठे यही सब करता रहता है ?

---

1. फुर्तीला होकर।

—घर का काम देखता है, बाप ने छुट्टा छोड़ रखा है।

इस पर चतुरा चौधरी मूँछों पर हाथ फेरने लगा। उसे अपने गाँव के दो नौजवान याद आए जो डकैती के झूठे मामले में छः महीने की कड़ी सजा पाकर आजकल जेल की हवा खा रहे थे। यह दिगंबर वगैरह कहीं उसके गाँव में होते तो इन्हें भी वह आसानी से किसी केस में फँसा सकता था। छिः, नौगछिया भी यह कोई बस्ती थी ! हिजड़ों का रैनबसेरा !! एक भी चेहरे पर पानी नहीं, किसी की आवाज में कड़क नहीं !

दूसरा विकल्प यह भी उठा कि बैदनाथ धाम या काशी में क्यों न किया जाय ब्याह का प्रबन्ध। तीर्थ के बहाने लड़की, उसकी माँ और नानी वगैरह का वहाँ पहुँचना कठिन नहीं होगा। चौधरी के लिए भी सुभीता रहेगा। इस दृष्टि से समस्तीपुर कहीं ज्यादा असुविधाजनक स्थान है...

बच्चन दिशा-फराकत से लौटे तो उन्होंने भी इसी विचार को पसंद किया। इस तरह के काम घर से जितनी अधिक दूर किए जायँ, उतना अच्छा।

घंटी बजी तो सबको समय का ज्ञान हुआ। दरभंगा से ट्रेन छूट चुकी थी। लेकिन चौधरी ने कहा—हम सौराठ जाकर अब क्या करेंगे, सीतामढ़ी न लौटना है हमें ? मैं तो खैर घोड़े पर जाऊँगा। ये दोनों ट्रेन से दरभंगा और वहाँ से सीतामढ़ी आ जाएँगे।

घटकराज को तो मधुबनी की ट्रेन पकड़नी ही थी। सौराठ का दंगल अभी दो रोज और था, तब यह कैसे होता कि घटकराज कहीं दूसरी जगह जाते ?

पंडित का मँझला लड़का तब तक दिखाई पड़ा। उसे भी तो इस ट्रेन से जाना था।

घटकराज का भी टिकट वही कटा लाया।

बच्चन को लौटकर घर आना था, लेकिन वह भी चौधरी के भगिना बाबू के साथ दरभंगा तक जाने की बात करने लगा।

खोंखा पंडित और घटकराज चौधरी को तनिक अलग ले गए और कहा—बाबू साहेब, यह भवितव्य[1] था। हमारी आत्मा तो तब तक शांति नहीं प्राप्त करेगी जब तक यह कार्य संपन्न नहीं हो जाएगा। अगहन में यह होके रहेगा।

चौधरी ऊपर-ऊपर मुस्कुराया। सूखी-फीकी मुस्कान।

ट्रेन आई, सौराठ जानेवाले मुसाफिर डिब्बों में तो ठुँसे थे ही; पावदान पर खड़े—बाहरी हैंडल पकड़े भी सैकड़ों लोग थे। सौ-पचास तो छत पर भी बैठे थे, गठरी-मोटरी समेत।

घटकराज को पावदान पर एक पैर टिकाने-भर की जगह मिली, सो भी लड़-झगड़कर ! पंडित का मँझला बेटा कछौटा बाँधकर छत पर चढ़ गया, वह वहीं बैठा।

इतने में पूरब (सकरी) से भी ट्रेन आती दिखाई पड़ी। पंडित ने कहा—बच्चन,

---

1. होनहार।

एक टिकट मेरा भी ले लेना हड़ाही[1] का।

बाबू साहेब खुद घोड़ा कस रहे थे।

पूरब की ट्रेन आई तो उसमें उतनी ठसमठस नहीं थी। चौधरी का भांजा, ढहलेलवा, पंडित और बच्चन—चारों अच्छी तरह जगह पा गए।

ट्रेनें चली गईं तो चतुरानन चौधरी ने भी घोड़े को पच्छिम-उत्तर की ओर मोड़ा। एँड़ का इशारा पाते ही वह हवा हो गया।

दिन आधा पहर चढ़ गया था। आसमान साफ था, धूप अपना सुनहलापन झाड़कर तेजी को पकड़ने लगी थी।

ग्यारह

लगन के दिन जैसे आए, वैसे ही चले गए।

नौगछिया के दो लड़कों की शादी हुई थी ! लड़की का ब्याह एक पहले ही हो चुका था, घर-कथा[2] से ही।

सहुआइन ने पिछले साल अपनी संचित निधि में से 2500) की रकम लगवाकर कट्ठा-भर जमीन में छोटा-सा चभच्चा खुदवाया था, सो अभी तक क्वाँरा ही था। जेठ की पुरनिमा के दिन बेद और कर्मकांड जाननेवाले दो पंडितों को बुलवाकर विधिपूर्वक बुढ़िया ने जग्ग करवाया, साथ ही फल-फरहरी का ब्रह्मभोज भी हुआ। पड़ोस के मशहूर बढ़ई छेदी ठाकुर का तैयार किया हुआ जाठ खड़ा किया गया, चभच्चा के बीचोबीच। जाठ के सिरे पर लोहे का मामूली मोर क्या ही अच्छा लग रहा था, नीला रंग लोहिया कालेपन को लील गया था और मोर की खूबसूरती कई गुनी बढ़ गई थी। भिंडे पर, अलग लकड़ी का छोटा थम्भ गाड़ा गया था जिस पर जलाशय की मलिकाइन का नाम और यज्ञ की तिथि वगैरह मोटे-सीधे ढंग से खोदे हुए थे। थम्भ का सिर दाढ़ीवाले चउमुँहा ब्रह्मा की तरह था। सहुआइन ने समूचे गाँव के ब्राह्मणों को भर-भर अँजुरी गोटा[3] सुपारी दी थी; पान-वान तो खैर तेलिन के यहाँ लेता ही कौन ? ...सभी की जुबान पर सहुआइन चढ़ी रही चार-छै दिनों तक। चार-चार, छै-छै गोटा-सुपारी किसको नहीं मिला था ? जर-जवार के बिरादरी के अपने भाई लोगों का भारी भोज हुआ—दाल, भात, चार तरकारियाँ, बड़ियाँ, बड़े, आम और आँवले का अचार, दही, चीनी, पके हुए शरही और कलमी आम...थई-थई मच गई; लोग धन्न-धन्न कर उठे।

जहाँ देखो, सहुआइन की चर्चा !

---

1. दरभंगा जंक्शन का देहाती नाम, 2. आपस की जान-पहचान के जरिए ही ब्याह की जो बात पक्की हो जाती है, इसमें पेशेवर घटक (दलाल) की जरूरत नहीं पड़ती, न सौराठ जाना पड़ता है, 3. साबुत और समूचा सुपारी, सुपारी की गिरी।

—बड़ी भगतिन है।

—जनकपुर[1] और सिमरिआ[2] तो किसी साल नहीं छूटता।

—पिछले ही बरख बदरीनराएन हो आई है बुढ़िया ! गोड़ में घाव लेकर लौटी थी।

—अपने तो धरमतमा है; बेटा मुला[3] बड़ा परपंची है कि नाही बहिना ?

—सो तो हइए है, गे !

—पहिली उमिर में देवर को रखे थी।

—अपना आदमी बड़ा सीधा था, बिल्कुल गऊ !

—लड़के तीनों अच्छा कमाते हैं।

—कमाएँगे नहीं ? मुखिया का अउर इन तीनों का पेट एक ही है... मटिया तेल, चीनी, कपड़ा...सभी कुछ तो भकोसते हैं !!

—पुतोहू बुढ़िया का मान-दान करती है ?

—छोटकिन मी[4] सिरिफ !

—गे मइयो !!

फतूरी जाकर सहुआइन को कभी-कभी नचारी सुना आते, बदले में वह लड़कों की नजर बचाकर सरइसा[5] की नामी तमाकू के दो बढ़िया पत्ते थमा देती; वह सँभालकर फिर ले आया करते।

सहुआइन के इस शुभ कार्य पर अपने विचार व्यक्त करने के अनेक अवसरों का उपयोग वह कर चुके थे, तथापि मुखियाजी के दालान पर अगली ही दुपहरिया को उन्हें पंचमुख होना पड़ा।

प्रसंग में ताप की मात्रा पराकाष्ठा पर तब पहुँची जबकि भीम ने कहा—सुपारी तनी दब[6] थीं, मधुबनी के सेठ सागरमल के गोदाम में जैसी बढ़िया सुपारी मिलती है वैसी भला और कहाँ मिलेगी ? तिरपितवा महाकंजूस है...

तिरपित सहुआइन का बड़ा लड़का था, घर का मालिक।

मुखियाजी बोले—हाँ हो ! सहुआइन का भी इसमें इशारा रहा होगा ! बाभनों को देना था न ?

फतूरी काका इस पर बमक उठे—जमाना कैसा है सो नहीं देखते हो बाबू ? अगले ही बरख तो लड़कों का जनेउआ करोगे, देखूँगा, कैसी सुपारी आती है तुम्हारे यहाँ और कै-कै ठो देते हो लोगों को ! हाँ ! बीस-पचीस साल हुए, बिदेसर मल्लिक ने अपनी माँ के श्राद्ध में भर-भर पन-बट्टा गोटा सुपारी सबको दिया था। गिरी ऐसी दमदार थी कि पाव-भर तौलते तो छः से जास्ती सुपारी नहीं चढ़ा पाते तराजू पर ! उसके बाद अब सहुआइन का ही यह साहस है कि सुपारी के इतने अच्छे दाने भर-भर अँजुरी मिले

1. सीता की जन्मभूमि, 2. सिमरिया घाट (गंगा), 3. मुदा, लेकिन, 4. छोटी, लहुरी, 5. दलसिंग सराय और साहपूर-पटोरीवाले इलाके, जो लाल मिर्च और तंबाकू की अपनी फसलों के लिए दूर-दूर तक मशहूर हैं। 6. घटिया।

हैं। ये भी भेंड़-बकरी के नेड़ी[1] जैसे थे क्या ? तौलकर देख लो, आठ-दस चढ़ाओगे तो पउआ ऊपर जाएगा सीधे, हाँ !...

फतूरी कुछ और बोलते अभी मगर मुखिया ने बीच में ही उन्हें शांत करने की चेष्टा की। उसने अनुनय के स्वर में कहा—नहीं फतूरी काका, सुपारी बड़ी ही अच्छी थीं। बड़ी बाजार (दरभंगा) में सबसे अच्छी दुकान है बाबूराम ढनढनिया की। तिरपितवा वहीं से सुपारी लाया था। अपनी दुकानदारी के लिए तो वह जहाँ-तहाँ से लाया करता है, मुदा यह तो धरम-पुन्न का काम था न...?

फतूरी की भौंहें ढीली पड़ चुकी थीं, भीमनाथ को हिकारत की निगाहों से देखते हुए उतरते सुर में वह बोले—और बेचारी सहुआइन का क्या कसूर था इसमें ? वह खुद तो सौदा करने गई नहीं ! ऐं !

होंठों के छोर कोंचिया[2] लिए और दाँतों को ड्योढ़ा-सवाया करके नपुंसक टोन में भीम बुदबुदाया—सो कहाँ, फतूरी काका ! सो कहाँ कहता हूँ मैं—ईं ईं ईं, ओं ओं ओं...मैं तो, मैं तो ऽ ऽ ऽ...

—जाओ भीम, तुम भी बोका ही रह गए !

फतूरी को अब जाके हँसी आई और मुखिया भी उधार की मुस्कान ले आया कहीं से।

तिरपित साहु अपर प्राइमरी पास करके पढ़ना छोड़ बैठा था। बाप की अकाल मृत्यु ने कच्ची उमर में ही डंडी-तराजू पकड़ने को मजबूर कर दिया। दोनों भाई अभी बहुत छोटे थे। वह तो माँ थी कि दुकानदारी की लढ़िया चल निकली—दोनों माई-पूत सेर-बटखरे पर हावी रहते।

सहुआइन बड़ी लछमिनिया थी। जब से विधवा हुई तब से तो उसके भाग मानो खुल खेलने लगे। तिरपित का बाप सुचित छुटपन ही से पदरोगी[3] था, मिजाज का चिड़चिड़ा और अपने को सबसे बढ़कर बुधियार[4] समझनेवाला। जीते जी सुचिता ने अपनी घरवाली की एक नहीं चलने दी थी।

सुचिता मर गया तो सहुआइन रोई तो काफी मगर भीतर-भीतर उसे उतना अपसोच (अफसोस) नहीं हुआ—सोना और रूपा की काठी के जैसे तीन-तीन पूत थे, चार बीघा उपजाऊ जमीन थी, मजबूत कोल्हू और मुठिया सींगवाले दो नाटे सिलेबिया बैल थे, भीतवाले दो मकान थे और दुकानवाली बैठक थी। बाँहों और जाँघों का अपना भी पौरुख था। क्या नहीं था, सबकुछ था !

राम जाने, देवर से सहुआइन का क्या संबंध था !

अमरितवा उसके घरवाले का सगा भाई हो सो बात नहीं, मगर दोनों में बड़ा ही नेह-छोह रहा। वह सुचित साहु का दूर का चचेरा होता था। पड़ोस के एक गाँव से जब-तब आकर चलते कोल्हू के पट्टे पर इस भाभी के पास वह बैठ जाया करता...

---

1. लेंड़ी, लेड़ी, 2. कुंचित कर लिए, 3. छोटी-छोटी बीमारी का हमेशा शिकार, 4. होशियार।

सहुआइन भउहें चढ़ाकर पूछती—कौन-सा पचमेर[1] धरा है वहाँ रजउली में जो कूकुर की तरह बार-बार दौड़े जाते हो ?

अमरितवा गर्दन झुकाकर चक्कर खाती हुई धरती पर अपनी निगाहों को जमाने की विफल कोशिश करता।

सहुआइन बीच-बीच में पट्टर बँधी आँखोंवाले बैल को टिटकारती जाती, वह नाटा-सँवलिया बैल अपनी द्रुत-विलंबित गति से अविराम चलता होता।

—अच्छा, बाबू, तुम तनी सँभालो कोल्हू, मैं कुछ ले आऊँ पानी-वानी...

—नहीं भाभी, रहने दो। खाके तो आ रहा हूँ !

—फिर झूठ ! फिर !

हल्की-मीठी एक-एक चपत देवर के दोनों गालों पर पड़ जाती, सिनेह और ममता का भूखा बाईस-चौबीस साल का अमरित इस पर भाभी के सामने अपने को बिछा देता...कोल्हू चलने की आवाज़—ढें ॅ ॅ ॅ ॅ ॅ च्चों ों ों ों ों चीं ीं ीं ीं ीं...और भाभी की प्यार-भरी दुत्कार और दुधमुँहे भतीजे की किलकारियाँ...

अमरितवा चलते कोल्हू के खिसकते पटरे पर आँखें मूँदकर निश्चेष्ट बैठा रहता। बैल अपनी मद्धिम चाल पर पहुँचकर मशीन की तरह एकरस अविराम घूमता होता उसी चक्करदार परिधि में...

टाड़ा[2] कब का भर चुका है, उसकी गोल-मटोल ग्रीवा को नहलाता हुआ तेल अब धरती को स्निग्ध बना रहा है...

—मइया री मइया !

सहुआइन की चीत्कार अमरित को सतर्क कर देती। अपनी भूल समझकर वह सन्न रह जाता। भाभी दौड़कर कोल्हू के नजदीक पहुँचती, उकड़ूँ झुक जाती, भरा टाड़ा हटाकर अलग रख लेती और खाली टाड़ा कोल्हू की ठोरी से लगा देती। इतने में बैलवाले जुए का लंबा डंडा ऊपर से गुजरकर आगे बढ़ चुका होता और सहुआइन चक्करदार घेरे से बाहर निकल आती।

मुस्कुराती हुई कहती—इसी से तो सतमाय[3] तुम पर बिगड़ी रहती है ! जाओ, इतना तेल हमारा धरती को चटा दिया तुमने !

फिर एक-एक वही चपत।

—भाभी, एक-एक चपत और !

सहुआइन को बरबस हँसी आ जाती। वह इस दुलरुआ देवर के अनुरोध को बेकार थोड़े जाने देगी !

—लो !

एक-एक और मीठी चपत !

---

1. पंचमेल मिठाई (पाँच मिठाइयों—बालूसाही, इमरती, लड्डू, बर्फी और गुलाब जामुन का मेल), 2. तेल रखने का बर्तन (मिट्टी का), 3. सौतेली माँ।

—अब तो हुआ ?

—ऊँ !

—जाओ, मछरी का तनिक भुर्ता और मुट्ठी-भर भात छिपिया[1] में निकाल आई हूँ, पानी भी लोटा में करके रख दिया है।

और, अमरित साहु जाकर भाभी का पर्साद पा आते !

पीछे यही अमरितवा अपनी सौतेली माँ का साथ छोड़कर नौगछिया ही रहने लग गया। सुचित उससे कसके काम लेता, परंतु भाभी की ममता ऐसी थी कि दो दिन के लिए भी कहीं दूसरी जगह जाना उसे बुरी तरह अखरता।

तिरपित, मीतन और जुग्गी—तीनों लड़के सहुआइन के अमरित साहु की ही गोद गरमा-गरमाकर उभरे थे। घरों के दो ठाठ[2] उसकी कारीगरी के सबूत थे। सुचित मरा, पीछे साल-भर से अधिक अमरित सहुआइन के यहाँ नहीं रहा। हमेशा के लिए कहीं चला गया था।

खोंखा पंडित के लिए धोतियों का बढ़िया जोड़ा पीले रंग में रँगाकर सहुआइन ने जाने कब से सँजो रखा था। पंडित होते तो पहनकर बाहर के दोनों पंडितों के आमने-सामने बैठते और सहुआइन के इस शुभ कार्य की देख-रेख करते...माहे और दिगंबर ने ऐसा खुरापात मचा दिया कि बेचारे गाँव छोड़कर चले गए थे।

जप-जग्ग, धरम-करम, पूजा-पाठ, भोज-भात...इन सब कामों से सहुआइन जब निबट चुकी तो एक रोज तिपहरिया वह पंडिताइन के पास पहुँची। बाँस की रँगी खपच्चियों की डलिया में सेर-आधेक सुपारी और धोतियों का पीला जोड़ा लेती आई थी।

डलिया को सरकाकर पंडिताइन के पैरों के करीब पहुँचा दिया और भूमि को छूकर मिट्टी माथे से लगाती हुई बोली—असिरबाद दो बुच्ची की अम्मा, यह चभच्चा जुग-जुग कायम रहे ! पानी कभी न तो घटे और न खराब हो ! हाय, सालों-भर पंडितजी गाँव रहे और अब मेरे ही किसी पाप से यह सब खुरपात उठ खड़ा हुआ ! पंडितजी बाहर चले गए !! बड़ी लिलसा[3] से यह धोती मँगवाई थी, अपने हाथों से रँगकर—छाँह में सुखाकर और चुनियाकर रखी थी कि पहनकर पंडितजी उस रोज चभच्चे का जग्ग करावेंगे सो दैव को मंजूर नहीं था...बुच्ची की अम्मा, मैं उन्हें भला कुछ देने लायक हूँ ? तुम्हीं बताओ ?

—भगवान ने तुम्हारा काम पारघाट लगा दिया, वह गाँव से बाहर हैं इसमें तुम्हारा क्या दोख ? बिसेसरी का कपार फूट गया नहीं तो वह कहीं क्यों गए होते !

पंडिताइन का स्वर दर्द में डूबा हुआ था। चार-पाँच दिन बीत जाने पर भी लगता था कि बेचारी का कलेजा अब भी उबल रहा है। आँख के संकेत से उसने मँझली बहू को बताया कि डलिया उठा ले जाय अंदर और अपने को जरा सँभालकर बोली—मेरे

---

1. छोटी थाली, रिकाबी, 2. ठट्ठर, छप्पर का ढाँचा, 3. लालसा, चाह।

परदादे ने तालाब खुदवाया था और दादा ने उसका जग्ग किया। उसके बाद, सहुआइन, तुम्हें ही देख रही हूँ यह सब करते ! तुमने अपना इहलोक-परलोक दोनों बना लिया ! हम क्या तुम्हें असिरबाद देंगे ! हमारा तो अपना ही करम फूट गया है...

सहुआइन समझ गई कि पंडिताइन का जी अभी तक बेकाबू है।

थोड़ी देर वह बैठी रही, बहुओं से इधर-उधर की बातें करती रही। फिर उठकर वापस चली आई।

बारह

बर्खा समय-समय और हिसाब से होती आई थी। अबकी खेती के रंग-ढंग अच्छे थे।

आधा सावन बीतते न बीतते लोग अपने-अपने खेत आबाद कर चुके थे। धान के हरे-हरे पौधों से एक-एक मैदान, एक-एक पाँतर हरियाली का समुद्र हो रहा था। बयार सिहकती तो इस समुद्र की हरित-नील-लोल लहरियाँ सातों सागर की तरंगित सुषमा को मात कर जातीं; खेतिहरों के मन-प्राण धान के लहराते पौधे देख-देख लहराया करते और भविष्य की सुनहली जालियाँ बुनने में उनकी आत्मा विभोर हो जाती। जनपद की शस्यश्यामला प्रकृति-सुंदरी अपनी ओर देखते रहनेवालों की बाहरी और भीतरी जलन छन-भर के लिए अवश्य ही मिटा डालती...

तीज का त्यौहार आया और पंडिताइन को रुलाकर चला गया। बिसेसरी की शादी हुई होती तो घर-आँगन गीत और उछाह में आज फिर गनगना उठता—मुदा विधाता ने ही जब इस छोकरी का कपार जला रखा है तो फिर नानी-नाना, मामी-मामा आखिर क्या करेंगे !

अपने दुखी मन को बहलाने के लिए बिसेसरी ने घर के पिछवाड़े की तरफ वाली खाली जमीन को खुरपी से खोद-खोदकर तैयार किया। उसमें लंकेस, तारा, मधुरी और गेंदा के पौधे लगाए।

रामेसरी ने बाड़ी में तरकारियों के पौधे लगा रखे थे—भिंडी, तरोई, बैंगन, नेनुआ। अरुई और सूरन आप ही आप उग आए थे। दो पुश्त से इनकी खेती थोड़ी-कुछ पंडित की बाड़ी में होती आई थी। सो, बीज न डालने पर भी बरसात के आरंभ में सूरन और अरुई की पेंपी यों ही निकल आती।

तगर, कुमुदनी (छोटा कचनार), थलकमल, इंद्रकमल, अड़हुल, कनेर, करबीर आदि कुछ झाड़ तो पंडित के दालान के आगे ही थे और कुछ बाड़ीवाली बगिया के अंदर।

खोंखा पंडित का खानदान धर्मभीरु और पूजा-पाठ परायण विद्वान ब्राह्मणों का खानदान था। यह कुल कभी तो शक्ति का उपासक रहा होगा, अब लेकिन पंचदेवता[1]

1. सूर्य, गणेश, दुर्गा, विष्णु और शिव।

का उपासक था। कुलदेवता इन लोगों की भगवती उग्रतारा थी। इसलिए रंग-बिरंगे फूलों की आवश्यकता पड़ती ही रहती। किसी ऋतु में फूलों की कमी न पड़ जाय, इस दृष्टि से भी फूलों के अधिक से अधिक झाड़ लगाए जाते रहे होंगे।

मन्दार पहाड़ से पंडितजी का पत्र आया था, वहाँ वह नवाह[1] भागवत पर बैठ गए थे। भादों में गोड्डा के आसपास किसी गाँव में भागवत का एक पारायण और होनेवाला था। आसिन की दुर्गा-पूजा के दिनों में भागलपुर का कोई लखपति मारवाड़ी सप्तशती चंडी का सम्पुट पाठ करावेगा, कातिक में डुमरिया की रानी साहेबा कातिक महात्म सुनेंगी...टेढ़े-मेढ़े अक्षरों में खोंखा पंडित ने यही सब लिखा था।

चिट्ठी बँचवाके आदि से अंत तक सुना तो पंडिताइन को बड़ा ही परितोख[2] हुआ। वह भरके बोली—अब बूढ़ा अगहन तक आवें तो आवें। इस बार गिरस्ती का सारा भार बच्चों के कंधे पर पड़ा। और तो कुछ नहीं, टुनाई की पढ़ाई में थोड़ी-बहुत बाधा होगी।

होगी ! हो रही है कि ?—रामेसरी ने कहा तो माँ ने साँस खींची।

ओसारे पर बैठकर टुनाई भुना हुआ चिउड़ा तली हुई टेंगरा मछली के सहारे फाँक रहा था ! आधा भरे मुँह से गलगलाती आवाज में बोला—इस बार मैं पास नहीं करूँगा !

—अशुभ बातें क्यों निकलती हैं तेरे मुँह से ?

पंडिताइन ने बेटे को फटकारा।

—तो होंठों को सिलाकर गूँगा बन जाऊँ ?

तीखे स्वर में पंडिताइन ने फिर डाँट बताई—फिर अलच्छ[3] बात ! क्या हो गया है तुझे आज ?

उड़द का बेसन लगाकर अरुई के पत्तों को लपेट रही थी रामेसरी, काट-काटकर चक्का बनाना था और धूप में उन्हें तनिक सुखा भी लेना था। माँ की फर्माइश थी, आज रात की रसोई में इसी का तीमन बनेगा। सो वह पत्तों की डंठल काटती हुई बोली—होगा क्या, गौरी तो कुछ करते-धरते नहीं, सारा काम टुनाई को करना पड़ता है।

गिरिजानंदन, दुर्गानंदन, श्रीनंदन और यदुनंदन...सँझला था गौरी। श्रीनंदन था टुनाई का नाम और बुदुर का यदुनंदन। बच्चन (गिरिजा) समस्तीपुर हाई-स्कूल में संस्कृत पढ़ाते थे। दुर्गानंदन मधुबनी अदालत में किसी वकील का मोहर्रिर था। गौरी मैट्रिक तक पढ़ा हुआ और अब होमियोपैथी के माथे पर अपना हाथ रखने जा रहा था। टुनाई टेन्थ में और बुदुर मध्यमा के द्वितीय वर्ष में था।

बनिहार खोजना, बैलों को खिलाना-पिलाना, खेत में काम की निगरानी, काम पर कलेवा पहुँचाना, सुबह-शाम खेती को देख आना—किसी काम में गौरी हाथ नहीं बँटाता था। उस पर डाक्टर बनने की धुन सवार थी। ससुराल से हिंदी मैटेरिया मेडिका उठा लाया था। दवाओं का एक छोटा-सा बक्सा कहीं से हाथ लग गया। अब क्या था ?

---

1. नौ दिनों तक चलनेवाला, 2. परितोष, सन्तोष, तसल्ली, 3. अशुभ, अलक्षण।

छाती और पीठ की धड़कन बतानेवाली छुच्छी[1]-भर चाहिए थी, बस ! मनीआर्डर से फीस भेजकर घर बैठे डिप्लोमा मिल ही जाएगा। प्रैक्टिस अपने हाथ की बात थी। बैद बनना कोई कठिन नहीं, लेकिन चूरन और बड़िया तैयार करना भारी झंझट का काम मालूम पड़ा। हटाओ बखेड़ा, होमियोपैथी ठहरी चिकित्सा की रानी...गौरी इसी को सिद्ध करने में लग गया। नतीजा वही हुआ कि खेती-बाड़ी का सारा भार बेचारे टुनाई के कंधों पर आ पड़ा। और वर्ष इन दिनों पंडित खुद मौजूद रहते तो लड़कों पर यह बोझ नहीं पड़ता था।

पंडिताइन बिजनी[2] में किनारी लगा रही थीं। सुईवाला हाथ उठाकर बोलीं—कल से टुनाई अपना पढ़ें-लिखें मन लगाकर, देखती हूँ कैसे नहीं गौरी घर का काम करते हैं।

अपने पति के बारे में यह ऐलान सुनकर छोटी बहू का मन छोटा हो गया। और तो कुछ वह कर नहीं सकी, खाने के लिए मचलनेवाले ढाई साल के बच्चे को रोष-भरी भंगी में ठुनका दिया और बोली—खा मेरा कप्पार !

बच्चा रो पड़ा।

उधर से सास बोली—मउगी[3] का मिजाज सनक गया है ! उठकर लड़के को खाने को देती कुछ सो तो हुआ नहीं, ठुड्डी में जोर का एक ठुनका[4] दे दिया !

टुनाई नाश्ता कर चुका था। बाहर निकल आया। बुदुर पहले ही निकल चुका था।

गाँव के बाहर मैदान में लड़के गेंद खेल रहे थे। जो गेंद खेलने में भाग नहीं ले पा रहे थे, उनकी कबड्डी चल रही थी। तमाशबीन उतने नहीं थे जितने खेलनेवाले।

टुनाई को आते देखकर माहे खेल से हट आया। नजदीक आकर बोला—आज कई दिनों से मैं तुम्हें खोज रहा था। बड़ा जरूरी काम है। जल्दी में तो नहीं हो ?

ऐसा कौन जरूरी काम आ पड़ा है ?—टुनाई के दिमाग का कलपुर्जा गार्ड की सीटी के बाद इंजन की तरह छुस-छुस कर उठा। दो महीने हुए, वे आपस में बोले नहीं थे। भेंट हुई हो और जान-बूझकर न बोले हों या एक-दूसरे से मुँह फेर लिया हो, बात ऐसी नहीं थी। खेती-गिरस्ती के दिन थे। माहे भी अपने कामों में पिचास[5] की तरह पिला पड़ा था। वह सिर्फ मैदानी खेतिहर नहीं था। अपनी किसानी से भी गाँव के लिए उसने नया आदर्श कायम किया था, नई परंपरा स्थापित की थी। धरती को माहेश्वर ने तन और मन की समूची क्षमता लगाकर पकड़ रखा था। चार कट्ठा भीठा[6] खेत थे उसके पास, ग्वालों की टोली के नजदीक। तीन वर्षों से जमीन के उन तीन टुकड़ों पर माहे ने मानो पसीना बहाया होगा, उपज भी खूब हो रही थी—आलू और तम्बाकू। उन फसलों से दो-ढाई सौ की सालाना आमदनी थी। यह रकम घर के फुटकल खर्च के लिए काफी

1. स्टेथस्कोप, 2. पंखी, 3. औरत, 4. पहली-दूसरी उँगलियों के सहारे हल्का घूँसा, 5. पिशाच, भूत, 6. ऊँचा और भुसभुसा।

होती। घर के पिछवाड़े जो बाड़ी थी उसमें तो चार-चार, पाँच-पाँच फसलें उगाता था। उसकी रसोई में दाल का खर्च नहीं, नित्तह[1] साग-सब्जी—नित्तह तीमन-तरकारी। झिङ्नी (तरोई), रम-झिङ्नी (भिंडी), भाँटा (बैंगन), मूर (मूली), कोबी (गोभी), करेला, अरुई, ओल (सूरन), आलू, हरी मिर्च... क्या खरीदना पड़ता था उसकी माँ को ? एक्को चीज नहीं ! चार-छै थम केला के लगा रहे थे सो उनका भी वंश-विस्तार होता ही आया था। धान के अपने खेत दो ही बीघा थे माहे के पास—चालीस मन से कम तो कभी नहीं उपजाया उसने, कभी साठ और कभी पचास मन...प्रसंग छिड़ने पर दर्द-भरी आवाज में वह कह उठता—सिंचाई और निकासी का इंतजाम यदि कांग्रेसी सरकार कर दे तो इन्हीं चार कट्ठा खेतों में 125 मन धान उपजाकर दिखला दूँ मैं ! ...काम लेते समय मजदूरों को अच्छा कलेवा देता था। मजदूरी में उसके यहाँ से कभी धटिया किस्म के दाने नहीं दिए गए। एक बैल और एक गाय रखे हुए था, वे अपनी तन्दुरुस्ती के लिए नौगछिया की समूची बस्ती के मवेशीवालों के लिए नमूना थे। हलवाहा, हल और बैल एक दूसरे किसान के साथ भाँज[2] में चलता था।

सो, टुनाई ने सोचा—ऐसी क्या जरूरत आ पड़ी है कि माहे खेल छोड़कर उससे बातें करने आया है ?

टुनाई ने कहा—जल्दी में होता तो इधर क्या करने आता ?

माहेश्वर के होंठों पर मुस्कान उभर आई, दाँतों की अगली कोर दिखाई दे गई।

टुनाई का बदन खाली था। माहे की देह पर अधबहियाँ बनियाइन थी। दो-एक दिन पहले ही बदली हुई पीली जनेऊ गले से लिपटी हुई थी। कपार पर बाईं ओर घोड़े के खुर का वही सनातन निशान था, बचपन की किसी दुर्घटना का स्मारक।

टुनाई के कंधे पर माहे ने अपना दाहिना हाथ डाल दिया और ले चला उसे मैदान के छोर की तरफ।

आगे दूब पर बैठ गए दोनों।

एक दूब नोंचकर माहे ने उसकी दो पोर खोंट ली नाखूनों से, उसे उसने मुँह में डाल लिया। चबाता हुआ बोला—बिसेसरी के बारे में क्या सोच रहे हो तुम लोग ?

—क्या सोचेंगे ! सोचने और होने में भारी अंतर है माहे, कि नहीं ?

—सो तो हइए है !

—तो फिर ?

—आखिर इस झंझट से छुटकारा पाने का कोई रास्ता तो निकलना ही चाहिए, कि नहीं ?

—नहीं कौन कहेगा इसमें ?

—तब ?

टुनाई चुप हो रहा था। वह क्या जवाब दे माहे को ? परिवार की गतिविधि

---

1. नित दिन, हर रोज, 2. बारी, सहभाग।

नियमित करने में अभी उसका क्या हाथ होता है ? कुछ नहीं।

इतना टुनाई को अच्छी तरह मालूम हो चुका था कि बिसेसरी का ब्याह अब कोई आसान काम नहीं रह गया है। चतुरानन चौधरी की तरफ से इधर लोगों में यही बात फैलाई गई थी कि वह नौगछिया से शादी कर आए हैं, अगहन में गौना होगा। इस प्रचार का फल यह हो रहा था कि टुनाई के बड़े और मँझले भाइयों ने रिश्ते के लिए फिर से जहाँ-जहाँ बातचीत शुरू की थी, बाद को उन सभी जगहों से जवाब का बँधा-बँधाया गोला छूटने लगा—ब्याही लड़की को दुबारा ब्याह कर अब और कितना कमाएँगे पंडितजी ? जो बात कहीं नहीं हो पाई वह अब नौगछियावाले करने जा रहे हैं ?...

बीच में टुनाई किसी काम से दरभंगा गया था। वापस आते समय दरभंगा प्लेटफार्म पर एक आदमी से अकस्मात् परिचय हुआ तो वह मानिकपुर-गढ़िया का निकला। हास-परिहास की मुद्रा में उसने पीछे कहा—चलिए, पान खा आवें बाहर से। आप तो हमारे चतुरा बाबू के कुटुम्ब-नारायण ठहरे ! पचास-साठ वर्ष बाद यह रिश्ता हमारे और आपके बीच कायम हुआ है। महारानी जनक-लली[1] की अनुकम्पा से ही यह काम हुआ समझिए...उसने टुनाई का हाथ पकड़ा और पुल की ओर खींच ले जाना चाहा। टुनाई दुहरे संकट में पड़ गया ! पिता का नाम क्यों बता दिया ? मगर इस पर चुप रह जाना भी बउड़मपना होगा और बाहर चलकर इस आदमी के दिए हुए पान के बीड़े स्वीकार करना तो बेवकूफी की हद हो जाएगी ! कैसा रिश्ता और कुटमैती[2] !...

टुनाई पहले खुद सँभला, पीछे कड़ी आवाज में उस आदमी को झाड़ दिया—भंग तो नहीं पी आए हैं आप ! किसने बताया कि चतुरा चौधरी की शादी हमारे घर हुई है ? मेरे पिताजी उन्हें ले जरूर आए थे, पर घर के और लोगों को वह जँचे नहीं। हमारे गाँव के पढ़े-लिखे नौजवानों ने समझा-बुझाकर चौधरीजी को विदा कर दिया, उधर लड़की की तबियत एकाएक खराब हो गई थी। कई कारणों से यह ब्याह हुआ नहीं, टल गया।

दाँत चियारकर वह टुनाई का मुँह ताकता रहा थोड़ी देर तक, फिर हँसने लगा—ही ही ही ही हू हू हू हू हू हू ?

छन-भर बाद बोला—चलिए पान तो खा आवें ! छिलका छुड़ाने से बात यह पतली थोड़े हो जाएगी ? ब्याह अभी नहीं हुआ है तो आगे होके रहेगा, आ[3] कि नहीं।

उस सनकी से बहस करना बेकार था। टुनाई उसकी नजर बचाकर दूसरी ओर जाकर ट्रेन की प्रतीक्षा में खड़ा हो गया था।

इस प्रकार की बातें गाँव के और कई लोगों को सुननी पड़ी थीं। इस तरह की अफवाहें चतुरा चौधरी के आदमी खूब फैला रहे थे।

---

1. सीता, सीता की जन्मभूमि होने से उधर कुछ लोग बात-बात में सीता का नाम लेते हैं, 2. संबंध, कुटुंबिता, 3. या।

टुनाई का समूचा परिवार इससे घबड़ा उठा था। औरत-मर्द सभी हाथ जोड़कर भगवान से मनाया करते कि चाहे जैसे भी हो, बिसेसरी का ब्याह अगहन के लगन में अवश्य हो जाय। पंडिताइन ने आँचल पसारकर और मत्था टेककर जोड़ा छागर[1] कबूला था दुर्गामाई के आगे। बच्चन ने सत्यनारायण भगवान की पूजा का संकल्प लिया था। रामेसरी की मनउती थी गंगाजल भरकर पैदल पहुँचेगी और अपने हाथों से बाबा बैदनाथ को नहलाएगी।

कुछ मनउती बिसेसरी की भी थी क्या ?

थी कि ! अवश्य थी !

नहीं भला कुछ कैसे होती ?

तो क्या थी बीसो की अपनी मनउती ?

बिसेसरी की मनउती यही थी कि आनेवाले अगहन में अगर कोई बीस या बाईस-साला दूल्हा उसके लिए मिल गया और शादी हो गई तो वह चाँदी की छोटी-सी खूबसूरत बसुली[2] गढ़वाएगी सुनार से और बाँके बिहारी कुँवर कन्हैया के हाथों में थमा देगी...

टुनाई देर तक चुप रहा। पारिवारिक मुसीबत के बीसोवाले पहलू पर बार-बार सोचता रहा। यह संकट उससे छिपा हो सो बात नहीं थी। माँ की तन्दुरुस्ती इधर गिर रही थी। बहन के व्रतों-उपवासों की संख्या बढ़ गई थी। बिसेसरी के स्वास्थ्य पर भी बुरा प्रभाव पड़ा था इन बातों का...

टुनाई माहे की ओर बीच-बीच में देख लेता था। वर्षा के पानी का रेला दूध की गुच्छियों में छपरिहा[3] खर के कुछ टुकड़े कभी उलझा गया था, वे अब भी जस के तस उनमें फँसे-अटके पड़े थे। खर का एक छोटा टुकड़ा उठाकर टुनाई ने हथेली पर उसे फिराया, मिट्टी झर गई तो वह उससे कान खोदने लगा।

—कब तक कान खोदेगा ?

टुनाई जवाब में फिर कुछ नहीं बोला। उसकी यह स्थिति देखकर माहे ने तय कर लिया कि अभी नई योजना की भनक टुनाई के कानों में न पड़े तो अच्छा। यह मल्हू[4] कुछ का कुछ समझ लेगा।

—चलो टुनाई, अभी हम लोग कबड्डी खेलें। बातें फिर कभी कर लेंगे। बात कोई खास तो थी भी नहीं...

माहे ने टुनाई का हाथ पकड़ा। दोनों उठ गए।

---

1. तरुण बकरा, पाठा, 2. बाँसुरी, बंशी, 3. छप्पर से झरे-पड़े व गिरे-टूटे, 4. मूर्ख, बुद्धू।

तेरह

पंडित का दूसरा लड़का दुर्गानंदन था तो एक मामूली वकील का मोहर्रिर मगर समझदारी उसकी काफी तेज थी। वह ताड़ गया था कि चतुरा चौधरी भीतर ही भीतर बेहद खीझ गया है। बिसेसरी का ब्याह किसी और दूल्हे से न हो, उसकी कोशिश रहेगी। झख मारकर हम अपनी भांजी को चतुरा चौधरी के चरणों में अर्पित कर दें—मनिकपुर-गढ़ियावाले तो यही चाहेंगे !

टुनाई की तरह दुर्गानंदन की भी चौधरी के किसी गाँववाले से भेंट हुई थी। शादीवाली बात दुर्गा ने चुपचाप सुन ली थी। कहनेवाले तो ऐसा कहते ही, किसका मुँह वह मूँदता फिरता ?

पेशा उसका ऐसा था कि रोज सैकड़ों नए चेहरे नजर आते। जान-पहचान भी उसकी खूब बढ़ी हुई थी। पढ़ा-लिखा तो मामूली था, चतुर खूब था। पचाढ़ी महन्थ के विद्यालय में रहकर और वैरागी पंहत का खाना खाकर दुर्गा ने व्याकरण की मध्यमा पास की थी। एक सहपाठी[1] का बड़ा भाई मधुबनी कोर्ट में किसी वकील का मोहर्रिर था। वह एक बार अपने भाई से मिलने आया तो दुर्गानंदन की बातों से बड़ा ही प्रभावित हुआ। घर की स्थिति से परिचित हो उसने दुर्गा से कहा—

"क्या करोगे शास्त्री और आचार्य की परीक्षाएँ पास करके ? अब तो जमींदार पंडितों को वर्षभिक्षा[2] भी नहीं देते ! जहाँ के लोग पहले भागवत की कथा सुनते थे, वहाँवाले नजदीक के शहरों में आकर सिनेमा देख जाते हैं। पंडितों की क्या कमी है ? गेहूँ सस्ता होता है तो घर-घर सतनरायन भगवान की पूजा होती है। सो, पंडित सस्ते हो गए हैं तो ज्ञान से लोगों की अरुचि हो गई है। चलो, तुम मेरे साथ महीना-भर रहो, फिर देखना। अपना खरच छोड़कर बीस-पचीस तो अगले ही महीने बचाने लगोगे, हाँ !..."

यह सुनते ही दुर्गानंदन की मगजी उलट गई। घर का हाल खस्ता था ही। पूरा दिन पूरी रात वह सोचता रहा—क्या बुरा है, खा-पीकर पंद्रह रुपैया भी यदि हर महीना घरवालों को वह देने लगे तो यह भारी काम होगा। जिस परिवार में पंद्रह प्राणी खानेवाले और कमानेवाले हों बस दो जने, उसे भगवान ही सँभालें तो सँभला ले जाएँ ! आदमी के बूते की बात नहीं है यह ...अगले ही दिन दुर्गा अपने सहपाठी के बड़े भैया के डेरे पर पहुँच गया और तब से वह मधुबनी में डटा था। खा-पीकर तीस-पैंतीस बचा लेता था, कभी-कभी चालीस तक। दो वर्ष हो रहे थे उसे इस पेशे में, अब तो खैर फर्राट हो गया था। मुख्तार का हाता कूदकर वकील के हाते में आ चुका था। दुर्गानंदन का विश्वास पक्का हो चला कि यह काम बाबू (पिता) और बच्चन से नहीं होने का। बाबूजी

1. साथ पढ़नेवाला, 2. हर साल एकमुश्त दी जानेवाली भिक्षा की रकम जो कि बड़े दरबारों में पंडितों के नाम बँधी होती है।

पैंसठ से ऊपर की उमिर के हो गए, जमाने की रफ़्तार को पकड़ पाना उनके लिए असंभव है। भइया ठहरे ठेठ पंडिताऊ ढंग के आदमी। उनकी भी अकिल 'गजः-गजौ-गजाः' और 'गच्छति-गच्छतः-गच्छंति' से आगे नहीं बढ़ पाती। गौरी अभी बछेड़ा है। टुनाई और बुदुर छोटे हैं...तो फिर बिसेसरी का ब्याह कैसे होगा ? ऊँ हूँ ! दुर्गानंदन को स्वयं मुस्तैद होना पड़ेगा। अगले अगहन में यह काम जरूर हो जाना चाहिए।

दुर्गानंदन नई उमर के लोगों पर टोह-निगाह रखने लगा। अंग्रेजी पढ़े लड़के कीमत में छेत्तर[1] के पट्ठ को मात कर रहे थे, यह तो उसने सौराठ में आँखों देखा था। साधारण पढ़ा-लिखा हो और डेढ़-दो बीघा जमीन का किसान हो, मुखड़ा अच्छा हो और उमिर पच्चीस से जास्ती न हो...बस, अपने तो ऐसा लड़का चाहते हैं ! दस-बीस रुपया देना भी पड़े तो भी ऐसे युवक को उठा लाएँगे।

—बाप और भाई की राय नहीं लोगे ?

—और ऐन मौके पर लड़के का गार्जियन भड़क गया तो ?

—तुम्हारे दरवाजे पर फिर कौन अपनी इज्जत गँवाने जाएगा ?

—दिगंबर और माहे वगैरह से क्यों नहीं इस काम में मदद लेते हो ?

—अरे हाँ, इनसे हमारी क्या दुश्मनी ! उस रोज दिगंबर और माहे ने जो कुछ किया सो अपने लिए थोड़े किया ?

—गाँव-भर की नाक कट रही थी, साबित रह गई !

—दिगंबर और माहे हमारी बिसेसरी के लिए कुछ न कुछ जरूर सोच रहे होंगे कि नहीं ?

—सोच रहे होंगे कि !

दाहिनी कनपटी के ऊपर पीतल की घिसी निबवाला उखड़े रंग का होल्डर खोंसे बाबू दुर्गानंदन मोहर्रिर यही सब सोच रहे थे।

भीतर दोएम मुंसिफ का कोर्ट।

बाहर बरामदे में खचाखच भीड़। दो-ढाई हाथ अंदाज रास्ता के लिए जगह छूटी हुई।

बरामदे पर लंबाई में दोनों ओर मोहर्रिर और स्टाम्प बेचनेवाले अपनी-अपनी दरी बिछाए हुए। बीच-बीच में कहीं एक-आध छोटी तख्तपोश भी। किसी पर लुढ़की स्याही का धुँधला निशान तो किसी के छोर पर बारीकी से खिंची हुई चाकू की छोटी-छोटी घनी लकीरें—मुवक्किल या गवाह ने तम्बाकू के सूखे-बड़े पत्ते को खैनी बनाने के लिए काटा होगा, पास ही चूना का भी चेन्ह[2] मौजूद था। अपनी छाती पर कत्था-चूने से लिभड़ी हुई उँगलियों का छापा लिए हुए पावे पान के शौकीनों को फिर भी घूर रहे थे। शोरगुल और मिश्रित ध्वनियों की एक अजीब गूँज अदालत को अनाज और तिलहन की मंडी बनाए हुए थी। सियाराम-कीर्तन, बिदेसिया नाच, हनुमान चलीसा, भरथरी

---

1. हरिहर क्षेत्र (सोनपुर, बिहार) हाथियों का सबसे बड़ा मार्किट है, 2. चिन्ह, निशान।

चरित्र, नागलीला, दानलीला, किस्सा तोता-मैना, किस्सा सबाचार यार, सत्यनारायण कथा, दुर्गा सप्तशती, श्रीमद्‌भगवद्‌गीता, सुंदरकांड रामायण (तुलसीदास), मैथिल श्राद्ध-विवाह-पद्धति, जतरा-सगुन विचार, पहाड़ा (बाराखड़ी)...वगैरह बेचनेवाले दो-तीन छोटे बुकसेलर जूट के छोटे टाट पर अपनी-अपनी दूकान सजाए बैठे थे। दो-एक ऐसे भी दूकानदार थे जो चाकू-कैंची, अलीगढ़ के ताले, सुइयाँ, बटन और धागों की गोलियाँ जैसी चीजें फैलाए हुए थे। बीचोबीच रास्ते के लिए जो जगह छूटी हुई थी, उस पर से तरह-तरह की सूरत-शक्लवाले गुजर रहे थे। सामने से दाढ़ी-मूँछ सफाचट या फिर बड़ी-बड़ी मक्खियों जैसी मूँछोंवाले मगर पीछे चुटिया की ढाई-तीन तोला गाँठ लटकाए हुए; तेल में चपचप करती हुई छँटे बालों की सतमहला पट्टियाँ और नाक पर से लेकर कपार के ऊपरी छोर तक पीली मिट्‌टी का लंबा उँगलिया रेख और गले में सरसों जैसे बारीक दानेवाली वैष्णवी कंठी; दाढ़ी नहीं लेकिन मूँछें मशीन से छँटी हुई और कपार में सेंदुर का गीला टीका; नेपाली बकरी जैसी पतली-लंबी दाढ़ी, मूँछें छँटी हुईं और दुपलिया टोपी माथे पर; चोटीविहीन खाली सिर, दाढ़ीमूँछ सफाचट—पैंट लेकिन सबके थे। बाकी कोई चपकनधारी तो कोई कोटधर...ये लोग मधुबनी अदालत के वकील थे। मुख्तारों की आमदनी बहुधा वकीलों से कम हुआ करती है, इसका असर उनकी शान-शौकत पर पड़ता है। यहाँ भी मुख्तारों का वही हाल था।

कि इतने में मोकिल[1] आकर दुर्गानंदन से अपने मुकदमे की अगली पेशी का दिन पूछने लगा।

एक बार पूछा, दो बार पूछा। तीसरी दफे मोकिल भभाकर हँस पड़ा।

जोर की हँसी ने मोहर्रिर का ध्यान भंग किया तो वह बोला—क्या पूछते हैं ?

मोकिल अधेड़ उमर का गोरा-छरहरा मुसलमान था। उसने मुस्कुराके कहा—अपने मुकदमे की अगली पेशी की तारीख मैं किससे मालूम करूँ ? यहाँ तो डूबा हुआ है लैला की याद में मजनू...हः हः हः हः !

नहीं शेखजी !—दुर्गानंदन झेंप गया।

—तो क्या सोच रहे थे आप ?

—एक घरेलू झमेला आ पड़ा है, शेखजी !

—तिरिया चरित्तर का झमेला न ?

—मखौल नहीं शेखजी, अपनी कसम !

मुवक्किलों से मुहर्रिरों का हास-परिहास कोई अनहोनी बात तो थी नहीं। यही तो चीज है जिससे अदालत की मनहूसी फटती है। पेशेवर एकरसता को जिंदगी का रंगीन और जायकेदार मिक्श्चर इस तरह कभी-कभी खुशगवार न बना ले तो दुनिया नरक ही नरक रह जाएगी।

दुर्गानंदन की चेतना ने स्फूर्ति हासिल की शेख की इस टॉनिक से। पाकिट से

---

1. मुवक्किल।

गीता प्रेसवाली डायरी निकालकर वह बोला—20 अगस्त, सोमवार...और जरा पहले आ जाइएगा। वकील साहब को उस रोज बहुत-सारे काम करने हैं; चार केसों में उस तारीख को उनकी बहस होनेवाली है...और हाँ...

शेख़ ने एक चवन्नी अपने मोहर्रिर की मुट्ठी में गोंज दी।

आज के लिए थोड़े कहा है ?—मोहर्रिर बोला और मुस्कुराने लगा।

—तो ?

—अजी, अगली पेशी के दिन से मेरा मतलब था।

—समझ गया।

—हूँ! खलास बैटरी से काम नहीं चलेगा उस रोज ! मसाला भरा रहे; हाँ शेखजी, समझे न ?

शेख का चेहरा भारी हो उठा तो मोहर्रिर की टोन बिल्कुल बदल गई—अजी, जास्ती नहीं। बीस-पचीस में उस तारीख का सारा काम निबटा दूँगा, आप कुछ फिकिर मत कीजिए।

—अभी तो समन तक नहीं पहुँचा है गवाहों के पास !

—यह बात है ?

—और नहीं तो ?

—निकालिए ए'गो रुपइया ! सिरिस्तेदार और समन ले जानेवाला सिपाही—दोनों को अठन्नी और चवन्नी चटानी पड़ेगी, मैं कई बार जा-जाकर उन्हें ताकीद करूँगा, तब कहीं समन बरामद होंगे और गवाहों तक पहुँचेंगे। कितनी दौड़-धूप मुझे करनी होगी ! चाहिए तो डेढ़ रुपइया, मगर निकालिए आप एक ही कलदारम्...

—मेरे पास तो अब लारी का भाड़ा-भर रह गया है !

—ऊँ हूँ ! फिर कैसे होगा ?

—तो किसी पड़ोसी या जान-पहचान के आदमी को देखता हूँ...दुर्गा बाबू, आप ही कोई इन्तिजाम कर लीजिएगा, अल्ला की कसम ! मैं दे दूँगा पीछे...

—नहीं जहदल्ली[1] शेख, इस बखेड़े में मैं नहीं पड़ूँगा। किस-किस मोकिल के लिए मैं उधार पैसा माँगता फिरूँ और असूल-तहसील का एक नया खाता खोलूँ ! न हो तो आज रहने दीजिए, चार रोज बाद आइएगा, काम हो जाएगा।

शेख उठा झख मारकर आखिर !

दुर्गानंदन भी उठे। ऊपर सीध में उठाकर बाँहों को झटका दिया, साँस को थमकाकर समूचे बदन को कड़ा किया और जँभाई ली। फिर पान की दूकान की ओर बढ़े।

तिर्छे टँगे आदमकद आईने में साँवली सूरत का जो चेहरा दिखाई दिया उससे दुर्गा को अचरज हुआ।

---

1. जाहिद अली।

—अरे, यह तो दिगंबर है !

नजदीक आकर दुर्गानंदन ठमक गया। पान के चार बीड़े मुँह में कोंचकर ऊपर से जर्दा डालके दिगंबर ने निचली जेब से चमचमाती अठन्नी निकाली। उधर नजर पड़ते ही तमोली मुस्कुराया, होंठों को ड्योढ़ा करके इन्कारी मुद्रा में उसने भारी-सा माथा हिलाया।

—नहीं है चेंज !

—वाह, क्यों नहीं है !...अकस्मात् पीछे से एक हाथ बढ़ आया आगे, तमोली ने सामने झकाझक पीतल मढ़ी छोटी चौकी पर एक धूमिल मगर अनघिसी दुअन्नी रख दी गई...खट्ट।

दिगंबर ने गर्दन घुमाई, दुर्गानंदन से आँखें मिलते ही मुँह से निकला—पर्नाम दुर्गा बाबू।

—दिगो, यहाँ कैसे रे ?

—गिलसेन[1] में कुछ सामान लेना है।

—क्या-क्या ?

—उड़द, लाल मिर्च, काली मिर्च, जीरा...

—अब आज नहीं जाने दूँगा, कल सवेरे खा-पीके अपना चले जाना !

—अँदेशा के मारे माँ जो परान तेआग देगी।

—नहीं रे दिगो ! राम के लिए कौसल्या की जान जब नहीं निकली तो तेरी माँ का क्या होगा ?

यह कहते-कहते दुर्गानंदन को भी हँसी आ गई और दिगंबर के रँगे होंठ दुहरे-तिहरे हो उठे।

तमोली तब तक दुर्गा को भी पान दे चुका था।

दुर्गानंदन ने दिगंबर के कंधे पर अपनी एक बाँह डाल दी और चलते-चलते गाँव-घर के हालात मालूम करने लगा...गोनउड़ा की दादी मर गई थी...चोर फतूरी काका की बाड़ी से तीन कटहल तोड़ ले गए थे...रामेसरी को हल्का-सा बुखार आया था... गौरीनंदन लहेरियासराय से होमियोपैथी की दवाएँ खरीद लाए हैं...

उस रोज सनीचर था, अदालत कुछ पहले ही उठ गई। अपनी जगह पर आकर दुर्गानंदन कुछ देर दिगंबर से इधर-उधर की बातें लड़ाता रहा। इसी बीच वह जहदल्ली शेख चुपचाप एक रुपइया दे गया। कुछ कहने लगा था कि दुर्गानंदन ने नजर मारकर इशारा किया—सब ठीक हो जाएगा अब; और बाईं हथेली उठा—फैलाकर बेफिक्र रहने का आश्वासन दिया।

—इसी के लिए मैं रुका था दिगो !

—तो चलिए न अब !

---

1. ग्रियर्सन मार्केट (मधुबनी, जिला दरभंगा, बिहार)।

दुर्गानंदन ने बस्ता लपेटा। अलग एक टटऊ[1] घर में कुछ बेढंगी संदूकें पड़ी थीं, एक को खोलकर उसमें अपना बस्ता रख दिया। दफ्तियोंवाली छोटी फाइल साथ रख ली। बोला—अब चलो भइया !

सूड़ी स्कूल के पास दुर्गानंदन के वकील साहब का डेरा था। बैठकवाले बाहरी हिस्से में दो कोठरियाँ थीं। एक पर दुर्गा का कब्जा था। यों तो इस रूम में भी फूटे शीशोंवाली दो बूढ़ी आलमारियाँ थीं, उनमें बँधे-बे-बँधे कानूनी पोथे अव्यवस्थित रूप में पड़े थे। फिर भी दुर्गानंदन ही इस कोठरी का सर्वाधिकारी था, क्योंकि ताला लगाकर दो-दो तीन-तीन दिन मधुबनी से बाहर रह सकता था।

बरामदे में कुछ कुर्सियाँ पड़ी थीं। बाजार के लिए कोठरी से बाहर निकलते समय दुर्गा ने हाथ बढ़ाकर कहा—यहाँ, दिगो, वकील साहेब बैठते हैं।

बाजार जाकर दोनों सौदा कर आए, दुर्गा ने नहीं माना...आग्रहपूर्वक हलवाई की एक दूकान में ले आकर जब बैठा ही दिया तो बाबू दिगंबर को नाश्ता करना पड़ा। टकही कचौड़ियाँ मुरमुराते हुए दिगो ने कई बार कहा—क्यों इतना खर्च करते हैं दुर्गा भैया ?

—अरे, तुम क्या रोज आते हो ?

ऊपर से चार-चार बीड़े पान के।

ऐसा नहीं कि पंडित दुर्गानंदन झा ने साथ नहीं दिया हो ? साथ दिया और हँसते-खेलते !

लौटकर डेरे पर आए। बातें होती रहीं, फिर बीच में उठे दोनों जने और जाकर खा आए बूधन झा के होटल से। दुर्गा इस होटल का माहवारी मेंबर था ही। दिगंबर मल्लिक थे गेस्ट।

बरामदे में अपनी कोठरी की ओर ही कम्बल बिछाया गया, फिर दरी।

—तकिया एक है तो क्या हुआ ? मैं अपने लिए कपड़े डालकर झोले को ठीक कर लेता हूँ, तुम तकिया पर माथा रखकर आराम से सो जाओ !

—नहीं, दुर्गा भाई ! ऐसा भी कहीं होने का ?

दोनों अगल-बगल लेटकर देर तक बातें करते रहे।

आज बिसेसरी के बारे में चिंता के दो पृथक् सूत्र एकजुट हो गए थे। आगे क्या रास्ता है, इस पर खुलकर गप्प[4] हुई थी।

अगहन में जैसे हो, बिसेसरी की शादी होगी ही। बिसेसरी के लायक दूल्हा नहीं मिलेगा ! मिलेगा क्यों नहीं ? और चतुरा चौधरी ? अरे, उस दुमघिसे गीदड़ की बात छोड़ो। वह भूँक-भूँककर अपनी माँद में सर पटकता रह जाएगा...

---

1. भीत की जगह बाँस की फट्टियों की बनी आड़वाले।

चौदह

आसिन का महीना !

पितरपच्छ के दिन आ गए थे।

आज मातृनवमी थी। अपनी-अपनी माँ, नानी, सास, दादी और परदादी के निमित्त सबको एक-एक ब्राह्मण चाहिए था। इतने ब्राह्मण कहाँ से आवें ?

माहेश्वरी को नौ घरों में न्यौता था। बूलो को सात घरों में। गौरीनंदन, टुनाई, बुदुर–किसी को भी पाँच-पाँच से कम घरों में नहीं जीमना था।

पंडिताइन ने अपनी नानी, सास और सतिया[1] सास के लिए चार ब्राह्मणों का न्यौता दिया–चारों छोकरे बाभन थे क्योंकि सयानी मूर्तियों के लिए भोज्य वस्तुएँ काफी और अच्छी अपेक्षित होतीं। शास्त्र में कहीं ऐसा तो लिखा है नहीं कि भूख से कुलबुलाते अधेड़ ब्राह्मण के समक्ष तीन-तीन पत्तलों की खाद्य सामग्री एक ही पत्तल पर परोस देनी चाहिए अन्यथा पितरों की तृप्ति नहीं होगी। गले में जनेऊ रहनी चाहिए, फिर उमर यदि पाँच की भी हो और जन्म हुआ हो ब्राह्मण वंश में तो देवता और पितर लाख झख मारें, आपको ब्रह्मभोज में सम्मिलित होने का पूर्ण अधिकार है।

बूलो की भाभी ने अपनी माँ और सास के निमित्त पकी उमर के दो ब्राह्मणों को निमंत्रण दिया था और ताकीद कर दी थी कि वे पहले उसी के घर जीमेंगे। जिमाए ब्राह्मण बटुकों को जैसे-तैसे जिमाकर पितरों को ठगना बूलो की भाभी ने कहाँ सीखा था ? नहीं सीखा था !

रामेसरी ने अपनी सास के निमित्त फतूरी काका को न्यौता दिया था। वह चर्खा चलाकर दस-बारह रुपए महीना अपना कमा लेती थी। अन्न-वस्त्र के लिए अभी माँ-बाप जीवित थे। लड़की के लाड़-प्यार के लिए और दूसरी जरूरतों के लिए सूत बेचकर हासिल की हुई यह रकम काफी थी। अपने पति और सास की बर्खी के अवसर पर वह सात या पाँच ब्राह्मणों को अवश्य जिमाती। ब्राह्मणों की संख्या भले थोड़ी रहे, सामग्री मगर अच्छी होनी चाहिए–इस ओर रामेसरी बराबर सतर्क रहती। हाँ, माँ-बाप और भाइयों को वह उनकी धारणाओं के मुताबिक ही चलने देती।

छोटी बहू के नानी नहीं थी, सो उसके नाम पर फतूरी का नौ-साला लड़का पित्तो जीमने आया।

चंद घंटों के अंदर ही जिन्हें कई घरों के पितरों को अकेले-अकेले तृप्त करना था वे उस रोज सबेरे ही नहा-धोकर और चन्दनटीका लगाके तैयार हो गए थे।

माहे रात से ही पेट को हल्का किए हुए था, उसे नौ पत्तलों से निबटना था न ! मुखिया के घर चूड़ा-दही से पितरपच्छ के ब्रह्मभोजी मैदान में वह जो कूदा सो बाबू नीलकंठ मल्लिक के यहाँ पूड़ी-तरकारी का पारायण करता हुआ बाहर निकला...बीच-बीच

---

1. सौतेली।

में कहीं भात-दाल-तरकारी, कहीं चूड़ा-दही और कहीं फिर भात-दाल-तरकारी और कहीं फिर चूड़ा-दही ! आधा पहर दिन उठे पहला पत्तल सामने आया था और आखिरी दो बजे। बाकी दिन-भर वह बूलो के दालान पर चित्त-पट होता रहा और पानी पीता रहा।

बूलो का खुद का भी यही हाल था। माहे की माँ के यहाँ से शुरू करके परमानंद पाठक के घर उसने अंतिम बार हाथ-मुँह धोए थे ! माहे की माँ को भी खिलाने-पिलाने का आवेश[1] काफी था और पाठक लोगों का खान-पान तो गाँव-भर में मशहूर था ही।

दिगो के दालान पर उस रात पचीसी[2] खूब जमी थी। माहे और बूलो नहीं आ सके थे, बाकी सभी आए थे। दिगो और गौरी दोनों गोधिया[3] थे, दो बार हारे थे और एक बार इनकी गोटियाँ लाल हो गई थीं—जीत गए थे।

दुर्गानंदन और दिगंबर ने मधुबनी में जाने क्या-क्या बातें की थीं कि आपस का तनाव बिल्कुल हट गया था अब। जन्माष्टमी की छुट्टी में दुर्गा घर आया और बूलो के घर जाकर बड़ी देर बाद बाहर निकला था। अपनी माँ और बहिन से भी उसने काफी एकांती[4] की थी।

दूल्हा जब से भगा दिया गया था तब से दिगंबर-बूलो-माहे आदि के परिवारों से पंडित-परिवार का मेल-जोल एकदम टूटा हुआ था, सो अब एकाएक जुड़ गया—मुखिया और फतूरी वगैरह इसे उच्चाटन और वशीकरण का कोई तांत्रिक प्रयोग समझने लगे, या क्या सो वही जानें ! हाँ, अचरज के मारे आँखें उनकी कपार पर जरूर उठ आई थीं। मुखिया ने दो दिन बाद, पोखर के पथराही घाट पर गीली धोती फेरते हुए फतूरी की ओर भोरे-भोरे आँखें फाड़-फाड़कर देखा। खुद दिसा-फराकत[5] हो आया था। हाथ मटिया चुका था, अब सिलवर का बनारसी लोटा मिट्टी से मल रहा था। घाट के नगीच पनी के बलुई कछार पर एँड़ियों के सहारे बैठा था। बाईं ओर गर्दन घुमाके थूक फेंकी और बोला—खोंखा पंडित का समूचा घर बूड़ गया फतूरी काका !

—कहते क्या हो !

फतूरी चौंके। हथेलियों में फुर्ती आ गई तो कमर से सूखी धोती का कोर-किनारा चट्ट से गोलाई में लपट गया और सड़ाक से लाँग मानो आप ही पीछे की ओर होकर खुँस गई।

धोती का बाकी हिस्सा उन्होंने पीठ पर डाल लिया तो वह गर्दन का चदरऊ घेरा बन गया।

झुककर गीली धोती पर हाथ डालते हुए फतूरी ने मुखिया को फिर टोकारा दिया—उँ ?

---

1. जतन, भावुकता, 2. चौपड़ की तरह का एक खेल—आठ कौड़ियों के सहारे खेला जाता है, खाने बिल्कुल चौपड़ के, गोटियाँ चार होती हैं। मुट्ठी में लेकर भाँजने पर चित और पट पड़नेवाली कौड़ियों के क्रम से लोग अपनी-अपनी गोटी की चाल बढ़ाते हैं, खेलनेवाले भी चार—आमने-सामने दो-दो, जो गोधियाँ (गोइयाँ साथी) कहलाते हैं, 3. गुइयाँ, जोड़ी, 4. गुफ्तगू, 5. निबटने के लिए जंगल-मैदान या खुली जगह, गाँव के बाहर की बिना बस्ती की जमीन।

घुटने-भर पानी में जाकर मुखिया जोर-जोर से लोटा खँगार रहा था और फतूरी काका बीच में टूटे हुए श्लोक की कड़ी को फिर जोड़ रहे थे।

प्रथमस्तु महादेवो द्वितीयस्तु महेश्वरः!
तृतीयः शंकरः प्रोक्तश्चतुर्थो वृषभध्वजः !!
पंचमः कृत्तिवासाश्च...

मुखिया ने ताबड़तोड़ कुल्लियाँ कीं, वहीं पानी के अंदर ही गर्दन को तनिक दाहिनी ओर घुमाकर--पानी लेकिन चुल्लू से सामने की तरफ से लेता था।

पानी से बाहर निकलकर वह गमछे से हाथ-मुँह पोंछने लगा। फतूरी तब तक पानी के अंदर जाकर धोती खँगारने लग गए। पाठ का एक टुकड़ा खतम हो गया और धोती भी निचो ली उन्होंने !

—क्या कह रहे थे तुम मुखिया ?

—खोंखा पंडित का पलिबाड़[1] बूड़ गया !

—कुछ कहबो करोगे कि !

—वह छउँड़ी[2] फिर गाँव-भर में कुदान मारने लगी फतूरी काका !

—कौन हो ? बिसेसरी ?

—तो और कौन ?

—चार महीने हुए, मैंने तो उस लड़की को नहीं देखा है कहीं आते-जाते।

—आपको, फतूरी काका, घर की खबर तो रहती ही नहीं, फिर गाँव का हाल क्या जानने गए आप ?

इस पर फतूरी काका तनिक बिलमे।

ऊपर से ताजी-चिकनी मिट्टी ले आए कौड़ी-भर, लोटा को हल्के हाथ से माँजते हुए कहा—जाने भी दो बासकीनाथ, धी-बेटी ठहरी। नानी ने या मामी ने किसी काज से इधर-उधर दौड़ा दिया होगा। बहिकिरनी[3] किसके घर क्या काम करती है ? गया वह जमाना बाबू, मुट्ठी-भर जूठे भात की आस लगाए हमारी-तुम्हारी देहरी के सामने अब कौन निगोड़ी खड़ी रहती है ? और, फाजिल भात ही अब किसकी हँड़िया में पड़ा रहता है ? बोलो न ?

—सो मैं कहाँ कहता हूँ कि नहीं, मुदा...

बात को बीच ही में निगलकर मुखिया कछार से ऊपर जा पहुँचा और मोहाड़[4] पर एँड़ियों के सहारे बैठ गया। साहड़ की हरी-ताजी छरहरी टहनी तोड़ लाया था सो वहीं पड़ी थी। अंटी से चाकू निकाली जो कि अपनी नफासत व तेज धार के लिए मौजा नौगछिया में मशहूर थी—छोटी-सी चमचम करती हुई रेजिस चाकू ! पहले उसकी फली खोलकर धार को धोती के खूँट से पोंछा, फिर दतवन बनाने लगा। अपनी इस चीज पर हाथ पड़ते ही मुखिया को कलकत्ता की याद हो आती थी। दो साल पहले माँ और

---

1. परिवार, 2. छोकरी, 3. गृहदासी, 4. भिड़, तालाब या चभच्चा का बंध।

स्त्री को साथ लेकर वह जगन्नाथ की जतरा कर आया था, लौटते समय दो रोज कलकतिया हवा खाई थी। यह चाकू वहीं डेढ़ रुपया में ली थी...

एक हाथ में भीगी-निचुड़ी धोती, दूसरे में पानी-भरा लोटा सँभाले फतूरी भी घाट छोड़कर ऊपर आए। तनिक ठमक गए।

—और, क्या बात थी ?

दातून चबाता हुआ मुखिया बोला—रामेसरी माहे की माँ से पहर-पहर गप्पें लड़ाने लग गई है। मानिकपुरा-मढ़ियावाला बुड्ढा जब से मुँह की खाकर गया तब से इन लोगों में बोल-चाल, मेल-जोल सब बंद था। अब एकाएक रातो-रात यह क्या हो गया फतूरी काका, कि गंगा-जमुना की धार एक ही नहर में आकर बहने लगी है फिर ?

—क्या बुरा है ! तुम्हें इसमें प्रपंच[1] की गंध तो नहीं लग रही है ?

हतप्रभ होकर मुखिया ने आँखें नीचे की ओर कर लीं तो फतूरी ने घर का रास्ता पकड़ा।

तो, उतनी बड़ी दुर्घटना के तीन ही महीने बाद बिसेसरी फिर टोला-मुहल्ला में कुदान भरने लगी थी ?

अरे, कुदान भला क्या खाकर भरती बेचारी ! दरभंगा की महारानी की कोख से तो नहीं पैदा हुई थी वह; या कि हुई थी ?

नहीं, बीसो[2] बेचारी एक गरीब घर की पितृहीन लड़की थी जिसे निठुर गोतियों ने अपनी विरासत से महरूम करके दूर—बहुत दूर खदेड़ दिया था, बदनसीब नाना-नानी की दरिद्रता के दहकते हुए अग्निकुंड में धकेल दिया था।

इस उमर में बेफिक्र होकर कुदान वह भरे जो हँसी-खुशी से दमकते चेहरोंवाले खानदान में पैदा हुआ...उसी में पला-पुसा हो या फिर जिस छोकरी का बाप मिनिस्टर हो कहीं का या फिर लखपती-करोड़पती हो...

बिसेसरी या उसकी बेवा माँ रामेसरी के लिए कुदान भरने की कल्पना तब तक एक असंभावित स्वप्न था।

हाँ, बिसेसरी दो-तीन जगह अब जरूर जाने लगी थी। तरुणाई की सहज चुस्त चाल अगर किसी खूसट की निगाहों में खटके तो इसमें भला अबोध बिसेसरी का क्या कसूर ?

खंजन के घर जाती थी, बूलो की भाभी का आँगन फिर उसकी मुस्कानों से धुलने लगा था और कभी-कभी तिरपित साहु की दूकान भी जाना पड़ता था। बस एतद्धि रामायणम् ![3]

खंजन उसकी मुँहलगी और हमदर्द सहेली थी। आयु में चार महीने छोटी। क्वाँरापन उसका भी अब तक टटका[4] था। वह परमानंद पाठक की भतीजी थी। पिछले जेठ में ठीक दूल्हा आने के दिन, दुपहर के वक्त उसे बुखार आ गया था। सो, अब

---

1. साजिश, षड्यंत्र, 2. बिसेसरी, विश्वेश्वरी, 3. इतनी-भर रामायण ! बाकी कुछ नहीं, 4. ताजा, तात्कालिक।

बीसो उसके घर आने-जाने लगी थी।

बूलो की भाभी के घर चउड़-चन[1] के दिन ढाई-तीन महीने बाद वह आई थी। कितनी खुश हुई थीं भाभी ! पकवान छानना छोड़कर उठ आई और कसके बीसो के गाल चूम लिए थे, एक नहीं अनेक बार ! और उधर कड़ाही में पक रहीं गुझियाँ लहक उठी थीं; धुआँ उठने लगा था उनसे !!

पंद्रह

दिगंबर का ननिहाल—पदुमपुरा—खजउली इसटीशन से कोस-भर पच्छिम था, पक्का कोस नहीं कच्चा कोस...डेढ़ माइल का फासला था।

ऐसे तो छठे-छमाहे दिगो को पदुमपुरा जाना ही पड़ता था, क्योंकि नानी संग्रहणी का शिकार थीं बहुत दिनों से। उनके लड़के थे तीन मगर लड़की यही एक थी—दिगम्बर की माँ मात्र, सो भी पहली संतान। नाना अथबल[2] हो चुके थे, आधा लेटे-लेटे दिल-दिमाग की खुरचन कागज पर उतारा करते थे। इधर पंडिताऊ ढंग पर नाटक लिखने की धुन सवार थी 'ललितकिशोर'जी पर, पौराणिक कथानकों का आधार लेकर अब तक आप अठारह रूपक तैयार कर चुके थे। नाना और इस नाती में खूब घुटती थी। घंटों बैठकर दिगंबर सूत्रधार—नट-नटी-विदूषक के कथोपकथन सुना करता नाना के मुँह से। फुलिस्केप साइज का बादामी कागज : सौ-सौ पेज की दसियों कापियाँ ! ब्लू ब्लैक स्याही और पीतल की मोटी निब की सुडौल और पुष्ट लिखावट में बड़ा ही भव्य—अत्यंत मनोरम लगता था दिगंबर को यह सब देखने में। नाना की यह साधना किशोर नाती के रोम-रोम में स्फूर्ति का संचार करती थी। सुनाते-सुनाते ललितकिशोरजी लेखक की मर्यादा का उल्लंघन करके कब नाटकीय परिधि में अपने स्वरों और मुद्राओं को दाखिल कर लेते, पता नहीं। यदा-कदा बल्कि बहुधा योग्य आगंतुकों को वह अपनी ये कृतियाँ बाँच-बाँचकर आग्रहपूर्वक सुनाया करते। इससे हुआ यह था कि अधिकांश कथोपकथन उन्हें कंठस्थ हो गए। यह सब बुढ़ऊ के लिए भी मामूली मनोरंजन ही था।

दिगंबर के तीन मामा थे। एक जिला सहरसा में किसी हाईस्कूल का हेडमास्टर था, एक मुक्तापुर की जूट-फैक्टरी में असिस्टेंट अकाउंटेंट और तीसरा मैट्रिक पास कर चुकने पर जो खेती-गिरस्ती में जुता सो अब घर का मुखिया बन बैठा था।

नानी थीं, नाना थे, तीन मामियाँ और उनके सात बच्चे थे, एक नौकरानी थी, एक चरवाहा था—सबसे ऊपर परिवार-भर की देख-रेख करनेवाले बाबू जैनंदनलाल दास तो थे ही। यही दिगो के 'छोटका मामा' थे।

---

1. भाद्र शुक्ल की चौथ, नैवेद्य-निवेदनपूर्वक भादों की चौथ के उगते चाँद को देखने का त्योहार, 2. बिल्कुल असमर्थ, नाताकत, अस्त-बल।

परिवार के महामुखिया बाबू श्री गुणवंतलाल दास 'ललितकिशोर' अब घर के किसी काम में दखल नहीं देते थे। स्नान-ध्यान, पूजा-पाठ, श्रीमद्भागवत, देवी भागवत, कृत्तिवास का बँगला रामायण, काशीराम दास का बँगला महाभारत, मासिक कल्याण, सूरसागर, विनय पत्रिका, ब्रज-माधुरीसार...और अपनी साहित्य-साधना...वह निष्काम कर्म के कायल थे। अपनी कृतियों के पुलिंदों की गट्ठर को देख-देखकर आप ही पुलकित होते और बुदबुदा उठते :

कृष्णाय वासुदेवाय
हरये परमात्मने।
प्रणतक्लेश नाशाय
गोविंदाय नमोनमः ॥
नमो ब्रह्मण्यदेवाय
गोब्राह्मण हिताय च।
जगद्धिताय कृष्णाय
गोविंदाय नमोनमः ॥

अंतिम कड़ी पर पहुँचते-पहुँचते भावावेग के मारे उनका मस्तिष्क एक अजीब तनाव का अनुभव करता और साँस घुटने-सी लग जाती; मानसिक आकुलता से घिग्घी बँध जाती तो स्वर के क्रम अर्धरोदन एवं उच्छ्वास से संघटित होने लगते—प्रभो ! प्रभो ! त्राहि माम् मधुसूदन ! मो सम कौन कुटिल खल कामी !...और फिर—मेरो तो गिरधर गोपाल दूसरो न कोई ...कंपित स्वरलहरी आत्मनिवेदन की सहज-स्निग्ध कमनीयता के अगवाह रास्ते को अनायास ही पकड़ लेती। विभोर हो-होकर और तालियाँ पीट-पीटकर गाए जानेवाले मीरा के वे अनमोल पद बहुधा दिगंबर को अपनी लय में बहा ले जाते थे। भक्ति और भावना की विस्वलता के आगे बूढ़े गले का वह फटा-फूटा खुरदरापन बिल्कुल ही दब जाता था। आवेग की भाफ निकल जाने पर 'ललितकिशोर'जी के मुँह से निकलता :

कर्मण्येवाधिकारस्ते
मा फलेषु कदाचन।
मा कर्मफल हेतुर्भूः
मा ते संगोऽस्त्वकर्मणि ॥[1]

भक्ति की इस सगुण धारा ने उन्हें धीरज की नैया दी थी, संतोष की पतवार दी थी। लिखित वस्तुओं का प्रकाशन उनकी दृष्टि में उतना महत्त्व नहीं रखता था जितना कि लिखना—लिखते चले जाना और पांडुलिपियों का ढेर लगा देना। आगे का काम तो लीलाधर-नटनागर गोवर्धन-गिरिधारी-वृंदावनबिहारी-कुब्जाविलासी-गोलोकवासी-

1. काम करना भर तुम्हारा हक है, परिणामों पर तुम्हें कदापि अधिकार नहीं। काम के नतीजों को निमित्त मत बनाओ, निठल्लेपन से कभी तुम्हारा वास्ता न पड़े।।—गीता

कालिय-नागनथैया-कुँवर कन्हैया के कृपा कटाक्षों पर निर्भर था न !

दिगंबर जब ननिहाल रहता तो दिन-भर में एक-आध बार आकर नाना के नजदीक बैठ जाता और वह अपनी कृतियाँ नाती को प्रेमपूर्वक सुनाते।

नए ढंग से लिखी गई कविता या कहानी को वह समय एवं प्रतिभा का दुरुपयोग बताते। इसी से दिगंबर नाना के सामने कभी नहीं खुला। लिखता तो आखिर वह भी था न ?

नानी को सींकों से पंखी-बिजनी, पान-सुपारी रखने का डिब्बा, धुथरी, पउती, बिड़हाड़ा, रिकाबी, डलिया, चँगेरी, फुलडाली बनाने का भारी शौक था। अब तो खैर देर तक एक आसन से बैठना उनके लिए असंभव था।

दिगंबर का मन नानी के कला-कौशल पर उतना फिदा नहीं था जितना कि छोटी मामी की सीने-पिरोने की हुनरमंदी पर। ठिगने कद की यह साँवली औरत स्वेटर-मोजे तो बुनती ही थी मगर बातें भी बड़ी नफासत से बुनती थी—सच पूछिए तो इसी एक कारण से दिगंबर बाइससाला छोटी मामी के चंचल नैनों को अपना दिल रेहन किए हुए था। नाम हू-ब-हू उसकी प्रकृति और आकृति पर फिट बैठता था...सलोनी देवी ! चाल-ढाल और रंग-ढंग परखकर सबकुछ भाँप लेनेवाला जाने वह कौन था जिसने छोटकी मामी का ऐसा बढ़िया नामकरण किया ? सलोनी ! और अब सलोनी देवी !!

बाकी दो मामियाँ वैसी ही थीं, मामूली घरों में जैसी और जनीजात होती हैं—नितांत साधारण किस्म की; नाक-नक्शा, चेहरा-मोहरा, शील-स्वभाव किसी भी दृष्टि से अतिशय सामान्य।

यह तो था दिगो का मातृकुल ननियाउर कह लीजिए या ननिहाल...माँ का खानदान।

पदुमपुरा के पास ही एक गाँव था मढ़िया। अपने मिडिल स्कूल के लिए आस-पास के इलाकों में यह बस्ती बहुत दिनों से नामी था।

मिडिल के दो साल दिगंबर यहीं का विद्यार्थी रहा। यों तो कई साथी थे उन दिनों के, मगर बाचो से घनिष्ठता जो हुई सो हद को पार कर गई थी। अलग रहने पर भी वर्षों तक दोनों में पत्र-व्यवहार चालू था।

वाचस्पति और दिगंबर—दोनों ने '42 में सातवाँ दर्जा यानी अंग्रेजी-मिडिल पास की थी। बाचो को स्कॉलरशिप मिला था, पंद्रह रुपए मासिक; मैट्रिक तक लगातार (चार साल) वह मिलता रहा, ग्यारहवें दर्जे तक। '46 में वाचस्पति ने मैट्रिक की, डिवीजन अबकी फ़स्ट नहीं सेकंड आया था। दिगंबर तो खैर '44 में ही फेल होकर पढ़ना छोड़ बैठा था। मित्रता फिर भी दोनों तरफ उसी तरह अटूट बनी रही। हाँ, वाचस्पति के पास कई कारणों से उतना वक्त नहीं बचता था जितना कि दिगंबर के पास। अपने दोस्त के लंबे-लंबे खत का जवाब देना वाचस्पति के लिए हमेशा बड़ी विकट समस्या रही। छठे-छमाहे आठ-दस लाइन घसीटकर अपने को वह जैसे-तैसे तसल्ली दे लेता।

वाचस्पति झा वाट्सन हाई-स्कूल, मधुबनी का प्रतिभाशाली और गम्भीर छात्र था। मैट्रिक के बाद पढ़ाई उसकी जो छूटी सो छूट ही गई। अब वह छः लाख की

आबादीवाले तीन-तीन थाना की जनता की तरफ से इन छः-सात वर्षों के अंदर नौ दफे जेल जाकर थाली-कटोरा बजा आया था।

वह सोशलिस्ट था।

'43-'44 में एक अंडरग्राउंड सोशलिस्ट लीडर का संपर्क पाकर रातो-रात वाचस्पति के जीवन ने त्याग और तपस्या की यह कँटीली पगडंडी पकड़ ली थी। दो महीना जाते न जाते वह मधुबनी के विद्यार्थियों का अगुआ बनकर राजनीति की सतह पर जोरों से उभर आया था।

और, रात-दिन पॉलिटिक्स की धमाचौकड़ी यह तभी से चली आ रही थी।

पढ़ाई में पग-पग पर अड़चन पड़ने लगी। हेडमास्टर पहले 'बेटा' और 'लाल' जैसे पगे-भीगे संबोधनों से पुकारा करता, अब वही नजर मिलते ही अपने गालों को आगरे के गोलगप्पे बनाकर मुँह फेर लेता। समझाते-समझाते न जाने कै कटोरा कीमती पसीना अपना वह चुआ चुका था।

साथियों ने भी कम कोशिश नहीं की थी—मगर वह नहीं सँभला और बकौल अपने हिंदी टीचर पं. श्री ब्रजवल्लभ त्रिपाठी 'विधुवलय' के, एक उदीयमान नक्षत्र घनघोर घटाओं की अटपटी अटारियों पर उठा और चिरकाल के लिए चौपट हो गया !

बाप का देहांत तभी हो चुका था जब बाचो नौ वर्ष का रहा होगा। माँ, छोटी बहन और खुद तीन ही जने थे। पाँच बीघा बढ़िया जमीन विरासत में मिली थी। माँ लहेरियासराय से पच्छिम के एक ऐसे गाँव की लड़की थी जो अपनी सामाजिक और राजनीतिक प्रगति के लिए बिहार भर में मशहूर था।

पिता पं. श्रीपति झा काव्यतीर्थ पहले सिंहबाड़ा और पीछे पुपड़ी (जनकपुर रोड) हाईस्कूल में हेडपंडित रहे। प्राचीन परंपराओं के प्रति आस्थावान् होते हुए भी, नए युग की ओर उनका दृष्टिकोण असहिष्णुता का शिकार कदाचित् ही हुआ हो।

माँ अपर प्राइमरी पास थी। '38 में मढ़िया के राजपूत काश्तकारों ने डिस्ट्रिक्ट बोर्ड के चेयरमैन को बस्ती के अंदर कन्या पाठशाला खोलने पर राजी कर तो लिया, पर उन्हें महीनों तक मास्टरनी ही नहीं मिली। मंजूरी लोअर प्राइमरी स्कूल की हुई थी। मिडिल न सही, अपर प्राइमरी जिसने पास की हो ऐसी तो होनी ही चाहिए मास्टरनी। आखिर 'ललितकिशोरजी' के कानों तक बात पहुँची तो उन्होंने वाचस्पति की माँ से कहवाया था और वह दो दिन तक सोचती-विचारती रही, तीसरे रोज अपनी स्वीकृति जतला भेजी थी।

समाज की नकेल जिन चंद हाथों में थी, उन्हें बाचो की अम्मा का पड़ोस की बस्ती में जाकर यह पढ़ौनी करना बड़ा ही अखरा था। सारा कसूर 'ललितकिशोर' की बुढ़ौती पर ओढ़कर नाराजी के अपने-अपने दहकते अंगारों को जैसे-तैसे उन्होंने बुझ जाने दिया था, जीभ की जड़ें उलट ली थीं।

गुरुआनी को मढ़ियावालों ने रहने की भी जगह दे रखी थी। दो कोठरियाँ, छोटा-सा आँगन, तुलसी का चउरा, तनिक-सी बाड़ी, अमरूद के दो और नींबू के एक

झाड़...और चाहिए ही क्या !

माँ लेकिन मढ़िया के अपने उस क्वार्टर में लगातार महीना-भर भी शायद कभी रह पाई हो। अब तो खैर बिल्कुल अकेली थी, लड़की का ब्याह और गौना हो चुका था। वह ससुराल बस रही थी।

बेटे को लीडरी से फुर्सत मिलती तब न !

इस बार साल-भर बाद दिगंबर की वाचस्पति से भेंट-मुलाकात हुई थी और इसी आशा से दिगंबर पदुमपुरा आया हुआ था। पाँच रोज दोनों साथ रहे।

मास्टरनी लड़के को मना-मनाकर हार बैठी थी, वह शादी के लिए तैयार ही नहीं होता था। एक दिन दिगो के सामने एकांत में पहले, अपने दोनों हाथ जोड़कर पीछे उसकी ठुड्डी छूकर वह बोली—बबुआ, अब तेरा ही भरोसा है। अपने मीत को समझा-बुझाकर तू नहीं तो और कौन राजी करेगा ? तीन बरस से माथा पटकते-पटकते मर गई कि बेटा, मुनिया ससुराल चली गई, मैं अकेली इस घर में कैसे रहूँगी ? बहू ला दे लल्लन !...मगर, एक भी मेरी कहाँ सुनता है मुड़हा[1] ? नहीं सुनता है दिगो !

विह्वलता से उसका गला रुँध-रुँध आया। दिगंबर के कंधे पर दाहिना हाथ रखकर रुक-रुकके वह फिर कहने लगी—बेटा, उसे क्या फिकर है ! कौन-सा पहाड़ उठाने कहती हूँ मैं ? बहू आ जाएगी तो दो मुट्ठी भात और कलछी-भर दाल का कहीं टोटा पड़ेगा भला घर में ? राम ! राम ! राम !! छोकरे की अक़ल पाटीवालों ने चाट ली है, कुछ भी नहीं समझता है मेरा बेटा ! पढ़ाई-लिखाई छोड़कर रने-बने[2] भटकता फिरता है, क्या तो किसान-मजूर का राज कैम[3] करेंगे, सबको जमीन मिलेगी, सबको काम मिलेगा ! कप्पार मिलेगा !! टिटियाके मर जाओगे, कुछ नहीं होगा ! देख तो रही हूँ पाँच बरस से, कौन-सा लड्डू-पेड़ा, मोहनभोग-मालपुआ हाथ लगा है ?...

दिगंबर बकर-बकर ताकता रहा और कान पाथकर सुनता रहा अपने मित्र की माँ का उलाहना—आधी आयु की उस महिला पर दिगो को दया आ गई। वह बोला—मुझे तो तुमने कहा नहीं था यह सब कभी ? अब मैं बाचो को जरूर समझाऊँगा।

इस बातचीत के अगले ही दिन वाचस्पति आ गया।

बड़ी बातें हुईं दोनों में। बिसेसरीवाली दुर्घटना और उसके प्रतिरोध का समाचार सुनकर वाचस्पति ने दिगंबर की पीठ बार-बार ठोकी, फिर उछलती-सी आवाज में कहा—चावश[4] !

—नहीं बाचो, इतने-भर से काम नहीं चलेगा।

—तो ?

वाचस्पति ने देखा, दिगंबर एकाएक गंभीर हो गया है। पीठ ठुकवाते समय खुशी की जिस उबाल को वह मुँह के अंदर दबाए हुए था, सो अब बिल्कुल गायब थी। आँखों के फैले हुए कोए सिमट आए थे, साँस की गति मद्धिमतर हो गई थी, नाक के पूड़े

---

1. मूढ़ बेवकूफ, 2. बंजर-वीरान और जंगल-मैदान में, 3. कायम, 4. शाबाश।

स्पन्दन खो बैठे थे।

—क्या करना होगा ?

....

—अरे, कुछ कहोगे भी तो !

—आगे का काम...

अब दिगंबर ने मुँह खोला। निगाहें उसकी वाचस्पति की आँखों पर गड़ी हुई थीं। वाचस्पति के मन-प्राण की समूची शक्ति मानो आँख-कान के भीतर बटुर आई थी।

...तुम्हारी मदद के बिना आगे का काम नहीं होगा बाचो !

वाचस्पति ने दिगंबर का कंधा थपथपाया—कहो न ?

तुम्हें बिसेसरी का दूल्हा बनना होगा !—कमांड की जमी टोन में दिगंबर ने कहा।

वाचस्पति की पलकों में तनाव आ गया, दाँतों ने मसूड़ों का दबाव महसूस किया।

अपने को सँभालकर वह बोला—दूल्हा ठीक कर दूँ यही चाहते हो न ?

—तुम्हें आखिर क्या एतराज है ?

—मेरी तो शादी करने की इच्छा नहीं है।

—इच्छा की भी तुमने खूब कही ! बता दो, उतार लाऊँगा...कहाँ टाँग रखी है अपनी यह पोटली तुमने ?

इस पर वाचस्पति को थोड़ी हँसी आ गई तो दिगंबर भी तनिक मुस्कुराया। फिर कहा—सारी बात खुलकर मैं तुम्हें बता चुका हूँ। जिंदगी-भर तो अनब्याहा तुम रहोगे नहीं, शादी एक-न-एक रोज करबे करोगे। बिसेसरी बड़ी समझदार और बहादुर लड़की है। बोझा बनकर तुम्हारी गर्दन नहीं तोड़ेगी वह। साथ रखोगे और माकूल ट्रेनिंग दोगे तो अच्छी से अच्छी साथिन बनेगी...हम गाँव-गँवई के लोग ठहरे, समाजसुधार की भी हमारी रफ्तार मद्धिम ही होगी। ऐसा नहीं कि किसी मद्रासी या पंजाबी सोशलिस्ट जवान को लाकर तुम हमारे सामने खड़े कर दो और कहो, यह रहा बिसेसरी का दूल्हा ! ऊँ हूँ, अभी यह कहाँ चलेगा ? नहीं चलेगा। तुम्हें दो रोज का मैं बखत देता हूँ, सोच लो बाबू अच्छी तरह !

वाचस्पति उठकर चहलकदमी करने लगा, दिगंबर बैठा ही रह गया। धोती के घुटनोंवाले छोरों पर चोरकाँटी लग गई थी, एक-एक करके वह उन्हें छुड़ाने लगा।

टहलते-टहलते बाचो बोला—अगर गोत्रों और वंशों के रिश्ते आपस में टकराते हों तो ?

दोस्त की ओर नजर फेंककर दिगंबर ने कहा—तुम भर मुँह एक बार 'हाँ' तो कह दो, फिर सब ठीक हो जाएगा।

—माँ से पूछ लूँ, इसकी भी इजाजत नहीं दोगे ?

—पाँच साल से यह जो सोशलिज्म का पापड़ बेलते आए हो सो सब माँ से पूछ लिया था न ?

वाचस्पति के होंठों पर हँसी तैर आई, मन-ही-मन उसे एक प्रकार की गुद्गुदी

का अनुभव होने लगा। ब्याह के नाम पर अब तक उसने एक मक्खी तक को अपनी पीठ पर बैठने नहीं दिया था। पिछले पाँच-छः वर्षों में जाने कितने लड़कीवालों ने उसके लिए चक्कर काटे थे और लौट-लौटकर वापस गए थे ! माँ उसे मनाते-मनाते हार गई थी।

लेकिन बिसेसरी की शादी का सवाल कोई मामूली सवाल नहीं था। बित्ता-आधा बित्ता-भर की छाती नहीं, गज-भर का सीना चाहिए था उसे हल करने के लिए !

तरुण वाचस्पति के प्रफुल्ल होंठों ने दिगंबर को पुलकित कर दिया। फौरन उठकर उसने अपने साथी को छाती से लगा लिया।

सोलह

दुर्गानंदन एक दस्तावेज पढ़ने में मशगूल था।

दो-तीन मुवक्किल उसे घेरकर बैठे हुए थे।

आसिन का महीना। दुपहर का वक्त। कड़ाके की धूप...दिगंबर स्टेशन से सीधे कचहरी आ गया था।

कुछ देर बाद अलग खड़ा रहा वह आशा में कि पहले नजर दुर्गानंदन की ही उस पर पड़े। मगर सो जब नहीं हुआ तो हारकर वह बरामदे पर पहुँचा।

—पर्नाम दुर्गा भइया !

—दिगो ?

पहले मुँह खुला, आँख पीछे उठी दुर्गा की। बड़ी हलतलबी[1] थी। होल्डर उठाकर पास ही बैठ जाने का इशारा किया और निगाह फिर घसीटकर लिखी मुंशियाना सतरों पर रुक-रुकके रेंगने लगी।

—क्या हाल है गाँव-घर का ?

उसी मुद्रा में दुर्गानंदन ने पूछ लिया।

दिगंबर उस छोटी-सी चौकी पर किसी प्रकार बैठने की जगह बना चुका था, बोला—सब ठीक-ठाक है दुर्गा भैया ! लेकिन इस वक्त मैं नौगछिया से कहाँ आ रहा हूँ ?

जिज्ञासा में दुर्गा की भौंहें चौड़ी होकर ऊपर खिंच गईं...निगाह पर अब भी दस्तावेज का ही कब्जा था।

दिगंबर कभी दस्तावेज की ओर, कभी मुवक्किलों की ओर, बहुत करके गउँआ[2] की ओर देख रहा था।

कैसी अच्छी खबर वह लाया था !

---

1. हाल-तलबी, काम पूरा कर देने की अस्त-व्यस्तता, 2. अपने गाँव का रहनेवाला।

कितना बड़ा काम वह कर आया था !

उसने धीरे से कहा—मातृक[1] से आ रहा हूँ...

—नानी का कुशल-समाचार कहो ?

—बखत किसी तरह खेप रही है।

—मुझे घंटा-भर लगेगा इस काम में, तुम तब तक टहलो-बूलो। उधर भालू नाच रहा है, एक जादूगर भी आया है...सो सब देखो जाकर। पानी चाहो तो उधर ट्यूबवेल है, पी आओ। चाह पीछे पिएँगे दोनों जने साथ चलके...

दिगंबर को हँसी आ गई, बोला—इतमीनान से आप अपना काम कीजिए दुर्गा भइया ! यहाँ कोई हड़बड़ी नहीं है...बल्कि अपनी कोठरी के ताले की कुंजी दे दीजिए, जाकर वहीं आराम करूँगा।

दुर्गानंदन ने कुर्ते की जेब से निकालकर चाबी दिगंबर को थमा दी—जाओ।

दिगो डेरे पर आया। कंबल बिछाकर कोठरी के अंदर ही लेट गया।

जैनगर की ओर से आनेवाली ट्रेन में दरअसल आज भारी भीड़ थी। दिगंबर को बैठने की जगह कहाँ मिली थी ? वह तो घुटनों पर खड़ा होकर मधुबनी तक आया था—खजउली से राजनगर, राजनगर से मधुबनी...तीन स्टेशनों के बीच दो फासले मानो टँग करके पार किए थे। बारी-बारी से दाहिनी और बाईं बाँह उठा-उठाकर ऊपर की उन चौड़ी छड़ों को थामता आया था, जो दूरगामी पैसेंजरों के सामान की अधिकता से लचक रही थीं—डब्बे के नीचे की हिलती धुरियों से तुक मिला रही थीं। बातचीत, शोर-गुल, छींक-खाँस, धक्कम-धुक्की, भीड़भाड़...दिगो की तबियत भारी-भारी-सी हो रही थी, घड़ी-दो घड़ी वह घोर निर्जनता में बिताना चाहता था।

तन्हाई के लिए उसकी रूह मानो तड़प रही थी। सो, अपेक्षित एकांत स्थान अब आकर दिगंबर को मिल गया तो बड़ी खुशी हुई।

मिनटों में उसकी पलकें थकान से तनी नसों के भुलावे का शिकार बन गईं—तकिए पर माथा, गाल तले हथेली।

बाबू दिगंबर मल्लिक सो गए।

सपने में उन्होंने बिसेसरी के ब्याह का आयोजन देखा...

वाचस्पति को कई आदमी भड़का रहे थे, यह भी देखा...

फिर आधी नींद पूरी नींद में बदल गई।

साढ़े चार बजे दुर्गानंदन लौटे, तब भी दिगंबर सो ही रहा था।

—उठ दिगो, कितना सोता है !

—वँऽऽऽउँ...

दिगंबर ने करवट बदल ली और माथे को तकिए में गोज लिया !

जूते खोलकर दुर्गानंदन ने एक ओर रख दिए, कुर्ता निकालकर दीवार में ठुँकी

1. ननिहाल।

कील से लटका दिया। फिर कंबल पर आकर दिगंबर से बिल्कुल सटकर बैठा और आधी धड़ का बोझा उसकी पीठ पर डालकर स्वयं दिगो के चेहरे पर झुक गया।

—उठता है कि नहीं ?

—उठ तो गया हूँ !

—ऊँ हूँ, अभी कहाँ उठा है ?

—यह लो !

दिगंबर ने फिर करवट बदल ली तो दुर्गानंदन हँस पड़ा। बोला—वाह रे मल्लिक ! अहदीपन की यही पूँजी लेकर तुम मुखिया से मोर्चा लोगे ? हि हि हि हि...

अब वह दिगो के एक गाल पर निहायत हलकी-फुलकी चपतें लगाने लगा !

दिगंबर के हाथ में हरकत आई, अपने गाल पर से दुर्गा की हथेली हटाकर वह छाती के पास ले आया। आँख मूँदे ही पंजा लड़ाने लगा।

—अच्छा ! मस्ती चढ़ी है बाउ रे ?

अपनी उँगलियाँ कड़ी करके दुर्गानंदन ने पंजे को पहले खींचा, पीछे कसकर मरोड़ा।

दिगंबर 'ईस-ईस' करके उठा और बैठ गया।

दुर्गानंदन था भी दिगो से डबल न !

—आँख-मुँह पोंछो, चलो चाह पी आएँ।

—चलिए, लेकिन चाय नहीं।

—तो फिर कलाकंद खाएगा ?

दुर्गानंदन ने परिहास किया तो दिगंबर बुजुर्गी टोन में बोला—काम तो मैं आपका ऐसा कर आया हूँ कि बंगाली केबिन का रसगुल्ला खिलाइए चलके...

बिसेसरी के मँझले मामा की आँखें चमक उठीं। खुशी के मारे रबड़ की बचकानी गेंद की तरह उछलकर मुँह के जंगले से निकला—सच ?

दुर्गानंदन की खोपड़ी के भीतर मानो कुल्फी-मलाई का लड्डू नाचने लगा। दिगंबर को भर पाँज[1] पकड़ लिया उसने। प्रसन्नता की मात्रा इतनी अधिक थी कि बोल नहीं फूट रहा था। आज दिगो दुर्गा को मामूली कायस्थ युवक दिगंबर मल्लिक नहीं, संकट-मोचन बजरंगबली हनुमानजी का अवतार प्रतीत हो रहा था—शारीरिक बल में न सही, सूझ-बूझ की दृष्टि से तो वह अवश्य ही दुर्गानंदन के लिए संकटहरण अंजनीनंदन साबित हुआ था।

दिगंबर बाहर जाकर पेशाब कर आया। लोटा में पानी था ही, आँख-मुँह पोंछकर बैठा।

धीरे-धीरे उसने दुर्गानंदन को सारी बातें बतला दीं।

—दिगो, अब चाह पी आएँ चलके !

---

1. बाहुपाश में ले लिया।

—नहीं, कहीं चलके पहले यह तो मालूम करें कि वाचस्पति और बिसेसरी की आनुवंशिक परंपराएँ इस ब्याह के प्रतिकूल तो नहीं पड़ेंगी। अब इसी बात पर हमारी सारी उछल-कूद निर्भर है दुर्गा भइया !

दुर्गानंदन का चेहरा भारी हो आया, साँस की धौंकनी फूलने लगी। ठोर हौले-हौले पटपटा उठे—बाबा कपिलेश्वर ! तुम्हारा ही आसरा है; देखना हो बम्भोलेनाथ !!

कुछ देर बाद एकाएक उसे कुछ याद आया, बोला—अच्छा, अपने दोस्त के माँ-बाप की पहली पीढ़ियों के नाम लिख लाए हो ?

—हाँ, और अपनी भांजी का तो यह सब आपको मालूम होगा ही।

मंजूरी मुद्रा में दुर्गा ने माथा हिला दिया !

—यह लीजिए।

कमीज के पाकेट से निकालकर बादामी कागज की एक पुर्जी दिगंबर ने दुर्गा की ओर बढ़ा दी। कागज के उस टुकड़े पर पेंसिल से लिखा हुआ पहला वाक्य था : वाचस्पति झा, पिता श्रीपति झा, गोत्र वत्स...

—दिगो, गोत्र तो बिल्कुल ठीक है। हमारी बहन का गोत्र काश्यप पड़ता है...इतना तो मुझे भी मालूम है कि वत्स और काश्यप गोत्रों में ब्याह होता है।

गोत्र का झमेला हटा तो दोनों की आधी फिकिर मिट गई !

—अपने वकील साहेब के बूढ़े पिताजी इन बातों के भारी जानकार हैं। पक्षाघात ने पस्त कर रखा है बेचारे को। यहीं अंदर एक कोठरी में पड़े रहते हैं। जाकर मैं उन्हीं से क्यों न पूछ आऊँ !

—जाइए-जाइए, फौरन पता लग जाएगा।

दुर्गानंदन अंदर गए, दिगंबर साँस टाँगकर परिणाम की प्रतीक्षा करने लगा।

पाँच-एक मिनट हुए होंगे कि दुर्गानंदन हुलसा हुआ चेहरा लेकर बाहर निकला।

दिगंबर का भी मुखमंडल उद्भासित हो उठा।

दोनों ने बेताबी से एक-दूसरे को बाँहों में कस लिया। किसी के मुँह से बोल नहीं निकल रहा था। खुशी की बाढ़ में उतराते हुए दो दिल उछल-उछलके एक-दूसरे को बधाइयाँ दे रहे थे।

थोड़ी देर बाद दोनों डेरे से निकले और उनके पैर उसी रास्ते पर बढ़ने लगे जिधर बंगाली हलवाई का 'सुभाष केबिन' था।

सत्रह

दुर्गापूजा के दिन थे।

कहीं से ढोल और पिपही की आवाज आ रही थी। दूलो अपने घर में भाई-भाभी के बड़े पलंग पर टाँगें फैलाकर तिरछा लेटा था।

पिपही पर ढोलिया क्या गा रहा है ?

जिज्ञासा में बूलो की आँखें बड़ी-बड़ी हो गईं। मन के करेंट को उसने कान की कटोरियों से छुआ दिया और सुनने लगा।

काली कमलीवाले तुझको लाऽऽखो पर्नाम !

लाऽऽखो पर्नाम !

लाखोऽऽखो पर्नाम !

तुझकोऽऽ

धत् तेरी ! सौ साल का पुराना गीत गा रहा है साला। सीसम की टहनियों से सर्द ढोल पीट-पीटकर 'टापर-टुपुर' 'टापर-टुपुर' की आवाज निकालनेवाले इन बजवैयों से भला और आशा ही क्या रखते हो ? 'पीं-पीं' करनेवाली अनगढ़ पिपही से भला और कौन-सी लय निकलेगी ?

—अजी, लय तो इस पर भी अच्छी-से-अच्छी निकाली जा सकती है ! गाने-बजाने का शऊर भी तो हो !

अपने गाँव के दोनों ढोलियों को गालियाँ देता हुआ बूलो आखिर खुद ही सीटियाँ बजा-बजाकर गाने लगा :

चुपके-चुपके बोल मैना !
...चुपके !
री चुपके !
ओ चुपके !
तू चुपके !
री मैना, तू चुपके-चुपके बोऽल !

सीटियाँ छूट गईं तो सिसकारी शुरू हुई—अब बूलो सिसकारियों से अपनी मैना को चुप करा रहा था...आँखें मूँदकर समझा रहा था, उँगली उठा-उठाकर।

बिल्ली की तरह पैर मारकर बिसेसरी अंदर आई और आहिस्ते से अपनी हथेलियाँ बूलो की मुँदी पलकों पर डाल दीं...

तोता चुप हो गया।

मैना दम साधे हुए थी।

बूलो के हाथ आगन्तुक की कलाइयाँ टटोल रहे थे।

—भाभी ?

मुलायम हथेलियाँ, पतली-पतली कलाइयाँ, रस्सी की तरह के मड़ोरदार कंगन... लाख की बूटेदार चूड़ियाँ, चार-चार...नहीं, यह भाभी तो नहीं हो सकती !

और सब ठीक, चूड़ियाँ काँच की कहाँ गईं ?

तो फिर कौन होगी यह ?

बूलो भारी असमंजस में पड़ गया।

क्या बढ़िया मौजी मूड में बेचारा अपनी मैना से निबट रहा था, एकाएक यह

कौन आ गई ? क्यों आ गई ?

नहीं रहा गया, आखिर खिलखिला पड़ी बिसेसरी भी !

—बीसो !

बूलो चीख उठा।

—अब क्यों नहीं चीन्होगे ?

हथेलियाँ हटा ली थीं बिसेसरी ने। बूलो भी उठ बैठा, पराजय की हल्की-सी भावना आँखों को भली-भाँति चमकने नहीं दे रही थी।

इतने में किसी काम से भाभी भी घर के अंदर आ गई।

—यह चुप्पी किसलिए ?

भाभी के इस कौतूहल का समाधान देवर की ओर से होता। सो नहीं हुआ तो बिसेसरी मुस्कुराने लगी और बोली—मैना को चुप करा रहे थे बूलो, मैं आई तो निगोड़ी अपनी चुप्पी इन पर लादकर खुद फुर्र से उड़ गई !

इस पर तीनों हँस पड़े।

छिक्के पर छोटी-सी हँड़िया टँग रही थी कोने में। भाभी ने उचककर उसमें से लाल मिर्चें निकाल लीं और उस घर से बाहर निकल गई।

...इस बार मिर्जापुर (दरभंगा) से दुर्गा आई है, दस रुपये लगे हैं। मुदा प्रतिमा बड़ी अच्छी है। तुम नहीं गए हो, मैं तो देख आई हूँ...सिंहवाहिनी की मूर्ति है...दस बाँहोंवाली !

बिसेसरी एक साँस में इतना कुछ बोल गई तो बूलो माथे पर दोनों तर्जनियाँ उठाकर सींगों की मुद्रा बनाकर पूछ बैठा—और महिषासुर कैसा है बीसो ?

होंठ और ठुड्डी बिचकाकर वह बोली—धड़ तक पाड़ा[1], गर्दन से लेकर माथा तक दानो[2]...और कैसा रहेगा ? उसके बारे में क्या पूछना !

—मुझको तो महिषासुर देखने में बड़ा ही अच्छा लगता है बीसो !

—उँह ! मुझे तो यह कभी नहीं सुहाया !

—अच्छा, कितनी बेहरी[3] उठी होगी इस बार ?

—जानो तुम लोग !

—क्यों बीसो ?

—यह सब पता रखना मर्दों का काम है।

बूलो तनिक चुप हो गया। फिर बोला—कई ऐसे घर हैं जहाँ के मर्द हमेशा परदेश रहते हैं या मर गए हैं, वहाँ भीतर-बाहर के सारे काम औरतें ही सँभालती हैं। सो यह कैसे होता है ?

बिसेसरी को हँसी आ गई। चतुर बुजुर्ग की तरह माथा हिलाने लगी। कहा—ठगो मत मुझको बूलो ! सब समझती हूँ मैं ...

---

1. भैंसा, 2. दानव, 3. चंदा।

आगे की बात सुनने की उत्सुकता से बूलो की आँख के दोनों खुले कोए दुगने फैल गए। पसरी हुई उसकी वह निगाह बिसेसरी के चेहरे को मानो पी रही थी।

...सब समझती हूँ मैं ! सोराज हुआ होगा डिल्ली और पटना में। यहाँ जो ग्राम-सरकार कायम हुई है, उसके एगारह ठो[1] मेम्बर हैं। जनानी एक्को गो[2] है बूलो ?

क्या जवाब देता इसका ? बूलो को कुछ नहीं सूझा, वह कान पर जनेऊ लपेटता हुआ बाहर निकला—सचमुच पेशाब लगी थी या बहाना था सो राम जाने !

बिसेसरी भी निकल आई।

इस बार धान की फसल खूब अच्छी थी।

हरे-हरे पौधों के बादामी-भूरे-धूलिया शीश निकल आए थे।

धान के फूलों की भीनी और जमी खुशबू बीतते क्वाँर की सलोनी सिहरन में शरद् की अनमोल ताजगी भर रही थी।

किसान मस्त होकर सवेरे-शाम अपने-अपने खेतों की परिक्रमा कर आते थे। निचली जमीन में खेसाड़ी और मटर की बुवाई चल रही थी। उपरले खेतों में लोग जौ-चना, मसूर-तीसी वगैरह बो रहे थे।

बूलो के पास रबी की फसल के लायक जमीन नहीं थी—नहीं के बराबर। पाँच-सात कट्ठा जमीन भी क्या लेखा-लायक जमीन कहलाएगी ?

आज सबेरे बूलो चार-पाँच कबई[3] मार लाया था।

ओसारे में दोचुलिया[4] पर एक ओर भाभी कबई तल रही थीं, दूसरी ओर दाल चढ़ी थी।

घर से निकलकर बिसेसरी ओसारे में बैठ गई तो भाभी ने पूछा—क्यों बीसो दाइ, तुम्हारे मामा भी तो खूब कबई लाते होंगे ? उनके कई खेतों में सुना है मछलियाँ चलबल-चलबल करती रहती हैं—कबई, सिंगी, माँगुर, गरइ[5]...

—आ दुर ! किसने कहा है भाभी आपसे यह सब ?

—माहे बतला रहे थे।

—उँह् ? वो तो भारी गप्पी हैं भाभी !

—दिगंबर भी गप्पी हैं ?

दिगंबर के नाम पर बिसेसरी चुप हो गई।

उसके टुनाई और बुदुर मामा तीन-चार बार मछलियाँ लाए थे। दो-एक बार बुदुर के मुँह से बिसेसरी यह भी सुन चुकी थी कि भीमतालचर के पास जो चार कट्ठा

1-2. ठो, गो—पूर्वी हिन्दी के कथोपकथन में संख्या के साथ 'ठो' और 'गो' अक्सर आते हैं, यथा : दो ठो आम, तीन गो आदमी, 3. मछली की एक जाति, 4. दो मुँहोंवाला चूल्हा (मिट्टी का), दोचूल्हिया, 5. मछली की जातियाँ।

धानवाला खेत है, उसमें अबके जाने कैसे इतनी मछलियाँ आ गई हैं। चर[1] के उस ओर दुसाधों और मुसहरों की एक बस्ती है मुसाईपट्टी। वहाँवाले रात को आकर मछलियाँ मार ले जाते हैं...कौन रखवाली करे इन मछलियों की !

कुछ हो, माहे मामा ने जरूर बढ़ा-चढ़ाकर कहा होगा !

खक्खक्खखा ऽऽऽऽ खा क्खा ऽऽ...

गला साफ करने की यह बूलो की आवाज थी।

बिसेसरी चकुआई—हैं कहाँ यह ?

भाभी ने हँसकर कहा—खानदान ही यह हनुमानजी का ठहरा ! वह देखो, अमरूद की डाल पर लंगूर बैठा है !

नाक के पूड़े, होंठ के कोर और ठुड्डीवाला गढ़ा—सबको सिकोड़कर मुस्कान को दबा लेने की चेष्टा की बिसेसरी ने; कि उधर बूलो अमरूद की डाल पर से कूदा, धम्म !

—लो, मैं कहती थी न !

भाभी खिलखिला उठीं, बिसेसरी ने खुलकर साथ दिया।

भर फाँफड़[2] अमरूद थे। बूलो ने बरामदे पर उझल[3] दिया। एक बड़ा-सा उठाकर उस पर वह सामनेवाले चार-चार दाँत गड़ा चुका तो पलकों के इशारे बिसेसरी पर पड़े—लो, तुम भी अमरूद खाओ !

एक पीला-सा डम्भक अमरूद उसने हाथ बढ़ाकर उठा लिया। धीरे-धीरे खाने लगी।

पहला अमरूद खा चुका तो सहज लहजे में बोला बूलो—भाभी, दिगो ननिहाल से आ गए हैं...

जिज्ञासा की अधिकता के कारण भाभी ने मुँह बा दिया।

आधा खाया हुआ अमरूद, आधी उठी हुई हथेली...बिसेसरी का स्तम्भित शरीर किसी वस्तुवादी मूर्तिकार के शिल्प का सुंदर नमूना बनकर रह गया।

अब आगे बूलो के मुँह से क्या निकलेगा ?

भाभी का दिल धड़क रहा था।

बिसेसरी काठ की तरह निश्चेष्ट हो रही थी।

दूसरे अमरूद पर हाथ डालते हुए बूलो बोला—भारी काम कर आए हैं दिगो। सब ठीक हो गया। अगहन सुदी दशमी के दिन लगन तक ठीक कर लिया गया...दुर्गा चाचा की राय से सबकुछ हुआ है...

ह ऽ !

भाभी ने फक् से निसाँस छोड़ी।

फूल-सा हल्का माथा लेकर बिसेसरी वहाँ से उठी और आँगन से बाहर निकल गई।

---

1. बरसाती झील, 2. मर्दाना धोती का आँचल, 3. डाल दिया, धर दिया।

अठारह

दुर्गानंदन दुर्गापूजा की छुट्टी में चार रोज के लिए घर आया था।

माँ और बहन से उसने सारी बातें बता दी थीं। दोनों खुश हुईं और आतुर होकर भगवती दुर्गा से प्रार्थना की—जल्दी से जल्दी पार-घाट लगाओ मइया !

समस्तीपुर जाकर दुर्गा बच्चन से भी स्वस्ति ले आया। भला, इसमें असहमत होने की क्या बात थी ? हाँ, अंत में बच्चन ने कहा—बाबूजी को सूचित कर देना क्या बुरा होगा ?

—बुरा तो नहीं होगा, मगर अड़चन जरूर पड़ सकती है फिर !

—तो, रहने दो !

बस...

दिवाली के दिन दिगंबर और दुर्गानंदन पदुमपुरा पहुँचे। वाचस्पति को पहले ही खबर कर दी गई थी, वह घर पर ही मिला।

एक मित्र की तरह खुले दिल से उसने दुर्गानंदन का स्वागत किया। दोनों देर तक इधर-उधर की बातें करते रहे।

वाचस्पति का बर्ताव दुर्गानंदन को बड़ा ही मोहक लग रहा था। बाचो ने खुद ही वह बात छेड़ दी—आप लोग सामाजिक विषमता के कारण जिस मुसीबत में फँस गए थे, उसके बारे में दिगंबर से मेरी काफी चर्चा हो चुकी है और हमने जो फैसला किया सो आपको मालूम हो गया होगा...

—तभी दौड़े आए हैं ! जो समूचे देश की दुर्दशा पर दुखी रहता हो और देश की भलाई के लिए खुद फकीरी भेस धारण किए हुए हो, उससे भला किसका क्या छिपा रहेगा और कब तक ?

वाचस्पति ने कहा—व्यक्ति का संकट ही समाज का संकट है और समाज का संकट समूचे देश का संकट है। है न ?

दबी हुई लिबलिबी टोन में दुर्गानंदन ने कहा—जी, बिल्कुल दुरुस्त है आपका कहनाम[1] !

खादी की धोती, सफेद-पीली-भूरी धारियोंवाली हॉफ कमीज...ऊपर सुराहीनुमा गर्दन पर गोल और मँझोली आकृति का मस्तक। सूरत गेहुँआ, आँखें साफ और साधारण ढंग की। नाक-कान-कपार भी इसी अनुपात में पड़ते थे। बाएँ पैर पर घाव का गहरा निशान था। दोनों पैरों की दसों उँगलियों के बढ़े हुए नाखून तूफानी जीवन की अस्तव्यस्तता के सबूत थे।

दुर्गानंदन देर तक वाचस्पति की शकल-सूरत को देखता रहा।

क्या उमर होगी इनकी ?

---

1. कथन, कहना।

दिगो ने एकइस बतलाया था, बाइस होगी जास्ती से जास्ती...इससे अधिक तो एकदम नहीं। दिगंबर की बीस है कि एकइस ? एकइस !

फिर तो हद से हद बाईस वर्ष के होंगे यह बाबू साहेब...

कि इतने में अंदर से घी में तले हुए मखाने दुर्गानंदन के सामने आ गए—फुलही तश्तरी में। लानेवाली थी आठ-नौ साल की एक लड़की। दूसरे हाथ में वह पानी ले आई थी, अपखोरा[1] में भरकर।

—नाश्ता कीजिए !

—जी, इसकी मगर क्या जरूरत थी ?

वाचस्पति को दुर्गानंदन की तकल्लुफी पर हँसी आ गई, लेकिन वह कुछ बोला नहीं।

अब दिगंबर उसी आँगन से बाहर निकला। बैठके में आकर बोला—वाचस्पति, जाओ, तुम भी नाश्ता कर आओ !

—और तुम ?

—मुझे तुम्हारी माँ ने यों थोड़े फुर्सत दी है ?

वाचस्पति आँगन की ओर गए।

दुर्गानंदन खूब प्रसन्न थे। वाचस्पति की माँ का क्या रुख है, यही जानना शेष था। सो बाबू दिगंबर मल्लिक उस बेचारी का हृदय अच्छी तरह मालूम कर चुके थे। वह, उलटे, दिगो को भर-भर सूप असिरबाद[2] दे रही है ? कह रही थी— तुमने मेरे लड़के को कौन-सी जड़ी सुँघा दी है ? चार साल से मनाते-मनाते मैं हार गई थी और तुम चुटकी बजाते-बजाते उसे रिझा बैठे ! इसको कहते हैं जादू...

लड़की की शकल-सूरत और सील-सुभाव के बारे में मास्टरनी दिगंबर से पहले भी सुन चुकी थी, इस तरफ से वह बेफिक्र थी। दिगंबर की बातों पर उसे पूरा विश्वास था।

एक बात उसने बार-बार पूछी थी—उमिर कितनी है लड़की की ?

चौदह।—दिगंबर ने कहा था।

—मेरी कसम ?

—हाँ, मामी, अपनी कसम !

—अपनी नहीं, कहो, मेरी कसम !

—आपकी कसम !

तब जाकर वाचस्पति की माँ को तसल्ली हुई और वह भर मुँह बोली थी—अगले साल बाबू तुम्हारा भी ब्याह होके रहेगा !

—धत् !

—गाँठ बाँध लो, न हो तो...

---

1. काँसे का पुराने किस्म का गिलास, गोड़ीवाला, 2. आशीर्वाद।

पीढ़ा छोड़कर दिगंबर उठ गया था, शरमा गया था न ! आँगन के बीचोबीच थोड़ी देर टहलता रहा था तो मास्टरनी ने नाश्ता के लिए बुला लिया था...

दुर्गानंदन नाश्ता करके पानी पी चुके तो दिगो बोला—समय नहीं है अब, साढ़े चार बजे की ट्रेन पकड़नी होगी और मधुबनी उतरकर रामनगर जाना होगा पंजियाड़[1] के पास—

जेब से छोटा सरौता और सुपारी निकालते हुए दुर्गानंदन ने कहा—बातचीत हो गई, मैं बिल्कुल तैयार हूँ।

—ठहरिए, मधुबनी तक तो बाचो भी चलेगा।

—वाह ! वाह !! फिर क्या कहना !

थोड़ी देर बाद तीनों स्टेशन आए, दस-पंद्रह मिनट बाद ट्रेन आई। भीड़-भाड़ मामूली थी। बैठने की जगह अच्छी तरह मिल गई।

बातचीत में वाचस्पति ने इस मुद्दे पर जोर दिया कि फिजूल का आडंबर न तो कन्यापक्ष करे और न वर-पक्ष ही। निहायत सादगी से सारे काम निबटाए जाएँ...

दुर्गानंदन को यह मानने में भला क्या आपत्ति होती ! बार-बार उसने भी कहा—जैसा आप चाहेंगे, बिल्कुल वैसा ही होगा...

मधुबनी स्टेशन पर तीनों उतर गए और चौराहे की पान की दूकान तक साथ गए।

चार-चार बीड़े पान सबने मुँह में डाले। दाम वाचस्पति देना चाहता था, परंतु दुर्गानंदन ने आग्रहपूर्वक उसे रोक दिया, खुद उसने कीमत चुकाई। टिकट लेते वक्त भी यही नाटक हुआ।

पान खाने के बाद दिगंबर और दुर्गा उत्तरवाली सड़क पर आगे बढ़े, वाचस्पति ने अपना रुख पच्छिम की ओर किया।

उन्नीस

समय पर वर्षा होती गई हो, बाढ़ और सूखा का हमला न हुआ हो तो अगहनी फसल कतकी नहान के बाद ही खलिहानों में पहुँचने लगती है।

पंडिताइन ने सूआपंखी धान का हरियल चूड़ा कुटवाकर सँभाल रखा—दस तामा याने कच्ची तौल से दो पसेरी।

कैसी भी सादगी से ब्याह होगा, दस सेर चूड़ा तो चाहिए ही। अगहन में शादी हो किसी के घर और अगता[2] धान का चूड़ा न जुटे !

---

1. पंजीकार (मैथिल ब्राह्मणों को शादी-ब्याह की लिखित अनुमति देनेवाला रजिस्ट्रार, 2. और-और किस्म के धान से पहले ही तैयार हो जानेवाला, पहले का रोपा हुआ।

साठी, कतकी और असिनी—ये धान पहले ही तैयार हो जाते हैं—अधिक तो नहीं, गौरी ने एक कोली[1] में कतकी रोप रखी थी सो काम आई। नहीं तो, अधपकी फसल काटकर कौन किसी को धान देता है ?

जेठ में ब्याह नहीं हो पाया तो क्या अगहन की लगन भी खाली लौट जाएगी ?—गौरीनंदन को लोग लाख कामचोर कहें, है मुदा भारी दूरन्देश ! उसी के पर्ताप से सूआपंखी धान का यह दस तामा चूड़ा जुटा पाई हूँ—पंडिताइन बार-बार सोच रही थी और मन-ही-मन गौरी को अच्छा डाक्टर बनने का असिरबाद दे रही थी।

बात फैलने नहीं दी गई, दिगंबर और दुर्गानंदन की कड़ी हिदायत थी कि जब तक दूल्हा बस्ती में आ नहीं ले तब तक होंठों को सिए रहना।

योजना यह थी कि लगन की निश्चित तिथि से एक दिन पहले ही दिगंबर वाचस्पति को अपने घर ले आएगा। थोड़ा-बहुत फल-फलहारी, पान, मिठाई वगैरह सामग्री लाने की जिम्मेदारी टुनाई ने ली। पद्धति हाथ में थामकर पुरोहिताई का काम बच्चन के सुपुर्द; दो दिन का अवकाश लेकर वह ऐन मौके पर पहुँच जाएँगे। भाभी, माहे की माँ, मँझली बहू, खंजन, पंडिताइन और रामेसरी और सुवधा की माँ—बस, इससे अधिक औरतों का जमावड़ा नहीं होने दिया जाएगा। बड़ी और छोटी बहुएँ किसी तरह की नुक्ताचीनी नहीं कर पाएँगी—दिन को नहीं, रात के वक्त शादी होगी। हेहुआ और गोनउड़ा सेवा-टहल या मेहनत-मशक्कत के कामों के लिए मुस्तैद रहेंगे—बिसेसरी को तैयार रखने का भार रामेसरी पर।

फिर भी, दो-तीन दिन पहले ही मुखिया को भनक मिल गई। उसके जी में आया कि पंडिताइन की बीमारी का एक्सप्रेस तार देकर खोंखा पंडित को क्यों न बुला लिया जाय ? दिगंबर और दुर्गानंदन की सारी होशियारी कोई आकर घुसाड़ दे तो क्या हर्ज है ? पर, नहीं—पंडित तो बहुत ही बुड्ढा हो गया है, दो नहीं चार साल अधिक से अधिक और जिएगा। तो, इन छोकरों से जिन्दगी-भर का बैर मोल लेकर अपने को आखिर क्या हाथ आएगा ? ठूँठ ठूँठ है, बिरवा बिरवा ही ठहरा। पुरानी पीढ़ी के उस खूसट का बस चले तो फिर बिसेसरी के लिए सत्तर साल का कोई मुर्दा आ जाय दूल्हा बनकर ! छी-छी-छी-छी !...माहे और दिगंबर ने उस बुड्ढे को खदेड़कर बिल्कुल ठीक किया था—

अपने दालान पर अकेला ही बैठा था मुखिया, तख्तपोश पर। पीठ दीवाल से टिकी हुई थी।

तिपहरिया का ढलता सूरज !

छाँह में बैठे रहने पर भी तन-मन को हेमन्ती बयार अखर कहाँ रही थी ? नहीं अखरती थी कि ! तनिक भी नहीं।

मुखिया की पलकें पूरी खुलीं, निगाह का मगर थाह-पता नहीं था। मीठी चितवन, कपार पर तितलीनुमा टिकली, गीले सेंदुर की बारीक रेखावाली सींथ—

---

1. निहायत छोटा खेत, बड़ी क्यारी।

यह कौन थी जो मुखिया के अंतश्चक्षु पर हावी हो रही थी !

यह कौन थी जो मुखिया की समूची चेतना को प्रतिमा के अपने घेरे में खींच लाई थी ?

यह कौन थी जो मुखिया को नई पौध के प्रति अधिक-से-अधिक संवेदनशील होने के लिए बाध्य कर रही थी ?

कांता थी यह, मुखिया की अपनी लड़की। अपने बाप की एकमात्र संतान—बेटा समझो तो यही और बेटी समझो तो यही ! पिछले ही बैसाख में गौना हुआ था, आजकल ससुराल में थी।

बिना कांता के, समूचा घर-आँगन मुखिया के लिए मसान था। मुश्किल से ये सात महीने कटे। माघ में आनेवाली थी। मुखिया को चिरौरी करनी पड़ी थी तब कहीं कांता के ससुरालवाले रुखसदी के लिए राजी हुए थे।

दामाद कलकत्ते में नौकरी कर रहा था, घड़ियों की किसी दूकान में किरानी का काम। गौना कराके ले गया सो पंद्रह रोज ही घर रहा। अब होली की छुट्टी में आनेवाला था।

तेईस-चौबीस साल की आयु, दुहरा बदन, बड़ी-बड़ी आँखोंवाला गोल-मटोल चेहरा, गेहुँआ सूरत...काफी मेहनत के बाद ऐसा अच्छा दूल्हा हाथ लगा था—ससुराल में दस दिन-रात पति के साथ बिताकर कांता ने अपनी टेढ़ी-मेढ़ी लिखावट में जो पोस्कार्ड[1] भेजा था, उसका एक-एक शब्द मुखिया को याद आ रहा था इस वक्त।

आँखें तर हो आईं तो ध्यान में कांता का वही मुग्ध मुखमंडल चिकनी मिट्टी के पीताभ प्रलेप से पुतकर बिसेसरी का मुखड़ा बन गया।

—तू कौन है ?

—मैं ? कांता हूँ मैं, वाह ? इतनी जल्दी भूल गए !

—नहीं, तू कांता नहीं हो सकती ! हर्गिज नहीं !!

—नहीं ? बाबा, मैं कांता ही हूँ...मगर—

—मगर ?

—मगर, मैं अब तक क्वाँरी हूँ ! दूल्हा होने को कोई राजी नहीं होता...तुम लोग एक बुड्ढे को ले आए थे, छोकरों ने उस अहमक को खदेड़ दिया। अब वह घूम-घूमकर समूची दुनिया में कहता फिर रहा है : मुखिया की बेटी की सींथ में सेंदुर तो मैं भर आया, अब गौना हो, चाहे नहीं हो...जहाँ कहीं कोई मुझसे ब्याह करने को तैयार होता है, यह बुड्ढा जाकर उसे रोक देता है ! एक-दो नहीं, चार-चार आदमी बुड्ढे के बहकावे में आ चुके हैं। बाबा, मैं जिन्दगी-भर अनब्याही रहूँगी ?

मुखिया बुदबुदा उठा—नहीं-नहीं, बेटी, अबकी बड़ा अच्छा दूल्हा आ रहा है तेरे लिए ! तू भला क्वाँरी रहेगी ? ...

---

1. पोस्टकार्ड।

उसने धोती के खूँट से आँखें पोंछ लीं। थोड़ी देर काठ-सा चेष्टाहीन बैठा रहा, फिर लेट गया।

पलकें झिप गईं।

उधर खंजन—पाठक की भतीजी और बीसो की सहेली बड़ी चतुराई से दूल्हा के बारे में तमाम बातें मालूम कर आई थी। कुछ तथ्य उसे दिगंबर की अम्मा से हासिल हुआ था और बाकी बूलो की भाभी से।

नहाते समय जनाना घाट पर दोनों सहेलियाँ देर तक बैठने लगीं—दाउर[1] की जगह मोटे काठ की एक गाँठ पड़ी थी, घुटने-भर पानी में बाँस के दो छोटे खूँटों के सहारे बैठाकर अचल-अडिग कर दी गई थी। भीगे कपड़ों की चोट खा-खाकर उसका सीना सपाट और चिकना हो गया था। सुख-दुख बतियाने का अनूठा मंच था वह औरतों के लिए।

ब्याह से पहले रोज की बात है :

खंजन ने आँखें नचाकर कहा—ले, अब कितना उड़ेगी बीसो ?

जवाब में एक जोड़ी संजीदा निगाहें उसकी ओर उठीं, उत्कंठा का आवेग दबाने में अच्छी सफलता हासिल कर ली थी उन्होंने।

खंजन तनिक मुस्कान उभार लाई अपने होंठों के बाँध पर, फिर बिसेसरी की आँखों में झाँककर देखा—छन-भर देखती रह गई, तब जाकर बोली—तेरा वो हिरामन तोता अपने मजबूत डैनों पर तुझे लिए-लिए उड़ता फिरेगा...

—भग् !

—मैं झूठ कहती हूँ ?

—च्छीः !

—फिर वही बात ?

बीसो के कान इस प्रकार की चुहलबाजी से अब तक बिल्कुल अनजान थे। उसका दिल बुरी तरह गुदगुदा उठा।

अपनी लाज को ज्यादा बेपर्द होने देना उसे जाने कैसा-कैसा लगा, सो, बिसेसरी अंजुरी-भर पानी खंजन के सिर पर उछालकर भर-छाती पानी में कूद पड़ी—झपाक् !

पानी से माथा बाहर निकाला तो खंजन की खिलखिलाहट ने उसके कानों में फिर मीठी चुभन पैदा कर दी...

कुछ बोलना नहीं चाहती थी बीसो ! न हँसना चाहती थी, न मुस्कुराना। भर मुँह पानी था ! पीठ फेरकर वह गर्दन और छाती मलने लगी।

पीठ पर छितरे लंबे, काले बालों से पानी अब भी गिर रहा था—गर गर गर गर गर...

अपने बहनोई के मीठे गले से गुनगुनाया हुआ विद्यापति का एक पद खंजन को

---

1. दारु, काठ (कपड़ा धोने-पछीटने के लिए)।

याद हो आया। वह रेघाकर[1] गाने लगी—

चिकुर गरए जल-धा ऽऽ रा ऽऽ !
मुख शशि-डर जनि रोअए अन्हा ऽऽ रा ऽऽ ![2]

बिसेसरी ने चीखकर कहा—अब मैं तुझे काट खाऊँगी ! ठहर जरा....ऊपर आकर वह खंजन की साड़ी का पल्ला खींचने लगी तो नंगी हो जाने के डर से वह भर-छाती पानी में कूद पड़ी।

अब वे एक दूसरे से गुथी हुई थीं।

बीसो ने उस पद का मतलब नहीं समझा। रेघाते समय खंजन की मुद्रा और लय के क्रम ऐसे थे कि अश्लील-से, अपरिचित-से भावों की उत्कट गंध मालूम पड़ी बिसेसरी को; नाहक !

इतने में नानी खुद इसी ओर आती दिखाई दी बीसो को। फिर दोनों शराफत की पुतलियाँ बन गईं और उसी तरह चुपचाप पानी से बाहर आने लगीं, जैसे चरवाहे की उठी हुई लाठी देखकर भैंसें।

बीस

ब्याह की सभी विधियाँ बिना किसी अड़चन के समपन[3] हो गईं।

गाँव के बड़े-बूढ़े वर-वधू के माथे पर दूब-अच्छत छींटकर आशीर्वाद दे गए थे—फतूरी, मुखिया, परमानंद पाठक, जोतखीजी, श्रीनारायण प्रतिहस्त, जयनारायण मल्लिक, मधुसूदन कंठ, स्कूल के दो मास्टर...

तिरहुतिया ब्राह्मणों के रिवाज के मुताबिक, शादी के बाद की चौथी रात सुहागरात थी। आज ही दूल्हा-दुलहिन ने नमकीन खाना खाया था, आज ही वे साथ सोनेवाले थे।

ब्याह के बाद भी तीन दिनों तक बिसेसरी मानो क्वाँरी ही रही, साड़ी का पल्ला माथे पर तो आज आकर पड़ा था !

कल दुपहर को नानी सो गई थी। माँ कहीं गई थी। मँझली मामी उड़द की भीगी दाल से छिलका निकालने गई हुई थी, पोखर। बड़ी मामी का बच्चा बीमार था, सो वह उसे अगोर रही थी। छोटी मामी किवाड़ उढ़काए घर में जाने कौन-सा जप ठाने बैठी थी। मतलब यह कि अकेली बिसेसरी भनसा[4]-घर के ओसारे पर खँभेली से पीठ टिकाए बैठी थी। सामने वह घर पड़ता था जिसमें दूल्हा का आसन था। उसी के अंदर वर-वधू से गौरी का पूजन कराया जाता। दरवाजे के अलावा दो बड़े जंगले थे उसमें, आँगन में इसी ओर खुलते थे वे। एक जंगले से सटाकर तख्तपोश थी उस घर में। जंगले की

---

1. तरन्नुम में आकर, लय में आकर, 2. बालों से पानी की धारा गिर रही है, मुखचंद्र के भय से मानो अंधकार रो रहा है ! 3. सम्पन्न, सम्पादित, 4. रसोईघर।

किवाड़ियाँ तिर्छी खुली थीं। दूल्हा बैठा दीख रहा था...

तब बिसेसरी ने जी भर अपने दूल्हे को देखा। गेहुँआ सूरत का वह तरुण सौंदर्य छोकरी को बड़ा ही मोहक लग रहा था—भरी-भरी-सी पीठ, गोल-गोल बाँहें, पुष्ट और मांसल कंधे, गोल माथा, काले-काले भँवरों-से बाल....और कंठ कैसा बढ़िया है ! ओह, तनिक सामने से देख पाती ! उँह !

दूल्हा भक्कू थोड़े था ?

वह भी तो नयनसुख के इस व्यवसाय का साझीदार था ही !

चट से सामने की ओर मुँह करके बैठ गया।

पल-भर के लिए आँखें चार हुईं।

घुप्प-अँधेरे की टार्च-सा अनुभव हुआ...फिर कहाँ बैठी रह पाई बिसेसरी, मुँह फेरकर उठ गई और तनिक आड़ में जाकर खड़ी रही। गाढ़ी मुसकान से समूचा मुखमंडल अरुणाभ हो उठा था।

दूल्हा घर से बाहर निकलता आँगन की ओर, तो यों नहीं निकल जाता, खड़ाऊँ की खटखटी अलार्म बजती, फिर घर-आँगन के लोग सावधान जो जाते : ओझा बाहर निकलेंगे !

लेकिन उस वक्त तो कल गजब कर दिया दूल्हे ने !

बिसेसरी आड़ में खड़ी-खड़ी कहीं चलकर सोने की बात सोच रही थी। फिर जँभाई आ गयी उसे और फिर अँगड़ाइयाँ लेने को बाँहें ऊपर उठाने लगी।

कड़ाई से बाँहों को बीसो ने ऊपर उठाया।

अब पीठ की रीढ़ तनने जा रही थी...

चोली या आँगी भला इन तीन दिनों के अंदर बदन पर कहीं कोई डालती है ?

सीने पर की साड़ी सिमटकर एक ओर को हो गई थी।

पीठ की रीढ़ को तानकर कमर में छोकरी ने झटका दिया ही था कि दूल्हा बिल्ली की तरह पैर मारकर निकला और आँगन के बीचोबीच आके खड़ा हो गया !

नजरें मिलीं तो बिसेसरी धड़धड़ाकर रसोईघर के अंदर घुस गई।

दूल्हा कुछ देर तक मुस्कुराता रहा—

और, आज क्या होगा ?

आज ? आज तो रात भी अपनी है, आदमी भी अपना है !

इक्कीस

मँझली मामी ने बिसेसरी को दूल्हेवाले घर का दरवाजा टपाकर भीतर पहुँचा दिया, बाहर से किवाड़ उढ़का दिए और हट गई।

दूल्हे की पलकें तनिक झिप आई थीं, सो पायल की रुनझुन और गहनों की

खनखनाहट से चंचल हो उठीं।

अगहन का उजेला पाख।

रात डेढ़ पहर से ऊपर नहीं हुई होगी।

बाहर साफ और सुहावनी अँजोरिया[1] का राज था।

जंगले की किवाड़ियाँ डेवढ़ लगी थीं, उनके फाँकों में से होकर हेमन्ती ओस की जूहिया नमी भीतर पहुँच रही थी—मिठास-भरी सर्दवाला तरुण समीर इस काम में उसकी मदद कर रहा था।

तख्तपोश पर आज बिस्तरा बाकायदा था।

नीचे काँसे की पीकदान थी।

सूरजछाप वाले मटिया तेल से भरी नए मॉडल की अमेरिकन लालटेन मद्धिम करके एक ओर रखी थी...

दूल्हा आहिस्ते से उठ बैठा, लेटा हुआ था न !

देखा, धानी रंग की रेशमी साड़ी में अपने को पूरी तरह ढके हुए दुलहिन दरवाजे के करीब खड़ी है। घूँघट का झुका छोर बता रहा था कि वह माथा झुकाए खड़ी है।

दूल्हा बिस्तरे से नीचे उतरा, खड़ाऊ नहीं डाली पैर में। जाकर पहले किवाड़ों का बिलइया लगा दिया, फिर बाँहों से थामकर दुलहिन को तख्तपोश के निकट ले आया। उसके कंधे दबाकर फुसफुसाया—बैठ जाओ !

वह बैठ गई। तब दूल्हा भी तनिक हटकर बैठा।

—अब इसकी क्या जरूरत है ?

घूँघट हटा दी गई तो दुलहिन ने अपनी नजरों को चुरा लिया, होंठों को जब्त किए रही।

—आखिर कब तक ?

कुछ जवाब नहीं, इशारा तक नहीं ! वह प्रतिमा की तरह बैठी रही। पैर तख्तपोश से नीचे लटक रहे थे।

—अच्छा, आओ, दो बाजी ताश खेल लें। सुना है, खूब खेलती हो।

—ईह ! ताश है कहाँ ?

—है कि !

दूल्हे ने लाख कोशिश की मगर वह अपनी मुसकान को पचा नहीं पाया, उसे मुस्कुराते देखकर दुलहिन शरमा गई कि बिना 'मुँह-बजावन'[2] के ही वह बोल पड़ी !

सिरहाने से ताश निकालकर दूल्हा पाल्थी लगाकर बैठा।

—आओ, आमने-सामने बैठो ! मैं पत्ती बाँटता हूँ, तुम रंग बोलो !

जादूगर की छोकरी-जैसी दुलहिन सामने हो गई !

---

1. चाँदनी, 2. 'बिना कुछ लिये मुँह से एक शब्द भी न निकालना' दुलहिन को यह सिखा दिया जाता है, दूल्हा कोई वस्तु (या नगद) 'बोलवन' के तौर पर देता है, तभी वह मुँह खोलती है।

आधी पत्तियाँ ही बँटी थीं कि दूल्हे को कुछ याद आया। ताश छोड़कर वह तख्तपोश के नीचे झुका। अपनी लीडराना अटैची खोलकर कोई चीज निकाली। फिर आमने-सामने होकर उसने दुलहिन का दाहिना हाथ माँगा कि देखेगा।

हथेली फैली तो उस पर दूल्हे ने सोने की एक अँगूठी धर दी...

बिसेसरी ने उठाकर गौर से देखा—'वाचस्पति' अंकित था नीले हरफों में मुँदरी के मत्थे पर...मुस्कुराकर बोली—यही नाम है ?

हाँ, यही नाम है मेरा !—दुलहिन के गाल पर मीठी चपत लगाकर दूल्हा हँसा तो दुलहिन तनिक झेंप गई।

—लाओ, पहना दूँ ! मगर अपना नाम बताओ....

—बिसेसरी !

लाज और संकोच से सम्पुटित मृदु-मंद स्वर वाचस्पति के कानों को ग्लेसरीन की तरह शीतल एवं सुखस्पर्श लगा।

—घर के लोग क्या कहते हैं ?

—बीसो।

—माँ क्या कहती हैं ?

—कभी बुचिया, कभी बुच्चनि...

वाचस्पति बिसेसरी के दाहिने हाथ की अनामिका उँगली में अँगूठी डालने की कोशिश कर रहा था।

गोरी, छरहरी...नुकीली नाक, फाँक-सी आँखें, ढले-उभरे गाल, चौड़ा कपार, काले-लंबे बालों का भारी जूड़ा...और ठुड्डी व होंठ दोनों तो साँचा पर से अभी-अभी निकले हैं...उम्र पंद्रह होगी या सोलह ?

कैसी खूबसूरत जीवन-संगिनी मिली है उसे !

अँगूठी आखिर आ गई उस उँगली में—बीसो के काजलवाले वे नैन लालटेन की मद्धिम रोशनी में भी एक अनूठी चमक से जगमगा उठे।

लेकिन मैं तुम्हें बिस्सी कहा करूँगा !—वाचस्पति ने कहा और अपने उतावले होंठ बिसेसरी के बाएँ गाल की तरफ बढ़ा दिए....

बाबा बटेसरनाथ

एक

घने पत्तों, गुथी टहनियों और आड़ी-तिरछी डालोंवाला वह शांतिनिकेतन था ही ऐसा कि हर तरह के लोग आ-आकर उसका आश्रय लेते।

खुशी में पागल आदमी वहाँ आता और आगे के लिए योजनाओं के सुनहले लड्डू बनाया करता। विपत्ति का पहाड़ जिसकी गरदन तोड़ रहा होता, वह बेचारा भी यहाँ आता और दृढ़ता के सबक लेता। प्रेमी आता, प्रेमिका आती। रात के अँधेरे में चोर आया करते। रुपयों की उमस से परेशान कंजूस, सास की खुराफ़ातों से परेशान बहुएँ, गणित के सवालों से परेशान स्कूली लड़के, साझेदार की साजिशों से परेशान गृहस्थ, महाजन की बेईमानियों से ऊबे हुए ग़रीब किसान, कुर्की का समन पाकर बौखलाई हुई विधवा, प्रायश्चित के पचड़े में पड़कर धर्मशास्त्री, पंडित से डरा हुआ अछूत, गार्जियन की निगरानियों से तंग आया हुआ नटखट छोकरा...कौन नहीं आता बटेश्वर बाबा के पास, और कौन नहीं यहाँ आकर अपने को ताज़ा महसूस करता ?

खाना खाकर जैकिसुन यादव सीधे इस बरगद के तले आ बैठा।

जेठ की पूनम थी। अभी-अभी शाम हुई थी। पूरब की ओर चंद्रमंडल क्षितिज से ऊपर उठ चुका था। उसे लगा कि चाँदी की यह बरफ़ीली परात उसकी छाती और कपार पर ग्लिसरीन का मोटा प्रलेप चढ़ानेवाली है। दिन-भर की गर्मी और थकान के बाद अमृतमय किरणों का यह अभिषेक उसे वरदान मालूम हो रहा था–

दो-चार कच्ची ईंटें इधर-उधर पड़ी थीं। एक ईंट पर सिर रखकर वह लेट गया और सोचने लगा...

इस बरगद को उसके परदादा ने रोपा था। सौ वर्ष से ऊपर की बात है। '34 के भूकंप ने इस पेड़ को टेढ़ा कर दिया, आधी जड़ धरती से बाहर हो गई। इस स्थिति में भी पिछले अठारह वर्षों से यह बंकिम वृक्षराज सकुशल विद्यमान है। जीवन-शक्ति तनिक भी क्षीण नहीं हुई है।

गाँव से बाहर, चालू रास्ते के किनारे होने के कारण यह पेड़ लोगों का आकर्षण-केंद्र था। पिछले अठारह वर्षों से बेचारा 'बाँकेबिहारी' हो गया था, लोगों को पूरी तरह अपनी छाँह नहीं दे पाता तथापि उसके प्रति जनता का स्नेह कम नहीं हुआ था। ममता बल्कि और बढ़ आई थी। लोग ऐसा सोचते कि उनके एक महान् प्रियजन को लकवा मार गया है। एक बार पड़ोस के गाँव का एक विद्यार्थी आया। वह पटना में इंजीनियरिंग की पढ़ाई करता था। इस वनस्पति को देखकर उसने लोगों से कहा : साइंस ने अब

असंभव को संभव बना दिया है; रूस के इंजीनियर पुराने-से-पुराने पेड़ को जड़-मूल समेत उठाकर एक से दूसरी जगह लगा देते हैं...हो सकता है कि आगे चलकर हम भी इस वृक्षराज को सीधा करने की कोई तदबीर निकाल लें...लोगों की आँखें चमक उठीं। उन्होंने मन-ही-मन तय किया—हम भी अपने बरगद बाबा को सीधा कर लेंगे।

मगर अभी तो एक और ही संकट मँडरा रहा था इस बरगद बाबा पर।

पिछले वर्ष की बात है। जमींदारी-उन्मूलन शुरू किया सरकार ने। जमींदार तो पहले ही से चौकस थे। अब उन्होंने सार्वजनिक उपयोग की भूमियों को चुपके-चुपके बेचना आरंभ कर दिया। लालची किसान दो-चार दस-पाँच किस गाँव में नहीं होते ! टुनाइ पाठक और जैनरायन झा ने राजा बहादुर से बरगदवाली यह ज़मीन और उधरवाली पुरानी पोखर चुपचाप बंदोबस्त में ले ली। गाँववालों को मालूम हुआ तो वे क्रोध और घृणा से सुलग उठे।

सुलग उठना तो उनके अपने बस की बात थी लेकिन बेदखली का रुकना उन्हें बूते से बाहर की बात लगी।

गाँव के दो-तीन जवान थाना-अदालत-कचहरी से लेकर कांग्रेस-कमेटी-असेंबली-पार्लियामेंट के प्रभुओं तक दौड़-धूप करने लगे। क्या ऊपर, क्या नीचे—सब जगह लाल फीता सचाई और न्याय के गले को कसे हुए था। नेताओं का आश्वासन एक ओर और नौकरशाहों की मनमानी दूसरी ओर, जमींदार की तिकड़म एक ओर और जनसाधारण की बेबसी दूसरी ओर...सिर्फ उत्साह भला क्या कर लेगा !

जैकिसुन अपने दो साथियों के साथ दिन-भर आज भटका था। कल अफ़वाह उड़ी कि पाठक और जैनरायन बरगद को कटवाना चाहते हैं। चिंता तो बरगद को बचाने की सबको हुई, परंतु जैकिसुन का कलेजा फटने लगा।

परदादा ने इस पेड़ को बेटे की तरह पाला-पोसा था। दादा और बाप ने इसकी सेवा डटकर की थी। जैकिसुन खुद बचपन से लेकर अब तक यह सब अपनी आँखों से देखता आया। '34 के भूकंप ने जब बरगद बाबा को आधा उखाड़ दिया तो कई दिनों तक जैकिसुन का बाप जानू खोया-खोया-सा रहा था; कई दिनों तक दादी के मुँह से बोल नहीं फूटा था और माँ ने बुरे सपने देखे थे। ऐसा लगता था कि बस्ती रुपउली के इस अहीर परिवार का कोई अपना बुजुर्ग घायल होकर गिर गया है। धरती डोली तो डोली, लेकिन रुपउलीवालों का वह भारी नुकसान कर गई थी। मकान गिरे थे, खड़े कर लिए गए। भीतें फटी थीं, दुरुस्त कर ली गईं। खेतों में बालू निकल आया था, हटा दिया गया। मगर इस बरगद को लोग सीधा नहीं कर पाए। किसान दुखी थे, मज़दूर दुखी थे। छोटी-छोटी उम्रवाले चरवाहों तक को इस घटना से अफ़सोस हुआ था। दाँतों-से-दाँत दबाकर बहू-बेटियाँ तक बरगद बाबा की इस दुर्दशा का अनुभव किया करतीं।

बड़ी देर तक जैकिसुन सोचता रहा।

सोचते-सोचते उसका दिमाग़ भन्ना उठा, कपार की रगें फटने लगीं। माथा

ज़रा-सा इधर-उधर होता कि खोपड़ी बीचोबीच दरक-सी उठती। बाकी शरीर चेतना से शून्य होकर पड़ा था। हाथ कभी छाती पर जाता, कभी नीचे आता। पैर लंबे-लंबे होकर छितरे पड़े थे।

जैकिसुन का मन चिंता के घने जाल में खो गया। गहरी थकावट ने उसकी नस-नस को बेकाम बना दिया था।

पूर्णिमा का शशि ऊपर उठ आया था। चाँदनी अपना धवल-पांडुर रूप पकड़ चुकी थी और जैकिसुन की पलकें अच्छी तरह मुँद आई थीं—श्वास का क्रम सम अनुपात पर आ पहुँचा था।

कच्ची ईंट का तकिया बनाकर बाईस साल का वह नौजवान धरती पर सो गया।

जेठ की पूनम चाँदनी क्या बरसा रही थी, गाढ़ा कढ़ा दूध बर्फ़ की तरावट लेकर भूतल को शीतल बना रहा था। दिन की झुलसी हुई प्रकृति इस अमृत-वर्षा में जुड़ा रही थी।

दो

रात काफ़ी हो आई और जैकिसुन नाक बजा रहा था।

कुछ देर बाद उसके दो साथी आकर उसे उठाने लगे—झकझोर-झकझोरकर। लेकिन वह नहीं उठा। पलकें तक नहीं खुलीं जैकिसुन की।

आखिर वे भी उसी तरह कच्ची ईंट को माथे के नीचे रखकर लेट गए। उन्हें भी फौरन नींद आ गई।

अब एक नहीं, तीन नाकें बज रही थीं।

गाँव के लोग देर रात तक नहीं जागते और नींद उनकी तड़के खुल जाती है।

रात डेढ़ पहर करीब बीत चुकी थी। सारा गाँव सो गया था। कुत्ते तक नीरव थे...

शाखाओं की घनी-हरी झुरमुटों में से बड़े-बड़े सफेद बालोंवाला एक भारी सिर निकल आया। दाढ़ी भी काफ़ी बड़ी-बड़ी थी।

यह एक विशालकाय मानव था।

हाथ-पैर खूब बड़े-बड़े। शरीर जिस प्रकार लंबा-छरहरा था, डील-डौल उतनी मोटी नहीं थी। कमर में मटमैली धोती लपेटी हुई थी, बाकी बदन यों ही खाली था। छाती, पीठ, जाँघों और बाँहों पर रोओं के जो जंगल थे उन पर मुलतानी मिट्टी-सा हल्का पीलापन छाया हुआ था। भारी-भरकम काठीवाला वह आदमी आहिस्ते-आहिस्ते आया और जैकिसुन के पास खड़ा हो गया।

खड़ा-खड़ा वह उसे देखता रहा।

विराट् वृद्ध के हाथ हाथी की सूँड-जैसे लग रहे थे और अभी नीचे लटके हुए थे।

अब इस अद्भुत मनुष्य ने सिर ऊपर उठाया और थोड़ी देर तक तन्मय दृष्टियों से पूर्ण चंद्र की ओर देखता रहा—देखता रहा और देखता रहा; देखता ही रह गया वह पूर्ण चंद्र की तरफ कुछ काल तक।

फिर महापुरुष ने धीरे-धीरे चारों दिशाओं और आठों कोनों की ओर अपनी निगाहें घुमाईं। इसमें भी कुछ वक्त बीता।

फिर वह झुका।

झुककर पालथी मार ली और जैकिसुन का माथा सूँघने लगा। उसी गहराई से, जिस गहराई से बरसात की पहली फुहारों के बाद जंगली हाथी धरती को सूँघता है।

सूँघता रहा, बार-बार सूँघता रहा—नथने फड़क रहे हों, तृप्ति नहीं हो रही हो मानो।

और तब बाबा बटेश्वर जैकिसुन के कपार और छाती पर हाथ फेरने लगे।

जैकिसुन ने करवट बदल ली। उसका एक हाथ बूढ़े के पैर की उँगलियों को छू रहा था। नींद उसकी और भी गाढ़ी हो आई।

बाकी दूसरे भी दो तरुण वहाँ सोए पड़े थे। परंतु महापुरुष को मानो उनसे कोई प्रयोजन था ही नहीं। उन्हें एकमात्र जैकिसुन से मतलब था।

तीन

'घबराने की क्या बात है ?' उस अद्भुत ने जैकिसुन की ठुड्डी छूकर कहा, 'मैं तुम्हारे इस बरगद बाबा का अवतार हूँ; डरने की कोई ज़रूरत नहीं !'

बेचारे जैकिसुन की कुछ भी समझ में नहीं आया कि वह कहाँ है और किसकी बातें सुन रहा है। यह स्वप्न है या यथार्थ, इसका भी निर्णय वह नहीं कर पाया।

वैसा विशालकाय मनुष्य उसने आज तक देखा नहीं था। आल्हा-ऊदल, लोरिक और कुँवर विजई वगैरह वीरों की गाथाएँ सुन-सुनकर उनके बारे में जिस भारी-भरकम स्वरूप की धारणा होती है, इस वृद्ध का आकार-प्रकार कुछ-कुछ उसी कोटि का लगा जैकिसुन को। बरगद बाबा को इस तरह सदेह सामने पाकर उसे प्रसन्नता भी बेहद हो रही थी।

इच्छा हुई कि नज़दीक में सोए पड़े साथियों को भी जगा दे, मगर फिर वह डर गया—क्या ठिकाना ! देवता ही तो ठहरे बरगद बाबा हमारे ! कहते हैं, देवताओं का मिजाज़ अजीब होता है। क्षण-भर में नाराज़ हो जायँगे, क्षण-भर में खुश...ना, अभी अकेले इनसे बातें करना अच्छा है। साथियों को सारी बातें पीछे बतला दूँगा...

बाबा दाढ़ी पर हाथ फेरकर कहने लगा—

'बेटा, मैं न तो भूत हूँ, न प्रेत। मैं इस बरगद का मानव-रूप हूँ। जिस वनस्पतिराज की फलियों के बीज से मेरी उत्पत्ति हुई उन्हें वनदेवी ने प्रसन्न होकर यह

वरदान दिया था कि तुम्हारी सन्ततियाँ मनुष्य के हृदय की बातें अनायास समझ लेंगी और अपनी इच्छा के मुताबिक जब चाहे तब मनुष्य का रूप धारण कर सकेंगी। सो, मैं ठहरा इच्छारूपधारी। मुझसे डरना या मेरे विषय में किसी प्रकार की शंका करना बेकार है।'

इतना कहकर बरगद बाबा मुस्कुराए और अपनी लंबी उँगली से जैकिसुन के दाहिने गाल पर टोकारा दिया।

जैकिसुन अब आकर खिल पाया। एक प्रकार की गहरी प्रसन्नता का अनुभव कर रहा था वह। खुशी के मारे कुछ बोलने का जी कर रहा था उसका...मगर जैकिसुन के होंठ बंद थे। चाहा कि होंठ खुलें और व्यक्त शब्दों में वह कुछ बोले। बड़ी कोशिश की, काफी ज़ोर लगाया, आखिर होंठ उसके नहीं ही खुले।

यह क्या हो गया जैकिसुन को ?

बाबा बोला—'मेरे सामने तेरा मुँह नहीं खुलेगा बच्चा ! घबराने की ज़रूरत नहीं। मैं बहुत दिनों से तुझे मिलना चाहता था। आजकल जिन परेशानियों की वजह से तेरा चेहरा उदास रहता है, मुझे उनका पता है। नाहक तू मेरे लिए इतना परेशान है।'

जैकिसुन के जी को ज़रा तसल्ली हुई। परंतु उसका विस्मय अब तक कायम था।

इतने में हल्के पंखों की फरफराहट और 'चें-चें' की कच्ची आवाज आई। पत्तों की खड़-खड़ ध्वनि टहनियों के स्पंदन को पी चुकी तो बाबा ने कहा—'सुनी यह आवाज़ तूने ?'

माथा हिलाकर जैकिसुन ने सहमति जतलाई।

'गौरैया का चूज़ा है यह। माँ अभी कल ही गोफन के ढेले का शिकार हो गई। कल शाम को जब वह नहीं लौटी तो इसकी अविराम चें-चें चूँ-चूँ ने मेरा ध्यान भंग किया। अब मैं उसकी माँ हूँ, मैं ही उसका बाप हूँ। कुल पंद्रह दिनों की तो अभी बेचारे की आयु है... मैं गौरैया बनकर उसे दूध पिलाता हूँ, चोंच-में-चोंच डालकर दाने का मुलायम गूदा खिलाता हूँ; और रात-भर घोंसले में बिताता हूँ। समझा ? ठहर, मैं उसे ले आता हूँ; फिर निश्चिंत होकर तुझसे बातें करूँगा....'

अच्छी बात है, जैकिसुन ने इशारे से बतलाया।

बाबा उठा और पेड़ की डालों में समा गया। थोड़ी देर बाद उसी तरह बाहर निकल आया। अब की वह गौरैया के बच्चे को गोदी में लेकर बैठा।

फिर उसने कहना शुरू किया—

'पहले मैं तुम्हें यह बतला दूँ कि मुझे मृत्यु का भय किंचित् मात्र भी नहीं है। जीवन मुझे प्रिय नहीं हो, यह मत समझ लेना। भला, वह कौन है जिसको जीवन से विरक्ति हो ! परंतु "बहुजनहिताय बहुजन सुखाय लोकानुकम्पाय"...किसी सज्जन के मुँह से मैंने यह पद कभी सुना था। जीने के लिए जीना, जीना नहीं है, परोपकार के लिए जीना ही जीना है। अगर मेरी मृत्यु जन-साधारण के लिए लाभप्रद हो तो नहीं चाहिए मुझको यह जीवन। परंतु दो-एक स्वार्थी धूर्त व्यक्तिगत हानि-लाभ की दृष्टि से मुझे

देखते हैं, मैं कदापि नहीं चाहूँगा कि उनका मनोरथ पूर्ण हो...नहीं बेटा, बिल्कुल नहीं। अक्षय वट भी धरती पर ही हुआ करता है। जब तक लोग मुझे चाहेंगे, तब तक मैं अक्षय वट हूँ।'

जैकिसुन का कलेजा उछलने लगा यह सुनकर। उसके कानों में बार-बार गूँजने लगा—अक्षय वट ! अक्षय वट ! अक्षय वट !!! अक्षय वट !!!! अक्षय वट !!!!!

बाबा कह रहा था—

'भागते भूत की लँगोटी भली ! जाते-जाते ये ज़मींदार सार्वजनिक उपयोग की इस भूमि को भी बेचे जा रहे हैं। पता है तुझे ? इस ज़मीन की कितनी क़ीमत मिली है उन्हें ? दो सौ रुपए। और मेरी क़ीमत क्या कूती उन्होंने ?...'

बाबा ठहाका मारकर हँसा तो जैकिसुन चौंक उठा—ऐसा ज़ोरदार ठहाका कि आस-पास के पाँच गाँव गनगना उठें !

'नहीं बेटा, और किसी ने नहीं सुना होगा इस ठहाके को। मत घबरा भाई, मेरी बातें भी सिर्फ़ तेरे कानों तक पहुँच रही हैं।'

अब जैकिसुन को तसल्ली हुई और वह ध्यान से सुनने लगा।

'मेरी कीमत कूती उन्होंने महज़ पच्चीस रुपए ! राजा बहादुर का पुराना दीवान टुनटुना मल्लिक सवा दो सौ रुपए पर राज़ी हो गया तो टुनाइ और जैनरायन ने चटपट रजिस्ट्री करा ली यह जायदाद...। हाँ, भाई, अब यह ज़मीन उन दोनों की ख़ास जायदाद में शुमार होगी न ? बड़े पतित हैं ये लोग ! मैं क्या बताऊँ, तू तो खुद ही इनको अच्छी तरह जानता है। मगर तू इन्हें मुझसे ज़्यादा नहीं जानता होगा। बाईस साल की उम्र भी क्या कोई उम्र होती है रे ? दरभंगा से उत्तर मौजा केउटी के नज़दीक मेरा परदादा अभी तक मौजूद है। बताऊँ उसकी आयु ? साढ़े तीन सौ साल की आयु है उसकी। हाँ बेटा ! तेरी उम्र है अभी बाईस वर्ष की। टुनाइ पाठक पचास को पार कर गया है, जैनरायन भी पचपन से कम का नहीं होगा। पुश्त-दर-पुश्त इनकी लीलाएँ मुझे मालूम हैं। टुनाइ का दादा छीतन पाठक बेतिया के राजा का रसोइया था। काँसा और पीतल के बड़े-बड़े बर्तन उड़ा लाया था वह बेतिया से। एक बार चाँदी का थाल लिए आ रहा था कि सीतामढ़ी में पकड़ लिया गया। बड़ी पिटाई पड़ी थी बेचारे पर। दरबार में हाज़िर किया गया तो राजा बोला, "छोड़ दो, ब्राह्मण है।" तब से छीतन पाठक खेती-गिरस्ती का अपना काम देखता रहा। लाख कोशिश करने पर भी बेटे को वह पढ़ा नहीं सका। फिर भी टुनाइ का बाप काफ़ी चतुर निकला। ज़्यादा पढ़ा-लिखा न होने पर भी नेपाल के मारङ्ग इलाके में वह ता-ज़िंदगी डटा रहा और राणा-परिवारों की जी-हुजूरी करके उसने धन का खूब उपार्जन किया। टुनाइ मैट्रिक में फैल कर गया तब से कहीं बाहर नहीं गया। लोगों में फूट डालकर वह नया-नया प्रपंच रचने लगा। [illegible] व्यवसाय उसके लिए बड़ा ही लाभकारक सिद्ध हुआ। दस-पंद्रह वर्षों से तो तू भी उसे [illegible] रहा है। पिछली दफ़ा किसानों में उभार आई और ज़मींदार घबरा उठे। कांग्रेसवालों की पहली मिनिस्ट्री का ज़माना था। मगर उस संघर्ष से ज़्यादा फ़ायदा किसने उठाया ? इसी सियार ने उस

आंदोलन का सर्वाधिक लाभ हासिल किया। सोने के टुकड़ों से पाँच बीघा धनहर खेत सिर्फ़ ढाई सौ नगद देकर टुनाइ पाठक ने राजा बहादुर से लिखवा लिए। तीन पुश्त की अपनी सारी कमाई लगाकर भी ऐसी जायदाद उसकी जितनी मामूली हैसियतवाला भला कहाँ पा सकेगा ? ऐसा है यह जालिम !! जैनरायन की भी जीभ अब काफ़ी निकल आई है, पहले उसके बारे में लोगों की अच्छी धारणा थी। माँ-बाप गरीब थे। चाचा मुंगेर में मास्टरी करता था। दर्जा आठ तक पढ़ाकर उसने इसे रेलवे-सर्विस में डाल दिया। चार वर्ष जमालपुर, छः वर्ष मोगलसराय और पच्चीस वर्ष इलाहाबाद रहकर जैनरायन ने रेलवे में काफ़ी रकम बनाई। अब पेंशन क्या पा रहा है, टुनाइ पाठक की शागिर्दी कर रहा है। दोनों सुखी हैं, दोनों संपन्न हैं। दोनों के लड़के रुपया पीट रहे हैं, पर छछूँदर का दिल पाया है गधों ने ! देख ही रहा है बेटा, कैसी दुर्दशा ये करा रहे हैं अपनी ! इनका नाम ले-लेकर लोग कितना थूकते हैं। अगर इन्हें इस बात का पता होता ! लेकिन ये तो परले दर्जे के बेहया ठहरे, निंदा-प्रशंसा से डूबने-तिरनेवाले प्राणी कुछ दूसरी ही धात के हुआ करते हैं बच्चा !'

चार

कू-ऊ ऽ ऽ...

कहीं से कोयल की आवाज़ आई। जवाब में किसी और कोयल की कूक तो नहीं सुनाई पड़ी, अलबत्ता पड़ोस की अमराई से झींगुरों की हल्की झंकार आरंभ हुई। कोयल दुबारा नहीं बोली, मगर झींगुरों की पल्टन अधिक-से-अधिक मुखर होती गई—क्रीं ईं ईं ईं ईं ईं ईं...

क्षण-भर चुप रह लेने के बाद बरगद बाबा ने फिर अपना मुँह खोला—

'झींगुर एक तुच्छ कीड़ा होता है। सैकड़ों-हज़ारों की तादाद में जब ये एक-स्वर होकर आवाज़ करने लगते हैं तो एक अजीब समाँ बँध जाता है। झींगुरों की यह अखंड झंकार कई-कई पहर तक चलती रहती है। सामूहिक स्वर की इस एकाग्र महिमा के आगे मेरा मस्तक सदैव नत होता है और होता रहेगा। शहनाई बजानेवालों में दो ऐसे लोग हुआ करते हैं जो केवल स्वर भरते जाते हैं—दम मारकर बारी-बारी से। बाकी उनमें तीसरा उस्ताद होता है। कभी-कभी साथ देने के लिए पट्ठा या नौसिखुआ भी रहता है। नाद-तान-लय-ध्वनि और राग-रागिनियों का आचार्य ठहरा उस्ताद ! उसकी फूँक और पिपही के छिद्रों पर नाचती उँगलियाँ शहनाई के सारे चमत्कार की जान है। ठीक है। लेकिन स्वर भरनेवाले दो जने न हों तो शहनाई का सारा मज़ा किरकिरा हो जाएगा। प्रकृति के मनोरम संगीत की जान है कोयल की कूक और पपीहे की 'पीउ-पीउ' आदि; मगर झींगुरों का लगातार स्वर संगीत की उस धारा के लिए सपाट मैदान का काम करता है। झींगुरों को घने-पुराने बागों की पकी-पोढ़ी छालवाले वनस्पतियों का सहवास बेहद

प्रिय होता है। शकल-सूरत भी विधाता ने कीड़े की इस जाति को कुछ वैसी ही दी है। आम, जामुन, अमरूद, शहतूत वगैरह की छाल झींगुर को विशेष रुचिकर लगती है। सीलन-भरी नम जगहों में तूने इन्हें घर के अंदर भी तो देखा होगा न ?'

जैकिसुन ने माथा हिलाकर स्वीकार किया।

सचमुच झींगुरों की एकतार आवाज़ पूर्णिमा की उस नीरव रजनी को और भी गंभीर बना रही थी। यों रात डेढ़ पहर से ज़्यादा नहीं बीती होगी, परंतु लगता ऐसा था कि निशीथ के क्षण आ पहुँचे। स्निग्ध-शीतल एवं धवल-पांडुर आलोक धरती को दिग्-दिगंत तक उद्‌भासित कर रहा था। नीचे पृथ्वी, ऊपर आकाश—दीप्त प्रकृति का उदार परिवेश वह क्या था, ग्रीष्मांत की रजनी का सौभाग्य-शृंगार था मानो...

रुपउली बड़ी बस्ती नहीं थी। तीन सौ परिवार थे, खानेवाले मुँहों की तादाद थी ढाई हज़ार—अलावा पशुओं-पक्षियों और कुत्तों-बिल्लियों के। ब्राह्मण थे, राजपूत थे, भूमिहार थे। बाकी आबादी ग्वालों-अहीरों, धानुकों और मोमिनों की थी। दो घर चमारों के थे, एक परिवार था पासियों का। बड़ी जातिवालों के पास निर्वाह योग्य ज़मीनें थीं। ग्वालों और मोमिनों के भी थोड़े-कुछ खेत थे। साठ प्रतिशत परिवार ऐसे थे जिनका गुज़ारा मज़दूरी पर निर्भर था। वे काम के लिए पड़ोस के कई गाँवों तक चले जाते; पचीस-पचास आदमी शहरों में कुलीगीरी या दूसरे मामूली काम करके यहाँ अपने परिवारों की जीविका चलाते थे। गन्ने का सीज़न आता तो दस-पाँच जने चीनी के कारखानों में अस्थायी काम पा जाते। इस इलाके में दस कोस के दरम्यान ही दो शुगर-फैक्टरियाँ थीं। छोटी-छोटी दो ब्रांच-लाइनों को मिलानेवाला सकरी-जैसा रेलवे-जंकशन था। हफ़्ते में दो-दो बार जुटनेवाले तीन-चार पेठ थे। खानदानी ज़मींदारों की सतगामा और परसादीपुर-जैसी दो बड़ी बस्तियाँ थीं। चार कोस पर दरभंगा-जैसा शहर था, छः कोस पर मधुबनी-जैसा कस्बा था। एक मिडिल स्कूल था, संस्कृत की एक पाठशाला थी—मौजे रुपउली की सीमा के अंदर ही। आधा कोस के फ़ासले पर चार वर्ष पहले हाई स्कूल भी खुल चुका था। बड़ी जातिवालों के लड़के काफ़ी तादाद में पढ़ रहे थे। मैट्रिक पास करके दसियों तरुण कर्म-क्षेत्र में प्रवेश कर गए थे। दो वकील, दो प्रोफ़ेसर, एक डिप्टी मजिस्ट्रेट, एक फ़ॉरेस्ट-ऑफिसर, एक लोको-इंजीनियर और एक इन्कमटैक्स का ज़िला-अफ़सर, रुपउली के आठ सपूत बड़े ओहदों पर विराजमान थे। मगर इन बड़े बाबुओं का गाँव के साधारण जीवन से नाम-मात्र का सम्पर्क था। टुनाइ पाठक का लड़का एम.ए. और वकालत का इम्तिहान पास करके जज ससुर की सिफारिश से इन्कमटैक्स का ज़िला-अधिकारी हो गया था। जैनरायन का बेटा लोको-इंजीनियरिंग की ऊँची डिग्री पाकर जमालपुर के रेलवे-वर्कशॉप में चार सौ की तनख्वाह पर लग चुका था। ऊँची और महँगी शिक्षा पा लेने के बाद इन सभी की आँखों पर मोटी-मोटी ऐनकें पड़ गई थीं, मिजाज़ चढ़ गया था और नाक लंबी हो आई थी। कल-परसों वे जिनकी गोदियों में खेले थे, आज उनकी तरफ़ भर-नज़र देखना तक शान के खिलाफ़ था। ऊँचे ओहदों पर होने से वे आम लोगों की निगाह में अपने घरवालों का रुतबा बिना किसी

कोशिश के बढ़वा चुके थे। किस ग़रीब की ज़मीन बिकनेवाली है, कौन निपूता कितनी जायदाद छोड़कर मरा है, नाबालिग़ लड़केवाली किस विधवा की क्या हैसियत है, शादी या श्राद्ध के मौकों पर कौन-सा काश्तकार कितनी रक़म कर्ज़ लेगा, मुकदमा लड़नेवाले कौन-कौन-से लोग अदालती खर्च के लिए अपने खेतों को रेहन रखना चाहते हैं—इस प्रकार के तथ्यों की आवश्यक जानकारी के अतिरिक्त गाँव की बाकी बातों में उन्हें ज़रा भी रस नहीं मिलता। छठे-छमाहे गाँव-घर आ गए तो मेहमानों की तरह बैठकों में विराजमान रहते हैं। गाँव के मामूली आदमी के सामने इन बाबुओं के दिल की परत नहीं खुल पाती। न किसी से कहा-सुनी, न राम-राम, न नमस्ते। लगता था ऐसा कि किसी को वे कुछ नहीं समझते।

रुपउली की नई पीढ़ी के लोग गाँववालों का अपना लेखा-जोखा करते वक्त आम तौर पर उन उच्च शिक्षित बाबुओं की शुमार इसी से नहीं करते थे। हाँ, पड़ोस के गाँव का कोई कभी शिक्षितों का प्रसंग छेड़ बैठता फिर तो रुपउलीवाले भेद-भाव की आपसी कटुता को परे हटाकर अपनी बस्ती के मौजूदा रत्नों की पूरी सूची पेश करते।

तो फिर ?

तो फिर जैकिसुन ने सिर हिलाकर स्वीकार किया कि घर के अंदर भी झींगुर हुआ करते हैं और वह उनसे अच्छी तरह वाकिफ़ है। लेकिन अब बरगद बाबा के मुँह से पुराने ज़माने की बातें सुनना चाहता था वह। टुनाइ पाठक और जैनरायन के बारे में बाबा ने अभी जो-कुछ बतलाया था उसका अधिकांश सचमुच जैकिसुन को मालूम नहीं था ।

पता नहीं, कितनी बातें बाबा को मालूम होंगी ! पता नहीं, पिछले सौ वर्षों में इस इलाके पर क्या-क्या गुज़रा होगा। पता नहीं, जैकिसुन के परदादा और दादा किस तरह अपने जीवन बिता गए हैं !

इस प्रकार की बहुत सारी बातें उस तरुण के दिमाग़ में चक्कर काट रहे थे। झींगुरों की एकरस-एकतार आवाज़ की तरफ़ उसका ध्यान था ही नहीं। उसका सारा ध्यान तो जिज्ञासा पी गई थी...

बाबा ने जैकिसुन के दिल की बात ताड़ ली। वह बोला—

'अब मैं तुझे अपनी कहानी सुनाऊँगा। आपबीती भी तो जगबीती का ही एक अंश होता है न ? तो, ले, सुन ध्यान लगाकर !...

'मेरी आयु एक सौ तीन वर्षों की हो गई है। हमारी जाति की वनस्पतियों के लिए यह कोई अधिक आयु थोड़े है बेटा ? बिल्कुल नहीं ! पंडितों को कहते सुना है कि कलिकाल सबकी आयु पी गया है। पी गया होगा कलिकाल चर-अचर सबकी आयु, परंतु बरगद की उम्र अब भी सैकड़ों साल की हुआ करती है। पाँच-पाँच सौ वर्षों की आयुवाले वट-वृक्ष की चर्चा मैंने संतों के मुखकमल से सुनी है। ढाई-सौ तीन-सौ वर्षों के बरगद तो तुझे अपने इस तिरहुत देश में भी कई जगह मिल जाएँगे। पारा-डीह के बूढ़े बटेश्वर का ज़िक्र मैं कर ही चुका हूँ।

'यहाँ से दो कोस पर दक्षिण की ओर शिवजी का एक पुराना मंदिर था। सुना है कि उसी मंदिर के पास पीछे नया मंदिर किसी श्रद्धालु विधवा ने बनवा दिया है। पुराना मंदिर तो मुझे अच्छी तरह याद है। बाहर-बाहर उसका सुर्खी-चूना झड़ गया था। बेटा, उन दिनों सीमेंट नहीं हुआ करता था : पक्की ईंटों का चूरन बना लेते थे। उसमें चूना और बालू मिलाकर गारा-लेबा तैयार होता था। उसी से ईंटों पर ईंटें बैठाया करते थे राज लोग। अब भी अपने देहातों में सुर्खी-चूने का गारा काम में आता था। सीमेंट हासिल करने में पचास झंझटें पड़ती हैं। तेरा बाप तो कच्ची ईंटों की भीतें खड़ी कर गया है। है न ?'

जैकिसुन ने पलकें उठाकर समर्थन किया।

'उस मंदिर का बाहरी गारा झड़ गया था। अंदर का पलस्तर अभी बदस्तूर कायम था : पीछे नुक्कड़ पर मंदिर में मामूली-सी दरार पड़ गई थी। एक बार हथिया-नक्षत्र लगातार सात दिन सात रात हल्के-हल्के बरसता रहा। पुरवैया कभी, कभी दोरस बयार—कभी हवा बंद भी हो जाती थी। मतलब यह कि पानी की बारीक कनियों के झोंके मंदिर की उस दरार के अंदर पहुँच गए और तह की फटी जोड़ों में मौजूद सुर्खी-चूने को भली-भाँति भिगो आए।

'और तब, दस रोज बाद मैं पैदा हुआ।'

जैकिसुन की आँखों के कोए फैल गए—आश्चर्य के मारे उसकी टकटकी बँध गई।

बाबा ने कहा—

'मंदिर से ज़रा हटकर बरगद का एक भारी पेड़ था। उसके बरोज धरती को कब के छू चुके थे और बाँकी-पतली डालों में विकसित होकर फिर से ऊपर उठ गए थे। वह वृक्षराज इस तरह अपनी बीसियों बरोज धरती में धँसाकर अविराम रस ग्रहण कर रहा था। मंदिर बनते समय वहीं कई ढेकियाँ खड़ी की गई होंगी और मज़दूरिनों ने उन्हीं से चूर-चूरकर ईंटों का चूरन तैयार किया होगा। कई वर्षों तक यह सिलसिला चला होगा, मंदिर के निर्माण में निश्चय ही कई वर्ष लगे होंगे। ईंटों के चूरन की सुर्ख ढेरी पर बरगद की फलियाँ पक-पककर गिरती होंगी। गारा-लेबा तैयार करते वक्त दो-एक वट-बीज नुक्कड़ की उन ईंटों के जोड़ में आ गए। न जाने मेरा जीव उस कैद में कब तक पड़ा रहा। यदि दरार न फटती और हस्त-नक्षत्र की सुदीर्घ वर्षा गारे की तह को न भिगोती तो मैं आज कहाँ होता ?'

क्षण-भर के लिए अपने-आपमें, डूब गया बरगद बाबा। फिर लंबी साँस ली। गौरैया के बच्चे ने पंख फड़फड़ाए। बाबा ने स्नेहमय हथेली उस क्षुद्र प्राणी पर फेरी और कहा—

'यह रही मेरी जातक-कथा ! समझा ?'

अब जैकिसुन का विस्मय हट चुका था। उसकी दृष्टि स्वाभाविक-सी लगती थी। कहानी का जादू अपना असर डालने जा रहा था अब...

बाबा बोला—"संयोग की बात थी यह। दूसरी तरह भी मैं पैदा हो सकता था न ? मगर मुझे ज़रा भी तकलीफ़ नहीं हुई। दरार के अंदर प्रकाश भी पहुँचता था, हवा भी पहुँचती थी। पानी की ही कमी थी, सो भगवान की ऐसी दया हुई उस बार कि कुछ मत पूछ !

'ढाई-तीन महीने में तो मैं दो बित्ते का हो गया। बीज से निकला तो सफेद धागे का जौ-भर का छोर-सा था। यों तो दरार क्या थी, वह मेरे लिए पूरी जेल थी। सब ओर घेरा, सभी ओर अवरोध। लेकिन एक बार जब मैं बीज के खोल से निकल आया फिर भला यों ही हार मान लेता किसी से ? रुकावटें थीं, विघ्न थे। ठीक है, पर राह भी तो निकल आई थी आखिर ! उन दिनों झारखंड की खानों का पत्थर-कोयला यहाँ तक नहीं पहुँचता था। अंदर मोटे-मोटे लक्कड़ डालकर कच्ची ईंटों का भट्ठा चिनते थे लोग। काठ की आग से ही ईंटें पकती थीं। मेरा जीवन जिस गारे के हवाले था, वह मामूली आँच की अधपकी ईंटों के चूरन का तैयार किया हुआ था। यह तो मेरा सौभाग्य था, वरना कहीं कड़ी आँच में पकी ईंटों के चूरन के पल्ले पड़ता तो मैं गर्भ के अंदर ही झुलस चुका होता, या कि मंदिर के भीतरी भागों में कहीं पड़ा होता तो भी न जाने बाहर आने के लिए कितने युगों की प्रतीक्षा करनी पड़ती !

'परंतु मेरे अच्छे दिन तो अभी आगे आनेवाले थे। तेरे परदादा को मैं अपना सबसे बड़ा प्रतिपालक समझता हूँ। उसने मुझे इतनी अच्छी जगह न दी होती तो उसी जीर्ण-शीर्ण मंदिर की फटी कमर से मैं चिपका रह जाता; ठिगना ठूँठा कुबड़ा बौना ढाँचा लिए विधाता को कोसता रहता...

'तो वर्ष-भर मुझे उस खोह में तपस्या करनी पड़ी। तब तक मेरा शरीर दो तनों में विभाजित हो चुका था। छड़ी की तरह पतले-पतले और हल्का पीलापन लिए हुए सफेद चिकनी मिट्टी की सूरतवाले दो तने, बस। पत्तों के लिए भला उस दरिद्र दरार में अवकाश ही कहाँ था ! मुश्किल से तीन-चार पत्ते अपने लिए वहाँ जगह बना सके थे; बीमार और सिमटी-सिकुड़ी रंगोंवाले भद्दे पत्ते ! छिः ! आज उनकी याद तक नाग़वार मालूम होती है ! पौधा ही ठहरा न ! बढ़ना तो मुझे था ही ! लेकिन अनेक प्रकार की रुकावटों से मजबूर होकर उन आरंभिक दिनों में मेरी जीवन-शक्ति एकमुखी बन गई, यानी शरीर पतला व बेहद लंबा होता गया। शुरू-शुरू में दो तने थे। आगे आकर एक टेढ़ा हो गया क्योंकि झँवाई हुई एक कुबड़ी ईंट ने उसे बुरी तरह दबाए रखा।

'अगले साल ऐसा हुआ कि मंदिर की मलिकाइन से बैजनाथ-धाम का एक पंडा मिलने आया। परिक्रमा के समय मंदिर की पिछली दीवार के कोने पर उसने यह दरार देखी तो मुँह से खेदपूर्वक निकला—"शिव ! शिव ! शिव !! शिव !!" अवश्य पंडे ने जाकर विधवा ज़मींदारिन से कहा होगा। तभी तो चार-छः दिन बाद दो राज मंदिर की मरम्मत करने आए थे। उनकी राय हुई कि भीतर से ईंटें हटाकर ही दीवार को पुख़्ता किया जा सकता है, ऊपर से गारा-चूना डालकर थोप-थाप करेंगे तो फिर दरार हो

जाएगी। ब्राह्मणी की श्रद्धा उमड़ आई और दीवार को पुख्ता कर दिया गया। साथ ही मुझे भी उस कैद से छुटकारा मिला।

'तेरा परदादा शिवजी का भारी भक्त था। वह हर सोमवार को यहाँ से चलकर उस मंदिर तक पहुँचता। जीवन में दूसरी तरह के उलट-फेर उसे बरदाश्त थे मगर हफ़्ते में एक रोज, और वह भी सोमबार को, बाबा बालेश्वरनाथ पर लोटा-भर जल ढारने के नियम में किसी प्रकार का व्यतिक्रम उसको सह्य नहीं था। सुना है, छब्बीस वर्ष की आयु के पश्चात् उसने यह संकल्प लिया था और जीवन-पर्यन्त इस पर डटा रहा।

'तेरा परदादा भैंसों का बड़ा शौक़ीन था। मैं यहाँ लाया गया तो उसकी उमर तीस साल की थी। उन दिनों वह चार भैंसों का मालिक था। कहते थे, एक बार गुजराती नस्ल की उसकी एक प्यारी भैंस बीमार पड़ गई। मरने-मरने को हो गई। ओझा-गुनी आए। दवा-बीरो होता रहा। बड़ी दौड़-धूप हुई, खर्चा भी काफी किया। मगर गुजराती का हाल नहीं सुधरा।

'बाकी सब तरफ से निराश होकर तेरा परदादा बाबा बालेश्वरनाथ के सामने जाकर लंबा पड़ गया। रोती-भर्राती आवाज़ में गुहार मचाई—"दुहाई बंभोलेनाथ की ! अब तेरा ही एक आसरा है। जब तक गुजराती निरोग नहीं होगी तब तक मैं तेरे सामने से नहीं हटूँगा !!!"

'मंदिर के बाहर, शिवजी के सामने वह पूरे आठ पहर तक उसी तरह लेटा रहा और रोता-सिसकता रहा। अंत में घड़ी-दो घड़ी की खातिर नींद-सी आई तो सपने में भभूत रमाए हुए जटाधारी शिवशंकर दिखाई पड़े। लगा कि बंभोलेनाथ ने दाहिने पैर से उसके सिर में ठोकर मारी और कड़ककर कहा—जा, भाग ! भैंस तेरी चरने निकल गई है....

'वह चट से उठकर खड़ा हुआ और पुजारी से सपने की बातें बतलाईं।

'पुजारी ने शिवजी के ऊपर का धतूर का एक फूल उठाकर उसे दिया और पीठ पर हाथ फेरते हुए बोला—"जाओ राउत, भोलानाथ तुम पर प्रसन्न हैं। ऐसा सपना यहाँ दस-बीस वर्षों में कोई एक-आध ही बड़भागी देखता है ! जाओ, तुम्हारा मनोरथ पूर्ण हुआ..."

'बात ठीक ही थी। भैंस चरने तो नहीं निकली थी मगर दालान के आगे आकर खड़ी-खड़ी पागुर कर रही थी।

'वह खुशी के मारे गुजराती के गले से लगकर देर तक रोता रहा।

'सुना है, तभी से तेरा परदादा हर सोमवार को बालेश्वरनाथ पर जल ढारने जाता था।

'वह बहुत दिनों से बरगद का एक बिरवा खोज रहा था। मुझ पर उसकी दृष्टि अवश्य थी, किंतु शिवजी के मंदिर का एक अंग समझकर मेरी ओर से वह निरीह-निरपेक्ष हो गया था। जीर्णोद्धार होने लगा तो कारीगरों ने मेरे दुर्भाग्य के प्रति गहरी संवेदना प्रकट की। और तो वे कर ही क्या सकते थे, मंदिर के पिछवाड़े खुली जगह में छोटा-सा

एक गढ़ा खोदकर उसमें मुझे उन्होंने लगा दिया। दरार के अंदर दूर तक मेरी रगें पहुँच गई थीं। मुझे स्वयं ही विस्मय हो रहा था कि नीरस-निचाट उस खोह में आखिर वह कौन-सी संजीवनी समाई हुई थी जिसकी वजह से मैं निष्प्राण नहीं हो पाया ! वहाँ गारा-चूना ही नहीं, ईंटें तक मेरी नसों के घेरे में आ गई थीं। बड़ी मुश्किल से मुझे उनसे छुड़ाया गया था।

'तेरे परदादा ने एक बार डरते-डरते पुजारी से मेरे बारे में बातें की थीं।

'हुआ यह कि पुजारी का ख़सी एक बार मेरे टूसों को चबा गया। दिन-भर फुनगी से दूधिया रस बहता रहा, समझ ले कि आँसुओं की झड़ी लग गई। ख़सी पुजारी का दुलारा था, मुझे वहाँ कोई नहीं पूछता था। बाबा बालेश्वरनाथ के दरबार में पास-पास पाँच बरगद थे, दस पीपल थे और पाकड़ थे दो-तीन। दो-तीन बड़े-बड़े पेड़ आम के भी थे। पंचवटियों की उस गुलज़ार दुनिया में फिर मुझ-जैसे अदना बिरवा की किसी को क्यों परवाह रहती ? बार-बार जी में आता कि किसी तरह सूख-साख जाऊँ तो हमेशा के लिए छुटकारा मिले। अपमान और ग्लानि के जीवन की अपेक्षा मृत्यु का कहीं अधिक श्रेय है...परंतु चार ही दिनों में फिर अपनी कायाकल्प देखकर आप ही मैं चकित रह जाता। वाह क्या खूब ! दीपशिखा के समान लाल-लाल टूसों से मेरे शरीर की सन्धियाँ उल्लसित हो उठतीं और रग-रग में जीवन की लालसा बिजली भरने लगती। तेरे परदादा ने आख़िर मेरे चारों ओर ऊँची बाड़ लगा दी। साफ था कि उसके हृदय में मेरे लिए ममता घर बना चुकी थी। खुलकर एक दिन उसने पुजारी से कहा—"महाराज, यह बिरवा मुझे दे दो। मैं इसकी सेवा जी-जान से करूँगा..."

'" दही-वही तो राउत तुमने बहुत दिनों से इधर नहीं खिलाया !"—एक-पर-एक दबे होंठों को सिकोड़कर पुजारी ने कहा; आँखें नचा लीं।

'हाथ जोड़कर तेरा परदादा बोला—"लो महाराज, कल ही आ जायगा।"

'"तो फिर कल ही अपना बिरवा तुम ले जाना राउत !" पुजारी ने हँसकर कहा।

'"नहीं जी, महूरत अच्छा पड़ेगा तब ले जाऊँगा," प्रसन्नता के भावों को दबाकर राउत बोला।

'मिट्टी के नए बर्तन में तीन-एक सेर दही और अलग सेर-भर घी अगले ही रोज पुजारी की सेवा में पहुँच गया।

'तीन दिन बाद शुभ मुहूर्त निकल आया और राउत मुझे यहाँ ले आए। थाला काटकर खाँचे में रखा गया, रस्सी के सहारे बाँस में लटकाकर दो जवानों ने मुझे ढोया था। राउत खाली हाथ पीछे-पीछे आए थे।

'पहले ले जाकर मैं तेरे दालान की ओरियानी में रखा गया। बैठक के बरामदे में छप्पर की छाँह थी। भादों की धूप कैसी करारी होती है ! मेरे बारे में राउत को डर था—धूप में रखा रहेगा तो कुम्हला जायगा।

'तेरी परदादी ने घड़े-भर दूध से मुझे वहीं नहलाया, अपने हाथों से। पीछे, मेरे तने पर भिगोए चावलों की पीसी हुई पीठी की थापें पड़ीं। अधेड़ महिला के हाथ की

हुलास-भरी हथेली का वह प्रथम स्पर्श मैं अब तक नहीं भूल सका हूँ। उस परस में माँ का नेह-छोह था, बड़ी बहन की ममता थी, दादी और नानी के आशीर्वाद थे। अरे, क्या नहीं था उसमें ! सबकुछ था बेटा !

'और पीठी की थापों पर तेरी परदादी ने थोड़ा-थोड़ा सिंदूर भी लगा दिया। तब राउत ने तीरा और मधुरी के चटकीले फूलों की लंबी माला मेरे गले से लपेट दी। मेरा तना छड़ी-सा पतला था। वह माला इस गले में बीसियों लपेटें खा गई थी...मेरी रग-रग एक अनोखी तरावट महसूस कर रही थी।

'इस गाँव में उन दिनों एक भारी पंडित थे। उमर नब्बे साल की हो चुकी थी। अपने ज़माने के पचासों विद्वानों को उन्होंने शास्त्रार्थ में पछाड़ा था। नगद और दुशाले दे-देकर बीसियों राजा-महाराजा उनका सम्मान कर चुके थे। वाद-विवाद का पूर्वपक्ष हो या उत्तरपक्ष, प्रतिद्वंद्वी विद्वान् देर तक उनके सामने नहीं टिक पाता। समकालीन पंडित-मंडली उनसे बेहद आतंकित रहती थी। यह आतंक पीछे श्रद्धा में बदल गया था शायद। विद्वानों की परिषद् ने आखिर एकमत होकर नैयायिकप्रवर चंद्रमणि मिश्र को 'तर्क-पंचानन' की उपाधि दी थी। तर्क-पंचानन महाशय अब कहीं जाते-आते नहीं थे। दौहित्र था जो कि हथुआ के महाराज का राजपंडित था। दूर-दूर से राजा-महाराजा और धनी-मानी लोग यदाकदा अब उनके दर्शनार्थ आया करते। कई दरबारों की तरफ से पंडितजी के नाम पर दान-दक्षिणा को छोटी-मोटी रकमें बँधी थीं। आसपास के पचास कोस के इलाकों में फैले हुए विद्वान् लोग तर्क-पंचानन से परामर्श ले जाते। तेरा परदादा छोटा था तभी से उनका भगत रहा। मुझे पीछे मालूम हुआ कि राउत ने दस वर्ष तक पंडितजी की सेवा-टहल में बिताए थे। वह अब भी घड़ी-आध घड़ी रोज उनके पास जाता और देह-हाथ-जाँघ चाँप-चूँप आता...राउत अब तक निपूता था, संतान के बारे में वह निराश हो चुका था। बरगद का बिरवा लगाकर अपना नाम जीवित रखने की उसकी लालसा इसी कारण दिन-दिन प्रबल होती आई थी। राउत के मन की व्यथा से बूढ़े पंडितजी वाकिफ़ थे। उसने पंडितजी से प्रार्थना कर रखी थी—"सरकार ! मैं बरगद का जो बिरवा लगाऊँगा, उसे आप छूकर आशीर्वाद दीजिएगा; यही समझ लीजिएगा कि अपने बुद्धन के बेटा के कानों में आप मंत्र दे आए..." राउत को तर्क-पंचानन अपने ही धेवतों की तरह सगा समझते थे। उसकी यह प्रार्थना उन्होंने मान ली थी।

'सो उस रोज तिपहरिया की ढलती बेला में तेरा परदादा तर्क-पंचानन महाराज को खटोले पर उठवा लाया।

'अँगनई में खटोला रखा गया। पंडितजी उस पर जैसे बैठे आए थे, उसी तरह बैठे रहे। मैं जिस खाँचे में था, उसे उठाकर खटोले के बिल्कुल क़रीब रख दिया गया। टोले-मुहल्ले के सभी उमर के औरत-मर्द हमें घेरकर खड़े हो गए।

'राउत दोनों हाथ जोड़े, धोती का अद्धा गले में डाले, विह्वल मुद्रा में खड़ा था—ठीक उसी तरह जिस तरह बकरे की बलि के वक्त दस-भुजा दुर्गा के सामने यजमान खड़ा रहता है...

'पंडितजी ने फुनगीवाली मेरी टहनी दाहिने हाथ की उँगलियों से पकड़कर झुका ली :

'फिर उनके होंठ हिलने लगे। बिना दाँतों के मुँह में आहिस्ते-आहिस्ते चलती-फिरती जीभ बता रही थी कि तर्क-पंचानन कुछ मंत्र या श्लोक-जैसी पंक्तियों का पारायण कर रहे हैं। मुझे लगा कि उस महावृद्ध की काँपती हुई उँगलियों में से होकर लंबी आयु और स्वास्थ्य मेरे अंदर प्रवेश कर रहे हैं। मृदु और मधुर कंपनों से मेरा एक-एक पत्ता चंचल हो उठा। रग-रग में नवजीवन की उछलती ताजगी भर गई।

'पंडितजी की भौंहों के बाल पक-पककर न जाने कब के पीले पड़ चुके थे। गाल बेहद पोपले थे। धँसी-धँसी आँखों के अन्दर पुतलियाँ देखकर बिल में पड़ी कौड़ी याद आती थी। लगातार सुँघनी लेते रहने के कारण मूँछों का बिचला हिस्सा और नाक के पूड़ों का छोर भूरा पड़ गया था। गंजी-पोली चाँद मानो चिढ़कर चोटी के चंद बालों को बिल्कुल चर गई थी। बदन का ढाँचा ही कुछ ऐसा हो गया था कि गोश्त की सत्ता लुप्तप्राय थी। गेहुँआ चाम से मढ़ी हड्डियों का वह टट्ठर मृत्यु के देवाधिदेव यमराज के लिए खुली ललकार था मानो।

'उनके गले में सफेद मलमल की हल्की चादर पड़ी थी, पहनावे में पीले रंग की धोती थी।

'तर्क-पंचानन का समूचा माथा हिलता-डुलता रहता था। स्वर भी काँपा करते थे।

'काँपती हुई आवाज़ में पंडितजी ने राउत से कहा—"ले जा, अब इसे रोप आ बुधना !"

'"जी मालिक !" पुलकित ध्वनि में तेरा परदादा बोला और लोग मुझे अलग ले गए।

'राउत ने बूढ़े पंडित के पैरों पर माथा टेक दिया।

'उसके सिर पर तर्क-पंचानन के काँपते हाथ की अस्थिर हथेली फिर गई। कानों में कंपित स्वर गूँज गए—"नाहक मन छोटा करता है रे ! अभी हुआ क्या है ? तीस-बत्तीस वर्षों की तो तेरी आयु है... तू अवश्य पुत्र-पौत्र का मुख देखेगा...और यह बरगद भी अल्पायु नहीं, बल्कि शतंजीव-चिरंजीव होगा।..."

'अब भी राउत मत्था टेके हुए था। पंडित ने ठुड्डी पकड़कर उसके चेहरे को ऊपर उठने के लिए बाध्य किया।

'तेरा परदादा आँसू बहाए जा रहा था—निपूता होने का पछतावा पानी-पानी होकर आँखों के रास्ते निकला जा रहा था या कि कुछ और बात थी, भगवान जाने ! राउत की यह विह्वलता मुझे भी भीतर-भीतर रुला रही थी।

'तब राउत घर के अंदर गया और गाढ़ी धोतियों का पीला जोड़ा लेता आया। धोतियाँ तह नहीं की हुई थीं, पल्लों में चुन्नटें डालकर नफासत से मरोड़ी हुई थीं। दोनों धोतियाँ महापंडित के चरणों में निवेदित करके वह एक ओर खड़ा रहा।

' "इनकी क्या जरूरत थी रे ?" उन्होंने रुखाई से कहा तो तेरा परदादा दोनों

हाथ जोड़कर बेहद झुक गया और होंठों की उसकी हदबंदी को तोड़कर मुश्किल से ये शब्द बाहर निकले—"मालिक, ढाका-राजशाही की पीतांबरी और नागपुर की रेशमी धोतियों का अंबार लगा है आपके घर में, मेरी भला क्या औक़ात है कि हुजूर के पैरों पर अपना माथा भी रख सकूँ ? मगर कहावत है कि बंभोला को आकधतूर ! जिसकी मोल कौड़ी भी नहीं, मदार और धतूर का वही फूल शंकरजी को पसंद आता है; कमल, चम्पा, जुही, केवड़ा और हरसिंगार के फूल शिवजी के लिए ज़रा भी आकर्षण नहीं रखते। मालिक, इन्हें आप ज़रूर स्वीकार करें..."

'राउत की इस भावुकता के आगे तर्क-पंचानन सर्वथा मौन हो गए।

'उधर उनका खटोला उठा और इधर मेरा खाँचा उठा। सूर्यास्त होने से पहले ही नई जगह में बिरवा लगाने का मुहूर्त था न !

'यहाँ, रजबाँध के किनारे इस मैदान में गढ़ा खोदकर पहले ही से तैयार था। खाँचा-समेत मेरी जड़ों का थाला उसमें डाल दिया गया। पूरी ताकत लगाकर राउत ने अपनी बाँहों में मुझे उठा लिया, तब गढ़े में डाला था। औरों ने भी हाथ लगा रखे थे। हरे-हरे दो बाँस काट लाए गए थे। एक-एक बाँस को चीर-फाड़कर आठ-आठ लंबी लचकीली पट्टियाँ निकाल ली गईं। उन्हीं पट्टियों से टट्टर बुना गया था। गोल टट्टर, बाहर से हरा और अंदर से सफेद। ऐसी हवादार और नफीस बाड़ के अंदर रहने का सौभाग्य कभी प्राप्त होगा, अपने राम ने सपने में भी इस सुंदर सुरक्षा का खयाल नहीं किया।

'यह लंबा-चौड़ा रास्ता राजा की सवारी के लिए कभी बनाया था, इसीलिए इसका नाम पड़ गया रजबाँध...समझा न ?'

'हाँ'—जैकिसुन का माथा हिला।

बटेश्वरनाथ ने कहा—'बेटा, घबरा तो नहीं रहा ?'

तरुण श्रोता ने इशारे से बतलाया—'नहीं!'

'नींद आ रही होगी'—बुजुर्ग ने ठुड्डी में उँगली लगाकर पूछा—'दिन-भर का थका है न !'

जैकिसुन का माथा फिर निषेध मुद्रा में हिला। उसकी थकावट और नींद आज न जाने कहाँ उड़ गई थी। बस्ती रुपउली में खूब सोनेवाले चार-छः बहादुर जो थे उनमें एक जैकिसुन की भी शुमार होती थी। माँ या बहन या दुलहिन या कोई दूसरा झकझोर-झकझोरकर उसे उठाते तभी उसकी आँखें खुलतीं। झकझोरकर नींद से जगाने वाला कोई न होता तो सोलह-सोलह घंटे खींच ले जाता जैकिसुन। यों दिन-दुपहर का खाना खाकर तीन घंटे और रात को सात घंटे वह सोता ही...और आज तो दिन-भर जैकिसुन इतना ज्यादा भटका था, सड़कों की इतनी अधिक धूल फाँकी थी आज कि तन-मन दोनों ही काबू से बाहर आ गए थे। मगर इस वक्त बाबा बटेश्वरनाथ के सामने वह अपने को बिल्कुल ताजा-दम महसूस कर रहा था।

बाबा कहने लगा :

'पहले यह बाँध खूब चौड़ा था, अठारह हाथ या नौ गज कम नहीं हुआ करते !

अब आधा रह गया है। किनारे-किनारे जिनकी ज़मीनें पड़ती हैं कुदालधारी उन चतुर किसानों की कृपा से इस पुराने राजमार्ग का कलेवर दिन-पर-दिन कृश होता आया है। छोटा खेतिहर होता एक-आध तो उसकी आँख में उँगली डालकर कोई बता भी देता और वह मान भी लेता अपना कसूर। लेकिन बड़े किसानों को कौन नाराज़ करे ? क्यों साँप के बिल में कोई अपना हाथ डालेगा ? और बड़े किसान एक-दूसरे की पोल जानते हैं, इसी से वे एक-दूसरे के लोभ-लाभ के प्रति काफी हद तक सहनशीलता को पकड़े रहते हैं।

'राजा की सवारी किसी ज़माने में इस रास्ते गुज़रती होगी। आजकल तो बुरा हाल है बेचारे का। रुपउली से लेकर धमियापट्टी तक, कोस-भर कच्चा—समझ ले डेढ़ मील ! बस ! उत्तर की ओर फिर भी यह रास्ता-जैसा लगता है मगर दच्छिन की ओर तो आगे चलकर पतला होता गया है; धमियापट्टी के करीब जाकर इस रजबाँध ने बिल्कुल एक मेंड़ की शकल अख्तियार कर ली है...ज़माने का जादू है यह भी बाबू !

'रजबाँध से पूरब डेढ़ कोस का सपाट मैदान यह देख ही रहा है तू ! बड़ी उपजाऊ है यह सारी ज़मीन। बीचोबीच निचली सतह के जो खेत हैं, बरसात के मौसम में वहाँ आज से पचास वर्ष पहले झील लहराया करती थी। बाहरवाले उसे 'बुढ़िया टाल' कहा करते थे।

'भादों का महीना था। वर्षा काफी हो चुकी थी। खेतों में धान के पौधे लहरा रहे थे। मुझे अब ऐसी जगह मिली थी जहाँ मैं खुलकर साँस ले सकता था। आस-पास कोई बड़ा पेड़ नहीं था। हाँ, गूलर का एक कुबड़ा दरख़्त मुझसे ज़रा उत्तर की ओर ज़रूर था। वह पुराना भी काफी था...उसे नज़दीक पाकर मुझे खूब तसल्ली हुई थी। एक से दो भला। मगर बार-बार पूछे जाने पर कभी कुछ नहीं बोला वह ! इससे मैं झुँझला-झुँझला उठता था। बाद को पता चला कि यह उसकी लाचारी थी।

'पूरब की ओर झील लहरा रही थी। पच्छिम कुछ खेतों में पाट के पौधे लहलहा रहे थे। ऊँची सतह के खेत ही उस ओर थे जिनमें चीना, साँवाँ और मड़ुआ की फसलें खड़ी थीं। दच्छिन दूर तक धान के निरोग पौधों की घनी खेती छा रही थी और धमियापट्टी के लिपी-पुती भीतोंवाले घर जगमगा रहे थे। उत्तर की ओर तो यह तेरी बस्ती रुपउली अब भी नज़दीक है और तब भी नज़दीक थी। गाँव के बीच-बीच में बाँसों की झुरमुटें, आम-इमली-जामुन और पाकड़-पीपल के छिटपुट पेड़ अपनी इस तिरहुत-भूमि की एक बड़ी विशेषता है।

'मैंने जो पहली रात यहाँ बिताई, काले पाख की तेरस थी। आसमान खूब साफ था। कुदरत के उस नीले चँदोवे में तारों के नफीस मोती टँके हुए थे।

'उस रात मैं अपने अंदर हरारत महसूस कर रहा था। नींद आ रही थी। पत्तों की मेरी डंठलें सुस्त पड़ रही थीं और थकावट के मारे नस-नस में सूनापन-सा छा रहा था।

'हवा में दूध की गंध पाकर इतने में एक गीदड़ आ पहुँचा। बाड़ के बाहर कई

चक्कर लगाकर बेचारा लौट गया...

'भैंस की पीठ पर बैठकर किसी चरवाहे ने रात के आखिरी पहर में तान छेड़ी। उस गले में गज़ब की मिठास थी बेटा ! उस गीत के कुछ पद मुझे अब तक याद हैं; सुनेगा ?'

जैकिसुन का माथा हिला।

बाबा गुनगुनाने लगा–

'उमर बीत गई
बाल पकने लग गए
पिछले बारह वर्षों से
इस आँचल में गाँठ बाँध रखी है मैंने
आने का लेता है तो भी नहीं नाम
निठुर मेरा दुसाध...
राजा सलहेस प्रीतम मेरे !
तेरे नाम पर गाँठ बाँध रखी है
अपने आँचल में मैंने
ओ निठुर ! निर्मोही !!'

गीत के ये पद जैकिसुन ने आज तक नहीं सुने थे। यह तो उसे मालूम था कि सलहेस दुसाधों का वीर पुरुष था, महाराज। कुसुमा दोना उसकी प्रेयसी थी। लेकिन सलहेस के बारे में गाए जानेवाले पद इतने मार्मिक हो सकते हैं, जैकिसुन को इसकी कोई कल्पना नहीं थी।

उसके चेहरे पर हुलास की रोशनी छा गई। बाबा उन पदों का यह असर देखकर स्वयं भी पुलकित हुआ और बोलने लगा :

'फिर मैंने लाख चाहा कि दुबारा कोई ये पद सुना जाय, लेकिन वह लालसा कभी पूरी नहीं हुई बच्चा ! कभी नहीं !! कभी नहीं !!! पता नहीं, उस जवान चरवाहे का क्या हुआ ? दूसरी बार उसे फिर कहाँ देख सका ! कुछ दिनों बाद सुना कि बड़े घराने की एक बाल-विधवा उस पर अपना तन-मन निछावर कर चुकी थी। पकड़े जाने पर वह कत्ल कर दिया गया और अगले ही रोज़ लड़की तालाब में बेजान तिरती पाई गई।

'हमउम्र साथियों की कमी मेरी छोटी-छोटी उमर के चरवाहों से पूरी होने लगी।

'अपने बारे में खुद मैं भी उतना उत्सुक नहीं रहता जितने कि चरवाहे। वे मुझे दिन-भर घेरे रहते। उचक-उचककर बाड़ के अंदर झाँका करते। जो बेचारे उचककर भी ऊपर से मुझे नहीं झाँक पाते, बाड़वाले टट्टर की सूराखों में अपनी छोटी-छोटी आँखें सटाकर वे देर-देर तक अंदर मेरी शकल-सूरत निहारते रहते। भैंसें चराने के लिए लड़के ही आते, लेकिन गाय और बैल चराने के लिए जब-तब लड़कियाँ भी आतीं।

'चौदह-चौदह, सोलह-सोलह साल की लड़कियाँ उचक-उचककर बाड़ के अंदर हाथ डालतीं। अपनी खुरदरी हथेलियाँ वह मेरे तन पर फेरा करतीं, कड़ी उँगलियों से

पत्ते हलरातीं और छूतीं। प्यार और ममता-भरी उनकी वह कड़ी परस मेरे लिए संजीवनी सुधा थी। नया टूसा फूट निकलता तो मुझे खुद उतनी खुशी नहीं होती जितनी कि बस्ती रुपउली की उन अल्हड़ चरवाहिनों को।

'मैला-चीकट, दसियों पैबंद लगा, घुटनों तक का कपड़ा इन छोकरियों का पहनावा हुआ करता। सिर पर बालों के सूखे गुच्छे घोंसलों-जैसे लगते। गले में नीले काँच के बारीक़ दानों की एक-आध लड़ी। बाँहों में, घुटनों पर, हाथों पर और पेट पर गुदना—किसी के न भी होता...अब तो ख़ैर गुदना की रिवाज़ नाम-भर को रह गई है, लेकिन उन दिनों यह एक आम रिवाज़ थी। तेरी परदादी का तो समूचा बदन गुदनों से भरा था !'

आश्चर्य से जैकिसुन की आँखें बड़ी-बड़ी हो गईं। उसकी माँ के बदन में गुदना के दो ही तीन निशान थे। लेकिन बाबा तो यह सौ साल पुरानी बात बता रहा था न ? जैकिसुन को अपनी औरत का गेहुँआ शरीर याद आया जिसमें गुदना का एक भी निशान नहीं था।

बटेश्वरनाथ कहने लगे :

'चरवाहे गीली-चिकनी मिट्टी की पट्टियाँ बनाते और मेरे शरीर पर उन्हें थोप देते। ऐसा वे उस वक्त किया करते जब कि कड़ी धूप के कारण करारी गरमी पड़ रही होती। उनका कहना था कि गीली मिट्टी की पट्टियाँ लगाने से बिरवा पर गरमी का असर बिल्कुल नहीं पड़ेगा...कितना ख़याल वे मेरा रखते थे ! मैं तो सोच-सोचकर दंग रहता बेटा !

'धरती का रस, खाद, धूप, हवा, पानी और तेरे परदादा का लाड़-प्यार पाकर तथा रुपउली के एक-एक व्यक्ति का स्नेह पाकर मैं तेज़ी से बड़ा होने लगा। अब दरार के अंदर की वह तंग दुनिया याद आती तो बार-बार मैं शिवजी को धन्यवाद दिया करता। अब तो बेटा, मैं राजकुमार की तरह लोगों की आँखों का तारा था।

'राउत रोज़ शाम के वक्त आकर मुझे देख जाते। महीने में एक बार बाड़ हटवा देते। फिर खुर्पी लेकर अपने हाथों मेरा थाला सँवारते। बड़ी होशियारी से जड़ की ऊपरी मिट्टी खोदते, उसे उलट-पलटकर भुरभुरा बना डालते। कभी तालाब के अंदर से सेंवार और कुम्भी ले आते। उन्हें थाले में चारों ओर फैला देते। सेंवार और कुम्भी गल-पचकर अव्वल दर्जे की खाद बन जाती हैं... जब तक राउत जिए, मुझे सेंवार और कुम्भी की खुराक साल में तीन बार मिलती रही।'

पाँच

जैकिसुन बड़े ग़ौर से सुन रहा था।

जेठ की पूर्णिमा का चंद्रमा आकाश में काफी ऊपर उठ आया था। निचली सतह

के खेतों में धान के अंकुर निकल आए थे। चाँदनी रात में वे ऐसे लग रहे थे मानो सादे मैदान में ब्लू-ब्लैक की स्याही दूर-दूर तक फैला दी गई हो या कि न दिखाई पड़ने वाले मेघों की छाया पड़ रही हो...

था तो आजकल यह आमों का मौसम लेकिन प्रकृति देवी अब की नाराज़ थी। कसम खाने को भी इस बार आम के पेड़ों में फल नहीं लगे थे। यहाँ-वहाँ छिट-पुट तौर पर दस-पाँच झाड़ों में बौरें निकलीं भी तो बेकार। चैत की आँधियाँ उन थोड़ी-कुछ अंबियों को चौपट कर गई थीं; अचार और चटनी तक आमों की दुर्लभ थी अब की...

आमों का ज़ोर होता तो जैकिसुन कहीं इस तरह बरगद के तले यह रात गुजारता ?

उसके दादा ने मीठे आमों के दस पेड़ लगाए थे। उनमें से छः अब भी मौजूद थे। पिछले साल उनकी डालें फलों के बोझ से झुक आई थीं। झोंपड़ीवाला मचान खड़ा किया था जैकिसुन ने। लाठी, टार्च और तकिया-कंबल लेकर शाम को वह रोज़ निकल जाता बाग़ों की ओर। आमों की रखवाली का यह सिलसिला डेढ़-दो महीने तक चला था। आमों के मौसम में क्रौन गृहस्थ अपने बाग़ की रखवाली नहीं करता ?

और, संयोग की बात कहिए या कुछ भी कहिए, अब की आमों की प्रसव-शक्ति एकदम गायब हो गई थी। लीचियों के बाद अब बच्चे आमों के नाम जपा करते और उनकी यह बेताबी माँ-बाप के दिल दुखा जाती।

जैकिसुन आज दरभंगा के टावर-चौक से रुपए के दस बड़े आम ले आया था—'बंबई' आम। लाया तो था बच्चों के नाम, पर लेकिन माँ ने नहीं माना। बोली—"ले ! तू कहाँ का भीखम पितामह है ! तेरे बेटे आम खाएँगे तो मेरा बेटा नहीं खाएगा ?" बाल्टी में पड़े थे, उठाकर दो बड़े आम बुढ़िया ने जैकिसुन की थाली में डाल दिए...

अहीरों का यह खानदान पिछली पाँच पीढ़ियों से इकलौता ही चला आया था। जैकिसुन अपनी माँ का बेटा भी था, बेटी भी था; जेठा-मँझला और छोटा सबकुछ अकेला वही था। हाँ, अब आकर इस पीढ़ी में दैव की दया से दो बच्चे हुए थे और एक फिर होनेवाला था।

खाकर उठते वक्त वह बोला था—"फिर ले आऊँगा, तुम भी ज़रूर यह आम खाना। ऐसा बढ़िया 'बंबई' कभी नहीं चखा होगा..."

"हाँ, रे ! देखने में भी ये आम बड़े खूबसूरत हैं," बुढ़िया ने कहा और बाल्टी से उठाकर एक आम सूँघने लगी। सूँघते-सूँघते माथा हिलाने लगी और आँखें नचाकर बोली—"जभी तो ! देख न, छिलकों पर कैसी भीड़ जुट आई है चींटियों की !"

"ऐसे नहीं अम्मा, खाकर देख !" जैकिसुन आँखें फैलाकर बोला तो उसने कहा—"तो छोड़ थोड़े दूँगी इन्हें ? एक बहू खाएगी, एक मैं...भला, कहाँ के हैं ये आम ?"

हाथ-मुँह धोकर आया तो फिर जैकिसुन ने माँ से कहा—"दरभंगा में महाराज के खास बाग हैं कई। यह वहीं के आम हैं। जमींदारी तो अब सरकार ले रही है। इन बागों के फल पहले कभी नहीं बिके; दरबारियों और बड़े अफसरों के यहाँ सौगात की तौर पर पहुँचते थे। अब महाराज को दिखलावे की उतनी परवाह नहीं है जितनी कि स्टेट की ज्यादा-से-ज्यादा चीज-बस्त औने-पौने दाम पर बेचकर नगद रकम बना लेने की है...यह आम भी शायद इसीलिए बाजार में मिल गया है अम्मा !"

सो, अब तक जैकिसुन के दाहिने हाथ से 'बंबई' की खुशबू आ रही थी। उसका जी हुआ कि बाबा को अपना हाथ सुँघा दे।

जैकिसुन ने दाहिना हाथ बाबा की नाक की तरफ उठाया।

बाबा ने चट से गर्दन झुका दी। उसकी लंबी नाक जैकिसुन के दाहिने हाथ को सूँघने लगी...

बाबा देर तक उसके दाहिने हाथ से 'बंबई' आम की सुगंध लेता रहा और नथने फड़काता रहा। अपना भारी माथा हिलाकर बटेश्वरनाथ बोला :

'आम की ऐसी बढ़िया खुशबू तो मेरे लिए बिल्कुल नई बात है बेटा ! अपन तो सीधे-सादे ढंग के देहाती बरगद ठहरे ! क्या पता कि कैसा दिव्य फल आज तूने खाया है...इतना तो मालूम हो गया कि यह बंबइया किस्म का क़लमी आम रहा होगा कोई; जेठ महीने की अमावस सुहागिन औरतों के लिए त्यौहार की तिथि हुआ करती है। उस दिन वे हमारी पूजा करती हैं। बड़े घरानों की सधवा स्त्रियाँ थालों में 'बंबई'-आम के क़तरे सजाकर न जाने कितना नैवेद्य प्रति वर्ष मेरे सामने रखती आई हैं ! परंतु तेरे हाथ से जो सुगंध आ रही है वह तो गज़ब की है रे ! कहाँ से लाया था यह आम ?'

जैकिसुन मसोसकर रह गया कि होंठ खुलें और वह बतलाए इस आम के बारे में !

क्षण-भर बाद बाबा खुद ही कहने लगा :

'सुना है, दरभंगा और मधुबनी के बाज़ारों में अब उन बागों के फल बिकने आते हैं, साधारण लोगों तक जिनकी हवा तक कभी नहीं पहुँची। पहरेदारों की कड़ी निगरानी के कारण गौरैया तक जिसमें कभी चोंच न डाल सकी, उन पोखरों की रुपहली मछलियाँ अब तराजू पर सरेआम तुलती हैं। जाते-जाते भी ये राजा, ज़मींदार, भूस्वामी, सामंत चाँदी काट रहे हैं। घोड़े की कीमत पर वे हाथी हटा रहे हैं, बछड़े की कीमत पर घोड़ा; और बछड़ा ?

'बछड़ा बिल्ली की कीमत पर !

'दरी की कीमत पर शामियाना बिक रहा है, रूमाल की कीमत पर दरी बिक रही है !

'ताँबा, पीतल और काँसा के दस-दस बीस-बीस मन वजनोंवाले बर्तन रातों-रात ठठेरों के यहाँ पहुँचाए जा रहे हैं !

'सुनारों और जौहरियों की व्यस्तता इधर काफी बढ़ गई है...

'और तेरी यह आजाद सरकार इन सामंती श्रीमंतों को ज्यादा-से-ज्यादा हरजाना देने की तिकड़में भिड़ा रही है। व्यक्तिगत संपत्ति के वाजिब हक़ों का दायरा बेहद बढ़ाकर जमींदारी प्रथा का यह जो नकली श्राद्ध कांग्रेसी लोग कर रहे हैं, क्या नतीजा निकलेगा इसका ?'

जैकिसुन गर्दन ऊँची करके बाबा के चेहरे की ओर देखने लगा। इन्हें कितनी बातें मालूम हैं !--उसके विस्मय का कोई अंत नहीं था। लेकिन अभी जैकिसुन उनके मुँह से पुराने ज़माने के बारे में सुनना चाहता था। मौजूदा सवालों की अँतड़ियाँ तो वह खुद भी रोज़ उधेड़ा करता। बस्ती रुपउली के अंदर आधा दर्जन ऐसे जवान थे जो शासन की वर्तमान व्यवस्था के निठुर आलोचक थे। मगर ठीक-ठिकाने से पिछली बातें बताने वाला वहाँ कोई नहीं था।

गौरैया का चूज़ा सो रहा था बाबा की गोद में। उसकी तरफ माँ की ममता-भरी निगाहों से देखता हुआ अब वह कहने लगा :

'तीन वर्षों के दौरान में तीन बार बाड़ बदली गई। चौथीं दफ़ा बाड़ बदलने की जरूरत इसलिए नहीं पड़ी कि अब मैं बड़ा हो आया था--इतना बड़ा कि कद्दावर-से-कद्दावर भैंस-गाय का मुँह मेरे कंधों तक नहीं पहुँच पाता ?

'अब मेरी देह मूसल जितनी मोटी हो गई थी। नीचे की तीन टहनियों को राउत ने पिछले वर्षों में छाँट डाला था। बच्चे की छठवीं उँगली को माँ-बाप कटवा देते हैं, मेरी टहनियाँ काटते वक्त राउत की भी वही भावना रहती थी। पीले पत्ते, सूखी छाल या टूसों की सूखी कोर अक्सर राउत खुद हटा दिया करते और अलग खड़े होकर मुझे देर-देर तक एकटक निगाहों से देखा करते।

'अब मेरी चार-पाँच डालें हो गई थीं। टहनियाँ तो बीसियों थीं। पत्ते बड़े-बड़े, जिनकी चिकनी हरियाली आँखवालों को जुड़ाती थी; नए-नए पत्ते अपनी सिंदूरी सूरत के कारण उगते सूरज और दहकती आग के अंदर डाह पैदा कर देते।

'जो हाथी के पोढ़े दाँतों की सूरत होती है, उन दिनों मेरी छालों की वही सूरत थी। भीनी-भीनी-सी कसैली खुशबू उन छालों की एक खास खूबी थी। जो भी क़रीब आता, नथने फैलाकर गहरी साँसें खींचा करता। चर चुकने के बाद बथानों की ओर लौटनेवाले ढोर-डंगर मुझे ज़रूर सूँघते जाते।

'उस वर्ष पहली बार मेरी टहनियों में फलियाँ लगी थीं। पकने पर जंगली गूलर के फलों-जैसी लाल-सुर्ख और उतनी ही बड़ी दिखाई देती थीं।

'राउत ने देखा तो बोले--"मसें भीग रही हैं इसके तो अब !"

'यह सुनकर शर्म-सी लगी मुझे ! नए पत्तों की लाली फैलकर मानो कंधों तक आ पहुँची।

'अरे, किसी ने सुन तो नहीं लिया राउत ने जो कुछ कहा ? मैंने देखा, आस-पास कोई नहीं था। उधर, एक तरफ को वही बुड्ढ़ा-बौना गूलर अपना झख मार रहा था।

'अगले ही दिन राउत ने मौलसिरी के ताज़ा फूलों की माला डाल दी मेरे गले में।

'लेकिन वह माला दो ही रोज़ मेरे सीने पर झूल पाई बेटा !'

जैकिसुन ने प्रश्नसूचक दृष्टि से बाबा की तरफ देखा। बटेश्वरनाथ के चेहरे पर कुढ़न या परेशानी नहीं, बल्कि अंदेसा निखर आया था—वह अंदेसा जो कमसिन छोकरों की तरफ बुजुर्गों में देखा जाता है।

बाबा की जीभ चलने लगी :

'बाईस साल की एक बहू रोज़ अपने खेत में राख और गोबर डालने आती थी। उसकी ज़मीन यहाँ से ज़रा-सा पच्छिम पड़ती थी। तीसरे दिन उस माला पर उसकी निगाह आई। थोड़ी देर तक तो वह मूरत की तरह रास्ते पर खड़ी रही, फिर टोकरी अलग रखकर करीब आई। चेहरे पर चेचक के दाग थे। आँखें बड़ी-बड़ी थीं—कानों को छूती हुई-सी। बदन कठमस्त था...'

बाबा ज़रा-सा ठिठके, फिर बोलने लगे :

'इससे पहले कोई जवान औरत इस क़दर मेरे क़रीब कहाँ आई थी। नहीं बेटा, नहीं आई थी रे ! फिर क्या हुआ ?'

जैकिसुन आवश्यकता से अधिक सावधान हो उठा क्योंकि बाबा ने पिछले शब्दों पर ज़ोरों का झटका दिया था। फुर्ती ने उसकी रीढ़ को तान दिया।

बाबा बटेश्वरनाथ कहता गया :

'हुआ यह कि तरुण नारी-देह की विलक्षण गंध पाकर मेरी रग-रग स्पन्दित हो उठी, पत्ते जल्दी-जल्दी हिलने लगे और टूसों की कोखें दहकने लगीं।

'बिल्कुल पास आई तो मेरे कंधों पर दाहिना हाथ डाला और कुछ सोचने लगी। मुझे महसूस हुआ कि ज्यादा देर तक अगर इसने अपना हाथ मेरे कंधे पर रखा तो छालें पानी-पानी होकर बह जाएँगी...

'जल्दी-जल्दी में उसने वह माला उतार ली। उतार क्या ली ? जहाँ उसमें धागे की गाँठ थी वहाँ से तोड़ डाला था। तक़लीफ तो मुझे ज़रूर हुई। आख़िर राउत ने उतने प्यार से मौलसिरी के फूलों की वह माला मेरे लिए बनवाई थी और खुद अपने हाथों से इस गले में डाला था ! मगर यह सोचकर कि चलो बेचारी अपने प्रीतम को रिझाएगी इस माला के ज़रिए, अपने-आपको तसल्ली दे ली।

'मेरे गले से माला नदारद देखकर तेरे परदादा को बेहद रंज हुआ था।

'उसी वर्ष, क्वाँर के महीने में तेरा दादा पैदा हुआ। बूढ़े पंडितराज का आशीर्वाद चार साल बाद लोगों के सामने था।

'फसल उस बार ऐसी अच्छी आई थी कि किसानों के रोएँ-रोएँ से खुशी का फव्वारा छूटता था। ऐसा लगता था कि कम-से-कम साल-भर तो अब की लछमी महारानी का पद्मासन इसी इलाके में रहेगा। राजा खुश था। ज़मींदार खुश थे। गृहस्थ खुश थे। बनिहार और मजदूर खुश थे। अधिक भिक्षा की आशा में भिखमंगों की भी खुशियों का ठिकाना नहीं था। तीर्थों के पंडे और मंदिरों के पुजारी उत्साह से भर उठे थे, उनकी श्रद्धा-भक्ति गहरी हो आई थी।

'उस ज़माने में तेरी बस्ती की आबादी इतनी ज्यादा नहीं थी। कुल मिलाकर सत्तर परिवार थे। बच्चे-बूढ़े-जवान-अधेड़ सभी औरत-मर्दों की तादाद तीन सौ से ऊपर नहीं थी। लोग मजबूत काठी के हुआ करते थे। बीमारियों की यह किचिर-किचिर हमेशा नहीं लगी रहती थी। आजकल की अपेक्षा रहन-सहन उन दिनों कहीं ज्यादा सादा था। मिर्जई, दुपलिया टोपी, चमरौंधा जूता और पतले बाँस की नकुली छड़ी जिसका सिर चाँदी के पत्तर से मढ़ा होता—मँझली और ऊँची हैसियतवालों का यही बाना था। राजा, बाबू-बबुआन, ज़मींदार, दीवान और राजपुरोहित-राजपंडित लोग छोटे लाट की दरबारदारी में जाते तो चुस्त पाजामा, शेरवानी, पेचदार पगड़ी और दिल्लीवाले जूतों में हुआ करते।

'तेरा परदादा चार गज की गाढ़ी धोती और ढाई गज की चादर लेकर पहुनाई करने निकलता था। जूते उसके कभी नहीं देखे मैंने।

'पूस-माघ में उस वर्ष धान जब खलिहान में तौला गया तो मालूम हुआ कि तीन गुनी उपज हुई थी। लोगों ने अनाज बेच-बेचकर कर्ज की पिछली रकमें चुकाईं और शादी-ब्याह, मूड़न-छेदन, जनेऊ-उपनयन, तीर्थ-वर्त वगैरह कामों में खुलकर खर्च किया।

'राउत की खेती-गिरस्ती खूब साफ-सुथरी थी। शायद ही उसे कभी कर्ज लेना पड़ा हो। बेर-कुबेर के लिए वह चार पैसे सँभालकर रखता था। कभी मैंने तेरे परदादा को हाय-हाय करते नहीं पाया। उस साल रुपए का चार मन धान बिका था। राउत चाहता तो सौ मन बेच लेता लेकिन नहीं। क्या ज़रूरत थी रुपयों की। सुखा-सुखाकर सौ मन धान तेरी परदादी ने कोठार में डाल ली।

'अभी रेल नहीं खुली थी। जाने-आने के लिए हाथी, घोड़ा, ऊँट, बैलगाड़ी, पालकी-तामदान, सगड़ या इक्का और खटोला वगैरह की मदद ली जाती थी। इस साल चैत में वारुणी का परब आया तो राउत पाँव-पैदल गंगा नहा आए—सिमरिया घाट जाकर। गंगाजल और गंगामाटी लाए थे साथ। चुल्लू-भर गंगाजल उन्होंने मुझ पर भी छिड़क दिया और तनिक-सी गंगामाटी सीने में लगा दी। वह अकेले नहीं गए थे गंगा, गाँव के दस-बारह आदमी जोट बाँधकर गए थे—बोलते-बतियाते और हँसते-गाते। चावल-दाल, नमक-मिर्च, घी-तेल... सीधा का सारा सामान था। बर्तन भी साथ थे—तसला, बटलोई, कड़ाही, कलछी, थाली-बाटी, लोटा-गिलास। जमात में दो औरतें थीं, इससे रसोई-पानी का बड़ा आराम रहा। दो दिन जाने में, दो दिन आने में। दो रोज घाट पर गंगा मइया की गोदी में। महीनों इसी का बखान चलता रहा। जो नहीं जा सके थे वे मुँह बा-बाकर सुना करते; जो लोग हो आए थे, यात्रा की चर्चा करते-करते उनकी जीभ थकना मानो जानती ही नहीं थी।

'राउत ने अब मेरी जड़ों में गोल-मोल-सा एक छोटा चबूतरा बना दिया।

'हर सोमवार को सबेरे आकर तेरी परदादी मेरी जड़ों में लोटा-भर जल ढालने लगी तो इसमें मैं बहुत खुश हुआ।

'अगले वैशाख में राजा के मझले कुमार की शादी हुई। शुक्ल पक्ष की दसमी थी। बारात इसी रास्ते गुजरी थी। नौकर-चाकर मिलाकर सौ आदमी रहे होंगे। कंधों पर

बाँस रखकर सोलह बेगार भारी-सी एक तख्तपोश ढोए जा रहे थे, उस पर दरी और जाजिम बिछी थी। मय साज-बाज के एक रंडी उस तख़्तपोश पर नाच रही थी—तबला-डुग्गी, सारंगी, मजीरा सब साथ दे रहे थे।...वैसा अद्भुत दृश्य मैंने फिर कभी नहीं देखा बेटा ! न, कभी नहीं !!'

जैकिसुन को अपने कानों पर यकीन नहीं हुआ...बारात में साथ चलते बेगारों के कंधे ! कंधों पर बाँस और बाँसों पर तख्तपोश ! तख्तपोश पर साज-बाज समेत एक बाईजी नाच रही हैं और राजा का बेटा ब्याह करने जा रहा है...

'कैसी अजीब बात सुना रहे हैं बाबा'—जैकिसुन ने सोचा और उसके रोंगटे खड़े हो गए।

दम मारकर बाबा कहने लगा :

'आज तो इन बातों पर सहसा विश्वास नहीं करेगा कोई, किंतु सौ वर्ष पहले दरअसल अपने इन इलाकों में जमींदार सर्वेसर्वा हुआ करता था। रियाया से बेठ-बेगार लेना उसका सहज अधिकार था...वह रोब ! वह दबदबा ! वह अकड़ ! वह शान ! वह तानाशाही ! वह जोर ! वह जुल्म ! क्या बताऊँ, बेटा ?

'छोटी औक़ात के और नीची जात के लोगों को तो ख़ैर वह कीड़े-मकोड़े समझता ही था, अच्छी-अच्छी हैसियत के भले-खासे व्यक्तियों से वक्त-बेवक्त नाक रगड़वाता था ज़मींदार।

'औसत हैसियत का एक गृहस्थ था शत्रुमर्दन राय। अरे, इसी जीवनाथ का दादा...'

जैकिसुन ने सोए हुए एक जवान की ओर निगाह फेरी—जीवनाथ ! अजी, यह जीवनाथ तो उसका साथी था। दरजा आठ तक पढ़ा-लिखा और अब मेहनती किसान... टुनाइ पाठक और जैनरायन की आँखों का काँटा...तो, इसके दादा के साथ ज़मींदार ने कोई बदसलूकी की होगी—

जैकिसुन बार-बार अपने उस साथी की तरफ देखने लगा।

बाबा ने कहा :

'गाढ़ी नींद सो रहा है जीवनाथ। बड़ा मेहनती और ईमानदार लड़का है। इसकी सूझ-समझ भी काफी पैनी है रे !'

'हाँ बाबा !'—मन-ही-मन जैकिसुन बोला, 'यही तो हमारा लीडर है...'

बाबा कहता गया :

'बस्ती रुपउली में आम लोगों के दुख-सुख की जैसी चिंता यह पट्ठा रखता है, उसका दसवाँ हिस्सा भी अभी तेरे अंदर मैं नहीं पाता हूँ। क्यों, है न ठीक ?'

'हाँ' की मुद्रा में जैकिसुन ने सिर हिलाया।

बाबा ने कहा :

'शत्रुमर्दन राय सीधा-साधा मेहनती खेतिहर था। उसके बाप ने राजाबहादुर रमादत्तसिंह से तीस रुपए सूद पर लिए थे। बाप कर्ज की वह रकम नहीं चुका सका।

कर्ज की रकम सूद-दर-सूद का पैसा-अधन्ना पी-पीकर मोटी होती गई। अपनी ईमानदारी और पैनी सूझ-बूझ के कारण शत्रुमर्दन राय गँवई पंचायत का बेज़ाब्ता मुखिया समझा जाता था।

'पंडित चंद्रमणि का छोटा धेवता अपने नाना और भाई के बल पर लुच्चों का सरग़ना हो उठा था। गाँव की बहू-बेटियों की आबरू उतारना, भरे तालाब की निकास का रास्ता खोलकर रातों-रात मछलियाँ भगा देना, बाग के नए पेड़ कटवा डालना, भैंस और बैल लापता कर देना, किसी के खिलाफ झूठ-मूठ ज़मींदार के कान भरना...कोई भी कुकर्म उससे छूटा नहीं था।

'गाँव की पंचायत ने एक बार उसे मामूली सजा दी—सजा क्या दी, दो रुपए का जुरमाना ठोक दिया। बाकी पंच दुविधा में थे, लेकिन शत्रुमर्दन राय ने साफ-साफ कहा—"चाहे कुछ हो, हमें बगैर किसी रू-रियायत के इस बलिभद्दर से कैफ़ियत तलब करना चाहिए..." बलिभद्दर रायजी पर बड़ा गुस्सा हुआ और उठकर चला गया। रायजी ने ज़ोर डाला तो पंचायत ने मुज़रिम पर दो रुपए का जुरमाना ठोका।

'राजाबहादुर का छोटा भाई बलिभद्दर को खूब मानता था। इस तरह, उसके लिए शत्रुमर्दन राय के खिलाफ मालिक के कान भरना-भरवाना बाएँ हाथ का खेल था।

'आखिर राजाबहादुर के कान रायजी के खिलाफ खूब भरे गए।

'राजाबहादुर के दरबार में दस भोजपुरिया लठैत 'प्यादा' के नाम पर पलते थे।

'एक रोज सबेरे एक प्यादा रायजी के घर आ धमका—"तलबी है बाबू सतुरमर्दन राय की !"

'बिच्छू के डंक-सी कड़ी मूँछें, सिल-सा सपाट सीना...छोटी-छोटी आँखें, छोटे-छोटे बाल, तगड़ी डील और कद्दावर डौल ! साढ़े चार हाथ का ऊँचा लट्ठ सँभाले—सरसों का तेल चुपड़-चुपड़कर पोता हुआ लट्ठ ! किसी ने सहमते-सहमते पूछ दिया—"क्या नाम है आपका सिपाहीजी ?"

'"हवलदार पांडे..." अकड़ी हुई आवाज लोगों के कानों से टकरा गई। डेढ़ सेर चावल, पावभर दाल, दो सेर की ताजी हरी लौकी और ऊपर से एक अधन्ना...सिपाही जी को असामी की तरफ से सीधा मिला और जवाब मिला—"कल हाज़िर होऊँगा।"

'रायजी समझ तो गए ही कि क्या होनेवाला है और इसके पीछे कौन-सा सूत्र काम कर रहा है !

'वह दिन-भर परेशान रहे कि कहीं से चालीस रुपए चाहे जैसे भी मिल जाएँ लेकिन कोई सूरत नहीं निकली। बेटा, वह रुपयों का ज़माना तो था नहीं, जिन्सों और मालों का ज़माना था। रुपए में तीन-तीन चार-चार मन तक धान मिलते थे; दो-दो ढाई-ढाई मन चावल। सात सेर, छः सेर घी आता था, डेढ़-दो मन गुड़। कौड़ियाँ पैसों की जगह इस्तेमाल होती थीं। नोट का चलन बिल्कुल नहीं हुआ था...आज तो एक बीघा उपजाऊ जमीन ढाई-ढाई तीन-तीन हजार रुपए पर उठती है ! उन दिनों पच्चीस रुपए मिलते थे एक बीघा धनहर खेत के। आज तेरी बस्ती के पचासों आदमी बाहर रुपए

कमा रहे हैं। यहाँ के किसान हर साल अनाज बेचकर हजारों की खड़ी रकम बनाते हैं।

'तो, दिन-भर परेशान रहा शत्रुमर्दन राय, लेकिन रुपए दस भी देने को कोई तैयार नहीं हुआ।

'जी कड़ा करके अगले दिन सबेरे वह राजाबहादुर के सामने हाज़िर हुआ। हाथ जोड़कर बोला—"हुजूर ! गरीबनेवाज ! उतनी रकम के बदले जमीन कबाला करा लीजिए ! दुहाई सरकार की ! या, फिर, दो महीने की मुहलत मिले..."

'गर्दन-समेत माथा हिलाकर राजाबहादुर ने कहा—"हूँ ऊँ ऊँ ऊँ।"

'करीब ही खड़ा था मुंशी तुरंतलाल दास। वह राजाबहादुर का महामंत्री था। उसका बाप मुंशी कृष्णलाल दास राजाबहादुर के पिता गौरीदत्त सिंह का दीवान था। पुश्तैनी राज-भक्ति पक चुकी थी।

'दासजी ने राजाबहादुर के राजसी खयाल पर शान चढ़ाने की नीयत से कहा—"हुजूर, मुहलत तो कई बार यह ले चुके हैं..."

' "हूँ ऊँ ऊँ ऊँ"—राजाबहादुर ने पतली मूँछों पर बाएँ हाथ की दो उँगलियों से दुतरफा ताव देते हुए कहा। रायजी बेचारे उसी तरह हाथ जोड़े खड़े रहे। क्षण-भर बाद मालिक ने आँखें तिरछी करके दीवानजी को इशारा किया कि असामी को यहाँ से ले जाओ...

'बेटा, यह सामने से हटाने-भर का इशारा नहीं था। यह आज्ञा थी शत्रुमर्दन राय पर बर्बरता बरतने की !

'सदर दरबार की बाईं ओरवाला दरवाजा पार करके एक पुराना पक्का मकान था। तख्तों की बनी बड़ी-बड़ी संदूकें पहियों पर खड़ी रखी थीं बरामदों में। आँगन का चौक खाली था।

'शत्रुमर्दन राय को बीच आँगन में खड़ा कर दिया गया।

'लट्ठ लिए हुए चार सिपाही सामने मुस्तैद थे।

'बाँहों को माथे के ऊपर खड़ा करके एक सिपाही ने बाँध दिया। दो गज के फासले पर दो ईंटें डाल दी गईं। एक ईंट पर एक पैर, दूसरी पर दूसरा पैर। इस तरह रायजी खड़े किए गए। यमदूत-सी मूँछोंवाला एक अधेड़ भोजपुरिया जमादार कोड़ा लिए नजदीक आया। दूसरी ओर से एक और आदमी आया जिसके हाथ में मुँह-बंद हाँडी थी।

'जमादार का इशारा पाकर वह शत्रुमर्दन के बिल्कुल करीब पहुँचा और हाँडी का मुँह खोलकर लाल चींटों का छत्ता निकाल लिया। छत्ते में डोरी लगी थी। उसने खाली हाँडी नीचे जमीन पर रख दी और बिलबिलाते लाल चींटोंवाला आम के अधसूखे पत्तों का वह घोंसला रायजी के माथे पर टिकाया; ऊपर डोरी पकड़े रहा...

'चींटे हजारों की तादाद में शत्रुमर्दन राय की देह पर फैल गए।

'माथा हिलाकर बेचारे ने बँधे हाथों को ऊपर-ऊपर झटकने की कोशिश की कि पीठ पर कोड़े पड़े—सपाक्-सपाक् ! चार बार !!

' "खबरदार !" जमादार गरज पड़ा, "अपनी खैर चाहते हो तो वैसे-के-वैसे खड़े रहो, वरना..."

'आँख, नाक, कान, मुँह, होंठ, गर्दन, कपार—और बाकी समूचे बदन से चिपक गए लाल चींटे ? थोड़ी देर तक शत्रुमर्दन राय हाय-हाय होय-होय हुई-हुई करता रहा। एकसाथ हजारों की संख्या में चलती-फिरती भूखी-प्यासी जहरीली सुइयों ने लाचार आदमी पर हमला कर दिया था।

'शत्रुमर्दन काफी देर तक छटपटाता रहा...

'वह असल राजपूत था बेटा, इतना कुछ गुजरा उस पर लेकिन 'माफी' की बात मुँह से नहीं निकली। बलिभद्‌दर भी उस वक्त वहीं अंदर महल में था। यही सोचकर तो वह दुष्ट उस वक्त वहाँ मौजूद था कि रायजी कहीं नाक रगड़ने लग जाएँ, माफी माँगने लगे तो कर्ज की कुल रक़म बलिभद्‌दर जमा कर देगा।

'लेकिन दुष्ट के मनसूबे पूरे नहीं हुए।

'शत्रुमर्दन राय अपना बदन लाल चींटों से बिंधवाता रहा। छटपटाता रहा और दाँतों-पर दाँत बैठाकर चुभन व जलन पचाता रहा। हिलता-डुलता रहा और कोड़े खाता रहा...

'आखिर वह बेहोश होकर गिर पड़ा।

'और जिस समय शत्रुमर्दन पर यह बर्बरता ढाई जा रही थी, ठीक उसी वक्त महलों में राधाकृष्ण की युगल-जोड़ी के सामने मीठी आवाजवाले एक पुराणपाठी महानुभाव राजमाता साहिबा को श्रीमद्‌भागवत की रास-पंचाध्यायी सुना रहे थे।

'इस घटना के चार-छः दिन बाद एक शाम को राउत अपने दो-तीन मित्रों से यह सब सुन रहे थे...तब से ज़मींदारों के प्रति मुझे घोर घृणा हो गई बेटा !'

जैकिसुन ने गहरी साँस ली।

उसकी मुखमुद्रा पर विषाद की गहरी छाया घिर आई थी। उसे उन बुड्ढों का ख़याल आ गया जो मौक़ा-बेमौक़ा बीते युगों के गुण गाते रहते हैं। उसे पग्गड़धारी उन पंडितों की याद आ गई, ज़मींदारों की प्रशंसा करते-करते जिनकी जीभ चंदन-चोआ उगलने लगती है। उसका चेहरा कठोर हो आया।

बाबा बटेश्वरनाथ ने कहा :

'तेरा चेहरा क्यों उतर आया है बेटा ? बौड़म कहीं का ! क्या सोचता है कि वह जालिम ज़माना फिर वापस आ जायगा लौटकर ? हः हः हः हः !!!

'नहीं रे, नहीं ! तू जिस युग में पैदा हुआ है वह राजाओं-ज़मींदारों और सेठों-साहूकारों का युग नहीं, बल्कि तेरे-जैसे आम नौजवानों का ज़माना है...'

बाबा ने जैकिसुन की ठुड्डी में उँगली लगा दी और कहा :

'मैं बूढ़ा ज़रूर हो आया हूँ लेकिन बीते युगों की सड़ाँध का समर्थन किसी भी क़ीमत पर नहीं कर सकूँगा। भविष्य तेरे-जैसे तरुणों के हाथों में है। राजाबहादुर रमादत्तसिंह की मौजूदा औलाद आज क्या कूबत अपने अंदर रखती है, देख ही रहा है तू !

'आज के ये राजाबहादुर सार्वजनिक उपयोग की भूमि, पोखर, चरागाह, श्मशान वगैरह चोरों की तरह चुपके-चुपके बेच रहे हैं। इतना बड़ा अन्याय अब दुनिया यों ही बर्दाश्त कर लेगी बेटा ! नहीं रे, हरगिज नहीं !'

जैकिसुन का दिमाग़ आश्वासन के ये बोल पाकर हलका हो उठा।

अब उसके तरुण होंठों पर गुलाबी मुस्कान खेल गई; आँखों के कोए चमकने लगे।

छह

रात आधी बीत चुकी थी। प्रकृति बिलकुल नीरव और निःस्पंद लगती थी। पूर्णिमा की प्रौढ़ चाँदनी समग्र संसार को अपने स्नेहपाश में ले चुकी थी। चंद्रमंडल मध्य-आकाश के नील-सागर में दमक रहा था।

बाबा ने कहा :

'तुझे प्यास लगी होगी ! और, ऊब तो नहीं उठा है तू ?'

हाँ, जैकिसुन को प्यास ज़रूर लगी थी, मगर बाबा की बातों से ऊबा तो वह बिलकुल नहीं था।

बाबा उठा और दोने में पानी ले आया।

वह अनोखा लगा जैकिसुन को। पहले सोचा उसने कि बाबा को बार-बार जाकर दोने में पानी लाना पड़ेगा, लेकिन पीकर मालूम हुआ कि अब और पानी उसे नहीं चाहिए। स्वाद इस जल का बेशक कसैला था, परंतु बड़ी तृप्ति मिली थी पीकर।

तब तक बाबा बैठ चुका था।

कुछ देर वह चंद्रमंडल की तरफ देखता रहा, फिर जैकिसुन के प्रति मुख़ातिब होकर कहने लगा :

'एक-एक व्यक्ति अपने बारे में अंतहीन आख्यान-उपाख्यान सँजोए हुए है। एक-एक दिन की घटना अगर मैं तुझे ब्यौरेवार सुनाने लगूँ तो महीनों नहीं, वर्षों लग जाएँगे। उतना कौन सुनेगा और कौन सुनाएगा ? किसी बीहड़ जंगल में अगर मैं होता और मनुष्यों के जीवन की बातें बिलकुल न जानता होता तो फिर इस प्रकार का अवसर ही भला कैसे आता ?

'राउत पचपन साल की आयु में ही चल बसे थे। तेरी परदादी पंद्रह वर्ष और ज़िन्दा रही। हर सोमवार को वह मेरी जड़ों में लोटा-भर पवित्र जल ढालती थी। यह नियम उसका कभी नहीं टूटा।

'हिज़री सन् 1280 में भारी अकाल पड़ा था। वैसा अकाल सैकड़ों वर्ष के अरसे में एक-आध बार ही पड़ता है बेटा !

'बात यों हुई कि पिछले कुछ-एक वर्षों से फसल मामूली आ रही थी। साल-भर

का खेवा-खर्चा लोगों का अपना यों भी पूरा नहीं पड़ता था। उस बार की धान की मुख्य अगहनी फसल बिलकुल चौपट हो गई थी। चैत बीतते-बीतते बड़े-बड़े गृहस्थ तक जौ-चने की रोटियों पर उतर आए थे। चावल ही जिन इलाकों का खास भोजन हो, वहाँ जौ-चने का टिक्कड़ खुशी-खुशी तो कोई खाएगा नहीं। मरता क्या नहीं करता !

'मामूली हैसियत के किसान शकरकंद बनाम अल्हुआ की शरण ले चुके थे। खेत-मज़दूर और जन-बनिहार आम की सूखी गुठलियाँ चूर-चूरकर मडुआ का ज़रा-सा आटा उसमें मिलाकर टिक्कड़ बनाते और उसी से भूख की आँच को शांत करते।

'उस वर्ष रबी की फसल भी दगा दे गई थी। आम भी नहीं फले थे। बैशाख गया, जेठ गया और आषाढ़ भी बीता, लेकिन इंद्रदेव का दिल नहीं पसीजा—नहीं पसीजा ! नहीं पसीजा!!

'मेरी छाया में बैठकर तेरी इस बस्ती रुपउली के ब्राह्मणों ने मिट्टी के ग्यारह लाख शिवलिंग बनाए और उनकी सामूहिक पूजा की उन्होंने; फिर भी मेघ की कृपा नहीं हुई—नहीं हुई ! नहीं हुई !! नहीं हुई !!!

'ग्वालों, अहीरों और धानुकों ने यहीं चार दिनों तक भुइँयाँ महाराज का पूजन किया, दस भेड़ें बलि चढ़ाईं और दो जवान भाव खेलते-खेलते लहूलुहान होकर गिर पड़े थे; फिर भी राजा इंदर खुश नहीं हुआ—नहीं हुआ ! नहीं हुआ !! नहीं हुआ !!!

'एक रात मर्द जब सो गए तो गाँव-भर की औरतें दस-पंद्रह गुटों में बँट गईं। तालाब से मेंढक पकड़ लाए गए, उन्हें ओखलियों में मूसलों से कुचला गया। गीतों में बादल को बुलाती रहीं वे, देर तक बुलाती रहीं; लेकिन मेघ नहीं आया—नहीं आया ! नहीं आया !!

'पंडितों ने महीनों तक चंडी-पाठ किए, साधकों ने एक-एक मंत्र को लाखों जपा...सब व्यर्थ ! वरुण को दया नहीं आई।'

जैकिसुन मानो साँस रोककर बाबा की बातें सुन रहा था। साँस को दिल की धड़कन के प्रति ईर्ष्या हो रही थी कि बातें उसी के पल्ले ज़्यादा पड़ रही हैं !

क्षण-भर चुप रहकर बाबा ने फिर आरंभ किया :

'तालाबों में पानी घटने लगा तो लोग मछलियों और कछुओं पर टूट पड़े। मछलियाँ भूनकर बिना नमक के ही उन्हें वे पेट के हवाले कर देते। जो गृहस्थ तालाबों के हक़दार थे, उनकी कड़ाई बढ़ी तो जनसाधारण चोरी-चोरी से मछलियाँ पकड़ने लगे।

'भूख की भट्ठी में सोचने और समझने की ताकत जल-भुनकर ख़ाक हो जाती है बबुआ ! लोग पिछले वर्ष की पकी ईंटें उड़ा-उड़ाकर लाने लगे। मंदिर बनाने की नीयत से रामजी गुसाईं ने कई वर्ष तक रकम इकट्ठी की थी और दस-बारह महीने पहले ईंटों का भट्ठा लगवाया था। राजमाता ने मुफ्त की लकड़ी दिलवा दी थी तब भट्ठा पका था। अब की समय साल खराब देखकर गुसाईं ने मंदिर खड़ा करने का अपना विचार स्थगित कर रखा। पेट जलने लगा तो वही ईंटें उठा-उठाकर लोग लाने लगे। बताऊँ, क्या करते ये ईंटों का ?'

जैकिसुन ने संकेत से हामी भरी। '80 सालवाले उस दुर्भिक्ष का जिक्र तो बूढ़ों के मुँह से उसने जब-तब सुना था लेकिन इस बारे में तफसील की कोई बात जैकिसुन को कहाँ मालूम थी।

वह बटेश्वरनाथ की ओर ग़ौर से देखता रहा। लंबी दाढ़ी की घनी छाँह में गौरैया का चूज़ा दिखाई नहीं पड़ता था। घुटनों तक पहुँचती धोती का मटमैलापन धवल चंद्रिका के आतंक से सहमा-सहमा-सा लगता था। उँगलियों के नखों की सफेद गद्दियाँ उस उज्ज्वल प्रकाश में अच्छी तरह जगमगा रही थीं।

जैकिसुन ने परछाईं में बाबा के होंठ खुलते देखे तो मन को कानों में डाल दिया।

बाबा ने कहा :

'बताऊँ, क्या करते थे उन ईंटों का ?

'एक ईंट का वज़न उन दिनों कम-से-कम तीन सेर होता था। जो ईंटें हल्की आँच में पकी होतीं, लोग उन्हें ही उठाते। घर में औरतें ईंट का चूरन बनातीं पहले, पीछे उस चूरन का महीन पिसान तैयार कर लेतीं। आम, जामुन, अमरूद, इमली वगैरह की पत्तियाँ उबालकर पीस ली जातीं। पाँच जने अगर खानेवाले हुआ करते तो ईंट का एक सेर पिसान दो सेर उबली पत्तियों में मिलाया जाता; कहीं यह पिसान पत्तियों में एक-चौथाई-भर डाला जाता। आम की गुठलियों का पिसान भी इसी तरह बरता जाता।

'घासों का कहीं पता नहीं था। दूबें बिलकुल सूख गई थीं। मामूली पौधों का भी यही हाल था।

'दूबों की जड़ें खुरपी से खोद लाते लोग, उबाल-उबालकर उन्हें चबा जाते।

'इन सबके बाद पेड़ों की छाल का नंबर आया।

'मैं काफी छतनार हो आया था। जवानी के दिन थे। कंधों पर मोटी-मोटी तीन शाखाएँ खड़ी थीं। डालों, डालियों और टहनियों की शुमार ही क्या ! अब ठेठ दुपहरिया के वक्त भी मैं अपनी छाँह से दो-ढाई कट्टा दायरा धरती का अनायास ही घेर लिया करता। धूप, वर्षा और ओस-पाला से बचने के लिए अब मनुष्य ही नहीं, दूसरे भी कई प्राणी मेरे नीचे आते। हर साल दो-चार बार पंचायत बैठने लगी। चरवाहों और चरवाहिनों के लिए तो मैं घर से भी ज़्यादा प्यारा अड्डा बन गया। आसपास खेतों में काम करनेवाले मज़दूर मेरी छाँह में आकर बैठते और मालिक-गृहस्थ के यहाँ से आया हुआ रूखा-सूखा कलेवा पाते। ढाई पहर की चिलचिलाती धूप में हलों से खुलते ही बैल दौड़कर यहाँ आ जाते। भैंसें घंटों बैठकर यहाँ जुगाली करती रहतीं। कैसी भी जल्दी में क्यों न होते, बटोही बिना सुस्ताए यहाँ से आगे नहीं बढ़ते।

'राउत का स्वर्गवास हो चुका था। अब तेरा दादा मेरी देखभाल करता था। और, अब मैं नाबालिग थोड़े था कि किसी की निगरानी का मुहताज रहता ? दरअसल मैं इस लायक हो चुका था कि बस्ती रुपउली के बाशिंदों की खोज-खबर रख सकूँ...

'अकाल की भीषण घटनाओं का मुझे अच्छी तरह पता था। आसपास के इलाकों में उपज का जैसा बुरा हाल था, वह क्या मुझसे छिपा था ? भूखे चरवाहे मेरी डालों

पर देर-देर तक आड़े-तिरछे खड़े रहते और कच्ची-दुद्धी फलियाँ चबाया करते। पीछे उन्होंने टूसों पर हाथ साफ करना शुरू किया। मेरे पत्तों में, छालों में, टूसों में, कच्ची फलियों में लासा की थोड़ी-बहुत मात्रा होती है। इस लासा के कारण बेचारों की जीभ और तालू अधिक देर तक चालू नहीं रह पाते थे; लिहाजा चरवाहों से मुझे जल्द ही छुटकारा मिल जाता था।

'लेकिन इन छुटकारों से मैं खुश थोड़े होता रहा ? मुझे अपने पर खीझ उठती; बेहद परिताप होता ! क्यों लासा दिया विधाता ने मेरे रगों-रेशों में ? हाय, मैं भूखे पेटों की जलन जी-भर मिटा पाता ! काश, कोई आकर मुझ पर तेल छिड़क जाता !

'मुसीबत में अगर किसी के काम न आया तो वह जीवन बेकार है बेटा ! भूख ने लोगों की अँतड़ियों का रस सोख लिया और मैं बेहया हरा-भरा यह सब देखा करता ! बेचैनियों का तूफान उठा करता मेरे अंदर; धरती पर काफी गुस्सा आता कि मेरी जड़ों को तो वह अब भी रस पहुँचाया करती है परंतु अकाल-ग्रस्त मानव-समाज की घोर उपेक्षा कर रही है....

'यह स्थिति मेरे लिए असह्य हो उठी आखिर !

'वह महारानी विक्टोरिया का ज़माना था। जिले का कलक्टर गोरा था, पुलिस-सुपरिंटेंडेंट गोरा था। सब-डिवीजनल अफसर गोरे थे। अदालत का बड़ा हाकिम गोरा था। ऊपर बड़ा लाट और छोटा लाट सब गोरे साहब। सूबाई दफ्तर और हाईकोर्ट कलकत्ते में थे। इन देहातों में एक तरफ तो ज़मींदारों का दबदबा था, दूसरी तरफ कहीं-कहीं नील के कारखानेदार अंग्रेज़ जमे बैठे थे। बाज़ारों और शहरों में इधर तब तक मारवाड़ी बनिए नहीं आए थे; खरीद-फरोख्त और जमा-पूँजी का सारा कारोबार देसवाली सौदागरों के जिम्मे था—तेली, सूँडी, कलबार, अगरबाला, रौनियार, बरनवाल, हलवाई वगैरह थे। सूद पर कर्ज देने का व्यवसाय ज़मींदार और सुखी किसान भी करते थे। ब्राह्मण, राजपूत, भुंइहार आदि कुछ जातियों के जवानों को फौज में जगह मिलने लगी थी...

'कलकत्ता जाकर इन देहातों का एक-आध आदमी टिक जाता था तो उसे दरबानी या चपरासीगिरी मिलती थी। उस युग में अंग्रेज़ी पढ़ा-लिखा एक भी आदमी अपने गाँव में नहीं था। थाना-कचहरी के काम कैथी और फारसी लिपियों में चलते थे।

'अख़बार कलकत्ते से दो-चार निकलते थे सो भी मामूली किस्म के; अंग्रेज़ अधिकारियों, गोरे व्यापारियों, फौजी अफसरों और राजा-महाराजाओं की ख़बरें व सरकारी इश्तहारों से उनके पन्ने भरे रहते थे। देहाती जनता के दुख-दर्दों की आवाज़ नीचे-ही-नीचे घुटती रहती थी...आज तो तू उन दिनों की स्थिति के बारे में अटकल ही लगा सकता है बेटा ! आजकल पटने से नौ दैनिक निकल रहे हैं। दूर-देहात में कहीं कुछ होता है तो उसकी खबर बिहार-भर में फैल जाती है। मान लिया सिर्फ खबरें छप जाने से कुछ नहीं होता। बातों से ही कलेजे की पीर नहीं मिटेगी किसी के, ठीक है। लेकिन, बाबू, सही घटनाओं को लाखों दिमागों के अंदर डाल देना कोई मामूली बात है रे ?

'बस्ती-भर में तीन ही परिवार ऐसे थे जिन्हें एक जून अंत तक चावल नसीब होता रहा। एक था तर्क-पंचानन का परिवार। दूसरा परिवार था राजाबहादुर के पुरोहित का। तीसरा था एक राजपूत काश्तकार का घर। बाकी दस-एक घर ऐसे थे जिनमें सिर्फ बच्चों को भात मिलता था, सो भी मचलने पर--सयाने जुन्हरी, मकई, अरहर और चनों पर निर्भर थे। महीने में एक-आध बार पतली खिचड़ी मिल जाती। बीस-पच्चीस परिवार ज़मीन बेच-बेचकर शकरकंद से पेट की आग बुझाते थे...मध्यवर्ग का यही सिलसिला था। जो बिचले तबके के भी निचले स्तर पर थे, उन्हें शकरकंद भी एक ही जून मिल पाती थी।

'तेरी दादी चतुर खेतिहर की बेटी थी। उपज का हाल खस्ता देखकर पूस में ही उसने अपनी दो भैंसें बेच डाली थीं। अब एक थी। जौ, मटर, मसूर, चने-जैसे अनाज काफी भर रखे थे। पाँच कट्ठा खेत में शकरकंद की बेलें फैला दीं। सो, पंद्रह मन अल्हुआ उपजा था। और यह सब तेरी दादी ने कातिक और फागुन के दरम्यान ही कर लिया था। माघ का महीना आया तो तीन कट्ठावाली दूसरी ज़मीन में भी वह अल्हुआ रोपवा चुकी थी। तेरा दादा सुधंग आदमी था। वह हँसता रहा अपनी घरवाली पर–"जैसी जिसकी खानदान, वैसे उसके लच्छन। मेरे बाप-दादे भोगिंदर थे और तेरे पुरखा दलिद्दर; सो, बिना अल्हुआ के भला रुपउली में जी लगेगा तेरा ?"

'इस पर तेरी दादी निसाँस छोड़कर बोली थी–"देखते हो न ? इस बार फागुन में ही कैसी मनहूसी छा गई है ! रात को काला कौआ चीखता रहता है कर्र-कर्र। दिन के समय गीदड़ हुआँ-हुआँ करता है...अब की भारी अकाल पड़ेगा, देख लेना ! घर में शकरकंद पड़ा रहेगा तो अकाल खेप ले जाएँगे किसी तरह..."

'और सचमुच, शकरकंद ने तेरे दादा और दादी की बड़ी मदद की थी अकाल के उन दिनों में। एक जून वे लोग शकरकंद उबाल-उबालकर खाते थे, दूसरे जून मकई की लप्सी या और कुछ।

'दूसरे के खेतों में मेहनत-मज़दूरी करके जीविका चलानेवालों का बुरा हाल था। जंगली साग-सब्जी, घास-जड़ और पेड़ों की पत्तियाँ नोंच-नोंचकर वे खा गए थे। अब छाल की बारी थी।

'एक रात तीन-चार जने बसूला लेकर आए और मेरे कंधों पर चढ़ गए। ऊपर की डालों पर छाल उतनी कड़ी नहीं थी, जड़ की ओर के तवे की छाल भी अभी उतनी कड़ी नहीं हुई थी।

'रात को वे इसलिए आए थे कि कोई देख न ले। तेरा दादा मेरा काफ़ी ख़याल रखता था। एक पत्ता भी मेरा कोई तोड़ता तो उसकी आँखें लाल हो आतीं और गालियाँ बकने लगता। वह मुझे अपना बड़ा भाई समझता था। दो-चार दिनों के लिए कहीं बाहर जाता तो हाथ जोड़कर मेरी तरफ मुँह करके तब आगे बढ़ता।

'सो उस रात उन लोगों ने मेरी डालों पर से काफी छाल उधेड़ ली और घर ले गए। दर्द तो मुझे बेहद हुआ लेकिन खुशी भी कम नहीं हुई कि चलो मैं एक हद

तक भुक्खड़ों के काम आया। अकाल के उन दिनों में धरती तो जल ही रही थी, लोगों का कलेजा तक सूखकर सोंठ बन गया था। वैसी स्थिति में अपनी छाल किसी के पेट की जलन मिटा सकी, आज तक इसका मुझे अभिमान है बेटा !

'अगली सुबह वही हुआ जो होना था।

'तेरा दादा मेरी उधड़ी डालें देखकर पागल हो गया। दिन-भर वह गालियाँ बकता रहा और रात को चारपाई डालकर यहीं लेट गया। तब से लगातार चार महीने तक वह यहीं सोया। बड़ी कड़ी निगरानी थी बेटा !

'इस तरह भला कब तक पेट चलता ? खेत-मज़दूर आख़िर गाँव छोड़कर भागने लगे।

'दरभंगा से दलसिंगसराय सत्रह-अठारह कोस है। अंग्रेज़-बहादुर ने उतनी दूर रेल-लाइन बनवाई थी उन्हीं दिनों। हज़ारों आदमी काम पर लगाए गए थे। मज़दूरी के कई रेट थे : दो पैसे, एक आना और हद-से-हद दो आना...अपनी रुपउली के दो जने किसी तरह उसमें काम पा गए थे।

'पता है तुझे यह रेल-वेल सरकार ने किस नीयत से बिछाई थी ?'

जैकिसुन बाबा की ओर देखने लगा। अंग्रेज़ों ने इस इलाके में किस नीयत से रेल चलाई थी, सो बेचारा जैकिसुन क्या जाने ! उसकी आँखों में प्रश्न और कौतूहल के भाव जगमगा रहे थे। उसकी जिज्ञासा तीव्र हो उठी और चेहरा गंभीर बन गया।

बाबा ने दाढ़ी पर हाथ फेरा और कहना शुरू किया :

'अकाल के उन सत्यानाशी दिनों में सरकार की ओर से प्रचार यह किया गया कि रिलीफ़ के तौर पर अधिकारियों को कुछ-न-कुछ करना तो था ही, इसी से पहले उस अंचल में रेल-पथ-निर्माण ही आरंभ हुआ। राजराजेश्वरी महारानी विक्टोरिया अपनी प्रजा की इस दुर्दशा से इतनी द्रवित हुईं कि....'

बाबा को हँसी आ गई। जैकिसुन की समझ में नहीं आया कि क्यों हँस रहे हैं बरगद बाबा।

कुछ क्षण बाद बाबा बोलने लगे :

'बनियों की रानी द्रवित हुई तो क्या हुआ ?

'हुआ यही कि डांडीमारों ने बटखरे का वजन अपने हक़ में बढ़ा लिया। यानी, हमारे इलाकों में सरकार ने रेल चलाई तो उसके अंदर जनता के हित की कोई भावना नहीं थी। भावना थी एकमात्र यह कि उसके अपने लाड़ले सौदागर कच्चा माल आसानी से ढो ले जा सकें और 'लाभ-शुभ' की अपनी सड़कों को चौगुना लंबा-चौड़ा कर लें।

'चावल-धान, अरहर-खेसारी, उड़द-मूँग, चना-मसूर, लाल मिर्च और तम्बाकू, लड़ाई छिड़ने पर बकरों की तरह कटने के लिए फौजी जवान, कारखानों-फैक्टरियों में खटने के लिए मज़दूर, कलकत्ते के ऑफिसों के लिए चपरासी और दरबान तथा बाबू लोग...इन चीज़ों की ढुलाई की खातिर रेलगाड़ियों से ज्यादा सुविधाजनक भला और क्या हो सकती थी ? दूसरे-दूसरे इलाकों में भी रेल-लाइनें बिछाई जा रही थीं।

'पहले तो आम लोगों की समझ में नहीं आया कि यह हो क्या रहा है।...कोट-बूट है और टोपधारी फिरंगी साहब देसी बाबुओं और मज़दूरों के साथ रेलवे-लाइन के लिए जगह नापते फिरे; पीछे दोनों ओर से मिट्टी काटकर बाँध खड़ी की जाने लगी। बाँध तैयार हुई तो उस पर ईंट की रोड़ियाँ डाली गईं, फिर साखू की सिल्लियाँ बिछीं, तब कहीं आकर रेल के पत्तर बिछे। इसके बाद हड़हड़ाता हुआ और खड़े बम्बे से काला धुआँ निकालता हुआ एक मामूली इंजन आया जिस पर दो जने सवार थे। तमाशा देखने के लिए लाइन के किनारे-किनारे जगह-जगह भीड़ इकट्ठी थी। तेरा दादा भी दरभंगा जाकर पहला इंजन देख आया था।

'लेकिन वह अकाल थोड़ी दूर में सीमित नहीं था। अपने इस देश का समूचा पूर्वी हिस्सा भुखमरी के चपेट में आ गया था। हजारों परिवार बरबाद हो गए और लाखों की जान चली गई।

'रेल-कम्पनी के लिए यह सुनहला मौका था। कम-से-कम मज़दूरी पर ज्यादा-से-ज्यादा काम करने की वह अनोखी आपाधापी थी बेटा! दिन-भर की कड़ी मेहनत के बाद एक दुअन्नी हाथ आती थी। चावल तो मिलते नहीं थे, जुन्हरी और मडुआ-जैसा मोटा अनाज मिलता था।

'बूढ़े, बच्चे और ढोर-डंगर....भुखमरी के सबसे बड़े शिकार यही थे। कई-कई दिनों का फाका, बीच में कुछ मिला तो खा लिया। फिर फाका, फिर कुछ मिला तो अंदर डाल लिया...जो ज़िंदा थे, उनको इस क्रम ने काफी कमज़ोर बना डाला था। प्रिय-से-प्रिय व्यक्ति दम तोड़ देता तो लोग रोते नहीं थे। भूख की जलन में आत्मा झंवा गई थी और आँसू ग़ायब हो चुके थे।

'लाशों का बुरा हाल था। जब तक लोगों में ताकत थी और काठ जब तक सुलभ थे तब तक मुर्दे जलाए जाते रहे। बाद में नन्हें बच्चों की लाशों की तरह सयानों की भी लाशें मैदानों में गाड़ दी जाती थीं। आगे चलकर यह भी असंभव हो गया तो मुर्दों को यों ही मैदान के हवाले करने लगे। हवा में उन दिनों एक अजीब दुर्गन्ध भर उठी थी। भूख से तड़पकर दम तोड़नेवालों में छोटी जातिवालों की ही तादाद अधिक हुआ करती। शाम होते ही डर के मारे लोग घरों में बंद हो जाते। देर तक लाशें अंदर ही पड़ी रहतीं, उन्हें कोई उठानेवाला न होता। रात के वक्त गीदड़ और भेड़िये गाँव की गलियों और आँगनों का फेरा लगाया करते; मृतक की महक पाकर किवाड़ों की फाँक में अपनी थूथन अंदर घुसाने की कोशिश से वे दुतकारे जाने पर भी बाज़ नहीं आते। गीधों, कौओं और कुत्तों का आपसी बैर-भाव इसलिए खतम हो गया था कि लाशों की कमी नहीं थी। मनुष्यों और पशुओं के कंकाल गाँव के बाहर इधर-उधर फैले दिखाई देने लगे....

'चिंता और शोक के मारे मैं सूखने लगा। टूसे निकलते ज़रूर मगर अगले ही दिन जली हुई मूँगफली की शकल के हो जाते। नए पत्तों की लाली जाने कौन पी गया ! बाकी पत्ते हरियाली के लिए तरसा करते, अकाल की कृपा से भूरा-पीला और चितकबरा

बदरंग उनके रेशों पर हावी हो आया। छालें सिकुड़ गईं; तने अकड़ गए। डालों को सूखा सताने लगा, टहनियाँ ठिठक गईं। जड़ के सिरे और सोर लाख कोशिश करके भी धरती माता से कुछ अधिक रस नहीं पा रहे थे।

'उसी अकाल में मेरा पड़ोसी मर गया—अरे, वही बौना और कुबड़ा गूलर था न ? सूख गया बेचारा ! यों, उसकी आयु कम नहीं थी। लेकिन अकाल की आग उस बार उतनी न बरसी होती तो अभी कुछ वर्ष वह और जिंदा रहता रे ! वह सूख गया तो कई दिनों तक मैं रोता रहा...मैं उसे ताऊ की तरह मानता था....तेरे तो ताऊ-वाऊ है नहीं, तू क्या समझेगा कि भतीजे के लिए ताऊ का स्नेह भला क्या अहमियत रखता है ! है पता ?'

जैकिसुन ने निषेध मुद्रा में माथा हिलाया। बेचारे को याद आया अपना बचपन जब ताऊ-ताई के लिए दिल तरसता रहता था।

बाबा ने कहा :

'मुझे अब तक वह बुजुर्ग गूलर अच्छी तरह याद है।

'वह अकाल डेढ़ वर्ष तक जीवों और जन्तुओं की बलि लेकर आखिर रवाना हुआ—अपने पीछे रबी की फसलों का अंबार छोड़ता गया, जो बच रहे उनके चुचके चेहरों पर हल्की खुशी की गुलाबी रोली छिड़कता गया।

'लोग अब तक उस अकाल की चर्चा करते हैं। अस्सी वर्ष से पहले की घटना है यह। उसके बाद एक बार और वैसा ही प्रलयंकर अकाल पड़ा था, अब से पैंतालीस-पचास साल पहले...'

जैकिसुन समझ गया कि बाबा सन् सोलह के अकाल की बात कर रहे हैं अब। सन् तेरह सौ सोलह साल फसली, यानी 1906 ई.।

सात

इस बीच जैकिसुन को एक आदमी इधर आता दिखाई दिया। बाबा तो खैर किसी दूसरे को नज़र आएगा नहीं। हाँ, बटोही को यह ज़रूर जिज्ञासा होगी कि इतनी रात गए बरगद के तले कोई क्यों बैठा है।

बाबा ने बातें बंद रखीं।

राहगीर नज़दीक आया।

मटमैली धोती, गोल-कट हॉफ अंगा। पैरों में देहाती पनही। खुला माथा। हाथ में लाठी।

पेड़ के पास आकर वह ठमक गया तो जैकिसुन ने पूछ लिया—"कहाँ जाओगे ?"

"पंडौल"—जवाब मिला।

"आए हो कहाँ से ?"

"शिवराम से। माचिस है ?"

"ज़रूर है..."

जैकिसुन उठा। सोते हुए जीवनाथ की अंटी टटोलकर दियासलाई निकाल लाया।

आगंतुक ने पाकिट से दो बीड़ियाँ निकालीं तो जैकिसुन ने कहा—"नहीं भाई, मैं नहीं पीता हूँ बीड़ी-सिगरेट।"

फिर उसने कसैली का टुकड़ा निकालकर कहा—"यह तो खाओगे ?"

जैकिसुन ने हाथ बढ़ाकर सुपारी ले ली और पूछा—"कौन आसरम हैं भाई साहब आप ? बैठिए, ज़रा सुस्ता लीजिए।"

राहगीर ने बतलाया, वह केवट है। उसके चाचा ने कसाई के हाथ अपना बूढ़ा बैल बेच डाला है। गाँव के लोगों को मालूम हुआ तो खुसुर-फुसुर होने लगी। पंचों ने कहा, परास्चित लगेगा अगर बैल नहीं लौटा तो...वह जा रहा है बैल वापस लाने। दिन बड़ा तपता है आजकल, रात के वक्त चला है और सुबह ठंडे-ठंडे में लौट आएगा। बैठेगा तो अलसा जाएगा...

अंत में उसने जैकिसुन से पूछ लिया—"आप कौन बिरादरी हैं ?"

"यादव हूँ और वह भुँइहार हैं...।" सोनेवालों की तरफ इशारा करके जैकिसुन बोला।

बीड़ी का धुआँ अंदर घोंटकर आगंतुक ने कहा—"हवा बंद है, आपकी भी नींद इसी से उचट गई है न ?"

"हुँ"—जैकिसुन नाक के सहारे बोला और हाथों में दियासलाई की डिबिया को लोकने लगा। बटोही ने अपने पैर आगे बढ़ा दिए।

अब आकर वह बाबा के करीब इत्मीनान से बैठा तो बटेश्वरनाथ ने मुस्कुराकर कहा :

'रंग-ढंग से मालूम होता था कि यह जवान गाँव से बाहर कहीं नौकरी करता है...देखा नहीं, बातों के लहजे से शहरी नफासत टपकती थी?

'शहर की बू-बास बोलचाल से कहीं परगट हो, वहाँ देहातियों को नाक-भौंह नहीं सिकोड़नी चाहिए बाबू ! शहर आसमान में नहीं हुआ करते। गाँव की तरह शहर भी इसी भूमि पर आबाद हैं। पढ़े-लिखे काफी ऐसे लोग हैं जो नासमझी के कारण गाँवों और शहरों को परस्पर प्रतिकूल बतलाते हैं। खाना और कपड़ों की तंगी न रहे, सभी लिख-पढ़ जायँ, बाहर जाने-आने की सुविधा मिले, काम और आराम का बदस्तूर सिलसिला हो, मनोरंजन के साधन सुलभ रहें, तो फिर इन देहातों का ढाँचा ही बदल जाएगा। आलस, पिछड़ापन, अभाव, अशिक्षा, अस्वास्थ्य, गंदगी आदि दुर्गुण हमेशा नहीं रहेंगे। अभी तो शहरों में भी नरक है और गाँवों में भी। मुट्ठी-भर लोग होंगे जिनके लिए देहातों में भी स्वर्ग-सुख सुलभ है और नगरों में भी।'

जैकिसुन हथेली पर उँगली गोद-गोदकर कुछ लिखने लगा तो बाबा ने ताड़ लिया। वह बोला :

'गाँव और शहर की बातें अभी छोड़ता हूँ; अपने बारे में सुनाऊँ अभी। है न ?'

जैकिसुन ने स्वीकार की मुद्रा में माथा हिलाया।

बटेश्वरनाथ ने कहना आरंभ किया :

'टुनाइ पाठक का दादा था जद्दू पाठक। दादा का सगा। वह काफी बुड्ढा होकर मरा। मरते वक्त वह तेरे दादा से कहता गया कि ध्वजा खड़ा करके बरगद की वेदी पर ब्रह्म बाबा की स्थापना करो। तेरे दादा का नाम था अधिकलाल राउत। अधिकलाल भाई ने मेरी जड़ों के चारों तरफ गोल चबूतरा बाँधा और एक दिन धूमधाम से ध्वजा गाड़कर ब्रह्म की स्थापना कर दी।

'पाठक के घराने में तीन सौ वर्ष पहले एक अकबाली पुरुष हुए थे। नाम था चक्रपाणि पाठक। अपनी सूझ-बूझ और बहादुरी से उन्होंने नेपाल के राजा को रिझा लिया तो उसने उन्हें अपना सेनापति मुकर्रर किया। पाँच वर्ष भी नहीं बीतने पाए थे कि किसी राजपूत सरदार ने अपनी फौज लेकर इधर से अचानक हमला बोल दिया। राजा चीन की ओर भाग गया, सेनापति आखिर तक जूझा और वीरगति प्राप्त की; रानी हमलावर की शरण में चली आई...चक्रपाणि पाठक मरकर ब्रह्म हुए। दो सौ साल तक वह एक पीपल पर रहे, पच्चीस वर्ष आँवले के पेड़ पर और पचहत्तर वर्ष एक पाकड़ पर। कुछ वर्षों से यह ब्रह्मबाबा बे-घर थे क्योंकि जीबछ और कमला में एक बार जोरों की बाढ़ आई और बाढ़ हटी तो इलाके के बहुत सारे दरख्त सूख गए। तभी से पाठक बाबा आश्रयहीन हो गए थे।

'जद्दू पाठक की नज़र मुझ पर बहुत दिनों से थी। वह जिस वर्ष मरा, महीने में दो बार गाँव में आग लगी थी। बुड्ढे को ब्रह्म ने सपना दिया..."तीसरी बार जो आग उठेगी वह तेरे ही घर से उठेगी और समूची बस्ती को खाक कर डालेगी; अग्निकांड के बाद महामारी को बुलाऊँगा मैं। समझ क्या रखा है तूने ?"

'इस स्वप्न से वह बेहद डर गया और अधिकलाल भाई को बुलाकर समझाया-बुझाया; वह राजी हो गए। तब से लेकर पाँच वर्ष तक मैं बरहम बाबा का अड्डा बना रहा।

'भक्ति-भाव, पूजा-पाठ और धम-चौकड़ी के वे दिन भी क्या भूलने लायक हैं बबुआ ? नहीं, बिलकुल नहीं !

'अब लोग मुझे स्नेह और प्यार की निगाहों से नहीं, आदर और श्रद्धा की निगाहों से देखने लगे। मेरे प्रति जन-साधारण के अंदर अब तक जो भावना चली आई थी, वह मानो एक ही दिन में बदल गई।

'पहले लड़के घंटों मेरी डालियों पर उछल-कूद मचाते रहते। चाकू की नोंक से बिना किसी झिझक के निशान बनाया करते...किस्म-किस्म के निशान : मुरली बजाता हुआ मुकुटधारी कृष्ण, खिलता हुआ कमल; एक-दूसरे का हाथ पकड़े विह्वल स्त्री-पुरुष; बछड़े को दूध पिलाती हुई गाय, बाँसों की झुरमुट में कोंपलों की बहार, कंधे पर बहँगी और उसके दोनों ओर छिंक्कों पर सौगात का चंगेरा ढोता हुआ भरिया...बकरी की सूखी मींगणियों से गोटियों का काम लेते हुए चरवाहे मेरी छाँह में 'सतघरा' खेलते। हँसली

की शक्ल में आधा-गोल बाँधकर सुननेवाले बैठते और सामने बैठकर सुनानेवाला पहरों कहानियाँ कहा करता या गानेवाला गीत अलापता रहता। गाय-बैल-बकरी चरानेवाली लड़कियाँ एक की पीठ पीछे दूसरी और दूसरी की पीठ पीछे तीसरी बाकायदा बैठतीं, बाल फैलाकर बड़ी मुस्तैदी से जूँ निकाला करतीं। बातों या गीतों का क्रम तो खैर चलता ही रहता। जिसकी घरवाली रूठकर मायके चली गई होती, वह यहाँ बैठकर देर तक मन-ही-मन अपनी आलोचना किया करता। सयाने, अधेड़ और बूढ़े आते, बाँह का तकिया बनाकर लेट जाते और ढेरों बातें करते-करते नाक बजाने लगते।

'बड़ी उम्रवालों का मैं बेटा था, जवानों-अधेड़ों का भाई और छोटों का चाचा। सारी बस्ती के लोग मुझे प्यार करते थे। भाभियाँ और बहनें मेरे बदन पर घड़ी-घड़ी-भर हाथ फेरा करतीं, बहुएँ और बेटियाँ झुकी डालों में लटककर अँगड़ाइयाँ लेतीं, हौले-हौले टहनियाँ सहलातीं, टूसें सूँघती और हरे-ताजे पत्ते गालों से छुआतीं। बूढ़ी कोई इधर से गुज़रती तो शायद ही कभी रुकती। हाँ, गरमी के दिन होते और दुपहर का समय होता तो रुक भी जाती।

'लेकिन पाठक बाबा की ध्वजा जब से यहाँ खड़ी हुई तब से मेरे प्रति सभी की भावना बदल गई। श्रद्धा, भक्ति, भय और आतंक... अब मैं प्रिय नहीं था, पूजनीय था—बंदनीय और माननीय था। सोमवार और बुधवार के प्रातःकाल स्त्रियाँ आकर मेरी वेदी पर चावल की पीठी के घोड़े खड़े करतीं और पिंडियों पर दूध ढालतीं, अच्छत और फूल चढ़ातीं, परिवार की भलाई के लिए मिन्नतें मानतीं।

'किसी के घर कोई शुभ कार्य होता तो यहाँ आकर पाठक बाबा का पूजन अवश्य कर लेता। मनोरथ पूरा होने पर लोग आकर धूमधाम से मनौतियाँ चढ़ाते। रेशम की झूलें, कोढ़िला के बने सिरमौर और मंडप, जरी-गोटे की मालाएँ, पीतल-काँसे की घंटियाँ, लाल-इकरंगे का टुकड़ा...धूप-दीप, फूल-फल, अच्छत-दूब, दूध और गंगाजल, बेल और तुलसी के पत्ते...फर-फरहरी, मिठाइयाँ, पकवान, पान-मखान...ढोल-ढाक-पिपही ! बारह महीनों में बीस-पच्चीस बकरे भी बलि चढ़ते थे—मचलते मुंडों और तड़पते धड़ों की खूनी पिचकारियों से मेरा सीना सुर्ख हो उठता था, रगों में बिजली दौड़ जाती थी; क्षण-भर के लिए पत्तों का हिलना रुक जाता था। मनौतियाँ चढ़ानेवाले श्रद्धालु लोग घड़ी-दो घड़ी की पूजा-प्रार्थना के बाद घर जाते तो मौक़ा पाकर दिन के समय कुत्ते और रात के वक्त गीदड़ मेरे बदन पर जमी बलिदानी लहू की मलाई चाटा करते। चींटियों और झींगुरों का भी इसमें साझा हुआ करता। छितरे-छितराए अच्छत गौरैयों की किस्मत में; पकवानों और मिठाइयों की झरी-झूरी कौओं के भाग में। बकरे का धड़ मनौतीवाला टाँग ले जाता और मूँड़ा ले जाता वह आदमी जो कि बलि के पशुओं का गला काटा करता। यह काम उन दिनों जैनरायन का ताऊ किया करता था और अब भानजा करता है। मेरे सामने ब्रह्मबाबा के निमित्त बलि होनेवाले ये वही बकरे होते थे, जिन्हें मैं भली-भाँति पहचानता था और इसी से उनकी हत्या के समय मेरी तकलीफ और बढ़ जाती थी। पैदा होने के दस रोज़ बाद ही से वे मेरी गोद में खेले होते थे; शोखियों से भरी उनकी उछल-कूद,

उनके मुलायम खुरों की खुशगवार धमक, छोटे-छोटे नथनों की उनकी हल्की फुरफुराहट मेरे दिल की धड़कनों का हिस्सा बन चुकी होती थी...और साल-दो साल बाद वही बकरे जब नहलाकर मेरे सामने खड़े कर दिए जाते तो उनका आतंकित चेहरा देखकर मेरा कलेजा सूख जाता भाई ! पंडित यजमान से पहले तो बकरे की पूजा करवाता, फिर हथियार की। पीछे पंडित के अनुसार यजमान दोनों हाथ जोड़कर बकरे से कहता—

"यज्ञ के निमित्त पशुओं की सृष्टि की विधाता ने
यज्ञ के निमित्त ही उन्हें मार गिराया जाता है
इसी कारण मैं तुम्हें मरवाऊँगा
यज्ञ की हिंसा हिंसा नहीं हुआ करती..."

'और, मखौल तो देख, इस बलि के लिए घेर-घारकर बकरे से उसकी खुद की भी मंजूरी ले ली जाती। यानी, जब तक उसके मुँह से 'में में' की आवाज़ नहीं निकलवा लेते तब तक बकरे की गर्दन पर हथियार नहीं पड़ता।

'ब्रह्मबाबा यह बलि जो लेते थे, सो मुझे कभी नहीं अच्छा लगा बेटा, सच कहता हूँ। यों तो पाठकजी महाराज ने मेरी सारी रौनक छीन ली थी पाँच वर्षों तक, लेकिन समय-समय पर बकरे जो कटते थे वह कोई मामूली साँसत नहीं थी अपने लिए। भारी साँसत थी बबुआ ! तूने देखे हैं न बकरे कटते हुए ?'

जैकिसुन ने 'हाँ' की मुद्रा में सिर हिलाया।

जैकिसुन वैष्णव नहीं था। वह मछली, मांस, केंकड़ा, धान के खेतों का चूहा, खरगोश, कछुआ और डोका—सबकुछ खाता था, जो कि उसके इलाकों में दूसरे लोग खाया करते थे। मगर बकरों की बलि का बर्बर नज़ारा उसकी बरदाश्त के बाहर की बात थी। फूहड़ लुहार की बनाई हुई अनगढ़ हँसिया लेकर लोग मिनटों तक एक-एक बकरे की गर्दन रेतते रहते हैं; उसकी आँखें पथरा जाती हैं और जीभ बाहर निकल आती है !

बलि का दृश्य जैकिसुन के लिए सदा ही असह्य रहा। उसने बाबा की वेदना का अन्दाज़ अच्छी तरह पा लिया था। अब वह तनकर बैठ गया और आगे की बातें सुनने की प्रतीक्षा में वृद्ध की ओर गौर से देखने लगा।

बाबा ने साँस को स्वाभाविक गति पर लाकर जैकिसुन की तरफ देखा और आहिस्ते से कहा :

'हमारी बिरादरी के वनस्पतियों पर भूतों, पिशाचों, यज्ञों, देवों तथा ब्रह्मों की यह 'दया-दृष्टि' कोई नई बात नहीं है बेटा ! इनका और हमारा सदैव संपर्क रहा है। एक वह भी युग था जब कि हमारे पूर्वज मनुष्य की ताज़ा अँतड़ियों की माला पहना करते थे; एक वह भी युग था कि हमारी वेदियों पर कैदी राजाओं की आँखें निकालकर चढ़ा दी जाती थीं; एक वह भी युग था कि ताज़ा कटी उँगलियों का हार पहनाकर वटवृक्ष का शृंगार किया जाता था; नरमुंड और आदमी का लहू यक्षों, देवों और ब्रह्मों के दबाव में आकर जाने कितनी बार हमारे पुरखों को स्वीकार करना पड़ा है ! मुझे तो खैर, बकरों

की बलि से छुटकारा मिल जाता था। हाय ! हाय ! हमारे पूर्वजों को जाने कैसी-कैसी बीभत्स और रोमांचकारी परिस्थितियों से गुज़रना पड़ा था !'

जैकिसुन की धड़कन काफी बढ़ आई थी। ऐसा लगता था कि वह कोई खौफनाक सपना देखकर अभी-अभी जग पड़ा है। चेहरा बेहद गंभीर हो गया था, आँखों का तेज डूब-सा रहा था और अमल-धवल यौवनवाली जेठ की पूर्णिमा इस वक्त जैकिसुन के लिए सिवाय एक विराट् शून्य के और कुछ नहीं थी।

बरगद बाबा को महसूस हुआ कि नाहक उन्होंने नर-बलि वाली ये बातें जैकिसुन से कहीं। खैर, जो हुआ सो हुआ !

अब जैकिसुन की पीठ पर अपनी बड़ी हथेली रख दी तो उसका अनमनापन टूटा। मन अपने काबू में आ गया तो चेहरे पर रौनक आ गई।

जैकिसुन ने बाबा की तरफ देखा तो उन बड़ी-बड़ी आँखों में अभयदान की भावना छलक रही थी।

उसकी पीठ पर से अपनी हथेली वापस लेकर बाबा ने स्नेही स्वरों में कहा :

'यह तुझे मैंने हजारों वर्ष पुरानी बातें बतलाई हैं। मनुष्यों की बलि चाहनेवाले यक्ष-गंधर्व, देव-देवियाँ और ब्रह्म अब बाहर नहीं रह गए—मोटी ज़िल्दोंवाले पुराने पोथों की बारीक पंक्तियों के अंदर आज वे नज़रबंद हैं। राजाओं, पुरोहितों, सामंतों, सेठों और तीर्थंकरों की बातों का बढ़ा-चढ़ाकर बखान करनेवाले बहुत सारे विद्वान् सुदूर अतीत की उन क्रूर घटनाओं पर अब भी पर्दा डाले हुए हैं; वह उन लोगों के लिए सत्ययुग है, स्वर्णयुग है ! साधारण जनता का स्वर्णयुग तो अभी आगे आनेवाला है बेटा !

'तो, खूब पूजा होने लगी मेरी उन दिनों।

'लेकिन, मैं बेहद तकलीफ में पड़ गया। कोई खुले दिल से मेरे नज़दीक नहीं आता था। कोई मुझे छूता नहीं था। रात के वक्त दस-बीस पंछी ज़रूर आ जाते थे, दिन-दुपहरिया में एक-आध गाय या भैंस आकर ज़रूर खड़ी हो लेती थी मगर आदमी मुझसे दूर-दूर रहता था। कड़ी धूप से बचने के लिए राहगीर अब भी मेरी छाँह में आ बैठते, परंतु ध्वजा, वेदी, लिभड़ा हुआ सिंदूर, खून के निशान वगैरह की ओर घूर-घूरकर देखा करते। बातचीत में तक़ल्लुफ। हँसी और मुस्कान में तक़ल्लुफ। छींकने-खाँसने में तक़ल्लुफ। डर के मारे कोई थूकता नहीं था यहाँ। नेह-छोह की बातों पर वैसी अजीब पाबंदी अपने-आप जाने कैसे हावी हो आई थी ! जोरों के ठहाके, मीठी-महीन खिलखिलाहट, प्यार और भलाई में पगी कानाफूसी, जोश-भरी ललकार, ...इनके लिए मैं उन पाँच वर्षों में किस हद तक तरसता रहा, बताना मुश्किल है बेटा !

'जेठ महीने की अमावस को हर साल सुहागिन औरतें बरगद के तने में हाथ-कते धागों के फेरे डालती हैं। जब से 'बरहम महाराज' की कृपा हुई मुझ पर, तब से उन्होंने भी मुझसे नाता तोड़ लिया। इससे तो मेरा कलेजा ही टूक-टूक हो गया बेटा ! पाठकों के इस खानदानी ब्रह्म पर मैं अंदर-ही-अंदर सुलग उठा...पहले कैसी मस्ती कटती थी ! कितनी चहल-पहल, कितना शोर-गुल रहता था यहाँ! सधवाएँ सुहाग के लिए उस रोज़

फेरे डालती थीं मेरे चारों ओर—पायलों की महीन और कड़ों की मोटी झंकार मेरी रग-रग में सिहरन भरती रहती थी। उन सुहागिनों की मिठास-भरी बातें पत्ते झुक-झुककर सुना करते। अपने नटखट बच्चों को कड़ी भौंहों के इशारों से उनका वह डाँटना टूसों को संजीदा रखने के लिए काफी हुआ करता। किसी कमसिन बहू के भोलेपन पर उनकी जब्त मुस्कान इन ढीठ टहनियों के लिए सालाना सीख थी। हाय, उस ब्रह्मराक्षस ने मुझे कितने बड़े सौभाग्य से वंचित कर दिया था ! एक नहीं, दो नहीं, तीन नहीं, पूरे पाँच वर्षों तक मेरे सीने पर वह पिशाच सवार रहा और जेठ की पाँच अमावसें मैंने रो-रोकर काटीं रे बबुअन !

'फिर, उस कम्बख्त से मेरा पिंड कैसे छूटा ?'

'बतलाओ न !'—जैकिसुन मन-ही-मन बोला।

'बतलाता हूँ...'

कुछ देर रुककर बाबा ने कहा :

'जद्दू के लड़के की शादी पचपन वर्ष की आयु तक नहीं हुई। वह अपने बरहम बाबा को पाँच बार बकरे की बलि दे चुका तब भी कोई लड़कीवाला उसे पूछने नहीं आया। अब अपने खानदानी ब्रह्म के बारे में मद्धू की श्रद्धा डिगने लगी। ज्योतिषी, साधु-संत, ओझा-गुनी, औघड़-औलिया—जो भी मिलता उससे मद्धू अपनी शादी की बाबत पूछा करता।

'फुलपरास-बाज़ार के करीब एक गाँव में एक औघड़ था। साठ-पैंसठ साल की उम्र रही होगी, लेकिन देखने में चालीसा पट्ठा लगता था। जात का डोम होने पर भी शकल-सूरत में बाबू-बबुआन की नाक काटता था। मूँछ-दाढ़ी बड़ी-बड़ी लेकिन घनी नहीं। माथे पर मामूली जटाएँ। बदन का रंग गेहुँआ। आँखें बड़ी-बड़ी, पुतलियाँ भूरी। कपार चौड़ा और नाक नोकदार व खड़ी...मालूम न हो तो कौन भला डोम बतलाता ? वह छोटी आयु में घर से निकल गया था। माँ-बाप नील के किसी गोरे कारखानेदार की छत्रछाया में कुछ समय रहे थे। तीस साल बाद जब वह अपनी जन्मभूमि को लौटा तो साथ एक नेपाली सुंदरी थी। परिवार से अलग, गाँव से दूर झोंपड़ा बनाकर दोनों रहने लगे। एक लड़का हुआ और बस ! यह औघड़ बाबा आसपास के इलाकों में जल्द ही मशहूर हो गया। जहाँ कहीं भूत-प्रेत का उपद्रव उठ खड़ा होता, जहाँ कहीं देव-देवी उत्पात मचाते, जहाँ कहीं ब्रह्म-कर्णपिशाची-चुड़ैल आदि की खुराफ़ातें उभरतीं, वहाँ औघड़ बाबा की गुहार होती। उस सिद्ध डोम के पहुँचते ही आधी गड़बड़ी दुरुस्त हो जाती; जटाधारी औघड़ ज़ोरों से चिमटा पकड़कर जब "ओ ऽ ऽ ऽ ङ् अलऽख निरंजन भग् सा ऽ ऽ ऽ ऽ ले ऽ ऽ ऽ ऽ !" की ऊँची आवाज़ मारता तो बाकी खुराफ़ातें भी खतम हो जातीं। काफी दान-दक्षिणा और भेंट-सौगात देकर लोग उसे विदा करते। अपनी इष्टदेवता 'कंकाली माई' के लिए वह एक बकरा और पाँच बोतल दारू तो पहले ही तलब कर लेता था। ऊँची जातिवाले डाह के मारे उसे डोमड़ा कहा करते थे।

'मद्धू डोमड़ा का गुण-गौरव पहले ही सुन चुका था। अब अपने ब्रह्म से उदास

होकर वह उसके पास पहुँचा। सारी बातें ध्यान से सुनकर औघड़ बोला—"तुम्हारा बरहम भारी पाजी है। बरगद का सहारा उसे जब तक रहेगा तब तक तुम्हारी शादी नहीं होगी। कहो, तो चलकर मैं उसे कैद कर लाऊँ।"

'मद्धू राजी हो गया।

'कुछ दिन बाद डोमड़ा रुपउली आया।

'अधिकलाल भी ब्रह्म की ओर से उदास थे। छोटी जातिवालों की पाठकों के उस खानदानी 'बरहम' में उतनी दिलचस्पी नहीं थी जितनी कि उनके अपने देवताओं—भुइयाँ महाराज, सलहेस राजा और दीना भद्री वग़ैरह—में।

'कंकाली माई का नाम लेकर औघड़ ने एक ही साँस में देसी ठर्रे का अद्धा चढ़ाया; महाप्रसाद तैयार किया था, जी-भर उसे भी पा लिया। इत्मीनान से चरस का दम लगाया। फिर चिमटा और झोली सँभालकर मेरे करीब आया...

'पहले उसने वेदी पर चिमटा फटकारा और ज़ोरों से आवाज़ मारी—"ओ ऽ ऽ ऽ ङ् अलऽख निरंजऽन् भग् सा ऽ ऽ ऽ ले``` !!!" बाद में ध्वजा उखाड़कर अलग गिरा दी। झोली से खुरपी निकालकर जहाँ-तहाँ से चबूतरा खोद डाला। आखिर में लोहे की एक कील निकाली औघड़ ने।

'तब तक भारी भीड़ इकट्ठी हो गई थी। सभी दम साधकर औघड़ का करतब देख रहे थे और मैं खूब खुश हो रहा था।

'उस कील को औघड़ ने मेरे सीने में ज़रा-ज़रा ग्यारह दफे ठोका—ठोककर निकाल लेता और देख लेता; ग्यारहवीं बार बोला : "चकरपाइन पाठक ! अब तुम इस कील की हिरासत में आ गए बाबू ! चलो, अब मेरे साथ..."

'औघड़ वह कील साथ लेता गया। रुपउली से उत्तर मकरमपुर के नजदीक जीबछ की पुरानी धार के किनारे एक बुड्ढा पीपल था, उस कील को बाबाजी ने उसी के सीने में ठोक दिया...हथौड़ी की चोट से जब समूची कील ठुक चुकी तो औघड़ भभाकर जोरों से हँसा था। रुपउली से पचासों जने तमाशा देखने गए थे।

'इस तरह मुझे उस ब्रह्मराक्षस से छुटकारा मिला और अगले ही वर्ष मद्धू पाठक का ब्याह एक लँगड़ी लड़की से हो गया था।

'दहशत के मारे फिर भी दो-तीन महीने तक लोग खुलकर यहाँ नहीं आते थे। लेकिन आहिस्ते-आहिस्ते बंदिशें टूटने लगीं, चरवाहों का अड्डा फिर जमने लगा। बच्चे बे-झिझक यहाँ फिर खेलने लगे। जवान और अधेड़ बेतक़ल्लुफी से यहाँ फिर डटने लगे। बुड्ढों का यह आरामगाह फिर बदस्तूर चालू हो गया। छाँह में बैठकर बहू-बेटियाँ फिर स्नेह-छोह की मोटी-महीन जालियाँ बुनने लगीं और मैं अपना सहज-स्वाभाविक जीवन पाकर फिर उसी तरह झूमने लगा।'

जैकिसुन की आँखें खुशी से चमकने लगीं।

गौरैया के बच्चे ने मुलायम पंख हिलाए, उसकी नरम चंगुलों की मधुर खरोंच का अनुभव करके बाबा ने कहा :

'बेटा, ज़रा फुरसत दे मुझे !'

वह उठकर चूज़े को उठाए हुए अपने बाँके पेड़ की तरफ गए, डालों और टहनियों में गायब !

आठ

थोड़ी देर बाद बाबा पेड़ से बाहर निकल आए, गौरैया का बच्चा साथ नहीं था।

बैठ गए और बोले :

'वह अपने घोंसले में पहुँच गया है। तुझे नींद तो नहीं आ रही है ?'

जैकिसुन ने सिर हिलाकर बतलाया कि उसे नींद नहीं आ रही है।

सचमुच उसकी आँखों में कहीं पता नहीं था नींद का ! जाने, आज उसकी नींद कहाँ उड़ गई थी ! दिन-भर भटका था, लेकिन थकावट नहीं महसूस हो रही थी...

बाबा ने कहा :

'रात अब दो-पहर से ज्यादा हो आई है। बातें अभी काफी बाकी हैं। आज सब बातें न भी बतला सकूँ तो क्या कोई हर्ज रहेगा ?'

जैकिसुन ने माथा हिलाकर इशारे से बतलाया—'नहीं।'

बाबा ने बतलाया :

'देख, पूर्णिमा की चाँदनी खिली हो और लोग जगे न हों तो तू बेखटके मेरे यहाँ चले आया करना; घड़ी-आध घड़ी, पहर-आधा पहर बैठकर मेरी बातें सुन लेना और फिर अपना चल देना !'

जैकिसुन ने संकेत से मंजूरी जतलाई।

बाबा बोला :

'पिछले भूकंप ने मुझे गिरा नहीं दिया होता तो अब तक मैं और बढ़ गया होता। वह दुर्घटना मेरी तन्दुरुस्ती को पी गई और हमेशा के लिए मुझे अपाहिज बना गई। कभी-कभी अपना जीवन मुझको भार प्रतीत होता है और तब अपनी मौत मनाने लगता हूँ, लेकिन इस बस्ती का कोई नहीं चाहता कि मैं खत्म हो जाऊँ। रुपउली का एक-एक बच्चा मुझे प्यार करता है, यहाँ की एक-एक स्त्री मेरे स्वास्थ्य के लिए भगवान् सूर्यनारायण के सामने अपना आँचल फैलाती है। टुनाइ, जैनरायन और उनके घरवाले ज़रूर ऐसा नहीं चाहते मगर गाँव के आम लोग तो मुझे अपने जीवन का एक आवश्यक अंश मानते हैं। मुझ पर सभी का समान अधिकार है।

'पता लगाएगा तो गाँव के बूढ़े-बूढ़ियाँ तुझे मेरे बारे में बताएँगे। बाढ़ के दिनों में, आग में समूची बस्ती स्वाहा हो जाती है उन दिनों में, प्लेग और महामारी के समय...मुसीबत का चाहे कैसा भी दौर गुजरा हो, मैं लोगों के काम आया हूँ। इनकी वजह से हर किस्म की तकलीफ बरदाश्त की है मैंने...

'जीवनाथ का चाचा पागल हो गया था। एक बार वह कहीं से आरी उड़ा लाया और रात के वक्त ऊपर चढ़कर मेरी एक मोटी डाल काट डाली। मैं दो दिनों तक बेहोश रहा। लोग बेहद खफा हुए और पकड़कर 'हड़ी' में डाल दिया उसे उन्होंने। तेरा बाप, जानू राउत, चिकनी मिट्टी के चूरन में तेल-हल्दी मिलाकर मेरे उस बड़े घाव पर गीली मिट्टी का मोटा पट्टर डेढ़ महीने तक बाँधता रहा, खोलता रहा। निरोग तने की रगों का ताज़ा रस कटाव को भरता आया, जिंदा छालों की पपड़ी चारों ओर से बढ़ती आई। चार महीने बाद घाव की जगह बिलकुल भर गई।

'मोटी डालों से अब बरोज के लाल-लाल गुच्छे निकलने लगे थे। कुछ-एक बरोज नीचे लटक गए थे। बरोज के ताजा गुच्छों की लाली मूँगे की दहकती लाली को मात करती थी। जो भी देखता, देखता ही रह जाता...

'बाढ़ यों तो कई बार मैंने देखी है, लेकिन एक बार ऐसी भयानक बाढ़ आई थी कि यह समूचा इलाका पंद्रह दिनों तक डूबा रहा। उन दिनों जीबछ और कमला दो नहीं, एक ही नदी थी। अपने गाँव के करीब ही, पच्छिम की ओर ज़रा हटकर बहती थी। चालीस-पचास वर्ष हुए होंगे। मैं अपनी जवानी में मस्त रहता था। किसी की कोई परवाह नहीं थी। उन्हीं दिनों वह विकराल बाढ़ आई। उस वर्ष बैशाख और जेठ के बीच हल्के-हल्के काफी वर्षा हुई थी। किसान खुश थे कि भदई की फसलें पहले तैयार हो जाएँगी और धान की अगहनी फसलों पर भी शुरू-शुरू की इन बारिशों का अच्छा असर पड़ेगा। लेकिन असाढ़ के बीचोबीच जीबछ नदी में उस वर्ष अनोखी बाढ़ आ गई।

'फसलें डूब गईं, मैदान समुद्र बन गए। आसपास के इलाकों में बहुत सारी बस्तियाँ कमर-भर पानी के अंदर आ गईं। तेरी यह रुपउली काफी ऊँचाई पर है। सो, यह गाँव टापू-जैसा लगता था। रजबाँध भी पानी के अंदर था और मेरे भी चारों ओर घुटना-घुटना-भर पानी लहराने लगा।

'चमारों के घरों के अंदर पानी घुस गया तो वे बुढ़िया-पोखर के मुहार पर आ गए।

'धमियापट्टी के नज़दीक मुसहड़ों की एक बस्ती थी। बाढ़ का प्रकोप बढ़ा तो वह कमर-भर पानी के अंदर आ गई। औरत-मर्द सर-सामान और बाल-बच्चों को लिए-दिए भाग आए। मचान बाँधकर वे मेरी डालों पर रहने लगे। बड़ी मुसीबत थी बेचारों के लिए। रोज मज़दूरी करें, रोज खाएँ...लेकिन उन दिनों तो सारे काम-काज बंद पड़े थे। ज़मीन पानी के अंदर थी तो वहाँ भला काम क्या होता ? दस-पाँच रोज किसी तरह उनका काम चला फिर फाके पड़ने लगे।

'मेरी डालों पर बाढ़ के मारे साँप भी बहुतेरे आ गए थे। बिलों में पानी, धरती पर पानी, बेचारे जायँ तो कहाँ ? छोटे-छोटे कीड़े तो मानो लाखों की तादाद में इन टहनियों और पत्तों में बसेरा लिए हुए थे। छिपकलियाँ आ गई थीं, गिलहरियाँ तो खैर पहले से यहाँ रहती ही थीं। रात के वक्त चिड़ियाँ भी काफी इकट्ठा हो जातीं। बाढ़

की मुसीबतों ने उन्हें आपस में एक-दूसरे के प्रति सहनशील बना दिया था।

'खाने को दाने नहीं, पीने को कुएँ का पानी नहीं। मचान पर एक बच्चे को साँप ने काट खाया और अगली सुबह उसकी जान चली गई। गर्दन में दो ईंट बाँधकर बाप उसे अथाह पानी में डाल आया। मज़दूरी की खोज में शहर की ओर पहले मर्द निकले, पीछे बच्चों को लेकर औरतों ने भी उधर का ही रास्ता लिया। बाकी बचा मचान सो उसकी चचरियाँ खोलकर अपने चमार भाई ले गए एक रोज।

'छप्परों की फूस के तिनके, बाँस के बल्ले, धुएँ की वजह से काले पड़े डोरियों के टुकड़े, गाय-बैल का पगहा, बाँस की खपच्चियों की फटी टूटी बिजनी, बच्चों के खिलौने, सूप-चंगेरी और टोकरी...बाढ़ के पानी में जाने कितनी चीजें उतराती फिर रही थीं! बीच-बीच में एक आध लाश भी तैरती दीख जाती, लोग पतले-लंबे बाँस से खोंचाड़-खोंचाड़कर जीवछ के प्रवाहों में पहुँचा आते। गाय-बैल की लाश होती तो चमार भाई उसे पानी से बाहर निकाल लाते और खाल छुड़ाकर फिर उसको भसिया देते धार की ओर।

'गंडक, करेह, बाग्मती, कमला, बलान, तिलजुगा, धेमुड़ा और कोसी—सभी नदियों ने उस वर्ष विकराल रूप धारण किया था। सावन की पूर्णिमा बीती नहीं थी परंतु बाढ़ का हमला तीन-तीन बार हो चुका था। गंगा से उत्तर और नेपाल तराई से दच्छिन का सारा भूखंड पानी के अंदर आ गया था।

'दरभंगा से पूरब नाव पर सवार होते तो लोग सुपौल और मधेपुरा तक चले जाते, कहीं उतरने की ज़रूरत ही नहीं पड़ती बीच में। लेकिन इतने बड़े इलाके में सौ-पचास नावों से भला क्या होता है? आम लोगों के लिए कहीं आना या जाना बिलकुल असंभव था। निर्मली और भपटियाहीवाली रेलवे लाइन हाल ही तैयार हुई थी, झंझारपुर से आगे मानसी तक वह डूब गई थी।

'हाट और पेठ का काम रुक गया था। खरीद-खरीदकर चावल-दाल जुटानेवालों के लिए और बेच-बेचकर धंधा कमानेवालों के लिए वे बहुत बुरे दिन थे।

'दूसरों के खेतों में मज़दूरी करके जीविका चलानेवालों का तो और भी बुरा हाल था। यह बाढ़ उनके लिए भुखमरी का बिगुल बजाती आई थी। रास्ते बंद थे, भागना भी आसान नहीं था।

'मामूली किसान चावल तो क्या, जलावन के अभाव में खेसाड़ी और मसूर के दाने भिगो-भिगो करके चबाया करते थे।

'कुओं का पानी पीने के लायक नहीं रह गया था। लोग पटापट बीमार पड़ते थे। दवा-दारू का कोई इन्तज़ाम नहीं ...राजाबहादुर का एक वैद्य था, वह खुद ही बीमार होकर मरने-मरने पर था।

'मवेशियों के लिए चारा जुटाना मुश्किल था। चरागाह सब-के-सब पानी के अंदर थे। तालावों के भिंड, रजबाँध का कुछ हिस्सा, गाँव के बीचवाले खुले डीह...बड़े किसानों की ही गाय-भैंस और बैल उस पर चर पाते थे। बाकी ढोर-डंगर गलियों में आवारा

फिरते थे, बाड़ियों के बाहर लतरी हुई तरोई-नेनुआ की बेलों पर मुँह मारा करते... हरियाली के नाम पर बस उतनी भर गुंजायश रह गई थी उनके प्रलोभनों के लिए।

'बाढ़ के उन दिनों में, बेटा, चार आदमी साँप के काटने से मर गए थे अपने गाँव के। बाढ़ के कारण दूसरे गाँवों से ओझा-गुनी नहीं मँगवाए जा सके, इस बात का लोगों को भारी अफसोस रहा।

'मकई, मडुआ, साँवाँ-कावन की खड़ी फसलें चौपट हो गईं। धान का बीआ (अंकुर) पानी के अंदर पड़कर सड़ गया। रोपे हुए धान के पौधे बर्बाद हो गए। गम्हड़ी, आउंस, गद्दड़ वगैरह भदैया धान की तैयार खेती किसी काम की न रही।

'सवा महीना तक बाढ़ का यह प्रकोप रहा। हटा तो यों ही नहीं हटा वह, कई तरह की बीमारियों का प्रसाद थोड़ा-थोड़ा करके हर इलाके में बाँटता गया।

'तेरी दादी उसी बाढ़ के बाद जो बीमार पड़ी सो फिर कभी नहीं उठी। पेट की पिल्ही काफी बढ़ गई, बदन में लहू बूँद-भर भी रह नहीं गया और अगहन में आकर उसने दम तोड़ दिया। देहातों में इंजेक्शन-फिंजेक्शन तो तब चला नहीं था बेटा ! हाँ, लहेरियासराय में एक अस्पताल सरकार की तरफ से खुल गया था। लेकिन पंडितों की कृपा से कोई आदमी यहाँ का ऐसा नहीं था जो अंग्रेज़ी दवा का नाम भी लेता। सभी एकमत थे कि शहरों के अंदर यह जो अस्पताल खुल रहे हैं वे हिंदुओं को भ्रष्ट करने के खिस्टानी कारखाने हैं...गोमांस का अर्क, सूअर का लहू, विष्ठा का सत, आदमी की खोपड़ी का गूदा—विलायत से दवाएँ तैयार होकर आती हैं...जोरों की अफवाहें फैली हुई थीं डाक्टरी दवाओं के खिलाफ !

'उस वर्ष फसली बुखारों से भी कई जानें गई थीं। मरनेवालों में बच्चों की ही तादाद ज्यादा थी। बाढ़ के अंदर दबी पड़ी फसलों के सड़े-सूजे दाने सुखा लिए गए थे। पेट में पहुँचते ही उन्होंने अपना ज़हरीला असर फैलाना शुरू कर दिया; कुछ गरीब इससे मरे थे। बाढ़ के बचे-खुचे पानी मलेरिया के मच्छरों के लिए जच्चाखाना बन गए, उन्होंने बहुत दिनों तक यहाँ तबाही फैलाए रखी।

'बाढ़ के ज़हरीले पानी का प्रभाव मुझ पर भी पड़ा था बेटा ! टूसे सूख गए, पत्तों पर काले-काले पीले-पीले दाग पड़ गए, टहनियों की छाल चटक उठी। डालें फटने लगीं। तनों की मोटी छालों में ददोरे पड़ गए। धड़ के नीचे का थोड़ा-सा हिस्सा सूखता-सूखता आखिर खोखला होने लगा, साल-भर बाद उतना बेकार काठ बुरादा बनकर निकला... हँड़िए की शकल का यह खोडर तभी का है बबुआ रे !'

जैकिसुन बचपन से बरगद का खोडर देखता आया था। यह खोडर गाँव के बच्चों के लिए मिट्टी के खिलौने रखने का आला था। इसमें गिल्ली-डंडा, कौड़ियाँ, गुलेल की गोलियाँ, गोफन के ढेले, सतघरा और बाघ-गोटी की गोटियाँ वगैरह भी जब-तब पड़ी रहती थीं...इतने अच्छे पेड़ में यह खोडर कैसे बन गया, यह बात जैकिसुन को मालूम नहीं थी। उसने बाबा के चेहरे पर गहरी दृष्टि डाली।

बाबा थोड़ी देर चुप रहा, फिर बोला :

'तेरे दादा के ज़माने में यहाँ से कोस-भर पूरब एक साहब आकर बस गया। क्या ही शानदार कोठी बनवाई थी उसने ! महाराज बहादुर से दो सौ एकड़ जमीन सौ साल के पट्टे पर नील की खेती के लिए उसको मिली थी। दुमका की तरफ से मुसहड़ों के पचास परिवार वह ले आया, कोठी के दच्छिन उनकी बस्ती आबाद हो गई। उन्हीं लोगों से साहब नील की खेती कराता था। वे उसके गिरमिटिया मज़दूर थे। वह उनका पूरा मालिक था—मेहनत का भी, जान का भी, माल का भी। उन दिनों गोरों का आम लोगों पर भारी आतंक था। शहर हो चाहे देहात, व्यापार-वाणिज्य का क्षेत्र हो चाहे किसानी-ज़मींदारी का, जज-कलक्टर होता हो या सेक्रेटेरियट—सब जगह गोरी चमड़ीवालों की तूती बोलती थी। कानून और हकूमत उनके बूटों की कीलों के नीचे थे। राजाओं के मुकुट और ज़मींदारों के तुर्रेदार पग्गड़ फिरंगियों के रास्ते की धूल के ज़र्रों को चूमने के लिए बेताब दीखते थे...

'पचास वर्षों तक यह कोठीवाला साहब पास-पड़ोस की जनता के स्वाभिमान को रौंदता रहा। अपने गिरमिटिया मज़दूरों के साथ तो वह इस तरह पेश आता था जिस तरह बाघ खरगोशों के साथ पेश आता है। बाकी लोगों की भी उसकी नज़रों में कोई कीमत नहीं थी। धनी-मानी जो थे, वे किस्म-किस्म की सौगात भेजते रहते थे साहबबहादुर की खिदमत में कि उन पर उसकी शनि-दृष्टि न पड़ जाय ! परसादीपुर, धमियापट्टी और अपनी रुपउली के किसानों पर इस जौन साहब ने तिनकठिया लागू कर दिया था।

'तिनकठिया समझा बेटा ?'

'नहीं !'—जैकिसुन ने निषेध में सिर हिला दिया।

बाबा ने कहा :

'एक बीघा में बीस कट्ठा ज़मीन होती है न ! तो प्रति बीघा तीन कट्ठा ज़मीन में नील की खेती करने के लिए किसान मजबूर किए जाते थे। यह दबाव ज़मींदारों और सरकारी अफसरों द्वारा डलवाया जाता था। जो नहीं मानता, उसे कई तरह से परेशान करते थे। तुम्हारे दादा को जौन साहब के साले ने महज इसलिए पीट दिया एक बार कि वह सलाम करने से चूक गया था। बाज़ार से आ रहा था। एक हाथ में तेल का बर्तन था, दूसरे में मछली लटक रही थी; बगल से लाठी दबा रखी थी और माथे पर अरहर की छोटी-सी गट्ठर। इधर से घोड़े पर सवार गोरा जा रहा था, जौन साहब का साला। दोनों एक-दूसरे को पहचानते थे। तेरा दादा आपा खोकर कुछ सोचता चला आ रहा था। उसे साहब को सलाम करने का खयाल ही न रहा। अगले ही रोज़ साहब के सामने अधिकभाई की पीठ पर हंटरों की बौछार पड़ी...ता-ज़िंदगी तेरे दादा की पीठ पर हंटर के वे निशान बने रहे।'

यह घटना सुनकर जैकिसुन की मानो साँस टँग गई। बेचारे को इसके बारे में बिलकुल मालूम नहीं था। चम्पारन में नील के कारखानेदार कई थे, इतना तो वह जानता था लेकिन अपने इस इलाके में भी कोई नील-दानव कभी रहा होगा—यह कल्पना जैकिसुन को नहीं थी। कोठी और बंगले का खँडहर तथा नील की टूटी-फूटी हौदी वह

बचपन से देखता आया था।

बाबा ने कहा :

'पचास-पचपन वर्ष हुए, साहब अपनी ज़मीन बेचकर कलकत्ता चला गया। नील की खेती पीछे फायदे की नहीं रह गई और पास-पड़ोस के दबे-पिसे किसानों का धीरज छूटने ही वाला था कि फिरंगिया जान लेकर भागा।

'इस गाँव में सबसे पहले जैनरायन के चाचा ने अंग्रेज़ी पढ़ी। घर से चावल और दाल दरभंगा पहुँचाए जाते, खुद रसोई करके बेचारा खाता-पीता। उन दिनों पटना में यूनिवर्सिटी नहीं थी। बिहार बंगाल के अंदर ही था। सन् 1905 ई. में कपिलेश्वर ने मैट्रिक पास की और दो साल बाद मुख्तार बन गया वह। लहेरियासराय की अदालत में मुकदमों की पैरवी करने लगा। चार-छः वर्ष बाद तो जैनरायन का यह चाचा चमक उठा। लहेरियासराय के अच्छे मुख्तारों में उसकी शुमार होने लगी।

'दूसरा आदमी था टुनाइ का भाई जगमोहन जिसने अंग्रेज़ी पढ़ी-लिखी। इंट्रेन्स की परीक्षा पास होते ही वह झारखंड के किसी स्टेट में छोटा तहसीलदार बहाल हो गया। उसकी भी किस्मत अच्छी तरह चमकी।

'अब तो खैर रुपउली में पचीसों आदमी अंग्रेज़ी पढ़-लिख गए हैं। मिडिल तक तो तू भी पढ़ा है न ?'

सिर हिलाकर जैकिसुन ने स्वीकार किया।

बटेश्वरनाथ बोला :

'तेरी जात-बिरादरी के लोग भी अब पढ़ने-लिखने लगे हैं। कुछ तो अच्छे ओहदों पर भी पहुँच गए हैं। कई अब असेंबली के मेंबर भी हैं...पहले ज़माने में ज्ञान-विज्ञान और पढ़ाई-लिखाई बड़ी जातिवालों की बपौती थी। अब पाठशालाओं और स्कूलों के दरवाज़े सभी जातियों के बच्चों के लिए खुल गए हैं मगर ऊँची जातिवालों का आपसी पक्षपात और 'शुभ-लाभ' के लिए उनकी आपाधापी जब तक मौजूद रहेंगे तब तक मानव-समाज की सामूहिक प्रगति नहीं होगी।'

जैकिसुन को सकरी का वह अछूत स्टेशनमास्टर याद आया जिसके बारे में थूक लगाकर टिकटें बाँटने की अफवाह उड़ाई थी लोगों ने...

क्षण-भर रुककर बाबा ने कहा :

'तेरे बाप की यह भारी साध थी कि बेटा कुछ पढ़-लिख जाय। वह ज़िंदा रहता तो ज़रूर तू मैट्रिक पास कर लेता। विद्या सिर्फ धन से नहीं होती। धन से ही अगर पढ़ाई होती तो राजाबहादुर का परपोता यह बाबू कृष्णदत्तसिंह सारी डिग्रियाँ हासिल कर चुका होता। कितने मास्टर रखे गए, कितनी रकम खरची गई उसकी पढ़ाई पर ! मगर मैट्रिक से आगे वह नहीं बढ़ सका।

'जानू राउत पढ़ा-लिखा नहीं था लेकिन दुनिया उसने खूब देखी थी। पटना, जमशेदपुर, कलकत्ता, ढाका और जलपाइगुड़ी और कटिहार का पानी पिया था उसने। बाबूसाहब देवीदत्तसिंह ने चारों धाम की यात्रा की थी, उस यात्रा में टहलुआ के तौर

पर तेरा बाप ही साथ गया था। बाबूसाहब घूम-घामकर जब वापस आ गए तो जानू राउत को इनाम में मन-भर चावल, धोती-चादर और एक गाय मिली थी।

'बाबूसाहब ने धूमधाम से अपनी माँ का श्राद्ध किया था। श्राद्ध के बाद पच्चीस सौ पंडितों को निमंत्रण गया था। पहली वर्षी के अवसर पर देश के कोने-कोने से विद्वान् लोग गौरीपुर-डेवढ़ी में जुटे थे। विदाई और आदर-सत्कार में एक लाख खर्च हुआ। तेरा पिता दो महीने राजासाहब के यहाँ प्रबंध-संबंधी कामों में लगा रहा। वह बड़ा चतुर था, साथ ही मेहनती और ईमानदार भी था। स्वाभिमान की भी काफी मात्रा थी उसके अंदर। इसी से राजाबहादुर समय-समय पर उसे दरबार में बुलाते रहते। दस-पाँच रोज़ डेवढ़ी में रहकर जानू काम कर देता और सलाम ठोककर वापस आ जाता। जी-हुजूरी में उसका दम घुटता। मुफ्तखोरी उसके स्वभाव के अनुकूल नहीं थी। दूसरा होता तो दरबार में बिलकुल चिपक जाता।'

जैकिसुन को अपना बाप अच्छी तरह याद था। आठ वर्ष पहले उसका देहांत हुआ, तब जैकिसुन की आयु पंद्रह साल की थी। पिता के बारे में उसने माँ से बहुतेरी बातें सुनी थीं। लेकिन बाबा के मुँह से अपने बाप की प्रशंसा सुनकर जैकिसुन गद्‌गद हो उठा। '30-'32 के आंदोलन में जानू राउत दो महीने जेल भी रह आया था। नमक-कानून तोड़ने के दिनों में बस्ती रुपउली के तीन आदमी गिरफ्तार हुए थे...जानू राउत, दयानाथ राय और वीरभद्र झा...जैकिसुन उन दिनों ढाई-तीन साल का अबोध बालक रहा होगा। उसने सविनय-कानून-भंग-आंदोलन के बारे में काफी कुछ सुन रखा था। अब सही ब्यौरा वह बरगद बाबा से मालूम करना चाहता था। पुरानी बातें कुछ-न-कुछ सुन ही ली थीं, आगे जैकिसुन को राष्ट्रीय मुक्ति-संग्राम की कहानी सुननी थी...

बाबा ने गंभीरतापूर्वक कहा :

'जनुआ को साँप ने काट लिया नहीं तो पच्चीस-तीस वर्ष वह और ज़िंदा रहता। पड़ोस के घर की पुरानी भीत में चूहों ने बिल बना रखे थे। वहीं एक बिल में कहीं से आकर काला नाग रहने लगा था।

'जानू राउत को बागवानी का बड़ा शौक था। घर के पिछवाड़े दस धूर (बिस्वाँसी) की वह बाड़ी तेरे बाप की मेहनत-मशक्कत से हमेशा हरी-भरी रहती थी उन दिनों। तेरी माँ को लगाव हरियाली से उतना कभी नहीं रहा। अब तो खैर बुड्ढी हो गई है, आठों पहर होंठों से हुक्के की नारियल सटाए रहती है। पहले भी काम के पीछे हाय-हाय करनेवाली औरतों में तेरी माँ की शुमार रही हो, ऐसी बात नहीं थी। देखा है तूने कभी अपनी माँ को हड्डी-तोड़ मेहनत करते ? सच-सच बतलाना ! हाँ !'

जैकिसुन ने सिर हिलाकर 'ना' का संकेत किया।

बाबा बोला :

'तो, खेती-गिरस्ती से जो समय बच जाता उसका अधिक अंश जनुआ अपनी बगिया के साज-सँवार में लगाता। राजासाहब के बाग से कागज़ी नीबू का एक कलम

ले आया था। अब उसकी झाड़ हर साल फल देती। एक पेड़ अमरूद का लगाया था। बीजू आम के दो पेड़ काफी बड़े हो आए थे। एक झाड़ गुलाब जामुन की भी लगाई थी। अलावा इसके, मौसमी साग-भाजियाँ वह खुद ही उगा लेता था। एक बार छिपाकर जानू ने गाँजे के दो पौधे उगाए थे...'

'गाँजे के पौधे !'...जैकिसुन चौंक उठा। पिछले वर्ष परसादीपुर का एक बाभन इसीलिए फँस गया था कि उसके घर के पीछे गाँजे का एक पौधा देखा गया था। चौकीदार ने थाने में जाकर रिपोर्ट कर दी। लाल मुरैठावाले दो जवान आए और असामी को गिरफ्तार करके लहेरियासराय ले गए। लाख कोशिश-पैरवी पहुँचाई गई लेकिन अदालत ने दो महीने की कड़ी कैद की सजा ठोक ही दी उस ग़रीब पर ! पकड़े जाने पर जैकिसुन के पिता को भी अदालत दंड दे सकती थी...जैकिसुन को ऐसा लगा कि इस वक्त भी उसकी बाड़ी में गाँजे के पौधे खड़े हैं और चौकीदार ने थाने में खबर कर दी है...वह देखो, लाल पगड़ीवाले उसे गिरफ्तार करने आ रहे हैं।

बाबा ने मुस्कुराकर कहा :

'तेरा बाप गाँजा खूब पीता था। लेकिन जान-बूझकर उसने गाँजे के पौधे नहीं उगाए थे उस बार। भंग के पौधे समझकर पहले जिन्हें बढ़ने दिया, बाद को अपनी तेज़ और मस्त कर देनेवाली बू की वजह से कुछ और ही साबित हुए। पत्तियाँ और टूसे उन पौधों के भंग की ही तरह के थे, हाँ, महक उनमें गाँजे की थी। मसल-मसलकर जनुआ ने उन्हें सूँघा कई दफे, सोचा...भाँग की ही कोई किस्म होगी। दयानाथ से उसकी खूब छनती थी। मालूम होने पर दयानाथ ने मना किया कि मत रखो उन पौधों को, फेंक दो उखाड़कर, फसाद की जड़ हो सकते हैं साले ! क्या कमी है, बाज़ार से लाकर दम लगाया करो...

'परंतु नहीं, वे पौधे खूब बढ़े और चुपचाप बढ़े। उनकी मंजरियाँ सुखा-सुखाकर जानू ने रख लीं और बरसात के दिनों में चिलम में सुलगा-सुलगाकर उनका मज़ा लूटा। बस, दुबारा नहीं गाँजे के पौधे उसने कभी फिर पाले।

'उसी बाग़वानी ने बेचारे की जान ले ली।

'थोड़ी-सी जगह और काफी पेड़-पौधे...रेंगनेवाले कीड़ों के लिए तो वह कुंजवन ही था। बरसात का मौसम उस कुंजवन को बेहद घना कर देता था। रात-भर मेंढक, न्यौले और झींगुर वहाँ कोलाहल मचाए रहते।

'पड़ोस का घर एक कविजी महाराज का था। पत्नी, तीन बच्चे और पीतल-काँसे के चार-छः मामूली बर्तन, मिट्टी के दो-तीन मटके, फटे कम्बलों और पुरानी रजाइयों का छोटा-सा ढेर, टूटी तख्तपोश...ऊपर से फूस के छप्परोंवाला पुराना मकान। गिरस्ती का बुरा हाल था। बच्चे शायद ही तंदुरुस्त रहते हों। आमदनी का कोई बँधा-बँधाया सिलसिला तो था नहीं। श्रीमंतों, ज़मींदारों, राजाओं तथा नेताओं के मिजाज माकूल रहे तो चार पैसे मिल गए वरना टके की बादशाही में मस्त रहते थे कविजी—भंग का हरा रस ही उनके लिए सुधासिंधु था। उनके पैरों में चक्कर था। बीस वर्ष की आयु के

बाद शायद ही वह कभी पंद्रह रोज़ लगातार रूपउली रहे हों। स्वर कविजी का इतना मीठा था कि रोता हुआ शिशु उनका कविता-पाठ सुनकर मुस्कुराने लगता था, बिल्ली अपने शिकार को सामने से बेधड़क गुजर जाने देती थी।

'न जाने, कहाँ से एक करैत (काला नाग) आकर कवि के घर की भीत के अंदर रहने लगा था। पड़ोसियों ने कवि का ध्यान उस ओर दिलाया तो वह क्या बोले, बताऊँ ?'

जैकिसुन बाबा की ओर प्रश्नसूचक निगाहों से देखने लगा। अभी चार ही साल पहले तो कवि का स्वर्गवास हुआ है...

बाबा ने कहा :

'कविजी बोले..."स्वयं शेषनाग ने यह कृपा की है मुझ पर ! मैं अपना खंडकाव्य समूचा-का-समूचा भगवान नागनाथ को सुनाऊँ। मत्कुणीक्रंदन !! (खटमल-विलाप) कितनी मेहनत से मैंने यह रचना तैयार की है।"

'उस शेषनाग ने जानू राउत पर बड़ी कृपा की, कविजी पर चाहे जैसी कृपा की हो।'

जैकिसुन को अपने बाप की मौत की याद आ गई। शाम का वक्त था। सूरन का चोखा बना था रसोई में। राउत ने जैकिसुन की माँ से पूछा..."नींबू का रस खूब डाला है कि नहीं ?" जवाब में किसी ने कुछ नहीं कहा। रउताइन ने एक ही नींबू निचोड़ा था, बेचारी को खुद ही संदेह था कि जिमींकंद की कबकबी (खरास) इत्ती-सी खटाई से कटी होगी। राउत घर के पिछवाड़े गया, बगिया से नींबू लाने। लौटा तो 'सी-सी-सी-सी' 'सू-सू-सू-सू' करता हुआ आया और धम् से आँगन की लिपी-पुती भूमि पर बैठ गया। दो नींबू थे हाथ में, वे छूटकर अलग-अलग दिशा में लुढ़क गए...साँप ने डस लिया था दाहिने पैर की एड़ी के पास...जहर फैलता गया, बेहोशी बढ़ती गई। सुबह होते-होते नाड़ियों की गति बिलकुल रुक गई। इसी बरगद के नज़दीक रात-भर झाड़-फूँक होती रही थी...

जैकिसुन को वे क्षण अच्छी तरह याद थे।

बाबा चुप था।

जैकिसुन अपने पिता की स्मृति में डूब गया। बुलंद चेहरा, चौड़ा कपार, घनी भौंहें, सफेद और चिकने दाँत, छँटी मूँछें...बदन में बाल कितने थे ! और हँसता था किस तरह खिलखिलाकर। ज्यादा बोलता नहीं था !

जैकिसुन बाप के कंधों पर बैठकर परसादीपुर और सतगामा जाया करता था दुर्गापूजा या कृष्णाष्टमी के मेले में थियेटर देखने...लेकिन तब वह सात-आठ वर्षों का रहा होगा। ननिहाल के रास्ते में भुतही बलान की धार पड़ती है, चौमासे में तो खैर नाव की शरण लेते हैं लेकिन कई बार जैकिसुन ने पिता का हाथ पकड़कर उस नदी को पार किया होगा...घुटनों-भर या कमर-भर पानी में से होकर।

नौ

जैकिसुन को थोड़ी देर तक सोचने का मौका देकर बरगद बाबा फिर बोले :

'जानू , दया और वीरभद्र तीनों एक ही उम्र के थे। तीनों का बचपन मेरी छाँह में बीता था।

'दयानाथ शत्रुमर्दन राय का पोता था। वीरभद्र था बलभद्र का पोता। दयानंद को पढ़ने-लिखने का मौका नहीं मिला लेकिन वीरभद्र कलकत्ता यूनिवर्सिटी का ग्रेजुएट था। घरवालों की राय में उसे 'बंगाल की हवा' लग गई थी।

'बंगाल की हवा का मतलब समझा ?'

"नहीं !"

जैकिसुन की समझ में सचमुच नहीं आया कि बंगाल की हवा से बाबा का यहाँ क्या अभिप्राय है।

बाबा ने कहा :

'बंगाल के नौजवान महात्मा गाँधी की असहयोग और सत्य-अहिंसा की बातों में आस्था नहीं रखते थे। दुश्मनों को पछाड़ने के जितने भी तरीके हो सकते हैं, वे उन्हें आज़माने के पक्ष में थे। ईस्ट-इंडिया कंपनी के ज़माने से ही गोरी हकूमत के खिलाफ बंगालियों का सशस्त्र प्रतिरोध शुरू हो गया था। कर्जन जब बड़ा लाट होकर आया तो उसने बंगाल को दो हिस्सों में बाँटना चाहा। वहाँ की शिक्षित और अशिक्षित समूची जनता ने अंग्रेज़ शासकों की उस कुटिल नीति का विरोध किया। नौजवानों ने कई गोरे आफिसरों को मार डाला और क्रांति की एक नई परंपरा हिंदुस्तान में शुरू हुई। साम्राज्यशाही बौखला उठी तो दमन का चक्र और ज़ोरों से चलने लगा। अंग्रेज़ कूटनीतिज्ञ गोखले और गाँधी जैसे नेताओं की उतनी परवाह नहीं करते थे, क्रांतिकारियों के गुप्त संगठनों की उभार तो ब्रिटिश प्रभुओं की नींद हराम किए रहती थी...

'मैट्रिक करके वीरभद्र कलकत्ता चला गया था। ट्यूशन करके अपना सारा खर्च निकालता था। बंगाली विद्यार्थियों की संगति में पड़कर उसके भी विचार बदल गए थे।

'घरवालों की आशा के मुताबिक उसे वकील या डिप्टी मजिस्ट्रेट या प्रोफेसर होना चाहिए था। लेकिन बारह-चौदह वर्ष कलकत्ता रहकर भी वीरभद्र ही बना रहा। उसकी चर्चा चलती तो लोग कह उठते—बंगाल की हवा लग गई लड़के को...

'एक बार तीन साल की और दूसरी बार दो साल की कैद काट चुका था वीरभद्र। तीसरी दफ़ा वह यहीं अपनी बस्ती रुपउली में ही सोलह महीने नज़रबंद रहा; हफ़्ते में एक बार थाना पहुँचकर दारोगा से मिलना पड़ता था और गाँव का चौकीदार हर रात एक-आध बार नाम लेकर वीरभद्र को पुकार लेता।

'ससुरालवाले काफी मातवर थे। औरत अपने माँ-बाप की इकलौती थी। वीरभद्र का अपना घर भी 'सुखी खानदान' कहलाता था। दो बड़े भाई थे, एक बेतिया-राज की किसी सर्किल में मैनेजर था और दूसरा घर-गिरस्ती सँभाले हुए था। परिवार बड़ा था

सही, मगर अस्त-व्यस्त नहीं था। ज़मीन काफी थी। पोखरा था, बाग-बगीचे थे। काम करने के लिए जन-बनिहारों की कमी नहीं थी...वीरभद्र पर दुनियादारी का रत्ती-भर भार नहीं था। बंगला-गीतांजलि, गीता का तिलक भाष्य और अंग्रेज़ी दैनिक अमृत बाज़ार पत्रिका—कुछ समय तो उसका इनमें कट जाता और कुछ समय गँवई बातचीत व बच्चों के साथ खेलों में।

'दयानाथ को अपने जीवन में पढ़ने-लिखने का अवसर नहीं मिला था सही, लेकिन महात्मा गाँधी के लिए उसके अंदर अपार श्रद्धा और गंभीर भक्ति श्रद्धा-भक्ति अंकुरित तो तभी हो गई थी जबकि चंपारन की भूमि पर गाँधीजी के चरण पड़े थे। नील के कारखानेदार साहबों की तरफदारी में पहले तो सरकार तन गई परंतु पीछे उसे झुकना पड़ा और इस प्रकार चंपारन की जनता को नील-दानवों से छुटकारा मिला। चार वर्ष बाद असहयोग-आंदोलन छिड़ा तो गाँधी की कीर्ति में मानो पंख लग गए; महात्माजी के नाम पर चमत्कारपूर्ण सैकड़ों किंवदंतियाँ लोगों के होंठों पर थिरकती फिरीं; बाँसुरी के छेदों से छन-छनकर गाँधीवाले बीसियों गीत गंडक, बाग्मती, कमला और कोसी की लहरों पर मचलते फिरे।

'1923 में नागपुर में झंडा-सत्याग्रह छिड़ा तो वे बैशाख के आखिरी दिन थे। रबी की फसलें न केवल पक चुकी थीं बल्कि खेतों और खलिहानों से उठकर घर के अंदर पहुँच गई थीं। अगहनी फसलें भी उस साल अच्छी हुई थीं। दयानाथ ने हिसाब लगाकर देखा कि अठारह महीने की खुराक के लायक अनाज मौजूद है। गन्ने की पिछली उपज से गुड़ तैयार किया था जिसकी बिक्री से पचास रुपए आ गए थे।

'उपज अच्छी हुई हो और घर-गिरस्ती का काम ठिकाने से चल रहा हो तो किसान अपने को क्या समझता है बेटा ?'

जैकिसुन ने बाबा की तरफ देखा।

बाबा ने आँखें दुहरी करके उसे बार-बार देखा।

जैकिसुन की पलकें नीचे झुक गईं...

बाबा ने जैकिसुन की ठुड्डी छूकर उसे अपनी ओर मुखातिब कर लिया और कहा :

'उस हालत में किसान अपने को बादशाह समझता है बल्कि उस स्थिति में वह अपने आगे किसी को कुछ नहीं समझता है न ?'

जैकिसुन ने माथा हिलाकर स्वीकार किया।

बाबा बोले :

'नागपुर के झंडा-सत्याग्रह की खबर सूखे सरकंडों के जंगल में आग की तरह जोरों से फैल रही थी। गाँधीजी जेल के अंदर थे। लोगों में बेहद उत्तेजना थी। वीरभद्र का भाई काशी से 'आज' मँगवाता था। दुपहरिया में और रात के पहले पहर के वक्त उसके दालान में छोटे-मझोले किसानों का अड्डा जमता। यह उन्हीं तर्क-पंचानन महाशय की चौपाल थी जिनके बारे में पहले बता चुका हूँ। पहले इस दालान पर भागवत और

ब्रह्मवैवर्त पुराण, कृत्तिवास और रामायण और काशीरामदास का महाभारत, पीछे सुखसागर-प्रेमसागर और रामचरितमानस का पारायण होता आया था। अब बनारसी दैनिक 'आज' का नंबर था।

'असहयोग और सत्याग्रह की हलचलों का यह अखबार उछलती हुई भाषा में छपता था। किसान बड़े गौर से उन्हें सुना करते।

'दो वर्ष पहले चौरी-चौरा-कांड के बाद गाँधीजी ने आंदोलन पर रोक लगा दी थी, पस्तहिम्मती के कारण लोगों का दिल पथरा गया था। झंडा-सत्याग्रह में शामिल होने के लिए कांग्रेस की अपील सुनकर अब उनके अंदर फिर सुरफुराहट पैदा हुई। दयानाथ ने किसी से कुछ बतलाया नहीं, अगले ही रोज़ पटना के लिए वह चल पड़ा। स्वयंसेवकों के जत्थे में नागपुर पहुँचा। ख़त आया तो गाँववालों को उसका ठौर-ठिकाना मालूम हुआ।

'कुल मिलाकर दयानाथ बाईस रोज़ नागपुर-जेलों में रहा। छूटा तो सीधे रुपउली आया।

'पूछने पर लोगों से यही बताया कि तीर्थ-यात्रा से लौटा है।

'और, सचमुच नागपुर का वह जाना-आना उसके लिए तीर्थ-यात्रा ही था। उन दो-ढाई महीनों में दया को जितना कुछ तजरबा हुआ उतना तीस वर्षों की आयु में उससे पहले कहाँ हुआ था।

'तेरा बाप उन दिनों ढाके में था और वीरभद्र था कलकत्ते में। मैंने दयानाथ से झंडा-सत्याग्रह की सारी कहानी सुनी तो उस व्यक्ति के सौभाग्य के प्रति एक पवित्र ईर्ष्या का अनुभव हुआ।

'बेटा, मैं अब काफ़ी सयाना हो गया था। असहयोगियों और सत्याग्रहियों की शांतिमय निहत्थी भीड़ पर लाठी-चार्ज की खबरें सुनता तो पत्ते खड़े हो जाते; टूसों से गरम-गरम भाप निकलने लगती और इन टहनियों में कुछ तनाव-सा महसूस करता।

'सतगामा के वह लीडर, जो आजकल पार्लियामेंट के मेंबर हैं, क्या नाम है उनका ?'

'कुलानंद दास'—मन-ही-मन जैकिसुन बोला।

'हाँ हाँ, कुलानंद दास ! याद आया नाम रे !

'यह बाबू कुलानंद दास सन् बाईस में वकालत छोड़कर गाँधी महात्मा के दल में शामिल हो गए थे, पता है तुझे ?'

जैकिसुन ने 'ना' के तौर पर माथा हिला दिया।

बाबा ने कहा :

'ऐसी बात नहीं कि वकालत उनकी खूब चलती रही हो, तो भी घरवालों ने उन्हें इसकी इजाज़त नहीं दी थी कि जेल चले जाएँ।

'उन दिनों असहयोग की धूम मची हुई थी...कोई अपनी नौकरी से इस्तीफा दाखिल कर रहा था; कोई कॉलेज की पढ़ाई छोड़ रहा था; कोई प्रोफेसरी और मास्टरी पर लात

मार रहा था। असहयोग की बातों को लेकर पढ़े-लिखे लोगों में खूब चहल-पहल थी।

'अपने इन देहातों का साधारण ढाँचा पिछले पच्चीस-तीस वर्षों में थोड़ा-कुछ बदला अवश्य था परंतु परिवर्तन की यह कोई उत्साहवर्धक रफ्तार थोड़े थी।

'रेलवे की छोटी लाइनें उत्तर की ओर नेपाल की तराई को छू चुकी थीं। उन दिनों इस रेलवे का क्या नाम था, मालूम है न ?'

जैकिसुन ने संकेत से स्वीकार किया।

बाबा ने कहा :

'हाँ, बी. एन्. डब्लू. आर. (बंगाल-नार्थ-वेस्टर्न-रेलवे) ! यही नाम था। सकरी से उत्तर की ओर मधुबनी होकर एक नई ब्रांच लाइन निकाली थी जिसका आख़िरी स्टेशन जयनगर था। सकरी से पूरबवाली लाइन भपटियाही, सुपौल, सहसी तथा मानसी होती हुई महादेवपुर घाट तक पहले ही खुल चुकी थी। इस ओर महादेवपुर घाट और उस ओर बरारी घाट, भागलपुर...स्टीमर-सर्विस मुसाफिरों को गंगा पार कराने लगी थी। समस्तीपुर रेलों का भारी जंकशन हो गया। सिमरिया घाट और मुकामा घाट के दरम्यान जहाज चलने लगे थे। दरभंगा से उत्तर रेल की एक लाइन फैली जो सीतामढ़ी, रक्सौल, नरकटियागंज, छितौनी घाट तथा सिसबा बाज़ार होती हुई गोरखपुर को छू रही थी। इधर के सभी प्रमुख नगर रेलवे द्वारा एक-दूसरे से जुड़ चुके थे। रैयाम, लोहट, रीगा, मुक्तापुर आदि कई स्थानों में अंग्रेज़ सौदागरों ने चीनी और जूट की मिलें खड़ी कर ली थीं। विलायत की बनी चीज़ें अब इन इलाकों में धड़ल्ले से मिलने लगी थीं। देहाती कारीगरों पर इसका बड़ा ही बुरा असर पड़ा।

'अपनी इस बस्ती रुपउली पर भी इस नई व्यवस्था का वैसा ही बुरा प्रभाव पड़ा...'

जैकिसुन ने बाबा की ओर देखा। निगाहें प्रश्न उगल रही थीं।

बाबा बटेश्वरनाथ बोले :

'चमार जूते बनाना भूल गए। मोमिनों के पाँच करघे थे सो अब एक ही रह गया। चीनी की आमद ने गुड़ के व्यापार को चौपट कर दिया। बटन, सुई, आईना, कंघी, उस्तरा और कैंची...कपड़े, खेती के औज़ार...बाहरी माल आ-आकर स्थानीय उद्योग-धंधों का गला दबाने लगे। तेजी और मंदी के दो पाटों में पड़कर अनाज का एक-एक दाना कराह उठा बेटा ! अनाज का एक-एक दाना ही नहीं, गाँव का एक-एक आदमी कराह उठा बेटा ! बर्तन में पानी तो पहले ही जितना आता था लेकिन छेद उसमें एक के बदले अनेक हो गए थे !!

'इस अपूर्व ध्वंस-लीला के साथ ही रोजगार की कुछ नई सूरतें भी निकल आई थीं। नए ढंग से तालीम पाए हुए आदमियों का एक नौकरीपेशा बाबू-तबका और आपसी भेद-भाव भूलकर अनोखी मशीनों के ज़रिए नए तौर-ओ-तरीक़ों से काम करनेवाले मज़दूरों का एक सर्वहारा-वर्ग अस्तित्व में आ चुके थे।'

जैकिसुन को बाबा का यह प्रवचन बुरा नहीं लग रहा था। अफसोस यही हो रहा

था कि जीवनाथ और सरजुग भी क्यों नहीं यह बातें सुन पाए !

रात तीन पहर तो नहीं, लेकिन ढाई पहर ज़रूर बीत चुकी थी। मनीगाछी की तरफ से आनेवाली दो बजे की पैसेंजर ट्रेन धरती को धमधमाती हुई अभी-अभी निकली होगी...

घंटे-भर बाद चरवाहे भैंसों को खोल देंगे तो उनके खुरों की आवाज़ें और नथनों की फरफराहट सुनकर बुड्ढों की नींद अवश्य उचट जायगी।

थोड़ा रुककर बाबा ने जैकिसुन से पूछा :

'क्यों, प्यास-वास तो नहीं लगी है ?'

स्वीकार की मुद्रा में जैकिसुन का माथा हिला। फिर वह अलग जाकर पेशाब कर आया।

तब तक बाबा दोने में पानी ला चुका था। जैकिसुन ने एक ही साँस में पी लिया और दोने को फेंक दिया।

दाढ़ी पर हाथ फेरते हुए बाबा ने कहा :

'अपने देश में आज़ादी की लड़ाई कई मंज़िलों से गुज़रती हुई आज की स्थिति तक पहुँची है। राजनीतिक उथल-पुथल का देश-व्यापी विराट् प्रदर्शन 1921 के अंत में पहली बार हुआ। 'प्रिन्स ऑफ वेल्स' को बड़े-बड़े शहरों में घुमाया गया था। शाही स्वागत तो उसका हुआ नहीं, हाँ, विरोध-प्रदर्शन अवश्य हुए। ब्रिटिश साम्राज्य के प्रति भारतीयों के अंदर जो विक्षोभ घुट रहा था उसका इज़हार इतने ज़ोरों में हुआ कि विलायती तानाशाह बुरी तरह घबरा उठे और दमन की चक्की दस गुनी रफ्तार से चला दी। गाँधी अपने लेखों, वक्तव्यों और भाषणों से उस व्यापक जन-क्षोभ को ठंडा करने की कोशिश करते रहे...अंत में ऊबकर उन्होंने कहा कि उन्हें 'स्वराज्य' शब्द से भी चिढ़ हो गई है।

आश्चर्य के मारे जैकिसुन की आँखें फैल गईं—' "स्वराज्य" शब्द से भी चिढ़ हो गई गाँधीजी को !'

बाबा ने कहा :

'हाँ बेटा, गाँधीजी अपनी अहिंसा के आगे और सत्य व आत्म-शुद्धि के आगे बाकी बातों की परवाह शायद ही करते थे। जल्द-से-जल्द स्वराज्य हासिल करने के लिए 1920 के अंत में कांग्रेस ने असहयोग और बहिष्कार का नया लड़ाकू प्रोग्राम अपनाया था। बड़े नेताओं के इस निर्णय से साधारण जनता में उत्साह की अनोखी लहर फैल गई। राष्ट्रीय मुक्ति-संग्राम की धारा लोक-चेतना के समतल मैदान में उतर आई। गाँधीजी ने भविष्यवाणी कर दी थी कि वर्ष-भर में स्वराज्य मिल जाएगा...मगर इस विराट् जन-आंदोलन की रूप-रेखा क्या होगी, इस बारे में स्वयं गाँधीजी भी स्पष्ट नहीं थे और स्पष्ट थे भी तो दूसरों को उस विषय में कुछ बताना आवश्यक नहीं समझते थे। किसी की समझ में नहीं आ रहा था कि महात्मा क्या करनेवाले हैं; प्रबल पराक्रमी अंग्रेज़-सरकार को वह किन दाँव-पेंचों से पछाड़ेंगे, यह किसी को साफ-साफ सूझ नहीं रहा था।

'असहयोग का वह ज़माना अद्‌भुत था। देश का हर हिस्सा नई चेतना से स्पंदित होकर अँगड़ाइयाँ ले रहा था। आसाम-बंगाल रेलवे में हड़ताल हुई। मिदनापुर के किसानों ने लगानबंदी का आंदोलन छेड़ दिया। दक्षिण मलाबार के मोपलों ने बग़ावत कर दी। पंजाब में सरकार के पिट्ठू महंतों के खिलाफ अकाली सिखों की घृणा भड़क उठी।

'गाँधीजी को छोड़कर तमाम प्रमुख नेता गिरफ्तार कर लिए गए—मोतीलाल नेहरू, देशबंधु चित्तरंजनदास, लाला लाजपतराय वग़ैरह। उन्हें जेलों में बंद कर दिया गया। स्वराजी कैदियों की तादाद 30,000 तक पहुँच गई थी।

'अब एकमात्र महात्माजी कांग्रेस के डिक्टेटर थे। आंदोलन पूरे उठान पर था। कांग्रेस ने सारे अधिकार उन्हें सौंप दिए थे कि वह संघर्ष को सही दिशा दें और देश को विजय की आखिरी मंज़िल तक पहुँचाएँ। अब अवसर आ गया था कि जन-विरोधी सरकार से ताकत आज़मा ली जाय। एक-एक भारतीय की नज़र गाँधीजी की तरफ थी कि देखें अब वह क्या करते हैं।

'आशा और उत्साह के उन तूफानी दिनों में गाँधीजी स्वयं ही बेहद परेशान हो उठे। उनका असहयोग-आंदोलन उनके सुझाए हुए अहिंसक मार्गों पर ठीक-ठीक चल नहीं पा रहा था। भूल-चूक के छिटपुट समाचार आते ही रहते थे। अहिंसा की जिस दिव्य और भव्य प्रतिमा को वह कल्पना के अपने सहस्रदल कमल पर बैठाए हुए थे, उसके चेहरे पर अनचाहे और ढीठ जन-समूहों के कड़े-नुकीले नाखूनों की गहरी खरोंच बार-बार उभर आती थी। गाँधीजी को ऐसा अनुभव होता था कि उनकी इन कोशिशों से एक महा भयानक दैत्य के पैरों की बेड़ियाँ खुल गई हैं और वह अहिंसा की देवी का गला घोंटने ही वाला है। बात-बात में महात्माजी परेशानी और हिचक प्रकट करने लगे थे; तभी तो उन्होंने कहा था कि उन्हें स्वराज्य शब्द से भी चिढ़ हो गई है।

'उन्हीं दिनों गोरखपुर जिले में 'चौरीचौरा' कांड हो गया, जिसमें जनता की उत्तेजित भीड़ ने थाना जला दिया था।

'गाँधीजी बड़े दुखी हुए और उन्होंने सत्याग्रह और असहयोग की उस व्यापक लड़ाई को बिलकुल स्थगित कर दिया। स्वयंसेवकों के जुलूस, सरकार-विरोधी सभाएँ, दमन-कानूनों के खिलाफ संघर्ष...सब बंद!

'आंदोलन एकदम ठप हो गया।

'जन-संग्राम के प्रति महात्माजी का यह खिलवाड़ देश के लिए बहुत बड़ी दुर्घटना थी। गाँधीजी के खास साथी जेल के अंदर बंद थे। यह समाचार पाकर क्रोध और दुख के मारे वे पागल हो उठे।

'कोई भी समूचा आंदोलन जब एक व्यक्ति के मातहत होता है तो इसी तरह के नतीजे बाहर आते हैं।

'चरखा, व्रत-उपवास, आत्म-शुद्धि, ग्रामोद्योग...गीता, कुरान और बाइबल...सत्याग्रह, असहयोग, बहिष्कार...जेल जाना, बाहर आना, आश्रम-जीवन, सत्य और अहिंसा के नए-नए प्रयोग, सेठों और ज़मींदारों का हृदय-परिवर्तन...साम्राज्यशाही, छोटे-बड़े लाटों की

नेकनीयती के प्रति आस्था, किसानों और मज़दूरों के वर्ग-संगठनों की ओर संदेह की दृष्टि...इस प्रकार के बहुतेरे चमत्कारों का केंद्र था महात्माजी का जीवन। उनकी सबसे बड़ी खूबी क्या थी, पता है ?'

निषेध की मुद्रा में जैकिसुन का माथा हिला।

बाबा बोले :

'आज़ादी के लिए जो समझदारी पहले थोड़े-से पढ़े-लिखे लोगों तक सीमित थी उसे गाँधीजी आम पब्लिक तक ले आए। यही उनकी सबसे बड़ी खूबी मैं मानता हूँ।

'दस वर्ष बाद '30 में फिर कांग्रेस ने मोर्चाबंदी की। जन-विरोधी कानूनों से ऊबे हुए लाख-लाख लोग फिर मैदान में निकल आए। फिर गाँधीजी ने कहा कि अहिंसा में बट्टा न लगे तो मुझे हार भी कबूल होगी।

'इस बार महात्माजी अपने आश्रमवासी चेलों के साथ नमक-कानून तोड़ने निकले।

'लेकिन कानून तोड़ने का यह आंदोलन थोड़े ही अरसे में ज़ोर पकड़ गया।

'गैर-कानूनी नमक बनाना, शराब-अफीम और विलायती कपड़ों की दुकानों पर पिकेटिंग करना, तकली और चरखे पर सूत कातना, ढेर का ढेर सूत कतवाना, छुआछूत खतम करना, विदेशी कपड़े जलाना, स्कूल-कॉलेज का बहिष्कार, सरकारी नौकरियों से इस्तीफा...यही प्रोग्राम था। गाँधीजी ने कहा था—"ऐसा करने पर हम देखेंगे कि स्वराज्य हमारे दरवाजे खड़ा है।"

'पहले तो सरकार ने भी खेल किया और गाँधीजी को गिरफ्तार नहीं किया। पुराने तज़रबों के आधार पर नौकरशाही समझ बैठी थी कि महात्मा की गिरफ्तारी से लोगों में नाहक उत्तेजना फैलती है। लेकिन इस दफा जनता ने नेता की धर-पकड़ से पहले ही जौहर दिखाने शुरू किए। अहिंसा के पैगंबर ने जन-आंदोलन की जो सीमाएँ बाँध रखी थीं उनका टूटना आरंभ हो गया। बड़े-बड़े प्रदर्शन होने लगे। चटगाँव के शस्त्रागार पर छापा मारा गया। उत्तर प्रदेश में ज़ोरों से लगानबंदी शुरू हुई। पेशावर में गढ़वाली सिपाहियों ने निहत्थी भीड़ पर गोली चलाने से इनकार करके कानून को अपने हाथों में ले लिया।

'और, गाँधीजी की गिरफ्तारी के बाद तो हड़तालों की मानो बाढ़ आ गई। शोलापुर के एक लाख चालीस हजार बाशिंदों ने शहर पर कब्जा कर लिया। उनमें पचास हज़ार सूती मज़दूर थे। लोगों पर कांग्रेसी नेताओं का नियंत्रण नहीं टिक सका, जनता अपनी हकूमत कायम करना चाहती थी।

'साम्राज्यशाही दमन की कोई सीमा नहीं थी। ऑर्डिनेन्स-पर-ऑर्डिनेन्स निकल रहा था। कांग्रेस और उसके संबंधित संगठन गैर-कानूनी करार दिए गए। दस महीने के अंदर नब्बे हज़ार मरदों, औरतों और बच्चों को कैद की सजा दी गई। जेलें ठसाठस भर चुकी थीं। बेंतों, हंटरों, लाठियों और गोलियों का सिलसिला चला लेकिन जनता की हिम्मत नहीं टूटी। ख़बरों पर सख़्त सेन्सर थी, अख़बार ज़्यादातर बंद कर दिए गए थे। जिनमें

सरकार ने ताला जड़ दिया था, वैसे छापाखानों की भी कमी नहीं थी। आंदोलन का विस्तार फिर भी कम नहीं हुआ।

'अंग्रेज़ी हकूमत बेहद घबराई। लंकाशायर की कपड़ा-मिलों के विदेशी धन्नासेठों की नींद हराम हो गई। इस देश में कारोबार करनेवाले गोरे सौदागर तो करारी दहशत खा गए थे। उन्होंने भारतीय जनता को अनुकूल रखने के लिए अपनी गोरी सरकार से अनुरोध करना आरंभ किया कि हिंद को औपनिवेशिक दरजा तो अवश्य दे दिया जाय।

'आंदोलन विशुद्ध अहिंसात्मक ढंगों पर नहीं चल रहा था। इससे गाँधीजी को जेल के अंदर भी बड़ा दुख था। वह शांति और सहयोग के अवसरों की प्रतीक्षा उत्कंठापूर्वक कर रहे थे।

'सावन का महीना था। धान की रोपाई खतम हो चुकी थी। मडुआ और मकई की फसलें तैयार थीं। सामने खेतों की हरियाली, ऊपर आकाश और नीचे धरती। किसान मस्त थे।

'नमक-कानून तोड़ने का यज्ञ ज़िले में कहीं-न-कहीं आए-दिन होता ही रहता था। दयानाथ ने सावन की पूर्णिमा के दिन यहीं मेरी छाँह में नमक बनाना शुरू किया। दारोगा को खबर दी जा चुकी थी। पाँच-सात चौकीदार, दो दफादार, पाँच कान्स्टेबल और दारोगा मौके पर हाजिर थे...

'बूढ़े, बच्चे और जवान सैकड़ों की तादाद में तमाशा देखने आए थे। काफी दूर पर उधर अलग खड़ी औरतें भी 'गाँधी बाबा' का यह यज्ञ देखने आई थीं।

'गड्ढा खोदकर तीन चूल्हे बना लिए गए थे। उनमें आँच जलाई गई। तीन नई हँडियों में नोनी मिट्टी और पानी घोलकर उन्हें चूल्हों पर चढ़ा दिया दयानाथ ने। तेरा बाप आँच ठीक रखने की ड्यूटी पर था। दयानाथ के एक हाथ में तिरंगी झंडी थी, दूसरे से वह लोगों को समझा रहा था कि वे शांतिपूर्वक तमाशा देखें और हल्ला-गुल्ला न करें।

'हँडियों का पानी थोड़ी देर में खौलने लगा।

'काफी खौला तो हँडियाँ जानू राउत ने चूल्हों पर से उतार लीं।

'तब तक दया उधर पंद्रह-बीस स्कूली और गैर-स्कूली लड़कों को बटोरकर गा रहा था :

"विजयी विश्व तिरंगा प्यारा !
झंडा ऊँचा रहे हमारा !!..."

'ध्वजा की जगह एक बेढंगी लट्ठ खड़ी थी जिसके सिरे पर मामूली-सा मझोला तिरंगा फहरा रहा था। गीत की एक कड़ी दयानाथ गाता, बाकी लड़के उस पद को ज़ोर से दुहराते। गाँववाले गहरी दिलचस्पी से देख-सुन रहे थे।

'मेरे लिए भी वह सब एक नया अनुभव था बेटा ! दम साधकर मैं देख-सुन रहा था।

'कुछ देर बाद हँडिया का पानी नीचे गिरा दिया दया ने। तले में जमी नमकीन

मिट्टी को दोनों में निकाल लिया गया।

'फिर नकली नमक का वह दोना उठाकर दया ने लोगों से कहा : "भाइयो, इसे आप मामूली मिट्टी मत समझें। यह तो स्वाधीनता दिलानेवाली दवा है। इसके ज़र्रे-ज़र्रे से अंग्रेज़-सरकार खौफ़ खाती है। इस नमक की एक चुटकी एक ओर और जालिमों का सौ मन बारूद दूसरी ओर—वह इसकी बराबरी नहीं कर सकता। यह नमक नहीं है, महात्माजी की प्रसादी है...लीजिए, दो आने में एक दोना मिलेगा...यह खाने का नमक नहीं है, तावीज में डालने का नमक है !"

'इतना कहना था कि दयानाथ को दारोगा ने रुकने का इशारा किया।

'दो कान्स्टेबलों के साथ दारोगा आगे बढ़ आया और दयानाथ के हाथों में एक कान्स्टेबल ने हथकड़ी डाल दी।

'दयानाथ ने नारा लगाया :

' "महात्मा गाँधी की जय !"

' "महात्मा गाँधी की जय !"—लोगों ने दुहराया।

'दयानाथ अब की उत्साहित होकर और ज़ोर से चिल्लाया :

' "भारत माता की जय !"

' "भारत माता की जय !!"—लोगों ने दुहराया...आवाज़ कई गुनी ऊँची थी इस बार।

'तीसरी बार दया हथकड़ी में फँसी कलाइयों-समेत दोनों बाँहें ऊपर उठाकर समूची ताकत से चिल्लाया :

' "अंग्रेज़ी राज..."

' "...नाश हो !"

'इस दफा तो लोगों ने नारे में इतनी ताकत लगा दी कि आकाश गनगना उठा। कान्स्टेबल और दारोगा का कलेजा काँप गया।

'दारोगा ने अब दोनों हाथ जोड़कर लोगों से कहा—"अपने पेट के कारण मैं मजबूर हूँ। अपना देश किसे प्यारा नहीं होता ? सरकारी ऑर्डर के मुताबिक ही मैंने इन्हें अरेस्ट किया है, इसमें मेरा अपना कोई कसूर नहीं।"

'दारोगा की इस दीनता पर बूढ़े और अधेड़ चकराए, जवान मुस्कुराए और जिनकी मसें भीग रही थीं वे खिलखिला पड़े।

'इस दारोगा का नाम था भीम झा। तगड़ी डीलडौल और रोबदार चेहरा। मूँछें उसकी ऐसी थीं कि देखनेवालों के सिर में दर्द उठा करता, जब कभी वे याद आ जातीं। वह घूस तो नहीं लेता था मगर जोर-ज़बर्दस्ती काफी रकम ऐंठ लेता था रियाया से। आपसी बातचीत में लोग उसे 'डकैतों का सरदार' कहा करते। ज़रा-ज़रा-सी गुनाह के नाम पर मुजरिम की बड़ी पिटाई करता था। बड़ी-बड़ी हैसियतवाले किसान और काश्तकार खुश रखने के लिए उसके यहाँ सौगात भेजते रहते थे—दही, मछली, आम और कटहल, मालभोग और चम्पा केलों की घौद, तुलसीफूल-लछमनभोग-जैसे बढ़िया चावल

वगैरह...मामले की तहकीकात में भीम झा जब-तब अपने इलाके की बस्तियों का चक्कर लगाया करता। ज़ीन-कसे घोड़े पर टोपधारी सवार को देखकर लोग चौकन्ने हो जाते कि दारोगा आ रहा है; कुछ चौकीदार और दो-एक कान्स्टेबल पहले आ चुके होते। चोरी के मामले में जिन पर शुबहा रहता, उन असामियों की भीम झा कोड़ों से बुरी तरह खबर लेता, फिर कोई और बात करता...ज़मीन के झगड़ों में दोनों पक्षवालों को थाना बुलवाता, डरा-धमकाकर कुछ रकम वसूल कर लेता और कच्चा समझौता उन पर थोप देता। दहशत, अकड़, मक्कारी, ज़ोर-ज़बर्दस्ती और प्रपंच का अवतार समझा जाता भीम झा दारोगा। हमेशा कड़ककर बोलता, तनी भौंहें और कड़ी मूँछें उसकी आँखों में आतंक का लाल सुरमा भरती होतीं।

'और वही भीम झा आज मजबूरी में दाँत दिखा रहा था ! अपने बेकसूर होने की कैफियत दे रहा था !

'जैनरायन का बुड्ढा बाप रामनरायन फुसफुसाया..."यह महतमाजी का जादू है।"

' "हाँ, सरकार के इस पट्ठा हाथी पर अबकी देवता का आँकुस पड़ा है चाचा !"...किसी ने बूढ़े का समर्थन किया।

'तेरा बाप जानू राउत इतने में दारोगा के सामने आया और छाती तानकर खड़ा हो गया। बोला..."दारोगाजी, मुझे भी गिलफदार कर लीजिए, मैं भी जेल जाऊँगा..."

'इतना कहकर जानू मुस्कुराया और दोनों हाथ उस कान्स्टेबल के आगे फैला दिए, जिसके तीन-चार हथकड़ियाँ लटक रही थीं। कान्स्टेबल ने भोली निगाहों से दारोगाजी की ओर देखा। अलग खड़े दो चौकीदारों ने आपस में कुछ कानाफूसी की और दारोगा के करीब आकर बोले..."हजूर, नमक तो दरअसल इसी ने तैयार किया है। इसको छोड़ना ठीक नहीं होगा..."

'भीम झा ने मुँह से तो हामी नहीं भरी लेकिन भारी-सा अपना माथा ज़रूर हिला दिया।

'जानू के हाथों में हथकड़ी डाल दी गई।

'फिर पहले की तरह नारे लगे, और जोश में आकर लोगों ने उन्हें दुहराया।

'जानू की इस दिलेरी से मैं बहुत खुश हुआ। किसी के हाथों में हथकड़ी डाली जाय, भला इसमें खुश होने की क्या बात थी ?'

बाबा ने प्रश्नसूचक ध्वनि को अपनी अद्भुत भंगिमा से बेहद गंभीर बना दिया तो जैकिसुन आवश्यकता से अधिक साकांक्ष हो उठा और उनकी ओर गौर से देखने लगा। गर्दन लंबी करके बाबा ने फिर कहा :

'बबुआ, यह कोई चोरी-छिनारी की गिरफ्तारी तो थी नहीं, यह स्वाधीनता-संग्राम की गौरवमय परंपरा का एक सामान्य प्रदर्शन था। गिरफ्तार होना, जेल के अंदर कैद काटना, लाठियों की चोट बर्दाश्त करना, पुलिस और मिलिटरी की फौजी बूटों से कुचला जाना...इन बातों से ज़रा भी नहीं घबराते थे लोग। सत्याग्रह और पिकेटिंग त्यौहार बन गए थे। पुलिस एक को गिरफ्तार करती तो उस एक की जगह दस आदमी आ डटते,

दस गिरफ्तार कर लिए जाते तो उन दस की जगहों पर सौ जवान खड़े हो लेते। घरवाले सत्याग्रह या पिकेटिंग के लिए जाते हुए अपने आदमी को माला पहनाकर और टीका लगाकर विदा करते मानो वह शादी करने जा रहा हो। ग़ज़ब का जोश था बेटा, वह उत्साह का अपूर्व वातावरण था रे !

'जानू की गिरफ्तारी के बाद यहाँ उस दिन का सारा प्रोग्राम खतम हो गया। दोनों सत्याग्रहियों को लेकर पुलिसवाले थाने की ओर चल दिए और भीम झा घोड़े पर सवार होकर राजाबहादुर देवीदत्त की डेवढ़ी की तरफ बढ़ा।

'लोग अपने-अपने घर गए।

'दो रोज़ बाद कार से पुलिस-सुपरिंटेंडेंट आया, लॉरी में लदकर एक दर्जन मिलिटरीवाले आए। रात का वक्त था। चार-चार बैटरियोंवाली टार्चों के तेज प्रकाश से समूचा गाँव रह-रहकर जगमगा उठता था।

'वीरभद्र बमपार्टी का आदमी था न ! उसी को वे गिरफ्तार करने आए थे।

'यह वीरभद्र पिछले सोलह महीनों से गाँव में नज़रबंद था...बंगाल सरकार के हुक्म से। सत्याग्रह और पिकेटिंग से उसका कोई संबंध नहीं था। वह खुले आम सत्य व अहिंसा का उपहास करता था और महात्मा को महाधूर्त एवं पूँजीपतियों का दलाल बतलाता था। रूस के किसानों, मज़दूरों और सैनिकों ने क्रांति का जो रास्ता अपनाया था, वीरभद्र उसी रास्ते को भारतीय जनता की मुक्ति का एकमात्र मार्ग मानता था। बात-बात में उसके मुँह से मार्क्स और लेनिन के नाम निकल आते...

'पुलिस-सुपरिंटेंडेंट अंग्रेज़ था। वीरभद्र के चेहरे को टार्च की रोशनी में पहले उसने एक फोटो से मिलाया फिर गिरफ्तार करके उसे चार फौजियों के हवाले किया। खुद चार फौजियों को लेकर मकान के अंदर गया तलाशी लेने। तब तक दारोगा भीम झा भी अपने चार-छः जवानों के साथ वहाँ पहुँच चुका था।

'घर की औरतें घूँघट निकालकर एक तरफ हो गईं। सयाने सहमे-सहमे-से दूसरी तरफ खड़े थे। भय, आश्चर्य और कौतूहल में डूबे बच्चे बीच आँगन में इकट्ठे हो गए थे। छोटे बच्चे दहशत के मारे अपनी-अपनी माँ की गोद में इकट्ठे हो गए थे। टार्च की तेज़ रोशनी में संगीनें रह-रहकर चमक उठती थीं। सिवाय बूटों की टापों के और कोई आवाज़ नहीं थी। वह ऐसा सन्नाटा था बेटा, जिसमें साँस तक गिनी जा सकती हैं।

'छड़ियाँ, लाठियाँ, कुदालें, खुरपे, हँसिया, कुल्हाड़े, साग-भाजी काटने की हँसिया, वसूला, रुखान, खंती...यानी खेती-गिरस्ती का एक भी औज़ार नहीं छोड़ा गया। सभी औज़ार बीच आँगन में जमा कर लिए मिलिटरीवालों ने।

'गोरा पुलिस आफिसर गरज उठा—"माइ गॉड, इटने हठियार !"

'गाँवभर के लोग तब तक जमा हो चुके थे। टुनाइ पाठक और जैनरायन झा ने हाथ जोड़कर साहब से कहा..."दोहाई माय-बाप की ! ये हथियार नहीं हैं सरकार, ये तो खेती-गिरस्ती के अपने औज़ार हैं। हजूर-लोग काँटा-चम्मच से खाना खाते हैं, ब्रुश

से दाँत साफ करते हैं, फाउंटेनपेन से लिखते हैं। हम गृहस्थों के लिए उसी तरह ये औज़ार ज़रूरी हैं। हजूर, ये हथियार नहीं हैं, घर-गिरस्ती के कामों की चीज़ें हैं..."

'इसके बाद दच्छिन की तरफ चेहरा करके पाठक और जैनरायन बोले..."जाने गंगामैया, हजूर, हमारी बस्ती में एक भी हथियार नहीं है सरकार !"

'छड़ियों, लाठियों और कुल्हाड़े को बूट से ठुकराकर साहब गुर्राया..."डैम फूल, हम सब जानटा है ! यह किया है ? अमको डोखा (धोखा) नेईं दो..."

'तब साहब ने मिलिटरी के एक जवान से पूछा तो उसने कहा..."यह कुल्हाड़ा है सर, इससे लकड़ी काटी जाती है और गाय-बैल-भैंस हाँकने के लिए लाठी या छड़ी की ज़रूरत पड़ती है हजूर !"

'बूट पटककर गोरा कड़का—"बुक-बुक (बक-बक) कर्टा है ! शट-अप !"

'तलाशी में कोई खतरनाक चीज नहीं मिली। वीरभद्र को मिलिटरी ट्रक में बैठा दिया गया। संगीनधारी फौजी जवान उसे बीच में करके बैठे थे। सुपरिंटेंडेंट की मोटर और फौजी ट्रक स्टार्ट हुई, गाँव से बाहर निकली और उत्तर की ओर सड़क पर सर-सर खड़-खड़ करती हुई चली गई....

'गाँववालों ने चैन की साँस ली।

'सब जानते थे कि वीरभद्र को अवश्य पकड़ ले जाएँगे। सरकार सौ सत्याग्रहियों से उतना नहीं घबराती थी जितना बमपाटी के एक अदना आदमी से। अब तक वीरभद्र को जो लोग आवारा और पागल समझते थे, उन्होंने इस घटना के बाद अपनी राय बदल दी। अब वह मामूली बीरू नहीं था, वीर बाँके भगतसिंह का साथी था।

'पीछे सुना गया कि वीरभद्र को हजारीबाग-सेंट्रल जेल के एक सेल में रखा गया। दयानाथ और जानू कुछ दिनों तक लहेरियासराय जेल में रखे गए, बाद को उन्हें पटना-कैम्प जेल पहुँचा दिया गया। सत्याग्रह और पिकेटिंग का ज़ोर बढ़ा तो बिहार की एक-एक जेल ठसमठस भर गई। लाचार होकर अधिकारियों को पटना के नजदीक फुलबाड़ी-शरीफ से उत्तर एक भारी-सा हाता घेरकर 'कैम्प जेल' बनाना पड़ा था।

'सविनय आज्ञा-भंग वाला वह देशव्यापी आंदोलन भी बीच में ही रोक लिया गया; गाँधीजी का बड़े लाट इर्विन से समझौता हुआ था। तब तू वर्ष-भर का था बेटा !

'अंग्रेज़ सरकार ने कांग्रेस से यह सुलह इसीलिए की थी कि उसे सँभलने का मौका मिले। गाँधीजी तो खुलेआम कहने लगे—"कांग्रेस ने कभी नहीं कहा था कि वह जीतकर ही रहेगी।"

'कांग्रेस के बाहर, नौजवानों की तरफ से और मज़दूर-संगठन की तरफ से समझौते की तीखी नुक्ताचीनी हुई। नई पीढ़ी के नेताओं में से सुभाष बोस-जैसे लोगों ने गाँधी-इर्विन-पैक्ट पर काफी झुँझलाहट ज़ाहिर की।

'समझौते का फल क्या हुआ ?'

जैकिसुन की निगाहों में फिर सवाल तैरने लगे। अब वह बाबा के इस प्रवचन की समाप्ति चाहता था।

ज़रा रुककर बाबा बोले :

'1931 में अंग्रेज़ों ने गोलमेज़-कान्फ्रेन्स का नाटक रचा। इस देश के पचासों प्रतिनिधि उसमें शामिल हुए...गाँधी, जिन्ना, अम्बेडकर और दूसरे बड़े-बड़े आदमी, सेठों के नुमाइंदे, रियासतों के नुमाइंदे, ज़मींदारों के एवजी, दीगर जमातों और जातियों के मुखिया...वह कान्फ्रेन्स क्या थी, शिवजी की बारात पूरी थी ! जितने मुँह, उतने बोल ! विलायती राजनीतिज्ञों के मनोरंजन के लिए वह एक अच्छा अखाड़ा रहा।...समझौते का फल यही हुआ कि कुछ नहीं हुआ। गाँधीजी सद्भावनाओं के गुब्बारे लटकाए हुए विलायत से वापस आए, खाली हाथ !

'इधर दमन की शत-प्रतिशत तैयारी कर रखी थी सरकार ने, वह कांग्रेस पर बिलकुल टूट पड़ी। साल-भर के अंदर फिर एक लाख बीस हजार आदमी जेलों के अंदर ठूँस दिए गए। कांग्रेस कमेटियों के दफ्तरों में ताले लटकने लगे।

'बड़े-बड़े नेता आराम से जेल पहुँचा दिए गए थे। सरकार को उनकी सुविधा-असुविधा का काफी ख़याल रहता था।

'अंत में सत्याग्रह बंद करके गाँधीजी ने अपनी असफलता कबूल कर ली। एक वक्तव्य में महात्मा ने कहा : "सत्याग्रह का संदेश जनता तक पहुँचते-पहुँचते अपवित्र हो गया है। हम जब आध्यात्मिक अस्त्रों का उपयोग आध्यात्मिक तरीकों से नहीं करते तो उनका कुंठित हो जाना अनिवार्य हो जाता है। हमारा यह सत्याग्रह अपूर्ण रहा, यही कारण है कि इससे शासकों का हृदय द्रवित नहीं हुआ...भविष्य में केवल एक व्यक्ति को सत्याग्रह करना चाहिए और वह व्यक्ति ऐसा हो जो कि सत्याग्रह करने के योग्य हो..."

'जानू और दया तो चार ही महीने जेल के अंदर रहे, वीरभद्र लेकिन सात साल बाद बाहर आया...सो भी तब जबकि चुनाव के बाद कांग्रेस की मिनिस्ट्री कायम हुई और क्रांतिकारी राजबंदियों ने अपने छुटकारे के लिए अनशन आरंभ कर दिया था।'

बाबा बटेश्वरनाथ थोड़ी देर चुप रहे।

फिर जैकिसुन की पीठ पर हाथ फेरते हुए कहा :

'घबराने की ज़रूरत नहीं है। अंत में जीत तो तुम्हारी ही होगी। आज न सही, कल। कल न सही, परसों। मगर एक बात फिर कह दूँ...मुझे रंच-मात्र झिझक नहीं होगी यदि मेरे यहाँ न रहने से रुपउली की जनता को यह ज़मीन कोई लाभ पहुँचा सके।'

1942 वाला जन-आंदोलन जैकिसुन के लिए 'आँखों-देखा तमाशा' था। इसी से उसने चाहा कि अब बाबा अपना प्रवचन समाप्त करें। मौजूदा संघर्ष के लिए अपनी ओर से बाबा ने जैकिसुन को पूरी छूट दे ही दी थी।

कुछ क्षण बाद वह वृद्ध व्यक्ति बरगद की ओर जाकर उसकी घनी शाखाओं में अदृश्य हो गया।

दस

"उठ, कितना सोता है !"

जैकिसुन ने पास में सोए हुए दो साथियों की पीठें बारी-बारी से थपथपाईं।

जवाब कुछ नहीं।

अब उसने एक को झकझोरा..."जीवनाथ ! जीवनाथ !! ओ जी ऽ ऽ वना ऽ ऽ ऽ थ !"

जीवनाथ ने करवट बदल ली और फिर नाक बजाने लगा। अब के खीझ-भरी आवाज़ में जैकिसुन ने कहा..."यहाँ दिमाग फटता है और नवाबों की नींद ही नहीं टूट रही !"

उसने आकाश की ओर देखा।

चंद्रमा पश्चिम की ओर काफी नीचे उतर आया था, अंजोरिया स्थिर और समान रूप में घुल रही थी। उस पूर्ण और मधुर प्रकाश के कारण तारों पर ध्यान ही नहीं जाता था। प्रभाती समीर की तर सिहरन का अंदाज़ पाकर जैकिसुन ने ताज़गी महसूस की और पूरब की ओर मुँह कर लिया।

उषा की स्वर्णिम आभा अभी अलक्षित थी। हाँ, चुहचुहिया ज़रूर बोल पड़ी किसी तरफ से...'चुह चुह चुह चुह चुच्चू ऽ ऽ ह चू ऽ ऽ ह ! चुह !!'

यह नन्ही-सी चिड़िया रात्रि-शेष में ही आवाज़ लगाती है। शुक्र तारा का उदय और चुहचुहिया की ध्वनि–दोनों ही निकट आ रही उषा की सूचना देते हैं।

जैकिसुन रात-भर जगा था, लेकिन रत्ती-भर कड़वाहट आँखों में नहीं थी। चित्त खूब प्रसन्न था। अब वह जीवनाथ और सरजुग से बातें करना चाहता था...

बाबा बटेश्वरनाथ ने आज उस पर कृपा की थी–पिछले युगों की बहुत सारी बातें बाबा ने जैकिसुन को बतलाई थीं और मौजूदा संघर्ष के बारे में अपना दृष्टिकोण साफ-साफ ज़ाहिर किया था। यह कोई मामूली घटना नहीं थी, जिसको वह यों ही पी जाता। दरअसल वह बेचैन हो रहा था, सारी बातें अपने इन दोनों साथियों से बता देने के लिए।

जैकिसुन उठकर कुछ फासले पर गया और पेशाब कर आया। फिर समूचे बदन का बोझ डालकर वह जीवनाथ पर झुक गया।

'ऊँह ! हूँह ! ओंह ! उंइ...' जीवनाथ ने नाक की अनुनासिक ध्वनियों के सहारे उस दबाव का प्रतिवाद-सा किया।

"उठता है कि नहीं ?"

"अभी तो काफी रात पड़ी है।"

"नहीं रे, हो तो गई सुबह..."

"हुँह।"

जैकिसुन ने एक बार और उसी तरह दबाव डाला तो जीवनाथ उठ बैठा। नाटा

कद, साँवली सूरत और गोल चेहरा...

"क्या बात है ?"—आँखें मलते हुए जीवनाथ ने पूछा—"तुझे नींद क्यों नहीं आती है रे ?"

फिर वह उठ खड़ा हुआ, अँगड़ाइयाँ लीं और झटके से देह को सीधा किया। आसमान की तरफ निगाहें फेरता हुआ लघुशंका के लिए चला।

जैकिसुन गुनगुनाकर गाने लगा :

"उठ जाग मुसाफिर भोर भई
अब रैन कहाँ जो सोवत है
जो जागत है सो पावत है
जो सोवत है सो खोवत है
उठ जा ऽ ऽ ऽ ग..."

"सचमुच अब रात नहीं है ?"—जीवनाथ ने लघुशंका से वापस आते हुए कहा। इतने में उसे धरती की धमक महसूस हुई तो बोला—"चार बजेवाली पसिंजर निर्मली की तरफ से आ रही है। तेरी भैंसों को तो ले गया होगा चरबहवा, खोलकर अब चराने; है न ?"

"हूँ।"

सरजुग की नाक अब भी बदस्तूर बज रही थी। वही तीनों में सबसे ज्यादा लंबा और तगड़ी डील-डौल का जवान था। चित लेटा पड़ा था। आधी बाँहों की बनियान पहन रखी थी, कमर मटमैली धोती से लिपटी थी।

जीवनाथ सरजुग के नज़दीक बैठता हुआ बोला—"इसे भी उठा देता हूँ।"

"उहूँ, छोड़ दो..."

जैकिसुन के इस निषेध पर जीवनाथ को थोड़ा-सा विस्मय हुआ अवश्य, परंतु उसने कुछ कहा नहीं। जैकिसुन की गतिविधि में आज उसे कुछ विलक्षणता अनुभव हो रही थी। समझ नहीं पा रहा था : रात-ही-रात में ऐसी क्या बात हुई कि जैकिसुन की नींद उचट गई ! क्या पता, यह रात-भर आज जगा ही रह गया हो ! लेकिन कहाँ, जीवनाथ ने तो उसे सोते पाया था : वह तो जाने कब से सो रहा था। जीवनाथ और सरजुग काफी देर के बाद यहाँ आए थे...

जीवनाथ गुमसुम इसी प्रकार कुछ सोच रहा था।

क्षण-भर बाद उसने अपनी हॉफ कमीज की पाकिट से बीड़ी और माचिस निकाली। सलाई की तीली रगड़कर बीड़ी को सुलगाने लगा, होंठों से बिना लगाए ही—मानो आतिशबाजी का प्रयोग कर रहा हो वह !

सलाई की तीली समूची जल गई तो बीड़ी का सिरा दहकता नज़र आया। जीवनाथ ने उसे सीधे होंठों में न लेकर मुट्ठी के माध्यम से ज़ोरों की दो कश खींचीं और ढेर-सा धुआँ मुँह से निकाल दिया।

दो-एक कश उसी तरह और खींचकर उसने कहा—"आज तुम्हें नींद नहीं आई ?"

जैकिसुन ने जवाब नहीं दिया।

"जो होना होगा, हो लेगा"—जीवनाथ आहिस्ते से बोला—"आखिर, कब तुम्हारी नींद उचट गई जैकिसुन ?"

जैकिसुन का मुँह खुला। उसने कहा—"भई, कह नहीं सकता, कब मेरी आँखें खुलीं और कब क्या हुआ..."

जीवनाथ की आँखों में विस्मय फैलता जा रहा था।

जैकिसुन ने संक्षेप में बाबा और उनकी बातें बता दीं।

ग्यारह

आषाढ़ में उस वर्ष खूब वर्षा हुई थी। नदियों में व्यर्थ की बाढ़ नहीं आई थी। बीच-बीच में आसमान खुल भी जाता और बीच-बीच में बादल बरस भी जाते...

सभी खेती के अपने-अपने कामों में मशगूल थे।

बाबा बटेश्वरनाथ के शरीर पर कुल्हाड़े चलने-चलवाने की जो किंवदंती फैली हुई थी लोगों में, वह अपने-आप दब गई।

टुनाइ और जैनरायन की तरफ से इस प्रकार की अफवाहें यदा-कदा उड़ा दी जाती थीं। इसमें उद्देश्य उनका यही रहता कि आम लोगों की मानसिक प्रतिक्रिया का आभास मिलता रहे।

मगर बाबू जीवनाथ की अपने साथियों को कड़ी हिदायत थी—बायं-बायं मत करते फिरो, सबकी बातें गौर से सुन लो; बस !

सावन में टुनाइ का पोता साँप के काटने से मर गया—लोगों ने कहना शुरू किया : विधाता से नहीं देखा गया, आखिर बेईमान को उन्होंने चेतावनी दे ही डाली !

इस वज्रपात का पाठक-परिवार पर गहरा असर पड़ा। अगले तीन-चार महीने टुनाइ शायद ही मुस्कुराया हो। जैनरायन घंटों बैठकर जब-तब उसे समझाया करता। पाठक के नाम उसने 'कल्याण' चालू करवा दिया आखिर।

जैकिसुन लेकिन हमेशा चौकस रहता था—क्या पता, पाठक और जैनरायन के आदमी किसी दिन कुल्हाड़े लेकर बाबा बटेश्वर पर टूट ही पड़ें ! उनका क्या ठिकाना ? पुरानी पोखर की कछार तो खैर बरसात के मौसम में पानी के अंदर होने से आबाद नहीं की जा सकती मगर बरगदवाली ज़मीन पर तो हल चल सकता है...

परंतु उसकी यह आशंका निर्मूल सिद्ध हुई।

आश्विन की पूर्णिमा आ पहुँची। धानों की मंजरियों के सूक्ष्म-सुरभित फूल अपना मंद-मधुर परिमल शरद-समीर को लुटाने लगे, अब उनसे दूधिया दाने निकल आए। नुकीले दानोंवाली बालियों का वह विचित्र वैभव हेमंत की अगवानी में अभी से झूम उठा।

रुपउली और आसपास की बीसियों बस्तियों का ज़मींदार बाबू कृष्णदत्तसिंह राजाबहादुर देवीदत्त का इकलौता उत्तराधिकारी था। डेवढ़ी आरामपुर रुपउली से आधा कोस उत्तर पड़ता था। नए ज़मींदार ने पुरानी कोठियों से अलग एक फ्लैट बनवा ली थी। बिजली पैदा करनेवाली मशीन बैठा रखी थी।

कार्तिक की अँधेरी रातों ने इस बार राजाबहादुर कृष्णदत्तसिंह पर मुसीबत का पहाड़ गिरा दिया—पिस्तौलों, बंदूकों और टार्चों से लैस डाकुओं का एक भारी दल एक रात उसकी डेवढ़ी पर चढ़ आया...दो घंटे तक लूटपाट मचाता रहा, जाते-जाते चार लाशें, सात घायल और अपनी दो बंदूकें छोड़ता गया, और लेता गया पौने दो लाख का माल—नकद, गहने, जवाहरात...

पास-पड़ोस के दस कोस के इलाकों में हल्ला पड़ गया—बाप रे! ऐसी डकैती तो कभी नहीं कहीं पड़ी थी !

जिले-भर के पुलिस-आफिसर और बड़े हाकिम राजाबहादुर की डेवढ़ी के हाते में इकट्ठे हुए...चार घंटे तक उनकी कानाफूसी चलती रही और फिर वे दरभंगा लौट गए।

राजमाता पर इस घटना का घातक प्रभाव पड़ा, दिल की धड़कन बंद हो जाने से वह हफ्ते के अंदर ही चल बसी। उसके बाद राजाबहादुर कृष्णदत्तसिंह सपरिवार चले गए देवघर। बूढ़े दीवान टुनटुना मल्लिक के तो अफसोस के मारे दाढ़ी और बाल बढ़ आए।

पीछे इस सिलसिले में परसादीपुर और सतगामा के चार जवान पकड़े गए। उनका सरगना बजरंगीसिंह पुलिसवालों के हाथ नहीं आया, नेपाल के ऊपरी इलाकों की तरफ भाग गया। बजरंगीसिंह पेशेवर डाकू तो नहीं था लेकिन सन् 1925 और 1935 के दरम्यान क्रांतिकारियों ने जिन पट्ठों को राजनीतिक डकैतियों के लिए दीक्षित किया, जाने कैसे, बजरंगीसिंह उनके संपर्क में आ चुका था। और, अब जब वह फरार हो गया तो लोगों ने समझ लिया कि इस डकैती में उसका हाथ अवश्य रहा होगा।

पाठक, जैनरायन और दारोगा चाहते थे कि इस कांड में जीवनाथ और जैकिसुन वगैरह को फँसा दें...

परंतु उनका यह मनोरथ सफल नहीं हो पाया।

सफल इसलिए नहीं हो पाया उनका मनोरथ कि ज़िला-कोर्ट के सरकारी वकील बाबू रामचंद्रसिंह एडवोकेट और सोशलिस्ट एम.एल.ए. बाबू लोचन ठाकुर ने पुलिस-सुपरिंटेंडेंट और कलक्टर को स्पष्ट शब्दों में आगाह कर दिया था। पीछे दारोगा पर ज़िला-अधिकारियों की करारी डाँट पड़ी थी—ऐसी साहसिक दुर्घटना का छोर तुम रुपउली के उस गँवई मामले से छुआते हो ! खबरदार !

सरकारी वकील पतौर के रहनेवाले थे और जीवनाथ का ननिहाल उसी गाँव में था। ननियाउर का वही रिश्ता इस वक्त काम आ गया। लोचन ठाकुर दयानाथ के जेल के साथी रहे थे, वह परिचय भी सहायक सिद्ध हुआ, वरना बेचारे नाहक ही डकैती के मामले में फँसा लिए जाते।

बारह

टुनाइ पाठक का लड़का मुजफ्फरपुर में इन्कमटैक्स का ऑफिसर था। नाम था नीलांबर पाठक। हाईकोर्ट के जज की भतीजी से उसका ब्याह हुआ। जज का वह खानदान जालिम ज़मींदारों का खानदान था और अपनी काली करतूतों के लिए ज़िले-भर में बदनाम था। उनके यहाँ कई मशहूर वकील थे, ज़िला और प्रांत के शहरों में कई एक ऊँचे ऑफिसर भी थे उनमें से। इसी से हकूमत की मशीनरी हमेशा उनके अनुकूल रहती।

यह रिश्तेदारी टुनाइ पाठक के लिए विधाता का वरदान थी। वह कई कुकर्म करके भी कानूनी तौर पर 'जज साहब का समधी' बना बैठा था। छोटे अफसरों का सम्मानपात्र और बड़े अफसरों का कृपापात्र था।

नीलांबर दीवाली की तातील में घर आया और बाप को बरगदवाली ज़मीन दखल कर लेने की तरकीब बताता गया।

जैनरायन को अपने बेटा की राय दरकार नहीं थी इस काम के लिए, वह खुद ही शहरू चालाक था।

चार कान्स्टेबल और पड़ोस के गाँवों के चार चौकीदार साथ लेकर थानेदार आ धमका अगले ही रोज़। लेकिन वह मौके पर नहीं गया, गया वह टुनाइ पाठक के घर पर।

दारोगा साहब आए हैं, इस खुशी में पाठक ने बकरा कटवाया। खूब अच्छी तरह उनको खिलाया-पिलाया। देर तक हा-हा ही-ही होती रही और बैटरीवाले रेडियो पर लता मंगेशकर का सुरीला कंठ रह-रहकर लहराता रहा। और अंत में, बाबू टुनाइ पाठक ने अपने इस रेहुआ-थाने के जनाब थानेदारसाहब के सामने गाँव के 'बदमाशों' की पूरी लिस्ट पेश की जिनसे उनकी जान और माल-असबाब को खतरा था।

थानेदार ठाकुर रामफलसिंह अधेड़ उम्र के भारी-भरकम डील-डौलवाले एक मुच्छड़ आदमी थे। चौड़ा कपार, लम्बोतरा चेहरा, छोटी-छोटी बादामी आँखें। खास बात यह थी कि तोंद ने बुरी तरह विद्रोह कर दिया था। पौने दो लाख की आबादीवाला यह थाना रेहुआ बिना चीं-चपड़ के उनका अंकुश मानता था, लेकिन अपनी ही तोंद ठाकुर साहब का अनुशासन नहीं मानती थी।

खाना-पीना हो चुका था। कान्स्टेबल लोग भी जीम चुके थे। चौकीदार बैलों की बथान के करीब बैठकर चावल का भूँजा फाँक रहे थे; गोश्त-मछली तो दूर, मामूली भात-दाल तक के लिए वहाँ किसी ने उनसे नहीं पूछा। हाँ, चावल के तीन-एक पाव दाने मिले थे भुने हुए; डोल-भर पानी रखा था आगे और कुछ दूर पर कुआँ था।

आरामकुर्सी पर इत्मीनान से टाँगें फैलाकर थानेदार सिगरेट पी रहा था। बदन पर कॉलरवाली बनियान थी, कमर में हाफ पैंट थी।

फैली-फैली-सी वह खाक़ी हॉफ पैंट बैठने के उस आसन के लिए फिट बिलकुल

नहीं थी। वह बेशऊर, बातें मगर इस वक्त 'यूनाइटेड नेशन्स' (राष्ट्र-संघ) की कर रहा था। इतने में पाठक की दस-साला पोती वहाँ आ गई और अपने बाबा से सटकर खड़ी हुई। लड़की का ध्यान अनायास दारोगा के बैठने की उस निर्लज्ज मुद्रा की तरफ चला गया। पाठक खुद एक मामूली कुर्सी पर बैठा था। बच्ची से उसने कान में कुछ कहा। अगले ही क्षण वह अंदर चली गई।

'बदमाशों' में ग्यारह आदमी थे। थानेदार ने एक-एक के बारे में बिस्तार से जानकारी हासिल की। चलते समय सबके नाम वह नोट कर चुका तो बोला—"टुनाइ बाबू, घबराइएगा नहीं ! सबका माथा हम ठीक कर देंगे..."

"हजूर !"—पुलकित स्वरों में पाठक ने कहा।

"हाँ, सरकार गुंडागीरी बर्दास नहीं करेगी..."

"जी हज़ूर ! सरकार का ही तो भरोसा है।"

"लिलंबर बाबू को सब बात लिख दीजिएगा न ?"

"ज़रूर लिख देंगे हजूर..."

दारोगाजी ने गाँव के बाहर घोड़ा खड़ा किया।

रजबाँध की ओर से दो खेतिहर आ रहे थे। कान्स्टेबलों ने उन्हें इशारे से रोक लिया।

चाबुकवाले हाथ को उठाकर थानेदार ने दूर के उस बरगद की ओर संकेत किया और पूछा--"वह बरगद किसकी ज़मीन में पड़ता है ? ठीक-ठीक बताना, देख !"

उनमें से जिसकी उम्र ज्यादा थी, वह बोला—"सरकार, किसका नाम बताऊँ ? वह ज़मीन तो मैं हमेशा परती ही देखता आ रहा हूँ। वहाँ आस-पास गाँव-भर की गायें घास चरती हैं। गाँव के लोग उस पेड़ के नज़दीक उठते-बैठते हैं। गरमजरुआ (गैर-आबाद) ज़मीन है वह तो ...उस ज़मीन पर सबका हक है, हजूर।"

"जी, सरकार !"—कम उम्रवाले ने ताईद की।

आगे चलकर दारोगा ने दो-एक आदमी से और भी पूछा। जवाब भी कुछ-कुछ वैसा ही मिला।

तीन-चार दिन बाद दो पुलिसवाले आए। उन्होंने टुनाइ पाठक के दालान में अपना डेरा जमाया। गाँववालों को मालूम हुआ कि पाठक की हिफाजत के लिए सरकार की ओर से यह इंतज़ाम किया गया है। दोनों सिपाही अब टुनाइ पाठक के जान-माल की निगरानी करेंगे।

खास मेहमान थे वे पाठक के। दाल-भात, दो किस्म की तरकारियाँ, घी, दही, अचार और हफ्ते में तीन-चार बार मछली और खीर...बड़े ठाठ से दोनों जून वे भोग पाते थे और तानकर सोते थे; ताश खेलते और रेडियो सुनते थे। बंदूकें उनकी दीवार से टिकी खड़ी रहतीं। रात के वक्त उन्हें पाठक अंदर रखवा देता।

थानेदार और नीलांबर का विचार था जीवनाथ को फोड़ लेने का। इसके लिए दो बीघा बढ़िया ज़मीन दीवान टुनटुना मल्लिक से वे उसको दिलवाने की सोच रहे थे।

पिछले किसान-आंदोलन में तीन किसान लीडर थोड़ी-थोड़ी ज़मीनों के बदले हमेशा के लिए बैठा दिए गए थे। घाघ लोग इस बार भी उसी दृष्टि से समस्या को देखते थे। उनकी धारणा थी कि जीवनाथ गरीब है, ज़मीन का प्रलोभन कारगर रहेगा...

दो चतुर वृद्ध जीवनाथ की टोह लेने के लिए नियुक्त किए गए। उन्होंने जीवनाथ की माँ को बार-बार खोदा। उस स्त्री ने हमेशा यही जवाब दिया कि जीबू के कामों में वह किसी तरह का दखल नहीं देगी; हाँ, कोई बुरा काम करने लगेगा तो ज़रूर समझाएगी-बुझाएगी...बाकी, बेटा बेटा है और माँ माँ है। जीवनाथ की माँ को इस बात का गर्व था कि उसका बेटा सैकड़ों आदमियों का विश्वासपात्र है; कि पाँच पंच इकट्ठे हों और जीवनाथ वहाँ न पहुँचे तो वह पंचायत अधूरी घोषित की जाती है; कि गाँव का गरीब-से-गरीब आदमी जीबू को अपना समझता है...

दरजा आठ तक अंग्रेज़ी पढ़कर जीवनाथ ने स्कूल छोड़ दिया था—छोड़ क्या दिया, छूट गया था ! पिता का देहांत हुआ एक ओर, दूसरी ओर सन् बयालीस का अगस्त आ धमका। चौदह वर्ष की आयु थी। थाना दखल करने के लिए जो जुलूस आगे बढ़ा था, जीवनाथ उसमें बहुत पीछे नहीं था। रेहुआ थाने का दारोगा डर के मारे गाँधी टोपी पहनकर काँपते शब्दों में किस प्रकार 'भारत माता की जय', 'महात्मा गाँधी की जय' और 'हिंदुस्तान आज़ाद' के नारे लगा रहा था—जीवनाथ को अच्छी तरह याद था। सकरी और मनीगाछी स्टेशनों के दरम्यान रेलवे-लाइन उखाड़नेवालों में वह भी तो था। फिर गाँव के अंदर टॉमी आए तो औरतों को घरों में छोड़कर लोग मकई के खेतों में जा छिपे थे लेकिन जीवनाथ नहीं गया था छिपने कहीं। एक गोरा उसके नज़दीक आया और बोला—"कहो, अंग्रेज़ हमारा राजा है !" जीवनाथ ने चुप्पी साध ली तो टॉमी ने उसे घूँसा मारकर गिरा दिया था...उसके बाद अंग्रेज़ों की भाषा अंग्रेज़ी से जीवनाथ को घोर विरक्ति हो गई और स्कूल छूट गया।

15 अगस्त, '47 के दिन जीवनाथ ने अपने घर के सामने लंबे बाँस की ध्वजा गाड़ी थी और तिरंगा झंडा फहराया था। लोगों में दो सेर बताशे बाँटे थे। परसादीपुर के किन्हीं बाबू के यहाँ से हारमोनियम और तबला-डुग्गी माँगकर ले आया था और दिन-भर आज़ादी का त्यौहार मनाया था। रात को दीप जलाए थे, सेर-भर तीसी का तेल खर्च किया था।

फिर इलाके में कपड़ा-संकट, किरासन-संकट और चीनी-संकट आए तो बस्ती रुपउली का यह बहादुर उनसे जूझता रहा। थाना-कांग्रेस-कमेटी के मंत्री ने कई बार समझाया : अपने घर की ओर भी तो ध्यान दीजिए जीवू बाबू ! वह फकीरी किस काम की जो अपनों की सुध ले ही नहीं...मगर जीवनाथ टस-से-मस नहीं हुआ।

जीवनाथ की इस रुखाई और साफगोई से मंत्रीजी और परमिट की लाइसेन्सवाले मारवाड़ी सौदागर का हाज़मा खतरे में था। मंत्री की कृपा से टुनाइ पाठक का भतीजा रघुवीर रुपउली का हेटमैन बना दिया गया। थाना और जिला के कांग्रेसियों का स्वार्थी रुख देखकर जीबू का दिल उनकी ओर से फटने लगा। अब केवल नेहरू और विनोबा

उसके लिए लीडर रह गए थे। जयप्रकाश नारायण पर भी उसकी कुछ श्रद्धा थी। कम्युनिस्टों के नाम पर वह जोशी और डांगे को थोड़ा-थोड़ा जानता था। कभी कोई पूछ देता तो जीवनाथ अपने को ईमानदार नेशनलिस्ट बताता। नेहरू और जयप्रकाश में उसे कोई भेद मालूम नहीं देता।

और, इसीलिए पिछले चुनाव में जीवनाथ ने एक वोट कांग्रेस को दिया और दूसरा (पार्लियामेंटवाला) सोशलिस्ट पार्टी को। वोट के बारे में अपनी यह राय उसने साथियों से भी बता दी थी। खुल्लमखुल्ला सोशलिस्टों को वोट देना चाहिए—जैकिसुन की राय तो यही थी लेकिन जीवनाथ उससे सहमत नहीं था।

क्यों नहीं सहमत था ?

सहमत इसलिए नहीं था कि अब भी जीवनाथ को कांग्रेस से कुछ उम्मीदें थीं। वह नाहक कांग्रेस को दुश्मन बना लेने के पक्ष में नहीं था। अधिकारियों या नेताओं को यह कहने का मौका वह नहीं देना चाहता था कि रुपउली के किसान कांग्रेस-विरोधी हैं। उसने जैकिसुन को समझा-बुझाकर मना लिया।

आजकल बरगदवाली ज़मीन पर समूचे गाँव की नज़र लगी हुई थी। पुरानी पोखर भी लोगों की चर्चा का विषय थी। नब्बे प्रतिशत आदमी ऐसे थे जिनका इन झगड़ों से संबंध था। टुनाइ और जैनरायन का कहना था कि वे तो बेकार पड़ी हुई ज़मीनों को आबाद करना चाहते हैं, इसमें भला किसका क्या बिगड़ता है ! ज़मींदार तो अपनी ज़मीन छोड़ेगा नहीं; वे नहीं लेते, कोई और ले लेता; रुपउलीवाले 'ना' करते तो पड़ोस के किसी गाँव का कोई लिखवा लेता। क्या बुरा है, गाँव की ज़मीन गाँववालों के पास रही...जीवनाथ चाहें, वही रख लें; करें वही इस ज़मीन को आबाद...न वह पोखर ही किसी काम की रही और न बरगद का वह पेड़ ही किसी काम का रहा ! यह नाहक टंटा खड़ा करते हैं अब जीबू। कोई कुछ नहीं बोलता है फिर वही क्यों बीच में टाँग अड़ाते हैं ? क्या मन्शा है बाबू जीवनाथ की, कुछ मालूम भी तो हो !

गाँव के नौजवान इन भली-भली बातों का मतलब खूब समझते थे। 'सत्तर चूहे खाकर बिल्ली चली हज को' सो उनसे छिपा नहीं था। पाठक की माँ वर्ष में एक बार भागवत का पारायण करवाती थी, नौ दिनों तक। जैनरायन के घर प्रति मास, संक्रांति के दिन, सत्यनारायण की पूजा होती थी। परंतु इससे क्या ! ज़मीन की उनकी भूख का न ओर था, न छोर...परमार्थ और स्वार्थ साथ-साथ चलते रहे इन परिवारों में।

छोटी जात के गरीब लोग जीवनाथ के प्रति आदर और श्रद्धा के भाव रखते थे अवश्य, परंतु टुनाइ पाठक का उन पर भारी आतंक था। इसके अलावा, अकाल के दिनों में पाठक उन्हें अनाज देता था—भले ही पीछे ड्योढ़ा वसूल कर लेता लेकिन तत्काल तो उनके बच्चों की प्राण-रक्षा इससे हो जाती थी। पाठक और जैनरायन के आदमी उन्हें अक्सर समझाते रहते थे : ज़मीन अगर किसी ने बेच दी और किसी ने खरीद ली तो इसमें भला कौन-सा आसमान फट पड़ा ! परती ज़मीन जोत में आएगी तो अनाज की बढ़ती होगी और इससे अपना गाँव सुखी होगा...उस बौने बरगद के पीछे

भला क्यों कोई सती होगा ? और, उस रद्दी पोखर के लिए किन आँखों से भला आँसू आएँगे ? हाँ, जीवनाथ का अपना कोई स्वार्थ इससे सधे तो सधे !

एक गूँगा और बौड़म चमार था। पहला पति मर जाने के बाद रुपउली में यह दूसरी शादी की थी उसकी माँ ने। नई गृहस्थी में उस चमारिन के कई एक लड़के हुए जो अब सयाने हो रहे थे। नए पिता को पुराने पिता के पुत्र से कोई दिलचस्पी नहीं थी। शत्रुओं को फँसाने की नीयत से पाठक ने डेढ़ सौ रुपए पर उससे गूँगे की जान का सौदा किया और दो ही रोज बाद बेचारा बाँसों की झुरमुट में बेजान पाया गया। गर्दन और माथे पर गँडासे के घाव थे; चेहरा लहूलुहान था।

खबर पाते ही थानेदार साहब पहुँचे, बंदूकों से लैस पुलिस के दस जवान उनके साथ थे।

लाश टाँग-टूँगकर दरभंगा की ओर रवाना की गई। हत्या के अभियोग में पाँच आदमी गिरफ्तार हुए...

1. जीवनाथ राय,
2. सरजुग महतो,
3. जैकिसुन यादव,
4. लछमनसिंह, और
5. सुतरी झा।

हथकड़ियाँ डालकर पाँचों को लहेरियासराय-जेल की हाजत में पहुँचा दिया गया।

कोर्ट में मुक़दमा दायर हुआ, सरकार स्वयं मुद्दई हुई और जीवनाथ वगैरह पाँचों जने मुद्दालह बनाए गए।

तेरह

दयानाथ जहाज (स्टीमर) से गंगा पार करके दीघाघाट उतरा और वहाँ से रिक्शा किया, सीधे आर ब्लॉक पहुँचा। 8 नंबर के क्वार्टर में उग्रमोहनदास का डेरा था।

बाबू उग्रमोहनदास रेहुआ-थाना की जनता के प्रतिनिधि थे, एम्.एल्.ए.। पाँच उम्मीदवारों को हराकर आप ही चुने गए थे कांग्रेस की टिकट पर। की तो थी आपने वकालत पास, लेकिन मास्टरी का पेशा ही आपको प्रिय था। '30-'32 के आंदोलन में नमक बनाकर जेल गए थे, '42 के दिनों में छः महीने फरार रहे और बाद को पकड़े गए तो दो साल की सजा हुई थी। पीछे दासजी ने साहित्य-सेवा आरंभ की। कई एक आलोचनात्मक ग्रंथ लिखे, जो छपे तो अवश्य परंतु प्रकाशक की गोदामों और स्थानीय बुक्सेलरों के शो-केशों तक सीमित रह गए। कुछ महीनों तक दासबाबू साप्ताहिक 'प्रभात' निकालते रहे, जिसके कुछ पृष्ठ हिंदी में होते और कुछ मैथिली में। सम्पादकी से जी भर गया तो आठ महीने जाकर पांडिचेरी रह आए। महर्षि अरविंद की वह

छत्रछाया उग्रमोहन बाबू को बड़ी शीतल और शांत प्रतीत हुई थी। आप वहाँ से यही निश्चय करके लौटे कि आगे राजनीतिक हलचलों गें शामिल नहीं होंगे। सुखी काश्तकार-खानदान में जन्म था और भाइयों में सबसे छोटे थे--इसी कारण दासबाबू पर दुनियादारी का बोझा कभी नहीं पड़ा। स्त्री भी ऐसी मिली जो ज़मींदार बाप की इकलौती थी...क्या राजनीति, क्या साहित्य-निर्माण, क्या अध्यात्म और क्या वेदांत, क्या सभा-सोसाइटी और क्या लोक-सेवा—सबकुछ आपके लिए विशुद्ध मनोरंजन था। पिछले इलेक्शन में प्रादेशिक कांग्रेस कमेटी के एक ग्रुप ने आपको अपना उम्मीदवार घोषित किया और दूसरे ग्रुप ने हलकी-सी मुखालफ़त की तो उग्रमोहन बाबू सीधे दिल्ली-दरबार पहुँचे और मुस्कुराते हुए वापस आए। डिप्टी मिनिस्टर होने का चान्स था, मखौल तो कोई था नहीं। वोटिंग से चार-छः रोज पहले वह रुपउली भी आए थे; द्वार-द्वार पर हाथ जोड़कर लोगों से 'भोट-भिक्षा' माँगी थी।

और दयानाथराय तो उग्रमोहन बाबू को बीस वर्षों से जानता था—तभी से जब कि पटना-कैम्प जेल में एक ही इलाके के होने के नाते दोनों में परिचय हुआ था। चुनाव के ज़माने में तो कई बार देखादेखी हुई थी।

जीवनाथ और जैकिसुन ने बेदखली के इस झगड़े की खबर कई बार अखबारों में दी थी। कई अखबारों ने उस समाचार को छापा भी था। इसके अलावा, जिला-प्रदेश और केंद्र की कांग्रेस कमेटियों के प्रेसिडेंटों के नाम सारी बातें तफ़सील से लिख भेजी थीं रजिस्ट्री-पोस्ट द्वारा। भारतीय प्रजातंत्र के प्रेसिडेंट बाबू राजेंद्रप्रसादजी और महामंत्री पंडित जवाहरलाल नेहरू के नाम भी दरखास्तें की थीं। और कहीं से कोई जबाब नहीं आया था—हाँ, राष्ट्रपति भवन, नई दिल्ली से पहुँच की मंजूरी के तौर पर एक पत्र आया था। हिंदी में टाइप किया हुआ पत्र, निहायत खूबसूरत काग़ज़ पर। उस पत्र में था इतना ही कि राष्ट्रपति के सचिव के कार्यालय में आपका पत्र पहुँच गया है...

उग्रमोहन बाबू को इन बातों की जानकारी थी और अभी चंद रोज़ पहले 'इंडियन नेशन' से यह भी मालूम हुआ था कि रुपउली में कत्ल हुआ है, पाँच आदमी गिरफ्तार हुए हैं उसी सिलसिले में।

कत्ल की असलियत मालूम करके दासजी गंभीर हो गए। दयानाथ ने उनसे अनुरोध किया कि वह खुद रुपउली चलकर मामले की तहक़ीक़ात करें। बेदखली रुकवाने के लिए दयानाथ स्वयं मालमंत्रीजी से आश्वासन पाना चाहता है, यह बात एम.एल.ए. साहब को ठीक नहीं जँची। प्रकट तौर पर वह बोले—"धबराने की कोई ज़रूरत नहीं, सार्वजनिक उपयोग की भूमि पर व्यक्तिगत अधिकार विधाता का भी नहीं हो सकता। मिनिस्टर इसमें क्या करेंगे ? मैं कलक्टर को सब बातें समझा दूँगा...अभी आप आराम कीजिए दया बाबू, जाइए !"

नौकर ने बाहर बरामदे की ओर इशारा किया और दयानाथ वहाँ कम्बल बिछाकर लेट गए।

दिन ढल चुका था। चार बजनेवाले थे। गंगा के उस पार, हरिहर क्षेत्र में महामेला

लग रहा था। वहाँ सामूहिक विकास-योजना के संबंध में कोई प्रदर्शनी थी, जिसका आज ही सात बजे शाम को उद्घाटन था। कुछ एम.एल.ए. अगिनबोट (स्टीम-लांच) से गंगा पार करके वहाँ पहुँचनेवाले थे।

ठीक पाँच बजे उग्रमोहन बाबू अपनी बैठक से निकले। दयानाथ की ओर एक नज़र फेंककर दूसरी नज़र उन्होंने उठी हुई बाईं कलाई पर टिका दी, फिर बाज़ारू मुस्कानों से उस किसान की वेधक दृष्टि को धकेलते हुए-से बोले—"मैं अब परसों लौटूँगा...आज भी एक स्पीच देनी है और कल सोनपुर में आभा साहित्य-परिषद् का कोई फंक्शन है और परसों हाजीपुर का किरण-मंडल कौमुदी-महोत्सव मनाएगा...ही-ही-ही-ही ...आप रहिएगा तब तक ! मैं परसों रात लौटूँगा, नहीं तो उससे अगली सुबह..."

दयानाथ पर जैसे ओले पड़ रहे हों, वह उठकर बिलकुल खड़ा हो गया। कम्बल समेटने का उपक्रम करता हुआ-सा बोला—"तो मैं भी चलूँ ? मेला देखूँगा..."

नेताजी ने खीझ को दबाकर कहा—"नहीं जी नहीं। कहाँ जाएँगे आप ? इतनी दूर से आए हैं, आराम कीजिएगा अब कि भटकिएगा मेले में जाकर !"

फिर उन्होंने नौकरों से कहा—"देखना रे, भाईजी रुपउली के रहनेवाले हैं...इन्हें कोई तकलीफ-उकलीफ न होने पाए !"

"जी मालिक !"—नौकर के मुँह से निकला।

चमकदार पेशावरी चप्पलों और नफीस ऊनी मोजों में कसे-लिपटे दासजी के चरणकमल सीढ़ियों से नीचे उतरे। उतरकर तीन-चार कदम आगे बढ़े, फिर रिक्शे पर विराजमान हो गए।

दयानाथ देर तक बरामदे में खड़ा रहा। जिस ओर रिक्शा गया था उसी ओर देखता रहा और फिर दीवार में पीठ टिकाकर बैठ गया। था तो वह सोचने की मुद्रा में लेकिन दिमाग़ की रग-रग ऐंठ गई थी, कुछ भी सोचने को जी नहीं कर रहा था। कुछ देर पहले प्यास महसूस हुई थी, अब उसका भी पता नहीं था कहीं...

मगर इस तरह वह कब तक बैठा रहेगा ? नहीं। उसने अब अपने को सँभाल लिया—अंटी से चुनौटी निकाली दयानाथ ने, आधी बाँहोंवाली गोल-कट बनियान की पाकिट से तम्बाकू का पत्ता निकाला। नाखूनों से तम्बाकू खोंट-खोंटकर वह सुरती तैयार करने लगा। अब चिंतन की उसकी चरखी घूमने लगी, आस्ते-आस्ते :

पाठक और जैनरायन की अगर इसी तरह चली तो समूचा गाँव मसान बन जाएगा। ज़मींदार बाबू कृष्णदत्तसिंह और उसका दीवान मल्लिक अब भी अपनी ज़ालिमाना हरकतों से बाज़ नहीं आया तो आदमी आदमी को खाने लगेंगे। थानेदार और जिला के अधिकारी यों ही छूटकर यदि चरते रहे तो भारतमाता की इज़्ज़त-आबरू लुट जाएगी...किस उमंग से दयानाथ नागपुर गया था झंडा-सत्याग्रह में शामिल होने ! किस उत्साह से उसने नमक-कानून तोड़ा था ! उछलता हुआ कैसा दिल लेकर वह दोनों बार जेल के अंदर पहुँचा था !! हज़ारों और लाखों आदमी उसी की तरह जेल गए। सैकड़ों फाँसी पर झूले। हज़ारों के परिवार टूटे...तब आकर यह आज़ादी हासिल हुई है...

आज़ादी ! फिः ! आज़ादी मिली है हमारे उग्रमोहन बाबू को, कुलानंददास को...कांग्रेस की टिकट पर जो भी चुने गए हैं उन्हें मिली है आज़ादी। मिनिस्टरों को तो और ऊँचे दर्जे की आज़ादी मिली है। सेक्रेटेरियट के बड़े साहबों को भी आज़ादी का फायदा पहुँचा है।

’32 में जेल से छूटा, तब से दयानाथ की दिलचस्पी इन मामलों में कम हो गई। गाँधीजी ने सत्याग्रह-आंदोलन सार्वजनिक तौर पर वापस ले लिया, आगे आंदोलन को व्यक्तिगत दायरे में सीमित कर दिया उन्होंने। यह दयानाथ की समझ में बिलकुल नहीं आया। उसकी यह धारणा पक्की हो गई कि राजनीति गरीबों और मूर्खों के लिए नहीं हुआ करती, वह तो बस खाते-पीते सयानों की चौपड़ है।

’42 के तोड़-फोड़ और 9 अगस्त की उथल-पुथल के दिनों में दयानाथ बुरी तरह बीमार था लेकिन जीवनाथ की उछल-कूद उसे अच्छी ही लगी थी। ‘चाचा की बिरासत अबकी भतीजे ने सँभाली’—इस बारे में गाँव के सभी लोग एकमत थे...चाचा को जीबू उन दिनों अखबार सुनाया करता, चारपाई के करीब बैठकर। अखबारों का छपना अंग्रेज़-सरकार ने नामुमकिन कर दिया तो जाने कहाँ से और कैसे लिखावटी छापे में ‘रणभेरी’ निकलने लगी। उसके दो-ही-तीन अंक जीवनाथ के हाथ लगे थे। लेकिन भतीजे ने उसमें भी चाचे से साझेदारी निभाई।

15 अगस्त ’47 के बाद स्वदेशी शासकों के रंग-ढंग देखकर दयानाथ अंदर-ही-अंदर कुढ़ता रहा और जीवनाथ को जब-तब समझाता रहा। भतीजा बाकी सबकुछ सुन लेता था लेकिन नेहरू की आलोचना उसके लिए असह्य थी।

बेटे दो थे दयानाथ के। एक बी.ए., बी.टी, करके सुपौल (ज़िला सहरसा) के किसी हाईस्कूल में असिस्टेंट हेडमास्टर था और दूसरा खेती-गिरस्ती सँभाले हुए था। जीबू को भी ‘औरसपुत्र’ समझते थे दयानाथ राय।

बाबू दयानाथ सुरती फाँककर उठे, अंदर झाँककर नौकर से पूछा : “पाखाना किधर है ?” फिर गठरी से अपना लोटा निकालकर उन्होंने पानी लिया और नौकर ने जिधर बताया था, उधर को हुए।

नेताजी का यह क्वार्टर एक तरह से खाली पड़ा था। नौकर था और स्वयं थे, बस। कुछ दिन पहले तक एक अंग्रेज़ी दैनिक न्यूज एडीटर रहते थे। उसी बड़े रूम में अब कोई प्रोफेसर आकर रहेगा...अक्ल की बदहज़मी के कारण, या क्यों, नेपाली नौकर ने दयानाथ से यह सब बता दिया जब कि पाख़ाने से आकर हाथ मटिया रहे थे।

“मेरा खाना मत बनाओ !”

दयानाथ के इन शब्दों से नेपाली छोकरे को विस्मय हुआ। जिज्ञासा में गर्दन लंबी करके उसने मुँह बा दिया...

“मैं अभी जा रहा हूँ बाँकीपुर की तरफ”—दयानाथ ने सामान की गठरी सँभालते हुए कहा—“रात उधर ही गुज़रेगी और कल सुबह के जहाज़ से वापस जाना है। समझे ?”

स्वीकृति में नेपाली का सिर हिला।

बेचारे की कुछ समझ में नहीं आया कि आख़िर वह चूल्हा सुलगाए कि नहीं। मालिक जब नहीं हैं और मेहमान भी जब जा रहा है तो सिर्फ अपने पेट के लिए क्यों वह नाहक हाथ काले करे ?

छुट्टी का अहसास होते ही उसका पिरौंछ (पीताभ) चेहरा जगमगा उठा, खुशी के मारे बत्तीसों दाँत दर्शनीय हो गए।

दयानाथ ने अपनी गठरी उठाई और रुख हार्डिंज पार्क की ओर किया।

वह किसान-सभा के लीडरों से बातें करने जा रहा था। उसे मालूम था कि लंगरटोली में कहीं उनका दफ़्तर है।

चौदह

तीन वर्ष बाद, इस बार अगहनी फ़सल इतनी अच्छी आई थी। रजबाँध के पास का मैदान धान के वज़नदार शीशों का लहराता समुद्र हो रहा था। असनी और कतकी पकनेवाली थी। अधपकी बालियों की मीठी सरसराहट हेमंत की हल्की बयार को मादक खुशगवार प्रदान कर रही थी। उत्तरायन की ओर बढ़ते सूरज की स्वर्णिम किरणें उसमें रुपहला और चंदनकांत आलोक भरती थीं। शरद की शेष-प्रकृति धान की इन फसलों में गंध-गौरव डाल गई थी। फलित धानों का वह प्रिय दर्शन पारावार रुपउली के एक-एक व्यक्ति को पुलकित किए हुए था।

लेकिन पाँच-पाँच जवान जेल के अंदर बंद थे। देव-उठान (प्रबोधनी एकादशी) का त्यौहार बड़ा ही फीका गुज़रा। लोगों का दिल बैठ गया था, फिर वे भगवान् को शेषशय्या से किस प्रकार उठाते ? गोबर से लिपे हुए आँगन ऐपन (आलपना) के भूखे थे परंतु पाँच परिवारों की स्त्रियों के हृदय में कोई आनंद या उल्लास नहीं था। उन्होंने सिर्फ रस्म अदा करने के लिए पूजा की जगहों पर मामूली-से ऐपन डाल दिए थे।

मर्द चुप नहीं बैठे थे। एक तरफ हाजतियों की जमानत के लिए दौड़-धूप जारी थी, दूसरी तरफ बेदखली के खिलाफ प्रतिरोध-आंदोलन संगठित हो रहा था।

ऊपर-ऊपर मामला ठंडा दीखता था। मगर अंदर-ही-अंदर दोनों ओर संघर्ष की तैयारियाँ चालू थीं।

टुनाइ पाठक अपने-आपमें आतंकित हो उठा था। 'सीधी कार्रवाई' की अपने लड़के की यह पॉलिसी उसे पसंद नहीं थी। लड़का तीन-चार महीने बाद दो-एक रोज़ के लिए रुपउली आ जाता था, मेहमान की तरह। मगर पाठक का रहना तो रात-दिन और बारहों महीनों इसी बस्ती में होता था...समूचे गाँव को दुश्मन बनाकर जीना असंभव नहीं तो कठिन अवश्य था। चमार की हत्या और उस हत्या के अभियोग में पाँच आदमियों की गिरफ्तारी और दयानाथ राय का एकाएक पटना जाना-आना और उसके

बाद रात के वक्त छिपे तौर पर अक्सर मुहल्ला-मीटिंग और मुकदमे में अदालत की ओर से ढिलाई...भारी अंदेसा की बात थी यह सब पाठक के लिए। उसको नीलांबर पर खीझ उठती थी और अपने पर गुस्सा। गुस्सा इसलिए कि क्यों वह बरगदवाली ज़मीन के झंझट में पड़ा ! दस-बारह वर्ष पहले की स्थिति तो अब रही नहीं जबकि ज़मींदार रातों-रात खेत बंदोबस्त दे देते थे और चुटकी बजाते-बजाते उन खेतों पर कब्जा भी अपना हो जाता था। जैनरायन की ही सूझ थी यह, उसी का दिल छछूँदर की तरह छुछुआता रहता है, वरना पाठक को क्या पड़ी थी कि इस ऊसर-बंजर ज़मीन का झगड़ा मोल लेता ! नीलांबर की अक्ल पर पाठक को तरस आता...

सवा तीन-साढ़े तीन सौ रुपए वेतन पाते हो। घर में किसी वस्तु की घटी-कमती नहीं है। ससुराल की भी दौलत मिलनेवाली है...और किसी चीज़ की हबस हो तो ठेका-पट्टी लो, सवारी ढोनेवाली लारी का कंट्राक्ट लो, शहर में एक-आध अच्छा फ्लैट खड़ा कराकर उसे भाड़े पर लगा दो, देहात में खेती-बाड़ी ही पसंद हो तो ज़मींदारी-काश्तकारी खरीदकर कोई फारम खड़ा करो और ट्रैक्टर दौड़ाओ ! सो नहीं करेंगे ! करेंगे क्या कि चोर की तरह चुपचाप गैर-मजरूआ ज़मीन बंदोबस्त लेंगे और सारी दुनिया को अपना दुश्मन बना लेंगे ! चौड़ी राह के बीचोबीच बरगद का पेड़ है, चालू रास्ता है। हमेशा से इस भूमि पर लोगों का समान अधिकार रहा है...अब तुम इसके चारों ओर काँटेदार तार डालोगे ? बरगद का खात्मा करके वहाँ तुम कौन-सी फैक्टरी खड़ी करने जा रहे हो बाबू ? शहर में पढ़-लिखकर तुम सयाने हुए, अब शहर में रहकर ही सरकारी नौकरी कर रहे हो—चार दिन भी तो देहात में तुम्हारा जी नहीं लगता है बबुआ ! फिर क्यों तुम गाँववालों की जिन्दगी में यह उपद्रव खड़ा करना चाहते हो ? भले तो शहर में हो, जनानी डेरा भी साथ रहता है, बच्चों को भी साथ रखते हो ! फिर यह क्यों लार टपकाते हो चार कट्ठा ज़मीन के लिए ? बताओ बेटा ! बताओ, ज़रूर बताओ...देखना, मुझसे छिपाना मत !...

पुरानी पोखर के कछार में एक दिन तड़के दो हल चलने लगे तो बस्ती-भर में सनसनी दौड़ गई। जैनरायन का छोटा भाई फन्नी भिंडे पर स्वयं मौजूद था। उसी की निगरानी में जुताई शुरू हुई थी...

यह पुरानी पोखर सालों से बेकार पड़ी थी। किसी युग में राजा की सास ने इस पोखर को खुदवाया था, सैकड़ों साल पहले। अब उथली-छिछली हो गई थी। बरसात के दिनों में पोरसा-भर से ज्यादा अथाह पानी इस पोखर में कभी नहीं देखा गया। अब ज़मींदार बाबू कृष्णदत्तसिंह के लिए भी किसी काम की नहीं रह गई थी। जिन पोखरों में पानी बारहों महीने टिकता है उन्हें मलाह आसानी से बंदोबस्त ले लेते हैं—मछलियाँ पालते हैं, मखान उपजाते हैं, सिंघाड़े पैदा करते हैं...मगर यह पुरानी पोखर अब उन कामों के लायक नहीं रह गई थी। घुटने-भर पानी और नीचे कीचड़-ही-कीचड़। पनियाही घासों का जंगल ऊपर-ऊपर फैला रहता और मलेरिया के मच्छर उसमें किलोल किया करते। मुँह-अँधेरे सुबह-सुबह या फिर शाम झुटपुट अँधेरे के बाद इस जलाशय में लोग

आते आबदस्त लेने। शौचार्थी करपात्रियों की आबदस्त लेते समय की 'छप्प' 'छप्प' की अजीब आवाज़ नागरिक अतिथियों के लिए सर्वथा नई हुआ करती। जो हो, इस तलइया पर रुपउली के एक-एक आदमी का बराबर हक था। यह उनकी कल्पना के परे था कि कोई पुरानी पोखर को खरीद लेगा या बंदोबस्त ले लेगा और इसमें धान उपजाएगा या किसी दूसरे व्यक्तिगत काम में इसका उपयोग करेगा।

दयानाथ राय नई पोखर के मुहार पर बैठकर दतुअन कर रहे थे, इसके बाद उन्हें नहाना भी था। धोती ले आए थे, सो वह चुनियाई हुई अलग दूब पर रखी हुई थी।

दो-तीन लड़कों ने इतने में हल्ला किया :

"पुरानी पोखर में हल चल रहे हैं बा ऽ बा ऽ ऽ ऽ !"

बाबा ने हल्ला सुनते ही जल्दी से दतुअन चीरकर जीभ साफ की और कुल्लियों से मुँह साफ किया। अंगोछे से हाथ और चेहरा पोंछते-पोंछते खड़े हुए।

लोटा और धोती दयानाथ ने वहीं छोड़ दी और झटकारते हुए आगे बढ़े।

पुरानी पोखर गाँव के दच्छिन-पच्छिम दिशा में थी। नई पोखर पूरब-उत्तर की ओर ! बीच में बाग थे, बस्ती थी। इमली, पीपल और पाकड़ के कई पेड़ थे। नहाने-धोने के लिए गाँववालों के पास अब यही नई पोखर शेष थी।

गाँव की पूरब तरफ से होते हुए दयानाथ निकल आए। रजबाँध पर पैर रखते ही पुरानी पोखर की कछार में हल-बैल दिखाई पड़े। जुताई चालू थी। दस-पंद्रह जने एक ओर और तीन-चार आदमी दूसरी ओर...हाथ उठा-उठाकर ज़ोर से वे बातें कर रहे थे।

रास्ता छोड़कर दयानाथ ने खेतों की मेंड़ पकड़ ली, रफ्तार उनकी और भी तेज हो गई।

पुरानी पोखर की भिंड भी अब ऊँची नहीं रह गई थी। वहाँ पहुँचते ही दयानाथ ने ज़ोर की आवाज़ दी—"ठहर जाओ !"

दयानाथ की आवाज सुनकर हल्ला-गुल्ला तो रुक गया लेकिन जुताई नहीं रुकी, हल-बैल और हलवाहे नहीं रुके।

क्षण-भर की चुप्पी के बाद दयानाथ ने फन्नी से कहा—"तुम्हारे भाई कहाँ हैं ?"

फन्नी के हाथ में बेंत की मोटी छड़ी थी। छड़ी की नोंक से धरती पर 'फणींद्रनारायण झा' लिखते हुए उसने गंभीरता से जवाब दिया—"कहिए न, क्या कहते हैं ?"

"तुमसे क्या कहूँ ! जैनरायन कहीं बाहर गए हैं ?"

"हाँ, लहेरियासराय गए हैं। क्या चाहते हैं आप ?"

दयानाथ को हँसी आ गई। वह मामूली हँसी नहीं थी, चुनौती को कबूल कर लेने की हँसी थी वह।

अब तक दयानाथ के पीछे पचास-एक आदमी इकट्ठे हो गए थे। फन्नी के पक्ष में वही चार-पाँच आदमी—दो उसके अपने ही भतीजे और दो बनिहार तथा एक नौकरानी।

दयानाथ ने दृढ़ स्वरों में फन्नी से कहा—"नाहक झगड़ा-फसाद बढ़ेगा, तुम अपने हल-बैल वापस ले जाओ फन्नी ! काफी धन-सम्पदा भगवान् ने तुम लोगों को दी है, पोखर की कछार पर समूची बस्ती का अधिकार है..."

"उँहूँ"—बीच में ही फन्नी चिल्ला उठा—"सो, कहाँ होगा दयाभाई ! इस वक्त आप दूसरी चाहे जो बात मुझसे मनवा लें, यह बात आपकी मैं नहीं मानूँगा।"

"नहीं मानोगे ?"

"नहीं मानूँगा, नहीं मानूँगा और नहीं मानूँगा !!"

"अच्छा बाबू !..."

दयानाथ ने लोगों की तरफ गर्दन फेरी।

दाहिने हाथ से समाधान चाहनेवाला संकेत करते हुए उन्होंने भीड़ से पूछा—"तुम सबकी क्या राय है ?"

"कछार में या भिंड पर हल नहीं चलेगा"...लोगों ने एक स्वर से कहा।

दयानाथ ने फिर पूछा—"नहीं चलेगा ?"

"नहीं, नहीं, नहीं !!!"...ज़ोरों की आवाज़ आई उसी भीड़ के अंदर से। दयानाथ ने देखा : सभी तरह के लोग हैं इनमें...पंडित शशिनाथ ठाकुर हैं, हाजी करीमबक्स हैं, मोसम्मात झुनिया है, अहीरों की बिरादरी के गोनउड़ महतो और सहदेव राउत हैं, भुट्टू पासवान है, विजयबहादुरसिंह सिसोदया है, जहदली जोलहा है, सोनमा ढोलिया है, अचकमनि मोसम्मात है...खेतिहर हैं, बनिहार हैं, हलवाहे-चरवाहे हैं—कौन नहीं है ?

दयानाथ अब हलों की ओर बढ़े। जुताई अब भी चल रही थी। कछार के अंदर आकर दयानाथ ने हलवाहों से कहा—"टुनमा ! सुनता है ? खोल हल...और यह दूसरा कौन है ?...तू भी खोल !"

टुनमा खड़ा हो गया। बैल रुक गए। पिछला हल भी अचल।

फन्नी लपककर आगे आया और टुनाइ मड़ड़ की बाँह पकड़कर गरजा : "खबरदार ! हल खोला कि चमड़ी उधेड़ ली जाएगी...देखता क्या है ? हाँक बैल ! हाँक !!"

लेकिन टुनमा सहमी आँखों से ताक रहा था फन्नी के चेहरे की ओर। बाक उसकी बंद थी, हाथों और पैरों में मानो लकवा मार गया था।

बैलों को खड़े होने का मौक़ा मिला तो पेशाब करने लगे।

सभी चुप थे।

फन्नी ने पिछले हलवाहे की बाँह पकड़ी और फिर पीठ पर हाथ से थपथपाया—"तू ही आगे बढ़, चल ! आ !"

वह भी आगे नहीं बढ़ा।

फणींद्र के मुँह से खीझ के मारे निकला—"खच्चर कहीं के !"

टुनमा की भवें तन गईं। वह कड़ककर बोला—"मालिक, गाली मत दीजिए हमको ! हाँ !"

"हूँ !!" —दूसरे हलवाहे ने अपने साथी का समर्थन किया, स्वर में दृढ़ता थी।

फन्नी का चेहरा फक रह गया।

इतने में दयानाथ आगे बढ़े। अपने हाथों से उन्होंने हल के डंडे को जुए से खोल दिया। फणींद्र ने उन्हें रोकने की कोशिश की थी सही मगर दो आदमियों ने उसे पकड़कर अलग कर दिया था। जुए-समेत बैलों के दोनों जोड़े खुलते ही गाँव की तरफ चले और हलवाहे अब भी अपने-अपने हल की मूठ पकड़े खड़े थे। कछार की नम ज़मीन में फारें अब भी बीत-बीत-भर अंदर खुभी रह गई थीं। जुताई अभी आधी तो क्या चौथाई भी नहीं हुई थी...

लोगों के चेहरे खुशी के मारे दमक रहे थे और दयानाथ गंभीर मुद्रा में खड़ा था।

फणींद्र बकता हुआ, बुड़बुड़ाता हुआ घर की ओर अपना रुख कर चुका तो हलवाहों ने हलों को कंधे पर उठा लिया और कछार में से बाहर निकल गए।

दयानाथ ने लोगों से लौट चलने के लिए कहा, इशारों में। उन्होंने अपने लीडर की आज्ञा का पालन तत्काल किया।

दयानाथ राय लौटकर नई पोखर की ओर गए।

पंद्रह

जैनरायन ने अगले ही रोज दो क़िता फौजदारी लहेरियासराय-लोअर-कोर्ट में दायर कर दी। एक थी मार-पीट की, दूसरी थी पराई भूमि पर दखल जमाने के प्रयास की। दयानाथ तो खैर दोनों में मुद्दालह बनाए गए थे; अलावा उनके, और चार आदमी पहले मुकदमे में और छः आदमी दूसरे में लपेटे गए थे।

कत्ल का मुकदमा पहले से पेश था ही।

गाँव में जितने भी समझदार आदमी थे, सबका ध्यान लहेरियासराय के अदालती कठघरों पर मँडरा रहा था।

दयानाथ लहेरियासराय पहुँचकर युवक वकील बाबू श्यामसुंदरसिंह से मिले। उनका डेरा बलिभद्दरपुर मुहल्ले में, एकडेमी स्कूल से सीधे पूरब पड़ता था।

श्यामसुंदर बाबू वकील तो थे ही, साथ ही जनवादी नौजवान संघ की जिला-कमेटी (दरभंगा) के प्रेसिडेंट भी थे। छात्र-जीवन में उन्होंने प्रादेशिक स्टूडेंट फेडरेशन के माध्यम से अपनी सार्वजनिक सेवा-भावना का पर्याप्त परिचय लोगों को दिया था। एक बार आप फेडरेशन के जनरल सेक्रेटरी (प्रादेशिक) भी निर्वाचित हुए थे और पौने दो साल तक शानदार तरीके के संगठन के मंत्रित्व की जिम्मेवारी निभाई थी। पिता का देहांत हुआ तो पिछले कई वर्ष वकील साहब के घरेलू झंझटों में ही सर्फ हो गए। अब गृहस्थी सँभल चुकी थी। एक भाई एम.ए., बी.एड. करके सीतामढ़ी कालेज में दर्शनशास्त्र का प्रोफेसर और सबसे छोटा दरभंगा मेडिकल कॉलेज का मेधावी छात्र था। वाक्शक्ति अच्छी होने के कारण उनका अपना पेशा भी काफी संतोषजनक था। पूर्वजों की

उपार्जित सम्पत्ति के तौर पर सौ बीघा उपजाऊ ज़मीन थी, सो अलग। नई पीढ़ी के लीडरों में जो तीन-चार नाम लोगों की ज़बान पर अक्सर फिसल आते थे, उनमें से एक नाम श्यामसुंदर बाबू का भी होता था।

रुपउली में जो घटनाएँ इधर घटी थीं, उनका पता वकील साहब को था। अलावा इसके, दयानाथ पटने में नौजवान-संघ और किसान-सभा के नेताओं से मिला तो उनकी ओर से दरभंगा की जिला-आफिसों में रुपउली-कांड की बाबत हिदायतें आई थीं। श्यामसुंदरसिंह ने ध्यानपूर्वक दयानाथ की बातें सुनीं और बिना फीस के ही मुकदमों में पैरवी का आश्वासन दिया।

नौजवान-संघ की जिला-कमेटी के प्रेसिडेंट की हैसियत से श्यामसुंदर बाबू ने दयानाथ से कहा—"अपने गाँव में नौजवान-संघ की एक शाखा खोलिए और नौजवानों को संगठित होने का अवसर दीजिए..."

"जी !"

"जी-जी नहीं, अगले रविवार को नौजवान-संघ के मंत्री रुपउली पहुँचेंगे। वह आपसे इस बारे में बातें करेंगे, समझे ?"

"सरकार !"

"हाज़त में जो लोग बंद हैं उन्हें ज़मानत पर छुड़वा क्यों नहीं लेते ?"

इस सवाल को सुनकर दयानाथ ने मुँह बा दिया।

घर से निकलते वक्त उसे इसका ख़याल ज़रूर था और अभी नहीं तो विदा होते समय ज़मानत की बाबत वकील साहब से वह पूछता ही।

कुछ देर बाद दयानाथ ने कहा—"अब आज तो नहीं हुआ सरकार !"

"क्या नहीं हुआ ?"

"सरकार, यहाँ कौन ज़ामिन होगा हम गाँववालों का ? गाँव जाकर राय-बात करेंगे फिर कोई इन्तजाम होगा..."

कुछ देर बाद श्यामसुंदर बाबू ने कहा—"दो के लिए तो हम कल ज़मानत का इन्तजाम कर देंगे, बाकी आप गाँव से प्रबंध कर लीजिएगा..."

दयानाथ कृतज्ञता के मारे वकील साहब के पैर छूने को हुआ लेकिन रोक लिया गया—"आँ हाँ हाँ हाँ ! क्या कर रहे हैं यह आप ?"

गद्गद होकर दयानाथ ने कहा—"गाँव में हमारे यहाँ हल्ला था कि खून का मामला है, ज़मानत इसमें नहीं ली जाएगी..."

इस पर उँगलियों से नाक चिकनाते हुए श्यामसुंदर बाबू हँस पड़े और हँसते-हँसते बोले—"नीलांबर पाठक के आदमियों ने आप लोगों को भरमाने के लिए यह शिगूफा छोड़ रखा होगा।"

"जी, हजूर ! यही बात होगी..."

वकील साहब ने हाथघड़ी देखी और उठ खड़े हुए। तीन-चार मुवक्किल अलग तख़्तपोश पर बैठे थे, उनसे कहा—"मैं भोजन करके आता हूँ।"

दयानाथ ने आगे बढ़कर कहा—"मैं तब तक किसान-सभा के दफ्तर से हो आता हूँ।"

"जाइए, जगह मालूम है न ?"

"जी, लाइट हाउस सिनेमा से उत्तर, सड़क के किनारे।"

"हाँ, लाल झंडा लगा होगा और मकान खपरैल है।"

वकील साहब खड़ाऊँ खटखटाते अंदर गए और दयानाथ किसान-सभा के दफ्तर की तरफ हुआ।

वहाँ से एक तो उसे मेंबर बनाने की रसीद-बहियाँ लेनी थीं, दूसरे, किसान-सभा के किसी लीडर से कुछ राय लेनी थी।

पूछ-पाछकर वह दफ्तर पहुँचा तो वहाँ बिना मूँछोंवाले एक बाबू मिले। उन्होंने अपना नाम अली सफदर बताया। किसान-सभा की रसीद-बहियाँ तो 25-25 की दो मिल गईं मगर आदमी एक भी नहीं मिला। अली सफदर थककर कहीं बाहर से आए थे और जेलवाले कम्बल पर लेट गए थे। दयानाथ कुछ बोलना-बतियाना चाहता था मगर सफदर ने कहा—"मैं बीड़ी-मज़दूरों की यूनियन का यहाँ सेक्रेटरी हूँ, किसान-सभा के बारे में कुछ नहीं बता सकूँगा। कामरेड श्री नारायण बारिस नगर गए हैं, दो रोज़ बाद लौटेंगे..."

साप्ताहिक 'जनशक्ति' के पिछले दो अंक दयानाथ वहाँ से खरीदता लाया। दुअन्नी लगी थी।

फिर उसने सोचा कि बारह बजे की ट्रेन से गाँव लौट चले और ज़मानत के लिए दो आदमियों को कल कचहरी ले आए...एक वह खुद होगा। बाक़ी दो के लिए श्यामसुंदर बाबू ने कहा है...

यह बात दयानाथ को जँच गई। फौरन अदालत पहुँचा। वहाँ वकील साहब से पूछकर सीधे स्टेशन की ओर भागा। खैर, गाड़ी मिल गई।

आज ट्रेन में दया को वीरभद्र की बड़ी याद आई। वह देर तक बीरू के बारे में सोचता रहा...वीरभद्र आजकल रानीगंज (बंगाल) के नज़दीक किसी गुजराती सेठ की कोयला-कम्पनी का मैनेजर बना बैठा था; चार सौ की तनखाह और रहने के लिए आलीशान बँगला—व्यक्तिगत सेवाओं के लिए आधे दर्जन नौकर...कलकत्ता, बंबई, मद्रास, दिल्ली, कानपुर, अहमदाबाद और पूना...कम्पनी के खर्च पर टूर करता फिरता है। पाँच-सात साल हो गए, गाँव नहीं आया। क्या ज़रूरत रह गई उसे इधर झाँकने को ? '38 में जेल से छूटा वीरभद्र तो दस-बीस रोज़ ससुराल में रहकर कलकत्ता भागा था। विद्यार्थी था, तभी से एक धनी घराने की बंगाली विधवा बीरू पर फिदा थी। सो, इस बार हमारे बीरू भाई को बंगाल की उस जोगिन ने पूरी तरह भेंड़ा बना लिया। बंगालिन का छोटा भाई ढाका में मिल-मालिक था, उसी की मेहरबानी से बीरू भी अब एक मालदार कम्पनी का मालिक बन गया है...हाय ! आज वह सही रास्ते पर होता तो रुपउली में इन कुत्तों की एक भी नहीं चलती। चलती ? नहीं, बिलकुल नहीं चलती !!

ग़रीब चमार की जिस तरह हत्या करवाई पाठक और जैनरायन ने, उसकी भारी प्रतिक्रिया हुई थी दयानाथ के मन पर। वह इन दुष्टों को किसी प्रकार भी क्षमा नहीं करना चाहता था...वह रात-दिन यही सोचा करता कि कैसे ये ग्राम-कंटक निर्मूल किए जाएँ !...और इसीलिए दयानाथ को सशस्त्र क्रांतिकारी वीरभद्र आज इतनी तीव्रता से याद आ गया। गाँधीजी की अहिंसा में तो ख़ैर तब भी दयानाथ को आस्था नहीं थी और अब तो बेचारी अहिंसा को खुद ही कांग्रेसवालों ने विनोबा के अनाथालय में भेज दिया है...तो क्या छिटपुट हत्याओंवाला सशस्त्र-क्रांति का वही रास्ता रुपउलीवालों के लिए मुक्ति-मार्ग होगा ? नहीं, नहीं, यह भी नहीं ! तो फिर क्यों दयानाथ के दिमाग़ में वीरभद्र की वे दीप्त स्मृतियाँ चक्कर काट रही हैं इस समय ? किसानों और देहात के दूसरे ग़रीब वर्गों को शोषक शक्तियों के खिलाफ संगठित करनेवाला एक भी आदमी इन इलाकों में दयानाथ को दिखाई नहीं दे रहा था। वह सोचने लगा—'काश ! वीरभद्र, तुमने आज कहीं इधर के देहातों की यह जिम्मेवारी उठाई होती ! घर-घर तुम देबता की तरह पूजे जाते भाई ! और तुम्हें क्या पड़ी थी कि गुजराती सेठ की चाकरी करने गए ?'

फिर दयानाथ को ख़याल आया कि ग़रीब का संकटमोचन वही होगा जो खुद गरीब के घर पैदा हुआ रहेगा; और, गरीब के घर में पैदा होने से ही भला लीडर की देह में सुरखाब के कौन से पर लग जाते हैं ? बहुत सारे आज के कांग्रेसी ग़रीब घराने के हैं, मगर बाबू लोगों का रंग-ढंग तो देखो ज़रा !...

तब दयानाथ का ध्यान गया संगठन के वर्गरूपों पर—कांग्रेस किन वर्गों का संगठन थी और क्यों नहीं वह हम किसानों की एक भी समस्या हल कर सकी ? ज़मींदारों, सेठों और वकीलों-वालिस्टरों की यह जमात खुली तौर पर तब भी कहाँ खेतिहरों को अपने संगठन में घुसने देती थी ? ग़रीब जनता चाहे गाँवों की रही हो, चाहे शहरों की—उसे कांग्रेस ने कभी अपने संगठन की रीढ़ नहीं बनाया...

पहले सोशलिस्ट पार्टी देहातों में किसानों का साथ देती थी, ज़मींदारों के खिलाफ देहातियों के बीसियों मोर्चे पार्टी की निगरानी में जहाँ-तहाँ कायम हुए थे और क़ामयाबी भी हासिल हुई थी कई जगहों पर। लेकिन पिछले पाँच वर्षों से सोशलिस्टों का तेज घटता आया था। कसूर इसमें पाटी के साधारण कार्यकर्ताओं का नहीं बल्कि ऊपर की सोशलिस्ट नेताशाही का था। दयानाथ की राय में जयप्रकाश नारायण 'ढुलमुल यक़ीन' नेता थे।

मधुबनी सब-डिवीज़न के अंदर किसानों के बीच कम्युनिस्टों का भारी असर था। पूरा वक्त लगाकर काम करनेवाले कई दर्जन नौजवान थे। एक पैर उनका बाहर रहता था, दूसरा पैर जेल के अंदर। बेईमान अफसरों, तानाशाह थानेदारों तथा सबडिवीज़न के ऊँचे अधिकारियों की नींद हराम थी उनके मारे। उधर के ज़मींदार और सेठ-साहूकार खीझ के कारण लाल भाइयों को 'प्लेग के कीड़े' कहते थे...दयानाथ राय उन नौजवानों का नाम रखे हुए थे 'लाल बहादुर'।

ज़ोर का दचका खाकर समस्तीपुर-जैनगरवाली उस पैसेंजर गाड़ी के डब्बे खड़े हो

गए तो दयानाथ ने सामने के मुसाफिर से पूछा—"तारसराय ?"

"तारसराय तो पीछे छूट गया"—भभाकर हँसते हुए उस दढ़ियल मुसाफिर ने कहा—"सकरी है सकरी, कहाँ उतरना था आपको ?"

सोच-विचार और गुन-धुन में ग़र्क था दयानाथ, अब समाधि टूटी तो चुपचाप गाड़ी से उतर गया।

स्टेशन से बाहर आकर गाँव की पगडंडी पकड़ी उसने।

सोलह

ठीक तीसरे दिन पाँचों जवान हाज़त से बाहर आ गए।

इसी बीच जैनरायन को राह चलते वक्त सरे-आम दो तरुणों ने पीट दिया, सो उन पर एक क़िता मुक़दमा वह फिर दायर कर आया था।

एक ओर तिकड़म थी, पैसे थे, पराई सम्पत्ति हड़पने की लालसा थी—दूसरी ओर सार्वजनिक ईमानदारी थी, जन-बल था और अत्याचारियों के प्रति असहिष्णुता थी।

जीवनाथ और जैकिसुन आदि ने अच्छी तरह समझ लिया कि सिर्फ अदालत के भरोसे इन दुष्टों से छुटकारा नहीं मिलेगा गाँव को। जन-बल को अच्छी तरह संगठित कर लेना चाहिए। अपनी रुपउली के इस जन-आंदोलन को जन-संघर्ष की जिला और प्रदेश-व्यापी धारा से मिला देना होगा। जेल में बीड़ी-मज़दूरों और बेदख़ली के ख़िलाफ लड़नेवाले किसानों से उनकी मुलाक़ात हुई थी। पिछले वर्ष जब ऑनरेबल मिनिस्टर पं. श्री नमोनाथ मिश्रजी श्रीकृष्ण पुस्तकालय का उद्‌घाटन करने के लिए मधुबनी पधारे तो बाढ़-पीड़ित इलाकों के निवासियों ने हज़ारों की तादाद में आपके समक्ष प्रदर्शन किया था; उनकी माँग थी—कमला नदी में मधुबनी के आसपास कहीं 'स्लूश-गेट' का निर्माण हो और गाँव-गाँव में सस्ते राशन की व्यवस्था की जाय। पुलिस-अधिकारियों ने मंत्रीजी की हिफाजत के लिए उनमें से दस आदमियों को गिरफ्तार कर लिया। पीछे 'शांति भंग करने और पब्लिक के बीच गड़बड़ी फैलाने' के अपराध में उनमें से छः प्रदर्शनकारियों को सब-डिवीज़नल कोर्ट ने चार-चार महीनों की सज़ा दे दी—बा-मशक्कत क़ैद की सज़ा। ऊँची अदालत में अपील की जाने पर सपरिश्रम कारावास यह दंड 'मामूली क़ैद की दो महीने की सज़ा' रह गया। संयोग ऐसा हुआ कि उनसे भी लहेरिया सराय-जेल में जीवनाथ वगैरह की मुलाक़ातें होती रहीं : उन छः में दो किसान कम्युनिस्ट थे, एक विद्यार्थी कम्युनिस्ट था, तीन थे साधारण किसान-कार्यकर्ता। यह संपर्क था तो महीने-भर का ही लेकिन पाँचों रुपउलीवाले हाज़तियों के लिए वह 'सत्संग' खूब चेतनाप्रद और स्फूर्तिकारक साबित हुआ।

वे आगे के संघर्षों के लिए दीक्षित होकर ही जेल से बाहर आए थे। उनकी बातों से आशा छिटकती थी, भरोसा टपकता था।

स्त्रियों को इस बात का विश्वास नहीं होता था कि वे इतनी आसानी से ज़मानत पर छूट आएँगे।

जैकिसुन की माँ ने बेटे से कहा—"दुबले हो गए हो !" जीवनाथ की माँ को भी बेटे के प्रति ठीक यही शिकायत थी। लेकिन उन दोनों को यह बात सुनकर हँसी आई। उन्होंने हाथ चलाकर कहा—"हमारा तो ओजन (वजन) बढ़ गया है, कहती क्या हो तुम लोग ?"

जीवनाथ की बैठक में बातें हो रही थीं। दयानाथ भी थे। जैकिसुन था, उसकी माँ थी। सुतरी और लछमन थे। दूसरे भी चार जने थे। दालान की अँगनई खलिहान के लिए ठीक की जा रही थी, बीच आँगन में दवनी खम्भा गाड़ा जा चुका था। जीमड़ का ताज़ा कटा धड़ था, पत्तों समेत एक ऊपर-मुँही डाल उसमें रहने दी गई थी। सामने ही लछमनसिंह के घर का पिछवाड़ दिखाई दे रहा था। उसकी औरत दीवार के छेद में आँख डाले ग़ौर से सबकुछ देख रही थी। पाँच साल का बच्चा पिछवाड़ के नज़दीक खड़ा था, उसको पिता से बुलावे के इशारे की प्रतीक्षा थी। अगहन के प्रातःकाल की हल्की धूप सभी को अच्छी लगती है। वह उसकी मीठी सेंक ले रहे थे।

''मैं कहाँ मानूँगी...'' जैकिसुन की माँ ने कुछ क्षण बाद प्रतिवाद किया..."कि जेल के अंदर तुम लोगों का ओजन बढ़ गया है ! ऐसा भी कहीं हुआ है ?"

"चलो, इस बार हम दोनों जेल हो आएँ, जैकिसुन की माँ !" दया ने मुस्कुराकर कहा—"न बढ़ जाय ओजन तो तुम फिर मुझसे बताना, हाँ !"

"चुप रहो बाबू, मैं तुमसे नहीं पूछ रही हूँ !"

"तो, अब और किससे पूछोगी ?"

जैकिसुन की माँ दयानाथ के प्रति तुनककर बोली—"मेरा बस चले तो इसी बखत बुड्ढे को गिलफदार कराके जहल भेज दूँ..."

देवर-भाभी की इस नोक-झोंक में अपने को विजयी समझकर बाबू दयानाथ राय ने छँटी-खिचड़ी मूँछों पर बार-बार हाथ फेरा। जीवनाथ की माँ गंभीर प्रकृति की महिला थी, वह इन बातों पर सिर्फ मुस्कुराकर रह गई। बाक़ी सबके चेहरे हुलास से दमक रहे थे।

जीवनाथ ने पीछे संजीदगी से कहा—"सचमुच चाची, हमारा ओजन सेर-सेर, डेढ़-डेढ़ सेर बढ़ गया है। तुम समझती नहीं हो...हम हाज़ती क़ैदी थे। काम न धाम, खूब खाओ और आराम करो और गप्पें लड़ाओ; किताबों का इन्तज़ाम रहता है, क़ैदी पढ़-लिख भी सकता है चाची ! हमारे सुतरी झा पहाड़ा खतम करके आए हैं, न हो तो उन्हीं से पूछ लो..."

जैकिसुन की माँ ने सुतरी झा की ओर विस्मय से देखा।

सुतरी ने दृढ़तापूर्वक कहा—"हाँ, जैकिसुन की माँ ! मैं अब हनुमानचालीसा अपने-आप पढ़ लेता हूँ। टीसन पर मोसाफिरखाने में रंग-बिरंगे कागज़ चिपके हुए थे, उस पर मोटे-मोटे आखरों में बहुत-कुछ लिखा था। एक कागज़ से चार पाँती और दूसरे

से दो पाँती मैंने खुद बाँच लीं। पूछ लो न जीबू से ?... क्यों जैकिसुन, अपनी माई से तुम्हीं बता दो न !"

जैकिसुन और जीवनाथ ने साथ ही सिर हिलाया।

तब कुछ देर तक इधर-उधर की बातें होती रहीं। औरतें पहले ही चली गई थीं। धीरे-धीरे बाकी आदमी अपने-अपने काम पर गए। रहे दयानाथ, जीबू और जैकिसुन।

आगे की बातचीत का आधार था किसान-सभा की ग्राम-कमेटी का ढाँचा खड़ा करना। दो महीने के भीतर आसपास के गाँवों में ऐसी सरगर्मियाँ पैदा कर देना जिससे 'प्रथम रेहुआ-थाना किसान-सम्मेलन' संभव हो।

सत्रह

टुनाइ पाठक के लिए गाँव में रहना असंभव हो उठा।

पाँचों युवक जेल से छूट आए थे। उन्होंने दुगने जोश से काम शुरू कर दिया था। अपने घरेलू काम तो वे करते ही थे, किसान-सभा और नौजवान-सभा की ग्राम-कमेटियाँ उन्होंने कायम कर ली थीं। किसान-सभा के 56 मेंबर बन चुके थे, मेंबर होने की फीस एक आना था। दयानाथ और जैकिसुन ने घूम-घूमकर लोगों को किसान-सभा के उद्देश्य समझाए। टुनाइ, जैनरायन और तीन-चार दूसरे आदमियों को छोड़कर बाकी सभी मेंबर बनने को तैयार थे लेकिन अब रसीद-बही ख़त्म हो चुकी थी।

ग्राम-कमेटी बनी तो हाजी करीमबक्स उसके सदर चुने गए, दयानाथ उपसभापति और जीबू सेक्रेटरी। काम की देख-रेख और सलाह-मशविरा के लिए सात मेंबरों की छोटी किसान-काउन्सिल चुनी गई। स्थाई फंड के लिए सेक्रेटरी ने अपील की तो पाँच मन धान का वायदा फौरन मिल गया। अगले ही दिन वसूली भी उसकी हो गई।

पहली बैठक में काउन्सिल ने पाँच फैसले लिए थे :

1. पंद्रह दिन के अंदर स्थाई फंड में पंद्रह मन धान और जमा करना।

2. साप्ताहिक 'जनशक्ति' और दैनिक 'नवराष्ट्र' के लिए तीन-तीन महीने की अगाऊ रक़म मनीआर्डर से भेज देना।

3. पुरानी पोखर की मरम्मत के लिए 'लघु सिंचाई-योजना' के अंदर सरकारी मदद हासिल करने की कोशिश करना।

4. ज़िला और प्रदेश की किसान-सभाओं को ग्राम-कमेटी की हलचलों से वाकिफ रखना, अगले कामों के बारे में उनसे हिदायतें माँगना।

5. ज़मीन की बेदखली के ख़िलाफ गाँव के लोगों का संयुक्त मोर्चा; पास-पड़ोस के किसानों से इस संघर्ष में मदद लेना और ज़रूरत पड़े तो उन्हें भी मदद पहुँचाना।

दफ्तर के लिए हाजी साहब ने अपने दालान की दो कोठरियों में से एक दे दी। हफ्ते में एक बार काउन्सिल की बैठक तय हुई और पंद्रह दिन बाद ग्राम-कमेटी की

बड़ी मीटिंग। स्थाई फंड की रक़म और मेंबरी की फीस वगैरह से आनेवाली रक़में किसके पास जमा रहेंगी, यह सवाल उठा तो काउन्सिल के कुछ मेंबरों ने दयानाथ का नाम लिया, कुछ ने हाजी साहब का। अंत में दयानाथ के आग्रह से वह भार भी सदर को ही उठाना पड़ा।

हाजी, दया और जीबू के अलावा, काउन्सिल के बाकी चार मेंबर थे : गोनउड़ महतो, विजयबहादुरसिंह, लछमनसिंह और जहदली जोलहा।

जीवनाथ ने 'नवराष्ट्र' और 'जनशक्ति' में छपने के लिए ये बातें लिख भेजी थीं। अक्षर उसके अच्छे नहीं होते थे और भाषा भी खूब शुद्ध नहीं थी, परंतु कुछ दिनों बाद ग्राम-कमेटी की स्थापना आदि के संबंध में वही समाचार 'नवराष्ट्र' में प्रकाशित हुआ। न्यूज़-एडीटर ने काट-छाँटकर भाषा दुरुस्त कर दी थी...फिजूल के शब्द हटा दिए थे...दो-तीन जगहों पर आगे की लाइन पीछे और विराम-चिह्न इधर-उधर हो गए थे...लेकिन अब उन पंक्तियों में जान पड़ गई थी, जोर आ गया था। जीवनाथ ने उछलते दिल से जैकिसुन को बताया—"देखा, अपनी खबर छपी है ?"

अख़बार छीन लिया जैकिसुन ने। उसकी आँखें 'नवराष्ट्र' के कालमों में भटकने लगीं।

"यों नहीं पाओगे, तीसरे पेज में देखो!"

आखिर जीबू ने उँगली से बता दिया।

जैकिसुन ने आदि से अंत तक कई बार पढ़ा। गिनकर देखा, बारह पंक्तियों में छपा था।

दयानाथ के बैठकख़ाने में उस रोज अनायास काउन्सिल की मीटिंग हो गई मानो। ग्राम-कमेटी के बारे में 'नवराष्ट्र'-जैसे लोकप्रिय दैनिक में इस प्रकार समाचार छपना रुपउली की सामूहिक आत्मा को आह्लादित कर रहा था। लोगों को लगा कि उनका यह स्थानीय प्रयास अखबार के माध्यम से समूचे बिहार की वाणी पा गया है और ज़िले-ज़िले में, थाने-थाने में मुखरित हो उठा है...

टुनाइ पाठक अपने पापों से आप ही आतंकित होने लगा। पुलिस के दो जवान डटे थे, डेढ़-दो महीनों से वह उनकी हिफाज़त में था। उनके पीछे कम-से-कम सौ रुपए माहवार का खर्च आता था, लाभ कुछ भी नज़र नहीं आता था, बल्कि पाठक के प्रति लोगों का द्वेष इधर और बढ़ गया था। छोकरे खुलेआम उसे सुना-सुनाकर फकरा (फिक्रा) गुनगुनाते थे :

'पाठक टुनइयाँ।
पाठक टुनइयाँ !
पूलिस तोहर नानी
दरोगा तोर सइयाँ !
पाठक टुनइयाँ !'

खूनवाला मुक़दमा लम्बा खिंच रहा था। उधर श्यामसुंदर बाबू डटकर पैरवी कर

रहे थे, इधर सिखाए-पढ़ाए गवाहों की नीयत हिल रही थी। जैनरायन ने जो केस चलाए थे, उनका तो और भी बुरा हाल था।

बरगद के नज़दीक नौजवानों ने इस बीच एक अखाड़ा तैयार कर लिया था। शाम को रोज़ दस-पाँच शरीर वहाँ मिट्टी उकेरने लगे।

ताल ठोंकने की आवाज़ें पाठक के कानों में पड़तीं तो कलेजा फटने लगता उसका। रात में अक्सर वह सपने देखता कि लछमनसिंह उसकी कनपटियों में झापड़-पर-झापड़ लगा रहा है...

पुरानी पोखर के उत्तरी मोहार पर पंडित शशिनाथ ठाकुर ने आँवले का पेड़ लगा रखा था। तीन-चार साल बाद अब वह काफी छतनार हो आया था। पिछले वर्ष जैनरायन के भानजे ने इस आँवले के साथ एक ध्वजा गाड़ दी और हनुमानजी का फोटो उसमें चिपका दिया। तभी से सप्ताह में एक बार, मंगल के संध्याकाल, वहाँ कीर्तन चालू हुआ जो अब तक ज़ारी था। जैकिसुन और सुतरी झा कीर्तन में नियमित रूप से शामिल हुआ करते थे। शिक्षितों और सयानों की इस ओर अरुचि शुरू से ही थी। वे इस कीर्तन को 'छोकरों का हुरदंग' समझते।

जैनरायन का भानजा सतदेव अपने मामा से अलग था। ईमानदार और मेहनती आदमी था, सुधंग—लेकिन चुप्पा टाइप का। सुतरी झा की उससे खूब पटती थी। ये दोनों दरअसल रुपउली के अनपढ़ नौजवानों के स्वयंभू नेता थे। सुतरी झा साहस का प्रतीक था तो सतदेव परिश्रम का पुतला। दूसरों की मदद के लिए दोनों मुस्तैद रहते। श्राद्ध हो, ब्याह हो, स्कूलों का देहाती मैच हो, बाँध पर मिट्टी डाली जा रही हो, बरसात का रुका पानी निकाला जाता हो, जीबछ नदी में पानी की रोक-थाम हो रही हो, मेले-ठेले में जाना हो, स्कूल-पाठशाला का मकान बन रहा हो, ज़मींदार के बागों में छिपकर आम-कटहल तोड़े जा रहे हों...वहाँ इन्हीं दोनों में से एक-न-एक अगुआ होता था।

जैकिसुन ने उन्हें नौजवान-संघ का मेंबर बना लिया था। अब मंगलवारी कीर्तन के समय हनुमानजी को नौजवान-संघ के जोशीले गाने सुनाए जाने लगे।

अठारह

फसल इस बार दुगनी तो हुई ही थी, किसी-किसी के किन्हीं खेतों में तिगुनी-ढाई गुनी भी।

स्थाई फंड में तीस मन धान आ गए थे। उन्हें बेचकर साढ़े चार सौ रुपए की रकम बना ली गई थी। डेढ़ सौ रुपये का चंदा गन्ने की फसलवालों से आ गया था। कुछ चंदे की उम्मीद रबी की फसलों से भी थी।

कमेटी के समझाने-बुझाने पर दो चमारों ने अदालत में पहुँचकर उस कत्ल का भंडाफोड़ कर दिया। मुक़दमा तो डिसमिस हुआ ही, उलटे टुनाइ पाठक और जैनरायन

के नाम वारंट निकल गए। गाँव छोड़कर दोनों डेढ़-डेढ़ महीने तक फरार रहे। पीछे कोर्ट में हाज़िर हुए तो दो-दो हज़ार रुपयों के मुचकले पर छूटे। पाठक की हिम्मत नहीं हुई कि वापस आकर घर पर रहे। जैनरायन लौटा भी तो गुमसुम रहता, गाँव में या खेतों की ओर नहीं निकलता।

इस दरम्यान तीन सौ रुपए की लागत से पुरानी पोखर का उद्धार कर लिया। इस काम में गाँव के एक-एक मर्द ने हाथ बटाया, किसी ने उजरत नहीं चाही। धमियापट्टी के मुसहड़ों ने मज़दूरी लेकर मेहनत की थी, एक-एक मज़दूर ने 'जग्ग' समझकर डेढ़ गुना काम किया था...पोखर का अंदरूनी रक़बा यानी पेट चार बीघे का था, इसी से ज्यादा गहराई से तो उसे नहीं खोदा जा सका; हाँ, चार फुट मिट्टी निकाल दी गई। चारों ओर भिंड को ऊँचा कर दिया गया। तय था कि अगली बरसात में अब पुरानी पोखर अपने अंदर इतना पानी भर लेगी कि गर्मियों में सूख नहीं जायगी बिलकुल।

दयानाथ और हाजी करीमबक्स 'लघु सिंचाई-योज़ना' के अधिकारियों से दरभंगा जाकर दो बार मिल आए थे, नीचे-ऊपर कई दफ्तरों में दरखास्तें भी भेजी थीं लेकिन सिवाय आश्वासनों के अब तक कुछ मिला नहीं था। इस बारे में पूछताछ करने पर जीवनाथ और जैकिसुन को एक विश्वस्त सूत्र से मालूम हुआ कि बाबू उग्रमोहनदास एम्.एल्.ए. और बाबू कुलानंददास एम्.पी. से राय माँगी गई तो उन्होंने मना कर दिया। लोक-सभा और विधान-सभा के इन कांग्रेसी प्रतिनिधियों ने रुपउली को 'कम्युनिस्ट-प्रभावित गाँव' बताया था...नीलांबर के ससुर—जज साहब—से दोनों नेताओं की रब्त-जब्त थी, उन्हीं के यहाँ चाय और कॉफी के गर्म प्यालों से उड़ती भाप ने स्वराजी बाबुओं को बार-बार यह ताजी सूचना दी होगी।

जीवनाथ अब अपने इलाके का किसान-लीडर हो चला था। आसपास के पच्चीस गाँवों में घूम-घूमकर किसान-सभा के 1200 मेंबर उसने बना लिए थे, नौ ग्राम-कमेटियाँ चालू करा दी थीं। अनेक प्रकार की सामाजिक और प्राकृतिक विपत्तियों से ग्रस्त, मौजूदा शासन-व्यवस्था की विषमताओं से तबाह, तीस-चालीस गाँवों का वह परोपट्टा (परग़ना) इन किसान-संगठनों की तरफ भरोसे की निगाहों से देखने लगा। उच्च वर्ग के स्वेच्छाचारियों से अपनी हिफाजत के लिए, तानाशाह अधिकारियों से वाजिब हक हासिल करने के लिए बीसों देहाती तरुण आगे निकल आए—जीबू भाई उनके रहनुमा थे। उनमें कोई प्राइमरी स्कूल का बेरोजगार मास्टर था, कोई मैट्रिक पास करके बेकार बैठा हुआ पढ़ुआ बाबू था, कारखाने में छँटनी के बाद देहात को वापस आया हुआ कोई मज़दूर था, कोई भूतपूर्व फौजी जवान था, स्ट्राइक के बाद हाईस्कूल या कॉलेज से निकाला हुआ कोई विद्यार्थी था, खाते-पीते किसान खानदान का कोई आदर्शवादी तरुण था...

अपनी बस्ती रुपउली के लिए जीबू ने जैकिसुन और लछमनसिंह वगैरह को छोड़ रखा था। प्रोत्साहन और परामर्श के लिए दयानाथ ही क्या कम थे ?

'मार-पीट' का अभियोग लगाकर जो मुकदमा उन पर जैनरायन ने दायर किया था, उसमें उन्हें महीने-भर की कैद हो गई थी...हँसी-खुशी वह जेल गए और महीने-भर

'कल्पवास' कर आए। वैशाख का महीना और तीर्थ का निवास—कल्पवास ही तो हुआ।

जैकिसुन ने अपील करवाई थी, मगर सज़ा बहाल रही।

"मुझे यह सजा बिलकुल नहीं अखरी !"—दयानाथ ने वापस आकर कहा था।

पुरानी पोखरवाली ज़मीन पर अपनी दखल के सबूत में जो दस्तावेज जैनरायन की तरफ से उसके वकील ने कोर्ट के सामने पेश किया उस पर '30 मार्च, 1951' तारीख पड़ी थी...ज़मींदारी-उन्मूलन-बिल स्टेट-असेम्बली में पास हो चुका था मगर हाट, बाज़ार, पोखर, झील, बाग-बगीचा वगैरह की शुमार ज़मीदार की 'व्यक्तिगत जायदाद' के अंदर की जाएगी या नहीं, इस बारे में स्वयं सरकार ही भारी दुविधा में थी। इस प्रसंग में किसानों की तरफ से श्यामसुंदर बाबू की बहस ने मुन्सिफ को काफी प्रभावित किया था। फिर भी फैसला मुल्तवी रखा गया।

उन्नीस

आमों में अब के खूब फल लगे थे।

आज जेठ की पूर्णिमा थी।

जैकिसुन को आज जोरों से बाबा की याद आई।

कई दिनों से वह इस पूर्णिमा का इंतज़ार कर रहा था, बल्कि कई महीनों से। यों हर पूरनमासी की रात जैकिसुन बाँके बरगद के करीब जाता कि शायद बाबा की कृपा हो जाय, दर्शन दे दें शायद वह...लेकिन हरेक पूर्णिमा बेचारे को निराश करती गई—दो पूरनमासियाँ हाजत में गुज़र गई थीं, उन रातों में जैकिसुन को अपने बरगद बाबा याद आते रहे थे।

आज दिन के वक्त तूफान उठा था, दच्छिन-पच्छिम दिशाओं के कोने से बादल उमड़ आए थे। बूँदाबूँदी होकर रह गई, पानी इतना भी नहीं बरसा कि धरती की धूल ही बैठ जाती।

चलो, अच्छा ही हुआ—जैकिसुन ने सोचा।

पहली ही शाम को खाना खाकर अपना रुख उसने रजबाँध की तरफ किया।

थोड़ी देर में लछमनसिंह और सुतरी झा भी आ धमके।

अंगोछी की गेंडुरी बनाकर जैकिसुन ने उस पर सिर रख लिया और लंबा पड़ गया।

काफी देर तक इधर-उधर की बातें होती रहीं...

तूफान के बाद बूँदाबूँदी हो गई थी, इसी से आकाश बिलकुल स्वच्छ था। मजे की चाँदनी खिल रही थी। हवा बंद थी, तथापि ऋतु का ताप असह्य नहीं था। चोंच मार-मारकर अधपके आमों को बरबाद करते हुए परिंदों को रखवाले बागों के अंदर बार-बार ललकार रहे थे—'हा-हा हो-हो-हूइ हूइ' और 'ले ले ले ले—ल ऽ ऽ ल ऽ ऽ ल ऽ ऽ ल ऽ ऽ ऽ ऽ ऽ' की ये अजीब आवाज़ें रात के सन्नाटे को चीरती हुई दूर-दूर

तक गूँज जाती थीं...उन गूँजों से प्रतिध्वनित होकर दिग्-दिगंत देर तक गनगनाते रहते।

जैकिसुन को आखिर नींद आ गई।

सुतरी झा चला गया तो लछमनसिंह भी वहीं सो रहा, आधी धोती बिछाकर और बाँह का तकिया बनाकर।

कुछ ही काल बाद बरगद की डालों-टहनियों के झुरमुट में से विशाल आकृतिवाला वही बूढ़ा निकल आया।

गत वर्ष की ही तरह जैकिसुन के माथे पर उसने अपना हाथ फेरा और बार-बार सूँघता रहा सिर के बालों को...

कब तक झुका रहता ? पाल्थी मारकर आखिर बैठ गया, उसके पैर की उँगलियाँ जैकिसुन के माथे से छू रही थीं।

चाँद आसमान में ऊपर चढ़ता जा रहा था।

दिशाएँ शांत थीं, वायुमंडल नीरव था।

थोड़ी-थोड़ी देर बाद आम के रखवालों की आवाज़ें उसी प्रकार उठती थीं और उनका अनुरणन चराचर में छा जाता था।

बाक़ी फिर शांति, फिर सन्नाटा !

बीस

बाबा ने मुस्कुराकर कहा :

'तुम लोगों ने तो बस्ती की हवा ही बदल दी ! अब तुम्हारा कुछ भी नहीं बिगाड़ सकते पाठक और जैनरायन। पाठक और जैनरायन ही क्यों, कोई हिम्मत नहीं करेगा तुम लोगों से टकराने की... मैं आशीर्वाद देता हूँ, रुपउलीवालों की यह एकता हमेशा बनी रहे ! सुखमय जीवन के लिए तुम्हारी यह सामूहिक प्रचेष्टा कभी मंद न हो, स्वार्थ की व्यक्तिगत भावना कभी तुम्हारी चेतना को धुँधला न बनाए।

जैकिसुन इसी अमृतवाणी के लिए कितने दिनों से तरस रहा था ! आज उसके कान जुड़ा रहे थे।

बाबा को अपनी आँखों के सामने पाकर उसका हृदय इस समय फूला नहीं समाता था। ऐसा लग रहा था कि पूर्वजों की आत्मा ही इस बुजुर्ग के रूप में उसके समक्ष विराजमान है...

बाबा ने गंभीर स्वरों में डुबोकर फिर ये शब्द कहे :

'दस-पंद्रह दिन शेष हैं मेरी इस देह के। उसके बाद तुम्हें बरगद का यह वृक्ष निष्प्राण नज़र आएगा। इसका एक-एक पत्ता सूख जाएगा। छाल सूख जाएगी, काठ सूख जाएगा...'

जैकिसुन को यह सुनते ही कँपकँपी छूट गई।...इतने दिनों बाद क्या वह यही

सुनने आया है ?

बेचारे का कलेजा मुँह को आने लगा। चिल्ला भी तो नहीं सकता था वह ! हाय, अब क्या करे जैकिसुन ? क्या ऐसा कोई उपाय नहीं है, जिससे बरगद का सूखना रुक जाय ?

उसके हृदय में दुश्चिंता की जो आँधी उठ खड़ी हुई थी, बाबा को उसका आभास मिला तो हँसकर बोले :

'पागल कहीं का ! मन को क्यों छोटा करता है ?'

जैकिसुन ने कातर दृष्टि से उनकी तरफ देखा—देखता रह गया...उनकी अपनी ही जिन्दगी के बारे में वह आश्वस्त हो लेना चाहता हो मानो ! पलकें झिप नहीं रही थीं, नेत्रों का सारा तेज बाबा के चेहरे पर केंद्रित करके अपने को अचल बना लिया था उसने।

बाबा बटेश्वरनाथ मुस्कुराकर कहने लगे :

'मेरे पेड़ की सूखी लकड़ियों से ईंटें पका लेना। उन ईंटों से ग्राम-कमेटी का मकान तैयार होगा...'

जैकिसुन से अब नहीं रहा गया, आँखों से आँसू बह चले। उसकी समझ में नहीं आ रहा था कि किस क़सूर की यह सज़ा इस बेदर्दी से बाबा उसे दिए जा रहे हैं—इन कानों से इस प्रकार का अशुभ समाचार सुनना जैकिसुन को असह्य लग रहा था।

आँसू उसके रुक नहीं रहे थे।

बाबा ने उसकी ठुड्डी में दाएँ हाथ की अपनी तर्जनी छुआकर कहा :

'क्यों तू इस तरह उदास होता है ? तू चाहता है कि हमेशा मेरी देह अपंग पड़ी रहे ? उधर देख, पिछले उन्नीस वर्षों से यह पेड़ पंगु होकर पड़ा है...इतनी अवधि में तो यहाँ एक दूसरा वृक्ष बढ़ आया होता। बेटा, यह मोह भी एक भारी रोग है। तुम लोगों को मेरे शरीर का मोह सता रहा है। आख़िर बरगद का यह कुरूप ढाँचा कभी-न-कभी तो यहाँ से हटेगा ही...या कि ऐसा ही गिरा-पड़ा रहेगा ?'

जैकिसुन ने सिर को नहीं हिलाया—न निषेध में, न स्वीकृति में। अपने आँसू उसने धोती की खूँट से पोंछ लिए थे।

बाबा ने क्षण-भर रुककर कहा :

'तो, लो एक बात बताऊँ...'

जैकिसुन की आँखों में उत्सुकता दौड़ गई। बाबा कहते गए :

'पिछली बरसात में अपने ही बीज का एक बिरवा उग आया है, हाजी करीमबक्स के बाग़ में पीपल के कंधे पर। मेरी फलियाँ खानेवाले एक कौए को यह श्रेय है कि उसने जाकर वहाँ बीठ कर दी थी। वह पौधा अब बालिश्त-भर का हो गया है। ठीक मेरी ही जगह पर तुम उस पौधे को रोप लेना। कौन, दस वर्ष बीतते-न-बीतते एक अच्छा-खासा छतनार बरगद यहाँ फिर लहरा उठेगा। आगे चलकर वही तुम लोगों का साथी होगा, समझे बाबू ?'

जैकिसुन ने सिर हिलाकार संकेत किया—'हाँ !'

उसकी पीठ पर हल्की थपकियाँ लगाकर बाबा बोले :

'तो, अब इस बुड्ढे को छुटकारा दो बेटा !'

जैकिसुन भरी-भरी, फैली-फैली आँखों से बाबा के चेहरे की तरफ देखने लगा। मन उसका सूना-सूना हो रहा था। हृदय की धड़कन गिनी जा सकती थी।

क्षण-भर के लिए जैकिसुन की पलकें मुँद गईं।

आँखें खोलने पर उसने सामने किसी को नहीं पाया...

इक्कीस

श्रावण की पूर्णिमा थी आज।

रंग-बिरंगी राखियों से पुरुषों की कलाइयाँ शोभित थीं।

रजबाँध पर उसी जगह बरगद का नया पौधा लहरा रहा था। दतुअन-सा पतला सादा तना...दो पत्ते थे हल्की हरियाली में डूबे हुए, फुनगी पर एक टूसा था—दीप की लौ की तरह दमकता हुआ।

प्रकृति नए सिरे से मानवता को नवजीवन का संदेश दे रही थी।

आसपास चारों ओर सावनी समाँ छाई हुई थी।

समय पर वर्षा हुई थी, सो, धान के पौधे झूम-झूमकर बच्चा बरगद को अभिनंदित कर रहे थे।

सभी के चेहरे से उल्लास टपक रहा था।

हाजी करीमबक्स की कलाई में भी किसी ने राखी बाँध दी थी। वह गुनगुना रहे थे :

"सारे जहाँ से अच्छा हिंदोस्ताँ हमारा !
हम बुलबुलें हैं इसकी, ये गुलिस्ताँ हमारा !"

दयानाथ कुछ बोल नहीं रहे थे, पोते को उंगली पकड़ाए टहल रहे थे। लछमनसिंह, सुतरी झा, सरजुग आदि कई आदमी पौधे की हिफाजत के लिए कैलियों से बाड़ बुन रहे थे। बना-बनाया गोल बाड़ रोपने का उत्सव समाप्त हो चुकने पर पौधे के गिर्द डाल देनी थी।

जीवनाथ और जैकिसुन अलग कुछ बातें कर रहे थे।

पास ही ताजे-कटे बाँस की हरी लंबी ध्वजा के सहारे एक श्वेत पताका फहरा रही थी। उस पर सिंदूरी अक्षरों में तीन शब्द अंकित थे।

स्वाधीनता !

शांति !

प्रगति !

वरुण के बेटे

एक

केले के मोटे-मोटे थंभ, कटे हुए। सात-आठ रहे होंगे। छै-छै हाथ लंबे। वे एक-दूसरे से सटाकर बाँधे गए थे। अच्छी-खासी नाव का काम दे रहे थे।

घुप्प अँधेरा। कड़ाके की सर्द।

नीचे अथाह पानी। ऊपर नक्षत्र-खचित नील आकाश।

परछाईं में तारे जँच नहीं पा रहे थे क्योंकि छोटी-बड़ी हिलकोरें पानी को चंचल किए हुए थीं। कदली-थंभों की यह नाव पोखर की छाती पर हचकोले खा रही थी। बदन की समूची ताकत बाँहों में बटोरकर जाल फेंकते वक्त इसका आधा हिस्सा पानी के अंदर धँस जाता था और तब उस अतिरिक्त दबाव से जलराशि की मोटी-मोटी तरंग-मालाएँ एक के बाद एक मिनटों तक उमड़ती रहती थीं।

कोई मामूली तलइया या बागान के अंदर का साधारण चभच्चा तो थी नहीं, वह तो अपने इलाके का प्रख्यात जलाशय 'गढ़-पोखर' था। अवाम की तीखी-खुरदरी जुबान पर घिसते-घिसते गढ़-पोखर अब 'गरोखर' हो गया था। चारों तरफ के भिंड, किनारों के बड़े-बड़े कछार, बीच का पानीवाला बड़ा हिस्सा—कुल मिलाकर पचास एकड़ ज़मीन छेके हुए था गरोखर।

ज़रा दूर से देखने पर गरोखर की छाती पर सरकती-सी दो छायाएँ अँधेरे में काले पत्थर की लाट-सी लगती थीं। एक मानव-छाया खड़ी थी, दूसरी उकड़ूँ बैठी थी। थंभों का पूला नाव बना हुआ मज़े में इधर-उधर डोल रहा था।

बीच-बीच में फुसफुसाहट...

—खुरखुन !

—हाँ ?

—कितनी हुईं कुल ?

—पंद्रह और सात।

फिर थूक फेंकने की आवाज़, पिच्च।

फिर जाल फेंकने की तैयारी। नाव हिलने लगी।

मोटी आवाज़, धब्ब !

पानी में मानो लोंदा गिरा। यह मछलियों के लिए चारा डाला गया था। दो जोड़ी सतर्क आँखें गहन तिमिर की मोटी पर्त छेदकर पानी पर जमी थीं।

बुल-बुल-बुल-बुल-बुल-बुल-लुच-बुब-बुब...बुलबुले, उनकी बुड़बुड़ाहट ! महीन

और मीठी !

—भोला, रे भोला !

—उँ !

—देखता क्या है ? फेंक जाल !

—उँ !!

बदन की समूची ताकत कलेजे में बटोरकर भोला ने बिजली की फुर्ती से बाँह घुमाई, मूठ खोलकर जाल पानी में फेंक दिया—झा ा ा ा ा प।

बाएँ हाथ की कलाई में काफी डोरी लपेट रखी थी, उसे भोला ने ढीली करके छोड़ दिया। इधरवाली छोर हाथ से बँधी थी।

अब ठिठुरन महसूस हुई तो अंजलि में मुँह की भाफ भरकर अँगुलियों को आपस में मसल लिया। छोटी लड़की सिलेबिया सीने से चिपकके सोया करती है, अचानक उसका चेहरा-मोहरा आँखों में नाच उठा।

समेटते समय लगा कि जाल बेहद भारी हो उठा है।

साथी को सकते में जानकर खुरखुन बोला—सेंवार में तो नहीं उलझा है ?

—सेंवार इधर कहाँ ! और, मछलियाँ तो हो ही नहीं सकतीं !

—अच्छा, देखने दे !

तो उतरो, धँसो अंदर।

अधेड़ और नाटा खुरखुन चार अंगुल चौड़ी कौपीन कमर में डाले हुए था। पानी में उतरकर उसने गोता लगाया।

गरोखर तीन सौ साल पुराना जलाशय था। चारों ओर भिंडों और कछारों का बुरा हाल था। बरसात के मौसम में पानी के साथ बहकर आनेवाली मिट्टी उसकी गहराई बराबर कम करती आई थी। फिर भी चौदह-पंद्रह फुट का बाँस ही गरोखर की थाह ले सकता था।

भोला और खुरखुन की यह नाव गरोखर के ठीक बीचोबीच नहीं थी। पच्छिम की तरफ जहाँ पानी दस फुट गहरा था, वहीं वे अपनी किस्मत आजमा रहे थे।

नाव से चार गज की दूरी पर खुरखुन पानी के अंदर गया था। जाड़े के मौसम में रात के वक्त तालाब या झील का पानी अंदर-अंदर गुनगुना-सा लगता है। अंदर जाकर पहले तो उसने जाल के सहारे मछलियाँ टटोलने की कोशिश की। तीन-चार मझोले आकार की मालूम हुईं। दम फूलने लगा तो ऊपर आ गया, क्षण भर साँस लेकर फिर डुबकी लगाई। अबकी ज़रा देर तक खुरखुन अंदर रहा।

जाल की किनारी टटोलता हुआ अंदर वह चक्कर मारने लगा—शी ई ई ई ई ई ई...बुआरी ने दाहिने पैर का अंगूठा काट खाया ! यह सुसरी होती ही ऐसी है ! पूस के पाले ने यों भी बोटी-बोटी को सुन्न कर दिया था। फू ऊ ऊ ऊ ऊ ऊ ऊ...यह लो ! अरे, जाल की किनारी तो यहाँ लकड़ी के ढोंके से उलझी पड़ी है !...

दम फूलने लगा तो खुरखुन फिर ऊपर आ गया।

—क्या है ?

भोला उसी तरह जाल की डोरी को टाने हुए था। ढील नहीं दे रहा था कि छोटी मछलियाँ कहीं खिसक न जाएँ ! क्षण भर बाद भोला ने फिर कहा—बोलते नहीं हो कुछ !

—ठहर !

खुरखुन अब तीसरी दफे पानी के भीतर गया।

जाल की किनारी के सहारे सर्र से लकड़ी के ढोंके तक पहुँचा।

टोह लेकर मा़लूम किया तो किनारी की लोहेवाली भारी-भारी मोटियों में से दो को ढोंके की दंतुर खोडर में फँसा पाया। अब क्या हो ? तोड़ें तो ये टूटने को नहीं ? खुरखुन को भोला का चाकू याद आया। वह फिर ऊपर आया।

नाव पर अलग दूसरी खँचिया में भोला की आधी बाँह की सिकुड़ी-सिमटी कमीज़ पड़ी थी। उसी की पाकिट में चाकू था। भोला ने निकालकर दिया।

चाकू लेकर वह चौथी बार पानी के अंदर गया और उलझे जाल को छुड़ा लिया। एक तो निकली, मगर दूसरी गोटी से हाथ धोना पड़ा।

इस धींगामुश्ती में मछलियाँ भी भाग गईं। चार-पाँच सेर वज़न का एक रोहू, उससे दुगुना एक भाकुर और डेढ़ गुनी मोदनी। बस, तीन ही शिकार इस खेवे में हाथ आए। हाँ, एक कछुआ महाराज भी साथ थे।

डुबकियाँ लगाने में पानी के अंदर खुरखुन के पंद्रह-एक मिनट तो ज़रूर गुज़रे होंगे कि इतने में कहीं से टिटहरी बोली—टिट्-टिहू-टिहूट्-टिट्-टिट्-टिट्...!!

मछलियों से भरा खाँचा हिलाकर खुरखुन बोला— उहुँ, अब बस कर आज : रहने दे भोला, टिटहरी रोती है कलमुँही।

देर भी तो काफी हो गई ?—जाल झाड़ते-झाड़ते भोला ने कहा।

बीस फुट का लग्गा (बाँस) साथ था। खुरखुन ने उसे उठा लिया। अब उन्हें जल्दी घर पहुँचना था। वह फुर्ती से नाव खेने लगा। मन ही मन निश्चय किया कि अबकी गर्मियों में इस ढोंके को बाहर निकाल देगा। जाने कब का पड़ा है सुसरा...

जाल सँभाल-सँभूलकर भोला उकड़ूँ बैठ गया था। उसका मुँह ऊपर को उठा था, निगाहें आसमान पर टिकी थीं।

काले पाख की दशमी तिथि का अधूरा पीला-पीला चाँद निकल आया था। तारे अब भी ढीठ बने हुए थे। अपनी-अपनी शान में चमक रहे थे। गरोखर की हल्की-हल्की पतली-पतली भाप ऊपर उठकर पूस के उन कुहासों को घना बना रही थी।

भोला की तलहथी पर अब तम्बाकू और चूना थे। उन्हें मसल-मसलकर वह खैनी तैयार कर रहा था।

अंगूठा छोड़कर दाहिने हाथ की चारों अँगुलियों से भोला ने जब बाएँ हाथ पर की खैनी को ठोका तो अनायास उसकी नज़रें हट आईं। सामने कछार करीब आ गई थी। डबल जूम खैनी खुरखुन को थमाकर बाकी खुद फाँक गया।

केले के थंभोंवाली वह नाव किनारे आ लगी।

मछलियों से भरे हुए दोनों खाँचे उतारे गए। नाव परे धकेल दी गई।

भोला ने अपनी सूखी धोती और हाफ कमीज़ पहन ली। खुरखुन ने सूखा गमछा और गोल गर्दनवाली निमस्तीन।

खाँचे काफी वज़नदार हो गए थे। उन्हें टाँग-टूँगकर दोनों घर की तरफ चले।

मछुओं की बस्ती गरोखर से दूर नहीं थी, डेढ़-दो फर्लांग का फासला रहा होगा। मलाही-गोंढ़ियारी गो कि अलग-अलग दो आबादियाँ थीं मगर दोनों नाम साथ चलते थे। बाँसों का पतला-सा एक जंगल और पुराने जमाने की एक ऊजड़-सी अमराई; मलाही और गोंढ़ियारी के बीच बस इतना ही व्यवधान था।

इधर से पहले मलाही पड़ती थी, बाद को गोंढ़ियारी।

भोला और खुरखुन बस्ती-मलाही के अंदर घुसे तो दो-तीन कुत्ते झाँउ-झाँउ भाँउ-भाँउ करते सड़क पर निकल आए। कुछ दूर तक उन्होंने मछुओं का पीछा किया। गाँव के छोर पर सड़क के किनारे पक्का कुआँ था और पाकड़ के दो जवान पेड़ थे, खूब सुंदर और छतनार ! वहीं ज़रा हटकर किसानों का साझा खलिहान फैला पड़ा था। जीमड़ के खंभे, बाँस की कैलियों के हातावार घिरावे; दर्म्यान उनके, छोटी-मझोली-बड़ी परिधिवाले अनेकों खलिहान।

कई खलिहानों में धान की अगहनी फसलों के बोझ करीने से सजाकर रखे हुए थे। रात अभी ढाई पहर बीत चुकी थी तो भी दो-तीन खलिहानों से दंवरी पर जुते बैल हाँकने की ललकार बढ़-बढ़के कानों में टकरा रही थी। आवारा कुत्तों की दुहरी-तिहरी आवाज़ निशा-शेष के ताज़ा-दम कंठों की किसानी ललकारों में जाने कहाँ खो गई थी !

भोला की तबीयत होती थी कि खलिहान के अंदर जाकर ज़रा देर आग सेंकता चले, लेकिन खुरखुन की चुप्पा मस्ती उसकी इस इच्छा पर अंत तक ब्रेक कसे रही।

और अब चार ही कदम तो आगे आना था !

गोंढ़ियारी। अपना गाँव।

आहट पाते ही गोला कूकुर अगवानी में निकल आया।

हल्की-मीठी गुर्राहट। स्वागत की सनातन अभिव्यक्ति।

धनुष की तरह झुकी एक बुढ़िया बाहर निकल आई।

मछलियोंवाले खाँचे अंदर बैठके में रखता हुआ खुरखुन बोला—मंइआ, नींद नहीं आती तुमको ?

बुढ़िया को सूझता था कम। पूछा--भोलवा नहीं आया रे ? खुरखुन !

भोला ने नज़दीक आकर दादी के कंधे पर हाथ रखा—मंइआ !

दादी ने पोते का हाथ-कपार छूकर देखा—हेमाल हो रहा है तेरा बदन ! चल, बोरसी लाती हूँ। सेंक ले हाथ-पैर !

खुरखुन ने खीसें निपोड़ते हुए कहा—मंइआ, अगर तुम चाय पिला दो...

धत् तेरी !—भोला बोला—खुरखुन, पागल तो नहीं हो गए हो ? इसका तो जीभ का सवाद ही चौपट हो गया है ! नमक डालकर लाल चाय पीती है, संतरे के सूखे छिलके

सिलेबिया से पिसवाकर उसमें नमक-मिर्च-तेल डालकर चटनी बनाती है और उस चटनी के सहारे भर-थाली भात खा जाती है...

बुढ़िया खुद भी हँसने लगी। ओसारे पर अँधेरा था फिर भी मंइञा के साबित-सुफेद दाँत जगमगाकर दिखाई दे गए।

मंगला की माँ आकर बोरसी रख गई।

भोला ने माचिस से रगड़कर तीली को आले पर रखी ढिबरी से छुआ दिया। मटमैला आलोक बैठके में फैल गया।

मंइञा, खुरखुन, भोला। पीढ़ा ले-लेकर तीनों बोरसी के इर्द-गिर्द बैठ गए। बातें भी होती रहीं और हाथ-पैर भी सिंकते रहे।

खुरखुन को ज़ोर की भूख लग आई थी। साँझ की दीया-बाती के बाद खाना खाया था ज़रूर लेकिन अब आठ-नौ घंटे हो रहे थे। और यह समय करारी मशक्कत में बीता था। फिर यह भी तो था कि सुबह छै बजे चमुड़िया स्टेशन पहुँचकर माल बुक कराना था, दरभंगा जानेवाली ट्रेन पकड़नी थी। पेट में कुछ डाल देना आवश्यक प्रतीत हुआ खुरखुन को।

थोड़ी देर बाद खुरखुन बोला—ज़रा घर हो आऊँ। क्या पता, शाम तक हम लौटें या नहीं !

—अच्छा, जल्दी लौटना भला !

—हाँ, भइ, वहाँ रुकने की ज़रूरत ही नहीं होगी !

—तो मैं भी अपनी बिटिया की खोज-खबर ले आता हूँ।

भोला भी उठा, खुरखुन भी उठा।

मंइञा ने छोटी-पतली टहनीनुमा लकड़ी से अंदर की आग को थोड़ा-सा उकसा दिया और बोली—कोई फिक्र नहीं, मछलियों की रखवाली मैं करूँगी। जा जा, हो आ घर से !

खुरखुन का घर वहाँ से सौ कदम आगे था।

वह सीधे अंदर आया। बाँस की चचरियों से बनी 'फट्टक' को भीतर ढकेलने लगा तो स्त्री की निद्रालु आवाज़ आई—कौन ?

—उठ, ढिबरी जला ! मैं हूँ...

उधर ओरियानी में बँधी बकरी मिमियाई तो उसके तीनों पठरू (बच्चे) अपनी-अपनी कच्ची आवाज़ में में-में कर उठे।

—च्चु च् च्चु च्चु च्चु च्चुऽऽ...

चुचकार-पुचकार के खुरखुन ने बकरी को स्वाभाविक तौर पर आश्वस्त किया तब तक भीतर की ढिबरी जल चुकी थी।

परिवार का मुखिया अंदर आया।

पुआल बिछे थे कोने में, उन पर फटी-पुरानी बोरी बिछी थी। एक जवान लड़की और नंग-धड़ंग बच्चे बेतरतीब सोए पड़े थे। ओढ़ना के नाम पर कथरी-गुदड़ी के दो-तीन

छोटे-बड़े टुकड़े उन शरीरों को जहाँ-तहाँ से ढक रहे थे। दूसरे कोने में चूल्हा-चौका। तीसरे में अनाज रखने के कूँड़ और कुठले। चौथा कोना खाली। छप्पर के बाँसों से दसियों छिक्के लटक रहे हैं। मछलियाँ पकड़ने और फँसाने के औज़ार भीत की खूँटियों से टँगे थे—गाँज, टापी, सहत, सरैला, किस्म-किस्म के डंडे। जालों की कढ़ाई-बिनाई में काम आनेवाले छोटे-बड़े सूए, शलाखें। जालों के अधूरे टुकड़े। घर-गिरस्ती की बाकी दसियों चीज़ें। यानी खुरखुन का समूचा संसार ही मानो तेरह फुट लंबे और नौ फुट चौड़े घर में अटा पड़ा था। भीतें बीस साल पुरानी, फिर भी मज़बूत थीं।

खुरखुन अंदर आया तो जंभाइयाँ लेती हुई पत्नी के पास बैठ गया। मछलियों के बारे में बताया और कहा—भूख लगी है।

—अब इस वक्त मैं क्या दूँ तुम्हें ?

—बच्चों के लिए कुछ रखा होगा न ? उनके लिए सुबह में फिर कुछ तैयार कर लेना...और नहीं तो चावल ही कच्चे-फच्चे पाव-आधा-सेर निकालो, फाँक-फूँक लूँगा मधुरी की अम्माँ ! कड़ाके की भूख लगी है री !

पेट पर हाथ फेरकर गृहस्वामी अपनी विकराल क्षुधा की तरफ गृहलक्ष्मी का सारा का सारा ध्यान खींच लाया।

वह उठी और यह पीठ के बल सूखे पुआलों के उसी दरवेशी गलीचे पर लेट गया। थकान थी। जाड़ा था। चिंता थी। बोझ था। नींद के तो मानो पर ही तोड़ दिए हों। पलकों को मानो तंद्रा की याद तक नहीं थी।

...मधुरी अबकी होली के दिन अठारहवें में प्रवेश करेगी। दूल्हा इकलौता है घर का। उसके माँ-बाप अपनी बहू को अब मायके नहीं रहने देना चाहते। माघ या फागुन तक लड़की को चाहे जैसे विदा करना होगा। कहाँ से जुटाएगा ? कौन देगा उधार ?

पाव डेढ़-एक भुंजिया चावल चंगेरी में लाकर मधुरी की अम्माँ ने सामने रख दिया—लो, उठो भी !

नई फसल के कच्चे चावल थे।

खुरखुन ने उन्हें अँगोछे में बाँधकर पोटली-सी बना ली। अँगोछा गरोखर के पानी का भीगा अब भी सूखा नहीं था तो भी चावलों की पोटली को उसने पानी भरे डोल के अंदर डुबो लिया। कच्चे चावलों से दाँतों-मसूड़ों की वर्जिश नाहक कौन करवाए ! क्या है, घड़ी-आधी घड़ी का जल-योग पाकर नरम तो ये पड़ ही जाएँगे !

अपनी दोहर, लाठी और पाथेय की पोटली लिए गृहपति बाहर निकल आए तो पीछे से घर की मालकिन दालान तक आई।

चुपचाप खुरखुन भोला के बैठक में दाखिल हुआ तो मंइञा अपने प्राइवेट हुक्का के लिए दूसरी टिकिया सुलगा रही थी।

भोला तैयार बैठा था। स्टेशन तक साथ चलने के लिए नीरस को ले लिया गया।

मछलियाँ लेकर तीनों तमुड़िया पहुँचे तो पाँच बज रहे थे।

स्टेशनमास्टर तो कंठीधारी वैष्णव कायस्थ था लेकिन टिकट बाबू (बुकिंग क्लर्क)

था मछगिद्धा बंगाली। ताज़ा-ताज़ा ललमुँहा रेहू देखते ही उसकी जीभ से लार टपकने लगी। बुक करने में जान-बूझकर टालमटोल करने लगा तो भोला को टिकट बाबू की नीयत पर शक हुआ।

आखिर रेहू का ढाई-तीन सेर वज़न का बच्चा देना ही पड़ा, तब जाकर दोनों खाँचे बुक हो पाए और चालान की रसीद हासिल हुई।

गाड़ी आई तो 'ब्रेक-भान' में खाँचे डाल दिए गए। गार्ड नया-नया बहाल हुआ-सा लगता था। अपनी नीयत का पता अंत तक नहीं लगने दिया !

ट्रेन वक्त पर खुली और नीरस वापस गया।

साढ़े नौ बजे माल दरभंगा जंक्शन पहुँचा।

स्टेशन से बाहर आकर रिक्शा किया। आगे बढ़ते चुंगी टैक्स अदा करना पड़ा। दस बजते-बजते 'बड़ी बाज़ार।'

गरोखर की मछलियाँ धड़ाधड़ बिकने लगीं, शाम तक बिकती रहीं। रेहू दो रुपए सेर। भाकुर, मोदनी और बुआरी डेढ़ रुपए सेर। रोज़ तो आती नहीं थीं, आती थीं कभी-कभी। गरोखर की इन मछलियों का स्वाद जिसने एक बार भी मालूम कर लिया वह भला इनका नाम सुनकर अपने को क्योंकर रोक पाता ?

लगभग दो बजे भोला नज़दीक के होटल से खा आया। पीछे खुरखुन भी खाने गया। तीन बजे के करीब उन्होंने रेट घटा दिया। रेहू डेढ़ रुपए और बाकी मछलियाँ रुपए सेर। पाँच बजते-बजते खाँचे खाली हो गए।

औसत बिक्री फी मन साठ रुपए की हुई थी, यानी डेढ़ रुपए सेर। नकद रकम कुल दो सौ दस रुपए की आई थी।

खुरखुन को भोला ने पचास रुपए दिए। यह आमदनी का दसवाँ हिस्सा था। बाज़ार तक माल लाने और दो आदमियों के आने-जाने में, खाने-पीने में और पान-सिगरेट-तम्बाकू वगैरह में तीस-एक रुपए खर्च हुए थे, सो अलग।

वहीं बड़ी बाज़ार में खुरखुन ने भोलाराम मारवाड़ी की दूकान से सात रुपए की दो साड़ियाँ और तीन रुपए की छींट ले ली। जंगल के लिए अंग्रेज़ी-हिंदी की गुटका डिक्शनरी और बजरंग मंडली के लिए भाखा टीकावाली रामायण खरीदी मिथिला बुकडीपो से। हस्ब-मामूल कुछ-एक सौदा-सुलुफ और भी। एक-आधा काम ज़िला-कचहरी से था, मगर उसके लिए कोई जल्दी नहीं थी।

पूरब की तरफ जानेवाली ट्रेन सात बजे छूटती थी।

खाली खाँचे और खरीदी हुई चीज़-बस्त लेकर वे टावर के पास आए।

टावर की बड़ी घड़ी की ओर हाथ उठाकर भोला ने मुस्कुराते हुए पूछ दिया—कै बजे हैं, बताओ तो खुरखुन ?

दाँत दिखा दिए खुरखुन ने तो ?

—बताना होगा !

—बीच बाज़ार में इस तरह बेआबरू करता है भोलाइ, तू मुझे ?

भोला ठहाके मार-मारके हँसने लगा। हँसी का वेग थमा तो बोला—अरे, छह बजे हैं ! देखते नहीं कि घड़ी की दोनों सुइयाँ डंडी की सिधाई में तन गई हैं ? मोटी सुई नीचे की तरफ, पतली ऊपर की ओर। मोटी-पतली दोनों सुइयाँ ऊपर की तरफ साथ लग जाएँगी, बारह बजेंगे। समझे भइया ?

खुरखुन की आँखों के कोए फैलकर मानो दुहरे हो गए। क्या पता उस बेचारे को घड़ी-फड़ी का ! उसकी जानकारी में तो अंगूठे की छाप ही दस्तखत है।

सीधे-सादे, मेहनती और गरीब साथी से उसकी अज्ञानता के बारे में छेड़खानी भोला ने जान-बूझकर नहीं की थी, यह परिहास सहज और अप्रत्याशित था। उपहास नहीं था यह।

एक घंटा वक्त था अभी।

भोला की जेब में आज काफी रकम पड़ी थी। वह दरियादिल आदमी था। सामने दूकान में थालों के अंदर मिठाइयाँ सजाई हुई थीं। पकौड़े की-सी नाकवाला कलूटा और तुँदियल हलवाई छोटी चौकी पर बैठकर रेज़गारी गिनने में मशगूल था। छोकरे थे तीन-चार, वे ग्राहकों की फर्माइशें पूरी कर रहे थे।

—खुरखुन, आओ खा लें, फिर स्टेशन जाएँगे !

—खाँचे ?

—ले आओ, दूकान के अंदर काफी जगह है जी !

—हुँ।

और तब वे स्टूलों पर बैठ गए। बीच में हल्का-छोटा टेबुल था। वहाँ एक भी कुर्सी या बड़ा टेबुल नहीं था, खुरदरे काठ की निहायत मामूली एक बेंच अवश्य थी।

पूड़ी-तरकारी-चटनी और इमर्ती-बालूशाही-गुलाबजामन-बर्फी-लड्डू...दोनों जने चार रुपए का खाना खा गए। दूकान से बाहर आकर दो-दो बीड़े मीठे पान। देहाती दुनिया के लिए चिरपरिचित 'मोटर' सिगरेट फूँकते हुए दोनों जने रिक्शे पर सवार हुए, खाँचे खुरखुन थामे रहा।

पूस का सूरज पाँच-सवा पाँच बजे ही नज़रों से ओझल हो जाता है। सात के घंटे तो तब भीगी रात में बजते हैं। तमुड़िया की दो टिकटें बाहर मुसाफिरखाने की बुकिंग-आफिस से लेकर उन्होंने प्लेटफार्मवाला पुल पार किया और गाड़ी में जा बैठे।

भीड़ नहीं थी, लोग छिटपुट बैठे थे।

खुरखुन की तबीयत हुई चाय पीने की। भोला अपना मस्त था सिगरेट में।

खुरखुन ने इशारे से चायवाले को नज़दीक बुलाया। दुअन्नी देकर दो सकोरे चाय ली उससे। एक अपने लिए, दूसरा भोला के लिए।

भोला हँसने लगा—पचमेर मिठाई से जी नहीं भरा ! अब गुड़ की इस गरम शरबत पर मन आके अटका है ? राम-राम !! मैं नहीं पीता तुम्हारी यह चाय ...

वह चायवाले को पुकारने लगा—ले जा रे अपनी चाय, नहीं चाहिए हमें तेरी यह लाल शरबत।

चायवाला नहीं लौटा तो दूसरा सकोरा भी खुरखुन ने ही पिया।

भोला कुढ़कर बोला—इसी को कहते हैं कुत्ते की लत, समझा ?

खुरखुन दाँत निकाल-निकालकर मुस्कुराता रहा और एक हथेली पर दूसरे हाथ से खैनी मसलता रहा।

निर्मली के निकट ही मकर-संक्रांति के पवित्र क्षणों में कोसी के पश्चिमी तटबंध का शुभारंभ होने जा रहा था। बाँध के लिए मिट्टी काटने का श्रीगणेश बिहार के मुख्यमंत्री करनेवाले थे। जिला दरभंगा और जिला सहरसा की ही जनता में नहीं, बल्कि समूचे बिहार में 'कोसी-प्रोजेक्ट' की चर्चा चल पड़ी थी। केंद्र और प्रदेश (बिहार) की सरकारों ने कोसी को नियंत्रित करने की नीयत से एक वृहत्तम प्रतिष्ठान संघटित कर लिया था—'कोसी—एडमिनिस्ट्रेशन बोर्ड'। दर्जनों प्रख्यात इंजीनियर और दूसरे तजुर्बेकार उच्चाधिकारी इन कामों में लग चुके थे। लोहा-लक्कड़, सीमेंट-औजार-मशीनरी के पुर्जे वगैरह ट्रकों में लद-लदकर फार्बिसगंज रेलवे स्टेशन से बीरपुर पहुँच रहे थे।

तो फिर यह अस्वाभाविक नहीं था कि पूरब की तरफ जानेवाली इस ट्रेन में बैठे पसिंजर कोसी-बाँध के बारे में बातें कर रहे थे। भोला से अभी उस रोज़ मझार घाट के घटवार ने खुद कहा था—सहनी, श्रमदान में नहीं चलोगे ? कहो तो जत्थे में नाम दे दूँ तुम्हारा भी। निषाद महासभा के ज़िला-सभापति फुलेना परसाद माँझी ने श्रमदानियों में अपना नाम लिखवाया है, यह भी घटवार से ही मालूम हुआ था। जो हो, ध्यान लगाकर भोला मुसाफिरों की बातें सुन रहा था।

गाड़ी खुली तो खुरखुन को नींद आने लगी। ककरहट्टी-हाल्ट पर दो पसिंजर उतर गए। अब उस बेंच पर खुरखुन अकेले था। लुढ़का दिया उसने अपने को खाली सीटों पर। अगले ही क्षण नाक बजने लगी।

साढ़े दस तमुड़िया उतरे और दच्छिन की सीध में चल पड़े।

सिर पर खाँचे, हाथ में लाठी। कंधों पर तह की हुई दोहर। खुरखुन का बाकी तो ठीक था लेकिन फटी बिंबाइयोंवाले नंगे पैर ही उसे मौसम की याद दिला रहे थे।

भोला के पैरों में जूते थे और पाकिट में रकम थी। रामायण और गुटका कोश, दोनों को गमछे में लपेटकर बाँध रखा था। उन्हें वह हाथ से लटकाए आ रहा था।

चार मील का रास्ता ! सड़क कच्ची थी। बीच में दो गाँव पड़ते थे, आगे बड़ा-सा एक पाँतर था फिर गरोखर।

दोनों घर पहुँचे और खा-पीकर सो गए।

दो

निचले मैदानों का पानी सूख चला था।

सूखते पानी को जगह-जगह मछुओं ने चिलमननुमा सिरकियों से घेर रखा था।

बिसुनी, खुरखुन, नीरस, रंगलाल जैसे मछुओं के लिए निचले मैदानोंवाला उथला-छिछला और घटता-बढ़ता यह पानी विधाता का वरदान ही था। भादों से लेकर ठेठ जेठ तक इस पानी से सैकड़ों मन मछलियाँ वे निकालते थे। बड़ी-बड़ी नहीं, छोटी-छोटी मौसमी मछलियाँ। इच्चा, मारा, कतरा, पोठी, पोठा, टेंगरी, टेंगरा, गरई, गरचुन्नी, कबई, सिंगी, मंगुरी, अन्हई आदि।

मलाही-गोंढ़ियारी से मील भर पूरब, यह एक भारी चौर था। उत्तर-दच्छिन लंबाई में कुछ ज्यादा, पूरब-पच्छिम चौड़ाई में कुछ कम। डेढ़ कोस का यह अंचल 'धनहा चौर' कहलाता था। मंगलगढ़ के सिसौदिया राजाओं की ज़मींदारी थी पहले, अब जनाब अंचलाधिकारी साहब की खास निगरानी में आ गया था।

कोसी का जहरीला असर इन देहातों को वीरान बना चुका था। बाढ़, अकाल, मलेरिया के मारे लोग तबाह थे। कोसी जब पूरब की तरफ बीस-तीस कोस परे थी, उन दिनों धनहा चौर की चंदन-चिकनी माटी सोना उगलती। अब तो गाँव के गाँव उजाड़ पड़े थे। जिनमें सामर्थ्य थी वे पच्छिम हटकर दूर के अंचलों में जा बसे थे।

पहले इधर की मुख्य फसल थी अगहनी धान, अब कोई फसल 'मुख्य उपज' नहीं रह गई। बाढ़ का दौरा देर से आता तो मडुआ, मकई और मूँग की भदई फसलें थोड़ी-बहुत हो जातीं। कभी वर्षा की अति, कभी उसके अभाव की अति--धान की फसलों के लिए दोनों ही स्थितियाँ घातक थीं।

मलाही-गोंढ़ियारी में मछुओं के तीस-पैंतीस परिवार थे। खानेवाले मुँहों की तादाद तेजी से बढ़ रही थी। भोला की श्रेणी के सम्पन्न-सुखी गृहपति इनमें दो ही तीन थे। अधिकतर मछुए खुरखुन की हैसियत के थे। वे पास-पड़ोस के इलाकों में पाँच-सात कोस तक और कभी-कभी दस-पंद्रह कोस तक मछलियाँ पकड़ने निकल जाते थे। इधर के जितने भी पोखर थे, जितनी भी ताल-तलइया थीं, जितनी भी नदियाँ और झीलें थीं, पानी का जहाँ भी जमाव-टिकाव था—सारा का सारा उनका शिकारगाह था। मछलियाँ ही नहीं, सिंघाड़ा-तालमखाना-कमल और कुँई के फूल, कमलगट्टे, कमलनाल, कड़हड़, केसौर, सारुख जैसी चीज़ें भी पानी से वे हासिल करते थे। पुरइन-पद्म के गोल-गोल चिकने-चिकने पत्तों की भी बाजारों में काफी खपत थी। तालमखाना उपजाने के लिए हज़ारों की एडवांस देकर ये लोग पोखर लेते थे ठेके पर। ठेके अक्सर सामूहिक हुआ करते।

गरज यह कि दुक्खम्-सुक्खम् चाहे जैसे इन मछुओं की दुनियादारी चल जाती थी। बच्चों के जरिए प्राइमरी शिक्षा भी परिवारों में प्रवेश पा रही थी। दो-तीन लड़के मिडिल पास कर चुके थे। भोला का छोटा लड़का दसवीं कक्षा में इम्तिहान देकर इस वर्ष ग्यारहवीं अर्थात् मैट्रिक फाइनल में आनेवाला था। डिस्ट्रिक्ट बोर्ड ने गोंढ़ियारी लोअर-प्राइमरी स्कूल को पिछले साल मान्यता दी थी। दो जवान गंगा में माल ढोनेवाली जहाज़ी कंपनी में खलासी की ड्यूटी पर असालतन हुए थे।

चिलमनों से घिरा हुआ 'धनहा चौर' का पानी छोटी मछलियों का अखूट खजाना था। पानीवाली सैकड़ों एकड़ ज़मीन घिरी थी। दो-दो तीन-तीन परिवारों ने मिल-जुलकर

थोड़ी-थोड़ी दूर का हिस्सा अपने-अपने अधिकार में ले रखा था। फूस की दसियों अस्थाई झोपड़ियाँ चिलमनों से हटकर सूखी ज़मीन पर खड़ी थीं। रात को तो कम-सम, मगर दिन की मीठी धूप में झोपड़ियों का यह संसार मुखर हो उठता। लगता कि मौजे गोंढ़ियारी के मल्लाहों-मछुओं की आधी आबादी यहीं आ गई है।

जाल बुनते हुए या धागा बाँटते हुए अर्ध-नग्न बूढ़े। हुक्का गुड़गुड़ाती या टिकिया सुलगाती हुई बूढ़ियाँ। कछारों में केंकड़े या कछुए खोजते हुए नंग-धड़ंग लड़के ! जलते चूल्हों पर काली हाँडियाँ, करीब बैठकर हल्दी-मिर्च पीसती हुई सयानी लड़कियाँ, फटी-मैली धोतियोंवाली।

यह साधारण झाँकी थी उस दुनिया की। माघ का महीना, पहर-डेढ़ पहर दिन उठा था। खुरखुन की बड़ी लड़की मधुरी अपने तीन भाई-बहनों से उलझ रही थी—उलझने का कारण थीं मंगुरी मछलियाँ। सेर पाँच-एक आज हिस्से में पड़ी थीं।

छोटी मछलियों में तीन का बड़ा नाम है—सिंगी, मंगुरी और कबइ।

सिंगी और मंगुरी लोगों को बेहद रुचिकर लगती हैं। गाढ़े किरमिची रंग की चिकनी, पतली और बित्ता-डेढ़ बित्ता लंबी यह सिंगी और मंगुरी मछलियाँ आसिन से लेकर माघ-फागुन तक हाटों-बाज़ारों में अपनी शुहरत की धूम मचाए रहती हैं।

मधुरी के भाई-बहन मचल रहे थे कि एक-एक मंगुरी मिल जाए तो भूनकर खाएँ। मगर उसने पूरे परिवार की सुविधा का ख्याल किया।

—तीन तो आधा सेर होंगी मिलाकर।

—तो क्या होगा दिदिया ?

—बाप रे, पाँच आना पैसा कुछ नहीं है तेरे लेखे ?

अपने से छोटी बहन को मधुरी ने डाँटकर कहा और आँखें फाड़-फाड़कर उसकी ओर देखने लगी।

तीरा मान लेगी बात तो भाई भी मान जाएगा और वह मान लेगा तो अपने से छोटी को मना लेगा। इसी से मधुरी सिर्फ बहन को डाँट रही थी। एक मंगुरी तो आखिर मिल ही रही थी उन्हें।

तीरा गुमसुम नाखून खोंटती रही।

मधुरी ने भाई को लक्ष्य करके एक मछली फेंक दी—ले, जा !

तीरा रूठकर कछार की ओर चली गई।

नीरस ने कल दो कछुए पकड़े थे। पाँच सेर गोश्त निकला। सेर भर खुरखुन की घरवाली को मिला था। रात का खाना उसी गोश्त की तीमन के साथ हुआ। मधुरी ने ज़रा-सी तीमन बचा रखी थी और उसे वह यहाँ ले आई थी। परसों रंगलाल के लड़के ने तीन बड़ी-बड़ी अन्हइ मछलियाँ कछार में पाँक के भीतर से निकाली थीं, एक उनमें से वह स्वयं मधुरी को दे गया था। मधुरी ने उसे भी सँभालकर रख छोड़ा था, अभी पकानेवाली थी।

भाई आठ-नौ साल का था, मान गया और मंगुरी उठा ली।

कटे धानों की खूँटियाँ उखाड़-बटोरकर लड़कों ने उस ढेर में आग लगा दी थी। वहीं वे मछलियाँ भून रहे थे। मधुरी का भाई मंगुरी लेकर उधर ही बढ़ा। छोटी बहन पीछे गई।

मधुरी ने अब तक चूल्हा नहीं सुलगाया था।

जाने क्यों, मंगल का मुखड़ा उसकी चेतना को आज बार-बार उकसा रहा था। बहुत-बहुत याद आ रही थी मंगल की। हाथ-पैर हिलाने-डुलाने को जी नहीं करता था। जी यही करता था कि बैठ जाए और बैठी-बैठी मंगल के बारे में सोचती रहे, बस सोचती ही रहे...

पंद्रह दिन बाद मंगल की बहू आ जाएगी...

मधुरी का चिंतन-चक्र घूमने लगा।

चाहने लगी कि ध्यान में सिर्फ मंगल ही आए, मंगल की बहू न आए ध्यान में। किंतु अपरिचित-अकल्पित वह बहू लाख अवांछित हो, मधुरी की चेतना पर मानो बलपूर्वक हावी हो जाती थी !

थोड़ी ही देर तक अंतर्जगत् के ये मीठे-कड़वे खेल चले कि मधुरी का माथा फटने लगा। लगा कि मौन और निष्क्रियता उसे काट खाएँगे।

वह अंदर झोंपड़ी में टँगी हाँड़ी उतार लाई। बाहर खड़ी-खड़ी उसे नाक के पास लाकर सूँघा। बासीपन की दुहरी-तिहरी बास आ रही थी हाँड़ी से।

कल तो हाँड़ी चढ़ी नहीं थी यहाँ, परसों चढ़ी थी। अड़तालीस घंटे हो रहे थे। रात का खाना समूचे परिवार का घर में तैयार होता था। झोपड़ी में रखवाली के लिए कभी कोई रात को हुआ भी तो घर से खा-पीकर आ जाता था। मधुरी कल नहीं आ सकी थी, दिन भर धान उबालती रही। भूँजा-फरही साथ लेकर यहीं भाई-बहन आ गए थे।

पीने का पानी गाँव के कुएँ से और धोने-पकाने का नज़दीकवाले पोखर से लाते थे यहाँ। सबेरे आते ही तीरा घड़ा भर लाई थी।

हाँड़ी धो-धाकर मधुरी नीरस की झोपड़ी में हल्दी-लाल मिर्च पीसने गई। सिल और कहीं था ही नहीं, जिसे ज़रूरत होती पीस लाती। संजोग ऐसा था कि आस-पास की चारों-पाँचों झोपड़ियाँ खाली थीं।

मधुरी सिल पर लोढ़ा चलाने लगी।

अब फिर उसे अपनी चुप्पी अखरी तो मंगल को ध्यान में रखकर गुनगुनाने लगी—

"जिनगी भेल पहााड़, उमिर भेल काााल !
नइ फेकऽ नइ फेकऽ आहे मोर दिलचन,
नेहिया पिरीतिया के जााल !!
आवऽ आवऽ, देखि जा हााल !!
उमिर भेल काााााल !!!"

(जीना हुआ मुश्किल, जवानी हुई घातक;
न डालो, न डालो ओ मेरे दिल के चाँद !
स्नेह और प्रीति का जाल !!
आओ, आओ, देख जाओ हाल !
जीना हुआ दूभर, जवानी हुई काल।)

इन पदों को मधुरी दुबारा-तिबारा गुनगुनाना चाहती थी लेकिन बाप आता दीखा तो चुप मार गई।

बुधवार था न आज ?

खुरखुन आया कि मछलियाँ लेकर हाट जाएगा।

उसे देखते ही बच्चे लपकके पास आ गए। वह बैठकर छिक्के की पेंदी पर माँछवाली खंचिया बैठाने लगा। आँखों से प्रसन्नता फूट रही थी।

सचमुच, इतने अच्छे माँगुर सिवाय धनहा चौर के और कहाँ होते हैं। खुशी के मारे कपार की नसें ढीली पड़ गईं तो सहज ही खुरखुन के होंठ अलग-अलग फैल गए और बत्तीसी बाहर झाँकने लगी। दाँत क्या थे, पकी-पोढ़ी लौकी के पंक्तिबद्ध बीज थे मानो। वैसे ही सुफेद, साबित और यकसाँ !

छः साल की नंगी बिटिया अब और करीब आ गई थी, आहिस्ते-आहिस्ते बिलकुल करीब आकर बाप के बदन से सट गई। भुनी हुई मंगुरी का अद्धा खा आई थी। हाथ-मुँह काले हो रहे थे। नाकों में नेटा-पोटा, आँखों में कीचड़। धूल भरा सिर, रूखे-उलझे बाल। चूतड़ में और घुटनों पर घाव।

कड़ी मूँछ के छँटे बालों पर बच्ची ने हथेली रख दी तो खुरखुन ने बाईं बाँह फैलाकर उसे अपनी अँकवार में भर लिया।

उसे जल्दी थी, बच्ची के गालों और ठोड़ी पर हाथ फेरता हुआ खड़ा हो गया। बोला—छोड़, जाने दे ! बहुत सारे काम पड़े हैं...

मछलियाँ टाँगकर खुरखुन हाट की तरफ चला। चलते समय मधुरी से कहता गया कि मंगल के गौने को सत्रह-अठारह रोज़ रह गए हैं, मंइञा तुझे कई बार याद कर चुकी है, आज ज़रूर मिल आना।

माथा झुकाए मधुरी ने बाप की यह बात सुनी थी।

उसने तय कर लिया, आज वह मंइञा से मिल आएगी।

मंगल का खयाल भुलाकर मधुरी इधर-उधर के कामों में और बातचीत में उलझी रही। भाई-बहनों को खाना बनाकर खिलाया, खुद खाया। हँड़िया फिर उसी तरह अंदर झोपड़ी में टाँग दी। बिसुनी बाबा को टिकिया सुलगाकर दिया। बीच-बीच में मेंड़ से जा-जाकर मछलियों का भी अपना मोर्चा सँभाल आई थी।

धनहा चौर में आजकल कहीं भी अथाह पानी नहीं था।

बीचोबीच एक-डेढ़ फर्लांग की लंबाई और डेढ़-दो सौ गज की चौड़ाई में छाती-भर पानी था। जेठ आते-आते यह पानी कमर-भर रह जाता था। असाढ़ से लेकर कार्तिक-अगहन

तक धनहा चौर का इतना भाग अथाह पानी की वजह से झील बना रहता था। शरद् ऋतु में खुलकर खिलनेवाले नीले कमलों की बहार देखते ही बनती थी। हँसुली की-सी शकलवाली यह मनोरम झील ही धनहा चौर के यश में चार चाँद लगाए हुए थी।

झीलवाला अंश चौर का दसवाँ हिस्सा था। बाकी हिस्सों में खेती भी होती थी, मछलियों का शिकार भी चलता रहता था। पानी के निकास की कोई राह नहीं थी। सूर्य-नारायण की कृपा से पूस-माघ तक जितनी दूर पानी सूख गया, खेती वहीं तक सीमित रह जाती थी। शेष रहता था पानीवाला भू-खंड। उस तरफ मछुओं-मल्लाहों को छोड़कर और किसी की दिलचस्पी नहीं थी। सर्वे के पुराने कागजात पानीवाले इन क्षेत्रों को 'दहलान' (बाढ़-ग्रस्त) बताते आ रहे थे। पुराने भू-स्वामियों ने मछुओं से दो-एक दफे 'जल-कर' वसूलने की तिकड़म भिड़ाई थी, लेकिन इसमें उन्हें कामयाबी नहीं मिली तो झील की निकटवर्ती कछारें किस्तबंदी ठेकों पर सस्ते-सस्ते उठा दी थीं।

भोला के पिता फउदार सहनी ने बीस-पचीस वर्ष पहले पचास रुपए सालाना शरह पर दस बीघा (तीन एकड़ से कुछ ज्यादा) कछार बन्दोबस्त ली थी। भागलपुर के एक अंग्रेज़ हाकिम को उसने डूबने से बचा लिया था, पुरस्कार के रूप में साहब ने राजा से यह ज़मीन दिलवाई थी। 1934 ई. में भूचाल क्या आई, फउदार का भाग जाग गया था। धरती डोली तो झील का पाट उथला हो गया। उस उथलेपन ने पहले की कछारों को ज़रा ऊपर कर दिया और अब वे उपजाऊ खेत बन गईं।

भोला का चाचा बिसुनी गरीब का गरीब रह गया। अपनी जाँगर ही उसकी असल जमा-पूँजी थी। यही हाल खुरखुन-रंगलाल-नीरस वगैरह सामान्य मछुओं का था। उनमें आपस का एका भी हद दर्जे का था। सभी परिवार दुख-सुख में साथ रहते थे !

घुटना-भर, जाँघ-भर और कमर-भर पानी धनहा चौर में यत्र-तत्र जगमगा रहा था। दूर-दूर सिरकियाँ खड़ी थीं। इधर की मछलियाँ उधर न चली जाएँ, उधर की इधर न आ जाएँ, इसी से निश्चित फासलों पर पानी की हदबंदी की गई थी।

बिसुनी, खुरखुन, रंगलाल, नीरस आदि ने मिलकर काफी दूर तक घेरा डाल रखा था। झील की एक फाँड़ी गोंढ़ियारी के सामने उत्तर की ओर काफी इधर बढ़ आई थी। अब कमर-भर पानी रह गया था। यह पानी चंचल नहीं, स्थिर था। बहता पानी होता तो पतली तीलियों से आड़े-तिर्छे बिनी हुई, बझाऊ-उलझाऊ किस्म की 'सरैला' लगाई गई होती। कभी-कभी हँकाई होती। मछलियों के झुंड अपनी हद में एकतरफा बटुर आते फिर उन्हें गाँज से छाँक लिया जाता या टापी के सहारे पकड़ लिया जाता।

साझे के शिकार में डेढ़-दो सेर गरचुन्नी मछलियाँ आ गईं तो मधुरी ने बहन को पुकारा। वह अपने हिस्से के पानी में घुसकर इच्चा और मारा छाँक रही थी, हाथ में छोटा गाँज था। वह तो नहीं आई, भाई नज़दीक आया।

—मैं चली घर को, तू चलेगा ?

—अभी नहीं ! बहन के साथ आऊँगा।

—तो छोटी को ले जाती हूँ।

छोकरे को भला क्या एतराज होता ?

नीरस की झोपड़ी के पास धूप में बैठकर लाई खा रही थी। मधुरी ने हाथ से घर की ओर चलने का संकेत किया तो दौड़ी आई।

भोला के खलिहान से ज़रा हटकर यह रास्ता था, पुराना बगीचा और नई अमराई में से होकर।

कोई कुछ गा रहा था। स्वर और अलाप मधुरी को परिचित-से लगे। उसका दिल धड़कने लगा...

अरे; यह तो चुल्हाई की तान है ! "मछरिया...कबहूँ पकड़ में न आवे मछरिया ऽऽ..."

चुल्हाई ! रंगलाल का बड़ा लड़का !

मधुरी को कल खुद आकर 'अन्हई' मछली दे गया था। तीन थीं लेकिन उनमें जो बड़ी थी वही मधुरी को पकड़ा आया था चुल्हवा !

मंगल और चुल्हाई—दोनों मधुरी के लिए जान देते थे। उसकी तरफदारी यद्यपि चुल्हवा के नसीब में नहीं पड़ी। फिर भी पट्ठा मधुरी पर फिदा था।

वह इधर-उधर देखने लगी, चुल्हाई नज़र नहीं आ रहा था।

गले में मिठास गज़ब की थी। हल्की ट्यून में दिल का सारा दर्द उँड़ेलकर गा भी रहा था और खलिहान के आगे बाँसों के झुरमुट में पत्ते भी तोड़ रहा था।

मधुरी ने चाल धीमी कर ली। चुल्हाई के गाए पद अब साफ-साफ उसके कानों में पड़ रहे थे—

"कबहूँ पकड़ में न आवे मछरिया !
जुलमी मछरिया चलबल मछरिया !
कबहूँ पकड़ में न आवे मछरिया !
ताल में खेले, तलइया में खेले
कुंइयाँ में डुबकी लगावे मछरिया
कबहूँ पकड़ में न आवे मछरिया !
जुल्मी मछरिया !!
रात की बेरिया बिल्कुल लपत्ता !
दिन में नज़र मटकावे मछरिया !
कबहूँ पकड़ में न आवे मछरिया !
जुल्मी मछरिया !!......................"

मधुरी की रफ्तार इतनी धीमी हो गई थी कि साथ चलनेवाली छः-साला छोटी बहन सौ-एक कदम आगे निकल गई। मुड़-मुड़कर पीछे देख लेती थी। आगे कुत्ता दिखाई दिया तो डर गई, ज़ोरों से चीखी—दि-दि-या गे ! गे दि-दि-या ऽऽऽ !!

तब मधुरी का ध्यान टूटा और पैरों में फुर्ती आई।

घर पहुँची। माँ को मछलियाँ सौंपकर भोला की दादी से मिलने निकली।

नाक नुकीली। आँखें बड़ी-बड़ी। सूरत साँवली। होंठ पतले। दाँत छोटे-छोटे, हमवार और मोतियों-से चमकीले। कद मँझोला। —मधुरी अठारह साल की हो चुकी थी, मलाही-गोंढ़ियारी के युवक अपने गाँव की चार-पाँच सुंदरियों में उसकी गणना करने लगे थे। मंगल और चुल्हाई के साथ मधुरी के स्नेह-सम्पर्क की अफवाहें दो-एक बार उड़ी थीं फिर आहिस्ते-आहिस्ते दब गई थीं। अब मंगल की भी बहू गौना कराकर लिवाई जा रही थी और मधुरी का भी गौना तय हो चुका था।

भोला का बैठकखाना खपड़ों से छाया हुआ था। दूर से ही जगमगा रहा था। अभी पिछले वर्ष ही बाहरी उठ-बैठ के लिए भोला ने यह घर तैयार करवाया था। दीवारें कच्ची ईंटों की, छप्पर बाँस-फूस के। ऊपर खपरैल। पाँच सौ का खर्चा पड़ा तो पड़ा लेकिन बस्ती गोंढ़ियारी में यह एक शानदार बैठकखाना तैयार हो गया। मछुओं की समूची बिरादरी को इस पर गर्व था।

पीछे अंदरवाले घर थे, सामने बड़ा-सा आँगन था—बाहरी सहन। सहन के बाईं ओर, छोर पर दो बैल बँधे थे जिनके सामने काठ की छोटी नाँद पड़ी थी। दाहिनी तरफ बाँस के दो खूँटों के सहारे एक पुरानी डोंगी आधी खड़ी थी, दो बढ़ई नीचे बैठे उसकी पेंदी की मरम्मत में लगे थे। बसूला, रुखान, रंदा, आरी, बर्मा, नाप-निशान के लिए कालिख पुती सुतरी, इंच, रेती, टाँगी, काठ का हथौड़ा...कितने ही औज़ार इर्द-गिर्द बिखरे पड़े थे। रह-रहकर ठुक-ठुक की आवाज़ें निकल रही थीं। ज़रा हटकर रस्सी-समेत डोल रखा था, आसपास की हल्की भीगी धरती उसके चूते रहने का सबूत पेश कर रही थी। दिनांत की धूप सहन के पूर्वी छोर को छूने ही वाली थी। बैठक के बरामदे पर खंभेली से पीठ टिकाकर बिसुनी बैठा था और जाल बुन रहा था।

बाहरवाली अँगनई पार करके, बैठकखाना के पास से होती हुई मधुरी भोला के परिवार में पहुँच गई।

कपड़े पर सूखे बड़े चिपके हुए थे, ओसारे पर बैठकर मंइञा उन्हें छुड़ा रही थी। सोलह-साला जिलेबिया चूल्हा सुलगाने की फिक्र में थी। मंगल की माँ के हाथों में तराजू और बटखरा था, चावल तोल रही थी। भोला और मंगल कहीं गए हुए थे। जंगल मधेपुर गया था फुटबाल-मैच देखने। छोटी लड़की सिलेबिया पड़ोस के बच्चों में खेलने गई थी।

मधुरी मंइञा के पास आ बैठी और बड़े छुड़ाने में हाथ बटाने लगी।

मंइञा ने गौर से मधुरी का चेहरा देखा। बोली—ताड़ होती जा रही दिन से दिन ! क्यों री ?

मधुरी संकोच के मारे झुक गई। मंगल की माँ ने उधर से कहा—इसका भी गौना बैसाख तक हो जाएगा।

इस चर्चा से जिलेबिया को गुदगुदी-सी महसूस हुई, जी में आया कि वह भी कुछ कहे। लेकिन माँ के डर से चुप रही। पर, दादी (मंइञा) के सामने अनाप-शनाप चाहे जो भी बक जाती, कोई बात नहीं।

अपने गौना के बारे में मधुरी अब और कुछ नहीं सुनना चाहती थी। चाहती थी मंगल की बहू के बारे में सुनना, बल्कि इसीलिए आई थी।

ससुराल में तेरे कौन-कौन हैं ?—बुढ़िया ने पूछा और लगा कि अभी वह इस प्रकार की अपनी अनेक जिज्ञासाएँ मधुरी के शब्दों में पूरी करना चाहती है।

मंइआ का प्रश्न बेकार गया। मंगल की माँ का सारा ध्यान चावल तोलने में केंद्रित था और मधुरी मौन थी।

कि जिलेबिया ने एक साधारण-सी बात कहकर प्रसंग ही बदल दिया। चूल्हा सुलग उठा तो वह बोली—पहले हमारी भाभी आ लेगी, मधुरी का गौना बाद को होगा।

मधुरी ने चट से पूछा—तेरी भाभी के कितने भाई हैं जिलेबिया ?

—तीन।

—और बहनें ?

—भाभी को छोड़कर दो और हैं।

इस तरह के सवाल-जवाब दस-पाँच और चले। फिर कुछ क्षण बाद, सुलगाई हुई टिकिया चढ़ाकर जिलेबिया मंइआ को हुक्का थमा गई तो ध्वनि और स्फोट का श्रुतिमधुर सिलसिला चला—गुड़-गुड़-गुड़-गुड़-गुड़क्, गुड़-गुड़-गुड़-गुड़...

कपड़े से चिपके हुए सूखे बड़े अलग हो चुके थे। बड़ों से भरी चंगेरी जिलेबिया अंदर रख आई तो मधुरी से सटकर बैठी।

मधुरी खिसककर मंइआ के पीठ-पीछे उकड़ूँ बैठ गई।

बुढ़िया के बाल अब भी सारे के सारे सफेद नहीं हुए थे, रूखे-सूखे अवश्य थे। मधुरी ने बालों के जंगल में जूँ का शिकार शुरू कर दिया। एक-एक बाल की जड़ में अपनी ताज़ा और पैनी निगाहें फेंकने लगी। नज़रों की सफाई और उँगलियों की फुर्ती, जूँ की गिरफ्तारी के लिए बस और चाहिए ही क्या ? शिकार हाथ आने लगे और अंगूठों के नाखूनी पाटों पर टपाटप उनकी कचूमर निकलने लगी। बीच में एक बार अंडोंवाली बड़ी जूँ पकड़ में आई तो मधुरी का चेहरा चमक उठा और विस्मय में हल्की चीख निकली—गे मंइआ ! कैसा-कैसा जानवर पाले हुए है तू ! तब जिलेबिया ने उस बड़ी जूँ को अपने कब्जे में ले लिया।

ज़रा देर बाद मंइआ के कंधे में अपनी ठुड्डी धँसाकर आहिस्ते से पूछा—किसलिए बुलाया था मुझे ?

बुढ़िया बोली—बहू आएगी, मेहमान आएँगे। मंगल की माँ अकेले क्या-क्या करेगी ? तुझको अभी से सबकुछ समझ-बूझ के रखना है, नहीं तो बखत पर मुँह बा देगी ! हाँ !

मंगल की माँ तौलने का काम खत्म कर चुकी थी। खड़ी हुई, नज़दीक आई और हाथ चमकाकर कहा—तू तो अब आती ही नहीं ?

स्वरों में उपालंभ की झाँस थी। मधुरी ने उसे अनुभव किया। सचमुच वह पंद्रह रोज़ बाद आज इधर आई थी। सफाई के तौर पर कुछ कहना ज़रूरी हो गया।

मंइआ के बालों को छोड़ दिया। सामने आ गई और कहा—माँ की तबियत ठीक नहीं थी, पिछले दिनों। घर की सारी जिम्मेदारी मेरे माथे आ पड़ी थी मंइआ !

मंगल की माँ ने अपनी बेटी से कहा—देख क्या रही है मुलुर-मुलुर ! चावल उठाकर अंदर रखेगी कि नहीं ?

फिर मधुरी की ओर देखकर बोली—देखती है मधुरी, सोलह साल की हो गई तो भी जिलेबिया के मगज में अपने आप कोई बात नहीं आती है ! पग-पग पर भूँकना पड़ता है, तभी समझती है। हाय राम, ससुराल में कैसे इस भकोल का निर्बाह होगा !!...

बाँह-समेत हाथ उठाकर मंइआ बीच में ही टप्प से बोली—तू जब पीहर से पहले-पहल यहाँ आई थी तो दाल छौंकने तक का लूर नहीं था ! हूँ !!

मंगल की माँ ने इस पर कहा—जिलेबिया ससुराल जाएगी तो दाल-भाजी बघारने के लिए तुम साथ जाना ! हूँ !

मधुरी ने बीच-बचाव किया, बोली—नहीं काकी, जिलेबिया मछली अच्छा पकाती है ! मेरे सामने तुम इसको बेशऊर न कहना !

खेल-खेल में जिलेबिया को किसी ने कुढ़ा दिया था। रोती हुई आकर माँ के सामने खड़ी हो गई तो सबका ध्यान अपनी तरफ खींच लिया उसने।

तीन

गरोखर और उससे पच्छिम कोस-भर का इलाका देपुरा के मैथिल ज़मींदारों के अधिकार में था। कभी वे सचमुच 'बाबू साहेब' और 'सरकार' थे। तिरहुत के खानदानी शासक।

अब लेकिन ज़मींदारी-उन्मूलन कानून के मुताबिक रैयतों से ज़मीन का लगान या मालगुजारी वसूल-तहसील करने के हकों से मौकूफ हो चुके थे। व्यक्तिगत जोत की ज़मीन, बाग-बगीचे, कुआँ-चभच्चा और पोखर, देवी-देवता के नाम चढ़ी हुई जायदाद, चरागाह, परती-पराँत, नदियों के पाट और तटवर्ती भूमि जैसी कुछ-एक अचल सम्पत्तियों के मामले में ज़मींदारी-उन्मूलन कानून ने भू-स्वामियों को खुली छूट दे दी। नतीजा यह हुआ कि पोखरों और चरागाहों तक को वे चुपके-चुपके बेचने लगे—"आग लगते झोपड़ी जो निकले सो लाभ।"

गरोखर के भिंडों पर बाग थे जिनमें आम, जामुन, कटहल, बड़हल, बेलें, पितोझिया, मौलसिरी, नीम, पाकड़, सेमल, बरगद, पीपल और साहड़ के पुराने पेड़ थे। पिछले दो-तीन वर्षों के अंदर दो-तिहाई वृक्षों का सफाया हो चुका था। कछार की ज़मीनें धड़ाधड़ आबाद हो गई थीं। गढ़पोखर की हद के अंदर पानी के चारों ओर लहलहाती फसलें देखकर लोग कहा करते—दस-पाँच साल में अब गरोखर नहीं रहेगा, उथली-छिछली तलैया रह जाएगी यहाँ !

मलाही गाँव का मोहन माँझी लेकिन और ही सपने देख रहा था।

मोहन माँझी के स्वप्न थे कि गढ़पोखर का जीर्णोद्धार होगा आगे चलकर और तब मलाही-गोंढ़ियारी के ये ग्रामांचल मछली-पालन-व्यवसाय का आधुनिकतम केंद्र हो जाएँगे। वैज्ञानिक प्रणाली से यहाँ मछलियाँ पाली जाएँगी। पूस से लेकर जेठ तक प्रति वर्ष अच्छी से अच्छी मछलियाँ अधिक से अधिक परिमाण में हम निकाल ले सकेंगे। एक-एक सीजन में पचास-पचास हज़ार रुपयों तक की आय होगी। मलाही-गोंढ़ियारी का एक-एक परिवार गरोखर की बदौलत सुखी-सम्पन्न हो जाएगा। विशाल जलाशय की इन कछारों में हम किस्म-किस्म के कमलों और कुमुदिनियों की खेती करेंगे। पक्की-ऊँची भिंडों पर इकतल्ला सैनिटोरियम बनेगा, फिर दूर-पास के विश्रामार्थी आ-आकर यहाँ छुट्टियाँ मनाया करेंगे...

मोहन माँझी पागल नहीं था, सपने ही नहीं देखा करता था। राष्ट्रीय स्वाधीनता संग्राम का एक अदना-सा सिपाही था वह। 15 अगस्त '47 के पहले ही तीन बार जेल की सजाएँ भुगत आया था। खरी-खरी सुनाने की और सर्व-साधारण जनता का पक्ष लेकर चाहे जो-कुछ कर गुज़रने की लत पड़ गई थी। अब वह हँसिया-हथौड़ा-मार्का लाल झंडावाली किसान सभा का थाना-सभापति था। इससे पहले प्रजा समाजवादी पार्टी की जिला-कमेटी का सदस्य था। कम पढ़ा-लिखा होने पर भी समझ पैनी थी और ईमानदारी के तो भला क्या कहने !

आधा चैत बीत चला था।

रविवार होने से स्कूल में छुट्टी थी।

प्राइमरी स्कूल का यह भितहा मकान गाँव के पूर्वी छोर पर था। तीन तरफ से घिरा, सामने खुला। अँगनई का अगला हिस्सा तग्गर-कनेर-बेला-हरसिंगार के झाड़ों से सरसब्ज़ था।

बिरादरी के बालिग मेम्बरान जुटे थे—भोला, खुरखुन, बिसुनी, रंगलाल, नीरस, नरायन, छीतन, बंसी, नबति, कल्लर, भोकर, नथुनी, नकछेदी, बीलट, भइयन, टुन्नी, जलधर, गंगा, नंदे...वगैरह सारे के सारे थे। पचास-साठ जने होंगे। औरत एक भी नहीं थी। दस-पंद्रह लड़के तमाशबीन बने किनारे-किनारे खड़े थे।

कभी शोरगुल बढ़ जाता और कभी एक ही आदमी कुछ कहता सुनाई देता। कुछ-एक की जीभ नहीं, हाथ ही सक्रिय थे। जाल बिकने लायक मज़बूत धागा बाँट रहा था कोई, कोई जाल बिन रहा था। कोई टापी या गाँज बनाने के लिए बाँस की फट्ठी से खपच्चियाँ छील रहा था तो किसी के सामने मूँज पड़ी थी। खुरखुन की गोद में उसकी वही छः-साला बेटी थी।

गोनड़ सबसे बूढ़ा था, तिरासी साल का।

भोला ने नाम पुकारकर पूछा—गोनड़ बाबा, तुम्हारी क्या राय होती है ?

निकले हुए कान और पतली सफेद मूँछें, गोनड़ के चेहरे की यही विशेषता थी। सबकी निगाहें बुड्ढे पर जमी थीं। उसने आँखें मिचमिचाकर कहा—मैं क्या तीन त्रिभुवन

से बाहर हूँ ? अरे, जो सबकी राय होगी वही राय मेरी होगी !

इतना कहकर गोनड़ ने माथा झुकाया और मैली धोती की खूँट से नाक पोंछ ली।

तो भी कुछ कहो न—पाँच-सात आदमियों का समवेत स्वर।

बूढ़े ने जमात की तरफ देखा। उसकी अपनी पतली भौंहोंवाली काली आँखें चमक रही थीं। दृढ़ता का भाव मुखमंडल को दीप्त कर चुका था।

उसने गंभीर लहजे में कहा—"यह पानी सदा से हमारा रहा है, किसी भी हालत में हम इसे छोड़ नहीं सकते। पानी और माटी न कभी बिके हैं, न कभी बिकेंगे। गरोखर का पानी मामूली पानी नहीं, वह तो हमारे शरीर का लहू है। जिनगी का निचोड़ है।"

गोनड़ इतना ही कहकर बैठ गया।

जमात में आज बड़ी सरगर्मी थी। सभी एकमत थे कि छोड़ा नहीं जाए। गढ़पोखर पर हमेशा अपना अधिकार रहा है। ज़मींदार जल-कर लेता था, हम देते थे। नया खरीददार दूसरे-तीसरे गाँव के मछुओं को मछलियाँ निकालने का ठेका देता चलेगा और हम अपने पुश्तैनी अधिकारों से वंचित होकर रुलते फिरेंगे, भला यह भी क्या मानने की बात है ?

नया खरीददार सतघरा के ज़मींदार थे। वे लोग गढ़पोखर की नए सिरे से बंदोबस्ती देकर ज्यादा से ज्यादा रकम बटोरना चाहते थे। उनमें से एक शासक-दल का पुराना और प्रतिष्ठित नेता भी था। पटना, दिल्ली और जिला-केंद्र लहेरियासराय के बड़े अधिकारियों से उनकी मिलीभगत थी। दफा 144 के मुताबिक खट् से एक समन आ धमका था। सभी गोंढ़ियारी के मछुओं में यह सरगर्मी आई थी।

ऐसा एक भी दिन नहीं गुजरता जब कि गढ़पोखर से मछलियाँ न निकाली जाती हों।

इस तिपहर में भी दो नौजवान उत्तरवाली भिंड की ओर पानी में काँटे डाले बैठे थे। यों भी छोटी मछलियाँ निकालनेवालों के लिए रोक-टोक कम थी। बड़ी मछलियाँ निकालना मना था। बाढ़ और वर्षा के दिनों में यह प्रतिबंध काफी ढीला हो जाता था।

भोला, नकछेदी और गंगा सहनी ने पिछले वर्ष तीन हज़ार रुपए नकद गिनकर दो साल के लिए गरोखर का पट्टा लिखवाया था। मछलियाँ निकाले जाने पर आधा हिस्सा उनमें मछुओं की मज़दूरी होती थी बाकी आधा हिस्सा भोला, नकछेदी और गंगा सहनी आपस में बराबर-बराबर बाँट लेते थे।

अब सतघरा के भूमिहार ज़मींदार गढ़पोखर के मामले में क्या रुख लेंगे, कहना असंभव था। कई तरह की अफवाहें उड़ रही थीं और गोंढ़ियारी के मछुओं का मन अशांत था।

बैठक अनियमित ढंग से ही थोड़ी देर तक चलती रही। बाद को लोग उठ-उठ कर जाने लगे और स्कूली लड़के कबड्डी खेलने आ धमके।

भोला, खुरखुन, रंगलाल, नीरस आदि आठ-दस जने रह गए थे। मोथी की उस

चटाई पर कोई पूरा लेट गया था, कोई आधा। नीरस बैठकर जाल बुन रहा था। खुरखुन बाँस की पतली चैली में से छील-छीलकर तीलियाँ तैयार कर रहा था। सिलेबिया हुक्का भर लाई थी, भोला उसे गुड़गुड़ा रहा था। रंगलाल और नकछेदी लेटे-लेटे बातें कर रहे थे। उस बातचीत में सभी के दिल मानो पिरोए हुए थे।

गढ़पोखर की इधरवाली भिंड काफी ऊँची थी। गोंढ़ियारी का उत्तर पूरबी कोनैला छोर उसे छूता था। गाँव से उत्तर सटकर पुरानी अमराई से लगा हुआ था गरोखर का इधरवाला (दक्खिनी) भिंडा। प्राइमरी स्कूल गाँव के उत्तर-पूरब, गरोखर की ऊँची भिंड के दक्खिनी ढलान पर, खड़ा अलग से ही जगमगा रहा था। स्कूल का पिछवाड़ा गाँव की तरफ और अगला हिस्सा पोखर की तरफ पड़ता था। तमुड़िया रेलवे-स्टेशन से आनेवाली सड़क पूर्वी भिंड के पासापासी आकर ज़रा आगे बढ़ते ही 'धनहा चौर' के सम्मान में बा-अदब धनुषाकार हो गई थी; गोंढ़ियारी और मलाही को दाहिनी बगल से सहलाती हुई आधी मील चलकर वह फिर दक्षिण दिशा में सीधे मुड़ी थी। खूब चालू रास्ता था यह। पिछले पाँच-सात वर्षों में मिनिस्टरों-आफिसरों-नेताओं-ठेकेदारों की टूर दसगुना बढ़ गई थी, अब जिला बोर्ड इस कच्ची सड़क को पक्की सड़क ही नहीं बल्कि 'पीच-रोड' बनाने पर तुला था। फूलपरास-बाज़ार से बिरौल होती हुई बहेड़ी और लहेरियासराय तक पहुँचनेवाली इस 'पक्की सड़क' को सन् '56 के अंत तक तैयार होना ही था।

स्कूल के बाएँ, छोटी मछलियाँ फाँसनेवाले छोटे-हल्के जाल ऊँची भिंड पर सूख रहे थे...घूम-घुमाकर पानी में फेंके जानेवाले जाल थे ये—दोनही, पोठिया, मरइली, खपियार, घनी, सतोल, दुआली, ठेंठी...कई किस्में थीं छोटे जालों की।

तिपहर की चैती धूप उन्हें सुखाने को काफी थी। चार-पाँच कोस पच्छिम बहेड़ा से पूरब किसी गाँव की सूखती तलइया में इन जालों का इस्तेमाल किया गया था। अब आज ये सूख रहे थे।

सबकी नज़र बचाकर मोहन माँझी आया और स्कूल के आँगन में खड़ा हो गया।

लड़के कबड्डी खेल रहे थे—चेत् कबड्डी चेत् कबड्डी चेत् कबड्डी चेत् कबड्डी...और मोहन माँझी के अंदर बैठा हुआ नौजवान छलाँग मारकर बाहर निकल भागा। जाकर वह खेलनेवालों में शामिल हो गया...चेत् कबड्डी ! चेत् कबड्डी !!...

मगन होकर मोहन माँझी कबड्डी का खेल देखने लगा। थोड़ी देर के लिए भूल गया कि किस मतलब से यहाँ आया है।

ग्रीष्म के आरंभ की झुलसी दूबों से ढका-ढका-सा स्कूल का आँगन निगाहों को अखर रहा था। बीचोबीच सीधी-सादी रेखा थी, हल्के हाथों की छोटी खुरपी से दूबिया ज़मीन खुरच-खुरचकर बनाई हुई। खिलाड़ियों के दोनों दलों की दर्म्यानी सीमा।

मोहन माँझी देर तक खड़ा रह जाता अगर सुर्ती थूकने न उठा होता भोला।

भोला देर तक खैनी की डबल जूम निचले होंठ से दबाए हुए था। छोटी तम्बाखू की यह तेज-कड़क पत्ती नीरस जाने कहाँ से लाया था ! सभी ने तारीफ की थी।

बीड़ी-सिगरेट और जर्दा-किमाम के इस जमाने में छोटी तम्बाखू का महातम गो कि घट गया है तो भी गोंढ़ियारी के मछुए बड़ी तम्बाखू के नाम पर उत्साहित नहीं होते थे।

देर तक सुर्ती मुँह में रखे रहने के कारण भोला का माथा चकराने-सा लगा तो उठकर वह उसे थूकने आया।

थूककर लार की तार धोती की खूँट के सहारे पोंछने लगा। निगाहें सामने कबड्डी खेलनेवालों से जा टकराईं। गाँव के ही लड़के थे। कुछ एक नौजवान तमाशाई भी थे, कुछ एक छोटे बच्चे। बाक़ी जो थे, सो मलाही के वही मोहन माँझी। माँझी को हमउम्र लोग 'नेताजी' कहते थे और उसने अनासक्ति दिखलाकर अपना यह नाम चालू हो जाने दिया था।

भोला और मोहन ने दर्जा दो साथ-साथ पास किया था। छै महीने की जेठाई-छोटाई थी। एकाएक वह दिखाई पड़ा तो भोला हुलास-भरी आवाज़ में बोला–"अरे, नेताजी ! कब से खड़े हो भाई ?"

सुपरिचित स्वर कानों से टकराए और मोहन माँझी के अंदर का नौजवान गायब हो गया।

भोला आगे बढ़ आया। खुरखुन, रंगलाल, नीरस सभी उठ आए।

माँझी को स्कूल के अंदर ले गए।

आधी बाँहों की कोकटी कमीज़। मामूली सूतों की मटमैली धोती। खाकी थैला बाँह से लटक रहा था। पैरों के नाखून बड़े-बड़े और बेकाबू। चेहरा गोल, पेशानी चौड़ी। लाल-लाल छोटी आँखों में काली पुतलियाँ खूब खुल नहीं पा रही थीं।

नेताजी जब कभी उनके बीच आ धमकता तो जीवन की सोई हुई ताज़गी को जगा जाता।

खुद भी व्यक्ति-व्यक्ति की बातें ध्यान से सुनता। कभी-कभी शाम को आता और खाना भोला के साथ खाकर अपनी जाति के महान् पूर्वज जयसिंह कौर रन्नू सरदार की गाथाएँ रात-भर सुनता रह जाता।

बैठने पर थोड़ी देर तक जिला-जवार, देश-परदेश और समय-साल की चर्चाएँ चलीं। सतघरा के बबुआन गरोखर के पानी से बे-दखल करना चाहते हैं मलाही-गोंढ़ियारी के मछुओं को, अब अदालती भूल-भुलइया में भटकाकर उन्हें बे-दम कर देना चाहते हैं...मोहन माँझी से यह सब छिपा नहीं था।

लड़कों की कबड्डी हो चुकी थी। दिन थोड़ा था। सूखते हुए जाल समेटे जा रहे थे।

भोला, खुरखुन आदि भी मोहन माँझी को आगे करके बैठकखाना में आ पहुँचे।

धान के नारों की बिनी मोटी चटाइयाँ तीन-चार बिछी थीं। उन्हीं पर भाई लोग बैठ गए। अबकी नेताजी ने थैले से रसीदें निकाल लीं और किसान सभा का मेंबर बन जाने की अपील करते हुए उसके उद्देश्यों पर प्रवचन आरंभ कर दिया।

बीच में ही खुरखुन ने कहा–"मगर हम तो किसान नहीं, मछुए हैं। किसान

सभा-फिसान-सभा का मेंबर होने से हमें क्या ! नेताजी, मछुआ-कछुआ सभा कोई कहीं हो तो मुझे बताना। उसका मेंबर ज़रूर बन जाऊँगा।"

"मछुआ लोगों की सभा तो है ही"—भोला ने कहा—"अरे, वह निषाद महासभा है न खुरखुन भाई ?"

—फुलेना परसादवाली ?

—तो और कौन-सी !

—फिर नेताजी की किसान सभा का मेंबर हम क्यों बनें ?

भोला जवाब देने ही जा रहा था कि मोहन माँझी ने हाथ के इशारे से उसे रोक दिया, कहा—"मैं बताऊँ ?"

इसी बीच जिलेबिया भर-चंगेरी भुने चिवड़े और मछली के तले खंड सामने रख गई। लेकिन अभ्यागत ने उधर ध्यान नहीं दिया। भोला ने ध्यान दिलाकर कहा—"नेताजी, यह भी चले और वह भी चले !"

रंगलाल चला गया था। खुरखुन और नीरस ने भोला की बात का समर्थन-अनुमोदन किया—"हाँ, नेताजी ?"

"पाँच मिनट बाद,"—मोहन माँझी ने नाश्ते की चंगेरी बाईं तरफ सरका दी और बताना शुरू किया :

"भाइयो, किसान सभा देहातों में रहनेवाले कुल मेहनतकश लोगों का एकमात्र मिला-जुला सुदृढ़ संगठन है। हम लोग मछुआ हैं, निषाद भाई हैं। सहनी, मुखिया, खुनौट, सोरहिया, बाँतर, तीयर, जलुआ, माँझी; खानदानी उपाधि किसी की कुछ है तो किसी की कुछ। मगर हैं फिर भी सभी निषाद। किसी युग में हमारी संख्या थोड़ी थी। उन दिनों केवल नाव चलाना और मछलियाँ पकड़ना हमारे पेशे थे। अब हमारी बिरादरी खेती भी करती है, मज़दूरी भी। पढ़-लिखकर कुछ-एक भाई-बहन ऊँचे ओहदों पर भी पहुँच रहे हैं। समूचे भारत की बात छोड़ दें। बिहार की ही लीजिए। अपनी बिरादरी के सैकड़ों लड़के आम बिहारी लड़कों और दूसरे-दूसरे प्रदेश के प्रवासी लड़कों के साथ मिल-जुलकर स्कूल-कॉलेजों में ज्ञान-विज्ञान हासिल कर रहे हैं। जात-पाँत की पुरानी दीवारें ढह रही हैं, नए प्रकार की विशाल बिरादरी उनका स्थान लेने आ रही है। एकता का यह आलोक देहातों में भी प्रवेश कर चुका है। जब ऐसी बात है तो नाहक हमारी बिरादरी के चंद अगुआ निषादों के अलग संगठन का शंख फूँक रहे हैं। दो-चार स्वार्थी निषादों का इससे फायदा होगा, यह मैं मानता हूँ। मैथिली महासभा, राजपूत महासभा, यादव महासभा, दुसाध महासभा आदि जो भी सांप्रदायिक संगठन हैं, सभी का बायकाट होना चाहिए। इन महासभाओं के नेता आम लोगों की एकता में दरार डालने का ही एकमात्र काम करते हैं। देहातों में रहनेवाली सारी जनता का खेती-किसानी से थोड़ा-बहुत लगाव रहता ही है, तो कैसे कोई किसान सभा की मेंबरी से इनकार करेगा ? गढ़-पोखर हमारे हाथों से न निकले, इसके लिए हमें कोशिश करनी होगी। इस संघर्ष में निषाद महासभा, नहीं, किसान सभा जैसी जुझारू जमात ही हमारी सहायता कर सकती है..."

लगभग पंद्रह मिनट तक मोहन माँझी बोले।

श्रोताओं ने बड़े गौर से प्रवचन सुना। बातें अपनी भाखा में यानी मैथिली में कही गई थीं और समझाने-बुझाने की नीयत से कही गई थीं, व्याख्यानबाजी का तूफानमेल नहीं छोड़ा गया था। कुल मिलाकर असर अच्छा ही पड़ा था।

—अच्छा, तो नाश्ता कर लो अब !

—हाँ, नेताजी !

भोला के स्वर से कई कंठों के स्वर आ मिले।

बरामदे के किनारे डोल में पानी था, लोटा था।

मोहन माँझी उठकर मुँह-हाथ धो आए तो भोला ने अपना अँगोछा आगे कर दिया—पोंछ लो !

हाथ-मुँह पोंछ-पाँछकर मोहन आ बैठे और नाश्ता शुरू हुआ। चिवड़े भुने थे, उनमें अचार का मसालेदार तेल मिलाया हुआ था। नमक और हरी मिर्च अलग भी थीं। बुआरी मछली के तले हुए आठ-दस खंड दूसरी छिपिया में थे।

बातें होती रहीं और नाश्ता भी चलता रहा।

मंगल ने आकर मोहन को 'पाँयलगी' की, चिवड़ा-मछली से भरे मुँह की दबी-सिकुड़ी आवाज़ में उसने कहा—"मस्त रह बेटा !"

भोला ने पूछा—"जंगला कहाँ गया है रे ?"

मंगल को मालूम नहीं था कि जंगल किधर गया है। वह चुपचाप एक तरफ हटकर बैठ गया।

मंगल बीस साल का, जंगल सोलह साल का। भोला सहनी के दो लड़के थे। लड़कियाँ भी दो—जिलेबी और सिलेबी; बड़ी चौदह साल की, छोटी दस की।

खुरखुन खैनी मल रहा था, बोला—"आ-हा ! आप न हुए नेताजी, फागुन में अबकी हम मंगल की ससुराल गए। गौना था न इसका ! क्या मुल्क है वो भी !"

मोहन की समझ में नहीं आई बात तो भोला मुस्कुराया।

नीरस ने कहा—"समझा नहीं नेताजी आपने ? मोरङ है न नेपाल का इलाका ! उधर की ही लड़की है !"

—अच्छा ! तो क्या देखा उधर ?

—लोग नहाते नहीं हैं, बदबू के मारे किसी के पास बैठना मुश्किल था।

—तो नेपाल नहीं, वे भोटिया होंगे !

—नहीं, नेपाल की बात है नेताजी !

—तो फिर जाड़ों का मौसम रहा होगा !

—नेताजी, आप तो लगे मंगल की ससुराल के लोगों का पच्छ लेने !

इस पर मोहन माँझी को हँसी आ गई तो सभी हँस पड़े। मंगल का अपना चेहरा भी चमकने लगा।

नाश्ता-पानी के बाद सुपारी का अद्धा थमा दिया भोला ने तो मोहन माँझी ने

उसे मुँह में रख लिया और उठ खड़े हुए।

—अब आज जाने दो भोला !

—यह अपना घर होता तब न !

—नहीं, आज मलाही जाना ज़रूरी है मीता !...

पचास रसीदोंवाली मेंबरी की एक छोटी बही मोहन माँझी से लेकर भोला ने मंगल को थमाई और कहा—"घर-घर से इकन्नी वसूल करके रसीद काट देना।" फिर मोहन की तरफ देखकर वह बोला—"परसों शाम तक तीन रुपइया दुइ आना पहुँचा देंगे।"

सिर हिलाकर माँझी ने अपनी मंजूरी जतलाई।

और नेताजी बैठकखाना से नीचे उतरे।

भोला, खुरखुन और नीरस उन्हें गोंढ़ियारी की सीमा तक छोड़ आए।

चार

हिंद हितकारी समाज की कोसी-शाखा के पदाधिकारी और दर्जनों प्रमुख कांग्रेसी जीपों में सवार हफ्तों घूमते फिरे थे, इन क्षेत्रों के गाँव-गाँव में श्रमदान का आह्वान गूँजा था। सभी वर्गों के लोग कोसी-बाँध की योजना के नाम पर उन्मुख-उत्सुक हुए थे।

मलाही-गोंढ़ियारी के बीस गरीब मछुए और दूसरी जातियों के मज़दूर भुतहा-महादेव मठ पहुँचे और चार-छै रोज बाद ही वापस भाग आए थे।

खाते-पीते परिवारों के शौकिया श्रमदानी सज्जनों की बात ही और थी। उनकी सुविधा के अनेक साधन कोसी-किनारे जुट गए थे। चाय-बिस्कुट, पान, सिगरेट, शर्बत-मिठाई, पूड़ी-कचौड़ी, चूड़ा-दही, रेडियो-सिनेमा रिकार्ड, माइक-लाउड स्पीकर, अखबार और पत्र-पत्रिकाएँ...कैमरावालों की भरमार थी ही, पास-पड़ोस के परिचित कांग्रेसी नेताओं की सिफारिश से वे पटना या दिल्ली से आए हुए ऊँचे पदाधिकारी के साथ भीड़ में खड़े हो जाते और फोटो खिंच जाती। इन लोगों का श्रमदान क्या था, बैठे-ठाले का अच्छा-खासा मनोरंजन था। 'नेशनल कैडेट-कोर' की निगरानी में बीसियों हज़ार स्कूली-कालिजी लड़के कोसी के पूर्वीय और पश्चिमीय—दोनों तटबंधों का निर्माण करने आए थे, उन्होंने अलबत्ता काफी काम किए थे। ठेकेदारों ने मज़दूरों से करवाया था। पश्चिमी तटबंध का अब तक का अधिकांश काम इन्हीं के हाथों हुआ था। हिंद हितकारी समाजवालों ने शौकिया श्रमदान तो लिया ही था, अलावा इसके, किनारे की ग्राम-पंचायतों के जिम्मे उन्होंने यह भार सौंपा था कि वे मज़दूरों से काम लें और उन्हें मेहनताना दें। संगठन की ढीला-पोली से या स्वार्थियों के कुचक्र से हुआ ऐसा कि पंचायतों के अधीन काम करनेवाले मज़दूरों को कोसी-किनारे से भाग आना पड़ा।

वापस आनेवालों में से टुन्नी, कल्लर, भोकर, नथुनी आदि थे।

खुरखुन ने अगले ही दिन पूछा—"बड़ी जल्दी भाग आए, क्या बात थी ?"

"बात क्या रहेगी"—कल्लर ने कहा—"कुछ नहीं ! दूर के ढोल सुहावन ! बस, यही समझ लो खुरखुन काका !"

नथुनी नकियाकर बोलता था, बोला—"हँ, हों ! कंमंला मंइञा कीं दंयाँ से जैंसें तैंसें घंर आँ गंएं..."

गोनड़ जाल की किनारी में लोहे की गोटियाँ कस रहा था। बीच गाँव के चौराहे पर प्रौढ़ पाकड़ की छाँह और वैशाख का महीना ? लोग काम भी कर रहे थे, आराम भी। वक्त काटने में जीभों के सरौते भी खूब मदद पहुँचा रहे थे। टुन्नी मछलियाँ फँसाने की बड़ी-सी टभकी तैयार कर रहा था। बाँस की गोल चिकनी खपच्चियों में गोंढ़-लत्ती की आधी सूखी बेल उलझाता और कसता जा रहा था।

गोनड़ भभाकर हँस पड़ा, खीसें निकल आईं। टुन्नी से उसने कहा—"अरे वो बात तो बताई ही नहीं तुमने !..."

कौन-सी—सभी ने टुन्नी की तरफ जिज्ञासा की दुहरी-तिहरी निगाहें गड़ा दीं।

"जाने भी दो, जो बीत गई सो बात गई !" टुन्नी ने कहा।

खुरखुन चार दिन पहले फुलपरास-बाज़ार से हरी-पीली-धानी आँचलोंवाला सफेद मोटिया गमछा लाया था। अभी पीठ के नीचे उसे ही बिछा रखा था।

लेटे ही लेटे उसने ज़ोर देकर कहा—"अंहं, अब तो बतलाना ही पड़ेगा टुन्नी ! क्या करके आए हो ?"

खुरदरा चेहरा। खुचरा मूँछें। छोटा कपार। छोटी आँखें। कद नाटा और सूरत भूरी। काम छोड़कर टुन्नी थोड़ी देर के लिए अपनी प्रतिमा आप बन गया।

फिर कहने लगा—भूँजा फरही की पोटली बाँधकर कोसी किनारे गया मैं इसलिए कि दस रोज बाँध की मजूरी करूँगा, खाना-खेवा निकालकर कम से कम अठारह आना-बीस आना रोज तो बचा ही लूँगा। चार-छै जून साथ के दाने चबा-चूबकर भूख को ठगता रहा, फिर उधार की खिचड़ी चलने लगी। पहली बार जिस बाबू ने नाम लिखा, वह दूसरी बार नहीं मिला। दूसरे दिन जो भाई काम लेने आए, दो रोज बाद उनका भी पता नहीं। मिट्टी काटते-ढोते बारह दिन बीत गए, छदाम का भी दरसन नहीं हुआ। उधार खाते चावल-दाल-नमक-हल्दी-मिर्ची-ईंधन देनेवाला दूकानदार भला क्यों छोड़ने लगा ? कुदाल रख ली, टोकरा रख लिया, धोती तक उतरवा ली ! कमर से गमछा लपेटे दो दिन, दो रात का भूखा मैं घर लौट आया हूँ...

इतना कहकर टुन्नी ने लंबी साँस ली और धरती छूकर दोनों कान छू लिए।

खुरखुन से लेटा नहीं रहा गया अब, वह उठ बैठा।

आवेशमय स्वर में अपने आप वह बड़बड़ाने लगा, दोनों हाथ उलाहना की मुद्रा में आसमान की तरफ उठे थे—"हे भगवान, कैसा जमाना आया है ! पच्चीस करोड़-पचास करोड़ रुपइया लगाकर दस-पंद्रह साल में कोसी-बाँध तैयार होंगे, हज़ारों का माहवारी चारा पानेवाले पचासों आफीसर बहाल हुए हैं। लाखों के ठेके मिले हैं ठेकेदारों को। करोड़ों का सामान बीरपुर में लाकर अटा दिया गया है। रात-दिन हवाई जहाज़ कोसी

इलाके में मँडराते रहते हैं। पानी की तरह रकम बहाई जा रही है। फिर गरीब मज़दूरों के साथ ही सुराजी बाबू लोग इस तरह का खिलवाड़ क्यों कर रहे हैं ? ऐसा अनर्थ तो न कभी सुना, न देखा ! हे भगवान, सृष्टि के इन्हीं तौर-तरीकों में तुम्हें अपने विधातापन का स्वाद मिलता है ? हिंद-हितकारी समाज नहीं, पेट-हितकारी समाज ! छी-छी-छी-छी..."

गोनड़ ने भोली हँसी हँसकर फिर कहा—"अरे, कुछ और सुन लो खुरखुन ! इतने में ही उबिया गए ?"

खुरखुन उठकर खड़ा हो गया। गमछा झाड़-झूड़कर कंधे पर ले लिया।

घर की तरफ चला तो भोला के कुत्ते ने कहीं से आकर अपने मालिक के गाढ़े दोस्त की टाँग सूँघ ली। प्यार के प्रतिदान की प्रतीक्षा में दस-बीस कदम तक वह पूँछ हिलाता आया मगर खुरखुन के दिल-दिमाग अब भी खौल रहे थे। उसने कुत्ते की ओर देखा तक नहीं।

भोला के बैठकखाने में बजरंग-मंडली के तीन-चार छोकरे रंग जमाए हुए थे। ढोलक ठनक रही थी, झालें खनक रही थीं। मिले स्वरों की हलकी-मीठी तान में फिल्मी पद तैर रहे थे।

खुरखुन ने उन्हें सुनकर भी नहीं सुना। उसके पैर फुर्ती से उठते चले आए।

मधुरी के गौने की तैयारियाँ करीब-करीब हो चुकी थीं।

पाँच रोज बाद, अगले बुधवार को पूर्णिमा के भोर में महफा (डोली) उठनेवाला था। दस्तूर के मुताबिक प्रतिदिन सुर भरकर एक-आध बार रोना भी मधुरी शुरू कर चुकी थी। घर के काम-काज से फारिग होकर जितिया बुआ, मोदनी मामी, सकुंती बहन आ जुटतीं। मंगल की माँ भी। किसी-किसी दिन मंइञा आकर पहले से ही डटी रहती। रोने का यह सिलसिला एक-एक के गले से लग-लगकर घंटा-डेढ़ घंटा तक चला करता। इस आरोह-अवरोहमय सुरीले क्रंदन के माध्यम से मधुरी बताया करती—"ओ जितिया बुआ, अब पुदीना और इमली की चटनी मुझे कौन खिलाएगी-ई-ई-ई-ई !" जवाब में, रोने का ठीक वही सुरीला तरीका अपनाकर मोसम्मात जितिया कहती—"मुझे अपनी खैनी के लिए सीपियों का चूना बना-बनाकर अब कौन दिया करेगी गे-नू-नू-ऊँ-ऊँ-ऊँ-ऊँ !"

मोदनी मामी गले मिलकर रोती तो रोज यही दुहराती कि अब उसे डोंका का गोश्त कौन खिलाएगी। सकुंती के लिए परिताप का विषय यह था कि मेला-ठेला देखने कौन साथ जाया करेगी। भोला की दादी रो-रोकर कहती कि इतने प्रेम से कौन अब उसके जाँघ-गोड़ चाँपा करेगी...

रंगीन रुलाइयों के ये तरन्नुम बजरंग मंडली के छोकरों के लिए मखौल का मसाला थे लेकिन खुरखुन का तो कलेजा टूक-टूक होता था यह सब सुन-सुनकर।

और इसीलिए वह अपने दरवाज़े से ही वापस लौट चला।

मंगल की माँ के गले लगकर मधुरी रो रही थी-"गे चा आ आ ची ई ई, कै ऐ ऐ से ए ए र अ अ अ अ अ हूं ऊं ऊं ऊं ऊं गी ई ई ई ई मैं ऐं ऐं ऐं ऐं..." कह

रही थी ? चाची, तुम सबसे अलहदा होकर मैं कैसे रह सकूँगी ? सूखी रेत पर कबई मछली जिस तरह तड़पा करती है, मैं भी क्या उसी तरह नहीं तड़पूँगी चाची ?

रुलाई में डूबे हुए बेटी के ये शब्द सुनते ही बाप ने आँखें मींच लीं। दाँतों पर दाँत, मसूढ़े पर मसूढ़ा। चेहरा सिकुड़-सिमट गया। सहज श्याम कांति अधिक से अधिक श्यामल हो उठी। पैर मनों भारी हो उठे।

खुरखुन वापस लौट गया।

भीतों का एक घर, एक मड़इया, दो ओर से फूस का घेरा। यही तो हुआ घर-आँगन। अभी काज-परोजन के दिन थे। बाहर से द्वारवाली भीत की पुताई हुई थी, चिकनी-पीली मिट्टी से। द्वार के दोनों तरफ आमने-सामने काले रंग की कच्ची स्याही में किसी ने हाथी आँक दिए थे। शरीर का मुटापा उन चित्रों में उतना नहीं अखरता था जितना कि बेडौल सूँड़। महावत की जगह मूली-गाजर की-सी शकल अंकित थी। प्राइमरी स्कूल में पढ़नेवाला पड़ोस का एक लड़का मसालेवाली मोटी-मोटी पिसी हल्दी में उँगली डुबोकर, अंदर के द्वार की चौखट के माथे पर 'जय हिंद' लिख गया था, इन अक्षरों के बगल में दोनों तरफ मय अशोक-चक्र के तिरंगा खाका अंकित थे—रंग भरने की जगहें खाली छोड़ दी गई थीं।

आँखों में काजल, रँगे हुए तलवे, नीली धारियोंवाली चंपई साड़ी, लाल छींटों की पीली चुनरी...मधुरी खूब खिल रही थी।

मंगल की माँ ने अपने आँचल की खूँट से उसकी आँखों के कोर पहले पोंछ दिए, अपने आँसुओं को बाद में पोंछा।

मधुरी की माँ ने अंदर से आवाज़ दी—"आई बहिना, भाग मत जाना !"

—आओ भी, मुझे जरा जल्दी है बहिना !

—लो, मैं आ गई।

मिट्टी के बर्तनों की हल्की-मीठी टकराहट बाहर भी सुनाई दे रही थी। मधुरी की माँ हाँड़ियों में जाने क्या कुछ डाल-निकाल रही थी। अगले ही क्षण हाथ झाड़ती हुई बाहर आई। निगाहों के सामने दो-तीन लटें पसीने की बूँदियों में चिपक रही थीं, उन्हें उसने हटा दिया। आँचल से चेहरा पोंछा और बोली—"अबके बैसाख खूब तप रहा है बहिना !"

"जेठ-असाढ़ तो बाकी है अभी बहिनिया !"—मंगल की माँ ने कहा।

डेढ़-दो साल का नन्हा बच्चा जाने कब से पीछा कर रहा था। पलानी की छाँह में चार बातें कर लेने की नीयत से माँ जब बैठ गई तो चुपके से वह भी आया और गोद में लोटने-पोटने लगा।

मधुरी की माँ का यही अब कोरइला था, गोद का बच्चा। बाईं बाँह फैलाकर उसने नन्हे को सीने से सटा लिया तो कब की प्यासी उसकी थूथन माँ का स्तन चभलाने लगी।

बच्चा नंग-धड़ंग था। एक बार उसकी समूची देह पर हाथ फेर लिया तो माँ के

दिल को तसल्ली हुई। अब उसने पूछा–"बोलो बहिना, बहू के सील-सुभाव खुले कि नहीं ?"

माँ और चाची को इत्मीनान से बतियाने देना था, मधुरी खिसक चुकी थी। छः-साला लड़की बकरी की सूखी मींगणियों से छक्का-पंजा खेलने का रियाज कर रही थी; कच्चे आम की पतली-लंबी फाँक मुट्ठी में दबाए हुई थी, बीच-बीच में जीभ से छुआकर खटास का चटखारा लेती थी। बाकी बच्चे घर-आँगन से बाहर थे।

बहू के बारे में मधुरी की माँ का सवाल मंगल की माँ को अच्छा ही लगा। अपना हुक्का वह साथ लाई थी। रोते वक्त भीत से टिकाकर अलग रख दिया था। अब उठाकर गुड़गुड़ाया तो पीनेवाली तंबाखू की कच्ची गंध और छोआ की भभक साथ आई।

–टिकिया फिर से गरमा लो बहिनिया !

–हूँ, बहिनिया !

और तब फुलिया की पुकार हुई, उसी छः-साला लड़की की।

मंगल की माँ ने उसे हुक्के पर से उतारकर चिलम थमा दी। इस चिलम से सिकड़ी के सहारे चिमटी भी लगी हुई थी।

सुलगती टिकिया के साथ चिलम वापस आकर हुक्के पर सवार हुई तब चला गुड़-गुड़-गुड़-गुड़-गुड़-गुड़...

जल्दी-जल्दी चार-छै बार दम मारकर मंगल की माँ ने कहा–"बहू तो हमारे घर ऐसी आई है बहिना कि तुझसे क्या बताऊँ ! बड़ी लछमनियाँ है बहिन ! बोलती है तो टहनी हिलती है और हरसिंगार झरते हैं। मुसकाती है तो चानन का लेबा लगाती है ! मंगल का ही नहीं, समूचे परिवार का नसीब जागा है बहिना !..."

मधुरी की माँ की आँखें भर आईं, फड़कते होंठ फैल गए। बड़ी मुश्किल से ये शब्द निकले–"और हमारी सोन-छड़ी को जो सराहती, वही इस धरती पर नहीं रही; चली गई है सरगउली हाट ! ससुर है तो बुढ़वा, ताड़ी पीकर धुत्त बना रहता है ! बहिना, फिकिर के मारे पलकों से नींद उड़ गई है हमारी..."

रो पड़ी मधुरी की माँ।

मंगल की माँ ने हुक्के को फिर पलानी की खंभेली से टिकाकर रख दिया। वह अपने आँचल से बहिनिया के आँसू पोंछने लगी। ढाढ़स के स्वर में कहने लगी–"नाहक मन छोटा करती हो, तुम्हारी बिटिया कोई मामूली लड़की है ? दिल जीतने का जादू जानती है वह तो ?"

गोद का बच्चा थन चूसते-चूसते सो गया था, अब उसके हाथ और होंठ थन से अलग पड़े थे। मधुरी की माँ फिर उसके बदन पर हाथ फेरने लगी।

मंगल की माँ उठ खड़ी हुई तो सिलेबिया आकर तब तक हुक्का सँभाल चुकी थी। वह अपनी माँ को बुलाने ही आई थी।

पाँच

मौसम तो था मगर फसल नहीं थी अबके आमों की।

भोला का पुराना बगीचा इस दफे एक टिकोरा तक नहीं दिखला सका। हाँ, नई अमराई में तीन-चार पेड़ फरे थे।

कुछ महीने पहले अधिकमास पड़ा था। उस हिसाब से बैसाख का क्या, यह तो जेठ का अंत आ गया था। आम टपकने लगे थे।

नई अमराई में मंगल ने मचान खड़ा कर रखा था। चारों भाई-बहन आम अगोरते थे बारी-बारी से आकर। भोला को शायद ही अवसर मिलता।

यह अमराई गाँव से बिलकुल करीब थी, दच्छिन-पच्छिम की तरफ। दर्म्यान में थोड़े से खेत थे। आजकल उनमें मडुआ के घने साँवले पौधे लहलहा रहे थे।

मंगल कई दिनों से मिलना चाहता था लेकिन मधुरी मौका नहीं दे रही थी। आखिर मंगल ने चुल्हाई की मार्फत संदेशा भेजा—"मैं मानूँगा नहीं, तेरी ससुराल तक धावा करूँगा। ऐसी भी क्या बात है कि मिलेगी ही नहीं..."

फिर जाने क्या सोचकर अमराई में ही मधुरी मंगल से मिलने आई।

शुक्लपक्ष की त्रयोदशी।

पहर रात बीती थी।

आमों के झुरमुट में चितकबरी चाँदनी।

चितकबरी चाँदनी में वह छोटा-सा दुपलिया मचान नहा रहा था।

अचार के लिए दिन में कच्चे आम तोड़े गए थे। साथ टूटकर गिरे हुए पत्तों के चिकने स्पर्श तलवों को गुदगुदा रहे थे। दिल में लेकिन गुदगुदी नहीं, धड़कन थी।

परसों ही तो पूर्णिमा है—मधुरी की आँखों के कोए फैलकर दुगुने हो गए। वह अच्छी तरह जानती थी कि नहीं मिल लेगी तो मंगल ससुराल तक पीछा करेगा।

अमराई के बीचोबीच किसुनभोग का एक छतनार कलमी पेड़ था। घनी टहनियों और चौड़े-बड़े पत्तों से यह चाँदनी को ऊपर ही ऊपर उलझाए हुए था।

संकेत के अनुसार मंगल किसुनभोग के तले खड़ा मिला।

मुलाकात पाँच महीनों पर हो रही थी।

पास आई तो मंगल लपका।

बेताबी से अपनी बलिष्ठ बाँहों में कसकर मधुरी को उसने चूम लिया। फिर चूमा और फिर चूमा।

धौली तेरस की गाढ़ी-दुधिया चाँदनी किसुनभोग की घनी-छतनार डालों के तले आ नहीं पा रही थी किंतु अपनी दमकती परछाईं से अंधकार की गहन कालिमा पर हल्की-हल्की-सी पोची वह अवश्य फेर रही थी।

मंगल का पहला आवेग कुछ शांत हुआ तो मधुरी ने बाहुपाश को आहिस्ते से ढीला कर लिया। बित्ता भर अलग हुई और उसके कंधों पर अपने दोनों हाथ टिका दिए।

चेहरा साफ-साफ दीख नहीं रहा था, मुखमंडल की स्थूल आकृति तरल-स्वच्छ झुटपुटे अंधकार में सामने थी।

मंगल साँस पीकर मुग्ध-विभोर खड़ा था।

हल्की-चिकनी फुसफुसाहट...

—नाराज हो ?

—उहूँ !

—एक बात बताऊँ ?

—कहो।

—मानोगे ?

—ज़रूर !

—नहीं, तुमसे नहीं पार लगेगा।

—कहो भी तो आखिर !

—सच ?

—हाँ, मधुरी, तुम्हारे लिए मंगल क्या नहीं कर सकता ?

कि कहीं एक आम टपका !

इक्के-दुक्के पके आम अब टपकने लगे थे।

मंगल के कंधों से अपने हाथ हटाकर मधुरी बोली—"यह कौन आम टपका है ?"

"और कौन, रोहिणिया होगा,"—उसने निश्चयात्मक समाधान दिया। क्षण भर रुककर पूछा—"ला दूँ ?"

—अँधेरे में अभी कहाँ-कहाँ टोह लेते फिरोगे !

—जहाँ-जहाँ उम्मीद होगी !

पतले अंधकार की हल्की तहें चीरकर दोनों तरफ दंत-पंक्तियाँ जगमगा गईं। अवश्य, दोनों ही मुस्कुरा पड़े थे।

उड़नेवाले दो-एक छोटे कीड़े नाक-कान से छू गए। मंगल को अंग-अंग में सिहरन महसूस हुई। पाँच महीना पहले की वह हेमंती रात सामने आ गई जब कि इसी तरह निभृत-निर्जन-एकांत-मिलन का अवसर हासिल हुआ था। स्थान यह नहीं, धनहा चौर का अंचल था।

मंगल ने फिर गलबहियाँ दीं।

मधुरी की तरफ से प्रतिरोध तो नहीं, अनासक्ति।

—तो बताया नहीं तुमने ! क्या कह रही थीं ?

—अच्छा, पीछे बताऊँगी ? घरवाली तो खूब पसंद आई ? चलो, अच्छा हुआ !

—लेकिन तुम मुँह फेर लोगी तो मंगल बेलल्ला होकर सूख जाएगा...

मंगल के स्वरों में तरलता थी, बेबसी का अनुनय था।

मधुरी अधिक शांत हो आई और अधिक गंभीर।

उसने हाथ पकड़कर मंगल को बैठा लिया, खुद भी बैठी। किसुनभोग के तले

साफ-सूखी ज़मीन इस झीने अंधकार में चकचक कर रही थी।

अकंपित और मधुर आवाज़ में मधुरी ने कहा—"देखो मंगल, मैं तुमसे तीन-चार साल छोटी हूँ। हमने एक-दूसरे पर अपने-अपने प्राण निछावर कर रखे थे लेकिन अब तुम घर की लक्ष्मी का मुखड़ा ध्यान में रमा लो और मुझे भूल जाओ... !"

मंगल चुप था। उसका सिर मधुरी के कंधे से आ लगा। इच्छा तो हुई कि उसे वह अपने कंधे से टिका रहने दे पर अगले ही क्षण मधुरी सँभल गई। सँभली तो फिर मंगल के टिके सिर पर, बालों में उसकी उँगलियाँ सैर करने लगीं। कान में होंठ सटाकर कहा—"मंगल !"

वह अब भी चुप था।

मधुरी की फुसफुसाहट और भी अधिक धीमी हो आई—"मंगल, कभी यह भी सोचा है कि मोरंग की जो सुंदरी सुशीला तरुणी तुम्हारी गृहलक्ष्मी होकर आई है, इसी तरह उसने भी अपने प्रेमी को समझा-बुझा दिया होगा...मुझे भूल जाओ मंगल...!"

उसने मधुरी के कंधे से अपना माथा हटा लिया।

मंगल ने यहाँ तक नहीं सोचा था। उसे मधुरी इतना ज्यादा प्यार करती थी कि इस पहलू पर कभी ध्यान ही नहीं गया मंगल का। अब वह मधुरी से क्या कहे, क्या न कहे।

दिमाग में सत्रह-साला तरुणी का वही प्रफुल्ल मुख बार-बार उभरने लगा, पिछले दो महीने का साधारण सहवास भी जिसकी असाधारणता पर उपेक्षा की राख बिखेर नहीं पाया...भरा-पूरा परिवार, लज्जा-संकोच का कड़ा से कड़ा पहरा। मिलना-जुलना रात को ही होता। फिर भी वह द्वितीया धीरे-धीरे आकर अब इस प्रथमा के निकट खड़ी थी।

मंगल की बहू अपनी मिठास से मधुरी का भी मन मोह चुकी थी। रत्ती-भर भी ईर्ष्या अब उसके प्रति मधुरी के अंदर नहीं थी।

मंगल जैसा का तैसा गंभीर बना रहा। रोमांस के सारे मनसूबे हवा हो चुके थे। लगता था कि बाईस दिनों के मियादी बुखार ने रग-रग को उबालकर छोड़ दिया है।

मधुरी मंगल का मौन तोड़ना चाहती थी। वह उसका विकट अंतर्द्वन्द्व समझ रही थी। स्वयं क्या कोई कम दुख-दर्द हो रहा था उसे ?

झींगुरों की अविराम झंकार पृष्ठभूमि में शहनाई का काम कर रही थी। रात बढ़ रही थी ! चाँद चढ़ रहा था। माँ से बिछुड़ा हुआ कौए का एक बच्चा कच्ची आवाज़ में काँव-काँव कर उठा तो मधुरी सचेत हुई। पहले मिलन के अवसरों पर अक्सर मंगल बीड़ी सुलगाता, दो कश खींचकर मधुरी को थमा देता। दो कश खींचकर वह फिर मंगल को थमा देती...मगर आज अभी तक बीड़ी नहीं निकली थी। मधुरी को खयाल आया तो चट से कहा—"अच्छा, बीड़ी तो निकालो !"

बिना कुछ कहे मंगल ने बीड़ी निकाली हाफ कमीज़ की पाकिट से। माचिस मचान की पलानी में खुँसी थी, उठ खड़ा हुआ कि जाकर ले आएगा। मधुरी भी उठने लगी तो मना किया—"बैठो, अभी आया।"

ज़रा देर बाद मंगल बीड़ी सुलगाकर ले आया। दो कश खींचकर मधुरी की तरफ बढ़ाता हुआ बोला–"ओफ्फोह, कैसी निठुर हो तुम !"

जवाब में उसने गहरी साँस ली और कश खींची तो इतनी लंबी कि समूची बीड़ी स्वाहा !

अबकी दोनों सटकर नहीं बैठे। बीच में गज भर का फासला था। नब्ज़ की रफ्तार अब सहज ढर्रे पर आ लगी थी, मंगल ने कहा–"अब हम कभी नहीं मिलेंगे !"

मधुरी ने बिजली की फुर्ती से अपना हाथ मंगल के मुँह पर रख दिया, फटकार की मीठी भंगिमा में कहा–"राम राम ! ऐसी भी अशुभ बातें निकाली जाती हैं ! छिः !"

मंगल ने संजीदगी से हटा दिया, बुदबुदाया–"क्या अशुभ, क्या शुभ, सभी बराबर हैं अब..."

मधुरी ने हल्की आवाज़ में कड़ी डाँट बताई–"कैसी नासमझी की बातें किए जा रहे हो ! देखो मंगल, अब भी तुम होश में नहीं आए तो किसुनभोग के इसी कलमी पेड़ से अपना कपार मैं टकरा लूँगी और लहूलुहान होकर तुम्हारी घरवाली के सामने जा पड़ूँगी। कहूँगी कि भाभी..."

आगे नहीं बोलने दिया गया।

अपने मुँह पर से मंगल की हथेली परे करके मधुरी ने कहा–"देखो मंगल, अब हम छोकरा-छोकरी नहीं रहे ! धूल-मिट्टी के बचकाने खेल काफी खेल चुके। सयाने समझकर माँ-बाप और सास-ससुर ने तुम पर जो ज़िम्मेदारी सौंपी है उससे जी चुराना कायरता होगी। तुम्हें अपनी घरवाली के प्रति वफादार होना है, मुझे अपने घरवाले के प्रति। गाँव-गँवई के हम सीधे-सादे लोग ठहरे। हमारा प्रेमनगर कहीं समाज से अलग या संसार के बाहर आबाद हुआ है ? सुनती हूँ, बड़े आदमी जब और कामों से ऊब उठते हैं तो दिल के टुकड़े इधर-उधर फेंका करते हैं और दसियों घर बर्बाद कर छोड़ते हैं। मैं तुम्हारा घर बर्बाद नहीं करना चाहती मंगल, मैं नहीं चाहती कि एक औरत की सिंदूरी माँग पर कालिख पोतती रहूँ।..."

दोनों उठ खड़े हुए।

मचान के नजदीक आए। हमेशा रोहिणी नक्षत्र में पकनेवाला आम 'रोहिणिया' अपने पेड़ की किसी नाजुक टहनी से फिर एक फल टपका बैठा तो मंगल ने कहा–"रोहिणिया की तरफ से यह तुम्हारे लिए दुआ टपकी है, लेती जाओ !"

साफ-सूखी ज़मीन पर ही टपका था, फिर भी फट नहीं गया था। मंगल ने लाकर थमा दिया तो मधुरी ताजे-पके उस बीजू आम को नाक के पास हिला-हिलाकर सूँघती रही–"वाह ! क्या खुशबू है।"

चलने लगी तो आखिर उसने मंगल की ठुड्डी छू ली और चुमकारकर कहा–"भइयन, मुझे माफ कर देना !"

अमराई के चारों ओर शीशम-महुआ की कतारें थीं। मंगल चुपचाप साथ आया, उत्तरी छोर तक पहुँचाकर लौट गया।

छह

यहाँ से डोली निगाहों से ओझल हो गई, रुलाई की मर्मबेधक आवाज़ें हवा में तैरते-तैरते आकाश के शून्य में समा गईं। औरतें गाँव के छोर तक गई हुई थीं छोड़ने, वे लौट आईं।

रोते-रोते खुरखुन के पपोटे सूज आए थे।

मधुरी की माँ और भोला की दादी का भी यही हाल था। वे भी मधुरी के लिए हद से ज्यादा रोई थीं।

कुछ नहीं, कुछ नहीं, तो भी दो सौ का खर्चा पड़ा।

साड़ियों के छै जोड़े, चार ब्लाउज, पटसन (जूट) की मामूली शाल, चार-छै साधारण गहने, काँसे की थाली और कटोरा, पीतल का लोटा, बिछाने का मोटा-खुरदरा कंबल, बचकानी संदूकची...

अपनी औकात से ज्यादा ही दिया था लड़की को। दूल्हे के लिए धोती-कमीज़ और चद्दर दी थी।

माँ की लालसा थी कि बेटी हँसली पहनकर ससुराल जाय। भोला को अपनी स्त्री से इसकी भनक मिली थी। पचास रुपए की लागत से उसने हँसली बनवाई और मंगल की माँ को लाकर सौंप दी। कहा था—मधुरी हमारी भी बेटी है न !

बिदागरी का महूरत सूरज उगते ही था।

ट्रेन पर सवार होकर जाना था। डोली तमुड़िया स्टेशन तक ही गई थी। साथ दूल्हा के अलावा, छोटा भाई और रंगलाल गए थे। दूल्हा का चाचा आया तो था लेकिन उसे पड़ोस के गाँव की पुरानी रिश्तेदारी तक पहुँचकर फिर लौटना था।

मधुरी की ससुराल समस्तीपुर से आगे रोसड़ालाइन में अंगारघाट के करीब पड़ती थी।

दुलहिन को शाम तक पति-गृह में प्रवेश करना था।

खुरखुन की खोपड़ी ऐसी बोरसी हो रही थी जिसमें राख ही राख भर गई हो। विषाद का मद्धिम धुआँ दिमाग को बोझिल बना रहा था। कलेजे में अब हूक नहीं उठती थी बल्कि खुश्की का दौर था।

मधुरी की माँ नन्हे को लेकर लेट गई। मंझली लड़की को उसने हिदायत कर दी कि बहनों को खाना खिलाकर खुद भी खा ले, नाहक तंग न करे अपनी माँ को !

दस ही रोज़ बाद गरोखर में महाजाल डाला जानेवाला था। आजकल उसकी मरम्मत चल रही थी। मलाही में गंगा सहनी का चौपाल इन दिनों बातचीत और काम-काज का अड्डा बन रहा था।

लड़की के गौने की झंझटों से छुटकारा पाकर खुरखुन को भी अब उसी तरफ ध्यान देना था लेकिन इस वक्त बेचारे की चेतना मानो फ्यूज हो रही थी। जीं कर रहा था कि लबनी-भर ताड़ी पीकर लेट जाए जाके कहीं, दिन भर लेटा रहे।

गोल-कट निमस्तीन की पाकिट छूकर खुरखुन ने टोह ली...गोल और खुरदुरे

किनारोंवाली अठन्नी ! कल देपुरा की दूकान से गरी का तेल लिया था न पाच भर ! रुपया गया और तेल के साथ यही अठन्नी वापस आई थी...

थोड़ी देर वह गढ़पोखर के पूर्वी भिंडे पर गमछा बिछाकर लेटा रहा। साँवली सूरत, सलोना मुखड़ा, बड़ी-बड़ी आँखें...बार-बार बिटिया सामने आकर खड़ी हो जाती ! मीठी-महीन लहरदार आवाज़ बार-बार कानों में गूँज उठती—बब्बू ! ओ बब्बू ! तुम्हारे लिए अलग से मैंने झिंगे तले हैं, उठो बब्बू !....लगा कि मछलियों की करारी शिकार के बाद थका-माँदा वह लौटा है, निढाल होकर लेट गया है बिना खाए-पिए ही। मलसी में सरसों का तेल गरमाकर लाई है मधुरी। माथा, कपार, गर्दन, कंधे, पीठ, कूल्हे, कमर, जाँघ, गोड़, हाथ-पैर...अंग-अंग की मालिश कर रही है बिटिया; दुहरा-तिहराकर चाँप रही है। थकती नहीं है चाँपते-चाँपते। ढिबरी के मटियाले आलोक में मधुरी के कपार पर पसीने की बूँदियाँ चमकने लगी हैं...बस कर बेटा ! बस कर ! उतर गई थकान तो ! जा, अब तू भी आराम कर बिट्‌टन ! ...एक बार सतघरा के बनिए की कुछ रकम उधार आई थी, सूद नहीं गया वक्त पर। तकाजे के लिए आदमी आया तो अनाप-शनाप बकने लगा, फिर बिटिया ने बच्चू को वो डाँट पिलाई कि मजा आ गया...

खुरखुन लेटा रहा मगर मधुरी खड़ी रही !

स्मृतियों की अपार भीड़ ने हृदय पर हमला कर रखा था।

ऊबकर आखिर वह उठ खड़ा हुआ।

खुरखुन के पैर सतघरा की ओर बढ़ते गए।

गढ़पोखर से मील-एक उत्तर, सतघरा के इधरवाली छोर पर ताड़ी की दूकान थी।

ताड़ के पत्तों से छाए हुए दो छप्पर। सामने खूब चालू सड़क। सीधी कतार में रखे हुए पाँच-सात घड़े। अलग-अलग नाप की कई घड़ियाँ। ज़रा हटकर चंगेरियों में झिल्ली, कचरी, भूजा, फरही जैसी खाने की चीज़ें।

दिन पहर-डेढ़ पहर चढ़ आया था।

खोई-खोई-सी मुद्रा में खुरखुन सड़क के नीचे उतर आया।

दस कदम पच्छिम हड्डी-तोड़ मशक्कत के शैदाइयों की वह मधुशाला इस समय भी सूनी नहीं थी। ताल-पत्र की आसननुमा चटाइयाँ इधर-उधर बिखरी पड़ी थीं। उन पर छः-सात बंदे डटे हुए थे। दो थे आमने-सामने एक जगह। सम्मुख त्रिकोण—बैठक में तीन विराजमान थे दूसरी जगह। बाकी एक-एक जुदा-जुदा।

छोटी-छोटी घड़ियाँ और सकोरे। ताड़ का टुकड़ा-टुकड़ा पत्ता ? इन्हीं खंडित तालपत्रों पर खाने की वस्तुएँ—झिल्ली, कचरी, भूजा, फरही, मछली, मिर्च।

नए ग्राहक की अगवानी में, खड़ी चटाइयों की आड़ से, एक अधेड़ मुच्छड़ चेहरा गर्दन सहित निकल आया, शरीर के शेष अंग ओझल थे। मुँह के अंदर भात का डबल कौर अभी-अभी ठूँस रखा था। हिलती गर्दन और चकराती पुतलियों के इशारे से आगंतुक को रुकने को कहा उसने, और फिर अदृश्य हो गया।

पीनेवाले अपनी-अपनी मस्ती में थे। उन्हें आए-गए की परवाह नहीं थी। दो तो

आपस की ही गाली-गलौज में विभोर हो रहे थे। त्रिमूर्तिवाली गुट अभी चढ़ान पर थी। छठवाँ पियक्कड़ अब तक वहीं उतान लेट चुका था, आखिरी बूँद का मज़ा लेने के अभिनय में खाली सकोरा ऊपरी होंठ और नाकों पर औंधा रखकर जीभ निकाले हुए था।

सातवाँ ?

सातवाँ तो नीरस था !

हाँ, वही अपना नीरस।

घनी-खिचड़ी मूँछों पर ताड़ी की गाढ़ी झाग श्यामल मुखमंडल को दर्शनीय बना रही थी। सामने के रिक्त मधुपात्र पर अब मक्खियों का कब्जा था।

पास ही बड़ी गठरी और लाठी पड़ी थी। गठरी के फाँक से जाल बिनने के मोटे-मज़बूत खाकी धागे झाँक रहे थे। सड़क की ओर पीठ फेरकर वह पच्छिम-रुख बैठा था। बाएँ कान पर बायाँ हाथ, दाहिना हाथ आसमान की तरफ। नाटे कद का तीस-साला नीरस रुआँसी धुन में कमला मैया का गीत गा रहा था।

खुरखुन निकट आया। गौर से उसने नीरस को देखा। आँखें आधी-आधी मुँदी थीं, पुतलियाँ मानो दृष्टि-शून्य...

नीरस की चेतना में इस वक्त सिवाय कमला नदी के और कुछ था हो नहीं। खुरखुन ने उसकी इस मस्ती में खलल डालना उचित नहीं समझा। एक तो वह खुद भी मानसिक उलझनों से ऊबकर ही यहाँ आया हुआ था, दूसरी बात यह भी थी कि कमला मैया को ध्यान में रखकर गाए जानेवाले वे पद खुरखुन को बेहद प्यारे थे।

नीरस अपना झूम-झूमकर गाता रहा और खुरखुन भी आसनी खींचकर वहीं बैठ गया।

ज़रा देर बाद दूकानदार बाहर निकला तो खुरखुन ने आवाज़ दी--दुअन्नी का नाश्ता, छै आने की चउठी (चतुर्थांश) लवनी ताड़ी...जल्दी भइया !

फर्मायश पूरी की गई।

खुरखुन सकोरे में ढाल-ढालकर पीने लगा। नीरस के सुर में सुर मिलाकर हल्के-हल्के गाने भी लगा, बीच-बीच में चबेना भी चलता रहा और सकोरे भी सुड़कता रहा। थोड़ी-सी झिल्ली-कचरी और सकोरा भरके ताड़ी उसने नीरस के भी आगे रख दिया।

नीरस का ध्यान रत्ती-भर भी टूटा कि नहीं टूटा, खुरखुन ने कुछ देर बाद भरा सकोरा उसके दाहिने हाथ में थमा दिया उठकर। पीना तो ठीक मगर नाश्ते में शामिल होने से इनकार कर दिया, ज़ोरों से माथा हिलाकर।

खुरखुन को अब भूख भी महसूस हुई। सामनेवाली भूजा फरही चट कर चुका तो नीरस के लिए अलग की हुई झिल्ली कचरी उड़ाने लगा। भरे हुए मुँह से गीत के पद निकल नहीं पा रहे थे। तो भी वह गाने में साथ दे रहा था...

एकाएक फिर उसे बिटिया याद आ गई...

मधुरी को ताड़ी पीनेवालों पर बड़ी घिन आती थी। छठे-छमाहे भोला या नकछेदी या गंगा के दोस्ताना दबाव में आकर खुरखुन पी-पा आता तो वह बेहद दुखी होती। डेढ़-सवा साल पहले की बात है। माँ गई थी उधरा, कमला मैया के मंडप में मिन्नत-कबूलवाली पूजा चढ़ाने। घर में दो-तीन छोटे बच्चे और यही बाप-बेटी रह गए थे। शाम को बाप ताड़ी पीकर लौटा, नशे में धुत्त। बुरे लच्छनों का आभास पाकर बेटी घबराई। उसे अकेले छोड़कर रात बिताने अड़ोस-पड़ोस के किसी घर में चली जाती, यह भी तो ठीक नहीं जँचा। गालियों की बौछारें, मार-पीट और हैवानियत के हमलों में नाकामी के बाद सर के बाल पकड़कर ज़मीन पर घसीटना...प्रमत्त पिता के सारे उपद्रव पुत्री ने चुपचाप झेल लिए। बड़ी मुश्किलों में मधुरी की वह रात कटी। नशा उतरने पर खुरखुन जब अपनी सहज-स्वस्थ भूमिका में फिर वापस आया तो रात की बदतमीज़ियों के लिए बेटी से उसने माफी माँगी थी। भीगी आँखों और फड़कते होंठों से बिटिया बोली थी : 'बब्बू, मैं जहर-माहुर खा लूँगी अगर फिर कभी तुमने शाम के वक्त दारू-ताड़ी को हाथ लगाया....' तो बाप अपने आप कान पकड़कर प्रायश्चित के लिए उठने-बैठने लगा था। बेटी ने लपकके हाथ पकड़ लिए थे—'यह तुम अब और क्या कर रहे हो बब्बू !' बाप ने कहा था : 'नहीं बेटी, तेरे सामने कान पकड़कर इस तरह दस बार बैठूँगा-उठूँगा तभी जी हल्का होगा।' और, तब से फिर कभी खुरखुन ने शाम को दारू-ताड़ी में हाथ नहीं लगाया...आज भी वह खुश था कि दिन दुपहर से पहले ही पी रहा है।

नीरस अब भी गाए जा रहा था, वही कमला मैया का गीत ! पद तो गीत के चौदह ही थे लेकिन नीरस उन्हें बार-बार गाए जा रहा था।

दिमाग पर ताड़ी अपना असर डालने जा रही थी कि चेतना ने सुझाया, नाभि से नीचे धोती की अंटी में रुपए की लाल-मैली नोट अब भी पड़ी है। बस, फिर क्या था ! नोट निकालकर खुरखुन ने दाहिने हाथ की दो बिचली उँगलियों में उसे लपेट लिया और खूब जोर से ठहाका लगाया। अगले ही क्षण नोटवाला हाथ ऊपर को घुमाता हुआ वह चिल्लाने लगा—

"पी ले, पिला दे !
मरों को जिला दे !
दिलों को मिला दे
अँगुरिया हिला ले
चुनरिया सिला ले
नजरिया मिला ले
कि पी ले, पिला दे
मरों को जिला दे..."

अनुभवी कलाल दूकान से यह सब देख-सुन रहा था। वह उठा और आहिस्ते-आहिस्ते खुरखुन के पास आया। उसकी उँगलियों में मैली-पुरानी लाल नोट अब भी लिपटी पड़ी थी। ताड़ीवाले ने नोट ले ली। इतना भी नहीं पूछा कि कितनी ताड़ी चाहिए ! थोड़ी

देर बाद खुरखुन के नज़दीक वह लवनी-भर ताड़ी रख गया, ढाई-तीन सेर से कम तो क्या होगी ! हौले-हौले पीते रहने के लिए काफी माल था, पहर-डेढ़ पहर तक अब मौज ही मौज थी।

खुरखुन बैठने की आसननुमा अपनी चटाई और ताड़ी-भरी लबनी उठाकर लिए आया, नीरस से सटकर बैठ गया। उसका भी सकोरा भरा, अपना भी।

अब यह उनके मधु-पान की दूसरी और मुकम्मिल दौर थी।

दोनों ने साथ पीना और गाना फिर शुरू कर दिया : वही अपना प्रिय गीत, कमला-मैया का वंदना-गीत...

"ओ कोयला-देवता,
कमला-नदी के बीचोबीच
तैयार हो गया है बाँध !
तुमने उस बाँध पर फुलवाड़ी लगा दी है !
अजी, किस फूल की ओढ़ती है ओढ़नी ?
किस फूल का बनाती है परिधान कमला मैया ?
और बिछावन होता है किस रंग के फूल का ?
अजी, वह बेला ओढ़ती है, पहनती है चमेली
बिछाती है अड़हुल के फूल !!
अजी, कौन-सा फूल वह जूड़े में बाँधती है ?
कौन-से फूल होते हैं मैया का हार ?
अजी, जूड़े में बाँधती है मधुरी का फूल !
हार होता है खिले कमलों का !
अजी किस पर सवार होकर जाएगी मैया ?
जाएगी किस पर चढ़कर ?
बहाएगी किस तरफ अपनी धारा ?
हंस पर चढ़कर आएगी कमला मैया !
होकर मगर पर सवार चली जाएगी !
तिरहुत (मिथिला) की तरफ बहाएगी धारा !"

सात

रात का खाना खाकर सत्तर-अस्सी जने गरोखर के दच्छिनी मोहार पर इकट्ठे हुए।

महाजाल बैलगाड़ी पर लदकर गंगासहनी के यहाँ से आ चुका था। उसका वजन दस मन भारी था। चौड़ाई में पंद्रह गज और लंबाई में पाँच सौ फीट। बिनावट मजबूत और धागे बटे हुए। गाँठ दो-दो इंच के फासले पर।

तीस साल पुराना था, बीच-बीच में मरम्मत होती रहती थी। रफू करते वक्त नई किस्म की सूती सुतरियाँ लगाई जाती थीं, बाज़ार में जब जो किस्म मिल गई उठा लाए। अबके भी मरम्मत हुई थी, नीरस को दरभंगा भेजकर धागे मँगवाए गए थे। बाँट-बूँटकर उन्हीं धागों से रफू का काम हुआ था।

भोला, गंगा, नकछेदी, खुरखुन आदि सभी थे।

मोहन माँझी भी बाहर नहीं था। गाँव-घर में ही मौजूद था।

जेठ तीन-चार दिन बीता था। बैसाख के आरंभ में आँधी आई थी, साथ हस्ब-मामूल बूँदाबाँदी भी। इधर तो गर्मी खूब पड़ रही थी। गढ़पोखर में फिर भी पंद्रह-सोलह फुट पानी था।

महाजाल दक्खिन की तरफ से किनारे-किनारे फैला दिया गया। बीच में दो डोंगियाँ, पाँच घट-नई (घटनौका), केलों के आठ-दस थंभ हेला दिए गए। महाजाल का एक छोर पूरब की ओर था, दूसरा छोर पच्छिम की ओर।

छोरवाले रस्से बाँहों में और कमर में उलझाकर मछुए महाजाल को उत्तर की दिशा में खींचने लगे।

नीचे लोहे की गोटियाँ उसे पानी के अंदर तले से लगाए हुए थीं और तूंबियों का दबाव ऊपर टाने हुए था। घटनइयों, नावों और थंभों पर सवार दस-बारह जने महाजाल के साथ बीचोबीच चल रहे थे।

खुरखुन, रंगलाल, नीरस, मंगल, चुल्हाई वगैरह पूर्वी छोर खींच रहे थे। बिसुनी, भोकर, नौबत, छीतन आदि पच्छिमी छोर।

तमाशा देखने के लिए लड़के और स्त्रियाँ किनारे-किनारे आ उठी थीं। रात का वक्त था। काले पाख की चौथी तिथि अपना अँधेरा चीरकर अब उजाले में आ गई थी। महाजाल रोज तो पानी में आता नहीं, साल में एक-आध बार। बस।

स्कूल के अहाते में आग जला दी गई थी। कंडों, मींगड़ियों और सूखी सेंवारों की आग। छोटी उम्र के लड़के और लड़कियाँ तमाशा देखने आकर अब स्कूली चटाइयों पर लेट गए थे। गोनड़ उन्हें कहानी सुना रहा था। समुद्री मत्स्य-कन्याओं की आकाशी उड़ान के बारे में सुनते-सुनते बच्चों की पलकें झिपती आ रही थीं। भीत के आले में दस-बारह बंडलें बीड़ियों की एक छोटी-सी चंगेरी के अंदर रखी थीं; तंबाखू के सूखे पत्ते और चूना भी।

बच्चे सो गए तो गोनड़ आहिस्ते से उठा और सुर्ती थूककर नीचे कछारों में उतर आया।

महाजाल को खींचकर काफी दूर ले जा चुके थे। रह-रहकर खाली गलों की सीटियाँ और पानी-भरे मुँहों की भारी गलगलाहटें निशा की नीरवता को झकझोर देती थीं। बीच-बीच में बड़ी मछलियों के कूदने-फाँदने की आवाज़ें उठती थीं।

गोनड़ करीब पहुँचा तो धोती की खूँट-बँधी सुर्ती को खोलता हुआ बोला—"अरे, कौन-कौन सुर्ती खाएगा ?"

—चाचा, मैं !

—बाबा, मैं !

—दादा, मैं !

—मामा, मैं !

—नाना, मैं !

—भाई, मैं भी !

सुर्ती के दसियों खवैया...गोनड़ हँसने लगा। बोला—"और बीड़ी नहीं कोई पियोगे ? सबके सब सुर्ती ही फाँकोगे ?"

चुल्हाई और मंगल की आवाज़ साथ-साथ आई—"सुलगाकर लेते भी तो आते !"

खुरखुन ने डाँट पिलाई—"ऐसे पीनेवाले हो तो माचिस रखा करो ! थोड़ी देर सब्र करेंगे सो तो न होगा, बस बीड़ी का नाम सुनते ही लार टपकने लगी..."

—उइ हुइ !

—भक् !

—क्या हुआ रे ?

—पैर कट गया बाबा !

यह चुल्हाई की आवाज़ थी। वह गले तक पानी के अंदर था।

अब डुबकियाँ लगाकर चुल्हाई ने उस जगह की टोह ली। पहली दफे मुट्ठी में सिर्फ पाँक आया। दूसरी दफे बिना बेंट की छोटी-सी खुर्पी। खुर्पी उसने कछारों में फेंक दी।

—साली ! कहाँ से आ गई यहाँ ?

—बाढ़ में आई होगी या किसी छोकरे ने फेंकी होगी...

चुल्हाई पानी से निकल आया।

गोनड़ ने अंदर पानी में धँसकर सात-आठ हाथों में सुर्ती थमाई और स्वयं महाजाल की मोटी किनारी में बाँह उलझाकर खींचने लगा। खुरखुन ने कहा—"काका, तुम तो नाहक ही आए !"

"नाहक ?" गोनड़ की प्रश्नपूर्ण आँखें फैल गईं। परिवारवालों ने इस बुढ़ापे में बेचारे को अलग कर दिया था। अब वह इलाके भर की पोखरों-तलइयों में छोटी मछलियों का शिकार करता फिरता था। घुमाकर पानी में फेंका जानेवाला हल्का जाल, टापी, गोल टोकरी और भेंगा (बहिंगा) ही उसके साथी थे। भोला बार-बार कहता रहता, क्या ज़रूरत है भटकने की ? बैठकखाने में पड़े रहो बाबा !...मगर गोनड़ से रहा नहीं जाता।

...टाँगों के बीच से दो-ढाई सेर की वज़न की एक चिकनी मछली पीछे की ओर निकल भागी तो नीरस चीखा—सुसरी कहीं की !

चुल्हाई ने पहने हुए अँगोछे में से दो इंच का एक लीरा निकाला, तलवे के घाव को कसकर बाँध लिया और साथियों में वापस आ गया।

महाजाल अब बीचोबीच आ चुका था।

बड़ी मछलियों का उछलना-कूदना बढ़ गया था।

चारों तरफ से घेरा डालकर जंगल में जब शिकार के वक्त हाँका पड़ता है तब घिरे हुए जानवरों का जो हाल होता है, गढ़पोखर की मछलियों का भी इस समय वही हाल था। परेशान मछलियाँ पानी से छलाँग लगाकर फिर वहीं पानी पर आ गिरतीं। आवाज़ से लगता कि धोबी का जवान छोकरा चौड़े पाट पर दस गजी धोती पछीट रहा है। कूदती मछलियों की चिकनी-रुपहली सूरत चाँदनी की कीमत कूत रही थी या उसे चिढ़ा रही थी, बताना कठिन है।

भोला और गंगा पहले से ही नाव पर थे। अब मोहन माँझी भी उनके साथ था। जहाज़ी कंपनी में जो दो नौजवान खलासी की ड्यूटी पर थे उनमें से एक छुट्टी पर आया हुआ था। घटनई पर समूचे बदन का बोझ डालकर तैरने का अपना पुराना शौक वह भी इसी वक्त पूरा किए ले रहा था। केले के थंभ पहले तो रहने दिए गए, पीछे उन्हें हटा दिया गया।

गंगा सहनी की उम्र, तीस के लगभग थी। कंजी आँखोंवाला गेहुआँ सूरत का नाटा अधेड़। बाल भूरे थे। मस्ती में होता तो गुनगुनाते रहना स्वभाव था। अभी भी वह अपनी जाति के महान् पूर्वज सेनापति जयसिंह का चरित गुनगुना रहा था।

उसके कंधे में अपनी केहुनी छुआकर मोहन माँझी ने कहा—"अरे, कुछ हमें भी तो सुना भई !"

भोला ने माँझी का समर्थन किया—"हाँ जी गंगा, रहे जरा ! मुँह ने गाया और अपने ही कानों ने उसका सारा रस ले लिया...यह तो भारी स्वारथ हुआ न ?"

बाएँ हाथ का पंजा बाएँ कान पर रखकर गंगा ने दाहिने हाथ को सामने फैला दिया और ऊँचे स्वर में गाने लगा :

"बउआ, खइयउ ने !
आव ने खइयउ बउआ जै सिङ् मोतीचूर मिठाइ हओ !...
बबुआ, खाओ ! खाओ न !
अब तो खाओ बबुआ जै सिङ् मोतीचूर-मिठाई, ओ !
बबुआ, पियो ! पियो न !
अब तो पियो प्यारे जै सिङ् गंगा का निर्मल नीर; ओ !
बबुआ, चाबो ? चाबो न !
अब तो चाबो दुलारे जै सिंङ्, पीले-पके पान का बीड़ा; ओ !
माँ, नहीं खाता मैं मोतीचूर के तुम्हारे ये लड्डू
पियूँगा नहीं गंगा का निर्मल नीर
ओ सिंहिनी माता, नहीं चाबूँगा पीले-पके पान का बीड़ा
नहीं रहूँगा तेरे तट पर, मैनी-मंडप में
भाग जाऊँगा लालपुर

लालपुर में रोती है जसमती, मेरी बहन
भाग जाऊँगा मैं दूर, बहुत दूर !
स्नेह की डोरी, कच्चे धागोंवाली
बाँधूँगा इसी से बहन को
नहीं रहना मुझे तेरे मंडप में..."

उधर महाजाल के पूर्वी और पच्छिमी छोरों को जितने भी मछुए खींच ले चल रहे थे, बीच की इन कड़ियों पर सभी ने जोर मारा कि–

"भाग जाऊँगा मैं दूर, बहुत दूर
स्नेह की डोरी, कच्चे धागोंवाली
बाँधूँगा इसी से अपनी बहन को..."

जयसिंह और रन्नू सरदार के ये गीत देर तक चलते रहे, शुरू जेठ की रात का वह स्वच्छ आकाश गंगा सहनी के सुरीले अलापों से गूँजता रहा।

महाजाल अब उत्तरी कछारों के करीब आ लगा था।

डोंगियाँ पहले ही किनारे कर ली गईं। घटनइयों को बाहर निकाल लिया गया। झुटपुटी चाँदनी में महाजाल की तूँबियाँ ही तूँबिया अब पानी पर नज़र आ रही थीं। मछलियों की उछल-कूद अलबत्ता बढ़ गई थी।

उत्तर तरफ कछारों में घासें और सूखी-सड़ी सेवारें काफी थीं, उन्हें हटाकर कुदालों से उधर की सर-ज़मीन को ही ठीक करके रख ली गई थी।

मछलियों को लिए-दिए महाजाल पानी के किनारे पहुँच रहा था। उसके दोनों छोर सिमटकर करीब आ रहे थे। मछुए अब आख़िरी दफे मानो दस गुना जोर लगा रहे थे। काम खत्म पर था, इसी से समूह की वह विराट श्रम-शक्ति आशा और उमंग की उद्दीप्त स्वर-लहरी में वजनी शब्दों के विजयसूचक गोले दागने लगी :

—ऊपर टान,
—हुइ यो !
—बाएँ दबके,
—हुइ यो !
—ढील रस्सा
—हुइ यो !

एक तरफ खुरखुन अगुआ था, दूसरी तरफ टुन्नी। दोनों अगुआ अपनी-अपनी तरफ आवाज़ का गोला दागते। दोनों तरफ के बाकी साथी 'हुइ यो' के जवाबी नारे लगाकर स्वर तोड़ते और महाजाल कछारों की ओर बढ़ता जाता :

—झाड़मझाड़,
—हुइ यो !...
—पीछे हटके...
—हुइ यो !

—झट झटक,...
—हुइ यो !
—पैर पटक,
—हुइ यो !
—साबित ख्याल,
—हुइ यो !
—जाल सँभाल,
—हुइ यो !
—हो ो ो ो शि या ा ा ा र...
—हो ो ो ो शि या ा ा ा र...

महाजाल का बिचला हिस्सा कमर भर पानी में आ पहुँचा, दोनों छोर उत्तरी किनारे पर यों आ लगे कि बीच का जल-स्थलवाला अंश उस बड़े जाल के अंदर पंचमी के बंकिमचंद्र का मध्यवर्ती भाग-सा दीख रहा था। उतने थोड़े पानी में बड़ी-मझोली मछलियाँ सैकड़ों की तादाद में जगमगा उठीं। उस जगमगाहट की तरफ नज़र गई तो मछुओं के स्वर में और जोश भर आया :

—रेहू ब्वारी;
—हुइ यो !
—मोदनी भुन्ना,
—हुइ यो !
—नैनी भाकुर,
—हुइ यो !
—उजला सोना,
—हुइ यो !
—लाल चाँदी,
—हुइ यो !
—गंगा मइया,
—हुइ यो !
—कमला मइया,
—हुइ यो !
—कोसी मइया,
—हुइ यो !
—भारथ माता,
—हुइ यो !
—गान्ही बाबा,
—हुइ यो !

—बाह गरोखर,
—हुइ यो !
—बाह बहादुर,
—हुइ यो !
—पसीना पों ों ो ो छ्...
—पसीना पोंछा !!

रात थोड़ी ही रह गई थी। भुरुगवा निकल आया था। चुह-चुहिया की महीन-मीठी आवाज़ निशा-शेष की स्पष्ट सूचना थी।

गढ़पोखर की उत्तरी कछारों में उल्लास मुखरित हो रहा था। मछलियाँ रखने के बड़े-बड़े खोंगे (खोंचे) कतारों में रखे थे। छोटी टोकरियाँ भउका, भउकी, डाली—तो घर-घर से आई थीं और इनका ढेर लगा हुआ था।

भोला, खुरखुन, गंगा, नकछेदी, भोकर आदि ने सारी मछलियाँ ऊपर निकाल लीं। पाँच सेर से कम वजनवाली बच्चा-मछलियों को उन्होंने वहीं पानी में डलवा दिया।

बड़ी मछलियों की तादाद और किस्में इस प्रकार थीं :

रेहू एक सौ पैंतीस। बुआरी नब्बे। भाकुर बहत्तर। मोदनी पंद्रह। भुन्ना आठ। नैनी पैंतालीस।

माल का वजन दो सौ मन से कम नहीं रहा होगा।

लाल-लाल मुँहवाले रेहू अपनी रुपहली और सुरमई छिलकों में खूब ही फब रहे थे। दाँत नहीं, जीभ नहीं, जबड़े भी अलक्षित थे। गोल-मोल खुला-खुला मुखड़ा ऐसा लगता कि पेट तक खोली ही खोली होगी। इंद्र-धनुषी सूरत, एक-एक बेहद नुकीली मूँछें और लंबी-छरहरी डील की अपनी खूबियों से बुआरी मछलियाँ सबको आकर्षित कर रही थीं। मटमैली-चिकनी सूरतवाले भाकुरों की शान निराली ही थी। चिकनी-चपटी रुपहली मोदनी पर तो निगाहें टिकती ही नहीं थीं। भुन्ना का भी यही हाल था। नैनी रेहू का ही सगा लगता था, आकार-प्रकार में मिलने पर भी वजन में कम।

सौ-सवा सौ छोटे-बड़े कछुए भी फँसे थे।

ओखली, हाँड़ियाँ, घड़े, लोहे की कड़ाहियाँ, आदमियों और मवेशियों के कंकाल, लोहे की दो कुर्सियाँ, बाल्टी, लोटे, खिलौने की एक मोटर, काजल और सिंदूर की डिब्बिया, सड़े कपड़ों की लुग्दियाँ, चाँदी की एक हँसली, और दूसरी भी कई चीज़ें... महाजाल खींच लाया था। बाढ़ के रेले इन्हें गढ़पोखर के पेट तक पहुँचा गए थे। मलाही-गोंढ़ियारी के छोकरे और छोकरियाँ अगले दिन का सारा वक्त गरोखर के अंदर से निकाला हुआ कूड़ा-कचरा और कीचड़-पाँक टोहियाते रहे थे। कुछ न कुछ तो उन्हें इससे मिलना ही था।

मछलियों और तालमखानों का बड़ा व्यापारी रोसड़ा-निवासी-रामफल मुखिया खुद तो नहीं पहुँच सका था लेकिन उसका भाई वक्त पर आ गया था। मुखिया अपना माल मुजफ्फरपुर-पटना नहीं सीधे हावड़ा भेजता था। एक आदमी उसका सिगरिया घाट और

मुकामा घाट के बीच तैनात था, दूसरा झाझा और आसनसोल के बीच। तीसरा हावड़ा में मुस्तैद रहता। छोटी लाइनवाली पूर्वोत्तर रेलवे की ट्रेन से माल उतरवाकर जहाज़ पर लदवाना, जहाज़ से उतरवाकर उस पार फिर माल को पूर्वी रेलवे की बड़ी लाइनवाली डाकगाड़ी के हवाले करना पहले का काम था। दूसरा झाझा से आसनसोल बल्कि बर्दवान तक माल की चौकसी रखता। तीसरा हावड़ा जंक्शन में ट्रेन पहुँचते ही अपना माल उतरवा लेता और कलकत्ते के मछली-सौदागरों के हाथ थोक भाव में बेच देता। दरभंगा-समस्तीपुर से लेकर हावड़ा तक माल को ताबड़तोड़ पहुँचने में सोलह घंटे हो जाते थे। बीच में तीन जगहों पर उतारना-चढ़ाना पड़ता था। कहीं ज़रा भी गफलत हुई कि माल मिट्टी हुआ ! सड़ी-गली मछलियों का भला क्या मोल ?

दरभंगा के मारवाड़ी मित्र से ट्रक लेकर मुखिया का भाई आया हुआ था। उसे बस इसी बात की फिक्र थी कि नौ बजे तक माल दरभंगा स्टेशन ज़रूर पहुँच जाए।

भोला, नकछेदी और गंगा माल का सौदा कर चुके थे। बारह हज़ार की रकम—270 मन बड़ी मछलियों का दाम—हाथ आ चुकी थी। मछलियों से भरे खाँचे ट्रक पर लादे जा रहे थे कि जीप की कर्कश आवाज़ सुनाई पड़ी।

जीप दक्खिन-पच्छिम से आनेवाली सड़क पर थी। उड़ती हुई धूल और गहरी घड़घड़ाहटों से यह अच्छी तरह जाहिर था कि आरोही शीघ्रातिशीघ्र आ धमकेंगे।

मछुओं का जी अंदेशा से व्याकुल हो उठा। शंका तो थी ही कि सतघरावाले बाबू साहब इस अवसर पर कुछ न कुछ उत्पात अवश्य मचाएँगे। निषाद महासभा के लीडर फुलेनाप्रसाद माँझी को भी उन्होंने भीतर-ही-भीतर मिला रखा था। उसका भांजा इसी मलाही-गाँव का रहनेवाला था। मामा के इशारे मिलते रहते थे। वह अपनी जमात के सारे भेद देपुरा और सतघरा पहुँचा आता था।

जीप स्कूल के सामने आकर रुक गई।

अंचलाधिकारी, दारोगा, पुलिस के दो जवान, अंचलाधिकारी का अरदली और ड्राइवर। छहो उतरे।

दारोगा पुलिस-इंस्पेक्टर की अपनी लिबास में। अंचलाधिकारी सिविल-आफिसर के अपने युनिफार्म में। दोनों के माथे टोपों की छाजन। हाफ पैंट, हाफ शर्ट, कुल खाकी, पगड़ी मात्र लाल जो कि जवानों के सिरों पर काफी भड़कदार लग रही थी। लाल नाखूनी किनारियोंवाली सफेद अचकन, पायजामा, कमर में लाल पट्टे की पीतलवाली चपरास, लाल चौड़ी पगड़ी...यह भूमिका थी अर्दली की।

सुबह की किरणें फूट चुकी थीं। ग्रीष्म का मीठा सुनहला प्रभात गढ़पोखर को नहला रहा था। सिंचाई से उगाए मडुआ के पौधे कछारों में लहलहा रहे थे। महाजाल की किनारियों में कसे लोहे के गोटे और उनकी जगमगाहट उत्तरी कछारों में धूप को और अधिक आकर्षक बना रहे थे। बजरंग मंडली का अखाड़ा अभी तक सोया पड़ा था क्योंकि पूरी की पूरी मंडली आज महाजाल खींचने में जुटी हुई थी।

अधिकारियों के आ पहुँचने की भनक पाते ही बस्ती का चौकीदार ढोंढ़ाइ खुनौत

मछली-मेला का मैदान छोड़कर घर की तरफ खिसका और फौरन लौट भी आया, नीली कमीज और नीला साफा और गँड़ासा...अब वह भी सरकारी युनिफार्म में था।

भोला, गंगा और मोहन माँझी ने जीप रुकतें देखी तभी स्कूल की ओर आने लगे। दो हैटवालों को और लट्ठधारी लाल पग्गड़वालों को देखते ही उन्हें निश्चय हो गया कि सतघरावाले ज़मीदारों की यह करतूत है।

मोहन माँझी ने कहा—"भोला, घबड़ाने की कोई बात नहीं। देपुरा के ज़मींदारों ने बंदोबस्ती का जो पट्टा तुम्हें लिखकर दिया था, वह कागज़ घर से लेते आओ ! हम आगे चलकर अफसरों से बातें करते हैं। जाओ..."

भोला को घर भेजकर मोहन और गंगा स्कूल के अहाते में आए।

आमने-सामने हुए तो सलाम-बंदगी हुई। दारोगा ने पहले ही अंचलाधिकारी को बता दिया था मोहन माँझी के बारे में।

भोला के बैठकखाने से एक धराऊ कुर्सी और एक स्टूल आ गए।

कुर्सी पर अंचलाधिकारी, स्टूल पर दारोगा।

चुपके से आकर सतघरा के दो बाबू अफसरों के पीछे खड़े थे।

दारोगा ने गंगा सहनी को अलग ले जाकर जाने क्या बातें कीं।

अंचलाधिकारी नया-नया आया था और यादव-बिरादरी का था। 'छोटी जात'वालों के प्रति उसमें हमदर्दी की भावनाएँ थीं। पुलिस-इन्स्पेक्टर पुराने जमाने का मुछंदर राजपूत था।

युवक अंचलाधिकारी अपने को अधिक देर तक ज़ब्त नहीं रख पाया। वह मोहन माँझी से देश की मौजूदा रीति-नीति पर बातें करने लगा। हाल ही आंध्र में चुनाव के नतीजे निकले थे, कांग्रेस ने शानदार जीत हासिल की थी और अब नेहरू को रूस के विधाताओं ने आग्रहपूर्वक अपना देश देख जाने का आमंत्रण भेजा था...

अंचलाधिकारी नेहरू की परराष्ट्रनीति का पूरा समर्थक जान पड़ा तो मोहन माँझी को अंदर ही अंदर बड़ी खुशी हुई। उसे लगा कि हो न हो, यह अफसर अन्याय का पक्ष नहीं लेगा।

'अंचलाधिकारी' पद की यह सृष्टि बिहार के उत्तरी इलाकों में नई-नई ही हुई थी। दारोगा से ऊपर और सब-डिविजनल आफिसर (एस.डी.ओ.) से नीचे। इन्हें डिप्टी मजिस्ट्रेट की-सी क्षमता मिली थी। दारोगा की मनमानी पर ब्रेक कसनेवाला एक अफसर तो अब गाँववालों के लिए सुलभ था।

थोड़ी देर बाद गंगा सहनी इशारे से मोहन माँझी को एक तरफ हटा ले गया और बोला—"दारोगा डरा-धमका रहा था। कह रहा था, दफा 144 लगाकर तमाम मछलियाँ वह अपनी हिरासत में ले लेगा।"

भौंहों में तनाव आ गया, पलकों में स्पंदन भर आए और निगाहों के कोए फैल-फैल उठे। मोहन माँझी के मुँह से तीर की तरह छूटा—"रकम ऐंठना चाहता है सूअर !"

पैरों की तरफ ज़मीन में नज़रें गड़ाए जैसे का तैसा खड़ा रहा गंगा सहनी। सामने इस वक्त दूसरी कोई वस्तु नहीं थी, था तो बस मछलियों का ढेर ! दो सौ पाँच मन, पाव ऊपर तीन पन्सेरी...दारोगा ने भाँजी मार दी है और सारा माल सड़-गलकर कूड़ा-कचरा हो गया है...सतघरावाले बाबू लोग मछुओं की फूटी किस्मत पर फूले नहीं समा रहे हैं...गढ़पोखर की नए सिरे से बंदोबस्ती सिंगिया निवासी माँझियों के हाथों हो चुकी है...समूचा गरोखर अब तालमखाना की कँटीली फसलों से आबाद है...मलाही-गोंढ़ियारी के लोग इस तालाब से चुल्लू भर पानी भी नहीं ले सकते...फिक्र के बीसियों बुलबुले गंगा के मन में छूटने और फूटने लगे। होंठों पर मानो किसी ने ताला जड़ दिया, बोला ही नहीं गया फिर कुछ !

गंगा को घुटते-चुरते जानकर मोहन माँझी ने उसकी पीठ पर अपना हाथ रखा, गर्दन लंबी करके आँखों में आँखें डाल दीं और कहा—"मजाल है ? कोई रोके तो भला हमारा माल !"

भोला बंदोबस्ती का कागज ले आया था।

मोहन माँझी ने भोला से लेकर वह कागज अंचलाधिकारी साहब को थमा दिया। देपुरा के मैथिल ज़मीदार ने अपनी बहुआसिन (बहू) डमरूप्रिया बहुरिया की तरफ से कैथी लिपि में गढ़पोखर की बंदोबस्ती का यह पट्टा लिखवाके दिया था—नकद पाँच हज़ार रुपए लिए थे, मियाद दर्ज करवाई थी दो वर्षों की (फसली सन् 1360 और 1361 सालों की)...असामियों की जगह उसमें तीन नाम थे : भोला सहनी, गंगा सहनी और नकछेदी जलुआ। नीचे बहुआसिन साहिबा का हस्ताक्षर था।

अंचलाधिकारी ने दो-तीन बार उस दस्तावेज़ को देखा और पुलिस-इन्स्पेक्टर से केस की फाइल ले ली।

सतघरा के जो बाबू अब तक यों ही खड़े थे, उनमें से एक फाइल पर झुक आया।

कपार से साँसें टकराईं तो अंचलाधिकारी ने गर्दन उठाकर अरुचिपूर्वक उसके चेहरे पर एक नज़र मार ली। दारोगा ने कान से होंठ सटाकर कहा—"सतघरा के ज़मीदार के भगिना (भांजा) बाबू हैं आप; आपको फोटोग्राफी का भारी शौक है सर ! बैडमिंटन के चैंपियन हैं और वकालत तक पढ़े हैं..."

"और शिकार की हॉबी ?"—व्यंग्य की हल्की-चरपरी चाशनी और चंद नपे-तुले शब्द। साहब ने दारोगा के होंठों को अपने हाथ की दीवार से परे कर दिया।

ज़मींदार के भगिना बाबू का चेहरा फक हो गया।

पुराने खुर्राट पुलिस-इंस्पेक्टर ने भी अपनी भूल महसूस की; मगर निर्लज्जता मौके पर काम आ गई, चेहरे का रंग पल-भर के लिए उड़कर उखड़ नहीं सका।

कागजात साफ बतला रहे थे कि पुश्त-दर-पुश्त गढ़पोखर से मछलियाँ निकालने का हक मलाही-गोंढ़ियारी के मछुओं का चला आया है। मालिक बदलता रहा है लेकिन असामी कभी नहीं बदले हैं।

अंचलाधिकारी ने अपनी आफिसियल डायरी में अंग्रेज़ी माध्यम से जल्दी-जल्दी

कुछ बातें नोट कीं। डायरी पाकेट के हवाले करके कुछ क्षणों तक वह गढ़पोखर के श्याम-सलिल सपाट वक्ष की ओर विमुग्ध नेत्रों से देखता रहा।

फिर चुपचाप चलकर स्कूल के अहाते से उतर आया।

जीप के निकट पहुँचकर हैट फिर उसने माथे पर ले लिया। साथ आए स्टाफ के अपने आदमी भी और बीसों की तादाद में ग्रामीण भी आजू-बाजू और पीछे-पीछे थे।

पीछे मुड़कर अंचलाधिकारी ने अपने को भोला के सामने कर लिया और शांत-शिष्ट स्वर में बोला—"माफ कीजिए सहनीजी, हमें असलियत का पता नहीं था।"

"हजूर !"—बदले में भोला ने तीन ही अक्षर कहे।

—ड्राइवर !

—जी, साहब !

—वापस चलना है।

—अच्छा साहब !

अंचलाधिकारी ड्राइवर की पासवाली स्वतंत्र सीट पर बैठ गया। बाकी सब पीछे लद गए।

जीप स्टार्ट हुई और चल पड़ी। फिर दौड़ने लगी तो मिनटों में ओझल।

पेट्रोल की तीखी-तीखी अजीब-सी बू खोपड़ी की रग-रग को भफाने लगी तो खुरखुन, रंगलाल, नीरस आदि प्रायः सभी ने अपनी-अपनी हथेली नाकों से लगा ली, मछलियों की ताजी-गहरी गंध को उन्होंने महसूस किया।

रामफल मुखिया का भाई बेहद घबड़ा गया था। उसे अंदेशा था कि मछलियाँ अगर रोक ली गईं तो बड़ा बुरा होगा। नकद बारह हज़ार की इस लागत से कम पाँच हज़ार का मुनाफा तो निश्चित था ही।

अब अंचलाधिकारी और पुलिस-पार्टी के लौट जाने से उसे भी तसल्ली हुई।

आठ

भोला के खेतों से आखिरी खेवे की मूँग की फलियाँ टूटकर घर पहुँचीं कि बाढ़ का पानी धनहा चौर को डुबोने लगा। इस बार नदियों में रेले ज़रा देर से आए, नहीं तो बाढ़ का पहला दौर जेठ की पूर्णिमा तक आ जाता था।

असाढ़ का अंत था यह। मडुआ (राँगी) की तैयार फसलें गरीब खेतिहरों का तन-मन जुड़ा रही थीं। उपरले खेतों में धान के हरे-हरे पौधे लहलहा रहे थे।

गढ़पोखर में उत्तर-पूर्वी कोने पर बाहर से पानी आने का रास्ता था। अब दिन-रात उधर से बाढ़ का पानी आ रहा था।

अंदर की छोटी मछलियाँ काफी तादाद में सैर को निकला करतीं और आगे

सरइला और टभकी के व्यूहों में आ पड़तीं।

लाल-रुपहली और सुरमई छिलकोंवाली पोठी मछलियाँ मसूरिया आँखें चमकाती हुई शान से निकलतीं और बहते पानी में उलटे-तिर्छे चढ़तीं। मंगल को पोठी मछलियों की यह अकड़ खूब ही भाती थी। लेकिन जंगल को सूत-सी सादी लंबी मूँछोंवाला इच्चा (झिंगा) देखते रहना अच्छा लगता था। चुल्हाई कँटीले कंठवाला भूरा-कजरा टेंगरा देखता तो खुशी के मारे चीख पड़ता। मधुरी की निगाहें चिकने-रुपहले सूहा पर फिदा थीं। जिलेबिया को नीली आभावाली मटमैली मारा मछलियाँ प्यारी थीं। सिलेबिया को चिपटा-चमकीला मोतिया कतरा पसंद था।

छोटी मछलियों की तरह बड़ी मछलियों में भी इनकी अपनी-अपनी पसंद थी। उम्र और जीवन का जंजाल बढ़ जाने के कारण भोला और खुरखुन आदि का हाल यह था कि खास शकल-सूरतवाली कोई मछली अब किसी की खास पसंद की नहीं रह गई थी; मछुए मछुए थे और मछलियाँ मछलियाँ थीं, बस। हाँ वह एक दूसरी बात थी कि दारू-ताड़ी की मस्ती में भोला अक्सर गुनगुना उठता :

"मँगुरी को मात करती है मेरी प्यारी
वो रंगत और वो चिकनापन
कहाँ से लाएगी मँगुरी बेचारी
मात करती है मँगुरी को मेरी प्यारी
मेरी जान ! मेरी जान ! मेरी जान !
निछावर है तुझ पे भोला के परान !!"

यानी अपने बचपन में मँगुरी मछलियों की छवि-छटा उसे बेहद पसंद थी और पत्नी मिली तो वह भी मँगुरी की-सी रंगतवाली। पुराने गीत की आखिरी कड़ी में गीतकार की जगह अपना नाम बैठाकर तभी तो भोला जाने-अनजाने गुनगुनाया करता।

मधुरी पिछली शाम को ही ससुराल से भाग आई थी। नशाखोर ससुर की खुराफातों ने उसे पति के पास टिकने नहीं दिया।

सुबह-सुबह अभी बस्ती-भर के लोग गढ़पोखर के उत्तर-पूर्वी मोहार पर छोटी मछलियों का शिकार कर रहे थे। मधुरी की छोटी बहन तीरा अपने भाई-बहनों के साथ आई हुई थी। उसने सबसे अलग अपनी टभकी लगा रखी थी।

गरोखर की पूर्वी भिंड के नीचे सड़क थी। सड़क से पूरब एक डबरा (तलइया) था। डबरा बाढ़ के पानी से भर चुका था और अब सड़कवाली पुलिया के नीचे से गुजरनेवाला नाला उसके अतिरिक्त जल को गरोखर की तरफ बहाकर आनेवाले नाले में डाल रहा था। ये नाले जहाँ मिलते थे उससे चार कदम पूरब कई छोकरों-छोकरियों ने एक ही कतार में अपनी-अपनी टभकी खड़ी कर रखी थी।

तीरा की टभकी वहीं लगी हुई थी।

सिलेबिया मछलियाँ घर पहुँचाकर दूसरी दफे जब लौटी तो उसे याद आया कि पिछली शाम को मधुरी ससुराल से भाग आई है।

वह तीरा के नजदीक आई, उसके कंधे पर हाथ रख दिया।

—क्या है रे ?

—रहेगा क्या ? तेरी टभकी के अंदर पोठा-पोठी उछल-कूद मचा रहे हैं !

—देख सिलेबिया, आँख निकाल लूँगी ! नज़र लगाती है !

फि : हि हि हि हि !—सिलेबिया हँसने लगी।

तीरा ने नाले में धँसकर बहते पानी में से टभकी ऊपर उठा ली। इधर ज़मीन पर आकर टभकी से मछलियाँ निकाल लीं। दस-बारह पोठियाँ थीं, हरी-हरी दूबों पर वे तड़पने लगीं।

तीरा के भाई-बहनों ने उन्हें उठाकर चंगेरी में रख लिया।

टभकी फिर बहते पानी में पहली जगह पर अटका दी गई।

अब सिलेबिया ने कहा—"अभी-अभी मैं मधुरी बहन को मंइञा के पास बैठी देख आई हूँ। बताऊँ, क्या कह रही थी ?"

"क्या कह रही थी ?"—तीरा ने पूछा।

सिलेबिया ने झुककर दूब की एक पत्ती खोंट ली, उसे चबाती-खाती बोली—"कह रही थी, यहाँ तो चार जगह घूम-फिर लेती थी और दिन निकल जाता था लेकिन वहाँ घर-आँगन के अंदर ही कैद रहती थी और बखत काटना पहाड़ था मंइञा !"

भक् !—तीरा के मुँह से निकला।

—तेरी कसम तीरा !

—अपनी भाभी से पूछ लेना !

सिलेबिया दूबों पर बैठकर चमचमाती पोठी मछलियाँ उलट-पलटकर छू-छाकर देखती रही। कुछ क्षण बाद बोली—"अपनी बहन को तूने अच्छी तरह नहीं देखा है अब तक ! सिर के पीछेवाले बहुत सारे बाल उसके नुचे हैं। पीठ पर कैलियों के मार के निशान हैं ! ससुर क्या है, लगता है राच्छस ही होगा..."

"राच्छस की नानी !"—चुपचाप आकर पीछे से बड़ी बहन जिलेबिया ने उसका एक कान कसकर खींचा। गाल पर चपत लगाकर कहा, "बुढ़िया रानी, घर-आँगन की बातें यहाँ उड़ाई जाती हैं ? खबरदार, जीभ निकाल लूँगी !..."

सिलेबिया ठुनककर उठी और बहन को गालियाँ देने लगी—"राँड़ी ! दगधी ! निरासी ! छुच्छी ! सइयाँ डाही !...उँगलियों में कोढ़ फूटेगी ! हाथ गल-गल के गिरेगाऽऽऽऽ..."

अब जिलेबिया ने छोटी बहन की पीठ पर गदागद पाँच-सात मुक्के जमा दिए—"छिनाल कहीं की ! ले, अब तो हुआ !"

तीरा ने बीचबचाव किया वरना अभी और पीठ-पूजा हुई होती।

रोती-रोती आखिर सिलेबिया घर की तरफ चल पड़ी।

डेढ़-दो सेर के करीब मछलियाँ तीरा ने भी निकाल ली थीं।

बिसुनी, रंगलाल, नीरस, टुन्नी—सभी के लड़के-लड़कियाँ अपनी-अपनी टभकी

लगाए हुए थे। सेर-सेर, डेढ़-डेढ़ सेर छोटी मछलियाँ किसके घर नहीं आई थीं। यह इन दिनों रोजाना का सिलसिला था।

कई परिवार ऐसे थे कि भुनी हुई मछलियाँ ही उनका मुख्य आहार बन रहा था। खुरखुन, बिसुनी, नीरस, रंगलाल, टुन्नी और भोकर जैसे मछुए इन्हीं परिवारों के मुखिया थे।

जिलेबिया-सिलेबिया खाते-पीते मछुआ-परिवार की लड़कियाँ थीं। टभकी या गाँज लेकर घर से निकलना उनके लिए शौक की बात थी लेकिन मधुरी और तीरा के लिए वह जीवन की अनिवार्य शर्तों में शामिल था।

दिन-दिन भर और रात-रात भर वे मछलियों के मोर्चे पर डटी रहतीं। छोटी मछलियाँ पकड़ने-फँसाने का काम प्रायः ही लड़कों-लड़कियों और स्त्रियों के जिम्मे था। बड़ी मछलियाँ पकड़ना, नाव चलाना, तालमखाना की फसल उपजाना, माल की खपत का प्रबंध करना—ये सारे काम मर्द मछुओं के थे।

सात-आठ खानेवाले, खुरखुन अकेला कमानेवाला। औरत हमेशा की पिलपिली। कौन-सी बीमारी उसे नहीं हुई थी : मलेरिया का शिकार वह ! कालाजार की पचासों सुइयाँ उसको लगीं ! पेचिश और संग्रहणी की मिताई उससे ? और अब दमा ने दर्शन दिए थे !

देपुरा में जिला-बोर्ड की तरफ से एक अस्पताल था। एम.बी.बी.एस. डाक्टर, कम्पाउंडर, चपरासी—तीन का स्टाफ था। सफेदपोशों की धींगामुश्ती के कारण सौ में से पंचानबे रोगी उस दातव्य चिकित्सालय से पूरा फायदा नहीं उठा पाते। ईमानदार और जन-सामान्य का पक्षधर होकर जो डाक्टर वहाँ रहना चाहता वह चार महीने भी टिक नहीं पाता। दूसरे डाक्टर थे सतघरा के होमियोपैथ बाबू बिशंभर दास। इधर एलोपैथी की भी टप्पाटोइया चिकित्सा उन्होंने आरंभ कर दी थी और पास-पड़ोस के दस-पंद्रह गाँवों की घनी आबादी में चमक उठे थे। मधेपुर में छोटा-सा लेकिन अच्छा अस्पताल था, मलाही-गोंढ़ियारीवाले कभी-कभी उधर भी दवा के लिए निकल जाते।

मधुरी की माँ को इन दिनों कालाजार ने धर दबाया था। तीरा को साथ लेकर पंद्रह-पंद्रह दिन पर वह देपुरा जाती और सुई दिलवा आती। आज सनीचर था, सुई लेनी थी आज।

भाई और बहन को टभकी की निगरानी के लिए छोड़कर तीरा मछलियाँ लिए हुए वापस आई।

मधुरी चूल्हे के पास बैठी मड़ुआ का आटा गूँध रही थी। चूल्हे के मुँह में पीपल की एक सूखी टहनी और आम के अधसूखे पत्ते सुलग रहे थे। आँच नहीं थी, धुआँ ही धुआँ था।

तीरा को देखते ही मधुरी ने ऊँची आवाज़ में कहा—"गे, आधी मुट्ठी फूस लेती आ कहीं से ?"

हाथ आटे में सने थे, कड़वा धुआँ निगाहों को पानी-पानी कर रहा था। मधुरी

ने केहुनी से पहले तो आँखें पोंछीं, फिर कपार पर छितराई लटों को सिर की तरफ ऊपर को हटा दिया।

सूखी-पुरानी कड़कदार फूस हो तो छुआते ही आग भभक उठती है और चूल्हा हँसने लगता है। बरसात के मौसम में चूल्हा रूठता है तो फिर फूस ही उसे मनाती है। मगर यह फूस आवे तो कहाँ से ? या तो घर के छप्परों से नोची जाय या पलानी से खींची जाय या फिर घिरावे की टट्टर से...मछलियाँ एक तरफ रखकर तीरा गुमसुम खड़ी रही। कहाँ से मूठ-भर फूस लाकर वह बहन को दे ?

खुरखुन का पिछवाड़ा और मुसम्मात जितिया का पिछवाड़ा मिलते थे। जितिया के घर के बगल में पतहर की ढेर थी जिसके चारों तरफ अमती के काँटों का घेरा था। तीरा चुपके से अपने घर के पिछवाड़े चली गई। दच्छिन-पच्छिम के कोने दूर तक खुले थे, आगे इमली का बूढ़ा पेड़। भोकर की औरत दिखाई पड़ी तो तीरा पेशाब करते समय की-सी मुद्रा में अँचरा फैलाकर बैठ गई। अभी दस रोज पहले ही भोकर की औरत से माँ का झगड़ा हुआ था। कहीं जितिया के पिछवाड़े पतहर चुराते देख लिया तो ज़रूर वह चुगलखोरी करेगी, यही अंदेसा तीरा के कलेजे को कँपाने लगा और लड़की छापेमार सिपाही के पैंतरे सोचने लगी। हुआ आखिर कुछ नहीं, भोकर की औरत अपनी बुढ़िया बकरी को गरोखर के मोहार की ओर ले जा रही थी सो अपना ले गई; जितिया के पिछवाड़े बैठी तीरा की तरफ उसने गर्दन तक नहीं उठाई।

क्षण भर बाद दो मूठ पतहर मधुरी के सामने आ गई।

बस एक सूखा पत्ता ! कि चूल्हे की धुआँती आग खिलखिला उठी।

मधुरी ने जल्दी-जल्दी आठ-दस टिक्कड़ ठोंक-सेंक लिए। बूँद-भर भी तेल नहीं था टाड़ी में, तो यों ही सूखे-सूखे भून लीं मछलियाँ। पीछे नमक और लाल मिर्च मीस-मासकर उसका भुर्ता बना लिया। छः-साला छोटी बहन एक भुनी पोठी ले भागी तो तीरा बड़बड़ा रही थी।

मुस्कुराकर मधुरी बोली—"क्या हुआ ? खा गई तो खा गई ! तू न सयानी है, वह तो अभी बच्ची है..."

बच्ची की नानी !—कुढ़न में होंठ सिकोड़कर तीरा मिनमिनाई।

—आ, खा ले !

—नहीं खाऊँगी ...

मधुरी ने उसे दुबारा नहीं कहा खाने को। जिद्दी लड़की थी। कहना बेकार था। माँ को सुई दिलवाकर लौटेगी तो खा लेगी...मधुरी मन ही मन बोली।

छोटी बहन पलानीवाले इकहरे छप्पर की पतली खंभेली से सटकर खड़ी थी। बहनों की ओर मुलुर-मुलुर ताक रही थी। पोस्ता के दानों-से बारीक और पीले पोठी के अंडे होंठों से अब भी चिपके हुए थे। तीरा की डाँट-फटकार चेहरे की रौनक पी गई थी। भय भूख को दबा रहा था।

मधुरी टिक्कड़ और भुर्ता अंदर रख आई तो छोकरी को उठाकर गोद में ले

लिया। गाल से सटाकर चुमकारने लगी तो उसने रो दिया, बाँहें फैलाकर बड़ी बहन के गले से लिपट गई।

एक बाँह का पूरा दबाव डालकर गोद की नन्हीं को मधुरी ने सीने में धँसा लिया और तीरा के प्रति आँखें तरेरकर बोली—"चुड़ैल, तू रुलाना ही रुलाना जानती है कि कुछ और भी सीखा है ? हुँ हुँ हुँ हुँ..." फिर नन्ही से कहा : "चल, आज इसे खाना नहीं मिलेगा ! चल, हम-तुम साथ बैठकर खाएँगे, है न नू नू ?"

नन्ही की रुलाई सुनकर माँ बाहर आई।

साँवली खाल से मढ़ा हुआ कंकाली ढाँचा। धँसी-बुझी आँखें। पोपले गाल। सर के बाल उड़ रहे थे। मैली-फटी साड़ी चिप्पियों से जगमगा रही थी।

गोद का डेढ़-साला बच्चा मिन-मिन करता पीछा कर रहा था।

माँ ने कहा—"नन्ही को लगी थी भूख और उस पर तीरा ने बेचारी को फटकारा है। जा, अंदर बैठकर इसे खिला दे। खुद भी खा ले।... और तू भी अब बहन के पास जा !"

आखिरी जुमला डेढ़-साला बच्चे के लिए था।

मधुरी अंदर आकर बीच घर में खिलाने-खाने बैठी।

खजूर के पत्तों से बिनी मामूली-सी दो चटाइयाँ। एक बिछी थी, दूसरी लपेटकर कोने में रखी थी। पीतल का पिचका लोटा, अलमुनियम की लुंज थाली। बाकी बर्तन-बासन मिट्टी के।...खुरखुन का संसार वही था, सिर्फ मौसम दूसरा था।

टिक्कड़ से डबल टुकड़ा तोड़कर भुर्ता जरा-सा उसमें लगाकर निवाला उसने मुँह में डाला और सोचने लगी—क्या वही चिथड़ा झुलाती अम्मा अस्पताल जाएगी ? तार-तार हो गया है समूचा नूआ (लुग्गा) ! अब और एक दिन भी पहनने लायक नहीं रह गया है फिर भी उसे पहने जा रही है। ! ठीक है, गरीब की घर-गिरस्ती में यह सब चलता ही है। मगर यह भी क्या कोई लत है कि सँभालकर रखे हुए कपड़े पड़े-पड़े ही पुराने पड़ जायँ ? काठवाली पुश्तैनी संदूकची में तीन-चार साड़ियाँ तो हैं ही...

नन्ही के मुँह में भुर्ते के साथ लाल मिर्च का रत्ती-भर का टुकड़ा आ गया था, गला लहरने लगा तो चिल्लाई—"पानी, गे बहिन ! पानी ी ी ी..."

रोटी का टुकड़ा अँगुलियों में थामे छोकरी सुसुआ रही थी, आगे बढ़ा हुआ दूसरा हाथ पानी के लिए उसकी बेताबी का सबूत था।

मधुरी उठी, दौड़कर बाहर ओसारे पर घैलची (घरोंसी) के पास पड़ी डोल से पीने का पानी ले आई भर-लोटा। नन्ही के होंठों से सटा दिया तो ढेर-सा पानी वह एक ही दम में ढकोस गई और तब जाकर शांत हुई।

छोकरी का तो फिर हियाव ही भर गया, खाना छोड़कर घर के कोने में वह चुहिया की दौड़-धूप देखने गई। पानी पीकर मधुरी भी तीरा को मना लाई और दोनों बहनों ने साथ खाया।

संदूकची से एक अधपुरानी साड़ी निकालकर माँ से पहनने को कहा तो वह बड़बड़ाने लगी : छिनाल कहीं की ! क्या बिगड़ता है ! मैं ऐसी ही जाऊँगी ! रानीजी

की बातें तो सुने कोई आके—लाई है अपने खसम की कमाई में से एक सूत भी ?...

गुस्सा तो मधुरी के भी जोरों का आया लेकिन सारी उबाल वह पी गई। ससुराल से भागकर ही तो आई थी, बस आ-भर गई थी। पहनावे में हरे फूलों की किनारियोंवाली साड़ी मात्र देह के साथ लाई थी। गले में हँसली, बाँहों में बाजूबंद, कलाइयों में मरोड़दार कंगन—पैरों में साटन...अपने ये गहने उसे प्रिय थे, इन्हें हमेशा पहने रहती। सो, ये भी साथ आ गए थे। कड़े नहीं ला सकी थी।...अब इस वक्त रोगही और चिड़चिड़े मिजाजवाली माँ से भला वह क्या बतकुट्टन करे ! चुपचाप बेचारी शीशी धोती रही।

फिर जाने क्या सोचकर माँ ने वह साड़ी पहन ली और बड़ी बेटी की तरफ देखा।

मधुरी शीशी धो-पोंछ चुकी थी। जाल के रद्दी टुकड़े से पतली सूती डोरियाँ निकालकर उन्हें वह दुहरा-तिहरा बाँट दे रही थी कि शीशी के कंठ में फँसा दे और लटकाकर दवा लाने में तीरा को आसानी हो।

तब तक तीरा लपककर गई और मंगल की घरवाली से चार ठोप (बूँद) तेल ले आई, गरी का तेल। बाल मींज-माँजकर जल्दी-जल्दी में जूड़ा बाँध लिया और पानी छूकर मुखड़े को चिकना बनाती हुई हाज़िर हो गई बहन के सामने।

अनुमोदन में मुस्कान के साथ-साथ मधुरी ने आँखें मटका दीं।

ठीक उसी समय मछलियों समेत टभकी लिए हुए लड़के ने आँगन की सीमा में पैर रखे तो माँ बुदबुदाई—"कहाँ मर गया था ? भूख तो लगती ही नहीं तुझे !"

आ छोटे, आ !—मधुरी हुलसकर बोली।

मछलियाँ और टभकी ज़मीन पर पटककर छोटे बड़ी बहन के पास आ गया। मचलकर बोला—"ऊँ ऊँ ऊँ ऊँ स ब ने खा लि या ई ई ई ई मैं ऐं ऐं ऐं ऐं भूखा हूँ ऊँ ऊँ ऊँ..."

शीशी के गले में फंदा लगा चुकी थी मधुरी, भाई को अंकवार में कसती हुई कह उठी—"अनेरे (यों ही) किसने खाया है ? किसी ने तो नहीं !"

—ऊँ ऊँ ऊँ ऊँ !

—वाह रे ऊँ ऊँ !

बहन ने भाई को गोद में उठा लिया।

अठारह साल की मधुरी। नौ साल का छोटे।

—बाप रे !

—क्या हुआ ?

—भारी लगता है गे !

मधुरी की असुविधा पर तीरा खिलखिलाकर हँसी...

अब माँ से नहीं रहा गया। दबी-दबी मुस्कान चुचके गालों पर जमुनिया रौनक छिड़क गई।

—उतर, हुआ तो अब ?

—चल, खा ले !

मधुरी भाई को गोदी से उतारकर खाना देने गई।

नन्ही और डेढ़-साला बच्चा घर के अंदर खेल रहे थे। भाई की आवाज़ सुनकर वे अब बाहर आए और टभकी के अंदर पड़ी मछलियों को छेड़-छेड़कर खेलने लगे।

टिक्कड़ से तोड़-तोड़कर और भुर्ता से मखा-मखाकर कई एक निवाले जब चबा चुका तो छोटे ने कहा—"दीदी, तेरे आने की खबर बब्बू को मैंने भेज दी है ! ठीक है न दीदी ?"

—ठीक है !

—बब्बू को फुर्सत नहीं मिलती है दीदी !

—अच्छा तो है !

—चलेगी ? बब्बू से मिल आएँगे !

माँ की डाँट पड़ी तो लड़का चुप।

बहन ने कान में कहा—"अभी सुई लेने जाएगी तो अपन खूब गप्पें लड़ाएँगे, है न छोटे ?"

छोटे की आँखें चमक उठीं। वह इत्मीनान से खाता रहा।

तीरा माँ को लेकर बाहर निकली। मधुरी ने ऊँची आवाज़ में पूछ लिया—"शीशी तो नहीं छोड़ दी ? और, अस्पताली पुर्जी ले ली न ?"

"हाँ, सब ले लिया है दीदी !"—वैसी ही आवाज़ में तीरा ने जवाब दिया।

कुछ दुतरफा आवाज़ें फिर-फिर गूँजीं।

—और, धनिया-हल्दी पाव-भर लेती आना !

—पैसे ?

—माँ के पास होंगे !

—अच्छा !

नौ

बीच में दो-तीन जगह लाइन डूब जाने से ट्रेनों का आना-जाना बंद था। दरभंगा से आनेवाली गाड़ियाँ झंझारपुर तक आती थीं। आगे तीन स्टेशनों तक जानेवाले मुसाफिर नाव की शरण लेते थे।

बाढ़ का पानी देहातों में दूर-दूर तक घुस आया था। भाग-भागकर लोग रेलवे की बाँध पर जा जुटे थे। लाइन पर पंद्रह-बीस मील तक भीड़-ही-भीड़ नज़र आती। स्टेशनों पर खड़े मालगाड़ी के डब्बे शरणार्थियों की दखल में थे। प्लेटफार्म सैकड़ों परिवारों का सम्मिलित आँगन हो रहे थे। इधर-उधर बिखरे पड़े घरेलू सामान, शिशुओं की रुलाई, बड़े बच्चों की चीख-पुकार, सयानों की बातचीत, हुक्कों की गुड़गुड़ाहट, गीली

लकड़ियों और अधसूखे उपलों का कड़वा धुआँ, भीगे-मैले कपड़ों की दुर्गन्ध, उमसी पसीने की चिप-चिप...कुल मिलाकर वातावरण घुटा-घुटा-सा था।

बाहर स्टेशन के निकट ही ऊँची ज़मीन पर बाढ़-पीड़ितों के लिए सहायता-कैंप खुला था। यह हिंद हितकारी समाज की तरफ से था। पाँच स्वयंसेवक, दो माँझी और दो डोंगियाँ, दो तम्बू...एक टेबुल, तीन कुर्सियाँ, दवाओं के दो बक्स, इन्जेक्शन और फर्स्ट-एड (तत्काल-उपचार) की एक दस्ती पेटी, एक स्टोव, बुरादों की ईंधनवाली दो सिगड़ियाँ, कुछ एक बोरे चावल, गेहूँ और चने, दो टिन सूरज-छाप किरासन, दो चारपाइयाँ, खाना पकाने के तीन-चार बर्तन, दो थालियाँ, तीन कटोरे, चाय की छोटी केतली, लोटा और मग (सभी अल्मूनियम के) ...आफिसर-इंचार्ज छंटी हुई महीन मूँछों और घुटी दाढ़ीवाला एक अधेड़ खद्दरपोश व्यक्ति था। साँवली सूरत, गोल चेहरा, बड़ी-बड़ी आँखें, नुकीली नाक। हँसता तो मोतिया दाँत चेहरे की रौनक को चौगुनी कर देते।

खुरखुन और नीरस दो महीने के लिए डोंगियाँ खेने की ड्यूटी पर बहाल किए गए थे। उनका खाना अक्सर अपने गाँव-घर से आता था। बीच की सड़क कई-कई दिनों तक डूबी रही थी तो भी गोंढ़ियारी से स्टेशन तक आने-जानेवाला रोज कोई न कोई निकल ही आता।

और कोई न हुआ तो मोहन माँझी।

मोहन माँझी नेता हो जाने पर भी इन मामलों में ठेठ देहाती था। दूसरों का सामान ढोते समय झूठमूठ की लाज-शरम का शिकार वह कभी हुआ ही नहीं। बाबू-वर्गीय हिचकिचाहट या संकोच उससे कोसों दूर थे। जिस रोज स्टेशन की तरफ उसे आना होता, खुद आकर खुरखुन और नीरस के घर से उसका खाना ले लेता। मड़ुआ (राँगी) की रोटियों और मछलियों के भुर्ते का पोटला लटकाए जब मोहन माँझी दिखाई देता तो खुशी के मारे खुरखुन की खीसें निकल आतीं।

खुशी किस बात की ?

खाना ले आने की ?

नहीं, खाना ले आने की खुशी नहीं। यह काम तो उनका कोई न कोई कर ही देता। गोंढ़ियारी और तमुड़िया के बीच जाने-आनेवालों की कमी नहीं थी। तो फिर किस बात की खुशी?

खुशी इस बात की कि नेताजी से चार बातें करने का अवसर हासिल हुआ। खुरखुन बस इसी के लिए तो तरसता रहता था। हफ्ते में एक-आध बार चोंचें सट जातीं तो ठीक वरना खुरखुन का दिल मोहन माँझी के लिए तड़प-तड़पकर रह जाता।

गरोखर की ऊँची भिंड पर, प्राइमरी स्कूल के पास ही मोहन माँझी ने भी अपने इलाके के बाढ़-पीड़ितों की मदद के लिए एक सेवा-शिविर चालू कर रखा था।

प्रबंध के लिए जो कमेटी बनी थी उसमें पाँच व्यक्ति थे—प्रजा समाजवादी पार्टी का एक और एक लोहिया-समर्थक यानी दो सोशलिस्ट; ईमानदार किंतु उपेक्षित एक

कांग्रेसी; बहुतेरे हाईस्कूलों में हेडमास्टरी करने के बाद पेंशनयाफ्ता जीवन बितानेवाले एक बुजुर्ग; और हँसिया-हथौड़ावाली लाल पताका का फर्माबर्दार एक किसान सभाई यानी कामरेड मोहन माँझी।

कैंप के लिए बाँस काफी मिले मगर फूस नहीं मिली, तो ताड़ के पत्तों की चटाइयाँ माँझी लहेरियासराय से ले आया था। दो-दो छप्परोंवाले तीन अस्थाई कुटीर तैयार करा लिए थे। बीस बोरे अनाज के, दस थान कपड़ों के, नौ सौ रुपए नकद, तीन पेटियाँ दवाइयों की, दो डेंगियाँ, एक पुरानी साइकिल, मवेशियों के लिए चालीस बोझ पुआल...कमेटी पंद्रह दिनों के अंदर ही इतनी सामग्री जुटा सकी, यह इस बात का सबूत था कि उन्हें इलाके की अपनी जनता का विश्वास हासिल है। हाँ देपुरा और सतघरा के खानदानी ज़मींदारों ने कमेटी को न एक पाई दी, न एक दाना ही दिया। लेकिन सतघरा की बड़ी डेउढ़ी के छोटे बाबू साहेब 'मानिकजी' का मँझला बबुआ 'हीराजी' को जाने क्या सूझा कि मोहन माँझी को अपनी साइकिल थमा गया और बार-बार कहने-कहलवाने पर भी ले नहीं गया।

हीराजी मेडिकल कालेज (पटना) का छात्र था और अफवाह फैल रही थी कि उसका दिमाग फिर गया है। औज-मौज में हज़ार-पाँच सौ रुपए फेंक-फूँक दे तो ठीक है। सौ-पचास लगाकर गाँधीजी और नेहरूजी की रजत-प्रतिमाएँ बनवा ले तो ठीक है। महीने में बीस दफे हालीवुड फिल्में देख आए तो भी ठीक है। मगर कम्युनिस्टों की संगत में वक्त गँवाए, छठे-छमाहे दस-पाँच रुपए उनकी पार्टी को चंदा दे, स्टूडेंट फेडरेशन द्वारा चलाई गई तहरीकों में दिलचस्पी ले, तो अवश्य ही उसका मस्तिष्क विकृत हो गया है... अभिजातवर्गीय आलोचना का कुछ ऐसा ही रुख था हीराजी के बारे में। लेकिन मोहन माँझी तो बिलकुल दंग रह गया था उसकी भावुकता देखकर ! साइकिल नई नहीं थी, दो-तीन साल पुरानी थी। मगर इससे क्या ? एक श्रद्धालु की तरफ से अर्पित नैवेद्य तो थी वह ! माँझी जनसामान्य की आस्था का अद्‌भुत पारखी था। उसे लगा कि 'ना' कर देने पर हीराजी को हफ्तों नींद नहीं आएगी; यह कोई अनिवार्य शर्त नहीं है कि दादा-परदादा और बाप-चाचा जालिम ज़मींदार रहे हैं तो यह भी उन्हीं का अनुगमन करेगा।

मलाही-गोंढ़ियारी की संयुक्त आबादियों में आम किसान और खेत मज़दूर कम नहीं थे किंतु उनमें भी ज्यादा तादाद थी मछुओं-माँझियों की ही। इनकी भी चार-पाँच उपजातियाँ यहाँ थीं : सहनी, माँझी, खुनौत, तीअर, जलुआ। धनहा चौर और गढ़पोखर जैसे विशाल जलाशय ही इनके पूर्वजों को यहाँ खींच लाए थे। आबादी उत्तरोत्तर बढ़ती आई थी, खानेवाले मुँह पचास गुना अधिक हो गए थे। कोसी का जहरीला पानी बीमारियाँ काफी ले आया था फिर भी मृत्यु पर ज़िंदगी हावी थी। खपरैल और छतवाले घर दो-तीन परिवारों के ही थे, बाकी घास-फूँस की कुटीरें थीं। आग लगती तो इस छोर से उस छोर तक समूचा गाँव स्वाहा ! बाढ़ आती तो घरों में पानी घुस जाता, भीतें धँस जातीं और छप्पर बह जाते। हैजा और मलेरिया का तांडव आबादी को मसान

बनाकर छोड़ जाता।

गढ़पोखर की ऊँची-लंबी ढलान इन बस्तियों को धीरे-धीरे अपनी तरफ खींच रही थी। यूँ भी ये गाँव धनहा चौर की सतह से काफी ऊँचाई पर बसे थे। बाढ़ का पानी सड़क से दच्छिन की आबादी को तो ज़रूर परेशान करता मगर सड़क से उत्तर यानी गरोखर के दच्छिनी मोहार की ढलान पर आबाद घरों तक उसकी पहुँच कभी नहीं होती।

मलाही-गोंढ़ियारी का आधा हिस्सा बाढ़ की चपेट में पड़ ही जाता। फिर बाकी आधा हिस्सा खुलकर उसकी मदद करता।

इस बार भी यही बात हुई थी।

रंगलाल, बिसुनी और नीरस आदि के घर आठ-दस रोज़ तक बाढ़ के पानी से भरे रहे।

सड़क के दच्छिन की बाढ़-ग्रस्त आबादी गढ़पोखर की दच्छिनवाली भिंड पर आबाद हो गई थी। पास-पड़ोस के डूबे हुए गाँवों की विपन्न जनता उत्तरी और पूरबी भिंडों पर।

सहायता-कैंप की तरफ से एक कुटीर उत्तरी भिंड पर खड़ी की गई थी, दूसरी कुटीर पूरबी मोहार पर। मोहन माँझी ने खुरखुन से कहकर मधुरी को कैंप के कामों में लगा दिया था। जिलेबिया भी मधुरी का हाथ बटाती थी। युवकों में मंगल, चुल्हाई, गंगा सहनी का छोटा भाई, बिसुनी का बेटा, मुसम्मात जितिया का बहिनौत (भगिनी पुत्र) आदि तो थे ही; पड़ोसी गाँवों के भी पाँच-सात जवान डटे रहते।

मधुरी के जिम्मे काम था सहायता-कार्य में लगे हुए स्वयंसेवकों और बाहर से आए मेहमानों-नेताओं के लिए खाना व नाश्ता तैयार करना, खिलाना-पिलाना; वितरित होनेवाले अनाज की सफाई; ज़रूरतमंद स्त्रियों तक अन्न-वस्त्र पहुँचाना; और अपनी बस्ती के अंदर पानी में डूबे हुए घरों से सामान निकालने में औरतों की मदद करना...

चुल्हाई वगैरह पड़ोसी गाँवों से मुसीबतजदा लोगों को डोंगियों पर ले आते थे—सूनी आँखें, उदास चेहरे, कई-कई दिनों के भूखे होते थे लोग !

दूध-पीते बच्चों का दूध के अभाव में बुरा हाल था। जमे दूध के बीस-एक बंद डब्बे मिले थे। शहर की हवा जो खा आए थे, ऐसे दो-तीन स्वयंसेवक चाय-पानी के वक्त उस दूध को व्यक्तिगत उपयोग में लाते थे। साग-सब्जी पकाने के लिए भोला के घर से बड़ी कड़ाही आई हुई थी। मधुरी ने समूचा डब्बा-दूध गरम पानी में घुला लिया और बच्चों को पिला आई। शुरू हुआ सिलसिला। एक दिन, दो दिन और तीन दिन...चौथे रोज चौथा डब्बा खुला कि किसी ने मधुरी की शिकायत मोहन माँझी तक पहुँचाई—"मधुरी दवाईवाले दूध के डब्बे बर्बाद कर रही है !"

मोहन ने स्कूल में बुलाकर पूछा—"बिटिया, वह तो दवाई के काम का दूध है न ?"

"हाँ चाचा, है तो !" मधुरी ने जवाब दिया। मोहन माँझी ने और गंभीर होकर

कहा—"तू घोल-घोलकर वह दूध लोगों को शर्बत की तरह पिलाती है ?"

—नहीं तो !

—वह बीमारों के लिए है बेटी !

—मुझे सब पता है चाचा ! यह भी मालूम है कि वह चाय के साथ पीने के लिए कैंप को नहीं मिला है...

अब भी मधुरी के हाथ में कंघी थी। जिस समय माँझी ने बुलवाया था, एक मातृहीन लड़की को आगे बैठाकर वह उसके बाल सँवार रही थी। सूखी दूब की पतली-कड़ी डंठल से कंघी के दाँतों में जमा हुआ मैल निकालती-निकालती मोहन माँझी को मधुरी ने सारी बात समझा दी तो उसके कंधे पर हाथ रखकर नेताजी बोले—"ठीक है बेटा ! दूध के सबसे बड़े दावेदार बच्चे ही हैं जिन्हें तू दूध दे रही है।"

जिसने चुगली खाई थी, उसे दरअसल भ्रम था मधुरी के बारे में। वह अपने संपर्क में आनेवाले कैंप के सभी युवकों के प्रति एक-सा बर्ताव रखती थी। बातें करती थी, खुलकर हँसती थी, ढेर-ढेर-सा मुस्काती थी, सुबह से लेकर दुपहर-रात तक कामों में उलझी रहती थी। अपनी सामर्थ्य के मुताबिक सबकी सेवा करती थी। यहाँ कैंप में न वक्त था और न तबियत ही थी कि किसी के साथ बैठकर अकेले में गप्पें मारती रहे। इसी का यह नतीजा था कि दो-एक ईर्ष्यालु युवक मधुरी के प्रति छिद्रान्वेषी हो उठे।

बाढ़ग्रस्त इलाकों में चिकित्सा-कार्य के लिए पटना मेडिकल कालेज के छात्रों की एक टीम आई तो दो रोज़ वह गढ़पोखर कैंप में रह गई। उस मंडली में एक पंजाबी लड़की थी, नाम था कुसुम कक्कड़। गेहुआँ रंग, गोल चेहरा, बड़ी-बड़ी आँखें, नुकीली नाक। पहनावे में शलवार, सलूका और मलमल की चादर। स्वास्थ्य और खूबसूरती का अद्भुत मिलाप थी वह। बातचीत में और बर्ताव में शेर-बच्चा। मधुरी ने मेम देखी थी मगर इस प्रकार की पंजाबी लड़की को कभी नहीं देखा था। पहले जनम में ज़रूर कोई देवता रही होगी, मधुरी ने उसके बारे में यही सोचा।

मेडिकल टीम का कार्यक्रम संक्षिप्त और व्यस्त था तो भी घंटा-डेढ़ घंटा वक्त मधुरी और कुसुम साथ रहीं। खोद-खोदकर कक्कड़ ने उसकी बहुत-सारी बातें मालूम कर लीं और कहा—"लात मार साले को; जब तेरा अपना घरवाला ही बौड़म निकला तो ससुर की क्या बात करती है।"

आग्रहपूर्वक कुसुम मधुरी के साथ आकर मधुरी की माँ और भाई-बहनों से मिल गई। बिछुड़ते वक्त अपना पूरा पता लिखकर दिया कि शायद कभी काम आ जाए : कुसुम कक्कड़ मार्फत सी.एम. कक्कड़, जेनरल मर्चेन्ट्स, फ्रेजर रोड, पटना। नोटबुक से फाड़ा हुआ कागज का वह छोटा-सा टुकड़ा मधुरी ने तावीज की तरह सँभालकर रख लिया।

ससुराल से जब से लौटकर आई थी, पिता की ओर से मधुरी को काफी छूट मिल गई थी। ऐसा लगता था कि खुरखुन के लिए वह लड़की नहीं, लड़का है। खाँचे में

मछलियाँ लेकर अब वह पड़ोस के गाँवों में बेच आती थी। देपुरा जाकर दवा-दारू और सौदा बाड़ी ले आती थी। बाढ़-पीड़ितों के लिए रिलीफ का काम शुरू हुआ तो वह गढ़पोखर के सहायता-शिविर में डट गई और इससे बाप को बेहद खुशी हुई थी।

खुरखुन पिछले डेढ़ महीने से भारत सेवक समाजवालों की सर्विस में था। एक डोंगी उसके सुपुर्द थी, कंडक्टर के तौर पर एक श्रमदानी सज्जन साथ रहते थे। उसे कभी-कभी दूर दक्षिण कुशेश्वर-स्थान तक डोंगी ले जानी पड़ती, उत्तर फुलपरास और पूरब निर्मली से भी आगे तक। यही हाल था नीरस का। मज़दूरी थी दो रुपए रोज की। दूर निकल जाते तो घर कहलावा भेजते और उस दिन खाना नहीं आता। कभी अलग-अलग वक्त पर दोनों दो दिशाओं में निकलते। उनकी ये डोंगियाँ नई-नफीस और आरामदेह थीं। बैठने के लिए पीठ की ओर से टिकावदार बेंचनुमा चिकनी चमकीली तख्तियाँ जमाई हुई थीं। सीटें अधिक नहीं, चार दूनी आठ; बस। स्वयंसेवक और मल्लाह की जगहें दोनों तरफ छोरों पर निश्चित थीं। बीच में तीन साइकिल-स्टैंड थे।...ड्यूटी सिर्फ खेने की ही नहीं थी, बाज दफे किन्हीं-किन्हीं नेता बाबू की खास सेवा-टहल भी करनी पड़ जाती; तेल-मालिश, खाना बनाना, कपड़ों की सफाई आदि...दोष जो भी हों, एक बड़ा भारी गुण इस सर्विस में था कि तलब ठीक वक्त पर मिल जाती थी, बल्कि कुल रकम अगाऊ भी चाहो तो ले लो।

खुरखुन कुछ देर पहले निर्मली से डोंगी लेकर लौटा था। वह इस गुन-धुन में पड़ा था कि घर की खोज-खबर जाकर ले आए कि नहीं, कि आज यहीं कैंप में खाए-पिए और आराम करे और परसों तो छुट्टी मिलेगी ही...

कि मोहन माँझी दिखाई दे गया। लाइन के उस पार अपने गाँव की ओर से आने वाली सड़क पर नहीं, बल्कि शाम की ट्रेन से उतरकर बाहर पान की दूकान के सामने खड़ा था वह। वही साबिक बाना...कोकटी रंग की हाफ कमीज़, घुटनों तक की धोती, कंधे से लटकता थैला। सिर और पैर खाली।

खुरखुन केहुनियों के बल आधा औंधा लेटा था, छाती से ऊपर कंधे धरती से अलग थे और माथा उठाए सामने देख रहा था। अब मोहन माँझी पर नज़र गई तो उठकर खड़ा हो गया। ज़ोर से आवाज़ दी—नेताजी ी ी ी अ ऽ ऽ...! आ ओ नेताजी ी ी ी ी...!!

हाथ के इशारे से मोहन माझी ने खुरखुन को पास बुला लिया।

पान के लिए आग्रह हुआ तो खुरखुन ने हाथ बढ़ा दिया आगे।

उसने सोचा, चलो, यह अच्छा रहा कि नेताजी मिल गए। अब तो बातचीत की लालसा भी पूरी होगी और रास्ता भी अच्छी तरह कटेगा। अपने आपमें खुरखुन आश्वस्त हो गया कि गाँव चलना ही है।

मगर पूछने पर पता चला कि मोहन माँझी यह रात और कल का दिन स्टेशन पर ही गुजारेगा।

मालगाड़ी के पाँच डब्बे झंझारपुर स्टेशन पर साइडिंग में थे। तीन डब्बे यहाँ और

चार घोघ डीहा स्टेशन पर। दरभंगा और समस्तीपुर से रेलवे-अधिकारियों के फोन पर फोन आ रहे थे। इधरवाले तीनों स्टेशन-मास्टर भी कॉल पर कॉल दे रहे थे...

—नहीं सर, हमारा कोई भी बस नहीं चल रहा है, सर !

—जी सर, जी !...जी! येस सर !...

—पब्लिक का मूड बड़ा ही भायोलेंट है, सर !

—जी सर, हाँ, मुश्किल से ! जी हाँ, बड़ी मुश्किल से इन्हें हमने रोक रखा है !...जी !

—मिलिटरी ?...येस सर !...मिलिटरी ही अब इन डब्बों को खाली करा सकती है, सर !

—नहीं सर !...आधा दर्जन, नहीं सर !...एक दर्जन...

स्टेशन-मास्टर फाटक और खिड़कियाँ बंद करके फोन कर रहा था और बाहर शीशों में नाक-मुँह-कपार सटाए लोग उसकी मुखमुद्राएँ देख-देखकर ही असलियत को भाँप जाना चाहते थे।

मोहन माँझी खुरखुन को प्लेटफार्म पर ले आया।

सैकड़ों की तादाद में लोग छितराए हुए थे।

मालगाड़ी के डब्बे से जलते चूल्हों का धुआँ निकल रहा था। ज़रा देर पहले जमकर बूँदाबाँदी हुई थी। सो, भीगी साड़ियों और धोतियों की फैली हुई बदरंग नुमायश उतरती संध्या को मनहूस बना रही थी। ये कपड़े डब्बों की कीलियों-खूटियों और खुली फाटकों की कब्जियों—छोरों से उलझाकर सूखने को झुला दिए गए थे।

खुरखुन ने सुर्ती ठोंकते हुए कहा—"तो नेताजी, मैं भी आज घर नहीं जाऊँगा। हम साथ रहेंगे।"

—अच्छी बात है।

—अच्छी बात नहीं, तुम्हारा क्या ठिकाना ! चुपके से कहीं खिसक दोगे !

मोहन को हँसी आ गई, खुरखुन के कंधे पर हाथ रखकर बोला—"नहीं भाई, तुम्हारी नीयत साथ रहने की है तो कोई नाहक क्यों छोड़ देगा ?"

भीतर के हुलास को खुरखुन नहीं दबा सका तो दाँत निपोड़ दिए। सुर्ती फाँककर अस्पष्ट उच्चारण में कहा—"साथ-साथ ही गाय चराई, तुम हो गए कन्हैया ! भैया, तुम हो गए कन्हैया..."

माँझी आज दिन में काफी देर तक लहेरियासराय रहा था, अदालत के भी दो-तीन चक्कर लगाए थे। किसान सभा की अपनी जिला-आफिस से भी हो आया था। बाकरगंज की सालन-पराँठा-मछलीवाली दूकान में बैठकर खाना खाया था। सहसा उसने पूछ लिया—"रात का खाना खुरखुन ?"

—नीरस पका रहा है, कहके आता हूँ। तुम्हारा भी पक जाएगा।

—अच्छा, सुना खुरखुन ? अंचलाधिकारी का तबादला होने जा रहा है...

—अरे !

—सच, तुम्हारी कसम !

—तुम तो कहते थे कि नहीं होगा।

—मैं कोई विधाता थोड़े हूँ।

—ऊँ !

—ऊँ ! सतघरा के ज़मींदारों का जाल कोई मामूली जाल है ?

—कसूर यही था कि गरीब ने हमार पच्छ लिया...

बीस-बाईस वर्ष का एक जवान लपकता हुआ आया और माँझी को एक ओर खींच ले गया। वह तैश में था, बोल मुँह से फूट नहीं पा रहे थे। उसने माँझी का हाथ कसकर पकड़ रखा था और भीड़ को चीरते हुए लाइनों की सीध में उधर बढ़ा जा रहा था जिधर मालगाड़ी का तीसरा डब्बा खड़ा था।

डब्बे का फाटक खुला था। स्टेशन का छोटा बाबू यानी माल बाबू खुद नीचे खड़ा-खड़ा डब्बा खाली करवा रहा था। अंदर पैटमैन (प्वाइंटमैन) और खलासी थे जो कि बाढ़-पीड़ित शरणार्थियों का सामान बाहर फेंक रहे थे। सन-से सफेद बालोंवाली एक बीमार बुढ़िया, मियादी बुखार की सूखी शकलवाला एक छोकरा, दूध-पीते शिशु को सँभाले खड़ी आधी-घूँघटवाली एक युवती...साफ था कि इन्हें नीचे उतरने को बाध्य किया गया था। ईंटों का कामचलाऊ चूल्हा था, उसमें ठोकर मारकर बटलोई लुढ़का दी गई थी और तैयार खिचड़ी के छितराए हुए रले-मिले घुले-पीले दाने टार्च की रोशनी में रह-रहकर जगमगा उठते थे।

युवक ने आदेशपूर्ण स्वर में माँझी से कहा—"आइए कामरेड, देखिए राक्षसों का यह तांडव ! बड़े मियाँ तो बड़े मियाँ, छोटे मियाँ सुभान अल्लाह ! रेलवेवालों के दिमाग तो जाने किस धात के बने हैं !...वह बूढ़ी मेरे गाँव की परदादी है, तिरानबे साल की उमर है उनकी। हमने आराम के लिहाल से उन्हें डब्बे के अंदर रखा था। और वो जो लड़का लड़खड़ाता-सा खड़ा है ?...अठारह रोज से बुखार में उबल रहा है। और वह चिलकाउर (सद्यः प्रसूता) बेचारी...कामरेड, मैं आग लगा दूँगा स्टेशन में ! ईंट से ईंट बजा दूँगा मैं इनकी तो ! इन्होंने आखिर समझ क्या रखा है ?...मुसीबतों की मारी जनता के साथ इनका यह सलूक ! पिछले पाँच-सात दिनों के भीतर जिलाधीश (डी.एम.) को हमने चार बार तार किया है, दो बार चीफ मिनिस्टर को। पता नहीं, किस जहन्नुम में जाकर गर्क हो गए वे तार ! पा..."

मोहन माँझी ने बिजली की फुर्ती से अपना हाथ रख दिया युवक के मुँह पर, आफिसरों और मिनिस्टरों के लिए गालियों के सहस्र नाम तथा पवाड़े पहले अक्षर पर आकर ही घुटकर रह गए। कामरेड माँझी के हाथ का मजबूत पंजा उस क्षुब्ध-क्रुद्ध युवक के फड़कते होंठों को अच्छी तरह अपने काबू में ला चुका था।

मुँह को हाथ की कैद से छुड़ाने की कोशिश में युवक की पेशानी पर बल पड़े कि नहीं श्रावण शुक्ल की वह धुँधली रात भला कैसे बताती ?

उसके नथनों से छूटती हुई गरम-गरम साँसें माँझी को बतला रही थीं कि अंदर

की उबाल का तापमान क्या हो सकता है।

दूसरी बाँह के घेरे में लेकर युवक को उसने सीने से लगा लिया और पहले हाथ का पंजा होंठों से हटाकर उसके माथे पर रखा। बरफ-सी ठंडी और मक्खन-मिसरी-सी चिकनी-मीठी बोली में कहा—"पगलई से काम नहीं चलेगा बेटा ! गरम लोहे को ठंडा हथौड़ा पीट-पीटकर रख देता है। ठंडे दिमाग से सोचना-समझना और तब आगे कदम बढ़ाना बबुआ... हम तुम्हारा साथ देंगे, घबड़ाने की क्या बात है इसमें !..."

"हाँ, ठाँढा-माफिक शोचने शे शोब (सब) काम शुभिश्ता (सुभीता) से हो जाएँगी ! बाबू, आप आ गिया, शो (सो) आच्छा हुआ ! न्यू ब्लड है न ! हूँ..." हिंदी में बँगला-उच्चारण की बघार मारकर छोटा बाबू बोल गया, वह बंगाली था।

"जाइए, आप अपना काम देखिए !"—मोहन माँझी ने उससे डपटकर कहा तो वह सिटपिटा गया। चार कदम हटकर खड़ा हुआ और डरे स्वर में आवाज़ लगाई—"घोघोन !"

घोघन मंडल पैटमैन का नाम था।

वह अपना काम लगभग खत्म कर चुका था। अंदर से ही जवाब दिया—"आया छोटे बाबू !"

बंगाली बाबू तब तक पचीस-तीस कदम अलग हट चुके थे। एक हाथ में ताला, दूसरे में पेन्सिल। डब्बा खाली करवाकर वह अपने सामने उसमें ताला लगवानेवाले थे और तब उन्हें समस्तीपुर फोन करना था कि आखिर एक डब्बा हमने खाली करवा लिया।

युवक मोहन माँझी के बदन से सटा हुआ अब भी उसी तरह खड़ा था।

खुरखुन बराबर अपने 'नेताजी' के पीछे-पीछे था।

कामरेड माँझी ने छोटे बाबू को डाँट पिलाई, तो इससे खुरखुन का भौचकपना फट गया। नहीं तो अब तक वह किंकर्तव्यविमूढ़ ही रह जाता।

मोहन माँझी की वह फटकार नई दिशा का संकेत थी।

डब्बे का फाटक खुला पड़ा था। अब भी अंदर से इक्की-दुक्की चीज़ें बाहर फेंकी जा रही थीं। बड़ी और वजनी वस्तुएँ निकाली जा चुकी थीं, अब छोटी वस्तुओं का नंबर था...कलछी गिरी, कजरौटा गिरा, बार्ली की छोटी डब्बी गिरी, दूध-पीते बच्चे का मैला, चिपचिपा, धुँधली चाँदनी में काला लगनेवाला तकिया गिरा...

"ठहरो !" अब खुरखुन गरजा, अपार रोष खौल उठा उसका—"तुम लोगों की यह हिमाकत !...तुम्हें रोकने-टोकनेवाले मर नहीं गए हैं..."

वह छलाँग मारकर डब्बे के अंदर हो गया।

खलासी और पैटमैन को सक्रिय जवाबी हमले की यह उम्मीद नहीं थी। घरेलू सामान में से बड़ी वस्तुएँ फेंक चुकने पर छोटी-छोटी चीज़ नीचे फेंकना उनके लिए कोई मशक्कत नहीं थी, मनोरंजन था। खंड-ईंटों के छितराए चूल्हे भी भस्मावृत चिनगारी से बीड़ी सुलगाकर उसे वे बारी-बारी से पी रहे थे और बारहमासा के पद गुनगुना रहे थे—

"सावन हे सखि अति भयावन
निठुर पिय नहिं पास, यो !
चपल दामिनि, विकल भामिनि
ककर करती आस, यो !
मास भादो, कीच-काँदो..."

एक-एक कर खुरखुन ने दोनों को नीचे लुढ़का दिया और चिल्लाया–"जाओ, अपने-अपने नाना को बुला ले आओ ! हरामी ! कुत्ते ! गधे ! पाजी..."

मालगाड़ी का वह वैगन स्लेटी नहीं, गहरे-भूरे रंग का था। दूर से भी धुँधली चाँदनी में बॉक्सनुमा उसकी शकल-सूरत नीचे के अपने चारों पहियों पर बुरी नहीं लग रही थी।

मोहन माँझी और वह युवक अब भी खड़े थे। बाढ़-पीड़ित जनता की भीड़ उनके आसपास बटुर आई थी। खुरखुन ने जिन्हें नीचे धकेल दिया था, स्टेशन के वे दोनों निचले कर्मचारी चुपचाप वहाँ से हट गए थे। छोटा बाबू स्टेशन के बरामदे पर खड़ा होकर चीख रहा था–घोघोन, छेड़े दाओ (छोड़ दो) : हियाँ (यहाँ) आ जाओ...हम डी.टी.एस. को फोन करता है...बिहान (सुबह) मिलिटरी आयगा तब माँब को लेसन देगा (भीड़ को सबक सिखाएगा)...हुआँ (वहाँ) जास्ती देर मत ठरा (खड़ा) रहो रे बुड़बक (भोंदू) !...मिलिटरी शैल रीच हीयर अर्ली इन द मौर्निंग...(मिलिटरी सुबह ज़रूर आ जाएगी)।

खुरखुन फिर नीचे कूद आया और गुर्राया–"देखें, कैसे हमें तोप से उड़ाती है मिलिटरी !..."

फिर अपनी उसी सहज मस्ती में वह उधर चार कदम बढ़ा जिधर बुढ़िया थी। इतनी देर भी वह खड़ी नहीं रह सकी, बैठ गई थी गीली गिट्टियोंवाली ज़मीन पर ही। खुरखुन ने बैठी हुई को ही अपनी बलिष्ठ बाँहों में उठा लिया और खाली डब्बे के अंदर उचकाकर बैठा दिया। जमे हुए स्वर में बोला–"बाबी (दादी), अब हमारी मर्जी के बिना कोई तुम्हें बाहर नहीं निकाल सकता...मैं अंदर आकर तुम्हारा बिस्तरा ठीक कर देता हूँ, बस अभी-अभी आया बाबी !"

तब उसने बीमार छोकरे को उठाकर डब्बे के अंदर रखा।

मोहन माँझी युवक से ज़रा हटकर अब भीड़ के बीचोबीच था। लोग आपस में अलग-अलग बातें कर रहे थे। वैसी हरकत के लिए रेलवेवालों की सख्त नुक्ताचीनी कर रहे थे लोग। स्वर और कहने के ढंग अलग-अलग थे, क्षोभ और क्रोध की मात्रा किंतु कमोबेश सबमें थी। दो-एक शंकित और आतंकित आवाज़ें भी मोहन के कानों तक आ चुकी थीं।

बिना किसी भूमिका के, अपनी देहाती भाषा में रेलवे-अधिकारियों की बर्बरता और मौजूदा सरकारी अकर्मण्यता पर मोहन माँझी ने कसकर शब्दों की चार चोटें दीं, अंत में लोगों से सीधे सवाल किया–"अब इस पर आपकी क्या राय है ? मिलिटरी

कल सुबह न सही, शाम तक तो ज़रूर आ जाएगी। वह बंदूकों के बल पर तीनों डब्बे खाली करा लेगी। आप क्या करेंगे ?"

भीड़ चुप थी। इस चुप्पी का मतलब चालीस साला जननायक कामरेड मोहन माँझी अच्छी तरह समझ रहा था।

कुछ क्षणों की चुप्पी।

खुरखुन अब डब्बे के अंदर घुसकर दादी के लिए कम्बल बिछा रहा था। दूध-पीते बच्चे को दूसरी की गोद में डालकर वह चिलकाउर युवती लाइन के साथ दस कदम जाकर नीचे उतर गई...

चुप्पी अखरी तो युवक बोला—"मैं बताऊँ कामरेड ?"

माँझी उससे बिलकुल अपरिचित हो, बात ऐसी नहीं थी।

मैट्रिक के बाद उसकी पढ़ाई छूट गई थी। चार साल बाद दरभंगा कालेज में फिर से एडमिशन लिया तो अगले मार्च में ही वहाँ छात्रों की तरफ से जोरों का आंदोलन छिड़ा था। कालेज की प्रबंध-समिति ने कुछ-एक निर्दोष प्रोफेसरों को मुअत्तल करके मोम की अपनी नाक टूटने से बचा तो ली लेकिन 2500 छात्रों की उस विशाल जमात को उल्लू नहीं बना पाई। हारकर ग्रीष्मावकाश से डेढ़ महीने पहले ही छुट्टियाँ घोषित करनी पड़ी थीं। पिकेटिंग और गिरफ्तारियाँ क्या थीं, अच्छा-खासा तमाशा था। ठंडे दिमाग का दूरदर्शी डिस्ट्रिक्ट मजिस्ट्रेट पुलिस-अधिकारियों पर आदि से अंत तक अपना अंकुश डाले रहा, वरना लाठी चार्ज और बंदूकबाजी बीसियों बार हो चुकी होती। उसका कहना था, विद्यार्थी आखिर बच्चे ही तो हैं ! चीखें, चिल्लाएँ, बकें, गालियाँ दें, नारे लगाएँ, चिढ़ाएँ, मुँह बनाएँ, कोई परवाह नहीं ! दो घंटे नहीं, चार घंटे...दो रोज़ नहीं चार रोज़...जोश का धारा नीचे उतरेगा, घर बैठेंगे अपने आप...थोड़ा-बहुत नुकसान भी कर दें, कोई परवाह नहीं...उन्हें समझा-बुझाकर रास्ते पर लाओ !...नहीं मानें तो गिरफ्तार करके सही-सलामत जेल भेज दो...पाँच सौ से ज्यादा लड़के जेल चले गए थे। फुलपरास थाने के जमुआर गाँव का यह युवक चालीस रोज़ उस सिलसिले में जेल हो आया था। भुंइहार था जात का। ऊपर छाँह बाप की नहीं, विधवा माँ की थी...माँझी को लेकिन इस युवक का नाम नहीं मालूम था। बाकी जानकारी इधर-उधर से हासिल हुई थी।

नहीं बोलने दिया कामरेड ने उसे। वह दरअसल आम लोगों की राय मालूम करना चाहता था। खुरखुन ने उधर से कहा—"क्यों नहीं बोलने देते हो उसे नेताजी ? क्या कसूर किया है बेचारे ने ?"

भीड़ में से किसी की आवाज़ आई—"हाँ रामदहिन, तुम्हीं बतलाओ, अब क्या करना होगा..."

—हम सत्याग्रह कर देंगे...दूसरी आवाज़।

—हम आज ही रात डब्बे खाली कर दें...तीसरी आवाज़ फुसफुसाहट में डूबी हुई थी, फिर भी मोहन माँझी ने सुन ली।

—एक आध हममें से मरेगा तो मरेगा, हम भी मिलिटरी को मजा चखा देंगे...

—हाँ, बंदूक छीन लेंगे एक-एक के हाथ से।

—वे दस-बीस ही होंगे, हमारी तादाद सैकड़ों की होगी...

मोहन माँझी हँस पड़ा, कहा—"अच्छा, यह तो बताओ कि जिन्दगी भर इन डब्बों को खाली न करोगे ?"

खाँसती आवाज़ में कोई बोला—"पानी तो बाढ़ का पीछे हट ही रहा है, पाँच दिन की मुहलत दे हमें रेलवे...छठे रोज़ अपने डब्बे ले जाए वो..."

अब गंभीर स्वर में वह युवक (रामदहिन) कह उठा—"नहीं, पूरा सप्ताह लग जाएगा...हफ्ते भर की मुहलत चाहिए हमें !"

कई कंठों की मिली-जुली आवाज़—"हाँ, हफ्ते भर की मुहलत चाहिए !"

हाँ, हफ्ते भर की मुहलत चाहिए—खुरखुन भी बोला। वह डब्बे से नीचे उतर खइनी (सुर्ती) मसल रहा था। चुनौटी, अपनी जो थी, परसों रेती में लसकी हुई डोंगी को नीचे उतरकर धकेलते समय अंटी से कहीं खिसक पड़ी थी। जो कभी किसी पेटेंट मलहम से भरी होगी, टिन की वह छोटी-सी चुनौटी खुरखुन को याद आ रही थी। अब हर दो घंटे बाद ज़रा-ज़रा-सा चूना के लिए दूसरों के सामने हाथ फैलाना पड़ता था। अभी भी कई से पूछने के बाद किसी एक के पास से चूना मिला था।

मोहन माँझी चुप था, गंभीर।

"कामरेड ?"—रामदहिन ने कहा—"आप यह मत समझिए कि यह इस या उस गाँव के कुछ-एक लोगों का सवाल है। नहीं कामरेड, ऐसा नहीं है। बाढ़ में डूबे हुए कई गाँवों के सैकड़ों परिवार रेलवे कम्पनी के इस लंबे-ऊँचे बाँध पर बसेरा लिए हुए हैं। शरीर स्वस्थ हो तो फिर भीगते-सूखते जैसे-तैसे आदमी रह लेता है। मगर बीमारी की हालत में वह लाचार हो जाता है। मालगाड़ी के ये तीनों डब्बे हमने बीमारों के लिए ही दखल कर रक्खे हैं। हम रोगियों को खुली बाँध पर या प्लेटफार्म पर कैसे रहने दें ? आप ही बतलाइए कामरेड ?"

कुछ क्षणों की चुप्पी के बाद माँझी ने निचले जेब में हाथ डालते हुए कहा—"तो, हमें दो काम करने होंगे। पहला काम होगा शांतिपूर्वक पिकेटिंग करना (धरना देना), रेलवेवालों और मिलिटरी के जवानों को समझाएँगे-बुझाएँगे, नहीं मानेंगे तो सामूहिक सत्याग्रह होगा। दूसरा काम है कलक्टर (जिलाधीश) से मिलना और रेलवेवालों के दुर्व्यवहार से उत्पन्न परिस्थितियों से उसे वाकिफ कराना, बीमार बाढ़-पीड़ितों के लिए तम्बू, रावती आदि की तत्काल व्यवस्था करवा लेना। इन कामों में सभी पार्टियों की सहायता आपको चाहिए और वह मिल भी सकती है।...रामदहिन यहाँ रहें और आपमें से दो जने मेरे साथ अभी एक बजे (रात) ट्रेन से दरभंगा चलिए। बाबू परमेश्वरीचरण मुख्तार पुराने और मशहूर कांग्रेसी हैं। साथ-साथ जेल में रहे, अपनी पुरानी जान-पहचान है। ईमानदार और निर्लोभी होने के कारण सबके दिल में उनके लिए श्रद्धा है। उनको साथ लेकर सुबह हम जिलाधीश से मिलेंगे...यहाँ रामदहिन हइए हैं..."

"बोलो रामदहिन ?"—कई आवाज़ें।

रामदहिन मुँह खोले और कुछ बोले, कि उससे पहले ही खुरखुन बोला—"कोई बात नहीं रामदहिन बबुआ, मैं कल दिन भर तुम्हारे साथ रहूँगा...कल चाहे नेहरूजी ही क्यों न आकर डोंगी पर बैठ जाएँ, मैं नहीं खेने का ! कल तो मुझे देखना यह है कि कैसे मलेटरीवाले डब्बे खाली कराते हैं..."

मोहन माँझी ने खुद आगे बढ़कर खुरखुन की पीठ थपथपाई और भीड़ को संबोधित किया—"भाइयो, इनको आप लोग पहचानते हैं ? नहीं ? अरे यह मलाही-गोंढ़ियारी के बहादुर मछुआ खुरखुन तीयर हैं।"

बीच में ही एक गहरी फुसफुसाहट उभर आई भीड़ पर—"खुरखुन ! खुरखुन तीयर ! जो पानी में मगर को पछाड़ते हैं—वही न ? कि दूसरा कोई ?"

"...हाँ, हाँ, वही बहादुर"—मोहन माँझी ने कहा—"तो अपना काम छोड़कर खुरखुन कल समूचा दिन आप लोगों के साथ गुजारेंगे। रामदहिन तो खैर रहबे करेंगे...क्यों रामदहिन बाबू ?"

—हाँ कामरेड !

—और, मेरे साथ दरभंगा किस-किसको भेज रहे हैं ?

—पंद्रह मिनट के अंदर ही आपको बता रहा हूँ कामरेड !

—तो, अब हम खाना खाने जाते हैं...आप वहीं मिलिए !

—जी ! चलिए...

नीरस रसोई पकाकर आया था और माँझी के पास ही खड़ा था। बीच-बीच में दो-तीन बार उँगली से गोदकर उसने चलने का इशारा किया था।

अब माँझी चले तो भीड़ भी अपने आप छितरा गई।

स्टेशन से बाहर ज़रा हटकर भारत सेवक समाजवालों का कैंप था। कैंप के करीब ही नीरस ने खाना पकाया था। भात और मछली का झोल, आलू का ज़रा-ज़रा-सा भर्ता। थाली एक ही थी, पीतल की। वह नेताजी के सामने रखी गई। खुरखुन का खाना पुरइन (कमल) के पत्ते पर परोसा गया था। नीरस ने खुद पीछे खाना खाया।

खुरखुन ने कैंप से एक कुर्सी ला रखी तो मोहन माँझी ने उस पर बैठने से इनकार किया। ज़मीन पर सभी साथ बैठे और बातें होती रहीं। रामदहिन के साथ तीन-चार जने और आ गए थे।

ट्रेन आई तो माँझी और रामदहिन के दो आदमी दरभंगा चले गए।

अगले दिन खुरखुन ने जोर-जबर्दस्ती छुट्टी ले ली कैंपवालों से और रामदहिन के साथ मोर्चे पर डटा रहा।

मिलिटरी के आठ जवान सवेरे की ट्रेन से आ धमके, साथ रेलवे का अपना मजिस्ट्रेट भी आया था। उसने पब्लिक को बारह घंटे का वक्त दिया। बाकी स्टेशनों पर भी जहाँ कहीं मालगाड़ी के डब्बे बाढ़-पीड़ित जनता के अधिकार में थे, इसी तरह मिलिटरी के जवान उन्हें खाली करवाने आए थे।

गनीमत यह हुई कि शाम तक कलेक्टर का आदेश बाढ़ग्रस्त क्षेत्र के इन स्टेशनों

में आ पहुँचा कि तीन दिन की पूरी मुहलत और उसके बाद दो दिनों में धीरे-धीरे डब्बे खाली करा लिए जाएँ।

रेलवे की जमा-पूँजी और माल-असबाब की हिफाजत के नाम पर फिर भी मिलिटरी के जवान डटे रह गए। खुरखुन और रामदहिन पर स्टेशन का समूचा स्टाफ रंज था। वे उन दोनों को गिरफ्तार करवाने में कामयाब तो रहे मगर चौबीस घंटे की हिरासत के बाद डिविजनल कोर्ट ने उन्हें छोड़ दिया। चौथे रोज मोहन माँझी और खुरखुन साथ ही घर आए।

दस

देपुरा से आधा कोस उत्तर खैर-महुआ-सीसम-साहड़-पितोझिया आदि पेड़ों से घना जंगल था एक पुराना और सुरक्षित।

जंगल के बीचोबीच पुराना पोखर था छोटा-सा। पुराना होने पर भी उसका पानी स्वच्छ था। गर्मियों में भी सूखता नहीं था। बल्कि पास-पड़ोस के पोखरों का हाल जब बुरा से बुरा हो जाता तो प्यासे प्राणी उसकी शरण में आते।

बस्तियों से अलग और घने जंगल के मध्य में होने के कारण मछुए इस जलाशय को ठेके पर नहीं लेते थे। एक बार जोश में आकर भोला ने दो सौ नकद गिन दिए और देपुरा के ज़मींदार से साल भर के लिए यह पोखर बंदोबस्त ले लिया। अगहन में तालमखाना के बीज डाल दिए। मगर सावन-भादों तक तैयार फसल का मौसम आते-आते बंदरों और चरवाहों ने तालमखाना के सारे कोए उड़ा डाले ! भोला के पचीस रुपए भी वापस नहीं आए।

बाढ़ के दिनों में उस जंगली पोखर का मुँह भुतही बलान की धारा से जुड़ जाता था। इस दफे सावन ही में एक भारी मगर घुस आया तो फिर निकल नहीं सका।

धीरे-धीरे उस जल-दानव की चर्चा आसपास फैलने लगी। पहले एक चरवाहा छोकरा उसका ग्रास बना, फिर एक गाय और तब जंगल में घूम-घूमकर कंडे चुननेवाली एक औरत।

दुर्गापूजा से दो रोज पहले खुरखुन को चौथी बार बुलावा आया तो वह अपने को रोक नहीं सका। मगर का शिकार करने में खतरा तो रहता था, लेकिन उसकी तबियत इससे रत्ती-भर भी घबराती नहीं थी।

भोला के बैठकखाने में पुरानी भारी-भरकम-सी संदूक पड़ी रहती थी लकड़ीवाली। खुरखुन ने उसमें से मगर की खाल के बने खोल निकलवा लिए, बाँस की लंबी मोटी सुई (सूआ) अपने घर से ले ही ली थी।

नीरस, रंगलाल, मंगल, चुल्हाई आदि दस-बारह जने साथ हो गए। दो बाँस और लंबा-मोटा रस्सा और घड़िया में पीने का पानी...बस, और किस चीज़ की ज़रूरत थी ?

आसिन की पीली सुनहली धूप...डेढ़ पहर दिन उठा था।

सभी ने साथ ही जंगल में प्रवेश किया।

मंदिर नज़र आते ही मंगल गरजा—"बम् बम् बम् ! बोल प्रेम से बाबा उरबसी नाथ की..."

"ज्जै !..." बाकी लोगों ने कहा।

"शंकर बंभोले की..."

"ज्जै !"

"बस भाई, बस करो !" खुरखुन ने कहा, "ज्यादा चीख-पुकार मचाते जाओगे तो मग्गर कीचड़ में दुबक रहेगा, फिर हाथ नहीं लगने का !"

मंगल ने कहा, "पहले बता दिया होता। अच्छा, अब कोई हल्ला-गुल्ला न करे भाई !"

थोड़ा आगे बढ़ने पर पोखर दिखाई पड़ा।

पच्छिम और दक्खिन कोने पर झाड़ी-झुरमुट काफी घनी थी। खैर, बेल, पितौझिया, तून, इमली, सेमल आदि के मोटे-पतले छोटे-बड़े झाड़ सुदिन-दुर्दिन के साथियों की तरह आपस में गुँथे खड़े थे। जंगली जानवर उधर से ही पोखर का पानी पीते होंगे, देखकर यह कोई भी बता सकता था।

खुरखुन को विश्वास हो गया कि मगर का बसेरा पोखर के दक्खिन-पच्छिमवाले इसी कोने में होगा। इशारे से उसने सबको उधर बुला लिया।

बाँहों में मगर की खाल के खोल डाल लिए, हाथ में मज़बूत डोरीवाला वही सुआ। आहिस्ते-आहिस्ते पानी के अंदर धँसा।

पहले-पहल तो पैर बित्ता-डेढ़ बित्ता कीचड़ में चँप गए, आगे कीचड़ कुछ कम था। पानी हल्का नहीं, भारी था। स्वाद कसैला-सा। गोताखोर खुरखुन पानी के अंदर ही अंदर पचीस गज का चक्कर मार आया...कीचड़ ही कीचड़। पोखर के पेट में खुरखुन को और कुछ नहीं दिखाई पड़ा। पानी के भीतर अपने एक हाथ और एक पैर के पंजे हिला-हिलाकर उसने अपनी निगाहों को परखा। पंजे दो-ढाई गज के फासले तक दीख रहे थे। उँगलियों की रेखाएँ तो नहीं, आकार साफ-साफ नज़र आए। खुरखुन को तसल्ली हुई।

धड़ को गर्दन तक पानी के अंदर रखकर सिर बाहर निकाला। रुकी हुई साँसें ज़ोरों से छूटीं तो नाक के सामने पानी पर खूब-खूब-सा दबाव पड़ा।

थोड़ी देर के बाद साँसें अपनी सहज गति में आ गईं तो फिर गोता लगाया। अब की चक्कर में न जाकर, सीधा गया। फिर वापस मुड़कर उधर को रुख किया जिधर झुरमुट काफी घना था। किनारे का वह हिस्सा डरावना लगता था। तून, जामुन और गूलर के चार-पाँच बौने-कुबड़े पेड़ पानी पर दूर तक झुके पड़े थे। ऐन किनारे से लगी हुई उस झुरमुट के अंदर गीली ज़मीन में मगर की माँद हो सकती थी।

हाथ के इशारे से खुरखुन ने उधर आने को साथियों से कहा।

हाथों से रस्सा सँभाले वे झुरमुट के करीब आकर खड़े हो गए। अनजाने मंगल ने सीटी बजा दी तो चुल्हाई ने उसे डाँटा। आसपास से आकर बीसियों चरवाहे इकट्ठे हो गए थे। आपस में वे खुसुर-फुसुर करने लगते तो नीरस हाथ हिला-हिलाकर बीच-बीच में उन्हें रोका करता।

खुरखुन का अंदाज ठीक निकला।

उथल-पुथल से आराम में खलल पड़ा तो मगर भी परेशान हुआ और पानी के अंदर आड़े-तिर्छे और सीध में दौड़ने लगा।

यों, इस पोखर में आए उसे तीन महीने हो रहे थे। यहाँ शिकार की भी कमी नहीं थी और आराम भी था। आस-पास दो-तीन मील कोई ताल-तलइया नहीं थी। भारी पाँतर के बीच पड़ता था यह जंगल। आठ-दस गाँवों के मवेशी चरने निकलते तो पानी यहीं आकर पीते। नेवला-खरगोश से लेकर गाय-बैल आदमी तक...मगर को आहार कुछ न कुछ मिल ही जाता था।

एक जगह पानी की सतह पर छोटे-छोटे बुलबुले बेहद फुर्ती से उभर रहे थे। खुरखुन ने सूआवाले हाथ से लक्ष्य ठिकियाकर डुबकी लगाई और उस तरफ बढ़ा।

पूँछ नज़र आई मगर की तो तिर्छे होकर वह एक तरफ को दुबक गया। उसने फिर अपनी कोहनी आगे कर दी और उसे हिलाता-डुलाता रहा।

हल्का-हरा शीशा-सा पानी का भीतरी दृश्य मगर की असली सूरत को खिलने नहीं दे रहा था। छायामय आकृति भीतर-ही-भीतर नज़र आ रही थी।

हिलती-डुलती कोहनी की ओर मगर का फैला हुआ मुँह बढ़ा आ रहा था कि खुरखुन ने सीधा किया...बड़ी सफाई से मगर की आँख में उसने सूआ घोंप दिया और मुँह के अंदर से निकाल लिया। फुर्ती से डोरी में गाँठ डाल दी और बाहर आ गया।

नीरस ने फौरन रस्से का छोर खुरखुन की तरफ फेंक दिया तो सूएवाली डोरी का सिरा रस्से के छोर में बाँधकर वह किनारे आ गया।

बाँहों में खाल के खोल, कमर में अँगोछा। साँवली सूरत, चौड़ा चेहरा। पाँच हाथ लंबा, मज़बूत काठी का अधेड़। बाएँ कंधे पर घाव का पुराना निशान...बालों का पानी समूचे शरीर की लंबाई का फासला तय करके पैरों के रास्ते ज़मीन को भिगो रहा था। देर तक डुबकियाँ लगाते रहने से आँखों के कोए लाल-लाल हो रहे थे।

नीरस, रंगलाल, मंगल, चुल्हाई वगैरह दस-बारह आदमियों ने रस्सा खींचकर मगर को घसीट लिया।

नौ हाथ लंबा, लगभग पंद्रह मन भारी। दाँत और जबड़े बड़े विकराल लग रहे थे। शरीर के अनुपात में आँखें बेहद छोटी और गोल थीं। बदन का ऊपरी हिस्सा खुरदरी चकत्तियोंवाला और मूँग के छिलकों की-सी सूरत का। पेट के तरफ का हिस्सा चिकना, मटमैला। छोटी-छोटी चार टाँगें।

चुल्हाई और मंगल उसे बाँसों से पीटने लगे। प्रतिरोध में सिर्फ पूँछ हिलती-डुलती, उठती-पड़ती रही।

खुरखुन गीला गमछा छोड़कर धोती पहन चुका था। कोहनियों से खाल के खोल उतारकर उन्हें उसने मंगल के हवाले कर दिया।

रस्सों से बाँध-बाँधकर मगर को बाँसों के सहारे वे देपुरा टाँग ले गए। पोखर तो आखिर ज़मींदारों का था न।

लाश खुरखुन को नहीं मिली, मिले पाँच रुपए। पारितोषिक था यह।

मछुए लौट आए तो मगर ट्रक पर लादकर राजा बहादुर नकुलेश्वर सिंह के दरबार में भेज दिया गया। राजा बहादुर शिकार के पुराने शौकीन और देपुरावालों की अपनी बिरादरी के थे।

जो हो, पानी के उस राक्षस से पास-पड़ोस की जनता को छुटकारा मिला। खुरखुन तीयर के लिए यही बहुत था।

ग्यारह

गंगा सहनी का परिवार बड़ा था और आमदनी भी कम नहीं थी। हर साल इलाके के पाँच-सात बड़े-पुराने पोखर वह बंदोबस्त लेता और उनमें तालमखाना की फसलें उगाता। कानपुर और कलकत्ता के मेवे के थोक सौदागर तालमखाना का उसका सारा ढेर खरीद लेते।

गढ़पोखर के मामले में देपुरा के ज़मींदारों ने गंगा सहनी को फोड़ लिया। सहनी को फुसलाया गया कि उसे ग्राम पंचायत का मुखिया बना दिया जाएगा। उसका लड़का मिडिल (दर्जा 7) पास करके हाईस्कूल में दाखिल हुआ था, उन्होंने फीस-वीस माफ करवा दी। मेंबर बनाकर खुद गंगा को थाना-कांग्रेस की वर्किंग कमेटी में ले लिया।

अब गंगा के बैठकखाने में कांग्रेसी दैनिक 'राष्ट्रवाणी' दिखाई पड़ने लगा। 15 अगस्त को लंबी-पतली हरी-हरी 'चाप' (बाँस) बैठकखाने की अँगनई में गड़ गई और उसमें तिरंगा झूल गया। दीवारों पर काली माई और जगन्नाथजी की तस्वीरों के अगल-बगल कांग्रेसी नेताओं के फोटो जगमगाने लगे।

गंगा के असर में पाँच-सात जो भी परिवार थे, उनका भी रवैया साफ हो गया। वे उसके साथ थे। नौजवानों की गाने-मचलने और हँसने-बकनेवाली मौजी जमात 'बजरंग-मंडली' में भी फूट पड़ गई। मृदंग-मँजीरा, ओथी-पोथी, चटाई-आसनी...सबके तीन हिस्से हुए। गंगा के दल में मछुओं की आबादी का तृतीय अंश पड़ा था। इसी से उसकी पार्टी के छोकरों को बजरंग-मंडली की जमा-पूँजी में से तिहाई मिला।

भोला और नकछेदी को साधारण मछुआ-परिवारों का समर्थन प्राप्त था। मोहन माँझी को दुख ज़रूर हुआ, लेकिन ऐसा नहीं कि अक्ल को लकवा मार जाता। खुरखुन, नीरस वगैरह अपनी रोजी-मजूरी को लेकर व्यस्त रहते थे। मौका पाकर भोला के बैठकखाने में या स्कूल के अहाते में जुटते। दस बातें कानों में पड़तीं तो दो निकलतीं

भी। भारी-भारी कदमों से जाते, हल्के-फुल्के वापस लौटते।

मधुरी को लेकिन इस घटना से काफी तकलीफ पहुँची। गंगा के बारे में उसके मन में पहले से ही खटका था। सतघरा के ज़मींदारों से पुश्तैनी रप्त-ज़ब्त था। गंगा सहनी का यह कोई नया रसूख नहीं था। सच पूछिए तो उसी के भरोसे सतघरावालों ने गढ़पोखर के मामले में अपनी नाक घुसेड़ी थी।

बाढ़-पीड़ितों की सहायता के लिए मोहन माँझी ने गढ़पोखर की भिंड पर जो कैंप चालू किया था वह पंद्रह आसिन तक चलता रहा। एक सौ सत्तावन रुपए साढ़े दस आने नकद रकम बच गई थी। डेढ़ सौ रुपए रबी की फसलों के लिए बीज खरीदकर किसानों में तकसीम कर दिए थे। सात रुपए साढ़े दस आने किसान-सभा की थाना-कौन्सिल के खाते में डाल दिए गए। बाढ़-पीड़ितों की मदद के लिए बनी हुई कमेटी का सर्वसम्मति से विसर्जन हुआ।

मधुरी के लिए ही नहीं, मलाही-गोंढ़ियारी के तमाम तरुणों-तरुणियों के लिए सार्वजनिक कामों की ट्रेनिंग का एक अच्छा सिलसिला अपने आप चालू हो गया था। अब कैंप की प्रवृत्तियाँ खत्म घोषित हुईं तो अगले ही दिन मछुआ संघ सामने आ डटा। बाढ़-पीड़ितों की सहायता-समिति ने अपने कैंप की दोनों कुटीरें संघ को खुशी-खुशी दे दीं। संघवाले दोनों कुटीरें पूर्वी-उत्तरी भिंडों पर से उठा लाए और सुभीते की जगह देखकर दक्खिनी भिंड पर, आबादी के करीब ही आधी भीतोंवाली एक कुटीर खड़ी कर ली। यह मछुआ-संघ का दफ्तर भी हुआ और अड्डा भी।

मछुओं का संघ सत्तर मेंबरों का संगठन था। छोटी कमेटी नौ सदस्यों की थी। सभापति भोला सहनी, मंत्री नकछेदी जलुआ, उपमंत्री जलेसर निषाद, कोषाध्यक्ष मधुरी। कमेटी के बाकी पाँच मेंबर थे नीरस, मुसम्मात जितिया, खुरखुन, मंगल और कन्हाई माँझी। कन्हाई मोहन माँझी का चचेरा भाई था। गंगा के बाद मलाही का दूसरा प्रभावशाली व्यक्ति वही था। मंगल 'बजरंग-मंडली' का मुखिया और बिरादरी का सबसे समझदार युवक होने के कारण कमेटी में लिया गया था, भोला सहनी का सुपुत्र होने के कारण नहीं। मधुरी को छोड़ने के लिए वे तैयार नहीं थे, क्योंकि बाढ़वाले कैंप में उसने भारी नाम कमाया था। वह अनपढ़ थी, फिर भी मोहन माँझी आदि, नकद रकम सँभालने की जिम्मेवारी अंत तक मधुरी पर ही डाले रहे। खुरखुन और नीरस भीमकर्मा टाइप के ऐसे जवाँ-मर्द व्यक्ति थे जिन्हें अपनी बिरादरी प्यार से दैत (दैत्य) कहा करती। मुसम्मात जितिया धनी बाप की इकलौती विधवा बेटी थी।

मोहन माँझी संघ का परामर्शदाता अवश्य था मगर अपनी एक भी राय यूँ ही किसी पर लादने का शौक उसे न पहले था, न अब था, और यहाँ तो भला व्यक्ति की नहीं बल्कि समूचे संगठन की बात थी। अब वह इस कोशिश में था कि गढ़पोखर के अपने सनातन अधिकारों की मान्यता का मछुओं का यह संघर्ष देश की आम मेहनतकश जनता की सामान्य जद्दोजहद से अलहदा न रह जाय।

अढ़ाई-तीन साल पहले इन इलाकों में सरकार की तरफ से तकावी बँटी थी।

चुनाव कांग्रेस के सिर पर था, देहात की जनता के हर एक वर्ग ने कई रूपों में 'पत्र-पुष्प' प्राप्त किए थे। अब इस वर्ष सेक्रेटेरियट के उन्हीं हाथियों पर उलटी सनक सवार थी। तकावी की रकम वापस लौटाओ वरना खड़ी फसलें कुर्क कर ली जाएँगी...किसानों में सर्वत्र गुस्से की लहर दौड़ रही थी कि तकावी की रकम इतनी जल्दी नहीं लौटाई जा सकती। संबंधित जिला अधिकारियों से इस प्रसंग में किसानों की झड़प हो गई थी, कई जगहों पर।

मोहन माँझी ने थाने-भर के किसान प्रतिनिधियों का वार्षिक सम्मेलन तमुड़िया से दो मील उत्तर बस्ती कुसोथर के बाहरी मैदान में किया था। कान्फ्रेन्स में मलाही-गोंढ़ियारी से सौ किसान मेंबरों के पाँच प्रतिनिधि शामिल थे। पचास गाँवों के किसान और खेत-मज़दूर। औरतों में किसान-सभा के उद्देश्यों तथा कर्तव्यों का प्रचार करने के लिए, साथ ही कान्फ्रेन्स के लिए अनाज और नकद रकम उगाहने के लिए तीन महिला किसान-सेविकाएँ आई हुई थीं। लक्खीसराय (मुंगेर) की शन्नी भाभी, कहलगाँव (भागलपुर) की कामरेड अपर्णा और कमतौल के किसान साथी पुरुषोत्तम पाठक की नवेली दुलहिन हेम। हफ्ता-डेढ़ हफ्ता ही वे घूमी थीं, चार-पाँच रोज मधुरी ने भी उनका साथ दिया था। पाँच मन चावल, ढाई मन मडुआ (राँगी), तीन मन मकई, छै पसेरी अरहर, पाँच पसेरी चने, नकद रकम तिरासी रुपए नौ आने....महिला किसान-सेविकाओं ने काफी सामग्री वसूल की थी और कान्फ्रेन्स के पैंसठ प्रतिनिधियों और सत्रह अभ्यागतों को चार वक्त खाना खिलाया था।...किसान प्रतिनिधियों ने एक प्रस्ताव द्वारा सरकार से अपील की थी कि कम से कम पाँच वर्षों तक की मुहलत तकावी वसूली के लिए ज़रूर मिलनी चाहिए। इस निश्चित अवधि के बाद किसान तकावी की यह रकम अपनी सुविधा के अनुसार कई किस्तों में लौटाएँगे। एक दूसरे प्रस्ताव द्वारा गढ़पोखर के तथाकथित नए मालिकों को यानी सतघरा के ज़मींदारों को सम्मेलन ने आगाह किया था कि वे युग की आवाज़ को अनसुनी न करें, मलाही-गोंढ़ियारी के मछुओं को गरोखर से मछलियाँ निकालने के पुश्तैनी हकों से वंचित करने की उनकी कोई भी साजिश कामयाब नहीं होगी। रोजी-रोटी के अपने साधनों की रक्षा के लिए संघर्ष करनेवाले मछुए असहाय नहीं हैं, उन्हें आम किसानों और खेत-मज़दूरों का सक्रिय समर्थन प्राप्त होगा...

किसानों की इस कांफ्रेंस का सदर होकर पधारे थे प्रख्यात जन-नायक साथी कालीप्रसन्न सिंह। व्यक्तिगत और देवोत्तर जायदादों के नाम पर जमींदारों की मौजूदा सरकार ने जो अकारण छूट दे रखी है, कामरेड सिंह ने उसकी सख्त आलोचना की और अपने भाषण में मलाही-गोंढ़ियारी के मछुओं को ही गढ़पोखर का असल मालिक बतलाया। क्या स्थानीय, क्या आगंतुक, सभी वक्ताओं का यही रुख था, गरोखर के बारे में।

पाँच प्रतिनिधियों के अलावा भी तीस-चालीस आदमी मलाही-गोंढ़ियारी से कुसोथर पहुँचे थे। बड़े ध्यान से उन्होंने नेताओं की तकरीरें सुनी थीं। प्रतिनिधियों की

मीटिंग में दोनों दिन छै-छै घंटे वार्षिक रिपोर्ट पर और प्रस्तावों पर जमकर बहस चली थी, लेकिन खुले अधिवेशन में वक्त की कमी के कारण प्रस्ताव पढ़े भर गए, कुछ-एक प्रस्तावों का खुलासा आम लोगों के लिए अपेक्षित था। जल्दबाजी में वह हो नहीं सका।

कांफ्रेंस के बाद मलाही-गोंढ़ियारी की संयुक्त बस्तियों के लिए किसान सभा की एक ग्राम-कमेटी संगठित हो गई। भोला ने अपने बैठकखाने की बाहरवाली छोटी कोठरी दफ्तर के लिए दे दी। नकछेदी प्रधान चुने गए और मंगल सेक्रेटरी। इस कमेटी में भी मधुरी को समेट लिया गया।

बारह

अगहन की पूर्णिमा को गुजरे दो ही तीन रोज हुए थे कि मंगल के घर लड़का पैदा हुआ। छठी धूमधाम से हुई। भोज-भात, नाच-गाना, हँसी-खुशी।...पाहीटोल का मशहूर नटुआ जुगेसर दल-बल के साथ बुलाया गया, भागलपुरी तसर की जोड़ी चादर और सौ रुपए नगर मिला उसे। मंइञा बार-बार कहती, "बस, मैं तो इसी का मुखड़ा देखने को अब तक जिंदा थी।" गौनड़ बाबा बिरादरी में सबसे बूढ़े थे। नवजात शिशु को बाहर बैठक में ले जाकर जिलेबिया ने उसे उनके सामने कर दिया, "बाबा, असिरबाद दो।"

हुलास में भरकर गौनड़ ने उसके लाल-मुलायम तलवों में अपनी सूखी-साँवली नाक भिड़ा दी और बोला, "हम तो बस पोखरों, चभच्चों और उथली-छिछली नदियों तक ही रहे, तू लेकिन-कप्तान बनकर सात समुंदर छान डालेगा।"

मधुरी तो इतनी खुश थी कि दस-बारह दिनों तक हर शाम को नवजातक की सम्वर्द्धना में उसने 'सोहर' गाया था। एक दिन मंइञा से कहा, "बाबी, मुझे क्या इनाम मिलेगा ?"

"तू इसी को रख ले," मंइञा के बदले मंगल की माँ ने जवाब दिया।

"चाची, अगर मैं सचमुच ही इसे उठा ले गई तो ?"

"नहीं, नहीं, नहीं..."

छोटी लड़की सिलेबिया ने जोरों से प्रतिवाद किया तो सभी हँस पड़ीं। वह फिर ठुनककर बोली, "टूनू को लेकर तुम जेहल चली जाओगी, ऊँ ऊँ ऊँ..."

भतीजे का यह नामकरण छोटी बुआ की तरफ से प्यार की हदबंदी का सबूत था। मधुरी ने इस पर मुस्कुराकर कहा, "मछुए का लड़का-पोता होकर जेहल से भला क्यों डरेगा यह ?"

"जेहल-दामुल से डरे इसका दुश्मन।" चूल्हे के निकट से सिलेबिया ने कहा तो मधुरी एकाएक गंभीर हो गई।

उसके दिमाग में एक युवक मछुए का डरपोक चेहरा नाच उठा...अपने बौड़म पति का प्रभावहीन मुखड़ा।...कुसुस कक्कड़ का दीप्त मुखमंडल याद आया। 'लात मारो

सालों को'--उसने कहा था।...मनुहार से गीली मंगल की आँखें...गिड़गिड़ाता हुआ चुल्हाई...नहीं, अब वह कभी उस नशाखोर बुड्ढे की लात-वात बर्दाश्त करने नहीं जाएगी...फिर से शादी कर लेगी किसी दिलेर-नेकचलन और मेहनतकश जवान से...और, बगैर मर्द के कोई औरत अकेली ज़िंदगी नहीं गुजार सकती है क्या ?...

पचीसों प्रकार की बातें मधुरी के दिमाग में चक्कर काटने लगीं। वह देर तक सोच-विचार में गुम रह जाती, लेकिन सिलेबिया को क्या सूझा कि एकाएक उसने टूनू को मधुरी की गोद में डाल दिया, "लो भी तो।"

हुक्का गुड़गुड़ाकर मंइञा ने कहा, "लात-वात बर्दाश्त करके भी लड़कियों को ससुराल में रहना चाहिए बेटा।"

इस पर जिलेबिया ने अपनी दादी को मुँह बनाया और गर्दन दूसरी तरफ फेर ली।

जंगल स्कूल से अभी-अभी लौटा था। किताबों का बस्ता ओसारे में पटककर मधुरी की ओर लपका। नाटकीय ढंग से आँखें नचा-नचाकर कहने लगा, "मलेटरी आ ई है ऐ ऐ ऐ। पहले मधुरी बहन ही गिरफ्तार होगी ी ी ी...."

"भक् लबरा कहीं का," माँ ने फटकारा।

"तेरी कसम माँ !"

"भक् !"

"नहीं माँ, सच कहता हूँ ! तेरी कसम !"

"सच मधुरी, मलेटरी आनेवाली थी ?"

स्वीकार की मुद्रा में मधुरी का माथा हिला तो मंगल की माँ चुप ही नहीं बल्कि उदास हो आई।

"जरा देखूँ चलके काकी।" मधुरी ने लाल-गुलाबी शिशु को उसकी दादी के जुड़े-मुड़े हाथों और बाँहों पर डाल दिया और उसके गाल चूम लिए।

पलक मारते वह भोला के आँगन से बाहर निकल आई और गरोखर की ओर चल पड़ी। आज जाने क्यों, मंगल का वह धौरा कुत्ता मधुरी के साथ हो लिया। इससे पहले वह बैठकखाने के अंदर कुकुर-कुंडली मुद्रा में बैठा था।

आवाज़ सुनाई दी –"कब तक लौटेगी बहन, माँ पूछ रही है ?"

हाथ के इशारे से मधुरी ने बताया कि थोड़ी देर बाद।

शाम होने में अब अधिक देर नहीं थी। धान की फसलें अच्छी नहीं हुई थीं इस बार, फिर भी खलिहानों में थोड़ी-बहुत चहल-पहल थी ही। खेतों से ढोकर लाए जाते वक्त हिलने-डुलने में बोझों से खिसककर गिरे-पड़े धान के इक्के-दुक्के शीश (बालियाँ) कहीं-कहीं नज़र आ रहे थे। शरद् ऋतु में दिखाई पड़नेवाले जल-पक्षियों का मौसम खत्म हो रहा था तो भी उनकी चहचहाहट धनहा चौर की दिशा से बीच-बीच में सुनाई पड़ ही जाती।

मछुओं ने हमेशा की तरह चिलमन खड़ी करके चौर में अब के भी मछलियाँ घेर

रखी थीं। बहन को आवाज़ लगाकर तीरा धनहा चौर की तरफ चली गई, दक्खिन की ओर। शाम तक मछलियाँ ले आने की बात न होती तो वह भी गरोखर की भिंड पर जाकर अपनी आँखों से गिरफ्तारियाँ देखती।

मधुरी स्कूल के नज़दीक पहुँची। भिंड से नीचे सड़क पर मिलिटरी का ट्रक खड़ा था। खाकी वर्दी का फौजी ड्राइवर नीचे उतरकर बीड़ी फूँक रहा था।

पुलिस और मिलिटरीवालों में से तीन के सिरों पर टोप थे, सात के लोहा-टोप और तीन के लाल पगड़ियाँ। टोपवालों की कमर से पिस्तौल लटक रही थी, लोहा-टोपवाले बंदूकों से लैस थे और लाल पगड़ीवाले लाठियाँ सँभाले हुए।

लगता था कि मलाही-गोंढ़ियारी के सभी मर्द जमा हो गए हैं। पाँच-सात औरतें भी अलग खड़ी थीं। छोकरे-छोकरियों की संख्या भी कम नहीं थी। मंगल, नकछेदी, जलेसर, कन्हाई...कमेटी के चार ही जने वहाँ मौजूद थे। मधुरी उन्हीं के साथ आके खड़ी हो गई।

नीरस और खुरखुन एक पड़ौसी गाँव के पोखर में मछलियाँ मारने गए हुए थे। भोला गया था लहेरियासराय, इन्हीं मुकदमों के सिलसिले में। बाबू परमेश्वरचरण मुख्तार ने माल-मंत्री के नाम निजी खत लिखकर अपने भतीजे को साथ कर दिया तो मोहन माँझी पटना गया था। यह सब गरोखर से संबंधित बातें थीं।

अगहन से मछुए बड़ी मछलियाँ निकालना शुरू कर देते हैं। इस वर्ष आधे अगहन के बाद गढ़पोखर में जाल गिरने लगे थे। मछलियाँ निकलती भी खूब थीं। सतघरा के ज़मींदारों का धीरज बाँध तोड़ चुका था। दस रोज पहले ही वे दफा 144 लागू करवा चुके थे। किसी भी पक्ष के लिए गढ़पोखर के अंदर जाल डालना तब तक वर्जित बताया गया था जब तक कोर्ट अपना फैसला न दे दे। मगर मछुए एक दिन के लिए भी इस प्रतिबंध को मानना नहीं चाहते थे। गढ़पोखर की मछलियाँ उनके लिए जीविका का प्रमुख साधन थीं। नए मालिक डरा-धमकाकर, मुँह के कौर छीनकर, छाती पर संगीन की नोक का दबाव डालकर, फुसला-बहकाकर चाहे कैसे भी हो, मछुओं से अपना प्रभुत्व मनवा लेने पर आमादा थे। जिस दिन दफा 144 लागू करने का नोटिस निकला, उसके दूसरे ही दिन दरभंगा से सशस्त्र पुलिस के दो जवान गढ़पोखर पर आ धमके थे। यहाँ का हालचाल मालूम करके उनका दिल मछुओं के साथ हो गया था। मंगल, चुल्हाई, मधुरी वगैरह से उन्होंने साफ-साफ बता दिया था कि दिन के उजाले में नहीं, रात के अँधेरे में चाहे जैसे और जितनी मछलियाँ निकलवा लो, उन्हें कोई एतराज नहीं होगा; बंदूक सिरहाने के नीचे दबाकर वे ठाठ से सोते रहेंगे।...और यही क्रम चल भी रहा था। गंगा सहनी और उसके आदमी सतघरावाले मालिकों तक सारी खबर पहुँचाते रहे तो अब मछुओं पर लूट और गैर-कानूनी कार्रवाइयाँ करने का अभियोग लगाया गया था। सतघरावाले भूमिहार थे और देपुरावाले मैथिल। दरभंगा से लेकर पटना तक इन दोनों जातियों के प्रभुतालोभी उच्च तथा मध्यवर्ग कब आपस में लड़ पड़ते थे और कब सुलह कर लेते थे, बताना मुश्किल है। इस वक्त लेकिन दोनों जातियों के मुखियों का शासन

के क्षेत्र में अंशतः संयुक्त मोर्चा चल रहा था। गरोखर के झमेले में भी उनकी यह फसली एकता नए-नए गुल खिला रही थी। तभी तो इतनी शीघ्र वे जिला-अधिकारियों से इस प्रकार की पुलिस-कार्रवाई करवा ले रहे थे। गनीमत यही थी कि इन मामलों में हाईकोर्ट का रुख इधर बहुत अच्छा था। रोसड़ा-नरहन इलाके में इसी से मिलता-जुलता एक मुकदमा हाल ही में मछुओं ने हाईकोर्ट से जीता था, उसमें भी मछुओं के मौरूसी हकों को नज़रअंदाज करके जिला-अदालत ने ज़मींदारों के पक्ष में फैसला दिया था। कामरेड मोहन माँझी और भोला पिछले महीने पटना पहुँचकर जनता के पक्षधर प्रख्यात एडवोकेट धीरेंद्रनारायण सिंह से सलाह-मशवरा ले आए थे।

शाम होने में अब भी विलंब था। गढ़पोखर का प्रशांत नील-कृष्ण विशाल वक्ष हौले-हौले लहरा रहा था। हेमंती दिनांत के प्रियदर्शी रवि की पीताभ किरणें उसकी लोल-लहरियों पर बिछ-बिछकर अपने को नाहक ही पैना बना रही थीं। मछुआ संघ की अधभीती कुटीर के आगे भिंड का जो ढालू मैदान था, वह सामने नीचे की ओर रबी की फसलों से लहराती हुई कछारों में खो गया था। कुटीर की अगली भीत पर दरवाज़े के दाएँ-बाएँ स्कूल के किसी लड़के ने पतली-बैंगनी रोशनाई में टेढ़े-मेढ़े हरफों की दो लाइनें लिख दी थीं–'इनकिलाब ज़िंदाबाद–गढ़पोखर हमारा है...'

डिप्टी मजिस्ट्रेट नकछेदी से इधर-उधर की बातें कर रहा था। मछुआ संघ का सेक्रेटरी होने से वही साहब की निगाहों में यहाँ इस समय सबसे अधिक जिम्मेदार जँच रहा था। लेकिन नकछेदी 'जी हाँ', 'जी नहीं' के अलावा मुश्किल से पचीस-तीस शब्द बोला होगा। दरअसल वह शरमीला और झेंपू किस्म का आदमी था। भोला और गंगा को छोड़कर अच्छी हैसियत का तीसरा मछुआ और कोई था भी तो नहीं। जान-बूझकर कमेटी ने नकछेदी को संघ का मंत्री चुना था, नहीं तो काम-वाम सारा भंगल ही करता था संघ का।

समूची कमेटी की गतिविधि का पूरा पता खुफिया-विभाग को था। सदस्यों के नाम और उनकी हैसियत और दूसरी ज़रूरी बातें...सारे तथ्य जिलाधिकारियों तक पहुँच गए थे। संबोधन में कई लोगों से कई बार मधुरी-मधुरी सुनकर साहब ने मधुरी से कहा, "मोहन माँझी ने आखिर तुम्हें भी कम्युनिज्म का पाठ पढ़ा ही दिया !...अच्छा तो है !...राजनीति ही तो एक चीज़ थी, जिसे गाँवों की हमारी बहू-बेटियों ने अब तक अपने पास फटकने नहीं दिया था, लेकिन तुम तो देखता हूँ...प्लीज़ एक्सक्यूज़ मी..."

अपनी टूटी-फूटी हिंदी में लेकिन ओज-भरे ढंग से मधुरी ने जवाब दिया, "तो इसमें क्या हर्ज है हजूर। जिनगी और जहान औरतों के लिए नहीं है क्या ?"

"ओ ो ो..." अफसर ने घूरकर मधुरी को देखा और 'गोल्डफ्लैक' सिगरेट का पैकेट निकाला निचली पाकिट से। दूसरे में हाथ डालकर माचिस वह टटोलने ही जा रहा था कि दारोगा ने अपनी पाकिट से माचिस निकालकर चट से पेश कर दी।

"धन्यवाद !" मुस्कुराकर देसी साहब बोले।

इस बीच नकछेदी ने मंगल को अलग ले जाकर बतलाया कि कमेटी के सभी

सदस्यों से डिप्टी मजिस्ट्रेट मुचलका लिखवाने आए हैं, नहीं तो गिरफ्तार करके अभी ले जाएँगे।

मछुआ-संघ का रुख साफ था। सर्वे की पुरानी सेटलमेंट से गढ़पोखर का राजस्व निर्धारित हुआ—सौ रुपए प्रति वर्ष; यह सरकारी खाते में 'जल-कर' के तौर पर दर्ज होता आया था। देपुरा के ज़मींदार गढ़पोखर की तरफ से इतनी ही रकम साल-साल सरकारी खजाने में जमा करते आए थे। यह दूसरी बात थी कि साल-दो साल या दस-पाँच साल का बंदोबस्ती का पट्टा लिखकर देपुरावाले मछुओं से काफी रकम ऐंठते आए थे और अब मछुओं में जागरण का आभास पाकर इस झमेले से हमेशा के लिए छुटकारा पा गए थे। नए मालिक, सतघरावाले, अभी दस-पाँच वर्ष पुरानी अमलदारी से जितना-जो कुछ फायदा उठा लेने के सपने देख रहे थे। बस ये तथाकथित 'नए मालिक' थे। गढ़पोखर के वास्तविक नए मालिक तो हमारी सरकार थी...ज़मींदारी उन्मूलन के बाद देपुरावालों का कोई हक नहीं रह गया था गढ़पोखर पर। यह विशाल जल-सम्पत्ति अब जनता की थी। मगर नौकरशाही भ्रष्टाचारों और कानूनी असंगतियों के चलते जन-जीवन के साथ बेतुका खिलवाड़ अब भी चल रहा था। मछुआ संघ की तरफ से कई मेमोरेंडम पटना और दिल्ली के महाप्रभुओं की सेवा में भेजे जा चुके थे, लिखित एवं मौखिक दोनों प्रकार से जिला-अधिकारियों तक यह बात बार-बार पहुँचाई जा चुकी थी।...मछुओं का संगठन तय कर चुका था कि किसी भी स्थिति में घुटने नहीं टेकेंगे। सतघरावालों का नया प्रभुत्व गैर-कानूनी है, सर्वथा गलत है, वे गढ़पोखर की सीमाओं के अंदर उन्हें घुसने नहीं देंगे।

मंगल और नकछेदी ने आनन-फानन तय कर लिया कि क्या करना है।

पहली फूँककर डिप्टी-मजिस्ट्रेट अब दूसरी गोल्डफ्लैक सुलगा रहा था। सूरज डूबने में लगभग आधा घंटा बाकी था। चरवाहे गाय-बैल लेकर लौटने लगे थे। पुलिस की गाड़ी सड़क पर खड़ी थी। बाहर-बाहर उस पर धूल की तहें जम रही थीं। पेट्रोलवाला पाइप पीछे था। रंग अंदर से लाल और बाहर से खाकी था। आगे ड्राइवर की सीट को छोड़कर चार गद्दीदार सीटें और भी थीं। पीछे की तरफ लकड़ी की तीन बेंचें।

डिप्टी-मजिस्ट्रेट ने नकछेदी को पास बुलाया। पूछा, "क्या राय हुई आप लोगों में ?"

नकछेदी के बदले मंगल ने दृढ़ आवाज़ में कहा, "अभी हमारी कमेटी के बहुतेरे मेम्बर बाहर हैं, समूची कमेटी बैठे तो कोई बात-विचार हो। इस वक्त हम कैसे कुछ कहें ?"

साहब ने मोटी फ्रेमवाला चश्मा नाक से उतार लिया और रुमाल से आँखें पोंछते हुए आहिस्ते से कहा, "समूची या आधी, किसी भी किस्म की कमेटी से हमें कुछ पूछना नहीं है। आप अलग-अलग मुचलका लिखेंगे न ! इस वक्त यहाँ आप दो-चार जितने भी जिम्मेदार आदमी मौजूद हैं वे तो जाती तौर पर अपना-अपना एश्युरेन्स कोर्ट को

दे ही दें..."

"नहीं हजूर, अलग-अलग हम किसी प्रकार का आश्वासन आपको नहीं दे सकेंगे," मंगल बोला। नकछेदी ने समर्थन में माथा हिलाया।

"फिर तो हमारी मजबूरी है कि..." डिप्टी-मजिस्ट्रेट जुमला पूरा करने जा रहा था कि बीच में ही मधुरी खिलखिला पड़ी।

"पकड़ के ले जाएँगे हमें ?"

"हाँ, हम क्या करें ? आप लोग खुद ही जाने को तैयार हैं..."

फिर खिलखिलाहट...लोग मधुरी की इस हरकत पर भौचक थे।

अब तक समूचा गाँव उमड़ आया था। औरत, मर्द, बूढ़े, बच्चे, मेहमान और बीमार...सब तरह के लोग अफसरों, पुलिसवालों और इन लोगों को घेरकर खड़े थे।

मलाही-गोंढ़ियारी की संयुक्त आबादियों का सरकारी कोतवाल (चौकीदार) ढोढ़ाई खुनौत अपनी वर्दी में मुस्तैद था। वह भीड़ को व्यवस्थित रखने की कोशिश करता था बीच-बीच में। एक-आध दफे पानी-वानी के लिए भी पूछा था। दारोगाजी से पूछने की हिम्मत तो हुई, लेकिन डिप्टी-मजिस्ट्रेट से खुद न पूछकर दारोगाजी द्वारा पुछवा लिया था। जाड़े की शाम को ठंडा पानी पीने का भला क्यों किसी को उत्साह होता।

मधुरी ने आगे बढ़कर नकछेदी का हाथ पकड़ा और खींचती हुई बोली, "काका, देखते क्या हो? चलो, हम टरक पर सवार हो जाएँ आप ही चलकर।"

फिर उसने मंगल, जलेसर और कन्हाई को भी अलग-अलग संबोधित किया। पल-भर की देर नहीं हुई कि फुर्ती से जाकर वह पुलिस-वैन पर सवार हो गई। ऊपर खड़ी होकर हिलते हाथ के इशारों से उन्हें बुलाती रही मधुरी।

मंगल उछलकर चढ़ गया फिर जलेसर और कन्हाई। नकछेदी सबसे पीछे...

सटकर पाँचों एक ही बेंच पर बैठे, सभी के चेहरे सड़क की तरफ थे।...मधुरी, मंगल, जलेसर, कन्हाई और नकछेदी...

अधिकारियों को जिसकी आशा नहीं थी, यह वैसा वाकया था। मछुओं ने कोई आश्वासन नहीं दिया और हँसी-खुशी गिरफ्तार हो गए तो झख मारकर डिप्टी-मजिस्ट्रेट ही आया और गाड़ी में आगे अपनी सीट पर बैठ गया। बाकी भी जितने अधिकारी या पुलिस जवान थे, चुपचाप आकर सवार हो गए। ड्राइवर सबसे पीछे अपनी सीट पर आया।

सूरज अब लुक-झुक, लुक-झुक कर रहा था, लेकिन सड़क और डूबते सूरज के दरम्यान गढ़पोखर की ऊँची भिंड खड़ी थी। अस्तप्राय दिनकर की किरणें इस कदर निस्तेज और संकुचित हो आई थीं कि शर्मीली परछाईं छितराकर पूरबी-दच्छिनी क्षितिज की ओर भाग गई थी।

भीड़ पुलिस-भान के पीछे बटुर आई थी। सब चुप थे, एक-एक निगाह गुस्सा-भरी हैरत उगल रही थी।

सामने भीड़ में तीरा दिखाई पड़ी तो मधुरी ने इशारे से उसे पास बुला लिया।

करीब आकर गाड़ी से सटकर वह खड़ी हुई तो उसकी ठुड्डी में उँगली गोदकर मधुरी ने कहा, "बब्बू और अम्माँ से कहना कि रत्ती भर भी न घबड़ाएँ। हम बहुत जल्दी छूटकर वापस आ रहे हैं।...और अम्माँ को दवाई बखत पर पिला दिया करना, अपने हाथ से... और हाँ, नन्हे का खयाल रखना..."

कि गाड़ी स्टार्ट हुई।

बहन के गालों पर प्यार की एक-एक चपत लगाकर मधुरी बेंच पर आ बैठी और मंगल के कान में कहा, "नारे लगाओ मंगल भैया।"

"उहूँ !" मंगल ने उसी तरह फुसफुसाकर जवाब दिया, "रहने दे, क्या ज़रूरत है।"

जाने, मंगल का दिमाग किस फिक्र में गर्क था।

लेकिन मधुरी से नहीं रहा गया। वह बेंच से उठकर फिर आगे आ गई और पुलिस-भान के पिछले छोर पर खड़ी हो गई। बाएँ हाथ से उसने ऊपर लटकती जंजीर को थाम लिया और दाहिना हाथ घुमा-घुमाकर नारे लगाने लगी। लोग दुगुने-चौगुने जोश में जवाबी नारे देने लगे–

"इन्किलाब जिंदाबाद !"

"मछुआ-संघ जिंदाबाद...हक की लड़ाई...जीतेंगे ! जीतेंगे !...गढ़पोखर हमारा है, हमारा है !..."

पुलिस मोटर चल पड़ी मगर नारे लगते रहे।

शब्दार्थ

चभच्चा=छोटी तलैया, छोटा तालाब
पत्थर की लाट=पत्थर की शिला
थंभों का पूला=केले के वृक्ष की धरों को मिलाकर तैयार की हुई छोटी नौका
दंतुर खोडर=दाँतों की खाली जगह के आकार का बना हुआ खंदक
धींगामुश्ती=उछल-कूद
दँवरी=दौनी
कुंड और कुठले=अनाज रखने के लिए मिट्टी के छोटे-छोटे बखार
भदई फसल=सावन-भादों में पैदा होनेवाला अनाज
नेटा-पोटा=जुकाम होने पर नाक से निकलनेवाला पानी
सिरकी=चिलमन
भकौल=बेवकूफ
छौंकना=बघारना

लूर=ढंग
भितहा=मिट्टी की दीवाल
खट=तुरंत
महातम=अधीन, माहात्म्य
बबुआन=श्रीमंत, ज़मींदार
चंगेरी=बाँस या मूँज से बना प्लेटनुमा बर्तन
मड़ैया=छोटी-सी झोंपड़ी
डोका=एक खास प्रकार का घोंघा या शीप जिसका मांस भी खाया जाता है
कोरइला=गोद का शिशु
सिकड़ी=जंजीर
चानन=चंदन
सरगउली हाट=स्वर्ग
दुपलिया=दो पालोंवाला
बोरसी=आग तापनेवाला मिट्टी का बर्तन
झिल्ली-कचरी=जलेबीनुमा नमकीन सेव और पकौड़ी
ओरियानी=बरामदे से सटा हुआ आँगन का हिस्सा
पाँतर=प्रान्तर, निर्जन
असालतन=स्थाई
भूँजा-फरही=लाई-चना
माहुर=विष
घटनइयाँ=छोटी नौका
मोहार=भिंड
लवरा=बातूनी
हेलना=तैरना
टप्पा-टोइया=अंदाजन
गोड़=पाँव
टाड़ी=छोटी-सी मिट्टी की टुइयाँ
टभकी=मछली पकड़ने के लिए बाँस की खपचियों से बना टोकरीनुमा औजार।
पुलिस-भान=पुलिस-वैन

पारो

हम दोनों का पहला परिचय हुआ, आम को लेकर। आम के पहले फल को गोपी कहते हैं। मेरा छोटा भाई पैदा हुआ था, उसी सिलसिले में बुआ, जिन्हें हम पीसी कहते हैं, आई थीं। साथ लाई थीं पार्वती उर्फ पारो को। उसकी उम्र यही पाँच-छः वर्ष की थी। देखने-सुनने में तो थी काली-कलूटी, मगर बहुत ही सूझ-बूझवाली थी। मालूम नहीं, काली के बदले किसने उसका नाम पार्वती रखा था।

मेरी उसकी चार सालों की जेठाई-छोटाई थी। पारो लंबी छरहरी थी। चेहरा भी लंबा ही था। हाथ सींक-जैसे। देह लक-लक पतली। टाँगें संठी-जैसी। जैसी गजब की उसकी आँखें थीं, दूसरा कोई अंग काहे वैसा होगा। उससे कोई दूसरी बात नहीं भी हुई होती, तब भी अपनी आँखों के लिए ही पार्वती मुझको जीवन-भर याद रहती, कभी क्या भूलती ?

बड़े भैया को लडुब्बी आम का गोपी मिला था। आँगन आते ही उन्होंने पीसी को आवाज़ देते हुए कहा—कहाँ गईं, यह आम गोबिंद बाबा को भोग लगा देना। किसी को सूँघने मत देना।

पीसी उठीं और उस गोपी को धो-धाकर फूलडाली में रख आईं।

मन तो मेरा भी खूब चप-चपा गया था, मगर भैया के डर के मारे खामोश रहा। कुछ देर बाद पीछे से पारो आई और मेरी आँखें मूँद दीं। उसके आँचल में गोपी था, उसकी गमक लगी तो मैं झट से समझ गया—कौन हो जी ? पारो ! हटो, छोड़ो—थोड़ा मुझे भी सूँघने दो न, नहीं-नहीं, मैं किसी से नहीं कहूँगा। लाओ, जरा देखें। रानी मेरी—

वह झट से अलग जाकर खड़ी हो गई।

ऊँह ! मुझे नहीं भाती है आपकी चाल।

क्यों, क्यों ? रानी कह दिया, इसलिए क्या ? पारो रानी तो लोग तुम्हें कहते ही हैं।

ऊँह !

अच्छा, जाओ मैं नहीं कहूँगा।

फिर उसने गोपी को निकाला। पूरा का पूरा पीला और पेंदी के नज़दीक लाली लिए हुए, मह-मह करता हुआ। मुझसे नहीं रहा गया, झपटकर छीन लिया। पारो चिल्ला उठी—देखो, इनके ढंग देखो, गोबिंद बाबा को भोग लगानेवाला गोपी सूँघते हैं। छोड़िएगा कि नहीं ? माँ को बुलाऊँ ? माँ, ऐ माँ—

बुलाओ न, मूड़ी ही मचोड़ देंगी पीसी। फूलडाली से तुमने निकाला ही क्यों ?

पारो रोने-रोने को हो आई तो मैंने उस गोपी को उसके आँचल से बाँध दिया। वह सर झुकाए आँगन की ओर चली गई। हाय रे दैव ! उस दिन उसकी डबडबाई आँखें

क्यों नहीं देखी गईं मुझसे। उसका उतरा हुआ चेहरा देखकर पिघल क्यों गया मैं ?

उसके बाद दस दिन बीते होंगे कि एक बात और हो गई। दरवाजे पर उस दिन कोई न था, केवल हम दोनों ही खेल रहे थे। पारो बनी थी दुल्हन और मैं बना था दूल्हा। सिंदूर-दान माटी से ही किया था। पति-पत्नी की रात ही तो चतुर्थी होती है। रात का खाना होने जा रहा था, संचार लग ही रहा था कि धम्म से वहाँ पीसी पहुँच गईं। जूड़ा पकड़कर उन्होंने पारो को खींचा और कान मेरे धरे।

पीसा थे पंडित, नौकरी करनेवाले। भागलपुर की ओर की किसी पाठशाला में अध्यापक थे। पंद्रह रुपए वेतन, अन्न-वस्त्र ऊपर से। पूजा-पाठ, अनुष्ठान-पुरश्चरण—उसकी आमदनी अलग से। निर्वाह में कोई झंझट नहीं। बाल-बच्चा बहुत दिनों तक नहीं हो रहा था। बाबा वैद्यनाथ को दो बार नौ दिनों तक लगातार नवाह हरिवंश सुनाने पर पीसी के घर जिसका अवतार हुआ, वही है पारो।

जिस साल मैंने एट्रथ पास किया, उसी साल पीसा ऐसे बीमार पड़े जैसे फिर से बिस्तर से उठेंगे ही नहीं। दस महीने तक घिसटन-भरी जिंदगी काटकर तुलसीचौरा के नजदीक उन्होंने आँखें मूँद लीं। कितने लोगों ने गंगा ले चलने की बात उनसे कही थी, मगर यह उन्होंने स्वीकार नहीं किया। कहा—माँ ने भी इसी आँगन में इसी जगह उत्तान—चित पड़ी आँखें मूँद ली थीं अपनी, मैं भी इसी तरह मरूँगा।

कर्त्ता मुझे ही बना गए थे। बारहवें दिन पीली धोती पहन, तेरहवें दिन मत्स्य-मांस के बाद, चौदहवें दिन जब अपने गाँव को लौटने लगा तो पीसी ने देहली के पास सर झुकाए खड़ी पारो को लक्ष्य कर कहा—ऐ, पैरों में क्या जाँता बँधे हैं। छुच्छी कहीं की। अब कौन बचा है, जिसे खाओगी। देखो तो, नूनू को जाते समय पैर छूकर प्रणाम भी करेगी, इतना भी नहीं इससे बनता। झाड़ू मारो क़रमजली को—

मैंने ही मना किया, नहीं तो उस दिन उसे बिना मारे पीसी छोड़तीं क्या? तब उसे तेरहवाँ लगा ही था, मगर ज्ञान-प्राण में तिरासी साल की बुढ़िया की भी नाक काटती थी। उस दिन जीत उसी की हुई, हार मानो तो मेरी ही। हाथ का छाता और छोटी-सी गठरी ओसारे पर रख आँगन की ओर मुँह किए बैठ गया। सद्यः वैधव्य से देदीप्यमान ललाट को दाहिने हाथ से ठोकते हुए पीसी बोल पड़ीं—नूनू देखते हो न, मेरा कर्म कैसा जला हुआ है ?

क्यों तब से बेचारी को डाँटे जा रही हैं ? मैं अब कल जाऊँगा—सुनती हो अरे पारो, लो मेरा छाता-वाता रख आओ।

वह धीरे-धीरे माथे को झुकाए ही आई। गठरी-मोटरी उठाकर ले गई। यह बाहर आई, वह बाहर आई, मैं उसी की ताक में था, मगर वह तो जैसे भीतर ही गायब हो गई। पीसी ने रामतरोई के पौधे लगाए थे, उसे ही देखने वह चली गई दक्खिनवाले घर के पिछुआड़े की ओर। मैं भी मौका देखकर घर में पैठ गया। देखता क्या हूँ कि संदूक से लगी पार्वती प्रतिमा की तरह निश्चेतन खड़ी है। आँखों से आँसू की रिम-झिम झड़ी।

मुझे देखते ही दाहिने पैर के अँगूठे के नख से माटी कुरेदने लगी, अपने आँसू

पोंछने का भार मानो उसने मुझे दे दिया हो, सो हाथों में कोई जुम्बिश नहीं। धोती की छोर से मैं ज्यों ही उसके आँसू पोंछने को हुआ कि पारो ने मुँह फेर लिया।

ऐसा क्यों, सारा गुस्सा मुझ पर ही ?

यह पूछना था कि आँसुओं का प्रवाह और ज़ोरदार हो आया, वह और जोरों से हिचकने लगी। मैंने उसके दोनों हाथ अपने हाथों में लेने चाहे कि उसने हाथों को झटक दिया। चूड़ियाँ ज़ोरों से खनखना उठीं। संकोच से मैं ही मर गया कि पीसी ने सुन न लिया हो कहीं।

ऐ, मैं पैरों पड़ता हूँ, नखरे समेटो अपने। दोनों हाथ जनेऊ से बाँधे मैं थोड़ा अलग खड़ा हो गया, तो पारो से रहा नहीं गया। वहीं चट से मेरे पैरों पर गिर गई और भीगी आवाज़ में बोली—क्यों बोझ को बढ़ाए चले जा रहे हैं, बिरजू भैया ? एक जन्म में जो किया उसका फल आप देख ही रहे हैं और अब आप बड़े भाई होकर तब से हाथ जोड़े एक ही पैर से जो खड़े हैं, सो यह पाप तो सातों जन्म में भी मुझसे पचाया पार नहीं लगेगा। हे भगवान !

उसका कंधा पकड़कर उठाने लगा तो उसने और जोरों से मेरे पैरों को जकड़ लिया। फिर तो कभी हाथ नहीं जोड़ेंगे ? पैरों पड़ी उसने पूछा। मैंने कहा—तुम भी कहो कि मेरे सामने कभी इस तरह तो नहीं रोओगी ?

शपथ खाकर कैसे कहूँ—यह कहते हुए वह अपने से खड़ी हो गई, आँचल से आँसू पोंछ लिए। धीरे-से खखारकर कंठ साफ करती हुई बोली—कोई क्या शौक से रोता है ? इतना आप नहीं समझते होंगे, ऐसा तो नहीं !

अब वह स्वाभाविक रूप से बोल रही थी। अच्छी बारिश होने के बाद जैसे आकाश साफ हो जाता है, हवा धीरे-धीरे चलती है—उसी तरह जी भर रो लेने के बाद पारो के चेहरे-मोहरे का तनाव जाता रहा और साँसें भी हल्की हो गईं। दो डग पास जाकर मैंने कहा—एक बात पूछूँ पार्वती ?

तब से इतना जो किया है, पूछकर ही ?

इसका जवाब मुझसे देते नहीं बना, उसने मेरी ओर ऐसी तीखी नज़रों से ताका कि मेरी आँखें चौंधिया गईं। भादों की किसी निपट अँधेरी रात में औंघते हुए यदि किसी ने चार बैटरीवाले टार्च भक से आपके सामने जला दिए हों तो याद कीजिए। पारो की यह तीखी नज़र मुझे ठीक वैसी ही लगी। एक डग और पीछे हो गया तो फिर वह बोली—लोग रोते-हँसते हैं, जन्म लेते-मरते हैं, जब जैसा होता है सो करते-धरते हैं, किसी से कोई पूछने जाता है ? बाबूजी मरे सो क्या किसी से पूछा था ? मैं जो तेरहवें साल में ही पंद्रह की लगती हूँ सो... ?

किस तरह उसने इतनी अक्ल कहाँ से पाई, यह भगवान ही जानते हैं ! मैं उन दिनों एट्थ पास क्या यह सब जानने गया था ? अब जब उस लायक हुआ हूँ तो—मगर अवस्था का नाम जो उसने लिया उससे पारो के अंतर्द्वंद्व की डोर पकड़ने में मुझे थोड़ी-सी मदद मिल गई। मैंने पलटकर पूछ ही दिया—यह तेरहवाँ-पंद्रहवाँ क्या कहा तुमने ?

हूँ, बाबूजी आपको कर्त्ता बना गए थे और आप सभी क्रिया-कर्म सम्पन्न करके जा रहे हैं, यह तो ठीक मगर...

इतना कह पारो ने जो अपने माथे को झुकाया सो उसका अर्थ आखिर लग ही गया। तब तक मैंने पीसी की आवाज़ सुनी—अरे पारो, यह खीरा का बीज जन्मा क्यों नहीं। पारो घर से बाहर आती हुई बोली—बीज तो अच्छावाला ही था, तब अब जो हुआ हो। बाद में मैं भी बाहर आया। मुझे देखते ही पीसी बोलीं—नूनू को चूड़ा भूँजकर जलपान के लिए नहीं देगी ?

बस, जा ही रही हूँ—उसके बाद पारो गोठुल्ले (ईंधन के लिए लकड़ी-कंडा रखनेवाले घर) की ओर बढ़ी, और मैं दालान की ओर। पीसी के ममेरे भाई अभी यहीं थे, उन्हीं से गपशप करने। उनका पेट फूल गया था। कल मछली के अंडे का बड़ा और मांस परसन बार-बार लेकर खूब खाया था उन्होंने। कहने लगे—यह गाँव भी कोई गाँव है जहाँ कागजी नीबू के पेड़ न हों। आजकल कैसी सड़ी गर्मी पड़ती है। चीनी के शर्बत में कागजी नीबू का एक टुकड़ा भी निचोड़ दें और वैसा शर्बत एक-आध गिलास भी यदि पी लें तो ऐसे समय में अहा—मुझे ऐसा लगा कि वैसा शर्बत पीकर भी उन्हें उतनी तृप्ति नहीं होती, जितनी अभी चर्चा मात्र से उन्हें मिल रही थी। कुछ देर वे महोदय आँखें मूँदे रहे, फिर उन्हें वस्तुस्थिति का ज्ञान हुआ। अपने नेत्र उन्मीलित कर चक्षुगोलकों को नचाते हुए उन्होंने कहा—अरे बाबू, आप ही से पार लगे तो लगे, कहीं से जुटाइए न ?

क्या ?

वही कागजी नीबू। एक से भी प्रयोजन सिद्ध हो जाएगा। और, हाँ, देखिए गौरिया नीबू मत उठा ले आइएगा, वह बहुत ही रद्दी होता है।

बेचारे एक ही दम में इतनी बातें बोल गए कि मैं निस्तब्ध हो उठा ! अवाक् ! माथा झुकाए मैंने कहा—मैं भी इस गाँव का जैसा बासिंदा हूँ, आप अच्छी तरह जानते हैं, मुझे मिलेगा कहाँ ?

तब गिलेसन (ग्रियर्सन बाज़ार) में कितने बड़े-बड़े और सस्ते नीबू मिलते हैं वे उसकी चर्चा करने लगे। उसके बाद गँवई हाट की कुजारिनों (सब्जी बेचनेवालियों) को कच्ची-पक्की गाली देने लगे। उधर ड्योढ़ी की टाट के नज़दीक से ताली बजाकर पीसी ने मुझे आँगन में बुला लिया। अतिथि महोदय अपना पेट हँसोथते-सहलाते हुए पुनः लेट गए।

पश्चिमवाला घर उन लोगों का रसोईघर था। गोसाउनि, कुलदेवी भी उसी में थीं। उसी ओसारे पर पीढ़ा-पानी रखा गया था। फूलवाली तश्तरी में भूँजा हुआ चूड़ा, घी से सना, ऊपर से गोलमिर्च की बुकनी भी डाली हुई मालूम पड़ी। कसौंझी भी नीमक अलग ही नीचे रखा हुआ। कहाँ, अपने यहाँ तो पचासों बार अपर्णा ने भूँजा हुआ चूड़ा घी में सानकर खिलाया होगा, पर उसे तो कभी अलग से नीमक देने की न सूझी। और इतने यत्न से इस तरह कहाँ कभी पीढ़ा-पानी रखा उसने। अवस्था उसकी भी इतनी ही होगी, कुँवारी वह भी है ही। कुछ देर के बाद सोचा कि पंडित का घर है, वास्तव में पीसा कैसे

कर्मनिष्ठ ब्राह्मण थे। उन्हीं की शुचिता, उन्हीं की सादगी अपनी शत-सहस्र किरणों से उस आँगन के व्यक्ति और उसकी चीज़ों को उद्भासित कर गई है। लोटा-गिलास पीसावाला, चौड़ी पीढ़ी, वह भी पीसावाली ही। कलेजा तो फटने लगा, मगर किसी तरह सम्हला। पैर धोकर जलपान करने बैठा तो पारो लगी पास आकर पंखा झलने। पीसी को तब तक बगल के आँगन की गोतनी ने बुला लिया। मेरी आँखों के सामने तब भुँजा हुआ चूरा नहीं, पीसा की तौंदैल मूर्ति नाच रही थी। पारो ने इसे पकड़ लिया। बोली—खाइए न, आपका मन कहाँ है ? स्कूल एक-दो दिन बाद ही जाएँगे तो क्या, उसके लिए कोई इतनी चिंता करता है ? इधर सुनिए, एक नई बात मालूम हुई है ?

अब मैं एकदम साकांक्ष हो गया था, कहा—वह क्या ? किस दिन के लिए मन में छुपा रखी है, सुनाओ न !

चूड़ा के चार ही दाने ले-लेकर लगा फाँकने और धीरे-धीरे चबाने कि सुनने में कोई बाधा न हो। पार्वती ने मेरी तत्परता को पहले ही अच्छी तरह भाँप लिया और तब कहने लगी—आप तो अब मोतिहारी में ही रहेंगे और आएँगे भी सो गर्मी छुट्टी से पहले क्या ! तब तक जिसके गले में फंदा पड़ना है, पड़ ही गया रहेगा—

इतना कहते उसका मुँह दिन के कुमुदिनी फूल की तरह मैला हो गया। हाथ रोकते हुए मैंने पूछा—क्या कोई बातचीत चल रही है ?

पारो माथे को झुकाए ही रही।

अरे कहाँ हो तुम ?

....

उसने पंखा झलना बंद कर उसकी बैंट से क्या—कहाँ लकीरें खींचनी शुरू कर दीं। मुझे याद आई तीसरे साल की यही आजकल की एक बात। उस साल, यह ! मगर यह आम भी बिगड़कर ही फला था। पीसा ने खासकर आम खाने के लिए ही मुझे बुलवाया था। पारो और मैं—दोनों दिन-भर आम के बगीचे में ही होते।

पीसा मेरे गार्गेयी-मैत्रेयी के महान् प्रशंसक थे। मंडन मिश्र की महापंडिता पत्नी भारती की जब चर्चा चलती थी, तब मैथिलत्व के अभिमान से उनकी छाती मानो दुगुनी-तिगुनी हो जाती थी। उनकी तमन्ना थी कि पारो को खूब पढ़ावें, जिससे वह आगे चलकर 'स्वतः प्रमाणं परतः प्रमाणं' तक समझने लगे। मगर पीसी को यह पसंद नहीं, तब भी पारो शब्दरूपावली, धातु रूपावली, थोड़ा अमरकोश और थोड़ा हितोपदेश तो रट ही चुकी थी। गोरखपुरवाली रामायण वगैरह वह अच्छी तरह समझ लेती थी। पीसा ने उसके लिए बढ़िया गीता मँगवा दी थी। उसी की कृपा से अन्वय, परिच्छेद, भावार्थ तो पारो सत्यनारायण की कथा का भी लगा लेती थी।

मैं था खालिस हिंदी-अंग्रेज़ी पढ़नेवाला, संस्कृत का स्पर्श तक नहीं। बचपन में दो साल ममहर में रहा। नाना थे कर्मकांडी। उन्हीं के रटाए दस-पाँच श्लोक—वह भी अब भूलता जा रहा हूँ। दूसरी बात यह भी कि अशुद्ध होने के डर से कभी क्या उनकी चर्चा मैंने की। वह मगर खूब रेघा-रेघा कर—सुर में—सुनाती थी—"आद्याप्यशेष जगतां

नव्यौवनाऽसि, शैलाधिराजतनयाऽप्यति कोमलाऽसि"—अरे, अब तो वह भी आधा भूल ही गया हूँ।

हाँ, तो मुझे याद आई तीन साल पहले की बात—एक दिन शाम को अंधड़-पानी आया था। हम दोनों मचान पर बैठे थे। थोड़ी देर बाद पारो को न जाने क्या सूझी, वह मेरी पीठ की ओर हो गई। ठेहुना रोपकर मेरे कंधे पर भार देते हुए उसने कहा—लाइए बिरजू भैया, आपके बालों से जूँ निकाले देती हूँ।

मन में हुआ कि कह दे—मेरे माथे में कहाँ से आए जूँ, लाओ तुम्हारे माथे में ही खोज दूँ। मगर उससे कहा नहीं, जैसे खोज रही थी, खोजने दिया। दो-चार बार नखों पर पट्ट-पट्ट की आवाज़ सुनकर पूछा—क्या है अरे ? उसने कहा कि लीख है, कितनी पाल रखी हैं ? कुछ देर बाद फिर बोली—एक बात पूछें ? दो न पूछो—मैंने जवाब में कहा।

उसने कहा—भाई-बहन ही में यदि शादी होती तो कितना अच्छा होता। जहाँ-तहाँ के एक अनजान को जो लोग उठा लाते हैं, इसमें क्या अक्लमंदी है ?

यह सुनते ही चिहुँककर मैंने अपना माथा छुड़ा लिया, उलटकर क्या कहूँगा, यह तो दिमाग में नहीं ही आया। तब केवल डाँट ज़रूर दिया—अगिलही—आग लगाने वाली—कहीं की। ऐसी-ऐसी बात भी कोई जुबान पर लाता है ?—उसके बाद पीसा आ गए थे, हम दोनों को बगीचे की रखवाली से फुर्सत मिल गई थी।

इतने दिनों के बाद उस दिन जलपान करते समय पार्वती का वह पुराना प्रश्न फिर से याद आया—जहाँ-तहाँ से किसी अनजाने को जो लोग उठा लाते हैं, इसमें क्या अक्लमंदी है ? भाई-बहन में ही यदि शादी होती तो कितना अच्छा होता—

आगे का चूड़ा खत्म हो गया तो समाधि टूटी। पारो की दोनों आँखों से आँसू की दो धार इस बीच कब किस रास्ते बह गई थी, यह नहीं जान पाया। वह भी अब सूखते जा रहे थे। पंडिताऊ टंट-घंट, धार्मिकता की तड़क-भड़क जितनी अभी आप मुझमें देखते हैं, पहले क्या इतनी थी ? सो बिना हाथ धोए ही, धोती की खूँट से पारो के आँसू की धार पोंछ डाली। उसने भी अपने सर को नहीं खींचा।

तब तक पीसी आ गईं दूसरे आँगन से और मैं भी उठ गया।

रात में पीसी खाना पका रही थीं और पारो मेरे ही पास बैठी थी। मैं पीसा का सनूकचा—लकड़ी का बक्सा—खोलकर उनकी किताबों को उलट-पलट रहा था। एक छोटी-सी सुंदरकांड रामायण तुलसीदास पर नज़र पड़ी। उसकी पीठ पर टेढ़े अक्षरों में लिखा था—

"सखि हम करमक हीन
कोन विधि खेपब दीन
कोन विधि खेपब राति
निट्ठुर पुरुषक जाति
कोन विधि काटब काल
हैत हमर की हाल।"

(सखि ! मैं तकदीर की ओछी हूँ। किस तरह काटूँगी अपने दिन ? कैसे बिताऊँगी अपनी रातें ? पुरुषों की जात निष्ठुर होती है। अपना समय कैसे बिताऊँगी ? हमारा हाल क्या होगा ?)

समझ तो खैर गया ही—मगर तब भी नासमझ बनते हुए पूछा—ऐ, यह किसका लिखा है ?

पारो ने सर झुकाते हुए कहा—क्या जानते नहीं ? लाज से उसकी कनपट्टी जो सिनुरिया आम बन गई, यह तो देख ही लिया !

किताब-उताब छोड़कर दोनों हाथों उसके कन्धों को पकड़ते हुए कहा—लिखना जैसे इनका मैंने देखा ही नहीं है—ऊँहूँ ! अब बताते क्या होता है बूढ़ी दादी ?

वह और लाज से कठौत बन गई। मैंने उसे छोड़ दिया। फिर दूसरी-दूसरी किताबें देखने लगा। कैसी-कैसी संस्कृत की इतनी किताबें थीं कि मन परेशान हो गया। हिंदी की एक किताब मिली भी तो अत्यंत कठिन—'गीता रहस्य' (तिलक-कृत)। पार्वती को कहा—जाओ, कलम-दावात ले आओ तो, काम है।

कलम-दावात जब पार्वती ले आई, मैंने सुंदरकांड के उसी पृष्ठ पर आगे लिख दिया—

भनहिं विद्यापति सुनु हे गौरा
की पंडौल की भौरा

और उससे कहा कि भनिता तो छोड़ ही दिया। लो, मैंने पूरा कर दिया। पारो ने मेरे हाथ से किताब तो झपट ली। और अलग ले जाकर आँखें गड़ाकर उसे पढ़ने लगी।

अरे, आओ न, रोशनी में पढ़ो न ?

नहीं, कामलायक इधर भी सूझता है।

थोड़ी ही देर बाद जो वह खिलखिलाने लगी सो मैं क्या कहूँ ? किताब को उसने मेरी ओर फेंक दिया, दोनों हाथों को रोपकर पीठ के बल ज़मीन पर लेटकर जो वह खिखियाने लगी सो क्या बतावें ? मुझे भी हँसी आई, कहा—दुर पगली, तुम्हें हँसने का भी तो सलीका नहीं है।

अब उसका अट्टहास थमा। बोली—ईह ! बाप रे बाप! फकड़ा जो जोड़ने आता है बाबू साहब को, कहा नहीं जाए। फिर हँसने लगी। थोड़ी देर बाद कृत्रिम गंभीरता के स्वर में बोली—

"भनहिं विद्यापति गौरा
सकुरी और दहौरा।"

थोड़ी देर बाद फिर—

"भनहिं विद्यापति गोपी
की अंगा की टोपी।"

मैं बिगड़ गया—बड़ी आई, ऐ चुप रहोगी या बुलाऊँ पीसी को ? पीसी, देखिए इसके ढंग।

पैरों पड़ती हूँ बिरजू भैया, नहीं बुलाइए उसे। अब नहीं कहूँगी।

कान पकड़ो अपने।

पारो ने चेहरे को गिरा लिया। इधर पीसी का भला हो जो रसोई तैयार हो गई थी, सो उन्होंने जोरों से पुकारा—कहाँ गई ऐ, बौअनि, ठाँव पीढ़ा-पानी करके दो—ऐसे में सबेरे खा लेंगे और पाहुन को पूछ आओ कि यदि एक कौर भी दही-भात खा लेते—

पारो निकली। मैं भी किताबों को सहेज, संदूकचा को बंद कर बाहर आया।

विशेष रूप से पूछने पर असली बात पीसी से मालूम हुई। पूरब की ओर के एक वर की बात है। वर द्वितीय है, अवस्था पैंतीस की। पढ़ाई-लिखाई मामूली, ज़मीन-जायदाद पर्याप्त। दरवाज़े पर चार-चार बखाड़। घर में दबदबा सौतेली माँ का ही है। उस ओर से केवल एक सौतेली बहन ही है—उस बेचारी का कपार भी द्विरागमन के बाद ही जल गया। ससुराल में कमी किसी बात की नहीं है, फिर भी माँ के पास ही रहती है। और कुछ नहीं, केवल तीर्थाटन का भूत चढ़ा है। हैं वे लोग गाँव के डीही, बुधवारे बधांत मूल के ब्राह्मण। चुल्हाई चौधरी नाम है, सोनमनि चौधरी के लड़के हैं। ममहर ककरौड़, माँ का ममहर पिलखवाड़। बहनोई थे सौराठ के और सौतेली माँ हैं सुखसेना की। महेशपुर पाँजि के हैं। देखने-सुनने में भी काफी भव्य। खाने-पीने में भोगीन्द्र। ऐसा घर-बार नसीब से ही मिलता है। हाथ पकड़कर लाए जाएँगे। पीसा के भगिनमान लूच झा घटकैती—शादी ठीक करवाने का काम कर रहे हैं। जगदंबा इस लड़की को अवश्य ही यह घर-वर देंगी।...भोर में दूसरे दिन पीसी से जब ये बातें हो रही थीं कि उधर आकाश में एक चील कें ऽ ऽ कें हों ऽ ऽऽ करता हुआ उड़ा जा रहा था। अपने दोनों हाथों को माथे से लगाते हुए उन्होंने कहा—हे जगज्जननी, आप ही का केवल भरोसा है, पारो की नाव बीच धारा में झिझिर-कोना खेल रही है, हे महामाया, अब आप ही से पार लगे तो लगे।

उसी दिन मैं अपने गाँव चला आया था। मेरे मामा मोतिहारी जिला स्कूल में हेडपंडित थे, बड़े भलेमानस। दो स्त्रियाँ स्वर्ग सिधार गई थीं, लोगों ने कितना भी जोर लगाया, तीसरी शादी क्या उन्होंने की ? नौ भाई-बहन हुए, जिनमें दो ही बचे थे—वे खुद और एक मेरी माँ। इन दोनों में जेठाई-छोटाई नौ वर्षों की। मामा की परमहंसी चाल देखकर माँ का भी कलेजा फटता था।

इनका मेरे प्रति असीम स्नेह, मेरे लिए घुटनों के बल बेचारे कभी घोड़ा बनते और कभी मैं 'किक्-किक्-किक्' कर उन्हें हाँकता, थोड़ा-थोड़ा अब भी यह याद आता है। उस बार पंडौल के हाई स्कूल से एट्थ में जब मैं फर्स्ट आया तो उसे सुनकर मामा ने बाबूजी को कहला भेजा—बिरजू को अपने साथ रखकर पढ़ाना चाहता हूँ, पाँच दिन पहले ही मेरे गाँव भेज दें।

बाबूजी का विचार था कि मैं पंडौल से एंट्रेंस पास करूँ ताकि नज़दीक में रहने से गृहस्थी में भी थोड़ा-बहुत उपकार हो।

बड़े भैया समस्तीपुर में मोहर्रिर थे, मझिला भैया थे राजनगर में मास्टर। लाला भैया ने मिडिल पास कर गुरु ट्रेनिंग की थी, कुछ दिन दहौरा के अपर प्राइमरी स्कूल

में मास्टरी करने के बाद कांग्रेस के हुले-लेले में पड़ गए। साल-भर जेल में रहे और अब 'किसान सभा जिंदाबाद, ज़मींदारी प्रथा मुर्दाबाद' कर रहे थे। गाँव-घर से उनका जैसा संबंध था, सो दैव ही जानते हैं। कंटीर तो खैर बच्चा ही थे।

मेरे रहने से बाबूजी का उपकार अवश्य होता था। कैला बैल ऐसा बदमाश था कि उनकी पकड़ ही में नहीं आता, सिलेबिया बैल था बड़का चोर। वह नज़र बचाकर चट से पहुँच जाता था खेत में, हे हे हे हे इधर—कितना भी अलग से उसे ललकारिए, वह क्या मानता था, चार कौर मार ही लेता था। मैं पास होता तो उसे हाँकने दौड़ता। वजनी शरीर था उनका, थोड़ी दूर भी तेज कदमों से चलना पड़ा कि हलकान हो उठते।

छोटी-मोटी खरीदारी के लिए बाज़ार भी मुझे ही जाना पड़ता था। खेत-मजूर, जन-बनिहार को काम पर लगाने का काम भी मेरा ही। ड्योढ़ा-सवाई का हिसाब भी मुझे ही रखना पड़ता था। गाछी-पोखर, कलमबाँस—सम्मिलित जो जहाँ था, उसका आम, मछली, ईंधन या काठ-कड़ची का बाँट-बखरा मैं ही करता था। इन्हीं सब कारणों से बाबूजी के मन में था कि बिरजू गाँव में ही रहे। पंडौल में पढ़ेगा भी और घर के काम भी देखेगा।

मेरे गाँव से स्कूल एक कोस पर था। रोज़ जाता और रोज़ लौट आता। रविवार की छुट्टी रहती थी। पर्व-त्योहार, नेवता-हकार सब सुलभ होते। ऐसी स्थिति में एकाएक गाँव छोड़कर मामा के साथ मोतिहारी जाना मुझे भी कैसा-कैसा लगा। मगर माँ का आग्रह देखकर बोला कुछ नहीं। नई जगह नए लोग। देखने की ख्वाहिश नहीं थी ऐसी बात नहीं। परंतु...

छुटपने से ही जिन-जिन लोगों की मुँह और आँखें देखता आया था, जिन लोगों के साथ हँसते-बोलते, खेलता-घूमता रहा, उन संगी-साथियों से भी अलग होते बड़ा बुरा लगा। वह माटी-पानी, वह घर दरवाज़ा, वह गाँव, वह बाध-बन, खेत-खलिहान, वह पोखर, वह इनार, वह मालजाल, वह बुढ़वा पीपल, वे गाछ-वृक्ष, वे दूब, वे घास-पात—सब मानो इकट्ठे मुझे रोकने लगे—नहीं जाओ, नहीं जाओ, नहीं जाओ। मन होता था कि गला फाड़कर खूब रोऊँ, मगर लाज के मारे रोया नहीं। माँ रोने लगी तो उलटे उसे मना किया—दशमी की छुट्टी में तो आऊँगा ही, कोई बेगानी जगह जा रहा हूँ; पागल हुई हो ?

बाबूजी के पाँव छुए। आशीर्वाद तो उन्होंने दिया, मगर मन से नहीं। उनकी तो इच्छा नहीं थी, माँ ने किसी तरह रूस-फूल कर उन्हें राजी कर लिया था।

ममहर आया, मामा तैयार ही थे। घोघरडीहा से मोतिहारी। नई जगह नए लोग। देखने में बुरे नहीं लगे। दस-पाँच दिन में दो-चार हम-उम्र भी मिल ही गए। मामा काफी स्नेही थे। उनकी चाची थीं विधवा, निष्ठावाली। वह साथ रहती थीं। इससे पहले मामा छपरा में थे। पाँच वर्ष से मोतिहारी में थे। चाची तपस्विनी तो जाउत—भतीजा—भी वैसे ही। न उन्हीं का कोई था और न इन्हीं का। मेरी तो वे नानी ही थीं, बड़े भाग से पाया मुझे। रामायण पढ़वाकर अक्सर सुनती थीं, तुलसीदासी। मामा को जिस दिन छुट्टी रहती, बँगला महाभारत उन्हें सुनाते। कभी-कभी 'कल्याण' भी।

आने के समय पीसी ने कहा था कि कुशलक्षेम की खबर देता रहूँ उन्हें। दस दिन के बाद एक पोस्टकार्ड लिख भेजा। सकुशल पहुँच गया, इतना ही लिखा था। पीठ पर अपना पता लिख दिया था।

करीब दो माह बीते होंगे, मामा किसी काम से बेतिया गए थे। परसों अनंत की पूजा होने को थी। मैं अनंत गुथ रहा था और उसे रच रहा था ठिठरा। मामा पिछले साल से ही अपने साथ—पारिवारिक नौकर के कठबेटे को रखे हुए थे। पत्नी के पहले पति का लड़का था। काफी सयाना, मगर यह अनंत रचने का काम उससे बन नहीं रहा था। इसलिए मैं थोड़ा नाराज हो उठा था। इसी बीच स्कूल के चपरासी ने तीन चिट्ठियाँ लाकर दीं—उनमें एक मेरे नाम की भी थी। बादामी रंग के कागज को साट-सूटकर बनाया गया देहाती लिफाफा। लाल स्याही से पता था—बाबू श्री ब्रजकांत झा, मारफत पंडित श्री एकनाथ ठाकुर, जिला स्कूल, मोतिहारी। पारो के अक्षर पहचान गया।

हुलसकर अपना लिफाफा लिया। ठिठरा ने पूछा—कहाँ से आया है बाबू ? उसे कहा कि पीसी ने लिखा है। जाओ, अनंत अब नहीं गूथूँगा। दोपहर में तो तुम बैठे ही रहते हो ?

वह आँगन चला गया। मैं उत्सुकता से लिफाफा खोलने लगा, झट से नहीं खुला तो कोने से थोड़ा-सा कुतरकर उसमें उँगली डालके उसे फाड़ दिया। चिट्ठी उतनी बड़ी नहीं, मगर कागज बड़ा था। लाल स्याही से ही लिखी हुई। और लिखा क्या था वह सुनिए—

स्वस्ति श्री बिरजू भैया को पार्वती का प्रणाम। हम माँ-बेटी कुशल हैं। आपकी कुशलादि की सूचना चाहिए जो सुनकर मन आनंदित हो। आगे हाल यह है कि माँ को मलेरिया हो गया था। अब वह अच्छी हैं। कमजोरी अभी भी है ही। आपके गाँव के फुचाई झा इस गाँव में भी आए थे। मुझे नहीं मालूम था कि वे नचारी गा-गाकर उससे निर्वाह करते हैं। सात दिन गाँव में थे। दो दिन मेरे ही यहाँ रहे। यहाँ से अमैठी गए, अमैठी से बहेड़ा की ओर। उन्होंने ही बताया कि बिरजू बाबू दशमी की छुट्टी में गाँव आवेंगे। तो आप सच ही गाँव आवें तो दो-चार घंटों के लिए यहाँ भी आइए। माँ को बराबर आपकी याद आती है। बहेड़ी के टुन्नी बाबू ने बाबूजी को जो पशु दिया था, उसे माँ ने पोसिया लगा दिया था। गाभिन आप उसे देख ही गए थे, मैं ही दिखा आई थी। पितृपक्ष तक वह अवश्य ही बच्चा दे देगी। इसलिए माँ का आग्रह है कि दशहरे की छुट्टी में आप गाँव आवें तो यहाँ भी ज़रूर ही आइए। साठी का चूड़ा आपके लिए कूटकर रखा रहेगा। मेरे लिए एक किलिप लेते आइएगा—सुनहली। इति भादव सदी नवमी बध।

कैसे बताऊँ कि उस चिट्ठी को मैंने पाँच बार पढ़ा या छै बार। आँखों के आगे लगता था मानो एक नहीं पचासों पारो नाच रही हैं। नाचती-नाचती वे सभी धीरे-धीरे ऊपर उठ-उठकर आकाश में उड़ी जा रही हैं। उन सबों की जगह फिर दूसरी पारो न जाने कहाँ से आकर खड़ी हो जाती हैं। इस प्रकार मैं जाग्रत-स्वप्न देख रहा था कि इतने में ठिठरा ने मेरे पाँव के दोनों अँगूठे को अनजाने में इतनी जोर से खींचा कि मेरी समाधि टूट गई। उसने उँगलियाँ फोड़ते हुए कहा—कितनी दफे कहा कि पानी-पीढ़ा रख

दिया—ठाँव हो गया, खाने चलिए, सो आपको आज हुआ क्या है ? बहरे हो गए हैं ?

आगे पड़ी थी चिट्ठी। उसे सँभालकर फिर लिफाफे में रख दिया। आँगन की ओर विदा हुए। हाँ आँगन ही कहना चाहिए क्योंकि मोतिहारी कोई कलकत्ता-बंबई तो है नहीं। दरभंगे का ही हमकदम। खपड़ैल का मकान। काफी प्रशस्त-आँगन सहित तीन-चार रुपए में उन दिनों किराए पर मिलता था। मामा का डेरा उसी तरह के मकान में था। बड़ी सड़क से हटकर, झील से सटे पूरब। पिछवाड़े में छोटी-मोटी बाड़ी भी थी। कड़री के दू-तीन बीट, एक ही जगह थम्हदार केले के कोई आठ गाछ। कदली कुंज तो क्या कहा जाए ! बाहर से काफी सघन नज़र आता था। केले का वह कुंजवन क्या आज भी भूल पाता हूँ ? नानी और मामा की नज़र बचाकर उसी कदली-कुंज में मैंने कितनी बार पार्वती की चिट्ठी पढ़ी होगी, यह नहीं जानता। उस बाड़ी में और था ही क्या ? कुछ नहीं। हाँ, कागजी नीबू के भी दो पेड़ थे। अच्छा याद पड़ा। मामा मज़दूर रखकर उस बाड़ी को कोड़वाते, आश्विन में उसमें हर साल कुर्थी की बुआई होती। मामा को कुर्थी की दाल बहुत पसंद थी। और यदि सच पूछिए तो पूस महीने में नया उसिना चावल का भात, आदी डालकर बनी कुर्थी की दाल हम लोगों को भी बुरी लगेगी, ऐसी बात नहीं।

लीजिए, बहक गया। क्या कहना था और क्या कहने लगा। हाँ, तो, नानी ठाँव किए और भात परोसे बैठी राह देख रही थीं। आँगन गया तो अलग से ही देखकर आक्रोश के स्वर में वे बोलीं—हुं ! तीन बार तब से रुई कातती डेढ़-बीस पूनी बना डाली। तुमको आज हो क्या गया है ? अनंत गुँथना था, इसलिए जलपान भी नहीं किया। आओ अब, गिलास में पानी रखा है, पैर धो लो। बैठो जाकर। मैं यहीं ला रही हूँ।

पैर धोकर खाने तो बैठ गया मगर मिजाज उड़ा ही हुआ था। खाने में क्या मन लगा ? मन में होता था कि अभी यदि पंख होते तो उड़कर पीसी के पास चला जाता।

नानी ने ताड़ लिया। कहा—ठिठरा कह रहा था कि बौआ को कहीं से लेहाफ या लिफाफा, क्या कहते हैं उसे, सो आया है, चपरासी दे गया है, सो क्या बाबूजी की चिट्ठी थी ?

जल्दी-जल्दी उस दिन मैं ज़िंदगी में एक बड़ा झूठ पहली बार बोला। गर्म भात का कौर कभी निगला है ? झूठ उससे भी अधिक तप्त होता है। सो नानी को बताया मैंने कि हाँ बाबूजी की ही चिट्ठी आई है।

न जाने कौन-सा चोर बंशी लगाए अंदर कलेजे में बैठा था। मन में तो हुआ कि पारो का नाम बता दें नानी को, मगर कहा कहाँ ? गैंची मछली की तरह किसी ने जीभ को झट से खींच लिया, छटपटाती जीभ ने बाबूजी का नाम ले लिया।

नानी ने फिर पूछा—गाँव का हाल-समाचार सुनाओ, गुजिया कैसी है ?

मेरी माँ का नाम था गुह्येश्वरी। सुविधा के लिए माँ-बाप गुज्जी अथवा गुजिया कहने लगे होंगे। नानी ने इसीलिए पहले अपनी जैधी—भतीजी—के बारे में ही पूछा। मैंने बताया कि हाल-चाल तो ठीक ही है, लेकिन खटिया बीनते समय बाबूजी की कनगुरिया अँगुली में मूँज की ऐंठन की खैंक—सींक—थोड़ी-सी गड़ गई थी। वह निकली

नहीं, उसी से पाक पड़ गया है। बाद में वही हो गया डिठौरी घाव। सकरी के अस्पताल में जाकर उन्होंने उसे चिरवाया था...

बीच में ही नानी बोल उठीं—गे दइया, गे दइया। चिरान में तो जान ही निकल गई होगी। सुनती हूँ कि शीशी सुँघाकर बेहोश कर देते हैं।

मैंने एक झूठ बात कही, उसे झाँपने के लिए उस दिन न जाने कितनी झूठी बातें बोलनी पड़ीं। हे भगवान...

आगे का भात किसी तरह खत्म किया और हाथ धोकर चला गया बैठक में। कौन गुँथता है अनंत और कौन बुलाता है ठिठरा को ? भीतर से सिटकनी लगाकर किवाड़ बंद कर दिया—मन मारकर खाली कंबल पर ही लेट गया। तब भी क्या कच्छ-मच्छी गई ? उठा और कमर से लिफाफे को निकालकर फिर से उस चिट्ठी को आगे में पसार दिया। कुछ देर बाद एक उपाय सूझा। चिट्ठी का जवाब देने की कोई ज़रूरत नहीं थी, तब भी मेरा मन लुसफुसा रहा था। किसी बहाने जो पारो को दो अक्षर लिख पाता। बुद्धि जगाने का भार जैसे सरस्वती पर हो, जगदंबा उसी दिन मुझ पर सहाय हुईं। उपाय बताया। तय किया कि पीसी को चिट्ठी लिखूँगा। वैसे भी मैथिल हैं। बहुत कहना हमें नहीं अच्छा लगता वैसे तो उन्हें पीसी ही कहता हूँ। पीसी के सनुकचा में हितोपदेश की किताब देखी थी। उसका कुछ अंश काफी रुचा था, भाषा-टीका। सो विचार किया कि पीसी को लिखूँगा कि उस किताब को भेज दें।

पारो की चिट्ठी मेरे लिए यंत्र बन गई। एक क्षण के लिए भी उसे अलग रखना अच्छा नहीं लगता था। कोई वैसी बात नहीं थी, फिर भी होता था कि कोई पढ़ न ले। खुद जब एकांत पाता था, तो उसे दो बार-तीन बार अलबत्ता पढ़ लेता था। जितनी बार पढ़ता, मुझे लगता था कि भाव बदल गए हैं। पढ़ने पर लगता था कि यदि पार्वती मेरे साथ ही रहती, साथ ही पढ़ती तो मुझसे ही वह एंट्रेंस पास कर जाती।

अनंत आखिर मैं नहीं ही गूँथ पाया। नानी ने दो आने में एक अनंत मेरे लिए भी बाजार से मँगवाया।

अनंत की पूजा है। सुबह ही मामा चले आए थे। ओह, कितने उत्साह से मैंने अनंत गूँथना शुरू किया था। पारो का पत्र नहीं आता तो बाज़ार का अनंत किसी हालत में मैं पहनता ?

तीन-चार दिनों के बाद पीसी को चिट्ठी लिखी। अक्षर मेरे सुंदर होते थे, मगर घर की भाषा भखियोटी है, उसमें लिखने का अवसर कभी क्या मिला था मुझे ? अ, आ, इ ई मैंने गाँव में ही शुरू किया था। करिया बाबा ने खड़ी पकड़वाई थी—ओ ना मा सी धं.। उसके बाद गाँव के बच्चे जोड़ देते हैं—गुरुजी गिरे चितंग। मुझे भी पहलेवाले का अर्थ नहीं आता था, इसलिए दूसरावाला ही आकर्षक लगता था। हाँ तो क्या कहने लगा था ?

अक्षर मेरा सुंदर होता था। उसका श्रेय है गाँव के गुरुजी जीव्छलाल दास को। उनकी ये तमन्ना थी कि सभी लड़कों के अक्षर सुंदर हों। बड़े यत्न से वे बेचारे सरकंडे की कलम बनाते, जुगत से पोती गई पाटी पर घोटी हुई खड़िया की स्याही से पहले वे

खुद लिख-लिखकर दिखा देते थे, उसके बाद लड़के भी उसकी नकल करने की चेष्टा करते। इस तरह वे छै महीने तक लिखवाते। तब भला उनके किसी शिष्य के अक्षर कौए की टाँग की तरह क्यों होते ? पारो का अक्षर मगर खराब होता था। उसे खुद पीसा ने ही खड़ी पकड़वाई थी। बाद में भी जो थोड़ा-बहुत लिखना-पढ़ना उसने सीखा, वह पीसा के प्रताप से ही। उनका अक्षर विचित्र ही तरह का होता था। चार अक्षर अपना दस्तखत करते समय लिखना पड़ता, वह भी ठीक से लिख नहीं पाते—'पुलकित' में 'पु' लिखते थे देवनागरी का, तो 'ल' लिखते थे तिरहुत का, 'कि' लिखते थे कैथी का तो 'त' लिखते थे उड़िया का। कोई अक्षर छोटा तो कोई अक्षर बड़ा। अपनी यह कला वह पार्वती को भी सिखा गए थे। मगर अपनी बोली में लिखना उससे खूब बनता था।

मैंने पीसी को जो चिट्ठी लिखी वह संक्षेप में ही स्वस्ति श्री गंगा बदाराध्य पीसी को ब्रजकांत का प्रणाम। आप लोगों का कुशल-समाचार जानकर मन प्रसन्न हुआ।

पूरबवाले घर में बड़ावाला संदूक पर पीसावाला जो संदूकचा रखा है, उसमें भाषा-टीका सहित 'हितोपदेश' किताब होगी। उसे खोजकर आप रख लेंगी। दशमी की छुट्टी में मैं गाँव आऊँगा। आपके यहाँ भी अवश्य आऊँगा। पारो मेरे लिए जनेऊ काटकर रखे, इति।

तारीख याद नहीं थी। अंग्रेज़ी तारीख देना जँचा नहीं। चिट्ठी को मोड़-माड़कर लिफाफे में बंद कर दिया। शाम को टहलने के बहाने बाहर गया और उसे डोल यानी लेटरबक्स में डाल आया।

उस बार फिर ऐसा बीमार पड़ा कि गाँव जाना क्या संभव हुआ ? मामा को तो वैसे भी देश अपने गाँव की ओर जाने की कोई ज़रूरत नहीं थी। परिवार के नाम पर केवल चाची रह गई थी, वह भी साथ ही। नानी का प्रोग्राम था दशमी में विन्ध्याचल जाने का, मगर मैं ही बीमार पड़ गया और इसलिए उन लोगों का वह प्रोग्राम धरा ही रह गया। मेरे मन में होता था कि गाँव भेज देते तो चार ही दिन में चंगा हो जाता। मगर यहाँ तो जैसे भतीजा मंत्र-तंत्र से डरनेवाले वैसी ही डराकू चाची। ठिठरा को सिखलाया कि वह जान-बूझकर बातचीत करे और क्या कहते हैं उसको सुने। वह छोकड़ा, मामा जब खा रहे थे उसी समय नानी से पूछ बैठा—मलकिनी, बिरजू बाबू यदि गाँव जाएँगे तो दो ही दिन में बुखार लापता हो जाएगा।

नानी से पहले ही मामा बोल उठे—दुर बेटीचोद। तुम क्या जानो यह सब ? दशहरा में कोई घर छोड़ता है ?

नानी ने मामा का अनुमोदन करते हुए कहा—कलश-स्थापन से लेकर यात्रा तक कोई कहीं जाने का नाम लेता है ? जंगल में तो बिरजू हैं नहीं, यहाँ भी तो छाँव में ही हैं।

मैंने सुना। करता क्या, निःश्वास छोड़कर रह गया। पूजा-अवकाश मुफ्त में बीता। आराम होने को हुआ ज़रूर मगर छुट्टी के बीतने के बाद। सात दिन पर पथ्य खाया। नानी ने बड़ी परिचर्या की। मामा को जैसे पता था कि मेरा बुखार छूट जाएगा,

इसलिए मेरे गाँव पर कोई सूचना उन्होंने नहीं दी। दीपावली के बाद मैं मन लगाकर पढ़ने लगा। परीक्षा ने चुटिया पकड़ रखी थी। दूसरी ओर मन जो दौड़ता, उसका कोई उपाय नहीं था। क्रोध आता सरकार पर कि इतनी-इतनी किताबें परीक्षा के लिए क्यों निर्धारित कर देती है।

अपने गाँव के गोनू पाठक याद आए। उनके संबंध में लोगों का कहना है कि वे नौ वर्षों तक एक ही पुस्तक पढ़ते रहे—'कौमुदी'। उसी के प्रताप से अभी भी इलाका में बाँह पुजवा रहे हैं। परंतु इधर अंग्रेजिया स्कूल का रंग-ढंग ही अलग है। सब साल क्लास बदलिए। पंद्रह-पंद्रह बीस-बीस किताबें खरीदिए और चतुर्थी की रात में जमाई को खिलाने के समय जैसे छत्तीस तरह की सब्जियाँ बनाकर थोड़ी-थोड़ी दी जाती हैं, उसी तरह थोड़ा-थोड़ा, बहुत कुछ पढ़िए। मैथिल ब्राह्मणों के यहाँ शादी के बाद तीन या चार दिन तक दूल्हा-दुल्हन को नमक खाने नहीं दिया जाता। प्रथानुसार चौथे या पाँचवें दिन जब नमक खाने की छूट मिलती है तो दूल्हे के लिए विशिष्ट ढंग से भोजन की तैयारी कर उन्हें खिलाया जाता है। समधी कोटि के संबंधी का किसी परिवार में पहली बार भात खाने का आयोजन इसी ढंग से किया जाता है। यह थोड़ा-थोड़ा खाना और थोड़-थोड़ा पढ़ना, आकथू। यह भी कोई पढ़ना है ?

पिछली साल भी मीत ने कहा था—हँ ! अब संस्कृतवालों को भी 'इदमन्नं इमा आपः' करना पड़ता है। मैंने पूछा था—अरे वह क्या ? जवाब मिला था—प्रथमा परीक्षा में भी अब इतिहास, भूगोल और गणित रख दिया गया है। गुरुजी, पंडित चतुरानंद झा, काव्यतीर्थ परेशान रहते हैं।

क्या कह रहा था ? परीक्षा सर पर आ गई। हाँ, ठीक ही। मगर पारो ने साठी के चूड़ा के बारे में लिखा था, वह कभी-कभी याद आता था। पुस्तक आगे में खुली पड़ी रह जाती। हे दुर्गा, पीसी क्या कह रही होगी और क्या कहती होगी पारो ?

परीक्षा खत्म हुई। पास भी हो गया। उसके बाद यह भी सुना कि पारो की शादी हो गई। वही पुरानी कथा, शादी की बात ही ठीक हो गई। माँ ने मुझे चिट्ठी लिखवाई थी, उसी से ये बातें मालूम हुईं।

देश-गाँव जाने का उस बीच कोई सुराग न मिला।

पारो को लेकर पीसी कितनी चिंतित रहा करती थीं, यह मैं देख आया था। उनकी इच्छा थी कि किसी तरह कहीं लड़की का ठौर-ठिकाना अब लग ही जाए। पीसा के मरने के बाद उनकी यह चिंता और बढ़ गई थी। बात-बात में वह पारो पर बिगड़ उठती थीं। झाड़ू लेकर मारने दौड़ती थीं। मुझे आश्चर्य होता था कि वैसा मीठा पीसी का स्वभाव, यह अब क्या हुआ जा रहा है इनको ? बात-बात में खीझ उठती हैं। परंतु उन दिनों यह सब समझने की लियाकत क्या थी मुझमें ?

यह अच्छा ही हुआ कि उसकी शादी हो गई। दूल्हे की तीसरी बार शादी हो रही थी तो उससे क्या ? घर तो खुशहाल मिला। मुझे बड़ी खुशी हुई। इतनी खुशी हुई कि पीसी को चिट्ठी लिख डाली। बिना परिचय के ही चौधरीजी को नमस्कार भी लिख भेजा।

उसका जवाब मुझे नहीं मिला। बात ही क्या थी जिसका जवाब आता।

उस साल गर्मी की छुट्टी जो हुई, वह आधा जेठ खत्म होने पर। नानी, मामा, ठिठरा और मैं—चारों आदमी देश गए। दो दिन ममहर में गुजारकर अपने गाँव आया। गाँव में सभी भले-चंगे थे। बाबूजी भी इस बार काफी चुस्त-दुरुस्त नज़र आए।

बहुत दिनों पर गाँव आने के कारण जिधर ही जाता उधर ही अच्छा लगता। गए साल तक घर में काम करनेवाली जो नौकरानियाँ अपने को मेरी चाची मानती थीं, वह भी अब दबे कोने से हँसी-मजाक करने लगीं। अपनी पट्टीदारी की जो भाभियाँ पहले मुझे अबोध समझकर हल्का मजाक करती थीं, वे लोग भी अब थोड़ा परदा करते हुए बैठने के लिए पीढ़ियाँ देने लगीं। स्थिर आँखें किसी बात की गंभीरता किस प्रकार बढ़ा देती हैं, यह अब मैं भी समझने लगा था। वे हमजोली भी जो पहले गिल्ली-डंडा या दोलबत्ता साथ खेला करते थे, अब मुझे खेल में शामिल करते हिचकिचाने लगे। मैं भी ऐसा कि धुली-धुलाई धोती और हॉफ कमीज बराबर पहने ही रहता था। मीता ने एक दिन गम खाए बिना कह ही दिया—बड़ा बन गए हो, नवाब के दामाद कहीं के। शहर में रहने लगे हो कि दिमाग चढ़ गया है ?

आम की चटनी मोतिहारी में भी मिलती ही थी, मगर सलाद गाँव में ही हाथ लगा। बाबू मक्खन ठाकुर की कलम में कृष्णभोग आम के दो पेड़ उस बार खूब फले थे। अपना कृष्णभोग आम का पेड़ फला नहीं था। सलाद खाने के लिए मन काफी लुसफुसा रहा था। मीता के कान भरे। उसने कहा कि ठहर जाओ, कल।

दूसरे दिन दोपहर में बाबू की कलम का रखवाला जब मचान पर सोया था, तब मीता जाकर चढ़ गया पेड़ पर और लगभग कोई पाँच कृष्णभोग आम तोड़ लाया। अपने ही दरवाज़े की कोठली में उन्हें छीला और सलाद बनाया। इतना खाया हम लोगों ने कि शाम को पेट में दर्द होने लगा।

उसी दिन या उसके पहलेवाले दिन अपर्णा ने एक बात कही थी, वह मुझे अब भी वैसी की वैसी याद है। पहर-भर दिन चढ़ा था, मैं मड़वा में बैठा बेल खा रहा था। गोसाईं तालाब के भिंडे पर बेल का पेड़ लगा था, वही बेल। माँ पटुआ साग की मूड़ी टुँग रही थी। रसोईघर के ओसारे में जाफरी-बाँस से तैयार परदे में मझली भाभी पका रही थीं रोटियाँ। अपर्णा तकली कात रही थी। उधर से हहाती-फुहाती आई हेहुआ की माँ। मुझे देखते ही बोली—एहे, बिरजू तो फूटकर जवान हो गए हैं। काकी, इनकी इस बार शादी कर देतीं तो ठीक था। इस बात पर माँ ने तो उसे कुछ नहीं कहा, कहा अपर्णा ने। उसने कहा कि अरी ओ, वह क्या औरत है ? शादी अभी दो वर्ष नहीं भी होगी तो क्या होगा ?

मैंने अपनी छोटी बहन अपर्णा की ओर देखा। देखा मैंने कि वह सर झुकाए काते हुए धागे को तकली में लपेट रही थी। तुरंत मेरा ध्यान पारो पर चला गया। वह भी तो इसी उम्र की है। यह नाटी और वह लम्बी। अंतर इतना ही।

तब मैंने इस बात का अंदाजा लगाया कि क्यों अपने देश की क्वाँरी लड़कियाँ

तेरहवाँ-चौदहवाँ चढ़ते-चढ़ते सूझ-बूझ में बुढ़ियों का कान काटने लगती हैं। बाप का लटका चेहरा, भाई की सुन्न आँखें उनके होश ठिकाने लगाए रखती है। अच्छा या बुरा, जिस किसी के पाले पड़ी कि निश्चिंत हुई। क्वाँरियों के लिए शादी एक तरह की वैतरणी है। डर केवल इसी किनारे है, प्राण की रक्षा उस पार जाने से ही संभव। वही तो, पारो अब उस भुतही नदी को पार कर चुकी है। ठीक ही तो कहा अपर्णा ने। मैं क्या औरत हूँ ? समय पर शादी की चिंता तो औरतों के लिए न की जाए, पुरुष के लिए क्या ? उसके लिए तो शादी न हुई होली और दीपावली हो गई।

मैं बैठा ही रह जाता कि माँ ने कहा—जाओ सबेरे स्नान कर आओ।

दो-तीन दिन के बाद गया पीसी के यहाँ, उन्होंने कहला भेजा था। पारो की शादी हो जाने से वह चिंतामुक्त हो गई थीं। मगर उससे क्या ? ब्याही लड़की जब तक ससुराल न चली जाए, उसके माँ-बाप के लिए कुछ-न-कुछ परेशानी रहती ही है। शादी के पहले साल आश्विन पूर्णिमा के दिन मनाया जानेवाला त्योहार कोजागरा के लिए दिए गए भेंट सौगात में, भार-दोर में कमी हुई तो समधी-समधिन नाराज। जड़काले में भड़कदार रैपर या शाल न देने से दामाद मुँह फुलाकर तुम्मा कर लेंगे। बात-बात में उनके रूठने का डर।

पीसी के हाथ पर यही कोई डेढ़ हज़ार रुपए थे। संतान भी तो दूसरी नहीं, तब बचातीं भी किसके लिए ? दामाद की विदाई उन्होंने अपनी शक्ति के बाहर जाकर की थी। वे लोग ऐसे बदनियत के मुसम्मातवाली बात देखकर एकदम ही ढील दे दिया। सगुन जो आया था उसमें साड़ी पटुए की भेजी थी, एकदम कमजोर। पीसी ने अपने पैसों से तीस रुपए की बनारसी साड़ी मँगवाकर बेटी को पहनाई। यश लेकिन चौधरी जी को मिला। कुछ भी हो, दामाद के लिए औरतों के मन में जो कमजोरी होती है, वह सभी समझते हैं।

पीसी ने नहीं, मुझे दूसरे लोगों ने बताया कि चौधरीजी की उम्र पैंतालीस की है। पहले मैंने उनकी उम्र पैंतीस की सुनी थी। मगर जिसे कुछ भी कहने का हक नहीं है, उसके लिए जैसा पैंतीस वर्ष का वर वैसा ही पैंतालीस वर्ष का। लँगड़ा रहे या अंधा, लूला रहे या काना, कोढ़ी रहे या पगला, बूढ़ा हो या प्रौढ़—पति साक्षात् परमेश्वर होता है, यही शिक्षा तो अपने यहाँ छुटपने से ही औरतों को मिलती है। पीसा स्वयं ज़िंदा होते और अच्छे-भले रहते तो कभी यह संबंध क्या वह होने देते ?

कौन कहे। पंडित लोग भी क्या कम जुल्मी होते हैं। मेरे गाँव में पंडित पुद्धी चौधरी अच्छे-भले पंडित हैं। उन्होंने अपनी कली जैसी लड़की के लिए अट्ठावन वर्ष का वर ला दिया। कारण था वर ने आठ सौ रुपए उन्हें दिए।

पीसी ने यह शादी किसी शौक से की हो ऐसी बात नहीं—जाउत कानों के पास इस कदर भन-भन करने लगे कि बेचारी लाचार हो गईं। काम करना ही पड़ा। पीसा के भगिनमान लूच झा कहलाते तो हैं सज्जन, मगर लावारिस धन की जड़ काटने में बहादुर। मालूम हुआ कि घटकैती, शादी तय करवाने में उन्हें पंद्रह रुपए, एक जोड़ी

धोती, और दो मन चावल की प्राप्ति हुई। इसलिए पीसी के दामाद उनके लिए लौकिकता पंकज बनी दिनकर शीलागार–कन्दर्पकुमार–और जो-जो समझें, सब हैं। उनके आगे कोई कुछ बोलनेवाला भी तो नहीं ही था। और कितना सुनाऊँ ? लूच झा की कहानी काफी बड़ी है। वह कहने लगूँगा तो पार्वती पुराण फिर कैसे खत्म होगा ?

पिछले वर्ष की लगन में मेरे अपने गाँव में कोई चार शादियाँ हुई थीं। अपर्णा ही अपनी हमउम्रों में रह गई थी, अनब्याही। जिन-जिनकी शादियाँ हुई थीं, उन सबों का वर्ण, उन सबों के शरीर की कांति, ऐसा लगा, मानो निखर गई है। बोलने-चालने में भी परिवर्तन मालूम पड़ा। एक तरह की गंभीरता, उत्तरदायित्व का बोध और भविष्य के प्रति निश्चिंतता–उन लोगों को अनायास महिलाओं में शुमार करा रही थीं। जेठ की दोपहर में बड़ या पाकड़ की छाया में संतुष्ट गायों की तरह जुगाली करती लगीं–मुझे वे सब। मगर पारो की बात अलहदा है। शादी के दो ही चिह्न नज़र आए–ढका हुआ माथा और सिंदूर लगी माँग, बस। जलपान करते हुए पीसी से पहले ही दिन पूछा था–पारो को कुछ हो रहा था ? पीसी ने कोई खास बात नहीं कही। नकारात्मक मुद्रा में उन्होंने केवल सर को हिला दिया।

खाने के वक्त उसी ओसारे पर से पीसी ने पूछा–सब्जियाँ कैसी बनी हैं, नूनू ?

बहुत अच्छी–मुँह का निवाला जल्दी से निगलकर मैंने जवाब दिया तो पीसी बोलीं–इस लड़की को खाना बनाना जल्दी ही आ गया, भरोसा नहीं था। समधिन का बड़ा जोर था कि वैशाख में ही गौना हो जाए, मगर मैं भी अड़ गई। ऐसा कैसे होगा ? मेरी क्या दूसरी-तीसरी बेटी है ? न बट सावित्री पूजते देखूँगी और न मधुश्रावणी और बेटी की विदाई कर दूँ। न, यह सब नहीं होने का–तुम ही कहो, किस तरह वैशाख में विदाई कर देती ? रसोई में गड़बड़ी करती तो मेरी ही न निंदा होती ?

तो–परवल की लट-पट तरकारी से जुआया बीआवाला गुद्दा निकालते हुए मैंने कहा–वह तो होता ही। अच्छा किया कि वैशाख का दिन नहीं कबूल किया।

पारो दूध उबाल रही थी। जेठ का महीना, शाम का समय। पीसी के यहाँ रसोई सबेरे बना लेने की आदत। मेरे घर में दिन को डेढ़-दो बज जाते थे और रात में बारह। ममहर में भी वही हाल। एक बार छोटी मामी से मैंने यह बात कही थी तो उन्होंने चट से जवाब दिया था कि आपकी पीसी के यहाँ विदेश की हवा पहुँच गई होगी।

कुछ भी हो, पीसी के यहाँ की यह बात तो मुझे बेजा नहीं लगी। ओसारे पर एक कोने में घड़ा रखने की जगह घैलची, एक ओर बाँस से बने झाँझन की टाट के परदे में चूल्हा-चौकी। गर्मी में प्रायः ओसारे पर ही रसोई बनती है। यह कोई नई बात नहीं, सभी गाँवों में लगभग ऐसा ही होता है। सो, ओसारे पर ही पार्वती दूध उबाल रही थी। भैंस जो आश्विन में ही ब्याई थी, अभी भी पोसिया ही लगी थी। दूध थोड़ी देर से देती थी, इसलिए रसोई पहले तैयार हो जाने पर भी दूध की प्रतीक्षा में थोड़ा विलंब होना स्वाभाविक ही था। उस दिन पीसी ने मगर कहला भेजा था, इसलिए शाम ही को दूध दे गया था। पीसा रात में दही नहीं खाते थे, यह बात पीसी को दूसरे लोगों

को खिलाते समय भी याद रहती थी।

पीसी बोलीं—धीरे-धीरे खाओ—पारो को लक्ष्य कर कहा—हुआ नहीं अभी ?

बस उतार रही हूँ—पार्वती ने जवाब दिया। पीसी पूरबवाले घर के ओसारे में बैठी थीं। आँखों में अच्छी रोशनी थी, इसलिए अभी भी पौती बिन रही थीं। कहा—नूनू, इस गाँव में कोई ऐसी होशियार नहीं जिस पर यह भार दे सकूँ। आजकल की बहू-बेटियाँ गप्प हाँकने में काफी बहादुर, मगर तकली या टकुआ छूते ही उँगलियाँ टटाने-ऐंठने लगती हैं। गाने में भी ऐसी ही गोबर, बटगमनी या मलार गाते माथा दुखने लगता है—

आधुनिकाओं के पक्ष में पीसी से कुछ कहना बहुत ज़रूरी लगा इसीलिए, अन्यथा चुप ही रह जाता। वृद्ध वर्ग के अनावश्यक विवाद को खंडित करने की तमन्ना मुझे कभी नहीं हुई मगर पीसी को उस दिन बीच ही में टोक दिया था—तकली और टकुआ छूते हुए उँगलियाँ टटाती हैं, इससे क्या हुआ ? स्वेटर, जुराब बुनना तो आता है, जाली काढ़ना आता है, रंग-बिरंग के फूल-पात—नाना तरह के पशु-पक्षियों की नक्कासी से रूमाल, ओढ़ने की चादर, तकिए का खोल और बिछाने की चादर को चमकाने तो आते हैं। पीसी, आजकल की बहू-बेटियों का यह चमत्कार क्या आपने नहीं देखा है ?

थोड़ी देर चुप रहकर पीसी बोलीं—देखा है, बेटे, देखा है। मगर इससे तकली और टकुआ हम लोग फेंक डालें, यह तो ठीक नहीं ?

दूध से भरा बड़ा कटोरा पार्वती सामने रख गई थी। पिसी मिसरी ऊपर से डाल गई। और कहा—एक मुट्ठी गर्म भात इसमें दे देते—ठहरिए लेती आ रही हूँ—

—नहीं-नहीं, वैसे ही पी लेता हूँ। मैंने यह कहा तो उसने अनुरोध की नज़र से मेरी ओर देखा। लगा कि मन न भी हो, तब भी ऐसे में परसन लेकर खाना चाहिए। कहा तो कुछ नहीं, लेकिन सर को केवल हिला दिया। वह थोड़ा-सा भात कटोरे में डाल गई। फिर हाथ धोकर खम्हे से लगकर बैठ गई।

दूध-भात खाने लगा तो उधर से पीसी बोलीं—मेरी भैंस को दूध कम है, तुम्हारे यहाँ का क्या हाल है ?

मैंने कहा कि इस गड़बड़ मौसम में सभी जगह माल-जाल की यही हालत है। एक भैंस और दो गायें दूध देती हैं, परंतु उससे इतनी पर्याप्त मात्रा में दूध या दही नहीं होता कि परिवार में सबों को यथेष्ट गोरस मिले। तब वैसे कुछ-न-कुछ हो ही जाता है। मेहमान आ जाते हैं तो 'अविनयमपनय' क्षमा-याचना नहीं करना होता है।

खाना समाप्त किया तो पानी घट गया था। कहना नहीं पड़ा। पारो ने खुद ही पानी लाकर लोटे में भर दिया। हाथ धो आया तो सुपारी दी उसने। बोलती नहीं थी। मुझे भी पीसी के सामने कुछ पूछते हुए संकोच होता था।

उसने आँगन में सीतलपाटी बिछा दी, उस पर सुजनी डाल गई। तकिया काफी आकर्षक। साड़ी की ही रंग-बिरंगी किनारियों के टुकड़े से बनाया गया था उसका खोल। वाह रे वाह ! मन में हुआ कि काश! यह तकिया मुझे पारो दे देती।

लेट गया मैं। मच्छर नहीं थे। खटमल भी नहीं। पीसी की एकादशी का व्रत था

या चतुर्दशी का, यह याद नहीं पड़ता। पारो खाने बैठी। इधर मैं सुपारी को कुटकुटाता उत्तान चित्त पड़ा आकाश को निहार रहा था। मृगशिरा का तारा और उसके असली नाम की तलाश करते हुए जब मेरा मन विमानविहारी हो रहा था उसी समय पीसी के भगिनमान के आँगन में हो-हल्ला मच गया। लूच झा ने किसी छोटी-सी बात पर अपनी बीवियों को दो-दो लाठियाँ लगाईं, तो उन लोगों ने भी अपनी चिल्लाहट से पूरे केरवनिया गाँव को मुखरित कर दिया।

पीसी उधर ही दौड़ी गईं।

मर गई ऐ मामी—मर गई ऐ मामी—इतना मेरे सुनने में भी आया। पारो से पूछा कि यह क्या है ?

उसने कहा—दोनों सौत में इसी तरह ठनती रहती है और बूढ़ा खुद भी खूब है। बेटे की लालसा से दूसरी शादी की, बेटा तो हुआ नहीं, दूसरी पत्नी से भी दो लड़कियाँ ही हुई हैं। वह अच्छे कुल के ब्राह्मण भलमानस की बेटी तो यह निम्न कुल के ब्राह्मण जयवार की। बिरजू भैया, गाँव घिना गया है। लूच भाई को क्रोध होता है तो इसी तरह दोनों को पीट देते हैं। माँ जाकर समझा-बुझा आती है, इसी से बुढ़ऊ को फिर खाना भी मिलता है, नहीं तो—

उसके बाद कुछ देर तक ऐसी भयंकर गालियाँ सुनीं कि कान की मैल तक जड़ हो गई। पारो ने कहा—यह वेद-पाठ मटकुड़ियाँवाली कर रही है। छोटे ब्राह्मण की बेटी है न ? ककरोड़वाली से भली ज़रूर है, मगर गाली पढ़ना वह नहीं जानती। मेरी माँ को दोनों सौत बराबर ही मानती हैं।

कब तक लौटेंगी पीसी ? मैंने पारो से पूछा। उसने कहा—इसका क्या ठिकाना है ? थोड़ी ही देर में लौट आवें, यह भी हो सकता है और पहर-डेढ़ पहर लग जाए ऐसा भी संभव है। आप, न हो तब तक सो जाइए।

मैंने कहा—अभी नींद कहाँ आती है ? तुमने खाया ?

नहीं—उसने कहा और घट-घट पानी पीने लगी। बचपन में इस तरह पानी पीने के उसके ढंग पर मैं उसे चिढ़ाया करता—घट-घट पानी पीए कुत्ते की—और वह भी मुझे खिझाती। मगर अब हम दोनों समझदार हो गए थे।

मैं फिर आसमान की ओर देखने लगा। थोड़ी देर बाद लगा कि कोई पैरों को टटोल रहा हो। देखा तो पार्वती थी। वह बोली—थके होंगे, तेल लगाकर थोड़ा पैर दबा देती हूँ।

दुर् पागल ! मैंने कहा—कौन मैं पैरों चलकर आया हूँ जो थकूँगा। मुझे जतवाना-पिचवाना अच्छा नहीं लगता। जो...

मैंने अपने पैर समेट लिए और बैठ गया। तब वह भी ज़मीन पर ही उसी जगह बैठ गई। मैंने पूछा—कुछ हो रहा था तुमको ?

मुझे काहे कुछ होगा ?

तब इतनी दुबली क्यों हो ?

पहले ही कौन-सी मोटी देख गए थे ?

मैंने सोचा कि इस तरह तो वह बातों को काटती ही चली जाएगी, इससे दूसरी बात चलाएँ जिससे इसे ही अधिक बोलना पड़े। कहा—पहले से ही हम दोनों में अपनापा चला आ रहा है। न तुमने कभी कुछ छिपाया और न मैंने ही। अब यदि सभी बातें कहने की इच्छा तुम्हें न भी हो तब भी मुझे इसके लिए कोई क्लेश नहीं होगा। इस संकोच से तुम पानी-पानी हो जाओ, यह मुझे अभीष्ट नहीं।

शुक्ल-पक्ष का प्रौढ़ चंद्रमा। काफी मधुर चाँदनी थी। पारो क्या कहती है, इसकी प्रतीक्षा में मैं उसके मुँह की छाया की ओर देख रहा था। लगा जैसे उसने ललाट पर के कोई दो घुँघराली लटों को हटाकर माथे पर कर दिया हो और उसके बाद दाहिने हाथ की तर्जनी उँगली से बाएँ पहुँचा पर की लहठी चूड़ी को सहेजकर मेरी ओर देखा हो। उसके बाद होंठों पर उँगली रखकर कुछ सोचा हो—

थोड़ी देर बाद वह बोली—आपने यह क्या कहा बिरजू भैया, किसने मुझे क्या दिया है जो आपसे छिपाऊँ ? मैंने उसी रात ज़हर खा लिया होता लेकिन आपकी खातिर ही अपने को रोक लिया। आपने जो सभी बातों के संबंध में पूछा है, सो मैं कौन-सा महाभारत सुनाऊँ ? कोई बात रहे भी तब न किसी को सुनाए। हाँ, अब बोझ उतर जाने से माँ का मन हल्का हो गया है, यह तो आप भी देखते ही होंगे।

पारो के स्वर में गर्मी आ रही थी। मैंने उसकी ओर देखा तो लगा कि कोशे जैसी उसकी आँखें चकमक-चकमक कर रही थीं। वह बोलती ही गई—

क्यों न कह ही डालूँ ? जिन्हें आप लोग चौधरी कहते हैं, उनसे मेरा संबंध ही क्या है ? पति-पत्नी का संबंध ? नहीं, हरगिज नहीं...

दुत्। ऐसा भी कहता है कोई ?—बीच ही में जब डाँटा मैंने तब उसने कहा—जब मुझे टोका है तब आद्योपांत सुन तो लीजिए सब—

—चतुर्थी के रात में दस रुपए के दस नोट मेरे आगे फैलाते हुए उन्होंने कहा था—और चाहिए ? क्रोध से मैं जलने लगी। हे भगवान् ! लाख दंड दे, मगर फिर औरत बनाकर इस देश में जन्म नहीं दें—छीआ। पैंतालीस वर्ष का नरपिशाच एक अबोध लड़की के सामने दस रुपयों के नोटों का ढेर इसलिए लगावे कि...

मैंने पारो का मुँह बंद कर दिया। बस, बस, अब जो अधिक तुमने कुछ कहा तो मैं चला जाऊँगा, हाँ।

उसने मुँह को छुड़ा लिया और ओसारे पर जाकर बैठ गई। थोड़ी देर बाद देखा तो आँसू की धारा दोनों गालों पर चाँदनी में चमक रही थी।

मुझसे रहा नहीं गया। पास जाकर अपनी धोती की खूँट से पारो के आँसू पोंछ दिए। कहा—क्यों बेकार आँसू बहाए जा रही हो ?

उसने शांत स्वर में कहा—बेकार ही ! आपको भी यदि यह बात समझानी ही पड़ेगी, तब किसके आसरे जीऊँगी मैं ? पैरों पड़ती हूँ बिरजू भैया, अब सो जाइए। मुझे छोड़ दीजिए—

क्या कर रहा हूँ मैं तुम्हारा ?

एक बार आकर आँसू छोड़ दिए हैं और फिर उपदेश देने लगे हैं—नहीं मुझे छोड़ दीजिए। इस टहा-टही चाँदनी रात में निर्द्वंद्व होकर थोड़ी देर मुझे रो लेने दें—आप कहाँ से जानेंगे कि इच्छा भर रो लेने के बाद मन कैसा हल्का हो जाता है ?

वस्तुतः मैं कहाँ जानता था यह सब ? कहाँ से जानता कि वेदना का पहला रूप कैसा तरल होता है, फिर वह किस तरह घनीभूत होती है, फिर वह घनीभूत वेदना संताप से किस तरह धीरे-धीरे द्रवित होती रहती है ? यह सब मैं क्यों जानने लगा ?

उस रात किधर से मुझे नींद आ गई, यह मालूम नहीं हुआ। थका था इसलिए नहीं, दिन-भर की थकान थी। गर्मी के दिनों में थोड़ी देर न सोने से कैसा-कैसा लगता है। रात छोटी होती है, उस पर उमस और मच्छर अलग से। इसीलिए रात की नींद की कमी लोग दिन में सोकर पूरी कर लेते हैं। मैं उस दिन राह में ही था, इसलिए सोता कैसे ? गाड़ी में जयनगर की ओर से काफी संख्या में नेपाली चढ़े आ रहे थे, उन लोगों की कृपा से काहे को आरामदेह जगह मिलती ? झपकी लेते, ऊँघते, उन लोगों का गप्प-शप, हँसी-मजाक सुनते हुए पंडौल चला गया। उसके बाद धूप में ही डेढ़ कोस की यात्रा। हे भगवान, कोई दशा बाकी नहीं रही। रात की गाड़ी सुविधाजनक नहीं थी, इसलिए लाचार था।

सो वस्तुतः कुछ मालूम नहीं पड़ा कि कब पीसी आईं और कब मेरी देह पर चादर डाल गईं। एक ही नींद में सुबह। सुबह पैरों पर नज़र गई तो देखा कि दोनों पैरों में अच्छी तरह तेल पचाया हुआ है। गाँव पर मेरे लिए यह काम मँझली भाभी करती थीं पहले। उन्हें भी इस बार मैंने कई दिन मना किया था। मगर यह पता चल ही गया कि भाभी के आग्रह के आगे देवर की नाँहीं-नूँहीं का कोई मोल नहीं। उस पर भी अगर कुँवारे रहे और पढ़ते-लिखते रहे, तब तो कुछ पूछिए नहीं। यह तो हुआ एक प्रकार।

अब दूसरे प्रकार के आग्रह के बारे में भी ? सुन लीजिए। मामी के बारे में मैं नहीं कहूँगा, क्योंकि उन्हें भाभी की तरह ही बहुत-कुछ अधिकार स्वतः प्राप्त होता है। चाची, पीसी, मौसी, चचेरी-फुफेरी-मौसेरी बहनों का स्नेह भी ऐसा गीला होता है कि सुबह-सुबह ही आपके रूखे पैर इन लोगों की नज़र में अभद्र की तरह लगेंगे, या नहीं ? नौकर-चाकर रखने की ताकत सबों को तो होती नहीं, इसीलिए बेटा, भतीजा, जाउत या बहिनौत या फिर किसी अदने लड़के का पैर भी वे लोग आग्रहपूर्वक, अपने ही हाथों दबा देती हैं।

मातृवर्ग की ओर से ममता का ऐसा दर्शन आपको और कहीं मिले न मिले, अपनी मिथिला में सभी जगह मिलेगा। क्या कहा ? नौकर और चाकर, एह ! इस जमाने में भी अब यह पुरानी भृत्य-प्रथा यदि किसी के काम आवे तो उसे आठवाँ आश्चर्य ही मानना चाहिए। मेरा पारिवारिक नौकर भाइयों में पाँच भाई हैं, पाँचों फारबिसगंज की ओर कमाते हैं। जूता मचमचाते हुए गाँव आता है, चूल छटाए। मेरे बाप के या पट्टीदार लोगों को काहे कुछ लगाए। वे लोग कहने के खानदानी नौकर रह गए हैं। सौ-पचास

बाबू लोग अभी भी ज़रूर होंगे, जिनके मुँह से आप ऐसे नौकर-चाकर का माहात्म्य सुन सकते हैं। हाँ, सो मेरी पीसी का भी कोई घरेलू नौकर नहीं था। तब एक नैयत ज़रूर था, वह था जात का धानुख। इसलिए उसके घर से इन लोगों के घरेलू चाकर का शौक पूरा होता था। उस बीच छीतन मड़र लेकिन जलपाईगुड़ी में कमा रहा था।

इसलिए, सुबह में शिकायत के लहजे में मैंने पीसी से कहा—माँ-चाची, मौसी-पीसी होकर जो कोई मेरे पैरों को हाथ लगाता है और मैं जगा होता हूँ तो मेरी देह सिहर उठती है।—रात में आपने मेरे पाँव क्यों दबाए ? पीसी, ये बात मुझे अच्छी नहीं लगती।

हाथों से मधुर वर्जना का संकेत करती हुई पीसी बोलीं—दुर पागल, दुर पागल, बाल-बच्चे भी कहीं ऐसा कहते हैं ? सेदने-उँगारने के समय नवजात यदि इसी तरह बड़बड़ाने लगे तब तो हुआ। आदमी को माँ, मौसी, चाची नहीं जाँतेंगी-दबाएँगी तो कौन जाँते-पीचेगा ?

चुप ही हो गया मैं। इसका जवाब भी तो नहीं ही था।

पारो को देखा कि वह अपने शरीर की घोर अवहेलना कर रही थी। उस दिन पीसावाले घर में मैं 'कल्याण' का कोई पुराना अंक उलट रहा था। खाने से निबट गया था। इच्छा थी कि यहीं देखते-देखते सो जाऊँ। पाटी पर पड़ा था। वही रातवाला तकिया। थोड़ी देर में पार्वती आई। मैंने पूछा—छोड़ दिया लिखना-पढ़ना ?

दैव ने ही छुड़ा दिया—उसने कहा।

लगा कि कुछ और कहनेवाली थी, लेकिन कहा नहीं। थोड़ा रुककर कहा—अपर्णा की शादी क्यों नहीं हुई इस बार ?

मैं क्या जानने गया ?

बातें तो कितनी जगहों की चल रही होंगी ?

हाँ, दो जगहों की बातें चल रही थीं। एक धगजरी की, दूसरी खोजपुर की। धगजरीवाली पार्टी में वर की उम्र ही कम थी और खोजपुरवाली पार्टी में और सब गुण थे भी तो वर ही द्वितीय वर था। सुनते हैं कि बड़े भैया को वह बात इसीलिए पसंद नहीं हुई।

तब तो अपर्णा का भाग्य तेज है—इतना कहकर पारो बाईं तलहथ्थी पर गाल रखकर मौन हो गई। लेकिन उसकी ओर देखते हुए मैं बोला—इस बार कहीं हो गई होती शादी, वही ठीक था।

क्यों, भारी लगती है क्या ? तीव्र जिज्ञासा से पारो ने मेरी ओर देखा। पल-भर के बाद फिर बोली—उमर थोड़ी अधिक ही हो जाएगी तो क्या हो जाएगा ? झंझट लगने लगे तो ज़हर ही खिला दीजिएगा—

इसका जवाब मैं उसे देने को हुआ तो ज़रूर, मगर मुझे ऐसा लगा कि जिसका स्वभाव दिन-प्रतिदिन उग्र ही होता जा रहा हो, उसे और बिगड़ैल बनाने से क्या लाभ ? बचपन से पारो का स्वभाव कितना अच्छा था ? कितनी मधुर थी यह ? और वही पारो अब दिन-दिन कैसी गुस्सैल हुई जा रही है, हे भगवान—

जेठ के शुक्ल पक्ष की चतुर्दशी को पीसा का वार्षिक श्राद्ध था। पहली वर्षी थी, मैं था ही। साधारण इंतजाम ही किया पीसी ने। उन लोगों के सौजनियाँ भी कम ही थे। हमारे यहाँ ब्राह्मणों में भी सबों के यहाँ भात नहीं खाते। जिनमें आपस में भात खाना चलता है, वे 'सौजनियाँ' होते हैं। दो महापात्रों को लगाकर ग्यारह लोग पूरे थे। आमंत्रितों में कोई पाँच असौजनियाँ भी थे।

उस बार पीसी के यहाँ मैं दस दिन ही रहा। दूसरी बार पारो कितना आग्रह करतीं थी–दो दिन भी और रहिए बिरजू भैया, एक दिन भी–सुबह में जाइएगा, नहीं दोपहर में–इस बार पीसी के पाँव छूकर जब मैं चलने लगा तो कहने को आकर उसने पाँव छू लिए मेरे और विक्षिप्त की तरह हटकर जो खड़ी हो गई सो काहे एक बार भी नज़र उठाकर देखती मुझे ? पीसी ने ही याद दिलाई–ऐ, जनेऊ नहीं दिया लड़के को ?

वही, भूल गई–फिर वह पूरबवाले घर से जनेऊ ले आई और लौंग-सुपारी भी। हाथ उठाकर मुझे ऐसे दिया मानो हाथ में बघ्घा लग गया हो।

आँगन से बाहर निकल रहा था कि पीसी ने कहा था–ऐ, मधुश्रावणी तक यदि गाँव ही रहो तो एक बार आ जाना, चौधरी को सार की हसरत क्यों रह जाए ? जैसा ही सहोदर वैसा ही ममेरा। पारो को कहाँ कभी ऐसा लगा कि उसके अपने भाई नहीं हैं। और मुझे ? चार-चार भतीजे, वे सभी सोना–जैसे, मन में काहे कभी हो कि भगवान ने बेटा नहीं दिया–न हो तो मधुश्रावणी तक नहीं ही जाना, क्या होगा ? स्कूल में दो पैसे ही न जुर्माना लगेंगे ? जितने दिन उतनी अधन्नियाँ। सो न होगा तो मैं ही दे दूँगी।

तब पारो ने उनसे बीच ही में कहा–बाद में जाएँगे किसके साथ ? इनके मामा तो ठीक समय पर चले ही जाएँगे।

एह, अबके बाल-बच्चों को देखती नहीं हो ? इसी की उम्र का उस टोले का ठीठर, टुगर है। तीसरे साल बाप ने दो चाँटे मारे तो भागकर चला गया काशी। तारा मंदिर में खाता है और जब पाठशाला बंद हो जाती है तो चला आता है। कौन ले जाता है ठीठर को और कौन दे जाता है ? क्यों नूनू, कोई गैर मुनासिब बात कह रही हूँ मैं ? अकेले नहीं जा सकोगे तुम मोतिहारी ?

एह, जा क्यों नहीं सकूँगा ?...छाता के बल खड़ा होते हुए कहा मैंने–किसी स्याने लड़के से ऐसी बात करनी चाहिए किसी को ? मुझे भी लगा पीसी यह क्या कह रही हैं। अरे ! मोतिहारी तो मोतिहारी है, दे ना कोई भाड़ा कलकत्ता जाकर घूम न आऊँ तो...

पीसी ने कहा–तो ठीक है। मधुश्रावणी तक गाँव ही रहो।

माँ को कहूँगी, वह जैसा कहेंगी। बाबूजी से भी पूछूँगी।

मेरे मुँह से यह आगे-पीछे की बात सुनकर पारो का चेहरा ज़रा कड़ा हो गया, यह मैंने अच्छी तरह देख लिया। उसे ज़रूर ही ऐसा लगा होगा कि अब तक तो तुमने बिरजू भैया ऐसा कभी नहीं कहा था–माँ को कहूँगा, वह जैसा कहेंगी–पीसी ने भी आँखें विस्फारित कर देखा। तब महसूस हुआ कि पीसी ने मुझे पोसपुत नहीं बनाया है, तो इससे क्या ? समझती हैं लेकिन उससे भी बढ़कर।

वाकई माँ और बाबूजी के नाम लेकर मैंने नाहक ही पीसी के कलेजे में चिकोटी क्यों काटी ? उन्हें ज़रूर ऐसा लगा होगा कि अपनी कोख का लड़का होता तो यह सब नहीं सुनना पड़ता। पारो को महसूस हुआ होगा कि पहले कभी किसी बात के लिए जिस बिरजू भैया को अपने माँ-बाप से पूछना नहीं पड़ता था, वही क्या आज इस छोटी-सी बात के लिए उनसे पूछने जाएँगे ?

नहीं, पीसी, मैं मधुश्रावणी में ज़रूर आऊँगा—यह कहते हुए मैंने अपनी भूल का सुधार किया तो पीसी और पार्वती एक ही नज़र से ताकने लगीं मुझे। संशयमिश्रित जिज्ञासा की यह नज़र थी।

दक्षिणाभिमुख हो अपने दोनों हाथों को उठाकर मैंने कहा—गंगा साक्षी है, शपथ खाके कहता हूँ पीसी—कमीज के बटन खोलकर यज्ञोपवीत को पकड़ते हुए बोला—जनेऊ छूकर कहता हूँ पीसी, ज़रूर आऊँगा।

आगे उनके सूप था। वे काले तिल से आँकड़-पाथर निकाल रही थीं। तेल पेरवाना था, चौधरी की चान पर मालिश के लिए तिल का ठंडा तेल। पीसा माथे में तिल का ही तेल लगाते थे। चौधरी के माथे में भी पीसी तिल का ही तेल डलवाती थीं।

पीसी ने आगे का सूप एक ओर हटाते हुए कहा—छुओ तो मेरे पाँव ?

पीसी भी बचपना करेंगी। मुझे भी हँसी आई और पार्वती को भी। तब भी पास जाकर पाँव छुए तो उनका चेहरा खिल उठा। उसके बाद आँखें भर आईं। गद्गदित होकर कहा—तुम लोगों का ही तो भरोसा है नूनू। इस लड़की का क्या, आज शादी हुई कल गौना हो जाएगा। जाकर अपना घर सम्हालेगी। अंधे की आँख और लँगड़े की फराठी, नूनू, जाकर भूल तो नहीं जाओगे।...

अपनी कमीज के किनारे से मैंने उनके आँसू पोंछ दिए। फिर वह तिल बीनने लगीं। कहा—जाओ, ट्रेन छूट जाएगी।

एक बार फिर मैंने पैर छुए, मन से उन्होंने आशीर्वाद दिया—शादी-ब्याह हो, खूब कमाओ।

पारो की ओर नज़र फेंकी तो उसने नज़रें झुका लीं।

वास्तव में उस बार माँ की कतई इच्छा नहीं थी कि एक दिन के लिए भी मैं कहीं जाऊँ। वह तो कहिए कि पीसा ही कर्त्ता बना गए थे और श्राद्ध मैंने किया ही था। आषाढ़ बदी (कृष्ण) तृतीया को उनके वार्षिक श्राद्ध की तिथि पड़ती थी, पहला वार्षिक श्राद्ध था। जाना अनिवार्य था। इस प्वाइंट पर माँ को राजी किया था, वैसे गाँव आया भी था बहुत दिनों के बाद, पूरे दस महीनों के बाद।

कितना था लाड़-प्यार, कितना स्नेह ! लगता था कि माँ को केवल मेरी ही चिंता थी। भाभियों के रहते हुए भी वह खुद ही तिलकोड़े का पत्ता तलती थी। बिरजू बहुत दिनों पर गाँव आए हैं। आज क्या तो खम्हार का तरुआ, कल बड़ी, तो परसों गुड़म्मा। दो-दो तीन-तीन बार बाबूजी को कहती—मल्लाह को बुला भेजिए किसी के मार्फत, लड़का कितने दिनों पर गाँव आया है, परदेश में निछक्के, मात्र दाल-भात खाते-खाते उसकी

जीभ सिहाकर-तरसकर रह गई होगी। दो-चार दिन भी तो ठीक से खाए-पिए। एह, उस साल माँ के हाथ बने मछली के अंडों के कितने बड़े खाए थे ! माँ बाज़ार से खासकर मेरे लिए ही सिंगही और माँगुर मछलियाँ मँगवाती। हम लोगों का नौकर रमसहइया काफी बूढ़ा हो चला था, मगर बुढ़ापे में भी उसे कबूतर पोसने का शौक चर्राया था। दरवाज़े पर चार बाँस गाड़कर उसने खोप बनवाए थे। उसने कबूतर की एक जोड़ी खरीदी थी, अब बढ़कर जिनकी संख्या तेरह हो गई थी। माँ ने रमसहइया से मेरे लिए एक कबूतर की मँगनी की। मगर कबूतर का मांस जाड़े में जैसा गुणकारी होता है वैसा गर्मी में नहीं। वैसे खाने में वह कभी क्या बुरा लगता है ?

मँझले भइया गाँव में ही थे। छुट्टी में आए थे। लाल भैया कभी-कभी झपाटे के साथ आते और उसी तरह चले जाते। उनको सोशलिस्ट पार्टी के काम से फुरसत ही नहीं मिलती। वे यदि गाँव में अधिक रुकना चाहते तो पिताजी उन पर खीझते। माँ भी कहती थीं मगर समझाकर !

सत्याग्रह करके लाल भइया गिरफ्तार हुए थे। मुसम्मात के पोखरे की भीड़ पर छोटा-सा बाँस और मिट्टी का घर बना था, स्वराज्य आश्रम। वहाँ लाल भैया नमक बनाने गए थे। बनाने नहीं दिया था, पुलिस आकर पकड़ ले गई थी। उसके कोई दस दिनों बाद दरोगा, जमादार, असेसर, कोतवाल सभी एकसाथ आ धमके और पिताजी के सामने ही चारों बैलों के साथ-साथ धेनु गाय और गुजराती भैंस भी खोलकर ले गए थे।

इन्हीं बातों से पिताजी बराबर भैया से खीझे रहते थे। उन्हें भय था कि देवी कांत (लाल भैया) फिर से किसी घोटाले में पड़ेंगे और फिर बैल-भैंस थाना पहुँच जाएँगे। माँ को मगर लाल भैया के प्रति बड़ा स्नेह। दो महीने पर भी यदि वे गाँव नहीं आते तो वह ब्रह्मस्थान जाकर ताबड़तोड़ मनता मानने लगतीं। मँझले भैया कहते—देवी कोई कुकर्म तो नहीं ही करते हैं, देश और दस जने का काम करते हैं। पिताजी नाहक ही नाराज होते हैं। वे लोग तब के आदमी, क्या जानने गए अब की दुनिया ?

मैं छः-सात वर्ष का रहा होऊँगा। लाल भैया जब नमक बनाने गए थे तो गाँव के लोग तमाशा देखने गए थे। मैं भी गया था। थोड़ा-थोड़ा याद आता है। ओढ़ुल के फूलों की माला किसी ने उन्हें पहना दी थी, उसे निकालकर भैया ने मुझे पहना दी थी—उसी नाते याद है। साल-भर के बाद जब वे जेल से छूटे थे तो उनका द्विरागमन हुआ था।

लाल भैया की शादी हुई थी मोहनपुरा। मेरी यह भाभी काफी गोरी-नारी। वैसी गोरी देह और वैसा ही सुरेबगर नाक-नक्श आज तक मैंने भी एक-दो ही देखे हैं। उन्हें भी यह कहाँ पसंद था कि उनके पति ज़िंदगी-भर लटके ही रह जाएँ। बातचीत के क्रम में मोहनपुरा वाली भाभी ने क्या कहा था ? यही कहा था कि जो देश और दस लोगों के उपकार में लगा रहता है वह अपने लोगों की भी कुछ सुध रखे तो, यह क्या बुरा कहा जाएगा ? रात-दिन बराबर यदि आपके पिताजी पूजा-पाठ में ही लगे रहते तो इतने अच्छे गृहस्थ नहीं न हो पाते। तब क्या कि समय पर शालग्राम का शंख-भर पानी ज़रूर ही चढ़ाते हैं, इतना अनिवार्य है। इससे कौन इनकार करेगा ?

लाल भैया को जहाँ कोई ये बातें समझाने लगता तो दाँत से जीभ को कुचलते हुए कहते—पराधीन भारत माँ को स्वतंत्र करने के क्रम में यदि हम लोग ऐसी छोटी-छोटी बातों पर ध्यान देने लगें तब तो हुआ। अपने-अपने सर्वस्व का माया-मोह छोड़ जब तक हम-आप स्वतंत्रता की बलिवेदी पर जाकर नहीं खड़े होंगे, तब तक देश की यही हालत रहेगी...

अपने देहात की औरतों की चर्चा चलती तो वे कहते—हुँह, इधर की औरतें भी क्या औरतें कहाने लायक हैं ? दिखलावे तो इस इलाके में कोई सरोजिनी नायडू, विजया लक्ष्मी पंडित, कमला देवी चट्टोपाध्याय...सुननेवाले मुँह बाए सुना करते लाल भैया की बातें ! उनके आगे कोई कुछ कहता ऐसा बाँका क्या कोई था ?

लीजिए, क्या कह रहा था और किधर भटक गया। हाँ तो केरबनिया से आए जब कोई दस दिन हुए तो पहुँची मामा की चिट्ठी। मोतिहारी जाने की सब तैयारी हो चुकी थी। कल वृहस्पति के शेष से पहले ही विदा होकर घोघरडीहा पहुँचे और शामवाली नहीं तो सुबहवाली गाड़ी पकड़ें, यही तय किया था। मगर आज ही हो गया मुझे ज्वर। ज्योतिषी काका ने दिन देख दिया था, तिथि कौन-सी थी, वह क्या अब याद है ? मगर पंचांग देखते ही सिद्धयोग पर नज़र पड़ने पर जो उनकी कुई-सी आँखें नाच उठी थीं, वह अभी भी उसी तरह याद आता है। इस बार वह सिद्धयोग यदि कहता भी तो उससे क्या ? चौधरीजी से ऐसी घनिष्ठता भी तो नहीं हुई होती।

ज्वर जो हुआ उसका क्या कारण ? वह भी सुन लीजिए। अषाढ़ की अमावस्या के आस-पास उस साल कोई चार दिनों तक इतनी बारिश हुई कि पृथ्वी एकावर्ण दीखने लगी। और साल मेरा पोखरा सावन में जाकर लबालब भरता था, इस बार मगर इंद्र महाराज को क्या सूझा, यह पता नहीं। पोखरा तो पोखरा, खड्हे, डबरे और खत्ते तक उन चार दिनों में पानी में डूब-से गए। हम लोगों का पोखरा तो फिर भी एक किनारे है, सर्र से पानी आ जाता है। मगर श्रीनारायण झा का चभच्चा तो पड़ता है बीच गाँव में। ऐसा न पानी का रेला आया कि ज्वाए रोहू-भाकुर—पहली बरसात में ही चभच्चा के पेट से निकल-निकलकर खेत-खलिहान की हवा खाने लगे। सहत और टापी, मछली के शिकार का सहायक यंत्र...जिधर नज़र उठाइए उधर ही सहत और टापी—रहा नहीं गया तो मैं भी भैयनमा के साथ हो लिया। कलेऊ के समय तक कोई पाँच ललमुँहे रोहू और दो बूढ़े भाकुर मैंने भी पकड़े। वह चूहे की बिल की माटी में सरसों फेंटकर मंत्र के प्रताप से कटोरा चलवाता है, मुझे मालूम था इतना भर ही। यह कहाँ मालूम था कि सहत और टापी भी उसका हुक्म मानते हैं। भैयनमा हम लोगों का पारिवारिक नौकर ही था। वैसे भी वह दे देता, मगर मैं लेता जो नहीं। बड़ी-बड़ी मछलियाँ जब बच्चों की तरह भर छावे पानी में चुलबुल कर रही हों, अरे, उस समय भी क्या दूसरे का मुँह ताकता ?

मछली तो उस दिन जो हुई सो हुई हो, बीमार मगर हो ही गया। पाँच दिनों पर पथ्य खाया, दस दिनों में जाकर ठीक से ताकत आई। अपनी ही सिलेबिया गाय का

दूध और भात के साथ-साथ माँ का तगादा। भाभियों ने भी क्या कम सेवा की थी उस बार ? मँझली भाभी को तो वैसे भी मुझसे बड़ा लाड़-प्यार है, उस पर जब तक मुझे पथ्य न मिला तब तक वे मेरी ही तीमारदारी में लगी रहीं।

स्कूल खुले कोई पंद्रह दिन हुए होंगे। तब जाकर मैं ठीक हुआ। पीसी के पाँव छू दक्षिण की ओर खड़े होकर जनेऊ के छवो तागे को छूते हुए जो मैंने शपथ खाई थी, वह तो नहीं, मगर हाँ, पारो की वेदना-विह्वल आँखें ज़रूर याद थीं। थोड़ा भी मेरा ध्यान चौधरीजी की ओर काहे कभी जाता ? जिसके प्रति पारो के मन में वैसी घृणा हो गई थी, उस व्यक्ति के शील-स्वभाव का अनुमान लगाता, उतना धैर्य उन दिनों मुझ में भी नहीं था।

मेरे पिताजी की एक ही बहन थी, यही नाम था प्रतिभामा। आठ वर्ष की जेठाई-छोटाई थी। सुनता हूँ कि बचपन में भी दोनों में बड़ा स्नेह था। अब तो पिताजी साल में एक ही बार पीसी के यहाँ जाते, भ्रातृ-द्वितीया में न्यौता लेने यानी बाँह पुजाने। मुझे लगा कि ज्यों-ज्यों उम्र बढ़ती गई, त्यों-त्यों उसका स्नेह कम होता गया। उसका कारण ? कारण यही कि स्नेह या अपनत्व दूर-दूर रहने से घटे या नहीं, परंतु गृहस्थी की अनेक तरह की दिक्कतों में इन सबों की आँच ज़रूर मद्धिम पड़ जाती है। यह बात तो सामान्य मित्रों में भी देखी जा सकती है। बहन या बेटी-भतीजी की तो बात ही क्या ? वे लोग जभी परगोत्री बनकर नज़रों से ओट हुईं कि तभी से विलीन होने लगा उन लोगों के प्रति आत्मीयता का भाव। इस विषय में कहीं व्यतिक्रम भी देखने में आ सकता है।

हम लोग सात भाई-बहन थे। पिताजी और माँ—दोनों में कभी बोलना-बतियाना बंद हो गया हो, ऐसा प्रसंग मेरी जानकारी में कभी नहीं आया। देखा यही था कि एक-दूसरे के लिए बड़ा स्नेह, बड़ा अनुराग है। पिताजी को यदि कोई ऐसी चीज़ खिला देता जो मेरी माँ के कभी मुँह न लगी हो, तो मेरे पिताजी माँ के लिए वह वस्तु पाताल से भी ऊपर करके ही छोड़ते—ऊपर कर ही लेते—आपस में कभी-कभी वे दोनों नकली झगड़ा करते, उसमें हम लोगों को ही पंचैती के लिए बिठाते। हम लोग भी...संतान-वर्ग...ऐसे कि माँ-बाप को अपने आगे मुद्दई-मुद्दालह के रूप में पाकर निष्पक्ष फैसला सुनाने का अभिनय करते हुए अपरिसीम आनंद का उपभोग करते।

नन्द-भावज में भी ऐसी साँठ-गाँठ और कहीं नहीं देखी। अभी हाल तक पीसी वर्ष में एक बार मेरे गाँव आती ही थीं। आना-जाना हम लोगों का भी उनके यहाँ कम नहीं था। पीसी मेरे गाँव होतीं तो माँ को अक्सर यह कहते सुनता कि इस बात की लालसा लगी ही रह गई कि दाई कुछ माँगती और मैं उठाकर देती। उस पर पीसी क्या कहतीं, यह न सुनिए। वे यही कहतीं कि बिना माँगे ही जब भाई और भाभी देते ही रहते हैं, तब कोई चीज़ माँगकर लेने की इच्छा ही क्यों होगी ?

पीसी का यह कहना सही ही था। पीसा थे खानदानी गरीब। बसने की ज़मीन और कलमी आम के दस पेड़ छोड़कर मात्र पच्चीस कट्ठा ज़मीन थी उनके पास। यदि

वे पढ़े-लिखे न होते तो मेरे पितामह उन्हें उठा लाते, यह असंभव था। देखता था कि पिताजी बराबर पीसी की खोज-खबर लिया करते। घर की छबाई के लिए कास के दस-पाँच बोझे अपनी बैल-गाड़ी पर चैत में ही भेज देते थे। उपनयन-मुंडन, विवाह-द्विरागमन आदि में उनकी विदागरी होती ही थी। अपने बचाए रुपयों से माँ ने पारो के लिए चालीस-भर की हँसुली और अट्ठारह-भर का अनंत गढ़वा दिया था। चौथे साल समूचा केरबनिया गाँव जल गया था। उस अगलगी में पीसा का घर भी जलकर खाक हो गया था। पिताजी भैयनमा के साथ खुद ही गए थे और दस दिन के अंदर ही दो घर के छप्पर बाँधकर तैयार करा दिए थे।

पीसा भी हम लोगों के लिए थोड़ा नहीं कर गए हैं। अंतिम समय तक हम सबों के लिए दुर्गापाठ की एक आवृत्ति करते ही रहे। माँ को बाबा के धाम, वैद्यनाथ धाम ले जाकर एक बार सप्ताह-भर तक भागवत सुनाया था। जनेऊ में बड़े भैया और लाल भैया के आचार्य पीसा ही बने थे। मेरे जनेऊ के समय ब्रह्मा बने थे। इसके अलावा किसी राजा-दैव के समय वे बराबर हम लोगों के लिए तैयार रहते। पिताजी की भी पीसा से खूब पटरी बैठती थी।

मुझे गोदी में बिठलाकर उन्होंने 'साते भवतु सुप्रीता' रटाया था। बीस तक गिनती करना भी उन्होंने ही सिखलाया था। उस तरह भी बेचारे आनंद की मूर्ति थे। एक बार भी यदि आपने उन्हें देखा हो या उनसे थोड़ी देर के लिए बातें की हों, तो क्या वे आपसे भुलाए जा सकते थे ? क्या बताऊँ कि कैसे थे हमारे पीसा !

मधुश्रावणी से ठीक एक दिन पहले मैं पीसी के यहाँ पहुँचा था।

चौधरीजी भी उस दिन शाम को आए थे। मुझे उनसे मिलने को वैसी कोई उत्सुकता नहीं थी जैसी पारो से जी-भर बातें करने की।

शाम को चुम्मन चौधरी के बगीचे की ओर गाँव के दामाद घूमने निकलते थे। मैं भी चौधरीजी के साथ हो लिया था। केरबनिया के और दो दामाद उस बगीचे के कुएँ पर बैठे थे, धरमपुर की ओर के इस साढ़ू की प्रतीक्षा में। उन दोनों के साले भी साथ थे। नमस्कारादि के बाद बातचीत शुरू हुई। तीन साढ़ू तीन जगह के, मगर वार्तालाप का केंद्र एक ही। हम लोग—सालों का वर्ग गूँगा बना बैठा था। वे लोग जब मुँह का पान थूकते तो पनबट्टी खोलकर आगे कर देते। तीनों खबास अलग ही बैठे थे, एक-दूसरे को अपने इलाके का हालचाल सुनाते।

होने को तो सूर्यास्त हो गया था, फिर भी वे लोग उठने का नाम ही नहीं ले रहे थे। मैं बराबर चौधरीजी की ओर देखता रह गया था। काफी गोरे-नारे। चेहरा लंबा, नाक-नक्श बढ़िया। गाल भरे हुए। आँखें मोहक। भौं सघन। कपाल न छोटा न बड़ा। दाहिने कान में कनौसी। बाएँ कान की जड़ में ऊपर की ओर छोटा-सा माशा...देखने में ठीक बड़ी की तरह नाक काफी नुकीली। ओठ उतने पतले नहीं...लगा कि इन्हें सब दिन अच्छा ही खाने-पीने का अभ्यास होगा, कभी किसी चीज़ का अभाव हुआ हो, ऐसा कहाँ मालूम पड़ा। देखा कि बोलते बहुत कम थे। उससे उनकी गंभीरता की छाप मुझ

पर पहले ही पड़ गई। गाँव के वे दोनों दामाद उच्छृंखल लगे, मगर चौधरीजी के मुँह से एक भी हल्का या ओछा शब्द सुनने में नहीं आया...आप यह ज़रूर कहेंगे कि उन्होंने पैंतालीस बरसातें देखी थीं, पके पड़ीर थे। बात को पचाना जानते थे। मान लिया यह। परंतु यह मैं कहाँ मानूँगा कि चौधरीजी पैंतालीस वर्ष के थे, इसलिए गंभीर थे। नहीं, बचपन में भी वे गंभीर और शिष्ट रहे होंगे।

घूम-टहलकर लौटने के बाद उस रात फिर मुझे मौका कहाँ मिला चौधरीजी से बातें करने का ? दूसरे दिन तो खैर पार्वती को रुई के फाहे से दागा ही गया। पीसी के लिए उस दिन बड़ा त्यौहार वही था। मिथिला में मैथिल ब्राह्मण और कायस्थ परिवार में शादी के पहले साल श्रावण में मधुश्रावणी के नाम से एक त्यौहार मनाया जाता है, जिसमें ब्याही लड़की के ठेहुने और पाँव में जलती बाती को छुलाते हुए उसे वहीं चुटकी से मसलकर बुझा दिए जाने की प्रथा है।

दो दिन के बाद चौधरीजी को खाली पाया। साक्षात्कार मात्र से उस दिन उन्होंने मुझ पर कौन-सा जादू कर दिया था, यह नहीं बता सकता। मन करता था, दिन-भर इनके साथ रहूँ। धीरे-धीरे बहुत-सी बातें कीं हम लोगों ने। मछली या मांस की चर्चा होने पर चौधरीजी ने कहा—आइए न दशमी में मेरे गाँव। भगवती की पूजा भी देखेंगे और प्रसाद भी पर्याप्त-मात्रा में हाथ लगेगा। उसके बाद मछली अलग से...

और धेमुड़ा नदी की कबई मछली...बीच में ही टोका तो कान की बड़ी-माशा की खोंठी तोड़ते हुए उन्होंने कहा—वह तो जाड़े के बाद। माघ-फाल्गुन से लेकर बैसाख तक। बड़े दिन की छुट्टियों में गाँव आइए तो बधाँतो भी ज़रूर ही आइए, आइएगा न ?

बाएँ हाथ के अँगूठे में दाहिने हाथ से अपना जनेऊ लपेटते हुए मैंने कहा—यह अभी ही कैसे कहूँ चौधरीजी ? बड़े दिन की छुट्टियों में अभी छः महीने की देर है। इससे यह न समझें कि धेमुड़ा की कबई मछली मैं भूल जाऊँगा। इस साल नहीं तो अगले साल कहाँ जाएँगी ?

इस पर चौधरीजी ने कहा—आपकी इतनी चाह है तो कहिए तो घड़े में जीती कबई मछलियाँ भेज दूँ, भार ढोनेवाले आते-जाते ही रहते हैं।

ऐसी बहकी हुई है मेरी जीभ—मुस्कुराने लगा तो वे भी हँसे थोड़ा।

कबई मछली खो गई हम लोगों के हास-परिहास की धेमुड़ा नदी में। उसके बाद कितनी देर कितने प्रकार के कथा प्रसंग चले, यह अब याद नहीं। याद जिस बात की रह गई है वह यह, कि बेचारे चौधरीजी ने अपनी मूर्खता और पारो की प्रखर-प्रतिभा की बात सहज ही कबूल कर ली थी। उससे पहले मैं यह कहाँ समझता था कि आदमी इतना सरल भी हो सकता है। अपनी त्रुटि, अपनी कमी लफ्ज-ब-लफ्ज मान लेना। नहीं, कहाँ कहीं देखी यह बात ?

लगा कि चौधरीजी देवता हैं। मगर पारो ? उसे मैंने ही जब यह नई बात बताई तो कहा उसने—नहीं समझते हैं आप, अपनी त्रुटि मान लेना और उसे दूर करने की शक्ति या साहस नहीं हो तो उससे क्या ? जाइए, आप मानिए, आप भी मानिए, उन्हें

देवता...मेरे लिए तो वे...

—पशु ? तुम्हारे लिए वे पशु ?

चुप हो गई पारो। कुछ नहीं बोली। बैठी थी वह बीच घर में खंभे के सहारे। हाथ में था शरत् बाबू का 'चरित्रहीन' का हिंदी अनुवाद, मैं भी उधर खिंचा। पूछा—कहाँ से मिला है ?

चुप रही वह।

गीता के बदले इन दिनों यही सब चल रहा है ?

क्यों, यह ज़हर है और गीता अमृत ?

हूँ...

तो...

सोचा कि अभी इससे अलग ही रहें, यही बेहतर है।

घर से निकलने लगा तो पारो ने टोका—बिरजू भैया, ऐ, इधर।

क्या ?

एक बात सुनिए।

कहो, न !

उसने कहा—जरा पास आइए...

पास गया। ठहरी नज़रों से थोड़ी देर मुझे देखती रही, फिर बोली—क्या सोचते हैं कि उपन्यास पढ़कर मैं भी चरित्रहीन हो जाऊँगी ?

गंभीर होकर देखा उसकी ओर—काजल रची पारो की आँखें कैसी लगीं ? तुरंत नहाई खंजन की तरह, बिलकुल उसी तरह सजी काजल-अँजी आँखें ?

कौन हूँ, पहचानते हैं मुझे ?

दुर पगली, एक हल्की-सी चपत लगाने को हुआ कि उसने गाल छिपा लिए तो चपत कंधे पर पड़ी...

इस्स !

ऐ, कहे देता हूँ। चौधरीजी को कुत्ता समझती हो, यह ठीक बात नहीं। हाँ, तुम आदमी हो तो वे भी आदमी ही हैं...

पारो नख चबाने लगी, सर को झुकाए हुए।

थोड़ा ठहरकर बोली—आप तो बराबर अब उनका ही पक्ष लेंगे—अच्छा एक वकील मिल गया उन्हें।

गुस्सा आया मुझे—ऐं, यह क्या कहा तुमने ? मैंने क्या कोई दूसरी बात कही है ? चौधरीजी ने जो यह शादी की है सो कत्तई अपनी इच्छा से नहीं, मामा-मामी, सगे-संबंधी और हमारे जैसे हित-प्रेमी ने विवश किया इसलिए।

आहा ! लोगों ने मजबूर किया इसीलिए केवल !!

हाँ, इसीलिए।

फिर वह कुछ नहीं बोली, पढ़ने लगी अपना 'चरित्रहीन'।

मैंने पूछा—कहाँ से उड़ा लाई है ?

पारो ने किताब आगे बढ़ा दी और आँखों से संकेत किया—खुद ही देखिए न।

पहले पन्ने में ही थोड़ा ऊपर हटकर हरी स्याही से अंग्रेज़ी में लिखा था, श्री श्यामानंद झा, फर्स्ट इयर एफ.ए. स्टुडेंट, जी.बी.बी. कॉलेज, मुजफ्फरपुर, 15 जुलाई 1937।

खुद ही बताया पारो ने—बचबे काका के साले हैं। ये कभी-कभी आते हैं। उनको चिट्ठी लिखने के लिए माँ ने इन्हें बुलवाया था। मेरे हाथ में 'पंच कन्या' देख गए तो बाद में यह किताब दे गए। अच्छी है न !

यह जानो तुम—और कुछ कहने लगा तो अपने हाथ से उसने मेरा मुँह मूँद दिया। कहा—समझ गई, समझ गई, आप और कहेंगे क्या ?

अपना मुँह छुड़ा लिया मैंने। ध्यान से उसकी ओर देखा। दोनों पहुँचों में छै-छै लहठियाँ और एक-एक ठेक। हरी लत्ती किनारी की साड़ी, गुलाबी रंग में रँगी। माँग में सिंदूर। कपार में कोशा टिकुली। पैरों में साट, तलवे में आलता। मगर देह वैसी ही दुबली—लगा, पारो कुछ और लंबी हो गई है।

हाथ से किताब छीन ली। कहा—पीछे पढ़ लेना। अभी एक बात पूछ रहा हूँ, वह बताओ।

उसने गंभीर मुद्रा में देखा मेरी ओर—देखती रह गई।

चौधरीजी बहुत अच्छे आदमी हैं—मैंने कहना आरंभ किया तो देखा कि पारो का मुँह थोड़ा तन गया है—मगर देखना यही है कि तुम्हारे साथ अब वे कैसा व्यवहार रखते हैं। वे किसी भी तरह के होते, तब भी तुम उन्हीं की कहातीं। और अब ? अब तो उन पर श्रद्धा हो गई है मेरी—

श्रद्धा !—आश्चर्य से मुँह खोला पारो ने, खोले ही रह गई और मैं कहता ही रह गया—चौधरीजी पर अब मेरी श्रद्धा हो गई है। तुम कितना भी तंग करोगी, वे बंभोला ही बने रहेंगे। कितनी भी गाली दोगी, वे चुप ही रह जाएँगे। पारो, चौधरीजी देवता हैं, देवता।

घृणा और विरक्ति—उसके मुँह की घनश्यामी कांति सूखे मुनक्के के रंग की हो गई। कुछ क्षणों के बाद बोली—देवता ! दानव है ऐसा-ऐसा आदमी। इस तरह के जन्तु से अलग ही रहने में खैरियत है...

सुनकर अवाक् हो गया मैं। पारो फिर बोली—चार-पाँच साल छोटी होऊँगी आपसे मगर आदमी को आप उतना कहाँ से पहचानने लगे ? जिसे देवता मानते हैं उसे ज़रा डूबकर पहचानने की कोशिश करते...

इतने में पीसी ने आवाज़ दी, चला गया उनके पास। हेहुआ की माँ आई थीं संदेश लेकर। साथ लाई थी पिताजी की चिट्ठी। उन्होंने लिखा था, जल्द गाँव आओ, मामा काफी नाराज हो रहे हैं। मोतिहारी से उनको लिफाफे में ढढ्ढर आया है। सो मैं जल्द जाऊँ...

इसका कोई उपाय नहीं। पीसी को भी दुःख हुआ मगर दूसरा चारा ही क्या था ?

निश्चय हुआ कि सुबह ही चला जाऊँ गाँव।

पीसी को किसी बात के लिए फुरसत नहीं। दामाद को खिलाने-पिलाने के वस्तुं-विन्यास में भर-भर दिन लगी रहती हैं बेचारी। दूसरे को ही खीझ होती। पीठ पीछे पनभरनी ही तो कह रही थी कि—बूढ़े दामाद के लिए कहीं इतना चाव होता है, गे दइया। बराबर बुढ़िया उन्हीं के लिए इंतजाम—बात में लगी रहती है। दुर—यह कहकर जितनी जोर से उस औरत ने कुएँ में डोल को पटक दिया था। यह ! उसी रात, हाँ, उसी रात, एक ऐसा कांड हो गया कि चौधरीजी के प्रति मेरी श्रद्धा थोड़ी-सी कम हो गई।

मैं सोया था, दालान पर। अकेला ही था। खाट पर सतरंजी और उस पर मैं। वही बहुरूपिया तकिया था। नींद अच्छी तरह आ गई थी। सोते समय मेरी नाक कभी बोलती नहीं, मेरे यहाँ सोते समय सभी खर्राटे मारते हैं। ऐसी आदत मेरी नहीं।

सो जब मैं सोया था, उसी समय लहठी और खड़ाऊँ की कोमल-कठोर आवाज़ कानों में पड़ी। लगा कि स्वप्न देख रहा हूँ। आँखें मूँदे ही मैंने करवट बदली तो आवाज़ बंद हो गई—थोड़ी देर बाद ही मालूम पड़ा कि किसी को कोई पकड़कर आँगन की ओर ले जाना चाह रहा है, मगर वह शरीर की तमाम ताकत लगाकर अपने को रोक रही है, दोनों मगर निःशब्द।

थोड़ी देर बाद लगा कि भट से कोई चीज़ गिरी है—अब नींद टूट गई।

मींड़-माँड़कर जबरन आँखें खोलीं। देखता क्या हूँ कि पारो दालान के आँगन में पड़ी है और थोड़ी दूर हटकर खड़े हैं चौधरी महाशय। हड़बड़ाकर उठा। खाट पर से डैने पकड़कर पार्वती को उठाने लगा, मगर वह नहीं उठी।

मुझसे भी नहीं रहा गया। उन पर उबल पड़ा—जाइए, सोइए जाकर, खड़े क्या हैं आप ? छी :।...

हूँ—सोंसियाते-सोंसियाते चौधरीजी चले गए आँगन और मैंने पारो को बाँहों में भरकर खड़ा किया।

केश और साड़ी में माटी लग गई थी, उसको झाड़ दिया। कहा—चलो, तब तक यहीं खाट पर लेटे रहो। एह, ऐसा नाटक नहीं देखा था। हः।

हुआ क्या है, इसका मैं अनुमान मांत्र कर सका था। पारो तो एक तरह से अचेत हो गई थी। उससे मैं क्या पूछता और वह क्या बतलाती ? गमछे की खूँट भिगोकर धीरे-धीरे रगड़ने लगा उसका कपार। मन में और कुछ नहीं, एक ही बात रह-रहकर आती थी कि ज़रूर चौधरीजी भुखाए से कोई उत्पात करने लगे होंगे। पारो ने मना किया होगा, बार-बार मना किया होगा। उन्होंने न माना होगा तब—चौधरीजी अच्छे आदमी नहीं हैं—देवता नहीं, दानव हैं वे—तब ?

तब कुछ देर के लिए मैंने अपनी आँखें मूँद लीं। उसी खाट पर मैं भी बैठा था, ध्यानावस्थित। धीरे-धीरे रगड़ रहा था पारो का कपार। उँगली मेरी उसी तरह उसके कपार पर चल रही थी जैसे वर्षा होने के समय मोटर में ड्राइवर के आगेवाले शीशे पर पानी पोंछनेवाला छोटा-सा ब्रुश खुद ही चलता रहता है। ध्यान में गुलाब की एक

कली आई, उसी कली के पास आकर एक बूढ़ा खूसट बारहसिंहा खड़ा हो गया। मैंने लाख उसे वहाँ से हटाया, मगर वह नहीं ही हटा। तब उसने उस कली को सूँघा और अपने थूथने को बिचकाकर नाक फरफराने लगा, उसके बाद वह लम्पट अपनी सींग से उस कली को कुरेदने लगा। मैंने मना किया तो मनुष्य की आवाज़ में बोल उठा कि—तुम क्यों टर्र-टर्र कर रहे हो ? मैं जंगली जीव हूँ और यह गुलाब भी जंगल का ही है। इसकी कली के उपभोग का अधिकार केवल भौंरे को ही नहीं, मुझे भी है। कली नहीं खिली रहेगी तो इसलिए छोड़ दूँगा ?

मुझको गुस्सा आया। सुंदर और स्वस्थ बारहसिंगे को देखकर पहले जिस विधाता के प्रति कृतज्ञ हो उठा था, अब उन्हीं पर मुझे गुस्सा आया। फटकारते हुए कहा—तुम भी दानव और तुम्हारी रची सृष्टि भी दानवों से भरी। धिक्कार है तुम्हें। आज से कभी मैं तुम्हारा नाम लूँ तो...

इतने में पारो अपना सर उठाकर मेरे पालथे पर रख चुकी थी और मेरे हाथ को अपनी छाती पर—मैं उस समय भी आँखें मूँदे ही बैठा-बैठा वही स्वप्न देख रहा था—

थोड़ी देर के बाद देखा कि उस बारहसिंगे ने उस कली में अपनी सबसे तेज सींग भोंक दी है। अविकसित गुलाब के गदराए सौरभ से इतनी चोट पहुँची कि मैं रोने लगा, गला फाड़कर रोने लगा। पारो भी अपने दोनों हाथ मेरी गरदन से फँसाकर गोंगियाने लगी। समाधि मेरी भी टूट ही गई। उसकी ओर देखा तो उसने भी मेरी ओर देखा।

बोली—रो क्यों रहे थे ?

और तुम्हें क्या हुआ था ?

पहले आप बतलाइए।

नहीं, तुम्हीं कहो।

पारो उठकर बैठ गई। चारों ओर ठीक से देख लिया और तब साड़ी के उस हिस्से पर मेरा हाथ ले गई जो दूर तक भीगा हुआ था। देह सिहर गई मेरी।

यह क्या है ?—पूछा।

उसने कहा—खून।

खून !

हाँ, खून ।

हिचकियाँ भरने लगी पारो। अँधेरा था। इसलिए देखा तो नहीं, मगर लगा कि आँसू बहे जा रहे हैं।

धोती की खूँट से आँसू पोंछ दिए तो कहा—देखा ? कौन-सी दशा की है मेरी, आपके देवता ने ?

फिर कलेजा फटा उसका। अपने हाथ से पारो का मुँह बंद करते हुए मैं उसे समझाने लगा—मत रोओ, दूसरी शादी तो अब नहीं ही न होगी। इनके साथ ही किसी तरह बीत जाए, बाबा कपिलेश्वर से मैं यही कामना करता हूँ। कोई दूसरा उपाय नहीं। यह गुड़ खाए और कान छिदवाए ही बनेगा। जाओ आँगन—लो यह सतरंजी। बिछाकर

सो जाना...

पारो आँगन चली गई।

उसके बाद मैंने सोने की लाख कोशिश की, नींद कहाँ आई। जब भुरुकवा उगा तब जाकर थोड़ी आँख लगी।

सबेरे पार्वती ने ही मुझे जगाया। आश्चर्य। रात की घटना की जानकारी उसने और किसी को नहीं होने दी। अँधेरे में ही नहा आई थी, काहे को कोई समझते ?

मैंने भी सबेरे ही स्नान करके चूड़ा-दही खाया और पीसी के पाँव छूकर गाँव के लिए चल पड़ा। चौधरीजी को नमस्कार भी कहने नहीं गया।

शाम को पहुँचा था अपने गाँव और अगली सुबह ही मोतिहारी के लिए विदा हो गया था।

उस दफे विजयादशमी में गाँव आया भी तो केरबनिया नहीं जा सका, कारण कि पिताजी जोरों से बीमार हो गए थे। पीसी ने छीतन मड़र को मेरे गाँव भेजा था मेरे लिए ही। सुना कि अगहन में बेटी को विदा करेंगी। यह भी सुना कि वे लोग कार्तिक की पूर्णिमा को सिमरिया जाएँगी।

माँ और पिताजी को उन्होंने कहला भेजा था कि अगहन में चार दिन के लिए भी नूनू को मोतिहारी से फिर ज़रूर आने के लिए कहेंगे—दूसरा है ही कौन जो साथ होकर जाएगा। असमर्थता की हालत में कंटीर (मेरे छोटे भाई) को तो जाना ही है। बौआ (महाकांत बाबू, बड़े भाई) महादेव हैं, इसलिए बैठे-बैठे अपनी मोहर्रिरगिरी केवल किसी तरह निबाहे जा रहे हैं। गोपीकांत अंग्रेज़ी में मास्टर हैं, इसलिए उन्हें अगहन में फुरसत ही नहीं। देवीकांत न तो धूप में हैं और न छाया में ही, तब क्या तो तीसरे ही हुलेलेले में लगे रहते हैं...आप जैसे भाई—भाभी के रहते अपना भतीजा चार दिन के लिए मेरी बात नहीं माने, ऐसा भी होगा ?

पीसी ने बहुतेरे संवाद भेजे थे। सभी क्या अब याद हैं ? चौधरीजी दिल-दिमाग से उतर गए थे, इसलिए बँधातो की ओर मेरा ध्यान फिर जाता भी कैसे ?

सो सच ही, पीसी का वह अनुरोध कहाँ माना मैंने ? द्विरागमन में पारो के साथ कंटीर को ही जाना पड़ा। मैं इसीलिए उस साल बड़े दिन की छुट्टियों में गाँव आना टाल गया।

पारो ? वह कभी माने ? द्विरागमन हुआ था अगहन में और माघ में ही एक ढढ्ढर लिखकर भेज दिया मुझको। अभी भी कायदे से वह खत रखा ही होगा मेरी दुर्गा की किताब में।

पार्वती ने लिखा था—

'स्वस्ति श्री बिरजू भैया को यहाँ श्री पार्वती का प्रणाम। अत्र कुशलं तत्रास्तु। आगे हाल यह है कि यदि मैं यह जानती कि दशमी पर आप नहीं आवेंगे, तो आज से चार महीने पहले ही आपको चिट्ठी लिखी होती।...

'मैंने अब अपने को मना लिया है। इसलिए आप कहिएगा कि उनके प्रति मेरे

मन में श्रद्धा-भक्ति उत्पन्न हो गई है, तो यह बात नहीं।

'वे जैसे हैं वैसे ही रहें, मैं मैं ही रहूँगी। यदि मैं पुलकित झा की जायी होऊँ तो...'

इतना लिखने के बाद अक्षर और भाव...दोनों के तेवर बदल गए थे। ज़रूर ही पारो ने किसी की आहट सुनी होगी और लिखना बंद कर दिया होगा। पास में कोई किताब रख छोड़ी होगी, झूठ-मूठ उठाकर उसे पढ़ने लगी होगी अथवा सौतेली सास या ननद ने आवाज़ दी होगी या—दूसरी बार जो लिखने बैठी होगी तब ज़रूर ही किवाड़ में सिटकिनी लगा रखी होगी। यह भी हो सकता है कि चौधरी सहरसा या मधेपुरा चले गए होंगे, निःशब्द रात होने पर उसने ढिबरी जलाई होगी। तब जाकर इस पत्र को पूरा किया होगा—'जोर-जबर्दस्ती कोई किसी के शरीर पर ही केवल कर सकता है। मन पर कतई नहीं। वैसे आप ही कहिए कि जहाँ पचास वर्ष के वर की पत्नी पंद्रह साल की होती हो, वहाँ सौमनस्य कैसे संभव है ? बहुत छोटी ही थी मैं जब मामी के मुँह से एक कहानी सुनी थी। उसमें हुआ यह था कि किसी पोखरे में आग लग गई। उन दिनों यह बात अजीब लगती थी। पर अब अच्छी तरह समझती हूँ कि कैसे आग लगती है पानी में...

'सास जो ये हैं सो सगी नहीं, यह मालूम ही है आपको। एह ! ऐसी विलापी औरत आपने तो ज़रूर ही नहीं देखी होगी। पहले दस दिन तो ऐसा लगा कि अपनी माँ से भी यह बढ़कर होंगी मेरे लिए। मगर उसके बाद जो इनके रंग-ताल देखने में आने लगे, सो क्या बतावें। मगर मैं भी ऐसी जो धरती की तरह सभी उत्पात सह लेती हूँ। उपाय भी क्या है ?

'माँ ने भिजवाया था भार—पुछारी का भार। जैसी उसकी हालत है उसी के मुताबिक। नहीं, उससे बहुत ज्यादा। खूब अच्छी मात्रा में सामान भेजे थे। तिनपढ़िया साड़ी, बीस हाथवाली। लहेरियागंज से मँगवाकर दो जोड़ी लहठी, बड़ा-सा केला का घौर। दो मटकुरी दही। छोटे चंगेरे में मालपुआ भरे थे। छीतन मड़र जैसे सोलकन्ह भरिया—छोटी जात का आदमी जिसका पानी चलता है।

'मड़र ने रुकसदी के बारे में बात चलाई तो मेरी ननद बोलीं—इस साल यहाँ अपने ही बहुत से कार्य-प्रयोजन हैं। माँ करेंगी एकादशी का उद्यापन, मुझको जाना है द्वारिका। भैया हुए अकेले जीव। उस पर, मड़र, आप तो जानते ही हैं कि चार-पाँच वर्षों से कोशी ने हम लोगों को किस तरह तबाह कर रखा है। ऐसी हालत में दुलहिन निश्चिंत होकर मैके की हवा खाने जाना चाहे तो जाएँ। हम लोगों का क्या ? जगदंबा की जो इच्छा होगी...

'चुप ही हो गया मड़र। दूसरे दिन निपट अँधेरे ही सीक बहँगी उठाया, खेव-खर्चा लिया और चला गया।

'सो अब कब आपका मुँह देखूँगी यह भगवान ही जानें। चिट्ठी आप न ही लिखें यही बेहतर है। एक ही बार यह कैसे लिखूँ कि मुझे आप भूल जाइए। मेरी चिंता नहीं

कीजिएगा। मन लगाकर पढ़िएगा। गर्मी की छुट्टी में जाकर मेरी माँ से ज़रूर ही भेंट कीजिएगा। इति।'

उस चिट्ठी में ये ही बातें लिखी थीं और यदि पूछिए तो उसके बाद फिर मुझे किसी दिन पारो की कोई चिट्ठी नहीं मिली। थर्ड (नवें) में था उस बार, पढ़ने में खूब जी लगता। हुआ भी फर्स्ट ही। उस साल अपना संस्कृत का ज्ञान मैंने खूब ही बढ़ा लिया। पिताजी या भैया को जब कभी चिट्ठी लिखता था तो वह मैथिली में। स्कूल के एक-दो संगी-साथी, जिनसे अच्छी बनती थी, मुझे चिढ़ाते। कहते—क्या छी-छी करते हो—शहर में आ गइल बाड़ तबहू देहाती आदत कुल्ही नइखन छूटत ? लेकिन इस तरह के आक्षेपों का समाधान मुझे खुद नहीं करना पड़ता था, बेतिया की ओर से एक अपने मैथिल श्री चंद्रदेव ठाकुर उन लोगों को निरुत्तर कर देते थे। कहते—चाउर-दाल काहे खाताड़ ए बबुआ लोगनी ? ईहो चीज़ कुल्ही देहाते में नु होला। चंद्रदेव ठाकुर का ममहर कोइलख था, माँ का ममहर बाँसी। वे मैथिली बोलने लगते तो मुझे हँसी आती। तब भी, मिथिला के आचार-विचार, लिपि और भाषा—इन सबों के प्रति बेचारे को बड़ी श्रद्धा थी। उनके पिता मोतिहारी में मुख्तार थे। कृष्णदेव ठाकुर। उनके यहाँ 'मिहिर' की प्रति बराबर आती। मामा को मुख्तार साहब से घुटना-भर अपनापा था। मुझे वे खूब मानते थे। चंद्रदेव मैट्रिक में फर्स्ट थे। इसलिए उनसे मेरी वैसी घनिष्ठता नहीं हो सकी। मगर मेरा पक्ष वे बराबर लेते।

उस बार गाँव जाते ही जो सबसे बड़ा खुशनामा सुना, वह यह कि पारो माँ बनने वाली है। लगा कि चौधरीजी अब जगह पर पहुँच गए हैं। नहीं तो वैसे यह सब संभव था ?

सो वाकई। सौराठ सभा में उनसे भेंट होने पर बताया कि मधुश्रावणीवाली यात्रा में उस रात उन्होंने भाँग खाई थी। इसी से कुछ उल्टा-सीधा हो गया था। अन्यथा चुल्हाई चौधरी सोलहो आना सत्पात्र थे। मूर्ख थे तो उससे क्या हुआ ?

दो दिन के लिए केरबनिया गया तो पीसी भी काफी प्रसन्न नज़र आईं। कहा उन्होंने—हुँ ! भरोसा नहीं था कि लड़की के ऐसे भी दिन आएँगे। धन्य कुशेश्वर बाबा...!

पीसी के आग्रह पर ही पीसाजी के वार्षिक श्राद्ध के दूसरे दिन ही मैं बधाँतो के लिए चल पड़ा। अपनी इच्छा नहीं थी, ऐसी बात नहीं, पारो को देखे बहुत दिन हो गया था। गाँव चिट्ठी भेज दी कि चार-पाँच दिन ठहरकर पहुँचूँगा।

मगर यह कहाँ पता था कि कौशिकी पार कर किसी ओर जाना कैसा कष्टकर होता है। जब भपटियाही वाली गाड़ी सीधे सहरसा होकर जाती रही होगी, उस समय की बात मैं क्या जानने गया, मगर मैं तो बेनीपुर बाज़ार के रास्ते हाटी सर्किल होते हुए कुशेश्वर स्थान पहुँचा था। बाबा को जल चढ़ाकर चूड़ा-दही-चीनी और केला के साथ अपने पेट का तर्पण करने के बाद दो खिल्ली पान कल्ले में दबाकर जो डेंगी पर बैठा तो हे नारायण ! हाल-बेहाल हो गई। जिस पगली नदी के नाम और माहात्म्य सुन-सुनकर

पहले हँसी आती थी, उसका विराट रूप देखकर उस दिन अपने दोनों कान पकड़े। इस रास्ते पूरब की ओर नहीं जाना चाहिए। मगर उस दिन तो पूरा दिन डेंगी पर बैठे-बैठे कमर ही टूट गई थी। पीसी ने कहा था कि कुशेश्वर स्थान होता जाऊँ ताकि बाबा के दर्शन भी हो जाएँ और कोशी की बाढ़ भी देखता जाऊँ—वैसे डेढ़ पहर दिन उठते नाव में जो बैठोगे सो दोपहर में जाकर चौधरीजी के गाँव में उतर जाओगे। चौधरीजी ने कभी कहा था कि नाव पर जानेवाले की हालत बेहाल हो जाती है। मेरे मन में आया कि जहाज़ पर कभी चढ़ा नहीं हूँ। महीना का महीना जहाज पर ही चढ़ा आदमी विलायत भी तो पहुँच ही जाता है, मैं पहर-दोपहर नाव में बैठा कोशी की बाढ़ में जल विहार करते हुए कोई छः-सात कोस जाऊँगा तो इसमें मेरा क्या जाएगा ? मगर जितना कल्पना की थी उतना ही आनंद उठाने कहाँ दिया मल्लाह ने ? छोटी-सी डेंगी। उसमें उसने उन्नीस आदमियों को चढ़ा लिया। उनमें भी कोई चार औरतें। दो बच्चे अलग। भले आदमी तीन ही। एक मैं था, एक आदमी बनगाँव के कोई खाँ थे। तीसरे जो थे सो राज के कोई कर्मचारी थे। और जो बचे उनमें गोंड़ ही अधिक मालूम पड़े। किसी को सींक-पटई-बहंगी, किसी को दूब की रस्सी या घास काटनेवाली हँसिया, किसी को सिरकी और जाल। कहीं-कहीं टापू की तरह छोटा-छोटा टीला और डीह जब आता था, तो हम लोगों का वह छोटा जलयान उस बंदरगाह पर खामखाह थोड़ी देर के लिए भी विश्राम करता ही था। गोंड़ लोग सब जगह उतरते-चढ़ते। चिलम उनकी गर्म होनी ही चाहिए। संवाद अलग सबों को कहते चलते। कहीं सकरकन्द चढ़ता तो मकई उतारी जाती और कहीं मड़ुआ चढ़ता तो सकरकन्द उतरता। यही सब देखते-देखते सूर्यास्त हो गया था। तंग-तंग हो गया था। उस दिन कान पकड़े थे कि इस रास्ते किसी हालत में नहीं लौटूँगा।

चौधरीजी के दरवाजे पर पहुँचा तब कितना समय हो रहा था ? दस से कम तो किसी हालत में नहीं। रात निःशब्द हो गई थी। कुत्ता काटे बगैर न छोड़ता यदि हाथ में झौआ की पतली डाल न होती ?

पूछते-पूछते मैं चौधरीजी के यहाँ पहुँचा था। दरवाज़े पर कोई नहीं था। आवाज़ दी तो चौधरीजी के ममेरे भाई आँगन से बाहर निकले। नाम सुनते ही वे फिर आँगन में गए। कम्बल आया। पैर धोने के लिए पानी आया। पैर किसी तरह धो लिए। थकान से देह टूट रही थी। मन में होता था कि यहाँ चट से खाली कंबल पर लुँघड़ जाऊँ।

उधर तब तक आँगन में पानी-पीढ़े की व्यवस्था हुई। थोड़ी देर बाद वे ही बुलाकर ले गए। मुझे किसी ओर नज़र उठाने का होश नहीं था। दक्षिणवाले घर के ओसारे पर उजले आसन पर बिठाकर पारो ने उस रात क्या-क्या खिलाया, आज क्या याद है ? मछली मगर ज़रूर थी।

घर चारों दुमहला। काफी बड़ा-बड़ा। पूरबवाले घर की उत्तरवाली कोठरी में बिछावन लगा था। उस रात पारो के पाँव छूने पर मैंने उसे क्या आशीर्वाद दिया, यह भी कहाँ याद पड़ता है ?

विचार था कि चौधरीजी के यहाँ दो दिन से अधिक नहीं रहूँगा। मगर थका इतना था कि चार दिन रह गया। चौधरीजी को मधेपुरा में कोई काम था, वे खुद नहीं थे। करने-धरनेवाले मुझे उनके ममेरे भाई ही मालूम हुए।

पारो से तीसरे दिन जाकर थोड़ी-सी बातचीत कर पाया।

ननद उसकी रथ-यात्रा देखने के लिए जगन्नाथ धाम गई थी। सास को हो गया था बुखार, दूसरे-तीसरे हो आता जड़ैया। सब उलटा-सीधा पारो के सर पर। दो दासियाँ थीं इसीलिए, न तो बेचारी से सम्हलता ?

दूसरे दिन भोजन के समय पंखा लेकर पास बैठी। मैं अचल विराज रहा था आसन पर और धीरे-धीरे खा रहा था। पूछने की बात दिमाग में नहीं आती। गप्प की गाड़ी उसी ने हाँकी। बोली—छीतन मड़र फिर आया था। बता रहा था आपके घर का हाल-समाचार। अपर्णा की शादी तो घरकथा से ही तय हो गई।

हाँ, सो सही...कटोरे से सोंधी उरद की दाल छानकर उधर के मोटे चावल के भात में मिलाते हुए मैंने कहा—हाँ, घरकथा ही कहना चाहिए। उन्होंने इसी साल एंट्रेन्स पास किया है। फर्स्ट हुए हैं।...पिताजी ने बी.ए. तक के खर्चे का भार स्वीकार कर लिया है। शादी मगर अब अगहन से इधर नहीं ही होगी। सिद्धांत सभा-गाछी में ही हुआ था...

अजुआड़ ही न ?

हाँ, अजुआड़ के ही हैं।

उसके बाद लगी पारो पंखा झलने। उरद की दाल मुझे वैसे भी बहुत स्वादिष्ट लगती है। उस पर अगर कोशी की माटी की उरद हो, तब तो भई कुछ पूछिए मत।

पारो ने जान लिया। उसने ढेर-सी दाल लाकर कटोरे में डाल दी। फिर बैठी पंखा झलने। इस बार पूछा—अपनी शादी कब कीजिएगा ?

यह प्रश्न सुनते ही मेरी दोनों आँखें नाच उठीं। मन-ही-मन सोचा मैंने, कैसी ढीठ है यह !....फिर लगा कि ब्याह और द्विरागमन और उस पर से माँ बनने का समय...माँ बनने में जिसे चार-छः महीने की ही देर है, उसी पार्वती देवी ने अब अगर मुझसे यह सवाल किया है तो ठीक ही किया है। मौन, लेकिन कुछ तो कहना ही पड़ेगा।

कहा—लड़ते-लड़ते एंट्रेन्स तक मैं भी पास कर ही लूँगा। तब जो होगा देखा जाएगा।

उसने चुपचाप यह सुन लिया। थोड़ी देर बाद बोली—कोई किताब नहीं लाए मेरे लिए ?

सच ही पूछा पारो ने। पारो कोशी के टापू में पड़ गई थी। मनलायक किताब पढ़ने के लिए उसे नहीं मिलती। उसकी ज़िंदगी पहाड़ बनती जा रही थी...इसकी कल्पना यदि मुझे पहले ही हुई होती और अगर सीधे गाँव से ही तय कर पारो के यहाँ आया होता, तो शरत् बाबू के दो-चार उपन्यासों के हिंदी अनुवाद उसके लिए ज़रूर लाता। यह कहाँ संभव हुआ ?

कहा उसी ने...गाँव से तय कर तो आप नहीं ही चले होंगे। क्या है; मेरा क्या ? महाभारत का बड़ा-सा पोथा पड़ा ही है। छुट्टी मिले तो उससे भी मन बहला लूँ।

यह कहकर पार्वती ने एक लंबी साँस ली। उसकी ओर तब रह-रहकर मैंने कई बार देखा। एक तो वैसे ही वह दुबली-पतली, उस पर कोशी के पानी ने कुछ अपना रंग जमाया ही था। और उसके बाद वह माँ बननेवाली थी...देह की कांति निखरती आ रही थी। चेहरे का रंग पीला।

भोजन मैंने समाप्त किया। आचमन किया...अमृत विधान-मसि स्वाहा...तब वह भी उठी। उठते-उठते बोली—कौन हैं इस कोख में, राक्षस या राक्षसी ? माँ री ओ माँ ! ओ हो हो हो !!

खड़ाऊँ पहनकर ओसारे पर से जब सीढ़ी पर पैर रखा तो उसका जी मितलाने लगा।

तीसरे-चौथे महीने में औरतों का जी ऐसे ही मितलाता है। मोहनपुरावाली भाभी को ऐसे ही देखता था, मितली आती थी। उनके साथ मगर यह चक्कर आठवें महीने तक चलता रहा, तब जाकर नवें महीने में सुट्टू का जन्म हुआ था। यह सब तो ठीक मगर कोख में कुछ भी हो, पारो ने अभी से उसे राक्षस-राक्षसी कहना क्यों शुरू कर दिया है ? यह मेरी समझ में नहीं आया, हाँ...आते समय तश्तरी में जनेऊ-सुपारी देते हुए उसने कहा था...लीजिए, ज़रा अच्छी तरह पाँव छूने दीजिए। कौन कहे, किसको कब क्या हो...मन से आशीर्वाद दिए जाइए।

उस बात पर मैंने उसे डाँटा था...धत्। पगली कहीं की...ऐसी बात उसी के मुँह से निकलती है जो जले भाग की होती है...जाओ, जगदंबा की कृपा ऐसी हो कि तुम्हारे कोख से हीरा-मोती झड़ें।

पारो ने कसकर पकड़ लिए दोनों पैर। आकुल स्वर में बोली—नहीं, आज मैं कहाँ मानूँगी ? ऐसा आशीर्वाद मुझे दिए जाइए बिरजू भैया कि अगले जन्म में यह नर्क न भोगना पड़े...मेरे और आपके बीच ममेरे-फुफेरे का संबंध नहीं, उस जन्म में मैं और आप....

मैंने चट पारो का मुँह अपने हाथ से मूँद दिया। जनेऊ-सुपारी की तश्तरी झन्न से हाथ से गिर पड़ी थी। उसके मुँह को अवाक् बनाने के लिए मुझे अपने दोनों हाथ लगाने पड़े।

तब जो उसकी आँखों से आँसू की धारा बहने लगी सो क्या बतावें ? देर तक देखना संभव नहीं होता...पार्वती को उसी हालत में छोड़कर बाहर हो गया मैं उसके घर से। उत्तरवाले घर से। अपने को रोककर किसी तरह दरवाज़े पर आकर थोड़ी देर ठहरा। चौधरीजी के ममेरे भाई ने विदाई में एक जोड़ी अच्छी वाली धोती दी और मैंने सरपट सहरसा की राह पकड़ी। इच्छा होती थी धोती की पूरी जोड़ी को धेमुड़ा नदी में बहा दूँ...

पर वैसा कठोर कलेजा ईश्वर ने दिया ही नहीं मुझे। पार्वती ने अपने हाथों दोनों

धोतियों को किस तरह रँगा था और किस तरह उन्हें छाँव में सुखाया था। और किस यत्न से उसे चुना था। हे नारायण, यह सब यदि मुझे इन आँखों से दिखाई न दिया होता...

धेमुड़ा नदी में कैसे डाल देता मैं उन धोतियों को।

सहरसा से मानसी खुटिया। वहाँ से समस्तीपुर होते हुए राजनगर। किस तरह पहुँचा यह याद नहीं है।

गर्मी की छुट्टी खत्म कर फिर मोतिहारी। पारो की ओर से अब मैंने अपने मन को अनासक्त बनाने की चेष्टा शुरू कर दी, मगर मोह या कि स्नेह कोई कवाछ—खुजली-रोग करनेवाला पत्ता तो है नहीं जो लगाने के बाद छूट जाए।

अगहन में उस बार गाँव आना ही पड़ा। अपर्णा की शादी थी। जिस दिन पहुँचा उसी शाम को केरबनिया से छीतन मड़र भी आए थे। कुछ बोला नहीं जाता बेचारे से।

पारो के लड़का हुआ है, मगर स्वयं वह बचेंगी नहीं...पिताजी को किसी तरह मड़र इतना कह पाए।

पीसी ने बुला भेजा था मेरे छोटे भाई को। गया परंतु मैं ही...कहाँ मालूम था कि पारो का दाह-संस्कार भी मुझे ही करना पड़ेगा। ओह !

जब तक केरबनिया पहुँचूँ तब तक पारो को लोगों ने घर से बाहर लाकर रख दिया था। मैंने जब उस चिरपरिचित आँगन में पैर रखा तो देखा...तुलसीचौरा के पास मृत पारो उत्तान पड़ी है...इसी तरह पीसा इसी तुलसी चौरा के पास उत्तान होकर मरे पड़े थे। इसी तरह उस दिन भी यही छीतन मड़र मुझे बुला लाया था गाँव से।

तेरहवें दिन शाम को जब गाँव के लिए विदा हुआ तो बूढ़ी पीसी अपने अशक्त कंठ से बेजार होकर रोने लगीं और पारो के बेटा को लाकर पैरों पर रख दिया...

उस नवजात शिशु को चूमते हुए उस दिन मुझे कोई आनंद या परितृप्ति का बोध हुआ हो, ऐसा तो नहीं ही, तब क्या तो हृदय से फेकू को आशीर्वाद दिए...पीसी को रोती ही छोड़ आया। पंडौल की राह पकड़ी।

आपको यह जानकर बड़ी खुशी होगी कि फेकू अब दो वर्ष के हो गए हैं। पीसी बेचारी उनको रात-दिन गले से लगाए रखती हैं। इस साल तो नहीं, हाँ तब अगले साल फेकू का मुंडन और कर्णबेध होगा।

आजकल पीसी अपने नाती के साथ मेरे ही गाँव में हैं। एंट्रेंस मैंने भी पास कर ही लिया है और इस बार शादी भी होने जा रही है...

सुनने में आया है कि चौधरीजी ने इसी बैसाख में फिर शादी की है...अपनी इच्छा नहीं ही थी, मगर ममेरे भाई का आग्रह...तब करते भी क्या ?

●●●

नागार्जुन रचनावली

5

सम्पादन-संयोजन

शोभाकान्त

राजकमल प्रकाशन
नयी दिल्ली पटना

मूल्य : ₹ 5500
सात खंडों का सम्पूर्ण सेट

पहला संस्करण : 2003
पहली आवृत्ति : 2011

प्रकाशक : राजकमल प्रकाशन प्रा. लि.
1-बी, नेताजी सुभाष मार्ग
नई दिल्ली-110 002

शाखाएँ : अशोक राजपथ, साइंस कॉलेज के सामने, पटना-800 006
पहली मंजिल, दरबारी बिल्डिंग, महात्मा गांधी मार्ग, इलाहाबाद-211 001

वेबसाइट : www.rajkamalprakashan.com
ई-मेल : info@rajkamalprakashan.com

आवरण-चित्र : अशोक महेश्वरी

मुद्रक : बी.के. ऑफसेट
नवीन शाहदरा, दिल्ली-110 032

NAGARJUN RACHANAVALI-5
Edited by Shobha Kant

ISBN : 978-81-267-2151-1

यह खंड

1956 ई. में भारतभूषण अग्रवाल आकाशवाणी के इलाहाबाद केन्द्र में थे। उनके आग्रह पर ही नागार्जुन ने (रेडियो के लिए) 'दुखमोचन' लिखा था। इस उपन्यास का रेडियो रूपान्तर उसी वर्ष तेरह किस्तों में (जुलाई से सितम्बर, 1956) आकाशवाणी के इलाहाबाद-लखनऊ केन्द्र से प्रसारित किया गया। चूँकि आकाशवाणी से तेरह किस्तों में ही प्रसारण होना था, अतः इसकी कथावस्तु तेरह अध्यायों में गढ़ी गई थी। 1957 ई. में 'दुखमोचन' का पुस्तकाकार रूप दिल्ली से प्रकाशित हुआ था। नागार्जुन जैसे प्रतिबद्ध उपन्यासकार का यह उपन्यास रेडियो से प्रसारित हो चुका था, तो उसी समय से 'दुखमोचन' कहीं न कहीं पाठ्यक्रम में लगा रहता आया। पाठ्यक्रम के लिए इस उपन्यास में कहीं भी परिमार्जन की जरूरत नहीं महसूस की गई।

'कुंभीपाक' का प्रथम प्रकाशन वर्ष है 1960 ई.। इस उपन्यास को लिखने की मानसिकता नागार्जुन ने 1957 में बनाई और पटना में लिखना शुरू किया। पटना के भिखना पहाड़ी के जिस मकान में वे रहने लगे थे, वह पूरा का पूरा 'कुंभीपाक' में दिखता है। इस उपन्यास को वे पूरा कर पाए 1958 ई. के अन्त में, कलकत्ता में। वहीं से इसका प्रथम प्रकाशन हुआ था। 1972 ई. में 'चम्पा' नाम से इसका पॉकेट बुक संस्करण दिल्ली से प्रकाशित हुआ था। 'कुंभीपाक' का 'चम्पा' नामकरण निश्चित रूप से प्रकाशक की व्यावसायिक जरूरत रही होगी। यों 'चम्पा' 'कुंभीपाक' का एक मुख्य चरित्र है। उसके बाद 'कुंभीपाक' का एक पुनर्संस्करण दिल्ली से प्रकाशित हुआ।

1962 में 'हीरक जयन्ती' नामक उपन्यास प्रकाशित हुआ था। उपन्यासकार के अन्तरमन में यह कथा-बीज वर्षों से चक्कर काट रहा था। 1954 ई. की एक कविता है 'अनुदान'। इस कविता को पढ़ें तो पता चलता है कि तब से ही इस कथावस्तु को वे सहेजे रहे। फिर 1957 ई. की नागार्जुन की एक कहानी है 'हीरक जयन्ती'। यह कहानी 'हीरक जयन्ती' का संक्षिप्त रूप ही है; और 1962 ई. में 'हीरक जयन्ती' एक उपन्यास के रूप में पुस्तकाकार होकर सामने आया।

1979 ई. में 'अभिनन्दन' नाम से इसका नया संस्करण प्रकाशित हुआ था। 'हीरक जयन्ती' और 'अभिनन्दन' दोनों उपन्यास अक्षरशः एक ही हैं।

1963 ई. में 'उग्रतारा' का प्रथम प्रकाशन हुआ। यह उपन्यास पटना में लिखा गया था। इसे नागार्जुन ने डिक्टेशन देकर लिखाया था।

1967 में 'जमनिया का बाबा' इलाहाबाद में लिखा गया। किसान आन्दोलन

(1939 से 1942) के बीच बेतिया (बिहार) में इन पात्रों से नागार्जुन की टकराहट हो चुकी थी। उपन्यास में जिस संन्यासी पर मस्तराम बेंत बरसाता है, वह उपन्यासकार स्वयं है। पीठ पर वेंतों के निशान आजीवन रह गए थे।

1968 में कुछ ही महीने के अन्तराल पर 'इमरतिया' और 'जमुनिया का बाबा' का प्रकाशन हुआ था। प्रकाशक अलग-अलग थे। एक ही उपन्यास दो अलग-अलग नामों से छपा। अन्तर इतना ही किया गया कि अध्यायों का क्रम बदल दिया गया। इस उपन्यास में सात अध्याय हैं। हर अध्याय का नाम कथा में आए प्रतिनिधि पात्र के नाम पर है। जहाँ 'जमनिया का बाबा' का क्रम इस प्रकार है—बाबा, मस्तराम, इमरतिया भगौती, इमरितिया, मस्तराम और बाबा; वहीं 'इमरतिया' का क्रम है—इमरितिया, मस्तराम, बाबा भगौती, बाबा मस्तराम और इमरतिया। ध्यान देने योग्य बात यह है कि परिच्छेदों के क्रम परिवर्तन से कथा या कथा-प्रवाह में कोई अवरोध नहीं आता। अब तक दोनों ही नामों से यह उपन्यास उपलब्ध होता आ रहा है।

1979 ई. में एन.सी.ई.आर.टी. के एक अधिकारी मित्र के आग्रह पर नागार्जुन ने 'गरीबदास' नामक उपन्यास लिखा। इस उपन्यास का उपयोग सम्भवतः पाठ्य-पुस्तक के रूप में होना था। काफी समय तक इसका उपयोग नहीं होने पर यह उपन्यास 'सारिका' के जनवरी, 1990 के अंक में छपा और फिर पुस्तकाकार।

इस उपन्यास की कथा को वे विस्तार देना चाहते थे, पर ऐसा कर नहीं पाए। उपन्यासों में नागार्जुन की यह अन्तिम कृति है।

नागार्जुन का एक अधूरा उपन्यास रचनावली के इस खंड में दिया जा रहा है। इस अधूरे उपन्यास का रचनाकाल है 1971 ई.। इलाहाबाद में रहकर इसको लिखना/लिखवाना शुरू किया गया था, पर पूरा नहीं कर पाए। इसका एक अंश 'ज्योत्स्ना' (पटना) के 1975 के रजत जयन्ती अंक में 'प्लास्टिक के लाल ग्लास' के नाम से छपा था। इस उपन्यास के लिखित अंश को नागार्जुन प्रायः साथ ही रखते थे, क्योंकि इसे वे पूरा करना चाहते थे। इसकी कथावस्तु पर बात भी करते रहते थे। एक बार 1980 ई. में इसको पूरा करने के लिए इलाहाबाद जाकर रहे भी। इलाहाबाद से रवीन्द्र कालिया 'वर्ष-2' (साहित्यिक संकलन) नागार्जुन पर ही केन्द्रित कर निकालना चाहते थे। उपन्यास को उसमें शामिल किया जाना प्रायः तय था। उपन्यास का नाम भी दिमाग में उमड़ता-घुमड़ता था—अग्निगर्भ, अग्निपुष्प आदि। अन्ततः यह उपन्यास उतना ही रहा, जितना 1971 ई. में तैयार हुआ था। 'साक्षात्कार' (भोपाल) के अगस्त-नवम्बर, 1987 के संयुक्त अंक में इस उपन्यास के कुछ अंश छपे थे।

इसी तरह जब 1967 ई. में बिहार भयंकर सूखाग्रस्त हो गया...अकाल की स्थिति आ गई तो 'सारिका' (बम्बई) ने नागार्जुन से इस सूखे और उससे उत्पन्न हालात को आधार बनाकर एक उपन्यास लिखने का आग्रह किया। कमलेश्वर उस समय 'सारिका' के सम्पादक थे। नागार्जुन ने बात मान ली। इस बात को ध्यान में रखकर सूखा प्रभावित क्षेत्र मध्य बिहार और दक्षिणी बिहार का चक्कर भी लगा आए। उपन्यास का नाम भी

तय कर लिया गया—'सूखे बादलों की परछाइयाँ' और 'सारिका' के तीन अंकों में नागार्जुन के नए उपन्यास के धारावाहिक रूप में छपने की सूचना भी पाठकों को दी गई; किन्तु 'सूखे बादलों की परछाइयाँ' वे नहीं लिख पाए। बाद में मई 1970 में बनारस से निकलनेवाली लघु पत्रिका 'रचना' के अंक 3 में इस नाम से एक छोटी सी कहानी छपी। इसका अर्थ है कि उपन्यास नागार्जुन ने लिखना शुरू किया होगा, पर लिखा नहीं।

'उग्रतारा', 'जमनिया का बाबा', 'गरीबदास' और अधूरा उपन्यास—यह सब नागार्जुन ने डिक्टेशन देकर लिखा/लिखवाया था। उपन्यास लेखन के लिए जब वे रचनारत होते तो उसे पूरा कर ही डालते, और यदि बीच में छूटता तो छूट ही जाता। 'बलचनमा' और 'कुंभीपाक'—ये दो ही उपन्यास ऐसे हैं, जिनको पूरा करने के लिए उन्हें कई बार आसन जमाना पड़ा। तीस-चालीस दिनों के भीतर वे उपन्यास पूरा कर डालते थे। नागार्जुन का रचनात्मक व्यक्तित्व कवि का था। उपन्यास लेखन का मुख्य दौर 1946 से 1967 ई. तक ही रहा। इसके बाद जो एक उपन्यास शुरू किया, वह अधूरा ही रह गया और दूसरा बहुत ही संक्षिप्त हो गया।

इस खंड में नागार्जुन की 1956 के पूर्वार्द्ध से 1979 ई. तक की औपन्यासिक यात्रा को रखा गया है। इस प्रकार रचनावली के खंड चार और पाँच उनके उपन्यास लेखन का सम्पूर्ण ब्यौरा दे देते हैं।

—**शोभाकान्त**

क्रम

दुखमोचन

समर्पण

'दुखमोचन' को आकाशवाणी के लखनऊ-प्रयाग केंद्र ने तेरह किस्तों में (समग्र रूप में) प्रसारित किया था—'56 के जुलाई, अगस्त और सितंबर में। प्रोड्यूसर थे श्री भारतभूषण अग्रवाल। कथोपकथन और परिसंवाद को छोड़कर कथावस्तु का पूरा वाचन श्री विजय बोध ने किया था। निम्नलिखित कलाकारों का स्वर-संयोग पाकर उपन्यास के पंद्रहों पात्र लाख-लाख श्रोताओं के लिए कुछ अरसे तक अविस्मरणीय हो उठे :

अशोक कुमार (दुखमोचन), उषा आर्या (मामी), शोभारानी पंजाबी (अपर्णा), रीता वर्मा (टुनू), के.बी.एल. वर्मा (सुखदेव), डी.के. बनर्जी (नित्याबाबू), राज जोशी (टेकनाथ), सुरेश बिहारीलाल (वेणीमाधव), कौशल बिहारीलाल (मधुकांत), कुमुद (चमकी), अनिल मालवीय (लीलाधर), उमेश दीक्षित (रामसागर), उर्मिला दीक्षित (माया), और देवव्रत दीक्षित (योगेंद्र)।

समर्पण की बात सोचते ही ये सभी चेहरे मुझे याद आ गए हैं...

—नागार्जुन

एक

टिप टिप टिप...

पिछले सत्तर घंटों से आसमान टपक रहा था। ऊदे-ऊदे भारी बादल विराट चँदोवा की तरह ऊपर तने हुए थे। नीचे भीगी धरती सिकुड़-सिमटकर मानो छोटी हो आई थी। कीचड़ की घिचिर-पिचिर ने मन की प्रफुल्लता हर ली थी।

टिप टिप टिप...

काली डरावनी रात का यह सन्नाटा कई गुना अधिक गहरा हो रहा था। अमराइयों में डालों और टहनियों की संधियों से चिपके झींगुरों की एकरस-एकस्वर झंकार बरसात की इस प्रकृति को भयानक बना रही थी। कहीं कोई कुत्ता भी तो नहीं भूँक रहा था।

धान के खेतों में पानी भरा था—कहीं कम, कहीं ज्यादा। मेंड़ों पर जुताई के समय किसानों ने मिट्टी डाल दी थी; वह अब बैठ गई थी, लेकिन फिसलन के मारे उस पर से चलना मुश्किल था।

—साली ने नाक में दम कर दिया, थूऽऽ...

मद्धू ने वर्षा को गाली दी और सुरती थूककर मेंड़ पर से खेत में उतर आया। एक बड़े मेढक ने छलाँग मारी तो जोरों की आवाज हुई, छपाक् ! पानी के कुछ-एक छींटे मद्धू की नंगी बाँहों पर पड़े। न छाता था, न बाँस की छतरी थी। कंधे पर गमछा-भर था जो कि अभी पूरी तरह भीगा नहीं था।

खेत में धान के पौधों को रौंदता हुआ वह आगे बढ़ रहा था—सीधे पश्चिम या दक्षिण की तरफ नहीं, कोने की तरफ। मुलायम पाँक, कड़े-तीखे घोंघे, घास की गाँठें, बारीक घुँघचियाँ और जाने क्या-क्या तलवों के नीचे आ रहा था।

एक के बाद दूसरा खेत, दूसरे के बाद तीसरा, फिर चौथा...फिर और, फिर और ! फिर ऊँची सतह की बलुआही जमीन मिली। मक्के की खूँटियों से उलझकर चलना असंभव हो उठा तो फिर मद्धू ने मेंड़ पकड़ ली। यह रामसागर का ही खेत था। और माँ भी तो रामसागर की मरी थी न !

हाँ, अभी कुछ देर पहले रामसागर की बूढ़ी माँ के प्राण-पखेरू उड़े थे और मधुकांत लोगों को इसकी खबर देने निकला था। दो ही जने बाकी थे, जिनके यहाँ जाना था—दुखमोचन और वेणीमाधव। टमका-कोइली कोई छोटा गाँव नहीं था, पाँच हजार से ऊपर की जनसंख्यावाली एक भारी बस्ती थी। दरअसल यह छोटी-छोटी कई बस्तियों

का एक समूह था। बीच-बीच में खेत और बाग फैले हुए थे। उत्तर-पूरब की तरफ से कन्नी काटकर एक नदी निकल गई थी। इधर डिस्ट्रिक्ट बोर्ड की पक्की सड़क, उधर मीटरगेज की रेलवे लाइन।

दुखमोचन का घर नजदीक आया तो बादल की टिपिर-टिपिर रुक गई। कीचड़ से सने पैरों की उँगलियों में हल्की-हल्की-सी खुजली महसूस हो रही थी। मद्धू की तबीयत हुई कि कुएँ पर चलकर एक डोल पानी खींच ले और अच्छी तरह पैरों को धो डाले। लेकिन अभी तो रात-भर घूमना-फिरना था, फिर क्यों कोई पैर धोए।

दुखमोचन के दालान के सामने जो आँगन था, वह छोटा नहीं था। लगातार कई रोज वर्षा हुई थी, मगर सतह ऊँची होने के कारण आँगन घिच-पिच नहीं हो पाया। भीगी मिट्टी पैरों के नीचे रबड़-सी दबती मालूम दे रही थी।

बाहर बैठकखाने में कोई सो रहा था। दुखमोचन का भाई सुखदेव दालान के भीतर कोठरी में सोया होगा, मधुकांत को यह निश्चय था ही; फिर भी वह दो सीढ़ी ऊपर बरामदे में न जाकर नीचे आँगन में ही खड़ा रहा।

उसने तंबाकू निकाला, चूने के लिए चुनौटी निकाली अंटी से। सोचा कि सुरती तैयार करके ही सुखदेव और दुखमोचन को जगाना उचित होगा...

लाठी एक तरफ खड़ी कर दी और उचककर वह बरामदे के किनारे पर बैठ गया। आठ-दस रोज बाद वह दुखमोचन के यहाँ आया था। इस बीच दुखमोचन बाढ़-पीड़ितों की सहायता के लिए लगातार बाहर-ही-बाहर घूमता रहा; मधुकांत की ही नहीं, गाँव के दूसरे लोगों की भी मुलाकात उससे नहीं हुई थी।

सुरती फाँककर मद्धू ने आवाज लगाई—सुखदेव भाई ! ओ सुखदेव भाई ई ई ई ई...

—ऊँ !!

सुखदेव ने करवट बदली तो अंदर चारपाई चरमरा उठी।

—उठिए, सुखदेव भाई !

—क्या है मद्धू ?

—रामसागर की माँ मर गई....

—कब ?—सुखदेव ने उसी तरह अलसाई आवाज में पूछा।

मुँह में सुरती की थूक भर आई थी। मधुकांत ने जैसे-तैसे कहा—घंटा-भर हुआ है।—जरा रुककर पूछा—सुखदेव भाई, आपके टॉर्च में बैटरी तो भरी होगी न ?

किवाड़ खोलकर सुखदेव बाहर निकले और टॉर्च की रोशनी से समूचा आँगन जगमगा उठा।

सुरती थूककर मद्धू ने पूछा—दुखमोचन कब लौटे ?

—लौट तो आए थे शाम को ही, लेकिन सोए हैं देर से...

—तो फिर उनको जगाने की जरूरत नहीं ?

सुखदेव रहे तो चुप ही, लेकिन रंग-ढंग से साफ था कि बीच नींद का यह विघ्न

उनको बेहद अखरा है।

इतने में अंदर घर में से खड़ाऊँ की खटपट सुनाई पड़ी।

—लो, जग तो गए दुखन !

आश्वस्त होने की भावना में डूबे हुए ये शब्द मद्धू को सुखदेव के मुँह से निकलने के कारण ही शायद अच्छे नहीं लगे। उसका दिल चाहता था कि हफ्ता-भर की गहरी थकावट के बाद दुखमोचन अभी दो-एक रोज पूरा आराम लें और इस समय बुढ़िया की श्मशान-यात्रा में सुखदेव ही शरीक हों।

अगले ही क्षण दुखमोचन मद्धू के सामने खड़ा था।

—तुम सो जाओ !—उसने भाई से कहा। फिर मधुकांत के कंधे थपथपाकर बोला—चल, मैं चलता हूँ।

—नहीं दुखन भैया, तुम बहुत थके हो।

—चल, चल ! दुखमोचन ने हँसकर कहा—पागल कहीं का !

—नहीं, दुखन भैया !

—उहुँ !

खड़ाऊँ दुखमोचन ने बरामदे पर रख दी और आगे आँगन में निकल आया।

दाहिने कान पर जनेऊ चढ़ाते हुए सुखदेव ने कहा—बबुअन, टॉर्च नहीं लोगे साथ ?

—नहीं, भैया !

—ले लो न !—मधुकांत ने कहा तो दुखमोचन ने उसकी उँगली दबा ली मगर प्रकट रूप में कहा—नहीं, रहने दो, बरसात का मौसम है और हमारी बँसवार में साँप रहते हैं...

सुखदेव ने कहा—हाँ, मद्धू, बबुअन ठीक कहते हैं...और...और मैं रामसागर की माँ के शव को कंधे जरूर लगाता, किंतु फिर तीन दिन हमारे शालिग्राम बिना पूजे ही पड़े रहेंगे, शंख में पानी भरकर कौन उन्हें नहलाएगा और कौन करेगा सहस्रशीर्षा मंत्र का पाठ ? समझते हो न, मधुकांत ?

मद्धू चुप रहा। सुखदेव को तसल्ली नहीं हुई उस चुप्पी से। तो, टार्च जलाकर उसकी मुखमुद्रा देख लेनी चाही, लेकिन दुखमोचन के पीछे-पीछे जाते मधुकांत के सिर और पीठ के पिछले हिस्से ही दिखाई पड़े, जिन पर किसी प्रकार का प्रभाव अंकित नहीं था।

सही रास्ता काफी घूमकर इधर आता था, इसी से मधुकांत खेतों में से होकर दुखमोचन के घर तक पहुँचा था। अब वापसी में वेणीमाधव को साथ लेना था। गाँव के बीचोबीच जो रास्ता था, दुखमोचन और मधुकांत उसी पर आ गए।

तीनों रामसागर के दालान पर पहुँचे। अंदर औरतें रो रही थीं। तीखी खुरदरी रुलाई के बेधक स्वरों से भादों की काली रात का वह मनहूस सन्नाटा टूक-टूक हो रहा था।

कंचन और कन्हाई लालटेन लेकर गए और बाँस काट लाए।

ताजे-हरे बाँस के डंडों से उधर अर्थी बनती रही, इधर लोगों में बातें होती रहीं। आँगन के कोने में तुलसी का चबूतरा था। उसी के नजदीक उत्तर की तरफ सिर करके लाश रख दी गई थी। सामने ईंट के आधे टुकड़े पर ढिबरी जल रही थी, जिसका फीका-फीका आलोक बुढ़िया की बुझी पुतलियों से टकरा रहा था।

लोग यही मना रहे थे कि सुबह तक अब और वर्षा न हो कि रामसागर दुखमोचन को उठाकर अलग ले गया।

—गीली लकड़ी से तो लाश जलेगी नहीं, दुखन भाई !

—किसके यहाँ हो सकती है सूखी लकड़ी ?

—अपने यहाँ तो फूस भी नहीं है, भैया !

—मद्धू या वेणी से न पूछ लें ?

—मद्धू का बाप कटखना है, होगी भी तो नहीं देगा।

—और वेणी ?

—मालूम करो।

दुखमोचन ने वेणी को बुलाया तो मालूम हुआ कि वह पुरानी फूस के चार-छह पूले दे सकता है।

बरसात के मौसम में गरीब गृहस्थों के यहाँ सूखी लकड़ियाँ पाना बड़ा ही कठिन है। लगातार कई दिन कई रात तक जब वारिश होती रही हो तो उस कठिनाई का न ओर मिलेगा न छोर !

दुखमोचन ने कुछ देर सोचा। एकाएक उसे काठ के अपने वे तख्ते याद आ गए जो तख्तपोशों की तैयारी के लिए चीरे गए थे। निश्चय ही यह लकड़ी अच्छी किस्म की थी, मगर रामसागर की माँ का अग्नि-संस्कार भी होना ही था।

कंचन और कन्हाई को साथ लेकर दुखमोचन फौरन आए और बैलोंवाले अपने बाहरी घर से तख्ते निकलवा ले गए। सुखदेव को कुछ पूछने की हिम्मत नहीं हुई...

रामसागर ने सूखी लकड़ी का यह अनोखा इंतजाम देखा तो आँखें भर-भर आईं। भर्राए गले से बोला—दुखन भैया, अपना भाई तो काम नहीं आया मगर तुम तो सगे भाई से भी बढ़कर निकले।

झुककर उसने दुखमोचन के पैर छू लिए।

थोड़ी ही देर बाद अर्थी बाहर निकली। लोग चुपचाप नदी की ओर बढ़े। वर्षा सचमुच रुक गई थी, लेकिन आसमान साफ नहीं हुआ था।

बीजू आम के पेड़ों का पुराना बाग नदी के किनारे-किनारे दूर तक फैला था। गाँव के मुर्दे वहीं जलाए जाते थे। इलाके के पुराने जमींदार राज रत्नेश्वरी नंदनसिंहजी बहादुर की जमींदारी तो सरकार ने ले ली, मगर यह बाग नहीं ले सकी। राजा साहब ने चुपके-चुपके कुछ-एक धनी किसानों को बाग की जमीन पर पट्टा लिख दिया। अधिकांश पेड़ ईंटें तैयार करनेवाली कंपनियों के ठेकेदार कटवा ले गए। अब बाग बड़ी

तेजी से खेतों का रूप ले रहा था, आम लोगों के लिए एक यह विकट समस्या थी कि मुर्दे कहाँ जलाए जाएँ। जमींदार नदी का कछार भी पट्टे पर उठा रहे थे। दुखमोचन ने गाँव के लोगों की राय से एक एकड़ जमीन श्मशान के लिए छेंक रखी थी। इसमें चार-ही-छह पेड़ बच रहे थे अब।

वहीं रामसागर ने माँ का दाह-संस्कार किया। लाश जलने में बहुत देर नहीं लगी। सुबह होते-होते नहा-धोकर लोग वापस आ गए।

रिवाज के मुताबिक मामी ने पत्थर का टुकड़ा आगे रख दिया तो दुखमोचन ने उस पर पैर रखकर पानी डाल लिया, फिर भीगे कपड़े बदले।

मामी बुड़बुड़ाने लगीं—मरने का कोई और मौसम बूढ़ी को नहीं मिला क्या ! माई री माई, न ऐसी बारिश देखी, न ऐसा मरना ही देखा ! और... यह भी ऐसे परोपकारी जीव हैं कि भगवान् ही बचावें तो बचावें...नहीं जाते अर्थी के साथ तो बुढ़िया शायद इन्हीं के माथे मँडराती रहती...

दुखमोचन ने मुस्कुराकर कहा—तुम तो नाहक रंज होती हो, मामी ! कोई-न-कोई तो हमारे घर से जाता ही न ! मैं नहीं जाता तो भैया जाते कि नहीं ?

मामी चुपचाप रसोईघर के अंदर चली गईं।

दुखमोचन बरामदे पर रखे हुए पीढ़े पर बैठ गया। पैर की उँगलियों के नाखून पानी में फूलकर और भी सफेद और भी बड़े लग रहे थे।

—बच्ची !...बच्ची ी ी ी ी !

दुखमोचन ने बेटी को पुकारा। पिछवाड़े की बगिया से जवाब में आवाज आई—आई बापा, अभी आई !

पायलों की रुनझुन-रुनझुन से अपने आने की घोषणा करती हुई एक चौदह बरस की लड़की सामने दिखाई पड़ी। उसके दोनों हाथ गीली-रूखी मिट्टी से सने थे, बड़ी-बड़ी कमलपत्री आँखों में उल्लास छलक रहा था। गोरी सूरत, सुडौल देह !

पिता ने स्नेहपूर्ण निगाहों से पुत्री को देखा।

वह नजदीक आकर खड़ी हो गई।

नाक पर पसीने की बुँदियाँ चमक रही थीं। चोटियों को जूड़े की शकल में लपेट लिया गया था, किंतु उनके दोनों सिरे अपनी काली-चमकीली झालर छिपा नहीं सके थे। सामने पेशानी पर एक पतली लट काले कुंडल की तरह चिपकी हुई थी।

दुखमोचन ने कहा—सारी बागवानी आज ही पूरी कर लोगी, बेटा ?

लड़की खिलखिला पड़ी और बोली—अभी-अभी तो खुरपी लेकर उधर गई थी कि आपने पुकार लिया। पद्मा ने हजारा गेंदे के पौधे भेजे हैं, सोचा कि लगा दूँ।

पिता मुस्कुराए। नरमी से कहा—उस रोज पुराना ब्लेड दिया था, ले तो आओ, बेटी !

दुखमोचन ने पैर के नाखूनों की तरफ इशारा किया और जाने क्या सोचने लगे।

बच्ची ने ब्लेड लाकर पिता को थमा दिया और वापस चली गई फुलवाड़ी की

ओर। पायलों की रुनझुन-रुनझुन हौले-हौले शून्य में समा गई। दुखमोचन ब्लेड से नाखून काटने लगे। उधर दालान पर सुखदेव शालिग्राम की पूजा कर रहे थे। छोटी घंटी की टुन-टुन ट्नि-टिन आवाज लगातार आ रही थी। साफ था कि पंडित सुखदेव मिश्र हमेशा की तरह आज सवेरे भी भगवान को रिझाने बैठ गए थे।

आसमान साफ था और सूरज की किरणें खुलकर खेलने लगी थीं। बीच में आँगन, चारों तरफ घर। लगता था कि भादों की कड़ी धूप धरती का गीलापन पाँच-सात घंटों में ही सोख लेगी।

बाएँ पैर की बूढ़ी उँगली यानी सबसे मोटी और पहली उँगली बचपन में ठेस खाकर बुरी तरह घायल हो गई थी। तभी से उसका नाखून ठूँठ पड़ गया था। कोने में मसूर-नुमा खोडर बन गई थी; उतनी दूर नाखून को सँभालकर काटना होता था। बाकी सारी उँगलियों के नाखून काटकर इसे आखिर में लेते थे।

कई दिनों से अखबार नहीं देखा था। बाढ़-पीड़ितों के सहायता-कार्य में मशगूल रहने के कारण क्षण-भर की भी फुरसत नहीं मिली थी। अब आज काफी अखबार इकट्ठे ही देखने थे, मगर पलकें नींद की प्यासी थीं।

एक बार पलक झिपी तो ब्लेड बहक गया। उसी अँगूठे का नाखून जरा अंदर तक कट गया। दुखमोचन ने धोती की खूँट से खून पोंछा। पसीना, पानी, खून या आँसू, कोई भी तरल पदार्थ क्यों न हो, खादी उन्हें चट से सोख जाती है। और दुखमोचन ने तो स्कूली जीवन में स्याहीसोख का भी काम अक्सर खादी के अपने कुर्ते से ही लिया था।

छोटी थाली में नाश्ता लेकर मामी सामने आईं तो धोती की खूँट में खून के धब्बे देखते ही आतंक और विस्मय के मारे अपनी जीभ पर उन्होंने दाँत गड़ा लिए।

—कुछ नहीं, मामी !—दुखमोचन ने कहा। मगर मामी चीखीं—तुमसे हजार बार कहा कि ब्लेड से नाखून काटने का काम न लिया करो, लेकिन एक जाहिल औरत की बात कौन सुनता है !

दुखमोचन को हँसी आ गई, बोला—तो कुल्हाड़ी ही थमा देतीं !

मामी का साँवला-सलोना स्वस्थ मुखमंडल गंभीर हो गया। नाश्ते की थाली नीचे रखकर वह पीने का पानी लेने गईं। लौटीं तो कहा—कहाँ रखा वह ब्लेड ? लाओ, मेरे हवाले करो।

करौंदे का अचार और दो हल्के पराँठे। दुखमोचन आहिस्ते-आहिस्ते नाश्ता करने लगा। मामी ने छोटी लड़की को आवाज देकर बाँस की चौकोर पंखी मँगवा ली थी और अब नजदीक बैठकर हवा करने लगीं।

एक पराँठा खत्म हुआ तो आधा गिलास पानी पीकर दुखमोचन ने मामी की तरफ देखा।

विधवा जीवन की कठिन और लंबी तपस्या उनकी आँखों के पानी में कड़वापन नहीं भर पाई थी। पिछले कई वर्षों से वह इस परिवार की सेवा कर रही थीं। मायके

में या ससुराल में अपना कोई था भी तो नहीं। थे तो बस, बड़ी ननद के यही तीन लड़के। सुखदेव की स्त्री धनी बाप की इकलौती थी। यहाँ आकर हमेशा के लिए जम जाने में उसे घाटा था। दुखमोचन की औरत पाँच साल पहले हैजा की शिकार हुई थी। नारायण हजारीबाग में महकमा-जंगलात का मुलाजिम था। उसकी पत्नी यहीं रहती थी। बच्चों में दो थे दुखमोचन के, एक नारायण का।

मामी चुपचाप पंखा झल रही थीं। बीच-बीच में दुखमोचन की ओर आँखें उठाकर देख लेती थीं।

दूसरा पराँठा थोड़ा ही बाकी था कि मामी ने पूछ लिया—आज भी कहीं जाना है ?

—नहीं, आज कहीं नहीं जाऊँगा।

—तुम्हें क्या, कोई आ जाएगा तो उसके साथ चल दोगे ! और एक बार घर से निकले कि पतंग भी क्या उड़ता है...

—मामी, क्या मैं यों ही मारा-मारा फिरता हूँ ?

—नहीं तो कहीं कोई अहल्या पड़ी होगी तुमसे छू जाने की आशा में ! है न बाबू ?

दुखमोचन को हँसी आ गई और मामी की दबी मुस्कान अब उभर आई। काली पुतलियोंवाली आँखों के दूधिया कोए चमकने लगे। फिर वह बोलीं—नहीं, आज मैं तुम्हें कहीं नहीं जाने दूँगी; बिस्तर ठीक कर देती हूँ, आराम करो !

नाश्ता हो चुका था। अब हाथ-मुँह धो रहे थे दुखमोचन।

मामी उठकर गईं, अंदर से सुपारी और सरौता ले आईं।

आँचल से सरौता पोंछकर सुपारी के टुकड़े करने लगीं तो बोलीं—कई दिन हुए, पान खत्म हो गया। आज कोई प्रबंध करूँगी।

धोती के छोर से हाथ-मुँह पोंछ चुके तो दुखमोचन ने कहा—हाट या स्टेशनवाले बाजार से मँगवा लिया होता। लोग आते-जाते तो रहते ही हैं; एँ !

—बरई से पान की पत्तियाँ खरीदने का शऊर किसी-किसी में हुआ करता है—मामी ने कहा और सुपारी का चौथा टुकड़ा थमा दिया।

दुखमोचन को मामी ने ही पान खाना सिखाया था। चार-पाँच साल के अपने कलकत्ता-प्रवास में उन्होंने कभी-कभार ही पान खाया होगा। बंगाली या उड़िया पान से उन्हें विरक्ति थी। हाँ, मगही पान का बनारसी विन्यास अच्छा लगता था। मामी के मायकेवाले जिला पूर्णिया के सुखी-संभ्रांत काश्तकार लोग थे, जिनके यहाँ पान और जर्दा रोजाना खुराक में शामिल था। इस परिवार में भी मामी ने पान खाने के कई चेले तैयार कर लिए थे। दुखमोचन और छोटी बहू में तो यह शौक अपनी जड़ जमा चुका था; बच्ची भी पान खाने लग गई थी।

—अखबार कहाँ है ?—दुखमोचन ने पूछा—भैया के पास या मेरी कोठरी में ?

—आज इस वक्त अखबारों में मगजमारी करोगे ?

—हाँ, कुछ उलट-पुलट लूँगा तो तसल्ली हो जाएगी।

—सबकुछ सँभालकर रखा हुआ है। आओ।

दुखमोचन आँगन के उत्तर की तरफ अपने घर के अंदर गए तो मामी ने भी पीछे-पीछे प्रवेश किया।

लकड़ी की दो अलमारियाँ, दो-तीन ट्रंक, एक पलंग, एक फोल्डिंग चारपाई और मामूली-सी एक मेज—अंदर यही सामान था। अलमारियों के पीछे टूटी कुर्सियों के कंकाल झाँक रहे थे। मेज के नीचे सही-साबित एक छोटा खूबसूरत स्टूल पड़ा था।

पलंग पर गद्दा। गद्दे पर लाल-पीली किनारियोंवाली नीली चादर। सफेद खोलवाला तकिया। सिरहाने की तरफ सामने खुशफैल जंगला। ऊपर दीवार में पाँच-सात फोटो टँगे थे—गाँधी, नेहरू, लेनिन, सनयातसेन, भगतसिंह, सुभाष...

दुखमोचन लेट गए तो मामी ने अलमारी खोली। अखबार निकालकर सिरहाने की तरफ ला रखे—*आर्यावर्त, अवन्तिका, पुस्तकालय संदेश, सोवियत भूमि, अमेरिकन रिपोर्टर, साप्ताहिक हिंदुस्तान*। दैनिक *आर्यावर्त* के आठ-दस अंक थे।

दुखमोचन ने लपककर आर्यावर्त का एक अंक उठा लिया।

निगाहें मोटे-मोटे शीर्षकों पर दौड़ने लगीं...पुलिस और छात्रों में भिड़ंत...ताप्ती नदी में अनोखी बाढ़, गोरखपुर जिले के बीसों गाँव जलमग्न...कोसी बाँध फिर संकट में—गोआ में नरमेध...समूचे भारत से सत्याग्रहियों के जत्थे...

मामी पानी से भरा लोटा और गिलास रख गईं चुपचाप।

छोटी लड़की ने आहिस्ता से झाँका, फिर दबे-पैरों अंदर घुस आई। पिता को इसका कुछ भी पता न चला; वह अखबारों में ही मग्न रहे।

लड़की थोड़ी देर तक पिता की ओर ही आँखें गड़ाए रही, बाद में दीवार की तरफ ऊपर जिधर फोटो टँगे थे उधर देखने लगी। एक पूँछकटी छिपकली शिकार की खोज में छप्पर के अंदर से उतर आई और गाँधीजी के पास ठिठक गई।

छोकरी ने उसे पंजे से थूथन झाड़ते देखा तो अनजाने ही पलंग की पट्टी से आ लगी। अब उसका एक हाथ बाप के बदन पर पड़ा।

दुखमोचन ने लेटे-ही-लेटे चुमकारकर लड़की को ऊपर खींच लिया, निगाहें लेकिन अखबार की पंक्तियों में ही चिपकी रहीं। छोकरी ने ठुड्डी पकड़कर छिपकली की तरफ पिता का ध्यान आकृष्ट किया।

अखबार छोड़कर दुखमोचन उठ बैठे। हुलसकर बेटी को छाती से दबा लिया और बोले—अरे वाह, इसकी तो पूँछ कटी है—बता री छिपकली, क्या नाम है तेरा ?

बाप की गोद में बैठी और प्यार के बोझ से दबी हुई छः साल की वह लड़की खुशी के मारे फूलकर कुप्पा हो रही थी। खिलखिलाकर बोली—मैं बताऊँ बापा, इस गिरगिट का नाम ?

—बता तो देखूँ।

—इसका नाम है पूँछकटी।

दुखमोचन हँसने लगे। लड़की भी हँसने लगी।

—क्या हो रहा है ? बाहर से मामी की आवाज आई।

दुखमोचन ने उसी तरह आवाज ऊँची करके कहा—कुछ नहीं, मामी।

—अरी, तू उन्हें आराम नहीं करने देगी टुनू ऽ ऽ ऽ...

—नहीं मामी, मैंने ही बिठा लिया है इसे।

—अच्छा, तो यह बात है !

लड़की सहमकर काठ हो गई थी और पिता की गोद से उतरकर घर से निकल जाने का जी कर रहा था उसका।

दुखमोचन ने बारी-बारी से उसके गाल थपथपा दिए और कान से मुँह सटाकर कहा—आज रात को तुझे कहानियाँ सुनाऊँगा, हाँ ! अभी बाहर जाकर खेल...और पटना जाऊँगा तो गुड्डा लेता आऊँगा तेरे लिए, और चाकलेट...

—नहीं—कान हटाकर टुनू ने पिता से आँखें मिलाईं और कहा—चाकलेट नहीं, लेमनचूस लूँगी मैं तो !

—तो लेमनचूस ही सही—दुखमोचन ने उसे चूम लिया और अगले ही क्षण गोद से उतारकर पलंग के नीचे खड़ा कर दिया।

लड़की चली गई। दुखमोचन लेट गए और आँख मूँदकर निद्रा-देवी के दरबार में प्रवेश किया।

दो

मडुवा और मकई की आधी फसलें बरबाद हो गई थीं। भादों में होनेवाले 'आउँस' और 'गम्हड़ी' धानों को भी बाढ़ ने काफी नुकसान पहुँचाया था। अधिकांश खेत-मजदूर रोजी की तलाश में अपना-अपना इलाका छोड़कर पूरब-पश्चिम जानेवाली रेलगाड़ियों पर सवार हो चुके थे।

मलेरिया और कालाजार ने तो लोगों को तबाह कर ही रखा था। आसिन में एक नई किस्म की खुजली फैलने लगी। यह दाद की तरह समूचे बदन में छा जाती थी, गोरी सूरत को साँवली और साँवली को काली कर देती थी। बूढ़ों-सयानों का कहना था कि इस बार बाढ़ के पानी में कोई जहरीला असर था जिससे सभी का खून खराब हो गया है। दरअसल यह बीमारी न दाद थी, न खुजली ही; एक विचित्र प्रकार का चर्मरोग था यह। बदन में कहीं आपको खुजलाहट महसूस हुई और आपने खुजला लिया। थोड़ी देर बाद उस जगह चकत्ते निकल आए, फिर आप उसे जाने-अनजाने खुजलाते रहे, सूजन जरा-जरा बढ़ती रही और चमड़ी का ऊपरी छिलका सफेद पड़ता गया। चार-छः रोज बाद देह में यहाँ-वहाँ चकत्ता-ही-चकत्ता। चकत्तों पर फुंसियाँ निकलती गईं, पकती गईं और सूख-साखकर आपको कुरूप बनाती गईं। न खारिश हटी, न चकत्ते मिटे।

सुखदेव पर और छोटी बहू पर इस बीमारी ने हमला किया तो मामी घबरा उठीं। पहले समझा जाता रहा कि भात और गेहूँ की रोटी जिन्हें नसीब नहीं होती उन्हें ही यह रोग अपना शिकार बनाता है। लेकिन अंदाज गलत निकला।

दुखमोचन ने बार-बार होमियोपैथी और आयुर्वेद की किताबों में इस बीमारी की बाबत उलट-पुलटकर देखा, मगर कुछ समझ में नहीं आया। आखिर दरभंगा ले जाकर सरकारी मेडिकल कॉलेज के एक चर्मरोग-विशेषज्ञ डॉक्टर से दोनों का खून टेस्ट करवाया।

नुस्खा देते वक्त डॉक्टर ने बतलाया कि गंधक का अधिक-से-अधिक इस्तेमाल करें। गंधक का मरहम, गंधक का तेल, गंधक की टिकिया। नीम के साबुन से या नीम के पानी से घाव को अच्छी तरह धो लें, फिर गंधक मिलाकर नारियल का तेल बार-बार लगावें।

मगर यह दो-चार का रोग तो था नहीं, आस-पास के गाँव के सत्तर प्रतिशत लोग इसके शिकार थे। जहाँ-तहाँ मवेशियों पर भी इसका असर देखा गया। दुखमोचन इलाके के पाँच-सात नेताओं और ऑफिसरों से इस सिलसिले में बार-बार मिले, मेडिकल कॉलेज के अध्यापकों और छात्रों से बार-बार सहायता की प्रार्थना की, जिला अधिकारियों तक प्रतिनिधि-मंडल की मार्फत जनता की सम्मिलित आवाज पहुँचाई। नतीजा यह हुआ कि गंधक के दर्जनों पैकेट और नारियल के तेल से भरे बीसियों डिब्बे ग्राम-पंचायत के दफ्तर में पहुँच गए। सार्वजनिक मामलों में दिलचस्पी लेनेवाले कुछ-एक व्यापारियों ने नीम की सौ टिकिया साबुन दी थीं।

पंचायत गाँव की गुटबंदी को तोड़ नहीं सकी थी अब तक। चौधरी-टाइप के लोग स्वार्थ-साधन की अपनी पुरानी लत छोड़ने को तैयार नहीं थे। जात-पाँत का टंटा, खानदानी घमंड, दौलत की धौंस, अशिक्षा का अंधकार, लाठी की अकड़, नफरत का नशा, रूढ़ि और परंपरा का बोझ—जनता की सामूहिक उन्नति के मार्ग में एक नहीं, अनेक रुकावटें थीं। मुसीबत के दिनों में बाहरवालों से तत्काल सहायता पाना जितना कठिन था, उससे भी कठिन था सहायता में मिली हुई वस्तुओं और रकमों को सही जगहों तक पहुँचाना। स्वार्थी और लालची लोगों के सींग नहीं हुआ करते, न कोई खास किस्म का झंडा-पताका होता है उनका।

एक रोज रात के अँधेरे में मास्टर टेकनाथ एक पैकेट गंधक, पाँच पौंड वजन का नारियल के तेल का टिन, पाँच टिकिया नीम के साबुन की, और डॉक्टरी मरहम की दो-तीन डिबिया लेकर आया।

सुखदेव शाम की संध्या और पूजा से निबट चुके थे, छोटी भतीजी की तबीयत बहला रहे थे।

पूछा उन्होंने—क्या है, मास्टर ?...बैठो !

कुछ नहीं, सुखदेव भाई !—मास्टर बैठ गया। बरामदे में चारपाई पहले से ही बिछी पड़ी थी।

छप्पर के बाँस से लालटेन लटक रही थी। साफ शीशे की उस मद्धिम रोशनी में सुखदेव ने टेकनाथ के चेहरे की तरफ गौर से देखा। चालीस से ऊपर का अधेड़ आदमी। खिचड़ी बाल। गोल मुखड़ा। गेहुँआ सूरत। गले के नीचे आधी बाँहोंवाली डोरिया कमीज थी। काली-पतली कोर की मैली धोती का छोर पैरों से बित्ता-डेढ़ बित्ता ऊपर ही लटक रहा था। छाती पर बाईं तरफ कमीज के पाकिट में मामूली क्लिपवाली पीली पेंसिल चमक रही थी। पैर खाली थे।

मास्टर ने लड़की को नजदीक बुलाया। अँगोछे में बँधा सामान थमाकर उससे कहा—अंदर रख आओ, बिटिया ! समझी !...

माथा हिलाकर लड़की ने हामी भरी। सुखदेव के सामने से बरामदे के छोर पर कोठरी की ओर जाने लगी, तो उन्होंने लपककर पकड़ा—देखूँ क्या है ?

मास्टर ने मुस्कुराकर कहा—आप इसे जाने दीजिए सुखदेव भाई, अभी-अभी मैं सबकुछ बताता हूँ आपको...जा बिटिया, रख आ। अँगोछा वापस लेती आना...समझी न !

लड़की अंदर चली गई।

सुखदेव हथेली पर तंबाकू-चूना मलकर सुरती तैयार कर रहे थे। टेकनाथ मास्टर चारपाई से उतरा, उनके करीब आकर बैठ गया और फुसफुसाकर बातें करने लगा।

हथेली पर सुरती तैयार होती रही। बातचीत के बीच दोनों के सिर हिलते रहे, आँखें फैलती-सिकुड़ती रहीं। विदेशी लालटेन के मद्धिम प्रकाश में दस-पाँच कीड़े हुलसते-झुलसते रहे।

लड़की खाली अँगोछा लेकर वापस आई कि टेकनाथ ने सुखदेव से सुरती लेकर निचले होंठ के हवाले की।

जाने लगा तो सुखदेव बोले—अरे, बैठो अभी !

—नहीं भैया, जरूरी काम है—मास्टर ने कहा।

—बाजार जाओ तो पंचांग लेते आना।

—कौन-सा ?

—कोई भी।

—अच्छा, लेता आऊँगा।

थोड़ी देर बाद अंदर खाने गए तो मामी ने सौगात की सारी वस्तुएँ सामने फैला दीं। दस-पाँच कौर ही मुँह के अंदर डाले थे, बाजारू सामग्री की प्रदर्शनी निगाहों के आगे आ पड़ी, तो मुस्कुराने लगे पंडितजी।

खाते समय बोलते नहीं थे। तनी भौंहों और फैली आँखों के जरिए आश्चर्य का भाव बिखेरते हुए प्रश्न की मुद्रा में सिर हिलाया—क्या है यह सब !

दुगुने विस्मय में मामी चिहुँक उठीं। कहा—टुनू के हाथों यह सब आपने ही तो भेजा था अभी ! लाल रंग के अँगोछे में...

सुखदेव ने माथा हिलाकर स्वीकार किया और खाने लगे।

मामी के हाथ में पंखी आ चुकी थी। नजदीक बैठकर अब वह सुखदेव को हवा कर रही थीं। जरा देर बाद उन्होंने अपर्णा यानी बड़ी बच्ची को पुकारा—अप्पी, ओ अप्पी !

—अभी आई, मामी !—अपर्णा ने ऊँची आवाज में जवाब दिया। वह इस समय चाची से नेपाल के उनके अपने ग्राम-जीवन की बातें सुन रही थी। बीच में उठ जाना उसे बुरी तरह अखरा। लेकिन क्या करती ?

मामी को बच्चे भी मामी ही कहते आए थे। सुखदेव को छोड़कर बाकी सबको वे भी 'तुम' या 'तू' ही कहकर संबोधित करतीं। सुखदेव चार साल बड़े और खटकर्मी पंडित थे, इसी से उनके लिए मामी के मुँह से 'आप' निकलता।

अपर्णा आई। मामी ने इशारे से बताया कि अपने चाचा के सामने फैली वस्तुएँ उठा ले जा। वह उन्हें आँचल में उठाने लगी तो चाचा ने बाएँ हाथ से संकेत किया—नहीं, अभी इन्हें नहीं उठाओ...जाओ, अपना काम करो।

अपर्णा वापस चली गई।

रसोईघर के बरामदे में पीढ़े पर बैठकर सुखदेव खाना खा रहे थे। सामने आँगन था। बरामदे के नीचे मुहल्ले का चौकीदार बैठा हुआ था—काला कुत्ता। खानेवाले के परिचित चेहरे की तरफ और भोजन-सामग्री की तरफ उसकी निगाहें गड़ी थीं। हमेशा की तरह उसे इस थाली के भात के आखिरी कौर का इंतजार था।

मामी का दाहिना हाथ सहज गति में पंखी झलता रहा, चेतना थोड़ी देर के लिए कहीं और चली गई थी...कोई आकर कुछ दे जाए और घर के लोग बिना समझे-बूझे यों ही उसे ले लें, दुखमोचन के लिए यह बात बरदाश्त के बाहर थी। कुछ वर्ष पहले, पड़ोस के गाँव का कपड़ा-सौदागर सुखदेव पंडित को रेशमी छींटों का एक छोटा बंडल थमा गया था। चार रोज बाद दुखमोचन को पता लगा तो उन्होंने छींटें वापस भेज दी थीं। पिछले साल अकाल-निवारण समिति का एक सदस्य यहाँ के लोगों में सहायता का सामान बाँटने आया था। जाते-जाते ओवल्टीन और जमाए हुए दूध के दो छोटे डिब्बे छोड़ता गया। सुखदेव ने वह दूध भगवान को भोग लगाकर बच्चों में वितरित करना शुरू कर दिया। मालूम होने पर दुखमोचन ने भाई को कितना लताड़ा था ! दुर्गा-पूजा के दिनों में गाँव के नौजवानों ने नाटक किया था। पीछे हुआ यह कि मुँह में लगाने का पाउडर काफी बच गया। मधुकांत का भतीजा अपने लिए उसे छिपा रखना चाहता था। चचेरे भाइयों के डर से यहाँ अप्पी को चुपचाप थमा गया पाजी। टुनू ने चुगली खाई...पिता अपर्णा पर बहुत गुस्सा हुए। मामी को भी बातें सुननी पड़ीं...

तीन-चौथाई खाना खाकर सुखदेव ने पानी-भरा गिलास उठा लिया और ऊपर-ही-ऊपर मुँह में पानी डालने लगे। काशी के पढ़े पंडित थे, गिलास या लोटे में मुँह लगाकर पानी नहीं पीते थे।

गट-गट की हल्की आवाज आई तो मामी का ध्यान टूटा। थाली की तरफ देखा तो तरकारी नहीं थी।

भिगोए हुए अरवा चावल पिसवाकर पीठी तैयार करवाई थी और उसमें लपेटकर कचनार के फूलों के पकौड़े तले थे। दुखमोचन को ये पकौड़े बेहद पसंद थे।

पंखी नीचे रखकर मामी उठीं, चार पकौड़े लाकर थाली में रख दिए। हाथ धो आईं तो बैठकर फिर पंखी झलने लगीं।

मिसरी की बुकनी मिलाकर गाय का दूध पीते थे, पाव डेढ़-एक। रात का खाना खाते ही कटोरा-भर दूध पी जाना उनका दस्तूर था। अप्पी दूध ले आई थोड़ी देर बाद, ऊपर से मिसरी की बुकनी छिड़क गई।

खाना खाकर सुखदेव ने दूध का कटोरा खाली किया। आचमन का पानी लेकर मौन तोड़ा—मास्टर टेकनाथ दे गया है यह सब...क्या-क्या है, देखा नहीं खोलकर ?

मामी ने कहा—मैं नहीं जानती, यह आपका काम है।

कुत्ते के लिए डबल कौर भात मुट्ठी में लेकर सुखदेव उठे, खड़ाऊँ पहनकर बाहर गए। मुहल्ले का परिचित कुत्ता पहले से ही बैठा था, पीछे-पीछे गया। हाथ-मुँह धोकर वह अंदर आए।

अँगोछे के छोर से हाथ-मुँह पोंछकर उन्होंने पैकेट खोला। अपनी कड़ी महक से गंधक ने मानो उनकी नाक तोड़ दी। मुँह बनाकर 'ऐ ऐ' करने लगे। टिकिया और मरहम सूँघे, तो उनसे गंधक की बू भभक उठी। नारियल के तेल का डिब्बा हथेली पर लेकर वजन का अंदाज लिया तो आँखें फैल गईं। बोले—दो सेर से कम तो क्या होगा ! क्यों, अप्पी ?

अपर्णा कुछ क्षण पहले ही आकर नजदीक खड़ी थी। मुस्कुराकर कहा—हाँ, चाचा; दो सेर तो जरूर होगा।

मामी कुछ नहीं बोलीं। अपर्णा ने हाथ आगे बढ़ाया—लाइए, देखूँ। कहाँ का है ? कलकत्ता का या बंबई का ?

सुखदेव ने तेल का डिब्बा अप्पी को थमा दिया। मामी की तरफ मुँह करके कहने लगे—हमारे बबुअन दुनिया-भर के लिए तो सचमुच दुखमोचन हैं, किंतु अपने परिवार में किसे क्या कष्ट है, इसकी उन्हें रत्ती-भर परवाह नहीं ! फुंसियों के मारे समूचा बदन सड़ गया है, मेरा भी और बहू का भी। देखती हो न !

मामी अब भी चुप रहीं।

वह सफेद फाइन साड़ी पहने हुए थीं, उनका सुर्ख और चौड़ा किनारा लालटेन की मधुर-मद्धिम रोशनी में खूब ही चमक रहा था। साँवले चेहरे पर उनकी बड़ी-बड़ी आँखें भी खूब चमक रही थीं।

साड़ी की बँधी खूँट खोलकर मामी ने एक इलायची निकाली। सुखदेव ने हाथ बढ़ाकर उसे ले लिया। छिलका छुड़ाते हुए अपर्णा की ओर देखा और दाने मुँह में डाल लिए।

अपर्णा तेल के डिब्बे पर छपा हुआ विवरण बाँच रही थी जो कि चार लिपियों और भाषाओं में अलग-अलग छपा था। हिंदीवाला विवरण पढ़कर उसने डिब्बा बरामदे

पर रख दिया और बोली—बड़ा अच्छा तेल है।

सुखदेव ने कहा—अपनी चाची को समझा दो कि इस तेल में गंधक मिलाकर लगाएँगी तो चार ही दिन में खुजली भाग जाएगी। साबुन की टिकिया भी तो है। यह नीम का असली साबुन होगा...दो हैं, एक वे लगाया करेंगी...

—और दूसरी आप !—चाचा के मुँह की बात छीनकर भतीजी बोल उठी।

साबुन की एक टिकिया और मरहम की एक डिबिया लेकर सुखदेव बाहर बैठकखाने की तरफ जाने लगे तो अप्पी से कहा—बाकी यह सब सँभालकर रखना !

चाचा बाहर निकले तो भतीजी ने छोटी चाची को पुकारा—अरे, आकर देखो भी तो !

मामी ने मुँह बनाकर अपर्णा की तरफ देखा और कहा—बाप को नहीं पहचानती है ? आने तो दे उन्हें...

अपर्णा सचमुच ही बाप को नहीं पहचानती थी। सुखदेव भी भाई को नहीं पहचानते थे। छोटी बहू भी नहीं पहचानती थी उन्हें। बस मामी ही दुखमोचन के मर्म की बातें जानती थीं, और कोई नहीं जानता था उन्हें।

अपर्णा और बहू खा-पीकर सो गईं। मामी ने सिर-दर्द का बहाना करके खाना नहीं खाया। चटाई और तकिया बरामदे में डालकर लेट रहीं। बत्ती कम करके लालटेन को अंदर रख लिया गया था।

दुखमोचन लौटे तो रात डेढ़ पहर ज्यादा हो गई थी। दस बजेवाली ट्रेन उत्तर की तरफ जा चुकी थी। दालान के सामने बाहरी आँगन में झंडे के बाँस के करीब वही काला कोतवाल बैठा था। गर्दन ऊँची करके पूँछ को बार-बार हिला-डुलाकर उसने उनकी अगवानी की। आगे बढ़ते ही तरुण हरसिंगार की हँसती-खेलती टहनियों ने अपनी ताजा खुशबू से उन्हें मस्त कर दिया। भीतरी आँगन के प्रवेश-द्वार पर दाहिनी ओर वह भी पहरेदार की तरह ही लग रहा था।

आहट पाते ही मामी उठीं, बत्ती तेज करके लालटेन ले आईं घर से। दुखमोचन ने जूते खोलकर कुर्ता उतारा। कुर्ता मामी को थमाकर बनियाइन निकाली। उसे नाक के करीब लाकर चटाई पर फेंक दिया और बोले—दिन-भर पसीना निकलता रहा, आधा आसिन बीत चला फिर भी उमस कम नहीं हुई...

मामी ने पीढ़ा लाकर रख दिया। दुखमोचन बैठ गए।

दिन-भर की थकान ने चेहरे की ताजगी चाट ली थी—राहु की छाया जिस तरह चाँद की ताजगी चट कर जाती है।

मामी पंखे से उन्हें हवा करने लगीं। कहा—नहाने की जरूरत नहीं, अँगोछा भिगोकर समूची देह पोंछ लेना ! बस...

—नहीं, मामी—दुखमोचन ने कहा—नहाऊँगा तो अवश्य।

मामी बोलीं—मौसम है बुखारों का, कब कैसे किसको बिस्तर पकड़ना पड़े, कोई ठीक नहीं।

—सब ठीक है, मामी !

दुखमोचन सुबह तो नहाते ही थे, रात को भी अक्सर नहाते थे। इस मामले में मामी की हिदायत का बाँध बीच-बीच में टूटता रहता था।

दाढ़ी की खूँटियाँ इस कदर उभर आई थीं कि मामी की निगाहों में बुरी तरह गड़ती थीं। मन-ही-मन मामी ने अपने-आपसे कहा—आज भी इन्हें हजामत बनवाने की फुरसत नहीं मिली...फिर उन्हें हज्जाम पर गुस्सा आया कि हफ्ता-हफ्ता गुजर जाता है, समय पर कभी नहीं आता, पाजी कहीं का !...सेफ्टीरेजर पड़ा है मुद्दत से, उसको नहीं छुएँगे। साँप है, डस नहीं लेगा !

गेहुँआ सूरत के गोल गालों पर काली खूँटियाँ सचमुच भद्दी लग रही थीं। मामी के जी में आया कि आईना लाकर हाथ में थमा दें। लेकिन इस वक्त उन्होंने कुछ नहीं कहा। चुपचाप हवा करती रहीं।

पंद्रह-बीस मिनट तक जुड़ा लिए तो दुखमोचन उठकर बाहर आए। धोती, अँगोछा और लोटा लेकर मामी पीछे-पीछे आईं।

डोल-डोरी हमेशा कुएँ के जगत के पास ही रखी रहती थी। दो गज लंबा और एक गज चौड़ा पटरा बना था सीमेंट का, जिस पर बैठकर लोग नहाते थे; कपड़े पछीटते थे।

दुखमोचन बैठ गए पटरे पर, मामी कुएँ से पानी भर-भरकर डोल थमाती गईं। दस-बारह डोल पानी बदन पर डालकर नहाना हुआ।

कपड़े बदलकर धोती पछीटकर अंदर आए। खाना खाया।

मामी ने जान-बूझकर अभी उनसे मास्टर टेकनाथवाली बात नहीं बताई कि कहीं नींद में अड़चन न आ जाए।

टुनू रात को आठ बजे ही सो जाती थी और तड़के उठती थी। उठकर पिता के बिस्तर पर पहुँचती। आधा घंटा, पाव घंटा तक उनसे बात करती और खेलती। जिस रोज ऐसा नहीं होता, उस रोज वह दिन-भर उदास रहा करती या चाची और बहन से लड़ती रहती।

मामी बारहों महीने सुबह-सुबह नहा लेतीं। उसके बाद पिंडी की शकल में स्थापित कुलदेवी दुर्गा की पूजा करतीं। फिर अपनी इष्टदेवी 'काली' का एक अक्षरवाला बीज मंत्र 'क्लीं' जपती थीं, हजार बार। आखिर में एक-एक अध्याय चंडी और गीता। अपने इस नित्य-कर्म में एक घंटा समय उनका जाता था।

अगले दिन वह खूब सवेरे सोकर उठीं। नहा-धोकर पूजा-पाठ से निबट चुकीं तब भी अभी सूरज नहीं निकला था।

दुखमोचन टुनू से बातचीत कर रहे थे।

लड़की ने कल भालू का नाच देखा था। मामी चुपचाप अंदर आईं तो वह नाच की नकल उतार रही थी...ढब्बर ढब्बर ढब्बर ढब्बर ! थइया थइया थइया ! ढम-ढमाक् ! ढब्बर ढब्बर ढब्बर...

दुखमोचन लेटे-लेटे ही यह सब देख रहे थे। नकल दिखानेवाली टुनू के लिए उन्होंने आधे से अधिक पलंग छोड़ दिया था, खुद एक तरफ हटकर पलंग की पट्टी से सट गए थे। लड़की ताली पीट-पीटकर भालू के नृत्य का अभिनय कर रही थी। पिता की प्रसन्न मुख-मुद्रा से उसका उत्साह दुगुना हो गया था।

मामी को किसी ने नहीं देखा। वह ठिठककर खड़ी रह गईं। क्षण-भर को उनका भी चेहरा इस दृश्य से खिल उठा। उन्हें अपना बचपन याद आ गया। वह भी अपने बाप की ऐसी ही लाड़ली थीं कभी; उन्हें भी नाच-गाना, स्वाँग-थिएटर का भारी शौक था।

दो मिनट तक मामी प्रतिमा-सी खड़ी रहीं—भीत से सटकर, कि नाच की भाव-भंगिमा में कुलाँच खाकर टुनू ने उन्हें देख लिया। आँखें चार होते ही बेचारी शरमा गई। दुखमोचन ने गर्दन फेरकर नजर मारी तो मामी को मुस्कुराते पाया। फिर तो दोनों भभाकर हँस पड़े।

लाज के मारे लड़की भाग गई।

थोड़ी देर तक हँसते रहे।

तब मामी ने रातवाली बात बताई। दुखमोचन का चेहरा बेहद गंभीर हो उठा।

काफी देर तक उनके मुँह से एक शब्द भी नहीं निकला तो मामी बोलीं—आज हजामत कहीं जरूर बनवा लेना !

ऊँः—अनमने स्वर में दुखमोचन ने कहा और कान पर जनेऊ चढ़ाया।

लोटा और कंधे पर अँगोछा। बाहर निकले, मामी भी घर से बाहर आईं। पीछे मुड़े बिना ही बोले—सारी चीजें अलमारी में रख लो। देखना इनका इस्तेमाल न होने पावे।

बाहर कुएँ के नजदीक, सीमेंट के पटरे पर बैठकर सुखदेव इमली की टहनी की दाँतुन से दाँतों को घिस रहे थे। दुखमोचन ने भाई की ओर देखा तक नहीं। डोल से पानी ले लिया। सीधे पूरब की तरफ चल पड़े।

आसिन का साफ-सूफ नीला आसमान बड़ा ही सुहाना लग रहा था क्योंकि धूप नहीं चढ़ी थी अभी। हरी-ताजी दूबों के नुकीले सिरे ओस की बूँदों के बोझ से झुके क्या थे, एक-एक मोती को कैद किए हुए इठला रहे थे।

दूर तक धान के खेत फैले थे। खिलती मंजरियाँ हरियाली एकरसता को खत्म कर रही थीं। ओस के भीगे पत्ते यहाँ तेजी से चमक रहे थे। मेंड़ों पर से दुखमोचन आगे बढ़ते गए।

खेत खत्म हुए तो बाँसों का जंगल आया, फिर अमराई।

अमराई में घुसे तो नदी के किनारे जा निकले। काँस के सफेद फूलों की बाढ़ देखकर तबीयत मानो धुल ही गई।

यह जीवछ की शाखा-नदी थी, अपना कोई स्वतंत्र नाम नहीं था। चौमासे में फूल उठती थी, बाकी ऋतुओं में तो नहाने लायक भी पानी नहीं होता था। किनारे के गाँवों

में किसान जगह-जगह इसकी धारा को बाँध लेते थे और सूखा के दिनों में करीन या कूँड़ लगाकर पानी उठाते थे।

दुखमोचन ने दिशा-फरागत से निबटकर नदी के पानी में हाथ-मुँह धोए, जामुन की टहनी से दातुन किया और लौट आए।

नहा-धोकर नाश्ता किया। धुली बनियाइन और कोकटी रंग का कुर्ता डालकर निकल पड़े।

नित्याबाबू गाँव के सबसे धनी व्यक्ति थे। उम्र पचपन और साठ के अंदर थी। आधुनिक ढंग का पक्का दुमंजिला मकान पहले-पहल उन्होंने तैयार करवाया था। सोलह जंगले, आठ दरवाजे ! बड़े-बड़े चार कमरे ! लोहा और सीमेंट का खुलकर उपयोग हुआ था। शोहरत थी, दस हजार रुपए नकद लगे थे। लोगों ने ग्रामोफान पहले-पहल उन्हीं के दालान पर सुना था; पिछले वर्ष से रेडियो भी बज रहा था। पोता विलायत गया था बैरिस्टर बनने। छोटे लड़के की शादी हुई तो बाईस हजार का तिलक चढ़ा। पोती का ब्याह हुआ तो पंद्रह हजार गिने थे।

दुखमोचन पहुँचे तो नित्याबाबू मुलायम चटाई पर पेट के बल लेटे हुए थे। नौकर मालिश कर रहा था। लाल और पीले तेलों की दो शीशियाँ रखी थीं। नाश्ते की तश्तरी और चाय की जूठी प्याली पर मक्खियों के झुण्ड जमा थे। अंग्रेजी दैनिक के पेज अलग-अलग पड़े थे।

—आओ दुखमोचन !—नजर पड़ते ही नित्याबाबू ने कहा।

दुखमोचन खाली कुर्सी पर बैठे और हालचाल पूछा।

हालचाल सुनकर नित्याबाबू ने नौकर को चाय लाने की हिदायत दी और उठ बैठे।

धीमी आवाज में बोले—बुलाया इसलिए कि बहुत दिनों से मुलाकात नहीं हुई थी तुमसे। आजकल व्यस्त रहते हो। दुनिया-भर की फिकर तुम्हें सताती है। अरे, कुछ हम बुड्ढों की भी फिकर रखो, दुखन !

दुखमोचन समझ नहीं पा रहे थे कि बाबू नित्यानन्द ठाकुर के पेट में क्या है। बिना किसी खास मतलब के तो उन्हें याद नहीं आई होगी दुखमोचन की।

नित्याबाबू के स्वर एकाएक हमदर्दी में डूब गए—भले तो तुम कलकत्ता में थे। ओह, कितना कमाते थे ! कैसे सलीके से रहा करते थे। सिल्क का कुर्ता, नफीस धोती और कीमती जूते पहनकर जब तुम गाँव में निकलते थे तो हमारा सीना तन जाता था...अरे, तुम्हें यह क्या सूझा है कि नौकरी छोड़कर...

दुखमोचन को फिजूल लगीं यह बातें। कहा—अजी छोड़िए, इस पुराने पचड़े में अब क्या रखा है ? चाचाजी, कोई काम की बात कीजिए।

क्षण-भर के लिए रुककर भी नित्याबाबू ने छोड़ा नहीं। हमदर्दी और गहरी हो आई—बेटा, अभी तेरी उमर ही क्या है। मैंने तो पैंतालीस वर्ष की उम्र में तीसरी शादी की थी। किस चीज़ की कमी है ? भगवान ने क्या नहीं दिया है तुझे ! जवानी के जोश

में अभी तो नहीं अखरेगा मगर बुढ़ापा आने पर...

दुखमोचन इस बकवास से उकता उठे तो प्रसंग बदलना चाहा।

चक्रपाणि गत दो वर्षों से लन्दन में कानून की पढ़ाई कर रहा था। नित्याबाबू को अपने पोते की विदेश-यात्रा का भारी गुमान था और जब कभी कोई इस बात की चर्चा छेड़ देता तो उनके पोपले गाल खौलते तेल में पकते गुलगुलों की तरह ऊपर-नीचे होने लगते। वह देर तक चक्रपाणि की खूबियों और सम्भावनाओं पर प्रकाश डालते रहते। दुखमोचन को यह मालूम था।

यों ही दुखमोचन ने कहा—चाचा, लन्दन में आजकल बड़ी अशान्ति है। जहाजी मजदूर हजारों की तादात में हड़ताल करनेवाले हैं, समूचा शहर उनका साथ देगा... चक्रपाणि का खत-वत आया है न ?

निताई बाबू के मन ने झटका खाया। आशंका और आश्चर्य में भरकर बोले—कहाँ ? अखबारों में इस तरह की एक भी खबर कहाँ आई है, दुखमोचन ? तुम्हें यह कैसे मालूम हुआ ?

—मुजफ्फरपुर के एक लड़के ने अपने पिता को लिखा है।

—मगर बच्चाबाबू ने तो किसी को कुछ नहीं लिखा है।

—शायद आनेवाले पत्र में लिखेगा।

—हुँ...

अब कुछ देर तक चक्रपाणि की बातें होती रहीं। इस बीच चाय आई तो दुखमोचन ने प्याले को खाली किया।

आखिर नित्याबाबू अपने मतलब पर पहुँचे। कहा—गेहूँ आनेवाला है, कैसे क्या होगा उसका ?

तो यह बात है, दुखमोचन ने सोचा, मुफ्त का गेहूँ चाहिए इनको ! इसलिए हमदर्दी की पिचकारी छोड़ रहे थे !

—पता नहीं कब तक आएगा ?—जवाब में दुखमोचन बोले और नित्याबाबू की बदलती निगाहों को तोलने लगे।

—कहाँ रखा जाएगा उतना गेहूँ ? अपने-आप बुड़बुड़ाए नित्याबाबू। एकाएक उठकर खड़े हुए और दुखमोचन का कन्धा थपथपाया। फुसफुसाकर कहा—आधा अनाज लोगों में तत्काल बाँट देना और आधा तुम अपने घर में रख लेना...

दुखमोचन उठकर खड़े हो गए। भौंहें तन रही थीं, चेहरा सिकुड़ रहा था।

नित्याबाबू की सधी नजरों ने यह भावान्तर ताड़ लिया। हँसकर बोले—पागल कहीं के ! अमानत के तौर पर सौ-दो सौ मन गेहूँ अगर तुम्हारे घर में पड़ा रहेगा तो क्या बुरा है ? समय-समय पर लोगों को मिलता रहेगा न ?

दुखमोचन खड़े-खड़े न जाने क्या सोचते रहे। पता नहीं, नित्याबाबू के हितोपदेशी सूत्र उनके अंदर धँस रहे थे या नहीं ! लेकिन उनकी चुप्पी से उत्साहित होकर नित्याबाबू कहने लगे—बाढ़ और अकाल के संकटों का शिकार, बताओ कौन नहीं है ! कौन है

जिसे गेहूँ नहीं चाहिए ? कहे तो कोई छाती पर हाथ रखकर...

पान की सीठी दबी पड़ी थी मुँह के अंदर। उसे थूककर नित्याबाबू ने गला साफ किया। अब उन्हें लगा कि दुखमोचन पर इन बातों का रत्ती-भर भी असर नहीं पड़ा। फिर उन्होंने आखिरी तीर छोड़ा—साँवा-कोदो और मकई-मडुवा ही जिनके लिए सबसे अच्छी किस्म का अनाज ठहरा, उन्हें गेहूँ देना बेकार होगा। वे ले तो लेंगे, लेकिन मिट्टी के भाव सारे दाने बेच डालेंगे। घूम-फिरकर सहायता का वह गेहूँ सही जगहों पर आ ही जाएगा। विधाता ने गेहूँ और धान सबके लिए थोड़े ही सिरजे हैं ?

ठीक, बिलकुल ठीक, चाचा !—मन को काबू में करके दुखमोचन ने कहा और हँस पड़े।

नित्याबाबू ने झुककर स्टूल पर से चाँदी की डिब्बी खोली। दो बीड़े पान के निकाले। एक दुखमोचन की तरफ बढ़ाया और दूसरा अपने मुँह में डालकर जर्दा की छोटी शीशी आगे कर दी; आँखों से इशारा किया—लो !

दुखमोचन ने चुटकी-भर जर्दा ले लिया और विदा हुए।

नित्याबाबू ने पीछे से कहा—माघ में मुन्नी का गौना होगा, पाँच-सात मन गेहूँ चाहिए...

अटक गए नित्याबाबू फिर; दुखमोचन खुले नहीं, न पीछे मुड़कर देखा ही।

लेकिन नित्याबाबू से नहीं रहा गया; ऊँची आवाज में कहा—तुम्हारा ही भरोसा है, दुखमोचन ! इस बुड्ढे को भूलना नहीं, बेटा !

दुखमोचन क्षण-भर के लिए ठिठक गए, मुड़कर पीछे देखा। उसी तरह ऊँची आवाज में कहा—मैं भला आपको भूलूँगा ? कभी नहीं ! कभी नहीं !

—खूसट कहीं के !—बुड़बुड़ाए दुखमोचन और अभी-अभी जो जर्दा पान मुँह के अंदर डाला था, उसे थूककर आगे बढ़ गए।

तीन

कंचन का छोटा दालान लोगों से ठसाठस भरा था।

यह गाँव का वह हिस्सा था जो बेहद घना था और जहाँ कड़ी मेहनत-मजदूरी करके गुजारा करनेवाले लोग रहते थे। ये कई जातियों के थे। अच्छी हैसियत के थोड़े ही परिवार थे इनमें। भूमिहीनों की ही तादाद ज्यादा थी।

चार सौ मन गेहूँ आया था। हो तो गई थी देर, फिर भी इस गल्ले की जरूरत थी।

तख्तपोश पर दुखमोचन बैठे थे। वेणीमाधव के सामने कापी थी, पेट के बल झुककर फाउंटेनपेन से वह कुछ लिख रहा था। मधुकांत तख्त से सटी भीत से उठँगकर खैनी मल रहा था।

आसपास कंचन, चुल्हाई, गोनौड़, कन्हाई, राधे, परमेसर, सनीचर आदि बैठे थे। इधर-उधर पचासों जने खड़े या बैठे दुखमोचन और वेणीमाधव की ओर देख रहे थे। जुलाहों के टोले-मोहल्ले से रहीम और लतीफ आए हुए थे। चमारों की बिरादरी के बूढ़े बौधू चाचा मौजूद थे।

दो-ढाई घंटे की माथापच्ची के बाद फेहरिस्त तैयार हुई थी। वेणीमाधव अब उसे अलग कापी में उतार रहा था।

फी परिवार आधा मन के हिसाब से दो सौ सत्तर परिवारों को एक सौ पैंतीस मन; दस-दस सेर के हिसाब से नौ सौ परिवारों को दो सौ पच्चीस मन; एक-एक मन के हिसाब से पच्चीस परिवारों को पच्चीस मन; कुल जमा ग्यारह सौ पचानवे परिवारों में तीन सौ पचासी मन अनाज तकसीम किया जानेवाला था।

पूरी लिस्ट तैयार करके वेणीमाधव ने कापी दुखमोचन को थमा दी। देर से बैठा था, जोरों की पेशाब लग आई थी; दालान से बाहर निकल आया।

दुखमोचन ने पेंसिल से दो-एक जगह जाने क्या ठीक-ठाक किया। लोगों की तरफ इधर-उधर निगाहें घुमाकर बोला—भाइयो, फेहरिस्त तैयार करना झंझट का काम होता है। आप सबकी मदद न मिली होती तो भारी दिक्कत का सामना करना पड़ता। अब यह तैयार है, सुनिए...

पूरी लिस्ट बाँचकर दुखमोचन ने सुना दी। इस बीच वेणीमाधव अपनी जगह पर आ चुका था और एक बार फिर मद्धू की बाईं हथेली पर सुरती तैयार हो गई थी।

—क्यों, ठीक है न ?—दुखमोचन ने लोगों से पूछा।

बौधू चाचा की आँखें फैल गईं। उसने लतीफ की ओर देखा। वह पास ही खड़ा था।

अपनी उँगली से बौधू की बाँह गोदकर भौंहों के इशारे से मालूम करना चाहा—क्या है ?

बिना दाँतोंवाले पोपले मुँह के अंदर बूढ़े की जीभ चंचल हो उठी, मगर होंठ यों ही खुले रहे। शब्द एक भी नहीं निकला।

लतीफ बोला—बोलेगा सो नहीं होता है, बस अंदर-ही-अंदर जीभ नचा रहा है !

—बोलो ! बोलो !—एकसाथ कई आवाज़ें उठीं।

बौधू दुखमोचन की तरफ गौर से देखने लगा। उन्होंने हाथ के इशारे से बढ़ावा दिया—कहो, क्या कहना है ?

—सरकार !—बौधू ने मानो बड़ी मुश्किल से कहा—दू ठो नाम छूट गया है, सरकार !...

वह फिर चुप हो गया, दुखमोचन का ध्यान फेहरिस्त के उस अंश पर भागा जहाँ चमार भाइयों के नाम आए थे।

बूढ़ा ज़रा देर तक चुप रहा तो दुखमोचन ने अपनी आँखों के इशारे से उसे वे नाम बतलाने के लिए उत्साहित किया।

बौधू ने कहा—मालिक, एक ठो नाम बुधनी का छूट गया है; दूसरा नाम छूटा है झिंगुर का...

दुखमोचन मधुकांत और वेणीमाधव की तरफ देखने लगे, उन दोनों की निगाहें रामसागर पर जा अटकीं। रामसागर और कंचन पर चमारों की बिरादरी में से अकाल-पीड़ितों का पता लगाने की जिम्मेदारी सौंपी गई थी। उन्होंने पाँच नाम दिए थे।

रामसागर ने डपटकर बौधू से पूछा—कौन बुधनी ?

—मोसम्मात है, बीमार रहती है बेचारी ! आगे-पीछे कोई नहीं है उसके...

फिर उसने सोमना से पूछा—क्यों रे, जानता है तू बुधनी को ?

चौड़े चेहरे का बादामी आँखोंवाला एक साँवला नौजवान सामने आकर बोला—परसों तक तो वह थी नहीं, कहीं चली गई थी, सागर बाबू !

इस पर बौधू ने कहा—चिलबिल की बेवा है हजूर, भूख के मारे नहीं रहा जा सकता है तो हाट-बाजार की तरफ निकल जाती है और चार-चार, छः-छः दिन बाद लौटती है।

—अच्छा झिंगुर कौन है ? दुखमोचन ने पूछा।

सोमना ने कहा—नदी के पार लखनौली में चरवाहे का काम करता है बाबू !

—जी हजूर, टूगर है। न माँ है उसके, न बाप...

बौधू ने लड़खड़ाती जीभ से समर्थन किया।

पाँच सेर अनाज पानेवालों में बुधनी का नाम दर्ज कर लिया गया। झिंगुर के लिए इसकी कोई आवश्यकता नहीं समझी गई।

दुखमोचन ने पूछा लोगों से—अब तो ठीक है न ?

—ठीक है, ठीक है !—एकसाथ ही बहुत-सी आवाज़ें उठीं।

दालान में भीतर की खूँटी से मृदंग टँगा था। एक छोकरे ने देर की चुप्पी और स्थिरता से ऊबकर उसे थपथपा दिया तो दुखमोचन भभाकर हँस पड़े। मधुकांत, वेणीमाधव और रामसागर ने भी साथ दिया। फिर तो करीब-करीब सारे ही हँस पड़े।

कंचन की बहन बाल्टी में गुड़ का शरबत ले आई। पहला लोटा भरकर उसने दुखमोचन को थमाया।

दो घूँट पीकर वह बोले—शाबाश चमकी ! क्या बढ़िया शरबत बनाया है ! काली मिर्च और सौंफ पीसकर डाल दिए हैं। वाह री बहिनिया !

अपने शरबत की प्रशंसा सुनकर चमकी का चेहरा खिल उठा। मुस्कुराकर बोली—तुम्हें खिलाने-पिलाने को भला क्या है हमारे पास, भइया ? पानी भी तो पराया ही लाई हूँ !

सचमुच कुआँ काफी दूर था। इधर के दो सौ परिवारों के बीच दो छोरों पर दो कुएँ पड़ते थे। पिछले चालीस-पचास वर्षों में आबादी काफी बढ़ी थी। दो कुएँ और होते तो ठीक थे।

दुखमोचन ने दूसरा लोटा नहीं लिया। मद्धू, वेणी और रामसागर ने भी बारी-बारी

से शरबत पिया।

फिर एक-एक टूक सुपारी मिली चारों को।

दुखमोचन दालान से निकल आए और ऐलान किया—दोपहर बाद अपना-अपना अनाज ले आना !

सभी के चेहरे खुशी में दमकने लगे।

कंचन बोला—मैं बाजार जा रहा हूँ।

—चमकी तो रहेगी न ?—वेणीमाधव ने पूछा।

माथा हिलाकर आहिस्ता से उसने जवाब दिया—हूँ !

अगले ही क्षण कंचन का दालान सूना पड़ गया। लोग अपने-अपने घर की और चले गए थे।

मधुकांत और रामसागर कुछ दूर तक साथ आकर दुखमोचन ओर वेणीमाधव से अलग हो गए।

ये दोनों एक तरफ के रहनेवाले थे।

चलते-चलते दुखमोचन ने पूछा—तुम्हारी खुजली का क्या हाल है, वेणी ?

अब ठीक है, दुखन भैया !

दुखमोचन ने पीछे घूमकर देखा। सचमुच चकत्ते सूख गए थे और वेणी का बदन चिकना हो गया था। बस, सूखी खाल के हल्के छिलके भुस की तरह यहाँ-वहाँ दिखाई दे रहे थे।

बोले—भैया की भी खारिश छूट चली है, जोगी की अम्मा को भी आराम है।

—सबको आराम है, दुखन भैया !—वेणी ने कहा—गंधक का मलहम बैदजी ने इतना अच्छा तैयार किया है कि कुछ न पूछो ! गंधक और नारियल का तेल तुम्हारी कृपा से आ ही गया था, ऊपर से बैदजी ने भी अपनी तरफ से उसमें कोई बूटी डाल दी थी।

दुखमोचन बोले—वह कोई मामूली बैद थोड़े ही है ! आयुर्वेद की आचार्य-परीक्षा में अव्वल आया था। सोने के दो तमगे मिले थे। चीर-फाड़ की डॉक्टरी ट्रेनिंग भी ले रखी है। छोटानागपुर इलाके की किसी बड़ी डिस्पेन्सरी का इंचार्ज है। पता है, कितना पाता है ?

वेणी ने इनकारी मुद्रा में सिर हिला दिया।

—दो सौ !

—मगर उसके अपने गाँव में लोगों की अच्छी राय नहीं है उसके बारे में। यह क्या बात है, दुखन भैया ?

दुखमोचन को हँसी आ गई। मुँह से निकला—घर की मुर्गी दाल बराबर !

आगे वेणीमाधव का छोटा भाई मिला। उसने दुखमोचन को बताया कि लोगों में अजीब-अजीब अफवाहें फैल रही हैं।

दुखमोचन क्षण-भर के लिए रुक गए। पूछा—एक-आध बता भी दो, जयमाधव !

जयमाधव बीस-बाईस का नौजवान था, एक आँख का भेंगा। मुँह से लफ्ज जल्दी-जल्दी निकलते थे। तैश में आकर बोलता तो लगता कि भाड़ में मक्के डाल दिए हैं और अब खीलों का फूटना फटाफट शुरू हो गया है।

उसने बताया—पहली अफवाह है कि यह गेहूँ ऐसे हैं कि मशीन से इनका सत निचोड़ लिया गया है। गेहूँ नहीं, गेहूँ की सीठी हैं यह ! दूसरी अफवाह है कि जो भी कोई गेहूँ लेगा, उसे जबरन कोसी नदी के किनारे ले जाएँगे; अफसर लोग उससे महीनों बिना मजदूरी के काम लेंगे। तीसरी अफवाह है कि अगले साल सरकार चार गुना ज्यादा अनाज वसूल कर लेगी...

पतली मूँछोंवाले होंठ खिल उठे। दुखमोचन की मुस्कुराहट बड़ी प्यारी लगती थी लोगों को। जयमाधव उनकी तरफ देखता रहा कि मुसकान के पीछे क्या छुपा है।

लेकिन वह मुस्कुराकर ही रह गए, बोले एक शब्द भी नहीं।

वेणीमाधव का मकान करीब था, वे दोनों भाई उधर गलियारे में मुड़ गए।

मन-ही-मन नित्याबाबू की इन कमीनी हरकतों को कोसते हुए दुखमोचन घर पहुँचे, तो सूरज ठीक ऊपर आ चुका था।

सुखदेव खा-पीकर लेट चुके थे। यह उनका दैनिक दस्तूर था। वज्र गिरे चाहे आग लगे, धरती पर ओले बिछ जाएँ चाहे बादल टूट पड़ें, सुखदेव बाबू दिन का खाना खाकर दो घंटे सोएँगे जरूर !

मामी ने धीरे से कहा—बस, इतनी जल्दी लौट आए ? और काम नहीं था ?

मुस्कुराए दुखमोचन, कहा नहीं कुछ।

उत्तरवाले घर के बरामदे पर दो चटाइयाँ बिछी थीं। पाँच गज लंबा लाल कपड़ा उन पर फैला हुआ था। अपर्णा और पद्मा कैंची लेकर सफेद कागज से बड़े-बड़े अक्षर तैयार कर रही थीं। पास ही कड़ाही में लेई रखी थी।

घर के अंदर घुसना था दुखमोचन को; पूछ लिया—क्या हो रहा है, अप्पी ?

बड़ी-बड़ी आँखें पिता के चेहरे पर जमाकर अपर्णा ने कहा—दुर्गा-पूजा में अबकी बाहर के मेहमान आनेवाले हैं न ! मेहराब बनेगा, उस पर लाल कपड़ा टाँगा जाएगा, बापा !...

—अच्छा ऽ ऽ !

—हाँ, चाचाजी !—पद्मा ने सहेली का समर्थन किया।

दुखमोचन क्षण-भर के लिए घर के अंदर गए; कुर्ता खोलकर खूँटी पर टाँग आए। जोरों की भूख लगी थी। सवेरे चिउड़ा-दही और चीनी का नाश्ता करके निकले थे, अब पाँच घंटे बाद पेट बिलकुल खाली था।

रसोईघर के बरामदे पर खाने बैठे। मामी पंखी लेकर हवा करने लगीं। दस-बारह कौर खाकर आधा गिलास पानी पिया और सामनेवाले दूसरे बरामदे पर पद्मा की तरफ देखा।

पद्मा का बड़ा भाई मिहिरकुमार कॉलेज में पढ़ता था। नाटक में अभिनय करने

का तो शौक था ही, कविता और कहानी लिखने का भी शऊर था उसमें। शशिकांत, नवकुमार, अमलेंद्र, प्रज्ञाकर, रविनाथ, मिहिरकुमार... यही चार-छः नौजवान तो थे जो कॉलेज में पढ़ रहे थे। गरमी और दुर्गा-पूजा की लंबी छुट्टियों में जब ये लोग आ जुटते तो कुछ-न-कुछ इनका अपना प्रोग्राम चला करता।

अभी-अभी अपर्णा ने कहा था, बाहर के मेहमान आ रहे हैं। दुखमोचन की समझ में नहीं आ रहा था कि यह कैसा खेल लड़के रचानेवाले हैं। क्या करेंगे मेहमान यहाँ आकर ? इस बार तो नाटक की भी कोई तैयारी नहीं नजर आ रही थी। उन्होंने चाहा कि चुपचाप खाना खा लें और घंटा-आधा घंटा पलंग पर पीठ टिकाकर आराम करें। लेकिन नहीं, नहीं रहा गया।

खाते-खाते बार-बार अपर्णा और पद्मा की ओर देखने लगे। मामी ने बड़े जतन से मसाला भरकर करेले तले थे। आज दुखमोचन ने न तो करेलों की प्रशंसा की, न दुबारा माँगा ही। उनका ध्यान ही नहीं था इस ओर। मामी को ताड़ते देर नहीं लगी। छोकरियों पर गुस्सा चढ़ रहा था कि जाने क्या कह दिया है इनसे। पंखीवाला हाथ ठुड्डी से अड़ाकर पूछा—करेले अच्छे नहीं बने, बबुअन ?

—बहुत अच्छे हैं, मामी !—दुखमोचन जैसे-तैसे बोले तो आत्मा ने कहा, क्यों ठगते हो बेचारी को ! साफ-साफ बतला दो कि नहीं मालूम, कैसे बने हैं करेले और कैसी बनी है दाल...

—और ला देती हूँ—मामी करेले लेने गईं।

दुखमोचन ने पद्मा से पूछा—कौन-कौन आनेवाले हैं बाहर से, बेटा ?

—भैया से मालूम करके बताऊँगी।

—तुम्हें पता है, अप्पी ?

—नहीं, पिताजी। हम तो सिर्फ भोलंटियर हैं इन लोगों के। काम बेशक लाद दें, बात एक भी नहीं बतलाएँगे।

—हाँ चाचाजी, हमसे काम-ही-काम लेते हैं...

दोनों हँसने लगीं। दुखमोचन भी मुस्कुराए।

थाली में दो करेले और कटोरे में दाल डाल दी मामी ने। कहा—कौन आनेवाले हैं? कौन आनेवाले हैं ? अरे, तुम्हारे दादा-परदारा तो नहीं आनेवाले हैं न ? क्यों इतना परेशान होते हो छोटी-छोटी बात पर ? लाख समझाती हूँ कि कम-से-कम खाते समय तो मन को फिकर और फतूर से अलग रखा करो...दाल आज तुम्हारी ही पसंद की पकाई थी, बतलाओ क्या है ?

दुखमोचन ने चट से कहा—वाह, खूब सोंधी है ! भाड़ में भुने हुए मूँग की दाल जैसी तुम खिलाती हो वैसी और कहीं नहीं नसीब होती, मामी !

मामी का चेहरा खिल उठा। दुखमोचन के शब्दों ने अबके अंदर पहुँचकर दिल के वे तार छू लिए थे जो कि आस्था, अभिमान और अनुराग में से कढ़े होते हैं।

हाथ धोकर फिर से पंखी झलने बैठ गई थीं मामी। सहज सावधानी से दुखमोचन

खाना खा रहे थे और मामी की निगाहें उनके चेहरे पर जमी थीं।...काले और मुलायम बाल तरतीब से छँटे थे। पतली-छोटी मूँछें साफ दाढ़ीवाले गोल चेहरे पर खूब फब रही थीं। नाक पर तिल का निशान था, मामी का ध्यान उस पर आकर अटक गया।

खाना खत्म हुआ तो बोलीं—गाय ने दूध देना बंद कर दिया है, कई दिनों से बिना दही का खा रहे हो।

—अजी, सब चलता है घर में।—दुखमोचन बोले और आखिरी दो कौर भात मुट्ठी में लेकर उठ गए। कुत्ता जाने कब का बैठा था, वह भी उठा।

लड़कियाँ अपने काम में मशगूल रहीं। टुनू कहीं बाहर गई हुई थी खेलने। बहू उड़द का बेसन लपेटकर अरुई के पत्तों से 'अरकोंछ' बना रही थी। दुखमोचन हाथ धो आए, मामी से पान-जर्दा लिया और अंदर जाकर पलंग पर लेट गए।

अखबार देखते-देखते पता नहीं कब आँखें झिप गईं।

मधुकांत ने आकर जगाया तो ढाई बज रहे थे।

बाहर दालान पर और अँगनई में भारी भीड़ इकट्ठी थी। वेणीमाधव किसी पर गरज रहा था। बीच-बीच में सुखदेव और मधुकांत की आवाज सुनाई पड़ती थी।

मामी ने पानी लाकर थमाया। दुखमोचन ने कुल्ली की, आँखों को पोंछा। एक बीड़ा पान और चुटकी-भर जर्दा मुँह के हवाले करके दालान की ओर निकल आए।

दालान के बरामदे में गेहूँ की बोरियाँ अँटी पड़ी थीं—फिलहाल दस बोरियों का अनाज निकाला गया था। तराजू और पनसेरी लेकर रामसागर तौलने के लिए मुस्तैद था। उसकी मदद में राधे, कन्हाई और मद्धू आदि थे। वेणीमाधव चटाई पर बैठकर मास्टर टेकनाथ को झाड़ रहा था।

दुखमोचन आकर वेणीमाधव के पास बैठ गए। कहा—नाहक लोगों को बैठा रखा है, घांचू हो तुम भी एक नंबर के !...रामसागर, मुँह क्या देखते हो मेरा ! शुरू करो न ?

वेणीमाधव के हाथ में कापी थी। दुखमोचन लेने लगे तो रोककर उसने कहा—नहीं दुखन, इस बात का निपटारा कर दो ! वह काम तो खैर होगा ही...

आँखों-भौंहों के इशारे से पूछा दुखमोचन ने—कैसी बात और कैसा निपटारा ?

वेणीमाधव ने शुरू किया—मास्टर टेकनाथ की राय में ऊँची जातवालों के प्रति हमने अन्याय किया है। अनाज का ज्यादा हिस्सा छोटी जातवालों को मिला है। दूसरा ऐतराज मास्टर को यह भी है कि आँखें मूँदकर सभी को गेहूँ देना समझदारी का काम नहीं है...

बीच में ही मधुकांत ने टोका—समझदारी का काम होगा नित्याबाबू जैसे बड़े लोगों को मालपुए खाने के लिए दस-दस मन गेहूँ यों ही दे देना !

—क्यों किसी का नाम लेते हो ?—दुखमोचन बोले।

तब उन्होंने टेकनाथ से पूछा—भूख की भी कोई जात होती है ?

मास्टर बगलें झाँकने लगा। वेणीमाधव ने लोगों से कहा—भाइयो, यह टेकनाथ मास्टर अपने स्कूल में लड़कों को भी छोटी जात, बड़ी जातवाली यही बातें पढ़ाते होंगे।

गाँधीजी जीते होते तो आकर अपने हाथ से इनको इनाम देते...

इस पर नौजवानों ने ठहाका लगाया। मास्टर का चेहरा सूखी लौकी की तरह सफेद पड़ गया।

—छोड़ दो !—दुखमोचन ने इशारे से लोगों को चुप कराया और उधर अनाज तुलने लगा।

वेणीमाधव नाम पुकारता था, रामसागर तोलकर दे रहा था। लोग टोकरी या कपड़े में ले रहे थे।

दस-पंद्रह जने ले चुके तो दुखमोचन ने वेणीमाधव से रुकने को कहा। रामसागर भी रुक गए, कन्हाई और राधे भी रुक गए।

दुखमोचन उठकर पहले पान की सीठी थूक आए, तब कहा—भाइयो, इस अनाज को खैरात न समझना और न गुलामी का चारा-चोगा ही समझना इसको। यह तो एक किस्म की अगाऊ मजदूरी है जिसके लिए आप सभी को अपनी-अपनी शक्ति के अनुसार कभी-न-कभी काम करना होगा। आगे हम बाँध तैयार करेंगे, पोखरों की मरम्मत करेंगे, कुओं की खुदाई होगी, गाँव की तरक्की के दसों काम होंगे। एकजुट होकर हमें यह सब करना होगा। जिसके पास अनाज है और पैसे भी हैं, उन्हें हमने एक भी दाना देना वाजिब नहीं समझा। उन्हें तो उलटे अपने दुखी भाइयों की मदद करनी चाहिए थी, मगर उनकी नीयत मैं समझ नहीं पा रहा...हाँ, एक बात और...मुझे मालूम हुआ है कि गाँव के दो-चार स्वार्थी अब आपको फुसलाएँगे और बहकाएँगे; सस्ती कीमत पर वे आपसे गेहूँ लेना चाहेंगे। भाइयो, उनसे होशियार रहना। इस अनाज को बेचने की तो बात ही नहीं, हाँ बदलना हो किसी को तो हमें आकर बताए। बस, यही मुझे कहना था...

सभी गंभीर होकर दुखमोचन की बातें सुन रहे थे। अब फिर नामों की पुकार होने लगी और अनाज तुलने लगा।

शाम तक ढाई सौ मन अनाज बाँट दिया गया। बाकी बँटवारा अगले दिन के लिए मुल्तवी रखकर वेणीमाधव, रामसागर वगैरह उठ खड़े हुए।

राधे और कन्हाई ने दालानवाले बाहरी कमरे में बाकी अनाज सहेज दिया। कुल एक सौ आठ बोरियाँ थीं, अब पचपन रह गई थीं और पाँच बोरियों का अनाज नीचे ढेर लगा था।

कमरे में ताला लगाकर चाबी रामसागर मामी को दे आया।

चमकी ने झाड़-बुहारकर दालान साफ कर दिया और बोली—जाती हूँ भैया, कल फिर आऊँगी।

अपर्णा ने आकर कहा—चमकी बुआ, तुम्हें मामी बुला रही हैं।

--अभी आई, बिटिया ! चमकी बोली। कुएँ पर जाकर उसने पानी निकाला, हाथ-मुँह धोए। आँचल से चेहरा पोंछती हुई अंदर आँगन की तरफ बढ़ी मामी से मिलने।

सूरज कब का डूब चुका था। आसिन का गाढ़ा-नीला आसमान मानो आँखों का

दुख-दर्द खींचने को ही फैला हुआ था।

दुखमोचन और वेणीमाधव उत्तर-पूरब की तरफ बढ़कर डिस्ट्रिक्ट बोर्ड की सड़क पर घूमने निकले।

सड़क नदी के किनारे-किनारे जाकर आगे पश्चिम को मुड़ गई थी। दोनों तरफ नीम, आम, जामुन, पाकड़ और पीपल के पेड़ की कतारें बड़ी प्यारी लगती थीं। हाल ही में रोड़े जमाकर ऊपर-ऊपर कोल-तार बिछाया गया था। टायर के पहियोंवाली गाड़ियाँ, इक्के, टमटम, रिक्शे और पैदल चलनेवाले ही इन पर से आते-जाते थे। मामूली बैलगाड़ियों के लिए सड़क से सटकर लेकिन अलग लीकें थीं।

नदी और सड़क के दरमियान खेत-ही-खेत नहीं थे, अमराई भी थी और बाँसों के जंगल भी थे। उस पर खिले हुए काँस और सरकंडे शाम के इस झुटपुटे में चमक रहे थे। दूर पूरब में मशहूर पांडे परिवारों के पक्के मकान शान से खड़े थे, लखनौली के खानदानी जमींदारों की नई-पुरानी हवेलियाँ खड़ी थीं।

जहाँ सड़क पश्चिम को मुड़ती थी, वहीं बाईं तरफ लड़कों के लिए खेलने का मैदान था।

दस-पंद्रह नौजवान गेंद खेल रहे थे। अँधेरे में चेहरा साफ-साफ नहीं दिखा किसी का।

दुखमोचन सड़क छोड़कर नीचे मैदान में उतर आए। वेणीमाधव से कहा—मिहिर को पुकारो।

बुलाने पर मिहिरकुमार आकर सामने खड़ा हो गया—लंबा-छरहरा गोरा नौजवान ! अँधेरे में भी चमक रहा था। कंधे पर हाथ रखकर दुखमोचन ने पूछा—दुर्गा-पूजा में तुम लोग इस बार नाटक-वाटक नहीं दिखलाओगे ?

—नाटक तो नहीं हो सका इस वर्ष।—मिहिर बोला और चुप हो गया। दुखमोचन हँसने लगे, हँसते-हँसते वेणीमाधव का हाथ दबा लिया। वह इस संकेत का मतलब नहीं भाँप सका।

—सुना, बाहर से कुछ लोग आएँगे !—दुखमोचन ने कहा।

—किसने कहा आपसे ?

—मैं भी इसी गाँव का रहनेवाला हूँ बच्चा ! हूँ कि नहीं ?

मिहिर पसोपेश में पड़ गया। हो न हो, इन्हें हमारा प्रोग्राम मालूम हो गया है। फिर खुलासा बता ही क्यों न दूँ...

बोला—कुछ कवियों को हमने राजी कर लिया है, काका ! दो प्रोफेसर भी आ रहे हैं। लोग हिंदी और मैथिली की कविताएँ सुनेंगे...अच्छा रहेगा न ?

बाछें खिल गईं दुखमोचन की। बेताबी से पीठ ठोकने लगे लड़के की, और कई बार मुँह से निकला—शाबाश, बेटे ! शाबाश !

—कुल कितने रुपए लगेंगे इसमें ?

—हद-से-हद चालीस। खाना और नाश्ता अलग...

—कोई बात नहीं, दस रुपए कल मुझसे ले लेना।

—अच्छी बात है काका, आऊँगा कल।

—अब जाओ, खेलो !

मिहिरकुमार को किसी से बातें करते देखकर दो-तीन लड़के और आ गए थे। दुखमोचन ने इशारे से सभी को खेल पर वापस भेज दिया और खुद भी लौट चले।

वेणीमाधव अपने घर गया, दुखमोचन भी सीधे अपने यहाँ आए।

सुखदेव शाम की पूजा खत्म करके किसी से मिलने निकले थे। गाय बाहर बँधी थी, डाँस और मच्छर बेचारी को परेशान किए हुए थे। पुरानी फूस और कंडों के टुकड़े जलाकर धुआँ देने का इंतजाम किया गया, लेकिन आग बीच में ही ठंडी पड़ गई थी।

अपर्णा को बुलाकर दुखमोचन ने आग मँगवाई। अँगोछे से हवा करके घूरे को फिर से सुलगा दिया। धुआँ लगने पर डाँस-मच्छर भागे, तो गाय की बेचैनी कम हुई और अब वह इत्मीनान से सानी-भूसा खाने लगी।

हाथ-पैर धोकर दुखमोचन चारपाई पर बैठे ही थे कि एक औरत सामने आकर खड़ी हो गई—माथे पर गठरी लिए हुए; छोटी-सी लड़की थी बगल में।

—कौन है ?

—मैं हूँ सरकार, हरखू की माँ—अनाज वापस लाई हूँ...

इशारा पाकर लड़की ने गठरी बरामदे पर दुखमोचन के सामने रख दी। उन्होंने पूछा—क्या बात है ?

बुढ़िया बोली—सरकार, पच्चीस रुपया मनिआर्डर आया है आज...अब मैं हाट-बाजार से अनाज खरीद लाऊँगी। यह गेहूँ किसी दूसरे को दीजिएगा मालिक !

हरखू की माँ का यह ईमान देखकर दुखमोचन दंग रह गए। भीत से पीठ टिकाकर बैठे थे, लेकिन अब कमर सीधी कर ली। अँधेरे में बुढ़िया या लड़की किसी का चेहरा सूझ नहीं रहा था। कपड़े दोनों के ही मैले थे। दुखमोचन की निगाहों में इस मजदूर-परिवार की एकमात्र झोंपड़ी घूम गई। हरखू तीन महीने पहले फारबिसगंज गया था। दस रुपए पहले और पच्चीस अब भेजे थे, बस...लेकिन चार मुँहोंवाले परिवार के लिए तीस-पैंतीस की यह मामूली-सी रकम काफी हुई। जल्दी-जल्दी में दुखमोचन ने इस पर अपना दिमाग लड़ाया, मगर किसी नतीजे पर नहीं पहुँच पाए। आखिर बुढ़िया से कहा—नाम तो अब दर्ज हो चुका है, कौन वापस लेगा ? ले जा अपना अनाज तू...

हरखू की माँ आगे बढ़ आई। बरामदे से सटकर खड़ी हुई और चाहा कि दुखमोचन के पैर पकड़ ले। नहीं पहुँच सके उनके पैरों तक बेचारी के हाथ तो गिड़गिड़ाकर प्रार्थना की—दुहाई मालिक की ! दुहाई सरकार की ! यह अनाज वापस रख लीजिए। यह मामूली गेहूँ नहीं है कि आसानी से हजम होगा। धरम का अनाज है मालिक ! अब इस वक्त मैं झूठ कैसे कहूँ कि हमारे घर में कुछ नहीं है। पच्चीस रुपया है हाथ पर, दो-पौने दो मन गेहूँ हुआ सरकार ! तो झूठ-मूठ मैं कैसे कहूँ कि छटाँक-भर भी दाना नहीं है घर में !

दुखमोचन समझ गए कि बुढ़िया अब किसी भी हालत में यह अनाज नहीं उठाएगी। उन्होंने अपर्णा को बुलाया। वह टोकरी ले आई।

टोकरी में गेहूँ डालकर बुढ़िया ने गठरीवाला कपड़ा साथ लाई लड़की को थमा दिया और उलटे आसीस देती हुई लौट पड़ी।

पाँच सेर गेहूँ थे। अपर्णा टोकरी अंदर ले आई।

दालान पर अभी बाहरी आदमी एक भी नहीं था। मामी ने झाँककर देखा और सामने आकर खड़ी हुईं।

अनाज की वापसी का हाल मालूम करके बोलीं—इसी ईमान पर तो दुनिया-जहान टिका है बबुअन !

दोनों थोड़ी देर चुप रहे, जाने क्या-क्या सोचते रहे दोनों!

फिर मामी ने कहा—चलो, खाना खा लो।

चार

अगहन शुक्ल पंचमी को जनकपुर-धाम में हर साल धूमधाम से रामजी का ब्याह होता है। भारी जुटान होती है। दूर-दूर से लोग पहुँचते हैं दर्शन करने। संतों की पलटन भी अपनी छावनी डाल देती है। अयोध्या, चित्रकूट, काशी की बोली और भेख सुनने-देखने को मिलते हैं।

रामसागर की माँ ने कभी मनौती मानी थी और इसके मुताबिक वह प्रतिवर्ष अगहन में जनकपुर-धाम पहुँचता था। पाँव-पैदल जाता और पाँव-पैदल आता। अक्सर जान-पहचान के साथी मिल जाते या टोले-मुहल्ले की औरतें चावल-चिउड़ा की गठरी लेकर विदा होतीं साथ-साथ।

हमजोली इसी वजह से रामसागर को कभी-कभी 'औरतों का लीडर' कह देते और यह बेचारे को बुरा लगता...

इस बार मुंशी पुलकितदास का भतीजा और टेकनाथ का छोटा भाई साथ हो गए। एक का नाम था नवलकिशोर, दूसरे का रमानाथ। सबकी राय हुई कि जाएँगे पैदल, आएँगे रेल से। जयनगर में सिनेमा देखा जाएगा और...

'और' पर आकर नवल रुक गया; रमानाथ की तरफ देख रहा था। बाईं आँख दबाकर उसने कुछ इशारा किया।

—क्या बात है ?

—कुछ नहीं, सागर भाई !

—उहुँ !

—नहीं, सागर भाई, अपनी कसम।

—रमानाथ ने जोर देकर कहा तो सागर को तसल्ली हो गई, कोई खास बात नहीं

थी। मगर कोई बात थी तो ज़रूर।

रामसागर ने अब के नवल से पूछा—क्या बात थी, तुम बताओ ?

मैं बता दूँ, सागर भाई ?—रमानाथ ने कहा—कहेंगे तो नहीं किसी से ?

—उहुँ !

—शादी से पहले ही अपनी बीवी को देखना चाहता है नवल।

रामसागर भभाकर हँसा और बोला—अब यह नई चाल चला रहे हो तुम ? पहले तो कभी सुना नहीं गया ऐसा...

—तो अब सुन लीजिए !—नवल ने कहा और मुस्कुरा दिया। पल-भर रुककर बोला—और रामजी ने क्या किया था ?

—शादी से पहले ही सीता को कई बार देख लिया था—रमानाथ का जवाब था।

—वह आदमी नहीं, देवता थे।—रामसागर के मुँह से निकला।

नवल ने उँगली चटकाई और कहा—आदमी होते तो एक-आध नजर देखकर ही संतोष कर लेते...

सभी हँसे इस पर।

रमानाथ ने कहा—जयनगर हाईस्कूल में नवल का भावी ससुर मास्टरी करता है, परिवार के लोग साथ रहते हैं। लड़की मिडल पास कर चुकी है, सागर भाई ! क्या बुरा है, देख आएगा।

रामसागर को भला क्या एतराज था ! हाँ, जयनगर और मधुबनी-दरभंगा घूमते हुए घर पहुँचने में खर्चा ज़रूर ज्यादा पड़ेगा...इसकी जिम्मेदारी नवल और रमानाथ ने अपने ऊपर ले ली।

रमानाथ और टेकनाथ का बाप ज़िंदगी-भर बंगाल में ढाका के नजदीक नारायणगंज या कहीं और रसोइया का काम करता रहा। खूब गाँजा पीता था। छोटे लड़के को कई साल तक साथ रखे रहा। लुक-छिपकर इस रमानाथ ने भी चिलम से नाता जोड़ लिया था। रामसागर ने पिपरा बाज़ार में एक सेठ की नौकरी की थी, चार वर्ष की बाजारू रहन-सहन से उसे गाँजे का चस्का लग चुका था। तरुण मुंशी नवलकिशोर इन मामलों में रमानाथ का चेला था।

अँधेरे में गाँव के बाहर नदी-किनारे या दुर्गाजी के मंदिर के नजदीक शिवजी की मठिया में इन गँजेड़ियों के अनहद-नाद गूँजा करते। नवल की चाची और रामसागर की माँ ने अपने घरों को धुआँखोरी के अड्डे नहीं बनने दिया, मगर रमानाथ की भाभी उन्हें काफी छूट देती थी और वह भी तब जबकि टेकनाथ घर से बाहर होता। पीछे बेचारी गुग्गुल की धूप-धूनी देकर गाँजे की गंध दबाया करती।

जनकपुर-धाम से तीनों जने लौटे तो पाव-भर नेपाली गाँजा साथ था। कागज की कई तहों में लपेटकर पुड़िया बना ली गई थी। ऊपर से जो कपड़ा डाला था, उस पर अच्छी तरह चंदन का लेप चढ़ाया था। फिर ऊपर से एक कपड़ा। रामसागर ने उसे चावल की अपनी गठरी के अंदर दबा लिया तो भी दिल धड़क रहा था।

नवल और रमानाथ आगे-आगे थे। रामसागर के बाएँ कंधे पर गठरी थी, दाहिने हाथ से लोटा थामे हुए था। गरीब और गुनहगार निगाहों से वह बार-बार साथियों को देख लेता था।

जयनगर इस तरफ हिंदुस्तानी सीमा पर पूर्वोत्तर रेलवे का आखिरी स्टेशन है। आबकारी विभाग के अधिकारियों की चौकस निगरानी से बचकर निकलना आसान नहीं था। देहात का एक मामूली चालाक उनकी आँखों में धूल झोंककर यों निकल जाए, हो नहीं सकता।

ट्रेन छूटने को थी, ह्विसल हो गई थी। गाड़ी की रवानगी का वक्त नोट कराकर स्टेशन मास्टर गार्ड के दस्तखत ले चुका था।

यह ट्रेन सीधे पहलेजाघाट जानेवाली थी। बीच में कहीं भी बिना उतरे-चढ़े एक ही गाड़ी पर सवार होकर पटना जानेवालों के लिए इधर से एकमात्र यही गाड़ी थी। पिछले कुछ अरसे से ब्रांच-लाइन की इस शाखा में भी नई किस्म के खूबसूरत डिब्बे दिखाई पड़ने लगे थे। और, शाम को खुलनेवाली यह थ्रू ट्रेन तो बिलकुल नए डिब्बों की बनी थी...फर्स्ट क्लास के कम्पार्टमेंट में से एक नेपाली लड़की बाहर खड़े हमवतनी नौजवान से बातें कर रही थी।

पतली नली से ढेर-सी दबी भाप छोड़कर इंजन ने हलका-सा धक्का दिया, पीछे खिसका, फिर आगे की ओर बढ़ा। नेपाली लड़का प्लेटफार्म पर दो कदम पीछे हट गया।

कि एकाएक गार्ड ने लाल झंडी दिखाई, इंजन रुक गया।

गार्ड के पास सादे लिबास में दो आदमी खड़े हो गए थे, साफ था कि उन्हीं के कहने से गाड़ी रुकी है।

गार्ड के पास जो दो आदमी खड़े थे, उनमें से एक सीधे रामसागर के सामने आ गया। वह प्लेटफार्म की तरफ मुँड़ करके खिड़की से लगा बैठा था, हथेली पर सुरती थी।

प्लेटफार्म पर खड़े-खड़े ही उस आदमी ने खिड़की से अंदर झाँका। बेंत की छड़ी से रामसागर की गठरी छूकर पूछा—किसकी है ?

कोई कुछ नहीं बोला। दुबारा उसने डपटकर पूछा—किसकी है यह ?

रामसागर अब भी गुम रहा, लेकिन साथ बैठे बूढ़े ने उसकी बाँह पकड़कर कहा—बतलाते क्यों नहीं हो ?

रामसागर ने बड़ी कोशिश की कि चेहरे का रंग न उड़े, बोली-वाणी से कमजोरी न प्रकट हो, लेकिन इसमें वह असफल रहा। नवल पीछे ही रह गया था, बाजार में। रमानाथ दूसरे डिब्बे में एक दोस्त से बातें कर रहा था।

—उतरो ! उतरो !—आबकारी दारोगा ने हाथ पकड़कर रामसागर को खींचा। गठरी तो पहले ही उसके कब्जे में आ गई थी।

रामसागर अछता-पछताकर ट्रेन से नीचे उतरा।

गार्ड ने सीटी दी और इंजन खिसका।

सरकती गाड़ी से झाँक-झाँककर मुसाफिर रामसागर को देख रहे थे और आवाजें उठ रही थीं—गाँजा है ! गाँजा है !

रमानाथ अंदर-ही-अंदर परेशान हो उठा। ट्रेन मधुबनी रुकी तो उतर गया। अकेले गाँव पहुँचने की उसकी हिम्मत नहीं हुई।

अगले रोज ही रामसागर को पुलिसवालों ने मधुबनी जेल की हाजत में पहुँचा दिया। छोटी अदालत ने दो दिन के अंदर ही तुरत-फुरत तीन हफ्ते सादी कैद की सजा का फैसला सुना दिया। वह तो खैर हुआ कि ऐन मौके पर दुखमोचन को खबर मिल गई और उसने जमकर पैरवी की, वरना तीन महीने जेल की खिचड़ी खानी पड़ती। यों रामसागर रमानाथ को भी उसी दम ट्रेन में पकड़वा देता, मगर उसके नेक दिल ने कहा—क्या है, अकेला भुगत लूँगा। जान-बूझकर किसी ने मुझे थोड़े फँसाया है ?

पीछे दुखमोचन ने जासूसी छानबीन की तो पता लगा कि नित्याबाबू का ही यह सारा प्रपंच था। रमानाथ और नवलकिशोर को उन्होंने पट्टी पढ़ाई थी कि नेपाली गाँजा लेकर जनकपुर-धाम से साथ-साथ लौटो और किसी तरह रामसागर को आबकारी विभागवालों के हवाले कर दो।

दुखमोचन दूसरी बार जेल में मिलने गए तो उसने बताया—ट्रेन में मुझे बैठाकर रमानाथ प्लेटफार्म पर देर तक घूमता रहा, कई बार स्टेशन के अंदर-बाहर गया-आया। तुम्हारा शक वाजिब है दुखन भैया, उसी ने आबकारी इन्स्पेक्टर को सूचना दी होगी। पाजी कहीं का !

—नवल कहाँ रह गया था ?

—होनेवाले ससुर के यहाँ बैठा था।

—अच्छा, एक बात तो बताओ, तुम गैर-कानूनी गाँजे के इस झमेले में पड़े ही क्यों ? भारी गधे हो ! खुद तो बदनाम हुए ही, गाँव की हमारी सारी जमात को तुमने बदनाम किया। लोग कहते हैं, आपका साथी गाँजा केस में सजा पाकर जेल की खिचड़ी खा रहा है !

—अब कान पकड़ता हूँ अपने कि...

—मुझे नहीं मालूम था कि तुम गाँजा के ऐसे गुलाम हो...

काफी फजीहत हुई रामसागर की, मगर वह मुँह लटकाए सबकुछ बरदाश्त कर गया।

पत्नी, दो बच्चे। बस, घर में और कोई नहीं था। रामसागर भूमिहार खानदान का गरीब किसान था। खेत थोड़े थे, खींच-खाँचकर किसी तरह गुजारा होता था। बीवी शीलवंत और सयानी थी, किफायत में निभा लेती थी।

रामसागर लहेरियासराय की जिला-जेल से रिहा हुआ तो फाटक पर ही उसे वेणीमाधव और मधुकांत मिले। वे अपने मित्र को लेने ही वहाँ पहुँचे थे।

वेणीमाधव ने मजाक किया—घबराओ नहीं, तुम्हारा माल ले आया हूँ।

अकुचकाकर रामसागर ने कहा—कैसा माल, भाई ?

मद्धू ने चिलम पीने की मुद्रा बनाई, दोनों हाथ नाक-मुँह से लगे थे...

रामसागर दबी आवाज में बोला—भूल किससे नहीं होती, भाई ?

मद्धू ने उसके कान में कहा—भैया, नाराज मत होना, मैंने भी कभी....

—चुप, पाजी !—मुस्कुराकर वेणीमाधव ने मद्धू को मीठी फटकार बताई।

तीनों हँसते-हँसते बड़ी सड़क पर आए।

रात को तीनों ने होटल में साथ-साथ खाना खाया, फिर सिनेमा देखने गए। एक बजे की ट्रेन पर सवार होकर तीन बजे पिपरा बाजार स्टेशन पर उतरे और सुबह-सुबह घर पहुँचे।

घर पहुँचते ही पहला काम रामसागर ने यह किया कि गाँजा पीने की दोनों चिलमें जाँता पर पटक-पटककर टूक-टूक कर डालीं और उन ठीकरों को बटोरकर बाँस के जंगल में फेंक आया। फिर नदी में नहाने गया।

वेणीमाधव के दालान पर बैठकर रात के वक्त रामसागर ने जेल के अपने अनुभव कई रोज सुनाए। दिन का वक्त आजकल खेत-खलिहानों में बीतता था। जिनकी खेती ज्यादा थी, वे तो और भी व्यस्त रहते।

बाढ़ ने आसपास के इलाकों में धान की खेती को बरबाद कर दिया था इस वर्ष, लेकिन बाँधों की रोक-थाम के कारण टमका-कोइली गाँव के किसानों को छाती नहीं पीटनी पड़ी। पचास प्रतिशत सफलता मिल ही गई।

इन दिनों दुखमोचन भी धान की अपनी फसलें कटवाने और उगहवाने में, खलिहान की निगरानी करने में जी-जान से लगे हुए थे। कातिक के अंत में सुखदेव को कई दिन तक बुखार आता रहा। वह अब भी कमजोर थे; इससे दुखमोचन की परेशानी बढ़ गई थी।

पड़ोस के गाँव सिमरौन में एक किसान की खड़ी फसल खेत में ही जला दी गई थी। इसी तरह मौजे पुनाई चक में किसी की फसल रात-ही-रात में कटकर कहाँ चली गई, पता तक नहीं चला गाँववालों को।

इन पाँचों गाँव की एक ही पंचायत थी जिसमें दस नामजद मेंबर थे। टमका-कोइली से पुलकितदास और दुखमोचन पंच थे। अपने गाँव की पंचायत पिछले दो-तीन वर्षों से सोयी-सी थी। कहीं कुछ झगड़ा-टंटा उठ खड़ा होता तो पाँच गाँवों की यह पंचायत जुटती और जो कुछ फैसला होता उसकी रिपोर्ट अंचलाधिकारी साहब तक पहुँचानी पड़ती।

धान की खड़ी फसलों के जलाने और चोरी-चोरी काट लेने की ये जो शिकायतें पंचायत के सामने आईं, उन्हें दूर करने के बारे में पंचों ने कई उपाय सोचे—थाना से सशस्त्र सिपाहियों की मदद, चौकीदारों की तादाद बढ़ाना, ग्रामरक्षा-समिति का संगठन, फसलों की निगरानी के लिए काफी तनखाह देकर पहरेदारों की बहाली आदि।

दुखमोचन ने रक्षा-समितियों के संगठन पर ही ज्यादा जोर डाला और काफी बहस

के बाद पंचों ने इस उपाय को ही एकमात्र कारगर तरीका घोषित किया।

तय हुआ कि एक हजार आबादीवाले गाँव में जो रक्षा-समिति होगी, कम-से-कम पाँच रक्षकों से बनी होगी, टमका-कोइली जैसे बड़े गाँव की रक्षा-समिति का संगठन कम-से-कम बीस रक्षकों का होगा। रक्षकों की उम्र बीस से चालीस साल तक रहेगी। उन्हें भाला या गँडासा लेकर रात के वक्त फसलों की निगरानी करनी होगी, अनुशासन उन पर पंचायत का रहेगा। दो-दो रक्षक साथ निकला करेंगे और चार-चार घंटे तक पहरा देंगे...

इन फैसलों को अमली जामा पहनाने में दुखमोचन के तीन रोज लग गए। सिमरौन और पुनाई चक के वाशिंदों ने पुलकितदास को तो छोड़ दिया, मगर दुखमोचन को नहीं छोड़ा। दोनों बस्तियों में रक्षा-समितियों का बाकायदा संगठन करके उन्होंने रक्षकों को सारी बातें समझा-बुझा दीं, अंचलाधिकारी साहब से बातें कर आए; दारोगा और हेड कान्स्टेबल के कानों में सारा मामला डाल दिया। राजनीतिक पार्टियों के जो भी दो-चार प्रमुख नेता थे, थाने के अंदर सबकी स्वस्ति ले ली। बस अखबारों में समाचार भेजना-भर बाकी रह गया था।

इस बीच गिरस्ती के काम जैसे-तैसे सुखदेव ने सँभाले। अंदर की सारी जिम्मेदारी मामी पर थी ही। बाहर खलिहान में फसलों का ढेर लगा था। खेत सारे कट चुके थे। दँवरी चल रही थी।

अपनी बस्ती में भी रक्षा-समिति का संगठन करना था, लेकिन कोई जल्दी नहीं थी। पिछले वर्ष एक-आध बार तैयार फसलों की बरबादी का प्रयत्न हुआ था किंतु अपराधी का पता लग गया था। पचास रुपए का जुरमाना वसूल करके उसे पंचों ने छोड़ दिया था। और भी कई मामलों में गुनहगारों से जुरमाने की बड़ी-बड़ी रकमें वसूल की गई थीं। इसी सबका नतीजा था कि बदमाश अपनी हरकतों से बाज आ गए थे।

दोपहर का खाना खाकर दुखमोचन अखबारों में भेजने के लिए खबरें लिख रहे थे; वही रक्षा-समिति के निर्माण की बातें ! टुनू को नानी ने पुतला भेजा था, वह उसी से खेल रही थी और बीच-बीच में पिता की तरफ एक-आध नजर देख लिया करती थी।

गेहुँआ रंग की ऊन के लच्छे और बिनाई की सलाइयाँ लेकर मामी घर के अंदर आईं।

दुखमोचन का कुरता और बनियाइन खूँटियों पर टँगी थीं। कुरता साफ था, बनियाइन मैली थी।

मामी ने कहा—बनियाइन और सिलवा लो। यह तो हमेशा बदन से लगी रहती है। एक नहीं, दो चाहिए कम-से-कम...

नजर उठाए बिना ही दुखमोचन बोले—नहीं मामी, कम-से-कम आधा दर्जन चाहिए !

मामी हँसीं, खिलखिला उठीं। मेज के नीचे से स्टूल ले लिया, बैठ गईं। स्वेटर की दूसरी बाँह अभी बिनी जानेवाली थी, सलाइयों को आड़े-तिरछे रखकर उनमें धागे उलझाते हुए बोलीं—तुम्हारी इस बस्ती में जिनके पास साधन हैं भी वे सलीके से रहना नहीं जानते। कमर से नीचे मैली-चीकट मरदानी धोती, कंधे पर चारखाना गमछा, सरसों के तेल में भीगे हुए बाल ! आप कौन हैं ? बाबू त्रिजुगीनारायण चौधरी हैं ! साठ हजार रुपए नकद जमा कर रखे हैं और कसम खा रखी है कि धोबी से कपड़े नहीं धुलाएँगे। आप कौन हैं ? रामरखराय हैं ! तीन हजार मन धान हर साल आपकी खेती आपको सौंपती है, लेकिन शक्ल-सूरत बना रखी है कि हफ्तों से हाजत में बंद मुजरिम भी क्या होगा !

दुखमोचन ने गरदन उठाकर कहा—नहीं, मामी, नहीं ! यह तुम इकतरफा बातें कर रही हो ! अरे, दूसरा रुख भी तो देख लिया करो। उन्हीं परिवारों के नौजवान कैसे बन-ठनके रहते हैं।

—हुँ !—मामी ने आँखें मटका लीं। चुपचाप बिनाई करने लगीं। दुखमोचन लिखे हुए कागज लिफाफों में बंद कर चुके तो उठे और अलमारी के अंदर टिकट खोजने लगे। डायरी की गत्ती में देखा, इस किताब की जिल्द में ढूँढ़ा, उस किताब की जिल्द में खोजा, एक भी टिकट कहीं नहीं मिला। हारकर मामी से कहा—सुनती हो ? तुम्हें याद है कहाँ रखे थे टिकट मैंने ?

—मैं क्या जानूँ !—मामी ने कहा।

टिकटों की जरूरत आज बहुत दिनों बाद पड़ी थी। कुछ रुककर मामी बोलीं—किसी को दे आए होंगे, याद नहीं होगा...डाकखाने से ले लेना, परेशानी काहे की ?

दुखमोचन बैठ गए तो टुनू गोद में आ गई।

मूँछ के बाल सहलाती-सहलाती लड़की बोली—परसों जो लेमनचूस तुम लाए थे, अच्छे नहीं थे।

—अब जो लाऊँगा वे अच्छे होंगे—पिता ने कहा। उनकी उँगलियाँ उसके बालों में उलझी हुई थीं।

टुनू पुतले को सजा दे रही थी, टाँग पकड़कर उसे उलटा झुलाने लगी। बाप से कहा—बापा, यह बड़ा शैतान हो गया है, पढ़ता है न लिखता है, दिनभर मटरगश्ती करता है...इसे मैं घर से निकाल बाहर करूँगी...मगर आप मुझे रंगीन तसवीरोंवाली किताब कब ला देंगे ?

मामी ने उधर से कहा—टुनू पढ़ेगी तो खेलेगी कौन ?

दुखमोचन ने मचलती हुई बेटी को छाती से लगा लिया और बोला—भारी शौक है टुनू को पढ़ने का, लिखने का, तुम तो बस यों ही कुछ कहती रहती हो।

लाइन पूरी हो गई थी, बिनाई की सलाइयाँ पलटकर मामी दूसरी लाइन बिनने लगीं तो कहा—यों ही कुछ कहती रहती हूँ मैं ? दवात में उँगली डालकर भीत पर टेढ़ी-मेढ़ी लकीरें खींचने में ही जिसका जी लगता हो, उसे भला क्या कहा जाए ! स्कूल

से रानीजी भाग-भाग आती हैं...

—हाँ रे ?—दुखमोचन ने भौंहें ज़रा कड़ी करके टुनू से पूछा।

लड़की ने निगाहें नीची कर लीं तो मामी ने कहा—जा टुनू, तेरी चाची तुझे बुला रही है, जा।

अपना पुतला वहीं पलँग पर छोड़कर टुनू बाहर निकली।

लेकिन फौरन ही वापस आ गई और बोली—बापा, चाची पूछ रही हैं, हजारीबाग से जो कपड़े आए हैं, उनका क्या-क्या बनेगा ?

दुखमोचन मामी की तरफ देखने लगे। मामी का ध्यान अभी बिनाई पर था। छोटी बहू दुखमोचन से परदा करती थी; बरामदे में आड़ लेकर खड़ी थी।

...मामी, क्या-क्या कपड़ा है ?

...तीन तो साड़ियाँ थीं, ब्लाउज के लिए चार गज़ सादी छींटें थीं। बच्चों के लिए फ्रॉक, सलवार, पाजामा, और कमीज के कपड़े थे। पंडितजी के लिए पाँच गज मलमल था...

मामी ने बिनाई रोककर तफसील में कपड़ों का हाल बता दिया।

छोटी बहू का लड़का जोगेंद्र नानी के साथ ही रहता था। अब दस-पाँच दिन के अंदर ही आनेवाला था। परिवार में लड़कियाँ तो दो थीं, लड़का बस यही था। वहाँ नाना-नानी के भी और कोई नहीं। इसी से सुखदेव-दुखमोचन भतीजे को छूट दिए थे कि चाहे जहाँ रहे।

दुखमोचन ने मामी से कहा—अप्पी है, तुम हो, जोगेंद्र की माँ है...

...और मैं हूँ !...टुनू बीच में ही बात काटकर बोल उठी और पिता से सटकर बैठ गई।

मामी को हँसी आई और दुखमोचन को भी। बाहर भीत की ओट में खड़ी बहू भी खिलखिला पड़ी।

मामी ने टुनू से ही पूछा—अच्छा, तू क्या-क्या सिलवाएगी ?

—कान में कहूँगी—शरमाकर लड़की बोली।

पिता ने कान उसके मुँह से लगा दिया।

टुनू ने बाप के कान में कहा—फ्राक तो ठीक है, मगर सलवार नहीं सिलवाऊँगी मैं...

—तो क्या करेगी अपने कपड़े का ?—मामी ने मुँह बनाकर पूछा।

—तुम पर रंज है, तुम्हें कुछ नहीं बताएगी।

—मुझको क्या पड़ी है, जिसकी बेटी है उसे बता दे !

दुखमोचन ने फुसलाकर चुपचाप टुनू से पूछा तो उसने बतलाया—मुझे पाजामा चाहिए, बापा।

—पाजामा पर फ्राक कैसी लगेगी ?

—अच्छी लगेगी।

मामी ने कहा—जिद्दी हो गई है छोकरी ! पीठ पर सास के झाड़ू बरसेंगे इसके तो...

—बाप रे बाप !—दुखमोचन ने लड़की को सीने से चिपका लिया। बोले—खाल न उधेड़ लूँगा उस सास की !

इस पर छोटी बहू की खिलखिलाहट फिर कानों में आई।

मामी ने मुस्कुराते हुए कहा—जोगेंद्र आएगा तो इसकी मरम्मत किया करेगा !

—च्च...च्च...च्च !—ओट से छोटी बहू ने प्रतिवाद किया।

दुखमोचन टुनू की पीठ पर हाथ फेरते रहे। बोले—हो नहीं सकता।...जोगेंद्र तो इतना ज्यादा प्यार करता है इसे कि दूसरा कोई क्या करेगा ! वह छिपा-छिपाकर इसको मिठाइयाँ देता था, कँटीली झाड़ियों के अंदर घुसकर पीले-पीले पके बेर तोड़ लाता था इसके लिए...उसी ने टुनू को पानी में तैरना सिखाया था...नहीं, टुनू ?

माथा हिलाकर लड़की ने कहा—हाँ, भैया ने मुझे कभी नहीं पीटा। कोई कितना भी चुगली खाए, वह मुझ पर रंज नहीं होते। अबकी मैं भी भैया को मिठाई खिलाऊँगी।

एकाएक टुनू ने मामी की तरफ देखा और बेताबी से पूछा—अच्छा, तुम्हारे पास मेरा कितना जमा है ?

—कुछ नहीं।—मामी ने जवाब दिया—धेला भी नहीं।

टुनू रुआँसी होकर बोली—गंगा मैया की तरफ मुँह करके कहो तो संतोष कर लूँगी।

मामी खिलखिला पड़ीं।

जाने कहाँ से आकर अपर्णा चाची के पास खड़ी थी और टुनू की बातें सुन रही थीं। अब सामने आ गई।

टुनू ने बहन से पूछा—मामी के पास डेढ़ रुपया नहीं है जमा मेरा ? तुम्हारे सामने ही तो दिया था, एक रुपैया एक बार और अठन्नी दूसरी बार...

अपर्णा को हँसी आ गई। बोली—क्यों आप लोग टुनू को परेशान कर रहे हैं ?

दुखमोचन ने कहा—डेढ़ रुपए की ही तो बात है, इसके लिए टुनू मामी से कसम लेना चाहती है।

अपर्णा बोली—आप सयानों के लिए डेढ़-दो रुपया कोई चीज नहीं, मगर हम बच्चों के लिए यह रकम डेढ़-दो हजार रुपए के बराबर है, बापा ! मैं गवाह हूँ, मामी को टुनू ने डेढ़ रुपया रखने को दिया था...

टुनू की आँखों में चमक वापस आ गई, चेहरा खिल उठा।

मामी मुस्कुराती हुई उठीं, स्टूल खिसकाकर फिर मेज के नीचे रख दिया। ऊन के लच्छे, सलाइयाँ और बुना हुआ टुकड़ा अपर्णा के हवाले किया। दुखमोचन की तरफ रुख करके बोलीं—तुम भी अब डाकखाना जाओगे, मुझे भी बैठना नहीं है। देखते हो न, समूचे आँगन में धान सूख रहे हैं, उन्हें समेट लेना है। तिल संक्रांति का त्यौहार करीब आ पहुँचा, उसके लिए अलग चूल्हा आज ही बनाऊँगी। अप्पी की माँ की बरखी के

दस-बारह रोज रह गए हैं, सिवाय चावल और दाल के और कुछ भी तो नहीं है इस घर के अंदर...

अपर्णा की माँ का प्रसंग आया तो दुखमोचन के मन ने एक अजीब-सा दर्द महसूस किया। वह चटपट उठ खड़े हुए।

पाँच

गाँव के पश्चिम मुंशी पुलकितदास का मकान था। उन्हीं के दालानवाले कमरे की दीवार से 'डाकखाना' की तख्ती लटकी हुई थी। लाल-सुर्ख जमीन पर सफेद हर्फ। खंभे से लैटर-बॉक्स लगा था।

बाहर तख्तपोश पर मुंशीजी छोटा-हल्का हुक्का गुड़गुड़ा रहे थे। आबनूसी सूरत, गोल चेहरा। बाल पक चुके थे। हजामत बनवाए हुए चमकीले गाल। पतली मूँछें। गोल गले की नफीस बनियाइन पहन रखी थी। आँखों के कोए छोटे मगर पीले। कद नाटा। हाथों और पैरों की उँगलियाँ सीधी-सपाट !

दालान के सामने गेंदा के पचासों पौधे थे, फूलों की बहार देखने लायक थी।

दुखमोचन आए तो मुंशीजी ने हुक्का-समेत उठकर स्वागत किया और बैठाया।

छप्पर की पाढ़ के पीछे पुराने-नए अखबार और कागज खुँसे थे। हवा की कृपा से उनका रंग उड़ गया था और सिकुड़न आ गई थी।

मामूली कुशल-समाचार पूछकर दुखमोचन ने उन अखबारों की तरफ देखा।

मुंशी ने हुक्का गुड़गुड़ाते हुए पूछा—क्या देख रहे हैं ?

दुखमोचन ने कहा—पिछले वर्ष बाढ़ के जमाने में कोशी अंचल के निवासियों ने सम्पादकों के नाम काफी पत्र लिखे थे, अधिकांश छपे भी थे। पिपरा बाजार के मेरे एक मित्र वैसे पत्रों की कटिंग इकट्ठी कर रहे हैं...आपके यहाँ अखबार एक-न-एक आता ही रहता है।

मुंशीजी ने माथा हिलाकर स्वीकार किया और तृप्तिपूर्वक हुक्का पीते रहे। कुछ देर बाद नरेले से होंठ हटाए और पूछा—डाकखाने का भी काम है कुछ ?

—जी हाँ ! चार इकन्नी टिकट और दो पोस्टकार्ड चाहिए।

—हुँ...और अखबारों की कटिंग के बारे में नवल से ही कहिएगा, वही जानता है, कौन और कब का अख़बार कहाँ पड़ा है।

—अच्छी बात है, पूछ लूँगा नवल से !

इतने में चार साल का एक लड़का अंदर से निकला—दरवाजे तक दुलकी चाल से आया था, लेकिन बाहर आते ही अजनबी चेहरा देखा तो भय और कौतूहल से एकाएक ठमक-सा गया। मुंशीजी ने नजरों के इशारे से बार-बार बढ़ावा दिया, तब वह शंकित पैरों से नजदीक आया। अचंभा-भरी निगाहों से एक बार दुखमोचन की तरफ

और अभयप्रार्थी निगाहों से एक बार मुंशीजी की तरफ देख रहा था।

बिलकुल करीब आ गया तो मुंशीजी ने बच्चे को अंक में भर लिया और चूमकर कहा—यह तेरे चाचा हैं, चाचा !

दादा की गोद में आने से सुरक्षित महसूस करके बच्चा पूछ बैठा—बाबूजी के भाई होंगे यह ?

—हुँ उँ उँ उँ उँ—मुंशीजी ने स्वर को लंबा करते हुए नाटकीय ढंग से माथा हिलाया।

फिर कुछ देर तक मुंशीजी अपने इस होनहार पोते की प्रशंसा करते रहे और दुखमोचन ने उसमें गहरी दिलचस्पी ली।

—अच्छा, चाबियों का गुच्छा तो ले आ !

बच्चा मुंशीजी की गोद से उतरा और अंदर हवेली की तरफ़ भागा।

हुक्के को दीवार से टिकाकर मुंशीजी लघुशंका से निबटने गए—दस मिनट का वक्त लगता था इस काम में उनको।

दुखमोचन की आँख पश्चिम के खेतों की तरफ इतने में सैर कर आई...बीच में सरसों के फूले खेत अपनी खास छटा दिखला रहे थे। इन खेतों के आगे धान के खेतों का विशाल मैदान था जिनमें कटी फसलों की खूँटियाँ-ही-खूँटियाँ थीं—साफ-सूफ और सीठी-सी खूँटियाँ, धौरी-भूरी-मटियाली खूँटियाँ, तरल और स्निग्ध निगाहों के अंदर पल-भर में ही रूखापन भरनेवाली खूँटियाँ। उनके दरमियान जहाँ-तहाँ दूबोंवाली मेंड़ें हलकी हरी लकीरों-सी लग रही थीं। लेकिन, नजदीक इधरवाले खेतों में सरसों के फूल लहरा रहे थे। बस, आँखें प्रकृति की पीली ओढ़नियों में ही उलझ-उलझकर मस्त हो उठीं...दुखमोचन को क्षण-भर के लिए गौने के समय का अपनी पत्नी का रूप याद आ गया—पीली रेशमी साड़ी, पीला रेशमी ब्लाउज, चाँद-सा मुखड़ा और चंदन-सी सूरत ! पीले कपड़ों से ढकी हुई पालकी...

बच्चा अंदर से चाबियों का गुच्छा ला चुका था और मुंशीजी ने डाकखाना खोल लिया था।

दुखमोचन कमरे के भीतर आ गए।

साठ साल के मुंशी पुलकितदास पोस्टमास्टर की अपनी कुरसी पर बैठे। दुखमोचन के लिए स्टूल था।

मेज पर कागज बे-तरतीब पड़े थे। मुहरों के ठप्पे गंदे दिखाई दे रहे थे। डाक के दो-तीन खाकी थैले। लकड़ी की एक छोटी-सी अलमारी। लोहे का छोटा सेफ। नोटिस-बोर्ड भी अंदर ही था। 'नेशनल सेविंग्स' के दो छोटे-छोटे पोस्टर दीवार से चिपके थे। कोने में ढिबरी और सील करने के लिए चपड़े की टिकिया पड़ी थी।

बड़ा पोस्ट-ऑफिस था पिपरा बाजार में। यह निहायत मामूली डाकघर था। डाकिए का काम भी पोस्टमास्टर को ही करना होता था। मुंशीजी ने अपने दूसरे भतीजे को डाक बाँटने की ड्यूटी पर तैनात कर रखा था। पहले मनिआर्डर की रकमें

महीना-महीना, डेढ़-डेढ़ महीना रोक ली जाती थीं। लोगों को भारी कष्ट था। दुखमोचन ने यों भी और अखबारों में भी काफी लिखा-पढ़ी की; हल्ला-गुल्ला मचाया। अब ठीक वक्त पर रुपए मिल जाते थे।

मुंशीजी ने टिकट और पोस्टकार्ड दिए और पैसे लिए। दुखमोचन उठने लगे तो कहा—दस बोरा सीमेंट की जरूरत थी।

शहर जाकर एस.डी.ओ. (सब-डिविजनल ऑफिसर) से मिलिए, दासजी !—जवाब मिला।

अंदर हवेली से तश्तरी में सुपारी के टुकड़े और सौंफ आ गए थे। मुंशीजी बोले—अरे, सुपारी नहीं लीजिएगा ! सुनते हैं ? मेरा मतलब था कि एस.डी.ओ. साहब इधर-उधर तहकीकात करेंगे और आखिर आपसे पूछा जा सकता है...समझे न ?

—मगर इतना सीमेंट क्या कीजिएगा ? बड़ी किल्लत है सीमेंट की।

—तुलसी का चबूतरा बनवाना है, लक्ष्मीनारायण के लिए वेदी बनवानी है। चहारदीवारी में भी काफी सीमेंट लग जाएगा। दस हजार ईंटें पड़ी हैं, बैठकबाजी के लिए एक पक्का अड्डा तैयार करना है...

—यह काम तो ढाई-तीन मन सीमेंट से हो जाएगा।

—अरे, समझे नहीं ? अच्छी चीज यों भी घर में पड़ी रहे तो क्या हर्ज है ?

—अच्छा ऽ ऽ ऽ ऽ ऽ !

दुखमोचन कमरे से बाहर निकले और टिकटें लगाकर लिफाफों को लेटर-बॉक्स के हवाले किया। मुंशीजी बरामदे तक आकर उन्हें छोड़ गए।

चार बजे होंगे। जाड़े के दिन थे। सूरज काफी नीचे आ गया था। पीली धूप बदन को खुशगवार लग रही थी। निगाहों में बार-बार खेतों की वह पीली छटा आ जाती और ध्यान बार-बार पत्नी की सूरत पर अटक जाता। लगातार चार वर्षों तक टी.बी. की मरीज रही बेचारी...मरने लगी तो वह उसे देख भी नहीं सके। माँ ने भाई को मना कर दिया ...नहीं, बुलाने की जरूरत नहीं है। आकर क्या कर लेगा बबुअन ?...थाइसिस से अप्पी की माँ का गोरा-गेहुँआ रंग एकदम पीला पड़ गया था...सरसों के फूले खेतों का पीला-पीला मैदान दिशाओं के छोर छूने लगा तो गहन के अँधेरे में दिखाई पड़नेवाला चाँद का फीका ढाँचा क्षयग्रस्त पत्नी का प्रभाहीन मुखमंडल बनकर चक्कर काटने लगा...

दुखमोचन आते-आते वेणीमाधव के दालान के करीब आ गए। यह जगह रास्ते के बिलकुल किनारे थी।

दालान के आगे सहन में छोकरों, छोकरियों और औरतों की भीड़ जमा थी। बीच में दो पंजाबी फेरीवाले चटकीले सामान फैलाकर एक-एक की दस-दस खूबियाँ गिना रहे थे। और कह रहे थे—ऐसा माल पटणे में भी नहीं मिलेगा भैणजी, लै लो ! जो मर्जी तुसी दे देणा...आ बलाउज देखो, चीन की लाजवाब सिलक मँगवाई थी हमारे मालिक ने !...वो पेटीकोट तो छूकर देखणा, कैसा सोहणा है ! जरा उसकी लैस तो देखो भैणजी...

दुखमोचन पर नजर पड़ते ही औरतें हवेली की तरफ आड़ में चली गईं। इशारे से फेरीवालों को भी बुला लिया तो भीड़ भीतर चली गई।

दुखमोचन दालान में आ गए।

एक नफीस तख्तपोश बिछा था। अलग एक बड़ी चारपाई को भी खड़ा करके रख दिया गया था।

तख्तपोश पर लेट गए दुखमोचन। एक लड़का दरी और तकिया ले आया। यह उनका पुराना दस्तूर था कि जब कभी थके-थकाए आए तो वेणीमाधव के दालान में इसी तरह लेटे रहे। वेणीमाधव या जयमाधव मौजूद हों चाहे नहीं हों, दुखमोचन बेझिझक घंटा-आधा घंटा आराम करते। फिर अपने-आप उठकर चल देते...

परसों अप्पी की माँ की बरसी हुई थी—पाँचवीं बरसी। जात-बिरादरी के लोगों का ज्योनार था। मामी, छोटी बहू, मधुकांत की माँ और सुग्गी बूआ परसों दिन-भर तरकारियाँ तलती-पकाती रहीं। सिद्धी और माँगन ने पीतल के बड़े-बड़े हंडों में भात-दाल पकाए थे। कन्हाई और राधे पानी भरने, लकड़ी जुटाने और मसाला पीसने पर थे। रामपट्ठी का महापात्र आया, वार्षिक श्राद्ध के क्रिया-कर्म दुखमोचन से उसी ने करवाए थे।

अप्पी की माँ इन दिनों बेहद याद आ रही थी। दूसरे कामों में दुखमोचन का जी नहीं लग रहा था। इस वक्त भी उन्हें बार-बार वही मुखड़ा याद आ रहा था। तबीयत करती थी, उसी के बारे में सोचते-सोचते दो-एक झपकियाँ ले लें।

अंदर हवेली से औरतों और फेरीवालों की मिली-जुली आवाजें आ रही थीं।

—बच्ची की सलवार के लिए यह साटन ले लो भैणजी !

—लड़के की कमीज के लिए यह नीला पापुलीन...

—अपनी कुर्ती के वास्ते बैंगलोर की सिलक...

—नहीं, सादी छींटें दिखलाओ !

—हमें तो उनके लिए मलमल चाहिए।

इस पर हल्की हँसी सुनाई पड़ी और फिर—लओ जी ! हमारे मुल्क में ऐसा महीन मलमल ओढ़नी के लिए पसंद करते हैं; ठीक है भैणजी ?

—छींटें ?

—छींटें अब और नहीं हैं...

—ब्लाउज के लिए सादी छींटें तुम्हें भी तो पसंद थीं, गुंजन !—दुखमोचन लेटे-ही-लेटे बुदबुदाए—कलकत्ता में एक गुजराती मित्र से मैंने कहा था, अहमदाबाद से छींट की दो साड़ियाँ और ब्लाउज के कपड़े मुझे अपनी पत्नी के लिए ला देना...वह तो ले आया, लेकिन तुमने उन कपड़ों को नहीं पहना। गुंजन, मैं उन्हें तुम तक पहुँचा ही कहाँ पाया ! आखिर तुम्हारा नाम लेकर मैंने वे कपड़े गंगा में डाल दिए थे। अप्पी को भी छींट के कपड़े उतने ही पसंद हैं, गुंजन !...

गुंजेश्वरी अपर्णा की माँ का नाम था। दुखमोचन प्यार में उसे गुंजन कहा करते

थे। मायकेवालों के लिए वह गुंजी थी। चौदह की थी तो ब्याह हुआ, चौबीस की हुई तो हमेशा के लिए आँखें मूँद लीं। सास की सख्ती से ढकी हुई दूब की तरह पीली हो गई थी बेचारी। सुखदेव को बहू की तंदुरुस्ती से न कुछ लेना था, न देना। नारायण तो और भी भारी लापरवाह ठहरा। दुखमोचन शील-संकोच के मारे उन दिनों पत्नी के बारे में जबान तक नहीं खोलते थे। तो फिर वही हुआ जो होना था।

वेणीमाधव के दालान पर देर तक दुखमोचन पत्नी की स्मृतियों में डूबते-उतराते रहे। उन्हें पता नहीं, कब तक हवेली में मोल-भाव और खरीद-फरोख्त की उथल-पुथल मुखरित होती रही। उन्हें यह भी पता नहीं कि कब फेरीवाले निकलकर दूसरे घरों की तरफ चले गए थे।

दुखमोचन को नींद आ गई तो डेढ़ घंटा तक सोते रहे।

वेणीमाधव की ऊँची आवाज सुनकर दुखमोचन ने पलकें खोलीं। सूरज डूब चुका था। नीले आसमान की ठंड और भारी सूनापन अंधकार की विराट् भूमिका बनाने जा रहा था।

दालान से ज़रा हटकर खलिहान था। धान के ढेर कई रोज पहले ही हवेली के अंदर पहुँच चुके थे। अब पुआलों की टालें ही बाहर रह गई थीं। चार बैल एक ओर लंबी नाँद में मुँह डाले सानी-भूसा खा रहे थे। उनसे थोड़ी दूर पर दो भैंसें बँधी थीं, हरी घास का एक-एक ढेर उनके सामने था।

डोल रस्सीसहित कुएँ में गिर गया था। आज तीन रोज से पानी भरनेवाली मजदूरिन का पता नहीं था। घर की औरतों को चालीस-चालीस डोल पानी खींचने की आदत नहीं थी। आठ घड़े सुबह, आठ घड़े शाम, रोज-रोज कौन इतना पानी भरे ! उस पर भी डोल नदारद !

वेणीमाधव बाहर से लौटा था। डोल नहीं था कि हाथ-पैर-मुँह धोकर ताजा हो लेता, फिर इत्मीनान से बैठता। छोटे भाई जयमाधव पर गुस्सा आ रहा था कि बहन ने सामने आकर डोल के न निकाले जाने की शिकायत की। गुस्सा और भड़क उठा—कहीं से झग्गड़ मँगवाकर डोल निकाल लिया होता सो नहीं, मेरा माथा खाने आई है ! लाट साहब क्या करते रहते हैं सारा वक्त ?

बहन सहमकर चुप हो गई, मगर इस ऊँची आवाज ने दुखमोचन को जगा दिया। करवट बदलकर उन्होंने पूछा—नाहक क्यों गरम होते हो ? हमारे घर से झग्गड़ ले आओ चलकर, बस बात खत्म हुई !

वेणीमाधव व्यंग्य की हँसी हँसा और बोला—हो गई खत्म बात ! बस, झग्गड़ कुएँ में डालकर डोल निकाल लो कि हुई छुट्टी ! अरे, मैं तुमसे पूछता हूँ कि हरामजादी ने पानी भरना क्यों छोड़ दिया ? तबीयत करती है साली को पकड़ लाऊँ और गिनकर सौ जूते लगाऊँ...

दुखमोचन उठ बैठे। अँगड़ाइयाँ लीं और बोले—गाली-गलौज और मार-पीट से तो मामला बिगड़ेगा ही। आखिर बात क्या थी ? क्यों छोड़ दिया है पानी भरना उसने ?

वेणीमाधव की बीस-साला विधवा बहन दालान की खंभेली से लगकर खड़ी थी। उसने कहा—देवर के बहकाने से हमारी पनभरनी का माथा फिर गया है। वह कलकत्ता रहता है, दस दिन के लिए आया है। यों तो छुट्टी का बखत कटेगा नहीं, आठों पहर भौजाई से गप्पें लड़ाता रहता है...

—क्या कहती थी ? काम छोड़ने का कोई तो कारण बताया होगा ?

—कहती थी, कलकत्ता में इतना पानी भरनेवाली पंद्रह रुपैया महीना लेती है। दो बालटी नलके का पानी यहाँ से उठाकर चार कदम पर वहाँ रख दिया, तो फी महीना पाँच ठो रुपया धरा है...

—तो अब हम उसका तलवा चाटें ?—वेणीमाधव के अंदर की उफान बाहर आई। उसका जी कर रहा था कि मजदूरिन का नाम लेकर ढेर-सी गालियाँ बक जाए, लेकिन दुखमोचन के लिहाज से जीभ को काबू में रखना पड़ा।

दालान के आले में ढिबरी पड़ी थी। एक लड़की आई, उठा ले गई। वेणीमाधव उठकर खलिहान की तरफ गया, कुआँ उधर ही था। दुखमोचन ने पुकारकर कहा—पानी मेरे लिए भी लेते आना।

बहन के अगले दो दाँत निकले हुए थे। सूरत साँवली थी। आँख-नाक-होंठ ठिकाने के थे। स्वास्थ्य अच्छा था। बोली में मिठास थी।

दुखमोचन ने पूछा—अब वह किस शर्त पर काम करेगी, तुमने मालूम नहीं किया, माया ? या फिर दूसरी मजदूरिन को रख लो...

माया बोली—माँ ने उसकी सास से पूछा था। उसने बताया कि बहू किसी का कहा नहीं मानती। सास तो उसे फूटी आँखों भी नहीं सुहाती...भाभी ने और भी कई मजदूरिनों से कहा था, लेकिन कोई तैयार नहीं होती। पता नहीं क्या बात है, भैया !

दुखमोचन चुप रहे। सोचा, मामी से पुछवाकर असल भेद का पता लगाएँगे।

साबे घास की इकहरी डोरी लोटे के गले में फँसाकर वेणीमाधव ने कुएँ से पानी निकाला, हाथ-पैर धोए, मुँह-कपाल को पानी के छींटे दे-देकर तर किया। एक लोटा पानी लाकर दुखमोचन के भी सामने रखा।

दुखमोचन ने भी हाथ-मुँह धोया।

काँसे की थालियों में भुने हुए चिवड़े और मछली के तले टुकड़े आए तो दोनों ने नाश्ता किया।

लड़की ढिबरी जलाकर रख गई। दुखमोचन ने अभी तीन रोज पहले सिर मुँड़ाया था, घुटी हुई चाँद इस मामूली रोशनी में भी चमक उठी। सुपारी के टुकड़े लेकर माया फिर आ गई, बोली—बालों के बिना दुखन भैया का चेहरा उदास लगता है...सुपारी लीजिए भैया...क्या ही अच्छा होता, रात-ही-रात में आपके बाल दो अंगुल बढ़ जाते, दुखन भैया !

इस पर दुखमोचन और वेणीमाधव हँसने लगे।

फिर दोनों उठकर दालान से नीचे उतरे।

छोटे-छोटे दो बच्चे आकर वेणीमाधव की टाँगों से लिपट गए। उनमें भी जो ज्यादा छोटा था, वेणी ने उसे उठाकर कंधे पर बिठा लिया। इतने में दूसरा टाँगों के बीच अपनी गरदन फँसाकर इधर-से-उधर, उधर-से-इधर आने-जाने लगा।

दुखमोचन ने हँसकर कहा—कहाँ थे अब तक ये बंदर !

वेणीमाधव बोला—दोनों चुग रहे होंगे अंदर !

फिर दोनों ने कहकहे लगाए और बच्चों से पीछा छुड़ाकर रास्ते पर आ गए।

नित्याबाबू का बैठकखाना गुलजार था। पोती का दूल्हा आया हुआ था; दो-तीन मेहमान और भी थे। रेडियो पर चौपाल के अंतर्गत 'लोहासिंह' नाटक चल रहा था। पाँच-सात पड़ोसी भी आकर बैठ गए थे। नित्याबाबू खुद नहीं थे लेकिन उनकी नफीस छड़ी दीवार से लगी खड़ी थी।

दुखमोचन और वेणीमाधव अपनी राह पकड़े सीधे चले आए।

सुखदेव आसन पर बैठकर दाहिने हाथ की उँगलियों से नाक दबाए प्राणायाम कर रहे थे। आहट पाकर उन्होंने एक नजर आगंतुकों पर डाली और तसल्ली हो गई तो फिर आँखें मूँद लीं।

काला कुत्ता दुम हिलाता हुआ सामने आया।

दुखमोचन अंदर चले गए, वेणीमाधव दालान में जाकर तख्तपोश पर बैठा। सामने वाला खलिहान खाली था।

दो-तीन मिनट बाद ही दुखमोचन बाहर निकल आए। झग्गड़ वेणीमाधव को थमाकर बोले—काम हो जाए तो तुरंत भिजवा देना।

झग्गड़ लेकर वेणीमाधव लौट गया।

दुखमोचन गाय-बैलों के नजदीक ज़रा देर के लिए बैठे।

गाय आजकल दूध नहीं दे रही थी, बछड़ा भी अब पी नहीं सकता था। कभी थन से थूथन लगा देता तो हड़क उठती। अभी बछड़ा अलग बँधा घास खा रहा था। गाय और बैलों के सामने सानी-भूसी थी—एक नाँद गाय के लिए और दूसरी दोनों बैलों के लिए।

बैल बस दो थे—तंदुरुस्त और नाटे कद के। सूरत उनकी सँवलिया थी। हल खींचने में दोनों बहादुर थे। जिन खेतों में धान उपजते हैं, बैसाख-जेठ की पहली जुताई के समय उनकी मिट्टी बेहद कड़ी होती है। जवान हलवाहा हो, मजबूत बैल हों, तेज और नुकीली फार हो, तभी वे खेत जोते जा सकते हैं। क्वार-कातिक या माघ-फागुन में हल्की-भुरभुरी मिट्टीवाले खेतों में तो बूढ़े बैल भी हल खींच ले जाते हैं। ये मामूली नहीं, परगना बजौर के तेज-तर्रार बैल थे। पाँच सौ पचास रुपए गिनकर सीतामढ़ी के मवेशी-हाट से दुखमोचन और वेणीमाधव इन्हें लाए थे। यहाँ इनका यह तीसरा वर्ष था।

गाय दो बार ब्याई थी अब तक। दुखमोचन को ससुराल से एक गाय मिली थी, यह उसी की संतान थी। पत्नी की याद दिलानेवाली जो भी वस्तुएँ रह गई थीं, उनमें यह गाय भी एक थी।

बैलों के नजदीक पाँच मिनट बैठकर वह गाय के करीब आ गए। पूस की धुँधली चाँदनी में उसके मुठिया सींग चमक रहे थे। गले में कौड़ियों की तीन लड़ोंवाली माला थी। रंग काला-सफेद मिलाकर चितकबरा था। कद नाटा।

जीभ निकालकर उसने दुखमोचन को चाटना चाहा। उन्होंने अपने बाएँ हाथ की कलाई आगे कर दी। गरम-गरम खुरदरे स्पर्श से गुदगुदी लगी तो हाथ हटा लिया।

इतने में दस-ग्यारह साल का एक लड़का अंदर से आया और बोला—काका, मामी ने बुलाया है।

क्या है ?—दुखमोचन ने पूछा—अच्छा जोगी, चल तू ! मैं अभी आया...

जोगी वापस चला गया। यह छोटे भाई नारायण का इकलौता लड़का था, योगेंद्र। प्यार से लोग जोगेंदर या जोगी कहते थे। पतला-छरहरा, गोरी सूरत। चेहरा चौड़ा और भरा-भरा-सा था।

दुखमोचन दो मिनट बाद हवेली के अंदर गए।

सुखदेव खाना खा रहे थे। अपर्णा और योगेंद्र पढ़ने-लिखने में लगे थे। टुनू के सामने भी कोई किताब थी।

मामी ने कहा—तुम देर से खाना खाओगे ?

—हाँ, मामी, अभी नहीं !

—अच्छी बात है।

फिर मामी ने धीरे-से कहा—अभी-अभी तुम झग्गड़ लेने आए थे तो कह गए थे एक बात पूछनी है...भला क्या बात थी ?

दुखमोचन ने आहिस्ता-से कहा—भैया को खाना खाकर उठने दो, वह बाहर जाएँ तो बतलाऊँगा...जल्दी क्या है ?

मामी को तसल्ली हुई तो माथा हिलने लगा।

दुखमोचन ने कुरता निकाल लिया और इशारे से अपर्णा को नजदीक बुलाया। बनियाइन पहने रहे, लेकिन कुरता लड़की को थमा दिया और बाहर निकल आए।

पूरब की तरफ आसमान में दशमी का चाँद काफी ऊपर उठ आया था। कोहरे ने चाँदनी को फीका कर रखा था। फीका आसमान और फीके तारे !

सर्द हवा के झोंके लगे तो दुखमोचन ने गाय और बैलों की तरफ देखा। आज चरवाहा तमाशा देखने निकल गया था। नदी के पार लखनौली गाँव में एक कोइरी-भगत पर हर मंगलवार की रात को बरहम देवता चढ़ता था। पास-पड़ोस के इलाकों से लोग देवता से सवाल पूछने पहुँचते थे। भारी मेला जुटता था।

दालान की दाहिनी ओर मवेशियों के लिए छोटा-सा घर था, गाय और बैलों को दुखमोचन उसके अंदर बाँध आए। फिर अलाव के पास बैठे हाथ सेंकते रहे।

मौका पाकर मामी से उन्होंने पानी भरनेवाली मजदूरिन का जिक्र छेड़ा जिसने वेणीमाधव के यहाँ काम छोड़ दिया था।

मामी ध्यान से सारी बातें सुनती रहीं, फिर बोलीं—पिछले महीनों में और भी कई

घरों में मजदूरिनों ने झगड़ा-झंझट खड़ा किया है। कई-कई रोज तक पानी भरना छोड़ देती हैं ये, तो भले घरों की औरतों का बुरा हाल हो जाता है। हमारी महरी भी एक बार कुनमुनाई थी, मैंने उसे अपनी नई धोती देकर मना लिया। अब वे छः आने माहवारी पर काम नहीं करना चाहतीं। जमाना तेजी से बदल रहा है, बबुअन ! और है भी तो यह पुराना रेट...

बच्चे खाना खाकर उधर गप-शप कर रहे थे। टुनू सो चुकी थी। मामी मलसी सामने रखकर उसमें तकली नचा रही थीं, जनेऊ के लिए रुई हमेशा से वह खुद ही कातती आई थीं। एक तरफ डाली में कते सूतों के लच्छे और रुई की पूनियाँ पड़ी थीं...मलसी के अंदर नाचती हुई तकली 'किर्र किर्र' की लगातार आवाजों से रात की चुप्पी को खरोंच रही थी।

दुखमोचन पीढ़े पर बैठे थे। उनकी निगाहें तकली की तरफ थीं, लेकिन कान कुछ और सुनने की प्रतीक्षा में सजग थे।

मामी ने तकली की रफ्तार कम कर दी। नई पूनी के रेशों को तार के छोर से छुआकर उन्होंने एक बार दुखमोचन की तरफ पूरी निगाहों से देख लिया। बाल न होने से दुखमोचन का सिर छोटा और उदास मालूम पड़ा। वह फिर तकली पर नजर जमाकर सूत कातने लगीं। कुछ क्षण बाद बोलीं—तुम्हीं से तो सुना है कई बार कि कारखाने कई-कई महीने बंद रह जाते हैं। पंचों के बीच-बचाव से या माँगें मनवा लेने के बाद ही मजदूर काम पर वापस आते हैं...अब यहाँ भी समझ लो कि महरियों ने हड़ताल कर दी है, जब तक उनका वेतन नहीं बढ़ेगा, वे काम पर वापस नहीं आएँगी।

दुखमोचन को हँसी आ गई, बोले—खूब उड़ाती हो तुम भी, मामी ! भला यहाँ टमका-कोइली गाँव में कौन-सा कारखाना है कि कोई हड़ताल करेगा ? घरों में पानी भरनेवाली मजदूरिनों की क्या तादाद होगी, बताओ तो ?

—अब यह तो तुम्हारा काम है कि उनका पता लगाकर सही तादाद मालूम करो, मैं क्या बताऊँ ?

—तुम्हारी राय में कितनी तनख्वाह महरियों को मिलनी चाहिए ?

—सिर्फ पानी भरने पर एक रुपया और बरतन-बासन माँजने, झाड़ू-बुहारी करने पर अठन्नी और...बबुअन, शहर का हाल तो तुम्हें ही मालूम है, मगर देहात में भी अब चीज-बस्त के दर-भाव खूब ऊँचे चढ़ गए हैं। पुराने जमाने की महरियाँ नहीं हैं ये कि चार-छः आने महीनेवारी पर तुम लोगों के तलवे सहलाती रहेंगी...नारियल का खुशबूदार तेल और प्लास्टिक की लंबी कंघी इनके घरों में भी पहुँच चुकी है, बबुअन ! इनके घरों के भी मर्द रेल और स्टीमर पर सवार होकर कलकत्ता हो आते हैं। इन्होंने भी अपनी मेहनत का रेट बढ़ाने का इरादा कर लिया है।

दुखमोचन चुपचाप मामी की बातें सुनते रहे। उन्हें वेणीमाधव की झल्लाहट याद आ रही थी। माया से जो-कुछ सुना वह सब याद आ रहा था। पाँच-सात साल पहले देहाती मजदूरों के भाई-बंदों ने अपनी पंचायत में फैसला किया कि ऊँची जातवालों के

यहाँ अब वे अपमानजनक तरीकों से न कोई काम ही करेंगे, न कुछ इनाम-इकराम ही लेंगे। जूठन में चाहे अमृत ही क्यों न रह गया हो, उसे कोई नहीं उठाएगा...बड़े लोगों में इससे खलबली मची थी, लेकिन दुखमोचन को यह सब अच्छा लगा था।

वह कुछ देर तक गुमसुम बैठे रहे। मामी तकली पर महीन सूत कातती रहीं। बीच-बीच में अपर्णा की दबी हँसी सुनाई पड़ती थी।

मामी ने कहा—बस, एक पूनी और बच गई है। चलो, पीछे कात लूँगी। भात ठंडा हो जाएगा, खाना खा ही लो !

—नहीं, इसे भी तुम कात ही डालो !—दुखमोचन उठते हुए बोले—मैं अभी आया।

छह

माया विधवा थी और कपिल विधुर था। दोनों की उम्र में चार-पाँच वर्ष का अंतर था।

पिछले साल-डेढ़ साल के अंदर दोनों का स्नेह-संपर्क बेहद गाढ़ा हो गया था। दोनों की नीयत थी कि पति-पत्नी की तरह साथ रहें और स्वस्थ जीवन बिताएँ, लेकिन यह आसान नहीं था। एक तो विधवा-विवाह ही इस गाँव के लिए अनहोनी घटना थी, दूसरे कपिल राजपूत था।

जयमाधव और कपिल स्कूल के साथी थे। दोनों ने साथ-साथ मैट्रिक की परीक्षा दी थी। कपिल पास कर गया था, जयमाधव फेल। अगले वर्ष जयमाधव की शादी हुई और पढ़ना छूट गया। कपिल बनारस रहकर बी.ए. तक पढ़ा। पिता मर गए, जोरों की बाढ़ आई और पीछे सूखा पड़ा। कपिल आखिर बी.ए. की परीक्षा दोबारा नहीं ही दे पाया।

परिवार की आर्थिक स्थिति अब विषम नहीं थी। भाई और भाभी खूब मानते थे और वामपंथी राजनीति की तरफ अभिरुचि थी। घरवालों ने कभी नहीं कहा था कि नौकरी करो। यह भी नहीं कहा कि आगे की पढ़ाई फिर से शुरू करो। शादी के छः महीने बाद ही कपिल की पत्नी प्लेग में मर गयी तो जात-बिरादरी के लड़कीवाले इर्द-गिर्द मँडराने लगे। मोटी रकमों के दसियों प्रलोभन थे, मगर बड़े भाई अखिल की लार नहीं टपकी। उसने कपिल को इस मामले में भी स्वतंत्र छोड़ दिया था।

कपिल की समझ में नहीं आता था कि क्या करे। मनोरथ की पूर्ति का सीधा रास्ता था माया को भगा ले जाना और बाहर-ही-बाहर कहीं शादी कर लेना। मगर कपिल की प्रबुद्ध चेतना वैसा करना दुराचार और अविवेक मानती थी। या तो माया को पत्नी बनाने का खयाल ही छोड़ दे, या फिर उसके अभिभावकों का समर्थन हासिल करे। तीसरा कोई विकल्प वह सोच ही नहीं सकता था।

माया अपनी माँ और भाभियों की दुलारी थी। भाई तीन थे, मगर बहन तो यह एक ही थी उनकी। जिससे शादी हुई थी वह कुलीन लेकिन दरिद्र परिवार का लड़का

था। बाढ़ से उफनती हुई 'बूढ़ी गंडक' पार कर रहा था, भँवर में पड़कर नाव उलट गई तो वह भी डूब गया। लाश का पता नहीं चला। जब से विधवा हुई थी, तब से माया ससुराल नहीं गई। बूढ़ी सास थी, आवारा देवर था। खेत-वेत थोड़े थे, निर्वाह बड़ी मुश्किल से होता था। माँ और बड़ी भाभी के आग्रह से माया मायके में ही जम गई थी।

मझले भाई जयमाधव की पत्नी उसकी हम-उम्र थी और दोनों में खूब हेल-मेल था। वे एक-दूसरे का नाम नहीं लेती थीं, 'प्रान' 'प्रान' कहकर पुकारती थीं। आपस में शायद ही कोई बात छिपाती रही हों। और, यही हाल जयमाधव और कपिल का था। वे एक-दूसरे को 'मीत' कहते थे। यह मित्रता बचपन से ही चली आई थी।

दोनों भाई बाहर गए हुए थे। छोटा भाई नीलमाधव मैट्रिक की तैयारी के सिलसिले में पिपरा बाजार हाई स्कूल की बोर्डिंग में रहता था। बड़ी भाभी पड़ोस में गप्पें लड़ाने गई थी और माँ उसना चावल तैयार करने के लिए कनस्तरों में धान उबाल रही थीं।

माया स्वेटर बुन रही थी। कपिल आहिस्ता-से आया और खड़ा हो गया। माया की माँ ने देखा तो मुस्कुराई। इशारे से कपिल ने बताया कि वह कुछ बोलें नहीं...

हमेशा इसी तरह कपिल आता था और माया को चौंका देता था। फिर दोनों हँस पड़ते थे। माँ भी साथ देती थीं हँसने में।

कुछ क्षण खड़ा रहकर कपिल और भी करीब आ गया। पॉकिट से पेन निकालकर माया की पीठ में भिड़ा दी तो वह चिहुँक उठी। पीछे गरदन घुमाकर देखा—

—ओह, तुम हो ! मैं तो डर गई...

—इसमें डरने की क्या बात थी ?

—एकाएक पीठ से उँगली-सी कोई चीज छू जाए तो तुम भी इसी तरह डरोगे...

कुछ क्षण तक दोनों हँसते रहे, उधर माँ भी मुस्कुराती रहीं।

माँ को यह पता था कि दोनों एक-दूसरे से प्यार करते हैं। पिछले साल गरमियों में माया की गरदन पर एक भारी फोड़ा निकला। टीस बढ़ती गई, दिन गुजरते गए। मगर फोड़ा पककर फूटा नहीं। जयमाधव और कपिल उसे लहेरियासराय के बड़े अस्पताल ले गए। चीर-फाड़ तो मामूली ही हुई थी, लेकिन घाव भरते-भरते दस रोज लग गए। जयमाधव बीच-बीच में गाँव आ जाता था। तीमारदारी का पूरा भार कपिल ने ही उठाया था।

माँ ने हुलसकर कहा—कई दिनों के बाद आए हो। कहाँ गए थे, बेटा ?

कपिल बोला—कहीं नहीं गया था चाची, यहीं था...

—तो आए क्यों नहीं ?

—माया नाहक उस रोज मुझसे झगड़ पड़ी थी...

—नहीं माँ, झूठ ! बिलकुल झूठ !!

माँ हँसने लगीं। हँसती-हँसती घर के अंदर चली गईं।

छोटी बहू भाई के गौने के सिलसिले में मायके गई हुई थी। कपिल ने पूछा—छोटी भाभी कब तक लौटेंगी, माया ?

ऊन का लच्छा और सलाइयाँ एक ओर रखकर माया पीढ़ा ले आई। कपिल बैठा।

बिनाई चालू करते हुए माया ने कहा—छोटी भाभी के बारे में पूछा था न ? वह होली के बाद ही लौटेंगी अब...

कुछ क्षणों की चुप्पी के बाद धीमी आवाज में कपिल बोला—तो तुम तैयार हो न, माया ?

माया ने इधर-उधर देखा, कोई नहीं था। फिर भी वह चुप रही। चेहरे पर गंभीरता छा गई थी। बिनाई के काम में मन को जमाए रखना मुश्किल पड़ने लगा।

—बोलती नहीं हो कुछ ? क्या बात है, माया ?

—मेरी तैयारी से क्या होगा ?

—वाह ! बाकी सबकुछ ठीक हो और तुम्हीं तैयार न रहो तो सारा मामला बिगड़ जाएगा...नहीं माया, गलत कहता हूँ ?

—तुम भला गलत कहोगे ?

—मेरी बातों का मखौल न उड़ाओ, माया !

—नाराज हो गए ?

कपिल चुप था। उसका चौड़ा और गोरा मुखमंडल बड़ी-बड़ी आँखों की तरह उदासी को खुलकर उभरने नहीं दे रहा था। छोटी मूँछें, पतले होंठ, उभरी हुई ठुड्डी...

माया ने गौर से कपिल की तरफ देखा।

वह अब भी मौन था।

माया शांत और गंभीर स्वर में बोली—उस रोज कह गए थे कि दुखमोचन भाई को यह सारी बात खुलासा करके लिखोगे और प्रार्थना करोगे कि मेरे भइया को समझा-बुझाकर राजी कर लें...मुझे तो बस उन्हीं का भरोसा है। तीन साल पहले की बात है, लखनौली की एक लड़की जनकपुर के मेले में गायब हो गई थी। ढाई महीने बाद पटना के अनाथ महिलाश्रम से उसका पता चला। समाज के डर से घरवाले उसे वापस लेने का विचार छोड़ चुके थे। दुखमोचन भाई ने कई दिनों तक लखनौलीवालों को समझाया-बुझाया, लोग आखिर राजी हो गए और लड़की घर लौट आई। पीछे खादी भंडार के एक कार्यकर्ता से दुखमोचन भाई ने उसकी शादी करवा दी थी...

कपिल ने कहा—सुना तो मैंने भी था। अखबारों में खबर छपी थी—'मैथिल विधवा की भूमिहार युवक से शादी...'

—फिर नहीं छप सकती है इस तरह की खबर ?

—नित्याबाबू जैसे दकियानूस यह काम होने भी तो दें !

माया ने छूटते ही कहा—क्या कर लेंगे नित्याबाबू ? दुखमोचन भाई अगर हमारी पीठ पर अपना हाथ रख दें तो किसी की नहीं चलेगी। नित्याबाबू को अब पूछता ही कौन है ? अच्छा, यह तो बताओ कि दुखमोचन भाई तक अपनी बातें तुमने पहुँचा दीं न ?

—पहुँचा दी थीं—कपिल बोला, मगर आवाज बिलकुल फीकी थी—ऐसी कि माया को यकीन ही नहीं हुआ इस बात पर। वह बुड़बुड़ाई—नहीं, तुम झूठ बोल रहे हो, कपिल !

कपिल अपने झूठ पर अड़ नहीं सका, आखिर चुप रह गया। निगाहें नीचे की ओर धरती पर जमी थीं। संकोच ने साहस को पछाड़ दिया था, माया अच्छी तरह समझ रही थी।

वह बोली—कोई बात नहीं, अब मैं कोशिश करूँगी...

कपिल की पीठ पर मानो चाबुक पड़ी हो। वह तनकर बैठा। निगाहें माया के चेहरे पर अटक गईं। हड़बड़ी में कह गया—तुम ? दुखमोचन भाई से तुम कहने जाओगी यह सब ? नहीं, यह हो नहीं सकता, माया, कभी नहीं ! वह मुझे कैसा घोंचू समझेंगे ? तुम दो दिन की मुहलत मुझे और दो...

माया के मुँह से एक शब्द भी नहीं निकला। आँखें उँगलियों, सलाइयों और ऊन के लच्छे पर थीं। आज ही उसने डेढ़-साला भतीजे के लिए पूरी बाँहों का स्वेटर बिनना शुरू किया था, बाँहवाली एक पट्टी बिनी जा चुकी थी और उधर माघ का सूरज डूबनेवाला था।

माँ ने आवाज दी—कपिल को नाश्ता नहीं कराएगी ?

माया ने जवाब में कहा—छोटी भाभी मायके से आएँगी तो उन्हीं के हाथों से तैयार नाश्ता इनको मिलेगा...

माँ खिलखिलाकर हँसीं—तो बाकी लोग इस परिवार में कपिल के दुश्मन हैं ? कैसी बात करती है तू भी !

—नहीं, चाची !—कपिल ने सँभलकर कहा—नाश्ता आज मैं करके चला था।

—तू तो भारी लजकोटर है, कपिल !

—और यही बात मैं कहूँ तो मुँह फुला लेंगे बाबू साहब !

माया ने गाल फुला लिए और कपिल की ओर शरमाते हुए देखा। कपिल भीतर-ही-भीतर कटकर रह गया। अभी कुछ ही क्षण पहले माया ने उसकी यह कमजोरी पकड़ी थी। अकारण और अनावश्यक लज्जा-संकोचवाली अपनी यह भारी दुर्बलता खुद को ही खलने लगी...नाश्ता नहीं किया था, फिर भी कह रहा था कि करके आया है !

वस्तुतः यह कपिल की पुरानी कमजोरी थी।

माया ने कहा—भैया आते ही होंगे, उनके लिए चिउड़ा तलने जा रही हूँ। तुम यह न समझ लेना कि सिर्फ तुम्हारे लिए नाश्ता तैयार होगा...

अब कपिल कुछ नहीं बोला।

माया उठी और रसोईघर में घुस गई, लेकिन कपिल पीढ़े पर उसी तरह बैठा रहा।

आज रात को वह जरूर दुखमोचन तक अपनी बातें पहुँचा देगा। प्रार्थना करेगा कि शीघ्र-से-शीघ्र यह काम हो जाय...और अगर...

कपिल के चिंतन की चरखी घूमने लगी—और अगर दुखमोचन भाई को यह संबंध अनुचित जँचे, अनर्गल मालूम हो यह रिश्ता तो साफ बतला दें...मगर क्यों दुखमोचन भाई को कोई हिचक होगी ? क्यों नहीं वह 'स्वस्ति' कहेंगे...मेरे भैया तो मान ही जाएँगे, असल कठिनाई है माया के बड़े भाई वेणीमाधव को रास्ते पर ले आना...और यह कठिनाई दुखमोचन भाई हल कर ही लेंगे...

नजदीक आकर माया की माँ ने कपिल के कंधे पर बायाँ हाथ रख दिया। सवेरे से धान उबाल रही थी, चूल्हे में भूसी और सूखे पत्ते झोंकते-झोंकते दाहिना हाथ काला पड़ गया था।

—किस फिकर में पड़े हो, बेटा ?

—नहीं चाची, किसी फिक्र में नहीं पड़ा हूँ।

मशीन की तरह कपिल के मुँह ने शब्द उगल दिए। वह सूनी निगाहों से वृद्धा की तरफ देखने लगा।

—नहीं बेटा, कोई बात होगी !

—उँहुँ !

माया ने उधर रसोईघर से कपिल के पक्ष को सँभाला, बोली—इनको सोचने का रोग लग गया है, माँ !

कपिल ने मुस्कुराने की कोशिश की तो माया की माँ ने आँख-भौंह चमकाकर कहा—कठहँसी से मुझे तुम ठग नहीं सकोगे, मैं सब समझती हूँ, बेटा !...

बड़ी बहू पड़ोस के घरों का फेरा लगाकर वापस आ गई। उसने भी शिकायत की कि कपिल अब कई-कई रोज बाद क्यों आता है...

भीतर की दुनिया को छोड़कर कपिल को अब बाहर आना पड़ा। बड़ी भाभी की बातों में दिलचस्पी लेना आवश्यक था न !

घी में तले हुए चिउड़े और...और परवल का अचार—काँसे की छिपिया में नाश्ता आया; पीतल के गिलास में पानी।

जैसे-तैसे नाश्ता करके कपिल बाहर निकल आया।

अपने घर पहुँचकर उसने दुखमोचन के नाम एक पत्र लिखा और उसे लिफाफे के अंदर डाल दिया। अपने संकल्प के अनुसार आज ही सबकुछ वह दुखमोचन के दरबार में पेश करने चला। चलते समय अपनी भाभी से इतना-भर कहता आया कि रात को वह कुछ देर से लौटेगा।

गाँव में राजपूतों के आठ-दस परिवार ही थे। उनके पास काफी तो नहीं मगर कामचलाऊ जमीन-जायदाद थी और साधारण तौर पर वे सुखी थे। सिसोदिया खानदान का एक राजपूत सरदार ढाई-तीन सदी पहले पश्चिम में आकर नेपाल-तराई में बागमती

के किनारे आबाद हो गया था। उसके सात बेटे और ग्यारह पोते थे। उन्हीं में से एक आकर यहाँ टमका-कोइली में बस गया था...गाँव से पश्चिम पाँच हजार बीघा जमीन का एक बड़ा चक उसे राजा रत्नेश्वरी नंदनसिंह के पूर्वजों से पारितोषिक मिला था। आधी से अधिक जमीन दूसरों की हो गई थी, फिर भी उन आठ-दस परिवारों के लिए उतनी जायदाद काफी थी। अखिलेश्वर और कपिलदेव के पिता का नाम था बाबू परमेश्वरसिंह। पाँच सौ बीघा जमीन के मालिक थे। शाहखर्ची उनमें कूट-कूटकर भरी थी। मरे तो पंद्रह हजार का कर्ज छोड़ गए थे। अब भी ढाई-तीन सौ बीघा जमीन अखिल और कपिल के अधिकार में थी अवश्य, लेकिन उपज का हाल अच्छा नहीं था। कभी बाढ़, कभी सूखा ! दूसरे काश्तकारों की तरह ये लोग भी तबाह थे, इनकी भी पुश्तैनी जायदाद साल-दर-साल छीजती जा रही थी।

राजपूतों का यह टोला गाँव के पश्चिम-दक्षिण कोने में आबाद था। इनके घरों की दीवारें पक्की ईंटों की थीं। दूर से ही इनके मकान चमकते थे।

कपिल दुखमोचन से मिलने चला तो शाम अच्छी तरह उतर आई थी। माघ की अमावस थी शायद आज। कई दिनों से पछिया हवा चल रही थी। जाड़ों की कनकनी हाड़-हाड़ को छू रही थी मानो ! खद्दर की कमीज पर भागलपुरी अंडी डालकर कपिल घर से निकला था, कोट लेने की सुध ही नहीं रही।

गाँव के दक्षिण छोर पर पहुँचकर उत्तर की तरफ मुड़ा ही था कि मिहिरकुमार और अमलेंद्र मिल गए। उनसे पता चला कि दुखमोचन इलाके के एम.एल.ए. बाबू शुभंकर राय के लड़के की शादी में बरात के साथ सहरसा गए हैं, परसों-तरसों लौटेंगे। थोड़ी देर कपिल नौजवानों से बातें करता रहा, फिर वापस आ गया। एक बार इच्छा हुई कि पत्र मामी को दे आए, फिर सोचा कि कहीं खोलकर वह पढ़ न लें।

ये दो-तीन दिन उसके बड़ी बेचैनी से कटे, किंतु मन संकल्प से डिगा नहीं। हाँ, इतना जरूर हुआ कि लिफाफा फाड़कर पत्र का मजमून बार-बार देखा। उसमें एक-आध लाइन घटाई और बढ़ाई। फिर लगा कि यह आवेग में लिखा गया था, शांत और स्थिर चित्त से पत्र दोबारा लिखा जाना चाहिए। खैर, दूसरी दफा लिखा गया पत्र।

तीसरे रोज कपिल से रहा नहीं गया। दोपहर का खाना खाकर वह पिपरा बाजार चला गया। प्रजा-समाजवादी पार्टी की थाना-कमेटी के दफ्तर में साथी सिंहासनराय से बातें करता रहा और शाम को पाँच बजे ट्रेन-टाइम पर स्टेशन पहुँचा।

गाड़ी तो वक्त पर आई, लेकिन दुखमोचन नहीं आए। साथी सिंहासन की राय हुई कि एकांत में मिल लेना आवश्यक है, रात की ट्रेन से आ ही जाएँगे दुखमोचन।

कपिल शाम को गाँव नहीं लौटा, बाजार में ही रह गया। बहुत दिनों के बाद दो साथी मिले थे। जमकर बातचीत चली। समान आस्थावाले दो दिलों की अटूट मैत्री थी। लगता था कि रात बीत जाएगी लेकिन गप्पों का सिलसिला खत्म नहीं होगा...आधी रात को एक बजे दक्षिण से ट्रेन आती थी। दोनों मित्र स्टेशन पहुँचे। पान और बीड़ी और गप्प...डेढ़ घंटे की इंतज़ारी के बाद ट्रेन आई, बेहद लेट थी। गनीमत यही थी कि

दुखमोचन दिखाई दे गए।

सिंहासन ने झोला थामते हुए कहा—अब इत्ती रात को कहाँ जाएँगे, दुखमोचन भाई ? चलिए, पार्टी-ऑफिस में सो लीजिएगा। क्यों कपिल ?

दुखमोचन ने हँसकर कहा—बड़े आराम से आया हूँ भाई, सेकंड क्लास का सफर था न !

सिंहासन बोला—माले मुफ्त दिले बेरहम ! आखिर आप भी सही रास्ते पर आ रहे हैं अब। है न दुखमोचन भाई ?

इस पर तीनों खुलकर हँसे।

स्टेशन के फाटक से निकलते-निकलते दुखमोचन ने सिंहासन से कहा—शुभंकर बाबू सर्वोदयी आदर्शों पर चलनेवाले कांग्रेसी ठहरे। लड़का तो बाप से भी दो कदम आगे निकला। उसका हठ था कि तिलक या दहेज के तौर पर एक पैसा भी नकद रकम ली जाएगी तो वह विद्रोह कर बैठेगा। आखिर वही बात हुई। लेन-देन की चर्चा तक नहीं सुनी गई। हाँ, बरातियों के स्वागत-सत्कार में कन्यापक्षवालों ने काफी-कुछ खर्च कर डाला है। देखो न, तीस जने हम जोगियाड़ा से सहरसा गए थे, आना-जाना सेकंड क्लास में ही हुआ है...

साथी सिंहासन मुस्कुराता रहा पहले, अब भभाकर हँस पड़ा। बोला—भारी मालदार होंगे शुभंकर बाबू के समधी। हमारे सर्वोदयी विधायक महोदय ने अपने समधी की इस शाहखर्ची पर अंकुश नहीं डाला ? अजी दुखमोचन भाई, देखते चलिए ! बहू जब शुभंकर बाबू की हवेली के अंदर पैर रखेगी तो हजारों का सोना उसके बदन पर होगा...

—सो तो होगा, रायजी !

—फिर कैसे आपने कहा, लड़का बाप से दो कदम आगे निकला ?

दुखमोचन चुपचाप चलते रहे।

कपिल ने आहिस्ता-से छोटा-सा बंद लिफाफा उन्हें थमा दिया। अचकचाकर दुखमोचन ने पूछा—क्या है ?

—पीछे इत्मीनान से देख लीजिएगा।

अँधेरे में लिफाफे की सफेदी तो नजर आ रही थी, लेकिन अक्षर बिलकुल अस्पष्ट थे। लिखावट पतली-नीली रोशनाई की थी, इससे वह अक्षरों का मामूली आभास-मात्र दे रही थी।

दुखमोचन ने लिफाफे को सँभालकर पॉकेट में रख लिया। कुछ क्षण बाद साथी सिंहासन से पूछा—दफ्तर में लालटेन तो होगी न ?

—है दुखमोचन भाई, मगर आप चलिए भी तो !

—चल ही तो रहा हूँ...अब और कहाँ मिलेगी लालटेन ?

पार्टी-ऑफिस में आकर दुखमोचन ने बेताबी से लिफाफा खोला और चिट्ठी पढ़ डाली।

कपिल का दिल धड़क रहा था। वह सोच रहा था कि पत्र पढ़कर दुखमोचन भाई का चेहरा बेहद गंभीर हो उठेगा, वह चुपचाप लेट जाएँगे और देर तक उन्हें नींद नहीं आएगी...वह किसी से कुछ बोलेंगे नहीं।

लेकिन यह सबकुछ नहीं हुआ।

दुखमोचन ने आदि से अंत तक वह पत्र दो बार पढ़ा और फिर उसे सँभालकर उसी तरह पॉकेट के हवाले किया।

साथी सिंहासनराय ने पूछा—क्या था, भाई साहब ?

स्वाभाविक लहजे में दुखमोचन ने जवाब दिया—कुछ नहीं रायजी, गाँव-गँवई का हमारा अपना मामला है।

इस संक्षिप्त समाधान से साथी सिंहासनराय को तो तसल्ली हो गई लेकिन कपिल का हृदय आश्वस्त नहीं हुआ।

सिंहासनराय और दुखमोचन देर तक बातें करते रहे, मगर कपिल का थका मस्तिष्क शून्य-सा हो गया था, सो उसे नींद आ गई।

सात

नित्याबाबू बारहों महीने अंदर ही सोते थे और यह तो भला जाड़े का मौसम था।

उजली पंचमी का तिहाई चाँद कब का डूब चुका था। बैठकवाले पक्के मकान के बरामदे में लालटेन की धीमी रोशनी ऊँघ रही थी। सीढ़ियों के दोनों ओर रातरानी की घनी झाड़ें थीं, उनसे उलझ-उलझकर मद्धिम प्रकाश आँगन की सफेद मिट्टी पर चितकबरी परछाईं बना रहा था।

मास्टर टेकनाथ आया तो खंभे की ओट से कुत्ता गुर्रा उठा। उसे चुमकारकर मास्टर ने शांत किया तो अंदर से आवाज आई—क्या है, टेकनाथ ?

—बाहर नहीं निकलिएगा ?—मास्टर ने कहा और सूखे गले को थूक से तर कर लिया।

बोलने में कलेजे पर जोर पड़ा तो खाँसने लगे नित्याबाबू। खाँसती आवाज में ही नौकर को पुकारा—घुटरा रे ! घुटरा रे ! घुटरा !

उधर कहीं से निद्रामग्न व्यक्ति की अलस-प्रस्फुट ध्वनि आई जो कि गले से ही नहीं बल्कि नाक से भी निकली—ऊँ...ऊँ...!

फिर नित्याबाबू ने एक वजनदार गाली दी और तब घूटर ने अंदर से किवाड़ खोला आकर।

टेकनाथ कमरे के अंदर आया तो घूटर लालटेन उठा लाया बाहर से। अब उसकी नींद अच्छी तरह टूट चुकी थी, बातें सुनने की नीयत से पलँग के करीब ही बैठ गया।

टेकनाथ कुरसी पर बैठा तो नित्याबाबू ने रेशमी लिहाफवाली मोटी रजाई में से माथा बाहर निकाला। गले से ऊपर काश्मीरी शाल की दुहरी लपेट थी...होंठ, नाक और कपार-भर दिखाई दे रहे थे।

थकी बूढ़ी आवाज में नित्याबाबू ने पूछा—क्या बात है, टेकनाथ ?

—गाँव की नाक कट रही है, नित्याभाई ! वेणीमाधव की बहन का ब्याह हो रहा है फिर से।

—कब ? कल कि परसों ?

—कल-परसों नहीं नित्याभाई, अभी और इसी वक्त ! दूल्हा कहीं बाहर से नहीं आया है...अखिलेश्वर सिंह के छोटे भाई कपिलदेव को शायद आप नहीं जानते हैं, उसी के साथ वेणीमाधव अपनी विधवा बहन की शादी कर रहा है। मुजफ्फरपुर से आर्यसमाजी पुरोहित बुलवाया गया है...

नित्याबाबू का दिमाग एकाएक ऐसी अनहोनियाँ सुनकर फटने लगा। बोले—ठहरो, टेकनाथ ठहरो ! मैं समझ नहीं पाया, क्या हो रहा है...वेणीमाधव की बहन का ब्याह ? अरे, उसकी शादी तो कई साल पहले ही हुई थी, गौना भी हो गया था। विधवा हो गई थी...

टेकनाथ समझ गया कि आज अफीम की मात्रा ज्यादा ले ली होगी। वह बोला—नित्याभाई, यह दुखमोचन जो न करे ! सारी खुराफात अकेले उसी के दिमाग की उपज है, नित्याभाई ! आप और मुंशीजी अगर चाहें तो अब भी इस कुकर्म का प्रतिकार हो सकता है...

दुखमोचन का नाम सुनते ही नित्याबाबू की चेतना ने झटका खाया। वह उठे और पलँग की सिरहानेवाली ऊँची पट्टी से पीठ टिकाकर बैठ गए। खाँसते-खाँसते पूछा—अब खुलासा बतलाओ, दुखमोचन ने क्या किया है ? वेणीमाधव की विधवा बहन का ब्याह करवा रहा है ?...शिव शिव शिव शिव ! अब यह गाँव भले आदमी के रहने लायक नहीं रह गया है, टेकनाथ !

नौकर से कहा—गरम पानी तो ले आ घुटरा, कुल्ली करूँगा। मुँह का स्वाद खराब हो गया है...

फिर टेकनाथ को लक्ष्य करके बोले—मैं तो बूढ़ा हूँ, मगर तुम लोग क्यों नहीं दुखमोचन की नाक में नकेल डालते हो ! उसे न किसी का लिहाज रह गया है, न डर। समूचा गाँव उसकी मुट्ठी में है।

—तो इसमें मेरा क्या कसूर है नित्याभाई ?

—तो मेरा कसूर है ?—खिसियाकर नित्याबाबू ने कहा—क्या करते रहते हो ? इतना भी नहीं होता कि चौकस रहकर पास-पड़ोस की गतिविधि का अंदाज रखो ! अब क्या कर लोगे ? जाओ, रतजगा करने से क्या फायदा ?

सूती कुरते पर खद्दर की चादर ओढ़ रखी थी टेकनाथ ने। नीचे पतली धोती और पैरों में कपड़े के जूते थे। गंगा-जमनी बालों की खूँटियाँ माथे पर चमक रही थीं।

चौड़े चेहरे पर नुकीली नाक तो और भी चमक रही थी।

धोती की खूँट से नाक पोंछकर वह बोला—मुंशीजी के यहाँ भी मैं गया था। उन्होंने कहा, यह तुम लोगों का अपना बभनौली मामला है, दूसरी जात के लोग इसमें क्या करेंगे ?

—रमाकांत से नहीं कहा ?

—वहाँ भी गया था, मगर दुखमोचन का नाम सुनकर वह भी चुप मार गए, नित्याभाई !

—राजकुमार से नहीं मिले ?

—मिहिर ने बतलाया, पिताजी निर्मली गए हैं...बस, अब और मैं किसी के यहाँ नहीं जाऊँगा। जब भगवान की यही मरजी है तो हम-आप क्या कर लेंगे, नित्याभाई ?

—हुँ...

शाल गरदन के नीचे खिसक आया था। नित्याबाबू की गंजी चाँद लालटेन की मद्धिम रोशनी में चमक रही थी, यद्यपि बीमारी और बुढ़ापे ने साँवले चेहरे को काला कर दिया था।

कुछ क्षण चुप रहकर नित्याबाबू अपने-आप बोलने लगे—हे रावणेश्वर बम्भोलेनाथ, यह कैसा जमाना आया है ! जात-पाँत और धर्म-कर्म पर संकट-ही-संकट लदता चला आ रहा है...कल के छोकरे हम बूढ़ों की नाक में कौड़ी बाँध रहे हैं। चालीस-पैंतालीस की उमर के बाद सिर्फ बाल ही पकने लग जाते हों ऐसी बात नहीं, बल्कि अपमान और तिरस्कार भी शुरू हो जाता है। घर के लड़के तक बात नहीं मानते हैं...अच्छा हो कि दुखमोचन हमारा गला घोंट दें...

फिर एकाएक टेकनाथ से पूछ बैठे—तुम्हारी क्या उमर होगी, टेकनाथ ? चालीस ! पैंतालीस !

—छियालीस नित्याभाई, और आपकी ?

—सड़सठ खत्म ही हुई, अब चैत से अड़सठ चढ़ेगी।—घूटर ने गरम पानी का गिलास लाकर दिया और पीकदानी उठाकर मुँह के नजदीक रखी। नित्याबाबू ने मुँह में पानी लेकर दो-तीन बार कुल्ली फेंकी।

—पान खाओगे टेकनाथ ?

—लाइए !

पान देकर बोले—अच्छा, अभी जाकर सोओ अब ! हाँ, इतना मैं जरूर कहूँगा कि बड़े बुरे दिन आ रहे हैं...हम तो खैर दो रोज और हैं, मगर तुम-जैसों के लिए जीवन पहाड़ हो जाएगा, टेकनाथ ! दुखमोचन तो खाली नहीं बैठेगा, एक-न-एक खटपट लगाए ही रहेगा और तुम लोग चुपचाप बरदाश्त करते जाओ सबकुछ...

टेकनाथ चुपचाप सुरती तैयार कर रहा था। निगाहें नित्याबाबू के चेहरे पर लगी थीं। बोला—मगर आपने भी तो आमने-सामने दुखमोचन को कभी रोका-टोका नहीं ! जो आदमी बहकने लगे, उसका इलाज शुरू में ही अच्छा रहता है नित्याभाई, कि नहीं ?

पान की पीक उगालदान में फेंककर उन्होंने कहा—यह पाँच वर्ष तक कलकत्ता रहा, फिर जाने क्या सूझा कि जमा-जमाया काम छोड़कर गाँव आ गया। उन दिनों अगर मुझे पता होता कि आगे चलकर दुखमोचन खुराफाती धूम्रकेतु निकलेगा तो मैं तभी इसे हमेशा के लिए सुला देता, मगर...

नित्याबाबू ने कपार ठोंक लिया। अपनी पिछली अदूरदर्शिता जिस तरह इस वक्त दुखमोचन के सिलसिले में उन्हें खली उस तरह कभी किसी प्रसंग में नहीं खली थी।

—अभी आप आराम कीजिए, नित्याभाई !—टेकनाथ ने कहा—मैं उधर चलकर देखता हूँ, कल आकर फिर बताऊँगा।

—जरूर ! जरूर ! टेकनाथ, जरूर ! तुम्हीं तो बुड्ढे की आँख-कान हो भइया...वरना बुढ़ापे की इस नजरबंदी में मेरे-जैसे अपंग को दुनिया-जहान का कुछ भी पता चलता ? उँहुँ, बिलकुल नहीं !

सुरती फाँककर वह उठा और चुपचाप बाहर निकल आया। उसे लगा कि नित्याबाबू अकेले आगे नहीं होना चाहते। गाँव में और कोई नहीं था जो नित्याबाबू की तरह पुरानी परंपरा का प्रबल समर्थक हो और जिस पर टेकनाथ की आस्था हो।

—कल शाम को अवश्य आना, टेकनाथ। सोच-विचारकर सही नतीजे पर पहुँच जाएँगे...

नित्याबाबू ने अंदर से ही कहा और टेकनाथ का संक्षिप्त जवाब सुनाई पड़ा—आऊँगा !

रात आधी से अधिक बीत गई थी। धुंध ने नक्षत्रों की सहज कांति कम कर रखी थी। टेकनाथ वेणीमाधव के दालान पर आ बैठा। वहाँ छप्पर की पाढ़ से साफ शीशेवाली एक नई लालटेन टँगी थी, मद्धिम और मीठी रोशनी में समूचा दालान आलोकित था। कंचन और कन्हाई अलग बैठे बातें कर रहे थे।

हवेली के अंदर से आवाजें आ रही थीं, कभी जोरदार और कभी हल्की।

टेकनाथ ने फुसफुसाकर पूछा—कहो कंचन, दुखमोचन अंदर हैं कि अपने घर चले गए ?

कंचन ने शंकित दृष्टि से मास्टर को देखा, कन्हाई तो पूछ ही बैठा—क्या काम है तुमको दुखमोचन बाबू से ?

—काम ? हें हें हें हें क...आ...आ...आम ? हें हें, काम तो उनसे कोई नहीं है...हें...हें हें हें...

—तो फिर ?

—माया का ब्याह हो रहा है, सोचा, आशीर्वाद दे आऊँ—दूब-अच्छत छींट आऊँ माथे पर...

अंतिम वाक्य दोहराता हुआ जयमाधव निकल आया उधर से—दूब-अच्छत छींट आऊँ माथे पर—दूब-अच्छत ! नहीं, नहीं, मास्टर, आपके आशीर्वाद की कोई जरूरत नहीं है यहाँ ! आशीर्वाद देने के लिए नहीं; आप तो भेद लेने के लिए पधारे हैं

यहाँ...क्या मैं झूठ कहता हूँ, मास्टर ?

टेकनाथ सिटपिटा गया। कंचन और कन्हाई चुप थे, मगर जयमाधव के मुँह की भाप कम नहीं हो रही थी। वह अभी और कुछ कहता, मगर एकाएक दुखमोचन सामने आ गए तो मानो जबान ही सिकुड़ गई।

—क्यों मास्टर को परेशान करते हो !—दुखमोचन ने जयमाधव से कहा—ऐसा मत सोचो कि हमेशा अपने होंठों पर कलई किए रहता है—अरे, बातें सबकी सुना करो, जयमाधव !

फिर दुखमोचन मास्टर की तरफ रुख करके बोले—कहो टेकनाथ, कैसा चल रहा है आजकल ?

—तुमसे तो कभी मुलाकात ही नहीं हो पाती, दुखमोचन !—मास्टर ने आश्वस्त स्वर में कहा और ऊपरी हँसी हँसता रहा।

मगर दुखमोचन ने यह नहीं पूछा कि उसे इस शादी की खबर किसने दी। अगले ही क्षण जयमाधव की पीठ पर हाथ रखकर बोले—अरे, मास्टर को पान-वान नहीं दिया लाकर ?

—आ जाएगा, कोई जल्दी थोड़े है ? काज-परोजन के मौके पर अबेर-सबेर हो ही जाती है, भइया ! और यह तो अपना ही घर ठहरा न !

टेकनाथ ने ये शब्द चाटुकारी लहजे में कहे तो दुखमोचन की तबीयत हुई कि चुभने-चिकोटनेवाली चार बातें कहकर उसके दिल पर रंदा फेर दे और घायल शिकार को छटपटाता छोड़कर वापस हवेली के अंदर चला जाए। लेकिन नहीं, दुखमोचन ने ऐसा नहीं किया। उसे अपने-आप पर काबू पाने का गुर हासिल हो चुका था।

टेकनाथ की इच्छा थी कि किसी तरह अंदर हवेली में जाने का अवसर मिले और दूल्हा-दुलहिन की एक-आध झाँकी ले ली जाए। चेहरा-मोहरा देखकर घरवालों का रुख मालूम हो ही जाएगा...

जयमाधद ने दुखमोचन का संकेत समझ लिया था। वह पान लाकर टेकनाथ के आगे रख चुका था।

—लो, मास्टर, पान लो !—दुखमोचन ने व्यस्तता के अंदाज में कहा और दो बीड़े थमा दिए। एक अपने मुँह में डाल लिया, बाकी कंचन और कन्हाई की तरफ तश्तरी खिसका दी। ऊपर से एक-एक चुटकी जर्दा और बस।

—तो मास्टर, मुझे फुरसत दो अभी।

—मैं तो आशीर्वाद देने आया था, दुखमोचन !

—सबकुछ हो गया मास्टर, आशीर्वाद की विधि भी पूरी हो चुकी है...यों, कैसे भी और कहीं से भी आशीष दोगे, उन तक पहुँच ही जाएगी, मास्टर !

अब टेकनाथ मास्टर को उठना ही पड़ा—अच्छा दुखमोचन, इस शुभ-कार्य में मेरी भी हाजिरी स्वीकार हो। वेणीमाधव से कह देना...

दुखमोचन कुछ बोले नहीं, मुस्कुराए जरूर।

टेकनाथ दालान के बरामदे से नीचे उतरा और रास्ते की तरफ बढ़ गया। इधर दुखमोचन भी हवेली के अंदर आए।

विवाह की विधियाँ सचमुच सारी-की-सारी पूरी हो गई थीं। आर्य-समाजी पुरोहित अपनी 'संस्कार-विधि' स्रुवा आदि सहेज चुका था। दक्षिणा उसे मिल ही चुकी थी। बस, एक ही झंझट था। रात का एक बज रहा था, भूखा होने पर भी वह खाना नहीं खा रहा था। वेणीमाधव और उनकी माँ का आग्रह था कि बिना ब्राह्मण-भोजन के सबकुछ अधूरा ही रह जाएगा...

दुखमोचन ने बार-बार अनुरोध किया तो उसने कटोरा-भर गरम दूध और दो केले ले लिए।

सुबह की चार बजेवाली ट्रेन से पुरोहित को वापस जाना था। वेणीमाधव ने बौधू और परमेसर को साथ कर दिया, वे उसे पिपरा बाजार स्टेशन तक छोड़ने गए।

माया की माँ को इस बात का बड़ा क्षोभ रहा कि विवाह के आरंभ में कुलदेवता की पिंडी पर न तो मातृका पूजा हुई और न गणेश को ही किसी ने याद किया। बस, खाली हवन ! खाली मंत्रपाठ ! माँ को ही नहीं, भाभियों को भी यह सब बड़ा ही सूखा-सूखा, फीका-फीका लगा...मगर विवाह की बाकी विधियाँ सकुशल सम्पन्न हुईं--माँग में सिंदूर भी पड़ा, गाँठ भी बँधी, फेरे भी लगे...सबकुछ हुआ--

यह पहले ही तय था कि आधी पहर रात शेष रहेगी तो माया विदा होगी और सुबह-सुबह ससुराल में प्रवेश करेगी। दुखमोचन, वेणीमाधव, रामसागर, मधुकांत, कंचन, कन्हाई, मिहिरकुमार, रविनाथ आदि मुस्तैद थे कि माया को कपिल के साथ उसके मकान तक पहुँचा आएँगे।

दस-पाँच आदमियों को तो शाम को ही भनक मिल गई थी। बाद को पचीस-पचास कानों तक और फैली यह बात। आश्चर्य और उत्सुकता ही वे मुख्य भाव थे कि यह समाचार पाकर चेहरों पर उभरे। हाँ, पुरानी पीढ़ी के लोगों ने कहा--राम-राम ! घोर कलियुग आ गया। जो कहीं नहीं हुआ था वह टमका-कोइली गाँव में हो रहा है...लेकिन यह राय ब्राह्मण बूढ़ों-बूढ़ियों की थी, दूसरी जातियों के ज्यादा उम्रवाले लोग तो और ही कुछ कहते सुने गए। उनकी राय में यह ठीक ही हुआ था...विधवा लड़की ने रँडुआ लड़के से संबंध कर लिया तो क्या बुरा किया ? इधर-उधर भटकती और भरस्ट होती तो गाँव-कुल का नाम डुबोती...वह अच्छा होता कि यह अच्छा हुआ ? दस-पाँच दकियानूसों को छोड़कर बाकी लोगों का ऐसा ही विचार था।

वेणीमाधव की स्त्री ऊँची नाकवाले खानदान की लड़की थी। उसे यह संबंध बिलकुल नहीं जँचा। प्राचीन संस्कारों में पली हुई माँ एक ओर थी, दूसरी ओर थी लड़की के जीवन को सुखमय देखने की लालसा में असवर्ण विवाह तथा पुनर्विवाह का प्रस्ताव कबूल करनेवाली माँ...एक ही बुढ़िया के अंदर दो माताएँ थीं ! दोनों में डटकर संघर्ष हुआ था और आखिर में वह दूसरी माँ ही जीत गई थी। वेणीमाधव खुद काफी समझदार था और जमाने का रुख उससे छिपा नहीं था। दुखमोचन के मुख से माया और कपिल

के पुनर्विवाह का प्रस्ताव सुनकर उसके दिमाग ने झटका नहीं खाया था, ज़रा भी उत्तेजित या क्षुब्ध नहीं हुआ था...और माँ को तो इन दोनों ने कई तरह से समझाया था, अलग-अलग भी और साथ-साथ भी।

वेणीमाधव के बूढ़े ताऊ पंडित ललितनारायण संस्कृत के अच्छे-खासे विद्वान थे, बारह साल काशी में रहकर महामहोपाध्याय शिवकुमार मिश्र से व्याकरण-शास्त्र का अध्ययन किया था। बीकानेर और राजकोट में तीस वर्ष तक अध्यापक रहकर पिछले पंद्रह वर्षों से अब बुढ़ापे के विश्राम का उपभोग कर रहे थे। लड़का-फड़का अपना तो था नहीं, पत्नी भी बहुत पहले सिधार चुकी थी, यही तीनों भतीजे पंडित के लिए सबकुछ थे। सेवा-सुश्रूषा में त्रुटि नहीं रहती थी। लेकिन आज शाम को दालान पर और अंदर हवेली में पंडितजी को उथल-पुथल नजर आई तो उन्होंने बड़े भतीजे की छोटी लड़की से अकेले में पूछा। उसने कान में मुँह सटाकर कहा—बूआ की शादी होगी...बुढ़ऊ ने छोकरी के गाल पर अविश्वास की हल्की चपत लगाई। थोड़ी देर बाद बड़ी बहू से पूछा तो उसने खुलासा नहीं बतलाया। ज़रा-सी अफीम लेते थे रोज शाम को, आधी रात तक गाढ़ी नींद आती थी।

अभी ढाई बजे के करीब अफीम का असर हटा और नींद टूटी तो पंडित दालान की तरफ की अपनी बाहरी कोठरी से लोटा और छड़ी लिए निकले...नजदीकवाले पोखर की ओर दिशा-फराकत के लिए बढ़े ही थे कि कंचन की बूढ़ी माँ मिल गई। राह रोककर उसने ललित पंडित से पहले तो हाथ चमकाकर पूछा और पीछे ब्याहवाली बात खुद ही बता दी...

पंडित लौटे तो गुस्से के मारे थर-थर काँप रहे थे। पानी-भरा लोटा दालान के बरामदे में पटक दिया और छड़ी सँभालकर अंदर हवेली में आ गए।

पुरोहित को विदा करके वेणीमाधव और दुखमोचन बैठे थे। इधर-उधर की बातें हो रही थीं। अभी दस मिनट हुए थे, खाना खाया था। माया और कपिल को तो खिला-पिलाकर पहले ही घर के अंदर कर दिया गया था। बड़ी बहू और बच्चे सो चुके थे। माँ और छोटी बहू, जयमाधव और नीलमाधव कामों में लगे थे।

ताऊ तेजी से आए और दुखमोचन पर अंधाधुंध छड़ी चलाने लगे—चांडाल ! पापी ! विधर्मी !—मुँह से यही तीन संबोधन निकाल रहे थे। दुखमोचन सिर को बचाने की नीयत से बाँहों को आगे करके खड़े हो गए और वेणीमाधव ने कुर्सी से उठकर ताऊ को बाँहों में बाँध लिया। उधर से जयमाधव दौड़ा, पंडित के हाथ से छड़ी छीनकर परे फेंक दी। अब विफल क्रोध कंठ के रास्ते गालियाँ बनकर बाहर आने लगा...

छड़ी बेंत की नहीं, विंध्याचली बाँस की थी। छः-सात प्रहार पीठ पर पड़े थे, तीन-चार कंधों पर, एक चोट दाईं ओर कनपटी पर पड़ी थी। दर्द की जलन पीकर दुखमोचन बोले—बस ताऊजी, बाकी यही बचा था ? आपने आखिर आशीष दे ही डाली...बुजुर्गों की दुआ के बिना दुनिया का कोई काम आज तक पूरा नहीं हुआ है...बड़ा अच्छा किया आपने !

सुबह तक के लिए इन्हें कोठरी के अंदर बंद करके रखो, वेणीमाधव !—कमांड की टोन में दुखमोचन ने कहा।

वेणीमाधव ने ताऊ को कंधे पर उठा लिया और नीलमाधववाली छोटी कोठरी में रख आए, किवाड़ लगाकर बाहर से साँकल चढ़ा दी। भीतर से अब भी पंडितजी की गालियाँ बाहर आ रही थीं।

—चोट ज्यादा नहीं पड़ी।—दुखमोचन ने मुस्कुराकर कहा—लेकिन घंटे-भर की छुट्टी दो मुझे, जरा घर हो आऊँ !

वेणीमाधव आदि तीनों भाई चुपचाप सहमे-से खड़े थे। दुखमोचन की बात का मौखिक जवाब तो किसी ने नहीं दिया, लेकिन वेणी की डबडबाई आँखें मानो कह रही थीं—भइया, यह भी तो तुम्हारा अपना घर है न !...

और माँ तो सचमुच रो ही पड़ीं। उनकी रुलाई सुनकर अंदर घर से कपिल भी निकल आया। उसकी पीठ ठोंककर दुखमोचन ने कहा—घबराना नहीं कपिल, तुम तो राजपूत हो !...फिर आगे बढ़कर अपनी अंडी की चादर की खूँट से माया की माँ के आँसू पोंछ दिए और बाहर निकल आए।

मामी इंतजार में सो नहीं सकीं, अब तक जगी थीं।

दुखमोचन सबकुछ बताकर अंत में बोले—बनियाइन और कुरता न होते तो चमड़ी छिल जाती। हाँ, कपार में अलबत्ते चोट लगी है...

लालटेन की बत्ती तेज करके मामी ने दुखमोचन का कपार देखा तो मुँह से चीख निकल गई—ईशी-शी-शी-शी-शि-श् !...बाप रे ! बाप रे ! बाप रे !

—कुछ हुआ भी तो हो ? नाहक बाप-बाप कर रही हो...

मामी की आँखें छलछला आईं, रुआँसी आवाज में कहने लगीं—तुम्हें मार डालेंगे इस गाँव के लोग ! दुनिया-भर की मुसीबतें अपने सिर पर ढोए चलते हो...बोटी-भर को मांस है ठठरी पर और रावन-अहिरावन से कुश्ती लड़ेंगे !...कैसे कुठाँव पर राच्छस ने मारा है...राम राम राम राम...

दुखमोचन गंभीर स्वर में बोले—अरे, कुछ नहीं हुआ है, मामी ! हल्दी-वल्दी लगा दो, ठीक हो जाएगा...अब इस वक्त चीखोगी-चिल्लाओगी तो व्यर्थ का तमाशा खड़ा होगा। सोने दो, किसी को न जगाओ !

दुखमोचन उधर अपनी कोठरी के अंदर गए, इधर मामी ने क्षोभ और व्यंग्य की आवाज में कहा—हुँह ! न जगाऊँ किसी को ! सिर फुड़वाकर आए हैं और नसीहत बघार रहे हैं...तबीयत तो यही करती है कि चीख-चीखकर सबको जगा दूँ, लोग इकट्ठे हों तो बताऊँ...देखो अपने गाँव के बुजुर्ग विद्वान की काली करतूत ! वेणीमाधव का ताऊ नहीं है, वह तो भारी ब्रह्मराक्षस है...हुँ हुँ हुँ...

छोटी बहू की नींद टूट चुकी थी। वह जल्दी-जल्दी हल्दी पीस लाई। मामी ने दुखमोचन के कपार पर हल्दी थोपकर ऊपर कपड़े की पट्टी बाँध दी।

दुखमोचन पलँग पर उतान लेट गए, मामी माथे की मालिश करने लगीं।

पलक झिपने लगीं तो ऊँघती आवाज में दुखमोचन बोले—घंटा-डेढ़ घंटा में मुझे जगा देना मामी, माया को कपिल के घर पहुँचा आना है...फिर दिन-भर आराम ही तो करना है कल !

आठ

कुएँ के आगे मचान पर सफेद और बैंगनी सेम की बेलें लतरी हुई थीं। पत्तों, फूलों और फलियों से लता-वितान ढँका पड़ा था। ज़रा हटकर क्यारियों में पात-गोभी के बीस-एक मुकुटनुमा पौधे इठला रहे थे। बैंगन के बौने झाड़ों पर बुढ़ापा उतर आया था। पके-पाढ़े दानेदार गुच्छों के वजन से भी सौंफ की डंठलें झुकी नहीं थीं।

सुखदेव दोपहर का खाना खाकर तीन घंटे सोए और अब लेटे-ही-लेटे अखबार देख रहे थे।

पाँचवाँ पृष्ठ पढ़कर छठा पृष्ठ पलटते ही चटकीले ढंग से छपे हुए एक भारी विज्ञापन पर उनकी आँखें अटक गईं...प्लेट में टमाटर, बैंगन और सेम की फलियाँ थीं। साफा बाँधकर एक मुस्कुराता चेहरा उँगली के इशारे से बता रहा था—इनको तलने और पकाने में फलाँ घी का इस्तेमाल कीजिए, कई गुना ज्यादा स्वाद मिलेगा...

वह इश्तहार पंडित सुखदेव को बड़ा ही आकर्षक लगा। बाद को जो भी कुछ खबरें देखीं, उन पर पंडित का ध्यान नहीं जमा। हारकर उठे और बरामदे में आकर तख्तपोश पर बैठे। खैनी मलते-मलते छोटी भतीजी को पुकारा तो वह दौड़ आई। सटकर खड़ी हुई और ताऊ की गर्दन सहलाने लगी।

भतीजी के होंठों से नाक लगाकर सुखदेव ने साँस खींची और बोले—दूध-भात खाकर आई है ?

—ऊँ...टुनू ने मचलकर कहा।

—अच्छा, मेरा एक काम कर दे ! करेगी ?

—जल्दी बताइए, अपना काम छोड़कर आई हूँ...

सुखदेव ने हँसकर कहा—एह ! बड़ी कामवाली हुई है...

—तो मैं झूठ कहती हूँ ?—मचलकर बोली टुनू—चलिए अंदर, दिखलाती हूँ अपना काम आपको !

—अच्छा ! अच्छा ा ा ा ा...

फिर पलकें झपककर संकेत से जानना चाहा कि क्या काम कर रही है। ताऊ के कान से होंठ लगाकर टुनू फुसफुसाई—गुड्डे का कोट बनवा रही हूँ, बहन और पद्मा नाप लेकर कपड़े कतर रही हैं। मशीन तो अपने यहाँ है नहीं, पद्मा की भाभी के पास है। सिलाई वहीं होगी...

काका की हल्की चपत से उत्साहित होकर उसने कहा—चाची तो हाथ से भी सी

लेती हैं, लेकिन कोट मशीन पर ही अच्छा सिलता है...नहीं, ताऊजी ?

सुखदेव की आँखें फैल गईं, विनोद से कहा—बाप रे ! सीने-पिरोने की सारी विद्या मेरी टुनिया जानती है...

छोकरी ने अपनी प्रशंसा में फूलकर पूछा—क्या काम था आपका ?

—चँगेरी लेती आ, बेटा !

—बस ! और कुछ नहीं ?

—नहीं रे !

टुनू समझ गई कि काका सेम की फलियाँ तोड़ेंगे। वह दौड़कर गई और चँगेरी ले आई।

सुरती फाँककर सुखदेव उठे। टुनू वापस जाने लगी तो पूछा—मामी कैसी हैं रे ?

—बताती थीं कि आज थोड़ा आराम है...

अंदर दुखमोचनवाले बरामदे में चटाई पर सुजनी बिछाकर मामी लेटी पड़ी थीं। चमकी अपनी जाँघ पर उनकी जाँघ लेकर हौले-हौले चाँप रही थी। अपर्णा और पद्मा सामनेवाले दूसरे बरामदे में गुड्डे के कोट के लिए कपड़े की कतर-ब्योंत कर रही थीं। टुनू का ध्यान निगरानी में था। योगेंद्र स्कूल गया हुआ था।

छोटी बहू दाल पछोरकर फारिग हुई तो मामी के सिरहाने आ बैठी। उसने मामी का माथा गोद में ले लिया और हल्के हाथों से दबाने लगी। मामी ने आहिस्ता-से कहा—रहने दो, छोटी बहू! मैं तो रात-दिन पड़ी रहती हूँ, आराम-ही-आराम है। काम करते-करते तुम्हारे हाड़-गोड़ चटक रहे होंगे, ज़रा सुस्ता लो न !

—सुस्ता तो रही हूँ, मामी !—छोटी बहू ने मामी की आँखों में झाँककर देखा और हँसकर बोली—एक काम से हटकर दूसरे काम में लग जाना भी सुस्ताना होता है...नहीं होता है, मामी ?

मामी चुप रहीं, मगर चमकी मुस्कुराई, कहा—बेजा नहीं कहती हैं जोगी की अम्मा, ठीक ही कहती हैं...मगर आठों पहर हाथ-गोड़ नाचते रहें तो सुन्न पड़ जाएँ। नहीं, मामी ?

समर्थन में मामी की पलकें झपक गईं।

पिछले दस दिन से बवासीर ने परेशान कर रखा था। खूनी बवासीर थी यह। साँवला-सलोना चेहरा सूख-सिकुड़कर काला पड़ गया था। आँखें निकल आई थीं। लेटे रहना ही अच्छा लगता था। खाली मन पिछले जीवन की स्मृतियों के बीहड़ जंगल में भटका करता था...भरे-पूरे परिवार का आनंदमय सामूहिक ढाँचा...तीन भाई और दो बहनें; बीमार माँ और सनकी बाप; उत्सव-त्योहार-नाच-गान-नाटक-भंडारा; शादी और गौना, दूल्हा, सास-ससुर, ननद-ननदोई, देवर...बस एक ही तो देवर था—लेकिन वह अपना सगा देवर कहाँ था ? नहीं था सगा देवर ! वह तो पति की फूफी का सौतेला था...

यहाँ आकर मामी के चिंतन का झरना मानो सौ फुट ऊपर से नीचे गिरता

था—निराधार और तिरछा !...उस लाड़ले लीलाधर ने अपनी इस मामी को गलत समझा, बिलकुल गलत ! नारी-सुलभ सामान्य नेह-छोह ने नहीं, बल्कि अपने अविवेक ने उसकी मति-गति हर ली...पितोझिया की गुठलियों से एक सौ आठ दानों की माला बनाकर वह 'शशिकला' 'शशिकला' जपने लगा था, पता नहीं अब कहाँ भटक रहा था !

जब से कपिल और माया के ब्याह की बात सुनी थी तब से अकसर लीलाधर याद आ रहा था। सास-ससुर पहले ही मर गए थे। साँप के डसने से पति का देहांत हुआ था और साल-भर बाद यह शशिकला खुद भी मलेरिया के चंगुल में पड़ गईं। लगातार ढाई-तीन महीना बिस्तर से लगी रहीं। लीलाधर ने जी-जान से सेवा की थी और...

बाएँ घुटने पर घट्ठा था, जामुन की गुठली के बराबर। चमकी ने चुटकी में ले लिया उसे, खींचती हुई कहने लगी—मेरी भी माँ के घुटने पर ऐसा निशान था। नदी के उस पार गाय लेकर गई थी। गुलेल चलानेवाले एक नौसिखिए का निशाना बहक गया तो माँ घायल हुई। अंदर-ही-अंदर गोश्त सड़ गया, पिपरा बाजार के सरकारी अस्पताल में ऑपरेशन हुआ...और मामी, आपको यह क्या हुआ था ?

जाँघ बदलकर मामी ने कहा—चचेरी बहन ने पोखर में धकेल दिया था। अंदर पानी में दो रोज पहले खटमल-भरा तख्तपोश डाला गया था। मैं गिरी तो तख्तपोश का कोना घुटने में 'खच्च' से चुभा। वही निशान है...

—मैं तो समझती रही कि कोई भारी फोड़ा निकला होगा।—छोटी बहू ने घट्ठे की अपनी व्याख्या बताई और अपर्णा से ऊँची आवाज में कहा—वो तेल तो निकाल लाना बच्ची, अपने बाबूजी की अलमारी में से !

—रहने दो !—मामी ने थके स्वर में कहा और चमकी की तरफ देखकर हाथ से कमर चाँपने का इशारा किया।

अपर्णा लाल तेल की शीशी उठा लाई। छोटी बहू ठेपी खोलने लगी तो चमकी ने लालसा-भरी निगाहों से उस ओर देखा। हाथ मामी की कमर दबा रहे थे, मगर नजर तेल की तरफ लगी थी।

चमकी की यह टकटकी ताड़कर अपर्णा ने उँगली उसकी पीठ में गड़ा दी और कहा—कलकतिया तेल है, दो ही बूँद रगड़ोगी तो माथा हल्का हो जाएगा ! खुशबू नहीं आ रही है ?

छोटी बहू की बाईं हथेली पर भी थोड़ा तेल था, दाहिनी हथेली से वह मामी का सिर रगड़ रही थी। अपर्णा ने तेल छुआकर अपनी उँगली चमकी की एक कलाई से पोंछ दी, बोली—सूँघकर तो देखो !—ऊपर से चमकी ने कहा—हाँ अप्पी, जुलुम है ! अनोखी महक है !—आँखें नचाकर अपर्णा सामनेवाले बरामदे में चली गई, मगर चमकी का तो माथा ही घूमने लगा। थोड़ी देर बाद बोली—मामी, एक बात बताऊँ ?

—बता !—मामी ने कहा।

—साल-डेढ़ साल के अंदर किसिम-किसिम का जितना तेल कपिल ने माया को

लाकर दिया होगा, उतना न किसी ने देखा होगा, न सुना ही होगा।

मामी चुप थीं। छोटी बहू की पलकें तन गईं। बुड़बुड़ाई—तेल लाकर देता था।

—क्या नहीं देता था लाकर, जोगी की अम्मा ?

—साड़ी भी लाता रहा होगा ?

—रसगुल्ले आते थे...

—रसगुल्ले ?

—तो मैं झूठ कहूँगी, जोगी की अम्मा ?

मामी के लिए अब यह चर्चा असह्य हो उठी। उन्होंने चमकी को डाँटा—चुप करती है कि नहीं ? सतवंती की नानी !...पाजी कहीं की !...

वह उठ बैठीं और अपनी ताकत के मुताबिक हाथ लगाकर चमकी को आगे की ओर धकेल देना चाहा।

वह खुद ही थोड़ा हट गई थी। सहमी आवाज में बुड़बुड़ाई—सभी तो कहते हैं मामी, अपनी तरफ से एक भी आखर अगर मैंने फाजिल कहा तो हे गंगा मइया, यह जीभ गल जाय...

गंगा को दुहराते वक्त चमकी चट्-से दक्षिण की दिशा में मुड़ गई, हाथ कानों को छू रहे थे।

अपर्णा, पद्मा और टुनू—तीनों लड़कियाँ तमाशबीन की ललक लेकर करीब आ गई थीं।

—क्या हुआ ?

अपर्णा और पद्मा को जवाब नहीं मिला। छोटी बहू ने नजर के इशारे से उन्हें हटा दिया।

सामनेवाले बरामदे में आकर पद्मा ने आहिस्ता-से पूछा—क्या बात थी, अप्पी ?

—पता नहीं !—फुसफुसाकर अपर्णा ने कहा—मामी का मिजाज आजकल चिड़चिड़ा हो गया है न ! बड़ी दुब्बर हो गई हैं, देखती नहीं हो ?

—अँ हँ ! कुछ जरूर हुआ होगा। तू मुझसे छिपा रही है।

अपर्णा मुस्कुराई—तो बता ही दूँ ?

अगल-बगल और पीठ-पीछे नजर मारकर उसने देख लिया कि टुनू नहीं है। अब फुसफुसाकर कहा—पता नहीं, मामी को माया ने पिछले जन्म में कितना घूस दिया था ! क्या मजाल कि कोई इनके सामने रत्ती-भर भी उसकी निंदा करे ! बस, कच्चा ही चबा जाएँगी मामी...समझी ?

—मगर अभी क्या हुआ था ?

—चमकी ने कुछ कह दिया होगा।

—मामी माया का पच्छ क्यों लेती हैं आखिर ?

—पता नहीं पद्मा, सँभलकर रहना लेकिन !

कुछ क्षण बाद ही गुड्डे के कोट का कपड़ा लेकर पद्मा चली गई, अपर्णा मिट्टी

गूँधने लगी, चाचा की शामवाली पूजा के लिए महादेव बनाना था।

छोटी बहू चुप थी, चमकी का चेहरा उदास था।

मामी की निगाहें सूनी थीं, यद्यपि वह सामने देख रही थीं।

थोड़ी देर बाद चमकी ने मामी के पैर पकड़ लिए और कहा—फिर कभी इस तरह की बात करूँ तो जीभ खींच लेना मेरी...

अपने पैर छुड़ाने की कोशिश करते-करते मामी बोलीं—कहाँ है मुझमें इतनी कूवत ! और जिसे दूसरों की निंदा का चस्का लग गया हो, उसका कोई इलाज नहीं...जा, अपना काम कर !

चमकी ने मामी का यह रुख देखा तो समझ गई कि गुस्से का दौर जोरों पर है, अभी चुपचाप खिसक जाना ही अच्छा होगा। मामी के पैर छोड़कर वह उठ खड़ी हुई।

जाते-जाते पूछ लिया—कल कब आऊँ, मामी ?

जवाब में मामी ने मुँह से एक भी शब्द नहीं निकाला।

छोटी बहू ने कहा—जैसे आज और कल आई थी, उसी तरह आना !

इस पर भी मामी कुछ नहीं बोलीं।

चमकी बाहर निकली तो मामी फिर लेट गईं।

टुनू सेम की फलियों से भरी चँगेरी लाई और रसोईघर के बरामदे में उझल दिया, खाली चँगेरी लेकर फिर काका के पास चली गई।

होली करीब थी। छँटे धुले गेहूँ खजूर के पत्तों की चटाई पर सूख रहे थे। छोटी बहू ने देखा कि दिन काफी ढल चुका है। वह उठकर अंदर से टोकरी ले आई और बरामदे से नीचे उतरकर आँगन में सूखते गेहूँ बटोरने बैठी।

धूप पूरब की तरफ फूस के टाट को छू रही थी, पछवरिया घर की छाया उसके पीछे थी। गोबर और चिकनी मिट्टी के घोल से लिपा-पुता आँगन आँखों को बड़ा ही अच्छा लग रहा था। तुलसी की छोटी वेदी से सटकर छाँह में बिल्ली लेटी पड़ी थी।

जोगेंद्र स्कूल से लौटा और किताबों का बस्ता दक्षिणवाले घर के बरामदे में पटक दिया।

—भूख लगी है, माँ !—वह छोटी बहू के गले से झूलकर वहीं आँगन में बैठ गया।

माँ ने कहा—चल, हट भी...हाथ-मुँह तो धो आ !

लड़के की बाँहें अलग हटाकर छोटी बहू उठ खड़ी हुई, बोली—तू चटाई उठाता आ, मैं गेहूँ ले चलती हूँ।

मुस्कुराती हुई अपर्णा यह सब देख रही थी। महादेव की पिंडी बना चुकी थी। कहने लगी—चाची, तुम भी जुलुम करती हो ! भूखा-प्यासा आया है, इस्कूल से, चटाई उठाने को कहती हो ?...नहीं जोगी, रहने दे ! मैं आती हूँ उठाके रख दूँगी...

उधर मामी ने कहा- हाथ धोकर पहले पान तो लगा !

—अच्छा !

—मेरे लिए भी ! जोगेंद्र ने कहा—आज मैं भी पान खाऊँगा, बहन।

—लड़के पान नहीं खाते !

—ऊँ खाते हैं कि !

अपर्णा हँसती-हँसती उठी, बाहर कुएँ पर हाथ धोने गई।

अगले ही क्षण खाना जोगेंद्र के सामने आ गया और वह खाने लगा।

अपर्णा हाथ धोकर आई तो एक लिफाफा लाई।

मामी को थमाती हुई बोली—बब्बू का नहीं, तुम्हारा है। अभी-अभी काका को दे गया है डाकिया।

मामी उठ बैठीं, लिफाफे पर पता-ठिकाना बाँचने लगीं। थोड़ा रुककर बोलीं—बबुअन का है। मुझे कौन चिट्ठी लिखेगा ?

—स्याही की नहीं—अपर्णा ने अपने बालों पर हाथ फेरकर कहा—पेंसिल की लिखावट देखो न !...यह क्या लिखा है...मामी को मिले...अच्छर लेकिन जनाने ढंग के हैं...

सचमुच दुखमोचन के नाम के नीचे और गाँव के नाम से ऊपर पेंसिल की फीकी लिखावट में कुछ लिखा था। कमजोरी की वजह से मामी की नजर अब भी उन अक्षरों को साफ-साफ देख नहीं पा रही थी।

खोलने पर अंदर से हल्के नीले रंग का कागज निकल आया। काशी से माया ने लिखा था—

"स्वस्ति श्रीमती मामीजी के चरणकमलों में माया का कोटि-कोटि प्रणाम पहुँचे। यहाँ हम दोनों राजी-खुशी हैं, आप लोगों की राजी-खुशी चाहिए। गाँव से निकलकर पाँच-छः रोज तो हम पटना रहे, दो रोज गया। घूमते-घामते अब काशी आ गए हैं। मामी, अपना देहात बार-बार याद आता है। मन करता है कि जल्द लौट चलें। छोटे भइया की चिट्ठी से मालूम हुआ कि आप बीमार हैं। आपकी बीमारी का हाल मालूम करके भारी अफसोस हुआ मामी। वही पुरानी बवासीर उभरी होगी, कि दूसरी बीमारी है ? हम होली तक यहाँ रहेंगे, फिर सीधे गाँव लौट आएँगे। आपने गणेशजी की मूर्ति के लिए कहा था न ? पीतल की एक अच्छी प्रतिमा खरीद ली है। बाबा विश्वनाथ से और मातेश्वरी अन्नपूर्णा से रोज-रोज आपके स्वास्थ्य के लिए विनती करती हूँ, मामी। भाई साहब को प्रणाम और अप्पी को प्यार।"

25 फरवरी '55 की तारीख पड़ी थी डाकखाने की मुहर पर। मामी ने चिट्ठी पढ़ी, फिर उसे लिफाफे के अंदर डाल दिया। अपर्णा से कहा—यह आदत अच्छी नहीं है, अप्पी।

—मैंने आपकी चिट्ठी पढ़ी ही कहाँ ?—अपर्णा मुँह बनाकर बोली।

मामी ने अविश्वास से माथा हिलाया। उन्हें पता था कि पीछे खड़ी-खड़ी खत देख रही थी छोकरी...एक-एक पाँती पी गई होगी। कैसी भोली बन रही है ! मामी ने अपर्णा की ओर देखा और मुस्कुराईं। वह नजर नहीं मिला सकी तो बोली—पान लगा लाऊँ तुम्हारे वास्ते ?

अपर्णा पान लगाने गई और मामी ने फिर खत निकाला।

इस वक्त वह महसूस कर रही थीं कि माया वेणीमाधव की नहीं बल्कि उन्हीं की छोटी बहन है।...हाय, जो कभी समस्तीपुर से पश्चिम नहीं गई, अब दूर देश में उस बेचारी का जी किस तरह लगता होगा ? अपनी भाषा में बतियानेवाले लोग नहीं मिलते होंगे, जान-पहचान के मुखड़े नहीं दिखाई देते होंगे...लेकिन कपिल, वह तो जरूर माया को खुश रखता होगा ! बबुअन जिसके गुन गाएँ उसमें खराबी कहाँ से आएगी !

सोचते-सोचते कपिल का स्थान लीलाधर ने कब किस तरह ले लिया, मामी को पता ही नहीं चला।

...लीलाधर ने रात-रात भर जगकर इस शरीर की सेवा की थी। बाकी और सब तो ठीक-ही-ठीक था, लीलाधर में मगर जल्दबाजी बेहद थी। ले-देकर यही एक औगुन थी...'बटगबनी' की लय में उसने प्यार और मनुहार के कई गीत रचे थे, आखिरी पंक्तियों में लीलाधर के बदले शशिकला का नाम डालता था।

शशिकला ! शशिकला !! शशिकला !!!

मामी के कानों में अपना ही नाम बार-बार गूँजने लगा, निगाहों में लीलाधर की मासूम सूरत नाचने लगी...दिल अपने-आपसे पूछने लगा, लीलाधर कहाँ गया !...उसने एक रोज हुलसकर कहा था—भाभी, चलो तुम्हें कलकत्ता की सैर करा लाऊँ...गंगासागर, कामरूकमच्छा, जगन्नाथ, जहाँ बताओ ले चलूँ, भाभी ! शशिकला, तू क्यों न गई लीलाधर के साथ ?

जोगेंद्र आ गया। पान का बीड़ा लेकर अपर्णा भी आ गई।

दोनों ने मामी का ध्यान तोड़ दिया।

अपर्णा के हाथ से पान लेकर मामी ने लड़के के मुँह में डाल दिया। उसने जीत की अकड़ से बहन की ओर देखा और दाहिने हाथ का अँगूठा हिला दिया।

मामी मुस्कुरा पड़ीं।

—तो चिढ़ाता क्यों है इसे ?

—यह कभी अपने-आप मुझे पान नहीं देती, मामी !

—झुट्ठा कहीं का !—अपर्णा ने तुनककर कहा—देखूँगी, अब कैसे तू पान खाता है।

—खा तो रहा हूँ पान, देखो !

जोगेंद्र ने जीभ दिखा दी, पान और कत्था-चूना अपना सही रंग जमा चुके थे।

अपर्णा चिढ़ गई, बुरी तरह मुँह बनाकर जोगेंद्र की ओर एक बार फिर देखा। अगले ही क्षण शिकायती नजर से मामी की तरफ ताकने लगी और बोली—ऐसा तो आपने कभी नहीं किया था, मामी ! आज क्या हो गया है आपको ? पान लगवाया, मगर उसे मुँह के अंदर नहीं डाला !

मामी ने इशारे से अपर्णा को बिलकुल पास बुला लिया।

करीब आई तो उसका हाथ अपने हाथ में लेकर बोलीं—मेरा जी नहीं करता है

कि पान-वान मुँह में डालूँ, बच्ची ! कहने को कह तो दिया तुझसे कि पान ला, मगर इसी बीच तबीयत फिर खराब हो गई...नाहक तुझे परेशान किया !

जोगेंद्र पान का मजा ले चुका था। मामी और बहन को उस तरह घुलते देखा तो जाने क्या सूझा कि चेहरे पर गंभीरता छा गई, कहा—गेहूँवाली चटाई मैं रख आता हूँ बहन, तुम मामी के पास ही बैठी रहो।

—तुझे खेलने नहीं जाना है ?

—जाना है कि !

--तो फिर रहने दे।

मगर जोगेंद्र नहीं माना, गेहूँवाली चटाई लपेटकर अंदर रख आया और खेलने निकला।

नौ

गाँव के बीचोबीच जो रास्ता उत्तर से दक्षिण की ओर गया था• वह कच्चा था, पक्का नहीं; गाँव के उत्तर डिस्ट्रिक्ट बोर्डवाली पक्की सड़क से जुड़ा था और दक्षिण की ओर सात-आठ मील जाकर सहसौला बाजार में खत्म होता था। बस्ती सहसौला जिला बोर्ड की उस सड़क के किनारे आबाद थी जो पश्चिम से आकर सीधे पूरब की तरफ चली गई थी।

टमका-कोइली से दक्षिण डेढ़ मील तक यह कच्ची सड़क गत वर्ष की बाढ़ में चौपट हो गई थी। लोकल बोर्ड और लघु सिंचाई-विभागवालों से लिखा-पढ़ी चल रही थी, मगर और मामलों की तरह यह मामला भी लाल फीतों की गिरफ्त में था।

ग्राम-पंचायत ने जुरमाने के तौर पर पिछले साल सवा-दो सौ रुपए वसूल किए थे। रकम मुंशी पुलकितदास के नाम डाकखाने में जमा थी। पंद्रह मन अनाज दुखमोचन के जिम्मे था। लेकिन काम तो कई थे। रास्ते की मरम्मत की ही बात होती तो क्या था ? चमारों का कुआँ धँस गया था, कुम्हारों के कुएँ से जैसे-तैसे उन्हें पानी मिल जाता था...कुआँ न सही, एक ट्यूब-वेल का प्रबंध तो उनके लिए होना ही था। कन्या-पाठशाला की दीवारें तो दुरुस्त थीं, लेकिन छप्पर दो साल से नहीं छवाए गए थे। इस बैशाख में अगर बीस-पच्चीस बोझ खर-फूस उन छप्परों पर नहीं पड़े तो चौमासे में अंदर बैठकर पढ़ना-पढ़ाना मुश्किल हो जाएगा, टपकती बूँदें कीचड़ को सदाबहार किए रहेंगी और उमस की बदौलत फफूँद की फसलों का तमाशा देखते ही बनेगा। तो सौ रुपए लड़कियों का यह स्कूल भी खा जाएगा...

पुलकितदास को अच्छा नहीं लगा, लेकिन दुखमोचन ने रास्ते पर मिट्‌टी डलवाने का काम शुरू कर दिया।

मजदूर आधी मजदूरी पर मिट्‌टी कोड़ने और ढोने पर राजी हो गए। खाते-पीते

परिवारों से एक-एक आदमी बिना मेहनताना के ही काम करने लगा। सिमरौना और पुनाई चक से ग्राम रक्षा-समिति के जवान मदद के लिए आ पहुँचे। उनके लिए खाना और तमाखू-बीड़ी का इंतजाम हुआ।

रास्ते के दोनों ओर खेतों में मिट्टी कटने लगी और रास्ता ऊँचा होने लगा। दुखमोचन, वेणीमाधव, रामसागर, मधुकांत, कंचन, कन्हाई और राधे सभी डटे रहते थे। मुंशीजी का भतीजा नवलकिशोर और मास्टर टेकनाथ आदि भी सहयोग का स्वाँग भर रहे थे।

असल काम मजदूर और मामूली ग्रामीण कर रहे थे। मिट्टी रास्ते के पश्चिम नरम और भुरभुरी थी, लेकिन रास्ते के पूरब कड़ी और चिकनी। सैकड़ों कुदालें मिट्टी खोदने में लगी थीं। मिट्टी की टोकरी उठाकर एक दूसरे को थमाता, खाली टोकरी उससे वापस लेता। दूसरा मजदूर भरी टोकरी तीसरे को थमाता और खाली टोकरी उससे वापस लेता, तीसरा मजदूर मिट्टी रास्ते पर डाल देता और खाली टोकरी वापस लाता। श्रम का यह सधा हुआ और व्यवस्थित क्रम दूर से देखने पर बड़ा ही भव्य प्रतीत होता था...मिट्टी की टोकरी उठाने-धरने का सिलसिला यों तो सारा दिन चलता मगर बीच-बीच में दो-ढाई घंटे पर मजदूर दस-पाँच मिनट के लिए दम भी मार लेते।

रामसागर की स्त्री और माया ने भारी जीवट का परिचय दिया। पड़ोस के गाँव से जितने भी जवान आए, उनके लिए एक बार नाश्ता और दोनों जून खाना बनाने का भार उन्हीं दोनों ने उठाया। चमकी, अपर्णा और पद्मा आदि भी हाथ बँटाती थीं, लेकिन खास जवाबदेही उन्हीं दोनों की थी। सुग्गी बुआ होतीं तो काफी मदद पहुँचातीं इन कामों में, मगर नतनी के लड़के का कनछेदन था, वह मेहमानी में गई हुई थीं।

ऊँचे उठती उस कच्ची सड़क के इर्द-गिर्द चैत का दुपहर आज और मुखर हो उठा जबकि हल्के रंग की एक नफीश जीप आकर कैंप के करीब खड़ी हो गई और उससे तीन-चार अधिकारी निकल आए। सब-डिविजनल-ऑफिसर, अंचलाधिकारी, दारोगा और हिंद-हितकारी समाज की जिला-शाखा के मंत्रीजी...बस और कोई नहीं था। पाँचवाँ जो था वह ऑफिसर नहीं, ड्राइवर था।

कैंप क्या था, फूस की निहायत मामूली झोंपड़ी थी, अस्थाई किस्म की ! बाहर जीप के रुकने की आवाज सुनी तो दुखमोचन अपनी मंडली-समेत निकल आए। हिसाब-किताब बीच में ही छोड़ दिया गया।

नमस्कारा-नमस्कारी हुई। सभी अधिकारी जान-पहचान के थे। उन्हें घेरे में लेकर लोग सड़क का मुआयना करवाने चले।

समाज के मंत्री खादी के देशी लिबास में थे। एस.डी.ओ. और अंचलाधिकारी पैंट-बुशर्ट में थे। दारोगा अपने खाकी यूनिफार्म में था।

अंचलाधिकारी ने दुखमोचन से पूछा--कब तक हो जाएगी तैयार सड़क ?

—दस रोज लगेंगे साहब !

—मजदूरी का क्या हिसाब है ?

—आधी मजदूरी पर सौ मजदूर काम कर रहे हैं। पाँच मन धान रोज उठता है।

हिंद-हितकारी समाज के मंत्री उधर वेणीमाधव से बातें किए जा रहे थे—तो आप लोगों ने श्रमदान का एक शानदार रिकार्ड कायम कर ही दिया ! समूचा गाँव दिलचस्पी ले रहा है न ?

—जी हाँ—वेणीमाधव ने माथा हिलाकर स्वीकार किया। जाने क्यों, श्रमदान के बदले उसे यज्ञ कहना अच्छा लगता था। बोला—यज्ञ ही तो ठहरा हुजूर ! सभी लोग दिलचस्पी नहीं लेंगे तो इतना भारी काम अकेले सपरेगा ?

—आप दुखमोचन बाबू के कौन होते हैं ?

—हम लोग बचपन के साथी हैं, लँगोटिया यार...साथ-ही-साथ खेले-कूदे और साथ-ही-साथ बड़े हुए...

—मैं समझा कि भाई-भाई होंगे या कोई रिश्ता होगा !

वेणीमाधव हँसने लगा जवाब में। मंत्रीजी ने आँखें बड़ी-बड़ी करके उसे देखा और पूछा—क्यों, इसमें हँसने की क्या बात थी भाई ?

—इस तरह का सवाल पुराने लोग पूछा करते थे, हुजूर !

मंत्रीजी चुप हो गए।

दारोगा मधुकांत से बातें कर रहा था और एस.डी.ओ. प्रतीक्षा में था कि अंचलाधिकारी की बातों से दुखमोचन को फुरसत मिले तो उनसे बातें करे।

स्वेच्छा से काम करनेवाले गाँववालों ने अधिकारियों को बाँध की तरफ आते देखा तो कौतूहल के मारे उनके हाथ कुछ क्षणों के लिए ढीले पड़ गए। अधिकांश लोग तो कामों पर डंटे रहे मगर कुछ-एक आकर अधिकारियों के साथ चलनेवाली भीड़ में शामिल हो गए।

मौका पाकर सब-डिविजनल ऑफिसर दुखमोचन से बातें करने लगा।

बातचीत आगे बढ़ी। दुखमोचन ने शिकायत के स्वर में कहा—सात-आठ मील का यह चालू रास्ता अब और कितने दिन तक कच्ची हालत में पड़ा रहेगा, पता नहीं। मिट्टी तो हम इस पर काफी डाल रहे हैं, मगर बाढ़ फिर धो-पोंछकर साफ कर देगी, हुजूर ! कोई ऐसी तरकीब नहीं निकल सकती जिससे इस सड़क का कायाकल्प हो जाए ?

—दो-तीन वर्ष पहले अखबारों में राजस्थान के किन्हीं पानी-महाराज का चमत्कार प्रकाशित हुआ था। अब कहीं सड़क-महाराज कोई निकल आए तो मैं आपको बताऊँगा—एस.डी.ओ. ने चमकती आँखों से कहा और हँसने लगा। सभी को हँसी आ गई।

दुखमोचन आहिस्ता-से बोले—अभी तो हम पानी पीट रहे हैं। लगभग हर साल इस रास्ते पर मिट्टी डालते हैं और बाढ़ भी अपना काम मुस्तैदी से कर जाती है। लेकिन कितना भी झीखें-चीखें, अपनी शक्ति-भर बचाव का अपना इंतजाम तो आखिर करना ही होगा, कर ही रहे हैं...और कोई उपाय भी तो नहीं नजर आ रहा साहब !...

एस.डी.ओ. साहब शायद ऊँचे खानदान के ब्राह्मण थे, सिगार-सिगरेट नहीं पीते थे। पैंट के पॉकेट से उन्होंने चाँदी की नफीस डिबिया निकाली और चुटकी-भर नस नाक के पूड़ों से सुड़क ली। रूमाल से नाक और हाथ पोंछा। अब चेहरे पर इत्मीनान का भाव निखर आया। गंभीर स्वर में कहने लगे—मैं कलक्टर और जिला बोर्ड के चेयरमैन को इस सड़क के बारे में लिखूँगा। दुखमोचन बाबू, आप तो धीरज की खान हैं। इतने दिन झेलते आए तो दो-एक वर्ष और झेल लीजिए...पिपरा बाजार के व्यापारी भी इस मार्ग का विकास चाहते हैं। मुझे तो विश्वास है कि दो-तीन साल के अंदर ही आठ मील का यह रास्ता पक्का हो जाएगा।

अंचलाधिकारी और दारोगा ने सहमति में माथा हिलाया।

मंत्रीजी ज़रा अलग होकर मजदूरों और ग्रामीणों से कुछ पूछताछ कर रहे थे। वेणीमाधव और रामसागर उन महाशयजी के अगल-बगल खड़े थे।

भीगे कपड़े से ढकी बाल्टी में कंचन शरबत लेकर पहुँचा। राधे के हाथ में लोटा और गिलास थे। ऑफिसरों के आने की खबर पिपरा बाजार से सुबह ही आई थी। वे वक्त के मुताबिक आ गए थे।

स्कूल से चार कुर्सियाँ और एक टेबल मँगवा लिया गया था।

दुखमोचन ने हाथ जोड़कर कहा—हुजूर, पानी पी लिया जाए चलकर। वहाँ कैंप के पास लौटना होगा हुजूर !...

—प्यास ? नहीं, प्यास नहीं लगी है।

—नहीं हुजूर, सो कहाँ मानेंगे हम !

एस.डी.ओ. ने अंचलाधिकारी और हिंद-हितकारी समाज के मंत्री हेमराज शर्मा की तरफ देखा तो जवाब में उनके सिर हिले। संकेत साफ था कि प्यास नहीं लगी है। लेकिन दुखमोचन ने बार-बार अनुरोध किया तो वे मान गए।

अधिकारी कैंप के नजदीक लौट आए।

टेबल पर काँसे की चार कटोरियाँ रखी हुई थीं, घी में भुने नमकीन तालमखाने भरे थे उनमें।

दुखमोचन ने विनम्र भाव से कहा—यह कुछ नहीं है हुजूर, तिरहुत इलाके का खास मेवा है...

—हम तो खा-पीकर चले थे।—अंचलाधिकारी साहब एक-एक शब्द पर जोर देकर बोले और एस.डी.ओ की तरफ देखने लगे तो उन्होंने कहा—बस, शरबत-मात्र।

—नहीं श्रीमान्, तालमखाने तो आपको लेने ही होंगे।

भीड़ बटुर आई थी। उसने सम्मिलित स्वर में दुखमोचन का समर्थन किया। मुंशी पुलकितदास भी तब तक लपके-लपके आ पहुँचे थे। उन्होंने हाँफते-हाँफते कहा—सरकार, तालमखाना बिलकुल हल्का होता है...सेर-भर भी खा जाइएगा तो मालूम नहीं होगा कि पेट के अंदर कोई चीज पड़ी है...और आप तो पहली दफा आए हैं, हुजूर ! हम कैसे समझेंगे कि 'दुर्जोधन घर मेवा त्यागे, साग विदुर घर खाए'।

आखिर तालमखाने की कटोरियाँ खाली हुईं और शरबत का दौर चला। एस.डी.ओ. ने एक ही गिलास लिया, बाकी तीनों ने दो-दो बल्कि तीन-तीन गिलास सोंट लिया।

जोगेंद्र पान के बीड़े ले आया था, उनकी भी सद्गति हुई।

अंचलाधिकारी ने अलग ले जाकर दुखमोचन को बतलाया कि सब-डिविजनल ऑफिसर को किसी की गुमनाम चिट्ठी मिली थी। निकटवर्ती खेतों में भूमि का थोड़ा-थोड़ा हिस्सा बाँध में मिलाया जा रहा है...किसानों में इससे भारी असंतोष है... किसी भी क्षण झगड़ा हो सकता है और दो-एक लाश गिर सकती है....गुमनाम चिट्ठी का मजमून ऐसा ही कुछ था...एस.डी.ओ. साहब यों तो सड़क का पुनर्निर्माण देखने आए हैं, मगर असल मंशा उनका तहकीकात का है।

गुमनाम चिट्ठी किसने लिखवाई होगी, दुखमोचन को समझते देर न लगी। रामसागर को भेजकर फौरन मुंशीजी के यहाँ से गाँव का नक्शा मँगवाया गया। अधिकारियों ने कई जगहों पर सड़क की नई चौड़ाई को नक्शे से मिलाकर देखा, आधा बित्ता भी किसी का खेत कहीं दबाया नहीं गया था। उलटे कई-एक किसानों ने सड़क का ही कुछ-कुछ हिस्सा दबा रखा था। सड़क पर मिट्टी डलवाते समय शुरू में ही दुखमोचन ने जरीब से नाप-नापकर इस गलती को दुरुस्त कर लिया था और संबंधित किसानों तक सूचना पहुँचा दी थी।

कपिल आ गया था। उसने अंग्रेजी में सब-डिविजनल ऑफिसर को सारी बातें समझा दीं। मोटे फ्रेमवाला काला चश्मा पॉकेट में रखता हुआ एस.डी.ओ. बोला—आप कहाँ काम करते हैं ?

—कहीं नहीं, सर !—कपिल ने मुस्कुराकर जवाब दिया।

ऑफिसर बोला—धर-गिरस्ती का अपना काम देखते हैं ? यह तो बड़ा ही अच्छा है। पढ़े-लिखे ग्रामीण युवक यदि अपने को ग्राम-जीवन में खपा दें तो समूचा देश नई चेतना के सुफल हासिल कर लेगा।

कपिल ने इस पर कुछ नहीं कहा, लेकिन दुखमोचन बोले—यह तो हमारी बस्ती का हीरा है हुजूर, नाम है कपिल सिंह। नौकरी के लालच में गाँव छोड़कर भाग जानेवाला बंदा नहीं है यह...

दुखमोचन ने कपिल के कंधे पर अपना हाथ रख दिया। अंचलाधिकारी ने एस.डी.ओ. से कुछ कहा फुसफुसाकर, तो कुर्सी से उठकर उसने कपिल की तरफ हाथ बढ़ा दिया। कपिल ने आगे बढ़कर हाथ मिला लिया।

बातचीत खतम करके अधिकारी वापस जाने के लिए जीप पर सवार हुए। जीप स्टार्ट हुई और ढेर-सी धूल उड़ाती हुई सरपट भागी।

दोपहर में खाने के लिए घंटा-डेढ़ घंटा काम बंद रहता था। आज आधा घंटा देर हो गई थी इस क्रम में। माथे पर चैत का सूरज ग्रीष्म के शैशव की प्रखरता बिखेर रहा था।

दुखमोचन हवेली के अंदर आए तो छोटा भाई नारायण अपर्णा और जोगेंद्र को दामोदर घाटी-योजना की उपलब्धियों के बारे में बता रहा था। वे ध्यान से उसकी बातें सुन रहे थे।

नारायण पंद्रह दिन की छुट्टी लेकर दस महीने में घर आया था। मेहमान की ही तरह रह रहा था। अब आधी छुट्टी बाकी थी। मझले भइया से जमकर बातें करने के लिए तबीयत मचल-मचलकर रह जाती थी, मगर दुखमोचन को अवकाश हो तब न !

खिलाते समय मामी ने उलाहने की आवाज में कहा—एक जुग के बाद नारायण अपने परिवार के बीच आया है। रोज बीस बार पूछता है भइया कहाँ गए हैं, कब तक आएँगे ! अरे, घड़ी-आधी घड़ी उसके पास बैठोगे तो संसार की नवज नहीं डूब जाएगी, बबुअन !

दुखमोचन ने मुँह का कौर चबाकर गले के नीचे उतारा, मामी की ओर देखा और मुस्कुराए। आहिस्ता-से बोले—अच्छी वकालत झाड़ रही हो ! अबकी कोई खास तोहफा लाया होगा !

—हाँ, तुम्हारी तरह मुफ्त की वकालत नहीं करवाता है।

भौंहें चमकाकर हँसी को मामी ने पलकों में ही घोंट लिया और निगाहें फेर लीं। दुखमोचन एकाएक गंभीर हो गए, थाली में सने हुए दाल-भात पर हाथ रोककर कहने लगे—दुनिया समझती है कि गाँववाले बड़े भोले-भाले और शराफत के पुतले होते हैं, लेकिन यहाँ आकर देख जाए कोई...कौन-सी बदमाशी छूटी है गाँववालों से ! लोभ-लालच, छल-प्रपंच, झूठ-बेईमानी, ठगी और विश्वासघात...वह कौन-सा औगुन है जो यहाँ नहीं है, मामी ! बतला सकती हो ?

मामी समझ नहीं पा रही थीं कि आज इन्हें क्या हो गया है। सुबह भले-भले तो घर से निकले थे, अभी कुछ ही क्षण पहले नारायण की चर्चा छिड़ी तो मखौल भी किया था। मामी सोचने लगीं, उनकी जबान से तो कोई ऐसी बात नहीं निकली जिससे बबुअन का दिल चोट खा गया हो। बार-बार सोचा मामी ने, बार-बार आत्म-निरीक्षण किया, लेकिन अपनी एक भी वैसी बात पकड़ में नहीं आई।

दुखमोचन की तबीयत खाने से उचट गई, कम-से-कम मामी को तो ऐसा ही लगा।

—हड़बड़ाकर उठ नहीं जाना बबुअन, दही लाती हूँ। मगर आज क्या हो गया है तुम्हें ? पाँच-सात कौर भात खाकर पीछे यह कौन-सी फिकर तुमने बुला ली है ?

—नहीं मामी, कोई बात नहीं है। खा ही तो रहा हूँ...

दुखमोचन जैसे-तैसे खाते रहे। मामी दही ले आईं, ऊपर से चुटकी-भर नमक डाल दिया।

खा-पीकर ज़रा देर के लिए आराम करने गए।

पलँग के पास स्टूल पर मामी भी बैठीं, पान देकर पूछा—मेरी कसम तुम्हें, अगर यह बात तुमने न बतलाई...आज बाहर से अफसर लोग आए थे। ऐसे मौकों पर तो तुम हमेशा खुश नजर आते थे, बबुअन ! लेकिन आज क्या हुआ तुमको ?

—गाँववालों ने एस.डी.ओ. को गुमनाम चिट्ठी लिखी है !—दुखमोचन उदास स्वर में बोले—मेरी शिकायत की है कि मैं किसानों के खेत बरबाद करके सड़क को अधिक-से-अधिक चौड़ा कर रहा हूँ...

—साँच को आँच क्या ?—मामी ने कहा—नक्शा मिलाकर दिखला नहीं दिया ?

—सो तो सबकुछ दिखला दिया मामी, लेकिन मैं तो गुमनाम चिट्ठी लिखनेवालों के कमीनेपन पर सुलग रहा हूँ। गाँववालों का यही रवैया रहा तो दुखमोचन फिर कलकत्ता चला जाएगा...

—अरे, समूचे गाँव का इसमें क्या कसूर है ? दो ही चार तो हैं जो लाल चीटों की तरह तुम्हें छिप-छिपकर डसते रहते हैं। बाकी लोग तो किसी कीमत पर तुम्हें छोड़ना नहीं चाहेंगे, बबुअन ! झूठ कहती हूँ ?

दुखमोचन ने कुछ नहीं कहा इस पर। थोड़ी देर तक पान चबाते रहे। फिर बोले—नारायण से कल रात बातें करूँगा, उसे कह देना।

—कह दूँगी—मामी ने कहा और उनके हाथों की तरफ गौर से देखने लगीं। बाईं हथेली की खाल दो-तीन जगहों पर सिकुड़ी-सी, स्याह-सी नजर आई तो विस्मय के स्वर में बोलीं—लाओ, हाथ तो देखूँ !

दुखमोचन के दोनों हाथ आगे फैल गए। मामी ने बाईं हथेली को अपने हाथों में ले लिया, शिकायती निगाहों और स्वरों में कहा—कुदाल से मिट्टी काटने का शौक चर्राया है ! अच्छा होता कि दस-बीस फफोले निकल आते और तुम घर बैठते ! कुदाल और टोकरी लेकर सैकड़ों आदमी तो काम में जुटे रहते हैं, तुम्हें क्या पड़ी कुदाल चलाने की ?

—इसकी भी जरूरत पड़ती है, मामी ! मैं भी उन्हीं सैकड़ों आदमियों में से एक हूँ। उनसे अलहदा रहने लगूँ तो दम ही घुट जाए ! वेणीमाधव, रामसागर, मधुकांत... सबका यही हाल है, मामी !

—तुम लोगों से कौन जीतेगा, बबुअन !

मामी ने हथेली छोड़ दी। उठकर अलमारी से धुला कुरता निकाला, सुई और धागा लेकर बटन टाँकने बैठ गईं। इस बीच दुखमोचन अखबार देखने लगे थे।

टुनू ने झाँककर देखा। पायलोंवाले पैर आहिस्ता-से पलटकर पिता का ध्यान खींच लेने की अपनी सफलता पर वह आप ही खिलखिला उठी और भाग गई। इस पर मामी और दुखमोचन मुस्कुरा पड़े।

दस

निश्चित अवधि से एक रोज पहले ही सड़क की मरम्मत का काम पूरा हो गया। इस खुशी में दुखमोचन और वेणीमाधव ने लोगों को दूध-चीनी और भंग की पार्टी दी।

अंचलाधिकारी साहब ने बाढ़-सहायता फंड से पच्चीस मन अनाज मजदूरी के लिए दिया। पंद्रह मन पहले से जमा था। बाकी मजदूरी नकद दी गई।

पानी भरनेवाली मजदूरनियों के बारे में दुखमोचन की सिफारिश पर पंचों ने यह निर्णय दिया कि फी घड़ा आठ आने मिलना चाहिए। यानी यदि कोई मजदूरनी किसी परिवार को प्रतिदिन चार घड़े पानी देती है तो दो रुपए माहवार पाएगी। मजदूरनियों ने इस फैसले को खुशी-खुशी मान लिया। डेढ़ महीने तक अनियमित रूप में चलने के बाद हड़ताल अपने-आप और पहले ही समाप्त हो चुकी थी।

पर्याप्त सीमेंट न मिलने के कारण मुंशी पुलकितदास भीतर-ही-भीतर दुखमोचन पर नाराज थे। नारायण हजारीबाग वापस जा चुका था। मिडिल स्कूल की सालाना परीक्षाएँ करीब आ गई थीं।

पिछले कई दिनों से पछिया हवा जोरों पर थी। अमराइयों में टिकोले बुरी तरह झड़ रहे थे। नित्याबाबू के बाग में लीचियों के कई झाड़ थे। उनकी भी कच्ची फलियाँ टूट-टूटकर गिर रही थीं।

औरतें घर के अंदर खाना पकाती थीं, बरामदे में चूल्हे नहीं सुलगाती थीं कि चिनगारी छिटकेगी और हवा के झोंके उसे ले उड़ेंगे।

हरखू की अम्मा शाम को हुक्का पी रही थी। कश खींचने पर तंबाकू की टिकिया आतिशी फुलझड़ी की तरह पड़पड़ा उठती थी। आज भी वही हुआ। जैसे ही बुढ़िया ने तीसरी बार जोर का कश खींचा कि सुलगती टिकिया से चिनगारियाँ भड़क उठीं।

फूस के दो छोटे-छोटे घर थे हरखू के। छप्पर भीतों पर नहीं, सरकंडों के टट्टरों पर थे। दोनों तरफ जीमड़ के पतले खंभे उन्हें सँभाले हुए थे। पलानी काफी नीचे झुकी हुई थी। बुढ़िया को पता नहीं चला, कब कैसे चिनगारी पलानी की फूस तक पहुँची और कितनी देर तक अंदर-ही-अंदर सुलगती रही।

ओसारे की खंभेली से हुक्का टिकाकर हरखू की माँ पोते की खोज में निकली कि पलानी का छप्पर लपटों में सुलग उठा। बुढ़िया ने नहीं देखा, आगे बढ़ गई थी। हरखू की औरत साँझ सकारे खा-पीकर आज पड़ोसिनों से गप्पें मारने निकली थी; बड़ी लड़की भी पीछे-पीछे गई थी।

दूसरे घर की ओरियानी में दो बकरियाँ और बछिया बँधी थीं, धुएँ की घुटन से वे चक्कर काटने और मिमियाने-रँभाने लगीं।

मिनट-आधे मिनट में ही दोनों घरों के ऊपरी छप्पर जल उठे। उड़ते बगूले हवा के झोंकों में पास-पड़ोस के छप्परों पर उड़ने लगे। जहाँ-तहाँ घर जलने लगे। 'आग', 'आग', 'दौड़ो', 'दौड़ो', की चीख-पुकार मच गई। जो जहाँ था, वहीं से दौड़ पड़ा। भागते

लोग एक-दूसरे से टकराते और पूछते—'कहाँ, किधर ?'

आज दोपहर में पछिया हवा ने जो प्रचंड रूप धारण किया था, अब तक उसमें कमी नहीं आई थी। दस मिनट बीतते-न-बीतते पास-पड़ोस के पच्चीसों घर ज्वालाओं के पुंज दिखाई देने लगे।

समूची बस्ती में खपरैल के मकान बीस-तीस से ज्यादा नहीं थे। बाकी छप्परों पर फूस-ही-फूस था। फागुन और चैत की पछिया में सूख-सूखकर फूस फूस नहीं पलीता हो रहा था। बगूला गिरते ही छप्पर सुलग उठता और अगले ही क्षण ऊँची लपटों का नाच शुरू हो जाता।

बूढ़ों-बच्चों समेत सारी जनता बाहर निकल आई।

औरतें हाय-हाय करती हुई अपने-अपने घर के सामान निकालने लगीं, बच्चे और बूढ़े उनका हाथ बँटा रहे थे। मर्द फुरती से छप्परों पर चढ़ गए। अधिकांश आदमी घड़े लेकर कुओं और पोखरों की तरफ भागे। हाथों-हाथ पानी-भरे घड़े छप्परों पर उँड़ेले जाने लगे। धूल-भरी टोकरियाँ भी आग की लपटों पर डाली जाने लगीं। कहीं-कहीं बंधन काटकर छप्पर नीचे गिराए जा रहे थे। मगर अग्निदेवी का कोप अब भी उफान पर ही था।

दुसाधों, ग्वालों, धनुकों और जुलाहों के टोले तो आग की लपेट में आ ही चुके थे। अब ब्राह्मणों के घर जलने लगे। पहला बगूला मधुकांत के रसोईघर पर पड़ा। वह तीन भरे घड़े थामकर पहले से ही मुँडेर पर मुस्तैद था, लेकिन बगूला पड़ा अंदरवाले घर के छप्पर पर। मधुकांत का भतीजा शशिकांत उस पर चढ़ने की कोशिश करने लगा मगर अंततः असफल रहा।

दुखमोचन रामसागर के घर की तरफ भागे। वह खुद मेहमानदारी में गया हुआ था। परिवार में स्त्री और दो बच्चों के अलावा और कोई न था।

थोड़ी देर तक तो एक या दूसरा घर बचाने के लिए भाग-दौड़ और कोशिशें चलती रहीं, लेकिन समूचा गाँव ही जब प्रलयंकर लपटों की गिरफ्त में आ गया तो लोग घरों और अंदर से न निकाली जा सकी वस्तुओं की तरफ से हताश हो गए।

पंडित सुखदेव ने पहला काम यही किया कि शालिग्राम और नर्मदेश्वरवाली पूजा की पिटारी उठाकर कुएँ के आगे कलम बाग में रख आए। पीछे बच्चों को हटाया। गाय और बैलों को खोलकर नदी की तरफ भगा दिया। फिर घर के अंदर से कानूनी कागजातवाला बक्सा निकाला। बाद को पोथियों-पत्रोंवाले काठ के संदूक हटवाए।

छोटी बहू और अपर्णा ने मिलकर गहनों के डिब्बे, कपड़ों के ट्रंक, काँसे-पीतल के बरतन-बासन आदि निकाले। मामी ने खुरपी लेकर जल्दी-जल्दी कुलदेवता की पिंडी खोद डाली और उसे थाली में जमाकर बाहर ले आईं। दुखमोचन की अलमारी खाली की जा चुकी थी। पलँग पर से बिस्तर वगैरह हटाया जा चुका था। पीछे कंचन और कन्हाई भागते आए तो पलँग-अलमारी-तख्तपोश-संदूक आदि भारी-भारी सामान निकले।

सुखदेव, छोटी बहू और अपर्णा फूट-फूटकर रो रहे थे। जोगेंद्र और टुनू आतंक

के मारे संज्ञा-शून्य की तरह कुएँ के नजदीक खड़े थे। मामी की आँखों से आँसू बह रहे थे, लेकिन होंठों पर ताला जड़ा था। कटोरी में चिउड़ा भिगोकर और उसमें दही-चीनी मिलाकर मामी ने सुखदेव को थमा दिया, हाथ के इशारे से बताया कि जलते छप्परों की तरफ अग्निदेव के उद्देश्य से यह छोड़ दें। सुखदेव ने 'ओं अग्नये स्वाहा', 'ओं अग्नये स्वाहा' कहकर पाँच-सात बार वह अन्न अग्नि की तरफ फेंका और कटोरी खाली कर दी।

हजारों का हाहाकार वातावरण को भयानक बना रहा था। ऊपर की तरफ लपकती लपटों से चैत की काली रात का वह पहला पहर कोसों तक जगमगा रहा था। आसपास विशाल बरगदों, पीपलों और पाकड़ों की टहनियों में लटकनेवाले सैकड़ों घोंसले खाली हो गए थे, भयभीत पक्षियों का झुंड आकाश में चक्कर काट रहा था, मर्मवेधक कोलाहल दिशाओं में टकरा-टकराकर और कई गुना अधिक होकर वापस आ रहा था। आतंकित मवेशी रह-रहकर रँभा उठते थे तो यह विभीषिका और भी घनी हो उठती थी।

आधा घंटा बाद दुखमोचन अपने परिवार की सुध लेने आए तो सबको दहशत में डूबा पाया। टुनू पिता से चिपट गई और रोने लगी। मामी ने रुआँसी आवाज में कहा—अब इस वक्त तुम्हें और कहीं नहीं जाने दूँगी। चुपचाप बैठे रहो, बबुअन ! भगवान् की यही मरजी थी...लगता है, अग्नि महाराज बहुत भूखे थे।

बिटिया के बदन पर हाथ फेरते-फेरते दुखमोचन बोले—भूखे तो क्या रहेंगे अग्नि महाराज ! दुनिया की बात छोड़ दो, साल-साल इसी इलाके में बीसियों गाँव जलाकर खाक कर देते हैं। संतोष तो अग्निदेव को न कभी हुआ, न होने का। इन्हें तो काबू में करना होगा, मामी !

उधर से सुखदेव ने उदास स्वर में कहा—अग्नि को कभी काबू में नहीं किया जा सकेगा, यह कोई मामूली देवता हैं बबुअन ?

वाद-विवाद का यह वक्त नहीं था। दुखमोचन चुप रहे। टुनू के बदन पर उसी तरह हाथ फेरते रहे। मामी ने डबडबाई आँखों से जलते घरों की ओर देखा, माथा झुकाकर और दोनों हाथ जोड़कर कहने लगीं—दुहाई महाराज की ! घर-गृहस्थी तो लोगों की स्वाहा कर ही डाली आपने, जान न लेना किसी की ! कुत्ते की भी नहीं, बिल्ली की भी नहीं ! मेरी इत्ती-सी प्रार्थना मंजूर करना ! देखना अग्नि महाराज !...

दुखमोचन बोले—हाँ मामी, मुझे भी बस अब एक ही बात की फिक्र है कि इस अग्निकांड में झुलसकर कोई प्राण न गँवा बैठे...प्यास लगी है, मामी !

मामी डोल लेकर कुएँ से पानी निकालने गईं। उतनी दूर पर भी आँच की गरमी लग रही थी।

कुएँ से सैकड़ों घड़े पानी निकाला गया था अभी-अभी। पानी गँदला हो गया था, पीने के काबिल नहीं था। लेकिन प्यास जोर की लगी थी, दुखमोचन लोटा-भर पानी गट-गट पी गए। टुनू को गोद से उतारकर बोले—मामी, मेरा इस वक्त यों बैठ जाना

ठीक नहीं। जाने दो, जल्दी ही लौट आऊँगा...घबराओ मत ! पड़ोसी गाँव से रक्षा-समितिवाले आ गए हैं और अपने आदमी भी तो हैं...

मामी का चेहरा और भी फीका पड़ गया, बोलीं—बीच-बीच में किसी को भेजकर हमारी खोज-खबर लेते रहना।

—यह भी कहने की बात है भला !

सुखदेव ने कहा—मैं भी साथ चलूँ, बबुअन ?

—नहीं-नहीं, भइया ! आप कहीं नहीं जाइए। बस, आप अपने परिवार की देख-रेख कीजिए। चीज-बस्त की भी निगरानी रखिएगा...कंचन और कन्हाई आपकी खोज-खबर लेते रहेंगे...

दुखमोचन दस-पंद्रह कदम गए होंगे, मामी ने ऊँची आवाज़ में कहा—जूते नहीं लिए ? पैर झुलस जाएँगे...

अपर्णा पिता को जूते दे आई।

जहाँ-जहाँ रास्ते के दोनों ओर घर जल रहे थे, उधर से चलना भट्ठियों की दो कतारों के दरमियान होकर गुजरने-जैसा लगता था। सभी परिवारों का एक-जैसा हाल था। सब हताश थे, सभी रो रहे थे। सामान घरों से बाहर मैदानों में, खेतों में, बागों में, बीच-बीच की खुली जगहों में जमा कर दिया गया था। बच्चे और औरतें अपने-अपने सामान के इर्द-गिर्द रोती-बिसूरती दिखाई दे रही थीं। गायों, बैलों, भैंसों और बकरियों को गाँव के बाहर भगा दिया गया था।

यह आग पहले कहाँ से उठी और कैसे फैली, इस बात का पता लगाने की न किसी को सुध थी, और न अभी इसका पता लगाना आवश्यक ही प्रतीत हो रहा था। लेकिन इतना अच्छी तरह मालूम हो गया था कि दुसाधों का ही पुरवा पहले सुलगा था। हो न हो, समूचे गाँव की इस बरबादी का असल कारण वही लोग थे...इसी तरह की बातें दुखमोचन के कानों में पड़ने लगीं, तो उन्होंने फौरन प्रतिवाद किया। कहा कि इस बरबादी का असल कारण है हमारे घरों को फूस से छवाया जाना। समूची बस्ती अगर खपरैल के मकानों की रही होती, तो अग्निदेव का मनोरथ अपूर्ण ही रह जाता।

नित्याबाबू ने दुखमोचन को देखा तो पुक्का फाड़कर रो पड़े।

अभी पचास कदमों का फासला था। दुखमोचन के साथ वेणीमाधव, कपिल और मिहिर थे।

वेणीमाधव ने आहिस्ता-से कहा—इनके लिए आग नहीं, भूचाल आता तो ठीक था। अच्छा होता कि नित्याबाबू के वे संदूक जलकर राख हो जाते, जिनमें कबाला और रेहन-मकबूला के दस्तावेज, काश्तकारी कागजात, ब्याज पर लगाए रुपयों के हैंडनोट आदि रखे हैं...सबकुछ स्वाहा हो जाता नित्याबाबू का !...मेरी तो तबीयत करती है कि बुढ़ऊ को उठाकर इस आग में डाल दूँ...

दुखमोचन ने पीछे घूमकर वेणीमाधव को देखा। भौंहें तन गई थीं, मुख का भाव कठोर हो आया था। कपिल और मिहिर ने दुखमोचन का यह भावांतर ताड़ लिया,

लेकिन वेणीमाधव की समझ में नहीं आया यह सब।

ज़रा देर बाद दुखमोचन बोले—विपत्ति के इन क्षणों में इस तरह की बातें करना बर्बर प्रतिहिंसा का सूचक है, वेणीमाधव ! नित्याबाबू की हरकतों से हमारा काफी नुकसान हुआ है और आगे भी हो सकता है, लेकिन इस वक्त तो हम बिना किसी भेद-भाव के उनकी सहायता करेंगे। मैं महसूस करता हूँ कि अपने गाँव के एक-एक व्यक्ति की सुरक्षा का दायित्व हम पर है। अभी यह नहीं देखना है कि फलाँ दौलतमन्द है और फलाँ गरीब है, फलाँ हमें गालियाँ देता है और फलाँ हमारा नाम लेकर सुबह-शाम शंख फूँकता है...अभी एक-एक व्यक्ति हमारा अपना आदमी है, वेणीमाधव !

सभी चुप थे।

बरामदे से नीचे आकर नित्याबाबू दुखमोचन के पैरों पर गिरने को हुए, मगर दुखमोचन ने उन्हें बाँहों में ले लिया।

रो-रोकर नित्याबाबू ने कहा—दादा के जमाने के काठ के दोनों बड़े संदूक पुराने मकान के अंदर पड़े हैं...लोहे के बड़े-बड़े और मजबूत ताले लगे हैं उनमें...चाबियाँ भी नहीं मिल रही हैं इस वक्त...संदूकों में चार पुश्त पुराने बरतन अँटे पड़े हैं बेटा...

घिग्घी बँध गई नित्याबाबू की, आगे एक भी साफ शब्द मुँह से नहीं निकल रहा था। पड़ोसी घरों की लपकती लपटों के प्रकाश में लगातार बहते आँसुओं की मोटी लकीरें चिकने-चुपड़े, गढ़ीले-साँवले गालों को कई गुना ज्यादा चमका रही थीं।

अपनी धोती की खूँट से नित्याबाबू के आँसू पोंछते हुए दुखमोचन ने उन्हें आश्वासन दिया—मैं निकलवाता हूँ संदूक, चाचाजी ! आप रत्ती-भर भी फिक्र न कीजिए...

—तुम्हारा ही भरोसा है, दुखमोचन !—घिघियाते स्वर में नित्याबाबू बोले—मैं तो पुराना पापी हूँ, रात-दिन तुम्हारा बुरा चाहता रहा हूँ...

—उहूँ उहूँ उहूँ ! यह सब क्या कह रहे हैं आप ?

दुखमोचन ने नित्याबाबू के मुख पर हथेली रख दी, तो वह और अधिक रो पड़े।

दुखमोचन ने नित्याबाबू को अभी उसी तरह रोता छोड़ दिया। वह बड़े दरवाजे से अंदर हवेली में घुसे। दो मकान नए और पक्के थे, तीन पुराने। तीनों की दीवारें तो पक्की ईंटों की थीं लेकिन छप्पर सारे-के-सारे बड़े और मजबूत होने पर भी ऊपर फूस से छवाए हुए थे, मोटे और अच्छे किस्म के फूस से जैसा कि गाँव के किसी दूसरे गृहस्थ के छप्पर पर नहीं था।

तीनों मकान लपटों की चपेट में आ चुके थे। पाँच-सात मजदूर छोटे-मोटे सामान अब भी हटा रहे थे। संदूक लेकिन टस-से-मस नहीं हो रहे थे।

दुखमोचन ने कपिल को दौड़ाया, रक्षा-समितिवाले जवान मधुकांत के टोले में बचाव का काम कर रहे थे। पंद्रह मिनट के अंदर वे आ धमके।

आग अब तक भीतर पहुँच चुकी थी। छप्परों के अंदरूनी ढाँचे जलने लगे थे। बरेड़ी का ऊपरी हिस्सा सुलग रहा था। धरनें, मानिकथंभ और बीचवाले दोनों खंभे ही

बच रहे थे।

खंती से ईंटें खोदकर चौखट गिरा दी गई। दस आदमियों ने ठेल-ठालकर संदूक बाहर निकाल लिए ! इन बड़े संदूकों में नीचे छः-छः मोटे पहिए लगे थे। नित्याबाबू का आँगन क्या था, अच्छा-खासा मैदान था। आँगन के बीचोबीच लाकर संदूकों को खड़ा कर दिया गया।

बाकी लोग उधर भौंहों से टपकते पसीने पोंछ रहे थे और नित्याबाबू दुखमोचन से चिपटकर रो रहे थे।

दुखमोचन उनके आँसू पोंछते-पोंछते बोले—चाचाजी, आपके तो भला दो पक्के और शानदार मकान अब भी खड़े हैं, लेकिन बाकी लोग कहाँ पनाह लेंगे ? हमें अभी फुरसत दीजिए, समूचा गाँव प्रलय-काल का लावा बनकर धधक रहा है...धान के बखार तो आपके सही-सलामत हैं न, चाचा ?

रोते-रोते नित्याबाबू ने कहा—हाँ, दुखमोचन ! अनाज पर कोई आँच नहीं आई। 'आग-आग' का शोर-गुल मचा और लपकती लपटों से आसमान को उजागर देखा तो मैंने पहला काम यही किया कि बखारों के छप्पर नीचे गिरवा दिए, वरना सारा गल्ला खाक हो जाता...आज हमारे घूटर ने बड़ी हिम्मत दिखाई है...मगर दादा-परदादा के बनवाए मकान आखिर जल ही गए, बेटा !

—अजी, फिर से बन जाएँगे चाचा, आप तो नाहक अफसोस करते हैं...

—बाँस-काठ और घास-फूस की ऐसी कारीगरी अब कहाँ देखने को मिलेगी, दुखन ?

नित्याबाबू फिर रोने लगे, तो दुखमोचन ने उन्हें इशारे से चुप रहने को कहा। अगले ही क्षण सभी बाहर निकले और गाँव के बड़े रास्ते पर आ गए।

राजपूतों का पुरवा गाँव के दक्षिण-पश्चिमी छोर पर कुछ अलग हटकर आबाद था। बाँसों की चौड़ी-घनी झुरमुटें और कलमी आमों के बाग दरमियान में पड़ते थे, इससे राजपूतों का टोला बच गया। इधर से जलते घरों के जो भी बगूले उड़े, वे बँसवार और अमराई में उलझकर रह गए।

मुंशी पुलकितदास के दो मकान खपरैल के थे, इसी से नहीं जले। बाकी दो घर फूस से छवाए हुए थे, जिनके आठों छप्पर खुलकर दहकते रहे। मुंशीजी के आँसू रुकते ही नहीं थे। दहशत के मारे नवलकिशोर की जबान बंद थी।

गाँव-भर में जितने भी खपरैल के मकान थे, आग ने मानो छू-छूकर उन्हें छोड़ दिया। लेकिन इस प्रकार के घर तीस से ज्यादा नहीं थे। दस घर ब्राह्मणों के, सात-आठ जुलाहों के, चार कायस्थों के, दो ग्वालों के, तीन-चार भूमिहारों के,....मिडिल स्कूल का मकान....देवी मंदिर के नजदीक ब्रह्म का मंडप...पंचायत का छोटा घर...बस, यही कुछ मकान थे, जो नए-पुराने खपड़ों से छवाए हुए थे।

वेणीमाधव का बैठकखानावाला बड़ा मकान इन्हीं में से एक था। उसकी बरामदेवाली खंभेलियाँ-भर झुलसकर रह गईं, बाकी समूचा बच गया। शेष फूसवाले तीनों घर स्वाहा

हो गए थे। मधुकांत, रामसागर, दुखमोचन, टेकनाथ, कंचन, कन्हाई, बौधू, परमेसर आदि का एक भी घर नहीं बचा था।

मास्टर टेकनाथ बूआ से एक बूढ़ा बैल माँगकर लाया था पिछले साल। खूँटे से खोल देने पर भी जाने कब वह किधर से होकर वापस आ गया और मास्टर के अनजाने ही पड़ोस की सँकरी गली के दहकते कोने में झुलसकर ढेर हो गया था...

टेकनाथ-जैसे गरीब ब्राह्मण के लिए वह कोई मामूली मुसीबत नहीं थी। घर जल गए; कोई बात नहीं; मड़ैया खड़ी कर ली जाएगी, जैसे-तैसे गुजारा हो लेगा। लेकिन बैल के जल मरने पर यह जो चारों चरन प्रायश्चित लग गया है इससे छुटकारा पाने में सिर का एक-एक बाल नुच जाएगा...

देर तक मास्टर दुखमोचन को खोजता फिरा। उनसे उसकी मुलाकात आखिर चमारों के टोले में हो गई।

दुखमोचन चमारों की बिरादरी के सबसे बुजुर्ग बौधू चाचा से बातें कर रहे थे, मालूम कर रहे थे कि इस बिरादरी में अग्निकांड से किसका कितना नुकसान हुआ है। यों घूम-घामकर वह सबकुछ देख चुके थे, फिर भी बातचीत आवश्यक थी।

निगाहें मिलते ही दुखमोचन ने पूछा—कहो मास्टर, चीज-बस्त तो नहीं नुकसान गई ? घर तो खैर सबके खाक हो गए हैं...तुम्हारे भी, हमारे भी, बौधू चाचा के भी, इनके भी और उनके भी...

टेकनाथ की आँखें छलछला आईं, लगा कि एक शब्द भी गले से ऊपर आएगा तो माथा फट जाएगा। वह चुप रहा, चुप क्या रहा, जबान ही नहीं खुली !

दुखमोचन ने जले छप्परों के दमकते अंगारों की मामूली रोशनी में भी मास्टर का फीका चेहरा देख लिया...फड़कते होंठ, डबडबाई आँखें, उसाँस में फूलते नथुने...

उन्होंने गाढ़ी आत्मीयता के लहजे में फिर कहा—बोलते क्यों नहीं हो ? क्या हुआ टेकनाथ।

इतना कहकर दुखमोचन बिलकुल करीब आ गए और टेकनाथ के दाहिने कंधे पर अपना बायाँ हाथ रख दिया। दाहिने हाथ से उसकी ठुड्डी ऊपर उठाकर ममता की आवाज में फिर पूछा—क्यों भाई, बोलते क्यों नहीं ? क्या हुआ ?

अब मास्टर फफक-फफककर रोने लगा।

दुखमोचन ने उसे अपनी बाँहों में ले लिया। घंटों घूम-घूमकर वह गाँव-भर की आग बुझाते रहे थे। इससे हाथ तो काले हो ही गए थे, बल्कि हथेलियाँ सूज गई थीं, एक-एक उँगली में पाँच-पाँच फफोले निकल आए थे। पैरों का भी यही हाल था। चेहरा भी स्याह लग रहा था। मूँछों और बालों में उड़ते बगूलों की सफेद-धूमिल छाइयाँ उलझ पड़ी थीं...

टेकनाथ की भी यही तसवीर थी। बौधू चाचा का भी यही नक्शा था, वेणीमाधव और कपिल का भी। रक्षा-समितिवाले भी ऐसे ही दिखाई देते थे।

टेकनाथ ने रो-रोकर कहा—मेरा बैल झुलसकर मर गया, दुखमोचन ! मुझे तो

चारों चरन प्रायश्चित लग गए...घर जलने का उतना अफसोस नहीं है, जितना इस बात का...बैल की हत्या का यह कलंक कैसे छूटेगा ? कैसे ऽ ऽ ऽ...

आगे मास्टर से बोला नहीं गया, वह फूट-फूटकर रोने लगा।

सभी चुप थे। एक भी शब्द किसी के मुँह से निकलना नहीं चाहता था। सभी के दिमागों पर मानो गोहत्या का वह पाप क्षण-भर के लिए अपना विषैला प्रभाव छोड़ गया हो। दुखमोचन की बाँहें अनजाने ही टेकनाथ के बदन से अलग हो गई थीं, क्षण-भर के लिए वह भी किंकर्तव्यविमूढ़ हो गए।

एकाएक दुखमोचन की अपनी सधी चेतना चौकस हो गई, टेकनाथ के कंधे पर उनका एक हाथ फिर पहुँच गया। आश्वासन की गंभीर भंगिमा में वह बोले—पंडितों के पुराने पचड़े में नहीं पड़ना मास्टर, वे तो पतिया-प्रायश्चित के खर्चीले खटरागों में फँसाकर तुम्हारी बधिया ही बिठा देंगे।

टेकनाथ रोकर हल्का हो चुका था और दुखमोचन का अनुकूल रुख उसके मन में छुटकारे की आशा का संचार कर रहा था। आहिस्ता लेकिन उदास स्वर में कह गया—मैं किसी से कहूँ भी तो कौन यह मानने को तैयार होगा कि बैल जलकर नहीं मरा है ? बात तो आखिर सच है ही...

दुखमोचन तुनककर बोले—तो तुमने जान-बूझकर अपने बैल को आग में झोंक दिया था ? अरे, अग्नि महाराज की यही मरजी थी भइया ! अब इसके लिए तुम अपने प्राण क्यों संकट में डालोगे, मास्टर ?

गद्गद स्वर में टेकनाथ ने कहा—मेरी अकल कुछ काम नहीं दे रही है दुखमोचन, तुम्हारी बात तुम्हीं जानो भाई !

—हाँ, इस मामले में तुम कुछ नहीं बोलना। मैं पंडितों से निबट लूँगा, मास्टर !

—मुझे कुछ नहीं सूझ रहा है, एकमात्र तुम्हीं सूझ रहे हो...तभी तो दौड़ा आया हूँ।

—जाओ, रत्ती-भर भी फिक्र मत करो, टेकनाथ।

ग्यारह

अधेड़ दीखनेवाले एक आदमी ने उत्तर की तरफ से गाँव में प्रवेश किया। दाढ़ी और सिर के बाल काफी बढ़े हुए थे। कपार चौड़ा, नाक नुकीली और आँखें बड़ी-बड़ी।

रामसागर ने उसे सड़क के मोड़ पर ही देखा। अब बड़ी सड़क छोड़कर आगंतुक ने जब छोटी सड़क पकड़ी और गाँव की सीमा के अंदर पैर रखे तो रामसागर लपककर करीब आया। पूछा—किसके यहाँ जाना है ?

दाढ़ी पर हाथ फेरकर आगंतुक बोला—पंडित सुखदेव मिश्र के यहाँ...मगर देख रहा हूँ कि अग्निदेव ने खुलकर तांडव-नृत्य किया है। समूचा गाँव जलकर खाक हो गया

है...राख के समुद्र में बीस-पच्चीस खपरैल-मकान और पाँच-सात कोठे टापुओं की तरह चमकते हैं। हे नारायण, यह कैसी दुर्दशा तुमने इस गाँव की कर दी !

आगे एक शब्द भी आगंतुक से नहीं बोला गया, गला फँस गया शोक के उफ़ान में। आँखों में आँसू छलछला आए थे।

मलमल की लाल-सुर्ख धोती, कुरता भी उसी तरह लाल। गले में हाथी के दाँत तराशकर बनाई गई मनकों की माला लटक रही थी। पैरों में कपड़े के किरमिची जूते।

—महाराज, आप कहाँ के रहनेवाले हैं ?—रामसागर ने पूछा।

आगंतुक ने ठहाका लगाया और कहा—गलत पूछा ! अरे, यह पूछिए कि कहाँ का नहीं रहनेवाला हूँ !

—अजीब बातें करते हैं आप तो !

—हाँ, मैं खुद ही अजीब हूँ। फिर मेरी बातें अजीब नहीं होंगी !

रामसागर की समझ में नहीं आया कि आगंतुक का सुखदेव से क्या रिश्ता हो सकता है। वह सुखदेव और दुखमोचन के प्रायः सभी रिश्तेदारों को पहचानता था। अग्निकांड के बाद सभी रिश्तेदार मिलने आ रहे थे। जान-पहचान के दूसरे लोगों का भी आवागमन बढ़ गया था। यह नई बात नहीं थी कि पंडित सुखदेव से कोई मिलने आया था। मगर प्रश्नों का ऊटपटाँग जवाब देनेवाला यह कौन हो सकता है सुखदेव का, रामसागर की समझ में नहीं आया।

कुछ सोचकर उसने कहा—इस गाँव में शायद आप पहली बार आए हैं। चलिए, मैं आपको सुखदेव भाई के ठिकाने तक छोड़ आता हूँ।

—चलिए ! आगंतुक ने ठहाका लगाया और कहा—पहली और दूसरी बार आया हो चाहे दसवीं बार, अग्निदेव की सत्यानाशी कृपा के कारण कौन अभ्यागत भ्रम में नहीं पड़ जाएगा ! झुलसी भीतें, काले-अधजले खंभे, ठूँठ और कलूटे खूँटे...नारायण ! नारायण ! कैसा भयानक दिखलाई पड़ता है गाँव ! दुर्गा ! दुर्गा ! दुर्गा ! काली ! काली ! काली ! कब लगी थी आग ? आज कै दिन हुए हैं ?

—छः रोज हुए हैं।—रामसागर ने कहा—महाराज, आपने बतलाया नहीं, कहाँ से आ रहे हैं ?

आगंतुक ने रुककर कहा—मैं नर्मदा-तट से आ रहा हूँ, नाम मेरा है लीलाधर झा। हमारी कुटिया में एक भगत उस रोज अखबार ले आया था। उसी ने खबर सुनाई कि दरभंगा जिले का टमका-कोइली गाँव जलकर खाक हो गया है...सुखदेव की मामी मेरी भाभी होती हैं। जिज्ञासा में आया हूँ...ठीक-ठाक हैं न वे लोग ?

—हाँ महाराज, ठीक-ठाक हैं। घर अलबत्ता जल गए, मगर जान-माल का नुकसान नहीं हुआ...आँच और धुएँ की धौंस से गल्ला बरबाद हो गया...

—तारा ! तारा ! तारा ! काली ! काली ! काली !

—हाँ महाराज, महामाया की ही लीला है सबकुछ !...तो आप रिश्ते में सुखदेव भाई के मामा हुए न ?

—हाँ, लीलाधर क्षण-भर रुककर बोला—लेकिन उनकी मामी सकुशल हैं न ?

—जी, महाराज !

अब रामसागर ने आगे से राह छेककर कहा—तो मैं आपको प्रणाम करूँ, मामाजी ! ठहरिए...

उसने लीलाधर के पैर छू लिए।

सधुमई ढंग से बँधी एक गठरी लटक रही थी उसके कंधे से। रामसागर ने वह उतारकर बगल में दबा ली। बातें करते-करते दोनों जने सुखदेव के ठिकाने पर पहुँचे। घर तो रह नहीं गए थे, ठिकाना ही था सिर्फ ! खूँटों के सहारे धोतियाँ और साड़ियाँ परदों का काम दे रही थीं; वरना परिवारों के दरमियान कहीं कोई आवरण नहीं था, सभी सबको देख रहे थे। हाँ, झुलसी हुई बदरंग भीतें यहाँ-वहाँ, जहाँ-तहाँ शील-संकोच का पारिवारिक कवच बनकर अब भी खड़ी थीं। कहीं-कहीं इन नंगी-कलूटी भीतों के सहारे कामचलाऊ छप्पर-छानी लटका ली गई थीं।

मुसीबत आडंबरों को चीर-फाड़ डालती है। झूठ-मूठ की लाज, फिजूल का गुमान, अनावश्यक भावुकता आदि तो उसके सामने टिक ही नहीं सकते।

मामी ने लीलाधर की आवाज सुनी तो झट से आड़ के बाहर निकल आईं। लीलाधर ने झुककर उनके पैर छुए तो डबडबाई आँखों से उसकी तरफ देखती रह गईं। गला भर आया था, होंठ रुलाई के आवेग में फड़क रहे थे।

दुखमोचन सवेरे ही सहायता के कामों में निकल गए थे। सुखदेव कुएँ के आगे 'कलकतिया' आम के झुलसे पेड़ों की पतली छाया में नित्य का अपना पूजा-पाठ कर रहे थे। दालान के सहन में चार-पाँच मजदूर बाँस के डंडे फैलाकर बड़ा-सा छप्पर तैयार कर रहे थे। रुखान, आरी, बसूला, टाँगी, खत्ता आदि औजार इधर-उधर बिखरे पड़े थे। कोड़ो, बाती, झाँजन, तड़ख, खूँटा, खंभा, खँभेली, मोटी और पतली डोरियाँ...खढ़, खढ़ी, और सरकंडा, बाँस...यानी घर बनाने का सारा सामान मौजूद था। जयमाधव और परमेसर मजदूरों से काम भी ले रहे थे, साथ ही खुद भी काम कर रहे थे।

अपर्णा दौड़कर गई, कुएँ से एक डोल पानी भर लाई। लोटा-भर पानी सामने आया तो मामी अपने ही हाथों से लीलाधर के पैर धोने बैठीं।

लीलाधर ने दो-एक दफा हलकी जबान से 'न-ना' किया, आखिर चुपचाप पैरों को निश्चेष्ट छोड़ दिया। वह अच्छी तरह जानता था कि मामी मानेंगी नहीं, अपने हाथों से जब तक वह इन पैरों को धो नहीं लेंगी तब तक उनको संतोष नहीं होगा।

पैरों को धोते समय मामी ने देखा, फटी-सूखी बिवाइयों ने तलवों को खुरदरा करके छोड़ दिया है...बे-तरतीब कटते रहने की वजह से नाखून अपनी सहज शक्ल-सूरत खो चुके हैं...सेवा और चिकनई के अभाव में चमड़ी कड़ी पड़ गई है, नसों में एक अनोखा तनाव आ गया है।

हाय, वे मुलायम और सुंदर पाँव कहाँ गायब हो गए !...मामी की आँखें अपने लाड़ले देवर की दुर्दशा देखकर बार-बार सजल हो रही थीं।

पैरों को अच्छी तरह धोकर मामी ने आँचल से उन्हें पोंछ दिया और आँखें नीचे किए-किए ही अंदर रसोईघर की तरफ चली गईं।

रामसागर वापस जा चुका था मगर सुखदेव की पूजा अभी बीच में ही थी। अपर्णा ने आकर नहाने के बारे में पूछा तो लीलाधर ने बतलाया कि गाड़ी से वह रात ही उतरा और सुबह-सुबह स्नान-ध्यान आदि से निबटकर स्टेशन से चला है।

थोड़ी देर बाद अपर्णा बुलाकर लीलाधर को अंदर ले गई। चमचमाती थाली में चार पूड़ियाँ, हलुआ, तले हुए परवल और आम का अचार—एक फाँक। अलग कटोरे में दूध। पीढ़े पर बैठकर वह नाश्ता करने लगा तो बिजनी लेकर मामी हवा करने बैठीं।

नलीदार मूँठ के अंदर से घूमती हुई बाँस की वह पंखी 'किर्र-किर्र', 'कें‌च-कें‌च' आवाज कर रही थी। हवा तो खूब आ रही थी, लेकिन कान गुदगुदा रहे थे। लीलाधर ने पंखी की तरफ कौतूहल की निगाहों से देखा।

मामी सहज स्वर में बोलीं—बड़ी बेहूदी है यह बिजनी, लखनौलीवाला डोम परसों ही तो दे गया है। मेरी अपनी बिजनी अग्नि-महाराज ने ले ली। तीन वर्ष की वह मेरी बेहद प्यारी सहेली थी। छोटी बहू के भरोसे मैं उसकी तरफ से निश्चिंत रही, पीछे नहीं मिली तो बड़ा दुख हुआ। नान्ह बाबू, क्या बताऊँ कि उसकी आवाज कितनी मीठी थी !

थोड़ी देर बाद लीलाधर ने कहा—भाभी, अब मेरी जान-में-जान आई ! भरोसा नहीं था कि तुम्हें सही-सलामत देख पाऊँगा इन आँखों से...

हथेली पर ठुड्डी टेककर मामी बोलीं—नहीं नान्ह बाबू, इतनी आसानी से मैं नहीं मरने की ! यमराज के मुंशी ने अपने रजिस्टर से मेरा नाम काट दिया है शायद...

—यही सब मुझे तुम्हारे मुँह से सुनना था, भाभी ? लीलाधर ने विषाद-भरे स्वर में कहा और हलुआवाले कटोरे से हाथ हटा लिया।

मामी हँसकर बोलीं—बुरा मान गए !...मगर हलुआ तो तुम्हें खाना ही होगा...दूध चाहे पीछे ले लेना...और...

लीलाधर ने हलुआ खाते-खाते कहा—चुप क्यों हो गईं, भाभी ? गले तक आई बात मुँह से नहीं निकालोगी तो अगले जन्म में जीभ सुन्न हो जाएगी, समझीं ?

—समझी !—तुनककर मामी ने कहा—जी, बाबाजी, महाराज !...यह तुमने अच्छी धज बना रखी है ! देखा है कभी शीशे में अपना चेहरा ? पिटारी लेकर घूमोगे तो चार पैसा जरूर कमा लोगे ?....हुँ !

लीलाधर दूध छोड़कर उठ रहा था, लेकिन मामी ने अपनी कसम देकर दूध पी लेने को बाध्य कर दिया।

हाथ-मुँह धोकर सुखदेव के नजदीक आ बैठा। अपर्णा पान दे गई। पान चबाते-चबाते सुखदेव से बातें करता रहा। पंडित की पूजा खत्म हो चुकी थी।

पेड़ों की छाया में उधर चारपाई डाल दी गई, कम्बल और चादर अपर्णा बिछा गई उस पर। मामूली बातचीत के बाद सुखदेव ने कहा—अब आप आराम करें मामा जी, खाना खाकर मुझे बाजार जाना है...कई दिनों के थके हैं आप।

फिर उसने जयमाधव से कहा—धूप आ जाए तो चारपाई-समेत इन्हें उठाकर छाँव में कर देना, समझे ?

इस पर सभी को हँसी आ गई। लीलाधर बोला—भगवान् जो न कराएँ !

—भगवान् नहीं, मामाजी !—सुखदेव ने चिढ़कर कहा—एक बुढ़िया की बेवकूफी से समूचा गाँव जलकर खाक हो गया।

—मैं होता तो बुढ़िया को उसी आग में डाल देता ! ऐसी चुड़ैल को लोगों ने जिंदा छोड़ दिया !

—अजी, वह तो पीछे पता लगा मामा ! उस वक्त तो ऐसी चीख-पुकार और भाग-दौड़ मची थी कि कुछ न पूछिए। हवा भी उस शाम को इतनी तेज चल रही थी कि उनचासों पवन मात थे उसके आगे...

जोगेंद्र ने इतने में आकर कहा कि खाना खाकर बाजार अभी चलना होगा। मामी नाराज हो रही हैं। सुखदेव भीत की आड़ में चले गए। लीलाधर की चेतना पर सचमुच थकावट छा रही थी, बदन का एक-एक जोड़ टूट रहा था। वह अब चारपाई पर लेट गया। कुछ ही क्षणों के बाद उसे नींद आ गई।

सुखदेव के सामने थाली में जो भात आया, उससे धुँआइन भाप उठ रही थी। झुलसे चावलों का बदरंग भात--नाक-भौंह सिकोड़कर पंडित ने उसमें दाल मिलाई। दाल से भी वैसी ही गंध उठ रही थी। तरकारी परवल की थी और ठीक थी। पाँच-सात कौर मुँह में डालकर उन्होंने मामी की तरफ देखा। मामी पंखी लेकर हवा कर रही थीं।

ख़ाना समाप्त करते ही सुखदेव ने पूछा—मेहमान को भी यही खाना खिलाओगी ?

—तो कहाँ से आएँगे बढ़िया चावल ? अच्छे चावल बाजार से मँगवा लूँ ?...मगर ये चावल भी तो फेंक नहीं दिए जाएँगे ! अनाज तो अनाज ही ठहरा, ज़रा झुलस ही गया तो क्या हुआ ?

—हमारे यह मामाजी पहली बार आए हैं, क्या कहेंगे मन-ही-मन ?

—कहेंगे क्या ! कुछ नहीं कहेंगे। मुसीबत की बात सुनकर ही तो मिलने आए हैं। आप नाहक इतना-कुछ नान्ह बाबू के लिए सोचते हैं, पंडितजी ! परिवार में सबके लिए जो कुछ तैयार होगा, वह भी वही खाना खाएँगे। उनके लिए अलग से खाना तैयार होगा तो कल ही भाग खड़े होंगे। अभी नाश्ते में पूड़ियाँ थीं, हलुआ था। मेरे डर से नान्ह बाबू ने खा तो लिया, लेकिन आँखें फाड़-फाड़कर वह झुलसे चावलों के ढेर देखते रहे...

मामी उठकर रसोई में गईं और कटोरे में हलुआ ले आईं। बोलीं—आज बबुअन शायद ही लौटें, ज़रा-सा हलुआ उनके लिए भी रख दिया है। नहीं आएँगे तो जोगी खा लेगा...आप लोग बाजार से साँझ-सकारे ही लौट आना !

सुखदेव उठे। हाथ-मुँह धोकर पान ले लिया और बदन में कुरता डालकर बाजार के लिए निकले। हाथ में खाली डिब्बा था, बोतल और झोला लेकर जोगेंद्र ताऊ के पीछे-पीछे था।

दुखमोचन रात को काफी देर से लौटे। अकेले नहीं, तीन आदमी और साथ थे—दो विधायक, एक सार्वजनिक कार्यकर्त्ता। विधायकों में एक थे शुभंकर बाबू, दूसरे थे चतुरी ठाकुर।

मामी ने उदास होकर पूछा—अब इत्ती रात को इन्हें क्या खिलाओगे ?

—पिपरा बाजार से खाकर चले थे।—दुखमोचन ने कहा तो मामी के दिल को तसल्ली हुई। फिर भी बोलीं—शरबत तो पिएँगे। चीनी बाजार से आज ही मँगवाई है, सोंफ और पुदीना मैं चटपट पीस लेती हूँ। तुम ताजा पानी ले आओ।

—अच्छा !—दुखमोचन ने कहा—लाल धोतीवाला वह दढ़ियल कौन सो रहा है बाहर ? यह कहाँ के सिद्धजी आ टपके, मामी ?

अंदर की खुशी को दबाकर मामी ने गंभीर मुद्रा धारण कर ली। बोलीं—मैं क्या जानूँ ! पंडितजी के हीत-मीत कोई मिलने आ गए होंगे !

तीनों अभ्यागत तख्तपोश पर बैठे रहे। अंदर से लाकर दुखमोचन ने दरी-चादर बिछा दी। थोड़ी देर बाद शरबत ले आए, फिर पान आया।

नित्याबाबू का नौकर घूटर खबास इस बीच यह कह गया कि मालिक ने मेहमानों के लिए बिस्तरे लगवा दिए हैं। थोड़ी देर तक अग्निकांड से होनेवाली बरबादी और अगले नवनिर्माण की योजनाओं पर बातें होती रहीं। तय हुआ कि सुबह घूम-घूमकर समूचा गाँव देखा जाएगा। तीनों आगंतुकों की इच्छा थी कि दुखमोचन के दालान की अँगनई में सो जाएँगे। लेकिन दुखमोचन ने सोचा कि यहाँ इन्हें तकलीफ होगी। समझा-बुझाकर वह उन्हें नित्याबाबू के बैठकखाने में ले गए। वहाँ तीन पलँगों पर बाकायदा बिस्तर लगे हुए थे। तीनों लेट गए। चतुरी ठाकुर बड़े ही कर्मठ किसान-सेवी थे। वह देर तक दुखमोचन से बातें करते रहे। शुभंकर बाबू की नाक साँस के मुताबिक बजती रही।

सियारों ने नदी-किनारे लखनौली की ओर कहीं 'हुआँ-हुआँ' की टेर लगाई तो चतुरी ठाकुर ने आग्रहपूर्वक दुखमोचन को घर भेजा।

मामी बिना छप्पर के खुले बरामदे में अब तक करवटें बदल रही थीं। नींद के पंख लग गए थे; पास फटकती तक नहीं थी। वह बेहद उतावली थीं लीलाधर के बारे में बताने के लिए। मेहमानों की सेवा-टहल में व्यस्त रहने के कारण ही दुखमोचन दढ़ियल आगंतुक की तरफ ध्यान नहीं दे पाए। और मामी ने जब खुद ही कह दिया उसके बारे में कि 'मैं क्या जानूँ !' तो दुखमोचन उसकी तरफ से और भी निरपेक्ष हो गए, दोबारा जिक्र तक नहीं किया...मामी पछता रही थीं कि बबुअन ने पूछा तो लीलाधर के बारे में सीधे-सीधे बतला क्यों नहीं दिया ! बातचीत की टेढ़ी-मेढ़ी शैली कभी-कभी कितनी महँगी पड़ जाती है !...रह-रहकर मामी यही सोच रही थीं।

बीच में दो दफे वह कुएँ के इर्द-गिर्द चक्कर लगा आईं। सुखदेव और लीलाधर दो चारपाइयों पर आस-पास सोए थे। यह चैत का शुक्ल-पक्ष था। नील-निर्मेघ आकाश में द्वादशी का चाँद बड़ा ही अच्छा लग रहा था। रात्रि-शेष का हल्का गुलाबी जाड़ा सूती

चादर से ठगने के काबिल नहीं था। दूसरी बार लीलाधर को सिकुड़े देखा तो मामी आहिस्ता-से ट्रंक खोलकर अपना शाल निकाल लाईं और उसे ओढ़ा दिया। करवीर और हरसिंगार के झाड़ आग की प्रचंड लपटों में बुरी तरह झुलस गए थे, आँगन की श्रद्धा-रानी तुलसी तो और बुरी तरह झुलसी थीं। इनकी ठूँठ परछाइयों से आँखों को खरोंच-सी लगी तो मामी वापस आकर बिस्तर पर लंबी हो गईं, पलकों को देर तक उँगलियों से दबाए रहीं।

दुखमोचन के पैरों की आहट पाते ही उठ बैठीं मामी।

वह आकर पास ही बैठे। उबासी लेकर कहा—आज बहुत थका हूँ, मामी। सोऊँगा तो एक ही नींद में सूरज दो बाँस ऊपर चढ़ जाएगा।

मामी ने चुटकी बजाकर सराहा—बड़े भागवंत हो बबुअन ! यहाँ तो नींद निगोड़ी जाने कब से खार खाए बैठी है...अच्छा, एक नई खबर है तुम्हारे लिए...लीलाधर आए हैं।

—झूठ !

—इतनी रात को तुमसे मजाक करूँगी ? जिस दाढ़ीवाले के बारे में तुमने तब पूछा था, वह लीलाधर ही तो हैं...अखबार के जरिए उन्हें गाँव जलने की बात मालूम हुई तो मेरी खोज-खबर लेने आए हैं...

—भाग तो नहीं जाएँगे फिर ?

—अब तुम्हीं उन्हें सँभालना, बबुअन !

—नहीं, मामी !—दुखमोचन ने स्नेहसिक्त स्वर में कहा—मेरा नहीं, तुम्हारा ही मधुमय अंकुश लीलाधर को आदमी बना सकता है।

मामी की आँखें डबडबा आईं, स्वर में कंपन उभर आया—बबुअन, लीलाधर ने आज बहुत आँसू बहाए हैं...

दुखमोचन ने कहा—और तुमने भी !

—हाँ, बबुअन, मैंने भी !—उसी तरह तरल-विह्वल आवाज में वह बोलीं।

थोड़ी देर तक दोनों तरफ से साँसों को अपना माध्यम बनाकर मौन ही मुखर रहा, फिर दुखमोचन हाथ जोड़कर बोले—अब मैं लीलाधर मामा को भागने नहीं दूँगा...भागकर वह जाएँगे कहाँ !

दुखमोचन सोने के लिए बाहर निकल आए।

दालान के बिना छप्परवाले खुले बरामदे में एक तरफ चरवाहा सो रहा था, दूसरी तरफ चारपाई पर दुखमोचन का बिस्तर बिछा था।

बरबाद बस्ती का उलंग कंकाल चाँदनी में और भी बीभत्स, और भी भयानक लग रहा था। बिना भीत के जले घरों के नंग-धड़ंग खंभे पुरानी नावों के बदरंग मस्तूलों की तरह चाँदनी के दूधिया समुद्र में इस वक्त बेशरमी से इतरा रहे थे।

बारह

पास-पड़ोस के देहातों ने बाँस-काठ-फूस-अनाज और श्रम-शक्ति द्वारा टमका-कोइली के दुर्दशाग्रस्त लोगों की खुलकर सहायता की। दो विधायक महोदय अग्निकांड से होनेवाली बरबादियाँ अपनी आँखों से देख गए थे। अलग-अलग पार्टी से संपर्कित रहने के कारण सहायता के लिए अखबारों में उनकी अपीलें अलग-अलग निकली थीं। जिलाधीश और अंचलाधिकारी अपील निकालने से पहले ही दो हजार और दो सौ रुपए मदद के तौर पर दुखमोचन के हवाले कर चुके थे। अब पिपरा बाजार, दरभंगा और सीतामढ़ी के व्यापारियों ने ढाई हजार नकद रकम, दो सौ मन अनाज, पंद्रह थान कपड़ा, लोहे के दस सेर कील-काँटे आदि काफी सामग्री भेजी।

दुखमोचन ने पुनर्निर्माण के सिलसिले में सबसे पहला काम यह किया कि गाँव के दक्षिण, देवी-मंदिर के नजदीक सहायता-शिविर के लिए आठ-दस झोंपड़ियाँ एक कतार में खड़ी करवाईं। सिमरौन, पुनई चक, लखनौली आदि गाँवों के साठ जवान बिना मजदूरी के ही काम पर डटे थे। सोलह-सोलह, अठारह-अठारह घंटे की दैनिक ड्यूटी थी। दो जून का खाना, तमाखू, सुपारी और बीड़ी...मनोरंजन के नाम पर हँसी-ठट्ठा, चुटकुले, कहानियाँ, आपबीती की दास्तान...सनीचर और मंगलवार की रात को ढाई-तीन घंटे के लिए कीर्तन के नाम पर गाना-बजाना...हारमोनियम, मृदंग और मजीरा...फिर काम, काम और काम।

कपिल का काम कोषाध्यक्ष का था। माया खिलाने-पिलाने की ड्यूटी पर थी। मधुकांत और वेणीमाधव घूम-घूमकर सहायता के लिए फेहरिस्त तैयार कर चुके थे। नित्याबाबू, त्रिजुगीनारायण चौधरी, रामरखराय और पुलकितदास-जैसे संपदावालों के नाम जान-बूझकर ही नहीं लिखे गए थे। गरीब किसानों और खेत-मजदूरों की तरफ ज्यादा ध्यान दिया गया था। मास्टर टेकनाथ और रामसागर-जैसे छोटी हैसियतवालों को सहायता-पात्रों की दूसरी श्रेणी में रखा गया था। तीसरी श्रेणी में उनके नाम थे जिनको मदद की आंशिक आवश्यकता थी। इनमें रमाकांत, रामकुमार और वेणीमाधव-जैसों के नाम थे। लोगों ने काफी जोर डाला कि इस कोटि में सुखदेव का भी नाम लिखा जाए, मगर दुखमोचन राजी नहीं हुए।

अपने परिवार को सहायता पहुँचाने के बारे में दुखमोचन ने इतना जरूर किया कि कामचलाऊ दालान और अंदर हवेली के नाम पर दो मामूली घर अग्निकांड के बाद सप्ताह में तैयार करवा लिए। बाँस-लकड़ी-फूस आदि सारी सामग्री खुद की थी ही, श्रम पड़ोसी देहात के स्वयंसेवकों का था।

सुखदेव बेहद नाराज थे कि सहायता की सामग्री की रकम, जो दूसरे परिवारों को सहज प्राप्य थी, दुखमोचन ने क्यों नहीं ली। मामी लेकिन असलियत को ताड़ गई थीं। सुखदेव की नाराजगी समर्थन न पाकर उदासी में बदल चुकी थी। लीलाधर को समझा-बुझाकर ठीक कर लिया गया था कि अगले छह महीने वह अन्यत्र कहीं नहीं

जाएँगे और जोगेंद्र तथा अपर्णा को संस्कृत-हिंदी-मैथिली पढ़ाएँगे।

दालान पर सवेरे अच्छा रंग जमता था। एक तरफ पंडित सुखदेव अपने शालिग्राम-नर्मदेश्वर-सहित पूजा-पाठ में जुटे होते और दूसरी तरफ रक्ताम्बरधारी सिद्ध लीलाधर काले कंबल की आसनी पर वज्रासन लगाए और पीले रंग की रेशमी गोमुखी के अंदर दाहिना हाथ डाले देवी उग्रतारा का बीज-मंत्र जपने में घंटों डटे रहते। लोग कहते—न गाँव में आग लगती, न हमें सिद्धजी का दर्शन होता।

किंतु अब लीलाधर ने लंबी दाढ़ी और बाल कटवा लिए थे। साधारण नेपाली वज्राचार्य की तरह लग रहे थे। दमकता हुला लाल चेहरा...कपार पर गाढ़े सिंदूर का अँगूठा जितना टीका...गले में तुलसी और मूँगे की माला...आकृति बड़ी ही भव्य लगती थी। मामी उन्हें बीच-बीच में झाँक जातीं।

रामनवमी के दो दिन बाकी थे। प्रसाद के लिए आटा पिसवाना था। मामी गेहूँ पछोर रही थीं। बाहर सुखदेव और लीलाधर मानो पूजा-प्रतियोगिता में आमने-सामने डटे थे।

माया ने मुसकाते-मुसकाते अंदर हवेली में पैर रखा। मामी ने उसकी तरफ देख लिया। जवाबी मुस्कान से उनका चेहरा चमक उठा, फिर बोलीं—क्या बात है, माया ? पके दाड़िम की तरह फूटी पड़ती हो, मगर बोलती नहीं हो कुछ भी !

माया खिलखिलाकर हँस पड़ी, क्षण-भर बाद कहा—बाहर दालान में दो ऋषि आमने-सामने बैठे हैं, कितना अच्छा लगता है मामी ! उठो, ज़रा चलकर देखो मामी...

माया ने मामी का हाथ पकड़ लिया। हँसते-हँसते उन्होंने हाथ छुड़ा लिया, बोलीं—चल, हट ! बता, किस काम से आई है ?

भौंहें नचाकर कृत्रिम क्रोध के स्वर में माया ने कहा—तो तुमने देख लिया होगा, मामी ! हाँ, जरूर देखा होगा...

मामी मुसकाती रहीं और अपना काम करती रहीं।

कुछ रुककर माया ने कहा—तुम्हारे यहाँ दाल परोसने का बड़ा डब्बू होगा, भइया ने कहा था। सोचा, ले आऊँ...कलछी से नहीं परसाता है, मामी ! जल्दी निकाल दो...

—सास से क्यों नहीं माँग लाई ?

—होता तो ले आती, मामी !

—भारी कंजूस हैं तेरी ससुरालवाले, अच्छा-सा एक डब्बू खरीदकर रखेंगे सो नहीं होता...

—और चाहे जो कुछ हो मामी, कंजूस नहीं हैं वे लोग। दो सौ बाँस, दस पेड़ सीसम के और तून के चार पेड़ कटवाकर दूसरे किसने दिए हैं, बता सकती हो ? अभी और दे रहे थे, लेकिन दुखमोचन भैया ने खुद ही मना कर दिया। कहा कि फिर से बस्ती बनाने का यह जग्ग किसी एक के सरबस-दान से थोड़े सँभलेगा, इसमें सभी को

अपनी-अपनी आहुति देने दो...दूसरों के लिए तभी से भइया ने शर्त लगा दी कि पचास बाँसों से अधिक की सहायता स्वीकार नहीं की जाएगी...

मामी के जी में आया कि मजाक-मखौल करें, कहें कि अपने मुँह ससुरालवालों की बिरुदावली बखान रही है, कलजुग की छोकरी कहकर ताना मारने की तबीयत हुई...लेकिन एकाएक मामी की बुद्धि ने पलटा खाया। विवेक ने कहा कि माया शेखी नहीं बघार रही है, संजीदा ढंग से सही बात कह रही है...पिछले दो हफ्तों से दुखमोचन और उनके साथियों के हाथ बँटा रही है। वेणीमाधव या कपिल से रत्ती-भर भी कम मेहनत नहीं की है इस लड़की ने...

मामी के हाथ रुक गए। गेहूँवाला सूप एक तरफ रख दिया। हाथ झाड़ती-पोंछती उठ खड़ी हुईं।

माया के कंधे पर हाथ रखकर कहा—हाय ! अपने बालों का क्या हाल कर रखा है पगली ने ! बैठ, चटपट मैं तेरे बाल सँवार देती हूँ।

माया खिलखिला पड़ी, निषेध की मुद्रा में हाथ हिलाकर बोली—ना मामी, अभी दम मारने की भी फुरसत नहीं है। यह सब खटराग रहने दो अभी। चलो, डब्बू निकाल दो संदूक में से...

—हे भगवान्, कैसा उतावलापन है !

—भगवान् नहीं, डब्बू ! डब्बू चाहिए मामी, दाल परोसने के लिए...समझीं !

—हाँ समझी, सब समझी—हाथ से कपार पीटकर मामी ने कहा और पीतल का डब्बू निकाल लाईं।

अगले ही पल डब्बू लेकर माया सहायता-शिविर में वापस आ गई। सुग्गी बूआ, रामसागर की स्त्री और मधुकांत की माँ रसोई के मोरचे पर डटी थीं। दूकान से माया जीरा और लाल मिर्च लेती आई थी।

माया की आवाज सुनाई पड़ी तो कपिल ने उसे बुलाया। पास आई तो पूछा—रास्ते में कहीं दुखमोचन भइया तो नहीं मिले ?

—नहीं तो ! आए थे क्या ?

—अभी-अभी गए हैं, स्वयंसेवकों के खाना खाते वक्त आज वह मौजूद रहेंगे, माया !

—यह तो मैं चाहती ही थी...कोई नई बात ?

—नई बात ?...

कपिल को हँसी आ गई। हँसते-हँसते कहा—अब नित्याबाबू भी बिना मजदूरी के ही मकानों की तैयारी के सपने देखने लगे हैं, माया !

—घोर स्वार्थी है बुड्ढा !—माया बोली। नाक और भौंहें सिकुड़ गईं। एक क्षण के बाद कहा—एक भी स्वयंसेवक उसके यहाँ काम करने गया तो कैंप छोड़कर चली जाऊँगी मैं ! तुम दुखमोचन भइया से साफ-साफ बतला देना।

—हाँ, नित्याबाबू की बुढ़भस का कोई कहाँ तक साथ दे ?

—तुम इसे बुढ़भस कहते हो ? अरे, यह तो साफ बदनीयत है भाई !

—नित्याबाबू दुनिया-भर को धोखे में डाल सकते हैं, मगर हमारे दुखमोचन भइया पर उनका जाल-फरेब नहीं चलेगा, माया !

—यह तो मैं खूब अच्छी तरह समझ रही हूँ, कपिल !

सुग्गी बूआ ने रसोईवाली झोंपड़ी से पुकारा तो माया उधर चली गई।

कहावत है, जले गाँव पर सूरज भी जलता है। दोपहरी अभी हुई नहीं थी, लेकिन धूप कई गुना तेज लग रही थी। हवा चलने पर राख-मिली धूल की होली इन दिनों यहाँ कंकाल का श्रृंगार-जैसी लगती थी। उसके लिए लोगों के मुँह से गालियाँ ही निकलतीं !

कुछ देर बाद रक्षा-समितिवाले जवान और स्वयंसेवक खाना खाने आए। पुरइन के पत्ते पर मोटे चावल का भात, खेसारी की दाल, आलू का भुरता, इमली की चटनी...तीस-तीस की दो कतारों में बैठकर उन्होंने खाना खाया, डकार लेते हुए पत्तलें समेट लीं और उठ गए।

दुखमोचन ने अपने हाथों से एक-एक सुपारी का टुकड़ा सबको दिया और हुलसी आँखों से एक-एक नज़र देख भी लिया।

देवी मंदिर से दक्षिण पोखर था। पोखर के दक्षिणी मुहार पर कलमी आमों का घना बाग था। बाग के किनारे-किनारे ऊँचे बाड़े थे, जिन पर तरुण सीसम की चौकोर पाँतें लहरा रही थीं। लगता था कि नीलिमा के चारों तरफ हरियाली पाढ़ बनकर जमी हुई है।

यह पोखर और बाग नित्याबाबू की जायदाद थे। सहसौला बाजारवाली कच्ची सड़क इस पोखर और बाग को छूती हुई दक्षिण की ओर निकल गई थी। गरमियों के छायार्थी पथिक बाग के अंदर घड़ी-आधी घड़ी सुस्ता लेते थे।

खाना खाकर घंटा-आधा घंटा स्वयंसेवकों का भी आराम कर लेने का दस्तूर था, आज भी वही हुआ।

दुखमोचन थोड़ी देर सुग्गी बूआ, माया और कपिल आदि से बातें करते रहे। फिर खाना खाने के लिए घर आ गए। आजकल गाँव का नक्शा, स्केल और जरीब हमेशा साथ रहते थे। मामी ने देखते ही कहा—बबुअन, तुम तो अमीन हो गए ! आठों पहर नक्शा-जरीब ढोने की क्या जरूरत आ पड़ी है, समझ नहीं पाती हूँ मैं !...

सामने खाना आ चुका था। भूख कड़ाके की लगी थी। जल्दी-जल्दी चार-छह कौर भात खाकर दुखमोचन ने कहा—दिन भर मेरे साथ कभी घूम आओ तो सारी बात समझ में आ जाएगी, मामी।...

—लीलाधर मामा खा चुके थे ?...आज उन्हें साथ ले जाऊँगा...अब वही तुम्हें नक्शा और जरीब का महातम बतलाएँगे आकर !...

दुखमोचन इतमीनान से खाना खाते रहे और मामी पास बैठकर पंखी झलती रहीं। चुप थीं कि बबुअन को भी बोलना पड़ेगा और खाना खाने में देर होगी, तो पीछे कहीं नाराज न हो जाएँ...

सामने आकर वही काला कुत्ता बैठ गया, करिया। गरदन से नीचे आधी पीठ पर उसके बाल झुलस गए थे।

खाना करीब-करीब खत्म हो चुका था। मामी दही ले आईं, ऊपर से मुट्ठी-भर भात और। दुखमोचन की नजर बार-बार कुत्ते की तरफ जा रही थी। मामी ने कहा—रोज कपूर और रेंडी का तेल इसकी पीठ पर मलती हूँ, मगर बाल जम नहीं रहे हैं, बबुअन ! आग लगने के तीन दिन बाद राख की ढेरी पर कलमुँहा पीठ खुजलाने गया था...अंदर आग थी, बाल झुलस गए।

डकार लेते हुए दुखमोचन ने पूछा—किसने बतलाया ?

—चरवाहे ने।

—मुझे तो कुछ और ही शक होता है...आवारा छोकरों ने आगवाली गर्म राख की ढेरी पर बेचारे को पटक दिया होगा...लेकिन तुम घबराओ नहीं, चार-छह महीने में बाल उग आएँगे।

आँचल फैलाकर मामी ने ऊपर सूरज की ओर देखा और प्रार्थना के विगलित स्वर में बोलीं—दुहाई दीनानाथ दिनकर की ! करिया की पीठ पर बाल जरूर उगा देना दयानिधान ! छठ की अरघ के अवसर पर प्रतिवर्ष मैं आपको इस कुत्ते की तरफ से पकवानों की एक डोली नवेद चढ़ाऊँगी, हे सूर्य भगवान् !

दुखमोचन को हँसी तो आई, लेकिन उसे उन्होंने होंठों के अंदर ही घोट लिया। कुत्ते के प्रति करुणा के जो भाव मामी के हृदय में हिलोरें ले रहे थे, उनका खयाल आते ही दुखमोचन के चेहरे पर संजीदगी छा गई। दिल ने कहा—अपनी इस अनोखी मामी पर तुझे अपना सर्वस्व निछावर कर देना चाहिए, दुखमोचन !

खाना खा ही चुके थे। उठकर हाथ-मुँह धो आए। अपर्णा ने पान लगाकर दिया। जाते-जाते सचमुच ही लीलाधर को साथ लेते गए, तो यह मामी को अच्छा ही लगा।

पिछले दो दिनों से दुसाधों और जुलाहों के पुरवे तैयार हो रहे थे। दस-दस स्वयंसेवकों के छह जत्थे अलग-अलग काम कर रहे थे। दो जत्थे ब्राह्मणों और कायस्थों के घर तैयार कर रहे थे, बाकी चार जत्थे गरीब किसानों—खेत मजदूरोंवाली बहुसंख्यक जनता के मुहल्लों में मुस्तैद थे।

पहले बस्ती का कोई क्रम नहीं था। घर-पर-घर, मकान-पर-मकान। न रास्ते का ठिकाना, न नाली-मोरी का निकास। एक का दालान, दूसरे का पिछवाड़ा, तीसरे का बथान, चौथे का बाड़ा...सभी आमने-सामने हुआ करते थे। जिसको जैसा सुभीता नजर आया, अपनी छप्पर-छानी डालता गया और ओलती-पलानी फैलाता गया।

दुखमोचन कई रोज तक सोचते रहे। सामने बस्ती का पुराना और बेडौल नक्शा था। बाढ़ का पानी हटने पर कछारों में चिकनी या बालूवाली पाँक की जो परतें फैली रह जाती हैं, लकीरों के ऐसे ही कुछ बेतरतीब नक्शे उन पर भी उभर आते हैं...लेकिन सदियों पुरानी अपनी निवास-भूमि के नक्शे में फेर-फार गाँव का भला कौन बाशिंदा कबूल करेगा ? दूसरों को तो छोड़ दीजिए, खुद अपने भाई सुखदेव पंडित की नब्ज डूबने

लगेगी...नई बस्ती का नया ढाँचा नई जमीन पर ही तैयार होगा। यहाँ नवनिर्माण नहीं, पुनर्निर्माण करना है। पुराने नक्शे में मामूली हेर-फेर ही संभव होगा...

फिर भी निकास के रास्ते, गलियों और मोरियों के बारे में दुखमोचन बराबर मुस्तैद रहे। बहुत सारी जगहों पर लोगों ने रास्ते की जमीन हड़प ली थी और अब अपनी नकली सीमा पर अड़ जाते थे। ऐसे लोगों को कदम-कदम पर नक्शा फैलाकर और जरीब से जमीन नाप-नापकर समझाना पड़ता था।

हरखू धान की फसल के दिनों में दो महीने के लिए घर आया था; माघ की पूरनमासी के अगले रोज ही फारबिसगंज लौट गया था। छोटे-छोटे दो घर थे, बकरी और बाछी के लिए अलग एक पलानी थी। कायदे के मुताबिक फिलहाल एक घर तैयार कर देना था। दोपहर के बाद लौटने पर एक जत्था हरखू की माँ से बताकर कामों में भिड़ गया।

लीलाधर को साथ लिए हुए दुखमोचन आए। पीछे-पीछे मास्टर टेकनाथ भी आ पहुँचा।

दुखमोचन ने नक्शा फैलाकर और जरीब से जमीन नापकर देखा। रास्ता ठीक अपनी जगह पर निकल आया। खुशी से चेहरा खिल उठा।

मैली साड़ी का जो हिस्सा माथे को ढके हुए था, उसे नीचे नाक तक खींचकर हरखू की घरवाली आगे बढ़ आई, झुलसे धुआँखे कुठले की ओट लेकर खड़ी हो गई। पास ही दस-ग्यारह साल की साँवली लड़की थी। लड़की के ही माध्यम से फुसफुसाकर बोली—हमारी ही भूल-चूक से आग भड़की और समूचा गाँव जलकर खाक हो गया मालिक ! हम तो मुँह दिखाने लायक नहीं रहे, हुजूर !...

आगे एक शब्द भी नहीं निकला, लेकिन आड़ रहने पर भी सुननेवाला समझ गया कि कहनेवाली की आँखें डबडबा आई हैं और होंठ परिताप का आवेग पचा नहीं पा रहे हैं, बुरी तरह फड़क रहे हैं...क्षण-भर के लिए दुखमोचन स्तंभित रह गए। बातचीत की सुविधा के लिए उन्होंने छोकरी से नाम पूछा तो शरमाकर वह बोली—टुनिया।

दुखमोचन बोले—सुनती हो टुनिया की अम्मा, इस गाँव में आग यह पहली ही बार नहीं लगी थी। कुछ कसूर था मौसम का, कुछ पछिया हवा का, कुछ फूस का, कुछ तुम्हारा और कुछ हमारा...इसमें किसी एक का कसूर नहीं था, टुनिया की अम्मा ! होनी थी सो होकर रही, अब नाहक पछता रही हो !...हरखू ने इधर रुपए-उपए कुछ भेजे हैं कि नहीं ?

टुनिया की माँ का सिर 'हाँ' की मुद्रा में हिला, तो दुखमोचन कहने लगे—अभी तो हर परिवार के लिए एक-एक घर ही तैयार करवा रहे हैं। सभी को जल्दी थी, बाल-बच्चे खुले आसमान के नीचे आखिर कब तक धूप-ओस झेलते रहते ? पीछे और भी मदद मिलेगी, टुनिया की अम्मा ! दवा-दारू की जरूरत आ पड़े तो टुनिया को मेरे पास भेजना...

हरखू की औरत बीच में माथा हिलाती रही।

लीलाधर स्वयंसेवकों के लिए सुरती तैयार कर रहे थे। मास्टर टेकनाथ गड़े हुए खंभों के सिरे पर डोरी तानकर उसके समानांतर की जाँच कर रहा था। दुखमोचन की बात खत्म हुई, तो टप्-से बोला—बुढ़िया नहीं दिखाई पड़ी...आग लगाकर जमालो दूर खड़ी !

सभी हँसने लगे, लेकिन दुखमोचन का चेहरा गंभीर रहा। हँसी का फव्वारा थमा, तो उन्होंने टेकनाथ की तरफ हाथ बढ़ाकर कहा—जीभ को काबू में रखना सीखो, मास्टर !

सभी चुप थे। मास्टर की निगाहें नीचे की ओर थीं।

थोड़ी देर बाद वह आहिस्ता-से बोला—नित्याबाबू ने तुम्हें आज शाम को बुलाया है, दुखमोचन !

—फुरसत मिली तो जाऊँगा—आरी चलाते हुए दुखमोचन ने कहा। ठट्टर खड़ी की जा चुकी थी, वह उसमें एक खिड़की निकाल रहे थे। इस्पात की बनी हुई छोटी-सी वह आरी, बाँस की बातियों से तैयार की गई ठट्टर को सर्र-सर्र काटती जा रही थी।

लीलाधर लोगों को नर्मदा-किनारे के अपने तजुरबे सुना रहे थे। दुखमोचन ने कहा—मामा, आप तो बहुत घूमे-फिरे हैं, पढ़े-लिखे भी काफी हैं ! हमारे बहादुरों को रोज इसी तरह कुछ-कुछ सुनाया कीजिए।

—हाँ मामा, मैं भी सुना करूँगा, टेकनाथ ने बरेरी छीलते हुए कहा।

इस प्रकार हथरस और बतरस दोनों का योग पाकर शाम तक हरखू का एक घर खड़ा हो गया।

तेरह

फसल इस बार रबी की अच्छी हुई थी और आम भी खूब फरे थे। गाँव के अंदर आमों के जितने भी पेड़ थे, टिकोलों के साथ-साथ उनके पत्ते और टहनियाँ तक झुलस गई थीं। लेकिन अमराइयाँ और कलम-बाग गाँव के बाहर थे। उन तक आँच नहीं पहुँच पाई, वे बच गए थे।

मध्यवर्ग और ऊपरी तबके के परिवारों के लिए आमों की फसल कोई मामूली फसल नहीं हुआ करती। खूब फरे हों और आँधी-पानी से बरबाद न हो गए हों तो आमों का दो-ढाई महीने का यह मौसम साल-भर की तंदुरुस्ती बना लेने का अचूक अरसा होता है।

जेठ की पूर्णिमा के पाँच-सात रोज बाकी थे। बंबइया और रोहिणियाँ आम पकने-टपकने लगे थे। लगता था कि समूचा गाँव बागों और अमराइयों में आ डटा है...गीत, खिलखिलाहट, ठहाके, शोर-पुकार, बातचीत, बंदरों को खदेड़ने की ललकारें और बीच-बीच में हवा की हलकी सिहकी से पके आमों का टपकना...और इन विलक्षण

ध्वनियों की पृष्ठभूमि के तौर पर झींगुरों की झंकार—अविराम और एकरस।

दुखमोचन की यह अमराई नई नहीं थी, खानदान की पुरानी अमराई थी। मोटे-पतले पचास-साठ पेड़ थे। किनारे-किनारे जामुन और महुआ की कतार थी। इर्द-गिर्द वेणीमाधव, मधुकांत, राजकुमार आदि की अमराइयाँ थीं। ज़रा हटकर नित्याबाबू और चौधरी लोगों के अमराइयों के टोक थे।

सुखदेव ने वैशाख के आरंभ में ही मचान खड़ा कर लिया था। कभी खुद, कभी लीलाधर और कभी जोगेंद्र के साथ अपर्णा अमराई अगोरते थे। दुखमोचन को इन कामों के लिए कतई फुरसत नहीं थी।

दिन का खाना दस बजे के करीब ही खाकर आज लीलाधर अमराई के अंदर आए और टपके हुए तीनों आम जाबी में लेकर जोगी वापस गया। लीलाधर पढ़ने को पुराने अखबार और मैथिली का एक गल्पसंग्रह साथ लाए थे। सात-आठ वर्षों का लंबा प्रवासी जीवन बिताकर लौटे थे, अब मिथिला की अपनी यह भूमि बेहद प्यारी लग रही थी। यह देस-कोस, यह माटी-पानी, पहली वर्षा के बाद धानों के ये अंकुर, आमों से लदी ये अमराइयाँ, घौदों में लटके पकने को आतुर जामुन, गुलाबी फल-भार से विनम्र लीची की तुनुक टहनियाँ, श्याम-सलिल पोखर, ग्रीष्म की संजीदा और बरसात की बेहूदी नदियाँ नेह-छोह की सजीव छड़ी-सी भाभी...अमराई की घनी छाँह...

बाहर की कड़ी धूप थी, मगर अमराई के अंदर तो मानो समूचे संसार की ठंडक सिमट गई थी।

लीलाधर मचान पर लेटे-लेटे देर तक त्रिकाल-विवेचन करते रहे। बीच-बीच में भाभी आकर अंतश्चक्षु के सामने खड़ी हो जाती थीं।

काफी देर बाद उन्हें करवट बदल लेने की आवश्यकता महसूस हुई तो बदन के साथ-साथ विचार ने भी पासा पलटा। अपने और भाभी के बारे में लीलाधर ने नए सिरे से सोचना शुरू किया। संकल्पों का उदय हुआ तो विकल्प अब डूबने लगे। कुछ देर बाद वह उठ बैठे और जप की अव्यक्त उच्चारणवाली शैली में अपने-आप कहने लगे—भाभी, भविष्य में कभी मैं तुम्हारे आदेशों की अवहेलना नहीं करूँगा। छोड़कर कभी भागूँगा नहीं, आजीवन साथ निभाऊँगा...

कि, कहीं आम टपका !

लीलाधर ने इसे अपनी इष्टदेवता भगवती उग्रतारा की तरफ से अनुकूल संकेत समझा। दोनों हाथ जोड़कर माथा झुका लिया और तीन बार देवी को प्रणाम किया। फिर मचान से उतरकर टपके हुए आम की टोह में टहलने लगे।

मोटी जड़ोंवाले एक भारी पेड़ की ओट में नन्ही घासों पर लाल मुँहवाला वह पीला आम पड़ा था। नजर पड़ी तो प्रसन्न होकर लीलाधर उधर लपके। उठाने को झुके ही थे कि ऊँची आवाज कानों से टकराई—मैं देख रहा हूँ, मामा ! अजी, इसे मेरे लिए छोड़ दिया होता...

अचकचाकर लीलाधर ने सिर उठाया। देखा तो दुखमोचन अमराई की सीमा के

अंदर आ चुके थे।

—आओ ! आओ ! आओ !—लीलाधर हुलसकर बोले और आमवाला हाथ आगे बढ़ा दिया—इस पर तुम्हारा ही हक है, बबुअन ! छोटे हो न तुम !

सामने बढ़ आए हाथ तक अपनी गरदन लंबी करके दुखमोचन ने आम को सूँघ-भर लिया, हाथ में लेने की कोशिश नहीं की। कई बार सूँघा। तृप्ति से चेहरा चमकने लगा। थोड़ी देर बाद कहा—कैसे यह भूमि छोड़कर इतने वर्षों तक आप बाहर रहे, मामा ?

—बुरे ग्रहों के फेर में पड़कर।—लीलाधर धीरे-से बोले।

--अपना कसूर नहीं था ?

—हाँ, बुद्धि भ्रष्ट हो गई थी।

—नहीं, चेतना की चाँदनी पर संशय का कुहरा छा गया था...अच्छा एक काम में लगाना चाहता हूँ आपको, मामा...मामी की भी राय है...कन्या-पाठशाला बड़ी बुरी हालत में है, उसकी आवश्यकता का भार आपको सँभालना होगा।

लीलाधर का माथा भारी हो उठा। उन्होंने कातर नेत्रों से दुखमोचन की तरफ देखा। गंभीर हो कहा—आज तक जीवन में कहीं कोई जिम्मेदारी मैंने नहीं उठाई। हमेशा भागता रहा हूँ, कंधे डालता रहा हूँ हमेशा ! अब यह तुम हो कि अपनी क्षमता के प्रति खोई हुई आस्था मेरे अंदर फिर वापस लौट आई है...

गला भर आया, आगे एक अक्षर भी मुँह से नहीं निकला।

दुखमोचन ने देखा, लीलाधर की आँखें सजल हो आई हैं। उनके कंधे पर अपनी हथेली के आश्वासन का स्निग्ध स्पर्श देते-देते वह बोले—डाकखाने में मामी के ढाई हजार रुपए जमा हैं, उन्होंने निश्चय किया है कि दो हजार कन्या-पाठशाला को दे देंगी। माया ने महज दस रुपए मासिक वेतन पर पाँच वर्ष तक अध्यापिका बने रहने का व्रत लिया है। मकान नए सिरे से हमने बनवा ही दिया है। आप-जैसा सुघर-समझदार और अनुभवी आदमी संस्था का अधिष्ठाता होगा तो न रकम का टोटा पड़ेगा, न कार्यकर्ताओं की कमी होगी...बस, यह भार आपको उठाना ही है, मामा !

दुखमोचन ने उलटे बड़े भाई की गरिमा के अंदाज में लीलाधर की पीठ थपथपाई और चुमकारा।

लीलाधर ने अँगोछे से नाक-आँख पोंछी और खँखारकर गला साफ किया, फिर पूछा—थोड़ी देर बैठोगे नहीं, बबुअन ?

—नहीं मामा, अभी नहीं बैठूँगा। घर जाकर खा-भर लेना है। फिर कामों में जुट जाना है। अगले पाँच-सात रोज यही हाल रहेगा। कई गाँवों की खाक छानकर आ रहा हूँ, मामा !

दुखमोचन मुस्कुराए तो नाक की नोक पर तिल का निशान निखर उठा। मुस्कुराते-मुस्कुराते जाने लगे तो लीलाधर ने आम थमाते हुए कहा—टुनू को देना, परिवार में सबसे छोटी उम्र उसी की है न !

खाना खाकर दुखमोचन फौरन निकले।

वेणीमाधव का दालान तैयार हो चुका था। वहीं दोपहर के बाद गाँववालों की जुटान थी। अग्निकांड के बाद सहायता के कामों का और जमा-खर्च आदि का लेखा-जोखा लोगों के सामने रखना था। रजिस्टर, छोटी कॉपियाँ और मामूली कागज-पत्तर लेकर कपिल पहले ही पहुँच गया था।

दुखमोचन आए तो कपिल ने रजिस्टर खोला।

कोई भी ऐसा टोला-मुहल्ला नहीं था जिसका प्रतिनिधि गैरहाजिर हो। जातियों, वर्गों और प्रमुख परिवारों का भी प्रतिनिधित्व मौजूद था। कुछ-एक दिन पहले जमकर बारिश हुई थी। खेत जाग गए थे। बहुसंख्यक किसान और खेत-मजदूर मीटिंग में नहीं आ सकते थे। दुखमोचन पर उनकी अपार आस्था थी, मीटिंग के परिणामों की तरफ से इसलिए वे बेफिकर थे।

वेणीमाधव के हाथ में छोटा सरौता था। वह बारीकी से सुपारी कतर रहा था। नीचे दरी पर पड़े बटुए की नफासत लोगों का ध्यान रह-रह अपनी तरफ खींच लेती थी।

वेणीमाधव की हथेली पर से सुपारी का चुटकी-भर कतरा उठाकर दुखमोचन ने मुँह के हवाले किया और निगाहें घुमाकर जन-समुदाय के रुख का अंदाज लिया। वही रहीम, वही लतीफ, वही बौधू चाचा। वही राजकुमार और रमाकांत, वही परमेसर और सनीचर और गोनौड़—मधुकांत, रामसागर, टेकनाथ, जयमाधव वगैरह नजदीक ही बैठे थे—

और तब, एक बार दुखमोचन की दृष्टि नए सिरे से आबाद हो रही बस्ती के अधूरे ढाँचों की क्षणिक परिक्रमा कर आई।

बैठे-बैठे ही वह कहने लगे—भाइयो, घर तैयार करने की बहुत सारी सामग्री के अलावा साढ़े-सात हजार की नकद रकम अब तक हमें सहायता के तौर पर मिल चुकी है। हर परिवार के लिए एक-एक घर जैसे-तैसे तैयार कर दिया गया। बीज के दाने बुरी तरह झुलस गए थे। हमने तीन हजार की रकम लगाकर दो सौ मन बीज के धान खरीद लिए हैं। सौ मन बीज खरीफ और रबी की फसलों का अभी लेना है, पंद्रह सौ के लगभग इसमें भी लग जाएँगे। पाँच हजार रुपए पुनर्वास-विभाग की ओर से मिलनेवाले हैं। आठ हजार की यह रकम घर को खपरैल का बनाने में खर्च हो, मैं तो यही चाहता हूँ...आपकी क्या राय है ?

थोड़ी देर तक चुप्पी छाई रही, फिर फुसफुसाहट के मिले-जुले दबे स्वर उठने लगे।

दुखमोचन ने टेकनाथ की तरफ देखकर कहा—मास्टर, तुम्हारी क्या राय है ?

—खपड़ों की तैयारी में भारी झंझट होगी—टेकनाथ सुरती थूककर बोला—बरसात सिर पर है, अभी तो होगा नहीं। होगा आसिन-कार्तिक के बाद...पास-पड़ोस के गाँव से बीसों कुम्हार बुलाने होंगे, हजारों मन बढ़िया मिट्टी चाहिए, फिर खपरा और नरिया के पचासों आवा लगाओ, सैकड़ों मन कंडे और सूखी लकड़ियाँ जुटाओ...भारी झमेला

है, दुखमोचन !

टेकनाथ की यह दलील सुनकर दुखमोचन भभाकर हँस पड़े। कहा—अपने-आप में हमारी यह जिंदगी ही क्या कोई मामूली झमेला है, मास्टर ? झमेले की भी तो तुमने खूब कही ! कैसा भी झंझट क्यों न हो, हर परिवार के पास एक-एक घर खपरैल से छवाया हुआ मौजूद रहेगा तो आग लगने पर इस तरह का लंका-कांड फिर कभी नहीं होगा। घरों का फूस से अच्छी तरह छवाना ही क्या कुछ कम खरचीला पड़ता है ?

—तो खपरैल ही क्यों ? छतें पक्की कर दो न सबकी !

—वह भी होगा, मास्टर ! आ रहा है जमाना—फिलहाल इतना तो हो लेने दो !

टेकनाथ तिनके से दाँतों के खोडर खोदने लगा और जनता की जीभों को हिलने का अवसर मिला। आपस में ही बातें होने लगीं। बौधू चाचा ने लतीफ से पूछा कि खपरैल होने पर फूसवाली छप्परों का क्या होगा तो आसपास कई लोग जोर से हँस पड़े। सनीचर बोला कि कई खेतिहरों को हल बनाने की लकड़ी अब तक नहीं मिली। सहायता-कार्यों के प्रमुख व्यवस्थापक की हैसियत से दुखमोचन ने इस भूल के लिए लोगों से क्षमा माँगी और वचनबद्ध हुए कि चार रोज के अंदर ही उन खेतिहरों को बने-बनाए हल मिल जाएँगे।

इसके बाद कपिल कुछ देर तक ब्योरेवार लेखा-जोखा सुनाता रहा और दस-बीस आदमी कान लगाकर सुनते रहे। बाकी लोग दो-दो, तीन-तीन या चार-छः की अलग-अलग संगतों में बँटकर घर-गिरस्ती की बातों में लग गए। फिर आहिस्ता-आहिस्ता उठ-उठकर वे जाने भी लगे।

दुखमोचन ढाई-तीन घंटे तक वेणीमाधव के दालान पर जमे रहे। जयमाधव ने बीच में तकिया ला दिया था। वेणीमाधव की पत्नी ने पान के बीड़े लगाकर भेजे थे।

कपिल कागज-पत्तर सँभालकर जा चुका था। दुखमोचन ने देखा मास्टर टेकनाथ हटने का नाम नहीं ले रहा है और चेहरा भी काफी उदास है बेचारे का।

नरमी से पूछा—क्या बात है, मास्टर ? एकाएक यह उदासी क्यों छा गई चेहरे पर ?

—क्या बताऊँ, दुखमोचन !—रुक-रुककर टेकनाथ बोला—कल शाम को मेरी घरवाली का पड़ोसिन से किसी बात पर झगड़ा हुआ...

—अजी, यह सब तो चलता ही रहता है !—वेणीमाधव बीच में ही टपक पड़ा—घरवाली की बातें घर तक ही रहने दो, मास्टर !

दुखमोचन ने वेणीमाधव को डाँटा—पूरा कहने भी तो दो !...हाँ मास्टर, फिर क्या हुआ ?

—रात का खाना बच गया। चलो, अच्छा हुआ !—वेणीमाधव से नहीं रहा गया। वह हास-परिहास के मूड में था।

टेकनाथ का चेहरा और भी फीका पड़ गया। दुखमोचन को वेणीमाधव की बचकानी रुझान पर अंदर-ही-अंदर भारी क्षोभ हुआ। भौंहें तन गईं और आँखों के कोए

फैल गए।

दुखमोचन की क्षुब्ध मुखमुद्रा ने वेणीमाधव को अपनी भूल फौरन महसूस करा दी, आगे वह गंभीर हो गया।

टेकनाथ ने नजर घुमाकर इधर-उधर देखा और कहने लगा—पड़ोसियों और पड़ोसिनों में आपस के अदना झगड़े तो आए-दिन होते ही रहते हैं, मगर कल का मामला कुछ और था, दुखमोचन !...पड़ोसिन ने मेरी घरवाली से कहा, तेरा घरवाला बैल को भूनकर खा गया और डकार तक नहीं ली...देखती हूँ, अब कौन तुम लोगों का छुआ पानी पीता है...आखिर में 'कसाई की राँड' कहकर पड़ोसिन ने तीन बार थूक दिया। दुखमोचन, सचमुच रात का खाना वैसे ही पड़ा रहा। न मन्नो की अम्मा से खाया गया न मुझसे खाया गया...

टेकनाथ चुप हुआ तो लंबी उसाँस छूटी।

थोड़ी देर तक सभी मौन थे, दालान के बाहर जेठ की ढलती धूप अब भी तेज थी, लेकिन पुरवैया ने उसकी प्रखरता को पूरी तरह पछाड़ दिया था।

दुखमोचन की आत्मा बराबर यही कहती रहती थी कि बैल जब अपने-आप झुलसकर ढेर हो गया तो इसमें टेकनाथ का क्या कसूर था ! लेकिन सामाजिक समाधान के लिए यह आवश्यक था कि समूचा गाँव टेकनाथ को निर्दोष मान ले। बेहद व्यस्त रहने के कारण दुखमोचन बैल के जल मरने की इस बात पर तत्काल उचित ध्यान नहीं दे सके थे। उधर टेकनाथ दुखमोचन से अपने निर्दोष होने का आश्वासन पा ही चुका था, बेफिक्र होकर घर-गिरस्ती के कामों में लगा रहा। लेकिन पास-पड़ोस के लोगों में इस मामले को लेकर खुसर-फुसर चलती रही...सीधे सामने तो पहले किसी ने कुछ कहा नहीं, पड़ोसिन के माध्यम से कल शाम को यह पहला ही विस्फोट हुआ था।

दालान की झुलसी दीवार पर हाल में चिकनी मिट्टी की पोची पड़ी थी। लेखा-जोखा के बाद दुखन सिर के नीचे तकिया लगाकर लेट गए थे, किंतु अब उठकर बैठे रहे। पीठ दीवार से टिकी हुई थी।

काफी देर तक गंभीरता मौन से लिपटी रही।

फिर एकाएक दुखमोचन दीवार का सहारा छोड़कर सीधी मुद्रा में बैठे और टेकनाथ की तरफ देखकर बोले—तुम अभी जाओ मास्टर, शाम को मिलना।

—कहाँ मिलूँ, दुखमोचन ?

—मधुकांत के दालान पर।

टेकनाथ उठकर चला गया।

दुखमोचन और वेणीमाधव भी उठकर गाँव के दक्षिणी छोर पर पहुँचे।

खेती-गिरस्ती का मौसम आ जाने से पड़ोसी गाँवों के स्वयंसेवक और रक्षा-समितिवाले जवान पिछली अमावस के अगले रोज ही वापस जा चुके थे। शिविरवाली झोंपड़ियाँ सूनी पड़ी थीं क्योंकि सहायता का दफ्तर अब मधुकांत के दालान पर चला गया था।

वेणीमाधव ने कहा—इन झोंपड़ियों का क्या करोगे ?

दुखमोचन बोले—बौधू चाचा अपने पुरवे में एक चौपाल खड़ी करना चाहते हैं। छठे-छमाहे कोई रैदासी भगत आ जाता है तो चमार भाइयों की भारी जुटान होती है।- इन झोंपड़ियों का सामान एक चौपाल के लिए काफी होगा।

—तो बौधू चाचा से कह क्यों नहीं दिया ?

—भूल गया वेणीमाधव, तुम कह आना जाकर...दो-ही-एक दिन में उठा ले जाएँ !...अच्छा, तुमने अपने चाचा से टेकनाथ के मामले की चर्चा की थी ?

—की तो थी, लेकिन वह कुछ बोले नहीं थे, दुखमोचन ! और, दूसरी दफा मैंने कभी पूछा ही नहीं।

—मुझ पर तो बेहद खफा होंगे ! कि नहीं ?

—नहीं दुखमोचन, इधर काका ने कई बार तुम्हारे बारे में पूछा है...क्रोधित होने पर हमारे पंडित काका महाकाल-महारुद्र की तरह लगते हैं, लेकिन गुस्सा हटने पर उनका दिल मक्खन का लोंदा हो जाता है। अभी तुमने काका का एक ही रुख देखा है...

देवी-मंदिर से कुछ हटकर पश्चिम की तरफ ललित पंडित का कलमी आमों का छोटा-सा बगीचा था। यह उनकी खुद की रची हुई सृष्टि थी। लँगड़ा, किसुनभोग, बंबइया, कलकतिया, जर्दालू, शाह-पसंद, गुलाब-खास, सुकुल और सीपिया आमों के कलमी पौधे छाँट-छाँटकर जाने कहाँ-कहाँ से लाए थे ! पौधों की सेवा में रात-दिन एक कर दिया था। हाता बहुत बड़ा नहीं था, दस कट्ठा भीठ जमीन थी। चारों तरफ से सीसम-महुआ-खैर आदि पेड़ों की तरुण कतारें आमों को घेरकर खड़ी थीं। बाग के बीचोबीच पक्की ईंटों का छोटा-सा कुटीर था, पक्की जगतवाला एक कुआँ भी।

दोनों जने बातचीत करते-करते बाग के अंदर दाखिल हुए तो पंडितजी 'ब्रह्मवैवर्त-पुराण' का पारायण कर रहे थे।

दोनों ने पैर छूकर पंडितजी को प्रणाम किया। आशीर्वाद संकेत से ही मिला। अध्याय समाप्त करके उन्होंने हुलसकर दुखमोचन की तरफ देखा। क्षण-भर बाद पूछा—आम तो अभी पकने ही लगे हैं। इक्के-दुक्के टपकते होंगे, उनसे अभी बच्चे ही अपनी जीभ की खुजलाहट मिटाते होंगे। परसों एक आम बंबई की डाल में पका हुआ नजर आया, मैंने लग्गी से टहनी झुकाकर हाथों-हाथ तोड़ लिया। मौसम का पहला फल कल भगवान् का नैवेद्य हुआ। आज तीन आम तोड़े हैं और संयोग से तुम आ गए हो...बेटा ! अपनी सृष्टि के फल हैं, खिलाकर आत्मा को परितोष होगा।

काका चाकू से आम छीलते रहे। वेणीमाधव को दुखमोचन ने कोहनी से छूकर उकसाया, मतलब की बात पूछने के लिए। उसने आहिस्ता-से कहा—ताऊ, टेकनाथ के बारे में आपसे मैंने कुछ पूछा था। याद है ?

—हाँ, अच्छी तरह याद है, बच्चा!—ललित पंडित बोले—कमजोर, अपंग बैल खोल देने पर भी लौट आया और गली के कोने में अनदेखे झुलसकर मर गया तो इसमें टेकनाथ का क्या दोष ?

—मगर पड़ोसी तो उसे बैल का हत्यारा समझते हैं, ताऊजी ! एक-आध जगह इसकी चर्चा भी सुनने में आई है...बेचारा टेकनाथ चिंता के मारे सूखकर काँटा हो गया है।

पंडित ने कहा—पड़ोसी भी मूर्ख हैं और टेकनाथ भी मूर्ख है...

ललित पंडित का अनुकूल रुख पाकर दुखमोचन को खुशी हुई। भीतर की प्रसन्नता को दबाकर वह बोले—काका, परसों है संक्रांति। टेकनाथ सत्यनारायण भगवान् की पूजा करेंगे। आपको उस समय टेकनाथ के यहाँ उपस्थित रहना है और पान-प्रसाद ग्रहण करना है।

—अवश्य!—पंडितजी ने बिना किसी झिझक के कहा और कटोरा दुखमोचन को थमा दिया। छीले आम के लाल कतरे थे उसमें। वेणीमाधव अपना भतीजा था, उसे हाथ में ही थमा दिए गए।

आम खाकर, मुँह-हाथ धोकर दोनों चले तो ताऊ बाग के बाड़े तक उन्हें छोड़ने आए। अलग होते वक्त दुखमोचन की पीठ पर हाथ रखकर बोले—टेकनाथ से कह देना, हत्यावाली बात अपने मन से निकाल डाले...और ठाठ से सत्यनारायण भगवान् की पूजा करे, पुरोहिताई बल्कि मुझसे ही करवाए...

—कह दूँगा, काका !—दुखमोचन बाड़े से बाहर आ गए।

वेणीमाधव पीछे था। चलते-चलते कहा—अगर ताऊ उलटा रुख अख्तियार करते तो मामला टेढ़ा हो जाता।

पीछे घूमकर दुखमोचन ने वेणीमाधव को देख लिया। फिर जमी हुई आवाज में बोले—तो भी परसों टेकनाथ से मैं भगवान् की पूजा इसी तरह करवाता और इसी तरह समाज के दस आदमी मास्टर के हाथ से पान प्रसाद ग्रहण करते...पंडित काका की मुहर लग जाने से अब इतना तो हो गया कि पुराने विचार के लोगों का दिल भी टेकनाथ के प्रति साफ रहेगा। यों तुम देख ही चुके हो कि माया और कपिल की शादी करवाकर बुजुर्गों की दकियानूसी को हमने किस तरह दफना दिया...

दोनों बस्ती के भीतर आए। सूरज डूबने में थोड़ा ही विलंब था। नए-नए सादे-फीके घर जेठ की सादी संध्या को कई गुनी अधिक सादगी में डुबो देने के लिए मानो घड़ी-आधी घड़ी पहले से ही तैयार खड़े थे।

मामी से दो बातें करके दुखमोचन लहेरियासराय की ट्रेन पकड़ने के लिए स्टेशन की तरफ लपके। टेकनाथ से मिलने का काम वेणीमाधव को सौंपते गए।

लीलाधर रात को खाने बैठे। सामने बैठकर मामी पंखी से हवा करती रहीं। अपनी पसंद की नई बिजनी आर्डर देकर उन्होंने इधर बनवा ली थी।

अमराई में दुखमोचन से आज जो कुछ बातें हुई थीं, लीलाधर ने सब अपनी भाभी से बतला दीं तो वह बोलीं—बड़े भागे-भागे फिरते थे तुम, अब हमारे बबुअन का फंदा तोड़कर भागो तो समझूँ !

दबाई हुई मुसकान भाभी की आँखों में कई गुना ज्यादा चमक बनकर जगमगा

उठी, लालटेन की मद्धिम रोशनी भी देवर से इस तथ्य को छिपा नहीं पाई...लीलाधर खाते-खाते हँस पड़े। कौर चबाने में व्यस्त मसूड़ों और चालू गालों की कसरत हँसी का जोर भला कैसे सँभालती ! मुँह के कौर को जैसे-तैसे गले के नीचे धकेलकर कहा—खाली फंदा होता तो एक बात भी थी, मगर इसमें लासा लगा हुआ है, भाभी !

अबकी दोनों खुलकर मुस्कुराए। तरकारी ले आईं मामी उठकर। बैठने की अपनी मुद्रा ठीक करके कहा—बबुअन का अब एक ही काम जल्दी करने को रह गया है... झंडा झुलस गया तब से दालान का आँगन सूना लगता है। पंद्रह अगस्त के तो अभी ढाई-तीन महीने बाकी हैं। इसी पूर्णिमा के प्रातःकाल ध्वजा गाड़ने और झंडा फहराने का निश्चय किया है बबुअन ने। देखें, झंडा फहराने के लिए इस बार बाहर से कौन पधारते हैं !

लीलाधर ने डकार लेकर कहा—शुभंकर बाबू...

—हाँ, शायद वही पधारेंगे। बबुअन जिसको चाहेंगे, पकड़ लाएँगे।

हुआ भी यही।

दुखमोचन संक्रांति की दोपहर को लौटे। शाम को टेकनाथ ने सत्यनारायण भगवान् की पूजा की और लोगों को अपने हाथ से पान-प्रसाद दिए। सबने वहीं बैठकर उसे ग्रहण किया। ललित पंडित की मौजूदगी का हाल मालूम करके नित्याबाबू और त्रिजुगी चौधरी-जैसे पुराने लोग भी आ गए थे।

अगले दिन पूर्णिमा थी। तीन विधायक आ पहुँचे—शुभंकर बाबू, चतुरी ठाकुर और इंद्रशेखर सिंह। दारोगा, अंचलाधिकारी साहब, पिपरा बाजार के पाँच-सात नागरिक और पड़ोसी गाँव के पंच भी आ जुटे।

बौधू चाचा के पुरवे से ढोल-पिपही बजानेवाले भाई सवेरे-सवेरे आकर डट गए थे। समूचा गाँव इस झंडा-समारोह को अपना खास त्योहार समझ रहा था। छोकरे और छोकरियाँ गोल बाँधकर तमाशा देखने आए।

मौसम खेती का था। हल्की बूँदाबाँदी के बाद बादलों ने आसमान को खाली कर दिया तो खुशी के मारे लोगों के चेहरे दमकने लगे।

लम्बा-पतला हल्का हरा ताजा-चमकीला 'चाप' बाँस दालान से बीस कदम आगे गाड़ दिया गया। पिसे चावल की गाढ़ी घोल में हथेली डुबो-डुबोकर मामी ने ध्वज-दंड पर पाँच-सात पंचगुरा छाप दे डाली, फिर सिंदूर लगा दिया।

लोगों का खयाल था, दुखमोचन शुभंकर बाबू से या किन्हीं दूसरे विधायक से झंडा फहराने का अनुरोध करेंगे। लेकिन ध्वजा के नजदीक खड़े अभ्यागतों की अगवानी में अनुनय-विनय के चार शब्द कह लेने के बाद दुखमोचन ने हाथ उठाकर सफेद बालों और चुचके गालोंवाले एक अर्धनग्न गँवई बुजुर्ग की ओर संकेत किया और बोले—यह हमारे बौधू चाचा हैं, गाँव के सबसे बूढ़े। भाइयो, मेरी लालसा थी कि कभी बौधू चाचा को राष्ट्रीय पताका उत्तोलित करते हुए देखूँ...आप सभी ने मुझे अपना स्नेह दिया है, मुझमें अपनी आस्था प्रकट की है। आपके ही आशीर्वाद का नतीजा है कि मेरी वह

लालसा आज पूर्ण हो रही है...

दुखमोचन खुद ही आगे बढ़े और बौधू चाचा को ध्वजा के पास ले आए।

लोगों ने आश्चर्य से देखा, बूढ़ा खादी की नई चारगजी धोती पहने हुए है...

दुखमोचन ने उसे डोरी खींचकर झंडा फहराने के बारे में अच्छी तरह बता दिया...

ढोल बज रहा था, पिपही बज रही थी। लोगों की उत्सुक निगाहें ध्वजा के ऊपरी छोर पर जमी थीं कि बौधू चाचा ने खट-से डोरी खींच ली और अशोक-चक्र-शोभित तिरंगा आकाश में फहराने लगा।

जोरों से तालियाँ पीटी गईं तो ढोल-पिपही की आवाज भी तीव्र से तीव्रतर हो उठी।

इसके बाद कन्या-पाठशाला की तीन छात्राओं ने 'वंदे मातरम्' गाया, जिसकी कड़ियों को अधिकांश लोगों ने दोहराया।

विधायकों से दुखमोचन ने 'कुछ' कहने की प्रार्थना की तो तीनों पंद्रह मिनट तक बोले...कपिल ने अभ्यागतों को धन्यवाद देकर समारोह के अंत की घोषणा की।

कुंभीपाक

एक

आधा पूस गुज़र चुका था।

पिछले दो दिनों से सर्दी बेहद बढ़ गई थी। आसमान और धरती को कोहरा एक बनाए हुए था। बीच-बीच में बूँदाबाँदी भी होती रही। जाड़ा लोगों की हड्डी-हड्डी में समा गया था। दाँत बज उठते और मौसम को गालियाँ सुननी पड़तीं।

और यह मकान !

लगता था कि सूर्य की किरणों के लिए कोई आकर लक्ष्मण-रेखा खींच गया है। दुपहर के बाद वे सहम-सहमकर अंदर झाँकतीं। घड़ी-आधी घड़ी के लिए दरस दिखाकर लापरवाही में सिर के आँचल की तरह खिसकती जातीं, पीछे हटती जातीं—क्वाँर की कछार में नदी की लहरों की तरह।

चालीस प्राणी थे, किराएदार के छै परिवार।

सभी धूप के लिए तरसते थे।

मकान-मालिक को सभी कोसते थे।

सामने लेकिन कोई कुछ कहता नहीं था उससे। वह भारी हिसाबी था, बेजोड़ मिठबोला। मकान के अगले हिस्से में, सड़क के किनारे उसने दूकान के लायक तीन कमरे निकलवा लिए थे। एक में बुकसेलर, दूसरे में दर्ज़ी, तीसरे में प्रोविज़न स्टोर के प्रोप्राइटर के नाते वह खुद ही बैठता था। अंदरवाली खोलियों से किराए के तौर पर दो सौ, और दूकानों से नब्बे रुपए हर महीने आते थे।

उसका अपना परिवार ऊपर के तिनतल्ले पर धूप की गर्माहट के मज़े लूटता होता और पिछली खोलियों में बाकी 'प्रजा' उसको कोस रही होती।

मगर आज तो शिशिर की प्रकृति ने सभी के लिए साम्य योग उपस्थित कर दिया था :

कोहरा और बादल !

ठंड और गीलापन !

धुआँ और भाप।

सारा दिन यह हाल रहा और शाम होते ही बारिश टूट पड़ी।

ऊपरवाले कमरे में बच्चे ऊधम मचा रहे थे।

नीचे प्रतिभामा फुलके सेंक रही थी।

कि बिजली गुम हो गई...

बड़ा लड़का विभाकर टूटा छाता लेकर बाहरवाली दूकान से दो मोमबत्तियाँ ले आया तो माँ ने बेलनवाला हाथ उठाकर माचिस की ओर संकेत किया।

दीवारवाली आलमारी से माचिस लेकर विभाकर ने मोमबत्ती जला दी। दूसरी मोमबत्ती ऊपर के लिए थी।

रज़ाई में उलझकर छोटी बच्ची तख़्त के नीचे गिर गई और ज़ोर-ज़ोर से रोने लगी।

अप्पी और दामो खेल रहे थे, दोनों लपककर बच्ची को उठाने गए।

विभाकर ने मोममत्ती जलाई तो हवा का झोंका उसे लील गया। खस-खस-खस...तीन तीलियाँ बेकार गईं तो कंधे पर का छाता उलटकर सीढ़ियों पर लुढ़क चला—भट-भट-भट !

कि रोशनी आ गई।

कमरा जगमगा उठा, मगर बच्ची अप्पी की गोद में रोती रही।

छाता लेकर वापस आया विभाकर, उसे समेटकर बाहर खूँटी में लटका दिया। अंदर होते ही सामने दीवार पर पिता के फोटो की तरफ निगाहें गईं। क्षण-भर के लिए गौरव के अहसास से सीना तन गया...कितना नाम है मेरे पिता का !

"भइया," दामो ने कहा, "हेम चुप नहीं होती है !"

"ला, मुझे दे ! तू नीचे जा, खाना तैयार है !"

"लो, यह तुमसे थोड़े चुप होगी ?"

"ला भी तो !"

"अप्पी ने मेरी गोली चुरा ली है, भइया !"

विभाकर ने दामो की इस शिकायत पर कोई ध्यान नहीं दिया। वह बच्ची को चुप कराने लगा—"आ आ आ आ, ओ ओ ओ ओ, ई ई ई ई, आ गे हेम ! चूऽऽऽप..."

कंधे के सहारे सँभालकर लेने की वजह से नन्हीं जान को आराम मिला और रुलाई सानुनासिक स्वर की प्रलंबित मात्रा में बदल गई।

"अब सोएगी," नीचे से माँ ने कहा।

विभाकर कमरे में घूम-घूमकर बच्ची को चुपचुपाता रहा। दामो और अप्पी भीगते-भीगते नीचे चले गए।

सीढ़ियों पर साया नहीं था, न रोशनी थी। सीढ़ियाँ हमवार होतीं सो भी नहीं। बच्चे ही नहीं, सयाने भी गिरते-पड़ते थे। मकान-मालिक किराया-दोहन कला का आचार्य तो था ही, अपने को एक्ज़िक्यूटिव इंजीनियरों का नाना समझता था।

अप्पी को भूख लग गई थी। दिल सिंकते हुए गोल-गोल फुलकों में उलझ रहा था, नथनों में सेम-टमाटर-गाँठगोभी की तीमन महक-महक उठती थी। पिसी हुई सरसों और इमली का सौरभ मसाले को कई गुना अधिक स्वादिष्ट बना देते हैं, अपर्णा को

इस तरह की तीमन बेहद पसंद थी।

बेचारी के पैर चूक गए ठीक वहीं पर, जहाँ उत्तर से पूरब की ओर मुड़कर नीचे जाती थीं सीढ़ियाँ।

नंगी-खुरदरी ईंटों से टकराकर माथा फूट गया। ज़ोर की चीख निकली।

चूल्हे के पास से उठकर माँ दौड़ी, ऊपर से दौड़ा विभाकर।

वर्षा का वेग थम चुका था लेकिन बूँदाबाँदी जारी थी। अपर्णा को गोद में उठाकर प्रतिभामा ऊपर आ गई...लहू की लकीरें कनपटियों के नीचे आकर कंधों पर फ्रॉक को भिगो रही थीं। सख्त चोट ने लड़की को संज्ञाशून्य कर दिया था।

पड़ोस की स्त्रियाँ कमरे में इकट्ठी हो गईं।

विभाकर हकीम को बुलाने गया।

दामो छोटी बच्ची को सँभाले हुए था। इस तरह लोगों की भीड़ और उनका हल्ला-गुल्ला देख-सुनकर बच्ची पहले तो चकरा गई, बाद को उसकी नन्ही चेतना पर आतंक छा गया और वह पूरी ताकत लगाकर रो पड़ी।

प्रतिभामा अप्पी के माथे का लहू आँचल के खूँट से बार-बार पोंछती थी, लेकिन वह बंद नहीं हो रहा था।

पड़ोसवाली औरत का घरवाला बड़े हास्पिटल में कम्पाउंडर था। वह टिंचर का फाहा ले आई। दाई चटपट आलू पीस लाई।

उम्मी की माँ ने लहू पोंछकर घाव पर टिंचरवाला फाहा रख दिया तो अप्पी दर्द की टीस से तड़प उठी।

बाकी औरतें मकान-मालिक और कार्पोरेशन को कोस रही थीं।

हकीमजी आए तो औरतें हट गईं। प्रतिभामा उसी तरह बैठी रही।

देख-दूखकर दढ़ियल बोला, "घाव गहरा है लेकिन घबराने की बात नहीं। जाड़े का मौसम न होता तो अंदेशे की बात थी..."

फटी-फटी आँखों से हकीम का चेहरा देख रही थी, साँवली सूरत का लंबोतरा चेहरा और तरतीब से तराशी हुई खिचड़ी दाढ़ी। बड़ी-बड़ी आँखें और चौड़ी पेशानी पर चमकता हुआ घाव का गहरा निशान। सिर पर काश्मीरी टोपी थी, ऊनी और रोएँदार।...प्रतिभामा की निगाहें गड़ी थीं—ट्रेन में एक बार इसी से मिलता-जुलता चेहरा प्रतिभामा के कंधे के करीब था, बिलकुल करीब...ठीक यही आँखें, ठीक यही नाक...। भीड़ की वजह से वे दूसरे-तीसरे नहीं, पाँचवें बर्थ की सीटों के छोर पर ऊपरी बर्थ की मोटी चेन के सहारे खड़े-खड़े झूल रहे थे। पिछली लड़ाई का ज़माना था और इलाहाबाद-जंघई के दर्म्यान दौड़ रही थी उस वक्त वह ट्रेन, अपर इंडिया एक्सप्रेस और तब हिलती-डुलती ट्रेन के मुताबिक छँटी दाढ़ीवाले का वह हाथ भी हरकत में था। बाँह के नीचे बगल के जिस्म से बार-बार हथेली सट रही थी और सहज शील-संकोचवाला लाजवंती का सनातनी संस्कार प्रतिरोध के नाम पर बस घुटकर ही रह गया था और उधर विभाकर के पिताजी ऊपरी बर्थ की मोटी चेन के सहारे खड़े-खड़े झूल रहे थे...

"चलिए," हकीम उठकर खड़ा हुए और विभाकर से बोला, "साथ चलके मलहम ले आइए और खानेवाली दवा भी मिलेगी...अंदेशे की कोई बात नहीं...आप लोग इस मकान में शायद नए-नए आए हैं !"

"जी हाँ," विभाकर ने कहा, "चार-पाँच महीने हो रहे हैं मगर आपका नाम हम तक पहले ही पहुँच चुका था !"

बेटे की बात के समर्थन में माँ ने भी माथा हिला दिया। हकीम साहब के होंठ खुशी में फैल गए। दाँतों की चमक ने मुस्कान को ज़ाहिर कर दिया।

हकीम नीचे उतरा।

विभाकर पीछे-पीछे गया।

उम्मी की माँ आ डटी।

बगलवाली पड़ोसिन ने गर्दन बढ़ाकर हकीम की हिदायतों के बारे में जानना चाहा तो कंपाउंडर की बीवी ने नीचे से ही उसे सबकुछ बता दिया और आदत के अनुसार पूछ लिया, "समझीं भला ? कि नहीं समझीं ?"

"इत्ती-सी बात भला नहीं समझूँगी ?" दर्जा छै तक मिडिल स्कूल में पढ़ी पड़ोसिन तमककर बोली, "और मेरा तो भाई ही डाक्टर है...पौने चार सौ पाता है।"

पौने चार सौ की इस बात पर कम्पाउंडर की बीवी मुर्झा गई। केतली में चाय का पानी खौल रहा था, बस उसे यों ही उतारकर छोड़ दिया। लिहाफ को ऊपर गर्दन तक खींच लिया। पचीस की तनखा पानेवाला 'कम्पोटर बाबू' मुँगेरीलाल जाड़े की रातों में भी साढ़े आठ-नौ से पहले शायद ही कभी घर आते थे। घर आकर वह कपड़े बदलते थे यानी कमीज़-बंडी निकालकर खूँटियों पर लटका देते थे और दो रुपए दो आनेवाली मद्रासी लुंगी माथा झुकाकर माला की तरह गले में डाल लेते थे, तत्पश्चात् कमर तक लाकर बेचारी को नीचे छोड़ देते...निबटने जाएँगे और पाखाने में दस मिनट बैठकर इत्मीनान से बीड़ी धूकेंगे, इसी से लुंगी में नाभि के नीचे हल्की गाँठ देकर खड़ाऊँ डालते थे पैरों में। फिर गुनगुनाकर अस्पष्ट ध्वनि में गाना शुरू करते थे, "आ रे बदरा आ..." शंकर शैलेंद्र का यह गीत बाबू मुँगेरीलाल को बेहद प्रिय था...तो सूती पाजामा तह करके तकिया के नीचे दबाकर वह कमरे से निकलेंगे। निबटकर तैयार होंगे तो टाइमपीस की मिनटवाली सूई काफी आगे बढ़ चुकी होगी और दूसरे ब्याह की इस नवेली का कर्कश स्वर मुँगेरीलाल के सींकिया पैरों में फुर्ती भर देगा, चूल्हे के करीब जाकर वह खुद ही पीढ़ा खींचकर बैठ जाएँगे !

बूँदाबाँदी थम चुकी थी।

मलहम लगाते ही अपर्णा की आँखें मुँद गईं।

प्रतिभामा ने उसे गद्दे पर लिटा दिया।

छोटी बच्ची को भी नींद आ रही थी। उसे गोद में लेकर उसने विभाकर से कहा, "क्या पता यह नट्टिन सो ही जाएगी, तुम और दामो नीचे जाकर खाना उठा लाओ। स्टोरवाला रूम बंद करते आना...और हाँ, कटोरे में दूध होगा, लेते आना..."

दो

"लेमनजूस !"

"नहीं, मुझे बिस्कुट दीजिए !"

"और तुझे नहीं चाहिए बिस्कुट ? सुबह का वक्त है, लेमनजूस भी ले और बिस्कुट भी। आरारोट का बिस्कुट खाने से ताकत बढ़ती है बेटी !..."

तीन बिस्कुट और दो लेमनजूस थमाकर बुढ़ऊ ने दोनों बच्चों को वापस रवाना किया, दुअन्नी कैश बाक्स के हवाले हो चुकी थी।

सामने चाय का प्याला था जिसकी नाक गायब थी।

मुंशी मनबोधलाल मकान-मालिक ही नहीं थे, सफल दूकानदार भी थे। बच्चों को लुभानेवाली जितनी भी वस्तुएँ हो सकती हैं, सबका संग्रह था उनकी दूकान में। बीड़ी-सिगरेट, लेमनजूस-बिस्कुट से लेकर लोटा-बाल्टी, गंजी-कमीज़ तक...क्या नहीं था उनकी दूकान में ? लालटेन थी तो बिजली के बल्ब भी थे। कॉपी-पेंसिल थीं तो मैट्रिक के गेस-पेपर भी थे।

आखिरी बार प्याला उठाकर वह चाय की शेष बूँद तक सुड़क गए और तृप्तिपूर्वक सामने सड़क पर गुज़रनेवाले राहगीरों को देखते रहे।

मुसल्लहपुर हाट से लौटते हुए रिक्शे सब्ज़ियों के अधिकाधिक बोझों से लदे होने के कारण यों भी अपनी तरफ ध्यान खींच लेते थे और यही हाल था उन बंगाली बाबुओं का जो हाथ में झोला लटकाए हाट की दिशा में जा रहे होते, आगे की तरफ से धोती का निचला छोर सँभाले और बीड़ी टानते हुए मासांत के दिनों में उनका यह सब्ज़ी-अभियान देखते ही बनता था !

मुंशीजी ने एक परिचित रिक्शावाले को आवाज़ दी, "ए सुनते हो जी !"

मैली-नीली बुश्शर्ट और खाकी हाफ पैंट...साँवली सूरतवाले उस नौजवान ने ब्रेक लगाकर रिक्शा रोका, रुकते-रुकते भी पहिए दस-पाँच गज़ बढ़ ही गए।

उतरकर रिक्शावाला दूकान के करीब आया।

"लो," मुंशीजी ने बीड़ी का बंडल थमाया, "परसों ही आ गए थे, कहाँ गायब हो जाते हो तुम !"

गायब हो जाने की कोई कैफियत उसने नहीं दी, मुंशीजी लेकिन हितैषी बुज़ुर्ग की तरह मुस्कुराते रहे। जाने लगा तो बोले, "एक और न लेते जाओ ! खास जबलपुर का माल है, पटनिया माल भला इसका क्या मुकाबला करेगा ! दूँ न ?"

माथा हिलाकर नौजवान ने इनकार किया।

उधर सब्ज़ी के गट्ठरों से आकंठ ढकी हुई अधेड़ तरकारीवाली का गेहुँआँ चेहरा उतावली निगाहों से दूकान की ओर घूम रहा था, खैर, रिक्शावाले ने फुर्ती की और उसे कुछ कहने का मौका नहीं दिया।

मद्रासी लुंगी और गोलकट बनियान--बाबू मुँगेरीलाल कोयलेवाले की प्रतीक्षा में

खड़े थे। संपादकजी वाला 'आर्यावर्त' लेकर हॉकर अंदर घुसने ही जा रहा था कि कम्पाउंडर साहब ने हाथ बढ़ा दिया, "इधर लाओ न !"

अखबार देकर हॉकर ने अपनी साइकिल सँभाली।

इधर मुँगेरीलाल काग़ज में डूब गए।

"क्या हाल-समाचार है कम्पोटर बाबू ?" मकान-मालिक से नहीं रहा गया।

मुँगेरीलाल छठे पेज पर रेलवे का विज्ञापन देख रहे थे—प्लेटफार्म पर केले के छिलके डाल देने से कितनी बड़ी दुर्घटना हो गई ? पंडित सोहनलाल धड़ाम से गिरे और माथा फट गया...भारी भीड़...स्ट्रेचर...खिन्न मुद्रा में स्टेशन-मास्टर खड़ा है...

कम्पाउंडर ने अखबार के पन्नों से निगाहें नहीं हटाईं, विज्ञापन का आखिरी पैराग्राफ मन ही मन पढ़ता हुआ बोला, "अंबाला के पास इंजिन पटरी से उतर गया और आसाम में औरत के कोख से बकरी का बच्चा पैदा हुआ है और नेहरूजी ने कहा है कि भारत कई मामलों में सबसे आगे है..."

और मुँगेरीलाल आज का एक विशिष्ट समाचार मुंशी मनबोधलाल से छिपा रहे थे, यह बेईमानी उनके विवेक को खरोंचने लगी...विज्ञापन से तबीयत उचट गई, मन-मंदिर के कोने में वह विशिष्ट समाचार गूँजने लगा—"बड़े अस्पताल में दवाओं की चोरी !"..."हज़ारों का माल गायब"...डाक्टरों-कम्पाउंडरों-नर्सों-कर्मचारियों का भ्रष्टाचार पराकाष्ठा पर"..."स्वास्थ्य-विभाग के मंत्री अविलंब पद-त्याग करें "...

यों, छिलकेवाली विज्ञापन-सामग्री भी कंपाउंडर के दिल को छू गई थी क्योंकि सोनपुर के प्लेटफार्म पर उसके हाथों का फेंका हुआ छिलका एक घूँघटवाली नवेली के घुटनों को लहूलुहान कर चुका था। लेकिन, वह तो आठ-दस वर्ष पहले की बात थी न ? और, यह अस्पताल-कांड ! अरे बाप रे ! बिलकुल ताजा मामला था यह तो !...

अखबार तहियाकर बाबू मुँगेरीलाल मकान के अंदर आ गए और पुकारा, "विभाकर ! विभाकर ! ओ विभाकर !"

"जी, आया !" ऊपर की पीछेवाली खोली से आवाज़ आई और अगले ही क्षण चौदह-साला किशोर सीढ़ियों से उतरता दिखाई पड़ा।

अखबार लेकर और मन ही मन कंपाउंडर को कोसता हुआ विभाकर ऊपर अपने कमरे में वापस आया। उसे यह बात एकदम नागवार लगती है कि चालीस व्यक्तियों वाले इस उपनिवेश के अंदर खरीदकर अखबार पढ़नेवाला दूसरा कोई है ही नहीं ! कैसे हैं लोग ! अखबारों की चर्चा छिड़ने पर बोल उठते हैं, "हुँह, डेली ? हमारे दफ्तर में चौदह ठो दैनिक आता है ! सात ठो वीकली ! हम तो बस इत्मीनान से वहीं देखते रहते हैं...यहाँ तो हेड लाइन भर झाँक लेते हैं...विभाकरजी, आपके पिता संपादक हैं फिर भी दो ही चार ठो डेली पेपर देख पाते होंगे मगर हमारे दफ्तर में...ज़रा देख आइए चलकर !"

विभाकर को इन लोगों पर अंदर ही अंदर गुस्सा आता है। इनकी सारी डींग उसे कोरी बकवास प्रतीत होती है। इस छोटी उम्र में भी वह समाचार-पत्रों की अनिवार्यता

भली-भाँति महसूस करता था।

कोयलावाले की मोटी आवाज़ गूँज उठी, "ल्ले...कोइला ह...लेक्..."

मुँगेरीलाल फिर बाहर निकल आए।

महीने का आखिरी सप्ताह था, पाँच सेर से ज़्यादा लेने की गुंजायश थी नहीं। खुद ही वह ठेले पर झुक गए और पथरिया ईंधन के छोटे-छोटे हल्के डले उठा-उठाकर तराजूवाले पटरे पर डालने लगे।

कोयलावाला खुलकर हँसा और बोला, "घटिया माल नहीं रखता हूँ सरकार ! रुई की तरह फक-से आग पकड़ लेता है और एक बार सुलगा लीजिए फिर घंटों जलता रहेगा...हार्डिंज रोड, बेली रोड, कदमकुआँ, बोरिंग रोड...हमीं लोग सबतर कोयला पहुँचाते हैं मालिक !..."

"बड़े उस्ताद होते हो तुम लोग," मुँगेरीलाल ने हाथ से हाथ झाड़कर कहा, "ज़रा-सी निगाह ओट हुई कि कोयले के बदले काले पत्थरों से ही तुम हमारे किचन भर दोगे ! दिन में दस दफे चूल्हा रूठेगा तो घर की मलिकाइन सर फोड़ लेगी..."

इस पर उधर मुंशी मनबोधलाल को हँसी आ गई। प्राइमरी स्कूल का पड़ोसी लड़का बस्ता लटकाए पेन्सिल परख रहा था, दूसरी मुट्ठी के अंदर से चवन्नी झाँक रही थी। ललचाई नज़र से मुंशीजी ने मुट्ठी की तरफ कई बार देखा और अपने अबोध गाहक से कहा, "कापी नहीं लोगे ? अब की बड़ा उम्दा कागज़ है बबुआ...एक ठो ज़रूर ले लो।"

"नहीं, रहने दीजिए," लड़का बोला और पेन्सिल ले ली।

तब तक बाबू मुँगेरीलाल भी आ डटे।

"अभी आप मुस्कुरा क्यों रहे थे मुंशीजी ?"

"घर का मालिक कम्पोटर रहे और घर की मलिकाइन सर फोड़ लेगी !"

सर फोड़नेवाली बात सुनते ही कोयलावाला पास आ गया, बोला, "नहीं सरकार, हमारा कोयला खराब नहीं है। मलिकाइन को रत्ती-भर भी तकलीफ हो तो मेरे नाम पर आप कुकुर पोस लीजिएगा..."

मनबोधलाल मुस्कुराते रहे।

मुँगेरीलाल रुपए की रेज़गारी चाहते थे। एक हाथ दूकान की तरफ बढ़ा था, दूसरा भी अब ठेलावाले की ओर उठ गया। बोले, "बस, पैसे लो और भागो ! ज़्यादा कानून मत बघारो..."

दूकानदार बनाम मकान-मालिक ने साढ़े पाँच आने कोयलावाले के हवाले किए, बाकी रेज़गारी कंपाउंडर को थमाई।

कोयलावाला ठेला लेकर आगे बढ़ा।

मनबोधलाल मुस्कुराए और कहा, "दस पैसे का सौदा परसों अंदर मँगवाइन थे..."

"सो सब पहली के बाद होगा..." मुँगेरीलाल ने मानो पीठ की तरफ से ही कहा,

अंदर आने की जल्दी थी।

उतावली में गू पर एक पैर पड़ गया जो कि उन्होंने स्वयं नहीं देखा। दरवाज़े की चौखट लाँघकर भीतर अँगनई में दाखिल हुए तो पत्नी बोली, "हुँ हुँ हुँ हुँ, यह चंदन वाला पैर तो धो आओ !...जाड़े का छोटा दिन और पानी की किल्लत...तुमने मेरा एक काम और बढ़ा दिया ! दाई अपनी क्या है, शैतान की साली है...! कुल्लम तीन बाल्टी पानी भरके भाग खड़ी होती है...हे भगवान, यह कैसा नरक-निवास लिखा था लिलार में...जाओ, सड़कवाले नल पर से पैर धो आओ..."

कंपाउंडर ने कोयलावाली टोकरी चूल्हे के करीब पटक दी। घिन और गुस्सा...सिर से लेकर एड़ी तक सुलग उठा बदन। ज़ोर-ज़ोर से चीखने लगा, "सुअर के बच्चे ! जहाँ-तहाँ हगते फिरते हैं। कमीनों की औलाद...मैं साखू की कील ठोंक दूँगा, आखिर समझ क्या रक्खा है ? लेंडी के पूत..."

पाँच मिनट तक कंपाउंडर गालियाँ बकता रहा।

जवाब में एक भी शब्द नहीं, कहीं से भी नहीं ! किसी ओर से भी नहीं।

मुँगेरीलाल के दिल का उफान बाहर निकल चुका तो वह मकान के सदर फाटक को पार करके बाहर सड़क पर आ गया।

पच्छिम की ओर तीन मकान आगे बाएँ हटकर फुटपाथ के कगार पर कारपोरेशन का नल था, बुढ़िया बंगालिन के मकान की दीवार से लगा हुआ। उसी के साथ-साथ खुला-फैला गंदा नाला बह रहा था, सदाबहार गटर ! 4 x 2 वर्गफुट का सीमेंट का घिरावा नल के नीचे, नाले पर बिछा था। सड़क की तरफ से खुला होने के कारण आम जनता इस जलाशय का पूरा उपयोग कर लेती थी।

कंपाउंडर करीब आया तो देखा, पंकज प्रकाशनवाले नेपाली दरबान का नौजवान बेटा हाफ पैंट सबुना रहा है। जान-पहचान की मुस्कुराहट उभरी तो लाल मसूड़ोंवाले दाँत मानो दुगुने सफेद होकर जगमगा उठे। उठकर वह खड़ा हो गया, फुटपाथ पर हट आया। बोला, "आइए हजूर !"

"बस, एक मिनट बहादुर ! सिर्फ पैर धोना है..."

"नहीं हजूर, हाथ-मुँह भी धो सकता है आप !"

गिरते पानी की चोट में एक पैर का गंदा तलवा अपने-आप साफ हो गया तो मुँगेरीलाल ने शुचिता के मानव सुलभ संस्कार की वजह से दूसरे पैर को भी नल के नीचे डाल दिया।

नेपाली ने पूछा, "गोबर लगा था हजूर ?"

"हाँ जी," आहिस्ता से कंपाउंडर कह गया।

एड़ियों से रगड़-रगड़कर पैर धो लिए तो सीधे-सादे नेपाली नौजवान की जुबान से एक बार और वह प्रिय संबोधन अपने लिए उसने निकलवा लेना चाहा।

कि आप ही बहादुर के मुँह से निकल आया, "हो गया हजूर ?"

मुँगेरीलाल की तबीयत खिल उठी। इस बार पूरा-पूरा स्वाद मिला हज़रत को

अपने व्यक्तित्व का।

फिर तो इस कदर फूले-फूले बाबू मुँगेरीलाल वापस आए कि मकान-मालिक से पड़ोसियों और उनके बच्चों के बारे में शिकायतें पेश करने का पूर्व-संकल्प तक खयाल से उतर चुका था।

तीन

सदर दरवाज़े से आगे बढ़ते ही बाईं तरफ एक बड़ा कमरा था। वह हमेशा बंद रहता था। कमरे के ऊपर चौबारा खपरैलों से छवाया हुआ। अंदर पिछले चार महीने से जो परिवार टिका था उसमें तीन प्राणी थे। एक अधेड़ औरत, एक अठारह-साला छोकरी, और एक अधेड़ मर्द।

महिला को ल्यूकोरिया हो गया था, बड़े अस्पताल में चिकित्सा चल रही थी। लड़की परिचर्या के लिए साथ आई थी। मर्द चार-छै रोज़ दिखाई पड़ता फिर हफ्ता-भर के लिए कहीं चला जाता।

बीमार थी, सो बुआ होती थी। लड़की भतीजी।

कंपाउंडर की बीवी नई-नवेली तो थी ही, बेहद चुलबुली तबीयत की थी।

अक्सर दुपहर को, जब मर्द अपने-अपने धंधे में निकल जाते, कंपाउंडर की बीवी उस छोकरी के साथ गंगा जाती थी—कृष्णाघाट। उम्र में चार-छै साल का ही अंतर था, एक को दूसरी के दिल में घुसने के लिए ज़्यादा कसरत नहीं करनी पड़ी।

ऐसे ही वक्त एक बार कंपाउंडर की बीवी ने उस छोकरी से पूछ लिया, "तुझसे पहले बुआजी के साथ जो रहने आई थी, कौन थी भुवन ?"

"हमारे तीसरे चाचा की लड़की थी," भुवनेसरी ने जवाब दिया और बुआ की चोली में साबुन रगड़ती रही। क्षण-भर बाद ही जाने क्या बात दिमाग में आई कि उलटकर पूछ बैठी, "क्यों जीजी, अभी वह क्यों याद आई ?"

इस पर मुस्कुराती रही कंपाउंडर की बीवी, कुछ बोली नहीं।

भुवन को इस पर शक हुआ। लगा कि यह औरत कोई सूराख पा गई है उनके गोरखधंधे की।

साबुनवाला हाथ उठाकर भुवन बोली, "उसका माथा ठीक नहीं था, सुनती हो जीजी ?"

इस पर भी कंपाउंडर की बीवी कुछ नहीं बोली। ज़ोर से पति का कपड़ा पछीटती रही।

पीछे, नहाते वक्त बात चली तो प्रसंग ही बदल चुका था।

भुवन ने कहा, "लाओ जीजी, पीठ मसल दूँ।"

"बस ! पीठ ही ?" शरारत-भरी नज़रों से कंपाउंडर की बीवी ने भुवनेसरी की

ओर देखा और पीठ दे दी...।

"एक बात पूछूँ भुवन ?"

"एक ही क्यों, दो पूछ लो चाहे ?"

"जाड़े की रात में अकेले कैसे नींद आती है ?"

"बस, तुम तो जीजी एक ही सवाल जानती हो !"

"अपने तो बस एक ही सवाल जानते हैं ! माँ-बाप ने जब खूँटे से बाँध दिया तो दुनिया-भर के खटराग क्या जानें वरना हम भी सात घाट का पानी पीते, सौ किसिम के सुख लूटते...?"

अब भुवनेसरी को यकीन हो गया कि ज़रूर यह औरत हमारी कारगुज़ारियों के बारे में थोड़ा-कुछ जानती है...उसके कानों में गूँजने लगा, 'वाह रे चाचा, वाह री भतीजी, वाह री बुआ !'

पीठ मसलवाकर कंपाउंडर की बीवी ने कहा, "ला, अब तेरी पीठ का मैल छुड़ा दूँ..."

ना-ना करके भुवन छिटक जाना चाहती थी, मगर नहीं बच सकी। कंपाउंडर की बीवी ने उसे पकड़ लिया। पानी के अंदर ही कमर को जाँघों की गिरफ्त में लेकर वह भुवन की पीठ मलने लगी।

गौर से देखने पर छोकरी की पीठ पर तीन-चार लंबे-पतले निशान दिखाई पड़े। पूछा, "ये कैसे दाग हैं ?"

भुवनेसरी ने सहज भाव में कहा, "पिटाई के निशान हैं।"

"पिटाई के ?"

"हाँ, बेंत के।"

"किस राक्षस ने पीटा था ?"

"राक्षस नहीं था जीजी, बहुत बड़े महात्मा थे वो तो...जितना ज़्यादा खुश होते थे, उतनी ही अधिक पिटाई पड़ती थी ! मेरी पीठ पर बाईस बार बेंत बरसी थी न ? बेहोश हो गई थी, मुझे मामा उठाकर ले आए थे..."

कंपाउंडर की बीवी ने कहा, "फिर तो तुझे बड़ा ही अच्छा दूल्हा मिला होगा न ? खूब मानता होगा और खूब..."

बालोंवाले अपने बड़े सिर की ओट में भुवन के होंठों को उसने ज़ोरों से चूम लिया...

ज़रा हटकर एक बुढ़िया नहा रही थी, ऊपर दो औरतें कपड़े पछीट रही थीं... भुवन बोली, "लोग क्या कहेंगे जीजी ?"

"जहन्नुम में जाएँ लोग !" उसने कहा और मुँह बना लिया।

गंगा से लौटीं वे तो डेढ़ बज रहा था।

सड़क पर, मकान के नज़दीक, रिक्शा लगा था। हाथों में उर्दू का अखबार थामे एक सरदारजी बैठे थे रिक्शा पर, खिचड़ी दाढ़ी और छींट का साफा। खुले गले का कोट

और पेशावरी स्टाइल का पाजामा। पैरों में नुकीली जूतियाँ।

दोनों अंदर बुआ के सामने आईं तो एक अपरिचित महिला बैठी दिखाई पड़ी। पहनावा पंजाबिन का, बोली बिहार की।

बुआ के आगे दो ठोंगे रखे थे, अंगूर और सेब के।

आँखों का इशारा पाकर भुवन और कंपाउंडर की बीवी इधर आ गईं, उन्हें गुफ्तगू के लिए छोड़ दिया।

कंपाउंडर के कमरे में आकर भुवनेसरी ने पछीटे हुए कपड़े जीजी को थमा दिए। पलँग पर लेटती हुई वह बोली, "माथा भारी है, बुखार आए और मरूँ..."

"कैसी अलच्छ बात मुँह से निकालती है, भुवन !" कंपाउंडर की बीवी ने फटकारा और कपड़े डालने छत पर चली गई।

वापस आकर थाली में अपने लिए उसने खाना निकाला।

मोटे चावलों का भात, बथुआ और बड़ी का तीमन, आँवले की चटनी।

मुँह के अंदर पहला कौर ठूँस लिया और बोली, "तू तो यह खाना सूँघ भी नहीं सकती...क्या-क्या पकाया था ?"

भुवनेसरी ने कहा, "आलू-गोभी, टमाटर की चटनी..."

"और बुआ के लिए ?"

"दलिया और लौकी की भाजी और दूध..."

कंपाउंडर की बीवी ने पूछा, "अच्छा भुवन, यह जो अभी पंजाबिन बैठी थी बुआ के पास, वह भी तो रिश्ते की ही कोई होगी न ?"

भुवनेसरी ने कहा, "नहीं, रिश्ते की नहीं है यह। जान-पहचान की होगी। बात यों है कि हमारे फूफाजी पोस्ट मास्टर थे, दस-बीस शहरों में रहे थे। दो-दो वर्ष पर जगह बदल जाती थी। बिहार के अंदर शायद ही कोई ज़िला-सब-डिवीज़न छूटा हो उनसे। बुआ हमेशा साथ रहीं। देखती नहीं हो कि किस ठाठ से पक्की बोली बोलती हैं !"

कंपाउंडर की बीवी ने दिल ही दिल में अपने से कहा, 'छिनाल कहीं की ! उड़ती चिड़िया की पूँछ में हल्दी लगानेवाली राँड़ ! किस कदर बात बनाती है...फूफाजी पोस्ट मास्टर थे ! मामा मिनिस्टर थे ! चुड़ैल कहीं की !....'

प्रकट तौर पर उसने कहा, "मैं ठेठ देहात की रहनेवाली मामूली औरत हूँ, पचासी रुपइया तनखा आती है घर में। घरवाला जास्ती पढ़ा-लिखा नहीं है...इसी से अनाप-शनाप सवाल पूछती रहती हूँ तुझसे। रंज न होना भुवन !"

भुवनेसरी उठ बैठी और बोली, "तुम भी भला क्या बात करती हो जीजी ! बुआ के बारे में पूछती हो, ठीक ही करती हो। नेह-छोह न होता तो पूछा-पेखी नहीं न करतीं ?..."

मगर मन ही मन भुवनेसरी कहती गई, 'और तेरे पास नित नए छैले आते हैं। ठिठोली और खिलखिलाहट...कमीज़ के कालर में सेंदुर का दाग—इत्र की खुशबू और रेशमी रूमाल...गटर में चमकते हुए चूड़ियों के टुकड़े...'

"बुआ बुला रही हैं आपको," पड़ोस की बच्ची ने आकर कहा और भुवनेसरी अपने बासे की तरफ गई।

बुआ ने उसे दो नंबरी नोट थमाए।

पूछा, "कुल कितने हुए ?"

"सात नंबरी और पंदरह दसवाले।"

"ले, यह भी लेती जा !"

सिरहाने में गद्दे के नीचे दस-दस के पाँच नोट रखे थे। बुआ ने निकालकर वह भी थमा दिया।

रुपए ट्रंक में रख आई भुवनेसरी।

ज़रूर ही सरदारिन ले गई होगी यह रकम। किस मद के रुपए होंगे ! खरीदी जानेवाली किसी लड़की के लिए बयाने की रकम तो नहीं थमा गई है ?...साहस नहीं हुआ कि बुआ से इस बारे में कुछ पूछ लेती, आकर कुर्सी पर बैठ गई भुवन। सोच रही थी कि स्टोव जलाए। तीन-चार के दरम्यान बुआ को चाय ज़रूर चाहिए।

बीमारी के चलते बुआ का बदन ढाँचा-भर रह गया था।

हथेली से बुआ ने इशारा किया।

भुवन तख़्त पर आ गई, सटकर बैठी बुआ से।

आहिस्ता से बोली, "बड़ी पाजी है, कंपाउंडर की बीवी से ज़्यादा न सटना। जाने कैसे क्या निकलवा ले ज़ुबान से ! दुश्मन के आदमी पीछे लगे हैं। भले तो किताब पढ़ती रहती है...क्या बातें कर रही थी आज ?...ऊपरवाला लड़का नहीं लौटा है स्कूल से ? ढेर-सी किताबें हैं उसके पास...मैं तो वहीं से किताबें मँगवा लिया करती थी मगर पीछे पता चला कि बाप किसी अखबार में काम करता है, संपादक है। संपादक लोग बड़े शैतान होते हैं। भूल करके भी इन शैतानों से जान-पहचान नहीं करनी चाहिए। पीछे लगेंगे तो खोद-खादकर सारी बातों का पता लगा लेंगे, किसी न किसी बहाने तुम्हारी असलियत अखबार में छपकर लोगों के सामने आ जाएगी और तुम मुँह दिखाने लायक नहीं रह जाओगी।..."

"क्यों, मैंने क्या किया ?" लड़की चौकन्नी होकर पूछ बैठी, मानो सचमुच कोई संपादक उसके पीछे पड़ जाएगा !

"धत् !" बुआ को हँसी आ गई भुवन के भोलेपन पर, "मैं तो बस बात कर रही थी कि दुश्मन हमारे पीछे लगे हैं...और तू तो नाहक चिहुँक उठी, पगली कहीं की !"

बुआ भुवनेसरी की पीठ पर हाथ फेरने लगी। चोटी झूल रही थी, अगले ही क्षण चोटी से खेलने लगी बुआ।

भुवनेसरी सोच रही थी, 'कौन, चालीस-पचास भी तो नहीं लगेंगे। मद्रासी साड़ी के लिए कई बार कहा है मगर ध्यान नहीं देती हैं बुआ...कंपाउंडर की बीवी के पास तीस-तीस की दो साड़ियाँ हैं, बंबइया छींट के सिल्कन ब्लाउज़ हैं तीन-चार डिजाइन के, कानों के टाप्स हैं और मगर की शकल के कुंडल हैं...लेकिन मेरे पास क्या है ? तीन-चार

मामूली साड़ियाँ, दो ब्लाउज़ रोल्ड-गोल्ड के ईयरिंग और...बुआ मुझे ठगती है...यह औरत सौ चुड़ैलों की एक चुड़ैल है। जाने कितनी छोकरियों का कीमा बनाया होगा। मुझे भी तल-भुनकर खा जाएगी। हम क्या हैं ? रकम बनाने की फैक्टरी के कल-पुर्ज़े हैं ! देखे तो आके ‘कोई, ममता का कुआँ बनकर कैसे हमदर्दी उड़ेल रही है इस वक्त।...’

“तो तू गुमसुम क्यों बैठी है ?” बुआ ने आँखों में आँखें डालकर जानना चाहा।

भुवन ऊपर-ऊपर से मुस्कुराई।

बुआ बोली, “शर्माजी आएँ तो कपड़े मँगवाऊँगी। एक भी ढंग की साड़ी नहीं है तेरे पास। कपड़े तो निहायत ज़रूरी होते हैं न ? कभी याद भी तो नहीं दिलाती है। छोकरियाँ खुद गूँगी बन जाएँ तो दूसरा क्या करे ?”

भौंहें तानकर और आँखें नचाकर भुवनेसरी ने अपने पैरों की ओर देख लिया जो कि किचन की तरफ बढ़ गए थे।

बुआ ने कहा, “पालक के पकौड़े बना लेना।”

“डाक्टर ने मना कर रखा है न ?” जवाब आया।

“जहन्नुम में जाएँ डाक्टर-फाक्टर, जीभ को मैं पत्थर नहीं बना लूँगी। मन को रुलाऊँगी तो तन भी कलपता रहेगा। जा, तू मेरी बात सुन ! पालक के पकौड़े अच्छे रहेंगे।”

चार

बुकसेलर की दूकान-भर थी, रहने की जगह मुहल्ला महेंद्रू में थी। दर्ज़ी का भी यही हाल था।

बुकसेलर ने अंदर भी एक अँधेरा कमरा ले रखा था—गुदाम के लिए। बाहरवाले कमरे में तीन तरफ बड़ी-बड़ी रैक थीं। दरवाज़े के पास काउंटर था। दो ऊँची कुर्सियाँ थीं...बिकने के लिए रैकों में सजाई हुई किताबें स्कूली स्तर की थीं या तो फिर जीवनी-सीरीज़ की छै आनेवाली साधारण पुस्तकें थीं।

साइनबोर्ड था—‘साहित्य सौरभ ग्रंथागार’।

बाहर से देखने पर लगता नहीं था कि किराए के भी पैसे वक्त पर दे पाते होंगे। मालिक का भाई और नौकर, बस। स्टाफ में तीसरा नहीं था कोई।

विभाकर के पिता, दिवाकर शास्त्री स्नेहपूर्ण इंगित पाकर कभी-कभी रुक जाते और पान के दो बीड़े ले लेते, बाकी उनका भी कोई रिश्ता नहीं था।

प्रोप्राइटर का नाम था तिलकधारीदास। वह प्रकाशन की कई संस्थाओं में काम कर चुका था। पुस्तकें मंजूर करनेवाली कमेटी के सदस्यों की पोल उसे अच्छी तरह मालूम थी। पाठ्य-पुस्तकों का अवैध व्यापार...विभिन्न ज़िला बोर्ड के स्कूलों में ‘स्टेशनरी’ के नाम पर रद्दी माल की सप्लाई...बुनियादी तालीम के क्षेत्रों में चर्खों और चटाइयों

तक का आर्डर बटोर लाना...ग्रामोद्योग के नाम घी, तेल और खादी का धंधा...बाबू तिलकधारीदास को जाने कितने कामों का तजुर्बा हासिल था। नेपाल से गाँजा कभी ला सके थे कि नहीं, पता नहीं।

लगातार तीन रोज़ तक नाश्ता कर चुके तो दिवाकरजी को लगा कि इस उदीयमान 'प्रकाशक एवं पुस्तक-विक्रेता' की कुछ न कुछ नीयत ज़रूर होगी वर्ना विशुद्ध श्रद्धा तो बेहद सूखी हुआ करती है।

आखिर शास्त्रीजी ने कहा, "दासजी, आप कुछ कहते क्यों नहीं ? मेरे लायक कोई काम हो तो अवश्य कहें !"

दासजी ने रूमाल निकालकर मुँह पोंछा और बोले, "दो-दो फर्मे की आधी दर्जन किताबें तैयार कर दीजिए...आलू की खेती, आम का धंधा, बाँस का व्यवसाय, बुनियादी तालीम, नदी नियंत्रण, सोनपुर का मेला...बोर्ड की स्कूली लाइब्रेरियों में इन किताबों की खपत निश्चित है। अगले महीने तक चाहिए।"

शास्त्रीजी रुचि के पत्रकार थे। अंतर्राष्ट्रीय समस्याओं पर निबंध लिखा करते थे। बाकी वक्त में अंग्रेज़ी-बंगला-उर्दू से कहानियों का अनुवाद। अभी आलू की खेती और आम का धंधा आदि के बारे में सुनते ही कानों को बुरा लगा, उबलने की तबीयत हुई। किंतु नकद रकम पाने की तत्काल संभावना के चलते मन काबू में रहा...साहित्यकार का स्वाभिमान एक तरफ और लाभ की आशा में झूलनेवाला हिसाबी विवेक दूसरी तरफ...दोनों में खींचतान होने लगी।

दासजी ने कहा, "कब तक देते हैं ?"

शास्त्रीजी बोले, "अभी तो मुश्किल है, मगर..."

अंदर ही अंदर स्वाभिमान ने कहा, 'छिः, आलू की खेती पर किताब लिखोगे ! लोग क्या कहेंगे ?'

'लोग क्या कहेंगे ! कुछ नहीं कहेंगे, हाँ, पैसा मिलना चाहिए,' गृहस्थी विवेक ने लाभवाले पक्ष का अनुमोदन किया। दासजी ने कहा, "अगर-मगर कुछ नहीं, आपको यह काम करना ही पड़ेगा, महीने-दो महीने बाद ही सही !"

फिर आहिस्ता से कह गया, "दो सौ फौरन मिल जाएँगे..."

दिवाकरजी ने संयम से काम लिया, हाँ या ना कुछ नहीं निकला उनके मुँह से। पान के बीड़े गालों के अंदर ठूँसकर चुटकी-भर ज़र्दा फाँक गए। दूकान से बाहर निकलते-निकलते उँगली से चूना चाट लिया।

मनबोधलाल ने आवाज लगाकर कहा, "हजूर, एक मिनट !"

मकान-मालिक शास्त्रीजी को सामने पाकर बोला, "रुपए की किल्लत में पड़ गया हूँ सरकार, दो महीने पूरे हो गए हैं।"

"अगले सप्ताह मिलेंगे," दिवाकरजी ने कहा, "इस बार ज़रूर हिसाब साफ कर दूँगा मुंशीजी !"

और अब ध्यान आया कि अस्सी रुपए मकान-मालिक को देने होंगे, तो

तिलकधारीदास का अनुरोध वरदान ही प्रतीत हुआ। सोचने लगे, 'सौ तिकड़म भिड़ाकर रकम बटोरता है तो क्या हुआ ? बेर-कुबेर मेरे जैसे बीस गरजमंद आदमी उसके सामने जा धमकते हैं, वह किसी को निराश नहीं लौटाता। सौ नहीं देगा मगर पचास ज़रूर देगा। पचास नहीं देगा, मगर बीस-पच्चीस ज़रूर देगा। दस नहीं देगा, पाँच ज़रूर देगा।...तुम्हारी गाड़ी नहीं अटकी रहेगी, अपना कंधा लगाकर वह उसे आगे ठेल देगा !'

सोचते-सोचते शास्त्रीजी आगे चले गए।

तिलकधारीदास सहरसा और डाल्टनगंजवाले बुकसेलरों से निबटने लगा। दर्जा आठ और दर्जा नौ की अधिकांश किताबें टेक्स्टबुक कमेटी ने छापी थीं, लेकिन उनमें से कुछ-एक मिल नहीं रही थीं। दासजी इन अप्राप्य पाठ्य-पुस्तकों को दूर-देहात तक पहुँचा देने का इंतजाम करते थे और नाटकीय ढंग से।

शास्त्रीजी का परिवार देहात जा चुका था। दो रूम और खाली हुए तो तिलकधारी दास ने उन्हें ले लिया था जिनमें दासजी की साली आ डटी थी। उसके दो जवान बेटियाँ साथ थीं। कहते थे कि ये लोग भी बड़े अस्पताल में इलाज करवा रही थीं...माँ का आपरेशन होना था और लड़कियाँ तीमारदारी में थीं।

ग्रामोद्योग भवन की कृपा से देहातिनें भी आधुनिकाएँ दिखने लगती हैं। विमला और शीला के साथ ठीक यही बात हुई। अशिक्षा या अल्पशिक्षा का पता जुबान खुलने पर ही लग सकता था ! पोशाक और चलने-फिरने के लिहाज से वे कालेज की छात्राएँ लगती थीं।

तिलकधारीदास इन दोनों पर काफी रकम खर्च कर रहा था। उन पर शान चढ़ा रहा था। कभी सलवार-कुर्ता, कभी फ्रॉक-जम्पर, कभी साड़ी-ब्लाउज़...हर शाम वे बदली हुई भूमिका में नज़र आतीं। कभी दासजी खुद और कभी उसका भाई छोकरियों को रिक्शे पर बाहर ले जाता। रात को लौटते-लौटते दस-ग्यारह का वक्त हो जाता, पड़ोसी सो चुके होते।

मीठापुर—कदमकुआँ—बोरिंगरोड—बेलीरोड—दिवाकरजी ने उन लड़कियों को बीच-बीच में कई जगहों में देखा था और उन्हें बड़ा ही विस्मय हुआ था।

पंद्रह-बीस रोज बाद उन्हें लेने-छोड़ने के लिए जीप पहुँचने लगी...आखिर एक शाम कार भी आई और अगली शाम को छोड़ गई।

मुंशी मनबोधलाल दूकान पर बैठे थे। लड़कियाँ अंदर जाने लगीं तो पूछ लिया, "कहाँ हो आईं तुम लोग ?"

"राजगीर," उनमें से एक ने कहा। मुंशीजी दूसरा सवाल करने ही वाले थे मगर वे अंदर चली गईं।

कंपाउंडर बैठा था। उससे नहीं रहा गया। बोला, "रूपनगर की राजकुमारियाँ हैं, सीधे मुँह बात तक नहीं करतीं..."

मुंशीजी की ओर झुककर कान में कुछ कहने लगा कंपाउंडर। तनती-सिकुड़ती भौंहें और फैलती-सिमटती आँखें तथ्य की गहनता का आभास दे रही थीं...

कान हटाकर मुंशीजी ने कहा, "हमको यह सब नहीं मालूम था कम्पोटर साहेब, आज आप ही से सुन रहा हूँ...अगर ऐसी बात है तो इनसे मकान खाली करवा लेना है...मगर ये तो बड़े ही शरीफ खानदान की लगती हैं बाबूजी ! आपको किसी ने इनके खिलाफ भड़का तो नहीं दिया है कहीं ?"

"मैं दर्जा सात-आठ का स्कूली छोकरा नहीं हूँ मुंशीजी !" बाबू मुँगेरीलाल ने तमककर कहा, "कि मामूली बुढ़िया पुराण और असली तिरिया चरित्र का फर्क नहीं समझूँगा। और, आप तो मकान-दूकान छोड़कर कहीं जाते-आते नहीं ! हफ्ते में एकाध बार हाट-घाट हो आते होंगे, मानता हूँ। मगर मेरी साइकिल तो जुगाली नहीं करती है बैठकर।"

मुंशी मनबोधलाल उस वक्त तो चुप मार गए, अगले दिन दिवाकरजी से अकेले में पूछा।

दिवाकर को उतनी जानकारी नहीं थी, माथा हिलाकर बोले, "दाल में काला-काला कुछ नज़र आता है ज़रूर ! दासजी की माया दासजी ही जानें। रोज शाम को दो-चार घंटे लड़कियाँ जाने कहाँ चली जाती हैं !...क्या कीजिएगा, छोड़िए भी ! किराया तो वक्त पर मिल ही जाता होगा ?"

"इसी से तो चुप हूँ," मुंशीजी ने कहा, "इतना बढ़िया किराएदार मुझे आज तक मिला ही नहीं शास्त्रीजी !"

शास्त्रीजी ने हँसकर कहा, "तो फिर जाने दीजिए, दुनिया को छेड़नेवाले हम-आप कौन होते हैं ?"

"मगर कल कुछ हो जाए तो ?" मकान-मालिक बोला।

"होगा क्या ?"

"मुझे तो शक हो गया है।"

"दो ही चार रोज की तो बात है, ये तो बस अब जाने ही वाली हैं।"

"तीन महीने के लिए लिया था मकान..."

"तो, मकान तो खाली भी रह सकता है न ?"

मुंशीजी की समझ में यह पहेली समा नहीं रही थी और दिवाकर साफ-साफ कुछ बतला नहीं रहे थे। लगता था कि जानते हैं लेकिन बतलाना नहीं चाहते...मनबोधलाल ने अपने को समझा-बुझा लिया और दूकान के अंदर लौट आए।

चाय और लेमनड्राप खत्म हो रहे थे। नहाने का साबुन नहीं बचा था। अबकी अच्छी क्वालिटी के तीन अलग नमूने मँगवाने की बात दिमाग में आई। बिस्कुटों और चाकलेटों की खपत इधर दुगुनी हो गई थी। सूती और ऊनी स्वेटर भी रखने लगे थे...महीने के आखिरी दिनों में देशी ब्लेडों की माँग बढ़ जाती थी।

माल की खपत का अंदाज लेकर मनबोधलाल रोकड़-बही ले बैठे। हिसाब-किताब ठीक रखने में भांजा मदद करता था फिर भी एक बार रोज अपना बही-खाता आदि से अंत तक देख जाना उनके लिए प्रमुख नित्यकर्म हो गया।

बारह बज गए थे, भूख लग आई थी। खाने के लिए ऊपर जाना ही चाहते थे कि एक बढ़िया कार आकर सामने रुक गई।

ड्राइवर नज़दीक आया। गौर से मुंशीजी की तरफ देखा और हुलसकर बोला, "प्रणाम मनबोधबाबू, जयमंगलसिंह का भतीजा हूँ मैं सुमंगल। मोतिहारी में एक ही कमरे में रहते थे हम लोग। याद है न ?"

पुराने परिचय की नई झलक ने मुंशीजी के चेहरे को चमका दिया मानो। आँखें फैल गईं, होंठ के कोने फैल गए। लाल मसूड़ों में जमे हुए छोटे दाँतों की कतार खिल उठी।

"कब से पटना हो ?" मुंशीजी ने पूछा, "बिलकुल बदल गए हो ! नहीं बतलाते तो पहचानना मुश्किल था सुमंगल !...गाड़ी किसकी है ?"

सुमंगल ने कहा, "यह मैं दूसरी बार गाड़ी लेकर आया हूँ, उस रोज तो रात का वक्त था। मुझे क्या पता कि यह औरंगाबादवाले हमारे उन्हीं मनबोध चाचा का मकान है कि जिनके साथ पंद्रह वर्ष पहले मैं रहा था। दर्जा नौ के बाद ही स्कूल छूट गया तो चाचा ने मोटर चलाने की ट्रेनिंग दिला दी और तभी से मशीन का पुजारी हूँ। दो वर्ष हो गए यहाँ पटना में। हमारे मालिक हैं गंगा-पार के मशहूर जमींदार, दीघा में कोठी बनवाई है अस्सी हजार खर्च करके...फिर कभी आऊँगा चाचा, अभी जल्दी है...दासजी के रिश्ते की दो लड़कियाँ हैं न अन्दर ? उन्हें कोठी पहुँचाना है...कोइलवर में सोन के किनारे पिकनिक होगा, दो-तीन खेप में सभी वहाँ पहुँचेंगे..."

"ये लड़कियाँ क्या करेंगी वहाँ ?" मनबोधलाल ने पूछा। अंदर ही अंदर वह खुश हुए कि जानकारी के लिए अब सही सूत्र हाथ लगा है।

ड्राइवर बोला, "वाह ! सबकुछ इन्हीं पर तो है...इतनी अच्छा गाती हैं कि... फिलिम के गीत...आपको नहीं सुनाया है कभी ?"

मुंशीजी ने मुस्कुराकर कहा, "हमारे पास कार और कोठी कहाँ है सुमंगल !"

जवाब में सुमंगल भी मुस्कुराया।

मुंशीजी ने अंदर उन लड़कियों को खबर करवा दी और इधर रासलीला के बारे में सुमंगल से सुनते रहे। सत्ता और अवसरवादी राजनीति ने जिन पर नई कलई चढ़ा दी है, ज़मींदारों के वे वंशज किस किस्म का नैवेद्य किस तरह स्वीकार करते हैं और फिर भक्तजनों की कामना किस रूप में फलती है, सुमंगल की बातों से मनबोधलाल को इस सिलसिले में थोड़ा-बहुत मालूम हुआ।

कंपाउंडर ने ठीक ही बतलाया था कि इन्हीं लड़कियों की बदौलत तिलकधारीदास की दो-तीन किताबें मंजूर होने जा रही थीं।

पाँच

उम्मी की माँ सेकेंड हैंड सिलाई-मशीन रखे हुए थी। पास-पड़ोस के परिवारों से कपड़े बटोर लाती और सिल-सिलाकर वापस दे आती।

बड़े बालोंवाला महिम कमर्शियल आर्टिस्ट था। पाँच-सात प्रेसों से उसका संबंध था और कूँची सधी हुई थी। स्कूली किताबों और बाल मासिक पत्रों के प्रकाशक उसकी कला पर मुग्ध थे। ढाई-तीन सौ रुपए कमा लेना कोई बड़ी बात नहीं थी। लेकिन पिछले कई वर्षों से महिम की तबीयत धंधे से उचट गई थी। बस, सौ-सवा सौ का काम करता था। बीच-बीच में सनक सवार हो जाती तो ज़्यादा काम भी कर डालता। बाकी वक्त सिगरेट धूँकना, मित्रों की गर्दन तोड़ना, ब्रिज खेलना, सिनेमा देखना, जासूसी उपन्यास चाटना और...

और दो-एक ऐसे काम भी महिम का वक्त लेते थे जिनके बारे में न बतलाना ही अच्छा है। दो दिन जो महिम के साथ रह लेता उसकी निगाहों से यह तथ्य छिप नहीं सकता कि क्यों एक कलाकार की प्रतिभा गोबर हो गई !

महिम ने निचले दो कमरे ले रखे थे, तीस रुपए भाड़ा देता था।

सुबह देर से बिस्तर छोड़ने की आदत थी।

उम्मी की माँ कपड़े पर कैंची चला रही थी, फ्रॉक तैयार करने थे।

महिम ने निंदासे स्वर में कहा, "पीठ दर्द कर रही है मामी !"

कैंची और कपड़ा एक ओर सहेजकर उम्मी की माँ करीब आ गई।

दोनों हाथों से पीठ चाँपते बोली, "आठ बज रहे हैं, कब उठोगे ? दानापुर जाना था न ?"

"दस बजे जाऊँगा।" महिम ने करवट बदलकर मुँह मामी की तरफ कर लिया और गुनगुनाने लगा :

"जनम अवधि हम रूप निहारल
नयन न तिरपति भेल... ।"

मामी को लगा कि उसके ही रूप की वंदना कर रहा है महिम। चालीस की उम्र पार कर आई है तो क्या, अब भी उसका मुखमंडल भुलाने लायक नहीं है। एक बार दो-चार मिनट के लिए जो भी मर्द उम्मी की माँ के सामने हो लेगा, किसी-न-किसी बहाने वह बार-बार आएगा...

मामी ने महिम के बालों में उँगलियाँ उलझा दीं। सीने की समूची ताकत से उसे दबा लिया।

अब दोनों के चेहरे आमने-सामने थे। होंठों के दर्म्यान बस चार अंगुल का फासला रह गया था। साँसें टकरा रही थीं आपस में।

उम्मी की माँ ने कहा, "दूधवाला आता होगा।"

महिम मुस्कुराया, "आने दो..."

मामी ने होंठ बढ़ा दिए, "बस, इतना काफी है इस वक्त...लो, उठने भी तो दो।"

और वह सचमुच अलग हो गई...

"बड़ी पाजी हो !" महिम ने कहा।

"लो, अब इससे बातचीत करो !" मामी ने माचिस और सिगरेट लाके थमा दिया। पूछ लिया, "स्टोव जलाऊँ ?"

"दूध तो आ लेने दो रानीजी !"

उम्मी की माँ ने भौंहें चढ़ाकर महिम को देखा। मन ही मन लेकिन यह संबोधन घुलता रहा, गूँजता रहा कानों के अंदर...'रानीजी ! रानीजी ! रानीजी !'

उधर साँकल में खटका हुआ।

उम्मी की माँ ने जाकर दरवाज़ा खोल दिया। सामने कथाकार अशंकजी खड़े थे।

दोनों तरफ से मुस्कान और नमस्ते।

महिम ने कहा, "कहाँ मर गए थे !"

अशंक ने बतलाया, "नाना गए थे देह छोड़ने काशी ! बाबा विश्वनाथ की कृपा तो हुई किंतु इसमें काफी विलंब हो गया...। कल ही आया हूँ तीन महीने बाद। किसी से नहीं मिला हूँ, तुम्हीं से मिलना था पहले...बताओ, अब अपना हाल-चाल..."

महिम अब तक पूरी सिगरेट धूँक चुका था। मामी से बोला, "चाय पीछे बना लेना, पहले चिवड़ा-मूँगफली तल लो। खाना भी इनका यहीं होगा, मैं जाके सब्ज़ी ले जाऊँगा।"

खाने की बात का विरोध किया आगंतुक ने, "बहुत सारे काम हैं, खाना कभी फिर खा जाएँगे महिम।"

महिम ने दो सिगरेट निकालीं। माचिस की जलती तीली अशंक की ओर बढ़ाकर बोला, "तो शाम का खाना आज मेरे साथ खाना।"

"नहीं, आज नहीं।" अशंक ने मजबूरी जाहिर की।

"इतने में निबट आऊँ ?"

"हाँ, हाँ, हो आओ !"

"लो, तब तक लिटरेरी नाश्ता करो..."

महिम ने 'धर्मयुग', 'कहानी', 'दीपावली', 'सरिता', आदि कई पत्र-पत्रिकाएँ सामने रख दीं।

स्टोव में किरासिन डालते वक्त थोड़ा तेल नीचे गिरकर फैल गया था। महिम पाखाने से आया तो उधर नजर गई।

वह मामी पर बरस पड़ा, "कैसी गधी हो, फर्श को चौपट कर दिया--हजार बार कहा कि सँभालकर स्टोव भरा करो मगर तुम हो कि कानों में रुई ठूँसे बैठी हो..."

मामी आहिस्ता से बोली, "फिनाइल से धो दूँगी फर्श..."

महिम का गुस्सा बेकाबू हो गया, "फिनाइल की नानी ! हटो सामने से ! खुदा बचाए ऐसी फूहड़ औरत से..."

अशंक महिम की इस अशिष्टता पर क्षोभ के मारे घुटने लगा—ज़रा-सा किरासिन फर्श पर गिर गया तो कौन पहाड़ फट पड़ा ? मूर्ख कहीं का !

स्टोव जल चुका था।

उम्मी की माँ ने पानी भरकर केतली चढ़ा दी।

महिम का गुस्सा अभी गया नहीं था। लात से उसने केतली लुढ़का दी। स्टोव की आँच सो गई। बरामदे में पैर पटककर वह चीखा, "उल्लू की पट्ठी, मैं खुद ही चाय बना लूँगा..."

"क्या बात है महिम ?" उधर से अशंक ने टोका।

महिम ने कहा, "कुछ नहीं, तुम मैग्ज़ीन देखो...यह हमारा घरेलू मामला है अपना..."

अशंक का मन अंदर ही अंदर कुलबुला उठा, 'ठीक ही तो कहते हैं लोग... महिम-जैसा पतित पाटलिपुत्र की इस नगरी में दूसरा नहीं है। शराब और शराब और शराब...औरत और औरत और औरत....यह कौन होगी इसकी ? मामी ? सचमुच की मामी ? न, मामी नहीं होगी। इतना अपमान मामी तो नहीं बर्दाश्त करेगी !'

अशंक उठकर बाहर आया, बोला, "मैं अभी आया महिम, बस दस मिनट लगेंगे।"

महिम नटराज की तरह मुस्कुरा उठा, "नहीं, तुम नहीं आओगे ! सच-सच बतलाओ, लौट आओगे दस-पंद्रह मिनट में ?"

अशंक ने सिर हिलाया। महिम ने साँस खींचकर कहा, "अपना छकड़ा तो यों ही चलता है...अच्छा, तो फिर हो ही आओ !"

और फिर कान में आहिस्ते से कहा, "मामी के लिए कोई काम खोज दो अशंक, नहीं तो यह मेरा दिमाग चाट जाएँगी।"

अशंक ने पूछा, "खादी का काम जानती हैं ?"

"करघा तो नहीं लेकिन चर्खा चला लेंगी।"

"पटना से बाहर पचास-साठ रुपए का काम मिले तो रहेंगी ?"

"क्या बात करते हो यार ! क्यों नहीं रहेंगी ?"

अबकी मुस्कुराहट में महिम के होंठ फैले तो लकीरनुमा मूँछों की इकहरी ब्रैकेट खिल उठी।

"अच्छा, देखेंगे।"

अशंक बाहर निकल आया।

बड़ी सड़क पर एक रेस्तराँ मैं बैठकर कचौड़ियों का आर्डर दिया।

दिमाग लेकिन महिम और उसकी मामी की बातों में ही उलझा रहा...महिम कलकत्ता रहा था, बनारस रह चुका था, भागलपुर-मुजफ्फरपुर की गलियों से भी परिचित था। खाते-पीते परिवार का युवक। जिससे शादी हुई थी उस औरत को छोड़े कई वर्ष हो रहे थे। आठ-नौ साल का एक बड़ा लड़का भी था। वे दोनों दादा-दादी के साथ रहते

थे। महिम का मूड उनकी तरफ आइंदा कभी मुलायम होगा, इसकी आशा नहीं रह गई थी किसी को...सस्ती किस्म की दारू और ताड़ी पी-पीकर उसने अपनी तंदुरुस्ती चौपट कर ली थी...आदर-सम्मान का तो सवाल ही नहीं उठता था...।

पीतल की छोटी थाली में चार कचौड़ियाँ, आलू-गोभी का साग...नेपाली छोकरे ने पूछ लिया, "अउर क्या लेगा बाबूजी ?"

अशंक ने कहा, "फौरन दो रसगुल्ले दे जाओ, चाय पीछे लाना !"

नेपाली दूसरे-दूसरे ग्राहकों को पूछता हुआ चला गया।

रसगुल्ले आए, फिर चाय आई। अशंक ने सोचा, महिम के पास आधा घंटा बाद जाएगा। इतने में दो-एक मित्रों से और मिल आएगा।

रेस्तराँ से निकलकर पान के दो बीड़े लिए। कदमकुआँ के लिए रिक्शा लिया और पानवाले से पंद्रह आने रेज़गारी ली।

लौटने में कुछ देर हो गई। महिम निकल चुका था।

मामी ने स्वागत किया। बोली, "चाय तो पी ही लीजिए।"

खौलने के लिए चाय का पानी स्टोव पर बैठाकर मामी नज़दीक आई। अशंक बाँसवाली आरामकुर्सी पर बैठा था। मामी बिना बाँहोंवाली कुर्सी पर बैठ गई। संजीदगी से मुस्कुराकर कहा, "आपकी कहानियों का वह संकलन मैंने देखा है जो इलाहाबाद में छपा था..."

"कैसी लगीं कहानियाँ ?" अशंक ने पूछा।

"बहुत अच्छी," मामी बोली, "परिवार की डाल से चूकी हुई औरतों के प्रति आपकी हमदर्दी मुझे अनूठी लगी। तब आप मुझे भी अपने पात्रों में शामिल कर लीजिए...कल्पित पात्रों के प्रति जब आपकी सहानुभूति उतनी गहरी थी तो ज़िंदा पात्रों की दिक्कतें आपसे भला कैसे देखी जाएँगी ? मैंने आपके बारे में महिमजी से काफी सुना है। मैं आपसे फिर मिलना चाहती थी। अभी देखा न ? ज़रा-सी भूल हुई कि गधी-सुअर-उल्लू बना डाला। अब इनके साथ मेरा निभेगा नहीं...आप कहीं कोई काम दिलवा दीजिए..."

'धर्मयुग' के पन्ने उलट रहा था अशंक। बीचों-बीच दो पेजों में घड़ियोंवाली एक मशहूर कंपनी का चटकीला विज्ञापन था। निगाहें अड़ गईं, कान लेकिन पीड़ित महिला की आपबीती सुनना चाहते थे। और मौन ? वह तो उपयोगिता के हिसाब से ही इस कथावस्तु को तौलने जा रहा था।

निगाहों को पन्नों में उलझाए रखकर ही अशंक कह गया, "एक बार आपने बतलाया था, गोरखपुर के देहात में आपका पूरा परिवार है। पति मौजूद हैं। तो फिर आप लौट क्यों न जाती हैं घर ? महिम तो आपको लाए थे इलाज करवाने, आठ-दस महीने हो गए न ?"

मामी स्टोव में हवा भर आई। लगा कि थोड़ा-सा खुलना चाहिए। बोली, "अब आपसे क्या छुपाऊँ ? सोलह वर्ष की लड़की थी। वही हुई मेरी मुसीबत की जड़। पड़ोस

में दूसरी बिरादरी का एक नौजवान था, पढ़ाने आता था उर्मिला को। गुपचुप दोनों उलझ गए। सबकुछ हो गया। हमें क्या पता कि उम्मी माँ बनने को तैयार है। मैंने बड़ी कोशिश की कि दोनों ब्याह कर लें, नाहक एक जीव की हत्या तो न होगी। मगर लड़की के पिता ने नहीं माना, उन्हें बिरादरी का आतंक था। समझा-बुझाकर उम्मी को अस्पताल ले गए और पेट साफ करवा लाए...फिर चार-छै महीने के अंदर ही चालीस-पैंतालीस के एक अधेड़ को छोकरी के गले मढ़ दिया...मैं राज़ी नहीं हो रही थी तो मुझे डंडों से पीटा गया, लगातार कई दिनों तक अँधेरी कोठरी में बंद रखा गया। दाना-पानी बंद, बातचीत बंद। बोले, 'शोर मचाओगी तो गला घोंट दूँगा।...' अब मैं सोचती हूँ कि मुझे खुद ही डूब मरना चाहिए था...और तब जो मैं बीमार पड़ी तो बदन हड्डियों का ढाँचा ही रह गया। दो-एक महीने बाद मर ही जाती मगर महिमजी पटना ले आए। पहले भी इस अभागिन पर इनका नेह-छोह था और पीछे तो जेठ की धरती पर आषाढ़ का बादल बनकर छा गए। रुपए-पैसे की किल्लत रहती है, आमदनी का रास्ता महिमजी के लिए सँकरा है। हाथ खाली हों और हमेशा खाली ही रहने लगें तो दिल-दिमाग को लकवा मार जाता है। दया-माया, नेह-छोह सबकुछ सूख जाता है अशंक बाबू ! देखा, कैसा चिड़चिड़े हो गए हैं !...मैं लौटकर देहात की ओर नहीं जाऊँगी। और यह भी नहीं चाहती कि जीवन-भर इनका बोझ बनी रहूँ...आप जैसे सज्जनों की कृपा रही तो मैं धन्य समझूँगी अपने को..."

पानी खौल चुका था। चाय तैयार हुई।

मामी प्याला आगे बढ़ाकर बोली, "चीनी आप कम लेते हैं, मैं भूली नहीं हूँ।"

अशंक ने मुस्कुराकर कहा, "और महिम !"

"वो तो चाय के नाम पर दूध-चीनी का गरम शर्बत ही पीते हैं।" मामी को हँसी आ गई।

छह

'30 से '50 तक...लगातार बीस वर्षों तक खादी पहनी थी और अब रत्ती-भर भी आग्रह नहीं रह गया था उसके लिए। देवताओं की पूजा के समय साधकगण रेशमी वस्त्रों का इस्तेमाल करते हैं, ठीक उसी तरह दिवाकरजी खादी को काम में लाते थे। मिनिस्टरों और ऊँचे अधिकारियों के यहाँ जाने से पहले खादी की याद आती थी। सभाओं-समारोहों में पुराने मित्रों के बीच खादी का पहनावा त्याग और गौरव का सौरभ फैलाता था। गाँधी-जयंती के अवसर पर अक्टूबर में फी रुपए इकत्तीस पैसे की छूट ध्यान को बरबस खादी की ओर खींचती थी...और दो-एक कारण और थे : परिचय दस-बीस साल का पुराना था, इसी से खादी-भंडारवाले उधार पर भी कपड़े दे देते थे, 'नुकसान माल' वाले स्टाक से ऊनी और अंडी माल मेहरबान मित्रों की बदौलत घर आ जाते थे !

ग्रामोद्योग संघवाली दूकान से कश्मीरी पट्टी लेकर बंगाली दर्ज़ी 'मित्रा एंड सन्ज़' से कोट तैयार करवाया था। आज वही पहनकर निकले संपादकजी।

भारत कॉफे में मसाला-डोसा लिया, कॉफ़ी पी।

पान के दो बीड़े और बेली रोड। रिक्शा बाईं ओर हाते के अंदर आया।

क्यारियाँ क्या थीं, धरती पर रंग-बिरंगे स्कार्फ फैले थे। अंदर बँगले तक गोल रास्ता, लाल रंग की पथरी बिछी थी। चारों ओर बाग थे।

बरसाती के करीब रिक्शा रुका।

दुअन्नी के लिए रिक्शेवाले से झड़प हो गई सम्पादकजी की।

आखिर दस आने सीटवाले गद्दे पर रखकर दिवाकर ने कहा, "अब और एक धेला भी नहीं मिलेगा..."

"तो यह भी लेते जाइए !" रिक्शावाला बोला। मगर दिवाकरजी तीन सीढ़ियाँ ऊपर चढ़कर बरामदे में दाहिनी तरफ पी.ए. (पर्सनल असिस्टेंट) वाले कमरे के अंदर जा चुके थे।

रिक्शावाला नौजवान था। तैश में ऊपर चढ़ आया। कमरे के अंदर झाँकने ही वाला था कि चपरासी ने रोक दिया, "नहीं-नहीं, इधर नहीं।"

"वाह, क्यों नहीं ! मेरी दुअन्नी नहीं मिलेगी ?"

चपरासी हाथ पकड़कर उसे बरसाती के बाहर ले आया। पीठ पर हाथ फेरता हुआ आहिस्ता से बोला, "नहीं देना चाहता है तो अब तुम उसका क्या कर लोगे ? मिनिस्टर की कोठी है, जोर-ज़बर्दस्ती नहीं चलेगी यहाँ...जितना मिला, उसी में संतोष करो बेटा।...जाओ !"

"सफेदपोश डाकू," रिक्शावाले ने थूककर कहा, "कसाई कहीं का ! किस सफाई से गरीबों का गला काटता है ! और, अंदर कुर्सी पर बैठकर नानी को फोन कर रहा होगा..."

चपरासी उसे चुप रहने का और बाहर निकल जाने का इशारा दे रहा था मगर धोखा खाए हुए मज़दूर की जबान रुकना नहीं चाहती थी। अधेड़ चपरासी को वैसे पूरी हमदर्दी थी रिक्शावाले के प्रति। वह चाहता था कि बात खत्म हो। उसने फुसफुसाकर कान में कहा, "सड़क पर कहीं दिखाई पड़े तो पकड़ना, यहाँ देखते हो न, मिलिटरी का पहरा है..."

रिक्शावाला गंभीर स्वर में बोला, "मगर चाचा, यह तो भारी जुलुम है न ? कम-से-कम मिनिस्टर के यहाँ तो बेइंसाफी नहीं चलनी चाहिए !"

"अभी तुम बच्चा हो," चपरासी मुस्कुराया, "अरे, इन्हीं कोठियों के अंदर तो अन्याय पनाह लेता है आकर ! सरकार अभी इन्हीं कोठियों और बँगलों में कैद है, उसे तुम तक पहुँचने में दस-बीस वर्ष लग जाएँगे अभी !"

समझा-बुझाकर और चुमकार-पुचकारकर चपरासी ने रिक्शावाले को रवाना किया।

संपादकजी मंत्री महोदय से बातें कर रहे थे, ऊपर दुतल्ले पर। मुलायम कुर्सियाँ,

गद्देदार कोच, मोटे कोचोंवाली गोल-गोल नफीस तिपाइयाँ। दीवार पर एक ओर बापू, दूसरी तरफ विनोबा। बाहर खिड़कियों और दरवाज़ों में काटेज इंडस्ट्री के कीमती चटकीले पर्दे झूल रहे थे।

बातों का सिलसिला अयूब खाँ, दिल्ली की भारत प्रदर्शनी, राष्ट्रसंघ में मेनन का भाषण आदि को छूता हुआ पत्रकारिता पर आ गया। दो अंग्रेज़ी दैनिक थे राज्य में। एक सरकार का पूरा साथ दे रहा था, दूसरा तना हुआ था क्योंकि उसका दक्षिणी संपादक स्वाभिमानी था। मुख्यमंत्री के गुटवाले उसे सनकी कहते थे।

दिवाकरजी अपने मतलब की बात पर आ गए, "आठों लेख छप चुके हैं, चार और ले आया हूँ। इन्हें बिहार के बाहर छपने के लिए लिखा है।"

टाइप किए हुए चारों लेख मंत्रीजी के हाथों में आ गए। उन्होंने प्रसन्न आँखों से देखा, 'बिहार की सांस्कृतिक देन,' 'बौद्धधर्म और बिहार,' 'भारतीय दर्शन के विकास में बिहार का स्थान,' 'संस्कृतियों का संगम-स्थान बिहार'—चारों शीर्षक मंत्रीजी को अच्छे लगे।

मंत्रीजी ने काले रंग की 'माउंट ब्लैक' पेन निकाली और शीर्षकों के नीचे अपना नाम बैठा दिया...सोचा, कितने चाव से लोग इन्हें पढ़ेंगे ! इस राज्य के एक शासक की विद्वत्ता का लोहा उन्हें मानना ही पड़ेगा...और पाँच साल के बाद भी लोग मुझे याद रखेंगे...कीर्तिर्यस्य स जीवति !

दिवाकरजी ने कहा, "बीस-पच्चीस हो जाएँ तो इनका संकलन पुस्तक के रूप में निकल आएगा। प्रकाशक तो अभी से तैयार बैठा है। आप भी उसे पहचानते हैं।"

"कौन ?" मंत्रीजी ने जम्हाई लेकर पूछा।

दिवाकरजी बोले, "तिलकधारीदास...और कौन है वैसा भक्त आपका ? मैंने तो कह दिया है कि अगले वर्ष मिलेगा। छपाई लेकिन कलकत्ते की रहेगी। मान गया है जानकी बाबू !"

आनरेबुल मिनिस्टर जानकी बाबू का चेहरा खुशी में चमक उठा, कहने लगे, "दिवाकरजी, आपने ठोंक-पीटकर मुझे साहित्यकार बना दिया ! देखिए न, उत्तर प्रदेश की एक साहित्यिक संस्था ने अपने वार्षिक समारोह का उद्घाटन मुझसे करवाना चाहा है...उन्हें क्या पता कि जानकीनाथ साइंस का स्टूडेंट था...बतलाइए, अब मैं क्या करूँ ?"

"स्वीकृति का पत्र फौरन भिजवा दीजिए," दिवाकरजी ने चुटकी बजाकर कहा, "मैं नीचे सेक्रेटरी साहब से कहके अभी पत्र भिजवा देता हूँ..."

जानकी बाबू का माथा फिक्र में हाथ पर टिक गया। सोचने लगे, 'उद्घाटनवाला भाषण दिवाकरजी पहले ही तैयार कर लेंगे और वह छपवा भी लिया जाएगा। लेकिन समारोह के समय वहाँ के साहित्य-प्रेमियों से मैं बातचीत क्या कर पाऊँगा ? राजनीति की तरह साहित्य की भी अपनी समस्याएँ होंगी और मैं उन्हें क्या समझूँगा ?...लोग मुझे बौड़म कहेंगे !'

मंत्री महोदय युवक थे और लाज-शरम अभी कुछ शेष थी, उन्होंने उद्घाटनवाला

निमंत्रण कबूल नहीं किया। दिवाकर ने बहुत ज़ोर दिया मगर वे राज़ी नहीं हुए।

दस-दस के बीस नोट मंत्रीजी ने थमाए तो दिवाकर की तबीयत खिल गई। खानसामा दालमोठ-समोसे और रसगुल्ले रख गया था। मंत्रीजी का इंगित पाकर दिवाकरजी उधर झुक गए।

ज़रा देर बाद कॉफी के दो प्याले आए।

कॉफ़ी पीते समय बातें भी चलती रहीं। "लोगों में नैतिकता का अभाव हो गया है," दिवाकरजी ने कहा, "नैतिकता का रोना तो सभी रोते हैं किंतु अमल के वक्त सबकी आँखें मुँद जाती हैं..."

जानकी बाबू बोले, "हमारी आँखें मुँदती तो नहीं लेकिन आँखें खुली रखकर भी बाज़ वक्त हम मजबूर होते हैं..."

"हुँ" दिवाकरजी ने अनमनेपन का अभिनय किया। मन ही मन बोले, "मैं लेख लिखता हूँ, वे आपके नाम से छपते हैं और मैं आपसे रुपए पाता हूँ...आपको भी अच्छा लगता है। और मुझको भी अच्छा लगता है !"

"लेकिन दिवाकरजी," मंत्रीजी ने बात की कड़ी जोड़ी, "तीसरी पंचवार्षिक योजना के सफल होते-होते हमारे देश की कायापलट हो जाएगी। आर्थिक विकास के बाद राष्ट्र का एक-एक व्यक्ति नैतिकता का प्रहरी होगा और तब हमारे सारे सपने पूरे होंगे..."

फोन की घंटी बज उठी तो मंत्री महोदय ने उधर हाथ बढ़ाकर रिसीवर उठा लिया...

राज्यपाल नेपाल-नरेश के सम्मान में चाय-पार्टी दे रहे थे परसों, उसी में शामिल होने का अनुरोध था...

जानकी बाबू ने प्रसन्नतापूर्वक स्वीकार कर लिया और फोन रख दिया। पश्मीने का स्लेटी रंगवाला कुर्त्ता...चंदन की मैसूरी बटन के चारों दाने...सोने की नगदार अँगूठी...नीचे पैरों के पास चीनी मॉडल की चप्पलें...कुल मिलाकर मंत्री महानुभाव अधिकाधिक भव्य लग रहे थे। पासवाली गोल तिपाई पर अंग्रेज़ी के पाँच-सात दैनिक पड़े थे। कोने के बुकशेल्फ पर अपनी क्लासिक मुद्राओं में 'तीन बंदर' मानो इधर ही रुख किए हुए थे।

दिवाकर अभी कुछ देर और बैठते लेकिन उन बंदरों ने ही शायद उन्हें मना किया। मंत्रीजी को नमस्कार करके निकल आए।

बेली रोड के नुक्कड़ पर पान की दूकान थी। चार बीड़े पान, चुटकी-भर ज़र्दा और चूना...रिक्शा बिना बुलाए ही सामने आके खड़ा हो गया था।

दिवाकरजी लौटे तो मुंशी मनबोधलाल कुतिया के बच्चों की निगरानी कर रहे थे। दूकान के नीचे, सड़क के किनारे बोरी बिछा दी थी। दोनों पिल्ले आराम से लेटे थे और पूस की दुपहरी में धूप सेंक रहे थे। कुतिया आश्वस्त थी, पास ही खड़ी पूँछ हिला रही थी। बीच-बीच में ओठों पर पतली जीभ फेर लेती थी।

दिवाकर को यह दृश्य अद्‌भुत लगा, बरबस खड़े हो गए।

मुंशीजी ने कहा, "क्या देख रहे हैं, सम्पादकजी ?"

"नर्सरी देख रहा हूँ आपकी," दिवाकर बोले और मुस्कुराते रहे। निगाहें बारी-बारी से कुतिया पर, पिल्लों पर और उनके आश्रयदाता पर पड़ रही थीं।

मनबोधलाल का भांजा दूकान के अंदर से बोला, "यह एक अच्छा खटराग पाल लिया है मामा ने ! इन्सान भी जच्चा-बच्चा का इतना खयाल नहीं रखता है...बुढ़उती में मामा का दिल कितना मुलायम हो गया है !"

गर्दन सहलाते-सहलाते दिवाकर ने कुतिया की ओर दाहिना हाथ उठाया, कहने लगे, "यह तो साल-भर बीमार थी ! देखो न, समूचे बदन पर बाल नहीं उग सके हैं अब भी ! कुत्तों की बिरादरी में अगर कहीं कोई बदसूरत भिखारिन रही होगी तो बस वह यही है...मैंने समझ लिया था कि मर गई होगी, गीध और स्यार नोच-नोचकर खा गए होंगे...लेकिन यहाँ तो ठूँठ में से कोंपलें निकल आई हैं, वार रे विधाता के चमत्कार !"

कुतिया पिल्लों को छेड़ना चाहती थी मगर मुंशीजी उसे रोक रहे थे। मकान के छज्जे की छाँह बोरी का पीछा कर रही थी लेकिन मनबोधलाल धूप की तरफ बढ़ा देते थे। लगता था कि कुतिया का पेट भरा हुआ है। वह पिल्लों को छोड़कर अलग जाना नहीं चाहती थी और मुंशीजी ही उसे भगाना चाहते थे। शोख और सयानी बेटी की तरह कुतिया उनके इर्द-गिर्द मँडरा रही थी। वह बैठे हुए थे। मुँह के अंदर सुपारी का टुकड़ा था, जबड़ों में हरकत थी। निगाहें ममता में डूबी हुईं। चेहरे पर स्वाभाविक खुशी और तरल गंभीरता।

कुतिया अपने बच्चों के प्रति मुंशीजी की इस ममता को अच्छी तरह समझ रही थी। कृतज्ञता के तौर पर वह उनकी बाँहों को, घुटनों को, पीठ को, पैरों को सूँघ लेती थी रह-रहकर। एक बार उसने मनबोधलाल की कलाई चाट ली तो बेचारी को झिड़की खानी पड़ी !

दिवाकर दस मिनट खड़े रहे दूकान के पास। मुंशीजी का भांजा उनसे बातें करता रहा।

अंदर जाने लगे तो मुंशीजी ने कहा, "बच्चे तो सबके बराबर होते हैं न संपादकजी ? बस, दस-बीस रोज़ की कसर है। फिर तो दोनों पिल्ले खुद ही उछलते फिरेंगे। नहीं संपादकजी ? मैं ठीक कहता हूँ न ?"

भांजे को हँसी आ गई, बोला, "और कुतिया को दोनों जून भात और मसूर की दाल खिलाते हो। लो, अब हर साल अगहन-पूस में खिदमत करते रहो साली की...ना, मैं नहीं चलने दूँगा मिशनरी का यह सेवाश्रम...नाव पर चढ़ाकर मैं इसको गंगा के उस पार सबलपुर के दियारे में छोड़ आऊँगा संपादकजी !"

"सुन ली मुंशीजी आपने ?" दिवाकर ने गर्दन घुमाकर कहा। उनका एक पैर मकान के सदर फाटक के अंदर पड़ चुका था। भूख लग आई थी लेकिन मनबोधलाल

की ममता का जादू दिमाग पर छा गया था...यह मक्खीचूस और जाहिल आदमी अपने अंदर ऐसा बढ़िया दिल छिपाए हुए है !...पथरीले मैदान के अंदर मीठे पानी का यह स्रोत !...दिवाकर मनबोधलाल की ओर देख रहे थे।

भांजे की बात का जवाब नहीं दिया मुंशीजी ने और न घूमकर दिवाकर की तरफ देखा ही।

वे बारी-बारी से पिल्लों की पीठ और गर्दन सहला रहे थे।

सात

कल देवर आया था और दिन में ग्यारह से चार बजे तक बातें करता रहा।

आज कंपाउंडर की बीवी बेहद खुश नज़र आ रही थी।

मछली मँगवाई थी आधा सेर, डेढ़ रुपए की। मुँगेरीलाल को यह अच्छा नहीं लगा। बोला, "पंद्रह तारीख के बाद बाज़ार से रुपए-दो रुपए की चीज़-बस्त मत मँगवाया करो, हाथ खाली रहते हैं न ?"

बीवी सरसों पीस रही थी, मछली के झोल में डालने के लिए। छमककर कहा, "अपनी जेब तो देख ली होती...किसी के पैसे नहीं छुए हैं मैंने !"

"अच्छा बाबा, जल्दी करो !" कंपाउंडर साइकिल की झाड़-पोंछ में लगा था, झल्लाकर बोला।

"कै बजे हैं ?"

"सवा नौ। वक्त नहीं रह गया है अब।"

"तो आओ न !"

उसे मालूम था कि अभी इन्हें पंद्रह मिनट लग जाएँगे, तब तक मछली का झोल तैयार हो जाएगा। पत्थर के कोयले की आँच में यही तो खूबी है कि पकने-सीझने में देर नहीं लगती।

रेहू मछली मुँगेरीलाल को प्यारी थी। खाने बैठे तो छै टुकड़े खा गए। भिंडी की भाजिया थी, छुई तक नहीं।

पान की गिलौरी मुँह के अंदर दबाकर साइकिल सँभाली और बाहर निकल आए बाबू मुँगेरीलाल।

घरवाले से फुर्सत पाकर कंपाउंडर की बीवी ने चूल्हे पर पानी-भरा पतीला बैठा दिया। कई रोज़ से नहाई नहीं थी और दो-तीन हल्के कपड़े भी साफ करने थे। पति की जूठी थाली में ही माछ-भात परोस लिया। साढ़े दस बजे यह उसका 'ब्रेकफास्ट' था।

भुवनेसरी आ धमकी, पूछा, "गंगा आज भी नहीं गई जीजी ?"

"काफी देर लग जाती है," भरे गालोंवाले मुँह से मोटी आवाज़ का जवाब आया। वह खा रही थी।

"तो हम साथ नहाएँगे !"

"इसी बाथरूम में ?"

"हाँ, इसी में। क्यों, तुमको शरम लगेगी ?"

"नहीं, छोटा है बाथरूम।"

"दिल में तो बैठा लोगी न ?"

कंपाउंडर की बीवी को भुवन के इस सवाल पर शरारत सूझी। बाएँ हाथ से उसने भुवन को पास बुला लिया। कान से मुँह लगाकर कहा, "अच्छा होता कि मैं तेरा मर्द होती..."

"उँह..." भुवनेसरी ने उसके गाल में चिकोटी काट ली।

कंपाउंडर की बीवी खा चुकी थी। मछली का एक अच्छा-सा टुकड़ा बाकी बचा था। उसमें से आधा तोड़कर भुवनेसरी के मुँह में ठूँस दिया उसने, बोली, "ले, खा भी तो ! यह चीज़ बैकुंठ में भी नहीं मिलती है भुवन !"

भुवन ने गर्दन घुमाकर दरवाज़े की ओर शंकित दृष्टि से देखा, "नहीं, कोई नहीं देख रहा है। बुआ ? बुआ तो सो रही हैं। वह यहाँ कहाँ से आएँगी। कोई नहीं देख रहा है भुवन, बल्कि वह दूसरा आधा टुकड़ा भी ले सकती हो !..."

हाथ-मुँह धोते-धोते भुवन ने बतलाया, "मैं बचपन में मछली खाती थी, बाद में उन लोगों ने कसम देकर छुड़वा दिया।"

"ससुरालवालों ने ?"

भुवनेसरी चुप रही। उसे पछतावा होने लगा कि क्या निकल गया जुबान से ! बुआ ने मना किया था न ? ठीक ही मना किया था। ज़्यादा मेल-मिलाप दिल को घुला डालता है...भुवनेसरी लाख अपने को समझाती है, लाख धमकाती है अपने को ! मगर मन नहीं मानता। कंपाउंडर की बीवी क्या कोई मामूली डायन है ? ऐसा जादू कर दिया है कि न मन को चैन न तन को चैन ! मदारी की तरह उसने भुवन को अपने काबू में कर लिया है, उसके बिना भुवन रह ही नहीं सकती...तो, आहिस्ता-आहिस्ता क्या वह भुवन की सारी बातें मालूम कर लेगी ?...डर के मारे भुवनेसरी को पसीना आ गया।

पान की दो गिलौरियाँ बनाईं। एक अपने लिए, दूसरी भुवनेसरी के लिए। कंपाउंडर की बीवी पान की शौकीन तो थी ही, ज़र्दा भी फाँकती थी। घरवाला लेकिन सिगरेट धूँकता था।

भुवनेसरी पर कंपाउंडर की बीवी को दया आने लगी थी। अब वह भुवन के मर्म तक पहुँचना चाहती थी, उसकी व्यथा के बारे में जानना चाहती थी। बुआ और चाचा के सिलसिले में उसने अब ज़्यादा से ज़्यादा सोचना शुरू कर दिया था। ईर्ष्या और द्वेष के बदले ममता और प्यार छलकने लगे थे।

बुखार चढ़ा था तो भुवनेसरी खाना पका गई थी। कंपाउंडर को होटल में नहीं खाना पड़ा था। सारा दिन इसी घर में रही थी, गिरस्ती के छोटे-मोटे सभी काम किए थे।

दूसरे परिवार में इस तरह भुवन का घुलना-मिलना बुआ को पसंद नहीं था। लेकिन न तो कंपाउंडर की बीवी से रहा गया और न भुवन से। साधारण परिचय अब गाढ़ी आत्मीयता में बदल रहा था। कई बार दोनों साथ सिनेमा देख आई थीं। बुआ ने भी टोकना छोड़ दिया था। उसे कंपाउंडर की बीवी घूस के तौर पर बाज़ार से चटोरी चीज़ें ला देती थी। घंटों बैठकर गप्पें लड़ाती और पास-पड़ोस के बारे में गलत-सही सूचनाएँ पहुँचाती।

भुवनेसरी के पीठ के निशानों के बारे में कंपाउंडर की बीवी ने फिर पूछ दिया, "महात्मा ने पीटा था या राक्षस ने ?"

आज वह कुछ नहीं बोली, चुप रह गई। सोचने लगी, 'अब खुलने में कोई हर्ज नहीं है।'

सहानुभूति से लगातार सींचा हुआ हृदय ही वह भूमि है जहाँ विश्वास का अंकुर फूटता होगा...

बाथरूम से पेटीकोट पहने बाहर निकल चुकी थीं दोनों। कंपाउंडर की बीवी ने ट्रंक से दो साड़ियाँ निकालीं। एक साड़ी मद्रासी थी, दूसरी बंगाल के हैंडलूम की। मद्रासी साड़ी भुवन को थमाती हुई वह बोली, "मेरी कसम, ना मत करना ! बस पहन ही ले ! मेरे कोई बहन नहीं थी, अब आज से तू बहन हुई मेरी ! समझा न ?"

ऐसा अपनापा ! इतना प्यार !...भुवनेसरी की आँखें गीली हो आईं, होंठ फड़कने लगे। एक भी अक्षर मुँह से निकल नहीं पाया। विह्वल मुद्रा में वह दो मिनट खड़ी रह गई।

कंपाउंडर की बीवी का मायके का नाम था निर्मला। प्यार में लोग 'नीरू' कहते थे। यह सब एक बार वह भुवन को बता चुकी थी। इस समय लेकिन वह दीदी की विशुद्ध भूमिका में विराजमान थी—सगी बहन की गाढ़ी ममता उसकी निगाहों में छलक रही थी।

भुवन को पशोपेश में देखकर वह आगे बढ़ आई, बाँहों में लेकर छाती से लगा लिया। भीगी आवाज़ में कहने लगी, "ठीक है कि मैं तेरे लिए ज़्यादा कुछ कर नहीं सकती, मामूली हैसियत है हमारी। लेकिन तुझे मैं सगी बहन का प्यार ज़रूर दे सकूँगी...जाने किन मुसीबतों ने तुझे यहाँ तक पहुँचाया है ! जाने किस्मत तुझे कहाँ-कहाँ भटकाएगी ! एक बार बिछुड़कर फिर दुबारा जाने हम कब मिल पाएँगे !..."

नीरू ने ठुड्डी उठाकर भुवन का चेहरा देखा। उसकी आँखों से आँसू बहे थे। हाथों से साड़ी थामे थी, जिसकी ऊपरी तह जगह-जगह भीग गई थी...लंबी छरहरी सुडौल देह, गोल गर्दन, गठी हुई बाँहें...घुटी हुई रुलाई ने चौड़े कंधों में सिकुड़न पैदा कर दी थी...

अपनी साड़ी के पल्ले से भुवन के आँसू पोंछते-पोंछते बोली, "पगली कहीं की, इस तरह रोया नहीं करते ! कभी कुछ बताया भी तो नहीं तूने ! चाहे कैसी भी है, मेरी बहन है तू..."

सूखने के बदले आँसू और भी वेग में आ गए। अब तक की घुटी हुई रुलाई हिचकियों के रूप में फूट निकली। भुवन ने निढाल होकर अपना सिर नीरू के कंधे पर डाल दिया।

नीरू ने ले जाकर उसे पलँग पर बिठाया और दरवाज़ा बंद कर आई।

भुवन ने उठकर साड़ी पहन ली। मुँह धो आई और दीवार की खूँटी में लटकते आईने के सामने खड़ी हुई। बड़ी-बड़ी आँखें आँसू बहाते-बहाते सुर्ख हो गई थीं। बरौनियों के छोटे-छोटे मुलायम बाल बड़े और कड़े दीख रहे थे। पपोटों पर बारीक नसें उभर आई थीं। कपार की मोटी नसों में कंपन मौजूद था। चेहरे का रंग मानो अब तक चिढ़ा था।

कंघी ले आई और बाल सँवारने लगी।

निर्मला ने कहा, "ला, मैं सँवार दूँ !"

भुवनेसरी ने माथा हिलाकर इंकार किया, बोली, "लपेटकर बाँध लूँगी।" क्षण-भर बाद गंभीर हो गई। पलकें उठाकर कहा, "दीदी, तुम मुझसे अलग ही रहतीं तो अच्छा था। मैं अभागिन हूँ, जीवन-भर अभागिन ही रहूँगी। अंदेशा इसी बात का है कि मेरी बदनसीबी कहीं तुमको भी न छू ले।...जिसे भुवन कहती आई हो वह भुवन नहीं, इंदिरा है। पिताजी ने इंदिरा रखा था मेरा नाम...दीदी, तुम मुझे इंदिरा ही कहा करो ! बोलो, कहोगी न इंदिरा ?"

"हाँ, अब से इंदिरा ही कहा करूँगी।" नीरू बोली।

"लेकिन अकेले में।"

"हाँ, अकेले में।"

"दीदी भी अकेले में ?"

"हाँ, अकेले में।"

खट्-खट्-खट्-खट्।

"देखती हूँ, कौन है...इंदिरा, तू जल्दी में तो नहीं है ?"

"नहीं दीदी, देखो कौन है।"

कंपाउंडर की बीवी ने दरवाज़ा खोला। सामने डाकिया खड़ा था। बगल में चमड़े का थैला...आँखों पर चश्मा, कान की जड़ में पीली पेन्सिल लगी थी।

"रजिस्ट्री है... बाबू मुँगेरीलाल--दसखत करके आप ले लीजिए, दसखत नहीं करेंगी तो कैसे मिलेगा ?"

वह वापस अंदर हुई, भुवनेसरी ने पूछा, "कर दूँ दसखत ?"

"तो क्या हर्ज है इसमें !" भुवनेसरी ने भौंहें कड़ी करके उसका साहस बढ़ाया, "एक-आध हरफ की गलती हो फिर भी दसखत करके रजिस्ट्र ले लो, ज़रूरी है तभी तो रजिस्ट्री आई है दीदी !"

आखिर कंपाउंडर की बीवी ने एक्नौलेजमेंटवाली स्लिप पर हस्ताक्षर किया... निमला देवी। डाकिया मुस्कुराया, "देवीजी ने अपने नाम में 'नि' के बाद आधा 'र्' छोड़

दिया था, जल्दबाजी में।" खैर, रजिस्ट्री चिट्ठी मिल गई।

खोलकर देखा, मायके का खत था। फागुन सुदि पंचमी बुधवार...छोटे भाई की शादी है...

"जाना ही पड़ेगा," नीरू बोली, "इंदिरा, तू भी चलना साथ। तेरी तबीयत बहल जाएगी और तेरी वजह से मैं जल्दी वापस आ सकूँगी।"

भुवन ने कहा, "और बुआ ?"

"झाडू मार इस बुआ को !"

"सच ! वह मुझे जाने देगी ?"

"तू हाँ तो कर पहले !"

"मेरे हाँ करने से क्या बनेगा दीदी ?..."

"और तेरी दीदी क्या कोई तदबीर नहीं भिड़ा सकती ?"

भुवनेसरी को ध्यान आया, दीदी ने दरवाज़ा खुला ही छोड़ दिया है। वह जाकर साँकल चढ़ा आई। कम्पाउंडर की बीवी ने आदि से लेकर अंत तक कई बार खत को पढ़ा। फिर भी तसल्ली नहीं हुई तो बोली, "ले इंदिरा, सुना तो पढ़कर !"

समूची चिट्ठी सुनाकर भुवनेसरी ने कहा, "वाह, लिखावट कैसी बढ़िया है ! किसने लिखा है दीदी ? तुम तो ज़रूर पहचान गई होंगी..."

"लो, मैं ही नहीं पहचानूँगी..." दाएँ हाथ की दूसरी उँगली को ठोड़ी में धँसाकर वह बोली, "मझले भइया की घरवाली दर्जा दस तक पढ़ी-लिखी है न ! माँ ने उसी से लिखवाया है। मेरे मायके में इतनी अच्छी लिखावट किसी की नहीं होती, एक नागेसर को छोड़कर। और वह नागेसर ? पढ़ा-लिखा है लेकिन गाँव नहीं छूटता है उससे। पाटी का काम करता है। घर में एक पैसा भी नहीं दिया है आज तक। आदमी लेकिन हीरा है...इंदिरा, मैं तुझे उससे ज़रूर मिलाऊँगी, ज़रूर।"

आठ

बी.एन. शर्मा।

हाँ, फाटकवाले दरवाज़े पर चाक से यही नाम लिख दिया था किसी ने। और भुवनेसरी का 'चाचा' सचमुच इसी नाम से हस्ताक्षर करता था—बी.एन. शर्मा—उसका पूरा नाम क्या है, सबको मालूम नहीं था। लोगों से मिलना-जुलना भी उसका कम ही था। हाँ, तिलकधारीदास की दूकान उसके लिए अपरिचित जगह नहीं थी। दासजी के साथ रिक्शे पर भी शर्मा को कभी-कभी देखा जा सकता है।

मुंशीजी अपने इस किराएदार के भी प्रशंसक थे। किराएदार की भलमनसाहत का एक ही मापदंड मनबोधलाल का था : ठीक दूसरी तारीख को पूरी रकम थमा दे। बेशक, ऐसा वही करेगा जो सरकारी सर्विस में होगा। यूनिवर्सिटी, हाईकोर्ट, दरभंगा के

महाराजा का 'इंडियन नेशन' वाला दफ्तर...वक्त पर वेतन देनेवाली संस्थाओं में इनकी भी अच्छी शुहरत थी। बाकी जगहों में काम करनेवाले लोगों के बारे में मुंशीजी को तसल्ली नहीं थी। इसीलिए कमरा या खोली देने से पहले किराएदार से वे बीस किस्म के सवाल करते थे। पत्रकारों, कलाकारों, कवियों, साहित्यकारों और राजनीतिक कार्यकर्ताओं से कतराना मनबोधलाल का स्वभाव हो गया था।—ठीक वक्त पर किराया देनेवाले उनकी निगाहों में शराफत के पुतले थे। और जो दो-दो, तीन-तीन महीनों का एडवांस थमा दे, वह तो मनबोधलाल का मसीहा था। शर्मा और दासजी मामूली किराएदार नहीं थे, सर्वगुण-संपन्न मसीहा थे उनके लिए।

शर्मा अभी पंद्रह-बीस रोज़ बाद वापस आया था। साथ एक युवती और थी, शकल-सूरत से नेपाल की लगती थी लेकिन मैथिली सर्राटे से बोलती थी।

भुवनेसरी को समझते देर न लगी कि रिश्ते की यह 'बहन' किस मतलब से लाई गई होगी। वह नेपालिन से अकेले में मिलना चाहती थी, बातें करना चाहती थी। मगर मौका ही नहीं मिलता था। हमेशा उसे बुआ की निगरानी में रखा जाता था।

कमरे थे तीन, बरामदा एक था। नीचेवाला एक कमरा बुआ ने दखल कर रखा था। ऊपर शर्मा खुद रहता था। बाईं तरफवाले कमरे में घरेलू वस्तुएँ रखी रहती थीं। अनाजों से भरे कनस्टर, ट्रंक, पुराने जूते, आलू-प्याज का टोकरा, चलनी वगैरह। शर्मा का कमरा बंद रहता, अनुपस्थिति में चाबी बुआ के ज़िम्मे होती।

पिछली रात टेबुल लैंप ऊपर देर तक जलता रहा था।

आज सवेरे ही बुआ ने भुवनेसरी से कहा, "दादा दो-एक रोज़ के लिए बाहर जा रहे हैं, तू भी जाएगी साथ।"

जिज्ञासा-भरी दृष्टि से भुवन बुआ की ओर देखती रही, हाथ पापड़ों को एक-दूसरे से अलग कर रहे थे। बुआ बोली, "हाँ, गाड़ी एक बजे जाती है।"

भुवन का माथा ठनका, 'मुझे आज बेचने तो नहीं जा रहे हैं ? मनोरमा को भी इसी तरह कहीं छोड़ आए थे...अच्छा जजमान कोई फँसा होगा...कितने में बेचेंगे मुझे ? तीन हज़ार में ? पच्चीस सौ में ? पंद्रह सौ में ?...इसीलिए शाम को कल दो नफीस साड़ियाँ आई हैं ! चमकीले ब्लाउज़...नकली हीरे के टाप्स...नेल पालिश...लिपस्टिक... स्नो और पाउडर....' सिर चकराने लगा भुवन का।

खाना तैयार हो चुका था। बुआ पहले खा लेगी, चाचा पीछे बैठेंगे खाने। भुवन पापड़ सेंकने लगी तो पहला पापड़ जल गया। लगा कि किसी ने चिमटे से पकड़कर उसे ही भट्ठी के अंदर लटका दिया है और वह जल रही है...चट्-चट्-चट्...ज़लते हुए कच्चे मांस की तीखी गंध...हुँ...आतंक की कल्पित अनुभूति तीव्रता के छोर पर आ गई तो दूसरा पापड़ भी चिमटे से दहकती सिगड़ी के अंदर जा पड़ा।

जलते पापड़ की सोंधी-तीखी गंध बुआ तक पहुँची, नथुने फड़क उठे। चीख पड़ी, "क्या हो रहा है भुवन, पापड़ों से ही हवन कर रही हो ? किससे सीखा है यह मंत्र ?"

भुवनेसरी कुछ नहीं बोली, सँभल ज़रूर गई। फिर दो-तीन पापड़ सेंके।

बुआ के सामने थाली रखकर बोली, "कंपाउंडर की बीवी के पास अपनी दो किताबें, स्वेटर की एक बाँह और क्रोशिए पड़े हैं, ले आऊँ जाकर।"

सिर हिलाकर बुआ ने मना किया। कौर निगलकर कहा, "लौट ही तो आएगी कल...जाके वापस आना है, बस !"

लड़की को बुआ की इस बात से ज़रा-सी तसल्ली हुई और माथा हल्का हुआ।

माथा तो हल्का हुआ लेकिन मन का खटका लगा रहा, नहाने गई तो देर तक धार बंबे से गिरती रही और भरी बाल्टी का पानी उमड़-उमड़कर नीचे फैलता रहा।

भुवन जाने कब तक बाथरूम में बैठी रह जाती अगर नेपालिन आकर टूटी किवाड़ न खटखटाती...नहाने का घर क्या था माचिस की डिबिया थी। एक किवाड़ नदारद, दूसरा किवाड़ टूटा हुआ...अंदर चौखटे की दोनों ओर किसी पुण्यात्मा ने कीलें ठोंक दी थीं, उन्हीं कीलों में चादर उलझाकर पर्दा कर लिया था भुवनेसरी ने। गर्दन लंबी करके मात्र सिर बाहर निकाला, बोली, "बस दो मिनट और !"

नेपालिन वापस गई।

कपड़े बदलकर चौखट की कीलों से पर्दावाली चादर उतारने ही वाली थी, कि कंपाउंडर की बीवी ने झाँका। उसके हाथ काले थे। पलकें झपककर मुस्कुराई, कहा, "हाथ ही धोने हैं, तुम इत्मीनान से नहाओ !"

"आओ। आओ !..." भुवन ने फुसफुसाकर लेकिन बेचैन मुद्रा में कहा, "बस आज तो तुम्हारी इंदिरा का..."

आगे शब्द नहीं थे लेकिन गला काटने का संकेत साफ था...दाहिनी हथेली को गर्दन से भिड़ाकर रेतने का इशारा !

कंपाउंडर की बीवी अनहोनेपन की दहशत के मारे दो कदम पीछे हट गई। समझ में नहीं आया कि आखिर हुआ क्या ! भुवन ने आगे बढ़कर उसका हाथ पकड़ लिया और अंदर बाथरूम में खींच लिया। कान में बोली, "अभी मुझे वह बाहर ले जा रहा है। शायद कोई खरीदार मिल गया है..."

"हाय !" कंपाउंडर की बीवी के मुँह से निकला, "पहले क्यों नहीं बतलाया इंदिरा, अब इस वक्त मैं क्या करूँ ?"

"मैं कल लौट आऊँगी दीदी !"

"सच इंदो ?"

"चुड़ैल कह तो रही थी।"

"मगर तूने पहले क्यों नहीं बतलाया ?"

"मुझे खुद भी मालूम नहीं था...लेकिन हाथ तो धो लिए होते !"

निर्मला ने हाथ आगे बढ़ा दिए। इंदिरा मग से पानी डालती रही। नीरू की आँखों में एकाएक चमक आ गई। तेज़ निगाहों से उसने इंदिरा की आँखों में देखा। उन आँखों में बुझती आशा का अथाह सूनापन लहरा रहा था, भविष्य की अनिश्चितता का कुहासा।

भुवनेसरी की कलाई पकड़कर कंपाउंडर की बीवी ने दृढ़तापूर्वक कहा, "अब तुझे

कोई बेच नहीं सकता, न खरीद ही सकता है कोई। तुझ पर तो अब मेरा ही हक है। मैंने तुझे अपना दिल देकर खरीद लिया है। देखूँ, कौन मेरी बहन का गला काटता है !"

"लेकिन..." कलाई छुड़ाते हुए भुवन कुछ कहने लगी तो कंपाउंडर की बीवी ने बायाँ हाथ उसके मुँह पर रख दिया और झल्लाकर कान में कहा, "लेकिन-फेकिन नहीं सुनूँगी इस वक्त ! निकल यहाँ से, चल मेरे साथ।..."

भुवन का हाथ पकड़कर वह उसे रहने के अपने हिस्से में ले आई। अंदर सोने के कमरे में डाल दिया। बोली, "घबड़ाना नहीं इंदो, आज से तेरी नई ज़िंदगी शुरू हुई...उन शैतानों से मैं निबट लूँगी, तू रत्ती-भर फिक्र न कर..." पीठ पर हाथ फेरकर कंपाउंडर की बीवी ने भुवन को चूम लिया।

भुवन रो रही थी, शब्दों का मानो उसके लिए कोई अस्तित्व ही नहीं रह गया था। उसका क्या होनेवाला है ? कौन-सा तूफान आनेवाला है आगे ? एक कम पढ़ी-लिखी औरत, जो खुद ही किसी अधेड़ मर्द की दूसरी बीवी है, उसके लिए भला क्या कर सकेगी ? शर्मा क्या भुवन को यों ही छोड़ देगा...? एक साथ ही बीसों सवाल भुवन के दिमाग को भूनने लगे और वह रो रही थी।

कंपाउंडर के कब्ज़े में दो कमरे थे, बरामदा था, छोटा-सा आँगन था। सोनेवाला कमरा मकान-मालिक के उस हाल से लगा हुआ था, जिसमें वह अनाज और सीमेंट की बोरियाँ रखा करता था। टूटे फर्नीचर भी उसमें पड़े थे। गर्मियों में तरावट रहती थी, बैसाख-जेठ की झुलसती दुपहरिया मुंशी के परिवार को नीचे खींच लाती थी। अंदर ही अंदर ऊपर का रास्ता था।

कंपाउंडर की बीवी अपना दरवाज़ा बंद कर ही आई थी, अब कमरे की भीतर वाली खिड़की से कूदकर उस तरफ हाल में चली गई। सीढ़ियों से ऊपर पहुँचकर मनबोधलाल की पतोहू से सारी स्थिति संक्षेप में बतलाई तो उसने कहा, "मुझे क्या पता था कि कसाई आ गया है इस मकान में ? यह तुमने अच्छा किया कि भुवनेसरी को उसके चंगुल से निकाल लाई...लेकिन, अम्माँ और बाबूजी इस झमेले में नहीं पड़ना चाहेंगे ! अपने घरवाले से पूछ लिया था ?"

"नहीं, किसी से नहीं पूछा था," कंपाउंडर की बीवी बोली, "पूछने-पाछने का मौका ही कहाँ था ? और इस वक्त भी ज़्यादा सोचने का मौका नहीं है चुन्नू की माँ !"

चुन्नू की माँ धूप में बैठी थी, गोद में दो महीने का बच्चा दूध पी रहा था...फड़कते गाल और अधमुँदी आँखें...खुराक की मिठास और धूप की गर्माहट...बस, वह सोने ही वाला था।

कंपाउंडर की बीवी बच्चे पर झुक गई। प्यार-भरी नज़रों से क्षण-भर देखती रही शिशु की ओर...

मनबोधलाल की पतोहू ने जाने का इशारा करके उसके कंधे पर हाथ रखा, कहने लगी, "चलो, इसे सुलाकर आती हूँ। तुम इतने में भुवनेसरी को इधर हाल के अंदर ले

आओ, फौरन वापस जाकर खिड़की में अपनी तरफ से ताला लगा देना...सर्दी के इन दिनों में हमारे यहाँ का कोई भी हाल के अंदर नहीं झाँकता है...अम्माँ और बाबूजी प्रयाग से दस रोज़ बाद लौटेंगे। इनको तो खैर मैं मालूम होने ही न दूँगी...लेकिन तुम लड़की को रखोगी कहाँ ?"

"अब यह सब फिर सोच लिया जाएगा," कंपाउंडर की बीवी ने सीढ़ियों से उतरते-उतरते कहा और अदृश्य हो गई अगले ही क्षण।

खिड़की में ताला लगाकर वह खाने बैठी ही थी कि दरवाज़ा खटखटाया किसी ने। उठ गई, बाएँ हाथ से उसने साँकल खोली। सामने नेपालिन थी।

भुवनेसरी के बारे में पूछे जाने पर कंपाउंडर की बीवी ने बतलाया, "मैंने सुबह से ही उसे नहीं देखा है, बाथरूम में होगी..."

नेपालिन के चेहरे पर परेशानी थी, उदास स्वर में बोली, "बाथरूम में तो मैंने ही देखा था। पछीटे हुए कपड़े, बाल्टी, मग, साबुन...सारा कुछ बाथरूम में पड़ा है ! आप भी आके देखिए न ?"

कंपाउंडर की बीवी नेपालिन के पीछे-पीछे बाथरूम तक आ गई। विस्मय की मुद्रा में मुँह बनाया और पाखाने की ओर हाथ उठाकर कहा, "उधर देख आई हो ?"

"उधर ? हाँ, उधर भी देखा है।"

"इधर ?"

"जी, इधर भी।"

कंपाउंडर की बीवी ने महिम और दिवाकरजी वाले निचले-उपरले कमरों की ओर इशारा किया था। नेपालिन की परेशानी में वह भी हिस्सा बँटा रही थी कि शर्मा और बुआ भी बाहर निकल आए।

बुआ कंपाउंडर के आँगन में आ गई। बरामदा देखा, दोनों कमरे देखे।

बिना कुछ बोले ही वापस चली गई।

शर्मा दो-तीन बार नीचे-ऊपर देख आया। विभाकर स्कूल गया हुआ था। शास्त्रीजी गए थे भागलपुर। मर्दों में से अकेले महिम था।

शर्मा ने तीसरी बार महिम से पूछा तो उसने कड़ी आवाज़ में कहा, "माथा तो नहीं खराब हो गया है आपका ?"

सभी को पता था कि महिम शराब पीता है। शर्मा का लेकिन इस समय सचमुच दिमाग चकरा रहा था। सामने मुसीबत जो थी, वह इकहरी नहीं, दुहरी थी।

उम्मी की माँ और वह दूसरी पड़ोसिन बुआ को राय दे रही थीं कि शाम तक लड़की वापस नहीं आती है तो पुलिसवालों की मदद लीजिए। समय-साल ठीक नहीं है, जाने कौन उचक्का बेचारी को बहका ले जाए और कहीं की न रखे।

कंपाउंडर की बीवी नेपालिन से बार-बार बतला रही थी, "कल भुवन ने कई दफे गंगा चलने के लिए कहा था, आज सुबह भी कह रही थी। नल में नहाने से उसको संतोष नहीं होता है। शायद गंगा चली गई होगी..."

और नेपालिन का कहना था, "भला गंगा कैसे गई होगी, सबकुछ तो यहाँ पड़ा है बाथरूम में ?"

बुआ की तो मानो जीभ ही अकड़ गई थी, एक भी शब्द निकल नहीं रहा था मुँह से।

नौ

विभाकर ने कहा, "दीदी, आज रातवाली गाड़ी से मुझे वापस जाने दो। स्कूल में ग़ैरहाज़िरी बढ़ती जाएगी न ?"

"ज़्यादा नहीं रोकूँगी," इंदिरा बोली, "कल जाओगे। आज शाम को भइया, भाभी और बच्चे नाव से राजघाट जाएँगे, वापस भी आएँगे उसी नाव से। मुझे भी साथ जाना है और तुम्हें भी जाना होगा...कहते हैं, नाव से काशी की शोभा देखते ही बनती है और मैंने तुम्हारी तरफ से भी हाँ कर दी थी न !"

"कल भी तो न रोकोगी ?" विभाकर ने मुस्कुराकर पूछा।

इंदिरा ने कहा, "नहीं विभू, कल क्यों रोकूँगी !"

विभाकर के सामने 'आज' का रविवासरीय परिशिष्ट फैला था। पाँच साल की बच्ची करीब ही खेल रही थी...धुला चटकीला फ्राक, गेहुँआँ रंग का सुंदर मुखड़ा, चोटियों में पीला रिबन...प्लास्टिक का बेबी था सामने, उसकी बाँहों को कसरत करवाने में मशगूल थी।

विभाकर ने उसे छेड़ा, "दीदी, यह तो कल पटना जाएगी मेरे साथ...मुगलसराय में इसको अमरूद खिलाऊँगा। क्यों री कुंतल !"

कुंतल इनकारी मुद्रा में माथा हिलाती रही, बेबी को अब उसने गोद में लिटा लिया था। एक नज़र विभाकर की ओर डालकर बोली, "पटना नहीं जाऊँगी, अमरूद आप यहाँ भी खिला सकते हैं..."

"पेटू कहीं की !" अंदरवाले कमरे से माँ की आवाज़ आई तो बच्ची शरमा गई और खिलौने को अलग रख दिया।

इंदिरा ने उलाहने के स्वर में कहा, "आप भी खूब हैं भाभी ! एक-आध अमरूद आपको भी तो आखिर मिल ही जाता ! नहीं मिलता ?"

"वो ढेर-से अमरूद रखे हैं," कुंतल की माँ ने खाने की मेज़ की ओर हाथ उठाकर कहा, "मुझे तो जुकाम हो गया है मगर तुम क्यों नहीं लेती हो ?"

महरी को इशारा मिला मालकिन का। अगले ही क्षण अमरूदोंवाली चंगेरी इंदिरा के आगे थी। नमक और काली मिर्च की बुकनी भी आई।

इंदिरा ने एक बड़ा-सा अधपका अमरूद उठा लिया, चाकू से चार टुकड़े किए। नमक-मिर्च मिलाकर पहला टुकड़ा बच्ची को थमाने जा रही थी कि माँ की ओर देखकर

उसने इनकार कर दिया।

बेटी के स्वाभिमान पर ध्यान गया तो माँ बोली, "अब लेगी भी कि नहीं ? कौन-सी बात मैंने कही थी !"

कुंतल चुपचाप बाहर खिसक गई तो भागते-भागते छोटे साहब आए और अमरूद के दो टुकड़े चट से उठा लिए।

सभी हँसने लगे। छोटे साहब के गाल अमरूद की पिसाई कर रहे थे, निगाहें लेकिन हँसनेवालों के चेहरे तोल रही थीं। मुँह आधा खाली हुआ तो जैसे-तैसे बोले, "क्या किया है मैंने ? क्यों हँस रही हैं आप लोग ?"

और तीसरा टुकड़ा भी छोटे साहब ने उठा लिया, चौथा भी।

इस पर फिर हँसने लगे तीनों। माँ बोली, "राजीव, लगता है तू कई दिनों का भूखा है..."

चार फाँक करके दूसरा अमरूद भी इंदिरा ने राजीव की ओर बढ़ा दिया मगर उसने कहा, "नहीं बुआ, अब वो दीजिए चित्तियोंवाला ! दाँतों से काटके खाऊँगा..."

"बंदर !..." माँ ने कहा। उसकी निगाहें लाड़ को नहला रही थीं।

विभाकर और इंदिरा ने तीन-चार अमरूद खाए। उधर राजीव रेडियो खोलकर मद्रास से टेस्ट मैच की कमेंट्री सुनता रहा। भाभी सुई और धागों में उलझी रही, लैस तैयार होना था पेटीकोट के लिए।

विभाकर पान खाने के लिए गली के नुक्कड़ की ओर निकल गया। इंदिरा कहानी की कोई पत्रिका ले बैठी।

सदानंदलाल : निर्मला की अपनी मौसी का लड़का। पिता से बचपन में ही हाथ धोने पड़े। दर्जा आठ के बाद ही कलकत्ता पहुँचकर उसने अपने को जन-समुद्र के ज्वार-भाटे में डाल दिया...ट्यूशन और ट्यूशन और ट्यूशन...अपना खर्चा, माँ का खर्चा, पढ़ाई का खर्चा...श्रवणकुमार ने वर्षों तक अपंग माँ-बाप को ढोया था। खाँचों में बैठे-बैठे देश-दर्शन तो उनके लिए सहज था ही, सेवा भी सुलभ थी...माँ जब तक ज़िंदा रहीं, सदानंदलाल श्रवणकुमार की तरह उनकी खिदमत में जुटा रहा। कलकत्ते के लोकारण्य में यह श्रवणकुमार किसी दशरथ के शब्दबेधी बाण का शिकार नहीं हो पाया।...

स्वस्थ-सुंदर युवती। लड़कियों के गैर-सरकारी माध्यमिक स्कूल की अध्यापिका। रूढ़ि के बाड़े से बाहर निकलकर संघर्ष की भट्ठी में तिल-तिल करके तपनेवाले माँ-बाप की संतान। बी.ए., बी.टी. करके दो वर्ष अध्यापन। सदानंद से परिचय...प्रोफेसर श्री सदानंदलाल। ब्राह्मण की लड़की और कायस्थ का लड़का...दोनों में घनिष्ठता... इलाहाबाद के आर्य समाज मंदिर में शादी...

ज़िला बनारस की किसी तहसील इंटरमीडिएट कालेज की सर्विस स्वीकार करके भूल नहीं की थी सदानंद ने, क्योंकि वहीं कुमारी रंजना ओझा से उसका प्रथम साक्षात्कार हुआ था...

ब्याह के आठ-दस साल गुजर गए, नए नागरिकों का छोटा-सा परिवार काशी के मुहल्ला तुलसीघाट में जम गया है। सदानंद अब विश्वविद्यालय में इतिहास पढ़ाते हैं, रंजना है लड़कियों के इंटरमीडिएट कालेज में। दो बच्चों के बाद तीसरी संतान न हो इसलिए दोनों ने संतति-निरोध के तरीके अपना लिए हैं। राजीव और कुंतल की शिक्षा कन्वेंट में हो रही है।...

बरामदे में दोपहर की गुलाबी धूप फैली थी।

बीचोबीच बड़े तख्त पर गद्दा और चादर। रंजना को आलस्य आ गया, तकिया खींचकर लेट गई।

राजीव रेडियो बंद करके वहीं बैठक से कैरम-बोर्ड उठा ले गया, और विभाकर के साथ खेलने लगा।

सुई-धागे और जाली परे हटाकर रंजना ने अच्छी तरह पैर फैला लिए। मुँदी आँखों की पलकों से ऊपर पपोटों की बारीक रगों में सूक्ष्म स्पंदन गौर करने लायक था।

इंदिरा अंदर से शाल ले आई, पैरों की तरफ से भाभी को कमर तक उढ़ा दिया ! दुबारा फिर कहानी की पत्रिका लेकर नहीं बैठी, विभाकर और राजीव का कैरम-मैच देखने चली गई।

रंजना सो रही थी—

स्वप्न की इंद्रधनुषी दुनिया...

बड़ी-बड़ी आँखोंवाली एक हिरन बेतहाशा भागी जा रही है...छोटी-छोटी झाड़ियोंवाली तलहटी का ऊबड़-खाबड़ इलाका। कहीं-कहीं टेकरियों पर पुराने किले नज़र आ रहे हैं। टेढ़ी-मेढ़ी नदी दूर से ही चमक रही है। लगता है कुबेर के खज़ाने की चाँदी बंदी यक्षों की जलन से अंदर-ही-अंदर पिघलकर बह निकली...प्यासे जानवर अलग से ही गर्दन लंबी करके चाँदी की नदी के प्रवाह पर प्यास बुझाने के लिए झुक पड़े हैं। दो घूँट पीकर ही ऊपर आकर कगार पर खड़े होते हैं और मनुष्य की आवाज़ में ललकारने लगते हैं भागते हिरन को ! जो भी जानवर चाँदी की उस धार में मुँह लगाता है वह आदमी की बोली में भागते हिरन को आवाज़ देने लग जाता है...

वह बार-बार कँटीली झाड़ियों में उलझती है, खड्डों में लुढ़कती है बार-बार। पैंतरे बदलकर आगे-पीछे से और अगल-बगल से वे जानवर उस बेचारी को बार-बार घेरते हैं, हमला करते हैं, ज़मीन पर गिरा देते हैं...लो, गए गरीब के प्राण ! मार डाला ! अब वे उसे नोच-नोचकर खा जाएँगे...

मगर नहीं, वह तो भागती-भागती चाँदी की धार के पास पहुँच गई...तो वह भी गर्दन लंबी करके अपनी प्यास बुझाएगी और आदमी की बोली में हमलावरों को ललकारेगी ? नहीं, नहीं, वह इस तरह अपनी प्यास नहीं बुझाएगी। देखो न, किनारे-किनारे भागी चली जा रही है...तीर लग गया पुट्ठे में, खून की लकीरें नज़र आ रही हैं लेकिन भागने की रफ्तार तो और बढ़ गई।

"अरे ! यह तो अपने हाते के अंदर आ पहुँची ! अब मैं क्या करूँ ?"

"करोगी क्या। पाल लो इसे, कैसा खूबसूरत हिरन है, वाह !...बदन में दस-पाँच घाव हैं, भर जाएँगे। तबीयत बहलाने के लिए ऐसा सजीव और वफादार खिलौना और कहाँ मिलेगा ?"

"चुच्...चुच्...चुच्...चु ! आ मेरे पास तो आ !..."

"प्यासा है ? पानी पिएगा न ! खाएगा नहीं कुछ ?...अरे राजीव, गोभी के पत्ते पड़े हैं ढेर-से किचन के बाहर...ले आना बेटी ! अपना हिरन बड़ा भूखा है..."

क्या खूब। यह तो अच्छा जादू रहा !

आँखें-भर उस हिरन की रह गई हैं, मुखड़ा तो इंदिरा का है यह ! शक्ल-सूरत, चाल-ढाल, सबकुछ इंदिरा का...

दीवाल पर से आँगन में बिल्ली कूदी—धम् !

रंजना के स्वप्न में विराम पड़ा। आँखें तो बंद ही किए रही, लेकिन करवट बदलकर पीठ को आँगन की ओर कर लिया। कुंतल आकर साथ लेट गई और नाक को नाक से भिड़ा दिया।

निद्रित स्वर में रंजना बोली, "चुपचाप लेट, परेशान मत कर !"

कुंतल बित्ता-भर अलग हो गई, उँगलियों में उँगलियाँ उलझाकर अपने-आप खेलने लगी।

सपनों की कड़ी टूट गई थी, रंजना को अखर रहा था।

लाख कोशिश की, सपनों का तार फिर नहीं जुड़ सका। थोड़ी देर तक लेटी रही और इंदिरा के बारे में काफी कुछ सोचा। तय किया कि इस लड़की को प्राइवेट तौर पर पढ़ाएगी, अगले वर्ष प्रवेशिका (एडमिशन) का इम्तिहान दिला देगी।

निर्मला ने विभाकर को सदानंद का पूरा पता दिया था, चिट्ठी दी थी। स्टेशन से तुलसीघाट तक पहुँचने में ज़रा भी दिक्कत नहीं हुई, सुबह का वक्त था। पत्र देखकर सदानंद ने इंदिरा की पीठ पर हाथ रखा, बोले थे, 'पिछली बातों को बिलकुल भूल जाना ! सोचो कि फिर से जन्म हुआ है...यहाँ आराम से रहो। पढ़ो और लिखो, बच्चों के साथ खेलो ! बहुत सारी सहेलियाँ मिल जाएँगी यहाँ तुम्हें'...और तभी से भाई साहब ने इंदिरा को ममता के दायरे में समेट लिया।

और भाभी ? भाभी ने तो संजीदगी और स्नेह का अनूठा परिचय दिया था पिछले कई दिनों के अंदर। रंजना ने इंदिरा को इस तरह अपना लिया जिस तरह गंगा यमुना को अपनाती है। पिछले जीवन के बारे में एक भी सवाल नहीं पूछा था उसने...खाने-पीने और पहनने-ओढ़ने की रुचि के सिलसिले में लेकिन कई बातें पूछ ली थीं।

निर्मला ने पत्र में जो कुछ लिखवाया था, रंजना ने वह चिट्ठी ड्रेसिंग टेबुल की दराज़ में रख ली थी। इंदिरा अपने बारे में नीरू का वह पत्र इन तीन दिनों के अंदर पाँच-सात बार पढ़ चुकी थी और अब भी बार-बार पढ़ना चाहती थी।

भुवन मर चुकी थी, इंदिरा का जन्म चिता-भस्मावली की उसी वेदी पर हुआ था...इंदिरा के लिए जीवन की पिछली बातें 'आख्यान'-भर थीं। दस रोज़ पहले वह क्या

थी, इसका ध्यान आते ही लड़की को रोमांच हो आता था।

तो फिर उस चिट्ठी को बार-बार इंदिरा क्यों पढ़ती थी ?

अपने मनोबल को परखने के लिए पढ़ती थी।

मुसीबतों ने उसकी आत्मा को इस तरह कुचल दिया था कि अपनी सहज सूझ-बूझ को भी वह धोखे की टट्टी मानने लगी थी। अपने बारे में सोचना उसकी राय में सबसे ज़्यादा खतरनाक काम था। निर्मला ने हिम्मत न की होती तो इंदिरा का उस नरक से निकलना असंभव ही था।

बाल्टी में बच्चों के स्वेटर भीग रहे थे। रंजना बाथरूम जाते-जाते बोली, "तीन बजनेवाले हैं, स्वेटर खींच लूँ। इतने में तुम कुंतल के कपड़े बदलवा दो। चार बजे चाय का पानी चढ़ा देंगे। पाँच बजे निकलना है, सदानंद दशाश्वमेघ आ जाएँगे।"

इंदिरा कुंतल को खोज लाई बाहर से।

ड्रेसिंग टेबुल के करीब खड़ी हुई तो कुंतल को जैसे कुछ याद आ गया। आँखें फैलाकर बोली, "फिर वक्त नहीं मिलेगा बुआ, सुबह स्कूल के लिए कापियाँ और किताबें सहेज लूँ !"

"जल्दी आओ लेकिन।" इंदिरा ने कहा।

बच्ची दूसरे कमरे की तरफ चली गई तो इंदिरा ने दराज़ खींचकर पत्र निकाल लिया...स्टूल पर बैठकर पढ़ने लगी :

"भइया के चरणों में निर्मला का प्रणाम।

"एक अनाथ लड़की आपकी शरण में जा रही है। मुझे पूरा भरोसा है कि आप और भाभी इस लड़की को अपने परिवार में शामिल कर लेंगे।

"भइया, आपने बहुतों का उद्धार किया है। आपका हृदय विशाल है...मैं बचपन से ही आपके स्वभाव को जानती हूँ। किसी कारण अगर अपने परिवार में इस समय इस लड़की को जगह न दे सकें तो कोई दूसरी व्यवस्था करेंगे।

"इंदिरा नाम है, उम्र है उन्नीस की। ज़िला मुंगेर की किसी मशहूर बस्ती में पैदा हुई थी, घराना ऊँची नाकवालों का। पंद्रह की उम्र में शादी हुई। दूल्हा पाइलट था, उसी वर्ष हवाई दुर्घटना में जान गँवा दी। इंदिरा का फिर वही हाल हुआ, घुटी हुई तबीयत के युवकों और आदर्शहीन अधेड़ों के बीच एक विधवा तरुणी का जो हाल होता है।

"गर्भ चार महीने का हुआ। एक अत्याचारी रिश्तेदार डाक्टरी इलाज के बहाने इंदिरा को आसनसोल ले गया और धर्मशाला में अकेली छोड़कर खिसक आया। तब से दो वर्ष इंदिरा के कैसे कटे हैं, यह बात धरती जानती होगी कि आसमान जानता होगा...हम-आप तो अंदाज भी नहीं लगा सकते भइया !

"लड़कियों और औरतों की खरीद-बिक्री जिनका धंधा था, ऐसे ही एक राक्षस के चंगुल से आपकी छोटी बहन इंदिरा को छुड़ा लाई है—झपट्टा मारकर चील की तरह छीन लाई है...

''आप मेरी पीठ ठोकेंगे और भाभी मुझे इनाम देंगी।

''छोटे भइया की शादी के मौके पर आप दोनों गया ज़रूर आएँगे।

''भाभीजी को प्रणाम...चिरंजीव राजीव और कुंतल को प्यार....

नीरू, आपकी छोटी बहन।''

जिसके हाथ की लिखावट थी वह विभाकर बाहरवाले कमरे में कैरम खेल रहा था।

इंदिरा को लगा कि इस पत्र को फाड़कर चूल्हे के हवाले कर देना था। वह अपने अंदर अब नई चेतना महसूस कर रही थी। जीवन के इस नए प्रवाह का स्वाद कैसा अनूठा था।...दोनों हाथ जोड़कर उसने भइया और भाभी के फोटो को प्रणाम किया...जिसका फोटो बाहर नहीं था, बल्कि अपने दिल की दीवार से टँगा था, उस निर्मला को तो इंदिरा ने कई गुनी अधिक श्रद्धा से प्रणाम किया।

नृत्य की भंगिमा में उछलती हुई कुंतल आई, सामने खड़ी हो गई।

दस

शर्मा और दासजी के सामने आमलेट की एक-एक प्लेट थी, बुआ के आलूचाप था।

सोनपुर रेलवे स्टेशन का रिफ्रेशमेंट रूम।

बाहर लखनऊ और पहलेजा घाट जानेवाली ट्रेनें खड़ी थीं। प्लेटफार्म पर दोनों ओर काफी चहल-पहल थी। अंदर चाय और नाश्ता के लिए पाँच-सात टेबुलों पर मुसाफिर जमे थे। भीड़ नहीं थी। बैरे इत्मीनान से उन्हें सर्व कर रहे थे।

काले रंग का ओवरकोट, पश्मीने का कश्मीरी मफलर स्लेटी रंग का।...शर्मा ने निचली पाकिट से गोल्ड फ्लेक का पैकेट निकाला और बैरे को माचिस के लिए संकेत किया।

एक सिगरेट दास को थमाता हुआ बोला, "इस लड़की ने तो मुझे ऐसा छकाया कि..."

"बड़े खानदान की थी न !..." बुआ ने आहिस्ता से कहा। टमाटर की मीठी चटनी उँगली से चाटती रही और शर्मा की ओर देखती भी रही।

सिगरेट एक तरफ रखकर तिलकधारीदास चार अंडों के उस बड़े आमलेट में भिड़ा था। चाकू-सहित दाहिना हाथ उठाकर बोला, "कई रोज़ हो गए न ? कहाँ गई होगी भला ?"

बैरे ने आकर सिगरेट सुलगा दी...धुएँ के छल्ले ऊपर उठकर धीर-ललित भंगिमा में मँडराने लगे तो बुआ ने गर्दन ऊँची की, देख लिया उन्हें। बुआ को पहाड़ी शरद के कुंतल मेघ याद आ गए।

शर्मा ने जलती सिगरेट को राखदानी के कंधे पर रख दिया। बोतल का लेबुल

देखकर ज़रा-सा सिरका उँड़ेल लिया प्लेट में...बुआ ने हाथ बढ़ाकर शीशियों से नमक और काली मिर्च की बुकनी छिड़क दी आमलेट पर...चाकू और काँटे में हरकत आई।

कुछ देर तक वे नहीं बोले।

शर्मा ने आमलेट खत्म किया। पानी पीकर सिगरेट की ओर दृष्टि डाली और वह राख हो चुकी थी।

दास ने अपनी माचिस निकाली। सिगरेट का धुआँ फिर ऊपर उठा।

बुआ ने पूछा, "ट्रेन छूट नहीं जाएगी ?"

"छूटने दो !" शर्मा बोला। दास ने घड़ी देखकर कहा, "बीस मिनट बाकी हैं—वो चाय आ रही है। इस स्टीमर को छोड़ देंगे तो दूसरा स्टीमर छै बजे से पहले नहीं मिलेगा। लेकिन आप तो शर्माजी मुज़फ्फरपुर जा रहे हैं न ?"

"हाँ," शर्मा ने कहा, "आप इनको धर्मशाला पहुँचा दीजिएगा !"

"ज़रूर पहुँचा दूँगा। और, आप वापस कब आ रहे हैं ?"

"कल शाम तक। देर हुई तो परसों ज़रूर पहुँच जाऊँगा।"

"हाँ, मकान के लिए कहा था न ? 'पत्थर की मस्जिद' से आगे मिले तो लीजिएगा ?"

"दूर पड़ जाता है।"

"आपके लिए तो फिर भी ठीक ही रहेगा।"

"लेकिन बाँकीपुर में भी खोजना चाहिए।"

"बेशक !"

बुआ बोली, "पटना बड़ा ही रद्‌दी शहर है दासजी, झूठ कहती हूँ ?"

"झूठ ! बिलकुल झूठ !" तिलकधारीदास ने कहा और बूढ़ी उँगली के नाखून से ठनकारकर चाँदी का रुपया बजाने की मुद्रा दिखलाते हुए बात पूरी की, "इधर देखिए देवीजी, यही एक ऐसी चीज है जिसकी बदौलत रद्‌दी-से-रद्‌दी जगह शानदार हो उठती है ! इसके बिना स्वर्ग नरक बन जाता है। आपको लगता होगा पटना रद्‌दी शहर, मेरे खातिर तो वह इंद्रपुरी है..."

शर्मा आँखें फैला-फैलाकर तिलकधारीदास की बातों का अनुमोदन कर रहा था। पटना की कृपा से उसके दर्जनों रिश्तेदार मालामाल हो गए थे। जान-पहचान के पचासों युवक सेक्रेटेरिएट में सरकारी फाइलों पर पद्मासन लगाए बैठे थे। इन दस-बारह वर्षों में क्या से क्या हो गया था। हुकूमत की बागडोर अपने आदमियों के हाथों में आ गई थी। छोटा भाई सन बयालिस में चार-छै महीने के लिए जेल हो आया था, कांग्रेस की मेहरबानी हुई और अब वह नई दिल्ली पहुँच गया था। ज़िला के हाकिम सलाम ठोंकते थे।...सूझ-बूझ होनी चाहिए तुम्हारे अंदर, ज़रा-सी हिम्मत से काम लो और फिर देखो कि कहाँ पहुँच जाते हो ?...दास की बातें अच्छी लगीं शर्मा को।

चाय पीते-पीते शर्मा ने बुआ से कहा, "मैं मानता हूँ, पटना में गंदगी बहुत है, कार्पोरेशन लँगड़ा है। रहने लायक मकानों की कमी अखरती है। मनबोधलाल अकेला

नहीं है, सैकड़ों मनबोधलाल हैं और कार्पोरेशन की छत्रछाया में किराएदारों का सत निचोड़ते जाना ही उनका खास पेशा है...”

“लेकिन यही सबकुछ नहीं है,” चाय खत्म करके तिलकधारीदास ने शर्मा की बात मुँह से छीन ली, “बोरिंग रोड और कदमकुआँ जैसी साफ-सुथरी बस्तियाँ भी इस शहर के अंदर हैं। निकट भविष्य में ही नगर का कायापलट हो जाएगा। आज के सड़े-पुराने मकानात साफ-सुथरे और आरामदेह काटेजों में तबदील हो जाएँगे।”

शर्मा ने बिल चुकाया, बैरे को पचीस पैसे 'टिप' में दिए।

तीनों बाहर प्लेटफार्म पर आ गए।

बुआ को लगा कि नाहक उसने पटना को रद्दी शहर कह दिया, दासजी बुरा मान गए।

पहलेजा जानेवाली ट्रेन में इंजन लग चुका था। सेकेंड क्लास के कंपार्टमेंट में बुआ को बैठाकर दोनों पान की दूकान के सामने आ गए।

आईना काफी साफ और बड़ा था। उड़ती निगाहों से चेहरा देखा। शर्मा का दिमाग परेशानी का शिकार था, होंठों पर मुस्कान कहाँ से उभरती ? दासजी ने भी अपनी संजीदगी बरकरार रखी।

शर्मा ने दास की ओर घूमकर कहा, “मुझे तो भई कंपाउंडर की बीवी पर शक है !”

“धत्...!” दास बोला और आईने में शर्मा का चेहरा देखता रहा।

पानवाले ने चार बीड़े थमाए।...ज़र्दा और सुपारी के टुकड़े।

चूना के लिए हाथ बढ़ाकर शर्मा ने आँखें नचाईं, “आपको किस पर शक है ?”

“छोकरी खुद ही क्या कम चालाक थी ?” दासजी ने कहा।

चूना चाटकर क्षण-भर बाद बोला, “जादूगर की डिबिया कहीं से हाथ लग गई हो और बाथरूम से उठाकर भुवन को उसी में रख लिया हो...”

“आप तो मखौल उड़ाने लगे मेरी बात का !”

“नहीं शर्माजी, आपके इस शक की कुछ बुनियाद भी तो हो आखिर ?”

“हमारी बहन का भी उसी औरत पर शक है।”

“मगर वो बेचारी भुवन को गायब करके क्या पा गई ?...मान लीजिए कि कंपाउंडर की बीवी ने उस लड़की को कहीं छिपा दिया...किसी अदृश्य सुरंग के रास्ते, बाहर सुरक्षित स्थान में कहीं रख आई होगी...समझ में आ नहीं रही है बात शर्माजी !”

शर्मा ने दासजी के कंधे पर हाथ रखके कहा, “शक तो फिर शक हुआ ! मैं यह कहाँ कह रहा हूँ कि उसी ने भुवन को गायब कर दिया। मकान-मालिक का भीतरी गोदाम कंपाउंडर के कमरे से मिला हुआ है, बीचोबीच दीवाल है। दीवाल में खिड़की है। दोनों तरफ से ताला लगा रहता है। इस तरह हमारा उस पर संदेह करना ठीक नहीं जँचेगा। लेकिन कंपाउंडर की बीवी को छोड़कर उस मकान के अंदर और कौन थी जिससे भुवन का इतना अधिक प्यार था ? राय न भी ली हो, बतलाकर ज़रूर गई

होगी...”

तिलकधारीदास ने सिर हिलाकर कहा, “हाँ, यह बात समझ में आती है।”

इंजन ने सीटी दी। शर्मा ने कहा, “अब आप ट्रेन में बैठ ही जाइए।...चंपा बेहद घबड़ा गई है, आप कल उसे अपने परिवार में ले जाइए। दिन-भर उन लोगों के साथ रहेगी, बच्चों से मन बहलेगा। औरतें चाहे कैसी भी परेशान हों, परिवार का वातावरण उनके लिए टानिक साबित होता है।”

तिलकधारीदास ट्रेन के अंदर दाखिल हुए कि इंजन हरकत में आया।

ट्रेन सरकने लगी। शर्मा ने बुआ से कहा, “चंपा, कल तुम दासजी के बासे पर हो आना !”

चंपावती सिर हिला रही थी, कंपार्टमेंट आगे सरक गया।

पंद्रह मिनट बाद ही सबलपुर का दियारा था सामने। बलुआही मैदान ककड़ी-खरबूजा और परबल की बेलों से चितकबरा लग रहा था। माघ की पूर्णिमा गुज़र चुकी थी। हवा में खुनकी थी तो धूप में तीखापन आ रहा था। सूर्य की किरणों में गंगा की धार चमक रही थी, उस पार बाँकीपुर के बिल्डिंग जगमगा रहे थे।

स्टीमर में भीड़ नहीं थी और वक्त पर खुला था।

दासजी ने कैंटीनवालों को मक्खन-रोटी और चाय के लिए आर्डर दे रखा था। सेकेंड क्लासवाले गोल केबिन में दोनों आराम से बैठे थे।

चंपा ने मुस्कुराकर कहा, “आपको बंद केबिन में यों बैठना अच्छा लगता है, मुझे तो यह अच्छा नहीं लग रहा है...!”

“अच्छा तो मुझे भी नहीं लगता है,” तिलकधारीदास ने अखबार के कालमों से नज़र बिना उठाए ही कहा, “मगर यहाँ बैठने का आराम था न !...चाय पीकर बाहर डेक पर खड़े होंगे।”

चंपा ने खिड़की से उचककर देखा : बालूवाले किनारे तेज़ी से पीछे खिसक रहे हैं।...नीली जलराशि के मोटे हिलकोरे झूलों की तरह स्टीमर को झुला रहे हैं और अब किनारा छोड़कर जहाज़ पटना की ओर होने लगा...इस पार से उस पार क्या सामने-सामने जा लगेगा ?...पानी में कहीं-कहीं खूँटा गड़ा है, रहनुमाई के लिए !...दाहिनी ओर बीच में ही छोटा-सा दियारा निकल आया, ढाई-तीन बीघे की पट्टी होगी नाव की शकल की। फूस की दो छोटी झोंपड़ियाँ दिखाई पड़ीं...लँगोटी सूख रही है, संत-महात्मा ने आसन जमा रखा होगा।

चंपा की इच्छा हुई कि वह भी इसी दियारे पर रह जाती...शर्माजी को यह अच्छा लगेगा ? नहीं अच्छा लगेगा। मैं खुद ही चार रोज़ से ज़्यादा रह लूँगी इन झोंपड़ियों में ? सैर-सपाटे के लिए दो-एक दिन बीहड़-वीरान में भटक लेना और बात है...स्वर्ग में भी मुझे अकेले रहना पड़े तो थाइसिस हो जाएगी...भरे-पूरे परिवार में पैदा हुई थी न ? आलू का भर्ता और भात पर ही बचपन नहीं गुजारा था मैंने...मीठा-तीता, तीखा-चरपरा, खट्टा-सोंधा वह कौन-सा रस है भला, जिससे जीभ अघा न चुकी हो ?...पहनने के लिए

बित्ते-भर चौड़ी दो लँगोटियाँ, ढाई-ढाई गज के दो टुकड़े ! और क्या होगा झोंपड़ीवाले के पास ? अपने तो ट्रंकों में तीस-चालीस साड़ियाँ होंगी...

शांति-निकेतनी स्टाइल की किनारियोंवाली चंपई रंग की रेशमी साड़ी और उसी से मैच करती ब्लाउज़ पहने एक बंगाली लड़की डेक पर रेलिंग से लगी खड़ी थी। उधर नज़र उलझी तो चंपा को अपनी जवानी के दिन याद आ गए।

कैंटीन का बैरा ट्रे रख गया था।

दासजी ने मक्खन लगाकर पहली स्लाइस चंपा को थमा दी, दूसरी को भी उसी के लिए रख दिया। बाकी दो अपने मुँह में।

चाय बनाई चंपावती ने।

पापड़वाला दिखाई दे गया, दो पापड़ लिए गए।

चंपा बोली, "महेंद्रू घाट और पहलेजा घाट के दर्म्यान जहाज़ की आधा घंटावाली ट्रिप मुझे बड़ी अच्छी लगती है। मैं तो महीने में एक आध बार यों भी आ जाती हूँ।"

"फिजूल भटकना पागलपन है देवीजी !" दास ने कहा।

चंपा चुप रह गई।

अगले ही क्षण केबिन से बाहर आकर वह डेक की रेलिंग के सहारे खड़ी थी। लेकिन गंगा की मुख्यधारा अब पीछे छूट गई। महेंद्रू घाट करीब आ रहा था।

पीछे-पीछे तिलकधारीदास भी डेक पर आया।

उतरने के लिए मुसाफिरों में सुगबुगाहट आई। देहाती लोग गट्ठर सिर और कंधों पर लादे अभी से खड़े हो गए।

दासजी ने चंपा से पूछा, "चलिए न आज ही हमारे डेरे पर ! धर्मशाला में अकेले क्या कीजिएगा ?"

"नेपालिन इंतज़ार कर रही होगी, आज तो मुझे धर्मशाला ही पहुँचा दीजिए। कल ज़रूर आ जाऊँगी..." चंपा को मनबोधलाल वाला मकान याद आ गया...कैसे-कैसे अजीब लोग उस कबाड़खाने में रहते हैं ? अच्छा हुआ, छुटकारा मिला।

जेटी से जहाज़ आ लगा। दोनों बाहर निकल आए।

ग्यारह

आधा सेर हरे चने लिए थे, चूसने के लिए लाल गन्ना लिया था। गोभी, आलू, धनिया के पत्ते, हरी मिर्च, अदरक, आँवले...सब्जीवाला थैला भर चुका था। कंपाउंडर की बीवी की नज़रें अब बेर खोज रही थीं।

उम्मी की माँ ने बैंगन-मूली, आलू-गोभी, सेम और धनिया के पत्ते लिए थे।

अब दोनों यों ही मुसल्लहपुर हाट के चक्कर लगा रही थीं।

उस भारी भीड़ में बदन से बदन छिलता था। सुबह पाँच बजे से दिन के नौ बजे

तक रोज़-रोज़ का यह नज़ारा था। पाँतों के दर्म्यान ज़्यादा से ज़्यादा जगह छेंक लेने की होड़ के लिए दूकानदारों के लाभ-लोभ ज़िम्मेदार न थे। नागरिक सहयोगिता के युग-सुलभ संस्कार का अभाव ही इसके लिए ज़िम्मेदार था।

किसी के बूट से पैर की उँगलियाँ दब गईं तो कंपाउंडर की बीवी ने चट-से उसकी मफलर पकड़ ली, डाँटकर कहा, "अंधे तो नहीं हो !"

"क्या हुआ !...क्या हुआ ?..." कई तरफ से आवाज़ें उठीं।

कंपाउंडर की बीवी मफलर का पल्ला छोड़कर बोली, "जाओ, तुमने मेरा पैर कचर दिया !...नाल ठुँकवाकर भीड़ के अंदर क्या चरने आए हो ?"

भीड़ में से हँसी की मिश्रित आवाज़ उठी और वह मुच्छड़ जवान माथा झुकाकर आगे बढ़ चुका था।

कंपाउंडर की बीवी के कान में उम्मी की माँ ने कहा, "और अगर वह अड़ जाता ?"

"तो मैं उसे दो थप्पड़ लगाती," कंपाउंडर की बीवी बोली, "लेकिन वह समझदार था। शर्म के मारे चुपचाप आगे बढ़ गया। देखा ?"

उम्मी की माँ आगे बढ़ती हुई सोचती रही...'बलिहारी है जीवट की ! तुम्हारे माँ-बाप स्वाभिमानी, मस्त और दबंग क़िस्म के लोग होंगे...झिझक, तंगदिली, डर और उदासी तुमसे भागे-भागे फिरते हैं। खुशी और मस्तानापन तुम्हारे कदम-कदम पर निछावर हैं। मुर्दा के अंदर जान फूँक दी तुमने...भुवनेसरी लाश नहीं तो और क्या थी ! चुटकी बजाकर उस मैना को उड़ा दिया तुमने ! और एक मैं हूँ, रोज़ लात खाती हूँ...कभी इन रगों में भी ताज़ा लहू दौड़ता था, अब तो बस दुर्गंध और बासी पानी भर गया है इनमें—उस हुक्के का पानी जिससे कई होंठ अघा गए हों !

"किस गुन-धुन में पड़ी हो !" कंपाउंडर की बीवी उम्मी की माँ का हाथ पकड़कर आगे बढ़ी, "और अब क्या लोगी दीदी ? क्या देख रही थीं ठिठककर ! लहसन ? चौलाई के दाने ? भिंडी और तुरई के बीज ?...देखो, भीड़ छँटने लगी न ? आज उन्हें किसी दोस्त के यहाँ दावत है। हरे चने की घुघनी तलूँगी अपने लिए और दुपहर में चुन्नू की माँ के पास छत पर बैठकर गँडेरियाँ चूसूँगी...दीदी, तुमको अच्छा नहीं लगता है गन्ना ?"

उम्मी की माँ कमज़ोर थी। हाट से बाहर निकलते ही उसकी निगाहें रिक्शा के लिए चौंकने लगीं। कंपाउंडर की बीवी के लिए तो मील-दो मील का फासला कुछ भी नहीं था लेकिन उम्मी की माँ के लिहाज से रिक्शा कर लेना ज़रूरी था।

घर लौट आईं दोनों।

उधर महिम फट पड़ा, "हज़ार बार कहा कि मुझसे बिना पूछे यों निकल जाने की लत छोड़ो लेकिन कानों की लंबाई के अंदर बात जाए भी तो !..."

फीकी नज़रों से उम्मी की माँ ने महिम की तरफ देख लिया। दबी जुबान से बोली, "ज़रा-सी देर हो गई। आप कपड़े साफ करोगे और नहाओगे, इतने में खाना पक

जाएगा..."

महिम ने गुस्से में कहा, "अच्छा, यह तो बतलाइए कि बड़ी चम्मच कहाँ फेंक आईं ? मर्तबान के अंदर हाथ ही डालना पड़ा !"

सब्ज़ीवाला थैला नीचे रखकर उम्मी की माँ ने दीवालवाली खुली अलमारी को उचक-उचककर देखा, आलों पर टोह ली, कहीं नहीं मिली चम्मच। उदास आवाज़ में बोली, "ट्रंक में एक और है, निकाल लूँगी..."

महिम ने पैर पटककर कहा, "जहाँ मिले, खोज लाओ ! तुम फेंक आती हो, चोट्टे उड़ा ले जाते हैं—आइंदा मेरी एक भी चीज़ मत छूना..."

कमरे के अंदर और बरामदे में महिम चक्कर काटता रहा। फिर जाने क्या सूझा कि स्टोव से माचिस की तीली छुआ दी। पूछा, "क्या-क्या लाई हो ?"

उम्मी का माँ ने थैला फर्श पर उलट दिया।

बैंगन, मूलियाँ, आलू, गोभी, सेम, धनिया के पत्ते सामने फैल गए—सीमेंट का पक्का फर्श भभाकर हँस रहा था।

कलाकार का दिल नाच उठा। आँखें खुशी में फैल गईं। उम्मी की माँ के कंधे पर हाथ रखकर कहा, "जियो रानी ! तुम कितनी अच्छी हो मामी ! कई दिनों से सेम याद आ रहे थे। महिम के मन की बात तुम्हारे सिवा और कौन समझेगा ?"

अब मामी भी मुस्कुराई। चाकू लेकर सेम तराशने बैठी। महिम के नहाने के लिए पानी गरमाना था। स्टोव जल चुका था, पतीला चढ़ा दिया।

"तुम नहीं नहाओगी ?"

"पहले आप नहा लीजिए !"

"दोनों साथ नहीं नहा सकते !"

"तुम तो बच्चों जैसी बात करते हो !"

"तो मैं क्या बहुत बूढ़ा हो गया हूँ ?"

"नहीं तो !"

"जानती हो, क्या उम्र है मेरी ?"

"बतलाओ भी।"

महिम की पलकें शरारत में झिप गईं, बोला, "सोलह की।"

दोनों हँसने लगे कि पड़ोसिन की बच्ची प्याज माँगने आई। महिम ने घूरकर छोकरी की ओर देखा और मामी की नज़र बचाकर बाईं आँख दबाई। लेकिन वह महिम का इशारा पी गई और मामी की ओर देखती हुई खड़ी रही।

दस साल की साँवली-सलोनी देह—चेहरा साधारण। सिर के बाल घोंसले की याद दिला रहे थे। जाने कब से उनमें तेल नहीं पड़ा था ! गर्दन में मैल की तह जमी थी। बड़े-बड़े गंदे नाखूनोंवाले हाथ-पैर खरोंच के निशानों की बदौलत ही ध्यान खींच रहे थे। बदरंग खाकी निकर और मर्दों के पहनावे की पुरानी बनियान पहने हुए थी।

महिम ने कहा, "अंदर उस कमरे में तख़्तपोश के नीचे पड़े हैं प्याज़, जा, ले आ !"

वह कमरे की ओर जाने लगी तो मामी ने आँख से महिम को इशारा किया—''जाओ, देखो !''

महिम उसके पीछे कमरे के अंदर गया।

बाहर निकली, हाथ में अच्छा-खासा बड़ा-सा प्याज़ था। मामी की भौंहों में बल पड़ गए—और, प्याज़ के नीचे लड़की की हथेली पर दस पैसे का सिक्का मुस्कुराता रहा।

लड़की चली गई तो मामी ने कहा, "बचपन में ही भीख माँगने की ट्रेनिंग ले रही है।"

"क्या बुरा है ?" महिम बोला, "इस युग में हर भले आदमी की इज़्ज़त भीख पर टिकी है। तरीके बदल गए हैं, भिक्षावृत्ति की व्यापकता तो कई गुनी अधिक बढ़ गई है—और मामी, मुझे बड़ी खुशी होती है कि ब्राह्मणों का हमारा यह शानदार पेशा हमारी सरकार तक ने अपना लिया है—पड़ोस की बच्ची तुमसे प्याज़ या हरी मिर्च माँगने आती है और तुमको बुरा लगता है ! हमारी सरकार के कर्णधार छोटे-छोटे मुल्कों की सरकारों के सामने हाथ फैलाते हैं जाकर, सोचो तो उनको कैसा लगता होगा ?"

पहले तो इस प्रवचन का मतलब उम्मी की माँ की समझ में नहीं आया, थोड़ी देर बाद उसी कमरे के अंदर घी लाने गई तो अच्छी तरह सबकुछ समझ में आ गया। मुसल्लहपुर के देशी शराबखाने की 75 पैसेवाली वह बोतल अभी आधा घंटा पहले ही खाली हुई थी और इस वक्त कोने में पुरानी ट्रंक से उठंगकर ऊँघ रही थी।

इस तरह की सैकड़ों बोतलें सीढ़ियों के नीचेवाली खाली जगहों में पड़ी थीं। कई बार मामी के मन में उन बोतलों को बेच देने का खयाल आया था लेकिन शर्म के मारे असमंजस में पड़ी थी—लोग क्या कहेंगे ? खरीददार ही भला क्या समझेगा ?...आहिस्ता से उसने बोतल उठा ली, बाहर उन्हीं बोतलों के ढेर पर डाल दिया उसको। लगा कि दारू की बोतल नहीं, छछूँदर की लाश फेंक आई है, नफरत के मारे मामी का रोम-रोम झनझना रहा था। साँस यों घुट रही थी मानो नाक के छेदों में एक-एक छटाँक ब्लीचिंग पाउडर ठूँस दिया गया हो !

नशे की हालत में महिम को घर के अंदर अकेले नहीं छोड़ती थी वह। सारी-सारी रात, सारा-सारा दिन अगोरती थी। बाहर नहीं निकलने देती थी। गालियाँ और पिटाई झेलकर भी उसको बहलाने की कोशिश करती थी। इसी साधना में एक बार सिर फट गया था और दूसरी बार दो दाँत टूट गए थे।

आज का नशा हल्का था। फिर भी मामी ने सोचा, 'खिला-पिलाकर सुला दूँगी, गनीमत है कि बड़ी बोतल नहीं उठा लाए ! नहा रहे हैं ? अच्छा है, माथा ठंडा होगा...कमजोर भी तो हैं...खाँस रहे हैं, ज़्यादा तो न नहा लिया ?...ले ही आऊँ बाथरूम से।'

महिम नहाकर आ गया। कपड़े बदले।

कुर्ता उलटा ही डाल लिया था। मामी को हँसी आई, बोली, "ठीक से पहन लीजिए।"

खाना तैयार था। सेम और आलू का साग, पराँवठे और धनिया-हरी मिर्च की चटनी।

खाकर वह बाहर जाना चाहता था, पान खाने। मामी ने नहीं जाने दिया। खुद जाकर ले आई दो बीड़े। बोली, "ज़र्दा नहीं लाई हूँ। पिपरमिंट डलवा दिया है...।"

ज़र्दा का अभ्यास नहीं था, शौकिया तौर पर महिमजी कभी-कभी ले लेते थे। नशे की स्थिति में लेने पर कै निश्चित थी।

ज़रा देर कविताएँ गुनगुनाते रहे, फिर नींद आ गई।

स्नान-ध्यान, चौका-चूल्हा...सबसे निबटकर उम्मी की माँ बाल बाँधने बैठी, आईना सामने रख लिया था।

तेल से तर उँगलियाँ सूखे बालों में चिकनापन ला रही थीं।

आँखें आँखों से भिड़ती थीं बार-बार और बार-बार स्मृति के तारों में कंपन पैदा होता था। आपबीतियाँ फिल्मी रील की तरह दिमाग के प्रोजेक्टर पर घूमने लगीं...

[चौबीस-पचीस की उम्र का स्वस्थ-सुंदर युवक। चेहरा बिलकुल महिम का है...मोटे फ्रेमवाला वही चश्मा, वे ही घुँघराले बाल, कालरवाला वही कुर्ता, चमड़े का वही फोलियो...

[आओ ! आओ ! अंदर आ जाओ ! मैं अर्से से जिसका इंतज़ार कर रही थी तुम वही हो न ? हो न वही ? सिर तो हिला दो, हाँ, वही हो ! और मैं तुम्हारी हूँ...तुम्हारे लिए ही मेरा जन्म हुआ था। तुम मुझसे आठ वर्ष बाद पैदा हुए थे न ? तो क्या हुआ ? वासना की कोई उम्र नहीं होती। जो प्यार को आयु के गज से नापते हैं उन जैसा कूढ़मगज दुनिया में भला और कौन होगा ?

[जिस व्यक्ति ने इस माँग में सिंदूर भरा था, अपना कलेजा किसी और डाल में टाँगे रहता था। मैं उसके लिए मशीन थी, वंशवर्धन यंत्र !...तीन बच्चे हुए। लड़की है, सोलह साल की...बाकी दोनों लड़के हैं...लड़की अभी-अभी तुम्हें झाँक गई है, नागिन-सी छरहरी और खूबसूरत है। मैं भी कभी इसी कद-काठी की थी। आँख-नाक-होंठ-गाल, सबकुछ तो मिलता है। हाँ, ठुड्डी पर गौर करोगे तो बाप ही की बेटी साबित होगी।

[दस रोज़ : बीस रोज़ : महीना : दो महीने...तीन, चार, साढ़े-चार, साढ़े-चार महीने...तुम साथ रहते हो। चार-चार सौ, छः-छः सौ रुपए कमा लेते हो...सारी-की-सारी रकम मुझे थमा देते हो ! बाबा रे बाबा, ऐसा भी क्या किसी ने आदमी देखा होगा ? खुद अपने पर पचास रुपए भी नहीं लगाता है ? गाँव के रिश्ते से वो तुम्हारे मामा निकल आए, तो लो, अब मैं तुम्हारी मामी हुई ! हुई न मामी ? नहीं हुई ?

[मैं तुम्हारे साथ देवघर की एक धर्मशाला में हूँ...हफ्ता-भर बाद पंडाजी ने हमारे लिए अलग मकान ढूँढ़ दिया है...छोटा लड़का और नौकर साथ है...बदहज़मी थी न ? अपना वह डाक्टर भी क्या हीरा आदमी है ! बाबूजी (पति) ने लिखा है, "डाक्टर की

राय है कि तुम दो-ढाई महीना और रहो...” पत्र पढ़कर तुम मुस्कुरा उठे हो और मैं गालों पर तुम्हारे लिए एक-एक चपत का इनाम रख रही हूँ ! देवघर का पहाड़ी इलाका : चैत की चाँदनी रात : तुम और मैं...

[हाय ! यह तुम्हें क्या हो गया है ? उचाट हो गई है मुझसे ? नहीं, नहीं, ऐसा नहीं करो ! मैं तो बस खत्म ही हो जाऊँगी...मामी की अर्थी में कंधे भी नहीं लगाओगे ? इस तरह ऊब गए हो ? आह, अब मैं क्या करूँ ? कैसे बाँधूँ तुम्हारे इस मन को ? उम्मी को कर दूँ हवाले ! वो शायद तुम्हें काबू में ले आएगी ! मैं ठूँठ हो गई हूँ न ? तो लो, मेरी कोंपल से अपनी तबीयत बहलाओ !...बहरहाल, मुझसे पिंड नहीं छूटेगा तुम्हारा !

[उम्मी और महिम : महिम और उम्मी...रिक्शा पर साथ बैठते हैं, जाते हैं और आते हैं। नदी में तैरते हैं, सिनेमा देखते हैं, बाज़ार घूम आते हैं। पिता ने भी काफ़ी छूट दे रखी है। कहते हैं, “देखो, हमारी उम्मी महिम से पेंटिंग सीख रही है...ला बेटा, कापी तो लेती आ ! देखा, कैसा कमाल कर रही है हमारी उम्मी ? बत्तख, मोर, उल्लू, मैना...गुलाब, कमल, कनेर, चंपा...हाथी, ऊँट, बिल्ली, सूअर...मकान, जंगल, इंद्रधनुष, नाव...रेखाएँ उम्मी की हैं तो रंग महिम के, उम्मी के रंग तो रेखाएँ महिम की !...और मैं उम्मी से जलने लगी हूँ।

[लो, उम्मी का महिम से सबकुछ हो गया ! छै-सात महीने बाद उम्मी माँ होगी, तब मैं नानी कहलाऊँगी ?...बिना शादी के ही वह माँ बन जाएगी ? राम ! राम ! लोग क्या कहेंगे ?

[भागलपुर में गंगा-किनारे बाबा बूढ़ानाथ के मंदिर की अँगनई में उम्मी और महिम का ब्याह हो रहा है...वो इसके खिलाफ थे, उनसे झगड़कर उम्मी को ले आई हूँ। माँग में सिंदूर पड़ जाएगा तो नाहक एक जीव की हत्या तो न होगी ! कितना सीधा है महिम, शादी के लिए चट से तैयार हो गया !

[महिम ने शुजागंज से रेलवे लाइन से दच्छिन भाड़े पर मकान लिया है लेकिन उम्मी अकेले कैसे रहेगी ? एक दिन के लिए भी कभी अकेली रही नहीं आज तक !...मैं साथ रहने लगी हूँ...महिम और उम्मी और माँ यानी मैं...उम्मी का सुहाग मेरे धैर्य को चुनौती दे रहा है। रात को बगल के कमरे में वे दोनों जागते होते हैं, मैं चूड़ियों की खनखनाहट सुनती हूँ और मेरे अंदर की प्यासी चुड़ैल का जंगली नाच शुरू हो जाता है...मैं घात लगाए रहती हूँ। उम्मी के सोते ही महिम को खींच लाती हूँ अपने बिस्तरे पर...फिर क्या होता है ? वासना की विकट आँच में झुलसी हुई राक्षसी उस मर्द को मथने लगी है...मथकर छोड़ देती है।...अतृप्त लालसा की यह तांडव लीला हर रात चलती है !

[एक रात उम्मी यह सब देख लेती है ! माँ के प्रति बेटी की रग-रग में घृणा का ज़हर फैल जाता है और अगले ही दिन वह पिता के पास वापस आती है...महिम के लिए जो भी कुछ स्नेह था वह पूरी तरह फट चुका होता है।

[पिता उम्मी की चिकित्सा करवाता है : माँ बनने का खतरा टल गया :

स्वास्थ्य-लाभ, धूमधाम से अपनी बिरादरी में प्रकट तौर पर शादी !

[उम्मी, तूने यह अच्छा बदला लिया !...अब मैं भला वापस जाती ?...महिम, तुम्हारे बिना मैं कैसे ज़िंदा रहती ? दुनिया जो चाहे कह ले, मैं नहीं छोड़ती तुम्हें ! ना !...सास-दामाद का रिश्ता तो महज़ दिखावे का रिश्ता था हमारा, दरअस्ल हम पिछले जन्म के पति-पत्नी थे।]

कंपाउंडर की बीवी ने आकर याद दिलाया, "गन्ना नहीं चूसना है दीदी ?...आऊँ, मैं बाँध दूँ बाल ? कब से बैठी हो...।"

"नहीं।" उम्मी की माँ बोली, "कई रोज़ से बालों में साबुन नहीं लगा सकी हूँ, कल आधा घंटा माथा मलके नहाऊँगी। तुम चलो, मैं आती हूँ..."

बारह

छोटी साली का ब्याह था। पत्नी और बच्चे उसमें शामिल होनेवाले थे। दिवाकर को पाँच सौ रुपए का नोटिस प्रतिभामा की तरफ से मिल चुका था।

अतिरिक्त आय का कोई और सिलसिला दिवाकर के लिए रह नहीं गया था। गुप्ता ब्रादर्स, श्यामलाल एंड सन्ज़, साहित्य सदन, किताब कुंज आदि जितने भी प्रकाशक थे, स्कूली किताबों के पीछे पागल थे। उनका यह पागलपन औरों की निगाह में भले ही पागलपन हो, अपने लिए तो 'लाभ-शुभ' का नाटक था, लक्ष्मी का बरदान ! प्रतिभाशाली युवक साहित्यकारों की किताबें अव्वल तो वे लेते ही नहीं थे और यदि लेकर छाप भी लेते तो अँधेरे गुदामों में उन किताबों की रूह दस-दस साल तक घुटती रहती—मंजूरशुदा स्कूली किताबें इन प्रकाशकों के लिए खड़ी फसल थीं और उस फसल को हथियाने के लिए वे क्या नहीं करते थे ? 'शह और मात' का उनका यह आत्मघाती खेल आपस में तो चलता ही था, दूसरे धंधों में लगे हुए लोग भी उनकी तिकड़मों का शिकार होते थे। कभी-कभी पासा पलट भी जाता था, शकुनि और दुर्योधन खुद ही पिट जाते थे। इन प्रकाशकों में से दो-एक की दिवाकर से अच्छी घनिष्ठता थी।

'34 से '46 तक—तेरह वर्ष साप्ताहिक 'शंखनाद' निकाला, चार बार जेल गए, एक दिवंगत क्रांतिकारी मित्र की पत्नी का हाथ पकड़ा और द्रौपदी बनाकर छोड़ दिया...दो मिनिस्टरों के लिए अभिनंदन-ग्रंथ तैयार करवाए, एक वयोवृद्ध प्रकाशक की स्वर्ण जयंती मनवाई—कैंची और गोंद और रद्दी-पुरानी रीडरों से इन कई वर्षों में पचासों रीडरें औरों के नाम से तैयार कीं, प्रकाशकों से रुपए लिए...पिताजी और बड़े भाई की मृत्यु के बाद पालिटिक्स छूट गया। पटना आकर एक दैनिक समाचार-पत्र के टेबुल पर झुक जाना पड़ा...नौकरी और अटरम-शटरम दोनों साथ-साथ चलते आए। पीछे सरकारी

सूचना विभाग में पैम्फलेट एडिट करने का काम मिल गया...दिवाकरजी की कमाई कम नहीं थी मगर खर्चा भारी था। परिवार का पिछला कर्ज चुकाया था, गाँव में पक्की ईंटों के खपरैलोंवाले दो मकान बनवा लिए थे, भतीजे को परचून की दूकान खुलवा दी थी। बड़ा लड़का एम.ए. के बाद दो साल हाई स्कूल की मास्टरी करता रहा और पब्लिक सर्विस कमीशन के अखाड़े में उतरा तो पहली बार नहीं, दूसरी बार छत्तीसवाँ पोज़ीशन पा गया और अब ज़िला सहरसा के किसी थाने में ब्लाक डेवलपमेंट आफिसर था। अब समय आ रहा था कि दिवाकरजी नौकरी छोड़कर फिर से सक्रिय राजनीति में कूद पड़ें और दो-ढाई साल की कसरत के बाद विधानसभा की उम्मीदवारी के लिए कांग्रेस में किसी-न-किसी गुट के जरिए अपने नाम की सिफ़ारिश हाई-कमांड तक पहुँचवा दें और नई दिल्ली के नए देवाधिदेव शायद द्रवित भी हो जाएँ !...

इस तरह की बातें दिमाग में आतीं तो दिवाकर शास्त्री अपने अंदर एक अद्भुत प्रकार की मादकता महसूस करते और अगले ही क्षण उनका पार्थिव ढाँचा रिक्शे पर लदकर कॉफ़ी हाउस की ओर जा रहा होता।

बी.एन. कालेज के सामनेवाला कॉफ़ी हाउस...भुने हुए नमकीन काजू...पानी का गिलास...सिगरेट का धुआँ और दिवाकरजी।

दिवाकर शास्त्री एम.एल.ए. ... दिवाकर शास्त्री एम.पी. ... दिवाकर शास्त्री एम.एल.सी. ... काजू के दाने और पानी का घूँट ! पानी का घूँट और सिगरेट का धुआँ !...सिगरेट का धुआँ और कॉफ़ी की चुस्की !...कॉफ़ी की चुस्की और काजू के दाने...

"ए जी, सुनते हो !"

"क्या चाहिए ?"

"काजू थोड़ा और ले आओ !"

"अच्छा !"

'अच्छा !...' दिवाकर के होंठ बुदबुदाए...अच्छा ! अच्छा !...कान जाने कौन-सा शब्द सुनना चाहते थे, जाने किस प्रतिशब्द का मिठास—किस प्रत्युत्तर की तरावट कानों को दरकार थे !...रेस्तराँ और होटलों में उत्तर भारत के बैरे जिस तरह मेज़ों पर ग्राहकों के सामने 'हजूर-हजूर', 'सरकार-सरकार' की झड़ी लगाए रहते हैं, दक्षिण भारत में वैसा रिवाज़ नहीं है। कॉफ़ी हाउस के उस कर्मचारी के मुँह से शायद इसी प्रकार का कोई शब्द दिवाकर के कान सुनना चाहते होंगे ! नहीं ? कॉफ़ी का गिलास खाली नहीं हुआ था लेकिन दिवाकर के दिमाग में राजनीतिक भविष्य की खुमारी का गुलाबी झाग गायब हो चुका था। मन में संतुलन का काँटा सही नुक्ते पर आ गया तो शास्त्री को साफ-साफ दिखाई पड़ा : 15 अगस्त, '47 से पहले का वह राजनीतिक मैदान बहुत बदल गया है। दाँव-पेंच बदल गए हैं। बोली बदल गई है। इशारा बदल गया है। खिलाड़ियों की नीयत बदल गई है...पहलेवाला वह लक्ष्य जाने किधर ओझल हो गया है ? ऊसर ज़मीन की मिट्टी घोलकर नमक बनाते-बनाते हज़ारों सत्याग्रही पुलिस की लाठियाँ खाते थे, विदेशी

माल की खरीद-फरोख्त के खिलाफ दूकानों के समक्ष धरना देते थे, किसानों-मजदूरों और मध्यवर्ग के दीन-दुखी लोगों को मुसीबतों से छुटकारा पाने का आश्वासन मिलता था...उन दिनों राजनीतिक मैदान बिलकुल सपाट था...और आज ? खाइयाँ हैं, टीले हैं, बालू है, दलदल है, दरारें हैं, ज़हरीली घास है, कँटीले झाड़-झंखाड़ हैं...आगे बढ़ने का मनसूबा तोड़ने के लिए वह कौन-सी अड़चन है जो इस मैदान के अंदर नहीं है ?...हाँ, इतना तो है कि हर बुरे-भले काम में महाप्रभुओं का साथ देते रहोगे तो भौतिक लाभ अवश्य होगा। लड़का डिविज़नल आफिसर बन जाएगा, भतीजे को भारत सेवक समाज की ओर से ठेकेदारी मिल जाएगी, छोटा भाई मुखिया होगा और भांजे को चीनी मिल में क्लर्की मिलेगी !...अब और क्या चाहते हो दिवाकर ? ज़िला बोर्ड के चेयरमैन बनोगे ? शास्त्री की डिग्री है, ग्रेजुएट तो हुए ही ! तो फिर बिहार विश्वविद्यालय की सीनेट में नहीं आ सकते ?...

कॉफ़ी हाउस का बिल चुकता करके दिवाकर बाहर आ गया। पान के दो बीड़े लिए। निगाहें गाँधी मैदान की तरफ उठीं, कानों के अंदर लेकिन फिल्मी धुन घुस आई—

"मैंने जीना सीख लिया
पाप कहो या पुण्य कहो
मैंने पीना सीख लिया..."

[और, पीने के लिए उकसानेवाली इस कड़ी ने उसके ध्यान में महिम को लाके खड़ा कर दिया : हाँ, महिम ने पीना सीख लिया...अब तुम चाहे इसे पाप कहो या पुण्य कहो, महिम तो शराब नहीं छोड़ेगा ! छोड़ देगा ? अजी नहीं, तुम्हें अँगूठा दिखला-दिखलाकर पीता रहेगा।...महिम लेकिन दो-चार वर्ष से अधिक जिएगा नहीं ! उसे देखकर दिल को झटका लगता है, सीने की हड्डियाँ गिन सकते हो। हँसता है तो आँखें भयानक हो उठती हैं और गालों के गड्ढे देखकर पीले पत्तों के दोने याद आते हैं। कल शाम को ही तो मिला था महिम। अंजुमन इस्लामिया हॉल के हाते में और अंदर कर्घा उद्योग वाली को-ऑपरेटिव यूनियन द्वारा आयोजित प्रदर्शनी का आखिरी दिन था। मैं अंदर गया और शंकरजी घूम-घूमकर मुझे नुमाइश का अलग-अलग हिस्सा दिखलाने लगे। इसी बीच कब और कैसे महिम चुपचाप मेरे पीछे लग गया, राम जाने ! देख-भर लिया होता तो ठीक था, लेकिन उसे टोककर भारी मुसीबत बुला ली...महिम की बकवास भड़क उठी :

["दिवाकर भाई, पता है आपको ? अभी-अभी थोड़ी देर पहले महामहिम राज्यपाल यहाँ आए थे। आप बतला सकते हैं, क्यों आए थे राज्यपाल ? नहीं बतलाएँगे ? तो मुझसे सुन लीजिए...। वो आए थे हमारी जनता की जहालत और गरीबी को दुआ देने ! आज के हमारे ये श्रीमंत महानुभाव नहीं चाहते कि विज्ञान के सूर्य की एक भी किरण दूर-देहात के उन कुटीरों तक पहुँचे...बड़े शहरों के अंदर बिजली की बदौलत ग्रामोद्योग की तथाकथित सफलताओं का यह दिखावा धोखा है दिवाकर भाई, बिलकुल धोखा।..."

[मैंने महिम के मुँह पर हथेली रख दी, खींचकर हॉल के पिछवाड़े ले जाने लगा।

बीस-पचीस आदमी इकट्ठे हो गए थे। श्रोताओं की उत्सुक आँखें और चेहरों पर तत्परता के भाव उसकी बकवास को भड़का रहे थे। हाथापाई करके महिम मुझसे छुटकारा चाहता था, उसे इतनी अधिक तादाद में मुस्तैद श्रोता जो मिल रहे थे। ...मगर मैंने उसकी एक नहीं मानी, खींच-खाँचकर हॉल के पिछवाड़े ले आया। शंकरजी पीछे-पीछे दौड़े आए। उसने कहा, "महिम के लिए नाश्ता और चाय मँगवा लीजिए।" महिम के कान से होंठ सटाकर बोला, "देखो, रसगुल्ले आ रहे हैं तुम्हारे लिए !"

["संदेश नहीं ? खीरमोहन नहीं ?"–आँखें नचाकर महिम ने कहा, "मैं अकेले नहीं खाऊँगा दिवाकर भाई। आपको भी साथ देना पड़ेगा...भाग तो नहीं जाइएगा ?"

["सबकुछ आ रहा है।" मैं बोला, "साथ ही नाश्ता करेंगे।"

[...इस तरह बड़ी मुश्किल से कल मैंने महिम को काबू में किया। खिला-पिलाकर वापस ले आया मकान में।...]

दिवाकर मैदान की परिक्रमा करते रहे और दुनिया-भर की बातें सोचते रहे। थकावट महसूस हुई तो रिक्शा लेकर स्टेशन चले गए, बुक-स्टाल से पत्र-पत्रिकाएँ लेनी थीं।

शाम को तिलकधारीदास से मुलाकात हुई। उसने पूछा, "शास्त्रीजी, बाकी दो किताबें कब दे रहे हैं ?"

"होली के बाद लीजिएगा।" दिवाकर ने कहा।

दिवाकर की तरफ पान के बीड़े बढ़ाता हुआ वह मुस्कुराया, कहने लगा, "साहित्यिकों से बड़ा डर लगता है शास्त्रीजी ! जाने कितनों की एडवांस रकम पचाकर साहित्यकार 'विशुद्ध साहित्यकार' बनता है !–जाने कितनी पांडुलिपियाँ आप लोगों की कृपा से प्रकाशक की दराज़ में अधूरी पड़ी होंगी !"

पान लेकर दिवाकर ने माथा हिलाया। बोला, "साहित्यकार को भी ठीक इसी तरह प्रकाशकों से बड़ा डर लगता है। प्रकाशकों के प्रति उसकी भी सौ शिकायतें हैं...लेकिन मैं आपसे एक बात पूछता हूँ...आप इस धंधे में आखिर आए ही क्यों ?"

दासजी हँसने लगा, बोल गया, "मैं इस धंधे में नहीं आता तो आपसे इतनी किताबें भला कौन लिखवाता ?"

दिवाकर को भी हँसी आ गई।

हाल की छपी एक किताब का कवर देखता रहा फिर अच्छी छपाई और कागज के अकाल पर बातें होती रहीं।

थोड़ी देर बाद नेपाली नौकर ने आकर कहा, "हजूर, खाना तइयार है।"

दिवाकर तिलकधारीदास से एक बात और पूछना चाहता था। नेपाली से कहा, "चलो, आता हूँ।"

उठते-उठते दासजी से दबी आवाज़ में पूछा, "उस लड़की का पता चला ? आपकी तो शर्माजी से मुलाकात होती होगी !"

तिलकधारी ने कहा, "वह तो भागलपुर मामा के पास है। चिट्ठी आई है।"

"चलिए, अच्छा हुआ। फिक्र थी।"

"फिक्र की तो बात ही थी न !"

"लेकिन इस तरह बिना बतलाए क्यों चली गई ?"

"क्या बतलाया जाए ?"

दासजी को यद्यपि स्वयं ही नहीं मालूम था कि भुवन कहाँ है। दिवाकर से यों ही कुछ बतला रहे थे। कपार छूकर उँगली को नचाया। दिवाकर ने इस पर कहा, "नहीं, नहीं, उसका माथा खराब नहीं था ! हाँ, किस्मत खोटी हो सकती है।"

"किस्मत क्यों खोटी रहेगी ?"—तिलकधारीदास बोला, "शर्माजो की हैसियत मालूम नहीं है आपको ?"

शास्त्रीजी चुपचाप दूकान से नीचे उतर आए, शर्माजी की हैसियत के खिलाफ कुछ भी कहना असंगत और अनावश्यक लगा।

तेरह

संजीवन-आश्रम।

"सपरिवार ठहरने का स्थान और भोजनालय। अनाथ महिलाओं द्वारा संचालित"—बाहर तख्ती पर छोटे अक्षरों में लिखा था।

पटना सिटी और गंगा का किनारा...नगर के उत्तरी छोर पर घनी आबादीवाला मुहल्ला। बाढ़ से सुरक्षा के लिए बँधे हुए पक्के घाट, नीचे उतरने के लिए सुंदर सीढ़ियाँ।

उत्तर तरफ सामने मुँह करके देखने पर जौ-गेहूँ की पक्की फसलों से सुनहला दियारा...ज़रा हटकर गंगा की पतली धारा।

बाँकीपुरवाली उस धर्मशाला से हटकर बुआ और नेपालिन संजीवन-आश्रम आ गई थीं, शर्माजी पहुँचा गए थे। यह कोई नई जगह नहीं थी उनके लिए, कई बार आ चुके थे, रह चुके थे।

स्त्रियों की तादाद ज़्यादा थी, मर्द कम थे। शक्लें नई-नई दिखाई पड़ती थीं। मकान पुरानी किस्म का दुतल्ला था। ऊपर दस कमरे, बीच की खाली जगह छोड़कर चारों तरफ बरामदा था। नीचे गुदाम के लिए बड़े-बड़े हॉल थे, बीच में पक्की फर्शवाला आँगन। आँगन के एक कोने में नीम का पुराना पेड़ था। पेड़ की जड़ में तीन-चार पत्थर...गोल-गोल लोढ़ानुमा। एक त्रिशूल गड़ा था। हनुमान की मूर्ति थी जिसका सिंदूर फीका पड़ गया था और झरे हुए सूखे पत्तों से पैर ढक गए थे।

पहचान की तीन औरतें बुआ से बातें कर रही थीं। उनमें से एक युवती और स्वस्थ थी, सुंदर नहीं तो असुंदर भी नहीं। दूसरी थी भुवनेसरी की तरह कम उम्र की और खूबसूरत। तीसरी अधेड़ थी, साधारण।

कम उम्रवाली लड़की ने पूछ दिया, "बुआ, भुवन अब नहीं लौटेगी ?"

बुआ तो चुप रही, युवती ने तड़ाक् से जवाब दिया, "वो तेरा खसम होती थी ? जा, नहीं लौटेगी।"

"साथ सोती थी एक-दूसरी से चिपटकर"—जो अधेड़ थी वह बोली और दाँत निकालकर खि-खि-खि करने लगी।

छोकरी ने कहा, "भुवन का मन नहीं लगता था यहाँ...।"

युवती ने भौंहें नचाकर कहा, "तेरा मन लगता है ?"

अधेड़ औरत हँसने लगी, "क्यों नहीं लगेगा मन ? नया-नया मर्द मिलता है, नई-नई बोतल और नया-नया पानी...।"

छोकरी ने उसके चेहरे की ओर देखा, तमककर कहने लगी, "तेरी तो तबीयत मर्दों से अघा गई है न ? उस रोज शाम को छँटी दाढ़ीवाला बुड्ढा जमादार कहाँ लिए जा रहा था टमटम पर बैठाकर ? और उस रोज गंगा की रेती पर धूप में किसकी मालिश कर रही थी ? और...।"

नज़रों के इशारे से बुआ ने डाँटा, छोकरी चुप हो गई।

नेपालिन चाय ले आई। सिर्फ बुआ के लिए एक कप।

दो घूँट पीकर बुआ ने युवती से कहा, "बात कूटने से क्या होगा ! जो जहाँ है, गर्दन तक कीचड़ में धँसा है। रंडियाँ नहीं होंगी तो भी उनका धंधा जिंदा रहेगा। हमने बड़े-बड़े ज्ञानी देखे हैं। वे बातें तो इतनी अच्छी तरह करते हैं कि सुन-सुनकर निहाल हो जाओगी, लेकिन...."

"सब समझती हूँ चंपा बहन," युवती ने बीच में ही कहा और कप की ओर उँगली उठाकर चाय की याद दिलाई—"ठंडी जो जाएगी।"

चंपा चाय पी चुकी तो पान लिया। क्षण-भर बाद गंभीर होकर कहने लगी, "मर्द और औरत एक-दूसरे के बिना रह नहीं सकते। एक की बोली दूसरे के लिए शहद है। एक की चितवन दूसरे के लिए बिजली है। उसकी गंध इसके लिए चंदन है। यह छू देगी तो उस ठूँठ से टूसे निकल आएँगे।"

युवती हँसकर बोली, "तुम्हारी यह बात कानों को तो बहुत अच्छी लगती है, मुदा दिल इस पर क्या कहता है, बतलाऊँ ?"

"बतलाओ कुंती, ज़रूर बतलाओ !" चंपा ने कहा।

कुंती कहने लगी, "अगर ऐसी बात है तो क्यों औरतें बिकती हैं ? क्यों उन पर डाक बोली जाती है ? क्यों उन्हें बाड़े के अंदर कैद रखा जाता है ? मामूली भूल-चूक पर औरतों को क्यों घर से निकाल देते हैं ? चंपा बहन, हम क्या अच्छे घर की अच्छी बहुएँ नहीं होतीं ? मुझे और तुम्हें किसने बर्बाद किया ? अच्छा चंपा बहन, तुम अपने इस जीवन से खुश हो ?"

चंपा ने माथा हिलाकर कहा, "नहीं, खुश नहीं हूँ। कोई भी औरत खुश नहीं है कुंती। अच्छे घर की अच्छी बहुओं से जाकर पूछो, वे भी खुश नहीं हैं। हाँ, हमारी घुटन

और किस्म की है तो उनकी घुटन और किस्म की होगी...!"

वह अधेड़ औरत इन बातों में दिलचस्पी नहीं ले सकी, उठकर चली गई। लड़की अंदर कमरे में जाकर नेपालिन से बातें करने लगी। चंपा ने इधर-उधर देखा, कोई नहीं था। आश्वस्त होकर कहा, "अब तुमसे मैं क्या छिपाऊँ, भुवनेसरी हमेशा के लिए चली गई। शर्माजी ने उसके लिए बड़ी अच्छी जगह ठीक कर दी थी। मालदार आदमी था। पत्नी चल बसी थी, दो छोटे बच्चे थे। उनकी और अपनी देखभाल के लिए उसको किसी सयानी औरत की आवश्यकता थी। बच्चे बड़े हो जाते तो पाँच-सात वर्ष बाद वह उसी स्त्री से शादी कर लेता। बाप ने तीस साल तक स्कूली किताब छाप-छापकर लाखों की रकम बटोरी थी, एक बड़े शहर में कई किता मकान थे। शर्माजी बात पक्की कर चुके थे। नुमायश घूमते समय अलग से आकर एक बार वह भुवन को देख भी गया था...अब इसको क्या कहोगी ! हाथों में अमृत का घड़ा लेकर विधाता सामने खड़ा था और तुम झाड़ू मार-मारकर उस बेचारे को खदेड़ आईं।"

कुंती मन-ही-मन बोली, 'शाबास भुवन, शाबास ! उस खूसट को तुमने बड़ी सफाई से अँगूठा दिखा दिया, बलिहारी है ! शर्माजी भी खूब छके ! बड़े आए बाप और चाचा बननेवाले !...इस बुड्ढे की नाक में छल्ला डालकर, भुवन, तुमने अपनी ही नहीं बल्कि सभी औरतों की नाक रख ली !...'

प्रकट तौर पर उसने कहा, "मैं तो भुवन को चालाक समझती थी, वो तो भारी गधी निकली चंपा बहन !"

फिर कान के पास मुँह ले जाकर बोली, "मेरे लिए भी शर्माजी से कहो न ? तंग आ गई हूँ इस आश्रम से ! गंगाजी में छलाँग लगाए बिना क्या छुटकारा नहीं मिलेगा दीदी ?"

चंपा ने ढेर-सी साँस छोड़ी, गर्दन उठाकर देखा। नील-निर्मल आकाश और विराट सूनापन, चंपा को लगा कि यह उसकी ही रिक्तता असीम और नीलाभ बनकर ऊपर छाई हुई है। दिन का वक्त है। ढलता सूरज पश्चिम की तरफ मकान की ओट में चला गया है। तारे नहीं हैं तो नीलिमा और सूनापन दिल पर और भी गहरा असर डालते हैं...कुल मिलाकर कितना अच्छा लगता है...खो गई चंपा ! गर्दन उसी तरह ऊपर की ओर थी, आँखें उठी हुईं !...दिल के अंदर किसी खोह से आवाज़ आई : चली गई, भुवन तुमने ठीक ही किया ! मालदार तो मतलब का ही सौदा करता है...तुमसे तबीयत भर जाती तो दूसरी का सौदा करता ! पेट भरा हो और टेंट में काफी रकम हो तो हरी-हरी चरना चाहेगा आदमी...नहीं, तुमने अच्छा किया भुवन ! इस कुंभीपाक से निकल भागीं, खूब किया !...

कुंती ने कंधे पर हाथ रखकर चंपा को हिलाया।

"क्या सोच रही थीं ?"

"कुछ नहीं।"

"नहीं बतलाओगी दीदी ?"

"बात भी तो हो कुछ !"

"आसमान की ओर मुँह करके क्या देख रही थीं ?"

"कुछ नहीं कुंती, आसमान में भला क्या देखूँगी ?"

"छिपाती हो मुझसे ! कोई याद आ रहा होगा...।"

चंपा को हँसी आ गई, बोली, "कुंती, भारी शैतान है तू।"

कुंती ने खिलखिलाकर कहा, "इस मकान में रामजी की दया से देवी और शैतान दोनों साथ रहते हैं। वे एक ही चौके में खाना खाते हैं, एक ही नल का पानी पीते हैं। दोनों का दिल एक है...।"

चंपा ने उसके सिर पर हल्की चपत बैठाई, "पाजी कहीं की !"

कुंती ने कहा, "चलो, अंदर ताश खेलें !"

"नहीं, अभी नहीं।" चंपा बोली, "कुछ काम है कुंती !"

"अच्छा !" मुँह बनाकर कुंती ने कहा और चौके की ओर चल पड़ी।

रसोइया नौजवान था। अच्छी शकल-सूरतवाला। बीच में आकर चाबी ले गया था। दुबारा आकर चंपा से पूछने लगा, "रात क्या तरकारी बनेगी ?"

चंपा ने कहा, "आलू और गोभी का फूल ले आओ, बथुआ मिले तो रायता बना लेना।"

"अच्छा हजूर !"

"कुंती से नहीं पूछ लिया ?"

"पूछा तो था, आपके पास भेजा है...।"

रसोइया चला गया।

चंपा के दिमाग में भुवन घूम रही थी। बरामदे में तख्त तो था, गद्दा नहीं था उस पर। लेटने का जी कर रहा था। वह अंदर कमरे में गई कि नेपालिन से कहकर गद्दा डलवा लेगी बाहर।

लेकिन उस दूसरे गद्दे पर नेपालिन और वह लड़की सो रही थी, गपशप करती-करती जाने कब सो गई थीं !

चंपा को कुछ याद आ गया, ट्रंक खोलकर तीनों लिफाफे निकाल लिए जिनके अंदर बहुत सारे फोटो रखे थे !

मोढ़ा खींचकर बैठ गई और फोटो देखने लगी।

बड़ी आँखोंवाली युवती : चेहरा बड़ा ही आकर्षक है...मनोरमा, तू जालंधर पहुँच गई न। तेरा मर्द सरदार है। कलकत्ते में बारह वर्ष टैक्सी चलाई है। पहले लाहौर और जमशेदपुर रह चुका है। सरदार ने कई जगहों पर औरतें खोजीं, छाँटकर आखिर तुझे ले गया। हमारी माँग ढाई हजार की थी, सरदार ने अठारह सौ दिए...शर्माजी को डेढ़ सौ का सूट दिया और मुझे सौ की साड़ी दी थी। सलवार और कुर्ती—साटन के उस सूट में तू कितनी जँच रही थी !

खूबसूरत जवान : बाल कितने अच्छे हैं...ब्रजनंदन, तुम मुझे कितना प्यार करते

थे ! हमारा रहना होता था उन दिनों पूर्णिया के भट्ठा बाज़ार में, तुम कटिहार से आकर अक्सर मिल जाते थे। समस्तीपुर से बदलकर कटिहार आए थे न ? पार्सल क्लर्क की ड्यूटी थी...कपड़े, चीनी, फल, मेवे, बिस्कुट के डिब्बे, लालटेन, टार्च....तुम कितनी चीज़ें लाते थे ? तुम्हारी दी हुई टार्च तो बल्कि आज भी मेरे पास है ! तुम्हारी बीवी आ गई फिर हमारा मिलना-जुलना बंद हो गया। दरअसल वह बड़े ही शक्की स्वभाव की औरत थी। पिछले साल सोनपुर में तुम दिखाई पड़े। दस वर्षों में क्या से क्या हो गए हो ! पूछा तो बोले—सात बच्चों का बाप हूँ, ज़िंदगी-भर क्या वही कंदर्पनारायण बना रहूँगा ? और, भाभी तुम भी ढल गई हो, आईना नहीं देखा है ?...हाँ, ब्रजनंदन देखा है आईना। रोज देखती हूँ और रोज याद आते हो। तुम मेरे लिए सखा भी थे, सखी भी थे ! झूठ कहती हूँ ? उकड़ूँ होकर और पीठ पर झुककर बाल नहीं सँवारते थे मेरे ? जूड़ा नहीं बाँधते थे ? चोटी नहीं गूँथते थे ? बंगला नाटकों के लिए ग्रीनरूम में अभिनेत्रियों का केश-विन्यास तुम्हारे ही हाथों संपन्न होता था...लेकिन यह भागलपुर की बात है और तब तुम कालेज के छात्र थे...ओह, हम एक-दूसरे के दिल में कितना अधिक धँस गए ! कितना अधिक मालूम कर लिया था हमने एक-दूसरे के बारे में !

औरतों के तीन चेहरे : अकेली मन्नो से जितना लाभ हुआ, उतना भी इनसे नहीं हुआ...एक को बनारस में किसी संन्यासी के हवाले किया, दूसरी वहीं एक खत्री की रखैल बन गई और तीसरी कलकत्ते में है एक अफगान के पास। पंद्रह सौ भी आए होते !

एक नेपाली परिवार के साथ : दार्जिलिंग...सहेली के भाई की शादी में पहाड़ पर गई थी। विराटनगर ससुराल था, दार्जिलिंग मायका।

दो छोटे बच्चे : दार्जिलिंगवाले उसी परिवार के दोनों बच्चे हैं...बटन-जैसी छोटी आँखोंवाला यह बच्चा कितना हिल-मिल गया था मुझसे ? देखते ही लपकता था !

छोटा कुत्ता : विराटनगर...सहेली के ससुरालवालों का कुत्ता। इसे उन लोगों ने किसी भोटिया व्यापारी से खरीदा था...नवाबजादे मेरी गोद में सो जाते थे आकर ?

शर्माजी : जयनगर...अनाथ औरतों की खोज-खबर लेने का प्रयास आपने यहीं से आरंभ किया। जयनगर के नजदीक भारत-नेपाल सीमा से लगी हुई एक बस्ती थी जो शर्माजी की बहन के अधिकार में थी। इनकी जवानी बहन की ज़मींदारी का इंतजाम करने में गुजरी। ज़िला का सदर मुकाम होने की वजह लहेरियासराय जाना-आना लगा ही रहता था। बीस रुपए पर तीन कमरे ले रखे थे। भूली-भटकी और शरण में आई हुई औरतों के लिए पहला विश्राम-केंद्र उन्हीं कमरों को बनाया गया...'अनाथ महिला सेवासदन' मुहर बन गई, साइनबोर्ड टँग गया...मुहर तो अब भी कहीं पड़ी होगी !

वर-वधुओं के दो जोड़े : आर्यसमाज मंदिर...ये विवाह शर्माजी ने करवाए थे। दान के तौर पर संस्थाओं को पाँच सौ की रकम दिलवा दी थी। स्त्रियाँ समाज से बहिष्कृत और आश्रयहीन थीं, पुरुष सिंध और पंजाब के थे, जिनका उधर कहीं ब्याह नहीं हो सका था...हवनशाला के इर्द-गिर्द पत्तों और कागज़ की झंडियोंवाली रस्सियाँ टँगी हैं,

बीचोबीच हवन-कुंड दिखाई पड़ रहा है।...

शर्माजी का बड़ा लड़का : सूट-बूट डाटकर इंटरव्यू के लिए जा रहा है...आजकल छोटानागपुर के किसी थाने में दारोगा है।

कालीमाई की प्रतिमा और भैरवी : बागबाज़ार के पास हुगली के किनारे...। शोभाबाज़ार में बासा था। जाड़े की धूप में अक्सर मैं नहाने निकल जाती थी। कातिक से लेकर चैत तक हुगली का पानी खूब साफ रहता है, हरा और निर्मल। जीभ निकाले काली मइया और जटाओंवाली आनंद भैरवी...रेलवे लाइन से ज़रा हटकर पीपल के नीचे धूप में बैठकर अपने बदन को तेल से चुपड़ा करती थी, कमर से पतला गमछा लिपटा रहता था, सारे अंग दिखाई पड़ते थे। इक्के-दुक्के अधेड़ और युवक करीब में खड़े होकर रेलिंग से लगे-लगे इस भैरवी की तरफ देख लेते थे। मुझसे बातें करती थी। वह बंगला बोलती थी, मैं हिंदी। बीच-बीच में चीख पड़ती—माँ काली, रोक्खे कोरो...साँवली सूरत, गोल चेहरा, छोटी-छोटी आँखें, सामनेवाले दो दाँत बाहर निकले हुए थे। भाल पर सिंदूर का बड़ा टीका। एक रोज़ एकांत पाकर बोली, "तुम्हारी तो अभी चढ़ती उम्र है, आनंद के समुद्र में गोते लगाने की उम्र। माँ काली के चरणों की छाया में एक-से-एक रत्न चमक रहे हैं। बेटा, तुम उनसे खेलो...रत्नों की चमक से तुम्हारे दो काम होंगे, शोभा भी बढ़ेगी और तरावट भी पहुँचेगी। मेरे साथ घर चलो, वहाँ माँ काली की पुरानी प्रतिमा है। हमारी अपनी माँ ! एक बार तुम चलो तो, दर्शन तो करो एक बार !.." मैं गई ज़रूर भैरवी के पीछे-पीछे लेकिन चुड़ैल ने बेहद परेशान किया। बासा पर बक्स में गहने कितने हैं, रकम कितनी है, रिश्ते के कै ठो मर्द यहाँ कलकत्ते में रहते हैं, माँ काली के उसके अपने भक्तों से रात को मैं किस तरह और कब-कब मिला करूँ, भक्तों से मिलना अस्वीकार कर देने पर माँ मेरा कितना अहित कर सकती है...आदि-आदि बीसियों बातें भैरवी ने समझाने की कोशिश की और दो घंटे तक मेरे माथे का गूदा चाटती रही ! डर के मारे भैरवी के हाथ का न कुछ खाया, न पिया। मूर्ति मामूली थी और मकान भी मामूली था। एक कमरे के अंदर चटाइयों से घेरकर माँ की कुटिया तैयार की गई थी। मुझे उस वक्त दिन के एक बजे भक्त या रत्न तो न दिखाई दिए, हाँ डाकिनी-शाकिनी कोटि की चार-छै औरतें अवश्य झाँक गईं। गाँठ में दो-ढाई रुपए थे, फूल और माला के नाम पर भैरवी ने ले लिए...चलते वक्त ज़रा-सा प्रसाद और यह फोटो मिला। पीछे पता चला, वह तो रंडियों का मुहल्ला था। ठेठ सोनागाछी।

पिछले दस-बारह वर्ष के अपने भी कई फोटो थे। शर्माजी के दो-तीन फोटो और थे। तीन-चार फोटो सरदारों के थे। पूरी डील और भरे चेहरेवाले दो फोटो एक अलग कवर में नज़र आए...इतने में घिसा हुआ एक पुराना फोटो सामने आ पड़ा : बी. ब्रह्मचारी : पीठ पर नाम लिखा था।

बी. ब्रह्मचारी : डरावनी आँखें, मोटी लंबी नाक, चौड़ी पेशानी। गया ज़िले में पुश्तैनी ज़मीन से किसान बेदखल किए जाने लगे तो उन्होंने सामूहिक सत्याग्रह का रास्ता अपनाया। यह आंदोलन ज़मींदारों के खिलाफ तो था ही, सरकार के भी अनुकूल

नहीं था। शासक बातें तो किसानों के हित की करते थे, अमल में लेकिन ज़मींदारों को नब्बे प्रतिशत समर्थन हासिल था। दमन की दुहरी चक्की में पिसते-पिसते धीरज का बाँध टूटा तो देहात का एक युवक कानून का रास्ता छोड़कर हमेशा के लिए फरार हो गया और डाके डालने लगा...गया, आरा और डाल्टनगंज के ज़िलों के अंदर जहाँ कहीं डकैती होती थी, बी. ब्रह्मचारी का नाम उस सिलसिले में ज़रूर लिया जाता। दस वर्ष पहले यह कैसा भोला-भाला युवक था ! स्वामी सहजानंद वाली किसान रैली में शामिल होने के लिए टेकारी से आया, पचीस-तीस किसान साथ थे। बाकी लोग तो लौट गए, ब्रह्मचारी लेकिन किसी काम से रुक गया था। शर्माजी के छोटे भाई से जान-पहचान थी। जेल में वे साथ रहे थे। हमारे साथ वह चार ही रोज़ रहा...गाता कितना अच्छा था। फोटो ठीक नहीं है, उचक्का-जैसा लगता है। अपनी गीता के साथ वह पुरानी निशानी भी हमारे लिए छोड़ गया था। दो-तीन वर्ष पहले की बात होगी, एक डकैती में ग्रामीणों से घिर गया और गुत्थमगुत्थे में जान गई। अखबारों में खबर छपी तो हमें मालूम हुआ...कैसा अनाड़ी था, सुअर की तरह भाले से घायल होकर प्राण गँवाए।

लड़की की आँखें खुलीं तो हड़बड़ाकर वह उठ बैठी, नेपालिन को भी उठा दिया।

बुआ की तरफ देखकर नेपालिन बोली, "अंदर आकर जाने कब से बैठी हैं, बताया भी नहीं।"

लड़की बाहर की ओर देखने लगी।

बुआ ने फोटो सहेजते हुए कहा, "देखती क्या हो, दिन डूबने ही वाला है।"

नेपालिन ने लड़की के कंधे पर हाथ रखा। पूछा, "मीना, चाय पियोगी ?"

मीना ने कहा, "चलो उधर, रसोई में बनवाते हैं।"

नेपालिन बुआ की ओर देखती रही। बुआ बोली, "तबीयत सुस्त है मेरी। खाना नहीं खाऊँगी, दूध पी लूँगी।"

"अभी चाय तो पीयोगी ?" मीना ने पूछ लिया।

बुआ ने माथा हिलाकर हामी भरी और ट्रंक बंद किया।

शाम को आश्रम का मैनेजर चंपा से मिलने आया।

इधर-उधर की साधारण बातचीत के बाद चंपा ने कहा, "इस तरह बैठाकर औरतों को कब तक खाना देते रहिएगा ? इनसे कुछ-न-कुछ काम भी तो लीजिए !"

"औरतें आखिर औरतें ही ठहरीं," मैनेजर बोला, "इनसे नाव की रस्सी तो नहीं खिंचवाएगा कोई ? आपने इस बारे में काफी कुछ सोचा होगा, कुछ बतलाइए न !"

चंपा ने कहा, "आप पढ़े-लिखे लोग जब चुप्पी साधे हुए हैं तो मुझ-जैसी जाहिल औरत क्या सोचेगी ? मर्द जो भी लीक खींच देते हैं, हमारे लिए वही वज्रलेख हो जाता है। हमारी अकल गौरैया की तरह फुदक सकती है, दूर की उड़ान नहीं भर सकती।"

"क्या कीजिएगा ऊँची उड़ान भरके ?" मैनेजर ने चश्मा को फिर से एडजस्ट किया और कहने लगा, "हवाई दुर्घटनाएँ बढ़ गई हैं। गरुड़ के पंख झुलस जाएँगे तो भगवान की क्या गति होगी ?"

चंपा ने महसूस किया, मैनेजर बाबू मुंद्रिका प्रसाद विनोद के मूड में हैं। मीना का गाना सुनने या कुंती से गप्पें उड़ाने आए होंगे। मन की सुस्ती हो तो आदमी सोचना भी पसंद नहीं करता।

प्रसंग बदलकर मैनेजर ने पूछा, "शर्माजी कब तक आएँगे ?"

"दस-बारह रोज़ लग जाएँगे।" चंपा बोली। कुछ रुककर कहा, "नेपालिन का जी उचटा-उचटा-सा रहता है, उसके लिए जल्दी कोई प्रबंध करना चाहिए।"

"दिल्ली जाना पसंद करेगी ?"

"क्यों नहीं पसंद करेगी, रिश्ता अच्छा होना चाहिए।"

"ठेकेदार है, अच्छी तरह रखेगा।"

"रह लेगी।"

"चार रोज़ के बाद भाग तो नहीं आएगी ?"

"मार-पीट करेगा तभी भागेगी। औरतें सहारा पा जाती हैं तो उसे आसानी से छोड़ना नहीं चाहती हैं।"

"मीना क्यों भाग आती है बार-बार ?"

"उसे इसके लिए तैयार किया गया होगा..."

"लेकिन आश्रम की बदनामी होती है, अधिकारियों को बार-बार खेद प्रकट करना पड़ता है।"

चंपा चुप हो गई। नाटे कद की सुडौल देह, गेहुँआँ सूरत और चाँद-सा मुखड़ा...कमलपत्री आँखें, नुकीली नाक, पतले होंठ, साँचे में ढले हुए गाल...माथे पर माँग के करीब दस-बीस बाल सफेद पड़ चुके थे। मुँह खोलती थी तो छोटे-छोटे मोतिया दाँत जगमगा उठते थे। उम्र पैंतीस से ज़्यादा नहीं होगी।

कुछ सोचकर बोली, "कोई समझदार और सुंदर नौजवान मीना को मिल जाता तो भागने की नौबत शायद ही आती !"

मैनेजर ने रसोइया को पान के लिए आवाज़ दी और सिर के अधपके बालों पर हाथ फेरता हुआ कहने लगा, "समझदार और सुंदर नौजवान कारखाने में नहीं ढलते हैं देवीजी ! समाज जिनको वापस लेने के लिए तैयार नहीं होता उन लड़कियों के लिए दुनिया गेंद का मैदान है, सौ ठोकरों के बाद भी निश्चय नहीं कि गोल पर पहुँच ही जाएँगी ! हमारी तो कोशिश है कि वे सही ठिकाने पर जाएँ, किसी न किसी सहारे पर टिक जाएँ...आश्रम हमेशा घाटे में रहता है, दस-बीस सज्जनों की मेहरबानी है और दान मिल जाते हैं वर्ना दम घुट गया होता संस्था का।"

चंपा के होंठ बंद थे, खिड़की से आसमान की ओर देखती रही। मन-ही-मन उस धूर्त व्यक्ति को जवाब देने लगी : संस्था का दम क्या घुटता ? दम हो भी तो आखिर ? हाँ, तुम्हारा और रायसाहब का और महाशय मन्नूलाल का और बैजनाथ शर्मा का दम ज़रूर घुट जाता। आश्रम के दरवाज़े सदा के लिए बंद हो जाते। कुंती और चंपा-जैसी औरतें सड़क के किनारे फुटपाथ पर बैठकर पकौड़े छानतीं, बड़े घरों में महाराजिन या

आया का काम करतीं, अपनी पसंद के मुताबिक किसी चपरासी या ड्राइवर या पुलिस वाले या किरानी के साथ रह जातीं...। तुम्हारे जैसे दलालों की जूतियाँ चूसने की अपेक्षा फिर भी वह जीवन कहीं बेहतर होता, कहीं ताजा !...

रसोइया पान दे गया। मैनेजर ने कोट की पाकिट से ज़र्दा की शीशी निकाली। कमरे की दीवारों पर गौर किया, तीन कलेंडर टँगे थे। नया एक ही था, साहित्य सौरभ ग्रंथागारवाला। बाग में हरी घास पर पैर के बल आधी लेटी हुई तरुणी गुलाब की पंखुड़ियाँ गिन रही थी, पैरों के नज़दीक छोटा-सा एक खूबसूरत कुत्ता हवाई चप्पल से खेल रहा था...अमलतास और गुलमुहर के पेड़ों की कतारें दूर तक जाकर क्षितिज में खो गई थीं। पुराने कलेंडर अर्धनारीश्वर और राधाकृष्ण वाले थे। कलेंडरों के अलावा खूँटियों पर कपड़े टँगे थे। खूब साफ और बड़ा आईना लटक रहा था।

उठकर मैनेजर आईने के सामने खड़ा हुआ, अपना चेहरा देखने लगा। बाल गंगा-जमनी हो रहे थे, चाँद गंजी थी। कानों की कगारों पर चार-चार बाल थे, वे भी पक रहे थे। उम्र पचास-साठ के दर्म्यान की होगी, स्वास्थ्य अच्छा था।

उधर से हार्मोनियम की आवाज़ आने लगी। मैनेजर चंपा की ओर मुखातिब हुआ, बोला, "अभी तो इजाजत दें !"

चंपा ने कहा, "मीना इधर अच्छा गाने लगी है, सुना है ?"

मैनेजर हँसने लगा, "फिल्मी गीत अच्छा गाती है।"

"नहीं, मैं तो भजन सुनती हूँ उससे।" चंपा बोली।

मैनेजर ने आँख दबाकर कहा, "शर्मा को नहीं सुनवाया है भजन ?"

चंपा गंभीर हो गई, आहिस्ते से बुदबुदाई, "कई बातों में आपकी और शर्माजी की रुचि मिलती है।"

मैनेजर मुस्कुराता हुआ कमरे से बाहर निकला।

रात का खाना सचमुच ही चंपा ने नहीं खाया। थोड़ा-सा दूध पीकर लेट गई। दिन में सोई नहीं थी, जल्दी ही पलकें झिप गईं।

नेपालिन को लगा कि बुआ सारी रात अच्छी तरह सोएगी, बीच-बीच में न तो उसे उठना ही पड़ेगा और न बकवास ही सुननी पड़ेगी। वह खुद दिन में दो घंटे सो चुकी थी। रात का खाना खाकर उसने बुआ की मशहरी तान दी और स्विच ऑफ़ करके मीना से बातें करने चली गई।

दो घंटे तक नींद का गाढ़ापन बना रहा फिर वह पतली हो गई क्योंकि साथवाले कमरे से मीना के ठहाकों की आवाज़ आई थी। आँखें मूँदे रहने पर भी अब चंपा उस तरह सो नहीं सकी और मन विगत जीवन की गलियों में भटकने लगा :

लाड़-प्यार में पला हुआ बचपन। मामूली पढ़ाई-लिखाई। शादी और शादी के दो साल बाद पति का देहांत। कभी माँ और सास के साथ रहना, कभी देवर और देवरानी

के साथ। तरुणाई के शुरू में जीजा ने छू दिया था। पहले दिल को, फिर देह को...बाद में तीन साल का बच्चा छोड़कर जीजी का चेचक की बलि चढ़ना। जीजा और उनकी बूढ़ी माँ—मेरी सास और माँ ने जीजा का अनुरोध मान लिया।

बच्चे की देखभाल के लिए मैं जीजा के साथ रहने लगी हूँ...

मैं जीजाजी को मौके-बेमौके छेड़ देती हूँ...

जीजा हँस पड़ते हैं लेकिन बढ़ावा नहीं देते हैं।

ड्यूटी के बाद ओवरटाइम खटके वह वापस आते हैं। नाश्ता और चाय के बाद लेट जाते हैं। मैं उनकी पीठ और कमर और जाँघ चाँपती हूँ। मेरे हाथ कमर और जाँघ के बीच ही लौट आते हैं बार-बार, जीजा लेकिन मेरा हाथ खींचकर बार-बार अपनी पीठ की तरफ कर लेते हैं...।

जाने उन्हें क्या अनुभव होता है कि फुर्ती से उठ बैठते हैं।

इशारे से पानी माँगते हैं पीने के लिए। लाकर पानी का गिलास थमाती हूँ, चार-छै घूँट लेकर जीजा मेरी आँखों में देखते हैं।

मैं नज़रें झुका लेती हूँ, लाज की हल्की लाली शायद गालों पर उभर आई हो !

"चंपा !"

"जी !"

"एक बार इन बाँहों के अंदर लेकर मैंने तुम्हें चूम लिया था, याद है ?"

मैं कुछ नहीं बोलती हूँ। जीजा की ओर देख भी नहीं रही हूँ।

"नहीं याद है ?"

मैं माथा हिलाकर स्वीकार का इंगित देती हूँ।

वह पानी पीकर गिलास पलँग की पाटी पर रखते हैं, कहते हैं, "चार-पाँच वर्ष हो गए न ? तुम्हारी शादी नहीं हुई थी और बातें करते-करते अक्सर मेरे हाथ बहकने लगते थे...तुम्हारी आँखों में प्रतिरोध की चिनगारियाँ छिटक उठतीं और मैं सकपकाकर हाथ हटा लेता था ! याद है चंपा ?"

"जी, सब याद है।"

"लेकिन अब स्थिति बदल गई है !"

"मैं समझी नहीं जीजाजी !"

वह गंभीर हो गए हैं, मैं उनकी ओर देख रही हूँ।

"बतलाइए न !"

"कोई खास बात तो है नहीं, चंपा !"

"आपके लिए न भी हो, मेरे लिए तो होगी।"

"तो सुनो..."

"आलोक कहाँ है ?"

"बाहर पड़ोस में खेल रहा होगा...।"

"और माँ ?"

"चौके में। आग सेंक रही हैं।"

"माँ ने शादी के लिए कई बार कहा है...इस बारे में तुम्हारी राय जानना चाहता हूँ..."

मेरी छाती धड़कने लगी है। आशा-मिश्रित कौतूहल मेरी साँसों को भारी बना रहा है, "जीजा, क्या इस धुली माँग में फिर सिंदूर डालेंगे !"

"अगर माँ का डर न होता तो निश्चय ही मैं तुमसे शादी कर लेता। माँ को मैं ईश्वर से अधिक मानता हूँ चंपा, माँ की रुचि और अनुकूलता पर मैंने अपनी पसंद को कभी नहीं लादा..."

मैं चुप हूँ। आशा गायब हो चुकी है, कौतूहल शेष है, नाखून से नाखून खरोंच रही हूँ। जीजाजी दीवाल से पीठ टिकाकर बैठ गए हैं और लगातार मेरे चेहरे की ओर देख रहे हैं, मैं लेकिन आधी-तिरछी नज़र से ही उनकी मुखमुद्रा बीच-बीच में भाँप लेती हूँ..."ऐसी क्या ऊटपटाँग बात मैंने कर दी ! अच्छे-भले तो लेटे पड़े थे, ज़रा देर और चाँप देती तो बदन हल्का हो जाता..."

"तुम मेरा बदन चाँपती हो, रग-रग की मालिश हो जाती है चंपा ! बड़ा ही सुख मिलता है। काश, मैं तुम्हारी माँग में फिर से सिंदूर भर सकता !"

"अब समझी ! आपको अपने पर भरोसा नहीं है जीजाजी ? चाँपते समय मेरे हाथ बहक जाते हैं ?...अच्छा, अच्छा ! मैं आपके मन की शांति नहीं छीनूँगी जीजाजी, परेशान नहीं करूँगी आपको ! अभी और कै वर्ष जिएगी आपकी माँ ? बाद में पत्नी के तौर पर मुझे स्वीकार कीजिएगा न ?"

"नहीं ? स्वर्ग में तब भी बुढ़िया का दिल दुखेगा ?"

"माफ कीजिए जीजाजी, आप पहले दर्जे के डरपोक हैं ! कायर हैं ! शहद मिलाकर इस ईमान को चाट जाइए !"

"चंपा, मैं तुम्हें फुसलाकर खाई के अंदर ढकेल दूँ ? जवानी की तुम्हारी इस कसमसाहट को बढ़ावा दूँ ? मैं भी विधुर हूँ, तुम्हीं विधवा नहीं हो चंपा ! अपने पर अंकुश दो, काबू में रखो अपने को !"

"जी, महात्माजी ! चार वर्ष पहले गर्मी की उस दुपहरिया में अपना यह अंकुश कहाँ भूल आए थे आप ? मैं क्वाँरी थी, मुझे पता नहीं था कि वासना का स्वाद क्या होता है !..."

जीजा पलँग से उतरकर मेरे पैर पकड़ लेते हैं।

"क्षमा करो चंपा, मैं तुम्हारे लिए कुछ नहीं कर सकूँगा !"

मैं पैर छुड़ाकर दो कदम पीछे हट जाती हूँ...कायर कहीं के !...उस व्यक्ति के प्रति मेरे अंदर घृणा उबल पड़ती है। वहीं कोने में थूककर बाहर निकल जाती हूँ...।

अगले ही रोज़ माँ के पास चली आती हूँ।

दो महीने बाद सिलीगुड़ी।

एक खटिक नौजवान मुझे भगा लाया है।

[आम का बाग...आधा हिस्सा चाचा का था। हमारा हिस्सा अपने नौकर अंगोरते थे। चाचा ने अपना हिस्सा खटिकों को बेच दिया था, टिकोरे थे तभी। वैशाख की दुपहरी परिवार के लड़के-लड़कियाँ वहीं बाग की तरावट में गुज़ारते थे। खटिकों में से एक नौजवान अच्छी डीलडौल का और बेहद खूबसूरत था। ज़ालिम बाँसुरी कितनी बढ़िया बजाता था। एक रोज़ शैतान ने काले-काले जामुन क्या खिला दिए, मुझे खरीद ही लिया ! हम मौका निकालकर अकेले में मिलने लगे...।

[मैमनसिंह, ढाका, राजशाही...बिहार के हज़ारों मुसलमान इधर आकर आबाद हो गए हैं। खेती-बाड़ी, होटल, पुलिस, मिलिटरी, हाट-बाज़ार, प्रेस, अदालत-कचहरी और सरकारी सेक्रेटेरियट...पूर्वी पाकिस्तान में कहाँ नहीं बिहार की कच्ची उर्दू गूँजती है।]

सफदर ने होटल खोल लिया है। दो नौकर रख लिए हैं। रहने के लिए अलग मकान मिल गया है। आमदनी बढ़ती गई तो मेरे गहने भी बढ़ते गए।...सफदर की माँ आई हैं और मैं भी तो माँ हो गई हूँ ! बच्ची का नाम सफदर ने सकीना रखा है मैं लेकिन उसे शकुंतला कहती हूँ।

रकम की गर्मी और दोस्तों की सोहबत...सफदर खूब ढालने लगा है। माँ मना करती है तो उसे गालियाँ देता है...गिन-गिनकर नोटों की गड्डियाँ बनाना और झूमना और गुनगुनाना—

'रोते भी रहे, हँसते भी रहे,
हम तुझसे मुहब्बत करके सनम
रोते भी रहे, हँसते भी रहे !
इक दिल के टुकड़े हज़ार हुए
कोई यहाँ गिरा, कोई वहाँ गिरा...'

बच्ची के बाद बच्चा पैदा हुआ है। सफदर ने नाम रखा रुस्तम, मैं लेकिन उसे विजय ही कहूँगी !—नशे में धुत्त होकर एक बजे रात को घर लौटता है और पीटने लगता है मुझे। कभी-कभी तो बेदम कर डालता है...हे भगवान, कौन-सा पाप किया था पहले जनम में कि इस राक्षस के साथ भाग आने की कुबुद्धि मन में आई !

चौथे साल सफदर का नाना मरता है। थाना इस्लामपुर ज़िला पटना से तार पहुँचता है। हिंदुस्तान आने की वीसा मिल जाती है, बच्चों को लेकर महीना-भर के लिए हम ढाका छोड़ते हैं।

कटिहार जंक्शन में छै घंटे का वक्त मिलता है। सफदर एक दोस्त से मिलने बाज़ार गया कि मेरे दिमाग में बंधन से छुटकारा पाने की लालसा काँप उठती है।

—बच्चों का क्या होगा ?

—उन्हें छोड़ दूँगी।

—छोड़ दोगी ?

—नहीं...हाँ !

—कैसा पत्थर का दिल पाया है ! छिः।

—मगर अबकी लौटकर जो पाकिस्तान गई तो सफदर फिर कभी लौटने नहीं देगा।

—पीट-पीटकर दुम्बा बना डालेगा ?

—बस, ज़्यादा मत सोचो ! भाग चलो चंपा...

—लेकिन बच्चों को छोड़कर एक माँ के पैर उठेंगे ?

—ज़हन्नुम में जाओ !

—बच्चे...शकुंतला और विजय !

—मेरी कोख जल नहीं गई है, बच्चे फिर हो जाएँगे...हिंदुस्तान में रहूँगी तो कभी उस गाँव की मिट्टी छू सकूँगी जहाँ जन्म हुआ था।

समय नहीं है। मैं जल्दी करती हूँ।

सफदर की माँ दोनों बच्चों को सँभाले हुए है। मैं पाखाना जाती हूँ और नहीं लौटती हूँ।

तीसरे दिन शाम को हावड़ा, बिना टिकट आई हूँ न ! जगह-जगह उतरती आई हूँ...

जय काली माई !

भीख से पेट नहीं भरता है। माँ, तुम्हारी लंबी जीभ ने लोगों की दया-माया भी पी ली है न ?

—ओए, तू भीख क्यों माँगती है ?

—यह उम्र तेरी माँगने की नहीं है...

—तो क्या करूँ सरदारजी ?

—खाना पकाएगी ?

हामी भरी और पीछे-पीछे आ गई सरदारों के। बालीगंज में बोंडेल रोड से ज़रा हटकर एक पुराने मकान में सरदारों का अड्डा। बाहर एक-न-एक टैक्सी खड़ी रहती है।

बहुत आराम से हूँ। एक नहीं, तीन-तीन सरदार मुझ पर कुर्बान हैं! इस निगोड़ी देह को मानो भालू ने ही फूँक मार दी है...स्वास्थ्य में ऐसा निखार कभी नहीं आया था। पता नहीं, भाग्य में क्या बदा है ! फूलकर मैं भैंस तो नहीं हो जाऊँगी ?

जापानी रेशम की सलवार और कुर्त्ता, मखमल की ओढ़नी...चंपा, तूने कड़ा भी पहन लिया है और कृपाण भी लटका ली है। अमृतसर की सरदारनी बन गई है, शाबास चंपा !

—होटल चला रही है तू ?

—शराब और कबाब और...

—हाँ, सबकुछ...

—तीन बंगाली लड़कियाँ भी रख ली हैं न ?

—तो क्या हुआ !

एक मद्रासी ऐंग्लो-इंडियन छोकरा...।

एक नेपाली युवक...

उत्तर प्रदेश का एक अधेड़...

क्लर्क, व्यापारी और शिक्षक—हुस्न की झील में तीनों गोते खाने लगे। सरदार की ओर से हरी झंडी का सिगनल मिला, तू आगे बढ़ी चंपा ! दो साल के अंदर उनका काफी सत निचुड़ गया। नेपाली की खुखरी मद्रासी के गले पर खेल गई। शिक्षक ने व्यापारी को चकमा दिया और सरदार को नई छोकरी मिली। खुखरीवाला फरार होकर नेपाल भाग गया। मुकदमा चला तो शिक्षक को दो वर्ष की सज़ा हुई और तुझे छै महीने की...बंगाली छोकरियों में से दो को पुलिस ने अपनी तरफ न मिला लिया होता तो तू अदालत के कटघरे से बेदाग निकल आती चंपा ! पंद्रह-बीस हज़ार जमा हुए थे, सारी रकम लेकर सरदार चंपत हो गया...चल, यह भी अच्छा ही रहा !

जेल से रिहा होने पर मास्टरजी से मिलती हूँ।

मास्टरजी मुझे शर्माजी का पता देते हैं।

हावड़ा में शर्माजी का घी का कारोबार है। मैं उनसे सलकिया में मिलती हूँ।

शर्माजी जेल-गेट पर जाकर मास्टरजी से मिलने जाते हैं और मेरे बारे में पूछताछ कर आते हैं। मैं शर्माजी के साथ रहने लगी हूँ।

[यह आठ साल पहले की बात है, अब तो घी का धंधा शर्माजी का भतीजा सँभालता है। खुद वह आजकल कोई खास काम-काज नहीं करते हैं। बीच-बीच में ठेकेदारी के लिए दो-एक टेंडर ज़रूर भर देते हैं। टिप्पस भिड़ती है और काम बन जाता है।]

लोगों को मेरा परिचय वह 'रिश्ते की एक बहन' के तौर पर दिया करते हैं। यों मुझसे उनकी उम्र दस-बारह वर्ष ही ज़्यादा होगी और वह विधुर नहीं हैं। साथ रहते-रहते नेह-छोह हो ही जाता है, मैं अपने प्रति शर्माजी के अंदर गाढ़ी ममता पाती हूँ। उन्हें प्राणेश्वर या जीवन-धन तो मैं शायद ही कभी कह सकूँ किंतु मेरे आश्रयदाता और प्रतिपालक अवश्य हैं। मैं बहुत भटक चुकी हूँ, अब विश्राम चाहती हूँ। तन-मन लगाकर शर्माजी की सेवा मैं करती रहूँगी...

[साल-डेढ़ साल हम कलकत्ता और रहे। फिर बिहार रहने लगे। बिहार का शायद ही कोई ज़िला छूटा हो। पूर्णिया, सहरसा, भागलपुर, मुजफ्फरपुर, मोतिहारी, छपरा, राँची, हज़ारीबाग, जमशेदपुर, पटना...कहाँ नहीं रहे हैं शर्माजी ? नेपाल के विराटनगर, जनकपुर, वीरगंज भी उनकी प्रिय जगहों में से रहे हैं। पश्चिम में काशी और प्रयाग, पूरब में कलकत्ता...अनाथ औरतों के सिलसिले में शर्माजी ने एक बार कहा था : पहले इस काम के पीछे मेरी कोई कमज़ोरी भी रही होगी, अब लेकिन मैं इस काम को 'अत्यंत पवित्र एक राष्ट्रीय कर्तव्य' मानता हूँ चंपा ! मेरे लिए यह एक ऐसा हाबी है जिसके साथ सामाजिक दायित्व भी जुड़ा है...और कितनी तत्परता से शर्माजी इस काम को करते आए हैं !]

—वो देखो, शर्मा की नई रखैल...

—अच्छी चिड़िया फाँस लाया है पट्ठा...

—चाल तो देखो, रूपनगर की रानी लगती है...

—बच्चू की मौसी है, इलाज कराने आई है...

—हाँ भई, शर्मा खुद ही भारी डाक्टर हैं न !

—उसकी अपनी डिस्पेन्सरी है...

—पेटेंट दवाइयों के उसके पार्सल कहाँ-कहाँ नहीं जाते !

—लेकिन यह हिरनी किस जंगल की है ?

—पुट्ठे पर सील-मुहर होगी, देखके बतलाऊँगा...

—चल-चल, यह मुँह और मसूर की दाल...

—इसे मैंने किसी फिलिम में देखा है...।

ये तो मर्दों के रिमार्क हैं।

औरतें क्या कहती हैं मेरे बारे में ?

—सोनागाछी से आई है...

—छूत की बीमारी है, इससे अलग ही रहो दीदी।

—देखना, यह राँड कहीं तुम्हारी मुन्नी को न फुसला ले !

—आँख है कि चित्ती कौड़ी है...

—डायन कितनों की कलेजियाँ चबा गई होगी...

—कैसी बहन है कि भाई को ही खसम बना रखा है...

—ऐसा न कहो, बड़ी देर तक पूजा-पाठ करती है।

—पाठ दिन को, पूजा रात को।

[शर्माजी की घरवाली तक मेरी शिकायत पहुँची। बड़े घराने की उस चतुर महिला ने ननद की मार्फत पति को कहलवाया : गाँव-घर से दूर दुनिया-भर की खाक छानते-छानते जीवन गुज़र गया, देह की मशीन को आराम भी मिलना चाहिए और तेल-पानी...मुसीबत की मारी एक भली औरत छाँह में आ गई है तो अब उससे दुराव रखना ठीक नहीं, साथ रहती है तो रहे...लेकिन विधवा है, माँग में सिंदूर न डलवा ले आपसे !]

तो, सिंदूर क्या मैं खुद ही नहीं अपनी माँग में भर ले सकूँगी ?

विधवा तो मैं कभी रही नहीं ! पति के बाद मन ही मन जीजा के प्रति समर्पित हो गई। जीजा ने जवाब दे दिया तो सफदर पर फिदा हुई, उसने चंपा को कुलसुम बना लिया... कानों में छल्ले डलवा दिए चाँदी के...छेदों के निशान नहीं हैं इन कानों में ?

कुलसुम के बाद ? सतवंत कौर ? हाँ, सतवंत कौर। सरदारों ने मुझे यही नाम दिया था।...सतवंत कौर ने दम तोड़े तो चंपा फिर से जी गई...शर्माजी ने पहली बार

पूछा तो चट्-से मैंने अपना नाम बतलाया, चंपा। अब मैं ज़िंदगी-भर 'चंपा' ही रहूँगी या फिर यह नाम बदलना पड़ेगा ?

हाँ, मैं विधवा नहीं हूँ। सपने में भी अपने को मैं विधवा नहीं मानती। शर्माजी पति नहीं हैं मेरे, उनका आसरा है मेरा पति। बच्चे नहीं होंगे, मैंने आपरेशन करवा लिया है न ? शर्माजी मुस्कुराकर कभी-कभी कह देते हैं : चंपा, तुमने प्रकृति के नियम का उल्लंघन किया है !...कुदरत के अनुशासन में नश्तर मारा है...तभी तो बीमार रहती हो...मैं गलत कहता हूँ चंपा ?

—आप भला गलत कहेंगे शर्माजी ? नहीं शर्माजी, नहीं ! आप बिलकुल ठीक कहते हैं...मगर मैं भी गलत नहीं कहती शर्माजी, आपरेशन करवा लिया, अच्छा किया मैंने। नहीं ? अच्छा नहीं किया ?

मैं हँसती हूँ, शर्माजी गंभीर हो जाते हैं।

शर्माजी हँसते हैं, मैं गंभीर हो जाती हूँ।

[अब रत्ती-भर भी अभिलाषा माँ बनने की रह नहीं गई है मेरे अंदर। क्या होगा माँ बनकर ? बालीगंज में थी तो एक बच्चा हुआ था, आठ महीने जिया...अच्छा हुआ कि नहीं रहा। बच्ची नहीं हूँ कि फिर वैसी गलती करूँगी। उस ऐंग्लो-इंडियन मद्रासी छोकरे ने एक बार कहा था : ज़िंदगी का कोई सिलसिला जम जाए तभी बच्चा पैदा करो, बच्चे को किस्मत के भरोसे छोड़ दोगी तो वह छछूँदर या लोमड़ी की तरह मारा-मारा फिरेगा तो फिर गालियाँ तो डार्लिंग तुम्हीं सुनोगी न ?]

शर्माजी ज़िम्मेवार आदमी हैं। मेरे बच्चे को या बच्ची को पाल-पोसकर और पढ़ा-लिखाकर वह आदमी ज़रूर बना देते...मगर उसके लिए सामाजिक सम्मान कहाँ से खरीद लाते शर्माजी ?

शर्माजी मुझे उदास देखते हैं। सोचते हैं, बच्चा होता तो उसमें उलझी रहती।

मैं उन्हें गंभीर पाती हूँ। सोचती हूँ, इनकी यह छिछली भावुकता इन्हें ही मुबारक हो ! मैं खिलखिला उठती हूँ, कहती हूँ—तबीयत बहलाने के लिए गुड्डा ला देंगे प्लास्टिक का ?

वह उठकर चल देते हैं। रंज हो गए ?

—बड़ी निठुर हो तुम चंपा !

—निठुर ? क्या किया है मैंने आपका ?

—मेरे लिए नहीं, खुद अपने लिए निठुर हो तुम !

—आपके सिर पर अखरोट फोड़ूँ तो कहना...

—अपना सिर लहूलुहान किए बैठी रहोगी सो मुझसे देखा जाएगा ?

—लेकिन, प्लास्टिक का गुड्डा आप ज़रूर ले आइए ! चाबी से चल-फिर सके, हँसे-बोले और आप बाहर से आएँ तो दोनों हाथ जोड़कर नमस्ते करे !

शर्माजी बाहर निकल जाते हैं।

तुम शर्माजी का मखौल उड़ाती हो चंपा ? यह अच्छा नहीं है चंपा ! बुज़ुर्ग की

मूँछों के बाल दुधमुँहे बच्चों की खातिर खेल में आ सकते हैं, तुम उन्हें मत नोचो चंपा। यह लत महँगी पड़ेगी रानीजी...तुम्हारी जैसी तो लड़कियाँ हैं शर्माजी के—एक-एक की शादी में पंद्रह-पंद्रह हज़ार खर्च हुए हैं, तुमने समझ क्या रखा है ? एक दामाद डाक्टर है, एक इंजीनियर—

और लड़कियाँ दोनों क्या हैं ?

दर्जा सात और दर्जा छै तक पढ़ी हुई हैं...सीना-पिरोना और स्वेटर बुनना जानती हैं। आड़ी-तिर्छी पंक्तियों में और लँगड़ी भाषा में अपने-अपने पति को पत्र लिखती हैं...

[मैं भी अपने पति को अशुद्ध भाषा में पत्र लिखा करती थी, पंक्ति टेढ़ी और अक्षर बदसूरत...जो दस हज़ार देकर खरीदा गया था मेरे लिए। उस नौजवान को इस फूहड़पन पर बड़ी खीझ आती थी। वह खुद पढ़ाकू लड़का था, परीक्षाओं में हमेशा प्रथम श्रेणी पाता था। चाची से मेरे बारे में एक बार उसने कहा था : यह मेरे क्या काम आएगी ! मैं यूनिवर्सिटी में प्रोफेसर रहूँगा। दूसरे प्रोफेसर साथी और उनकी शिक्षित पत्नियाँ हमसे मिलने आएँगे, यह ठीक से बातचीत भी तो नहीं कर पाएगी ! कम-से-कम मैट्रिक तक भी पास करवा दिया होता...अपनी लड़की चाहे गोबर हो, लड़का लेकिन हीरा चाहिए !...]

नींद आने लगी तो मीना ने नेपालिन से कहा, "जा, अब तू भी सो !"

नेपालिन भी कई बार जम्हाइयाँ ले चुकी थी, बोली, "खूब हँसाती है न ! तेरे पास सारी रात बैठी-पड़ी रहूँ तो भी उठने का जी नहीं करेगा। तुझे ज़ोरों की नींद आ रही है न ?"

आफिस की बड़ी घड़ी ने दो बजाए...टन, टन !

"हाँ, जा, अब सो जा ! सवेरे मुझे उठा देना आकर !"

"लेकिन मेरी नींद कैसे टूटेगी मीना ?"

"बुआ स्टोव जलाएगी न।"

"हाँ, वो तो तड़के ही जग जाएगी। आठ ही बजे सो गई थी..."

लेकिन नेपालिन ने नज़दीक आकर देखा, बिजली जल रही है। बरामदे की ओर रोशनदान था, तिर्छे शीशे से होकर आधी रोशनी तो साफ आ रही थी और आधी छनी हुई।

आहिस्ता से किवाड़ें ठेलकर वह अंदर आ गई।

किवाड़ों को भिड़ाकर साँकल चढ़ाने लगी कि बुआ ने कहा, "रहने दो, बाहर जाऊँगी। तुम सो जाओ।"

फर्श पर गद्दा बिछा था, नेपालिन लेट गई। उसे आश्चर्य था कि बुआ अब तक जगी थी...पूरी नींद के बाद शायद अभी-अभी आँखें खुली होंगी !

नेपालिन को पाँच मिनट बीतते न बीतते नींद आ गई।

चंपा की तबीयत बिलकुल बिखर चुकी थी। दिमाग भारी हो आया था। बिस्तरे से उठकर सुराही के पास आई, स्टेनलेस स्टील के उस नफीस गिलास में लेकर पानी पिया और बाहर निकली।

फागुन की पूर्णिमा दो रोज़ बाद ही पड़ती थी। नीम के नीचे चितकबरी चाँदनी का अल्पना आँखों को बड़ा ही प्यारा लगा। इस दुतल्ले पर बरामदे चारों तरफ से घिरे हुए थे, रेलिंग काठ का था। बीच की आँगनवाली जगह ऊपर के असीम आकाश को नीचे अपनी चौकोर परिधि में लेकर नीम के उस विशाल वृक्ष की महिमा और भी बढ़ा रही थी।

बुआ देर तक रेलिंग से लगी खड़ी रह गई। उसे उस समय बार-बार भुवन की याद आ रही थी...कंपाउंडर की बीवी, उम्मी की माँ, तिलकधारीदास, मुंशी मनबोधलाल, और वह संजीदा छोकरा विभाकर याद आ रहे थे। बड़े बालोंवाला वह खाँसता हुआ चेहरा...महिम ! कत्थई रंग के गंदे दाँतोंवाले वह सज्जन...दिवाकर ! बदसूरत कुतिया और दोनों पिल्ले। मुंशीजी का भांजा, निगाहों के भद्दे इशारे...भोली-भाली भुवनेसरी !

कहीं दूर से होली के गीतों की मोटी और आवेगपूर्ण ध्वनि आ रही थी, सोई रात का सन्नाटा मृदंग की थापों से टूक-टूक हो गया था...एक मोटा चूहा निचले तल्ले के एक कमरे से निकला और आँगन को बीचोबीच पार कर गया। बुआ ने आँखें मलीं, जम्हाई लेकर चेहरे पर वही हाथ फेर लिया और कमरे के अंदर आ गई। भुवन साथ-साथ अंदर आई, वह बुआ के दिमाग पर जाने कब तक हावी रहेगी। बेचारी को सोने नहीं देगी क्या ?

चंपा ने आहिस्ते से सादी कापी निकाली, पेन हाथ में लेकर कागज़ पर झुकी। वह भुवन को पत्र लिखेगी।

"प्यारी भुवन,
पता नहीं, तुम कहाँ हो —"

लेकिन पत्र का होगा क्या ? अचार-मुरब्बा तो नहीं बनेगा, न सब्ज़ी ही बनेगी ? तो फिर क्या होगा पत्र लिखकर ? भुवन तक कैसे पहुँचेगी चिट्ठी ? छोकरी का पता भी तो मालूम हो...चंपा की कलम रुक गई थी, आगे नहीं बढ़ रही थी। वह अजीब पशोपेश में पड़ गई। तकिए पर बाईं केहुनी और उसी हथेली पर गाल टिकाकर निगाहों को छत की कड़ियों में उलझाया ही था कि कंपाउंडर की बीवी मुस्कुराकर सामने खड़ी हो गई।

—तुम जानती हो भुवन का पता ?

—मेरा पत्र भुवन तक पहुँचा दोगी ?

—माथा हिला रही हो, तुम्हें भी भुवन का पता नहीं है ?

—उहुँ, तुम उसका पता ज़रूर जानती हो !

—मैं पाँव पड़ती हूँ तुम्हारे, यह पत्र भुवन तक पहुँचा देना ! इतना-सा काम तो कर ही दो...मैं क्या करूँगी उसका पता-ठिकाना मालूम करके !

चंपा के दिमाग पर कंपाउंडर की बीवी जमी रही। अब वह उस तरह मुस्कुरा नहीं रही थी, चेहरा संजीदगी में डूब चुका था और आँखें झुकी थीं।

—तुम भुवन को मेरा पत्र ज़रूर पहुँचा दोगी !

—यह पत्र उसे बिना पहुँचाए तुमसे रहा जाएगा ?

—मैं किसी से नहीं बतलाऊँगी, मुस्कुरा रही हो, तुम्हारे होंठ हिल रहे हैं !

—तो, अब तुम भुवन तक मेरा पत्र पहुँचा ही दोगी।

—मैं पूरा लिख तो लूँ...

"प्यारी भुवन,

"पता नहीं, तुम कहाँ हो !

"इधर कई दिनों से बार-बार तुम्हारी याद आ रही है। दो महीने हो गए हैं, साठ दिन और साठ रातें। झूठ नहीं लिखूँगी कि तुम पर गुस्सा नहीं है मेरे अंदर। क्रोध के साथ किंतु ममता भी कम नहीं है भुवन, तुम्हारे प्रति अपने अंदर मैं कभी कठोर और निठुर न हो पाई।

"शर्माजी की और उनके मित्रों की निगाहों में तुम्हारी तरुणाई के लिए कैसी ललक छलका करती थी ! अच्छा हुआ कि इसका आभास तुम्हें नहीं हुआ भुवन ! लेकिन मुझे तो पहरा देना पड़ा था, शिकारियों की टपकती लारें मैं कैसे भूल जाऊँगी ?

"मेरा मन मुझसे बार-बार कहता है कि हमारी मुलाकात होगी और ज़रूर होगी। धरती छोटी नहीं है भुवन, और समय असंभव को भी संभव बना डालता है ! आज के बिछुड़े हुए कल नहीं तो परसों और परसों नहीं तो चार दिन बाद मिलते हैं। नहीं मिलते हैं ?

"घबड़ाकर शादी न कर लेना भुवन, न किसी आश्रम में भर्ती होना। मुझे लगता है कि तुम समाज की इस सड़ाँध से—इस कुंभीपाक नरक से निकलकर नई दुनिया के समझदार लोगों के बीच पहुँच गई हो...वहाँ, जहाँ के नर-नारी मिल-जुलकर आगे बढ़ते हैं, जहाँ कोई किसी की बेबसी का फायदा नहीं उठाता, कोई किसी को चकमा नहीं देता, जहाँ पुरुष बल होगा तो स्त्री बुद्धि होगी, स्त्री शक्ति होगी तो पुरुष ज्ञान, भुवन तुम निश्चय उसी संसार में पहुँच गई हो !

"जी करता है, तुम्हें बेटी कहके पुकारूँ और तुम अगले ही क्षण सामने आके खड़ी हो जाओ ! मुझे माँ कहने में तुम शायद हिचक उठोगी भुवन ! नहीं, मैं उतनी बुरी नहीं हूँ, बेटा। देखना, मैं भी इस नरक से बाहर निकलूँगी...

"मैंने तुम्हें एक अच्छी साड़ी तक न दी ! टालती रही हमेशा, बहाने बनाती रही। लेकिन अब सोचती हूँ, महँगी साड़ियों का चस्का न लगाकर मैंने तुम्हारा भला ही किया...रेशम की साड़ियों और सोने के गहने जाने कितनी मुसीबतों के बीज अपने अंदर छिपाए रहते हैं !

"उस दिन बाथरूम से तुम गायब हो गईं, बिलकुल ठीक लिया तुमने भुवन ! आधा घंटा बाद शर्माजी तुम्हें साथ लेकर निकलनेवाले थे न ? जिसने भी तुमको भागने की सुबुद्धि दी थी, उसे मैं सारा जीवन धन्यवाद देती रहूँगी।

"तुम तो बेहद सीधी हो, बड़ी समझदार। मुझे क्षमा मिलनी चाहिए भुवन, सामने आ जातीं, तो अवश्य ही मैं तुम्हारे पैर पकड़ लेती...।

चंपा,

तुम्हारी वही बुआ।"

पत्र लिखकर चंपा ने कागज़ को चारों तहों में मोड़ लिया और सँभालकर सिरहाने के नीचे रखा। स्विच ऑफ कर आई। माथा हल्का हो चुका था। कुछ देर में नींद आ गई।

चौदह

कंपाउंडर की बीवी मायके गई, अब तक लौटी नहीं थी।

चैत खत्म हो रहा था। धूप बर्दाश्त नहीं होती थी। पछिया के झोंके लोगों की गालियाँ सुनने लग गए थे। बुढ़िया बंगालिन के हाते के अंदर छोटा-सा बाग था। केलों के पत्ते चहारदीवारी पर से बाहर लटके रहते थे मगर हवा के थपेड़ों ने बुरा हाल कर रखा था उनका, हरी झालरों के धनुष बन रहे थे और निगाहों को चिढ़ाते थे !

महिम की बीमारी का हाल सुनकर उसकी माँ, बीवी, बच्चे, छोटा भाई आ पहुँचे।

महिम की बीवी पढ़ी-लिखी नहीं, समझदार और मीठे स्वभाव की थी। उसने मामी का दिल जीत लिया। एक दिन मुस्कुराकर बोली, "हम आपको भी देहात ले चलेंगे मामी, यहाँ अकेले रहकर क्या करेंगी आप ? दो महीने बाद फिर इनके साथ ही वापस आ जाना...हमारे उधर आमों का मौसम अच्छा रहता है। कलकत्ता, बंबई, दिल्ली कहाँ नहीं जाते हैं तिरहुत के आम।"

उम्मी की माँ का ननिहाल सीतामढ़ी के पास था, फैली-फैली आँखों से हुलास उँडेलती रही और कहा, "गई हूँ उधर। दरभंगा, समस्तीपुर, सीतामढ़ी, रक्सौल, सब देखा है बहू !"

"अब हमारे साथ चलिएगा। आप पास रहेंगी तो इनका भी मन लगेगा। परदेश में आपका ही तो सहारा था। बिलकुल बच्चे का स्वभाव है मामी, इनको सँभालना मुश्किल हो जाता है !"

"मैं वैशाख में चार रोज़ के लिए आ जाऊँगी बहू !"

"नहीं मामी। आप नहीं आएँगी !"

"कोई दुश्मनी है कि नहीं आऊँगी !"

बाहर से उछलता-कूदता बच्चा आ गया। इशारे में अपनी माँ से खाने के लिए कुछ माँगने लगा।

आठ-नौ वर्ष के उस खूबसूरत बच्चे को मामी ने पास बुलाया, कंधे पर हाथ रखकर कहा, “चल, मैं देती हूँ।”

कमरे के अंदर ले जाकर चार बिस्कुट और रामदाने के दो लड्डू दिए।

उम्मी की माँ को आज अपने दोनों लड़कों की याद आ रही थी। छोटा तो बार-बार दिमाग में आ रहा था। अब तो चौदह का हुआ, कितना बड़ा हो गया होगा...बुरी तरह मन कचोटता रहा...बड़े की याद आई...उम्मी की याद आई तो दिमाग ने झटका खाया।

इतने में महिम की माँ ने बुला लिया।

इधर वह ज़्यादा खाँसने लगा था। दिवाकर को और अशंक को शक हो रहा था टी.बी. का, मगर एक्स-रे और मल-मूत्र-खून आदि की अलग-अलग जाँच के आधार पर डाक्टर सेन ने अपने चैंबर में महिम के शरीर की आधा घंटा तक परीक्षा-निरीक्षा की और टी.बी. की शंका को निर्मूल घोषित किया। प्रिस्क्रप्शन में स्थान-परिवर्तन और पौष्टिक खुराकवाले निर्देश तो थे ही, दो-तीन प्रकार की दवाओं के बारे में भी लिखा था।

नेह-छोह, अनुनय-विनय, हठ और आँसू, अंत में अपनी जान दे देने की धमकी...माँ ने बड़ी मुश्किल से महिम को गाँव चलने के लिए राज़ी किया। उम्मी की माँ अपना ज़ोर अलग डालती रही। अकेले में महिम को उसने बार-बार समझाया था। वस्तुतः उम्मी की माँ ने अद्‌भुत त्याग और संयम का परिचय दिया। यदि वह ज़रा-सा भी प्रतिकूल इंगित देती तो महिम माँ की बात नहीं मानता !

कल सुबह 5.45 वाले स्टीमर से वे महिम को ले जानेवाले थे।

चार पर अलार्मवाली सुई लगाकर सभी सो गए। माँ, बीवी, छोटा भाई और बच्चे गहरी नींद में थे।

महिम ने आहिस्ते से मामी को जगाया।

दोनों फुसफुसाकर बातें करने लगे।

“अब भी वक्त है, तुम कहो तो न जाऊँ !”

“ऐसा पागलपन न करना महिम !”

“और अगर मैं चार-छै महीने न लौट सकूँ...”

“मैं ही पहुँचकर मिल आऊँगी।”

“लेकिन जाने ही क्यों देती हो ?”

“वहाँ जल्दी तंदुरुस्त हो जाओगे महिम !”

“मन तो नहीं लगेगा मामी !”

महिम का हाथ अपने हाथ में लेकर मामी बोली, “अब इस मन का भी इलाज करना होगा !”

“मन का इलाज ?”—विस्मय में डूबकर महिम ने जानना चाहा।

"हाँ, मन का इलाज !"—मामी बोली।

महिम उसके चेहरे की ओर देख रहा था। दोनों तख्तपोश पर बरामदे में बैठे थे। बाहर आँगन में चैत की चाँदनी फैली। उजलेपन का भास्वर परिवेश बरामदे के अंधकार को धो रहा था। दीवारों की सफेदी तो उसे और भी पतला कर रही थी। महिम के बालों के लच्छे मामी को साफ-साफ दीख रहे थे। सोच रही थी : कल इस वक्त काले बालों वाला यह सुंदर मुखड़ा यहाँ से पचास कोस दूर होगा और मैं इसी घर के अंदर सोई रहूँगी...!

महिम ने कहा, "तुम इतनी निर्मम हो मामी !"

"हाँ महिम।"—मामी गंभीर होकर बोली, "लेकिन, मेरी इस निर्ममता से कई प्राणों में जीवन का रस छलकेगा ! कई सूखी नदियों में पानी के रेले आ जाएँगे ! देखा नहीं है, पिछले दस-बारह दिनों में तुम्हारी माँ के चेहरे की रंगत कितनी बदल गई है ! बहू की आँखों में ठंडक नहीं देखी है ? बच्चों का उल्लास नहीं नज़र आया है ? प्रीति में पगी हुई अपने भाई की आवाज़ नहीं आई है कानों के अंदर ? बार-बार परोसन माँगकर तुम माँ के हाथों का पकाया खाना खाते हो, अच्छा नहीं लगता है ? कल सौंफ और पुदीना के पत्ते पीसकर बहू ने शर्बत तैयार किया था और तुम तीन गिलास पी गए थे। बारह साल की अपनी बिटिया संध्या ने दो रंग के धागों से रूमाल के कोने में तुम्हारा नाम काढ़ लिया था, वह सफेद रूमाल अभी तुम्हारी पाकिट में होगा। अब दिन-रात तुम इन्हीं के बीच रहोगे, तुम्हें प्रसन्न देखेंगे तो उनकी ममता धन्य-धन्य हो उठेगी। इनका रोआँ-रोआँ मुझे आशीर्वाद देगा। ढेर-ढेर दुआ हासिल होगी तो शायद मेरे भी दिन लौटें...।"

महिम का हाथ नीचे पाकिट की ओर गया।

मामी ने कहा, "लौंग डालना चाहते हो मुँह के अंदर ? ठहरो, ला देती हूँ !"

लौंग लाके दिया।

महिम चुप था। मामी भी चुप थी।

अंदर बच्चे ने बच्ची की देह पर लात रख दी, नींद में ही संध्या ने एतराज़ किया—क्यों प्राण लेता है शेखर !

मामी अंदर गई, दोनों को अलग-अलग कर आई।

बोली, "देखो महिम, बिना बाप के बच्चे बिलल्ला हो जाते हैं। बाप का अभाव माँ भला कैसे पूरा करेगी ?"

महिम ने पूछा, "और माँ के बिना बच्चों का क्या हाल होता होगा ?"

इस वक्त उम्मी की माँ को यह सवाल अच्छा नहीं लगा। कुछ नहीं बोली।

महिम ने उसके कंधे पर हाथ रखकर कहा, "देखो मामी, तुम्हारी राय मानकर मैं देहात लौट रहा हूँ। स्वास्थ्य सुधर जाएगा, यह प्रलोभन नहीं है मेरे मन में। तुम्हारे आदेश को मैं सभी प्रलोभनों से ऊपर रखता हूँ। डेढ़-दो महीने के अंदर ही पटना आ जाऊँगा। यों तुम्हारी तबीयत ऊबे तो तीन लाइन का एक पोस्टकार्ड डाल देना, चट से

हाज़िर हो जाऊँगा।"

उम्मी की माँ ने कहा, "पोस्टकार्ड नहीं पहुँचेगा, मैं ही पहुँचूँगी महिम ! तुम्हारी माँ और बहू की ऐसी छाप मेरे दिल पर पड़ी है कि ज़िंदगी-भर के लिए मैं उनकी अपनी हो गई।"

"माँ भी तुम्हारी तारीफ करती है।"

"बहू नहीं करती है तारीफ ?"

"हाँ, वह भी तारीफ करती है।"

"इन्हें मेरे बारे में ज्यादा न बताना महिम !"

"नहीं बतलाऊँगा..."

"नूनू का तिलक चढ़ेगा जेठ में। उम्मी मेरे लिए शायद किसी को भेजे–"

"ज़रूर चली जाना !"

"देखा जाएगा..."

"नहीं, ऐसे शुभ अवसर पर तमाम रिश्तेदार इकट्ठे होंगे। लड़के की माँ का गैरहाज़िर रहना सभी को अखरेगा।"

"कोई आ ही जाएगा तो तुमसे पूछ लूँगी लिखकर।"

"इसमें पूछना क्या है !"

मामी गंभीर हो गई। कंधे हिलाकर महिम ने कहा, "क्यों, चुप क्यों हो गईं ?"

मामी आहिस्ते से बोली, "उम्मी के सामने कौन-सा मुँह लेकर जाऊँगी ? वह कभी मुझे क्षमा नहीं करेगी महिम ! मैं बाबूजी (पति) से उतना नहीं डरती हूँ जितना इस छोकरी से...सुना है कि पिछले वर्ष बी.ए. पास किया है, अब तो मेरे प्रति घृणा और भी गहरी हो गई होगी..."

महिम ने आँखों में आँखें डालते हुए कहा, "कितना गलत सोचती हो मामी ! इस ज़माने की पढ़ी-लिखी लड़कियाँ ईर्ष्या और घृणा का सिरका नहीं तैयार करती हैं, उनका तुम्हारे युग की उस सड़ाँध से कोई वास्ता नहीं होता। उनके अंदर छिछोरापन और थोथी भावुकता नहीं हुआ करती।...भूलों की संभावना के आतंक में वे मुर्दा होकर पड़ी नहीं रह जाती हैं, पिछली भूलों के पछतावे में सुलग-सुलगकर राख भी नहीं होती हैं। आगे बढ़ना जानती हैं तो मौके पर पैंतरे बदलकर पीछे हटने का गुर भी उन्हें मालूम है। तुम क्यों डरती हो उम्मी से ? पुरानी कमज़ोरियाँ तुम्हारा क्या बिगाड़ लेंगी ? हाँ, उनकी याद डायन बनकर अब भी तुम्हारी रगों का लहू चूसती रहेगी ! देखना, उम्मी तुम्हें यों नहीं छोड़ देगी वह ज़रूर ही तुम्हारी खोज में लगी होगी..."

मामी की आँखों से आँसू बहने लगे।

महिम ने कुर्ते की छोर से उन्हें पोंछा लेकिन वे रुके नहीं, बहते ही रहे। मामी ने महिम का हाथ परे कर दिया, उठकर दरवाज़े की ओर चली गई।

महिम ने सोचा, रोकर जी हल्का करेगी। कुछ देर बैठा रहा, फिर थकान मालूम हुई और बिस्तरे पर जाकर लेट गया।

मामी भी बाहर से लौट आई। महिम ने पूछा, "प्यास तो नहीं लगी है ?"

"आधा गिलास दे दो"—महिम से धीरे से कहा।

"क्या है बेटा ?"—उधर से माँ ने टोका, नींद टूट गई थी।

"प्यास लगी है माँ !"

"कै बजे हैं ?"

"एक।"

"आप भी पानी पिएँगी ?"—उम्मी की माँ ने महिम की माँ से पूछा।

"नहीं।"—वृद्ध स्वर खाँसता रहा।

"मामी, माँ से बातें करोगी या सोओगी अभी ?"—महिम बोला।

मामी ने कहा, "सोऊँगी।"

पंद्रह

रंजना ने कहा, "अच्छा किया, आ गई। अब आठ-दस रोज़ बाद ही वापस जाना। बनारस तो पहली बार देखा है न ? यों तो हर शहर की अपनी एक खूबी हुआ करती है लेकिन इस काशी नगरी की एक नहीं अनेक विशेषताएँ हैं निर्मला ! बाबा विश्वनाथ और हिंदू विश्वविद्यालय से लेकर सिल्क की साड़ियों और चादरों तक..."

"हाँ, मैं घूम-घूमकर देखूँगी," कंपाउंडर की बीवी बोली, "आपको तो फुर्सत नहीं मिलेगी, भुवन को साथ कर लूँगी।"

भुवन को इस प्रस्ताव से खुशी तो हुई मगर अगले ही क्षण वह गंभीर हो गई। मुद्रा में परिवर्तन देखकर रंजना ने पूछा, "क्यों, अब चेहरा क्यों उतर गया इंदिरा ?"

"मैं सारा शहर कैसे दिखला सकूँगी भाभी ? खुद ही देखना बाकी है तो इसको क्या बतलाऊँगी ?"

"तुम्हारे भाई साहब होस्टल के किसी लड़के से कह देंगे, साथ रहेगा।"

निर्मला ने हँसकर कहा, "अब इंदिरा ही कौन-सी लड़की रह गई ! यह तो लड़कों के कान काटती है, सवेरे आज तैरने लगी तो गंगा में कितनी दूर निकल गई !"

"बैडमिंटन भी अच्छा खेलने लगी है"—रंजना कहने लगी, "पड़ोस में साइन्स कालेज के प्रोफेसर रहते हैं, कुलकर्णी। मिसेज कुलकर्णी अपने छोटे भाई के साथ एक तरफ होती हैं, प्रोफेसर और इंदिरा दूसरी तरफ...कभी-कभी इंदिरा और मिसेज़ कुलकर्णी का भाई ही आमने-सामने डट जाते हैं। वे तीनों इसकी तारीफ करते हैं।"

"स्वास्थ्य अच्छा हो गया है।"

"हाँ, वज़न आठ पौंड बढ़ा है।"

"गर्मी की छुट्टियाँ कहाँ गुज़ारोगी भाभी ?"

"हम तो कहीं नहीं जाएँगे। सदानंद डेढ़ महीने के लिए कलकत्ता जाएँगे, नेशनल

लाइब्रेरी में कुछ किताबें देखनी हैं। वह लौट आएँगे तब दो-तीन रोज़ के लिए मैं पटना जाऊँगी, मामा से मिलने।"

कंपाउंडर की बीवी बच्चों की तरह खुशी के मारे तालियाँ पीटने लगी, कहा, "फिर तो इंदिरा भी पटना पहुँच सकती है साथ-साथ !"

"नहीं, कोई ज़रूरत नहीं है," रंजना बोली, "इंदिरा पटना क्या करने जाएगी ?"

कंपाउंडर की बीवी ने याद दिलाया, "बुआ का खत गया में तुम्हें भी तो दिखलाया था ! मैं सोचती हूँ, इंदिरा एक बार बुआ से मिल लेती..."

रंजना ने तमककर कहा, "क्या होगा उस औरत से मिलकर ?"

कंपाउंडर की बीवी ने देखा, इंदिरा नहीं है। बीच में ही उठकर चली गई थी। उधर बाहरवाले कमरे में राजीव और कुंतल के साथ खेल रही थी। कंपाउंडर की बीवी आहिस्ते से बोली, "देखो भाभी, बुआ से मिलना इंदिरा के लिए ज़रूरी नहीं है मगर इंदिरा का मिलना बुआ के लिए ज़रूरी है। इंदिरा जिस नरक से बाहर निकल आई है, बुआ अब तक उसी कुंभीपाक में गोते खा रही है। वह इंदिरा को सामने देखेगी तो अपने अंदर दुगुना साहस महसूस करेगी भाभी, दलदल से बाहर निकलने का उसका संकल्प और भी तीव्र हो उठेगा। अँधेरी रात में बीहड़ पाँतर से होकर कभी निकली हो भाभी ? अँधेरे में भटकता मुसाफिर यदि दूर कहीं ज्योति का आभास भी पा जाता है तो उसके पैरों में बिजली की फुर्ती आ जाती है।"

रंजना ने कहा, "हमने तय कर लिया है, इंदिरा बी.ए. करके ही पूरब की तरफ किसी शहर में पैर रखेगी।"

"तुम्हारे साथ जाएगी और लौट भी आएगी साथ।"

धागे का छोर होंठों में दबाकर रंजना कंपाउंडर की बीवी को देखती रही। वह मचलकर बोली, "हाँ कर दो न भाभी !"

रंजना बरामदे में तख्त पर बैठी थी। धुले कपड़ों का ढेर सामने था। राजीव के निकर में बटन टाँकती हुई कहने लगी, "दो रोज़ के लिए पटना हो आएगी मेरे साथ, इसमें तो कोई हर्ज नहीं किंतु मैं नहीं चाहूँगी कि इंदिरा उन जगहों में जाए या उन व्यक्तियों से मिले जिनकी स्मृतियाँ पल-भर के लिए भी उसके दिल को दुखाएँ...झुलसे हुए पौधे को ताज़ा पानी पिला-पिलाकर तुमने हरा कर लिया, दो दिन अब उस पर गरम पानी छिड़कोगी निर्मला ?"

निर्मला यानी कंपाउंडर की बीवी चुप रही। हाथों में कुंतल का फ्राक लिए हुए थी, पीली अरगंडी पर लाल और काले छींटें अच्छे लग रहे थे। उलट-पलटकर दो-तीन बार देख लिया, उसे रखकर फिर दूसरा फ्राक उठाया। गुलाबी ग्राउंड और हरे-हरे पत्ते खूब खिल रहे थे।

"भाभी कौन-से पात हैं ?" निर्मला ने पूछा, "छितवन के ?"

"अखरोट के पत्ते हैं।" रंजना बोली।

कुर्ते के लिए दो सफेद बटन खोजने लगी, नहीं मिले तो डिब्बी ही उलट ली...

छोटी-बड़ी बटनें, पुराने ब्लेड, सेफ्टीपिन की नई किस्में, सुइयाँ, पेंसिल के टुकड़े...नुमायश लग गई।

निर्मला ने छोटी सेफ्टीपिन उठा ली, बोली, "ले लूँ ?"

"वाह ! पूछकर ?" रंजना हँसने लगी।

निर्मला सोचती रही : मैं भी तो पढ़-लिख सकती थी। मैं भी तो भाभी की तरह लड़कियों के किसी इंटर कालेज में प्रोफेसर हो सकती थी और...

बोली, "माँ दो रोज़ से ज्यादा नहीं रुकेंगी, वहीं से रट लगाए हुए थीं कि ग्रहण नहाकर अगले दिन लौटेंगी। भइया भी जल्दी वापस जाना चाहते हैं।"

"कल और परसों तो अवश्य रुक जाओ !"

"परसों क्यों ?"

"हमारी उस दिन पूरी छुट्टी है, खूब बातें करेंगे।"

"हाँ भाभी, शादी में दो दिन के लिए तुम गईं भी तो भीड़-भाड़ में हम आधा घंटा के लिए भी इत्मीनान से बैठ नहीं सके !"

"मैं तो थी फुर्सत में, तुम पर बोझा था।"

"अब यहाँ होंगी बातें।"

"लेकिन तुम तो भागी जा रही हो निर्मला !"

निर्मला ने हँसकर कहा, "मैं कहाँ, माँ भाग रही हैं। भारी जिद्दी हैं...।"

रंजना ने नज़र मारकर कमरे की ओर संकेत किया।

कमरे के अंदर निर्मला की माँ सो रही थीं।

हथेली के इशारे से उसने निर्मला को और पास बुला लिया। धीमी आवाज़ में पूछा, "इंदिरा की पीठ पर निशान कैसे हैं ?"

"बेंत की पिटाई के निशान हैं भाभी," निर्मला कहने लगी, "एक गुंडे की करतूत थी यह। छै महीने इंदिरा को भिखमंगों की टोली में रहना पड़ा, वहाँ से धनबाद के गुंडे इसको उचक लाए थे। गुंडों ने चार-पाँच महीने इंदिरा को बेहद परेशान किया...फजीहत, पिटाई, बलात्कार, तनहाई, भूखों तड़पाना...क्या नहीं किया उन्होंने ? आखिर उन्हीं में से एक का दिल पिघला तो इंदिरा उस नरक से छुटकारा पा सकी। हजारीबाग में उस गुंडे की प्रेमिका रहती थी, इंदिरा को उसने छिपाकर वहीं रख दिया..."

"फिर क्या हुआ ?" रंजना ने सुई-डोरा सहेजा, आगे की बात जानना चाहती थी।

निर्मला बोली, "गुंडे की प्रेमिका ने इंदिरा को बड़े जतन से दो-तीन महीने रखा। वह इसको बहुत प्यार करती थी। एक बड़े डाक्टर के परिवार में काम करनेवाली आया से उसका अच्छा परिचय था, इंदिरा को डाक्टर की बीवी तक पहुँचने में ज़रा भी दिक्कत नहीं हुई। वह गुंडा और उसकी प्रेमिका, दोनों इस लड़की का भला चाहते थे..."

"प्यार और सहानुभूति कब किसके हृदय में छलकने लगेंगे, कहा नहीं जा सकता !" रंजना ने कहा, "तुम्हीं क्या कम शैतान हो ? और, तुम्हारे अंदर इंदिरा के लिए कैसी करुणा छलकी थी !"

अपनी प्रशंसा अपने ही कानों के अंदर आई तो कंपाउंडर की बीवी का मुखमंडल चमकने लगा, कहने लगी, "भाभी, मैंने क्या किया ? कुछ नहीं किया मैंने ! वह तो भगवान की मर्जी से हुआ सबकुछ। मैं क्या जानती थी कि अगले क्षण क्या से क्या हो जाएगा ? मैं तो हाथ धोने निकली थी, बाथरूम में इंदिरा दिखाई पड़ी और उसने बतलाया : दीदी, आज मेरा गला कटेगा। मैं तो हक्का-बक्का रह गई सुनकर, पल-दो पल कुछ सूझा ही नहीं भाभी ! मगर फौरन दिमाग में यह बात आ गई कि इंदिरा को गायब कर दो...और मैंने इसे मकान-मालिक के गुदाम में छिपा दिया !"

रंजना बोली, "इतना तो इंदिरा ने भी बतलाया था। हाँ, तुम अब हजारीबाग की बात कहो...।"

"बतला ही तो रही थी," निर्मला ने कहा, "डाक्टर बंगाली था, चटर्जी या भटर्जी...!"

"भटर्जी नहीं, भट्टाचार्य !"

"हाँ, भट्टाचार्य ही था। लेकिन वे बड़े ही अच्छे लोग थे। इंदिरा जब तक उनके बीच रही, खूब आराम से रही। बदली हुई तो डाक्टर साहब आ गए। इंदिरा भी परिवार के साथ आ गई।"

"गया के बाद ?"

"शर्माजी। डाक्टर का खानदान मुजफ्फरपुर का है। कई पीढ़ियों से वे वहाँ जमे हुए हैं। डाक्टर के पिता नामी वकील थे, उनसे शर्माजी की अच्छी जान-पहचान थी। डाक्टर से भी जब-तब मिलते ही रहते थे। दो वर्ष के लिए डाक्टर विलायत जाने लगे, बीवी ने अपनी माँ के पास बर्दवान जाने का निश्चय किया। इंदिरा को शर्माजी पटना ले आए कि बेटी-भतीजी बनाकर रखेंगे और शादी करवा देंगे।"

"डाक्टर इंदिरा को नर्स की भी ट्रेनिंग दिलवा सकता था ?"

"विलायत नहीं गया होता तो इसके लिए कोई न कोई रास्ता वह ज़रूर निकालता भाभी।"

अब मेज़ पर नाश्ता आनेवाला था, चाय आनेवाली थी।

निर्मला, उसकी माँ, इंदिरा और बच्चे सैर के लिए निकलनेवाले थे। सदानंद और रंजना को किसी गोष्ठी में जाना था, एक उपन्यासकार के सम्मान में पचीस-पचास साहित्य-रसिक जुटनेवाले थे।

सोलह

पिछले दो महीने के अंदर चंपा ने कई काम किए : आश्रम के टाइपराइटर पर प्रतिदिन घंटा-डेढ़ घंटा अभ्यास किया और हिंदी में टाइप करना सीख लिया। मुंशी मनबोधलाल को समझा-बुझाकर उसने छोटा-सा कमरा सस्ते भाड़े में ठीक किया। बाहर एक तख्ती

वहीं सड़क की ओर लटका दी—'गृह शिल्प कुटीर'। ड्राइवर सुमंगल को बुलवाया, नेपालिन का उससे परिचय करवा दिया, दोनों के सामने शादी का प्रस्ताव रखा। लेन-देन का कोई सवाल ही नहीं था, पसंद की बात थी। दोनों अकेलेपन से ऊबे थे और घर-गिरस्ती बसाकर साधारण सुख का जीवन बिताने की लालसा रखते थे। चंपा का आदेश वरदान ही था दोनों के लिए। तय हो गया कि अगले महीने शादी हो जाएगी।

साढ़े-पाँच हज़ार की रकम चंपा के नाम से सेविंग बैंक में जमा थी। चार हज़ार रुपए निकालकर उसने शर्माजी वाले खाते में डाल दिए। इसकी सूचना जब चंपा ने शर्मा को दी तो वह रंज हो गया।

ब्लडप्रेसर का दौरा आता था। गुस्सा चढ़ने पर आँखें लाल हो जाती थीं, लगता था कि आँसू छलकने ही वाले हैं। होंठ फड़क रहे थे।

बोला, "पागल हो गई हो चंपा ! इससे तो बेहतर था, तुम मुझे चार जूते लगातीं..."

चंपा कुछ नहीं बोली, बेल का शर्बत तैयार कर रही थी।

उसकी चुप्पी ने शर्माजी के क्रोध को और भड़का दिया, चिल्लाने लगे, "तुम मुझे कहीं का न रखोगी ! तुम मुझे बे-आबरू कर दोगी ! मेरी नाक में कौड़ी किसी ने नहीं बाँधी थी, यह श्रेय भी तुम्हीं को हासिल होगा चंपा !"

शीशे के गिलास में शर्बत भरके अलग एक ओर रख लिया चंपा ने। उसने सोचा, अभी दूँगी तो गिलास पटक देंगे। गुस्सा ठंडा होगा, तब दूँगी।

लेकिन शर्माजी का प्रकोप तोड़-फोड़ के लिए बेचैन था। वह उठे, इधर से शर्बत-भरा गिलास लिया और कमरे से बाहर जाकर मोरी में उँडेल दिया। अंदर आकर गिलास को चंपा की ओर फेंका तो वह झनझनाकर चूर-चूर हो गया।

काँच का एक पतला टुकड़ा उचटकर चंपा के माथे में लगा, दूसरा टुकड़ा दाहिनी केहुनी में...

सिर का लहू बहकर नाक पर आने लगा।

अब भी कुछ नहीं बोली।

टिंचर का फाहा लेकर आईने के सामने खड़ी हुई।

शर्माजी चुपचाप बरामदे में कुर्सी पर बैठे रहे।

नेपालिन कहीं गई थी, वापस लौटी। चंपा के सामने, आईने के नीचे लहू की बड़ी-बड़ी बूँदें देखकर वह घबड़ाई।

"क्या हुआ बुआ ?"

"कुछ तो नहीं।"

"कहाँ चोट लगी है ?"

"कहीं नहीं..."

होंठ से उँगली छुआकर चंपा ने इशारे में बतलाया कि बाहर शर्माजी बैठे हैं, पीछे बतलाएगी।

दस मिनट बाद शर्माजी सचमुच ही बाहर निकले।

खून तो टिंचर के फाहे से बंद हो ही गया, चंपा की तबीयत लेकिन काबू में रही।

दूसरे दिन शाम को चंपा रायसाहब से मिलने दानापुर गई। रायसाहब आर्यसमाजी संस्कारों के धर्मभीरु सज्जन थे। संस्थाओं को उदारतापूर्वक दान देते रहते थे। परिवार के कई स्त्री-पुरुष शिक्षित थे। संपत्ति तो थी ही, अब आधुनिकता भी प्रवेश कर रही थी।

चंपा पहले उनकी बेटियों और बहुओं से मिली। उनमें दो तो कन्या-गुरुकुल (देहरादून) की छात्राएँ रह चुकी थीं। उन्होंने चंपा से खुलकर बातें कीं और सहायता का आश्वासन दिया।

रायसाहब ध्यान से चंपा की बातें सुनते रहे। अंत में कहा, "तो मुझसे क्या चाहती हो बेटी ? मैं तो अब बूढ़ा हुआ। मेरे नाम पर कौन कहाँ क्या करता है, मुझे बिलकुल पता नहीं चलता। और, पता चल भी जाए तो क्या ? कौन मेरी सुनता है ! मैं तो जीवन-भर इसी सूत्र को मानकर चला हूँ कि आप भला तो जग भला..."

"आप आश्रमवालों को फटकार तो सकते हैं चाचाजी !" चंपा बोली।

रायसाहब ने गंभीर होकर कहा, "मेरी फटकार वे चुपचाप पी जाते हैं और समय-समय पर माफी माँग लेते हैं किंतु करेंगे वही जो उनका स्वार्थ कहेगा। मैं तो वर्ष में दो ही एक बार उनके साथ बैठने जाता हूँ..."

"और यही चाहते हैं आश्रमवाले"—चंपा ने कहा।

रायसाहब का स्वर धीमा हो गया, "गत वर्ष मैं अध्यक्षता स्वीकार नहीं कर रहा था तो शर्माजी और महाशय मन्नूलालजी यहाँ आकर रोए, गीली आँखें मुझसे देखी नहीं गईं बेटी !"

"हाँ, चाचाजी, इसी तरह रो-रोकर स्वार्थी और चालाक आदमी नेहरू से भी अपने कई काम करवा लेते होंगे न ?"

"करवाते हैं। नेहरू ही नहीं, देश के पचासों बड़े नेता धूर्तों की विनय-पत्रिका के शिकार हैं। बिना कड़ाई के, बिना दृढ़ता के नियमों का पालन हो ही नहीं सकता चंपा ! इस आश्रम की इतनी अधिक पोल तुम्हें मालूम हैं कि भारी पोथा हो जाएगा अगर लिखवाओ ! यह सब कहीं अखबारों में छपने लगे तो उनकी बिक्री बढ़ जाए।"

"चाचाजी, आप अपने को हटा लीजिए इस आश्रम से।"

रायसाहब कुछ सोचकर बोले, "अभी पाँच की कमेटी है, इसे सात की कमेटी बनाकर उसमें चार महिलाओं को लाना चाहिए। एक तो तुम ही रहोगी, रहोगी न ?"

चंपा फैली हथेलियों को देखती रही। नाखून एक-दूसरे को खरोंच रहे थे। संजीदगी में डूबकर कहने लगी, "इस 'आश्रम' शब्द से मैं बहुत घबराती हूँ। रही होगी इसके पीछे कभी कोई अच्छी भावना, अब तो ये आश्रम अनैतिकता के अड्डे हैं—स्वार्थियों के अखाड़े ! हमारी जैसी मूक असहाय बकरियों की ही नहीं, आप जैसे आदर्शवादी

धर्मभीरु बैलों की भी बलि इन आश्रमों के अंदर चढ़ती आई है। अब वक्त आ गया है कि इन आश्रमों के ढाँचे हम बदल डालें..."

घंटी बजाने पर आदमी आया तो रायसाहब ने उसे चाय के लिए कहा। चंपा के चेहरे की ओर गौर से देखकर बोले, "तुम्हें भूख भी तो लगी होगी बेटा ?"

"नहीं"—सिर हिलाकर चंपा ने कहा, "अंदर अभी-अभी तो उन्होंने नाश्ता करवाया है।..."

कुछ रुककर वह बोली, "मैं तो यों भी आपका साथ दूँगी लेकिन आपको भी कुछ कष्ट उठाना होगा। संस्था का नाम बदल जाएगा, अधिकारी बदल जाएँगे, ढाँचा बदल जाएगा। अब वह आश्रयहीन महिलाओं का सहयोगी श्रमकेंद्र हो सकता है।"

"बिलकुल ठीक"—रायसाहब ने कहा।

"और मैं अपने लिए आपसे कुछ सहायता चाहती हूँ।"

"कहो !"

"किस्त पर एक टाइपराइटर दिलवा दीजिए, सिलाई-मशीन तो मेरी अपनी है ही..."

"क्यों, अब शर्मा के साथ नहीं रहोगी ?"

"नहीं। फिर भी तो मैं उनसे मिलती रहूँगी। कई बातों में मेरी और शर्माजी की राय नहीं मिलती है। किंतु इस जीवन में उन्हें भूल नहीं सकती मैं—जब मैं टूट चुकी थी और आत्महत्या के अलावा और कोई रास्ता सूझ नहीं रहा था, उस समय शर्माजी ने ही मेरी बाँह पकड़ी थी।"

चाय आ चुकी थी।

कप में होंठ लगाकर रायसाहब ने चुस्की ली। चंपा से भी पलक के इशारे से चाय पीने के लिए कहा। क्षण-भर बाद बोले, "चीनी और मँगवा लो, मैं डाइबिटीज़ का गुलाम हूँ।"

"ठीक है, अब और नहीं चाहिए चीनी !"

"तो, टाइपराइटर हिंदीवाली होगी ?"

"जी, अंग्रेज़ी तो नहीं जानती हूँ न !"

"पढ़ाने का काम करोगी ?"

"मैट्रिक भी तो होती..."

"खैर, कोई बात नहीं।"

"मैं कोशिश करूँगी कि अगले वर्षों में मैट्रिक की तैयारी करूँ !"

"सब कर सकती हो तुम, बहादुर लड़की हो !"

"आपकी आशीष बनी रहे चाचाजी..."

"कहाँ रहोगी, जगह ठीक कर ली है ?"

चंपा ने अपने रहने की व्यवस्था के बारे में संक्षेप में बतला दिया। मुंशी मनबोधलाल और दिवाकर शास्त्री के नाम बतलाए। शास्त्री को रायसाहब जानते थे,

कई बार साहित्यिक समारोहों के लिए चंदा ले गए थे।

चाय खत्म करके चंपा उठने ही वाली थी। रायसाहब का भी कप खाली हो चुका था !

वह बोले, "दस मिनट और बैठो।"

चंपा ने कहा, "देर हो जाएगी।"

"हमारी गाड़ी है, छोड़ आएगी...इन आश्रमों पर तुम्हारा गुस्सा वाजिब है चंपा ! मैं सब जानता हूँ बेटी ! जिस तरह कांग्रेस बुढ़िया हो गई है, उसी तरह देश की और भी बहुत सारी संस्थाएँ पुरानी पड़ गई हैं...सेवा-समिति, विधवाश्रम, अनाथाश्रम, महिलाश्रम, हितकारिणी सभा...इस तरह के सैकड़ों साइनबोर्ड फीके पड़ चुके हैं। इनमें से दो-एक संस्थाएँ कहीं ज़िंदा हैं भी तो गुटबाज लोग गीधों की तरह उन्हें नोच-नोचकर खा रहे हैं।"

फिर आवाज़ धीमी करके झुकते हुए कहा, "हमारा आर्य-समाज, देव-समाज, बंगालियों का ब्रह्म-समाज, बंबईवालों का प्रार्थना-समाज...ये संगठन भी कमज़ोर हो गए हैं। अब तो राजनीति के मैदान में भी नई पार्टियाँ ज्यादा चमक रही हैं। अपनी सत्तर साल की उम्र है बेटी, इस उम्र तक आते-आते साइन्स का प्रोफेसर भी अगली पीढ़ी का विरोध करने लगता है। सत्तर-पछत्तर वर्ष का चीफ मिनिस्टर अठारह-बीस की उम्र के छोकरों पर गोलियाँ चल चुकने के बाद कहता है : हुल्लड़बाजों को सबक सिखाया, ठीक किया।"

तश्तरी में अलग-अलग कटोरियों के अंदर इलायची, सौंफ और सुपारी, धनिया के दाने रखे थे। चंपा ने सौंफ और सुपारी लेकर मुँह के हवाले किया। बोली, "चाचाजी, अपने बिहार में औरतों की स्थिति पिछड़ी हुई है, क्या कारण है इसका ?"

रायसाहब ने कहा, "बिहार में ही क्यों, हिंदी बोलनेवाले बाकी जो चार प्रदेश हैं, वहाँ भी स्त्रियों का यही हाल है !–बंगाल, महाराष्ट्र, आंध्र, केरल, मद्रास, मैसूर, पंजाब, गुजरात–इन प्रदेशों में स्त्रियों का सामाजिक दर्जा कहीं ऊँचा है। पिछले दो सौ वर्षों में समाज का सुधार करनेवाले ऐसे महापुरुष हिंदी भाषावाले प्रदेशों में दो ही चार हुए जिनका संपर्क बाहर के देशों से रहा हो। कालेजों से पढ़-लिखकर लड़कियाँ निकलती हैं और पुराने समाज के जंगल में खो जाती हैं। हर विवाहित पुरुष के लिए पत्नी को साथ रखना अनिवार्य होना चाहिए, काम-काज के साथ ही फेमिली क्वार्टर की भी व्यवस्था होती, सहायक धंधे के तौर पर परिवार की प्रत्येक महिला के लिए कोई न कोई काम मिलता तो कितना अच्छा था। पति की मृत्यु के बाद युवती का ब्याह फिर से करवा देना समाज के चौधरियों का काम है। शिक्षा, चिकित्सा आदि कई विभाग हैं, जिनमें स्त्रियाँ अपनी योग्यता के प्रमाण पेश कर चुकी हैं। शासन और निर्माण के कुछ ही क्षेत्र होंगे जिनमें स्त्रियाँ काम नहीं कर सकतीं। दरअसल हम ही उन्हें रोके हुए हैं।"

चंपा कहने लगी, "देहात में या शहर में मजदूर लोग अपनी औरतों को बहुत आज़ादी देते हैं। गिरस्ती की गाड़ी को मर्द-औरत उस वर्ग में बराबर-बराबर खींचते हैं।

वह हल चलाता है तो यह ढेला फोड़ती है। वह दीवार जोड़ता है, तो यह ईंटें ढोती है। आश्रम के मेहतर का कहीं पैर कट गया, दो महीने काम पर नहीं आया। मैंने मेहतरनी से पूछा, कैसे चलाती हो ? झाड़ू दिखलाकर ठसक-भरी आवाज़ में बोली—यही मर्द है मेरा, अपने बच्चों को मैं इसी की कमाई खिलाती हूँ बहिनजी ! वो साल-भर भी बिस्तर पकड़े रहेगा तो भी हाय-हाय नहीं मचाऊँगी...”

रायसाहब ने उल्लसित होकर कहा, “बस, बस, यही आत्मविश्वास मैं स्त्रियों में देखना चाहता हूँ चंपा ! हम बड़ी जातवालों ने महिलाओं को पंगु बना रखा है, जीवन का सारा रस निचोड़कर सिट्टी बनाकर छोड़ दिया है...अपवाद हो सकते हैं लेकिन वह तो दूसरी बात हुई न ? कालेज से निकलते ही लड़कियाँ बहू बन जाएँ और लेटी-बैठी सारा-सारा दिन उपन्यास पढ़ती रहें, रेडियो सुनती रहें, तो वह आत्मविश्वास कहाँ से आएगा ? श्रम, प्रज्ञा, सहयोग, विवेक और सुरुचि—सभी आवश्यक हैं चंपा ! जीवन में इन पाँचों का समन्वय करना होगा। पुरुषों की ही बपौती नहीं है, स्त्रियों का भी साझा है इनमें।”

चंपा बोली, “पहले तो खैर स्त्रियों को इतनी भी आज़ादी नहीं थी, रामायण-महाभारत और उपनिषदों की बात नहीं लेती हूँ। आगे उद्योग-धंधे बढ़ेंगे, खोती-बाड़ी बढ़ेगी, जहालत और गरीबी हटेगी, साधारण जनता का जीवन सुखमय होगा...तब स्त्रियाँ भी इस दुर्दशा से छुटकारा पाएँगी, नहीं चाचा ?”

“अवश्य पाएँगी छुटकारा,” रायसाहब ने जम्हाई लेकर कहा, “बल्कि यों कहो कि आज भी स्त्रियों को साथ लिए बिना हम आगे नहीं बढ़ेंगे। धूर्तों ने ‘त्याग की देवी’ और ‘प्राणेश्वरी’ आदि कहकर स्त्रियों की भावुकता को अपनी स्वार्थ-सिद्धि के लिए हमेशा उकसाया है। अब यह सब नहीं चलेगा चंपा।”

“दोष स्त्रियों का भी तो है !”

“स्त्रियों का नहीं, उनकी मूर्खता का...”

चंपा हँसने लगी। रायसाहब ने आँखें नचाकर कहा, “हँसती हो ? मैं बिलकुल ठीक कहता हूँ चंपा, तुम चाहे जितना हँसो ! मैं बहुत घूमा-फिरा हूँ, सभी प्रांतों के स्त्री-पुरुष देखे हैं। उनके बीच रहने का अवसर मिला है बार-बार। बातें की हैं, सुख-दुख में उनके मूड मालूम किए,हैं। और, इसीलिए अपने यहाँ की त्रुटियाँ अधिक अखरती हैं चंपा !”

उसने माथा हिलाकर हामी भरी। क्षण-भर बाद संकोच के स्वर में बोली, “अभी मैं जाऊँगी।”

रायसाहब ने घंटी बजाकर नौकर को बुलाया। उससे कहा, “ड्राइवर से कहो कि गाड़ी निकाले, चंपा को बाँकीपुर छोड़ आना है।”

दोनों हाथ जोड़कर चंपा ने कहा, “नमस्ते !”

“नमस्ते !”—रायसाहब ने कहा, “टाइपराइटर अगले सप्ताह तक तुम्हें मिल जाएगा !”

सत्रह

निर्मला साढ़े-तीन महीने बाद लौट आई तो मुंशी मनबोधलाल को बड़ा ही अच्छा लगा। पहले कहा करते थे, कंपाउंडर की बीवी के बिना हमारा मकान सूना पड़ गया है। निर्मला के कहकहे, उसकी मीठी खिलखिलाहट, बातचीत की आवाज़ मुंशीजी के कानों को बड़े प्रिय थे। कई बार वह कंपाउंडर से कह चुके थे : आपकी घरवाली बड़ी गुनमंत है, ज़ुबान से इमरित टपकता है...

बाबू मुँगेरीलाल को अपनी औरत का गुणगान पसंद नहीं था, यह सोचना गलत होगा। लेकिन गोद जो सूनी थी। आठ-दस वर्ष की दुनियादारी के बाद भी गृहलक्ष्मी की कोख परिवार का मनोरथ पूरा न कर सके तो ? वंश-बेल की गाँठ में टूसे न दिखलाई पड़ें, कलियों के गुच्छे न फूट निकलें तो ?...बस, एक यही बात थी जो निर्मला के बारे में कंपाउंडर को खटकती थी।

दिवाकर शास्त्री इस दृष्टि से भाग्यवान थे। चार-पाँच महीने बाद प्रतिभामा वापस आई तो चेहरे का रंग बदला हुआ था।

पड़ोसवाली ने मुस्कुराकर पूछा, "कै महीने हुए हैं ?" जवाब में बाएँ हाथ की तीन उँगलियाँ उठीं।

निर्मला वहीं थी। सोचा—भगवान की लीला अद्भुत है ! कहीं ढेर का ढेर, कहीं अंधेर का अंधेर !

पड़ोसवाली अब इसके चेहरे की ओर देखने लगी।

निर्मला को लगा कि दुनिया की पैनी नज़र भाले की नोंक बनकर उसकी कोख के अंदर धँसी चली जा रही है...

प्रतिभामा की गोद में सत्रह महीने की हेम थी। लालच-भरी निगाहों से बच्ची ने माँ की छाती को देखा और एक नन्हीं हथेली ब्लाउज़ के अंदर होती हुई स्तन तक पहुँच गई।

"शैतान की नानी !"—प्रतिभामा ने बच्ची को गोद से ठेलकर नीचे कर दिया और खीझकर बोली, "कंस की बेटी, दिन-रात मुझे चबाने के फेर में रहती है।...अप्पी, ओ अप्पी, कहाँ मर गई ?"

"आई अम्मा !"—अपर्णा की आवाज़ निचले तल्ले से आई।

"ले जा इसको, अकेले क्या खेलती है !"

"आ तो रही हूँ !"

छै साल की अपर्णा आकर हेम को जैसे-तैसे उठा ले गई।

अब प्रतिभामा ने एक बार कंपाउंडर की बीवी को देखा और फिर पड़ोसवाली को। बोली, "इस बेचारी का क्या कसूर है बहिना, मर्द ही ध्यान नहीं देता है।"

होंठ सिकोड़कर पड़ोसवाली ने माथा हिलाया, कहने लगी, "अकेले मर्द ही क्‍ कर लेगा ? औरत को भी तो हाथ-पैर दे रखे हैं रामजी ने ! मगर, अकिल न हो तो ह

चलाकर भी कुछ नहीं होगा बहन ! पुनपुन नदी के किनारे यहाँ से छै-सात कोस पर संतों की जमात टिकी हुई है। सोमवार को वहाँ भारी भीड़ जुटती है। मंत्र पढ़के भभूत चटा देते हैं और काम बन जाता है। चलना हो तो चले, मैं साथ ही जाऊँगी..."

निर्मला ने गरम होकर कहा, "ऐसी जगहों में कौन-से मंत्र पढ़े जाते हैं और कैसी भभूत चटाई जाती है, मुझे मालूम है, विभाकर की माँ। कभी संतान के लिए यही सब करना होगा तो मैं टेढ़े-मेढ़े रास्तों पर नहीं चलूँगी, सीधी सड़क पकडूँगी। आप मेरा मतलब समझ गई होंगी। इस तरह की बातें सुनना मुझे पसंद नहीं है..."

"लो, तुम तो बुरा मान गईं !"...पड़ोसवाली नरम होकर बोली।

प्रतिभामा ने कहा, "बहिना, तुम्हारा दिल साफ है ! जो बात गले तक आ जाती है, कह डालती हो ! तुम्हें मालूम नहीं था न ? निर्मला ने बड़ी बहन के लड़के को गोद ले रखा है, पाँच वर्ष का हो जाएगा तब साथ रहने लगेगा। कौन अपना और कौन पराया, मन मान ले तो तुम किसी की भी माँ बन सकती हो ! किस्मत खोटी हुई तो अपनी कोख का लड़का ही तुम्हारी झुकी कमर पर चार लात जमा देगा ?—लेकिन, मुझे ले चलो उन संतों के पास ! देखती नहीं हो, किस तरह तंग आ गई हूँ बच्चों से ? मैं कोई ऐसी भभूत चाटना चाहती हूँ जिससे अब आगे बाल-बच्चे पैदा न हों, जो हैं वे स्वस्थ-प्रसन्न रहें और बड़े होकर हमारी खोज-खबर लेते रहें। बहिना, बतलाओ, कब मुझे ले चलोगी ?"

पड़ोसवाली गर्दन के पीछे बाल खुजलाने लगी और निर्मला मुस्कुराती हुई उठ गई।

उम्मी पिछले सप्ताह आई, समझा-बुझाकर माँ को ले गई। वही दो कमरे खाली हुए तो उनमें से एक बुआ को मिल गया था। तिलकधारीदास वाला सड़क की तरफ का बाहरी रूम भी खाली हुआ था। किताब की दूकान के लिए दासजी को 'अशोक पथ' पर इधर एक बड़ी अच्छी जगह मिली थी। बुआ ने 'शिल्प कुटीर' के लिए बीस रुपए भाड़े पर वह खोली भी ले ली।

टिन के छज्जे से नया साइनबोर्ड टँग गया : शिल्प कुटीर। पाँच अक्षर दुरंगे और मोटे थे। नीचे पतली लिपि में लिखा था—'अचार, मुरब्बे, पापड़, बड़ियाँ। बेल-बूटे, झालर, रूमाल, मेज़पोश, मोजे, स्वेटर।' एक और पंक्ति थी—'हिंदी में टाइप करवाइए : स्त्रियों और बच्चों के कपड़े सिलवाइए।'

बुआ अब वह बीमार और मरियल औरत नहीं थी, जिसे निर्मला ने कई महीनों तक देखा था। पीछे भुवन के प्रति हमदर्दी पैदा होने के बाद, मन ही मन उसने इसी बुआ को बार-बार कोसा था।

निर्मला को अब बुआ के पास बैठना अच्छा लगता था। कंपाउंडर ड्यूटी के लिए निकल जाता तो दुपहर के बाद दो-तीन घंटे वह दूकान के अंदर आकर स्टूल पर जम जाती। मदद के लिए एक नेपाली नौजवान को रख लिया गया। सामने काउंटर नहीं, मेज़ थी छोटी-सी। दोनों ओर दो शो-केश निहायत मामूली ढंग के। पीछे चार रैक,

मझोले आकार के। ठेठ काठ की दो कुर्सियाँ। सामग्री अभी शुरू-शुरू में ही कम थी। नेपाली को दूकान का काम समझा दिया था। खुद टाइपराइटर खटखटाया करती थी। दिवाकर शास्त्री ने अपने निबंधों का संकलन दे रखा था। एडवांस के पचीस रुपए पाकर चंपा का उत्साह बढ़ गया था।

कई दिनों से चंपा की इच्छा हो रही थी कि भुवन के बारे में मालूम करे। आज उसने पूछ ही दिया, "भुवन की चिट्ठी नहीं आई है ?"

"नहीं बुआ," कंपाउंडर के बीवी ने सहज स्वर में कहा। मन-ही-मन बोली : अब कोई हर्ज़ नहीं, भुवन के बारे में थोड़ा कुछ बतला देना चाहिए।

"गया में मिली होगी चिट्ठी।"

"मुलाकात हुई थी बुआ !"

"कब ?"

"पिछले महीने बनारस गए थे हम..."

"भुवन बनारस है ?"

"सुनो भी तो बुआ..."

निर्मला ने संक्षेप में बनारस का समाचार दिया।

चंपा टाइपराइटर छोड़कर उठी, निर्मला की पीठ के पीछे खड़ी हो गई। दोनों हाथ उसके कंधों पर रखकर झुकी, कान के पास मुँह करके कहा, "सच बतलाओ निर्मला, तुम उससे मिली थीं ? मेरा पत्र पढ़ा था भुवन ने ? क्या कहती थी मेरे बारे में ?"

"कुछ नहीं बुआ, तुम्हारे बारे में उसने कुछ नहीं कहा," निर्मला बोली, "चिट्ठी तुम्हारीवाली भुवन ने दो बार पढ़ी और भाभी को थमा दिया।"

"भाभी ने पत्र पढ़ा होगा ?"

"पढ़ा और अंदर जाकर दराज़ में रख आईं।"

"भुवन मुझे दो पाँती का एक पोस्टकार्ड भी नहीं भेजेगी ? आते वक्त तुमने कहा होता तो ज़रूर मेरे लिए वह कुछ लिखके तुम्हें देती निर्मला !"

"मैंने कहा था बुआ, भुवन चुप लगा गई।"

चंपा के दिल ने कहा—भाभी ने मना कर दिया होगा।

भाभी ने मना कर दिया—निर्मला अंदर-ही-अंदर बोली।

उन्होंने एक-दूसरे के चेहरे की ओर देखा।

चंपा के हाथ निर्मला के कंधे छोड़कर नीचे लटक गए थे। रुख सड़क की ओर हो गया था।

तीन बज रहे थे। बाहर अब भी कड़ी धूप थी। चार तख़्तोंवाली दो किवाड़ियों में से एक ही तख्ती खुली थी, प्रकाश और हवा के लिए उतना ही काफी था।

नेपाली नहीं था, एक ग्राहक आ गया—आधा सेर पापड़ चाहिए, मूँग का !

चंपा ने पापड़ की गड्डी निकालकर उसे थमाई और पैसे लिए।

ग्राहक चला गया तो बोली, "निर्मला, मुझे भुवन का पता दोगी ?"

निर्मला उठकर मेज़ के पास आ गई। कहा, "पता क्यों नहीं दूँगी बुआ ?"

अचार के दो छोटे-छोटे मर्तबान थे, पीछे रैक पर। कपड़े से उन्हें पोंछती हुई चंपा आहिस्ते से बोली, "ना, रहने दो निर्मला, पता लेकर क्या करूँगी ? हाँ, तुम कभी बनारस लिखो तो मुझसे कहना। एक बार मैं भुवन को और लिखूँगी, बस एक बार और..."

निर्मला फिर पीछे गई। सामने होकर चंपा को देखने लगी। चेहरे पर ग्लानि की छाया तैर रही थी। होंठ भिंचे हुए थे। पलकें गीली थीं, पपोटों में स्पंदन था। घुटती साँसों की विषम गति में नथुने फूलकर फड़क रहे थे।

चंपा के कंधे पर हाथ रखकर मुलायम आवाज़ में उसने कहा, "क्यों बुआ, एक ही बार क्यों लिखोगी तुम भुवन को ? उस गरीब के और कौन है, हमीं लोग तो हैं..."

छलकती आँखों से चंपा बोली, "मैं कौन हूँ उसकी ! उसे खाई की ओर लुढ़काने की तैयारियाँ चल रही थीं और मेरा कलेजा तनिक भी धड़क नहीं रहा था ! क्या कसर थी भुवन का गला कटने में ? निर्मला, तुम न होतीं तो..."

चंपा सुबकने लगी, आगे एक भी शब्द नहीं निकला उसकी जुबान से। वह स्टूल पर बैठ गई और आँसू बहाती रही।

निर्मला की भी आँत फटने लगी। उसने मुश्किल से रोका। आँचल के छोर से चंपा की आँख वह बार-बार पोंछती थी लेकिन आँसू रुकते नहीं थे।

विकल स्वर में निर्मला ने कहा, "तुम्हें मेरी कसम, बुआ ! अब मत रोओ ! भुवन हमेशा याद करती है तुम्हें, अकेले में रोती है तुम्हारे लिए। वह तुमको चिट्ठी लिखना चाहती थी बुआ ! उसका पत्र आएगा और अवश्य आएगा... ।"

चंपा ने निर्मला के हाथ हटा दिए।

निर्मला कहती गई, ''मैं मँगवा दूँगी भुवन की चिट्ठी तुम्हें, भुवन खुद भी आकर मिलेगी बुआ ! तुम पर ज़रा भी रंज नहीं है...''

बुआ कुछ नहीं बोली। उसके आँसू थम चुके थे।

निर्मला निकल आई। चंपा ने सुराही के पानी से चेहरा धोया। शो-केस के निचली दराज़ के अंदर छोटा तौलिया था, मुँह पोंछा। दिमाग में लेकिन रंजना की कल्पित छवि उभर रही थी।

टाइपराइटर की खट-खट फिर शुरू हुई, चंपा मन-ही-मन रंजना से कह रही थी—तुम काशी में हो, मैं यहाँ पटने में हूँ ! कैसे समझ पाओगी मुझको ? काश, तुम मुझे देख पातीं रंजना !

हीरक जयन्ती

उद्योग-पर्व

कविवर मृगांक ने सोचा—बारह पाँचे साठ। साठ सौ रुपये। कम नहीं होते हैं साठ सौ रुपए। साल-भर में इतनी रकम तो दस उपन्यास भी नहीं खींच सकते !

मनसाराम अपने-आप कुलाचें भरने लगा—जाएँगे कहाँ ? मृगांक 'ना' कर देगा तो दूसरा फिर कौन 'हाँ' करेगा ? अभिनंदन का प्रसंग छिड़ते ही किस मिनिस्टर की जीभ लार नहीं टपकाती !

और वह लार !

अन्दर से एक तीसरी आवाज आई, अनहद नाद की तीसरी किस्म—उस लार को सहेजने के लिए महापात्र की आवश्यकता पड़ती है...अपनी कीर्ति का बखान सुनना होता था तो राजा पालतू कवियों को इशारा करता था। तू किस राजा का पालतू कवि है, मृगांक ?

—मैं ! कविवर मृगांक ? पंडित मुचकुन्द मिश्र जिसका असली नाम है ? मैं पालतू हूँ ? किसके दिये निवाले गटकता हूँ मैं ? और, प्रजातंत्र के इस युग में राजा भला रह कहाँ गया ! न राजा, न प्रजा। सभी पब्लिक हैं, अवाम, जनसाधारण। सहस्रशीर्षा पुरुषः सहस्राक्षः सहस्र पाद्...हे कोटिशीर्ष, हे कोटिबाहु, हे कोटिचरण...!

लिहाफ दाहिने पैर से ऊपर सिमट गया था। बाएँ पैर का अँगूठा लिहाफ के अंदर से ही मसहरी के डंडे को छू रहा था। बाहर शुक्लपक्ष की तेरहस की गाढ़ी चाँदनी फैली थी। दीवार के तीनों रोशनदान सजग थे। जंगलों और किवाड़ों के भी काँच इस वक्त अपनी सफाई का सबूत दे रहे थे।

—हे कोटिशीर्ष, हे कोटिबाहु, हे कोटिचरण..जन गण मन अधिनायक जय हे भारत भाग्य-विधाता...पंजाब, सिंधु, गुजरात, मराठा, द्राविड़, उत्कल, बंग...वाद्यवृंद की सम्मिलित ध्वनि बार-बार अंतरतर से टकराने लगी और पलँग पर लेटे रहना असंभव हो गया।

कवि मृगांक की आत्मा विक्षुब्ध हो उठी।

बिस्तरा छोड़कर बाहर निकल आए।

एक राजस्थानी धनपति का नवनिर्मित प्रासाद था यह। सामने ठाकुरिया की मशहूर झील। पीछे लैन्सडाउन, रासबिहारी एवेन्यू आदि इलाके, उच्चवर्गीय आबादीवाले। तिनतल्ले पर आगे की तरफ से आमने-सामने दो बड़े कमरे, बीचोंबीच बरामदा।

कविजी बरामदे में चहलकदमी करने लगे।

आहट पाकर नीचे, दुतल्ले पर छोटा कुत्ता हल्की आवाज में भाँउ-भाँउ करने लगा और अगले ही क्षण चुप हो गया। प्यार-भरी फटकार सुनी तो मालकिन का अनुशासन उसने सिर झुकाकर स्वीकार कर लिया।

केंद्रीय सरकार के किसी हिंदी भाषा-भाषी मिनिस्टर को कलकत्ता के सेठों ने परसों शाम एक भारी-भरकम अभिनंदन-ग्रंथ अर्पित किया था। समारोह के क्षणों में आँखों और कानों की परितृप्ति के लिए मणिपुरी नृत्य...रवींद्र-संगीत...काव्यपाठ आदि का समावेश प्रोग्राम के अंदर ही था। तीन नर्तकियाँ, दो नर्तक, दो वादक, पाँच गायक-गायिकाएँ, तीन गीतकार और चार कवि...तीन-साढ़े तीन घंटे का प्रोग्राम रहा—भाषण-वाषण सहित।

मृगांकजी आमंत्रित कवियों में से थे।

समारोह कुछ ऐसा मनहर लगा मृगांकजी को कि बस...मगर अपने यहाँ दस वर्षों के भीतर तीन-चार प्रभावशाली मंत्रियों को अभिनंदन-ग्रंथ भेंट किए जा चुके थे न !

बाबू नरपतसिंह बच गए थे। आठ-नौ वर्ष पहले उनकी बरसगाँठ मनाई थी मित्रों ने। लेकिन वह न तो जयंती थी, न रजत था, न स्वर्ण ! कहाँ ? वह तो कुछ नहीं था ! बस वही हस्ब-मामूल पीले फूल कनेर के !

समारोह खत्म हुआ परसों रात साढ़े-आठ बजे और मृगांकजी की निगाहें अपने नए निशाने पर जमी हैं...बाबूजी को इक्यावन हज़ार की थैली। पंद्रह हजार अभिनंदन-ग्रंथ सोख लेगा। पाँच हज़ार लग जाएँगे समारोह में। बची हुई निधि से एक-आध संस्था की बुनियाद डाली जाएगी। ललनजी को जँच जाए तो वह दिल खोलकर साथ देंगे। फिर उनकी रामसागर बाबू से कैसी घुटती है। बाबू गोपीवल्लभ ठाकुर को भी यह प्रस्ताव पसंद आएगा। ये तीनों अपनी गुंजलक में समूची दुनिया को लपेट लेंगे...लाख-दो लाख क्या, यह त्रिमूर्ति कहीं सचमुच भिड़ गई तो नंबरी नोटों की वर्षा होने लगेगी और फिर जादू-सम्राट पी.सी. सरकार दंग रह जाएँगे।

सोचते-सोचते मृगांकजी का माथा गरम हो उठा।

सामने चाँदनी में ठाकुरिया का मैदान चमक रहा था।

महीना पूस का। सर्दी लेकिन मामूली थी, निहायत मामूली।

मृगांकजी अंदर से माचिस और सिगरेट-केस उठा लाए। सर्दी नहीं लग रही थी, बदन पर वही एक कुर्ता काफी था।

बाहर बर्मी टाइप की दो-तीन कुर्सियाँ पड़ी थीं, बुनावट बाँस की और भीतरी ढाँचा लोहे का। टाँगें भी लोहे की। किनारों की ओर टाँगों की वार्निश का रंग सुर्ख था, बीच-बीच का रंग संदली था।

तिनतल्ले का यह बरामदा काफी बड़ा था। दीवारों के प्लास्टर की सफेदी इस छाँह में भी चाँदनी को चिढ़ा रही थी।

मृगांकजी खाँचानुमा कुर्सी पर बैठ गए। सिगरेट निकालकर उसे होंठों के हवाले किया, माचिस जलाई।

सिगरेट से तीली भिड़ाते समय नाक दीख गई तो नुकीली नाकवाला वह युवक गीतकार निगाहों के सामने खड़ा-खड़ा मुस्कुराने लगा—

(प्रणाम मृगांकजी, मुझे तो किसी ने बतलाया कि आप दिल्ली-एक्सप्रेस से चले गए !

(और तुम कब जा रहे हो, वर्मा ?

(कल बाम्बे मेल से जी !

(कै बार आए हो कलकत्ता ?

(पहले दो मर्तबा आ चुका हूँ।

(क्या है यह ?...गीतों का संकलन; नहीं, कहानियों का...तो तुम गल्प भी लिखते हो ?

(जी, गल्प ही तो लिखता हूँ। गीत बीस-पचीस ही होंगे...मैं तो बस आप गुरुजनों के आशीर्वाद चाहता हूँ...मैं तो निराश हो चुका था लेकिन दर्शन हो ही गए...)

मृगांकजी का ध्यान गीतकार बादल वर्मा पर अटका हुआ था—अब कौन पूछेगा कवियों को ऐसे गीतकार के आगे ? गला है कि बाँसुरी ? ज़ालिम गाता है कितना कमाल...मैं तेरा गला घोंट दूँगा, कहीं का नहीं रहने दूँगा मैं तुझे ! सँभल जा, बच्चु !...प्रणाम मृगांकजी ! नहीं चाहिए मुझे तेरा प्रणाम-उणाम...मैं वही मुचकुंद हूँ जिसके प्र-पितामह गोविंदमाधव मिश्र ने अपने प्रतिद्वंद्वी संगीताचार्य की ज़िंदगी बर्बाद कर दी थी, पानवाले को मिलाकर सिंदूर चटवा दिया था। गला बैठ गया, संगीताचार्य आजीवन रोते रहे ! मैं उसी गोविंदमाधव का वंशधर हूँ और तू मुझे चिढ़ाने आया है। बदतमीज़ कहीं का ! हटता है कि नहीं सामने से ? देखिए तो भला तमाशा ! गीतों के फरिश्ते पधारे हैं, इन पर नोटों की वर्षा हो रही है। दो-ढाई दिन कलकत्ता रहे। हज़ार-हज़ार डेढ़-डेढ़ हज़ार बटोरकर घर लौट गए...अपना क्या ! समारोह के संयोजकों ने हाथ जोड़ लिए और दो सौ थमा दिए, बस !

चिंतन की बेसुधी में हाथ तिपाई की ओर बढ़ा तो सिगरेट-केस नीचे गिरा। सन्नाटे में उसकी आवाज कई गुना अधिक प्रतीत हुई।

सामनेवाले कमरे में सेठ का मामा सो रहा था। सो उसकी नींद खुल गई और वह बाहर बरामदे में आया।

—क्या बात है, कविजी, सारी रात जागोगे ?

—अभी तो उठा हूँ सेठजी, चार बजनेवाले हैं।

—हूऽऽऽऽहू...

सेठ के मामा ने जबड़े सिकोड़ लिए, वह जम्हाई लेता हुआ पीछे की ओर चला गया, जिधर बाथरूम था।

मृगांकजी भी पलँग पर वापस आ गए।

नरपत बाबू कलकत्ता आने पर जिस धनकुबेर की कोठी में ठहरते थे, उसके बारे में सोचते-सोचते मृगांकजी को नींद आ गई।

ललनजी, बाबू गोपीवल्लभ ठाकुर, रामसागर राय–सभी ने मृगांकजी की योजना का अनुमोदन किया।

बाबूजी से स्वीकृति हासिल करने की जिम्मेदारी रामसागर राय और ठाकुरजी पर सौंपी गई।

मंजुमुखी देवी को मालूम हुआ तो खुशी के मारे दुहरी हो गईं। बोलीं–मृगांकजी, कितना बड़ा काम यह होगा ! बाबूजी की नहीं, हमारे प्रदेश की हीरक जयंती होगी यह...!

निःसंदेह !–मृगांकजी ने कहा और भुने हुए नमकीन काजुओं की ओर निगाहें गड़ा दीं।

लीजिए–देवीजी ने कहा–चाय आ रही है।

सिल्क की सादी साड़ी और सादे ब्लाउज़ में कसी-लिपटी अधेड़ गंदुमी देह, कमलपत्री आँखोंवाला भरा-पूरा चेहरा, जूड़े के नाम पर ढीली-ढाली-सी बालों की एक गाँठ...चप्पलोंवाले पैर, नाक पर चश्मा...बस, यही थीं मंजुमुखी देवी, एम.एल.सी.।

मृगांकजी ने पूछ लिया–माधवी को अर्से से नहीं देखा, क्या हाल है उसका ?

भौंहें सिकुड़ आईं। देवीजी बोलीं–कालिज का खटराग यों ही भला क्या कम था ! जब से अपने विभाग की हैड हुई है, दम मारने की फुर्सत नहीं मिलती है बेचारी को। वो तो आप लोगों का आसिरबाद है कि थकती नहीं है माधवी।

मृगांकजी काजू चबा रहे थे। बहादुर चाय की ट्रे सामने तिपाई पर रखकर वापस जा चुका था। देवीजी झुककर चाय बनाने लगीं।

मृगांकजी ने कहा–कालिज ने इधर तरक्की तो खूब की, मगर मेरा तो उसने भारी अहित किया है...।

देवीजी की प्रश्नसूचक दृष्टि ने उन्हें अगली बात कहने के लिए उकसा दिया, बोले–कितना अच्छा लिखती थी माधवी ! शिक्षा-विशारदों ने काव्य-गगन से एक उदीयमान नक्षत्र छीन लिया, अपनी तो खैर शिष्या ही पराई हो गई।

कविजी को चाय का प्याला थमाती हुई मंजुमुखीजी बोल गईं–लड़की थी न ? लड़का होती तो फिर भी कविताओं से काफी कमा लेती। कंठ सुरीला है ही, रेडियोवालों से भी काफी रकम दुह लेती। मगर देखिए न मृगांकजी, बात तो ज़रा वैसी है...कोई बात नहीं, आपकी तो गोद में खेली है...बतला ही दूँ आपको–मैंने ही ताने कसे थे न ? तभी तो कविताओं से माधवी ने यों मुँह मोड़ लिया ! कविताओं की कमाई से सलीके की एक साड़ी तक नहीं ले सकी कभी। संपादक लोग मनीआर्डर से रकम भिजवाते थे ज़रूर, लेकिन पचीस तो शायद ही कभी आए हों ! वर्ना वही पाँच, वही दस, वही पंद्रह ! भतीजियों को फुसलाने के लिए भी उतनी रकम काफी नहीं पड़ती थी, मृगांकजी ! बतलाइए भला, कविता की कमाई से चली है किसी की घर-गिरस्ती ? सो भी तो क्या, इस मुँह-झौंसे ज़माने में ? तो अब, आज आपसे कह रही हूँ, आपकी चेली को मैंने ही आपसे छीन लिया था...।

मृगांकजी गुमसुम बैठे रहे, चाय का प्याला होंठों से लग नहीं रहा था। बार-बार माधवी की परछाईं प्याले में चाय की सतह पर तैर जाती थी...कितना परिश्रम किया था मृगांकजी ने माधवी को शब्दशिल्प सिखलाने में !

देवीजी ने दोनों हाथ जोड़ लिए, कहने लगीं—अब चाहे आप मुझे अपराध के लिए जो भी दंड दें, मैं भुगत लूँगी। माधवी का लेकिन इसमें कोई कसूर न था। उस बेचारी पर रंज मत होइएगा मृगांकजी, मेरी कसम आपको, मृगांकजी !

हल्की परंतु गंभीर आवाज़ में मृगांकजी ने कहा—यह आपने बहुत अच्छा काम किया। वास्तविकता को इस प्रकार पकड़ लेना आप-जैसी बुद्धिमती महिलाओं का ही चमत्कार हो सकता है। मैं आपकी बेटी को गलत दिशा की ओर लिए जा रहा था। वह काँटों-भरी राह थी, कोहरा और धुंध और झाग...इधर क्या मिलता बेचारी को ? सौ मन यश, कपूर की आरती का धुआँ, केसर और कस्तूरी की भीनी खुशबू और...

मृगांकजी के होंठों पर आहत अभिमानवाली विद्रूप-भरी मुस्कान दौड़ गई, फीकी हँसी की मनहूस परछाईं !

उन्होंने चट से चाय की दो-तीन चुस्कियाँ ले डालीं और सधे हुए खिलाड़ी की भूमिका में आ गए, प्रसंग ही बदल दिया।

—ठाकुरजी की लड़की को तो सितार-वादन में इस बार प्रथम पुरस्कार मिला है, आपने कभी वंदना को सितार पर सुना है ?

—सुना है कि बहुत अच्छा बजाती है। लेकिन इन दिनों नहीं सुना, दो वर्ष हो गए। अभी उस रात रेडियो खोला तो वंदना का नाम आया। बस, नाम भर...प्रोग्राम खत्म हो चुका था।

—शादी होनेवाली है वंदना की।

—बड़ा अच्छा दूल्हा मिला है...।

—रामसागर राय की सगी बहन का लड़का ठहरा न ! एम.एस-सी होते ही टाटा की सर्विस में ले लिया गया था। दस महीने पश्चिम जर्मनी में ट्रेंड हो आया है। आठ सौ खींचता है महीने में...।

देवीजी की आँखों को देखते हुए मृगांकजी ने अबके एक साँस में प्याला खाली कर दिया, किंतु उस भद्र महिला का मन तो अपने दामाद के दुर्भाग्य की याद में भटकने लगा था। बल्कि लड़की ही किस्मत की बुलंद निकली, नहीं तो समाज में भला कौन पूछता है ? जाने-अनजाने कहीं किसी के दामाद की चर्चा छिड़ती तो देवीजी के चेहरे का रंग उड़ जाता।

देवीजी सँभलकर चायदानी की ओर मुखातिब हुईं, कहा—एक प्याला और लेना होगा, मृगांकजी !

कविवर ने 'हाँ' की मुद्रा में माथा तो नहीं हिलाया, मुस्कान की हल्की आभा लेकिन उन पतले होंठों पर नाच ही गई।

चाय की चुस्कियाँ लेते हुए कहने लगे—देखिए देवीजी, अब ऐसा न हो कि बाबूजी

इस अनुष्ठान को दो वर्ष के लिए टाल दें...!

नहीं मृगांकजी !—देवीजी ने मानो उछलकर कहा—नहीं, बिलकुल नहीं। बाबूजी से यह सब बतला दीजिएगा तो वह अवश्य ही 'ना' कर देंगे। उनकी यह सहज शालीनता ही उनके लिए भारी दुश्मन है। अभी चार ही महीने तो हुए हैं। बरसगाँठ के दिन मैंने उनके चार-छः मित्रों को बुलवा लिया। हुआ तो कुछ नहीं, बस पाँच-सात हल्के-ताज़े गजरे उनके गले में डाल दिए गए थे और इन हाथों ने कपूर की आरती उनके चारों ओर आहिस्ता से घुमा दी थी। चंदन का टीका करके कुंकुम तो खैर पहले ही लगा दिया था। उन मित्रों के लिए पार्टी-वार्टी का कोई आडंबर नहीं रखा गया था। दो-दो संदेश-रसगुल्ले-समोसे और कॉफी का एक-एक प्याला; बनारसी पान के मगही बीड़े और ज़र्दा। बस, और कुछ नहीं हुआ था...लेकिन मृगांकजी; आप शायद विश्वास न करें, बाबूजी मुझ पर पीछे इतना नाराज़ हुए—इतना नाराज़ हुए कि मैं चार रोज़ तक उनके सामने नहीं गई, हाँ, मृगांकजी ! सच !

और देवीजी की आँखें बड़ी-बड़ी हो गईं...।

और मृगांकजी देवीजी की उस नाटकीयता का स्वाद लेने लगे—सच, देवीजी ? सच ?

और दोनों देर तक हँसते रहे !

और दोनों की खिलखिलाहट तभी थमी जबकि माधवी की दो छोटी भतीजियाँ बैठकखाने में आ गईं।

संजीदा होकर देवीजी ने पोतियों को पास बैठा लिया।

पंद्रह सदस्योंवाली समारोह-समिति गठित की गई।

बाबू गोपीवल्लभ ठाकुर का निवास-स्थान पुश्तैनी तौर पर यूँ तो गंगा के उत्तर अंचल में पड़ता था, नेपाल की सीमा के करीब। लेकिन पिछले आठ-दस वर्षों में गंगा के दक्षिण, इस महानगरी का महत्त्व क्रमशः बढ़ता ही आया तो गोपी बाबू ने सत्तर-पिचहत्तर हज़ार की लागत से यह आलीशान कोठी तैयार करवाई। विराट तिनतल्ला भवन, आधुनिक सुविधाओं से सुसज्जित। सामने मनोरम लॉन, फूलों की क्यारियों से वेष्ठित। पीछे तीन गैरेज और नौकरों के तथाकथित क्वार्टर, माचिस बॉक्सों की तरह छोटे और अति परिमित।

सामने से कोठी का आधा निचला हिस्सा भाड़े पर उठा दिया गया था। प्रादेशिक सरकार के किसी छोटे-से विभाग की अत्युत्तम शाखा का निर्देशक अपने तीन सहकारियों और चपरासियों सहित उन तीन बड़े-बड़े कमरों में डटा था। टाइपराइटर की अनवरत टिक्-टिक् और बीच-बीच में कॉल-बेल की आतुर पुकार। कॉटेज इंडस्ट्री के महाबोधि टेम्पुलवाले मॉडल के भव्य पर्दे दिन में साढ़े नौ से सवा पाँच तक वहाँ झूलते होते, दफ्तर बंद करते समय उन्हें उतार लिया जाता। गोपी बाबू को भाड़े के तौर पर चार सौ रुपए मासिक मिलते थे।

और गोपी बाबू ने समारोह-समिति को दुतल्ले पर छोटा-सा रूम दफ्तर के लिए

सौंप दिया तो सदस्यों को बड़ी प्रसन्नता हुई। यह कमरा दुतल्ले पर था। सामने बाईं ओर। बाहरी सीढ़ियों से होकर आप ऊपर पहुँचिए, बाएँ हाथ की तरफ मुड़ते ही एक साफ-सुथरी कोठरी देखेंगे...।

मृगांकजी और ललनजी की ओर देखकर गोपी बाबू बोले—बड़ी मेज़ और चार-छः कुर्सियाँ रखवा दूँगा। दो-एक रैक भी आ जाएँगी।

आज आठ ही जने एकत्र हो सके थे। संयोग ऐसा कि मंगलवार पड़ता था आज।

झाजी ने कहा—अच्छा हुआ कि समिति गठित हो गई। 'स्थाप्यं-समाप्यं शनि-भौमवारे' मुहूर्त्त चिंतामणि नामक ज्योतिषग्रंथ में लिखा है। मेरे पितामह जो भी काम करते, आरंभ मंगलवार को ही हुआ करता।

स्टेनलैस स्टील के छोटे थाल में अभी पान के चार-छः बीड़े शेष थे, पाठकजी का हाथ उधर बढ़ा। बोले—मैं तो भूल ही गया था कि आज मंगलवार है।

देवीजी ने आँखें नचाकर कहा—मगर मैंने तो जान-बूझकर यह मंगलवाली तारीख रखवाई थी। नहीं, मृगांकजी ?

मुँह में पान-ज़र्दा था, मृगांकजी ने सिर हिलाकर देवीजी के कथन का समर्थन किया।

पंद्रहों नाम तय हो चुके थे। ललनजी ने उन्हें कागज़ पर उतार लिया था—

1. राजा रेवतीरंजन प्रसादसिंह
2. बाबू गोपीवल्लभ ठाकुर
3. महंत सीताशरण दास
4. बाबू रामसागर राय, एम.पी.
5. पंडित शिवदयाल पाठक, एम.एल.ए.
6. श्रीमती मंजुमुखी देवी, एम.एल.सी.
7. बाबू रामप्यारे प्रसाद
8. श्री मृगांकजी
9. बाबू धर्मराज सिंह
10. सेठ लच्छोमल बजारिया
11. बाबू रामनिरंजन अग्रवाल
12. बाबू बमशंकर झा
13. बाबू ब्रजबिहारी घोष, एम.एल.ए.
14. श्री बुझावनराम, एम.एल.ए., और
15. श्री देवनंदन प्रसाद (ललनजी)

पदाधिकारी जो सर्वसम्मति से निश्चित हुए :

अध्यक्ष : राजा साहब
संयुक्त मंत्री : रामसागर राय और ललनजी
कोषाध्यक्ष : गोपीवल्लभ ठाकुर

ग्रंथ-संपादक : मृगांकजी

आफिस का पता, जो पैड पर छपना निश्चित हुआ :

'श्री नरपत हीरक जयंती समारोह समिति,
वैशाली निकेतन, पुष्पपुर-1'

काम शुरू करने के लिए तत्काल पाँच सदस्यों ने सौ-सौ रुपए जमा कर दिए—गोपीवल्लभ ठाकुर, रामसागर राय, शिवदयाल पाठक, झाजी और देवीजी ने। ठाकुरजी और रायजी के नाम से बैंक में खाता चालू कराने का निर्णय हुआ। पैड, मुहर, पोस्टकार्ड, लिफाफे, कापियाँ, फाइल, रजिस्टर और स्टेशनरी की और-और वस्तुओं के लिए ललनजी को सौ रुपए दिए गए।

हर महीने में समिति की एक बैठक हो, यह भी तय पाया।

परिचय-पत्रिका

राजा रेवतीरंजन प्रसाद सिंह

मालागढ़ स्टेट के मालिक। साहित्य-सेवी। आदिवासी जीवन और शिकार के बारे में दो-तीन पुस्तकें कभी छपवाई थीं। ज़मींदार के नाते बदनामी ही ज्यादा थी। बुढ़ापे में रंगीन तबीयत के लिए मशहूर।

बड़ा लड़का विमान-सैनिक, छोटा पुलिस-सुपरिंटेंडेंट। ग्रेजुएट लड़की इसलिए याद रहेगी लोगों को कि शादी के छः महीने बाद ही उसने आत्महत्या कर ली थी।

ब्रिटिश अमलदारी में 'राजभक्त' (लॉयल) होने के कारण अधिकारियों के लिए प्रीतिपात्र भी थे और आदरास्पद भी। 1857 के बाद खुश होकर अंग्रेज़ों ने आपके परदादा को परगना मालागढ़ की ज़मींदारी सौंप दी थी।

1930, '32 और '42 के आंदोलनों में आपने खुलकर साम्राज्यवादियों का साथ दिया।

बाबूजी से आपका परिचय 'जुपिटर इंश्योरेंन्स कंपनी' के कारण शुरू हुआ। जिंदादिली दोनों को करीब खींच लाई थी। गंगा के सुदूर उत्तर, नेपाल की सीमा के निकट किसी ब्रिटिश कंपनी का चीनी का एक कारखाना था, राजा साहब ने सन् '40 के आसपास उसे खरीद लिया। स्वाधीनता-प्राप्ति के बाद चीनी-मिलों के मज़दूर संगठित होने लगे तो बाबूजी की राय से आपने स्वयं ही आगे बढ़कर अपनी फैक्टरी का फाटक राष्ट्रीय मज़दूर कांग्रेसवालों के लिए खोल दिया था। मजदूरों की माँगों को ट्रिब्यूनल के मर्तबान में डालकर उनका अचार डालना कोई भला आपके मिल-मैनेजर से सीख जाए ! दो मज़दूर नेताओं को आपके कर्मचारियों ने हमेशा के लिए लापता कर दिया है।

विनोबाजी आए तो पानी के अंदर सदा डूबी रहनेवाली पाँच बीघा ज़मीन का

दान-पात्र राजा साहब ने संत के चरणों में अर्पित किया। पद-यात्रा में दो रोज़ साथ रहे। पार्टीविहीन जनतंत्रवादी जयप्रकाश की बातें आपको बेहद भातीं, मगर इसी बीच वयोवृद्ध राष्ट्रीय नेता राजगोपालाचारी स्वतंत्र पार्टी का शंख इतने ज़ोरों से फूँकने लगे कि राजा साहब भारी पशोपेश में पड़ गए हैं।

ज़मींदारी न रहने पर भी राजा साहब हज़ारों बीघा ज़मीन के मालिक हैं। बड़े नगरों में आपके बीसियों मकान हैं। मकानों के भाड़े से लगभग पचास हज़ार रुपए प्रतिवर्ष आते हैं। चार ट्रैक्टर, दस ट्रक, बिजली के तीन जेनरेटर, एक सिनेमाघर, दो मार्केट, बंदूक-पिस्तौल की एक बड़ी दुकान...राजा साहब की मिल्कियत में और भी बहुतेरी चीजें शुमार हैं।

राजनीति में राजा साहब की दिलचस्पी कूट-कौशल की तरफ ही ज़्यादा रही। चुनाव से अधिकार हासिल करने का यह तरीका आपको पसंद नहीं है।

पीठ-पीछे नेताओं को गालियाँ अब भी देते हैं।

बाबू गोपीवल्लभ ठाकुर

बी.ए. (आनर्स)...ज़ालिम ज़मींदार, '36 तक राष्ट्रीय महासभा के जानी दुश्मन, '48 तक तटस्थ और '49 से स्वयं 'राष्ट्रीय नेताओं की कतार में'।

दो बार डाका-कांड में ठाकुरजी की बंदूक पकड़ी गई। गाँजे के अवैध व्यापार के अन्यतम हीरो।

बटाईदारी खेतों से किसानों को बेदखल करने का सिलसिला ठाकुरजी का अब भी जारी है। कई कत्ल करवाए हैं। लड़के को ससुरालवालों से अबरख की दो खानें मिली हैं। घाटों की ठेकेदारी। स्टीम-इंजनवाली दो नावें चलती हैं। पाँच वर्ष एम.एल.ए. रहे थे। राजनीति में बाबूजी के शिष्य।

महंत सीताशरण दास

गुरुभाई को 'मिठाई' खिलाकर वैकुंठलोक पहुँचा दिया, फिर रोते हुए गद्दी पर बैठे।

1942 में अंग्रेजों की मदद की और आंदोलनवालों की भी। आधा दर्जन भगतिनों के उद्धारक।

बेदखली के हीरो। किसानों और खेतिहरों के पक्ष में जो भी दो बात बोला, महंतजी ने उसकी मरम्मत करवा दी। विरोधी दल के वे विधायक अपनी कटी बाँह के चलते आज भी लोगों को महंतजी की याद दिलाते हैं।

अपने यहाँ 'अखिल भारतीय संत महासम्मेलन' करवा चुके हैं। 1950 के बाद महंतजी राष्ट्रीय महासभा के सक्रिय सदस्य बन गए। संत-हितकारी समाज की स्थापना हुई तो आप उसके प्रादेशिक सचिव बनाए गए।

बाबूजी के पक्के अनुयायी। देवोत्तर-संपत्ति कंट्रोल बोर्ड के तीन सदस्यों में से एक। मैथिली-संस्कृत-हिंदी में कई धार्मिक ग्रंथों के प्रणेता। जटा बहुत बड़ी नहीं है।

संस्कृत हाई स्कूल, हिंदी मिडिल स्कूल, भारतेंदु साहित्य सभा आदि अनेक संस्थाएँ महंतजी की आरंभ की हुई हैं। गाँजा नहीं पीते हैं, लेकिन उसकी गंध अप्रिय नहीं है।

बाबू रामसागर राय, एम.पी.

यूनिवर्सिटी की पढ़ाई छोड़कर '32 में नमक उबालने गए, साल-भर की सज़ा हुई जेल की।

कांग्रेस सोशलिस्ट पार्टी—स्टूडेंट फेडरेशन—किसान सभा—फॉरवर्ड ब्लॉक...'42 में साल-भर फिर जेल के अंदर। 1946 आते-आते नेहरू की ओर झुक गए, यानी कांग्रेसी बन गए।

ऐसे तेज़-तर्रार युवक के लिए लोकसभा का सदस्य होना भला क्या कठिन था ? 1952 के चुनाव में रायजी पार्लमेंट तक पहुँच गए।

डेलीगेशन में शामिल होकर दो बार विदेश-यात्रा की है। प्रादेशिक नेताओं में से शासकीय गुट के तो आप अत्यंत विश्वासपात्र हैं। रहना इधर नई दिल्ली होता है। बीच-बीच में श्रीनगर, बंबई, कलकत्ता, पांडिचेरी, मद्रास, पटना और अपनी जन्मभूमि का गाँव मौज़ा सहसौला का चक्कर लगा आते हैं। पिछले कुछ-एक वर्षों से अध्यात्म-विद्या और फलित ज्योतिष की ओर झुके हैं। लड़की की शादी के लिए तीस हज़ार रुपए खरचने पड़े।

बाबूजी के प्रेमपात्र।

बाबूजी पर दमा का आक्रमण होता है तो रामसागर बाबू दिल्ली से उड़कर आ जाते हैं। मंजुमुखी देवी को आप 'बहनजी' कहते हैं और माधवी आपको 'मामाजी' कहती है।

राजा साहब के बारे में आपका एक लेख छपा था—अंग्रेज़ी में। महंतजी, गोपी बाबू, मृगांकजी, झाजी, ललनजी आदि से रायजी की खूब छनती है।

पंडित शिबदयाल पाठक, एम.एल.ए

पुराने नेता।

मैट्रिक पास। 1930-32 के सत्याग्रह में कालिज छूटा था, '34-'38 तक प्रख्यात किसान-नेता स्वामी सहजानंद के साथ रहे।

1968 के अंत में ज़मींदारों से मिल गए और सौ बीघा ज़मीन हासिल की। 1942 में छः महीने जेल के अंदर रहे। 1943-46 के दरम्यान कपड़ों की डीलरी मिल गई, फिर खद्दर का कारोबार किया।

1952 में विधानसभा के सदस्य चुने गए।

1957 में भी, मगर सवा सौ वोटों के मार्जिन से जीते। प्रतिद्वंद्वी उम्मीदवार कम्युनिस्ट था।

पाठकजी अपने निर्वाचन-क्षेत्र को एक बार 'अकाल-ग्रस्त' घोषित करवाने में सफल हुए।

लघु-सिंचाई योजना के अंदर पाठकजी के इलाके का पीछे काफी 'नाम' हुआ। छोटी नहरों का जाल बिछ गया, जिनसे होकर लक्ष्मी सीधे नए ठेकेदारों के घर पहुँच गई। वे पाठकजी के अपने आदमी थे। अपने गाँव में मिडिल स्कूल था, उसे ग्यारहवीं श्रेणी तक उठा दिया। अगली दफा यदि पाठकजी विधानसभा में वापस आ गए तो स्कूल को 'कालिज' करवाके छोड़ेंगे।

'अखिल भारतीय राष्ट्रीय महासभा' की सदस्यता के लिए इलाके में भारी भिड़ंत हो गई, पाठकजी को दासजी ने चित्त कर दिया...निश्चित ही दासजी की पीठ पर 'विक्षुब्ध' राजनीतिज्ञों का हाथ था।

एक बेटा देहाती कालिज में अध्यापक है, नेशनल कैडेट कोर में वह कई वर्षों से रहा है। उस सिलसिले में नागपुर, अंबाला, कोचीन हो आया है।

दूसरा लड़का चीनी मिल से संबंधित है, गन्ना-उत्पादक संघ की सिफारिश पर वह इन दिनों 'केन इन्स्पेक्टर' है। अपने गाँव का सरपंच भी है वह।

पाठकजी की तीसरी संतान भी सुयोग्य है—योगमाया देवी। 'बुनियादी महिला शिल्पशाला' के नाम पर वह एक संस्था चलाने लगी है। शासकीय गुट के जितने भी एम.एल.ए., एम.एल.सी., एम.पी. हैं, योगमाया को सबका स्नेह मिलता है। सर्वोदयी नेताओं की कृपा-दृष्टि तो उसे पहले से ही मिली हुई है। दो मंत्री और पाँच उपमंत्री शिल्पशाला देख गए हैं। ज़िला के हाकिम अब भला इस संस्था की उपेक्षा करेंगे ?

पाठकजी का छोटा लड़का छोटानागपुर में टैक्निकल कोर्स पूरा कर रहा है...।

इस प्रकार पाठकजी अपने भविष्य के प्रति आश्वस्त हैं।

श्रीमती मंजुमुखी देवी, एम.एल.सी.

आयु 45 से ऊपर। 1946 में पति का देहांत, टी.बी. से। वह मुख्तार थे, मगर राजनीतिक ईमानदारी ने धंधे को कभी जमने नहीं दिया। स्वयं देवीजी दर्जा चार तक पढ़ी-लिखी हैं। गाँधीजी की अपील पर '30-'32 में पर्दे से बाहर आईं। शराब की दुकान पर धरना दिया था, पुलिसवाले पकड़ ले गए थे। अगले ही दिन छोड़ दिया था। क्रांतिकारियों को टिकाने के अभियोग में उन्हीं दिनों पुलिसवाले फिर पकड़ ले गए। तीन महीने बाद छूटीं। पति की मृत्यु के बाद वाले दो वर्ष तबाही में कटे और फिर आप बाबूजी के संपर्क में आ गई थीं।

बाबूजी की दया-दृष्टि से देवीजी का विकास अभिनेत्री के रूप में होने

लगा—अभिनेत्री ? जी हाँ, अभिनेत्री ! लेकिन फिल्म-लोक की नहीं, सत्ताऽऽरूढ़ राजनीतिक दल की अभिनेत्री...उसके भी गुट-विशेष की, जिसके अन्यतम हीरो थे बाबूजी।

अब आजकल अपना कॉटेज तैयार हो गया है। दो लड़के कालिजों में पढ़ते हैं। बेटी अध्यापिका है—माधवी सहाय, एम.ए.।

'ईंट, पत्थर-सुर्खी-चूना मज़दूर यूनियन', 'छपाई-कामगार संघ', 'दाई-आया एसोसिएशन' आदि कई संगठनों की अध्यक्षा हैं देवीजी।

'महिला मंगल समाज' की जनरल-सेक्रेटरी हैं।

कुछ ज़्यादा पढ़ी-लिखी रहतीं तो अवश्य ही अब तक डिप्टी-मिनिस्टर हुई होतीं।

अपना 'एम.एल.सी. फ्लैट' भाड़े पर उठा दिया है...।

बाबू रामप्यारे प्रसाद

पहले अध्यापक थे। आजकल सामाजिक प्रवृत्तियों के केंद्र बन गए हैं।

साधना-सदन के महामंत्री।

महीने में एक बार देवघर अवश्य पहुँचते हैं। 'चैतन्य रामकृष्णावतार', 'परम गुरु' ठाकुर श्री 108 श्री अनुकूलचंद्रजी महाराज के चरणकमलों की छाया में कुछ काल बिताकर अगले ही दिन देवघर से वापस आ जाते हैं। विश्राम के लिए बाबू रामप्यारे प्रसाद अक्सर मधुपुर के निकट पहाड़ी स्थान पर पहुँच जाते हैं—बीस वर्ष कलकत्ता रहकर धनकुबेर के जिस खानदान का पारिवारिक अंग बन गए आप, उन्हीं लोगों का बंगला है। मेन लाइन के किनारे।

धनकुबेर की विधवा बहन—गोमती बाई—के साथ हाल ही में वह दो महीने के लिए तीर्थ-यात्रा पर निकले थे।

बाबू रामप्यारे प्रसादजी के वयोवृद्ध ताऊ बाबू लल्ली प्रसादजी का कहना है—"जनमकुंडली में राजजोग लिखा है, तभी तो रामप्यारे आसमान में उड़ता है ! कभी बंगाल जाता है, कभी नेपाल ! देखो न, अस्सी रुपइया का कंबल मेरे लिए ले आया है। जाने क्या कहते हैं इस कंबल को थुलमा कि गुदमा ? बाप रे बाप...कितना भारी है, कितना नरम ! और गरम कितना है, बाप रे बाप !...अबकी रामप्यारे कमरू-कमच्छा जाएँगे तो अंडी-चादर लेते आएँगे मेरे लिए...।" और फिर आसपास वह भेदी निगाहों से देखकर फुसफुसी आवाज़ में बोल जाएँगे—"रामप्यारे को करनपिसाची सिद्ध है न ! नंबरी नोटों का बंडल आलमारी के अंदर अपने-आप आ जाता है ! देखते नहीं हो ? छौ ठो औंठी उँगलियों में चमक रही हैं—एक-एक अँगूठी पाँच-पाँच सौ की होगी !..."

श्री मुचकुंद मिश्र 'मृगांक'

छपी किताबें दो दर्जन से ज़्यादा ही होंगी। गुमनाम तौर पर स्कूली रीडरें भी कम नहीं तैयार की हैं।

बीस वर्ष तक 'साहित्य विद्यालय' के आचार्य रहे। एक पुस्तक पिछले दस वर्षों से 'प्रवेशिका' के लिए 'अनिवार्य पाठ्यक्रम' के तौर पर निर्धारित है। वार्षिक आय इस एक ही किताब की बदौलत छः हजार की है।

आधा दर्जन प्रकाशकों के परामर्शदाता। पंकज प्रकाशनवाला दुर्गा बाबू तो बेहद कद्र करता है, 'गुरूजी-गुरूजी' कहता है। 'साधना-सदन' के विकास में मृगांकजी का भी काफी योग रहा है। मंजुमुखी देवी, धर्मराज सिंह, शिवदयाल पाठक, बृजबिहारी घोष और बाबूजी के नाम पर जो भी लेख सामयिक पत्रों में दिखाई पड़ते हैं, वे आपके ही अध्ययन का फल हैं।

बाबू धर्मराज सिंह

सरकारी विज्ञापन बटोरने के लिए दो साप्ताहिक निकालते हैं। कोटे का न्यूज़प्रिंट वाला कागज भी काफी बचा लेते हैं। दो नामों पर एक ही प्रेस चलता है। टाइप फाउंड्री भी एक चला रखी है।

देहात में ईंट के भट्ठों का कारोबार है।

चार ट्रक। उन्नीस रिक्शे।

उदीयमान ठेकेदार।

साहित्यिकों और नेताओं की मदद करने में दिव्य आनंद का अनुभव होता है।

'हिंद हितकारी समाज' की युवक शाखा के उत्साही कार्यकर्ता।

नगेंद्र का पुराना साथी होने से बाबूजी का दुगना प्यार पाया है।

सेठ लच्छोमल बजारिया

खालिस 'बिज़नेसमैन'...बाबूजी के अपने क्षेत्र के विश्वस्त नागरिक।

हिंदी और टूटी-फूटी अंग्रेज़ी के अलावा आधी दर्जन आंचलिक भाषाएँ फर्राटे से बोलते हैं।

मिर्चा, तंबाकू और तिलहन (सरसों, तीसी, रेंड) और दलहन (अरहर, चना, मसूर, मटर, खेसारी, उड़द, मूँग, कलाई) के बहुत बड़े आढ़तदार होने की वजह से सन् '50 के बाद ही खुलकर खादी अपना सके।

सेठ रामनिरंजन अग्रवाल

खान-क्षेत्र के धनपति।

कलकत्ता के एक मशहूर प्रेसपति के दामाद।

बी.ए. (आनर्स) और साहित्यरत्न।

हिंदी-बंगला-मैथिली और अंग्रेज़ी धाराप्रवाह बोलते हैं।

राष्ट्रीयता का उद्रेक अग्रवालजी के हृदय में यों तो '42 में हो चुका था, लेकिन राष्ट्रीय महासभा के सदस्य आप '48 के बाद ही बन सके।

बीच में एक बार विधान परिषद के सदस्य नौमिनेट हुए और एक बार राज्यसभा के। सांस्कृतिक मामलों में भी गहरी रुचि है आपकी। पिछली बार यूनिवर्सिटी की सिनेट में आ गए हैं, स्नातकीय-निर्वाचन-क्षेत्र से।

व्यापार मंडल की ओर से अग्रवालजी रेलवे के क्षेत्रीय परामर्शदाता बोर्ड में प्रतिनिधि हैं। बाबूजी के दो 'भीतरी शत्रुओं' को विधानसभा में न आने देने के लिए आपने कुछ उठा नहीं रखा था।

बाबू बमशंकर झा

1952 में विधानसभा के सदस्य चुने गए। 1957 में हार गए--लेकिन ज़मानत ज़ब्त नहीं हुई।

गंगा से उत्तर किसी भी सार्वजनिक समारोह में बाबूजी जाते हैं तो झाजी ज़रूर साथ होते हैं।

तराई (नेपाल) इलाके में रिश्तेदारी है।

'हिंद हितकारी समाज' की ज़िला शाखा के सभापति के नाते गत वर्ष झाजी ने जीप खरीदी। वह खूब काम आती है। गीयर से ऊपर दोनों मीटरों के बीचोबीच बाबू का छोटा-सा, नफीस-सा एक फोटो चिपका हुआ है जीप में...टूटे दाँतोंवाला खुला मुँह प्रसन्न मुद्रा में कैसा अच्छा जँचता होगा, कल्पना कीजिए !

झाजी का क्षेत्र दो बार अकालग्रस्त घोषित हो चुका है, '56 में और '59 में।

बड़े भाई हाल ही में मुखिया चुने गए हैं। लड़का मेडिकल कालिज में पढ़ता है। लड़की नवीं में आई ही थी कि स्कूल छुड़वा दिया...

बाबू ब्रजबिहारी घोष, एम.एल.ए.

कोसी क्षेत्र के शिक्षित यादव युवक। ऊँची जातिवालों के लिए दिल में अपार घृणा...फिर भी उनकी आपसी फूट का इस्तेमाल अपने स्वार्थ-साधन में कर ही लेते हैं। फिलहाल बाबूजी के गुट में हैं।

श्री बुझावनराम, एम.एल.ए.

तथाकथित 'पिछड़ा वर्गीय'...शिक्षा इंटरमीडिएट तक।

'वाल्मीकि विद्या मंदिर' के प्रतिष्ठाता। 1953 में भी आप विधानसभा के सदस्य चुने गए थे।

बीच में एक बार अम्बेडकर की ओर झुके थे। लेकिन फिर 'सही रास्ते' पर आ गए।

विधानसभा के अंदर बुझावन बाबू वर्ष भर में दो-एक ही बार मुँह खोलते होंगे, ज़रूरत ही नहीं पड़ती है।

फिलहाल बाबूजी के गुट में।

लड़का कालिज में पढ़ता है।

एक लड़की ससुराल जाएगी, दूसरी अभी बच्ची है।

बाबू देवनंदन प्रसाद (ललनजी)

1930 में कालिज की पढ़ाई छोड़कर सविनय आज्ञाभंग आंदोलन में कूद पड़े।

1934 में कांग्रेस सोशलिस्ट पार्टी की स्थापना हुई तो ललनजी उसके उत्साही मेंबर थे।

पीछे पेशे के तौर पर पत्रकारिता क़ो अपना लिया। 1942 में चतुराई से अपने धंधे में लगे रहे, जेल की हवा नहीं खानी पड़ी।

1943-44 में अंग्रेजी दैनिक के स्टाफ रिपोर्टर थे। 1945-46 में न्यूज़ एडीटर। 1947 में एक बहुत बड़े ज़मींदार ने हिंदी में दैनिक पत्र निकाला तो ललनजी उसके प्रधान संपादक हुए।

1950 से 1957 तक सूचना-विभाग के डिप्टी डायरेक्टर थे। अब फिर 'स्वतंत्र' पत्रकारिता अपना ली है—अंग्रेज़ी में एक साप्ताहिक निकालते हैं। दो दैनिकों में सप्ताह में एक-एक बार तीन-तीन कालमवाले लेख लिखते हैं।

मंजुमुखी देवी की मौसी की जेठानी के लड़के हैं ललनजी। दोनों की उम्र में चार-छः ही साल का अंतर है। सात पुत्रियों और चार पुत्रों के पिता।

कविता और संगीत के प्रेमी।

रामसागर बाबू से प्रगाढ़ मैत्री...।

सेठ पूनमचंद झंझानिया

आप समारोह समिति में पीछे लिए गए—सेठ लच्छोमल बजारिया की जगह।

चीनी के दो कारखानों के मालिक।

लोहा और सीमेंट का कारोबार करनेवाली एक बहुत बड़ी फर्म के तीन साझीदारों में से एक।

बीसों फ्लैट बनवाकर भाड़े पर उठा रखे हैं।

शिक्षा मामूली। हिंदी और अंग्रेज़ी दोनों का ज्ञान बस कामचलाऊ-भर है। परंतु तीन मैनेजरों और दो बड़े मुनीमों की दृष्टि में सेठ पूनमचंद की बड़ी कदर है। वे सेठ की व्यावसायिक प्रज्ञा का लोहा मानते हैं।

डुमरिया के कुमार साहब से आपकी गाढ़ी दोस्ती है और उन्हीं के अनुरोध पर सेठ 'समारोह समिति' में आ गए।

खादी विशेष अवसरों पर ही पहनते हैं।

समारोह समिति की बैठकें

पहली बैठक दस दिन बाद हुई।

पाँच ही सदस्य उपस्थित हो सके।

ललनजी ने कहा—कोई बात नहीं...

शुभ कार्यों में विघ्न होना स्वाभाविक है—मृगांकजी ने वाक्य पूरा किया।

इस पर देवीजी से न रहा गया, बोलीं—मगर इस तरह कैसे पार-घाट लगेगा, गोपी बाबू ? मैं तो सोचती थी, आज राजा साहब ज़रूर आएँगे। देखिए न, वह आज भी नहीं आए !

पाठकजी ने ललनजी से पूछ लिया—खबर तो सबको गई होगी ?

रजिस्टर सामने आ गया, ललनजी पान चबा रहे थे।

पाठकजी सदस्यों के पते देख गए। भेजे गए पत्र की प्रतिलिपि भी रजिस्टर में दबी पड़ी थी।

मृगांकजी पॉकेट से कुछ निकाल रहे थे।

देवीजी की निगाहें मृगांकजी की उसी पॉकेट पर मँडराने लगीं।

मृगांकजी के गालों पर मृदु हास्य की अरुणाभा खेल गई, बोले—कुछ नहीं है, देवीजी...!

नहीं—ललनजी ने कहा—ज़रूर कुछ है ! लाइए, इधर बढ़ाइए; मृगांकजी !

किंतु कागज देवीजी के हाथों में पहुँच गया।

देवीजी दाहिना हाथ आगे बढ़ाकर बोलीं—लीजिए ललनजी, सुना दीजिए सबको...!

गोपी बाबू और पाठकजी ने, साथ ही कहा—हाँ ललनजी, सुनाइए न !

ललनजी सुनाने लगे—

"विश्वात्मा बाबूजी
"करुणामय बाबूजी
"वीतराग बाबूजी
"निर्लिप्त बाबूजी
"बाबूजी का शब्द-शिल्प
"बाबूजी की परिहास-प्रियता
"बाबूजी और हिंदी
"बाबूजी और संस्कृत
"बाबूजी और अंग्रेज़ी

"बाबूजी और सामाजिक पुनरुत्थान
"बाबूजी और नवनिर्माण
"बाबूजी और बौद्ध-धर्म
"बाबूजी और खादी-विकास
"क्रांतिकारियों के प्रच्छन्न आश्रयदाता
"वज्रादपि कठोराणि, मृदूनि कुसुमादपि
"गगनं गगनाकारं, सागरः सागरोपमः
"जननायक : एकांकी
"तूफान और नाविक : गद्य-काव्य
"काव्य-पुष्पांजलि : कविताएँ...।"

ललनजी सुनाते ही जा रहे थे कि गोपी बाबू का बड़ा कुत्ता आकर देवीजी के करीब खड़ा हो गया।

देवीजी का ही नहीं, पाठकजी का भी सारा ध्यान उस अलसेशियन ने अपनी तरफ खींच लिया था। लाल-लाल लंबी जीभ निकाले वह मुस्तैदी की मुद्रा में खड़ा था...।

सुन नहीं रहे हैं आप लोग ?—मृगांकजी ने चुटकी बजाकर देवीजी की ओर देखा तो पाठकजी भी चौंक उठे—हाँ, मैं तो सुन रहा हूँ...हाँ...'काव्य-पुष्पांजलि'...आगे क्या है ?

देवीजी और कुत्ते की ओर एक नज़र मारकर ललनजी ने फिर से उस कागज़ को पढ़ना शुरू किया—

"बाबूजी की प्रिय पुस्तकें
"बाबूजी और निरक्षरता-निवारण
"बाबूजी के दार्शनिक विचार
"बाबूजी और किसान-जागरण
"बाबूजी और पुस्तकालय-आंदोलन
"बाबूजी और खिलौना-व्यवसाय...।"

अबकी गोपी बाबू के कारण ललनजी को रुकना पड़ा।

बात यह थी कि कुत्ता बार-बार अपने मालिक की ओर देख रहा था और उनसे वह अवश्य ही एक-आध प्यार-भरा इशारा चाहता था।

गोपी बाबू ने सीटी देकर कुत्ते को बाहर भेज दिया और ललनजी की ओर देखने लगे।

अब रहने दीजिए—देवीजी ने ललनजी से कहा।

मृगांकजी बोले—थोड़ा ही तो रह गया था...।

हाँ, रहने दीजिए !—पाठकजी ने भी कहा।

ललनजी ने मृगांकजी को कागज़ वापस दे दिया।

पूछने लगे—कितना बड़ा होगा ग्रंथ ?

रॉयल साइज़ के चार सौ पृष्ठ होंगे—मृगांकजी ने कहा।

भारी रकम भुर्ता होगी लेख कलेक्ट करने में !—गोपी बाबू सिगरेट सुलगाकर बोले।

—पाँच हज़ार !

—और संपादन में ?

—छः हज़ार !

—छपाई में ?

—पाँच हज़ार !

—कागज़ में ?

—चार हज़ार !

—बँधाई में ?

—दो हज़ार !

हिसाब जोड़ने की मुद्रा में क्षण-भर आँख नचाकर गोपी बाबू ने कहा—तो इसका मतलब हुआ कि अकेले यह पोथा ही समिति के बाईस हज़ार रुपए चट कर जाएगा ?

बाप रे !—देवीजी के मुँह से निकला—बाइस हज़ारऽर !

पाठकजी ने तो विस्मय के मारे मुँह बा दिया।

ललनजी को अच्छे कागज और अच्छी छपाई और अच्छी बँधाई का थोड़ा-बहुत अनुभव था। उन्हें यह भी मालूम था कि नामी साहित्यकार अपनी रचनाओं के लिए कितनी अधिक रकम ऐंठ लेते हैं।

इसी से ललनजी चुप रहे।

गोपी बाबू ने दूसरी बार उनको सिगरेट थमाई।

ललनजी दो बार कश खींच चुके और धुआँ पंखे से ऊपर पहुँच चुका तो गोपी बाबू ने उनकी तरफ गर्दन बढ़ाकर कहा—आप क्यों चुप हैं, देवनंदन बाबू ?

ललनजी ने मानो कुछ सोचते हुए कहा—मृगांकजी का हिसाब गलत नहीं होगा। अभिनंदन-ग्रंथ की तैयारियों का सही तजुर्बा यहाँ भला किसको है ? जाइए, दिल्ली-कलकत्ता-बंबई जाकर पता लगा आइए, गोपी बाबू ! 'सत्यार्थप्रकाश' या 'कालिदास ग्रंथावली' की छपाई से कोई अंदाज़ नहीं मिलेगा इसका, समझे आप ? बल्कि जितना कहा है मृगांकजी ने, उससे हज़ार-डेढ़ हज़ार ज़्यादा ही लगेगा।

इस पर किसी ने कुछ नहीं कहा। सब चुप थे।

पाठकजी की निगाहें उठीं, कलाई पर जम गईं।

देवीजी पूछने लगीं—कहाँ जाएँगे ? मैं भी एक मीटिंग में जा रही हूँ। गाड़ी आती होगी।

गोपी बाबू बोले—अगली बार राजा साहब को पकड़ना ही होगा। अध्यक्ष ही गायब रहेंगे तो समिति क्या कर लेगी ?

क्या हो गया ?—ललनजी ने गोपी बाबू की ओर देखकर कहा—राजा साहब ने खुद ही तो कहला भेजा था। उन्हीं की सुविधा के मुताबिक आज की डेट और यह वक्त मीटिंग के लिए रखा गया...।

—और वही नहीं आए !—देवीजी नाटकीय मुद्रा में बुदबुदाईं।

पाठकजी गोपी बाबू की ओर सादा लिफाफा बढ़ाते हुए बोले—झाजी दे गए हैं।

सौ-सौ के दस नोट थे। गोपी बाबू ने फिर उन्हें लिफाफे के अंदर रख लिया और आवाज़ दी—शर्माऽऽ...!

पासवाले छोटे कमरे से एक खूबसूरत नौजवान निकला और गोपी बाबू की कुर्सी के बाएँ आकर खड़ा हो गया—जी !

लिफाफा थमाकर गोपी बाबू ने कहा—अभी हमारे पर्सनल एकाउंट में इस रकम को डाल दीजिए, कल खाता खुलवा लेंगे समिति के नाम पर। आप बैंक तो जाइएगा ही कल।

—जी !

शर्मा बाहर हुआ तो देवीजी बोलीं—हड़बड़ी में रहे होंगे, नहीं तो झाजी मुझसे ज़रूर मिलते।

—हाँ, हड़बड़ी में थे—पाठकजी ने कहा—साइन्स कालेज के होस्टल में लड़का देखने आए थे।

ललनजी ने प्रच्छन्न रूप में साँस खींची, उन्हें अपनी दोनों सयानी लड़कियाँ याद आईं। ललनजी भी परसों लड़का देख आए थे। वह अक्सर लड़का देखते रहते हैं। कई वर्ष हो गए। लड़का लेकिन एक भी हाथ नहीं आया अब तक...।

बुझी आवाज़ में ललनजी ने पूछा पाठकजी से—तो जँचा कि नहीं लड़का ?

—पता नहीं !

—झाजी की लड़की तो अभी छोटी है।

—तो क्यों परेशान हैं अभी से ?

—ठिकिया के रखेंगे, शादी कभी फिर होगी।

इतने में कॉफी के प्याले आ गए।

उधर कार भी आ गई देवीजी के लिए।

समिति की दूसरी बैठक चालीस रोज़ बाद हुई।

लगता था कि जुटाने के लिए अब की कोई खूब दौड़ा है। राजा साहब, सेठ रामनिरंजन अग्रवाल, महंत सीताशरण दास, बाबू रामसागर राय, एम.पी., बाबू रामप्यारे प्रसाद, बाबू धर्मराज सिंह, बाबू बमशंकर झा, बाबू ब्रजबिहारी घोष, एम.एल.ए. और वे पाँचों सदस्य आ गए जो 'पहली बैठक' के नाम पर पिछले महीने एकत्र हुए थे।

दूसरी बैठक जमकर ढाई घंटे तक चली।

बीच में नाश्ता चला।

कॉफ़ी के प्याले खाली हुए।

पान के चालीस बीड़े...एक डिबिया ज़र्दा...किवाम की छोटी-सी ट्यूब...तोला-भर चूना...तोला-भर सुपारी के टुकड़े...चालीस सिगरेटें...दियासलाई की पूरी डिब्बी...।

(महंतजी के लिए) चार सेब, आधा पाव अंगूर, दो गिलास शर्बत...।

और इस प्रकार निश्चय किया गया कि—

(क) कम से कम डेढ़ लाख रुपए वसूल किए जाएँ,

(ख) पचीस हज़ार रुपयों की लागत से एक अपूर्व कोटि का अभिनंदन ग्रंथ निकाला जाय,

(ग) बाबूजी को इस अवसर पर इकहत्तर हज़ार रुपयों की थैली दी जाए,

(घ) इस अवसर पर एक विराट सांस्कृतिक महोत्सव का आयोजन किया जाए और

(च) समिति की शेष निधि का उपयोग बाबूजी के नाम पर खोली जानेवाली किसी लोकोपयोगी संस्था के संचालन में हो।

और इन फैसलों को अमल में लाने के लिए दो उप-समितियों का गठन हुआ—अर्थ-संग्रह उप-समिति और ग्रंथ-संपादक उप-समिति का। अर्थ-संग्रह उप-समिति में लिए गए :

राजा साहब
गोपी बाबू
महंतजी
रामसागर बाबू, और
अग्रवालजी।

ग्रंथ-संपादक उप-समिति में लिए गए :

मृगांकजी
ललनजी, और
धर्मराज सिंह।

अंत में कहा गया—आगे चलकर एक और उप-समिति का गठन होगा, प्रचार उप-समिति का।

और यह भी कहा गया कि आवश्यकता पड़ने पर दोनों उप-समितियाँ समिति के अन्यान्य सदस्यों का आंशिक या पूर्ण सहयोग लेंगी।

कलकत्ता में वैसे औद्योगिक-व्यावसायिक फर्मों की कमी नहीं बल्कि बहुतायत है, जिनका लगाव-बुझाव पड़ोसी राज्यों से है।

अर्थ-संग्रह उप-समिति की राय हुई, खान-क्षेत्रों का चक्कर लगाकर कलकत्ता का भी ट्रिप रहे।

ग्रंथ-संपादन समिति की ओर से मृगांकजी और ललनजी को भी छपाई आदि की व्यवस्था के लिए कलकत्ता पहुँचना था।

लेकिन इसमें डेढ़ महीना लग गया।

मृगांकजी ने संपादन का काम ज़ोरों से चालू कर रखा था। विद्वानों और साहित्यकारों के नाम दो-दो बार पत्र जा चुके थे। पारिश्रमिक के लिए अगाऊ रकम मनीआर्डर से बीसियों को भेजी जा चुकी थी। तीस-चालीस लेख, दस-बारह कविताएँ, दो एकांकी, संस्मरणवाले पाँच-सात लेख—काफी सामग्री आ चुकी थी, आधी से अधिक। जीवनी-खंड में ज़्यादा काम मृगांकजी को खुद करना था। ब्लाकों के लिए दर्जनों फोटो जुटाए गए थे।

मृगांकजी और ललनजी को कलकत्ता पहुँचे दो रोज़ हुए, राजा साहब और रामसागर बाबू आदि तब पहुँचे। महंतजी नहीं आए थे।

मृगांकजी अपने एक राजस्थानी मित्र के बंगले में ठहरे थे, सलकिया ललनजी तो खैर साथ थे ही।

राजा साहब आदि 'ग्रेट ईस्टर्न' में उतरे।

फोन करके 'महामाया प्रेस' से दोनों को बुलवा लिया गया।

संयोग ऐसा कि काम से बाबू रामप्यारे प्रसादजी इन दिनों कलकत्ता ही थे। खबर पाकर वह भी आ गए।

रामप्यारे प्रसादजी को देखते ही राजा साहब बोल पड़े—वाह, आप भी आ गए !

—जी, मैं तो आठ-दस रोज़ से हूँ यहाँ। कल पता चला तो अटकल भिड़ाकर आज सवेरे प्रेसवालों को फोन किया। गनीमत है कि आप लोगों से मुलाकात हो गई !

इस पर गोपी बाबू ने ललनजी से कहा—कैसे सेक्रेटरी हैं आप ? सदस्य कहाँ हैं, इसका भी पता नहीं रहता है आपको ! मृगांकजी को इन बातों का ध्यान न रहे तो वह होगी एक बात, मगर आप तो पत्रकार हैं, ललनजी !

रामप्यारे प्रसाद ने कहा—इनका कोई कसूर नहीं है इसमें। मैं ही अकस्मात् कलकत्ता आ गया।

—कोई बात नहीं, रामप्यारे बाबू !—रामसागर बाबू सिर उठाकर बोले। वह टाइप किया हुआ कोई डॉक्यूमेंट देख रहे थे।

राजा साहब अब ललनजी की तरफ देख रहे थे।

ललनजी फोलियो-बैग से कुछ निकाल रहे थे।

—डोनर्स लिस्ट तैयार कर ली है ?

—जी नहीं !

—नोट कीजिए, मैं बतला दूँ दो-चार नाम...।

—जी !

कोच में उठंग गए राजा साहब। दाएँ हाथ की अँगुलियों में सिगार सुलग रहा था। आँखें अर्ध-निमीलित थीं।

—जी ?—ललनजी ने फिर अपनी मुस्तैदी सूचित की।

राजा साहब उसी मुद्रा में कहने लगे :

...मैसर्स भोलाराम तोलाराम।

...मैसर्स कांतिकुमार शांतिकुमार।

...मैसर्स पंचशील वनस्पति कन्सर्न।

...मैसर्स महाकाली केलेंडर वर्क्स।

...मैसर्स मतवाला एंड ब्रदर्स, जनरल मर्चेंट्स।

...मैसर्स शर्मन एंड बर्मन।

...मैनेजिंग डाइरेक्टर, अरुणा मिल्स कं. लिमिटेड।

...प्रोप्राइटर, हिमालय आइस फैक्टरी।

राजा साहब रुक गए और सेठ निरंजन अग्रवाल की तरफ देखा।

अग्रवाल ने कहा—जी, अब आप रहने दीजिए। आठ-दस मिलों और फर्मों के नाम मैं भी नोट करवा दूँगा। दो-चार, दस-पाँच नाम भूलभाल भी गए तो फोन की डायरेक्टरी कहाँ भागेगी ?

सेठजी की इस बात पर राजा साहब भभाकर हँस पड़े।

राजा साहब के मुक्त हास से बाकी चेहरे भी प्रफुल्ल हो उठे।

—अभी हम लोग लंच के बाद निकलें—सेठजी ने कहा—रात को आठ-नौ बजे तक लौट आएँ। शाम को कॉफी-वॉफी कहीं और ले लेंगे...क्यों, राजा साहब ?

गोपी बाबू ने बाईं आँख का कोना दबाकर इंगित किया तो राजा साहब को कुछ याद आ गया। बोले—देखिए अग्रवालजी, रात के तीन घंटे मेरे अपने हुआ करेंगे। आठ से ग्यारह तक। आप लोगों का साथ मैं बल्कि सात बजे तक ही दे सकूँगा। और आज तो गोपी बाबू भी मेरे साथ रहेंगे...।

थोड़ी देर तक चुप्पी छाई रही।

रामसागर बाबू ने सिगरेट जला ली।

रामप्यारे प्रसादजी ने पान की छोटी डिब्बी निकाली, चार बीड़े मुँह में डाले। चाँदी की डिबिया से ज़र्दा निकाला। पीछे, पान की डिब्बी मृगांकजी की तरफ बढ़ा दी।

अग्रवालजी और ललनजी अपनी सिगरेटें उस तरफ एक ही तीली से जला चुके तो राजा साहब ने भी अधजला सिगार होंठों से भिड़ा लिया।

गोपी बाबू इन दिनों पाइप से धुआँ टानते थे। वह पाइप साफ करके उसमें तम्बाकू भर रहे थे।

रामसागर बाबू ने सेठजी की ओर देखकर कहा—तीन-चार दिन रहेंगे, पचास हज़ार क्या बड़ी रकम होगी ?

—बड़ी रकम ?—सेठ रामनिरंजन अग्रवाल हँसने लगे—काश, हमारे बाबूजी चीफ

मिनिस्टर होते ! फिर आप देखते, एक घंटा के अंदर कैसे लाखों की रकम सामने आ जाती !

बीच में ही राजा साहब ने उछलकर कहा—वाह ! पचास हज़ार क्यों नहीं होंगे ?

—ज़रूर होंगे—गोपी बाबू बोले और पाइप सुलगाने लगे।

—छपाई में कै महीने लग जाएँगे ?—राजा साहब ने मृगांकजी से पूछा।

मृगांकजी ने कहा—चार महीने। लेकिन कागज़ और छपाई का आधा खर्चा प्रेस के हवाले कर देना होगा और हममें से कोई एक यहाँ मुस्तैद रहेगा, तभी होगा छपाई का काम चार महीने में।

—आप रहिएगा ?

—रह लूँगा।

—ललनजी, आप ?

—नहीं, मुझसे नहीं होगा...दस-पाँच रोज़ की बात हो तो कोई 'हाँ' भी कर दे।

—फिर कैसे होगा ?

—होगी कोई-न-कोई व्यवस्था...।

—जानें आप संपादक लोग !

मृगांकजी को लगा कि राजा साहब के दिल में फितूर भी समा सकता है, छपाई की व्यवस्था के बारे में अनिश्चित ढंग से बातें करना हानिकारक साबित हो सकता है। वह बोले—आवश्यक नहीं है कि संपादक स्वयं ही मशीन पर आकर बैठें। यहाँ ढाई-तीन महीने तक एक सहकारी रख लिया जाएगा। वह अच्छी तरह प्रूफ आदि देखेगा, प्रेसवालों को उकसाता रहेगा। शीर्षकों का लैटरिंग करवाएगा, ब्लॉक बनवाएगा। महीने में डेढ़-दो सौ लेगा अपना।

राजा साहब के दाहिने पैर का अँगूठा लगातार हिल रहा था मानो सारी बातें उन्हें मालूम हों, तफसील में।

गोपी बाबू ने घड़ी देखी, दो बज रहे थे।

लंच के बाद चारों को चंदा बटोरने के लिए निकलना था।

राजा सांहब और गोपी बाबू उठकर अंदरवाले कमरे में गए। सेठजी ने रामसागर राय के कानों में कहा—कोई बात नहीं, आप और मृगांकजी और ललनजी और रामप्यारे बाबू और मैं तो चार दिन, चार रात साथ रह सकते हैं न ? राजा साहब को हम उनकी अपनी मर्ज़ी पर ही छोड़ दें, गोपी बाबू की भी जो मर्ज़ी आए करें...चिंता की कोई बात नहीं, रामसागर बाबू ! कलकत्ता से हम उतना लेकर ही वापस जाएँगे, जितना तय हुआ था...।

खुशी में फूलकर रामसागर बाबू ने अग्रवाल का हाथ दबा दिया।

आधा घंटा बाद बड़ी टैक्सी में सातों जने साथ निकले।

अगले दिन सवेरे फिर वे जुटे, होटल में। रामप्यारे बाबू नहीं आ सके।

कल बाईस हज़ार वसूल हुए, पाँच चैक मिले थे।

ये राजा साहब और गोपी बाबू के परिचय का सुफल थे।

साथ-साथ लेकिन सातों घूमे थें।

अगले दिन सवेरे फिर वे जुटे, होटल में।

आज राजा साहब की तबीयत सुस्त थी। रामप्यारे बाबू रात को ही कलकत्ता छोड़ चुके थे।

कल अठाईस हज़ार वसूल हुए। सात चैक। दो हज़ार नकद।

ये सेठ निरंजन अग्रवाल और बाबू रामसागर राय, एम.पी. की मेहनत का नतीजा था।

साथ-साथ लेकिन सातों घूमे थे।

अगले दिन सवेरे फिर जुटे, होटल में।

आज भी राजा साहब की तबीयत सुस्त थी। गोपी बाबू रात किसी रिश्तेदार के घर रह गए। सो, अब तक लौटे नहीं थे।

कल ग्यारह हज़ार सात सौ वसूल हुए। चार चैक। सात सौ नकद।

यह चीनी और जूट की उन मिलों का प्रसाद था जिनके सदर-आफिस कलकत्ता में थे।

साथ-साथ लेकिन रामसागर बाबू और सेठ निरंजन ही घूमे थे। अपने प्रदेश का एक छात्र अलबत्ता थोड़ी देर तक साथ रहा था, शासकीय स्कालरशिप की उसकी अवधि दो महीने बाद ही खत्म होने को थी।

और आज का दिन कलकत्ता में उनका अंतिम दिन था।

उनका यानी अर्थ-संग्रह उप-समिति के सदस्यों का।

औंर आज उनके चेहरे खुशी से दमक रहे थे। इकसठ हज़ार सात सौ रुपए !

और तिरपन हज़ार चार सौ रुपए उप-समिति अभी पाँच-सात रोज़ पहले अपने प्रदेश के खनिज-अंचल से वसूल कर लाई थी !

और सैंतालीस सौ तैंतीस रुपए पहले आए थे।

और अब तक वसूल की गई रकम कितनी होती थी ?

एक लाख, उन्नीस हज़ार, आठ सौ तैंतीस रुपए !

आज निश्चय ही गोपी बाबू कालीघाट जाकर जगदंबा भवानी को फूल-माला चढ़ा आएँगे। वह नहीं मानेंगे, राजा साहब को भी साथ ले जाएँगे।

और रामसागर बाबू आज क्या करेंगे ? वह मृगांकजी और ललनजी को साथ

लेकर मिनर्वा, विश्वरूपा या रंगमहल में बैठकर एक-न-एक बंगला नाटक अवश्य देखेंगे।

और रामनिरंजन अग्रवाल आज का अधिकांश समय ससुराल में गुजारेंगे, यादवपुर की उस आलीशान कोठी में।

कॉफ़ी ले चुकने के बाद आखिर में यह तय हुआ कि रामसागर बाबू दो रोज़ अभी और रुक जाएँगे। कागज़ लेकर प्रेस के हवाले कर देंगे, छपाई के मद में हज़ार-डेढ़ हज़ार प्रेसवालों को थमाएँगे, किसी तेज़-तर्रार युवक साहित्यिक को दो-ढाई महीने के लिए रख लेंगे। मृगांकजी और रामसागर बाबू साथ लौटेंगे। ललनजी आज ही रवाना होंगे राजा साहब आदि के साथ।

ये लोग चलने लगे तो राजा साहब बेडरूम से बाहर निकल आए। बस, गौर से उन्होंने एक बार मृगांकजी को देखा। मुस्कुराकर बोले—जनाब, अब आपकी बारी है ! तुरत-फुरत ग्रंथ निकलवाइए और वह ठाठ का निकलवाइए कि दिल्लीवालों की भी लार टपक पड़े ! समझे, मृगांकजी !

कवि की निगाहें नम्रता के मारे फर्श पर बिछ रही थीं।

राजा साहब ने कवि के कंधे पर हाथ रख दिया—आप तो हमारे सूबे की शान हैं, मृगांकजी !

तीन महीने के अंदर दो उपनिर्वाचन आ पड़े।

इसी से समिति की अगली बैठक एक सौ ग्यारह रोज़ बाद ही बुलाई जा सकी।

यह अति विलंब मृगांकजी को रत्ती-भर भी नहीं अखरा। छपाई के सिलसिले में कई बार उन्हें कलकत्ता जाकर रहना पड़ा। अब आखिरी हिस्सा छप रहा था—जीवनी-खंड।

श्रावण शुक्ल दशमी अभी दो महीने आगे थी।

यह बैठक देवीजी के निवासस्थल पर बुलाई गई थी।

आठ ही सदस्य आ सके थे—

मृगांकजी, ललनजी, बुझावनराम, झाजी, पाठकजी, ब्रजबिहारी घोष, महंतजी और देवीजी।

अध्यक्षता के लिए महंतजी का नाम लिया गया तो सभी ने प्रस्ताव का अनुमोदन किया।

समारोह की अध्यक्षता के लिए केंद्रीय सरकार के मंत्री माननीय घासीरामजी की स्वीकृति कब की आ चुकी थी। अब एक और उप-समिति का गठन आवश्यक हो गया, प्रचार उप-समिति का। ललनजी ने 'कार्यक्रम' वाले रजिस्टर में लिखकर इस उप-समिति का गठन विधिपूर्वक संपन्न घोषित किया।

प्रचार उप-समिति में लिए गए :

1. श्रीमती मंजुमुखी देवी, एम.एल.सी
2. बाबू ब्रजबिहारी घोष, एम.एल.ए.

3. बाबू देवनंदन (ललनजी)

4. बाबू धर्मराज सिंह, और

5. बाबू रामप्यारे प्रसादजी।

इस उपसमिति के संयोजक बनाए गए : ललनजी।

सेठ पूनमचंद झंझानिया को वैकल्पिक सदस्यता प्रदान की गई।

समिति के आज के सभी उपस्थित सदस्यों ने इस बात पर जोर दिया कि थैली के तौर पर दी जानेवाली इकहत्तर हज़ार की रकम अलग से जुटाई जाय, समिति अपनी निधि में से 'थैली' के लिए एक भी पाई नहीं देगी।

अभी तक अभिनंदन-ग्रंथ तैयार नहीं हुआ, इस पर समिति ने लिखित रूप में खेद प्रकट किया और मृगांकजी की कड़ी आलोचना की, उनकी एतद्विषयक ढिलाई के लिए। साथ ही, समिति ने मृगांकजी को आदेश दिया कि आगामी आषाढ़ी पूर्णिमा तक अभिनंदन-ग्रंथ की सौ प्रतियाँ अवश्य तैयार करवा लें।

...पिछले आठ महीनों से मृगांकजी ने सम्पादन के सिलसिले में चौंसठ सौ रुपए लिए हैं : पाँच सौ रुपए प्रतिमाह अपने लिए और तीन सौ रुपए प्रतिमाह दो सहकारियों के लिए। समिति को विस्मय होता है कि प्रोसिडिंग्स में कहीं इस बात का उल्लेख नहीं है।

...समारोह के अवसर पर नगर की जनता के मनोरंजन के लिए कविता-पाठ के अलावा सुगम संगीत, सितार-वादन और नाच आदि के लिए हज़ार रुपए खर्च किए जाएँ।

...कुछ विक्षुब्ध तत्त्व समारोह के समय गड़बड़ी मचाना चाहेंगे, समिति के सचिव अभी से पुलिस-सुपरिंटेंडेंट को सावधान कर दें।

अंत में अध्यक्ष महोदय को धन्यवाद दिया गया।

देवीजी ने समोसे, रसगुल्ले और चाय की व्यवस्था कर रखी थी।

समारोह के तीन दिन पहले :

गोपी बाबू की कोठी में दस सदस्यों की जुटान।

गोल टेबुल पर अभिनंदन-ग्रंथ।

राजा साहब ने आते ही उठा लिया—ओफ्फो-ह ! कमाल है साहब, कमाल !

—अब ठोकिए इनकी पीठ !—गोपी बाबू ने कहा और मृगांकजी के कंधे पर हाथ रख दिया।

मृगांकजी ने राजा साहब की ओर देखकर कहा—भुर्ता हो गए हम तो, हुजूर !

—तभी तो अमृत टपक रहा है !—राजा साहब ग्रंथ की जिल्द के रेशमी स्पर्श का मजा ले रहे थे। फिर बोले—मगर ज़ालिम ने हमारी समिति को लूट लिया !

—राजा साहब, यह तो देखिए कि माल कैसा तैयार हुआ है ! मोनो की छपाई

है सरकार, झकाझक !

"हाँ, सो तो है...।"

(पृष्ठ-संख्या 414 : रॉयल अठपेजी साइज़ : इंग्लिश-मेड आर्ट पेपर : ब्लॉक–तिरंगी छपाईवाले, 8 : एक रंग की छपाईवाले, 70 : मूल्य : 25 रुपए...।

(बाप रे ! कौन खरीदेगा ?

(उपहार दिया जाएगा !

(कॉलिजों और संस्थाओं के पुस्तकालय ?

(हाँ, सो हो सकता है...।)

अभिनंदन-ग्रंथ की सभी ने सराहना की।

रजिस्टर में इस पर लिखित रूप में प्रसन्नता व्यक्त की गई।

थैली की रकम के लिए सेठ निरंजन अग्रवाल, बाबू धर्मराज सिंह और सेठ पूनमचंद झंझानिया पर उत्तरदायित्व सौंपा गया।

हॉल की सजावट का भार देवीजी ने अपने ऊपर लिया।

अभ्यागतों की मेहमानदारी के लिए पाठकजी और झाजी ने अपनी सेवाएँ अर्पित कीं।

सांस्कृतिक कार्यक्रम के लिए मृगांकजी और रामप्यारे प्रसादजी पर दायित्व सौंपा गया।

निमंत्रण-पत्र की कलापूर्ण छपाई के लिए ललनजी ने मृगांकजी की ओर देखा तो वह मुस्काए।

अंत में आज कॉफ़ी नहीं, चाय मिली।

पिछला दिन : पिछली रात

महंतजी की जटाएँ बढ़ती गईं, और बढ़ती गईं। वे झूलों की तरह लटकती दिखाई पड़ीं। बुझावनराम को लगा कि सारा आसमान महंतजी की उन पीली सुनहली जटाओं से भर गया है...जटा की एक मोटी लट बुझावनराम की गर्दन को अपनी लपेट में लेकर गाँठ-सी कस गई और हरिजन विधायक का दम घुटने लगा, बेचारे की घिग्घी बँध गई !

–खाने में बदपरहेज़ी की थी, इसी से बुरे सपने देख रहे थे।

पलँग के पास सिरहाने की तरफ छोटी तिपाई पर अलार्मवाली घड़ी थी। दो बजकर पैंतीस मिनट हुए थे। पास ही उसी बिस्तरे पर पत्नी थी, बीच में छोटी बच्ची भी थी।

–क्यों फाँसी दे रहे हैं मुझे ? आपका तो, महंतजी, मैंने कभी कुछ नहीं बिगाड़ा ! दम घुट रहा है मेरा तो ! महंतजी...!

घिग्घी-बँधे स्वरों में इस प्रकार बुझावनरामजी कई बार बड़बड़ाए तो श्रीमतीजी

की आँखें खुलीं। उठकर उसने पति के कंधे को झकझोरा—लल्लू के पिताजी, यह तुम क्या अर्र-बर्र बोल रहे हो तब से ? अजी, देखो भी तो ! यह तो मैं हूँ तुम्हारे पास ! उठकर बैठो, लल्लू के बाबूजी ! पानी पियोगे ?

बुझावनराम ने करवट बदल ली और बोले—मैं तो गाढ़ी नींद में सो रहा था, नाहक ही तुमने नींद तोड़ दी है !

पत्नी को हँसी आ गई। मसहरी के नीचे लटकते पैरों को ऊपर उठाती हुई बोली—बड़ी देर से तुम अर्र-बर्र बोल रहे थे, क्या किया था कल ?

दो हथेलियों के स्पर्श-सुख में विभोर होकर पति ने कहा—क्या किया था ? कुछ नहीं किया था ! कई बार आमलेट लेना पड़ा कल, दस-बारह अंडे अंदर गए होंगे !

—तो उसी गर्मी में बक रहे थे न ?

—हो सकता है।

—अभी तो आधी रात है।

—सो जाओ...।

पत्नी को कुछ ही क्षण बाद नींद आ गई, मगर बुझावनराम को नींद नहीं आई।

—कल बाबूजी का अभिनंदन है।

—हाँ, बड़ी जातवालों का इधर यह एक नया तमाशा शुरू हुआ है।

—हाँ, अपनी पूजा का सिलसिला आप ही जमा लेते हैं। क्या बुरा है ? बाबा साहब अंबेडकर इनकी रग-रग को जानते थे। हरिजनों की सेवा के नाम पर ऊँची जाति के धूर्त लोग सरकार को ठग रहे हैं, करोड़ों की रकम खा-पका गए हैं...।

—और अपने यह बाबूजी ही क्या कम हैं ! भारी पिशुन-विलाड़ हैं बाबूजी ! जनजातियों के नाम पर जाने कितने सेवा-मंडल चालू करवा रहे हैं, कितने छात्रावास, कितने आश्रम स्थापित करवा रखे हैं अ-सवर्णों और परिगणितों के नाम, मगर उनमें पलता है कौन ?

—बाबूजी के आदमी एक ओर तो संत विनोबा के चरणों में भूमि का दानपात्र अर्पित करते हैं और दूसरी ओर हरिजन खेत-मज़दूरों की झोपड़ियाँ हाथियों से उजड़वाते हैं...।

बुझावनराम को लगा कि बड़े दाँतोंवाला एक भीमकाय हाथी उनकी ही ओर आ रहा है। वह पलँग को सूँड में लपेटकर ऊपर उठा लेगा और नीचे पटक देगा...अगले ही क्षण तीनों प्राणी मांस का लोंदा बन जाएँगे... !

जागते हुए का यह स्वगत चिंतन तो दुःस्वप्न से भी बुरा था।

बुझावनराम को झटका-सा लगा। वह उठ बैठा। सामने खूँटी में टोपी टँगी थी, ऊपर गाँधी और राष्ट्रपति के चित्र टँगे थे। लेकिन उन चित्रों में निगाहें नहीं अटक सकीं, वे ख्यालों के अंदर वापस लौट आईं...।

पाँच-सात रोज़ पहले देहात से दो चमार-भाई आए थे जिनकी पिटाई हुई थी। बुझावनराम ने थानेदार और अंचलाधिकारी (बी.डी.ओ.) के नाम सिफारिशी चिट्ठी दीं,

मगर अपराधी बेदाग़ छूट गए।

इस वक्त दिमाग में बार-बार वे ही उदास चेहरे आ रहे थे। बुझावनराम ने मन-ही-मन अपने आपसे पूछा—मैं विधानसभा में आखिर किसका प्रतिनिधित्व कर रहा हूँ ? उन भूमिहीन अछूतों के हित में तो मैं आज तक अपना मुँह नहीं खोल सका हूँ। ऊँची जातवालों की 'हाँ' में 'हाँ' मिलाना ही मेरा खास काम रहा है। दल-विशेष ने मुझे खरीद लिया है, शोषक वर्गों की जी-हुजूरी और उनका ही हित-साधन मेरे इस जीवन का परम उद्देश्य है...जब तक मेरे जैसे नकली प्रतिनिधि बाबू लोगों के पीछे दुम हिलाते रहेंगे तब तक गरीब अछूतों की दुर्दशा में नाम-मात्र भी सुधार नहीं होगा !

—मेरा लड़का कॉलिज में पढ़ता है। उसे सौ रुपए मासिक छात्र-वृत्ति मिलती है। लड़की दस वर्ष की है और ठीक से नहीं पढ़ती है, फिर भी पचीस रुपए महीने में पाती है। छोटी बच्ची डेढ़ साल की है, दो वर्ष बाद उसके नाम पर भी दस रुपए मिलने लगेंगे। यह सब बाबूजी की मेहरबानी है। भगवान करें, कल बाबूजी मुख्यमंत्री हो जाएँ। फिर देहात में खपरैल की ज़रूरत नहीं रह जाएगी, छत पटेगी फिर तो। अगले साल कहीं अपना इलाका अकालग्रस्त हो गया तो ? अकाल-पीड़ित जनता के लिए गेहूँ और मक्का की हज़ारों बोरियाँ देहात की ओर रवाना होंगी...!

—अनाज की बोरियों से लदी गाड़ियों को अँधेरे में डाकू लूट लेंगे...!

—लदी हुई नावें डूब जाएँगी...!

(ऑफिसरों और नेताओं और व्यापारियों की फुसफुसाहट; गिनते समय नोटों की सरसराहट; चाय की प्यालियों की खनखनाहट; सिगरेट का धुआँ; ज़र्दा और किवाम के साथ चबाए हुए पान की सुर्ख-चमकीली पीक; एक चोर और चालीस अली बाबा...!

(सौ-सौ के दो नोट : खादी की बंडी का भीतरी थैला; ऊँची जात का विधायक न होने की टीस और मुँदी हुई पलकों का कपाट खुल जाना...।

(बाबूजी मुस्कुराते हैं और गंभीर हो जाते हैं और आँखें बड़ी-बड़ी करके बुझावनराम की ओर देखते हैं...।

(आपूर्ति विभाग दुबारा कुछ दे तो देगा मगर अनाज की पिछली बर्बादी का पक्का सबूत चाहेगा न ?

(हजूर, आप सबूत की बात करते हैं ! घायल गाड़ीवान और डूबी नावें हम दिखा सकते हैं। सेक्रेटेरियट का कोई अफसर साथ चले और तहकीकात कर ले...!

(बाबूजी मुस्कुराकर सिर हिलाते रहते हैं यानी हज़ार मन अनाज अकाल-पीड़ितों के लिए अब और मिलेगा...!)

—कल बाबूजी का अभिनंदन है।

—बाबूजी का नहीं, सादगी और नम्रता का अभिनंदन है।

—अगले चुनाव में उम्मीदवार होने के लिए और सफलता हासिल करने के लिए बाबूजी का कृपाकटाक्ष आवश्यक है।

—राजनीति बड़े लोगों की रखैल होती है, हमारे जैसे के लिए मामूली जीविका ही सबकुछ है। पहले आप, फिर बाप। लड़का दो वर्ष बाद कॉलिज से निकलते ही अफसर बन जाएगा, तब मैं जीवनदानी होकर विनोबाजी के दल में शामिल हो जाऊँगा।

—लघु सिंचाई योजना, कृषि-विकास योजना, समाज कल्याण, निरक्षरता-निवारण, ग्रामोद्योग, बाँस-बेंत-शिल्प...अपने अंचल में मेरे प्रयास से जन-हित के बहुत-सारे काम हुए हैं...।

(और निज-हित के भी ?

(हाँ, निज-हित के भी !)

—अंदर का यह मनसाराम भी कैसा पाजी है ! आप ही अपनी नुक्ताचीनी करता है...!

(पिछले चुनाव में वोट खरीदने के लिए जो रकम बाबूजी ने तुम्हें दिलवा दी थी उसमें से दो-तिहाई खुद ही खा गए थे न ?

(और कुएँ कितने खुदवाए हैं तुमने ? पाँच ? बीस हज़ार रुपए वसूल किए थे कुओं के लिए ? छिः !

(एक कुएँ में गाय की हड्डियों का ढाँचा निकल आया, उसे पाट दिया !

(दूसरे में मनुष्य की हड्डियों का ढाँचा निकल आया, उसे पाट दिया !

(तीसरा बाढ़-क्षेत्र में था, उसमें पाँक भर दिया।

(चौथा पंचायत-भवन के सामने मौजूद है।

(पाँचवाँ कुआँ चालू सड़क के किनारे है और जनता उससे लाभ उठा रही है...?

(नहीं, नहीं, चालू सड़क के किनारे वह कुआँ तो पहले भी था; लंबी घास और कँटीले झाड़ों से ढका पड़ा था। तुमने दो-ढाई सौ रुपए लगवाकर उसका जीर्णोद्धार कर दिया और एक सर्वोदयी नेता के हाथों उद्घाटन हो जाने के बाद अब वहाँ एक नई तख्ती पर 'सत्यमेव जयते' के साथ-साथ 'बापू-स्मारक कूप, 30 जनवरी, 1960' भी चमक रहा है। लोग समझते हैं कि कुआँ बिलकुल नया है...।

स्वगत अनुचिंतन देर तक चलता रहा। बुझावनराम को कब झपकी आ गई, कब वह नाक बजाने लगे, उनको खुद भी पता नहीं चला।

बाबू ब्रजबिहारी घोष बड़े सौभाग्यशाली थे। वह भारतीय भी थे और नेपाली भी थे। सहरसा ज़िले का उत्तरी सीमांत आपका लीला-निकेतन था। पूर्वज तराई इलाके के सुखी खेतिहर थे। खेती के साथ-साथ पशु-पालन भी खानदानी धंधा था। परिवार के बूढ़े-बुजुर्गों में विद्या के प्रति ज़रा भी दिलचस्पी नहीं थी। उनका कहना था—पढ़-लिखकर लड़के उड़ाँत हो जाते हैं, घर-बार की ओर से उन्हें वैराग्य हो जाता है और वे माँ-बाप

का मखौल उड़ाने लगते हैं। ब्रजबिहारी बाबू मैट्रिक के बाद बनारस जाकर पढ़ने लगे थे, वहीं से बी.ए. किया था। राजनीति में वह मंडलजी के कहने पर आए थे। कभी-न-कभी मंत्री-उपमंत्री होना ही है।

—बाबूजी अगर मुख्यमंत्री हो जाएँ तो अपनी केबिनेट में मुझे वह अवश्य ले लेंगे मगर इसमें अभी काफी विलंब है।

—कोशी-क्षेत्र में राजपूत बहुत कम हैं और ब्राह्मणों-भूमिहारों को नाराज़ हम कर नहीं सकते !

—क्या जल्दी है ! अपने को रकम की भूख तो है नहीं, विधाता ने जिन लोगों को बड़ा-बड़ा पेट दिया है अभी वही अपनी भूख मिटाएँ। हम दस-बीस नौजवानों को काम दिलवा दें, बस इतना ही काफी रहेगा।

—मंडलजी ठीक ही कहते थे : लाभ का मौका सामने हो तो ब्राह्मणों को राजनीति-फाजनीति सब भूल जाती है ! उनका तो बस नारा ही है : 'चरैवेति-चरैवेति', यानी 'खूब चरो-खूब चरो !' और उन्हें पत्तों से ही संतोष नहीं होता, डंठल और छाल तक चबा डालते हैं।

(और तुम क्या हवा पीकर रहते हो ?

(नहीं, हवा पीकर क्यों रहूँगा ! मैं उस जाति का हूँ, श्रम जिसका मूल मंत्र रहा। हमारे घरवाले भरपूर मेहनत करते हैं और हुमचकर खाते भी हैं। झूठ-मूठ किसी की हाँ में हाँ मिलाना हमारे इतिहास ने हमें कभी नहीं सिखलाया। यह दूसरी बात है कि व्यक्तिगत महत्त्वाकांक्षा मुझे बाबूजी का अनुयायी बनाए हुए है।)

—लोग मुझे बछेड़ा कहते हैं और मैं हँस देता हूँ। ठीक तो है। अभी अठाईस वर्ष का हूँ न। मगर मैं बूढ़ों की रग-रग पहचानता हूँ। उम्र से क्या आता-जाता है ! हमारे रेड्डी साहब भी तो बयालीस-तैंतालीस साल के हैं। लेकिन उनकी कूटनीतिज्ञता का लोहा आज कौन नहीं मानता है ?

(तो क्या तुम अपने को रेड्डी मानते हो !

(नहीं तो ! मैंने यों ही एक बात कह दी...बुझावनराम नहीं हूँ मैं कि हर बात में माथा हिलाता रहूँगा !)

x x x हवाई जहाज की आवाज़ तीव्रतर होती गई।

ब्रजबिहारी को एक अप्रिय घटना याद आ रही है।

घर की पाँच-सात औरतें हरिहर-क्षेत्र का मेला देखकर आई हैं और एम.एल.ए. क्वार्टर में ठहर गई हैं। पाँच-पाँच का भाड़ा देकर दस मिनट की विमान-यात्रा का अज्ञात कौतूहल नशा बनकर उनके दिमाग पर हावी है। अगले रोज़ महिलाओं की इच्छा पूरी तो हुई, लेकिन देवियों ने इतना अधिक वमन (कै) किया कि हवाई यात्रा की उस प्राइवेट कंपनी ने विधायकजी के नाम पचास रुपए का हर्जाना ठोंक दिया, चौबीस घंटे के अंदर रकम वसूल कर ली !

हुज्जत बढ़ेगी तो मामला अखबारों तक पहुँचेगा और तब अपनी बेइज्जती होगी,

इसी से ब्रजबिहारी बाबू ने चुपचाप हर्जाने की रकम जमा कर दी थी। x x x

—बाबूजी ने कहा है, दिल्ली रहो ! अभी जवान हो, दुनिया-जहान देखो ! छोटी लाइन की गाड़ियों में सफर करते-करते तबीयत नहीं ऊबती है ?

—ऊबती है तबीयत, बाबूजी ! लेकिन...!

—लेकिन-फेकिन नहीं, ब्रजबिहारी, तुम दिल्ली रहो ! अगर तुमने नेहरू को खुश कर दिया तो खट् से डिप्टी-मिनिस्टिर हो जाओगे, बेटा ! समझे ?

और इतनी दूर तक आकर यादव का अनुचिंतन मादक परिकल्पना में बदलने लगा और बेचारे की पलकें झिंप गईं।

बमशंकर झा का दिमाग इस वक्त भावी दामाद के पीछे दौड़ रहा था।

पिछले महीने जिस लड़के को देखने गए थे उसका पिता बहुत बड़ा इंजीनियर है। राजधानी में उन लोगों का अपना अलग मकान तैयार हो गया है...लड़के के मामा ने कहलवाया है—बीस हज़ार नकद लेंगे, तभी यह काम होगा !

भाई साहब दो वर्षों से मुखिया हैं। तीन पोखरों का और चार बाँधों का जीर्णोद्धार करवा चुके हैं। दो बार अकाल-ग्रस्त घोषित होने से इलाके में सरकार ने बहुत ज़्यादा अनाज भेज दिया। पड़ोस की मंडी का सेठ झुनझुनवाला पथ-प्रदर्शक बनकर आगे-आगे रहा और झाजी के परिवार की सूरत ही बदल गई, इतनी अधिक मात्रा में आज़ादी का शहद चखने को मिला कि बस ! चारों छोटे बच्चे कॉन्वेंटों में दाखिल होने के लिए सदरटाउन भेज दिए गए। सिल्क और नायलान की साड़ियों से ट्रंकों की अंतरात्मा धन्य-धन्य हो उठी।

बाबूजी ने नदी की कछार में चार सौ बीघा ज़मीन सौ वर्ष के लिए पट्टे पर दिला दी थी। उन दिनों राजा साहब ज़मींदारी-उन्मूलन के आतंक से अपनी ज़मीनें कौड़ियों के भाव लुटा रहे थे। झाजी ने उस अवसर से लाभ उठाया। बाबूजी की सेवा की थी जेल-यात्रा में, वही सेवा वक्त पर फली। धरती का कलेजा फाड़कर मोती उगाने के लिए दो मशीनी वराह-अवतार (ट्रैक्टर) आ गए और धान-मूँग-मक्का जैसी फसलों का अंबार लग गया...।

—इंजीनियर साहब के नाम बाबूजी चिट्ठी लिखवा लूँ ?

—छीः ! छोटी-छोटी बात के लिए मिनिस्टर साहब को परेशान करोगे ?

—छोटी बात ! लड़की की शादी को तुम छोटी बात कहते हो ?

—होगी यह छोटी बात दूसरी दुनिया के लिए, यहाँ हिंदुओं की दुनिया में तो लड़की की शादी से बढ़कर और कोई बखेड़ा ही नहीं !

—तो साहब, बाबूजी से कल ही चिट्ठी ले लूँ !

—कल नहीं, परसों।

—देवीजी ने तो पहले ही कहा था।

—और तुम नाहक ही अब तक संकोच में पड़े रहे !

—बाबूजी तो खुद ही कहते हैं कि बात अपने-आपमें छोटी या बड़ी नहीं हुआ करती, यह संदर्भ होता है जो उसे छोटी या बड़ी बना देता है...।

—देवीजी इन मामलों में ज़्यादा व्यावहारिक हैं।

—देवीजी भला किस मामले में कम व्यावहारिक हैं ?

x x x झाजी को लगा कि सामने बड़ा-सा आईना है और वह खूब खुलकर मुस्कुरा रहे हैं और देवीजी आकर झाजी की पीठ के पीछे खड़ी हो जाती हैं...।

x x x झाजी को लगा कि कंधे से किसी की साँस टकरा रही है और वह गुनगुना उठे हैं—

दारुण भेल विषमशर रे !

x x x झाजी को लगा कि रंग-बिरंगी मालाओं से सजे हुए मंच पर एक मध्यवयसी महिला व्याख्यान देने आई है। वह रुक-रुककर बोलती है और बीच-बीच में पीछे मुड़कर झाजी की ओर प्रोत्साहन का इंगित पाने के लिए देख लेती है। वह फैली आँखों की थिरकती पलकों को झपका-झपकाकर उसका उत्साह बढ़ा रहे हैं और महिला का व्याख्यान जमने लगा है...।

(आप तो कागज़ ही भूल आईं, मैंने तो भाषण के बहुत-सारे पाइन्ट्स नोट करवा दिए थे।

(हाँ झाजी, भूल ही आई हूँ...माधवी के कॉलिज में वार्षिकोत्सव चल रहा है न ! और अपने मृगांकजी भी आ गए थे न ! जीप वक्त से पहले पहुँच गई थी। हड़बड़ी में ध्यान ही नहीं रहा...।

(हूँ ! लीडरी के धंधे में इस तरह की ग़फलत से काम नहीं चलेगा, देवीजी !...)

खंडिता नायिका की शंख-सुडौल गर्दन को झुकी देखकर धीर-उदात्त नायक के अवचेतन में अनुकंपा का भाव आ गया और फिर दोनों चेहरों की चारों आँखें बाल-सुलभ शरारत में तैरती-सी कौंध पड़ीं कि उस सरकारी कार के हार्न का आकुल स्वर सुनाई पड़ने लगा जिसमें बाबूजी चलते थे !

(बाबूजी...बाबूजी...बाबूजी...!

(जल्दी करो। अरे झाजी, जल्दी करो। बाबूजी क्या कहेंगे...!

(अजी नहीं, बाबूजी नहीं हैं। वह तो आपके लिए आई है कार !

(झूठे !

(नहीं, मैं बिलकुल ठीक कहता हूँ, देवीजी ! आप चाहे बाल्कनी से झाँककर देख लीजिए...और हम दोनों इस वक्त वैसा कोई काम भी तो नहीं कर रहे हैं, बस, कॉफी पी रहे हैं और करीब-करीब बैठे हुए हैं...।

(बाबूजी होते तो ड्राइवर उजड्ड की तरह हार्न बजाता...?)

झाजी—देवीजी—बाबूजी और बाबूजी—देवीजी...झाजी...यह अवचेतन और अतिचेतन

की परिधियों को झंकृत करनेवाले इंद्रधनुषी खेल खत्म हुए कि बाबू बमशंकर झाजी को नींद आ गई।

रात के एक बजे, इस समय झाजी सोनपुर जंकशन के प्रतीक्षागृह में प्रथम श्रेणी की आराम कुर्सी पर लेटे पड़े थे और स्वप्नलोक में झूला झूल रहे थे।

बाबू रामप्यारे प्रसाद ठीक उन्हीं क्षणों में राजधानी की ओर आ रही पंजाब मेल के प्रथम श्रेणी वाली 'कूपे' के अंदर सोए हुए थे। हथिदह-मोकामा के दरम्यान ज़ोरों का झटका खाकर नींद टूट गई थी और अब पलकें-भर मूँदे हुए थे।

सादी सिल्क का आकर्षक परिधान और खिचड़ी बाल। गंदुमी सूरत। गोलमटोल चेहरा कमलपत्री आँखों के कारण और भी भव्य लग रहा था। गोमतीबाई दिमाग पर हावी थी और बाबू रामप्यारे प्रसाद को सपनों का अधूरापन भी खल नहीं रहा था।

—विधान परिषद् में इस दफा बाबूजी मुझे अवश्य ले लेंगे।

—गोमतीबाई चालीस-पचास हज़ार का एक फ्लैट बनवा ही देंगी। राजधानी के निकट ही संभ्रांत नागरिकों की नई बस्ती में आधुनिक सुविधाओं से सुसज्जित नया मकान होगा। फोन, एयर-कूलर, रेफ्रिजिरेटर, रेडियोग्राम, टेप-रिकार्डर तो रहेंगे ही। कार भी रहेगी। बाघ तो नहीं, बाघ का सहोदर अपना द्वारपाल होगा—अलसेशियन कितना वफादार होता है !

—डॉग इज़ डैन्जरस !

—एक नहीं, चार-चार लिपियों में लिखा रहेगा : डॉग इज़ डैन्जरस !

(कोई डिस्टर्ब नहीं करेगा...किले के अंदर तुम मस्ती में पड़े रहो ! कलकत्ता में बड़े-बड़े आफिसर ऐसा ही करते हैं, ह्विस्की या जिन के दो पैग ढालकर अपने दिव्य धाम के अंदर निर्विघ्न पड़े रहते हैं। बाहर गेट से तख्ती लटक रही होती है : डॉग इज़ डैन्जरस ! बी कॉशस !'

(युवक अलसेशियन की तिहरी गुर्राहट !

(बाबू रामप्यारे प्रसाद उठ बैठते हैं...।

(सुराही से पानी लेकर पीते हैं...

(लगा कि महिला-कंठ की चुमकार सुनकर कुत्ता आश्वस्त हो गया है।

(लगा कि जिसको सुनकर बाघ का सहोदर सहज-शांत हो गया है, वह आवाज़ गोमतीबाई की थी।

(मगर गोमतीबाई यहाँ इस वक्त कैसे आएगी ?

(लगा कि अपना ही माथा खराब हो गया है।)

बाबू रामप्यारे प्रसादजी अपने को प्रकृतिस्थ करने के लिए सिगरेट जलाते हैं, अब्दुल्ला

सिगरेट ! इसकी तम्बाकू से अफीम का सौरभ आता है...!

कल बाबूजी का अभिनंदन है।

सवेरे आठ ही बजे समारोह-समिति की बैठक होगी।

शाम को किस लिबास में फंक्शन अटेंड करेंगे ?

चूड़ीदार सफेद चुस्त पायजामा और असमिया सिल्क की शेरवानी नहीं ठीक रहेगी ?

हवाई-अड्डे पर माननीय घासीराम की अगवानी के समय भी क्या वही लिबास उपयुक्त जँचेगा ?

नहीं, हवाई-अड्डे पर बंद गले का कोट और पैंट अच्छे जँचेंगे। वहाँ सेक्रेटरियट के बड़े साहबों की भीड़ में चुस्त पायजामा विश्व-मानव की गरिमा में दरार डाल सकता है.... !

तत्पश्चात् बाबू रामप्यारे प्रसाद के दिमाग को एक और मादक अनुचिंतन भिगोने लगा और पलकें झिंप गईं।

मंजुमुखी काफी देर से लौटीं, बारह तो बज ही गए रात के।

घर के सभी लोग सो चुके थे। कुतिया आहिस्ता से गुर्राई और मालकिन की आहट पहचानकर चुप हो गई। बहादुर ने आकर दरवाज़ा खोल दिया। कोठी से फोन करके खाने के लिए मना कर दिया था।

दिन में बारिश हुई थी। गर्मी तो नहीं, उमस ज़रूर थी। पंखे दोनों चल रहे थे। बाहर बरामदे में बहादुर सोता था।

भीतरवाली कोठरी में स्विच ऑन करके कपड़े बदलने लगीं तो सामने अपनी ही निगाहों से मुकाबला हुआ...यह आईना था तो पुराना, लेकिन बहुत बढ़िया था। नीलाम का माल था तो क्या हुआ, राजवंशी महिलाओं का लाड़ला रह चुका था।

—आज रात कुछ देर तक सो लूँ तो कल आँखों के कोये खिले रहेंगे।

—वक्त कहाँ मिलेगा ! कपूर की माला तैयार करनी है न ?

—कल माधवी तैयार कर लेगी...।

—नहीं, माधवी का तो कॉलिज है कल...।

—नीलिमा और अंजलि से तैयार करवा लूँगी...।

—और फूलों से भी मालाएँ तैयार करवानी हैं...।

—मालियों से क्या एक भी काम नहीं लोगी ?

हँसी आ गई तो शीशे में होंठों की शरारत देखने लगीं और अपने आप ही खुशी के मारे दुहरी हो उठीं।

(बाबूजी तुम्हारी इसी अदा पर तो मरते हैं !

(हाँ, कुर्बान हैं बाबूजी तुम पर !

(इस तरह पेटीकोट और ब्रेसरी में अभी उस दिन बाबूजी ने देख लिया तो कैसा मुस्कुराए !

(मुस्कुराए ही नहीं, कुछ कहा भी था न ?

(क्या कहा था ?

(ऊँह...!)

—उइ ! कितना बड़ा मच्छर है मइया !

तमाचा निशाने पर पड़ ही गया...।

—अहा ! कितना लहू पिए हुए था ! हथेली की दो रेखाओं के बीच लाल धब्बा कैसा लगता है... !

(वह बीचवाली रेखा भाग्य की है न ?

(जोतखीजी ने कहा था, राजयोग है आपको...।)

(और बाबूजी ने कहा था, तुम नहीं होतीं तो मैं टूट जाता...।)

—कौन ? माँ ?

—हाँ बुच्ची, बड़ी रात हो गई आज तो !

—आओ माँ, सो जाओ ! कल सारा दिन दौड़ना ही तो है तुम्हें...।

—आई, बुच्ची !

—तो क्या कर रही हो, स्विच ऑफ कर दो न ?

—बस, एक मिनट !

बाथरूम भी जाना था। एक गिलास पानी भी पीना था।

बच्चियों को चादर भी ओढ़ा देनी थी।

कोशिश करने पर भी देवीजी को नींद नहीं आई जल्दी से।

सोचती रहीं...!

सोचती रहीं...!

सोचती रहीं...!

कि मामाजी को मेरे कहने से बाबूजी ने दस हज़ार रुपए का कर्ज़ दिलवा दिया था, अनन्नास की खेती के लिए। चार वर्ष हो गए। काश एक भी अनन्नास मामाजी के खेत से निकलता !

कि अशोकनगर कॉलोनी में औद्योगिक बस्ती के अंदर मैंने दो व्यापारियों को जगहें दिलवा दी थीं। एक व्यापारी ने मुझे और दूसरे ने मेरे भाई को अपने धंधों में साझीदार बना लिया। नकली प्रतिष्ठानों के कई लेटर-पैड छपे। लाखों का कोटा निर्धारित करवा लिया गया। स्टेनलैस स्टील का, छोटी-छोटी मशीनों का, कागज़ का, कपूर का, दवाओं का। मुनाफा तो लाखों का हुआ, मगर बदनामी कम नहीं हुई।

कि विभिन्न पदों पर अनुकूल अफसरों को लाकर बैठाने का काम उतनी मुस्तैदी

से अगर बाबूजी न करवा लेते तो इन नकली फर्मों का विकास असंभव था।

कि अमुक विभाग में, फलाँ डिपार्टमेंट में एक बार डाइरेक्टर से मतभेद का खतरा पैदा होने की शंका हुई तो बाबूजी ने विभागीय सेक्रेटरी पर ज़ोर डालकर एडिशनल डाइरेक्टर का पद कायम करवा दिया और पीछे उस पद पर नगेंदर का एक सहपाठी बैठाया गया।

कि महिला मंडल समाज को पिछले सात वर्षों में अनुदान और चंदे के तौर पर लाखों की रकम मिली है, लेकिन आज तक उसका हिसाब लोगों के सामने नहीं आया।

(हिसाब ?

(काम तो भला काम हुआ, हिसाब क्या होता है ?

(देहाती महिला-केंद्रों में अब तक हज़ारों चर्खे पहुँचा दिए गए हैं : डेढ़ सौ अंबर चर्खे, चालीस करघे, शहद की मक्खियाँ पालने के लिए लकड़ी के पचास बक्से, साबुन बनाने का सरंजाम...।

(समाज की तरफ से चार स्कूल चल रहे हैं।

(ढेबर भाई और इंदिरा गाँधी तक समाज के कामों की सराहना कर चुके हैं। इस वर्ष धान से चावल निकालने की पाँच और ढेकियाँ, तेल निकालने के चार और कोल्हू हम बैठानेवाले हैं।

(समाज के अपने खेत हैं, अपने बाग हैं। अनाज, साग-सब्जी, आलू-टमाटर ज़्यादा होने पर बेच भी दिए जाते हैं।

(समाज का अपना पशु-पालन केंद्र भी चलता है।

(और नृत्य-नाट्य-केंद्र भी।

(...इस केंद्र को मैं बंद कर दूँगी।

(नाच सिखलानेवाली वो छोकरी उस रोज़ ज़रूर पिट जाती। बिना पीटे मैं मानती नहीं उस रोज़...वो तो खैर कहिए कि झाजी आ गए बीच में ही !...भारी पाजी है चुड़ैल ! कहने लगी—"मैं बंगले पर नहीं जाऊँगी, चाचीजी। बाबूजी बड़े बदतमीज हैं आपके...।"

("खबरदार ! जीभ खींच लूँगी, पुष्पा ! पागल तो नहीं हो गई है तू ?"

("पागल तो आप हैं, चाचीजी !"

("मैं ? मैं पागल हूँ ?"

("नहीं, आप भला क्यों पागल होंगी ! पागल तो मैं थी जो आपकी बात मानकर अकेली बँगले पर गई।"

(मैं तो आज तक नहीं समझ पाई कि पुष्पा को बाबूजी ने क्या कहा था ? क्या कहा होगा ?

(वह छोकरी दो रोज़ बाद ही अपना हिसाब लेकर चली गई थी। अच्छा हुआ, चली गई। जाने किस-किससे बाबूजी के बारे में क्या-क्या कहती फिरती। यों तो बड़ी चंचल थी, हमेशा हँसती-हँसाती रहती थी। क्या औरत, क्या मर्द, किसी के सामने

झिझकती नहीं थी...।

(तो बँगले पर से क्यों पिनककर वापस आ गई पुष्पा ?

(जाने भी दो ! अपना क्या गया इसमें ? गधी यों ही धक्के खाती फिरेगी ?)

—देखिए देवीजी, मुझे आपकी तरह सेंत-मेंत में एम.एल.सी. नहीं होना है !

—सेंत-मेंत में ? मगर तुम हो कहाँ ? कहाँ से बोल रही हो, पुष्पा ?

—मैं आपके कलेजे से चिपकी हुई हूँ, देवीजी। आँखें मूँदकर तो और अच्छी तरह देख सकेंगी मुझे आप !

—जहन्नुम में जाओ !...अच्छा हुआ कि चली गई।

(उफ़ ! बड़ी शैतान थी—झाजी ने ठीक ही कहा था : देवीजी, यह तो आपको बेचकर खा जाएगी...!

(छिनाल कहीं की ! मुझे बेचकर खा जाएगी...!

(लेकिन झाजी उसे पसंद नहीं करते थे ?

(झाजी मुझे तो पसंद करते हैं !

(अभी उपनिर्वाचन में हम दस रोज़ साथ रहे...

(और सात सौ वोटों से हमारा उम्मीदवार हार गया...यह बाबूजी का अपना आदमी था न ! जीतना ज़रूरी था इसका। हरिजन-सीटों के बारे में कहा नहीं जा सकता कि कहाँ आप जीत रहे हैं और कहाँ आप हार रहे हैं !

(इस फूलचंद के पीछे सात-आठ हज़ार नकद खर्च हुआ है ! दो जीपों के लिए दो सौ गैलन पेट्रोल, पोस्टरों की छपाई, स्थानीय वर्करों के लिए नाश्ता-पानी और पान-बीड़ी आदि के लिए उसी थाने के व्यापारियों ने अपनी-अपनी पाकिट उलट दी थी...!

(फूलचंद नहीं हारता। उसे तो औरतों ने हरा दिया। हाँ, औरतों के वोट मिले होते तो नहीं हारता फूलचंद !

(कम्युनिस्ट पार्टी की तरफ से तीन छोकरियाँ गई थीं काम करने। उन्होंने हरिजन-औरतों में जमकर प्रचार किया, महीने-भर उन्हीं के बीच रहीं...उन्हीं के साथ खाना खाया और उन्हीं से सटकर सोईं...छिः !...ओ-ओ...!

x x x देवीजी को लगा कि उबकाई आ जाएगी। उठकर बाथरूम की तरफ गईं। वापस आईं तो माथा भारी था और दिमाग सोचने के काबिल नहीं रह गया था।

x x x लड़की को आवाज़ दी तो वह उठकर आई।

देवीजी ने इशारे से बतलाया कि सिर चक्कर खा रहा है।

माधवी महाभृंगराज की शीशी ले आई। पलँग के सिरहाने बैठ गई और माँ का सिर गोद में रख लिया।

माधवी तब तक माँ का माथा चाँपती रही जब तक उन्हें नींद नहीं आ गई।

बाबू धर्मराज सिंह पिछले साठ घंटों में सोए नहीं थे।

एक रात माँ मरणासन्न हो गई थी, दमा का हमला हुआ तो सारी रात फुटबॉल की तरह उछलती रही। वैद्यजी आए, हकीमजी आए, होमियोपैथ डाक्टर आए और सिविल सर्जन आए।

दूसरी रात इसलिए नहीं सो सके कि छोटी बच्ची ने दो नए पैसेवाला सिक्का निगल लिया था और बड़ा मुन्ना साइकिल-संचालन की ट्रेनिंग में बुरी तरह घायल हो गया। चूँकि पत्नी रात-भर परेशान रही बच्चों के पीछे, पति भी कैसे सोता ?

और यह तीसरी रात—

तूफान मेल के थर्ड क्लास-कंपार्टमेंट में बैठे-बैठे नींद के झकोरे खा रहे थे बाबू धर्मराज सिंह। अकेले नहीं थे, साथ में तीन कवि और एक कविवर थे। गाँव के पुस्तकालय का वार्षिकोत्सव था। वापसी में थकान कई गुना ज़्यादा महसूस हो रही थी। दो कवि बातें कर रहे थे। तीसरा कवि हाथों में पाँच-छः 'नई कविता' थामे हुए था, वाचन की तन्मयता ऐसी थी कि कुछ मत पूछिए !

कविवर प्रचंडजी कोने की सीट पा गए थे, सो मज़े में नाक बजा रहे थे।

बाबू धर्मराज सिंह आँखें मूँदकर स्वप्नलोक में विहार कर रहे थे :

—'युगसंदेश' का अगस्त अंक अबके अच्छा निकालना है।

—कम-से-कम तीन हज़ार के विज्ञापन बटोरने हैं...।

—और 'श्रमजीवी' का अगस्त अंक नहीं निकालोगे ?

—वाह ! नहीं क्यों ? दो हज़ार के विज्ञापन उसके लिए भी मिल जाएँगे। नहीं मिलेंगे ?

—ज़रूर मिलेंगे साहब ! कौन कहता है कि नहीं मिलेंगे ?

x x x बड़ी मशीन पर 'युगसंदेश' की छपाई हो रही है...हड़ाक्, हड़ाक्, धड़ाक्-धड़ाक्...सड़ाक्-सड़ाक् सड़ड़ड़ड़, फड़ड़ड़, खड़ड़ड़, खट्ट खट्ट...!

x x x काली स्याही से पुते हुए दो हाथ आहिस्ता-आहिस्ता बड़े होते गए, बड़े होते गए !

—अरे ! ये तो अपने मशीनमैन के हाथ हैं !

—रसूल मियाँ! तुम जादूगर तो नहीं हो गए हो ? खुद तो उसी तरह हो, हाथ लेकिन बड़े हो गए हैं ! क्या बात है, रसूल मियाँ ?

(रसूल चुप क्यों है ? हाथ लेकिन क्रेन-जैसे ऊँचे उठ गए हैं...!

(एक हाथ नीचे झुक आया है।

(रसूल मियाँ का चेहरा गायब है, हाथ ही हाथ नज़र आ रहे हैं।)

—आइए मालिक, हथेली पर आ जाइए !

—हथेली पर आ जाऊँ ?

—हाँ मालिक, मैं आपको ऊपर उठा लूँगा !

—गिर नहीं जाऊँगा, रसूल मियाँ ?

—अरे नहीं मालिक, आप भी कैसी बात करते हैं !

(क्रेन की तरह आवाज़ करता हुआ काला हाथ ऊपर उठता है। बाबू धर्मराज सिंह को लिफ्ट का मज़ा आ रहा है...

(काफी ऊँचाई तक पहुँचकर हाथ अधर में स्थिर हो जाता है।)

—कहिए मालिक, कैसा लगता है ?

—अच्छा तो लगता है, लेकिन...।

—लेकिन-वेकिन नहीं, सवालों के जवाब देने होंगे !

—नहीं, मैं तुम्हारा मालिक हूँ, रसूल मियाँ ! सवालों के जवाब तो तुम्हें दूसरों से भी मिल जाएँगे। आज तुम्हें हो क्या गया है ? और, यह तुम्हारी आवाज़ किधर से आ रही है रसूल मियाँ ?

(कई गुनी ऊँची आवाज़...गुर्राहट और विद्रूप की हँसी...!

(...बाबू धर्मराज सिंह की घिग्घी-बँधी आवाज़...!

—अच्छा पूछो रसूल मियाँ, क्या-क्या पूछना चाहते हो ?

—कै लाख रुपए बटोरना चाहते हो ?

—दस लाख...बीस लाख...पचीस लाख...करोड़....दो करोड़....पाँच करोड़....दस करोड़....नहीं-नहीं, मैं कुछ नहीं चाहता हूँ, रसूल मियाँ ! कुछ नहीं चाहता हूँ मैं, नीचे उतार दो मुझे ? बस, भीख नहीं माँगना पड़े। किसी के सामने हाथ नहीं फैलाना पड़े, इतना ही चाहता हूँ, रसूल मियाँ...!

'नई कविता' वाला तरुण पास आ गया और कंधा छूकर बोला—ठाकुर साहब, यह कैसा सपना देख रहे थे आप ? रसूल मियाँ यहाँ कहाँ से आया, वह तो आपके प्रेस में रीड़र छाप रहा होगा ! सिगरेट लीजिए, आरा नज़दीक आ गया...।

—हाँ, आज यह तीसरी रात है। पलकें झपकते ही कच्चे सपनों ने हमला कर दिया। आप नहीं टोकते तो जाने कब तक अर्र-बर्र बकता जाता। यह आपने अच्छा किया।

उधर से प्रचंडजी ने हुंकारी भरी तो उनकी निमीलित मुद्रा देखकर दोनों को हँसी आई। क्या पता, कविवर भी स्वप्नलोक में विचर रहे हों !

दस मिनट बाद ही आरा (शाहाबाद) आ गया।

सभी ने एक-एक चुक्कड़ चाय पी और दो-दो बीड़े पान के लिए।

ट्रेन चली तो धर्मराज सिंह का चिंतन-चक्र भी चला।

—अच्छी टाइप-फाउंड्री के लिए अच्छा मैटल भी तो चाहिए और अच्छा मैटल तभी होगा जबकि पास में अच्छी-खासी रकम हो...?

एक बार पाँच हज़ार, दूसरी बार दस हज़ार...मगर उतने से क्या होता है ? बाबूजी पच्चीस हज़ार भी यदि एकमुश्त दिलवा दें तो मैं कलकत्ता और इलाहाबाद वालों को दिखला दूँ !

—यही हाल ईंटों का है ! अच्छी-पक्की ईंटों को कोई नहीं पूछता तो हमें ही क्या

पड़ी है ! टेंडरों की मंज़ूरी के लिए माल का खरापन तो कोई कसौटी नहीं रहा...!

—एक ही किस्म का धंधा करोगे तो भूखों मरोगे, बेटा !

—चार ट्रक और लेंगे...।

—कागज़ का न्यूज़प्रिंटवाला कोटा...'युगसंदेश' को अब दैनिक कर दूँगा...।

x x x लाभ की रकम पाँच-पाँच अंकों में बिजली की ट्यूब-लाइट के अंदर से जगमगा रही है ! एक-दो नहीं, कई पंक्तियों में !

x x x मशीनमैन रसूल मियाँ झुककर सलाम कर रहा है। नम्रता नहीं, दीनता ही छलक रही है।

x x x रिक्शों की तादाद पचास से ऊपर हो गई है। जो उन्हें खींचते हैं, उनकी फटी कमीज़ों के अंदर से अब पीठों के अधिक हिस्से दिखाई दे रहे हैं...।

(तो हम क्या करें ?

(मज़दूरी का रेट बढ़ा दो।

(वाह, धंधा ही चौपट कर दूँ ?

('समाजवादी ढाँचे' वाली बात पर अमल भी तो करो न !

(और फिर जीवनदानी बन जाऊँ ?

(ठीक तो है, विनोबाजी तुम्हें आशीर्वाद देंगे...।

(मगर सौ आदमियों को रोटी कौन देगा ?

(उनके अपने हाथ उन्हें रोटी देंगे।

—ओह ! मेरा तो सिर फटा जा रहा है और आधे घंटे में अब हम पहुँच भी तो जाएँगे, न हो, इस लड़के से तब तक बातचीत ही करते चलें...!

—गुमसुम रहूँगा तो मन अनाप-शनाप सोचेगा इसी तरह !

—सुनिए इंगितजी, सिगरेट है ?

—जी, लीजिए न !

सिगरेट जलाकर बाएँ हाथ से पेशानी छूते हैं बाबू धर्मराज सिंह। आँखें बड़ी-बड़ी हो जाती हैं।

—अजी, देखिए तो ! मुझे बुखार चढ़ा है ?

—लगता तो है !

—अरे नहीं, छूकर देखिए न !

तरुण कवि इंगितजी बाबू धर्मराज सिंह के नज़दीक आते हैं और अपनी मुलायम हथेली उनके कपार से सटा देते हैं...ठाकुर साहब आँखें मूँद लेते हैं—आह ! आह !!

—क्या हुआ, ठाकुर साहब ?

—अरे, आप अपनी हथेली मत हटाइए अभी, बड़ा अच्छा लग रहा है... !

—अच्छा लग रहा है !—कविवर प्रचंडजी की आँखें एकाएक खुल गईं। सँभलकर बैठे और इंगित को उस भूमिका में देखकर बोले—तुम ट्रेन से उतरकर इनके साथ घर तक जाना !

इस पर और मुसाफिरों को भी हँसी आ गई।

बाबू धर्मराज सिंह ने हथेली हटाकर कहा—बस, धन्यवाद !

विक्षुब्ध युवकों का वह साप्ताहिक कब किसके बारे में क्या छाप देगा, कहा नहीं जा सकता...गोपी बाबू के सेक्रेटरी ने समारोहवाली उस टिप्पणी पर हरी पेन्सिल से निशान लगा दिया था।

गोपीवल्लभ ठाकुर ने उन पंक्तियों को बार-बार पढ़ा था।

इस वक्त उनका ध्यान उन्हीं पंक्तियों पर था।

चौराहा...।

लाल रोशनी...।

ब्रेक...।

क्लच दबाकर गियर चढ़ा दी गई।

गद्दे पर बाबू गोपीवल्लभ ठाकुर को झुलाती हुई कार रुक गई।

गाड़ी नई थी, ड्राइवर भी नया था।

गोपी बाबू ने लाइटर से सिगरेट जला ली।

...लाखों की रकम बटोर ली गई है। यह जयंती नहीं है, जयंत की चोंच का चोंचला है...।

लाल बत्ती की रोशनी में उसी विक्षुब्ध साप्ताहिक की दाहक टिप्पणी जगमगा उठी। गोपी बाबू को हँसी आ गई, कंकड़ की मामूली चोट खाकर बंदूकवाला हँसेगा नहीं तो क्या करेगा !

महीने में दो बार-एक बार निकलता था यह साप्ताहिक, नाम था 'पंचशील'। 'ब्लिट्ज', 'टाइम', 'लाइफ' आदि के अलावा और कोई साप्ताहिक गोपी बाबू नहीं छूते थे। महिलाएँ 'धर्मयुग', 'फिल्मफेयर', 'फेमिना' आदि लेती थीं। बाकी 'युगसंदेश', 'पंचशील' जैसे घटिया साप्ताहिक यों ही आ जाते थे।

सेक्रेटरी की नादानी पर झुँझला उठे ठाकुर साहब...कूड़े में डाल देना था, मुझे पढ़वाने की क्या ज़रूरत थी ?

...शर्मा अभी कुछ समझता नहीं है !

...सोचा होगा, जयंती के बारे में जो भी कुछ छपे, मालिक की नज़रों से गुज़रना ही चाहिए !

...छिः, वह भी कोई वीकली है ? चिथड़ा कहीं का !

...धर्मराज को इशारा-भर मिल जाए, फिर ऐसी मरम्मत होगी संपादक की, ऐसी मरम्मत कि...।

कि रोशनी हरी हो गई, रथ आहिस्ता से सरकने लगा।

गद्दे पर फूल की एक पंखुड़ी दिखाई दे गई।

गोपी बाबू ने उसे बस यों ही उठा लिया।

उँगलियाँ सटीं तो नथने फड़क उठे।

(जुही के फूलों का गजरा माधवी को बेहद पसंद है...।

(वंदना को नहीं पसंद है ?

(वंदना माधवी से जलती है।

(चार-छः महीने की देर है। इतना अच्छा दूल्हा पाकर वह मुझे अवश्य ही क्षमा कर देगी। औरतें भुलक्कड़ भी तो होती हैं...।

(हाँ, वंदना मुझे क्षमा कर देगी, लेकिन माधवी नहीं क्षमा करेगी।

(बला से ! क्या हैसियत थी इन लोगों की, मक्का के टिक्कड़ तोड़ते रहे होंगे ! आज माँ भी कमा रही है और लड़की भी।

फूल की सफेद पंखुड़ी को मसलकर उँगलियों ने कब फेंक दिया, गोपी बाबू को पता तक न चला। याद आने पर उन्होंने उँगलियों को सूँघ लिया।

—अभी-अभी तुम यहाँ बैठी थीं।

—आज कितना अच्छा जूड़ा बाँधा था तुमने !

—कटेली चंपा की खुशबू आ रही थी !

—ऊपर से जुही का गजरा लपेट रखा था।

—अंदर किसको लपेट रखा था ?

(यह भी भला पूछने की बात है ? और मैं बतलाऊँगी ही क्यों ?

(तुम लाख कोशिश करो, मुझसे छिपा नहीं सकतीं, माधवी !

(तो, बतला दीजिए आप ही।

(बतला दूँ ? सच ? बतला दूँ, माधवी ?

(पोलिटिकल साइन्स का वह नौजवान लेक्चरर...!

(जी हाँ, मिस्टर सिंह...।

(पूरा नाम ?

(रुचिपति सिंह...।

(मैंने सुना है, तुम दोनों में गाढ़ी मित्रता है। तुम उसके घर भी हो आई हो, मोतिहारी नहीं गई थीं तुम पिछली गर्मियों में ? उसकी माँ तुमको 'बेटी' कहके नहीं बुलाती हैं माधवी ?

(और कुछ नहीं बतलाइएगा ?)

होंठों पर बरबस हँसी आ गई...।

ड्राइवर ने उड़ती नज़रों से देख लिया, मालिक अपने-आप हँस रहे हैं।

शहर कब का पीछे छूट चुका था। सेक्रेटेरियट, हाई कोर्ट, विमेन्स कालिज...।

बँगला आ गया।

अंदर दाखिल होते ही ठाकुर साहब ऊपर चले गए।

कालिज की मैनेजिंग कमेटी की बैठक से लौटते समय वह माधवी को उसके घर

छोड़ते आए थे।

कुत्ता पहले आया। वंदना पीछे आई, कॉफी का प्याला लेकर।

जिनके लाखों के टेंडर मंजूर हुए थे, वे तीनों रिश्तेदार मिलने आए थे। उन्हें बाहर वाले कमरे में बैठाया गया था और वे चाय-समोसे उड़ा रहे थे।

वंदना ने कहा—बड़ी देर हुई आपको। और माधवी क्यों नहीं आई ? सवेरे फोन पर हमारी बातें हुई थीं। तय हुआ था कि वापसी में वह साथ आएगी।

गोपीवल्लभ ठाकुर ने बेटी की ओर देखा तो देखते ही रह गए।

वंदना मेज़ के पास खड़ी थी, 'टाइम' के पन्ने उलट रही थी और पिता की चुप्पी ने उसे गंभीर बना दिया था।

[वंदना, तुम सबकुछ समझती हो !

[मगर मैं क्या करूँ ? तुम्हारी माँ को पूजा-पाठ और तीर्थ-यात्रा से कभी फुर्सत नहीं मिली...।

[पिताजी, आपका क्या कोई भी कसूर नहीं था ?

[लेकिन, पुरुषों को तो आदिकाल से ही क्षमा मिलती आई है, वंदना ! नहीं ? मैं झूठ कहता हूँ ?

(तो इसलिए आपने अपने को भौंरा बना रखा है ? आप माधवी को कलकत्ता ले गए थे, हवाई जहाज़ पर। महीने बाद वह लौटी तो बेचारी का चेहरा कैसे विकराल लगता था ! कलेजे का सत निचुड़ गया था न वहाँ... !

(तुमसे डर लगता है वंदना, इस तरह मेरी तरफ क्यों देखती हो ?

(वह हमारी पगली मौसी नहीं हैं ? वह एक बार बतला रही थीं—मेरी माँ जिस युवक को दिल से चाहती थीं, उससे उनका ब्याह नहीं हो सका। नाना तो बस हैसियत और घराना देखते थे। आप तो खैर घराना नहीं देखते, हैसियत ज़रूर देखते हैं ! कितना सुंदर था वह पंजाबी नौजवान ! बी.ए. नहीं था तो क्या हुआ ? टाइपिस्ट था तो क्या हुआ ?

(मैंने तुम्हारे लिए कितना लायक दूल्हा ढूँढ़ निकाला है ! वंदना, वह आठ सौ रुपए पाता है...

(जी, मैं आजीवन आपके ऋण से दबी रहूँगी। यों भी दबाव झेलने का काफी अभ्यास है। कालिज की पढ़ी-लिखी हूँ तो क्या हुआ, हूँ तो आखिर बिहार की ही। जो भी आपकी मर्ज़ी का मेरा दूल्हा होगा, मैं उसकी उपेक्षा नहीं करूँगी...मगर, एक बात पूछूँ, पिताजी ?

(पूछो न !

(है आपमें हिम्मत ? आप माधवी से शादी करेंगे ?)

झ—न—न—झनू...मुरादाबादी पीतल का ऐश-ट्रे नीचे गिर गया।

कुत्ता चौंककर गुर्राया।

वंदना आगे बढ़ आई। राखदानी को उठाकर उसने फिर से गोल तिपाई पर रख

दिया। बोली—अभी आप आराम कीजिए, दिन-भर की थकावट है न।

—और वे लोग ?

—उनसे कहलवा देती हूँ, फिर कभी आ जाएँ।

—नहीं, दूर से आए होंगे।

—तो फिर घंटा-दो घंटा बाद मिल लें।

—और अभी शाम को ललनजी वगैरह भी तो आनेवाले हैं।

—मैं फोन से खबर कर देती हूँ, कोई नहीं आएगा।

—ज़रूरी है, बेटा !

—कल सबेरे आ जाएँगे, अभी आप आराम कीजिए।

दो मिनट बाद ही बाबू गोपीवल्लभ ठाकुर का भारी मस्तक तकिए में धँस चुका था।

नीली रोशनीवाला छोटा रॉड बेडरूम में जलता रहेगा। शाल ओढ़े मालिक लेटे रहेंगे। तापमान बढ़ भी सकता है। नींद नहीं भी आ सकती है।

पिछली रात बड़ा ही भयानक स्वप्न देखा था—आधुनिक अस्त्र-शस्त्रों से लैस होकर डाकुओं का बड़ा गिरोह आ धमका है। टेलीफोन की लाइन काटकर अंदर घुस आए हैं और... !

ऐसा खौफनाक सपना गोपी बाबू ने कभी नहीं देखा था !

अब वह दो गुरखा और बहाल करेंगे...।

दो क्या, दस गुरखे बहाल कर सकते हैं गोपी बाबू।

कौन ऐसा काम है जो चाँदी के ठीकरों से नहीं होगा ? है कोई ऐसा काम ?

अंदर से रेडियो पर वाद्य-संगीत की आवाज़ आ रही थी। रविशंकर सितार पर यमन-कल्याण बजा रहे थे।

रिकार्ड होगा।

पलकें मुँदी हैं, मन लेकिन खिलवाड़ में लगा है।

नींद नहीं आ रही है मालिक को...।

एक, दो, तीन, चार, पाँच, छः, सात, आठ, नौ, दस, ग्यारह, बारह, तेरह...।

गिनते हैं, मगर सिलसिला टूट जाता है !

एक, दो, तीन...एक, दो, तीन, चार, पाँच...एक, दो,...।

(योगिराज जितेंद्र ने कहा था : नींद न आए तो मन को एकाग्र करके गिनती किए जाओ और आँखें मूँदे रहो !

(एक, दो, तीन...।

(लाशें, खून से लथपथ ! एक, दो, तीन...अभी-अभी आई हैं, एंबुलेन्स से उतारकर अस्पताल के हाते में रख दी गई हैं....।

(एक, दो, तीन...लाशें। दो नौजवानों की, तीसरी अधेड़ की।

(बाहर छात्रों की विशाल भीड़।

(अंदर बंदूकधारी मिलिट्रीवाले।

(एक, दो, तीन...बाबूजी, कलक्टर, पुलिस सुपरिंटेंडेंट। तीन चेहरे...भारी और उदास चेहरे।

(एक, दो, तीन...लाशें पुलिस ने चार घंटे बाद वापस की हैं। आगे-आगे फूलमालाओं से सजी तीन अर्थियाँ, पीछे-पीछे विराट जुलूस...।

—प्रणाम, सरकार !

—पहचाना नहीं मुझे आपने ?

—उहुँ !

—नहीं पहचाना ? लीजिए, हैट और काला चश्मा हटा लूँ...!)

(मुस्कान।

(घुले हुए शब्द।

(चतुर चितवन।

—अरे तुम ? जटाशंकर ! कहाँ रहे ?

—बंबई रहता हूँ, सरकार ! जर्नलिज़्म का धंधा अपना लिया है।

—तुमको तो पॉलिटिक्स में आना था, छात्रों पर इतना असर तो और किसी का था नहीं...।

(एक हज़ार रुपए, हाँ, दसवाले सौ नोट मैंने तुम्हारे हवाले किए थे। तुमने छात्रों की संघर्ष-समिति के नेतृत्व से अपना नाम वापस ले लिया था। अगले दिन अखबारों में तुम्हारा स्टेटमेंट आ गया था। बाकी दो छात्र-नेताओं में से एक अंडरग्राउंड चला गया, दूसरे को हमने गिरफ्तार करवा लिया...।

(बाबूजी को भीड़ में से किसी ने दो थप्पड़ लगा दिए थे।

(किसने कहा था, खुराफाती लड़कों की भीड़ में वह गए ही क्यों ?

(वाह, जाते कैसे नहीं ? मुख्यमंत्री को सरेआम गालियाँ दे रहे थे छात्र, पुतला जला रहे थे; पुलिस और अधिकारियों पर पत्थर बरसा रहे थे...!

(और, पुलिसवाले क्या फूल बरसा रहे थे ?

(लाठियाँ किसने बरसाई थीं ?

(सत्रह और चौदह साल के लड़कों पर बुलेट किसने दागी थी ?

(दो जवाब ? अब चुप क्यों हो गए ?

(यह किसका हाथ मेरे गले की ओर बढ़ा आ रहा है ?

(अरे, अरे, अरे ! मैं तो आसमान में झूल रहा हूँ ? मेरी गर्दन जाने किसकी गिरफ्त में आ गई है।

(वंदना ! अरी ओ वंदना ! कहाँ गई तू ऽऽ...?)

और, वंदना ने झाँककर देखा तो मालिक करवट बदलकर दूसरी तरफ हो गए थे। शायद

नींद आ गई थी।

लड़की अंदर कमरे में आ गई। पंखे की स्पीड कम कर दी उसने। दोपहर में वर्षा हुई थी, उमस का पता नहीं था।

पिता को उसने कमर तक शाल ओढ़ा दिया।

महंतजी चार रोज़ पहले से महानगरी में डटे थे।

इन दिनों उन्हें कई काम थे :

प्रादेशिक 'संत समाज' की कार्यकारिणी कौंसिल की अनिवार्य बैठक थी।

दो ग्रंथ प्रेस में पड़े थे—'मिथिला की संत-परंपरा' और 'संत चमरूदास के अनमोल पद'। नाहक बिरादरी के मोह में पड़कर इन्हें मिश्राजी के हवाले किया था। पाठकजी के सुझाव के अनुसार राष्ट्र भाषा अकादमी के अधिकारियों से इन ग्रंथों के प्रकाशन की बाबत बात कर लेनी थी। आचार्यप्रवर बाबू स्नेहशरणजी और डाक्टर परमेश्वरीप्रसाद नारायणसिंह 'परमेश' से तीन बार मिल चुके थे महंतजी, दो बार अभी और मिलना था।

एक भगतिन की भाभी को अभी बड़े अस्पताल के जनाना वार्ड में भर्ती करवाना था। कमर ऐंठती थी, शायद एक्स-रे की ज़रूरत हो।

नारायणपट्टी के शादीशुदा महंत को वहाँ का प्रभावशाली नेता परेशान किए हुए थे, सोशलिस्ट उसका पक्ष ले रहे थे। सीताशरण दास के लिए यह अलग सिरदर्द था जिसकी दवा महानगरी में ही मिलनेवाली थी।

ट्रैक्टर के लिए नए मॉडल का इंजिन लेना था। छः-सात वर्ष पहले जो ले गए थे वह भी काम आ रहा था, लेकिन इधर पाँच सौ एकड़ ज़मीन बढ़ भी तो गई थी।

बाबूजी के 'हीरक समारोह' में तो खैर भाग लेना ही था।

वह बाबा रामलखन दास की ठाकुरबाड़ी में ठहरे थे।

बहुत बड़ा अहाता था ठाकुरबाड़ी का, शहर के बीचोबीच। पिछवाड़े सिनेमा 'मंजुश्री' और आगे गाँधी मैदान की ओर जानेवाली बड़ी सड़क। मंदिर तो खैर पुराना था, इर्द-गिर्द के मकान नए थे। दो को छोड़कर बाकी सब किराए पर लगे थे।

बाबूजी से फोन पर बात हो चुकी थी। देवीजी से भी।

शाम को एकाएक महंतजी बाथरूम में फिसल गए। दायाँ घुटना और दायीं कोहनी में बेहद चोट लगी। ठाकुरबाड़ी के महंत रामलोचन दास टैक्सी पर उन्हें अस्पताल ले आए।

रामसागर राय और गोपीवल्लभ ठाकुर की कोशिशों का ही नतीजा था कि कॉटेजोंवाले बड़े वार्ड में अलग एक कमरा महंतजी को मिल गया।

ग़नीमत थी, फ्रैक्चर नहीं हुआ था। इंजेक्शन लगे, मरहम लगाकर ड्रेसिंग कर दी गई। कहा गया कि दर्द आराम होने में दो रोज़ लग जाएँगे।

रात को नौ बजे देवीजी मिलने आईं तो महंतजी के आँसू आ गए। बोले—दुर्भाग्य...!

आगे कुछ बोला नहीं गया। बार-बार महंतजी उँगली से कपार ठोकते रहे।

लोहे के उस ऊँचे पलँग के बिलकुल पास कुर्सी खींच लाई थीं देवीजी। विगलित स्वर में कहा—दुर्भाग्य केवल आपका ही नहीं, हम सभी का दुर्भाग्य है यह। बाबूजी तो सुनकर स्तंभित ही रह गए। वह आपको देखने आ भी रहे थे कि अचानक दो विधायक मिलने पहुँच गए।

—बाथरूम में दो दिन बाद भी मैं फिसल सकता था—महंतजी उदासी में डूबकर बोले और दीन दृष्टि से देवीजी को देखते रहे।

—कोई जान-बूझकर तो बाथरूम में कभी फिसलता नहीं—देवीजी अपने-आपसे बोलीं।

फिर वह महंतजी की ओर देखती रहीं।

और महंतजी की निगाहें देवीजी की तरफ थीं।

महंतजी की एक भगतिन का चेहरा हू-ब-हू मंजुमुखी से मिलता था। समारोह-समिति की बैठक में पिछले सोलह महीने के दरम्यान बार-बार इस मुखड़े को निकट से देखने के अवसर मिले थे। बार-बार दिवंगत भगतिन का चंद्रवदन इन दिनों जागते-सोते अपनी स्निग्ध आभा से महंतजी के मन-प्राण को भास्वर और तरल बना गया था।

और अब वही चेहरा इतना करीब था...!

शिष्य और परिचारक, दो ही जने पास में थे। इस वक्त वह भी कमरे से बाहर चले गए थे।

—काश, तुम्हारी हथेली मेरी पेशानी पर होती...!

—काश, तुम तुम्हीं होतीं...!

—काश, यह मुखड़ा वही मुखड़ा होता...

—काश, मंजुमुखी तुम रमदेई होतीं, भगतिन...!

(आपदाम् ! अपहन्तारं दातारं सर्वसम्पदाम्।
गुणाभिरामं श्रीरामं भूयो-भूयो नमाम्यहम्।।
(रामाय रामभद्राय, रामचंद्राय वेधसे।
रघुनाथाय नाथाय सीतायाः पतये नमः।।

(तेल की शीशी कहाँ है ?

(मैं सिर दबा देती आपका...।

(आप ? सिर दबा देंगी आप मेरा ? अजी नहीं...।

(तो इसमें क्या हर्ज है, महंतजी ?

(देखिए देवीजी, मैं दुनियादार गृहस्थ नहीं हूँ। मैं वैरागी हूँ। मेरे लिए स्त्री का स्पर्श वर्जित है।

(वर्जित है ? स्पर्श तक ?

(आपकी साँस रामजी के इस शरीर से टकरा रही है। देवीजी, अपनी कुर्सी ज़रा हटा लीजिए न !

(अच्छा, लीजिए, हटाए लेती हूँ अपनी कुर्सी !

(नहीं, रहने दीजिए !

(तो न हटाऊँ ?

(कह तो दिया, नहीं हटाइए !

(मगर तेल कहाँ है ? मैं आपका माथा दबाना चाहती थी। हाय राम, बाल कितने छोटे-छोटे हैं ! सूखे-सूखे !

(देख रमदेई, मुझे नींद आ रही है...।

(देख रमदेई, अब इस वक्त मेरा सिर मत दबा...।

(देख रमदेई, अपना हाथ यहाँ रख ! हाँ, यहाँ, सीने पर ! यहीं, हाँ...!

(देख रमदेई, तेरी हँसली अबके सोने की हो जाएगी...।

(देख रमदेई, इस तरह मुस्कुराती क्यों है ? मैं झूठ कहता हूँ ?

(देख रमदेई, अबके सोने की हँसली...।

(देख रमदेई, कलमी आमों का वह बाग अबके तेरे नाम चढ़ा देंगे।

(देख रमदेई, तू कुछ बोलती क्यों नहीं ?

(महंतजी, आप भारी झूठे हैं !

(महंतजी, आप भारी ठग हैं !

(महंतजी, आप भारी छिनार हैं !

(महंतजी, आप शादी क्यों नहीं करते हैं ? अब तो सरकार भी शादी-शुदा महंतों की ज़मीन-जायदाद नहीं छीनती...।

(महंतजी, नहीं, आप शादी क्यों करेंगे ?...क्या होगा शादी करके ?

(महंतजी, आप बाल बढ़ाइए। पंद्रह रोज़ पर हज्जाम आएगा, कितने खूबसूरत लगेंगे आप !

(महंतजी, मुझको भी एक बार बाहर ले चलिए ! मैं भी कलकत्ता और दिल्ली देखना चाहती हूँ।

(महंतजी, आप बहुत बुरे हैं !

(महंतजी, आप बहुत अच्छे हैं !)

करवट बदलते ही महंतजी की नाक बजने लगी।

देवीजी कुर्सी से उठकर बाहर हो गईं।

बरामदे में महंतजी का शिष्य मिला।

देवीजी ने कहा—नींद उचट जाए और फिर नींद नहीं आए तो ?

वह अनुभवशून्य लेकिन, सुंदर तरुण था। फैली-फैली आँखों से वह पूछनेवाली

की ओर देखता रह गया।

—थोड़ी-सी ब्रांडी दे दीजिएगा—देवीजी ने बतलाया।

तरुण ने कहा—आपके आने से पहले ब्रांडी की बात उठी थी, 'सरकार' ने इनकार कर दिया था।

देवीजी के होंठों पर हँसी आ गई, पैर सीढ़ियों से उतरने लगे।

आज की रात ललनजी की कॉलम लिखनेवाली रात थी।

'चीन की घुसपैठ : नए पैंतरे' शीर्षक देकर तीन कॉलम का लेख लिखा। फिर इसबगोल की भूसी फाँकी और दूध पिया और बिस्तर पर लंबे हो गए।

देर तक नींद नहीं आई।

आचार्य स्नेहशरण ने अपने तीसरे पुत्र का ललनजी की पहली पुत्री से ब्याह करने का निश्चय प्रकट करते हुए पत्र में लिखा था :

"x x x दोनों को जगत-जननी जानकी सुखी और दीर्घायु बनावें। अपनी-अपनी योग्यता से दोनों ही समाज को लाभ पहुँचाएँगे, मुझे इसमें रत्ती-भर भी संशय नहीं है। मानवोचित आदर्शों के प्रति दोनों के हृदय में प्रगाढ़ आस्था है, स्वार्थ की आपाधापी में औरों को धकेलकर आगे बढ़ जाने की प्रवृत्ति न तो हमारे ललितकिशोर के अंदर है, न आपकी लवंगलता के अंदर ही। इन दोनों की ओर से हम आश्वस्त हैं।

"बहुजन की रुचियों पर हम भला ध्यान कैसे नहीं देंगे ? लोकाचार की अवज्ञा करें तो वह लोकयुग ही क्या ! फूल-पत्तियों से ही सही, किंतु आभूषित लता जब श्वसुर-कुल में प्रवेश करेगी तब जो मांगलिक दूब-अच्छत उसके माथे पर पड़ेंगे, वे सौभाग्य के ही प्रतीक होंगे।

"लड़के की माँ तो रही नहीं, उसे तो खैर हम मना भी लेते। परंतु ललित की मौसी को कौन मनावे ? उनका आग्रह है, कम-से-कम सौ आदमी बरात में होंगे ही ! अब आप ही बताइए ललनजी, मेरा हृदय इस हठ के आगे भला कैसे आत्मसमर्पण करेगा ? नहीं बंधुवर, मैं यह सब नहीं होने दूँगा, आगे चाहे कुछ हो जाए ! इस दुराग्रह में दो हज़ार तो लग ही जाएँगे, नहीं लगेंगे? नहीं भाई, यह नहीं होगा...।

"बापू ने तो ठीक ही कहा था : लोकाचार की बेड़ियों में समाज जकड़ा हुआ है।

"बापू ने ठीक ही कहा था : आडंबर नहीं हटा सके तो शादी-ब्याह में पवित्रता कहाँ से आएगी ?

"बापू ने ठीक ही कहा था...।"

अंतर्देशीय पत्र तकिए के नीचे दबा पड़ा है। तकिए के सफेद खोल पर हरे धागे की कढ़ाई है। भारत का मानचित्र। लता का शिल्प। तकिए के नीचे लेकिन आचार्य स्नेहशरण का शब्दशिल्प दहक रहा था...ललनजी आचार्यजी के सूत्रों का भाष्य बुनने

जा रहे थे, मन-ही-मन। नाना प्रकार के तात्पर्य खुलते जा रहे थे–

"बापू ने ठीक ही कहा था..."

हाँ, बापू ने ठीक ही कहा था...

बापू भला गलत क्यों कहेंगे ?

जाने उस बुढ़ऊ से आचार्यजी और क्या-क्या कहलवा लेंगे ?

(दो हज़ार रुपए बारात की तैयारी के लिए आचार्यजी को देने होंगे...।

(अपनी लड़की को 'फूल-पत्तियों' से यानी गहनों से, सजाने के लिए तीन हज़ार और चाहिए...।

(दूल्हे की विदाई के लिए दो हज़ार और...।

(बारात को जिमाने के लिए एक हज़ार और...।

(एक हज़ार और...)

ललनजी निढाल होकर लेटे रहे, पलकें झिपी थीं।

आधा घंटा बाद उठे, लाइटवाला स्विच् ऑफ कर दिया।

कि पत्नी अंदर आई। कंधे पर छोटा बच्चा था। बोली–इसे यहाँ लिटा जाऊँ ? सोचा, लिखाई हो गई, अब बिस्तरे पर आ गए हो।

–लिटा दो ! पति ने ठंडी आवाज़ में कहा।

पत्नी सोच रही थी, बैठने के लिए अवश्य कहेंगे और तब थोड़ी देर गपशप होगी। मगर ललनजी उसी तरह लेटे रह गए।

अब पत्नी ने स्विच् ऑन कर दिया। करीब आकर झुकी, चेहरे की ओर देखा और बोली–बहुत थक गए हो, सो जाओ...अच्छा, तुमने वह चिट्ठी पढ़ ली थी ?

–पढ़ी थी।

–तुम तो कहते थे, एक पैसा भी वे नहीं लेंगे !

–हाँ, कहता तो था।

–अब चाहे जैसा हो, जहाँ हो, एक की शादी होगी ही।

बाकी क्या क्वाँरी रहेंगी ?

वाह, क्वाँरी क्यों रहेंगी ! पढ़-लिखके काम करेंगी, आप, अपना दूल्हा खोज लेंगी। कम पढ़ी-लिखी लड़कियाँ भी दस तरह के धंधे कर सकती हैं, वे भी बूढ़े माँ-बाप को पाल सकती हैं...

ललनजी बिजली की फुर्ती से उठ बैठे और पत्नी को सीने से लगा लिया।

–शाबाश !–पत्नी की पीठ ठोककर बोले। उनकी आँखें चमक रही थीं।

(आज से चौदह वर्ष पहले जब मैं 'दैनिक समाज' से अलग होने में हिचक रहा था, तब भी तुमने मेरा मनोबल बढ़ाया था।

(मालिक हिंदुसभाई ज़मींदार थे। राष्ट्रीयता और जनतंत्र की गुनगुनी आँच ही उनको अच्छी लगती थी...।

('दैनिक समाज' का प्रधान संपादक इन दिनों तेरह सौ पा रहा है...।

(गोपी बाबू और राजा साहब एक दैनिक निकालनेवाले हैं। प्रधान संपादक उसका मुझे ही बनाएँगे...।

(अजी, तुम तो नई दिल्ली जानेवाले हो !

(राज्य सभा के मेंबर होकर ?

(प्रेस इन्फार्मेशन ब्यूरो के असिस्टेंट डाइरेक्टर होकर ?

(क्या होकर ?

(क्या नहीं होकर?

(क्या करके ?

(क्या नहीं करके ?

(बाबूजी को खुश करके...!)

(बाबूजी को रंज नहीं करके...!)

पत्नी श्रीमती सुशीला प्रसाद—

अब दूध-पीती बच्ची को उठा लाईं।

पलँग पर जमकर बैठीं। बोलीं—क्या सोच रहे हो ?

—तुम क्या सोच रही हो ?

—हमें उनकी बात मान ही लेना है, भेज दो कल दो हज़ार।

—और तिलक ?

—तो पाँच सौ रुपए और सही !

(जँभाई, जँभाई, जँभाइयाँ...

(ललनजी को जँभाई आ रही है—एक वचन से काम नहीं चलेगा, ठेठ बहुवचन...जँभाइयाँ !

(संबोधन : हे जँभाई ! हे जँभाइयो ! अभी दूर हटो ! श्रीमती सुशीला प्रसाद अभी बातचीत के मूड में श्रीमान देवनंदन प्रसाद उर्फ 'ललनजी' की तरफ देख रही हैं...।

(मगर पतिदेव निढाल होकर दुबारा लेट गए हैं।

(पहले तो दो-ढाई घंटे गाढ़ी नींद आएगी, फिर सपनों का हमला होगा...।

(सोते वक्त खर्च और चिंता की बातें हुई हैं, आज बुरे-बुरे सपने आएँगे...।

(अब और बातें करके श्रीमती प्रसाद श्रीमान प्रसाद के मन को क्यों मथें ?

(पहाड़ी नौकर कल से छुट्टी पर जा रहा है...।

(हाय राम ! कल से बहुत सारे काम खुद करने पड़ेंगे...।

(महरी की लड़की को बच्चा हुआ है, वह अभी चार रोज़ और नहीं आएगी...।)

ललनजी की नाक बजने लगी।

श्रीमतीजी ने उठकर स्विच् ऑफ कर दिया।

मृगांकजी 'साधना सदन' के अनुशीलन विभाग में दो घंटे गप्पें मारकर नौ बजे रात को घर आ गए।

बाबू रामप्यारे प्रसाद तो मंत्री होने के नाते नियमित रूप से 'सदन' के दफ्तर में आते थे।

सांस्कृतिक कार्यक्रमों के बारे में मृगांकजी का यह परामर्श उन्होंने खुशी-खुशी मान लिया था कि बाहरी कवि नहीं बुलाए जाएँगे। स्थानीय कवियों से कहलवा दिया गया। अंजलि और नीलिमा समीर सरकार की शिष्या थीं। 'कला मंडल' अपने प्रभाव में था ही। वंदना से रामप्यारे प्रसाद ने खुद ही फोन पर बात कर ली थी।

निमंत्रण-पत्र सदन का चपरासी आज सारा दिन बाँटता रहा था।

परसों तुलसी-जयंती थी।

जमशेदपुर से तार-मनीआर्डर आया था, लेकिन जाते कैसे ? दक्षिणा और विदाई की दृष्टि से छोटानागपुर मृगांकजी के लिए उत्साहवर्धक क्षेत्र रह चुका था। अब तो खैर निकलना कम हो गया है।

अभिनंदन-ग्रंथ के संपादन में 'प्रचंडजी' ने भी काफी रकम खींच ली थी...।

(बनारसी भंगवाला एक चुक्कड़ का चार आने लेता है...

(लेता है तो लेता है, तबीयत लेकिन तरकेट हो जाती है !

(मैं तो आज दो चुक्कड़ चढ़ा आया हूँ !

(प्रचंड, तुम बहुत टें-टें करते थे, अब तो चुप रहोगे, बेटा ? देखूँ, अब तुम्हारी मर्दानगी ! है मजाल ? एक भी शब्द मेरे खिलाफ लिखोगे ?

(विशाख, तू कब से ठगता आ रहा है मुझको ?

—जी, मैं चार महीने और लूँगा...।

—जी, किताब का नाम ? 'मृगांक : एक मूल्यांकन'... !

—जी, 'महाकवि मृगांक' ?

—जी, 'मृगांक-महिमा' ?

—जी, पूरी पांडुलिपि आपके हवाले कर दूँगा।

(विशाख अच्छा गीतकार है...।

(विशाख अच्छा गाता है...।

(विशाख भारी चालाक है...।

(विशाख को मिलाकर रखूँगा...।

(विशाख को खरीद लूँगा। राष्ट्रभाषा अकादमी में अभी वह दो सौ पाता है, आकाशवाणी केंद्र में तीन सौ मिलेंगे। मैं सिफारिश कर दूँगा। वह ऊपर चढ़ जाएगा, मैं ठेल दूँगा। गीतों के उसके संकलन छप जाएँगे, मैं दुर्गा बाबू पर ज़ोर डालूँगा... मूल्यांकन जल्दी तैयार करो !

(आगे अब और कौन-सा अभिनंदन-ग्रंथ तैयार होगा ?

(आगे अब और किसका अभिनंदन किया जाएगा ?

(महाकवि, तुम भी तो पचास वर्ष पूरे कर चुके !

(हाँ, यह बावनवाँ चल रहा है। दो वर्ष पहले ही मेरा अभिनंदन हो चुका है, यानी अपना अभिनंदन मैं आप ही कर चुका हूँ...।

(दो वर्ष पूर्व मेरा पाँचवाँ पुत्र पैदा हुआ था। उसका नाम ही मैंने अभिनंदन रख दिया...।

(अभिनंदन बेटा है मेरा...मैं अभिनंदन का बाप हूँ !)

—अभिनंदन जागता है ?

—नहीं, अभिनंदन सो गया है।

—सो गया है शैतान ?

—नहीं, शैतान तो जागता है, मगर अभिनंदन सो गया है।

—यानी, वह सो भी गया है और जाग भी रहा है ?

—कौन ? अभिनंदन ?

—अभिनंदन नहीं, हमारे बाबूजी।

—यानी, ऑनरेबुल मिनिस्टर नरपतनारायण सिंह...!

पत्नी ने उधर डाँटा—आज क्या हो गया है तुमको ? ज़्यादा चढ़ा गए थे क्या ? खाना नहीं खाओगे ?

आँखें चढ़ी थीं। पलकों पर भारीपन हावी था और तनाव दृष्टि में बाधक हो रहा था।

खाना सामने आया। मृगांकजी रोटियाँ छोड़कर पहले तो कटोरा उठाकर दाल पी गए, पीछे साग-सब्जी पर टूट पड़े।

अभिनंदन की माँ हँसने लगी।

अभिनंदन के पिता भी हँसने लगे।

—दो निमंत्रण-पत्र मेरे लिए और ला देना।

—क्या करोगी ?

—करूँगी क्या, अचार डालूँगी !

—अचार ही ले आओ, दाल-साग जब नहीं है...।

इस पर देवीजी ठठाकर हँसीं। हँसते-हँसते कहा—नशे की झोंक में इस वक्त तुम अचार का मर्तबान खाली कर दोगे...।

हाथ पकड़कर जबरन उठा दिया और हाथ-मुँह धुलाकर पलँग पर लेटा आईं।

बाहर का कौन ऐसा आगंतुक है जिसको ठहराने के लिए अलग व्यवस्था करनी होगी ?

—पाठकजी ने सोचा और बार-बार सोचा, लेकिन कोई नाम याद नहीं आया। माननीय घासीराम राजा साहब के साथ ठहरेंगे, रामसागर बाबू भी वहीं ठहरेंगे। महंतजी रामलखन दास की ठाकुरबाड़ी में आसन जमाए हुए हैं। अग्रवाल को सेठ पूनमचंद अपने

साथ ले गया है। बजारिया की तो खैर यहाँ ससुराल ही है।

—और कौन आएगा बाहर से ?

—कोई तो नहीं।

योगमाया आई थी, वह अपने पिता के साथ ठहरी थी, एम.एल.ए. फ्लैट में। इन दिनों वह एक झमेले में पड़ गई थी। 'बुनियादी शिल्पशाला' के नाम पर पचास एकड़ ज़मीन रेवन्यू डिपार्टमेंट की मेहरबानी से पहले ही मिल चुकी थी, करमौली के रायसाहब की काफी धरती गैर-आबाद पड़ी थी। 'शिल्पशाला' के बिलकुल करीब थी। अब बाज़ार के एक प्रमुख सेठ ने पाँच एकड़ और ज़मीन संस्था के नाम रजिस्ट्री कर दी। पाठकजी के आश्वासन पर उसने सिनेमा-हाउस तैयार करवा लिया था कि बस लाइसेंस जब चाहो तभी मिल जाएगा। देखा-देखी दूसरे सेठ ने भी सिनेमा के लिए भारी-भरकम हॉल बनवा लिया। 'रंजना' जैसा चटकीला नाम भी उसे जाने कहाँ से मिल गया, चार ही महीने के अंदर लाइसेन्स भी मिल गया। पहले सेठ ने अब शिल्पशाला को दी हुई ज़मीन वापस लेनी चाही। पाठकजी साफ मुकर गए।

विरोधी दल के कार्यकर्ताओं ने पहले सेठ का साथ दिया। जमकर पर्चेबाजी हुई। अखबारों में दोनों ओर से आरोप-प्रत्यारोप चले...।

बुनियादी शिल्पशाला की काफी बदनामी हो रही थी। आखिर सर्वोदयी नेताओं ने बीच-बचाव किया और इस प्रकार समझौते का दरवाज़ा अब खुलने ही वाला था। यूँ पाठकजी का रुख दृढ़ था...सार्वजनिक जीवन में न तो निंदा से घबराने की ज़रूरत है, न प्रशंसा से फूलने की। अपनी आत्मा की आवाज़ को सुनो; बस, अपनी ही आत्मा की...और, संस्था के हित के लिए तो सबकुछ करना चाहिए !

—हाँ, सबकुछ करना चाहिए। मगर...।

—अगर-मगर कुछ नहीं बेटी, बस अपना काम किए जाओ।

—राह चलना मुश्किल हो उठा है, पिताजी !

—इसका मतलब ? बापू की आत्मकथा एक बार और पढ़ो !

—नहीं, सेठ सुगनचंद के लिए आपको कुछ करना ही होगा।

—क्या करना होगा ?

—न सही सिनेमा का लाइसेन्स, कोल्ड स्टोरेज का लाइसेन्स तो आखिर मिले बेचारे को !

—और अगर सरकार उस हॉल को गोदाम के तौर पर किराए पर ले ले ?

—वाह, यह तो और अच्छा रहेगा।

—ठीक है, मैं बाबूजी से कहूँगा। कल नहीं, परसों।

—करवा तो देंगे वह ! कौन-सा मुश्किल काम है !

—मुश्किल तो नहीं है...

—बाबूजी भी तो आपसे काम लेते हैं; नहीं लेते हैं ?

(हाँ भई, लेते हैं। आदमी एक-दूसरे से काम नहीं लेता है ?

(ज़रूर लेता है, ज़रूर लेगा...।

(लेकिन सेठ सुगनचंद को तुम कैसे भूल गए ? 'रंजना' के मालिक रामस्वरूप जायसवाल की तरफदारी आखिर तुमने क्यों की ?

(चुन्नू छोटानागपुर में टैक्निकल कोर्स पूरा कर रहा है। दो वर्ष हो गए, दो वर्ष बाकी हैं। जायसवाल शुरू से चुन्नू को डेढ़ सौ रुपए प्रति मास दे रहा है, अब दो सौ दिया करेगा...

(अच्छा, ऐसी बात थी ?

(हाँ, यह भी मेरे लिए बुनियादी विकास का सवाल था।

(और बुनियादी शिल्पशाला की यह बदनामी ?

(वाह, इतना कौन याद रखता है ! हिंदुस्तान की जनता भुलक्कड़ तो है ही, वह क्षमाशील भी है...।

(क्या वह आगे भी तुम्हें क्षमा करती जाएगी ?

(क्या दह आगे भी अपना अपमान भूलती जाएगी ?

(क्या चुनावों में हमेशा तुम जीतते ही जाओगे ?

(क्या अपनी ही खुशहाली पर तुम्हारा ध्यान केंद्रित रहेगा ? अवाम की पामाली क्या तुम्हारे होंठों पर ही थिरका करेगी ?)

देर तक पाठकजी गुमसुम बैठे रहे। आराम करना चाहते थे। ईज़ी चेयर लेकिन आराम नहीं पहुँचा रही थी। जाने क्या-क्या सोच रहे थे !

योगमाया का तीनसाला लड़का खिलौनेवाली कार लेकर नाना के सामने आया। चाबी भरकर उसने कार छोड़ दी।

सर्र र्र र्र र्र ऽ ऽ ऽ... !

कार सरसराती हुई निकल गई।

आरामकुर्सी के पायों के बीचोबीच होती हुई आगे निकल गई कार—उस मुखर गति ने नाना की चेतना को अवचेतन की खोह में से बाहर निकाल लिया।

नाना मुस्कुराकर नाती को देखते रहे। क्षण-भर बाद बोले—बहुत अच्छे !

फिर कहा—ला, मैं चाबी भर दूँ !

—नहीं—बच्चा ठुमककर बोला—आप छे नईं ओगा (आपसे नहीं होगा)।

पाठकजी को हँसी आ गई—नहीं होगा मुझसे ?

—आँ, नईं ओगा आप छे ! आप तोल देंगे...।

पाठकजी हँसते रहे। मन ने कहा—मैं विधायक हूँ, प्रादेशिक सरकार का विधाता...मुझसे क्या नहीं होगा ?

राजधानी में राजा साहब के पाँच मकान थे। पाँचों भाड़े पर लगे थे। एक और आलीशान मकान तैयार हो रहा था।

नया मकान किसी भी हालत में किराए पर नहीं उठाया जाएगा। फिलहाल राजा साहब नगर के सर्वश्रेष्ठ होटल में विराजमान हैं, तीन बड़े कमरे ले रखे हैं—एक सप्ताह के लिए।

रात के चार घंटे, ग्यारह बजे तक, वह रायजी को अपनी नई किताब सुनाते रहे। अंदर ही अंदर वह पछता रहे थे कि नाहक राजा साहब के साथ आ गए। पोथा सुनना क्या था, बोरियत की पराकाष्ठा थी। आदिवासी क्षेत्र को आधार बनाकर यह पांडुलिपि तैयार की गई थी। पचासों गीत अनूदित करके उसमें ले लिए गए थे। लोक-कथाओं का भी खुलकर इस्तेमाल किया था। समाज-विज्ञान, नृतत्व-विज्ञान, मनोविज्ञान...क्या नहीं था उसमें ! उपन्यास, यात्रा-वृत्तांत और आत्मकथा की यह त्रिवेणी काफी स्थूलकाय हो गई थी। आचार्य स्नेहशरण और महाकवि मृगांक ने मिलकर इसके लिए नाम चुना था—'श्याम-सुंदर : आदि-मानव'। राजा साहब धर-पकड़के लोगों को सुनाया करते थे। एक बार जो गिरफ्त में आ गया उसे चार घंटे से कम में छुटकारा नहीं मिला। लोग थे कि कतराते थे, राजा साहब थे कि श्रोता को चाँप बैठते थे।

रामसागर बाबू ने पिंड छुड़ाने की व्यग्रता में कहा—पब्लिकेशन डिवीजन यदि इसे प्रकाशित करे तो ?

—आप तो साहब दिल्ली रहते ही हैं !—राजा साहब ने कहा और चश्मा हाथ में ले लिया।

—करूँ कोशिश ?

—भला यह भी कहने की बात है !

—राष्ट्रभाषा अकादमीवाले नहीं छापेंगे ?

—अजी साहब, छाप तो मैं खुद भी सकता हूँ। सवाल छपने, न छपने का नहीं है, रेपुटेशन का सवाल है...।

—रेपुटेशन ?

—हाँ, साहब, रेपुटेशन ! मशहूर प्रकाशक आपकी किताब छापे तो रातोंरात आपके कदमों की छाप शिकागो के आसमान में जगमगाने लग जाय ! दिल्ली तो इन दिनों केंद्र हो रहा है हिंदी प्रकाशन का, आप देख नहीं रहे हैं ?

—तो, चलिए न एक बार दिल्ली !

—एक बार ? मैं तो बीस बार दिल्ली जाऊँ...आप चलकर पहले हवा तो बाँधिए रायसाहब, यूँ ही काम हो जाएगा ?

क्षण-भर के लिए रामसागर बाबू चुप रहे, फिर आँखें चमक उठीं और मुस्कान से होंठ खिल गए।

—क्या बात है ?—राजा साहब ने पूछा।

रामसागर बाबू बोले—किताब की कीमत पंद्रह रुपए से कम तो क्या बैठेगी ? चित्र और चार्ट आदि भी तो रहेंगे न ? पाँच सौ प्रतियाँ भी अगर लाइब्रेरियों में खप जाएँ, यानी इस बात का पक्का आश्वासन मिले तो दिल्ली का कोई भी अच्छा प्रकाशक

तैयार हो जाएगा। हम क्या इतना भी नहीं कर सकते ? पुस्तकालय विभाग का सुपरिंटेंडेंट हमारे लिए क्या इतना भी नहीं करेगा ?

खुशी के मारे आठ बीड़े, मगही पान के, अंदर चले गए और राजा साहब का मुखमंडल परिपूर्ण होकर अनूठी आभा बिखेरने लगा।

अब और कोई काम शेष नहीं था। बस, खाना खाकर पलँग पर लेट जाना था।

रामसागर बाबू ने साढ़े चार घंटे बाद मुक्ति की साँस ली और लुंगी निकालने के लिए अटैची की ओर बढ़े।

रामनिरंजन अग्रवाल और पूनमचंद झंझानिया उस रात देर तक जागते रहे।

थैली के लिए इकहत्तर हज़ार की रकम जैसे-तैसे वे जुटा चुके थे। धर्मराज सिंह ने इसमें से ग्यारह हज़ार ही जमा करने का भार लिया था, सो वह पिछले महीने ही जमा कर दिया था।

अग्रवाल और झंझानिया को छोटानागपुर का एक चक्कर और लगाना पड़ा था, तब जाकर इकहत्तर हज़ार की थैलीवाली यह रकम जमा हो सकी थी।

—छोटे-छोटे ठेकेदार तो रो पड़ते हैं अब !

—अजी, राम का नाम लीजिए पूनमचंदजी, आप भी धोखे में पड़ जाते हैं न !

—नहीं अग्रवाल साहब, बड़े-बड़े कंट्राक्टरों की बात कहाँ करता हूँ ! उनकी समझ में तो यह चंदा-फंदा भी एक किसम का इन्वेस्टमेंट है। लेकिन छोटे ठेकेदार कलप जाते हैं।

—मैं तो बड़ी हैसियतवालों को ही पकड़ता हूँ।

—आप स्वयं भी तो भारी हैसियतवाले हैं।

ठीक ही तो कहते हैं सेठ पूनमचंदजी। अभी दो-तीन वर्ष पहले युनिवर्सिटी के जुबली समारोह में अग्रवाल साहब ने पचास हज़ार दिए थे। दो लाख औरों से दिलवा दिए थे। विभिन्न संस्थाओं को अब तक वह लाखों दे चुके हैं और करोड़ों दिलवा चुके हैं।

दो कटोरियों में आध-आध पाव मलाई आई दोनों के लिए।

झंझानिया मलाई चाटते-चाटते बोले—अब थैली-वैली का यह झमेला बंद होना चाहिए साहब, क्यों ?...आठवाँ मिनिस्टर है यह जिसका अभिनंदन कर रहे हो आप, क्यों सा'ब ?

मलाई ख़त्म करके अग्रवाल ने कहा—दस वर्ष बाद जो मिनिस्टर होगा उसे थैली नहीं मिलेगी।

—क्यों सा'ब ? दस साल बाद किसी को थैली नहीं मिलेगी ? किसी का अभिनंदन नहीं होगा क्या ?

—ब्रिटेन, अमेरिका और रूस में आज भी मिनिस्टर को न थैली ही दी जाती है, न अभिनंदन ही होता है उसका। लेकिन हमारे देश में यह नाटक दस वर्ष अभी और

चलेगा। अभी तो खैर हमारे व्यापारी समाज को भी यह सब अच्छा ही लगता है। नहीं लगता है अच्छा? पूनमचंदजी, मैं झूठ कहता हूँ ?

—व्यापारी का क्या कसूर है, अग्रवाल साहब ? हमारा व्यापारी समाज तो सर्वोदय को अपना आदर्श मानता है। सबका उदय होगा तो हम भी ऊपर उठेंगे न ? हम किसी को नाराज़ नहीं करते हैं। कांग्रेसी, सोशलिस्ट, प्रजा समाजवादी, कम्युनिस्ट, जनसंघी, स्वतंत्र पार्टीवाले...कौन नहीं हमसे चंदा ले जाता है ? बंदरों को चने हम खिलाएँ, चींटियों को चीनी हम चटाएँ, कबूतरों को दाना हम डालें...किसको हम 'ना' करते हैं ! आपने जब जहाँ इशारा किया, हमने दस-पाँच हज़ार डाल दिए। नहीं साहब ?

—तभी तो बरकत हुई है ! आज आपकी दो मिलें हैं चीनी की, लोहा और सीमेंट का कारोबार है। शुगर-इंडस्ट्री की टैक्निकल स्टडी के लिए अपने बड़े लड़के को आपने बाहर भेजा है। पिछले साल कारखाने में हड़ताल हो गई तो सरकार ने आपके उद्योग की ही नहीं, सम्मान की भी हिफाजत की थी। आधा दर्जन सरकारी-गैरसरकारी कमेटियों के आप मेंबर हैं। विनोबा आए थे तो आपके काश्तकारी गाँव में भी उनका एक पड़ाव पड़ा था। दो रोज़ के लिए आपकी वह अमराई देशी-विदेशी संवाददाताओं का चेतना-केंद्र बन गई थी...।

—और आपकी भी तो बरकत हुई होगी ?

—बेशक ! मेरी ही नहीं, आपकी ही नहीं, देश में जितने भी बनिए हैं सभी को लाभ पहुँचा है। सभी की तरक्की हुई है। यूँ, हमारे वर्ग में भी रोने-झींकनेवालों की कमी नहीं है, लेकिन आज कौन व्यापारी कहेगा कि वह अनाथ है, बे-आसरा है ?

—लेकिन कल क्या होगा ?

—सुनिए सेठ पूनमचंदजी, कल भी हम अनाथ और बे-आसरा नहीं होंगे। भविष्य से घबराने की ज़रूरत नहीं...कल भी हमारी मौज थी, आज भी हमारी मौज है, कल भी मौज रहेगी और परसों भी...।

—मौज नहीं, खाक ! लगता है, हड़तालों से आपका वास्ता अभी नहीं पड़ा !

पूनमचंदजी की इस बात पर अग्रवाल को हँसी आ गई। अभी पिछले महीने ससुर के प्रेस में हड़ताल हो गई थी। बारह रोज़ अखबार बंद रहा। संपादकों में दो मालिकों की तरफ थे, पाँच हड़तालियों की तरफ। अग्रवालजी की राय से ससुर महोदय ने नाम बदलकर नया अखबार निकाल दिया। दैनिक 'लोकवाणी' अब दैनिक जनवाणी' हो गया। लेबर डिपार्टमेंट ने अधिक-से-अधिक यही किया कि मामले की सुनवाई के लिए तीन आदमियों की पंचायत मुकर्रर कर दी...ससुरजी को थोड़ी परेशानी ज़रूर हुई, मगर 'प्रेस्टिज' कायम रही। फिलहाल नुकसान तो हड़तालियों का ही हुआ।

सेठ रामनिरंजन अग्रवाल उदीयमान नेशनल 'बूर्जुआ' थे, कम्युनिज़्म को हौआ नहीं मानते थे। सेठ पूनमचंद उनसे ठीक उल्टे थे। अग्रवाल नेहरू और मेनन का समर्थन औपचारिक तौर पर नहीं, सैद्धांतिक तौर पर करते थे; नेहरू के प्रति उनके हृदय में आस्था भी थी, स्नेह भी था। झंझानियाजी हनुमानजी को अपना इष्टदेव मानते थे।

आधुनिक नेताओं में गुरु गोलवालकर ही उनकी श्रद्धा और प्रीति के पात्र थे। अखबारों में वह दो ही के कायल थे—दैनिक 'विश्वमित्र' और 'पांचजन्य' के।

माँ ने अंदर से बुलवा लिया तो झंझानियाजी उठ गए।

अग्रवाल सो गए।

आठ बजे दिन

समारोह-समिति की मीटिंग।

चालू सड़क का रोड-साइड। अजंता रेस्तराँ...।

नौ कुर्सियों से घिरी हुई बड़ी-सी गोल मेज़। कॉफी के प्याले।

तश्तरी में पान और ज़र्दा। गोल्ड फ्लैक का टिन। माचिस।

ऊपर—सचल सीलिंग फैन की हवा और खसखसाहट...।

नीचे—पक्का फर्श, आराम करती हुई जूतियाँ और चप्पलें...।

ललनजी (उलझे बालों में उँगलियाँ फेरते हुए मृगांकजी से)—आज का अखबार देखा न ?

मृगांक (सिगरेट का धुआँ छोड़कर)—'लाइट' भी देखा है, 'दीपक' भी देखा है। (आँखें फैला देता है)—खूब फ्लैश करके छापा है...।

मंजुमुखी देवी (मुकुराती ही रह जाती है)—हूँ...।

गोपीबाबू (पूनमचंद की तरफ देखकर)—शामियाने की तो ज़रूरत नहीं पड़ेगी, सेठ ?

पूनमचंद (निगाहें अँगूठियों के नगों पर टिकी हैं)—छोटे फंक्शन हॉल में ही जमते हैं...कहीं शामियाना रद्दी हुआ तो सारा गुड़ गोबर हो जाता है !

गोपीबाबू (ऊँची आवाज़ में)—माफ कीजिए सेठजी, अभी आपने शामियाना देखा ही कहाँ है ! (व्यंग्यपूर्ण हँसी)

पूनमचंद की ओर देखकर सभी हँसते हैं। देवीजी हँसते-हँसते मुँह पर हथेली रख लेती हैं। पूनमचंद हतप्रभ होकर टिन से सिगरेट निकाल लेता है...।

मृगांक (उठकर माचिस लेता है)—लीजिए, मैं जला दूँ, पूनमचंदजी। (सेठ की सिगरेट से जलती तीली छुआकर) बात यह है कि अच्छा शामियाना हो तो सचमुच फंक्शन में चार चाँद लग जाते हैं...दरभंगा में हम एक बार किसी समारोह में, शायद ओरियंटल कान्फ्रेन्स में, शरीक हुए थे...अब मैं आपसे क्या बतलाऊँ, सेठ पूनमचंद, कि महाराजा ने कैसा शानदार शामियाना उस कान्फ्रेन्स के लिए खड़ा करवाया था !

रायजी (घड़ी की तरफ नज़र, कलाई उठी हुई)—यह आप लोग अच्छा पचड़ा ले बैठे ! अरे बाबा, अब कौन पूछता है इन चीज़ों को ? रियासतें खत्म हुईं, ज़मींदारी

प्रथा का उन्मूलन हुआ, देखते नहीं हैं आप ? (मृगांकजी की ओर देखता है।)

कुछ क्षणों का सन्नाटा। सभी मानो दृष्टिशून्य नेत्रों से क्रमशः और साथ-साथ इधर-उधर देखते हैं। कोई किसी से नज़र नहीं मिला पाता। ब्वाय का प्रवेश–

ब्वाय (इज़ारबंद के लटकते छोर को उँगली में लपेटता है, और खोलता है, फिर लपेटता है, फिर खोलता है....)–सरकार (ललनजी की कुर्सी के पीछे खड़ा होकर) ए गो बाबू आपको चाल पाड़ते हैं, उनको यहीं ले आवें हजूर ?

ललनजी–नहीं, नहीं ! (उठकर खड़े हो जाते हैं, पैर चप्पलें टटोलते रहते हैं) चल, मैं अभी आया...उनको बैठा दे...।

रायजी (उतावली में)–ललनजी, अभी सारा काम पड़ा है और आप जा रहे हैं !

ललनजी (चलते-चलते ठमक जाते हैं)–नहीं रायजी, एक भी काम पड़ा नहीं है। सबकुछ कम्पलीट है। अभिनंदन-ग्रंथ छप ही गया...साहित्य-वाचस्पति राजा रेवतीरंजन सिंह परसों शाम को ही आ गए। केंद्रीय मंत्री माननीय घासीरामजी फ्लाई कर चुके हैं, उनका प्लेन ठीक साढ़े बारह बजे एरोड्रम पर आ धमकेगा (कलाई उठाकर टाइम देखता है) आठ पैंतीस...बारह बजे सेठजी की कार से हम तीन-चार जने निकलेंगे, घासीरामजी को ले आएँगे...पार्टी-वार्टी का सारा इंतज़ाम महंतजी, देवीजी और डुमरिया के कुमार प्रद्युम्न प्रसाद नारायणसिंह कर ही चुके हैं...प्रचार विभाग मेरे जिम्मे है ही...इसके बाद जो भी कुछ कोर-कसर रहेगी सो आप दोनों हमारे नए-पुराने नेता यहाँ मौजूद ही हैं...(समर्थन की आशा में मृगांक की तरफ रुजू होता है) क्यों मृगांकजी, मैं ठीक कह रहा हूँ न ?

मृगांकजी (सिगरेट के टिन पर झुककर)–बिलकुल ठीक ललनजी, एकदम ठीक !!

मंजुमुखी देवी (ढेर-सा मुस्कुराकर)–मगर आप अभी भाग नहीं सकते (आँखें फैला देती है)। सिर्फ दो मिनट की मुहलत मिलेगी...।

ललनजी (माथा झुकाकर)–एक मिनट और दीजिएगा ! (हँसते हैं) बस, मैं अभी आया, देवीजी !

फैशन की दृष्टि से युवती, उम्र के लिहाज़ से परम प्रौढ़ा–मंजुमुखी देवी, एम.एल.सी.। खादी की साड़ी, नागपुरी किनारियोंवाली। सादा सफेद ब्लाउज़। चौड़ा चेहरा, कमलपत्री आँखें, ऊँची नाक। गेहुँआँ सूरत। काले बालों का जूड़ा।

–मृगांकजी !

–जी ! फर्माइए !

–बहुत दिनों से आपने कुछ सुनाया नहीं !

–हैं...हैं...इधर लिखना छूट-सा गया है...।

–फिर भी एक-आध चीज़ सुनाइए न !

खि खि खि खि...पूनमचंद और गोपीबाबू खीसें निपोर-निपोरकर हँसते हैं। निगाहें

एक-दूसरे से उलझती हैं और मिल-जुलकर देवीजी तथा मृगांकजी को छू आती हैं। बीच-बीच में अशिष्ट इंगितों के सतर्क गोपन उन निगाहों में एक अजीब-सी चमक भरते रहते हैं।

—सुनाइए न, मृगांकजी !

—दयाल बाबू, सुना जाए ज़रा...

—रामसागर बाबू, आप भी !

—जी हाँ...।

—मैं गगन की नीलिमा को पी गया हूँ,
चाँद मेरा क्या करेगा ?
पा गया हूँ
प्राण तेरे प्रेमधन की चंद बूँदें,
सृष्टि का संताप मेरा क्या करेगा ?
मैं गगन की नीलिमा को पी गया हूँ,
चाँद मेरा क्या करेगा ?

—वाह ! वाह ! वाह ! वाह !

—क्या खूब...क्या खूब...क्या खूब !!

—आप तो कहते थे, लिखना छूट गया है ?

—कहिए दयाल बाबू, इनका लिखना छूट गया है ?

मृगांक का कवि जीवित है, सभी मान गए। मान गए और टिन का ढक्कन खोलकर गोपी बाबू ने सभी को सिगरेट ऑफर की, खुद को भी। मंजुमुखी देवी ने पान वाली तश्तरी से सुपारी का एक निहायत छोटा-सा बल्कि चने की दाल का हमवज़न टुकड़ा उठा लिया। जलती सिगरेटों से धूम्रवलय उठ-उठकर पंखे की हवा पर निछावर होने लगा।

नान ननेना ना ननेना—सेठ पूनम नाक के स्वर में गुनगुना रहे थे—नान नेना ना ननेना, यानी चाँद मेरा क्या करेगा...!

ललनजी को निकले पंद्रह मिनट हो गए थे।

—आप लोग हैं ही, मैं ज़रूरी काम से जा रही हूँ।

—ज़रूरी काम ? कौन-सा ऐसा काम आ पड़ा है ?

—लखनऊ से मँझली बहू की भावज आई है, आज उसे सर्जन को दिखलाना है, दयाल बाबू।

तो देवीजी चली गईं। ललनजी को और भी विलंब हुआ।

आखिर साढ़े नौ बजे बैठक अपने-आप बर्खास्त हो गई...।

बारह बजे

शाम को आज उनकी संवर्द्धना थी, बाबूजी नरपति नारायणसिंह—माननीय मालमंत्री महानुभाव—अपनी इकहत्तरवीं वर्ष-गाँठ के अवसर पर पुराने एलबम देख रहे थे।

विशाल सरकारी बँगला।

कलापूर्ण ढंग से सुसज्जित यह स्टडी-रूम।

सोफा-सेट, द्वार और रोशनदान आदि के कवर व पर्दे ऐसे थे कि सुरुचि पर सादगी कुर्बान थी, सादगी पर वैभव का उल्लास निछावर था। जुड़े हाथोंवाले बापू का प्रसन्न-गंभीर चित्र समूचे परिवेश पर छा रहा था...।

भागलपुरी तसर का कुर्ता, खद्दर की श्वेत-शुभ्र धोती। चंदेल माथा। खूबसूरती को बुढ़ापा अच्छी तरह पी चुका था, फिर भी महीन-छँटी मूँछें, बावजूद अपनी सफेदी के, सादे-चिकने गेहुँआँ गालों को पानीदार बनाए हुए थीं। मामूली आँखें, नुकीली नाक, बड़े-बड़े कान।

रजत-जयंती तो नहीं, दस साल पहले स्वर्ण जयंती ज़रूर मनाई गई थी। और अब यह हीरक महोत्सव सामने था। बाबूजी काफी खुश नज़र आ रहे थे।

दाईं ओर तिपाई पर दो एलबम पड़े थे। एक को उन्होंने सामने कर लिया।

उलटने पर फोटो में दुबला-पतला नौजवान निकल आया—यह कौन है ? नरपत, तुम्हीं तो हो !

पचपन वर्ष पहले मैट्रिक पास किया था, सेकिंड डिविजन में। बंगाली फोटोग्राफर गमलों में करोटन के पौधे रखता था। एक टहनी का छाया-चित्र वह क्या उचक रहा है...दादा की नीयत थी, बबन ज़िला-अदालत में मुख्तारगिरी करे। बाबूजी की इच्छा थी, कलकत्ता रहकर बबन बी.ए. कर ले और पीछे भगवान की मर्ज़ी होगी तो मुन्सिफ या सदर-आला हो जाएगा। नाना की नज़रों में बड़ी लाइन के जंक्शन का बड़ा बाबू होने पर ही बबन का इहलोक-परलोक सुधर सकता है। मगर बबन को तो जनता के जीवन में घुल-मिलकर अपना सर्वस्व देशमाता के चरणों में अर्पित कर देना पड़ा, पराधीन भारत की वह दुर्दशा भला बबन से बर्दाश्त होगी ?

बाबूजी ने फोटोवाला वह पेज उलट दिया। अब ग्रुप-फोटो सामने था। कलकत्ता के एक गैर-सरकारी कालिज का प्रांगण। सात खास छात्रों की यह मंडली उस विद्या-केंद्र की प्रतिष्ठा का अन्यतम प्रकाश-स्तंभ थी—दाढ़ीवाले प्रिंसिपल घोषाल आगे बैठे हैं। उनसे सटकर पीछे सात लड़के खड़े हैं...अपनी जवानी को सामने साकार पाकर बाबू साहब का चेहरा खिल उठा। बंग-भंग के खिलाफ जनता का वह तूफानी आंदोलन दिमाग में नाच गया तो माननीय मंत्री की झुकी रीढ़ सीधी हो गई।

फिर लॉ की डिग्री, बी.एल्.। दो सहपाठियों के साथ नरपत बाबू की वह वही छवि थी जो कन्वोकेशन के बाद खिंचवाई गई थी।

तत्पश्चात् प्रादेशिक युवक सम्मेलन, अखिल भारतीय हिंदी साहित्य सम्मेलन,

आल इंडिया कांग्रेस का सालाना अधिवेशन, आदि अवसरों पर साथियों के साथ खिंचवाए हुए फोटो जल्दी-जल्दी में उलट गए।

अब आँखों के आगे थीं दिवंगत पहली पत्नी शिवकाशी देवी, बहुत बड़े खानदान की इकलौती लड़की। गहरी साँस खींचकर बाबूजी मन ही मन बोले—कितनी मिठास थी स्वभाव में तुम्हारे ! सन् 1922 में नगेंदर पैदा हुआ और तीन वर्ष बाद ही तुम हमें छोड़ गईं !

तीन-चार पेज पलटने पर दूसरी पत्नी रामकली देवी से साक्षात्कार हुआ। इनसे बाबूजी की सदैव अनबन रही। गत वर्ष आपका देहांत हो गया। रामकली देवी के शील-स्वभाव की मीमांसा कर ही रहे थे कि मंत्रीजी को शीतलगढ़ की विधवा रानी भुवनमोहिनी का स्मरण हो आया। उनका फोटो एलबम में तो स्थान नहीं पा सका, मगर हृदय-कमल के कुंजलक पर सिवा उसके है ही कौन...?

क्षण-भर के लिए नरपत बाबू ने आँखें मूँद लीं, अलबम को अलग रख दिया। रानी के सिलसिले में सोचना चेतना को सुख पहुँचा रहा था।

भुवनमोहिनी—मुँदी आँखों की पलकों का स्पंदन भला कम क्यों होता ?

भुवनमोहिनी—दिनांत की प्रलंबित छाया अपने छोर भला दिगंत तक क्यों न पसारती !

भुवनमोहिनी—पावस की कौंधती बिजली भला महामेघ के नेपथ्य को बेदाग क्यों छोड़ती !

सहसा बाबूजी की पलकें खुलीं। पास ही दूसरी तरफ तिपाई पर नौकर पान की डिब्बी रख गया था। मगही पान के चार बीड़े उन्होंने चाँदी की उस नफीस डिबिया से निकाल लिए। अंदर गाल का दबाव पड़ा तो बीड़ों को राहत ही मिली। पड़ोसी प्रदेश के मुख्यमंत्री ने उड़ीसा के स्वर्णकारों की कला का जो प्रतीक सौगात के तौर पर भेजा था, सोने की कलीनुमा वह डिब्बी लखनवी ज़र्दे से भरी पड़ी थी। देखने में आधा अँगूठा जितनी; कील दबाते ही फट से खुल गई। ज़रा-सा ज़र्दा बाबूजी ने मुँह के हवाले किया...।

उगालदान में पीक डालते हुए बाबूजी ने सोचा—सन् 1924 में जेल से छूटने पर मुकदमे की पैरवी के लिए न पुरुलिया जाना होता, न रानी के भाई से जान-पहचान हुई होती। वीरविक्रमसिंह बहादुर देव, रानी भुवनमोहिनी का भाई। पुरुलिया से वह कैसे मुझे चक्रधरपुर ले गया और कैसे फिर हम शीतलगढ़ पहुँचे। रानी की एकमात्र संतान बारहसाला लड़की घुड़सवारी-दुर्घटना में बुरी तरह घायल होकर चार रोज़ बाद मर गई थी। पुत्री के शोक में माँ के भी मरने का अंदेशा था। मैंने रानी के भाई से कहा—देखते क्या हैं ! ले चलिए इन्हें पुरी के समुद्र तट पर, महीने-दो महीने में स्वस्थ हो जाएँगी...आखिर मुझे भी साथ जाना पड़ा...कुमार वीरविक्रमसिंह, स्टेट के काम से शीतलगढ़ लौट आए। रानी के मानस-उपचार की सारी जिम्मेदारी अब मुझ पर ही आ पड़ी थी...।

छः साल—1924 से लेकर 1930 के आरंभ तक नरपत बाबू राजा थे और भुवनमोहिनी रानी। छोटानागपुर के शहरों में जुपीटर इंश्योरेंस कंपनी का काफी नाम था। नरपत बाबू कंपनी के मैनेजिंग डाइरेक्टर थे। डेढ़-दो साल के लिए खानों की मैनेजरी भी की थी।

बाबूजी के लिए रानी ने दो तिमंजिला मकान पुष्पपुर महानगरी के 'अगम कुआँ' एरिया में बनवा दिए थे। लगभग डेढ़ लाख लागत की वे कोठियाँ दूर से ही जगमगाती थीं। हर महीने पंद्रह सौ का भाड़ा आ रहा था, केंद्रीय और प्रादेशिक सरकार के कई दफ्तर इन कोठियों में उठ आए थे।

नरपत बाबू जेल में थे कि रानी चल बसीं...।

देर तक दिमाग पर रानी छाई रही।

बाबूजी ने फिर एलबम उठा लिया। 1933 के अंत में जेल से छूटकर आने पर जनता ने मालाओं से लाद दिया था। टोपी की नोक और नाक से ही अब कोई पहचान ले तो हो सकता है। उक्त अवसर के तीन-चार फोटो और भी थे।

दो वर्ष बाद प्रदेश के उत्तरी इलाकों में ज़ोरों की बाढ़ आई। सैकड़ों गाँव डूब गए। खेतोंवाले मैदान डेढ़-दो हफ्ते जल-प्रलय के लीला-निकेतन बने रहे। सेवा-कार्य के लिए केंद्रीय रिलीफ कमेटी संगठित हुई। लाखों मन अनाज, हज़ारों थान कपड़ा, पंद्रह लाख से ऊपर नकद रकम, दवा की बोतलों से भरे सैकड़ों बक्स और जाने क्या-क्या सामान...कैंप के कैंप भर गए। बंबई, कलकत्ता, कराची, अहमदाबाद...जाने कहाँ से मददगारों की टोलियाँ आ धमकीं। कमेटी का जनरल-सेक्रेटरी होने के नाते नरपत बाबू ने लोकसेवा में एक नई परंपरा की शुरुआत की। कार्यकर्ताओं को इस बात का प्रशिक्षण मिला कि अपढ़ देहातियों को पाँच की रकम दो तो दसवाले रुक्के पर अँगूठे का निशान लो, तीस दो तो पचास का रुक्का बनाओ।

लोकसेवा का व्रत जिनकी रग-रग को सोख चुका है, जिनके जीवन का दीप हमेशा औरों के लिए जलता रहा, ऐसे कार्यकर्ता निर्लिप्त भाव से यदि सार्वजनिक निधि में से सौ-पचास लेते चलें तो इसमें बुराई कैसी ?...सहायता समिति के कर्मचारियों के खिलाफ भ्रष्टाचार के आरोप अदूरदर्शी आलोचकों ने लगाए ज़रूर, किंतु बाबूजी ने मुस्कुराकर सभी को चुप कर दिया था। यह मुस्कान ही तो थी जिसके चलते नरपत बाबू 'सिर से पैर तक मिठास-भरे व्यक्ति' कहलाते थे !

एक फोटो था—नरपत बाबू के हाथ में कुदाल है और पाँच-सात अर्धनग्न ग्रामीण अधूरी भीत के पास खड़े-खड़े बाबूजी की तरफ कृतज्ञ नज़रों से देख रहे हैं। करीब ही पुरानी ढंग की कार दिखाई दे रही है...।

यह मुजफ्फरपुर के देहात का दृश्य है—बाबूजी स्वगत बुदबुदाए और चेहरा चमक उठा। फिर आंतरिक आह्लाद की मीठी अनुभूति के उस प्रवाह में एलबम के पाँच-सात पेज यों ही उलट डाले आपने। आगे था 1937 वाली मिनिस्ट्री का शपथ-ग्रहण समारोह...चेहरे पर वही सनातन प्रफुल्लता...धोती-कुर्ते में लिपटी यही छरहरी

देहयष्टि...किश्तीनुमा यही टोपी...प्रलंबित ग्रीवावाले मुखमंडल को आकर्षक बनानेवाली यही नुकीली नाक !...बाबूजी मिनिस्टरों और पार्लियामेंटरी सेक्रेटरियों की अपनी इस पुरानी जमात में अपने को अच्छी तरह पहचान गए हैं—बाहरी आडंबर तो नरपत बाबू को कभी छू ही नहीं पाया ! न तब, न अब !

पहले मंत्रिमंडल में आपके पल्ले निरक्षरता-निवारण, समाज-कल्याण और ग्रामोद्योग जैसे शुद्ध बुनियादी महकमे पड़े। बापू के प्रति आपकी सर्वाधिक आस्था इस प्रकार खिल उठी।

एक परमार्थी प्रकाशक ने आपके नाम पर दो पैसेवाली पुस्तिकाओं की 'लोकोपयोगी' सिरीज़ ही चला दी तो माननीय मंत्रीजी का चित्त मैत्री और मुदिता वृत्तियों से विगलित हो उठा और किताबों का वह सौदागर कपड़ा और चीनी का क्षेत्रीय लाइसेन्सदार बन कर निहाल हो गया। आपके बड़े बबुआ के नाम पर बालीगंज (कलकत्ता) में दो फ्लैट उसने चोरबाजारी के उस पहले दौर में ही ले दिए थे...।

झुककर बाबूजी ने पान की शेष सीठी उगालदान के हवाले की और चाबियों के गुच्छे में लगी चाँदी की सींक से दाहिना कान खोदने लगे।

कान खोदते-खोदते उनकी दृष्टि दाहिने हाथ की अनामिका उँगली पर जगमगाते नग से उलझ गई। रुपए-भर विशुद्ध गिनीगोल्ड की यह अँगूठी पूना का एक प्रख्यात स्वर्णशिल्पी दे गया था। इसके लिए नग कामाख्या के मशहूर तांत्रिक श्री 108 श्री वज्रलिंगाचार्य की पसंद से आया था और जौहरी को नौ सौ पचपन रुपए का चेक देना पड़ा था...।

यह बड़ा ही शुभ साबित हुआ...नरपत बाबू ने सोचा—अबकी तीसरी दफा मंत्रिमंडल में वे मुझे शायद ही शामिल करते ! जगदंबा की कृपा न हुई होती तो इस बार मामूली एम.पी. बनाकर अपनी पार्टीवाले मुझे दिल्ली की तरफ ठेल देते...जात-पाँत का भस्मासुर एक न एक रोज़ हमें ख़ाक करके ही छोड़ेगा, मगर पचीस प्रकार के स्वार्थ आपस में जहाँ टकरा रहे हों, वहाँ अपनी सत्ता को बरकरार रखने के लिए और भला किया भी क्या जाए ?

'निरक्षरता-निवारण' के बनगाँव-ज़िला केंद्र का उद्घाटन आगे आया। शिक्षा-विभाग का केंद्रीय उपमंत्री, अमेरिका और इंगलैंड के शिक्षा-शास्त्री, अपने राज्य का मुख्यमंत्री; इनके अलावा शिक्षा-विभाग के अनेक उच्चाधिकारी, तीन विधायक, एक विधायिका...बहुत सारे गण्य-मान्य अभ्यागतों का यह ग्रुप-फोटो ही उस महोत्सव का साक्षी रह गया था। मुख्यमंत्री के बाद ही नरपत बाबू दिखाई दे रहे थे....।

बनगाँव वही ज़िला था जिसकी सुदौली बस्ती बाबूजी की जन्मभूमि थी। अपनी जात-बिरादरी के लोग लाखों की तादाद में आसपास आबाद थे। दस-पाँच नहीं, पचासों गाँव थे। निरक्षरता-निवारण, समाज-कल्याण और ग्रामोद्योग के नाम पर बीसियों युवक बाबूजी की कृपा से यहाँ पर काम पा चुके थे। यह दूसरी बात थी कि नियुक्ति से पहले विभागीय हैड-क्लर्क ने एक-एक सौ की दक्षिणा वसूल कर ली थी उनसे। शिकायत किए

जाने पर हैड-क्लर्क बाबू श्री मुंद्रिका प्रसाद सिंह के पक्ष में माननीय मंत्री बोले थे—क्या करोगे, मजबूरी है बेचारे मुंद्रिका की ! पाँच-पाँच सयानी लड़कियाँ सीने पर सवार हैं, गनीमत कि दस-पाँच बाल अभी तक उनके सिर पर देखते हो...पचीस-तीस हज़ार रुपए कहाँ से लाएगा गरीब ? मैं मजबूर हूँ, मुंद्रिका जब सामने आकर खड़ा हो जाता है तो हमदर्दी मेरी न्याय-निष्ठा को गला डालती है...।

कोपेनहेगन में समाज-कल्याण का विश्व-सम्मेलन हुआ था, भारतीय प्रतिनिधि-मंडल में बाबूजी का भी नाम था और आप सम्मेलन में उपस्थित भी हुए थे। तीन-चार फोटो विदेश-यात्रा के थे। यूरोपीय भद्रजनों और महिलाओं के बीच भारतीय लिबास में अपने को पाकर मंत्रीजी का चेहरा आवश्यकता से अधिक खिल उठा। मन ही मन बोले—ऐसे ही अवसरों पर राष्ट्रीय संस्कृति खराद पर चढ़ती है वरना आजकल अधिकांश आदमी 'गंगा गए गंगादास जमुना गए जमुनादास' ही हुआ करते हैं।...फिर जाने क्या सोचकर बाबूजी ने बापू के चित्र की ओर सामने दीवार पर देखा और दोनों हाथ सिर से सटा लिए !

कि इतने में मंजुमुखी देवी आ पहुँचीं।

पहले तो वह सामनेवाली कोच पर बैठीं, पर कुछ ही क्षण बाद बाबूजी वाली आरामकुर्सी के चौड़े हत्थड़ पर आ विराजीं।

एक एलबम उठा लिया। मुस्कुराकर बोलीं—बहुत दिनों के बाद आपको इनकी सुध आई !

बाबूजी ने जवाब में एक शब्द भी नहीं कहा, मुस्कान की मद्धिम आभा भीतरी प्रसन्नता की अभिव्यक्ति के लिए काफी थी।

तीनों एलबम हटाकर देवीजी बोलीं—डेढ़ बज रहा है, अब तक आपने खाना नहीं खाया ! बड़े शौक से मैंने आज श्रीखंड तैयार किया है। बाबाजी से और मृदुला से कह गई थी कि आपको बारह बजे ही खाना खिला दें...।

नरपत बाबू ने बीच में ही टोका—आज तुम्हारे सामने खाना खाने की नीयत थी—मृदुला ने वक्त पर भोजन की याद दिलाई ज़रूर थी मगर...।

—मगर...मुस्कुराकर देवीजी ने कहा—बीते दिनों का लेखा-जोखा तबीयत को राहत पहुँचाता है, बाबूजी ! मैं सबकुछ समझती हूँ...।

नरपत बाबू अंदर से अबोध बालक की हल्की खिलखिलाहट खींच लाए और देवीजी के कंधे पर हाथ रख दिया।

बूढ़ी हथेली पर जब प्रौढ़ महिला का मज़बूत और गरम हाथ पड़ा तो वह उलट गई—

—माधवी कहती थी, आप उस पर नाराज़ हैं !

—नहीं, मैं भला माधवी पर नाराज़ रहूँगा ?

—तो छोकरी झूठ कहती थी ?

—तुम जानो, जाने तुम्हारी लड़की...।

—लड़की तो वह आपकी है...।

—हूँ, तुम लोग अब इस बुड्ढे से चाहती क्या हो ?

बाबूजी आरामकुर्सी से उठे, अँगुलियों से उलझाकर अँगुलियाँ फोड़ीं तो चट्-चट् की आवाज़ हुई। बाथरूम की दिशा में बढ़ते-बढ़ते बोले—कभी किसी परीक्षा में जो फर्स्ट या सेकिंड नहीं आई, वही अब सरकारी गर्ल्स कालिज में हैड ऑफ डिपार्टमेंट है। रातोंरात मैं प्रिंसिपल कैसे बना दूँ ? ज़िंदा रहा तो दो वर्ष में माधवी प्रिंसिपल हो ही जाएगी। लेकिन इस तरह घबराओगी तो किया-कराया सब चौपट हो जाएगा—आज तो नहीं, कल उसे यहाँ भेज देना, समझा-बुझा दूँगा। अरे, धीरज का पाठ माधवी को हमारी मृदुला से लेना होगा।

देवीजी ने इधर सिर घुमाकर मुँह बनाया और उधर बाबूजी बाथरूम के अंदर घुसे।

पाँच बजे शाम

समारोह-समिति की तरफ से बड़े ही नफीस निमंत्रण-पत्र छपवाए गए थे। चौपेजी आर्ट पेपर। दुरंगी सुनहली प्रिंटिंग। शंखों और सीपियों की हल्की चंपई सतह इस लाल-पीली छपाई को अधिकाधिक निखार रही थी। ऊपर अजन्ता स्टाइल में दो नर्तकियाँ आमने-सामने घुटने टेककर आरतीवाले हाथ उठाए हुए थीं। प्रख्यात कलाकार उग्रमोहन महापात्र की तूलिका का यह चमत्कार लोगों के लिए अपनी चीज़ था—अन्दर निमंत्रण का मजमून था। तीसरे पेज पर प्रोग्राम छपा था :

1. आशीर्वाद (वैदिकों और बौद्ध भिक्खुओं द्वारा)
2. मंगलगान (महिला कला निकेतन की छात्राओं द्वारा)
3. समारोह की अध्यक्षता (राजा रेवतीरंजन सिंह करेंगे)
4. अभिनन्दन-ग्रंथ (माननीय घासीराम द्वारा अर्पित होगा)
5. संवर्द्धना के दो-दो शब्द (प्रमुख नागरिकों, माननीय घासीरामजी एवं अध्यक्ष द्वारा)
6. बाबूजी का कृतज्ञता-निवेदन
7. कविता-पाठ (सर्वश्री पद्मानन्द, 'विशाख', पंचानन सिंह 'प्रचंड', कविवर मंजु घोष, महाकवि मृगांक)
8. नृत्य (कुमारी अंजलिदास गुप्त, वन्दना ठाकुर, नीलिमा झा)
9. धन्यवाद (दयाल बाबू)

नीचे बारीक टाइप में छपा था—कार्ड साथ लाना न भूलें।

आठ बजे रात को कुमार प्रद्युम्नप्रसाद नारायण सिंह बाबूजी के निमित्त अभ्यागतों और विशिष्ट नागरिकों को प्रीतिभोज देनेवाले थे, उसके लिए अलग से कार्ड छपा था।

साधना-सदन का विस्तृत हॉल। अगस्त की उमसभरी शाम। दरी और जाज़िम पर बैठा हुआ जन-समुदाय। ऊपर तीन कतारों में नाचते हुए पन्द्रह सीलिंग फैन—सामने सुसज्जित मंच, तीन मसनदें, दो माइक...।

राजा साहब, माननीय घासीराम और नरपत बाबू बरामदे से होकर मंच की दाहिनी तरफ प्रकट हुए। पीछे-पीछे दयाल बाबू, ललनजी, मृगांकजी। चुस्त चूड़ीदार सफेद पाजामा और असमिया अंडी की शेरवानी में साधना-सदन के मन्त्री श्री रामप्यारे प्रसाद भी आहिस्ता से डाइ पर चढ़े और मृगांकजी से सटकर खड़े हुए।

नरपत बाबू और राजा साहब ने माननीय घासीरामजी से आसन ग्रहण करने का अनुरोध किया। वह बीच वाली मसनद के सहारे बैठे तो अगल-बगल नरपत बाबू और राजा साहब ने भी अपना-अपना आसन ग्रहण किया। पीछे दाईं तरफ दयाल बाबू आदि भी बैठ गए।

दीवार से टिकाकर भारी-भरकम तानपूरा रखा हुआ था। वहीं मालाओं से भरी डाली दिखाई दे रही थी। बाईं तरफ हारमोनियम, तबला और पखावज पड़े थे। ऊपर दो पंखे और तीन बल्ब।

हॉल में जनता की उपस्थिति निहायत मामूली थी।

दयाल बाबू ने ललनजी के कान में फुसफुसाकर कहा—अभी नहीं, घुँघरू छनकेंगे लोग तब टूटेंगे।

हाँ—कुटिल इंगित में डूबी हुई पलकें झपककर दयाल बाबू ने जवाब दिया—घंटा-भर बाद आडियेन्स कई गुना अधिक बढ़ जाएगी। आज न सनीचर है, न इतवार। कालेजियट छोकरे और दफ्तरवाले लोग भला पाँच बजे क्यों आने लगे ?

मृगांकजी ने अपनी पोर्टफोलियो से निकालकर एक-एक प्रोग्रामवाला पर्चा माननीय घासीराम, राजा साहब और बाबूजी को थमा दिया।

कलाई पर निगाह टिकाकर राजा साहब बोले—पाँच पन्द्रह हो रहे हैं, अब आरम्भ कीजिए।

—बस दो मिनट और !—ललनजी ने कहा।

—राज्यपाल श्री चिंचालकर आ चुके हैं—हाँफते हुए आकर झाजी ने कहा।

राज्यपाल आए। पीछे-पीछे मिलिटरी सेक्रेटरी और दो पार्षद तथा मिलिटरी सिविल सूट में।

राज्यपाल के सम्मान में सभी उठ खड़े हुए। माननीय घासीराम ने उन्हें अपने साथ बैठा लिया।

उपस्थिति में बीस-पचीस की तादाद बढ़ गई। अब तक सभी बैठ चुके थे।

इशारा पाकर दो पंडित और भिक्खु मंच पर आए। मैकेनिक ने माइक फिट कर दिया तो वैदिक और पालि गाथाओं से मंगल पाठ होने लगा।

तत्पश्चात् तीन छात्राओं ने मांगलिक गीत गाया।

तिरछी टोपी और घनी मूँछोंवाले पंडित श्री शिवदयाल पाठक, एम.एल.ए. उर्फ

दयाल बाबू ने राजा रेवतीरंजन प्रसादसिंह महोदय से समारोह की अध्यक्षता के लिए प्रार्थना की। ललनजी ने मान्य अभ्यागतों के गले में एक-एक माला डाल दी।

अध्यक्ष ने माननीय घासीरामजी से बाबूजी को अभिनन्दन-ग्रंथ अर्पित करने का आग्रह किया। चन्दन की वह नफीस मंजूषा आ चुकी थी जिसके अन्दर अभिनन्दन-ग्रन्थ रखा था। दयाल बाबू मुस्तैद थे कि अवसर आने पर मंजूषा समेत अभिनन्दन-ग्रन्थ घासीरामजी को थमा देंगे।

घासीरामजी खड़े हुए तो माइक उनके मुँह के सामने एडजस्ट किया गया। शेरवानी का गला ढीला करके वह बोलने लगे :

'अध्यक्ष महोदय, महामहिम राज्यपाल, सज्जनो और देवियो !

'मैं जिला स्कूल में नाइन्थ क्लास का विद्यार्थी था। उन्हीं दिनों बाबूजी की कीर्ति इन कानों में पहले-पहल पहुँची थी।

'मैंने हमेशा इन्हें अपनी आत्मा के साथ पाया। संघर्ष और शान्ति, सत्याग्रह और समझौता, हर्ष और शोक...चाहे किसी भी स्थिति में देश रहा हो, नरपत बाबू उसी में रमे रहे।

'इन्होंने अपनी वकालत पर लात मार दी, परिवार की सुख-सुविधा का रत्ती-भर ख्याल नहीं रखा, बच्चों की पढ़ाई-लिखाई की परवाह नहीं की, पत्नी को भारत-माता की बलिवेदी पर न्योछावर कर दिया...।'

इसके बाद वक्ता का गला भर आया। शब्द अटक-अटककर निकलने लगे और आँखें डबडबा आईं। जेब से रूमाल निकालकर उसने आँसू पोंछे और भावावेग पर काबू पाने की कोशिश की।

कि किसी स्त्री की गोद का बच्चा रो पड़ा। आक़स्मिक विघ्न जनता के मन को कानों से हटाकर निगाहों पर खींच लाया।

वक्ता को प्रकृतिस्थ होने का मौका मिला और देवीजी विक्षुब्ध शिशु को शान्त करने के लिए बरामदे की तरफ निकल गईं।

हॉल में चालीस-पचास आदमी और आ गए।

घासीरामजी दस मिनट और बोले। अभिनन्दन-ग्रन्थ वाली मंजूषा दयाल बाबू से लेकर बाबूजी की ओर बढ़े।

बाबूजी उठे और विनम्र होकर अभिनन्दन-ग्रन्थ ले लिया।

महिला कला-निकेतन, शिल्पी संघ, बाल-मण्डल, हिन्द हितकारी समाज, दलित-हितैषिणी सभा आदि संस्थाओं की तरफ से बाबूजी को मालाएँ पहनाई गईं। दो-तीन अभिनन्दन-पत्र भी पढ़े गए।

राज्यपाल और कतिपय प्रमुख व्यक्तियों ने संवर्द्धना के दो-दो शब्द कहे। इनमें व्यापारी भी थे, विद्वान् भी थे, जन-सेवक भी।

मंजुमुखी देवी से भी बोलने का आग्रह किया गया। आपने पहले तो अपनी असमर्थता जतलाई, पीछे मृगांकजी के डबल अनुरोध पर उठ खड़ी हुईं। घुटकती आवाज़

में कहा—

'माननीय अध्यक्ष और भाइयो !

'बाबूजी के बारे में मैं भला क्या कहूँ ? वह तो मेरे राजनीतिक गुरु हैं। आज मैं जो भी कुछ हूँ, सब उन्हीं की कृपा का फल है...।''

उपस्थित जनसमुदाय में दबी हुई हँसी और व्यंग्यात्मक ध्वनि की मिश्रित गूँज उठी कि देवीजी ने उस इंगित को समझ लिया। अध्यक्ष की तरफ मुँह करके हाथ जोड़े और पीछे जाकर मृगांकजी के पास बैठ गईं।

अब कृतज्ञता-निवेदन का अवसर आया तो बाबूजी उठे। माइकवाले ने माइक के डंडे को उनकी लम्बाई के अनुपात में ठीक कर दिया।

जनसमूह को प्रणाम करके नरपत बाबू बोले—

'मान्य अध्यक्ष, महामहिम राज्यपाल, आयुष्मान् घासीरामजी, देवियो और सज्जनो !

'फूल की संगति पाकर कीड़ा भी सज्जनों के सिर पर विराजमान होता है : कीटोऽपि सुमनस्संगाद् आरोहित सतां शिरः। भारतीय परम्परा की यह पुरानी कहावत है। मेरे-जैसा अदना आदमी आपकी श्रद्धा-भक्ति का भाजन हो नहीं सकता था, अगर बापू का जादू भरा सम्पर्क मुझे नहीं मिलता। पारस का सम्पर्क मामूली से मामूली लोहे को सोना बना डालता है...।

'भारत अब एक स्वाधीन राष्ट्र है, सार्वभौम प्रभुता से सम्पन्न शान्तिकामी राष्ट्र। स्वाधीनता की बदौलत हमने क्या हासिल किया है, इसका पता बाहर विदेशों में चलता है। सारा संसार आज भारत की तरफ टकटकी लगाए हुए है। क्षुद्र संकीर्णताओं से ऊपर उठकर हमें अपने अन्दर राष्ट्रीय स्वाभिमान की ताज़गी महसूस करनी चाहिए।

'समस्याएँ हैं और उनका हल भी हमें निकालना होगा, मगर संक्रांति के इन क्षणों में रत्ती-भर भी उतावली हमारा भारी से भारी अहित कर सकती है।

'मैं अब बूढ़ा हुआ। मैं ही क्यों, देश को आज़ादी दिलानेवाले बहुत सारे नेता अब बूढ़े हो चले हैं। हमारा ध्यान नई पीढ़ी पर अटका है। साधना के विशाल क्षेत्र युवकों के लिए रिक्त पड़े हैं।

'शासन और सत्ता की ज़रा भी लालसा हमारे अन्दर नहीं है। हाँ, इस बात की लालसा ज़रूर है कि जनता-जनार्दन की सेवा के लिए अन्तिम क्षण तक हम अपने तन-मन का उपयोग कर सकें...।'

तालियों की गड़गड़ाहट हुई। बाबूजी बैठ गए।

ललनजी ने अध्यक्षजी के कान से मुँह सटाकर कुछ कहा। उधर बाईं तरफ बगलवाले कमरे से घुँघरू की आवाज़ आई तो हॉल क्षण-भर के लिए मुखर हो उठा। बाहर बिखरी भीड़ दरवाजे के करीब बटुर आई।

राजा रेवतीरंजन प्रसादसिंह साहित्यकार तो थे ही, इस बुढ़ौती में भी 'नज़ाकत की सोन-छड़ी' कहलाते थे। धोती, कुर्ता, तह की हुई चादर। चौड़ा चेहरा और चमकीला

माथा। साँवली सूरत को बैठी नाक और कौड़िया आँखें अकारण गम्भीर बनाए रहती थीं। नकियाकर बोलते थे। खड़े होकर बाएँ हाथ से माइक का डंडा थाम लिया और दायाँ हाथ चमकाकर बोले :

'भाइयो और बहनो !

'बस दो शब्द ही कहूँगा मैं तो। फिर कविता-पाठ और डान्स मुख़्तसर और बस, समारोह की समाप्ति...।

'अँधेरी रात थी, बरसाती आसमान था। बिजली कौंधी और बादलों का सीना चाक-चाक हो गया। बजती रही बूँदों की पायल, जुड़ाता रहा धरती का कलेजा...।

'ऐसे में कुँवर कन्हैया नाग-नथैया पैदा हुआ था और सो भी जेल में ही...।'

राजा साहब की वचनभंगी ने झटका खाया, साथ ही छरहरी देह सधे अभिनेता की तरह कुलाँच खाकर बाँकी हो गई...।

पलक मारते ही जादूगर की तरह राजा साहब ने भाँप लिया कि जनमन कौतूहल कई गुना बढ़ गया है। झटके से एक दृष्टि पीछे बैठे सज्जनों की तरफ डालकर फिर सामने देखा। कहने लगे :

'हाँ, जेल में ही पैदा हुए थे नरपत बाबू ! आपको अचरज होता है ? अरे, आप और हम और ये हमारे लीडरान सबके सब जेल में पैदा हुए थे...फिरंगियों की अमलदारी में समूचा हिन्दुस्तान एक विराट् जेलखाना था ! अब समझे आप...?'

इस तरह पाँच मिनट तक राजा साहब अपनी उस फुलझड़ी-टेकनीक में नरपत बाबू की प्रशंसा करते रहे और लोगों को बोर होने से उबार लिया।

उपस्थित कवियों की सूची मृगांकजी ने तैयार कर रखी थी। कागज़ राजा साहब ने ले लिया। शुरू हुआ कविता-पाठ :

उदीयमान कालेजियट कवि पद्मानन्द–

मुसकाती है शरद रजनी
मुसकाता है पूनम चन्द !
धरती का हिय जुड़ा रहा है
नरपति, तब यश अमल-अमन्द।
कानों को चाहिए तुम्हारी
वाणी का पीयूष प्रवाह !
देव, तुम्हारी कर्ममुखरता
भर दे जन - जन में उत्साह !
नए लोग हैं, नई उम्र है
हम से लो तुम आशीर्वाद !
ओ युगपुरुष, तुम्हारी साँसें
युग-युग तक बाँटें आह्लाद !

नई धारा के गीतकार 'विशाख'–

बोल रही बाँसरी !
काया की डाल पर
जीवन के ताल पर
सपनों के उजले पर तोल रही साँस री !
बोल रही बाँसरी !
श्रम - सुधा चाटकर
तिमिर-तोम काटकर
खोल रहा मानव अब किस्मत की फाँस री !
बोल रही बाँसरी !

युगधर्मी कवि 'प्रचंड'–

आसमान से उतरे हो तुम, मैं धरती का प्राणी,
सुयश तुम्हारा उधर, इधर मेरी कविता कल्याणी।
तुम जीवन के देव और मैं शब्दशिल्प का साधक,
विधि-विधान के स्रष्टा तुम, मैं प्रज्ञा का आराधक।
किन्तु प्रभो, यह धनुष तुम्हारा मैं ही उठा सकूँगा,
पथ का छोर बढ़ाते जाओ, मैं क्या कभी थकूँगा !
नरपति, तुम असीम सागर हो, मैं प्रचंड बड़वानल,
तुम हो गौतम बुद्ध और मैं कपिलवस्तु का अंचल।
तुम हो राजा राम और मैं शुभ साकेतपुरी हूँ,
तुम युग के रथचक्र और मैं उसकी अटल धुरी हूँ।
तुम लोहितनद ब्रह्मपुत्र, मैं चेरापुँजी का जल,
तुम गंगा की धारा, मैं उत्तर भारत का समतल।
दुख-दुविधा के दुष्ट दैत्य पर अपनी गदा चलाओ,
महारुद्र की साँसों से हिमगिरि का तुहिन गलाओ।
तोड़ विषमता की कारा समता के सुमन खिलाओ
शोषित-पीड़ित-वंचित को अपना अधिकार दिलाओ।
तुम दारिद्र्य-दशानन की खातिर बन जाना राम,
गद्दी पर हो, भूल न जाना तुम शबरी का नाम।

कविवर मंजु घोष–

यह श्याम सलिल, यह विमल ताल।
अन्दर-अन्दर ये बिछे पड़े शैवालजाल,
उनका अन्तरतर चीर-चीर उभरे मृणाल।

खिल उठे आज सौ-सौ शतदल,
गा रहे भ्रमरगण मधुमंगल।
जय प्रखर सूर्य, जय बालारुण, जय उदयाचल !
तुम पर निर्भर है त्रिभुवन-भर की उथल-पुथल !

महाकवि 'मृगांक'–

बनाती है कल्पना ही तथ्य को रंगीन,
सत्य की है परिधि व्यापक, सत्य सीमाहीन।
ग्रहों की महिमा बनी है गगन का विस्तार,
बूँद के आगे प्रणत है अगम पारावार।
चेतना पर वास्तविकता का चढ़ाकर खोल,
बजता है तर्क संशय का सनातन ढोल।
धुन रही है शीष श्रद्धा विवश-दुर्बल मौन,
कुंजवन में बंसरी फिर से बजाए कौन !

ध्वजा पर से भूमि पर उतरे महान् अशोक,
बढ़ो आगे, तिमिर पर विजयी रहे आलोक।
बढ़ो आगे, मृत्यु पर हो जिन्दगी की जीत,
बढ़ो आगे, हर उषा गाए अरुण के गीत।

कविता-पाठ समाप्त हुआ। तालियाँ बीच-बीच में उतनी नहीं बजीं जितनी अपेक्षित थीं। इसकी वजह जन-साधारण की अ-रसिकता नहीं थी। लोगों की उत्सुकता प्रोग्राम के अगले आइटम पर टँगी थी, यानी सभी का दिल नाच देखने के लिए बेताब हो रहा था। फिर भी अध्यक्ष ने इतना तो बतला ही दिया कि सभी रचनाएँ अभिनन्दन-ग्रन्थ में छपी हैं और अभी अंशतः ही सुनाई जा सकीं।

दयाल बाबू ने उठकर जनता को सूचित किया कि अब एक ही प्रोग्राम शेष है। डांस के लिए पूरा मंच चाहिए और हमारे माननीय अभ्यागतगण एवं आमन्त्रित सज्जन नीचे जाजिम पर बैठेंगे...इस व्यवस्था में दो मिनट लगेंगे, आप धैर्य रखें...।

कि इतने में ललनजी बिजली की फुर्ती से माइक के नजदीक आए और कहा–

'भाइयो !

'व्यापार मण्डल की तरफ से सेठ पूनमचन्दजी इकहत्तर हजार की थैली इस अवसर पर बाबूजी को अर्पित करेंगे।

'सेठ पूनमचन्दजी स्वर्गीय रायबहादुर सेठ बिरधीचन्दजी झंझानिया के सुपुत्र हैं...।'

राजस्थानी वेशभूषा में सेठजी मंच पर आए। थैली तो नहीं, चाँदी का क्रास्केट हाथों में था। गेहुँआ सूरत, नाटा कद और गोल चेहरा।

वह बाबूजी की ओर मुँह करके खड़े हुए। ललनजी ने चाँदी की उस तश्तरी में

से हल्के नीले रंग का चेक उठा लिया, और सामने जनसमुदाय की ओर देखते हुए उस कीमती हुंडी को क्षण-भर वह हिलाते रहे। तालियों की गड़गड़ाहट से हॉल गूँज उठा।

बाबूजी को चेक थमाया गया तो फिर दुबारा तालियाँ पिटीं।

बाबूजी फौरन उठे, माइक के सामने मुँह करके कहा—

'भाइयो,

'मैं नहीं समझता कि इसकी कोई आवश्यकता थी। मगर मैं इस निधि को अपने लिए आपकी तरफ से श्रद्धापूर्ण नैवेद्य मानता हूँ।

'यह रकम मैं महिला मंगल समाज को सौंपता हूँ जिसकी सेक्रेटरी मंजुमुखी देवी यहाँ मौजूद हैं...।'

तालियों की गड़गड़ाहट में ही बाबूजी ने चेक देवीजी को पकड़ा दिया।

ललनजी ने देवीजी का इंगित पाकर माइक पर दान के लिए 'महिला मंगल समाज' की तरफ से बाबूजी को धन्यवाद दिया।

अगले ही क्षण मंच खाली हो गया। ऊपरवाले सज्जन नीचे जाजिम पर आ विराजे। पर्दा गिरा तो इधर हॉल में बातचीत की हल्की ध्वनियाँ ऊपर उठने लगीं...।

मृगांकजी और ललनजी खिसक गए और बरामदे में जाकर सिगरेट धूँक आए।

ठीक तीन मिनट बाद नाच शुरू हुआ।

पर्दा उठते ही स्थानीय कला-मण्डल की दो छात्राएँ—कुमारी अंजलिदास गुप्ता और कुमारी नीलिमा झा—आमने-सामने आरती लिए दिखाई पड़ीं। ओट से हार्मोनियम और तबले की आवाज़ें आ रही थीं।

यह आरती-नृत्य था जो मशहूर नर्तकी समीर सरकार का निर्देशन पा चुकने के कारण इस वक्त अच्छा निखर रहा था। अंजलि और नीलिमा की जोड़ी उम्र में ही नहीं, सौन्दर्य-अंग-मादर्व-नाट्यभंगिमा आदि में भी परस्पर मैच करती थी।

मसनद पर झुककर माननीय घासीरामजी ने ललनजी से भोजपुरी में पूछ लिया—कहाँ की लड़कियाँ हैं ?

ललनजी ने भी आत्मीयता में विभोर होकर भोजपुरी भाषा में ही बताया—एक बंगाली लड़की है, दूसरी मैथिल। पहली का बाप जज है, दूसरी का प्रिंसिपल। पढ़ती भी दोनों एक ही स्कूल में हैं और क्लास भी एक है...।

उधर धीमे से बाबू साहब बोले—आगे अभ्यास छूट नहीं गया तो दोनों काफी नाम पैदा करेंगे।

राजा साहब क्यों चुप रहते ? कहा—अजी, यहाँ क्या होगा ? ललित कलाओं के सेन्टर तो कलकत्ता-बम्बई-मद्रास-दिल्ली तक ही महदूद हैं...वरना अपने प्रान्त में क्या नहीं हो सकता है ?

बड़ों में इधर बातें चलती रहीं, उधर घुँघरू की छमछम। हॉल में पहले का विरल जन-समुदाय घना हो आया था। तीनों दरवाजे लोगों से खचाखच भर गए। अन्दर वाली ऊपरी बालकनियों का भी यही हाल था।

आरती-नृत्य दस मिनट तक चला। पर्दा गिरा। देर तक तालियाँ पिटती रहीं।

मणिपुरी शैली का 'युगल-रास' आधा घंटा तक चला। इसी बीच राज्यपाल महोदय स-दलबल उठ गए। अब हॉल खाली होने लगा तो माइक पर किसी ने कहा—इसके बांद आदिवासियों का 'छउ' नृत्य होगा और अन्त में वन्दना ठाकुर का भरतनाट्यम्, पन्द्रह मिनट में आपको फुर्सत मिल जाएगी...।

'छउ' नृत्य तो मामूली रहा, लेकिन वन्दना ठाकुर ने सचमुच कमाल कर दिया।

सेठ पूनमचन्द ने तीनों लड़कियों के लिए एक-एक स्वर्णपदक की घोषणा करवाई।

धन्यवाद देने की आखिरी रस्म दयाल बाबू ने अदा कर दी तो सारा हॉल खड़ा हो गया। आम लोग तो निकल गए, लेकिन कुछ-एक सज्जन रुके रहे। उन्हें अभिनन्दन-ग्रन्थ की एक-एक प्रति दी गई। अन्त में पान-सिगरेट का एक दौर और चला।

दस बजे रात

मन्त्री महोदय का बंगला विद्युत्-आलोक की सजावट में इठला रहा था। हाते के अन्दर दाईं ओर लॉन में कुर्सियों पर बारह-चौदह सज्जन बैठे थे।

बीच में गोल टेबुल पर पान की तश्तरी, सिगरेट का टिन, जर्दे की डिब्बी, माचिस...।

ललनजी ने पास बैठे अधेड़ व्यक्ति के कन्धे पर हाथ रखा और कहा—कुमार साहब, ठीक वक्त पर आप कलकत्ता से न आ गए होते तो प्रीतिभोज का प्रोग्राम हमें कैन्सल करना पड़ता।

साँवली सूरत और बड़ी आँखोंवाला वह गोल चेहरा बोला—क्यों शर्मिंदा करते हैं मुझे ? जल्दी-जल्दी में जो भी कुछ मुझसे हो सका...।

मृगांकजी आगेवाली कुर्सी पर पैर फैलाकर सिगरेट धूँक रहे थे। आँखें मुँदी थीं। सिगरेटवाला हाथ उठाकर कहा—नहीं कुमार साहब, पार्टी आपकी शानदार रही ! पिछले चार-पाँच वर्षों में जितने भी प्रीतिभोज हुए हैं, यह उनसे बाज़ी मार ले गया...।

—मगर इसका श्रेय—कुमार ने कहा—सेठजी को है। चाय-नमकीन और मिठाइयों के लिए यों अजन्ता रेस्टोरेन्टवालों ने पूरी सतर्कता बरती थी, लेकिन हमारे महन्तजी की सूझ और व्यावहारिकता से प्रीतिभोज दरअसल प्रीतिभण्डार हो गया।

दो सौ यूनिट का बल्ब दूधिया रोशनी बिखेर रहा था। उस धवलपांडुर आलोक में सेठजी का चेहरा चमक रहा था। आपकी आवाज एक तो यों ही महीन थी, प्रशंसा में हुलसकर उसमें चिकनापन घुलने लगा। बोले—मैंने सोचा, नमकीन और छेने की मिठाइयाँ हींगवाली कचौड़ियों और बालूशाही-इमरती जैसी मिठाइयों का मुकाबला भला

कैसे करेंगी ! किसी को मालूम नहीं होने दिया। गुलटेनी साहब से कहकर तीन हलवाइयों को बुला लिया। कुमार साहब की पुरानी हवेली में इफरात की जगह पड़ी है, वहीं ईंटें जोड़कर उन्होंने दो चूल्हे तैयार कर लिए। आटा, मैदा, घी, चीनी, तरकारी, मसाले... रामजी की कृपा से जो है सो कि दुपहर से ही माल तैयार होने लगा...अच्छा, डालना कैसा रहा, ललनजी ?

—लाजवाब ! ललनजी की वाणी उछलकर बाहर आई—आपकी खुद की डाइरेक्शन थी न ? पूछिए न, मैंने मृगांकजी से तभी कहा था। नहीं, मृगांकजी ?

—हाँ, प्रीतिभोज में हम पास-पास बैठे थे। ऐसा डालना मैंने जिन्दगी में पहली बार खाया है...।

दयाल बाबू दूब नोंचकर उसकी डंठल से दाँत खोद रहे थे। मुँह टेढ़ा हो रहा था। उसी मुद्रा में बोले—बाबूजी कह रहे थे, भण्डारे की क्या जरूरत थी ? कुमार ने नाहक इतना खर्च किया...।

हथेली पर नजरें टिकाकर देवीजी बोलीं—उनसे पूछ-पूछकर करते तो यह फंक्शन ही नहीं होता...क्यों मृगांकजी, मैं झूठ कह रही हूँ ?

मृगांकजी तो नहीं बोले, बोले उधर से एक बड़े साहब—आनरेबुल रेवेन्यू मिनिस्टर को यह कभी नहीं अच्छा लगा कि उनकी वजह से लोगों की परेशानी बढ़े...।

—परेशानी काहे की ?—कुमार साहब हँसते रहे।

धीरे-धीरे बातचीत का सिलसिला उन लोगों पर आ लगा जो न तो फंक्शन में शामिल हो सके थे और न प्रीतिभोज में ही। महन्तजी को चोट लगी थी, अस्पताल में थे। इसका खेद सभी को था।

रामसागर राय एम.पी. ने कहा—'पंकज प्रकाशन' वाला दुर्गाबाबू नहीं दिखाई पड़ा, मृगांकजी ?

—बीवी को डायरिया हो गया है।

—द्वितीया को या तृतीया को ?

प्रकाशक की पत्नियों के मामले में ललनजी की इस जिज्ञासा पर सभी हँस पड़े।

खिलखिलाहट का रेला थमा तो दयाल बाबू पर डकार का हमला हुआ। किसी तरह सँभलकर बोले—हम तो दो ही ठो को जानते थे, तीसरी बीवी भी है सेठ दुर्गादास की ?

मृगांकजी बोलने को हुए तो हाथ के इशारे से ललनजी ने उन्हें रोक दिया, कहने लगे—आप तो अब छः-सात वर्षों से दिल्ली रहने लगे हैं, सागर बाबू। इसी दरम्यान दुर्गादास ने पाँच हजार की हैसियत से पाँच लाख की हैसियत कर ली है। चार साल पहले की बात है। प्राइमरी और मिडिल कक्षाओं की सत्रह रीडरें टेक्स्ट बुक कमेटी ने दुर्गादास की मंजूर की थीं। दो महीने के अन्दर ही तीन लाख की बचत हुई तो पट्ठे ने दूसरी शादी कर ली उसी वर्ष। गत वर्ष कहीं से पंजाबी लौंडिया उड़ा लाया है।

सेठजी और बाबू गोपीवल्लभ ठाकुर खि-खि-खि-खि करके हँसने लगे। कई लोगों

ने उनका साथ दिया। मृगांकजी पर गम्भीरता छाई रही, क्योंकि 'पंकज प्रकाशन' से उनके तीन संकलन और 'समुद्र-कन्या' नाम से महाकाव्य निकला था। आगे 'विमर्षिणी' छपनेवाली थी। शंकित थे कि प्रकाशक के उपहास में साहित्यिक का योगदान कहीं जाहिर न हो जाए।

देवीजी कुर्सी के हत्थड़ पर उँगलियों से अनजाने ही तबले के बोल निकाल रही थीं। इस प्रसंग में मृगांकजी का मौन उन्हें अच्छा नहीं लगा। व्यंग्य के लहजे में कहा—आपको अक्सर कॉफी पिलाती है बेचारी, नहीं मृगांकजी...?

बात काटकर रायजी ने कहा—दुर्गादास काफी समझदार आदमी हैं। बैंक-बैलेंस वाली निराकार लक्ष्मी से उसकी तबीयत नहीं भरी तो अब साकार लक्ष्मी को ढूँढ़ लाया है...।

रायजी का मखौल अधूरा ही रहा, क्योंकि खानसामा ने आकर बड़े साहब और दयाल बाबू से कहा—हुजूर, अन्दर चलिए, कहीं से ट्रंक-काल आया है।

दयाल बाबू और बड़े साहब बंगले के अन्दर चले गए। पीछे-पीछे देवीजी गईं, रामसागर बाबू भी गए। परिहास-उपहास का वातावरण उखड़ गया। मृगांकजी के विवेक को मुक्ति का स्वाद मिला...।

अन्दर बंगले के आफिसवाले कमरे में अपनी घुमौआ कुर्सी पर बाबूजी बैठे थे। सामने बड़ी मेज। बगल में स्टील की दो बड़ी अलमारियाँ, मेज के इर्द-गिर्द तीन-चार कुर्सियाँ...ग्यारह बज रहे थे।

चेहरे पर विषाद की घनी पर्तें चढ़ी थीं। लगता नहीं था कि अभी कुछ देर पहले इन्हीं का हीरक महोत्सव सम्पन्न हुआ है, कि इन्हीं की प्रीति-कामना से प्रेरित होकर डुमरिया के कुमार प्रद्युम्नप्रसाद नारायण सिंह ने अभी-अभी सौ-सवा सौ विशिष्ट व्यक्तियों को प्रीतिभोज दिया है...बाबूजी को परेशान देखकर दयाल बाबू भौंचक्के रह गए।

नजदीक खड़े होकर पूछा—क्या बात है, सरकार ?

बाबूजी को मानो बेहद कष्ट हो रहा था बोलने में। मंजुमुखीजी दाईं तरफ आकर उन्हें गौर से देखती रहीं। बाकी लोग सामने थे।

फोन का रिसीवर 'स्टेट्समैन' पर पड़ा था। बड़े साहब मन्त्रीजी के विभागीय अंडर-सेक्रेटरी थे। आगे बढ़कर उन्होंने रिसीवर उठा लेना चाहा।

बाबूजी ने हाथ के इशारे से मना किया और बोले—नगेन्दर चार घंटे से पुलिस की कस्टडी में है। आबकारी महाल के अधिकारियों ने उसकी ट्रक जोगबनी में रोक रखी है। कहते हैं, ऊपर बीस मन तम्बाकू के पत्ते थे, नीचे पचीस मन गांजा...इस लड़के ने तो मुझे भारी संकट में डाल दिया है, दयाल बाबू। बतलाइए, अब इस वक्त मैं क्या करूँ ?

कुछ देर तक कमरे में सन्नाटा रहा। सिर्फ घड़ी की टिक-टिक सुनाई देती रही। ट्यूब लाइट का नीलाभ आलोक...पंखे की मद्धिम हवा...बाबूजी का म्लान

मुखमण्डल...लगता था कि सभी के दिमाग चक्कर खा रहे हैं। पचीस मन नेपाली गांजा कोई मामूली माल नहीं था, हिन्दुस्तान में उसकी कीमत दो लाख रुपए थी...बाबूजी के सुपुत्र श्री नगेन्द्रनारायण सिंह ने बहुत बड़ा शिकार किया था...फन्दा उल्टा पड़ा तो अब पिताजी की गुहार मचाई थी...सभी गुम थे, सबका सिरदर्द बढ़ रहा था !

लोकसभा के युवक सदस्य रामसागर राय अपनी छात्रावस्था में मार्क्सिस्ट थे। सुभाष बाबू और स्वामी सहजानन्द से आपको राजनीति की आरम्भिक दीक्षा मिली थी। मेधा बड़ी तीव्र थी, समाजवादी शासनव्यवस्था के खिलाफ जहर उगलने में इधर रायजी का यश अच्छी तरह फैल रहा था। उनकी बुद्धि में बिजली-सी कौंधी तो आगे बढ़ आए और फोन का रिसीवर उठा लिया। जोर लगाकर बोले—हलोऽ...हलोऽ...ट्रंक !!... हलोऽ...हाँ, मैं रेवेन्यू मिनिस्टर का प्राइवेट सेक्रेटरी...हाँ, आप कौन ? मिस्टर सेन ? एक्साइज सुपरिन्टेंडेंट ?...हलोऽ...हलोऽ...ट्रंक ! कनेक्शन अभी तोड़िए नहीं...हाँ, मिस्टर सेन ? हमारे पास इस बात का पक्का सबूत है कि उस ट्रक में तम्बाखू-ही-तम्बाखू थी, गाँजा नहीं था उसमें। नहीं, बिलकुल नहीं साब ! ट्रक में गाँजे की एक भी कली नहीं...आप लोगों को धोखा हुआ है, मिस्टर सेन !...मिस्टर सेन, आप हँसते क्यों हैं ? यकीन नहीं होता है ? ...हलोऽ...हलोऽ...ट्रंक...अच्छा, लाइन नहीं तोड़िए...अभी आधा घंटा और...।

पड़ोसवाला बंगला पब्लिक सर्विस कमीशन के चेयरमैन का था। रामसागर बाबूजी की कार से वहाँ पहुँचे और फोन से आबकारी महाल के आई.जी. (इन्स्पेक्टर जनरल) की मौजूदगी मालूम की। पाँच मिनट के अन्दर रायजी आई.जी. के सामने थे।

अपने आका की डाँट-डपट खाकर बेचारे मिस्टर सेन को मान लेना पड़ा कि ट्रक में तम्बाखू ही थी, गाँजा नहीं था...और नगेन्द्रनारायण सिंह रात को साढ़े बारह बजे पुलिस की हाजत से छुटकारा पा गए। उनकी ट्रक सही-सलामत नेपाल-भारत सीमा के इस पार आ पहुँची।

उतनी रात को देवीजी के आग्रह से आबकारी महकमे के आई.जी. मिस्टर प्रसाद को कॉफी का प्याला देना पड़ा। चलते वक्त अपने कन्धे पर उन्होंने बाबूजी का ठंडा हाथ महसूस किया, इतनी ही उम्रवाले चाचा की याद आ गई तो बोले—एक बज रहा है, हुजूर। अब सोएँ जाकर।

—तुम्हारा आना क्या रोज़-रोज़ होता है ?—बाबूजी मुस्कुराए तो दयाल बाबू आदि को भी मुस्कुराना ही पड़ा।

रामसागर बाबू मिस्टर प्रसाद को लेकर चले गए।

हँसी-खुशी अब दयाल बाबू और ललनजी की मण्डली भी हाते से बाहर निकली।

सेठ पूनमचन्द की बड़ी कार 'डि-सोटो' और कुमार साहब की 'शेवर्ले' देवीजी-समेत सभी को ले गईं।

तीन बजे रात

'पिताजी,

'इस कोठी में यह मेरी आखिरी रात है। अब कभी मैं आपसे मिल नहीं सकूँगी...मैं सदा के लिए आपसे बिछड़ रही हूँ...।

'प्रान्त में कोई भी शुभ कार्य नहीं जिसे आपके आशीर्वादों से वंचित होना पड़ा हो। साँड-सम्मेलन से लेकर साधु-सम्मेलन तक का उद्घाटन आपने किया है। अनाथालय, विधवाश्रम, बहरों-गूँगों का स्कूल, पिंजरापोल, वानप्रस्थ-आश्रम...जाने कितनी संस्थाओं को आपकी मदद मिलती रहती है। 'महिला मंगल समाज' तो खैर आपका अपना शिशु है। दसियों युवतियों ने आपकी छत्रछाया में वैधव्य के अभिशाप से छुटकारा पाया है।

'लेकिन मैं ?

'मेरी तरफ क्या कभी आपने ध्यान दिया ? क्वार की अगली पूनम को मैं छब्बीस वर्ष की हो जाऊँगी। अट्ठारह की उम्र में शादी हुई। शादी के छः महीने बाद ही हवाई दुर्घटना में उनका देहान्त हो गया। इन्टर के बाद आपने मेरी पढ़ाई छुड़ा दी। एक बूढ़े पंडितजी रखे गए जिनसे मुझे गीता, रामायण, उपनिषद्, वेदान्त आदि पढ़ना पड़ता था...।

'गत वर्ष तक मुझे आखिर माँ की ममता प्राप्त थी। पिछले दिनों मेरी नकेल आपने चाचीजी को थमा दी। माँ वह माधवी की हो सकती है, मेरे लिए तो चुड़ैल से बदतर है यह औरत...।

'भाई-भाभी को अपनी पड़ी रहती है, उन पर जब आपका ही कोई वश नहीं चलता तो मैं भला किस खेत की मूली हूँ !

'इन्टर का एक मेरा साथी बम्बई में रहता है। हम बीच-बीच में मिलते रहे हैं। एक मिल में वह टेक्निकल एक्स्पर्ट है, छः सौ पाता है...वह आया हुआ है, मैं उसी के साथ जा रही हूँ। विजय-दशमी के शुभ अवसर पर हमारी शादी होगी। आपकी हीरक जयन्ती हुई, मेरी यह ताम्र-जयन्ती ही सही !

आपकी
मृदुला

पुनश्च :
माँ के गहने और पाँच हजार नकद रकम मैं साथ ले जा रही हूँ।

मृ.'

मृदुला ने जल्दबाजी में तारीख नहीं डाली। खत को अपनी मेज़ पर पेपरवेट से दबाकर रख दिया। स्विच ऑफ होते ही टेबुल लैम्प बुझ गया।

कोठी के पिछवाड़े होकर नौकरों के क्वार्टर के बगल से वह निकली। हाथ में चमड़े का छोटा-सा सूटकेस था।

सड़क के किनारे बिजली की धीमी रोशनी में मृदुला प्रगट हुई तो नीम की झुटपुटी

छाँह में से साइकिल-सवार एक युवक आगे बढ़ आया।

सूटकेस को उसने आगे लटका लिया। मृदुला पीछे कैरियर पर बैठ गई।

अगले दिन चार बजे

प्रान्त की राजधानी से सुबह-सुबह नौ दैनिक निकलते थे—तीन दो आनेवाले, तीन छः पैसेवाले, तीन इकन्नीवाले...दो अंग्रेजी में, पाँच हिन्दी में और दो उर्दू में...।

विस्तार से सभी दैनिकों ने हीरक जयन्ती की खबरें छापी थीं। समारोह के फोटो भी छपे थे। माननीय घासीराम, राजा साहब और बाबूजी की तसवीरें अलग-अलग भी शाया हुई थीं।

चार बजे दिन में दो पैसेवाला रोजाना 'बिगुल' निकला करता था। मामूली दुकानदार, फेरीवाले, पानवाले, धोबी, मेहतर, चपरासी आदि इस सस्ते दैनिक को बड़े चाव से पढ़ते थे।

समय पर आज भी 'बिगुल' का हॉकर निकला और चिल्ला-चिल्लाकर अखबार बेचने लगा, मगर आज उनकी आवाज में अजीब गर्मी थी, बल्कि एक प्रकार का उपहास छलकता था...।

वह कह रहा था—पढ़िए रोजाना 'बिगुल' ! बेटी ने बाप की नाक काट ली... बाप ने अपनी हीरक जयन्ती मनाई तो बेटी ने अपनी ताँबा-जयन्ती...गहनों का बक्सा और हजारों की नगदी लेकर चम्पत ! दो पैसे में पढ़िए रोज़ाना 'बिगुल' ! पढ़िए...!

चिथड़ा-सा वह सड़ियल अखबार धड़ाधड़ बिक रहा था। भद्र लोग भी उत्सुकता के मारे आज उसे खरीद रहे थे। जो खबर कहीं नहीं छपी थी, उसे जाने कैसे 'बिगुल' के नगर-संवाददाता ने जन-साधारण के लिए सुलभ कर दिया था...!

उग्रतारा

युवक-कंठ की बुलंद और भरी-भरी आवाज़ों से लाइन के क्वार्टर गूँज उठे। दोपहर का वक्त था, जाड़े का मौसम। सुहावनी धूप खुलकर फैली थी। सामने लाल ईंटोंवाली ऊँची दीवार लंबी चली गई थी।

क्वार्टर निहायत मामूली किस्म के थे, चतुर्थवर्गीय सरकारी कर्मचारियों के क्वार्टरों की अपेक्षा कहीं अधिक फीके, कहीं अधिक बेडौल।

यह जेल के सिपाहियों का निवास-स्थान था। डिस्ट्रिक्ट जेल, रतनपुर।

"गिलाफ, कटपीस, ब्लाउज़ !"–आवाज़ पिछवाड़े की तरफ से आ रही थी। फेरीवाला सामने की ओर आने ही वाला था। आवाज़ से उम्र का अंदाज़ तो लगता ही था, चेहरे का नहीं। साफ था, ग्राहकों को अपनी ओर खींचने के लिए होंठों को काफी टेढ़ा कर लिया गया है।

उगनी सामने बर्तन फैलाए, काली हथेलियों को बार-बार देखने लगी। फेरीवाले की आवाज़ कानों से होकर मन-प्राण में धँसी जा रही थी। यह बिलकुल ही नया फेरीवाला होगा। जाने क्यों इसकी स्वर-लहरी उगनी को उत्सुक बना रही है !

वह उठी, भारी पैरों से चार कदम चलके गई। टंकी की टोंटी खोलकर हाथ धोए, जल्दी-जल्दी में आँचल से उन्हें पोंछा और अंदर आकर दीवार की ओर आधी नज़र आईने पर डाली।

दो लटें पेशानी से चिपक रही थीं। बालों के काले छल्ले चम्पई चेहरे पर बुरे नहीं लग रहे थे। वह खुद ही मन में दोहराने लगी–"गिलाफ, कटपीस, ब्लाउज़... ब्लाउज़...कटपीस, गिलाफ...ब्लाउज़...बिलाऊज़...बिला..."

अब की फेरीवाले ने भी उसके मन की आवाज़ का साथ दिया–"ब्लाउज़, कटपीस, गिलाफ़...ब्लाउज़..."

उगनी क्वार्टर की अपनी छोटी अँगनई को पार करके घेरेवाली किवाड़ों के बाहर झाँकने को हुई थी कि बाहरी चौखट की खुरदरी कील से पल्ला उलझ गया। फेरीवाले को सामने पाकर भी उसके चेहरे को वह नहीं देख पाई। पड़ोस के क्वार्टरों से निकलकर चार-पाँच औरतों ने फेरीवाले को घेर लिया था। वह सहजन के पेड़ के नीचे गट्ठर रखे बैठ गया था। वह उन्हीं औरतों को माल दिखाने लगा था। उसने उगनी की ओर बिलकुल ही नहीं देखा।

वह लेकिन उसको देखकर सन्न रह गई ! फौरन किवाड़ें बंद कर लीं और वापस

कमरे के अंदर आकर तख्त पर आधी उतान लेट गई...

तो, इसने आखिर मेरा पता लगा ही लिया ! कहाँ रहा होगा इतने दिन ? भूल तो हम एक-दूसरे को सकते नहीं, मगर अब भी क्या मैं उसके लायक रह गई हूँ...

उगनी पेट पर हाथ फेरने लगी। बड़ी-बड़ी मूँछोंवाला अधेड़ सिपाही भभीखनसिंह सामने खड़ा मुस्कुराता दिखाई पड़ा। क्षण-भर के लिए उगनी ने सोचा—अंदर जो चार महीने का शिशु पल रहा है, उसकी भी मूँछें क्या ऐसी ही डरावनी होंगी ? वह भी क्या इसी तरह भारी बूटोंवाले पैर पटकता हुआ सामने आकर खड़ा हो जाया करेगा ? वह भी क्या पचास साल की उम्र तक यूँ ही कुँआरा रह जाएगा ? वह भी क्या...

बाहर से उसी तरह मोल-भाव की आवाज़ आ रही थी। उगनी को लगा, पेट में दर्द उठा है। दर्द का यह एहसास और भी बढ़ता गया क्योंकि बाहर सहजन की पतली छाँहों के तले वह नौजवान आकर बैठ गया था, उगनी अपना दिल जिसके हवाले कर चुकी थी। फेरीवाला तो वह खास मतलब से बना है, दरअसल वह राजपूत नौजवान है। मढ़िया-सुंदरपुर का रहनेवाला कामेश्वरसिंह। वह उगनी को किसी भी हालत में छोड़ नहीं सकता।

तो, कामेश्वर क्या सचमुच उसी के लिए आया है ? क्या पता, कोई दूसरा हो। कामेश्वर तो अभी जेल से छूटा नहीं होगा। नौ महीने की सज़ा हुई थी न ?

उगनी ने उँगली पर उँगली चलाकर हिसाब लगाया...जेठ, आषाढ़, सावन, भादों, आसिन, कातिक, अगहन, और यह पूस ! कितने हुए ? हुए न आठ महीने ! कामेश्वर माघ में छूटेगा। अभी कहाँ से आया कामेश्वर ?

उगनी को लगा, किवाड़ों को बंद नहीं करेगी तो फेरीवाला अंदर आ जाएगा। फेरीवाला यानी कामेश्वर, कामेश्वर यानी फेरीवाला। दो भी हो सकते हैं और एक भी। दूसरा भी तो हो सकता है। नहीं ?...

सोचते-सोचते माथा चकराने लगा और लगा कि अधिक वह सोच भी नहीं सकेगी। सोचेगी तो माथा फट जाएगा...

पलकें झिप गईं।

जेल के दूसरे छोर पर हनुमानजी का एक मंदिर था। छोटी-सी बगीची बिलकुल पास थी। पाँच-सात पेड़ आम के थे, दो नीम के, एक आँवले का। सब्ज़ी-भाजी उगाने के लिए दो क्यारियाँ।

मंदिर का पुजारी बूढ़ा बाबाजी था, अपनी चतुराई के लिए पास-पड़ोस में काफी मशहूर। आसिन-कातिक में बहुत अच्छी रामलीला होती थी। बाकी सनीचर और मंगलवार की शाम को महावीरजी के दर्शनों के लिए थोड़े-बहुत लोग जुट जाते थे।

मंदिर से ज़रा हटकर पुराना और पक्का कुआँ था। थलकमल, रजनीगंधा, बेला और हरसिंगार के झाड़ कुएँ की जगत को घेरकर जमे थे और हरे-भरे झुरमुट अपनी

गोद में उस अमृतकुंड को छिपाए हुए थे।

दोनों आमने-सामने पत्थर पर बैठे थे। लगता था, कुछ देर से बैठे हैं। उगनी की निगाहें झुकी थीं। कामेश्वर लगातार उसके चेहरे की तरफ देख रहा था।

गोल-मटोल, सुंदर मुखमंडल उतना चमक नहीं रहा था। फीकेपन की हलकी छाया उस छवि को उदास बना रही थी।...सुराहीवाली खूबसूरत गर्दन पर उगनी का वह चंद्रवदन आज उस तरह खिल नहीं रहा था।

कामेश्वर ने सोचा—कितनी मुसीबत झेलनी पड़ी है इसे ! क्या बुरा किया ? उस मुछंदर अधेड़ से शादी करके यहाँ बैठ गई, ठीक ही तो किया। और, मैं जो कुछ करने वाला हूँ, वह ठीक नहीं होगा क्या ? मैं उगनी को इस नरक से बाहर निकाल ले जाऊँगा। यह चेहरा फिर उसी तरह खिला-खिला रहेगा। पूरे चाँद पर राहु की रत्ती-भर भी परछाईं मुझे चैन नहीं लेने देगी...

उगनी की निगाहों में कातरता छलक-छलक आती थी। अपराध की भावना खुलकर उसे कामेश्वर की ओर देखने नहीं देती थी। आठ महीने बाद दोनों ने इतने निकट से एक-दूसरे को देखा था मगर उगनी की तरफ से उमंग में उतना उफान कहाँ था ! वह तो मिलना भी नहीं चाहती थी। कामेश्वर से इतनी जल्दी मुलाकात होगी, इतने पास आमने-सामने बैठना होगा, उगनी के दिमाग से इस प्रकार के खयाल बिलकुल धुल गए थे। उसने नई परिस्थिति के सामने पूरी तरह आत्मसमर्पण कर दिया था। अब वह भभीखनसिंह की घरवाली थी। लाइन के क्वार्टरों में रहनेवाले छोटी उम्र के सिपाही उसके देवर थे। ट्रंक पर लापरवाही से रखे हुए ऊनी मोज़े अब उगनी के अंदर विद्रोह नहीं जगाते थे। खूँटियों में टँगा हुआ खाकी लिबास अब उसकी निगाहों को चिढ़ाने की अपनी सामर्थ्य खो चुका था।

कामेश्वर ने कहा—"तू तो बदल गई है। कितनी हँसती थी पहले ! जेल के अंदर मैं नहीं रह पाता अगर सूनी रातों में तेरी वह खिलखिलाहट सुनाई नहीं पड़ती। बालू और कंकड़वाला जेल का खाना एक कौर भी गले से नहीं उतरता, अगर तेरी चूड़ियों की खनक कानों का साथ नहीं देती और..."

सामने से मुलायम हथेली उठी और कामेश्वर के होंठों पर पड़ी। यह उगनी की पुरानी आदत थी। कामेश्वर के होंठों पर अपनी हथेली धरके वह उसकी आँखों में झाँकती रहेगी और मुस्कुराती जाएगी और कामेश्वर को अपने मीठे बोल के लिए देर तक तरसाएगी।

उगनी की हथेली को आहिस्ता से हटाकर कामेश्वर बोला—"कुछ कहेगी भी ! अकेला मैं ही बोलता जाऊँ ?"

उगनी की आँखें गीली हो आईं; होंठों का स्पंदन भी दबा नहीं रहा। हटाई हुई हथेली को फिर से वापस लेकर कामेश्वर उसे सहलाने लगा। क्षण-भर बाद कहा, "देख, तुझे मेरे साथ चलना होगा। मैं तेरे बिना बिलल्ला होकर कब तक मारा-मारा फिरूँ ?"

उगनी के गालों पर आँसू की रेखाएँ पश्चिम आकाश की धूमिल आभा में जगमगा

उठीं। अब भी वह कुछ कह नहीं रही थी। अंदर लेकिन तूफानी बादल गड़गड़ा रहे थे। बादलों के उस गरजन में भभीखनसिंह की बड़ी-बड़ी मूँछें दिशा-निर्देश के संकेत बनकर फहरा रही थीं। वह समझ नहीं पा रही थी कि क्या कहे, क्या न कहे।

"देख, मैं सब समझता हूँ। मैंने ढेर-ढेर-सी किताबें पढ़ी हैं। मैं दो साल कलकत्ते रहा हूँ। ऐसी हालत में पड़कर लड़कियाँ क्या हो जा सकती हैं, इसका अंदाज़ा मुझको है। तुझे मैं लेने ही आया हूँ। कोई भी बहाना नहीं चलेगा। हाँ, दो-एक रोज़ की छुट्टी मिल जाएगी।"

वह उगनी की हथेली को उलटाकर दाएँ हाथ की बीचवाली अपनी तीन अँगुलियों से उसे सहला रहा था। उगनी की आँखों से अब भी आँसू बह रहे थे। इधर-उधर की ऊपरी बातें वह पहले ही कर चुकी थी। साथ चलने या न चलने के सवाल पर अपने होंठों को ज़ब्त रखना ही उसे उचित जँचा। आँचल के छोर से चेहरा पोंछकर वह बोली, "कल मंगलवार है, यहाँ होगी भीड़। अब हमारी मुलाकात परसों होगी। जिस धर्मशाला में तुम ठहरे हो, वह बहुत बदनाम है। और कुछ नहीं, चोरी होती है। कहते हैं, जब से इधर बसों का अड्डा बना है, उचक्कों की तादाद बढ़ गई है। सँभलके रहना।"

सामने सीने पर एक बटन लटक रहा था। कामेश्वर कमीज़ नहीं, कुरता पहने था। उगनी के अंदर ममता की कचोट उभरी। साँस खींचकर बोली, "हाय, मैं तुम्हारे लिए इतना भी नहीं कर सकती ! सीने पर कुरते का बटन इसी तरह झूलता रहेगा। सूत और ढीला होगा, और ढीला होगा, छोर निकल आएगा, इस बटन से भी तुम्हें छुटकारा मिल जाएगा !"

उसकी आँखें फिर सजल हो आईं। सुबुक आवाज़ में उसने कहा, "मैं यहाँ हूँ और तुम होटल में खाते हो। एक गिलास पानी तक मैं नहीं दे सकती। पिछले जनम में जाने कितने पाप किए थे...हे गंगा मइया..."

उसने चट से अपना रुख पश्चिम की ओर कर लिया, मानो गंगा के किनारे खड़ी है। भले ही गंगा यहाँ से पंद्रह कोस पश्चिम में बहती हो, उगनी लेकिन पूर्व जन्म के अपने पापों के लिए गंगाजी से कैफियत तलब करेगी ही !

कामेश्वर ने उठते-उठते उसकी पीठ पर हाथ रखा। बोला—"पाँच साल की बच्ची नहीं हो ! क्यों इस तरह बात-बात में आँखें भिगोती हो। अगर मुझे पता होता तो तुम्हारे लिए मैं बुढ़िया का काजल लिए आता...सुना है नाम बुढ़िया के काजल का ? एक बार लगा लोगी तो हमेशा के लिए आँसू सूख जाएँगे !"

इस विनोद ने उगनी के होंठों पर मुस्कान की बुकनी छिड़क दी। आँखों का गीलापन भी होंठों को खिलने से रोक नहीं पाया।

'छिनाल बन जाऊँगी'—इसी ने कहा था न ?...भभीखनसिंह उगनी की ओर देख रहे थे और सोच रहे थे। जब कभी वे उगनी की ओर देखते हैं और फुर्सत में होते हैं तो कानों

में वह बात बार-बार गूँज जाती है—'मैं छिनाल बन जाऊँगी।'

सीधा-सादा अधेड़ सिपाही सोचता है—आखिर कैसे यह बोल इसके मुँह से निकला होगा। दूसरा कोई कहता, तो शायद ही उसकी बात पर भभीखनसिंह को यकीन आता। मगर, जब इन्हीं कानों से यह बोल सुना है तो कैसे विश्वास नहीं करेंगे ?...तो, यह छिनाल बन जाती ?

आज उगनी भभीखनसिंह की निगाहों में 'खानदानी राजपूत की ज़नाना' है। उस दिन वह देहात की आवारा छोकरी थी। उस आवारा छोकरी को फिर से इज्ज़तदार घराने की मर्यादा देकर कितना बड़ा काम किया है भभीखनसिंह ने ! यह सोच-सोचकर उसका सीना फूल उठता है और हथेली की सुर्ती-चूने पर अँगूठे का वज़न कई गुना अधिक हो उठता है। अब यह अच्छे-भले मर्द के काबू में है। रामजी की मर्ज़ी होगी तो सोने जैसे बच्चे की माँ बनेगी...

ड्यूटी रात की थी, आठ बजे से। दोपहर का खाना दस बजे खा लिया था और चार-पाँच घंटे की गाढ़ी नींद ले ली थी। अभी-अभी फाटकवाले घंटे को चार बार ठोका गया है। लगता है, जाड़े का सूरज तेज़ी से धरती की ओर लुढ़क रहा होगा। भभीखनसिंह दिसा-फराकत से निबटकर आएँगे, नहा-धोकर इसी तख्तपोश पर पालथी मारकर बैठेंगे और आधा घंटा रामायण बाँचेंगे—भाषा-टीका समेत तुलसीदासी।

उगनी कमरे की चौखट से सटकर बैठी हुई थी। सामने थाली में मसूर की दाल छितराकर कंकड़ चुन रही थी। गुलाबी चूड़ियों की खनक भभीखनसिंह के कानों को बुरी लग रही थी। मोरछाप नीले किनारोंवाली गुलाबी साड़ी उगनी के भरे-गदराए चंपई सूरत वाले शरीर पर खूब फब रही थी। थाली का गोल दायरा आँखों को बाँधे हुए था और एक-एक कंकड़ पकड़ में आ रहा था।

दो-तीन बार कंकड़ों के बदले दाल के दाने ही थाली से बाहर गिरे। अगले ही क्षण भूल का पता चल गया तो मन-ही-मन उगनी ने अपने को डाँटा और पलकें उठाकर भभीखनसिंह की ओर देखा।

वे कान पर जनेऊ लपेटकर भरा लोटा सँभाले बाहर निकलनेवाले ही थे। पीछे लौटकर अस्पष्ट शब्दों में सुर्ती भरे होंठों से बोले, "दो ठो पापड़ ज़रूर सेंक लेना !"

सिर हिलाकर उगनी ने प्रस्ताव का समर्थन किया। कल रात दाल में नमक ज़्यादा था। आज सवेरे आलू की भुजिया जल गई थी। बर्तन माँजते वक्त पतीले की किनारी से उँगली कट गई थी। नहाकर कपड़े बदल चुकी तो लगा कि दाहिनी बाँह पर बूँद-भर पानी नहीं डाला।

दरअसल उगनी को अपने-आप पर गुस्सा आ रहा था। वह झुँझला रही थी। इन चार-पाँच दिनों के अंदर कम-से-कम दस बार तो उसकी आँखें अवश्य गीली हुई होंगी। नींद का गाढ़ापन खत्म हो गया था। रात को बड़ी देर तक अनाप-शनाप सोचते-सोचते माथे की रग-रग सुस्त हो आती थी और उसके बाद कपार टनकने लगता था, फिर जैसे-तैसे पलकें झिंप जाती थीं। मगर यह तो नींद नहीं कही जाएगी।

तख्तपोश के पास स्टूल पड़ा था। स्टूल पर जर्मन-सिलवर का भरा लोटा रखा था और उसमें से खंड-आकाश की बड़ी झाँकी मिल रही थी। और, अब उसमें उगनी ने झाँका तो अंदर कामेश्वर मुस्कुरा रहा था। सहमकर वह दो कदम पीछे हट गई, मानो आग पर पैर पड़े हों—यह कामेश्वर पिछले कई दिनों से उसका पीछा कर रहा है। उगनी को आईने से डर लगने लगा है। भरी बाल्टी की परछाईं उसे आतंकित करती है। कमरे के अंदर पुराना कैलेंडर टँगा है। एक स्वस्थ, सुंदर किसान युवक कंधे पर हल सँभाले बैलों की जोड़ी को मैदान की ओर ले जा रहा है। उसकी नाक और होंठ कामेश्वर के-से हैं। इधर बार-बार उगनी का जी करता है कि फिलहाल कैलेंडर को उलट दे।

लौकी चीरने बैठी। यह तूम्बीवाली लौकी थी। जेल के कैदियों में से जाने कौन भगत निकल आया था कि तूंबीवाली लौकी के बीज मँगवा लिए थे और अबके सब्ज़ियों के इस मौसम में लगता था जेल के बगान हरी-हरी तूंबियों से भरे पड़े हैं। पहली बार हरी तूंबी आई थी आज से पंद्रह-बीस रोज़ पहले। तब मुँह पर आँचल का पल्ला रखके उगनी देर तक हँसती रही थी। आज लेकिन इस तूंबी को देखकर वह बिलकुल नहीं हँसी। पहली बार उगनी ने हरी तूंबी देखकर सोचा था कि अच्छा है, जेल के अंदर भी भगत पैदा हो रहे हैं। चोरों और डकैतों का मन भगवान की ओर मुड़ा है, तभी तो उन्होंने तूंबी के बीज बोए थे। उस रोज़ उगनी ने सपने में देखा था कि कामेश्वर दोनों हाथों में बड़ी-बड़ी पकी तूंबी लटकाए बढ़ा आ रहा है, बिलकुल पास आकर धीमी आवाज़ में कहता है, “एक गुरु महाराज के लिए है, एक अपने लिए।” यह सपना उगनी को अच्छा नहीं लगा था। आज रात लेकिन इस तरह का सपना शायद उसे अच्छा लगे।

ऐसा न हो कि वह पापड़ सेंकना भूल जाए ! भभीखनसिंह महीने में दो बार पापड़ों की गड्डी जेल के अंदर से टपा लाते थे। सिंके हुए पापड़ तोड़-तोड़कर चबाते समय ठाकुर भभीखनसिंह की आँखें फैल-फैल जाती थीं। मन का हुलास अपनी घरवाली के सामने प्रकट किए बिना उनसे कैसे रहा जाता—मामूली पापड़ नहीं है, चंपारन से आया है। पिछली दफा उरद के बेसन का था, अबकी मूँग के बेसन का है। गोल मिर्च पड़ी है इसमें, हींग है...मँगरैला है....

‘कपार है...’ उगनी उस वाक्य को पहले भी इसी तरह मन-ही-मन पूरा करती थी। हाँ, पहले इसमें चुलबुलापन होता था। आज खीज है। मगर पापड़ उसे सेंकने हैं। इतना ही ध्यान रखना है कि झुलस न जाएँ। बहुत बड़ी रकम गबन करके पोस्ट आफिस का कोई बाबू इस जेल के अंदर सज़ा काट रहा है। उसी के घर से पापड़ आते थे। पापड़ ही क्यों, अचार, मुरब्बे, अमावट, ताल-मखाना, मेवे-मिठाइयाँ...ढेर सारी चीज़ें इस बाबू के लिए बाहर से आती रहती हैं। जेलर से लेकर भंगी तक उस पतित का प्रसाद पाते हैं। उगनी इस भाग्यवान कैदी की घरवाली को पिछले महीने देख चुकी थी। गोल-मटोल चेहरेवाली नाटी-साँवली औरत। रेशम की साड़ी। कलाइयों में सोने के चार-चार छल्ले। पान से रँगे हुए पतले होंठ। जेलर ने पति-पत्नी की भेंट के लिए अंदर ही इंतज़ाम करवा दिया था। दो घंटे बाद मुस्कुराती हुई बाहर निकली थी। गेट से काफी

इधर नीम की छाँह में जीप उसका इंतज़ार कर रही थी। पुलिस लाइन के क्वार्टरों के दरवाज़े फुसफुसाहट से मुखर थे। लोग उस भागवंती को देख रहे थे और उसकी बातें कर रहे थे। उसने ड्राइवर की जगह बैठे हुए अपने रिश्तेदार युवक से कहा, "बस, छः महीने और रहना है।" और रँगे हुए होंठों को चाँपकर मुसकान पर हावी हो गई थी...उगनी को यकीन ही नहीं आ रहा था कि सोने की चूड़ियोंवाले उन्हीं हाथों ने ये पापड़ बेले होंगे।

कोयला सुलगाकर बाल्टीवाली अँगीठी दरवाज़े से बाहर गली में रख आई थी। सभी ऐसा करते थे। पास-पड़ोस के कमरों में जब बहुत अधिक धुआँ भर गया तो अँगीठियों को हँसी आ गई और उनके चेहरे लाल हो उठे। सवेरे और साँझ का यह नज़ारा अब किसी को अखरता नहीं था। जितने दरवाज़े उतनी अँगीठियाँ। कतारों में बैठकर उनका यों मुस्कुराना बड़ा ही आकर्षक लगता था।

भभीखनसिंह दिसा-फराकत से देर में लौटे। हाथ धोकर गली के नुक्कड़ पर नल के नीचे नहाने बैठ गए। यह नहाना-धोना ठाकुर का बारहों महीने लगा ही रहता था। जाड़ा हो चाहे गर्मी, भभीखनसिंह अपने बदन पर चार-छः बड़ी बाल्टी ज़रूर उँड़ेलेंगे। नहाने का उनका प्रोग्राम कभी फेल नहीं होता। उनका कहना था, "जिस रोज़ नहाने को नहीं मिलेगा, उसी रोज़ मेरे लिए राम नाम सत्य होगा !..." उगनी को ठाकुर का ऐसा कहना अच्छा नहीं लगता था। कई बार इसके लिए वह उन्हें डाँट चुकी है।

आमने-सामने दो बड़े-बड़े हॉलनुमा घर थे, लंबी सीखचोंवाले फैले-फैले जंगले उन्हें पिजड़ों का आकार प्रदान कर रहे थे। अंदर पक्का फर्श था, ऊपर खपरैल।

ऊँची दीवार के किनारे-किनारे छोटी कोठरियों की कतारें चली गई थीं। बीच-बीच में पीपल और नीम के छायादार दरख्त थे। एक ओर हटकर छोटी दीवारों से घिरा हुआ किचन और उसका आँगन था।

यह जिला रतनपुर का जेलखाना था। चारों तरफ लाल ईंटों की ऊँची दीवारें उसे घेरे हुए थीं। पूरब की ओर लम्बा-चौड़ा गेट था। गेट के अंदर दोनों ओर जेल के दफ्तर थे। ज़रा अन्दर स्टोर रूम, गोदाम आदि थे।

भभीखनसिंह पाँच मिनट पहले ही गेट के अंदर आ गए। छोटे बाबू ने उनसे मखौल किया—"खिज़ाब की डिबिया मिलती है, ले क्यों नहीं आते बाज़ार से ?"

इस पर भभीखनसिंह खिलखिलाकर हँसने लगे। हल्की गुदगुदी से पेट फूलने लगा तो बेल्ट की तंगी खली। बोले—"खिज़ाब तो यहाँ रखा है बाबूजी !"—दिल की ओर उँगली करके इशारा किया—"बाहरवाला रंग पक्का नहीं होता है।"

छोटे बाबू पिन से दाँत खोदने लगा। महीन मूँछों में मुस्कुराता हुआ पुराने जमादार ठाकुर भभीखनसिंह की निगाहों को तोलने लगा। सीधे-सपाट आदमी मज़ाक-मखौल भी ठिकाने से समझ नहीं पाते और कभी-कभी पासा उलटा पड़ जाता है...

"एकाध बार देहात घुमा लाइए घरवाली को। देस-कोस चीन्हेगी तो और भी मन लगेगा। जितना अधिक मन लगेगा, आपकी उतनी ही अधिक सेवा करेगी।"

"खूब मन लगता है बाबूजी उसका, बड़ी सेवा करती है। पीहर-ननिहाल का झमेला नहीं रहने से बिलकुल एकमुँहा रुख है..."

यह छोटे बाबू उम्र में भी छोटे थे। दाढ़ी सफाचट, मूँछें बिलकुल महीन, होंठों की कगारों पर काली लकीर-सी भभीखनसिंह का भरा-भरा-सा मुछंदर चेहरा उसे खुलकर बातें नहीं कहने दे रहा था। भभीखनसिंह ने शादी नई-नई ज़रूर की थी मगर आयु में छोटे बाबू का बाप जैसा लगता था। यह दूसरी बात थी कि उगनी हू-ब-हू छोटे बाबू की साली-जैसी दीखती थी।

रजिस्टर के अंदर कलम जमाते हुए छोटे बाबू ने उगनी की शक्ल को अपने ध्यान में जमाया और निगाहों को बिना ऊपर उठाए ही बोल गया—"एकमुँहा रुख खतरनाक होता है बाबू भभीखनसिंह ! आप ऐसा कीजिए कि महीने-दो महीने की छुट्टी लीजिए और उन्हें गंगासागर घुमा लाइए। बेचारी कहाँ देखेगी कलकत्ता-फलकत्ता !"

बगल में मूठवाली लाठी सँभाले भभीखनसिंह दफ्तर से निकलकर अंदर जेल के भीतरी फाटक की ओर बढ़े। बूटों की आहट से छोटे बाबू को लगा कि वे अपनी घरवाली को गंगासागर नहीं ले जाएँगे। तब उसे वह मुहावरा याद आया होगा—'मन चंगा तो कठौती में गंगा' और वह मुस्कुराया होगा।

जिसकी ड्यूटी खत्म हो रही थी उससे चाबियों का गुच्छा लिया और सुरती फटकारते हुए आगे बढ़े।

ज़रा आगे बढ़ते ही पाकड़ का वह नौजवान पेड़ सामने आया, जिसकी छाँह में बैठकर कैदी लोग कीर्तन किया करते थे।

—साल-दो साल के अंदर ही उस पेड़ के इर्द-गिर्द सीमेंट का चबूतरा तैयार हो जाएगा। फिर रात की ड्यूटियों में सिपाही उस पर बैठकर अपनी थकान मिटाया करेंगे, दोहों और चौपाइयों से पाकड़ की एक-एक टहनी में पुलकन पैदा होगी। इन दिनों सवेरे की गुलाबी धूप में चंपारनवाला वह बाबू तेल की मालिश करवाता है...भभीखनसिंह को लगा कि चलकर पहले उसी बाबू से मिलना चाहिए।

यह भाग्यवान कैदी छोकरा वार्ड में रखा गया। 'बी' डिवीज़न की सारी सुविधाएँ तो उसे हासिल थीं ही, अपनी चतुराई के चलते वह 'ए' क्लास की ज़िंदगी बिता रहा था।

तख्तपोश पर मसहरी टँग गई थी। लालटेन के प्रकाश में समूचा कमरा आलोकित था। आसन पर पालथी मारकर वह खाना खा रहा था।

"नमस्ते बाबू, क्या सब्ज़ी बनी है ?"

"आलू-गोभी..." दो शब्द आगे निकले, पीछे निकली खिलखिलाहट। खिलखिलाकर उसका वह हँसना भभीखनसिंह को बड़ा अच्छा लगता था। गोल-मटोल चेहरे की खूबसूरत नली में से होकर हँसी जब बाहर निकलती थी तो सुननेवालों को बड़ी लहरदार

मालूम होती थी। इत्मीनान से कश खींचने पर छोटा हुक्का कितना अच्छा गुड़गुड़ाता है।

"भिंडी की भुँजिया भी तो है।" रसोइए ने कहा। यह रसोइया भी क़ैदी था और बाबू साहब की सेवा में बड़े जमादार की तरफ से नियुक्त था। उसको नौ बजे की छुट्टी मिली हुई थी। सारे क़ैदी सात बजे हॉलों के अंदर आ जाते थे और दो बार गिनती मिलाकर लोहे के जंगलेनुमा दरवाज़ों में ताले लगा दिए जाते थे। बाबू का रसोइया आगे बढ़ आया, रंगीन कागज़ में लिपटी हुई कोई चौकोर टिकिया उसने सिपाहीजी की तरफ बढ़ाई।

सिपाहीजी ने कागज़ खोलकर देखा और वापस लौटाते हुए हँसे—"धत्तेरे की, हम क्या कोई छोकरा हैं रे ? हमको पेड़ा काहे थमाता है ?"

रसोइया सकपका गया, कागज़ समेट टिकिया वापस लेकर पीछे हटा। बाबू अनुरोध के स्वर में खी-खी करके उधर से बोला—"मदरास की मिठाई है सिपाहीजी ! ले जाइए, घर में दीजिएगा..."

बायाँ हाथ मूँछों पर था, दाएँ हाथ से लाठी ठोककर भभीखनसिंह बोले—"हमको पेड़ा-फेड़ा नहीं चाहिए, बस, महीने में दस ठो पापड़ जरूर चाहिए, समझा बाबूजी ?"

खी-खी-खी-खी...बाबूजी को दूसरे का दिल पढ़ने की विद्या बहुत अच्छी तरह आती है। अंदर-ही-अंदर इस भाग्यवान कैदी को उस सीधे सिपाही पर दया आई। मन में कहा—'यह आदमी जिंदगी-भर गरीब बना रहेगा। दूसरों की दी हुई चीज़ें लेने में इतनी हिचक काहे की ? इसी लेन-देन पर तो दुनिया टिकी है। कोई आपको कुछ दे रहा है, आप नहीं लेते हैं, मुँह टेढ़ा करके उसकी तरफ देखते हैं, इससे उसके दिल को कितनी चोट लगती है ? पापड़ लेते ही हैं, पेड़े में क्या रखा है ? हाथ तो आपका पकता नहीं ?'

सिपाहीजी छोकरा वार्ड के दूसरे छोर पर पहुँचे। जेल के अधिकारियों ने हाल ही में बिजली लगवाई है। अब रात की ड्यूटी में डेढ़ सेर की वज़नवाली वह पुरानी लालटेन नहीं ढोनी पड़ती है। पहले संतरियों के दोनों हाथ फँसे रहते थे।

इस छोर पर मामूली ढंग का कमरा था। इन दिनों उसमें तीन छोकरे थे। एक गिरहकटी में पकड़ा गया था, दूसरा मालगाड़ी से कोयला गिराने में उस्ताद था और तीसरा छिनाल। बूटों की आहट पाते ही पटापट उन्होंने अपनी बीड़ियाँ बुझा दीं और होशियार हो गए। उनमें से एक इधर आकर सीखचों से सटकर खड़ा हो गया। ओट में से बाहर पहले परछाईं आगे बढ़ी, फिर सिपाहीजी नज़र आए।

"सलाम सिपाहीजी।"

"यहाँ क्यों खड़ा है रे ?"

"क्या करें सिपाहीजी, नींद नहीं आती।"

सिपाहीजी भी दरवाज़े का एक डंडा पकड़के खड़े हो गए। 'पिच' से होंठों की सुर्ती फेंकी। चालीस यूनिट का बल्ब सामने जल रहा था। बड़ी-बड़ी मूँछों को बिलकुल करीब पाकर छोकरे ने अपनापन महसूस किया और आहिस्ता से बोला—"बिलकुल ऐसी

ही मूँछें मेरे नाना की भी थीं !"

सिपाहीजी की भौंहें कड़ी हो गईं। छोकरे ने कहा—"नहीं सिपाहीजी, झूठ नहीं कहता हूँ ! अपनी कसम सिपाहीजी, मेरा नाना फौज में रह चुका था..."

फौज की बात से इतना ज़रूर हुआ कि भभीखनसिंह को तसल्ली हुई, उन्होंने छोकरे के बयान को सही मान लिया।

"इसकी महतारी बीमार है, आज ही चिट्‌ठी आई है।"

बैठे हुए छोकरों में से एक और उठकर इधर आ गया। उसने पहले छोकरे के कंधे पर हाथ रखकर पूछा—"तेरी माँ तो पहले भी बीमार पड़ी थी न ?"

भभीखनसिंह ने इस पर कहा—"ये औरतें बड़ी बीमार पड़ती हैं, इनको कुछ-न-कुछ लगा रहता है...मेरी भी माँ हमेशा बीमार रहती थीं। लगता है, घरवाली भी बीमार पड़ेगी। चार दिन से सुस्त नज़र आती है..."

सीखचों से सटकर दो नौजवान खड़े थे। आधी बाँह के धारीदार कुरते, वैसा ही धारीदार निकर। एक साँवला, दूसरा खुलते रंग का। एक की आँखें छोटी-छोटी, दूसरे की बड़ी-बड़ी।

भभीखनसिंह ने उनसे पूछा—"तुम्हारे तीसरे साथी को क्या हुआ है ? वह बीमार है क्या ?"

नाखून से नाखून का मैल निकालते हुए दूसरे ने कहा—"उसकी खेत में काम करने की आदत नहीं है सिपाहीजी ! पिछले चार दिनों से उसके हाथों में कुदाल-ही-कुदाल रही है। देखिएगा बेचारे का हाथ ?"

सुर्ती थूककर सिपाहीजी आगे चल पड़े, कुछ कहा नहीं। पीछ से साँवले छोकरे ने कहा—"परनाम सिपाहीजी !"

प्रणाम की ध्वनि सन्नाटे में डूब गई, जवाब में एक भी शब्द वापस नहीं आया।

आगे जनरल वार्ड था। उधर कोने में जनाना वार्ड। कोने के इस ओर मुड़ने में वह कंपाउंड पड़ता था जहाँ बीमार कैदियों की चिकित्सा होती थी।

राउंड में दो सिपाही हुआ करते थे। एक इधर से, दूसरा उधर से। दोनों बीच में जनरल वार्ड के करीब कहीं मिलते थे। रात की ड्यूटी में पहली राउंड के वक्त जनरल वार्ड के दोनों हॉल गुंजान रहते थे। आधे लेटे, एक-दूसरे से सटे हुए कैदी दुखः-सुख की आपसी बातों में लवलीन देखे जाते थे। दस-बीस सिलेटों पर खड़िया-पेंसिल चलती रहती थीं। कहीं पर 'सारंगा सदाबृज', कहीं पर 'लोरिक उदयभान' और कहीं पर फिल्मी धुन। कहीं एक कहानी सुनाता होता, पाँच जने उसे घेरकर सुनते होते...

भभीखनसिंह जनरल वार्ड के पहले छोर पर पहुँचे। पीछे से आवाज़ आई—"परनाम बाबा !"

चार कदम पीछे हटकर उन्होंने बड़े जंगले के पास खड़े हुए सामने अंदरवाले अधेड़ कैदी से पूछा—"क्या समाचार है जी ? कब छूट रहे हो ? सुना है कि अगले महीने तुम्हारी रिहाई होनेवाली है। चिट्‌ठी-उट्‌ठी कोई आई है ?"

लोहे की बड़ी-बड़ी सलाखें जमी थीं। पकी मूँछोंवाला एक साँवला ठिगना कैदी दो सलाखों को पकड़े खड़ा था। उसने कहा—"महीना पीछे या महीना बाद छूटना होगा ही। जेल के अंदर इतने सखा-सँघाती हो गए हैं कि बाहर अब मुश्किल से ही जी लगेगा। माल-मवेशी भी बथान बदलने से घबराता है। सात साल रह गए न इस दुनिया में ?"

लाठी के सहारे खड़े होकर भभीखनसिंह कैदी की बातें सुन रहे थे। सोच रहे थे, ज़रूर यह फिर से वापस जेल के अंदर आ जाएगा। जेल की भी दुनिया निराली होती है। चार-छह साल अंदर रह जाओ, बाहर निकलने का मन ही नहीं करेगा...

सिपाहीजी ने हाफपैंट की पाकेट से तंबाकू की पत्ती का टुकड़ा निकाला, दाहिनी हथेली पर रखकर उसे खोदने लगे तो कैदी ने आहिस्ता से फुसफुसाकर कहा—"बाबा, मेरे लिए भी !"

इस पर सिपाही ने ज़रा-सा टुकड़ा पाकेट से फिर निकाला। इतने में सामने से दूसरा सिपाही इधर बढ़ता हुआ नज़र आया। कैदी ने कहा—"यह लीजिए, तिवारी बाबा भी आ ही गए !"

पास आकर दूसरा सिपाही भी उसी मुद्रा में खड़ा हो गया। भभीखनसिंह ने पूछा—"तुम्हारे लिए भी बनाऊँ।"

तिवारी ने निचले होंठ को आगे बढ़ाकर अस्पष्ट शब्दों में कहा—"सुरती अभी-अभी फाँकी है।"

"अजी, आज डंडा-बेड़ी किसको पड़ी है ? तुम इधर सेल की तरफ गए थे ?"

सिपाही रामफल तिवारी ने कहा—"वही बदमशवा है न ? रूपनगरवाला ! बड़े जमादार को गालियाँ दी थीं।"

इस पर सामने खड़ा अधेड़ कैदी भभाकर हँसा।

तिवारी ने सुर्ती थूककर कहा—"नंबरी है। कोई भी कुकर्म उससे छूटा नहीं होगा। एक गंदी मछली समूचे तालाब को खराब करती है। साला कई बार पकड़ा गया है।"

दाँत किटकिटाकर भभीखनसिंह बोले—"डंडा-बेड़ी से क्या होगा, लोहा गरमाके देह दाग दो, तभी खचरा रास्ते पर आएगा...।"

कैदी गंभीर होकर कहने लगा—"बीमारी का इलाज चाहती है बाबा ! डंडा-बेड़ी से या देह दागने से तो उसका मन और भी जिद पकड़ लेगा !"

जोरों से खैनी मसलते हुए भभीखनसिंह ने कहा—"तुम नहीं जानते हो ! तेरहवीं विद्या सबसे बड़ी विद्या है। चार डंडे पड़ेंगे तो होश ठिकाने आ जाएगा। भूत का इलाज पिटाई से बढ़कर और क्या है ? अवगुन भी तो एक किसम का भूत ही है न ?"

लगा कि इस पर सभी सहमत थे। कोई कुछ नहीं बोला। कैदी की हथेली पर चुटकी-भर सुरती थमाकर सिपाहीजी आगे बढ़े।

इस अधेड़ कैदी को भभीखनसिंह बहुत मानते थे। ज़मीन की बेदखली के खिलाफ उसने जमकर लड़ाई लड़ी थी। भूदान में मिली हुई ऊबड़-खाबड़ जंगली ज़मीन को उसने खेती के लायक बना लिया तो पुराने भूदानी की लार टपकने लगी। फिर से

कहीं अलग रद्दी ज़मीन देकर वे उससे अच्छी ज़मीन छीनना चाहते थे। मार-पीट हुई, गँड़ासा चल गया। भूदानी बाबू के आदमियों में से एक को इतना गहरा घाव लगा कि अस्पताल पहुँचते-पहुँचते बेचारे के प्राण-पखेरू उड़ गए। मुकदमा चला, इसे नौ बर्ष की सज़ा हुई।

भभीखनसिंह के पैर तो ज़रूर आगे बढ़ रहे थे, मन लेकिन उसी कैदी के साथ था। सोच रहे थे—वह नहीं मानेगा। ज़रूरत पड़ी तो फिर गँड़ासा उठा लेगा। भला यह भी कोई कायदे की बात हुई ? आपने ज़मीन रद्दी-फद्दी जानकर विनोबा बाबा को दान कर दी और भूदान कमेटी ने उस ज़मीन को जीतन के हवाले किया। लिखा-पढ़ी पक्की हुई। जीतन ने हड्डी-तोड़ मेहनत की और उस ज़मीन को सोने का टुकड़ा बना लिया। तो अब आपके मुँह से लार क्यों टपकती है ? यह आदत बहुत खराब है बाबू साहब, रद्दी-फद्दी औरों के लिए, माल-टाल अपने लिए...बड़े लोगों की नीयत इतनी छोटी क्यों होती है ?

दाहिने पैर का बूट रोड़े में टकराया तो सिपाहीजी का ध्यान भंग हुआ। ठेकेदार के लिए एक वजनदार गाली मुँह से निकली और सुरती थूककर बेल्ट को फिर से एडजस्ट किया। बड़ी नफरत है भभीखनसिंह को ठेकेदारों के प्रति। उनकी समझ में नहीं आता कि सरकार आँख-कान मूँदकर कैसे यह सब बर्दाश्त करती है। जेल के अंदर सभी रास्ते कंकरीटवाले नहीं हैं। जनरल वार्ड से जनाना वार्ड की तरफ जो रास्ता गया है उसकी हालत अच्छी नहीं है। अस्पताल का पलस्तर तीन ही साल के अंदर झड़ने लगा है। बारह हिस्सा बालू और चार हिस्सा सीमेंट मिलाएगा तो यही न होगा !....

जनाना वार्ड में छोटे-छोटे तीन कमरे थे। पहला खाली था, बाकी कमरों में पाँच-छह औरतें थीं। इन महिला कैदियों में से भभीखनसिंह की दिलचस्पी एक ही की तरफ थी।

वह अपने पति की हत्या करके आई थी। सेंट्रल जेल भेजी जानेवाली थी। पतली-छरहरी। साँवली। बड़ी-बड़ी आँखें। नुकीली नाक। जिसका ऐसा लुभावना चेहरा होगा, कैसे वह किसी मर्द के प्राण लेगी। भभीखनसिंह ने छोटे बाबू से पूछकर मालूम किया था कि वह अपने पति की हत्या के अपराध में दस साल जेल काटेगी। औरत होने का ही फायदा मिला है कि फाँसी पर नहीं लटकी।

सिपाहीजी ने कई बार कोशिश की मगर वह उनकी तरफ रुख करके ठिकाने से कभी बैठी तक नहीं। शायद कोई छोकरा सिपाही ड्यूटी में आता और रात का वक्त होता तो उसके सामने खुलती। मगर नहीं, उसके सामने भी नहीं खुलती शायद। क्या कभी एक बार भी पलकें उठाकर इसने भभीखनसिंह की ओर देखा है ? क्या कभी जंगले से सटकर सीखचों के सहारे खड़ी हुई है ?

उम्र तो पच्चीस-छब्बीस से ज़्यादा तो क्या रही होगी ! लेकिन उम्र से क्या आता-जाता है। पहले मिजाज का तो पता चले...सिपाहीजी ने अपने को सँभाला और अगले कमरों के छोर तक जाकर वापस आए और पहले कमरे के सामने ठिठककर खड़े

हो गए...आहिस्ता से सीखचोंवाले दरवाज़े के पास आ गए। मोटी, लंबी दो सलाखों को दोनों हाथों से थामे और लाठी को बगल में दबाए खड़े हुए। सामने ऊपर चालीस यूनिट का वैसा ही बल्ब प्रकाश बिखेर रहा था। भभीखनसिंह ने अपनी परछाईं पर निगाहें जमा दीं। पगड़ी की झालरें फटी-फटी बारीक रेखाओं में अच्छी तरह प्रतिबिंबित थीं—

(यहीं पहली बार मैंने उगनी को देखा था। दो हफ्ते बाद रात की ड्यूटी मिली थी। चर्चा लेकिन इन कानों तक पहले ही पहुँच गई थी कि कोई खूबसूरत लड़की जनाना वार्ड में आई है...महीने-भर की सादी सज़ा थी। पंद्रह-सोलह दिन गुजर चुके थे। चार-छह रोज़ और गुजर गए, मगर उगनी ने मेरी तरफ नहीं देखा। इस ओर पहली दीवार से सटकर लेटी रहती थी। छत की कड़ियों को टुकुर-टुकुर देखने में जाने मन को कौन-सा स्वाद मिलता था।

(जनाना वार्ड की कैदी महिला वार्डन ने बतलाया था—वह भागके आई है। जिसके साथ भागी थी उसको नौ महीने की सज़ा देकर गंगा के उस पार किसी जेल में भेज दिया गया है। बेचारी घर तो वापस जा सकती नहीं, रिहाई के बाद जाने कहाँ-कहाँ भटकना पड़ेगा !

(मेरे मन ने तभी कहा था, भटकना क्यों पड़ेगा ? जब तक चाहेगी, भभीखनसिंह अपने पास रहने देंगे...बेटी-भतीजी नहीं रहती हैं साथ ?

(लेकिन उगनी की ठसक भी कमाल की थी। हिकारत की निगाह से एक बार देख लिया तो उसकी वह सूरत ज़िंदगी-भर मैं नहीं भूलता।

(आम तौर से जेलों पर जनाना वार्ड की अंदरूनी देखभाल की जिम्मेवादी महिला कैदी वार्डरों की रहती है लेकिन यह तो बहुत छोटा जिला है न ! इसकी जेल भी बहुत छोटी है। कभी-कभी जनाना वार्ड के अंदर गिलहरियों के अलावा और कोई नहीं दीखता। कभी-कभी दो ही एक औरत सज़ा काट रही होती है। कभी-कभी देख-रेख के लिए जनाना वार्डर नहीं भी होती है। जनाना-मर्दाना वार्डों के अलगाव का यह खटराग सेंट्रल जेलों में तो निभ जाता है, छोटी जेलों के अधिकारी इस झमेले को सँभाल नहीं पाते। नतीजा होता है यही कि मेरे जैसे भगत सिपाही को जनाना कैदियों की देखभाल के लिए आगे कर देते हैं। आगे चलकर इस तरह की ड्यूटी के लिए किसी भभीखनसिंह की ज़रूरत नहीं पड़ेगी। सारा काम कुत्ता सँभाल लेगा। फर्श, फर्नीचर और कपड़ा सूँघकर ससुरा अपराधी को पकड़ लेता है; जेल के पहरे में क्या रखा है ?

(उगनी अंदर थी तो महिला कैदी वार्डर हफ्ते-भर के लिए बीमार पड़ी, उसे दस-बारह रोज़ अस्पताली वार्ड में रहना पड़ा। उसने पहले ही कहा था : सिपाहीजी, यह जो नई छोकरी आई है उसका आगे-पीछे कोई नहीं है। बिलकुल उड़ाऊ माल है, जिसकी डाल में घोंसला होगा उसी पेड़ के हवाले कर देगी अपने को...तभी से मेरे मन में आशा का अंकुर उगा।

(रात के बाद रात गुजरती गई और मेरे अरमान बढ़ते गए। उगनी ने अपना रुख नहीं बदला। पीछे मेरी तरफ एकाध बार देख ज़रूर लेती थी, बोलती नहीं थी लेकिन।

दरअस्ल यह उगनी का कसूर नहीं था, उम्र का कसूर था। अकड़ नहीं हो तो जवानी क्या ? इस उम्र में कब, क्यों और कहाँ तुम किसी पर रंज हो उठोगे या खुश हो जाओगे, बतलाना मुश्किल है। जवानी खुद ही अपने-आपमें बहुत बड़ी पूँजी होती है। इस पूँजी का मालिक उमंग में आकर किसी के पीछे अपने को लुटा भी दे सकता है, और उसे धक्के देकर निकाल भी सकता है। जी में आएगा तो तुमको अपने कंधों पर बैठाकर नाचता फिरेगा, जी में आएगा तो तुमको छुरा मार देगा...भई, मुझको तो जवान छोकरों और छोकरियों से बड़ा डर लगता है...)

सर्रा्टे से दो बड़ी चमगादड़ें सीखचों से होकर बाहर निकल गईं। सिपाहीजी को लगा, अपने घरवाले को यमलोक पहुँचाकर कैद की सज़ा भुगतनेवाली वह साँवली औरत एकटक छत की ओर देख रही है। शायद उसी डायन की पैनी निगाहों से घबड़ाकर चमगादड़ें भागी हैं ! अच्छा है कि वह मेरी ओर कभी न देखे।

लाठी का लोहे से मढ़ा हुआ वजनदार निचला छोर ठन से बोला और लाठी के साथ भभीखनसिंह आगे बढ़ गए। लाठी की उठती-पड़ती टनकारें बूटों की आहट में मिलकर ताल देने लगीं तो उधर से दूसरे सिपाही की लाठी भी ठनक उठी। ताल में बँधी हुई ठनकारों के जवाब में बाहर जेलर का कुत्ता गुर्रा उठा।

दो राउंड लगाकर दोनों सिपाही अस्पताली वार्ड के पास उस चबूतरे पर बैठ गए, जहाँ बाहर के बुढ़ऊ पंडितजी आकर महीने में दो बार रामायण बाँचते थे। जनरल वार्ड में कोई बिरहा गा रहा था। ऊँची दीवार के उस पार मैदान में लकड़ी चीरने का कारखाना था। बिजली की मशीन पर साखू का मोटा और लंबा लट्ठ चीरा जा रहा है, आरी की सर्राहट बतला रही थी।

उजले झाग से भरा हुआ आधा चेहरा। शीशे के अंदर आप ही अपने को देखना व्यक्ति के लिए भारी कौतुक होता है। मगर निगाहों में गंभीरता आकर इस तरह जम गई है कि रगों का तनाव कम नहीं हो रहा था। और वक्त होता तो वह अब तक कई बार मुस्कुरा चुका होता। भौंहें कड़ी करके, नथनों को फुलाके खुद ही अपने को चिढ़ाया होता। अभी लेकिन अच्छी तरह आईने की ओर देख भी कहाँ रहा है !

पिछले पाँच-सात दिनों के अंदर कामेश्वर ने मूँछें उगा ली थीं। उगनी को बिना मूँछों का चेहरा अच्छा नहीं लगता था। इस समय शेव करते-करते बार-बार उगनी आ रही थी निगाहों में। लगता था, छोटा-सा चौकोर आईना उगनी के सुंदर मुखमंडल के प्रति न्याय नहीं कर सकेगा। बार-बार कामेश्वर की पलकें बंद होती थीं और अंदर की आँखों के सामने वही प्रफुल्ल चेहरा आ जाता था...

जल्दी-जल्दी शेव करके कामेश्वर धर्मशाला के कुएँ पर से नहा आया। चारों ओर कमरे, बीच में बहुत बड़ा आँगन। आड़े-तिरछे पतले तार टँगे थे मुसाफिरों की सुविधा के लिए कि वे आसानी से कपड़े फैलाएँ। कामेश्वर ने गीली धोती फैलाई। तौलिया

फैलाते वक्त नीचे अपनी परछाईं पर दृष्टि पड़ी, लगा कि अब वह लंबा नहीं रह गया।

परछाईं पर पैर रखता हुआ आगे बढ़ आया। भूख लग आई थी।

धर्मशाला के बरामदों पर चारों ओर नए कलेंडर टँग गए थे। दिसंबर का अंत था न ? इस विज्ञापनबाजी के लिए छोटी हैसियतवाले ट्रेवलिंग एजेंटों ने धर्मशाला के निचले कर्मचारी को कैसे राजी कर लिया था, यह सोचकर कामेश्वर को फिर हँसी आ गई। इन्हीं कलेंडरों में एक था 'बापू राष्ट्रीय भोजनालय' वाला तीनरंगा कलेंडर। हाथ में लड्डू लिए बाल-गोपाल घुटनों के बल आगे सरकने की मुद्रा में यशोदाजी को देख रहे थे। चित्र ही ऐसा था कि भूखे को और भी भूख लग आती थी। स्थानीय होटल वाले इस कलेंडर के नीचे हाथ की लिखावट में ही एक वाक्य था—'बिलकुल करीब है।'

बिलकुल करीब है, तो फिर वहीं चलना चाहिए—कामेश्वर ने तय किया। तैंतीस नंबरवाले अपने कमरे में आकर कपड़े बदले। बालों पर कंघी फेरी। झूलते बटनवाला वह कुरता खूँटी से टँगा था। इसे देखकर उगनी की आँखें कैसे झलक आई थीं ! आज वह दूसरा कुरता पहनेगा। धोती नहीं, पायजामा निकालेगा। मंगलवार है न ! शाम को आज वह भी हनुमानजी का दर्शन करने जाएगा। उगनी ने कहा था, भीड़ होती है दर्शन करनेवालों की। कामेश्वर लेकिन भीड़ में शामिल नहीं होगा। अलग हटकर बैठेगा, बगीची के अंदर कलवाले पत्थर पर। अभी तो ग्यारह भी नहीं बजे हैं। अभी से क्यों हनुमानजी कामेश्वर को याद आ रहे हैं ?

धर्मशाला से निकलकर वह बाहर सड़क पर आ गया। पानवाले से पूछकर उस होटल का पता लगाया; सचमुच करीब था।

सड़क के किनारे छोटा-सा खपरैल का मकान। अंदर ज़रूर काफी जगह होगी। साइनबोर्ड चटकीला नहीं था, लेकिन साफ था। नीचे बैक्रेट में था 'केवल हिंदुओं के लिए'। प्रवेश करने पर भीतरी दीवार ने इसलिए ध्यान आकृष्ट किया कि सफेदी पर नीली स्याही में तीन शब्द चमक रहे थे —'पवित्र, पुराना, निरामिष'। आगे बढ़ने पर गलियारा मिला। छोर पर सचमुच ही काफी बड़ा आँगन था, चारों ओर खपरैल कमरे थे। बरामदों पर पीढ़े फैले थे, बीसों हाथ यांत्रिक मुस्तैदी से मुखों तक पहुँच रहे थे। पीतल की थालियों में लगता था, चमेली के सफेद-सफेद फूल खिले पड़े हैं। खुशबू इस रूप को महिमा प्रदान कर रही थी।

जूते खोलकर कामेश्वर खाली पीढ़े की ओर बढ़ा। बैठने पर महसूस किया कि यहाँ बेचारे बापू को खींचने की कोई ज़रूरत नहीं थी। बापू तो दाल-भात इस तरह बैठकर शायद ही कभी खाते हों। चित्र में बजरंगबली को देखकर उसने अपनी बाँहों की ओर निगाह डाली—बचपन में दूध-दही काफी मिला था, बनता तो देह ज़रूर बन गई होती।

और कुछ स्वादिष्ट नहीं था, चावल अवश्य खुशबूदार थे। अलग से दही मँगवा कर पेट-पूजा की पूर्णाहुति करनी पड़ी। सड़क पर वापस आकर पान की दुकान के सामने दाँत कुरेदते हुए कामेश्वर ने मन-ही-मन गाली दी—साले ने समूचा रुपया ले

लिया, अब मैं अगर उस कलेंडर को फाड़ दूँ जाकर ?

रात का खाना पंजाबी होटल में खाया था, बारह आने में कितना अच्छा खिलाया था ! तंदूर की रोटियाँ तीन से ज्यादा आप ले भी तो नहीं सकते। पुजारी बाबा ने मटर-भर भंग दी थी। सारी रात सोता रहा था कामेश्वर। स्वप्न-सुख से वंचित रहने का खेद उसे अवश्य हुआ। अक्सर सपने हमें अच्छे लगते हैं। वर्ष भर की तीन सौ पैंसठ रातें अगर बिना सपनों की गुजर जाएँ तो कैसा लगेगा ? ऐसा नहीं लगेगा कि समूचा वर्ष फीका गया ? शाम को भी पुजारी बाबा उसे भंग देना चाहेंगे, लेकिन आज वह नहीं लेगा। आज वह रात-भर सपने देखेगा। कल उसने ठेठ दुपहरिया में फिल्म देखी थी। रील लंबी थी, तीन घंटे से दस-पंद्रह मिनट ज्यादा ही वक्त गया होगा। पर आज रात जो छायाचित्र देखने को मिलेंगे उनकी रील दुगनी लंबी होगा। यह कोई सेंसर की हुई, नपी-तुली, कटी-छटी फिल्म नहीं होगी, इसमें ढेर सारे इंटरवल होंगे। पात्रों की भीड़ नहीं होगी, एक ही हीरोइन रहेगी। साइडरोल में महिलाओं के और चेहरे हो सकते हैं। ज़रूरी नहीं कि सुखांत ही हो यह फिल्म। अंत में रुलाई से भी नींद टूट सकती है...

अपनी इस कल्पना पर कामेश्वर आप ही मुस्कुरा उठा और डाकखाने की ओर चला गया।

कामेश्वर की शादी बीस वर्ष की उम्र में हुई थी और छह महीने बाद ही बहू का देहांत हो गया था। बेचारी टाइफाइड का शिकार हुई। पढ़ाई छूट जाने से उन दिनों मन यूँ ही उचटा-उचटा-सा रहता था। पत्नी की मृत्यु ने उस उचाट को और गहरा बना दिया। घरवाले दूसरी, तीसरी, चौथी और पाँचवीं लड़कियों का लेखा-जोखा लेने लगे। उन लड़कियों के पिता और चाचा घिराव डालने लगे। परिवार के और पास-पड़ोस के बड़े-बूढ़े कई गुनी अधिक दिलचस्पी लेने लगे।

यह खींच-तान चार-छह साल तक चली होगी लेकिन कामेश्वर ने किसी को अपनी पीठ पर हाथ नहीं रखने दिया।

जिसकी माँग में सिंदूर भरा, वह तरुणी क्या बरसों तक दिल-दिमाग पर हावी रही ?

अपनी रुचि की क्या कोई और लड़की कामेश्वर के हृदय में प्रवेश नहीं पा सकी थी ?

छोटा-बड़ा ऐसा कोई संकल्प तो नहीं था, जिसके चलते कुछ अर्से तक वह अकेला रहना चाहता हो ?

नहीं, ऐसी कोई बात नहीं थी।

पत्नी की मृत्यु के बाद शायद ही कभी उसने शोक-प्रदर्शन का अभिनय किया हो। स्नेहिल स्वभाव की सास मिली थी। उसने कहलवाया था—"बबुआ, आगे भी तुम मुझे अपनी अम्माँ ही समझना। विधाता से तुम दोनों की जोड़ी देखी नहीं गई, इसमें मेरा क्या कसूर ? कसूर तो मेरा अब होगा, अगर सामने बैठाकर उसी तरह पंखा न झला करूँ तुमको !" अलावा अम्माँजी के, एक सलहज थी और दो सालियाँ। उनके भी

लाड़-प्यार का रंग कभी फीका नहीं पड़ा। तीसरे, परिवार की एक बुढ़िया ने छोटी साली से ब्याह के प्रस्ताव का इंगित कामेश्वर तक पहुँचवाना चाहा। बात बीच में ही काट दी गई, इसलिए कि अम्माँजी को पसंद नहीं था। बड़ी साली ने तो साफ़-साफ कह दिया—"एक प्रतिमा की जगह दूसरी प्रतिमा मूर्तिकार ही बैठाते हैं। जीजा और साली के रिश्ते की भी आखिर कोई मर्यादा होती है न ? हमारी बहन का खाली आसन किसी और लड़की के लिए मुबारक हो..." कामेश्वर को उन लोगों का यह रुख अच्छा लगा था। वह उनसे वर्ष में एकाध बार मिल आता था।

छोटी भाभी कामेश्वर को बहुत मानती थी। इतना अधिक मानती थी कि बड़ी भाभी ने एक बार कहा—"दोनों पिछले जन्म की सहेलियाँ हैं। चाँदनी रात में आँगन के फर्श पर चाक से लकीरें खींचकर 'घर' बनाते हैं और घंटों 'पचीसी' खेलते हैं। जाने कौड़ी खेलने में इन्हें क्या मज़ा आता है।" बड़ी भाभी की इस बात पर माँ खिलखिला कर हँसती थीं। छोटी भाभी अपने लाड़ले देवर को बेहद प्यार देती थी, ठीक है। लेकिन उसे अपनी सीमाओं का खयाल हमेशा रहा।

मैट्रिक में फेल होने के बाद उसने तय किया था कि खेती-किसानी में भिड़ जाएगा। मैट्रिक में क्या रखा है ? बाप-दादों के खेत हैं डेढ़ सौ बीघे। आमों के बाग हैं। साखू, महुआ, शीशम, जामुन, बड़हल, तून के जंगल हैं। बड़े-बड़े दो पोखर हैं, जिनसे हर साल हज़ारों की मछलियाँ निकलती हैं। बाबूजी और चाचाजी को भी तो आखिर कोई असिस्टेंट चाहिए न ? साठ के हो चुके हैं, मन ही मन गालियाँ देते होंगे—"स्कूल-कालेज में पढ़ाओ तो हमेशा के लिए हाथ से निकल जाते हैं। माया नहीं, मोह नहीं, रत्ती-भर ममता नहीं ! इस ज़माने के लिखे-पढ़े लड़के चांडाल होते हैं। मर जाओ तो मुँह में आग देने के लिए पटना, राँची तार ठोको। दो-दो दिन तक लाश पड़ी रहे और मक्खियों का भोज हो..." इन स्थितियों की कल्पना कामेश्वर ने बार-बार की थी और मन ही मन संकल्प लिया था कि परिवार के बूढ़ों का बोझा उठाने लायक अपने को बनाएगा।

पड़ोस के गाँव में एक लायब्रेरी थी। वहाँ हज़ारों की संख्या में नए-पुराने उपन्यास तो थे ही, पाँच-सात पत्रिकाएँ भी आती थीं। वहीं, करीब में हाई स्कूल था। आठवीं से ही कामेश्वर को लायब्रेरी का चस्का लगा। मैट्रिक की परीक्षा में असफल होने का दायित्व शायद इस पुस्तकालय का भी रहा हो। 'शायद' इसलिए कि कामेश्वर का कहना था—माँ तीन महीने बीमार रहीं और चाचाजी तीर्थ यात्रा के लिए निकल गए थे। बाबूजी अकेले थे। कैसे देखा जाता उससे ? खेती-गृहस्थी के झमेले उसकी पढ़ाई चाट गए...मौका मिलते ही चट से लायब्रेरी के अंदर घुस जाना और अलमारी की ओट में स्टूल पर बैठकर घंटों गुज़ार देना। उपन्यास और उपन्यास और उपन्यास। 'आर्यावर्त' और 'आज' और 'योगी' और 'साप्ताहिक हिंदुस्तान', 'नवनीत' और 'सरस्वती' और 'नई धारा'...'बालक', 'किशोर' और 'चंदामामा' और 'धर्मयुग'...एक और दुनिया कामेश्वर के अंदर आबाद हो गई थी, किताबी पात्रों और घटनाओं की दुनिया। अंदरवाला यह संसार कामेश्वर के लिए इतना प्रिय और ऐसा स्वाभाविक हो उठा कि

परीक्षा की अपनी विफलता का दायित्व लायब्रेरी पर वह डाल ही नहीं सकता था।

कल्पना-जगत में किस प्रकार गाँव की एक बाल-विधवा आ गई और धीरे-धीरे उसका अस्तित्व किस प्रकार कामेश्वर के लिए परम सत्य हो उठा।

किस प्रकार उस असहाय युवती का मूक क्रंदन कामेश्वर के मन को मथने लगा और किस प्रकार और संकल्प उसे लेना पड़ा।

किस प्रकार सनातन रूढ़ियों की चट्टान एक सीधे-सादे ग्रामीण युवक की सहज सदिच्छाओं का सदा के लिए अंत कर देना चाहती थी और किस प्रकार कामेश्वर ने उसका प्रतिरोध किया !

किस प्रकार बुजुर्गों ने एक मामूली घटना को अपनी मूँछों का सवाल बना लिया और किस प्रकार कामेश्वर को यह चैलेंज कबूल करना पड़ा !

उग्रतारा असल नाम था, मगर इस नाम से कभी किसी ने उसको पुकारा नहीं। कम-से-कम कामेश्वर के कानों ने तो नहीं सुना। ठीक है, सभी नाम ऐसे कहाँ होते हैं जो हमारी जीभों पर आसानी से फिसल सकें। उगनी, कैसा प्यारा और छोटा-सा नाम है। शक्ल-सूरत सामने न हो, नाम ही नाम आपने सुन लिया हो, तो भी क्या कानों को गुदगुदी नहीं लगेगी ?

कामेश्वर ने उगनी को देखा तो पहले भी कई बार था लेकिन दूर-दूर से, पास आने का कोई सवाल ही नहीं उठा। सुंदरपुर-मढ़िया में एक नहीं, पच्चीस उगनियाँ थीं। नौजवान आपस में उनकी चर्चा करते थे। हर लड़की किसी-न-किसी नौजवान की बहन थी, हर नौजवान किसी-न-किसी उगनी का भाई था। उनके सुख-दुख आपस में गुँथे थे। एक के बदन पर चोट पड़ती थी तो दूसरे के बदन पर निशान उभर आते थे। इसका दिल दुखता था तो उसकी आँखें गीली हो जाती थीं। उसका जी अघाता था तो इसके रोएँ पुलकित होते थे। उगनी को अच्छा दूल्हा मिला था, नौजवानों को बड़ी खुशी हुई थी। स्टीमर दुर्घटना में उगनी के दूल्हे का देहांत हुआ तो सुंदरपुर-मढ़िया के अनेक तरुण कई दिनों तक कराहते रहे और उस आकस्मिकता को उन्होंने गाँव के लिए किसी भारी असगुन की काली छाया घोषित किया।

कामेश्वर को भली-भाँति याद है, कैसे उगनी के दुर्भाग्य की बातें करते-करते तीन जने जाड़े की उस काली रात में दो बजे तक जागते रह गए थे। कैसे नर्मदेश्वर की भाभी ने उगनी के भविष्य के बारे में विधायक सुझाव दिए थे। कैसे संकल्प का एक नन्हा-सा बीज कामेश्वर के हृदय में तभी पड़ा था...

नर्मदेश्वर की भाभी बड़ी दिलेर नवयुवती थी। ज़्यादा तो नहीं, मैट्रिक तक पढ़ी-लिखी थी। उसके चाचा राजनीतिक पार्टी के अच्छे कार्यकर्ता थे। उन्होंने अपनी लाड़ली भतीजी के अंदर युगोचित संस्कार काफी मात्रा में डाले थे। इस नवेली भाभी की बातें अर्से तक कामेश्वर के कानों में कुलबुलाती रहीं। भाभी ने दीप्त स्वर में कहा—"सुंदरपुर-मढ़िया के नौजवान गोबर हैं, ऐसा गोबर जिस पर उँगलियाँ रखो तो काठ बनेंगे, कंडे नहीं !" नर्मदेश्वर और कामेश्वर ने पलकें झुकाकर पैनी बात की वह

चाबुक झेली थी। नर्मदेश्वर ने थोड़ी देर बाद पूछ लिया—"तो भाभी, तुम्हीं बताओ न, क्या किया जाए ? इन बड़े-बूढ़ों से कैसे निबटा जाए ?"

नर्मदेश्वर की भाभी चाबुक फटकारकर अपने देवर और उसके साथियों की चेतना को झकझोर देती थी, किंतु अपना कोई निर्णय उन पर ठोकती नहीं थी। बड़ी उम्र के दो छिनाल पुरुषों की करतूतों पर प्रकाश डालते समय नर्मदेश्वर एक बार बोला था—"भाभी, पिस्तौल का लाइसेंस लेना चाहता हूँ।" इस पर वह खिलखिलाकर हँसी थी। रुककर कहा था—"पिस्तौल का क्या करोगे ? छिछोर-मन का इलाज कारतूस की पेटियों से नहीं होगा। स्त्री-पुरुषों में समान रूप से समझदारी पैदा होगी और मनोरंजन के कई और साधन निकल आएँगे, तभी व्यभिचार घटेगा। देहात में खाते-पीते परिवारों के अधेड़ भारी मुसीबत पैदा करते हैं। उगनी जैसी लड़कियों के लिए ज़्यादा संकट उन्हीं की तरफ से आता है। दूसरा संकट है डरपोक नौजवानों की छिछली सहानुभूति। इन संकटों का मुकाबला हम पिस्तौल से नहीं कर सकते..."

एक बार उसने कामेश्वर से अकेले में पूछ लिया—"कब तक अकेले रहिएगा बाबू साहेब ? शादी नहीं कीजिएगा ? अभी तो खैर दस वर्ष जवानी की उमंग में दूसरी शादी न करने का हठ भी निभा लीजिएगा, आगे चलकर आपके साथ भी वही मुहावरा जुड़ेगा कि गुड़ खाकर गुलगुले से परहेज़...झूठ कहती हूँ ?"

उगनी के बारे में कभी उसने कामेश्वर से यह नहीं कहा कि तुम विधुर हो और वह विधवा, दोनों एक-दूसरे को अपना लो। अर्से तक वह पसोपेश में रही। कामेश्वर का दिल थाहती रही, उसके साहस का अंदाज़ लेती रही। उगनी नई विधवा थी, उसकी माँ पुरानी विधवा थी। कहते हैं, दादी भी विधवा थी। कैसे वैधव्य का इतना लंबा अभिशाप उस खानदान पर पड़ा था, यह रहस्य और आश्चर्य की बात थी। मढ़िया-सुंदरपुर की खास घटनाओं में से एक यह भी थी। एक-एक बहू, एक-एक दामाद, जो गाँव के भीतरी जीवन में आके शामिल होते थे, उनके कानों तक यह विशेष घटना पहुँच ही जाती थी।

सौंदर्य से उगनी के वैधव्य का अभिशाप और भी गहन हो उठा था। नर्मदेश्वर की भाभी को जब मालूम हुआ कि लड़की ककहरा भी मुश्किल से पहचानती है तो उसे भारी परिताप हुआ। उगनी की माँ से अनुमति लेकर उसने उसके लिए वर्णमाला की रंगीन चार्ट मँगवाई।

यह भाभी उगनी की ही नहीं, बहुत सारी बहुओं-बेटियों की गुरुआइन थी। चौपाल पर बातूनी होंठ नर्मदेश्वर की भाभी को खीझ के मारे विधायिकाजी कहा करते। उसने लेकिन इस उपाधि को मुस्कुराके ही अपना लिया था। वह ऐसी विधायिका थी जिसे कभी किसी के सामने शपथ नहीं लेनी पड़ी। उसने एक बार खिलखिलाकर कहा था—"मैंने जिसके सामने शपथ ली है वह यहाँ बैठा है..." उसने माथे पर उँगली ठोक ली थी। उसकी यह मुद्रा देखकर नर्मदेश्वर और कामेश्वर हँसते-हँसते लोट-पोट हो गए थे।

उगनी ज्यादा नहीं लिख-पढ़ सकी। दस लाइन का खत लिखने में उसे एक घंटा लगता है। इसका भी श्रेय उन्हीं भाभी साहिबा को है। कामेश्वर का रोम-रोम इसके लिए भाभी का कृतज्ञ रहेगा...

भाभी के प्रति कृतज्ञ रहने के लिए क्या यही एक उपकार उसे याद आता है ?

वस्तुतः भाभी के उपकार आधा दर्जन से कम तो क्या होंगे।

उगनी के मन से ग्लानि को धो-पोंछकर साफ कर देना क्या मामूली उपकार था ? माँ को समझा-बुझाकर लड़की को दूसरी शादी के लिए तैयार करना क्या मामूली उपकार था ? पुरानी पीढ़ी की महिलाओं के संयुक्त मोर्चे में दरार डालना क्या मामूली उपकार था ? स्वप्नदर्शी, भावुक किशोर मन को संकल्पशील दृढ़ युवक-मन में बदल देना क्या मामूली उपकार था ?...

नर्मदेश्वर की भाभी घंटों कामेश्वर के साथ रहीं—मन में छाई रहीं। डाकखाने के अंदर, काउंटर से ज़रा हटकर उसने तीन-चार चिट्ठियाँ लिखीं। लगता था, बीच-बीच में भाभी चिट्ठी पढ़ती जाती हैं। लगता था, छब्बीस वर्ष की उस भरपूर मुखर युवती का खिलखिलाना कानों को बार-बार गुदगुदा रहा है और बार-बार हिज्जे की गलतियाँ हो रही हैं।

(दुहाई भाभी अभी, परेशान मत करो।

[मैं कहाँ कुछ कर रही हूँ ?

(अभी एक चिट्ठी मुझे और लिखनी है...

[किसको लिखना है अब और ?

(तुम्हारे लाड़ले देवर को।

[तुम क्या मेरे कम लाड़ले हो ?

(देखो भाभी, मुझसे उड़ो मत !

"क्या कर रहे हैं इतनी देर से यहाँ ?"

"ओ, आप !"

कामेश्वर ने युवक की ओर मुस्कुराकर देखा। वह कमरा नं. 34 का मुसाफिर था, तार देने आया हुआ था।

मन-ही-मन भाभी को प्रणाम करके कामेश्वर युवक के साथ पोस्ट आफिस से बाहर निकल आया।

अभी-अभी घड़ियाल को दस बार ठोका गया था। जाड़े की रात। दस बजते-बजते सन्नाटा हो गया था। शहर के बाहर का यह इलाका दिन में भी गुंजान नहीं रहता था। इधर न तो रिहायशी मुहल्ले थे, न बाज़ार। हाँ, बस के अड्डे से ज़रा हटकर चार-पाँच मामूली दुकानें ज़रूर थीं। तीन दुकानें चाय की। दो होटल। पान की एक दुकान। कोयले का डिपो। दिन के वक्त एक मोची आके बैठ जाता था। यह सब लेकिन पिछले तीन

वर्षों में ही हुआ था। जेल के मेन गेट से दाहिनी तरफ, दो फर्लांग हटकर बसों का यह अड्डा था। बसें ज़्यादातर दिन को ही आती-जाती थीं, रात के समय अड्डा उदास रहता था। अड्डे की मुखरता या उदासी का कोई असर जेल-गेट तक फटक नहीं पाता था। हाँ, जेल की पिछली दीवार के उस पार, मैदान में लकड़ी का एक कारखाना ज़रूर था, उससे चिराई की आवाज़ रात के सन्नाटे को चीरती हुई गेट के इधर तक पहुँचती थी।

उगनी ने उठकर आधा गिलास पानी पिया। तबीयत नहीं हुई कि स्विच ऑन करे। हाल-हाल इन क्वार्टरों में बिजली लगी थी। छिपकली की आवाज़ पर स्विच ऑन करने में आलस नहीं अनुभव होता था। बच्चों और औरतों में बिजली की रोशनी के प्रति अपार उत्साह था। उगनी लेकिन अपवाद थी। यूँ भी वह बिजली कम जलाती थी और आज तो उसका जी ही इनकार कर रहा था।

बल्ब भक् से जल उठेगा, आईने में अपनी शक्ल खुद को ही चिढ़ाएगी। कलेंडर वाला किसान युवक शायद मुस्कुरा उठे। मोरछाप नीले किनारोंवाली गुलाबी साड़ी शायद सुलग उठे। आले में रखी बोतल का साफ तेल शायद बुलबुले छोड़ने लगे...नहीं, वह स्विच ऑन नहीं करेगी...

चौथाई गिलास पानी लेकर उसने दुबारा पिया। पीनेवाला पानी बाहर बरामदे के कोने में बाल्टी के अंदर ढका रहता था। वहीं आले पर पीतल के दो गिलास पड़े रहते थे। पीतल का एक बड़ा लोटा, जिसे भभीखनसिंह ने अयोध्या से मँगवाया था; जर्मन सिल्वर का छोटा-सा दूसरा लोटा, जिसे उगनी ने किसी फेरीवाले से खरीदा था...रात के अँधेरे में और भी बर्तन चमक रहे थे, मगर इतने नहीं कि उस चमक में अपनी परछाईं नज़र आए।

चार कदम चलकर वह आँगन के छोर तक गई। वापसी में चौखट से दाहिने पैर का अँगूठा टकरा गया। ठेस अधिक नहीं लगी। फिर भी दर्द ने थोड़ी देर के लिए उसके मन को दूसरी ओर मोड़ दिया। अब वह स्विच ऑन करेगी।

अंदर-बाहर दो ही बल्ब थे। अंदरवाला पचीस यूनिट का लट्टू जल उठा तो उगनी ने दाहिने पैर को ऊपर तख्तपोश पर टिका दिया और अँगूठे को देखने लगी। नाखून की बगल में पहली पोर से नीचे लाली बटुर आई थी...यह लाली उसे बहुत अच्छी लगी। दो मिनट तक वह अँगूठे को सहलाती रही।

दर्द कम हो गया। अँगूठे की सहज गुलाबी वापस लौट आई। अब फिर से लेट जाएगी। लिहाफ को कमर तक खींचकर लेटने को हुई कि याद आया, स्विच ऑफ नहीं किया है।

अँधेरा होते ही उगनी ने सोचा, ऐसे में नींद तो भला क्या आएगी ! सोचते-सोचते ही रात काटनी है ! कटे रात सोचते-सोचते...पेट पर हाथ फेरते-फेरते उसने महसूस किया, कल सारा दिन हल्का-हल्का दर्द उठा करेगा। बहुत परेशान तो नहीं करेगा लेकिन मन को अपने में टाँगे रहेगा। ज़ोर से दर्द उठे और थोड़ी देर बाद मिट जाए तो क्या हर्ज ?

कौन है अंदर ? लड़का है कि लड़की ? लड़की न हो तो अच्छा। लड़की होगी तो अपनी माँ की सारी मुसीबतें लेकर डोलती फिरेगी। इसी तरह उसे भी मायके से भागना पड़ेगा। इसी तरह अँधेरी रात में उस पर भी गाँव के भले आदमी अपनी आशीष छिड़केंगे। इसी तरह न चाहने पर भी पचास साल का अधेड़ सिपाही उसे अपनी घरवाली बनाकर रखेगा। इसी तरह...

उगनी ने करवट बदल ली। बाईं बाँह पर सिर रखा, अनजाने ही दबाव की मात्रा बढ़ी। पट्ट ! गई...एक चूड़ी गई। अभी चार रोज़ पहले गुलाबी चूड़ियों के आठ छल्ले लिए थे। ठीक है, थोड़ी देर बाद दूसरी भी टूटेगी। ज़रा देर बाद तीसरी और चौथी भी टूट सकती है...क्या रखा है इन चूड़ियों में ? बरसों उगनी ने इन चूड़ियों को पास फटकने तक नहीं दिया। रत्ती-भर भी मोह नहीं रह गया है उसके मन में इन चूड़ियों के प्रति।

बिस्तर को टटोलकर उगनी ने चूड़ी के टुकड़े बटोर लिए, उन्हें साड़ी के खूँट में बाँध लिया—अभी कौन उठता है, कल फेंक आएगी। माँ याद आ रही थी। उसने एक बार कहा था—चाँदी के चार बंद बनवा ले, खाली कलाइयाँ मुझसे देखी नहीं जातीं... भरी-भरी आँखों से माँ ने अपनी बेटी की तरफ देखा था, मिनटों तक देखती रह गई थी। उसके बाद कैसे दो बड़ी-बड़ी बूँदें टपकीं और किस तरह धरती ने उनको सोख लिया ! उगनी को रत्ती-भर भी मोह नहीं है चूड़ियों का...लेटे-ही-लेटे उसने एक-एक चूड़ी निकाल ली, सूनी कलाइयों से सीना सहलाने लगी। वक्ष की कर्कशता ध्यान को फिर से अंदरूनी भ्रूण की ओर खींच लाई।

यह भी बलात्कार ही था। ठीक है, भभीखनसिंह ने वैदिक विधियों से शादी की थी। ठीक है, आधे घंटे तक अग्नि में आहुतियाँ डाली गई थीं। ठीक है, हवन के धुएँ ने बहुतों की आँखें आनंद के आँसुओं से गीली कर दी थीं। ठीक है, तोला भर सिंदूर माँग के बीचोबीच कई दिनों तक जमा रहा। सबकुछ ठीक है। लेकिन स्त्री-पुरुष के बीच उम्र का इतना बड़ा फासला किस तरह मखौल उड़ा रहा था विवाह के संस्कारों का ! बाबू भभीखनसिंह को कानूनी तौर पर इस बलात्कार का हक हासिल हुआ। अब उगनी उनकी संतान को अपने लहू से पुष्ट बनाएगी...कामेश्वर कैसे अब उगनी को स्वीकार करेगा ?

उसे नर्मदेश्वर की भाभी याद आई। भाभी ने कहा था—"लुच्चे-लफंगे अपना ही मुँह काला करते हैं। हमारा-तुम्हारा मुँह तो शीशे से भी ज़्यादा साफ रहेगा।" तेज-ओज की उस प्रतिमा को याद करके उगनी ने दोनों हाथ जोड़ लिए, जुड़े हुए हाथों को माथे से सटाकर उसने भाभी को प्रणाम किया। अँधेरे में भी उसे लगा कि भाभी सिरहाने खड़ी हैं। कह रही हैं—"कामेश्वर तुम्हें लेने आया है, तुम ज़रूर उसके साथ चली जाओ। वह तुम्हें भी स्वीकार करेगा और तुम्हारे शिशु को भी स्वीकार करेगा। कामेश्वर नए भारत का नया युवक है, पुराने ढंग का छिछोर नौजवान नहीं है वह..."

उगनी की आँखों से आँसू बह रहे थे। उसने फिर से एक-एक कर उन चूड़ियों को पहन लिया...गुलाबी रंग की ये चूड़ियाँ कामेश्वर को बहुत पसंद हैं ? खुद उगनी

ही कामेश्वर को क्या कम पसंद है ?

उसने अपने अंदर उमंग-भरी फुर्ती महसूस की। भरोसे की भावना रग-रग में दौड़ गई। और चट से उगनी बिस्तरे से उछलकर नीचे आ गई। उसके हाथ अपने-आप गतिशील हो उठे, उँगली जाकर अपने-आप स्विच से छू गई। कमरा आलोकित हो उठा।

कलेंडरवाला वह किसान युवक उसी तरह कंधे पर हल लादे बैलों की जोड़ी को आगे ले जा रहा था। लगता था, सवेरा हो चुका है। उसने बिलकुल करीब जाकर उस किसान युवक की आँखों में आँखें डाल दीं। आहिस्ता से फुसफुसाई—"तुम्हारी नाक और होंठ कामेश्वर से मिलते हैं न ?"

अरगनी पर लाल कोर की दूसरी साड़ी भी रखी थी। उगनी ने उसे पहन लिया। ब्लाउज बदला। बालों में कंघी फेरी। अब उसकी तबीयत हुई कि आईने में अपना मुँह देखे।

आईना बड़ा नहीं था। पड़ोस की एक युवती बार-बार उगनी को चिढ़ाती रही थी कि ठिकाने का एक शीशा तक वह अपने घरवाले से मँगवा नहीं सकती। उगनी ऊपरी मुस्कान के सहारे पड़ोसिन के उस उलाहने को अब तक टालती आई थी। आज उसे पहली बार लगा कि आईना बड़ा होता तो ठीक था।

लेकिन इस तरह रात-रात जागेगी तो पागल नहीं हो जाएगी ?

नहीं, वह पागल नहीं होगी ! कामेश्वर के बारे में सोचते-सोचते दस-पाँच रात क्या, उगनी सारा जीवन गुजार देगी तो भी पागल नहीं होगी। हाँ, भभीखनसिंह के बच्चों की माँ बनने के बाद पागल होने से उसे कोई नहीं रोक सकेगा।

बच्चे ! हुँह, बच्चे !...

अंदर की उगनी मुस्कुराने लगी। बाहर की उगनी लेकिन गंभीर बनी रही। उसने आईनेवाली उगनी को मुँह बनाके चिढ़ाया—डूब मरना था तुझे तो ! बेहया की तरह हँस कैसे रही है ?

कानों में भाभी की खिलखिलाहट गूँज गई। भाभी की ही आवाज़ में सुनाई पड़ा—इसमें भला डूब मरने की क्या बात थी ? यह तो आत्म-हत्या का विकल्प था।...

(हाँ भाभी, यह विकल्प ही था जिसे मैंने स्वीकार किया। भभीखनसिंह की घरवाली न बनी होती तो कामेश्वर किसको लेने आते ?

(और हाँ, यह विकल्प कबूल न किया होता तो ढाका या लाहौर पहुँच गई होती फिर तुम या कामेश्वर सिर पटकके रह जाते, उगनी का पता न चलता।...)

ऊपर से एक मोटी छिपकली गिरी और आईने के फ्रेम पर जीभ लपलपाने लगी।

सहमकर उगनी दो कदम पीछे हट गई।

छिपकली अब भी जीभ लपलपा रही थी। मसूर-सी गोल-गोल उसकी आँखें उगनी को घूर रही थीं। दुम का अनवरत कंपन अनंत भूख का सबूत बनकर उसे और डरावना बना रहा था।

उगनी आतंकित होकर दो कदम पीछ हट गई। उसने साफ-साफ देखा : यह वही जंतु है जिसने अँधेरी रात में उस पर हमला किया था। यह वही जंतु है जो उसे उठाकर बाँसों के झुरमुट में ले गया। यह वही जंतु है जिसने उसे बेहोश करके छोड़ दिया था। यह वही जीभ है जिसका खुरदरापन उसके तन-मन के लिए ज़हर बन गया था। यह वही घिनौना जानवर है जिसके बदन पर उसकी माँ ने रसोई की काली हाँडी दे मारी थी। यह वही राक्षस है...

उगनी को लगा कि वह खड़ी नहीं रह सकेगी। तख्तपोश के छोर पर बैठकर छिपकली को देखती रही।

उसे अपना शिकार मिल गया था। जीभ की लपलपाहट बंद हो गई थी। लट्टू के चक्कर लगाते-लगाते पाँच-सात कीड़े दीवाल को छू रहे थे, छोड़ रहे थे। उन्हीं में से एक नीचे आया था। अभागे के पंख छिपकली के जबड़ों से बाहर थे, शरीर समूचा अंदर चला गया था।

उगनी की आत्मा त्राहि-त्राहि कर उठी। यह मर्मान्तिक दृश्य उससे देखा नहीं गया, आँखें मूँदकर उतान लेट गई। एकाएक मन में आया कि ईंट का टुकड़ा उठाकर दे मारे छिपकली पर...और वह उठी भी। बाहर बरामदे के कोने में ईंट के टुकड़े जमा थे। एक वह उठा लाई। छिपकली आईने के फ्रेम से हटकर थोड़ा ऊपर चली गई थी।

उगनी ने उसे गौर से देखा तो उसके क्रोध को उलटा झटका लगा।

—हाय, यह तो खुद ही माँ बननेवाली है !

ईंट का टुकड़ा वह वापस रख आई और बिस्तर पर बैठे-बैठे मादा छिपकली की ओर एकटक देखती रही। सोचती रही, राक्षसी माँ की कोख से राक्षस शिशु ही बाहर आएगा, लेकिन इससे मातापन की महिमा घट जाएगी क्या ? उसने कभी सुना था कि गर्भिणी बाघिन पर गोली चलाने से किसी शिकारी ने इनकार कर दिया था...आज उसने भी मादा छिपकली पर ईंट नहीं चलाई...वह कामेश्वर के साथ भागनेवाली है। बाबू भभीखनसिंह ने भागते हुए उसे पकड़ लिया तो क्या वे भी उसे क्षमा कर देंगे ? मगर वह क्यों पकड़ी जाएगी ? मान लो, पकड़ ही ली जाए...

स्विच ऑफ करके फिर से वह लेट गई थी। फिर से माथे के अंदर फिक्र की चर्खी चलने लगी थी। छिपकली को भूलकर वह अच्छी तरह मन की गुत्थियों में उलझ गई थी।

माँ कहती थीं, नींद न आए तो कपड़ा भिगोकर माथा पोंछ लेना चाहिए। हाथ-पैर, मुँह-कपार ठंडे पानी से पोंछ लो, तब भी पलकें झिप जाती हैं। उगनी सोचते-सोचते खीझ उठी। बाहर जाकर फिर पानी पी आई। मुँह-कपार धो आई।

चार बजेंगे तो सिपाहीजी लौटेंगे। बाहर साँकल खड़केगी, सीमेंट के फर्श पर लाठी बजेगी 'ठन्न' से। उस वक्त उठकर उगनी ने अगर दरवाज़ा न खोला तो भभीखनसिंह की हल्की हुंकार सुनाई पड़ेगी।

कई बार सिपाहीजी ने कहा है—"तुम्हारी नींद क्या है, पहाड़ है ! बाप रे, आदमी

भी कहीं इस तरह सोया है ? बूटों की धमक से, लाठी की हुराठ से और गले की खखास से अगर तुम्हारी नींद नहीं टूटती है तो अब मुझे इसका कोई इलाज करना पड़ेगा।"

पिछली रात उगनी की नींद नहीं टूटी। आज रात भी उसकी नींद नहीं टूटेगी। सिपाहीजी सवेरे मोटी दातुन चबाते-चबाते उगनी को चार बातें ज़रूर सुना देंगे।

वह सब सुन लेगी। एक बार भी जुबान नहीं खोलेगी। इत्मीनान से पराँवठे पोती रहेगी, आलू तलती रहेगी। सिपाहीजी प्याज़ नहीं खाते हैं। उसने भी प्याज़ छोड़ रखी है। सिपाहीजी मांस-मछली का नाम तक सुनना पसंद नहीं करते, उसने भी मांस-मछली को अपने चित्त से उतार दिया है। सिपाहीजी को सूजी का हलवा अच्छा लगता है, उसको भी सूजी का हलवा अच्छा लगने लगा है। सिपाहीजी को पीले रंग में रँगा हुआ कपड़ा पसंद है, उसको भी वही पसंद है। यह जो मोर-छाप नीले किनारोंवाली गुलाबी साड़ी है इसे बाबू भभीखनसिंह के भांजे ने अपनी नवेली मामी के लिए सौगात के तौर पर भेजा था। वह पूर्वी छोर पर पाकिस्तान की सीमा के पास किसी थाने में दारोगा है। मामा को चिट्ठी में उसने लिखा था, मामी के लिए रेडियो का भी जुगाड़ करेगा। सिपाहीजी ने उस चिट्ठी का जवाब नहीं दिया। पड़ोसियों को यह बात जाने कैसे मालूम हो गई। क्वार्टरों में हल्ला हो गया, भभीखनसिंह के यहाँ रेडियो आनेवाला है। सिपाहीजी से भी लोग आकर पूछने लगे, कब आ रहा है रेडियो...सुना है अगले रविवार तक आ जाएगा...स्टेशन से मालगोदाम तक आ गया है...इस तरह के सवालों का जवाब देना बेकार था। रामायण की चौपाइयाँ गुनगुनाते हुए, हनुमानचालीसा का पाठ करते हुए या इष्ट-मंत्र का जाप करते हुए, सिपाहीजी मोटे तौर पर निषेध की मुद्रा में माथा हिलाकर रह जाते थे। उगनी ने लेकिन पड़ोसियों से एक दिन कह दिया—लिख दिया गया है; रेडियो नहीं आएगा...इससे उनके पूजा-पाठ में बाधा होगी। सिपाहीजी को अपनी घरवाली की वह चतुराई अच्छी लगी। मन-ही-मन वे बोले—तभी तो 'धरमपत्नी' कहा है। उगनी में उनको धर्मपत्नी के सारे लच्छन मिल रहे थे। यह दूसरी बात थी कि सिपाहीजी में उगनी को 'घरवाला' तो ज़रूर मिल रहा था, पति नहीं मिल रहा था।

वह सबकुछ सुन लेती थी। उसके इस गुण पर भभीखनसिंह फिदा थे। लेकिन रात को चार बजे पूस की सर्द हवा में पंद्रह मिनट तक क्वार्टर के सामने बाहर खड़ा रहना सिपाहीजी को बेहद अखरता था।

उगनी चाहती थी, कैसे भी उसे नींद आ जाए; चार बजे साँकल खड़के तो उसकी आँखें ज़रूर खुल जाएँ।

तो क्या; चाहने से ही किसी को नींद आ जाएगी ?

उँह, कहाँ आएगी नींद चाहने से ही किसी को !

एक पत्ता भी नहीं हिलता है चाहने से; नींद तो भला नींद ही ठहरी, वह कैसे आ जाएगी चाहने-भर से ?

उगनी को लेकिन नींद आ जाएगी। वह पलकें झपका रही है। उसे पिछली रात भी नींद नहीं आई थी; उससे पिछली रात भी नहीं...आज ज़रूर आएगी नींद ?

(सो जा, राजकुमारी, सो जा !

(धत् ! यहाँ राजकुमारी कहाँ से आई ?

(लोकगीतों की दुनिया से उतरी है...सो जा, राजकुमारी, सो जा !

(लेकिन उगनी मामूली औरत है, उस पर लोकगीत की यह कड़ी कैसे लागू होगी ?

(देखो न, कैसे होती है लागू ?

(सो जा, राजकुमारी, सो जा...सो जाऽऽऽऽ !....जाने किस ममतामयी के मुलायम हाथों ने उगनी को थपथपाना शुरू कर दिया है...सो जाऽऽऽऽ, सो जाऽऽऽऽ....सोऽऽ !

(हाँ उगनी की आँखें झिप गईं।)

लो, उसे सचमुच नींद आ गई।

बेसुधी में उगनी ने लिहाफ तक नहीं ओढ़ा। वह ऐसे ही सो गई। अब चार-पाँच घंटों तक निश्चय ही वह गाढ़ी नींद की गहरी मात्रा लेगी। यह मात्रा साठ-सत्तर घंटों के बाद उसे मिली है। वह सपने नहीं देखेगी। स्वप्नहीन, अविराम और गाढ़ी निद्रा की झील में उसकी चेतना अपने पंखों को निस्पंद बनाके पड़ी रहेगी। सर्दी महसूस होगी तो शायद आप ही, लिहाफ खींचकर बदन को ढक लेगी। शायद, थकान का गाढ़ापन सर्दी महसूस होने ही न दे और एक ही करवट में चार बज जाएँ...

वक्त पर साँकल खड़की। लाठी बजी ठन्न से फर्श पर।

उगनी की नींद लेकिन नहीं टूटी।

दूसरी बार साँकल जोर से खड़की और देर तक।

इस बार उगनी ने करवट बदली। थोड़ी देर तक आँखें नहीं खुलीं, लेकिन लगा कि बाहर कोई साँकल खड़का रहा है। याद नहीं आ रहा था कौन साँकल खड़का रहा है। खुमारी में ही उसने अपने को बिस्तरे से उठाया। उल्टी दिशा में बढ़ी कि दीवार से छू गई।

अब उगनी की चेतना साफ हुई। उसे साफ-साफ लगा कि देर से सिपाहीजी साँकल खड़का रहे हैं।

साँकल खुली। ओवरकोट से ढँका हुआ भारी-भरकम शरीर अंदर आया।

इस बार शीत ऋतु में और वर्षों की तरह जमकर जाड़ा नहीं पड़ा। वही बस मामूली किस्म की सर्दी रही। हल्का कंबल और पतला लिहाफ काफी गर्माई पहुँचाते थे।

भभीखनसिंह ने यूँ ही ओवरकोट निकलवा लिया था, वरना खाली स्वेटर ही गर्मी फूँकने के लिए काफी था।

सिपाहीजी ने कहा—"तुम सो जाओ, मैं दिशा-फराकत जाऊँगा तो बाहर से ताला लगाके जाऊँगा।"

वह कुछ बोली तो नहीं, अलसाए हाथों से आले पर माचिस टटोलने लगी।

खड़खड़ाहट सुनकर सिपाहीजी ने समझा कि चूल्हा सुलगनेवाला है। सिपाहीजी को सवेरे-सवेरे चाय ज़रूर चाहिए। साहब लोग सवेरे-सवेरे जिस तरह की चाय पीते हैं, उस तरह की नहीं। दूधवाली पंजाबी चाय, गिलास भरके। चीनी कम न हो।

सिपाहीजी उगनी को बहुत प्यार करते थे। ज़रा भी तकलीफ पहुँचाना उन्हें खलता था। इस वक्त सवा चार बज रहे थे। दो घंटे बाकी थी रात। वे सचमुच ही घरवाली को परेशान नहीं करना चाहते थे। चाय तो खुद भी बना लेंगे। यह कोई नई बात थी उनके लिए ? चूल्हे से उनका पुराना रिश्ता था। सिपाहीजी और चूल्हा, चूल्हा और सिपाहीजी...बड़ा पुराना संबंध था। इधर ही कुछ महीनों से इस रिश्ते में ढिलाई आई थी।

बाहर लट्टू भभीखनसिंह ने जला दिया था। पंद्रह यूनिट की पतली रोशनी में उन्होंने उगनी की गोरी बाँहों को देखा, हिलते आँचल के छोरों में पीठ की झाँकी ली। एक प्रकार की तृप्ति का अनुभव करते हुए मूँछों पर हाथ फेरने लगे। सोच रहे थे, जब उठ ही गई तो बिना चाय बनाए नहीं मानेगी। वह ज़रूर अपने हाथों से उन्हें चाय का गिलास थमाएगी और ज़रा हटकर खड़ी रहेगी। दो चुस्कियाँ लेकर उसकी ओर देखेंगे। निगाहों से ही पता लग जाएगा कि चीनी ठीक है...

कान में जनेऊ लपेटकर सिपाहीजी बाहर निकले। अब उगनी जग गई है, चूल्हा सुलगाएगी। अब बाहर से वे ताला नहीं लगाएँगे। पहले सिपाहीजी ने बेल्ट खोला। फिर घुटनों के नीचे से ऊनी पट्टियाँ खोलीं। मोजे निकाले। हाफपैंट के बदले अब क्या लपेटेंगे कमर में ? लुंगी ? नहीं, लुंगी सिपाहीजी को नापसंद है। धोती का अद्धा अच्छा लगता है। कहते थे, लुंगी मुसलमानी लिबास है। पहन लो तो ऐसे ही लगोगे जैसे ढाके के बदरुद्दीन-फकरुद्दीन...

लुंगी के बारे में सिपाहीजी का ऐसा कहना उगनी को कभी अच्छा नहीं लगा। कामेश्वर लुंगी पहनता था न ! वह तो कभी ढाके का बदरुद्दीन या फकरुद्दीन नहीं लगता था। और, अब तो बड़े-बड़े आफिसर अपनी कोठियों में हाते में लुंगी पहने दिखाई देते हैं।

भभीखनसिंह तरसते रह गए कि कभी उगनी अपनी तरफ से भी तो जुबान खोले, कुछ कहे, कुछ बतियाए, अपने-आप किसी को कुछ सुझाए। मगर उगनी अपनी तरफ से कभी कुछ नहीं बोली। सिपाहीजी को अखरता है। बटन दबाओ तभी मशीन के अंदर हरकत पैदा होती है। उगनी भी तभी जुबान खोलती है जब उससे कुछ पूछो। जनाना न हुई, मशीन हुई। सिपाहीजी को बड़ा अखरता है। उगनी की यह आदत कभी-कभी उन्हें वरदान-सी लगती है। नहीं बोलती है, ठीक करती है। चपर-चपर बोलनेवाली जनाना शीलवंत नहीं होती है। और, जो शीलवंत नहीं होगी, उसे छिनाल बनने में कै दिन लगेंगे ? अच्छा करती है उगनी, अपनी तरफ से कभी जुबान नहीं खोलती है।

लेकिन भभीखनसिंह को कभी-कभी यह सब अखरता इसलिए है कि पत्नी की इस आदत में उन्हें पति के अपमान की गंध आती है। औरों के साथ भले ही वह ऐसा

ही बर्ताव करे मगर सिपाहीजी तो उसके अपने आदमी हैं। उनसे तो उसे बहुत कुछ कहने-सुनने का हक है। घरवाले से क्या घरवाली ठिठोली नहीं करेगी ? छेड़-छाड़ नहीं करेगी ? घर में हँसी-मखौल सब चलता है। छोटी-छोटी बातों में जीवन का सुख छलकता है। ज़रा-ज़रा से रंगीन इशारों पर स्वर्ग निछावर होता है...सिपाहीजी को कभी-कभी शक होता है कि उगनी अब तक उनसे दूर है, उसके दिल के अंदर बहुत सारे फाटक हैं। दो-एक ही फाटक सिपाहीजी के लिए खुले हैं, बाकी फाटक बिलकुल बंद हैं...सिपाहीजी को उगनी से डर लगता है। वे उसे कभी-कभी संदेह की निगाहों से देखते हैं। कभी-कभी यह सोचकर अपने को आश्वासन दे लेते हैं कि बच्चा पैदा होगा तो मन की गाँठें आप-ही-आप ढीली होती जाएँगी। तनाव आप-ही-आप कम होता जाएगा।

सिपाहीजी दिशा-फराकत से लौट आए। हाथ-मुँह धोकर देर तक मोटी दातून चबाते रहे। आज जाने क्यों, प्रवचन की उनकी आदत काबू में रही। चुपचाप दाँतों पर हरी टहनी की कूँची फिरती रही और उधर चाय की केतली खौलती रही।

सवेरे-सवेरे वह पापड़ नहीं भूनती थी, आज दो पापड़ भून लिए। यह सिपाहीजी को अच्छा लगा। लगा कि वह उनकी रुचि का काफी ध्यान रखती है। शुरू-शुरू में क्वार्टरों की इस दुनिया में रहनेवाले कुछेक प्राणियों ने अफवाह फैला दी थी कि उगनी का माथा खराब है...माथा खराब नहीं होता तो ऐसी खूबसूरत लड़की मारी-मारी फिरती ? फिर दूसरा शिगूफा लोगों ने यह छोड़ा कि उसे रोटियाँ सेंकना नहीं आता... रसदार भाजी नहीं बना सकती, नमक की मात्रा का उसको ज्ञान नहीं...सबकी जुबान धीरे-धीरे बंद हो गई। उगनी डेढ़-दो महीने के अंदर ही घर-गृहस्थी के इम्तहान में पास हुई। अब पड़ोसिनें उससे अचार बनाने की विधियाँ सीख रही थीं।

सिपाहीजी को एक बात और आज नज़र आई। हाथ-मुँह पोंछकर, चोटी-कंघी से फुरसत पाकर वह साथ ही चाय पीने बैठी थी। पापड़ भी उसके हाथ में था आज। आठ साल की छोकरी जिस तरह उछालकर पापड़ का टुकड़ा मुँह में डालती है, उगनी उसी तरह पापड़ के टुकड़े मुँह के अंदर ले रही थी। एक बार टुकड़ा अंदर न जाकर बाहर गिरा, सिपाहीजी ने देख लिया और मुस्कुरा पड़े। इस पर उगनी भी मुस्कुराई। देर तक मुस्कुराती रही। मुसकान की गहरी आभा उसके चेहरे को देर तक के लिए रँग गई। भभीखनसिंह को यह दृश्य बड़ा अच्छा लगा। एकाएक मजदूर को महीने-भर का बोनस मिल जाए तो कैसा लगेगा उसे ? वैसा ही आज भभीखनसिंह को लगा। उगनी आज पहली बार अपनी तबीयत से मुस्कुराई थी। गले तक की रगें फड़क उठी थीं। आंतरिक प्रसन्नता की यह दिव्य आभा उसे और अधिक आकर्षक बना गई थी।

सिपाहीजी ने कहा—“इतनी अच्छी चाय कभी नहीं बनी।”

इस पर उगनी ने कुछ कहा तो नहीं, होंठों को चाँपकर मुस्कुराहट को दबाने की कोशिश ज़रूर की। चाय का गिलास लिए ही उठकर वह कमरे के अंदर चली गई।

क्षण-भर को कामेश्वर का ध्यान आया। ज़रूर अभी तक वे सोए होंगे। क्या पता, धर्मशाला में तख्तपोशों की व्यवस्था है या नहीं ! जाड़े की रात में नीचे फर्श पर बिना

गद्दे के सोना कड़ी तपस्या होती है। क्या पता, किस तरह सोए होंगे ! या उन्हें भी अच्छी नींद न आई हो और रात के पिछले पहर में पलकें झिंपी हों...ज़रूर ही सपनों में उसे देखा होगा। नहीं देखा होगा। ऊँहूँ, देखा होगा। वह उन्हें सपनों में देखती रही है, वे क्यों नहीं उगनी को देखेंगे ?

आगे बढ़कर एक नज़र उसने आईने पर डाली। अँगूठी की शक्ल में बालों की एक लट ठीक भौंहों के बीच, ऊपर लटक रही थी...वे होते तो इस अँगूठिया लट को चूम लेते आगे बढ़कर।

अगले ही क्षण कमरे से निकलकर वह बाहर बरामदे में आ गई। अरगनी से मर्दानी धोती उतार लाई थी। थोड़ी देर में सिपाहीजी नहाने जाएँगे। नहाकर लौटेंगे तो बाहरवाले तख्तपोश पर बैठकर 'रामायण' और 'विनय-पत्रिका' का पाठ करेंगे। 'हनुमानचालीसा' पूरे का पूरा उन्हें ज़बानी याद है। छह बजे पूजा-पाठ खत्म करके नाश्ते पर बैठेंगे, दो पराँठे और आँवले का अचार। बस और कुछ नहीं चाहिए। सुपारी का चौथाई टुकड़ा चबाते-चबाते क्वार्टर से बाहर निकलेंगे, आधा घंटा लोगों से मिलजुल आएँगे। दूर नहीं जाएँगे, बहुत हुआ तो छोटे बाबू के क्वार्टर तक। छोटे बाबू के चाचा से सिपाहीजी की दोस्ती हो गई है। रोज़ हिंदी का अखबार उनके लिए मँगवाते हैं छोटे बाबू। बड़े ध्यान से अखबार देखते हैं, ज्ञान की ज़रा-सी प्रसादी सिपाहीजी तक बढ़ा देते हैं।

टहल-बूलकर आने के बाद सिपाहीजी कुल्ला ज़रूर करेंगे। सुर्ती खाते हैं न ! बिस्तर पर लेटने से पहले मुँह ज़रूर साफ कर लेंगे। फिर, सात बजे से लेकर दस बजे तक गहरी नींद मारेंगे। साढ़े-दस बजे दिन का खाना खाते हैं। दोपहर में डेढ़-दो घंटा घर-गृहस्थी को देते हैं। राशन-वाशन, खरीद-फरोख्त, मरम्मत-फरम्मत कुछ-न-कुछ घरेलू काम निकल ही आता है।

आज स्टोव को बाज़ार ले जाएँगे, वह दस रोज़ से बेकार पड़ा है। घंटाघर के पास बूढ़ा मिस्त्री अच्छी मरम्मत करता है। सिपाहीजी स्टोव को उसी के हवाले करेंगे।

बारह बजे से चार बजे तक फिर सोते रहेंगे। सात घंटे नहीं सोएँगे तो रात की ड्यूटी कैसे करेंगे ?

खा-पीकर, बर्तन-बासन धोकर उगनी आज बच्चोंवाली किताब लेकर बैठी। दूसरी कोई किताब मिली नहीं। चलो, इसी से मन को बहलाएगी।

कितने दिनों बाद किताब खोली थी उसने ! एक युग बीत गया था। रात नर्मदेश्वर की भाभी जोरों से याद आई थी, यह शायद उसी का नतीजा था। भाभी ने पहले-पहल अक्षरों का अभ्यास करवाया था न ?

शाम को कामेश्वर से मुलाकात होगी। आज वह भाभी के बारे में ज़रूर पूछेगी। लगता है, कामेश्वर को खुद भी भाभी का पता नहीं है। आठ महीने जेल के अंदर बंद था। भाई-भाभी का उसे क्या पता ? गाँव के साथियों में से कोई मिला हो और उससे मालूम हुआ हो ?

कागज तो उगनी को मिल गया था, पेन्सिल नहीं मिल रही थी।

तिवारी की छोटी लड़की उमा से पेन्सिल मँगवाकर उगनी लिखने बैठी...

शुरू से नहीं लिखेगी...

तीसरा पाठ।

"मुनि अयोध्या पहुँचे।

"राजा दशरथ ने उनकी बड़ी आवभगत की।

"कुछ देर बाद दोनों हाथ जोड़कर पूछा...

"मैं आपकी क्या सेवा करूँ महाराज ?

"मुनि विश्वामित्र ने कहा—महाराज, अपने दोनों बड़े राजकुमारों को मेरे साथ बाहर जाने की आज्ञा दीजिए। राक्षस उपद्रव कर रहे हैं। मेरा यज्ञ अधूरा पड़ा है। आपके पुत्र राक्षसों से मुझे छुटकारा दिला..."

"चाची !" गीता आकर सटके बैठ गई, बोली—"तुम्हारी लिखावट कितनी अच्छी होती है !"

"...एँगे।" उगनी ने वाक्य को पूरा किया और गीता की ठुड्डी से पेन्सिल को छुआकर उसकी आँखें में देखा। दोनों खिलखिलाके हँसीं।

पिछले वर्ष शादी हुई थी। छरहरा कद। साँवली सूरत। नाक-नक्श दुरुस्त। आँखें बड़ी-बड़ी। बाईं कनपटी में घाव का पुराना निशान। उम्र अठारह की होगी। गीता तिवारीजी की बड़ी बेटी थी, बिलकुल पड़ोस के क्वार्टर में ये लोग रहते थे।

"हाँ चाची, तुम्हारी लिखावट मुझे बड़ी प्यारी लगती है।" वह उगनी के गले में झूल गई।

गीता अक्सर ऐसा करती थी और उगनी को यह सब बुरा नहीं लगता था। उसने अपने शरीर का आधा बोझा उगनी की गोद में डाल दिया, आँखों में आँखें डालकर देखती रही। फिर बोली—"आज किधर सूरज उगा है ?"

उगनी को हँसी आ गई। सोचा, हाँ, सचमुच मैंने पहली बार आज कागज की गोद-गाद की है...

"तुम तो दरजा सात तक पढ़ी हो न !"

गीता ने नाटकीय शैली में माथा हिलाया और बोली—"बाबूजी का कहना है, लड़कियाँ ज्यादा पढ़के क्या करेंगी !"

"और, तेरे उनका क्या कहना है ?" उगनी ने खिलखिलाकर पूछा और कागज-पेन्सिल को परे रखकर इत्मीनान से बैठी। बैठी क्या, पसर गई। गीता के पतले बदन को अपनी दाईं जाँघ से चाँप लिया। दाएँ हाथ की उँगलियों से उसके जूड़े को सहलाने लगी। उगनी को पता था, गीता का पति कालेज की पढ़ाई छोड़कर कहीं चीनी मिल में 'छोटा बाबू' हो गया है। वह अपनी नवेली बीवी को साथ रखना चाहता है। घरवाले नहीं चाहते हैं। बस, मिल के हाते में न सही, आस-पास कहीं बाहर भी डेढ़-दो कमरेवाला खपरैल या खटछप्पर मिलने की कसर है। वह गीता को ज़रूर ले जाएगा। अपनी कोयल को साथ

रखेगा...उगनी को अच्छा लगेगा, गीता और उसके पति साथ रहेंगे।

कहने को चाची-भतीजी का रिश्ता था, दरअसल उनका आपस का बर्ताव सहेलियों का था। डेढ़-दो महीने के अंदर ही दोनों काफी घुल-मिल गई थीं। मजाक-मखौल खुलके चलने लगा था।

पिछले महीनों में गीता का घरवाला दो बार ससुराल आ चुका था। तिवारीजी की बीवी ने काफी जोर डाला, मगर भभीखनसिंह की घरवाली उसके दामाद के सामने नहीं हुई। भभीखनसिंह को अपनी बीवी से यही उम्मीद थी। तिवारीजी का दामाद भभीखनसिंह का भी दामाद था, इससे किसको इनकार है ? रिश्ते के मुताबिक उगनी उस लड़के की सास हुई। बूढ़ी होती तो सामने होने में कोई झमेला नहीं था। मगर जवान सास नई उम्र के दामाद से खुलेआम नेह-छोह बढ़ाएगी तो अनर्थ नहीं होगा?... भभीखनसिंह को बड़ा अच्छा लगा कि उनकी घरवाली तिवारी के दामाद के सामने नहीं गई। सुना कि लड़के ने काफी जोर लगाया था। रात-दिन रटता रहा—चाची, चाची, चाची, चाची ! लेकिन चाची का दिल बबुआजी पर नहीं पिघला...

पति की बात आ गई बीच में। गीता थोड़ा शरमाई। निगाहों से निगाहों को थाहा, फिर बोली—"चाची, जितना पढ़ लिया है, उतना ही काफी है। हजम हो तो थोड़ी भी विद्या कम नहीं होती।"

उगनी ने प्यार के मारे गीता का कल्ला दबा दिया। कहने लगी—"तीसरी आँख होती है विद्या, समझी ?"

चाची की गिरफ्त से छुटकारा पाने की कोशिश करते-करते गीता बड़ी-बड़ी आँखें नचाकर बोली—"तीसरी आँख लेकर कोई क्या करेगा ? दो आँखें मिली हैं, वही क्या कम हैं ? ठिकाने से काम लो तो यही बहुत है..."

गीता की इस बात पर खुश होकर उगनी ने उसे छोड़ दिया। पूछा—"छितौनी कब जा रही है रे ?"

छितौनी के नाम पर गीता के कानों को गुदगुदी लगी। वह मुस्कुराई। बोली—"क्या पता, कोई ले भी तो जाए !"

"मैं पहुँचा दूँ ?"

"धत् !"

"डर लगता है ?"

"डर काहे का लगेगा ?"

"मैं तुझे भगा ले जाऊँगी और..."

"और, और क्या करेगी चाची ?"

"और, बेच आऊँगी कहीं पर..."

"मैं क्या कोई मैना हूँ ?"

"मैना नहीं, तू बुलबुल है..."

"अच्छा चाची, एक बात पूछूँ ?"

उगनी ने स्वीकार की मुद्रा में अपना माथा हिला अवश्य दिया किंतु मन-ही-मन उसे डर लगा। गीता जाने क्या पूछ बैठे ? अब उसे पता चला कि भावावेश में आकर कितनी बड़ी भूल वह कर बैठी है। भागने-भगानेवाली बातों की क्या ज़रूरत थी ? गीता तो खैर अठारह वर्ष की छोकरी है लेकिन वह खुद तो अठारह वर्ष की नहीं है। बाईस पूरे करके अगले फागुन में तेईसवें में प्रवेश करेगी। उसकी समझदारी को अभी क्या हो गया था ? निश्चय ही गीता पूछेगी और घर से भागने के बारे में उसे कुछ-न-कुछ बताना ही पड़ेगा...नहीं, वह बिलकुल नहीं बताएगी। चलो, बतला ही देगी। झूठ की चाशनी देकर ऐसी कहानी गढ़ेगी, ऐसी गढ़ेगी कि...

कि गीता ने खुद ही सवाल को बदल दिया। पूछा—"चाची, आज शाम को तुम उनसे मिलने नहीं जाओगी ?"

"अरे, मैं तो भूल ही गई थी !'' उगनी ने दिखावे के तौर पर विस्मय प्रकट किया। अंदर-ही-अंदर खुशी हुई। गीता से ज्यादा उलझना नहीं पड़ा। पिछला सवाल वह भूल गई थी।

"शाम को चलना ज़रूर !" उगनी ने गीता के हाथों को अपने हाथों में लेकर कहा। दोनों एक-दूसरे की ओर देख रही थीं। गीता का दाहिना हाथ उगनी के बाएँ हाथ को सहला रहा था। अनजाने ही चूड़ियाँ गिनकर वह बोली—"हाय, एक चूड़ी क्या हुई चाची ?"

उगनी ने उसकी ओर फीकी नज़र से देखा। क्षण-भर बाद बोली—"रात टूट गई !"

गीता ने भौंहें नचाकर कहा—"यह बड़ा बुरा हुआ। मैं चाचा से कहूँगी। उनसे नई चूड़ियाँ मँगवाऊँगी तुम्हारे लिए..."

उगनी ने गीता के होंठों पर अपनी हथेली रखके आगे बोलने से मना किया।

"क्यों ?" मुँह छुड़ाकर गीता चीखने लगी—"क्यों मना करती हो मुझे ? मर्द को क्या इतनी सज़ा भी नहीं मिलनी चाहिए ? जुर्माना तो चाचाजी को भरना ही पड़ेगा। मैं नहीं मानूँगी।"

उगनी हँसने लगी। हँसते-हँसते गीता को अपनी ओर खींच लिया। गालों पर एक-एक हल्की चपत जमाकर बोली—"मेरे लिए तू किस-किससे लड़ती फिरेगी ?"

वह तुनककर बोली—"अब तुम चाचा की तरफदारी न करो। मैं मानूँगी नहीं, चूड़ियाँ ज़रूर मँगवाऊँगी।"

उगनी ने हँसकर कहा—"सुन रे पगली ! देख ले इन हाथों को...अभी तो खैर एक ही चूड़ी फूटी है, आगे सारी-की-सारी फूट जाएँगी। इनके फूटने न फूटने में क्या रखा है ? हाँ, भगवान करे, किसी की तकदीर न फूटे !"

गीता झुक आई। कान में फुसफुसाकर कहा—"चाचा बड़े कंजूस हैं।" और आँखें नचाकर हाथों के इशारे से बतलाया—"इतना रुपैया गाड़के रखा है...सोने की हँसुली इनसे ज़रूर बनवा लो ! बेर-बखत पर काम आएगी..."

उगनी उस छोकरी की इन बातों पर दंग रह गई। मन-ही-मन उसने गीता को गालियाँ दीं–मंथरा की नानी कहीं की !...अगले ही क्षण सोचा, इसमें बेचारी गीता का क्या कसूर? कोई और घरवाली सिपाहीजी की होती तो ज़रूर ही चार तोले सोने की हँसुली बनवा लेती ! इस हँसुली के लिए वह क्या कुछ नहीं करती। अधेड़ मर्द के सामने नौ नखरे करती। उसके प्यार-भरे अनुरोध पर बाबू भभीखनसिंह अपनी बड़ी-बड़ी मूँछों को उस्तरे के हवाले कर देते, बालों को इतना महीन छँटवाते कि उम्र दस साल कम मालूम देती। सिपाहीजी की वह घरवाली उनके बदन का एक-एक रोआँ चूमती। उसकी इन अदाओं पर रीझकर सिपाहीजी उसके नाम पर डाकखाने में हिसाब खुलवाते। तीन चाबियों का छोटा-सा गुच्छा फिर जनेऊ में न बँधा होता...

"अच्छा चाची, तुम्हें अपनी माँ का चेहरा याद है ?" गीता ने प्रसंग बदलकर पूछा। उगनी क्षण-भर के लिए सहम गई। उसने यहाँ सभी से कह रखा था कि उसके माँ-बाप पंद्रह वर्ष पहले ही हैजे में मर गए थे। आधा झूठ, आधा सच। माँ थी, बाबूजी नहीं थे। बाबूजी का चेहरा ध्यान में आता ज़रूर था मगर धुँधला-धुँधला। लेकिन माँ तो छाया की तरह उगनी के साथ थी। माँ के बारे में गलत बतलाते समय उगनी के रोंगटे खड़े हो रहे थे। जैसे-तैसे अपने मन पर काबू रखकर उसने कहा–"हाँ, अच्छी तरह याद है माँ का मुखड़ा। बचपन में गले का आपरेशन हुआ था, दाहिने कंधे के ऊपर बड़ा निशान था। मेरी आँखें गोल हैं, उसकी कमलपत्री आँखें थीं।"

"अच्छा चाची..."

उगनी ने गीता के होंठों पर हाथ रखा–"अच्छा-अच्छा, रहने दे अब। दुपहरिया का अपना सोना मैं हराम नहीं कर लूँगी तेरे चलते..."

गीता ने तनकर कहा–"सच ? तुम्हें नींद आ रही है ? पूस-माघ के दिनों में तो बीमार लोग ही सोते हैं।"

"मैं भी बीमार हूँ।" उगनी मुस्कुराई। उठकर आँगन के कोने तक गई। जाड़े की धूप तिरछी सरक आई थी। मर्तबान को उठाकर फिर से उगनी ने धूप में रखा। अंदर नीबू भरे थे।

गीता भी खड़ी हो गई थी। मालूम था कि चाचा आनेवाले हैं, बारह-साढ़े बारह बजे वे ज़रूर सो जाते हैं। बरामदे से ऊपर दीवार पर उसकी दृष्टि पहुँची। सिंदूरी लिखावट में दो पंक्तियाँ अब उतनी चमक नहीं रही थीं, लेकिन अभी काफी अर्से तक पढ़ी जाएँगी। इन्हें गीता ने ही लिखा था। मन-ही-मन वह दुहराने लगी...

अचल रहे अहिवांत तुम्हारा।
जब तक गंग-यमुन की धारा।।

दुहरा गई। एक बार, दो बार। लिखावट अपनी थी, मोह लग रहा था। इच्छा हो रही थी, सिंदूर घोलकर इन पंक्तियों को एक बार और चमका दे...

आँगन में इस पार से उस पार तक पतला तार टँगा था। कपड़े सूख रहे थे। उगनी उन्हें सहेजने आई। दूसरी बाँह से गीता को धकेलती हुई कमरे के अंदर गई।

"क्या देख रही थी रानी ?"

"और क्या देखूँगी !"

"अचल रहे अहिवात तुम्हारा ?"

"हाँ, जब तक गंग-यमुन की धारा !"

"झूठ !"

"नहीं चाची, झूठ नहीं..."

"क्या बकती है !"

"बकती हूँ ?"

"अपने चाचा की मूँछों को नहीं देखा है ?"

गीता उदास हो गई। उसकी रग-रग डूबने लगी। वह सोचती रही, गंगा-यमुना चाहे मिलकर जोर लगाएँ तो भी चाचा की जवानी वापस नहीं लौटा सकतीं वे। क्या ज़रूरत थी शादी की ? हाँ, थी ज़रूरत ! छह महीने बाद चाचा किसी के पिता होंगे। शादी न होती तो कैसे पिता होते ?...

उगनी ने उसे सुस्त देखा तो बाँहों में ले लिया, मुँह बना-बनाकर हँसाने लगी। बोली—"अबके दूल्हाजी आएँगे तो मैं उनसे खुद ही कहूँगी, हमारी गितिया को आप इतना क्यों तरसाते हैं ? आप उसे ले क्यों नहीं जाते ? कब तक अकेली रहेगी ? सीता का वनवास तो कानों से सुना था, गीता का वनवास अब आँखों से देख रही हूँ..."

गीता विनोद की बातों से खिल उठी। आँखों के कोए चमकने लगे। लाज की थिरकन से बेताब होकर अपने को उसने छुड़ा लिया। बाहु-बंधन से मुक्त होकर वह भाग ही गई।

"कल तो शाम को तुमने शिवजी की बूटी नहीं ली; आज लेकिन दोपहर का प्रसाद ग्रहण करना पड़ेगा।" जब बूढ़े पुजारी बाबा ने कामेश्वर से यह बात कही तो समझ में नहीं आया कि वह 'हाँ' करे या 'ना'...

पुजारी बाबा वैरागी साधु थे। उम्र पैंसठ से कम न रही होगी। जवानी में निश्चय ही खूबसूरत रहे होंगे। क्या वे हमेशा से यहीं जेल के पड़ोस में पड़े रहे ? क्या वे बचपन में ही घर से भाग आए थे ?

कामेश्वर के मन में पुजारी के बारे में कई तरह के सवाल उठे, मगर उसने उन्हें दबा लिया। सोचा, इतने प्यार से बाबाजी भोग की सामग्री तैयार करेंगे और मैं ठाकुरजी का प्रसाद न लूँ तो उनको दुख होगा। कहीं तो दोपहर का खाना खाऊँगा ही, बाबाजी की ही बात क्यों न रख लूँ।

प्रकट तौर पर उसने कहा—"बाबा, नाहक आप झमेले में पड़ेंगे। एकाध बतासा मेरे लिए काफी रहेगा।"

बाबाजी बगिया में धनिया की पत्ती खोंट रहे थे। क्यारी के बाहर कामेश्वर खड़ा

था। बाबाजी बोले—"बतासा तो भारी पड़ेगा, तुलसी का दल ठीक रहेगा..." इस पर दोनों को हँसी आ गई।

बाबाजी बोलते गए—"सबको मैं थोड़े कहता हूँ प्रसाद के लिए ? तुमको उस रोज पहली बार देखा तभी सोचा, अच्छा लड़का होगा। शीलवंत, पढ़ा-लिखा, खानदानी। सोचा, इस लड़के को पास बैठाकर मन को शांति मिलेगी। ज़रूर बोल मीठे होंगे..."

कामेश्वर को बूढ़े बाबा पर दया आई। ये लोग ज़िंदगी-भर पारिवारिक स्नेह के लिए तरसते रहते हैं। बुढ़ापे में इनका आत्माराम प्यासा रहता है और छोटी उम्र के छोकरों को देखते हैं तो प्यार के मारे गीले हो उठते हैं। बेटा-बेटा, राजा-राजा कहेंगे, प्रसाद के नाम पर मेवा-मिठाई खिलाएँगे और पास बैठाकर देर तक देखा करेंगे, विभोर होकर। उनकी विह्वलता देखकर उन बेचारों पर दया आती है। उनका प्रसाद अस्वीकार कर दो तो वे रो पड़ेंगे—"रामजी को मंजूर नहीं था।"

कामेश्वर बाबा का प्रसाद अवश्य स्वीकार करेगा। दोपहर का खाना होटल में तो रोज चलता ही है; एक रोज हनुमानजी की मठिया का प्रसाद ही सही।

बाबाजी क्यारी से बाहर आए। झोले में बैंगन, मूली, गोभी के फूल और न जाने क्या-क्या भरा था। थोड़ी-बहुत सब्ज़ी-भाजी वे मठिया की बगीची में उगा लेते थे। कुएँ की वजह से पानी की सुविधा थी।

कामेश्वर ने कहा—"बाबा, ग्यारह बजे आ जाऊँगा।"

बाबा ने कहा—"बारह तक मैं तुम्हारी राह देखूँगा...मगर तुम जाते ही क्यों हो ? यहीं स्नान करो; तेल, साबुन, कपड़ा, तौलिया—सबका प्रबंध हो जाएगा। तुम्हारे जैसे भक्त आते ही रहते हैं। यह मठिया ज़रूर है लेकिन थोड़ा-बहुत आराम न मिले, ऐसी बात नहीं।"

क्या बात सूझी कि कामेश्वर ने एकाएक पूछ दिया—"यहाँ रामलीला होती है कि नहीं ?"

"वाह, रामलीला ही नहीं होगी ? आसिन-कातिक में इधर आओ तो देखो।"

हाथ जोड़कर कामेश्वर वापस आया।

धर्मशाला के गेट पर पड़ोसी कमरे का युवक मानो उसकी प्रतीक्षा कर रहा था। वह कामेश्वर को अपने कमरे के अंदर ले गया और पाकेट से निकालकर तार आगे बढ़ा दिया।

पढ़कर टेलीग्राफवाला कागज कामेश्वर ने जेब के हवाले किया और अपने कमरे के अंदर आया। नर्मदेश्वर का तार था।

जल्दी-से-जल्दी कामेश्वर को लौटना चाहिए। और जीप का इंतजाम चार दिन बाद होगा। क्या पता, पूरा सप्ताह और लग जाए।

कमरे के कोने में कपड़ों का वह गट्ठर था, जिसे दो बार कंधों पर लादकर कामेश्वर को पुलिस लाइन के इर्द-गिर्द चक्कर काटना पड़ा था। गट्ठर भारी नहीं था। पाँच-सात साड़ियाँ, चार-छह चादरें, ब्लाउज के लिए कटपीसवाले चंद टुकड़े...और कुछ

नहीं था। सेठ सुगनचंद के भतीजे से नर्मदेश्वर की गाढ़ी दोस्ती थी। उसने कहा था—'ज़रूरत पड़े तो वह दस गट्ठर माल फेरी के लिए देगा।' यहाँ दस गट्ठर का क्या काम था ? फेरी तो करनी थी नहीं, फेरी का नाटक करना था। यह नाटक कामेश्वर ने किया और अच्छी तरह किया। तीन साड़ियाँ बिकीं, चादर का एक पल्ला खपा, कटपीस सारे निकल गए...

कामेश्वर को हँसी आ गई। समूचा गट्ठर कटपीस का ही ले आता तो मुनाफे की बड़ी गुंजाइश थी। कैसे टूट पड़ीं उन टुकड़ों पर ! क्या बूढ़ी, क्या छोकरी, सभी लपक आईं और कटपीस के टुकड़ों को सीने से लगा-लगाकर एक-दूसरे को कैसे आँख मारने लगीं। फेरीवाले औरतों की इन कमज़ोरियों को अच्छी तरह जानते हैं...

कामेश्वर को उस रोज उगनी का वह झाँकना बड़ा ही अच्छा लगा था। दरवाज़े से निकलकर एक युवती चार कदम आगे बढ़ी। कामेश्वर ने पहले चेहरे की ओर ध्यान नहीं दिया। गुलाबी साड़ी का मोरछाप किनारा पैरों तक फहरा रहा था और युवती का शरीर बीच में ठिठक गया। फेरीवाले ने क्षण-भर के लिए सोचा था, वापस लौटकर दाम ले आएगी तब आगे बढ़ेगा। लेकिन नहीं, वह जैसी की तैसी ठिठकी रही। सहजन के तले माल फैलाकर सामनेवाली औरत से वह मोल-भाव कर रहा था। गुलाबी साड़ी का मोरछाप किनारा आगे नहीं बढ़ा तो फेरीवाले ने उस चेहरे की ओर नज़र उठाई थी। उगनी ने उसे भली भाँति देख लिया था और फुर्ती से लौट गई थी। सामनेवाली औरतों में से एक छोकरी ने कई बार आवाज़ दी थी—"चाची, चाची, अरे सुनो तो ! बड़े अच्छे पीस हैं, एक बार देख तो जाओ !" वह पीछे-पीछे पहुँचकर क्वार्टर के अंदर से उसे शायद खींच भी लाती लेकिन सामनेवाली बुढ़िया ने उसे डाँटा—"चाची-चाची मचाए रहती है ! एकाध अच्छा टुकड़ा मेरी पतोहू के लिए छाँट देगी सो नहीं होगा !" निश्चय ही बुढ़िया की पतोहू मायके गई होगी...

कामेश्वर को याद आया, वही लड़की तो उस रोज हनुमानजी की मठिया तक उगनी के साथ आई थी। आज भी शायद उगनी उसी के साथ मठिया पहुँचेगी। लगता है, यहाँ भी उगनी ने दो-एक सहेलियाँ बना ली हैं। औरतें सहेली बनाने की कला में उस्ताद होती हैं। दो अपरिचित मर्द हफ़्तों-महीनों आस-पास रहेंगे, लेकिन एक-दूसरे के दिल में प्रवेश नहीं पा सकेंगे। औरतें घंटों में ही यह काम कर लेती हैं।

कामेश्वर ने क्षण-भर के लिए आँखें मूँद लीं। लगा कि गट्ठर की बाकी तीन साड़ियाँ उगनी एक साथ लपेट लेगी। वह नहाकर आई है। कमर से नीचे सूखा पेटीकोट झूल रहा है। बालों में तौलिया लपेट रखा है। बिना बाँहोंवाला चंपई ब्लाउज सीने को और भी गरिमा प्रदान कर रहा है।

कमरा नं. 34 वाला नौजवान आवाज़ देकर अंदर आ गया।

"आज आप नहाएँगे नहीं ?"

"चलिए, आता हूँ।"

"हाँ, कुएँ पर अभी कोई नहीं है।"

"तेल होगा ?"

"आइए भी तो !—और हाँ, एक बात..."

कामेश्वर ने चलते-चलते अपना एक कान युवक की ओर बढ़ा दिया।

साथ खाना खाने का अनुरोध था। कामेश्वर ने मजबूरी ज़ाहिर की। बोला—"शाम को नाश्ता-चाय साथ चलेगी।"

उगनी खाना तैयार करके रख आई थी।

गीता ने आज भी चाचा से पूछ लिया था और अनुमति मिल गई थी।

मठिया में बाबाजी फूलों की माला गूँथ रहे थे। गीता प्रणाम करके सामने बैठी, उगनी बगीची की ओर चली गई।

"लाइए बाबा," गीता ने हुलसकर कहा—"मैं भी माला बनाऊँ !"

बनावटी गुस्से में बाबाजी ने कहा—"बँदरिया कहीं की ! हट, तू क्या जाने माला-फाला..."

"नहीं महाराज..." मचलके गीता बोली—"मैं बहुत अच्छी माला तैयार करूँगी !"

"जा, हाथ धो आ !"

"अच्छा महाराज !"

आँखों के इशारे से बाबाजी ने गीता को बुलाया तो वह बिलकुल पास आ गई। गीता को मालूम है, बाबाजी का यह अपना खास ढब है बातें करने का। कान के पास मुँह लाकर फुसफुसाएँगे। बात कोई खास नहीं रहेगी, लेकिन बाबाजी फुसर-फुसर करेंगे।

"तिवारीजी ठीक हैं न ?" गीता के दाहिने कान में फुसफुस हुई। उसने माथा हिलाकर 'हाँ' का संकेत दिया।

गीता ने कुछ और भी सोचा था। उसे लगा था, बाबाजी जानना चाहेंगे—'भभीखनसिंह की घरवाली से कौन आदमी बातें कर रहा है ?'

'चाची के मामा का लड़का है, कपड़े का धंध करता है।' गीता ने जवाब भी सोचकर रख लिया था। लेकिन, बाबाजी ने निहायत मामूली बात पूछी, उसके अपने पिता के बारे में। तो फिर वही क्यों न बतला दे ?

उसने धीमी आवाज़ में कहा—"महाराज, आप जानते हैं न उनको ? वे चाचीजी के मामा के लड़के हैं, कपड़े की दुकान करते हैं, सेठ हैं..."

"तेरे लिए क्या लाए हैं ?"

"जब वे अपनी फुफेरी बहन के लिए कुछ नहीं ला सके तो आप क्या पूछते हैं ! शायद हनुमानजी को चढ़ावा मिला हो..."

"बड़ी चंट है तू ?"

"ज़रूर मिला है महावीरजी को कुछ ! है न ?"

"जा, भाग !"

गीता तालियाँ पीटने लगी—“कर लिया मालूम ! कर लिया मालूम ! कर लिया मालूम !”...सामने, मठिया के आँगन में परले छोर पर पानीवाला पंप था। गीता उधर हाथ धोने चली गई।

बाबाजी इधर आरती का जुगाड़ करने लगे। सोच रहे थे, आखिर तिवारी की इस बच्ची ने मालूम कर ही लिया। दस ही तो मिले हैं, दस-बीस अभी और मिलेंगे...कैसी ममेरी और कैसी फुफेरी ! ऐसा नज़दीकी रिश्ता था तो धर्मशाला में क्यों ठहरा है ? शायद, भभीखनसिंह से वह मिलना नहीं चाहता था। खानदानी ढंग से शादी हुई होती तो बात ही और थी...लेकिन लड़का मिठबोला भी है, समझदार भी। सेठ हो या अफसर, हमारा क्या बिगाड़ता है ? बहन से मिलने आया है, मिले। रामजी भला करें बेचारे का। बार-बार घेरने पर तो दिन का भोजन स्वीकार किया...आधा सेर दही और सेर-भर मिठाई बाज़ार से लाया था ! उदार आदमी छछूँदर स्वभाव का हो ही नहीं सकता। तबीयत तो लड़के ने ऐसी पाई कि...

कि गीता ने कहा उधर से—“मैंने तीन मालाएँ तैयार कर लीं बाबा ! अब लाइए रुई बढ़ाइए ! आरती के लिए दीपों की बत्तियाँ बँट दूँ। आज मेरा जी कर रहा है सेवा करने का, मगर यहाँ करने को कुछ हो भी तो !”

“रामायण बाँचकर हनुमानजी को सुना !” बाबाजी ने मठिया के अंदर से आदेश दिया और मँझोली साइज की एक पोथी बाहर चौखट के पास बढ़ा दी।

गीता आसन पर पाल्थी मारकर बैठी और धीमी आवाज़ में पाठ करने लगी—

अतुलितबलधामं स्वर्णशैलाभदेहं
दनुजवनकृशानुं ज्ञानिनामग्रगण्यम्।
सकलगुणनिधानं वानराणामधीशं
रघुपतिवरदूतं वातजातं नमामि।।

मनोजवं मारुततुल्यवेगं
जितेन्द्रियं बुद्धिमतां वरिष्ठम्।
वातात्मजं वानरयूथमुख्यं
श्रीरामदूतं शरणं प्रपद्ये।।...

दोनों श्लोक याद थे, इसलिए कि तिवारीजी ने बचपन में ही बहुत कुछ रटा दिया था। गीता को इस बात का ही ध्यान अधिक था कि चाची को अपने भाई से गपशप करने का पूरा वक्त मिले।

चौपाइयों की वाटिका में उसका मन सैर करने लगा। बाबाजी आरती की तैयारी कर रहे थे।

यह मठिया कहने को छोटी थी, लेकिन डेढ़ सौ वर्ष पुरानी। इसका इतिहास जेल के साथ जुड़ा था। उन्नीसवीं सदी के आरंभिक वर्षों में जिला-जेल का परकोटा तैयार हुआ था। रतनपुर के देहातों में दस-पंद्रह कोठीवाले अंग्रेज़ ज़मींदार जम गए थे, उनका

आतंक 1920 तक बना रहा। लगभग सौ वर्ष उन्होंने गँवई जनता को खूब कसकर दूहा। मुगल सूबेदारों और नवाबों की हुकूमत अठारहवीं सदी के मध्य तक काफी शिथिल पड़ गई तो 'ईस्ट इंडिया कंपनी' के गोरे हाकिमों ने उत्तर बिहार के उन इलाकों में अपने हाथ-पैर फैलाने शुरू कर दिए। विरोध में जो भी कोई आवाज़ उठाता वह बागी करार दिया जाता...ठग, डाकू, चोर, बदमाश आदि भी गिरोह बनाकर घूमा करते थे और उनके अंदर फिरंगियों के प्रति अपार घृणा सुलगा करती थी। उन्हीं का होश ठिकाने लाने के लिए इन जेलों की दीवारें खड़ी की गई थीं। जेलर पढ़ा-लिखा होता था, मगर संतरी-सिपाही ठेठ किसान होते थे। लाठी, लाल लँगोटा, ढोलक, मँजीरा, तुलसीदासी रामायण और हनुमानजी उनके सुख-दुख के साथी थे। बजरंगबली की यह छोटी-सी प्रतिमा रतनपुर जेल के उन्हीं आदिम वार्डरों की श्रद्धा का प्रतीक थी।

जेल के सिपाही हनुमानजी की इस प्रतिमा को अपना 'घरेलू देवता' मानते आए थे। बहुएँ और बेटियाँ घंटों वहाँ गुजार देतीं, कोई उनसे पूछता नहीं था।

बगीची में बातचीत खत्म करके उठते-उठते कामेश्वर ने पूछा—"सिपाहीजी नहीं आते हैं यहाँ ?"

"सनीचर को।" उगनी बोली।

"और तुम ?" कामेश्वर मुस्कुराया।

उगनी ने कहा—"अक्सर मंगलवार की शाम को आती रही हूँ।"

"अब तक कितने लड्डू चढ़ा चुकी हो ?"

"ढाई सेर !"

"गिनती पूछ रहा था..."

उगनी हँसने लगी, बोली—"गिनती से क्या, भगत को तो प्रसाद चाहिए न ?"

कामेश्वर ने मुँह बनाकर कहा—"भगतिन की नानी कहीं की ! चल, बाबाजी से दो लड्डू लेकर दे मुझे ! प्यास लगी है..."

"बस ? सिरिफ दो ठो !"

"हाँ, दो ठो !"

"चाची।" उधर से गीता की आवाज़ आई, "चलोगी नहीं ?"

"आई ।" आहिस्ते से उगनी बोली।

चलते-चलते उसने कामेश्वर से संकेत में आदेश की याचना की।

बाबाजी ने पुकारा, "आरती का नबेद लेते जाओ बबुआ !"

"रख दीजिएगा," कामेश्वर ने ऊँची आवाज़ में कहा—"निबटके आ रहा हूँ बाबा !"

मठिया के बरामदे से उतरकर गीता आँगन में आ गई। उगनी से कहा—"नबेद लो चाची ! बतासा तो तुम लोगी नहीं, किसमिस मैं अपनी भी दूँगी..."

ज्यादा नहीं, लेकिन थोड़ा दूध उफनकर गिर गया था। नीचे सीमेंट का फर्श था, दूध फैलकर अपनी गाढ़ी सफेदी बिखेर रहा था...साँवली सूरत और लंबी मुखाकृतिवाली तिवारीजी की बीवी अपने को सँभाल नहीं पा रही थी। मुश्किल से गाय का यह आधा सेर दूध मिलता था, और उसमें भी अगर पाव-भर धरती माता ही सोख लेगी तो कैसे काम चलेगा ?

गुस्से का पहला उबाल खत्म हो चुका था, अब दूसरा उबाल आनेवाला था। दो साल का दुलरुआ बेटा आकर गोद में बैठ गया। आँचल के अंदर हाथ डालकर धीरे-धीरे छाती टटोलने लगा तो खीझकर माँ बोली—"ले, पी ले ! अब और कुछ तो नहीं रह गया है। लड्डू ज़रूर मिलेगा। राक्षस कहीं का ? घड़ी-आध घड़ी भी चैन से बैठने नहीं देता..."

जबरन उसने बच्चे की थुथनी को अपने स्तन से सटा लिया और सुलगती हुई बोली, "ले, प्राण ही पी ले मेरा! जीके क्या करूँगी..."

आँगन के कोने में नौ साल की बिटिया बर्तन साफ करने में लगी थी। छोटी-छोटी दो पतीलियाँ, एक बटलोई, कड़ाही, तवा, थालियाँ, कटोरे...काफी बर्तन सामने पड़े थे। वह काले हाथों से अकेली जूझ रही थी, मन-ही-मन उसे बड़ी बहन पर गुस्सा आ रहा था। बीच-बीच में सहमी निगाहों से पीछे देख लेती, माँ की खीझ का अंदाज़ लेते रहना ज़रूरी था।

दरजा आठ में पढ़नेवाला लड़का बाहर था, अपने साथी से मिलने गया होगा। अभी दो रोज़ पहले आठवीं का इम्तहान खत्म हुआ था, पर्चे अच्छे हो गए थे। तिवारी की बीवी को बड़ा अभिमान था कि लड़का साइंस पढ़ रहा है। दुलार के मारे वह उसे काफी छूट देती थी, बहनों को भाई की आज़ादी अखरती थी।

लड़का सीटी में फिल्मी धुन बजाता हुआ अंदर आया। माँ ने कड़ी निगाहों से उसे देखा। उलाहने की मुद्रा में दाईं बाँह उठाकर पूछा—"महारानीजी कहाँ गायब हो गईं ? एक पहर बीत गया, मठिया से नहीं लौटीं ! लगता है, कोई उठाके ले गया !"

सीटी बजाना भूलकर लड़का नई परिस्थिति को भाँपने लगा। कोने में बैठी, ढेर सारे बर्तन सामने फैलाए रखनेवाली छोटी बहन की ओर देखा। भारी बटलोई की काली पेंदी पर वह झुकी थी, छोटे इंजन की छोटी पिस्टन की तरह काली हथेली उस पर फिर रही थी। अभी छोटी बहन नहीं, उमा भाई को मशीन प्रतीत हुई।

सकपकाहट में देखकर माँ ने कहा—"जा, देख, मठिया में क्या देर कर रही है ?"

"अकेली थोड़े गई है !"

"हूँ, देवीजी साथ गई हैं पड़ोसवाली।"

कंठ तक आकर एक गाली भी टकराई—'छिनाल कहीं की !'

तिवारीजी और भभीखनसिंह साथ ही ड्यूटी पर निकले थे। उसके बाद ही दूध में उफान

आया था। गीता की माँ को सिपाहीजी की घरवाली पर ही गुस्सा आ रहा था। जी कर रहा था, आँगन से बाहर निकलकर पानी के बंबे के नज़दीक खड़ी हो जाए और चुन-चुनकर हज़ार गालियाँ सुनाए।

लड़का बाहर निकलने को हुआ।

माँ ने रोका—"आ ही रही होगी।"

"नहीं, मैं जाकर ले ही आऊँ !" लड़के ने कहा और आगे बढ़ गया।

तिवारी की बीवी सोच रही थी—सचमुच उसे रंडी ही होना था। ऊपर से बड़ी भली बनती है, लेकिन अंदर डूबकर पीनेवाली भगतिन लगती है मुझे तो। यह टिकेगी नहीं, भाग खड़ी होगी। भभीखनसिंह सिर पीटते रहेंगे। गीता क्यों इस चुड़ैल से सटने जाती है ? जो खुद ही बहत्तर घाट का पानी पीके आई है, वह किसी की लड़की-पतोहू को क्या सिखलाएगी ?...ना गीता को मैं अब निकलने नहीं दूँगी, चाहे तिवारीजी मुझे फाड़के खा जाएँ ! कभी-कभार एकाध कप चाय भिजवा देती है, चस्का डाल दिया है न...।

चाय की याद आते ही कप का ध्यान आया। कई दिनों से चाय का जूठा कप तिवारीजी के सिरहाने पलँग के नीचे पड़ा था। तिवारीजी की बीवी ने गोद के बच्चे को हिलाकर उठाया—"जा, उंमा को वह प्याला तो देता आ, धो देगी।"

उधर से उमा ने माथा उठाकर ठुनकती आवाज़ में कहा—"अब मुझसे यह सब नहीं होगा। इतने सारे बर्तन माँजते-माँजते मेरी कमर टूटी जा रही है..."

नौ साल की उमा रो पड़ी। काली हथेलीवाला एक हाथ उठाकर कुहनी से उसने आँसू पोंछे और फिर माथा झुकाकर बर्तन मलने लगी।

गोद का बच्चा प्याला लेकर आगे बढ़ आया था। इशारे से माँ उसे पास बुलाने ही वाली थी कि गीता ने अंदर पैर रखे।

देर काफी हो गई थी। माँ के चिड़चिड़े स्वभाव से गीता यों ही आतंकित रहती थी। आज उसने तय कर रखा था, चाची की खातिर सबकुछ चुपचाप सुन लेगी। छोटे भाई ने बड़ी बहन पर सहमी हुई नज़र डाली। उमा उसी तरह सिर झुकाए अपना काम करती रही। माँ ने तो गीता की तरफ देखा तक नहीं।

कमरे के अंदर जाकर गीता ने कपड़े बदले। बाहर आकर उमा के पास जा बैठी। माँजे हुए बर्तनों को धोने के लिए बाल्टी के अंदर लोटा डुबोया कि उमा उस पर बरस पड़ी—"अब कैसे आई है ! जाओ, बैठो पलँग पर, उपन्यास पढ़ो ! दाई-महरी का काम क्यों करने आई हो ?"

भरा हुआ लोटा उसने बड़ी बहन के हाथ से छीन लिया। इस तरह घूरकर देखा कि गीता सहम गई। माँ से बीच-बचाव की कोई उम्मीद नहीं थी। बड़ी बहन ने झुकने में ही अपना कल्याण देखा। बोली—"उर्मिला, आज तू मुझे माफ कर दे !"

उधर से माँ गरज उठी—"ऐसे नहीं, उमा के पैरों पर नाक रगड़ो तभी माफी मिलेगी..."

गीता ने छोटी बहन के पैरों की ओर सचमुच ही हाथ बढ़ा दिए। किंतु काली हथेली बीच में वर्जना की दीवार बनकर खड़ी हो गई। उमा बड़ी बहन का इतना अपमान कैसे होने देती ?

तिवारीजी की बीवी को क्रोध तो बेहद आ रहा था, लेकिन इस वक्त उसने अपने को जैसे-तैसे रोका। रोकती न तो क्या करती ? दीवार के उस पार दो सजग कान इसी ओर तो लगे थे।

गीता की माँ मन-ही-मन बोली—कहाँ से यह प्लेग का चूहा आ गई ? इसे क्या हमारी छाती पर ही उछल-कूद मचानी थी ? एक शब्द भी मुँह से निकाला तो राँड़ सुन लेती है। कुछ न भी बोलो तो बच्चों से खोद-खोदके निकाल लेती है। भारी मुसीबत में पड़ी हूँ। कहीं दूसरी जगह डेरा भी तो नहीं मिलेगा। उनसे कहूँगी तो लाठी उठा लेंगे...

गीता भी जुट गई। बर्तन जल्दी ही धुल गए। साड़ी के खूँट से बतासे बँधे थे। बड़ी बहन ने सभी को प्रसाद दिया। माँ ने लेकिन नहीं लिया। दोनों हाथ जोड़कर मठिया की तरफ मुँह किया, फुसफुसाई—"जय महावीर, बजरंगबली ! बच्चों को सुबुद्धि दीजिए। मैं आपसे और कुछ नहीं चाहती हूँ..."

और कोई वक्त होता तो बच्चे इस प्रार्थना पर शायद मुस्कुरा पड़ते।

—चाचा का कसूर है ?
—चाची से क्यों इतना अलगाव बरता जाता है !
—खूबसूरत होना ही पाप है ?
—औरत होना गुनाह है ?
—चाची को घर से कौन भगा लाया था।
—ऐसी अच्छी औरत को उसने भुला दिया ?
—चाचा ने उससे शादी क्यों की ?
—वह क्या सचमुच ही नहीं रहेगी ?
—चाची का स्वभाव इतना अच्छा क्यों है ?
—वह भी गालियाँ क्यों नहीं बकती ?

इस तरह के बीसों सवाल थे और वे अठारहसाला छोकरी को घेर-घेरकर परेशान करते...

अठारहसाला छोकरी यानी तिवारीजी की बड़ी लड़की गीता। काफी पढ़ी-लिखी शहराती होती तो अब, ब्याह के बाद गीता पांडे कहलाती। मिस तिवारी के बदले मिसेज़ पांडे। पति को हस्ताक्षर का शौक था। उसने कई बार लिखवाकर देख लिया था—श्रीमती गीता पांडे, श्रीमती गीता पांडे, श्रीमती गी...

अक्सर वह चाची के बारे में सोचा करती...पेट के अंदर चार महीने से 'जीव'

पल रहा है। अब कहाँ भागेगी बेचारी ? भागना होता तो जेल से रिहाई पाने के बाद उसी रोज़ न भाग गई होती ? बाईस-तेईस वर्ष की लड़की पचास वर्ष के मुछंदर सिपाही की घरवाली बनकर रहने को किस तरह तैयार हुई ? तैयार क्या अपनी मर्ज़ी से हुई होगी ? बेचारी के सामने और कोई रास्ता ही न रहा होगा ?...उसे पता है, माँ क्यों चाची पर इतना रंज रहती है। कई दिनों तक लगातार चाची से कहा गया, लेकिन वह दामाद की निगाहों के आगे खुलकर जाने को राजी नहीं हुई। माँ ने खीझकर अकेले में उस क्वार्टरवाली नानी से कहा था—छिनाल यहाँ भभीखनसिंह की रखैल बनके सती-सावित्री का नाटक कर रही है, मैं इन कलमुँहियों की रग-रग पहचानती हूँ...

(नहीं माँ, चाची को तुम इतनी गालियाँ न दो ! पहले जनम में बेचारी ने जाने किसका क्या बिगाड़ा था ! अब इस जनम में उसे तुम इतना सराप क्यों देती हो माँ?

(ज़रूर चाचा ने चाची का रुख नापा होगा। चाचा ही नहीं चाहते होंगे कि उनकी घरवाली तिवारी के दामाद से बोले-बतियाए।

(माँ चाचा पर क्यों नहीं अपना गुस्सा झाड़ती है ?

(मर्द पर झाड़ेगी गुस्सा ? चबा जाएगा !

(मैं अपने मर्द पर नहीं झाड़ूँगी गुस्सा...

(चाची लेकिन सारा गुस्सा घोटके पी गई हैं, उनको कहाँ कभी रंज देखा है।

(उदास ज़रूर देखा है चाची को...

(मैंने चाची को रोते भी देखा है। रोती हैं तो उनका चेहरा लाल हो जाता है।

(हम अक्सर साथ-साथ सोते हैं। चाची को मैं गुरुआइन मानती हूँ। लेकिन वे मुझे अपनी चेली नहीं मानती हैं। कहती हैं, सहेली के बिना दिन कैसे कटेंगे ! चार वर्ष छोटी हो तो क्या हुआ ?

(चाचा की मूँछों पर एक बार मैंने मुँह बनाया, बोली, मइया री ! इतनी भकरार मूँछें ! तुम्हें डर नहीं लगता चाची ?

(उन मूँछों को छोटी करवा लो चाची ! तुम पीछे पड़ जाओगी तो सब हो जाएगा। तुम्हें छोड़कर दूसरा कौन है जो चाचा को आदमी बनाएगा ?

बाहर बरामदे में तख्तपोश पर दोनों बहनें थीं। उमा कब की सो चुकी थी लेकिन गीता को नींद नहीं आ रही थी। पलकें झिपी थीं, अंदर अनाप-शनाप खयाल चक्कर लगा रहे थे। माँ, दोसाला छोटू और बारहसाला दिनेश अंदर पलँग पर गहरी नींद में थे। सर्दी थी। बहुत नहीं, मामूली।

उमा ने करवट ली तो रजाई का आधा हिस्सा तख्तपोश के नीचे झूल गया।

नौ साल की छोटी बहन गाढ़ी नींद में सोई थी। उमा की जाँघ पर हाथ फेरते-फेरते गीता सोचने लगी...

(माँ. क्यों तुम पर रंज हैं ?

(तुमने उसके स्वार्थ को धक्का पहुँचाया न !

(दामाद का मनोरंजन...मेरी और कोई सहेली होती तो यह काम माँ उसी के

हवाले करती।

(चाची, अपना दिल तुमने किसी को दे रखा है ?

(मठिया से हम वापस आ रहे थे, तुम कितनी खुश थीं ! आज तुम्हारी खुशी दबाए नहीं दबती थी...

(यह क्या सचमुच ही तुम्हारे मामा का लड़का था ?

(नहीं ! अच्छा, न बताओ चाची !

(तुम्हें मेरी क़सम ! बतला भी दो...

(देखो चाची, तुम मुस्कुरा रही हो...

(अब तू मुझे मुस्कुराने भी न देगी ?

(क्यों नहीं चाची, खूब मुस्कुराओ ! खिलखिलाकर हँसो न ? ज़रा-ज़रा-सी मुस्कान के भला क्या मतलब होते हैं ? खुलकर हँसो न ! खूब खुलकर, हाँ चाची ! इस तरह खिलखिलाओ कि चाचा के क्वार्टर की छत फट जाए।

(सच, इतना खुश तो मैंने कभी तुम्हें देखा नहीं !

(वह कौन था चाची ? मामा का लड़का ? सच ?

(सच ! अपनी कसम गीता !

(नहीं, मेरी कसम खाओ चाची ! कहो 'गीता की कसम, वह मामा का लड़का था'...

(और मैं अगर झूठी कसम खा लूँ गीता ?

(और मैं अगर बतला ही दूँ कि...

(और मैं अगर...

(नहीं, चाची ! नहीं ! मत खाओ कसम...क्यों खाओगी कसम ? झूठी कसम तो बिलकुल मत खाओ ! यों भी कसम न खाओ...न अपनी, न मेरी; न उनकी, न इनकी...

(चाची, एक बात पूछूँ ?

(तुम डूब क्यों न मरीं चाची ?

(नहीं डूबने दिया गया ? हाय राम, यह भी होता है चाची ? कोई डूबना चाहे और लोग उसे डूबने न दें ?...)

दो-तीन बार करवटें बदलीं गीता ने।

तीसरी बार माँ ने उधर से डाँटा—"सोती क्यों नहीं ?"

"सो तो रही थी।" गीता ने जवाब दिया।

माँ उधर से बोली—"रात को झूठ बोलती है, दिन को भी झूठ बोलेगी..."

"हूँ," गीता ने कहा, "तुमको सारा संसार झूठा-ही-झूठा नज़र आता है माँ !"

"कल दिन-देखार में लड़ लेना मुझसे," माँ ने कहा, "अभी तो सो जाइए महारानीजी !"

अब गीता ने उमा से कहा—"हट्, अपना सारा बोझ क्या मुझी पर डालेगी ?"

उमा ने उसके बदन पर से जाँघ तो हटा ली, लेकिन एक आदेश लाद दिया—"प्यास लगी है बहन, पानी पिलाओ..."

पाकड़ के नीचे किसी ने दो ईंटें रख दी थीं। एक पर एक।

भभीखनसिंह पहला राउंड मारने आए तो ईंट पर बैठकर पाकेट से तंबाकू निकालने लगे। तंबाकू की पत्ती का एक टुकड़ा हथेली पर रखके उसे खोंटने लगे। आज दोपहर को बाज़ार गए थे। घंटाघर से पहले ही लहेरियागंज पड़ता है। सिपाहीजी का अपना एक पुराना सौदागर है, उसी से तंबाकू के पत्ते लाते हैं। आज भी लाए थे। लेकिन अभी तंबाकू के जिस टुकड़े को खोंट रहे थे, वह पंद्रह रोज़ पहले लाए थे।

सुर्ती मसलते-मसलते सिपाहीजी को बूढ़े मिस्त्री का ध्यान आया...वह अच्छी मरम्मत करता है, स्टोव को इतना अच्छा बना देगा कि उगनी चाहे तो उसी पर खाना बनाएगी। उसकी दुकान में खंभे में दीवारघड़ी टँगी है। छोटा काँटा सात पर था। सिपाहीजी ने मुस्कुराकर मिस्त्री से पूछा था—कहाँ से ले आए हैं ? बड़ा अच्छा वक्त देती है !...मिस्त्री को भी हँसी आ गई। दरअसल ग्यारह बजे थे। टार्च के स्प्रिंग को ठीक कर रहा था, निगाहें उसी पर भिड़ी थीं। मिस्त्री ने कहा—"सिपाहीजी, इस तरह हँसिएगा नहीं, नाराज़ हो जाएगी। बड़ी लाड़ली है, शहर के एक बूढ़े रईस की मुहब्बत में पगी हुई। पिछले बीस वर्षों से इन्हीं हाथों से इसका इलाज चलता रहा है...कल फिर इलाज के लिए आई है..."

मिस्त्री की उस बात पर इस वक्त भी भभीखनसिंह को हँसी आ रही थी। मिस्त्रीजी की उम्र और सिपाहीजी की उम्र लगभग एक-सी है। वह काम में तो उस्ताद था ही, बातचीत करने की कला का भी मास्टर था। सिपाही को बार-बार हँसी आ रही थी—कैसी चतुराई से उसने पुरानी घड़ी को बूढ़े रईस की रखैल बनाके बात कही थी ! उसकी दुकान में दूर-दूर के ग्राहक पहुँचते हैं। स्टूल पर बैठकर मिस्त्री विधाता की अपनी ड्यूटी में मुस्तैद रहता है। इर्द-गिर्द दुनिया-भर का कबाड़ा जमाए रहता है। कोई भी शौकीन तबीयत का ग्राहक उसकी दुकान पर शायद ही जाता हो। बाबू भभीखनसिंह तो पुरानी लालटेन का बर्नर तक उसी से दुरुस्त करवाते थे। आज जाने कहाँ से उसकी दुकान में रेडियो की आवाज़ आ रही थी। सिपाहीजी ने पूछा तो बोला नहीं कुछ, बकरी वाली छोटी दाढ़ी हिलती रही और वह मुस्कुराता रहा। शायद उसकी दाईं ओर मटमैले तारों का जो गुच्छा उलझा पड़ा था उसी से रेडियो की आवाज़ निकाल रहा था।

खैनी मसलते-मसलते सिपाहीजी की आँख एक बार और चमकी। मिस्त्री खिजाब लगाता है—एक बार उसने सिपाहीजी से भी कहा था—जमादार साहब, दुनिया की निगाहों को जँचे तो हम कुछ भी लगा सकते हैं ! ज़रूर उसने भी बुढ़ापे में शादी की होगी, पहले न सही।

भभीखनसिंह जान-बूझकर सुर्ती धीरे-धीरे तैयार कर रहे थे। तिवारी राउंड पूरा

करके आनेवाला था। यहीं बैठकर थोड़ी देर तक दोनों जने बात करेंगे और इत्मीनान से सुर्ती थूकते रहेंगे।

ज़रूर तिवारी जनरल वार्ड में नए कैदियों का हुलिया नाप रहा होगा। तिवारी की आदत है। एक भी नया कैदी सीखचों के अंदर दिखाई पड़ा कि तिवारी उसकी जन्मकुंडली के लिए बेताब हो उठता है। जनरल वार्ड में न सही, हाजत में कोई-न-कोई चूहा तिवारी को मिल जाता है...

तिवारी नहीं आया। भभीखनसिंह ने सुर्ती फाँक ली।

मौसम में आज पहली बार चाँद इतना फीका लगा था। कुहरा चाँदनी को खुलकर नीचे आने नहीं दे रहा था। पाकड़ के पत्ते बिजली की रोशनी में कल की तरह चमक नहीं रहे थे। साठ यूनिट के बड़े बल्ब के प्रकाश को जाने किसने डाँट-फटकारकर मद्धिम कर दिया था।

सामने जेल का गोदाम था। गोदाम की सफेद दीवार पर अपनी परछाईं देखकर भभीखनसिंह क्षण-भर के लिए रुके। गर्दन टेढ़ी करके परछाईं के अंदर मूँछों को प्रतिबिम्बित होने दिया।

परछाईं में मूँछों की नोंक देखकर उन्होंने हाथ उठाया ही था कि एक मोटा चूहा नज़र आया। वह गोदाम की लंबी दीवार से लगी हुई सूखी नाली में से होकर आगे बढ़ा था।

भभीखनसिंह ने लाठी सँभाली। फुर्ती से चूहे की ओर बढ़े। बिलकुल करीब पहुँचकर चूहे पर निशाना जमाया। लाठी के दोनों छोर लोहे के मोटे पत्तर से मढ़े हुए थे। निशाना ठीक जमा और चूहे की कचूमर निकल गई।

भभीखनसिंह ने झुककर देखा, उसकी जीभ और दाँत निकल आए थे। छटपटा रहा था। गुस्से में सिपाहीजी चूहे को संबोधित करके बोले—"साला, पब्लिक का अनाज बर्बाद करता था ! मैं अरसे से तेरी फिराक में था, चोर कहीं का।...अब कैसे दम तोड़ रहा है !"

समाज की संपदा को बर्बाद करनेवाले उस दुष्ट प्राणी की कपाल-क्रिया करके भभीखनसिंह आगे बढ़े तो सीना तन गया था। अब वे इत्मीनान से मूँछों पर हाथ फेर रहे थे।

छोटा बाबू जाने क्यों आज ड्यूटी पर नहीं था। उसका विनोदी स्वभाव सिपाहीजी को बड़ा अच्छा लगता था। वह मखौल भी उनके लिए एक प्रकार का भोजन ही था। आज परिहास का यह 'उप-आहार' नहीं मिला था। बार-बार छोटे बाबू पर ध्यान जा रहा था...क्या पता, चाचा के साथ कहीं निकल गया हो छोटा बाबू। आज छोटे बाबू का अभाव भभीखनसिंह को पहली बार अखरा।

खाना पकाकर उगनी मठिया चली गई थी। अकेले खाना खाते समय बार-बार उसकी याद आई थी। खाते वक्त वह सामने मौजूद होती तो निश्चय ही डेढ़-दो रोटियाँ और खा गए होते। अब सिपाहीजी को लग रहा था कि भूखे हैं। छोटे बाबू की

परिहास-प्रियता जो खुराक जुटाती थी आज वह भी नहीं मिली थी...कुछ भी हो, यह पढ़ा-लिखा नौजवान भभीखनसिंह की इज्ज़त भी तो करता था। मन-ही-मन उन्होंने हमेशा बेटा-भतीजा समझा।

पगला वार्ड में आज एक पागल कैदी लाया गया था। दो-चार दिनों के अंदर ही उसे काँके भेजनेवाले थे। एकाएक भभीखनसिंह के मन में यह बात आई कि पगलवा से गप-शप करें।

अस्पताल वार्ड के निकट सेलोंवाला वार्ड था। वहीं एक सेल के अंदर उसे रखा गया था। दरअसल पागलों के लिए कोई अलग वार्ड नहीं था। पागल कैदी थे भी नहीं। कभी-कभार एक-आध पागल दो-चार रोज़ के लिए बंद किया जाता था। उसकी मौजूदगी में कुछ लोग सेल को ही 'पगला वार्ड' कहते थे।

सेलोंवाले गलियारे में चालीस यूनिट के दो बल्ब आमने-सामने लगे थे। एक छोर पर पागल था, दूसरे छोर पर कोढ़ी। इधर से पागल शोर मचाता तो उधर से कोढ़ी 'राम-राम' की गुहार करता !

सिपाहीजी सीखचों से सटकर खड़े हुए तो पगलवा कागज़ों के टुकड़े फैलाकर दीवार की ओर मुँह किए बुदबुदा रहा था—थर्टीन, फोर्टीन, फिफ्टीन, सिक्सटीन...कागज़ के टुकड़ों को इतने अधिक ताव से पटक रहा था मानो वे ताश की वज़नदार पत्तियाँ हों।

भभीखनसिंह ने फर्श पर लाठी ठोंकी, कहा—"ऐऽऽ, क्या नाम है तेरा ?"

उसने ठहाके लगाए। ज़रा देर के लिए आँखें फैलाकर सिपाहीजी को देखता रहा, फिर उठकर खड़ा हो गया। कैदियोंवाले धारीदार ये कपड़े, निश्चय ही उसे आज ही दिन में दिए गए होंगे। कुर्ता इतनी ही देर में उसने फाड़ डाला था। सीने से नीचे दो हिस्सों में कुर्ता झूल रहा था। बाँहें लेकिन दुरुस्त थीं। पायजामा उधर कोने में पड़ा था। आदिमानव की सनातन भूमिका में वह भभीखनसिंह के सामने खड़ा था।

अपनी देहाती बोली में वह बोला—"वो देखो, सुपरिंटेंडेंट के लिए मैंने अपना पायजामा उतार दिया है। तुम इसे लेते जाओ..."

पागल ने कोने में रखा हुआ पायजामा उठा लिया और उसे सीखचों के पास ले आया। लगता था, भभीखनसिंह को थमाकर ही दम लेगा।

"ससुर कहीं के !" भभीखनसिंह ने सुर्ती थूककर कहा तो उसने फिर ठहाके लगाए।

"ससुर नहीं, मैं तुम्हारा साला मानता हूँ अपने को। मेरी बहन भाग गई थी, मैंने उसकी बड़ी खोज की। ज़रूर वह तुम्हारे साथ रहती है न ?"

यह सुनते ही भभीखनसिंह सुन्न पड़ गए। लगा कि काठ मार जाएगा। लगा कि लाठी हाथ से गिर पड़ेगी। लगा कि इतना पसीना छूटेगा, इतना छूटेगा कि खाकी कपड़े गीले हो जाएँगे, ऊपर का ऊनी स्वेटर भी भीग जाएगा। लगा कि भारी ओवरकोट जमकर पत्थर हो जाएगा...

और सचमुच सिपाहीजी ने पागल के चेहरे की ओर गौर से देखा...कहीं इसका चेहरा उगनी से तो नहीं मिल रहा है ? कहीं इसके शरीर का ढाँचा...मगर भाई-बहन भी तो अक्सर एक-से चेहरेवाले नहीं होते...

पागल ने फिर ठहाके लगाए और लोहे की सलाखों से आकर सट गया। दो छड़ों को दोनों हाथ से थामे, बड़ी-बड़ी आँखों से उसने भभीखनसिंह को देखा। वे चार कदम पीछे हटकर लाठी के सहारे खड़े हो गए थे। कैदी ने चुमकारकर उन्हें पास बुलाया। कहने लगा—"तुमने ठीक कहा था, मैं तुम्हारा ससुर ही लगता हूँ। मेरी बहन-वहन नहीं कभी भागी। बहन भागती तो मैं उसे गोली मार देता..." उसने बाँहें उठाकर हथेलियों को सिकोड़ लिया, उँगलियों की ऐसी मुद्रा बनाई मानो पिस्तौल चलाएगा।

सिपाहीजी ने सोचा, इसकी कौन बात सच थी। पहली या दूसरी।

फिर उन्होंने हनुमानजी की याद करके लाठी पटकी। मन के भ्रम को झाड़कर हल्के हुए—इस ससुर की बातों को सच मानना पागलपन होगा...

लौट पड़े। निश्चय किया, जब तक पगलवा रहेगा, इधर नहीं झाँकेंगे।

लगता था कि अब वे भी जनरल वार्ड की ओर जाएँगे। लेकिन पैरों ने उन्हें ज़नाना वार्ड की ओर बढ़ा दिया। क्या पता वह हत्यारिन कल-परसों तक चली जाए !

बीच में ही तिवारीजी मिल गए। बोले—"गंडक के किनारे डाका पड़ा था न ? उस मुकदमे में सोलह आदमियों को आज अदालत ने सज़ा सुना दी। सबके सब जनरल वार्ड में पहुँचा दिए गए हैं। मैं तुम्हें खोज रहा था भभीखन भाई, चलो उनकी बातें सुनें। मैं तो वहीं था। दो-चार तो उनमें से पढ़े-लिखे मालूम पड़ते हैं..."

भभीखनसिंह ने कहा—"तुम चलो, मैं दस मिनट में आता हूँ। बस, जनाना वार्ड बाकी रह गया है।"

तिवारी ने डिबिया से तैयार सुर्ती निकाली। हथेली आगे बढ़ाकर लेने का आग्रह किया। भभीखनसिंह ने आगे बढ़कर चुटकी-भर खैनी उठा ली, उसे अपने होंठों के हवाले किया। आँखें नचाकर बोले—"नई लाए हो न ? मैंने पाकड़ के नीचे बड़ी देर तक तुम्हारा रास्ता देखा..."

फिर उन्होंने तिवारी से चूहेवाली बात बताई। आँखें चमक रही थीं। साथी की इस खुशी को तिवारी ने उत्साह में नहीं लिया। बोला—"अपना क्या बिगड़ता था ? नाहक तुमने एक जीव की हत्या कर दी !"

भभीखनसिंह की भौंहों में तनाव पड़ गया। चलते-चलते बीच में ही पैर ठिठक गए। सीने का पूरा बोझ लाठी पर डालकर उन्होंने तिवारी की ओर पैनी निगाहों से देखा। कहने लगे—"सुनो तिवारी, देश की दौलत को नुकसान पहुँचानेवाला हमारा वैसा ही दुश्मन है जैसा कि हमारी सीमाओं के अंदर घुसपैठ करनेवाला। हम न उसको छोड़ेंगे, न इसको छोड़ेंगे।"

तिवारी ने अपनी लाठी को बाँहों के सहारे पीठ पर उलझा लिया और एक खास अदा में आगे बढ़ता हुआ बोला—"चूहों पर अपनी बहादुरी दिखाना बेकार है। कहते

हैं, चूहोंवाले घर में लक्ष्मीजी का निवास रहता है...”

“लक्ष्मीजी का नहीं, दलिद्रा का निवास रहता होगा !”

“कैसा भी कहो, तुमने अच्छा नहीं किया भभीखन भाई !” तिवारी ने थूकते हुए कहा। भभीखनसिंह ने उसकी ओर देखा। सोचने लगे—ऐसे लोगों का वश चले तो सारा देश चूहों के हवाले कर दें...।

इस सिलसिले में भभीखनसिंह को उगनी की वह बूटेदार चोली याद आई जिसे चूहे ने काट दिया था। सुर्ख ग्राउंड पर सफेद बूटोंवाली यह नफीस चोली मोरछाप नीले किनारोंवाली गुलाबी साड़ी के साथ ही पाकिस्तान के पूर्वी सीमांत के पास रहनेवाले भानजे की तरफ से नवेली मामी के लिए आई थी। उतनी अच्छी चोली छूकर भभीखनसिंह ने जीवन में पहली बार देखी थी और मन-ही-मन उसे बेहद पसंद किया था। उगनी ने लेकिन दो ही चार बार वह चोली पहनी होगी। जाने कैसे चूहे ने उसे काट दिया ! उगनी को इसका रत्ती-भर अफसोस नहीं हुआ। गीता ने अपनी ओर से इतना ज़रूर कहा था—“चाचा, घंटाघरवाले मार्किट से चोली का कपड़ा चाची के लिए मँगवा दीजिए, वे खुद तो कहेंगी नहीं।” पतिदेव लेकिन इस इंतज़ार में थे कि पत्नी अपने मुँह से कहेगी तो एक क्या, चार-चार चोली के लायक कपड़ा मँगवा देंगे, वही सफेद बूटोंवाली सुर्ख ग्राउंड का कपड़ा...यह नहीं हो सका क्योंकि उगनी ने अपने मुँह से नहीं कहा था। बाकी दस औरतों ने जिस चोली की प्रशंसा की थी, उसी के बारे में उगनी की यह चुप्पी कभी भभीखनसिंह की समझ में नहीं आई ! जो हो, चूहे बड़े बदमाश होते हैं। भभीखनसिंह का वश चले तो एक भी चूहा कहीं भी दिखाई न पड़े...!

तिवारी जेल की दीवारों के किनारे-किनारे अंदर की पूरी परिक्रमा के लिए आगे बढ़ा। भभीखनसिंह चुपचाप ज़नाना वार्ड की ओर चले।

जूँओं ने उसे परेशान कर रखा था। जाने कब से बाल नोच रही होगी ! फाटक की ओर रुख किए उकडूँ बैठी थी और दोनों हाथ बालों के जंगल में उथल-पुथल मचा रहे थे। दस में से एक भी उँगली आराम नहीं ले रही थी। दाँतों पर दाँत जमाकर वह उस मोर्चे पर भिड़ी थी।

भभीखनसिंह ने देखा तो उन्हें दया आई उस पर। कहने को आमने-सामने बैठी थी, लेकिन परेशानी के मारे आपे में नहीं थी। दो-चार रोज़ बाद सेंट्रल जेल ले आएँगे, तब शायद इसके बालों की सफाई का मौका आएगा।

सिपाहीजी ने सोचा—सेंट्रल जेल का डॉक्टर अगर हमदर्दी से न भी काम ले, खाली समझदारी का भी परिचय दे तो इस औरत को जूँओं से छुटकारा मिल जाए। तेल-साबुन के इस्तेमाल में झमेला रहेगा, इन बालों को कटवा ही दिया जाए ! दस साल बाद रिहा होगी तो अपना शौक-सिंगार कर लेगी, चार-छह महीने में बाल फिर बढ़ा लेगी और फैशन मारेगी।

कमरे में आधी दूर तक बिजली की रोशनी पहुँच रही थी ! जहाँ अँधेरा था, उधर भी प्रकाश का आभास था। सलाखों की लंबी परछाइयों को चीरते हुए दो झींगुर गश्त

लगा रहे थे, भभीखनसिंह की निगाहों ने उनका पीछा किया। एक काला चींटा अँधेरे से आकर रोशनी की तरफ बढ़ा तो झींगुरों से उसका मुकाबला हुआ। चींटे की काली छाया सामने सरक आई तो एक झींगुर क्षण-भर के लिए सहमा-सा रुका रहा, फिर बगल काटकर निकल गया। दूसरे ने भी वैसा ही किया।

भभीखनसिंह ने सोचा—जीव-जंतु चाहे कितने छोटे हों, अपने काम लायक समझदारी उनमें ज़रूर रहती है। झींगुर चाहें तो चींटे को घेरकर परेशान कर सकते हैं लेकिन उन्हें नाहक छेड़छाड़ पसंद नहीं। बाघ भी भूखा रहता है तभी हमला करता है या फिर घबराहट में पड़कर पंजा मार बैठता है...झींगुर देर तक गश्त लगाते रहेंगे। चींटा उनके बीच से आता-जाता रहेगा। लगता नहीं है कि वे आपस में उलझेंगे।

पाकिट से तंबाकू निकालकर वे उसे हथेली पर खोटने लगे। लाठी फाटक की बगल में दीवार से टिका रखी थी। उस औरत से उन्होंने पूछा—"नहाती क्यों नहीं ? बालों में चिकनी मिट्टी मसलके कभी-कभी नहा लिया करेगी तो इस तरह सिर नहीं खुजलाना पड़ेगा।..."

"ईह, जाड़े में इन्हीं के कहने से कोई नहा लेगी।" वह तुनकके बोली और पलट के बैठ गई।

"बड़े जमादार से कहकर मैं तेरे लिए पानी गरम करवा दूँ तो ?"

इसका उसने कोई जवाब नहीं दिया। सिपाहीजी समझ नहीं पा रहे थे कि कैसे दस साल यह जेल में रहेगी, निश्चय ही बीमार पड़ेगी और कमज़ोर होती जाएगी... टी.बी. भी हो सकती है, मर भी सकती है ! नहीं, मरेगी नहीं। ऐसी औरतें भारी कठजीव होती हैं। सूखकर लक्कड़ बन जाएँगी, फिर भी प्राण-पखेरू को साँसों में रोके रहेंगी। मर्द इतना नहीं झेल सकता, वह 'टन्न' से टूट जाएगा...दस वर्ष बाद जब वह जेल से निकलेगी, दस-बीस बाल ज़रूर पक चुके होंगे। नहीं भी पक सकते हैं। भभीखनसिंह की मौसी सत्तर पार कर गई, उसके बहुत थोड़े बाल पके हैं। पचास की थी तब तो एक भी रुपहला बाल सिर पर नहीं था...यह साँवली सूरत की पतली-छरहरी औरत है, इसके बाल पचास तक पकने लग जाएँगे। ठिगनी होती तो मौसी की तरह बुढ़ापे को साठ साल की उम्र तक अँगूठा दिखाती। तो जेल से निकलने के बाद इसका क्या होगा ? यह अपने को रंडियों के बाज़ार में पहुँचा देगी ? उमर ढल चुकी होगी, शादी तो कोई इससे करेगा नहीं !

भभीखनसिंह के ध्यान में उगनी आ गई थी ! लगा कि पैंतीस-चालीस वर्ष की उगनी सामने खड़ी है, भीख माँग रही है। चेहरे का पानी उतर चुका है, आँखें धँसी हुई हैं। मैला-फटा आँचल फैलाकर वह कुछ माँग रही है...

कल्पना की यह उगनी सिपाहीजी को अच्छी नहीं लगी। भला, उगनी आगे संकट में क्यों पड़ेगी ? भभीखनसिंह के नाम पर पुश्तैनी जायदाद कम नहीं है। चार बीघा ज़मीन है, आम का बगीचा है, छोटा-सा पक्का कुआँ है, दो बैल हैं, एक भैंस है, खपरैल का मकान है...यह दूसरी बात है कि छोटा भाई खोटी तबीयत का है। भाई की नीयत नहीं है कि भभीखनसिंह कभी गाँव आके रहें, अपने हिस्से की जायदाद सँभालें। लड़का

हो चाहे लड़की, अगले आसिन में भरी गोदवाली उगनी को साथ लेकर वे अपने गाँव पहुँचेंगे और चार-छह महीने के लिए परिवार को वहीं छोड़ आएँगे। अपने गँवई जीवन की भावी असुविधाओं पर सोचते-सोचते उन्होंने सुर्ती थूकी और लाठी उठाकर पीछे लौटे।

(छोटा भाई भारी दुष्ट है। उसने कहीं भाभी को अपनी मुट्ठी में कर लिया तो जुलुम होगा ! जनाना की जात, क्या ठिकाना है इनका ? सिखाने-पढ़ाने पर अपने मर्द को उगनी ज़हर नहीं देगी ?

(नहीं, उगनी ज़हर नहीं देगी। और चाहे कुछ करे, यह भभीखनसिंह की जान नहीं लेगी। कोख में सात महीने का बच्चा लेकर वह भाग भले ही जाए मगर किसी को ज़हर नहीं खिला सकती। खुद ज़हर खाके हमेशा के लिए सो जाएगी, सो होगा...

(लेकिन उगनी को लेकर वे देहात जाएँगे ही क्यों ? क्या ज़रूरत है देहात लौटने की ? ज़मीन-जाल बेचकर रकम ले आएँगे, दो कट्ठा ज़मीन यहीं कहीं आसपास खरीद लेंगे। आहिस्ता-आहिस्ता ईंटों का जुगाड़ होगा, ढाई-तीन कमरोंवाला घर क्यों नहीं तैयार होगा ? ऊपर छत न सही, खपरैल ही सही।

(उगनी माँ बन जाएगी। भभीखनसिंह तीन चाबियों का गुच्छा अपने जनेऊ में नहीं बाँधेंगे, उसे वे अपनी घरवाली के हवाले कर देंगे। रामजी की दया होगी, दूसरी बार भी उगनी के पैर भारी होंगे और तीसरी बार भी...नहीं, ज्यादा बच्चे न हों ? एक लड़का, एक लड़की...और बच्चा तो बिलकुल नहीं चाहिए। दो से ही नेम-धरम निभ जाएगा।

(ज्यादा तो नहीं हैं, ढाई-तीन हज़ार रुपए जेल के खजाने में जमा कर रखे हैं। बेर-वक्त पर रकम काम आएगी। उगनी आई है तो खर्चा भी बढ़ा है। पहले तीस-चालीस में खींच ले जाते थे, अब उतनी रकम और लग जाती है। किसी महीने में पचहत्तर, किसी में सत्तर, और कभी-कभी अस्सी भी बच जाते हैं।

(तिवारी की बीवी ने कहलवाया था। उगनी अस्पताल जाएगी और पाँच-सात रोज़ वहाँ रहेगी, इसमें रोजाना दस रुपए का नोट ज़रूर उड़ेगा। जच्चा-बच्चा के लिए आगे भी महीनों तक पथ-परहेज और पुष्टई का काफी सर-सामान लगेगा...भभीखनसिंह अभी से तैयार हैं। मुट्ठी खोलनी होगी तो बिना किसी हिचक के खोलेंगे मुट्ठी। पिछले साल माँ मरी थी, श्राद्ध में पंद्रह सौ लग गए। चार वर्ष पहले भानजी का ब्याह हुआ तब भी एक हज़ार का बोझा उठाना पड़ा था।...)

बिजली की रोशनी में अपनी परछाईं से बातें करने का जी कर रहा था भभीखनसिंह का...एक उड़ंतू चिड़िया को पकड़ लाए थे, उसे घोंसले में डाल रखा था। वह अंडा देनेवाली थी...कहीं वह बीच में ही फुर्र से उड़ तो नहीं जाएगी ? कहते हैं, अंडा देना होता है तो चिड़िया घोंसला नहीं छोड़ती। उनकी गौरैया अब कहाँ जाएगी घोंसला छोड़कर ? उड़ना होता तो पहले ही उड़ चुकी होती....

भभीखनसिंह को याद आया : कैसे क्वार्टरों में अफवाह गर्म हो उठी...उगनी का माथा खराब है ! और कैसे, अफवाह अपने-आप ठंडी पड़ गई !

भभीखनसिंह को याद आया : कैसे महीनों तक वह काबू में नहीं आई...कैसे अगले दो दिन, दो रात उगनी रोती रही, भूखी रही दो दिन, दो रात ! और कैसे तिवारी की बड़ी बेटी (गीता) आरज़ू-मिन्नत करके उसे खाना खाने के लिए मना सकी !

भभीखनसिंह को याद आया : मठिया के बाबाजी ने कैसे जजमानिन के ग्रहों की शांति के लिए रामायण का 'नवाह' पाठ किया था ! और कैसे तिवारी ने आसिन की 'नवरात्रि' में दसों दिन चंडी का पारायण करवाया था। और कैसे हवन के अंत में सिपाहीजी और उनकी घरवाली के हाथों पूर्णाहुति दिलवाई थी अग्निकुंड में !

भभीखनसिंह को याद आया : कैसे कातिक की पूरनमासी के दिन तिवारीजी की बीवी ने शुभ समाचार सुनाकर इन कानों में अमृत घोल दिया था ! और, कैसे वे घंटाघर जाकर सेर-भर रसगुल्ले और गुलाब-जामुन उठा लाए थे...और कैसे उगनी ने मिठाई का एक टुकड़ा भी अपने मुँह के अंदर जाने नहीं दिया था...

सोचते-सोचते माथा फटने लगा।

सिपाहीजी ने तय किया, आज अब राउंड नहीं देंगे। अस्पताली वार्ड के चबूतरे पर जाकर लेट जाएँगे। नींद नहीं भी आएगी तो भी आँखें मूँदे पड़े रहेंगे।

सिपाहीजी को थकान महसूस हो रही थी। बंबे से अंजुरी भिड़ाकर उसमें मुँह लगा दिया, जी-भर पानी पीकर अस्पताली वार्ड की ओर बढ़ आए। अभी-अभी घड़ियाल को एक बार ठोंका गया था।

ऊँची दीवार को पार करके मशीनी चिराई की अविराम सर्राहट हमेशा की तरह इस समय भी आ रही थी। सेलों की तरफ से कुहरे को चीरकर फिल्मी धुनों के मिक्सचर अभी-अभी तरंगित हो उठे थे, यह चमत्कार ज़रूर ही पागल के गले का था।

वह भी क्वार्टर था। यह भी क्वार्टर है।

वह क्वार्टर था, लाल ईंटोंवाला। पुराने ढर्रे का। तंग। उसमें इतने बड़े-बड़े जंगले कहाँ थे। सीमेंट का ऐसा बढ़िया फर्श कहाँ था उसमें ! न नल था, न नहाने का घर, न पाखाना। पचास वर्ष पहले का बना होगा।

यह भी क्वार्टर है। बाहर सफेद, भीतर सफेद। नए ढर्रे का, खुला-खुला। खूब हवा आती है, धूप भी खूब आती है। फर्श इतना अच्छा, इतना चिकना कि तबीयत खुश हो जाती है देखते ही। पानी की इफरात। बढ़िया बाथरूम। फ्लशवाला पाखाना। हाल-हाल बनके तैयार हुआ है। चार ही छह महीने हुए हैं। भाभी की छोटी बहन के पति के नाम अलाट किया गया है। वह ओवरसियर है, ढाई सौ रुपए पाता है...

भाभी ने खिलखिलाकर कहा—"जंगल में नहीं भगा लाई हूँ। अठारह सौ क्वार्टर हैं। यहाँ इंदिरा अकेली नहीं है। हज़ारों इंदिराएँ बाल-बच्चों के साथ रहती हैं। मेरी बहन

के तो एक ही लड़का है। वह तुम्हें परेशान नहीं करेगा। परेशान करेगा कामेश्वर...मगर कामेश्वर तो जेल से इन्सान बनके बाहर निकला है, वह क्या किसी को परेशान करेगा !"

उगनी बड़े गौर से भाभी की बातें सुन रही थी। आज चेहरा खिला हुआ था। रास्ते की थकान कल ही उतर चुकी थी। भाभी के हाथ में दातुन थी, वे उगनी के कंधों पर झुक आईं। बोलीं—"बाप रे ! परसों और कल कितना सोई हो तुम ! कुंभकर्ण की तरह ! नहीं ?"

प्रश्न में भाभी की आँखें बड़ी-बड़ी हो गईं।

"आज भी सोऊँगी," उगनी ने कुर्सी की पीठ के सहारे खड़ी भाभी को अपनी उल्टी बाँहों के घेरे में ले लिया और कहा—"सोती रहूँगी, शाम तक सोऊँगी। देखना मुझे कोई जगाए नहीं।"

उसके माथे पर अपनी ठोड़ी टिकाकर भाभी बोलीं, फुसफुसाकर—"कामेश्वरी को और कौन जगाएगा, कामेश्वर ही जगाएगा !"

"कामेश्वरी कहाँ, मैं तो उग्रतारा हूँ !"

"एक देवी के सौ नाम, हज़ार नाम ! मेरे नाना भारी पंडित थे, वही कहा करते थे..."

"नहीं भाभी, तुम लोग मुझे सीधी-सादी उगनी ही रहने दो ! न उग्रतारा, न कामेश्वरी, न देवी...?"

"नाम में क्या रखा है पगली ?"

स्टोव पर केतली थी। चाय का पानी खौल रहा था। अलमूनियम की छोटी-सी परात पड़ी थी स्टोव के पास ही, गुँधा आटा ढँका था भीगे कपड़े से।

पूस का सवेरा। जाड़े की धूप। दक्खिन रुख का बरामदा। नाश्ते की तैयारी।

सुबह-सुबह महरी आई थी, बर्तन धो-पोंछके रख गई, किचन और आँगन का फर्श धो गई है। उगनी छह बजे ही नहा चुकी थी।

भाभी बाथरूम के अंदर से बोलीं—"कामेश्वर को देर भी लग सकती है, हम क्यों न नाश्ता कर लें ? तुमको भूख नहीं लगी है ? मुझे तो ज़ोरों की लगी है। दो-चार पराँठे तल लो। आले में मर्तबान होगा। मिर्च का अचार निकाल लो !"

उगनी स्टोव के पास बैठ चुकी थी।

पहला पराँठा उतारा ही था कि बाहर खट-खट की आवाज़ हुई।

दूधवाला था। मूँछोंवाला अधेड़।

उगनी पतीला लेकर आगे बढ़ी, ध्यान में बाबू भभीखनसिंह आ गए थे। सोचा, रोज़ दूध देने आएगा और रोज़ ये मूँछें सिपाहीजी की याद दिलाएँगी। रंग लेकिन इसका साँवला है, सिपाहीजी का गेहुँआँ। उनकी डील-डौल भी अच्छी है, नाक-नक्श भी अच्छे हैं...भाभी ने कल ही इससे कह दिया है। हाँ, अभी सेर-भर दूध रोज़ देता जाएगा। जेठ के बाद बहुत दूध लेना पड़ेगा, महीने-दो महीने जच्चा दूध-घी ही के सहारे तो रहती

है...

दूध देकर ग्वाला चला गया तो उगनी ने फाटक बंद किया। भाभी अब भी बाथरूम के अंदर थीं।

पराँठे और मिर्च का अचार। यह तो होगा नाश्ता, खाना क्या-क्या बनेगा ? उगनी अपने मन से तय करेगी कि क्या-क्या बनेगा ? नहीं, भाभी जैसा बताएँगी वैसा किया जाएगा।

आलू और बैंगन कल के पड़े हैं। आज शायद भाभी गोभी का फूल पसंद करें। उगनी को सेम की फलियाँ याद आ रही थीं, हल्के हरे रंग की छोटी-छोटी फलियाँ सेम की। पिसी हुई सरसों और आम की सूखी फाँकें डालकर। भारी बखेड़ा होगा लेकिन, सरसों कौन पीसेगा... ?

भाभी नहा-धोकर निकल आईं।

बालों को माथे पर लपेटकर जटा-जूट बना लिया था, बड़ी अच्छी लग रही थीं। उगनी ने क्षण-भर उन्हें देखा, बोली—"भाभी, इस वक्त तुम्हारे गले में रुद्राक्ष की माला होती तो..."

"तो मैं गौरा पार्वती लगती न ?" भाभी हँसीं।

"हाँ भाभी, मैं भी यही सोच रही थी !"

भाभी कपड़े पहन आईं, पीढ़ा खींचकर बोलीं—"भूख लग आई मुझे तो !"

"तो लो न ! कब से बुला रही हूँ..."

"रात लंबी होती है। सवेरे-सवेरे पेट कुलबुलाने लगता है।"

"मेरा पेट कहाँ कुलबुलाता है सवेरे-सवेरे ?"

"हूँ..."

भाभी मुस्कुराईं। उगनी समझ गई। उसका पेट किसी और वजह से कुलबुलाएगा...

पहला पराँठा खत्म करके भाभी ने पानी पिया।

"अभी दो और।"

"बस ?"

"मगर तुम कामेश्वर को आने दो !"

"अच्छा भाभी ! क्या-क्या बनेगा अभी ?"

"गोभी का फूल आएगा, आलू है ही। भात-दाल सिझा लेना। रोटी अभी नहीं, रात को पकाना।"

"मिले तो आँवले मँगवा लेना भाभी !"

"चटनी के लिए न ! तुम्हें तो इन दिनों चटनी-फटनी चाहिए ही...!"

अंत में चाय का दौर चला। उसमें उगनी भी शरीक हुई।

भाभी 'आज' लेकर बैठी ही थीं कि कामेश्वर आ गया। झोले में सामान था। उगनी को झोला थमाकर वह भाभी के सामने आ बैठा।

"पहले नहा लो !" भाभी बोलीं।

"बाद में नहा लूँगा।"

"नहीं, नहा ही लो बाबू !"

"लो अभी नहा आता हूँ !"

भाभी ने दोनों को आमने-सामने बैठा दिया। नीचे फर्श पर काला कंबल बिछा था। दोनों एक-दूसरे की ओर रुख किए बैठे थे। उनकी समझ में नहीं आ रहा था कि भाभी यह कर क्या रही हैं !

इधर-उधर आठ-दस अगरबत्तियाँ सुलग उठीं। कमरे के अंदर चंदन का सौरभ फैलने लगा। जाड़े की खुशगवार धूप तिरछे पड़ रही थी और बंद होने पर भी रोशनदान के शीशे अंदर प्रकाश की परछाइयाँ बरसा रहे थे, साथ-साथ सुखद गर्मी भी आ रही थी।

ऊपर फ्रेमों में मढ़े तीन-चार फोटो टँगे थे। सभी-के-सभी भाभी की बहन और बहनोई के पारिवारिक चेहरे थे, इनमें से किसी को उगनी ने देखा नहीं था। दो खूबसूरत कलेंडर भी निगाहों को अपनी तरफ खींच रहे थे।

कामेश्वर ने हँसकर पूछा—"कौन-सी कसरत करवा रही हो भाभी ? बता भी तो दो !"

उगनी गंभीर हो रही थी। उसने भी भाभी की ओर देखा।

सिंदूर-भरी कटोरी सामने रखकर भाभी बोलीं—"आज यह विधि पूरी होगी। मैं पुरोहित हूँ। लो, चुटकी में सिंदूर लो और उग्रतारा की सींथ भर दो बाबू ! उठो..."

कामेश्वर ने चुपचाप भाभी की आज्ञा का पालन किया।

उगनी की आँखों में इतने अधिक आँसू छलक आए थे कि बेचारी को कुछ भी दिखाई न दे रहा था।

दोनों ने उठकर भाभी को बारी-बारी से प्रणाम किया, अच्छी तरह पैर छूकर। भाभी ने आशीष दी—"दीर्घायुर्भव ! सौभाग्यवती भव !!" दाहिना हाथ उगनी और कामेश्वर की पीठ पर फिरता रहा।

जाने कहाँ से भाभी दो अँगूठियाँ निकाल लाईं, बोलीं—"एक-दूसरे को पहना दो !"

फिर मिसरी का एक-एक टुकड़ा थमा दिया।

"इसका क्या होगा ?" कामेश्वर ने पूछा।

भाभी ने कहा—"उसके मुँह में डाल दो।"

"वाह !" कामेश्वर विनोद में बोल गया—"यह कैसे होगा ? वह तो मिठाई का अपना हिस्सा चाँपे हुए है और मैं यह भी उसे दे दूँ ? अच्छा इन्साफ है आपका, शाबास मेरी भाभी !"

कामेश्वर की यह शरारत भाभी को अच्छी लगी। खिलखिलाकर हँसती रहीं। बोलीं—"अच्छा हुआ ! लो, अब एक-दूसरे के मुँह के अंदर मिसरी डाल दो। जल्दी

करो...तुम्हें भूख भी तो लगी है ! उगनी तो खैर लड़की ठहरी, जुबान नहीं खोलेगी।"

उगनी सचमुच चुप रही।

उन्होंने एक-दूसरे के मुँह में मिसरी का टुकड़ा डाल दिया।

"अब जाओ, तुम लोग नाश्ता कर लो !" भाभी ने कहा—"आसन-वासन मैं उठा लेती हूँ।"

'ऐसी भी क्या हड़बड़ी थी कि तुम्हें शाम की ट्रेन से जाना ही था !...'

भाभी के बारे में सोचने से अपने को किस तरह रोके बेचारी उगनी ? आज ऐसी घटना घटी थी, जिसकी कल्पना का आभास तक उगनी को नहीं था ! आज एक पुरुष ने गर्भिणी नारी के सीमंत में सिंदूर भरा था ! धोखे में ? नहीं, जान-बूझकर। उसके होशो-हवास दुरुस्त थे, विवेक सजग था, आवेग या आवेश चेतना पर हावी नहीं था। सभी बातें उसे मालूम थीं।

हाँ, सभी बातें मालूम थीं कामेश्वर को, फिर भी उसने उगनी की माँग में सिंदूर भरा है !

कामेश्वर ग्यारह बजे तक जागता रहा। बातें करते-करते पलकें झिंपने लगीं। उगनी ने कहा—"अब तुम सो ही जाओ ! सारा दिन भटकते रहे हो..."

उसकी एक हथेली को अपने सीने से लगाकर कामेश्वर ने आधी मुँदी आँखों से उसे देखा और आहिस्ता से कहा—"हाँ, नींद आ रही है। तड़के आँख खुल जाएगी तो मैं तुम्हें जगा दूँगा।"

"शायद मैं तुम्हें जगा दूँ !" उगनी ने कहा और मुस्कुराई। उसका माथा अपने तकिए पर आ गया और कामेश्वर को अगले ही क्षण नींद आ गई।

नेपाली पहरेदार राउंड पर है। यह शायद दूसरा राउंड है। रात को कालोनी की हिफाजत के लिए यह व्यवस्था की गई होगी। एक ही नहीं, कई नेपाली होंगे। उगनी का जी करता है कि पहरुआ ठीक उस जंगले के सामने से गुजरे। लेकिन वह इस ओर कहाँ आ रहा है ! नहीं, आ रहा है।

स्क्वायर के बीचोंबीच छोटी सड़कें एक-दूसरी को काटती आगे निकल गई हैं। दूसरे स्क्वायरों का भी यही ढाँचा है। ईंट और कंक्रीट और सीमेंट और लोहे की छड़ों के सहारे तैयार हज़ारों इकतल्ले क्वार्टरों की यह नई आबादी गाँव नहीं है तो शहर भी नहीं है। उगनी के लिए यहाँ का सबकुछ नया है, पुरानी एक भी वस्तु यहाँ नहीं है। यहाँ की निर्जनता भी नई है, सन्नाटा भी नया है। झींगुरों की झंकार में गाढ़ापन भरनेवाला वह अंधकार कहाँ गया है ? अंधकार में इंगित भरनेवाला वह जुगनू कहाँ गया ?

आहिस्ता कुर्सी उठा लाई और जंगले के सामने बैठ गई। उगनी को अभी काफी देर तक नींद नहीं आएगी। वह चाहेगी कि बचपन से लेकर हाल तक बहुत कुछ सोच

जाए अपने बारे में। शायद ही सोच पाएगी।

आज पिछली स्मृतियाँ उस तरह उगनी के मन में नहीं आ रही हैं, छिटपुट धब्बों की तरह उभरती हैं और अगले ही क्षण मिट जाती हैं। आगे की सुखद कल्पनाओं के रंगीन गुब्बारे ध्यान में उभरते हैं, उभरते ही चले जाते हैं...नवजात शिशु के मुलायम हाथों की गुलाबी मुट्ठियाँ बहुत सारे सूतों को मजबूती से थामे हुए हैं, उन्हीं के सहारे गुब्बारे हवा में फहरा रहे हैं...

जी कर रहा है, कालोनी में थोड़ी देर के लिए अँधेरा छा जाए और जेल का घंटा बजे—एक, दो...

(हाँ, एक...दो...तीन...चार...

(सिपाहीजी, आप उस रात चार बजे लौटे होंगे तो क्वार्टर के दरवाज़े के सामने फर्श पर लाठी बजी होगी 'ठन्न' से !

(दरवाज़ा नहीं खुला होगा...

(फिर बजी होगी लाठी...

(फिर आपने हुंकार भरी होगी, गले को साफ किया होगा...

(और अंत में झुँझलाकर अपने साँकल को टटोला होगा ! नहीं सिपाहीजी ?

(अलीगढ़वाला वह ताला आपकी अपनी पसंद का है, दस साल पुराना है। आपने तो नहीं, तिवारी की बीवी ने मुझे बतलाया था। दो चाबियाँ थीं। उस रोज़ शाम को आपके ओवरकोट की पाकिट में एक चाबी मैंने डाल दी थी।

(परेशानी नहीं हुई न ? ताला नहीं न तोड़ना पड़ा ?

(देखिए सिपाहीजी, आपकी कोई चीज़ मैं नहीं लाई हूँ...

(मोरछाप नीले किनारोंवाली वह गुलाबी साड़ी अब आप क्या करेंगे ?

(अगले सवेरे तिवारी को चाय नहीं मिली होगी और गीता बहुत रोई होगी !

(गीता मेरी, तू बहुत रोई न ?

[हाँ, चाची !...नहीं चाची, मैं तुमसे नहीं बोलूँगी ! कितनी निठुर हो तुम...

(हाँ, गीता, मैं बड़ी निठुर हूँ ! बड़ी बेरहम ! मैं तुझे अभी और रुलाऊँगी गितिया !

[जी नहीं भरा है ?

(जी भरेगा मेरा ? आँसुओं से ? इतनी जल्दी ? अच्छा भाई, गीता एक बात पूछूँ ?

[पूछो न चाची! ज़रूर पूछ लो...मैं सबकुछ बतला दूँगी। मैंने कभी तुमसे कुछ छिपाया नहीं चाची !

(तेरी माँ इन दिनों तुझसे इतना लड़ती क्यों है ? शादी के बाद उसका रवैया बदला है शायद !

[मैं क्या जानूँ !

(हुँ...बाप तो बेटी की इतनी तारीफ करे और माँ इस तरह बेटी से लड़ती रहे !

मइया री !

[चाची, तुम क्या जानो पिता का प्यार !

(मगर मेरी माँ तो मुझसे कभी लड़ी नहीं...

[क्या कहा ? माँ ? तुम्हारी माँ जीती है ?

(हूँ, जीती है ! ज़रूर जीती है ! मैंने कब तुझसे कहा कि नहीं जीती है ?

[हाँ, कहा था !

(मुझे बहुत झूठ बोलना पड़ा...

[अब आगे झूठ नहीं बोलोगी ?

(अब क्यों झूठ का दामन पकड़ूँगी ?...

किचन के बर्तन गिरने की आवाज़ आई तो उगनी का ध्यान टूटा।

ज़रूर बिल्ली अंदर गई होगी। मछली का सालन बना था। चितकबरी दीवार पर से शाम को भी कूदी थी। बिल्ली की वह छलाँग उगनी को अच्छी लगी थी। किचन में किवाड़ खुली रह गई थी क्या ? हाँ, यही हुआ होगा। भाभी शाम की ट्रेन पकड़ने के लिए कामेश्वर के साथ स्टेशन रवाना हुईं तो उगनी क्वार्टर के बाहर रिक्शे तक गई। रिक्शा चला तो अंदर चली आई। खिड़की से देखती रही।

बरामदे का स्विच ऑन हुआ।

बिल्ली भाग चुकी थी। उसे और तो कुछ मिल नहीं सका, काँटों पर ही खेल गई होगी। हाँ, रेहू का आधा कंकाल अवश्य था जिसे भाभी ने चूस-चबाकर छोड़ दिया था। इससे चितकबरी का काम चला होगा।

उगनी ने किचन की किवाड़ी अच्छी तरह लगा दी।

पीतल की बाल्टी में पीने का पानी भरा था, बरामदे के कोने में। आधा गिलास पानी पिया। अंदर पहले कमरे में पलँग के नज़दीक गई। बरामदे की बिजली का आलोक तो नहीं, उसका दबदबा अवश्य था अंदर भी। उगनी ने झाँककर कामेश्वर के चेहरे को देख लिया, साँसों की रफ्तार सहज थी और नथुने मशीनी हरकत में फूल-सिकुड़ रहे थे।

उसने बार-बार कामेश्वर को देखा।

ऊनी कंबल कमर तक थी। वह कुर्ता पहने ही सो गया था। जाकिट ज़रूर उतारकर खूँटी में टाँग दी थी।

उगनी उसके चेहरे की ओर देखती रही।

देखती रही, सोचती रही।

सोचती रही, देखती रही...

आज वह नए सिरे से सुहागिन बनी थी। उसकी माँग में आज नए सिरे से सिंदूर भरा गया था। अपनी पसंद का युवक ही उसका पति बना था आज। कल तक कामेश्वर उगनी का प्राणवल्लभ था, आज वह उसका सबकुछ था। अंदर पल रहे चार महीने के भ्रूण को उसकी निश्छल आशीश मिल गई थी...

मठिया की बगीची में बातें करते-करते दूसरी बार भी उगनी रो पड़ी थी। रोती

रही थी। आँसू रुक ही नहीं रहे थे...

(तुम इन आँसुओं को पोंछते-पोंछते थक गए थे न ?

[कहाँ ! मैं कहाँ थका था ! तुम बड़ी मुश्किल से चुप हुईं !

(कितनी बड़ी बात कही थी तुमने ! कितना बड़ा दिलासा दिया था !

(अब यों घुल-घुलकर मुस्कुराओ नहीं ! उस रोज़ पछतावे की भट्ठी मेरे अंदर कैसे धू-धू करके जल रही थी और कैसे तुमने उसे ठंडा कर दिया था !...तुमने कहा था, गर्भ रह गया है ? कोई बात नहीं ऊगो ! मुझे तुम्हारा यह भ्रूण भी स्वीकार है। मेरे लिए इतना ही काफी होगा कि तुम उस शिशु की माँ रहोगी...कितनी बड़ी बात कही थी तुमने ? कितना बड़ा आश्वासन दिया था !

(मेरे आँसू लेकिन और भी ज़ोर पकड़ गए थे !

(इससे पहले शायद ही नारी को पुरुष ने भरोसे के ऐसे अनमोल वचन दिए होंगे। इससे पहले मैं कभी सोच भी नहीं पाई कि पुरुष इतना उदार भी हो सकता है।

(तभी तो पश्चात्ताप का वह पत्थर वहीं-का-वहीं पिघल गया था और आँखों के रास्ते जल्दी-जल्दी निकलने लगा था...

(कामेश्वर, मैं तुम्हारी रिहाई के महीने गिन रही थी। मेरी समझ के अनुसार तुम माघ के अंत तक छूटकर आनेवाले थे। तीन महीने माघ के बाद मैं भी तुम्हारा इंतज़ार करती। फागुन, चैत, बैसाख। बैसाख बीतने पर आते तो अपनी उगनी को नहीं पाते। आठ-नौ महीने का बच्चा पेट के अंदर मौजूद हो तब भी आत्महत्या की जा सकती है कामेश्वर ! नहीं !

(सिपाहीजी को मेरे मन ने कभी कबूल नहीं किया। भंग की बर्फी धोखे में खिला दी गई थी, कामेश्वर ! तुम्हें मालूम है, मढ़िया-सुंदरपुर के राक्षसों ने भी इस देह पर अत्याचार किए थे।

(हमें गिरफ्तार किसने करवाया ?

(क्या तुम सचमुच मुसलमान थे ?

(क्या तुम सचमुच मुझे भगाए लिए जा रहे थे और पाकिस्तान पहुँचानेवाले थे ?

(क्या तुम ममनसिंह के रहनेवाले कलीमुल्ला थे ?

(घर से सत्तर मील दूर, दूसरे जिले की सब-डिवीजन अदालत में पुलिसवालों ने हम पर किस तरह केस चलाया और एक ही पेशी में कैसे सारा खेल खत्म हो गया ! तुमने नर्मदेश्वर के हाथ तार भिजवाया था न ? भाभी बतला रही थीं, तार तो पहुँचा ही नहीं ?

(देहात में रहना हो तो गुंडा बनो कामेश्वर ! गुंडों से दोस्ती करो, उन्हें खिलाओ-पिलाओ ! तुम उनका काम करो, वे भी तुम्हारा काम करेंगे...।

(अच्छा, यह तो बताओ ! मुझे तीन महीने की सज़ा हुई, लेकिन जेल के अंदर पैंतीस ही रोज़ रहना पड़ा, यह क्या बात हुई ? वक्त पर रिहा होती तो ज़रूर नर्मदेश्वर आकर मुझे साथ ले जाते ! बेचारे को पता ही नहीं चला कि जेल से छूटकर

उगनी गई कहाँ ?

(वापस गाँव क्यों नहीं गई ? वाह, गाँव कैसे वापस पहुँचती। गीध मुझे बीच में ही नोंचकर खा नहीं जाते ? कामेश्वर, मैं एक बात तुमसे साफ-साफ कह देती हूँ : उगनी कभी मढ़िया-सुंदरपुर नहीं जाएगी, उस गाँव की सीमा के अंदर अपना पैर नहीं रखेगी उगनी ! तुम इसके लिए मुझे कभी मजबूर मत करना, समझे ?

(माँ, माँ के लिए अब क्या रखा है उस गाँव में ? वह हमारे साथ रहेगी। हम उसकी सेवा करेंगे, वह हमारी सेवा करेगी। कितना अच्छा होगा !

(बहुत अच्छा होगा ऊगो !...

उगनी को लगा कि कामेश्वर करवट बदलनेवाले हैं। आँखें तो अभी खुलनी नहीं चाहिए। गाढ़ी नींद में सोए हैं, सोते रहेंगे घंटों। नींद का गाढ़ापन कम होगा तो टोह लेंगे साथ सोनेवाली देह की। इसमें अभी देर है। कै बज गए ?

काठ के खोल में टाइमपीस रखी हुई थी। बहुत सारी किताबों के साथ अलमारी उसका भी भार सँभाले हुए थी। उगनी ने धीरे-से अलमारी खोली और टाइम देखा।

डेढ़ बज रहा था।

बरामदे का स्विच ऑफ करके वह फिर दूसरे कमरे में आई और जंगले के पास कुर्सी पर बैठ गई।

नेपाली पहरेवाला सामने आया।

कमर के पास बेल्ट से खुखरी लटक रही थी। वह अपनी पहाड़ी धुन में कोई गीत गुनगुना रहा था।

क्वार्टर से चार गज दूर ही छोटा रास्ता गुजरता था, उस पर मटमैले रंग की बजरी बिछी थी। किनारे-किनारे चारों ओर अड़तालीस क्वार्टर थे, बारह-बारह एक-एक ओर...

क्वार्टर के करीब आकर खिड़की की ओर नेपाली ने गौर किया। उगनी को देखकर बोला—"सलाम बीबीजी !"

"नमस्ते,"—उगनी ने कहा। फिर यों ही पूछ लिया—"कै बजा है बहादुर ?"

बहादुर ने कलाई उठाकर टाइम देखा। बोला—"एक बजकर चालीस मिनट हुए हैं बीबीजी !"

क्षण-भर रुककर उसने पूछा—"आप लोग नए-नए आए हैं न ? मिश्रा बाबू के रिश्तेदार होंगे !"

"हाँ, रिश्तेदार लगते हैं। तुम मिश्राजी को जानते हो ?"

"वाह साहब, जानेंगे क्यों नहीं ? जब से फैक्टरी चालू हुई है तभी से मिश्रा बाबू यहाँ हैं...मैं भी तभी से हूँ बीबीजी !...आप लोग तो अभी रहिएगा न ? मिश्रा बाबू छुट्टी लेकर गया है, बीस रोज़ ब़ाद आएगा।"

"हाँ, हम रहेंगे अभी। उनके आने पर जाएँगे।"

"मिश्रा बाबू का लड़का मुझसे खूब खेलता है बीबीजी ! उससे मेरी दोस्ती हो गई

है...आपका बच्चा तो अभी सोया होगा...हम कल शाम को आएगा तो आपके बच्चे से दोस्ती करेगा...बच्चा है कि बच्ची बीबीजी ?"

उगनी को नेपाली का यह सवाल अटपटा लगा। बोली—"किससे दोस्ती करोगे ? यहाँ न बच्चा है, न बच्ची।...तुम्हारे बीवी-बच्चे कहाँ हैं ? पहाड़ पर ?"

"अभी शादी कहाँ हुई !"

इस पर उगनी ने कुछ नहीं कहा। बहादुर की परछाईं आगे बढ़ गई।

कार्तिक की पूर्णिमा के चार-पाँच रोज़ बाद भभीखनसिंह को बुखार चढ़ा था। पूरे सात रोज़ चढ़ा रहा। दवा-दारू मँगवाने में जेल के हाकिमों तक खबर पहुँचाने में देवर-भाभी का यह रिश्ता उगनी के खूब काम आया था। हवलदार पांडे और रामजनम उपाधिया ने काफी दौड़-धूप की थी। सिपाहीजी ने उनकी सेवा से खुश होकर खुद ही कहा था उगनी से—"इनसे काहे का पर्दा ! ये तो तुम्हारे लिए देवर से भी बढ़के हैं...देवर तो गाँव में बैठा है, कभी झाँकता तक नहीं। भाई नहीं है, कसाई है मेरे लेखे...अब यही पांडे, उपाधिया भभीखन के भाई-भतीजा हैं...समझीं ?"

"समझी !" उगनी का ढँका हुआ सिर हिला था।

और तभी से 'भाभी' 'भाभी' शुरू हुई थी। वे तो खैर बेहद लपकते थे, उगनी ने लेकिन अपनी मर्यादा कायम रखी। क्या मजाल कि उनके सामने कभी मुस्कुराई हो !

बहादुर दूसरे छोर पर पहुँच रहा था। फिर से उसने उगनी की निगाहों को अपनी तरफ खींच लिया : नेपाली ईमानदार भी होते हैं और मेहनती भी। सिपाहीजी बार-बार इनका ज़िक्र करते थे। कामेश्वर होटल का धंधा करेंगे नर्मदेश्वर के साझे में। इधर आस-पास नई बस्तियाँ आबाद हो रही हैं। छह-सात कारखाने तो चालू हो चुके हैं, अगले वर्षों में पाँच-सात कारखाने अभी और चालू होंगे। छोटी लाइन और बड़ी लाइनवाली रेलगाड़ियों का भारी जंकशन ठहरा। यहाँ होटल का काम अच्छा चलेगा। चार नौकर रहेंगे, उनमें से दो तो नेपाली होंगे। मैं कामेश्वर से कहूँगी, नर्मदेश्वर से भी मनवा लूँगी। नहीं मानेंगे नर्मदेश्वर ? वाह, मानेंगे कैसे नहीं। भाभी का जो हुक्म होगा, मानना पड़ेगा...

भाभी की याद आते ही वह प्रफुल्लित हो उठी। इन तीन दिनों के अंदर कितना कुछ जुटा दिया था भाभी ने ! साड़ियाँ, ब्लाउज, तेल, साबुन, पाउडर, क्रीम से लेकर क्राकरी, बर्तन-बासन और राशन तक ! लगता है, वे यों ही नहीं गई हैं। ज़रूर किसी जुगाड़ में गई हैं। नर्मदेश्वर उसी रोज़ शाम को चला गया था मढ़िया-सुंदरपुर। सुना है, इस बार धान की फसल अच्छी आई है। दो मन पुराने चावल लाकर वह उसके हवाले कर देगा, आधा मन अरहर भी। पाँच सेर घी भी। जमी हुई गृहस्थी है, नर्मदेश्वर इतना कर सकते हैं। भाभी को तो उसके लिए आगे भी बहुत कुछ करना है...

(भाभी, तुम्हारी छोटी बहन कैसी है ?

[जैसी तुम हो उग्रतारा।

(मैं ? उग्रतारा ? उहुँ, मैं न तो उग्र ही हूँ न तारा ही। ज़बर्दस्ती बचपन में किसी ने नाम रख दिया होगा, है न भाभी ?

[नाम की चीर-फाड़ नहीं करते मेरी रानी !

(हाँ, यहाँ तो देह की ही चीर-फाड़ करते हैं...

[मन की नहीं ?

(मन का हाल तुम जानो भाभी ! मैं तो यह भी नहीं बतला सकती कि अभी-अभी शाम को ट्रेन से तुम कहाँ गई हो ! कहाँ गई हो भाभी ? गाँव गई हो ? मेरी माँ को लिवा लाने ? माँ को ले ही आओ ? वह अपनी उगनी के लिए कितना रोती होगी ! हाँ ? माँ को साथ लेकर लौट रही हो ?

(माँ, अब तुम वापस मत जाना !

(नहीं, अब कहाँ जाऊँगी ?

(रोते-रोते तुम्हारी आँखें लाल हो गई हैं, पपोटे सूज गए हैं माँ !

(नहीं, नहीं, अब न रोओ माँ !

(हाय, तुम्हारे आँसू तो थमते ही नहीं...हाय, अब मैं क्या करूँ ?

[पगली, यह तो एक बीमारी है, आँखें हमेशा गीली रहती हैं, अक्सर पानी बहता रहता है इनसे...

(नहीं माँ, यह पानी नहीं है। आँसू हैं ये तो ! मैं दूध-पीती बच्ची कहाँ हूँ, मुझे बहलाओ नहीं माँ ! पानी होता तो इतनी जल्दी सूख कैसे जाता ?...तुम्हारी उम्र क्यों आठ-दस महीनों में ही बीस वर्ष बढ़ गई है। सूखी चमड़ी का यह फीकापन इन आँखों से नहीं देखा जाता माँ !...तुम्हें अपना वह दामाद याद आता है कभी ?

[तुझे आता है याद ?

(बिलकुल ! अच्छी तरह ! नाक पतली और खड़ी थी न ? बेहद शर्मीले थे। मैं पंद्रह की, वह बीस के...कहने-भर को यह उनकी दूसरी शादी थी, पहली बीवी की मौत शादी के चार महीने बाद ही हो गई थी। टाइफाइड उठा ले गया था बेचारी को। फिर ऐसी अफवाह फैली कि उस नौजवान का ग्रह खराब है, जो भी लड़की उसका हाथ पकड़ेगी, जिएगी नहीं। छह महीने के अंदर मर जाएगी।...कोई उसे अपना दामाद बनाने के लिए तैयार नहीं था। तभी तो इतनी आसानी से वह तुम्हें मिला था। कुल मिलाकर डेढ़-दो सौ खर्च आया था...कितना खर्च पड़ा था माँ ? फिर ! फिर रो पड़ी ! यह क्या हो गया है तुम्हें ? अब तो हम नदी पार करके इधर आ गए हैं माँ !

[मैं तुझे भर-पेट कभी खिला तक न पाई...

(तो अब उन दिनों की याद करके आँसू क्यों बहाती हो ?...भाभी, यह नहीं मानती हैं। तुम्हीं इसे समझाओ न ? मैं जाती हूँ, तुम मेरी माँ से अकेले में बात करो न...

[और तुम किधर चलीं उग्रतारा ?

(नींद आ रही है भाभी !

[ओह, तुम भी कभी सोती हो ! मैं तो समझती थी—'सदा भवानी जागती...'

(नहीं भाभी, अब और अधिक छेड़छाड़ न करो...

उगनी ने हल्की-सी जम्हाइयाँ लीं और कुर्सी से अपने को अलग कर लिया। इस अलगाव को खड़ा होना कहेंगे ?

कुर्सी की बाँहों-से-बाँहें अड़ाकर उसने अपने सीने को सीधा किया, दंड-बैठक की मुद्रा में। देर से बैठे-बैठे कमर अकड़ गई थी। अब वह जाकर लेट जाएगी। अब नींद आएगी।

तीन बजे थे।

...थोड़ी देर में चार बजेंगे। चार बजेंगे तो साँकल खड़केगी और बाहर सीमेंट वाली फर्श पर लाठी बजेगी ठन्न से। भभीखनसिंह अंदर आएँगे। और—

और, जहन्नुम में जाएँगे भभीखनसिंह !...

उगनी ने अपने मन को डाँट-फटकारकर सीधा किया। अब तो वह ज़रूर सो जाएगी। अब नींद को उसकी पलकों पर उतरने से कौन रोकेगा ?

कंबल के अंदर आधा बदन लेकर उगनी सीधी हो गई। हाथ और पाँव ढीले कर लिए। साँसों की गति को अनियंत्रित छोड़ दिया।

आ गई नींद उगनी को ?

हाँ, अभी आई...आ ही गई !

न, कहाँ आई ! ज़रा अलग हट गई है...

पलकें पहले ही खुल चुकी थीं। मुश्किल से दो-चार मिनटों के लिए बंद रही होंगी। खिड़कियों के बड़े शीशे बाहरी प्रकाश को छानकर अंदर पहुँचा रहे थे। उनका बंद रहना ठंड को तो रोके हुए था, पर पार-भेदी आलोक की भास्वर छाया पर उनका कोई प्रतिबंध नहीं था।

उगनी थोड़ी देर तक कामेश्वर के चेहरे को देखती रही। खड़ी नाक, भौंहें, बड़े-बड़े बाल साफ दीख रहे थे। छँटी हुई महीन मूँछों की काली लकीरें साफ दीख रही थीं। होंठ, ठुड्डी, दोनों कान...सब दीख रहा था। गालों का सपाटपन ही शायद उन्हें अच्छी तरह दीखने नहीं दे रहा था...

पलँग, खुली अलमारी, कपड़े टाँगने के लिए खूँटियों की पतली पट्टी दीवाल में, छत से लटका हुआ पंखा और बल्ब...बस, यही कुछ था कमरे के अंदर। पलँग के नीचे दो ट्रंक थे, जो दिखाई नहीं दे रहे थे।

अलार्म वाली घड़ी जागने में उगनी का साथ दे रही थी। टिक्-टिक्-टिक्-टिक्-टिक्-टिक्-टिक्...उछलती हुई सैकंड वाली सुई उसके मन-प्राण को पुलकनों से भरती जा रही थी। कालचक्र की मुखर गति आज उसे बड़ी प्यारी लग रही थी। कामेश्वर की कलाई

में घड़ी बँधी होती तो ज़रूर उगनी अपने कान को उससे लगा देती, देर तक भिड़ाए रखती अपना कान कलाईवाली घड़ी से...टिक्-टिक्-टिक्-टिक्-टिक्-टिक्...छोटी घड़ियों की टिक्-टिक् कितनी बारीक, कितनी पैनी लगती है कानों को !

गीता की छोटी बहन उमा थी न ? वह एक बार अपने जीजा की कलाई-घड़ी उठा लाई और उगनी के कान से उसे सटा दिया। आँखें नचाकर बोली—"कितना अच्छा लगता है कानों को ! नहीं चाची ?...बोलो चाची, कैसा लगता है कानों को ?"

उगनी ने आँखों के इशारे से बतलाया था, बहुत अच्छा लगता है। नौ साल की उमा के बाल-मन को वह मूक अनुमोदन बिलकुल हलका जँचा था। उगनी की बाँह को दूसरे हाथ से झकझोरती हुई, खीझ-भरे स्वर में उमा ने पूछा—"साफ-साफ कहो न, कैसा लगता है । इस तरह की महीन आवाज़ तुमने कभी सुनी है ? सच बतलाना चाची ?"

चाची को सच-सच बतलाना पड़ा। कई बार बतलाना पड़ा...उमा भला यों छोड़ती ?

अभी उगनी ने यों ही कामेश्वर की बाईं कलाई आहिस्ता से उठा ली है, अपना दाहिना कान उस सूनी कलाई से लगा लिया है ! हाँ, वह बारीक आवाज़ सुनना चाहती है ! महीन टिक्-टिक्—छोटी घड़ी की सबसे छोटी सुई के सूक्ष्म स्पंदन कान के जरिए अपनी चेतना के अंदर भर लेना चाहती है।

पाँच घंटे की गाढ़ी नींद के बाद, लगता है, अब कामेश्वर की नींद पतली हो आई है—अच्छा हो, थोड़ी देर अभी और सोते रहें कामेश्वर। अभी से उठकर क्या करेंगे, कितनी देर गपशप करेंगे ?

कलाई कान से अलग कर दी गई।

बहादुर के बूटों की आहट सुनाई पड़ रही है—खिड़की के सामने पहुँचकर क्षण-भर के लिए वह रुका है, लोहे की छड़ को अपने डंडे से छू दिया है उसने, हल्की आवाज़ उठी है ठन् !

उगनी मन-ही-मन दुहराती है—ठन् !

बहादुर आगे बढ़ गया है, आहट दूर होती जाएगी।

उगनी बार-बार मन में दुहरा रही है—ठन् ! ठन् ! ठन् ! ठन् !

हाँ, अब बजे होंगे चार—

सिपाहीजी चाबियों का झब्बा अगले वार्डन को थमाकर जेल-गेट से बाहर आ जाएँगे। अपने क्वार्टर की तरफ रुख करके ज़रा देर के लिए खड़े रहेंगे। फिर बड़ी मुश्किल से अपने को आगे की ओर धकेल लाएँगे।

टटोलकर अलीगढ़वाले पुराने ताले की सूराख में चाबी डालेंगे। फाटक खुलेगा। अंदर आकर बरामदे का स्विच ऑन करेंगे सिपाहीजी...इधर-उधर देखेंगे, भीतरवाला कमरा खोलने का जी नहीं होगा।

(आपका मैंने भारी नुकसान किया है, नहीं सिपाहीजी ?

(यह चौथी रात है !

(लगता है बिना खाए ही ड्यूटी पर चले गए थे ! बड़ी भूख लगी होगी ? बुढ़उती में सत्तू नहीं खाइएगा सिपाहीजी, मैं हाथ जोड़ती हूँ ! इधर देखिए, मेरी ओर। सुनिए क्या कहती हूँ ! खाना ज़रूर पका लिया कीजिए।

(मैं भाग आई हूँ ! आपको कितना बड़ा धोखा दिया है मैंने ! जानती हूँ, आपकी आँखें गीली नहीं हुई होंगी लेकिन अंदर-ही-अंदर कलेजी सूख गई होगी आपकी, मैं साफ देख रही हूँ सिपाहीजी !

(मइया री ! इतना भारी घाव ! आपके सीने का घाव कैसे भरेगा सिपाहीजी ?

[हत्यारिन कहीं की !...कैसे भागी है चोर की तरह !...

[सादगी और सिधाई के भी नखरे होते हैं न ?

[चुड़ैल ! अपनी कोख का बच्चा आप ही खानेवाली।

[किच्चिन ! कच्चा मांस चबाने के लिए भागी है ?

[डायन ! एक इन्सान का लहू पीकर गायब हो गई।...

(चुप क्यों हो गए सिपाहीजी ? अभी और गालियाँ दीजिए ! मैं सब सुनती जाऊँगी, ठंडे मन से सुनूँगी। आपके विश्वास को किस बेरहमी से मैंने चूर-चूर कर दिया है ! यह मेरी मजबूरी थी सिपाहीजी, शौक नहीं था ! अब आप जितनी भी गालियाँ देंगे, सुनती जाऊँगी। जो भी श्राप देंगे, झेलूँगी सिपाहीजी। एक भोले-भाले अधेड़ खेतिहर ने खाकी लिबास पहन रखी है, भभीखनसिंह डरावना नाम ज़रूर है मगर पकी मूँछोंवाले उस भारी खोल के अंदर मुझे तो हमेशा अपने चाचाजी ही दिखाई पड़ते रहेंगे। सच सिपाहीजी, आपको सामने पाकर मैं और कुछ सोच ही नहीं पाती थी। मेरे पिताजी किसान ही थे। आज ज़िंदा होते तो पैंतालीस की उम्र होती–

(अच्छा, एक बात पूछ लूँ सिपाहीजी ?

(आप रिटायर कब होंगे ?

(रिटायर होने के बाद कहाँ रहेंगे आप ?

(क्या मैं आपकी सेवा का अवसर फिर कभी पाऊँगी सिपाहीजी ?

(कामेश्वर ? कामेश्वर कभी मुझे मना नहीं करेंगे सिपाहीजी ? उनका दिल बहुत बड़ा है सिपाहीजी !

(आपकी संतान आपको वापस मिल सकती है। यहाँ किसी को नहीं अखरेगा। न भाभी को, न नर्मदेश्वर को, न इन्हीं को। आपका बच्चा आपको वापस मिल जाएगा सिपाहीजी ! देख लीजिएगा–

अब उगनी से रहा नहीं गया।

वह पलँग से उठ गई, कमरे से बाहर बरामदे में आई। चहलकदमी करने लगी।

उसका जी हल्का था। कितना अच्छा समाधान उसके चिंतन को मिला था। बेचैन मन को और चाहिए भी क्या ? राहत मिल जाए तो दिल की धड़कनें अपनी सहज रफ्तार वापस नहीं पाएँगी ?

रात्रि-शेष का शिशिर-समीर दूसरे कमरे की खुली खिड़कियों से होकर अंदर आने

लगा तो उगनी के रोएँ कंटकित हो उठे। वह शाल याद आई जो भाभी उसके लिए परसों ही ले आई थीं। परसों शाम को घंटे-भर के लिए उसे उगनी ने ओढ़ा भी तो था।

दूसरे कमरे के अंदर तख़्तपोश पर ढेर सारे कपड़े और दूसरे सामान भी रखे थे। भाभी खुद ही सहेजकर रख गई थीं।

उगनी ने शाल निकाल ली।

पश्मीने की मुलायम शाल सिलेटी रंग की थी, उगनी की चम्पई सूरत पर खूब खिलती थी। भाभी ने मुस्कुराकर कहा था—"कामेश्वर को गुलाबी रंग पसंद है। अगले वर्ष वह अपनी रुचि का ला ही देगा, अभी इसी से काम चलाओ।"

उगनी संजीदगी में डूबकर बोली थी—"नहीं भाभी, जाड़ों में सुबह-शाम मैं यही ओढ़ा करूँगी। पुरानी हो जाएगी तो भी..."

"यह भी तो एक तरह का मोह होगा न ?" भाभी खिलखिलाकर हँसती रहीं।

शाल ओढ़ते समय, इस क्षण भी वह मोहिनी खिलखिलाहट उगनी के कानों को गुदगुदाती-सी लगी।

स्विच ऑन करके उसने अपने को भली भाँति देख लिया।

इतनी बढ़िया शाल जीवन में उसने पहली बार अपने कंधों पर डाली थी...

मामूली खेतिहर की बेटी—जैसी-तैसी रजाई के साथ जाड़े कटे थे अब तक। पिछले कातिक में जब भभीखनसिंह ने उसकी पसंद के लिए लिहाफ के चार-पाँच गिलाफ गीता की मार्फत अंदर भिजवाए तो उगनी ने उस छोकरी से कहा—"तुम्हारे चाचा को जो जँच जाए, इनमें से वही वापस लेते आना।" सिपाहीजी ने बैंगनी किनारियोंवाला पीला गिलाफ ले लिया था। उस रजाई को देख-देखकर गीता बेहद चिढ़ती थी। कहा करती थी—"चाची, तुम पक्की देहातिन हो ! नहीं चाची, तुम देहातिन भी नहीं हो। देहात की औरतें तो अब ऐसा चटकीला माल छाँटके लेती हैं, ऐसा चटकीला, ऐसा चटकीला..."

—तो इस शाल का रंग चटकीला है ? नहीं, सिलेटी रंग को चटकदार भला कौन कहेगा !

—गीता को यह रंग फीका लगता...

—भाभी को लेकिन कोई भी देहातिन कहने की जुर्रत नहीं करेगा—

उगनी पश्मीने की कोमलता को बार-बार गालों से रगड़कर परखती रही। समझ नहीं पा रही थी कि यह पश्मीना आखिर होता क्या है। भाभी से पूछकर मालूम कर लेगी। उनको ज़रूर मालूम होगा।

पीले और नीले धागों में न जाने कौन-से फूल कढ़े हुए हैं लाल किनारियों पर !—वह क्या-क्या पूछेगी भाभी से ? नहीं, किनारी के इन फूलों के बारे में उगनी भाभी से नहीं पूछेगी; भाभी की छोटी बहन इंदिरा से मालूम करेगी।

भाभी ने बतला दिया है—"तुम्हारी उमर और इंदिरा की उमर लगभग एक होगी। तुम फागुन में बाईस पूरे करोगी, वह बैसाख में।"

ले-देकर इंदिरा ही तो यहाँ अपनी सहेली हुई। ये तो अपना धंधा जमाने में अभी महीनों मशगूल रहेंगे। मैं बीच-बीच में आकर इंदिरा से मिल जाया करूँगी। कभी-कभार भाभी भी तो देहात से आ धमकेंगी। नहीं आएँगी ? ज़रूर आएँगी। भाभी को अपनी सगी बहन के लिए उतनी फिक्र नहीं रहेगी, जितनी फिक्र अपनी चेली के लिए–

(भाभी, असाढ़ में पूरा महीना तुम यहीं आके रहना ! माँ तो खैर रहेगी ही...

(तुम्हीं तो उस रोज कामेश्वर से कह रही थीं, यहाँ से ढाई-तीन मील दूर औरतों के लिए अच्छा अस्पताल बन गया है अब–

(मैं दस रोज़ पहले ही अस्पताल में भर्ती हो जाऊँगी भाभी !...

(वाह, अभी से तू हमारी बातें सुन रहा है ?–कौन है अंदर ? लड़का है कि लड़की ?–

(अभी से इतना हिलने-डोलने लगा है ?

(नहीं, मुन्ने ! नहीं, बिलकुल ही नहीं ! अभी से हमारी बातों में तू अपनी टाँग मत अड़ा भाई !

(क्या कहा ? नहीं मानेगा ? माँ की आँतों से खिलवाड़ करेगा ? ऊधम मचाएगा कलेजे से लटककर ?

(देख, बड़ी पिटाई पड़ेगी !

(अरे भाई, अंदर कोई दीवार नहीं है ! क्यों नाहक अपना सर टकरा रहा है ?

(शैतान कहीं का। इतने जोरों से कान खींचूँगी, इतने जोरों से–इतने जोरों से–

(कि...कि...कि !! खबरदार, हटा ले अपना हाथ ! हटा ले ! हटा, अभी हटा–हटाता है हाथ कि नहीं ?

[मेरे बच्चे को पीटेगी तू ?

[कौन होती है तू भभीखनसिंह की संतान पर हाथ उठानेवाली ? खबरदार ! चमड़ी उधेड़ लूँगा, हाँ !

...बड़ी-बड़ी सफेद मूँछें निषेध की तीखी मुद्रा में फड़क उठी हैं। उगनी सहमकर कुर्सी पर बैठ गई है, जी नहीं करता कि जंगले की तरफ नज़र उठाकर सामने देखे।

दिल की धड़कन बढ़ गई है।

इतना वह अवश्य करेगी कि उठकर स्विच ऑफ कर आएगी, फिर निढाल होकर कुर्सी के हवाले कर देगी अपनी देह को।

पकी मूँछों का आतंक कब तक यों पीछा करेगा उगनी का ?

उसने पलकों को मूँद लिया है। दहशत के मारे उसकी चेतना सिमट-सिकुड़कर अंदर डूब-सी गई है। एक-एक अंग सुन्न पड़ जाएगा क्या ?

बारी-बारी से कलाइयों में नाखून गड़ाकर उगनी ने अपने होश का अंदाज़ लिया। लगा कि रात-भर की थकान अब एकाएक दिल और दिमाग पर हावी हो आई है। लगा कि अगले ही क्षण सिर में भारी दर्द उठेगा। लगा कि रग-रग सूखी लताओं की तरह कुरमुरा उठेगी। लगा कि लाख जोर मारेगी तो भी उठा नहीं जाएगा।

तन और मन दोनों पर अवसाद हावी हो गए थे। थकान की अति ने तंद्रा को बुला लिया था।

मुँदी पलकों पर ऊँघ का छिड़काव होने लगा।

चौथाई नींद की हल्की मात्रा का उतना-सा प्रसाद भी अभी काफी रहेगा बेचारी के लिए। ऐसे में तो खंडित सपनों के हमले तो होंगे ही...

(सिपाहीजी आप बीच में क्यों पड़ते हैं ?

(मैं उसकी माँ हूँ। पीटूँगी चाहे कान खींचूँगी, आप कौन होते हैं मना करने वाले ?

[मैं ? मैं छोकरे का बाप हूँ ! मेरा कोई हक नहीं है उस पर ?

(जी, आपका इस छोकरे पर कोई हक नहीं रहा ! आपका हक छोकरे की माँ के शरीर पर था जिसे भंग की बर्फी खिलाकर अपनी हविश पूरी की थी—सुनिए, सिपाहीजी ! घबराइए नहीं, पिता का पद आपसे कोई नहीं छीनेगा—पाल-पोसकर छोकरे को हम आपके हवाले कर देंगे सिपाहीजी !

(सिपाहीजी आप क्या करेंगे बच्चा लेकर ?

(उसे भी अपनी तरह हवलदार-जमादार बनाने की तालीम दीजिएगा ?

(हूँ ! मिलीटरी आफिसर बनेगा यह ?

(हूँ ! तीन-तीन फीतोंवाला बैज लगावेगा?

(फिर तो ठीक है, सिपाहीजी ! मानती हूँ आपका हक !

(फिर तो यह आपकी तरह डरावनी मूँछें नहीं रखेगा ?

(आप हँसते क्यों हैं सिपाहीजी ?

(खैर, अब आपके छोकरे पर पिटाई नहीं पड़ेगी...लेकिन है बड़ा शैतान ! आपने भी अपनी माँ को इसी तरह परेशान किया होगा...

(वाह, आप तो इस तरह खुलकर हँस रहे हैं कि...

(वाह, खुशी के मारे आपकी पकी मूँछें इस तरह थिरक रही हैं कि...

(वाह, बाप-बेटे दोनों ही मेरी सिधाई पर इस तरह मुस्कुरा रहे हैं कि...

(नींद आ रही है सिपाहीजी, इज़ाज़त मिले !

(जाऊँ ? अच्छा जाती हूँ।

(एक बात...

(आप मुझ पर अब भी रंज हैं सिपाहीजी !

(नहीं न ?

(देखिए, आपका बेटा आपके ही पास खड़ा है !

(देख मुन्ने, जा रही हूँ मैं !

(कहाँ, तेरे उस पापा के पास, जिनके साथ तू अभी-अभी मढ़िया-सुंदरपुर हो आया है...

कामेश्वर ने आकर आहिस्ता से कंधे झकझोरे—"यहाँ क्यों सो रही हो ? इस तरह

तो गर्दन अकड़ जाएगी ! चलो, उधर चलकर लेटो...”

कामेश्वर की नींद पूरी हो चुकी थी, वह बरामदे की रोशनी जलाकर बाथरूम के अंदर चला गया।

उगनी ने कुर्सी से उठकर घड़ी देखी। साढ़े-चार बज रहे थे। अब कौन सोएगा। छह-पौने छह में महरी आ धमकेगी।

ठंडे पानी के छींटे आँखों पर डालकर उगनी हाथ-मुँह धो आई। पलँग पर लेटकर कामेश्वर का इंतज़ार करने लगी। चाहेगी तो अब नींद भी आ जाएगी उसको।

कामेश्वर बाथरूम से बाहर निकला।

लेटी हुई उगनी के शरीर पर अपना आधा बोझ डालकर वह उस पर झुक आया। बालों पर हाथ फेरता हुआ बोला—“लगता है तुम्हें आज रात नींद नहीं आई। लगता है, रात-भर अनाप-शनाप सोचती रही हो !...”

उगनी मुस्कुराती रही और उसकी आँखों में आँखें डालकर देखती रही।

एकाएक पूछ बैठा—“बतलाओ तो इसका क्या नाम ठीक रहेगा ?”

“किसका ?” उगनी हँसने लगी।

कामेश्वर मुस्कुराकर होंठों को उसके कान से भिड़ाकर फुसफुसाया, “इसका और किसका ?”

उगनी बोली—“तुम बतलाओ !”

“मैं बतलाऊँ ?”

“जी, आपको ही बतलाना पड़ेगा...” उगनी मुस्कुराती रही। वह विभोर होकर कामेश्वर की आँखों में आँखें गड़ाए पड़ी थी।

“अभी तुम जाओ, नाम फिर कभी बतला दिया जाएगा...” कुछ और भी कहने जा रहा था कामेश्वर कि उगनी की हथेली का स्टांप पड़ गया होंठों पर।

ज़रा देर बाद बोली—“नहीं, नाम तो बतला ही दो ! आखिर मालूम तो हो जाए कि उसे हम क्या कहके पुकारेंगे...”

कामेश्वर ने उगनी की वह हथेली अपने सीने पर ले ली। बोला—“उसका नाम होगा नवीनचंद्र !”

“बड़ा ही प्यारा नाम होगा यह तो !...ओह, मैं तो सोच भी नहीं सकती कि इतना अच्छा नाम भी किसी बच्चे का होगा...”

“खूब पसंद आया ?”

“खूब भाई खूब !” कुछ देर तक वह चुप रही। जाने क्या सोचती रही।

“लेकिन,” एकाएक उगनी ने निगाहों को आमने-सामने करके पूछा—“मान लो, लड़का न हुआ, लड़की हुई ?”

इस पर ज़रा देर कामेश्वर चुप रहा।

सोच-साचकर बोला—“नवतारा नाम कैसा रहेगा ?”

“उहुँ !” उगनी ने सिर हिलाया।

"फिर, किसी से पूछकर बताऊँगा !"

"भाभी से कहना !"

"अभी क्या जल्दी है ! लेकिन अब तुम थोड़ी देर के लिए सो जाओ !"

"महरी आएगी न !"

"मैं जो हूँ...तुम सो जाओ !"

वह दूसरी तरफ रुख करके लेट गई।

उसने कंबल खींचकर उगनी के बदन को कंधों तक ढँक दिया।

दो रोज़ बाद, शाम की ट्रेन से भाभी लौट आईं। साथ उगनी की माँ थी, नर्मदेश्वर था, छोटी उम्र की नौकरानी थी। अनाज की बोरी, घी की घड़िया, और कुछ दूसरी चीज़ें भी थीं।

माँ-बेटी देर तक गले से लगकर रोती रहीं।

आखिर भाभी ने उन्हें चुप किया, अपने आँचल के खूँट से उनके आँसू पोंछे और बोलीं—"अब क्यों रोती हो तुम लोग ? दुख के बादल छँट चुके हैं, आकाश अपना नीला रंग वापस पा गया है...उठो चाची, मुँह-हाथ धो आओ ! नहाना चाहो, नहा लो ! नाश्ता मैं पंद्रह मिनट के अंदर तैयार कर लेती हूँ...उगनी, सब्ज़ी क्या-क्या बनेगी ?"

माँ को बाथरूम दिखलाकर उगनी रसोईघर के अंदर आ गई। भाभी से कहा—"तुम थकी हो, जाओ, मैं कर लेती हूँ..."

भाभी बोलीं—"मैं नहा-धोकर ताज़ा हो गई हूँ। आराम से ही तो आई हूँ, कौन-से चावल कूटती आई हूँ गाड़ी में ? अब इसी वक्त मुझे अपने चौके के बाहर न निकालो। कामेश्वर को आने दो, उनसे भी पूछ लेना।"

उगनी को हँसी आ गई।

बरामदे में सामान रख दिया गया था। किचन से निकलकर उसने बंद बोरी का मुँह खोलना चाहा। भाभी ने उधर से कहा—"रहने दो, पीछे रखेंगे सहेजकर।"

वहीं नौकरानी बैठी थी, उम्र बारह से ज्यादा नहीं होगी। उगनी ने उससे पूछा—"क्या नाम है तेरा, रे ?"

"तीरा !" वह धीमी आवाज़ में बोली।

उगनी ने मन-ही-मन दुहराया—तीरा !

तीरा एक फूल है। बरसात के बाद शरदऋतु में खिलता है...कई रंगोंवाले तीरा फूल उगनी के दिमाग में घूम गए : बचपन में तुलसी-चबूतरे के इर्द-गिर्द हर साल वह तीरा के बीज बोती थी। अगहन तक उसके फूल पूजा में काम आते थे...उगनी अगली बरसात में भी तीरा के बीज बोएगी। बीज भाभी से मँगवा लेगी।

"तीरा, तुझे भूख लगी होगी !" उगनी ने उस छोकरी से कहा। उसने इस पर नई मालकिन की ओर देख-भर लिया।

माँ ने पुकारा तो उगनी जाकर कपड़े दे आई।

वह नहा-धोकर निकली तो थोड़ी देर तक दूसरे कमरे के अंदर बैठकर माला फेरती रही।

माँ के दाहिने हाथ की उँगलियों में लिपटकर ढीली चेन की तरह पुरानी माला का उस प्रकार नीचे-ऊपर होना उगनी की आँखों को हमेशा अच्छा लगा है। आज, बहुत दिनों के बाद यह दृश्य देखा तो उसका मन प्रसन्न हो उठा।

हलुआ बना था, पकौड़े छाने गए थे।

भाभी ने मुस्कुराकर कहा—"चाची तो चाय नहीं पीएँगी !"

"नहीं," चाची बोलीं—"मैं चीनी घोलकर पी लूँगी !"

उगनी को तो नहीं, भाभी को हँसी आ गई।

सभी ने नाश्ता किया। चाय की प्यालियाँ खाली की गईं। नर्मदेश्वर आते ही कामेश्वर की खोज में निकल गया था। उन दोनों का नाश्ता ढँककर रख दिया गया।

दूसरे कमरे के तख्तपोश पर माँ के लिए बिस्तरा लगा दिया उगनी ने। तीरा से कहा—"तू भी आज आराम कर।"

भाभी और उगनी उधर पलंग पर बातें करती रहीं। खाना पकाने की कोई हड़बड़ी नहीं थी। भाभी ने कहा था—"रात अपनी है, चाहे जब खाना पका लेना !"

पड़ोस के क्वार्टर से रेडियो की आवाज़ आ रही थी। फिल्म 'गंगा मइया' के गीत भाभी को अच्छे लगे थे, वे उन्हें बार-बार सुनना चाहती थीं। उगनी ने दाहिना हाथ उठाकर कहा—"इस ओर से लेकिन हिंदी गीत कम सुनाई पड़ते हैं..."

"मद्रासी होंगे ये लोग !...अच्छा है, एक तरफ उत्तर के गाने सुनो, दूसरी तरफ दक्षिण के !..." भाभी ने कहा, "हम तो घर पर विद्यापति और मीरा को सुनते हैं। बँगला समझती नहीं हूँ मगर आवाज़ कानों को मीठा लगती है। हमारी इंदिरा खूब बोलती है बँगला। कह रही थी अपने लड़के के बारे में कि चुन्नू दक्षिण भारत के पच्चीस-पचास शब्द सीख गया है...लगता है, आगे बच्चे बड़े तेज़ निकलेंगे !"

कामेश्वर और नर्मदेश्वर काफी देर बाद लौटे।

कामेश्वर ने माँ के पैर छुए।

माँ ने उसे उठाकर उसका माथा चूम लिया। बेचारी की दोनों आँखें भर आईं। दिखाई नहीं दे रहा था कुछ भी। वह देर तक कामेश्वर की देह पर हाथ फेरती रहीं। लाख कोशिश करने पर भी इस वक्त शब्द होंठों की हद से बाहर नहीं आ रहा था।

भाभी ने आकर कहा—"चाची, दिन-भर का थका होगा यह भी ! अभी इसे इजाज़त दो। मुँह-हाथ धोएगा, खाना खाएगा..."

उगनी की माँ ने सिर हिलाकर अनुमति दी।

खाना-पीना खत्म करते-करते ग्यारह बज गए रात के। नर्मदेश्वर उधर से आठ

बीड़े पान लेता आया था, नहीं तो यहाँ, कालोनी की इस वीरान बस्ती में इस वक्त पान कहाँ से मिलता !

बारह बजते-बजते सभी सो गए। मर्द पहले कमरे में, औरतें दूसरे कमरे में।

बाथरूम की बिजली जलती रह गई थी। कामेश्वर उस स्विच को ऑफ कर आया और पानी पीकर फिर सो रहा।

जाने कैसे, ठीक सवा-चार बजे उगनी की आँखें खुल गईं। वह दो-तीन दिनों से अपने को तैयार कर रही थी कि एक पत्र लिखे, साफ अक्षरों में। रात को, सोते समय उसने अपने-आप निश्चय किया था कि तड़के वह सबसे पहले जग जाएगी और चिट्ठी लिख लेगी। अब उगनी अपने पर खुश थी कि नींद टूट गई है...

कामेश्वर की पाकिट से फाउंटेनपेन निकाल लाई, कागज कापी में से लिया। बाहर, बरामदे में आसन बिछाकर बैठी और झुककर देर तक लिखती रही।

पत्र पूरा करके वह उसे मोड़कर कामेश्वर के सिरहाने रख आई।

साढ़े छह तक सभी उठ गए।

थोड़ी देर बाद ही चाय आ गई।

चाय पीकर वे उठने ही वाले थे कि उगनी ने अंदर आकर कामेश्वर से कहा—"सिरहाने कागज रखा है, दोनों जने पढ़ लेना !"

कागज निकल आया।

कामेश्वर और नर्मदेश्वर दोनों ही उत्सुक हो उठे और पत्र पढ़ने लगे : "आदरणीय सिपाहीजी,

"मेरे अपराधों को आप कभी माफ नहीं करेंगे, यह मैं अच्छी तरह जानती हूँ। दूर चली आई हूँ, फिर भी इन कानों से आपकी गालियाँ सुनती रहती हूँ। मैं मना नहीं करूँगी, आप खूब गालियाँ दीजिए सिपाहीजी !

"आपकी संतान समय पर बाहर आएगी। असाढ़ में उसका जन्म ज़रूर होगा, आप रत्ती-भर भी चिंता न करें। मैं उसको कहीं फेंक नहीं आऊँगी। पाल-पोसकर उसे सयाना बनाऊँगी।

"मैंने अपना सबकुछ जिसे सौंप दिया था, उसी के साथ गाँव से निकली थी। जिसके साथ गाँव से निकली थी, वही मुझे आपके क्वार्टर से निकाल लाया है। उस आदमी का दिल बहुत बड़ा है। पराए गर्भ को ढोनेवाली अपनी प्रेमिका को फिर से, बिना किसी हिचक के, उसने स्वीकार कर लिया है। उसने मुझसे शादी कर ली है।

"वह इतना उदार है कि आपका बच्चा आसानी से आप तक पहुँचा देगा। मगर मैं वैसा नहीं होने दूँगी सिपाहीजी ! बच्चे पर आपका हक बहुत थोड़ा रहेगा, मेरा हक तीन-चौथाई से भी अधिक।

"बड़ा होगा तो मैं खुद ही उसे आपके पास भेजूँगी, अपने पिता से मिल आएगा। स्कूल-कालेज में पढ़ेगा। पिता की जगह आपका ही नाम दर्ज करवाया जाएगा। आप विश्वास रखें सिपाहीजी ! मैं जिन लोगों के बीच रहने आई हूँ, वे बिलकुल ही नए ढंग

के लोग हैं। उनमें से कोई भी मेरे इन विचारों का बुरा नहीं मानेगा।

"असाढ़ के बाद अगर आपका जी करे तो अपने बच्चे को देख जाइएगा। दूसरी बार पत्र लिखूँगी, उसमें यहाँ का पता रहेगा।

"आपकी छाया में आठ महीने रही हूँ। मन-ही-मन आपको पिता और चाचा मानती रही हूँ और आगे भी वैसा ही मानती रहूँगी। मैं मजबूर थी, इसी से आपको धोखा दिया। सिपाहीजी, आप मुझे सारा जीवन याद रहेंगे।

—उग्रतारा"

कामेश्वर पलँग से उछलकर नीचे फर्श पर आ गया। आवाज़ लगाई—"उगनी ! ओ उगनी ! कहाँ गईं तुम ?"

"आई !" अगले ही क्षण वह सामने थी।

लपककर कामेश्वर ने उसे बाँहों में लेकर उठा लिया, बोला—"कितना अच्छा पत्र लिखा है तुमने ! इसे आज की ही डाक से रवाना कर दूँगा..."

भावावेग के मारे कामेश्वर से बोला नहीं जा रहा था। आँखें तरल हो आई थीं...

नर्मदेश्वर ने भी उगनी की पीठ ठोकी, कहा—"वाह, तुमने तो कमाल कर दिया ऊगो !"

भाभी अंदर आईं तो लपककर उन्होंने उस पत्र को तकिए पर से उठा लिया। जल्दी-जल्दी पढ़ गईं। बोलीं—"शाबास !"

वह उगनी के कान को लाड़ में उमेठकर कहने लगीं—"बाप रे, कितना दौड़ता है दिमाग तेरा ! यह चिट्‌ठी पढ़ेगा तो सिपाही दंग रह जाएगा ! सोचेगा..."

उगनी ने अपनी हथेली से भाभी का मुँह बंद कर दिया और भीगी निगाहों से नीचे फर्श की ओर देखती रही।

जमनिया का बाबा

बाबा

चार-पाँच रोज बाद बड़ी मुश्किलों से आज कौड़ी भर चरस मिली। बड़े जमादार की मेहरबानी हुई तो मिजाज बनाने का मौका मिला।

मैं लेटे-लेटे सोच रहा हूँ। मुझे मस्तराम ने बतलाया कि आगे से इतनी चरस रोज मिला करेगी। भला हो बड़े जमादार का जिसके दिल में साधु-बैरागी के लिए श्रद्धा-भक्ति उमगी है।

मोटा कंबल दोहरा बिछा है। बाहर से बिजली की रोशनी आ रही है। मेरे दोनों पैर प्रकाश में हैं। घुटनों से ऊपर अँधेरा है। बाईं बाँह पर आधे सिर का बोझा डालकर मैं लेटा पड़ा हूँ।

छोटे-छोटे बाल बाँह की चमड़ी में बुरी तरह गड़ रहे हैं, लंबी जटाओं की याद दिला रहे हैं। अब उन जटाओं का कोई निशान बाकी नहीं है। लेकिन, दिल पर उनकी खुमारी अब भी है।

हाजत में बंद करने के बाद पहला काम जेलवालों ने यही किया कि मेरी लंबी जटाओं को इस तरह मुड़वा दिया। ऊपर से कैंप मजिस्ट्रेट का ऐसा ही हुक्म था। साहब अगर हिंदू होता तो वैसा हुक्म कैसे देता ? वह तो पारसी था, उसके दिल में बाबा की लंबी जटाओं के लिए रत्ती-भर भी मोह नहीं था। जटाओं का भारी बोझ गमछे में बाँध कर हजाम बाहर निकलने लगा तो मस्तराम की आँखों से दो बूँद आँसू टपके। हजाम के कान से मुँह सटाकर मस्तराम ने कुछ कहा और पाकिट से निकालकर एक रुपए का नोट थमाया। मैंने अच्छी तरह भाँप लिया कि मस्तराम ने हजाम को रक़म देकर इसलिए खुश किया है कि उतरी हुई जटाओं के लच्छे ले जाकर वह नदी में बहा आए, इधर-उधर सड़क के किनारे झाड़ी-झुरमुट के अंदर डाल देना तो साधु के सिर के पवित्र बालों का अपमान होगा।

उस रोज मस्तराम की आँखों से बार-बार आँसू छलक आते थे। मुझसे नहीं देखा गया, कहा—"पागल कहीं के ! बालों के लिए रोता है ! जैसे नाखून वैसे बाल। मैं तो समझता हूँ अच्छा हुआ, इतने वर्षों बाद सिर का बोझ उतरा। जेल से बाहर निकलेंगे तो साल-दो साल के अंदर फिर से जटाएँ नहीं तैयार होंगी ?"

मस्तराम दिल का साफ आदमी है, हथेलियों से आँखें रगड़कर बोला, "बाबा, यह हमारे पाप का फल है कि आपकी जटाओं पर उस मलेच्छ की दृष्टि पड़ी। हम सोच भी नहीं सकते थे कि हमारे देवता का तेज-हरण होगा। आप तो हमारे लिए सबकुछ

ठहरे। वैसी लंबी जटाएँ छितराकर जब आप नहाने के बाद बरामदे में बैठा करते थे तो वह नजारा कितना अच्छा लगता था !"

"बुद्धू कहीं के !" मैंने मस्तराम से कहा, अपने आपमें मुस्कुराने की कोशिश की। इसमें कामयाबी नहीं मिली।

मस्तराम की निगाहें नीचे पैरों की तरफ गड़ी थीं। लगता था, वह मेरे सूने सिर की ओर देख नहीं सकेगा। दरअसल मेरी जटाओं की सेवा ही मस्तराम का खास काम था।

मैं हसरत से अपनी घुटी खोपड़ी पर दाहिनी हथेली को फेरा करता हूँ। सोचता हूँ, सचमुच ही मेरा तेज-हरण हुआ है। साधुओं के लिए भेष ही सबकुछ है। यह कोई नहीं देखेगा कि तुम पढ़े-लिखे नहीं हो या ज्ञानी नहीं हो या तुम्हारी उम्र छोटी है। हाँ, आडंबर की तरफ सभी का ध्यान खिंचेगा। रँगे हुए चटकदार कपड़े, लंबी सुनहरी जटाएँ, मालाओं के मोटे दाने, पीछे चलनेवाले चेला-चाँटी...इन सबका बहुत बड़ा महत्त्व है, साधुओं के जीवन में। सचमुच जटाएँ मेरे लिए जादू का घोंसला रही हैं। अब इस उदास भेष में अगर दुनिया मुझे देख ले तो कैसे विश्वास करेगी कि मैं ही जमनिया का बाबा हूँ। किसे यकीन होगा ?

कहते हैं दो साल की सजा होगी, ठीक है, काट लेंगे सजा दो साल की। चहारदीवारी के अंदर आ ही गए हैं तो साल क्या और दो महीना क्या ? जिन्हें बीस-बीस साल की सजा हुई है, मैंने उन्हें भी हँसते-मुस्कुराते देखा है। मैंने मस्तराम से उस रोज कहा था—"सोच-फिकर काहे की। और, तेरा तो नाम ही मस्तराम है। बाहर भी मस्ती काटता था, जेल के अंदर भी मस्ती काटेगा।"

बड़े जमादार की पतोहू को भूत लगता है। महीने में दो-एक बार अनाप-शनाप बकती है। परसों रात मैं अपने आसन पर देर तक आँखें मूँदे बैठा रहा। पलकें खुलीं तो क्या देखता हूँ कि बड़ा जमादार सींखचों के सहारे खड़ा है। उसके साथ एक वार्डर और था। आँख खुलते ही मुझे उसने झुककर प्रणाम किया। भावभीनी आवाज में बोला—"बाबा, हम लोगों का भाग जगा है, तभी आपके दर्शन हुए हैं, वर्ना इतने नामी संत यहाँ कहाँ मिलेंगे ? जिस रोज श्री-चरणों का आगमन हुआ, उसी दिन मैंने अपने लड़के से कहा था—संतजी जेल नहीं काटने आए हैं, हमें अपनी लीलाएँ दिखाने आए हैं। हमने यहाँ सभी से कह दिया है कि बाबा को किसी बात का कष्ट न होने पावे।"

फिर आहिस्ते से बड़ी मूँछोंवाले उस बुजुर्ग सिपाही ने अपनी पतोहू के बारे में मुझसे कहा। मैंने उसे तसल्ली दी। बोला—सब ठीक हो जाएगा, दया बनी रहे नीली छतरीवाले की।

अगली रात एक वार्डर के हाथों मैंने चिकनी मिट्टी का डला बड़े जमादार की पतोहू के लिए भिजवा दिया—यह कहकर कि इसमें मंत्रों का असर डाल दिया है। सरसों बराबर खोंट-खोंटकर खाती रहेगी तो मिजाज अच्छा हो जाएगा।

मस्तराम यहाँ मुझसे अलग रहता है। जानबूझकर मैंने उसे अलग रखा है। दिल

से तो हम साथ-साथ हैं ही, रात को वह हाजतियों के साथ रहता है। मैंने जेलर से कह-सुनकर अपने लिए इस जेल के अंदर रहने का इंतजाम करवा लिया है। साधु अगर अकेला रह सके तो दुनिया पर उसका दुहरा रौब पड़ता है। संसार कौतूहल को पसंद करता है न ? उलटबाँसी सिर्फ शब्दों में ही नहीं, अमल में भी कहीं दिखलाई पड़े तो लोगों को अपनी ओर खींचती है। घर-गिरस्ती के पचास झमेले होते हैं। उन झमेलों से ऊबा हुआ प्राणी अपने से अलग ढंग की जिंदगी को देखकर खुश होता है। उसे लगता है, उसी की सोई पड़ी लालसाएँ सामनेवाले विचित्र व्यक्ति के अंदर बटुर आई हैं।

जमनिया की उस जिंदगी से मैं भी तो ऊब चुका था। अक्सर तबीयत बगावत की ओर मचलती थी। मन करता था कि भागकर किसी अनचीन्ही दुनिया में चला जाऊँ, मगर जमनिया में मुझे इस कदर जकड़ रखा गया कि छुटकारा पाना सपना था। मस्तराम, लालता प्रसाद, भगौती, रामजनम, सुखदेव वगैरह मुझे भागने थोड़े देंगे।

मस्तराम की बेहूदगी के चलते ही मेरी यह गति बनी है। हमेशा इन लोगों को समझाता रहा हूँ—"अरे बाबा, जोर से मत मारा करो, आशीर्वाद के तौर पर यह जो एक-एक की पीठ पर पाँच-पाँच बार बेंत फटकारते हो; इसमें जोश दिखाने की जरूरत नहीं है। हल्के से पीठों को छू भर दो। बेंत से पाँच बार पीठ छू दोगे तो जनता उसको दुआ मानेगी।" मगर मेरी यह सलाह कभी इनके दिमाग में नहीं घुसी। हाँ, आशीर्वाद के लिए अगर कोई बड़ा आदमी सामने होता तो उसको बेंतों की हल्की छुवन का ही प्रसाद मिलता था। जाहिल-जपाट आदमी की पीठ पर बेंत जोर से पड़ती थी।

मुझे कई बार बतलाया गया कि पब्लिक आशीर्वाद की पिटाई को पसंद करती है, वह आग्रह करती है कि पीठ पर बेंत जरा जमकर पड़े और बाबा का आशीर्वाद फले। औरतें हठ करती थीं कि उन्हें जोर से पीटा जाय। मुसहर जाति की एक जवान औरत एक बार अड़के बैठ गई कि मस्तराम कम से कम पच्चीस बार उसकी पीठ पर बेंत फटकारे। मस्तराम ने उसकी पीठ पर, चूतड़ों पर और जाँघों पर जमकर बेंत फटकारी। नीले-नीले निशान उभर आए, चमड़ी छिल गई। उन हल्के घावों से पनीला खून छलछला आया तो साँवले रंग का वह गदराया बदन रबड़ के पेड़ की तरह दिखाई देने लगा। औरतिया बड़ी खुश थी और जमनिया के हमारे उस दरबार में पाँच रोज रही। अगले वर्ष गोद में बच्चा लेकर मेरे पैर छूने आई।

भगौती, लालता इस पिटाई के गुन गाते नहीं थकते। अच्छी-अच्छी हैसियतवाले भले आदमी जमनिया के हमारे दरबार में आते हैं और पीठ झुकाकर मस्तराम के सामने तब तक खड़े रहते हैं जब तक वह उन्हें पाँच बार बेंत से छू नहीं देता।

मस्तराम को लोग कालभैरव का अवतार कहते हैं। मैं उनके लिए शंकर का अवतार हूँ।

और आज, शंकर और कालभैरव दोनों जेल की हवा खा रहे हैं। बड़े जमादार ने ठीक ही कहा था—हम जेल के अंदर सजा काटने थोड़े आए हैं, हम तो अपनी लीला दिखाने आए हैं। लीलाएँ देखने के सैकड़ों उम्मीदवार यहाँ जेल के अंदर भी मौजूद हैं।

वे अधिकारियों में भी हैं, सिपाहियों में भी हैं, कैदियों में भी हैं। इसका सबूत मुझे परसों मिला। कटोरा भर खीर मेरे सामने आई तो मैं दंग रह गया, ऊपर-ऊपर मलाई तैर रही थी और पिस्ते झाँक रहे थे। निगाहों के इशारे से मैंने पूछा तो जेल का कैदी रसोइया बोला—"खास जेलर का हुकुम था, आज कार्तिक की पूरनमासी थी न, बड़े जमादार भगत जीव ठहरे, बाबा, आप जो चाहेंगे सबकुछ मिलेगा।"

सत्ताईस साल पहले भी आठ-दस रोज के लिए यह शरीर हवालात के अंदर बंद रहा था। तीन साधु पकड़े गए थे बिना टिकट के। एक की झोली में से आधा पाव गाँजा निकला, उसे पूरा महीना जेल के अंदर रहना पड़ा।

उन दिनों हम नौजवान थे। दुनिया देखने की उमंग हमें घर से बाहर खींच लाई थी। एक और बात थी जिसके चलते मुझे साधु का बाना लेना पड़ा। एक छोकरी के तीन दीवाने थे मेरे गाँव में। एक ने दूसरे का कत्ल करवा दिया तो तीसरा भी भाग निकला और जटाएँ बढ़ा लीं। फिर तो हिंदुओं ने उस नौजवान साधु को इस तरह अपना लिया कि मेरा रोआँ-रोआँ उनके एहसान में जिंदगी भर डूबा रहेगा। मेरी यह पक्की राय है कि हिंदुओं जैसी लचकीली तबीयत और किसी जाति को नसीब न हुई। नेक, रहमदिल, सहनशील, समझदार हिंदू-समाज बरगद का वह बूढ़ा झमाटदार पेड़ है जिसकी टहनियों से हजारों चमगादड़ लटके रहते हैं, जिसकी छाया में हाथी और ऊँट और बैल साथ-साथ जुगाली करते हैं। कुत्ते, गधे, कछुए सबकी गुंजाइश रहती है। उनसे अलग न रहो, उनमें घुल-मिलकर रहो, फिर देखो कि कैसे तुम पर सर्बस निवछावर करते हैं। घुलने-मिलने का आसान तरीका है साधु बनकर उनके बीच रहना। बाल बढ़ाने में तो धेला भी खर्च नहीं पड़ता है। मगर सत्ताईस साल पहले मेरी जटाएँ नहीं थीं, न इतना नाम ही फैला था। इन दिनों तो इर्द-गिर्द के इलाकों में पचास कोस तक जमनिया के बाबा की सिद्धई की बातें फैली हुई हैं। जेल के अधिकारियों को यकीन ही नहीं आता होगा कि मैं किसी जुर्म में गिरफ्तार हुआ हूँ। उनका दिल कहता होगा, बाबा को लोगों ने फँसा दिया है।

बाबा को लोगों ने नहीं फँसाया, मस्तराम की बेहूदगी ने फँसा दिया। सीधा-सादा, एक बौड़म साधु के लिबास में उस रोज हमारे सामने जाने कहाँ से आ गया। मस्तराम पर सनक सवार हो गई, उसने साधु की पीठ को बेंत की फटकारों से भुरता बना दिया। वह था भी जिद्दी, मस्तराम की बात आखिर तक नहीं मानी उसने। जमनिया के बाबा को उसने मत्था नहीं टेका...

बेहोश हो गया तो बेंत रुक गया और मस्तराम ने गाली दी, "साले का दिमाग क्रेक है ! बाप रे, इत्ती पिटाई के बाद तो पत्थर भी बिछ जाएगा !" मैंने मस्तराम की बाँह पकड़कर उसे खींचा। मुँह के अंदर मगही पान की गिलौरियाँ दबी पड़ी थीं। भौंहें नचाकर मैंने इशारा किया—"उठो यहाँ से, इस पगलवा को यहीं छोड़ दो !"

हम उठकर अंदरवाली कुटिया की ओर आए। थोड़ी देर बाद पता चला कि वह साधु कहीं चला गया है।

चार रोज बाद मालूम हुआ कि वह सीधे अदालत के हाकिम के सामने पहुँच गया...तभी तो हफ्ता पूरा होते-होते हम गिरफ्तार हो गए।

गिरफ्तारी के बाद, दस दिनों के अंदर कितना बड़ा फर्क आ गया, मैं कैसा दीखता हूँ। यहाँ शीशे में मुँह देखने की सहूलियत नहीं है। पानी पीते वक्त कमंडल के अंदर निगाहें अपने आप पड़ जाती हैं तो डर लगता है। कितना उदास हो गया है चेहरा ! लगता है, अरसे से बीमार हूँ, लगता है, वह सहज सलोना मुखमंडल अपना ओज खो बैठा है ! लगता है, आँखें पीली हो गई हैं और होंठ सूख गए हैं ! मेरी कोशिश रहती है कि मुस्कुरा-मुस्कुराकर चेहरे की रौनक को जैसे-तैसे बनाए रक्खूँ, लेकिन इसमें मुझे सफलता कहाँ मिलती है ? लगता है, वह सब सचमुच ही उन जटाओं का खेल था। यहाँ फिर से अगर जटाएँ बढ़ाने की इजाजत मिली तो दिखला दूँगा। मगर यह सब यहाँ नहीं चलेगा। जेलर तो खैर हिंदू है, सुपरिंटेंडेंट ईसाई है। उसके अंदर साधुओं के बारे में जरा भी दिलचस्पी नहीं होगी। नहीं, जेल के हाकिम इजाजत दे ही देंगे, फिर भी मैं बाल नहीं बढ़वाऊँगा। जटाएँ तैयार हों और फिर से उन पर कैंचियों की मार पड़े ! नहीं, ऐसा नहीं होने दूँगा।

अवधूतिन को बड़ी तकलीफ है। कल उसे बुखार आ गया था। बड़े जमादार से कहलवा दिया था। डाक्टर ने दो टेबलेट दी थी। सुना, आज बुखार नहीं था।

इस बेचारी को नाहक ही गिरफ्तार किया गया। इसने कौन-सा कसूर किया था। भगौती प्रसाद इस कोशिश में है कि अवधूतिन को जमानत पर छुड़वा लिया जाय। आज तक जमानतदार नहीं मिल सका, दो-चार रोज के अंदर कोई न कोई जमानतदार मिल ही जाएगा।

इमरतीदास बुरा नाम है ? नहीं, कौन इस नाम को बुरा कहेगा ? माई श्री इमरतीदासजी महाराज। अवधूतिन को जमनिया के दरबार में लोग इसी नाम से याद करते हैं। हमने यह नाम दिया तो वह खुद भी बेहद खुश हुई थी। बात थी भी खुश होने की। उसका फिर से जनम हुआ था। उद्धार तो बहुत छोटा शब्द हुआ।

कितनी उम्र होगी इमरितिया की ? होगी यही कोई तीस-बत्तीस की। तंदुरुस्ती अच्छी है, लगती नहीं है तीस-बत्तीस की। पच्चीस-छब्बीस की लगती है। खुराक अच्छी मिले और बाल-बच्चों का झमेला न रहे तो औरतों की उमर अक्सर कम दिखाई देती है। इमरितिया पर कई लोगों की निगाह गड़ी है। देखें किसके नसीब में जाती है ! मैं नहीं रोकूँगा। न, मुझको रत्ती-भर भी ललक नहीं है इमरितिया के लिए। यों वह रहना चाहे तो जमनिया का मठ हमेशा उसे रखने के लिए तैयार रहेगा।

जमनिया क्या था ? कुछ तो नहीं था। नारायणी नदी के किनारे छोटा-सा गाँव था। बिहार और उत्तर प्रदेश की सीमाएँ नजदीक पड़ती हैं। रेलवे का स्टेशन होने से जमनिया बाहरी दुनिया से जुड़ गया है। चीनी का कारखाना क्या खुला, हिंदुस्तान के उद्योग-धंधों में इसे जगह मिल गई। आसपास नदी के इधर-उधर पचासों मील तक दोनों प्रदेशों के पिछड़े हुए इलाके फैले पड़े हैं। नेपाल काफी नजदीक है। तराई के अंचल,

तलहटीवाली पहाड़ियाँ, पतले-घने जंगल, तेज बहाववाली पहाड़ी नदियाँ, बीच-बीच में फसलों के लायक खेत, खपरैल और फूस के छोटे-छोटे घर। चरती हुई गायों और भैंसों के गले की टुनटुनाती घंटियाँ। बाघ और सुअर के पैरों की छाप। मगर की सड़ी हुई खाल। बाढ़ में बहकर आए हुए साखू के मोटे लट्ठे। इस तरह पचीसों और भी बातें होंगी जिनका जमनिया से निकट का संबंध है।

मैंने बहुत सोच-समझकर जमनिया को अपना अड्डा बनाया। पहली बात तो यह थी कि मुझे पिछड़ी जातियों से विशेष प्रेम है। साधुओं का जितना आदर वे करती हैं, उतना और कोई नहीं करता। ऊँची जातियों के बड़े लोग मूर्ख साधुओं का मखौल उड़ाते हैं। भेष और रंग के पीछे वे ज्ञान की परख करते हैं। पक्की भाषा में बड़ी-बड़ी बातें करनेवाला साधु ही उन्हें प्रभावित कर सकता है। हमारे जैसों के लिए अनपढ़ भगत ही काम का साबित होता है। जमनिया के इर्द-गिर्द लाखों की तादाद में गरीब और अनपढ़ लोग फैले हैं।

दूसरा लाभ था नेपाल का नजदीक होना। शासन की तीसरी आँख से बचने के लिए न जाने कितनी बार नेपाल भाग-भागकर गया हूँ। जमनिया की तीसरी खूबी मेरे लिए यह थी कि पुलिस का अड्डा पश्चिम की तरफ 45 मील दूर था और पूरब तरफ नदी के उस पार 12 मील पर। चौथी बात वहाँ यह देखी कि आसपास कहीं पर स्कूल-कालेज नहीं थे। न किसी के हाथ में कभी कोई अखबार ही देखा और न किताब ही देखी। और, सबसे बड़ी बात यह थी कि नेता लोग पाँच साल बाद ही दिखाई पड़ते थे। पार्टियों के झंडे एलेक्शन के समय ही नजर आते थे।

लोग कहते हैं कि गरीबों के पास पैसे नहीं होते। मैं नहीं मानता हूँ यह बात। सावन, कातिक, फागुन और वैशाख के महीने हमारे लिए जमनिया के अंदर आमदनी के महीने हैं। ठीक है, रुपए-दो रुपए के नोट नहीं चढ़ते, लेकिन रेजगारियों का ढेर लग जाता है। एक पैसा, दो पैसा, पाँच पैसा, दस पैसा—सिक्के ही सिक्के नजर आते हैं। चढ़ावे के तौर पर मठ को बीस एक बोरियाँ रेजगारी मिल जाती हैं। श्रद्धा की इस खेती को तैयार करने के लिए शुरू-शुरू में हमें बड़ी मेहनत करनी पड़ी। बहुत सारी तरकीबें भिड़ानी पड़ीं। कई नाटक खेलने पड़े...

"कहो बाबा, का हाल-चाल बा"—सिपाही रामसुभग सुकुल ने सुर्ती ठोंकते हुए बाहर से पूछा तो मैं कहता हूँ—"ठीक है सुकुल ! क्या टाइम हुआ है ?"

"एगारह।"

मैं कंबल पर से उठ बैठा हूँ—"ग्यारह बज गए ?"

"जी, बाबाजी महाराज।"

मैं सोच ही रहा था कि और क्या बातें की जाएँ। सिपाही जेल के सींखचों से सटकर खड़ा हो गया है। कुछ रुककर उसने कहा है—"बाबा, आप हमारा एक ठो काम कर दीजिए। यह देखिए क्या है...।"

उसने गणेश की एक छोटी-सी प्रतिमा आगे बढ़ाई। मैं उठकर आगे बढ़ा। सिपाही

के हाथ से गणेश की मूर्ति लेकर उसे गौर से देखता हूँ। बार-बार उलटता-पुलटता हूँ गणेश को।

सुकुल बेचैनी से इंतजार कर रहा है। उसकी निगाहें मेरे चेहरे पर गड़ी हैं, बूटों वाले कदम अडिग हैं। झालरदार पगड़ी की परछाईं सींखचों में से होकर सेल के अंदर आ रही है। भारी-भरकम कोट बदन पर पड़ा है। लट्ठ सेल से बाहर दीवाल से टिका है।

मैंने कहा—"यह प्रतिमा पूना की बनी है। बहुत पुरानी है।"

सिपाही फुसफुसाकर पूछ रहा है—"सोने की तो नहीं है ? हमारी नानी का विश्वास था कि गणेशजी की इतनी अच्छी प्रतिमा सोने की ही हो सकती है। शायद, होगी..."

सिपाही ने आशा और भय से मेरी ओर देखा। मुझे अंदर ही अंदर हँसी आ रही है। यों मैं उस अबोध सिपाही पर तरस ही खा रहा हूँ।

मैंने गंभीर होकर कहा—"गणेशजी का समूचा बदन ठोस पीतल का है। मामूली पीतल नहीं। बेहतरीन किस्म के पीतल की गजानन-लंबोदर की प्रतिमा पूने के कारीगर ने ढाली थी। पचास साल पहले कारीगर ज्यादा मेहनती और ईमानदार होते थे..."

उस मूर्ति को दाहिनी हथेली पर जमाकर बायाँ हाथ उसकी सूँड़ पर फेरता रहा। एकाएक मेरी आँखों में चमक भर आई। मैं सिपाही की ओर देखने लगा हूँ। आहिस्ते से बोला—"इसको मैं सोने में बदल सकता था, लेकिन यहाँ जेल के अंदर क्या होगा।"

सिपाही रामसुभग सुकुल ने झुककर सींखचों में से अपना हाथ अंदर बढ़ाया, मेरे पैरों को छूने की कोशिश की। कातर दृष्टि से मेरी ओर देखा और गिड़गिड़ाया—"बाबा, जिनगी भर राऊर गुलाम होके रहब, कवनों तरकीब भिड़ावल जाय, गरीब के उद्धार हो जाई।"

मुझे हँसी आ गई। अपने पैरों को मैंने पीछे हटा लिया। कहने लगा—"देखो, घबराने से कुछ नहीं होगा। मन को बाँधो। सब्र से काम लो। परमात्मा तुम्हारा मनोरथ पूरा करेगा। मैं जब जेल से रिहा होकर बाहर जाऊँगा तो मुझसे मिलना।"

उस मूर्ख का गिड़गिड़ाना कम नहीं हुआ। मुझे उस पर हँसी भी आ रही है और दया भी। इतना तय है कि अगर उल्टी-सीधी कोई बात न बता दूँ तो सुकुल रोज परेशान करेगा। आखिर मैंने कहा—"देखो, पीतल के इस गणेश को सोने का गणेश बनाना बिलकुल असंभव है। कोई भी यह काम नहीं कर सकता। हिमालय में जमनिया से ठीक पचास कोस उत्तर एक बहुत बड़ी बर्फानी चोटी है। उसी से नारायणी नदी निकली है। मुक्तिनाथ महादेव वहीं हैं। उधर पहुँचना आसान नहीं है। मेरे गुरू महराज वहीं पहाड़ की खोह में रहते हैं। उनकी उम्र दो सौ पचास वर्ष से कम नहीं होगी। सिर के बाल और दाढ़ी-मूँछ सबकुछ सुनहले हैं। दाँतों की पाँत ऐसी लगती है मानो मकई के दाने दो लाइन में जमे हों। भौंहें सुनहली। शरीर का रंग चंपे की पंखुड़ी की याद दिलाता है। एक बार ऐसा हुआ कि जाड़े की सुबह में हम गुरूजी महाराज की टहल में मशगूल

थे। इतने में भोटिया डाकुओं का सरदार आ पहुँचा। अपना घोड़ा उसने अलग ही बाँध दिया। गुरूजी के सामने आकर धरती पर लंबा लेट गया। इशारे से गुरूजी ने बैठने को कहा और वह पालथी मारकर बैठ गया। थोड़ी देर बाद मैंने उसे चाय लाकर दी, नमकीन भोटिया चाय। चाय पीकर डाकू सरदार ने इसी तरह पीतल की एक प्रतिमा निकाली और उसे गुरूजी के सामने रख दी। गुरूजी ने कहा—'छोड़ जाओ, दो रोज बाद आकर ले जाना।' सरदार चला गया। दो रोज बाद वापस आया। उसकी देवी की प्रतिमा सोने की हो गई थी। अपनी तारादेवी को उस रूप में पाकर भोटिया सरदार नाचने लगा—

"जी सरकार, जरूर नाचने लगा होगा, मेरा तो सुनकर ही नाचने का जी करता है। बाबा, आपके गुरू महाराज ने जब उस पीतलवाली प्रतिमा को सोना बनाया तब आप वहीं रहे न ?"

सिपाही बेचैन नजर आता था। उसे पीतल को सोना बनाने की विधि कम से कम सुन तो लेनी है। मैंने कहा—"रात-दिन गुरू महाराज की टहल-सेवा में रहना होता था। वह मुझसे कुछ छिपाते थोड़े थे ? भादों की अमावस के अँधेरे में नदी-किनारे अगर काला बारहसिंगा लीद करे और उस लीद को पूरनमासी के दिन धूप में सुखा लिया जाय और उसी लीद की आग में इस पीतलवाले गणेश को डाल दो तो यह सोने का हो जाए।"

सुकुल ने सिर हिलाकर हामी भरी और बोला—"मगर यह काम तो महाराज, सबसे नहीं होगा। कहाँ काला बारहसिंगा, कहाँ उसकी सूखी लीद ?"

मैं इस पर खिलखिलाकर हँसा हूँ ! सुकुल अपनी लाठी सँभालकर आगे बढ़ा। कहता गया—"ई सब काम आपै लोग कर सकते हैं। रिहाई के बाद इस दास को याद रखिएगा—"

"जरूर ! भगवान तुम्हारा भला करे।" मैंने पीछे से कहा।

जाड़े का मौसम आ गया है। मेरे लिए भगौती ने दो कंबल बाहर से भिजवा दिए हैं। ऊनी अलफी भी आ गई है। काले रंग की यह अलफी शिवनगर की रानी साहिबा ने पिछले साल बनवा दी थी। हिरन की खाल के जूते भी आ गए हैं। पीतल का वह चमकदार कमंडल भी आ गया है। हाथी-दाँत के मनकों की माला भी आई है। मृगछाला भी पहुँच गई है। बाघंबर के लिए जेलर साहब से आडर नहीं मिला है।

इधर कुछ वर्षों में दिन में खाने के बाद सोने की आदत पड़ गई है। आज भी सोया हूँ। जाड़े की लंबी रात सोकर बिताना साधुओं के हक में नहीं है। किताबों से मेरी नफरत नई नहीं, काफी पुरानी है। हाँ, चार जने बैठकर सारी-सारी रात ताश खेलते रहें और मैं अलग बैठा रहने पर भी एक ओर झुककर उनमें से किसी का साथ दूँ, यह मुझे अच्छा लगता है। यहाँ जेल के अंदर भी मैं ताश की चौकड़ी जमा सकता हूँ, मगर इसमें अपना नुकसान रहेगा। इससे आम कैदियों की श्रद्धा-भक्ति में कमी आएगी। लोग

कहने लगेंगे—वह देखो, जमनिया के बाबा चोरों और डकैतों के साथ बैठकर ताश खेल रहे हैं। बाबा हैं तो क्या हुआ, मिजाज के बड़े रँगीले हैं—

मैं जो हूँ, सो हूँ। अपने दिल की दुनिया का नाटक औरों को क्यों देखने दूँ। बाहर-बाहर से सिद्धई का जितना स्वाँग बनाए रहूँगा, उतना ही अधिक लाभ पहुँचेगा अपने को।

रविवार को सबेरे नौ बजे बड़ा साहब अपने दल-बल के साथ अंदर आता है, घूम-घूमकर जेल का कोना-कोना विजिट करता है। मैं कल ऐसा नाटक लगाऊँगा कि साहब की अकल गुम हो जाएगी। ईसाई है न ! ईसाइयों का दिल बंजर-वीरान की तरह चटियल होता है, उनके अंदर दूसरे धर्मों के लिए श्रद्धा का अंकुर पैदा करना मुश्किल है। कुछ हो, मान तो जाएगा ही। जरा भी रौब पड़ जाय तो काफी होगा।

चीनी के कारखाने में लाल झंडावालों ने हड़ताल कर दी है। पचास-पचपन मजदूर पकड़े गए हैं । पिछली रात बड़ी देर तक नारे लगते रहे। जेलर से लेकर लेबर मिनिस्टर तक को मुर्दा बनाया जाता रहा। नौजवानों के गलों में जोर बहुत था, जेलर को आखिर झुकना पड़ा। हड़ताली हवालातियों की माँग जेलर को मंजूर करनी पड़ी। जमात में बड़ी ताकत होती है न ? और कहीं उस ताकत के पीछे पढ़े-लिखे समझदार लोगों की सूझ-बूझ भी हुई तो फिर क्या कहना !

जमनिया की फैक्ट्री के मजदूरों ने दो साल पहले भी हड़ताल की थी। लेकिन, वहाँ लाल झंडा नहीं था, तिरंगा था। दो रोज बाद ही समझौता हो गया था। उसमें किसी को जेल नहीं जाना पड़ा। लाल झंडावाले जिद्दी होते हैं। झंडा उठा लेंगे तो परेशान कर देंगे, मिलवालों की नाक का पानी निकाल देंगे।

हमारे यहाँ उस रोज जो साधु आया था, उसके साथ दो वालंटियर देखे गए थे, लाल झंडावाले। मठ के अंदर तो साधु अकेला ही आया था। जरूर हमें फँसाने में लाल झंडावालों का हाथ है। तिरंगावाले तो मठवालों को मिलाकर ही चलते हैं। उन्हें मदद मिलती है मठ से।

अब मैं सो जाऊँगा। बारह बार घड़ियाल को ठोंककर सदर फाटकवाला सिपाही शायद फिर स्टूल पर बैठ गया है फाटक के मोटे सींखचों से पीठ टिकाकर।

सबेरे जेलर साहब ने कस्तूरी भेजी थी। उनकी माँ पिछली यात्रा में केदार और बद्री की यात्रा कर आई हैं। चमोली बाजार में एक तिब्बती सौदागर मिला था, उसी से माताजी ने कस्तूरी ली थी। ठीक इसी किस्म की बढ़िया कस्तूरी शिवनगर की रानी साहिबा ने भेजी थी एक बार। कस्तूरी को मैंने सँभालकर रख लिया, बड़ा नगरवाले जज साहब को भिजवा दूँगा।

नाटकवाला स्वाँग खूब सफल रहा। दोनों पुतलियों को मैंने ऊपर चढ़ा दिया था। पद्मासन लगाकर बैठा रहा। पीठ की हड्डी सीधी कर ली थी। साँसों को देर तक साधे रहा। प्राणायाम की पूरक, कुंभक और रेचक विधियों का अभ्यास वर्षों तक किया था। वह काम आया। इसी बीच सुपरिंटेंडेंट की बारात जेल का पूरा चक्कर लगा गई।

बड़ा जमादार खुद आकर हमें बतला गया—"साहब आप पर बड़े खुश थे। कह रहे थे, किसी ने बेचारे साधु को फँसा दिया है।"

चलो, अच्छा हुआ। बड़े साहब ने बेकसूर मान लिया। अब चाहे कितना भी अरसा जेल के अंदर गुजारना पड़े, तकलीफ नहीं होगी। तबीयत मस्त रहे तो ऊपरी झमेले यों भी कहाँ अखरते हैं। जैसे फलों और फूलों की बाग़वानी सीखनी होती है, उसी तरह मन को प्रसन्न रखने का भी ढंग सीखना होता है। आम आदमी बाहरी तकलीफों को झेलता जाय, उन्हें हटाने का उपाय न करे, चाहे जैसी स्थिति में खुश नजर आए, शिकवा-शिकायत न करे तो दुनिया उसे बेहया कहेगी। लेकिन, हम बेहया नहीं कहलाएँगे। हमारे लिए यह सब खूबी ही खूबी मानी जाएगी। दरअसल इन्हीं खूबियों के चलते मैंने अपने सबसे प्यारे शिष्य को मस्तराम कहना शुरू किया। मुझे अक्सर रामकृष्ण परमहंस की कहानियाँ सुनाई गई हैं। उनकी लीलाओं के बारे में हमें काफी कुछ मालूम है। मैंने मस्तराम के अंदर भी कुछ वैसे ही गुण पाए हैं। कोई कष्ट उसे झुका नहीं सकता। कोई खटास मस्तराम के दिल को फाड़ नहीं सकती। आगे चलकर कहीं कोई रानी मिल गई तो हमारा मस्तराम भी अच्छा-खासा परमहंस निकल आएगा।

आज न मिल सका, कल तो मस्तराम से जरूर मिलूँगा। अब कुछ ऐसा रंग जमाना है कि बाहर से कोई चीज न मँगवानी पड़े। यहीं जेल के अंदर ही सारे पदारथ सुलभ हो जाएँगे। नीम की इन्हीं डालों से मिसरी के डले बरसने लगेंगे। अगस्त्य मुनि की मरजी हुई तो विंध्याचल झुक गया। मेरी मरजी होगी तो ऊँची दीवारों का परकोटा नहीं झुक जाएगा ? मैं तो यही देख रहा हूँ कि इस जेल की दुनिया से बाहरवाली दुनिया मिली हुई है। यह दीवारें नहीं हैं, हिलते हुए ढीले-ढाले परदे हैं। कितनी आसानी से बाहर की झाँकी मिलती है ! कितनी सफाई से बाहर के माल अंदर टपा लिए जाते हैं ! जेल के अंदर जितने भी प्राणी हैं, मैं सभी को भंडारा दूँगा। मैं इतना भारी भोज दूँगा कि जेल के अधिकारी दाँतों तले उँगली दबाएँगे। मस्तराम उदास रहता है। भोज-भंडारा होगा तो उसकी कर्मशक्ति मुखर होगी। वह आदमी थोड़े है, पूरा पिशाच है। जितना ज्यादा लादोगे, उतना मस्त रहेगा। जितना हुलकाओगे, उतना ही झपट्टा मारेगा। इस मस्तराम से कोई काम न लिया गया तो बेचारा मिट्टी हो जाएगा। लेकिन, काम इससे दूसरा कोई नहीं ले सकता। मैं ही ले सकता हूँ काम मस्तराम से। जेल के सिपाही इससे कुछ नहीं करवा सकते। अभी उस दिन मैंने मस्तराम से कहा—"सजा हो जाय तो हम लोग भी दूसरे कैदियों की तरह सरकार बहादुर का कुछ काम कर दिया करेंगे। बाहर जेल की अपनी बगीची है, तुम चाहोगे तो वहाँ भी काम मिल जाएगा !"

इस पर मस्तराम के लिलार में बल पड़ गए, गर्दन की नसें फूल उठीं। जमी हुई आवाज में उसने कहा—"इनकी ऐसी-तैसी ! हम दामाद बनकर रहेंगे और इनके सीने पर सिल रगड़ा करेंगे। काम कौन लेगा हमसे ? किसकी मजाल है महाराज ? हम जाएँगे जेल की बगीची में फावड़ा चलाने ?" और जब शरारत-भरी आँखों से मैंने उसकी ओर देखा तो मेरी मुस्कान दबाए नहीं दबी। मेरे मुँह से निकला—"अरे, बड़ी अच्छी बगीची

है। बीच में पुराना कुआँ है। उसका पानी अमृत को मात करता है।" मस्तराम ने मेरे मन की बात भाँप ली और हुलसकर बोला—"भंग-बूटी छनेगी, चलेंगे बाहर बगीची में...करेंगे काम सरकार बहादुर का !"

मस्तराम से ही इमरती का हाल मालूम करता रहता हूँ। सुकुल से भी जनाना वार्ड की एक-आध खबर मिल जाती है। देखें, कब तक जमानतदार मिलता है !...जनाना वार्ड में कुल मिलाकर सात-आठ कैदिनें हैं। एक पगली है, वह औरों पर दाँत चलाती है। उसे सेल के अंदर बंद रखा गया है...इमरितिया उसकी निगाहों पर न चढ़ जाय...अंदेशा बना रहता है।

घबराती तो जरूर होगी। अंदर ही अंदर मुझे गालियाँ भी दे रही होगी, औरतें जरा-जरा-सी बातों से परेशान हो उठती हैं। इसमें औरतों का कोई कसूर नहीं है। कुप्पी इतना तो दिल होता है बेचारियों का ! और सच पूछो तो औरतों का यों घबरा उठना मर्दों को बड़ा अच्छा लगता है। घबराएँ नहीं, झिझकें नहीं, सकुचाएँ नहीं, डर के मारे पसीना-पसीना न हो जायँ तो फिर औरत ही क्या ? उनकी इन्हीं खूबियों पर कवि और शायर फिदा रहे हैं। इन्हीं खूबियों पर पोथा पर पोथा रचा गया। कहते हैं सिकंदर, औरंगजेब, नादिरशाह, हिटलर और स्तालिन औरतों से कतराते थे। कहते हैं, औरतों के नखरे पहाड़ को बिछा देते हैं, फौलाद को गला डालते हैं। मैं उनसे बचता रहा हूँ। आगे की राम जाने।

इमरितिया क्या हमेशा जमनिया मठ में रहेगी ? लक्ष्मी नहीं रही। गौरी चली गई। तो फिर इमरितिया ही क्यों रहेगी ?

इमरितिया जाएगी तो जलेबिया नहीं आ जाएगी ? एक-आध सधुआइन न रहे तो मठ उदास लगता है ! भगतों की तबीयत उचटी-उचटी-सी रहती है। कहते हैं, दफ्तरों में इन दिनों औरतें काम करने लगी हैं। औरतों के बिना संसार चलेगा ?

साहब चाहे छोटा हो या बड़ा, तेज-तर्रार खूबसूरत छोकरी बगल के कमरे से निकलकर सामने आकर खड़ी हो जाती होगी तो अच्छा नहीं लगता होगा ? स्त्रियों को नरक का द्वार कहा गया है। लगता है, किसी अभागे ने खीझकर यह बात कही होगी; वर्ना पुरुष और स्त्री एक दूसरे से कब तक भागते फिरेंगे। सावन का आसमान बादलों से घना हो उठता है, मगर वहाँ भी जाने किस पाँत से कैसे बिजली कौंध जाती है !

आज शाम को एक पुरजी और दो रुपए का नोट मेहतर को दिया। सुकुल से बात हो चुकी थी। मेहतरानी के हाथों इमरितिया तक कोई भी छोटी-मोटी चीज आसानी से पहुँचाई जा सकती है। पुरजी में मैंने इतना भर लिखा कि घबराना नहीं, आठ-दस रोज के अंदर ही तू छुटकारा पा जाएगी...।

इमरितिया लिखना जानती है। किसी दूसरे से लिखवाने की जरूरत नहीं होगी। बहरहाल चिट्ठी-चपाती से क्या फरक पड़ता है ? मतलब की बात मेहतरानी मालूम करती ही रहेगी और मुझे पता चलता रहेगा।...सोचता हूँ अगहन की पूर्णिमा के दिन सत्यनारायण भगवान की पूजा करवा दूँ। बड़ा जमादार, सुकुल, जेलर सभी को यह

प्रस्ताव पसंद आएगा। पुराने और मुखिया टाइप के जितने भी कैदी हैं, सभी इस प्रोग्राम को सफल बनाने के लिए जी-तोड़ मेहनत करेंगे।

भगौती दिन-रात कोशिश में लगे हैं कि बाबा को बी-डिवीजनवाले कैदियों की तरह आराम से रखे सरकार बहादुर। लेकिन सरकार बहादुर ध्यान नहीं दे रही है बाबा की तरफ ! लगता है, पारसी हाकिम ने सरकार बहादुर को मना कर दिया है। मुझ पर उसकी कितनी नाराजी है, यह तो इसी से मालूम हो गया कि हवालात के अंदर पहुँचते ही मेरी जटाएँ उतर गईं...हाय राम, किसी ने भी जुबान नहीं हिलाई; कोई तो कहता कि साधु-महात्मा की जटाओं को तहस-नहस करवा रहे हो, तुम हाकिम हो कि शैतान हो ? क्या हो आखिर ? हाय राम, कोई कुछ नहीं बोला ! सभी टुकुर-टुकुर ताकते रह गए और जेलर ने उसके हुक्म की तामील करवा ली। हजाम तैयार नहीं था, लेकिन दरोगा के डर से उसे अपनी कैंची निकालनी पड़ी।

नेपाल में किसी साधु के साथ ऐसी जोर-जबर्दस्ती होती तो लोग खून बहा देते ! साधु-संन्यासी साँड़ की तरह आजाद घूमते हैं नेपाल में। हिंदुस्तान में अब वो मजा नहीं रहा। मैं जेल से बाहर निकलूँगा तो सीधे नेपाल की ओर ही अपना रुख करूँगा। जमनिया में अब कोई नहीं रोक सकेगा मुझको।

हाँ, भगौती और लालता को किसी संत-महंत को पकड़के रखना ही हो तो उसका भी इंतजाम कर दूँगा।

लेकिन यह काम तो मस्तराम भी कर सकता है। नहीं कर सकता है ? जरूर कर सकता है ! मैं उससे कहूँगा—साल भर के लिए मैं गुरू महाराज की सेवा में जाना चाहता हूँ, मुक्तिनाथ महादेव से थोड़ी दूर पर ही एक खोह के अंदर मेरे गुरू महाराज रहते हैं। ढाई सौ वर्ष की उम्र है। दस-दस साल बाद वह बारह महीने की समाधि लेते हैं और उस समाधि के वक्त कोई दूसरा वहाँ रह नहीं पाता; बस, मैं ही रह सकता हूँ। मुझ पर गुरू महाराज की बड़ी कृपा है...ये बारह महीने मेरी जगह तुम्हीं जमनिया की इस बाघंबरी गद्दी पर बैठे रहो; मस्तराम, तुमको छोड़कर यह जिम्मेदारी मैं किसी और पर नहीं डाल सकता !

मस्तराम जरूर मान जाएगा।

आज दुपहर का खाना खाकर हम जेल के बाहर सरकारी बगीचे में गए। इसके लिए बड़े जमादार की सिफारिश काम आई। उसने कई दिनों से जेलर को पटा रखा था। महज दो घंटे के लिए हमें यह इजाजत मिली थी।

जेल से थोड़ी दूर आमों की बगीची है। किसी नवाब का बाग था। पिछले पचास वर्षों से सरकार के कब्जे में है। अब जेलवाले इस बगीची के अंदर सब्जियाँ ही ज्यादातर उगाते हैं। दस-बीस झाड़ अमरूद के भी लगा दिए हैं। चार-छै झाड़ नीबू के भी दिखे। कुछ दरख्त और-और फलों के भी थे। बड़हर, जामुन, आँवला, इमली और जाने क्या-क्या !

इमली का पेड़ बहुत बड़ा था। काफी पुराना।

नीचे टूटा-फूटा चबूतरा।

चबूतरे से लगा हुआ मजार।

जरा हटकर कुआँ।

मस्तराम ने अंदर झाँककर देखा, पीछे हटता हुआ बोला—"सालों ने क्या गत बना रक्खी है कुएँ की !"

"क्या है कुएँ में ?" मैंने पूछा तो वह बोला—"देखिए न महाराज, लकड़ियों के कुंदे अटे पड़े हैं ! बस, जरा-जरा-सा पानी चमक रहा है..."

"तो तुम क्या करोगे ?" मैंने हँसकर कहा।

मस्तराम बोला—"मजार की जगह यहाँ बजरंगबली की प्रतिमा होती तो कुआँ भी हँसता-मुस्कुराता होता, जिंदा-जागता होता। मजार मुर्दा है इसलिए कुआँ भी मर गया है।"

इस पर मैं क्या कहता ! गंभीर होकर आगे बढ़ गया। मुझे लगा कि यह मस्तराम नहीं, उसके अंदर का पोंगाराम बोल रहा है। दरअसल इतना अच्छा कुआँ इसलिए मुर्दा पड़ा है कि जेलवाले मर गए हैं। मजार का क्या कसूर है यहाँ ?

संजीवन ने बाग के बीचोबीच, छाँह में काला कंबल बिछा रक्खा था।

हम नीम की उस छाया के तले देर तक बैठे।

मुद्दत के बाद नीम की ऐसी प्यारी छाँह मिली।

संजीवन अंदर से भंग का गोला लाया था। बैल चरस खींच रहे थे, उधर से पानी भरी बाल्टी आ गई और भंग का दौर चलने लगा।

इस वक्त पहली बार बड़े जमादार ने हमारा साथ दिया, यहाँ तक कि खुलकर ठहाके भी लगाते रहे।

मस्तराम थोड़ी देर के लिए अकेले बाग घूमने निकला। लौटा तो मेरे सामने ढेर सारे आँवले फैला दिए। मुरब्बेवाले बड़े-बड़े आँवले।

जमादार ने हाथ जोड़ लिए और दीन स्वरों में बोला—"मस्तराम बाबा, आँवले के पेड़ पर बाहर के लोगों ने आपको देखा होगा। यह बात जेलर के कानों तक पहुँचेगी, वह मुझसे कैफियत तलब करेंगे। बतलाइए, मैं क्या कहूँगा साहब से ?"

"जेलर कुछ नहीं बोलेगा" मस्तराम ने अकड़ में कहा, "और हम क्या चोर की तरह उस तरफ कूद जाते ? बाग की दीवार के बाहर ? देखिए जमादार साहब, मस्तराम दिन-दहाड़े डाका डाल सकता है या सरेआम कत्ल कर सकता है, लेकिन चोर की तरह गुपचुप भाग नहीं पाएगा। वह उचक्का या कमीना नहीं है कि आपको धोखे में डालकर चंपत हो जाएगा।"

मैंने उसके कंधे पर अपना हाथ रख दिया, नहीं तो मस्तराम कुछ और कहता। ऐसा कुछ कहता जिससे बड़े जमादार के दिल को चोट पहुँचती।

कंधे पर से मेरा हाथ हटा दिया मस्तराम ने। बड़ी-बड़ी आँखों से देखता रहा मेरी

ओर। अंदर ही अंदर जाने कैसा तूफान उठ रहा था। उसके प्रति अविश्वास जाहिर किया था बड़े जमादार ने, साधारण कैदी की कोटि में रखकर उसे देखा था बड़े जमादार ने। मस्तराम जैसा साफ-दिल आदमी इस पर रंज हो उठा तो यह कोई अनहोनी नहीं हुई।

लेकिन बड़े जमादार ने जाने क्या सोचकर मस्तराम के पैर पकड़ लिए और भीगे गले से कहने लगा—"मस्तराम बाबा, सचमुच ही जेल की नौकरी करते-करते मेरी बुद्धि भ्रष्ट हो गई है। मैंने क्यों सोचा कि लोग जेलर के कानों तक यह बात पहुँचा देंगे ! भला यह भी कोई बात हुई ! आप आँवले के दरख्त पर चढ़े थे, दीवाल के उस पार कूद ही जाते तो क्या था ? बाहर ही बाहर जेल के गेट पर आकर खड़े होते और मुस्कुराकर संतरी से कहते और वह आपको अंदर ले लेता। दरअसल, मेरा मन मलिन है। इसी से मैंने उल्टा सोचा। मुझे आप माफ कर दीजिए, मस्तराम बाबा !"

मस्तराम ने अपने पैर हटा लिए और बड़े जमादार के सिर पर हाथ फेरा।

मुझे लगा कि मस्तराम के आगे मैं कुछ नहीं हूँ। वह मुझसे कहीं ऊँचा है, कहीं आगे है वह मुझसे ! बेचारे के अंदर जरा-सी हिकमत होती तो संसार उसकी पूजा करता। फिर उसके भी इर्द-गिर्द भगौती, लालता प्रसाद जैसे भगतों की भीड़ बटुर आती। फिर मस्तराम भी बीराने में मठ जमा लेता कहीं !

मस्तराम सचमुच ही आँवले के दरख्त से अगर दीवाल के उस पार कूद जाता और टहलता-टहलता किसी तरफ निकल जाता ! भारी मुसीबत खड़ी होती न ?

नहीं, अब मैं दुबारा जेल की बगीची के अंदर मस्तराम को नहीं ले जाऊँगा। और खुद भी क्या करने जाऊँगा ? कोई जरूरत नहीं है इन नखरों की। यहाँ तो बस उतने ही नखरे फैलाओ, जितने से काम बने...उस रोज़ वह त्राटकवाला नखरा बिलकुल सही उतरा ! जमादार की पतोहू सनीचर की शाम को दर्शन करने आई। मैं उसके सीने पर फूँक मार-मारके भभूत मलता रहा। सुकुल ने बतलाया, कई रात उस औरत को अच्छी नींद आई। हफ्ते में तीन रोज अगर आधा-आधा घंटा भभूत मला जाता तो डेढ़-दो महीने में वह निरोग हो जाती, मगर मैं इस झमेले में पड़ना नहीं चाहता। वहाँ जमनिया में झाड़-फूँक का यह धंधा बहुत बड़ा धंधा है। यहाँ जेल के अंदर इस झाड़-फूँक में कोई दम नहीं है।

बड़ा जमादार बेहद डर गया था मस्तराम से। मैंने उसे अच्छी तरह समझा दिया है। सुबह-शाम मस्तराम का दर्शन करेगा, थोड़ी-बहुत गपशप करेगा, बस, इतने में ही वह भोलानाथ खुश रहेगा।

इमरितिया ने आज फिर दो रुपए मँगवाए !

क्या करती है, रुपए लेकर ?

जुआ तो नहीं खेलती है ?

नहीं, मिठाई-सिठाई मँगवाती होगी बाहर से ! मिठाइयों से इमरितिया का जी कभी भरा ही नहीं। जमनिया में सबसे ज्यादा मिठाइयाँ वही खाती थी। बासी हो या ताजा, कैसी भी मिठाई उसे चाहिए। पिछले वर्ष पूस के सारे महीने वह गन्ने ही चूसती

रही। मिलवाला सेठ बिर्धीचंद बतला रहा था—महाराज, अवधूतिन तीन सौ से ऊपर गन्ना चबा गई।

गौरी भी गन्ने चूसती थी, लेकिन इमरितिया की तरह नहीं। इमरितिया की तरह वह मिठाइयों पर कहाँ टूटती थी ? लछमी को शौक था खट्टी चीजों का। मांस-मछली वालों को मिठाई नहीं चाहिए उतनी। उन्हें चरपरी वस्तुएँ चाहिए। लछमी तो बारहो महीने खट्टे फल चूसती रहती थी। हरी मिर्च और अदरक की चटनी कितना खाती थी ! लेकिन मस्तराम को खट्टा-चरपरा खाना अच्छा नहीं लगता है। लछमी गई तो छै-सात महीने में गौरी आई। गौरी को आए साल बीता तो मस्तराम पहुँचा। गौरी, मस्तराम, इमरितिया, तीनों का जनम एक ही राशि में हुआ था। कम-से-कम इन तीनों के अंदर एक बात तो मिलती है कि तीनों मीठा खाना पसंद करते हैं।

शिवनगर की रानी साहिबा वर्ष में दो बार साधुओं को भंडारा देती हैं। इस साल अब तक कातिक का भंडारा नहीं हुआ। कौन करवाता ? हम इधर जेल आके बैठ गए, उधर भगौती कचहरी की दौड़-धूप में उलझ गया। देखें, वैशाखवाला भंडारा रानी साहिबा का होता है या नहीं। तब तक कचहरी का काम खत्म हो चुका रहेगा। भगौती फुर्सत में होंगे तो भंडारा क्यों नहीं होगा ?

लेकिन मैं नहीं रहूँगा तो रानी साहिबा की तबीयत होगी भंडारा के लिए ? मुझे तो शक है !

उस बार लालता की बेवकूफी से मुझे गुस्सा चढ़ गया। मैं समाधिवाली अपनी गुफा में आ बैठा। अंदर से किवाड़ी बंद कर ली...

हुआ यों कि असाढ़ का मेला करीब था। सामान की फेहरिस्त बनाई जा रही थी। भगौती, लालता, रामजनम, सेठ भूरामल, ठाकुर शिवपूजन सिंह वगैरह मौजूद थे। श्रद्धा और भक्ति, धर्म और कर्म, लोक और परलोक...बहुत सारी बातों की कुटाई-पिटाई चल रही थी।

भूरामल ने बीच में कहा—"पैसा न हो तो सबकुछ फालतू है, सबकुछ बकवास !"

सब लोग तोंदवाले उस नौजवान मारवाड़ी की तरफ देखने लगे। वह कह रहा था—"भगत लोग वक्त पर अपनी गाँठ न खोलें तो बाबा का क्या हाल होगा ? लक्ष्मीजी रूठ जायँ तो सारे मठ-मंदिर खँडहर हो जायँ, उल्लू बोलने लगें उन पे..."

इस पर सबने हामी भरी।

घंटा भर बाद सेठ भूरामल की बात मेरे कानों तक पहुँच गई; लालता परसाद ने नमक-मिर्च मिलाकर इमरितिया से कहा। वह आकर आरती के बाद मुझे बतला गई—"बाबा क्या है, भगत लोग अपना हाथ खींच लें तो चुटकी भर पिसान दुर्लभ हो जाय...सेठ भूरामल बोल रहा था महाराजजी !...भगौती, रामजनम, सभी तो थे। लालता उठके चले आए, उनसे सुना नहीं गया यह सब !"

मुझे तो लालता की ही बेवकूफी खलने लगी। अरे, मठ के बारे में या बाबा के बारे में कोई अनाप-शनाप बकता है तो बकने दो ! कूबत हो तुम्हारे अंदर तो वहीं

आमने-सामने जवाब दो, नहीं तो निगल जाओ उन बातों को ! उन्हें मेरे कानों तक क्यों आने देते हो भाई ?

और, तब मुझे लगा कि सेठ भूरामल की तरह दूसरे लोग भी इसी तरह सोचते होंगे ! सोचते होंगे, भगतों की बदौलत ही बाबा गुलछर्रे उड़ाता है।

मैंने मन ही मन तय कर लिया कि इन सेठों का घमंड चूर-चूर कर दूँगा। मेले का सारा इंतजाम अपने आप होगा। बाजारवालों से न एक पाई लूँगा, न एक दाना ! भगवान की दया से सबकुछ पिछले वर्षों की तरह होगा। लंगर भी चलेगा। भजन-कीर्तन भी चलेंगे। हाट-बाजार भी लगेगा। थिएटर-तमाशे भी जमेंगे। तंबू भी तनेंगे। शामियाना भी खड़ा होगा। नाच भी जमेगा। भाषण-वाषण भी होंगे। सबकुछ होगा। मैं सालों की हवा निकाल दूँगा। पैरों पर इनसे नाक न रगड़वा लूँ तो....

जमनिया में समाधि के लिए मैंने चार छोटी-बड़ी गुफाएँ तैयार करवाई थीं। पहले लोगों की समझ में नहीं आता था कि गुफा क्या होती है। जमनिया के सीधे-सादे देहाती आज भी उन्हें 'माँद' ही कहते हैं।

समाधि में जाने से पहले बाबा का फर्मान निकलता था। उस बार भी निकला, सिलेट की पाटी पर पत्थर की पेन्सिल से लिखा हुआ फर्मान..."15 रोज बाबा समाधि में रहेंगे। मिलना-जुलना सब बंद। असाढ़ का मेला भी नहीं लगेगा। लोगों में नोटिस बँट जाएगी, उन्हें आगाह कर दिया जाएगा कि असाढ़ का मेला इस बार नहीं लगेगा, मेले के नाम पर कोई शख्स जमनिया नहीं आए। बाबा आहार नहीं ग्रहण करेंगे, सिर्फ एक-एक गिलास जल दोनों जून लेंगे। सेवा में मस्तराम को छोड़कर कोई दूसरा नहीं होगा..."

ईंट और सीमेंट की इन पक्की गुफाओं को जमीन के अंदर-अंदर बनवाया गया है। जमीन पर देखने पर फर्श नजर आती है। सीमेंट की फर्श। ऊपर फर्श 'पक्का आँगन' मालूम देती है। गुफाओं में जानेवाली सीढ़ियाँ कोठरियों के अंदर हैं। इन कोठरियों में जंगले हैं, वे बगीचे की तरफ खुलते हैं। जानकार आदमी; यानी अपना आदमी ढक्कनदार सूराखों से मुँह लगाकर अपनी बातें गुफाओं के अंदर पहुँचा सकता है।

किवाड़ बंद करके मैं अंदर जा बैठा।

थोड़ी देर में इमरितिया आकर आसन-वासन ठीक-ठाक कर गई। चौमुख दीपक को तेल से भर गई। रेंडी का तेल जलता था इन दीपकों में। रोज शाम को वही इन समाधि-कुटीरों में गुग्गल की धूप सुलगा जाती थी। एक योगी के लायक आराम और सुभीते की सारी व्यवस्था वहाँ यों भी रहती थी।

भगौती और सेठ बिर्धीचंद किसी भी हालत में मेला टालने को तैयार नहीं थे। लगभग दस हजार का नुकसान था। दिन करीब थे। इससे बेचैनी बढ़ रही थी। मस्तराम ही गुफ्तगू का एक मात्र जरिया था, लेकिन उसकी नीयत साफ थी। मेलावालों का साथ नहीं दे रहा था मस्तराम। मेरी तरफ से उन्हें जमकर जवाब देता था। बाज दफे झिड़क

भी देता था, बाज दफे गुस्सा भी होता था। सेठ भूरामल ने बाबा के बारे में और मठ के बारे में जिस तरह की ओछी बात कही थी, मस्तराम का रोआँ-रोआँ उससे दहक रहा था। वह यों भी सेठों को गालियाँ देने में तेज था और इस बार तो बड़ी मुश्किल से मैंने उसे अपने काबू में रखा। बिचारी इमरितिया पैरों पड़ी, अपनी कसम दे-देकर मस्तराम के गुस्से पर पानी सींचा, वर्ना वह सेठ बिर्धीचंद को फाड़कर खा जाता !

पाँचवें दिन रानी साहिबा आ पहुँचीं।

मुझे पता चल गया था एक रोज पहले ही।

इमरितिया को समझा-बुझा दिया था।

रानी साहिबा अपनी समझदारी के लिए कई जिलों में मशहूर हैं। मेरे 'असहयोग' का कारण तो आनन-फानन में उनके दिमाग में दौड़ गया। भगत-भाइयों की मंडली ने, खासकर सेठों के प्रतिनिधि भूरामल ने बाबा की इज्जत के आगे घमंड की अपनी दीवार खड़ी कर दी थी और वे मठ की हस्ती को अनजाने ही धूल में मिलाने जा रहे थे। शिवनगर की रानी ने उनमें से एक को झाड़ा, उनकी गलतियों को उधेड़-उधेड़कर उनके सामने रखा। सभी ने अपराध कबूल किया। सभी ने माना, वे गुनहगार हैं। सेठ बिर्धीचंद ने समूची जमात की ओर से रानी साहिबा के चरणों पर अपनी पगड़ी डाल दी और कहा, "आप बाबा को मना दीजिए ! हम किस मुँह से बाबा के सामने जाएँगे। आप न आतीं तो बाबा रूठकर जाने किधर निकल जाते ! फिर तो इस मठ का सत्यानाश ही हो जाता। जमनिया मठ के आदि पुरुष बाबा ही हैं, हम सभी उनके बच्चे हैं...बच्चों के अपराध बुजुर्ग नहीं तो और कौन क्षमा करेगा ?"

सेठ बिर्धीचंद की घिग्घी बँध गई थी, गालों पर आँसू ढुलक आए थे, भगौती उधर अलग सुबक रहा था। ठाकुर शिवपूजन सिंह रूमाल से आँखें पोंछ रहे थे।

हाँ, इमरितिया ने देखा था यह नजारा !

फिर रानी साहिबा ने अपने हाथों से मुझे लिखके भेजा और भक्त-मंडली की तरफ से क्षमा-याचना की। कहलवाया : "मैं भी सत्याग्रह करूँगी। खाना तो छोड़ ही दूँगी, पानी भी नहीं लूँगी। आप समाधि पर चाहे महीनों बैठें, लेकिन कम से कम फलाहार तो अवश्य लें। असाढ़ का मेला भी जमने दें। बाजारवालों से मेले की तैयारी या हवन-पूजन-लंगर आदि के लिए न एक दाना लिया जाएगा, न एक पाई ! कुल खर्चा इस बार शिवनगर स्टेट देगा। बस, अब आपकी कृपा चाहिए !"

छठे दिन, सबेरे ही मैंने मस्तराम को भेजा रानी के पास।

वह मठ की अतिथिशाला के उस खास हिस्से में ठहराई गई थीं जो श्रीमंतों के लिए ही तैयार हुआ था।

टोकरी भर मोसंबी साथ लाई थीं। खुद उन्होंने रस निकाला।

भरा हुआ चाँदी का गिलास रानी ने मेरी तरफ बढ़ाया। घूँट-घूँट करके धीरे-धीरे मैं वह पी गया !

और तब, असाढ़ की पूर्णिमा तक रानी साहिबा जमनिया रहीं।

मेला खत्म हुआ तो उन्होंने साधुओं को भंडारा दिया। वैसा शानदार भंडारा आज तक जमनिया के मठवालों को कहाँ किसी ने दिया !

पीछे उन्होंने भंडारा के लिए कातिक और वैशाख तय कर दिए। यह भी तय कर दिया कि बाबा को भंडारे के वक्त जमनिया में मौजूद रहना होगा !

अब भगवान ही जानता है, कितने कातिक और वैशाख बाबा जेल के अंदर रहेगा !

मस्तराम

बाबा ने बहुत सोच-समझकर मेरा यह नाम रखा—मस्तराम ! उमर अभी चालीस भी नहीं हुई है। बड़े जमादार ने कई बार मुझसे कहा है—संतजी, तुम तीस-बत्तीस के नजर आते हो ! बाल बढ़े हों, छाँटे-तराशे हों, दाढ़ी-मूँछ सफाचट हों और टेरीलीन का पैंट-बुशर्ट डाटकर खड़े हो जाओ, बीस-बाईस के नौजवान मालूम दोगे ! क्या सूरत पाई है, कैसा ढाँचा मिला है ! बड़े जमादार जब मेरे सामने से गुजरते हैं तो एकटक निगाहों से मेरे बदन की छटा को पीते हुए गुजरते हैं। लगता है, मस्तराम उनकी नजरों में हमेशा के लिए बस जाएगा।

लाल रंग की दो लँगोटियाँ जेल के ही दर्जी से सिलवाकर बड़े जमादार ने आज मेरे लिए भिजवा दी हैं। दो कंबल और आ गए हैं, इन कंबलों को देखकर जेलवालों की अक्ल पर मुझे हँसी छूटती है। उन्हें क्या पता कि मस्तराम के बदन की चमड़ी को जाड़ा-फाड़ा कुछ नहीं लगता है। हम तो मामूली कपड़ों में केदार-बद्री घूमे हैं। हमने गंगोत्री, यमुनोत्री, उत्तर काशी, टिहरी, चमोली, कर्णप्रयाग और रुद्रप्रयाग की गंगा में गोते लगाए हैं। बर्फानी जल से स्नान करते थे पूस, माघ में भी। मस्तराम को जाड़े ने कभी नहीं सताया। हाँ, चरस और गाँजे की तलब ने मस्तराम को सताया है। छटाँक-आधा पाव माल झोली में पड़ा रहे तो तबीयत मस्त रहती है...जो न पीवे गाँजे की कली, उस लड़के से लड़की भली...बम भोले की गली...अपनी तो तबियत चली... भली रे भली—इन शब्दों को यों भी वक्त-बे-वक्त दोहरा दो तो बदन में गर्मी दौड़ जाएगी। मुझे जरूरत नहीं पड़ेगी इन कंबलों के इस्तेमाल की। बस आसन के तौर पर इन्हें काम में लाया जाएगा। जेलवाले चाहें तो मेरे लिए दस कंबल और डाल जाएँ ! कंबलों के ढेर पर बैठकर मस्तराम विचार-सागर का पाठ किया करेगा।

सफाई का नाटक इतना कहीं नहीं देखा। जेल के अंदर जहाँ देखो वहीं सफाई-सफाई का कोलाहल मचा रहता है। नालियों में ब्लीचिंग पाउडर छिड़कते ही रहते हैं। जहाँ-तहाँ फिनाइल की महक उठती रहती है। रात के वक्त जिस वार्ड के अंदर मैं बंद किया जाता हूँ उसमें दस और कैदी होते हैं। गोदामनुमा जेल-वार्ड बड़ी-बड़ी खिड़कियाँ रहने से नागवार नहीं लगता है। नागवार लगता है वार्ड के अंदर की छोर

पर पाखाना-पेशाब के बर्तनों का पड़ा रहना। शहरों में नए ढंग के पाखाने बनने लगे हैं। उनमें जरा भी गंदगी नहीं रहती, न दुर्गंध की गुंजाइश ! सोने-बैठनेवाले कमरे से बिलकुल लगे हुए नए ढंग के वे पाखाने किसी के अंदर घिन नहीं पैदा करते। अपनी जेलों के अंदर हमारी सरकार क्या सफाई का नया इंतजाम नहीं करवा सकती ? मैंने उस रोज सुकुलजी से कहा तो खैनी ठोंकते हुए वे बोले—"समाज के अंदर जब तक भंगी-मेहतर रहेंगे, तब तक सफाई का यही सिलसिला चलता रहेगा।" इस पर सुकुल से मैंने पूछा—"तो हमेशा जेल के अंदर भंगी-मेहतर रखने पड़ेंगे। ऐसा भी तो होता होगा कि कभी-कभी एक भी भंगी या मेहतर न रहता हो। दूसरी जातियों के कैदी और सब कुछ करेंगे, पाखाने नहीं साफ करेंगे तो अक्सर मेहतरों के अभाव में यहाँ सफाई का काम रुक जाता होगा ?"

इस पर सिपाही रामसुभग सुकुल भभाकर हँसे। हथेली पर सुर्ती तैयार थी, उसे होंठों के हवाले करके उन्होंने गोलाई में आँखें नचाईं और बोले—"नहीं महाराज, कभी मेहतर की कमी यहाँ नहीं होती। दो ठो, एक ठो हमेशा रहते ही हैं।"

मैंने कहा—"आप लोग जादू जानते हैं ! मिट्टी का मेहतर गढ़ लेते होंगे, वही पाखाने की सफाई करता होगा ! कोई जरूरी है कि भंगी-मेहतर हमेशा नियमित तौर पर अपराध करते चलें और गिरफ्तार होकर नियमित तौर पर पाखाने की सफाई के लिए जेल के अंदर रहा करें ?"

सुकुलजी ने लाठी पटककर कहा—"हाँ, ऐसा ही होता है ! जेल के दफ्तर में चार्ट बना होता है, उसमें छोटी-बड़ी जेलों के अंदर मेहतरों, मालियों, रसोइयों, हजामों की सजा की अवधि, छूटने की तारीख आदि के बारे में लिखा रहता है। उसी के अनुसार शहरों और देहाती इलाकों की छोटी-बड़ी कोतवालियों के दफ्तर भी इस बात का पता रखते हैं। गिरफ्तारियों के बाद ही अभियुक्तों या अपराधियों को निकटवर्ती शहरों की जेलों में भेज दिया जाता है। छोटी जातिवालों और आदिवासियों पर खास निगाह रखी जाती है। सचमुच का भंगी-मेहतर न हुआ तो दबाव डालकर आदिवासी से भी सेवा का यह काम लिया जाता है।"

मुझको एक बार किसी ने बतलाया था कि गाँधी महात्मा खुद ही पाखाने की सफाई का काम करने का जोर अपने चेलों पर डालते थे। इस पर ऊँची जातियों के उनके चेले बड़ी मुश्किल से राजी होते थे। मैं पाखाने की सफाई के इस मसले को एक वेदांती और औघड़ की दृष्टि से देखने की कोशिश करता हूँ। मल और मूत्र तो इसी शरीर से निकलते हैं, अपने चूतड़ों की सफाई कहीं कोई भंगी से करवाता है ? पाखाने की सफाई में क्या रखा है ! अपनी गंदगी साफ करने में हम खुद ही अपने भंगी-मेहतर का काम क्यों न करें ? दिशा-फराकत से निबट आने के बाद या टट्टी और डोल-डाल से निबट आने के बाद हम साबुन या मिट्टी से हाथ धोते हैं, नहाकर कपड़े बदलते हैं, फिर अपने को पवित्र मानते हैं। पूजा-पाठ करने बैठते हैं या चौके में अंदर बैठकर खाना खाते हैं। इसी तरह मेहतर भी सफाई का काम कर चुकने पर नहा-धो ले, कपड़े

बदल ले, फिर हमारे साथ बैठकर वह पूजा-पाठ में क्यों नहीं शामिल होगा ? आत्मा तो एक ही है, शरीर का चोला अलग-अलग हो सकता है।

यह बात मेरी समझ में कभी नहीं आई कि शास्त्रों में शूद्रों की उपमा शरीर के पैरों से क्यों दी गई, ब्राह्मणों को सिर क्यों बताया गया ?

मैं स्वयं ब्राह्मण के ही खानदान में पैदा हुआ था। बाप और चाचा मिलिट्री में थे। माँ अपने प्रेमी के साथ ऋषिकेश भाग आई थीं। उस वक्त तीन साल का बच्चा रहा हूँगा। बाद में सहारे के लिए मेरी माँ को दो-तीन जगहों पर रहना पड़ा। उचित निगरानी के अभाव में मैं कुछ पढ़-लिख नहीं पाया और बारह साल की उम्र में ही आजाद हो गया, यानी माँ से अलग रहने लगा। लगातार पंद्रह वर्ष चिमटा फटकारते हुए घुमक्कड़ी करता रहा। तीन-चार नौजवान घुमक्कड़ों की मेरी अपनी जमात थी। फिर उज्जैन और नागदा के इलाकों में छोटी-सी किसी मठिया में उपमहंथ के तौर पर तीन-चार वर्ष गुजारे। पिछले छः-सात वर्षों से जमनिया में रहने लगा हूँ।

सारी दुनिया को अपने से छोटा समझने का ब्राह्मणत्ववाला संस्कार मेरे अंदर कूट-कूटकर भरा है। बाबा को अच्छी तरह मालूम है कि मस्तराम किसी भी वक्त अपना कमंडल और अपनी झोली उठाकर चल दे सकता है।

उत्ती पिटाई की जरूरत नहीं थी। वह तो दुबला-पतला सड़ा-सूखा-सा साधु था, उसकी पीठ पर चालीस-पैंतालीस बार बेंत फटकारना मेरा पागलपन ही था...बात यह हुई कि पोखरा से एक नैपाली भगत ने बहुत दिनों बाद सेर भर बढ़िया माल भेजा था। इतना बढ़िया, इतना तेज, इतना ताज़ा कि एक बार दम लगाने पर दिमाग काफी देर तक आसमान में चक्कर लगाता था। ऐसी मस्ती उफनती थी कि दीवाल में धक्का मारने की तबीयत होती थी। शिकार की तृप्ति के बाद शेर की तरह आधी मुँदी आँखों से बेफिक्र लेटे रहने की तबीयत करती थी...उस रोज वह साधु अंदर आया तो बाबा आरामकुर्सी पर बैठे थे। सबेरे नौ बजने का वक्त था, आँगन में बारह खंभोंवाले मंडप में बाबा का आसन विराजमान था। मैं करीब ही बैठा था और जटाओं की गुच्छियों को हथेलियों से सहला-सहलाकर चिकना बना रहा था।

आगंतुक साधु ने सामने आकर बाबा को नमस्कार किया। बाबा उसकी ओर देखते रहे, कुछ बोले नहीं।

मैंने उससे कहा—"बोल, सच्चे दरबार की जय !"

साधु ने जवाब में कुछ नहीं कहा, बेवकूफ की तरह खड़ा रहा। मैंने इशारे से बतलाया—"बाबा के सामने साष्टांग मुद्रा में लेट जा !"

वह फिर भी खड़ा रहा।

अब मेरा गुस्सा भड़का। अंदर जाकर मैं बेंत उठा लाया और पाँच बार उसकी पीठ पर जोर की फटकार दी।

वह फिर भी खड़ा रहा।

मैंने चीखकर कहा—"अबे बोलता है कि नहीं ! बोल सच्चे दरबार की जय !"

अबकी साधु हँसने लगा। अपने आपमें बोला—"यहाँ तो सबकी खोपड़ी औंधी लगती है ! मैं कहाँ आ गया !"...और बाबा की तरफ हाथ उठाकर उसने कहा—"आपने अपने दरबार में अच्छा गुंडा पाल रखा है। लगता है आपके दरबार की सबसे बड़ी सच्चाई यह गुंडई ही है...।"

इस पर मैंने गरजकर कहा—"ले, मैं तुझे समझा दूँ सच्चे दरबार की सच्चाई ! मिनटों में असलियत जान जाएगा....।"

मैं लपककर साधु की पीठ पर से नारंगी रंगवाली वह मोटी चादर हटाने लगा। उसने रुकावट नहीं डाली।

चादर हटाकर मैं तब तक उसकी पीठ पर बेंत मारता रहा जब तक वह ऐंठकर बिछ नहीं गया !

मुझे अब यह सोचकर भारी अचंभा होता है कि बाबा ने अपनी आँखों से यह सब कैसे देखा ? किस तरह कोई महात्मा किसी बेकसूर की पीठ पर पड़नेवाली वैसी पिटाई को अपनी आँखों देखता रहेगा ? लेकिन इस तरह झूठ-मूठ की दया-माया उस वक्त बाबा के अंदर नहीं पैदा हुई तो यह ठीक ही था। रहमदिल होना भारी कमजोरी होती है और कानून-कायदा तो बिलकुल अचल ही हो जाएगा, अगर रहम ने बीच में टाँग अड़ाई !

चालीस-पचास बेंत पड़ चुकने पर वह बेहोश हो गया तो बाबा ने जटाएँ समेटकर गले में लपेट लीं, उठकर मेरे पास आए। नीचे की अँगनई में आने के लिए उन्हें बारह पहलूवाले मंडप से तीन सीढ़ियाँ उतारना पड़ा।

आहिस्ते से बाबा ने मेरी बाँह पकड़ी। गुस्से में मेरे नथने फड़क रहे थे, होंठ काँप रहे थे, निगाहों में लाली उतरा रही थी, कपार की रगें फूल उठी थीं। बाँहों में बिजली की हरकत आ गई थी।

"मस्तराम !" बाबा ने गंभीर होकर कहा—"चलो, अंदर चलो ! अब इस पागल पर रहम करो।"

और खींचकर बाबा मुझे मठिया के अंदर ले गए थे।

इमरितिया यह सब देख रही थी। उसने बाबा के कानों में होंठ सटाकर कुछ कहा।

बाबा ने स्वीकार की मुद्रा में माथा हिला दिया।

बाबा ने मुझे भी उस वक्त छुट्टी दे दी। कहा—"अपने आसन पर जाकर आराम करो !"

दुपहरी ढल चुकी थी, तब जाकर मुझे मालूम हुआ कि पिटाई खाने के बाद साधु मुश्किल से आधा घंटा वहाँ रहा। फिर जाने कहाँ चला गया, पता नहीं लगा।

मैंने इन हाथों से हज़ार-हज़ार बार श्रद्धालु जनता की पीठों पर बेंतें फटकारी होंगी। मगर उनमें से कहाँ कोई अदालत-कचहरी गया ? अकेले इसी को लगी थी क्या ? मुझे शक है, यह आदमी साधु नहीं होगा। सी.आई.डी. का आदमी रहा होगा या किसी

पार्टी-वार्टी का सिरफिरा मेंबर जो, बाबा को यों ही परेशान कर रहा है।

वारंट का कागज लेकर चार सिपाही और एक सब-इंस्पेक्टर मठ के अंदर पहुँचे तो हमें यकीन नहीं हुआ कि वे किसी खास मतलब से आए होंगे।

भगौती दर्जा दस तक पढ़ा है। चालीस की उमिर में स्कूली विद्या तो जरूर ही भूल-भाल गया होगा, लेकिन कामचलाऊ अंग्रेजी वह जानता है। वारंट का सरकारी कागज भगौती ने ही देखा। उसने दारोगा साहब से अलग अकेले में कुछ देर बातचीत की। दारोगा की राय हुई कि बाबा को गिरफ्तार होने में आनाकानी नहीं करनी चाहिए। साथ ही अभियुक्तों में मेरा और इमरितिया का भी नाम था।

तय हुआ कि खा-पीकर दो बजे के बाद हमें मठ से निकलना चाहिए।

पास-पड़ोस में डेढ़-दो मील के अंदर तीन गाँव हैं—केरवनिया, लखनपुरा, मझगाँवा। कानों-कान गिरफ्तारी की बात फैल गई। लोग इकट्ठे होने लगे। उनमें बच्चों और औरतों की संख्या ज्यादा थी।

भगौती ने दारोगा साहब से कहा—"बाबा और किसी सवारी पर चलते नहीं हैं। या तो पैदल जाएँगे या तो फिर डोली का इंतजाम होगा।" मेरे दिमाग में एक नई बात सूझी...आठ जने पलँग उठाकर चलेंगे, बाबाजी उसी पलँग पर विराजमान रहेंगे। लेकिन यह बात पुलिसवालों ने नहीं मानी। डोली भी कबूल नहीं की गई। आखिर खाँचे में बैठाकर बाबा थाना पहुँचाए गए। लोगों को यकीन नहीं हो रहा था कि बाबा सचमुच ही किसी जुर्म में गिरफ्तार हुए हैं। सबने कहा कि जेल-जीवन की मौज उठाने के लिए बाबा ने यह लीला फैलाई है। बेंत की चोट खाकर कोई अदालत तक पहुँच सकता है इसकी कल्पना सीधे-सादे लोगों को नहीं थी।

भगौती ने यहाँ जेल के बाहर, थोड़ी दूर पर एक मकान ले लिया है भाड़े पर। अब वहीं से खाना बनकर हमारे लिए आने लगा है। यह इंतजाम जरूरी था। कैसा भी हो, जेल की रसोई का खाना रद्दी ही होगा...परसों से खाना आने लगा है। कल मखाने की खीर आई थी। आज मालपूआ आया था। सब्जी में आलू-गोभी थी। जब से जेल का खाना चला, गोभी नजर नहीं आई। यों इशारा पाकर बड़ा जमादार महँगी से महँगी सब्जी का इंतजाम बाबा के लिए करवा सकता था। सबेरे सूजी का हलवा और समोसे आए थे। अब हमारे कपड़े भी धुलकर वहीं से आ जाएँगे। थर्मस में चाय भी आने लगी है। आज शाम को बालूशाही और रसगुल्ले के लिए कह दिया गया है।

बाबा को इतने भर से संतोष तो होगा नहीं।

वह जेल में भी रहेंगे तो शाही ठाठ से रहेंगे। यहाँ भी भोज-भंडारे का सिलसिला चलाना चाहेंगे। समूचा जेलखाना बाबा का अपना परिवार हो जाएगा।

कल से मेरी पुरानी ड्यूटी फिर शुरू हो जाएगी। हाँ, यहाँ भी बेंत से पीठ छुआकर दुआ देने का सिलसिला चालू होगा। मैं मंजूर नहीं कर रहा था, बाबा भी राजी नहीं हो रहे थे, लेकिन बड़ा जमादार कई दिनों से अपनी जिद्द पर अड़ा हुआ है। कल मंगलवार है न, पाँच जने अपनी-अपनी पीठ बेंत से छुआएँगे। उनमें से दो जेल के दफ्तर

में काम करनेवाले बाबू हैं। एक बड़ा जमादार खुद और एक उसका बड़ा लड़का और एक रामसुभग सुकुल। इस तरह पाँच भक्तों की पीठों पर मस्तराम को कल उसी तरह बेंत से हल्के-हल्के छू देना होगा...आज सबेरे कई दिनों के बाद हमारा मिलना हुआ। बाबा ने हिदायत दी है—"देखो मस्तराम, फिर उसी तरह का बचपना नहीं करना ! रस्मी तौर पर पीठ को बेंत से छू भर देना ! कहीं ऐसा न हो कि तुम्हें फिर बेंट फटकारने में मजा आने लगे और जोश में आकर कहीं फिर तुमने किसी की पीठ उधेड़ दी तो भारी बदनामी होगी ! फिर कोई तमाशा न खड़ा करना मस्तराम !"

मैं सब समझता हूँ। नीम की मामूली टहनी-जैसी हल्की-पतली एक बेंत आई है। मारने पर भी वह चोट नहीं करेगी। फूल के डंठल से या तिनके से जिस तरह चोट पहुँचाई जा सकती है, उतनी ही चोट पहुँचेगी।

यह तो अपने-अपने मन की भावना से संबंध रखता है। हमने तो यहाँ किसी से नहीं कहा कि अपनी पीठ पर बेंत लगवाओ। लोग खुद ही पीछे पड़ गए हैं। इनमें पढ़े-लिखे लोग भी हैं। जेल के दफ्तर में काम करनेवाले वे दोनों बाबू पढ़े-लिखे हैं। एक तो बी.ए. तक की विद्या हासिल कर चुका है, दूसरा इंटर तक पढ़ा है। एक ब्राह्मण है, दूसरा राजपूत। इन दोनों से कौन कहने गया था कि अपनी पीठ पर बेंत लगवाओ, मैंने तो नहीं कहा था। जमनिया में भी कभी किसी से मैंने इस बारे में नहीं कहा। लोग खुद ही अड़ जाते थे। लगता था, बेंत नहीं पड़ेगी पीठ पर तो पेट का खाना हजम नहीं होगा इनका ! अब वही बीमारी यहाँ जेल के अंदर पहुँच गई। हाँ, बीमारी ही कहो...मान लो बड़े जमादार की पतोहू अड़कर बैठ जाय तो उसकी पीठ पर जोरों से नहीं मारोगे ? नहीं पतली टहनी से क्या होगा ! जवान और निपूती औरत की पीठ पर जमकर नहीं पड़ेगी तो उसका जी कैसे भरेगा ?

नहीं, यह सबकुछ नहीं करेगा मस्तराम। अबकी वह बहकावे में नहीं आएगा। लोग बहुत परेशान करेंगे तो मस्तराम जेल की दीवार कूद-कादकर भाग जाएगा। वह जमनिया के बाबा को हमेशा के लिए छोड़कर चला जाएगा। मस्तराम की मरजी के खिलाफ बाबा कोई काम उससे नहीं ले सकते...

अब दो-चार दिनों के लिए सेल का एकांत निवास मुझको भी नसीब हुआ है। घंटे भर बाद सुकुल की ड्यूटी होगी तो दम लगेगा। पुराने कैदियों में से दो इसके शौकीन हैं। उनमें से एक का नाम संजीवन है। मिर्जापुर जिला का रहनेवाला। बड़ी-बड़ी मूँछोंवाला अधेड़ डाकू संजीवन सिंह। मिर्जापुर के जंगली इलाकों से लेकर रीवाँ और सतना तक लोग उसका नाम अब भी भूले नहीं हैं। बड़े जमादार ने संजीवन को हुकुम दे रखा है—"बाबा मस्तराम की सेवा करो, तुम्हारे सारे मनोरथ पूरे होंगे। जभी फुर्सत मिले, तभी इनकी टहल में आकर लग जाओ..." शुरू-शुरू में दो-चार बार यही संजीवन मेरे लिए चरस और गाँजे की जुगाड़ करता था। दो-एक बार कपड़े भी मेरे धो चुका है। हम कई दिन एक ही वार्ड के अंदर रात को बंद होते थे। संजीवन ने मेरे पैरों की चंपी की है। समूचे बदन की चंपी करवाना मुझे अच्छा नहीं लगता। लेकिन श्रद्धा के

मारे तुम्हारे पैरों को कोई चाँपने ही लग जाय तो क्या करोगे ! संजीवन से उसकी जिंदगी के बारे में मैंने अब तक कुछ नहीं पूछा। बेकार है सब पूछना ! वही लूट-खसोट, वही छीना-झपटी, वही जंगलों में छिपते फिरना, रेगिस्तान में भटकनेवाले अरबी बंजारों की भाँति चेहरे को कपड़े से लपेटकर, सिर्फ आँखों को खुली रखना...यह सब तो बिना पूछे भी मालूम किया जा सकता है। लेकिन संजीवन मेरा आदेश पाकर कुछ भी कर सकता है। यह पक्का चेला बन सकता है मेरा। लेकिन अभी दस वर्षों तक मैं किसी को चेला नहीं बनाऊँगा। अभी तो मैं खुद ही पट्ठा हूँ।

नहा-धोकर, तिलक-चंदन करके बड़े सिपाही यानी जेल के हेड कानिस्टिबिल साहब सबेरे-साढ़े आठ बजे मेरी सेल के सामने डट गए। आस-पास छः-सात कुर्सियाँ लग चुकी हैं। नीम के दरख्त से लगा हुआ सामनेवाला छोटा चबूतरा यहाँ कैदियों के लिए तीर्थस्थल का काम करता है। पेड़ से लगे हुए दो बाँस खड़े हैं जिनकी छोरों पर लाल पताकाएँ फहराती रहती हैं। शनिवार और मंगलवार को इन बाँसों पर कोई न कोई सिंदूर मसल जाता है, मालाएँ चढ़ा जाता है और अगरबत्तियाँ जला जाता है। मेरे लिए आज यह पहला शनिवार है। बजरंगबली का नाम लेकर आज का दिन शुरू हुआ। पीठों में पाँच बार छड़ी छुआकर आशीर्वाद देने की जिम्मेदारी यहाँ भी मुझ पर ही पड़ी है। संकटमोचन हनुमान की कृपा बनी रही तो बाबा को जल्दी ही छुटकारा मिल जाएगा..."आइए, जमादार साहब ! मैं सबेरे हनुमानचालीसा का पाठ कर चुका हूँ। बेंत को गंगाजल से धो-पोंछकर कल शाम को ही रख लिया था। फूल और नैवेद्य और अगरबत्ती सुकुलजी रख गए हैं। लेकिन आपने कहा था, पाँच जन आशीर्वाद लेंगे। वे कहाँ हैं ?"

"जी, संतजी ! आ चले सब लोग। उन्हीं के लिए कुर्सियाँ लगी हैं।" बड़ा जमादार इतना कहकर सहज भाव से अपनी बड़ी मूँछों पर दाहिने हाथ की उँगलियाँ फेर रहा है।

पाँच मिनट के अंदर ही कुर्सिया भर गई हैं, चारों।

मैं पीले रेशम के टुकड़े में लिपटी हुई बेंत की उस नन्ही-पतली छड़ी को सामने रख लेता हूँ। पालथी लगाकर बैठा हूँ। साखू के ताजे पत्तों से बनी हुई तीन पत्तलें मेरे सामने हैं। एक पर फूल और मालाएँ, अच्छत-रोली हैं। दूसरी पत्तल पर नैवेद्य की मिठाइयाँ और तराशे हुए फल सजे हैं। तीसरी पत्तल पर रेशम में लिपटी हुई वही आशीर्वादी छड़ी है।

सिपाही रामसुभग सुकुल मानो घड़ी देखकर ठीक वक्त पर आ गया है। नौ बजने वाले हैं और सुकुल ने अगरबत्तियाँ जला दी हैं। चंदन की खुशबू तबीयत को मस्त करने लगी है।

मैसूर-बंगलौर का माल होगा। वहाँ चंदन का तेल, साबुन, अतर, फुलेल सबकुछ तैयार होता है।

एक बार भगौती का छोटा दामाद कानपुर से चंदन की टिकिया ले आया था।

मुझसे उसने कहा था—"मस्तराम बाबा, डेढ़ रुपए का यह साबुन इस बार हम आपके लिए ले आए हैं, फेंक नहीं दीजिएगा।" ...गजब की टिकिया थी।

दूसरी बार मेरे गालों की फुंसियों में लगाने के लिए लालता प्रसाद चंदन का तेल लाए थे। दो बार या तीन बार लगाया होगा वह तेल, फिर कभी इन गालों पर फुंसियाँ नहीं हुईं। तब से मैं मैसूर-बंगलौर के चंदनवाले मालों का प्रोपगंडा करता आया हूँ।

लो, मैंने मौन धारण कर लिया ! दस-पंद्रह मिनट लगेंगे। इससे अधिक नहीं लगेंगे।

इशारे से बड़े जमादार को नजदीक बुला लेता हूँ। बेंत को पाँच बार हवा में उछालता हूँ और फिर उसे पत्तल पर रख लेता हूँ। पवित्र जल छिड़ककर अच्छत, सिंदूर, फूल, चढ़ाकर बेंत की पूजा करता हूँ। होंठों से रामायण की चौपाइयाँ बुदबुदाता रहता हूँ। बड़े जमादार के गले में इकहरी माला डालता हूँ और उसके कपार में रोली और अच्छत का टीका देता हूँ।

बड़ा जमादार दोनों हाथ जोड़कर कंधों को झुकाकर, सामने उकडूँ बैठा है। मैं आहिस्ते-आहिस्ते उसकी पीठ पर पाँच बार उस नन्हीं पतली बेंत से जरा-जरा-सी छू देता और रुक जाता हूँ।

जमादार सिर उठाकर उलाहना-भरी आवाज में कहता है—"मस्तराम बाबा, यह तो कुछ नहीं हुआ ! रत्ती-भर भी मालूम नहीं पड़ा कि आप आशीर्वाद दे रहे हैं !"

मुझे बाबा की दी हुई हिदायत अच्छी तरह याद है। यों भी होशोहवाश दुरुस्त हैं। सात्विक वातावरण और सेल का एकांत जीवन अपना जादू बिछाए हुए हैं। उँगली के इशारे से बड़े जमादार को चुप रहने का आदेश देता हूँ।

इसी तरह बाकी चारों को भी बेंत की हल्की छुवन से आशीर्वाद मिलते हैं। एक-एक को पाँच-पाँच बार।

संकेत पाकर सुकुल परसादी बाँटता है। मैं नीमवाले चबूतरे पर पहुँचता हूँ। ध्वजा के बाँसों पर अच्छत, रोली, फूल चढ़ाता हूँ। पेड़ की तीन बार परिक्रमा करता हूँ। फिर अपने आसन पर वापस आकर अँगोछे से बेंत को अच्छी तरह पोंछता हूँ। उसे रेशमी टुकड़े में लपेटकर रख देना है। अगले शनिवार तक बेंत की यह छड़ी विश्राम करेगी।

सुकुल ने कहा—"अब आप भी प्रसाद लीजिए।" और मैं बर्फी के टुकड़े टपाटप मुँह के अंदर डाल लेता हूँ।

एक गिलास पानी चढ़ाकर इत्मीनान से बैठता हूँ।

दफ्तर के बाबुओं ने भी शिकायत की है, आशीर्वादी बेंत इतनी हल्की नहीं पड़नी चाहिए...

ठहाका लगाकर हँसने का मेरा जी करता है ! कैसे भोले होते हैं हमारे देश के लोग ! इनकी पीठ पर कोई साधु-महात्मा जमकर बेंत फटकारे, तभी बेचारों की तबीयत भरती है।

लेकिन वह साधु हमारे देश की इस मिट्टी से नहीं पैदा हुआ है क्या ? जमनिया

के बाबा की आशीर्वादी बेंत खाकर इससे पहले कोई आदमी हाकिम से शिकायत करने नहीं गया...लगता है, यहाँ भी आशीर्वाद का यह सिलसिला जोर पकड़ता जाएगा ! नहीं पकड़ेगा जोर ? जरूर पकड़ेगा ! तो फिर बेटा मस्तराम, क्या करेगा तू ? कहीं ऐसा न हो कि तेरी मस्ती के चलते बाबा को किसी और झमेले में फँसना पड़े।

मुझे पढ़े-लिखे लोगों से बड़ी नफरत है। मैं जान-बूझकर इनसे बातें नहीं करता हूँ। दफ्तर के दोनों बाबू थोड़ी देर इस इंतजार में बैठे रहे कि ज्ञान-ध्यान की कोई बात करूँगा ! लेकिन नहीं, मैंने बड़े जमादार से कह दिया है—"रात नींद नहीं आई ! अभी खाना खाकर शाम तक सोने का इरादा है।"

बड़ा जमादार प्रणाम करके जा रहा है। बाकी चारों कुर्सियाँ भी खाली हो गईं।

खाना वक्त पर नहीं आया, आधा घंटा देर हुई। यह देर-सबेर तो लगी ही रहेगी। सारी ज़िंदगी थोड़े यहाँ गुजारना है। हद से हद चार-छः महीने तक मुकदमा चलेगा। फिर या तो छूट जाएँगे या किसी और जेल में भेजे जाएँगे सजा काटने के लिए।

हमारे सुख और सुविधा के लिए भगौती ने सौ रुपया भाड़ा देकर बाहर एक मकान लिया है। आराम और तंदुरुस्ती के लिहाज से मठवाले बाबा के नाम पर जितना खर्च करें, थोड़ा ही है। यह मठ यानी जमनिया का महंथी दरबार इस बाबा की ही सृष्टि है। यह कोई पुराना धर्म-स्थान नहीं है। किसी पुराने महंथ या धर्माचार्य ने यहाँ गद्दी की स्थापना नहीं की थी। यह सारा तमाशा इसी बाबा का खड़ा किया हुआ है। कुल जमा बारह वर्षों का वक्त बीता है। इसी में जमनिया के बाबा का महंथी दरबार दुनिया के सामने उभर आया है...

भगौती, लालता, सुखदेव वगैरह दरअसल बड़े लालची स्वभाव के जीव हैं। मुझे इनकी हरकतें कभी-कभी तो बेहद नागवार लगती हैं। बाबा मेरी नाराजगी को भाँप जाते हैं, फिर चार, छः, दस रोज मुझ पर निगरानी रखते हैं। कोई बंदिश नहीं, कोई मनाही नहीं, कोई नुक्ताचीनी नहीं, बस प्यार की निगरानी...।

इमरितिया आज शाम तक छूट जाय शायद ! जमानतदार मिल गया है शायद ! शायद, वह अभी ग्यारह बजे कचहरी में हाजिर हो जाएगा...अच्छा है ! बाहर जाय बिचारी। इन आठ-दस दिनों में पीली पड़ गई होगी...मेहतर ने बतलाया था उस दिन, शुरू-शुरू में दो-तीन रोज तक उसने कुछ नहीं खाया। बाद में थोड़ा-थोड़ा टूँगने लगी थी। बड़े जमादार से कहकर हमने उसके लिए कई बार बाहर से नमकीन और मिठाइयाँ मँगवाने का इंतजाम किया था। दो-एक बार फल भी भिजवाए थे...लेकिन जेल-जीवन का आतंक उस पर पहले दिन से ही सवार हो गया। वह बाहर निकलेगी, तभी खाएगी-पिएगी...।

इन दिनों आत्माराम धुएँ की सवारी पसंद नहीं करते हैं। जयनगर की तरफ से एक नेपाली भगत ने बहुत बढ़िया भंग भिजवाई है। भगौती बादाम, काली मिर्च वगैरह दे गए थे परसों। बूटी छानने में सिपाही रामसुभग सुकुल को काफी दिलचस्पी रहती है। दोनों वक्त छनने लगी है। एक ही कमी है यहाँ। नहाने का अच्छा प्रबंध नहीं है।

बूटी छानकर दस-बीस बाल्टी पानी न डालो बदन पर तो जाने कैसा-कैसा लगता है। या फिर बंबे के नीचे बैठकर पंद्रह-बीस मिनट तक लगातार माथे पर जलधारा गिरती रहे। जमनिया में पानी की किल्लत नहीं है। मध्य प्रदेश में भी पानी का सुख था। जेल तो साली जेल ठहरी। यहाँ तो जैसे-तैसे वक्त गुजारना पड़ेगा। यह अच्छा हुआ कि बाबा को नहाने के लिए काफी जल मिल जाता है। बाबा के शरीर में बड़ी गर्मी है। वैसे शरीर के लिए पचीस-पचास बाल्टी पानी चाहिए। जमनिया में हमारे मठ के अंदर चार बड़े-बड़े कुएँ हैं। एक में बिजली का इंजिन फिट है। उस कुएँ की बदौलत पचासों एकड़ हरे-भरे रहते हैं। बाबा के दरबार की हरियाली जिले भर में मशहूर है। इस वर्ष शायद दूसरे कुएँ में भी बिजली लग जाय। यह सब भगौती और लालता की हिकमत पर निर्भर करता है। वे अगर बाबा को इस मुकदमे से बरी करवा लेते हैं तो मठ का नुकसान नहीं होगा। अगर बाबा को साल-दो साल के लिए सजा हो गई है तो मठ की इज्जत को भारी धक्का लगेगा।

कल शाम को लगभग छः बजे इमरितिया को हवालात से बाहर निकाला गया। भगौती उसे रिक्शे पर ले गए। शायद, अभी कुछ दिनों तक इमरितिया टाउन में ही रहे। क्या बुरा है ? मकान ले ही लिया गया है। खाना पकाने के लिए एक बाभन देवता की भी बहाली हो चुकी है। मुकदमे के चलते भगौती और लालता को बार-बार शहर आना पड़ता है। फिर क्या दिक्कत होगी इमरितिया को ? हाँ, जेल की ऊँची-ऊँची दीवारों के अंदर उसकी तबीयत इधर बुरी तरह घुट गई होगी। जमनिया लौट जाने से उसके दिल को भारी तसल्ली मिलेगी। शहरातू छोकरी होती तो शायद रह भी जाती।

सुकुल ने बतलाया है, कल से बाबा समाधि पर बैठेंगे। तीन दिन तीन रात ध्यान लगा रहेगा। कोई मिल नहीं सकेगा। खाने के लिए फलों की व्यवस्था रहेगी। दूध-दही चलेगा। परदे की आड़ से थाली अंदर खिसकाकर रख दी जाएगी। दूध-दही के कटोरे, पानी का लोटा, शहद की बोतल...सब चीजें इसी तरह परदे से अंदर की ओर बढ़ा दी जाएँगी। इस अरसे में कोई मिलने नहीं पाएगा।

जमनिया में पंद्रह-पंद्रह दिनों के लिए बाबा की समाधि लगती थी। मुझे छोड़कर किसी को अंदर नहीं जाने दिया जाता था। यहाँ भी मेरी जरूरत पड़ सकती है। लेकिन नहीं, बाबा अकेले ही काम चला लेंगे। सेल जितनी छोटी जगह में साधना नहीं चल सकती। इसी से अब तक यहाँ जेल के अंदर बाबा की समाधि नहीं लगी। इतने दिनों के बाद अब कहीं उनके लिए एक अच्छी जगह खाली की गई है। आज शाम तक बाबा पोलिटिकल वार्डवाले कॉटेज में चल जाएँगे। उसमें दो बड़े-बड़े कमरे हैं, बरामदा है और छोटी-छोटी तीन कोठरियाँ अलग हैं, रसोई आदि के लिए। पाखाना है, नहाने की कोठरी है। आगे आँगन है, पीछे बगीची है। कुल मिलाकर बड़ी अच्छी जगह है। बाबा को यहाँ आराम रहेगा।

यह कॉटेज अंग्रेजी अमलदारी में उन स्वराजी नेताओं के लिए तैयार हुआ था जो बड़े खानदान या ऊँची हैसियत के होते थे। इस कॉटेज में कृपलानीजी रखे गए थे। शिब्बनलाल सक्सेना और किदवई साहब भी इसमें रह चुके हैं। बड़े जमादार के पास इस कॉटेज की ढेर सारी कहानियाँ सुरक्षित हैं। कोई भी उन्हें सुन सकता है।

मैं चाहता तो बाबा के साथ कॉटेज में आराम से रह सकता था। लेकिन मैं कॉटेज में बाबा के साथ नहीं रहूँगा। जेलवाले मन ही मन हँसेंगे और आपस में कानाफूसी करेंगे। कहेंगे कि मस्तराम पेटू है, इसकी सधुअई जीभ पर टँगी है। खाने-पीने की चीजों पर हाथ साफ करने के लिए बाबा से चिपका हुआ है। इस तरह की बातें कैदियों में भी होंगी, सिपाही लोग भी इसी तरह की बातें करेंगे ! मस्तराम सब समझता है। वह बाबा की टहलदारी के लिए तैयार है। लेकिन इस तरह की बातें वह नहीं सुनेगा।

मैं, यानी मस्तराम बैरागी, अक्खड़ जरूर हूँ, भुक्खड़ नहीं हूँ।

यहाँ जेल के अंदर देख रहा हूँ कि एक प्याज के लिए लोग जान देते हैं, छोटी-सी हरी मिर्च कैदियों का ईमान डिगा देती है। किसी को तुम मिस्री की डली दिखला दो, वह दुम हिलाने लगेगा। आधा गिलास छाछ हासिल करने के लिए यहाँ महाभारत मच जाता है...ऐसी हालत में अब बाबा के साथ कॉटेज के अंदर कौन रहना चाहेगा ?

मैं अगर कभी बाबा के पास जाऊँगा भी तो काम करके तुरत-फुरत लौट आऊँगा। एक गिलास पानी भी वहाँ नहीं पिऊँगा। वहाँ, जमनिया में, मठ के अंदर और बाहर भी कोई कमी नहीं रहती थी। दूध-दही, मेवा-मिष्ठान्न, फल-फूल ढेरों मिलते थे। सूती और ऊनी कपड़े एक से एक सुलभ थे, लेकिन मस्तराम हमेशा संयम से काम लेने का आदी रहा है।

एक बार झरिया का एक गुजराती सेठ आया। उसने बाबा को पाँच सौ रुपए की सफेद ऊनी चादर ओढ़ा दी। अगले ही दिन इमरितिया पशमीने की वह चादर मेरे सामने ले आई। बोली—"बाबा का हुकुम है, मस्तराम, यह चादर तुम्हें ओढ़नी ही पड़ेगी !" मैंने उसे वापस भेज दिया। बाबा नाराज हुए तो आठ-दस रोज मुझसे बोले नहीं। लेकिन, मैं भी डटा रहा। मेरी दलील ऐसी लचर नहीं थी कि उसे कोई हँसकर उड़ा देता...।

सेवक और शिष्य की भी एक मर्यादा होती है, छोटे भाई और बेटे, भतीजे की भी एक मर्यादा होती है। आप अपने इस्तेमाल की चीजें तरंग में आकर सेवक, शिष्य, पुत्र, अनुज को दे डालते हैं और वह बे-झिझक अपने लिए उसका उपयोग शुरू कर देता है। लोगों में कानाफूसी होने लगती है—इन लोगों का धंधा ही यही है। मस्तराम जैसे फक्कड़ साधु पर कोई महंथ खुश हो और खुशी की झोंक में आकर हजार रुपए वाली अपनी कलाई-घड़ी उतारकर मस्तराम की कलाई में बाँध दे तो मस्तराम क्या करेगा ?

मस्तराम यही करेगा कि वह कलाई-घड़ी खोलकर महंथजी के सामने रख देगा, हाथ जोड़कर कहेगा—"महाराज, सौ-पचास की होती तो अपने काम की होती। यह तो

अपने काम की नहीं है !" महंथ अगर समझदार होगा तो दुबारा जिद नहीं करेगा। वह चुपचाप अपनी कलाई-घड़ी वापस ले लेगा।

बाबा कल से समाधि लगाएँगे। बड़े जमादार बाबा की सेवा-टहल के लिए दो-तीन पुराने कैदियों को बाबा की सेवा में बहाल कर चुके हैं। जिलाधीश से बाबा को इस प्रकार शाही कैदी की तरह रहने की विशेष अनुमति मिली है। बाबा चाहें तो अब रोज भंडारा दे सकते हैं, पूजा-पाठ, भजन, आरती सबकुछ मठ की तरह चल सकता है।

चल तो सकता है सबकुछ, मगर जमनिया से लाकर आखिर कितनी रकम खर्च की जा सकती है यहाँ पर ? हाँ, यह हो सकता है कि यहीं टाउन के अंदर बाबा के नाम पर दस-बीस सेठ तैयार हो जाएँ ! और, लगता है, यही होगा। भगौती ने समझ-बूझ कर ही तो मकान लिया है भाड़े पर। सुकुल बता रहे थे कि शेर छाप गेरुआ झंडा उस मकान की मुँडेर पर फहरा रहा है। यह शेर छाप गेरुआ झंडा जमनिया के महंथी दरबार का खास अपना झंडा है। शेर अपना काम कर रहा होगा। बाबा ने भी अपनी साधना शुरू कर दी है।

भगौती मुझको सनकी समझता है। समझता है, इस मस्तराम को क्या चाहिए ? चरस, गाँजा, भंग, मस्ती के लिए और दो-एक सामान...खाने के लिए तर माल...और क्या चाहिए मस्तराम को ? भगौती मुझसे बहुत सारी बातें छिपाए रहता है, लेकिन काम की बातें मेरे कानों तक आ ही जाती हैं।

कहते हैं, मुकदमा चार महीने तक चलेगा। ज्यादा भी जा सकता है। कितना भी जोर लगावें भगौती और लालता, छुटकारा तो नहीं ही मिलेगा। साल-छह महीने की सजा होके रहेगी। अभी तो खैर केस ही नहीं खुला है। दस-पंद्रह दिनों के अंदर पहली पेशी होनेवाली है। उस साधु की तरफ से काफी जोर लगाया जा रहा है। गवाह खोजे जा रहे हैं। चंदा उगाहा जा रहा है। वकील कागज-पत्तर ठीक कर रहे हैं। तो हमारा भगौती भी बैठा नहीं है। वह काफी दौड़-धूप कर रहा है। भगौती और लालता के रिश्तेदार लखनऊ और दिल्ली तक सरकारी दफ्तरों में अड्डा जमाए हुए हैं। सिफारिश और पैरवी में कमी नहीं होगी।

उस साधु की पीठ का फोटो लखनऊ में छपा। डाक्टर ने दवा लगाकर ड्रेसिंग कर दी थी और समूची पीठ का फोटो ले लिया गया था। वही अखबार में छपा है। हमें जेल के छोटे बाबू ने बताया है। कह रहे थे—"चेहरे की तरफ से फोटो छपा होता तो हम आपके लिए वह अखबार लाइब्रेरी से मँगवा लेते। पीठ देखकर क्या कीजिएगा ?"

हाँ पीठ देखकर कोई क्या करेगा ! लेकिन यह तो है ही कि वह कोई मामूली साधु नहीं है। उसकी भी पहुँच लखनऊ तक है, वर्ना कौन किसकी पीठ का फोटो छापता है। पिटाई खाने के बाद सीधे जिला कचहरी पहुँचकर हाकिम के सामने खड़ा हो गया ! जाहिल-जपाट होता तो इतनी हिम्मत कहाँ से आती। जरूर वह पढ़ा-लिखा साधु होगा। बी.ए.,एम.ए. पास, दुनिया-जहान घूमा हुआ। पड़ोस के जिले में गरीब किसानों और खेत-मजदूरों के लिए उसने जमींदारों से लोहा लिया था। ऐसा सुना है। इसका मतलब

तो यही हुआ कि वह साधु भले हो, लेकिन होगा लीडर टाइप का कड़ियल इन्सान। जरूर ही जानबूझकर हमारे हाथों वह इतनी पिटाई खा गया, हमें अपनी मस्ती का सबक सीखने का मौका दे गया।

सब पढ़-लिख जाएँगे और आराम का जीवन बिताने लगेंगे और गाँव-गाँव के अंदर सुख और संपदा के सामान सुलभ होंगे और अपनी-अपनी मेहनत का कई गुना फल लोगों को हासिल होने लगेगा, फिर बाबा के दरबार में आशीर्वादी बेंत की फटकार खाने के लिए क्यों कोई आएगा ?

"आइए सुकुलजी ! आपको देर हो रही थी, मैंने छान ली है। आपके लिए रख छोड़ी है। काली मिर्च खत्म हो गई थी। कल आ जाएगी। लीजिए आज फीकी ही छानिए !" मेरी यह बात सुनकर सिपाही रामसुभग सुकुल दाँत निपोड़कर मुस्कुराने लगता है। कहता है—"सबेरे ही बतला दिया होता तो आ गई होती ! नहीं आई होती ?"

"अरे सुकुलजी, मैं भारी भुलक्कड़ आदमी हूँ। लेकिन बिना काली मिर्च के भी भंग बुरी नहीं लगती है। लगती है बुरी ?"

"बुरी तो नहीं लगती है, फीकी जरूर लगती है।"

"तो, फीकापन अपने आप बुरा नहीं हुआ ?"

सिपाही रामसुभग सुकुल भभाकर हँसता है। सेल के अंदर एक ईंट पर कोने में साखू के पत्ते का दोना दिखाई दे रहा है। दोने में भंग की गोली है।

सुकुल को मालूम है। वह चार कदम सेल के अंदर जाकर दोना उठा लाता है।

अब वह कुएँ का ताजा पानी लाएगा। आधा लोटा पानी गटक जाएगा। भंग की गोली के साथ। दो मिनट बाद सुकुल को हल्की डकार आएगी। तब वह पाकिट से तंबाकू-चूना निकालकर हथेली पर उसे आधा घंटा तक मसलता रहेगा और हमारी बातचीत चलती रहेगी।

सुकुल की यह अदा मुझे अच्छी लगती है।

पिछली शाम को बहुत जोरों से नारे लगते हैं। थोड़ी देर बाद लाठियाँ चलीं। चीनी मिल के हड़ताली मजदूर हवालात में हैं। जब से आए हैं, हल्ला-गुल्ला मचाए रहते हैं। परसों उन्होंने रसोइए के चेहरे पर दाल का कटोरा उछाल दिया था। पुराना कैदी सेवा के लिए दिन-रात उनके वार्ड में तैनात रहता है, बेचारे पर चप्पलों की मार पड़ी। चेहरा सूज गया है। जेल के अस्पताल में पड़ा है।

कल शाम को हड़ताली कैदियों ने जेलर को गालियाँ दीं। बड़े जमादार से कहा—"अपने बहनोई को कह दो, हमारे लिए दो रोज के अंदर ही ऊनी कपड़ों का इंतजाम करे।"

कई दिनों से सिपाहियों और जेल-अधिकारियों के अंदर इनके खिलाफ गुस्सा उमड़ रहा था। कल आखिर लाठियाँ चल ही गईं। दो मजदूर कैदियों को रात ही जेल के अस्पताल में पहुँचा दिया गया। चोट, एक के तो कम लगी है, लेकिन दूसरे का कपार फट गया है। जाने कहाँ से पत्थर मँगवा लिए थे ! कहते हैं, दो सिपाहियों को पत्थरों

की चोट लगी। एक के कंधे पर जख्म हो गया है। अब चार-छै-दस रोज तक इनकी भूख-हड़ताल चलेगी। नाक में नली डालकर दूध और अंडों का घोल अंदर पहुँचाने की नौबत आ भी सकती है और नहीं भी आ सकती है। मजदूरों के नेता लोग राजनीति के मजे हुए खिलाड़ी हुआ करते हैं। वे अपनी पार्टी के इन कैदी साथियों की रक्षा के लिए कोई न कोई तरकीब जरूर भिड़ाएँगे। अव्वल, इन्हें जेल में रहने ही नहीं देंगे। नहीं, जेल में रहना ही पड़ा तो जेलवालों से काफी ज्यादा रियायतें हासिल करके रहेंगे।

लेकिन हमारी तो जेलवालों से कभी अनबन नहीं हुई। एक बार भी नहीं। कहने को भी नहीं...हाँ, जिस रोज हम हवालात के अंदर आए, उसके अगले दिन सवेरे जब बाबा की जटाएँ उतरने लगीं तो बड़े जमादार को मन-ही-मन अंदेशा हो रहा था कि मैं कहीं चार तमाचे लगाकर हजाम को खदेड़ न दूँ !

पारसी हाकिम का हुकुम था और बाबा ने इस पर शांति धारण कर ली थी। फिर मस्तराम नाहक क्यों खुराफात करता ? मस्तराम गधा नहीं है। मस्तराम आदमी है।

तो, बेटा, तुमने उस साधु को उतनी बेरहमी से क्यों पीटा ? जानवर ही जानवर पर उस तरह हमला करता है। तुम उस रोज हैवान बन गए थे न ?

अपने जिस जटाधारी बाबा की इज्जत और प्रतिष्ठा के आडंबर की रक्षा के नाम पर तुमने बेंत फटकारने की वह तत्परता दिखलाई थी, बाबा की जटाएँ उतरते वक्त वह कहाँ थी ?

यानी, कभी-कभी तुम इन्सान नहीं रह जाते हो मस्तराम ! तुम्हारी हैवानियत कभी-कभी जोर मारती है। अपने पर तुम्हारा कोई काबू नहीं रह जाता है और अपनी इस कमजोरी को तुम चरस, गाँजा, और भंग के नशे में गर्क किए रहते हो !

यानी, तुम्हारा मस्तराम नाम ठीक नहीं है। तुम नकली मस्तराम हो। सच्चे मस्तराम होते तो बाबा की जटाओं को कोई उतार नहीं सकता था !

हाय, उन जटाओं की कैसी हिफाजत तुमने की थी ! नारियल का कै टीन तेल उन जटाओं को तुमने पिलाया होगा। उतना प्यार, उतना जतन, उतनी ममता ! दिलदार माली जिस तरह गुलाब की झाड़ियों पर अपनी जान निछावर किए रहता है, उसी तरह तुमने बाबा के सिर पर सलोनी जटाओं की वह प्यारी-प्यारी लच्छियाँ नहीं उगाई थीं ?

मस्तराम, उन जटाओं पर हजाम की कैंचियों का हमला आखिर कैसे तुमसे देखा गया ?

मस्तराम, या तो वे जटाएँ झूठी थीं; या तुम झूठे हो ! या तो वे जटाएँ नकली थीं या फिर तुम नकली हो !

आज पहली बार जेल के अंदर मेरे माथे में दर्द उठा है। रात का खाना नहीं खाऊँगा। आज भंग भी नहीं छनेगी—चिलम की लपलपाती लौ चाहिए आज तो। संजीवन कहीं से यहाँ पहुँच जाता तो चिलम गरम होती। रात को वह अपने साथियों के साथ पुराने वार्ड में रहता है। सबेरे उसे खबर मिल जाती तो अब तक आ गया होता।

और आज शायद सुकुल भी न आएँ। सबेरे बतला गए थे। बिरादरी के भोज में कहीं जाना था उन्हें।

इधर पाँच-सात दिनों से भंग ही भंग चली है, सिवा भंग के और कुछ है नहीं यहाँ ! न रहे साली, मर तो नहीं जाएँगे। मस्तराम क्या बगैर चरस-गाँजे के नहीं रह सकता ? इनकी ऐसी-तैसी ! हमेशा के लिए वह इन्हें छोड़ दे सकता है। मस्तराम का कुछ नहीं बिगड़ेगा, कुछ नहीं।

"क्या बात है ?" मैं भंगी से पूछता हूँ। वह मुस्कुराकर रह जाता है। साँवली सूरत वाले इस मेहतर की आँखें बड़ी सुंदर हैं। नाक-नक्श भी अच्छे हैं। बोलता कम है। 'हाँ-ना' की मुद्रा में माथा हिला-हिलाकर बातों का जवाब देता है, या फिर भौंहें या उँगलियों के इशारे उसके मतलब जाहिर करते हैं। सुबह भी आता है, शाम को भी आता है। कुछ पूछता हूँ तो थोड़े में जवाब देता है।

अभी शाम को, और दिनों से कुछ पहले ही आया है। मैं पूछता हूँ—क्या बात है ?

"सरकार, आज रात को बिरहा सुनने का प्रोग्राम है। शाम को क्वार्टर की रखवाली करनी पड़ेगी। छोटी बच्ची को सर्दी-जुकाम हो गया है। उसकी माँ हकीम से दवा लेने जाएगी। आएगी तब खाना पकेगा और तब खा-पीकर बिरहा सुनने के लिए मैं पुलिस लाइन के दूसरे छोर पर जा सकूँगा।"

"सारी रात सुनेगा ?"

"सारी रात चलेगा तो सारी रात सुनूँगा महाराज।" सेल से बाहर निकलकर वो कहता है—"सुना है, तीन रात तक चलेगा...एक बार मैंने दस रातों तक लोरिकायन सुनी थी।"

"लोरिकायन न हुई, रामायण हो गई साली ! दस रात चली थी ?" मुझे भारी अचरज होता है। पूरब का रहनेवाला होता तो नहीं होता अचरज ! लेकिन मैं तो पंजाब में पैदा हुआ था। उधर बिरहा और लोरिकायन नहीं चलते हैं, चलता है—हीर-राँझा। मैंने बचपन में सारी-सारी रात हीर-राँझा के गीत सुने हैं। अब इधर मुझे भी एकाध बार लोरिकायन सुनना चाहिए। जेल के बाहर निकलूँगा तो सुनूँगा।

इसकी बीवी क्यों नहीं जाएगी लोरिकायन सुनने ? उसे क्यों नहीं ले जाएगा साथ ? छोटी बच्ची बीमार न होती तो मिलकर तीनों लोरिकायन सुनने जाते। नहीं भी जाते, क्या पता ! इधर पूरब के जिलों में मर्द और औरत एकसाथ गाना-वाना सुनने नहीं जाते हैं। मेले-ठेले में, नहान में, हाट-बाजार में स्त्री-पुरुष अलग-अलग दिखाई पड़ते हैं इधर। छोटी जाति की औरतें खेत-खलिहान में काम कर लेती हैं; यही क्या कम है ?

इसकी तो बीवी भी यहाँ जेल में ड्यूटी करती है। उसी की मेहरबानी से हमें इमरितिया का हाल-समाचार मालूम होता था...।

सेल के अंदर पाखानावाला मिट्टी का वह गमलानुमा बर्तन बदल चुका है। इस बर्तन को सुबह और शाम आकर वह बदल जाता है। धो-पोंछकर और फिर से फिनायल

का जरा-सा घोल इस बर्तन में डाल जाता है। अब, इतने दिनों बाद फिनायल की गंध मुझे अच्छी लगने लगी है। पहले दो-चार दिनों तक लगता था, सबेरा होने से पहले ही यह माथा कई टुकड़ों में फट चुका रहेगा। धीरे-धीरे फिनायल हमें सहज होती गई। अब तो बिलकुल नहीं अखरती। इसी तरह पहले-पहल पेट्रोल की गंध से भी भड़कता था। वह तो और भी तेज होती है। मैं कुंभ के मेले में कई बार प्रयाग जाकर दस-दस, पंद्रह-पंद्रह दिन रहा हूँ। पेट्रोल की तेज तीखी दुर्गंध के कारण वहाँ संगम के पास, किले के नजदीक दौड़नेवाले मिलिट्री ट्रकों को हमेशा मैं कच्ची गालियाँ सुनाया करता था। लेकिन, जिन्हें रात-दिन कारों, बसों, ट्रकों, स्कूटरों या कारखाने के अंदर इंजनों के साथ रहना पड़ेगा, उनके लिए पेट्रोल की गंध दुर्गंध नहीं, सहज सुगंध हो जाती होगी। उनकी साँसों को पेट्रोल की भाप या धुआँ बड़ा ही अच्छा लगता होगा। हमें भी फिनायल अब अच्छी लगती है।

जी में आता है कि इससे पूछूँ...तुझे तो पाखाने की बदबू बुरी नहीं लगती होगी ? अच्छी तरह जानता हूँ, इस सवाल के जवाब में यह आदमी कुछ कहेगा नहीं, दाँत निपोड़ कर हँसता रहेगा।

भला हो अंग्रेज बहादुरों का, जिनकी अमलदारी में फिनायल का चलन हुआ। हिंदुस्तान के लाखोंलाख भंगी और मेहतर फिनायल का इस्तेमाल करके निहाल हो उठे। अंग्रेजों की अमलदारी में उन्हें पहली बार अपने देश के बड़ी जातिवालों की अंदरूनी दुर्गंध का पता चला होगा। फिनायल जैसी दुर्गंध-नाशक दवा से भंगियों-मेहतरों को जितना अधिक लाभ पहुँचा, उतना कबीर और रैदास की ठंडी-मीठी वाणी से भी यदि पहुँचा होता !

सिपाही रामसुभग सुकुल कभी-कभी बासी अखबार ले आते हैं और यहाँ बैठकर प्रेम से पढ़ते रहते हैं। मेरा मूड देखकर बीच-बीच में दो-एक खबर मुझे भी सुनाते हैं। परसों एक समाचार था—बिहार के अंदर मुंगेर जिले में हजारों हरिजन इस वर्ष ईसाई हो गए...। सूखा-संकट के चलते, उनकी हालत बदतर हो गई थी। ईसाइयों ने इतनी अच्छी तरह उनकी सहायता की कि उन्होंने ईसामसीह के चरणों में अपना-अपना जीवन अर्पित कर दिया है...

यह समाचार सुनकर मेरे अंदर एक अजीब-सी खलबली मची। मैंने बार-बार अपने को समझाना चाहा, लेकिन बेचैनी खत्म नहीं हुई। परसों और कल और आज जितनी बार यह भंगी मेरे सामने आया है, वह बेचैनी उबाल खाने लगी है। तबियत में आया है कि पाखाना साफ करनेवाले इस आदमी को मैं भड़का दूँ, कह दूँ—जा, तू भी ईसाई बन जा ! अगर ऊँची जातवालों की विष्ठा से छुटकारा चाहता है तो महाप्रभू ईसामसीह की छत्रछाया में चला जा ! भाग जा यहाँ से ! मेरे कहे मुताबिक कल तू ईसाई हो जाएगा तो फौरन तेरी तकदीर ऊँची उठ जाएगी, तेरा गोत्र ऊपर उठ जाएगा, तेरे बाल-बच्चे कान्वेंट में मुफ्त शिक्षा पाने लगेंगे। डाक्टर, इंजीनियर, प्रोफेसर, वकील, लीडर, क्रिकेट और फुटबाल के चैंपियन और जाने क्या-क्या बनेंगे तेरे बाल-बच्चे ! फिर

किसी की हिम्मत नहीं होगी जो तुझसे भंगी-मेहतर का काम ले। रैदास जैसे संतों की अमृतवाणी सदियों से तू पीता आया है, अब सौ-पचास वर्षों तक ईसाइयों की भी अमृतवाणी का आनंद ले !

बार-बार मेरा जी करता है, मैं इसे भड़का दूँ। मैं ऊँची जातवालों के खिलाफ इतना जहर भर दूँ इसके अंदर कि—

"क्या नाम है तेरा ?"

"असरफी !"

पूछता हूँ, फौरन मालूम हो जाता है नाम और कितना अच्छा नाम है असरफी ! असरफी यानी सोने की मुहर। असरफी यानी वह कीमती सिक्का जिसको जमनिया के बाबा गिन्नी कहते हैं। बाबा कभी-कभी वह अँगूठी पहनते हैं, यानी लालता प्रसाद परब-त्यौहार के दिनों में बाबा को कीमती लिबास पहनाकर तैयार करता है। उन दिनों बाबा के दाएँ हाथ की मँझली उँगली को लालता प्रसाद खास तौर पर गिन्नीवाली अँगूठी पहनाता है। बाबा की अँगूठी से लगी हुई उस असरफी को इस असरफी ने नहीं देखा है। कभी नहीं देखेगा...

"तेरे बाप का नाम क्या था ?"

"हीरा !"

जरूर ही यह अपने बेटे का नाम मोती या पन्ना रक्खेगा। गरीब से गरीब आदमी अपने लड़कों के नाम लक्ष्मीदास, सोनेलाल या मूँगामल और चाँदीराम रखता है। मन का दरिद्र कोई नहीं होता। लेकिन नामों में क्या रखा है। असरफी और इसका बाप हीरा भंगी की ड्यूटी से कभी छुटकारा नहीं पा सका।

कहते हैं, इस देश में मुसलमान आए तो छोटी हैसियत के हजारों हिंदुओं ने इस्लाम कबूल कर लिया। इस तरह उन्हें बड़ी जातिवाले हिंदुओं की घरेलू गुलामी से छुटकारा मिला। हमने यह कभी नहीं सुना कि मुसलमान या ईसाई कहीं हिंदू बने हों।

मुसलमान और ईसाई क्यों हिंदू बनने लगे ? इन्हें क्या मिलेगा हिंदू बनने से ? क्या है हिंदुओं के पास जो वे उनको देंगे ?

है तो बहुत कुछ। काफी कुछ है हिंदुओं के पास। करोड़ों, अरबों की संपदा एक-एक सेठ के पास है, लेकिन गरीब और पिछड़े हुए हिंदू, जंगलों और पहाड़ी इलाकों में मुट्ठी भर अनाज के लिए तड़प-तड़पकर मर जाएँगे, महासेठ का दिल नहीं पिघलेगा।

मैं भड़का दूँ तो असरफी ईसाई बन जाएगा ? भंगी का काम छोड़ देगा ? नहीं, नहीं छोड़ेगा। हाँ, इसकी अपनी बिरादरी का कोई ईसाई बन जाय और वह आकर बार-बार इसको समझाए, तब शायद असरफी कुछ सोच सकेगा। खरबूजे को देखकर खरबूजा रंग पकड़ता है !

इमरितिया ने अपने हाथों से लड्डू बनाकर भेजे हैं। इमरितिया हवालात से निकलकर जमनिया नहीं गई। यहीं है। इमरितिया अभी महीना-डेढ़ महीना इधर ही रहेगी।

अच्छा है, इमरितिया रहेगी तो हमें बराबर खटरस भोजन का आनंद मिलता रहेगा।

लेकिन समूचे मकान में अकेली रहेगी तो जी नहीं घबराएगा ? जमनिया में तो अकेली नहीं रही कभी। पड़ोस के गाँव की लड़कियाँ मठ में आती ही रहती थीं। चार-छै मजदूरिनें मठ के बागान के अंदर, गोशाला में और खलिहान में हमेशा काम में लगी रहती थीं। जमनिया का महंथी दरबार मर्दों और औरतों से गुलजार रहनेवाला चमन था। वह बैरागियों का सूखा अखाड़ा कभी नहीं रहा। बिजली लग जाय और नए ढंग से दस-बीस मकान बन जाएँ तो जमनिया खिल उठेगा।

अच्छा होता, दस-पंद्रह दिन जाकर इमरितिया वहाँ रह आती, वहाँ रहके फिर वापस आती। शायद भगौती का ख्याल होगा कि कचहरी में बयान हो चुकने के बाद इमरितिया को एक ही बार जमनिया पहुँचा दिया जाएगा। लेकिन, भगौती यहाँ पर गलती कर रहे हैं। उन्हें चाहिए कि अभी इमरितिया को जाने दें। वह हवालात के अंदर रहकर बहुत घबरा गई होगी। अचानक इतना बड़ा कांड हो गया, बेचारी की समझ में भारी झटका लगा होगा। मठ के अंदर जाकर दस-बीस रोज रहती तो बेचारी का दिल राहत महसूस करता, फिर से प्राणों में शांति वापस आती। जान-पहचान की औरतों, बच्चों, पौधों और पशुओं के बीच अपने को पाकर इमरितिया सहज संतोष पाती !

या फिर बाल-बच्चेवाली विधवा होती, इमरितिया न होती यह ! सधुआइन होने से क्या हुआ ? दिल के अंदर बैठी हुई माँ मसोस-मसोसकर रह जाती होगी ! औरत के पास और कोई न हो, बच्चा हो एक। बस, वह भारी से भारी मुसीबत झेल ले जाएगी। संतान का सहारा बहुत बड़ा सहारा होता है औरतों के लिए। मेरा जी कहता है कि आगे चलकर इमरितिया मठवालों को पानी पी-पीकर कोसेगी। मेरा जी कहता है, अब भी इमरितिया मठवालों को नफरत की निगाहों से देखती है। मेरा जी कहता है, इमरितिया आजीवन कैद की सजा नहीं भुगतेगी। काश, कोई माई का लाल इमरितिया को जमनिया से भगा ले जाता और हमेशा के लिए बेचारी आजाद हो जाती।

बूटों की आवाज सुनकर मैं उचककर देखता हूँ।

बड़े जमादार सामने मुस्कुरा रहे हैं।

"आज शाम को, सात बजे बाबा ने लोगों को दर्शन दिए। समाधि पूरी हुई। छत्तीस घंटे का मौन था। बारह घंटे की समाधि थी। दिन भर लोग दर्शन करने के लिए आते रहे, शहर के तीन-चार सेठ भी थे। जेल का पूरा स्टाफ समाधि में बाबा को देख गया है। बी-डिवीजन के चारों बाबू-कैदी आए थे। उनमें से दो ने बाबा के चरणों का स्पर्श किया। मस्तराम बाबा, आपको भी बड़े बाबा का दर्शन करने जाना था।"

"इतने सारे लोगों ने बाबा के दर्शन किए। मैं यहीं से बाबा को देख रहा था। हाँ, इसी सेल में बैठे-बैठे सबकुछ देखता रहा हूँ। बाबा ने नागपुरी रेशम का पीतांबर-परिधान धारण किया था। ललाट पर चंदन और भस्म का टीका। गले में खिले हुए गुलाबों की माला। काले कंबल का आसन रहा होगा। धूपबत्तियाँ जल रही होंगी। पास में पीतल

का कमंडल होगा। पीछे बाबा के खड़ाऊँ होंगे, हाथीदाँत की तराशी हुई खूँटियोंवाली। एक ओर जरा हटकर दो चटाइयाँ बिछी होंगी। दर्शनार्थियों को प्रसाद मिला होगा। समाधि के बाद बाबा ने खीर ली होगी।"

"आपको तो सब पता है," बड़े जमादार ने हँसकर कहा—"आप बाबा का सारा हाल जानते हैं। जिन्दगी भर साथ रहे हैं। आपसे बढ़कर कौन जानेगा बाबा के बारे में ?"

मैं बिना कुछ कहे गंभीर हो उठता हूँ और फिर मुस्कुराने लगता हूँ। मेरे लिए भी कटोरे में खीर आई थी शाम को। बाबा ने भिजवाई थी। वह खीर मैंने असरफी को दे दी। बेचारा भंगी पहले तो सकपका गया। उसे लगा, बाबा मस्तराम यह खीर उसे भंग के नशे में दे रहा है। यों भला भंगी को कौन खीर देता है ! बेचारा नहीं ले रहा था। आखिर डाँटकर मैंने कहा—"गधा कहीं का ! खीर नहीं खाएगा और कुत्तों की तरह गू चाटता फिरेगा !"

तो वह जाकर कहीं से अलमुनियम का कोई और कटोरा ले आया। मैंने खीर इस कटोरे से उस कटोरे में डाल दी।

लेकिन यह सब मैं बड़े जमादार को क्यों बतलाऊँ ? जरूरी नहीं है कि सारी बातें सबको बतला ही दी जाएँ।

"पूजा कब होगी ?"

प्रश्न सुनकर बड़ा जमादार कहता है—"सत्यनारायण की पूजा ? अगली पूर्णिमा को होगी। कल से चंदा उगाहा जाएगा। लिस्ट बन गई है। बी-क्लास के दो बाबुओं ने इक्यावन-इक्यावन रुपए देना मंजूर किया है। बाकी दोनों बी-क्लासवाले पच्चीस-पच्चीस देंगे। पुराने कैदियों में भी पूजा के नाम पर बड़ा जोश है। लगभग पाँच सौ रुपए इकट्ठे हो जाएँगे, ऐसा लगता है।"

कुछ रुककर वह कहता है—"बाबा ने मना कर दिया है। पाँच सौ से ज्यादा रुपए इकट्ठे नहीं किए जाएँगे।"

"कितने वर्षों के बाद जेल के अंदर यह पूजा होगी ?"

"दो साल बाद। बात ऐसी हुई थी कि चार साधु और दो ब्रह्मचारी गिरफ्तार हुए थे। वे चालीस रोज इस जेल में रहे। तभी भगवान की पूजा हुई थी। ज्यादा खर्चा नहीं किया गया था। सवा-सौ रुपए लगे थे।"

मैं अब तक बड़े जमादार से लेटे-लेटे बातें करता रहा हूँ। लेकिन, अब उठ गया हूँ। साधुओं की जेल-यात्रा का समाचार पाकर गुदगुदी महसूस कर रहा हूँ। बड़ी खुशी हुई यह जानकर कि दो साल पहले भी कुछ साधु इन सेलों में आकर रह गए हैं।

वे किस जुर्म में गिरफ्तार हुए होंगे।

बड़ा जमादार पूछता है—"देर से नींद आती है ? आप लोग संत-महंत ठहरे, सोकर तो सारी रात बिताते नहीं होंगे। हाँ मस्तराम बाबा, चार घंटा से ज्यादा सोना भोगी के लिए ठीक है और छह घंटे से अधिक सोना रोगी के लिए है। जोगी चार घंटे

से ज्यादा नहीं सोते..."

बड़ा जमादार भी खानदानी ब्राह्मण है। जरा-सा छेड़ दो, खाँचा भर उपदेश छोड़ जाएगा। लेकिन इस वक्त मैं उपदेश या शिक्षा की बातें इससे नहीं सुनूँगा। अभी तो मैं यह जानना चाहूँगा कि दो वर्ष पहले जो साधु यहाँ जेल में रहे थे, वे किस अपराध में पकड़े गए थे।

बड़ा सिपाही साठ के लगभग का है। पेंशन की उम्र हो चुकी है। पाकिस्तानी आक्रमण के दिनों में पेंशनवाली उम्र की हद में कुछ छूट दी गई थी, एक्सटेंशन मिला था। बड़ा जमादार दस महीने बाद रिटायर होगा। तंदुरुस्ती के लिहाज से वह कम से कम दस साल और अपनी ड्यूटी जमा सकता है।

वह मेरे मन की बात भाँप गया है। कहता है–"उस बार सभी साधु बेदाग छूट गए थे। एक को भी सजा नहीं हुई। अपराध भी मामूली था। मालगाड़ी के डिब्बे में लदकर सैकड़ों बूढ़े बैल पश्चिम से पूरब जा रहे थे। गोरखपुर स्टेशन के प्लेटफार्म पर उन साधुओं ने गोरक्षा के नारे लगाने शुरू किए। रेलवे-पुलिस ने उन्हें वहीं गिरफ्तार कर लिया।"

"बस इतनी-सी बात थी ?"

"हाँ, महाराज ! यही कसूर था बेचारों का। उन्होंने बूढ़े बैलों की रक्षा के लिए नारे लगाए थे और धरना देने का इरादा था शायद। वे नहीं चाहते थे कि बूढ़े बैलों को लादकर मालगाड़ी आगे बढ़े !"

मुझे हँसी आ जाती है। देर तक मुस्कुराता रहता हूँ और फिर लेट जाता हूँ। आँखें मूँदकर ध्यान में उन सैकड़ों बैलों के बूढ़े ढाँचे देखने लगता हूँ। मालगाड़ी के बीसों डब्बे प्लेटफार्म पर खड़े हैं। एक-एक डब्बा दोनों तरफ से खुला है। ऊपर छत है, बीचोबीच प्लेटफार्म की तरफ आधा-आधा बंद है और आधा-आधा खुला है। इन खुले दरवाजों से बूढ़े बैलों के कंकाल झाँक रहे हैं। चेहरों पर बड़ी-बड़ी आँखें चिपकी हुई हैं, सूखी और डरावनी आँखें। आदमी दुबला होता है तो उसकी आँखें धँसी होती हैं। गाय-बैल दुबले होते हैं तो उनकी आँखें बाहर निकल आती हैं। वे ढीली खुरदरी पलकों के दोनों छोर आँसू की लकीरों के बदरंग निशान, फूली हुई नसों में उलझकर और भी भद्दे लगते हैं। और भी वीभत्स। मैं अंदर-ही-अंदर उन निरीह निगाहों को पढ़ने की कोशिश कर रहा हूँ। लेकिन बाहर मेरी आँखें बंद हैं।

बड़ा जमादार मान लेता है कि मैं अब सोना चाहता हूँ। वह चलने लगता है। कहता जाता है–"अच्छा मस्तराम बाबा, रात काफी हो गई है, विश्राम कीजिए।"

बूटों की आवाज कम होती जाती है। हाल ही सेलोंवाले वार्डों के इन गलियारों में बजरी बिछाई गई है। बूटों की हल्की-हल्की आहट कई गुनी अधिक हो उठती है और जाड़े की रात के सन्नाटे को खरोंचती चली जाती है। उसी मिटती हुई आहट में मेरे कान इस तरह खो गए हैं कि बूढ़े बैलों की डरावनी आँखों का मनहूस चित्र तेजी से मिटने लगता है।

इमरितिया

परसों बाहर आई हूँ हवालात से।

ग्यारह दिन ऊँची दीवारों की उस तंग दुनिया में रहना बदा था।

मुकदमे की सुनवाई खत्म होगी, सबकुछ हो चुकेगा। बाबा और मस्तराम को सजा होगी, यह तो सभी कहते हैं। मुझे सजा होगी, यह कोई नहीं कहता !

अच्छा होता, साल-दो साल की कड़ी मशक्कतवाली सजा मैं भी काटती। कहीं कोई भारी अपराध करने का मौका हाथ लगता तो मैं बड़ी खुश होती ! सच मैं बेहद खुश होऊँगी। मिलेगा मौका मुझे पाँच वर्ष जेल काटने का ?

भगौती भी बतला रहे थे—"तुझे छुटकारा मिल जाएगा। तू दुबारा अब जेल का गेट नहीं देखेगी।" हुँह् ! नहीं देखेगी जेल का गेट ! इमरितिया को कौन रोक सकता है जेल का गेट देखने से ! मजाल है भगौती का !

"मा ा ा ा ल् कि न् !"

भीख माँगनेवाली कैसे समझ गई कि मकान में रहने के लिए कोई औरत आ गई है? ओ ऽ ऽ ऽ, ऊपरी तल्ले की बाहरी रेलिंग से गेरुआ साड़ी लटक रही है। सूख चुकी होगी। वही देखकर भिखारिन ने आवाज दी है—"मालकिन !"

यह 'मालकिन' कानों को बुरा नहीं लगना चाहिए न ? लेकिन मुझे बुरा लग रहा है। लगेगा नहीं बुरा ? जरूर लगेगा। सौ बार लगेगा !

"बाबाजी, भिखारिन को कुछ दे दो !"

उधर से किसी की आहट नहीं पा रही हूँ। बाबाजी, यानी रसोइया महराज इस वक्त कहाँ गया होगा ?

गया होगा पड़ोस के मकान में अपने दोस्तों से मिलने। तीस-चालीस परिवार बंगालियों के हैं। इन परिवारों में खाना पकाने के लिए महराज लोग रहते हैं। दुपहर में, बारह से लेकर चार बजे तक इन महराजों की अपनी अलग चौकड़ी जमती है। लेकिन हमारा महराज बोलकर जाता है। कहीं और गया होगा।

उठकर भंडारवाली कोठरी में जाती हूँ। दो मुट्ठी चावल लाकर भिखारिन को देती हूँ। बदले में दुआ मिलती है—"बिटिया, तुम्हारी गोद भरे !"

भौंहों में बल पड़ जाते हैं। मुझे जाने कैसी लगती है भिखारिन की यह दुआ ! तबीयत होती है, चीखकर कहूँ—"राँड़, यहाँ नहीं चाहिए तेरी दुआ, अपनी ही गोद भर लेना इस दुआ से..."

लेकिन कुछ कह नहीं पाती हूँ। अंदरवाली कोठरी में आकर बिस्तरे में धँस जाती हूँ, पाँयताने की तरफ रक्खी हुई रजाई को अपने बदन पर खींच लेती हूँ। लेटे-लेटे भिखारिन के बारे में सोचती रहती हूँ...उस औरत में और मुझमें क्या फर्क है ? मैं भी दूसरों का दिया हुआ खाती हूँ। वह भी दूसरों का दिया हुआ खाती है। उसकी ही तरह मेरा भी कोई अपना नहीं है। क्या पता, इस औरत का अपना कोई हो और वह भी अलग

कहीं भीख माँग रहा हो ! हाँ, एक बात है। इसे रोज-रोज भीख माँगना पड़ता है; लेकिन मैं कहीं किसी के दरवाजे पर मालिक या मालकिन को पुकारने नहीं जाती हूँ। मैं लंबे अरसे के लिए पालतू बना ली गई हूँ। चाहूँ तो हमेशा के लिए इसी तरह का जीवन गुजार सकती हूँ। फिर भी लगता है, उस भिखारिन में और मुझमें कोई खास अंतर नहीं है।

उल्टे वह मुझसे कहीं अधिक सुखी है। आजाद होकर जहाँ-तहाँ घूमती है। चाहे जहाँ जिस किसी औरत या मर्द से खुलकर बातचीत करती होगी। जितने आँसू इन गालों से होकर बहे हैं, उतने आँसू उस भिखारिन ने नहीं बहाए होंगे। उसका अपना बच्चा होगा, बच्ची होगी। उन्हें जी भरकर वह प्यार करती होगी। निराशा या उदासी का ज्वार उसके जीवन में शायद ही उतना होगा ! वह दो-चार रोज बाद दुबारा आएगी तो मैं उससे बातें करूँगी...कोई तीसरा मौजूद रहा तो नहीं करूँगी बातें...

अगहन का अंत आ रहा है। दुपहर की धूप अच्छी लगने लगी है। अब मैं फिर से इस वक्त धूप में बैठने नहीं जाऊँगी। जरा देर में नींद आ जाएगी यहीं बिस्तरे में। जाड़े के दिनों में दुपहर का सोना इस उम्र में जरूरी नहीं है। मगर थोड़ी देर के लिए हल्की झपकियाँ कोई ले तो क्या बुरा है ?

"बाबाजी, तुम चाय में चीनी कम डालते हो, मैंने कई बार कहा है। लगता है, तुम्हारी बीबी मीठा कम खाती है !"

"बघार में हींग डाला करो। कभी-कभी लहसुन या अदरक का भी इस्तेमाल करना चाहिए। अरे, तुम तो बंगालियों का खाना पकाते रहे हो। सबकुछ खाते हैं वे लोग। बिलकुल सर्वभक्षी होते हैं। उनकी रसोई में बड़ा झमेला रहता होगा। यहाँ तो सीधा मामला है !"

"बाबा को खीर बहुत पसंद है। मस्तराम को मगदल के लड्डू अच्छे लगते हैं। बाबा आलूदम और मसालोंवाली दूसरी सब्जियाँ बहुत चाव से खाते हैं। उन्हें तीखा चरपरा अच्छा लगता है। लेकिन मस्तराम को सब्जियाँ कम चाहिए। उसे चावल भी पसंद नहीं है। हाँ, मीठे चावल उसके लिए कभी-कभी ले जा सकते हो। इसके अलावा वह सूखे मेवे बहुत पसंद करता है। लेकिन बाबा को नागपुरी संतरे अच्छे लगते हैं।"

रसोइया बाबाजी मेरी बातें इकतरफा सुनते जाने का अभ्यास डाल लेगा। उसका स्वभाव मुझे अच्छा लगता है। मीठी तबीयत का आदमी है। अकेले में फिल्मी गीत गुनगुनाना पसंद है उसे। तिरहुत का रहनेवाला है। तिरहुत, जहाँ खेत में हल चलाते समय किसी जमाने में घड़ा निकल आया था और घड़े के अंदर से लड़की बाहर आई थी। सीता उसका नाम पड़ा। तिरहुत के राजा जनक ने सगी बेटी की तरह पाल-पोसकर उसे बड़ा किया। हमारा रसोइया उसी धरती से पैदा हुआ था।

परसों दुपहर में, लगभग एक बजे हवालात से निकालकर जेलवालों ने मुझे भगौती के हवाले किया। वह मुझको यहाँ ले आए। खुद थोड़ी ही देर रुके थे। यह बाबाजी, लगता है, परसों से एक बार भी मेरी तरफ आँखें उठाकर देख नहीं सका।

कल सबेरे इसने पूड़ियाँ तली थीं। आलू और मेथी के साग की सूखी सब्जी में नमक डालना भूल ही गया था। आलू का एक टुकड़ा मैंने मुँह के अंदर डाला। जोर की हँसी छूटी। महराज की समझ में नहीं आया। मुझे फिर-फिर हँसते देखकर वह भी मुस्कुराने लगा, पूछा–"क्या हुआ माईजी ? काहे तब से हँस रही हैं ?"

"आलू मुँह में डालकर देखो, पता चल जाएगा !" फिर मैंने कहा–"सारा नमक इसी में डाल दिया है तुमने !"

रसोईघर के अंदर जाकर वह आलू का टुकड़ा कड़ाही से उठा लाया। मेरे सामने चखकर देखा और लजीली हँसी में उसके गाल जगमगा उठे। उसे अपनी भूल का पता चला और मुझे यह पता चला कि महराज दाढ़ी रोज बनाता है और अपनी खूबसूरती की तरफ से लापरवाह नहीं है।

जरा रुककर अपराधी की तरह वह बोला–"माईजी, कई वर्षों के बाद आज इस तरह की गल्ती मुझसे हुई है।"

"कोई बात नहीं," मैंने कहा–"गल्ती किससे नहीं होती ?...अच्छा, देखो मेरे लिए पानी गर्म कर दो। अच्छी तरह नहाना चाहती हूँ।"

हाँ, बारह-तेरह रोज हो रहे थे मुझे नहाए हुए। जेल के अंदर जनाना वार्ड में पानी की बेहद किल्लत थी। किसी तरह पीने भर को पानी मिल जाता था। निबटने और हाथ-मुँह धोने के लिए पुराने कुएँ का खारा पानी मिलता था। खाने के बाद थाली-कटोरा धोने के लिए भी वही पानी। इन्हीं दिनों में मुझे मासिक-धर्म भी हो गुजरा। सफाई के अभाव में तबीयत दिन-रात भिनकती थी।

महराज ने घंटा-भर बाद पानी गर्म कर दिया। और कल मैं देर तक नहाती-धोती रही। पानी का सुख भी क्या सुख होता है !

भगौती ने अच्छा मकान किराए पर लिया है। इसमें हवा, पानी, धूप, बिजली, छत, आँगन सबकुछ है। सुभीता-ही-सुभीता है। हर मौसम में यह मकान अच्छा रहेगा।

लेकिन हमें क्या करना है ! महीना-दो महीना रह लेंगे, वही काफी होगा। बयान हो चुकने के बाद मेरी जरूरत नहीं रह जाएगी यहाँ।

जी करता है, मस्तराम को खत लिखती और उस खत में बहुत कुछ होता या कुछ नहीं होता ! मामूली कागज पर आड़ी-तिरछी पाँतों में कुछ अक्षर होते, दो-एक बात होती और वही बार-बार घूम-फिरकर सारी चिट्ठी में भरी रहती।

मस्तराम मेरी चिट्ठी का जवाब शायद ही देता, वह मलंग आदमी ठहरा। अपनी मस्ती के आगे सारी दुनिया को घास-फूस समझता है। इमरितिया क्या है ?

इमरितिया क्या है ?

इमरितिया कुछ नहीं है !

इमरितिया बहुत कुछ है !

इमरितिया इमरितिया है !

नहीं, इमरितिया इमरितिया नहीं है !

वह लक्ष्मी है, गौरी है वह !

नहीं वह आगे है उनसे !

नहीं, वह सबसे पीछे है। सबसे गई-गुजरी है !

नहीं, मस्तराम का हाथ अगर इमरितिया की पीठ पर हो तो सारी दुनिया से मुकाबला कर लेगी !

हाय, यही तो नहीं होगा !

यह होना था तो चार वर्ष यों ही नहीं गुजर जाते जमनिया में !

इन चार वर्षों में कौन-सा उपाय नहीं किया है इमरितिया ने ? मस्तराम ने रत्ती-भर भी परवाह की है ?

बाबा को दो-चार साल की सजा हो जाती और मस्तराम छूट जाता, फिर मैं उसके साथ निकल पड़ती !

कहाँ जाती ? वापस नहीं आती जमनिया ?

वापस क्यों आती ? जमनिया क्या कोई जगह है रहने की ! राम राम !!

मस्तराम, तू आदमी नहीं, पत्थर है !

मस्तराम...

चौप साली ! हरामजादी !...

गालियाँ बकता है मस्तराम ?

नहीं, यह मस्तराम नहीं है। उसकी आवाज नहीं है यह ! कोई और मर्द है यह मेरे मन के अंदर, यह आदमी सामने कभी नहीं आया। बस, मैं कभी-कभी सपने में इसकी आवाज-भर सुनती हूँ !

क्यों इतना रंज है ? क्यों ऐसी गालियाँ बकता है ? कौन है तू ?

मैं हथेलियों से अपने कान मूँद लेती हूँ...

मुझ पर तमाचे पड़ते हैं। एक, दो, तीन, चार और पाँच...लगाओ, कितने तमाचे लगाते हो।

और मुझको रुलाई नहीं आती, लेकिन आँसू बहते रहते हैं चुपचाप ! कान सुन्न पड़ गए हैं...मैं सो जाती हूँ सपने में ही, फिर महसूस करती हूँ, किसी मर्द का बदन मेरे बदन को कसकर दबा रहा है...

नींद में कपड़े खराब हो जाते हैं !

लेकिन यह मर्द कौन था ?

मस्तराम तो नहीं था, तो फिर कौन था ?

सपने में आज भी वह मुझसे सटकर सोया था...वह कौन था ?

तू कब तक मेरी तरफ यह लापरवाही बरतेगा मस्तराम ?

जाड़े का दिन।

सूरज छिपने ही वाला है। मैं कब तक यहाँ मनहूस बैठी रहूँगी ? यहाँ रेडियो भी तो नहीं है। वहाँ जमनिया में रेडियो था। कई रेडियो-सेट थे। मेरे लिए अलग था।

भगौती से कहूँगी, रेडियो मँगवा लें।

भगौती इधर ही कहीं घूम रहे हैं। आसपास के शहरों में चक्कर लगाना पड़ता है। बतला रहे थे, मुकदमे में बड़ा खर्चा पड़ेगा। बड़े-बड़े भगत लोग ध्यान दें तो आसानी से चार-पाँच हजार रुपए इकट्ठे हो जाएँगे। संयोग की बात कि बाबाजी गिरफ्तार हुए, उन पर मुकदमा चलेगा। मठ की इज्जत पर इस मुकदमे का बुरा प्रभाव पड़ेगा। इलाके में पढ़े-लिखे लोग मठ के खिलाफ थे ही। अब आम लोगों में भी इस मुकदमे को लेकर कई तरह की ऊल-जलूल चर्चाएँ चल पड़ेंगी। मुकदमा लंबा खिंचा तो और भी बुरा होगा।

भगौती दो-दो, तीन-तीन रोज बाद देकर इधर आते रहेंगे। बाबा और मस्तराम की जमानत के लिए भी उन्होंने बड़ी कोशिश की, लेकिन हाकिम टस से मस न हुआ।

बेचारे भगौती !

कितने सूख गए हैं। चेहरा कैसा उदास हो गया है। जमनिया में कभी मैंने भगौती के चेहरे पर दाढ़ी की खूँटियाँ नहीं देखीं। परसों जेल के गेट से निकलकर बाहर हुई तो सामने रिक्शे के पास भगौती मौजूद थे। मेरी अगवानी में आए थे, नहीं, मुझे लेने आए थे। लगा, बालों में कई दिन से कंघी नहीं पड़ी है।

मेरी ही तरह भगौती भी सूख गए हैं। शायद लालता प्रसाद भी सूख गए होंगे। रामजनम भी सूख गया होगा। सुखदेव भी। सारा मठ उदास लगता होगा। लगता है, मठ की किस्मत को गहन लग गया है।

महराज सामने आकर खड़ा है।

''आज महरी नहीं आई ! बरतन ढेर सारे माँजने को पड़े हैं। चाय और नाश्ते भर के लिए दो-तीन हल्के बरतनों को महराज ने धो लिया है। अब पूछने आया है—नाश्ता क्या बनाऊँ माईजी ?''

"रोज जो बनाते हो ! क्या है भंडार में ? बेसन है ? चिउड़ा है ? सूजी है ? क्या-क्या है ?"

"जी, हलुआ हो सकता है।"

"तो वही बना लो !"

महराज रसोईघर की ओर जाता है। मैं छत पर निकल आती हूँ।

ईर्द-गिर्द छोटे-बड़े मकानों का जंगल है, कोई सिलसिला नहीं है मकानों का। दूर, काफी दूर पर पानी की टंकी नजर आती है। बहुत ऊँचाई पर टँगी है। समूचे शहर में इतनी ऊँचाई पर और कोई चीज नहीं है। पतंग उड़ाने का मौसम नहीं है यह, फिर भी पूरब की तरफ एक छोकरे ने पतंग की डोर थाम रक्खी है। नीले रंग का स्वेटर पहने हुए है, ऊपर आकाश में पीले रंग की एक पतंग फहरा रही है। वह बहुत ऊँचाई पर नहीं है।

बचपन में मैंने भी पतंग उड़ाई है। मेरे बड़े भाई को पतंग उड़ाने का बड़ा शौक था...

तीन तरफ से आनेवाली रेलवे लाइनों का अड्डा है इस नगर में। यहाँ, छत पर से पच्छिम की ओर देखने पर दो अलग-अलग दिशाओं में जानेवाली रेल की पटरियाँ दिखाई दे रही हैं। उत्तर की ओर से मालगाड़ी आ रही है। बहुत लंबी है। चाल इतनी धीमी है कि जुड़े हुए डिब्बे अजगर की रफ्तार में आहिस्ते-आहिस्ते सरक रहे हैं। माल के इन डिब्बों में जाने क्या-क्या भरा होगा ! चावल, चीनी, गेहूँ, कपड़े, तेल और डालडा...नहाने-धोने के साबुनों का ढेर लगा होगा। बाजार की सारी चीजें माल के इन्हीं डिब्बों में तो लदकर आती हैं।

दक्षिण की ओर सरकारी कालेज के बड़े-बड़े मकान हैं। वह मकानों के आगे फैला है, खेलने का मैदान। लेकिन अभी पूरा का पूरा मैदान खाली पड़ा है। पता नहीं, मेरे यहाँ रहते इस मैदान में कोई मैच होगा या नहीं। मैंने बचपन में अपने गाँव के पास वाले शहर में स्कूली लड़कों का मैच देखा था। फिर कहाँ मौका मिला ? अब शायद कालेज के इस मैदान में बड़ी उम्रवाले लड़कों और नौजवानों को फुटबाल उछालते देखूँगी।

गर्म कड़ाही में पानी डालने की आवाज आई...महराज ने सूजी भूँज ली है, अब चीनी डालनेवाला है। लेकिन हलवे के साथ चाय भला ठीक रहेगी ? चलो, बाजार से नमकीन मँगवा लूँ। हलवाई की दूकान दूर नहीं है।

लेकिन महरी कहीं दो-चार रोज नहीं आई तो महराज बेचारा परेशान हो जाएगा। मैं मल देती सारे बरतन। मेरा जी करता है रसोई का ज्यादा से ज्यादा काम खुद कर लूँ। मगर ये लोग मुझे एक भी काम करने नहीं देंगे। इनकी निगाहों में मैं एक औरत नहीं, बल्कि सधुआइन हूँ। इमरती दास महाराज। बाबा इमरती दास। इस नाम से लोगों को यही लगेगा कि यह माई किसी बड़े अखाड़े की महंथिन होगी या किसी बड़े धर्माचार्य की चेली होगी, या अवधूतिन होगी किसी पंथ की...माई इमरती दास। बुरा नाम तो नहीं है। सुनते ही दिल में घर कर लेता होगा...

यह रसोइया हमेशा अपने को अदना सेवक समझता है। सारे काम अकेले करेगा। मुझको तिनका भी नहीं छूने देगा !

साधु हो जाने पर आदमी इंसान नहीं रह जाता है। लोग उसे अपने से अलग, अपने से ऊँचा मानते हैं। उससे उपदेश लेंगे, काम नहीं लेंगे ! साधु से काम ले लिया तो माथे पर पाप का बोझा चढ़ेगा, यानी महरी के सारे काम महराज खुद ही करता जाएगा और मैं निठल्लेपन की सजा काटती रहूँगी।

इस तरह मैं अंदर-ही-अंदर घुटती रहूँगी। मैं बीमार हो जाऊँगी। चार महीने यहाँ बैठे-ठाले इसी तरह खाती-पीती रही तो मादा सूअर जैसी लेटी पड़ी रहूँगी, जिसके लिए साँस लेना भी मुश्किल होता है।

रसोईघर से लगे हुए बरामदे में महराज ने कई तहों में लपेटकर काले कंबल का

आसन डाल रक्खा है, काँसे का लोटा, काँसे का गिलास। दोनों झकाझक चमक रहे हैं। काँसे की थाली में हलुआ सामने आ गया है। मैं आसन पर बैठती हूँ।

"सुनो, बाजार से समोसे ले आओ, चाय पीछे बना लेना !"

"जी, अभी लाया।"

वह बाहर निकला।

मेरी तबीयत कर रही है, आसन से उठकर जल्दी-जल्दी मैं बर्तन धो लूँ। वर्षों बीत गए, मैंने बर्तन नहीं धोए। जाने क्यों, झाड़ू पकड़ने का जी करता है।

बर्तन धो ही लिए तो क्या होगा ?

महराज को बुरा लगेगा। लगेगा, मैंने उसको सबक सिखाने के लिए बर्तन धोए हैं। बेचारा डर जाएगा। उसके प्राण साँसत में पड़ जाएँगे।

मालूम होने पर भगौती को भी अच्छा नहीं लगेगा...लेकिन, मैं रोज-रोज थोड़े बर्तन साफ करूँगी ? मुझे किसी को चिढ़ाना नहीं है, न अपनी भलमनसाहत का सबूत ही देना है किसी को ! यह काम तो अपनी मर्जी से करूँगी। करने को ढेर सारे काम पड़े हों, फिर कोई किसी का हाथ क्यों नहीं बँटाएगा ?

झटपट नाश्ता करके उठती हूँ और फुर्ती से बर्तन धो लेती हूँ। ज्यादा नहीं हैं, कहाँ हैं ज्यादा! दो भगौने, एक पतीला, तीन कटोरे, दो थालियाँ और एक लोटा और दो गिलास। सारे के सारे पीतल और काँसे के बर्तन हैं। बंबे में खूब पानी आ रहा है। राख पड़ी है, रगड़ने के लिए सूखी घास की मूँठ एक ओर रक्खी है। दस मिनट के अंदर मैं बर्तनों को माँज-धोकर चमका देती हूँ, फिर साबुन से अपने दोनों हाथ धो लेती हूँ।

इतने में समोसे लेकर महराज आता है। मैं उससे कहती हूँ—"पहले नाश्ता कर लो, फिर चाय तैयार करना।"

वह सीधे रसोई के अंदर चला गया है।

थोड़ी देर में चाय और समोसे लाकर सामने रख जाता है। मेरी ओर देखता नहीं है। शायद, अंदर-ही-अंदर बहुत कुछ सोच रहा है। वह मुझको समझ नहीं पा रहा है शायद। लगता है, डर गया है।

इस वक्त महराज से कुछ नहीं कहूँगी। कोई कैफियत नहीं दूँगी कि मैंने क्यों बर्तन धो लिए। पीछे वह खुद ही समझ लेगा।

पिछले तीन दिनों से जेल के अंदर यहाँ का खाना नहीं पहुँचा है। अब इसकी जरूरत नहीं रह गई। वहाँ बाबा के लिए अलग से क्वार्टर मिल गया है। खाना बनाने के लिए एक ब्राह्मण कैदी जेलवालों की तरफ से बाबा को मिल गया है। बी-डिवीजन के बाबू कैदी को जितना आराम मिलता है, जितनी छूट मिलती है, वह सब बाबा को मिली है। इस तरह बाबा के लिए जेल अब जेल नहीं रह गयी है।

इतना बड़ा मकान भाड़े पर क्यों लिया गया ? भगौती से पूछूँगी। लेकिन, वह सही-सही बतलाएँगे नहीं। न बतलाएँ ! मैं बार-बार पूछूँगी भी नहीं। क्या करूँगी पूछ कर ?

चार कमरे नीचे। तीन ऊपर। एक छोटी-सी कोठरी छत पर। आठ कमरे हैं मकान में। ऊपर का एक कमरा भगौती ने बंद कर रखा है। दो कमरे भगतों और जजमानों के लिए रखे गए हैं। नीचे बड़े रूम में जाने किसका सामान बंद है। कहते हैं, गोरखपुर का सेठ है जिसका नेपाल में भी कारोबार है। दो कमरे भगौती ने मुझे दिए हैं। चौथा भंडारघर के काम आता है। रसोइया बरामदे में चारपाई पर सोता है।

मैंने एक कोठरी में पूजा-पाठ का अपना सामान जमा लिया था। परसों शाम, यही काम तो करती रही।

अपने गुरू महाराज की दी हुई चंदन की माला है मेरे पास। सात साल से यह माला मेरे पास है। एक सौ आठ मनके हैं। गजब की खुशबू आती है इस माला से। मामूली चंदन की सुगंध नहीं, बहुत आला दर्जे की खुशबू। इसके अलावा पीतल का एक कमंडल है। रामचरित-मानस और गीता हैं। रेशम के पीले टुकड़े में लिपटा हुआ गुरू महाराज का एक फोटो है, छोटे फ्रेम में मढ़ा हुआ।

पूजा-पाठ का यह सामान जमनिया से मँगवा लिया है। पहले ही पता चल गया था कि मकान ले लिया गया है और हवालात से छुटकारा पाने पर मुझे अभी कुछ दिनों तक यहीं रहना है। अपने कपड़े भी आ गए हैं। ओढ़ने के लिए एक कंबल और खरीद लूँगी। सुना है, खादी भंडार में बहुत अच्छे कंबल आए हैं। भगौती से कहूँगी, ला देंगे।

"भोजन तैयार है माईजी !"

"कितने बजे होंगे महराज ?"

"जी, आठ से ऊपर होता है।"

"आती हूँ, चलो !"

महराज खाना अच्छा बनाता है। आलू-गोभी, भिंडी की भुजिया, टमाटर की मीठी चटनी और पराँवठे। थाली से अलग तीन कटोरे। एक और कटोरे में मलाई है।

जमनिया का रसोइया भी इसी तरह थाली जमाता था। कंबल का आसन भी इसी तरह बिछाता था। लोटा-गिलास भी इसी तरह दाहिनी तरफ रखता था।

"जमनिया गए हो महराज ?"

"जी सरकार, दो बार। वहाँ जो बाबाजी प्रसाद तैयार करते हैं, मैं उन्हीं का ममेरा भाई हूँ।"

"यहाँ कैसे पहुँच गए ?"

"भगौती बाबू से जमनिया में मेरे भाई ने बतला दिया था। मैं यहाँ कई साल से रसोइया का काम कर रहा हूँ। दो-तीन बंगाली परिवारों में काम कर चुका हूँ। आपको भगौती बाबू ने बतलाया ही होगा। बाबा के नाम पर मालिक से दो महीने की छुट्टी मिली है।"

मैं धीरे-धीरे पराँवठे तोड़ रही हूँ।

महराज गौर से मेरी तरफ देख रहा है।

भूरे रंग का, बिना बाँहोंवाला स्वेटर और उसके नीचे हाफ कमीज। मैं परसों से

इस आदमी के बदन पर यह पहनावा देख रही हूँ...पुराना स्वेटर और पुरानी कमीज !

महराज के लिए नया स्वेटर बुन दूँ ?

लेकिन बुनूँगी कैसे ? जानती भी तो नहीं !

चाहूँ तो सीख ले सकती हूँ। पड़ोस के मकान में औरतें दुपहर के बाद ऊन की लच्छियाँ और काँटे लेकर यही धंधा तो चलाती हैं...

अनजाने भिंडी की भुजिया चट कर गई हूँ। महराज एक गर्म पराँवठा डाल गया है और भिंडी की भुजिया भी। इसे किसने बतला दिया कि मुझे भिंडी की भुजिया अच्छी लगती है !

लेकिन, खुद बिनाई सीखूँ चाहे न सीखूँ, महराज के लिए बाजार से ऊन तो मँगवा लूँ ! पड़ोस में किसी से बिनवा दूँगी...

देखते-देखते, चार-पाँच पराँवठे दबा गई मैं।

संकोच-भरी आवाज में महराज बोला—"माईजी, आपको शायद पूड़ियाँ पसंद नहीं हैं। मुझे जमनिया में भाई ने बतलाया था। जमनिया में कुछ ऐसे भी साधु हैं जिन्हें पूड़ियाँ अच्छी नहीं लगती हैं। हुकुम हो तो कल बथुआ की पकौड़ियाँ तलूँ..."

मैं हुलसकर बोल उठती हूँ—"बथुए की पकौड़ियाँ ! जरूर बनाओ भाई !"

वह खुश हो गया।

मैंने देखा, छोटी-छोटी मूँछों में वह अपनी खुशी को उलझाए हुए है। मुस्कान को फड़कते होंठों में दबा रखा है। लेकिन आँखें पूरी तौर पर फैल गई हैं।

उसका खिला हुआ चेहरा मेरी निगाहों को बेहद भाया। इच्छा हुई, देर तक देखती रहूँ उसका मुखड़ा...अपलक, एकटक निहारती रहूँ !

जाने कितने वर्षों बाद मैं किसी पुरुष का प्रसन्न मुख देख रही हूँ !

हाँ, मुख-कमल भला और क्या होता है !

"माईजी, आपने मलाई क्यों छोड़ दी ?"

"तुम्हें नहीं अच्छी लगती ?"

वह शर्मिंदा हो गया। सामने से हटकर दूसरी तरफ चला गया। बरामदे के उस छोर पर बाहरी कमरे का दरवाजा था। बंद था। वह लौटकर रसोईवाली कोठरी के अंदर चला गया।

मन-ही-मन कहती हूँ : अजीब आदमी है ! इतना शर्माने की क्या जरूरत है ? रात-दिन यहाँ साथ ही तो रहना है।

यह वर्षों साथ रहेगा, फिर भी शर्माता रहेगा। इसका संकोच नहीं टूटेगा। लाज-संकोच का दायरा तभी मिटता जबकि मेरे प्रति इसके मन में गाढ़ा अपनापन पैदा होता। मैं इसकी बहन, भाभी, साली, छोटी चाची नहीं हो सकती। फिर यह भी तो नहीं है कि मैं कोई मामूली औरत हूँ। मैं तो जमनिया मठ की सधुआइन हूँ, बाबा इमरती दास महाराज। कितना भी घुलना-मिलना चाहूँगी, एक हद तक मर्यादा का पालन करना ही पड़ेगा। मेरी तरफ से मर्यादा में कमी होगी तो भी बाबाजी सेवक की अपनी मर्यादा

नहीं छोड़ेगा। ठीक है, मैं इसको नहीं छेड़ूँगी। शरमाता है, शरमाता रहे। झिझक और डर इस आदमी का पिंड नहीं छोड़ते हैं, न छोड़ें।

कल से आरती उतारूँगी। वर्षों से गुरू महाराज के फोटो की आरती उतारने का नियम निभाती आई हूँ। इधर जेल-फेल के झमेले में पूजा-पाठ, आरती सब छूट गया। पाठ तो थोड़ा बहुत ज़बानी भी चलता रहा, लेकिन आरती कल पूरे पंद्रह दिन बाद उतारूँगी। पीतल का पंच-प्रदीप पूजा-पाठ की सामग्री में आ गया है। सबेरे रूई मँगवा लूँगी। बिना आरती के जी को तसल्ली नहीं होती है। मेरी कोशिश बराबर से रही है कि आरती न छूटे। भक्तों की भीड़ में खड़ी होकर, घड़ियाल और नगाड़े की चोटों के बीच, अपने इष्ट की आरती उतारना मुझे कभी नहीं आया ! वह तो अच्छा खासा तमाशा हो जाता है। खैर, मठों में, मंदिरों में इन तमाशों का रंग और रौब जरूर होता होगा। बिना इनके आम लोगों की भीड़ कैसे खिंचेगी, श्रद्धा में उफान कैसे आएगा।

कल डंडे नहीं थे, आज आए हैं, मसहरी लगा दी गई। मच्छर ज्यादा नहीं हैं। दस-पाँच जरूर हैं और वे पहले तो मीठा संगीत सुनाते हैं और बाद में इंजेक्शन देना शुरू करते हैं। परसों और कल बिना मसहरी के ही सोई। चेहरे पर चार-छः निशान उभर आए हैं। मच्छरों के काटने पर उभड़नेवाले निशान मेरी निगाहों को अच्छे लगते हैं। चेहरे के अलावा बदन के दूसरे हिस्सों पर भी इस तरह के दो-चार निशान उभरे होंगे, मगर उनका पता बेचारा छोटा आईना कैसे देगा !

रात के दस बजनेवाले हैं। पड़ोस के मकान से दीवार घड़ी की आवाज अभी-अभी आई है। मैं थोड़ी देर में सो जाना चाहूँगी।

दुपहरिया की नींद गर्मी के मौसम में जमती है। लेकिन मैं तो आधी बीमारी की हालत में हवालात से बाहर आई हूँ। दिन में भी सो लिया था। जाड़े का दिन कितना छोटा होता है। रात सारी की सारी नींद में तो नहीं कटेगी। लेटे-लेटे कंबल के अंदर मन जाने कहाँ-कहाँ का चक्कर लगाता रहेगा ! इन्सान थकान से चूर-चूर होकर बिस्तरे पर लेटता है तो एक ही करवट में रात बीत जाती है। मेरे भाग्य में उस तरह की थकान नहीं बदी है।

लेट जाऊँ ?

महराज आकर मसहरी ठीक कर जाएगा, स्विच ऑफ कर देगा।

पानी तो रख गया है न ? जरूर रख गया होगा !

कपड़े तो बदल लूँ ! नहीं बदलूँ ?

नहीं, बदलूँगी कि ! गेरुआ रंग के हैं तो क्या हुआ, हैं तो सिलकन। बिना किनारियों की रेशमी धोतियाँ, गाढ़े गेरुआ रंग में रँगी चार हैं अपने पास। चादरें भी चार हैं। ठीक है, रोज-रोज इन्हें धोया नहीं जाता, लेकिन रात को बदल तो लेती ही हूँ।

ओह ! कोई होती इस वक्त। बसमतिया, शिवकली, रमिया...कोई होती। औरत नौकर होती। महराज से अपने सारे काम तो मैं ले नहीं सकती !

पीठवाली चुटपुटिया बटन किस तरह कड़ा पड़ गया है ! लगता है, तोड़ना ही पड़ेगा !

दीवारों में दोनों तरफ बड़े आईने होते तो खुद भी छुड़ा लेती।

वहाँ जमनिया में, अपनी दूसरी कोठरी के अंदर दो बड़े आईने टँगवा रखे हैं। फिर, यह भी तो था कि वहाँ दो-चार औरतें हमारी सेवा में लगी ही रहती थीं। कुछ भगतिनों का भी आना-जाना लगा रहता था...यहाँ तो बस अकेला रसोइया है, उससे क्या-क्या सेवा मैं लूँगी ? और हर बात के लिए उससे कहा भी नहीं जा सकता।

गेरुआवाली सूती धोती का अद्धा कमर से लपेटती हूँ...मैं अब दस-पाँच वर्षों के अंदर ही बूढ़ी हो जाऊँगी। बूढ़ी नहीं होऊँगी ? उम्र बीतने पर सभी औरतें बूढ़ी होती हैं। बुढ़ापा क्या मुझको ही छोड़ देगा ?

इमरितिया, तू बड़ी बेवकूफ है ! तुझसे बढ़कर गधी इस दुनिया में और कोई नहीं होगी...

नहीं, तू गधी भी नहीं है। काठ है, पत्थर है, कूड़े का ढेर है तू ! तू भला गधी कैसी होगी ? वह तो एक अच्छी भली जीव होती है, चार पैरोंवाली मादा। सही-सलामत कपड़ों के गट्ठर ढोकर घाट तक पहुँचाती है, फिर उन्हें वापस लाद लाती है ! तू कौन-सा काम करती है ? किसका बोझा ढोती है ?

मैं ? मैं भी बोझा ढोती हूँ। भारी-भारी गट्ठर अपनी पीठ पर लादकर दूर-दूर का फासला तय करती हूँ। मैं बहुत भारी पहाड़ लादे घूम रही हूँ, जाने कितनी चट्टानों को मैंने कहाँ से कहाँ पहुँचा दिया है ! मामूली गधी भला मेरा क्या मुकाबला करेगी ?

शुरू कर दिया फिर भंग पीना ?

अभी तो नहीं, चार-छै दिन बाद शुरू करूँगी। बिना भंग के माथा नहीं फट जाएगा ?

चरस ने क्या कसूर किया है ? उसे क्यों छोड़ देगी ? गाँजे की लपट जितनी ऊँची उठेगी, ज्ञान का इस्पाती लोहा उतना ही लाल होगा...

किसी ने कोई कसूर नहीं किया है। यहाँ सबका स्वागत है।

अफीम और मर्फिया का भी ?

मैं थोड़ी देर तक मुस्कुराती रह जाती हूँ। मुझे अब पूजावाले कमरे के अंदर जाना पड़ेगा। इसी वक्त। वहाँ छोटा आईना आले पर रखा है। मैं उसमें अपनी आँखों से आँखें मिलाऊँगी। बहुत दिनों से मैंने अपने होंठों का खिलना नहीं देखा है।

जंगले तो बंद हैं न ! अच्छी तरह बंद हैं ?

हाँ, अच्छी तरह बंद हैं। बाबाजी रोज शाम को ही इन जंगलों-रोशनदानों को भली-भाँति बंद कर देता है। महराज अपने कामों में बड़ा चौकस रहता है।

वह गाफिल नहीं है। बाहर से जैसा सीधा-सादा, गाबदू दिखाई देता है, अंदर से वैसा नहीं है। काफी चतुर है।

लेकिन उस कोठरी में पचीस यूनिटवाला बल्ब लगा है, तू आईने में खुलासा नहीं

देख पाएगी अपने को। देख पाएगी ?

जूड़ा अभी-अभी खोला है। मूँज की पतली डोरी से इन फीके बालों को बाँध लेती हूँ...सधुआइन रेशम की काली डोरी से भला अपना जूड़ा बाँधेगी ? सारे बालों को समेटकर माथे के ऊपर उठा देती हूँ। बँध जाने पर वे कैसे लगते हैं ?

बच्ची घोड़ी की पूँछ की तरह !

गले में रुद्राक्ष के छोटे दानों की माला बुरी नहीं लगती है। सोने के तारों में गुथी है...इस तरह की और भी कई मालाएँ अपने पास हैं। कानों से छोटे रुद्राक्षों के झुमके लटका करते हैं। शाम की पूजा के बाद ही उन्हें उतार डालती हूँ। दिन में अक्सर अँगूठियाँ भी डाल लेती हूँ।

मस्तराम मुझे अँगूठियों में देखना पसंद नहीं करता। मैं अँगूठियाँ पहनकर दिख जाऊँ तो मुँह बनाता है मस्तराम। कहता है–"कपूरथला की रानी !"

मस्तराम उजड्ड है।

जंगली है मस्तराम।

मेरा बस चलता तो मस्तराम को निकाल बाहर करती। जानवरों को बाबा क्यों पालते हैं ? इस साँड़ की क्या दरकार थी मठ को ?

बेचारा आईना !

अभागा शीशा !

तू कितना छोटा है ! कितना तंग ! कितना साफ ! कितना सच्चा ! कितना सीधा ! कितना हमदर्द !

आ, पहले तुझे सीने से लगा लूँ !

आ, चूम लूँ तुझे !

हाय, तेरे सीने पर इन होंठों के निशान उभर आए...मुँह के भाप की छाप पड़ी है, होंठ निखर पड़े हैं साफ-साफ !

कितना साफ है तेरा अंदर-बाहर !

मस्तराम का भी अंदर-बाहर साफ है। लेकिन कंडे की आँच भी है उसमें। उसमें घमंड का धुआँ निकलता रहता है। उस आग में लोहा गलाकर बाबा 'लौह-भस्म' तैयार करते हैं। भगौती और लालता स्वर्णभस्म...

मेरे किस काम आएगी यह आँच ?

कंडे के इस धुएँ से मेरा क्या बनेगा ?

इस भट्ठी में डाल दूँ तो गलकर अर्क नहीं बन जाऊँगी ?

अब कौन-सा अर्क बनेगा इस तन-मन को गलाकर ! सीठी से कौन क्या निकाल लेगा ?

आईने में नजरों के पार कितने चेहरे झाँक रहे हैं ! गिन लो इमरती दास, गिनो...

एक। दो। तीन। चार। पाँच। छै। सात...

अरे, और गिनो भाई !

सूअर। गैंडा। बाघ। हाथी। ऊँट। गीदड़। साँड़...

आदमी के चेहरे नहीं हैं।

जानवरों के हैं ?

हाँ माई, जानवरों के चेहरे हैं...

तुम इन्हें पहचानती हो माई इमरती दास ?

अच्छी तरह पहचानती हूँ माई !

धोखा तो नहीं खा रही हो ?

नहीं, अब क्या खाऊँगी धोखा ! इन सभी से निबटना पड़ा है मुझे तो...

बतातीं क्यों नहीं खुलकर ?

साधुओं के लिए बकबक करना मना है न !

फिर आईने में क्या झाँक रही हो ?

झाँकूँगी क्या, मन बहला रही हूँ। मेरी माँ कहा करती थी—"सोचते-सोचते माथा फटने लगे तो शीशा देख लिया कर..."

शीशा देखते-देखते मेरा जी कभी भरता नहीं। न भरा, न भरेगा। हाँ अंधी हो जाऊँ तब छूटे शीशा तो छूट भी जाय !

जमनियावाले दोनों बड़े आईने मुझे दिन-रात याद आते हैं।

रानी साहब ने भिजवाए थे।

दो-ढाई महीने भगौती की कृपा से स्टोर में पड़े रहे।

भगौती इन्हें अपनी लड़की के लिए रख लेना चाहते थे; दामाद को भेजना चाहते थे। ऐन मौके पर मस्तराम को पता चल गया।

उस रोज मस्तराम कितने जोरों से चिल्लाया !

चिल्लाकर मस्तराम ने कहा था—"आईने भगौती के बाप ने नहीं दिए हैं। शिवनगर की रानी ने मठ के लिए भिजवाया है। हाते से बाहर नहीं जाएँगे ये..."

अब बोलो माई इमरती दास, क्या पड़ा था मस्तराम को ! वह आखिर क्यों इस तरह उन आईनों के लिए चीखा था ?

उन बड़े आईनों की छाया में मस्तराम कौन-सी छवि देख रहा था मन-ही-मन ?

बोलो इमरती दास, बोलो ! चुप क्यों हो गई ?

बतला दूँ क्यों हो गई चुप ?

न सही, न बतलाओ...

मस्तराम की कल्पना में वह छवि मेरी थी जो उन बड़े आईनों के अंदर बार-बार झाँक रही थी...

मस्तराम लाख जंगली हो, लाख उजड्ड हो मस्तराम, उसके दिल की सौ तहों के नीचे कहीं-न-कहीं एक इंसान छिपा बैठा है !

अरे ! यह क्या हुआ ?

एकाएक बिजली क्यों ऑफ हो गई !

महाराज, क्या किया तुमने ? मेन स्विच क्यों ऑफ कर दी ?

"बाबाजी..."

"अरे माईजी, जग रही हैं आप ? मैंने तो समझा आप सो गई हैं।"

"अरे, जाग रही हूँ मैं तो ! दो मिनट रहने दो अभी...ऑन करो मेन लाइन बाबा।"

अच्छा महाराज !...यह लीजिए !

देखो तो, इस बुद्धू ने क्या कर दिया !

नींद नहीं आ रही है।

महराज सो गया होगा।

बाहर बरामदे में कैसे सोता है ?

जाड़ा लगता होगा।

नहीं लगता होगा।

ऊँह ! लगता होगा कि...

अंदर कमरे में क्यों नहीं सोता है ?

पूजावाला कमरा तो था, उसी में क्यों नहीं सोएगा ?

कल उससे कहूँगी, उसी में सोएगा।

आहिस्ते से निकलकर बॉथरूम जाती हूँ।

बरामदे से होकर आँगन में उतरने के लिए तीन सीढ़ियाँ पड़ती हैं। महराज चारपाई पर चित लेटा है।

चादर बदन पर नहीं है, हट गई है।

दाहिनी जाँघ खुली है...

कैसी लुभावनी है !

बॉथरूम से वापस आती हूँ।

बिस्तरे पर चुपचाप लेट जाती हूँ...

अभी देर तक नींद नहीं आएगी। महराज की जाँघ दिमाग के चकले पर बेलन की तरह फिर रही है। महराज का चौड़ा सीना, और चौड़ा होकर मेरी छाती से सट जाएगा...जाग रही हूँ कि सपना देखने लगी हूँ ?

क/ख/ग/घ/च/छ/ज/झ/ट/ठ/ड/ढ/त/थ/द/ध/प/फ/...

गुरू महाराज ने कहा था, 'बुरे खयालों का हमला हो और नींद न आ रही हो तो वर्णमाला को दुहराओ, पहाड़े की गिनती दुहराओ। सीधे दुहराओ, उल्टे दुहराओ; जरूर नींद आ जाएगी...'

फ/प/ध/द/थ/त/ढ/ड...ड/ढ/त/थ/द/ध...ध/च/फ/ग...ग/ग/द/द/द/द/द/द/द/...

आ गई नींद। आ गई।

खूब गाढ़ी नींद नहीं आई।

सपने तो आने ही थे। इन रातों में सपने बहुत ही आते थे। ऊटपटाँग सपने।

थोड़ी देर में पौ फटनेवाली है।

एक-आध झपकी अभी और ले सकती हूँ...पलकों को मूँदे ही करवट बदल लेती हूँ...शाम को आज चाय के साथ सहजन के फूलों के पकौड़े रहें तो अच्छा...बाबाजी की जनेऊ कितनी गंदी है !

भोर की झपकियों में सपने मस्तराम को ले आए ! मस्तराम ने बेचारे रसोइए को दो झापड़ लगा दिए...भाई, यह क्या कर रहे हो ? क्यों पीटते हो गरीब ब्राह्मण को ? क्या कसूर है इसका ?

"महराज, पानी गर्म करो। सबेरे-सबेरे नहाना चाहती हूँ। चाय का पानी फिर चढ़ाना !"

"जी हज़ूर !"

"तुम नहा चुके ?"

"जी, माईजी !"

"महरी नहीं आई ?"

"आएगी आज। अभी उसका लड़का कहने आया था।"

"चलो अच्छा हुआ !"

आज महरी आएगी। महराज को आराम रहेगा।

आराम ही आराम है। कौन-सा पहाड़ तोड़ना है ! कुल जमा दो पेटों के लिए पाव-आधा सेर आटा गूँथना होता है, चार-छै आलू सीझ जाते हैं, बस !...लेकिन, बेचारे को मस्तराम ने नाहक ही पीट दिया ?

खैर, वह तो सपने की बात थी !

मस्तराम झगड़ जरूर लेगा, हाथ नहीं उठाएगा किसी पर।

हाथ नहीं उठाया तो जेल में क्या करने गया है ?

भगौती की बेवकूफी से !

भगौती ने कहाँ कहा था कि किसी को पीटते-पीटते अधमरा ही कर दो !

बेंत लगाकर दुआ देने का रिवाज भगौती ने ही तो चालू किया था। दूसरे के दिमाग में कहाँ आई थी यह बात ?

अबकी फँसे हैं बच्चू ! बड़े समझदार बने फिरते थे। घमंड के मारे पैर नहीं पड़ता था जमीन पर। जमनिया मठ का सारा कारोबार एक ही आदमी के इशारे पर चलता रहा है। लाला भगौती प्रसाद अपने को मठ का सर्वेसर्वा मानते हैं। बाबा को उन्होंने दस-बारह वर्षों से फाँस रखा है।

अभागे मस्तराम ! तुम क्यों इनके फंदे में फँसे आकर ? कौन-सा सुख दिखाई पड़ा जमनिया के बाबा की छाँह में ? दुनिया में कोई और जगह नहीं थी क्या ?

लेकिन नहीं, मस्तराम ही भगौती के घमंड को चूर-चूर करेगा। साल-दो साल जेल

रहेगा, फिर मस्तराम छूट आएगा। उसको अबकी जमनियावाले अपने फंदे में नहीं रख सकेंगे। किसी और जगह को मस्तराम अपना अड्डा बनाएगा।

मैं मस्तराम के साथ निकलूँगी। मुझे छोड़कर वह अकेले नहीं जा सकता।

मैं उसकी राह देखूँगी। उसको मैं जमनिया के मठ में नहीं रहने दूँगी। हम दोनों इस नरक से साथ-साथ छुटकारा पाएँगे।

बेचारी लक्ष्मी ! तूने जहर खाकर इस नरक से छुटकारा पाया था न ? तेरा छै महीने का बच्चा टुकड़े-टुकड़े करके अग्निकुंड के हवाले कर दिया गया। अपने लाड़ले को तू बचा न सकी। बाबा को गालियाँ देती-देती पागल हो गई। फिर तुझे तेज बुखार चढ़ा। उसके बाद तेरा क्या हुआ, किसी को पता नहीं चला। लोगों को इतना भर मालूम है कि जमनिया मठ की एक सधुआइन, लक्ष्मी अवधूतिन, जहर खाकर मर गई।

क्वार के महीने में उस वर्ष मठ के अंदर धूमधाम से दुर्गापूजा हुई थी। चंडी मइया को मनुष्य की बलि दी गई थी। महीनों पहले से इस नरबलि का प्रचार किया गया था।

महाअष्टमी की रात में, देवी की प्रतिमा के सामने छै महीने का एक शिशु खड़ा किया गया। उसकी कमर में रेशमी वस्त्र का लाल टुकड़ा लपेटा हुआ था। गले में लाल फूलों की माला थी। माथे पर सिंदूर का टीका था।

पूजा के मंडप से बाहर जोरों से बाजे बज रहे थे। नगाड़े, घड़ियाल, सिंगा, माँदर, झाल, करताल, शंख...हजारों की भीड़ थी। अलग मैदान में चारों तरफ मेला और बाजार।

बकरी के बच्चे की तरह, आदमी के उस बच्चे का सिर धड़ से अलग कर दिया गया। खून के फव्वारे देवी की तरफ छोड़े गए। शिशु-मुंड को देवी के चरणों में, महिषासुर के पास डाल दिया गया।

पीले वस्त्रों में, पुजारी जैसा दिखनेवाला वह आदमी तलवार लिए खड़ा था। खून से सनी हुई तलवार पैट्रोमेक्स की रोशनी में चमक रही थी। वहीं पास में मुंडहीन शिशु-शरीर लहू में लथपथ पड़ा था। भिंचे हुए प्राणों का स्पंदन पैरों और हाथों को बीच-बीच में हिलाए दे रहा था।

तलवार में उँगली छुआकर उस हत्यारे ने बाबा के ललाट में रक्त का टीका लगाया। भगौती, लालता, ठाकुर, सुखदेव, सब थे। सबके माथों पर लहू के गीले टीके लगाए गए।

फिर बच्चे की देह को उस निठुर आदमी ने कई टुकड़ों में काटा। फिर वे टुकड़े एक-एक करके हवन-कुंड में डाल दिए गए। जलते हुए मांस की दुर्गंध को दबाने के लिए सेरों गुग्गल, कपूर, जौ, तिल, सुपारी आदि तो आग में डाले ही गए, ऊपर से आधा टीन शुद्ध घी भी डाल दिया गया।

इस तरह उस वर्ष, महाअष्टमी की महारात्रि में जमनियावालों ने अपनी जिंदगी में पहली बार नरबलि का नजारा देखा !

बाबा की सिद्धई इस तरह सारे संसार में मशहूर हो गई। लाखों दिलों पर उनका चमत्कार असर डाल गया। लेकिन अभागी लक्ष्मी के कलेजे का टुकड़ा कहाँ गया ? वह

खुद क्या हुई ?

यह बाबा भारी राक्षस है !

इसी की देखरेख में, इसी की सलाह से लक्ष्मी के शिशु का वध हुआ...चंडी माता क्या सचमुच एक बच्चे के रक्त की प्यासी थी ?

नहीं, चंडी माता भला क्यों प्यासी रहेगी ? यह सब इस बाबा के दिमाग की खामखयाली थी। भोले-भाले लोगों पर अपना आतंक जमाने के लिए एक आदमी क्या इतना घिनौना काम करेगा !

थूः !

“माईजी, अभी आप कमजोर हैं। इसी से इतनी अधिक नींद आती है...मैं दो बार आवाज दे चुका और अब देखने आया हूँ।”

“पानी एक बार गर्म किया। अब दूसरी बार गर्म कर दूँ ? चढ़ा दूँ फिर से ?”

“सबेरे-सबेरे क्यों नहाइएगा माईजी ? सर्दी लग जाएगी। मालिक आएँगे, आपको खाँसते देखेंगे तो बिगड़ेंगे मुझ पर। नहीं बिगड़ेंगे ?”

“माईजी, चाय ले आऊँ ?”

“मुँह धोने के लिए गरम पानी चाहिए ?”

“पहले यहाँ एक बर्तन तो डाल दूँ ! कुल्ला-आचमन के लायक बर्तन नहीं है यहाँ...मालिक आते हैं, बाजार से ले आऊँगा...उगलदान नहीं, अच्छी-सी चिलमची। अलमुनियम की। पीतल की भी आ सकती है।”

“माईजी, कुछ कसूर हुआ है हमसे ?”

“माईजी...”

“देखो, महराज !...”

“जी माईजी !”

“मेरी तबीयत ठीक नहीं है। तुम जाओ, चाय पी लो ! मेरा इंतजार मत करो...”

रसोइया अपराधी की तरह खड़ा है। उसे विश्वास नहीं हो रहा है कि सचमुच मेरी तबीयत खराब है।

जी करता है, सारा दिन आज बस इसी तरह पड़ी रहूँ। रात में नींद नहीं आई। आई, अच्छी तरह नहीं आई।

अच्छी तरह नींद मुझे क्यों आएगी ?

“जाओ महराज, चाय पी लो !”

“आप नहीं लेंगी तो हम कैसे लेंगे ?”

भारी बुद्धू है !

चाय नहीं लेती हूँ तो गधा अड़ा ही रहेगा ! किस मूर्ख से पाला पड़ा है...शंकर ! बंभोलेनाथ...अच्छा, उठती हूँ...

बॉथरूम हो आती हूँ।

दाँत-मुँह धो लिए हैं।

अब चाय पी रही हूँ।

"महराज, अभी चीनी ठीक है ?"

"सच माईजी ?"

"बिलकुल !"

उधर वह भी चाय सुड़क रहा है।

"महरी नहीं आई !"

"आके चली गई !"

"दुपहर के बाद आएगी ?"

"बोलके तो गई है। अब चढ़ा दूँ पानी माईजी ?"

"अभी ठहर जाओ।"

आज कई रोज बाद मुझे लक्ष्मी की याद आई है। उसका छमाही बच्चा कैसा रहा होगा ? खूबसूरत ही रहा होगा ! बच्चे आम तौर पर खूबसूरत ही होते हैं।

मगर लक्ष्मी को तो देखा भी नहीं मैंने। सुना भर है उसके बारे में। शिवकलिया बड़ी तारीफ करती है लक्ष्मी की। उसी ने मुझसे यह सब बतलाया था। नरबलि का नजारा शिवकली के बड़े भाई ने अपनी आँखों से देखा था !

बाद को गौरी ने भी बतलाया। गौरी...

छिनाल अपने को नवाब की नातिन समझती थी।

तभी तो बाबा राँड़ को कुंभ में छोड़ आए...

प्रयाग से वह कहाँ गई ?

ऋषिकेश रहती है, एकनाथजी के साथ। कहते हैं, कनफटा बाबा काफी मालदार है। जड़ी-बूटियाँ कूट-छानकर दवाइयाँ तैयार करता था। हिकमत थी ही, धंधा चल निकला। कहते हैं, देहरादून और हरद्वार में नाथजी की दो दूकानें हैं...

जड़ी-बूटियों की तरह कनफटा बाबा औरतों को भी कूटता-छानता होगा। उन्हें भी गलाता-सिझाता होगा, उनका अर्क निकालता होगा...

गौरी तो थी ही छिनाल। वह साल-साल में दो-तीन मर्द बदलती थी। वह उन मर्दों का बुरी तरह पीछा करती थी जो डील-डौल के तगड़े होते थे...

एक बार मठ का बड़ा घोड़ा गरमाया। वह बेचैनी में हिनहिना रहा था। नथने फैला-फैलाकर हवा में से जाने कौन-सी गंध खींचता था बार-बार ! घोड़े को उस बेताबी में देखा तो गौरी मुझसे बोली—"मैं इसको ठंडा कर सकती हूँ...अपनी समूची मर्दानगी यह मेरे अंदर डाल दे तो हमेशा के लिए अघा जाय..."

मैंने आँखें तरेरकर गौरी को घूरा था।

इस पर उसने मुझे भद्दी गाली दी थी और हँसकर कहा था—"बचपन में बाप के साथ तू कभी न सोई ? खा तो मेरी कसम !"

"कुतिया कहीं की," ऐसे मौकों पर मैं उसे डाँट देती थी, "अपने तजर्बे औरों पर ठोंकती है नानी !"

एक रात वह मस्तराम से सटने गई...

मस्तराम ने उसे दो तमाचे लगाए थे !

हमसे गौरी खुले-आम कहा करती—"मैं डायन हूँ, कच्चा चबाने के लिए मुझे आदमी ही चाहिए और हमेशा चाहिए...दस वर्ष का लड़का हो तो भी चलेगा, सत्तर साल का बुड्ढा हो तो भी चलेगा..."

बाबा गौरी को बहुत चाहते थे।

बाबा ने उसे पूरी छूट दे रखी थी। काशी, प्रयाग, मथुरा, वृंदावन, हरद्वार घूमती रहती थी। बाबा के साथ तराई के इलाकों में भी वही जाती थी।

लौटने पर अक्सर गौरी अपने साथ किसी-न-किसी मालदार असामी को बाबा तक ले आती।

शिवनगर इस्टेट के मैनेजर के दामाद को इसी तरह वह एक बार उड़ा लाई। भगौती ने लखनौली के दारोगा की तरफ से भेजा हुआ बतलाकर नकली खत मैनेजर के दामाद को दिखलाया। खत के अनुसार यह नौजवान भले खानदान की एक लड़की को भगा ले गया था और नदी के पार उत्तर प्रदेश के सीमांतवर्ती किसी गाँव में छिपकर रह रहा था; भगौती ने बतलाया कि अब उसके लिए वारंट निकलेगा और उसके साथ गौरी भी गिरफ्तार होगी। बथान में गौरी कुछ भी कह सकती है, क्योंकि छोकरी का माथा क्रैक है...शिवनगर इस्टेट की भारी बदनामी होगी; लड़के को साल-छः महीने जेल के अंदर भी रहना पड़ सकता है।

मैनेजर का दामाद ढाई-तीन हजार रुपए साथ लाया था। भगौती और लालता ने उसकी गिरफ्तारी की गर्म अफवाहों के बारे में नमक-मिर्च मिलाकर मठ के अंदर ऐसी कानाफूसी फैलाई कि बेचारा 5-7 रोज बाद ही भाग गया। सारी रकम भगौती ने रख ली कि इससे कम पर मामला रफा-दफा नहीं होगा !

लक्ष्मी के बच्चे की बलि पड़ी तो बाद में लोग डर गए। अफवाह उड़ी कि भरतपुरा का थानेदार तहकीकात के लिए जमनिया पहुँचनेवाला है...

अंत में हुआ यह कि भगौती खुद ही गौरी को साथ लेकर थानेदार की सेवा में पहुँच गए। दोनों चार दिन भरतपुरा रहे। पाँचवें दिन खुशी-खुशी लौट आए।

बड़ी-बड़ी खिजाबी मूँछोंवाला थानेदार सादुल्ला खाँ गौरी को खूब पसंद आया होगा...

गौरी भी मुसल्ले को जमी होगी ! चेहरा तो गौरी का मरते दम तक छोकरी का ही रहेगा। बूढ़ी भी होगी तो चौदह-पंद्रह की दिखेगी...

भरतपुरा की पुलिस के रेकार्ड में दर्ज हुआ होगा—"पूजा की आठवीं रात में जाने किधर से एक पगली आई। उसकी गोद में छै महीने का बच्चा था। पुजारी की नजर बचाकर उसने बच्चे को हवन-कुंड में डाल दिया। कोशिशें तो काफी की गईं लेकिन बच्चे को बचाया नहीं जा सका। बाबा की बड़ी ख्वाहिश थी कि पगली को थाने तक पहुँचा दिया जाय, लेकिन अगले दिन ही वह गायब हो गई। अब कुछ गुंडों ने उलटी बातें फैला दी हैं। सरकार बहादुर से अर्ज है कि वह जमनिया मठ के संत-शिरोमणि बाबाजी महाराज की प्रतिष्ठा और इज्जत को ध्यान में रखे, साथ ही थानेदार साहब उन गुंडों पर कड़ी निगरानी रखें, जिनकी नीयत साफ नहीं और जमनिया मठ की जायदाद को नुकसान पहुँचाना चाहते हैं..."

तीन वर्ष गुजर गए हैं...तो क्या हुआ ! गौरी आज भी ऋषिकेश से वापस आ सकती है...नहीं आ सकती है ? कनफटे बाबा को दस-बीस हजार की चपत लगाकर निकल आए तो ?

लगता है, बाबा को आज भी गौरी से कुछ उम्मीदें हैं...

तू गधी न होती तो तुझसे बाबा की उम्मीदें रहतीं।

बाबा तुझे कितना चाहते थे !

उस बार लगातार एक महीने तक तू बेचैन रही...अंग-अंग में फोड़े निकल आए थे न ?

हाँ ! मेरे जिस्म का हिस्सा-हिस्सा बाबा खुद अपने हाथों से छूने-सहलाने-टटोलने का अच्छा बहाना पा गए थे उस बार !

मैं सिहर-सिहर उठती थी...बसमतिया और शिवकली को भी अखरता था...वे अंदर-अंदर कुढ़ती थीं !

लालता की बहन ने फुसफुसाकर बतलाया था—"बाबा नर्स की तरह हर बीमारी में रोगी की सेवा कर सकते हैं।" फिर इधर-उधर देखकर उसने आँखें नचाईं और कहा—"तुम तो औरत ठहरीं, तुम्हारी तीमारदारी तो बाबा खुद ही करेंगे !"

लंबी जटाओंवाले अपने इस बाबा की सेवा-सुश्रूषा से मैं ऊब गई।

मस्तराम की सलाह से मिलवाला डाक्टर मुझे देखने आया। उसने कहा—"एक सप्ताह आप हमारे अस्पताल में चलकर रहिए। वहाँ की दोनों नर्सें आपको कुछ ही दिनों में ठीक कर देंगी..."

बाबा को यह सब अच्छा नहीं लगा...लेकिन अस्पताल से ही मेरे घाव अच्छे हुए थे।

क्या यह जरूरी है कि बाबा को सबकुछ अच्छा लगे ?

मेरी जगह गौरी होती, तो ?

बाबा की जगह मस्तराम होता, तो ?

मस्तराम बदतमीज नहीं है...

मस्तराम की नीयत गंदी नहीं है...

"माईजी, दस बज गए ?"

"माईजी, आपकी तबीयत ठीक नहीं है, आज रहने दीजिए ! कपड़े बदलकर वहीं स्नान-ध्यान कर लीजिए !"

"माईजी, बादल भी आ गए हैं !"

"हवा भी चल रही है माईजी !"

"आलू-गोभी की सब्जी बनाऊँ माईजी ?"

"माईजी..."

"सो गई हैं माईजी ?"

"अच्छा, माईजी ! आराम ही कीजिए !"

"शाम तक मालिक भी आ जाएँगे..."

"अरे, हाँ ! सचमुच !"

"हाँ, माईजी सोई हुई हैं..."

"खाना नहीं बनाऊँ अभी ?"

"चलो, फुल्के बाद में सेंक लूँगा।"

"तब तक नहा-धो लूँ न !"

"एक-आधे कपड़े भी साफ कर लूँ !"

"माईजी मेरे बदन पर गंदे कपड़े देखना पसंद नहीं करेंगी..."

"बंगाली घरों में तो बाबाजी को और भी फिटफाट रहना पड़ता है।"

"बंगाली घरों में दीदी मणि लोग महराज को भी फैशन में देखना चाहती हैं..."

"बंगाली घरों में माईजी-मासीजी हमारे जैसे जवान बाभन-रसोइया को खूब भालो-वासा करती हैं, खूब खिलाती-पिलाती हैं !"

"माईजी, आप भी मेरा बहुत ख्याल रखती हैं...कल शाम महरी नहीं आई तो आपने खुद ही बर्तन साफ कर लिए !"

"ऐसा न कीजिए माईजी ! इस गरीब ब्राह्मण के माथे पर पाप का बोझा चढ़ेगा माईजी !"

"अच्छा माईजी, अभी आप सोइए !"

भगौती

सारा मुहल्ला सो गया था।

गलियारों में जहाँ-तहाँ बिजली के खंभे जाग रहे थे।

दिन में हल्की बारिश हुई थी। अभी भी आसमान भारी था। बादल लदे थे। तारों

का कहीं पता नहीं था।

सर्दी बढ़ गई थी। हवा में ठंडक महसूस हो रही थी। लगता था, शीतलहरी का प्रकोप बस आ ही चला। कुत्ते तक जाने कहाँ दुबके पड़े थे।

भीगी सड़कें निर्जनता में ऊँघ रही थीं। इक्के-दुक्के रिक्शे भी नजर नहीं आ रहे थे।

बिजली के बल्बों के इर्द-गिर्द परवानों का काफला नहीं था। दस-पाँच कीड़े चक्कर लगा रहे थे।

धरती का सूनापन और भी अखर रहा था, क्योंकि बरसाती बादलों के सहज साथी मेढक गायब थे। बूँदाबाँदी का माहौल हो और टर्र-टर्र न सुनाई दे, तो कैसा फीका-फीका लगेगा मौसम ?

झींगुर तक चुप्पी साधे हुए थे !

ऐसे में दो ताँगे आ पहुँचे...

चमड़े के चार भारी-भारी सूटकेस। तीन वजनी होल्डाल, तीन हैंड बैग। प्लास्टिक की दो खुली डोलचियाँ...

नेपाली टोपीवाले दो युवक।

एक नौजवान, हॉफ पैंट और बुशर्ट में।

और एक बाबू-टाइप चेहरा यानी बाबू भगौती प्रसाद।

साँकल की खनखनाहट सुनकर महराज दरवाजा खोलकर बाहर निकला।

ताँगेवालों की मदद से सामान अंदर रखा गया। आगंतुक भीतर आए। ताँगेवाले अपनी मजदूरी लेकर वापस लौटे।

ऊपर दो कमरे नए आगंतुकों के लिए खुल गए। भगौती ने खुद ही अपना रूम खोला।

सामान एक-एक करके महराज ऊपर पहुँचा आया।

"बॉथरूम में दो बाल्टी पानी रख देना," भगौती ने कहा—"अभी और कुछ नहीं करना है बाबाजी ! कल मेहमानोंवाली कोठरियों में बल्ब बदल देना। मेरी आलमारी के अंदर साठ-साठ यूनिट के बल्ब रखे हैं।"

फिर पूछ लिया—"और तो सब ठीक-ठाक है न ?"

"जी मालिक ! सब ठीक है। बस, माईजी की तबीयत सुस्त रहती है।"

दाहिने हाथ की अँगूठियों पर नजर टिकाकर भगौती बोला—"ठीक हो जाएगी। खूब खिलाओ-पिलाओ !"

"जी मालिक !"

थोड़ा रुककर महराज अपनी कनपटी खुजलाते-खुजलाते बोला, "आपके लिए शाम को खाना बनाकर रखा था। थोड़ा दूध नहीं पीजिएगा ?"

"नहीं, अभी कुछ नहीं। हाँ, सबेरे-सबेरे चाय तैयार करना। मीठा कम डालना..."

"जी !"

"और देखो, नहाने के लिए पानी गर्म चाहिए सबेरे। सर्दी बढ़ गई है न ?"

"जी !"

"जाओ, आराम करो !"

"जी !"

रसोइया नीचे चला गया।

भगौती ने अपना हैंड बैग खोला। उसमें तह करके शाल रखी थी, निकाल ली। असमिया अंडी चादर दुहरी, बदन पर थी ही। सर्दी से बचाव के लिए यही काफी होती है। शाल से तो यों ही कभी-कभार काम लेते हैं।

शेविंग-सेट बाहर निकालेंगे।

मुकदमे के जरूरी कागजात, नोटबुक, डायरी और दो-एक मामूली किताबें...

जासूसी उपन्यास चाटने का चस्का है।

हत्या, बलात्कार, लूटपाट, गबन, अपहरण आदि की षड्यंत्रोंवाली कहानियाँ स्कूली जीवन से पढ़ते आए हैं।

15-16 की उम्र में ही 'भूतनाथ' और 'चंद्रकांता संतति' का पारायण कर लिया था।

इस तरह की बाहरी किताबों के अनुवाद खोज-खोजकर देखते हैं। मूल अंग्रेजी में आनंद नहीं आता है।

हाँ, क्राइम-फिल्म मूल रूप में ही देखना पसंद करते हैं...

नोटबुक की जिल्द में कुछ और भी तो रखा है। क्या है ?

हिंदी अखबारों की कतरनें...

हाँ, कटिंग्स ही हैं।

भगौती उस नोटबुक को सिरहाने रख लेते हैं, तकिए के नीचे।

चारपाई पर गद्दा पहले से था। डबल चाबी रहने से रसोइया हर रोज कमरा साफ करवा लेता है। दोनों आलमारियाँ हमेशा बंद रहती हैं। भगौती आते हैं, आप ही खोलते हैं और आप ही बंद करते हैं। सामने दीवार पर एक तरफ शंकर-पार्वतीवाला कैलेंडर अगले वर्ष का है, लेकिन पहले से ही टँग गया है। दूसरा कैलेंडर चालू महीने का होगा, दिसंबर के आरंभ का। उसमें किसी छोकरी का रंगीन चित्र है। सायरा बानो, साधना, शर्मिला टैगोर, या फिर आशा पारीख, बैजयंतीमाला, वहीदा रहमान ?

महराज झाड़-झूड़कर चादर बिछा गया है। हवा फूँककर रबरवाला तकिया ठीक कर गया है।

तिपाई पर स्टेनलेसवाला लोटा है। गिलास है। भगौती को अक्सर प्यास लगती है, ठीक दुपहर रात में। एक बजे, दो बजे। सोते वक्त, नजदीक में पीने का पानी जरूर रखवा लेंगे। कहीं भी हों।

अभी वह दूध ले सकते थे ?

हाँ, ले सकते थे।

ले लेते मगर यों ही नहीं लिया। आगंतुकों से भगौती ने चाय और दूध के लिए कहा था, उन्होंने अनिच्छा जाहिर की थी। अब अकेले भगौती दूध कैसे लेते ?

कितना भी फर्राट आदमी हो, सहज संकोच उसके अंदर शेष रह ही जाता है। तकल्लुफ आसानी से कहाँ जाता है।

बस; अब अंदर से अपना कमरा बंद करेंगे...

एक सिगरेट जलाएँगे...

आधा लेटने की मुद्रा में होंठों से धुमछल्ला छोड़ते रहेंगे...

सोचते रहेंगे, सोचते रहेंगे, सोचते रहेंगे...

दूसरी सिगरेट राख हो सकती है...

लाइट ऑफ कर देंगे, लेकिन सिगरेट का सिरा सुलगता रहेगा...

पहली सिगरेट खत्म करके भगौती ने स्विच ऑफ कर दिया।

बारह बज चुके हैं।

लेटने पर आधे घंटे में नींद आ ही जाएगी ?

कुछ सोचने लगे थे।

लेकिन थकान पलकों पर हावी हो गई !

अंडी-चादर का जोड़ा पैरों से लेकर कमर तक थी, उसे कंधों तक खींचकर दाहिनी करवट हो गए। बदन को सीधा तान लिया।

बहुत सारी चिंताएँ गड्मड् होकर दिमाग को हल्के-हल्के खरोंच रही थीं, लेकिन मन को समझा-बुझाकर सो जाने की कोशिश करने लगे।

और, निद्रा देवी ने सचमुच कृपा की।

जंक्शन के 'सामिष उपाहार-गृह' में डटकर खाया था। पेट के अंदर हाजमा की मशीनरी बार-बार गर्म हो उठती थी।

दो दफे पानी के लिए उठना पड़ा है।

पहली बार डेढ़ गिलास।

दूसरी बार पौन गिलास।

अब क्या तीसरी बार भी उठना पड़ेगा ?

क्या करेंगे ? उठेंगे !

पहली नींद दो घंटे की, दूसरी नींद चालीस मिनट की।

अब उठकर घड़ी देखेंगे तो लगभग साढ़े तीन का वक्त होगा...

इसके बाद भगौती को नींद कहाँ आएगी !

नहीं आएगी नींद ?

अँधेरे में पड़े रहेंगे, खयालों का हमला होता रहेगा। आपबीतियों की पर्त-दर-पर्त खुलती-सिमटती चली जाएगी। दुनियादारी के चक्कर स्मृति के पर्दे पर छाया के तौर पर गुजरेंगे, कई रंगों में और कई पहलुओं में !

इस तरह खयालों के हमले हर रात होते रहें तो इंसान नहीं रह जाएगा, पागल हो जाएगा!

जीं हाँ, जरूर पागल हो जाएगा।

लेकिन, मैं पागल नहीं हुआ !

मैं पागल नहीं होऊँगा !

मैं अदना आदमी नहीं हूँ...

मैं भगौती प्रसाद हूँ। बाबू भगौती प्रसाद। लाला सूरज नंदनप्रसाद का सुपुत्र जमनिया का जमींदार।

कलकत्ते से अफीम की गोलियाँ मँगवाता हूँ। सिंगापुर के चीनी सौदागर इन गोलियों का तस्कर-व्यापार करते हैं। हांगकांग के तजर्बेकार रसायनाचार्यों की खास हिदायतों के मुताबिक ही यह माल तैयार होता है। रूस को छोड़कर बाकी सारी दुनिया में इन गोलियों की खपत है।

पिताजी इन गोलियों के नियमित ग्राहक थे। चाचा को भी शौक था इनका।

मैं तो बस, महीने में एक-आध बार ही लेता हूँ। आधी गोली ले ली और आठ-दस घंटे पीनक में डूब गए !

अभी तो खैर आधी खुराक भी नहीं है। डिब्बी खाली पड़ी है...चाँदी की डिब्बी सूँघ भर सकता हूँ फिलहाल !

माजूम भी अच्छा मजा देता है...

मगर नींद के लिए बेकार है माजूम !

हाँ, सब ठीक है। सवाल है कि इस समय बाबू भगौती प्रसाद अब क्या करेंगे ?

करेंगे क्या ! झख मारेंगे...

वाह साहब, झख क्यों मारेंगे ? काम करेंगे। अपने कागजात देखेंगे। अखबारों की कतरनें काफी इकट्ठी हो गई हैं...

बहुत सारी हैं ! इतना कौन पढ़ेगा ?

खामखाह इतनी कतरनें भेजीं उसने !

भेजेगा नहीं ? तुमने बार-बार क्यों कहलवा भेजा ?

आजाद वाचनालय, सिसवा बाजार ! अवैतनिक लाइब्रेरियन ? तुम्हारी बातों का कितना ध्यान रहा उसे ! कई अखबारों से तराश-तराशकर तुम्हारे लिए कतरनें जुटाई होंगी। अब इन्हें देखते क्यों नहीं ?

डर लगता है भगौती ?

अपने कारनामों का भंडाफोड़ अपनी नजरों से कौन देखना चाहेगा ?

लेकिन यह तो महज कतरनें हैं !

तुम्हारे दुश्मनों ने अखबारों में जाने कैसी-कैसी बातें छपवा दी हैं !

अच्छा लो, पहले एक सिगरेट धरा लो !

लाइटर ? तकिए के नीचे होगा...मिला ?

हाँ ! मिल गया ! जलाओ...मैं जला दूँ ?

सुलग तो गई...

तो, लो ! अब कटिंग देखो !

पहली कतरन–

"जमनिया। 25 नवंबर (बुधवार)। संयुक्त समाजवादी पार्टी की सिसवा बाजार अंचल-शाखा की तरफ से स्थानीय चीनी मिल के हड़ताली मजदूरों की माँगों के समर्थन में विशाल जनसभा का आयोजन बहुत सफल रहा।"

"कल का दिन (मंगलवार) हाट-बाजार का दिन होने से आस-पास की ग्रामीण जनता के लिए बड़ा ही अनुकूल था। अंत तक पाँच हजार की उपस्थिति बनी रही।"

"जिला-जेल के अंदर, हवालात में मजदूर कैदियों पर अधिकारियों की तरफ से अंधाधुंध लाठी-चार्ज करवाया गया और जेलवालों की इस बर्बरता को जमनिया मठ के इस बदनाम बाबा का भी समर्थन हासिल था। एक वक्ता ने जब यह बतलाया तो लोगों ने नारे लगाए–''जमनिया का बाबा–मुर्दाबाद ! जमनिया का बाबा–कातिल है ! हत्यारे को–फाँसी दो ! मठ की जमीन–दखल करो ! जमनिया का मठ क्या है ?–बदमाशों का अड्डा है..."

"पाठको याद होगा कि मठ के अंदर एक आगंतुक साधु पर हाल ही इतनी अधिक पिटाई पड़ी कि वह बेहोश हो गया।"

"इस पिछड़े हुए अंचल की पिछड़ी हुई जनता को गुमराह करने में जमनिया के बाबा को पर्याप्त ख्याति मिली है। यहाँ के जमींदारों, सेठों, पुलिसवालों, डाकुओं, बदमाशों ने बाबा को छुटकारा दिलाने के लिए बड़ी दौड़-धूप मचा रखी है। वे लखनऊ-दिल्ली तक भागते फिर रहे हैं।"

"चीनी के कारखानेदार दिन-प्रतिदिन सरकार से अधिकाधिक सुविधाएँ हासिल करते जा रहे हैं और गन्ना उपजानेवाले किसानों की परेशानियाँ बढ़ती जाएँगी, इस पर अधिकांश वक्ताओं ने केंद्र और राज्य सरकार की जन-विरोधी नीतियों पर आक्रोश जाहिर किया। चीनी-मिल-मजदूर-संघ के मंत्री श्री नवीनचंद्र 'तूफान' ने मिल-मालिकों की तरफदारी के लिए लेबर कमिश्नर के खिलाफ एक प्रस्ताव पेश किया, वह सर्वसम्मति से पास हुआ।"

"इंटकवालों ने बीच में टाँग न अड़ाई होती तो अब तक मजदूरों का संघर्ष कामयाब हो चुका होता।"

"मजदूर-नेताओं की आपसी बातचीत सुनने पर ऐसा लगा कि हड़तालियों की 50 प्रतिशत माँगें मिलवालों को माननी ही पड़ेंगी...राज्य के श्रममंत्री का इतना दबाव तो इन पर डलवाया ही जाएगा।"

"सभा के अंत में नारे लगे। इनकिलाब-जिंदाबाद ! किसान मजदूर एकता : जिंदाबाद ! संयुक्त सोशलिस्ट पार्टी : जिंदाबाद ! डॉ. लोहिया : जिंदाबाद ! महात्मा गाँधी की : जय ! भारत माता की : जय !"

इसमें उन पंक्तियों को पेंसिल के सुर्ख निशान से दुहरे-तिहरे रेखांकित कर दिया गया है, जिनका संबंध जमनिया के बाबा से है।

भगौती के माथे पर बल पड़ गए हैं।

सिगरेट बिना फूँके ही लगभग राख हो चुकी है, आग उँगलियों के कोर को झुलसा देगी क्या ?

भगौती जल्दी-जल्दी दो कश खींचकर आधी इंच का सुलगता टुकड़ा झटके में दूर फेंकता है, उस तरफ जिधर फिल्मी छोकरीवाला कैलेंडर टँगा है।

उँगलियों में उँगलियाँ उलझाकर वह बदन को सीधा करता है, हथेलियों को चेहरे पर घुमाता-फिराता है।

कलाई पर निगाह अटकती है...4-15...

सवा चार बज गए !

अभी बहुत-सारी कतरनें देखनी हैं।

इन्हें देख तो लेना ही चाहिए...

लेकिन तबीयत बिदकती है...

ऐसी भी क्या बात है भाई ?

बात क्या होगी ? कुछ नहीं !

हाँ, अनाप-शनाप छापते हैं साले...

अखबारवालों का तो धंधा ही यही है...

भगौती, इनके पीछे अपना दिमाग क्यों खराब करते हो ?

क्या होगा यह सब देखकर भगौती ?

प्यास नहीं लगी है भगौती ?

लगी है कि...

'हाँ, हाँ ! आधा गिलास पानी जरूरी पी लो !'

पेट बना हुआ है ?

अच्छा, सबेरे का नाश्ता न करना ! चाय-भर ले लेना...नींबू-पानी ? हाँ, हाँ, नींबू-पानी ठीक रहेगा !

सिगरेट सुलगाओगे ?

नहीं ! गला जल रहा है ?

नहीं, नहीं, तबीयत डूब रही है !

तबीयत क्या डूबेगी साली, सनीचर जोर मार रहा है...

पन्ना खो गया है जब से वह अँगूठी गायब हुई, तभी से संकट उमड़ पड़े हैं !

रानी साहब का बनारसवाला जौहरी ऐन मौके पर चुप लगा गया। तीन बार खत डाल चुका हूँ !

ठीक है, पन्ना मिले या न मिले ! परिस्थितियों का सामना तो करना ही है...

उतना कमजोर दिल कहाँ है भगौती का !

भगौती एक-एक करके इन कतरनों को देख जाएगा।

क्या कर लेंगे अखबारवाले ?

एक-आध बार इन संवाददाताओं में से किसी एक की मरम्मत करवा दूँ? कुटम्मस !

सारी बदमासी घुसड़ जाएगी...

इन्हें पढ़ तो जाओ मियाँ !

हाँ, देख जाओ सरसरी तौर पर...!

दूसरी कतरन–

"सिसवा बाजार। 27 नवंबर (शुक्रवार) जमनिया का बाबा दो सप्ताह से जिला-जेल की हवालात में बंद है। उसके साथ मुस्तंडा-किस्म का एक साधु और एक सुंदरी अवधूतिन भी है। तीनों की गिरफ्तारी से इलाके भर में सनसनी फैल गई है। बाबा पर आधे दर्जन अभियोग लगाए गए हैं।"

"स्वामी अभयानंद जैसे सुशिक्षित और लोक-सेवक साधु पर जमनिया मठ के अंदर न इस प्रकार के अमानुषिक प्रहार होते, न बाबा की गिरफ्तारी होती।"

"जमनिया का मठ कोई परम्परागत प्रामाणिक मठ नहीं है। आज से दस-बारह वर्ष पहले वहाँ कुछ नहीं था, वीरान था। जमींदारी-ताल्लुकदारी प्रथा के उन्मूलन का कानून पास हुआ तो जमनिया और लखनौली के दो-तीन भूस्वामियों ने ज्यादा-से-ज्यादा जमीन हड़पने के लिए रातों-रात 'जमनिया मठ' की स्थापना कर डाली। नारायणी नदी जहाँ नेपाल की तराई से नीचे उतरती है, वहीं उत्तर प्रदेश और बिहार प्रांत भी आपस में मिलते हैं, उस कछार-भूमि से वे एक जटाधारी औघड़ बाबा को लिवा ले लाए। जमींदारों ने उसी विचित्र व्यक्ति को अपने मठ का महंत घोषित किया।"

"हम बाबा की गिरफ्तारी के बाद एक-डेढ़ सप्ताह जमनिया के अंचल में घूमे हैं। विशिष्ट और साधारण व्यक्तियों से मिले हैं। ढेर सारी परस्पर-विरोधी सूचनाएँ हासिल हुई हैं। इन सूचनाओं की छानबीन करने से कई प्रश्न उभरते हैं।"

"क—जमनिया का बाबा अपने पूर्व-जीवन में (गृह-त्याग से पहले) मुसलमान था। इसका असल नाम करीमबख्श था। बाप का नाम खुदाबख्श। पेशा जुलाहे का। जवानी के दिनों में कई प्रकार के गंभीर अपराध करने के बाद, पुलिस की निगाहों से बचने के लिए यह नेपाल भाग गया। तहसील पडरौना के अंदर, मौजा डिग्घी एक छोटी-सी बस्ती है। वहाँ आज भी इसकी बुढ़िया माँ जिंदा है। नेपाल में यह लगभग बीस वर्ष रहा। अपने दुष्कर्मों के चलते बार-बार इस पर वहाँ पिटाई पड़ी है। जमनिया मठ का प्रबंध जिनके हाथों में है, स्वार्थ-साधन की अपनी सनक में भोली-भाली हिंदू जनता को वे आखिर कब तक धोखा देते रहेंगे ?"

"ख—जमनिया का मठ तस्कर-व्यापार का छोटा-मोटा अड्डा नहीं है क्या ? घड़ियाँ, फाउंटेनपेन, ट्रांजिस्टर, टेपरिकार्डर, रेशमी-ऊनी माल, शुद्ध सोने की अँगूठियाँ, टार्च, लाइटर, कैमरे, और जाने क्या-क्या वस्तुएँ मठ की भगत-मंडली के लिए सुलभ

नहीं हैं क्या ?"

"ग—असंभव चमत्कारों का जाल बिछाकर दूर-दूर तक के लोगों को फाँसा जाता है—पिछड़ी जातियों की बहुएँ और बेटियाँ गुंडों की वासना का शिकार बनाकर छोड़ दी जाती हैं...जमनिया का मठ भ्रष्टाचार की अंधी गढ़ी नहीं है तो क्या है ?"

"घ—चार-पाँच वर्ष पहले मठ के अंदर, दुर्गा की प्रतिमा के समक्ष एक अबोध शिशु की बलि नहीं चढ़ा दी गई ?"

"च—जमनिया का मठ भारतमाता की पीठ पर पक्षाघात का जहरीला फोड़ा है। इसे हम कब तक बर्दाश्त करेंगे ?"

भगौती का माथा फट जाएगा अब तो !

आगे और कतरनें उससे नहीं पढ़ी जाएँगी।

होश जवाब दे रहा है...

वह फिर बिस्तरे पर ढेर हो जाएगा !

उसने आँखें मूँद ली हैं...

मैं पहले से जानता था !

मुझे पता था, एक-न-एक दिन इस गुब्बारे में पिन चुभो दी जाएगी...लो रंगीन गुब्बारा पिचक गया ! रबड़ का भद्दा छिछड़ा गुब्बारा धूल में पड़ा है...अब इसमें कौन हवा भरेगा ?

मुझे मालूम था, यही होना है !

साला मस्तराम !

तुझसे किसने कहा था कि उस साधु को धुनकके रख दे !

देखना है कहाँ मिलता है अब तुझे ठौर !

साले दिन-रात मालपुए चबाते थे...जब देखो खीर सुड़क रहे हैं...बादाम की ठंढाई छन रही है, केवड़ा और गुलाबजल छिड़का जा रहा है, पिस्ते छीले जा रहे हैं ! जाने कहाँ-कहाँ के मँगते जुटे थे ! शऊर और सलीके से इनका क्या वास्ता ?

हम सौ दफे बनारस में भैरोंजी के दरबार में गए होंगे...वहाँ का पंडा आहिस्ते से डंडा उठाएगा और धीमे से तुम्हारी पीठ छू देगा उस डंडे से ! वह अपना जोर नहीं आजमाएगा, भगत की पीठ को धुनककर नहीं रख देगा।

तू ससुर किसी की पीठ पर बेंत फटकारनेवाला होता कौन है ? मस्तराम साला...

और, तेरी अक्ल क्या घास चरने गई थी बाबा ? तुझसे तो इस बेवकूफी की उम्मीद नहीं थी हमें !

तुझे तो निहायत समझदार इन्सान समझता था बाबा !

ले, अब भुगत अपनी करनी का फल ! काट, कितनी सजा काटेगा !

औघड़ नहीं औघड़ की गाँड़ ! साले ! हरामी ! उल्लू के पट्ठे !...सूअर...

बेचारे बाबा को तो नाहक गालियाँ देता है तू !

भगौती, क्या हो गया है तुझे ? तेरे लिए बाबा अपनी जान भी दे सकता है।

जी, दे ली जान बाबा ने !

सभी अपने-अपने मतलब के बंदे होते हैं...कोई किसी की खातिर जान नहीं देता है यहाँ !

तू अब किसी के लिए अपनी जान नहीं देगा ?

इमरितिया अगर तेरी तरफ अपना हाथ बढ़ाए ? उस पर तू अपनी जान निछावर नहीं करेगा ?

क्या कहा ! इमरितिया ?

मेरी ओर हाथ बढ़ाएगी ? इमरितिया ?

मस्तराम हरामजादी को फाड़कर खा नहीं जाएगा ? खा जाएगा ? फाड़कर ! सच ?

सच ! इमरितिया तेरी तरफ खिंचेगी तो पहले मस्तराम तुझे ही फाड़ डालेगा, हाँ !

मस्तराम, तू मुझे फाड़ डालेगा ?

मैं इमरितिया का गला घोंट दूँगा...

तू मेरा क्या करेगा ?

बाल भी बाँका नहीं कर सकेगा ! लेकिन मैं तेरी मिट्टी पलीद कर दूँ...मुझे समझ क्या रक्खा है तूने ? कमीना...

इमरितिया इस वक्त मेरी हिरासत में है...फिलहाल इस औरत पर मेरा काबू है !

इमरितिया ! तेरी जान !...

मैं इमरितिया की बोटी-बोटी नोंच लूँगा, तू क्या कर लेगा मेरा ?

तू हवालात के अंदर बंद है !

तू अभी अर्से तक जेल की ऊँची मोटी चहारदीवारियों के अंदर घुटता रहेगा...

मैं चाहूँ तो तू वहीं का वहीं ठंडा हो जाए ! और पता तक न चले किसी को...

भगौती को फँसाना चाहता था तू ? तू जान-बूझकर उस साधु की पीठ पर बेंत नहीं बरसा रहा था ?

देख लिया किस्मत का खेल ! बाबू भगौती प्रसाद बेदाग निकल आए और तू साला हवालात के अंदर बंद है...खाँचे का मुर्गा !...

"मालिक, नाश्ता क्या बनेगा ?"

"जग गए महराज ? हो गया सबेरा ?"

"जी, मालिक ! सुरुज नहीं उगे हैं अभी !"

"अच्छा ! ठहरो, खोलता हूँ किवाड़..."

"नहीं मालिक, अभी बहुत सबेरा है। आप आराम कीजिए अभी !...मैं सिरिफ नांश्ता के लिए मालूम करने आया था !"

"माईजी से नहीं पूछ लिया ?"

"आप नहीं बतलाइएगा ?"

"पूड़ियाँ निकाल लेना। मैं नहीं करूँगा नाश्ता...पहले चाय तो तैयार कर लेना !"

"जी, मालिक !"

"दूध मिलेगा सबेरे-सबेरे ?"

"मिलेगा मालिक !"

थोड़ा रुककर महराज ने पूछा—"अँगीठी ले आऊँ, आग सेकेंगे मालिक ?"

कमरे के अंदर से जवाब नहीं पाकर उसने आँखें फैला लीं और जीभ को दाँतों तले दबाकर मन-ही-मन अपने आपसे कहा—'कपड़े सँभाल रहे हैं मालिक, रात को धारीदार पाजामा पहनकर लेटते-सोते हैं...बंगाली तो हैं नहीं कि लुंगी पहनकर आधा नंगा रह लेंगे !'

लुंगी से महराज को सख्त नफरत है। वह लुंगी को कभी पसंद नहीं कर सका। बंगाली परिवार में अभी-अभी दुर्गापूजा के मौके पर उसे धोती-कमीज के साथ-साथ एक फर्द लुंगी का चदरा भी मिला था। महराज उससे बिछावन की चादर का काम लेता है !

किवाड़ की फाँक से कान लगाकर वह कमरे के अंदर की ओर अपना ध्यान जमाता है : कागज की सरसराहट सुनाई देती है...लगता है, मालिक देर से जग रहे हैं। कुछ पढ़-लिख रहे होंगे !

किवाड़ का एक पट्टा खुलता है।

"अँगीठी ले आऊँ मालिक ?"

"नहीं, अँगीठी क्यों लाओगे ?"

महराज सीढ़ियों से उतरते-उतरते भगौती की हिदायत सुनता है—"पानी गर्म करो, अभी बाबू लोगों को जरूरत पड़ेगी।"

"जी मालिक !"

"और सुनो, नीम की दतुअन नहीं मिल सकती है ?"

"मिल जाएगी ! देखता हूँ..."

"न मिले तो रहने दो। ब्रश से दाँत साफ कर लूँगा। उनके पास भी मुँह धोने का अपना सामान है ही। तुम पानी भर गर्म कर दो।"

"जी !"

"माईजी क्या करती हैं ?"

"पूजा पर बैठी हैं मालिक !"

भगौती ने देखा, गेरुआ धोती की निचली छोर से बूँद-बूँद पानी टपक रहा है। छत की बाहरी रेलिंग से अवधूतिन की भीगी धोती नीचे लटक रही है। उसमें कहीं भी किसी तरह का दाग नहीं है। गेरुए रंग में रँगी हुई, बिना किनारियों की सूती धोती सुबह-सुबह सूखने के लिए फैला दी गई है...इमरितिया खुद ही डाल गई होगी।

इतना सबेरे नहा लेती है !

सधुआइन है तो नहाएगी नहीं सबेरे ?

नहा-धोकर पूजा पर बैठ गई है...रोज इसी तरह सुबह नहाती होगी ?

भगौती सोचता है : मैं भी नहा लूँ ! अपनी धोती मैं भी इसी रेलिंग पर डाल दूँ सूखने के लिए ?...

लेकिन मुझे क्या पड़ी है ! मैं क्यों सबेरे नहाऊँगा ? इतनी ठंड में नहाऊँगा तो जुकाम-खाँसी नहीं होगी ? नहीं, मैं धूप में नहाऊँगा। आठ बजे, नौ बजे, दस बजे...

दस बजे नहीं, दस बजे तो वकील साहब निकल जाएँगे। भगौती को आठ-साढ़े आठ तक वकील के यहाँ पहुँचना है।

भगौती सात बजे नहा लेंगे।

नाश्ता तो नहीं करेंगे। आधा गिलास दूध पीकर निकलेंगे भगौती।

खाना खाने के लिए डेढ़-दो बजे तक वापस आ जाएँगे।

"राम राम, बाबूजी !"

"राम राम सेठजी ! अच्छी तरह सोए आप लोग ?"

"हाँ, बाबूजी !"

दूसरा नेपाली बोला : "पत्ता ही नईं चला कि रात कइसे गुजर गया सा'ब ! भोत अच्छी नींद आया सा'ब !...ही-ही-ही-ही...आप सोया साब, अच्छी तरै ?"

"जी, हाँ !" भगौती ने कहा, "लैट्रिन जाएँगे ?"

"नहीं साब," पहला सेठ बोला, "अभी नहीं।"

उसके दाहिने हाथ में जगमगाता हुआ सिगरेट-केस था, बायाँ हाथ पैंट की पाकेट के अंदर।

लाइटर निकल आया तो एक सिगरेट आगे बढ़ाकर उसने भगौती की तरफ दिखलाई : "लीजिए सा'ब, ठहरिए, नीचे आकर धरा दूँ !"

"नहीं," भगौती ने नीचे बरामदे से कहा, "अभी नहीं, चाय के बाद चलेगी...आप जला लीजिए।"

भगौती ब्रश से दाँत साफ कर रहे थे। सफेद झाग मुँह के अंदर भरा था, अच्छी तरह बोल पाना असंभव हो रहा था, फिर भी अस्फुट उच्चारण में पूछा : "वो विराटनगर वाला भाई अब तक सो रहा है ?"

"जी, सा'ब !"

"सोने दीजिए, कई दिनों का थका होगा बेचारा !"

अब दूसरा सेठ भी सिगरेट फूँक रहा था।

महराज ने एक बाल्टी गर्म पानी चौके से बाहर निकालकर बरामदे पर वहाँ रख दिया जहाँ से पाखाना और नहानघर करीब थे।

एक-एक सिगरेट फूँककर दोनों नेपाली सेठों ने मुँह-दाँत धोए।

चाय ऊपर ही पहुँच गई, भगौतीवाले कमरे में।

"महराज, बिस्कुट ले आते।"

भगौती के इस आदेश का आगंतुकों ने अनुमोदन नहीं किया तो रसोइया बोला—"नाश्ता ले आऊँ ?"

"अभी नहीं," मेहमानों ने कहा, "लेकिन चाय एक-एक कप और लेंगे।"

अब तक तीसरा आगंतुक भी बिस्तरा छोड़ चुका था। चाय-चक्र में साथ देने के लिए वह भी जल्दी-जल्दी आँख-मुँह पोंछता हुआ आ गया।

भगौती ने उससे पूछा, "तुम्हारे मोरंग (पूर्वी नेपाल) के इलाके में इस बार धान की फसल कैसी है ?"

"बहुत अच्छी।" वह बोला।

चौथी प्याली की नाक टूटी थी। वह मानो विराटनगरवाले उसी मेहमान के लिए अब तक खाली थी। और किसी ने मानो उस विकलांग लघु पात्र की ओर इससे पहले ध्यान हीं नहीं दिया था। बेचारी के होंठ भी कटे-फटे थे। चमक उड़ गई थी। एक अजीब फीकापन उसे दयनीय बना रहा था।

तीसरा आगंतुक बार-बार बेचारी की तरफ देखने लगा और सामूहिक बातचीत की कड़ी में उसकी गर्दन पहले तो हिली, फिर तन गई।

भगौती ने इस चौथी प्याली में उसके लिए चाय भर दी।

उसने आखिर डिश-सहित कप को बाएँ हाथ की हथेली पर उठा लिया।

इस पर दोनों नेपाली सेठ समझकर हँस पड़े। ठेठ नेवारी भाषा में उन्होंने एक-दूसरे से कुछ कहा और रह-रहकर मुस्कुराने लगे।

भगौती नेपाल यानी गोर्खाली भाषा तो अच्छी तरह समझ लेता था, ऊपरी नेपाली की यह नेवारी उसकी समझ में कभी नहीं आई। विराटनगरवाला भाई नेपाली ही जानता था। सेठों का हँसना इन दोनों के लिए पहेली था।

"क्या बात हुई ?" भगौती बोले, "कुछ हमें भी बतलाइए न !"

"चाय में मीठा बहुत पड़ा है..." एक सेठ ने यह कहा तो दूसरा फिर हँसने लगा।

भगौती समझ रहे थे कि उन्होंने असल कारण नहीं बतलाया है। विराटनगरवाला भाई नेपाल का मूल-निवासी नहीं था, मारवाड़ी था। उसे शक हुआ कि, हो न हो, उसी के बारे में नेपालियों का आपसी परिहास चल रहा है।

उधर से रसोइया एक बढ़िया कप ले आया, बोला—"मालिक, बड़ी गल्ती हो गई।" और उसने विराटनगरवाले भाई की हथेली पर से टूटी नाकवाला कप उठा

लिया...

अब भगौती को भी हँसी आ गई।

मारवाड़ी भाई भी मुस्कुराने लगा।

फिर चारों जने मिलकर खूब हँसे !

"आपने बतलाया क्यों नहीं ?" भगौती ने तीसरे मेहमान से कहा, "इस तरह का तकल्लुफ ठीक नहीं।"

"घर में सब चलता है !" वह बोला और चाय सुड़कने लगा।

भगौती कहने लगे—"महराज ने खुद ही अपनी भूल दुरुस्त कर ली। वर्ना, मैं आज उसकी बड़ी फजीहत करता। इस किस्म का कप किचन के अंदर रखना भारी फूहड़पन है साहब !"

थोड़ा रुककर उन्होंने नेपाली बंधुओं से कहा—"और, माफ कीजिए, आपको इस गल्ती का पता चल गया था, फिर भी हमें बतलाया नहीं !"

इस पर बेहद चमकती हुई घड़ीवाले पहले नेपाली सेठ ने माफी माँगी और सिगरेट-केस खोलकर भगौती के सामने कर दिया। अनुरोध की मुद्रा में उसकी ठुड्डी हिल रही थी।

सिगरेट सुलगाकर भगौती नीचे उतर आए।

उन्हें बाहर जाने के लिए तैयार होना है।

वह अकेले निकलेंगे।

अभी वह माई इमरतीदास से नहीं मिलेंगे।

हाँ, राम-राम बोलेगी तो भगौती भी राम-राम बोल देंगे। बस, अभी इतने भर का वक्त मिलेगा।

लेकिन बाबाजी नहीं मानेगा।

आधा गिलास दूध या नींबू-पानी या खाने-पीने की कोई भी चीज, जरा-सी कुछ भी अगर महराज के हाथों से लेकर भगौती अपने हलक से नीचे नहीं उतार लेंगे और यों ही बाहर निकल जाएँगे तो सारा दिन उस गरीब ब्राह्मण का जी कचोटता ही रहेगा !

दुपहर-बाद, ढाई बजे भगौती लौटे हैं। सुभाष नगर, नया बाजार, कचहरी, चौक...जाने कहाँ-कहाँ भटकना पड़ा है !

इमरितिया ने अपने हाथों से खीर तैयार की है, चिरौंजी और किसमिस डालकर। बहुत दिनों बाद वह आज रसोई के अंदर बैठकर ढंग की कोई चीज बना सकी है।

लेकिन भगौती की भूख मर गई है...

मुश्किल से एक पराँवठा खत्म कर पाए हैं। बार-बार कहने पर भी चार चम्मच से ज्यादा कहाँ ले सके भगौती ?

इमरितिया की समझ में नहीं आ रहा है कि भगौती को आखिर हुआ क्या ? वह

इन्हीं हाथों से उन्हें कई-कई कटोरे खीर खिला चुकी है। वहाँ, जमनिया में भगौती से ज्यादा खीर का शौकीन और कौन था ?

बोले—"शाम को यह खीर काम आएगी। तीन तो मेहमान ही हैं। दो-तीन जने और भी रहेंगे। शायद लालता भी आ जाएँ शाम तक !"

"बस" इमरितिया सोचती है, 'इनका जी तो आज खीर देखकर ही अघा गया ! वाह रे, खीर के शौकीन ?'

अब आराम करेंगे शायद !

नहीं, आराम कहाँ करेंगे ! आराम करने से काम चलेगा ?

बाहर निकलेंगे भगौती...

तीनों आगंतुक साथ ही निकले हैं।

खाना खाकर डेढ़ बजे निकल गए थे। सात बजे लौटेंगे। एक ने कहा था, देर भी हो सकती है।

कितनी देर हो सकती है ?

नौ तक तो लौट ही आएँगे।

लेकिन भगौती खुद सात से पहले ही लौटेंगे। दो-तीन जने मिलने आएँगे सात बजे।

"महराज, सुनते हो ?"

"जी, मालिक !"

"शाम को सात बजे नाश्ता और चाय का इंतजाम करके रखना, दो-तीन के लिए। चौक से मलाई के लड्डू ले आना..."

भगौती पाँच का नोट बढ़ाते हैं, आगे आकर बाबाजी उसे थाम लेता है।

माई इमरतीदास चुपचाप अपने कमरे के बाहर, दीवार से पीठ टिकाए खड़ी हैं। सूनी-सूनी निगाहों से जमनिया मठ के अधिष्ठाता की तरफ देख रही हैं...उस रोज उदासी अधिक थी। आज फिर भी थोड़ा हरापन है। लगता है, कल किसी अच्छे सैलून में इत्मीनान से आधा घंटा बैठे थे।

आज भगौती माई इमरतीदास की नजरों को खूब जँच रहा है...बड़ी-बड़ी आँखों वाला यह खूबसूरत चेहरा इतने गौर से उसने पहले शायद ही कभी देखा हो !

भगौती की पलकें माई की तरफ क्यों नहीं उठ रही हैं ?

महराज को यह सब जाने कैसा-कैसा मालूम देता है !

वह रसोईघर के अंदर चला गया है।

वह पीढ़े पर बैठकर बाहर की ओर कान लगाए हुए है।

भगौती एक बार फिर सीढ़ियों से ऊपर गए हैं। कोई कागज रह गया होगा। ले आए हैं और आहिस्ते से बाहर निकले हैं।

महराज रसोईघर से बाहर आया है। दरवाजे की साँकल चढ़ाने के लिए बरामदे से गुजरकर बाहरी कमरे की ओर बढ़ेगा।

इमरितिया ने उसकी तरफ नजर नहीं उठाई है। अपने रूम के अंदर आ गई है...

मुहल्ले की श्रद्धालु महिलाएँ अभी थोड़ी देर में माई से मिलने आएँगी।

उन्होंने समय ले रक्खा है।

घंटे भर का सत्संग रहेगा।

महराज को इस प्रोग्राम का पता है, लेकिन उसका भी अपना प्रोग्राम तय है। वह पड़ोसवाले पार्क में घंटा-डेढ़ घंटा धूप में बैठेगा और अपनी बिरादरी के रसोइया-दोस्तों के साथ जमकर ताश खेलेगा।

इस बीच में महरी आकर चौका-बर्तन कर जाएगी।

खीर का आधा कटोरा खत्म करके रसोइया माई इमरतीदास से कहने आया है, "हम बाहर जा रहे हैं, पाँच बजे लौटेंगे माईजी !"

"जाओ !"

"अंदर से दरवाजा लगा लीजिए !"

"अच्छा !"

ग्यारह बज ही गए आखिर !

आगंतुकों को दस बजे विदा किया।

दोस्त-मित्र दो-तीन जने आए थे, डेढ़-दो घंटे तक उनसे बातें होती रहीं।

लालता का इंतजार कर रहा हूँ। कल दस बजे तक उसे आ ही जाना चाहिए। न आ सका तो तार आएगा।

अपने वकील को साथ लेकर मुद्दई पक्ष के वकील से मिला था। सुलह-समझौते की बात चली। हमारी तरफ से ही उठाई गई...

मुद्दई-पक्ष का वकील हमारे वकील से कहीं सीनियर है—पी.के. दास। जिले भर में दास बाबू का नाम है। बंगाली दिमाग का लोहा सभी मानते हैं। हमारा वकील नौजवान है, काफी तेज-तर्रार है।

अखबारों में इधर जमनिया-मठ के बारे में इतना ज्यादा छपा है कि हवा का रुख मुकदमा खुलने से पहले ही बाबा के खिलाफ हो गया है।

सुलह का जिक्र छिड़ते ही दास बाबू बोल उठा—"मर्डर, रेप, स्मगलिंग, जासूसी, जोर-जुल्म, कौन-सा चार्ज नहीं लगाया गया है इस बाबा पर ? स्वामी अभयानंद ने कैंप-मजिस्ट्रेट के सामने अपना जो बयान दिया था, उसकी नकल आपने देखी होगी। स्वामी घायल हालत में ही कैंप-मजिस्ट्रेट मिस्टर जे.पी. बाटलीवाला से मिला था। स्वामी के साथ एक पोलिटिकल पार्टी के दो-तीन लीडर भी थे। यह मामूली पुलिस-केस या

फौजदारी का अदना मामला नहीं है..."

दास बाबू सिगार सुलगाए हुए था।

दो कश खींचकर फिर उसने मेरी तरफ मुखातिब होकर कहा—"अच्छा होगा कि आप लोग बाबा को अपनी किस्मत पर छोड़कर अलग हट जाएँ, उसे अपनी करनी का नतीजा भुगतने दें !"

इसके बाद, मुझसे हटकर, दोनों वकील अंदरवाले रूम में चले गए। आधा घंटा उनकी गुफ्तगू चली और वे बाहर निकल आए।

अपने वकील अस्थाना साहब ने पीछे मुझे सबकुछ खुलासा बतला दिया।

क्या कहा आपसे अस्थाना साहब ने ?

कहा—"मिस्टर भगौती प्रसाद, सुन ली आपने दास बाबू की बात ? अगर यही राय मैं देता आपको तो आप रंज हो उठते !"

''नहीं साहब, मैं जरा भी रंज नहीं होता...मुवक्किल भला वकील पर रंज होगा ? कहाँ जाएगा रंज होकर ! वकील से रूठकर मुवक्किल को दुनिया के किस कोने में ठौर मिलेगा ?''

अस्थानाजी बोले—"बात यह है कि हमारी बिरादरी यानी वकीलों की जमात यों ही बदनाम है। आपको अंदर-अंदर बुरा लग रहा होगा...मगर हम इतना तो आपको बतला ही दें कि बाबा की लंबी जटाओं का मोह छोड़िए ! भगवान ने आपको खाने-खरचने के लिए बहुत बड़ी जायदाद दी है, बढ़िया परिवार दिया है, बाल-बच्चे दिए हैं। अपने सीने पर नाहक इतने अर्से तक आपने एक बदमिजाज औघड़ को बैठा रक्खा था ! जाने दीजिए, वह मलंग अपनी करतूतों के लिए जेल के अंदर डाल दिया गया है, अब उसे वहीं पड़ा रहने दीजिए !"

अंत में, वकील साहब ने मुझे आगाह कर दिया—"कहीं आप भी सरकार की निगाहों में आ गए तो वह और भी बुरा होगा। फिर आप भी कानून की गिरफ्त में आएँगे और आपके दोस्तों की परेशानियाँ कई गुनी अधिक हो जाएँगी। आप पैरवी करना छोड़ देंगे तो स्वामी अभयानंद को इकतरफा डिग्री मिलेगी, बाबा को दो ही साल जेल के अंदर रहना पड़ेगा..." फिर हँसकर अस्थानाजी ने मेरा हाथ दबाया और कहा—"मुकदमा उलझ जाता तो हम फायदे में रहते। हमारी राय के मुताबिक आप कहीं सचमुच बैठ गए तो वकीलों का भारी नुकसान होगा !"

जवाब में मुझको मुस्कुराना पड़ा, मैंने हँसने की भी कोशिश की।

वकील साहब को ताँगे पर उनकी कोठी तक छोड़ आया। अशोक-केबिन के अंदर पहुँचकर कॉफी का आर्डर दिया, कुर्सी से पीठ और सिर टिकाकर पंद्रह मिनट पलकें मूँदे रहा, निश्चेष्ट !

इमरितिया ने बड़े जतन से खीर तैयार की थी। मुझसे दो चम्मच भी खाया नहीं गया...फौरन भागना पड़ा, सेठ बिर्धीचंद के दामाद से मिलना जरूरी था न ?

ओफ ! सबका माथा उलट गया है...कोई सीधे मुँह बात नहीं करता ! बाबा के

प्रति लोगों में कैसी नफरत उमड़ आई है। यहाँ तक तो मैंने कभी सोचा नहीं था, सपने में भी नहीं !

चौक में 'रस्तोगी ब्रदर्स' से मुलाकात हुई। दोनों भाई मिल गए। छै-सात रोज हुए, खुद ही बड़े सेठ ने सौ-दो सौ देने की इच्छा प्रकट की थी। आज छोटा सेठ कहने लगा—"मुंशीजी, लगता है, आप अखबार नहीं देख रहे हैं आजकल ! बाबा से क्या बयान दिलवाइएगा कोर्ट में ?"

मैं झेंप गया !

दस का नोट मेरी तरफ बढ़ा तो मैंने अपने को अपमानित महसूस किया।

मैंने नहीं लिया।

छोटे सेठ ने बड़े सेठ की तरफ देखा।

वह हँसकर बोला—"क्या दरकार है इसकी ! अब मुंशीजी को मुकदमा लड़ने के लिए रकम का टोटा नहीं पड़ेगा। जो भी खर्च पड़ेगा, पाकिस्तान से आएगा। एक औलिया को बचाने के लिए कराँची-लाहौरवाले इतना भी नहीं करेंगे ?"

मैं ऐंठकर रह गया !

अच्छा तो यही होता कि वह मुझे दो तमाचे ही लगा देता...

आज सारा दिन तमाचे खाता रहा हूँ ! फिर और क्या खाता ?

दूध पी लूँ थोड़ा...

जाड़े की रात है, कैसे कटेगी ?

"मालिक, और दूध लाता हूँ। आप सारे दिन भूखे हैं। खीर भी नहीं ली। शाम को मलाई का एक-आध लड्डू ही लेते !"

"नहीं महराज, अब और दूध नहीं चाहिए। और सुनो—"

"जी मालिक !"

"छत पर आगे की तरफ बाँस में झंडा टँगा है न ?"

"जी !"

"उसे उतार लेना ! अभी कर लेना यह काम...बाँस भी हटा लेना !"

"हटा लूँगा मालिक !"

"कैसे हटाओगे ?"

"रेलिंग के सहारे बँधा है, खोल लूँगा।"

"झंडे का क्या करोगे ?"

बाबाजी को नहीं सूझ रहा है कि झंडे का क्या होगा ! हाँ, शेर छाप गेरुआ कपड़े का वह टुकड़ा किस काम आएगा ?

"सुनो, हमें दे जाओ झंडा ! हम उसे रख लेंगे। तुम उसे सँभालकर रख नहीं सकोगे।"

"जी !"

"किसी से बतलाना नहीं कि मालिक ने उतरवा लिया है, हाँ !"

"नहीं, किसी से नहीं बतलाऊँगा, मालिक !"

"ठीक !"

दूध पी चुका हूँ।

झंडा भी महराज यहाँ रख गया है।

दो, चार, आठ, कई तहों में लिपटा हुआ यह शेर छाप गेरुआ कपड़े का टुकड़ा मुश्किल से दस-बारह रोज धूप और हवा के मजे ले सका होगा !

अभागा झंडा !

सामने दीवारवाली खुली आलमारी के एक खाने में महराज इसे रख गया है।

मैं बार-बार उस ओर देख लेता हूँ।

अब इसका क्या होगा ?

बाहर छत पर ले जाकर लाइटर सुलगाकर छुआ दूँ इसमें ?

यह जमनिया वापस जाएगा ?

हाथ अपने आप लाइटर पर चला जाता है...

सिगरेट सुलगा लूँ ?

सुलगा ही लूँ !

फूँक मारकर लाइटर बुझा देता हूँ...

कमरे से निकलकर छत पर चहलकदमी करने लगा हूँ...

अगहन शुक्ल पक्ष की दसवीं की चाँदनी है।

सर्दी है तो क्या हुआ आसमान साफ है।

आसमान साफ है, लेकिन उम्मीद धुँधली है।

धुँधली नहीं, चौपट !

ब्रह्मदेव 'व्याकुल' मिलने आया था न ?

क्या कह रहा था ? लीडर आदमी ठहरा, सभी जगह आता-जाता है; पक्की बात का पता रहता है उसे। तुमसे कुछ नहीं छिपाएगा, सही-सही बतला देगा सबकुछ।

हाँ, ब्रह्मदेव और तुम दसवीं में साथ-साथ थे न ?

हाँ, साथ थे। ब्रह्मदेव ने उसी वर्ष अपना उपनाम 'व्याकुल' रखा था। वह पास हो गया था, मैं फेल...

ब्रह्मदेव बतला रहा था—"भगौती, क्या समझते हो ? सेठ बिर्धीचंद, ठाकुर शिवपूजन सिंह और रानी साहिबा तुम्हारा साथ देंगी ? सारे के सारे हाथ झाड़कर अलग हो जाएँगे ! तुम्हारी अपनी अर्थी नहीं उठ रही हैं न ? यह तो उस औघड़ बाबा की अर्थी उठ रही है, जनता ने जिसे अपने दिल से उतार दिया है। इसकी अर्थी अकेले ही घसीटकर तुम्हें मसान तक पहुँचाना है। कोई और आदमी इस अर्थी में अपना कंधा नहीं लगाएगा...!"

हाँ, वह ठीक ही कह रहा था तुम्हें !

सेठ बिर्धीचंद का जमनिया के चीनी के कारखाने में इक्यावन प्रतिशत शेयर है। ढाई-तीन सप्ताह से मिल में मजदूरों की हड़ताल चल रही है। बड़ी मुश्किलों से अब आकर समझौते का रास्ता खुला है। स्वामी अभयानंद का जिस पार्टी से ताल्लुक बतलाते हैं, उसी पार्टी के असर में इधरवाली चीनी मिलों के मजदूर मुद्दत से रहे हैं। सेठजी ने अपना आदमी भेजकर प्रदेश की राजधानी में बैठे हुए श्रम मंत्री तक यह बात पहुँचा दी है कि जमनिया के बाबा से उनका कभी कोई वास्ता नहीं रहा। सेठ बिर्धीचंद कितनी दूर की सोचता है भगौती ? जिस मरे हुए साँप को तुम अब भी गले में लपेटे हुए हो, सेठ उस साँप की पहचान तक से इन्कार कर गया !

भई भगौती, यह तो मानना ही पड़ेगा कि बनिया जमींदार से कई गुना अधिक चतुर होता है ! नहीं ? मैं गलत कहता हूँ भगौती ?

तुम भला गलत कहोगे ब्रह्मदेव ? मैं तो स्कूल में भी तुम्हें अगुवा मानता था...

साल में चार-चार बार मेला लगता था जमनिया में। ठीक है कि मठ को जमाने के लिए ये मेले-ठेले हमीं ने शुरू करवाए थे। ठीक है कि कुल मिलाकर पचीस-तीस हजार की आमदनी मेला-कमेटी को हो जाती थी, पंद्रह हजार से कम तो कभी नहीं हुई !

शुरू से लेकर अब तक कौन इस मेला-कमेटी का अध्यक्ष होता आया है ?

सच-सच बोलो सेठ, मैं कि तुम ? वाह, अपनी गर्दन तुमने दूसरी तरफ फेर ली ! मुझसे नजरें भी नहीं मिलाओगे ?

पिछले कई वर्षों क्या ऐसा नहीं होता रहा कि खर्चा-वर्चा काटकर, आमदनी की आधी रकम तुमने अपने अलग-अलग धंधों में लगा ली है ?

बैंक में तुमने कभी खाता नहीं खुलने दिया ! हमेशा इन्कम टैक्स डिपार्टमेंट की धाँधली का बखान करके हमें तुम डराते रहे...मेरा छोटा दामाद एम.काम. पास है। एक बड़े बैंक की कानपुर शाखा में अच्छे ओहदे पर तीन-चार वर्षों से जमा है। मेला-कमेटी के हिसाब की असलियत के बारे में उसने कई बार अपना शक जाहिर किया था। वह इस बात पर भी कहाँ कभी सहमत हुआ कि कमेटी की बचतवाली धनराशि मठ के मैनेजर हर बार सेठजी की ही रोकड़ में जमा करते जाएँ !

बस, यह सब लालता और ठाकुर की जिद पर होता रहा...पता नहीं सेठ बिर्धीचंद का मुनीम कौन-सी जड़ी इन दोनों को सुँघाता रहा !

पिछले चुनाव में जोरों से अफवाह उड़ी कि जमनिया मठ की ढेर सारी रकम सेठ बिर्धीचंद ने अपने खानदानी गुरू महाराज के बड़े लड़के को अर्पित कर दी...राजस्थान का वह जवान एडवोकेट लोकसभा की उम्मीदवारी के लिए स्वतंत्र पार्टी का टिकट पा गया था ! हार गया बेचारा ! पीछे अखबार में किसी ने लिखा था : "ढोंग और अंधविश्वास के सहारे उपार्जित की हुई मठवालों की यह धनराशि श्मशान के भस्म की भाँति व्यर्थ साबित हुई !"

आज तुम्हारे लिए भी जमनिया मठ की वह धनराशि मसानी राख की तरह फिजूल साबित हो गई भगौती !

अच्छा हुआ, तुम्हारा मोह टूट रहा है ! नहीं टूटेगा ?

टूटेगा कैसे नहीं ? टूटना होगा उसे, बिना टूटे रह कैसे जाएगा ?

यह मोह नहीं टूटा तो तुम्हीं टूट जाओगे भगौती !

न, न, न...मैं भला क्यों टूटूँगा ? कौन कहता है, भगौती टूटेगा ?

भगौती लचक जाएगा, भगौती सात जगहों पर टेढ़ा-मेढ़ा हो जाएगा, झुक जाएगा भगौती ! टूट तो वह कभी सकता ही नहीं !

शाबाश, बेटे !

शाब्बाश, भगौती के बच्चे !

शाबाश, भगौती के नाना !

शाबाश, राजा... !

यह कौन था भाई ?

किसके बारे में पूछ रहे हो ?

अभी-अभी जो शाबाशियाँ दे रहा था ? उसी के बारे में पूछ रहे हो ?

ठहरो, सिगरेट जला लूँ !

बस, एक सेकेंड...

भगौती छत की रेलिंग से सटकर खड़ा होता है।

लाइटर साथ है, निचली पाकिट में। ऊनी कुर्ते में नीचे दोनों तरफ पाकिटें हैं। लेकिन सिगरेट की पैकेट साथ नहीं है...रूम के अंदर लौटना पड़ेगा ?

जी हाँ, घड़ी देख लीजिए !

साढ़े बारह ! जी !

नीचे चलिए बाबू भगौती प्रसाद ! सिगरेट ही फूँकनी है ? पानी-वानी नहीं पीजिएगा ?

रसोइया सोया नहीं है।

उसके कान छत की तरफ लगे हैं। माईजी ने दो बार उसे सावधान कर दिया है, "मालिक की तबीयत ठीक नहीं है, महराज, तुम उनका खयाल रखना !"

मालिक सोएँगे नहीं ?

सारी रात छत पर फेरा लगाते रहेंगे ?

क्या हुआ है ?

माथा गरम हो गया है।

पूछूँ चलकर ?

नहीं, अब आहट कहाँ आ रही है !

सिगरेट पी रहे हैं खड़े होकर ? या, रुककर किसी तरफ कुछ देख रहे हैं ?

पूरब से गाड़ी आ रही है...

मालिक गाड़ी देख रहे हैं ?

यह लो, छत से नीचे आ रहे हैं।

अब मैं चलकर पूछ लूँ न ?

"मालिक, कैसी तबीयत है ?"

"क्यों, क्या हो गया है मुझे ?"

"आपको नींद क्यों नहीं आती है ?"

"तुम क्यों जाग रहे हो ?"

"जी मालिक, आप सो जाएँगे तब मैं सोऊँगा। आपको नींद नहीं आएगी तो मैं भी जागता रहूँगा..."

गरीब ब्राह्मण की इस सिधाई पर बाबू भगौती प्रसाद को हँसी आ रही है !

अपने कमरे के अंदर जाकर वह बिस्तरे पर पहले सिगरेट की पैकेट टटोलते हैं।

पैकेट हाथ आ गया।

अब उन्होंने स्विच ऑन किया।

फिर हँसकर महराज से कहने लगे—"देखो, मैं जलती बिजली छोड़ गया था न ? तुम आकर ऑफ कर गए थे !...अब तो खैर, मैं भी सो ही जाऊँगा। बस, एक सिगरेट और जला लूँ..."

महराज संजीदा मुद्रा में खड़ा है।

वह अंदर-ही-अंदर खुश है कि मालिक की तबीयत ठीक है, अच्छी तरह बोल-बतिया तो रहे हैं...माथा-फाथा कुछ गरम नहीं है ! नाहक माईजी फिकर कर रही थीं न ?

महराज को सचमुच ही मालिक की चिंता व्याप गई थी...माईजी ने आँखें फैलाकर और आवाज को भारी बनाकर किस तरह कहा था कि अपने मालिक का खयाल रखना ! और, यहाँ तो उल्टे मालिक ही को चाकर का खयाल है ! लेकिन चाकर पहले किस तरह सो जाएगा ? एक बजे रात तक मालिक जागता रहे और नौकर को चिंता नहीं होगी ?

"महराज, जाओ ! अब मैं भी सो ही जाऊँगा..."

वह सीढ़ियाँ उतरने लगा तो भगौती ने कमरे को अंदर से बंद कर लिया।

एक बात याद आई...कमरा खोलकर महराज से कहा है—"मुझे सबेरे आठ-नौ बजे से पहले जगाना नहीं। कल दिन भर मैं आराम ही करूँगा, बाहर नहीं निकलूँगा... समझा ?"

"जी मालिक ?" नीचे से आवाज आई।

अब अंदर बंद होकर भगौती कपड़े बदलेंगे। धारीदार सूती पाजामा कहाँ है ? वो रहा, खूँटी से टँगा है...

और फिर, लेटे-ही-लेटे हाथ बढ़ाकर आलमारी से चमड़े का बैग खींच रहे हैं...

आज चाँदी की वो डिबिया खाली नहीं है। अफीम की दस गोलियाँ नेपाली सेठ ने जाते वक्त दी थीं।

भगौती ने आधी गोली मुँह के अंदर डाल ली है...अभी उसे वह पानी के सहारे ही निगलेंगे। दो-तीन बार चबलाकर निगलना हो तो दूध चाहिए, मलाई चाहिए।

खिड़कियाँ बंद हैं न ?

ऊपरवाले दोनों गोल छेद हवा के लिए काफी हैं...

स्विच ऑफ करके लेट गए हैं।

अंडी चादर बदन पर जम गई, लो, पलकें भी मूँद ही लेंगे भगौती...

दो रात की नींद बाकी है, फिर भी इतनी जल्दी वह नहीं आएगी ! गोली का असर भी थोड़ी देर बाद ही शुरू होगा।

मुँदी हुई पलकों के अंदर लगता है, खयालों के हुजूम थिरकने लगे हैं...

भगौती की आँखें बंद हैं, लेकिन वह सो नहीं रहे हैं !

सो नहीं रहे हैं तो जाग भी नहीं रहे हैं !

लो, पुलिसवाले आ धमके।

भगौती को उन्होंने गिरफ्तार कर लिया है...हाथों में हथकड़ियाँ डालकर पुलिस वाले उसे हवालात की तरफ ले जा रहे हैं !

चौक होकर क्यों ले जा रहे हैं ?

चौक में 'रस्तोगी ब्रदर्स' वाली दुकान के सामने पुलिसवालों की रफ्तार धीमी हो गई है...दोनों सेठ भगौती पर थूकते हैं ! छोटा फ़बती कसता है, 'साला हरामी ! पाकिस्तानी एजेंट का दलाल ! मुंशी का बच्चा, वतन-फ़रोश कहीं का !'

हवालात के अंदर मस्तराम पहले तो मुस्कुराता है, फिर दाँत पीसकर कहता है, "आ गए बच्चू ?"

बाबा ठहाके लगाता है...फिर अँगूठा दिखलाता है। बोलता कुछ नहीं है !

इमरितिया मर गई है...गेरुआ कपड़ों से लाश ढकी है...मस्तराम अकेले ही अवधूतिन की लाश को अपने कंधों पर लादे मसान की तरफ जा रहा है !

मठ के खेतों में तैयार फसल की लूट मची है...भगौती के बैलों को खोलकर लोगों ने भगा दिया है...मठ के दोनों घोड़े गायब हो गए हैं...बिजली का इंजन ठप है, पानी नहीं निकल रहा है कुएँ से, समूचा बाग सूख रहा है।

जमनिया मठ के प्रवेश-द्वार पर दूर से ही चमक रहा है 'चंद्रशेखर आजाद सैनिक शिक्षण शिविर'। नजदीक से देखने पर छोटे अक्षरों में दीख रहा है—'मुख्य अधिष्ठाता, स्वामी श्री अभयानंद'।

दोनों कलाइयों में दस-दस घड़ियाँ हैं...गले में घड़ियों की लंबी माला लटक रही है...इर्द-गिर्द ट्रांजिस्टरों का अंबार लगा है...सामने छोटी-छोटी क्यारियों में खूँटियों की तरह फाउंटेन पेनें जगमगा रही हैं।

चरस और गाँजे से भरे हुए बड़े-बड़े लेदर सूटकेसों से नशीला धुआँ उठ रहा है...दोनों नेपाली सेठ बुक्का फाड़कर रो रहे हैं। जंक्शन की समूची पुलिस-फोर्स उन्हें घेरकर खड़ी है। विराटनगरवाला वह भाई रेलवे-मजिस्ट्रेट के सामने अपना बयान दे रहा है, मुखबिर के तौर पर।

अरे ! यह संन्यासी कहाँ से आ गया इस मकान में ? पहचानते हो, कौन है ?

भई, चेहरा तो तुम्हीं से मिलता है !

नहीं ! मैं भला संन्यास धारण करूँगा ?

मुझे कुछ बनना होगा तो मैं तांत्रिक बनूँगा औघड़ ! कापालिक ! मसान में ही डेरा डालूँगा !

बस, गौरी मेरा साथ देगी ! उसके हाथों में लंबा त्रिशूल होगा। सुर्ख कपड़ों में जब वह किसी को लाल आँखों से घूरेगी तो उस आदमी के होश उड़ जाएँगे...

मैं गौरी को मस्तराम के पीछे लगा दूँगा !

गौरी उसे चबाकर कच्चे ही खा जाएगी...

बाबा...बाबा बा...बा रे बा !

घंटा भर बाद अफीम ने असर किया। गर्म चादर परे हटाकर पीनक में ही खखार कर भगौती ने करवट बदली।

खुले मुँह से जरा-जरा-सी लार निकल रही है।

इमरितिया

परसों अगहन की पूर्णिमा थी।

आज मस्तराम से मिल आई हूँ। अब कौन जाने, कब हमारा मिलना होगा !

दास बाबू की कृपा न होती तो कैसे मैं मस्तराम से मिल पाती ? अस्थाना साहब ने अर्जीनामा तैयार किया। छुटकारे के लिए प्रार्थना-पत्र, कचहरी के हाकिम के नाम। दास बाबू ने सिफारिश कर दी। अर्जीनामा कल ही पेश हुआ, कल ही मंजूर हो गया।

दास बाबू की विधवा बहन कई बार मेरे यहाँ सत्संग में आई है। मुझ पर दया आई और तब उसने अपने भाई से मेरे छुटकारे के लिए बार-बार कहा। अस्थाना साहब ने बड़ी हमदर्दी दिखलाई।

किस तरह हवा का रुख पलट गया है।

बाबा की सारी सुविधाएँ छीन ली गई हैं, वह जेल के अंदर मामूली कैदी की तरह

रह रहे हैं...जिस छोटी सेल में पहले कुछ दिनों तक उन्हें रखा गया था, फिर उसी के अंदर बंद कर दिए गए।

लेकिन मस्तराम उसी तरह मस्त है...

मुझसे मिलने के लिए उसे जेल-गेट के करीब लाया गया। हमारी आँखें चार हुईं, लेकिन हम दोनों गंभीर बने रहे।

मेरी आँखें छलछला आईं।

उसकी निगाहों में सूनापन तैर रहा था।

थोड़ी देर मेरी तरफ देखता रहा। फिर वह अपने गले से लटकती हुई माला के मनकों को सहलाने लगा था। रुद्राक्ष की यह माला मैं ही तो काशी से लाई थी। पिछले वर्ष। तब से लगातार इसे मस्तराम ने पहन रखा है...वह गेट की मोटी सलाखों को देख रहा था।

बड़ा जमादार करीब ही खड़ा था। दो कैदी वार्डर भी खड़े थे।

बाहर मैं खड़ी थी तो अंदर वह भी खड़ा था।

आज उसके हाथों में हथकड़ियाँ थीं।

सोच नहीं पा रही थी, क्या बात करूँ।

फिर मस्तराम ने ही पूछा—"कहाँ रहोगी ?"

"हरद्वार" मैंने आहिस्ते से कहा।

"अपनी तंदुरुस्ती का खयाल रखना..."

"रखूँगी..."

"यहाँ कब तक हो ?"

"यही, दस-पंद्रह रोज, और क्या !"

"हरद्वार में जी न लगे तो नर्मदा किनारे चली जाना, वहाँ अपने गुरुभाई रहते हैं...पता चाहो तो लिख लो !"

"नहीं, अभी नहीं चाहिए पता। जरूरत होगी तो पीछे मँगवा लूँगी..."

"हाँ, खत डाल देना !"

अब हम फिर चुप हो गए।

करने को भला कौन-सी बात रह गई थी !...हमने एक-दूसरे की तरफ देखा।

मस्तराम के पतले होंठ मुस्कुराने-मुस्कुराने को हुए। दाढ़ी-मूँछ की खूँटियाँ थिरकती-सी लगीं। गंदुमी सूरतवाला वह चेहरा सादगी में भी दमकता-सा मालूम पड़ा।

दस मिनट पूरे हो रहे थे, हमें अलग होना था।

"चिट्ठी लिखूँगी, जवाब देना। इंतजार रहेगा..."

"बेशक !...मुकदमे के बाद, पता नहीं, किस जेल में रखा जाऊँगा। मगर तुम्हें वक्त पर पता चल जाएगा।"

"अच्छा ! जय शंकर..."

"जय शंकर !"

हमारी नजरें, आखिर में, एक बार फिर मिलीं।

बड़े जमादार ने मस्तराम से कहा—"चलो, बाबा !"

अंदर जेल के वार्डों की ओर से वे उसे ले जाने लगे। मैं उसकी पीठ ही देख रही थी तब।

अपने उसी रिक्शे से मैं वापस आ गई थी। दास बाबू की बहन मेरी राह देख रही थीं।

उनकी उम्र पचास से अधिक नहीं होगी। बड़ा लड़का डिग्बोई (असम) में पेट्रोल कंपनी का इंजीनियर है। छोटा लड़का अभी-अभी अमेरिका से लौटा है, साइंस का प्रोफेसर है, बिहार के किसी विश्वविद्यालय में। अकेली रहती हैं। अपने लिए अलग यह कुटिया बनवा ली थी। बाप अपनी जायदाद में से एक अच्छा हिस्सा इस लाड़ली बेटी के लिए दे गए थे।

वह सधुआइन की तरह हैं।

सत्संग में तीसरे दिन आईं तो बाकी सबके चली जाने पर मैंने उनसे कहा—"जी करता है, आपको दीदी कहके बुलाऊँ !"

वह खिलखिलाकर हँसीं और मुझे अपने सीने से लगा लिया। बोलीं—"यहाँ क्या करती हो ? चलो, मेरे समीप रहो कुछ दिन !"

चौथे नहीं पाँचवें दिन, महराज ने मुझसे बतलाया—"अब दो-एक रोज में आपको मैं जमनिया पहुँचा आऊँगा माईजी ! मकान-मालिक को अपना मकान वापस चाहिए। लालता बाबू का लड़का आया था, उसी ने मुझसे कहा है..."

मुझे भनक मिल गई थी। जेलर की बीवी दो-तीन बार सत्संग में शामिल हुई थी, उसी ने बतला दिया था।

मैं महराज से क्यों यह सब बतलाती !

उससे कह दिया—"तुम्हें अपने काम से जमनिया जाना हो तो हो आना, मुझे तो अभी काफी अर्से तक यहाँ रहना है..."

बस, पूर्णिमा से एक दिन पहले मैं दीदी की कुटिया में आ गई।

महराज दो बार यहाँ भी मुझसे मिल गया है। मैंने उसे पाँच रुपए अपनी तरफ से दिए तो बड़ा खुश हुआ।

शिवनगर की रानी साहिबा का खत एक आदमी लाया था। उसे हिदायत थी, खत या तो भगौती को देना या माई इमरतीदास को।

महराज उस आदमी को मेरे पास पहुँचा गया। मैंने चिट्ठी पढ़ी, रानी साहिबा ने लिखा था—"लालता को सौ रुपए भिजवा दिए हैं, लेकिन मुकदमे की पैरवी के लिए मैं किसी के नाम सिफारिशी पत्र नहीं दे सकूँगी, किसी से इस सिलसिले में मिलना भी नहीं चाहूँगी..."

वाह रे रानीजी !

तुम तो साफ निकल गईं...

भगौती भी निकल गए !

मुझे तो शंकरजी की कृपा ने ही उबार लिया है। हाय रे मस्तराम ! देखें तुम्हारी किस्मत में क्या बदा है।

कै साल की सजा होगी ?

दो वर्ष की।

नहीं, एक साल की। अस्थाना साहब ने बतलाया था परसों...मस्तराम की तरफ से कोई पैरवी करता तो ज्यादा-से-ज्यादा चार महीने की सजा होती।

अच्छा मस्तराम, सजा की मियाद जेल के अंदर पूरी करके लौटोगे तो मुझसे मिलोगे आकर ?

जरूर मिलोगे।

मैं तुम्हारा इंतजार करूँगी...

मैं पिछले कई वर्षों से तुम्हारी राह देखती रही हूँ...

हम एक-दूसरे की पिछली जिन्दगी के बारे में बहुत थोड़ा जानते हैं। हमें जरूरत ही नहीं पड़ी कि कुरेद-कुरेदकर पुरानी बातें मालूम करते। आसमान में अलग-अलग उड़ते हुए दो पंछी कुछ देर के लिए पेड़ की एक डाल पर आ बैठे। दोनों ने एक-दूसरे को देखा, परखा, महसूस किया। उन्होंने अपनी-अपनी रुचियाँ एक-दूसरे पर लादने की कोशिश कभी नहीं की। अंदर और बाहर का सुथरापन दोनों को पसंद था। दोनों ने अपने-अपने गुरु से अलग-अलग दीक्षा ली थी। दोनों साधु-जीवन बिता रहे थे। फिर भी प्रकृति के तौर पर उनमें एक पुरुष था और दूसरी नारी थी...

मस्तराम, तुम हरद्वार आकर मुझसे मिलोगे ?

मैं अधिक से अधिक एक महीना दीदी के साथ रहूँगी। पंद्रह दिन यहाँ, पंद्रह दिन प्रयाग। अगले महीने हरद्वार पहुँच जाऊँगी।

हरद्वार में कबीरपंथी सधुआइन रहती है एक। उसका अपना मकान है। भक्तों ने बनवा दिया था। कभी हम दोनों छै महीने साथ रहे थे ! अक्सर वह मुझे बुलाती रही है। मैं उसके साथ वर्षों गुजार सकती हूँ। सारा जीवन वह मुझे साथ रख सकती है...लेकिन...

लेकिन मस्तराम मुझे तुम्हारी प्रतीक्षा रहेगी। तुम हरद्वार जाओगे...

"चलो इमरती"—दीदी पास आ गई हैं। कहती हैं, "बाहर चलो ! यह भी भला लेटने-पड़ने का वक्त है !"

"ओह, शाम हो गई !"

"चलो, आज तुम्हें तमाशा न दिखा लाती हूँ। मीटिंग-सीटिंग है, थोड़ा देर बाद बाँग्ला-नाटक होगा। वापस आएँगे और खाना-पीना करके सो जाएँगे। चलो।"

"चलिए।"

"बाँग्ला समझेगी तो ?"

"समझ लूँगी।"

"आँख-मुँह धो लो।" दीदी मेरे कंधे पर हाथ रखकर खिलखिलाती हैं।

दीदी की यह खिलखिलाहट मेरे कानों को बहुत भाती है। इनका इस तरह खुलकर हँसना मैं क्या कभी भूल पाऊँगी ?

मैं दीदी के साथ बाँग्ला-नाटक देखने जा रही हूँ। उनकी नौकरानी को अचरज लग रहा है।

मस्तराम

बेहद उदास थी।

औरों को नहीं लगता होगा, मगर मुझे तो बेचारी का चेहरा आज फीका ही लगा।

लगभग एक महीना बाद हमने एक-दूसरे को देखा...गिरफ्तारियाँ हुईं तो शहर की कोतवाली तक हम साथ आए थे। शाम की फीकी रोशनी में पुलिसवाले हमें जेल के गेट पर, संतरियों के हवाले कर गए थे।

यहाँ, जेल का छोटा बाबू रजिस्टर खोलकर हमारा दाखिला दर्ज करता रहा और बीच-बीच में इमरितिया की तरफ तिर्छी निगाहों से देखता रहा। बाबा की लंबी जटाओं के बोझ ने उसे अपनी ओर नहीं खींचा। जेल की हवालात में इससे पहले गेरुए कपड़ों वाली कोई सधुआइन बंद होने नहीं आई थी। हमारी पूरी हुलिया नोट की गई, हमारी शिनाख्त ली गई। हमारा वजन लिया गया। हमारी ऊँचाई को नापा गया। तब कहीं हमें जेल-गेट के अंदर इन सेलों तक पहुँचाया गया था।

इमरितिया को बड़ा जमादार जनाना-वार्ड में छोड़ने चला तो धुँधली-फीकी रोशनी में हमने एक-दूसरे की ओर बेबसी की नजरों से देखा था।

लेकिन आज बिछुड़ते समय हमारी आँखों में वह बेबसी नहीं थी, सहज उदासी का भाव जरूर था।

अच्छा है, साल-दो साल हरद्वार रहेगी। गंगाजी का शुद्ध जल और वायु उसके तन-मन को शांति प्रदान करेगा। अब अगर जमनिया के उस नरक में इमरितिया को रहना पड़ता, तो गल जाती बेचारी। अच्छा हुआ, उसे छुटकारा मिला !

छुटकारा दरअसल मुझे भी मिला है। जेल के अंदर वर्ष-दो वर्ष गुजार लेना मुश्किल नहीं होगा। इसमें भला मेरे जैसे मलंग को कौन-सी मुश्किल होगी ! मुश्किल तो वहाँ होती है, भगौती की रियासत में !

किस तरह हमें उसने फाँस रखा था ? हम उसके हाथ के खिलौने ही तो थे, और क्या थे। भगौती साधुओं को इन्सान थोड़े ही समझता रहा होगा ? माटी की मूरतें समझता रहा होगा...रबड़ और प्लास्टिक के बाबा...

वाह रे बाबा ! तू भी लगे हाथ छुट्टी पा गया...

बहुत अच्छा हुआ, बहुत अच्छा ! तेरे हक में इससे अच्छा और क्या होता ?

खैर मना अपनी !...बच गया है तू...

क्या कहा ? जेल ?

यह जेल तो फिर भी बेहतर रहेगी, बीस गुनी बेहतर ! जमनिया मठ की भूलभुलैया तेरी खातिर कब्र से भी बदतर साबित होती ! उसके अंदर जमींदार का यह शैतान बच्चा तुझे जिंदा ही दफन किए हुए था ! निस्तार नहीं था तेरा। था निस्तार ?

अपने सेल के अंदर तू रो तो नहीं रहा है ?

तकलीफ तो बेहद पहुँची होगी।

नहीं पहुँची होगी तकलीफ ?

जरूर पहुँची होगी...

कितने मजे लूटे हैं तूने !

इन दस-बारह वर्षों में सुख-ही-सुख भोगता रहा है।

तूने खुद कोई सुख नहीं भोगा मस्तराम ?

अपना क्या ! अपन तो ऐसे बैल हैं कि सानी-भूसे में मस्त रहते हैं। है कोई माई का लाल जो कहे कि जमनिया में मलाई-मालपुआ के लिए मस्तराम लार टपकाता था ? कि मस्तराम औरतों का भूत उतारता था ? कि मस्तराम शाल-दुशाला डाले घूमता था ? कि मस्तराम सात सौ रुपए की घड़ी बाँधकर सेठ बिर्धीचंद के दामाद के साथ कार में हवाखोरी के लिए निकलता था ?

लेकिन, अवधूतिन के लिए तो तू अपनी जान निछावर किए रहता था !

और खामखा लोगों की पीठ पर बेंत फटकारता था !

बाप रे, कितनी जोर से पीटता था लोगों को !

इसमें मेरा क्या कसूर ? वे ही अड़ जाते थे। खानदानी औरतें तक मिन्नत-निहोरा करती थीं, "मस्तराम बाबा आपकी बेंत लगेगी तो ठूँठ की कोख से भी हरा-हरा पौधा निकल आएगा, पत्थर पर दूब जनमेगी..."

बेंत की पिटाई के बाद मेरी ड्यूटी खत्म हो जाती थी। अगला मोर्चा दूसरे-दूसरे फतह-बहादुर सँभालते थे। भगौती-लालता-रामजनम-सुखदेव का अपना-अपना गिरोह था। यही लोग ठूँठ की कोख से पौधा पैदा करने की विद्या जानते थे ! पत्थर पर दूब जनमाने की हिकमत इन्हीं लोगों को मालूम थी।

और इमरितिया ? जी हाँ, मैं उसे पसंद करता था ! मैं उसे चाहता था ! लेकिन, ओछी नजरों से मैंने उसे कभी नहीं देखा। शील और संयम की उसकी संजीदगी मुझे शायद ही कभी खली हो। अज्ञातवास के दिनों में भीम ने जिस तरह दुष्ट कीचक से द्रौपदी की रक्षा की थी, उसी तरह भगौती से मैंने इमरितिया को बचाया। वह मुझ पर जान देती थी। बहन भाई पर जान नहीं देगी ?

"मस्तराम बाबा, राम-राम !"

"कहो सुकुल ! कै बजा ?"

"साढ़े चार से ऊपर होगा।" सुकुल ने सेल का ताला खोलते हुए कहा—"कुछ पता चलता है ! इन ऊँची-ऊँची दीवारों के उस पार सूरज भगवान कितने नीचे लटक गए हैं ! कैसे बतलाऊँ महाराज ? जाड़े के मौसम में तीन ही बजे जेल के अंदर शाम उतरने लगती है, मस्तराम बाबा !"

सेल का सलाखोंवाला लोहे का छोटा गेट खोलकर सिपाही रामसुभग सुकुल उसी से अपनी पीठ टेककर खड़ा हो गया है। लाठी वहीं सेल की दीवार से टिका दी है उसने। भारी-भरकम ओवरकोट के अंदर जाकिट की जेब टटोल रहा है...

सुकुल अब सुर्ती तैयार करेगा।

"अशर्फिया नहीं आया अब तक !"

"आ जाएगा !"

"इसका बाप भी पुलिस लाइन में आखिर तक रहा। सत्तर साल की उमिर में मरा था..."

सुकुल ने चूने की डिब्बी खोलकर जरा-सा चूना निकालकर बाईं हथेली पर रखा और इधर-उधर देखकर आहिस्ते से कहा—"यह बाबा सचमुच मुसलमान रहा होगा। जिस तीली से दाँत खोदता है, उसी तीली से कानों का मैल भी निकालता है। जूठ-सूठ का विचार नहीं रखता है ! कैसे आप लोगों ने इसको इतने अर्से तक अपने माथे पर बैठाकर रक्खा ?"

मैं सुकुल की बात सुन लेता हूँ। कुछ नहीं कहता हूँ। उसकी ओर देखता हूँ।

सोचता हूँ, सीधा-सादा किसान पुलिस की लिबास में सामने है। इसका माथा गिजबिज कर रहा है, नफरत के कीड़े रेंग रहे हैं दिमाग के अंदर ! अभी कल तक सुकुल बाबा के पैर छूकर अपने को धन्य-धन्य मानता था, और आज घिन के मारे उसके नाम पर थूकता है ! नजर उठाकर देखना तक नहीं चाहता बाबा की तरफ...आज वह आदमी ब्राह्मण सिपाही की नजरों में और कुछ नहीं है, एक मुसलमान है सिर्फ ! ख़ालिस मलेच्छ...कोरा विधर्मी ! जाने कब से वह भोली-भाली हिंदू जनता को ठगता आ रहा था। उसे कड़ी से कड़ी सजा मिलनी चाहिए !...मैं सुकुल की ओर एकटक देख रहा हूँ और उसके अंदर उठते उफान को अपने खयालों के मुताबिक नापने की कोशिश कर रहा हूँ...सोच रहा हूँ और सोच रहा हूँ !

वह सुर्ती मसल रहा है।

दुहरे करके दो कंबल बिछे हैं। मैं इत्मीनान से पालथी मारकर बैठा हुआ हूँ।

अपने हिंदू समाज पर बार-बार मेरा ध्यान जा रहा है। हजारों वर्ष गुजर चुके हैं और बाहर से आ-आकर पचासों जातियाँ इस समाज के अंदर घुल-मिल गई हैं। आर्य-अनार्य, शक-हूण, मंगोल-किरात...सबका लहू हमारी रगों में हरकत कर रहा है। अरब, यहूदी, मुगल, पठान, ईरानी जाने किस-किसकी धड़कन हिंदुओं की इस जादुई काया को जानदार बनाए हुए है ! हमारी बिरादरी क्या कोई छुईमुई का पौधा है जो

छू देने से सिकुड़ जाएगा ?

एक साधु के नाते, मुझे यह सवाल जरा भी परेशान नहीं करता है कि बाबा जन्म से मुसलमान होने पर भी क्यों हिंदू साधु बनकर हमारे बीच अपने को पुजवाता रहा ? हम सदियों से मुस्लिम फकीरों और ईसाई संतों को अपनी श्रद्धा-भक्ति देते आए हैं, उनके हाथों का प्रसाद ग्रहण करके हमने अपने को धन्य माना है। हमारा समाज इतना क्षुद्र कभी नहीं होगा कि इस सिलसिले को खत्म कर दे।

मेरे लिए परेशानी की बात यह है कि दो साल बाद जब बाबा जेल से बाहर निकलेगा तो फिर कहीं किसी नदी के कछार में या कि वीरान जंगली इलाके में अपनी लंबी जटाएँ फैलाकर बैठेगा और भगौती-लालता जैसे चालबाज आदमी इस घुटे हुए औघड़ को फिर से मिल जाएँगे ! फरेबियों की मिलीभगत का चस्का लग गया है बाबा को...जालिमों और ठगों की जमात फिर से इस रँगे सियार को अपना महंत नहीं बना लेगी ?

हमारे समाज के अंदर ठौर-ठौर पर कूड़ों के अंबार इकट्ठे हैं...इस तरह के छँटे हुए बाबा लोग वहीं अपना आसन जमाते हैं और रातोंरात नए-नए मठ खड़े हो जाते हैं ! फिर वहाँ ढाका-काठमांडू होकर गुप-चुप कीमती माल पहुँचने लगते हैं...छोकरियाँ आती हैं, छैले आते हैं, उनके साथ टेपरिकार्डिंग मशीन होती है, ट्रांसमीटर होता है !

हमारा समाज किस तरह लपकता है इन जटाधारी बाबा लोगों की तरफ !

मैं देखूँगा, जेल से छूटने के बाद यह बाबा किधर जाकर बैठता है !

मैं देखूँगा, किस तरह फिर से अपनी जटाओं के अंदर जूँ पालता है !

मैं देखूँगा, किस तरह पाकिस्तानी और चीनी जासूस इस जटाधारी के रंगीन चोंगे की आड़ में पनाह पाते हैं !

वह आ पहुँचा अशर्फी !

आते ही उसने सुकुल को 'पाँयलगी' की है। सुकुल ने सुर्ती फाँककर उसे आशीर्वाद दिया है।

अशर्फी के हाथ में झाड़ू है। जमीन में अलग से हाथ लगाकर वह मुझे प्रणाम कर रहा है।

पाखानेवाला गमला लाकर वह सेल के अंदर कोने में रख देता है। पूछता है—"मस्तराम बाबा, आपको जाड़ा नहीं लगता है ?"

मैं उसके इस प्रश्न पर मुस्कुरा देता हूँ। वह सेल के बाहर खड़ा होकर अपनी सहज मुस्कान के साथ मेरी तरफ देख रहा है।

सुकुल सेल का फाटक लगाकर ताले की छेद में चाबी फिराता है...

मैं सेल के अंदर उसी तरह बैठा हूँ।

अभी थोड़ी देर तक बैठा रहूँगा...

शाम का खाना मैंने इन दिनों छोड़ दिया है...

सामने उतरी आ रही है शाम !

बाबा

बड़ा जमादार कई दिनों से दिखाई नहीं पड़ा...

न दिखाई पड़े !

पहले दिन में पाँच-सात बार देखने आता था। अपनी पतोहू के बारे में बतला जाता था।

अब किसी दूसरे बाबा को पकड़ेगा। इस बाबा से नहीं पूछेगा।

यह बाबा बड़े जमादार की तबीयत से उतर गया है न ? हाँ, इंसान का यही तो रवैया है। जिस पर नफरत हो, उसे दिल से नीचे उतार दो...

मुझे अब इन लोगों ने दिल से नीचे उतार दिया है !

और तो और, मस्तराम कितना बदल गया ! उसने भी मुझे छोड़ दिया !

अंदर-ही-अंदर पछता रहा होगा मस्तराम ?

खीझ रहा होगा ?

गालियाँ दे रहा होगा ?

अजी, मस्तराम धुत्त रहता होगा नशे में।

साले को भंग तो मिल ही जाती होगी।

भंग का नशा भी कोई नशा है।

साली...

साली सरकार ! तुझसे किसने कहा था कि बाबा को सेल से हटाकर नेता वार्ड के काटेज में जगह दे और आठ-दस रोज बाद वापस फिर इसी सेल में ला पटक !

जेलर ने चार-पाँच रोज पहले बतला दिया था, "अब आपसे किसी को मिलने नहीं दिया जाएगा। हाँ, वकील आके मिला करेगा। मामले की पेशियाँ चलने लगेंगी तो कचहरी में अलग से आप लोगों के चेहरे देख सकेंगे..."

भगौती-लालता के चेहरे भी अब मुझे वहीं आम चेहरों में दिखाई देंगे ?

अब अगर मैं ही किसी का चेहरा न देखना चाहूँ ?

क्या कोई ऐसी मजबूरी है ?

कचहरी में जज और मुन्सिफ के सामने कटघरे में खड़ा होना पड़ेगा ?

न चाहूँ तो भी ? घसीटकर ले जाएँगे ?

अच्छा तो फिर घसीटकर ही पुलिसवाले मुझे कचहरी में पेश कर सकेंगे।

मगर अब तो मैं यों ही बीमार हो जाऊँगा...ऐसा रद्दी खाना पिछले बीस वर्षों से कहाँ खाया। दूध-दही के बगैर यह काठी किस तरह साबित रहेगी ?

ये लोग कहीं मुझे हवालात में ही न गला मारें।

किस तरह टिका रहेगा यहाँ चोला।

एक गिलास मट्ठा भी नहीं देंगे ? रोज थोड़ी पतली छाछ ही मिल जाए। मैं अर्जी दूँगा सुपरिंटेंडेंट के नाम। वह मेरे लिए एक गिलास छाछ का आर्डर देगा, फिर जेलवाले

इनकार नहीं कर सकेंगे।

सुपरिंटेंडेंट ईसाई है। वह इतना तो कर ही देगा।

पुराना डाक्टर है, कभी फौज में था। एंग्लो-इंडियन होने से, उसके अंदर मेरे लिए नफरत का उफान नहीं उठेगा। कभी नहीं। छाछ क्या, वह मेरे लिए दूध या दही का भी आर्डर दे सकता है।

कचहरी में, जज के सामने अब अपनी तरफ से मैं कोई बयान नहीं दूँगा। कोई सफाई नहीं दूँगा...

अच्छा है, उस साधु को इकतरफा डिग्री मिल जाएगी। दो साल, चार साल, छै साल; चाहे जितना रहना पड़े, रह लूँगा जेल में।

उसके बाद, रिहा होने पर क्या करूँगा ?

नेपाल की ओर निकल जाऊँगा...

अरे नहीं, भगौती-लालता जैसे भगतों की कमी नहीं है हिंदुस्तान में। वे मुझे घेर-घारकर इधर ही नहीं रख लेंगे ? लंबी जटाएँ अपना करिश्मा फिर से नहीं दिखलाएँगी ?

यह क्या मेरी जटाओं का ही जादू नहीं था कि भगौती ने अपनी चारों लड़कियों की शादी में लाखों रुपए खर्च किए ? लालता ने अपने बेटों को डाक्टर और इंजीनियर कैसे बनाया ? सेठ बिर्धीचंद की तोंद तिगुनी किस तरह हुई ? ठाकुर शिवपूजन सिंह ने ट्रैक्टर कहाँ से खरीदा ? रामजनम और सुखदेव की क्या हैसियत थी दस वर्ष पहले ?

जटाओं में ऐसा चमत्कार भरा होता है, मुझे इस बात का पता नहीं था। अब चाहे जितना इलजाम लगाओ। मैं तो अंदर-ही-अंदर हमेशा यही मनाता रहूँगा कि नीली छतरीवाला सबका भला करे।

अपना भला नहीं चाहते हो ?

कौन बुद्धू नहीं चाहेगा अपना भला ?

भगौती ने तुमसे मिलने की कोशिश की थी ?

की होगी कोशिश। कौन अब उसे मुझसे मिलने देगा और, क्या होगा मिलकर ?

हाँ भाई, जितना दुहना था, दुह तो लिया। हिंदू जाति सचमुच गाय होती है। बार-बार दुहते जाओ, बूँद-बूँद निचोड़ लो। फिर भी लात नहीं मारेगी, सींग नहीं चलाएगी।

अपनी भोली-भाली जनता को दुहने के लिए भगौती ने हमसे बछड़े का काम लिया...

क्या बुरा किया ?

लेकिन, मोटे-पतले थनों से दूध चूँघ-चूँघकर तुम भी साँड़ हो रहे थे न ?

खयालों के रेले आते हैं और बीच-बीच में मुझे हँसी छूटती रहती है।

अकेले में अपने आप हँसने-मुस्कुराने का यह गुर मैंने नेपाल के ऊपरी पहाड़ों में छोकरियों से सीखा था।

लछमी उधर की ही थी, लेकिन उसमें यह गुर कहाँ था ? वह बहुत कम हँसती थी।

बेचारी आखिर तक मेरा साथ देती...

भगौती और लालता की साजिश में पड़कर ही लछमी के दुधमुँहे बच्चे की कुर्बानी के लिए उस बार मैंने अपनी रजामंदी जाहिर की थी। इन शैतानों के सिर पर नर-बलि की सनक सवार हुई तो मैं क्या करता ?

दुष्ट लालता ने ताने दिए, फब्तियाँ कसीं...

भगतों की मंडली में लालता कई दिनों तक फुसफुसाता फिरा—"लछमी अवधूतिन का बच्चा बाबा के तन से पैदा हुआ था, इसीलिए बाबा उसकी बलि के लिए तैयार नहीं हो रहे हैं। जनम का रोगी बच्चा आज नहीं तो कल यों ही मुँह बा देगा। दुर्गा मैया के चरणों में अर्पित होगा तो उसके परलोक सुधरेंगे और मठ की सोहरत कई गुनी बढ़ जाएगी। लगे हाथ इससे बाबा की सिद्धई का इम्तहान हो जाएगा..."

मेरा अहंकार उबलने लगा...

उस दुष्ट की ओछी नीयत के मुताबिक, इस इम्तहान में मुझे पास होना पड़ा।

बेचारी लछमी बच्चे के बिना पागल हो गई। अनाप-शनाप बकती फिरी। अंत में उसका भी दम घोंट दिया इन शैतानों ने।

पता नहीं सिद्धई का वैसा चुतियापा कब किसी दूसरे औघड़ पर हावी हुआ होगा ?

वह बच्चा जिंदा होता तो आज उसकी उम्र नौ-दस साल की होती...

पीछे, वर्षों तक सुनता रहा कि उस नरबलि के बाद मठ की आमदनी खूब बढ़ गई थी।

मठ की आमदनी कैसे-कैसे और कब-कब बढ़ी है, इसका लेखा-जोखा भगौती, लालता, ठाकुर और सेठ बिर्धीचंद को अच्छी तरह मालूम है। मस्तराम कहा करता, "साधुओं की विष्ठा दुनियादारों के लिए चंदन होती है।"

गौरी ने कई बार मुझसे कहा : "हम कहीं और अपना अड्डा बनाएँ चलकर।"

मैं गौरी की यह बात सुनकर देर तक मुस्कुराता रहता था। एक बार मेरे मुँह से निकला—"सुन गौरी, बारह वर्ष तो पूरे गुजार लूँ जमनिया में ?"

और, इसी फागुन में तो बारहवाँ साल पूरा होनेवाला था। गौरी ने पिछली गर्मियों में मुझे खत लिखा था : "महाराजजी, दो महीने के लिए इधर आ जाओ आप। बड़ा आनंद रहेगा। इस वर्ष आपके बारह वर्ष जमनिया में पूरे होंगे, याद है अपनी बात ? आपका हुक्म हो तो उत्तराखंड में आपके लिए कोई जगह अभी से ले ली जाए।"

मुझे क्या पता था कि इतनी जल्दी जमनिया से पिंड छूटेगा !...सजा का फैसला होने पर गौरी को खत डलवा दूँगा। महीने में एक आध पोस्टकार्ड तो कैदी को जरूर लिखने देते होंगे...नहीं ?

लेकिन, उत्तराखंड के नाम पर मेरे दिमाग में बस नेपाल ही नेपाल आता है। मेरी

आधी उम्र नेपाल के पहाड़ों में गुजरी है न !

हवालात में आने के बाद, जमनिया से जो भी सामान मँगवाए थे, वे मैंने जेल वालों के हवाले कर दिए हैं। बड़े जमादार ने कहलवा भेजा था कल—"पीतल का कमंडल और कंबलवाली आसनी चाहें तो अपने पास रख सकते हैं।"

नहीं, मैं कुछ नहीं रखूँगा अपने पास...

"बाबा, खाना नहीं खाओगे ?"

"डाल जाओ !"

"यह रोटी और यह दाल आपके लायक नहीं है बाबा ! आप बड़े साहब से आर्डर दिलवा दो तो अलग से चपातियाँ और सब्जी-चटनी आपके लिए ले आया करूँ..."

"अभी यही चलने दो !"

लोहे के तसले में रोटी-दाल-सब्जी डालकर कैदी रसोइया वापस चला गया है।

तसला उठाकर मैं एक तरफ रखता हूँ।

थोड़ी देर बाद खा लूँगा।

"इन्कलाब...जिंदाबाद !"

"जिंदाबाद...जिंदाबाद !"

हड़ताली मजदूरों के तीन लीडर अभी छूटनेवाले हैं। दो रह जाएँगे। पिछले सप्ताह दो बैचों में सभी मजदूर रिहा हुए थे। लीडर रह गए थे।

सबेरे-सबेरे मेहतर आता है, वही मुझे इस तरह की खबरें दे जाता है। उसकी तो अब भी मेरे लिए वही हमदर्दी है जो पहले दिन थी !

आज खाना खाकर मैं देर तक सोना चाहता हूँ...रात नींद अच्छी नहीं आई।

"सो गया है..."

"हाँ, गाढ़ी नींद में है बाबा !"

सिपाही रामसुभग सुकुल हथेली पर सुर्ती मसलता हुआ धूप में खड़ा है। बाबा की तरफ एकटक देख रहा है। मन-ही-मन कई बार दुहरा चुका है—"सो गया है, हाँ, नींद आ गई है बाबा को ?"

दुबला हो गया है, तो बेचारा...

नाटा कद है, गँठीला ढाँचा है। इसी से दुबलापन ढँका रहेगा...लेकिन साँवलापन गाढ़ा लग रहा है।...कमजोर भी तो हो गया है, बाबा ! मामूली रोटी-दाल पर कैसे चलेगा इस बेचारे का ?

बड़े साहब बाबा के लिए कुछ न कुछ जरूर करेंगे ! लेकिन, इसकी तरफ से बड़े साहब को कौन कहने जाएगा ? मैं तो अधिक-से-अधिक बड़े जमादार या छोटे बाबू से

ही कह सकता हूँ। ऊपर तक मेरी पहुँच थोड़े है ?

बाबा, तुम सचमुच मुसलमान माँ-बाप की औलाद हो ? जनम के हिंदू नहीं हो क्या ?

लेकिन; बीस-पचीस वर्षों से सधुअई करते-करते अब तक तो तुम्हें पवित्र हो जाना चाहिए था। नहीं, अभी कुछ कसर है...

जिस तीली से दाँत खोदते हो, उसी तीली को कानों के अंदर क्यों डालते हो बाबा ?

खैर, मुझसे तुम्हारी यह तकलीफ देखी नहीं जाती...

मैं कल कोठी पर जाकर कहूँगा...बड़े साहब तुम्हारे लिए अच्छी खुराक का आर्डर दे देंगे।

सुकुल सुर्ती फाँककर आगे बढ़ गया है...

गरीबदास

अंतर्राष्ट्रीय बाल-दिवस...1979...बच्चों-बच्चियों का मेला, निवेदिता विद्यालय, हरिनगर...

स्कूल के फैले कंपाउंड की सीमा के पास, बाहर, लाल रंग के कपड़े पर नीली पट्टियों की सिलावट में समारोह के शीर्षक दो बाँसों के सहारे झूल रहे थे। अंदर जानेवाले धूल-भरे मार्ग पर जीपों और कारों के टायर के निशान थे। आम के हरे-हरे पत्तों और पीले कनेर की इकहरी मालाओं से प्रवेश-पथ के उन बाँसों को सजा दिया गया था। विद्यालय के भवन अंदर काफी दूर थे, लेकिन उन्हें साफ-साफ देखा जा सकता था। रास्ते के इधर-उधर केलों की हरी-भरी बागवानी आँखों को तरावट पहुँचा रही थी। अगल-बगल की क्यारियाँ करीने से सजी हुई लगती थीं। उनकी मेड़ों पर कतारों में केलों के छायादार थंभ शान से लहरा रहे थे।

विद्यालय की सीध में कुछ और आगे बढ़े तो सामने से इधर आता हुआ एक बालक नजर आया। करीब आकर वह बोला, "आप अखबारवाले हैं न ?"

"नहीं," एक ने कहा, "हम कपिलजी के साथी हैं। उत्सव देखने आए हैं।"

"नमस्ते !" बालक बोला, "चलिए, एक शिक्षाधिकारी का भाषण चल रहा है...आप आइए, आप दोनों के लिए बैठने की व्यवस्था अंदर है..." फिर एक मिनट बाद उसने कहा, "दूर से चलकर आए हैं न ! पहले हमारे छात्रावास में चलकर हाथ-मुँह धो लेना चाहेंगे ?"

दोनों ने देखा, बालक के पहनावे में नीले रंग का निकर और चंदनवर्णी कमीज थी। सिर पर टोपी-ओपी नहीं थी। "जरूर ही, वह इस विद्यालय का छात्र है।" एक ने दूसरे के कान में कहा।

दोनों आगंतुकों ने उससे कहा, "हम थके-वके नहीं हैं, हमें सीधे वहीं ले चलो..."

समारोह की जगह तक ले जाकर उसने उन दोनों को किनारेवाली कुर्सियों की तरफ आगे बढ़ा दिया। बिना बाँहोंवाली, दो कुर्सियाँ थीं, लकड़ी की।

दोनों ने उड़ती निगाहों से अंदाज लिया। उपस्थिति ढाई-तीन सौ से अधिक की नहीं थी। छात्र-छात्राओं के अलावा, अध्यापक-अध्यापिकाएँ और अभिभावक-अभिभाविकाएँ थे। विद्यालय के कर्मचारी, बागवानी के मजदूर और छात्रावास के परिचारक भी जरूर रहे होंगे।

अधेड़ उम्र के शिक्षाधिकारी महोदय पुराने युगों की गुरुकुलीय व्यवस्था का रंगीन ब्यौरा दे रहे थे...कैसे संदीपन मुनि के आश्रम में सुदामा और कृष्ण साथ-साथ पढ़ाई-लिखाई करते थे, कैसे श्रीमंत एवं मामूली हैसियतवाले परिवारों के बच्चे साथ-साथ रहकर क्यों सुयोग्य नागरिक बनने का संस्कार हासिल करते। आगे चलकर गुरुकुल में रहे हुए इन्हीं बालकों में से राजा भी निकलते थे, व्यापारी भी और खेतिहर भी, श्रमिक भी और विद्यावान भी, और बुद्धिजीवी भी...आपस में उनके अंदर कटुता की भावना नाममात्र को भी पनप नहीं पाती थी...

उनके बाद एक और विद्वान वक्ता उठे। उनकी आयु साठ से अधिक की रही होगी। उत्साह में लेकिन तीस वर्ष के नौजवान मालूम पड़ते थे। उन्होंने पुराने युगों की बात नहीं की, भावी भारत का समाजवादी ढाँचा कैसा अनोखा होगा और तब हमारी नई पीढ़ियाँ शिक्षा, विज्ञान और संस्कृति की दृष्टि से कितनी उन्नतशील उपलब्धियाँ हासिल करेंगी, इस पर वे लगभग पंद्रह मिनट विभोर होकर बोलते रहे...

इस समारोह में सबसे ज्यादा आकर्षण की बात क्या थी ?

निवेदिता विद्यालय के ये छात्र-छात्राएँ उन्हें कभी नहीं भूलेंगे। यह मंच के सामने अपने युनिफार्म में बैठे हुए थे। इनकी दस कतारें थीं। एक-एक कतार में व्यवस्थित तौर पर पंद्रह-पंद्रह छात्र-छात्राएँ थे। छात्राओं की संख्या 23 थी, बाकी सभी छात्र थे। उनकी पंक्तियाँ बराबर के फासले पर थीं, सबके साथ पालथी मारे बैठे थे, सावधान और जागरूक भुद्रा में। विद्यालय के छात्र-छात्राओं का यह अनुशासन बार-बार दोनों आगंतुकों का ध्यान उनकी ओर खींचता रहा। समारोह में मंत्री या राज्यमंत्री स्तर का कोई नेता आमंत्रित रहा होता तो फोटोवालों की भी गुंजाइश जरूर रही होती। काश, इन स्वस्थ, सुंदर, प्रसन्न, छात्र-छात्राओं के चेहरे कैमरे की छवि छाया में उतरकर दूर-दूर तक लोगों की नजरों के लिए सुलभ होते !

माइक का इंतजाम नहीं था, फिर भी बतला दिया गया था कि "छात्रावास के एक रूम में चित्रों की प्रदर्शनी अवश्य देखिए। विद्यालय के बच्चों ने बड़ी मेहनत से प्रदर्शनी का सामान जुटाया है। अंतर्राष्ट्रीय बालवर्ष के सिलसिले में बच्चों की हजारों-हजार छाया-छवियाँ जहाँ-तहाँ पत्र-पत्रिकाओं में आ रही हैं, दसवीं, ग्यारहवीं जमात के हमारे छात्रों ने इन चित्रों को जहाँ-तहाँ से जुटाया है। आपसे अनुरोध है, चित्रों की यह प्रदर्शनी जरूर देख लें..."

अध्यापकों ने बार-बार बतलाया तो उन दोनों की दिलचस्पी कई गुना बढ़ गई।

छात्रावास की ओर बढ़ने पर गेंदा और गुलदाउदी के खिले हुए फूलोंवाले सौ-सौ पौधों ने कतारों में हमारी अगवानी की। यह देखकर उनकी तबीयत को राहत-सी महसूस हुई कि विद्यालय प्राकृतिक सौंदर्य के प्रति दकियानूसी दृष्टि नहीं रखता। दो-तीन बालक इनके साथ चल रहे थे। उनमें से एक ने बतलाया, "हमारे यहाँ, विद्यालय के पिछवाड़े की तरफ पाँच एकड़ भूमि में सब्जियाँ भी उगाई जाती हैं। भाई जी, आपके पास वक्त होता तो हम सब्जियों और फलों की अपनी बागवानी भी दिखलाते। आपकी

तबीयत खुश हो जाती।"

एक आगंतुक चलते-चलते एक और लड़के के मुँह की तरफ अपना कान झुकाए हुए था। वह बालक उनसे कह रहा था, "मछली-पालन के लिए छोटी-छोटी दो तलैया भी हमारे यहाँ हैं, मुर्गी-पालन का एक अच्छा-सा फार्म है..."

इतने में एक और लड़का बोल उठा, "और उधर बगीचे में लीची के झाड़ों के नीचे मधुमक्खी पालन के लिए लकड़ी के बक्से भी रखे हुए हैं। ऐसा बढ़िया शहद आपको और कहीं नहीं मिलेगा।" पहला लड़का बोल उठा, "मुजफ्फरपुर में लीची के बहुत बाग हैं, वहाँ शायद इस तरह का शहद मिलेगा..."

लगा कि वहाँ के बालकों में अपने विद्यालय की उपलब्धियों के प्रति बड़ा ही अभिमान है। वे यदि इन उपलब्धियों के बारे में अधिक से अधिक जानकारी इन दोनों तक पहुँचाने को आकुल दीखे तो यह बिलकुल स्वाभाविक था।

छात्रावास के अंदर जाने के लिए भी छोटे से प्रवेश-मार्ग से होकर गुजरना पड़ा। प्रदर्शन-कक्ष में प्रवेश करने से पहले ही, एक तरफ जरा हटकर अपने यूनिफार्म में चार-पाँच बालिकाएँ आगंतुकों को चाय दे रही थीं। प्यालियाँ नहीं थीं, मिट्टी के सकोरे थे। चाय क साथ दो-दो बिस्कुट और जरा-जरा-सी दालमोठ...झुकी हुई नजरों से वे छात्राएँ आगंतुकों की ओर चाय के सकोरे बढ़ा रही थीं। आगंतुकों में उनके अपने भी अभिभावक थे, अभिभाविकाएँ थीं।

प्रदर्शन-कक्ष के अंदर दीवारों पर लगभग सवा सौ फोटो सजाए गए थे। दाहिनी तरफ से आगे बढ़ने पर चालीस-पचास रंगीन छवियाँ थीं। इन्हें देशी-विदेशी पत्रिकाओं से लेकर यहाँ सजाया गया था। ये सभी ऐसे बालक-बालिकाओं के चित्र थे जिनके चेहरों से हँसी-खुशी और ताजगी का नूर बरस रहा था। हैलिकोप्टर की खिड़कियों से झाँकते बच्चे, गुब्बारों के दरमियान किलकारियाँ भरनेवाली बच्चियाँ, सूरजमुखी के बड़े फूल से अपना गाल सहलाती हुई नन्हीं बच्ची, घास पर रंगीन फूलों से किस्म-किस्म के आकार उभारते हुए, मदारी की निगरानी में अजगर को अपनी कमर से लिपटाए हुए बच्चे...

मगर, ऐसी छवियाँ चालीस-पचास से ज्यादा न रही होंगी। आगे बढ़ने पर, रंगीन छवियों की दुनिया बिलकुल खत्म हो गई थी। जीवन की विसंगतियोंवाला पक्ष ही ज्यादा से ज्यादा उजागर था अगले चित्रों में—अकाल, महामारी, मारकाट, तोड़-फोड़, विषमता, ठगी, धोखाधड़ी। इनके सबसे अधिक शिकार कौन होते हैं ? छवियों की सजावट के माध्यम से ही विद्यालय के बालकों ने अतिथियों से बतला दिया था कि मौजूदा युग में बच्चे ही सबसे अधिक दुखी और सबसे अधिक शोषित प्राणी हैं। भूख में बिलबिलाते, दंगे के दिनों में मार-काट के शिकार, शोषण की चक्की में पिसते हुए, मरी हुई माँ के सूखे स्तनों को चिंचोड़ते हुए अबोध शिशु...इस तरह के बीसियों दृश्य थे, जिन पर निगाहों को ठहराना कष्टप्रद लगता था। इनमें अपने देश के दंगाग्रस्त, तूफान-पीड़ित, अकाल-कवलित बच्चे तो थे ही, इसके अलावा बँगला देश, पाकिस्तान, नेपाल, बर्मा,

थाईलैंड, वियतनाम, अरब, तिब्बत जैसे मुल्कों के भी बालक-बालिकाएँ विराजमान थे।

दर्शकों में से एक व्यक्ति फुसफुसाया, "प्रदर्शनी में यहाँ इन छवियों का चुनाव विद्यालय के बच्चों ने नहीं किया होगा। लगता है, इनमें से किसी छात्र का रिश्तेदार कालेज का कोई नक्सलाइट स्टुडेंट है, उसकी राय से बादवाले ये चित्र छाँटे गए हैं।" इन दोनों में से एक उस व्यक्ति के इस कथन पर भड़क उठे। बोले, "इनको कौन इनकार करेगा ? अब यदि कोई सब जगह शत-प्रतिशत गुलाबी चेहरे ही देखना पसंद करता है तो उसके लिए बालवर्ष की प्रदर्शनी बिलकुल सजी-सजाई और सुंदरम् टाइप की हुआ करेगी।"

दोनों ने मन-ही-मन उन बच्चों की सराहना की। उनकी इच्छा हुई कि उन बच्चों से अलग एकांत में बातचीत करें और उनके विचारों से अपनी जानकारी बढ़ाएँ।

चित्रों की प्रदर्शनी से बाहर निकले तो दोपहर का एक बज रहा था। छात्रावास के बरामदे में, दीवार पर एक सूचना-पट टँगा था— 'अतिथि महोदय, आपके लिए हमने भोजन का प्रबंध कर रखा है। ठीक दो बजे हमारे भोजन-कक्ष में अवश्य पधारें।' नीचे छात्रावास के सुपरिंटेंडेंट का हस्ताक्षर था।

नौजवानों में इस बात पर मतभेद नहीं था कि फोटोवाली नुमाइश ही छात्र वर्ग का अपना असली कार्यक्रम था। पड़ोस के बाजार से माइक मँगवाकर अच्छी किस्म के दस-बीस रिकार्ड बजवा देते तो दूर-दूर तक ग्रामांचलों में विद्यालय का नाम फिर से ताजा हो उठता...लेकिन इस मुद्दे पर सभी नौजवान सहमत नहीं थे। माया की लड़की, सुलोचना, मेडिकल कालेज के अंतिम वर्ष की छात्रा थी। वह शुरू से ही इन उत्सवों में माइक-वाइक के खिलाफ थी। माया का लड़का, विवेक, इंजीनियरिंग का स्टुडेंट था। सुलोचना से दो वर्ष छोटा। वह और उसके हमउम्र चार-पाँच तरुण मनोरंजन के पक्ष में थे। उनकी राय में बाल-दिवस के अवसर पर माइक न बुलवाना विद्यालयवालों की दकियानूसी का सबूत था। कुछ लोगों ने इसे कपिल की कंजूसी का प्रमाण घोषित किया।

विद्यालय गाँव से एक किलोमीटर दूर पड़ता था। कपिल ने सौ एकड़ भूमि देकर विद्यालय की आर्थिक स्थिति, आज से पंद्रह वर्ष पहले ही, पक्की कर दी थी। अनाज, साग-सब्जी, फल-फ्रूट, दूध-दही आदि के मामलों में विद्यालय किसी बाहरी सहायता पर निर्भर नहीं था। सिंचाई का उसका अपना इंतजाम था। दो विशाल कुएँ थे जिनसे पंपिंग सेट के सहारे खेती-बागवानी और आवासिक इस्तेमाल के लिए काफी पानी निकलता रहता था।

पाँच अध्यापक थे और अध्यापिकाएँ। वे सपरिवार वहीं अंदर रहते थे। एक-एक को अलग-अलग क्वार्टर मिला था। टीम-टाम के लिहाज से यह क्वार्टर आकर्षक और शहरी फ्लैट जैसे नहीं थे, फिर भी आराम के लिहाज से इन क्वार्टरों में पर्याप्त सुविधा थी। दो-दो कोठरियाँ, लंबा बरामदा, आँगन, साग-सब्जी उगाने के लिए छोटी-सी क्यारी,

रसोई और नहानघर आदि तो थे ही। आजकल रेल श्रमिकों के लिए बननेवाले माचिस-सरीखे खिलौनानुमा धुच्ची क्वार्टरों की तुलना में निवेदिता विद्यालय के छोटे क्वार्टर भी कहीं अधिक आरामदेह थे। इनमें ऊपर छतें नहीं थीं, टाइल बिछे हुए थे।

छात्रावास में रहने की व्यवस्था एडमिशन से जुड़ी हुई थी। उतने ही छात्रों और छात्राओं को प्रवेश मिलता था जितनों की पढ़ाई-लिखाई, खेल-कूद और रहन-सहन की व्यवस्था सही तौर पर की जा सके। छात्रों की संख्या कभी एक सौ साठ से आगे नहीं बढ़ी। यों कहिए कि विद्यालय के व्यवस्थापक यहाँ अंधाधुंध एडमिशन के पक्ष में कभी नहीं रहे। अपने इस आग्रह के लिए इन अधिकारियों को भारी दबाव झेलना पड़ता था—यह दबाव प्रशासन की तरफ से उतना नहीं था जितना कि समाज के उच्च वर्ग की तरफ से। प्रवेश का शुल्क मासिक सौ रुपए। सत्र के आरंभ में एकमुश्त जमा करने पर दो सौ रुपए कम लगते थे। निम्न वर्ग के उन तेजतर्रार छात्र-छात्राओं के लिए विद्यालय की ओर से अलग व्यवस्था थी। इन छात्रों को प्रवेश से पहले प्रतियोगिता में बैठना पड़ता था। निम्नवर्ग ही नहीं, खानदान के लिहाज से उच्च वर्ग के भी साधनहीन छात्र इस प्रतियोगिता में शामिल कर लिए जाते थे। प्रतियोगिता में सफल होने पर उनके नाम पर वार्षिक तौर पर हजार-हजार रुपए जमा कर देने के लिए निवेदिता विद्यालय का अपना अलग फंड था। संस्था की आर्थिक बुनियाद सुदृढ़ थी, इसी से वैसा फंड विद्यालय के लिए कभी भार नहीं साबित हुआ।

कपिल और माया का अपने जिले में बड़े व्यापक पैमाने पर जनसंपर्क था। सरकारी एवं गैर-सरकारी उद्योग-धंधों से जुड़ी हुई कई संस्थाएँ इस विद्यालय के प्रति हमदर्दी का बर्ताव रखती थीं। विद्यालय की खेती-बाड़ी से पैदा होनेवाले अतिरिक्त अन्न, साग-सब्जी, फल-फ्रूट, मछली, अंडा, शहद आदि की खपत का प्रबंध आसानी से होता था। खादी एवं ग्रामोद्योग भंडारवाले विद्यालय की उपयोग की वस्तुएँ जुटाने में भाईचारे का परिचय देते थे।

राजनीतिक उथल-पुथल से विद्यालय को हमेशा अलग रखा गया, यह एक खास बात थी। माया एवं कपिल को कई बार विधायक बनाने की कोशिश की गई लेकिन दोनों ने इस दृष्टि से अद्‌भुत संयम का परिचय दिया।

गाँव के अंदर दर्जा चार तक की एक अलग पाठशाला थी। उसका संचालन जिला-परिषद की तरफ से होता था। बालिकाओं के लिए एक और प्राइमरी स्कूल था। यह कन्याशाला उच्च एवं मध्यवर्ग की सुविधा के अनुसार जैसे-तैसे चलाई जाती थी। इन दोनों शालाओं के अतिरिक्त एक संस्कृत हाई स्कूल भी था—उच्च संस्कृत माध्यमिक विद्यालय। यह विद्यालय इधर के ग्रामांचलों के संस्कृत पंडितों की आपसी कूटनीति बनाम फूटनीति का अच्छा अखाड़ा था। पिछले वर्षों में आठ-दस हरिजन बालकों के साथ ही सवर्ण परिवारों की बहू-बेटियों को भी उत्तर मध्यमा के प्रमाण-पत्र मिल गए थे।

नई पीढ़ी के सुलोचना और विवेक जैसे प्रतिनिधियों का गाँव के साधारण तरुण

वर्ग से नाममात्र का भी संपर्क नहीं था। वे तो छुट्टियों में दो-चार रोज के लिए घर आ जाते थे। हाँ, इतना जरूर था कि उनकी हमदर्दी छोटी हैसियतवाले परिवारों के प्रति थी। वे कभी-कभी इसीलिए निवेदिता विद्यालय की नुक्ताचीनी भी कर बैठते थे। अपने माता-पिता का लिहाज था, अतः विद्यालय की आलोचना खुलकर नहीं कर पाते थे।

हरिजनों की बस्ती जरा हटकर थी। छोटे-छोटे घर थे। जरा-जरा से आँगन। गंदे, घूरे-भरे गलियारे। छोटी उम्र के नंग-धड़ंग बच्चे यहाँ-वहाँ खेलते हुए। इस बस्ती की अगली छोर पर, नाले के उस पार पीपल का छोटा पेड़ नजर आ रहा था। वहाँ दो छोटे घर अपनी पुती हुई दीवारों के कारण ध्यान खींच रहे थे। आँगन में तुलसी का चबूतरा था, चबूतरे के निकट संत रैदास की जटाधारी प्रतिमा विराजमान थी। सीमेंटवाली वेदी पर सात अक्षर सुंदर लिखावट में जगमगा रहे थे—महर्षि रविदास।

आहट सुनकर घर के अंदर से एक दढ़ियल चेहरा प्रकट हुआ। दोनों की ओर देखकर उसने पूछा, "कहिए, किसे खोज रहे हैं ?" कुछ देर तक उस अधेड़ जटाधारी ने उन्हें देखा, फिर अंदर जाकर चटाई निकाल लाया। कहने लगा, "अजी, दस मिनट के लिए बैठ भी तो जाइए। आप जैसे लोग यहाँ क्या हमेशा पधारते हैं..."

दोनों सचमुच ही बाबा से ही मिलने के लिए हरिजनों की बस्ती तक पहुँचे थे। नाटे कद का, साँवली सूरतवाला यह अधेड़ साधु पिछले दो-तीन वर्षों में काफी चर्चित हो चुका था। हरिजनानंद को अपने इस नामकरण के बारे में बहुत बाद में पता चला, जैसा कि उन्होंने बतलाया। दोनों ने साधुजी से जानना चाहा कि वह हरिजनों में किस नेता को अपना आदर्श मानते हैं ?

"बाबा साहेब अंबेडकर को ही मैं दलितों का महान् पथ-प्रदर्शक मानता हूँ।"

बात की अगली कड़ी को जोड़ते हुए हरिजनानंद बोले, "बाबूजी, आप हमें इस नाम से मत पुकारिए ! कोई नाम जरूरी ही लगे तो मुझे पुराने नाम से पुकारिएगा। आज भी पास-पड़ोस के लोग मुझे गरीबदास कहकर बुलाते हैं। हमें अपना यही नाम प्यारा लगता है। हाँ, अगर आप लोगों को हमारे इस नाम पर एतराज हो तो जो जी में आए वही कहकर पुकारिए...दरअसल, बात यह है कि मुझे हरिजन शब्द पसंद नहीं है। अछूत जातियों के लिए दलित शब्द ही वाजिब है..."

आगंतुकों ने देखा, गरीबदास खूब धड़ल्ले से अपने दिल के भाव कामचलाऊ भाषा में जाहिर कर लेते हैं। जरूर ही गरीबदास को देर-देर तक भाषण करने का अभ्यास है।

एक ने जाने क्या सोचकर दूसरे से पूछा, "दामोदर, तुम्हें प्यास तो नहीं लगी है ?"

दामोदर को अंदर-ही-अंदर हँसी भी आई और अच्छा भी लगा। गरीबदास ने कहा, "लाऊँ जल-वल ?"

दोनों ने फौरन पानी लाने की बात कही। साथ ही यह भी कहा, "बाबाजी महाराज, आप क्यों तकलीफ उठाते हैं !"

इस पर गरीबदास ने कहा, "आप यहाँ का जल न लेना चाहें, यह दूसरी बात

है। मगर, हमारे यहाँ का जल बड़ा मीठा लगेगा आपको। यह कुआँ छोटा जरूर है, लेकिन इसका पानी जो एक बार पी लेगा, वह जिंदगी भर इस पानी का स्वाद नहीं भूलेगा।"

उन्हें पानी के साथ गुड़ की एक-एक डली भी मिली। पानी सचमुच मीठा था।

पहले का नाम जनार्दन था, वह बोला, "अभी आपको कहीं जाना हो तो हो आएँ। हम थोड़ी देर बाद फिर आ जाएँगे।"

"अच्छी बात है बाबूजी, तो फिर दो-अढ़ाई घंटे बाद हम यहाँ मिलेंगे...रात कहाँ गुजरी आपकी ? विद्यालय में बाल-दिवस देखने आए हो ? रात का विश्राम उधर ही रहा होगा ?"

"नहीं।" जनार्दन ने कहा, "रात हम गाँव के अंदर अपने एक मित्र के यहाँ रहे। कई वर्षों के बाद इधर आना हुआ। हमारे रिश्तेदारों और मित्रों में से कई लोगों के परिवार यहाँ रहते हैं। उनमें से दो ही तीन जने अब यहाँ रह गए हैं, बाकी सभी के परिवार दूर-दूर के शहरों में स्थायी रूप से बस गए हैं।"

इतने में सोलह-सत्रह वर्ष का एक तरुण साधुजी के निकट आया। उसके हाथ में हिंदी का कोई अखबार था। उसने झुककर बाबाजी को प्रणाम किया और उन दोनों को नमस्ते कही। अखबार बाबाजी के सामने रखकर कुटिया के अंदर चला गया। बाबाजी ने कहा, "कपिल बाबू की कोशिश से इसके बाप को पाँच हजार का लोन मिला था। पिछले वर्ष की बात है। चमड़ा सिझाने का धंधा चालू किया है। मंगलराम नया नाम है, पहले मंगलदास कहते थे। जब से इलैक्शन की बात शुरू हुई, तभी से रैदास बिरादरी के लोग अपने नाम के साथ राम जोड़ने लगे हैं। मंगलदास लेकिन ईमानदार और मेहनती आदमी है। लोन की रकम एक-एक पाई चुकता कर देगा। कपिल बाबू भी मंगलदास के इस धंधे में काफी दिलचस्पी ले रहे हैं। उनकी मेहरबानी से इस गाँव में और भी चार-पाँच गरीबों को लोन मिला है। एक बढ़ई है, एक जुलाहा, एक कुम्हार, एक हलवाई...चार-पाँच और लोगों को लोन मिलनेवाला है...बाबूजी दरअसल, यह बस्ती जितनी बड़ी है और जितनी अधिक तादाद में यहाँ के गरीबों को इस तरह का लोन मिलना चाहिए, उतना तो अभी कोई भी सरकार नहीं कर सकती। यह तो कपिल बाबू का जादू है कि इन गरीबों को आसानी से कर्जा मिल गया...अच्छा बाबूजी, दो घंटे बाद हम फिर से कहीं-न-कहीं आप लोगों से मिल ही लेंगे..." गरीबदासजी भभाकर हँसे। हँसते-हँसते अखबार के पन्ने अपनी नजरों के आगे फैला लिए। मुँह से एकाएक निकला, "लड़ गई साली ! जाने कितनों के प्राण चले गए होंगे !"

दोनों ने समझ लिया, रेल-दुर्घटना की खबर होगी...

साथी जनार्दन बाबाजी की तरफ देखकर बोले, "हम गाँव के अंदर या विद्यालय में ही मिलते तो कैसा रहे !...आप भी जाने कब वापस लौटें अपनी कुटिया में..."

"जी हाँ, वही ठीक रहेगा।" साधूजी ने कहा और हाथ जोड़ लिए।

अपने बच्चों को बाराखड़ी का अभ्यास करवाने के लिए हरिजनों ने अपनी उस छोटी बस्ती के अंदर ही एक 'शाला' खोली थी। इस शाला की निगरानी का भार भगत लछमनदास ने अपने ऊपर खुशी-खुशी ले लिया था। उसे बस्ती के बच्चे 'नाना' जी कहा करते। उम्र सत्तर से एक-दो साल ज्यादा ही रही होगी। अब से चालीस वर्ष पहले यही लछमनदास की भतीजी दुलहिन बनकर आई थी। ताई न रही तो मुनियाँ ने ताऊ को अपने पास बुला लिया। लछमनदास को यहाँ रहते पंद्रह साल हो गए। दामाद की भरी-पूरी गिरस्ती थी, कामचलाऊ खेती-बाड़ी थी। शहर में टेनरी के कारखाने में अच्छी मजदूरी मिल रही थी। लछमनदास का अपना कहने को उधर कोई नहीं था। इधर यही लोग थे। इनसे भगत को पूरा अपनापन मिल रहा था। इज्जत भी थी, आराम भी था, नाती और नतिनियों, सब पर लछमनदास का हुकुम चलता था। मोची का अपना पुराना धंधा भगत को बड़ा ही प्यारा था। औजार झोले में टँगे थे, कभी-कभी यों ही भगत अपने उन औजारों को झोले से निकालकर सामने चटाई पर फैला लेते, झाड़-पोंछकर थोड़ी देर बाद औजारों को फिर से झोले में रख लेते। लछमनदास निरक्षर मोची नहीं थे, कबीर की साखियाँ धीरे-धीरे पढ़ लेते थे। दैनिक समाचार-पत्र के शीर्षकों को बाँचकर सुन-सुना लेने में अच्छा लगता था।

मुनियाँ ने अपने बैठकखाने का बरामदा शाला के लिए दे दिया था। दीवार पर खूँटियों के सहारे वर्णमाला के दो चार्ट टँगे हुए थे—एक हिंदीवाला, दूसरा अंग्रेजीवाला। बच्चों की संख्या पंद्रह तक पहुँचती थी। कभी तेरह, कभी दस, कभी बारह और कभी सात। औसत संख्या दस की थी। शिक्षक के तौर पर दर्जा आठ तक पढ़ी हुई एक बाल विधवा मिल गई थी—फुलेसरी।

गरीबदास इस शाला के लिए हर महीना तीस रुपए का इंतजाम करते थे। बीस रुपए शिक्षिका को मिलते थे, दस रुपए और कामों के लिए रखे रहते थे।

छोटी उम्र के बच्चों-बच्चियों के लिए यों तो हर बस्ती में जगह-जगह पर सुभीते का प्रबंध रहना चाहिए। दस परिवारों के छोटे शिशुओं के लिए 'नर्सरी टाइप' के बाल-निकेतन तो बड़े नगरों की कॉलोनियों तक में नहीं खुल सके हैं अभी, सुदूर प्रदेशों के इन देहातों की तो क्या बात है, लेकिन यहाँ तो बाबा गरीबदास ने मजदूरी करते हुए ही इस शाला का इंतजाम किया था।

क्या मजबूरी थी ? मजबूरी यह थी कि गाँव के प्राइमरी स्कूल में हरिजन बच्चों के प्रति सवर्ण परिवारों के बच्चों का सलूक तिरस्कारपूर्ण तो था ही, आतंकजनक भी था। पिटाई के डर से हरिजन बच्चे अक्सर वहाँ से भाग जाते थे। बार-बार की शिकायतों के बाद भी जब स्थिति में सुधार नहीं हुआ तो गरीबदास ने इधर के बच्चों की पढ़ाई के लिए अलग इंतजाम किया। चार्टों से ऊपर एक फोटो दीवार में चिपका दिया गया था।

उन्हें यह जानकर भारी अचंभा हुआ कि उस पाठशाला में रविवार को छुट्टी नहीं रहती है। पूछने पर मालूम हुआ कि खेती और बागवानी या पर्व-त्यौहार के मुताबिक

छुट्टियाँ होती हैं। वर्षा होने पर खेती के दिनों में लगातार तीन-तीन, चार-चार दिनों तक पढ़ाई बंद रहती है। खेतों से पकी फसलें उगाहने के सीजन में भी ऐसा ही होता है।

शाला को अभी दो ही वर्ष हुए थे। 15 अगस्त दो बार मनाए गए थे। छब्बीस जनवरी एक बार, गाँधीजी और अंबेडकर साहेब का जन्मदिन एक-एक बार। जनार्दनजी ने पूछा, "आप अपने बच्चों से कैसे मनवाते हैं यह सब ?" जवाब मिला, "बच्चों को पंद्रह अगस्त, छब्बीस जनवरी, महात्माजी, बाबा साहेब वगैरह के बारे में मोटे तौर पर समझा देते हैं....और एक खास काम यह रहता है कि इन त्योहारों में हम अपने बच्चों को भरपेट जलेबी-पूड़ी खिलाते हैं; ऐसा नहीं कि एक-एक जलेबी थमाकर उन्हें विदा कर दें। यों कहिए, इन त्योहारों में हम छोटी उम्र के सभी बच्चों-बच्चियों को जलेबी-पूड़ी का भोज देते हैं। खर्च का बोझा बाबा गरीबदास उठाते हैं।"

रात के दो बजे होंगे। घंटे की जोर-जोर की आवाज लगभग मिनट भर तक गूँजती रही। रात का सन्नाटा टूक-टूक होकर छितरा गया। यह खतरे की आवाज थी। सायरन के भोंपू की तरह। छात्रावास से निकल-निकलकर पचासों लड़के गाँव की तरफ भागे।

एक लड़के ने दूसरे के कान में फुसफुसाकर कहा, "डाकुओं का जत्था गाँव के अंदर घुस गया है। किसी ने डोरी खींचकर घंटा बजा दिया है। अभी हमें टार्च नहीं जलाना चाहिए, नहीं तो वापस भागते हुए डाकू हम पर अँधेरे में भी अंधाधुंध गोलियाँ बरसाना शुरू कर देंगे।"

लड़कों के साथ दो-तीन युवा अध्यापक और दो-तीन कर्मचारी भी थे। थोड़ी दूर आगे बढ़ने पर तालाब के मुहाने पर उनकी राय हुई कि तीन-तीन चार-चार के गिरोह में सभी लोग गाँव के चारों ओर मुख्य मार्गों पर मुस्तैद हो जाएँ...यह भी तय हुआ कि टार्च नहीं जलाई जाएगी। लगभग आधा घंटा बाद गाँव की दक्षिण दिशा में सूखे नाले के अंदर, रेती पर छोटी टार्च भुक-भुककर तीन-चार बार जली तो विद्यालय के तीन लड़कोंवाला यह गिरोह खेत-खेत से होकर उस ओर दौड़ा। डाकू सूटकेस खोलकर गहनों के डब्बे फैलाए हुए थे—सोने की चूड़ियाँ, नगवाली अँगूठियाँ, और ईयर-रिंग वगैरह उस रोशनी में बार-बार चमक रहे थे। मुच्छड़ चेहरेवाला एक डाकू जल्दी-जल्दी में गहनों को थैले में ठूँस रहा था। दो नौजवान उस मुच्छड़ पर टूट पड़े...

गहनों से भरा थैला एक हाथ में थामकर दूसरे हाथ से उसने अपने को छुड़ाने की कोशिश की। इतने में उसके माथे पर डंडे का भरपूर प्रहार पड़ा। वह लुढ़क गया। दूसरा डाकू भाग खड़ा हुआ।

यह साफ था कि डाकू भी अलग-अलग गिरोहों में भागे हैं। नगद रकम लेकर भागनेवाला गिरोह शायद किसी और दिशा में निकल गया था।

विद्यालय के इस गिरोह में से एक तरुण अध्यापक को दौड़ते वक्त जरा-सी ठेस लगी थी। दो छात्रों ने गहनों का वह थैला एक मेड़ के पास मिट्टी के ढेलों के अंदर

दबा दिया। जरा दूर से आवाज आई, "पकड़ो पकड़ो ! भागने न पाएँ..."

विद्यालय के छात्र गाँव से एक फर्लांग दूर उस अँधेरी रात में यहाँ-वहाँ छितरा गए थे। लगता था, डाकू भी भागते समय कई दिशाओं से आगे बढ़े थे। अभी यह भी नहीं पता चल पा रहा था कि गाँववालों ने भी दो-चार डाकुओं को पकड़ा या नहीं।

तालाब निकट आने पर कपिल की आवाज सुनाई पड़ी, "डाकू भाग गए हैं, दो को पकड़ लिया गया है..."

इधर एक विद्यार्थी ने कहा, "एक डाकू वहाँ नाले में बेहोश पड़ा है।"

टार्च जलाकर कपिल आगे बढ़ आए, "ललित, तुम्हारे साथ और कौन-कौन आया है ? मुठभेड़ में तुममें से किसी को चोट तो नहीं लगी ?"

"यह तो बाद में पता चलेगा...अभी उस घायल डाकू को बाँध-बूँधकर हम गाँव के अंदर ले चलेंगे।"

"तुम और सुरेश पहरा दो, हम रस्सी भिजवाते हैं...देखना, उठकर भाग न जाए...इनके पास बंदूक-रिवाल्वर दो-चार ही थे, एक बंदूक और एक पिस्तौल हमने छीन लिया है।"

थोड़ी देर में रस्सी और लालटेन लिए हुए दो आदमी गाँव से आए। बेहोश डाकू के हाथ-पैर-कमर बाँध दिए गए। इनके गिरोहवाले इसे लाद-लूदकर वापस न ले जाएँ, बैलगाड़ी पर इसको लादकर गाँव के अंदर ले चलना तय हुआ। उस काम में घंटा भर लगा। तब तक विद्यार्थियों सहित दस-बारह गाँववाले तालाब के इर्द-गिर्द निगरानी करते रहे।

लट्ठ की चोट सिर पर भरपूर पड़ी थी। एक बुजुर्ग को शक था कि बेहोशी का कहीं अभिनय तो नहीं चल रहा है। दूसरे बुजुर्ग ने लालटेन की बत्ती तेज करके उस डाकू का चेहरा देखा और बोले, "कोई बात नहीं, थाने की हवालात में इसका इलाज होगा।"

भगदड़ में और दो डाकू पकड़े गए थे। उन्हें बाहरवाली कोठरी में डाल दिया गया था। थाना छः किलोमीटर दूर था। खबर जा चुकी थी। माया की नौकरानी ने लोगों को पानी पिलाया।

अगहन आधा गुजर चुका था, ठंड थी। फिर भी डाकुओं के हमले के कारण और जवाबी हमले के चलते वातावरण में काफी गर्मी आ गयी थी। लोग मौसम को भूल गए थे। फिलहाल यह अंदेशा तो नहीं था कि डाकुओं का गिरोह फिर से धावा मारेगा, लेकिन लोगों की नींद बिलकुल उड़ गई थी। बच्चों और बूढ़ी महिलाओं को छोड़कर लगता था, समूचा गाँव कपिल के दालान के इर्द-गिर्दवाली खुली जगहों में आ जुटा था। कोई भी वहाँ से हटने का नाप नहीं ले रहा था।

लोगों की छिट-पुट बातों से उनका यही विश्वास झलकता था कि दारोगाजी सूरज निकलने से पहले ही आ धमकेंगे। मुखियाजी, ठाकुर रामशंकर सिंह ने जीप से अपने छोटे भाई को थाने भेज दिया था। दारोगाजी या तो उसी से आ सकते थे या फिर

सरकारी जीप से। सयाने लोगों की चर्चा का विषय यही था कि पहचाने जाने पर डाकुओं के उन गिरोहों का पता चल जाएगा जिन्होंने पिछले तीन-चार महीनों से दो-तीन जिलों में आतंक मचा रखा है।

खतरे का घंटा पहली बार ही गनगनाया था। ग्राम पंचायत ने तीन वर्ष पहले इस घंटे को ठाकुर सदानंद सिंह के चौबारे की छत पर टँगवाया था। खास आर्डर देकर मुरादाबाद से काँसे का यह घंटा मँगवाया गया था। वजन पंद्रह किलो था। पौने सात सौ रुपए लगे थे।

बूढ़ा चरवाहा निरगुन मंडल पिछले कई वर्षों से 'रिटायर्ड' था, ठाकुर के यहाँ बुढ़ौती के अपने दिन गुजार रहा था। उमर अस्सी से कम नहीं थी।

निरगुन मंडल सत्तर बरस से उस परिवार में चरवाहे का काम करता आया था। उसे रात में बहुत कम नींद आती थी। पिछवाड़े की तरफ आहट सुनकर वह धीरे-धीरे सीढ़ियाँ चढ़ता हुआ चुपचाप छत पर पहुँचा। झाँकने पर पाँच-छः चेहरे नजर आए। बूढ़े की आत्मा ने कहा, चोर नहीं, डाकू हैं...कुछ पीछे हैं और कुछ आगे होंगे...निरगुन को घंटे की रस्सी का पता था। वह रस्सी से लगभग लटक-सा गया। हल्के बदन का ठिगना बूढ़ा देर तक घंटे की रस्सी खींचता रहा। आवाज होती रही।

पकी ईंटों की खानदानी हवेली थी। सदर दरवाजे पर, बैठक-बरामदे में तख्तपोश खाली पड़ा था। दोनों भाई अंदर सो रहे थे। बाहर कुत्ता भौंका तो जरा ही देर भौंकता रहा। फिर हल्की गुर्राहट के साथ आवाज डूब गई थी...बाद को मालूम हुआ कि एक डाकू ने झपटकर कुत्ते को तौलिए में लपेट लिया था, फिर उसका गला घोंट दिया था...

डाकू आलमारी नहीं खोल सके थे। पलँग के नीचे से दो सूटकेस ही ले पाए थे। छोटी बहू अगले दिन बंगलौर जानेवाली थी। सूटकेसों में अपना कुछ सामान जमाकर रख लिया था।

इससे ज्यादा कुछ हाथ नहीं लगा डाकुओं को। तीनों डाकुओं के चेहरे रंगीन तौलियों से ढंक दिए गए। पुलिस के चार जवान उन तीनों को अपनी गाड़ी में लाद चुके तो हैड कांस्टेबल ने पुलिस गाड़ी में पीछे से ताला लगा दिया। दो सिपाहियों के साथ वह खुद ड्राइवर के साथ आगे बैठा। दारोगाजी, छोटे दारोगा के साथ जीप में आगे निकल गए थे।

पिछले दो-तीन वर्षों में बड़ी जातियों और छोटी जातियों के आपसी झमेले बेहद बढ़ गए थे। यह कड़वाहट छोटे-छोटे गाँवों तक पहुँच चुकी थी। लगता था, अगले वर्षों में इधरवाले तीनों जनपद चंबल घाटी बनने जा रहे हैं। पुलिस विभाग में नियुक्तियों, तबादलों, प्रमोशनों का आधार भी खास-खास जातियों के हितों को सामने रखकर ही बनाया जाने लगा था। योग्यता की उपेक्षा पहले से ज्यादा होने लगी। राजनीतिक दलपतियों के हस्तक्षेप अक्सर सुने जाने लगे। अस्थायी मंत्रिमंडल कोढ़ में खाज साबित हो रहे थे।

ऐसी हालत में ठाकुर रिपुदमन सिंह को यह बदनाम थाना दुरुस्त रखने के लिए मिला था। कोई साफ-साफ बतला नहीं रहा था कि नए दारोगाजी यहाँ तीन वर्ष पूरे रहेंगे। इनसे पहले जाहिद अली खाँ साहब सात साल रहकर गए हैं। जाते-जाते खाँ साहब को बड़ी हुज्जत का सामना करना पड़ा। गनीमत यही थी कि छोटा लड़का, बख्तावर संपूर्ण क्रांतिवाले पिछले आंदोलन में मिसाबंदी की पूरी मियाद सेंट्रल जेल में गुजार आया था। यह तय था कि बख्तावर विधानसभा का मेंबर होगा। आगे चलकर हुआ भी यही...नतीजा अच्छा ही रहा। खाँ साहेब सूली पर नहीं लटकाए गए, तबादला भर होकर रह गया। यों खाँ साहब पर पब्लिक के गुस्से का टेंपर बहुत हाई था...इमर्जेंसी वाले दिनों में जिस हिसाब से खाँ साहब का हौसला बुलंदी पर उठा, उसी मात्रा में आमदनी भी आपकी खूब बढ़ी...इस बात पर साथी लोग बख्तावर की मीठी चुटकियाँ लेते हैं तो वह कहता है, "मौके की बात है, आपके अब्बाजान क्या बैशनों होटल खोलते ?"

ठाकुर रिपुदमन सिंह को यह थाना भारी पड़ रहा था। अंचल के गाँवों में राजपूतों की अच्छी आबादी थी। वे चाहते थे कि बीस वर्षों के बाद आया हुआ ठाकुर दारोगा यहाँ कम-से-कम पाँच साल तो जरूर टिके। लेकिन अपनी बिरादरी के दारोगा को निश्चित अवधि तक थाने में टिकाए रखना सिर्फ ठाकुरों पर ही निर्भर नहीं था। और जातियों के प्रमुख लोग इसमें ठाकुरों का साथ दें, तभी ठाकुर रिपुदमन सिंह चार-पाँच वर्ष चल सकते हैं।

हरिजनों को अपना अलग दारोगा चाहिए था, मुसलमानों को अलग, महिलाओं से पूछा जाता तो जरूर ही वह भी किसी महिला को ही दारोगा के रूप में यहाँ पसंद करतीं। थाने में बारह जवान थे। उन पर एक दारोगा, एक छोटा दारोगा और हैड कांस्टेबल। मालखाने में नए माडल की आठ बंदूकें थीं, दस पुराने माडल की। रिवाल्वर थे। बेतार का सिलसिला जिला हैडक्वार्टर से अभी-अभी छह महीना पहले जुड़ा था। एक जीप थी, दो मोटर साइकिलें। मोटे मजबूत किस्म के बीस-पच्चीस लट्ठ भी थे ही। पिछले वर्ष नया-नया पुलिस वैन मिला था। इमर्जेंसीवाले पीरियड में जो वैन था उसे पड़ोसी थाने के कॉलेजवाले छात्रों ने फूँक डाला था।

हाजत में बंद डाकुओं का गुस्सा उनकी चीखों से जाहिर हो रहा था। दिन ढल रहा था फिर भी वे भूखे-प्यासे थे। उनमें से एक तो रह-रहकर कराह उठता था।

थाने का मेहतर हाजत की सलाखों के सामने आकर खड़ा हुआ तो घुटी चाँदवाले अधेड़ डाकू ने उससे कहा, "क्या यमराज के नाती पीने को पानी भी नहीं देंगे ?"

मेहतर बोला, "अभी तो आपका खाता खुलेगा। फिर छोटे दारोगा साहेब आपसे पूछताछ करेंगे। तब जाकर डाक्टर बाबू का नंबर आएगा। वह आपको जब अच्छी तरह देख लेंगे, तभी दाना-पानी मिलेगा..."

दूसरे डाकू ने नफरत में थूका, "साले, लैक्चर पिलाता है ! हमको यहाँ का रुटीन बतला रहा है ! हरामजादे !"

मेहतर बूढ़ा था। गाली सुनकर ताव खा गया। अपना झाडूवाला हाथ डाकुओं की ओर बढ़ाकर बोला, "बस, अभी कुछ देर में तुम्हारा भूत उतरने ही वाला है..."

दो रोज बाद कपिल बाबू दारोगा से मिलकर इतना भर मालूम कर सके कि लगता है, डाकुओं ने गलत-सलत बातें बतलाईं...पते की बात वही थी जिसके बारे में पुलिसवालों को पहले से ही मालूम था।

सदानंद, रामशंकर सिंह और कपिल ने आपस में विचार-विमर्श करके तय किया कि नए दारोगा पर इस डाका-कांड के बारे में जल्दबाजी के लिए किसी तरह का दबाव नहीं डालेंगे। चूँकि गहनों का डब्बा डाकुओं से छीनकर छोटी बहू के हवाले कर दिया गया था, कोई और नुकसान नहीं हुआ था। हाँ, स्वामिभक्त कुत्ता कुर्बान हो गया था। इस बात का सभी को भारी अफ़सोस था। दो सप्ताह बाद दारोगाजी ने ठाकुर सदानंद सिंह के घर पर पहुँचकर निरगुन मंडल को 251 रुपए की नगद राशि का पुरस्कार दिया। उसी दिन शाम को बी.डी.ओ. (अंचल अधिकारी) महोदय के हाथों सुरेश को भी पुरस्कृत किया गया। इसी के लिए विद्यालय में छोटा-सा समारोह हुआ था। जल्दी-जल्दी में बालिकाओं ने मालाएँ तैयार कीं। इन बालकों के गले में बी.डी.ओ. साहब ने स्वयं अपने हाथों से एक-एक माला डाल दी और नगद राशि के बंद लिफाफे थमा दिए।

ठीक मौके पर, समारोह की समाप्ति के क्षणों में, जाने किधर से, बाबा हरिजनानंद प्रकट हुए। गमछे की पोटली खोलकर उन्होंने गेंदे के पीले फूलों की मालाएँ निकालीं। आगे बढ़कर दोनों बालकों के गले में एक-एक माला डाल दी। उपस्थित छात्रों-छात्राओं ने जोर से तालियाँ बजाईं। हरिजनानंद ने कहा, "भाइयो, मैं बी.डी.ओ. साहब से अनुरोध करता हूँ कि वे टाइप करवाकर वीरता का एक-एक प्रमाण-पत्र हमारे इन बहादुर छात्रों को अर्पित करें। अभी न सही, दस-पंद्रह रोज बाद ही सही, यह काम तो बी.डी.ओ. साहब को करना होगा...."

"जरूर, जरूर ! बाबाजी का आदेश है तो यह काम होगा ही। हमारे दिमाग में भी यह बात आई थी लेकिन वक्त की कमी के कारण यह काम आज नहीं हो सका...महीना भर के अंदर ही मैं यहाँ आऊँगा और इन वीर बालकों को प्रमाण-पत्र मिलेंगे। हो सकता है, इस महत्त्वपूर्ण कार्य के लिए मैं जिलाधीश महोदय को यहाँ ले आऊँ..."

इस पर 'हरिजनानंद' बोले, "अब ऐसा न हो कि आप, हुजूर, किसी मिनिस्टर-फिनिस्टर को इस काम के लिए तकलीफ दें।"

बाबा गरीबदास के इस कथन के ऊपर लोग भभाकर हँस पड़े। बी.डी.ओ. का चेहरा गंभीर हो गया। उसे मालूम था कि आज तक कभी कोई मंत्री इस विद्यालय के प्रांगण में नहीं बुलाया गया।

संयोगवश कपिल और माया में से कोई भी उस दिन यहाँ उपस्थित नहीं था।

हाँ, प्रधान अध्यापक पाठकजी जरूर मुस्तैद थे।

अगले ही दिन ललित और सुरेश ने अपना-अपना लिफाफा विद्यालय के दफ्तर में जमा करवा दिया था। कैशियर ने लिफाफे खोलकर नोट गिन लिए। कुल मिलाकर 502 रुपए थे।

"यह तो तुम दोनों की अमानत रही। अब यह बताओ कि विद्यालय इस रकम को किस काम में लगाए, तुम क्या चाहोगे ?"

ललित ने कहा, "बैडमिंटन के लिए कोर्ट तैयार करवा दीजिए आप लोग...कुछ और लगे तो विद्यालय के मनोरंजनवाले फंड से लगा लीजिएगा..."

•

गाँव के बाहर, जहाँ इस वफादार कुत्ते को निरगुन मंडल ने दफनाया था, वहाँ चबूतरा बनाकर बरगद का एक पौधा जमा दिया गया था। मंडल को इसके लिए बाबा गरीबदास ने तैयार किया था।

निरगुन को मालिक का वह कुत्ता बेहद प्यारा था। लोग उसे सोनिया कहकर पुकारते थे। ठाकुर साहेब अलसेसियन के इस पिल्ले को राँची से ले आए थे। अभी चार वर्ष पूरे नहीं हुए थे। दिन को बँधा रहता था, रात को खुला। रोटी, दूध और कच्चे गोश्त के अलावा और कुछ नहीं खाता था। जीने के नीचे, पुरानी दरी तहाकर रख दी गई थी। वह सोनिया का विश्राम-स्थल था। एनामेल की गहरी-चौड़ी प्लेट में खाना खाता था, दूध पीता था, पानी पीता था।

निरगुन के पास, रात के समय वह बार-बार लेटा करता। दिन के वक्त बूढ़ा ही बीच-बीच में सोनिया की सुध लिया करता। दोनों में प्रगाढ़ अपनापा था।

हरिजनानंद ने सोनिया का नाम रख लिया था—'सेनापति'। किसी ने बाबा से पूछा, "सेना तो है नहीं, फिर सेनापति कैसे हुआ ?" गरीबदास का सीधा-सा जवाब होता, "सोनिया के अंदर सौ-डेढ़ सौ जवान हमेशा मौजूद रहते हैं। वे सारा दिन आराम करते हैं, रात के वक्त अपने सरदार की निगरानी में उनकी कूच-कवायद चलती है..." बाबा की ऐसी बातें सुनकर निरगुन मंडल हँसते-हँसते लोटपोट हो जाता। कहता, "गरीबदासजी, सोनिया के अंदर फिर तो परेड का मैदान भी होगा, तबेले भी होंगे ! अच्छी-खासी छावनी आबाद होगी सोनिया के कलेजे में !" ऐसी बातों पर सदानंद सिंह के नौकर-चाकर वर्ग का ही नहीं, परिवार के लोगों का भी मनोरंजन होता है। तभी लोग कभी-कभार फुसफुसाकर कहते, "बिना अफीम के ही हरिजनानंद पर नशा छाया रहता है।"

चाहे कुछ हो, सोनिया की समाधि पर बरगद का पौधा लगाना किसी को नहीं अखरा। माया ने तो निरगुन से यहाँ तक कहा कि इस बरगद के साथ-साथ तुम्हारा भी नाम हमेशा के लिए जुड़ा रहेगा।

कपिल, सदानंद और गजाधर जैसे दो-तीन और भी धनी किसान थे। इन सबकी

हमदर्दी निरगुन मंडल के प्रति थी। इन्होंने अपने बचपन से ही इस चरवाहे की सेवा और प्यार के पल चखे थे। निरगुन के प्रति कृतज्ञता से इनका रोम-रोम पुलकित हो उठता। सदानंद और गजाधर के रिश्तेदार उसे अपने-अपने साथ ले चलने को उतावले थे। दिखाऊ तौर पर सदानंद भले ही कह देते कि हाँ-हाँ, ले जाइए निरगुन को, हमारा काम कोई और देख लिया करेगा। मगर अंदर-ही-अंदर सदानंद निश्िंचत थे कि निरगुन इस परिवार को छोड़कर किसी भी कीमत पर कहीं और नहीं जाएगा...

निरगुन की निगाहों में लालच का कोई भी मतलब नहीं था, बूढ़े की संपूर्ण आस्था इसी परिवार के प्रति समर्पित थी। आज से सत्तर वर्ष पहले, दस-ग्यारह की उम्र में वह नानी की उँगली पकड़कर सदानंद की दादी के दरबार में आया था। उस जमाने में इनके यहाँ दो हाथी थे, चार घोड़े। घोड़ों की हिनहिनाहट और हाथियों की चिंघाड़ पहली बार कानों में तभी पड़ी थी...अब कारों और जीपों की भड़भड़ाहट और हार्न की आवाजें कानों को नहीं सुहातीं। कपिल मालिक को इसलिए देवता मानता है कि दो वर्ष रखकर ट्रैक्टर को हटा दिया...कपिल मालिक की दलील निरगुन को बिलकुल भा गई कि खेती-बाड़ी के काम में, रहन-सहन के आराम में मशीनों का इस्तेमाल कम-से-कम करना चाहिए...माया दीदी की भी यही राय है कि मशीनों को अपने काबू में रखना चाहिए। ऐसा नहीं कि हम खुद ही मशीनों के गुलाम बन जाएँ...तभी तो संत विनोबा यहाँ आकर पूरे सात दिन, सात रात रहे। कपिल मालिक को संत का आशीर्वाद फला है। दिन दूनी, रात चौगुनी बढ़ोतरी हुई है...मिनिस्टर और हाकिम लोग तरसते हैं कि कपिल मालिक उनको बुलौआ भेजे।

निरगुन मंडल अकेले में इसी तरह अपने-आपसे बातें करता रहता था। किसी की आहट पाते ही उसका स्वागत आलाप रुक जाता। माया की नौकरानी बासमती ने यह अफवाह उड़ा दी थी कि बुढ़वा घंटों बड़बड़ाता रहता है...छोटकी ट्रांजिस्टर बिगड़ जाने पर जिस तरह गड़-गड़ गुड़-गुड़ करता रहता है, उसी तरह निरगुन मंडल की गड़बड़ाहट भी दिन-रात चालू रहती है। हमारी दीदी चाहें तो इस बूढ़ी मशीन की मरम्मत हो सकती है।

लेकिन सयाने लोगों के पास-पास बैठे रहने पर निरगुन अच्छा भला गंभीर नजर आता था। निवेदिता विद्यालयवाले पाठकजी निरगुन की बड़ी तारीफ करते थे। उनका कहना था कि यदि सदानंद बाबू इसे हमारे सुपुर्द कर दें तो हमारा भारी कल्याण हो। एक दिन पाठकजी ने अपनी मंडली में कहा, "जी नहीं, मैं तो निरगुन को कबीर का अवतार मानता हूँ। लोग उपहास की मुद्रा में मंडल की चर्चा करते हैं तो मेरे चित्त को बड़ा ही क्लेश पहुँचता है..."

परंतु सदानंद और उनके परिवारवाले किसी भी स्थिति में निरगुन मंडल को अपनी परिधि से अलग देखना नहीं चाहते थे।

पिछले निर्वाचनों की तरह मौजूदा निर्वाचन भी ढेर सारी अफवाहों की बाढ़ में डूबता-उतराता, वायुमंडल में आगे-आगे नजर आ रहा था। पड़ोस के ठाकुर कमलनयन सिंह पिछली लोकसभा में चुने गए थे। भविष्य में अपनी ही बिरादरी का एक युवक उनके प्रतिद्वंद्वी के नाते जोरों में उजागर हो गया था। भाई के दरबार में दिल्ली तक वह इमर्जेंसी के दिनों में ही पहुँच गया था। वोट बटने का अंदेशा समझदार लोगों को बुरी तरह परेशान कर रहा था।

विद्यालय के अध्यापकों और बड़े छात्रों में भी फुस-फुस जोर पकड़ रही थी। दो अध्यापकों ने प्रकृति-चिकित्सा और घरेलू झंझटों का बहाना बनाकर छह-छह सप्ताह की छुट्टियों के लिए आवेदन-पत्र दे दिए। दसवीं और ग्यारहवीं कक्षाओं के चार-पाँच विद्यार्थी छात्रावास से चुपचाप खिसक गए थे। एक सप्ताह के अंदर उनके पत्र दफ्तर की टेबुल पर थे। किसी की बहन को कैंसर की शिकायत थी, वह उसके साथ बंबई जानेवाला था, किसी के पिता की डाकुओं ने पिटाई की थी, वह पिता की चिकित्सा में व्यस्त हो गया है...किसी का बहनोई बहन के तीनों बच्चे छीनकर ले गया है, वह अकेली बहन को छोड़कर कैसे आए !

इन आवेदन-पत्रों को देखकर कपिल के माथे में दर्द हुआ, लेकिन माया देर तक हँसती रही।

"लो, अब सँभालो अपने आदर्श विद्यालय को ! कदम-कदम पर तुम यही घुट्टी हमें पिलाते आए कि संस्था को पालिटिक्स की धूल से हर हालत में बचाए रखना है...हमेशा तुम्हारे होंठों पर गुरुदेव रवींद्र, महायोगी रमण महर्षि, रोम्या रोलाँ और आइंसटीन जैसे बड़े-बड़े नाम उभरते रहते हैं। क्या तुम अपनी इस मानस पुत्री, इस शिक्षण संस्था को सचमुच ही राजनीति से बचाकर रख पाए हो ? आज तुम हमें अच्छी तरह खुलासा करके समझाओ कि इन आवेदन-पत्रों का क्या मतलब है ? कागज की इन टुकड़ियों को गलाकर वह कौन-सा अचार तुम नई पीढ़ी के लिए तैयार करने जा रहे हो..."

सुंदर-सुमुख-गौरवर्ण कपिल आहिस्ता से उठे और अधिष्ठातावाले कुटीर के आगे, फूलों की क्यारियों के मध्य सुर्खी बिछी पगडंडी पर चहलकदमी करने लगे।

माया ने बाहर झाँककर कपिल की ओर देखा। मुस्कुराकर बोली, "प्लीज, कपिल, मेरा यह मतलब नहीं था। मैं सदा से तुम्हारे सुख-दुख की साथिन रही हूँ। तुम्हारी परेशानियों में पिछले पच्चीस वर्षों से मेरा साझा रहा है। भविष्य में आजीवन हमारी यह साझेदारी अटूट रहेगी—मैं कॉफी के लिए कहके आई हूँ। अभी हम कॉफी लेंगे फिर नदी-किनारे बाँध पर घंटा-आधा घंटा घूमेंगे..."

जवाब में कपिल ने भी हल्की मुस्कुराहट का पुट देकर माया की ओर देखा।

माया और कपिल सप्ताह में तीन दिन, शाम को विद्यालय में आते थे। मंगलवार, गुरुवार और शनिवार—इन तीन दिनों की संध्या के दो-दो घंटे विद्यालय के लिए निश्चित थे। दूसरे दिनों में अध्यापक, कर्मचारी, व्यवस्थापक, चाहे जब कभी कपिल तक पहुँच

सकते थे। प्रधानाध्यापक (पाठकजी) तो अक्सर जिला केंद्र और प्रदेश की राजधानी तक यात्राओं में साथ देते थे।

प्रत्यक्ष राजनीति में विद्यालय के किसी भी व्यक्ति का शामिल होना यों तो वर्जित दीखता था, किंतु इस सिलसिले में कुछ तथ्य परस्पर विरोधी लगते थे।

जे.पी. वाले पिछले आंदोलन में यहाँ से आठ-दस छात्र और दो-तीन अध्यापक चुपचाप खिसक गए थे। उस उथल-पुथल में जमकर उन्होंने भाग लिया था। पाँच छात्र और दो अध्यापक जेलों में रहे। उन्हीं में से तीन मीसा बंदी थे। दोनों अध्यापक आजकल विधानसभा के मेंबर हैं। विद्यालय के अधिकारी अब खुले आम उनकी प्रशंसा करते थे। कहा करते, "उन्होंने निवेदिता विद्यालय की कीर्ति/पताका को चंद्रलोक में फहरा दिया है।"

पास-पड़ोस के लोग 'धसान' कहते थे। यह नदी बाग़मती की शाखा थी। दो धाराओं में विभक्त होकर सात-आठ ग्रामों को घेरती हुई आगे जाकर मिल गई थी। बरसात के मौसम में ही भरी-पूरी नजर आती थी। इस वर्ष वर्षा में थोड़ा-थोड़ा पानी तलैया की शक्ल में चमक रहा था। जहाँ-तहाँ खेतिहरों ने पानी उलीचने के लिए बाँस खड़े कर रखे थे। दरभंगा से समस्तीपुर को जोड़नेवाली सड़क धसान के किनारे-किनारे आगे निकल गई थी। तटवर्ती अंचलों को दो जगहों पर लाँघती हुई। गाँव से सड़क को जोड़नेवाला बाँध अमराइयों के बीच से आगे की तरफ बढ़ गया था। कहीं फालतू हवाखोरी के लिए न तो इच्छा थी और न इसके लिए उनके पास वक्त ही था। कभी-कभार अगर कोई आहिस्ता-आहिस्ता इस बाँध पर चलता दिखता तो उसे कमजोर और लगभग अपंग समझा जाता था या फिर हवाई खयालों में डूबा हुआ आधा पागल जानकर लोग उस पर हँस देते।

लेकिन माया और कपिल महीने में एकाध बार जीप लेकर इधर निकल आते तो इसका कुछ और ही मतलब निकाला जाता। खेत में काम करते हुए और गाय-भैंस चराते हुए लोग अगले रोज अपने टोले-मुहल्ले में बतलाते, "कल शाम को कपिलेसर बाबू और उनकी जनाना बाँध पर बड़ी देर तक मटरगस्ती करते रहे..." दोनों के मन में जब बहुत-सी बातें जमा हो जाती हैं तो इसी तरह अकेले-अकेले टहलने-घूमने निकल आते हैं...

बातचीत में बार-बार सूखे का जिक्र आ रहा था। सुलोचना और विवेक की पढ़ाई के बारे में भी कुछ बातें हुईं। देश के बारे में, समाज के बारे में थोड़े-बहुत विचार व्यक्त किए गए। विद्यालय के बारे में जान-बूझकर दोनों ने चर्चा नहीं की...

कपिल ने कहा, "इस बार पटना गए तो श्याम बेनेगल की एक अच्छी फिल्म देखने का सुयोग मिल गया। डाक्यूमेंट्री किस्म की फिल्म है। कहते हैं, अधूरी है। आधा हिस्सा आगे कुछ वर्षों में दिखलाएँगे। अमूलवाला प्रोजेक्ट शुरू करने में जो दिक्कतें

सामने आईं, उन्हीं को आधार बनाकर फिल्म तैयार की गई है। वहाँ के दूध-उत्पादक किसानों ने एक-एक रुपया चंदा करके पाँच लाख रुपए जुटाए थे। उसी रकम से श्याम बेनेगल ने इस फिल्म को तैयार किया। पटने में लगभग दो सप्ताह चली थी। मैं अपने एक मित्र के साथ रविवार की मैटिनी शो में जा बैठा था। भारी भीड़ थी उस रोज...मुझे बार-बार तुम्हारी याद आई माया !"

माया ने इलायची छीलकर तीन-चार दाने कपिल के मुँह में डाले और खुद अपने मुँह में भी तीन-चार दाने डाल लिए। फिर बोली, "सुना है, कोई कुरियन साहब हैं। केरल के रहनेवाले हैं। ईसाई सज्जन। आपने पिछले तीस वर्षों से अपने को अमूलवाले प्रोजेक्ट के लिए समर्पित कर रखा था। डेरी फार्मिंग का प्रशिक्षण लेकर अमेरिका से लौटे थे और तभी से गुजरात के दूध-उत्पादक किसानों के बीच बस गए..."

अंत में, वापसी के लिए जीप की ओर बढ़ते हुए दोनों ने तय किया कि होली के बाद अपन अमूलवालों का करिश्मा देखने जाएँगे।

जीप स्टार्ट हुई तो कपिल स्वागत शैली में बोले, "कुरियन ने जरूर ही चालू किस्म की राजनीति से अपने को अलग रखा होगा।"

माया चुपचाप ड्राइव कर रही थी। निगाहें सीधे सड़क की तरफ थीं...कपिल भी चुपचाप सामने देख रहे थे।

घूम-घामकर वापस आए तो दो मित्र प्रतीक्षा में बैठे दिखाई पड़े।

"अभी आई..." माया जीप लेकर गैरेज की दिशा में मुड़ गई। कपिल ने कहा, "रमेश, कई दिनों से तुम्हारी याद आ रही थी। अच्छा हुआ कि तुम आ गए..." दूसरे आगंतुक की ओर देखकर कपिल ने जानना चाहा, "इनको शायद मैंने तुम्हारे घर पर गत वर्ष देखा था। नाम नहीं याद आ रहा है..."

"मोतिहारी के देहात में अध्यापक हैं। गणित में एम.ए. किया था...और," झुककर कान में कहा, "तुम्हारी सिंह-बिरादरी के हैं।" फिर तीनों ने ठहाके लगाए। कपिल ने कहा, "सिंह-बिरादरी का होना क्या कोई अभिशाप है किसी के लिए ? यह क्या अपने वश की बात है कि हम किसी खास जगह कुल-कमल होकर पैदा हों ?"

बासमती प्लेट में बिस्कुट और मूँग की दालमोठ लाकर सामने रख गई। शीशे के तीन गिलास, स्टेनलेस स्टील का पानी भरा जग। दो मिनट बाद भरी हुई चायदानी और कप-प्लेट ले आई। गिलासों में पानी भरा। कपिल ने छोटा टेबल खुद ही उठकर सामने ले लिया था। बासमती बोली, "सहजन के फूलोंवाले पकौड़े तल रही हैं, दीदी ने कहा है, दस मिनट बाद आएगी..."

रमेश ने कहा, "क्या हर्ज है, तब तक चाय का एक दौर चले..."

"हाँ, तुम तो पुराने चायखोर हो !"

"यहाँ भला और क्या मिलेगा ! ठाकुर कपिलेश्वर सिंह पर तो प्रयोगों के दौरे आते रहते हैं...नहीं, मैं झूठ कहता हूँ !"

कपिल को हँसी आ गई। दो बिस्कुट प्लेट से उठाकर उन्होंने रमेश को थमाए

और दो अध्यापक महोदय को। हँसते-हँसते बोले, "प्रयोगों के दौरे क्या अकेले मुझ पर ही आते हैं ! रमेश, सच बतलाओ, तुम खुद को प्रयोगों से अछूता मानते हो ?"

अध्यापक ने कपिल का पक्ष लिया। कहा, "एक्सपेरिमेंट्स न चलें तो सृष्टि का विकास कैसे होगा ! रमेश बाबू, आप पुराने पत्रकार हैं। पत्रकारिता के क्षेत्र में जाने कितने प्रयोग किए होंगे..."

थोड़ी देर बाद बासमती ने आकर पूछा, "दीदी ने कहा है, अच्छी सूजी आई हुई है, रमेश बाबू को पसंद हो तो मद्रासी उपमा तैयार करूँ...हलवा भी इसका अच्छा ही रहेगा..." रमेश ने अध्यापक महोदय से पूछा, "आपके लिए तो मद्रासी उपमा नई चीज होगी, शायद हलुआ ही आपको पसंद आए..."

"अरे बाबा, जो भी लाना हो जल्दी लाओ। ये दोनों सज्जन जरा देर बाद ही वापस जाने की हड़बड़ी में होंगे..."

चाय का पहला दौर खत्म हुआ तो हलवा और पकौड़े साथ ही आ गए। रमेश ने मुस्कुराकर कहा, "हाँ भाई, अपन तो ऐसी बिरादरी में पैदा हुए, जहाँ आदि और अंत मिठाइयों से ही होता है। मद्रासी उपमा फिर कभी आकर चख लेंगे।"

ऊपर-ऊपर की हल्की-फुल्की बातें होती रहीं। दिल्ली, लखनऊ, हरियाणा, कनार्टक, मध्यप्रदेश और आसाम-बंगाल की बातें छिटपुट रूप में चलती रहीं। कपिल लेकिन अंदर-अंदर अच्छी तरह समझ रहे थे कि गणित के अध्यापक को लेकर सिफारिश की कोई बात होगी। रमेश कपिल के पुराने साथी थे। मिलने पर, कैसी भी भीड़-भाड़ हो, दस मिनट अकेले में फुसफुसाकर दिल की बातें अवश्य कर लेंगे। अंत में माया प्रकट हुई। बड़ी-बड़ी आँखें नचाकर बोली, "माफ कीजिए रमेश बाबू, अब अगर आपकी आज्ञा हो तो मैं भी आधा कप चाय ले लूँ..."

"वाह ! यह भी खूब रही ! कसूर तो आपका बहुत बड़ा है ! इतनी देर से हमें यहाँ बैठा रखा है और खुद अंदर अग्निदेवता की उपासना में बेफिक्र होकर बैठ गईं !"

दूसरी बार चाय आ चुकी थी। बासमती एक प्याला और रख गई थी। रमेश ने अपने हाथों से माया के लिए चाय निकाली।

"रमेश, यह तुम क्या कर रहे हो ? उसको पकौड़े नहीं लेने दोगे ?" इस पर तीनों फिर हँसने लगे और माया ने सचमुच एक पकौड़ा उठा लिया।

चाय का अपना प्याला लेकर माया बैठकखाने के अंदर से 'दिनमान' और 'सारिका' उठा लाई। यह संकेत था कि रमेश और कपिल दस-पंद्रह मिनट के लिए अंदर बैठेंगे और अध्यापक महोदय अपना ज्ञानवर्द्धन करेंगे। अँधेरा उतर आया था। यहाँ से निकलने पर गाँव के बाहर नुक्कड़ पर रिक्शा मिलनेवाला था। बाबा गरीबदास थाने के दारोगा को गालियाँ देते हुए कुटी से निकले और दो रोज बाद उसी दारोगा को गालियाँ देते हुए उन्होंने कुटी में प्रवेश किया।

पीछे-पीछे उनके लिए खाना लेकर वह बालक भी आता दिखाई पड़ा। पास आया तो बाबाजी ने कहा, "मुझे भूख नहीं है ! तू खा ले या वापस ले जा !"

निवेदिता विद्यालय का एक कर्मचारी साइकिल से पहुँचा। प्रणाम करने के बाद उसने कहा, "कपिल बाबू ने आपको याद किया है। मैं तीसरी बार आपकी खोज में आया हूँ। पता चला, आप अभी लौटनेवाले हैं। कपिल बाबू ने कहा है, बाबाजी थके होंगे, कल सबेरे आकर मिलें..."

गरीबदास ने सिर हिलाकर कहा, "सबेरे तो नहीं, दोपहर तक आ सकूँगा।"

थोड़ी देर बाद भगत लछमनदास मिलने आया। संत रैदास की प्रतिमा को भगत ने भक्तिभाव से प्रणाम किया। चबूतरे की तीन परिक्रमाएँ पूरी करके कुटी के पास आया। बाबाजी ने माचिस की डिबिया और दो अगरबत्तियाँ थमाकर भगत से कहा, "कई दिनों से यहाँ धूपबत्ती नहीं जली है। पूजा का सामान कुल्लम चुक गया था। बाजार से ले आए हैं..."

प्रतिमा के सामने बोरी बिछाकर तीनों बैठकर गाने लगे—

"प्रभुजी तुम चंदन हम पानी
जाकी वास अंग-अंग माँ समानी
प्रभुजी तुम दीपक हम बाती
जाकी जोत बरै दिन राती
... ..."

संत रैदास के इन पदों को भगत बार-बार दुहरा रहे थे। गरीबदास और बालक साथ दे रहे थे। अगरबत्तियों की खुशबू फैल रही थी...बालक कुटी के अंदर से खंजरी ले आया। भगत ने बालक के हाथ से खंजरी ले ली और कबीर का पद गाने लगा—

"तेरे दया धरम नहिं मन में
मुखड़ा क्या देखे दरपन में !
... ..."

पद की कड़ियों को लछमनदास के साथ-साथ बाकी दोनों भी दुहरा रहे थे। बूढ़े का गला, अधेड़ का गला और बालक का गला—तीन कंठों के स्वर मिलकर अखर नहीं रहे थे। खंजरी में घुँघरू के महीन दाने फिट थे, कुल मिलाकर भजन का भाव-भीना माहौल उभरने लगा था।

दस मिनट बाद गरीबदास उठ खड़े हुए। गौर से लछमनदास के चेहरे को देखा। आँखें से आँसू बह रहे थे। गरीबदास ने सोचा—यह बेबसी के आँसू हैं...हजार...हजार वर्षों से अछूतों की समूची जातियाँ इसी तरह आँसू बहाती आ रही हैं। ये लाचारी के आँसू हैं, दीन-हीन भावों के आँसू हैं...

सोचते-सोचते गरीबदासजी वहीं आँगन में चहलकदमी करते रहे। जरा देर बाद बालक भी प्रतिमा के सामने से उठकर कुटी की तरफ आ गया। उठते समय बालक ने हल्के से भगत का कंधा छू लिया था। यह इशारा था कि लछमनदासजी भी भजन खत्म करें। लेकिन भगतजी थोड़ी देर जमे रहे। भजन चलता रहा, खंजरी ढपली बजती रही।

बालक ने लछमनदास के कान में कहा, "बाबाजी ने खाना नहीं खाया है। होंठ सूखे हुए हैं। चेहरा उदास है। लगता है, दिन में नहीं खाया होगा। मैं कहीं से दूध ले आता हूँ। दूध तो इन्हें पिला देना चाहिए। आप कहिएगा, जरूर मान जाएँगे। कई दिनों बाद मिले हैं। आप बातचीत कीजिए। मैं वापस लौटूँ, आप तभी यहाँ से जाइएगा।"

बच्चे का यह कहना भगत लछमनदास को बहुत अच्छा लगा। "मैं आया, बाबाजी खाली पेट क्यों सोएँगे। आखिर, हम लोग हैं किसलिए ?"

प्रतिमा के सामने से उठाकर बोरी बीच आँगन में बिछा दी गई। बाबा और भगत दोनों बैठ गए।

भगतजी हथेली पर सुर्ती मलने लगे। गरीबदास ने कहा, "संक्षेप में गाँव का हाल-समाचार बताइए..."

भगत ने दबी जुबान में कहना शुरू किया, "एक-एक परानी के अंदर डर समा गया है। दहशत के मारे लोग गूँगे हो गए हैं। कोई किसी से नजर नहीं मिलाता...उधर वो राच्छस दनदनाता घूम रहा है...हाल-समाचार क्या पूछते हैं बाबाजी ! चमारों की समूची बस्ती भागकर कहाँ जाएगी ! पचास पलिवाड़ हैं न ?"

बाबा गरीबदास चुपचाप सुन रहे थे। एक शब्द भी उनके मुँह से नहीं निकला। जरा देर बाद उठकर फिर आँगन में चहलकदमी करने लगे...लछमनदास सुर्ती फाँक चुका था। उसे बालक ने कहा था बैठने के लिए। मगर भगत को लगा कि बाबा गरीबदास रात में पानी पी लें तो पी लें। दूध नहीं पिएँगे, उनसे पिया ही नहीं जाएगा...

"सबेरे-सबेरे आऊँगा," कहकर लछमनदास पगडंडी की ओर बढ़ गए।

अगहन की पूर्णिमा के चार दिन बाकी थे।

चाँदनी खिली हुई थी। लगता था, पंद्रह दिन बाद रात्रि का आकाश स्वच्छ नहीं होता। ठंडक बढ़ती जाएगी। कोहरे का झीना आवरण सन्नाटे को, निशीथ की घड़ियों में अपनी लपेट में भली-भाँति समेट लिया करेगा। तब सामनेवाला पीपल साफ नहीं दिखाई पड़ेगा। अबकी तरह पीपल की डालों को कोई गिन नहीं पाएगा। पूरे वृक्ष का आयतन मोटे तौर पर ही तब आभासित होगा...पीपल के इर्द-गिर्द खेतों में सरसों की हरी फसल तब घनी धुंध में डूबी होगी। और आगेवाली अमराइयाँ घने काले रंगों की चिकनी लीपापोती जैसी लगा करेंगी...

बाबा गरीबदास की चहलकदमी थमी नहीं थी। अपनी परछाई से ही बातें करने का जी कर रहा था।

गरीबदास ठमककर खड़े हो गए, हाथ उठाकर अपनी परछाईं से बोले, "तू उसका क्या कर लेगा ? मालिक लोग चमारों की बस्ती को फूँक देंगे, सौ-पचास इनसानों को जलाकर खाक कर देंगे...तो भी मालिक लोगों का तू क्या बिगाड़ लेगा ? थाने का दारोगा उन्हीं की बिरादरी का है, यह खुलेआम उनकी तरफदारी करता चलेगा। एस.पी. कमजोर दिलवाला हरिजन है, उसके ऊपर-नीचे ज्यादातर बड़े अधिकारी ऊँची जातियों के ही लोग जमे हुए हैं...यह बेचारा तेरे लिए क्या हलाक होगा ! तू ठहरा बापूजी का प्यारा

हरिजन बालक...तेरे लिए स्वर्ग का फाटक खुला हुआ है। नियम-निष्ठा से रहेगा तो तेरे को इसी जनम में संत रैदास की तरह लोग पूजेंगे...तब यही मालिक लोग तेरी तारीफ अखबारों में छपवाया करेंगे। तब तेरी यह कुटिया छतोंवाली, कई मंजिलों की बिल्डिंग की तरह अँधेरी रात में भी दूर से चमका करेगी। तेरे महर्षि की यह प्रतिमा तब संगमरमर की बनी होगी। इस तरह ढाई ईंटोंवाले चबूतरे को बाँस के छोटे बाड़े में घेर-घारकर महर्षि को नहीं रखा जाएगा...अच्छा-खासा मंदिर खड़ा हो जाएगा। तब हरिजन मंत्री कारों पर लदकर तुझसे परामर्श करने आएँगे बेटा !"

बाबा को इस बात पर हँसी आई। ठहाके लगाकर खुशी में चीखने का जी करने लगा...

हल्कापन महसूस हुआ तो चहलकदमी में गति आ गई। एक-एक पग के साथ मन बँधा नहीं रह गया। लगा कि पंख निकल आए हैं, लगा कि मन शरीर का साथ छोड़कर फुर्र से बाहर उड़ गया है, जैसे चमगादड़ छप्परोंवाले पुराने घर के अंदर से फुर्र से निकलकर उड़ जाते हैं।

बाबाजी ने मन में अपने पंछी को ढील दे दी। बिलकुल खुला छोड़ दिया उसे।

कुटिया के तंग बरामदे में बोरी बिछी थी। बालक सरौता और सुपारीवाला बटुआ अंदर से निकालकर बोरी पर रख गया था। यह छोटा-सा रंगीन और नफीस बटुआ बाबाजी चित्रकूट से ले आए थे। आज से दो वर्ष पहले रामायण मेला और जाति तोड़ो सम्मेलन के सिलसिले में उधर का चक्कर लगा था। बालक को अच्छी तरह मालूम था कि बाबा कभी-कभी सारी रात बोरी पर बैठकर सबेरा कर लेते हैं...बीच-बीच में कतर-कतरकर सुपारी चबाना और जुगाली करते जाना इस रतजगे में बाबाजी के लिए भारी सहारा होता है...हाँ, दोनों धड़ों में पानी भरा होना चाहिए।

गरीबदास पालथी मारकर दीवार के सहारे बैठ गए। तटस्थ भाव से मन के पंछी की उड़ान देखने लगे। सरौता और सुपारी बटुए के अंदर से मानो अपने-आप निकल आए। अपने-आप सुपारी के कतरे होंठों के अंदर पहुँचकर जीभ को कसैला जायका महसूस कराने लगे...

अपने आपको संबोधित करके गरीबदास ने बोलना शुरू किया, "बेटा, हिम्मत से काम ले ! बेधड़क आगे की तरफ कदम बढ़ा !...ऐसा नहीं करेगा तो दुनिया तेरा कचूमर निकाल देगी...हरे धनिए की तरह पीसकर लोग तुझे चाट जाएँगे ! सौ-पचास जीवों का भला करने में तुझे थोड़े-बहुत उलटे-सीधे काम करने पड़ेंगे...सिर्फ फासला तय करना, सिर्फ चलते जाना ही काफी नहीं होगा। नए सिरे से तुझे पगडंडियाँ बनानी होंगी...नई राहों के निर्माण की कोशिश में, हो सकता है, तेरे पंख बार-बार झुलस जाएँ, तू बुरी तरह घायल हो जाए, नई राहें बनाने के सिलसिले में, यह सब झेलना होगा तुझे..."

बाबा को बीच में दो बार पानी पीना पड़ा।

आज पहली बार उन्हें लगा कि जीव को जीव का सहारा हर हालत में चाहिए।

अकेले में इनसान की अकल को जंग लग जाती है। अपना सूनापन पहले अपने को ही खस्ता बना देता है...इसी से लोग तोता पालते हैं, गिलहरी पालते हैं, बंदर के बच्चे को लाड़-प्यार से लादे फिरते हैं। कंधों पर कुत्ता, घोड़ा, गाय, बकरी, नेवला, साँप—क्या नहीं पालते हैं लोग ! अपने अंदर भरोसा और ताजगी भरने के लिए इनसान आप ही अकेला काफी नहीं होता, हर हालत में उसे साथी चाहिए।

गरीबदास ने तय कर लिया, वह इस बार महीना-पंद्रह रोज के अंदर ही कुत्ते का पिल्ला कहीं से ले आएँगे। यह पिल्ला इनसान की बोली भले नहीं बोलेगा, लेकिन दिल के मतलब को बखूबी समझेगा...धोखा नहीं देगा—साथ निभाने में जान की बाजी लगा देगा, परेशानी की घड़ियों में चुपचाप दर्द बटाएगा...

नए सिरे से दस-बीस बालकों-बालिकाओं की भर्ती करके एक आश्रम भी चालू किया जा सकता है—बाबा ने सोचा—लेकिन, आश्रम चलाने के लिए शुरू में ही दस-बीस हजार रुपए चाहिए, दस-बीस एकड़ जमीन चाहिए, आश्रम की बुनियाद तभी पक्की होगी जब मालिक लोगों में से दो-एक प्रभुओं का जमकर सहारा लिया जाएगा... गरीबदास, तू जिस मालिक का सहारा लेगा, उसी के हुकुम चलेंगे न तेरे आश्रम में। जो मिनिस्टर, जो बड़ा हाकिम तेरे आश्रम को दस-बीस हजार की सरकारी मदद दिलवाएगा, वह क्या यों ही तेरे को खुला छोड़ देगा ? फिर एक दूसरा झंझट भी तो लगा रहेगा...वह झंझट, वह झमेला ऐसा होता है कि बड़े-बड़े आश्रमों की मटियामेट हो जाती है—जिन बालकों और बालिकाओं को तू उनके बचपन में ही अपने आश्रम में घेर-घारकर रखना शुरू करेगा, उनके माँ-बाप, उनके रिश्तेदार, उनके पुराने मालिक बीच-बीच में उन्हें आश्रम से खिसकाते रहेंगे, तब तू क्या करेगा ? तेरे आश्रम का भट्ठा नहीं बैठ जाएगा ! धीरे-धीरे सिखाया-पढ़ाया हुआ तोता जब पिंजड़े से उड़ जाता है तो दिल को भारी कचोट नहीं पहुँचेगी ? गाँधीजी को जिंदगी में चार-चार बार अपने आश्रमों का अंत देखना पड़ा था। अंग्रेज सरकार भी बापू के पीछे पड़ी रहती थी। कभी जेलों में ढुका लेती थी, कभी बड़े लाट की कोठी में उनके फलाहार का इंतजाम करती थी...अपने समाज के दकियानूस लोग बापूजी को पसंद नहीं करते थे—सेठों में से कुछ तो जरूर ऐसे थे जो कि आश्रम को नए सिरे से स्थापित करने में उनकी मदद के लिए हमेशा आगे-आगे रहे...

मन का पंछी बाहर इधर-उधर के चक्कर मारकर पड़ोस वापस आ गया। अब वह निवेदिता विद्यालय के अधिष्ठातावाले कॉटेज की मुँडेर पर आकर बैठ गया, अपने हरे परों को अपनी लाल चोंच से खुजलाता रहा...बड़ी देर तक परों को सहलाने-खुजलाने की यह लीला दिखती रही, यहाँ तक कि गरीबदास अपने-आपमें मुस्कुराने लगे...मन का पंछी कपिल बाबू के कंधे पर फुदकता नजर आया तो बाबा ने सोचा—बालक कटोरे में ढककर दूध रख गया है...

डब्बे के अंदर चबेना भी था, अलग छोटी हँडिया में गुड़ के डले भी थे। बाबा को आँतों के अंदर कुलबुलाहट महसूस हुई। वह डलिया में से चना और गुड़ निकाल

लाए, दूध का कटोरा पास में रख लिया।

दाने चबाते-चबाते गरीबदास इस नतीजे पर पहुँचे कि दुपहर नहीं, अभी सबेरे-सबेरे वह कपिल बाबू से मिलने जाएँगे।

बात भी सच थी। दोनों को इस वक्त एक-दूसरे का सहारा चाहिए था। दोनों एक-दूसरे के लिए अनिवार्य थे...

रात्रि शेष की ठंडी बयार हेमंत ऋतु की प्रकृति में अधिक से अधिक तरावट घोल रही थी। उस सन्नाटे में 'जानकी एक्सप्रेस' के भारी-भरकम इंजन का भोंपू साफ-साफ सुनाई दे गया।

गरीबदासजी दूध पीकर लेटे तो जरा-सी झपकी आ गई।

इन ग्रामांचलों में इस बार भी मुख्य फसल—धान की खेती मारी गई थी। सूखे का प्रकोप यों तो समूचे राज्य को झेलना पड़ रहा था लेकिन हरिनगर के मध्यम और बड़े किसान अपने खेतों की सिंचाई के सिलसिले में भाग्यवान निकले। उनका पंपिंग सिस्टम बिजली के अभाव का शिकार नहीं हुआ था। आसमानी अमृत वर्षा न सही, धरती के अंदर का संजीवन रस, उन्हें काफी मात्रा में मिलता रहा। शत-प्रतिशत तो नहीं, सत्तर प्रतिशत अगहनी फसल यहाँ हासिल होनेवाली थी।

यह सब कपिल बाबू और ठाकुर सदानंद सिंह जैसे जागरूक भू-स्वामियों की मुस्तैदी का नतीजा था...तरुणाई के दिनों में इन दोनों की माध्यमिक शिक्षा काशी-विद्यापीठ के अंदर हुई थी। माया को बड़ौदा और वनस्थली में रहकर नौ वर्षों तक अपना आरंभिक जीवन ढालने का सु-अवसर मिला था। गाँव के दो युवक कृषि विज्ञान और पशु-पालन में स्नातक-कोर्स पूरा करके गत वर्ष पंतनगर से लौटे थे, उन्होंने ग्राम की अपनी सीमा के अंदर ही अपना-अपना कर्मक्षेत्र विकसित करने का संकल्प ले लिया था—अपने अभिभावकों से उन्हें पूरा सहयोग मिल रहा था। उनको कपिल और सदानंद की सिफारिश पर एक-एक लाख का सरकारी लोन मिलनेवाला था।

कपिल और सदानंद पिछले तीन-चार वर्षों में पंजाब, हरियाणा, राजस्थान, मध्यप्रदेश, गुजरात, महाराष्ट्र, कर्नाटक, तमिलनाडु, केरल, आंध्र जैसे विकासशील राज्यों के कई चक्कर लगा चुके थे। माया और दीपा भी बीच-बीच में उनके साथ घूम-फिर आई थीं। कन्या-गुरुकुल (देहरादून) में पढ़ी थीं। माँ के प्रति गाढ़ी ममता के कारण, उसने दूसरी शादी नहीं की। स्त्री-शिक्षा और समाज-संस्कार के कामों में अपनी दिलचस्पी के लिए इन दिनों बड़ी लोकप्रिय हो रही थी। एक बार पूर्वी जर्मनी, दो बार बलगारिया और एक बार क्यूबा देखने का मौका मिल चुका है दीपा सिंह को। अपने ग्रामांचलों के भावी विकास की परिकल्पनाएँ इन चारों के आपसी विचार-विनिमय का खास टापिक थीं।

माँ का बंधन न होता तो दीपा निवेदिता विद्यालय की प्रधान अध्यापिका रहती।

माया से उसका गहरा लगाव था। महीने में कम-से-कम दो बार तो वह हरिनगर जरूर आ धमकती। दीपा के आग्रह के चलते ही माया ने महिला-समिति की जिला शाखा का अध्यक्ष होना स्वीकार किया था—यह दीपा ही थी जिसकी बदौलत पाठक-सरीखे सुयोग्य एवं सुव्यवस्थित सज्जन इस विद्यालय को हैडमास्टर के तौर पर हासिल हुए। वह माया की तरह ही अपने को इन छात्रों-छात्राओं की 'ट्रू मदर' मदर मानती थी...

देश के पूर्वी राज्यों में पैदा हुई होती तो माया का नाम श्यामली होता। बड़ी-बड़ी आँखें, पतली नाक, पतले होंठ, लंबोतरा चेहरा। बड़े बालों का सादा जूड़ा, मुखमंडल के सौंदर्य को संतुलित करता था। लंबी-छरहरी आकृति समूचे बदन को, देखनेवालों की नजरों में बार-बार रेखांकित-सी किए दे रही थी...दीपा का गठन माया की तुलना में, बिलकुल ही और किस्म का था। आँखें तो बड़ी-बड़ी अवश्य थीं, लेकिन चेहरा गोल-मटोल था। नाटे कद के दुहरे बदन पर छोटी-सी गर्दन खूब फबती थी।

पाठकजी ने गणित के उन अध्यापक महोदय को अपने विद्यालय में अस्थायी तौर पर बहाल कर लिया था। इसलिए नहीं कि वह सिंह-बिरादरी का था, न ही इसलिए कि कपिल बाबू के पुराने मित्र रमेशजी ने उसकी सिफारिश की थी। बहाल उसे पाठकजी ने इसलिए किया कि व्यक्ति सचमुच ही गणित पढ़ाने की क्षमताओं से लैस था। उसकी हिंदी और अंग्रेजी भी अच्छी थी। मोतिहारी के माध्यमिक स्कूल से यह महोदय इसीलिए ऊब गए थे कि वहाँ आवास का प्रबंध नहीं था और छोटी जातियों के नव-धनिक वर्गों की गुटबंदी का वहाँ बहुत अड्डा था। यहाँ निवेदिता विद्यालय के अंदर और भी ढेर-सारी सुविधाएँ थीं। छात्र-छात्राएँ अनुशासित एवं स्वस्थ-प्रसन्न थे। स्टाफ में अंदर-बाहर पारिवारिक किस्म का भाईचारा था। उपयोगी वस्तुओं का टोटा नहीं था। खाद्य-पदार्थों की शुद्धता और ताजगी की गारंटी थी। सारा वातावरण अनूठा प्रतीत होता था। साथ-साथ रहने पर—नुक्ताचीनी के लायक छिट-पुट बातें यहाँ भी माहौल में कभी-कभार तैर आती थीं।

पाठकजी साँवली सूरतवाली थुलथुल काया के मालिक थे। गोल गालों, मझोली आँखों, छोटे कानोंवाला भारी-सा चेहरा था। हँसने लगते तो गालों में गड्ढा उभर आता। आवाज भरी-भरी-सी लेकिन मिठास में घुली-घुली-सी थी। उनकी बातें सुनते रहना कानों को बड़ा ही भला लगता था। पाठकजी को क्रोध की मुद्रा में शायद कभी किसी ने देखा हो। विद्यालय का एक-एक व्यक्ति उनको पिता की गहरी श्रद्धा और ममता से देखता था। विद्यालय के विकास की दिशा में कपिल बाबू जो भी प्रयोग कर रहे थे, उन सभी के लिए पाठकजी का आंतरिक सहयोग एवं समर्थन उन्हें प्राप्त था।

आपका पूरा नाम था श्री नीलांबर पाठक। एम.एस-सी. करने के बाद अनेक गैर-सरकारी एवं सरकारी उच्च माध्यमिक स्कूलों में वर्षों तक अध्यापन कार्य किया था। दीपा के पिता अपने राज्य में पब्लिक-सर्विस कमीशन के सुयोग्यतम सदस्य थे। पाठकजी उन्हें अंग्रेज की भाँति मानते रहे। उन्हीं के जोर डालने पर पाठकजी जिला स्कूल का उप-प्राचार्य पद छोड़कर निवेदिता विद्यालय आ गए थे।

भगत लछमनदास धूप में बोरी बिछाकर लेटा हुआ था।

मुनिया का छोटा देवर भगत की कमर में तेल की मालिश कर रहा था। पास में प्लास्टिक की पीली कटोरी में सरसों का तेल था। भगत की आँखें मुँदी हुई थीं।

गठिया की हल्की शिकायत थी। जाड़े के मौसम में थोड़ा-बहुत परेशान रहते थे भगत। यह कोई अधिक दुखदाई बीमारी नहीं थी। भगत के खुद के शब्दों में 'यह एक किस्म का सुख-रोग था'। उनका कहना था कि बुढ़ापे में कोई-न-कोई हल्की बीमारी लगी रहे तो अच्छा ही रहता है। लोगबाग पूछने आते हैं। घरवालों को सेवा के मौके मिलते रहते हैं। दवादारू चाटने-पीने से मिजाज खुरखुरा बना रहता है...

पिछली रात में जमकर ओस पड़ी थी। सबेरे पहर-भर कोहरे के कारण सूरज नहीं नजर आया। अभी दुपहर में धूप खिली थी। धूप में लेटे-लेटे लछमनदास को आराम महसूस हो रहा था। झपकियाँ आ रही थीं। उसने करवट बदलकर कहा, "रहने दो सूरज, बस करो। जरा देर सोने दो..."

सूरज तेल की कटोरी लेकर चला गया।

फसल उगाहने के दिन थे। पिछले चार-पाँच दिनों से पढ़ाई बंद थी। शालावाला बरामदा सुबह और रात को देर तक बैठकबाजी का अखाड़ा बन जाता था। अलाव के इर्द-गिर्द बुजुर्ग अड्डा जमाते थे। कल पता चला था कि ठाकुर गजाधर सिंह का वह भांजा, चतुरभुज, चार-पाँच दिनों से थाने की हाजत में बंद था। अब दो-एक दिन के अंदर पहुँचा देंगे। जमानत पर उसके छूटने की उम्मीद नहीं है।

ठाकुर की तरफ से किसी ने गाँव में यह खबर फैला दी है कि चतुरभुज अपनी दादी को लेकर प्रयागराज गया हुआ है, अभी महीना भर नहीं लौटेगा...

भगत को इन बातों की असल जानकारी बाबा गरीबदास से मिल सकती थी। लेकिन, बाबाजी पिछले चार दिनों से बस्ती से बाहर थे। आज शाम तक उनके लौटने की बात थी। गरीबदास की साँवली सूरत और छोटी आँखोंवाला चेहरा उसे इस वक्त बार-बार याद आ रहा था...

भगत को नींद आ गई थी। बालक आकर दो बार झाँक गया था।

मुनिया की बकरी के दोनों बच्चे उछल-कूद करते आँगन में खेल रहे थे। हल्का कालापन और हल्की सफेदी में चमकते हुए ये चितकबरे बच्चे बेहद खूबसूरत लगते थे। आँगन के किनारे-किनारे उगी हुई हरी दूबों को टूँगने का मानो अभिनय कर रहे थे। अलग-अलग छलाँग लगाते, फिर आपस में गुथ जाते।

खिलवाड़ का उनका यह सिलसिला देर तक चलता रहा। बकरी अंदर, घरोंवाले आँगन में बँधी थी, बीच-बीच में इन बच्चों की कच्ची मिमियाहट के जवाब में में-में कर उठती।

बकरी का एक बच्चा जोरों से छलाँग लगाकर भगत की पीठ को लाँघ गया। उसकी पिछली टाँगों की हलकी छुअन से भगत की आँखें खुल गईं...

जरा देर बाद शाला की अध्यापिका फुलेसरी सामने नजर आई। उसके हाथ में

अखबार था। पास आई तो लछमनदस ने देखा—खुशी के मारे फुलेसरी का मुखड़ा दमक रहा है। आँखों में कई गुनी अधिक चमक आ गई है। साँवली सूरतवाली वह लड़की भगत को इतनी खूबसूरत कभी नहीं लगी थी...

भगत ने कहा, "बिटिया बड़ी खुश नजर आ रही है। क्या हुआ है तेरे को आज ? लगता है, तेरे नाम का लाटरी टिकटवाला नंबर इस अखबार में छपा है..."

"हाँ, नाना ! आप सच कहते हैं, यह लाटरी जीतने की ही खबर है...अकेली मेरी ही जीत नहीं हुई है, हमारी समूची बस्ती के सभी लोगों के नाम वाले नंबर छपे हैं इसमें..."

भगत लछमनदास फुलेसरी की खुशी में खुलकर अपनी खुशी जाहिर नहीं कर पा रहे थे। उन्हें लाटरी जीतनेवाली यह बात अनबूझ पहेली-सी लग रही थी। वह समझ नहीं पा रहे थे कि ऐसी क्या खबर आई है अखबार में जिससे फुलेसरी का चेहरा इतना अधिक दमक रहा है...

भगत सँभलकर उठ बैठे। बोले, "बहन, किसी को आवाज दो, प्यास लगी है..."

बालक फुलेसरी के पीछे आकर खड़ा हो गया था। वह दौड़कर पानी का लोटा ले आया। भगत आधा लोटा पानी गट-गट करके पी चुके तो कहा, "अब तू संक्षेप में बतला ! क्या छपा है अखबार में ?"

फुलेसरी एक ओर बोरी पर लछमनदास के सामने बैठ चुकी थी। दैनिक समाचार-पत्र 'लोकबंधु' के पन्ने को उसने हाथ में थाम रखा था। भगत की ओर देखती हुई कहने लगी, "इस बस्ती के ही नहीं, समूचे हरिनगर के लिए बहुत बड़ा अशुभ समाचार छपा है। अगले पाँच वर्षों के अंदर बीस लाख रुपए की लागत से बीसों छोटे-छोटे धंधे यहाँ चालू होंगे। इधर के जितने भी खेत-मजदूर हैं, सबको काम मिलेगा। फिलहाल उन्हें एक-एक एकड़ जमीन तो इसी छमाही में मिलने जा रही है। हमारी बस्ती के पचास के पचासों परिवार अब जमीन हासिल करेंगे। अपनी-अपनी जमीन के आप ही मालिक होंगे। बीज, खाद, हल-बैल सिंचाई का इंतजाम पंचायत की तरफ से होगा..."

अचरज के मारे भगत का मुँह खुल गया था। दोनों तरफ टूटे दाँत थे, उनके बीचोबीच लाल जीभ की छौंर बहुत भली लग रही थी...भगत ने जानना चाहा, "मगर कौन करेगा यह सब ?"

हाथ चमकाकर फुलेसरी बोली, "कपिल बाबू, ठाकुर साहब सदानंद सिंह, माया दीदी, दीपाजी, अपने बाबा गरीबदासजी, बी.डी.ओ. साहेब, दारोगाजी, दो जने एम.एल.ए. साहेब, गाँव के मुखियाजी, पाठकजी, यह कुल मिलाकर तेरह ठो नाम छपे हैं। अखबार में...इस सबकी मीटिंग पिछले रविवार को कपिल बाबू के बैठकखाने में, बंद कमरे के अंदर हुई थी। उसी मीटिंग में ग्राम विकास का यह निर्णय लिया गया था..."

लछमनदास ने उँगली के पोरों पर गिनकर अपने आपसे कहा, "सात रोज हो गए, आज शनिवार है न !"

फुलेसरी बोली, "बैंक की जिला शाखाओं के दो बड़े-बड़े हाकिम भी इस मीटिंग में बुलाए गए थे...हाँ, उनके नाम भर नहीं छपे हैं..."

खुशी के मारे भगत लछमनदास की आँखें गीली हो आईं। वह कुछ बोलना चाहते थे। लेकिन प्रसन्नता के आवेग में घिग्घी बँध गई थी। दोनों हाथ जोड़कर भगत ने बाबा गरीबदास और कपिल बाबू के नाम पर माथा झुका लिया। भगत को बाबा गरीबदास ने एक बार बतलाया था कि बाल दिवस के मौके पर दो आदमी यहाँ आए थे, वे दोनों ही गरीबों के बहुत बड़े हितचिंतक थे...लछमनदास ने सोचा—जरूर ही ऐसे अनूठे समाचार को उन्हीं दोनों ने इस अखबार में छपवाया होगा...

पूस महीने के आरंभिक दिनों की मीठी धूप अमृत बरसा चुकी थी, दिन ढल रहा था। हाल में ब्याई हुई जवान बकरी आँगन से बाहर आकर, बरामदे के निकट अपने दोनों बच्चों को दूध पिला रही थी। फैली हुई टाँगों के अंदर मोटे-मोटे दोनों थन लटक रहे थे। दूध से भरे-भरे, तने हुए...दोनों बच्चे अपनी-अपनी गरदन ऊँची करके एक-एक थन को चूस रहे थे। उनकी अगली टाँगें उठी हुई थीं।

अखबारों के पन्ने भगत के करीब रखकर फुलेसरी जा चुकी थी। भगत ने इधर-उधर देखा, गीली आँखों को गमछे की खूँट से पोंछ लिया।

भगत तब तक बकरी के उन बच्चों को दूध पीते देखते रहे जब तक बच्चों का पेट नहीं भर गया।

अप्रकाशित अधूरा उपन्यास

वह मन ही मन चिट्ठी के अंशों को दोहरा रही थी। लड़की ने कुछ ऐसी बातें लिखी थीं, जिन्होंने बावन साल की उम्रवाली माता के हृदय को मथ दिया था। वह 'तीर्थयात्रा स्पेशल तीन' में अपने पुराने प्रेमी बनाम घनिष्ट मित्र के साथ चल रही थी। विभिन्न तीर्थों की यात्रा पूरी करवाकर इस स्पेशल ट्रेन को सत्तर रोज़ बाद वापस आ जाना था। गन्तव्य तीर्थों की सूची बहुत लंबी नहीं थी लेकिन फासला काफी लंबा था। बस केदार-बद्री ही छोड़ दिए गए थे।

तंदुरुस्ती अच्छी होने के कारण रंजना की उम्र लगभग चालीस की लग रही थी। बदन छरहरा था। चाल फुर्तीली। चेहरे की बनावट काफी आकर्षक थी। आँखें न छोटी न बड़ी। नाक का नुकीलापन घनी पतली भौंहों को निखार रहा था। शरीर का ढाँचा ज़रा भी ढीला नहीं पड़ा था। लगता नहीं था कि यह स्त्री छः बच्चों की माता होगी।

आज का सारा दिन, बल्कि कल नौ बजे सबेरे तक इस स्पेशल ट्रेन को उज्जैन स्टेशन पर खड़ी रहना है। छोटे-छोटे तीन कम्पार्टमेंट हैं। यात्रियों की संख्या सौ से अधिक नहीं है। ज्यादातर लोग उनमें से अधेड़ ही होंगे। आमतौर से देखा यही गया है कि तीर्थयात्रियों को लेकर चलनेवाली स्पेशल ट्रेनें उज्जैन जैसे पुराने तीर्थों को अपने प्रोग्राम में शामिल नहीं करतीं। परंतु 'तीर्थयात्रा स्पेशल तीन' के चतुर व्यवस्थापकों ने उज्जैन, और डाकोर जैसे प्राचीन तीर्थों को भी गंतव्य स्थानों की अपनी सूची में शामिल कर लिया था। दक्षिण के तीर्थों में श्रीरामेश्वरम्, श्रीरंगम् और तिरुपति के अलावा मद्रास और बंगलौर सरीखे खास शहरों को भी इस सूची में रख लिया गया था। इस समय दिन के तीन बजनेवाले हैं। जिनके अंदर बल और स्फूर्ति पर्याप्त है, ऐसे यात्री उज्जैन के बाजारों और गलियों का चक्कर लगाने निकल चुके हैं। रंजना और शशिनाथ को भी निकलना है मगर पाँच बजे निकलेंगे। जल्दी क्या है। छोटे-मोटे दो-एक बर्तन खरीदेंगे, शिप्रा के तटों पर घूमें-घामेंगे। नगर परिक्रमा के लिए घंटा भर के लिए कोई ताँगा कर लेंगे। इसमें ढाई या तीन घंटे लग सकते हैं। फिर वापस आकर खाना खाएँगे और मौसम ठीक रहा तो महाकाल की शयन-आरती देखने जाएँगे। उस वक्त रिक्शा ही काफी होगा।

यात्रियों ने अपनी सुविधा के अनुसार चाय और नाश्ते के लिए अपना-अपना इंतजाम कर रखा है। बहुतों के स्टोव, केतली, पतीला, कप-तश्तरी, चम्मच आदि सरंजाम चल रहा है। रंजना के साथ तो पीली सरसों का शुद्ध तेल और अपनी गायों की मेहरबानी का फल यानी विशुद्ध गो-घृत भी पर्याप्त मात्रा में मौजूद है। शशिनाथ को नारियल की

महीन कतरनों के साथ भुने हुए चिवड़े बहुत प्रिय हैं। इस वक्त भी छोटी प्लेट में शशिनाथ के आगे भुने हुए चिउड़े रक्खे हैं। बस 'नवभारत टाइम्स' का ताजा संपादकीय खत्म करके वह नाश्ता ही करनेवाले हैं। इत्ते में पानी खौल रहा है। रंजना अब इस तिपहरिया में आज चाय नहीं, कॉफी तैयार करेगी।

रंजना का जी कर रहा है, फिर से एक बार चित्रा के उस पत्र का पारायण कर जाती। यह काम वह अकेले में करना चाहती है। वह नहीं चाहती कि बेटी का पत्र पढ़ते समय कोई दूसरा व्यक्ति पास हो। जीवन में पहली बार उसके अंतस्तल को इतने जोरों के साथ किसी ने झकझोरा है। राजनीति विज्ञान में एम.ए. करके बनियों के प्राइवेट कालेज में चित्रा छोकरियों को पढ़ाती है। दो बच्चों की माँ है। पति जियोलाजिकल सर्वे की सर्विस में उच्चाधिकारी है। दोनों अलग-अलग जगहों पर नौकरी कर रहे हैं। छुट्टियों में लेकिन साथ रह लेते हैं। उनका साफ-सुथरा दाम्पत्य रंजना के मन में प्रसन्नता के साथ-साथ ईर्ष्या भी घोलता रहता है।

शशिनाथ ने कहा—आज इतनी देर क्यों लगा रही हो ? और दिन तो तुम चटपट कॉफी तैयार कर लेती थीं...

रंजना ने मुस्कुराने की कोशिश की लेकिन मुस्कुरा न सकी। चेहरे पर तनाव तो नहीं परंतु सहजता का भी भाव नहीं उभरा। वह प्याली में ज़रा-सा दूध डालकर कॉफी का पाउडर फेंट रही थी। बस फेंटे ही जा रही थी। शशिनाथ ने उसके हाथ से कप ले लिया। प्याले के अंदर झाँककर देखा। हँसकर बोले—अब और कितना फेंटोगी ?

इतने में एक बूढ़ा सह-यात्री उधर से बोला—"देवीजी, आज हमें भी कॉफी पिलावो।" इस पर दोनों मुस्कुरा उठे। रंजना ने उस व्यक्ति की ओर देखा। उसके चार दाँत सोने से मढ़े थे और इस वक्त अपनी चमक में बाकी दाँतों की गंदगी को धता बता रहे थे। यह आदमी अनाज का व्यापारी था और साठ साल की आयु में अठारह साल की छोकरी से शादी की थी। उसकी नवेली भी तीर्थयात्रा स्पेशलवाली इस ट्रेन में साथ चल रही थी। अभी लेकिन बाजार घूमने निकली हुई थी। रंजना को यह सेठ पसंद नहीं था। वस्तुतः गल्ले का वह व्यापारी बहुतों की तरह रंजना का भी परिहास पात्र था।

तीनों चुपचाप कॉफी की चुस्कियाँ लेने लगे। सेठ ने कॉफी की बड़ी तारीफ़ की तो शशिनाथ बोले—"अपने यहाँ का दूध हो तो और अच्छी बनती है।"

"कॉफी की तो टिकिया भी मिलने लगी है"—रंजना ने कहा, "बस गरम पानी में उसे घोल लीजिए, फर्स्ट क्लास की कॉफी तैयार हो जाएगी।"

सेठ ने बत्तीसी निपोरकर कहा—"ऐसी बात है बहनजी ? चीनी और दूध उसमें शामिल रहता है ? हाँ, भाई साहब !..." वह बारी-बारी से उन दोनों की ओर मुखातिब हुआ।

शशिनाथ ने इस पर कहा—"अरे नहीं, टिकिया अब कहाँ-कहाँ खोजते फिरेंगे ! इससे तो बेहतर यही रहेगा कि सेठानी इन्हीं रंजनाजी से कॉफी बनाना सीख लेंगी। फिर

कभी-कभार यात्रा के दिनों में हमें भी सेठानी के हाथों की तैयार कॉफी मिल जाया करेगी।"

रंजना की आँखें फैल गईं। मन ही मन शशिनाथ से उसने कहा—'बड़े चंट हो ! देखती हूँ, तुम्हारी निगाहों की लपलपाहट इधर और बढ़ गई है।' साथ ही साथ सेठ पर भी रंजना को गुस्सा चढ़ा। पानवाला छोटा डिब्बा शशिनाथ को थमाती हुई बोली—"अब इसमें कोई तुम्हारा साथ नहीं देगा, देखो, सेठ के दाँत किस तरह झकाझक कर रहे हैं ! चूना-कत्था घोट-घोटकर सेठ ने अपने दाँतों का सत्यानाश नहीं किया है... लो, सरौता-सुपारी इसी में है—मैं अभी आई।"

अल्मूनियमवाला अपना मग लेकर कम्पार्टमेंट से रंजना उतरी। प्लेटफार्म के सिरे पर लैट्रिन की कतारें थीं। दरअसल उसे लैट्रिन जाने की इच्छा नहीं थी लेकिन एकांत में चित्रा का खत पूरा का पूरा फिर से देखना था।

इस प्रकार की स्पेशल ट्रेनों या बोगियों के मुसाफिर प्लेटफार्मवाले पाखाने में ही अपनी हाजत रफा करते हैं। इसके लिए खास हिदायतें कम्पार्टमेंट के अंदर ही ब्लैक बोर्ड पर टँगी होती हैं। तीर्थयात्रा स्पेशल तीन के साथ अलग से एक दातव्य चिकित्सालय भी चल रहा था। उन्हें एक युवक एम.बी.बी.एस. मिल गया था जो अपनी सेवाभावना से मुसाफिरों में पिछले सात-आठ दिनों में ही काफी लोकप्रिय हो गया था। जाने क्यों, पहले ही दिन से वह रंजना को माताजी कहकर पुकारने लगा था। रंजना की राय में खादी का स्वच्छ परिधान ही शायद डॉक्टर की श्रद्धा का कारण रहा होगा।

ब्लीचिंग पाउडर की तीखी गंध से लैट्रिन की बदबू दबी हुई थी। रंजना को अंदेशा था कि कहीं ऐसा न हो कि दुर्गन्ध के कारण पत्र न पढ़ा जा सके। लेकिन नहीं, ब्लीचिंग पाउडर की तीखी गंध ने उसकी चेतना को सहज कर दिया और वह कोने में खड़ी हो गई। बाहर महिलावाला सचित्र बोर्ड टँगा था। अंदर चार पाखाने थे। उसने बिहार के किसी स्टेशन पर इतना स्वच्छ पाखाना नहीं देखा था। रंजना को लगा कि बिहार के रेलवे अधिकारी शायद खुद ही ब्लीचिंग पाउडर फाँक जाते होंगे।

साड़ी के खूँट में बँधे पत्र को उसने खोल लिया। यह रजिस्टर्ड लिफाफे के अंदर बंद था। तीर्थयात्रा स्पेशल तीन के साथ-साथ चल रहे कंपनी के कर्मचारी ने चुपचाप रंजना को यह पत्र थमा दिया था क्योंकि रंजना ने उसे इस बात की हिदायत दे रखी थी। बिना लकीरोंवाले चिकने बादामी तीन पन्ने थे। छोटे-छोटे सुंदर सुडौल अक्षरों में लिखा हुआ वह पत्र ठसाठस भरा हो, ऐसी बात नहीं थी।

बारीक काम लेना होता तो रंजना निगाहों के लिए चश्मे का सहारा लेती। जानबूझकर वह चश्मा साथ लाई थी। पत्र फैलाकर खड़ी-खड़ी वह पढ़ने लगी :

"अम्मा,

"यात्रा का तुम्हारा प्रोग्राम ठीक ही चल रहा होगा। प्रवास में दिक्कतें तो होती हैं परंतु जी भी खूब लगता है। बच्चों की पढ़ाई के लटके न होते तो मैं भी साथ हो

लेती। जगह-जगह उतरने-चढ़ने का झमेला न रहे तो रेल का सफर कितना आरामदेह साबित होता है, मैं इसकी कल्पना-भर ही कर सकती हूँ।

"अंकिल तुम्हारे साथ हैं और यात्रा कंपनी का प्रबंध अच्छा है यह जानकर तसल्ली मिली। खर्चा जरूर ज्यादा पड़ा, मगर आराम भी तो मिल रहा होगा। अम्मा, दिल की बात कहूँ, तुम दोनों का इस प्रकार साथ-साथ बाहर निकलना मुझे बहुत अच्छा लगा। प्रतिवर्ष इसी तरह तुम और अंकिल यात्रा के लिए निकल जाया करो तो दोनों का ही स्वास्थ्य साल भर ठीक रहेगा, शारीरिक भी, मानसिक भी।

"पुराने जमाने में बुजुर्ग लोग घर-गाँव छोड़कर दूर, बहुत दूर निकल जाया करते थे। तीर्थयात्रा के बहाने उनका देश-दर्शनवाला प्रोग्राम चलता रहता था। उन दिनों न तो रेलें हुआ करती थीं और न ही बसों का यातायात था। आवागमन इस प्रकार मुक्त और सुरक्षित नहीं था। फिर भी बुजुर्ग खुशी-खुशी निकलते थे। लौटने में कभी-कभी साल-डेढ़ साल भी लग जाता था। लौटने पर घर और गाँव के बाकी लोग उनका स्वागत करते थे।

"तुम्हारा और अंकिल का भी लोग स्वागत करेंगे। सच, अम्मा, देखना कि किस तरह घर और गाँव के लोग तुम दोनों का स्वागत करते हैं।

"पहले के युगों में यह भी तो होता था कि समझदार लोग बुढ़ापा आने पर परिवार की सारी जिम्मेवारी नई पीढ़ी के कंधों पर डाल देते थे और खुद अलग रहने लगते थे। इसे वानप्रस्थ कहा जाता था। तुम्हारी भी दो बहुएँ घर पर हैं, अंकिल की भी दो बहुएँ उनके घर पर हैं। अब यदि तुम दोनों अपनी-अपनी घर-गृहस्थी से थोड़ा-थोड़ा रिटायर कर जाओ तो कैसा रहे ? मुझे मालूम है, अपनी तरुणाई में घर-बार छोड़कर तुम आश्रमों में रही हो; बार-बार जेल की चहारदीवारियों के अंदर रही हो। अंकिल का भी यही इतिहास रहा है। मुझे आशा है, अब इस पकी उम्र में भी तुम उसी साहस का परिचय दोगी। इससे होगा यह कि आगे चलकर दोनों परिवारों की बहुएँ अपनी-अपनी समझदारी के अनुसार पारिवारिक दायित्व निभाना सीखेंगी। गलतियाँ भला कहाँ नहीं होती हैं ? थोड़ी-बहुत गलतियाँ हमारी भाभियों को करने दो।

"अम्मा, मैं तुमसे यह सब रू-ब-रू कहना चाहती थी। लेकिन वर्ष में दो-एक बार हमारा मिलना होता है तो हम परिवार के छोटे-बड़े सदस्यों से घिरे होते हैं। दिल खोलकर बातें करने का अवसर ही कहाँ मिलता है...

"टिंकू और लिली कुशल हैं। पढ़ाई में दोनों का मन रम गया है। खेलों में भी उनकी दिलचस्पी है। तुम्हारे दामाद बाबू दशहरे की छुट्टियों में एक सप्ताह के लिए आए थे।

"और हाँ, एक जरूरी बात। टीपू गिरफ्तार करके हजारीबाग सेंट्रल जेल में रखे गए हैं। अखबार में छपा था, यही बतला रहे थे। पिछले साल-डेढ़ साल से टीपू का पता नहीं चल रहा था, तुम कितनी परेशान थीं ! मैं तो टीपू का ध्यान आते ही घबड़ा जाती थी। बम, बंदूक या पिस्तौल से किसी दुर्घटना का समाचार पाने पर मेरा तो दिल काँप

जाता था। अब भला जेल में तो कोई टीपू को नहीं मारेगा।

तुम्हारी
चितू"

पत्र पढ़ते-पढ़ते रंजना उसी में खो गई थी। उसे इस बात का ध्यान नहीं रहा कि वह इस समय रेलवे प्लेटफार्म के सिरे पर ऊँची दीवारों से घिरी लैट्रिन के महिलावाले हिस्से में, कोने में खड़ी होकर अपने जीवन के पूरे इतिहास का सिंहावलोकन करानेवाली एक पारिवारिक चिट्ठी बाँच रही है। उसके अंतश्चक्षु के समक्ष अपनी बड़ी पुत्री चित्रा का चेहरा बार-बार उभर रहा था। चित्रा सीनियर कैम्ब्रिज तक कान्वेंट में पढ़ी थी। उसके पिता को चित्रा के सुनहले भविष्य का अपना एक परिकल्पित आभास था। वह उसे उच्चतम शिक्षा दिलाने के लिए विदेशों में भेजने के सपने देखते थे। लड़कों के लिबास में चित्रा जब घुड़सवारी के प्रशिक्षण के लिए निकलती तो किस हुलास से पिता पुत्री की पीठ थपथपाते !...

रंजना कुछ क्षणों के लिए अतीत की उन अमराइयों में खो गई थी जिनका उसके जीवन में विशेष स्थान रहा है...वह अभी काफी देर तक इसी प्रकार के अनुचिंतन में डूबी रह जाती यदि एक भारी-भरकम बुढ़िया वहाँ अंदर न आ जाती। यह वृद्धा तीर्थयात्रावाली नहीं थी। नजदीक के किसी नगर के संभ्रांत कुल की कोई वयस्क महिला थी। वह कोने में इस प्रकार खड़ी रंजना को देखकर चौंक गई थी। लगता था, इससे पहले उसने किसी को इस तरह कागज बाँचते नहीं देखा था। पाखाने के अंदर छिपकर कागज बाँचते हुए छोकरियों के बारे में उसने सुना था। लेकिन अधेड़ उम्र की एक स्त्री इस मुद्रा में लैट्रिन के अंदर दिखाई पड़ेगी, यह कल्पना उस बुजुर्ग औरत ने नहीं की होगी।

दोनों ने एक-दूसरे की ओर देखा। अगले ही क्षण रंजना मग का पानी यों ही नाली में डालकर बाहर निकल आई। उसे स्वयं ही बड़ा अटपटा लग रहा था। भला अंदर पत्र खोलकर खड़ी-खड़ी उन पंक्तियों में गोता लगाने की आवश्यकता ही क्या थी ? वहीं ट्रेन के अंदर, आज न सही कल, रंजना को एकांत क्षण मिल सकते थे...अपने उतावलेपन पर वह आप ही शर्मिंदा हुई और चुपचाप कम्पार्टमेंट के अंदर लौट आई।

शशिनाथ अंदर नहीं थे। रंजना ने मुख्य प्लेटफार्म पर अपनी नजर डाली। वहाँ फलोंवाले ठेले के पास शशिनाथ सेब उलट-पलट रहे थे। शशिनाथ को सेब बहुत प्रिय है। रंजना लेकिन अनार पसंद करती है। अनार कितने भी मीठे हों, खटास जरूर रहती है उनमें। यह खटास रंजना को बेहद भाती है। जितने भी खट्टे फल होंगे, वे रंजना को अच्छे लगते हैं। शशिनाथ ने उसका नाम ही 'इमलीबाई' रख छोड़ा था...परंतु इस समय वह अपनी पुत्री के खयाल में डूबी हुई थी। चिंतन-मनन के लिए उसे थोड़ा-सा एकांत चाहिए था। जी करता था कि डेढ़-दो घंटा वह अपनी पिछली जिंदगी के गलियारों का चक्कर लगाती रहती। किसी प्रकार का व्यवधान नहीं चाहती थी वह इसमें।

कम्पार्टमेंट लगभग खाली था। सभी यात्री प्रायः शहर की तरफ जा चुके थे।

हाँ, एक वृद्धा पिछले दो-तीन दिनों से हल्के बुखार में थी। अभी चार बजे डॉक्टर उसे देखने आएगा। बीच-बीच में उस युवक चिकित्सक की झलक रंजना को अच्छी लगती है। हाँ, उसका अपने लिए वह संबोधन रंजना को अच्छा नहीं लगता, 'माताजी माताजी' !... इसी तरह जवानी के अपने दिनों में 'बहनजी बहनजी' सुनते-सुनते रंजना के कान जल गए थे। उसके लिए इन संबोधनों में कोई दम नहीं था। वह मन ही मन मौखिक संबोधनों की इस गलाजत से त्राहि-त्राहि करती रही है। डॉक्टर की बस यही एक बात रंजना को पसंद नहीं थी। सुंदर और सफाचट चेहरा...गले से नीचे लटकती हुई नफीस टाई...और यह टाई रोज-रोज बदल जाती है...यह सब रंजना की आँखों को कितना भाता है !

फिर रंजना सोचने लगती है ...ममता का प्यासा एक तरुण यदि मुझे अम्मा कहकर पुकार देता है तो क्या बुरा करता है ! रंजना, तुझे एक भावुक तरुण की इस आंतरिक श्रद्धा का अनुमोदन करना ही चाहिए। अपनी माँ-बहनों से और भाभियों-चाचियों से दूर यह बेचारा डॉक्टर यदि तेरे अंदर वात्सल्य लहराता हुआ देखना चाहता है तो यह तो उसकी मानसिक स्वच्छता का ही सबूत हुआ न ?

रंजना नौजवान डॉक्टर के बारे में अधिक नहीं सोचना चाहती, फिर भी बार-बार ध्यान उस सुंदर मुखड़े की ओर खिंचता रहता है। एक अपरिचित या अल्प परिचित सुंदर तरुण के प्रति हृदय का यह उद्वेलन रंजना के लिए कोई नई बात नहीं है। नई बात है इस तरह की लपलपाहट पर नियंत्रण प्राप्त करना। ऐसे अवसरों पर उसे सदैव अपनी अंदरूनी दुर्बलता का पता चलता रहा है। तरुणाई और जवानी के दिनों में रंजना को अधिकाधिक छूट मिली। जो भी पुरुष रंजना के अभिभावक रहे उन्होंने कभी रंजना को यह नहीं बतलाया कि अपने आप पर किस तरह अंकुश डाला जाता है। अनुशासन यदि ऊपर से ही लादा गया तो भला उसे टूटते क्या देर लगेगी ! लतें जड़ पकड़ लेती हैं तो मन-प्राणों का विशिष्ट अंश बन जाती हैं, फिर आप चाहोगे कि यकायक उनसे छुटकारा पा जाओ, तो यह बिलकुल नहीं होगा। लेकिन इन मामलों में इतना अधिक सोचने की आवश्यकता रंजना को कभी नहीं प्रतीत हुई। आश्रम जीवन में स्वतंत्रता की अपेक्षा स्वच्छंदता का वातावरण अधिक मुखर था। घर-परिवार से निकलकर आजादी की हलचलों में भाग लेनेवाली लड़कियों का औसत अनुपात हिंदीभाषी पूर्वी प्रदेशों में बेहद कम रहा है। दस देशभक्तों के बीच एकाध, अथवा बीस देशभक्तों के बीच दो-तीन तरुणियाँ शामिल होतीं तो उन्हें आवश्यकता से अधिक लाड़-प्यार मिलता था। अभिभावकत्व की होड़ मच जाती थी। यदि वह देशभक्त लड़की चंद्रवदना हुई तो फिर क्या कहना ! जिला और प्रदेश की दादा-बिरादरी तक उसके पीछे उद्वेलित होती रहती थी। वैसी सुन्दरी देशभक्त लड़कियाँ बड़े नेताओं से भी सहज ही विशेषाधिकार अर्जित कर लेती थीं। इन 'देशभक्त' शशिमुखियों के लिए अनुशासन का बंधन खिलौना हुआ करता था। उनके हित-अहित के बारे में सोचनेवालों की कमी नहीं रहती थी।

रंजना के बारे में भी सोचनेवालों की कमी नहीं थी। आधा दर्जन हितैषी तो थे

ही। अब उन्हीं में से एक शशिनाथजी साथ चल रहे हैं। लगता है, आजीवन साथ चलेंगे। सहारा तो चाहिए ही। स्त्री हो या पुरुष, संन्यास में भी सहारे की जरूरत पड़ती है। रंजना बहुत अधिक सोचने की प्रक्रिया में विश्वास नहीं रखती। सदैव अपने भौतिक लाभ ही उसके सामने मुख्य रहे हैं। आदर्श-फादर्श कभी रंजना को आकर्षित नहीं कर पाए। अपने स्थूल स्वार्थों के बारे में रंजना को कभी संकोच का अनुभव नहीं हुआ। उसके अनेकानेक मित्र और प्रेमी इस तथ्य से भलीभाँति परिचित रहे हैं। बल्कि, रंजना के मित्रों और प्रेमियों ने आपस में एक-दूसरे का लिहाज रखा।

सन '50 के बाद, कोरिया और वियतनाम दो-दो हिस्सों में बँट गए। स्टालिन के बाद समाजवादी संसार पर ख्रुश्चेव की गुलाबी छाया जोरों से पड़ने लगी। उन दिनों लालचीन से हमारा भाईचारा रंग पकड़ रहा था। शांतिपूर्ण सहअस्तित्व की बातों से नेताओं के भाषण सुरभित होने लगे। रंजना ने जब पहली बार शांतिपूर्ण सहअस्तित्व के बारे में सुना और इन शब्दों का खुलासा मतलब उसे बतलाया गया तो कई दिनों तक पुलकित रही। उसके प्रेमियों और मित्रों में शांतिपूर्ण सहअस्तित्व की भावना जाने कितने वर्षों से विद्यमान थी।

शशिनाथ दो सेब ले आए थे। बड़े जतन से उन्होंने उन सेबों को तराशा, फाँकें प्लेट में सजाईं। रंजना के सामने प्लेट रखकर आँखों के इशारों से शशिनाथ ने कहा—"लो, बड़े मीठे हैं। शिमला के सेब हैं।"

रंजना ने अनमने भाव से सेब की एक फाँक उठा ली। वह उसे आहिस्ते से कुतरने लगी। शशिनाथ ने कहा—"इस तरह तो शाम तक भी सेब खत्म नहीं होंगे। अरे, टपाटप मुँह में डालती जाओ। कितने मुलायम हैं ! ...तुम तो फिल्मी अंदाज में फ्रूट खा रही हो !"

रंजना को हँसी आ गई। शशिनाथ ने भी साथ दिया।

"नमस्ते माताजी"—डॉक्टर ने कहा। स्वर में संजीदगी थी। उसने शशिनाथ को भी नीरव नमस्कार किया, निगाहों में नम्रता थी। बुढ़िया की नब्ज टटोलते हुए डॉक्टर ने उससे पूछा—"टट्टी हुई है ?" बुढ़िया थकी-बुझी आँखों से डॉक्टर की ओर देख रही थी, कुछ कह नहीं पा रही थी। तब डॉक्टर ने अपनी जीभ निकालकर उससे कहा—"आ करो"। अब बुढ़िया ने मुँह बा दिया। लेकिन जीभ फिर भी सिकुड़ी ही रही। यह देखकर रंजना बुढ़िया के करीब आ गई और उसकी ठुड्डी में उँगली धँसाकर जोरों से बोली—"अरे जीभ निकालो, डॉक्टर तुम्हारी जीभ देखेंगे...."

डॉक्टर ने गंभीरतापूर्वक बुढ़िया की जीभ देखी। उसके बाद थर्मामीटर से तापमान का अंदाज लिया।

"कितना टम्परेचर है ?" रंजना ने पूछा।

डॉक्टर ने कहा—"ज्यादा नहीं है, 100 डिग्री है...लगता है, कब्जियत की पुरानी शिकायत है।"

उधर से शशिनाथ बोले—"इन लोगों का खाना-पीना भी तो बस ऐसा-वैसा ही

चलता है। जाने कितने पकवान साथ लेकर चली थी, अब तक खत्म नहीं हुए हैं। कब्जियत तो होगी ही।"

डॉक्टर ने विस्मय से आँखें फैला दीं। उसने जिज्ञासा की दृष्टि से रंजना की तरफ देखा। रंजना भी उसकी ओर उसी तरह देख रही थी। डॉक्टर ने पूछा—"इसके साथ इसकी देवरानी चल रही है ? शहर घूमने गई होगी। लौटकर आए तो उसे मुझसे मिलने को कहिएगा। मैं चाहता हूँ कि इसको दो-तीन रोज मूँगवाली पतली खिचड़ी, पालक की भाजी खाने को कहूँ। अच्छा घी मिले तो वह भी ले सकती है। खाने की गड़बड़ी से ये सब हुआ है...."

रंजना ने हँसकर कहा—"डॉक्टर, तुम तो वैद्य की तरह पथ-परहेज की हिदायत देते हो ! डॉक्टर लोग तो खिचड़ी-फिचड़ी की बात कम ही करते हैं !"

इस पर डॉक्टर को भी हँसी आ गई। कहने लगा—"माताजी, अच्छा डॉक्टर कठभोला नहीं हुआ करता। उसके अंदर वैद्य और हकीम भी छिपे होते हैं। वह खामखाँ हर वक्त टैबलेट व इंजेक्शन का ही सहारा नहीं लेता..."

उधर से शशिनाथ ने कहा—"हमारे यह डॉक्टर तो प्रकृति चिकित्सा के प्रेमी लगते हैं...अजी साहब, इस रोगी को सिर्फ घी-खिचड़ी ही मत खिलाइए ! इसके लिए दो-तीन किस्म के टैबलेट प्रेस्क्राइव कर दीजिए। एकाध इंजेक्शन भी पड़ जाय तो अच्छा हो ! अब ऐसा न हो कि बुढ़िया आठ-दस रोज तक इसी तरह मीठे बुखार में पड़ी रहे। फिर यह मीठा बुखार संक्रामक भी तो हो सकता है...।"

संक्रामक शब्द सुनकर रंजना ने नाक-भौं सिकोड़ ली। उसको शशिनाथ का यह कथन दुष्टतापूर्ण प्रतीत हुआ। डॉक्टर दवाई के नाम पर घी-खिचड़ी की हिदायत देकर सेंतमेंत में वापस जा रहा है, शशिनाथ का ऐसा मन्तव्य रंजना को ठीक नहीं जँचा। रंजना को लगा कि शशिनाथ वृद्धा की कुछ न कुछ रकम खर्च करवाना चाहते हैं। यात्रा कंपनी का डॉक्टर यात्रियों से फीस नहीं लेता था। वह कन्ट्रेक्ट पर चल रहा था। प्रेस्क्रिप्शन के अनुसार यात्रियों को बाजार से दवाएँ लेनी पड़ती थीं। यह नौजवान एम.बी.बी.एस. चूँकि कुंवारा और आदर्शवादी टाइप का चिकित्सक था, इसी चेष्टा में रहता था कि किसी यात्री की रकम दवा-दारू के नाम पर यों ही न बरबाद हो।

डॉक्टर का यह स्वभाव रंजना को ही नहीं, बहुतेरे यात्रियों को आकर्षित कर चुका था। शशिनाथ लेकिन उसको असफल चिकित्सक मानते थे और यह इसलिए कि द्रव्योपार्जन के कई अच्छे अवसरों को वह खोए जा रहा था। रंजना को शशिनाथ ने अभी उस रोज कहा था—"तुम्हारा यह बबुआ डॉक्टर आजीवन चिरकुमार यानी लण्डूरा ही रहेगा। कोई ब्रिलियंट लड़की इससे शादी नहीं करेगी...बाप रे बाप ! ऐसे लड़के तो नाहक ही मेडिकल में आते हैं, अपने घर का भी गुड़ गोबर करते हैं और दूसरों से मुफ्त में बदनामी मिलती है। मेरा बेटा अगर डॉक्टर होकर ऐसे नखरे करता तो मैं चार तमाचे लगाता उसे। इन दिनों तो साधू-संत भी चलते-पुरजे होने चाहिए वरना गोबर को कौन पूछेगा..." लेकिन रंजना का हृदय इस तरुण डॉक्टर को बुद्धू समझने से इंकार करता

है। वह सोचती है कि सभी डॉक्टर यदि अर्थपिशाच ही निकलें तो दुनिया का क्या होगा। सौ में से दो डॉक्टर तो ऐसे होने ही चाहिए।

रंजना को शशिनाथ का यह भाषण अच्छा नहीं लग रहा था। डर यही था कि भाषण खिंच न जाय। ज्यादा उम्र होने पर जीभ की थिरकन बढ़ जाती है। एक बार ठेपी खुली नहीं कि भाषण का प्रवाह रोके नहीं रुकता। ऐसे में कोई बुजुर्ग अगर बहरा हो जाय तो उसके भाषण की प्रक्रिया और अधिक लंबी हो जाती है।

डॉक्टर जा चुका था। पाँच बजनेवाले थे। सेठानी और दूसरे बहुतेरे यात्री शहर के चक्कर लगाकर वापस आ गए थे। सेठानी ने पीतल का बड़ा-सा टिफिन कैरियर खरीदा था। सेठ बोला—"बहनजी को साथ ले गई होती तो दो-ढाई रुपए की बचत रहती। तुमको तो ठगाने में मजा आता है।"

रंजना ने कहा—"ठगे जाने पर भी अपने आप मारकेटिंग करने का एक अलग ही सुख है सेठजी ! और सेठानी तो अपने मतलब का एक भी सौदा नहीं लाई हैं..."

सेठ को लगा कि रंजना सेठानी को चढ़ा रही है। अनाप-शनाप फालतू चीजें बटोरने का चस्का सेठानी को नहीं था। लेकिन मूड बिगड़ने पर वह सौ-दो सौ रुपए जरूर फूँक आती थी। वह क्षण सेठ के लिए बड़ा कष्टकारक साबित होता जब उसके बुढ़ापे की इस बेगम के मिजाज़ भड़क जाते।

टिफिन कैरियर का दाम मालूम होने पर रंजना ने कहा—"ठीक ही तो लाई हैं। आप खुद जाते सेठजी तो दो रुपए ज्यादा ही दे आते।"

सेठानी को रंजना से अक्सर समर्थन मिलता था। सेठ अपनी नवेली को नादान बच्ची समझता था। पग-पग पर उस बूढ़े की निगरानी इस तरुण स्त्री को काँटे की तरह चुभती थी। ऐसे में रंजना जैसी भद्र महिला का अनुमोदन नई सेठानी को राहत पहुँचाता था। राहत तो उसे शशिनाथ की सहानुभूति से मिल सकती थी परंतु वह सहानुभूति निर्मल सहानुभूति न होती। शशिनाथ की लम्पटता का प्रमाण सेठानी को पिछले दस-पंद्रह दिनों में मिल चुका था।

रंजना ने बाहर जाने की तैयारी में सेठानी से पूछ लिया—"चलती हो तो चलो ! थकने नहीं दूँगी ! अजी, ताँगा कर लेंगे...बल्कि हम सेठजी को भी साथ ले चलेंगे...।"

इस पर शशिनाथ ने अपना सिर हिलाया, असहमति की मुद्रा में। बोले, "हम तो घंटों बैठे-बैठे ऊब गए हैं। अब इस वक्त ताँगा-फाँगा नहीं करेंगे। सैर के मूड में टहलेंगे-बोलेंगे। सेठजी रात में शयन-आरती देखने के लिए निकलेंगे, उस समय ताँगा ठीक रहेगा...."

रंजना ने शशिनाथ की तरफ देखा। वह लेकिन सेठानी की ओर प्यासी निगाहों से देख रहा था। रंजना को लगा कि इतना अधिक थुलथुल न होता तो सेठ जरूर ऐसे अवसरों पर फुर्ती दिखलाता। पतला-छरहरा हो तो स्वास्थ्य अच्छा रहने पर साठ साल

का भी मर्द चालीस या पैंतालीस का दिखेगा। इस लिहाज से शशिनाथ सेठ की तुलना में स्वस्थ और फुर्तीले थे। शशिनाथ को सुंदर भी माना जा सकता था। परंतु सेठ इतना अधिक मांसल था और उसकी तोंद इतनी बड़ी थी कि देर तक किसी की निगाहें उस पर टिकी नहीं रह सकतीं। हाँ, जिसको कुछ लाभ की आशा रहती होगी उसको सेठ अवश्य ही आकर्षक लगता होगा।

सेठ खुद नई बीवी के साथ देवघर में रह रहा था। तीनों लड़के कलकत्ता में काम कर रहे थे। सेठ का अपना धंधा अलग था। लड़कों के धंधे अलग थे। उसके बारे में और-और बहुतेरी बातें रंजना को मालूम हो चुकी थीं। कुल मिलाकर अपने मुटापे के कारण ही सेठ दयनीय प्रतीत होता था। रंजना ने अपने-आपको समझा लिया था कि मुटापे के लिए सेठ खुद जिम्मेवार नहीं है। सेठानी के प्रति रंजना के हृदय में ममता अंकुरित हो चुकी थी। कभी-कभी अवचेतन में यह भासित हो उठता था कि यह लड़की उसके गर्भ में ही साढ़े-नौ महीने गुजार चुकी है यानी चित्रा की सगी बहन है। हो सकता है, तीर्थयात्रा स्पेशल तीन की इस कम्पार्टमेंट में सबसे छोटी होने के कारण यह लड़की रंजना के मातृ-हृदय को अपनी तरफ अधिकाधिक आकर्षित करती गई होगी। सहानुभूति अकारण नहीं पैदा होती। लेकिन इस वक्त पाँच बज चुके हैं। डेढ़-दो घंटा के लिए यह लोग नगर-परिक्रमा के लिए निकलनेवाले हैं। इन्हें शिप्रा नदी के किनारे तक जाना है।

स्टेशन से बाहर आकर शशिनाथ ने रंजना और सेठानी को सड़क के किनारे एक तरफ रुकने के लिए कहा। खुद पान लेने गए। इधर रंजना ने किसी से पूछा तो मालूम हुआ, शिप्रा यहाँ से ढाई-तीन मील दूर पड़ेगी। पैदल जाना ठीक नहीं होगा। इस पर सेठानी जिसका नाम लीला था, बोली—"चाची, टेम्पो से चलें तो जल्दी पहुँचेंगे। शायद चाचा को टेम्पो न पसंद हो...."

रंजना कुछ सोचकर बोली—"उनको तो टेम्पो पसंद आ जाएगी, मुझको ही नहीं पसंद आएगी। पेट्रोल की भभक से मेरा दिमाग फटने लगता है। तू तो बचपन से ही बड़े शहर में रही है, तुझे पेट्रोल की बू बुरी नहीं लगती होगी...."

"हाँ, चाची !"—लीला ने कहा—"हमारे यहाँ मायके में ट्रक चलते हैं। बच्ची थी, तभी से ताऊजी ने ड्राइवरवाली अगली सीट पर अपने साथ बैठाकर दूर दूर तक घुमाया था। मुझे तो पेट्रोल की गंध अच्छी लगती है। मेरा तो घोड़े की ही गंध से माथा फटता था..."

रंजना को इस बात पर हँसी आ गई तो लीला भी मुस्कुराई। उधर से शशिनाथ आ गए । उनके हाथ में मीठी सुपारी के टुकड़े थे। शशिनाथ से सुपारी लेकर रंजना ने कहा—"वक्त पर लौटना है, ताँगा कर लें।"

रंजना को भोपाल नहीं पसंद आया था। उज्जैन अच्छा लगा। बाजार, सड़कें, गलियाँ, चौराहे, पार्क, लोग-बाग...सबकुछ अच्छा लग रहा था। किसी के पैर बिना चप्पलों-जूतों के नहीं थे। किसी का बदन खाली नहीं था। औरतों की साड़ियाँ अक्सर रंगीन दिखती थीं। किसी दूकान में कोई कर्मचारी ऊँघ नहीं रहा था। दीवारें लिपी-पुती

और साफ थीं। लगता था कि लोग काफी परिश्रमी हैं। अपने परिश्रम का मूल्य उन्हें मिलता है। बेहद दुबले और रोगी शरीर कम ही नजर आ रहे थे। कोई किसी को हजूर, सरकार, मालिक आदि शब्दों से संबोधित नहीं कर रहा था। गाड़ियों में जुते हुए बैल काफी तन्दुरुस्त थे। घोड़ों का भी यही हाल था। बातचीत में बनावटीपन या आप-आप का सिलसिला नहीं था...

शिप्रा के किनारे बड़ी उमंग में गए थे लेकिन नदी का वैसा बुरा हाल देखकर उन्हें बहुत दुख हुआ। प्रवाहमयी धारा के स्थान पर वहाँ ठिठका हुआ गंदा पानी था। रही होगी कभी जिंदा...आज तो शिप्रा नदी का मुर्दा स्वरूप ही फैला है...

शशिनाथ ने कहा—"और देशों की बात होती तो शिप्रा जैसी ऐतिहासिक नदी को वे कभी भरने न देते। किसी न किसी बड़ी नदी से संपर्क जोड़कर शिप्रा का जल-प्रवाह चालू रखा जाता। हमें क्या हक है कालिदास का नाम लेने का ? कहते हैं मध्य प्रदेश की सरकार हर साल उज्जैन में कालिदास समारोह का आयोजन करती है। लेकिन कालिदास की इस प्रिय नदी में प्राणों का संचार वह कब करेगी ?"

रंजना शशिनाथ की इस बेचैनी का अंदाज नहीं पा सकी क्योंकि उसे कालिदास के बारे में बहुत थोड़ा मालूम था। वह नहीं जानती थी कि शिप्रा का कालिदास से क्या रिश्ता था। हाँ, उसे यह जरूर अखर रहा था कि उज्जैन जैसे नगर से लगी हुई एक नदी निर्जीव होकर अपनी दुर्गंध से नागरिकों को कष्ट पहुँचा रही है। रंजना ने मान लिया कि शिप्रा की सफाई के नाम पर कभी कोई योजना बनी भी होगी तो वह छोटे-बड़े अधिकारियों की कृपा से ऊपर ही कहीं अटक गई होगी...वह गुनगुनाने लगी—"शंकर जटा समाई" इस पर तीनों के तीनों हँस पड़े।

लौटते समय उन्होंने बाजार में थोड़ी दूर तक चक्कर लगाए। लीला ने चमेली के तेल की एक बोतल खरीदी। रंजना ने अपनी बुआ के लिए पीतल के दो-तीन पूजा-पात्र खरीदे। शशिनाथ ने दवा की दूकान से लवंगादि बटी की डिबिया खरीदी। बाद में उनका विचार हुआ कि गन्ने का रस पिया जाय।

टेम्पो से उतरकर स्टेशन की ओर बढ़े। रंजना ने सेठानी से कहा—"तुम्हारा मन था टेम्पो पर चढ़ने का ?"

लीला ने मुस्कुराकर सिर हिलाया तो शशिनाथ बोले—"अच्छा रहा, जल्दी वापस आ गए। ताँगा पंद्रह मिनट ज्यादा लेता।"

सामने स्टेशन था। पीठ-पीछे सिनेमा के बड़े-बड़े विज्ञापनोंवाले स्टैंड थे। लीला उनकी तरफ मुड़-मुड़कर देखती रही। रंजना ने उसके कंधे पर हाथ रखकर कहा—"देख ही तो चुकी हो भोपाल में ! यही खेल था न ? तुम्हारा यही राजेश खन्ना उसमें था न ?"

सेठानी शरमाई। उसका शरमाना शशिनाथ को बड़ा ही मोहक लगा। उनकी

तबियत भुरभुरा उठी। फिर से पान के बीड़े जमाने का जी हुआ। रंजना से बोले—"चलो तुम दोनों, हम आते हैं।"

मुसाफिरखाने के अंदर से पीछे मुड़कर देखने पर शशिनाथ नजर आ रहे थे। वह पान की दूकान के नजदीक खड़े थे। लगता था, आईने में अपने को देखकर बालों पर हाथ फेरनेवाले हों। बाल बड़े नहीं थे। फौजी कट के तराशे हुए खिचड़ी बाल थे...सेठानी ने मुसाफिरखाने के अंदर से शशिनाथ की ओर देखा तो रंजना से बोली—"चाचाजी की उमिर बहुत कम लगती है न ? आप इन्हें खिलाती-पिलाती नहीं हैं..." वह रंजना की आँखों में आँखें डालकर देखने लगी। वह रंजना के अंतरजगत का अनुमान लगाना चाहती थी कि इन दोनों का आपसी रिश्ता कितना गाढ़ा है, उसमें कितनी पर्तें हैं। लीला से कहा गया था कि वे दोनों भाभी-देवर हैं; कि वे दोनों एक ही परिवार के हैं; कि वे दोनों पिछले पंद्रह वर्षों से लगातार साथ रहते आए हैं ...लेकिन भाभी-देवर के इन रिश्तों से लीला बहुत कुछ परिचित थी। उसकी अपनी माँ के भी दो देवर और एक जेठ थे। पिता वर्षों लकवाग्रस्त रहे, उसी अवधि में छोटे देवर से माँ का संपर्क घना होता आया था और....

रंजना ने हाथ पकड़कर लीला को अंदर स्टेशन की तरफ खींचा—"क्या देख रही है पीछे बार-बार ? सेठ तेरे बिना विकल हो रहा होगा। चल, चल, अंदर चल।"

सेठ विकल तो नहीं लगा, प्रसन्न दिख रहा था। अपने कम्पार्टमेंट के सामने वह प्लेटफार्म पर चहलकदमी कर रहा था। सुगंधित तेल की बड़ी बोतल देखकर वह भभाकर हँसा और रंजना की ओर हाथ उठाकर कहने लगा—"देखिए बहनजी, इसने अपने सूटकेस को ऐसी ही बोतलों का भंडार बना रखा है, तेल की शीशियाँ-बोतलें, स्नो पाउडर, क्रीम, चोटियाँ, क्लिप-व्लिप...सच बहनजी, दो सौ रुपए की शृंगार सामग्री साथ लेकर चल रही हैं देवीजी।... अरी दिखा तो सही इनको, इनका भी ज्ञान बढ़ेगा !"

रंजना सेठ की बात सुनकर हँसने लगी। कुछ बोली नहीं।

कम्पार्टमेंट के अंदर जाकर सेठानी अपने केबिन में चली गई। शाम हो गई थी इसलिए पहला काम उसने यह किया—दो अगरबत्तियाँ जलाकर धूपबत्तियोंवाली स्टैंड पर लगा दीं। साथ में गणपति गजानन और लक्ष्मीजी की छोटी मूर्तियाँ चल रही थीं। यात्रा में भी सांध्य दीया-बाती का नित्य कर्म सेठानी ने खंडित नहीं होने दिया।

एक केबिन (दो बर्थोंवाली) शशिनाथ को भी मिली थी। केबिन लेने में सौ रुपए अधिक पड़े थे। हर कम्पार्टमेंट में छह-छह केबिन थे। दोनों कम्पार्टमेंटों को मिलाकर कुल डेढ़ सौ बर्थ थे। तीसरा कम्पार्टमेंट छोटा था। उसमें मैनेजर, दो सहायक कर्मचारी, दो नौकर और डॉक्टर एवं कम्पाउंडर साथ चल रहे थे। डॉक्टर को डिस्पेंसरी के लिए अलग केबिन मिला था। मैनेजर का दफ्तरवाला एक अलग केबिन था। इनके भी विश्राम के लिए अलग-अलग बर्थ थे। आर.पी.एफ. के दो सशस्त्र जवान साथ थे। रेलवे का अपना एक कंडक्टर हुआ करता था। ये लोग ज़ोन और डिवीजन बदलने पर बदल जाते थे।

तीर्थों और दर्शनीय स्थानों की सूची, रुटीन के अनुसार निश्चित स्थानों पर पहले

ही भेज दी गई थी। बीच-बीच में फिर से अगले स्थानों को यह सूचियाँ भेजी जा रही थीं। डाक विभाग को भी पता होता था। चिट्ठियाँ, तार, रजिस्ट्री, मनीआर्डर, तार मनीआर्डर आदि की अच्छी व्यवस्था की गई थी।

यात्रियों में से प्रायः सभी सुखी मध्यमवर्ग के लोग थे। यह वर्ग दस वर्षों की अवधि में एक बार तो अपने एक-एक सदस्य के लिए तीर्थयात्रा और दर्शनीय स्थानों के परिक्रमा के नाम पर ढाई-तीन हजार रुपए निकाल सकता है। यह सभी ऐसे ही लोग थे। इस स्पेशल ट्रेन का विज्ञापन साल भर से अखबारों में हो रहा था। जनता के संदेह निवारणार्थ प्रबंध समिति में अनेकानेक श्रीमंत और उच्च पदाधिकारी रखे गए थे। मुख्य प्रबंधक की जगह एक गुजराती व्यापारी का नाम था। सार्वजनिक मामलों में और वाणिज्य-व्यवसाय में गुजरातियों ने व्यावहारिक स्वच्छता का परिचय सदैव दिया है।

साथ चलनेवाला व्यवस्थापक सार्वजनिक कामों में दिलचस्पी लेनेवाला एक शिक्षित व्यवसायी था। उसने अब तक गया, काशी, प्रयाग, लखनऊ, हरिद्वार, अमृतसर, दिल्ली, आगरा और भोपाल में पत्रकारों से संपर्क स्थापित किया था। पत्रकारों ने यात्रियों से पूछताछ की थी और सर्वत्र स्थानीय पत्रों में यात्रा स्पेशल के बारे में पत्रकारों के उद्‌गार प्रकाशित हो चुके थे। मामूली शिकायतें भी दो-चार न छपी हों ऐसी बात न थी, किंतु बेईमानी, धोखाधड़ी, उपेक्षा, असमान व्यवहार का आरोप किसी ने नहीं लगाया था। खाने की व्यवस्था ऐसी थी कि किसी अच्छे होटल से बातचीत कर ली जाती। वह आवश्यकतानुसार चाहे जितनी थालियाँ भिजवा देता। बहुतेरे स्टोव भी साथ लेकर चल रहे थे। प्लेटफार्म पर या मुसाफिरखाने में अपना खाना आप पका लेने की छूट भी थी। लेकिन रंजना और शशिनाथ होटल से ही खाना मँगवाते थे। हाँ, नाश्ता, चाय-कॉफी अक्सर आप ही तैयार करते थे। सेठानी भी ऐसा ही करती थी।

यहाँ होटलवाला कन्ट्रैक्टर महाराष्ट्र का था। दाल और सब्जियाँ काफी चटपटी थीं। सेठानी को पतली दाल पसंद नहीं थी। मिर्च-मसाले भी अच्छे नहीं लगते थे। रंजना और शशिनाथ को उज्जैन का खाना बहुत स्वादिष्ट लगा। नारियल और हरी मिर्च की चटनी तो उसने पहली बार चखी थी। शशिनाथ की जीभ चटोरी थी परंतु साथ-साथ प्रकृति चिकित्सावाला आडंबर ही वह चला रहे थे। चटोरेपन के चलते उनकी प्रकृति चिकित्सा ढकोसला बनके रह गई थी। खाने के बाद गाय का दूध पीने का अभ्यास था। इन दिनों शशिनाथ का यह क्रम टूट गया था।

रंजना ने कहा—"तुम्हारा दूध आखिर छूट ही गया। दिल्ली तक मिलता रहा, अब आगे जाने कहीं मिलेगा कि नहीं ..." शशिनाथ खाने के बाद पान चबा रहे थे, बोले—"तुम देख लेना रंजना, दस-बीस वर्ष बाद डब्बोंवाला यही दूध मिलेगा। कालेज में पढ़े-लिखे लोगों को दूध की बात कहो तो हँसने लगते हैं। यहाँ तक कि कई बड़े प्रोफेसर बिना दूध की काली कॉफी पीते हैं। भारी-भरकम फ्रेम का मोटे शीशावाला चश्मा दिमागी विशेषता का सबूत माना जाता है। वही बात काली कॉफी के साथ लागू होती है। निश्चय है कि दिमागी तौर पर अगले युगों के धाकड़ लोग दूध की बात करनेवालों

को पिछड़े समाज का प्राणी मानेंगे...अच्छा है अपना भी दूध छूट ही जाय !"

पिन से दाँत खोद रही थी। रंजना को अपनी गायें याद आ रही थीं। उनमें से एक भूरी थी। उसके सींग चिकने और छोटे थे। अर्धचंद्राकार मुड़े हुए। रंजना अपने हाथों से उसे पकवान तक खिलाती थी। वह अक्सर अपनी मालकिन के हाथ, गरदन और गाल चाट लेती थी। दूध भी काफी मात्रा में देती थी और रंजना के लिए मानो उसके प्राण सहज ही निवेदित रहते थे...अपनी उसी कपिला गाय के अनुस्मरण में विभोर होकर रंजना दाँत खोद रही थी।

"तुम्हारा दूध क्यों छूटेगा"—रंजना बोली—"अरे दस-बीस रोज की बात है, फिर तो चलेगा ही।"

छोटे बल्ब के तेज प्रकाश में शशिनाथ का क्लीन शेव्ड मुखड़ा मानो यकायक ज्यादा चमक उठा। लगा, विनोद या विलास की कोई बात शशिनाथ के दिमाग में कौंध गई है...शशिनाथ ने झुककर रंजना के कान में कहा—"अरे तुमने तो अपना भी दूध मुझको पिलाया है..." रंजना का चेहरा दिपदिप करने लगा। वह इस समय ऐसे रिमार्क सुनने के मूड में नहीं थी। मगर शशिनाथ की यह मौखिक छेड़खानी उसे रोचक ही लगी, यह स्पष्ट था।

यों, देखने में शशिनाथ सज्जन यानी शांत-शिष्ट प्रतीत होते थे। मझोला कद। नुकीली नाक और फैली आँखोंवाला लंबा चेहरा। चौड़ी पेशानी। पतले कान। पतले होंठ। खद्दर का पहनावा। कुल मिलाकर देखनेवाले के मन पर अच्छी छाप पड़ती थी। लेकिन खुलने पर चुलबुलेपन का पता चलता था। शुरू-शुरू में खुलते नहीं थे परंतु थोड़ी ही देर बाद वह अपनी चतुराई का परिचय देने लगते थे।

रंजना ने शशिनाथ को याद दिलाया कि अपनी दवाई पी लें। मगर, नहीं वह अभी दवाई नहीं पिएँगे। सोने लगेंगे, तब पिएँगे। उन्होंने कहा—"मौसम ठीक नहीं चल रहा है। तुम भी थोड़ी लिया करो। अरे, दो चम्मच में क्या होता है। देखना, कितनी अच्छी नींद आती है। दूसरी बात यह भी है कि परदेस में हाजमा भी ठीक रखना चाहिए। इससे फुर्ती बनी रहती है।..."

रंजना ने मुँह बना लिया। उसे शशिनाथ की इस दवाई का जायका पसंद नहीं था। गंध तक असह्य थी। शशिनाथ की आँखों में प्रफुल्लता का फैलाव आ गया। यह उनके आंतरिक आह्लाद का चिह्न था। वह हँसते नहीं थे, मुस्कुराते थे। मुस्कुराते नहीं थे, गालों की नसें फड़कने लगती थीं। लगता था, भीतर की खुशी को होंठों के अंदर चापे हुए हैं। वही दबी हुई खुशी चेहरे पर बार-बार उद्भासित होती रहती थी। शशिनाथ के मुखमंडल की यह प्रसन्न छवि रंजना को बेहद आकर्षक लगती थी। उसका जी कहता था, यह आदमी कभी बूढ़ा नहीं होगा।

यकायक शशिनाथ को वह काम याद आ गया, जो दिन में नहीं हो सका था। दो बार मिलने गए, लेकिन मुलाकात नहीं हो सकी थी। खादी की दूकान के मैनेजर ने बतलाया था—"रामविलासजी कल शाम को इंदौर गए हैं, आने ही वाले हैं। आप अपना

पता छोड़ जाओ, आने पर वो आपसे मिल लेंगे..."। दूसरी बार जाने पर भी मुलाकात नहीं हुई। रामविलास इंदौर से लौट तो आए थे, दूकान तक नहीं पहुँच सके थे। निवासस्थान पर भी मिलना निश्चित नहीं था। शशिनाथ को यकायक अपने बालसखा बाबू रामविलास चौधरी की याद सताने लगी। उज्जैन आकर भी रामविलास से न मिल पाना बुरी तरह अखर रहा था। जी कहता था कि अवश्य मुलाकात होगी।

शशिनाथ कम्पार्टमेंट से उतरकर प्लेटफार्म पर आ गए। थोड़ी देर चहलकदमी करते रहे । फिर स्टेशन से बाहर निकलकर पानवाले की ओर बढ़े ही थे कि टेम्पो से उतरनेवालों में रामविलास का चेहरा चमक उठा।

दोनों मित्र गले लगे। रामविलास ने कहा—"तुम्हारी चिट्ठी मुझे अभी सात बजे मिली। मैं इंदौर से दोपहर को ही लौट आया था। किंतु काम के झमेले में शाम तक दूकान नहीं पहुँच सका...चलो, तुमको लेने आया हूँ। इत्मीनान से बातचीत भी होगी और बच्चों से भी परिचय प्राप्त कर लेना...."

शशिनाथ रामविलास को साथ लेकर ही पान की दूकान के सामने खड़े हुए। दोनों मित्रों के चेहरे उस बड़े आईने को एक अद्भुत आकर्षण प्रदान कर रहे थे, क्योंकि बड़ी लंबी अवधि के बाद उनका मिलना हो रहा था और दोनों मुखड़ों से घुटी हुई प्रसन्नता का आलोक इर्दगिर्द फैल रहा था। बाकी लोग भी आईने में चमकते हुए उन दो मुखड़ों की तरफ ही देख रहे थे।

रामविलास ने कहा—"इधर तो वर्षों से पान मैंने छोड़ रखा है। लेकिन आज तुम्हारे साथ पान के दो बीड़े अवश्य लूँगा।"

"नहीं लेते हो तो न लो"—शशिनाथ बोले।

"ऐसी क्या मजबूरी है ?"

"मजबूरी है दिल की"—रामविलास ने कहा—"जाने कितनी मुद्दत के बाद हमारा मिलना हुआ है ! नदी-नाव संयोग इसी को कहते हैं। अब आज तो तुम्हारी दी हुई जहर की पुड़िया भी खा लूँगा, पान तो पान है।" इस पर दोनों खुलकर हँसे। दाँतों की बत्तीसियाँ आईने में जगमगा उठीं। शशिनाथ ने उँगली उठाकर रामविलास के दाँतों की ओर इशारा किया—"सारे तुड़वा दिए ? परंतु दाँतों का यह सेट अच्छा मिल गया है तुम्हें। बहुत बड़े व्यावसायिक प्रतिष्ठानों में मुख-शोभा का काफी महत्त्व रहता है। देखो न, मेरे दाँत कैसे ऊबड़खाबड़ हैं ! लगता है मुझे भी नए दाँत लगवाने पड़ेंगे..."

"हूँ" रामविलास ज़रा गंभीर मुद्रा में बोले—"तुम्हारे दाँत तो काफी मजबूत दिखाई देते हैं। मुझे तो पाइयेरिया ने बहुत परेशान कर दिया। खाना-पीना सब हराम हो गया। मजबूरी में पुराने दाँत निकलवाने पड़े...."

रामविलास ने पान के दो बीड़े लिए, जर्दा नहीं लिया। मीठी सुपारी और सौंफ लिए।

बनारसी पत्तियाँ फाँककर शशिनाथ ने ऊपर से किमाम चाट लिया, पान के डंठल में चूना लगाकर पानवाले ने अलग से थमा दिया।

शशिनाथ ने कहा—"इधर के पान वैसा मजा नहीं देते। अरे, तुम तो बनारस भी रह चुके हो..."

दोनों मित्र प्लेटफार्म पर साइडिंग की उस छोर पर पहुँचे जहाँ यात्रा स्पेशल लगी थी। वे केबिन के अंदर आ गए। रंजना ने मुस्कुराकर रामविलास को नमस्कार कहा।

रामविलास ने हँसकर कहा—"बच्चों को आप लोग छोड़ आए हैं, यह अच्छा नहीं किया...खैर, बच्चे हमारी-आपकी उम्र के होंगे तो स्पेशल विमानों में विश्व की परिक्रमा करेंगे, जमाना तब तक काफी आगे बढ़ चुका होगा...."

शशिनाथ का प्रस्ताव हुआ कि कम्पार्टमेंट से बाहर निकलकर वे रेलवे कैंटीन में थोड़ी देर के लिए बैठेंगे। रामविलास का आग्रह था, शशिनाथ और रंजना आधा घंटा के लिए उनके यहाँ चलें। वह बोले—"दशहरा मैदान दूर नहीं है। हमने वहीं फ्लैट ले रखा है।"

रंजना की अब इस वक्त, नौ बजे रात को, और कहीं जाने की इच्छा नहीं थी। घंटा भर बाद महाकाल के मंदिर में पहुँचना था। उसने कहा—"सवेरे आपके यहाँ चलें तो कैसा रहे ?"

शशिनाथ भी इसी पक्ष में थे। कुछ सोचकर उन्होंने कहा—"परेशानी तो तुम्हारी ही होगी। फिर यह भी तो है कि यहाँ परिवार के नाम पर तुम्हारे साथ दो सहकारी रहते हैं। भतीजे को साथ रखते हो। लड़का तो कभी तुम्हारे साथ रहा नहीं। बनारस में थे तो तुम्हारी श्रीमतीजी भी साथ रहती थीं... उन दिनों दो बार मैं वहाँ गया तो तुम्हारे ही यहाँ ठहरा था..."

रंजना शिकायत के स्वर में बोली—"एक बार भी आपने मुझे बहनजी से नहीं मिलाया... आप लोगों की यह बीमारी जाने कब तक बनी रहेगी ! अब इस बुढ़ौती में भी तो जीवन सहचरी को साथ रखिए..." रामविलास ने ईर्ष्या की गिनाहों से शशिनाथ की ओर देखा। मन ही मन कह गए—देवीजी, सभी स्त्रियाँ आप जैसा भाग्य लेकर कहाँ पैदा हुईं !...प्रकट रूप में बोले—"घर-गृहस्थी के पचास झमेले होते हैं, आपको तो पता है। मेरी श्रीमतीजी यहाँ साथ रहें तब उधर अपनी खेती का मुट्ठी भर भी अनाज घर तक नहीं पहुँचेगा। जिंदगी का सारा भार मेरी ही नौकरी पर नहीं है। पूर्वजों से मिली हुई थोड़ी बहुत जमीन-जायदाद हमें बहुत कुछ देती रहती है। चाकरी का क्या भरोसा ? वापस दो-चार साल बाद फिर गाँव ही पहुँचना है...."

शशिनाथ रामविलास की बातें गौर से सुन रहे थे। रंजना की तरफ उन्होंने ऐसे देखा मानो अंदर ही अंदर कह रहे हों—तुम बड़ी मूर्ख हो ! सँभालकर बातें नहीं करोगी तो यह रामविलास तुम्हें फूहड़ समझेगा। तुम्हारे बारे में बहुत कुछ इसको मालूम है।...

रंजना कम्पार्टमेंट से बाहर निकल आई। रामविलास की ओर गौर से देखा। उसे याद आया, कि चित्रा पैदा हुई थी तो रामविलास पंद्रह रोज साथ रहे थे। नवजात शिशु को उठाकर उसे बाँहों के सहारे लिए-लिए देर तक क्वार्टर्स के बाहर फुलवाड़ी में टहलते

रहते थे। रामविलास उन दिनों जेल से निकले थे और अपने मित्र से मिलने के लिए मोतिहारी आए थे। उसी सिलसिले में दस-पंद्रह रोज रंजना को रामविलास का सान्निध्य प्राप्त हुआ था। चौबीस-पचीस वर्ष हो गए। रंजना भूली नहीं थी कि रामविलास उन दिनों कितने स्वस्थ और सुंदर थे। अब तो बदन पर मोटापा चढ़ गया था। गाल फूल गए थे। नाक और होंठ मोटे हो गए थे...बाद में भी दो-तीन बार मिलना हुआ, लेकिन वे संक्षिप्त साक्षात्कार के अवसर रहे हैं। रंजना को अपने पति, मदन ठाकुर के साथियों की पूरी मंडली का स्मरण हो आया। शशिनाथ, रामविलास, उदयनारायण, शंभूशरण, कासिम, सुक्खन...राष्ट्रीय आंदोलन करनेवाली उस जमात में और भी कई युवक थे... फिल्मी रील की तरह ये सारे चेहरे क्षणभर के लिए रंजना के मस्तिष्क में घूम गए। उत्तर बिहार के देहाती अंचल का वह 'स्वराज्य आश्रम' रंजना को अपनी आँखों के आगे धुँधलके में तैरता प्रतीत हुआ। लगभग दस वर्ष ('30 से '40 तक) यह आश्रम तरुण कांग्रेसियों और प्रखर समाजवादियों का खास अड्डा रहा। मदन ठाकुर और शशिनाथ की तरह रामविलासजी पहले पहल रंजना को वहीं दिखाई पड़े थे...। सरकारी प्रकोप के कारण सन '40 के बाद देशभक्त युवकों का वह अड्डा बरबाद हो गया था। उसकी भौगोलिक काया के नाम पर पर्णकुटीरों के अवशेषों से भरा हुआ वीरान हाता शेष बचा रहा...रंजना को उस युग की ढेर सारी यादें घेरने लगीं।

शशिनाथ ने कहा—"जल्दी करो। थोड़ी देर कैंटीन में बैठेंगे फिर रामविलास को छोड़ आएँगे।"

"हाँ, सवेरे, शायद इनको असुविधा होगी। अभी चलकर इनके यहाँ से हो आएँगे"—रामविलास की ओर देखकर रंजना ने कहा। रामविलास ने सिर हिलाकर इस प्रस्ताव को आधा समर्थन दिया। पलभर बाद वह बोले—"तो फिर कैंटीन में जाकर अभी नहीं बैठेंगे। चलो, बाहर ताँगा करते हैं..."

ताँगा रेलवेवाला पुल पार करने लगा तो रामविलास ने शशिनाथ के कंधे पर हाथ रखकर कहा—"देख रहे हो न, पुल के दोनों ओर नई आबादियाँ फैलती जा रही हैं। अभी दस मिनट के अंदर अपना मुहल्ला दशहरा मैदान आ जाएगा। उससे आगे विक्रम विश्वविद्यालय पड़ता है। दिन का समय होता और तुम लोग जल्दबाजी में न होते तो मैं कल सारा दिन तुम्हें ताँगे में बैठाकर खुद ही नगर-परिक्रमा करवाता। यह मराठों की रियासत ग्वालियर का मुख्य नगर था कभी। बाजारों में यहाँ तुम्हें काफी स्त्री-पुरुष वैसे दिखे होंगे जैसे बंबई-पूना में नजर आते हैं।"

रंजना को हँसी आ गई। रामविलास उसके साथ अगली सीट पर बैठे थे। उन्हें भी हँसी आई। उन्होंने पूछा—"आप किस बात पर हँस रही हैं ?"

रंजना ने कहा—"जिस बात पर आप हँस रहे हैं !" फिर वह शशिनाथ की ओर देखकर बोली—"इनसे कहिए कि दो बार मैं भी अखिल-भारतीय सर्व सेवा संघ के वार्षिक

अधिवेशनों में दर्शक के नाते शामिल हो चुकी हूँ। वहाँ महाराष्ट्र के हजारों स्त्री-पुरुषों से मेरा साक्षात्कार हो चुका है... महाराष्ट्र की स्त्रियों को मर्दों की तरह पीछे लांग खोंसे देखती हूँ तो मुझसे हँसे बिना रहा नहीं जाता। इस वक्त भी उनकी उसी मुद्रा पर हँसी आ रही है..."

शशिनाथ मुस्कुराकर बोले—"मुझे लेकिन महाराष्ट्र की स्त्रियों का यह खास पहनावा बड़ा ही आकर्षक लगता है। अब रामविलास बतलाएँ कि उनको कैसा लगता है ?"

रामविलास खिलखिलाकर हँसे। बोले—"बात यह है कि महाराष्ट्र में कुलीन घराने की महिलाएँ दस-दस गज की लंबी साड़ियाँ पहनती रही हैं। लाँग खोंसने से उनका चलना-फिरना आसान हो जाता होगा। मैं तो चाहता हूँ कि हमारे पूर्वांचल की स्त्रियाँ भी महाराष्ट्र की स्त्रियों की भाँति साड़ियाँ बाँधा करें..."

रंजना ने हलके से कपार ठोका—"हे भगवान, आपकी राय में अब हम भी उन्हीं की तरह पीछे लाँग खोंसना शुरू करें !"

शशिनाथ ने कहा—"रंजनाजी को गुजराती महिलाओं का पहनावा बेहद पसंद है..." रामविलास ने ताँगेवाले को दशहरा मैदान के एक नुक्कड़ पर रुकने का इशारा किया। शशिनाथ से उन्होंने कहा—"उज्जैन के पहनावे पर महाराष्ट्र की तरह गुजरात का भी प्रभाव पड़ा है..."

एक दोमंजिले फ्लैट के सामने ताँगा खड़ा हुआ और वे तीनों उतर पड़े।

दोमंजिले फ्लैट की सीढ़ियों पर आगे बढ़ते हुए रामविलास ने कहा—"पहले इधर बहुत बड़ा मैदान हुआ करता था। दशहरे के अवसर पर राजाओं और सामंतों की सवारियाँ निकलती थीं। मराठे सरदारों को इन उत्सव-समारोहों का भारी शौक था। अब तो खैर यह स्थान नाममात्र के लिए ही दशहरा मैदान रह गया है..."

भतीजा अपने ताऊ की प्रतीक्षा कर रहा था। बैठकवाला कमरा खोलकर उसने स्विच ऑन कर दिया। रामविलास दोनों अभ्यागत मित्रों को लेकर अंदर गए। बैठते ही पूछा—"आप लोग इस वक्त क्या लेना पसंद करेंगे ?"

शशिनाथ ने मुस्कुराकर कहा—"तुम मानोगे तो नहीं, कुछ न कुछ लेना ही पड़ेगा। रंजनाजी को फैन्टा का स्वाद अच्छा लगता है..."

"और तुम ? कोकाकोला ?"

शशिनाथ ने आँखें फैलाकर हामी भरी। रामविलास ने भतीजे से फैन्टा और कोकाकोला की तीन बोतलें लाने के लिए कहा। रंजना की निगाहें कमरे की दीवारों पर थीं। यरवदा चक्र चलाते हुए बापू का बड़ा-सा फोटो टँगा था। विनोबा और जवाहरलालजी की रंगीन छवियाँ अगल-बगल विराजमान थीं। पलँग के सिरहाने की तरफ सर्वोदय-कैलेण्डर टँगा था। कमरे के अंदर बहुत कम वस्तुएँ थीं। तीन आरामदेह कुर्सियाँ, एक मेज और कोने में स्टूल। स्टूल पर चर्खे की पेटी रखी हुई थी।

रंजना को कमरे की सादगी अच्छी लगी। पलंग पर हरी किनारियोंवाली स्वच्छ-सफेद

चादर बिछी हुई थी, मझोले आकार का सफेद खोलवाला एक तकिया रखा था।

रंजना ने शशिनाथ से कहा—"इस उम्र में भी रामविलासजी बिस्तरे में गद्दे का इस्तेमाल नहीं करते हैं। आपको गद्दा न हो तो शायद ही नींद आएगी !"

शशिनाथ ने रामविलास की ओर देखा, इस दृष्टि से कि देखो मित्र, रंजनाजी तुम्हारी तारीफ कर रही हैं।

रामविलास कनपटी सहलाते हुए बोले—"ऐसा नहीं है कि इस शरीर को गद्दे का स्पर्श मिले तो बुरा लगे। किंतु गद्दों और रजाइयों के साथ भारी असुविधा यह है कि यात्रा में परेशानी बढ़ जाती है। इसीलिए कम्बल रखता हूँ। जाड़ों में ओढ़ने के लिए लोई और तूष हल्के पड़ते हैं, कुली करने की आवश्यकता नहीं पड़ती है।"

रंजना बोली—"उनको भी गद्दा पसंद नहीं था। ओढ़ने में भी हमेशा काश्मीरी लोइयाँ ही बरतते रहे। शशिनाथजी को लेकिन ऊनी ओढ़ना पसंद नहीं है..."

रामविलास बीच में उठकर कमरे से बाहर गए। रंजना ने धीमी आवाज में शशिनाथ से कहा—"कैसे अकेला रहा जाता है इनसे ! वहाँ जमीन-जायदाद जब है ही तो रामविलासजी के लिए इस नौकरी में क्या धरा है। तुम्हारी गाढ़ी दोस्ती है, शायद तुम्हें इनके बारे में ज्यादा मालूम हो..."

होंठों पर उँगली रखकर शशिनाथ ने इशारे से बतलाया कि पीछे बतलाऊँगा। वस्तुतः वह इस समय देर तक रामविलास के निवासस्थान में रुकने के लिए तैयार नहीं थे। फिर, उन्हें दस सवा-दस बजे तक महाकाल के मंदिर में पहुँचना था।

शशिनाथ को पता था कि मध्यप्रदेश के अपने दो-तीन मित्रों के आग्रह-अनुरोध पर ही रामविलास पिछले ढाई-तीन वर्षों से इधर रह रहे थे। यों, बिहार के खादी-मित्रों के बीच रामविलास के प्रति बड़ा स्नेह था, वे उन्हें छोड़ना नहीं चाहते थे। रामविलास का अपने प्रदेश से बाहर रहना उन्हें अखर रहा था।

फैन्टा और कोकाकोला के साथ पान भी आ गए थे। रंजना बोली—"आप लोग बीस-बीस प्याली चाय अपने अंदर कैसे उँड़ेल लेते हैं, यह मैं कभी समझ नहीं पाऊँगी। उनका भी यही ढर्रा था। बल्कि शशिनाथजी चाय के उतने शौकीन नहीं हैं..."

तीनों ने अपनी-अपनी बोतल खत्म की। रंजना ने इलायची का छिलका छुड़ाकर दाने मुँह के हवाले किए। रामविलास ने कहा—"क्या ही अच्छा होता कि दो-चार रोज आप लोग रुक सकते। यह तो कुछ नहीं हुआ ! कम से कम दिनभर साथ रहते और खाना-पीना यहीं होता..."

शशिनाथ उठ गए। कमरे से बाहर निकलते-निकलते रंजना ने चर्खे की पेटी पर फिर से नजर डाली। उसने कहा—"अपने लायक कपड़ा तो निकाल ही लेते होंगे रामविलासजी!"

इस पर रामविलास को हँसी आ गई। बोले—"चर्खा की पेटी अब ज्यादातर अलंकार बन गई है। काश, हम इसे प्रतिदिन घंटा-दो घंटा चला पाते ! फिर भी सामने रहती है तो हृदय को परितोष मिलता है..."

शशिनाथ ने मुस्कुराकर कहा—"सामने खूँटी से माला लटक रही हो और हम नित्य उसे न भी फेर सकें तो भी आत्मिक शांति मिलती है..."

फ्लैट से बाहर आने पर थोड़ी दूर तक उन्हें चलना पड़ा तब जाकर खाली ताँगा मिला। रंजना ताँगे पर बैठ गई तो अलग ले जाकर शशिनाथ ने रामविलास के कान में कुछ कहा। रामविलास सिर हिलाकर बोले—"हमारे एक व्यापारी मित्र हैं, उनसे कहूँगा। उम्मीद है, काम बन जाएगा।"

ताँगा चल पड़ा। रंजना ने दोनों हाथ जोड़कर रामविलासजी को नमस्कार किया।

महाकाल के मंदिर तक पहुँचने में आधा घंटा लगा होगा। ताँगेवाले ने शशिनाथ से कहा—"बाबूजी, आप कहो तो ठहर जाऊँ। वापसी में कहाँ ढूँढ़ते फिरोगे ! मुश्किल से ही ग्यारह बजे आपको कोई सवारी मिलेगी..."

रंजना की राय हुई, ताँगा छोड़ ही दें। शशिनाथ ने कहा—"हाँ, ठीक ही कहती हो। थोड़ा बहुत चल ही लेंगे तो क्या होगा? स्टेशन तक जाने के लिए अगले चौराहे से वापसी में भी ताँगा मिल ही जाएगा..."

आरती का दृश्य बड़ा ही भव्य था। भीड़ नहीं थी। मंदिर के भीतरी दरवाजे से बाहर चालीस-पचास स्त्री-पुरुष भाव-विभोर मुद्रा में खड़े थे। अंदर से धूपों और अगरबत्तियों की मिश्रित सुगंध आ रही थी। चंदन, केसर, कपूर, केबड़ा, गुलाब, चम्पा, जुही आदि का घना सौरभ वातावरण की पवित्रता में अनूठी गरिमा घोल रहा था। नाना प्रकार के वाद्यों से महातीर्थ का वह परिवेश मुखर हो रहा था। रेशमी परिधान में जगमगाते हुए भिन्न-भिन्न उम्रवाले अनेक पंडे-पुजारी जोर-जोर से मन्त्रोच्चारण कर रहे थे। उनमें से एक पुजारी भारी दीपोंवाला आरती-पात्र अपने मजबूत हाथ में सँभाले हुए उसे अविरत महाकाल के समक्ष घुमा-फिरा रहा था। उसके बाएँ हाथ में मझोले किस्म का घंटा था। बाहर कुछ भक्तजन ऊँची आवाज में महिम्नस्तोत्र का पाठ कर रहे थे। कुछ एक औघड़ टाइप के जटाधारी अधेड़ मौन होकर आरती का दृश्य अवलोकन कर रहे थे। तीर्थयात्रा स्पेशल के पचीस-तीस व्यक्ति दर्शनार्थियों में सम्मिलित थे।

रंजना को याद आया कि ऐसे अवसरों पर उसकी बुआ किस प्रकार विद्यापति की शैव पदावलियों का गायन किया करती थी। रंजना की बुआ को कई बार काशी विश्वनाथ और देवघर वाले बाबा वैद्यनाथ की शयनार्ती देखने का मौका मिला था। बचपन में वैसे दो अवसरों पर रंजना उनके साथ थी। थोड़ी देर के लिए उसके दिल को झटका-सा लगा कि शिव संबंधी गीतों के दो-एक पद ही रंजना दोहरा नहीं सकती। अपनी तरुणाई में ही पुराने समाज से रंजना का विच्छेद हो गया था।

आरती के बाद उन्होंने मंदिर की परिक्रमा की और बाहर निकल आए। बाहरी फाटक से निकलने पर इस समय भी दस-बीस भिखारी दिखाई पड़े। सवेरे यहाँ अपंगों और भिखमंगों की जितनी संख्या थी, उतनी इस समय नहीं थी। रंजना ने सुना था, दूसरे

देशों में तीर्थस्थल भिखमंगों के अड्डे नहीं हुआ करते... मदन ठाकुर और उनके साथियों को बड़ी नफरत थी इन भिखारियों से। खैर, उन्हें तो रंजना ने कभी किसी तीर्थ की यात्रा करते या किसी देवता के आगे माथा झुकाते नहीं देखा था। रंजना बराबर गौर कर रही थी, शशिनाथ देवस्थानों, तीर्थों के प्रति अपनी उस निरपेक्षता को सुरक्षित रखे हुए हैं। शशिनाथ को अब इतने वर्षों बाद भी किसी देवता के समक्ष माथा झुकाते नहीं देखा है।

शशिनाथ की नजर बचाकर रंजना ने एक बूढ़ी भिखारिन को दस पैसे का सिक्का थमा दिया। ऐसा वह अक्सर करती थी। घर पर भी भिखारी और भिखारिनें यदाकदा आते रहते थे। रंजना कभी उन्हें निराश नहीं लौटाती। लेकिन शशिनाथ को उसकी यह भावुकता पसंद नहीं थी। यह ठीक है कि पिछले दस वर्षों में तीर्थों, मंदिरों, श्राद्धों, ब्रह्मभोजों की आलोचना का शशिनाथ का स्वर धीमा पड़ता आया था फिर भी नास्तिकोचित निरपेक्षता कायम थी। अभी उस दिन किसी प्रसंग में रंजना ने शशिनाथ से कहा था—"खैर हुई कि तुम मिनिस्टर-फिनिस्टर नहीं बने वरना जनरुचि का ध्यान करके तुम्हें भी मंदिरों में पूजा के लिए जाना पड़ता।" शशिनाथ मुस्कुराकर उस प्रसंग को चतुराई से टाल गए थे...

ताँगे की टोह में गलियों से निकलकर उन्हें बड़ी सड़क तक जाना था।

सेठानी ने रंजना से बताया—"बुढ़िया की हालत ठीक नहीं है। आप लोग चले आए। मैं लगभग एक घंटा रहकर तब वहाँ से निकली थी। उतने में ही बुढ़िया को तीन बार टट्टी हुई। हमने डॉक्टर को बुलाया। डॉक्टर ने तो वैसा कुछ नहीं बतलाया, लेकिन उसके चेहरे पर परेशानी जरूर नजर आई। कहीं इस बुढ़िया को हैजा-फैजा हो गया तो भारी मुसीबत आ पड़ेगी।...कौन तो उसके मुँह में आग देगा और कहाँ तो किरिया-करम होंगे।"

रंजना ने जीभ निकाल दी। विस्मय के मारे उसके चेहरे पर अजीब-सा तनाव छा गया। तनी हुई भौंहों की छाँह में फैली-फैली आँखें आन्तरिक आतंक का आभास दे रही थीं। शशिनाथ चार-छह कदम आगे चल रहे थे। रंजना ने वेग से अपने पैरों को बढ़ाया। बिलकुल निकट पहुँचकर शशिनाथ की बाँह को छूकर कहा—"सुनते हैं ? चलिए, जल्दी चलिए। जाने आज रात कैसे बीतेगी। बुढ़िया को हैजा हो गया है !..."

शशिनाथ ने हैरत में डूबी निगाहों से रंजना की ओर देखा। मुँह बाकर दो क्षण के लिए उसी तरह देखते रह गए तो रंजना बोली—"अब देखते क्या हो ? चलो, आगे लपककर ताँगा पकड़ें..."

शशिनाथ तेजी से कदम उठाकर आगे बढ़े। रंजना ने पीछे मुड़कर लीला से पूछा—"सचमुच उसे हैजा हो गया ? बार-बार प्यास लगती थी ?"

लीला ने चलते-चलते बतलाया—"हमें तो लगता है कि मुँहझौंसी ने ठूँस-ठूँसकर पकवान तोड़े हैं, अब अफारा हो गया है...हाय, बेचारा डॉक्टर ! तीन बार दौड़-दौड़कर अपने केबिन के अंदर गया !..."

रंजना को लगा कि मामला संगीन है। हैजा में दम तोड़ते लोगों को उसने कई बार देखा था। अपच और बदहजमी, पेचिश और पेटदर्द....मगर हैजा तो अपने आपमें बड़ा ही विकराल रोग होता है। इसमें चटपट प्राणपखेरू उड़ जाते हैं...रंजना को यात्रा स्पेशल के व्यवस्थापकों पर गुस्सा आया। क्या सोचकर उन्होंने ऐसी-ऐसी बूढ़ियों को साथ ले लिया। यह दूसरी बात है कि अस्सी वर्ष के बूढ़ियाँ-बूढ़े टोकरियों में बैठकर, पहाड़ी कुलियों के कंधों पर लदकर बद्री-केदार की यात्रा कर आते हैं। वे या उनके परिवारवाले अपनी व्यक्तिगत जिम्मेदारी पर वैसा जोखिम उठाते हैं। मगर यहाँ तो सामूहिक दायित्व की बात थी ! मैं तो डॉक्टर से कहूँगी कि जिनकी उम्र सत्तर से अधिक हो ऐसे यात्रियों को अविलंब वापस भेज दें, चाहे व्यवस्थापकों को हर्जाना ही क्यों न देना पड़े।

रंजना को गुमसुम देखकर सेठानी बोली—"सेठजी तो बल्कि इसीलिए रुक गए। हमारे सेठ के दोस्त की रिश्तेदार है वह बुढ़िया ! मुझसे कहने लगे, 'जा, तू चली जा ! बमभोले की आरती देख आ ! तेरे मनोरथ पूरे होंगे...' " मनोरथवाली इस बात पर सेठानी को खुद ही हँसी आ गई। रंजना ने लेकिन उधर ध्यान नहीं दिया। उसकी नजर गली के नुक्कड़ से आगे सड़क पर बिजली के उस खंभे के पास चली गई थी जहाँ शशिनाथ पहुँच गए थे। रंजना ने सोचा, जाने कितनी दूर पर ताँगा मिलेगा ! जाने कितनी देर में हम स्टेशन तक पहुँचेंगे !...फिर रंजना को अपनी यह घबड़ाहट बचकानी-सी प्रतीत होने लगी। उसने दिल को कड़ा किया। अंदर ही अंदर अपने आप बोलने लगी—'तू क्यों परेशान होती है ! यह बुढ़िया मरती है, या वह बूढ़ा लड़खड़ाता है तो इसमें तेरा क्या बिगड़ेगा ? दुनिया भर के झमेले अपने सिर पर ओढ़ लेगी, इसमें तुझे क्या मिलनेवाला है ?' ...किंतु नहीं, रंजना के अंदर से एक और मन उठ खड़ा हुआ। उसने कहा—'साथ चल रहे मुसाफिरों में से कोई यदि ट्रेन के नीचे आ जाय तो क्या तुझ पर कोई असर नहीं पड़ेगा ! माना कि तुझ पर असर नहीं पड़ेगा लेकिन दुर्घटना की जाँच-पड़ताल में कुछेक घंटे जो बरबाद होंगे, वही क्या कम भारी पड़ेंगे ? ...फिर यह भी तो है कि परदेस में हम सौ-पचास सहयात्री एक-दूसरे के प्रति उतने निठुर-निरपेक्ष रहकर अपना भी भला तो नहीं कर पाएँगे। हम यहाँ सब के सब एक ही नाव पर सवार हैं। कल मुझे भी तो हैजा हो सकता है ? मैं भी तो ट्रेन के नीचे आ सकती हूँ ? डॉक्टर मेरे लिए भी तो उतना ही परेशान हो सकता है !'

सेठानी ने कहा—"वो रहा ताँगा ! माई रे, कितनी दूर जाने पर चाचाजी को ताँगा मिला !"

रंजना का भी ध्यान टूटा। अब तक वह मानो अपने पैरों को घसीटती चली आ रही थी। उसका मन संभावित दुर्घटना के जाल में आबद्ध और परिसीमित हो गया था।

पानी के अंदर मछली को जब यह पता चल जाता है कि वह जाल की परिधि में आ गई है, कि वह बंधनों के घिराव से बाहर नहीं निकल सकती; वह पानी के अंदर है लेकिन बंधनों की हदबंदी से बाहर नहीं जा सकती...उसी प्रकार रंजना का चित्त थोड़ी देर के लिए भीतर ही, सीमाओं के मध्य घूमने को बाध्य था। अब उसका ध्यान टूटा। उसने देखा, सामने से ताँगा आ रहा है, शशिनाथ अकेले अगली सीट पर बैठे हैं...

उसने सेठानी से कहा—"लीला, मुझे लगता है कि बुढ़िया बचेगी नहीं। पिछले कई दिनों से उसने अपनी बीमारी को छिपा रखा था। यह भी ठीक है कि इन दोनों बूढ़ियों के पास काफी रकम है..."

ताँगा करीब आ गया। लीला बोली—"मैं पीछे बैठती हूँ चाची ! मुझे यों भी ताँगे में पिछली तरफ ही बैठने में अच्छा लगता है। दिन का वक्त होता तो टेम्पो में फटाफट पहुँच जाते..."

ताँगा चला तो शशिनाथ ने तीन उँगलियों का इशारा किया। यानी, तीन रुपयों में ठीक हुआ है। शशिनाथ को तीन रुपये की बात अभी भले अखर रही हो, रंजना को मानो सहज ही लगी।

प्लेटफार्म पर डॉक्टर आहिस्ते-आहिस्ते कम्पार्टमेंट के पास ही घूम-फिर रहा था। पास पहुँचकर रंजना ने उससे पूछा—"अब क्या हाल है बूढ़ी का ?"

डॉक्टर ने कहा—"लगता है, उसने अनाप-शनाप बाजारू चीजें भकोस ली थीं। मटर और भुट्टे के दानों के छिलके गिरे हैं बार-बार। तीन-चार दफे तो बहुत अधिक कै हुई है...अच्छा है, पेट साफ हो जाए...लेकिन कमजोरी बढ़ गई है। साँस लेने में भी उसे कष्ट हो रहा है।"

रंजना को डॉक्टर की आवाज गंभीर मालूम पड़ी। स्वरों में कंपन नहीं थे, खतरे का संकेत था। सेठानी कंपार्टमेंट के अंदर पहुँच गई थी। वहाँ बुढ़िया के इर्द-गिर्द तीन-चार महिलाएँ और दो पुरुष थे। उनमें से अधेड़ उम्र की एक स्त्री बुढ़िया का माथा दबा रही थी। बाकी दो स्त्रियाँ ज़रा अलग हटकर खड़ी थीं। एक अधेड़ व्यक्ति ज़रा अलग हटकर उसके पैरों की तरफ खड़ा था, नाक से लाल अँगोछा सटाकर वह अपनी घृणा व्यक्त कर रहा था। गले हुए अन्न की वीभत्स गंध हवा में घुल रही थी। बर्थ के नीचेवाली जगह धोई गई थी, उस पर ब्लीचिंग पाउडर अच्छी तरह छिड़का गया था। फिर भी वातावरण में गहरी बदबू व्याप्त थी। रात का वक्त होने से मक्खियों का पता नहीं था। हाँ बिजली की उस मद्धिम रोशनी में दस-बीस पतंगे बल्ब के आस-पास मँडरा रहे थे। हल्के हरे रंग के छोटे-छोटे कीड़े कंपार्टमेंट की छत से चिपके हुए थे। सिरहाने की तरफ हल्की तिपाई पर दवाओंवाली दो शीशियाँ रखी हुई थीं।

वह जोर से खाँसने लगी तो सेठानी उसके बिलकुल करीब पहुँच गई। जो माथा दबा रही थी उस औरत ने बुढ़िया को उठाकर बैठाने की कोशिश की मगर उठा नहीं

सकी। सेठानी ने भी आगे बढ़कर अपना हाथ लगाया और दोनों ने मिलकर रोगिणी को सीट के सहारे बैठा दिया।

वह दोपहर से ही बार-बार कै कर रही थी। बेहद कमजोर हो गई थी। कपड़े यत्र-तत्र गीले हो रहे थे। उनसे वमन का भभका उठ रहा था। बिस्तरवाली दरी, मैली खोलवाला तकिया, लपेटकर रखी हुई दो सादी धोतियाँ, दो सादे ब्लाउज़...सब कुछ गँधा रहा था।

सिर दबाती हुई महिला से सेठानी ने पूछा—"इनके और कपड़े कहाँ हैं ? सारी रात क्या इनको इन्हीं कपड़ों में रखेंगी आप ?"

वह स्त्री इस पर कुछ नहीं बोली। चुपचाप बुढ़िया का सिर चाँपती रही। सेठानी ने कहा—"इनके कपड़े आप बदलवा देतीं तो मैं उन कपड़ों को अभी की अभी साफ कर लेती। सवेरे तक वे हवा में सूख जाते..."

इस बार भी उसने कोई जवाब नहीं दिया तो सेठानी कंपार्टमेंट से नीचे उतर गई। शशिनाथ और रंजना प्लेटफार्म पर घूमते-घूमते सिरे तक पहुँच गए थे। भोपाल से बड़ौदा जानेवाली ट्रेन आकर लगी थी। उसका इंजन ठीक सामने था। यह मेल या एक्सप्रेस ट्रेन का इंजन नहीं था, फिर भी पुराना या घटिया टाइप का इंजन नहीं था वह। शशिनाथ ज़रा देर के लिए खड़े होकर इंजन की तरफ गौर से देख रहे थे। दानापुर के साधारण इंजनों की तुलना में पश्चिम रेलवे का यह इंजन उन्हें ज्यादा स्वच्छ और स्वस्थ प्रतीत हो रहा था...रंजना लेकिन उस बुढ़िया के बारे में ही सोच रही थी। उसके अंतर्मन में अभी न लंबी ट्रेन के ये डिब्बे थे, न चमकता-सा यह इंजन ही था। टोंटियों से निकलती हुई वह भाप की आवाज भी रंजना के कानों में प्रवेश नहीं कर पा रही थी। एक दुर्बल वृद्धा की खाँसियाँ ही रंजना को बार-बार सुनाई दे रही थीं। मुँह बाकर वमन करने की उसकी मुद्रा रंजना के ध्यान में बार-बार आ रही थी...शशिनाथ ने रोका न होता तो वह अवश्य ही इस समय कम्पार्टमेंट के अंदर बुढ़िया के निकट होती। शशिनाथ को यह पसंद नहीं था कि वमन विरेचन करनेवाले बीमार व्यक्ति के पास रंजना जाकर बैठी रहे। डॉक्टर की बातें सुनकर शशिनाथ ने अभी ज़रा देर पहले रंजना से कहा था—"मान लो, डॉक्टर एलानियाँ तौर पर बुढ़िया की इस बीमारी को हैजा न भी कहें तो भी हमें अपने तईं सावधानी नहीं बरतनी चाहिए ? संक्रामक बीमारियों के सिलसिले में डॉक्टर लोगों की पालिसी होती है कि आम जनता को घबराहट में डालनेवाली बातें न कहें...और, वहाँ हमारी-तुम्हारी जरूरत है भी क्या ? जो कुछ करना है, वो सब तो डॉक्टर कर ही रहा है !" शशिनाथ का यह तर्क रंजना को जँचा नहीं। उसके अंदर से शशिनाथ की इस दलील को काटनेवाली एक और दलील उभरने लगी—वाह, फिर तो ऐसे रोगियों के पास डॉक्टर ही बार-बार क्यों जाएँगे ? रोग चाहे साधारण हो, चाहे संक्रामक, तीमारदारी के लिए रोगी के पास लोग जाएँगे ही...रंजना ने कोढ़ियों की परिचर्या में लगे हुए ईसाई मिशनरियों की बातें बार-बार सुन रखी हैं। उसे कभी किसी संक्रामक रोगी के निकट जाते हुए ज़रा भी हिचक नहीं हुई। अब अगर शशिनाथजी

को यह सब अच्छा नहीं लगता हो तो न लगे अच्छा ! रंजना से रहा नहीं जाएगा। वह बार-बार बुढ़िया को देखने जाएगी। जरूरत पड़ेगी तो वह उसकी सेवा भी करेगी...सेठानी रंजना के कहने से ही चटपट कंपार्टमेंट के अंदर गई थी।

सेठानी ने कहा—"चाची, आप अभी अपने केबिन के ही अंदर रहना। बुढ़िया के पास आप न जाओ। वहाँ बड़ी गंदगी है। मैं चाहती थी कि उसकी थोड़ी बहुत सेवा कर दूँ। लेकिन कोई बातों का जवाब तक देनेवाला नहीं मिला। एक औरत उसका माथा दबा रही थी। मुझे लगा कि वह गूँगी है।"

पीछे उसका सेठ भी आ गया। उसने रंजना से कहा—"बहनजी, मेरे समझाने से ये समझेगी नहीं। आप ही इसको समझाओ। यह वहाँ जाकर बुढ़िया से सटकर खड़ी होती है। इसकी क्या जरूरत है। दूसरे कंपार्टमेंट में बुढ़िया के जान-पहचान के कई सेठ हैं, सेठानियाँ हैं। उनमें से एक भी पास नहीं फटकता ! हमारी इन्हीं रानी साहिबा का दिल दया-सागर है..."

शशिनाथ ने सेठ की ओर सहानुभूतिपूर्वक देखा। बोले—"औरतों और बच्चों में कोई फर्क नहीं होता है। बार-बार मना कीजिए और बार-बार वही काम करेंगे..."

रंजना की भौंहें तन गईं। लगा कि उसे यह सब चुपचाप सुन नहीं लेना है। ऐसे अवसरों पर मौन रहना कितना घातक होता है, इसके सबूत रंजना को अपने जीवन में अनेक बार मिले थे। क्षण भर रुककर सेठ से उसने कहा—"ऐसी हालत में आप खुद क्या महसूस करेंगे ? भगवान न करें कि परदेश में आपकी कहीं ऐसी दशा हो ! ठीक है कि बुढ़िया अपनी बेवकूफियों के चलते बीमार हो गई मगर सहयात्री होने के नाते हमारा भी तो कुछ कर्त्तव्य होता है। अकेले, बेचारा डॉक्टर भला क्या कर लेगा ? मैं तो जाती हूँ, सारी रात बुढ़िया के पास रहूँगी...भले ही हैजे का केस हो ! मुझे रत्ती भर भी डर नहीं लगता है...आप और शशिनाथजी शांतिपूर्वक अपने-अपने केबिन में चलिए..." फिर उसने सेठानी की तरफ रुख करके कहा—"लीला, शायद तुम भी थकी हो, आराम करो ! मुझे नींद आने लगेगी तो तुम्हें जगा लूँगी..."

शशिनाथ के होंठों पर कुटिल मुस्कान की दोहरी भंगिमा खेल रही थी। उन्होंने सोचा, वह सेवा-भावना तुम्हारे लिए महँगी साबित हो सकती है। देखना, अपने को इतना न थका डालना कि दूसरों की नींद हराम हो। दरअसल, तुम बहुत अच्छी नर्स होतीं ! ...शशिनाथ जानते थे कि प्रकट तौर पर यह बात कही जाती तो भारी धड़ाका होता। बचपन में शशिनाथ ने अपनी मौसी से एक कहानी सुनी थी जिसमें लगाम चबानेवाली घोड़ी का जिक्र हुआ करता था...

मतभेद की स्थिति में शशिनाथ का मुस्कुराना रंजना के अंदर और भी जोश पैदा करता था। विभिन्न सुझावों और अभिरुचियोंवाले पुरुषों के साथ रंजना के घनिष्ट संपर्क रहे थे। उसे इन तिरछी मुसकानों का भलीभाँति अंदाज था। राजनीतिक वाद-विवादों में चरम ऊष्मा का परिचय देनेवाले युवक प्रणय-याचना के क्षणों में किस सीमा तक विगलित हो जाते थे, यह रंजना से छिपा नहीं था। ऊँचे आदर्शों और सूक्ष्म सिद्धांतों के

प्रति गहरी आस्था का बखान करनेवाले त्यागवीर साथी अवसर आने पर कैसे उथले प्रमाणित होते थे, यह सब वह देख चुकी है।

रंजना लीला के साथ कंपार्टमेंट की ओर आ गई। वे दोनों उधर प्लेटफार्म के सिरे पर आहिस्ते-आहिस्ते चहलकदमी करते रहे।

रंजना अंदर आई तो डॉक्टर बुढ़िया को सुई दे रहा था। स्प्रिट में भिगोया हुआ फाहा सुईवाली जगह पर मसलते हुए डॉक्टर ने कहा—"आधा घंटा बाद नींद आ जाएगी। लगभग तीन बजे आकर मैं देख जाऊँगा..." सिरहाने की तरफ बैठी हुई महिला की ओर देखकर डॉक्टर ने उससे पूछा—"इसके पास तुम रात भर बैठोगी ?" करीब में लेटा हुआ एक यात्री बोला—"साहब, इस बेचारी को भी जुकाम हो गया है। तबीयत ढीली है। वह क्या जागेगी !" पास जाकर रंजना बोली—"मैं जागूँगी डॉक्टर !"

"माताजी !"—डॉक्टर ने गर्दन घुमाकर रंजना को देखा। वह तैयार मुद्रा में खड़ी थी। उसके पीछे लीला थी। लीला ने कहा—"चाची, आप आराम कीजिए, यहाँ मैं रहूँगी..."

डॉक्टर को हँसी आ गई—"अब ऐसा न हो कि दोनों की दोनों आप जागती रह जाएँ ! ठीक तो है। अभी थोड़ी देर में बारह बजेंगे। तीन बजे तक तुम जागो, बाद में न हो तो माताजी को जगा देना..." फिर जाने क्या सोचकर डॉक्टर ने बुढ़िया के कान की तरफ झुककर पूछा—"माई, नींद आ रही है ?" बुढ़िया की तरफ से हल्के-हल्के हूँ-हाँ की धीमी आवाज आई।

जाते-जाते डॉक्टर बोला—"एक घंटा बाद वह छोटी शीशीवाली हरी दवा दो चम्मच पिला देना..." फिर उसने रंजना से कहा—"आप भी आराम करो, यह बहन बुढ़िया के पास रहेगी।"

डॉक्टर की वाणी में अनुरोध घुला था। रंजना को लगा, ऐसे प्रेम-पगे अनुरोध की रक्षा मुझे करनी चाहिए। लगा कि चिंता की वैसी बात नहीं है। बुढ़िया कमजोर जरूर हो गई है लेकिन उसकी जान खतरे में नहीं है।

कम्पार्टमेंट से नीचे उतरकर डॉक्टर और रंजना प्लेटफार्म पर चलने लगे। डॉक्टर को गंभीर पाकर रंजना की हिम्मत नहीं हो रही थी कि उससे और कुछ पूछे। उसे इस समय ऐसा प्रतीत हो रहा था कि अपना बेटा या दामाद ही यदि डॉक्टर होता और यदि ऐसे ही किसी नाजुक मौके पर रंजना उसके साथ होती तो उस समय वह भी इतना ही गंभीर होता। रोगी के भविष्य की चिंता में डूबा हुआ डॉक्टर रंजना को और भी आकर्षक लग रहा था। स्पष्ट था कि डॉक्टर की चेतना में इस वक्त अति दुर्बल वृद्धा की वह जीर्ण-शीर्ण काया ही बारंबार उभर रही थी। उसकी धँसी-धँसी आँखें, चुचके हुए गाल, सूखे फटे होंठ, सन जैसे सफेद बाल, अस्तव्यस्त कपड़ों से झाँकता हुआ हड्डियोंवाला चर्ममय ढाँचा...अपने रोगी का यह कलेवर ही डॉक्टर की धारणाओं का केंद्र बन रहा था।

रंजना डॉक्टर को जाते हुए देखती रही। वह खड़ी होकर डॉक्टर की तन्मयता के

बारे में सोचती रही। उसके दिल और दिमाग पर डॉक्टर ही डॉक्टर छाया हुआ था। इस समय रंजना के लिए न शशिनाथ का अस्तित्व था, न चित्रा का, न लाड़ले टीपू का ही...वह सोचती रही—बुढ़िया को बचाकर भला क्या मिलेगा डॉक्टर को ? आखिर क्यों वह इतना परेशान है ?...धीरे-धीरे रंजना के कल्पना-लोक में एक ऐसी बुढ़िया उभर आई जिसका बुरा हाल था...जो इसी तरह लेटी हुई थी...उससे भी उठा-बैठा नहीं जाता था। एक डॉक्टर उसे इंजेक्शन देने आया तो चेहरा उसका गाँधीजी की तरह हो गया। वह बीमार बुढ़िया भारत माता रही होगी। जिस डॉक्टर ने उसे इंजेक्शन दिया वह गाँधी की मुखाकृतिवाला महान चिकित्सक था। चिकित्सा की फीस के तौर पर भला उस डॉक्टर को क्या मिल गया ? थोड़ी-थोड़ी देर में बीमार बुढ़िया के चिकित्सक की मुखाकृतियाँ तिलक, गोखले, लाजपत राय, सुभाष, भगत सिंह, चन्द्रशेखर आजाद आदि की जगमगाती मुखाकृतियों में बदलती गई...फिर वे मुखाकृतियाँ आपस में गड्डमड्ड हो गईं...मालगाड़ी की शंटिंग का धक्का बार-बार सन्नाटे को तोड़ने लगा तो रंजना ने आँखें मसलकर देखा...डॉक्टर अपने केबिन में जा चुका था।

इस बीच शशिनाथ और सेठ जाकर व्यवस्थापक से मिल आए थे। उससे मालूम हुआ था, बुढ़िया के सौतेले लड़के को तार से सूचित कर दिया गया है। उसे यात्रा स्पेशल की रुटीन भेज दी गई है। चिंता की कोई बात नहीं...

शशिनाथ ने सेठ से कहा—"सगा लड़का होगा तो आ ही जाएगा।" सेठ ने माथा हिलाया—"इन दिनों सगे का भी कोई भरोसा नहीं। जमाना बहुत बदल गया है भाईजी ! श्रवणकुमार वाली वो कहानी दस हजार वर्ष पहले की है..."

शशिनाथ सेठ की इस बात पर मुस्कुराए। उन्हें अपने दोनों कमाऊ पूत याद आ गए। एक इंजीनियर था, दूसरा बैंक का हैड क्लर्क। दोनों अपने-अपने परिवार को साथ रखे हुए थे। बेटों और बहुओं से शशिनाथ को बहुत थोड़ी आशा या अपेक्षा रहती थी। समाज में प्रतिष्ठा के लिहाज से पुत्रों का सुयोग्य होना और बात है परंतु पितृभक्ति की कसौटी पर उनका खरा उतरना ?...शशिनाथ युग की विषमता के उस पक्ष को संदेह की दृष्टि से देखते थे जो पारिवारिक संबंधों की घनिष्टता को दिनानुदिन पतला बना रहा है।

सेठ फिर बोला—"इसके यही लक्षण रहे तो वापस कैसे लौटेगी ? मगर वापस न भी लौटी तो दुनिया का क्या बिगड़ेगा ? किसी निपूती बुढ़िया का अंत अगर उज्जैन जैसे तीर्थ में हो जाए..."

शशिनाथ ने दाहिने हाथ की तर्जनी उठाकर सेठ को आगे कुछ बोलने से मना कर दिया। अपने केबिन की तरफ बढ़ते हुए बोले—"अब आप भी आराम करो जाकर। बारह बज रहे हैं..."

स्विच ऑफ करके रंजना लेटी हुई थी। शशिनाथजी भी अपने बर्थ पर लेट गए। आज दुपहर का खाना लेने के बाद विश्राम नहीं कर पाए थे। रंजना बातचीत करने के मूड में नहीं थी, यह बात शशिनाथ को मालूम थी। उन्होंने अपने मन को समझा लिया, अब इस वक्त सो ही जाएँगे...वह लेकिन जाग रही थी। सिर से लेकर पैरों तक उस स्वच्छ अंधकार में शशिनाथ ने रंजना को कई बार स्थिर दृष्टि से देखा। कहीं कोई कंपन नहीं था। बाहर प्लेटफार्मवाली बत्तियों का प्रकाश फैला हुआ था। हवा बंद थी। शशिनाथ ने उठकर पंखेवाला स्विच ऑन कर दिया। फिर पानी पीने के लिए सुराही की तरफ बढ़े। वहाँ सुराही के मुँह पर इस वक्त प्लास्टिकवाला संदली कलर का गिलास औंधा पड़ा था। यह आज ही बाजार से आया था। शशिनाथ ही मानो इसका उद्घाटन कर रहे हैं...पहली बार वही इसे अपने होंठों से लगाएँगे।

भरा हुआ गिलास मुँह से लगाया तो उनकी इच्छा हुई कि रंजना ही इसमें पहले पिए...सोई तो नहीं है, शशिनाथ अनुरोध करेंगे तो अवश्य मान जाएगी। लेकिन चिंतन का उसका प्रवाह टूट जाएगा...। इधर वह कुछ ज्यादा ही सोचने लगी है। पिछले दो-तीन दिनों से गंभीरता का एक आवरण रंजना ने अपने व्यक्तित्व पर डाल लिया है...शशिनाथ ने उससे पानी पीने का अनुरोध नहीं किया, खुद ही पी गए। एक नहीं, दो गिलास। सवेरे तड़के ही उठना था। चार-पाँच घंटे सो लेंगे तो अच्छा ही रहेगा।

सेठ को बीमारी थी, सिर-दर्द की। रात को सोते समय सेठानी उसके सिर से भृंगराज की मालिश करती। आधा घंटा उसकी नन्हीं-नन्हीं मुलायम उँगलियाँ सेठ के सिर पर फिरती रहतीं। माथे का वह चंदल मैदान तेल की चिकनाहट में जगमगा जाता। चम्पियोंवाली स्टाइल में मालिश चलती रहती। अभी लेकिन सेठ के उस प्रोग्राम में बाधा पड़ गई। थोड़ी देर बुढ़िया के पास बैठने के बाद सेठानी सेठ के पास आई। कान से मुँह सटाकर फुसफुसाई—"अभी तो हाथ गंदे हो रहे हैं। बुढ़िया के कपड़े बदलवाए हैं। अब इस वक्त तुम्हें नहीं छू सकती। बस चुपचाप मन मारकर सो जाओ..."

गुस्से में सेठ की आँखें गोल-गोल हो गईं। उसने अपना चेहरा फिरा लिया। उसका चीखने का जी कर रहा था। सेठानी ने केबिन की बत्ती बुझा दी और पंखा खोल दिया। जाते-जाते बोली—"सवेरे पानी में डिटाल मिलाकर नहाऊँगी, धुले कपड़े पहनूँगी तभी तुम्हारे पास बैठूँगी। अभी माई का सराध करने जा रही हूँ। देखो, रंज़ न होना..."

बुढ़िया को नींद आ गई थी। कंपार्टमेंट के बाकी लोग भी पसर चुके थे। नीली बत्ती की निहायत मद्धिम रोशनी कंपार्टमेंट के अंदर तंद्रामिश्रित शांति का छिड़काव कर रही थी। लीला ने सोचा, बैठी रहेगी तो उस पर भी ऊँघ का असर होगा। थोड़ी देर में डॉक्टर आ सकता है। यदि डॉक्टर ने लीला को ऊँघती हुई पा लिया तो मन ही मन क्या कहेगा ? थोड़ी देर बाद दवा पिलाने के लिए क़ह गया है...एक घंटा बाद इसे दवा पिलाऊँगी। इतने में इसके गंदे कपड़ों को साफ कर आऊँ...लीला का दिल कहता था, चाची जग रही होंगी। चुपचाप उन्हें बुला लूँ। वह बीमार के पास बैठेंगी और मैं बाहर जाकर, बाथरूम में कपड़े साफ कर लूँगी...

थोड़ी देर बार सेठानी दबे पैरों से रंजना के केबिन में गई, कंधा छूकर इशारे से बाहर निकलने के लिए कहा।

शशिनाथ को झपकी आ गई थी। रंजना ने झुककर देखा। उनके नथने हल्के-हल्के स्पंदित हो रहे थे। केबिनोंवाली लाइन से लगा हुआ पैसेज था। उसमें से होते हुए आगे आकर दोनों नीचे आ गईं। कंपार्टमेंट से नीचे उतरकर रंजना ने पहले प्लेटफार्म नंबर चार का वह छोर देखा। उस निशीथ को कार्तिक शुक्ल पक्ष की गाढ़ी चाँदनी और अधिक मुखर बना रही थी। यों स्टेशन के इस सिरे पर वीरानगी का आलम था।

लीला के कंधे पर हाथ रखकर रंजना बोली—"क्या बजा होगा ? एक से ज्यादा तो न हुआ होगा।"

"बस"—लीला बोली—"एक बजने ही वाला है। चाची, तुम चलकर बुढ़िया के पास बैठो। मैं इतने में उसके कपड़े धो डालती हूँ...जब से चली है, इस बुढ़िया ने अपने कपड़ों में साबुन नहीं लगाया होगा। अभी तुम उधर ही चलकर बैठो। बीच में कहीं डॉक्टर न आ धमके..."

रंजना बोली—"अच्छा रहेगा। इस वक्त बाथरूम खाली मिलेगा, सवेरे तो कपड़े धोने का काम हो ही नहीं सकता। लेकिन इन कपड़ों को बाल्टी में मत खँघारना। डिटाल लेती जाओ। धो लेने के बाद, कपड़ों पर एक-एक बूँद डिटाल डालकर उन्हें फिर से खँघार लेना...लीला ने अंदर आकर बीमार के मुँह में दो चम्मच दवा डाली। मुँह खुल नहीं रहा था, कल्ला दबाकर दवा अंदर डालनी पड़ी। रंजना ने फुसफुसाकर कहा—"बेहोश तो नहीं है ?" सेठानी ने सिर हिलाकर जतलाया, नहीं, बेहोश नहीं है। फिर बोली—"कमजोरी के मारे निढाल पड़ी है, बेहोश क्यों होगी ! सारा जीवन बरत-उपवास करती हुई, नेम-निष्ठा से जिन्होंने अपने दिन गुजारे हैं ऐसी बूढ़ियाँ कभी अपना होश नहीं खोतीं; बड़ी कठजीव होती हैं...।" रंजना को लगा कि लीला ने मुश्किल से हँसी रोकी है। बुढ़िया को देख-देखकर यह लीला पिछले दिनों, कितनी हँसती रही है ! भौंहों के इशारे से रंजना ने जाने कितनी बार लीला को उसकी अशिष्टता का ध्यान दिलाया है... व्रत-उपवास करके जीवन को लंबे अरसे तक खींच ले चलनेवाली वृद्ध महिलाओं की चर्चा से रंजना को अपनी बुआ याद आ गईं। उनकी उम्र नब्बे से अधिक थी, व्रत-उपवास का सिलसिला अब तक चल रहा था। धन-संपदा की कमी नहीं थी। सेवा के लिए दो नजदीकी रिश्तेदार और दो नौकर थे। अपनी औलाद के नाम पर एक चिड़िया भी नहीं थी। बुआजी की मृत्यु का इंतजार करते-करते उनके दिवंगत देवरों के नाती-पोते ऊब चुके थे। कोई पूछ बैठता तो वे कहते—"हमारी बड़की आजी अभी तीस साल और जिएँगी...इनके तो कई बार नए सिरे से दाँत जमे हैं...!" कानून के अनुसार बुआ की संपत्ति के उत्तराधिकारी वही लोग थे। उनका बस चलता तो जहर डालकर मलाई चटवा देते बुआ को ! रंजना ने इस बुढ़िया को मन ही मन अपनी बुआ से मिलाकर देखा...क्या पता इसके भी उत्तराधिकारी उसी तरह ऊब रहे हों ! क्या पता, इसकी मृत्यु का समाचार पाकर वे चैन की साँस लें...

लीला को कपड़े धोने थे, वह जा चुकी थी। रंजना कम्पार्टमेंट की खिड़कियों से बाहर देखने लगी। इधर कम्पार्टमेंट की दूसरी तरफ पटरियाँ बिछी थीं। प्लेटफार्म उधर उस ओर पड़ते थे। पटरियों के आगे, कुछ दूर पर रेलवालों का अहाता खत्म होता था। और आगे सफेदी में पुते मकान चाँदनी को अधिकाधिक आकर्षक बना रहे थे, उस पर मानो शान चढ़ा रहे थे। कपड़े के कारखानों से मशीनी करघों पर घूमनेवाले हजार-हजार तकुओं की मृदुमद्धिम सरसराहट उभर-उभरकर निशीथ के उस सन्नाटे में घुल रही थी। ऐसे में, रंजना का ध्यान अपनी चिरपरिचित नदी गंडक की उन कछारों की ओर चला गया, जहाँ शरद की यह चाँदनी कोसों तक कुछ और ही जादू दिखला रही होगी; झाऊ और पटेर के हरे-हरे छोटे-छोटे पौधों से भरा हुआ निर्जन कूल-किनारोंवाला वह लंबा अंचल अपने ऊपर समूचा क्षीर सागर ओढ़ चुका होगा...

आउटर सिगनल के पास आकर एक इंजन बार-बार भोंपा बजाने लगा। पीछे शायद मालगाड़ी के डिब्बे जुड़े हुए थे। रंजना खिड़की से सिर निकालकर उधर देखने लगी। इस समय इंजन का वह भोंपा उसे अच्छा नहीं लगा। सिगनल की हरी बत्ती देखकर वह आश्वस्त हुई, सिर अंदर कर लिया। अब रंजना को बुढ़िया की धँसी आँखों के अंदर खुली पलकों के बीच पुतलियों की तनिक-सी टिमटिमाहट नजर आई। और उठकर और पास आ गई। झुककर पूछा—"पानी पियोगी ?" दुर्बलता के कारण वह माथा नहीं हिला सकती थी। दाएँ हाथ की दो उँगलियों से उसने बहुत ही हल्का संकेत दिया, वह पानी चाहती थी।

चौथाई गिलास पानी भी बुढ़िया मुश्किल से ही पी सकी। रंजना को लगा, यह साल-छह महीने अधिक से अधिक और जिएगी। यह क्यों घर से निकली। ऐसी कमजोर वृद्धा को इस तरह बाहर यात्रा के लिए भेज देना कहाँ तक उचित था घरवालों के लिए ?...रंजना को सेठ की बात याद आई। उसने बतलाया था, इसके और कोई नहीं है। बस एक सौतेला लड़का है...माँ के प्रति पुत्री की जो ममता होती है उसकी ममता का ज़रा-ज़रा उद्रेक रंजना के अंदर होने लगा था। अपनी माँ से एक बार जो वह अलग हुई तो फिर कभी मिल नहीं सकी। परिस्थितियाँ ही इस तरह जटिल होती गईं कि माँ-बेटी का पुनर्मिलन संभव नहीं हुआ। यह एक विचित्र संयोग था कि रंजना की माँ भी हैजे में मरी थी। सोचते-सोचते ज़रा देर के लिए उसकी आँखें झिप गईं। कोनेवाली सीट पर पीठ को सहारा मिल गया था। बाहर से भीगी रात की तरावट आ रही थी। दिन की थकान से पहले तो रगों में तनाव था, अब समूचा बदन शिथिल होकर लेट जाना चाहता था। लेटने का मौका नहीं पाकर मात्र पीठ का सहारा भी तात्कालिक विश्राम के लिए पर्याप्त था। उसकी आँखें झिप गई थीं।

आहिस्ते से डॉक्टर कम्पार्टमेंट के अंदर आया, बुढ़िया की नब्ज टटोलकर देखी और फौरन नीचे उतर गया। सेठानी की जगह रंजना को पाकर उसे थोड़ा-सा विस्मय हुआ,

फिर भी ऊँघती हुई रंजना को टोकना डॉक्टर को आवश्यक नहीं प्रतीत हुआ। सोचा, सेठ ने बुलवा लिया होगा...रंजना की पलकें खुली होतीं तो डॉक्टर को सही बात का पता चलता। उसने सेठ और सेठानी के बारे में कभी उल्टा नहीं सोचा था। तीर्थयात्रा स्पेशल के कुछ-एक यात्री आपस में हँसी-ठिठोली के अवसरों पर किस तरह इस दंपति का मखौल उड़ाते थे, डॉक्टर के कानों तक उसकी अनुगूँज पहुँचती रहती थी ! किंतु डॉक्टर इन मामलों में 'सपाट' था, जैसे कि चुलबुली तबियत के कुछ-एक यात्री कहते थे।

अपने केबिन की ओर वापस आते समय डॉक्टर को लगा कि दूसरे कम्पार्टमेंट में तीन-चार यात्री ताश खेल रहे हैं। दिन का वक्त होता तो ताशवाले यों फुसफुसाकर पत्तियाँ नहीं फेंकते। रात में दस बजे के बाद प्रातः पाँच बजे तक वहाँ कोई व्यक्ति किसी प्रकार का शोरगुल नहीं मचा सकता था। भजन, पाठ की आवृत्ति, मंत्रोच्चारण और वार्तालाप भी फुसफुसाकर ही किए जा सकते थे : यात्रियों को दिए गए 'सूचना-पत्रक' में इसका साफ-साफ उल्लेख था...हिंदी, बंगला, गुजराती और अंग्रेजी में छपे हुए उस सर्कुलर की अंग्रेजीवाली वे दो पंक्तियाँ डॉक्टर की आँखों के आगे घूम गईं।

अपने केबिन के अंदर प्रवेश करते हुए डॉक्टर ने देखा, कम्पाउंडर गाढ़ी नींद में उसकी तरह सोया है। उसकी नाक हल्के-हल्के बज रही थी, क्रमबद्ध लय में। अपनी अलग बर्थ पर, पैरों से लेकर छाती तक रेशम की चादर ओढ़े, डॉक्टर का वह सहकारी लेटा पड़ा था। डॉक्टर ने सोचा, इन दिनों यही मेरा अभिभावक है, कितनी अधिक चिंता रहती है इसे ! कुकर का सिझाया हुआ खाना खाते-खाते मैं कहीं ऊब न जाऊँ, इसलिए अलग स्टोव पर रोज बदल-बदलकर मेरे लिए यह सब्जी पकाता है ! मैं न मना करूँ तो अंडरवियर और बनियान तक धो ले ! बस, जैसे-तैसे अखबार पढ़ लेता है। लेकिन एलोपैथिक और आयुर्वेदिक दवाओं की मोटा-मोटी जानकारी रखता है, कामचलाऊ... कंपनी के प्रबंधकों का अपना खास आदमी है। घनघोर ईमानदार, कर्त्तव्यनिष्ठ, परमार्थी। तड़के उठकर नहा लेता है। आधा घंटा रामचरितमानस, उससे पहले आधा घंटा गायत्री जाप। चंदन-फंदन नहीं लगाता है। दिखावे से बड़ी चिढ़ है...। कल रात मैंने दूध नहीं पिया तो बहुत दुखी हुआ। मारवाड़ियों के बहुत बड़े सेवा प्रतिष्ठान में दस वर्ष तक कंपाउंडर रहा है...

अपनी बर्थ पर ज़रा देर के लिए लेट गया डॉक्टर। वह चाहता था कि तीन बजे तक जगा रहे। अभी पंद्रह मिनट इसी तरह लेटा रहेगा। लेटे ही लेटे, सिर के नीचे से बाईं कलाई खींचकर वह टाइम देखने लगा। काले डायल पर रेडियमवाली सुइयाँ और अंक जगमगा रहे थे...पाँच मिनट बाद डेढ़ बजेगा !

हवाई चप्पलों की हल्की चपचप से उस अधेड़ ब्राह्मण की पतली नींद मानो और पतली हो आई। खुली पलकों से उसने डॉक्टरवाली बर्थ को देखा। अभी-अभी टाइम देखकर डॉक्टर ने बाएँ हाथ की कलाई को माथे के नीचे रखा था। कंपाउंडर बोला—"सरकार, सिर के नीचे तकिया रखकर लेटते तो शरीर को आराम मिलता...इस तरह उल्टी दिशा

में कब तक लेटे रहिएगा ?"

डॉक्टर ने कहा—"मुझे क्या पता कि तुम जाग रहे हो ! अभी दो भी नहीं बजे हैं। पानी-वानी तो नहीं पीना है ?"

कंपाउंडर उठा। पैरों में काठवाली चटचटी डालकर केबिन से बाहर निकला। थोड़ी देर में लौटा तो हाथ धोने के लिए पानी भरी लुटिया लेकर खिड़की में से झुका।

"सुनते हो ओझा"—डॉक्टर की आवाज आई—"जाने क्यों, मुझे लगता है कि बुढ़िया के अंतिम क्षण बहुत दूर नहीं हैं। मुझे शायद तीन बजे के बाद भी नींद नहीं आएगी।"

रामजनम ओझा डॉक्टर की इस बात पर चौंक गया। उसका बायाँ हाथ खिड़की से बाहर लुटिया थामे हुए था। कुल्ला करने के लिए झुके हुए मुँह को उसने अंदर खींच लिया और दाहिना हाथ डॉक्टर की ओर फैलाकर बोला—"ऐसी बात है तो मैं जागता रहूँगा...आप आराम कीजिए हुजूर ! जो होगा देखा जाएगा...जरूरत पड़ने पर मैं आपको जगा लूँगा।"

डॉक्टर उठकर बैठ चुका था। उसने कहा—"अजी नहीं ! मुझे तो रतजगे की पुरानी आदत है...आप सो जाओ महाराज ! चिंता की कोई बात नहीं।"

इतने में सामने से सेठानी निकली। बाएँ हाथ से धुले हुए कपड़े सँभाले हुए थी, दाहिने हाथ में बाल्टी लटक रही थी। कंपाउंडर ने उसे टोका—"कपड़े धोने के लिए तुम्हें यही वक्त मिला ?"

सेठानी ने कहा—"अपने थोड़े हैं ? बुढ़िया के कपड़े हैं...इन्हें अब न धोती तो फिर कब धुलते ?"

डॉक्टर को सेठानी का यह 'श्रमदान' अनोखा प्रतीत हुआ। जिसे दस्त और कै की बीमारी लगी हो, उसके कपड़े धोकर सेठानी ने अपने साहस का ही सबूत दिया था। डॉक्टर की नजरों में वह ऊपर उठ गई। अधिकांश यात्री पीठ-पीछे सेठानी का परिहास करते थे। उसकी ओर उनके रिमार्क चालू किस्म के और छिछले हुआ करते। ओछी तबियत के बूढ़े तक सेठानी की तरफ लालच की दृष्टि छलकाते। यह सब डॉक्टर से छिपा नहीं था। वह लीला को एक सामान्य घरेलू टाइप की स्वस्थ सुंदर तरुणी समझता था। परंतु बुढ़िया के दुर्गंधित वस्त्रों को निर्लिप्त भाव से धोने-पछीटनेवाली यह लीला डॉक्टर की चेतना में सात्विक तौर पर प्रवेश कर गई। अपनी बर्थ पर लेटे ही लेटे सेवामयी लीला के अनुरंजित बिंब डॉक्टर के कल्पना पटल पर उभरते रहे।

जब से नाम मालूम हुआ था, तब से डॉक्टर के लिए भी वह लीला ही थी। सेठानी नहीं थी। रंजना की बदौलत ही दो अक्षरों—चार मात्राओंवाला यह मुलायम नाम लोगों की जीभ पर चढ़ा था। पहले, यात्रा के आरंभिक दिनों में वह मात्र सेठानी थी। अब तो शशिनाथ का भी जी करता कि उसे लीला कहकर पुकारें। मोटी नहीं थी, फुर्तीली थी। अपने कंपार्टमेंट की बूढ़ी महिलाओं के छोटे-मोटे काम उत्साहपूर्वक कर दिया करती

थी। दिन के समय अक्सर उसकी पायलों की झंकार सुनाई दे जाती तो फुसफुसाकर ताश फेंटनेवाले यही महानुभाव खाँस-खाँसकर एक-दूसरे का ध्यान लीला की ओर दिलाते...डॉक्टर लीला के बारे में सोचता रहा। जिस सामाजिक विषमता के चलते लीला को बूढ़े सेठ की अर्धांगिनी बनना पड़ा, डॉक्टर उसका अंदाज लेना चाहता था लेकिन बेचारे का चिंतन-चक्र कुव्यवस्था के उस नागपाश की परिधि के बाहर ही चक्कर खा रहा था...क्या लीला उस परिवार की थी जिसका मुखिया अर्थसंकट के भँवर में पड़कर अपनी तरुण संतान को बेच डालता है ? क्या वह अनाथ लड़की थी जिसे सेठ ने खरीद लिया था ? या कोई परम लालची अर्थपिशाच अभिभावक इस लड़की को ऐसे जाल में फँसाकर दूर हट गया है ?...डॉक्टर ने अपनी चेतना को काफी उलझा लिया था, उसकी बोधशक्ति शून्य में खो रही थी।

वह बर्थ से उठ बैठा। टार्च से रोशनी करके बैग के अंदर से सौंफ की डिबिया निकाली। एक चुटकी सौंफ के दाने मुँह के हवाले करके उसने ओझा की ओर देखा। उसकी नाक फिर से बजने लगी थी। ऐसों को अनिद्रा नहीं सताती—डॉक्टर ने सोचा, फिक्र न हो और दुनिया भर की जानकारियों का लबादा न लदा हो ऊपर, तो जिस किसी को चाहे जब और जहाँ कहीं नींद आ ही जाएगी...दिन का उजाला होता तो इन क्षणों में आप डॉक्टर के होंठों पर महीन मुस्कान देख सकते थे !

चाँदी की यह डिबिया उसे जीजा ने दी थी। जीजा के दवाओं के निर्माण और वितरण में ख्यातिप्राप्त दो अंतर्राष्ट्रीय व्यावसायिक प्रतिष्ठानों से संबंध थे। बदल-बदलकर रीजनल एजेंसियाँ लेते रहते थे। चाँदी की वह नफीस डिब्बी डॉक्टर को उन्होंने मैसूर से भेजी थी। लिखा था—"पान का शौक होता तो तुम इसमें जर्दा रखते, अब शायद सौंफ रखोगे..." मगर यह तो दो साल पहले की बात थी। कुछ अर्से तक जीजी ने इसके अंदर नाक की कीलें और कानों के जड़ाऊ फूल रखे थे। डिब्बी थमाते हुए जीजी बोली थी—"मेरे लिए चाँदी का टी सेट आया है और तुम्हारे लिए यह खिलौना"...डिबिया को पैंट की पाकेट में डालकर वह खड़ा हो गया, अगले क्षण उसके पैर कम्पार्टमेंट के नीचे प्लेटफार्म पर आ गए।

रेलवे-प्रोटेक्शन फोर्स (R.P.F) का एक नौजवान कम्पार्टमेंट से नीचे प्लेटफार्म पर कूदकर आ गया। दो बूटों की सम्मिलित आवाज से डॉक्टर का ध्यान उधर खिंच गया। ऐसा अक्सर होता था। आर.पी.एफ. (रेलवे पुलिस) के दो नौजवान यात्रा स्पेशल को मिले थे। रात के वक्त बदल-बदलकर उन्हें राउंड लेना होता था। लूटपाट या अन्य किसी प्रकार की गैरकानूनी दुर्घटना का अंदेशा पूर्वी भारत में जिस तरह रहता है, देश के अन्य भागों में उसकी कल्पना नहीं की जा सकती। डॉक्टर के जी में आया कि उस बंदूकधारी से पूछे—इस तरह क्यों कूद रहे हो ? अभी तो एक्शन में नहीं हो, आहिस्ते से उतर सकते थे...लेकिन डॉक्टर ने उसकी ओर देख भर लिया। पूछा नहीं कुछ उससे। मन ही मन डॉक्टर अपने आपसे कहने लगा—पुलिस और मिलिट्री के युवक हमारे राष्ट्र की उमंग के प्रतीक हैं। वे सदैव शिष्टता और संयम की लकीरों पर नहीं चल सकते। बालकों

और तरुणों की भाँति चपलता इनकी रग-रग में मचलती रहती है। हाँ, एक्शन में कमांड के अंदर ये अच्छी तरह अनुशासित रहते हैं...अब डॉक्टर की यह इच्छा हुई कि रेलवे पुलिस का दूसरा नौजवान भी इसी तरह छलाँग लगाकर प्लेटफार्म पर आ जाए...चपलता तरुणाई का प्रमुख लक्षण होती है...डॉक्टर बंदूकधारी नौजवान को देखता रहा।

तीन बजे के बाद, डॉक्टर अपनी बर्थ पर आकर लेट जाएगा। घंटा-आधा घंटा भी पलकें मुँदी रहीं तो आराम मिलेगा। जाने क्यों, उसका जी कह रहा था, कल का सूरज बुढ़िया नहीं देख पाएगी। कल्पना में बार-बार स्पंदनहीन पथराई पुतलियाँ उभरने लगीं। सूखे चुचके गालों से ऊपर सफेद पतली भौंहों के नीचे, कोटरों में धँसी आँखों का प्रभाहीन चित्र बार-बार ध्यान में उतराने लगा।

कम्पार्टमेंट के अंदर आकर डॉक्टर ने देखा, बुढ़िया के सिरहाने लीला बैठी हुई है। रंजना नहीं है। लीला की पलकें निश्चय ही मुँदी हुई हैं, बैठे ही बैठे वह निद्रा का आवरण अपने ऊपर डाले हुए है। आँखें खुली होतीं तो डॉक्टर को पास देखकर खड़ी नहीं हो जाती ? उधर, दो बर्थों के बाद एक यात्री ने करवट बदली तो लगा कि डॉक्टर के पैरों की आहट उसके कानों तक पहुँची है।

चुपचाप बुढ़िया की नब्ज देखकर डॉक्टर नीचे उतर आया। प्लेटफार्म पर बिजली का प्रकाश उतना नहीं था जितनी चाँदनी थी। शरद के शुक्लपक्ष की अंतिम तिथियोंवाला अति धवल निशीथ इलेक्ट्रिक की उस रोशनी को दयनीय बना रहा था।

माँ की आँखें गीली थीं। लड़का शांत और गंभीर था।

जेल गेट के अंदरूनी हिस्से में, दाहिनी तरफ यह कमरा मिलने-जुलने के लिए था। ऊँची श्रेणी के कैदी अपने परिवारवालों या वकीलों से मिलवाने के लिए यहीं लाए जाते थे। बीचोंबीच पुराना, बदरंग, भारी-भरकम-सा टेबुल था—बहुत लंबा नहीं, आमने-सामने बिना बाँहोंवाली दो-दो कुर्सियाँ पड़ी रहती थीं। दीवारों पर हाल में ही सफेदी की गई थी। फिर भी उखड़ी हुई पुरानी वारनिश की पपड़ियाँ सफेदी को चिढ़ा-सी रही थीं। दीवारों में खिड़की एक भी नहीं थी, प्रवेशवाला दरवाजा भी किवाड़ोंवाला नहीं था। हाँ, मोटी सलाखोंवाला छोटा फाटक ही आने-जाने का माध्यम था। सामने, मुख्य द्वारवाले मार्ग के उस ओर जेल ऑफिस का वह बड़ा कमरा दिखाई दे रहा था, जिसके अगल-बगल और भी कई रूम थे। उनमें लिपिक बैठते थे। बड़ी-बड़ी मूँछों और घनी भौंहोंवाला पग्गड़धारी जेल गार्ड का अन्यतम प्रमुख संतरी अपनी चमचमाती राइफल सँभाले, बीच-बीच में दिखाई दे जाता था। उसकी बेल्ट से मोटी चाबियों का भारी गुच्छा लटक रहा था। बूटों की आवाज न आने पर यह समझना सहज होता कि वह बड़े फाटक के निकट इधर की ओर अपने स्टूल पर बैठा है।

पैंट-बुशर्ट में एक ऑफिसरनुमा अधेड़ अंदर आया। उसके पीछे-पीछे नौजवान

कैदी वार्डर था। कमरे के अंदर आ जाने पर वह आगे बढ़ा और मेज के सिरे पर कुर्सी खींच लाया। वह शायद इसी काम के लिए आया था। अगले ही क्षण कमरे के बाहर चला गया।

माँ और बेटे को चुप पाकर वह समझ गया कि दोनों मुद्दत के बाद मिले हैं। इंटेलीजेंस का आदमी था। इस प्रकार के अवसर आते ही रहते थे। उसे भलीभाँति मालूम था कि कैसे देर-देर तक राजनैतिक तरुण अपनी माँ, बहन, भाभी, भाई, बहनोई और पिता के सामने गुमसुम बैठे रहकर मिलने का समय यों ही गुजार देते हैं; कि कैसे उनके मुँह से कुल मिलाकर 25-50 शब्द भी नहीं निकल पाते; कि कैसे एक-दूसरे की तरफ वे सहज दृष्टि से देख तक नहीं पाते...वह यह भी समझ रहा था कि माँ की भावुकता को उभारकर उसका कोई खास प्रयोजन यहाँ सिद्ध नहीं हो सकता। फिलहाल माता-पुत्र के मध्य थोड़ी बहुत बातचीत तो वह चालू करवा ही सकता है।

"यह तो सारा-सारा दिन किताबें ही चाटते रहते हैं।" आफिसर बोला और रंजना की ओर देखने लगा, "बीमार न रहें तो क्या हो ! आप आई हैं तो इन्हें समझा-बुझाकर जाइए..."

टीपू ने घूरकर उसकी ओर देखा। मन ही मन उसने उसे गाली दी—सुअर कहीं का ! इसे मेरे स्वास्थ्य की चिंता है !...साले की थूथन झाड़ दूँगा...टीपू ने अपने पर काबू रखा। अगले ही क्षण उसकी नजर माँ की निगाहों से टकराई, फिर झुक गई। हथेलियों के पंजे उलझाकर उसने अपने सामने औंधे रख लिए, उन्हीं पर आँखें गड़ाकर चुप रहा।

रंजना ने पूछा—"खाने-पीने में क्या कुछ मिलता है ?"

"सब कुछ मिलता है अम्मा"—फीके होंठों से मुस्कुराते हुए टीपू ने कहा—"मेहरबानी है सरकार बहादुर की ! तुम रत्ती भर भी फिक्र न करो मेरी...। जीजी ने नाहक ही टेलीग्राम करके तुम्हें परेशानी में डाल दिया। किसके साथ आई हो।"

रंजना ने टीपू की ओर देखा। क्षण भर बाद बोली—"पाठकजी आए हैं।"

उसे उस आफिसरनुमा अधेड़ व्यक्ति की उपस्थिति खलने लगी। शशिनाथ के प्रति टीपू के अंदर गाढ़ी वितृष्णा थी। लेकिन इस समय रंजना यह नहीं चाहती थी कि टीपू शशिनाथ के बारे में अपनी रंजिश या लापरवाही व्यक्त करे। समाज और शासन के प्रति अपनी नफरत को टीपू किस पैनेपन से जाहिर करता था, रंजना को अच्छी तरह पता था। वह अपने इस लाड़ले पुत्र से छब्बीस महीने बाद मिल रही थी। इस अरसे में सामाजिक और शासकीय विषमताओं पर टीपू का आक्रोश जाने कितना गाढ़ा हो गया होगा !

टीपू ने ही बात को आगे बढ़ाया—"मैंने सोचा था, तुम जब कभी आओगी, भइया या मामा के साथ आओगी।" ज़रा रुककर वह कहने लगा—"तुम तो पहली बार हजारीबाग आई हो। महीना-डेढ़ महीना यहाँ रहने का मौका मिले तो तुम्हारा वजन बढ़ जाएगा..."

रंजना को हँसी आ गई। बोली—"तेरा अपना कितना वजन बढ़ा है ! आँखें धँसकर अंदर चली गई हैं। चेहरा लंबा हो गया है। गले की हड्डियाँ निकल आई हैं..." लगा, आवेग में ममता के मारे फिर से रंजना की आँखें गीली हो आएँगी।

थोड़ी देर तक दोनों चुप रहे। इंटेलीजेंस का वह बाबू बीच में दो बार अपनी घड़ी देख चुका था। अब उसके लिए चाय आ गई थी। वह निर्लिप्त भाव से चाय की चुस्कियाँ लेने लगा। साँवले-सलोने चिकने चेहरे में, संकुचित ललाट के नीचे मझोले आकार की कमलपत्री आँखें रंजना को आकर्षित कर रही थीं। चिकने गालों को छोटी-छोटी खिचड़ी मूँछें और पतले रसीले होंठ मानचित्र बना रहे थे। उस मानचित्र को छोटी नुकीली नाक मानो पूर्णता प्रदान कर रही थी।

परंतु अगले ही क्षण उस भरे हुए मुखमंडल का श्यामल सौंदर्य रंजना को घिनौना लगने लगा ! वह सी.आई.डी. का आदमी था। माँ बेटे से खुलकर बातें न कर सके, बेटा अपनी माँ को सामने पाकर भी दिल को कहीं उँडेल न दे, इसी की निगरानी के लिए वह उन दोनों के सामने बैठा था। रंजना ने मन ही मन उसे गाली दी—छछूँदर ! तुझसे यह भी नहीं होता कि दो मिनट के लिए कमरे से बाहर घूम-घाम आओ !...रंजना को उस पर गुस्सा आ रहा था। स्वतंत्रता संग्राम के दिनों में जाने कितनी बार रंजना अपने पति से और उनके मित्रों से मिलने के लिए जेल के अंदर जा चुकी थी। तब भी सी.आई.डी. के आफिसर राजनैतिक कैदियों के सामने परिवारवालों से मिलते समय निगरानी के लिए हुआ करते थे। लेकिन स्वराजी बंदियों को बड़ी आजादी थी। सी.आई.डी. वाले बातचीत के लिए पूरी छूट देते थे। साथ खाने-पीने, खेलने, हँसी-ठट्ठा करने के लिए घंटों अलग-अलग अकेले में छोड़ दिया करते थे...और आज यह हमारी अपनी सरकार का खुफिया चूहा किस तरह अकड़कर हमारे सामने बैठा है !...रंजना के बदन का रोआँ-रोआँ घृणा की आग में सुलग उठा। लगा कि अब और अधिक उससे यहाँ बैठा नहीं जाएगा।

मुलाकात के लिए घंटे भर की अवधि दी गई थी। अभी बीस मिनट और बाकी थे कि टीपू उठ खड़ा हुआ। बोला—"अच्छा, अम्मा, दस-पाँच रोज तो रहोगी ही..."

"एक सप्ताह तो जरूर रहूँगी।" रंजना ने कहा—"मगर, यहाँ ज्यादा रहकर करूँगी भी क्या ? नजदीक रहने का मोह तो अवश्य रहेगा, लेकिन मिलना-जुलना न हो तो यह मोह किस काम का ! हम दूर रहकर भी एक-दूसरे से अपने को नजदीक महसूस कर सकते हैं...इस तरह झलक-झाँकी पाकर गूँगी की तरह सामने बैठी रहूँ, यह तो अपने से नहीं होगा..."

सी.आई.डी. का आफिसर मुस्कुराकर निकलने लगा। निकलते-निकलते बोला—"अभी तो बीस मिनट टाइम है। आप लोग बैठिए..." रंजना कुछ कहने ही वाली थी कि टीपू ने होंठों पर उँगली रखकर बोलने से मना किया। यकायक पुराना मुहावरा अंदर ही अंदर उभरा; दीवार के भी कान होते हैं। इस पर वह हँस पड़ता यदि अकेला होता।

खुफिया का वह छोटा बाबू कमरे से निकलकर बाहर जरूर आ गया था, लेकिन सामने से हटकर दीवार से पीठ टिकाए खड़ा था। वह चाहता था कि बेटा न सही, माँ तो जरूर बातें करे। ! माँ बातें करेगी तो शायद एकाध प्वाइंट मतलब का निकलेगा। अपनी कान्फीडेंसियल नोट्सवाली डायरी भरने के लिए आखिर उसे कुछ तो चाहिए !

खुफिया के आदमियों की इन लटकेबाजियों से टीपू अपरिचित नहीं था। वह माँ से, भाइयों से, बहन से मिलने का इरादा छोड़ चुका था। वह नहीं चाहता था कि परिवार का कोई भी सदस्य उससे मिलने आए। माँ यों ही हजारीबाग आ धमकी थी। निश्चय ही तीन-चार दिन सरकारी अनुमति प्राप्त करने में लग गए होंगे। टीपू को यह सब मालूम था। मिलने के लिए आमने-सामने होने पर उमड़ते हुए आवेगों पर काबू रखना कितना कठिन होता है, इसका अंदाज टीपू अनायास ही ले चुका था। यह ठीक है उसकी माँ देहात के आदिम संस्कारोंवाली वैसी साधारण स्त्री नहीं थी जो ऐसे अवसरों पर भावुकता के मारे अपना आपा खो बैठती और जिसे सँभालना अपने आपमें एक अलग प्रोब्लेम होता है। दूसरे-तीसरे पक्ष का आदमी ऐसे दृश्यों को देखकर एक प्रकार की शालीन गंभीरता का भारी आवरण अपने ऊपर डाल लेता है...टीपू के लिए मिलनकालीन वे अभिनय अकल्पनीय थे। परंतु खुफिया का छोटा बाबू अपनी कल्पना में उन्हीं दृश्यों को सँजोए हुए था। वह प्रतीक्षा कर रहा था कि माँ की आँखों से आँसू के दो-एक बिंदु कब टपकते हैं; कि अंदर की विह्वलता किस प्रकार शब्दों में रुकावट पैदा करती है !

परंतु रंजना देर तक चुप नहीं रह सकी। बोली—"मैं चाहती हूँ कि कम से कम महीना भर मैं यहाँ रहूँ और तुम्हारे लिए पौष्टिक आहार की व्यवस्था अपनी तरफ से करूँ। मुझे पूरी आशा है कि जिलाधीश इसकी अनुमति अवश्य देंगे..."

टीपू हँसने लगा। बोला—"अच्छा, तो यह बात है ! तुम इसलिए आई हो कि जेल के अंदर रहते ही मैं पहलवान बन जाऊँ ! क्या समझती हो कि मुझ अकेले को पौष्टिक आहार चाहिए ? तुम्हारे इस टीपू के साथ और भी आठ-दस टीपू हैं यहाँ पर। सभी के लिए तुम अपनी तरफ से खीर-मलाई और अंडा-मछली का प्रबंध करोगी ?"...टीपू माँ की तरफ देखकर हँसता रहा।

रंजना गंभीर हो गई। अपनी हथेलियों पर नजरें टिकाकर कुछ सोचने लगी। खाने के लिए जो कुछ भी बाहर से लाकर वह टीपू के लिए भिजवाएगी, वह अकेला टीपू नहीं खाएगा, टीपू के सभी साथी उसमें साझीदार होंगे...रंजना को अपनी यह ममता बचकानी-सी लगी। अभावग्रस्त परिवार का छोटा मुन्ना टॉफी या चॉकलेट पा जाने पर छिपाकर अकेले में कुतर-कुतरकर खाता देखा गया है। किंतु टीपू तो अभावग्रस्त परिवार का वह छोटा मुन्ना नहीं है ! वह तो एक राजनैतिक जमात का तरुण कामरेड है। खाने-पीने, ओढ़ने-पहनने या इस्तेमाल की जानेवाली अन्यान्य सामग्रियों का उपयोग वह अकेले कैसे करेगा ! ऐसा हो ही नहीं सकता...रंजना को टीपू के पिता की याद आई। उनकी भी यही आदत थी। भुनाँ हुआ भुट्टा भी चार टुकड़े करके आपस में बाँट लेते थे। दो मिनट

बाद दूसरा भुट्टा भूनकर आता था, उसके भी चार टुकड़े होते थे। फिर दो मिनट बाद तीसरा भुट्टा भूनकर आता था। इस सिलसिले में मदन ठाकुर (रंजना के पति) ने जाने कितनी बार गुरुनानक की वह कहानी सुनाई होगी...कहा गया है कि परीक्षा लेने के लिए किसी भगत ने गुरुनानक के सामने तिल का एक छोटा-सा दाना रख दिया। वह देखना चाहता था कि गुरु महाराज तिल के इस दाने का बँटवारा कैसे करते हैं। नानक ने एक शिष्य को पास बुलाया, कहा—"उधर, उस ओर ठंढई के लिए बादाम, सौंफ, काली मिर्च घोटी जा रही है। ले जा, इस तिल को भी उसमें डाल दे।" इस प्रकार ठंढई के साथ-साथ तिल का वह छोटा-सा दाना पचासों पेट के अंदर पहुँच गया ! निश्चय ही बचपन में टीपू ने अपने पिता से तिलवाली यह कहानी सुनी होगी...

वह चुप ही रह जाती यदि टीपू खिलखिलाकर हँसा नहीं होता। माँ को गुमसुम पाकर बेटे की हँसी फूट पड़ी। वर्षों बाद अपने इस लाड़ने की खिलखिलाहट रंजना के कानों में पड़ी तो उसका अंग-अंग पुलकित हो उठा। वात्सल्य की थिरकन रग-रग में दौड़ गई। बीच में बड़ा-सा मेज पड़ा था। वह उसको छू नहीं सकती थी। टीपू के बदन पर हाथ फेरने का जी कर रहा था। जी कर रहा था अति निकट होकर उसकी साँसों को महसूस करे और आँखों में आँखें डालकर निहारती रह जाए।

टीपू ने बच्चों की-सी शरारत में चुटकी बजाई, बोला—"अम्मा, एक बात। तुम महीना भर क्या, चार-छह महीने यहीं जम जाओ। सरकार सारा इंतजाम करेगी। नौकर भी मिलेंगे, नौकरानियाँ भी। बस तुम्हारे हाथ का खाना मिलने लगेगा तो हम सारे साथी बिलौटे बन जाएँगे ! सच, हम सभी मिलकर दरख्वास्त देंगे। फिर, तुमको भी सरकार हमारी सुविधा के लिए इन्हीं ऊँची दीवारों के अंदर रख लेगी...कितना अच्छा रहेगा अम्मा ! बोलो, तैयार हो न।"

इस पर रंजना को हँसी आ गई। उसने कहा—"भला, यह क्योंकर होगा ! सरकार तुम्हारे कहने से थोड़े ही मुझे यहाँ जेल के अंदर रख लेगी ? औरतों के लिए जनाना वार्ड अलग ही होता है। पति-पत्नी, भाई-बहन, पिता-पुत्री, माता-पुत्र...कैसा भी नजदीकी रिश्ता हो, जेलों में स्त्री और पुरुष कैदियों को मिलने नहीं देते। हाँ, उन दिनों स्वराजी जमाने में बड़े-बड़े नेता और नेताइन जेलवालों की मेहरबानी से यानी सरकार की सुदृष्टि से आपस में मिल-जुल लेते थे..."

टीपू ने बीच में ही बात काट दी—"स्वराजी नेताओं के लिए जेल यात्रा नाटकोंवाला मजा देती थी। पुलिस और प्रशासन के अधिकारियों को फोन करने के बाद, गले में मालाएँ डलवाकर और कपार में कुमकुम का टीका लगवाकर वे लोग शान से जेल के अंदर प्रवेश करते थे...उन दिनों पिटाई-फिटाई गरीब स्वयंसेवकों की होती थी। रद्दी खाना भी उन्हें ही मिलता था। बड़े नेताओं को तो जेल के अंदर भी वही माल-मलीदा अर्पित था।...लेकिन, तुम अगर कबूल करो तो हम तुम्हारे लिए यहाँ रहने की सिफारिश करेंगे।"

माँ और बेटे का मुक्त-हास और खुली बातचीत सुनकर उस अधेड़ खुफिया से

न रहा गया। घड़ी देखता हुआ वह कमरे के अंदर आ गया। बोला–"बस, दो मिनट और हैं।"

टीपू ने छूटते ही कहा–"देखती हो अम्मा, हमारी सरकार के ये छोटे सपूत कितने चौकस हैं अपनी ड्यूटी में ! अगर हम पाँच मिनट ज्यादा यहाँ रुक गए तो इस गीदड़ को रात नींद नहीं आएगी..."

"हें हें हें ! पढ़े-लिखे होकर आप मुझे गाली देंगे...?"–खुफिया का छोटा बाबू उछलकर बोला तो टीपू को घृणा के उस हल्के आवेग में भी तनिक-सी हँसी आ गई। बोला–"क्या कहा मैंने आपको ? गीदड़ माने शृगाल होता है। वह जंगल की देवी का बड़ा ही प्रिय वाहन है। शृगाल को देवी ने यह वरदान दिया था कि जब चाहे तू अपनी खाल का रंग बदल देना...आप लोग यानी इंटेलीजेंस के आदमी भी अपनी खाल का रंग बदलते रहते हैं...क्या मैं झूठ कहता हूँ ?"

टीपू ने इशारे से बाहर निकलने का संकेत दिया। रंजना कमरे से निकलकर गेट के पास खड़ी हो गई। वह अंदर लाल बजरी-बिछी हुई सड़क पर आगे बढ़ते हुए टीपू को ममता भरी निगाहों से देख रही थी। पीठ की तरफ से देखने पर यह और भी दुबला लग रहा था, और भी लंबा। रंजना ने सोचा–यह कैसा निर्मोही हो गया है ! रत्ती भर माया-ममता शेष नहीं रह गई क्या ? वह कौन-सी वस्तु या व्यक्ति है जिसके बारे में सोच-सोचकर परेशान रहता है टीपू ?

वार्डर ने सलाखोंवाले बड़े फाटक से लगा जंगलानुमा छोटा गेट खोल दिया। रंजना पीठ और सिर झुकाकर बाहर निकल आई। गर्दन मोड़कर पीछे की ओर, जेल-गेट की मोटी सलाखों में से अंदर देखा। बजरी-बिछी सड़क खाली नज़र आ रही थी, टीपू भीतर के किसी गलियारे में मुड़कर अदृश्य हो चुका था।

जेल का सामनेवाला हाता पार कर वह बड़ी सड़क पर पहुँची। सड़क के किनारे ही शशिनाथ उसकी प्रतीक्षा कर रहे थे। हाथ में खादी का नीला झोला था।

"बहुत दुबला हो गया है"–रंजना बोली और उदास दृष्टियों से शशिनाथ को देखने लगी। पलभर बाद उसने कहा–"तुमको भूख लगी होगी ! चलो, रिक्शा कर लो..."

रिक्शा पर दोनों गुमसुम रहे।

बाजार में, अंदर गली के बीच में 'मारवाड़ी बासा' टाइप का एक भोजनालय। साइनबोर्ड नहीं था। बैठने के लिए कुर्सी-मेजवाला सिस्टम था। अंदर शायद पीढ़ों का भी इंतजाम था।

थाली सामने आने पर चावलों की खुशबू से रंजना के मन-प्राण खिल उठे। शशिनाथ से कहा–"इनके यहाँ रोटियाँ अच्छी नहीं पकतीं, चावल अच्छे देते हैं..." फिर उसे टीपू का ध्यान आ गया, बोली–"रद्दी खाना मिलता होगा ! छाती के हाड़ निकल आने से टीपू कैसा लगता है ! हमें तो रुलाई आ गई..."

"सुविधा होती तो" शशिनाथ ने कहा–"मैं भी टीपू से मिल लेता...तुम्हारा

मिलना ही कितनी मुश्किल से संभव हुआ ! वह तो गनीमत हुई कि खादी भंडारवाले दोस्त काम आ गए। उनके जान-पहचान का विधायक ज़ोर न लगाता तो कैसे डिप्टी कमिश्नर से तुम्हें इतनी जल्दी अनुमति मिलती ?''

खाते-खाते रंजना की दृष्टि भोजनालय के उस कमरे से आगे, भीतरवाले बरामदे से होकर दीवार से लगे तुलसी-चबूतरे पर पड़ी। तुलसी का झाड़ काफी पुराना था। गीली सिंदूर से लिपा-पुता ध्वज दंड का निचला अंश भोजनालय के मालिक की श्रद्धा-भक्ति का सबूत पेश कर रहा था। उसे याद आया, बुआ ने मनौती मानी थी—''टीपू जेल से छूटकर आएगा तो वह ब्रह्मबाबा की वेदी के पास ध्वजावाला बाँस खड़ी करवाएगी...''

रंजना बार-बार ध्वजा के उस बाँस की ओर देख रही थी। शशिनाथ ने पूछा—''क्या है उधर ? तुम खा नहीं रही हो, क्या बात है आखिर ?''

''कुछ नहीं''—रंजना धीरे-धीरे भात-दाल के कौर मुँह के अंदर डालने लगी। आलू टमाटर की रसेदार सब्जी ठीक बनी थी, भिंडी की भुजिया में नमक तेज था। पापड़ का छोटा-सा टुकड़ा। चौथाई फाँक मूली। हरी मिर्च का आधा टुकड़ा...खाना बुरा नहीं लगा। लेकिन रंजना को खट्टी चीजें ज्यादा अच्छी लगती थीं। याद नहीं रहा, नींबू साथ लाती।

शशिनाथ को खाते समय दही जरूर चाहिए। यहाँ उसका भी अभाव था। अभी यात्रा के सिलसिले में उत्तर प्रदेश, पंजाब, हरियाणा और दिल्ली अंचलों में होकर गुजरे थे। उधर सभी जगहों पर दूध, दही की प्रचुरता अनुभव हुई। इधर शहरों में कभी-कभार दही के दर्शन हो जाते थे। कल उस हलवाई के यहाँ संयोग से अच्छा दही मिल गया। इस समय उस दही की याद शशिनाथ को आ रही थी। फिर यकायक यह बात भी दिमाग में आई कि टीपू को जेल के अंदर दही कभी-कभी ही मिलता होगा। छोकरे को बचपन में दही का कितना शौक था !

रंजना ने दोबारा भात नहीं लिया, सब्जियाँ भी नहीं लीं। टीपू को दुबला और गंभीर देखकर उसकी भूख मर गई थी। शशिनाथ को ऐसा ही प्रतीत हुआ। सवेरे नाश्ता भी क्या किया था ! फुल्कीनुमा चार कचौड़ियाँ और एक इमरती। रात को भी थोड़ा ही खाया था। शशिनाथ पापड़ का टुकड़ा टूँगते हुए बोले—''फिर हाथ ही धो आओ, बैठी क्यों हो ? लेकिन, इस तरह तो तुम खुद भी कमजोर हो जाओगी ! समझने की बात है। टीपू अपनी मर्जी से जेल काट रहा है, अपनी मर्जी से बाहर भी आ सकता है। यों ही गिरफ्तार हुआ होता तो हम उसे जमानत पर छुड़ा भी लाते...'' रंजना चुपचाप उठी और हाथ धोने के लिए बाहर बरामदे की ओर निकल गई।

अंदरवाले बरामदे पर भी हाथ धोने के लिए वही टोंटीदार टंकी थी। शशिनाथ ने उठकर झट से हाथ-मुँह धोए और होटल के कैशियर को पाँच रुपए का नोट थमाया। डेढ़ रुपया वापस मिला और साथ में सौंफ के दाने भी मिले। उन्होंने इशारे से रंजना को भी पास बुला लिया। कहा—''सौंफ तो ले लो !''

सौंफ चबाते-चबाते रंजना बोली—"अब आप बाहर चलकर अपना पान ले लीजिए और धर्मशाला की ओर रुख कीजिए। आराम भी तो करना है।"

जिलाधीश एक बार और मिलने की अनुमति दे सकते हैं, अगले सप्ताह। दो से अधिक मुलाकातें ग्रांट नहीं की जा सकतीं। हाँ, वकील चाहे कितनी ही बार मिल सकता है...यह सब शशिनाथ को खादी भंडारवाले उसी बंधु से मालूम हुआ था जिसने कलक्टर से सिफारिश की थी। शशिनाथ ने अच्छी तरह सारी बातें रंजना को समझा दी थीं। इतना तो वह खुद भी समझती थी कि ऐसे मामलों में मिलने की अनुमति मुश्किल से मिलती है और वह मिलना भी बस कहने भर का होता है। एकांत में किसी को नहीं मिलने देते।

धर्मशाला के उस छोटे से रूम में काफी बड़ा-सा काला कंबल बिछा था। ऊपर छोटी-छोटी दो चादरें डाल दी गई थीं। शशिनाथ को तो जल्दी ही नींद आ गई, रंजना छत की कड़ियों पर नजरें टिकाकर टीपू के बारे में ही सोचती रही। कहने को वह घंटा भर निगाहों के सामने था। लेकिन बातें कहाँ निकल रही थीं गले से ! लगता था एक-एक शब्द अटक-अटककर बाहर आता है ! कई शब्द तो गले तक आकर वापस लुढ़क जाते थे। बुलबुले पानी की सतह तक न उभर सकें, अंदर-अंदर ही घुट-घुटकर विलीन हो जाएँ तो पारदर्शिता के रहते भी दर्शक को किस हद तक दृष्टिगोचर होंगे ! माँ के नाते उसने सोचा था, टीपू कुछ न कुछ तो अवश्य ही द्रवित होगा। मगर नहीं, वह तो भावशून्य दृष्टियोंवाला अति गंभीर शुष्क हृदय तरुण जैसा लग रहा था। सशस्त्र क्रांति के सैनिक जेल में रहते समय अपने परिवारवालों से किस तरह मिलने दिए जाते हैं, इसका पता रंजना को शुकुलजी की पत्नी से मिल चुका था। बहुत पहले, यानी आज से पैंतीस साल पहले ! शुकुलजी मदन ठाकुर के पहले के परिचितों में से थे। बाद में उनका संपर्क चंद्रशेखर आजाद वाली सोशलिस्ट रिपब्लिकन आर्मी से हो गया था। कालापानी भेजे जाने से पहले इसी तरह शुकुलजी हजारीबाग सेंट्रल जेल में रखे गए थे। यहीं उनकी पत्नी उनसे मिलने आई थीं। ऐसे ही घंटा भर वे एक-दूसरे के सामने बैठे थे। इसी तरह खुफिया का आदमी उन दोनों की निगरानी के लिए वहाँ मुस्तैद था...शुकुलजी की बीवी ने हजारीबाग से वापस लौटकर बतलाया था—"नाहक पचास रुपए का खर्चा पड़ा ! भक्कू बनकर बैठे रहे लाज के मारे, पलकें तक न उठीं। मूँछोंवाला एक बाबू जाने कहाँ से आकर वहीं बैठ गया। इससे तो नाटक थिएटर का मिलना अच्छा लगता है।" रंजना को अब यह तय करना था कि एक और मुलाकात के लिए पाँच-सात दिन और बरबाद किए जाएँ या नहीं। चाहे कुछ हो, थोड़ी बहुत मिठाइयाँ और फल टीपू को वह जरूर भिजवाएगी। पहनने-ओढ़ने के लिए थोड़े बहुत सूती और ऊनी कपड़े भेजने का प्रबंध हो सकता है...कहीं, टीपू पर सनक सवार हो और वह सबकुछ वापस भेज दे तो ? नहीं, वह पहले टीपू से पूछ लेगी तभी कुछ भिजवाएगी।

शशिनाथ को सचमुच ही गाढ़ी नींद आ गई थी। दोपहर में खाना खाकर थोड़ी देर के लिए लेटना शशिनाथ के लिए दैनिक तौर पर आवश्यक था। यों भी टीपू के

लिए उन्हें कोई विशेष चिंता नहीं थी। वह तो रंजना को भी टीपू के संदर्भ में निश्चिंत रहने की सलाह दे रहे थे। यह भला कैसे होता ? कैसा भी था, माँ का ही दिल तो था। शशिनाथ की तो बस एक ही परेशानी थी। उधर खेतों की फसलें तैयार हो चुकी थीं, इलाके में अशांति का वातावरण था। खेत-मजदूर उग्र से उग्रतर हो रहे थे। रातोंरात चुपचाप फसलें कट जाती थीं। एकाध जगह पकड़-धकड़ में बलवा भी हो गया था। शशिनाथ को भाई ने खबर की थी। तदनुसार उन्हें अगले पाँच-सात दिनों के अंदर गाँव पहुँच जाना था।

रंजना ने सूटकेस पर से आईना उठा लिया। लेटे ही लेटे आईने में वह अपना चेहरा देखने लगी...आँखें टीपू की भी इसी तरह की हैं। लेकिन होंठ और कपार शशिनाथ के जैसे हैं, उसका कद भी शशिनाथ जैसा है। हथेलियों और उँगलियों के पोर शशिनाथ के-से नहीं हैं...सिर के बालों की लहरियाँ भी उसकी शशिनाथ की-सी हैं...रंजना ने आईने में अपनी जीभ देखी। फिर उसने लेटे हुए शशिनाथ की पीठ पर ध्यान दिया। खादी की बनियान से पीठ ढकी हुई थी...बुद्धू हैं ! अब भी खादी से चिपटे हुए हैं ! टीपू को लेकिन खादी बिल्कुल नहीं भाती। बचपन में कई बार टीपू ने खादी की अपनी कमीजें फाड़ी हैं। उसे सफेद सूती कपड़े पसंद हैं। मुझे भी सफेद सूती कपड़े अच्छे लगते हैं...रंजना ने अपने बालों पर बार-बार हाथ फेरा। उसे टीपू के छोटे-छोटे बाल याद आ गए। जवानी में शशिनाथ के भी बाल इतने ही काले थे, उतने ही सुंदर...। तीन-चार महीने का हुआ तो टीपू के चेहरे की रंगत खुल गई। नाक-नक्श भी निखर आए थे। लोगों ने ठाकुरजी से कहा—"इसके होंठ और कपार शशिनाथजी के जैसे हैं तो ठाकुरजी ने जवाब में क्या कहा ?"...रंजना की आँखें बड़ी-बड़ी हो गईं। आईनेवाली आँखों ने भी पलटकर मानों वही सवाल किया—तो ठाकुरजी ने क्या जवाब दिया था? रंजना मन ही मन उन शब्दों को दोहराने लगी जो मदन ठाकुर के मुँह से निकले थे—"दरअसल उन दिनों शशि मेरे दिल और दिमाग पर छाया रहता था।" और इन शब्दों के साथ जो मीठी खिलखिलाहट निकलती थी, वह अब भी रंजना के कानों में गूँज गई थी। उसने अपनी परछाईं को संबोधित करके कहा—'शशिनाथ उन दिनों मुझ पर भी छाए रहते थे। हाँ, ठाकुरजी के दिल और दिमाग पर, लेकिन मेरे तो रोम-रोम में समा रहे थे शशिनाथजी...अपने समूचे अस्तित्व पर मैं शशिनाथ की आदि भौतिक सत्ता महसूस करती थी !...' आईनेवाली रंजना ने कहा—'तुझे उदार प्रकृति का पति मिला था इसी से शशिनाथ को उतनी अधिक छूट मिली...' इस पर रंजना ने आईने को उलटकर फिर से सूटकेस में रख दिया। बेचारी इस रहस्य को कभी नहीं समझ पाएगी कि मुख की आकृति में बहुत कुछ समानता रहने पर भी टीपू का स्वभाव शशिनाथ से थोड़ा भी क्यों नहीं मिलता है। दोनों में एक-दूसरे के प्रति थोड़ी-भी दिलचस्पी क्यों नहीं है ? टीपू के विकास में, पढ़ाई-लिखाई के सिलसिले में, व्यक्तिगत अभिरुचियों में शशिनाथ ने कभी अपनी अनुकूलता नहीं जतलाई...लड़के की राजनैतिक प्रवृत्तियों से उन्हें बहुत बड़ा धक्का लगा था। शशिनाथ

ने पहली बार टीपू की फरारी के बारे में सुना तो उनका चेहरा फक हो गया था। वैसी उदासी शशिनाथ के मुखमंडल पर एक बार और देखी थी रंजना ने, जब कि उनका बारह साल का अपना लड़का टाइफाइड से खत्म हो गया था...टीपू की इन गतिविधियों का समर्थन वह खुद भी नहीं कर पा रही थी। रंजना की समझ में नहीं आया था कि अच्छा-भला तेज-तर्रार लड़का एम.एस.सी. की पढ़ाई के अपने अंतिम वर्ष में इस प्रकार क्यों पगला गया ! उज्जैन में उसका इरादा हुआ कि डॉक्टर से इस बारे में जानकारी हासिल करे...लोग कहते थे, टीपू नक्सलाइट हो गया है, टीपू का वश चले तो शशिनाथ का भी गला काट ले ! सैकड़ों एकड़ जमीन का मालिक भूमिहीन जनता का सबसे बड़ा दुश्मन होता है...भू-स्वामियों का यह वर्ग जब तक मिटा नहीं दिया जाएगा, तब तक हमारे ग्रामांचल खंड नरक बने रहेंगे...देश की मौजूदा शासन-प्रणाली इसी वर्ग के हाथों में है। संविधान इसी वर्ग की हिफाजत के लिए रचा गया था... इस तरह की जो कुछ थोड़ी बहुत बातें रंजना के कानों तक पहुँची थीं उनसे टीपू की प्रवृत्तियों का सही परिचय वह नहीं पा सकी थी। डॉक्टर दिल्ली-बंबई-मद्रास-कलकत्ता के अंग्रेजी अखबारों में डूबा रहता था। रंजना का ख्याल था कि वह नक्सलपंथियों के बारे में ढेर सारी बातें जानता होगा। मोतिहारी में एक समाजवादी नौजवान ने रंजना से कहा था—"पढ़ा-लिखा कोई भी प्रतिभाशाली नौजवान आपको नक्सलपंथियों के बारे में सबकुछ बतला देगा, और अगर वह नौजवान संयोगवश बंगाली निकल आए तो फिर क्या कहने !"...रंजना के अंदर से आवाज आई—हाँ, डॉक्टर बंगाली था ! वह मुझे टीपू जैसे नौजवानों की इन गतिविधियों के बारे में बहुत कुछ बतला सकता था...

डॉक्टर ध्यान में था और हाथ सूखे कपड़े बटोर रहे थे। सवेरे इन कपड़ों को सूखने के लिए तार पर फैला दिया था। धर्मशाला सुरक्षित थी, चोरी का डर नहीं था। आँगन में कई पतले तार तने थे। शशिनाथ के खादीवाले कपड़ों का भारीपन और अपने मिलवाले कपड़ों का हल्कापन रंजना के ख्यालों को छेड़ नहीं सका, वह डॉक्टर के बारे में ही सोचती रही...वही डॉक्टर अगर किसी बड़े जेल का डॉक्टर बना दिया जाए तो उसकी भलमनसाहत क्या वैसी ही रह जाएगी ? जेलों में तो छटे हुए खाऊ किस्म के डॉक्टर लाए जाते हैं कि जेलर को सुविधा रहे। टीपू कमजोर है तो जेल का डॉक्टर उसके लिए अलग से पौष्टिक खुराक की व्यवस्था नहीं करवा सकता था ? लेकिन यह सब तो ऐसी मुलाकातों में टीपू से भला कौन पूछेगा !

रंजना को लगा कि इस तरह अगर रोज-रोज भी मिलना हो और दिल की बातें दिल में ही रह जाएँ तो क्या फायदा ! देखने को देख तो लिया ही, अब और मिलने से कौन-सा काम बनेगा ?

अगले ही क्षण उसने सोचा, खैर, अगले सप्ताह एक बार और मिल लेगी। तालमखाने की खीर और मछली के अंडों के बड़े तैयार करके दे आएगी। बेचारे को कहाँ से मिलेंगी ये चीजें !

कमरे के अंदर कपड़े रखने आई। अब भी शशिनाथ सो ही रहे थे। ज्यादा देर नहीं हुई थी, लगभग डेढ़ घंटा हुआ था। यह समझकर जगा देना उचित प्रतीत हुआ कि इस मौसम में दिन का सोना हानिकारक है।

शशिनाथ कई दिनों से बंगला फिल्म के लिए कह रहे थे। वर्ष में दो-तीन बंगला फिल्में वह अवश्य देखते थे। रंजना को बंगला फिल्में पसंद नहीं आती थीं। जाने क्यों तड़क-भड़कवाली बंबइया फिल्मों का संसार उसे ज्यादा मनोरंजक लगता था। कथा प्रधान करुण अभिनय या गंभीर दृश्य नहीं भाते थे। और टीपू के जेल-जीवन का अनुचिंतन इस समय रंजना के अंदर उदासी की भावना भर रहा था। ज़रा भी उत्साह मनोरंजन के नाम पर हो नहीं रहा था। फिर भी उसने अंदर ही अंदर तय कर लिया था कि बहुत जोर डालेंगे तो साथ दे देगी।

किंतु आज तो बबुआजी का साला मिलने के लिए आनेवाला था। बबुआजी यानि टीपू का बड़ा भाई मोहनजी। मोहनजी का साला यहाँ जल-कल विभाग में किरानी था। ऊपर की अच्छी आमदनी थी। इस दृष्टि से गाँव भर में सपूत के नाते वह प्रख्यात था। वही पद्मकान्त उर्फ पदुमजी शायद आज रंजना से मिलने आएगा। उसने कहला भेजा था—"कल रविवार है, आप लोग हमारे ही क्वार्टर में सारा दिन रहिएगा। खा-पीकर कहीं घूमने चलेंगे। हो सकता है, आज शाम को आकर मैं अम्माजी से मिल लूँ। दफ्तर से लौटते वक्त उधर होता आऊँगा..." रंजना ने सोचा, फिर आज कैसे पाठकजी सिनेमा जाएँगे ? पदुमजी ने जब कहला भेजा है तो क्या पता, आ ही धमके ! कल सवेरे तो खैर अपने डेरे पर लिवा चलने के लिए आएगा ही। बगल के कमरे में रक्सौल का मारवाड़ी युवक ठहरा था। वह पूर्वपरिचित होने के कारण कल से ही शशिनाथ के पीछे लगा था—"नाश्ता और चाय मेरे साथ लीजिए।" सवेरे अवसर नहीं था। इस वक्त शशिनाथ को वह दो बार झाँक गया था।

धर्मशाला के गेट के नजदीक चाय और जलपान की अच्छी दूकान थी। शशिनाथ ने बैठते ही कहा—"सुनो सूरजमल, चाय के बदले अगर यह हमें कॉफी दे सके..." उसने हँसकर कहा—"भला यहाँ कॉफी कौन पीता होगा ! आपको तो कॉफी का चस्का पटने से पड़ा होगा ! वहाँ बहुत जाना-आना होता है न आपका !" इस पर शशिनाथ उस राजस्थानी युवक की ओर अपनी महीन मुस्कान छोड़ने लगे।

सूरजमल ने चायवाले से कॉफी के लिए पूछा तो उसने कहा—"हाँ, पड़ोस की दूकानों के दो-तीन जैंटिलमैन इसके शौकीन हैं। राँची से कॉफी की पाउडर के दस पैकेट वही लोग लाए थे, हमारे हवाले कर दिया है..." शशिनाथ को अपार प्रसन्नता हुई। उन्हें रत्तीभर भी भरोसा नहीं था कि हजारीबाग में बड़े होटलों के अलावा किसी मामूली चायवाले के यहाँ कॉफी मिलेगी।

रसगुल्ले और समोसे और कॉफी का एक प्याला सूरजमल ने रंजना के लिए भी

भिजवा दिया। यह सोचकर कि रंजना को बंगला फिल्म उतनी अच्छी नहीं लगती है, शशिनाथ ने अपना विचार बदल दिया। कॉफी के बाद पान-वान लेकर वह सूरजमल के साथ धर्मशाला के निकट ही एक बड़ी दूकान के बरामदे पर रखी हुई खाली बेंच पर जम गए। सूरजमल का ताऊ सेठ भूरेमल बेतिया में कपड़े का धंधा करता था। शशिनाथ के अच्छे मित्रों में था। कई सालों के बाद सूरजमल की मुलाकात शशिनाथ से हुई थी। देर तक वे बातें करते रहे।

सामने इधर-उधर बहुतेरे आदिवासी नजर आ रहे थे। पीठ पर कपड़े के सहारे दुधमुँहे बच्चों को लटकाए औरतें भी उनमें थीं। पूछने पर मालूम हुआ कि संयुक्त सोशलिस्ट पार्टीवालों की तरफ से आज जिलाधीश के सामने भूमिसेना का प्रदर्शन था। संसोपा के असंतुष्ट युवकों ने दक्षिण बिहार की जिला-कचहरियों के सामने छोटे किसानों और खेत-मजदूरों का प्रदर्शन आयोजित किया था। वही प्रदर्शनकारी अब मुक्त होकर वापसी में इधर-उधर नजर आ रहे थे।

शशिनाथ ने सूरजमल से कहा—"यही लोग भले आदमियों के घर फूँकेंगे। चोरी, डकैती, हत्या, बलात्कार...कौन-सा कुकर्म नहीं करेंगे ये ! उत्तर बिहार में भी खेत-मजदूरों का उपद्रव शुरू हो गया है..."

सूरजमल ने शशिनाथ की तरफ गौर से देखा। फिर बोला—"पुलिस भी तो इन दिनों तमाशबीन बन गई है ! शहरों में तो भला गुंडे पकड़े भी जाते हैं, देहातों में तो कोई उनका बालबाँका नहीं कर सकता...लेकिन यह भूमि-सेना क्या होती है चाचाजी ? इसका नाम तो आज पहली बार सुन रहे हैं !"

"बतलाऊँ।" शशिनाथ ने आँखें फाड़कर देखते हुए कहा—"भूमिसेना का मतलब होता है देहाती क्षेत्रों में सरेआम लूटपाट करनेवाला गिरोह। ऐसा गिरोह जिसके पीछे कुछ-एक राजनीतिक पार्टियों का उकसावा रहता है..."

सूरजमल राजनीति का क ख ग भी नहीं समझता था। वह दाल और तेल के उत्पादनों से संबंधित अपने धंधे तक सीमित रहने का आदी था। बंगाल-बिहार, उत्तर प्रदेश की किराना मरचेन्ट्सवाली अपनी दुनिया से ही उसका मतलब था। अखबारों में भी दाल और तेल वाले अनाजों का ही रेट देखता था, बाकी खबरों में सूरजमल की ज़रा भी दिलचस्पी नहीं थी। बँधी मुट्ठी की बीचवाली दो उँगलियों की जड़ से आधी जली सिगरेट धुआँ दे रही थी। वह मुँह बाकर अगली बातें सुनने का इंतजार कर रहा था। नजरें शशिनाथ के चेहरे पर टिकी थीं।

"जैसे नागनाथ वैसे साँपनाथ ! सोशलिस्ट और कम्युनिस्ट दोनों एक ही गोत्र के जंतु हैं। इनके बड़े नेता बड़ी जगहों पर हाथ साफ करते हैं और छुटभैये छोटे घरों में सेंध डलवाते हैं..." शशिनाथ ने बड़ी मुश्किल से अपने को रोका। इस वक्त उन्हें छोटी जाति के वे खेत-मजदूर सामने दिखाई दे रहे थे जो चुपचाप रात के अँधेरे में तैयार फसलें खेतों से काट ले जाते हैं।

शशिनाथ अंदर ही अंदर चंचल हो उठे। भूमिसेना के ये अर्धनग्न काले-कलूटे

सैनिक शशिनाथ की उद्विग्नता को और भी उकसा रहे थे। उन्हें सामने से आते दो आदिवासी नौजवान दिखाई पड़े। उनमें से एक के कंधे पर बड़ी-सी लाठी थी। लाठी के ऊपरी छोर पर दफ्ती का पट्टर बँधा हुआ था। 'धन और धरती बटके रहेगी'—लाल स्याही में मोटी लिखावट चमक उठी तो शशिनाथ का दिमाग और भी भड़क उठा...हाँ, तुम्हारे बाप की है धरती ! जी में आया कि आगे बढ़ें और उस दफ्ती को टुकड़े-टुकड़े कर दें...

बेचैनी के मारे शशिनाथ दूकान के उस बरामदे पर चहलकदमी करने लगे। सूरजमल की समझ में नहीं आया कि एकाएक चाचाजी चुप क्यों हो गए। उसने पूछा—"पान ले आऊँ आपके लिए ?" हाथ के इशारे से शशिनाथ ने मना किया।

अगहन के दिन थे। चार बजने का समय था। सूरज की किरणें अपना तेज खो चुकी थीं। लगता था, संध्या निकट है। उस छोटी सड़क पर भीड़ बिल्कुल कम थी। पके-पिचके पीले केलोंवाला ठेला सामने आकर खड़ा हुआ। सूरजमल उस पर झुका और चार केले छाँट लिए।

शशिनाथ ने संकेत से बतलाया—उन्हें नहीं चाहिए...उनका जी कर रहा था कि अपना बैग और बिस्तर उठाकर बस के अड्डे पर चले जाएँ और पटनावाली गाड़ी में बैठ जाएँ...रंजना साथ न होती तो अवश्य ही शशिनाथ तत्काल हजारीबाग से रवाना हो जाते।

थोड़ी देर बार सूरजमल उन्हें साथ लेकर धर्मशाला लौट आया। उसे पाँच बजे किसी से मिलने शहर के दूसरे छोर पर जाना था, शशिनाथ से उसने कहा—"अब तो हमारी मुलाकात उधर ही होगी। सवेरे पाँच बजेवाली एक्सप्रेस बस पकड़नी है। रात को काफी देर में लौट सकूँगा..."

अपना कमरा अंदर से बंद था। बंद तो क्या था, किवाड़ के पल्ले भिड़काए हुए थे...बाल बाँध रही होगी—शशिनाथ ने सोचा और बाहर की तरफ चलने लगे। इतने में पान खा आएँगे। उनका मन कह रहा था, पाँच बजे के बाद पद्मकान्त अवश्य आएगा।

पद्मकान्त के साथ एक और नौजवान था। रंजना के पैर छूकर दोनों वहीं नीचे बैठे। रंजना ने इशारे से उस नौजवान के बारे में जानना चाहा तो मालूम हुआ कि अपने ही इलाके का छात्र है। बी.एस.सी. का अंतिम वर्ष है। टीपू की तरह यह भी अपने कॉलेज के विद्यार्थियों का नेता है...

रंजना ने उस नौजवान की ओर देखा और अंदर ही अंदर काँप उठी—क्या यह भी आगे चलकर टीपू की तरह फकीर हो जाएगा ? क्या यह भी अपने परिवारवालों से नाता-रिश्ता तोड़कर जंगलों में भटकता फिरेगा ? क्या इसे भी पुलिसवाले महीनों की दौड़-धूप के बाद किसी मजदूर की झोंपड़ी में छापा मारकर गिरफ्तार करेंगे ?...

साँवली सूरत का सलोना चेहरा। बड़ी-बड़ी आँखें। पतली नुकीली नाक। पतले

रसीले होंठ। लंबा कद। पतली काठी...वह काफी आकर्षक था। इस वक्त विनम्रता की प्रतिमा बनकर सामने बैठा था। रंजना कई पलों तक ठगी-पगी-सी उसकी तरफ देखती रही। नाम तक पूछने का होश नहीं था। अपरिचितों से मिलने पर रंजना तत्काल नाम ही पूछ बैठती थी...

पद्मकान्त ने कहा—"अम्मा, हमारी इच्छा है कि आपको इसी वक्त साथ ले चलूँ। कल शाम तक लौट आएँगे...या आप उधर ही क्यों नहीं रहेंगी ? बच्चे आपको परेशान नहीं करेंगे। हमारा क्वार्टर बहुत आरामदेह तो नहीं है फिर भी मजे का है। चार रोज अगर आप हमारे साथ रह लेंगी तो जीजी को कितना संतोष होगा !"

रंजना ने कहा—"यहाँ से जेल नजदीक है। सुनती हूँ, पदुमजी, तुम्हारा क्वार्टर शहर के बाहर पड़ता है।"

"कौन आप रोज-रोज टीपू से मिलती हैं !"—पद्मकान्त ने कहा—"चाचाजी भी वहीं रह लेंगे।" लेकिन अंदर ही अंदर पद्मकान्त डर रहा था कि कहीं सचमुच ही दोनों जने हफ्ता-दस दिन जम न जाएँ...फिर तो परेशानी हो जाएगी... अगले ही क्षण वह कह गया—"खैर, जेल तो यहाँ से नजदीक है ही और जमकर कोशिश की जाए तो दो-तीन बार आसानी से मिला जा सकता है। यहाँ के विधायकों में सुवंशु बाबू काफी प्रभावशाली हैं। उनसे यदि जिलाधीश तक सिफारिश पहुँचाई जाए तो शायद आप टीपू से रोज मिल सकेंगी..."

इस पर वह नौजवान, जो अब तक गंभीर बनकर बैठा था, खुलकर मुस्कुरा पड़ा। पद्मकान्त ने टोका—"इसमें हँसने की क्या बात है ? जिलाधीश के पास तगड़ी सिफारिश पहुँचाई जाए तो ज्यादा से ज्यादा मुलाकातें नहीं हो सकतीं ?"

"पदुम भैया"—नौजवान बोला—"आप टीपू को भी साधारण अभियुक्त मान रहे हैं या फिर इनको खुश करने के लिए यों ही बातें कर रहे हैं। माँ होने के नाते इन्हें एकाध बार और मिलने देंगे। वस्तुतः जिलाधीश की सामर्थ्य से बाहर की बात है। वह अपने आप मिलने की सुविधा नहीं दे सकता। गृह-विभाग और पुलिस डिपार्टमेंट के उच्चतम अधिकारियों की अनुमति के बिना इस मामलों में जिलाधीश कुछ नहीं कर सकता। मामूली-सी झड़प होती है या लाठियाँ चलती हैं तो हमारे छात्र साथी गिरफ्तार कर लिए जाते हैं। उनसे मिलने के लिए उनके परिवारवालों को जाने कितनी दौड़-धूप करनी पड़ती है ! फिर टीपू के सिलसिले में और भी कई प्रकार की जटिलताएँ होंगी..."

पद्मकान्त से अब कुछ कहते न बन पड़ा। रंजना ने उस तरुण छात्र की ओर फिर से देखा। वह अच्छी तरह समझ गई कि यह लड़का शत-प्रतिशत ठीक कह रहा है। पद्मकान्त यों ही उसको खुश करने के लिए मुलाकात के बारे में बढ़-चढ़कर बातें कर रहा है, यह साफ था। प्रकट तौर पर रंजना ने कहा—"पहली मुलाकात भी तीन-चार दिनों की दौड़-धूप के बाद ही संभव हुई। अब दूसरी मुलाकात के लिए पाँच-सात रोज यहाँ रुकना पड़ेगा। आशा है, पाठकजी को इस बार उतनी अधिक दिक्कत नहीं

पड़ेगी...”

शशिनाथ कमरे के बाहर खड़े-खड़े ही बातें सुन रहे थे। अंदर जगह कम थी। और यह भी था कि पद्मकांत मुक्त भाव से अपने जीजा की अम्मा से बातचीत करे। अंदर आकर बैठने के लिए बार-बार कहे जाने पर भी शशिनाथ बरामदे में चहलकदमी करते रहे। उस तरुण छात्र की बातें सुनने पर उन्हें लगा कि यह लड़का भी आगे चलकर टीपू की नई बिरादरी में शामिल हो सकता है। अगले ही क्षण शशिनाथ के ध्यान में अपनी भतीजी का चेहरा उभर आया, जिसके लिए दूल्हे की खोज थी। मन ही मन कह गए—जोड़ी ठीक ही रहेगी। हाँ, पचीस-पचास बीघे ज़मीन इसका बाप जोत रहा हो तब। या फिर किसी बड़ी नौकरी में जमा हुआ हो...शशिनाथ उस नौजवान की तरफ एक खास मतलब से देखने लगे। बरामदे में उनकी चहलकदमी चलती रही।

रंजना ने कमरे से बाहर निकलकर शशिनाथ से फुसफुसाकर कुछ कहा और दो रुपये का नोट थमा दिया। वापस आकर पद्मकान्त के सामने बैठी और कहने लगी—“शायद कल भी हम तुम्हारे यहाँ देर तक रुक नहीं सकेंगे। वही सिफारिशवाली बात है। टीपू से होनेवाली मुलाकात के सिलसिले में जिनकी मारफत बातचीत चलाई जा रही है उन्होंने पाठकजी को कल का समय दे रखा है। हमीं लोग मुस्तैद न रहेंगे तो इस दूसरी मुलाकात के लिए जाने कितने दिन यहाँ लटक जाना पड़े। सोचती हूँ, आ ही गई हूँ तो दस-बीस रोज और अधिक क्यों न रुकना पड़े, दूसरी बार मिलकर ही हजारीबाग छोड़ूँगी। फिर जाने कब टीपू से मुलाकात हो !...”

रंजना की आँखें गीली हो आईं। होंठ फड़कने लगे। गला फँस गया। वह उठकर कमरे से बाहर निकली। पद्मकान्त की उँगलियाँ अपनी ही घड़ी की चेन में उलझी हुई थीं। अपने अनमनेपन को वह इन उँगलियों में ही केन्द्रित किए बैठा था। तरुण छात्र की निगाहें कमरे के अन्दर सामने दीवार पर थीं। इन दीवारों को सादे नीले रंग में पोता गया था। लगता था, अभी-अभी दीवाली के दस-पाँच रोज पहले ही प्रबंधकों ने मेहरबानी की थी। यह धर्मशाला यदि मारवाड़ियों की न रही होती तो इस प्रकार साल-साल झाड़-पोंछ का काम न होता, जैसा कि कल मेहतरनी ने रंजना से बतलाया था।

वापस लौटकर वह फिर से पद्मकान्त के सामने बैठी। कहने लगी—“हो सकता है, पाठकजी दो-चार दिनों में लौट जाएँ। फिर तो तुम्हें ही मेरी देख-रेख करनी पड़ेगी। वहाँ और कौन है जिसके गले पड़ूँ...”

“जी, अम्माजी”! पद्मकान्त बोला—“यह तो हमारा सौभाग्य होगा, अपनी माँ तो रह नहीं गईं, कभीकभार आपकी ही ठंडी छाया में दस-पाँच दिन रहने का सुअवसर मिले तो क्या कहना !”

रंजना ने देखा कि इस तरह के शब्दों के पीछे उमंग की जो झलक मिलनी चाहिए, उसका कोई आभास पदुमजी के चेहरे पर नहीं था। अगले ही क्षण रंजना ने कहा—“कोई बात नहीं, बबुआजी चीतू को लेकर इन्हीं दो-चार दिनों के अंदर आनेवाले हैं...हाँ, इस

धर्मशाला में सात दिन से अधिक रहने की आज्ञा नहीं है। हो सकता है, हमें रहने के लिए किसी और जगह की व्यवस्था करनी पड़े। पाठकजी अभी आते हैं, तुमसे जगह के लिए बातें कर लेंगे। लेकिन, कल सवेरे आठ बजे जरूर आ जाना। उधर से ग्यारह बजे लौट आएँगे।"

दोने में दो जगह चार-चार रसगुल्ले और दो-दो समोसे। जलपान करके दोनों बाहर निकले। शशिनाथ ने पद्मकान्त से कहा—"आप तो जरूर पान खाएँगे।" रंजना बोली—"दाँतों से तो यही लगता है कि रात-दिन पदुमजी पान ही चरते रहते हैं !" इस पर सभी हँसे। रंजना झपटकर कमरे के अंदर गई और इलायचीवाली डिबिया ले आई। देखते ही पद्मकान्त बोला—"मुझे तो इलायची का जायका कभी नहीं पसंद आया... विद्यार्थीजी को दीजिए। कहते हैं, इलायची के दाने बुद्धिवर्द्धक साबित होते हैं और इसका नियमित सेवन ब्रह्मचारियों के लिए यों भी काफी लाभप्रद रहता है..." फिर उसने शशिनाथ की ओर देखा—"इलायची के गुणों पर चाचाजी चाहें तो और भी प्रकाश डाल सकते हैं..."

शशिनाथ ने मुस्कुरा तो जरूर दिया, कहा नहीं कुछ भी।

धर्मशाला के गेट की ओर बढ़ते हुए उन्होंने रंजना से कहा—"मैं इन्हें रिक्शे तक छोड़ आता हूँ।" मगर कुछ सोचकर पद्मकान्त के कंधे पर हाथ रखकर खड़े हो गए। कहने लगे—"कल इन विद्यार्थी महोदय को भी घर बुलवाओ। और एक बात...अपने क्वार्टर का लोकेशन बतला दो। हम सीधे पहुँच जाएँगे। तुम नाहक सवेरे-सवेरे क्यों इधर आओगे !"

रंजना ने शशिनाथ के इस सुझाव का समर्थन किया और वापस बरामदे की तरफ बढ़ गई। उसका जी कर रहा था, थोड़ी देर के लिए उस नौजवान छात्र को अपने पास अकेले में बैठा लेती। टीपू की राजनैतिक प्रवृत्तियों के बारे में यह विद्यार्थी काफी कुछ बतला सकता है। यह शायद डॉक्टर से कुछ अधिक ही जानता होगा। उग्रपंथियों के सिद्धांत के संबंध में डॉक्टर की जानकारी अधिक हो सकती है। परंतु अठारह और बाईस की उम्रवाली नई पीढ़ी उग्रपंथ की ओर इस तरह क्यों लपकती है, यह तो ऐसे तरुण ही अच्छी तरह बतला सकते हैं...रंजना कमरे के अंदर आ गई। धीरे-धीरे उसका मन इस पक्ष में आने लगा कि भले शशिनाथ दो रोज बाद देहात लौट जाएँ। वह अकेले महीना-बीस रोज़ यहाँ रह लेगी। एक अतिथि के लिए पद्मकान्त को नहीं अखरेगा। रहने की अलग जगह न भी मिली तो क्या होगा ! हाँ, बबुआजी के साथ चीतू कहीं आ ही धमकी फिर तो किराए पर छोटा-सा मकान कहीं लेना ही पड़ेगा। चीतू दस-बीस रोज साथ रह जाएगी। बबुआजी लेकिन मुश्किल से दो रोज टिकेंगे...

रंजना होटल का खाना खाते-खाते ऊब गई थी। धर्मशाला की छत पर तीसरी मंजिल के कोने में पीछे की तरफ रसोई बनाने के लिए छोटी-छोटी तीन-चार कोठरियाँ जरूर थीं लेकिन उतनी सीढ़ियाँ चढ़के वहाँ पहुँचना और फिर खाना पकाने का सरंजाम

जुटाना...वह काम रंजना को भारी लगा। पहले दिन ही उसे रसोई की जगह दिखला दी गई थी। बल्कि शशिनाथ ने धर्मशाला के मुंशी से पूछा भी था। उसने साफ कहा कि नहीं साहब, स्टोव पर भी कमरे में या बरामदे पर खाना नहीं पकेगा; देखादेखी बाकी मुसाफ़िर भी अपने-अपने कमरे में या सामनेवाले बरामदे पर खाना पकाने लगेंगे...काफी गंदगी हो जाएगी...रंजना चाहती थी पूरे महीने का किराया देकर किसी छोटी-सी जगह में अपने ढंग से दस रोज भी रहने को मिले तो उसे ले लिया जाए। वहाँ अपनी रुचि का खाना बना सकेगी। दूसरा विकल्प समझ में नहीं आता था। खादी भंडारवाले मित्र ने शशिनाथ से कहा था कि उनके 'कार्यकर्ता निवास' में छत पर खाना पकाने की व्यवस्था है। लेकिन ग्रामोद्योगी कार्यकर्ताओं का और उनके स्वजनों-मित्रों का आना-जाना वहाँ लगा ही रहता है...अक्सर आप देखिएगा कि उस छत पर तारों से लटकी हुई बीस-बीस मर्दानी धोतियाँ सूख रही हैं, अविराम भाव से धवल-स्वच्छ शांति का विज्ञापन कर रही हैं !

पद्मकान्त का क्वार्टर टाउन से दो मील बाहर पड़ता था। विभाग के पंद्रह-बीस क्वार्टर और थे। शाल, ढाक आदि लंबे तनोंवाले वृक्षों के नए-पुराने जंगल दूर-दूर तक फैले हुए थे। सड़क के किनारे कहीं-कहीं आम के भी पेड़ थे। पीपल और बरगद का पता नहीं था। जंगली किस्म के कँटीले झाड़ों की बहुतायत नजर आती थी। सड़क से ज़रा हटकर जल-कल विभाग का जिला हेडक्वार्टर था। उसके निकट ही थोड़ी-थोड़ी दूर पर कर्मचारियों के निवास स्थान दो कतारों में नजर आ रहे थे, जिन्हें चारों तरफ से मजबूत कँटीले तारों से घेर दिया गया था। सुरक्षा का यह प्रबंध जंगली जानवरों और अवांछित व्यक्तियों से बचाव के लिए रहा होगा।

ढूँढ़ने में परेशानी नहीं हुई। ह्यूम पाइपों और लोहे की नलोंवाली छोटी छड़ों का ढेर देखते ही निश्चित हो गया कि जल-कल वालों का हेडक्वार्टर यहीं से शुरू होता था। रिक्शा बड़ी सड़क से उतरकर बजरी-बिछी हुई छोटी सड़क पर बढ़ा तो दाहिनी तरफ थोड़ी दूर पर पद्मकान्त प्रतीक्षा की मुद्रा में खड़ा नजर आया।

क्वार्टर के बरामदे पर छोटी उम्र के दो खूबसूरत बच्चों ने झुककर रंजना के पैर छुए। वह कमरे के अंदर गई तो पद्मकान्त की घरवाली ने उसके चरणों का स्पर्श किया और आगे बढ़कर पलंग के निकट कुर्सी पर बैठाया। शशिनाथ के लिए बाहर बरामदे पर तख्तपोश बिछा था। उस पर कंबल और काटेज इंडस्ट्रीवाली रंगीन चादर अच्छे लग रहे थे। शशिनाथ बैठे तो पद्मकान्त ने 'दैनिक आर्यावर्त' और 'पाञ्चजन्य' अंदर से लाकर उनके समक्ष रख दिए। शशिनाथ ने कहा—"पिछले पाँच-सात दिनों से नियमित तौर पर अखबार नहीं देख सका हूँ..."

पद्मकान्त ने पिछले दिनों के चार-पाँच समाचार-पत्र शशिनाथ के हवाले कर दिए। स्वयं साइकिल उठाकर आगे बढ़ता हुआ बोला—"चाचाजी, मैं आधे घंटे की छुट्टी

लेता हूँ। आपको बाजार से कोई दवा-ववा तो नहीं मँगवानी है ? टैबलेट वगैरह ?''

मुस्कुराकर शशिनाथ ने निषेध की मुद्रा में हाथ हिला दिया। पद्मकान्त चला गया तो सात-आठ सालवाला बड़ा मुन्ना दो-एक बार शशिनाथ के नजदीक चक्कर लगा गया। उन्होंने पास बुलाकर पूछा–''बच्चे, क्या नाम है तुम्हारा ? किस क्लास में पढ़ते हो ? स्कूल यहाँ से कितनी दूर पड़ता है ?''

बच्चे ने कहा–''मेरा नाम शिवेन्द्र है। दर्जा तीन में पढ़ता हूँ। स्कूल दूर नहीं है...''

आंतरिकता प्रदर्शित करने के लिए, या सहज भावुकता के कारण शशिनाथ ने अखबारों को परे हटाकर शिवेन्द्र को अपने पास बैठा लिया। तरल निगाहों से उसे देखते हुए बोले–''मुझे पढ़कर सुनाओ...'' उनकी उँगलियाँ बड़े टाइपों में छपे हुए शीर्षक समाचारों पर घूमने लगीं। बालक ने अविलंब उस हेडलाइन को पढ़ दिया–सीमा पर गोलाबारी। वह मझोले टाइपों में छपी हुई उन तीन-चार पंक्तियों को भी पढ़ गया जिनमें त्रिपुरा, आसाम और मेघालय वाली भारतीय सीमाओं के अंदर पाक सैनिकों की घुसपैठ के बारे में बतलाया गया था...शशिनाथ ने बालक शिवेन्द्र की पीठ ठोंकी। कहा–''बच्चे, तुम तो सारा ही अखबार पढ़कर मुझे सुना दोगे ! बहुत तेज हो ! तुम्हारा छोटा भाई भी तो पढ़ लेता होगा ?''

शिवेन्द्र ने कहा–''नहीं, चुन्नू बहुत धीरे पढ़ता है। उससे देर लगती होगी। वह खाली रंगीन चित्रों का शौकीन है...ममी 'माधुरी' लेती है न !''

शशिनाथ के जी में आया कि 'माधुरी' के कुछ अंक अंदर से मँगवाकर देख लें...आधुनिक शहरी समाज की गतिविधि जानने के लिए 'माधुरी' और 'फिल्मफेयर' जैसी पत्रिकाओं का अवलोकन आवश्यक है। हाँ, किसी कारण से फिल्में न भी देख पाते हों तो इन पत्रिकाओं से ही आंशिक संतोष प्राप्त कर सकते हैं...शशिनाथ को अपनी निष्पत्ति पर आप ही हँसी आ गई–क्या बढ़िया समाधान है ! सिनेमा न देखो, लेकिन सिने-पत्रिकाओं के चटकीले चित्रों से अपनी नजरें कृतार्थ करते चलो !

उन्होंने बड़ी मुश्किल से अपने मन को 'माधुरी' की तरफ से हटाया। अगले ही क्षण 'आर्यावर्त' के पृष्ठों में डूब गए। कई दिनों की कसर निकालनी थी। धर्मशालावाले मुंशी से अखबार के लिए उन्होंने कई बार कहा था। उसने दैनिक 'विश्वमित्र' एक बार थमा दिया था। शशिनाथ को अपनी तरुणाई के दिनों से ही बनारसवाला दैनिक 'आज' विशेष प्रिय रहा। दूसरे नंबर पर दैनिक पत्रों में वह 'नवभारत टाइम्स' को रखते थे। साप्ताहिकों में शशिनाथ को 'धर्मयुग' उतना नहीं पसंद था जिसका 'साप्ताहिक हिंदुस्तान'। हिंदी 'ब्लिट्ज' उनकी राय में बिल्कुल घटिया था।

भारत-नेपाल सीमा पर चलनेवाले तस्कर व्यापार की खबरों में शशिनाथ की दिलचस्पी कई कारणों से थी। बिहार से लगी हुई नेपाल की सीमा छोटी नहीं है, दूर तक फैली है। भैंसालोटन से लेकर दार्जिलिंग की पहाड़ियों तक। इसमें बीरगंज, मटिहानी, जनकपुर, राजविराज, महादेव मठ, विराटनगर जैसी जमी हुई मंडियाँ आती हैं। इनके

अलावा सरहद के दोनों ओर बसे हुए हजारों गाँव कब कैसे तस्करी व्यापार के अड्डे बन जाएँगे, या बन जाते हैं, यह एक गंभीर रहस्य है। सीमा से लगे हुए जनपदों के उच्च वर्ग और मध्यवर्ग ही नहीं, निम्न वर्ग भी यदा-कदा अनैतिक धंधों में दिलचस्पी लेता है। राजनीतिक दल भी तस्कर व्यापारियों को अप्रत्यक्ष रूप से प्रश्रय देते हैं। चंबल घाटी के डाकुओं की तरह इन तस्कर व्यापारियों की अपने-अपने समाज में बड़ी व्यापक प्रतिष्ठा है। इनके साहसिक कारनामे लोककथाओंवाले चरित्र नायकों के कृतित्व से कम प्रभाव नहीं डालते हैं तरुणों के दिल और दिमाग पर। वस्तुतः तस्कर व्यापार को सीमांतवर्ती समाज बुरा नहीं मानता। जिस प्रकार भ्रष्टाचार की चर्चाएँ दिन-रात चलते-चलाते रहने पर भी हम स्वयं किसी न किसी अंश में भ्रष्टाचार में लिप्त हैं, सीमावर्ती अंचलों में तस्कर व्यापार की भी यही स्थिति है...शशिनाथ 'आर्यावर्त' को इसलिए भी पसंद करते थे कि भारत-नेपाल सीमा पर से उसके संवाददाता नाना प्रकार के अनैतिक धंधों से संबंधित घटनाओं का ब्यौरा देते रहते थे। उत्तर बिहार के कृषि अंचलों के समाचार भी 'आर्यावर्त' में ही अधिकाधिक आते थे। शशिनाथ की दृष्टि में 'आर्यावर्त' की तीसरी विशेषता थी उसका कम्युनिज्म के प्रति कट्टर विरोध। इस सिलसिले में 'आर्यावर्त' का संचालक मंडल स्वतंत्र पार्टी की भावधारा का एकनिष्ठ प्रचारक प्रतीत होता था। हिंदू सभा और जनसंघवालों के दृष्टिकोण इस दैनिक पत्र के स्तंभों में हूबहू प्रतिबिंबित होते थे।

बीच में रंजना एक बार पानी का गिलास रख गई, दूसरी बार चाय का प्याला। नाश्ते के लिए उन्होंने दृढ़तापूर्वक मना कर दिया था। पद्मकान्त बाहर से लौट आया था लेकिन शशिनाथ को अखबार के पन्नों में निमग्न जानकर वह कमरों से निकलकर बाहर नहीं आया। हाँ थोड़ी देर बाद कलवाला वह तरुण छात्र भी आ पहुँचा और अंदर पद्मकान्त के पास ही जम गया।

पद्मकान्त बाजार से मिठाइयाँ, दही, फल, मछली और सर्फ का एक बड़ा पैकेट ले आया था। दोनों नन्हे-मुन्ने मचल गए कि आधा-आधा नहीं, पूरा-पूरा संतरा लेंगे। रंजना ने बच्चों की तरफदारी की तो वे सचमुच पुलकित हो उठे।

खाना खा चुकने पर पद्मकान्त की राय हुई कि शशिनाथ अभी अकेले लौटें। रंजना को शाम तक यहीं बच्चों के साथ रहना है। इस परामर्श को शशिनाथ ने आसानी से मान लिया क्योंकि धर्मशाला में भी तो रंजना को अकेली ही रहना था।

रंजना भी यही चाहती थी। उसका जी करता था कि कलवाले नौजवान विद्यार्थी से देर तक बातें करे, शायद टीपू के दिल को समझना इस प्रकार आसान हो जाएगा। खग ही जाने खग की भाषा—तुलसीदास ने ठीक ही तो कहा होगा। नौजवान को नौजवान ही समझ सकता है, समझता है।

रिक्शा बुलवा लिया गया। उन्हें विदा करके पद्मकान्त ने रंजना से कहा—"अम्मा,

अब ज़रा मेरे कानों को खींचिए ! कई वर्ष हो गए, इन्हें किसी ने खींचा नहीं है। मेरी माँ का यह अभ्यास अंत तक रहा कि अपने सयाने बच्चों के भी कान लाड़ के मारे हौले-हौले मसलती रहती थी। किसी की माँ को अपने बच्चे का सिर सूँघना अच्छा लगता है। किसी की माँ अपने पुत्र-पुत्री की पीठों पर हाथ फेरना पसंद करती हैं...मेरी माँ को कान खींचना ही अच्छा लगता था..."

रंजना हँसती रही लेकिन पद्मकान्त ने नहीं माना, उसके दाहिने हाथ को उठाकर अपने बाएँ कान से लगा लिया। इस पर वहाँ छोटे बच्चों को भी हँसी आ गई। रंजना ने अगले ही क्षण अपना हाथ पद्मकान्त के कान से अलग कर लिया था।

"अरे"—अपनी पत्नी से पद्मकान्त ने कहा—"देखती क्या हो ? अम्मा का हाथ मेरा कान छूकर अपवित्र हो गया है, जल्दी पानी लाओ !"

अब रंजना की जोरों से हँसी फूटी। नौजवान विद्यार्थी ने भी ठहाका लगाया। पद्मकान्त की बीवी ने होंठों पर आँचल का कोना रख लिया, वह एक बुजुर्ग के सामने खुलकर हँसने में झिझक महसूस कर रही थी।

अंदर से दो और कुर्सियाँ बाहर लाकर रख दी गईं। पद्मकान्त ने नौजवान की ओर देखकर कहा—"तुम तो महासंकोची जीव हो, चाचाजी के सामने साफ-साफ इनकार कर गए ! लेकिन अब तुम्हें अपना कोटा खत्म करना होगा। मछली के तीन टुकड़े, शोरवा, एक प्लेट चावल, कटोरी भर दही और चार रसगुल्ले...इतने का तुम्हारा कोटा है !" फिर उसने रंजना की ओर नजर डालकर कहा—"अम्मा, इस सुनील की यही एक बीमारी है। बात-बात में शरमाएगा, पग-पग पर संकोच जाहिर करेगा। विद्यार्थियों का यह कैसा लीडर है ?"

रंजना ने उस तरुण छात्र की ओर देखा। लगा कि किसी समझदार ने ही उसका यह नाम रखा होगा। नीलांबुज श्यामल कोमलाङ्गम्...रंजना ने बचपन में सूर्योदय से पहले ही अपने पिता के मुँह से भगवान की स्तुतिवाले वे श्लोक जाने कितने दिनों तक सुने थे, जिनका आरंभिक पद था नीलांबुज श्यामल कोमलाङ्गम्...नीलकमल की तरह श्यामल एवं कोमल अंगोंवाला...यह लड़का सुनील क्या वैसा ही नहीं है ? वह अपने कानों के अंदर सुनील सुनील सुनील का अनुगुंजन महसूस करती रही...

सुनील के सामने वहीं, बरामदे पर ही खाने की सामग्री आ चुकी थी। छोटी टेबुल पर प्लेट और कटोरियाँ और पानी का गिलास...पद्मकान्त ने कहा—"अब क्या अम्मा को भी तुमसे खाने की सिफारिश करनी पड़ेगी ?"

रंजना ने कहा—"सच, टीपू भी इसी तरह शरमाता था। दूसरों के यहाँ बड़े नखरे करता था..."

सुनील ने मछली से ही शुरू किया। चावलवाली प्लेट उसने ज़रा अलग हटा दी—"इतना नहीं चलेगा।"

पद्मकान्त बोला—"यह फलाहार कब से चला रहे हो सुनील ?" सुनील कुछ बोल नहीं रहा था। चुपचाप आहिस्ते-आहिस्ते खाए जा रहा था। रंजना लेकिन बराबर उसी

की तरफ देख रही थी। उसे विस्मय हो रहा था कि कैसे इस तरह के संकोची स्वभाववाले लड़के उग्र वामपंथ की ओर झुक जाते हैं, कि कैसे समाज और शासन की व्यवस्था के खिलाफ इस प्रकार के शांत-शिष्ट तरुण विद्रोह का झंडा उठा लेते हैं ! वह बार-बार सुनील की सरल मुखमुद्रा का अवलोकन कर रही थी। उसकी एक-एक लकीर को अपने हृदय पटल पर टंकित किए जा रही थी। नाक का नुकीलापन, पतले होंठों की गुलाबी आभा, कमलपत्री आँखें, घनी भौंहों का बाँकापन, काले घुँघराले बाल...सुनील के मुखमंडल की एक-एक विशेषता वह अपने ध्यान में जमा रही थी...मानो यह कोई माडेल सामने बैठा हो ! मानो अवचेतन की पर्तों में इस मुखाकृति की छाया अभी की अभी बैठा लेनी चाहिए, बाद को फिर कहीं मौका न मिले !...रंजना तन्मय होकर सुनील के चेहरे पर अपनी आँखें गड़ाए हुए थी ! और, वह चुप्पा नौजवान बिना इधर-उधर देखे, शांतिपूर्वक आहार का अपना कोटा चुका रहा था।

पद्मकान्त अंदर से 'पाञ्चजन्य' का दीपावली अंक उठा लाया। लगता था, मौका मिले तो वह रुचिपूर्वक देर तक विशेषांक की सामग्री का पारायण करता रहेगा। फिलहाल इधर-उधर के थोड़े बहुत फोटो देखकर उसने विशेषांक को अलग रख दिया। सुनील से कहने लगा—"तुम्हारे पढ़ने लायक शायद ही कोई किताब या मैगज़ीन यहाँ हो। हाँ, तुम अम्मा से बातें कर सकते हो। मैं तो भई थोड़ी देर के बाद अंदर जाकर लेट जाऊँगा...रविवार का यही सबसे बड़ा सुख है कि दोपहर का लंच लेकर लंबी तान दो। सप्ताह के बाकी छह रोज घास काटने के लिए काफी हैं।"

सुनील ने दही की कटोरी खत्म कर ली। रसगुल्ले उसने दो ही लिए। रंजना ने कहा—"तुम तो हमारे टीपू से मुकाबला नहीं कर सकोगे। मेरा मतलब है, खाता वह तुमसे अधिक है। रसगुल्ले तो बिल्कुल ही नहीं छोड़ता..."

टीपू से अपनी तुलना की बात पर सुनील झेंप गया था। हाथ-मुँह धोता हुआ बोला—"अम्मा, टीपू से भला मेरी क्या बराबरी ! हम कभी उनके पासंग-बराबर भी न होंगे..."

सुनील ने टीपू के बारे में सुना ही सुना था, उसे देखा नहीं था कभी। हाँ, इस वक्त टीपू की अम्मा सामने थीं। इसी को वह अपना परम सौभाग्य समझ रहा था। जिसकी कोख से एक विप्लवी का अवतरण हुआ, उस नारी के चरण-कमल अपने हाथों से छूने का सु-अवसर पाकर सुनील कल शाम को ही पुलकित हो उठा था। उसकी अपनी माँ का स्वभाव कर्कश था यद्यपि नीयत ओछी नहीं थी। शायद यही कारण था कि रंजना के मीठे बोल उसके कानों में से होते हुए सीधे दिल तक पहुँच रहे थे, रंजना की तरल-स्निग्ध निगाहों का जादू सुनील के मर्म को छू रहा था।

पद्मकान्त ने कहा—"अपने अखबारों को अंदर लिए जा रहा हूँ। तुम तो हिंदीवाले पेपर शायद ही देखते हो !" फिर झुककर बोला—"अम्मा से बातें करो। मैं थोड़ा आराम कर लूँ। अपनी भाभी से बातें करनी हों तो उन्हें भी इधर ही बुला लेना। हाँ, उसके आने से बच्चे भी इधर ही जम जाएँगे...बेहतर है कि तुम अम्मा से अकेले

बातें करो।"

रंजना भी यही चाहती थी। सुनील भी यही चाहता था। दोनों अनुकूल अवसर पा गए। दोनों ही प्रसन्न थे। रंजना ने गौर से सुनील को देखा। उसके हाथों और पैरों के नाखून सलीके से तराशे हुए थे। बुशर्ट की बटनें ठीक ढंग से टाँकी थीं, कहीं धब्बे का नया-पुराना निशान नहीं था उस पर। दाढ़ी साफ थी, पतली मूँछों का निखार भड़कीला नहीं था। सिर के बाल बहुत बड़े न होने पर भी सँवारे हुए थे। चप्पलें पुरानी थीं लेकिन बदरंग और गंदी न थीं...रंजना ने सोचा, इसके माँ-बाप अनुशासित ढंग का जीवन जीनेवाले लोग होंगे। उन दोनों के अंदर अपने बच्चों को स्वस्थ-संतुलित नागरिक बनाने का दृढ़ संकल्प शुरू से ही मौजूद रहा होगा...

लेकिन, अगले ही क्षण रंजना को संदेह हुआ कि सुनील का आरंभिक जीवन सुखमय रहा होगा कि नहीं, कि इसके माँ-बाप हद दर्जे का व्यवस्थित जीवन जीनेवाले रहे होंगे कि नहीं...रंजना को मालूम था कि छात्रों में राजनीतिक प्रभाव बाद को भी प्रवेश पाता है। बड़े आफिसरों के लड़के भी उग्रपंथी राजनीतिज्ञों का अनुगमन करते पाए गए हैं। वामपंथी माँ-बाप के भी दक्षिणपंथी रुझानवाले लड़के निकल आते हैं...इसी सिलसिले में रंजना को पौराणिक व्यक्तियों की वंश-परंपरा याद आ गई...रावण महर्षि पुलस्ति का नाती था। प्रह्लाद का पिता हिरण्यकश्यपु नाम का दानवेश्वर ही तो था...और फिर... वह अपने आपमें मुस्कुरा पड़ी...कि बड़े नेताओं के लड़के क्षुद्र से क्षुद्र और नगण्य टाइप के व्यक्ति जहाँ-तहाँ सभी देशों में नजर आते हैं। आम की गुठली से जामुन का पेड़ नहीं पैदा होगा, परंतु सज्जन के वीर्य से दुष्ट पैदा हो सकता है। मनुष्य का बच्चा प्रकृति से जितना प्रभाव ग्रहण करता है, उससे कई गुना अधिक प्रभाव वह आर्थिक और सामाजिक परिवेशों से लेता है। ऐसा न होता तो साधारण कुलों में असाधारण संतान किस तरह पैदा होती ? पैदा होते समय सभी शिशु साधारण ही रहते हैं, आगे चलकर वे अच्छे-बुरे निकलते हैं...

सुनील अपनी कोई किताब साथ ले आया था। वह चुपचाप किताब के पन्ने उलटता रहा। रंजना के मौन से ऐसा लगा कि वह थकी हुई है—सुनील चाहता था कि अम्मा थोड़ा आराम कर लें, बातचीत तो होती रहेगी ?

लेकिन काफी देर गुमसुम देखकर सुनील को लगने लगा कि अम्मा टीपू की हालत के बारे में अधिक चिंतित होंगी। उसने कहा—"आप थक गई होंगी। यहाँ चाहे अंदर घंटा-डेढ़ घंटा विश्राम कर लेतीं..."

"नहीं।" रंजना बोली—"रात काफी बड़ी होती है। सोना ही तो रहता है। यहाँ और कौन-सा झमेला है।" फिर रंजना को लगा कि लड़के को सामने बैठाकर वह देर तक चुप रही है। ऐसा नहीं होना चाहिए। उसने पूछा—"अगर पाठकजी इन्हीं दो-तीन दिनों के अंदर चले जाएँ और उधर से बबुआजी या चीतू न आ सकें तो दस-पाँच रोज तुम रहोगे मेरे साथ ?"

"यह तो मेरे लिए खुशकिस्मती होगी।"—सुनील ने कहा। आँखों में चमक थी।

चेहरे पर हुलास जाहिर होने लगा। वह बोला—"दस-बीस रोज क्यों, चार-छह महीने भी यदि मुझे आपके साथ रहने का मौका मिले तो अपने को धन्य मानूँगा। अम्मा, मुझे ज़रा भी असुविधा नहीं होगी। फिलहाल एक छोटी-सी कोठरी मैंने ले रखी है। वहाँ आपको भारी असुविधा होगी...खैर, एक और जगह खोज ली जाएगी। यह काम पदुम भाई के जिम्मे कर देना चाहिए। मैं भी मकान खोजूँगा।"

रंजना बोली—"अभी दो-तीन रोज धर्मशाला में हैं ही। संभव है कि एक सप्ताह वहाँ और रहने की अनुमति ट्रस्टवालों से मिल जाएगी। इस बीच बबुआजी और चीतू जरूर आ जाएँगे। उनकी राय से ही मेरा आगे का प्रोग्राम तय होगा।"

रंजना उठकर अंदर जाने लगी। कहती गई—"तुम्हें प्यास लगी होगी।" जाती हुई रंजना को सुनील पीछे से देखता रहा। काली-चौड़ी किनारियोंवाली सफेद साड़ी में लिपटी हुई वह महिला मूर्ति सुनील को बड़ी ही भव्य प्रतीत हुई। गेहुँआ सूरत की मझोली आकृति। हाथ-पैर लंबे और पतले नहीं थे। सुनील की मामी का भी कद ऐसा ही था। शरीर की कांति भी ठीक इसी तरह की। उसने अपनी कल्पना में टीपू की आकृति का अंदाज लिया। सोचा, पिता की आकृति लंबी-पतली रही होगी तो टीपू भी शायद लंबा होगा...

रंजना ने पानी का गिलास थमाकर कहा—"कैसी मुसीबत है ! हम किसी दूसरे को अभी टीपू से मिला भी नहीं सकते। सुना है, वकीलों को मिलने दे सकते हैं।"

सुनील पानी पीते-पीते बोला—"उँ हँ, वकीलों को भी यों थोड़े मिलने देंगे ? अभियुक्त की तरफ से या अभियुक्त के माँ-बाप की तरफ से दरख्वास्त देने पर कोर्ट जिस एक वकील या जिन अनेक वकीलों के बारे में अपनी स्वीकृति देगा वही मुकदमे के सिलसिले में टीपू से मिल पाएँगे...अम्मा, यह भी टेढ़ी खीर है।"

पानी पी चुकने पर वह उँगलियों से प्लास्टिक के उस गिलास को छोटी टेबुल पर धीरे-धीरे नचा रहा था। नजरें उसी में थीं। रंजना उसके चेहरे की ओर देख रही थी। दाहिनी कनपटी से आगे, जहाँ दाढ़ी का कलम कटा था उसके करीब, नाखून बराबर खरोंच का पुराना निशान था। रंजना की दृष्टि वहीं उलझ गई। उसने सोच लिया, कई साल पहले कहीं खरोंज-फरोंच लगी होगी...कारण जानने की इच्छा हुई। किंतु उसने नहीं पूछा, आगे चलकर यदि कुछ समय साथ रहेगा तो कभी न कभी मालूम कर ही लेगी। अभी लेकिन टीपू के बारे में, उसके छूटने की संभावनाओं के बारे में सुनील से वह कुछ जरूर जानना चाहेगी !

सुनील ने पूछा—"अम्मा, कल आपकी टीपू से क्या-क्या बातें हुईं ?" अब वह ग़िलास नचाना छोड़कर रंजना की तरफ देख रहा था। टीपू का प्रसंग सहज ही आ गया तो रंजना को ज़रा अच्छा लगा। वह बोली—"कोई खास बात नहीं हुई। ऊपर-ऊपर की बाहरी बातें होती रहीं। मैं कई तरह की जानकारी चाहती थी, उसके स्वास्थ्य के बारे में, जेल-जीवन के बारे में, पढ़ाई के बारे में, अभियोग के बारे में...लेकिन वहाँ तो बीच में ही आकर चित्रगुप्त का नाती हमारे सामने जम गया था ! मैं क्या तो पूछती और

क्या तो टीपू मुझसे कहता !"

सुनील का स्वर गंभीर हो आया—"यही होता है अम्मा, इन मामलों में ऐसा ही नाटक होता है ! आने-जाने में आपके सौ रुपए उड़ जाएँगे और बातचीत के नाम पर पूरा लड्डू हाथ लगेगा !"

"मगर, मैं तुमसे पूछती हूँ," रंजना ने कहा—"वह कौन-सा अपराध है, जिसमें बिना मुकदमा चलाए महीनों टीपू को इस प्रकार की जेल-यातना भुगतनी पड़ेगी ? तुम बता सकते हो कि वह कब तक छूटेगा ? मुकदमा चलने पर कितने वर्षों की सज़ा हो सकती है ?"

सुनील तख्तपोश पर आधे लेटकर पेट के नीचे तकिया रखे हुए था, धड़ का अगला हिस्सा सिर-समेत उठा हुआ था। अब वह पूरी तरह उठ गया और पालथी जमाकर बैठा। उसने कहा—"अम्मा, आपने ऐसे सवाल पूछ दिए कि काफी कुछ बतलाना पड़ेगा। राजनीति और कानून मेरे अध्ययन के विषय नहीं हैं लेकिन थोड़ी बहुत जानकारी तो इन दिनों हर शिक्षित युवक को रहती है। हम चाहें या न चाहें, राजनीति और कानून से हमें उलझना ही पड़ता है। मैंने सुना है कि सत्याग्रहवाले ज़माने में आप खुद भी दो बार जेल यात्रा कर चुकी हैं। किसानों और मजदूरों के संघर्षों में हिस्सा लेने की बात नई नहीं है, काफी पुरानी पड़ चुकी है। स्वराज्य होने पर जनता को कितना अधिक सुख मिलेगा, यह बतलाने में बड़े और छोटे नेता कितना अधिक समय बिताते थे, यह सब आपको अच्छी तरह मालूम है। स्वतंत्रता प्राप्ति के चौबीस-पचीस वर्ष बाद भी इस देश में साठ प्रतिशत जनता का क्या हाल है, यह भी आपसे छिपा नहीं है। बहुसंख्यक जनता की दुर्दशा से विक्षुब्ध होकर अकेले टीपू नहीं, हजारों हजार नौजवान विप्लवी हो गए हैं। मौजूदा शासन-प्रणाली में उनकी रत्ती भर आस्था नहीं है। इस निर्वाचन पद्धति को वे मखौल समझते हैं। अधूरी क्रांति को पूर्णता प्रदान करना उनके जीवन का चरम लक्ष्य है...अम्मा, यही अपराध है टीपू का कि वह नकली देशभक्त नहीं है, कि वह मिनिस्टरों-विधायकों लोकसभाइयों से लेकर सेठों-जमींदारों तक की कड़ी आलोचना करते हैं, कि वह सशस्त्र क्रांतिवाली महाक्रांति के पक्षधर हैं...बिना मुकदमा चलाए भी उन्हें वर्षों तक जेल में सड़ाया जा सकता है। इंसाफ का नाटक रचाकर उन्हें दो-चार साल की कैद पारितोषिक के तौर पर मिल ही जाएगी। अपनी तसल्ली के लिए आप भले ही यहाँ चार-छह महीने रह जाएँ, टीपू का इससे कोई लाभ नहीं। उन्हें आप कोई मनपसंद चीज खिला-पिला भी तो नहीं सकतीं।"

रंजना ध्यान से सुनील की बातें सुन रही थी। अब उसे विश्वास हो गया कि यह लड़का टीपू जैसे नौजवानों के बारे में बहुत कुछ जानता है। अच्छा रहेगा कि शशिनाथ यहाँ नहीं होंगे। दस-बीस रोज सुनील अगर मेरे साथ रह जाए तो नई पीढ़ी के दिल और दिमाग की पर्तों में सुलगती हुई आँच का परिचय मुझे बहुत निकट से मिल जाएगा...आज पहली बार उसे यह खलने लगा कि वह पिछले वर्षों में अखबार देखना भी छोड़ चुकी थी। रेडियो में भी समाचारों को शायद ही कभी ध्यान से सुनती रही हो।

वह एक ओर शशिनाथ जैसे स्वार्थी व्यक्तियों की मंडली से संबद्ध थी, दूसरी ओर अपने पुत्रों और उनके मित्रों से उसका संपर्क था। बच्चे अपने पिता के बाद अंकिल की छाया में बड़े हुए थे। उनमें से चित्रा अधिक पढ़ी-लिखी निकली। दूसरा नंबर टीपू का था। लेकिन वह तो एम.एस.सी. के अंतिम वर्ष में पढ़ाई छोड़ बैठा। बाकी चारों मैट्रिक नान् मैट्रिक थे...रंजना ने सुनील की ओर शंकित दृष्टि से देखा—यह भी अपनी पढ़ाई छोड़कर जंगलों में भटकता फिरेगा ! इसके भी दिल में कहीं टीपूवाली आँच ही तो नहीं सुलगने लग जाएगी !...वह ममता की तरंगों में डोलने लगी। मनाने लगी कि सुनील न बहके...हे भगवान, यह लड़का अपनी पढ़ाई पूरी करके कहीं काम से लग जाए ! हे भगवान, वह अपने माँ-बाप को निराश न करे...

रंजना ने कहा—"तुम्हारी मुलाकात होती तो टीपू तुम्हें अपना चेला बना लेता !" इस पर सुनील को भी हँसी आ गई। रंजना भी कुछ क्षणों तक मुस्कुराती रही। इतने में अंदर से पद्मकान्त की बहू निकल आई। उसने टेबुल पर फलों से भरी प्लेट रख दी। संतरे की फाँकों का तो ढेर ही था। किनारे-किनारे तराशे हुए सेब के टुकड़े थे।

प्रफुल्ल मुखमंडलवाली उस युवती ने अपनी सलज्ज मुस्कान से पहले तो रंजना की ओर देखा, फिर सुनील को। सुनील ने भी जवाबी मुस्कान में कहा—"भाभी, अपने पतिदेव को भी तो जगाइए ! उनको इन फलों से क्यों वंचित कर रही हो ?"

इस पर रंजना हँसने लगी। हँसते-हँसते बोली—"अकेले में दोनों जने फलाहार करेंगे !"

पद्मकान्त की बीवी शरमा गई। पीछे आकर बच्चे खड़े हो गए। उनके हाथों में सेब के टुकड़े थे। माँ ने बच्चों से कहा—"चलो अंदर ! कुतर-कुतरकर कई टुकड़े इधर-उधर बिखेर आया है छोटन..."

"नहीं भाभी।"—सुनील ने छोटे का हाथ पकड़ लिया और उठाकर अपने पास बैठा लिया। बोला—"आप भी कमाल करती हैं ! बच्चे हैं, चाहे जितना कुतरें, चाहे जितना चबाएँ ! इनके खाने की प्रक्रिया में खेल भी शामिल रहता है।"

रंजना सुनील की बात पर सिर हिलाती रही। फिर दौड़कर बड़ा मुन्ना अंदर से खुरपी ले आया। रंजना से बोला—"बड़े अच्छे पौधे लगे हैं हमारे क्वार्टर के पीछे। मूली के, गोभी के, प्याज के।" बीच में ही छोटन बोला—"धनियाँ भी है नानी !" वह रंजना की ओर अपनी छोटी आँखें फैलाकर देख रहा था और नन्हीं हथेलियाँ उठी हुई थीं। रंजना ने बड़े मुन्ने के हाथ से खुरपी लेकर रख ली—"पहले, ये सेब-संतरे खत्म कर लें। तब चलेंगे पिछवाड़े, तुम्हारी खेती देखेंगे। मैं भी मूली खोदना जानती हूँ। मुझे दोगे मूली खोदने।"

बड़ा मुन्ना बहुत खुश हुआ। बोला—"अपन तो दोनों ही मूली खोदेंगे। ममी को हाथ नहीं डालने देंगे।"

सभी हँस पड़े। सुनील ने दोनों हाथ जोड़कर पद्मकान्त की बीवी से कहा—"कृपया, भाई साहब को बाहर निकालिए..." वह मुस्कुराती हुई अंदर चली गई। प्लेट भी खाली

हो चली थी।

पद्‌मकान्त आँखें मलता हुआ बाहर आया। बोला—"तीन भी तो नहीं बजे हैं !" वह फिर से तख़्त पर बिछ गया। सुनील के हाथ पर अपनी हथेली रखकर कहने लगा—"सुनिए विद्यार्थी शिरोमणि, इस सुख के लिए आपका भाग्य अभी बहुत दूर है...पहले शादी तो कीजिए। भगवान करेंगे, नौकरी भी कहीं न कहीं लग ही जाएगी। तब जाकर आपको इस रविवार का माहात्म्य मालूम होगा।"

रंजना हँसने लगी, बोली—"क्या जल्दी थी ! अभी जग गए ? कहीं जाना-वाना तो नहीं है ?"

पद्‌मकान्त ने कहा—"आप लोगों का इधर का प्रोग्राम था। इसी से वाइफ का बाहर निकलना आज स्थगित रहा। बच्चों को अभी थोड़ी देर में रिक्शे पर लाद ले जाएँगे, इधर-उधर घुमाकर वापस ले आएँगे..."

सुनील समझ रहा था कि टीपू के सिलसिले में अम्मा बहुत सारी बातें सुनना चाहती हैं। उन्हें उन प्रवृत्तियों के बारे में ज़रा-सी भी जानकारी नहीं है जिनका संबंध टीपू की मौजूदा जिंदगी से है। प्रवाह में पड़कर भले ही माताजी कभी महीना-दो महीना के लिए जेल यात्रा कर चुकी हों, समाज के निम्नतम वर्गों की दुर्दशा के बारे में इनका थोड़ा भी परिचय कभी नहीं रहा। सत्याग्रह आंदोलन या अगस्त क्रांति के तूफानों में हजारों स्त्री-पुरुष निरीह तिनकों की तरह छितरा गए थे, विप्लवी दृष्टि का थोड़ा भी आभास उन्हें नहीं था। राजनीतिक समझदारी का ठेका उन दिनों कुछ-एक गिने-चुने उच्चवर्गीय नेताओं ने ले रखा था...सुनील के मन ने कहा—मगर इसमें अम्मा का क्या कसूर था। वह तो हमारे राष्ट्रीय आंदोलन के नेतृत्व की गुणात्मक त्रुटि थी कि उसमें शामिल होनेवाले हजारों हजार स्त्री-पुरुषों के अंदर शोषक वर्ग के प्रति चरम घृणा का दावानल नहीं धधकाया गया। अगर वैसा हुआ होता तो आज हम फटी-मैली बनियान से अपने कृष शरीरों को ढके हुए रिक्शा-कुलियों की इतनी बड़ी संख्या न पाते ! जिन्हें एक जून भी भरपेट, आधा पेट अखाद्य को खाद्य नहीं मिल पाता, ऐसे कोटि-कोटि हरिजन-गिरिजन हमें तब न दिखाई पड़ते !

वह जान-बूझकर थोड़ी देर के लिए चुप रहा। प्रकट तौर पर रंजना से उस प्रकार की बातें पद्‌मकान्त के सामने कैसे करता भला ! वह भी समझ रही थी कि पद्‌मकान्त के अंदर टीपू के बारे में कोई खास दिलचस्पी नहीं है। उसके लिए तो बस अपनी जीजी की सास थी, जो संयोगवश हजारीबाग पहुँच गई थी...जीजा की माँ का आतिथ्य पद्‌मकान्त को करना था, सो वह भलीभाँति कर रहा था। टीपू तो उसकी नजर में 'एक पथभ्रष्ट युवक' था। रंजना यहाँ न होती तो पदुमजी को टीपू की याद तक न आती।

बहू ने इशारे से रंजना को अंदर बुला लिया। वह जानना चाहती थी कि चाचाजी

नाश्ते में क्या लेना चाहेंगे...अब तो आ ही रहे होंगे !

रंजना बोली—"वह नहीं आ रहे हैं, मैं ही उधर जा रही हूँ। मेरे लिए खाली चाय तैयार करो..."

"यह कैसे होगा ?" बहू ने आँखें फैलाकर कहा—"मैं आपके लिए बथुए की कचौड़ी तल रही हूँ..."

"मेरी तो ज़रा भी इच्छा नहीं है। न मानोगी, तोड़कर एक टुकड़ा ले लूँगी। लेकिन वह तो नहीं आएँगे। खैर, पदुमजी और सुनील को खिलाओ। मौसम की चीज है..." रंजना कह चुकी तो पद्मकान्त की बीवी बोली—"यहाँ तो ढेर का ढेर बथुआ मिलता है। इनको बथुए की कचौड़ी भी पसंद है, बथुए का रायता भी पसंद है। अभी थोड़ी देर पहले पड़ोस की क्वार्टरवाली ने भिजवा दिया था..."

रंजना किचन के अंदर ही पीढ़े पर बैठकर बहू से बातें करने लगी।

शशिनाथ रिक्शा से उतरे। चेहरा बेहद उदास था। अगवानी में सुनील खड़ा हो गया। उसने कहा—"पदुम भैया लैट्रिन गए हैं। आप बैठिए। भीतर खबर करता हूँ..."

शशिनाथ को बैठाकर सुनील अंदर गया। अगले ही क्षण रंजना निकल आई। शशिनाथ ने उसकी ओर उदास निगाहों से देखा। मुँह से शब्द नहीं निकले।

रंजना चिंतित हो उठी। तत्काल ही कुछ पूछते डर लग रहा था। सुनील सामने न होता तो वह शशिनाथ के ज़रा और निकट होकर बैठती, कंधे पर हाथ रखकर परेशानी का कारण पूछती...सुनील के सामने शायद ही शशिनाथ का मुँह खुले !

स्थिति की गंभीरता का आभास सुनील को भी हुआ। वह उठकर क्वार्टर के बरामदे से नीचे उतर गया। आगे कुछ दूर जाकर चहलकदमी करने लगा। उसने जान-बूझकर उन दोनों को एकान्त में छोड़ दिया था।

शशिनाथ ने धीमी आवाज में बतलाया—"मुझे सवेरे एक्प्रेसवाली बस से पटना के लिए रवाना होना है। वहाँ दो घंटे रुककर उस पार जाने के लिए स्टीमर पकड़नी होगी। आगे टैक्सी मिल जाएगी। कल रात दस बजे तक मोतिहारी पहुँचेंगे...तैयार फसल की जूट शुरू हो गई है। शायद जमकर मारपीट भी हुई हो। आदमी आया है। धर्मशाला में इंतजार कर रहा था। ज्यादा कुछ बतला नहीं रहा है। किंतु, इतना तो निश्चय है कि वहाँ की स्थिति बहुत बिगड़ गई होगी। वरना वे आदमी नहीं भेजते। तार दे सकते थे..."

रंजना को पहले से ही इस प्रकार की दुर्घटना का अंदेशा था। बुरी से बुरी खबर के लिए उसने शशिनाथजी से तैयार रहने के लिए कहा था। उसके दिल ने कहा, वहाँ गोली भी चली है और लोग घायल भी हुए हैं...परंतु इस समय उन संकटों की चर्चा करके शशिनाथ को वह और अधिक व्यग्र बनाना नहीं चाहती थी। उसने कहा—"आप दोपहर से ही भटके हैं, थक भी गए होंगे और भूख भी लगी होगी। पहले एक कप चाय पी

लीजिए। दस मिनट बाद नाश्ता कीजिए। बहू ने आपके लिए बथुए की कचौड़ियाँ तल रखी हैं...कह रही थी, चाचाजी जरूर आएँगे !''

रंजना उठकर अंदर गई और अगले ही क्षण चाय का कप ले आई। शशिनाथ को चाय थमाकर रंजना करीब, बिलकुल करीब खड़ी हो गई। अपना दाहिना हाथ उनके बाएँ कंधे पर रखकर उसने उनकी आँखों में देखा। निगाहों में अंदर की परेशानियाँ तैर रही थीं, जिन्होंने पुतलियों को बदरंग बना दिया था।

रंजना ने उनकी ठुड्डी को उठाकर ऊपर अपने मुँह के सामने किया। बोली—''इतने चिंतित क्यों हो रहे हैं ?''

''नहीं।''—फीकी मुस्कान से अपनी उदासी को छिपाते हुए शशिनाथ ने कहा—''कहाँ ! मैं चिंतित कहाँ हो रहा हूँ ?''

रंजना ने समझ लिया अब इस समय इनकी फीकी मुस्कान को ही पर्याप्त मानना चाहिए। दिल को भारी धक्का लगा है...धीरे-धीरे सहज प्रकृति में वापस लौटेंगे।

उसने कहा—''आपकी चाय बिलकुल ठंडी हो जाएगी, फिर दवा की तरह एक ही बार में पूरा कप अंदर उड़ेलना होगा।'' इस पर शशिनाथ ज़रा खुलकर मुस्कुराए।

पद्मकान्त कचौड़ियोंवाली तीनों प्लेट लेकर सामने आ गया। उसने खिलकर कहा—''चाचाजी, अभी आप न आते तो आपकी बहू को बेहद पछतावा होता। दरअसल आपके लिए ही यह कचौड़ियाँ तली गई थीं।''

प्लेट टेबुल पर रख दी गई। पदुमजी ने सुनील को आवाज देकर बुला लिया।

रंजना किवाड़ों की ओट से बहू का संकेत पाकर अंदर चली गई।

यह ऐसा ग्रामांचल था, जिसे नदी धनुष के आकार में घेरे हुए थी। निकट ही नेपाल का तराइयोंवाला मैदानी इलाका उत्तर की ओर फैला था। धान की पैदावार प्रमुख थी। खेत अपनी दोहरी फसल के लिए दूर-दूर तक मशहूर थे और उनका भाव बड़ा ही ऊँचा था। पिछले सौ वर्षों में बाहरी जिलों के दबंग लोग आकर आबाद हो गए थे। छल-बल-कौशल से उन्होंने अधिकतम भूमि के क्षेत्र दखल कर लिए थे। स्थानीय बहुसंख्यक मजदूर जातियाँ सब तरह से उन्हीं बड़े खेतिहरों के आधीन, जहालत और गरीबी का जीवन गुजारने को बाध्य थीं।

पिछले बीस-पचीस वर्षों में राजनीतिक दलों की कृपा से निम्न वर्ग की श्रमिक जातियों में दो प्रतिशत चेतना का संचार हुआ था। पंचायतों, विधानसभाओं और पार्लियामेंट के चुनाव, समय-समय पर उन्हें थपकियाँ दे रहे थे। नेताओं-ऑफिसरों-पुलिसवालों-साहूकारों और बड़े किसानों की मिली-भगत देहाती श्रमिक वर्ग के संकटों को कई गुना अधिक बढ़ा रही थी। आंशिक जागरण का भी फल उन तक पहुँच नहीं रहा था।

समूचे गाँव में शशिनाथ जैसे सुखी किसानों की संख्या चार-छह से अधिक नहीं

थी। ऊँची जातियों में आधुनिक शिक्षा का प्रवेश हो चुका था। संपन्न घरानों के नौजवान मैट्रिक पास रहने पर भी नौकरी के लोभ में नगरों की ओर अपना रुख कर लेते थे। जिनका मन लगता था और जिन्हें घरवालों से आर्थिक सुविधा प्राप्त होती, वे ऊँची शिक्षा की ओर बढ़ते थे। गाँव की संपदा का सत्तर प्रतिशत बृहत् अंश शशिनाथ जैसे लोगों की मुट्ठी में था। सामाजिक और आर्थिक मामलों में इन्हीं के किए हुए फैसले लागू होते थें। आंचलिक राजनीति और कूटनीति का खेल इन्हीं सयानों की राय के अनुसार खेला जाता था।

आज तीसरा दिन था। परसों वह इस वक्त हजारीबाग में थे, पद्‌मकान्त के क्वार्टर में बरामदे पर लेटकर अखबार देख रहे थे। तब शशिनाथ को इस बात की कल्पना नहीं थी कि चौबीस घंटे के अंदर ही हजारीबाग छोड़ देना होगा।

अपना बैठकखाना काफी बड़ा था। सामने फैली हुई सहन में बखारों की दो कतारें बाईं तरफ थीं। दाहिनी ओर ज़रा हटकर केलों का छोटा-सा बागान था। सामने का हिस्सा आँगन जैसा साफ-सुथरा रहता था। पाठक-निवास के मकानात् पक्की ईंटोंवाले और ऊपर से खपरैलों द्वारा छवाए हुए दूर से ही लोगों को अपनी ओर आकर्षित करते थे। उनकी सफेद और ऊँची दीवारें सूरज और चाँद की किरणों को बारी-बारी से प्रखरता और स्निग्धिता प्रदान किया करती थीं।

अभी काफी देर तक शशिनाथ धूप में कुर्सी पर बैठे थे। सवेरे आते ही उन्होंने स्नान कर लिया था। स्नान करने के बाद दही-चिवड़ा-गुड़ और अचार का भरपूर नाश्ता किया फिर आकर बैठकखाने के बाहर कुर्सी पर बैठे-बैठे धूप भी सेंकते रहे और लोगों से बातें भी करते रहे। कुर्सी के सामने बेंच रख दी गई थी, काफी चौड़ी और बड़ी। इस बेंच पर फैलकर बैठने पर भी सात-आठ जने आराम ही महसूस करते थे। इसमें भी कुर्सियों की तरह पीठ की तरफ टिकने के लिए दो मजबूत पट्टियाँ लगी हुई थीं।

"चार रात पहले, नहीं अब से पहले पाँचवीं रात को दस कट्ठावाला खेत बदमाशों ने साफ कर दिया।"—सवेरे-सवेरे महात्माजी ने बतलाया था। उनकी आँखें गीली हो आई थीं, गला भर आया था। यह महात्माजी शशिनाथ के चचेरे थे, उम्र में दस साल बड़े। घंटों पूजा-पाठ चलता था, रात्रि शेष में लगभग तीन बजे ही उठ जाते थे और तेरहों अध्याय दुर्गासप्तशती का मौखिक पारायण नित्य करते थे। नामस्मरण के साथ संतों की पदावली भी विभोर होकर गाया करते थे। मांस, मछली से परहेज था। एक पुत्र पैदा करके पत्नी चल बसी तो दूसरी बार शादी नहीं की। उन्हें जाने कब से सभी लोग महात्मा कहते आ रहे थे...महात्माजी की आँखों में आँसू देखकर शशिनाथ का कलेजा काँप उठा। मोतियाबिंद से धुँधली पुतलियाँ आँसू में गीली होकर छिली हुई लीचियों की तरह कैसे चमकती हैं, यह शशिनाथ ने आज पहली बार देखा।

भरतपुरा गाँव के इन श्रीमंत घरानों के पास तीन बंदूकों के लाइसेंस थे। सुरक्षा

का यह प्रबंध बहुत पुराना नहीं था। आठ-दस वर्ष पहले बिरादरी के एक मिनिस्टर महोदय की शुभ दृष्टि का परिणाम था यह। लेकिन, पास-पड़ोस के हलकों में इन लाड़ले बारूदी हथियारों की चर्चा आतंकमिश्रित संजीदगी के साथ होती थी।

शशिनाथ ने अपनी उद्विग्नता पर काबू पा लिया था। उन्हें अपने पर काफी भरोसा था। गाँव के दूसरे दो-तीन धनी किसानों से उनकी घोर अनबन थी। उन लोगों ने दो-एक बार शशिनाथ के पीछे गुंडे भी लगाए थे। डिस्ट्रिक्ट और डिवीजनल (अनुमंडलीय) कोर्टों में अक्सर मुकदमे खुले रहते थे। बीच-बीच में एक-आध फौजदारी मामला भी दर्ज होता रहता था। बेतिया और मोतिहारी के मुख्तार-वकील शशिनाथ की कूट बुद्धि के कायल थे। कई बार उन्हें मुकदमे की पैरवी के सिलसिले में हाईकोर्ट तक पहुँचना पड़ता था। उसकी इस प्रतिभा से मित्र भी लाभ उठाते थे। यह सबकुछ अपनी जगह पर था, लेकिन भूमिपति वर्ग के विरोध में दिनानुदिन तीव्र से तीव्रतर होता हुआ यह जन-संघर्ष शशिनाथ की पकी हुई प्रज्ञा के लिए बहुत बड़ा चैलेंज साबित हो रहा था।

सरसठवाले निर्वाचन के बाद छोटी जातियों के विधायक अधिक संख्या में मंत्री-उपमंत्री होने लगे। प्रशासन की कुर्सियों पर उनका दबाव अधिकाधिक बढ़ता गया। पंचायतों में भी मुखिया और सरपंच उन्हीं में से ज्यादातर आने लगे। परिगणित और अनुसूचित निर्वाचन क्षेत्रों के लिए इन जातियों के दबंग और चालू युवकों की खोज में राजनीतिक दलों के अंदर होड़ लग गई।

निम्न वर्ग का गूँगा विधायक भी पुलिसवालों को फटकारने लगा। बुद्धू से बुद्धू देहाती भी अपनी बिरादरी से अधिकाधिक चिपकता गया क्योंकि बिरादरी का सरगना चुन-चुनाकर महाप्रभुओं के दरबार में पहुँचने की तरकीब सीख गया था। ऐसी स्थिति में छोटी जातियों के प्रमुखों को फुसलाने-रिझाने-ललचाने, ठगने, धमकाने की अभिनव प्रक्रिया बड़ी जातिवालों ने सहज ही विकसित कर ली। नगर-महानगर हों, चाहे गाँव-देहात, शक्ति-प्रयोग के साथ-साथ या आगे-पीछे, आपसी अंतर्विरोध छोटे-बड़े संघर्षों में महत्त्वपूर्ण भूमिका अदा करने लगे। घोषणा और आचरण, चिंतन और क्रिया...राजनीतिक पार्टियों ने कहीं भी सामंजस्य नहीं रहने दिया। एक-एक दलपति के दस-दस मुखौटे नजर आने लगे।

भरतपुरा अंचल का यादव विधायक पहली बार एक गैर कांग्रेसी दल के टिकट पर चुना गया था। संविद (संयुक्त विधायक दल)—मंत्रिमंडल में वह मिनिस्टर बना। संविद टूटने पर उसने दो बार दल बदले। बीच में उपमंत्री रहा, बाद में राज्यमंत्री। गाँजा के तस्कर व्यापारियों का एक गिरोह नाव-समेत पकड़ा गया तो उसी की दौड़-धूप से सकुशल छूट गया...शशिनाथ इन दिनों उसके पक्षधर नहीं थे, उनकी साँठगाँठ अब स्वतंत्र पार्टीवाले एक वकील से थी जो दो बार इलेक्शन हारने पर भी निरुत्साहित नहीं हुआ था।

दुपहर बाद वह खेत देखने गए। पीछे-पीछे हलवाहा था, आगे-आगे भांजा

रामनाथ। सामने खेतों का मैदान पकी-अधपकी फसलों से सतरंगा लग रहा था। उत्तर की ओर, बहुत दूर पर हिमालय की पर्वत शृंखलाएँ नजर आ रही थीं जिनकी चोटियों पर बर्फ चमक रही थी। हिमावृत शृंगों की हरी भूरी और रजताभ आभा यहाँ से अत्यंत दूर होने के कारण आभास मात्र लग रही थी। कम से कम चालीस-पचास मील के फासले पर थी। तराई के अंचल चार मील आगे थे। वे पंद्रह-बीस मील आगे फैले हुए थे जहाँ से तलहटीवाली छोटी पहाड़ियाँ शुरू होती थीं। समतल होने से नदी अपना बहाव हर साल बदलती रहती थी। पिछले दो-तीन वर्षों में उसका आकार धनुष की तरह हो गया था। पश्चिम-उत्तर कोने से आई थी, पूरब की तरफ तिरछे मुड़कर दक्षिण दिशा में प्रवाहित होने लगी थी। दक्षिण दिशा में आधा मील आगे डिस्टिक्ट बोर्ड का पुल था। सड़क पूरब से आई थी, पश्चिम की ओर चली गई थी।

जहाँ-तहाँ फसलें कट रही थीं। मजदूरों में औरतों की ही तादात काफी थी। शशिनाथ ने भांजे से पूछा—"क्यों रामनाथ, अपने खेतों में अब तक कटनी शुरू नहीं हुई ?"

नाटे कद का वह साँवला नौजवान बोला—"नहीं मामा, परसों से अपनी कटनी चलेगी। महूरत तो चार रोज पहले ही हो चुका है। अभी वही लोग अपनी फसलें कटवा रहे हैं जिनके घरों में अनाज का टोटा रहता है।"

रामनाथ के समर्थन में हलवाहे ने कहा—"समय-साल खराब है। इससे भी लोग जल्दी कर रहे होंगे। यों बड़े गृहस्थों को फसल कटवाने की उतावली नहीं होती।"

शशिनाथ ने निकट के खेतों में परिचित चेहरे खोजने की कोशिश की। और तो कोई नहीं सुक्खू जरूर पहचान में आ गया। वह लछमन सिंह का छोटा भाई था। ये लोग छोटी हैसियतवाले खेतिहर थे। मुश्किल से चार-पाँच बीघा जमीन उनकी जोत में रही होगी। लछमन आजकल विरोधी गुट के साथ था। शशिनाथ से उसका मिलना-जुलना बंद था।

आगे बढ़ने पर रमई दिखाई पड़ा। उसके खेत में सात-आठ मजदूर-मजदूरिनें हँसिया भाँज रहे थे। वह खुद भी उनका साथ दे रहा था। बीच में खड़ा हो गया इसी से पहचान में आया। शशिनाथ को रमई की ओर पलट-पलटकर देखते पाया तो रामनाथ बोला—"रमई का लड़का अच्छा कमा रहा है।"

शशिनाथ ने पूछा—"दो-ढाई सौ पा लेता है ?" रामनाथ ने समर्थन के लिए हलवाहे की तरफ देखा—"क्यों कासिम, रमई का बेटा इतना तो कमा लेता होगा ?"

कासिम के निचले होंठ से लगी हुई सुर्ती अंदर भीग रही थी। थूककर उसने माथा हिलाया—"हाँ, इतना तो जरूर पीट लेता होगा।"

शशिनाथ को याद आया, रमई का बेटा ब्लाक में नौकरी पा गया है। मैट्रिक कर चुकने पर उसे अपनी बिरादरी के विधायक की मेहरबानी से काम मिलने में सुभीता हुआ। उन्होंने सोचा, ब्राह्मण या राजपूत का लड़का ग्रेजुएट होने पर भी काम नहीं पाता है। छोटी जातियों के नौजवान अल्पपठित रहने पर भी चटपट नौकरी पा जाते हैं। अच्छा

है वे गाँवों से बाहर ही रहें। साक्षर शैतान निरक्षर शैतान से ज्यादा खतरनाक होता है !

खड़ी फसलोंवाले खेतों के बीच दस कट्ठे का वह खाली खेत अपनी बेबसी का रोना रो रहा था। शशिनाथ पहले तो उसे घूम-घूमकर देखते रहे, फिर बीच में खड़े हो गए। कटी फसलों की खूँटियाँ सूखने पर भी हरेपन का सबूत दे रही थीं। वे हमवार न होकर ऊँची-नीची थीं। स्पष्ट था कि अँधेरे में जल्दी-जल्दी उन्हें तराशा गया था। इधर-उधर दो-चार बालें (मंजरियाँ) पड़ी थीं, उन्हें रौंदा गया था। अभी दो रोज पहले दारोगा और बी.डी.ओ., दल-बल समेत इन खूँटियों को अपने बूटों से कचर गए थे।

तीनों में से कोई कुछ बोल नहीं रहा था। सबकी निगाहें उन खूँटियों पर टँगी थीं। वे एक-दूसरे की तरफ भी नहीं देख पा रहे थे। रात के अँधेरे में चुपचाप घर के अंदर घुसकर सोते हुए शिशुओं का गला काटकर मुंडों सहित आतताई गायब हो गया था...शशिनाथ को वैसा ही प्रतीत हो रहा था। आँखों से प्रतिहिंसा की चिनगारियाँ छिटक-छिटककर नीचे फैल रही थीं, लगता था, कटी फसलों की खूँटियाँ अब सुलगने ही वाली हैं...होंठों में दाहिने हाथ की दो उँगलियाँ दबाकर शशिनाथ क्रोध के अपने आवेगों को हल्का करने की कोशिश कर रहे थे। शत्रु सामने नहीं था, फिर भी वह उसे देख रहे थे। एक सिर नहीं, उसके कंधों पर सौ-सौ सिर उभर रहे थे। निगाहों का सूनापन बढ़ रहा था, लेकिन इससे ध्यान में उभरते हुए शत्रु के सौ-सौ सिर और भी साफ दिखाई देने लगे...

रामनाथ ने अपने मामा का हाथ पकड़ा। वह बोला—"बड़े मामा से अगले दिन खाना नहीं खाया गया, न पानी पिया गया...तुम यहाँ होते तो यह दुर्घटना शायद न होती"...शशिनाथ ने दो कदम आगे बढ़कर फसलों भरे उस विराट मैदान को एक बार देखा और बोले—"अब इन दुर्घटनाओं को कोई नहीं रोक सकता...चलो, वापस लौटें।"

उस पार नदी की कछार में इधर ढेर-सारी जमीन निकल आई थी, लगभग दस बीघा खेत तैयार हो गए थे। रबी की फसलों के लिए यह भूमि अति-उर्वर साबित हो रही थी...प्रकृति का भारी प्रकोप था पहले। लगातार पंद्रह वर्षों तक उस पर नदी की उपधारा बहती रही। जिनके नाम पर उसका दखल-पट्टा था उन्होंने ऊबकर थोड़े-से दाम पर शशिनाथ के हाथों उसे बेच दिया। पड़ोस के गाँव के सब्जी उगानेवाले मुसलमान खेतिहर ही उस भूमि के असल हकदार थे क्योंकि जाने कब से वे वहाँ सब्जियाँ उगाते आए थे। हाँ, बीच में नदी की उपधारा ने उन्हें बे-दखल कर दिया था। तथाकथित 'कानूनी कार्रवाई' ठीक करवा लेने के बाद शशिनाथ ने अचानक एक दिन कछार की उस स्वर्णभूमि में सरसों के दाने छींट दिए...फसल तैयार होने पर पहले वर्ष दारोगा की मुस्तैदी से झगड़ा प्रचंड रूप नहीं ले सका। दूसरे वर्ष उसी पड़ोस के एक धनी केवट ने उस कछार को शशिनाथ से 'मनखप' (ठेके) पर ले लिया। तीन वर्ष बाद, पिछले साल, वह भूमि उन्होंने केवट से वापस ले ली। अब के भी वहाँ सरसों लगी थी, पंद्रह-बीस दिन

बाद कछार की धरती पर पीला दुपट्टा लहरानेवाला था।...सोने के इस टुकड़े पर गाँव के श्रीमंतों की नजर तो थी ही, खेत-मजदूरों की भी आँखों में लपलपाहट कौंधती रहती थी।

शशिनाथ की कंजूसी आम लोगों में चर्चा का विषय थी। बनिहार (खेत-मजदूर) उन्हें नफरत की निगाहों से देखते थे। बलात्कार और भ्रूणहत्या के सिलसिले में वह कई बार पिटते-पिटते बचे थे। फुसला-फुसलाकर विधवाओं को पहले तो भ्रष्ट कर देते थे, बाद में उनकी अचल-सचल संपत्ति डकार जाते थे; फिर उन बेचारियों की ऐसी दुर्दशा होती कि भूख और रोग उन्हें यमराज के दरबार में पहुँचा आते। दो-तीन आत्माओं को तो शशिनाथ ने स्वयं ही 'दवा' देकर निर्वाण प्राप्त करवा दिया था...

'62 से पहले तक यह अंचल कांग्रेसी विधायक को ही चुनकर ऊपर भेजता रहा। उस वर्ष पहली बार प्रजा-समाजवादी पार्टी का उम्मीदवार यहाँ से चुना गया। '67 में यह सीट संयुक्त समाजवादी को मिली। कम्युनिस्ट पार्टी का उम्मीदवार कुछ सौ वोटों से पीछे रह गया था। कांग्रेसी हताश होकर बैठ गए थे। निर्वाचनवाले इन वैधानिक संघर्षों के चलते समानता और भाईचारे का मंत्र गाँव-गाँव तक पहुँचा गए थे। सोशलिज्म के संदेशों को लाउडस्पीकरों ने लाख-लाख कानों के अंदर डाल दिया था। जनसाधारण की निर्भीकता चोरियों और डकैतियों के माध्यम से भी प्रकट होने लगी थी। घरेलू नौकरों और नौकरानियों ने बड़े घरों में जूठन खाना छोड़ दिया था। अँधेरे में हरी फसलें चरने को मवेशी छुट्टा छोड़ दिए जाते थे, पकड़े जाने पर आसानी से छूट जाते थे। पिछले दस वर्षों में बदल-बदलकर पाँच दरोगा आ चुके थे। कान्स्टेबिलों को इक्के-दुक्के कई बार लोगों ने पीटा था।

किसान मजदूर की बातें अब इन इलाकों में छुटभैये कांग्रेसी नहीं करते थे। उनका संबंध किसानों और मजदूरों से नहीं रह गया था। लगता था कि उन्हें अपने ढंग का स्वराज्य मिल चुका है। बड़े किसानों, व्यापारियों और आफिसरों तक उन्होंने अपनी भाग-दौड़ सीमित कर ली थी। जनसेवा या देशभक्ति का मिशन उनके लिए खादी में सिमट आए थे।

शशिनाथ ने तो खादी को और भी कसकर पकड़ रखा था। टिनोपाल में चमकाए हुए धोती-कुर्ते दूर से ही शशिनाथ का विज्ञापन करते। बैठकखाने में पेटीवाला चर्खा अब भी देखा जा सकता था। उन्होंने किसी जमाने में गाँव के अंदर ही 'अंबर चर्खा निकेतन' चालू करवाया था। जिला-रचनात्मक-समितिवाले अपने मित्रों की हमदर्दी से तीस अंबर चर्खे वहाँ ले आए थे जिन्हें गरीब परिवारों के हवाले कर दिया था। कातनेवाले हाथ पुरुषों के कम थे, स्त्रियों के ज्यादा। स्त्रियों में बाल-विधवाओं से लेकर सधवा बुढ़ियाँ तक थीं। आरंभ में दो वर्षों तक निकेतन में सालाना समारोह भी धूमधाम से संपन्न हुए थे। कते हुए सूतों की लच्छियों के नाप-तौल में घपला बहुत बढ़ गया तो चारित्रिक दुर्बलताओं की अफवाहें भी तूल पकड़ने लगीं। बहुतेरे परिवारों से अंबर चर्खे वापस आ गए। लष्टम-पष्टम किसी तरह चार वर्षों तक अंबर का नाटक चलता रहा। गालियाँ

घिस-घिसाकर मुहावरों में ढल गईं। और 'निकेतन' अपने आप बंद हो गया।

टूटी-फूटी हालत में तीन-चार अंबर चर्खे पिछवाड़े में, कबाड़खाने के अंदर औंधे पड़े थे। कई बार रामनाथ के दिल में आया कि उन्हें होली के मौके पर लक्कड़ों के ढेर में डाल दे। लेकिन, मामा को अच्छा नहीं लगेगा, यह सोचकर उसने कबाड़खाने से उन चर्खों को नहीं हटाया। अंबरवाली एक बाल-विधवा ने मामा को कितना परेशान किया था।...मुलिया नाम था उसका। वह हल्के बुखार में थी। "बार-बार कौन टेम्परेचर देखेगा जाकर, तू यहीं रुक जा..." मामा ने कहा तो वह रुक गई। निकेतन में अतिथियों के लिए अलग कमरा था। मुलिया काम छोड़कर उसी कमरे में लेटी रही। "बस, आखिरी बार नौ बजे रात में टेम्परेचर लेकर इसे घर भेज देंगे। सवेरे फिर आ जाएगी, क्यों रामनाथ ?" रामनाथ ने सिर हिलाकर हामी भरी। मुलिया ने भी अपना माथा हिलाकर मंजूरी दी...आज भी उसका वह माथा हिलाना रामनाथ भूला नहीं है।...लगभग साढ़े-नौ बजे निकेतन के उस कमरे में झाँककर देखने पर रामनाथ दंग रह गया—शशिनाथ लहूलुहान थे। लालटेन की मद्धिम रोशनी को तेज करने पर रामनाथ ने जो दृश्य देखा वह कैसा खौफनाक था ! पहले तो रामनाथ को लगा कि मुलिया अपने घर चली गई और मामा मेरी प्रतीक्षा में लेटे हुए हैं...दिन भर की थकान के बाद सुस्त पड़े हैं !... उसने कंधा पकड़कर शशिनाथ के चेहरे को अपनी तरफ किया तो मुँह से चीख निकल पड़ी—बाप रे !...मामा ने बड़े कष्ट से अपना हाथ उठाकर रामनाथ का मुँह बंद किया था। जल्दी-जल्दी में दाँत गड़ाए गए थे। घाव के ताजा निशान बाएँ गाल पर, बाईं तरफ गरदन में और कंधे पर चमड़े की पर्तों के अंदर तक नजर आ रहे थे। गरदन की एक ऊपरी रग कट गई थी, अब भी वहाँ से लहू बह रहा था। लहू इतना अधिक निकल चुका था कि अंदर की गंजी और बाहरवाले कुर्ते की बाँह का बायाँ हिस्सा केहुनी तक सुर्ख हो रहा था। रामनाथ ने चटपट अपनी चादर फाड़ी, चटपट उन टुकड़ों को मामा की गरदन से लपेटा...अस्पताल तीन मील दूर था। संयोग ऐसा कि डॉक्टर और कंपाउन्डर दोनों नहीं थे। कंपाउन्डर अस्पताल से भी तीन मील आगे किसी रोगी को देखने गया था। रामनाथ ने बड़ी मुश्किल से कंपाउन्डर को जाकर पकड़ा। तब तक रात का एक बज गया था। लहू का बहना बीच में ही थम गया। लेकिन कंपाउन्डर ने बाद में बड़ी मेहनत की। ड्रेसिंग करके दो इंजेक्शन दिए थे। कहा था—"इन्हें जिला अस्पताल ले जाइए, सेप्टिक हो जाने का अंदेशा है। लापरवाही होगी तो घाव अंदर चले जाएँगे।" ब्लाकवालों की मेहरबानी से जीप मिल गई थी। रातोंरात वह मामा को मोतिहारी अस्पताल पहुँचा आया था...

रामनाथ दर्जा चार तक पढ़ा हुआ कामकाजी युवक था। बचपन से ही ननिहाल में पला था। शादी भी इन्हीं लोगों ने करवा दी थी। जीविका का सहारा भी यही लोग थे। अलग से चार बीघा जमीन मिली थी। घर-वास के लिए ननिहालवाले मकानों के निकट ही भूमि का छोटा-सा टुकड़ा मिला था, मिट्टी की दीवारोंवाले उसके दो अपने घर थे। बैलों की जोड़ी थी। ननिहाल की संपत्ति की निगरानी के लिए बड़े मामा ने रामनाथ

को आग्रहपूर्वक नियुक्त कर रखा था। शशिनाथ की तुलना में बृजनाथ (बड़े मामा) से उसको कहीं अधिक लाभ मिलता रहता था।

बृजनाथ ने उन्हीं दिनों यानि अंबर चर्खा निकेतनवाले दिनों में रामनाथ से पूछा था—"अब तो अस्पताल से लौट आए शशिनाथ। असल में हुआ था क्या, सो तो बता दो।" रामनाथ ने संक्षेप में बतला तो जरूर दिया किंतु मन ही मन महात्माजी की इस दिलचस्पी पर कई दिनों तक हँसता रहा। लेकिन कहाँ, असल बात उसने बड़े मामा से नहीं बतलाई थी। संकोच के मारे, बूढ़ों से इस तरह की बातें बतलाई भी तो नहीं जा सकतीं ! फिर वे चाहें कितना भी खोद-खोदकर पूछें...शशिनाथ के क्षत-विक्षत होने का असल कारण रामनाथ तक कई महीनों के बाद पहुँचा था...मुलिया लछमन सिंह की भतीजी थी। उसने अपनी छोटी चाची से सबकुछ खुलासा बता दिया था। छोटी चाची ने अपने पतिदेव (सुक्खू) से कहा था। सुक्खू कई महीने बाहर रहकर लौटा तभी जाकर रामनाथ की उससे मुलाकात हो सकी...मुलिया ने चाची से कहा था—"उसके (शशिनाथ के) लच्छन शुरू से ही मुझे पसंद नहीं थे। सूतों की लच्छियाँ जाँचने के लिए कई लोग थे। जाँचने में सूतों की बारीकी जाँची जाती है। सत्तर नंबर के सूत को साठ या पचपन नंबर का बतलाने पर नहीं अखरता है। मगर उसे तीस नंबर का करार देने पर गुस्से के मारे रोआँ-रोआँ सुलग उठता है। मैं देखती थी कि मेरे सूतों पर वह मुस्कुरा-मुस्कुराकर रियायती नंबर दे रहा है। उसने अपने आदमियों को सिखा रखा था कि फलाँ औरत के सूत पर इतना नंबर, फलाँ औरत के सूत पर इतना और फलाँ के इतना और फलाँ के उतना। फिर सूत कातनेवालियों की बेबसी का फायदा उठाता...तुम्हारे सूत का नंबर हमने बढ़ा दिया है...खूबसूरत और भरे हुए बदनवाली औरतों के हाथ पर दाम रखकर अजीब-सी चिपचिपी निगाहों से उन्हें देखा करता था। मैंने मन ही मन तय कर लिया, इस मुँहझौंसे का इलाज न किया तो मेरा नाम मुलिया नहीं !...मैं मौका खोज रही थी कि एकाएक मुझे जुखाम हो गया। अगले दिन मैंने उससे कहा—लगता है मुझे बुखार चढ़ेगा, आप ज़रा देखिए तो...टेम्प्रेचर लेने के लिए उसने मुझे दूसरे कमरे में बुलवाया। मुँह के बदले बाँह छूकर बगल में थर्मामीटर डाला। 99 डिग्री बतलाया और मुस्कुराकर कहने लगा—टेम्प्रेचर अभी तीन बार और लेना होगा। आखिरी बार शाम के बाद नौ बजे लूँगा...उसकी शामत आई। और नौ बजे।...मैं कमरे के अंदर गई तो जाने कैसी खुशबू आई। वह मेरा इंतजार कर रहा था। मैंने देखा, उसकी आँखों में एक अजीब किस्म की लपलपाहट कौंध रही थी।...चाची, तुमने गेहुँअन साँप को जीभ लपलपाते देखा है ? और, जब वह ज़रा-सा फन काढ़कर अपनी लकीरनुमा पतली जीभों को लपलपाता है ? देखा है तुमने उसको ? ठीक वही लपलपाहट थी शैतान की आँखों में ! जी में आया, इसके मुँह पर थूककर उलटे पैरों वापस चली जाऊँ...पर, यह तो कोई सजा नहीं होती। मैंने अपने गुस्से को काबू में किया। मुस्कुराकर आगे बढ़ी और लाज की पुतली बनकर खड़ी हो गई...उसने हाथ पकड़कर मुझे तख्त पर बैठा लिया। तख्त पर भूरे रंग का कंबल बिछा था, गुलाबी चादर थी। झुककर लिखने के लिए छोटा-सा

चिकना डेस्क तख्त पर ही, छोर की तरफ, रखा था। मैंने कहा—बड़ी देर हो गई, आजी मेरी बाट देख रही होगी। कहलवा तो दिया था लेकिन छटपटा रही होगी। मैंने आगे रखे हुए थर्मामीटर पर अपनी नजर डाली...उसने हँसकर कहा—बस दस मिनट और।...मुझे दिखलाकर दस रुपए का नोट सिरहाने की तरफ चादर के नीचे दबा दिया। पास खिसककर बिलकुल सट गया। उसका बायाँ हाथ मेरी कमर में लिपटने को था और अपना मुँह तिरछा करके होंठों को मेरे गाल से भिड़ाने को आतुर था। उसकी गरम-गरम साँस मेरी दाहिनी कनपटी को झुलसाने लगी, इतने में मेरा गुस्सा फूट पड़ा। अपने पैने दाँतों को मैंने उसके बाएँ गाल में जल्दी-जल्दी कई बार गड़ा दिया। वह उचककर अलग हो गया। मैंने उसका बायाँ कंधा भभोड़ना चाहा। वह तेजी से अलग हट रहा था। उसे अब भी उम्मीद थी कि मुझ पर काबू पा लेगा...मैंने देखा, खून नहीं बह रहा है। मैंने फुर्ती से दाँत उसकी गरदन में गड़ा दिए...वह चीख मारकर तख्त पर गिर गया....उस वक्त मैं चाहती तो उसकी जान ले लेती, और अधिक घायल कर देती ! लेकिन नहीं, सोचा कि पढ़ा-लिखा आदमी है, इसके लिए फिलहाल इतनी सजा काफी है...अपने गुस्से को और अधिक भड़कने से मैंने रोका। घबराहट मेरे अंदर तनिक भी नहीं थी...अगले ही क्षण मैं वहाँ से निकल आई। अगर वह तत्काल सँभलकर मुझ पर हमला करने की कोशिश करता तो मैं झपटकर बाघिन की तरह उसकी गले की रगों को चिचोड़ डालती...जाने कितने गालों को उस सूअर ने अपने थूथन से चाटा होगा चाची ! माना कि वह बेहया है, उसकी यह लत छूटेगी नहीं। मगर बाघ की बेटी बाघिन ही होती है, इतना तो समझ ही गया होगा..."

सुक्खू की बदौलत मुलिया के चरित्र की और भी कई विशेषताएँ रामनाथ को मालूम हुई थीं। एक बार पड़ोस के एक यादव युवक का नाम लगाकर मुलिया की दिलचस्पी के बारे में शिगूफा छोड़ा गया। सुक्खू की घरवाली मुलिया को बहुत चाहती थी, उम्र में छह साल-आठ साल की बड़ी रही होगी। दोनों अक्सर एक ही थाली में खाती थीं। मेला या नहान के अवसरों पर साथ ही घर से निकलती थीं, साथ लौटती थीं। चक्करवाले घोड़ों पर चढ़ना हो, आदमी के तीन मुखोंवाला जादुई बाघ देखना हो, सेंदुर-टिकली-आलता की शीशी खरीदनी हो, दोनों का सारा-कुछ साथ-साथ चलता था। चाची ने उस शिगूफे के बारे में मुलिया से पूछा तो हँसकर बोली—"हाँ, हम दोनों चुपचाप किसी अँधेरी रात में निकलेंगे। सीधे कलकत्ता जाने का इरादा है हमारा..." चाची ने गालों पर एक-एक हल्की चपत जमाकर कहा—"लबरी कहीं की !" फिर मुलिया ने चाची के कंधों पर अपने हाथ रख दिए। आँखों में आँखें डालकर दीप्त स्वरों में कहा—"देखो चाची, हाँ, इसी तरह देखती रहो और सुनती रहो...पसंद आएगा और जी चाहेगा तो मैं किसी चमार या किसी कसाई के साथ रहने लग जाऊँगी। छिछोरपन से मुझे कोई नहीं पा सकेगा। मान लो, मैं किसी को चाहने लग जाऊँ, लेकिन वह न चाहे, तब ? तब, नहीं रहा जाएगा तो जहर-माहुर पीसकर पी लूँगी...हाँ, चाची, तुम नहीं न छोड़ोगी मेरा साथ ?"

रामनाथ की हमदर्दी छोटी जातिवालों के प्रति थी। यह हमदर्दी दिल के किसी कोने में छिपाकर रखता था वह। प्रकट तौर पर मामा लोगों के सुर में सुर मिलाकर मजदूरों और बनिहारों को वह भी गालियाँ दिया करता। हल्के हाथों दो-एक तमाचे भी जड़ देता। रामनाथ को यह उम्मीद थी कि उसके बच्चों में से एक-आध को शशिनाथ मामा अपने इंजीनियर पुत्र के पास रखवा देंगे और इस तरह लड़का पढ़-लिखकर तैयार हो जाएगा। उसकी पत्नी को लेकिन इस बात का रत्ती भर भरोसा नहीं था। क्योंकि अपने दो पुत्रों की ऊँची शिक्षा के बाद शशिनाथ और किसी बालक को ज्यादा पढ़ने की सलाह नहीं दे रहे थे। अपने भतीजों को शशिनाथ ने मैट्रिक से ऊपर नहीं पढ़ने दिया। रंजना के भी लड़के 'अंकिल' की बदौलत पढ़ाई के मामले में लटक ही रहे थे। टीपू मैट्रिक के बाद जीजा की राय से कलकत्ता चला गया था। बाद की पढ़ाई के पैसे उसने घरवालों से नहीं लिए। ट्यूशन करके वह अपनी पढ़ाई का खर्चा निकालता था। चित्रा इन्श्योर्ड थी और बाप के जीतेजी उसने बी.ए. कर लिया था। शादी के बाद पढ़ाई का खर्चा उसको अपने श्वसुर से मिला। रामनाथ की घरवाली शशिनाथ को शायद कुछ अधिक पहचानती थी। अपने ममिया ससुर के स्वार्थ शायद कई रूपों में उस बेचारी के सामने नग्न हो चुके थे। परन्तु रामनाथ की मामा के शिक्षा-प्रेम पर अब भी आस्था हिली नहीं थी। वह बार-बार पत्नी को समझाता—"इन्होंने इलाके में दो मिडिल स्कूल, एक हाई स्कूल और एक संस्कृत विद्यालय चालू करवाए। गाँव-गाँव घूमकर अपने मित्रों के साथ इन संस्थाओं की बुनियाद डालने के लिए चंदा उगाहा। यह सब आज से बीस साल पहले का काम है इनका। परिवार के और लड़के फिसड्डी निकले तो इसमें मामा का क्या कसूर है ?" रामनाथ की घरवाली पति को इस पर कुछ और न कहकर अपने काम में लग जाती, सिर झुकाकर मुस्कुराती रहती। शशिनाथ के शिक्षा-प्रेम का उसे शायद निकट से परिचय था। उनका शिक्षा-प्रेम घर के अंदर पत्नी पर घूँसा और लातों के अविरल प्रहार बनकर किस तरह बरसता रहता था, यह भी रामनाथ की पत्नी से छिपा नहीं था। गऊ जैसी सुशील और रूपवती महिला जिसे अर्धांगिनी के रूप में मिली हो, वह व्यक्ति पराई औरतों के पीछे पागल रहकर धीरे-धीरे कैसा भारी छिछोरा बन जाता है, रामनाथ की घरवाली यह साफ-साफ देख रही थी...

यह दोनों कड़ी मेहनत करनेवाले जीव थे। छोटे-छोटे चार बच्चों का पालन-पोषण अच्छी तरह करने का इरादा था, कर भी रहे थे। बच्चों की उम्र दस से लेकर दो तक की थी। दो लड़के, दो लड़कियाँ। रामनाथ को धर्मभीरुता, अध्यवसाय, सादगी, सचाई के संस्कार पिता से मिले थे। पत्नी को श्रमशीलता, चतुराई और विनोदवृत्ति के संस्कार उसकी अपनी माँ से प्राप्त हुए थे। हाँ, रामनाथ ने शिव की भक्ति और बूटी सेवन भी पिता से लिए थे किंतु यह दोनों काम नित्य के न होकर नैमित्तिक थे। उसकी अर्धांगिनी को बिरादरी के समारोहों में, महिला मंडल के बीच गीत गाने का शौक था। छोटी बच्ची को छोड़कर बाकी तीनों बच्चे गाँववाले प्राइमरी स्कूल में पढ़ रहे थे। यह स्कूल अब दर्जा सात तक का हो गया था। पत्नी के आग्रह पर कल उसने एक खेत का धान कटवा

लिया था। चार कट्ठेवाला यह खेत अपनी अगता फसल के लिए प्रतिवर्ष पहले ही नंबर पर चढ़ता था। हरे धानों का हरा-हरा चिवड़ा और ताजा-ताजा गुड़ बच्चों के लिए ही नहीं सयानों के लिए भी लुभावने होते हैं। ये धान इतने मुलायम होते हैं कि इनकी दवँरी नहीं करवाई जाती, न इन्हें खलिहान में फैलाकर बैलों के खुरों का दबाव झेलना पड़ता है, न हफ्तों की प्रतीक्षा के बाद इनकी बालें झड़वाई जाती हैं। इनकी मंजरियों से तो मुट्ठी-मुट्ठी में ही दाने निकाल लिए जाते हैं या फिर ओखल को अथवा पटरे को नीचे लिटाकर झाड़-पटककर दाने निकाल लिए जाते हैं। रामनाथ ने इस दूसरे तरीके से ही दाने निकालने का निश्चय किया था। तिपहरिया का सूरज ढल गया तो उसने बरामदे के सहारे, नीचे आठ-दस ईंटें जमाकर पटरा डाल लिया और धान झाड़ने लगा। हरे-हरे दाने छिटक-छिटककर ऊपर ओसारे पर, नीचे आँगन में पड़ने लगे। थोड़ी देर में कासिम का भाई भी आ गया। उसने भी उसी तरह धान झाड़ने शुरू किए...

दोनों चुपचाप धान झाड़ रहे थे। दाने फैलते जा रहे थे। गोबर और चिकनी मिट्टी घोलकर आँगन लीपा गया था, ओसारा भी। उस पर बिखरे हुए हरे-हरे दाने निगाहों को बहुत भले लग रहे थे।

कासिम का भाई, जहूर, गठीला जवान था। साँवली सूरत की चिकनी देह। नाटा कद। चौड़ी पेशानी। आँखें बड़ी नहीं थीं। मूँछें छोटी। दाढ़ी साफ। सात हाथ की छोटी धोती कमर में लपेट रखी थी। आधी बाँहवाली बनियान को बदन पर डाले हुए था। चौड़ी-पुष्ठ छाती, भरी हुई जाँघ और सुडौल बाँहें...रामनाथ की बीवी ने उसे कई बार देखा। धान झाड़ते समय में उठती हुई बाँहें, भरपूर साँस खींचने से सिकुड़ता हुआ सीना, पिचकती हुई नाभि, बनियान के अंदर से भी अपने स्वास्थ्य का इजहार कर रही थी। रामनाथ का शरीर भी इस कसरत से अच्छा जँच रहा था। रामनाथ की घरवाली ने सोचा—मेहनत-मशक्कत करते समय औरतों के भी बदन इसी तरह तनते-लचकते हैं। वह ओखल में धान डालकर मूसल चलाती हैं तो कैसी लगती होंगी !...उसका जी कर रहा था, तीसरा पटरा जमाकर वह भी उन्हीं की तरह धान झाड़े...फिर देखेगी, कैसे ये अपनी नजरें उठा-उठाकर देखते हैं !...मगर यह तो शाम तक धान झाड़ते रहेंगे ! और, वही कौन नई-नवेली बहू है कि शरमा करके काठ हो जाएगी ! दो बार घर के अंदर से निकलकर उसने ओसारे से नीचे पैर रखे। एक बार आँगन के कोने में अलगनी पर सूखते कपड़े बटोरने निकली, दूसरी बार सब्जीवाली की पुकार पर निकलना पड़ा। आज उसने गोभी ली थी...जहूर ने एक नजर मारकर देखा...गेहुँआ सूरतवाले हाथ-पैर थे, चेहरा ज़रा-सा ढका था। जहूर रामनाथ के आँगन में कई महीनों के बाद आया था। दरअसल उसका छोटा भाई जाहिद इन औरतों का सुपरिचित और मुँहलगुआ नौजवान था। उन हाथों में गोभी देखकर जहूर ने याद करने की कोशिश की, कितने ही वर्षों से उसने जी भरकर गोभी नहीं खाई थी। गोभी के मौसम में अक्सर वह बाहर रहता था। दूसरी बात, जो खास थी, कि पिछले महीनों में साग-सब्जियाँ आसमान की ओर उड़ने लगी थीं, आम लोगों में कूबत नहीं थी कि छलाँग लगाकर उन्हें पकड़ें !

स्कूलवाले दो बड़े बच्चे अंदर आए। हरे धानों की खुशबू उनके नथनों को फड़का रही थी। अपना-अपना बस्ता ओसारे में पटककर वे पिता के सामने खड़े हुए तो रामनाथ ने मना किया—"दाने छिटक रहे हैं, अलग हटो...आँख-कान के अंदर घुस जाएँगे !" माँ ने तत्काल इशारे से उन्हें पास बुला लिया—"भूख लगी होगी, पहले खाना तो खा लो !"

लड़के खाना खाकर बाहर निकल गए, खेलने।

धान-झड़ाई शाम तक चलती रही।

अंदाज से लगभग पाँच सेर हरे धान जहूर की अँगोछी में बाँध दिए रामनाथ ने। वह हँसी-खुशी वापस गया।

रामनाथ की घरवाली ने दाने बटोर लिए थे। तौला स्वयं रामनाथ ने। दो सेर ऊपर तीन मन हुए...हाथ-मुँह-बेदन सारा-कुछ गमछे से झाड़-पोंछकर बीच आँगन में खड़े होकर पत्नी से कहा—"सुनती हो ?...समय-साल जैसा गया है, उस हिसाब से बुरा नहीं रहा !"

वह पास आकर बोली—"मुझे तो भरोसा नहीं था कि चरकठवा इस बार इतना भी देगा !"

"कृपा बंभोलेनाथ की..." रामनाथ बोला—"अब आज तो नहीं, कल शाम को बूटी ज़रूर छनेगी !"

●●●

नागार्जुन रचनावली

6

सम्पादन-संयोजन

शोभाकान्त

राजकमल प्रकाशन

नयी दिल्ली पटना

मूल्य : ₹ 5500
सात खंडों का सम्पूर्ण सेट

पहला संस्करण : 2003
पहली आवृत्ति : 2011

प्रकाशक : राजकमल प्रकाशन प्रा. लि.
1-बी, नेताजी सुभाष मार्ग
नई दिल्ली-110 002

शाखाएँ : अशोक राजपथ, साइंस कॉलेज के सामने, पटना-800 006
पहली मंजिल, दरबारी बिल्डिंग, महात्मा गांधी मार्ग, इलाहाबाद-211 001

वेबसाइट : www.rajkamalprakashan.com
ई-मेल : info@rajkamalprakashan.com

आवरण-चित्र : अशोक महेश्वरी

मुद्रक : बी.के. ऑफसेट
नवीन शाहदरा, दिल्ली-110 032

NAGARJUN RACHANAVALI-6
Edited by Shobha Kant

ISBN : 978-81-267-2151-1

यह खंड

नागार्जुन को मैथिली भाषा-भाषी 'यात्री' कहते हैं। यह 'यात्री' उपनाम उनके व्यक्तित्व को जानने-समझने के सन्दर्भ में एकदम सटीक है। इस भू-खंड की आर्थिक, सांस्कृतिक, राजनैतिक और भौगोलिक, अर्थात् सम्पूर्ण सामाजिक बनावट को पुस्तकों में पढ़कर नहीं, बल्कि करीब जाकर देखा था नागार्जुन के 'यात्री' ने। इस घुमन्तूपन को शब्दों में उतारने के लिए उन्होंने साहित्य की विभिन्न विधाओं को भी अपने साथ रखा।

कवि होने के साथ-साथ काव्येतर विधाओं में लिखने का अपना तर्क था नागार्जुन के पास। 1958 ई. के एक निबन्ध (राज्याश्रय और साहित्य जीविका) में वे लिखते हैं—"साहित्यजीवी होने के लिए मेहनती गद्यकार होना पहली शर्त है। दूसरी शर्त है मौलिकता का दम्भ झाड़कर सब कुछ लिखने के लिए तैयार रहना।" और, नागार्जुन ने सब कुछ लिखा—निबन्ध, संस्मरण, यात्रा-वर्णन, रिपोर्ताज, पत्र-पत्रिकाओं के कॉलम, कहानी, नाटक, बाल साहित्य...कवि-कर्म शुरू करने के साथ ही साहित्यजीवी बनने के लिए वे गद्य की विभिन्न शैलियों में कलम चलाने लगे। मिथिलांचल और काशी के छात्र-जीवन से बाहर होने पर युवा कवि के यात्रीपन के लिए गद्य ही सम्बल था। 1988 ई. के एक साक्षात्कार में उन्होंने कहा भी है—"मुझे लगा कि साहित्य को ही अगर जीविका का साधन बनाना है तो प्रोज लिखना ही होगा।"

रचनावली के इस खंड में बाल साहित्य के अलावा उनके उपन्यासेतर गद्य की विभिन्न विधाओं को रखा गया है। 1935-36 ई. से रचित स्फुट गद्य का पुस्तकाकार रूप तो 1981 के बाद ही प्रकाशित हो पाया। हाँ, निराला पर उनकी एक स्वतंत्र पुस्तक 1963 ई. में प्रकाशित हुई थी।

महाकवि निराला ने जीवन के अन्तिम कई वर्ष विषम परिस्थितियों में गुजारने के बाद 1961 ई. में महाप्रयाण किया। नागार्जुन ने अपने अग्रज को बार-बार देखा था। महाकवि के संघर्ष और शासकीय उपेक्षा से भीतर ही भीतर व्यथित होकर 1962 ई. के अन्त में उन्होंने पटना रहकर 'एक व्यक्ति : एक युग' शीर्षक पुस्तक लिखी। 1963 ई. में इलाहाबाद से इसका प्रकाशन हुआ। इस पुस्तक के कई संस्करण हो चुके हैं।

1983 में पहली बार कथेतर स्फुट गद्य का एक संग्रह 'अन्नहीनम्-क्रियाहीनम्' दिल्ली से प्रकाशित हुआ। इस संकलन में निबन्ध, संस्मरण, यात्रा-प्रसंग आदि के अट्ठारह आलेख संकलित हैं। संकलन में जहाँ 1936 ई. के आलेख हैं, वहीं 1978 के भी। संकलनकर्ता ने यह सूचना भी दर्ज की है—"स्फुट गद्यों का यह पहला संग्रह है।

इस तरह के कुछ संग्रह और तैयार होंगे।''

कथेतर गद्य का दूसरा संग्रह है 'बम्भोलेनाथ'। यह संग्रह 1987 ई. में छपा। इसमें सत्रह आलेख हैं। इन आलेखों का रचनाकाल 1945 ई. से 1978 ई. तक है।

इन दोनों संकलनों में संकलित पैंतीस आलेखों के अतिरिक्त इक्कीस और आलेख रचनावली के इस खंड में दिए जा रहे हैं, जिन्हें विभिन्न पत्र-पत्रिकाओं से जमा किया गया है। इन आलेखों को विषय-क्रम से न रखकर यहाँ कालक्रम से रखा गया है। बहुत प्रयास के बाद भी हम यह कहने की स्थिति में नहीं हैं कि स्फुट गद्य की संख्या इतनी ही है। पुरानी पत्र-पत्रिकाओं के रख-रखाव या संरक्षण की जो हालत है, उससे सजग पाठक अपरिचित नहीं हैं।

'बम्भोलेनाथ' में संकलित 'प्रेमचन्द' शीर्षक निबन्ध को रचनावली में नहीं दिया गया है। 1962 ई. में पी.पी.एच. दिल्ली ने 'बाल जीवनीमाला' सीरीज के लिए नागार्जुन लिखित प्रेमचन्द की जीवनी छापी। इसी को आधार बनाकर या इससे यहाँ-वहाँ के अंशों को लेकर 'बिहार टेक्स्ट बुक कमिटी' ने अपने स्तर से पाठ्य-पुस्तक के लिए 'प्रेमचन्द' शीर्षक से एक आलेख तैयार कर 'जीवनी संकलन' नामक पाठ्य-पुस्तक में रखा। वर्षों से यह निबन्ध पाठ्यक्रम में चल रहा है। बाल जीवनी 'प्रेमचन्द' को जस का तस रचनावली के छठे खंड में रखा गया है तो 'प्रेमचन्द' शीर्षक निबन्ध को यहाँ रखना 'रिपिटीशन'-सा लगा।

उपन्यासकार होने के पूर्व ही नागार्जुन ने कहानियाँ लिखी थीं पर कहानी विधा को मन से अपना नहीं सके। 1936 ई. से 1967 ई. के बीच बारह कहानियाँ लिखीं—लम्बे-लम्बे अन्तराल के बाद अपने सम्पादक मित्रों के आग्रह पर। 1936 ई. के मासिक पत्र 'दीपक' (अबोहर, पंजाब) में पहली कहानी 'असमर्थ दाता' छपी थी। कथाकार का नाम 'अकिंचन' था। यही कहानी इसी नाम से 1940 ई. में 'विशाल भारत' (मासिक, कलकत्ता) में छपी। यहाँ कहानीकार थे वैद्यनाथ मिश्र। यदि यह कहानी 'विशाल भारत' में न छपी होती तो शायद नागार्जुन की रचनाओं में यह न आ पाती। 'अकिंचन' नाम की जानकारी नागार्जुन को लेकर नहीं रही है। 1936 ई. में ही विद्यालंकार परिवेण (श्रीलंका) जाने के पूर्व नागार्जुन ने 'दीपक' के कुछ अंकों का सम्पादन किया था। 'नागार्जुन' तो उन दिनों वे हुए नहीं थे; वैद्यनाथ मिश्र ही सम्पादन कर रहे थे। सम्भवतः अपनी रचना अपने नाम से अपने पत्र में छापना अच्छा न लगा होगा। अतः 'असमर्थ दाता' शीर्षक के नीचे 'अकिंचन' लगा दिया।

'आसमान में चन्दा तैरे'—एकमात्र कथा-संग्रह है नागार्जुन का। कुल बारह कहानियों के इस संकलन का प्रथम प्रकाशन 1982 ई. में पटना से हुआ था। 1983 ई. में इसका पुनर्मुद्रण दिल्ली से हुआ। इस संग्रह में संकलित कहानियों के अलावा और किसी कहानी की जानकारी नहीं है। हाँ, रचनावली के इस खंड में कहानियों के साथ 'सूखे बादलों की परछाइयाँ' भी शामिल है। इस नाम से वे एक उपन्यास लिखना चाहते थे, पर लिख नहीं पाए। 1967 ई. में 'सूखे बादलों की परछाइयाँ' के इतने ही लिखित अंश उपलब्ध

हुए, जो 1970 ई. में 'रचना' (बनारस) के अंक-3 में छपे थे।

पटना से निकलनेवाले साहित्यिक मासिक 'ज्योत्स्ना' में नागार्जुन ने एक स्तम्भ लिखना शुरू किया। स्तम्भ का नाम था 'मुखड़ा क्या देखै दरपन में'। जब नागार्जुन का पटना में रहना होता, तब यह स्तम्भ लिखते। ऐसा नहीं कि पटना से बाहर रहकर भी इस स्तम्भ की सामग्री सम्पादक को भिजवाई हो। लगता है कि सम्पादक के विशेष आग्रह पर ही वे इस रोचक स्तम्भ को लिखा करते थे। सितम्बर 1964 ई. से अक्टूबर 1967 के बीच, अर्थात् तीन वर्षों से कुछ ही ज्यादा समय में मात्र तेरह अंकों में यह स्तम्भ उपलब्ध हो पाया है।

नागार्जुन के कुछ निकटतम मित्रों ने बताया कि 1950-55 के आस-पास वे यदा-कदा डायरी भी लिखा करते थे। डायरी के प्रथम पृष्ठ पर मोटे अक्षरों में 'यत्किंचित' लिखा होता। 'जनयुग' (साप्ताहिक, दिल्ली) में जब स्तम्भ लिखने की बात उठी होगी तो यही शीर्षक उन्हें रुचा होगा। मैथिली के एक मासिक पत्र में भी इस शीर्षक से यदा-कदा कुछ न कुछ यात्री ने लिखा है। 'यत्किंचित' स्तम्भ 'जनयुग' में 21 जुलाई 1968 से शुरू हुआ और 22 दिसम्बर 1968 ई. तक ही हमें उपलब्ध हो पाया यानी छः माह तक मात्र सत्रह अंकों में यह स्तम्भ दिखाई पड़ता है। हर अंक में नागार्जुन नहीं लिख पाए।

स्तम्भों की सामग्री को अब तक एक साथ पुस्तकाकार संकलित नहीं किया जा सका है। रचनावली में पहली बार इस सामग्री को संकलित किया गया है।

नागार्जुन के कथेतर गद्य का यह खंड उनके रचनात्मक वैविध्य को एक साथ पाठकों के सामने रखता है।

—शोभाकान्त

क्रम

एक व्यक्ति : एक युग

वह अपरिमेय...

आज निराला को
न माननेवाला
नास्तिक समझा जायगा।
आनेवाली पीढ़ियाँ
इस महान् कलाकार की प्रतिभा के बारे में
कितनी ही कल्पनाएँ करेंगी
किंतु
वे उसके सरल, निष्कपट, उदार जीवन
की झाँकी कहाँ पा सकेंगी ?
निराला जैसी विभूति दुर्लभ है।
उनकी साहित्य-प्रतिभा की भाँति
उनकी महामानवता भी
साधारण मानदंड के
माप से बाहर की चीज है।

—राहुल सांकृत्यायन

उसे

मरने दिया

हमने

बाल झबरे, दृष्टि पैनी, फटी लूँगी, नग्न तन
किंतु अंतर्दीप्त था आकाश-सा उन्मुक्त मन
उसे मरने दिया हमने रह गया घुटकर पवन
अब भले ही याद में करते रहें सौ-सौ हवन !

—नागार्जुन

एक

जीने की पहली शर्त

निराला बीस वर्ष अभी और जी सकते थे ! निराला बीस वर्ष पहले भी मर सकते थे ! औरों की नज़रों में वह निपट एकाकी थे। अपनी दृटि में निराला सृष्टि के कण-कण में रमे थे; वह सर्व-सामान्य जनगण में से एक थे।

महँगू, चतुरी चमार, बिल्लेसुर बकरिहा, कुल्ली भाट के पीछे-पीछे निराला छाया की भाँति चलते थे। निराला अगर असंग मौन एकाकी होते तो इलाहाबाद की सड़क पर पत्थर तोड़ती हुई उस मजदूरिन तक कैसे पहुँचते ? वह अगर निर्लिप्त-निरीह होते तो चित्रकूट के पहाड़ी ग्रामांचलों का उतना सजीव चित्रण कौन करता ?

निराला की आर्थिक विपन्नता सामान्य व्यक्ति के दैनिक अर्थ-संकट से विभिन्न प्रकार की थी। हम देखते हैं कि अल्प बुद्धिवाला आदमी भी कुछ न कुछ हिसाबी होता है, बच्चे हिसाबी होते हैं। हिसाब न जाननेवाले साधारण देहाती भी अटकल-अंदाज के सहारे अपना माहवारी और सालाना बजट बनाते हैं। परंतु, निराला को हिसाब से उतना मतलब नहीं था। हाथ में आई हुई रक़म को बचाकर रखने की शिक्षा शायद ही उन्हें कभी मिली हो। सौ-दो सौ क्या, हजारों-हजार भी उनकी जेब में आ जाते तो अगले रोज़ न जाने वे रुपए कहाँ से कहाँ पहुँच जाते !

एक ओर पैसे के अभाव में 'सरोज' की चिकित्सा नहीं करवा पाए, बिचारी को मृत्यु के हाथों में सौंप दिया। अवसर पाते ही दानशीलता उद्दाम वेग में उमड़ पड़ती थी, दूसरी ओर यह भी सच था।

सोलह वर्ष की आयु तक निराला जी महिषादल में राज-परिवार के लाड़ले बन कर रहे। राज-परिवार के कुमारों के बीच निराला जी बेमेल नहीं लगते रहे होंगे। क्या नहीं था उनके पास ? सौंदर्य था। डीलडौल थी। स्वास्थ्य था। सुरुचि थी। गला था। वाणी थी। कलात्मक रुझान थे। बंगला पर उनका अधिकार मातृभाषा की तरह था। संस्कृत और अंग्रेज़ी में उन्हें अच्छे नंबर मिलते थे। नाटकों के स्कूली अभिनय में निराला को कमाल हासिल था। कविताओं की सस्वर आवृत्ति में और गीत गाने में भी वे बेजोड़ थे। फिर कोई कारण नहीं था कि महिषादल का राज-खानदान उन पर जान न देता। घर से बाहर निकलते वक्त शायद ही कभी उनकी जेब खाली रहती होगी।

खाते-पीते परिवार के किसी लड़के को रोज़ अगर अभिभावक-अभिभाविका

दस-पाँच रुपए यों ही उड़ाने के लिए दे दिया करें तो उस रक़म को बेचारा कैसे खर्च करेगा ? बनिया-परिवार के बच्चे अतिरिक्त रक़म को सेविंग्ज़ बैक में डाल देंगे, लेकिन सामंती परिवार के बच्चे किसी न किसी तरह उस रक़म को फूँक आएँगे। इस प्रकार आठ-दस वर्षों तक यदि लड़के को कर्ण और दधीचि बनने को अनिवार्य शिक्षा मिली हो तो आगे भगवान ही उसे बचाएँगे।

अगले जीवन में निरालाजी को सेठ महादेवप्रसाद जैसे सुहृद सज्जन मिले जिन्होंने वर्षों तक उन्हें राजकुमार की तरह रखा। अगर यह कहें कि निराला को निराला बनाने में महादेव बाबू का बहुत बड़ा हाथा था तो यह अतिशयोक्ति नहीं होगी।

विशाल हृदयवाले उस संपन्न व्यक्ति ने अतिभावुक और परम प्रतिभाशाली युवक कवि की संभावनाओं को अच्छी तरह भाँप लिया था। माली की तरह वे इस पौधे पर अपने अंतर का सारा रस निचोड़ने लगे। लाड़-प्यार की अति में महादेव बाबू ने निराला की दानशीलता को और उकसा दिया।

महिषादलवाले किशोर जीवन के बाद और सेठ महादेव प्रसाद के परिचय से पहले निरालाजी के जीवन में एक और व्यक्ति आते हैं जिनसे उनकी दानशीलता को प्रच्छन्न प्रोत्साहन मिलता रहा। वह व्यक्ति थीं—निरालाजी की सास !

बाद के जीवन में, यानी उत्तर प्रदेश के अपने क्षेत्र में रहते समय खुद के पसीने की गाढ़ी कमाई में से निरालाजी ने किस-किस को कब-कब कितना दिया, इसका कोई रेकर्ड नहीं है। किंतु उनकी दानशीलता की बातें अभी युगों तक जनता की दंतकथाओं का आलंबन बनी रहेंगी। भेजे गए मनीआर्डरों के कूपन भी उनके कागज़ात में यदा-कदा पाए गए हैं। स्वजनों और परिचितों की तरफ विरक्त रहने का आरोप उन पर नहीं लगाया जा सकता है। जो भी उनके संपर्क में आए हैं, उन्हें भली-भाँति मालूम है कि निराला का हृदय अंतिम क्षणों तक ममता से ओतप्रोत था।

हमें उनके अंदर तुलसीदास भी मिले, कबीर भी मिले, भारतेंदु भी मिले और रामकृष्ण परमहंस भी मिले !

वे कवियों के कवि थे, संतों के संत। उनका अवधूतपन सार्वजनिक था। उन्हें समझने के लिए हमें अपनी परंपरा को समझना होगा। उनकी दुर्गति हमारी अपनी दुर्दशा थी।

मैं सोचता हूँ, निराला 1961 के बदले 1951 में ही उठ गए होते तो क्या हर्ज़ था ! उनके पक्ष में कोई हानि नहीं होती। जहाँ तक कीर्ति का सवाल है, निराला अपना अवदान हमें बहुत पहले दे चुके थे। दरअसल, 1945-46 के बाद से ही निराला सिद्धावस्था में आ गए थे। जो कुछ देना था, वह दे चुके थे। हाँ, कुछ झेलना और भोगना शेष था ! तो फिर, पिछले दस वर्षों में जिंदा रहकर निराला जी ने क्या किया ?

पिछले दस वर्षों में जिंदा रहकर उन्होंने एक भारी काम किया। वह हमें अपने स्वरूप का ज्ञान करा गए। साहित्यिक—पूर्ण और शुद्ध साहित्यिक—आज भी अर्थात् स्वाधीनता-प्राप्ति के इतने वर्षों के बाद भी कितना अनाथ है, कितना असहाय है, किस

प्रकार अवहेलित है ! अगर साहित्यकार राजनीतिज्ञों का अनुगमन करने से हिचकता है तो भौतिक तौर पर उसका भविष्य अंधकारपूर्ण है। साहित्यकार तभी सुखी होगा जब वह एम.एल.सी. होगा, एम.एल.ए. होगा, एम.पी. होगा और मिनिस्टर होगा, उपकुलपति होगा, हेड आफ दि डिपार्टमेंट होगा कहीं, या फिर वह प्रकाशक ही होगा या फिर प्रेसपति होगा। साहित्यकार का साहित्यपक्ष अगर गौण हो और व्यवहार-पक्ष प्रबल हो, तभी जी सकता है साहित्यकार !

"रंज है लीडर को मगर आराम के साथ"—महाकवि अकबर इलाहाबादी ने उन स्वदेशी साहबों के लिए कहा था जो शौकिया तौर पर देश की दुर्दशा का ज़िक्र कर लिया करते थे। पंद्रह सौ रुपए का मासिक वेतन पानेवाले साहित्यकार जब साधारण साहित्यकारों की दुःस्थिति का प्रसंग छेड़कर ड्राइंग रूम की अपनी सांध्य चर्चाओं में मानवतावादी बघार मारते हैं, तो आज भी अकबर इलाहाबादी की उक्त पंक्ति हमारे दिमाग में कौंध जाती है।

दो

आत्मप्रतिष्ठा का संघर्ष

कन्हैयालाल माणिकलाल मुंशी गुजराती के बहुत बड़े साहित्यकार हैं। कूट-कौशलवाली राजनीति उनकी रग-रग में प्रवाहित है। प्रथम श्रेणी का बैरिस्टर होना और साथ ही दक्षिणपंथी चिंतन का सूत्रकार एवं भाष्यकार होना...भारत की कुबेर नगरी बंबई का विशिष्ट नागरिक होना...गाँधीजी का लाड़ला होना, अपने प्रदेश एवं केंद्र का मिनिस्टर रह चुकना...इतनी अपूर्व योग्यताओं को लेकर यह महोदय जब उत्तर प्रदेश के राज्यपाल बनाए गए तो मुग्धमना साहित्य-प्रेमियों के हृदय में अनेकानेक आशाएँ करवटें लेने लगीं—कुछ भी हो, हमारा नया राज्यपाल साहित्यिकों की सुध लेगा। परंतु हुआ यही कि "ऊधो मन की मन ही माँहि रही।" वर्षों तक मुंशी उत्तर प्रदेश के महामहिम शासक बनकर रहे। बीच-बीच में जाने कितने दिन, जाने कितने सप्ताह वह सदल-बल सपरिवार सांग-सायुध-सवाहन इस प्रयाग नगरी में आकर रहे। नगर के और बाहर के विशिष्ट व्यक्तियों पर कृपा की फुहियाँ बरसाते रहे। आमंत्रणों-निमंत्रणों का आदान-प्रदान प्रशासकीय पैमाने पर चलता रहा। कुलपति के पत्र लिखे जाते रहे। परंतु, स्वप्न में भी हमारे उस प्रशासकीय प्रतिनिधि का दंभ नहीं टूटा—गंगा के किनारे यहीं, इस प्रयाग नगरी में एक अवधूत साहित्यकार रहता है, हिंदी-जगत के लाखों साहित्य-प्रेमी उस अवधूत को अपना मसीहा मानते हैं...इस तथ्य की ओर से वह हठी मान्धाता सदैव आँखें मूँदे रहा। युवक साहित्यकारों ने हल्ला मचाया, मुंशी के कानों तक निराला के अस्वास्थ्य की बातें पहुँचाई गईं, सहृदयता की भीख माँगी गई कि एक बार चलकर दो मिनट के

लिए भी आप हमारे महाकवि से मिलें, परंतु दंभ का वज्रासन नहीं हिला।

इसी सिलसिले में हम लालबहादुर शास्त्री और नेहरू को भी याद कर लें। निराला की मृत्यु के दो दिन पूर्व नेहरू प्रयाग आए। लगता है, उस 'विश्व नागरिक' के कानों तक इलाहाबाद के किसी व्यक्ति ने निराला की आसन्न मृत्यु के बारे में कोई सूचना नहीं पहुँचाई। प्रयाग के बीसियों विधाता पंडित नेहरू को घेरे रहे होंगे, उन्हें जनपद के भीतरी अंचलों में भाषणों के लिए ले गए होंगे। चुनाव के दंगल में टिकटों के बँटवारे को लेकर सलाह-मशविरा चला होगा, आरोप-प्रत्यारोप सुने गए होंगे...सब कुछ हुआ होगा, लेकिन निराला की चर्चा नहीं हुई होगी।

साहित्य क्या राजनीति के आगे फटी जूती भी नहीं है ? साहित्य क्या अशोकचक्र वाली त्रिवर्ण पताका के समक्ष घूरे पर का चिथड़ा भी नहीं है ?

लालबहादुर शास्त्री भी अपनी शासकीय शान निभा ले गए—जीवित निराला से नहीं मिलने आए ! मिले जब कि महाकवि का शरीर मात्र शेष था, प्राण-पखेरू उड़ चुके थे। केंद्रीय सरकार के हमारे यह गृहमंत्री दो-एक दिन पहले आकर जीवित निराला से साक्षात्कार कर लेते तो कौन-सा भारी अनर्थ हो जाता ?

और चमत्कार तो देखिए, अब इलाहाबाद की छोटी-बड़ी कोई संस्था यदि निराला की प्रतिमा का स्थापन करे तो नेहरू और लालबहादुर शास्त्री अवश्य ही उस मूर्ति के अनावरण-समारोह को सफल बनाने आएँगे। उस समारोह की ख़बरें नेताओं के भाषण समेत पी.टी.आई. द्वारा समूचे भारत में प्रसारित होंगी। संगमरमर की आवक्ष प्रतिमा के अति निकट भाषण दे रहे नेहरू आदि नेताओं के फोटो अखबारों में छपेंगे, दुनिया तमाशा देखेगी। सुधीगण के मन में बार-बार यह बात उठेगी कि राजनीतिज्ञ मदारी हैं और साहित्यिक बंदर !

अक्खड़, अवधूत, स्वाधीनचेता साहित्यकार यदि अपने जीवनकाल में किसी महाप्रभु के सामने नहीं झुकेगा तो मृत्यु के बाद उसकी प्रतिमा से यह काम राजनीतिज्ञ करवा लेंगे।

राजनीतिज्ञों के मत्थे सारा दोष मढ़कर यदि हम निश्चिंत हो जायँ तो यह अविवेक की पराकाष्ठा होगी। क्या हम साहित्यकार एक दूसरे की टाँग खींचने में किसी से कम हैं ? क्या हम एक दूसरे का सम्मान करते हैं ? क्या साहित्य को हमने खुद ही खिलौना नहीं बना रखा है ? क्या हम ही अपने पीढ़े पर राजनीतिज्ञ को बैठाने के लिए आतुर नहीं रहते ? रामायण की देखा-देखी एक महानुभाव ने 'कृष्णायन' लिख मारी। यह सज्जन उन दिनों मध्य प्रदेश के गृह-मंत्री थे। कुछेक वर्षों के अंदर 'कृष्णायन' पर पचासों प्रशंसात्मक लेख निकल गए। निश्चय ही, प्रशंसकों की पदोन्नति हुई होगी।

नकली डाक्टरेट की बाढ़ आई तो बहुत सारे मिनिस्टर धन्य हो उठे ! अभिनंदनों के पहाड़ खड़े किए गए तो हमारे कितने ही प्रमुख विधाता माउंट एवरेस्ट पर टहलते-बूलते दिखाई दिए। उन्हें उतनी ऊँचाई पर देखकर हमारे भावुक मन को गुनगुनाने की इच्छा होती है : "अतुलित बलधामं स्वर्णशैलाभ देहं..."

हमारा कोई भाई सांसद या विधानसभा में प्रवेश करता है तो उसकी गरिमा कई गुनी अधिक बढ़ जाती है। साहित्य अकादमी का सदस्य होना, किसी अन्य कमिटी में आ जाना, डेलिगेशन में शामिल होकर लंदन, न्यूयार्क, मास्को हो आना, सरकारी खर्च पर काश्मीर-केरल की हवा खा आना, कराची-काठमांडू का चक्कर लगा आना...इन सब का काल-पात्र-देश-भेद से अलग-अलग महत्त्व है साहित्यकार के लिए।...और फिर हिंदी-जगत की कुछ अपनी मजबूरियाँ हैं, कुछ अपनी सीमाएँ हैं !

साहित्यकार के व्यक्तित्व को साहित्यकार के नाते पूर्ण मान्यता दिलवाने का संघर्ष और भी बहुतेरे साहित्यकारों ने आजीवन चालू रखा है। आगे भी बहुतेरे साहित्यकार आत्मप्रतिष्ठा के इस संघर्ष को चालू रखेंगे। परंतु निराला तो इस संघर्ष के मूर्तिमान प्रतीक थे। साहित्यिक दृष्टि से अयोग्य, साहित्यिक मर्यादाओं के प्रति गौण आस्था रखनेवाले व्यक्ति साहित्य के मंच पर जम्हाई लेते हुए बैठे रहें, यह निराला को बरदाश्त नहीं था; फिर वह व्यक्ति कितना ही बड़ा राजनीतिज्ञ क्यों न हो, कितना ही बड़ा धनपति क्यों न हो, कितना ही बड़ा आफिसर क्यों न हो।

साहित्यकार होने के लिए निरालाजी की दृष्टि में बहुत बड़े बाप का बेटा या पोता होना अनिवार्य शर्त नहीं थी। रवींद्र का नाम याद आते ही निरालाजी को उनके पितामह प्रिंस द्वारकानाथ ठाकुर की याद आ जाती थी। वह तुलसीदास को इस दृष्टि से आदर्श मानते थे।

आज से चार सौ वर्ष पहले एक औसत युवक अपनी कठोर साधना के बल पर कितना बड़ा कवि हो गया ! समकालीन विघ्न-बाधाओं के पहाड़ तुलसीदास का मार्ग अवरुद्ध नहीं कर पाए। लगता है, तुलसीदास निराला को सदैव अपनी ओर खींचते रहे। लगता है, तुलसीदास ही निराला के आदर्श रहे। साधना में, कष्ट-सहन में, पाखंडियों से लड़ने में, काव्यकर्म में, निर्लिप्तता में, सामाजिकता में :

जागो जागो, आया प्रभात
बीती वह, बीती अंधरात;
झरता भर ज्योतिर्मय प्रपात पूर्वांचल।

बाँधो, बाँधो किरणें चेतन,
तेजस्वी, हे तमजिज्जीवन;
आती भारत की ज्योतिर्धन महिमाबल।

होगा फिर से दुर्धर्ष समर
जड़ से चेतन का निशिवासर;
कवि का प्रति छवि से जीवनहर, जीवनभर;

भारती इधर, हैं उधर सकल
जड़ जीवन के संचित कौशल;

जय, इधर ईश, हैं उधर सबल मायाकर ?

हो रहे आज जो खिन्न-खिन्न
छुट-छुट कर दल से भिन्न-भिन्न;
यह अकल-कला, गह सकल छिन्न, जोड़ेगी,

रविकर ज्यों दि दु-विन्दु जीवन
संचित कर करता है वर्षण,
लहरा भव-पादप, मर्षण-मन मोड़ेगी।

देशकाल के शर में बिंधकर
यह जागा कवि अशेष छविधर
इसका स्वर भर भारती मुखर होएँगी;

निश्चेतन, निज तन मिला विकल,
छलका शत-शत कल्मष के छल
बहती जो, वे रागिनी सकल सोएँगी।

इन पंक्तियों में कवि से केवल तुलसीदास ही अभिप्रेत नहीं हैं, निराला ने अपने आपको सामने रख लिया है। वह स्वयं तम को जीतने के लिए चेतन किरणों को सहेजते-समेटते रहे। निराला के जीवन में रात-दिन दुर्धर्ष समर चलता रहा। एक ओर भारती थी तो दूसरी ओर जड़ जीवन के कौशल संचित थे। मानवता के छिन्न सूत्रों को जोड़ने के लिए उनकी भी कला आजीवन आकुल रही। देश-काल के शर से बिंधकर निराला का भी अशेष छविधर कवि जागा था। स्पष्ट है कि निराला का अपना कवि और उनके आदर्श कवि 'तुलसीदास' दो नहीं, एक ही व्यक्ति थे।

तीन

तीन प्रबल संस्कार

बचपन में व्यक्ति जो भी संस्कार ग्रहण करता है, वे आजीवन उससे लगे रहते हैं—"यन्नवे भाजने लग्नः संस्कारो नान्यथा भवते।" आरंभिक जीवन के पंद्रह-सोलह वर्ष निराला को बंगाल में गुजारने का सुअवसर मिला। वह बंगाल मामूली बंगाल नहीं था। रोगाक्रांत, निरन्न, सड़ा हुआ, देहाती बंगाल नहीं; आसनसोल, खड़गपुर, लिलुआ, हावड़ा का कदर्य, श्रीहीन, श्रमिक अंचलोंवाला बंगाल नहीं; वह तो एक विशिष्ट सामंती

वातावरणवाला, सुख-सुविधा, सुरुचिपूर्ण बंगाल था—महिषादल का राजघराना ! कुकुरमुत्ते ने जिस गुलाब को ललकारा था, उसी गुलाब का गमला था महिषादल का राजघराना ! निरालाजी यदि खूबसूरत न होते, उनकी डीलडौल उतनी आकर्षक न रही होती तो राजपरिवार ने शायद ही उन्हें इस तरह अपनाया होता। सौंदर्य और प्रतिभा का मणिकांचन योग निराला में ऐसा अनूठा था कि प्रिंस द्वारकानाथ ठाकुर भी यदि किशोर निराला को देख पाते तो अवश्य ही उनको पाने के लिए बेचैन हो उठते।

हिंदी क्षेत्रों के लाखों बच्चे आज भी बंगाल में रह रहे हैं, हजारों किशोर मैट्रिक पास होने से पहले ही हावड़ा के पुल के उस पार रहने चले जाते हैं। क्या अब भी किसी सूर्यकांत को महिषादल का राजघराना मिलेगा ? क्या अब भी किसी युवक कवि को सेठ महादेवप्रसाद मिलेंगे ? आचार्य शिवपूजन सहाय ने अपने संस्मरण में लिखा है कि सेठ महादेव प्रसाद निराला के जूतों पर अपने हाथों से पालिश किया करते थे। कलकत्ते के बाजार में कोई भी वस्तु ऐसी नहीं थी जो निराला जी के लिए अनधिगम्य रही हो। ऊँचे संभ्रांत कुल के सुसंस्कृत युवक की भद्र वेश-भूषा में निराला जी कलकत्ते में दिखाई पड़ते थे। साहित्य और दर्शन की गंभीर विद्वता के कारण, अपनी अनूठी कविताओं के कारण, सस्वर काव्यपाठ और शास्त्रीय संगीत की अभिज्ञता के कारण, युवकोचित स्वाभिमान और देशात्मबोध की तीव्रता के कारण, फिरंगियों के प्रति घोर घृणा के कारण, तरल दानशीलता के कारण निरालाजी कलकत्ते में भली-भाँति विख्यात हो गए थे।

यह 1920-22 का जमाना था। भारतीय राजनीति के रंगमंच पर महत्तम जननायक के रूप में गाँधी का अवतरण हो चुका था, बंगाल में चित्तरंजनदास जनता के एकच्छत्र नेता थे। सुभाष और जे.एम.सेनगुप्त दोनों उनके पट्टशिष्य तो थे ही, युवक-समुदाय पर भी उनका भारी प्रभाव था। इसके अलावा उन दिनों बंगाल में क्रांतिकारियों के कई जागरूक दल थे—क्रांति की सशस्त्र चेष्टाओं में लगे हुए। कारखानों की बहुतायत के चलते ट्रेड यूनियनें भी अस्तित्व में आ चुकी थीं। मिल मालिकों से अपने वाजिब अधिकार हासिल करने के लिए जूझनेवाले मजदूर नेता पैदा हो चुके थे। राजनीतिक जागरूकता का सीधा प्रभाव वहाँ साहित्य पर भी पड़ रहा था। हमारे निराला जी उनके बीच रहते थे।

बंगाल को एक और नज़रुल इस्लाम मिल जाता, यदि निराला की लेखनी बंगला की ओर मुड़ गई होती। रवींद्र की कई कविगत विशेषताएँ अपने ड्योढ़े-सवाए रूप में निराला के अंदर मौजूद रही हैं। फिर भी रवींद्र के व्यक्तित्व की तैयारियों में पूर्वपीठिका के तौर पर जो शक्तियाँ सहज सुलभ रहीं, वह यहाँ नहीं थीं।

पत्नी की मृत्यु के बाद स्नेह-निर्झर क्षीण होने लगा। आगे चलकर लड़की भी न रही। जीविका का आलंबन मतवाला-काल के बाद कमजोर पड़ गया। कलकत्ते में अनुवाद का कार्य करके जैसे-तैसे वे पारिवारिक जिम्मेदारियों को निभाते रहे। भक्तों और अनुरक्तों की ओर से जो प्रीति-श्रद्धा मिलती थी, उसका प्रवाह व्यक्तित्व को सार्वभौम तो बनाता था, परंतु पारिवारिक उत्तरदायित्व का बोझ उससे हल्का नहीं होता

था। ढोना और घसीटना दो अलग बातें हैं। राजनीतिक नेतृत्व के लिए जैसे यह आवश्यक है कि व्यक्ति के पास पर्याप्त समय और सुविधा रहे, उसी प्रकार श्रेष्ठ कवि और कलाकार के लिए भी पारिवारिक उत्तरदायित्व से मुक्त रहना एक अनिवार्य शर्त हुआ करती है। श्रेष्ठ कवि और श्रेष्ठ कलाकार अपनी शिल्पगत प्रतिष्ठा में भी वृद्धि करता चले और साथ ही दुनियादारी का बोझ भी अच्छी तरह ढोता चले, अभी तो यह असंभव ही लगता है। निराला के चिरंजीव 'राम-कृष्ण' की पढ़ाई-लिखाई की व्यवस्था नहीं हो सकी। सरोज का असमय देहांत हो गया। दूसरे विश्व-युद्ध के बाद ऐसी विकराल महँगी आई कि सन् 1942-43 से आटा-चावल का भाव आसमान छूने लगा। राशन कार्ड के अभाव में बहुतों के लिए कदन्न तक दुर्लभ हो गया। उन दिनों जिन्होंने निराला को दारागंज में मसुरियादीन वाले मकान में रहते और खाते-पीते देखा है, उन्हें उनकी तत्कालीन दुःस्थिति का थोड़ा-बहुत अंदाज होगा। यही समय था जबकि ताजा कविताओं के छोटे-छोटे संकलन उन्हें कोदों के भाव बेचने पड़े।

मेरे मन में बार-बार यह बात उठती है कि निराला रवींद्र से भी ऊँचे उठ सकते थे। गद्य-पद्य की नाना विधाओं पर निराला का अद्भुत अधिकार था। शृंगार-रस, वीर-रस, करुण-रस की उनकी रचनाएँ रवींद्र की रचनाओं से मिलाकर देखी जाएँगी तो आलोचक को शायद ही निराश होना पड़े। भविष्य में अनेकानेक कृतविद्य समीक्षक निराला को रवींद्र से भिड़ाकर देखेंगे और भूरि-भूरि चमत्कृत होंगे।

निराला यदि अस्सी वर्ष की आयु पाते, निराला यदि उतने ही बड़े भरे-पूरे सुसंस्कृत संपन्न परिवार के सदस्य होते, निराला यदि हिंदी क्षेत्र की संकीर्णताओं-कूपमंडूकताओं से परे भारत के ही बंगलाभाषी या अन्य भाषा-भाषी क्षेत्र में कहीं अपनी कविताओं का विनियोग करते, महर्षि देवेंद्रनाथ ठाकुर जैसे विशाल एवं प्रबुद्ध व्यक्तित्व-वाले पितृदेव की छत्रच्छाया में यदि वह भी अपना बाल्यकाल बिता पाए होते। निराला भी यदि...

सोचते-सोचते मेरा माथा घूमने लगता है। रवींद्र...रवींद्र...रवींद्र...निराला... निराला...निराला...लगता है कि मैं कलकत्ता महानगरी के अति विशाल वक्षस्थल पर, चौरंगी के इर्द-गिर्द खड़ा हूँ—ट्रम के जंक्शन से हटकर मनुमेंट के करीब। रात के दस बजनेवाले हैं। बड़े-बड़े औद्योगिक प्रतिष्ठानों के रंगीन विज्ञापन प्लास्टिक के अक्षरों में जगमगा रहे हैं। मैं आगे बढ़ता हूँ, पार्क स्ट्रीटवाले चौराहे की तरफ, जिधर गाँधी जी की प्रतिमा घेरे के अंदर खड़ी है।...लगता है, एकाएक गाँधी की प्रतिमा रवींद्र की शकल में बदल गई है। मैं घेरे से सटकर खड़ा हो जाता हूँ। प्रतिमा के स्वरूपगत परिवर्तन ने मुझे विस्मित कर दिया है। मैं हक्का-बक्का सा खड़ा हूँ। ओठ अपने आप बुदबुदा उठे हैं...

पतन अभ्युदय बन्धुर पंथा
युग-युग धावित यात्री
तुमि चिर सारथि, तव रथचक्रे
मुखरित पथ दिन रात्री...

आगे रुकावट आ जाती है। "प्रेमहार हय गाँथा।" मगर यहाँ तो प्रेमहार नहीं गूँथा जा रहा है; यहाँ तो पत्थर मारे जा रहे हैं। देशमाता को खैर पहले ही बीचोबीच चीर दिया गया है। बंगाल टुकड़ों में बँटा पड़ा है। रवींद्र की वह सहज-शुभ्र दाढ़ी अछूती नहीं बची है। उस्तरा और कैंची की मार उस पर भी पड़ी है।...लगा कि रवीन्द्र धीमी आवाज में मुझसे कह रहे हैं—"अरे तुम निराला के लिए रो रहे हो ! देखो, मैं भी रो रहा हूँ। आज लोक-मानस खंडित है, क्षत-विक्षत है, मैं उसकी अखंडता के लिए रो रहा हूँ। मैं समग्र बंगाल के लिए ही नहीं, संपूर्ण भारत के लिए रो रहा हूँ। मैं इसलिए रो रहा हूँ कि राजनीतिक मान्धाताओं का मस्तिष्क आज भी संतुलन से दूर है। साहित्य, संस्कृति, कला और विज्ञान को आज भी कूटनीतिज्ञों ने अपना खिलौना बना रखा है...आज यदि स्तालिन के उस सुरक्षित शव की दुर्दशा हो सकती है तो कल गाँधी की इस प्रतिमा का भी बुरा हाल हो सकता है..."

अपने आप को भूलकर जाने कब तक मैं उस घेरे से सटकर खड़ा रहा। वापस लौटा तो यह सोच रहा था कि वस्तुतः रवीन्द्र को भी समझा नहीं जा रहा है, पूजा उनकी अवश्य हो रही है। शासक भी रवीन्द्र की जय-जयकार कर रहे हैं और जनता भी जय-जयकार कर रही है। रवीन्द्र के नाम पर मेला लग रहा है। हमारे निराला के लिए भी कल-परसों यही कुछ होगा, उतना न सही, कुछ तो जरूर होगा। कीर्तन होगा, चर्चा होगी, हवन होगा, आरती होगी परंतु उन्हें समझने की कोशिश नहीं की जाएगी।

महिषादल के राज-परिवार ने भी किशोर सूर्यकांत को ग़लत समझा। वह भी भ्रम में रहा कि पछाँह के एक दरिद्र ब्राह्मण का यह लड़का हमारे यहाँ पालतू बनकर रहेगा; जैसा हम कहेंगे, वैसा ही करेगा; जो हम कहलवाना चाहेंगे, वही कहेगा। किंतु उन लोगों का मनोरथ अधूरा ही रहा। बचपन में भी सूर्यकांत हीन भावना के शिकार रहे होंगे। इसका कोई कारण हमें नहीं मिलता। सिंह हो चाहे सिंह-शावक हो, शील-स्वभाव उसके एक ही होते हैं। महिषादल के राजा के भाई ने निराला के पिता से अपनी इच्छा प्रकट की—"त्रिपाठी, तुम अपना लड़का मेरे हवाले कर दो। मैं इसे कन्वेंट में भेज देता हूँ। बड़ा होनहार लड़का है।"

मगर निराला के पिता को अपने अन्नदाता का यह प्रस्ताव मंजूर नहीं हुआ। सूर्यकांत को साहब बनाने की पिता की कोई लालसा नहीं थी। एक ही तो लड़का था, उसको अपने हाथ से कैसे जाने देते। अभिभावक अपनी संततियों के बारे में मीठे भ्रमों के शिकार होते हैं। पंडित रामसहाय का ख़याल रहा होगा—"लड़का कन्वेंट में रहकर क्रिस्तान बन जाएगा। क्रिस्तान नहीं भी बनेगा तो सिगार फूँकनेवाला स्वदेशी साहब तो होगा ही। फिर वह अपने घरवालों से नफरत करने लगेगा। अवधी-बैसवाड़ी बोली में बातचीत करनेवालों को वह कूकुर समझेगा। मुझ जैसे ठेठ देहाती को अपना बाप मानने में उसे परीशानी होगी..."

इस तरह की जाने कितनी बातें पिता के दिमाग में आई होंगी। सभी के बच्चे कन्वेंट में कहाँ पढ़ पाते हैं ! चार-छह जामतवाले मामूली स्कूलों में पढ़-लिखकर जो

लड़के चपरासी, फिटर, मिस्त्री आदि बननेवाले होते हैं, उनके चेहरे पंडित रामसहाय जी के मस्तिष्क में घूम रहे होंगे। मैट्रिक और इंटरमीडिएट के बाद जो लड़के तार बाबू, स्टेशन मास्टर, पोस्टमास्टर, गुरुजी, अमीन, मैकेनिक बनते हैं, वे चेहरे भी रामसहाय जी के दिमाग में आए होंगे। सोचा होगा, "क्या है, जैसे-तैसे मैट्रिक कर ही लेगा, आगे कहीं न कहीं काम पा जाएगा। करीब ही इतना बड़का कलकत्ता है, मेरे ही लड़के को कोई जगह नहीं मिलेगी ?"

सूर्यकान्त ने आखिर मैट्रिक की परीक्षा नहीं दी। वह बंगला में कविताएँ लिखने लगे थे। तरुणाई के आरंभ में बहुतेरे स्कूली लड़कों की भाँति सूर्यकांत के भी इंद्रधनुषी स्वप्न तुकबंदियों में छलका करते थे। इतिहास और गणित की कापियाँ बीच-बीच में पूरे अधूरे छंदों से जगमागाती रही होंगी। गीत, कविताएँ, गद्य-काव्य सैकड़ों की संख्या में पाठ्य-पुस्तकों के प्राचीरों की परिधि के अंदर कुलबुलाते रहे होंगे।

निराला का उन दिनों का काव्य-प्रयास आज उपलब्ध नहीं है। हम निराला की बंगलावाली एक ही कविता से परिचित हैं। यह उन्होंने पंत जी को पत्र के जवाब में लिखी थी। पंत और प्रसाद की बचपन की अधिकांश रचनाएँ भी सुरक्षित मिली हैं, क्योंकि उनका जीवन शुरू से ही व्यवस्थित ढर्रे पर चला। उनके घरवालों ने आदिकालीन कापियाँ सुरक्षित रखीं। निराला इस दृष्टि से असंग और एकाकी थे। पिता को बस उसी एक पोथे से मतलब था, जिसका पारायण दस जने मिलकर करते थे। पश्चिमी जिलों के जितने भी कामकाजी लोग महिषादल में उन दिनों रहते होंगे, उनकी अपनी एक जमात रही होगी। शाम को मृदंग पर थाप पड़ती होगी, मजीरा खनकता होगा, कठोर और कोमल कंठों से सामूहिक स्वर में रामचरितमानस की चौपाइयाँ गाई जाती होंगी। निश्चय ही, निराला भी हारमोनियम लेकर स्वजनों की उस जमात के बीच बैठते होंगे। निश्चय ही, निराला का रंग उन पर जमता होगा। वे प्रायः ही निरक्षर लोग रहे होंगे—सिपाही दरबान टाइप के—बड़ी मूँछें और मोटी जनेऊवाले। निराला के अंदर उद्दाम प्रतिभावाला जो कवि उमड़ रहा था, उस कवि की ओर से वे बेचारे एकदम अनजान रहे होंगे। किशोर निराला उनकी निगाहों में 'तिरपाठी का बचवा' मात्र रहा होगा। परंतु बंग-भाषा-भाषी उस राजपरिवार के शिक्षित स्त्री-पुरुष किशोर निराला की कवि-प्रतिभा का परिचय अपनी भाषा में बहुधा पाते रहे होंगे और आपस में कहते रहे होंगे—"छोकड़े की बदकिस्मत तो देखो ! कहाँ जाकर पैदा हुआ है।" बंगला नाटकों का सफल अभिनय, बंगला कविताओं की आवेगमय आवृत्ति, बंगला गीतों का सस्वर सुकंठ गायन, बंगला भाषा में धाराप्रवाह भाषण...सभी दृष्टि से किशोर निराला एक भद्र बंगाली खानदान के तरुण जँचते थे। वही तरुण शाम को पछाँह के अपने लोगों की मंडली में बैठकर विनयपत्रिका के पद गाता रहा होगा। पिता के कठोर अनुशासन ने पुत्र को पूर्ण बंगाली होने से बचा लिया। यह अच्छा हुआ हिंदी के लिए।

धुनवाले शोधकर्ता अवश्य ही महिषादल (जिला मेदनीपुर, पश्चिम बंगाल) पहुँचेंगे और साठ-सत्तर की आयुवाले शिक्षित बंगालियों से मिलेंगे। निश्चय ही उनमें से एकाध

ऐसा निकल आएगा जो सूर्यकांत के साथ महिषादल के हाईस्कूल की आठवीं या नौवीं श्रेणी का छात्र रह चुका होगा। शोधकर्ता का नोटबुक पूरा का पूरा भर जा सकता है। वहाँ कानपुर-उन्नाव की तरफ के ऐसे वयोवृद्ध व्यक्ति भी उसे शायद मिल जाएँगे जो निराला के बारे में काफी कुछ बता सकेंगे। तो क्या उस शोधकर्ता को बचपन में लिखी निराला की बंगला कविताएँ हाथ लगेंगी ? लग सकती हैं हाथ !

महिषादल का राजघराना बहुत बड़ा तो नहीं था, परंतु सुसंस्कृत और सुरुचि-संपन्न अवश्य था। विद्वानों, संतों, कवियों, कलावंतों और संगीतज्ञों का आना-जाना लगा ही रहता था। राजमाताएँ सदल-बल तीर्थयात्रा के लिए निकलती थीं। अंग्रेज हाकिमों के सम्मान में हजारों की रकम उड़ा दी जाती थी। संत-संन्यासी निर्गुण आशीर्वाद देकर सगुण दक्षिणा बटोर ले जाते थे। कथा-पुराण, कीर्तन, काव्य-पाठ, नाटक आदि कुछ न कुछ चलता ही रहता था। शास्त्रीय संगीत का भी इन लोगों को काफी शौक था। सधे हुए कानों से घंटों उस्तादों को सुना करते। राजकुमारों-राजकुमारियों की संगीत-शिक्षा का अलग प्रबंध था। निःसंदेह निराला की सर्वग्राहिणी प्रतिभा ने महिषादल में आवश्यकता से अधिक उपलब्धियाँ हासिल कर लीं। शरीर का पोषण पिता की निगरानी में बढ़ा और प्रज्ञा के पोषण के लिए वहाँ के वातावरण में स्वयं ही अवसर निकलते चले गए। बाहर से आनेवाले विशिष्ट अतिथियों और महिषादल में निवास करनेवाले शिक्षित व्यक्तियों में से शायद ही ऐसा कोई बचा होगा जिसको किशोर सूर्यकांत की प्रखर प्रतिभा अपनी ओर आकर्षित न कर चुकी हो। मर्मज्ञों को पता है कि निराला का संगीत पर कैसा अधिकार था। वेदांत दर्शन उनके गीतों और कविताओं से तो छलकता ही था, उनका समूचा जीवन उससे सुवासित था।

ऐसा सोचना कि राजपरिवार का संपर्क ही निराला के शैशवकालीन विकास का प्रधान कारण रहा होगा—असंगत है। राजपरिवार के सदस्य निराला की प्रतिभा के क़ायल अवश्य ही रहे होंगे, लेकिन अपनी सामंती अकड़ और दंभ के चलते खुलकर निराला को उन्होंने शायद ही कभी अपनाया होगा। अच्छी तरह उन्होंने निराला को अपना ही लिया होता तो क्या था ? उस स्थिति में सूर्यकांत त्रिपाठी नामक वह व्यक्ति महाकवि निराला न होकर एक राजा का मुँह-लगा मुसाहब मात्र होता। सामंतों के लिए पालतू विदूषक का बहुत बड़ा महत्त्व है। निराला से राज-परिवार विदूषक का काम नहीं ले सकता था। प्रखर प्रतिभा और स्वाभिमान के कारण पालतू बनकर रहना निराला के लिए असंभव था।

तेईस वर्ष की आयु में पत्नी मर गई, पिता मर गए, घर बिलकुल सूना हो गया। तत्पश्चात् महिषादल के राजा ने अतिविश्वासी और पुराने नौकर पंडित रामसहाय त्रिपाठी के इस इकलौते लड़के को अपनी सेवा में रख लिया। तहसील-वसूल, जमा-खर्च, खत-किताबत, अदालत-मोक़दमा...यही सब काम थे। निराला जी के लिए यह सूखी नौकरी असह्य हो उठी। उन्हीं के शब्दों में कहें तो "राज्य के कार्य प्रतिक्षण सर्पदंशवत् तीक्ष्ण ज्वालामय हो रहे थे। हर चोट महावीर जी की याद दिलाने लगी। मन में भी घृणा

हो गई। राजा कितना निर्दय, कितना कठोर होता है ! प्रजा का रक्त-शोषण ही उसका धर्म है। नौकरी छोड़ने का निश्चय कर लिया। उस रोज शाम को महावीरजी को प्रणाम करके चिंतायुक्त घर लौटा। घर में दूसरा कोई न था, भोजन स्वयं पकाता था। खा-पीकर सोचता हुआ सो रहा।"[1]

पच्चीस वर्ष की आयु वाले युवक कवि के लिए महिषादल में रहना दूभर हो गया होगा। निश्चय ही उन्होंने सोचा होगा कि कलकत्ते को अपना कार्यक्षेत्र बनाएँगे।

कलकत्ते में भी निराला टाइप के स्वाभिमानी, दुर्दांत, अति प्रखर, भावुक और श्रमजीवी युवक साहित्यकार के लिए कामधंधे का कोई स्थाई सिलसिला जमता नहीं था। चार-छह महीने काम करते थे, फिर 'गढ़ाकोला' आ जाते थे।

'गढ़ाकोला' में रहते समय निराला आचार्य महावीरप्रसाद द्विवेदी से मिलने के लिए कानुपर पहुँच जाते थे। आचार्य द्विवेदी ने 1920 में 'सरस्वती' के संपादन से अवकाश ग्रहण किया। एक वर्ष पूर्व उन्होंने निराला जी का एक लेख शुद्ध करके 'सरस्वती' में छापा था।

द्विवेदी जी निराला के काव्य-प्रयोगों के कायल कभी नहीं हुए। एक भी कविता उन्होंने 'सरस्वती' में नहीं छापी, परंतु निराला जी की प्रखर प्रतिभा और बहुज्ञता ने उन्हें प्रभावित अवश्य किया था। द्विवेदी जी ने ही पहले-पहल निराला जी को समझाया होगा—कविता-फविता से काम नहीं चलेगा, लेख लिखो, आलोचना लिखो, बंगला और संस्कृत से अनुवाद करो, मराठी भी सीख लो तो अच्छा है। अंग्रेजी से कभी कुछ अनुवाद किया है ? नहीं ? अरे तुम तो कलकत्ते में रहे हो !...

और आहिस्ते से यह भी अवश्य कहा होगा—कविताएँ छंदों में बाँधकर लिखा करो। यह तुम्हारा रबड़ छंद कलकत्ते में भले चल जाय, कानपुर-प्रयाग में इन्हें कोई न सुनेगा।...

इस प्रकार द्विवेदी जी ने दो-एक बार नहीं, निराला जी को बार-बार समझाया होगा। दूसरी ओर स्वयं भी गद्य की ओर मुड़ने की बात समझ में आ गई होगी, क्योंकि कविताएँ लौट-लौटकर वापस आ जाती थीं। संपादक उन्हें पसंद नहीं करते थे। द्विवेदी जी को इस प्रकार के एक स्वाधीनचेता युवक साहित्यकार की दुर्दशा खलती रही होगी। बीच-बीच में वे संपादकों से इनके लिए कहते रहते थे। आखिर 1922 में आकर निराला जी को 'समन्वय' में काम मिला। उसके बाद मिर्जापुर के सेठ महादेवप्रसाद जी से घनिष्ठता होने पर सूर्यकांत का निरालापन जोरों में उभर आया।

महिषादल के जीवन से निराला जी में तीन संस्कार आए थे—बंगला के साहित्यिक-सांस्कृतिक परिवेशों से प्राप्त कवि-संस्कार, संगीत का संस्कार और सामंतवाद-विरोधी लोक-संस्कार।

---

1. 'भक्त और भगवान्' ('चतुरी चमार' में संकलित)।

चार

श्रमनिष्ठा कलम के मज़दूर की

प्रतिभा हो, क्षमता हो, स्वाभिमान हो और व्यक्ति जमकर काम नहीं कर पाए तो यह उसके लिए बहुत बड़ा अभिशाप है। कामचोर छिछला शब्द है, गाली के पर्याय का ! भद्र भाषा में इसका प्रयोग शायद वर्जित हो। परंतु इतना तो सभी मानेंगे कि आलस्य साहित्यकार को खा जाता है। यह कोई मामूली घुन नहीं है।

अकर्मण्यता स्वभावगत दुर्गुण नहीं है, वह भी हमारी परिस्थितियों की देन है। बहुतेरे साहित्यकार सुख-सुविधा के अवसर पाकर अहदी हो जाते हैं। अनेक ऐसे भी हैं जो संपन्नता की स्थिति से पहले ही सुस्त पड़ जाते हैं—निराशा, पराजय, असफलता के कारण वे अपने को असहाय मान बैठते हैं। कुछ साहित्यकार श्रीमंतों की छत्रछाया में पहुँचकर भवताप से छुटकारा पा लेते हैं। कोई पांडिचेरी की ओर मुँह करता है तो कोई लोकसभा की ओर। एकाध ऐसे भी फतह-बहादुर निकलते हैं कि किसी जमी-जमाई पुरानी संस्था के निधिपाल बन जाते हैं। किसी के स्वजन (पुत्र, पत्नी, भाई, दामाद, पुत्रवधू) प्रकाशन के मैदान में उतरकर सफलता की कुंजी हथियाने में सक्षम बन जाते हैं तो इस प्रकार उसका मेरुदंड हमेशा के लिए तन जाता है। सड़ी-गली थीसिस के सहारे डाक्टरेट पानेवाले अति चतुर युवक की साहित्यिकता भी पुराने पंक्तिपावन ब्राह्मण की ठसक से होड़ लेती है।

यहीं हमारा ध्यान निराला की श्रमनिष्ठा पर पड़ता है। उनके नाम से मौलिक और अनूदित पुस्तकों की संख्या सत्तर के लगभग पहुँचती है। कविताओं और गीतों के संकलन, उपन्यास, कहानी-संग्रह, रेखाचित्र, निबंध-संग्रह, समीक्षा-पुस्तक, जीवनियाँ और फुटकर किताबें। इनके अलावा उनके कतिपय नाटक अप्रकाशित रह गए जिनका पता पंडित गंगाप्रसाद पांडेय की निराला-साहित्य-सूची से मिलता है। अनूदित पुस्तकें प्रायः बंगला से हैं। बंकिम के ग्यारह उपन्यास और रामकृष्ण, विवेकानंद की सात पुस्तकें।

अनूदित पुस्तकों की इतनी बड़ी संख्या क्या प्रमाणित करती है ? श्रमजीवी निराला की कर्म-तत्परता की पुष्टि में और भी कई प्रमाण पेश किए जा सकते हैं। उदाहरणार्थ, 'समन्वय', 'मतवाला' और 'सुधा' के उन अंकों को हम देखें जिन्हें निराला की लेखनी का स्पर्श मिला था। 1922 से लेकर 19942 तक निराला की लेखनी बड़ी तेज़ी से चली है। शुरू में आर्थिक मजबूरियों ने उन्हें गद्य-लेखन के लिए बाध्य किया और एक बार कलम जब गद्य की ओर मुड़ी तो उस दिशा में भी बहुत जल्द ही उसने कमाल हासिल कर लिया।

'अप्सरा' उनका पहला उपन्यास है। उसके आरंभिक वक्तव्य के अंत में जो तारीख छपी है, वह है पहली जनवरी 1931 (1.1.31)। उन दिनों लखनऊ मासिक पत्रिकाओं की दृष्टि से सर्वाधिक उपयुक्त स्थान माना जाता था। 'माधुरी' और 'सुधा'

जैसे मासिकों के चलते, साहित्यकार मानसिक तौर पर लखनऊ में ही विचरण करते थे। पुराने लोगों में प्रेमचंद और रूपनारायण पांडेय जैसे साहित्यकार वहाँ विद्यमान थे। और नए लोगों में रामविलास शर्मा, अमृतलाल नागर आदि। प्रकाशकों में दुलारेलाल भार्गव चमक रहे थे। उपन्यास-लेखन की दिशा में बढ़ने के लिए निराला को इन सभी ने प्रोत्साहित किया होगा।

'अप्सरा' के बाद उनका दूसरा उपन्यास 'अलका' ढाई वर्ष बाद निकला। 'लिली' और 'सखी' नामों से दो कहानी-संग्रह भी वहाँ से निकले। महाभारत (अनुवाद) और तुलसीकृत रामायण की टीका भी वहीं से निकली। बाद में प्रयाग से बंकिमचन्द्र के कुछ उपन्यासों के अनुवाद इंडियन प्रेस ने छापे थे। कलकत्ते से भी कई अनूदित पुस्तकें प्रकाशित हो चली थीं। परंतु व्यावसायिक दृष्टि से सन् 1930 के बाद निराला कलकत्ता छोड़ चुके थे। 'मतवाला' में छपी हुई कविताओं ने सन् 1928 के पहले ही निराला जी को कविरूप में सुप्रतिष्ठित कर दिया था। वयस्क समीक्षकों ने उन कविताओं पर जितनी ही अधिक नाक-भौं सिकोड़ी, निराला का कवि उतना ही ऊपर उठता गया। प्रसाद, निराला, पंत—इनमें से निराला की ही कवि-प्रतिभा ने लोगों को जोरों से अपनी ओर खींचा। काव्य-लक्ष्मी की पाठ-पीठिका के निकट ही कितना बड़ा विस्फोट हुआ था। पुराने और नए सभी चौंक उठे थे। कुल पाँच वर्षों के अंदर अर्थात् 1923-28 के बीच निराला को जो ख्याति मिली, सन 1930 के बाद उसका प्रत्यक्ष सुफल उन्हें इस रूप में भी मिलने लगा कि प्रकाशक उनकी ओर उन्मुख हो उठे।

श्रमजीवी साहित्यकार की एक यह भी विशेषता होती है कि वह भीख नहीं माँगता, वह किसी के सामने गिड़गिड़ाता नहीं है। साथ ही, एक सामान्य श्रमिक की भाँति कमोबेश मजदूरी पर अपना श्रम बेचने को तैयार रहता है। अपने हमपेशा बंधुओं के सामने वह किसी प्रकार की डींग नहीं मारता, न प्रकाशकों को धोखा देता है। खुला खेल फरुक्खाबादी...आमने-सामने अपना मामला तय कर लेता है। रायल्टी की बातें उसे कभी-कभी खटराग-सी लगती हैं। अक्सर 'लम्प-सम' लेकर अपनी पांडुलिपि वह प्रकाशक के हवाले कर देता है। मगर श्रमजीवी साहित्यकार की यह परिभाषा चालीस साल पुरानी है। अब तेज़ी से बदल रही है। हमारे कई साहित्यिक बंधु इन पंक्तियों को पढ़कर मुस्करा उठेंगे। उन्हें मुस्कराने दीजिए। आप निराला को सामने रखकर इस परिभाषा पर गौर कीजिए। आज से चालीस और तीस साल पहले हमारे साहित्यकारों और प्रकाशकों का क्या हाल था ?

अपनी तरफ से कुछ न कहकर यहाँ यदि मैं निराला के ही शब्द उद्धृत करूँ तो ठीक रहेगा। 'देवी' शीर्षक स्केच में वे लिखते हैं—

"...मेरी क़द्र नहीं हुई। मुझे बराबर पेट के लाले रहे। पर फ़ाँकेमस्ती में भी मैं परियों के ख़्वाब देखता रहा। इस तरह अपनी तरफ से मैं जितना लोगों को ऊँचा उठाने की कोशिश करता गया, लोग उतना मुझे उतारने पर तुले रहे और चूँकि मैं साहित्य को नरक से स्वर्ग बना रहा था, इसलिए मेरी दुनिया भी मुझसे दूर होती गई। अब मौत

से जैसे दूसरी दुनिया में जाकर मैं उसे लाश की तरह देखता होऊँ। 'दूबर होत नहीं कबहूँ पकवान के विप्र मसान के कूकुर' की सार्थकता मैंने दूसरे मित्रों में देखी, जिनकी निगाह दूसरों की दुनिया की लाश पर थी।

''वे पहले फटीचर थे। पर अब अमीर बन गए। दो मंजिला मकान खड़ा कर लिया है। मोटर पर सैर करते हैं। मुझे देखते हैं, जैसे मेरा उनका नौकर-मालिक का रिश्ता है। नक्की स्वरों में कहते हैं–हाँ, अच्छा आदमी है, ज़रा सनकी है। फिर बड़े गहरे पैठकर मित्र के साथ हँसते हैं।

''वे उतनी दूर बढ़ गए हैं, मैं जिस रास्ते पर था उसी पर खड़ा हूँ। जिसके लिए मेरी इतनी बदनामी हुई, दुनिया से मेरा नाम उठ जाने को हुआ, जो कुछ था चला गया, उस कविता को जीते जी मुझे भी छोड़ देना चाहिए। जिसे लोग खुराफात समझते हैं, उसे न लिखना हो तो लोगों की समझ में 'सच्ची समझ' होगी। रति-शास्त्र, वनिता-विनोद, काम-कल्याण में मश्क करते कौन देर लगती है। चार किताबों की रूह छानकर एक किताब लिख दूँगा। सीता, सावित्री, दमयंती आदि की पावन कथाएँ आँखें मूँदकर लिख सकता हूँ। तब बीबी के हाथ सीता और सावित्री आदि देकर बगल में चौरासी आसन दबानेवाले दिल से नाराज न होंगे।''[1]

'सफलता' शीर्षक गल्प में नरेन्द्र और आभा दो ही पात्र हैं। नरेन्द्र युवक साहित्यकार है; आभा विधवा तरुणी। एक दूसरे के प्रति खिंचाव महसूस करते हैं–

''नरेन्द्र गाँव में रह रहा था। अधिक दिनों तक रहने की गुंजाइश न थी। कारण, वृत्ति लिखाई थी, जो घर बैठे मनीआर्डर द्वारा कम आती थी। शहर में रहकर आर्डर पूरे करने पड़ते थे; तब पेट भर को कहीं होता। पेट भी दो-चार नहीं, सिर्फ एक। नरेंद्र को इस दुर्दशा की चिंता न थी। कारण, वह साहित्य का सुधार कर रहा था। आदर्शवाद वह साहित्य में दरसाकर तब दम लेता था। उसके लेख और पुस्तकें प्रमाण हैं। बीसवीं सदी की समस्त विचारधाराएँ उसकी धारा से बह चुकी थीं। पर जो कुछ उसने धारण किया था, वह था मनुष्य-धर्म जिसे अंग्रेजी में Religion of man कहते हैं। इसमें भूत, वर्तमान और भविष्य के सब धर्म घेर देता है।

''नरेन्द्र घर से कलकत्ते के लिए रवाना हुआ। रास्ते में कानपुर, लखनऊ, प्रयाग, काशी, पटना, गया होता गया। मित्रों और प्रकाशकों से मिलकर साहित्य तथा बाजार के हाव-भाव समझता रहा। आरती के प्रकाशक ने कहा–हमारे यहाँ आठ रुपए फार्म से अधिक मौलिक पुस्तक के लिए देने का नियम नहीं है। रुपया पुस्तक प्रकाशित होने के तीन महीने बाद से दिया जाना शुरू होता है। संपादक ने कहा–हम कोई लेख बिना पुरस्कार के नहीं छापते। अवश्य नए लेखकों को दो रुपया प्रति लेख देने का नियम है। पर हम आपको डेढ़ रुपया पृष्ठ देंगे। फिर बड़ी सहृदयता से बोले–इससे अधिक आरती दे नहीं सकती।

---

1. 'देवी' ('चतुरी चमार' में संकलित)।

"संपादक को लेख देने का वादा कर प्रकाशक से नरेन्द्र ने कहा—आप लोग पुस्तकें पचास और साठ प्रतिशत कमीशन पर बेचनेवाले को देते हैं, यह आपकी साहित्य-सेवा नहीं, अर्थ-सेवा हुई। यदि लेखकों को अधिक देने लगें तो किताबें अच्छी लिखी जायँ और साहित्य का उद्धार भी हो। प्रकाशक ने आँखें मूँदकर कहा—साहित्य का उद्धार हम आपसे ज्यादा समझते हैं।

"इस प्रकार अड़ता-छूटता नरेन्द्र कलकत्ता पहुँचा। वहाँ बीसवीं सदी पुस्तक एजेन्सी में छह रुपए प्रति फार्म के हिसाब से बंगला के रद्दी उपन्यासों के अनुवाद का काम मिला। कुछ करना तो था ही।

"काम लेकर एक रोज निश्चिंत होकर जान बाजार लायब्रेरी में बैठा मासिक पत्र-पत्रिकाएँ देख रहा था। अंग्रेजी, बंगला, हिंदी, गुजराती, उर्दू, मराठी सभी भाषाओं में एक विशेष आदर भाव देखा—सिनेमा स्टारों के सभी स्टोर हो रहे थे। देखभाल कर नरेन्द्र डेरे पर पहुँचा।

"बीसवीं सदी पुस्तक एजेन्सी का अनुवाद शुरू तो किया, पर हाथ बंद हो गया। बार-बार आँखों के सामने सिनेमा के सितारे चमकने लगे। मन सोचने लगा, यह अनुवाद का काम भी क्यों ? इससे किस आदर्श की पुष्टि होती है ? अर्थ मुझे भी तो चाहिए। बड़ा अर्थ अगर लोग नहीं लेते तो जो लेते हैं, उसे ही बढ़ाओ...साथ-साथ जितने प्रकाशक भली हालत में रहते थे तथा ऊपर व्यवसाय के लोग जो सफल हुए थे, सामने आने लगे। फिर तीन हिंदी के लेखकों की सूरत सामने आई। उसका मित्र स्नेहशरण एक श्रेष्ठ गद्य-लेखक है, पर कदाचित् सबसे बड़ा दरिद्र और उपेक्षित। उसका भाव, जो अब तक उसे बड़ा बनाए हुए दिन-रात उसे छोटा करता जा रहा था, सामने आया। देखकर उसे बड़ी घृणा हुई।

"कितने प्रकाशक उनका अपमान कर चुके हैं। कोई-कोई आफिस से भी निकाल चुके हैं, पर एक वह अपने नाम को मरता रहा, जो वास्तव में अपमान था। उसे नामी कहकर-कहाकर किसी शाप ने उसे ऊँचे आसन से गिरने का धोखा दिया है। जो नामस्वरूप श्रेष्ठ वैभव का भोक्ता है, वह कौड़ी-कौड़ी का मुँहताज भी रहे, ऐसा हो नहीं सकता। छोटे वैभव उसके पास जरूर होंगे या वह चाहता होगा। याद आया, छोटे वैभवों की उसने परवाह कब की, इसलिए छोटों ने उसे बराबर धोखा दिया, नीचा दिखाया और अंत में आज यह प्रमाण भी दे रहे हैं कि वे छोटे उससे कितने बड़े हैं—उनसे उसका जीवन कितना छोटा, कितना अधूरा है।

"नरेन्द्र ने अनुवाद का काम बंद कर दिया। सोचने लगा, किस प्रकार वह छोटा होकर बड़ा होगा।"

निराला जी का यह मानसपुत्र एकाएक तय करता है कि वह श्रमजीवी साहित्यकार का अभावग्रस्त जीवन छोड़कर कोई दूसरा धंधा अपना लेगा। वह देर तक सोचता रहा कि एकाएक उसके ध्यान में वही तरुणी विधवा उभर आई। वह मुस्कराई। मानो कह रही हो, यदि मैं तुम्हारे कुछ काम आऊँ...

''नरेन्द्र गाँव लौटा और आभा को लेकर अपने साथ रखने लगा। विरोध का बवंडर उठा, लेकिन वे दोनों अडिग रहे। फिर वे दिल्ली आ गए।

''वर्ष-दो वर्ष के अंदर ही नरेन्द्र का मनोरथ पूर्ण हुआ। रंगमंच पर उतरे। पति-पत्नी दोनों का ही अभिनय दर्शकों को बेहद पसंद आया। अपना ही लिखा हुआ नाटक था—'अर्ध-नारीश्वर'। पत्र-पत्रिकाओं में कई दिनों तक प्रशंसा छपती रही।

''इसी सफलता के बाद बीसियों अभिनय-प्रेमी तरुण-तरुणियाँ नरेन्द्र और आभा के निकट आ गए। एक अलग नाट्य-प्रतिष्ठान उन्होंने कायम कर लिया। वे दिग्विजय के लिए कलकत्ते की ओर चल पड़े।

''काशी के पवित्रा थियेटर के मालिक बाबू धनीरामजी एक सफल प्रकाशक भी थे। वह अपना स्टेज भाड़े पर भी देते थे। नरेन्द्र से कहा—'पचास नहीं तो चालीस प्रतिशत तो दीजिए।'

''नरेन्द्र ने भौंहें सिकोड़ लीं। कहा—'हमारे चालीस प्रतिशत के मानी हैं, भाड़े के अलावा आपको सात-आठ सौ रुपए रोज मिलेंगे। अगर यही है तो पन्द्रह प्रतिशत ले लीजिए।'

''पन्द्रह प्रतिशत !

''नरेन्द्र ने ठहाके लगाए। संयत होकर कहा—'बाबू धनीराम जी, मैं छह महीने में एक किताब लिखता था। पर उसके लिए आपने मुझे पंद्रह प्रतिशत भी नहीं दिया।''

अपने युग के प्रकाशक और साहित्यकार के आपसी संबंधों को लेकर निराला ने और भी कुछ लिखा होगा, किंतु हमारे लिए इतना ही काफी है। अपनी आर्थिक मजबूरियों की उन्हें कोई परवाह नहीं थी, कोई अहसास नहीं था—ऐसा भी कुछ लोग कहते रहे हैं। काश ! उन्होंने निराला को समझा होता !

साहित्यकार की श्रमनिष्ठा कहने मात्र से काम नहीं चलेगा। निराला की श्रमनिष्ठा अनूठी थी। इस दृष्टि से भी कि अपने अनुवादों के लिए भी कई गुनी अधिक मिहनत करते रहे। आजकल कुछ ऐसे भी अनुवाद छपकर बाजार में आ रहे हैं जो कि हिंदी से ही हिंदी में छाप लिये गए हैं। अधकचरे रूपांतरों की भरमार है। छायानुवाद, भावानुवाद तो खैर क्षम्य मान लिये जायँ, परंतु जटिल-गुट्ठिल अनुवादों से पाठक त्राहि-त्राहि कर रहे हैं। निराला के किए हुए अनुवादों को यदि हम मूल पुस्तकों से मिलाकर देखें तो पता चलेगा कि उन्होंने कितना अधिक परिश्रम किया था। यों बंकिम और शरत को हिंदी में काफी दुहा गया है और यह सिलसिला अरसे तक चलेगा। ऐसे अनुवादक बिरले ही होते हैं जो मूल ग्रंथकार की आत्मा को उसकी प्रचुरतम विशेषताओं के साथ रूपांतरित कर लेते हैं। निराला इसी प्रकार के दुर्लभ अनुवादकों में से थे। बंकिम के उपन्यासों का अनुवाद उन्होंने बाद में किया था। रामकृष्ण-विवेकानंद के प्रवचनमूलक ग्रंथों का अनुवाद वह पहले ही कर चुके थे।

निराला द्वारा अनूदित ग्रंथों की सूची में पाठक वात्स्यायन के 'कामसूत्र' का भी नाम देखता है। यह काम निश्चय ही प्रकाशकों ने बाजार की रुचि को ध्यान में रखकर

निराला से करवाया होगा। ध्रुव, भीष्म और राणा प्रताप की जीवनियाँ भी लिख दी थीं। रस-अलंकार भी लिख दिया था। इन्हीं के बारे में सोचकर निराला जी ने कहा था—"चार किताबों की रूह छानकर एक किताब लिखूँगा। सीता, सावित्री, दमयन्ती आदि की पावन कथाएँ आँख मूँदकर लिख सकता हूँ। तब बीबी के हाथ सीता-सावित्री देकर बगल में चौरासी आसन दबानेवाले दिल से नाराज न होंगे। उनकी इस भारतीय संस्कृति को बिगाड़ने की कोशिश करके ही बिगड़ा हूँ। अब जरूर समझ लूँगा।"

यानी, प्रकाशकों की इच्छा के अनुसार हमारा यह श्रमजीवी साहित्यकार बहुत कुछ लिखने को तैयार रहता था। सो भी किस रेट पर ? सौ पृष्ठों की डबल क्राउनवाली किताब के अनुवाद की मजदूरी छत्तीस रुपए चार आने मिलती थी।

प्रकाशकों की तरफ से कोई भी आज कह उठेगा—"तुम्हारा निराला कभी का भूखा मर गया होता, प्रकाशकों ने उसका ध्यान रखा। न केवल ध्यान रखा, उसके सौ-सौ नखरे झेले और उसे इतना बड़ा साहित्यकार बनाकर युग को सौंप दिया।"

जी हाँ, आपका कहना सही है, हमें मान ही लेना चाहिए। प्रकाशकों के कृपा-कटाक्ष न पड़ते तो निराला का आज कहीं नामोनिशान न होता ! बाल्मीकि, कालिदास, बाणभट्ट, कबीर, तुलसीदास सभी का उद्धार प्रकाशकों ने ही किया है ! अपने आप में वे क्या थे ? कुछ तो नहीं थे। प्रकाशकों की निःस्वार्थ अनुकम्पा से इस युग में इनका उद्धार हुआ है। निराला किस खेत की मूली थे ?

श्रमजीवी साहित्यकार की मनोवृत्ति में इन दिनों एक विलक्षण परिवर्तन नजर आ रहा है। वह स्वयं ही अपनी पुस्तकों के प्रकाशन का धंधा कुटीर उद्योग के तौर पर खड़ा कर लेने को उतावला हो उठा है। अपने पुत्र-पौत्र, भाई-भतीजे को इस धंधे में आगे धकेल रहा है। मानसिक संतुलन को व्यवस्थित करने के लिए वह अपने अनाथ एवं परावलंबी साहित्य को स्वनिर्भर बना लेना चाहता है। मित्रों से ऋण लेकर वह अपनी किताबें छपवा लेता है और चालीस-चालीस, पचास-पचास प्रतिशत कमीशन देकर अपने प्रकाशन का स्टाक पुस्तक-विक्रेताओं के हवाले कर देता है...आज का श्रमजीवी साहित्यकार मात्र लेखन में अपनी श्रमनिष्ठा का पूरा उपयोग नहीं करना चाहता। वह प्रकाशन का भी क-ख-ग सीख लेने को आतुर है। इस अनुष्ठान में उसे जनता भी सहायता दे रही है और सरकार भी।

"आपको यह सब शोभा नहीं देता है..."

"आप संतोषी और तपोधन हैं...प्रकाशन के पचड़े में आप न पड़ें..."

"यह बनियागिरी आपसे नहीं सम्हलेगी..."

"आपका लेखन पिछड़ जायगा..."

—इस प्रकार की बातों से आज के श्रमजीवी साहित्यकारों को फुसलाया नहीं जा सकता है।

आज का श्रमजीवी साहित्यकार अपने व्यक्तित्व की सीमाएँ जानता है। अपनी क्षमताओं का दायरा उसे अच्छी तरह दिखाई देता है। अनुचित या अत्यधिक प्रशंसा से

उन्मद होकर वह कर्तव्य से भ्रष्ट नहीं होगा। भक्त अनुरक्त जन लाल या हरा पानी पिलाकर अब उसे गगनविहारी नहीं बना सकते।

आज का श्रमजीवी साहित्यकार पचीस वर्ष की आयु में विधुर हो जाने पर दूसरी जीवन-संगिनी खोज निकालेगा। वह अपने पसीने की गाढ़ी कमाई को व्यवस्थित ढंग से खर्च करेगा। आज का साहित्यकार पिछले युगों की एकांगी साहित्यकारिता को अपना आदर्श नहीं मानता है। अवसर पाकर वह सब कुछ करने को तैयार रहता है। वह अमेरिका में जाकर अध्यापक भी हो सकता है, वह रूस जाकर अनुवाद का भी धंधा अपना ले सकता है। विदेशी दूतावासों से निकलनेवाली पत्रिकाओं का संपादन भी उसे अरुचिकर नहीं लगता। आकाशवाणी केंद्र, सूचना-विभाग, परराष्ट्र-विभाग—कहीं भी काम कर सकता है। बड़े-बड़े गैर-सरकारी प्रतिष्ठानों में उसे हम जमे देखते हैं। तीस-चालीस वर्ष पहले की स्थितियों से आज की स्थितियों का कोई मुकाबला नहीं। उत्कट प्रतिभावाला तरुण साहित्यकार अब उस तरह वर्षों बेकार नहीं घूमता है। ठेकेदारी से लेकर भारत सेवक समाज तक, रेडियो से लेकर दूतावास तक, संत-साहित्य के शब्द-संकलन से लेकर साहित्य अकादमी के अनुवाद-कार्य तक उसका कार्य-क्षेत्र फैला हुआ है। सूझ-समझ अगर आवश्यकता से अधिक हुई तो श्रमनिष्ठा कई गुनी अधिक फलप्रसू प्रमाणित होती है।

1928 से लेकर शेष आयु तक निराला की मुख्य कर्मभूमि उत्तरप्रदेश रहा। 1945-46 तक उन्होंने बहुत लिखा। अनुवाद में भी वे और अनुवादकों की अपेक्षा कहीं अधिक मिहनत करते थे। मौलिक साहित्य उनका अधिक गठा हुआ है। इतना अधिक नीरन्ध्र है कि पाठक बार-बार पारायण करते हैं, चमत्कृत होते हैं, चकित रह जाते हैं। उन दिनों आलोचक या तो डंडे बरसा रहे थे या चुप्पी साधे हुए थे। क्या ग्राम, क्या नगर, सर्वत्र निराला को जूझना पड़ा।

इस विराट हिंदी-क्षेत्र का सबसे बड़ा दुर्भाग्य क्या है ? यहाँ का सबसे बड़ा दुर्भाग्य है बड़े लोगों का अपनी भाषा से विमुख होना। श्रीमंतों की ही नहीं, विद्वानों तक की अपने साहित्य के प्रति सांघातिक अरुचि आज भी कायम है। हमारे इस विराट हिंदी-क्षेत्र का सर्वश्रेष्ठ जननायक हिंदी में दस पंक्ति सही-सही लिख नहीं सकता। अपनी भाषा में आए हुए सरल, सहज, संस्कृत शब्दों का मखौल उड़ाने में उसे प्रसन्नता का अनुभव होता है। हमारा दुर्भाग्य ही निराला की दुर्दशा के लिए उत्तरदायी है। एक निराला ही क्यों, पचासों साहित्यकार और भी तो हैं, जिनके लिए यह दुर्भाग्य विषाद साबित हो रहा है। निराला उठ गए, शिवपूजन सहाय उठ गए, राहुल चले गए...। हम यों ही सबकी अस्थियाँ गंगा में प्रवाहित करते जाएँगे। साहित्य अकादमी में हिंदी-क्षेत्र के हमारे परामर्शदातागण इसी प्रकार जम्हाइयाँ लेते रहेंगे। इसी प्रकार अति शिथिल गति में साक्षरता का हमारा अनुपात बढ़ता जायगा। लोगों की जेबें इसी प्रकार खाली रहेंगी। हमारी पुस्तकों की खपत का सिलसिला यों ही शोचनीय बना रहेगा। यानी हिंदी में हमारे साहित्यकार यों ही दयनीय स्थिति में लकवाग्रस्त होते जाएँगे। आप किसको-किसको

मास्को भिजवाइएगा स्वास्थ्य की जाँच के लिए ? किसको-किसको परलोक-सभा (राज्य-सभा) का मेंबर बनाइएगा ? निश्चय ही, निराला कोई एक व्यक्ति नहीं थे। निश्चय ही, वे केवल साहित्यकार नहीं थे। असंगति, अनौचित्य, अन्याय, अत्याचार, अभाव—क्षण-भर के लिए भी यह सब उन्हें सह्य नहीं था। अपने स्वार्थ की पूर्ति को ध्यान में रखकर जो लोग कदम उठाने के अभ्यस्त हैं, उन्होंने निराला को हमेशा झक्की और विक्षिप्त समझा। वे आगे भी निराला को शायद ही समझ सकें। परंपरा के प्रति विद्रोह का जो संस्कार निराला को आरंभिक जीवन में मिला था, वह कभी समाप्त नहीं हुआ। बड़ी से बड़ी शक्ति को ललकारने में वे कभी नहीं हिचके। ऐसा व्यक्ति उन्हें कभी नहीं अपना सका, जो पग-पग पर दूसरों से समर्थन की अपेक्षा रखता है। कबीर की तरह वह भी अनासक्त हो अपना करघा चलाते रहे। मजदूरी में चार पैसे मिले तो खा लिया। नहीं तो सूरती फाँककर भूखे पेट ही कलम चलाते रहे।

निराला ने शायद ही कभी किसी से कुछ माँगा हो। माँगने की कला उनको आती नहीं थी। पांडुलिपि लेकर प्रकाशक के यहाँ पहुँचे। जो कुछ उसने थमा दिया, लेकर चले आए। रकम अगर दस-बीस से ज्यादा हुई तो युवक मित्रों को बुलाकर खिला-पिला दिया।

प्रकाशक निराला को अच्छी तरह जानते थे। एकमुश्त सौ-दो सौ नहीं देकर दस-दस या पच्चीस-पच्चीस की किश्तों में देते थे। पूरी पांडुलिपि एक साथ मिलने पर लम्म-सम भी दे देते होंगे।

सैकड़ों की रकम एकमुश्त मिलने पर दो-चार, दस-पाँच रोज महा महोत्सव का वातावरण रहता। बालों में इत्र चुपड़े जाते। रोग़नजोश तैयार होता। बासमती चावल पकाए जाते। रबड़ी-रसगुल्लों का दौर चलता। सिल्क के कपड़े सिलवा लिये जाते...और चार ही रोज बाद चौके के अंदर खाली बर्तनों में मकड़ियों के जाले होते।

लिखने की धुन सवार होती तो हफ्तों लिखते ही रह जाते। बीच-बीच में होटलों से खा आते। दूधवाले, हलवाई, परचून के दूकानदार, गोश्तवाले, साग-सब्जीवाले...सबसे उधार चलता था। बीच-बीच में रकम चुकाते रहते थे। कभी-कभी रकम चुकाने की अवधि चार-चार, छह-छह महीने तक लंबी खिंच जाती थी। मगर कभी किसी दुकानदार ने निराला पर अविश्वास नहीं किया। वे उन्हें बहुत मानते थे। निराला जी के बारे में किसी प्रकार की शंका प्रकट करनेवाले को वे तत्काल चुप कर देते थे। बाद में यही ढंग उनका दारागंज में रहा।

हम उन्हें शाही मजदूर कहें तो यह असंगत नहीं होगा।

क्या अक्षर-विन्यास, क्या पद-विन्यास, क्या भाव-संयोजन, क्या शैली-संस्कार—सभी दृष्टियों से निराला का शिल्पी अपने युग का बेजोड़ विधाता था। कविताएँ, कहानियाँ, उपन्यास, आलोचना, गीत—साहित्य की सभी विधाओं में निराला का सजग शिल्पी कमाल पर कमाल हासिल करता गया। लगता है, कोरी तुकबंदी और सपाट अभिधा की ओर से निराला को बेहद विरक्ति रही है। व्यंजनापूर्ण वक्रोक्तियों से निराला की

काव्य-लक्ष्मी भास्वर है। उसकी तरल भास्वरता हिंदी-संसार के लिए सर्वथा अभिनव थी।

खड़ी बोली में उन दिनों मैथिलीशरण गुप्त, अयोध्यासिंह उपाध्याय 'हरिऔध' आदि कविगण अपनी रचनाओं के चलते काव्य-रसिकों के कंठहार बने हुए थे। प्रसाद के 'इंदु' का उदय हो चुका था। पंत की प्रतिभा पल्लवित हो रही थी। कलकत्ता उस ज़माने में हिंदी के पत्रकारों का भारी अड्डा था। 1923 में वहीं से साप्ताहिक 'मतवाला' निकलने लगा। वैसे ओजस्वी और वक्रोक्तिमय स्तंभ उससे पहले कहीं भी नहीं नज़र आए थे। मस्ती, जागरूकता और पैनापन, तीनों 'मतवाला' की अपनी विशेषताएँ थीं, जिनके चलते सारा हिंदी-संसार उसके आगे बिछ गया। 'मतवाला' के मुखपृष्ठ पर निराला रचित ये दो पंक्तियाँ सदैव जगमगाती रहीं :

अमिय-गरल, शशि सीकर-रविकर, राग-विराग भरा प्याला,
पीते हैं जो साधक उनका प्यारा है यह मतवाला।

गौर करने पर हम पाते हैं कि ये पंक्तियाँ 'मतवाला' का मोटो-भर नहीं थीं, इनमें निराला का अपना जीवन प्रतिबिम्बित है। उनका अपना ही जवीन क्या वह प्याला नहीं था ?

यह वास्तव में युग के महत्तम साहित्य-निर्माता की अपने कृतित्व के बारे में आस्थामूलक पहली घोषणा थी।

'मतवाला' में ही निराला का प्रथम आविर्भाव हुआ और थोड़े ही दिनों के अंदर यह नाम पाठकों के दिल और दिमाग पर हावी हो गया। यही दिन थे, जबकि निराला ने कलम-मजदूर का पेशा अपना लिया। मौलिक लेखन के अलावा विज्ञापन तैयार करना, अनुवाद करना और दवाइयों के पैम्फलेट लिखना शुरू कर दिया। श्रमजीवी साहित्यकार को आज भी पचासों किस्म के पापड़ बेलने पड़ते हैं। उस युग में तो उसका और भी बुरा हाल था।

1923 से लेकर '28 तक कलकत्ते में निराला को क्या-क्या करना पड़ा होगा, आज तो हम सोच भी नहीं सकते। खुदरे और फरमाइशी किस्म के लेखन-कार्यों के नीचे निराला की आत्मा वहाँ त्राहि-त्राहि करती रही होगी। साहित्य-सृजन का स्वतंत्र अवसर न पाकर कलकत्ते में निराला का दम घुटता रहा होगा, और ऊबकर वे पश्चिम भाग आए होंगे।

लखनऊ में निराला ने नए सिरे से अपना साहित्यिक जीवन आरंभ किया। कवि के रूप में नई पीढ़ी उन्हें अपना अगुआ मानने लग गई थी। समीक्षा के मैदान में भी वह चमकने लगे थे। प्रकाशकों ने उन्हें उपन्यास-लेखन के लिए उकसाना शुरू किया। अनिच्छा से ही सही, एक बार जब निराला जी कथा-साहित्य की ओर मुड़े तो हिंदी-संसार को 'अप्सरा', 'अलका', 'निरुपमा', 'लिली' आदि अनेकानेक उत्तम कृतियाँ मिलीं। बाद को 'कुल्लीभाट', 'बिल्लेसुर बकरिहा', 'चोटी की पकड़', 'काले कारनामे' (अपूर्ण) जैसे अनूठे उपन्यासों ने प्रगतिशीलों और प्रयोगवादियों तक को विस्मय में डाल दिया।

सन् 1946 तक निराला का गद्यकार सचेत रहा।

सन् '46 तक श्रमजीवी साहित्यकार का उनका धंधा किसी न किसी रूप में चलता रहा।

सन् '46 तक वे अपनी पांडुलिपियाँ बेचते फिरे।

सन् '46 तक प्रकाशकों की लोलुप निगाहें निराला का पीछा करती रहीं।

सन् '46 तक निराला किसी न किसी रूप में दुनियादारी के दायरे में रहे।

पाँच

देश-काल के शर से बिंधकर...

हो गया व्यर्थ जीवन,
मैं रण में गया हार !
सोचा न कभी
अपने भविष्य की रचना पर चल रहे सभी !

ये पंक्तियाँ निरालाजी ने 1937 में लिखी थीं (वनवेला)। लखनऊ में रहते थे। बीच-बीच में आकर एक-दो महीने इलाहाबाद रह जाते। उधर गढ़ाकोला और डलमऊ करीब पड़ता था। वहाँ भी चले जाते। तीसरा उपन्यास 'निरुपमा' भी निकल चुका था। राजनीति में जिस प्रकार नेहरू और सुभाष जगमगा रहे थे, हिंदी-संसार में निराला और पंत की यही चमक थी।

कांग्रेस के अंदर विक्षुब्ध युवकों की जमात सोशलिस्ट के तौर पर जनता के बीच सुपरिचित हो रही थी। जयप्रकाश नारायण और पी.सी.जोशी जैसे वामपंथी नेताओं की वाणी देश ध्यान से सुनने लगा था। नेताओं में से जो पैसेवाले थे, स्वास्थ्य के लिए उनकी यात्राएँ अखबारों के लिए भी पुष्टिवर्धक साबित हो रही थीं। उनमें से अगर एकाध रूस तक पहुँच जाता तो लगता, जनता की निगाहों में सचमुच ही वह निखर उठा है; उसकी जनम-जनम की कोढ़ धुल गई है। फिर हमारी साहित्यिक संस्थाएँ भी उस नेता की ओर लपकती थीं।

स्वदेशी ढंग से सजाए हुए साहित्यिक मंच पर नेता महोदय घंटों अपना प्रवचन लोगों को पिलाते थे। साहित्य के बारे में चार इधर-उधर की बातें कहकर वे अंतर्राष्ट्रीय घटनाओं के प्रवाह की व्याख्या में सभी को बहा ले जाते थे। पुराण में एक कामातुर राजा का प्रसंग आया है, जिसने ऋषियों से अपनी पालकी ढुलवाई थी। अभिजातवर्गीय हमारे नेता प्रतिष्ठा का अपना रथ साहित्यकारों से खिंचवाने में एक अनूठी थिरकन महसूस करते होंगे।

निराला को उन साहित्यिक समारोहों से गहरी घृणा थी, जिनमें इस प्रकार का

अभिनय होता था। बड़े बापों के उन पुत्रों के प्रति निराला का आक्रोश बढ़ता ही गया, जो विदेशों में ऊँची शिक्षा प्राप्त करने के बाद यहाँ आकर नेता बने डोलते थे। यह आक्रोश क्रमशः क्षोभ, ग्लानि, निराशा में बदल जाता था। निराला देखते थे कि नामी-नामी साहित्यकार चाटुकारिता की लार टपकाते हुए उस नेता के चरण चूम रहे हैं। निश्चय ही, निराशा के उन्हीं क्षणों में कवि गुनगुनाया होगा—

हो गया व्यर्थ जीवन
मैं रण में गया हार
सोचा न कभी
अपने भविष्य की रचना पर चल रहे सभी।

सोचने का क्रम आगे बढ़ता है—

...मैं भी होता
यदि राजपुत्र—मैं क्यों न सदा कलंक ढोता,
ये होते—जितने विद्याधर—मेरे अनुचर,
मेरे प्रसाद के लिए विनत-सिर उद्यत-कर;
मैं देता कुछ, रख अधिक, किन्तु जितने पेपर,
सम्मिलित कंठ से गाते मेरी कीर्ति अमर,
जीवन-चरित्र
लिख अग्रलेख अथवा, छापते विशाल चित्र।
इतना भी नहीं, लक्षपति का भी यदि कुमार—
होता मैं, शिक्षा पाता अरब-समुद्र-पार,
देश की नीति के मेरे पिता परम पंडित
एकाधिकार रखते भी धन पर, अविचल चित
होते उग्रतर साम्यवादी, करते प्रचार,
चुनती जनता राष्ट्रपति उन्हें ही सुनिर्धार
पैसे में दस राष्ट्रीय गीत रचकर उन पर
कुछ लोग बेचते गा-गा गर्दभ-मर्दन स्वर,
हिन्दी-सम्मेलन भी न कभी पीछे को पग
रखता कि अटल साहित्य कहीं यह हो डगमग
मैं पाता ख़बर तार से त्वरित समुद्र-पार
लार्ड के लाड़लों को देता दावत-विहार;
इस तरह खर्च केवल सहस्र षट मास मास
पूरा कर आता लौट योग्य निज पिता पास
वायुयान से, भारत पर रखता चरण-कमल,
पत्रों के प्रतिनिधि-दल में मच जाती हलचल,

दौड़ते सभी, कैमरा हाथ, कहते सत्वर
निज अभिप्राय, मैं सभ्य, मान जाता झुककर;
होता फिर खड़ा इधर को मुख कर कभी उधर,
बीसियों भाव की दृष्टि सतत नीचे ऊपर;
फिर देता दृढ़ संदेश देश को मर्मान्तिक,
भाषा के बिना न रहता अन्य भाव प्रान्तिक,
जितने रूस के भाव, मैं कह जाता अस्थिर,
समझते विलक्षण ही जब वे छपते फिर-फिर,
फिर पिता संग
जनता की सेवा का व्रत मैं लेता अभंग,
करता प्रचार
मंच पर खड़ा हो साम्यवाद इतना उदार।

आगे यह तिलमिलाहट और भी ज़हर उगलने लगी। 'कुकुरमुत्ता' उसी ज़हर का पौधा था। महादेवीजी ने साहित्यकार-संसद की तरफ से निराला की कविताओं का एक वृहत् संकलन प्रकाशित करवाया—'अपरा'। इस संकलन में 'कुकुरमुत्ता' शीर्षक उस अनूठी कविता को स्थान नहीं मिला। निराला को इस बात का खेद रहा। महादेवी के समक्ष भला ऐसी क्या मजबूरी रही होगी ! उन्होंने उस संकलन में 'कुकुरमुत्ता' जैसी विशिष्ट रचना को क्यों नहीं शामिल किया ?

मान लिया 'कुकुरमुत्ता' ने गुलाब को गालियाँ दी हैं, हरामी ख़ानदानी, कैपिटलिस्ट और जनखा (हिजड़ा) तक कहा। पर इससे क्या ? लाखों की तबाही पर जिस वर्ग के गालों की गुलाबी आभा बरकरार है, उसे विक्षुब्धों का प्रतिनिधि कवि चिकने सम्बोधनों में कैसे पुकारेगा ? निराला की सैकड़ों कविताएँ आपको पसंद आएँ, मगर उनकी यही एक रचना आपको अरुचिकर लगती है, तो हमें या तो सहृदयता की परिभाषा बदल देनी चाहिए या फिर...

जाने भी दीजिए !

अवश्य ही इस प्रकार के व्यवहारों से निराला को मर्मान्तिक चोट पहुँचती थी। ज़रा सोचिए तो, साहित्य अकादमी या प्रादेशिक सरकारों के सूचना-विभाग निराला की कविताओं के संकलन तैयार करवाएँ और उन संकलनों में मास्को डायलाग्ज़, गर्म पकौड़ी आदि बहुतेरी रचनाओं को स्थान न मिला हो तो ? निराला-ग्रंथावली के किसी भी खंड में 'बिल्लेसुर बकरिहा' और 'कुल्ली भाट' का समावेश न रहे तो ? गाँधी, नेहरू, टंडन सरीखे नेताओं से निराला की जो बातें हुई थीं, उनकी चर्चा सरकारी, अर्ध-सरकारी ग्रंथों में न आने दी गई तो ?

निराला चले गए। अब इस प्रकार की कोई घटना उनके मर्म को चोट नहीं पहुँचा सकेगी। वे 1946 के बाद ही विदेह स्थिति में पहुँच गए थे। उनका अहम् तो

मतवाला-युग में ही भूमा की परिधि में प्रवेश कर गया था। युग की चोटें सहते-सहते अंतस्तल निहाई बन गया। शताब्दियों बाद पैदा होनेवाले वे एक ऐसे व्यक्ति थे, जिनका अहम् बढ़ते-बढ़ते 'भूमा' के वृहत्तम परिमंडल में जा मिला था।

दासानुदासी भावनावाला अहम्-शून्य कवि विनय और ऋजुता की पगडंडी पकड़कर ही शायद अपने प्रभु के विशाल राज्य में दाखिल हुआ होगा। जिस व्यक्ति का अहम् स्फूर्जित होकर तरुणाई में ही औरों पर हावी होने लगा हो, वह समन्वयवादी कैसे होता ? 'समन्वय' नाम की पत्रिका के संपादन का भार सम्हालने मात्र से निराला जी अपने व्यक्तिगत जीवन में भी सामंजस्य के कायल हो गए होंगे, यह सोचना परिहास का विषय होगा। शील-स्वभाव की दृष्टि से 'मतवाला' ही उनके मन का साथी था। कौन जाने, यह नाम भी उस ऊधमी साप्ताहिक का उन्होंने ही सुझाया हो !

समझौतावाला रुख ही जहाँ श्रेय-प्रेय हो उठेगा, वैष्णव-धर्मी वणिक्-चेतना ही जहाँ राजनीति पर हावी रहेगी, वहाँ वैष्णव कवि ही राष्ट्रकवि होगा।

बहुजन समाज का पक्षधर क्रांतिकारी रुख जहाँ श्रेय-प्रेय होगा, शैव-शाक्त-धर्मी लोक-चेतना जहाँ राजनीति पर हावी रहेगी, वहाँ परिवर्तनवादी कवि ही श्रेष्ठ कवि माना जायगा, जननायक उसे अपना समकक्ष मानेंगे।

निराला राजनीति में होते तो क्या होते ? वह चन्द्रशेखर आजाद की तरह, भगतसिंह की तरह साम्राज्यवादी शासकों के लिए सिरदर्द बन जाते। सुभाष की तरह शायद उन्हें देश से भाग जाना पड़ता।

ऐसा नहीं था कि हमारा महाकवि राजनीति के बारे में कुछ न सोचता रहा हो। ऐसा नहीं था कि जन-समुदाय के प्रति उसकी आस्था संशय के कुहरे से ढँकी रही हो। ऐसा नहीं था कि बीस साल पहले उसने कुछ बात कही हो और बीस साल बाद कुछ और ही कह गया हो।

'अलका' का विजय कहता है—

"चलो, कांग्रेस का काम करें।"

अजित बोला : "कांग्रेस का हाल पूछो मत। यहाँ जो महाशय त्रिवेणीप्रसाद हैं, वह दोनों तरफ रेंगते हैं, ऐसे जीव हैं। मैं गया था। दूसरे दिन हजरते-दाग़ फिर ऐसे बैठे कि उठे नहीं। समझे ?..."

सावित्री से पिता (ससुर) कह रहे हैं : "देश की स्वतंत्रता एक मिला-जुला विषय है। वह केवल राजनीतिक प्रगति नहीं है। मान लो, एक मशीन बनाने की जरूरत हुई तो कानून का जानकार क्या कर सकता है...जब तक सब अंगों में समान पूर्णता नहीं होती तब तक स्वतंत्र शरीर संगठित नहीं हो सकता। हमारे यहाँ तो कानून पर केवल राजनीतिक स्वतंत्रता हासिल की जा रही है। संवाद-पत्रों में कानून के जानकारों का विज्ञापन होता है, वे ही देश के सर्वोत्तम मनुष्य हैं। उन्हीं की आज्ञा शिरोधार्य है।"

"पिताजी, पर कैसे-कैसे त्यागी नर-रत्न हैं।"

"मैं अस्वीकार तो करता नहीं, पर दूसरी तरफ भी क्या ऐसे ही त्यागी और

संयमशील मनुष्य नहीं हैं ? क्या देश उनकी भी वैसी ही इज्जत करता है ? सावित्री, नहीं करता। जनता बड़ी असमर्थ होती है। वह मनुष्य को बिना स्याह-दाग़ का ईश्वर भी समझ लेती है, जो कमजोर को और भी कमजोर, परावलंबी कर देता है। संवादपत्रों में स्वतंत्रता का व्यवसाय होता है। संपादक ऐसी स्वाधीनता के ढोल हैं जो केवल बजते हैं। बोल के अर्थ, ताल, गति नहीं जानते। अर्थात्, उनके भीतर वैसी ही पोल भी है। वे दूसरे के हाथों की थपकियों से मधुर बोलते हैं। जनता वाह-वाह करती है और बजानेवाले देवता को फूल-माला लेकर यथाभ्यास जैसा सुझाया गया है, पूजने को दौड़ती है।''

''परंतु नेता को सभी सम्मान देते हैं।''

''नेता ? कौन है ? मनुष्य ? एक मनुष्य सब विषयों में पूर्णता पा सकता है ?''

''न !''

''इसलिए नेता मनुष्य नहीं है, सभी विषयों का संकलित ज्ञान-राशि का भाव ही नेता है। इसीलिए किसी भी तरफ का भरा-पूरा मनुष्य दूसरे किसी भी तरफ के मनुष्य की बराबरी कर सकता है। एक को पैतृक सम्पत्ति मिली। पिता जज थे। पूर्ण शिक्षा भी मिली। बैरिस्टर होकर लौटे। दो करोड़ रुपया अर्जित किया। अंत में दस लाख देश को दान कर दिया। कोने-कोने तक नाम फैल गया। पत्र यशोगान करने लगे। देश के नेता हो गए। दूसरे को केवल बैल, हल और मूसल पैतृक चल-सम्पत्ति हो गई और सिकमी जोत सिर्फ दस बीघे जमीन। वह हल और काँची कंधे पर डालकर एक पहर रात रहते खेतों में जाता। दोपहर वहीं नहाकर भोजन करता। घंटे-भर छाँह में बैल चारा खाते। तब तक अपनी प्रिया से खेती की बातचीत करता है। शाम को काम कर घर लौटता है, ऐंड़ी-चोटी का पसीना एक कर के मुश्किल से भरपेट खाने को पाता है। उधर भिक्षु को भीख देता और फसल न होने पर जमींदार के कोड़े सहता है। पुलिस-कचहरी-समाज सभी जगह वह ठोकरें खाता है। खुलकर रो भी नहीं पाता। आँसू पीकर रह जाता है। तमाम उम्र उसने ऐसे ही पार की। छोटी-सी सीमा के बाहर इसे कोई नहीं पहचानता। सदा इसके सिर पर समाज, राजनीति, धर्म और मनुष्य रूपी राक्षसों से मिले दुखों का पहाड़ रखा हुआ है। यह किसी को भी इसके लिए नहीं कोसता, चुपचाप ढोता चला जा रहा है। अब बताओ, उस बैरिस्टर और इस किसान में कौन बड़ा है, सावित्री ?''

''यही किसान बड़ा है, पिताजी !''

''यह क्या चाहता है, सावित्री ?''

''यह क्या चाहता है, पिताजी ?''

''पिता की आँखों से आँसू बह चले। पुत्री से नहीं देखा गया। पलकें मूँद लीं। सम्हलकर पिता स्नेहशंकर जी ने कहा—'चाहते और क्या हैं ? न्याय चाहते हैं ? दुःख से मुक्ति चाहते हैं ?' ''

1920 में निराला ने बादल को संबोधित किया। बादल को महाविप्लवी के रूप में चित्रित किया, जिससे शोषक काँपते हैं, शोषितों को जीवन मिलता है—

रुद्ध कोष हैं क्षुब्ध तोष,
अंगना-अंग से लिपटे भी
आतंक-अंक पर काँप रहे हैं
धनी वज्र गर्जन से बादल
त्रस्त नयन-मुख ढाँप रहे हैं।
जीर्ण-बाहु है शीर्ण-शरीर,
तुझे बुलाता कृषक अधीर,
ऐ विप्लव के वीर !
चूस लिया है उसका सार
हाड़ मात्र ही है आधार
ऐ जीवन के पारावार !

यह '20 की रचना है। इससे तीन साल पहले रूस में सर्वहारा-वर्ग का शासन स्थापित हो चुका था। उतने बड़े महादेश से क्रांतिकारी शक्तियों ने जमींदारों, सेठों नौकरशाहों की जड़ें खोद डाली थीं। रूस की महाक्रांति को अपने भावी-मुक्ति की संदेशवाहिका मानकर सारी दुनिया के जन-साधारण उल्लसित हो उठे। समाजवादी सत्ता के प्रथम आविर्भाव को अपने वर्ग के लिए महानाश की अग्र सूचना समझकर विश्व-भर के शोषक काँप उठे थे। बंगला में विप्लवी कवि नज़रुल इस्लाम और हिंदी में हमारे निराला ने सर्वहारा वर्ग की उस महाक्रांति के विद्युत्-स्पंदन को तीव्रता से अनुभव किया था—

खुला भेद, विजयी कहाए हुए जो,
लहू दूसरों का पिये जा रहे हैं...

इस प्रकार के बीसियों उद्धरण बाद की रचनाओं से लिये जा सकते हैं।

उनका अंतिम उपन्यास 'काले कारनामे' कथावस्तु की दृष्टि से अति शिथिल है, परंतु किसानों की तरफ से देखने पर निराला की पक्षधर भूमिका यहाँ भी यत्र-तत्र उजागर है—

"जमींदार की जात ब्रह्मराक्षस से बढ़कर है।" (पृष्ठ 14)

"जमींदार का मकान चापलूसी का अड्डा है।" (पृष्ठ 22)

"अगर जमींदार के इशारे पर न चले तो गाँव में महीने-भर भी गुजर न हो। ताजीरात हिन्द के किसी दफे के शिकार हों और जेल की हवा खाएँ।" (पृष्ठ 45)

"धनी वर्ग की आमदनी का उपाय देहात में यही है...कौन परदेशी है ? कितना कमा लाया ? कौन किसान आलू या गन्ने की खेती से दो-चार सौ रुपए जोड़ चुका ? कौन दूकानदार अपने व्यवसाय में फायदा उठा रहा है ? ये लोग पूरी जानकारी रखते हैं। उनके घरों के जवान बेटी-बेटों, पतोहू-दामादों को फँसाकर रिश्वत ले-लिवाकर या मुक़दमे लड़वाकर या गवाहियाँ दिलवाकर अपनी जेब भरते हैं।" (पृष्ठ 50-51)

"दूब की जड़ बारह साल तक सूखकर मिट्टी और पानी के लगते जिस तरह

हरी हो उठती है, उसी तरह सरकार की निगाह पर चढ़ा हुआ आदमी जिंदगी के आखिर दम तक याद किया जाता है।" (पृष्ठ 92)

'50 का छपा हुआ एक विख्यात गीत है निराला का—

माँ, अपने आलोक निखारो
नर को नरक त्रास से बारो
विपुल दिशावधि शून्य वर्गजन
व्याधि शयन जर्जर मानव-मन
ज्ञान-गगन से निर्जर जीवन
करुणा करो, उतारो तारो !

इसमें भी हम देखते हैं कि निराला अपने स्वार्थ की पूर्ति के लिए चिंतित नहीं हैं, वह सामान्य जन के लिए चिंतित हैं।

छह
महाशक्ति का साक्षात्कार...

मासिक 'सुधा' से जब तक उनका संपर्क रहा, समीक्षाएँ भी लिखते रहे। 'सुधा' के बाद निराला का समीक्षक रूप तिरोहित हो गया। बाद में शायद इसीलिए कवि की कटु-तिक्त अनुभूतियाँ 'कुकुरमुत्ता' जैसी कृतियों की जननी बनीं।

एक ओर क्षोभ और आक्रोश अपनी परिधि पार कर गए। दूसरी ओर करुणा और मैत्री भावना अधिकाधिक सार्वभौम होने लगी। 'कला की रूपरेखा' और 'देवी' (पगली) जैसे स्केच निराला के अंतःकरण को समझने के उपादान सुलभ कर देते हैं।

जो मद्रासी निराला से चदरा ले गया था, वह आखिर सच्चा निकला। निराला की अंतर्दृष्टि ने धोखा नहीं खाया। पाठकजी की आशंका सही नहीं निकली। उनका ख्याल था—"यह अभी दोपहर को गुदड़ी बाजार में चार आने में चादर बेच आएगा।"

निराला जी ने कहा—

"हो सकता है, और इसकी बात भी सच हो सकती है। मद्रासी यह सोचकर अपने गाँव से नहीं चला होगा कि माँगी हुई चादर गुदड़ी बाजार में बेचेगा।"

दो महीने बाद वही मद्रासी युवक कांग्रेस अधिवेशन के भीड़भाड़ में दूर से ऊँची क़दवाले अपने उस दाता को पहचान लेता है, दौड़कर पास आता है, टूटी-फूटी हिंदी में अपना परिचय देता है। उसे कांग्रेस अधिवेशन में कुछेक दिनों के लिए स्वयंसेवक का धंधा मिल गया था। वालंटियर की वर्दी में दोनों हाथ उठाकर युवक ने हर्षध्वनि की लड़खड़ाती जुबान में कहा—"मैं वही हूँ जिसे आपने इलाहाबाद में चादर दी थी।"

निराला को लगा, कला का जीवित रूप सामने खड़ा है। उन्हें अपार आनंद हुआ।

दो-चार रोज बाद वह युवक फिर दिखाई दिया। अबकी उसने कहा—"गरमी

बहुत पड़ने लगी है। देश जाना चाहता हूँ। रेल का किराया कहाँ मिलेगा ? पैदल जाना चाहता हूँ।''

निराला ने कहा—''कांग्रेसवाले क्या आपकी इतनी भी मदद नहीं कर सकते ?''

उसने कहा—''नहीं, कांग्रेस का ऐसा नियम नहीं है। मैं मिला था। मुझे यह उत्तर मिला। खैर, मैं भीख माँगता-खाता पैदल चला जाऊँगा। पर''—अपने पैरों की ओर देखकर बोला—''गर्मी बहुत पड़ रही है। पैरों में फफोले पड़ जाएँगे, अगर एक जोड़ी चप्पल आप ले दें।''

निराला की छाती फट गई यह सुनकर। उन्होंने लिखा—''मैं लज्जा से वहीं गड़ गया। मेरे पास तब केवल छह पैसे थे। उतने में चप्पल नहीं आ सकते थे। अपने चप्पल देखे; घिसे-पुराने थे। लज्जित होकर बोला—आप मुझे क्षमा करें, इस समय मेरे पास पैसे नहीं हैं।''

इसके बाद, मद्रासी युवक वीर की तरह निराला को देखने लगा। फिर बड़े भाई की तरह उसने आशीर्वाद दिया ओर मुस्कराकर अमीनाबाद की ओर चला गया।

निराला ने इस समूची घटना को लिखा और उसका शीर्षक दिया—'कला की रूपरेखा।'

आज कला की रूपरेखा कहने से हम क्या समझते हैं ?

'कला की रूपरेखा' नृत्य-नाट्य की भंगिमाओं में सिमट आई है। तांत्रिकों और कर्मकांडियों की परंपरा में साधना, मुक्ति, जप, यज्ञ, आचमन, तीर्थ आदि शब्दों की जो दुर्गति हुई है, वही दुर्गति कला बेचारी की भी हो रही है।

निराला जी की दृष्टि में ललित कला मात्र ही कला नहीं थी। जीने और जिलाने की कला को ही उनका चिंतन श्रेष्ठ कला मानता था। कला और मैत्री की सक्रिय भावना को यदि अलग कर दें, सौंदर्य की भावना ही यदि वहाँ अपना एकाधिपत्य स्थापित कर ले तो कला बेचारी की क्या दुर्दशा होगी ?

यों तो कवि के जीवन-दर्शन का साक्ष्य उसकी रचनाएँ हुआ करती हैं और निराला की कविताओं में तो उनका जीवन-दर्शन अधिकाधिक ओत-प्रोत है। परंतु 'देवी' शीर्षक शब्द-चित्र को मैं निराला को समझने की कुंजी मानता हूँ। 'कला की रूपरेखा' और 'देवी'—दोनों चित्र निराला के मनोलोक का स्पष्ट परिचय देते हैं।

देवी किसके लिए कहा गया है ?

संभ्रांत परिवार की किसी महिषी, महिला के लिए नहीं। उच्च शिक्षा-प्राप्त किसी विदुषी के लिए नहीं। सार्वजनिक जीवन में रुचि लेनेवाली खद्दर-धारिणी राजकुमारी के लिए नहीं। नगर के विशाल रसिक-समुदाय को उन्मथित करनेवाली किसी श्रेष्ठ सुंदरी के लिए भी नहीं।

निराला ने 'देवी' के रूप में पाठकों के समक्ष यहाँ एक पगली को उपस्थित किया है। वह होटल की जूठी चपात्तियों के सहारे अपना जीवन बिताती थी। गूँगी थी।

''उम्र पच्चीस साल से कम। दोनों स्तन खुल हुए। प्रकृति की मारों से लड़ती

हुई, मुरझाकर, मुमकिन है किसी को पच्चीस साल से कुछ ज्यादा जँचे। पास एक लड़का डेढ़ साल का खेलता हुआ।

"एक फटी धोती पहने हुए। बाल कटे हुए। ताज्जुब की निगाह से आने-जाने वालों को देख रही थी। तमाम चेहरे पर स्याही फिरी हुई।"

आगे और पीछे की सारी पंक्तियाँ इतनी मार्मिक हैं, इतनी चित्रमय, इतनी सजीव कि समूचा स्केच उद्धृत कर डालूँ तो भी संतोष नहीं हो। लगता है, कई महीनों तक निराला की चेतना पर पगली और उसके बच्चे हावी रहे। लगता है, कई महीने तक उन्होंने उस अभागिन की निगरानी की। लिखते हैं–

"उसे देखते ही मेरे बड़प्पनवाले भाव उसी में समा गए और वही छुटपन मुझ पर सवार हो गया। मैं उसी की चिंता करने लगा। इसको एक बच्चा भी है। यह कौन है ? हिंदू या मुसलमान ? इन दोनों का भविष्य क्या होगा? बच्चे की परवरिश क्या इसी रास्ते पर होगी ? और इसकी शिक्षा ? यह क्या सोचती होगी–ईश्वर, संसार, धर्म और मनुष्यता के संबंध में ?

"मेरी बड़प्पन की भावना को उस स्त्री के अभाव ने पूरा-पूरा परास्त कर दिया। मैं बड़ा हो भी जाऊँ मगर इस स्त्री के लिए कोई उम्मीद नहीं। इसकी किस्मत पलट नहीं सकती। ज्योतिष का सुख-दुख-चक्र इसके जीवन में अचल हो गया है। सहते-सहते अब दुख का अस्तित्व इसके पास न होगा। पेड़ की छाँह या किसी खाली बरामदे में दुपहर की लू में ऐसे ही एकटक कभी-कभी आकाश को देख लेती होगी। मुमकिन है, बच्चे की हँसी उस समय इसे ठंढक पहुँचाती हो।

"लोग नेपोलियन की वीरता की प्रशंसा करते हैं। पर यह कितनी बड़ी शक्ति है, कोई नहीं सोचता। सब इसे पगली कहते हैं। पर इसके इस परिवर्तन के क्या वही लोग कारण नहीं ? किसे क्या देकर, किससे क्या लेकर लोग बनते-बिगड़ते हैं ? यह सूक्ष्म बातें कौन किसको समझा सकता है ? यह पगली भी क्या अपने बच्चे की तरह रास्ते पर पली है ? संभव है, पहले सिर्फ गूँगी रही हो। विवाह के बाद निकाल दी गई हो, या खुद तकलीफ पाने पर निकल आई हो; और यह बच्चा रास्ते के किसी ख़्वाहिशमंद का सबूत हो।

"मैं देख रहा था, ऊपर के धुएँ के नीचे दीपशिखा की तरह पगली के भीतर की परी इस संसार को छोड़कर कहीं उड़ जाने की तैयार कर रही थी। वह साँवली थी। दुनिया की आँखों को लुभानेवाला उसमें कुछ नहीं था। दूसरे लोग उसकी रुखाई की ओर रुख न कर सकते थे। पर मेरी आँखों को उसमें वह रूप देख पड़ा जिसे मैं कल्पना में लाकर साहित्य में लिखता हूँ, केवल वह रूप नहीं, भावना भी।

"इस मौन महिला के इन आकार-इंगितों की बड़े-बड़े कवियों ने कल्पना न की होगी। भाव-भाषण मैंने पढ़ा था। दर्शनशास्त्र में मानसिक सूक्ष्मता के विश्लेषण मैंने देखे थे। रंगमंच पर रवीन्द्र का अभिनय भी देखा था। खुद भी गद्य-पद्य में थोड़ा-बहुत लिखा था। चिड़ियों तथा जानवरों की बोली बोलकर उन्हें बुलानेवाले की भी करामात देखी

थी। पर वह सब कृत्रिम था। यहाँ सब प्राकृत। यहाँ माँ बेटे के मनोभाव कितनी सूक्ष्म व्यंजना से संचारित होते थे ! डेढ़-दो साल के कमजोर बच्चे को माँ मूक भाषा सिखला रही थी। आप जानते हैं, वह गूँगी थी। बच्चा माँ को कुछ कहकर न पुकारता था, केवल एक नज़र देखता था। इस प्रकार वह माँ से क्या कहता होगा ? आप समझिए। उसकी माँ समझती थी; तो क्या वह सचमुच पागल और गूँगी थी ?"

निराला पगलीमय हो गए। पगली का ध्यान ही निराला का ज्ञान हो गया। उसे देखकर उन्हें महाशक्ति की याद आने लगी। राम, श्याम और संसार के बड़े-बड़े लोगों का स्वप्न इस प्रभात की किरणों में दूर हो गया। बड़ी-बड़ी सभ्यता, बड़े-बड़े शिक्षालय चूर्ण हो गए। मस्तिष्क को घेरकर केवल यही महाशक्ति अपनी महत्ता में स्थिर हो गई। उसके बच्चे में भारत का सच्चा रूप देखा—

"देश में शुल्क लेकर शिक्षा देनेवाले बड़े-बड़े विश्वविद्यालय हैं। और इस बच्चे का क्या होगा ? इसकी भी माँ है। वह देश की सहानुभूति का कितना अंश पाता है ? हमारी थाली की बची रोटियाँ, जो कल तक कुत्ते को दी जाती थीं, अब उसे मिलती हैं। बस इतना ही। यही हमारी सच्ची दशा का चित्र है।"

एक रोज उसी रास्ते से नेता का जुलूस निकला। हजारों की भीड़ इकट्ठी हुई। 'जय-जयकार' से आसमान गूँज उठा। निराला होटल के बरामदे पर खड़े होकर यह सब देख रहे थे।

पगली भी उठकर खड़ी हो गई। अचंभे में डूबकर लोगों को देखने लगी। सड़क पर ऐसी भारी भीड़ शायद उसने नहीं देखी थी। मुँह बाकर, भौंहें सिकोड़कर, आँखें फाड़कर पूरी ताकत से देख रही थी। समझ लेना चाहती थी कि यह सब क्या है ?

कि इतने में भीड़ ने पगली के बच्चे को कुचल दिया। वह रो उठा। पगली बच्चे के पास गई, झाड़कर चुमकारने लगी और फिर ज्वालामयी दृष्टि से जनता की ओर देखने लगी। नेता दस हजार की थैली लेकर गरीबों के उपकार के लिए चले गए। जरूरी-जरूरी कामों में खर्च करेंगे।

रामायण की कथा सुनकर पास लौटनेवाले भगत लोग आगे बढ़ने पर पगली की ओर देखते हैं। निगाहें फेरकर उसके बारे में बातें करते हुए बढ़ जाते हैं। भिन्न स्वरों में भिन्न कंठों के वाक्य गूँजते रहते हैं—

"भैया, इसी संसार में स्वर्ग भी है और नरक भी है।"

"कर्म का भोग है। जैसा किया है, वैसा भोग रही है !"

"सकल पदारथ है जगमाहीं, कर्महीन नर पावत नाहीं।"

तो क्या निराला जी उस पगली की दुर्दशा के मूक दर्शक बने रहे ?

नहीं। उन्होंने उसके लिए खुद भी पैसे देने शुरू किए। मित्रों से भी दिलवाना शुरू किया।

एक रोज रात का खाना खाने के बाद चार-पाँच युवकों के साथ होटल के बरामदे पर निराला जी ताश खेल रहे थे। पगली बच्चे को सोता छोड़कर बाहर गई थी। करवट लेते वक्त बच्चा बरामदे से नीचे गिरा तो चीखने लगा। लोगों ने होटल के नौकर को पुकारा—"अरे देखो, पगली उधर कहीं होगी।"

जमा हुआ खेल छोड़कर कौन अपना ध्यान क्षण-भर के लिए भी दूसरी तरफ हटाए। लेकिन पगली के बच्चे का वह रोना खेल की खुशियों में शायद बाधक हो उठा होगा। निराला जी ताश की पत्तियाँ छोड़कर चुपचाप उठे। बरामदे के नीचे पहुँचे। बच्चे को उठा लिया। गोद में लेकर उसे सहलाने लगे। प्यार का स्पर्श, मांसल बाँहों का गदेला, ममताभरी निगाहें...इतना कुछ पाकर बच्चा चुप हो गया। मिनटों में ही उसे नींद आ गई। निराला ने आहिस्ते से उसे माँ के तथाकथित बिस्तरे पर लिटा दिया।

दो-एक रोज बाद एक मित्र ने निराला जी को उनकी इस सहृदयता की याद दिलाई तो वह चुप रहे, मन में कहा—"यह कोई बड़ी बात तो थी नहीं; बुद्ध एक बकरे के लिए जान दे रहे थे। जब हममें बड़ी-बड़ी बातें पैदा होंगी तब हम इन बातों की छोटाई समझेंगे। आज तो तरीका उल्टा है। जिसकी पूजा होनी चाहिए, वह नहीं पुजता, जो कुछ पूजता है, वही अधिक पुजने लगता है।"

पैसा जमा होने पर रात के अँधेरे में उचक्के उससे रक़म छीन लेते थे। निराला जी ने पगली की अभिभावकता अनजाने ही स्वीकार कर ली थी। अन्न-वस्त्र, पैसे, पिता का स्नेह, क्या कुछ उसे नहीं मिला ! मगर वह भी दुःख-सुख से इतनी निरपेक्ष हो गई थी कि सारी दुनिया को अँगूठा दिखाने में उसे आनंद मिलता था। सामनेवाले मकान की दयालु बंगाली महिलाओं ने उसे कंबल दिया। निराला के कहने से कुँवर साहब ने उसे अपनी रजाई दे दी। उचक्के कंबल भी छीन ले गए, रजाई भी।

कुछ महीनों बाद होटल बम बोल गया। जितने भी बोर्डर थे, अलग हो गए। पगली के लिए जूठी चपातियों का भी अकाल हो गया।

वह अस्पताल भेज दी गई। डॉक्टर का कहना था—"डबल निमोनिया हो गया है। बचेगी नहीं।"

बच्चे को श्री दयानंद अनाथालय भेज दिया गया। पगली बच्चे को छोड़ती नहीं थी।...

होटल के नौकर का नाम संगमलाल था। उसने आकर निराला जी से कहा—"बाबू जी, होटल का मालिक भाग गया है। आप का दिया हुआ चेक तो उसने भुना लिया, मगर मुझे रुपए नहीं दिए।"

निराला जी ने संगमलाल को समझाया—"बड़े अच्छे आदमी हैं, मैनेजर साहब भागनेवाले लोगों में नहीं हैं। घर रुपए लेने गए होंगे। उन्हें कई सौ रुपए लोगों को देने हैं।"

संगमलाल हँसता रहा।

होटल छोड़कर निरालाजी अलग मकान ले चुके थे। वहाँ रहने भी लग गए थे।

बीच-बीच में आकर वह जरूर पगली को देख जाते होंगे; कुछ न कुछ दे जाते होंगे।

और बीच में ही सप्ताह-दो सप्ताह के लिए उन्हें बाहर जाना पड़ा होगा।

फिर पगली अस्पताल भेज दी गई होगी। उसका बच्चा उससे छिन गया।

निराला मौजूद होते तो शायद ही निमोनिया होता। शायद ही बच्चे को उससे छीन पाते !

कितनी गाढ़ी वेदना हुई होगी निराला को यह शब्द-चित्र लिखते वक्त !

पूरा लिख लिया होगा तो शीर्षक के बारे में सोचा होगा; देर तक सोचा होगा; बार-बार सोचा होगा; कई दिनों तक सोचा होगा।

'देवी' जैसा शीर्षक देकर उन्हें लगा होगा कि चलो आंशिक ऋण-मोचन हो गया। संपूर्ण समाज की ओर से, समूची मानवता की ओर से उस अभागिन नारी के प्रति जितना भी अत्याचार हुआ था, निराला तदर्थ अपने को भी समान उत्तरदायी मानते होंगे और उसी प्रत्यवाय का प्रायश्चित्त करने के लिए बेचारी को बाद में 'देवी' कहकर याद किया।

सात
संतुलित रस चेतना

'अप्सरा' निराला जी का प्रथम उपन्यास है। यह सन् '30 में लिखा गया और '31 के आरंभ में प्रकाशित हुआ।

शिक्षित संपन्न सुसंस्कृत वेश्या-पुत्री कनक और मध्यवर्गीय युवक राजकुमार का प्रणय आख्यान है। दो सौ पच्चीस पृष्ठों का उपन्यास अंतिम पृष्ठ तक पहुँचते-पहुँचते अंत में हमें यह सूचना देता है—"चार रोज बाद राजकुमार लौटा, तब कनक पूजा समाप्त कर निकल रही थी। दोनों एक साथ कमरे में गए, तो नीचे अखबार-बालक आवाज लगा रहे थे—'राजकुमार वर्मा को एक साल की सख़्त क़ैद।'

"दोनों हँसकर नीचे झाँकने लगे।

"नौकर ने कनक को अखबार लाकर दिया।

"आरंभ में कनक को राजकुमार प्रेमिका के रूप में देखता था। कनक लेकिन तब भी राजकुमार की आँखों में पति की झलक देख रही थी। प्रथम परिचय बड़ी ही नाटकीय परिस्थिति में हुआ था।

"कलकत्ते की छोर पर इडेन-गार्डेन में शाम को सात बजे चम्पे की कली-सी एक किशोरी बैठी हुई थी। एक गोरा आकर बिलकुल उससे सटकर बैठ गया, उसी बेंच पर। युवती एक ओर हट गई, घबराकर उठी और खड़ी हो गई। गोरे ने हाथ पकड़कर जबरन उसे बैठा लिया। तरुणी चीख पड़ी। उसने इधर-उधर देखा, कोई नजर नहीं आया। गोरे

ने उसे कसकर पकड़ लिया।

"कि पीछे से किसी ने गोरे के कालर में उँगलियाँ घुसेड़ दीं और गर्दन के पास कोट के साथ पकड़कर साहब को एक बित्ता बेंच से ऊपर उठा दिया। जैसे चूहे को बिल्ली उठा लेती है। साहब के कब्जे से तरुणी छूट गई। साहब ने सिर घुमाया। आगंतुक ने उसका सिर दूसरे हाथ से युवती की तरफ फेर दिया–'अब कैसी लगती है ?'

"साहब झपटकर खड़ा हो गया। युवक ने कालर छोड़ते हुए जोर से साहब को ठेल दिया–

"सम्हलकर साहब ने घूँसा चलाया तो युवक ने उसकी कलाई पकड़ ली। कुश्ती के पैंतरे में गिरा दिया। छाती पर चढ़ बैठा। कई रद्दे जमा दिये।

"साहब बेहोश हो गया। लड़की खड़ी सब कुछ देख रही थी, विस्मय में डूबी हुई।

"युवक ने तरुणी से पूछा–'आपको कहाँ जाना है ?'

" 'मेरी मोटर बाहर खड़ी है। मेरा ड्राइवर और बूढ़ा अर्दली बैठा होगा। मैं हवाखोरी के लिए आई थी। आपने मेरी रक्षा की। मैं सदा के लिए आपकी कृतज्ञ रहूँगी।'

"युवक ने सिर झुका लिया।

" 'आपका शुभ नाम ?'–युवती ने पूछा।

" 'नाम बतलाना अनावश्यक समझता हूँ। आप जल्दी से यहाँ से चली जायँ।' "

एक चली फील्ड के फाटक की ओर, दूसरा चला हाईकोर्ट की ओर।

उद्धत फिरंगी को पीटनेवाला यह युवक कौन था ? क्या वह राजकुमार वर्मा था ?

जी हाँ, राजकुमार वर्मा था।

मगर मेरा मन कहता है कि वह बाहर से राजकुमार वर्मा भले ही रहा हो, अंदर से निराला था।

गर्दन के ऊपर कोट का कालर पकड़कर फिरंगी नर-पशु को अधर में झुलाने वाला यह भारतीय युवक निराला टाइप का ही हो सकता है। दूसरा कोई हो ही नहीं सकता। एक अपरिचित तरुणी को कामुक दानव की चंगुल से बचाकर अपना परिचय दिए बिना ही अलग हो जानेवाले उस निस्पृह युवक को मैंने अच्छी तरह पहचान लिया है।

यहाँ मुझे 'रघुवंश' महाकाव्य के एक प्रसंग की याद हो चली है। राम के पुत्र महाराज कुश ने अयोध्या छोड़कर अन्यत्र नई राजधानी का निर्माण किया। एक रात जब वह महल के अंदर लेटे थे, पलंग के पास एक युवती खड़ी दिखाई दी। राजा ने कहा–"कल्याणी, तुम कौन हो ? बंद दरवाजोंवाले इस महल के अंदर कैसे आ गईं ? मुझसे क्या चाहती हो ?...साफ-साफ अपने मन की बात बतलाओ। हाँ, यह समझकर मुझसे बातें करो कि रघुवंशी राजाओं का चित्त किसी भी स्थिति में परनारी की ओर आकृष्ट नहीं होता...।"

इडेन गार्डेन में तरुणी फिरंगी राहु के कवल से बचा ली गई; बचानेवाले ने

जितेन्द्रियता के बारे में मुँह से तो कुछ नहीं कहा, परंतु आँखों से वही दृढ़ता, वही अनासक्ति जता दी।

महाराज कुश के समक्ष अपनी बातें कहकर पुरानी राजधानी (अयोध्या) की नगर-देवता वापस चली गई थी, जाने क्या-क्या राजा के बारे में सोचती हुई।

इडेन गार्डेन से बाहर निकलकर वह युवती भी चली गई थी—अपने त्राणकर्ता के बारे में जाने क्या-क्या सोचती हुई।

सारी महिला-जाति के प्रति, समग्र युवती-समाज के प्रति वीर-जनोचित शिष्ट व्यवहार का यह आदर्श निराला के साहित्य में सर्वत्र व्याप्त है।

किसी नारी पात्र के प्रति कहीं भी छिछोरापन—लोलुपता या अशिष्टता—निराला के साहित्य में आपको नहीं मिलेगा।

शृंगार या सौंदर्य के प्रति निराला के साहित्य में आपको कहीं भी असंतुलन या अतिक्रमण दिखाई नहीं देगा।

अंतर्दीप्त नारी-मूर्ति को पूर्णता की परिधि में देखना-दिखाना निराला का ही काम था। नारी के अमुक या अमुक अंग की ओर जहाँ आपकी दृष्टि में कहीं कोई साहित्यकार लोलुपता का अंजन लगाता हो, वहाँ आपका सचेत मन अवश्य ही विक्षुब्ध हो उठेगा। सौंदर्य के प्रति एक समग्रदर्शी कवि की भावना कई प्रकार की क्षुद्रताओं से हमें छुटकारा दिलाती है। वह हमारी रस-चेतना को कालिदास और बाल्मीकि की रस-चेतना से सीधे मिला देती है।

नारी-सौंदर्य के प्रति निराला की अंतर्दृष्टि कैसी थी ? इस प्रसंग में उनकी कविताओं से बहुत सारे टुकड़े उद्‌धृत किए जा सकते हैं। समीक्षकों ने उधर काफी ध्यान दिया है। परंतु निराला की गद्य-कृतियों में भी यत्र-तत्र उनका सौंदर्य-दर्शन जगमगा रहा है। मगर इस ओर अभी तक शायद ही उतना ध्यान दिया गया हो।

यदि एक ही उद्धरण अभिप्रेत हो तो मैं 'अप्सरा' से लूँगा—

"राजकुमार भीतर ही भीतर अपने जीवन के उस स्वप्न को देख रहा था, जो किरणों में कनक को खोलकर उसके हृदय की काव्यगत रूप-तृष्णा तृप्त कर रहा था। बाहर तथा भीतर वह सारी सिद्धियों के द्वार पर चक्कर लगा चुका था। बाहर अनेक प्रकार से सुंदर स्त्रियों के चित्र देखे थे, पर भीतर ध्यान-नेत्रों से न देख सकने के कारण जब कभी उसने काव्य-रचना की, उसके दिल में एक असम्पूर्णता हमेशा खटकती रही। उसके सतत प्रश्न इस त्रुटि को दूर नहीं कर सके। अब, वह देखता है, आप ही आप अशब्द ऋतु-वर्तन की तरह, जीवन का एक चक्र उसे परिवर्तन कर परिपूर्ण चित्रकारिता के रहस्य-द्वार पर ला खड़ा कर गया है। दिल में आप ही आप निश्चय हुआ, सुंदरी स्त्री को अब तक मैं दूर से प्यार करता था। केवल इंद्रियाँ देकर आत्मा अलग रहती थी, इसलिए लिखने के समय सिर्फ उसके अंग-प्रत्यंग आते थे। परिपूर्ण मूर्ति नहीं आती थी; पूर्ण-प्राप्ति पूर्ण-दान चाहती है। मैंने परिपूर्ण पुरुष-देह देकर संपूर्ण स्त्री-मूर्ति प्राप्त की; आत्मा और प्राणों से संयुक्त, साँस लेती हुई, पलकें मारती हुई, रस से ओत-प्रोत,

चंचल, स्नेहमयी। तत्त्व के मिलने पर जिस तरह संतोष होता है, राजकुमार को वैसी ही तृप्ति हुई।''

कहना न होगा कि राजकुमार वर्मा यहाँ अपने मानस-पिता (निराला) का ही प्रतिरूप है। यह गवेषणा आवश्यक नहीं रहेगी कि राजकुमार वर्मा को जिस प्रकार कनक मिली थी, निराला को भी क्या उसी प्रकार कोई कनक मिली होगी?

लगता है कि मिली होगी।

राजकुमार और कनक का पहला परिचय इडेन गार्डेन में हुआ। दूसरा परिचय कोहनूर थिएटर के ग्रीम रूम में। वहाँ कनक को शकुंतला की भूमिका में सजाया जा रहा था। राजकुमार को दुष्यन्त की भूमिका में–

''राजकुमार कंपनी में नौकर नहीं था। वह शौकिया बड़ी-बड़ी कंपनियों में उतर कर प्रधान पार्ट किया करता था। इसके कारणों का खुद मित्रों से बयान किया करता था। हिंदी के स्टेज पर लोग ठीक-ठीक हिंदी उच्चारण नहीं करते, वे उर्दू के उच्चारण की नकल करते हैं, इससे हिंदी का उच्चारण बिगड़ जाता है। हिंदी के उच्चारण में स्वतंत्र गति होती है, यह हिंदी की शिक्षा के द्वारा ही दुरुस्त होगी।

''कभी-कभी वह स्वयं हिंदी में नाटक लिखा करता ! यह शकुन्तला नाटक उसी का लिखा हुआ था। हिंदी की शुभकामना से प्रेरित हो उसने विवाह भी नहीं किया, इससे उसके घरवाले उस पर नाराज हो गए थे, पर उसने परवाह नहीं की।

''कलकत्ता सिटी कालेज में वह हिंदी का प्रोफ़ेसर है। शरीर जैसा हृष्ट-पुष्ट, वैसा ही सुंदर और बलिष्ठ भी है।

''कलकत्ता की साहित्यिक समितियाँ उसे अच्छी तरह पहचानती हैं।''

यहाँ राजकुमार वर्मा जी के चोले में हम निराला जी को पाते हैं। दो-एक बातें नहीं मिलती हैं। कुछेक बातों में अद्भुत साम्य है। निराला ने 'शकुन्तला' नाटक लिखा था, जो कि अप्रकाशित है। राजकुमार ने भी शकुन्तला नाटक लिखा। एक अविवाहित है सही परंतु किसी के प्रति प्रतिश्रुत है; दूसरा भरी जवानी में पत्नी-विहीन हो गया है। घरवालों के लाख कहने पर भी दूसरी शादी नहीं करता है। अविवाहित जैसा जीवन बिताता है। दोनों देशभक्त हैं, साहित्यकार हैं। हाँ, निराला किसी कालेज में हिंदी के प्रोफेसर नहीं हैं। स्वास्थ्य, सौंदर्य दोनों में है। कलकत्ता दोनों का ही कर्म-क्षेत्र है। वहाँ की साहित्यिक समितियाँ दोनों को अच्छी तरह पहचानती हैं।

कनक सुप्रसिद्ध वेश्या सर्वेश्वरी की इकलौती कन्या थी। माँ उसे बड़े जतन से अगले जीवन के लिए तैयार कर रही थी।

इन लोगों के अपने कई मकान थे, काशी में भी और कलकत्ते में भी। सम्पति की कमी नहीं थी। राजा, राजपुत्र, सेठ, हाकिम आदि भौंरों की तरह कमलों की इस झील पर कुर्बान थे।

कनक सत्रह साल की जिसके लिए उपन्यासकार निराला ने 'अप्सरा' जैसा नाम

चुना है। वह अंग्रेजी भी अच्छी तरह जानती है, हिंदी भी अच्छी तरह जानती है। संगीत तो खैर घर की विद्या ठहरी।

राजा और ताल्लुकदार अभी से इस 'अप्सरा' के लिए लार टपकाने लगे हैं। थिएटरवालों ने कनक से हिरोइन की भूमिका के लिए कंट्रैक्ट शुरू कर दिया है।

इडेन गार्डेन में उस शाम को जो पिटा था, वह अंग्रेज था—हैमिल्टन। जिला चौबीस परगने का पुलिस सुपरिंटेंडेंट। कुछ रोज बाद वह राजकुमार वर्मा को गिरफ्तार करने में सफल हो गया। मगर अपनी अध्यापिका कैथराइन की मदद से कनक राजकुमार को बचा लेती है। हवालात की कोठरी से छुड़वाने के बाद कनक राजकुमार को अपने साथ ले आई। माँ से परिचय कराया—

''राजकुमार ने कहा—'दो रोज से आँख नहीं लगीं, अब सोऊँगा।'

'' 'सो जाइए।'—कनक ने कहा।

''सोकर उठे तो कनक ने कहा—'नहाइएगा नहीं ?'

'' 'हाँ स्नान तो ज़रूर करूँगा, पर धोती ?'

''कनक हँसने लगी—'मेरी धोती पहन लीजिएगा।'

कनक के यहाँ मरदानी धोतियाँ भी थीं। पर स्वाभाविक हास्यप्रियता के कारण नहाने के पश्चात् राजकुमार को उसने अपनी ही एक धुली हुई साड़ी दी। राजकुमार ने भी अम्लान अविचल भाव से वह साड़ी मर्दों की तरह पहन ली। नौकर मुस्कराता हुआ उसे कनक के कमरे में ले गया।

''हमारे यहाँ भोजन करने में कोई एतराज़ तो नहीं होगी ?''

''कुछ नहीं, मैं तो प्रायः होटलों में खाया करता हूँ।''

''क्या आप मांस भी खाते हैं ?''

''हाँ, मैं सक्रिय जीवन के समय मांस को एक उत्तम खाद्य मानता हूँ।''

''इस वक्त तो आपके लिए बाजार से भोजन मँगवाती हूँ, शाम को मैं पकाऊँगी।''

मेहमानी का सिलसिला लगातार कई दिनों तक चला। माँ की तरफ से कनक को पूरी छूट मिल चुकी थी। आराम, मनोरंजन, बातचीत...उस अप्सरा ने इस तापसकुमार को एक अद्भुत द्वंद्व में डाल दिया।

लगता है, निराला जी बिलकुल बह गए हैं। उन्हें इतना भी ध्यान नहीं रहा कि उनका मानसपुत्र राजकुमार वर्मा सिटी कालेज (कलकत्ता) का हिंदी अध्यापक है। क्या वे छुट्टियों के दिन थे ? जेल से छूटकर आने के बाद क्या साहित्यिक मित्रों ने राजकुमार को यों कई दिनों तक अपने से अलग रहने दिया होगा ? हाँ, राजकुमार यदि युवक कवि निराला की ही भाँति उन दिनों समय की पाबंदियों से मुक्त रहा हो तो ठीक है।

उस युवक साहित्यकार के समक्ष कौन-सा द्वंद्व आ पड़ा है ?

''एक अप्सरा कुमारी संपूर्ण ऐश्वर्य के रहते हुए भी, आँखों में प्रार्थना की रेखा लिये, रूप की ज्योति में जैसे उसी के लिए तपस्या करती हुई आती है। क्या मैं इस ज्योति से मिल जाऊँ ?''

"न, जल जाऊँ तो ?"

"इसे निराश कर दूँ ? बुझा दूँ ?"

"न, मैं इतना कर्कश, तीव्र, निर्दय न होऊँगा।"

"यह चित्र कितना सुंदर, कितना स्नेहमय है। इसे प्यार करूँ ?"

"न, मुझे अधिकार क्या है ? मैं तो परिश्रुत हूँ। इस जीवन में भोग-विलास का स्पर्श भी नहीं करूँगा। अपने जीवन की प्रगति निश्चित कर चुका हूँ। साहित्य तथा देश-सेवा के लिए आत्मार्पण कर चुका हूँ।"

'अलका' में आमुख के तौर पर आरंभ में चौदह पंक्तियाँ हैं। इन पंक्तियों से कई तथ्यों का पता चलता है। एक तो 'अप्सरा' के प्रकाशन के ढाई साल बाद 'अलका' छपी थी। दूसरे, इस अर्से में साहित्य के विभिन्न क्षेत्र सम्राटों के चलते गुरुत्वाकर्षण का आतंक पाठकों पर जमा रहे थे। 'अलका' की यह छोटी-सी भूमिका स्थिति का आभास देती है—

"मेरे जिन प्रिय पाठकों ने 'अप्सरा' को पढ़कर साहित्य के सिर बराबर वैसी ही बिजली गिराते रहने की मुझे अनुपम सलाह दी, या जिन्होंने 'अप्सरा' को चुपचाप हृदय में रखकर मेरी तरफ से आँखें फेर लीं, अथवा जिन्हें 'अप्सरा' द्वारा पहले-पहल इस साहित्य के मुख पर मंद-मंद प्रणय-हास मिला, मुझे विश्वास है, वे 'अलका' को पाकर विरही यक्ष की तरह प्रसन्न होंगे, और अंडे तोड़कर निकलने से पहले, खड़खड़ाते हुए जिन्होंने मुझ पर आवाजें कसीं, वे एक बार देखें, उनके सम्राटों द्वारा अनधिकृत साहित्य की स्वर्ग-भूमि में मैंने कितने हीरे-मोती उन्हें दान में दिए।

"मुझे आशा है, हिंदी के पाठक, साहित्यिक और आलोचक 'अलका' को अलकों के अंधकार में न छिपाकर उसकी आँखों का प्रकाश देखेंगे कि हिंदी के नवीन पथ से वह कितनी दूर तक परिचय कर सकी है।

"घटनाओं में सत्य होने के कारण स्थानों के नाम कहीं-कहीं नहीं दिए गए। मुझे इससे उपन्यास-तत्त्व की हानि नहीं दिखाई पड़ी।"

इन पंक्तियों से अच्छी तरह पता चलता है कि निराला अपने पाठकों को पहचानते थे। उन्हें निराला ने तीन वर्गों में बाँटा है। पाठकों का पहला वर्ग वह था जिसने 'अप्सरा' पढ़कर स्फूर्ति और आह्लाद हासिल किए थे, और साहित्य के सिर बराबर वैसी ही बिजली गिराते रहने की अनुपम सलाह निराला जी को दी थी।

पाठकों का दूसरा वर्ग वह था जिसने 'अप्सरा' को चुपचाप हृदय में रख लिया और निराला की तरफ से आँखें फेर लीं।

तीसरा वर्ग पाठकों का वह था जिसको 'अप्सरा' द्वारा पहले-पहल इस साहित्य के मुख पर मंद-मंद प्रणय-हास मिला।

इन तीन वर्गों के अलावा, एक वर्ग था उन आलोचकों का, 'जो अंडे को तोड़कर निकलने से पहले, खड़खड़ाते हुए निराला पर आवाजें कस चुके थे।'

यह ठीक है कि कथानक की चुस्ती और चरित्रों के विकास की दृष्टि से 'अप्सरा'

और 'अलका' दोनों बेहद शिथिल उपन्यास हैं। तीसरा उपन्यास 'निरुपमा' यथार्थवादी उभार के नाते कुछ ऊपर उठा है। 'प्रभावती' और 'चोटी की पकड़' ऐतिहासिक उपन्यास हैं, जो सामंतशाही के खिलाफ भड़की हुई लोक-चेतना के चित्रण के लिए पाठकों को अपनी ओर खींचते रहेंगे।

अंतिम उपन्यास 'काले कारनामे' अधूरा छपा है। कथानक उखड़ा-उखड़ा-सा लगता है। '45 के बाद की सिद्धावस्था के दिनों में बोलकर लिखवाया हुआ प्रतीत होता है। खंड रूपों में कई घटनाएँ एवं ढेर सारे वाक्य इसमें मिलते हैं जो बहुत जोरदार हैं। सारे पात्र इसी एक आतंक के शिकार हैं कि "जमींदार के इशारे पर न चलें तो गाँव में महीने-भर भी गुजर न हो, ताज़ीरात हिंद के किसी दफे के शिकार हों और जेल की हवा खाएँ।"

आश्चर्य है कि आतंक की इस काली छाया को चीरनेवाला जन-जागरण का आलोक इस उपन्यास में कहीं नहीं झाँकता ! निरालाजी इस आलोक से मुँह चुराते थे, ऐसा तो उनका दुश्मन भी नहीं कहेगा। हमें मालूम है कि अपने गाँव (गढ़ाकोला) के गरीब खेतिहरों को उन्होंने अत्याचारी भूमि-पतियों के खिलाफ संगठित किया था। संपत्ति और कुलीनता का रौब झाड़कर निराला को कहीं कोई झुका सका हो या डरा सका हो, उस व्यक्ति का मुझे तो पता नहीं है। फिर क्या कारण है कि 'काले-कारनामे' का कथानक आतंक की ही पृष्ठभूमि पर चलता है ?

एक दुष्ट ने कर्वी (जिला बाँदा, उत्तर प्रदेश) के किसी गाँव में निरालाजी को बहुत परेशान किया था। चोरी का झूठ-मूठ इल्जाम लगाकर उसने महाकवि को पुलिस केस में फँसाना चाहा था। उस घोर ग्रामांचल में शिशु-जैसे सरल और संत-जैसे सीधे स्वभाव वाले निराला हफ्तों तक ग्रामीण कूटनीति की काली छाया के नीचे आतंकित रहे। स्वास्थ्य टूट चुका था। मन परेशानी और तनाव की स्थितियों में से होकर अनिश्चितता और काल्पनिक भय की परिधि में प्रवेश कर गया था। लगता है, 'काले-कारनामे' का परिवेश इसी भाव-भूमि को घेरे हुए है। दसवें अध्याय को मिलाकर देखिए—

"बातचीत तय हो गई कि पहलवान रामसिंह से पाँच सौ रुपए लिये जायँ। यमुनाप्रसाद बुलाकर आपस में तय कर लें। अगर पहलवान रामसिंह राजी न हों तो रिपोर्ट कर दी जाय।

"मतलब यह कि पाँच सौ रुपए घूस में माँगे जा रहे थे। अभी तक बात चौकीदार के कान में नहीं पड़ी थी। यमुनाप्रसाद गाँव पहुँच गया। पहलवान को बाहर से आवाज दी। सब कुछ बतलाया। पहलवान घबराए, कहा—हमको तो कुछ मालूम नहीं। बिना कसूर के भी सज़ा हो जाएगी तो काट लेंगे।

"यमुनाप्रसाद ने समझाया—पुलिस के पेंच में आ जाइएगा, सज़ा हो जाएगी, जिंदगी-भर के लिए दागी बन जाइएगा।

"पहलवान बहुत विकल हुए। दोनों गालों से होकर बड़े-बड़े आँसू टपकते रहे...पूछा—किसने रपट लिखवाई है, नाम तो बता दीजिए उस आदमी का !

"यमुनाप्रसाद ने कहा—यह अपने आपसे पूछिए। मगर, यह रकम हमारी मार्फत दे देंगे तो मामला ले-देकर दबा दिया जाएगा। नहीं तो आप फँसेंगे और गाँव में आपका मददगार न खड़ा होगा। हम आपकी भलमनसी पर बट्टा लगते देखकर भी किनारा किए रहेंगे...मामला सही हो या गलत, पुलिस के हाथ में जाने के पहले उसकी पायेदारी मार दी जानी चाहिए, वरना इस फंदे से छुटकारा न होगा...

"पहलवान ने कहा—इतनी भारी रकम हम कहाँ से देंगे ? मिठाई खाने के लिए दो-चार रुपए भले ही आपको दे दूँ !

"यमुनाप्रसाद बोला—अगर चार सौ रुपए पर आ जायँ तो हम बातचीत करें...

"अंत में पहलवान का दिल मजबूत हुआ। बोले—तो फिर आने दीजिए थानेदार को। वही मुझे पकड़ के ले जाएँगे। फिर मैं बरी होऊँगा या सज़ा काट लूँगा। हमारी आँखों से दोस्त और दुश्मन भी गुजर जाएँगे। निगाह साफ़ हो जाएगी..."

यहाँ पहलवान की जगह निराला को रखकर देखिए तो रहस्य पर कुछ प्रकाश पड़ेगा। उस दुष्ट ने यही समझकर फँसाया था कि डरा-धमकाकर तगड़ी रकम ऐठेंगे। वह फुसलाकर उन्हें इलाहाबाद से अपने गाँव ले गया था। '42-'43 का वह जमाना था, कंट्रोल और महँगी का। निराला को बेहद कष्ट था। उस चतुर व्यक्ति ने समझा-बुझाकर राजी कर लिया कि आराम से गाँव में रहेंगे, कोई तकलीफ नहीं होगी। उसने मन ही मन हिसाब लगाकर देख लिया था...इस आदमी से कसकर काम लेंगे, इसकी लिखाई की ऊपरी आमदनी भी अपनी होगी...वह निराला की दानशीलता, भावुकता, सिधाई, प्रतिभा सबका उपयोग करने के मनसूबे बाँध चुका था।

खैर यही हुई कि उच्च्य अधिकारियों को साजिश का पता चल गया और निराला जी उस दुष्ट की चंगुल से छुड़ा लिए गए।[1]

'काले-कारनामे' का माहौल हमें उसी दुरभिसंधि की याद दिलाता रहेगा।

माधव मिश्र से जमींदार यमुनाप्रसाद ने कहा—"रात बारह बजे आकर हमारी सीढ़ी उठा ले जाना। हम इसी जगह डाल देंगे। कह देंगे कि घर चू रहा था, मिट्टी लगाने के लिए सीढ़ी निकाली थी। दिन-भर मिट्टी दबाई गई थी। तुम यह न कहना कि सीढ़ी तुम ले गए हो। सिर्फ शोर मचाना।"

जमींदार की बात थी। मिश्रजी को मंजूर करना पड़ा। दुबककर सोलह आने में एक आना रह गए। औरतों को समझाया, कहीं दीवार न सुन ले। पिछली रात को चिल्लाना है...और बहुत कुछ करना होगा; लो समझाए देते हैं।

एक कोठली का ताला खोल दिया ! बक्सों के ताले तोड़ डाले। भीतर का सामान उठाकर दूसरी जगह हिफाजत से रख दिया...

इस तरह टुच्चे जमींदार ने पहलवान को फँसाने का फंदा लगाया।

थानेदार दो सिपाहियों के साथ तहक़ीक़ात के लिए आया। गाँव के धरमसाले में

---

1. उन दिनों श्री बालाकृष्ण राव बाँदा के जिलाधीश थे।

चौखड़ी जमी। उसे जमींदार से मालूम हुआ, रकम 20 रु. से ज्यादा नहीं मिलेगी। वह बोला—"बेलज्जत है।"

"सिपाही ने कहा—'माल बरामद नहीं कुछ रोज तक तहक़ीक़ात कर लीजिए, फिर बाँधिए, फिर जैसी हजूर की मर्जी...'

"थानेदार ने कहा—'बदमाश की तरफ के भी गवाह होने चाहिए।'

नाश्ते का हिसाब था। 20 रु. कबूल कर लिए गए।

कर्वी (बाँदा) के उस देहात में झूठ-मूठ चोरी का इल्ज़ाम लगाए जाने पर और पुलिसवालों के नागपाश में गिरफ्तार होने पर निराला के मन का क्या हाल हुआ होगा, इसका कुछ अंदाज हमें 'काले कारनामे' के पृष्ठों से मिलता है।

यहीं देहात में निराला इतने अस्वस्थ हुए कि वजन 70 पाउंड घट गया था। ऊपर से झूठे अभियोग ने मानसिक यंत्रणा को पराकाष्ठा पर ही पहुँचा दिया!

इलाहाबाद वापस आकर वह दारागंज में रहने लगे, मसुरियादीनवाले मकान में। वैसी तंग जगह में उससे पहले निराला शायद ही रहे हों।

पिछली यातनाओं से छुटकारा मिला और स्वास्थ्य सुधरने लगा। 'बेला' और 'नए पत्ते' में संकलित रचनाएँ इन्हीं वर्षों में तैयार हुईं। कर्वी के देहात में उन्होंने शायद कुछ नहीं लिखा, शायद चित्रकूटवाली रचनाओं की सामग्री कर्वी रहते हुए एकत्र की होगी।

'42-'43 के बाद निराला जी ने ज्यादातर गीत ही तैयार किए। गीतों के बाद वाले तीनों संकलन देखने पर यह बात साफ हो जाती है। बहुत सारे गीतों के साथ तारीखें डाल दी गई हैं। तारीखों का यह सिलसिला लगभग बीस वर्षों के छोर छूता है। वह अपनी लंबी बीमारी के सभी काल-खंडों में गुनगुनाते रहे। आहिस्ते-आहिस्ते कवि की गुनगुनाहट गीतों की कड़ियाँ बनकर ढलती रही। एक पर एक गीत छनते रहे और पत्र-पत्रिकाओं में उनका प्रकाशन होता रहा। इन गीतों में परिताप भी है, अपनी आलोचना भी है, दूसरों से प्राप्त प्रवंचनापूर्ण बर्ताव की ओर भी इंगित है, भक्ति भी है, श्रद्धा भी है, निवेदन भी है। प्रकृति के बहुरंगे रूपों का सान्निध्य बीच-बीच में कवि को उल्लसित करता रहा है, इसके भी सबूत हमें इन गीतों में मिलेंगे।

आठ

पीड़ितों के पक्षधर

1933-'34 से लेकर '42'-43 तक (दस साल) प्रगति और प्रयोग की दृष्टि से निराला के साहित्य-जीवन में 'युग-बोध का चरम-उत्कर्ष काल' माना जाना चाहिए। इसी अर्से में उन्होंने हमें 'तुलसीदास' दिया, 'चतुरी चमार' और 'देवी' के दर्शन कराए। कुल्ली भाट, बिल्लेसुर बकरिहा जैसे सामान्य युग-नायकों से निराला जी ने हमें इन्हीं वर्षों में

परिचित कराया। कुकुरमुत्ते ने गुलाब को ललकारा, हमने अपने कानों से वह ललकार सुनी। हमने क्रांतिकारी के कंठ से निकली हुई उद्दीप्त घोषणा सुनी–

"आज अमीरों की हवेली
किसानों की होगी पाठशाला,
धोबी, पासी, चमार, तेली,
खोलेंगे अँधेरे का ताला
एक पाठ पढ़ेंगे, टाट बिछाओ !
जल्द-जल्द पैर बढ़ाओ, आओ, आओ।"

आज, 1963 के आखिरी महीनों में, 'समाजवाद' या 'सोशलिज़्म' अपरिचित शब्द नहीं रह गया है। समाजवाद की चर्चा करना अब आम फैशन हो गया है। इसकी बातें करने से मुख शुद्ध होता है। कोढ़ी के शरीर पर दिए हुए चंदन की भाँति समाजवाद का सौरभ बड़ों की इज्जत बचाता है। 25 साल पहलेवाले वे युवक कांग्रेसी नेता अब शासन की ऊँची कुर्सियों पर विराजमान हैं। उन्होंने समाजवाद को अपना चरम लक्ष्य घोषित कर दिया है। 25 साल पहले उनका और उनके साथियों का क्या स्वरूप था, यह आपको निराला जी की नीचे की पंक्तियों से मालूम होगा। '38-'39 की यह रचना है 'मास्को डायलाग्ज़'। देखिए, कैसे कवि ने एक नक़ली सोशलिस्ट का ख़ाका खींचा है–

मेरे नए मित्र हैं श्रीयुत गिडवानी जी
बहुत बड़े सोश्यलिस्ट
'मास्को डायलाग्ज़' लेकर आए हैं मिलने।
बोले, "यह देखिए, मास्को डायलाग्ज हैं,
श्री सुभाषचन्द्र ने जे़ल में मँगाई थी,
भेंट की फिर मुझे जब थे पहाड़ पर।
'35 तक मुश्किल से कम पिछड़े इस देश में,
दो प्रतियाँ आई थीं..."
फिर बोले, "वक्त नहीं मिलता,
बड़े भाई साहब का बँगला बन रहा है,
देखभाल करता हूँ।"
फिर कहा, "मेरे समाज में
बड़े-बड़े आदमी हैं,
एक से हैं एक मूर्ख;
फाँसना है उन्हें मुझे;
ऐसे कोई साला एक धेला नहीं देने का।
उपन्यास लिखा है,
ज़रा देख लीजिए।

अगर कहीं छप जाय
तो प्रभाव पड़ जाय उल्लू के पट्ठों पर;
मनमाना रुपया फिर ले लूँ इन लोगों से।
खोल दूँ प्रेस एक नए किसी बँगले में,
आप भी वहीं चलें, चैन की बंसी बजे।''
देखा उपन्यास मैंने,
श्रीगणेश में मिला—
'पृय असनेहमयी स्यामा मुझे प्रेम है।'
फिर उसे रख दिया,
देखा मास्को डायलाग्ज़
देखा गिडवानी को।

यह तो 25 वर्ष पहले का चित्र है। आज तो स्थिति और भी खिल उठी है। 'उल्लू के पट्ठों पर' प्रभाव डालकर, 'मूर्खों को फाँसकर' समाज के अगुआ चतुर नेता भाई साहब का ही नहीं, अपना भी बँगला बनवा रहे हैं ! बँगला ही नहीं, कार भी हो गई है। लाख-आधा लाख का बैंक बैलेन्स, मोटी तनखाह खींचनेवाले बेटे और दामाद...देश में इस प्रकार की विभूतियाँ हजारों-लाखों की तादाद में मौजूद हैं। वे लंडन, न्यूयार्क और मास्को की सामयिक पत्रिकाएँ मँगवाते हैं। आप चाहें तो मिलकर अगली काव्य-गोष्ठी के प्रबंध के लिए उन्हें राजी कर ले सकते हैं। इतनी सहृदयता तो इस उदीयमान बुर्जुआ वर्ग में अंकुरित हो ही चुकी है !

निराला जी ने उन्हीं दिनों एक राष्ट्रीय नेता का व्यंग्य-चित्र हमारे सामने रखा था—

आजकल पंडित जी देश विराजते हैं।
माता जी को स्वीट्जरलैंड के अस्पताल,
तपेदिक के इलाज के लिए छोड़ा है।
बड़े भारी नेता हैं।
कुइरीपुर गाँव में व्याख्यान देने को
आए हैं मोटर पर
लंडन के ग्रेज्युएट,
एम.ए. और बैरिस्टर,
बड़े बाप के बेटे
बीसियों भी पर्तों के अंदर, खुले हुए।
एक-एक पर्त बड़े-बड़े विलायती लोग।
देश की बड़ी-बड़ी थातियाँ लिये हुए।
राजों के बाजू पकड़, बाप की वकालत से;

कुर्सी रखनेवाले अनुल्लंघ्य विद्या से;
देशी जनों के बीच;
लेंडी ज़मीदारों को आँखों तले रक्खे हुए;
मिलों के मुनाफे खानेवालों के अभिन्न मित्र;
देश के किसानों, मजदूरों के भी अपने सगे
विलायती राष्ट्र से समझौते के लिए।
गले का चढ़ाव बोर्जुआज़ी का नहीं गया।
धाक, रूस के बल से ढीली भी, जमी हुई;
आँख पर वही पानी;
स्वर पर वही सँवार।

यह राष्ट्रीय नेता इन दिनों क्या कर रहा है ? किस वर्ग का हित-साधन वह कर रहा है ? महँगू, लुकुआ, झींगुर, चतुरी चमार, कुल्लीभाट, बिल्लेसुर जैसे लोगों को उसने कौन-सी सुविधाएँ दी हैं ?

स्वाधीनता-प्राप्ति के पूर्व निराला की कामना थी–

प्रति जन को करो सफल !
जीर्ण हुए जो यौवन
जीवन से भरो सकल !
रँगे गगन अंतराल
मनुजोचित उठे भाल
छल का छुट जाय जाल
देश मनाए मंगल !

यों स्वाधीनता की छोटी झाँकी देश को '37-'40 के बीच मिलने लगी थी। अवसरवादी नेताओं ने अपना ढंग दिखाना शुरू कर दिया था। साहित्यिक भी भौतिक उपलब्धियों का ताजा रस पाने लगे थे। नए आवरणों में विषमता ने अपना चमत्कार दिखलाना आरंभ कर दिया तो निराला भी परिस्थितियों का मुकाबला करने के लिए नए सिरे से तैयार हुए।

राजनीति साहित्य को अपना चरम दास बनाने का प्रयोग हिंदी-क्षेत्रों के अंदर आरंभ करने लगी तो निराला को क्षोभ अवश्य हुआ, परंतु वे घबराए नहीं। नए प्रभुओं की असलियत वे अच्छी तरह जानते थे, इसी से उनकी वाणी दिनानुदिन वज्र कठोर होती गई। भावनात्मक तौर पर अब वह सामान्य जनता के पूर्ण पक्षधर हो गए।

कुल्लीभाट ने अछूत लड़कों को पढ़ाना शुरू किया था। उसने कई बार निराला से कहा–हमारी पाठशाला देखने आइए। एक दिन समय निकालकर वह कुल्ली का विद्यापीठ देखने पहुँच ही गए–

"कुल्ली के कुटीनुमा बँगले के सामने टाट बिछा है। उस पर अछूत लड़के श्रद्धा

की मूर्ति बने बैठे हैं। आँखों से निर्मल रश्मि निकल रही है। कुल्ली आनंद की मूर्ति, साक्षात् आचार्य। काफी लड़के। मुझे देखकर सम्मान प्रदर्शन करते हुए नतशिर अपने-अपने पाठ में रत हैं। बिलकुल तपोवन का दृश्य।

''इनके कुछ अभिभावक भी आए हैं। दोनों हाथों में फूल लिये हुए, मुझे भेंट करने के लिए।

''इनकी ओर कभी किसी ने नहीं देखा। ये पुश्त-दर-पुश्त से सम्मान देकर नतमस्तक ही संसार से चले गए हैं। संसार की सभ्यता के इतिहास में इनका स्थान नहीं। ये नहीं कह सकते, हमारे पूर्वज कश्यप, भरद्वाज, कपिल, कणाद थे; रामायण, महाभारत इनकी कृतियाँ हैं; अर्थशास्त्र, कामसूत्र इन्होंने लिखे हैं। ये नहीं कह सकते, अशोक, विक्रमादित्य, हर्षवर्धन, पृथ्वीराज इनके वंश के हैं। फिर भी ये थे और हैं।

''अधिक न सोच सका। मालूम दिया, जो कुछ पढ़ा है, कुछ नहीं; जो कुछ किया है, व्यर्थ है; जो कुछ सोचा है, स्वप्न। कुल्ली धन्य है। वह मनुष्य है, इतने गीदड़ों में वह सिंह है। वह अधिक पढ़ा-लिखा नहीं; लेकिन अधिक पढ़ा-लिखा उससे कोई बड़ा नहीं। उसने जो कुछ किया है, सत्य समझकर। मुख-मुख पर इसकी छाप लगी हुई है। ये इतने दीन दूसरे के द्वार पर क्यों नहीं दीख पड़ते ?

''मैं बार-बार आँसू रोक रहा था। इसी समय बिना स्तुति के, बिना मंत्र के, बिना वाद्य के, बिना गीत के, बिना बनाव, बिना सिंगारवाले वे चमार-पासी, धोबी और कोरी दोने में फूल लिये हुए मेरे सामने आ-आकर रखने लगे। मारे डर के हाथ पर नहीं दे रहे थे कि कहीं उनसे छू जाने पर मुझे नहाना होगा। इतने नत। इतना अधम बनाया है मेरे समाज ने उन्हें।

''कुल्ली ने उन्हें समझाया है, मैं उनका आदमी हूँ, उनकी भलाई चाहता हूँ। उन्हें उसी निगाह से देखता हूँ, जिससे दूसरे को। उन्हें इतना ही आनंद विह्वल किए हुए है। बिना वाणी की वह वाणी, बिना शिक्षा की वह संस्कृति प्राण का पर्दा-पर्दा पार कर गई। लज्जा से मैं वहीं गड़ गया। वह दृष्टि इतनी साफ है कि सब कुछ देखती-समझती है। वहाँ चालाकी नहीं चलती। ओफ् ! कितना मोह है ! मैं ईश्वर, सौंदर्य, वैभव और विलास का कवि हूँ !–फिर क्रांतिकारी !!

''संयत होकर मैंने कहा–आप लोग अपना-अपना दोना मेरे हाथ में दीजिए।...

''बुलाने के साथ मुस्कराकर वे मेरी ओर बढ़े। वे हर बात में मेरे समकक्ष हैं। जानते हैं; घृणा से दूर हैं। भेद मिटते ही आदमी-आदमी मन और आत्मा से मिले, शरीर की बाधा न रही।

''इस रोज मैं और कुछ नहीं कर सका, देखकर चला आया, लड़कों से कुछ पूछ कर।''

कुल्ली का देहांत हुआ। लोकसेवक होने के नाते इलाके में उनका काफी नाम हो गया था। हजारों लोग शव-यात्रा में साथ थे। गंगा के किनारे शव का अग्नि-संस्कार

हुआ। मगर, दस दिन बाद श्राद्ध के लिए झमेला उठ खड़ा हुआ। कुल्ली की अर्धांगिनी मुसलमानिन थी, जिसे उन्होंने हिंदू बना लिया था। बेचारी श्राद्ध करने को तैयार थी, कोई पंडित राजी नहीं हो रहा था। सभी डर रहे थे। किसी की बीस वर्षीय बहन बिना ब्याही पड़ी थी, किसी की लड़की। नकली हिंदुआनी का पुरोहित बन के कौन अपनी जात गँवाता !

कुल्ली की औरत गाँववालों की इस कूढ़मग्ज़ी पर बेहद रंज हो उठी, उसे सूझ नहीं रहा था कि क्या करे। बड़ी दुखी थी।

निराला ने श्राद्ध कराकर गाँव के पंडितों का घमंड चूर-चूर कर दिया। संस्कृत की जानकारी तो काम आई ही, रूढ़ि-मुक्त युगीन संस्कारिता और सहज निर्भयता ने एक बार और लोगों को आश्चर्य में डाल दिया। वे कहने लगे–

"सब ठीक हुआ। बन गई कुल्ली की।"

कुल्ली के यहाँ से शाम को सीधा आया। निराला ने अपनी सास से कहा–"रखवा लीजिए। आप लोग इसमें से कुछ न लीजिएगा। कल पूड़ी बना दीजिएगा।"

देखकर सास जी बोलीं–"एक दफे में तुमसे खाया न जाएगा, इतना घी है।"

दूसरे दिन सवेरे, जैसी आदत थी, निराला जी चिकवे के यहाँ से गोश्त ले आए। सास ने कहा–"भैया, तुम तो आज पूड़ी खाने के लिए कहते थे।"

निराला ने कहा–"कुल्ली की स्त्री पहले मुसलमानिन थी। इसलिए प्रकृति ने उसके संस्कारों के अनुसार उन्हें गोश्त खाने के लिए प्रेरित किया है। इसमें दोष नहीं।"

इसी तरह पहले भी एक बार उन्होंने गाँव के धर्म-ध्वजी ब्राह्मणों की हेकड़ी तोड़ी थी। सरोज की शादी के वक्त गढ़ाकोला का कोई ब्राह्मण पुरोहिताई के लिए राजी नहीं हुआ था तो स्वयं महाकवि ने ही विवाह-पद्धति अपने हाथों में थाम ली थी, कन्यादान का सारा कर्मकांड स्वयं ही संपन्न करवा लिया था। लोग उचक-उचककर हवन के उठते हुए धुएँ को देखते रह गए थे।

बड़े नगरों में रहकर आधुनिकता और प्रगतिशीलता का निर्वाह बड़ी आसानी से किया जा सकता है। सनातन रूढ़ियों से जकड़े हुए ग्राम-तंत्री समाज के बीच रहते हुए क्रांतिकारी निराला का वह जीवन चौमुहे संघर्ष का जीवन था। यहाँ, इलाहाबाद जैसे शहर में हम उस संघर्ष का आभास नहीं पा सकेंगे। और, अब 25-30 वर्ष हो रहे हैं, बैसवाड़े के ग्रामांचल का वह समाज भी थोड़ा अवश्य बदला होगा। ऊँची बड़ी जातवालों की अकड़ थोड़ी तो जरूर घटी होगी, छोटी जातवालों में आत्मसम्मान की चेतना कुछ न कुछ अवश्य निखरी होगी।

बंधुवर अमृतलाल नागर निराला-निर्वाण के बाद गढ़ाकोला गए थे। यह पहली दफे गढ़ाकोला के ग्रामीणो ने निराला-जयंती मनाई थी, बाजे-गाजे के साथ समारोहपूर्वक। ऊँची जातिवालों में से पढ़े-लिखे, समझदार, निराला-प्रेमी, प्रौढ़ एवं युवकजन तो इस महापर्व में शामिल हुए थे ही; मगर, छोटी जातवालों में से तो शायद शत-प्रतिशत लोग आ जुटे थे, बाल-बच्चों और स्त्रियों समेत।

नागरजी ने पूछा—"यहाँ के ऊँची जातवालों में से कितने लोग निराला के भक्त हैं ?"

जवाब मिला—"अरे, बहुत कम। वे लोग तो महाकवि को याद भी नहीं करते।"

नागरजी ने लिखा है—"मैं सोचने लगा, वे लोग भला निराला को क्यों याद रखें। निराला जी ने उनकी जातिगत उच्चता को कभी स्वीकार नहीं किया। उनके झूठे धर्म को सदा लातों से ठुकराया। गरीब-मजलूमों की आवाज सुनी। उनके लिए ताकतवरों से जूझे। उनके सुख-दुख में शामिल हुए। यही वजह है जो यह इतनी बड़ी भगत-मंडली इस जुलूस में ऊँची जातवालों की संख्या को मात देती हुई आगे बढ़ रही है। मुझे बड़ा अच्छा लग रहा था। शिव जी अपने भूतगणों के साथ ही शोभित होते हैं।"[1]

स्वाधीनता-प्राप्ति के बाद भी हमारा ग्रामतंत्री समाज लगभग वैसा का वैसा ही पड़ा है। कुलीनता और आभिजात्य की हेकड़ी दस प्रतिशत भी कम नहीं हुई है। हाँ, चुनाव की विकृत कूटनीतियों के चलते जातियों की आपसी टकराहट अवश्य बढ़ गई है; चुनाव की तिकड़मों के चलते, व्यक्तियों और समूहों के बीच का पुराना मन-मुटाव कई गुना अधिक घातक हो उठा है।

आजादी हासिल करने से पहले हमारे राष्ट्रीय नेताओं का ध्यान समाज की छोटी-बड़ी विसंगतियों की ओर अक्सर जाता था। वे सामाजिक समस्याओं का हल निकालने को उद्यत दीखते थे, रूढ़ियों के खिलाफ़ वे अक्सर लोहा लेते थे। स्त्रियों, शूद्रों, निर्धनों, पीड़ितों का पक्ष लेने में हिचकते नहीं थे। अब लेकिन इन मामलों में उन्होंने देहातों को अनाथ छोड़ दिया है। ग्रामीण जनता से हमारे प्रभुओं का उतना-भर मतलब रहता है, जितने से चुनाव में जीत हासिल हो। बाकी भाड़ में जायँ गाँव के लोग ! चुनाव में जीत हासिल करके जब वे ऊपर पहुँचते हैं और गद्दियों पर बैठते हैं तो उनका सारा ध्यान दलीय एवं वर्गीय स्वार्थ-साधन में लग जाता है। सामाजिक समस्याओं की रत्ती-भर भी पर्वाह उन्हें रह नहीं जाती। ब्राह्मण, राजपूत, बिनये, कायस्थ आदि जातियों के सुविधाभोगी बड़े लोग ही आज भी ग्रामीण अर्थतंत्र को चाँपे हुए हैं; देहाती क्षेत्रों में स्वाधीनता के लड्डू निम्नवर्ग के हाथों तक अभी कहाँ पहुँचे हैं !

अभी वर्षों तक वे निराला को याद नहीं करेंगे। अभी वर्षों तक चतुरी चमार इसी तरह उनकी उपेक्षा का शिकार बना रहेगा। अभी वर्षों तक कुल्ली भाट जैसे देहाती गरीब जनसेवक को लोग परेशान किए रहेंगे। अभी वर्षों तक गढ़ाकोला इसी प्रकार रूढ़ियों का गढ़ बना रहेगा।

गढ़ाकोला वस्तुतः अपने ढंग का अकेला गाँव नहीं है। हिंदुस्तान में पाँच लाख गाँव हैं, पाँच लाख गढ़ाकोला समझिए। हिंदी के विराट क्षेत्र के अंतर्गत बसे हुए ग्रामों की सामाजिक स्थिति कुछ अधिक विलक्षण है, इसमें कोई संदेह नहीं; हिंदी-क्षेत्र का बेहद पिछड़ा हुआ यह ग्राम-समाज निराला-जैसे तपे हुए अवधूत महाकवि को तो पैदा कर

---

1. 'हिंदी टाइम्स' (साप्ताहिक, नई दिल्ली) 1962

सकता है, लेकिन कामराज नादर जैसे अब्राह्मण जननायक पैदा करना उसकी शक्ति के बाहर की बात होगी। नकली समाजवाद के ये नारे भला गढ़ाकोला को कैसे बदलेंगे ? कोई चाहे कैसे भी मुसीबत में पड़ा हो, चतुर और निरपेक्ष ग्रामीण कह उठेगा—कर्मफल भोग रहा है।

निराला जी ने पगलीवाले स्केच में लिखा है—"हिंदुओं के मँजे स्वभाव को साहित्य-सम्राट गोस्वामी तुलसीदास ने और माँज दिया है, आप लोग जानते हैं।" तभी तो रामायण की कथा सुनकर, मँजकर भक्त-मंडली जब वापस चली तो पगली को देखकर उनमें से एक ने कहा—"इसी संसार में स्वर्ग और नरक देख लो।" दूसरे ने कहा—"कर्म के दंड हैं।" तीसरा बोला—"सकल पदारथ हैं जग माहीं, कर्महीन नर पावत नाहीं।" सब लोग पगली को देखते जा रहे थे और आपस में शास्त्रार्थ करते जा रहे थे !

ग्रामीण समाज के दकियानूसी मनोभाव को बदलने के लिए वामपंथी पार्टियों ने भी कोई खास काम नहीं किया है। उनका भी सारा ध्यान वोट की पर्चियों में उलझ गया है। कांग्रेसी नेताओं की तरह वामपंथी नेता भी लचकीलेपन का परिचय देने लगे हैं। वे भी जनता की 'धार्मिक' स्वतंत्रता, 'सांस्कृतिक' स्वतंत्रता, 'चिंतन' की स्वतंत्रता और 'रहन-सहन' की स्वतंत्रता पर ज़ोर देने लगे हैं। वे कहने लगे हैं—इन बातों के लिए भी किसी को न छेड़ो, लोग बिदक जाएँगे तो वोट नहीं मिलेगा, हम तो सिर्फ आर्थिक और राजनीतिक मसलों पर प्रकाश डालेंगे...

डालिए साहब, खूब प्रकाश डालिए ! इतना डालिए कि शर्म के मारे सूरज और चाँद अपना-अपना चेहरा छिपा लें ! महा-प्रकाश के उस साम्राज्य में आपमें से एक-एक इतना ज्योतिर्मय हो उठेगा कि उसके रोम-रोम में पारभेदी किरणें झरती रहेंगी और फिर रश्मियों के वे उष्ण-शीतल झरने ग्रामीणों के चित्त को अनायास उद्भासित कर देंगे।

लगता है अपने आप विज्ञान का प्रवाह उमड़ता आएगा और गढ़ाकोला जैसे लाखों गाँव स्वतः नवचेतना में भास्वर हो उठेंगे ! यानि, सब कुछ यों ही हो जाएगा।

निराला '28 से लेकर '38 तक लखनऊ और गढ़ाकोला रहे। बीच-बीच में डलमऊ भी।

राष्ट्रीय आंदोलन में निराला जी ने अपने गाँव के जमींदार के अत्याचारों के विरुद्ध बहुत बड़ा आंदोलन चलाया। मीटिंग पर मीटिंग करवाते रहे। ऐसी ही एक मीटिंग में बालकृष्ण शर्मा 'नवीन' भी गढ़ाकोला पहुँचे थे। बात यह थी कि लोगों में लगान-बंदी की भावना घर कर रही थी। वे सरकार को एक पैसा भी भूमि-कर देना नहीं चाहते थे। रैयत पर पिटाई पड़ने लगी। महाकवि सरकार पर बहुत कुपित हो उठे। किसानों को संगठित करने लगे। पूरे गाँव से जमीनों का इस्तीफा करवा दिया। दो ही चार किसान होंगे, जिन्होंने निराला की बात नहीं मानी। बाकी सभी सरकार के खिलाफ हो गए। साल-भर जमीन परती पड़ी रही।

चार भतीजे थे, मातृ-पितृहीन। उनकी परवरिश के लिए और कोई नहीं था।

लिखाई की मजदूरी से जो भी कुछ मिलता, निराला जी उन छोटे बच्चों की सेवा में लगा देते। अपनी संतान (रामकृष्ण और सरोज) को सास जी के हवाले कर रखा था, परंतु भतीजों का क्या करते ? गाँवों में पूर्वज जमीन इतनी नहीं छोड़ गए थे जिससे चार-छह महीने का भी खेवा-खर्चा चलता। ऐसा रहा होता तो महाकवि के पिता (रामसहाय त्रिपाठी) को आजीवन बंगाल के उस छोटे-से रजवाड़े में दरबानी नहीं करनी पड़ती। लखनऊ और इलाहाबाद जाकर पांडुलिपियाँ बेच आते और गढ़ाकोला के अपने दरबे में आ बच्चों के साथ रहते। अपने हाथों से चक्की पीसते, खाना बनाते, बर्तन-बासन साफ करते। नहला-धुलाकर, खिला-पिलाकर उन्हें फिर पढ़ाने भी बैठते। वह उन बच्चों के लिए माँ भी थे, पिता भी।

पत्नी गुजर गईं तो फिर से ब्याह के लिए लोग निराला जी की घेर-घार करने लगे। लड़कीवालों की तरफ से टोह लेने के लिए कोई न कोई आता ही रहता। एक थे वाजपेयी जी। वह आए। कहने लगे—"महाराज, आप की कुंडली में दूसरा विवाह लिखा है।"

निराला जी ने कहा—"अरे, जब मैं ही नहीं करूँगा तो शादी होगी कहाँ से ! हमारे चार भतीजे हैं। बेटा है। मैं इनके लिए ही दाना-पानी नहीं जुटा पाता, और आप कहते हैं फिर से शादी करो।"

अंततः हुआ यही कि महाकवि ने अपनी जन्मपत्री के ग्रहों को पछाड़ दिया। गाँव-बिरादरी में सबका कहना था—"अरे वाह, कहाँ तक भागे फिरेंगे ? कुंडली में लिखा है तो ब्याह होके रहेगा। करम की रेख कौन मिटा सका है ? राजा दशरथ और हरीचंद भी जब विधाता को नहीं बरगला सके तो त्रिपाठी की क्या हस्ती है ?"

निराला जी मुस्करा-मुस्कराकर लड़कीवालों के दलालों को वापस भेजते। एक बार सरोज (बेटी) ने जन्मपत्री को हाथ लगाया तो वह फट गई। निराला जी उस फटे कागज को गंगा में डाल आए। सोचा—"न रहेगा बाँस, न बजेगी बाँसुरी।" और तब से लोगों ने समझ लिया कि सचमुच ही शादी नहीं करना चाहता।

छोटे लोगों में चमारों और पासियों की ही आबादी वहाँ अधिक थी। अपने सरल-निश्छल बर्ताव से निराला ने उनके दिल को जीत लिया था। ऊँची बिरादरीवालों की तथाकथित 'ठसक-ठाकुरी' से निराला को बड़ी चिढ़ थी। उनकी ओर से वे बिलकुल लापरवाह थे और यह लापरवाही कुछ-कुछ इसी तरह की थी कि 'आपको न माने ताके बाप को न मानिए'। ब्राह्मणों ने निराला से अपने को एकदम अलग कर लिया। दस-पाँच कोस के अड़ोस-पड़ोस में निराला की नास्तिकता और 'मलेच्छपन' की बातें अफवाहों का धुआँ बनकर फैल गईं। गाँव के सयानों ने छोकरों से कह रखा था—"खबरदार, उसके घड़े का पानी मत पीना !" बाद को, उन छोकरों ने जवाब में कहना शुरू किया—"बाबा (निराला) कहते हैं, मैं पानी-पाँड़े थोड़े ही हूँ, जो ऐरे-गैरे नथ्थू-खैरे सबको पानी पिलाता फिरूँ..." इससे 'ब्रह्म-बांधव' नक्कू समाजपति और भी नाराज हो गए थे। साहित्य-क्षेत्र की तरह ग्रामांचलों में भी निराला का निरालापन व्यक्ति-व्यक्ति की चर्चा

का विषय बन गया था। महाकवि के शब्दों में—"साहित्य की तरह समाज में भी दूर-दूर तक मेरी तारीफ फैल चुकी थी।"

ब्राह्मणों में से भी सीधे-सादे पुराने पंडित जब निराला से मिलते और बातचीत में उनके मुँह से उपनिषदों और महापुराणों और महाकाव्यों से उद्धृत किए हुए मूल संस्कृत पद सुनते तो निराला के प्रति उनकी श्रद्धा छलक पड़ती। वे हमेशा के लिए कवि के प्रशंसक बन जाते। कहा करते—"लोग पाजी हैं, निराला न तो गोश्त खाता होगा और न तो बीड़ी ही पीता होगा।"

छल-छंद से रहित, भोले-भाले, गरीब पंडितों के अलावा ब्राह्मणों में से वे भी निराला को अपना स्नेह देते थे जो कुल्ली भाट (पथवारीदीन भट्ट) और बिल्लेसुर टाइप के होते। बाकी, छोटी बिरादरी के लोग निराला जी के सहज बंधु थे ही।

खान्दानी घमंड और घोर आलस्य ही जिनकी विशेषता थे, ऐसे ब्राह्मणों का समाज निराला की निगाहों में रत्ती-भर भी सम्मान का पात्र नहीं था। इनके लिए कवि के मन में घृणा ही घृणा थी—

ये कान्यकुब्ज - कुल - कुलांगार
खाकर पत्तल में करें छेद,
....
इस विषय वेलि में विष ही फल
यह दग्ध मरुस्थल—नहीं सुजल
....
वे जो यमुना के-से कछार
पद फटे बिवाई के, उधार
खाए से मुख ज्यों, पिए तेल
चमरौधे जूते को सकेल...

और, वहीं कवि ने संत रैदास के लिए कैसी आंतरिक श्रद्धा दिखलाई है—

ज्ञान गंगा में समुज्ज्वल चर्मकार,
चरण छूकर कर रहा मैं नमस्कार !

ब्राह्मणों के प्रति उनकी यह घृणा स्वार्थ या ईर्ष्या से नहीं पैदा हुई थी। यह प्रतिक्रिया थी तथाकथित आभिजात्य और खोखले गुरुडम की। अगर ऐसी बात न होती तो कुल्ली और बिल्लेसुर जैसे दबे-पिसे सरल स्वभाववाले ब्राह्मण-कुमारों को निराला का प्यार कैसे मिलता ?

नौ

दुर्धर्ष और अपराजेय...

कुल्ली भाट और बिल्लेसुर बकरिहा हिंदी में बेजोड़ हैं ही, भारत की किसी भी भाषा में इनका मुकाबला करनेवाले पात्र दुर्लभ ही होंगे। यथार्थ का यह सप्ततिक्त रसायन अभी युगों तक भारतीय कथा-साहित्य को स्फूर्ति और ताज़गी देता रहेगा।

बिल्लेसुर (विल्लेश्वर) जाति के ब्राह्मण थे, 'तरी' के सुकुल। खेमेवाले का बेटा खैयाम कहलाता है। बिल्लेसुर लेकिन उस तरह के खान्दानी बकरिहा नहीं थे। गाँव में निर्वाह के लिए कोई और उपाय नहीं दिखा तो उन्होंने तीन बड़ी-बड़ी गाभिन बकरियाँ खरीद लीं। गाँव-भर में हल्ला हो गया। बकरी-पालन का धंधा अपना लेने के कारण सुकुल जी 'बकरिहा' कहलाने लगे।

बिल्लेसुर का पहला जीवन गरीबी और उपेक्षा में कटा था। चार भाइयों में से एक। वंश की पुरानी परंपरा आडंबर और अकर्मण्यता के बोझ से टूट-फूट गई थी। सड़ी-गल्ली नाक मानो चेहरे से झूल रही थी। ये लोग अब निंदा और यश को सचमुच ही 'निर्लिप्त' दृष्टि से देखते थे !

बिल्लेसुर ने तय किया, बंगाल जाकर नौकरी करेंगे; पास पैसे नहीं थे। बंगाल पहुँचेंगे कैसे ?

"पर, प्रगतिशील को कौन रोकता है ? यद्यपि उस समय बोल्शेविज़्म का कुछ ही लोगों ने नाम सुना था, बिल्लेसुर को आज भी नहीं मालूम, फिर भी आइडिया अपने आप बिल्लेसुर के मस्तिष्क में आ गई। वे उसी फटे हाल कानुपर गए। बिना टिकट कटाए कलकत्तेवाली गाड़ी पर बैठ गए। इलाहाबाद पहुँचते-पहुँचते चेकर ने कान पकड़कर गाड़ी से उतार दिया। बिल्लेसुर हिंदुस्तान की जलवायु के अनुसार सविनय कानून-भंग कर रहे थे, कुछ बोले नहीं, चुपचाप उतर आए; लेकिन सिद्धांत नहीं छोड़ा। प्लेटफार्म पर चलते-फिरते समझते-बूझते रहे। जब पूरब जानेवाली दूसरी गाड़ी आई, बैठ गए। मोगलसराय तक फिर उतारे गए; लेकिन दो-तीन दिन में चढ़ते-उतरते, बर्दवान पहुँच ही गए।"

सत्तीदीन सुकुल महाराज बर्दवान के यहाँ जमादार (द्वारपाल) थे। "अपनी अपार मूर्खता के कारण सत्तीदीन महाराज के खजांची हो गए, आधे। आधे इसलिए कि ताली सत्तीदीन के पास रहती थी और खाता एक दूसरे बाबू लिखते थे।" बीबी साथ थी, बाल-बच्चे नहीं हुए थे। दो-तीन गायें पाल रखी थीं। बिल्लेसुर को सुकुलजी ने छाँह दी। सुकुल की स्त्री को बड़ा अच्छा लगा—"उठते जोबन में एक सुहलानेवाला मिला। दो-तीन दिन भोजन न खला।"

फिर अस्थाई नौकरी, फिर पक्की नौकरी। फिर सुकुल और सुकुलाइन के साथ जगन्नाथ जी के दर्शनार्थ पुरी जाना। मंत्र लेना और वापस आना।

जमादार के बुढ़ापे की दूसरी बीबी, जवान सुकुलाइन को संतान के लिए भारी

उतावली थी। एक साल तक जगन्नाथ जी की शक्ति की परीक्षा करती रहीं, लेकिन कोई फल नहीं हुआ। तब उस तरुणी महिला का देवता पर कोप चढ़ा और दिव्य-शक्ति का भरोसा छोड़कर मानवीय शक्ति की पक्षपातिनी बन गई।

बिल्लेसुर को बड़ी ग्लानि हुई। लोग उनका मखौल उड़ाते थे। उन्होंने निश्चय किया, वापस गाँव चले जाएँगे। वहीं रहेंगे। एक दिन कंठी-माला गुरुआइन के हवाले कर दिया और बर्दवान से लौट आए।

बकरियों की वंश-वृद्धि होती गई। काफी लाभ होने लगा। गाँववाले दिल का गुबार बिल्लेसुर को 'बकरिहा' कहकर निकालने लगे। जवाब में इधर बिल्लेसुर ने भी बकरी के बच्चों को उन्हीं नामों से पुकारना शुरू किया जो गाँववालों के नाम थे—गंगा, जमना, सरजू, पारबती, सेखाइन, जमील, गुलबिया, सितबिया, रमुआ, स्यमुआ, भगवतिया, परभुआ, टुरूई, दिनवा...

एक दिन ढलते सूरज की बेला में पता चला : दीनानाथ (दिनवा) नहीं है ! पचासों बार आवाज दी होगी : उ र्‌ र्‌ र्‌, उ र्‌ र्‌ र्‌ ! दिनवा ऽऽ अ ले—उ र्‌ र्‌ र्‌ ! आव-आव दिनवा ! उ र्‌ र्‌ र्‌ बेटा दीनानाथ, उ र्‌ र्‌ र्‌ !...बड़े विकल हुए बिल्लेसुर। जल्दी-जल्दी बकरियों को हाँक ले आए। घर-आँगन में उन्हें अंदर करके बाहर से ताला लगा दिया और दीनानाथ की खोज में निकले।

छोकरे चरवाहों की साजिश थी। दीनानाथ (बकरा) को उन्होंने गायब कर दिया था।

नाले की ओर बढ़े बिल्लेसुर। दूर झाड़ियाँ फैली थीं। पास गए, यहीं कहीं मरा पड़ा होगा ! एक झाड़ी के भीतर पहुँचे, खून से तर ज़मीन दिखी...कोई था नहीं। चेहरा उतर गया...जी रो उठा। डंडा लिये हुए धीरे-धीरे गाँव की ओर चले।

गाँव के बाद महावीर जी का मंदिर पड़ता था। रोज पैर छूकर बिल्लेसुर हनुमानजी को प्रणाम करते थे, कहते थे—"बकरियों की हिफाजत करना।" आज लेकिन चबूतरे-चबूतरे मंदिर की उल्टी परिक्रमा करके पीछे बजरंग बली के पास गए। लापरवाही से सामने खड़े हुए और आवेग में भरकर कहने लगे—"देख मैं गरीब हूँ। तुझे सब लोग गरीबों का सहायक कहते हैं। मैं इसीलिए तेरे पास आता था और कहता था : मेरी बकरियों और बच्चों को देखे रहना। क्या तूने रखवाली की, बता ? लिये थूथन-सा मुँह खड़ा है !"

कोई उत्तर नहीं मिला।

बिल्लेसुर ने प्रतिमा की आँखों से आँखें मिलाई। फिर जमे हाथों से वह डंडा दिया कि हनुमान जी का मिट्टी का मुँह गिल्ली की तरह टूटकर बीघे-भर के फासले पर जा गिरा !

बिल्लेसुर ने शकरकंद की खेती की। ऐसी अच्छी फसल हुई कि लोगों का कलेजा सूख गया। बकरियों का दूध कोई लेता न था। उसका मावा (खोया) भी मुश्किल से तैयार होता था, मात्रा में भी बहुत कम। हलुआई ने दूसरे दिन यह मावा लेने में आनाकानी की। बोला—"लो, आधे दाम भी बहुत हैं। मैं नहीं लेता बकरी के दूध का

मावा। अब न लाना। सारी मिठाई बर्बाद हो जाती है। गाहक गाली देते हैं। न घी है, न स्वाद...बदबू छोड़ता है। दूसरे घी को भी खराब कर देता है।"

पीछे बिल्लेसुर खुद ही उस मावे से घी निकालने लगे। उसमें चौथाई हिस्सा भैंस का घी खरीदकर मिला देते थे और छटाँक-आधा पाव सस्ते भाव में बेच आते थे। आमदनी का यह जरिया भी पक्का हो गया, अनुभव बढ़ते गए।

घरनी का अभाव ज़ोरों से अखरने लगा।

धूर्त त्रिलोचन ठगना चाहता था, बिल्लेसुर बाल-बाल बचे। आखिर अपने दिवंगत भाई (मन्नी) की मौसिया सास काम आईं, कम खर्च में ही व्याह हो गया। अच्छी लड़की हाथ लगी।

बिल्लेसुर घरनी के साथ सुख से रहने लगे। गाँववालों का कहना था, बिल्लेसुर बंगाल में कई वर्ष रहा है। उसके पास सोने की ईंटें हैं।

इस कथानक के अंत में निरालाजी की पंक्ति है–"अपने धनी होने का राज जीते-जी न खुलने दिया," यानी गाँववालों के लिए बिल्लेसुर ईर्ष्या और विस्मय का प्रतीक बन गया।

गाँववालों के विवेक को जात-पात का भूत चाट चुका था, क्रियाशून्य कुलाभिमान की मदिरा के प्रताप से उनकी चेतना मूर्छित हो चुकी थी। बिल्लेसुर की खुशहाली का रहस्य उनको भला कैसे मालूम होता !

हाँ, निराला को यह रहस्य मालूम था। झूठी अहंमन्यता से जिनके मन-प्राण दूषित नहीं हैं, दलित जन ही जिनके स्वजन-आत्मीय हैं, अपनी भुजाओं और पैरों का ही जिन्हें सहारा है, ऐसे युवकों के लिए सुख-संपदा आसमान से नहीं टपका करती; अपनी गाढ़ी मेहनत से ही वे उसे पाते हैं। निराला ने बिल्लेसुर-जैसे अपराजेय ग्रामीण को चरित-नायक का पूर्ण सम्मान देकर हमारे साहित्य में मानो इसीलिए अधिष्ठित कर दिया कि आंचलिकता के अनागत भगीरथों को दंभ का पिशाच कहीं गुमराह न कर दे !

'पानी में रहकर मगर से बैर' औरों के लिए कहावत रही हो, निराला के लिए तो यह सत्य था; जीवन-सत्य भी और वस्तु-सत्य भी ! ख़ामख़ा वह मगरों से हाथापाई करने जाते हों, ऐसा सोच लेना निराला के प्रति भारी अन्याय होगा। हाँ, छेड़े जाने पर मगर क्या, साक्षात् यमराज से भी भिड़ जाना उनका 'स्वभाव' बन गया था। इसीलिए कवियों, आलोचकों, संपादकों और समाज के ठेकेदारों के अलावा राष्ट्रीय नेता भी निराला से चौकन्ने रहते थे। स्वतंत्रता-प्राप्ति के बहुत दिनों बाद एक ऐसे ही नेता ने निराला को सरकारी सहायता देने से इनकार किया था। नेता जी की समझ में निराला कम्युनिस्ट थे। इस पर 'उग्र' जी ने उल्टी समझवाले उन महोदय को 'हंस' के कालमों में लताड़ा था।

दस

''सुर्ती फाँकोगे नागार्जुन ?''

''जिस नदी का प्रवाह रुक जाता है, वह फिर बह नहीं सकती है। फिर तो सेवार की हजारों जंजीरें उसे आकर जकड़ लेती हैं।

''जिस जाति के जीवन का नाश हो गया है, जो जाति अचल और जड़वत् हो गई है, उसे भी पग-पग पर जीर्ण लोकाचार जकड़ लेते हैं।

''जो आम रास्ता है, जिस पर लोग चलते-फिरते हैं, उसमें कभी घास नहीं उग सकती। इसी तरह जो जाति कभी चलती नहीं, उसके पथ पर तंत्र, मंत्र और संहिताएँ भी पंगु होकर रह जाती हैं।''[1]

रवीन्द्र की तरह निराला भी आजीवन इसी प्रकार समाज की गतिहीनता पर घुटते रहे। गढ़ाकोला और डलमऊ ही नहीं, लखनऊ-इलाहाबाद भी उनकी उस घुटन के साक्षी रहेंगे। महँगू ने आज से पच्चीस वर्ष पहले कहा था—

हमारे अपने हैं यहाँ बहुत छिपे हुए लोग
मगर चूँकि अभी ढीला पाली है देश में
अखबार व्यापारियों की ही संपत्ति हैं
राजनीति कड़ी से कड़ी चल रही है
ये सब जन मौन हैं...

निराला जी मौन नहीं रह सके ! उन्हें विषमता की कटु अनुभूतियों ने कभी चैन नहीं लेने दिया। यह बेकली, यह छटपटी महज बौद्धिक स्तर पर खुरचती होती तो और बात थी; इसने तो निराला के दिल को ही सुलगा दिया था। फिर भी वे वर्तमान में ही उलझकर नहीं रह गए। उन्होंने साफ देखा कि लोग—

उठेंगे
और बड़े त्याग के निमित्त कमर बाँधेंगे
आएँगे वे जन भी देश के धरातल पर...

निराला ने अपने एक निबंध[2] में कहा है—''वृद्ध भारत की वृद्ध जातियों की जगह

---

1. जे नदी हाराए स्रोत चलिते ना पारे
सहस्र शैवाल-दाम बाँधे आसि तारे
जे जाति जीवनहारा अचल असार
पदे-पदे बाँधे तारे जीर्ण लोकाचार
सर्व जन सर्व क्षण चले जेई पथे
तृण-गुल्म सेथा नाहि जन्मे कोन मते
जे जाति चले ना कभू, तारि पथ परे
तंत्र मंत्र संहितार चरण ना सरे
2. 'वर्णाश्रम धर्म की वर्तमान स्थिति' ('चाबुक' में संकलित)।

धीरे-धीरे नवीन भारत की नवीन जातियों का शुभागमन हो, इसके लिए प्रकृति ने वायुमंडल तैयार कर दिया है। यदि प्राचीन ब्राह्मण और क्षत्रिय जातियाँ उनके आने में सहायक न होंगी तो जातीय समर में उन्हें अवश्य ही नीचा देखना पड़ेगा। क्रमशः यही अन्त्यज और शूद्र यज्ञकुंड से निकले हुए आदिम क्षत्रिय की तरह अपनी चिरकाल की प्रसुप्त प्रतिभा की नवीन स्फूर्ति से देश में अलौकिक जीवन का संचार करेंगे। इन्हीं की अजेय शक्ति भविष्य में भारत को स्वतंत्र करेगी।"

सुधारपंथियों को फटकारते हुए महाकवि एक अनमोल वचन हमें दे गए हैं—"यह भारतीय है, यह अभारतीय, यह संस्कृत, यह असंस्कृत ! नस-नस में शरारत भरी, हजार वर्ष से सलाम ठोंकते-ठोंकते नाक में दम आ गया और अभी संस्कृति लिये फिरते हैं !"[1]

"दुनिया-भर के पौराणिक खुराफात लोग मानते हैं पर जीवन के सत्य को नहीं मानेंगे।"[2] मौजूदा समाज के 'लाभ-शुभ' का जिन्होंने ठेका ले रखा है, ऐसे व्यक्तियों पर अपनी खीझ झाड़ते हुए उन्होंने कहा—"जो लोग भारतीयता और शालीनता आदि कुछ चुने हुए शब्दों के जिम्मेवार हो रहे हैं, चरित्र की रक्षा कराने का ईश्वर के यहाँ से अधिकार-सा लेकर अवतीर्ण हुए हैं।" अपने देश की स्त्रियों का पिछड़ापन निराला को उतना ही खलता रहा जितना राजा राममोहन राय, महर्षि दयानंद और स्वामी विवेकानंद को खलता होगा। हमारी राष्ट्रीय चेतना के इस प्रखर उन्नायक ने अब से 33 वर्ष पहले बतलाया—

"जो संपन्न हैं, जिन्हें दोनों वक्त मजे में भोजन मिल जाता है, वे भी बालिकाओं की शिक्षा की ओर ध्यान नहीं देते; बल्कि उच्च स्वर से यही घोषणा करते हैं कि लड़कियों को शिक्षा देना पाप है, वे बिगड़ जाती हैं। पीछे पिता-माता को समाज में रहने लायक़ भी नहीं रखतीं। इनके दिमाग में 'सारंगा-सदावृज' की कहानी पढ़ लेने तक की विद्या परिमित है। ये लोग रूढ़ियों के ऐसे गुलाम हैं कि जीते जी उन्हें छोड़ नहीं सकते, और इससे समाज का पहिया ज़रा भी आगे नहीं बढ़ने पाता।"[3]

"अब घर के कोने में समाज तथा धर्म की साधना नहीं हो सकती। ज़माने ने रुख़ बदल दिया है। हमारे देश की लड़कियों पर बड़े-बड़े उत्तरदायित्व आ पड़े हैं। उन्हें वायु की तरह मुक्त रखने में ही हमारा कल्याण है। तभी वे जाति, धर्म तथा समाज के लिए कुछ कर सकेंगी। उन्हें दबाव में रखकर इस देश के लोग अपने जिस कल्याण की चिंतना में पड़े हैं, वह कल्याण कदापि नहीं, प्रत्युत निरी मूर्खता है।"

"हमारे देश के लोग इस समय आधे हाथों से काम करते हैं। उनके आधे हाथ निष्क्रिय हैं। जब स्त्रियों के भी हाथ काम में लग जाएँगे, कार्य की सफलता हमें तभी प्राप्त होगी। अभी जो काम स्त्रियाँ करती हैं, वह काम नहीं; वह संस्कारों का प्रवर्तन

---

1. 'काव्य-साहित्य' ('चाबुक' में संकलित निबंध)।
2. 'सामाजिक पराधीनता' ('प्रबंध-प्रतिमा')।
3. 'बाहरी स्वाधीनता और स्त्रियाँ' ('प्रबंध-प्रतिमा')।

है। उससे मेधा और नष्ट होती है। मनुष्य-जाति मशीन के रूप में बदल जाती है।"

"सच्चा धर्म इस समय स्त्रियों के सब प्रकार के बंधन ढीले कर देना, उन्हें शिक्षा की ज्योति से निर्मल कर देना ही है। इससे देश की तमाम कामनाओं की सिद्धि होगी और स्वतंत्र-सुखी जीवन बाह्य सु-तंत्रता से तृप्त होकर आत्मिक मुक्ति के संधान में लगेगा। रूढ़ियाँ कभी धर्म नहीं होतीं, वे एक-एक समय की बनी हुई सामाजिक शृंखलाएँ हैं। पहले की वे शृंखलाएँ जिनसे समाज में सुथरापन था—मर्यादा थी, अब जंजीरें हो गई हैं। अब उनकी बिलकुल आवश्यकता नहीं। अब उन्हें तोड़कर फेंक देना चाहिए।"

"जब तक स्त्रियों में नवीन जीवन की स्फूर्ति भर नहीं जायगी, तब तक गुलामी का नाश नहीं हो सकता..."

"स्त्रियों का शव लेकर विजयी होना असंभव है। वे ही स्त्रियाँ, जो बाह्य विभूति की मूर्तियाँ हैं, लक्ष्मी तथा सरस्वती की कृतियाँ हैं, अपने पुरुषों में शक्ति-संचार कर सकती हैं। स्त्रियों के रूप में जो विजय घर में मौजूद है, वही बाहर भी मिलती है। घर का अभागा कभी बाहर प्रसिद्धि नहीं पाता। अतएव हमें स्त्रियों की बाह्य स्वतंत्रता, शिक्षा-दीक्षा आदि पर विशेष ध्यान देने की ज़रूरत है। अन्यथा अब के पुरुषों की तरह उनके बच्चे भी गुलामी की अँधेरी रात में उड़नेवाले चमगीदड़ होंगे, स्वाधीनता के प्रकाश में दाहड़नेवाले शेर नहीं हो सकते और हमारी मातृ-भाषा का मुख उज्ज्वल नहीं हो सकता।"

"घर की देवियाँ आँसू बहाएँ और आप बहादुर हो जायँ। ऐसा आज तक कभी नहीं हुआ, और न कभी हो सकता है..."

नक़ली सुधारकों पर निराला का गुस्सा कभी कम नहीं हुआ। बात-बात में 'सच्चरित्रता' की दुहाई देनेवालों के लिए उनका कटाक्ष देखिए—"महाराज दशरथ या वाजिदअली शाह की तरह यदि अनेक स्त्रियों का एक पति होना शास्त्रसंगत है, तो द्रौपदी की तरह एक स्त्री 25 पतियों से भी रति कर सकती है और उसका प्यार मर नहीं सकता। हाँ, किसी एक के प्रति अधिक भले ही हो। हमारे पुरुषों को यह सब बहुत बुरा लगेगा, क्योंकि वे चाहते हैं, हम सबकी स्त्रियों की तरफ देखें, हँसी-मजाक करें, पर हमारी स्त्री दिन-रात हमारे ही ध्यान में डूबी रहे!"[1]

इस प्रसंग में इतने सारे उद्धरण किसलिए?

इसलिए कि निराला जी पर हिंदी-क्षेत्र के अधकचरे सुधारपंथी और अवसरवादी सांस्कृतिक नेता आज भी उसी तरह नाक-भौंह सिकोड़ते हैं; राष्ट्रीय और सामाजिक समस्याओं के समाधानार्थ इन महानुभावों की गति-विधि में किसी प्रकार का उद्वेग लक्षित होता तो हमें तसल्ली होती। विवेकानंद की शताब्दी के अवसर पर लगातार कई दिनों तक इन्होंने 'श्रीरामकृष्ण लीलामृत' का पारायण किया और 'भगिनी निवेदिता'

1. 'सामाजिक पराधीनता' ('प्रबंध-प्रतिमा')।

वाली बंगला-फिल्म दो बार देख आए ! अब और क्या चाहिए ?

हाँ, इन महानुभावों के लिए मैंने ये कोटेशन नहीं बटोरे हैं। इन उद्धरणों की आवश्यकता थी नई पीढ़ी के उन सजग पाठकों के लिए जो कि महामनीषी निराला के व्यक्तित्व की भास्वर महिमा को दूर ही से नमस्कार करके परितुष्ट नहीं होंगे। उन्हें इस प्रकार के पचासों कोटेशन चाहिए। इन पंक्तियों को लिखते हुए, वस्तुतः, मैं बार-बार उस युग-पुरुष को अपने आगे स-शरीर उपस्थित पा रहा हूँ...मुझसे लिखा नहीं जायगा अब इस वक्त !...

—आप मुस्करा रहे हैं निराला जी ?

—नहीं, आपके निबंधों की वे पंक्तियाँ चमक रही हैं, जिनमें मेरी पेन्सिल के लाल निशान लगे थे !

—मैं इन्हें भूल जाऊँगा ?

—नहीं, शायद ही भूल पाऊँगा !

—निराला जी, आपका निबंधकार शायद ही कभी भुलाया जा सके !

—...'निबंधकार निराला'

—कितनी अच्छी जिल्द है !

—किसकी है ?

—रामविलास की ?

—शाबाश डॉक्टर ! सिवा तुम्हारे, दूसरा कौन यह काम करता ?

—'निबंधकार निराला'...निबंधकार...निबन्...

—अरे, अरे ! यह क्या ?

—कहाँ चली गई किताब ?

—आप फिर मुस्करा रहे हैं ? नहीं...नहीं निराला जी !

—नहीं निराला जी, अब नहीं मुस्कराइए !

—सुर्ती फाँकोगे नागार्जुन ?

—मगर, चूना तो नहीं है...

—बगैर चूने की सुर्ती फाँकोगे ?

—यहाँ तो सब चलता है भई !

—अच्छा, तैयार कीजिए। इधर लाइए, मैं...

—नहीं ?

—अच्छा, वह किताब क्या हुई ?

—कौन-सी ?

—'निबंधकार निराला'...

—पागल हुए हो ? ऐसी तो कोई किताब मेरे देखने में नहीं आई !

—किसकी है ? डॉक्टर रामविलास की ?

—हुँ...सुर्ती दीजिए न !

—इधर बढ़ाइए...

—मगर उस किताब का क्या हुआ ?

—'निबंधकार निराला'—An authentic work of Dr. Ramvilas Sharma Published from Oxford University Press, London. Printing is very fine, you see, Mr. Nagarjun.

—वाह, सारी सुर्ती आपने खुद ही फाँक ली !

—मुस्करा किस तरह रहे हैं !

—अजी, रहने दीजिए ! मैं नहीं फाँकता आपकी सुर्ती...

—बंद कीजिए अंग्रेजी, महाराज !

—No, No...Doctor Ravindra Nath Tagore and myself were at Oxford in same period...Mr. Nehru came to me again and again---

—अच्छा, निराला जी ! आपको मालूम है, गर्त वर्ष चीन की लाल हकूमत ने हमारी सीमाओं पर हमला कर दिया था ?

—ओह, आप तो फिर मुस्कराने लगे !

—यह भी भला मुस्करानेवाली बात है ?

—स्तालिन का घोड़ा नेफा और लद्दाख से उतरकर नीचे मैदान तक बढ़ आया होता। वह तो मैंने उसकी लगाम थाम ली...

—कोई उसे थामनेवाला न था, सच !

—पहले मैंने थामी लाल घोड़े की लगाम...Mr. Nehru was next to me...अरे, हँसते हो ?

—आपकी रूह को तांत्रिकों ने कैद कर रखा है ? नागरजी से आपके गाँव में किसी ने बतलाया था...

—'हिंदी टाइम्स' में उनका लेख छपा था...

—नागर ? अमृतलाल नागर तो खुद ही भारी तांत्रिक है। देखना, कहीं वह तुम्हारी रूह को कैद न कर ले !

—हाँ, भंग-भवानी के उस भूतनाथ से बच के रहना !

—अजी वाह, अच्छी झाँकी मिली...

—नहीं, नहीं, अभी अंतर्धान न होइए महाराज !

—मगर आपको रोके भी तो कौन !

—अच्छा महाराज, नमो नारायण...

निराला जी का साहित्य

'साप्ताहिक हिंदुस्तान' के एक पुराने अंक में 'संपूर्ण निराला-साहित्य' की श्री श्रीकृष्णाचार्य द्वारा प्रस्तुत 'अनुमानित सूची' के आधार पर यह तालिका प्रस्तुत की गई है। अतः 'साप्ताहिक हिंदुस्तान' के संपादक तथा श्री श्रीकृष्णाचार्य के प्रति हम आभार व्यक्त करते हैं। इस तालिका में रचना अथवा पुस्तक का नाम तथा उसके प्रथम प्रकाशन अथवा प्रथम संस्करण के प्रकाशन का सन् दिया गया है।

काव्य

अधिवास	:	1916	(रचना-काल)
जूही की कली	:	1923	(मतवाला, अंक 18; प्रथम बार पूरा नाम ''सूर्यकांत त्रिपाठी 'निराला' '' का प्रयोग)
अनामिका	:	1923	(प्रथम काव्य-संग्रह)
परिमल	:	1930	
गीतिका	:	1936	
तुलसीदास	:	1938	
कुकुरमुत्ता	:	1942	
अणिमा	:	1943	
अपरा	:	1946	(संकलन)
नए पत्ते	:	1946	
बेला	:	1946	
अर्चना	:	1950	
आराधना	:	1953	
गीत-गुंज	:	1954	
कविश्री	:	1955	(संकलन)

प्रबंध और निबंध

हिंदी-बंगला का तुलनात्मक व्याकरण	:	1919
कविवर श्री चंडीदास	:	1920
चरखा	:	1925

रवीन्द्र-कविता-कानन : 1928
प्रबंध पद्म : 1934
प्रबंध-प्रतिमा : 1940
पंत और पल्लव : 1949
चाबुक : 1951
चयन : 1957

आख्यान

अप्सरा : 1931
अलका : 1933
लिली : 1933
निरुपमा : 1936
प्रभावतती : 1936
कुल्ली भाट : 1939
चमेली : 1941
बिल्लेसुर बकरिहा : 1941
सुकुल की बीबी : 1941
चतुरी चमार : 1945
चोटी की पकड़ : 1947
देवी : 1948
काले कारनामे : 1950

जीवनी

भक्त ध्रुव : 1926
महाराणा प्रताप : 1927
भक्त प्रह्लाद : 1927
भीष्म : 1928

अनुवाद

महाभारत : 1939
श्रीरामकृष्ण वचनामृत : 1942
रामायण (विनय-खंड) : 1948 (तुसली-कृत अवधी से खड़ी बोली में अनुवाद)
भारत में विवेकानंद : 1948 (स्वामी विवेकानंद के अंग्रेजी के भाषणों का अनुवाद)
बंकिमचन्द्र चट्टोपाध्याय

के उपन्यास : आनंद मठ, कपाल कुंडला, कृष्णकांत का बिल, चंद्रशेखर, दुर्गेशनंदिनी, देवी चौधरानी, युगलांगुलीय, रजनी, राजा-रानी, राजसिंह, विषवृक्ष (प्रकाशित प्रतियाँ अप्राप्य; अधिकांश अनुवाद पूरे हुए या नहीं, अथवा छपे या नहीं, इसका पता नहीं।)

रस-अलंकार : अज्ञात, अप्राप्य

वात्स्यायन कामसूत्र : अज्ञात, अप्राप्य

वैदिक साहित्य : अज्ञात, अप्राप्य

भाषा-शिक्षा

हिंदी-बँगला-शिक्षा : 1928

टिप्पणी

'गीत-गुंज' में निराला की अप्रकाशित पुस्तकों की सूची इस प्रकार दी गई है–

नाटक : समाज, शकुंतला, ऊषा-अनिरुद्ध, राजयोग।

उपन्यास : फुलवारी-लीला, चमेली, सरकार की आँखें, उच्छृङ्खल (व्रजभाषा में) आदि।

निबंध

मृत्युंजय कवि तुलसीदास

घरबार छोड़कर फकीर हो जानेवालों की कमी न तुलसीदास के जमाने में थी और न आज के जमाने में है। लेकिन भारतवर्ष में व्यासदेव के बाद अगर कोई लोकप्रिय भक्त कवि हुआ तो वह सौभाग्य हमारे महाकवि संत तुलसीदास को ही मिला।

इस महाभक्त की अमर वाणी का प्रचार आज—तीन सौ वर्ष बीत जाने पर भी कितना है, यह जानने के लिए आपको ज्यादा दिक्कत न उठानी पड़ेगी। इस मंदी के सिलसिले में भी, किस किताब की ज्यादा खपत होती है—यह आप जाकर बड़े-बड़े बुक-सेलरों से पूछिए ! एक ही उत्तर मिलेगा—तुलसीदास की रामायण की ! करोड़पति से लेकर मामूली-टुटपूँजिए प्रकाशक तक जिन्होंने अपने यहाँ से 'तुलसी रामायण' को प्रकाशित किया हो, इसके प्रमाणस्वरूप उपस्थित किए जा सकते हैं कि 'तुलसी रामायण' ने उन्हें अपने नहीं खपने की या बिलकुल ही थोड़ा खपने की शिकायत करने का कभी ही मौका दिया हो।

पढ़े-लिखे लोगों की बात जाने दीजिए, एक किसान को ही लीजिए—उसके कंधे पर हल है, बैलों को खेतों की ओर हाँके जा रहा है; चुपचाप ? नहीं, नहीं ! चुपचाप नहीं ! वह गुनगुनाता जा रहा है—

"रघुकुल रीति सदा चल आई
प्राण जाय बरु, वचन न जाई"
"आपत-काल परेखिए चारी—
धीरज, धरम, मित्र अरु नारी"

कहाँ आसाम, कहाँ बर्मा और कहाँ अफ्रीका, 'डैमफूल' और 'कुली' नामों से पुकारे जानेवाले हिंदुस्तानी मजदूर, जो उन सुदूर देशों में अपनी जिंदगी बसर कर रहे हैं, वे भी दिन-भर की मेहनत से थककर-चूर-चूर होकर शाम को पेट-पूजा करने के बाद जब दस-पाँच इकट्ठे बैठते हैं तो रोज घंटा-आध घंटा 'गोसाईं' जी की रामायण सुनते हैं और कुछ देर के लिए—इस दुनिया के तमाम झमेलों से विदा लेकर—अयोध्या-जनकपुर-चित्रकूट-पंचवटी में अपने थके हुए मन को ताजगी पाने के लिए कल्पना की सवारी पर स्वच्छंद छोड़ देते हैं ! बस, प्रवास में उनके लिए 'तुलसी रामायण' को पढ़ना-सुनना ही आध्यात्मिक खुराक के काम में आता है ! भला, वहाँ उन्हें शंकराचार्य के वेदांत की गुत्थियों को सुलझाने के लिए काशी के बड़े पंडित क्यों मिलने लगे !

यू.पी., सी.पी., बंगाल, बिहार की किसी भी पुलिस चौकी में—जहाँ दो-चार हिंदी भाषा-भाषी रहते हों, आप देख सकेंगे कि इतवार के रोज वे ढोलक और मजीरा लेकर गाना शुरू करते हैं—

"रामा, जब ते राम ब्याहि घर आए
नित नव मंगल मोद बधाए, रामा।
रामा, भुवन चारि दश भूधर भारी
सुकृत मेघ बरसहि सुखबारी, रामा।।"

हिंदी ही नहीं, बल्कि और भाषाओं के बोलनेवाले—यहाँ तक कि अनेक यूरोपियन भी 'तुलसी रामायण' की इस खूबी को देखकर अचंभे में पड़ गए हैं कि इसका इतना जबर्दस्त प्रचार कैसे हुआ ?

बेशक, हमारे इस 'सन्त' ने 'रामायण' के जरिए सदाचार का जो दरिया बहाया है, उसमें आज—इस गए-गुजरे जमाने में भी विशाल भारत की महान हिंदू-जाति अपनी अंदरूनी प्यास बुझाती चली जा रही है। और जब तक एक भी 'सच्चा भारतीय' कायम रहेगा, तब तलक हमारा—हाँ, हमारा गौरव 'रामचरितमानस' और उसका निर्माता अमर रहेगा ! हे महाकवि तुलसीदास, तुमने अपने को मृत्युंजय बना लिया और वह भाषा, जिसमें तुम्हारे सरल उद्गार निकले, उसे भी 'अमृतवाणी' कहलाने का सम्मान प्राप्त हुआ है—धन्य हो महात्मा !

आज के दिन हम तुम्हारी स्मृति में तुम्हारे अदृश्य चरणों में अपनी-अपनी श्रद्धापुष्पांजलि चढ़ा रहे हैं, यद्यपि इससे हम ही अधिक गौरवान्वित होंगे ! तुम ? तुम्हें क्या चाहिए ! तुम तो पूर्ण से भी पूर्ण हो हमारे नवजीवनदाता ! महासागर में असंख्य नदियाँ मिलती हैं, सन्देश भेजती हैं—निर्मल जल की श्रद्धांजलि चढ़ाती हैं ! क्या महासागर की तृप्ति के लिए ? नहीं-नहीं ! वे तो अपने को ही सम्मानित करने के लिए वैसा करती हैं। क्या यह बात नहीं है ?

[दीपक, जनवरी 1934]

बुद्ध युग की आर्थिक अवस्था

इस संबंध में कोई खास पुस्तक या प्रकरण बौद्ध वाङ्मय में नहीं पाया जाता है। फिर भी छानबीन करने से उस जमाने की जिस औद्योगिक स्थिति की झलक मिलती है, वह हमारे देश को केवल कृषि-प्रधान कहनेवालों की आँखें खोलने के लिए काफी है। यह ठीक है कि उन दिनों कलकत्ता और बंबई जैसे महानगर या वाणिज्य के बड़े-बड़े केंद्र नहीं थे, वर्तमान युग के साधन और सुविधाएँ भी नहीं थीं; लेकिन गृह-शिल्प और छोटे-छोटे उद्योग-धंधों से लेकर अंतर्राष्ट्रीय वाणिज्य तक का उल्लेख मिलता है। सामुद्रिक व्यापार कम होते थे, इसका कारण यह नहीं था कि उस समय लोगों में साहस

का अभाव था, बुद्धि की कमी थी। दरअसल बात यह थी कि उन दिनों यातायात का व्यय बहुत ही अधिक था। अतः समुद्रों के जरिए दूर-दूर देशों से जो व्यापारिक संबंध था, वह अत्यंत मूल्यवान वस्तुओं का ही। रेशम, रेशमी कपड़े, मलमल, शाल-दुशाले, जरी और कसीदा किए हुए कपड़े, सुई, चाकू, कैंची, आईने-कंघियाँ, कूची-ब्रुश, झाड़ू, दवा, सुगंधित तेल, इत्र, हाथी दाँत का सामान, भैंस वगैरह की सींग से बनी चीजें, सोना-चाँदी, हीरे-जवाहरात, हाथी-घोड़े, हथियार, औजार आदि ही सामुद्रिक वाणिज्य की मुख्य वस्तुएँ थीं। एक जगह से कई सौ सौदागरों को लद-लदाकर एक ही महानाव पर जल-यात्रा करते हुए पाते हैं।

आर्थिक उत्पादन पर और पारिश्रमिक तथा लाभ पर समाज का पूर्ण अधिकार था। इसीलिए उस समय के समाज में उद्योग-धंधों के प्रति काफी श्रद्धा दीख पड़ती है। सभी शिल्पों के अपने-अपने विशेषज्ञ को जनता 'आचार्य' जैसे पवित्र एवं आदरणीय संबोधन से पुकारती थी। एक राजकुमार किसी कुम्हार के पास जाकर कहता है—"आचार्य, मैं आपका शिल्प सीखना चाहता हूँ।" कुंभकार का शिल्प सीखकर फिर वही क्रम से माली और रसोइए की भी कला सीखता है। कुछ दिन के बाद उसी को हम राज-सिंहासन पर बैठा देखते हैं। धनुर्विद्या में निपुण एक संभ्रांत क्षत्रिय कुमार जुलाहे का धंधा अपनाता है और आगे जाकर एक ब्राह्मण उसी की नौकरी करता है। इसी तरह एक राजकुमार काशिराज के हथिसार में 'हत्था-चरिय'—हस्ति-विद्या—के आचार्य के पास उसकी कला—फीलवानी सीखने जाता है। यह है ढाई हजार साल पहले की हमारी सामाजिक मनोवृत्ति का खाका ! इस गुलाम जमाने की मौजूदा मनोवृत्ति से उस युग की मनोवृत्ति को तौलना बड़ी धृष्टता होगी। फिर भी इतना तो कहना ही पड़ेगा कि उद्योग-धंधे, कला-कौशल, खेती-बाड़ी आदि सभी व्यवसाय के ऐसे-ऐसे ढेरों उदाहरण मिलते हैं जिनमें भलीभाँति यह मालूम हो जाता है कि खानदान, धंधे या पेशे की निगाह से सर्वसाधारण में ऊँच-नीच के अनुचित ख़यालात का ज़हरीला असर, जैसा आजकल पड़ा हुआ है, वह उस जमाने के लोगों के लिए कल्पना से परे की बात थी।

उस समय के विशाल विद्यापीठ तक्षशिला में तो शिल्प-शिक्षा का ख़ास प्रबंध था। वहाँ बड़े-बड़े राज्यों के राजकुमार से लेकर हलवाहे के बेटे तक विभिन्न उद्योग-धंधों और कला-कौशलों की क्रियात्मक शिक्षा पाते थे। उस समय के समाज में 'शिल्प' शब्द से शिक्षा और 'शिक्षा' शब्द से शिल्प का ही मतलब समझा जाता था। आज जिस किताबी सैर को शिक्षा के नाम से अक्सर हम पुकारते हैं, उसका उल्लेख कहीं नहीं मिलता है। बाप-दादों की कमाई पर गुलछर्रे उड़ाना और मेहनत-मजदूरी से जी चुराना अक्षम्य अपराध समझा जाता था। राज-परिवार में आदरपूर्वक पलनेवाला एक बालक आगे के लिए ऐशो-आराम की सारी सुविधाएँ मौजूद रहने पर भी बग़ैर किसी से कुछ कहे-सुने चुपचाप निकलकर काफिलों के साथ तक्षशिला का रास्ता लेता है—सिर्फ यह सोचकर कि कोई गुन सीखकर रोजी-धंधा करना चाहिए, बैठकर खाना फ़िज़ूल आदमी का काम है। और राजकुमार लोग ? वे जब विभिन्न कला-कौशल की सक्रिय शिक्षा पा लेने के

बाद अपने-अपने राज्य-शासन के सूत्रधार बनते होंगे तो उनकी ओर से शिल्पिओं को कितना प्रोत्साहन मिलता रहा होगा !

उस समय के उद्योगशील जनता में फैले हुए धंधों व पेशों की झाँकी इस विवरण से मिलेगी–

बड्ढकि–बढ़ई, इसका पेशा बहुत बड़ा था। किवाड़-चौखट, नगर-द्वार के तोरण, फाटक और बड़ी-बड़ी नावें बनाना इसका काम था। पाँच-पाँच-सात-सात सौ आदमियों तक का भार सम्हालनेवाली सामुद्रिक महानावों (क्या वे जहाज कहलाने की लियाकत नहीं रखती थीं !) का उल्लेख पाया जाता है। अवश्य ही उन्हें बनाना इस बड्ढकि-वर्ग का काम था। रथकार--रथ बनानेवाला और तच्छक–रन्दा फेरनेवाला भी बड्ढकि समाज के ही अंतर्गत था। वह जमाना था भी रथ का ही। तच्छक लकड़ी के मोटे-मोटे कामों को करता होगा। ऐतिहासिक स्थानों की खुदाई में कभी-कभी प्राचीन काष्ठ-शिल्प के चमत्कारजनक नमूने निकल आया करते हैं।

थपित-स्थपति–लकड़ी और पत्थर के उपादानों से साधारण और विशेष प्रकार की इमारतें बनानेवाला। बड़ी-बड़ी राजधानियों से लेकर पुल, बाँध, सड़क आदि का निर्माण इसी की श्रेणी के जिम्मे था। मोहनजोदड़ो, अजन्ता, सारनाथ और साँची आदि स्थानों में स्थापत्यकला के उज्ज्वल आदर्श अब भी देखे जा सकते हैं।

कम्भकार–कमार, सब तरह के धातुओं का काम करनेवाला। सुनार, लोहार, ठठेरा, शीशा व राड़ेवाला–ये सब कम्भकार श्रेणी के ही अंतर्गत थे।

मणिकार–जौहरी, पालिश की हुई साधारण तिकोणी मणि से लेकर बहुमूल्य अठकोणी मणिओं तक की चर्चा की गई है। कई-कई लाल अशर्फिओं की कीमतवाले हीरों का भी उल्लेख है।

भमकार–भ्रमकार, खराद करनेवाला।

दन्तकार–हाथी के दाँत और भैंस आदि की सींग के काम इसके सुपुर्द थे। हाथी के दाँत का शिल्प उस युग का एक महत्त्वपूर्ण शिल्प था–दाँत की संदूकची का और सींग की कंघी का उल्लेख कई जगह है।

सूत्रकार–सूत्रकार, सूत कातनेवाला। एक जगह कत्तिनों का भी जिक्र है। (बुद्ध को सौतेली माँ–गौतमी प्रजापति ने अपने हाथ-कते सूतों से बुने हुए दो थान कपड़े उन्हें दिए थे। इससे मालूम होता है कि उस समय राजघराने की स्त्रियाँ भी सूत कातने में अपनी हेठी नहीं समझती थीं।) लेकिन सूत्रकार का काम कातने तक ही सीमित नहीं था। वह घर-घर में काते जानेवाले सूतों का ग्राहक भी होता और उसके फुटकर या थोक माल के खरीददार होते जुलाहे। इसके अतिरिक्त सन, पाट, ऊन, पशम और रेशम का कातना और कते हुए सूतों की खरीद-फरोख्त–ये काम भी सूत्रकार-वर्ग के ही थे।

तन्तवाय–तन्तुवाय, जुलाहे। इसकी गणना प्रथम श्रेणी के धंधेवालों में थी। ब्राह्मण और क्षत्रिय तक इसके धंधे को अपनाने में अपनी इज्जत समझते थे। कपास

के सूत चिकने-खुरदरे, महीन-मोटे, सुंदर और टिकाऊ कपड़े बुनना तो इनका साधारण काम था ही, इसके अलावा और भी कई चीज के सूतों से तैयार कई किस्म के वस्त्रों का भी निर्माण यही वर्ग करता था। जैसे सन, पाट व पशम से तैयार। क्षौम-क्षुमा (अलसी की छाल) से निर्मित और कौशेय-कोश (रेशमी कीड़ों के पेट) से निकली रेशम द्वारा निर्मित महार्घ वस्त्र का महात्म्य तो मुक्त कंठ से गाया गया है। उन्हें भी यही वर्ग बनाता था।

शिबी—बिलोचिस्तान के जुलाहों को शाल-दुशाले बनाने में कमाल हासिल था। बिछौने पर की जालीदार रेशमी चादर, फूलदार किनारीवाली चादर, ऊपर उठी हुई मुलायम रौओंवाले पशमी कम्बल आदि और भी कई प्रकार के वस्त्रों का उल्लेख मिलता है।

कुम्भकार—कुम्हार। इसका नाम सुनकर हमारी आँखों के आगे नाचने लगते हैं आजकल के एक म्रियमाण शिल्प के शिल्पी। सिर्फ मामूली ढंग के घड़े, हाँड़ियाँ, ढक्कन, कूल्हे बनानेवाले, दानों के मुँहताज व अर्ध-नग्न ग्रामीण कुम्हार। लेकिन उस युग का कुम्भकार भी कलाधरों की श्रेणी में प्रतिष्ठित आसन पर बैठता था। राजकुमार तक उसका शिल्प सीखने आते थे। मिट्टी भी यही थी और पानी भी यही था, फिर भी उन दिनों इस शिल्प की क्या खूबी थी, सो हमें सारनाथ म्यूजियम में रखे हुए दो विशालकाय माटों को देखने से सब कुछ समझ में आ सकता है। यह वर्ग मिट्टी से मूर्ति और खिलौने भी बनाया करता था।

चम्मकार—चर्मकार, चमार। कई रंग और कई किस्म के जूतों का उल्लेख पाते हैं। ढोल, मृदंग, नगाड़े के अलावा कुर्सी, पलंग, कोच आदि को भी चाम से मढ़ने की रिवाज थी। जीन-बख्तर, ढाल, भाथी और कई में चमड़े की काफी खपत थी।

वेणुकार—बसोर। बाँस के उपादान से बिजली, पंखे, सूप, चलनी, टोकरी, डाली, डाला, पिटारी और बड़े-बड़े पिटारे बनाता था। हमेशा तने रहनेवाले सुंदर व सस्ते बाँस के छातों का भी उल्लेख है। (बिहार, बंगाल के कुछ अल्पवित्त श्रेणी के लोग अब भी बरसात में बाँस की दो-अन्नी-चौअन्नीवाले छातों से काम चलाते हैं।) आजकल इस शिल्प की स्थिति गई-गुजरी ही समझनी चाहिए।

रज्जुकार—सन, सावे, मूँज और नारियल के उपादान से डोरी, सुतरी, रस्सी, रस्से, सींक, जाल, जाली आदि बनानेवाले। सामुद्रिक वाणिज्य में काम आनेवाले मोटे व मजबूत बड़े-बड़े रस्से भी यही बनाता होगा।

धनुषकार—उस युग के आयुधों में धनुष का स्थान बहुत बड़ा था। इस सिलसिले में ताँत के गुण बनानेवालों और कई तरह के तीर-तरकस बनानेवालों का उल्लेख मिलता है।

नड़कार—ताड़ और खजूर के पत्तों और मोथों से छोटी-बड़ी चटाइयाँ, छाबड़ियाँ बनानेवाला।

लोणकार—नमक बनानेवाला। सामुद्रिक, सैन्धव, वानस्पतिक, काले और बिड़ाल

(आयुर्वेदानुसार तैयार किए हुए एक प्रकार) नमक के नाम आते हैं। इनकी खरीद-फरोख्त भी इसी श्रेणी के हाथों रहती होगी।

विलिवकार—कुर्सी, पलंग आदि को बेंत से बुननेवाला।

तुन्नवाय—दर्जी। जरी-गोटे और कसीदा के काम भी इसी के सुपुर्द थे।

कप्पक—लोगों के साज-शृंगार के विन्यास का भार इसके ऊपर था। इस युग की सर्वसाधारण जनता—माथा मुड़ानेवाले फक्कड़ों की बात छोड़िए—बड़े बाल रखती थी। नौजवानों के घुँघराले बालों का बहुत जगह उल्लेख किया गया है। अंगराग, तेल, फुलेल और इत्र का उपयोग इन्हीं 'कप्पय' लोगों की देखरेख में किया जाता था। स्त्री-समाज में कप्पक का काम कप्पक वर्ग की स्त्रियाँ करती थीं।

इनके अलावा कुछ पेशेवाले ये हैं—किसान, ग्वाला, नाई, धोबी, तेली, अत्तार, रंगरेज, चितेरा, मोदी, कलवार, मछुए, माँझी, लकड़हारा, घसिहारा, सिलावह, शिकारी, गवैया, भेड़ व बकरीवाले, जुआरी, शराफ, बज़ाज, अनाज-फल-साग-भाजी-मांस, मछली गोरस आदि के दूकानदार, पत्थर के बर्तन बेचनेवाले, खिलौनेवाले, जड़ी-बूटीवाले, दवा-सुगंध बेचनेवाले, तित्तिर-बटेर बेचनेवाले, तित्तिर-बटेर लड़ानेवाले, नर्त्तक, जादूगर, वेश्या, शराबखानेवाले आदि।

यह बात नहीं कि उद्योग-धंधों व पेशों की इतनी ही श्रेणियाँ रही हों। यह तो केवल उस समय के लोक-जीवन की स्थिति का दिग्दर्शन कहा जा सकता है। दो-चार, दस-पाँच पेशे और भी अवश्य रहे होंगे। वेश्यावृत्ति, द्यूतक्रीड़ा और मद्यपान का अस्तित्व तो सुदूर अतीत-वैदिक काल तक में था। इसलिए ऐसे दोषों की सत्ता के कारण बुद्ध-काल के सभी धंधे या पेशों को हम दूषित नहीं कह सकते। खैर !

उस जमाने के हरेक धंधे व पेशे के आदमियों को अपने-अपने दल में दूध-पानी-सा मिला हुआ देखते हैं—उनमें आपस की सत्यानाशी ईर्ष्या का कहीं भी आभास नहीं मिलता है। एक-एक श्रेणी के शिल्पी के दल में हजार-हजार शिल्पिओं तक का उल्लेख मिलता है। प्रत्येक दल का एक-एक मुखिया होता था, जिसे अपने-अपने दल के आदमी ही चुना करते थे। वह पामोख्य (प्रमुख) या जेट्ठक (ज्येष्ठक—सरदार) कहलाता था। जैसे बड्ढकि पामोख्य, कमार जेट्ठक आदि। लेकिन, वह जिंदगी-भर के लिए नहीं चुना जाता था। इस प्रकार मिलकियत और मजदूरी, उपज और खपत, प्रगति और नियंत्रण, नफा और नुकसान, श्रम और विश्राम—यह सभी बात प्रत्येक शिल्पी समाज के अपने-अपने हाथ की थी। अन्तेवासिकों—शिल्प-शिक्षार्थियों की शिक्षा का क्रियात्मक प्रबंध दलपतियों के अधीन ही रहता था।

भृतक—मजदूर और भृति—मजदूरी की कहीं-कहीं चर्चा पाते हैं अवश्य, लेकिन गरीबी और मेहनत से तंग आए हुए आजकल के अकिंचन मजदूरों की तरह लाखों की तादाद में इकट्ठा होकर बड़े-बड़े विराट् कारखानों पर चढ़ाई या हड़ताल करने का आभास नहीं मिलता—क्योंकि न तो उस जमाने का भाग्य मुट्ठी-भर पूँजीपतियों के हाथ में था और न ही सारे देश के उद्योग-धंधे दस-पाँच या बीस-पच्चीस कारखानों के अंदर

केंद्रित थे।

उस समय उद्योग-धंधे, शिल्प, कला-कौशल देश के घर-घर में—कोने-कोने में फैले हुए थे। सभी अपने-अपने धंधों में मस्त थे। सम्पत्ति और सुविधा सभी को प्राप्त थी। खेती, पशु-पालन या उद्योग-धंधे छोड़कर भाड़े पर मेहनत करनेवालों—भृतकों—को हेय निगाह से देखा जाता था। क्यों न देखता, जबकि किसी के लिए भी स्वतंत्र धंधे अपनाने के साधन और सुभीतों की कमी नहीं थी। यद्यपि उस जमाने में भी लखपति-करोड़पति और बड़े-बड़े पूँजीपति भी थे। लेकिन, मुल्क की रग-रग में फैली हुई खुशहाली को इस तरह बेदर्दी से दुह लेने के ये शैतानी तरीके तो मौजूदा जमाने की पूँजीशाही को ही मयस्सर हैं ! दूसरी बात यह भी थी कि उस समय देश सोना-चाँदी, हीरे-जवाहरात, मणि-माणिक्यों से भरा हुआ था। पच्चीस-पचास वर्ष या पीढ़ी-दर-पीढ़ी बाद अगर किसी बनिये के पास कुछ लाख या कुछ करोड़ अशर्फियाँ जमा हो ही गईं तो उससे सर्वसाधारण को आज के जैसे जबर्दस्त धक्के नहीं लगते थे। समाज को पूँजीपतियों का पूरा भरोसा था और वे भी अपने को समाज का खजांची समझा करते थे। हम उनमें समाज या संघ के लिए अपनी पूँजी पर लात मारने की प्रबल भावना का आभास पाते हैं।

कृषि एक महत्त्वपूर्ण पेशा था। बड़ी-बड़ी जमींदारियाँ या बिहार, बंगाल या युक्त प्रांत की तरह जमींदारी अथवा ताल्लुकेदारी प्रथा नहीं थी। किसान आजाद थे किंतु उपज का छठा या दसवाँ हिस्सा उन्हें राजा को देना होता था।

पशुधन भी खूब समृद्ध था—चरागाहों की कोई कमी नहीं थी। गाँव-भर के सभी पशुओं को ग्वाला सुबह हाँक ले जाता था और शाम को लौटा लाता था। इसके लिए गाँव का मुखिया उसे पारिश्रमिक देता था। इसके अलावा उन स्वतंत्र ग्वालों का भी उल्लेख पाया जाता है, जो गौओं, भैंसों, बकरियों और भेड़ों की बहुत बड़ी तादाद को साथ लिये हुए हमेशा गाँव से अलग-अलग रहा करते थे। जहाँ चारा-पानी का जरा अच्छा सुभीता दीखा, बस दस-दस दिन, महीने-महीने वहीं गोठ जमा दिया। दूध रोज-रोज गाँव पहुँच जाता था। सहूलियत रहने पर गाँव में भी मक्खन निकालने का काम चालू हो जाता।

गड़रिया का पृथक् उल्लेख पाते हैं।

इस प्रकार समूचे देश की प्रत्येक औद्योगिक श्रेणी की व्यावसायिक तत्परता और संगठन राष्ट्र की आर्थिक समस्या को भली-भाँति हल किए हुए था। बुद्धकाल के बाद प्रतिष्ठित होनेवाले विशाल गुप्त साम्राज्य की आधारशिला आरंभिक बौद्ध वाङ्मय में चित्रित इसी आर्थिक व्यवसाय पर टिक सकी थी।

[दीपक, नवंबर 1936]

उपन्यास ही क्यों ?

ज्यादातर देखने में आता है कि साधारण जनता उपन्यास और कहानियाँ बहुत ही पढ़ती है। आप किसी भी लाइब्रेरी में चले जाइए तो उसकी असलियत का पता चल जाएगा। मुझे जब कभी किसी सार्वजनिक पुस्तकालय में जाकर दूसरे कई विषयों की किताबों को देखने का मौका मिला है, तो उन्हें उलटते ही ऐसा मालूम पड़ा है कि ये कभी नहीं पढ़ी गईं ! हालाँकि वे आठ-आठ दस-दस साल से पुस्तकालय में मौजूद रही हैं।

फिर प्रश्न यह होता है कि क्या हिंदी साहित्य में इश्क और जासूसी का ही दरिया बहता रहेगा ? अभी उस दिन मैं पास के एक गाँव में गया था और मेहमान बना था एक ऐसे किसान का, जो निरक्षर नहीं कहा जा सकता; वह चिट्ठी-पत्री मजे में लिख-पढ़ लेता है। हाँ, तो मैं जब खा-पीकर मंजी (खाट) पर आराम कर रहा था, उसी वक्त पसीने से तर-ब-तर वह खेत से आया और बैल-बूल को पानी पिलाकर खुद भी खाने को घर गया। कुछ देर के बाद देखता क्या हूँ कि वह बगल में एक किताब दबाए बैठक में आया और मंजी पर अधलेटे हुए, उस किताब को पढ़ने लगा—

"मैना ने कहा—सुन रे तोता, औरत को मर्द पर कतई विश्वास नहीं करना चाहिए। इस पर मैं तुझे एक दास्तान सुनाती हूँ। बंगाल में..."

लेकिन यहाँ आकर वह ठिठक गया। फिर उसने मुझसे प्रश्न किया—पंडितजी, यह बंगाल कहाँ है ? जादू-टोनेवाला बंगाल तो नहीं ? मैंने पहले उसे बंगाल का मामूली परिचय कराया और बाद में मुस्कराकर पूछा—"क्यों चौधरी, यही पढ़ते हो ? किस्सा तोता-मैना ?"

"तो क्या करूँ, मेरे पास यही है," कुछ शर्मिंदा होकर उसने कहा और किताब बंद कर दी !

"सचमुच तुम्हारे पास और कोई किताब नहीं है ?"

"ना, महाराज, एक फटा-पुराना रामायण था, वह समझ में नहीं आता था, सो उसे एक साधू को दे दिया।"

"खूब किया, लेकिन, भाई यह तो बताओ कि तोते-मैना की यह बातचीत अच्छी भी लगती है ?"

"जी नहीं, महज कुछ पढ़ना चाहिए, इसीलिए यह पढ़ता हूँ। मन-बहलाव भी तो होना ही चाहिए न !"

"और तुम्हें चाहिए ही क्या ? मनोरंजन के लिए यही किस्सा तोता-मैना काफी है ! वाह क्या खूब !"

"तुसी ए न समझो, चंगी ताँ मैंनू महाभारत दियाँ वी कहाणियाँ लग दियाँ हन।"

मैं चुप्पी मार गया—और करता ही क्या ? यह तो हुई देहात की झलक ! उधर नागरिक जनता की स्थिति कुछ और ही है ! क्या आपको साधारण पढ़े-लिखे किसी दूकानदार या अन्य पेशेवाले नागरिक से परिचय है ? यदि है तो उसे फुर्सत के समय

किसी न किसी जासूसी या शृंगारी उपन्यास के साथ पावेंगे ! यही क्यों, हाईस्कूल तक के अधिकांश विद्यार्थी इस सांक्रामिक रोग के शिकार बने हुए हैं; हालाँकि ये लोग उपरोक्त किसान की अपेक्षा अवश्य ही ज्यादा शिक्षित हैं; और इन्हें यदि वे चाहें तो पवित्र पुस्तकें पढ़ने को मिल सकती हैं। शहरों के इन अर्ध-शिक्षित नवयुवकों में यह छुतही बीमारी दिन-प्रतिदिन बढ़ती जा रही है।

और, यह तो सोचिए कि बनारस की छपी हुई 'किस्सा तोता-मैना' की किताब यहाँ--इतनी दूर, सो भी ठेठ देहात के उस किसान के पास कैसे पहुँच गई ?

जिसने अभी तक अच्छी तरह बाँचना नहीं सीखा, जो बाहरी तड़क-भड़क देखकर ही किताब की कीमत कूतता है और जिसके हृदय में, छपी हुई हरेक पुस्तकों पर वेदों की तरह श्रद्धा है, उसी भोले-भाले किसान के हाथ में कैसी किताब दिखाई पड़ी ! किस्सा तोता-मैना ! किसी किसान के यहाँ 'सवा चार यार' होगा और किसी के यहाँ 'इश्क का नजारा' ! हिंदी में इस तरह की सारी किताबें हमारे प्रातः स्मरणीय धार्मिक स्थानों से ही प्रकाशित होती रहती हैं ! काशी, प्रयाग, अयोध्या, मिर्जापुर (विंध्यांचल) आदि तो मुख्य हैं !

वैसी किताबों के पाने के सिर्फ दो रास्ते हैं। एक तो पब्लिक उन्हें खुद खरीदती है और दूसरा सार्वजनिक पुस्तकालयों के जरिए उन्हें प्राप्त करती है। पहले रास्ते को रोकना तभी संभव हो सकता है जबकि सरकार वैसी किताब प्रकाशित करनेवालों पर बिलकुल कड़ी निगाह रखे और दूसरे रास्ते रोकने में पुस्तकालयों के संचालक एवं अध्यक्ष सहज में कामयाब हो सकते हैं—आवश्यकता है कुछ सावधानी की। वे विश्वास करें, उन्हें ज्यादा दिक्कत नहीं उठानी पड़ेगी।

पुस्तकालयों के अधिकारी अपनी इस जवाबदेही को महसूस करें कि जनता के प्रति उनके क्या कर्त्तव्य हैं ! लोग किस विषय की, कैसी किताब पढ़ते हैं, वास्तव में उन्हें क्या पढ़ना चाहिए। राष्ट्र निर्माण में पुस्तकालयों का कितना हाथ है, एक विषय से दूसरे विषय में लोगों की रुचि कैसे बदली जा सकती है ? इत्यादि बातों की ओर से आँखें मूँदकर हम पुस्तकालयों का संचालन करते हैं तो निःसंदेह ही वह भोली-भाली जनता की साक्षरता का दुरुपयोग करना हुआ।

मेरा यह मंतव्य नहीं है कि उपन्यास बिलकुल पढ़े ही न जायँ, नहीं, प्रेमचंद के उपन्यासों को पढ़ने की सिफारिश मैं खुद ही लोगों से किया करता हूँ और अब तो हमारे साहित्य में बड़े-बड़े उपन्यासों के अनुवाद प्रकाशित होने लगे हैं। विक्टर ह्यूगो और गोर्की के उपन्यासों को पढ़ने से कौन मना कर सकता है।

जब मैं देखता हूँ कि एक ओर अब हमारे यहाँ आए दिन उपन्यास, कहानी, यात्रा, विज्ञान, पुरातत्व आदि विषयों की अच्छी से अच्छी किताबें प्रकाशित होती जा रही हैं और दूसरी ओर पुस्तकालयों में सुलझे हुए दिमागवाले अधिकारियों की निगरानी में दस-पाँच नहीं, सैकड़ों-हजारों आदमी उन्हीं किताबों को पढ़ते हैं जिनमें 95 फीसदी घासलेट उपन्यासों की ही तादाद रहती है !

आखिर क्या किया जाय ? मेरे ख्याल में तो यही आता है कि लाइब्रेरियन महोदय अपने यहाँ की किताबों का और उनके वाचकों का खूब ही ध्यान रखा करें। जिन विषयों की ओर वाचनेवाले कभी नजर तक नहीं उठाते, उनकी लिस्ट तैयार करके उसी के मुताबिक उन विषयों की किताबों के नाम बड़े-बड़े आकर्षक अक्षरों में वाचनालय हाल की मेज के इर्द-गिर्द लटका दिया करें या अपनी सुविधानुसार और ही किसी सूझ से काम लें।

[दीपक, जनवरी 1937]

मशक्कत की दुनिया

यों तो दुनिया के हरेक कोने का आदमी अपने जीवन-भर सुविधा और आराम खोजता रहता है और उसकी तमाम हरकतें केवल सुखपूर्वक रहने के लिए, बेहतर जिंदगी बसर करने के लिए ही होती हैं। और यह बात न तो बुरी है और न अस्वाभाविक ही। लेकिन, यह एक कटु सत्य है कि पिछली दस-बारह सदियों से हमारी खोखली आध्यात्मिकता दिन-प्रतिदिन हमें भाग्य के भरोसे छोड़ कम से कम हाथ-पैर चलाकर ज्यादा से ज्यादा पाने की घातक सीख देती आई है और आज सारी दुनिया, मिहनत से जी चुरानेवाली हमारी विराट जाति के 'आध्यात्मिक जगद्गुरुत्व' पर चुटकियाँ ले रही है।

गत वर्ष, गर्मियों में, पश्चिम तिब्बत की यात्रा करते वक्त जब मैंने निकट से पहाड़ी आदमियों का जीवन देखा तो मुझे उनकी दमघुटाऊ मिहनत और गहरी मशक्कत का पता चला। शिमला तक तो ट्रेन में पैक होकर गया। हाँ, आगे, खुलकर उन्मुक्त वातावरण में पार्वत्य-जीवन के गुण और अवगुण, खूबियाँ और खराबियाँ देखने का मौका हाथ आया।

देखा, गोरे-गोरे मनोहर लड़के पीठ पर ऊनी रस्सी के सहारे लटकी हुई बाल्टीनुमा टोकरी में, बोझा डाले टेढ़ी-मेढ़ी चक्करदार पगडंडियों से चढ़-उतर रहे हैं। हाँफ रहे हैं, अँगुलियों से भवें पोंछते तो 'तड़-तड़' करके पसीने की बूँदें गिर पड़ती हैं। दस-दस कदम चले कि फिर रुके, दम लिया। इस तरह वे हमारे यहाँ रेलवे जंक्शनों के कुलियों की भाँति आध-एक फर्लांग ही नहीं, कोस के कोस, पड़ाव के पड़ाव चले जाते हैं। इतनी मशक्कत करने पर भी, देखा, उनमें से एक का भी पाजामा साबित नहीं था। बंडियाँ बिना पैबंद की नहीं थीं। हाँ, स्वास्थ्य उनका जरूर अच्छा था, क्योंकि हिमालय की आबोहवा आदमी को तंदुरुस्त बनाए रखने में पौष्टिक खाद्य की उतनी अपेक्षा नहीं रखती।

इधर समतल मैदानों की दुनिया में, फल-फूल-अनाज उपजा लेना बहुत आसान है। लेकिन, दस हजार फुट से हमेशा ऊपर प्रवाहित तिब्बती ब्रह्मपुत्र के दोनों किनारों की विषम अधित्यकाओं में नंगा जौ उपजानेवाले भोटियों को देखिए कि वे कितनी

मशक्कत करते हैं। पथरीली 'जमीन' और सो भी इतनी ढालू कि उस पर हल और बैल से जुताई असंभव ही समझिए। खोदने और खनने के औजार भी वहाँ खेती के औजार बनते हैं, और दरअसल वहाँ खेती होती भी बहुत कम है।

हिमालय के निवासियों की जीविका का सबसे बड़ा साधन है ऊन। इसके लिए वहाँ एक-एक इलाके में लाखों की तादाद में बकरियाँ पाली जाती हैं। जिसके पास जितनी अधिक बकरियाँ होंगी वह उतना ही ज्यादा खुशहाल रहेगा। इन बकरियों के पीछे पहाड़ियों को 'खानाबदोश' ही बने रहना पड़ता है। जाड़े में लाखों बकरियाँ तराई में ले आई जाती हैं तो गर्मियों में भीतरी हिमालय के कंधों पर हरी-भरी व ठंडी घाटियों में, बारहों महीने, तीसों दिन वे चलते रहते हैं—जहाँ घास, वहाँ बास। खतरनाक से खतरनाक घाटियाँ, बर्फीली, वीरान, खिसकती मिट्टीवाली जोतें, चिकनी से चिकनी हिमशिलाएँ, तेज से तेज प्रवाहवाले खाड (खड्रा) व नाले, चोटियों की भीषण गोदियाँ—यानी हिमालय की दुर्गम से दुर्गम जगहों में जाकर वे बकरियाँ चरा आते हैं।

कोई भी समतलवासी आदमी जब इधर पहुँचता है तो उसे, यदि वह केवल कोमल कल्पनाओंवाला, कवि मात्र नहीं है, मालूम पड़ेगा कि कालिदास ने जिस हिमालय को 'देवात्मा' कहा है, वह वास्तव में मशक्कत की दुनिया है। यहाँ मिहनत से कई गुना ज्यादा मिहनत करने पर भी उस स्वर्गीय प्रदेश के देवता—पहाड़ के वाशिंदे सूखा खाते हैं और मोटा पहनते हैं। हाँ, नोटों का बंडल बाँधकर और थैली भरकर जो साहब उधर गर्मियों में सैर करने जाते हैं, हिमालय केवल उन्हीं को स्वर्ग दीखता है। मैं तो उसे मशक्कत की दुनिया कहना ज्यादा पसंद करूँगा।

[दीपक, फरवरी-मार्च 1942]

कैलाश की ओर

हिमालय की यात्रा कई बार कर चुकने पर भी मैं अभी तक कैलाश नहीं जा पाया था। वह सुअवसर इस बार प्राप्त हुआ। कैलाश और मानसरोवर जाने के कई रास्ते हैं। सबसे अच्छा रास्ता अलमोड़ा से तकलाकोट होकर गया है। किंतु जिन्हें सारे उत्तराखंड की परिक्रमा करनी होती है, वे गंगोत्री के रास्ते नेलङ् और वहाँ से थोलिङ् मठ होते हुए ग्यानिमा पहुँचते हैं। अलमोड़ावाला रास्ता भी तकलाकोट होता हुआ ग्यानिमा ही पहुँचता है। वह स्थान जहाँ से कैलाश की पहली झाँकी मिलती है, ग्यानिमा से चालीस मील की दूरी पर है। उस स्थान को दार्-चेन् कहते हैं।

गंगोत्री रियासत टिहरी (गढ़वाल) के अंदर पड़ती है, टिहरी से ठीक सौ मील की दूरी पर। टिहरी तक मोटर चलने लगी है। इस साल ऋषिकेश से एक सवारी का साढ़े चार रुपए भाड़ा लगा। वहाँ उत्तरकाशी तक के लिए एक मजदूर किया। उसने पाँच रुपए लिए। टिहरी से उत्तर-काशी चौवालीस मील। वहाँ से गंगोत्री छप्पन मील। गंगोत्री

का रास्ता बहुत चालू होने के कारण उसका यात्रा वृत्तांत सामयिक पत्र-पत्रिका में छपता रहता है। इसीलिए यहाँ सिर्फ कैलाश-यात्रा से संबंध रखनेवाली बातों का जिक्र करना चाहता हूँ।

टिहरी-गंगोत्री रोड पर एक स्थान पड़ता है कोपङ् जंगला के पास। यहाँ से एक रास्ता गंगोत्री की ओर गया है और दूसरा नेलङ् की ओर। यात्री प्रतिवर्ष अधिक होने के कारण गंगोत्री का रास्ता वैसी उपेक्षित दशा में नहीं है, जैसा कि नेलङ् का रास्ता। कोपङ् की ऊँचाई 9000 फीट है। देवदारु के वृक्षों से आच्छादित कोपङ् के आस-पास का इलाका बहुत ही मनोरम लगता है। कोपङ् से सात मील पहले हरसिल के पास सड़क के किनारे बागोरी नाम की एक बस्ती है। बागोरी जाड लोगों का गाँव है। ये लोग हिंदू और बौद्ध—दोनों धर्मों को मानते हैं। इनकी जीविका व्यापार पर निर्भर है। जाड़े के दिनों में ये ऋषिकेश-देहरादून आदि के बाजारों में गुड़, चीनी, दियासलाई, मेवे, मसाले वगैरह चीजें खरीदने आते हैं और गर्मियों में इस प्रकार की चीजें तिब्बत में जाकर बेचते हैं। तिब्बत से ऊन और नमक खरीदते हैं। तिब्बत भारत की अन्य सीमांत जातियों की तरह जाड लोग भी हिंदी और तिब्बती दोनों भाषाएँ जानते हैं। इसलिए कैलाश-यात्रा के लिए किसी जाड का साथ बहुत ही उपयोगी साबित होता है। दुभाषिया और पथ-प्रदर्शक दोनों का काम जाड कर सकता है।

बागोरी-हरसिल से कोपङ् होते हुए नेलङ् चौबीस मील है। बीच में कहीं बस्ती का नाम नहीं। इसलिए मैंने सत्तू, चावल, आटा, गुड़ और नमक आदि आवश्यक खाद्य वस्तुएँ यहीं खरीद लीं। जून के द्वितीय सप्ताह में बागोरी से चला था। उन दिनों वहाँ सत्तू रुपए में तीन सेर, आटा ढाई सेर, चावल दो सेर और गुड़ सवा सेर मिल रहा था। साथ में दो-तीन साधु थे जिन्हें भिक्षावृत्ति से निर्वाह करते हुए कैलाश तक पहुँचना था। अमृतधारा, सुधा सिंधु, टिंचर आयोडिन और कुनैन की टिकिया ऋषिकेश से ले ली थी—ये दवाएँ आगे चलकर काम आईं। सामान यद्यपि बीस-बाईस सेर ही था, तथापि एक भार-वाहक की आवश्यकता तो थी ही। मजदूर रुपए रोज पर मिल गया। उसने कहा—'खाना अलग देना पड़ेगा।' मैंने मान लिया—और कोई उपाय भी तो नहीं था। बागोरीवाले सारी यात्रा के लिए घोड़ों का इंतजाम भी कर देते हैं, किंतु मुझे क्या जरूरत थी कि तीन रुपए रोज का किराया घोड़े के लिए खर्च करता ! जो आदमी मेरे साथ हुआ, उसका नाम था रतनसिंह। वह थोड़ी-बहुत तिब्बत भाषा जानता था, इसीलिए विशेष उपयोगी साबित हुआ। बागोरी में किसी कैलाश यात्री को यों कोई बोझ ढोने वाला नहीं मिल सकता। हाँ, यदि किसी जाड को ऊन के लिए तिब्बत जाना होता है तो वह यह सोचकर आपका सामान ढो ले चलना मंजूर कर लेगा कि लौटते वक्त तक वह सौदा करता आएगा। रतनसिंह भी एक ऐसा ही आदमी था। उसे पुलिङ्—तिहत्तर मील दूर—से ऊन लाना था। उसके साथ एक जोवो (गाय और सुरा बैल की जोड़ी से पैदा हुआ बैल) था। उसने अपने और मेरे सामान को उसी बैल पर लाद दिया। फिर हम बागोरी से विदा हुए।

रास्ता कोपङ् तक तो वही गंगोत्रीवाला, बाद उसके साधारण पहाड़ी सड़क। दो मील आगे जाने पर कड़ी उतराई पड़ती है। जाड व्यापारियों ने भोट गंगा को पार करने के लिए आपस में चंदा करके पुल बनवा लिया है। पुल के इसी पार गरतङ् नाम का एक पड़ाव मिला। दिन में सत्तू और नमकीन चाय से थोड़ी-सी पेटपूजा हुई। अभी थोड़ा दिन बाकी था। केवल ग्यारह मील आए थे। फिर भी हमने आज का पड़ाव गरतङ् में ही डाला, क्योंकि भूख बहुत लगी थी। भोट गंगा के किनारे एक बड़ी शिला इस प्रकार पड़ी थी मानो सुरसा राक्षसी अपना विकराल मुँह बाए हुए बैठी हो। उसी शिला के नीचे टुकड़ों को जोड़कर एक अस्थाई चूल्हा बना लिया गया। आस-पास देवदारु के जंगल होने से लकड़ी की कोई कमी नहीं थी। पास ही में एक जगह बथुआ के हरे-भरे पौधे दिखाई पड़े। उन्हीं की पत्तियों से साग तैयार किया गया और चावल पका लिए। आज का यह सादा खाना बहुत ही स्वादिष्ट लगा। साधुओं ने सत्तू घोलकर पी लिया। दो-तीन बड़े-बड़े लक्कड़ आग पर डाल दिए गए। बैल को निकट ही बाँध दिया गया और हम बातें करते-करते कब सो गए, मालूम नहीं।

प्रातःकाल पुल पार करके भोट गंगा के दाहिनी ओर हो गए। आज तेरह-चौदह मील जाना और नेलङ्. पहुँचना था। रास्ता कुछ दूर तक अच्छा मिला। दो-तीन आदमी नेलङ् से आ रहे थे। उनके पास दो सौ के करीब भेड़-बकरियाँ थीं। पूछने पर मालूम हुआ कि बागोरी से जौ और चावल ढोकर नेलङ् ले गए, फिर लाने जा रहे हैं। तिब्बती लोग अपनी ऊन और नमक को भारतीय जौ तथा चावल से विनिमय करते हैं। चार मील के बाद देवदारु के पेड़ कम दीखने लगे और अन्य वनस्पतियों की भारी विरलता नजर आने लगी। रास्ता विकट आ गया। नदी किनारे अस्त-व्यस्त रूप में पड़ी हुई शिलाओं पर चलना इन पैरों के लिए एकदम अपरिचित था। जरा भी चूके कि पैर टूटा।

छः मील जाने पर गला सूखने लगा। प्रातःकाल कुछ खा-पीकर नहीं चले थे, इसलिए थकावट मूर्तिमान होकर राह रोकने लगी। सरों के नीचे पड़ाव का निशान देखा तो वहीं दोपहर का खाना खाने का निश्चय किया गया। रतनसिंह लकड़ी और पानी ले आया। मैं थक गया था, इसीलिए मुझसे तो कुछ करते नहीं बना। नमकीन चाय, घी और सत्तू से भूख तो मिटी लेकिन चावल और रोटी की चटोरी जीभ अतृप्त ही रह गई। क्या करता ?

खा-पीकर चले। देवदारु अब उचित ही दिखाई पड़ता था। शुक्या, जंगली गुलाब और पद्मकाठ ही नजर आते थे। रास्ता विकट था। अब हम दस हजार फीट की ऊँचाई पर चल रहे थे। हवा के झोंकों के कारण सूर्य की किरणें असह्य नहीं मालूम होती थीं। उतार और चढ़ाव साधारण थे, नंगी पहाड़ियाँ भूरी और काली प्रतीत होती थीं। वनस्पतियों की विरलता के कारण अब झर-झर करके झरते रहनेवाले झरनों का पता नहीं था। प्यास लगने पर दो जगह तो मैंने भोट गंगा के पानी से संतोष किया। आगे चलकर एक बड़ा-सा स्रोत मिला। उसका वेग बड़ा प्रबल था। रतनसिंह ने दो-तीन बड़े-बड़े पत्थर उस प्रवाह में डाल दिए और उन्हीं पर पैर रखकर मैं पार हो सका।

चोर खाड के पास, जहाँ से भोट गंगा का बहाव पूरब की ओर मुड़ा है, विकट चढ़ाई का सामना करना पड़ा। दस कदम चलना, फिर रुक जाना। कमर पर हाथ रखकर फिर चलने लगना और फिर खड़ा हो जाना—मेरा तो बस यही हाल था। बैल भी हाँफते-हाँफते चल रहा था। अंत में वह अपनी जीभ निकालकर रास्ते के किनारे, सरों की छाया में, अड़ गया। रतनसिंह ललकार-ललकार कर बैल को आगे बढ़ने के लिए प्रोत्साहित कर रहा था, लेकिन उसने मानो एकदम इनकार कर दिया। आखिर मैं भी बैठ गया। मन में कहा, चलो अच्छा ही हुआ। अपने राम को भी कुछ सुस्ताने का मौका मिल गया।

करीब 15 मिनट के बाद बैल चलने लगा। साधु लोग पीछे रह गए थे। मैं रतनसिंह का साथ छोड़ना नहीं चाह रहा था, क्योंकि पहाड़ की पगडंडियों पर भटकना बहुत महँगा पड़ता है। एक मील की कड़ी चढ़ाई पार करके हम छोटे-से मैदान में पहुँचे। नदी के उस पार सामने, रामपुर—बुशहर राज्य की सीमा शुरू होती है—रतनसिंह ने बतलाया। नेलङ् में लकड़ी नहीं मिलती। इसलिए लोग रास्ते के आस-पास से लकड़ी इकट्ठी करके तब वहाँ पहुँचते हैं। थोड़ी देर तक बैल को चरने को छोड़ दिया गया और मैं बैठकर कविता की कड़ियाँ जोड़ने लगा। रतनसिंह गया लकड़ी लाने।

जब हम नेलङ् पहुँचे तो अभी थोड़ा दिन बाकी था। पच्चीस-तीस घरों की छोटी-सी बस्ती। घर अधिकांश बंद थे। आँगन में दूब उगी हुई थी। यह स्थिति बतला रही थी कि गाँव आबाद नहीं, बल्कि उपेक्षित स्थिति में है। एक मकान के खुले बरामदे में हमने अपना दखल जमाया। पूछने पर मालूम हुआ कि नेलङ् के अधिवासी जाड़े के दिनों में डूण्डा बागोरी चले जाते हैं और गर्मियों में, जेठ के लगभग फिर वापस आ जाते हैं। अपना अनाज आदि मकान में बंद कर ताला मार जाते हैं। उस समय सारे गाँव में कुल मिलाकर आठ-दस आदमी थे। दो-चार भोटिया (तिब्बती) भी थे, जो नमक और ऊन बेचने आए थे।

हमने तै किया कि दो दिन यहाँ आराम कर लें, क्योंकि आगे फिर बावन मील तक कोई गाँव नहीं मिलने का।

[दीपक, सितंबर 1943]

दिमागी गुलामी

जिस बात को आपका दिल कबूल करता है, जिसको आप ठीक मानते हैं, यदि उस पर आप अमल नहीं करते, यदि उसको आप अपने जीवन में नहीं उतारते तो यह आपकी दिमागी गुलामी है। दिमाग की यह गुलामी राजनैतिक गुलामी से कहीं ज्यादा खतरनाक है।

कुछ आदमी हैं जो सिद्धांत के रूप में कुछ और मानते हैं परंतु आचरण कुछ और

प्रकार का करते हैं। ऐसे व्यक्ति समाज के शत्रु हैं। प्रकट रूप में धर्म और छिपी तौर पर पाप करनेवाले लोग इसी कोटि में आते हैं।

स्वाधीन मनोवृत्ति आंतरिक स्वस्थता का सबसे बड़ा लक्षण है। परंपरा का बोझ और धारणाओं का जाल हमें खुलकर समस्याओं का समाधान नहीं करने देता—यह बिलकुल सत्य है।

उच्छृंखलता और स्वाधीनता ये दो पृथक् वस्तुएँ हैं। दुर्बल हृदय के लोग शंका करते हैं कि दिमागी आजादी मानसिक उच्छृंखलता का ही रूपांतर हो सकती है। ऐसे मनुष्य यह सोचते तक नहीं कि स्वतंत्रता की भावना एकांगी नहीं होनी चाहिए। आर्थिक, राजनैतिक, सामाजिक अथवा अन्य कोई भी स्वाधीनता जिस प्रकार आवश्यक है, ठीक उसी प्रकार हृदय और बुद्धि की स्वाधीनता आवश्यक है।

जिस व्यक्ति अथवा समाज की बुद्धि अन्य व्यक्ति या समाज पर निर्भर हो, समझना चाहिए कि उसकी मनोवृत्ति पंगु हो गई है। प्राचीन से प्राचीन धारणाएँ, बड़ी से बड़ी अनुश्रुतियाँ, वृद्ध से वृद्ध गुरुओं की आज्ञाएँ पहले स्वतंत्र बुद्धि की कसौटी पर कसी जानी चाहिए। अमुक ने ऐसा कहा है, अमुक पुस्तक में ऐसा लिखा है, इसलिए ऐसा करना चाहिए, इसीलिए मैं ऐसा करता हूँ, इसीलिए आप भी ऐसा कीजिए—ऐसा वे लोग कहा करते हैं जिनका दिमाग गुलाम है और जिनकी मनोवृत्ति पंगु है।

[कौमी बोली, जनवरी 1944]

थो-लिङ् महाविहार

एक सौ आठ गुन्-पा (विहार) और एक सौ आठ ढाबा (भिक्षु) और अगणित देव-देवियाँ—यही कहकर एक पहाड़ी ने मुझे थो-लिङ् का परिचय दिया था। टिहरी में उत्तर-काशी में किसी ब्राह्मण देवता ने जो बात बताई थी वह तो और ही खोजपूर्ण थी। उन्होंने कहा था—"महाराज, थो-लिङ् में तो स्वयं बदरीविशाल विराजमान हैं और बदरीनारायण में जो हैं सो द्वयं (दूसरे) बदरीविशाल हैं। किंतु थो-लिङ् में जब लामा लोग गो-मांस का महाप्रसाद बनाकर भोग चढ़ाने लगे तब छत फाड़कर बदरीविशाल इधर भाग आए। फिर भी श्रद्धालुगण स्वयं बदरी के स्थान का दर्शन करने जाते हैं।"

थो-लिङ् तक पहुँचने की प्रबल इच्छा राहुल जी की भी थी, इसलिए साहित्य सम्मेलन के गत अधिवेशन (हरिद्वार) और अखिल भारतीय कम्युनिस्ट पार्टी की पहली कांग्रेस (बंबई) में वे सम्मिलित नहीं हो पाए। नेलङ् तक हमारा साथ रहा। टिहरी गढ़वाल राज्य और तिब्बत के इस सीमांत पर नेलङ् एक छोटा और पहाड़ी गाँव है, 11,000 फुट की ऊँचाई पर। बागोरी-हरसिल में थो-लिङ् आने-जाने के लिए राहुल जी ने एक घोड़ी किराए पर ले ली थी, एक मार्ग-दर्शक भी साथ कर लिया था। वह हिंद-तिब्बत के गढ़वाली सीमांत की जाड जाति का था। उसके चोटी थी, फिर भी

भाव-भाषा और आचार-विचार की दृष्टि से वह लामापंथी बौद्ध था। ने-लङ् में भोट गंगा का प्रवाह इतना प्रखर था कि घोड़ी डूबते-डूबते बची—अड़तालीस घंटे की जल-समाधि के बाद ही उसका उद्धार हो सका था। आगे और भी कई जगह इसी प्रखर प्रवाह को पार करना था। उन स्थानों पर आदमियों के पार करने लायक अस्थाई पुल तो यों ही बनते-बिगड़ते रहते हैं; लेकिन अभी तक खच्चरों-घोड़ों के पार करने योग्य पुल तैयार नहीं हुए थे, क्योंकि हम बीस दिन पहले चल पड़े थे। निदान राहुल जी घोड़ी और शिवदत्त (पथ-प्रदर्शक) के साथ ने-लङ् से लौट आए, और मुझे अपने पाथेय का अधिकांश तथा सवा सौ रुपए देकर थो-लिङ् जाने के लिए वहीं छोड़ दिया।

उस उजाड़ बस्ती में दस दिन तक एकांत साधना करने पर मुझे थो-लिङ् के लिए तीन सहयात्री मिले। वे तीनों नमक का सौदा करने जा रहे थे। सामान ढोने के लिए जो-वो (पहाड़ी बैल और चमरी गाय से उत्पन्न) साथ ले लिया गया था। टिहरी से हरसिल तिरासी मील था। हरसिल से ने-लङ् तेईस मील और वहाँ से थो-लिङ् पचहत्तर मील था। ने-लङ् से थो-लिङ् तक पहुँचने में सात दिन लगे। रास्ता बहुत ही विकट था। कई जगह तो चतुष्पद बनकर चढ़ना-उतरना पड़ा। जे-लुखगा-जो (सङ्-चोक-ला) पर आधा मील तक बर्फ मिली। यह 17,500 फुट की ऊँचाई पर है। भोट की जो पहली बस्ती मिली उसका नाम था पुलिङ्। तेरह हजार फुट और ने-लङ् से पचास मील की दूरी पर। साथियों ने यहाँ भोट स्त्रियों के उन्मुक्त आतिथ्य से अपनी थकान दूर की। जो-वो को वहीं छोड़कर थो-लिङ् तक के लिए चार याक् ले लिये गए। मैं पहली बार याक् पर चढ़ा था। शुरू में कुछ कठिनाई हुई। बाद में मैंने याक् से ऐसी मित्रता कर ली कि इशारों से ही वह चलता था या खड़ा होता। वृक्ष-वनस्पतियों की हरियाली तो ने-लङ् से ही अदृश्य हो चली थी। जून का मध्य था, तथापि जौ के सद्यः अंकुरित खेत पुलिङ् के आस-पास हरित-गौर सुषमा की छटा फैला रहे थे। वह हरियाली ऐसी तृप्तिकर थी कि आँखें मुश्किल से ही वहाँ से हटने को तैयार हुईं। सतलज की तटवर्ती अधित्यकाओं पर से जब चल रहा था तब शतद्रु (शतधा दौड़नेवाली) का नाम सार्थक प्रतीत हुआ, क्योंकि छोटे-बड़े शाखा-स्रोतों की दौड़ान में शतधा क्या सहस्रधा विभक्त होकर उसकी तटभित्तियाँ दूर से मृतिका और पाषाण द्वारा निर्मित प्राचीन दुर्गों की भाँति दिखाई पड़ती थीं।

थो-लिङ् के विहारों की शिखर-चूड़ाएँ दूर से ही चमक रही थीं। पश्चिमोत्तर-कोण में गर्तोक् की पहाड़ियाँ बर्फ से ढकी और उत्तुङ्ग होने के कारण ऐसी लग रही थीं, मानो नील-निरभ्र आकाश को चुनौती दे रही हों। जब हम ऐसी बस्ती के निकट पहुँचे तब साथियों ने याक् से उतर जाने का संकेत किया। सतलज का पाट वहाँ चौड़ा था, घास काफी थी। याकों को चरने के लिए वहीं छोड़ दिया गया। हमारे दो साथी सामान की निगरानी के लिए वहीं रह गए और एक को साथ लेकर मैं बढ़ा। दिन के दस बज रहे थे, किंतु सतलज के कछार में धूप काफी कड़ी लग रही थी। उत्तर-काशी में जैसी गर्मी थी, वैसी यहाँ भी मालूम पड़ी। गरीब खेत-मजदूर जौ के खेतों में पानी डाल रहे थे।

अंदर गेरुआ धोती और ऊपर पीली अलफी—'अचारा' कहकर एक भोटिया लड़के ने मेरी ओर उँगली उठाई। हिंदू साधु को इधर के तिब्बती में 'अचारा' कहते हैं। मैंने जवाब दिया—'अचारा मे ङ रङ् पा इनू। युलू ग्यि गे लोङ् ' (हिंदू साधु नहीं, मैं बौद्ध हूँ। नेपाल का ब्रह्मचारी)। आगे बस्ती में घुसते ही पता लगा कि खेमू बो (बड़ा लामा) कल टशी गङ् गर्तोक् के पास एक ठंडी जगह जा रहे हैं। अष्टोत्तरशत स्तूपों की कई कतारों के बीच से जाते हुए हम महाविहार के प्रांगण में प्रविष्ट हुए। ख्यन-पो (खेमू बो—उपाध्याय) थी कुटी प्रांगण के उत्तर में मिट्टी की चहारदीवारी से घिरी, लाल और पीली मिट्टी से पुती, दूर से ही दीख पड़ी। छत पर शृंङ्गी और नगाड़े दिखाई दे रहे थे। चारों कोनों पर मोरपंखमय चीनांशुक-वेष्टित ध्वजाग्र विराजमान थे।

बड़े लामा का काला कुत्ता हमें देखते ही मानो आग-बबूला हो उठा। अविरत तार स्वर में भौंकने लगा और लोहे की मजबूत जंजीर से बँधा होने पर भी उसने उछलना-कूदना आरंभ कर दिया। उसकी पतली कमर तथा विशाल मुँह के देखने से वह पंचानन (पंच-आनन, विस्तृत वदन सिंह) जैसा प्रतीत हो रहा था। एक किशोर लामा ने आकर उस अभिजातवंशीय कुत्ते को चुमकार-पुचकार कर शांत कर दिया। इस प्रकार हमारे अंतःप्रदेशाधिकार की प्रामाणिकता पर उस स्वामी-भक्त द्वारपाल को विश्वास कराया गया।

हमारा साथी चन्द्रसिंह कई बार थो-लिङ् आया-गया हुआ जाड जाति का ही एक तरुण था। वह मुझे पहले सांधिक भोजनालय में ले गया। दो सौ बरस की पुरानी पाकशाला धुएँ से काली-कलूटी, कोलतार से गाढ़ी लिपी-पुती प्रतीत हो रही थी। तीन बड़ी-बड़ी भट्ठियाँ जल रही थीं। तीन-तीन मुँहोंवाली उन भट्ठियों पर लोहे के बड़े-बड़े डेगचे चढ़े हुए थे। पाचक के हाथ में प्रकांड-कलछी को देखकर मैं समझ गया कि महाविहार के सभी संतों और परिचारकों का चाय-पानी और खाना-पकाना अवश्य यहीं होता होगा। पाँच-छः तरुण लामा चाय पी रहे थे। मुस्कुराकर उन्होंने मेरा स्वागत किया। वे सभी ल्हासा के थे और ख्यन्-पो तथा लबूरङ् (छोटा महंथ) के अंगरक्षक के रूप में रह रहे थे। संघ-भोजनशाला में पान-भोजन के लिए जो बड़ा-सा आसन बिछा था, वह भी जटायु था। उसकी आकृति समद्विबाहु थी। आगे प्यालियाँ और कटोरे रखने के लिए जो लंबा-सा पीढ़ा पड़ा था वह भी समद्विबाहु। तिब्बती लोग—लामा भी—दिन-भर अपने लंबे बूट, जो घुटने तक के हुआ करते हैं, पहने रहते हैं। शौकीन और कलाप्रिय व्यक्ति रंग-बिरंगे सूत के बने कीमती सूती बूट पहने रहते हैं। आसन पर बूट समेत ही आकर बैठ जाना, सो भी दिन-रात मिलाकर बीसों बार—और सैकड़ों वर्ष से चले आते इस क्रम की गवाही दे रहे थे उस विराट संघ-आसन के ऊनी गलीचे। एकाएक उस पर बैठते हुए मेरा मन विद्रोह कर उठा, किंतु लामा लोग बैठ जाने का इशारा स्मित वदन होकर कर रहे थे। फिर भी अपनी काली लोई बिछाकर ही बैठ सका। काली लोई का मैला होना उतना असह्य नहीं मालूम पड़ा जितना कि पीली अलफी का। प्याली अपनी-अपनी सबकी जुदा होती है। राहुल जी ने ने-लङ् में ही मेरे लिए एक छोटी-सी सुंदर

प्याली—लकड़ी की खरीदी थी, डेढ़ रुपए में। कीमत निश्चय ही अधिक लगी थी, लेकिन ने-लङ् में और प्याली अप्राप्य होने से झख मारकर हमें नमक के उस भोटिया सौदागर से यह प्याली लेनी पड़ी। अपनी इस सहचरी को जब मैंने पीढ़े पर, सामने रखा तो लामा लोग चमत्कृत हुए—"चल दिक-ने सोङ् के" (यह चीज कहाँ से पाई ?)। चन्द्रसिंह ने कहा—ने-लङ् से। महापाचक ने परिचारक को संकेत दिया और उसने भर दी मेरी प्याली। पर्याप्त मक्खन डालकर मथी हुई वह नमकीन चाय मेरे लिए अपूर्व थी। चन्द्रसिंह अलग बैठा था। उसने भी अपनी प्याली निकालकर सामने रख ली थी। उसकी प्याली अंदर से रजत-पत्र-वेष्टित और कलामय थी और मेरी सादी। इस प्रकार पाँच-पाँच, सात-सात प्याली—वह स्वादिस्ट पेय मुँह में उड़ेलकर जब हम कुछ सुस्ता चुके तब एक तरुण लामा ने आकर कहा—"अभी कुशो रिम् बो छे का दर्शन कर लो, मैदान खाली है।" महापाचक ने सलाह दी—"नहीं, पहले राजा (लबरङ्) का कर लें।"

देहरादूनी बासमती, चीनी, छुहारे, किसमिस, सूखा सेब, एक-एक टिकिया हमाम साबुन का—उपायन की ये वस्तुएँ हरसिल में ही बागोरी के जाड सौदागर से ले ली थीं। चन्द्रसिंह ने नैवेद्य (निवेदनीय पदार्थ) को दो तश्तरियों में विभक्त कर दिया। तश्तरियाँ संघ भंडार से मिलीं।

लबरङ् के सामने जब मैं ले जाया गया तब वे अपने छोटे-से कुत्ते को गोद में लिए हुए प्यार कर रहे थे। कपिश रंग का वह पिल्ला लामा का मुँह, नाक, कान, गला और माथा चाटकर प्रेम का प्रतिदान दे दिया करता और मालिक पुलकित हो उठते। मुलायम ऊन के गलीचे और चीनी कालीन से ढका और कुटी की भीत से लगा चबूतरा था, तल से बीता-भर ऊँचा। उस पर एक बड़ा आसन, चौकोर घुलमे की शकल का और वैसी ही उठी हुई रोमावलीवाला, बिछा था। दाहिने-बाएँ दो-दो छोटे-छोटे आसन और थे। थोड़ी-सी लाली लिये हुए बैंगनी रंगवाला भोटिया चीवर और अंतवसिक—सोने की घुंडी मुंडीवाली पीली अँगरखी, लाल और सफेद सूतोंवाला कड़्वा (भोटिया जूता), यही थे लबरङ् के परिधान में। चीवर और अंतवसिक ऊनी थे और अँगरखी थी आसामी अंडी की। सिर सद्यः मुंडित और नग्न, भास्वर था। दाढ़ी थोड़ी-सी ठुड्डी पर ठीक बकरे की दाढ़ी जैसी ! चंचल आँखें, रह-रहकर तन जानेवाली भौंहें, कनखी और बाल-सुलभ ठहाका मारना—कुल मिलाकर लबरङ् राजा मुझे बिहार के किसी उन्मद जमींदार का फोटो मालूम हुए। एक और तरुण लामा उनके पास बैठा था। चन्द्रसिंह था दुभाषिया। तिब्बती बोलने का अभ्यास मेरा नहीं के बराबर था, फिर भी ने-लङ् के जाडों का सहवास व्यर्थ नहीं गया। उत्तर-काशी में बीस दिन राहुल जी से कुछ तिब्बती सीखी थी, वह भी काम आई। लामा ने पूछा, तब अपनी टूटी-फूटी तिब्बती में मैंने उन्हें जवाब दिया। इससे उनका काफी मनोविनोद हुआ। वहाँ अपने को नेपाल निवासी और सिंहल में दीक्षा प्राप्त बौद्ध भिक्षु बतलाना पड़ा। नेपाली इसलिए बना कि इधर तिब्बती अधिकारी प्रायः प्रत्येक भारतीय को गन्-दी (गाँधी) का आदमी और फि-लिङ् (अंग्रेज) का शत्रु मानते हैं। ऐसी स्थिति में मैं नहीं चाहता था कि पश्चिमी तिब्बत के सर्वप्रधान धार्मिक केंद्र में प्रवासी

बनकर रहते समय वहाँ अनवरत आते-जाते रहनेवाले ल्हासा के राजपुरुषों के लिए जरा-सा भी संदेह-बिंदु हो जाऊँ। और अभी-अभी दो गौरांगों (संभवतः इटालियन) कैदियों ने उत्तर-काशी तथा ने-लङ् के रास्ते भागकर इधर से निकलने की कोशिश की थी कि चवरङ् के जोङ् पान् को पता लगा और उसने पकड़वाकर उन्हें दर्रा-ए-सिपकी के रास्ते शिमला भेज दिया था। पुलिङ् के नम्बरदार से इसीलिए अभी-अभी भारी रकम जुर्माना में वसूल की थी कि उसने उक्त कैदियों को आने-जाने दिया। पुलिङ् के एक भोटिया किसान को मेरे संबंध में भी शक हुआ कि यह साधु का भेष बनाकर उन्हीं भगोड़ों की जाँच करने आया होगा। इसी कारण मैं अपने को भारतीय नहीं कहना चाहता था।

लबरङ् ने मुझसे पूछा—"हाथ देखना जानते हो ?" और अपने दोनों हाथ आगे बढ़ा दिए।

"जी, नहीं।" मैंने कहा—"ज्योतिष का यह अंग मैं नहीं सीख सका।"

"तब कौन-सा अंग जानते हो ?"

"कपाल की लिपि पढ़ना सीखा है।"

"'तब आओ। मेरा ललाट देखो।" लबरङ् राजा ने मुझे अत्यधिक निकट बुला लिया और मेरी ओर कौतुहल से देखने लगे। चन्द्रसिंह से कुछ कहा। उसने मुझसे बताया—"लबरङ् कहता है कि ऐसा अद्‌भुत आदमी तो आज तक नहीं देखा जो ललाट का लेख पढ़ना जानता हो, क्योंकि विधाता का लिखा विधाता ही पढ़ सकता है।"

अपने मनसाराम को भीतर ही भीतर हँसी आई। बाहर से मैं खूब गंभीर बना रहा। बोला—"जू कु शो ! (श्रीमान्) आपकी ललाट लिपि घोर मानसिक चिंता प्रकट कर रही है। रात्रि को अच्छी तरह नींद न आती होगी श्रीमान् को ! है न !"

लामा थोड़ी देर तक चुप रहे। मैंने समझ लिया कि 'मौनम् स्वीकार लक्षणम्'। चन्द्रसिंह अच्छा दुभाषिया नहीं था, फिर भी काम तो हमारा वह चला ही रहा था। ने-लङ् में ही सुन लिया था कि इस साल खेम्-बो और लबरङ् के कार्यकाल की अवधि समाप्त होनेवाली है। नए खेम्-बो और लबरङ् आनेवाले हैं। लबरङ् को चार्ज देना है। पाँच साल का हिसाब-किताब साफ करना है। चिंतित रहता है।

फिर दूसरा प्रश्न हुआ—"तंत्र-मंत्र जानते हैं ?"

"जानता हूँ, किंतु थोड़ा-थोड़ा। कभी प्रयोग नहीं किया है।"

"तिब्बती-लिपि सीखी है ?"

"जू कु शो ? सीखी है !"

"भोट भाषा पढ़ने का क्या प्रयोजन है ? जो कुछ ग्य-गर् गद् (भारतीय भाषा) में है, वही हमारी योद् गद् (भोट भाषा) में भी है।"

अब उन्हें समझा देना पड़ा कि प्राचीन आचार्यों के कई ग्रंथ आज भारतीय भाषा में अप्राप्य तथा अलभ्य हैं। परंतु उनका प्रामाणिक अनुवाद तिब्बती भाषा में अभी भी सुरक्षित है। भारतीय (संस्कृत) और भोटीय दोनों भाषाओं में अभिज्ञता प्राप्त कर लेने

से फिर उन लुप्त ग्रंथों का उद्धार संभव होगा। इसी प्रसंग में उन्हें 'प्रमाणवार्तिका' (राहुलजी द्वारा संपादित) तथा 'न्यायबिन्दु' (चेरवास्की के द्वारा संपादित) दिखलाए और इनका तिब्बती नाम आदि बतलाया। लबरङ् ने दोनों पुस्तकें मुझसे ले लीं और शिर से लगाकर उन्हें प्रणाम किया। मैं तो कभी-कभी इन पुस्तकों को बाँधकर शिरोपधानी (तकिया) का काम निकाला करता था।

किशोर लामा को उन्होंने संकेत दिया कि गेलोङ् (ब्रह्मचारी) को ऊपर कुशोरिम-बो छे (श्रीमन्त महारत्न–धर्माचार्य के लिए प्रयुक्त होता है) के पास ले जाय। चन्द्रसिंह चढ़ावा के लिए दूसरी थाली सजा लाया। उसमें चावल, चीनी, मेवे आदि के लिए अलग-अलग छोटी-छोटी तश्तरियाँ थीं। ऊपर से रेशम का एक पीला टुकड़ा, जो राहुल जी ने इसी मतलब से साथ कर दिया था, रख दिया। फिर हम चले बड़े लामा के दर्शन करने।

बड़े लामा उसी मकान के ऊपरी चौबारे पर एक कुटी में एकाकी विराजमान थे। रंग स्वर्णिम गौर, कद लम्बा, दुहरे बदन का। मुखाकृति शान्त और सौम्य। सिर इनका भी सद्यः मुंडित था, किन्तु दाढ़ी नहीं थी। दो-तीन महीने की उम्र का एक पिल्ला, भूरे रंग का, गोद में सो रहा था। कुटी की सजावट सादी थी। एक ओर रेशमी कपड़ों की वेष्टनीवाली दस-बारह पुस्तकें रखी हुई थीं। बिल्कुल पास में एक छोटी-सी चौकी पर चाँदी की नसदानी और चाँदी का ही जपचक्र पड़ा था। दोनों ही बहुत कलामय प्रतीत हुए। मैंने स्थिविरवादी मुद्रा में खेम्-बो को प्रणाम किया। उन्होंने दाहिना हाथ उठाकर अभयमुद्रा में आशीर्वाद किया। फिर चन्द्रसिंह से मेरे सम्बन्ध में पूछने लगे।

प्रश्नोत्तर के क्रम से मैं समझ गया, कुशो-रिम बो छे तर्क और प्रमाणशास्त्र के नहीं, केवल विनय, धर्म और महायान तथा वज्रयान के श्रद्धापक्षीय ग्रंथों के ही ज्ञाता हैं। उन्होंने कहा–"इस जरा-सी बात के लिए तुमने इतना परिश्रम क्यों उठाया ? श्रद्धावान् के लिए भगवान् शास्ता सर्वज्ञ (बुद्ध) का एक बोल पर्याप्त होना चाहिए और जिसने बुद्ध-गया तथा काशी में बहुत दिनों तक अध्ययन किया हो उसके लिए तो गुरु मंजुघोष की कृपा प्राप्त करना आसान है। जो बात दोर्जे दन् (बुद्धगया) में तुम को नहीं मिली वह तुम संसार में कहीं भी नहीं सीख सकते। आगे तुम्हारी इच्छा ।"

इस प्रकार की गंभीर आस्थावाले पंडित अथवा संत से जब कभी पाला पड़ता है, तब उन्हें समझाना मेरे लिए एक विकट समस्या हो जाती है। कुशो-रिम् बो छे को अपनी बात समझाए बिना उनसे थो-लिङ् में रहकर अध्ययन करने की आज्ञा प्राप्त करना असंभव था। मैं निराश नहीं हुआ। अनुनय के स्वर में अंजलिबद्ध होकर बोला–"शास्ता सर्वज्ञ की अपनी मातृभूमि में सर्वसाधारण लोग उनका नाम तक भूल गए हैं। मैं बहुत दिनों तक बुद्धगया के उस पीपल के नीचे बैठ चुका हूँ। वहाँ निशीथ रात्रि में अंदर और बाहर मुझे यही सुनाई पड़ता था कि जाओ भोट देश में, वहाँ के लामाओं के पास जाकर श्रद्धा-भक्ति सीखो। उनके पास अभी भी बहुत कुछ अवशिष्ट है, वे उदार हृदय के होते हैं। बुद्धवचन और परवर्ती आचार्यों के शास्त्रवचन उन्हीं

लामाओं से सीख सकते हो। बार-बार ऐसा सुनने पर भोट आने का निश्चय किया। एक दिन दुपहर को जब गंगोत्री के पास भैरव घाटी में देवदार की छाया में थकावट के मारे सो रहा था, तब देखा लो बोन् छोग् लङ् (आचार्य दिङ्नाग) रोष भरे स्वर में कह रहे हैं कि तुम्हारा जीवन व्यर्थ है, यदि तुमने मेरे छ मा कुन् तुडि (प्रमाणसमुच्चय) का उद्धार नहीं किया।"

अब खेम्-बो ने कहा कि तुम्हें ल्हासा जाकर पढ़ना चाहिए। यहाँ उतनी पढ़ाई नहीं है। अक्षरारम्भ, स्तोत्रपाठ, पूजा-पद्धति आदि ही यहाँ सिखाते हैं और तुम्हें बनना है महापंडित ! यहाँ कौन पढ़ाएगा ? आचार्य डिङ्नाग और आचार्य धर्मकीर्ति का मैंने भी नाम मात्र ही सुना है। उनका मत, उनकी तर्क-शैली से मैं सर्वथा अनभिज्ञ हूँ। यहाँ सारे ङ् री कोर् सुम् (पश्चिमी तिब्बत) में ऐसा कोई नहीं है जो तुम्हें ये बातें बतला सके।

जब मैंने आग्रहपूर्वक निवेदन किया कि अक्षरारंभ भी मैं यहीं आपके पास ही रहकर करना चाहता हूँ। अत्यंत श्रद्धा से ही इस पवित्र स्थान में आया हूँ। यहाँ हमारे आचार्य दीपंकर श्रीज्ञान (अतिशा) तीन साल रहे थे। रिन् छेङ् जङ् पो (रत्नभद्र) जैसे महान धर्माचार्य की लीला-भूमि मध्यमंडल और काश्मीर के अनेक दार्शनिकों का प्रवास क्षेत्र रहा है यह थो-लिङ्। मैं यहाँ आया हूँ तब कुछ सीखकर ही जाऊँगा। आपकी अनुमति मिले।

"अच्छी बात है, रहो।" मेरे अंतिम कथन से प्रभावित खेम्-बो बोले–"किंतु हम तो केवल ढाई मास यहाँ हैं। उसके बाद ल्हासा चले जाएँगे। दूसरे खेम्-बो और लबरङ् आएँगे...अच्छा, मैं उनसे तुम्हारे लिए कह जाऊँगा। और हाँ, मैं कल टशी गङ् जा रहा हूँ। एक मास वहीं रहूँगा। तुम आज आ गए, अच्छा हुआ। हमारी भेंट हो गई। तुम्हारे लिए एक लामा को नियुक्त कर देता हूँ। वह तुम्हें प्रतिदिन थोड़ा-थोड़ा समय देकर पढ़ाएगा। चतुर और पंडित है। अपना ही अन्तेवासी।...और हाँ, खाने-पीने का सारा प्रबंध तुम्हारे लिए महाविहार की ही ओर से हो जाएगा। उसकी चिंता नहीं करना।"

अब मैं हल्का हो गया। चिंता का बोझ हृदय पर से उतर चुका था। लबरङ् की कड़ाई और लापरवाही रास्ते-भर सुनता आ रहा था। संदेह था कि थो-लिङ् में वह मुझे रहने देगा भी कि नहीं। बात यह है कि सारे तिब्बत में सुदूर सीमांतों की ओर जो अनेक ऐतिहासिक महाविहार आज भी बच रहे हैं, उनकी देखभाल के लिए अधिकारी बनाकर ल्हासा से ही लामा भेजे जाते हैं। जो कड़े स्वभाव के होते हैं, उन्हें लबरङ् बनाया जाता है, ताकि वे कड़ाई से महंतों के कर्त्तव्य का पालन करें । खेम्-बो (ख्यन् पो) महामहंत होता है सही, पर वह लबरङ् की अपेक्षा अधिक शिष्ट तथा संभ्रांत हुआ करता है। नेपाल के तीन सरकार और पाँच सरकार की तरह हम लबरङ् तथा खेम्-बो का तारतम्य समझ सकते हैं। परंतु अब पाँच सरकार की आज्ञा मिल चुकने पर तीन सरकार का डर मेरे मन से मिट गया। चन्द्रसिंह ने भी पूछा–"आपने कौन-सा मंत्र मारा जो इतनी जल्दी बड़ा लामा मान गया ?" मैंने कहा–"यह उस पीपल के पत्ते का चमत्कार

है जो मैं बुद्धगया से लाया हूँ। तुम्हारे पहाड़ी देवताओं में इतना सामर्थ्य कहाँ से आया।"

[सरस्वती, फरवरी 1944]

आंज का मैथिली कवि

30-32 के सविनय अवज्ञा भंग-आंदोलन के दिनों में सारी मिथिला जिस ध्रुपद से गूँज रही थी, वह है—

दुर दुर केहन छै सरकार !
अपने बैसल मौज करै छै
प्रजा करै हहकार !
दुर दुर केहन छै सरकार !

अर्थात्, कैसी है यह सरकार ! छीः छीः खुद तो बैठे-बैठे मौज उड़ाती है और प्रजा हाय-हाय कर रही है। छीः छीः !

इसका स्वर महाकवि विद्यापति की 'नचारी' (लाचारी) का स्वर है जो कि तिरहुत के (उत्तर बिहार) इलाकों में बहुत ही लोकप्रिय है। वैद्यनाथ धाम (देवघर), वासुकीनाथ (मंदारहिल, भागलपुर) और यदाकदा विश्वनाथ (काशी) में भी जब आप किसी बूढ़े को डमरू बजा-बजाकर गाते देखें तो समझ लीजिएगा कि वह मैथिली के कवि कोकिल विद्यापति की नचारी ही गा रहा है। असहयोग आंदोलन (1920-21) का मुझे पता नहीं, लेकिन '30-'32 के जन-आंदोलन की लहर जब आई तो मैथिली के एक किशोर कवि (संभवतः यदुनंदन शर्मा 'प्रलयंकर') के कंठ से वर्तमान नौकरशाही के प्रति जो घृणा फूट पड़ी, वह एक लोकप्रिय नचारी बन गई। अब उसे पंद्रह साल हो गए, फिर भी लोग वह पद भूले नहीं हैं—

दुर दुर केहन छै सरकार !

x x x

बिहार आरंभ से ही किसान-आंदोलन का क्रीड़ा-क्षेत्र रहा है। उसके सिलसिले में भी मैथिली के कवि चुप नहीं बैठे रहे। किसी ने कहा—

क्यौ बुड़िबक क्यौ बुधियार बेश
क्यौ काजुल क्यौ बेकार बेश
क्यौ निपटनिच्छर क्यौ पढुआ
क्यौ उहिगर अछि क्यौ बतगढुआ
क्यौ बाबूसाहेब क्यौ गरीब
क्यौ भागमंत क्यौ कमनसीब
सभ बैसय हमरे छाती पर
कटहर हो अथवा नारिकेर

हम भार सम्हारी सबहिकेर
खाम्ही खुट्टा लरबर लरबर
जे करइत हो चरमर चरमर
हम ओ भरिगर पुरना मचान !

बुद्धू हो या होशियार, काम-काजी आदमी हो या बेकार, निपट-निरक्षर हो या विद्वान, फुर्तीवाला हो या गप्पी, धनी हो या गरीब, भाग्यवान हो या अभागा; सब मेरी ही छाती पर बैठते हैं। बड़ा-सा कटहल हो या छोटा-सा नारियल, मैं सभी का भार सँभालता हूँ। मैं भारी-भरकम-सा वह पुराना मचान हूँ कि जिसके खंभे-खूँटे लड़खड़ा रहे हैं और जो चरमर-चरमर कर रहा है !

साधारण किसान की दुरवस्था का कैसा बढ़िया चित्र खींचा गया है ! उसी में आगे चलकर कहा गया है—

पीसै अछि हमरा जमिंदार
सोखै अछि हमरा सूदवला।
चौपट्ट करै छथि साल साल
जीवछ करेह कोसी कमला !

जमींदार मुझे पीसता है और सूदखोर सोखता है। जीवछ, करेह, कोसी और कमला नदियाँ हर साल मुझे चौपट्ट कर रही हैं। तिस पर भी चैन नहीं, क्योंकि—

कुश तिललै आवथि ओझाजी !
हंटर लै घुमथि दरोगाजी !

और तो और, देवता तक स्वार्थी हो गए हैं—

रहता प्रसन्न बरहम बाबा।
जँ दूध बहावी भरि छावा।

गाँव के बाहर पुराने पीपल के नीचे जो ब्रह्म बाबा रहते हैं, वह भी तभी खुश रहेंगे जबकि उनकी पीड़ी (वेदी, पिंडी, पीठिका) पर घुटना-भर दूध बहाऊँ !

जब से सिंगापुर और बर्मा जापानियों के हाथ में चला गया, तब से साबूदाना (सागू) दुर्लभ हो गया है—अल्हुआ भ गेल साबूदाना...

गीत के ध्रुपद का आशय स्पष्ट है। जर्मन की इस लड़ाई में अल्हुआ (शकरकंद) का भाव इतना चढ़ा जितना कि साबूदाने का ! इस अतिशयोक्ति से अकाल की नग्नता ही प्रकट होती है।

पूछने पर मालूम हुआ कि गायक स्वयं कवि है और मुसलमान है। वह आज दस साल से लोकगीत बना-बनाकर गाता आ रहा है। कई छोटी पुस्तिकाएँ छपवाई हैं। वह निर्मली से समस्तीपुर तक जाता-आता है, अपनी रचनाएँ आप ही गा-गाकर बेचता है। यही उसका पेशा है। सो आज भी इन कानों में उसकी तान गूँज रही है—अल्हुआ भ गेल साबूदाना...

x x x

एक दूसरे कवि ने कोसी नदी की सर्वग्रासी बाढ़ का चित्र यों खींचा है—

कौशिकीक धार
नाव पर बैसि जखन कैर छलहुँ पार;
देखि तखन रुद्र हुनक रूप
मोन पड़ल पोखरि मोन पड़ल कूप
डूबल भसल मोन पड़ल नाव
मोन पड़ल हैजा-मलेरियाक ताव
उपटल सन डीह-डावर सुन्न सन
गाम—लेवै लै नाम
रहल होइ वंश में क्यौ ने जाहि ठाम
कल्पना ताहि ठाँक जोड़ै लागल तार
नाव पर बैसि...
गाछी सुखाय गेल
कलमबाग नष्ट भेल
उजड़ल देहात
बिगड़ल बसात
पड़ल अकाल
मुइल मालजाल
कतहु रहलने सेख
आरि-धुरक रेख
लै गेली बहाय सभक खेत ओ पथार।

जब मैं नाव पर बैठकर कोसी नदी पार कर रहा था—तब उसका रुद्र रूप देखकर मुझे पोखर और कुएँ याद आए; डूबी और बहकी हुई नाव याद आई; हैजा और मलेरिया का ताव (रोब-दाब) याद आया। जहाँ की डीह-डावर (वास-भूमि) उजाड़ हो गई हो, जहाँ का गाँव सुनसान हो गया हो, जहाँ के खानदानों का कोई नामलेवा तक न रह गया हो; मेरी कल्पना उस स्थान के तार जोड़ने लगी कि जब मैं नाव पर बैठकर कोसी नदी पार कर रहा था।

गाछी—बीजू आमों के बड़े-बड़े बाग सूख गए; कलमबाग सूख गए; देहात उजड़ गए; आबहवा बिगड़ गई; अकाल पड़ा; गाय, भैंस, बैल आदि माल-मवेशी मर गए; फसलों से भरे खेत-खलिहान बहा ले गई कोसी नदी...

चित्रण विस्तृत और रचना लंबी है, इसलिए थोड़ा ही उद्धृत किया है।

अब तक का मैथिली साहित्य संपन्न और अभिजात वर्ग का साहित्य रहा है, परंतु अब सर्वसाधारण जनता के सुख-दुख का वाहन बनने जा रहा है।

मिथिलेश (दरभंगा के महाराजा) और उनके बाप-दादों और चचा-भतीजों की गुणगाथा गानेवाले कवियों की परंपरा अब आख़िरी साँस ले रही है। तरुण कवि यात्री

ने वैसे ही कवियों को लक्ष्य करके कहा है—

तोर मन दौड़ैत छहु कोठाक दिश
पैघ पैघ धनीक दिश, दरवार दिश !
गरीबक दिश ककर जाइत छै नजरि
के तकै अछि हमर नोरक धार दिश ?
कै रहल छ ऽ अपन प्रतिभा खर्चतों
ताहि व्यक्तिक सुखद स्वागत-गानमें !
जकर रैयति ठोहि पाड़ि कनैन छै
घर आङन खेत ओ खलिहानमें !

(कविक स्वप्न)

तुम्हारा मन महलों की ओर दौड़ रहा है, बड़े-बड़े धनियों और उनके दरबारों की तरफ दौड़ रहा है; गरीबों की ओर कौन देखता है ! तुम उस व्यक्ति के गुणगान में अपनी प्रतिभा खपा रहे हो जिसकी रैयत घर में, आँगन में, खेत में, खलिहान में दहाड़ मारकर रो रही है !...

इस प्रकार हम देख सकते हैं कि मैथिली का कवि युगधर्म को पहचानने लगा है। मधुप, मोहन, किरण, ईशनाथ झा, जयनारायण मल्लिक आदि अनेकों युवक हैं, जिन्हें हम प्रबुद्ध और प्रगतिशील मैथिली कवि कह सकते हैं। इनके संबंध में कभी फिर लिखेंगे।

[लोकयुद्ध, 11 मार्च 1945]

आज का गुजराती कवि

अम्दाबादना शहेरमां भाई,
शेठिया लोकनी मंडली भाई,
सो सो मिल चलावे
भारत केरां गामडामां भाई,
रामना राजमां माणसने भाई,
चीथरुं हाथ ना आवे !

अहमदाबाद के शहर में सेठ लोग सौ-सौ मिल चला रहे हैं, फिर भारत के ग्रामीणों को—रामराज्य के बाशिंदों को चिथड़ा भी हाथ नहीं आता !

आप यह न समझें कि उक्त पंक्तियाँ आजकल के कपड़ा अकाल पर लिखी गई हैं, वास्तव में यह उद्‌गार आज से तेरह साल पहले गुजरात के प्रसिद्ध कवि सुंदरम् ने प्रकट किया था। यह कड़ियाँ शायद अर्द्धनग्न भीलों को लक्ष्य करके जोड़ी गई होंगी, परंतु इतने वर्ष बीत जाने पर भी इनकी ताजगी ज्यों की त्यों बनी हुई है।

गुजरात ऐसा प्रांत है जहाँ वाणिज्य-व्यवसाय का सहारा लेकर 'सुखी' जीवन बितानेवालों की संख्या लाखों तक पहुँची हुई है। गुजरात की संस्कृति, ललित-कला, काव्य और साहित्य--इन सभी पर अभी तक वणिक्-सभ्यता का पूर्ण प्रभाव है। एक दार्शनिक मित्र ने एक दिन मुझसे कहा—'हमारे यहाँ का ब्राह्मण भी बनिया ही होता है, शेक्सपीयर और कालिदास की कविताओं का प्रेमी कोई गुजराती प्रोफेसर अगर आपको सट्टे की बात करता दिखाई दे तो आश्चर्य मत कीजिएगा।'

ऐसी स्थिति में शोषित पीड़ित-जनता की तरफ नज़र उठानेवाले कवियों की कमी स्वाभाविक ही है। फिर भी आज का गुजराती कवि युगधर्म के प्रति काफी जागरूक दिखाई देता है। उमाशंकर जोशी, झवेरचंद मेघाणी, सुंदरम्, स्नेहरश्मि, उपवासी, चंद्रवदन मेहता, स्वप्नस्थ, रामप्रसाद शुक्ल, नाथालाल दबे, मनसुखलाल झवेरी, अरालवाला, सुंदरजी बेटाई, प्रह्लाद पारीख—ये लोग काव्य क्षेत्र में नई भावनाओं का प्रतिनिधित्व करते हैं।

आज से मेरा मतलब सन् 30 से लेकर आज तक का है। यों तो भारत ही क्या, सारे संसार के लिए यह पंद्रह साल बहुत ही उथल-पुथल का युग, बहुत ही विचित्र युग रहा है। गुजरात के जीवन में भी ये पंद्रह वर्ष बहुमुखी उथल-पुथल के रहे हैं। '30 से पहले का गुजराती कवि केवल आदर्शवादी कवि रहा है। कभी-कभी कलापक्ष और वस्तुपक्ष को मिलाकर वह अजीब-सी खिचड़ी पकाता था। लेकिन अधिक दूर तक वह इस प्रकार चल नहीं सकता था। अहमदाबाद और बंबई में, प्रांत के छोटे-छोटे शहरों में भी, कोटिपतियों के कारखाने खड़े होने लगे तो कवि को भी कल्पनालोक से उतरकर इस धरती पर आना पड़ा। जन-समुदाय के अंदर संघर्ष, तीव्र संघर्ष, नग्न रूप में प्रकट होने लगा तो कवि के लिए और अधिक देर तक आँखें मूँदे रहना असंभव हो गया। उसने आँखें खोलीं और कहा—

न्हतां नयन ऊघड्या समज घर्षणोनी न्हती
न्हती परखदृष्टि, केवल विशुद्ध संकल्प थी
अने मदद त्याग थी, हृदयनी दयामात्र थी
हती शममवा चही जगतनी वधी यंत्रणा ।

... ...

वृथा भटकतां रह्यां भ्रमित कल्पनालोकमा
...सकल द्वार भीड्यां भींसी
प्रमादमय जीवने फकत हुं हतो जीवतो।
प्रियानयनकीकीमां जग आखु संकेलीने
प्रियाप्रमदचक्षुमां जगत-समस्त झंकोलीने
सदाय दिल-ल्हेजते रमत मोज आनंदमां
भींजावी उर, मस्त आप मनमां बनी ल्हेरतो
कदी नहि धरापटे नयन ठेखी हींडतो

—उपवासी

आँखें नहीं खुली थीं। संघर्ष की समझ नहीं थी, वास्तविकता को परखने की क्षमता से मैं शून्य था। विश्व की वेदना को केवल विशुद्ध संकल्प से, त्यागवृत्ति से और दयाभाव से दूर करना चाहता था मैं ! अभी तक व्यर्थ ही कल्पनाजगत् में भटकता रहा मैं ! तमाम दरवाज़े बंद कर रखे थे मैंने; केवल बेहोशी और बेसुधी का जीवन था मेरा ! प्रेयसी की आँखों में सारी दुनिया को प्रतिबिंबित करके, मस्ती और आमोद-प्रमोद से हृदय को तर करके अपने आप में मगन रहता था मैं ! इस धरतीताल पर कभी भी मैंने अपनी नज़र टिकने न दी ! ऐसा था मैं !

फिर हम पाते हैं उसे बेचैन, उसकी प्यास प्रचंड हो जाती है। वर्तमान स्थिति के प्रति यह घोर असंतोष उसके अंदर एक प्रकार की अमिट भूख पैदा कर देता है। कवि अपनी 'काव्यप्रिया' से क्या कहता है ? सुनिए—

अखंड उपवासना दइ शकीश तुं पारणा ?
सदाय उपवासी हुं जनमनो पिपासु प्रिये !

क्या तू कोई ऐसा उपाय कर सकती है, जिससे मेरे अखंड व्रत की पारणा हो ? मैं हमेशा का भूखा और प्यासा हूँ !

x x x

गुजराती के आधुनिक कवियों में जो दो-तीन अत्यंत लोकप्रिय कवि हैं उनमें से एक हैं, उमाशंकर जेठालाल जोशी। आपकी रचनाओं के तीन संग्रह (गंगोत्री, निशीथ, प्राचीना) प्रकाशित हो चुके हैं। उनसे प्रबुद्ध लोकजीवन का आभास पर्याप्त मात्रा में मिलता है। इस छोटे-से निबंध में उन मनोहर उद्धरणों का समावेश असंभव है, तथापि दो-एक उद्धरण यहाँ देता हूँ। अन्न का अकाल सन् 42 से शुरू हुआ परंतु आज से सात-आठ साल पहले ही गुजरात का यह कवि 'अन्नब्रह्म' की स्तुति में एक सौ तैंतालीस पंक्तियाँ लिख चुका था ! यथार्थ में अन्न भगवान् का यह स्तोत्र भारतीय भाषाओं के बीच अपूर्व और अद्वितीय समझा जाएगा—

नमुं, नमुं केवल अन्नब्रह्मने,
नमुं नमुं आदिम अन्नब्रह्मने,
जेने लीधे आ जमवानी शक्ति,
जेने प्रतापे सहु जीव फेरी
बीडेल शी प्राणकली खीली, हसी
ने व्यक्त थै रूपपराग पामती;
जे आशरो एक ज जातमात्रनो
अनन्य जे जीवित हेतु सत्त्व;
जेने बले प्राणीनी प्राण धारणा
सर्वौषधी जे पृथिवींश्रयोनी
... ...
अन्ने करी भूमि तणे खूणे खूणे

रणे अरण्ये हिमने बिछाने
बिछाई सौ मानवनी जमातो
अन्नार्थे ह्वै मानवी कारवानो
प्रदेश छोडी दई ने पुराणा
भक्ष्ये भर्या अन्य नवीन ढूँढती
भक्ष्यो लाध्ये नाखती तूर्त डेरा
ने त्यां मली ज्यां अवकाशवेला,
सेवी रहेती संस्कृति पुण्यगन्धा
नमुं नमुं ए विभु अन्नब्रह्मने
... ...
विडम्बना अन्ननी आवडी जे
पले पले पृथ्वीपटे थती रहे,
छूपेल एमां अतिलोभी अन्नना
भंडारी सौना य विनाशबीज
अन्न ना भक्षनारा ते थशे भक्ष ज अन्न ना,
खाई खाऊघरां सौने, भूख्यांने अन्न खोजशे
उगारशे को नहि अन्नद्वेषीने,
बचावशे संस्कृति अन्नद्रोही ना
ने राचतां सौ श्रममां जनोनी
स्फुरी रहेशे विभु अन्न-अर्चना,
नमुं नमुं केवल अन्नब्रह्मने !

अन्न भगवान् को बार-बार नमस्कार है। उस आदिम अन्न भगवान् की ही महिमा है यह नमस्कार करने की शक्ति भी। जिसके प्रताप से प्राणियों की प्राणकली खिलती है, रूप-रंग और खूशबू पाती है; जो एकमात्र आसरा है सभी का, प्राणियों में प्राण-धारण करने की क्षमता भी जिसी के कारण है और जो भूतलवासियों के लिए सर्वश्रेष्ठ औषध है, उस अन्न भगवान को बार-बार नमस्कार है !

वह अन्न ही है जिसके कारण रेगिस्तान में, जंगल में, बर्फीली जगह में जा-जाकर लोग बस गए हैं; अन्न ही के निमित्त आदमियों का काफिला पुराने देशों को छोड़कर नए-नए देशों को ढूँढ़ता फिरता है, भक्ष्य वस्तु का पता पाते ही वह उन नए-नए स्थानों में अपना डेरा जमा देता है; फिर फुरसत के वक्त वह पवित्रगंधा संस्कृति तथा सभ्यता को अपनाता एवं उसका विकास करता है; जिसके कारण यह सब होता है, उस अन्न भगवान् को नमस्कार !

इस भूमंडल में अन्न की कितनी विडंबनाएँ हो रही हैं ! महालोभी अन्नचोरों के विनाश का बीज भी उसी अन्न में निहित है। अन्न के भक्षकों (हड़पनेवालों) को अन्न खा जाएगा। लोभी पेटुओं को खा करके अन्न क्षुधार्त्त प्राणियों की खोज-खबर लेगा।

अन्न के द्वेषियों को कौन उबारेगा ! संस्कृति नहीं बचाने जाएगी अन्नद्रोहियों को ! श्रममग्न जनता के बीच अन्न भगवान् की पूजा बराबर होती रहेगी।

अन्न भगवान् को बार-बार नमस्कार है।

इसी कवि की 'ज्ठराग्नि' शीर्षक एक दूसरी रचना है। उसमें कहा गया है—

रचो रचो अम्बरचुम्बी मंदिरो
ऊंचा चणो म्हेल, चणे मिनारां
... ...
रचो भले !
...अंतररुंधतीं शिला
ए केम भावी बहुकाल सांखशे ?
दरिद्रनी ए उपहास लीला
संकेलवा, कोटिक जीभ फेलतो
भृख्यां जनोनो जठराग्नि जागशे
खडेरनी भस्मकणी न लाधशे !

बनाओ, बनाते चलो गगनचुंबी मंदिर, ऊँचे महल, बड़े-बड़े मीनार, बनाए जाओ ! अंदर की रुद्ध शिला क्या अब बहुत देर तक थमी रहेगी ? दरिद्रों के उपहास की यह लीला अब देर तक नहीं चलने की ! भुखमरों की जठराग्नि अब जगने ही वाली है, फिर तुम खंडहर की राख का एक भी ज़र्रा नहीं पाओगे !

x x x

साहित्यिक चटोरों के लिए कवि सुंदरम् की कुछ पंक्तियों को उद्धृत करना पड़ेगा, नहीं तो वे नाराज हो जाएँगे। यह नहीं कि जोशी की रचनाओं से इस प्रकार के उद्धरण हम दे नहीं सकते; 'विराट् प्रणय' जैसी अनमोल कविताओं के लिए उमाशंकर जोशी को हम भारत ही क्या, संसार-भर की भाषाओं के महान् कवियों की क़तार में खड़ा कर सकते हैं : सुंदरम् (त्रिभुवनदास पुरुषोत्तमदास लुहार) की भी यही बात है। यह दोनों ही अभी युवक हैं और आधुनिक गुजरात के पहली श्रेणी के कवि हैं।

नव वर्ष (विक्रम संवत् के अनुसार चैत्र शुक्ल प्रतिपदा) की पहली उषा को लक्ष्य करके सुंदरम् ने कहा है—

प्रशस्त तारां चरणे, प्रभावती
उषा ! अमारी ढलती छ अर्चना
आमासना अंध तमिस्र नीरथी
प्रफुल्लती आ तब पद्म पांदड़ी।
मध्याह्ननी ओ पगली सुकोमली
तमिस्र तीरे उंघता उठाडजे
मध्याह्न जोवा झलकंत जिंदगी—
तणो तु खुल्लां नयने जिवाडजे।

अने बने तो...
संध्या अमारी सुरखी भरी करी
मध्याह्न थी ये उजली बनावजे।

हे प्रभावती उषा, तेरे चरणों में मेरी यह पूजा...यह अर्घ्य जल तेरे चरणों में ढालता हूँ मैं ! अमावस के तिमिर-नीर से ऊपर उठकर विकसित हो रही हैं तेरे कमल की ये पंखड़ियाँ। ओ मध्याह्न की पगली, ओ मृदुले, तमसा (अंधकारमयी नदी) के किनारे मुझे सोते से जगा देना ताकि मैं खुली आँखों अपना जीवन—मध्याह्न में दर्शनीय और ज्वलंत जीवन देख सकूँ ! और, यदि हो सके तो मेरे जीवन की संध्या को सुर्ख बना देना, मध्याह्न से भी उज्ज्वल !

सुंदरम् की एक रचना का शीर्षक है 'अम्दाबादना शहेरमां' (अहमदाबाद के शहर में)। वह अत्यंत ही सरल भाषा में और चालू राग में लिखी गई है। गुजरात के देहाती अहमदाबाद (गुजरात की राजधानी) के प्रति क्या भाव रखते हैं, सो आप सुंदरम् के शब्दों में देखिए—

अम्दाबादना शहेरमां भाई,
साबरकेरा पूल परे भाई, मोटरगाडीओ दोडे,
अम्दाबादना बेटमां भाई
रामराजानी जेलमां भाई, घाणीअे माणस जोडे,
डामरकेरी सडके भाई, मोटरगाडीओ दोडे
बीस घोडाने जोर करीने एक एक मोटर दोडे
रामराजानी जेलमां भाई घाणीए माणस जोडे
चार बलदनुं काम करावा, एक एक माणस जोडे
अम्दाबादना शहेरमां भाई,
डगले पगले मारगे भाई, लखमी होटेल आवे
पंच महालना जंगले भाई
रामराजाना राजमा भाई भीलडा फाँसा खावे।

भाई, अहमदाबाद के शहर में क्या-क्या होता है ? मत पूछो : साबरमती के पुल पर मोटरगाड़ियाँ दौड़ती हैं। अंडमन के टापू में, रामराजा (अंग्रेज सरकार से मतलब है) के जेल में घानी पेरने के लिए बैल की जगह आदमी को जोतते हैं ! चमचम करती सड़क पर मोटरगाड़ियाँ दौड़ती हैं, बीस-बीस घोड़ों की ताकत लगाकर एक-एक मोटर दौड़ती है। रामराजा के जेल में घानी के लिए आदमी को जोतते हैं, चार-चार बैलों का काम एक-एक मनुष्य से लिया जाता है ! अहमदाबाद के शहर में, क्या पूछते हो भाई, डग-डग पर पग-पग पर 'लक्ष्मी होटल' पड़ते हैं ! पंचमहाल के जंगल में रहनेवाले 'जरायम पेशा' भील बेचारे पकड़-पकड़कर अंडमन टापू में फाँसी पर चढ़ते हैं !

x x x

स्नेहरश्मि की एक कविता का शीर्षक है 'एरोप्लेन', उसमें आप कहते हैं—

सुवर्ण एवा युगनुं प्रतीक
आजे दीठुं मे—दीठुं आज गर्वे
आराम लेतुं जुहुने किनारे
विमान कोई मनु-पुण्य-पांख !

अर्थात्, आज मैंने हवाई जहाज देखा, हवाई जहाज—इस स्वर्णिम युग का प्रतीक ! वह जुहू के समद्रु तट पर विश्राम कर रहा था, मानो मनुष्य के पुण्य की पाँख हो, जो थककर आराम कर रहा हो !

इस रचना में स्नेहरश्मि ने 'गुहामानव की ओर, प्रकृति की ओर लौट चलो' का नारा लगानेवालों का काफी मखौल उड़ाया है और युगधर्म का स्वागत करते हुए अंत में उक्त पंक्तियाँ कही हैं।...यही कवि एक दूसरी रचना में आतुरतापूर्वक युग बदलने की भावना व्यक्त करते हैं—

मृगुं हल खेडुतनो बोले
एरण जागी आँखो चोले
पीडित धरती अंतर खोल
प्रगटे नवी चीनगारी
रे, पलटे अवनि सारी
देह बेचती अबला जागे
हाटे हाटे भीखारी जागे
खंड खंडना बंदी जागे
जागे नभ नव-लाली !

कवि कहता है : किसान का गूँगा हल बोले, लुहार का एरन (घन) अपनी आँख खोले, पीड़ित धरती अपना हृदय फाड़कर दिखाए, नई चिनगारी पैदा हो; सारी पृथ्वी पलटे।

देह बेचनेवाली अबला जगे, हाट-बाट के भिखारी जगें, जगह-जगह के बंदी जगें और आसमान में नई लाली प्रकट हो !

धोबी को संबोधित करके स्नेहरश्मि ने जो उद्‍गार प्रकट किया है, वह बहुत ही तीव्र कटु वस्तुवाद है—

कुकडो बोले, रात सीधावे, तेडे धोबीघाट
भाई, तेडे धोबी घाट
मेली चादर जेबी काली जागे सूनी वाट
भाई, जागे सूनी वाट
झीको झीको झीको शिला पर कपड़ा वार हजार
भाई, कपड़ा वार हजार
पेलो जगनो घोनारो त्यां अटके ना पलवार
भाई, अटके ना पलवार

जागे पेलो सूरज-धोबी, धोतो रजनी-चीर
भाई, धोतो रजनी-चीर
एनी झीके जागी व्हेशे सूवां जगनां नीर।
भाई, सूवां जगनां नीर।

भावार्थ कठिन नहीं है। खड़ी बोली की अपेक्षा प्रांतीय भाषाएँ (कम से कम उत्तर भारतीय भाषाएँ) एक दूसरे के लिए कितनी आसान हैं !

मुर्गा बोला, रात बीतने को हुई, धोबी चला घाट की तरफ ! मैली चादर की तरह काली राह जग गई, मुखरित हो उठी सूनी-सूनी सी राह !

भाई, पछीटो पत्थर पर हजार-हजार गज़ कपड़ा; खूब पछीटो ! जगत् को धोनेवाले ओ धोबी, तुम्हारा यह काम पल-भर को भी रुकने का नहीं !

सूरज और धोबी ही सबसे पहले जागते हैं, वह काली रात को धोकर दिन बना देता है और यह काले कपड़ों को...इसके पछीटने की आवाज से सोए संसार का पानी जगेगा और बहने लगेगा; हाँ, बहने लगेगा !

इस प्रकार हम देखते हैं कि आज का गुजराती कवि भी युग के प्रति कम सचेष्ट नहीं है। परंतु गुजराती साहित्य के दो-तीन आलोचकों से बातचीत करने के बाद मैं इस नतीजे पर पहुँचा हूँ कि 'सत्यं शिवं सुंदरम्' में से शिव और सुंदर ही अधिक रोचक लगता है उन्हें। कटु सत्य और नग्न यथार्थता की ओर ध्यान आकर्षित करनेवाला कवि 'शिक्षित और सभ्य' वर्गों में उपेक्षा की ही दृष्टि से देखा जाता है। रामप्रसाद शुक्ल और 'स्वप्नस्थ' के संबंध में एक एम.एम. महानुभाव ने कहा--यह सब प्रो-कम्यूनिस्ट (कम्युनिस्टों के पक्षपाती) कवि हैं, इनमें आप कोई खास बात नहीं पाएँगे। हाँ, ठीक है। किसी 'खास बात' को सामने रखकर गुजराती के इन कवियों का अनुशीलन मैंने शुरू नहीं किया; साधारण-सी बात थी मेरे सामने कि हमारी हिंदी के कवियों को जो समस्याएँ घेरे हुए हैं, क्या वे गुजराती कवियों को भी उसी प्रकार घेरे हुए हैं ? और, मैं इसका समाधान पा गया हूँ। वे ही प्रबुद्ध भावनाएँ आज के गुजराती कवि को भी आंदोलित कर रही हैं, जो हमारे हिंदी कवि को।

'स्वान्तः सुखाय' की ऊँची सतह पर से उतरकर जन-साधारण की भीड़-भाड़ में शामिल होने के लिए अत्यंत ही उत्सुक कवि 'स्वप्नस्थ' की इन पंक्तियों को देखिए--

गाई उठो जग-गायको
नित नित अमान्य रहेल नभनी सौम्य
विस्तृत कल्पना
जन-हृदयमां उतारावतां
गाओ ! उषानां गान ओ जग-गायको !

गा उठो हे जग-गायको, आज तक अमान्य रहनेवाली गगनविहारिणी कल्पना को जन-साधारण के अंतस्तल में उतारते हुए हे जग-गायको, तुम लोग उषा का संगीत गाओ !

कवि को कल्पना से द्वेष नहीं, लेकिन वह अपने पैर अब ठोस धरती पर रखना चाहता है।

और भी कई कवि हैं जिनकी रचनाओं से काफी उद्धरण दिए जा सकते थे, किंतु अब मैं इस छोटे-से लेख को समाप्त करना चाहता हूँ।

[हंस, सितंबर 1945]

आतिथ्य-सत्कार

नाटा कद, दुहरा बदन, भूरी आँखें, चिपटी नाक। गौर-पांडुर कांति, सत्रह-अठारह साल की उम्र। बैंगनी रंग का ऊनी पाजामा, ढीला-ढाला चोगा। घुटनों तक सूती बूट। पीठ पर लटकती हुई वेणी और कानों से लटकते हुए फिरोजे—यह तिब्बती नौजवान ब्रह्मपुत्र के किनारे दो दिन से पड़ा था। दो याक थे, जो दूर की अधित्यका पर चर रहे थे। छोटी-छोटी दो छोलदारियाँ लगी हुई थीं। पास में एक बड़ा-सा त्रिशूल गड़ा हुआ था, जिसके कंठ से डमरू बँधा था। छोलदारियों पर जो ध्वजदण्ड थे, उनमें मोरपंख लपेटे हुए थे। साथ ही रंग-बिरंगी रेशमी पताकाएँ फरफरा रही थीं।

नौजवान कस्तूरी मृगछाले पर बैठा था। सामने चाय से भरी चाँदी की प्याली पड़ी थी। मैं जब वहाँ पहुँचा, तो शाम होने ही वाली थी। मेरे खच्चर पीछे आ रहे थे। मेरे निकट पहुँचने पर छोलदारी की आड़ में बँधा हुआ झबरा कुत्ता गुर्रा उठा। मैं दो कदम पीछे हटा तो उक्त नौजवान मुस्कुराकर उठा और चोगे के पल्ले से कुत्ते का मुँह ढँककर खड़ा हो गया; हाथ से इशारा करता हुआ बोला—शाक् (आओ)।

मैं झटकारकर नौजवान के आसन के पास आकर बैठ गया। इतने में छोलदारी के अंदर से अधेड़ उम्र का एक साँवला आदमी निकला, हाथ में टोंटीदार सुबरना था; होंठों पर मुस्कुराहट थी।

अपनी जेब से मैंने भी फोस्बा (लकड़ी का प्याला) निकालकर सामने रखा। उसमें चाय भर दी गई—नमकीन चाय, देखने में गूलर के दूध-जैसी।

पूछने पर मालूम हुआ कि नाम है नौजवान का नम्-ग्यल् (विजय)। तीन माँ हैं, दो भाई हैं। शादी हो चुकी है। उसकी तरह दोनों भाइयों का उसकी नवोढ़ी किशोरी पर अधिकार है।

कृष्णपक्ष था। ब्रह्मपुत्र की उस चौड़ी कछार पर अपनी काली चादर फैलाकर त्रयोदशी की रात हजार-हजार बाँहों से हिमालय के कंधों को आवेष्टित कर चुकी थी। हम थुक्-पा खा रहे थे। नरक फल में चर्बी डालकर उससे चिराग का काम लिया जा रहा था, मोटे बाँटवाली ऊनी बत्ती हमें अवलोकित कर रही थी।

जंगली साग और गोश्त के सूखे टुकड़े डालकर पकाई हुई खिचड़ी को थुक्-पा कहते हैं। झूठ क्यों कहूँ, जीभ चटकार-चटकारकर खा रहा था। नम्-ग्यल् ने दीप की

ओर लक्ष्य करके कहा—यह भी एक भारतीय की खोपड़ी है !

मेरे रोंगटे खड़े हो गए, डर के मारे अपने को मैंने कुम्हार के चाक पर पाया—भारतीय की खोपड़ी ! मैं सोचने लगा—तो क्या मेरी ही तरह सौ-पचास साल पहले इधर कोई भटकने आया होगा और उसे इस तरुण के डाकू पूर्वजों ने मार दिया होगा ? यह खोपड़ी है ! बाएँ हाथ से अविश्वासपूर्वक मैंने अपना सिर टटोला !

नम्-ग्यल् ने कहा—मेरे परदादा दोर्जेदन् (वज्रासन—बुद्ध गया) गए थे, रात को एक भेड़िए से उन्होंने यह नरमुंड छीना था।

मैंने अंदाज लगाया—सन् सत्तावन की गदर के दिन होंगे। किसी फिरंगी की गोलियों का निशाना बना हुआ कोई राजपूत या अहीर सिपाही ! उसी का होगा यह नरमुंड !...फिर मुझे नम्-ग्यल् के परदादा के प्रति श्रद्धा हो आई। जाने कितनी पीढ़ियों तक एक भारतीय की यह खोपड़ी इस परिवार में दीप का काम करेगी ! अपने महातीर्थ का पवित्र स्मारक बनाकर जाने कब तक ये लोग इसको अपनी आँखों के सामने रखे रहेंगे।

थुक्-पा खाकर जब मैं छोलदारी के अंदर सोने की तैयारी कर रहा था, तब मेरे दोनों खच्चर उस पड़ाव पर पहुँचे। खच्चरवालों ने सामान उतारकर उन्हें कछार में चरने को छोड़ दिया, खुद आग जलाकर चाय-सत्तू का प्रबंध करने लगे और मुझे आ गई नींद।

नम्-ग्यल् का आग्रह मानकर कुछ दिनों के लिए साथ रहना मैंने मंजूर कर लिया ! खच्चरवालों का हिसाब साफ कर दिया गया, उन्हें छुट्टी मिली। वे चले गए। ऊन की फिराक में गए हुए दोनों नौकर जब लौट आए और एक निकटवर्ती प्राचीन विहार की एक सौ आठ परिक्रमा करके जब छोटी माँ भी लौट आई, तो नम्-ग्यल् का दल आगे के लिए रवाना हुआ। उन्हें मानसरोवर से ल्हासा जाना था। आठ मील की रफ्तार से चलते थे। जहाँ हरी-भरी घाटी देखी, पानी का सुभीता देखा, वहीं पड़ाव डाल दिया; यही था उनका नियम। सवारी के लिए तीत और याक ले लिए गए थे। मैं जिस याक पर चढ़ा वह बदमाश नहीं था। उसकी प्रशंसा में बहुत-सी बातें सुनने को मिलीं। नम्-ग्यल् ने बोधिसत्व अवलोकितेश्वर का नाम लेकर दोनों कानों पर हाथ लगाकर जीभ निकाली और कहा—यह याक पशु नहीं, देवता है, नन्दी का अवतार है। सात दफे कैलाश और मानसरोवर की परिक्रमा कर चुका है। शाम-सुबह आँखें मूँदकर कुछ देर के लिए जुगाली बंद रखता है, अपने आरोही को न पटकता है, न गलत राह पर ले जाता है।

इतना कहकर उस तरुण ने याक की पूँछ को चूम लिया। श्रद्धा का अनुमोदन करने के लिए मैंने भी नम्-ग्यल् का साथ दिया और उछलकर नन्दी की पीठ पर सवार हो गया। आगे एक छोटी नदी को पार करना था। मैं घबराया, तो नम्-ग्यल् की छोटी माँ शे-रब् (प्रज्ञा) ने दया दिखलाई। वह उसी याक पर चढ़ गई। मेरी पीठ से सटकर, एक हाथ से मुझे आवेष्टित किए हुए थी और दूसरे से नाथ पकड़े हुए थी। उस प्रौढ़ा के वक्ष-स्पर्श से मैं रह-रह सिहर उठता था। शे-रब् मुझे ढाढ़स बँधाती—दि ल ल पो रे ङ् (सुगम है, घबराओ नहीं)।

नदी पार कर जाने पर वह उतर गई। कुछ दूर तक घास-भरे, फिर बर्फीले मैदान को पार कर हम तीसरे पड़ाव पर पहुँचे। यह पिछले पड़ाव से दस मील पर था। याकों पर से सामान उतारकर उन्हें चरने छोड़ दिया गया। खाल की बोरी से सूखी लेंड़ियाँ निकालकर चकमक पत्थर और घास के सहारे आग जलाई गई, धौंकनी चलाकर अच्छी तरह जब आँच तैयार की, तो उस पर दो-तीन पत्थर के जरिए पतीला चढ़ा दिया। चाय खौलने लगी, उसकी सोंधी बास और नम्-ग्यल् की ताजी बातचीत थकान को भूख में बदलने के लिए काफी थी।

उस दिन चाय पिलाते समय कथा-प्रसंग में शे-रब् ने कहा था—क्या करोगे हिंदुस्तान लौटकर ? लु-डुब् (नागार्जुन), चलो हमारे साथ चङ्-युल (मध्य तिब्बत) के इलाके में, वहाँ सैकड़ों की तादाद में अपनी भेड़ें हैं, बीसियों सुरा गायें हैं, दस घोड़े हैं, सत्रह खच्चर। हम तीन बहने हैं, नई-नवेली एक पतोहू है, भगवान अमिताभ की कृपा से तीन-तीन लड़के हैं। तुम्हें जरा भी दिक्कत नहीं होगी। हमारा हरा-भरा इलाका देखोगे तो खुद भी वहाँ बस जाने का तुम्हारा मन करेगा। और उस महिला के होंठों पर मुस्कान की हल्की रेखा जो उठी, सो उसकी मंगोल आँखों से टकराकर तरल-स्निग्ध चितवन में खो गई।

चाय पीकर उठा, तो बर्फ की कनियाँ बरसने लगीं। हम छोलदारी में जा घुसे। सामने, उत्तर की तरफ छोटी-बड़ी सफेद चोटियों के ऊपर भारी-भारी-सा आसमान चीनी-तुर्किस्तान की याद दिला रहा था।

2

थकावट ज्यादा थी, बड़ी गहरी नींद में सोया था। नम्-ग्यल् और उसके नौकर दूसरी छोलदारी में सोए पड़े थे। रात में एक बार मैंने महसूस किया कि किसी ने मेरे मोटे-मोटे दो कम्बलों पर से भारी-भरकम नम्-दा (बहुत मोटा तिब्बती कम्बल) डाल दिया है। थोड़ी देर बाद लगा, मेरे कम्बलों के नीचे एक नग्न-स्त्री-शरीर घुस आया है। फिर ऐसा मालूम हुआ कि किसी ने मुझे अपनी गरम छाती से कसकर सटा लिया है और मैं सिकुड़ गया हूँ। उसके बाद स्वस्थ और उष्ण स्पर्श का अनुभव हुआ।

भोर हुई, तो मैं आश्चर्य में डूबा हुआ रात्रि की घटना को स्वप्न समझकर अपने को फुसलाने की कोशिश करने लगा। सामने चाय की प्याली थी, नम्-ग्यल् था, उसकी छोटी माँ थी। आज मंगलवार था, तरुण को छह दिनों से मैं टालता आ रहा था कि आज नहीं, तुम्हारी हस्त-रेखा मंगलवार को देखूँगा। वह अधीर होकर उस मंगल की प्रतीक्षा करता आ रहा था। उसका पिता कभी रुतोक्-जोङ् का जोङ्-पान् (किलेदार—कलक्टर) रह चुका था। नम्-ग्यल् की इच्छा थी कि बड़ा होकर वह भी कहीं का जोङ् -पान् हो जाय। बहुत बड़ा दैवज्ञ समझकर वह मुझसे इस विषय में आशा की कोई बात सुनना चाहता था। पर उस दिन तो मैं खुद ही खोया-खोया-सा बिस्तर से उठा

था। मुझे चुपचाप देखकर शे-रब् बोली—रात में इतनी सर्दी पड़ी कि तुम ठिठुर गए, मैं न गरमाती तो क्या हाल हुआ होता ?

नम्-ग्यल् ने यह सुनकर मुस्करा दिया और मेरे कंधे पर हाथ रखते हुए कहा—छोटी माँ बड़ी दयालु हैं, जाड़े के दिनों में जो भी कोई हमारे यहाँ अतिथि होकर रात-विरात पहुँचता है, उसे यह ठिठुरने नहीं देती !

यह सुनकर मेरा हृदय हल्का हो गया और भीतर-ही-भीतर मैंने नम्-ग्यल् की छोटी माँ को प्रणाम किया।

पंद्रह दिन मैं उन लोगों के साथ रहा, शे-रब् का निश्छल और सहज स्नेह क्या कभी मैं भूल सकूँगा ? पहले उसे समझने में मेरे इस भारतीय हृदय को भ्रम हुआ, सदाचार और नैतिकता के अपने ही मापदंड से दूसरों को नापते समय यही गलती तो हम कर बैठते हैं।

जुदा होने के समय बच्चों की भाँति वे सुबक-सुबककर रोए और मैं भी अपने को रोक नहीं सका।

[हुंकार, दीपावली अंक, नवंबर 1945]

सिंध में सत्रह महीने

गर्मी बेहद थी। ट्रेन में रेत उड़-उड़कर इतनी आ रही थी कि सभी आँख-मुँह ढके हुए थे। स्टेशनों पर पानी का मिलना असंभव था—कई जगह देखा, देहाती लोग पानी के लिए मिट्टी का बर्तन लेकर इंजन की प्रतीक्षा में खड़े थे। पंजाब-सिंध सरहद के इस इलाके में पानी की इतनी कमी है कि लोगों को या तो शहर से पानी लाना होता है या रेलगाड़ी के ड्राइवरों की कृपा पर वे निर्भर रहते हैं। दो-तीन प्रकार के मरु-उम्दिदों के क्षितिजचुंबी जंगलों में सैकड़ों ऊँट चर रहे थे। बस ऊँट ही ऊँट और जानवरों का नाम तक नहीं। पथ और पगडंडियाँ जनशून्य थीं। सहयात्री एक मुसलमान फकीर था। पूछने पर जवाब मिला—हूरों के उत्पाद से छोटे-छोटे स्टेशन बंद हो गए हैं।

सुबह हम मुल्तान में गाड़ी पर चढ़े थे। समासहा जंक्शन तक तो पंजाबी वातावरण-सा रहा, उसके बाद हिंदुओं के परिधान में धोती के दर्शन होने लगे। तहमद और पाजामा पंजाब के साथ-साथ पीछे छूट गया। ट्रेन ज्यों-ज्यों सिंधु नद के कछार में आती गई, त्यों-त्यों जंगल घना होता गया। यह जंगल विराट्‌काय वनस्पतियों के नहीं थे, तो भी काफी घने थे। रोहड़ी के पास उस महान सिंधु नदी की झाँकी मिली कि जिसकी धारा में डूब लगाकर सिकन्दर ने अपने देश-देवता जुपीटर को अर्घ्य दिए थे।

रोहड़ी सिन्धु के किनारे अवस्थित एक प्राचीन नगर है। आजकल नार्थ-वेस्टर्न रेलवे का जंक्शन होने के कारण उसकी प्रसिद्धि है। पर, पहले बड़े-बड़े सूफियों की

लीला-भूमि के रूप में ही यह स्थान विख्यात था। अभी भी सूफियों के दो-चार अखाड़े वहाँ मौजूद हैं। सिन्धु के उस पार सक्खर जैसा प्रसिद्ध नगर है। बीच में साधुबेला जैसा प्रसिद्ध टापू पड़ता है। पास में इंजीनियरिंग का महान चमत्कार वह महासेतु है। पंजाब से आनेवाली गाड़ियाँ यहाँ काफी देर ठहरती हैं, फिर क्वेटा या कराँची की ओर जाती हैं।

रोहड़ी स्टेशन पर उतरते ही 'पल्ला' मछली के तले हुए बड़े-बड़े टुकड़ों ने मेरा ध्यान आकृष्ट किया। जन्मजात मत्स्य-लोलुपता पानी बनकर जीभ पर उतर आई और मैंने अंदर-ही-अंदर अपने मैथिल पूर्वजों की स्वादवृत्ति को प्रणाम किया। तो क्या प्रणाम ही करके रह गया ? नहीं, स्टेशन से बाहर निकलकर सराय में ठहरा और गुरु नानक होटल में बैठकर इत्मीनान से भगवान के मत्स्यावतार की पूजा की।

दूसरे दिन पुल पार करके सक्खर देखने गया। बाजारों में हिंदुओं को धोती ही पहने पाया। नौजवानों और बच्चों की बात छोड़ दीजिए। अभी कल सुबह तक मैं पंजाब में था, जहाँ धोती का पहनावा हिकारत की निगाह से देखा जाता था। पाधा-पुरोहित, पूजा-पाठ, भोजन-भंडारा के समय धोती पहन लें, तो पहन लें; वरना वे भी पंजाब का भद्र परिधान ही पहनते हैं—चुस्त पाजामा, अचकन या कोट और सिर पर साफा, चादर हुई तो हुई। इस प्रकार पंजाब के दैनिक जीवन से धोती को हिंदुओं ने हटा दिया है। पंजाब ही क्यों, लखनऊ से हम यही हाल देखते आ रहे थे। सिंधु के किनारे-किनारे मीलों तक चली गई है सक्खर बस्ती। जरा दूर हटकर नया सक्खर भी बस रहा है। उस दिन शायद पूर्णिमा थी। हजारों नागरिक सिंधुनद के दर्शन करने आए थे। दोने में कुंकुम और अक्षत डालकर दीप जलाकर उसे प्रवाह में छोड़ रहे थे। शत-सहस्र दीपिकाओं का वह समूह अरब सागर की ओर बहा जा रहा था। और, मैं सिंधी जनता के श्रद्धा-निवेदन का वह मधुर प्रतीक देख-देखकर चित्र-लिखित-सा खड़ा था। एक वृद्ध सज्जन ने भावावेश में पाकर मुझे छेड़ दिया—कहाँ से आए महाराज ?

मैंने संक्षेप में बता दिया और पूछा—नदी के किनारे इस प्रकार श्रद्धापूर्वक दीप बहाते तो मैंने कहीं नहीं देखा है, आपके देश में यह कौन-सी रीति है ?

वृद्ध सज्जन ने कहा—हम सिन्धी वरुण के उपासक हैं। जहाँ जाएँगे, आप इस देश में यही रीति पाएँगे।

उसी प्रसंग में उक्त सज्जन ने एक अनुष्टुप सुनाया—

केचिदत्र निराकाराः साकाराश्च तथाऽपरे।
वयं संसार संतप्ता नीराकारमुपास्महे।।

अर्थात्—कुछ आदमी तो इस दुनिया में निराकार की उपासना करते हैं, कुछ साकार की; परंतु भव-ताप से संतप्त हम प्राणी नीराकार यानी जलमय भगवान् की उपासना करते हैं।

मैं यह सुनकर दंग रह गया। आगे कई बार, कई जगह सिंध में इस प्रकार के दृश्य देखने को मिले। उन पर पृथक् ही एक लेख लिखा जा सकता है। प्रकारांतर वरुण

की उपासना में यहाँ के मुसलमान भी भाग लेते हैं। सिंधुनद को 'दरियाशाह' जैसे महामान्य नाम से वे संबोधित करते हैं।

उस दिन घूमघाम कर साधुबेला भी देख आया। उदासी साधुओं का बहुत बड़ा अखाड़ा है। पाँच सौ बीघे का रकबा होगा। साधुओं का बगीचा ठहरा, हिंदुस्तान-भर से तरह-तरह के फलों की गुठलियाँ ला-लाकर यहाँ वे लगाते हैं। एक ही जगह आम, अमरूद, जामुन, कटहल, केला, लीची, संतरा, अंगूर, नासपाती, सेब, बेर आदि मैंने वहीं देखे।

2

सत्रह महीने तक सिन्ध से मेरा संपर्क रहा—हैदराबाद की सारस्वत ब्राह्मण पाठशाला में प्रधानाध्यापक पद पर कुछ दिन, और कुछ दिन सिन्ध की राष्ट्रभाषा प्रचार समिति के मुख्य पत्र 'कौमी बोली' के संपादक रूप में।

1941 की मर्दुमशुमारी के अनुसार सिन्ध प्रांत की जनसंख्या 45 लाख है, जिसमें 11 लाख हिंदू है। जनता की धार्मिक मनोवृत्ति सूफी और नानकपंथी है। आठवीं सदी के शाहनमाह के अरबी लेख से पता चलता है कि उस समय वहाँ बौद्ध और ब्राह्मण दोनों ही संस्कृति के लोग रहते थे। सिन्ध पर अरबी आक्रमण मुहम्मद-बिन-कासिम द्वारा 692 ई. में हुआ। तब से इस भूमि में इस्लामी भावनाओं का प्राधान्य चला आ रहा है। मीरों, कलहारों और नवाबों की सामंतशाही से ऊबकर स्थानीय जनता राजपूताना, गुजरात और पंजाब में जा बसी और सिन्धुनद के उपजाऊ इलाकों को आगंतुकों के लिए खाली कर गई। उन्हें तलवार छोड़कर तराजू का सहारा लेना पड़ा। इसी से सिन्ध का नागरिक जीवन आज हिंदू-प्रधान हो गया।

गुरु नानक की संतवाणी यहाँ के हिंदुओं और दूसरे लोगों में काफी लोकप्रिय है। सूफी संतों की परंपरा यहाँ ऐसी प्रबल रही है कि सभी सिंधी सूफी धारणाओं से ओत-प्रोत हैं। किसी सिंधी हिंदू से आप मिलिए और पूछिए कि तुम क्या मानते हो, वह अवश्य गुरु नानक और शाह अब्दुल लतीफ के दो-चार पद सुना देगा। शाह अब्दुल लतीफ बहुत बड़े सूफी कवि थे। सिन्ध में वह इतने लोकप्रिय हैं कि उन्हें वहाँ का तुलसीदास कहा जाता है। सिन्धी मुसलमानों को बहुधा मैंने हिन्दू मंदिर, वरुण चैत्य और गुरुद्वारों के सामने सिर झुकाते देखा है। हिंदुओं को पीरों की दरगाहों के समक्ष नतमस्तक पाया है। हिंदु हो या मुसलमान, सिन्धी का हृदय प्रेम-मार्गी होता है। अठारहवीं सदी के मस्त फकीर सचल सरमस्त का यह दोहा कितना बढ़िया है—

'आहि रूहु मुँही जो अरब जो ऐं खाकि हिंदूजी अहमद मिल्यों हुते त हिति श्याम मिल्यो अहि' (मेरी आत्मा अरब की है, तो शरीर हिंदू की; वहाँ अगर मुहम्मद मिले तो यहाँ श्याम मिले हैं।)

सांप्रदायिक दंगे सिन्ध में उतना उग्र रूप नहीं धारण करते, जैसा कि अन्य प्रांतों

में। पीरों की दरगाहों पर होनेवाले मेलों में मैं कई बार शामिल हुआ हूँ। एकतारा पर पीरों के गुणगान करनेवाले हिंदू भगतों को झूमते देखा है।

मुल्तान कभी सिन्ध के अंतर्गत था। वर्तमान प्रांत-विभाजन के अनुसार मुल्तान कमिश्नरी पंजाब के अंदर है, परंतु औरतों की नाकों में पुखराजवाली नथ देखकर सहसा उनकी तुलना आप सिंधी महिलाओं से कर बैठेंगे। जल-पूजा मुल्तान में भी प्रचलित है। सिन्ध के महात्मा उडेरो (लाल) वरुण के अवतार माने गए हैं और वरुण असुर सभ्यता का उतना ही पूज्य देवता है, जिनता कि इन्द्र वैदिक सभ्यता का। असुर सभ्यता के अवशेष सिन्ध के मोहन्-जो-दड़ो और पंजाब के हड़प्पा में समान रूप से पाए गए हैं। तत्कालीन सभ्यता का यह चिह्न (जल-पूजन) भी मुल्तान के निकटवर्ती स्थानों तक प्रचलित है—और सिन्ध में तो जलपूजकों का एक संप्रदाय ही बन गया है, जिसे दरियापंथी कहते हैं।

3

सिन्ध का जनजीवन दूसरे प्रांतों की अपेक्षा सुखी है। कारण यह है कि वहाँ आबादी कम है। सिंधु नद से नहरें निकाल-निकालकर गैर-आबाद और ऊसर जमीन को उपजाऊ बनाने की योजना अमल में बहुत कम लाई गई है। फिर भी प्रांतीय सरकार की ओर से खेती करने के लिए बराबर लोगों का आह्वान होता रहता है। बाहर के लोग भी वहाँ जाकर खेती करने लगे हैं। पक्के कृषिकार तो वहाँ के मुसलमान ही हैं। सिन्ध के हिंदू व्यापारोन्मुखी जाति है। सिन्धी सौदागर दुनिया के कोने-कोने में फैले हुए हैं। जावा, सुमात्रा, बोर्नियो, न्यूजीलैंड, आस्ट्रेलिया, जापान, फारमूसा, चीन, मंचूरिया, कोरिया, मंगोलिया, अफ्रीका के निर्जनप्राय इलाकों में, अरब, ईरान, अफगानिस्तान, साम, सीरिया, मिस्र, यूरोप के छोटे-बड़े देशों में, अमेरिका के उत्तरी और दक्षिणी भागों में, और कहाँ नहीं ये सिन्धी सौदागर फैले हुए हैं।

इस महासमर के युग में हजारों सिन्धी धुरी राष्ट्रों द्वारा विजित देशों में अटके रहे। सिन्धी व्यापारियों की यह जाति भाई-बंद (भाई-बंधु) कहलाती है। एक दिन किसी मित्र ने कहा—मेरा भाई मंगोलिया की सरहद पर चार महीने रह आया है। सैकड़ों फोटो साथ लाया है। देखना हो तो साथ चलिए।

मैंने देखा तो सोवियत मंगोलिया के उद्‌बुद्ध जीवन के प्रतीक कई चित्र थे। उस युवक से बातें हुईं, राजनीतिक मामले में काफी जागरूक निकला वह। दूर-दूर तक फैले हुए ये सिन्धी सौदागर अपने देश लौटकर दान-पुण्य के खाते में काफी रकम खर्च करते हैं। ऐसे ही एक सौदागर ने मुझे हँसकर कहा—हम अपने देशवासियों को थोड़े लूटते हैं ? बाहरवालों को मूड़ते हैं, अपनों को खिलाते-पिलाते हैं। ...और, ठीक ही कहा था उसने। व्यापार-क्षेत्र में सिन्धियों की जो प्रसिद्धि है, वह बाहरी दुनिया को लेकर ही है।

भारत के दूसरे प्रांतों में सिन्धी व्यापारी बहुत कम हैं, परंतु भारत के बाहर

व्यापारी बनकर रहनेवाले भारतीयों में सबसे बड़ी संख्या सिन्धियों की ही है। मारवाड़ी तो अभी बर्मा तक ही पहुँचे हैं। आगे बढ़ने में धर्म का बाह्य आडंबर उन्हें रोके हुए है। सिन्धियों की स्थिति इस संबंध में प्रगतिशील है। छूत-छात का भूत उनसे हार मानता है। नानकपंथी और सूफी भावना के कारण उनमें हद दर्जे की सर्व-धर्म सहिष्णुता होती है। बाहरी दुनिया से निरंतर संपर्क के कारण उनका स्वभाव युगधर्मा बन गया है। यही कारण है कि दुनिया के कोने-कोने में ये पहुँच गए हैं। मिलनसार ये इतने कि दुनिया के बर्बर से बर्बर जातियों के बीच अपनी दुकानदारी चला लेते हैं। आर्थिक उदारता के लिए तो सिंध के ये भाईबन्द मशहूर हैं ही, पर धार्मिकता और सामाजिकता भी इनमें पर्याप्त होती है। वह जहाँ कहीं भी रहेंगे, गुरुग्रंथ और गीता साथ रहेगी; साधु-ब्राह्मण और अतिथि-अभ्यागत इनके यहाँ बहुत ही सम्मान पाता है—चाहे स्वदेश में, चाहे विदेश में। व्यापार ये अधिकतर मोती, जवाहरात, सिल्क-रेशम, सोना-चाँदी का ही करते हैं। कीमती कपड़ों की बड़ी-बड़ी फर्में देश-देशांतर में सिन्धी व्यापारियों के नाम से जुड़ी हुई हैं। इन भाईबन्दों का शायद ही कोई परिवार होगा, जिसका कोई न कोई सदस्य समुद्र-लंघन न कर आया हो। अपने साथ वे ब्राह्मणों को भी खींच ले जाते हैं। मेरे सिन्धी विद्यार्थियों में से एक आजकल कोलम्बो में है, दूसरा गाइना में, तीसरा है अरब में और चौथा चीन में। यह सब मैं अपनी प्रतिष्ठा-वृद्धि के लिए नहीं लिख रहा हूँ, क्योंकि आषाढ़ी पूर्णिमा में उन लोगों ने कभी गुरु-दक्षिणा नहीं भेजी। सोचा होगा, दो-चार महीने ही पढ़ा है—गुरु-शिष्य का गठबंधन जिंदगी-भर का तो होता नहीं ! पर मैं तो नहीं छोड़ूँगा, एक आस्थावान आचार्य के शब्दों में कहूँगा—

एकाक्षर प्रदातारं
यों गुरुं नाभिमन्यते।...

इस श्लोक का उत्तरार्द्ध नहीं लिखूँगा, क्योंकि उसमें शाप दिया गया है। बेचारे कहीं रहें, मस्त रहें !

एक दिन अपने यजमान की ओर से एक मित्र निमंत्रण दे गए। आपत्ति का कोई कारण नहीं था, आत्माराम वहाँ पहुँच गए। जीमते वक्त पूछा तो पता लगा, मित्र के यजमान का भतीजा शंघाई में मर गया था। तीसरे साल की बात है—उन दिनों उक्त नगर जापान के अधिकार में आ गया था। मरने की खबर तीन मास पर कराँची पहुँची थी। उसी तरुण का श्राद्ध था। गुरुग्रंथ और गीता के अखंड सप्ताह के बाद पाँच ब्राह्मणों और पाँच संन्यासियों को भोजन कराया गया। यह सब बात भाई चेलाराम ढोलनमल ने मुझे स्वयं बताई। वही परिवार के मुखिया थे। जापान का आक्रमण होने से पहले तक खुद भी शंघाई और तोकियो में रह आए थे। रेशमी कपड़ों का व्यापार था। अमेरिकन ढंग की अंग्रेजी बोल रहे थे। अभी भी परिवार के चार सदस्य प्रशांत महासागर के विभिन्न टापुओं में अवरुद्ध थे।

कहाँ तक गिनाऊँ, सिन्धियों के साथ बात करने पर जब दुनिया के छांटे-बड़े शहरों के नाम निकल आते हैं और ऐसा बहुधा होता है, तो मेरा घुमक्कड़ मन उछलने

लगता और अंत में उसी लोमड़ी की भाँति बैठ जाता है, जिसने निराश होकर कहा था—अंगूर खट्टे हैं।

सिन्ध के सबसे अधिक प्रतिष्ठित, सुसंस्कृत और सुशिक्षित लोग आमिल हैं। हिंदुओं में प्रमुख ये ही दो जातियाँ हैं, आमिल और भाईबन्द। एक बुद्धिजीवी है तो दूसरा वाणिज्यजीवी। ब्राह्मण थोड़े ही हैं, दाल में नमक के बराबर—'तोयस्थं लवणं यथा।' अमल से आमिल शब्द की व्युत्पत्ति है। ये लोग दीवान कहलाते हैं, मुस्लिम शासन-काल में बड़े-बड़े ओहदे पर रहने के कारण इस जाति का नाम ही आमिल पड़ गया। यह अपने नाम के साथ द्विवेदी, त्रिपाठी, चतुर्वेदी, उपाध्याय, मिश्र आदि की भाँति कृपालाणी, गिदवाणी, वासवाणी, गुलराजणी, मीरचन्दाणी आदि वंशगत उपाधियाँ जोड़ते हैं। भेद इतना ही है कि द्विवेदी, त्रिपाठी आदि उपनाम बहुत प्राचीन हैं और ज्वलंत ब्रह्मत्व की याद दिलाते हैं; परंतु कृपालाणी और गिदवाणी आदि उपाधियाँ दस-पाँच पुस्त पहले के अपने-अपने प्रख्यात वंशधरों की अभिधा को सूचित करते हैं—कृपाल का कृपालाणी, गिदू का गिदवाणी, वासू का वासवाणी आदि। बहुत दिमाग लड़ाया कि यह आणी क्या है। एकाएक ख्याल आया गार्ग्यायाणि, दांडायनि आदि। अपत्य अर्थ को बतलानेवाला गोत्र-सूचक यह 'आयनि' और आमिल लोगों के उपनाम की यह 'आणि' आदि दोनों मिलाए जाएँ, तो भाषा-विज्ञान के प्रेमियों को इस संबंध में निराश नहीं होना पड़ेगा। हमारे आचार्य कृपलानी (कृपालाणी कहिए) इसी आमिल जाति के कुल-दीपक हैं। आचार्य गिडवाणी (सिन्धी उच्चारण गिदवाणी) भी इसी जाति के रत्न थे और साधु टी. एल.वासवाणी का नाम कौन नहीं जानता है ? इस प्रकार हम देख कते हैं कि शिक्षा और संस्कृति के क्षेत्र में भी सिन्धियों का नाम जिन्होंने उज्ज्वल किया है, वह सबके सब आमिल हैं।

बुद्धिजीवी होने के कारण आमिलों को भी उसी तरह बेकारी से लड़ना पड़ता है, जैसे बंगालियों को। शादी-ब्याह में कन्या-पक्षवालों को भी बंगाल की तरह ही यहाँ भी दिक्कतें उठानी पड़ती हैं। हर एक सपूत का बाप कन्यावालों को निचोड़कर सीट्ठी बना डालता है। नतीजा यह हो रहा है कि हजारों आमिल लड़कियाँ वयः प्राप्त होने पर भी बाध्यतामूलक अविवाहित जीवन बिता रही हैं, लड़कियों के विवाह की यह समस्या भाई-बन्दों में नहीं है। उनके यहाँ न तो अति उच्च-शिक्षा प्राप्त लड़कियाँ हैं कि जिनके लिए अति उच्च शिक्षित लड़कों की अनिवार्य आवश्यकता हो, न वैसे लड़के हैं जिनकी कीमत पचीस-पचीस हजार कूती जाए। मिडिल या मैट्रिक तक की प्राथमिक और माध्यमिक शिक्षाएँ दिलवाकर वे अपने बच्चों को धंधे में लगा देते हैं; लड़कियाँ उनके यहाँ अविवाहित कदाचित् ही रहती हैं।

जनता का तीसरा वर्ग है कृषकों का। उनमें पचानवे प्रतिशत मुसलमान हैं। बड़े-बड़े जागीरदारों और गद्दीनशीन पीरों की हुकूमत के अंदर सिन्ध के देहाती मुसलमान बहुत ही पिछड़ी हालत में पड़े हैं। उनमें पंजाबी मुसलमानों को मैंने अधिक जागरूक पाया। अपने पीरों के प्रति उनके हृदय में गंभीर श्रद्धा है। ऐसे बीसों पीर होंगे,

जिनके मुरीदों की संख्या लाखों तक पहुँचती होगी। ये धर्माचार्य भला कब चाहने लगे कि अनुयायियों में शिक्षा-प्रसार हो, उनकी निरक्षरता हटे ? कल-कारखाने सिन्ध में उतने नहीं हैं कि लाखों खेतिहर सर्वहारा की लंबी कतार में खड़े होकर 'इन्कलाब जिन्दाबाद' का नारा लगाएँ। कांग्रेस का शंखनाद वहाँ देहातों में पहुँचते-पहुँचते इतना धीमा पड़ जाता है कि ग्रामीणों को सुनाई नहीं पड़ता। नव-जागरण का सन्देश वहाँ नागरिकों तक सीमित है। साधारण जनता अभी तक पीरों और गुरुओं के मुँह से जो दो-चार पद सुनती है, उन्हीं तक उनकी अभिज्ञता की इतिश्री समझिए।

4

भौगोलिक व्यतिक्रम के कारण सिंध प्रांत शेष भारत से कट-सा गया है, तिस पर अरबी लिपि ने तो और भी हद कर दी है। वह एक दीवार जैसी खड़ी है सिन्ध और भारत के दरम्यान।

सिन्ध के पश्मिोत्तर भाग में बिलोचिस्तान की नग्न पहाड़ियाँ पड़ती हैं, उत्तर-पूर्व में बहावलपुर रियासत के विरल बस्तियोंवाले पंजाबी इलाके पड़ते हैं, पूर्व में राजपूताने का विशाल रेगिस्तान पड़ता है। पूर्व-दक्षिण कोने में कच्छ की छोटी-छोटी झाड़ीवाली भुरभुरी मरु-भूमि और कच्छ की खाड़ी पड़ती है, दक्षिण-पश्चिम में पड़ता है अरब महासागर। खानपुर से लेकर कराँची तक सवा चार सौ मील से ऊपर सिंधुनद के दोनों किनारे लंगोटी की तरह फैला पड़ा है सिन्धियों का छोटा-सा यह प्रांत। आबादी घनी नहीं है। सारा प्रांत आठ जिलों में विभक्त है—सक्खर, शिकारपुर, जैकोवाबाद, लारकाना, दादू नवाबशहा, मीरपुर खास, हैदराबाद, कराँची। इनमें मीरपुर पड़ता है जोधपुर लाइन में और जैकोवाबाद क्वेटा लाइन में। अवशिष्ट जिले (कराँची को छोड़कर) दरिया सिन्ध के कछारों में बसे हैं। जलवायु शुष्क है, वर्षा कम होती है। गर्मी भी खूब पड़ती है और जाड़ा भी खूब। परंतु ग्रीष्म ऋतु में भी वहाँ की रात्रि असह्य नहीं प्रतीत होती है। अरब सागर की पश्चिमी हवा सारे सिन्ध को प्राणवंत बनाए रहती है। गेहूँ और धान उपजते दोनों हैं, इतना उपजते हैं कि सिन्धवासी उन्हें बाहर भी भेजते हैं। सिन्ध की शुमार हिंदुस्तान के उन चंद सूबों में की जाती है, जहाँ अन्न आवश्यकता से अधिक पैदा होता है। चारागाहों की बहुतायत है, इसलिए दूध-घी की भी कमी नहीं है। अभी तक सिंध की बहुत कम जमीन आबाद हो पाई है। सोवियत रूस की पंचवार्षिक योजनाओं की तरह जब कभी कोई विराट औद्योगिक योजना हमारे इस महादेश में लागू होगी, तो अकेला सिंध अनेक प्रांतों का भरण-पोषण कर लेगा। भारतीय शासन विधान (1935) के मुताबिक जो मंत्रिमंडल वहाँ कायम है, उसने इन बातों की ओर बहुत ही कम ध्यान दिया है। पिछले दो-तीन वर्षों के अंदर मुनाफाखोरी और अन्नचोरी का जो चक्र अन्य प्रांतों में चला है, सिन्ध की स्वदेशी सरकार उन्हीं धूर्तों को प्रोत्साहित करती रही है जिन्होंने जनहित का गला घोंटकर करोड़ों का लाभ-शुभ प्राप्त किया है।

सिन्ध का शासन अंग्रेजों ने सिक्खों से छीना था। 1847 ई. में सर नेपियर ने इसे बंबई प्रांत में मिला दिया। अभी नौ साल पहले फिर इस प्रांत को बंबई से अलग कर दिया गया है। शिक्षा और व्यापार में सिंध अभी भी बंबई से जुड़ा हुआ है। धार्मिक और सामाजिक संबंध उसका पंजाब से है।

सिन्धी भाषा आजकल अरबी लिपि में लिखी जाती है। पुराने पंडित, दो-तीन मुझे वहाँ मिले, जो अरबी से अपरिचित और नागरी मात्र से परिचित हैं। अभी चालीस साल पहले तक सिन्धी नागरी में लिखी जाती थी, बनियों ने तो अभी तक नागरी के अन्यतम रूप (मुडा लिपि से मिलता-जुलता हुआ) पकड़ रखा है। वास्तव में सिन्धी भाषा के सूक्ष्म उच्चारण-भेदों को प्रकट करने के लिए अरबी लिपि असमर्थ है। इस भाषा में पाली-प्राकृत-संस्कृत-अपभ्रंश से आनेवाले शब्दों की तादाद इतनी अधिक है कि देखकर दंग रह जाना पड़ता है। क्या मुसलमान, क्या हिंदू सभी उसी भाषा का इस्तेमाल करते हैं। किसी बहुत बड़े मौलवी या पंडित की बात छोड़िए, साधारण सिन्धी जनता जिस ठेठ सिन्धी को व्यवहार में लाती है, उसमें 80 प्रतिशत तद्भव शब्द ही रहते हैं। अठारहवीं सदी के एक मुसलमान संत की वाणी देखिए, कैसी है—

पूरब पन्धि न वञिणां, गिरिनारी गुमनाम
विभिचारी थी बाटते, करनि कीन बिसराम
सीने में संग्राम, सचा सुना सुनिजे।

अपने में ही लीन-मग्न गिरिनारी योगी कर्म-कांडों में नहीं फँसते और न अपना मार्ग त्यागकर आराम ही करते हैं—इनके हृदय में हमेशा युद्ध छिड़ा रहता है।

पाठक देखें कि इसमें कितने तद्भव शब्द हैं। अब आधुनिक सिन्धी का एक नमूना देखें—

जदहिं मात भारत जे चरिनन में तो
दिनो दानु भेटा में जेकी बि हो
छघुई जानि ते भी न हिकिड़ो वगो
लंगोटी टुकरु, व्यो उघाड़ो सजो
तदहिं तोते आसीस माता कई
बधाई वदी तुहिं जी पदिवी वई।

कवि वेकस ने गाँधी को लक्ष्य करके कहा है—तुम्हारे पास जो कुछ भी था, सभी जब भारत माता के चरणों तुम भेंट चढ़ा बैठे, एक छदाम भी नहीं बचा, सिवाय लँगोटी के और क्या रहा ? सारा अंग उघाड़ था, तब तुम पर माता की आशीष हुई; उसने तुम्हारी पदवी बढ़ा दी !

दुर्भाग्य की बात है कि साहित्य-सम्मेलन और नागरी-प्रचारिणी सभा जैसी प्रतिनिधि संस्थाएँ सिन्धी के प्रति उदासीन क्या, विमुख हैं। सिन्धी के उन हजारों शब्दों की व्युत्पत्ति के आलोक में हम हिंदी के तद्भव शब्दों की जड़ तक जा सकते हैं।

इधर चार-पाँच वर्षों से राष्ट्रभाषा प्रचार समिति (वर्धा) के सदुद्योग से सिन्ध में

हिंदी प्रचार का काम होने लगा है। हिंदुस्तानी की आड़ लेकर निखालिस उर्दू का प्रचार प्रांतीय सरकार की ओर से हो रहा है। सिन्धी हिंदू अपनी सरकार से इस बात की माँग कर रहे हैं कि उनके लड़के को नागरी लिपि में हिंदुस्तानी लिखने-पढ़ने की छूट दी जाए। लीगी शिक्षामंत्री इस माँग से बिदकता है। हैदराबाद सिन्ध के दयाराम गिदूमल नेशनल कालेज के प्रोफेसर नारायणदास बथेजा को उस प्रांत की माध्यमिक शिक्षा में संस्कृत-प्रवेश का श्रेय प्राप्त है।

वहाँ के सारस्वत ब्राह्मण प्रतिभाशाली होते हुए भी अपने संपन्न यजमानों से मूयसी-दक्षिणा पाकर इतने अलस, इतने तन्द्रालु बन बैठे हैं कि अध्ययन-अनुशीलन की अधिक आवश्यकता भला उन्हें क्यों होने लगी ? संस्कृत शिक्षा की दशा सिन्ध में वही है, जो पिंजरापोल की लूली-लँगड़ी गायों की होती है !

5

कराँची के एक मित्र ने अपने प्रांत की विशेषता बताते हुए बड़े अभिमान से कहा—सिन्धी भिखमंगे नहीं होते, मजूर, मोची, तेली-तमोली, सुनार-दर्जी सिन्धी नहीं होते; वेश्याएँ भी सिन्धी नहीं होतीं।

'तो आखिर ये आए कहाँ से ?' मैंने उलटकर पूछा तो जवाब मिला—कच्छ, राजपूताना, पंजाब से; और घरेलू नौकर हमें आपके युक्त प्रांत से बहुत सस्ते मिलते हैं।

सिन्धी मित्र की उस मुस्कान ने मुझे चिढ़ाया नहीं, गंभीर बना दिया। गोरखपुर, बस्ती, फैजाबाद, गोंडा आदि के हजारों ग्रामीण सिंध में भरे पड़े हैं। इन्हें यहाँ वाले भैया कहकर पुकारते हैं। भर, बोन, अहीर, राजपूत, कुर्मी, ब्राह्मण सभी जाति के हैं और सब काम करते हैं। निरक्षरता और सफाई का अभाव इन्हें स्थानीय लोगों से छाँटकर अलग कर देता है। फिर शिक्षित से शिक्षित बिहारी और युक्त प्रांतीय बर्मा में जैसे 'दरवान' कहकर पुकारा जाता है, उसी तरह वह सिन्ध में 'भैया' कहकर बुलाया जाता है। इससे मैं स्वयं कई बार तिलमिला उठा हूँ, और बाद में ठंडे दिमाग से कई बार सोचा है। दोष उनका नहीं, हमारा ही है। हजारों और लाखों की तादाद में होते हुए भी गुजरात, महाराष्ट्र और सिन्ध में 'भैया' अपमान और बुद्धू का प्रतीक बना हुआ है। जाहिल, चपाट और उजड्ड! कम से कम पैसा लेकर अधिक से अधिक काम कर देना, निरक्षर भट्टाचार्य होने के नाते जीवन-भर अँगूठा निशान करते रहना, परिवार को साथ नहीं रखना, फिर भी आजन्म प्रवास में हमें औरों की निगाह में हल्के बनाए रखता है। धोती पहनकर, कंधे पर चादर डालकर आचार्य कृपलानी कराँची में एक बार भाषण कर रहे थे। श्रोताओं में सिन्धियों की ही तादाद ज्यादा थी। सभा जब विसर्जित हुई तो कइयों के मुँह से सुना गया—'असाँ जो कृपालाणी भैया थी व्यो आहे (हमारा कृपलानी भैया बन गया) !

बच्चों की देख-भाल, रसोई-पानी, घर-बाग की रखवाली, पूजा-पाठ आदि कई दृष्टियों से सिन्धी हिंदू भैया को ही पसंद करते हैं। परिवारों में बिखरे होने के कारण यों भी इनका संगठन मेढ़कों को तराजू में तोलने की तरह मुश्किल है। तिस पर शिक्षा की कमी, झूठ-मूठ का आत्मसंतोष इनको पिछड़ी हुई स्थिति में रखे हुए है। अब छोटी-मोटी दूकान भी ये लोग करने लगे हैं। फेरी लगाकर दही-बड़ा और पकोड़ा भी बेचना शुरू किया है। इक्के-दुक्के अपने लड़कों को पढ़ाने भी लग गए हैं।

x x x

सिन्ध के अधिवासी शांतिप्रिय, आतिथ्य परायण, सहिष्णु होते हैं। भिन्न-भिन्न प्रांतों से गए हुए लोगों की संख्या सिन्ध को सार्वदेशिक बना रही है। पंजाबी, बलोची, मारवाड़ी, गुजराती, कच्छी, काठियावाड़ी और भैया सब मिलाकर इतना हो गए हैं कि सिन्धी इनकी तुलना में थोड़े लगते हैं।

भोजन में भात और रोटी दोनों ही लोकप्रिय हैं। मांस-मछली न खाते हों, ऐसे सिन्धी बहुत कम मिलेंगे। पापड़ खाने का काफी रिवाज है। खटाई और मिर्चें का इस्तेमाल खूब करते हैं।

कलामूलक वस्तुओं में कपड़ों की छपाई मुझे बहुत पसंद आई। इस्लामी तूलिका से विचित्र बेल-बूटों, मेहराब की तरह छपी हुई किनारीवाले कपड़े आपको बहुत ही आकर्षक लगेंगे। मिट्टी और सीमेंट के योग से तैयार किए हुए खपड़े और ईंटें भी सिन्ध के स्थापत्य कला-प्रेमियों की निगाह में विशेष स्थान दिलाती हैं। लकड़ी की वस्तुओं पर सिन्धी कारीगर इतना बढ़िया वार्निश करते हैं कि देखते ही बनता है। जवाहरात के लिए तो सिन्धी जौहरी मशहूर हैं ही।

सिन्धुनद सिन्ध पहुँचते-पहुँचते 'सप्तसिन्धु' कहलाने लगता है, क्योंकि वह अपने साथ कपिशा नदी और पंजाब की पाँचों नदियों को साथ लिए इस भूमि में प्रवेश करता है। यहाँ और कई बातों की चर्चा आवश्यक थी, परंतु लेख बहुत लंबा हो गया है, अब मैं इसे यहीं समाप्त करता हूँ। सिन्ध के इतिहास और पुरातत्त्व का, प्राकृतिक दृश्यों का अधिक वर्णन करने के लिए हिंदी में एक पुस्तक की आवश्यकता है।

[हुंकार, 23 एवं 30 दिसंबर 1945]

होली : प्रकृति और परंपरा

शिशिर ऋतु में हिम-दग्ध प्रकृति का धवल-पांडुर अंचल अत्यंत अभद्र लगता है। आँखें क्षितिज से टकराकर लौट आती हैं तो विरल और निष्प्रभ दूर्वादलों पर उन्हें टिकाना कठिन हो जाता है।

इन्हीं दिनों वनस्पतियों की डालें और टहनियाँ अकस्मात पुलकित हो उठती हैं तो हमारे सामने आकर खड़ा हो जाता है बसंतपंचमी का त्यौहार। वृक्षों की फुनगियाँ

हरे-हरे, लाल-लाल टूसों से उच्छ्वसित नजर आती हैं। जौ और गेहूँ के पौधों में सीस फूटते हैं। मटर की बेलें मुकलित हो जाती हैं।

आम की अविकसित मंजरियाँ चूस-चूसकर कोयल अपना गला इतना सुरीला बना डालती है कि उसकी काकली संगीतशास्त्रियों की परिभाषा में पंचम तान हो जाती है।

इसी पंचम तान में कूक-कूककर कोयल जब ऋतुराज के आविर्भाव की पहली सूचना देती है तो सारा संसार पागल हो उठता है। सचर-अचर उन्मद हो उठते हैं। दक्षिण समीर के मादक स्पर्श से पुलकित होकर मधुमक्षिकाएँ नए सिरे से अपने मधुचक्र का निर्माण करने लग जाती हैं। जाने कहाँ-कहाँ से शत-सहस्र भौरें निकल आते हैं, नए सिरे से आरंभ होता है उनका मधुपान !

वास्तव में, फाल्गुन पूर्णिमा के दिन होली के नाम पर आज जो उत्सव हम मनाते हैं वह और कुछ नहीं, वसंतोत्सव का ही रूपांतर है। होली या होरी शब्द का व्यवहार एक उत्सव के रूप में बहुत प्राचीन नहीं कहा जा सकता। पाँचवीं शताब्दी से पहले तो कदापि नहीं। बाद में होली, होलिका, होला, होरा आदि समानार्थक विभिन्न शब्द हम अपने प्राचीन साहित्य में यत्र-तत्र पाते हैं। क्षण के अर्थ में होरा शब्द हमारे लिए काफी परिचित है। हो सकता है, वर्ष समाप्ति के दिन पुरानी होरा (होली, होलिका, होला—पुराना संवत) जलाना जब से शुरू हुआ होगा तभी से प्रह्लाद की फूफी (होला या होलिका नाम की राक्षसी) का उपाख्यान इस पर्व के साथ जोड़ दिया गया। दूसरी बात 'होली' के सबंध में जो मुझे स्वाभाविक जँचती है, वह यह कि इस अवसर पर मस्ती के मारे लोग अर र र कबीर, सर र र कबीर और हो हो हो रे, हो हो हो री आदि उल्लासपूर्ण शब्द बारंबार मुँह से निकालते हैं, इसी से होरे या होरी के रूप में यह त्यौहार प्रख्यात हो गया। अभी भी देहातों में होली के दिन लोग बेलगाम होकर ऐसी गालियाँ गाते हैं, जिनका लक्ष्यबिंदु केवल स्त्रियाँ ही होती हैं। इसीलिए 'होरे' (पुल्लिंग) नहीं, 'होरी' (स्त्रीलिंग) इस त्यौहार का नाम पड़ गया हो। मानव सभ्यता के आरंभिक युग में उन्मद तरुण-तरुणियाँ वसंत का उत्सव किस प्रकार मनाती रही होंगी, आज यह बात केवल कल्पना का विषय है। तरुणियाँ उल्लसित हो-होकर कहती होंगी—हो हो हो रे ! और तरुण कहते होंगे—हो हो हो री !

हमारा इतिहास, हमारी परंपरा इस बात के साक्षी हैं कि होली का समारोह प्राचीन काल में वसंतोत्सव अथवा मदनोत्सव के रूप में कितनी उच्छृंखलता के साथ मनाया जाता था। ताम्र अरुण पल्लवों और रंग-बिरंगे फूलों से वासंती प्रकृति की छवि-छटा जब चराचर को विराट अलबम बना डालती तो मानव भी ऋतुराज के स्वागत में ठुमुक-ठुमुक कर आगे बढ़ता है।

आज भी होली आती है तो हमें दो दिनों के लिए अपनी सतरंगी सुषमा की उन्मद किरणों से नहला जाती है। रंग-भरी पिचकारियों की बौछार का वह समाँ अब नहीं रहा तो भी, राजपूतों और मुगलों के दरबार का वह गुलाबी छिड़काव अब सुदूर अतीत का

स्वप्न बन गया तो भी, हाँ तो भी हम होली को भूल नहीं गए हैं। अबीर और गुलाल, कुंकुम और अबरख एक-दूसरे के मुँह पर अभी हम मलते हैं और करते हैं छेड़-छाड़ राहगीरों से। यह भी भला छूटनेवाली बात है। होली का और हमारा तन-मन का संबंध ठहरा, फिर भला अर र र कबीर, सर र र कबीर कैसे छूट जाए ?

यह उत्सव शिष्ट और अशिष्ट दोंनों ही प्रकार से प्रचीन काल में मनाए जाने का उल्लेख हमें महाकवि भवभूति के 'मालती माधव' में मिलता है। विदर्भराज के प्रधानमंत्री, भूरिवसु की कन्या मालती मदन-उद्यान में गई है—कामदेव की पूजा करने। वहाँ इस अवसर के लिए उपयुक्त एक विशेष मंदिर बना हुआ है। प्रौढ़ वसंत की संध्या में नागरिक-नागरिकाएँ आ-आकर वहाँ मदन और रति की अर्चना करती हैं। फूल-माला, पत्र-किसलय, पराग, मकरंद, कुंकुम, अबीर, गुलाल, केसर; धूप, दीप आदि सभी वस्तुएँ मौजूद हैं। नाच-गान, आमोद-प्रमोद बस यही है कार्यक्रम। बड़े घरों की क्वाँरी लड़कियाँ आ-आकर भगवान अनंग से अनुरूप वरों की प्रार्थना करती हैं। इस प्रकार के उत्सव में सर्व-साधारण और खानदानी दोनों तबकों के लोग भाग लेते हैं।

दूसरा तरीका ऊधमी था, जिसका आभास हमें हर्ष की 'रत्नावली' से मिल सकता है। वसन्तोत्सव के दिन, दुपहर के बाद, शराब पीकर लोगों ने नाचना और गाना शुरू किया है। झाल, मृदंग, मजीरा। तिस पर से ताल के मुताबिक तालियाँ भी पीटते जा रहे हैं श्रोता लोग ! सारा शहर मुखरित है। चौक-चौक पर लोगों का झुंड खड़ा है। अपनी अटारी के छज्जे पर बैठकर तमाशा देख रहे हैं। गलियों में अपने-अपने छज्जों पर खड़ी हैं तरुणियाँ, सींग की बनी पिचकारियाँ लिये हुए। सामने से गुजरते नागरिकों पर वे इत्र की फुहार डालती हैं। अबीर और कुंकुम छोड़ती हैं। उन्हें देखकर लोग और भी उन्मद हो उठते हैं। आवेश में आकर और अधिक जोश में धमा-चौकड़ी करने लगते हैं। अबीर और गुलाल इतना अधिक उड़ रहा है कि आकाश लाल लगता है। जुल्फों में, कानों में, बाँहों में, हाथों में और कमर में भी लोग पत्र-पुष्प खोंसे हुए हैं, पैरों में घुँघरू हैं। जगह-जगह फूल-पत्तों से सजे मंडप बने हुए हैं, जिनके मध्य में फुहारे उड़ रहे हैं। उन्हीं में बैठकर घड़ी-भर लोग आराम भी कर लेते हैं और नाच-गा भी लेते हैं। फिर शुरू होती है शोभायात्रा, फिर धमा-चौकड़ी। वेश्याओं के बाजार में जाकर तो यह धमा-चौकड़ी और ही उग्र हो उठती है।...दिन-भर उत्सव का यही सिलसिला चलता रहता है। राजा के रनिवास में, सामंतों के अंतःपुर में भी वसंतोत्सव का यही क्रम रहता है।

मुगल-युग के अंतिम दिनों में दूसरे प्रकार की यही होली अधिक प्रचलित हो गई। शिष्ट प्रकार की होली थोड़े ही घरों में सीमित रह गई। यही बात आज भी हम देखते हैं।

होली की परंपरा को जरा और पीछे की ओर जाकर हम देखें तो मालूम होगा कि वसंत की यह मादकता उतनी ही पुरानी है जितना कि मानव समाज का इतिवृत्त।

मानव-सभ्यता के आदि कल्प में ही ऋतुचर्या के अनुसार वर्षा, शरद, शिशिर[1] और वसंत के उत्सव चालू हुए होंगे। आज भी हिमालय की पहाड़ियों में वहाँ के निवासी जिस उद्दाम रूप में वसंतोत्सव मनाते हैं, समतल भूमि के हम अधिवासी कल्पना तक नहीं कर सकते। भूटान, नेपाल, कुमाऊँ, गढ़वाल, जौनसार बावर (जिला देहरादून का निचला इलाका), शिमला के आसपास की पहाड़ी रियासतें (बुशहर, चम्बा, सोलन आदि), कांगड़ा, कुलू, स्पिति, लद्दाख (कश्मीर) वगैरह पार्वत्य प्रदेशों में वसंत का आविर्भाव चैत में होता है। हिमालय की बाह्य शृंखला के ये इलाके वास्तव में बहुत ही सुंदर हैं। कालिदास के शब्दों में इन्हें 'स्वर्ग के जगमगाते टुकड़े' कहना चाहिए। सरो, चीड़, कैल, देवदार, भोज आदि वनस्पति, विविध प्रकार की लताएँ, हिमाच्छन्न चोटियाँ, कल-कल, छल-छल करती हुई, दूर से द्रवित रजत की लकीर-सी दीखनेवाली नदियाँ—परंतु कातिक आते-आते हिमालय का यह वैभव शीतकालीन सुषुप्ति में लीन हो जाता है। फिर मधु ऋतु का प्रथम पुलक स्पर्श ही उसे जगाने में समर्थ होता है। सतलज की उपत्यका पर खुनू प्रदेश के चिनी और कनम् इलाकों का वसंत का प्रादुर्भाव देखने का सौभाग्य मुझे प्राप्त है। देखा, नासपाती और सेब की नग्न टहनियों में पत्तों में पहले कलियाँ ही फूट आई हैं। वासंती मादकता का यह उद्रेक मेरे लिए अनोखा ही था। कलियाँ फूटीं, फूल खिले, मधुमक्खियों ने पराग का आस्वाद लिया, तब जाकर कहीं उन टहनियों में पत्ते दिखलाई पड़े।

वसंत का आविर्भाव होते ही पहाड़ी सुंदरियाँ अपने नृत्य-गीत-वाद्य से सारे पर्वत प्रदेश को मुखरित कर देती हैं। बालक-बालिकाएँ, किशोर-किशोरियाँ, तरुण-तरुणियाँ, प्रौढ़-प्रौढ़ाएँ और वृद्ध-वृद्धाएँ सभी जुटते हैं। नृत्य गोल बाँधकर ही होता है इनके यहाँ। इसे हम यूथ नृत्य कह सकते हैं। युगल नृत्य की प्रथा नहीं है। इसमें नौकर-चाकर, स्वदेशी-परदेशी का ख्याल नहीं रखा जाता है। चालीस-चालीस दिनों तक यह क्रम चलता है। एक दिन केवल स्त्रियों के लिए ही निश्चित रहता है। उस दिन उत्सव-स्थान में पुरुष एक भी दिखाई नहीं देगा। अगर दिखाई दे तो उसे दंडित किया जाएगा। गधा या कुत्ता या उल्लू बनाकर उसे अपनी उच्छृंखलता का केंद्र होने देंगी। उनका मुखिया ही क्यों न हो, उसे भी यह सजा भुगतनी पड़ेगी। पहाड़ी देवताओं की यात्रा भी इन्हीं दिनों निकलती है। एक परगना के देवता दूसरे परगना के देवता से मिलते हैं। पुजारी का आशीर्वाद पाकर तब यह सब शुरू होता है। मांस, मदिरा, मंत्र और मुद्रा—सब वस्तु चलती हैं।

अनेक प्रांतों में होली का यह उच्छृंखल त्यौहार इन आँखों ने देखा है, परंतु पहाड़ी लोग जिस उद्दाम और उद्दंड रूप में यह त्यौहार मनाते हैं, उसे मैं अनुपम कहूँगा। बात यह है कि वास्तविक वसंत यहाँ नहीं, वहीं नजर आता है। कल्पना कीजिए, चार

---

1. शिशिर ऋतु में प्रकृति यद्यपि सो जाती है, तथापि हमारे कई पर्व-त्यौहार उसी में पड़ते हैं। मकर संक्रांति का तिल-तडुल पर्व किसी-न-किसी रूप में सारा भारत मनाता है। मिथिला की क्वाँरी और नवविवाहित किशोरियाँ 'तुसारी' पूजती हैं, निःसंदेह वह और कुछ नहीं, बस शिशिर ऋतु की तुषार पूजा का ही आधुनिक रूप है।

मास तक लगातार बर्फ गिरे; जाड़ों के मारे सभी अपनी-अपनी खोहों में छिपे हों, हरियाली का नाम-ओ-निशाँ तक न रह जाय; प्रकृति का रुद्र अनुशासन कुहासा बनकर अग-जग पर छा जाए, और ऐसे मनहूस वातावरण में एकाएक ऋतुराज की आगमनी में शिंगी बज उठे और ठूँठ पेड़ की डालें अपनी फीकी टहनियों में कुछ स्फूर्ति, कुछ स्पंदन महसूस करें तो कैसा रहे ?

वासंती उल्लास की यह सूचना वेदों में हम पाते हैं।[1] वैदिक परंपरा में 'समन' नामक उत्सव की चर्चा पर्याप्त रूप में आई है। वसंत ऋतु में तरुण-तरुणियों की उन्मद टोलियाँ अबाध रूप से यह उत्सव मनाती थीं। नृत्य, गीत, वाद्य, सुरा, आमोद-प्रमोद सब चलता था। जो स्त्रियाँ क्वाँरी या प्रोषित-पतिका या पतिहीना रहतीं, वे भी उस उत्सव में शामिल होतीं। आचार्य सायण ने 'समन' के प्रसंग में एक मंत्र की व्याख्या करते हुए कहा है[2]—''धृष्ट (निर्लज्ज-कामुक पुरुष) की ओर जैसे कामिनी स्त्रियाँ आकृष्ट होती हैं।''

रामायण (बाल्मीकि) और महाभारत (व्यास) भी वसंत के संबंध में चुप हों, सो बात नहीं। मधु ऋतु की इन उच्छृंखलताओं को वहाँ एक कठोर आलोचक की दृष्टि से ही देखा गया है, तथापि इन महामुनियों का हृदय स्वयं भी वसंत के जादू से अछूता नहीं बचा था।[3] जगह-जगह वसंत की प्रशंसा उनके मुँह से निकल ही गई।

मध्ययुग में धर्माचार्यों ने वसंतोत्सव को सात्त्विक रूप दिया अवश्य, परंतु वह इतना लोकप्रिय नहीं हुआ। संतों ने होली के अवसर पर गाए जाने लायक शिष्ट गीत लिखे, पर चलन नहीं होने से उनमें से दस-पाँच ही अब बच रहे हैं। इस अवसर पर प्रतीत ऐसा होता है कि गँवार-से-गँवार तक स्वयंभू कवि बन जाते हैं। पता नहीं कहाँ से लोगों की जिह्वा पर सरस्वती आ बैठती है। जिसे देखिए वही मतवाला होकर बेलगाम गालियाँ गाए जा रहा है—अ र र र कबीर, स र र र कबीर, घ र र र कबीर का मनिता देकर।

संस्कृत साहित्य में कई प्रकार के 'वसंत विलास' का जिक्र आया है। वात्स्यायन के 'कामसूत्र' और भोज के 'सरस्वती कंठाभरण' में वासंती क्रीड़ाओं का विविध उल्लेख मिलता है। धूल उड़ाना, कीचड़-कादो लेपना, पानी छिड़कना आदि सभी खेल परंपरा से होते आए हैं। इनका मखौल उड़ाकर हम अपनी प्राचीन संस्कृति से अनभिज्ञता ही जाहिर करते हैं। यह ठीक है कि हम गरीब हो गए हैं, नए और साफ-सूफ कपड़े पहनकर गाढ़े रंग से होली खेलना, पिचकारियों की निशानेबाजी, दंगा-फसाद के इस जमाने के राहगीरों से छेड़खानी आदि हमारे लिए 'महँगा सौदा' होगा, तथापि इस त्यौहार को हम

---

1. वसंतोऽस्यासीदाज्यम् (पुरुष सूक्त)—यजुर्वेद।
समनेव योषाः (4.58.8) ऋग्वेद।
2. धृष्टं पुरुषं कामिन्य इव
—ऋग्वेद के (10.168.2) मंत्र की व्याख्या।
3. ऋतूनां कुसुमाकरः (गीता)
वसंत इव मूर्तिमान् (महाभारत, वनपर्व 280.8)

आज भी मनाते हैं; मनाकर रहेंगे--पुरानी धोती और मसकती हुई चादर तुम्हारी जय हो ! खराब हो जाने के भय से नए कपड़े आज नहीं पहने, कल नया संवत् आरंभ होगा, तो मैं भी नई धोती पहनूँगा और नई चादर ओढ़ूँगा।

[हुंकार, 17 मार्च 1946]

वैशाखी पूर्णिमा

'किशोर' के पाठक-पाठिकाओं के लिए वैशाख के इस महीने में यह जान लेना अप्रासंगिक न होगा कि वैशाखी पूर्णिमा का बौद्धों के लिए क्या महत्त्व है। कहते हैं, इसी तिथि को गौतम बुद्ध का जन्म हुआ; इसी तिथि को वह 'सम्यक् सम्बुद्ध' हुए; और इसी तिथि को उनका महापरिनिर्वाण हुआ।

और हम देखते हैं कि सभी बौद्ध देश वैशाख मास की पूर्णिमा को अपने महान् उत्सव का दिन मानते हैं। सीलोन, बर्मा, स्याम और फ्रेंच-हिंद-चीन (अनाम) एवं मलाया का कुछ अंश आज भी मूल बौद्ध धर्म की मान्यताओं के प्रति गंभीर श्रद्धा रखते हैं। वहाँ अभी तक पाली ही धर्म-भाषा और धर्म-शास्त्र बनी हुई है। इन पाँचों देशों में बड़ी धूमधाम से वैशाखी पूर्णिमा को मनाते हैं। भगवान बुद्ध की प्रतिमा के सामने हजारों की तादाद में जगह-जगह संघबद्ध उपासक-उपासिकाएँ अपने शास्त्र की स्तुति करते हैं। रात-दिन अखंड दीप जलाते हैं। भिक्षुओं, स्थविरों, महास्थविरों, संघनायकों और महानायकों के सम्मिलित सुत्त-पाठ (सूत्र-पाठ) होते हैं। राष्ट्रीय घोषणा करके उक्त देश की सरकारें भी इस दिन अपने दफ्तर बंद रखती हैं। इस प्रकार वे लोग वैशाख की पूर्णिमा को अपना राष्ट्रीय और सांस्कृतिक पर्व समझते हैं।

हमारे यहाँ, भारतवर्ष में, वैशाखी पूर्णिमा सांस्कृतिक रूप से नगण्य हो, सो बात नहीं। हिंदू परंपरा में भी वैशाख-माहात्म्य जैसे कथानक पर्याप्त रूप में मौजूद हैं। इस दिन गंगा में डुबकी लगाना एक-एक हिंदू अपना आवश्यक कर्तव्य मानता है। वैशाखी पूर्णिमा के अगले-पिछले दिनों में गंगा के तटवर्ती इलाकों को छूनेवाली रेलगाड़ियाँ ठसाठस भरी होती हैं। हैजा और प्लेग फैलने के डर से रेलवे अधिकारी गंगातटवर्ती तीर्थों के टिकट देना बंद कर देते हैं। पर, मानता है कौन ? जैसे-तैसे अपनी गंगा मैया की गोद में बच्चा से बच्चा पहुँचता है; बूढ़ी से बूढ़ी पहुँचती है। आबाल-वृद्ध मर्द-औरतें वैशाखी पूर्णिमा को गंगा में डुबकी लगा ही आते हैं, क्योंकि वैशाख की पूर्णिमा के साथ हम भारतवासियों का सदियों का नहीं, सहस्राब्दियों का संबंध है। सिंध के हिंदुओं को इस दिन मैंने सिंधु नद में डुबकियाँ लगाते पाया, तो पंजाब के हिंदुओं को अपनी पाँचों नदियों के उथले प्रवाहों में। वैशाख की पूर्णिमा के इस पवित्र दिन में जिन सौभाग्यवती नदियों का हमारी पौराणिकता से संबंध है, नर्मदा का उनमें दूसरा स्थान है। पहला स्थान भागीरथी गंगा का है। दक्षिणा पथ (मद्रास प्रेसिडेंसी—दक्षिण भारत—डेक्कान या दक्कन)

की कृष्णा और कावेरी भी इस संबंध में उल्लेखनीय हैं। तात्पर्य यह कि हिंदू भारत किसी न किसी रूप में वैशाखी का त्योहार मनाता आया है।

निस्संदेह बौद्धों के लिए वैशाखी पूर्णिमा की यह तिथि प्रथम श्रेणी का पर्व है।

यहाँ गौतम बुद्ध के व्यक्तित्व और उनकी सीधी-सादी शिक्षाओं पर कुछ बता देना आवश्यक प्रतीत होता है।

कुमार सिद्धार्थ का जन्म

कुमार सिद्धार्थ का जन्म एक गणराज्य के मुखिया के यहाँ हुआ था—शाक्यगण के गणपति शुद्धोदन के यहाँ। उस समय प्रायः सारा भारत ऐसे ही गणराज्यों में विभक्त था। और, सच पूछें तो निखिल या अखिल या अखंड भारत के नाम की कोई वस्तु उन दिनों थी ही नहीं। तो था क्या ?

था यही कि सारा भारत पचासों भागों में विभक्त था। ब्राह्मणों और राजपूतों का बोलबाला था। समाज में व्यापारियों की भी प्रतिष्ठा थी। ब्राह्मण, क्षत्रिय और वैश्य—यही तीन जातियाँ सभी प्रकार के सुखों की अधिस्वामिनी थीं। इन तीनों में रोटी-बेटी का नाता चालू था। परंतु, शूद्रों की स्थिति बहुत दयनीय थी। आए दिन सामयिक पत्र-पत्रिकाओं में हम गोरी जातियों द्वारा सताए जानेवाले नीग्रो, हब्शी आदि काली जातियों के लोगों की पुरदर्द कहानियाँ पढ़ते हैं। लेकिन खुद हमारे पूर्वजों ने शूद्रों पर क्या कम अत्याचार किया है ? साथ ही सुविधाप्राप्त वर्गवालों ने जिस खूबी से इन बातों को छिपाया है, वह बहुत मनोरंजक है। पाली और प्राकृत के जरिए बौद्ध और जैन परंपराओं की जो अनुश्रुतियाँ हम तक पहुँची हैं, उनसे तत्कालीन समाज के निचले स्तरों की यथार्थ दशा का आभास कुछ न कुछ मिल ही जाता है।

बुद्ध स्वयं शासकवर्ग में पैदा हुए थे। उन्होंने शूद्रों—दासों और कमकरों पर होनेवाले अत्याचारों को अपनी आँखों से देखा था। गणतंत्री सरदारों को आपस में लड़ते-झगड़ते देखा था। वैदिक मंत्रों की अपनी मर्जी के मुताबिक व्याख्या करनेवाले, नाना प्रकार के भोग भोगनेवाले ब्राह्मण कुलपतियों की असलियत को निकट से देखने का अवसर बुद्ध को मिला था। राजगृह (मगध), श्रावस्ती (कोशल)* आदि के राजघरानों के उतार-चढ़ाव भी बुद्ध के सामने थे। ऐसी स्थिति में अपनी भावुकता और चिंतनशीलता के कारण यदि कुमार सिद्धार्थ राज-पाट, पिता-पत्नि-पुत्र, दास-दासियाँ सब छोड़-छाड़कर महामुक्ति की खोज में निकल पड़े और सम्यक् सम्बुद्ध होकर नए सिरे से धर्म-चक्र का प्रवर्त्तन किया, तो इसमें आश्चर्य की कौन-सी बात है ? विशाल विश्व के वक्षःस्थल पर

---

* कोशल का राज्य दो भागों में बँटा था—उत्तर-कोशल और दक्षिण-कोशल। जिला इलाहाबाद और मिर्जापुर से दक्षिण, यमुना और गंगा के परले पार का प्रदेश, आजकल महाकोशल कहलानेवाला समूचा प्रदेश (जिसे हिंदी भाषा-भाषी मध्यप्रांत कहते हैं); यही सब दक्षिण-कोशल था। बाकी, यू.पी. के तमाम उत्तरी जिले—ठेठ नेपाल की तराई तक; उत्तर-कोशल में आ जाएँगे।

गाँधी के चरण-चिह्न कब तक अंकित रहेंगे, कह नहीं सकता, परंतु भगवान बुद्ध के चरण-चिह्न अभी भी आधे से अधिक भू-भाग पर ज्यों के त्यों मौजूद हैं।

बुद्ध का जीवन कैसा रहा होगा, इसका परिचय हमें पाली वाङ्मय के अवगाहन से भली-भाँति मिल जाता है। गया में अश्वत्थ के नीचे, बोधि (ज्ञान) पा जाने के बाद वह सीधे सारनाथ गए और वहाँ अपनी नई अभिज्ञताओं के आधार पर उन्होंने 'मज्झिमा पहिपदा' (मध्यमा प्रतिपदा—बिचला रास्ता) का उपदेश उन पाँचों साधुओं को दिया, जोकि कुछ ही दिन पहले बुद्ध को छोड़ गए थे। क्यों छोड़ गए थे ? क्योंकि गौतम बुद्ध अपनी साधना के मध्याह्न में कड़ी तपस्या की चरम कोटि पर पहुँच चुके थे और नित्य नए-नए प्रयोगों में उनका समय जाता था। उनकी कठोर साधना से वे पाँचों जने उनकी ओर आकृष्ट हुए और साथ रहने लगे। लेकिन बुद्ध ने जब सुजाता के हाथों निर्जल पायस (बिना पानी के दूध का—बकेन गाय के दूध का बना खीर) पा लिया तो उन साधुओं को इस विचित्र साधक के प्रति घनघोर घृणा हो गई और वे बुद्ध को छोड़कर चले गए। इसलिए बुद्ध ने उन्हीं पाँचों को जाकर अपना उपदेश पहले दिया। जब उन पाँचों को तसल्ली हो गई, तब जाकर बुद्ध ने अपने अनुयायियों का छोटा संघ बनाया। संघ ज्यों-ज्यों बढ़ता गया, त्यों-त्यों शासन-अनुशासन के नियमों-उपनियमों में भी वृद्धि होने लगी। इसलिए आज हम बौद्धों के आचारशास्त्र (विनयपिटक) को इतना बड़ा पाते हैं।

सारनाथ में बुद्ध ने पहली दफे सिंहनाद किया और कुशीनगर में (कुशीनारा—जिला गोरखपुर) आखिरी दफे। अपने जीवन के पैंतीसवें साल से लेकर अस्सीवें साल के अंतिम दिन की अपनी आखिरी घड़ी तक—पैंतालीस वर्ष तक जिस महामानव ने गाँव-गाँव और नगर-नगर घूम-घूमकर दलित से दलित जनता को, संपन्न से संपन्न जनता को अपनी वाणी सुनाई; जन्मगत उच्चता और नीचता जिसकी दृष्टि में निहायत मामूली वस्तु रही; अपने युग के मुताबिक मानव-समाज के विकास-क्रम को जिसने दो कदम और आगे बढ़ा दिया; आइए, आज वैशाखी पूर्णिमा है, हम सभी मिलकर उस व्यक्ति की स्मृति में अपना सिर झुकाएँ।

[किशोर, मई 1946]

ब्राह्मण : बुद्ध युग में

त्रिपिटक और उसकी अद्दकथाओं से गौतम बुद्ध के समकालिक समाज पर अच्छा प्रकाश पड़ता है। ब्राह्मण, क्षत्रिय, वैश्य और शूद्र एवं अन्यान्य छोटी जातियों के संबंध में पालि वाङ्मय हमें पर्याप्त जानकारी देता है।

'मज्झिम निकाय' और 'दीघ निकाय' का पारायण करने से यह बात भली-भाँति प्रतीत होती है कि जनबल, धनबल और बुद्धिबल—सभी तरह से ब्राह्मण ही समाजपति

थे। अच्छी तरह मालिश करवाकर वे नहाते, फिर नाना प्रकार के गंध द्रव्य (चंदन, कस्तूरी आदि) का अनुलेपन करते। कमल, पाटल, तगर, चम्पक आदि फूलों की लंबी मालाएँ धारण करते। केश-मूँछ, सँवारकर कानों में बड़े-बड़े मणि-कुंडल, बाँहों में केयूर, गले में कंठा-चकती (ग्रैवेयक), कमर में मेखला और हाथ की अँगुलियों में अँगूठियाँ पहनते। दूध के झाग-जैसे सफेद कपड़ों का पहनावा होता।

खाने में महीन एवं अति सुगंधित चावल का भात, धोई दाल, मांस का सेवन, कई प्रकार की तरकारियाँ और दही रहता था। उनके एक नहीं, अनेक स्त्रियाँ होती थीं—अच्छी से अच्छी साड़ियाँ और आभूषण पहने हुई।

कटे-छँटे बालोंवाली सफेद सिंधी घोड़ियाँ वे अपने रथों में जोतते थे। लंबे डंडे वाले चाबुक हाथ में लिये हुए उन्हें हाँकते भी वे स्वयं ही थे।

उनका निवास-स्थान चारों ओर खाइयों से घिरा रहता था। उसमें साल और साखुओं की मोटी चहारदीवारी होती। तगड़े और तंदुरुस्त पहरेदारों का जिक्र आया है।

यह आज से पच्चीस-छब्बीस सौ वर्ष पहले की बातें हैं। उन दिनों ब्राह्मण चतुर्वेदी नहीं, त्रिवेदी ही होते थे। अध्ययन-अध्यापन, यजन-याजन, दान और प्रतिग्रह[1] यही उनका विहित कर्म था। परंतु लाभ और सत्कार सबसे अधिक उन्हीं को प्राप्त था।[2]

'त्रिपिटक' में सैकड़ों जगह, मानो लालायित होकर, ब्राह्मणों के इस वैभव का बखान किया गया है।

महाशाल ब्राह्मण गृहपति पौष्करसाति का नाम इस प्रसंग में उल्लेखनीय है। वह जब तरुण था तभी तीनों वेदों में पारंगत हो गया। उसके पांडित्य की प्रख्याति दूर-दूर तक फैल गई। अपनी विद्वत्ता से उसने कौशलराज प्रसेनजित को ऐसा मुग्ध कर दिया कि राजा ने उक्कट्ठा नामक महानगर उसे ब्रह्मदेय (ब्रह्मोत्तर संपत्ति) दे दिया।[3] इस नगर के साथ बहुत बड़ा भू-भाग संबद्ध था। तृणकाष्ट, उदक-धान्य किसी की वहाँ कमी नहीं थी। काम करने-कराने को जनों की भी बहुतायत थी।

पौष्करसाति सम्मुखावर्जनी माया (हिप्नोटिज्म) जानता था।

जब कभी राजा प्रसेनजित किसी महामूल्य रत्नाभरणों से सुसज्जित होकर महल से बाहर निकलता, तो यह ब्राह्मण आगे आकर राजा के सामने ठिठककर खड़ा हो जाता। पूछने पर वह उसी आभरण का नाम ले लेता। नहीं दूँगा—सो कैसे कहे राजा ? आखिर वह चीज पौष्करसाति को मिल ही जाती।

फिर कभी महोत्सव के दिन कौसलराज किसी आमात्य से कहता—कहाँ है मेरा महामूल्य रत्नाभरण ? लाओ, पहनकर निकलूँगा।

कहाँ है देव, रत्नाभरण—आमात्य उत्तर देता—वह तो तुमने ब्राह्मण पौष्करसाति

---

1. मनुस्मृति।
2. लाभग्गपत्तो (लाभाग्रप्राप्त, यशोऽग्रप्राप्त)।
3. दी. नि. (अट्ठ कथा)।

को दे डाला !

क्यों दिया मैंने ?

वह आवर्जनी माया जानता है देव ! तुम्हारे मन को भरमाकर चाहे जो कुछ भी वह ले जा सकता है।

लेकिन इससे क्या ? आँखें चार होते ही राजा फिर पौष्करसाति को गले से लिपटा लेता। दरबारी लोग खीझ-खीझकर कहा करते—चरक फूट गया है, हजूर, उस ब्राह्मण की देह में...शंख-सा सफेद कोढ़ ! क्या आप उसे आलिंगित करते हैं ? संक्रामक होता है यह रोग ! अलग रहो इस ब्राह्मण से देव, अलग रहो !

तब से राजा प्रसेनजित फिर कभी उसके सामने नहीं आया। परंतु पौष्करसाति पंडित था, बहुश्रुत था, कूटनीति में कुशल था। उसके साथ मंत्रणा करके किया हुआ काम बिगड़ता नहीं था। इसलिए राजा ने उससे मेल-मुलाकात की एक तरकीब निकाली...कनात लगवाकर आप वह इधर बैठता और उधर उस ब्राह्मण को बैठाता, फिर सलाह-मशविरा चलता।[1]

अध्ययन-अध्यापन के विषय तीन वेद, शिक्षा-कल्प, निघंटु पद, व्याकरण, लोकायत, सामुद्रिक आदि थे।

अड़तालीस साल तक आचार्य-कुल में निवास करके यह सब सीखना होता था। अंत में आचार्य यह कहकर अंतेवासी की विद्या को प्रमाणित करार देते थे कि "जो मैं जानता हूँ सो तू जानता है; जो तू जानता है सो मैं जानता हूँ।"

इस प्रकार समावर्तन के बाद विद्वान ब्राह्मण अपने आस-पास के किसी न किसी राजा से लाखिराज ब्रह्मोत्तर पा ही जाता था। उसके यश से खिंच-खिंचकर दूर-दूर से माणवक (ब्राह्मण बटुक) आने लगते। तीन-तीन सौ तक जमात होती इन मणवकों की। सबका खेवा-खर्चा आचार्य दिया करते। अध्यापन करते-करते किसी उपाध्याय का नाम जब दूर-दूर इलाकों में फैल जाता, तब वह 'दिसापाभोक्खो आचरियो" कहलाता; अर्थात् अमुक दिशा में सबसे बड़ा आचार्य।

इतना कुछ होने पर कुलीन और संपन्न राजन्यगण इन ब्राह्मणों को अपनी तुलना में हल्के ही समझते। पौष्करसाति का शिष्य अम्बष्ठ एक बार बुद्ध के पास गया। गुरु ने उसे श्रमण शाक्यपुत्र की थाह पाने के लिए भेजा था। अम्बष्ठ वृद्ध जनोचित भद्रता न दिखलाकर कुछ चंचलता कर बैठा तो बुद्ध ने कहा—क्या तुमने अंतेवासी का जीवन नहीं बिताया है ?

बुद्ध के ऐसा कहने से अंबष्ठ तिलमिला उठा—गौतम, इसमें तुम्हारा क्या कसूर है ? शाक्यों की जाति ही ऐसी नीच है। शाक्यगण स्वभावतः बकवादी होते हैं, इसी कारण ब्राह्मणों का आदर वे नहीं करते। मैं किसी काम से अभी उस दिन कपिलवस्तु गया हुआ था। उस वक्त बहुत-से शाक्य और शाक्यकुमार संस्थागार (सार्वजनिक भवन)

---

1. दीघनिकाय की अट्ठ कथा—अंबट्ठसुत्ता, देखिए सुमंगल विलासिनी।

में बैठे थे। आपस में तरह-तरह की बातें और हँसी-मजाक चल रही थी—वे एक-दूसरे की देह में अँगुली गोद-गोद करके ठहाके लगा रहे थे। देखकर भी मुझे उन लोगों ने मानो नहीं देखा। मानो मेरा ही मखौल वे उड़ा रहे थे। किसी ने मुझे बैठने तक को नहीं कहा। ऐसा अपमान ! काले-कलूटे और नीच शाक्यों की भला यह हिमाकत !!

इस पर गौतम बुद्ध ने युवक को समझाया—अम्बष्ठ, गौरैया भी अपने घोंसले में आजादी से चहकती रहती है। इन छोटी बातों से नाराज हो जाना तुम्हें शोभा नहीं देता ब्राह्मण ! अपने को शाक्यों से बढ़ा-चढ़ाकर समझना ठीक नहीं। वे तुम्हारे लिए 'आर्यपुत्र' हैं और तुम उनके 'दासीपुत्र' हो...!

'दीघनिकाय' का अवट्ठसुत्त सारा का सारा इन्हीं बातों से भरा है कि ब्राह्मण अभिजाततर हैं कि क्षत्रिय ! और, यह मानना पड़ेगा कि जाति-बंधन उन दिनों क्षत्रियों में जितना सख्त और मजबूत था, उतना ब्राह्मणों में नहीं।

क्षत्रिय-वीर्य से ब्राह्मण-रज में उत्पन्न कुमार को ब्राह्मण लोग अपनी जाति के सारे अधिकार देते—वेदाध्ययन से लेकर ब्राह्मण कुमारी का पाणिग्रहण पर्यन्त। परंतु क्षत्रियगण अपनी बराबरी में उसका क्षत्रिय-अभिषेक नहीं होने देते थे, क्योंकि माँ की तरफ से वह अयोग्य था। यही हाल ब्राह्मण-वीर्य और क्षत्रिय-रज से उत्पन्न कुमार का था। ब्राह्मण उसे भले ही अपना ले; किंतु क्षत्रियों के लिए वह अयोग्य था—पिता के तरफ से।

अपनी जात-बिरादरी से बहिष्कृत क्षत्रिय को ब्राह्मण अपना लेते थे। सपिंड और सगोत्र परंपरा पर चलनेवालों में निःसंदेह उन दिनों क्षत्रियों का स्थान समाज में सबसे ऊँचा था। माँ और बाप दोनों तरफ से सात-सात पीढ़ियों की परिशुद्धि को क्षत्रियों की भाँति ब्राह्मण भी अपने वैवाहिक संबंध का आधार मानते थे। अदृश्य, परंतु निर्वासित स्थिति में ओक्कामुख (उल्कामुख) आदि सगे राजकुमारों की भाँति किसी ब्राह्मण कुमार ने भी जाति बिगड़ने के डर से अपनी बहनों के साथ संभोग किया हो—ऐसा उल्लेख पालि वाङ्मय में कहीं नहीं है।

ब्राह्मण शोरदंड के कथनानुसार निम्नलिखित पाँच गुण जिस मनुष्य में हों, वह ब्राह्मण कहलाने का अधिकारी है—

1. माँ और बाप दोनों तरफ से अभिजात।
2. तीनों वेदों का पारंगत, मंत्रधर, अध्यापक।
3. देखने में सुंदर, खबू सुंदर, अभिरूप।
4. सुशील।
5. चतुर, मेधावी, यज्ञ-दक्षिणा लेनेवालों में प्रथम अथवा द्वितीय।

इनमें से पहले के तीनों को अर्थात् जाति, वेद, वर्ण को गौतम बुद्ध नहीं मानते थे। चौथा उन्हें मंजूर था ही। रहा पाँचवाँ, सो पहले तीनों का प्रत्याख्यान हो चुकने पर यों ही हल्का पड़ जाता है।

अपने समय के सबसे अधिक सुविधाप्राप्त वर्ग (ब्राह्मण वर्ग) पर गौतम बुद्ध की यह सीधी चोट आखिर क्यों कारगर नहीं हुई ? उतने जबर्दस्त प्रहार से भी ब्राह्मणत्व की रीढ़ लचककर ही क्यों रह गई !

सो कैसे होता ? गौतम बुद्ध स्वयं भी तो उन्हीं संपन्न और अभिजात वर्गों से आए हुए थे। परंपरा से चली आती चतुर्थणिक व्यवस्थाओं का वह केवल मौखिक खंडन करके रह गए हों, सो भी नहीं। उन्होंने तो अपने इस नए आदर्श के अनुसार एक संगठन तक कायम कर डाला, जिसमें सवर्ण और असवर्ण सभी शामिल थे। परंतु बड़े-बड़े राजाओं, पुरोहितों, सेनापतियों और बनियों से बुद्ध ने यह कभी नहीं कहा कि दास-दासियों को मुक्त कर दो; कमानेवाला खाएगा—इसके चलते जो कुछ हो। ऐसा क्यों नहीं कहा ?

वास्तव में इस प्रकार के प्रश्न असंगत होंगे। इतिहास के विभिन्न क्रमों पर सरसरी निगाह डालने से हम इसी नतीजे पर पहुँचते हैं कि आज से छब्बीस सौ साल पहले—अपने समय में गौतम बुद्ध काफी प्रबुद्ध थे—काफी प्रगतिशील थे। भिक्षा के लिए वह सिर्फ बड़े-बड़े धनियों पर मुनहसिर हों, सो बात नहीं। बुद्धत्व प्राप्ति के बाद हम उन्हें यदा-कदा फक्कड़ की भाँति अकेले माँगते-खाते पाते हैं। पीछे ज्यों-ज्यों उनका नाम फैलने लगा, त्यों-त्यों भिक्षु संघ भी बड़ा होने लगा। मगधों, कोसलों, मल्लों, लिच्छवियों के जनपदों में चारिका (रमत) करते समय वहाँ के राजाओं, राजकुमारों, पुरोहितों, गणपतियों और सेठों की तरफ से न्योता मिलने पर संघ समेत बुद्ध ज़ीमने जाते थे। समाज का प्रत्येग वर्ग उनकी कीर्ति-कथा ध्यान से सुनता और सुन-सुनकर उनकी ओर दौड़ आता। बड़े-बड़े घर-गिरहस्तीवाले (महाशाल) ब्राह्मण-पुरोहितों ने पहले तो इस 'मथ मुड़वे' को घृणा और उपेक्षा की नजरों से देखा; लेकिन फिर पीछे 'शाक्यपुत्र श्रमण गौतम' का लोहा मानना ही पड़ा।

चंकि ब्राह्मण पौष्करसाति की ही भाँति बहुत धनी पुरोहित था। राजा प्रसेनजित ने चंकि को भी एक बड़ा-सा कसबा ब्रह्मोत्तर दे दिया था। बुद्ध एक बार उसके भू-भाग से उत्तर शालवन में आकर ठहरे तो आसपास के जवार में हल्ला हो गया—मंगलमय भगवान बुद्ध आए हुए हैं...महात्मा...महान् यशस्वी...विशुद्ध ब्रह्मचर्य को प्रकाशित करनेवाले। ऐसे पूजनीयों की पूजा करनी चाहिए। चलो भाइयो, आप सम्यक् संबुद्ध के दर्शन कर आवें...। दोपहर का वक्त था, झुंड के झुंड गृहस्थ ब्राह्मण भगवान बुद्ध को देखने जा रहे थे। महाशाल चंकि उस समय गया था सोने, दुतल्ले पर। उसने ब्राह्मणों की कतार को उधर जाते देखा तो अपने क्षता (महामात्य, कारपदाओं का अगुआ) से पूछा—कहाँ जा रहे हैं ये आदमी ?

महामात्य ने सारी बात कह दी तो चंकि बोला—ठहरें वे, मैं भी चलता हूँ गौतम बुद्ध का दर्शन करने।

यह सुनकर कुछ ब्राह्मण उसे मना करने आए—मत जाएँ आप, श्रमण गौतम को ही चाहिए कि आकर आपका दर्शन कर जाएँ। ब्राह्मणत्व के सभी गुण आप में मौजूद

हैं। कौसल का राजा आपको पूजता है। सत्कार करता है आपका। ज्ञानवृद्ध और वयोवृद्ध दोनों हैं आप...श्रमण गौतम को ही चाहिए आपके पास आना।

इस पर चंकि ने अपने ब्राह्मण बंधुओं को समझाया कि कितने महान हैं गौतम बुद्ध ! कितना बड़ा त्याग है श्रमण गौतम का ! आज श्रमण गौतम हमारी बस्ती के नजदीक आए हुए हैं, अतिथि हैं हमारे वह...किसी प्रकार हमारे पास आने योग्य नहीं हैं, हमीं उनके पास चलें, सो हो सकता है।

चंकि ब्राह्मण गौतम बुद्ध के समक्ष गया और प्रणाम करके एक ओर बैठा। ज़रा देर बार उसने उनसे पूछा—हमारे मंत्रपद (वेद) परंपरा से ज्यों के त्यों चले आए हैं; इनकी प्रामाणिकता के संबंध में आपका क्या विचार है ?

यहाँ बुद्ध ने मंत्र पदों के प्रति ब्राह्मणों की परंपरागत श्रद्धा को अमूलक बतलाया तो चंकि ने कहा—हम श्रद्धा की ही नहीं, श्रुति की भी उपासना करते हैं।

फिर जाकर वह चंकि को अनेकांतवाद पर उतार लाए कि श्रद्धा और श्रुति यथार्थ भी हो सकती है, मिथ्या भी हो सकती है। उसके बाद अपने विभज्यवादी ढंग (फुटा-फुटा करके, अलग-विलग करके, खंड-पखंड करके समझाने का तरीका) से बुद्ध ने चंकि को एहिपस्सिक (ऐहिपश्यिक—इसी लोक में दिखाई पड़नेवाले) सत्य के साक्षात्कार का उपाय बतला दिया।

अंत में प्रमुदित होकर उस ब्राह्मण ने दोनों हाथ जोड़कर बुद्ध से प्रार्थना की—आज से भगवन् मुझे अपना उपासक समझें।

कूटदंत ब्राह्मण के संबंध में भी ऐसी ही कथा है। वह महायज्ञ की तैयारी किए हुए था। परंतु बुद्ध की बातों से उसकी बुद्धि बदल गई और सांजलि से उसने कहा—"हे गौतम, मैं यह सात सौ बैलों, सात सौ बछड़ों, सात सौ बाछियों, सात सौ बकरों, सात सौ भेड़ों को छोड़वा देता हूँ। लो मैं उन्हें जीवन-दान देता हूँ। वह हरी घास खाएँ, ठंडा पानी पीएँ ! ठंडी हवा चले उनके लिए...लो मैं छोड़वा देता हूँ उन्हें।"[1]

यह ठीक है कि कूटदंत जैसे दस-बीस ब्राह्मणों ने बुद्ध के प्रभाव में आकर वैदिक विधि से यज्ञ करना और यूप[2] गड़वाना बंद कर दिया, परंतु इससे यह समझ बैठना ठीक नहीं होगा कि बीच में कुछ काल के लिए यज्ञ-त्याग रुक गए या गवालंभ; अश्वालंभ आदि बंद हो गए और पतंजलि की पुरोहिताई तब कहीं जाकर चमकी जब शुंगों का शासन उद्‌ध्वस्त करके ब्राह्मण पुष्यमित्र अपना राजस्व स्थापित करने में समर्थ हुआ। इसमें संदेह नहीं कि बौद्ध भिक्षुओं की जागरूकता के कारण पुरोहित वर्ग ज़रा परेशानी में पड़ गया, सो भी सिर्फ ढाई-तीन सौ साल की छोटी-सी अवधि के लिए। अशोक के उपरांत क्या, स्वयं गौतम बुद्ध के ही देहांत के बाद भिक्षु संध नाना प्रकार के वादों

1. दीघनिकाय कूटदंत सुत्त।
2. यूप—जीते-जागते वृक्ष को काटकर जो महान् स्तंभ यज्ञांत में खड़े किए जाते, वही यूप कहलाते। उस पर 'अमुक राजा, अमुक आमात्य, अमुक ब्राह्मण ने यज्ञ किया'—ऐसा खुदवा देते थे।—(सुमंगल विलासिनी)

और विवादों का अखाड़ा बन गया।[1] इधर भारतीय समाज के संपन्न और कुलीन वर्ग पौष्करसाति जैसे ब्राह्मण महाशालों की निगरानी में अपना वैदिक कर्मकांड चलाते ही रहे। राहुल जी का यह कहना कि 'शताब्दियों से पारित्यक्त पशु बलिमय, अश्वमेध आदि यज्ञ महाभाष्यकार पतंजलि के पौरोहित्य में फिर से होने लगे', निर्भ्रान्त नहीं है।

बुद्ध जीवन-भर ब्राह्मणवाद की वर्णाश्रयी परंपरा के प्रति असहयोगी बने रहे; परतु आगे चलकर उनका यह असहयोग अमली तौर पर ठंडा पड़ता गया। काल की गतिविधि परखने में सदा की चतुर इस ब्राह्मण जाति ने जब बेखटके बड़े-बड़े विहारों के अंदर प्रवेश किया, तब तो उल्टे बौद्ध ही मात खा गए। अपनी नित्य नैमित्तिक क्रियाओं के संकल्प वाक्य तक में ब्राह्मणों ने जोड़ दिया—जम्बूदीपे भारतखंडे बाराहकल्पे भगवती बौद्धावतारे ...लो देखो। तुम डाल-डाल, हम पात-पात !

अपने पास अपार संपत्ति इकट्ठी हो जाने से बौद्ध महंतों ने साधारण जनता की बोली में बोलना छोड़ दिया—सुशिक्षित, संभ्रांत और संपन्न वर्ग की परिष्कृत भाषा (संस्कृत) अपना ली। निचले वर्गों की मेहनत पर गुलछर्रे उड़ानेवाले कामचोर उन्हें बढ़ावा देते आए। आम लोगों की आँखों में धूल झोंकने के लिए देव-देवियों की कतारें खड़ी करके उनकी आड़ में योग और भोग का समन्वय किया जाने लगा। कहना नहीं होगा कि मगध और कोसल से हटकर दच्छिन तथा पच्छिम की ओर दूर-दूर तक ये लोग खिसकते चले गए। नालंदा जो उतने अर्से तक टिका रहा, सो विद्यापीठ होने के कारण। और यह भी क्या कोई रहस्य है कि बौद्ध दार्शनिकों में से निन्यानबे प्रति जन्मना ब्राह्मण ही थे। नागार्जुन, असंग, बसुबंधु, दिङ्नाग, धर्मकीर्ति यह सभी ब्राह्मण-घरानों से ही तो आए थे। अपने यहाँ की दार्शनिक चेतना इतनी कदापि विकसित न हुई रहती यदि नालंदा और मिथिला के नैयायिक आपस में यों न भिड़ते। बख्तियार बिन-खिलजी ने नालंदा को जब मटियामेट कर दिया होगा, तो मिथिला के तार्किक दुःखी हुए होंगे। उदयन के बाद इसीलिए खंडन-मंडन के उस प्रवाह को हम अकस्मात अवरुद्ध पाते हैं।

ऐसा नहीं कि ब्राह्मणत्व के प्रति बुद्ध के हृदय में ज़रा भी सम्मान नहीं रहा हो। वेदगू (वेदज्ञ) ब्राह्मण को उन्होंने आदरपूर्वक नमस्कार किया है। 'धम्मपद' में ब्राह्मणवर्ग एक जुदा प्रकरण ही है। ब्राह्मणों और वैदिक आदर्शों के प्रति गौतम बुद्ध का क्या खयाल रहा होगा, इसका आभास हमें 'ब्राह्मण धार्मिक सूत्र' की गाथाओं से मिल सकता है। उनमें से चार-छै गाथाएँ यहाँ उद्धृत कर देना आवश्यक प्रतीत होता है—

---

1. विस्तार के लिए देखिए 'बुद्धचर्या' (राहुल सांकृत्यायन) की भूमिका : भारत में बौद्ध धर्म का उत्थान और पतन...और देखना हो तो मज्झिमनिकाय (हिंदी) की पूर्व पीठिका भी देखिए—बौद्ध धर्म क्या है ?—

    निन्दसि यज्ञ विधरहह श्रुति जातम्
    सदयहृदय हर्षित पशु घातम्
    केशव धृत बुद्ध शरीर
    जय जगदीश, हरे !!

पुराने ऋषि संयमी और तपस्वी होते थे।
तब, ब्राह्मणों के पास न पशु थे, न हिरण्य न अन्न;
स्वाध्याय ही उनका धन-धान्य था।
दायक लोग उन्हें खोज-खोजकर श्रद्धापूर्वक, भोजन दे जाते थे।
समृद्ध जनपद और राष्ट्र उन ब्राह्मणों को नमस्कार करते थे।
कुलद्वारों पर उन्हें कभी कोई नहीं टोकता था।
अड़तालीस साल तक कौमार ब्रह्मचर्य पालन करके
करते थे विवाह वे; न परकीया, न खरीदी हुई—
अपनी ही रमणी के साथ वे रमते थे
समागम-सहवास-ऋतुकाल छोड़कर...
यज्ञ में गाय को न मारते
माता, पिता, भ्राता, बांधु और बांधव
जिस प्रकार मित्र हैं उसी प्रकार गायें भी स्वजन हैं,
मित्र हैं...
अन्नदा, बलदा, वर्णदा, सुखदा—
इसी हेतु यज्ञ में पहले के ब्राह्मण
मारते थे गाय नहीं।
बाद में...
देखकर राजमुख देखकर वैभव
अलंकृत सुंदरियाँ स्वस्थ सबल दास-दासी
अप्रतिहस्त गति रथ, सित तरुण घोड़े
खंडों में विभाजित महल और कोठे
धन्य-धान्य पशु और हिरण्यराशि
यह सब देखकर विप्रों के अंतरतर
आंदोलित होने लगे
फिर से मंत्र रचे
फिर से ऋचाएँ रचीं
राजा को समझाया
अश्वमेध, गोमेध, सर्वमेध यज्ञ करो
बरसेगा पर्जन्य, धरा होगी उच्छ्वसित
सबका भला होगा, देव तुम यज्ञ करो।
तीन ही रोग थे पुराने काल में—
इच्छा, क्षुधा और जरा !
अब हिंसा भी शुरू हुई
गायों का समालंभ पहले नहीं होता था—

अब लगा होने !

आजकल ब्राह्मण निर्दोष को मारते

स्वेच्छाचारी हो गए आजकल ब्राह्मण !

'सुत्तनिपात्त' की ये गाथाएँ बहुत पुरानी हैं। पालिवाङ्मय में सबसे अधिक पुरातन सुत्तनिपात ही है। रचना-क्रम से भी उसकी गाथाएँ उपनिषद् के निकट पहुँच जाती हैं; इस दृष्टि से भी ब्राह्मणों के संबंध में भी बुद्ध की ये गाथाएँ प्रामाणिक समझी जाएँगी।

बुद्धकालीन ब्राह्मणों की एक मुकम्मल सूची दे देना चाहता था, परंतु लेख बड़ा हो गया है। फिर भी उन गोत्रों का जिक्र कर देना आवश्यक है, जो त्रिपिटक के बुद्धकालीन सुत्तों में आए हैं–

1. वत्स 2. सांकृत्य 3. भारद्वाज 4. काश्यप 5. कौंडिन्य 6. वशिष्ठ 7. गार्ग्यायण 8. मौद्गल्यायन 9. कात्यायन 10 कृष्णायन 11. कौशिक।

[पारिजात, अगस्त 1946]

टिहरी से नेलङ्

अप्रैल का अंतिम सप्ताह था (1943)।

इलाहाबाद की गर्मी से तिलमिलाकर राहुलजी और मैं, दोनों जने हिमालय की ओर भागे। मैं सारा वर्ष तिब्बती-अध्ययन के लिए लगाना चाहता था, तदर्थ थो-लिङ् जाने की इच्छा थी, मगर राहुलजी अधिक आगे नहीं जाना चाहते थे। अधिक-से-अधिक गंगोत्री के आस-पास किसी जगह दो-तीन महीने रहकर उन्हें कुछ लिखना था।

हरिद्वार की कोई खास बात याद नहीं है। हाँ, हर की पैड़ी के पास एक बड़े मकान की दीवार पर गेरू-कोयले-पेन्सिल आदि से कुछ नज़्में लिखी पड़ी थीं, श्रद्धा-भक्ति और वैराग्य के संबंध में। वहीं राहुलजी ने भी उर्दू की दो प्रसिद्ध कड़ियाँ लिख दी थीं। वे अभी मुझे याद हैं–

तमीरे हैं, खैरात हैं औ' तीरथ-हज भी होते हैं।

यों खून के धब्बे दामन से ये पैसेवाले धोते हैं।।

ऋषीकेश के सिंधी धर्मशाला में हम टिके। वहाँ बाजार को छोड़कर जितने भी मकान हैं, उनमें से तीन-चौथाई काली-कमलीवालों और पंजाबी-सिन्धी क्षेत्रवालों की ही मिल्कियत है। अधिकतर आबादी साधुओं और उनके लिए नियुक्त परिचारकों की मालूम देती थी। धर्म का बड़ा जोर है। इन दिनों साधु लोग निमुच्छे चेले ज्यादा रखने लगे हैं। भगतिनों और साधिकाओं की तादाद कम नहीं। कोढ़ी इत्तने अधिक हैं कि ऋषीकेश को कोढ़ीकेश कहना अत्युक्ति नहीं होगी।

वहाँ के नाथपंथी साधु अपने पूर्व गुरुओं के संबंधों में इतनी जानकारी नहीं रखते,

जितनी कि हमें आशा थी। चौरासी सिद्धों के ये उत्तराधिकारी आजकल अपने शिष्यों से व्याकरण और वेदांत की परीक्षाएँ दिलवाकर ही संतोष कर लेते हैं। महंत चढ़ईनाथ के अखाड़े में बाबा पद्मनाथ से बहुत दिनों पर मुलाकात हुई। प्रकांड विद्वान साधु शांतिनाथ की बात उठाई, तो वहाँ किसी ने कहा–'ऊ त बौराय गया !'

टिहरी के लिए लारी मिलने में दिक्कत इसलिए हुई कि पेट्रोल की कमी के कारण बस-सर्विस अनियमित हो गई थी। साढ़े चार रुपए फी सीट किराया। हम आगे बैठे कि देखते चलेंगे। लछमन-झूला तक दो दफे मैं पहले भी आ चुका था।

कुछ दूर आगे बढ़ने पर नरेंद्र नगर दिखाई पड़ा। टिहरी राज्य की नई राजधानी होने के कारण नरेंद्र नगर काफी प्रसिद्ध हो चुका है। चार हजार फीट की ऊँचाई पर बसा है और है भी खूबसूरत।

ऊँची-नीची टेढ़ी-मेढ़ी पहाड़ियों की परिक्रमा करती हुई हमारी लारी शाम को टिहरी पहुँची। ऋषीकेश यहाँ से पचास मील पीछे रह गया।

आस-पास की घाटियों में उपजाऊ खेत। दूर-दूर तक फैले हुए चीड़ के जंगल। सीधे-सादे लोग। पाजामा, लंबा चोगा, टोपी और कमरबंद–यही है उनका पहनावा। औरतें ऊनी साड़ी पहनती हैं। कुर्ती और कमरबंद भी रहता है। मुख्य जीविका खेती-बाड़ी और पशु-पालन। मर्द बाहर जाकर फौज में काम करते हैं।

टिहरी की आबादी मुश्किल से दो हजार होगी। गढ़वाल की पुरानी राजधानी ब्राह्मण, राजपूत और शूद्र सभी की आवास भूमि रही है। दस-पाँच घर मुसलमान भी हैं। शिक्षा का अनुपात बहुत पिछड़ा हुआ है। भागीरथी गंगा के किनारे होने के कारण गढ़वाली इस शहर को एक तीर्थ का भी महत्त्व देते हैं। स्वामी रामतीर्थ के अंतिम दिन यहीं बीते थे।मुझे गढ़वालियों की जिस नवचेतना का परिचय ब्रिटिश गढ़वाल में मिला, वह इन रियासती गढ़वालियों में नहीं। राष्ट्रीय जागरण का कुछ चिह्न अब टिहरी गढ़वाल में भी नजर आने लगा है, लेकिन ब्रिटिश गढ़वाल की अपेक्षा वह अभी बहुत पीछे है।

हम वहाँ गुरुद्वारे में टिके थे। बहुत दिनों से मछली नहीं खाई थी, सो जीभ का अच्छी तरह श्राद्ध किया। भुने हुए चने और चावल, नमक-घी से सने–ऊपर से यदि तली हुई मछलियाँ मिल जाएँ, तो फिर क्या पूछना !

टिहरी में हम चार रोज रहे। खाना-पीना होटल में होता था। काम था आस-पास के मंदिरों, मकानों और खंडहरों की खाक छानना। पुरातत्त्व की कोई ऐसी उल्लेखनीय वस्तु नहीं मिली, जिसका जिक्र यहाँ आवश्यक है। हाँ, एक अवधूतिन से अवश्य भेंट हुई थी। वह ब्रजमंडल की थी। चालीस-पैंतालीस की उम्र। बतलाया–'दस साल से इन्हीं पहाड़ियों में घूमती हूँ। लोग काफी मान-पूजा करते हैं, एक नाथ थे, जो गुरु और पति दोनों का काम करते थे, अब न रहे....।'

बाद में राहुलजी से पूछने पर मालूम हुआ कि ऐसी अवधूतिनों का यही ढंग रहता है।

रुपए रोज पर एक भरिया मिला। वह ब्राह्मण था, इसलिए आगे चलकर बहुत फायदेमंद साबित हुआ। जात-पाँत और छूत-छात का महातम इन पहाड़ों में इतना अधिक होगा, इसकी मुझे कल्पना तक नहीं थी। किसी चट्टी पर छाँह मैं बैठता, तो लोग उस भारवाही ब्राह्मण से पहले यही पूछते कि किस जात का है तू ? लोटा, बालटी या बर्तन उसे तभी छूने दिया जाता, जब पूरा हुलिया मालूम कर लेते। खुद भी बड़ा ही मशखरा था और तिस पर छै-सात रोज तक राहुलजी की संगत पाकर वह 'मँज गया'—यह उसके अपने शब्द हैं। नाम था घनानन्द। उमर ढल जाने पर भी शादी नहीं हुई थी। उसने राहुलजी से कहा था—'साल-डेढ़ साल के लिए मैं अवधूत बन जाऊँगा, अपने टिहरी की उसी अवधूतिन से 'मंत्र' लूँगा। कैसे रहेगा यह बाबू जी ?'

मेरी ओर आँखें मटकाकर राहुलजी मुसकुराने लगे, तो मैंने ही घनानंद को कहा—'वाह ! साल ही डेढ़ साल के लिए क्यों ?'

'सिद्ध नहीं न बनना है मुझे'—उसने हँसकर जवाब दिया। उसके पीले-पीले से दाँत खुशी से रोशन हो उठे।

टिहरी से आगे सवारी कोई नहीं, हाँ, 'नरवाहन' बनकर जा सकते हैं। घोड़ा इस रास्ते में कम ही मिलता है। ग्यारह मील पर कल्याण में हमने पड़ाव डाला। घनानंद ने ही रसोई बनाई—रोटी और आलू की तरकारी। आटा रुपए में अढ़ाई सेर, घी पाव-भर, आलू चार सेर। रेजकी की किल्लत थी। खा-पीकर दुपहर का आराम भी वहीं किया।

डेढ़ पहर दिन रहा तो फिर चले। रास्ता ऐसा मनलग्गू था कि शाम तक फिर ग्यारह मील। नगुण था इस पड़ाव का नाम। रास्ते में देखा, फसल (रबी) कट चुकी है। खाली खेतों की मेंड़ों पर गाय-भैंस चर रही हैं। यहाँ लगा कि गढ़वाल बहुत ही उपजाऊ और बहुत ही सुंदर है। हमारा रास्ता गंगा के किनारे-किनारे ही चल रहा था। चारों ओर ऊँची-ऊँची पहाड़ियाँ थीं—जिन पर खड़े चीड़ों के बड़े-बड़े दरख्त आसमान को चूम रहे थे। बीच-बीच में चरवाहों की सीटियाँ और सिसकारियाँ सुनाई पड़तीं, पहाड़ी गीतों के तराने सुनाई पड़ते।

नगुण बहुत छोटी बस्ती है, मुश्किल से सात-आठ घरवासी होंगे। यात्रियों के पड़ाव के ही कारण वे भी बस गए थे। उनमें से तीन तो दुकानदार हैं। हमें रात्रि निवास के लिए एक मंदिर का बरामदा मिल गया। यहीं बलिया निवासी एक भूतपूर्व जज से मुलाकात हुई। उनके साथ स्त्री, भाई, भतीजा और नौकर वगैरह थे। तीन कुली थे। साधु हो जाने की शंका से श्रीमती जी अपने तीर्थ-यात्री पति का पीछा कर रही थीं। जज साहेब का मन था, सिर्फ एक नौकर साथ रखकर यात्रा करनी चाहिए। बातचीत के दौरान में उन्होंने कहा था—'हमारे पूर्वज अपने वानप्रस्थ जीवन में पत्नी को साथ रखकर भला कौन-सी शांति पाते होंगे, समझ में नहीं आता ! देखिए न, मेरा मन करता है गंगा के किनारे जाकर कुछ देर एकांत में बैठने का, मगर इन्होंने (स्त्री ने) मुझे डेरे में कैद कर रखा है—स्वीटर, मफलर, बनरमुँहा टोपी और मोजे, नीचे-ऊपर कंबल और तिस पर भी कड़ा अनुशासन कि खबरदार, जो थूक फेंकने को भी उठे !...'

इतना कहकर जज साहेब ने पास रखी पीकदान में जोर से थूक फेंका। पत्नी महाशया तब तक उधर रसोइए को कुछ 'डिक्टेट' कर रही थीं।

खा-पीकर बिछावन पर पड़ते ही नींद आ गई थी, इसे दिन-भर की थकावट की ही महिमा कहनी चाहिए। उस रात कुछ अधिक सर्दी पड़ी थी, परंतु कंबल आदि काफी रहने से हमने जरा भी असुविधा महसूस नहीं की।

सुबह चौदह मील चलकर डूँडा आए। धरासू और जमनोत्री का रास्ता अलग हो गया था। इस चट्टी पर जो यात्री थे, उनमें स्त्रियों की ही संख्या अधिक थी। डूँडा में रोङ् पा लोगों के खाली मकान पड़े हुए थे। वे गर्मी तिब्बती सीमांत के पास बिताते हैं और सर्दी यहाँ बिताते हैं। उनकी खानाबदोशी बस अब यहीं तक सीमित रह गई है।

अगले दिन हम उत्तर-काशी पहुँचे। यह स्थान टिहरी से चौवालिस मील है, रियासत का तहसील है। आबादी मामूली है। इंगलिश मिडिल स्कूल और अस्पताल भी हैं। कहने को एक टेकनिकल स्कूल भी है। इस ओर का अंतिम डाकखाना यहीं है।

पहले बिड़ला धर्मशाला में ठहरे, फिर पंजाबी-सिंधी क्षेत्र में एक कमरा मिल गया। घनानंद को यहीं से वापस जाना था। सवा रुपया रोज पाकर वह खूब खुश हो गया। अब खाना पकाने की समस्या सामने थी। क्षेत्र का मैनेजर पहाड़ी ब्राह्मण था। उसने हमारी दिक्कत दूर कर दी और कहा—'आटा और दाल या चावल-दाल रोज आप हमारे रसोइयों को दे दीजिए, खाना पका-पकाया मिल जाया करेगा।'

अपने को और क्या चाहिए ?

उत्तर-काशी में हम कुल बीस दिन रहे। राहुलजी ने 'नए भारत के नए नेता' का अधिकांश भाग यहीं तैयार किया। 'गँवार' नाम का एक उपन्यास भी उन्होंने आरंभ किया था, परंतु चालीस पृष्ठ लिखकर उसे रद्दी करार दिया। मैं अपना सारा समय तिब्बती पढ़ने में लगाता था। इसके अलावा पश्चिमी तिब्बत के मार्गों का सही अंदाज पाने के लिए हिमालय के नक्शों की छानबीन करनी ही पड़ती थी। यहाँ पता लगा कि गंगोत्री से थोलिङ् आठ दिन में पहुँचा जा सकता है। लेकिन रास्ता विकट है।

राहुलजी ने दिन-भर में एक नया नक्शा मेरे लिए तैयार कर दिया, बाद में वह खूब काम आया। उसमें उत्तराखंड के तमाम रास्ते, कैलाश, मानसरोवर की परिक्रमा, लेह (लद्दाख), स्पिति, थोलिङ्, गतांक और बिचले तिब्बत का प्रदेश अंकित था।

यहाँ भी साधुओं की काफी संख्या रहती है। दस-पंद्रह ऐसे भी शिक्षित साधु हैं जिनके लिए मास-मास श्रद्धालुओं के मनीआर्डर आते रहते हैं। दक्षिण भारत (शायद मालबार) के तपोवन स्वामी यहाँ के साधुओं में काफी प्रतिष्ठित कहे जाते हैं। एक दिन हम दोनों उनसे मिलने गए। देखा, संस्कृत और अंग्रेजी धड़ल्ले के साथ बोलते हैं। रुचि और सामर्थ्य की थाह पाकर ग्राहकों को माल सप्लाई करने की कला साधु-संतों में भी होती है, यह चतुर संन्यासी इस बात का सबूत था...तपोवन स्वामी के साथ कई और साधु रहते हैं, वेदांत का अध्ययन-अध्यापन होता ही रहता है। राहुलजी भी खूब हैं, जब

तक वहाँ बैठे रहे, स्वामी महाराज की चेष्टा आकार-इंगित आदि का अध्ययन करते रहे, अपने को जब्त रखा, मानो उपन्यास का मशाला बटोरते रहे।

दूसरे थे स्वामी आनन्द। इंग्लैंड, जर्मनी घूमकर अब ग्यारह वर्ष से उत्तर-काशी में रह रहे हैं। स्वामी रामतीर्थ का शिष्यत्व और विदेशों का पर्यटन—आपके जीवन की यही दो विशेषताएँ हैं।

तीसरे साधू जो मिले, उनका नाम था प्रज्ञानाथ। वह बंगाली और गोरखपंथी थे। उन्हें बंगला में गूढ़-से-गूढ़ विषयों पर लिखते रहने की सनक है। कैलाश-मानसरोवर की प्रदक्षिणा कर आए हैं, इसीलिए मार्ग संबंधी सूचना उनसे थोड़ी-बहुत अवश्य मिल गई।

उत्तर-काशी की प्राकृतिक सुषमा बहुत अच्छी है। दूर, पहाड़ियों पर देवदार का जंगल अजीब छटा की सृष्टि करता है। जहाँ हम टिके थे, वहाँ से बिलकुल करीब थी गंगा। उसका कल-कल, छल-छल निशा के नीरव क्षणों में भी मधुर और स्फूर्तिप्रद बनकर इन कानों में प्रवेश करता। मैं उठकर धार के किनारे आ जाता और पत्थर पर बैठकर गुनगुनाने लगता—

'सित दुकूल सम फेनपुंज से प्रावृत तव श्यामल काया
दूर देश से मेरे मन को खींच यहाँ पर ले आया
समा रहे हैं तेरी कल-कल ध्वनि में शत-शत मनहर छंद
बैठा हूँ मैं कृष्ण शिला पर खोल कान आँखें कर बंद।'

जब काशी हुई, तो विश्वनाथ भी होना ही चाहिए। विश्वनाथ और अन्नपूर्णा, सभी वहाँ मौजूद हैं। एक मंदिर शक्ति का है। बहुत बड़ी शक्ति (भाला) गड़ी हुई है। उस पर अभिलेख है। राहुलजी ने पढ़ने की बड़ी कोशिश की परंतु प्रकाश के अभाव में असफल रहे। वीरभद्र शास्त्री तैलंग ने इस शक्ति स्तंभ के अभिलेख को प्रकाशित कराया था।[1]

परशुराम मंदिर के पास एक और मंदिर है। दत्तात्रेय मंदिर। बहुत छोटा होने के कारण हमने इसे छोड़ दिया था, परंतु स्वामी आनंद के कहने पर पीछे वहाँ गए। पीतल की त्रिभंगी प्रतिमा, बुद्ध (अवलोकितेश्वर) की। और लोग उसे दत्तात्रेय कहकर पूज रहे थे! उसकी पाद-पीठिका पर तिब्बती लिपि में लिखा था—'ल्ह ब्युन-प न ग र ज इ थु व स' [देव भट्टारक नागराज की (बनाई हुई) मुनि (बुद्ध) प्रतिमा]।

नागराज पच्छिमी तिब्बत के शासक ज्ञानप्रभ के (11वीं सदी) दो राजकुमारों में से एक थे। मालूम पड़ता है, उस समय उत्तर-काशी तक भोटियों का राज्य था। तिब्बती इतिहास में इस बात का उल्लेख है कि ज्ञानप्रभ को किसी पड़ोसी राजा ने कैद कर लिया था। राजकुमार ने विजेता को काफी सोना देकर अपने पिता को छुड़ाना चाहा, परंतु बंदी ने छूटने से इनकार कर दिया। उसने अपने पुत्र को कहला भेजा—'यह सोना भारत से किसी महापंडित को बुलाने में खर्च करो। मैं अब बूढ़ा हुआ, यहीं जेल में मर जाऊँगा

1. 'गंगा' का पुरातत्वांक।

तो क्या हर्ज है ?'

फिर आचार्य दीपंकर अतिशा विक्रमशीला से जो बुलाए गए थे, उसमें वही रकम खर्च की गई थी। पीछे जाकर स्वयं ज्ञानप्रभ भी मुक्त हो गया था।...संभव है, ज्ञानप्रभ को कैद करनेवाला वह पड़ोसी राजा गढ़वाल का ही रहा होगा। उत्तर-काशी कोई पुरानी बस्ती नहीं है सो तो नाम ही बताता है। उत्तराखंड में जहाँ-जहाँ दो नदियों का संगम है, वहाँ-वहाँ प्रयाग है—जैसे नंद प्रयाग, कर्ण प्रयाग, रुद्र प्रयाग आदि। उसी तरह काशी भी है। इसका पुराना नाम शायद तिब्बतियों को मालूम होगा। पास की एक बस्ती का नाम है ग्यान्सू। यहाँ से अठारह मील दूर, पीछे, एक बस्ती मिली धरासू; वह शायद अपने मूल रूप में दारशुङ् रहा हो। पीतल के इस बुद्ध का प्रतिष्ठित होना ही बतलाता है कि इस इलाके का संबंध शङ् शुङ् प्रांतीय शासन से रहा होगा।

उत्तर-काशी का बाजार बहुत छोटा था। पाँच ही दूकानें थीं। लोगों ने बताया—'अभी ठंड है, बीस-पचीस रोज बाद खुलेगा बाजार।' डाक तीन रोज पर आती थी। 'वीर भारत' (उर्दू) और 'विश्वबंधु' (हिंदी) पढ़ने को सनातन-धर्म-प्रतिनिधि-सभा के पुस्तकालय जाना पड़ता था। एक दिन डाकखाना में 'लोकयुद्ध' (कम्युनिस्ट साप्ताहिक) का पैकेट देखकर राहुलजी ने कहा—'कलयुग अब उत्तराखंड को भी नहीं छोड़ेगा !' और मुसकुराने लगे।

बीस रोज उत्तर-काशी रहकर जब हम गंगोत्री की ओर चले, तो मई का अंत आ गया था। फिर भी सर्दी गई नहीं थी। स्वामी आनंद ने कोको साथ कर दिया था। रास्ते में एक जगह भोटियों के खेमे पड़े थे। एक सधुआइन मर गई थी, सो उस दिन उनका बिरादरी भोज था। नौ मील पर मनेरी चट्टी मिली। वहाँ आटा बहुत खराब मिला।

अब हम देवदार क्षेत्र में पहुँच गए थे। चीड़ों के जंगल पीछे रह गए। सात हजार फीट की ऊँचाई पर देवदार उगता है। चीड़ दो हजार फीट की ऊँचाई पर। यह बात अपने यहाँ के हिमालय पर लागू समझनी चाहिए। नहीं तो ठंडे देशों के मामूली मैदानों में देवदार कैसे उगता ? मतलब यह कि देवदार बर्फीली जगहों में ही होता है।

आगे भटवारी और गंगनाणी नाम के दो पड़ाव पड़े। गंगनाणी में गर्म पानी का चश्मा है। उसमें एक-एक करके हम नहाए। एक पहाड़ी ने कहा—'यहाँ भगवान शंकर ने लघुशंका की थी, यह वही जल है।' लेकिन पंडों ने उसे डाँट दिया और कहा—'वशिष्ट और पराशर ने तप किया था, इसीलिए पानी गर्म है।' परंतु हमारी हँसी से प्रोत्साहन पाकर पहाड़ी ने पंडों को फटकारा—'गरम पानी के पास बैठकर ठंडी झूठ क्यों बोलते हो ?'

सभी ने भभाकर हँस दिया।

लोहारनाग और सुखीन चट्टी के बीच का दृश्य बहुत ही आकर्षक रहा। बागोरी में रोङ्पा लोग रहते हैं। ये हिंदी-तिब्बती नस्ल के हैं। मुखमुद्रा मंगोल है। इनका व्यापारी काफला, ग्यानिमा और गर्तोक् तक जाता है। अनाज, चीनी, गुड़, मिसरी, दियासलाई, चाकू-कैंची, सूती क़पड़े लेकर जाते हैं और पश्मीना, ऊन, सुहाग, मृगछाला, पंगा नमक आदि लाते हैं। टिहरी राज्य ने पहले इन लोगों को और-और नीच जातवालों की तरह

पक्का मकान बनाने के अधिकार से वंचित रखा था, पर अब नहीं।

उनकी बस्तियाँ टिहरी राज्य में तीन ही चार हैं—नेलङ्, जाजोङ् और बागोरी। डूँडा में भी इनके कुछ मकान हैं, जो जाड़ों में आबाद होते हैं।

दिवंगत राजाराम ब्रह्मचारी ने हरसिल में सेब और खुबानी का बाग लगाया था, वह अब फल दे रहा है। हरसिल के सैब काश्मीरी सेबों के भाँति मीठे और स्वादिष्ट होते हैं।

हरसिल में हमें दस-बारह रोज रहना पड़ा। यहाँ से चौथा पड़ाव पर गंगोत्री पड़ती है। गंगोत्री जाकर लौट आए, तब यहाँ पर टिक गए। कारण यह था कि थोलिङ् जाने वाला रास्ता भैरों घाटी से अलग हो जाता था, मगर साथी यहीं हरसिल में ही मिलने वाले थे। हरसिल और बागोरी करीब-करीब बसे हुए हैं। देवदार के घने जंगल हरसिल से ही शुरू हो जाते हैं।

लक्ष्मीनारायण का मंदिर और वैदिक पाठशाला में मुखवा के एक पंडा अध्यापक हैं। कुछ रियासत से, कुछ यात्रियों से मिल जाता है। यहाँ भगवान को डालचा (जंगली प्याज) भी भोग लगाते हैं। राहुलजी ने कहा—'उत्तराखंड के नारायण प्रगतिशील हैं।'

हरसिल से गंगोत्री सिर्फ अठारह मील पर है। बीच में एक जगह, भैरों घाटी में कड़ी चढ़ाई है। धराली आठ हजार फीट की ऊँचाई पर है। देवदार, कैल और दूसरे कई वनस्पतियों के गगनचुंबी दरख्त और उनसे पटी हिमाच्छन्न चोटियाँ धराली को सुषमा का अनुपप भंडार बना डालती हैं। यहीं गंगा की प्रखर धार में एक टाँग पर खड़ा होकर जप करते हुए किसी बंगाली वैरागी को देखा। वह सुबह से लेकर दोपहर तक गंगा में एक टाँग खड़ा होकर जप करता है और उसके बाद एकभुक्त और फिर आए-गए लोगों से गप-शप।

धराली से गंगोत्री तेरह मील है। दुपहर में चले और शाम को पहुँच गए। रास्ते में भोज के पेड़ भी देखे। जंगलों से रियासत को काफी आमदनी है। सुना, कोई पंजाबी ठेके पर लिए हुए है और उसके बराहिल पेड़ कटवाकर तख्ता चिरवाकर मैदानी इलाकों में भेजते रहते हैं। सैकड़ों पहाड़ी मजदूर जंगलों में फैले हुए थे। कुल्हाड़ी और आड़ों की ठक्क-ठक्क सर्र-सर्र से भागीरथी की मुखरित धार और भी मुखरित हो रही थी। भैरों घाटी के एक तरफ से भागीरथी गंगा (गोमुखी से निकलकर) आई है और दूसरी तरफ से भोट गंगा आकर उसमें मिलती है। भागीरथी का जल चिकनी मिट्टी के रंग जैसा है और भोट गंगा का काँच जैसा हरा। यहाँ अपने 'कैलाश दशक' से एक श्लोक उद्धृत कर देना मुझे प्रासंगिक ही जँचता है—

'गंगायाः प्रभवं गवेषयं ततो गत्वोच्चकैर्गोमुखं
प्रत्यावर्तनवर्त्मनि प्रगतिमान् पर्येहि भागीरथीम्
जाह्नव्याः परिपाण्डुरं जलमिदं यत्सङ्ग्यान् श्यामलं
मा भूस्त्वं शिथिलादरः प्रियसखे तां भोट गंगामनु'

(गोमुख जाकर गंगा का उद्गम स्थान खोजो, लौटकर फिर नीचे भागीरथी के पास; और

देखना, उस भोट गंगा को मत भूलना कि जिसकी संगति से भागीरथी का पांडुर जल श्यामल बन जाता है।)

गंगोत्री में हम जयपुरवाली धर्मशाला में ठहरे। उस दिन बर्फ गिरी थी, इसीलिए सर्दी ज्यादा थी। बीच में आग जलाकर उसके चारों ओर हमने अपना-अपना बिस्तरा लगाया। सुबह निबटकर गए गंगा की धार। पानी इतना ठंडा था कि कुल्ली और आचमन तक दाँतों को कँपा रहा था ! नहाने की आवश्यकता ही क्या थी ?

गंगा मंदिर में जाकर गंगा देवी का दर्शन किया। मगरमच्छ पर सवार प्रतिमा। मंदिर पुराना नहीं है, सौ-सवा सौ साल का है। दर्शन के लिए भोटिया लोग भी आते हैं; सुविधा के लिए तिब्बती में भी मंत्र वगैरह लिखे हुए हैं।

गोमुख वहाँ से 14 मील है। अभी रास्ते में बर्फ बहुत है, लोगों ने जाने से मना किया।

गंगोत्री की आबादी मुश्किल से सौ के लगभग होगी। दूकानें दो ही थीं। दस-पंद्रह दिनों के बाद यात्री जब खूब आने लगेंगे; पाँच-सात और दूकानें खुल जाएँगी। पंडे उत्सुकतापूर्वक पूछ रहे थे–'यात्री कितने आ रहे हैं ? कहाँ तक आ गए होंगे ? मारवाड़ी लोग भी उनमें हैं कि नहीं ?' वह भला ऐसा क्यों न पूछते, जबकि यही दो-तीन मास चाँदी की फसल काटते हैं। आश्विन में गंगा का मंदिर बंद हो जाता है तो फिर चैत्र में खुलता है।

गंगोत्री पहले बहुत दुर्गम थी, इधर साठ-सत्तर साल से लोग वहाँ जाने लगे हैं। उसमें पहले यदा-कदा कोई साधु-संत आ गए तो आ गए। मुखवा पंडों का गाँव है। वहीं के पंडे गंगा मंदिर के पुजारी हैं। जाड़ों के दिनों में ये लोग गंगा-जल लेकर नीचे उतर आते हैं और सभी प्रांतों में फैल जाते हैं। गंगोत्री का गंगा जल कितना दुर्लभ ? कितना पवित्र ? कैसा महँगा बिकता होगा, आप खुद अंदाज लगा लीजिए। इससे इन ब्राह्मणों को काफी आय हो जाती है। यही इन सबकी जीविका है। शिक्षा का प्रबंध नहीं रहने से इन लोगों के बच्चे इधर-उधर चलते रहते हैं। खेती बहुत कम होती है।

गंगोत्री से वापस आकर नौ रोज हमें हरसिल में रहना पड़ा। यहीं राहुलजी का विचार हुआ कि थोलिङ् देख आवें। चढ़ाई-उतराई की दिक्कतों से बचने के लिए उन्होंने एक घोड़ी किराए पर ले ली। दो रुपया रोज पर। एक रुपया रोज पर आदमी ठीक हुआ। घी और सत्तू, गुड़ और मेवे रोङ्पा लोगों से खरीद लिया गया। हमें जो पथ-प्रदर्शक मिला, वह भी रोङ्पा ही था। तिब्बती अच्छी तरह बोलना जानता था।

आगे चलकर मुखवा से इधर एक जगह भग्नावशेष देखने में आया। पूछने पर मालूम हुआ–दो भाई जाकर तिब्बत से सैनिकों को बुला आया। भोटिया फौज ने आकर इस कछोरागढ़ बस्ती में आग फूँक दी। दूसरा भाई सीमाना (एक बस्ती) में राज करता था, बाद में भोटिया फौज ने उसमें भी आग लगा दी। वहीं एक ध्वजचक्र[1] पड़ा था।

---

1. जाँत की शक्ल का बड़ा-सा पत्थर, कील की जगह जिसमें ध्वजा गाड़ दी जाती थी। उसमें गड़े होने के कारण ध्वजदंड कभी गिरता नहीं था। इस प्रकार बड़े-बड़े ध्वजचक्र कई जगह पड़े हैं।

उस पर कुछ अभिलेख था, जिसे हम पढ़ नहीं सके, बहुत ही अस्पष्ट था।

साढ़े छै मील, कोपङ् जाकर पड़ाव डाला। रोङ्पा ने चाय बनाई—नमकीन चाय। सत्तू और नमकीन चाय आज ही आरंभ हुआ।

अब हम भैरव घाटी से बिलकुल अलग हो गए थे। देवदार के मनोरम जंगलों में से होकर रास्ता था। परंतु कुछ ही दूर बाद कड़ी उतराई आई। मुश्किल से हम भोट गंगा के कछार में उतरे। इसी के किनारे-किनारे थोलिङ् जाना होगा। शाम हो गई थी। घोर निर्जन में हमारी वह रात कटी। जंगली बथुए का साग और खिचड़ी से पेट-पूजा हुई थी। भोट गंगा यहाँ ऊपर से गिरती थी, शिलाओं पर आहत होकर उसकी तरंगें छोटी-छोटी फुहियाँ में उड़ती थीं। उन फुहियों से सिक्त होते समय मुझे कालिदास याद आए।[1] घोड़ी भी रात-भर धुनी के पास खड़ी रही। उसे चरने के लिए खोल दिया गया था, फिर भी वह कहीं गई नहीं ! इस एकांत अरण्यनी में भूरे और काले भालू बहुतायत से पाए जाते हैं। कभी-कभी तेंदुआ भी निकल आता है। उन्हीं की गंध से घोड़ी चरने नहीं गई। आग के पास खड़ी रही।

नेलङ् हरसिल से बाईस मील पर है। जब हम वहाँ पहुँचे, तो सारा गाँव खाली पड़ा था। छोटे-छोटे मकान कोठारनुमा—पान की दूकानों जैसे। रोङ्पा लोगों का यह ग्रीष्मावास है। वे यहाँ जून के अंत में आ जाते हैं। तब खेत बोते हैं। रब्बी इधर जेठ-आषाढ़ में बोई जाती है और भादो-आसिन में फसल तैयार हो जाती है। तैयार अनाज कोठरों में बंद करके फिर ये शीतकाल में नीचे, मैदानों की ओर उतर जाते हैं। कभी-कभी इनका अनाज तिब्बती डाकू लूटकर भी ले जाते हैं। व्यापार पर निर्भर रहने के कारण इस अन्नहानि को ये उतनी बड़ी हानि नहीं समझते।

नेलङ् का रंग-ढंग बिलकुल तिब्बती है। एक गोनूपा (विहार) भी था—मगर अब उसका भग्नावशेष मात्र मौजूद है। रोङ्पा लोग हिंदुओं के बीच अपने को राजपूत कहते हैं और भोटियों के बीच भोटिया। ब्राह्मणों को भी अपना गुरु बताते हैं और लामाओं को भी।

जिस दिन पहुँचे, उस रात आलू और पहाड़ी कुकुरमुत्ते का साग बना था। उसमें जिम्बू (तिब्बती प्याज, डालचा) भी पड़ा था। अपूर्व स्वाद था उसका। यह जिम्बू इधर इतना-इतना लोकप्रिय है कि सुखा-सुखाकर इसका पत्ता लोग झोली में रखते हैं और तरकारी में मसाले की तौर पर बरतते हैं।

मुझे नेलङ् में दस दिन रहना पड़ा। एक दुर्घटना हो गई थी, जिससे राहुलजी पीछे लौट आए और मैं अकेले तिब्बत चला गया। दुर्घटना यह हुई कि घोड़ी भोट गंगा पार करते समय प्रवाह में मसिया गई और दो दिन तक धार के बीच एक छोटे दियारे पर

---

1. भागीरथी निर्झर शीकरणां।
वोढ़ा मुहुः कम्पित देवदारूः।।
—कुमारसम्भव

कैद रही। उसका वहाँ से निकलना मुश्किल था। तय था कि चारा के अभाव में बेचारी उसी जगह मर जाती। घोड़ीवाले का यह बहुत बड़ा नुकसान होता। परंतु तीसरे दिन तीन-चार भोटियों ने घोड़ी का उद्धार किया। पानी बेहद सर्द था और बिलकुल तीव्र। वे लोग कमर में एक-दूसरे से बँधकर नदी में धँसे और घोड़ी के पास पहुँचे। उसकी गर्दन में मजबूत रस्सी बाँधकर रस्सी की दूसरी छोर धार की परली ओर फेंक दी। वहाँ दूसरे चार-पाँच आदमी खड़े थे, जिन्होंने रस्सी पकड़ ली। इस प्रकार घोड़ी का उद्धार किया गया। दो-तीन रोज खाने-पीने के बाद वह स्वस्थ हुई। तब तक राहुलजी ने अपना विचार बदल दिया। घोड़ी समेत वह हरसिल लौट आए और मैं थोलिङ् जानेवाले किसी व्यापारी की प्रतीक्षा में नेलङ् ही रह गया।

[पारिजात, अक्टूबर 1946]

हिमालय की बेटियाँ

अभी तक मैंने उन्हें दूर से देखा था। बड़ी गंभीर, शांत, अपने आप में खोई हुई लगती थीं। संभ्रांत महिला की भाँति वे प्रतीत होती थीं। उनके प्रति मेरे दिल में आदर और श्रद्धा के भाव थे। माँ और दादी, मौसी और मामी की गोद की तरह उनकी धारा में डुबकियाँ लगाया करता।

परंतु इस बार जब मैं हिमालय के कंधे पर चढ़ा तो वे कुछ और रूप में सामने थीं। मैं हैरान था कि यही दुबली-पतली गंगा, यही यमुना, यही सतलज समतल मैदानों में उतरकर विशाल कैसे हो जाती हैं। इनका उछलना और कूदना, खिलखिलाकर लगातार हँसते जाना, इनकी यह भाव-भंगी, इनका यह उल्लास कहाँ गायब हो जाता है मैदान में जाकर ? किसी लड़की को जब मैं देखता हूँ, किसी कली पर जब मेरा ध्यान अटक जाता है, तब भी इतना कौतूहल और विस्मय नहीं होता, जितना कि इन बेटियों की बाललीला देखकर !

कहाँ ये भागी जा रही हैं ? वह कौन लक्ष्य है जिसने इन्हें बेचैन कर रखा है? अपने महान पिता का विराट प्रेम पाकर भी अगर इनका हृदय अतृप्त ही है तो वह कौन होगा जो इनकी प्यास मिटा सकेगा ! बर्फ जली नंगी पहाड़ियाँ, छोटे-छोटे पौधों से भरी घाटियाँ, बंधुर अधित्यकाएँ, सरसब्ज़ उपत्यकाएँ—ऐसा है इनका लीला निकेतन ! खेलते-खेलते जब ये जरा दूर निकल जाती हैं तो देवदार, चीड़, सरो, चिनार, सफेदा, कैल के जंगलों में पहुँचकर शायद इन्हें बीती बातें याद करने का मौका मिल जाता होगा। कौन जाने, बुड्ढा हिमालय अपनी इन नटखट छोकरियों के लिए कितना सर धुनता होगा ! बड़ी-बड़ी चोटियों से जाकर पूछिए तो उत्तर में विराट मौन के सिवा उनके पास और रखा ही क्या है ?

सिंधु और ब्रह्मपुत्र ये दो ऐसे नाम हैं जिनके सुनते ही रावी, सतलुज, व्यास, चनाव, झेलम, काबुल (कुभा), कपिशा, गंगा, युमना, सरयू, गंडक, कोसी आदि हिमालय की छोटी-बड़ी सभी बेटियाँ आँखों के सामने नाचने लगती हैं। वास्तव में सिंधु और ब्रह्मपुत्र स्वयं कुछ नहीं हैं। दयालु हिमालय के पिघले हुए दिल की एक-एक बूँद न जाने कब से इकट्ठा हो-होकर इन दो महानदों के रूप में समुद्र की ओर प्रवाहित होती रही हैं ! कितना सौभाग्यशाली है वह समुद्र जिसे पर्वतराज हिमालय की इन दो बेटियों का हाथ पकड़ने का श्रेय मिला !

जिन्होंने मैदानों में ही इन नदियों को देखा होगा, उनके खयाल में शायद ही यह बात आ सके कि बूढ़े हिमालय की गोद में बच्चियाँ बनकर ये कैसे खेला करती हैं। माँ-बाप की गोद में नंग-धड़ंग होकर खेलनेवाली इन बालिकाओं का रूप पहाड़ी आदमियों के लिए आकर्षक भले न हो, लेकिन मुझे तो ऐसा लुभावना प्रतीत हुआ वह रूप कि हिमालय को ससुर और समुद्र को उसका दामाद कहने में कुछ भी झिझक नहीं होती है।

कालिदास के विरही यक्ष ने अपने मेघदूत से कहा था : वेत्रवती (वेतवा) नदी को प्रेम का प्रतिदान देते जाना, तुम्हारी वह प्रेयसी तुम्हें पाकर अवश्य ही प्रसन्न होगी। यह बात इन चंचल नदियों को देखकर मुझे अचानक याद आ गई और सोचा कि शायद उस महाकवि को भी नदियों का सचेतन रूपक पसंद था। दरअसल जो भी कोई नदियों को पहाड़ी घाटियों और समतल आँगनों के मैदानों में जुदा-जुदा शक्लों में देखेगा, वह इसी नतीजे पर पहुँचेगा।

काका कालेलकर ने नदियों को लोक-माता कहा है। किंतु माता बनने से पहले यदि हम इन्हें बेटियों के रूप में देख लें तो क्या हर्ज है ? और...थोड़ा आगे चलिए...इन्हीं में अगर हम प्रेयसी की भावना करें तो कैसे रहेगा ? ममता का एक और भी धागा है, जिसे हम इनके साथ जोड़ सकते हैं। बहन का स्थान कितने कवियों ने इन नदियों को दिया है। एक दिन मेरी ऐसी भावना हुई थी। थो-लिङ् (तिब्बत) की बात है। मन उचट गया था, तबियत ढीली थी। सतलज के किनारे जाकर बैठ गया। दुपहर का समय था। पैर लटका दिए पानी में। थोड़ी ही देर में ही उस प्रगतिशील जल ने असर डाला। तन और मन ताज़ा हो गया तो लगा मैं गुनगुनाने—

जय हो सतलज बहन तुम्हारी
लीला अचरज बहन तुम्हारी
हुआ मुदित मन हटा खुमारी
जाऊँ मैं तुम पर बलिहारी
तुम बेटी यह बाप हिमालय
चिंतित, पर, चुपचाप हिमालय
प्रकृति नटी के चित्रित पट पर

अनुपम अद्‌भुत छाप हिमालय
जय हो सतलज बहन तुम्हारी !

[कौमी बोली, फरवरी 1947]

राहुलजी—उनका साहित्य और व्यक्तित्व

महापंडित राहुल सांकृत्यायन को साहित्य सम्मेलन का सभापति चुनकर हिंदी संसार ने इस बार अपनी नई चेतना का परिचय दिया है। यह एक बहुत बड़ा शुभ लक्षण है। ऐसी विशाल संस्था का अध्यक्ष निर्वाचित होना राहुल जी के लिए कोई महत्त्व नहीं रखता—यह सोचना अवश्य ही निम्न कोटि का दंभ होगा। साथ ही ऐसे महान् साहित्यिक को अपने अध्यक्ष-पद पर प्रतिष्ठित करके हिंदी साहित्य सम्मेलन ने अपने को गौरवान्वित किया है, यह तथ्य भी हमें स्वीकार करना ही होगा। मानता हूँ यह कोई अनहोनी घटना नहीं घटी है, परंतु यह जानकर कि हमारा उद्‌बुद्ध हिंदी-जगत् स्वतंत्र चिंतन तथा बुद्धिवाद का ऐसा प्रबल समर्थक है, हृदय बारंबार पुलकित हो उठा है।

यहाँ मैं राहुल जी के संबंध में इधर-उधर की बहुत-सी बातें करने नहीं जा रहा। संक्षेप में यह बतलाना चाहता हूँ कि उन्होंने क्या कुछ दिया है।

उनका पहला प्रकाशित लेख हमें आज से 32 साल पहले 1915 ई. में मासिक 'भास्कर' (मेरठ) के पृष्ठों पर ले जाता है। सधुअई और घुमक्कड़ी के संबंध में केदारनाथ[1] का लिखा वह लेख तब का है, जब राहुल जी आर्य मुसाफिर विद्यालय, आगरा में अध्ययन कर रहे थे। इसके बाद बौद्ध ऐतिहासिक स्थानों की यात्रा से संबद्ध चार लेख केदारनाथ के हमें 'भारती' (जालंधर कन्या महाविद्यालय की मासिक पत्रिका) में मिलते हैं। लाहौर के दो उर्दू साप्ताहिकों (प्रकाश और आर्य गजट) और आगरा के 'मुसाफिर' (उर्दू साप्ताहिक) में इन्हीं महाशय केदारनाथ ने खंडन-मंडनवाले कई शास्त्रार्थ लेख लिखे थे। यह भी उन्हीं दिनों की बात है। 1918 में रूसी क्रांति की खबरों से प्रभावित हो-होकर आपने 'बाईसवीं सदी' जैसी कोई किताब हिंदी में लिखी थी। उसका पता नहीं है।

जेल जीवन : 1921 में उन्होंने राजनीति में सक्रिय भाग लिया। पहले से ही सुपरिचित होने के कारण सारन (छपरा) को अपना कर्म क्षेत्र बनाया। कुछ महीने काम करने के उपरांत गिरफ्तार कर लिए गए। 6 महीने की सजा हुई। इन दिनों की आपकी डायरियाँ संस्कृत में लिखी हुई हैं। संस्कृत, हिंदी और अरबी की तुकबंदियाँ भी हमें इन डायरियों में मिलती हैं। इसी अर्से 'बाईसवीं सदी' लिखी गई।

1925-26 में राहुल जी को अध्ययन-अनुशीलन के लिए अच्छा एकांत मिला। दो साल की सजा हुई थी। सेंट्रल जेल हजारीबाग में बिताए गए उन चौबीस महीनों का

1. केदारनाथ पाण्डे—राहुलजी का पहला नाम।

उन्होंने अच्छा उपयोग किया। जेल लाइब्रेरी में अंग्रेजी, हिंदी, उर्दू और बंगला की जितनी किताबें थीं, सब बाँच गए। शंकराचार्य (भारती कृष्ण तीर्थ) से गणित की उच्च शिक्षा प्राप्त की। संयोग से स्वामी जी उन दिनों वहीं अपना जेल-जीवन बिता रहे थे। मिश्र और अफ्रीका के पुरातत्त्व से संबद्ध चार अंग्रेजी उपन्यासों[1] का हिंदी रूपांतर वहीं हुआ। गणित पर भी एक छोटी पुस्तक लिखी थी, जो पीछे कहीं गुम हो गई।

सिंहल प्रवास : 1927-28 में जब वह सिंहल (लंका) के विद्यालंकार परिवेण (केलनिया) में अध्ययन कर रहे थे, यात्रा के कई वृत्तांत 'सरस्वती' में क्रमशः प्रकाशित हुए।[2] दो साल का वह सिंहल प्रवास राहुल जी के जीवन में विशेष महत्त्व रखता है। अपनी आयु के एक-एक मिनट का उपयोग वहाँ उन्होंने भारतीय पुरातत्त्व, पुरालिपि, नृतत्त्व, बौद्ध दर्शन, पालि त्रिपिटक के गंभीर अनुशीलन, मनन एवं विवृत लेखन में किया। यहाँ 'मिनट' शब्द का प्रयोग मैंने असावधानी से नहीं किया है। रायल एशियाटिक सोसाइटी की सिंहल शाखा के ग्रंथागार में भारतीय तत्त्व (इंडोलॉजी) से संबद्ध जितनी अंग्रेजी, जर्मन, फ्रेंच पत्रिकाएँ और पुस्तकें मिल सकीं, राहुल जी ने एक-एक करके सबका पारायण किया। इस गंभीर अनुशीलन की छाप राहुल-साहित्य के विराट् कलेवर पर यत्र-तत्र सुस्पष्ट है। सिंहल-प्रवास के इन्हीं दिनों में आप जर्मन और फ्रेंच विद्वानों के संपर्क में आए।

तिब्बत अभियान : दिङ्नाग और धर्मकीर्ति के लुप्त ग्रंथों की टोह में साहसिक अभियान उन्होंने एक बार नहीं, चार बार किया। साहित्यिक, सांस्कृतिक, भूगार्भिक, भौगोलिक अभियान को दूसरे देशों में बहुत बड़ी तैयारी के उपरांत ही किया जाता है। परंतु राहुल को ऐसी सुविधा पहले तीन अभियानों में कहाँ मिली ? हाँ, चौथी बार (1938 के आरंभ) जो उनका तिब्बत-अभियान हुआ, उसका सारा प्रबंध बिहार की तत्कालीन कांग्रेसी सरकार की ओर से किया गया था।

पिछले तीन अभियानों में उन्हें लुप्त ग्रंथों का अनमोल ज़ख़ीरा हाथ लगा। चिंतन और मनन के भारतीय क्षेत्र में जिसने आमूल क्रांति की, आचार्य धर्मकीर्ति (6वीं सदी के पूर्वार्धवर्ती) की वह विख्यात परंतु लुप्त कृति—'प्रमाणवार्तिक' अपने मूल रूप में जब राहुल जी को मिली तो यह शुभ समाचार जानकर प्राच्य दर्शन के पाश्चात्य मनीषियों ने उन्हें समुद्री तार से बधाइयाँ भेजी थीं।

लुप्त ग्रंथों के इस उद्धार-कार्य से सोवियत रूस की विज्ञान परिषद् का प्राच्य प्रतिष्ठान हमारे राहुल की ओर ऐसा आकृष्ट हुआ कि सन् 1937 में इन्हें अपने यहाँ ससम्मान बुलाया। प्राच्य तत्त्वों के महान् पंडित चेरवास्की अभी जीवित थे। उनकी अभिलाषा थी कि इस भारतीय विद्वान की सहयोगिता में 'प्रमाणवार्तिक' को संपादित करें।[3] हन्त, उनकी यह स्पृहा महाकाल ने पूर्ण न होने दी। 1942 में राहुलजी इधर थे,

---

1. शैतान की आँखें, विस्मृति की गर्भ में, जादू का मुल्क, सोने की ढाल।
2. यही यात्रा वृत्तांत बाद में लंका नाम से पुस्तकाकार प्रकाशित हुए।
3. ओतो, रूदोल्फ, सिल्व्यांलेवी आदि।

उधर आचार्य चेरवास्की का देहांत हो गया।

राहुल-साहित्य : राहुल-साहित्य 21000 (इक्कीस हजार) पृष्ठ तक पहुँच गया है। इसमें 6000 पृष्ठ रायल साइज के हैं। हाँ, यह सब सारा का सारा मौलिक कृतियाँ ही नहीं हैं। इसमें अनुवाद भी है, संपादन भी है, सार-संकलन भी है। संस्कृत और पाली, तिब्बती और सिंहली, फ्रेंच और जर्मन, रूसी और रोमन (जिप्सी), उर्दू—कई भाषाओं में है। हिंदी तो खैर है ही। कुछ भोजपुरी में भी है।

अंग्रेजी, बंगला, गुजराती, मराठी, तमिल, उर्दू और सिंधी भाषाओं में राहुल साहित्य का जो अनुवाद हुआ है, इसमें उसका हिसाब मैंने नहीं लगाया है। जान-बूझकर छोड़ दिया है। यहाँ उनकी छोटी-बड़ी नब्बे पुस्तकों की अनुक्रमणिका देकर आपका कालक्षेप करना अनुचित समझता हूँ। किंतु यह जान लेना अप्रासंगिक नहीं होगा कि यह विपुल वाङ्मय अंततः है क्या वस्तु।

इसमें बहुत कुछ है। धर्म और दर्शन है। कथा और उपन्यास है। साम्यवाद है। राजनीति है। विज्ञान है। पुरातत्त्व और इतिहास है। जीवनी है। भाषा विज्ञान है। आलोचना है। यात्रा वृत्तांत है। कोष है। स्वयं शिक्षक है।

और यह सब, राहुल जी ने पिछले पंद्रह साल में लिखा है। भाषा सरल और शैली सुबोध। जो कुछ कहना होता है, वह सीधे कहते हैं। किसी बात को घुमा-फिराकर कहना, पाठक या श्रोता-समुदाय पर अपना पांडित्य लादना, यह आप उनमें नहीं पाएँगे।

अभी उनकी आयु 54 साल[1] की है। यदि इसी प्रकार प्रतिवर्ष वह हमें चौदह-पंद्रह सौ पृष्ठ साहित्य देते चलें तो कितना अधिक हो जाएगा।

अद्‌भुत व्यक्तित्व : जरा ख्याल तो कीजिए, एक ईमानदार शिल्पी, सोलह-सोलह, अठारह-अठारह घंटे रोज दस्तकारी के अपने काम में लगा रहता है, कलम-छेनी-कूची-टाँका या सुई—एक-पर-एक घिसती चली जा रही है और देखते-देखते आपके समक्ष बढ़िया-से-बढ़िया पुस्तकों, प्रतिमाओं, चित्रों और हंस-मृग-मयूर लांछित दुशालों का अंबार लग गया। आप विस्मय-विमुग्ध और श्रद्धाविगलित होकर उस शिल्पी का उपस्थान करने खड़े होते हैं। वह मुस्कुराकर, हाथ हिलाकर आपके प्रति कृतज्ञता सूचित करता है और अपने काम में लग जाता है। अवकाश, विराम और विश्राम वह नहीं जानता। अपनी दस्तकारी, अपना शिल्प ही उसका इष्ट देवता है, जनक और जननी—सब कुछ है।

प्रतिष्ठा तथा सम्मान के पीछे वह कभी नहीं दौड़ा। बड़े-से-बड़े संकट की पर्वाह नहीं की। केवल स्वप्नस्थ रहकर ही अनागत की अगवानी करना उसे असह्य रहा, रतजगा करके उसने अपने सपनों को रूप दिया और आकार प्रदान किया है, फिर उनमें प्राण-प्रतिष्ठा की है। बहुधा ऐसा अवसर भी आया जबकि अपना प्रिय औजार एक ओर रखकर वह उठा और स्वाधीनता-कामी सैनिकों की अगली कतार में खड़ा हुआ।

1. जन्म : बैसाख कृष्ण अष्टमी, रविवार 1950 विक्रमी; 9 अप्रैल 1893

एकाधिक बार उसका शरीर क्षत-विक्षत हुआ है, स्वतंत्रता के शत्रुओं ने उसका सर तक फोड़ डाला था...

यह मैं अनजाने राहुल की स्तुति तो नहीं करने लग गया ? नहीं, अतिशयोक्ति नहीं, यह स्वभावोक्ति ही है। जवाहरलाल और राजेंद्रप्रसाद, विद्यामहोदधि आचार्य नरेंद्रदेव और काका कालेलकर, जायसवाल और महापंडित सिल्वयांलेवी, आचार्य रूदोल्फ और चेरवास्की जैसे व्यक्तियों ने जिसके कृतित्व को भूरि-भूरि सराहा हो, उसके संबंध में दो-चार पंक्तियाँ यदि मुझ जैसा इतर सामान्य जन लिख जाता है तो क्या हुआ ? आप मुझे वाक्य-विलासी और चाटुकार कह देंगे ?—असंभव है, असंभव !

तिब्बती चित्रपट : तिब्बती चित्रपट कला रसिकों के लिए अपनी अलग विशेषता रखते हैं। राहुल जी ने अपने प्रथम अभियान के समय वहाँ चार सौ चित्रपटों का संग्रह किया था। तिब्बती तूलिका के चमत्कारों का संकलन अनेकों ने किया है, परंतु राहुलजी का संकलन सर्वोत्तम है। यह बात ललित कला प्रेमियों को तब मालूम हुई जब पेरिस में लगातार छै दिनों तक (22 से 27 नवंबर 1932) इन चित्रों की प्रदर्शनी सर्वसाधारण के लिए की गई। म्यूनी ग्विमे (प्राच्य पुरातत्त्व संग्रहालय) में तिब्बती चित्रों की प्रदर्शनी और भी कई बार हुई थी, किंतु आलोचकों के मतानुसार इस बार की प्रदर्शनी अपूर्व थी। अपने तिब्बती चित्रपटों का वह महामूल्यवान संग्रह राहुल जी ने पीछे पटना-म्यूजियम को सौंप दिया।

बिहार रिसर्च सोसायटी के पुस्तकालय में तालपत्रों के फोटो के पाँच बड़े-बड़े अलबम रखे हुए हैं। साठ-सत्तर ग्रंथ होंगे। यह राहुल जी की तिब्बत की पिछली यात्राओं के फल हैं। तालपत्र ले आना असंभव था, फोटो ही वह ले आए। लगभग लाख श्लोक (1 श्लोक 32 अक्षर) का परिमाण ग्रंथ उन्होंने वहाँ (तिब्बत में) रात-दिन एक करके कापियों में उतार लिया था। इनमें एक-एक ग्रंथ कितना महत्त्व रखता है। इनमें से किसी एक का भी उद्धारक विज्ञ जगत में अशेष कीर्ति का अधिकारी होता। इनमें क्या नहीं है ? सरहपा का दोहा कोष है। प्रज्ञाकर का वर्तिकालंकार है। वसुबंधु का अभिधम्म कोष भाष्य है। धर्मकीर्ति का प्रमाणवार्तिक है, नागार्जुन का विग्रहव्यावर्त्तकी है, शांतिरक्षित की वादन्याय टीका है...और जाने क्या-क्या है !

राहुल जी की कठिन साधना के ये फल, संपादन और प्रकाशन की प्रतीक्षा में जाने कब तक यों पड़े रहेंगे ? प्रातः स्मरणीय जायसवाल के देहांत के बाद मानो बिहार रिसर्च सोसायटी निष्प्राण ही हो गई। जायसवाल जी जीवित होते तो इनमें अधिकांश ग्रंथ संपादित हुए रहते। आखिर राहुल जी अपने इन आविष्कृत ग्रंथों की ओर से क्यों इस प्रकार निरपेक्ष हो गए ?

यहाँ यदि मैं राहुल के स्वभाव के विषय में दो-एक बात कह दूँ तो संभवतः उक्त प्रश्न का समाधान बहुत हद तक हो जाएगा।

जागरूक चेतनता : बिना नमक की तरकारी या बिना चीनी के चाय वह खा-पी लेंगे, मगर सुबह-सुबह अखबार पढ़े बिना दैनिक कार्य आरंभ करना उन्हें अखरता है।

रेडियो वह रखे हुए हैं तो केवल खबरों के लिए। रात को नौ बजने में जब पाँच मिनट बाकी रहता है तब उनका रेडियो सचेष्ट हो उठता है। नौ बजे ऑल इंडिया रेडियो खबरें (अंग्रेजी में) देता है, सवा नौ पर पाकिस्तान रेडियो (उर्दू में), साढ़े नौ पर लंदन से ब्रिटिश खबरें आती हैं। भोरे-भोर 'अमृत बाजार पत्रिका' आ जाती है और वह अत्यंत मनोयोग से आधा घंटा उसका पारायण करते हैं।

दो-चार घूँट पीकर बची हुई चाय उनकी ठंडी हो जाती है या दो-एक कश खींचकर बाकी बची सिगरेट जलता-जलता, उनकी उँगली छू लेता है और मैं सोचता हूँ—यह व्यक्ति महापंडित मात्र ही नहीं है। इसका ज्ञान अतीत ही अतीत नहीं, वर्तमान ही वर्तमान नहीं, बल्कि अनागत की ओर भी धावित होता रहता है। ऐसा उद्‌बुद्ध अंतःकरण लेकर, ऐसी जागरूक चेतना पाकर, कोई भी अपने को कैसे रोक सकता है ? गर्मागर्म राजनीति और उग्रतम विचारों से वह कब तक अपने को अलहदा रखेगा ?

राहुल जी की आयु के सात साल जेलों में बीते हैं। उनकी राजनीतिक प्रवृत्तियों का समाचार सुनकर बहुत सारे मित्रों ने उन्हें 'अदूरदर्शी' तक कह डाला है। अनेक हितैषियों ने समय-समय पर उन्हें सलाह दी है—'आप अपने को साहित्यिक तथा सांस्कृतिक क्षेत्रों में ही सीमित रखिए।'

यह सुनकर राहुल अपनी बाल-सुलभ सरलता से मुस्कुरा उठे हैं, परंतु युग का आह्वान कान में पड़ते ही दुष्प्राप्य लिपिवाले तालपत्रों को वेष्टनी में बाँधकर एक ओर रख दिया, मैग्निफाइंग ग्लास दूसरी ओर और जा मिले सत्याग्रहियों में, सविनय अवज्ञा-भंगकारियों में, किसान कार्यकर्त्ताओं में, साम्यवादियों में !

अपनी उड़ान, यात्रा, घुमक्कड़ी और शोध-खोज तथा उन्हें यह तथ्य बुरी तरह महसूस हुआ कि 'सर्वे पदा हस्तिपदे निमग्नाः' (हाथी के पैर में सभी के पैर समा जाते हैं।) अर्थात् राजनीतिक और आर्थिक स्वतंत्रता हमारी सभी बीमारियों का इलाज है। यह भान होते ही राहुलजी ने 'मुर्दों की खोज' छोड़ दी, जिन्दों की सुधि लेना और उन्हें अधिक से अधिक सचेत करना आरंभ किया। दूसरी बार (1937 ई.) जब रूस से लौटे तब से उन्होंने वही लिखा है, जनता को जिसकी आवश्यकता थी। लोकचेतना को अकलुष और स्फूर्तिमय बनानेवाला उनका यह साहित्य देश के कोने-कोने में पहुँचा है। नगर-ग्राम, निगम जनपद—सभी जगह गया है। किसान, मजदूर, अध्यापक, छात्र, निम्न और मध्यवर्ग के व्यापारी और जमींदार, डॉक्टर, इंजीनियर, वैज्ञानिक—राहुल-साहित्य के पाठकों का समुदाय बहुत विशाल है।

अब आप ही कहिए कि ज्ञानदान के इस महान् अनुष्ठान के चलते राहुलजी प्राचीन पुस्तकों की तरफ से यदि थोड़ा-बहुत उदासीन हो गए हैं तो क्या यह महा अनर्थ है ? शिक्षा, संस्कृति और संपन्नता का तल ऊपर उठते ही, देख लीजिएगा कि अगली पीढ़ी अपने धर्मकीर्ति और दिङ्नाग का कितना अधिक सम्मान करती है।

पारिवारिक जीवन : पिता गोवर्धन पांडे (कनैला) और नाना रामशरण पाठक (पनदहा)—जिला आजमगढ़।

अपनी माँ और बाप की ज्येष्ठ संतान होने के कारण मातृकुल तथा पितृकुल दोनों जगह केदारनाथ अशेष वात्सल्य के पात्र थे। पनदहा में ही वह पैदा हुए, बाल्यकाल अधिक वहीं बीता। पाँच वर्ष की आयु में वहीं उनका अक्षरारंभ हुआ—अलिफ, बे, पे।

नाना की धारणा थी कि हिंदी से अधिक कदर उर्दू की है। उनका फुफेरा मुंसिफ होकर जवानी में ही मर गया था। नाती (केदार) के लिए नाना की नजर में वैसी ही कोई नौकरी थी। रानी की सराय की प्राइमरी पाठशाला में उर्दू पढ़ाकर आजमगढ़ के मिशन स्कूल में वह लड़के को अंग्रेजी पढ़ाना चाहते थे। किंतु होनी कुछ और ही थी !

अपने फौजी जीवन और शिकार-यात्राओं की रोमांचक कहानियाँ सुनाने का पाठक जी को बेहद शौक था। नाना या नानी की गोद में सोए नाती की आँखें रात-बिरात जब खुलतीं तो पल्टन, शिकार, दंगल-कुश्ती, साहब बहादुर, शिमला-दिल्ली-बंबई-मद्रास आदि का प्रसंग छिड़ा रहता। बच्चे को लगता कि इस कहानी का न ओर है, न छोर ! कहते-कहते न नाना थकते और सुनती-सुनती न नानी !

शिशु-चेतना के धूसर पट पर पड़ी हुई भूगोल और साहसिकता की उस छाप ने नौ वर्ष की आयु में ही केदार को स्वप्नदर्शी बना दिया। उन्हीं दिनों उर्दू की तीसरी किताब में उसे वाजंदा की यह उक्ति मिली कि—

सैर कर दुनिया की गाफिल जिन्दगानी फिर कहाँ ?
जिन्दगानी गर रही तो नौजवानी फिर कहाँ ?

इस शेर ने केदार की नींद हराम कर दी और पनदहा से भागकर दुनिया की सैर के लिए बेचैन हो उठा। एक बार मुगलसराय से लौटकर चला आया।

विद्रोह के अंकुर : ग्यारह साल की उम्र में एक और तमाशा हुआ—तिलक चढ़ा और एक दिन छोटी-सी बारात गई, ब्याह हो गया। समाज के प्रति विद्रोह का प्रथम अंकुर राहुलजी के अंदर यहीं से पैदा हुआ। इस बाल विवाह का उनके वैराग्य और गृह-त्याग में जबर्दस्त हाथ था। उस कच्ची आयु में यह सब केदारनाथ को खिलवाड़ प्रतीत हुआ, परंतु आगे जैसे-जैसे वह सयाने होते गए, वैसे-वैसे घरवालों का दबाव बढ़ता गया। संकट की गंभीरता का अंदाज पाते ही आगे चलकर वह घर से ऐसे भड़के, ऐसे भड़के कि प्रतिज्ञा कर डाली—"पचास वर्ष की आयु तक आजमगढ़ जिला में पैर नहीं रखूँगा।"

पिछली बार राहुलजी 1943 में, केवल चार घंटे के लिए कनैला गए थे।

तेरह साल के हुए तो माँ मरी। बराबर नानी के पास रहने के कारण माँ की मृत्यु केदार को नहीं खली। 14 की उम्र में नीड़ से पहली बार उड़े और कलकत्ता पहुँचे। बे-सरोसामानी तो थी ही, पर ज्यादा भटकना नहीं पड़ा, काम लग गया—एक सट्टेबाज ब्राह्मण थे, हुक्का के शौकीन। चिलम भरना, झाड़ू-बुहारी करना, पानी लाना...यही काम था जो उनके यहाँ केदार को करना पड़ता। मगर कलकत्ता का वह प्रवास चार ही महीने चला।

अगले साल एकमात्र बहन—रामप्यारी—मर गई...और नानी भी चल बसी। बालबंधु दलसिंगार पहले ही सिधार चुका था। इन मृत्युओं से किशोर केदार के हृदय को कड़ी चोट पहुँची। नाना की गृहस्थी छिन्न-भिन्न हो गई थी।

1909 में आपने उर्दू मिडिल पास की, अच्छे नंबरों में। बचपन में नाना की कड़ी निगरानी ने खुलकर न उछलने-कूदने दिया था, न हँसने-बोलने। अब पाठक जी बहुत वृद्ध हो चुके थें, नाती को अब कैद में रखने की सामर्थ्य उनमें नहीं थी। नाती एक बार कलकत्ता की हवा खा आया था और अब दुबारा फिर वहीं भागा। घर के भगोड़े और समानधर्मी लड़कों के साथ बिताया हुआ वह स्वच्छंद जीवन...वाजंदा का वह शेर, होश सँभालने के पहले से ही सुनी हुई शिकार-यात्राएँ...केदारनाथ को कनैला या पनदहा में रोक रखना असंभव था।

इस बार सुप्रसिद्ध फर्म सुँघनी साहु (बनारस) की कलकत्ते की दुकान पर उसे चिट्ठियाँ लिखने का काम मिला।

पिता गोवर्धन पांडे साहसी, समझदार और स्वभावतः रूढ़िभंजक थे। उनकी शिक्षा, उनका ज्ञान स्वयंभू था। केदार सदा उनसे अलग रहा, लेकिन अब उसे पांडेजी ने अपनी देख-रेख में रखने का निश्चय किया। लड़का दुबारा जब कलकत्ता से लौटा तो कनैला ही रहने लगा।

सधुआई और घुमंतू जीवन : बस्ती के पास एक महात्मा थे, परमहंस बाबा। वहाँ दो-एक रमते साधु यदा-कदा आते रहते। सधुआई और घुमंतू जीवन की उनकी कहानियों ने केदार को आकृष्ट किया। दिल और दिमाग पर वेदांत का नशा भी छाने लगा। ब्रह्म सच, जग झूठ। सो नहीं, चल उठ ! यह सब देखकर घरवालों का माथा ठनका। उन्होंने बार-बार कर्तव्य का उपदेश देना आरंभ किया। उसे नाना प्रकार से बतलाया जाता कि वह विवाहित है, एक और प्राणी का भाग्य उसके भाग्य से संबद्ध है; वेदांत और वैराग्य का मार्ग पृथक है, गृहस्थ का पृथक !

तीसरी बार जो केदार भागे सो हिमालय चले गए। पहली दो उड़ानों में पंख का काम किया था रुपए ने, किंतु इस बार का संबल था वैराग्य। जीभ पर था—का चिंता मम जीवने यदि हरिः विश्वंभरो गीयते।[1]

काशी में संस्कृत पाठ : चार-छै मास उत्तराखंड की सैर रही, फिर काशी में संस्कृत पढ़ना तय किया। पिता की मंजूरी मिल गई। काशी में एक नेपाली साधु की सलाह से उस साल (1911 में) केदारनाथ ने देवी की आराधना आरंभ की। आश्विन के नवरात्र में दशभुजा दुर्गा का साक्षात्कार नहीं होगा तो मैं प्राण दे दूँगा—ऐसा घोर प्रण करके वह जप करने बैठे। 6-7 दिन बीत गए, किंतु देवी का कहीं पता नहीं। साधक ने असफलता से खीझकर धतूरे खा लिए कि जीकर क्या होगा !

बच गए। लोगों को मालूम हुआ। तुरंत उपचार किया। फिर भी धतूरे की गर्मी

---

1. यदि भगवान विश्वंभर कहलाता है तो मैं अपने योगक्षेम की चिंता आप क्यों करूँ !

ने आँखों को चार महीने के लिए बेकार-सा कर दिया।

उन्हीं दिनों जगन्नाथ खन्ना के अमेरिका-यात्रा संबंधी लेख 'सरस्वती' में प्रकाशित हो रहे थे। केदार का ध्यान उन लेखों की ओर आकृष्ट हुआ। स्वामी सत्यदेव परिव्राजक का एक भाषण सुनने का मौका मिला। उसका भी हृदय पर अच्छा प्रभाव पड़ा। शायद इन्हीं सब से संसार को असार समझने की और संस्कृत माध्यम से वेदांत मात्र पढ़ने की परमहंसी भावना कम हुई। इसके बाद इन्हें हम दयानंद स्कूल की सातवीं श्रेणी में अंग्रेजी और गणित पढ़ते देखते हैं।

महंत का उत्तराधिकारी : परसा (सारन) के मठाधीश को पट्शिष्य की आवश्यकता थी और केदारनाथ घरवालों से बिलकुल छुटकारा चाहते थे। काशी कनैला (आजमगढ़) से करीब पड़ता है। तरुण ने सोचा, 'परसा कनैला से दूर बहुत दूर, एक दूसरी दुनिया होगी जहाँ न पिता मेरा पीछा कर सकेंगे, न नाना और न फूफा...और एक बार रजिस्टर्ड वैरागी बन जाने पर फिर भला कौन मुझ पर फंदा डाल सकेगा !'

सत्तरह-अठारह साल के एक स्वस्थ सुंदर तरुण को शिष्य के रूप में पाकर महंत जी बड़े प्रसन्न हुए। केदारनाथ पांडे अब रामउदार दास हो गए। लखपति मठाधीश के उत्तराधिकारी। जमींदारी ठाठ था। भोग-राग और सुख-सुविधा की कमी नहीं। परंतु ज्ञानार्जन की उत्कट प्यास नें वहाँ बाबा रामउदार दास को अधिक दिनों तक नहीं टिकने दिया।

बूढ़े महंत कहते थे—'क्या करोगे ज्यादा पोथी पढ़कर ? नित्त-नेम और करम-धरम लायक काफी विद्या रामजी के आश्रय से तुमने प्राप्त कर ली है। अब भगवान की असूल तहसील का काम सँभालो, सौ-पचास मूर्तियाँ रोज प्रसाद पाती हैं। बस, मेरे मठ की यह मर्यादा बनी रहे।'

हमारे नए बैरागी महाराज का अंतरतर थोड़े ही काल के बाद इस महंती ऐश्वर्य के प्रति विद्रोही हो उठा। और पता पाकर पिता ने भी वहाँ तक पीछा किया। पकड़कर फिर घर ले गए।

परंतु रामउदार दास को सदा के लिए बंधन में रखना असंभव था। वह कनैला से फिर भाग निकले। कई जगहों से घूम-घामकर अपने मठ पहुँचे। अंतःकरण में बड़वानल की भाँति जलनेवाली ज्ञान लिप्सा और बीस वर्ष की आयु—बौद्धिक अनशन क्षण-भर के लिए भी असह्य था। 'सरस्वती' का नया अंक पाते ही बाबा उस पर टूट पड़े। लेकिन ओस चाटकर भला किसकी प्यास बुझी है ? आखिर एक दिन वह मठ की कैद से भी भाग निकले और दक्षिण भारत चले गए।

दक्षिण देख आने के बाद तीन मास अयोध्या में रहे। संस्कृत की पढ़ाई चालू थी। एक मंदिर में बकरे की बलि के विरोध में सत्याग्रह के लिए कुछ तरुणों को तैयार किया, पंडों से झड़प हुई और अंत में सफलता मिली। वहीं दो-एक आर्यसमाजियों के संपर्क में आए और 'सत्यार्थ प्रकाश' हाथ लगा।

नया परिच्छेद : यहीं से साधु रामउदार जी के जीवन में एक नया परिच्छेद शुरू

हुआ। 1915 से 1922 तक आर्यसमाजी रहे।

मुसाफिर आर्य विद्यालय (आगरा) में जाते ही उनके हृदय के अब तक के रुद्ध द्वार उन्मुक्त हो गए। अंतर का एक-एक स्तर प्रज्ञा के आलोक से उद्भासित हो उठा। अच्छे-से-अच्छे साथी मिले, अच्छा से अच्छा पथ-प्रदर्शक। इस प्रसंग में राहुल जी मौलवी महेशप्रसाद आलिम फाजिल का नाम बहुत ही श्रद्धापूर्वक लिया करते हैं। राजनीति-आदर्श का प्रथम परिचय, त्याग और बलिदान की भावना का आरंभिक बोध उनको मौलवी साहेब से ही हुआ। भाषण और लेखन शक्ति राहुल जी की उन्हीं दिनों विकसित हुई। विश्वयुद्ध की खबरें जानने की उत्सुकता ने उन्हें गणेश शंकर विद्यार्थी के 'प्रताप' से जोड़ दिया। अब उनके समक्ष विशाल विश्व था, सामाजिक और राजनीतिक आदर्श थे। पलकों पर स्वप्न था, पैरों तले ठोस धरती थी।

इस बीच वह मौलवियों और पादरियों से शास्त्रार्थ करते फिरे, लाहौर में जाकर संस्कृत का अध्ययन किया। घुमक्कड़ी और बिना टिकट की रेलयात्रा चलती रही... यदा-कदा सधुअई...भाँग-गाँजा-सुल्फा...पैसा एक भी नहीं तो भी खाने-पीने का कष्ट कभी नहीं रहा। प्रशंसा और सम्मान टोकरी के टोकरी प्रायः रोज ही मिलते।

पंडित भगवद्दत्त के संपर्क में आने से अध्ययन की रुचि इतिहास की ओर मुड़ी। मगर जहाँ भगवद्दत्त जी साइंस को इतिहास की विभूति न समझकर वेद की विभूति समझते, वहाँ राहुल उसे वेद की विभूति न समझकर इतिहास की विभूति समझने लगे।

पंजाब हत्याकांड : इतने में गाँधी जी हमारे राजनीतिक आकाश का माध्यन्दिन सूर्य बनकर तप उठे। पंजाब हत्याकांड (डायरशाही) के दिनों में बाबा रामउदार दास लाहौर में थे। समूचा भारत सत्याग्रह से मुखरित हो चुका था। आर्यसमाज की शास्त्रार्थी या खंडन-मंडनवाली चहारदीवारी से वह बाहर निकले और राजनीति एवं लोकसेवा के विशाल जगत में प्रवेश किया। बिहार के सारन जिले को अपनी प्रयोगभूमि बनाया। वहाँ के राजनीतिक गद्दीधारियों ने पहले तो उपेक्षा की, किंतु पीछे काम करने की धुन और सोचने-समझने की शक्ति को देखकर बाबा को अपनी बिरादरी में शामिल कर लिया। कानपुर, गया और गोहाटी (गुआहाटी) के अधिवेशनों में रामउदार दास कांग्रेस के चुने हुए प्रतिनिधि होकर सम्मिलित हुए। एक बार जिला कांग्रेस कमेटी के प्रधानमंत्री भी बने।

और तब से लेकर अब तक जनसेवा का रिकार्ड राहुलजी का अनुपम नहीं, तो उपेक्षणीय भी कहाँ ? बाढ़ में, अकाल में, महामारी में, भूकंप में, बकाश्त बेदखली में, गाँधी-जवाहर-सुभाष के स्वागत समारोहों में, बड़ी-बड़ी किसान रैली में—सब में वह रहे हैं—तमाशबीन बनकर नहीं, एक विनयी और अनुशासनप्रिय कार्यकर्त्ता की भूमिका में।

सोलह घंटों का दिन : मातृकुल और पितृकुल से विरासत में उन्हें अच्छा स्वास्थ्य तथा लंबा कद मिला है, सरल और मधुर स्वभाव मिला है। पढ़ते-लिखते, नोट लेते,

संशोधन-संपादन करते, दुष्पाठ्य लिपि बाँचते कभी मैंने ऊबते नहीं देखा। काम का उनका दिन सोलह घंटे से कम का नहीं होता। अठारह घंटे का भले हो जाए। कड़ा-से-कड़ा बुखार हो तो भी, अनशन से क्लांत शरीर हो तो भी, पुस्तक वाचन उनका चालू रहता है। अपने जेल-जीवन में राहुल जी ने काफी लिखा है। '40 के बाद की अधिकांश कृतियाँ जेल की ही लिखी हैं।[1]

रूस यात्रा : अभी उस दिन मैंने पूछा—"इस बार रूस में ढाई साल रहे, बतलाइए क्या किया ?"

"वह देखो," बड़े सूटकेस की ओर संकेत करके राहुलजी ने कहा—"इसके अंदर कापियाँ पड़ी हैं।"

चमड़े का बड़ा-सा सूटकेस। खोला तो उसमें गर्म कपड़ों के नीचे कापियाँ-ही-कापियाँ दिखाई दीं। बड़े आकार की भी, छोटे आकार की भी। 1200 पेज (फुलस्केप) नोट्स (विवरण) थे, बारीक हरफों में लिखे। मध्य-एशिया की जातियाँ, वहाँ का नृतत्व, भाषा तत्त्व, भूगोल आदि। यह तथ्य अरबी, फारसी, रूसी, चीनी और मंगोल स्रोतों से संकलित किंए गए हैं। इनका उपयोग भली-भाँति किया जाय तो 3000 पृष्ठ साहित्य तैयार होगा। एक्सरसाइज बुक के आकार के 400 पृष्ठ रूसी-संस्कृत शब्दावली, धातु पाठ, व्युत्पत्ति आदि पर हैं। इसके अतिरिक्त तिब्बती वाङ्मय के ग्रंथों की हिंदी नामावली (अकारादि क्रम से) बनाई है। सदरुद्दीन सेनी के दो ताजिक उपन्यासों का उर्दू अनुवाद (1100 पृष्ठ) किया है। 800 पृष्ठों की दिनचर्या (ईरान और सोवियत के पिछले प्रवास की कथा समझिए) लिखी है।

कितना प्रचुर मसाला है यह !

संक्षेप में : प्राच्य विद्या सम्मेलन (बड़ोदा) की हिंदी शाखा के सभापति (1933)।

बिहार प्रांतीय हिंदी साहित्य सम्मेलन के सभापति (1939)।

बिहार प्रांतीय किसान सभा के सभापति (1947)।

अखिल भारतीय प्रगतिशील लेखक सम्मेलन के सभापति (1947)।

अखिल भारतीय हिंदी साहित्य सम्मेलन के सभापति (1947)।

इस छोटी-सी सूची से मैं सिर्फ यही दिखलाना चाहता हूँ कि कितना विचित्र वह व्यक्ति है, जिसे किसानों ने अपनी संस्था का प्रमुख चुना, प्रगतिशील लेखकों ने जिसको अपना पथ-प्रदर्शक घोषित किया और जब हिंदी जगत् के साहित्यिकों ने जिसे अपने सम्मेलन का अध्यक्ष निर्वाचित किया है।

[हंस, दिसंबर 1947]

---

1. छपरा और हजारीबाग में (1939) तथा बेवली कैंप (1941) में सरकार का मेहमान (कैदी) रहते समय।

नई चेतना (द्वैमासिक)[1]

इसका संपादन किया है श्री लक्ष्मीकांत प्रसाद एम.ए.साहित्यरत्न और श्रीचंपालाल राँका ने। सलाहकार हैं श्री शिवदानसिंह चौहान।

टाइटिल का चित्र मानव की नई चेतना का सक्षम प्रतीक है। इस प्रकार प्रस्तुत द्वैमासिक पहली झाँकी में ही पाठक के मन-प्राण को नवल स्फूर्ति से भर देता है—मानव के फौलादी हाथ की गिरफ्त में खूँखार दरिंदे का नाखूनी पंजा ! क्षण-भर के लिए हम रुकते हैं, समझते देर नहीं लगती। बर्बर जंगखोरों के प्रति पाठक का अंतरतर घृणा से कटु-तिक्त हो उठता है और जनवादी ताकतों की असीम-अखूट क्षमता में उसकी आस्था और भी दृढ़, और भी सकर्मक हो उठती है।

यह तो हुई 'नई चेतना' के बहिरंग की रूपवस्तु। अब अंदर की झाँकी लीजिए।

" 'नई चेतना' का उद्देश्य है नूतन मानवता की प्राण-प्रतिष्ठा के लिए उर्वर भूमि तैयार करना।"

" 'नई चेतना' जनता के जनतंत्र और समाजवाद के पथ को प्रशस्त करेगी।" और वह "मानवता की सर्वश्रेष्ठ निधियों और वैज्ञानिक उपलब्धियों को जनता के सम्मुख रखेगी"..."साहित्य के सुललित माध्यम से आर्थिक अन्याय, सामाजिक असंतोष और केंद्रित सुविधाओं का उद्घाटन तथा वस्तुनिर्देश करेगी।"

यहाँ मैं 'सुललित माध्यम' पर आकर तनिक देर के लिए अटक गया। सोचने लगा—सितंबर की तीखी कड़ी धूप से तिलमिलाकर बरगद की घनी छाँह का सपना देखनेवाले राहगीर की भाँति यह कौन स्वप्नस्थ साहित्यकार है जो 'सुललित माध्यम' से वस्तुनिर्देश करने जा रहा है ?

एक और उदात्त घोषणा देखिए : 'नई चेतना' कला को भौंडे और कुत्सित प्रचार का साधन नहीं मानती। वह केवल कला की उपासना करेगी जो "जन-जीवन की एक विशाल चेतना का अभ्युदय कर सके।"

बूर्जुआ और विपथगामी साहित्यकारों की यही एक शिकायत है हमसे। हमारी स्वभावोक्ति, हमारा वस्तुवादी विश्लेषण, संघर्ष के हमारे स्वर, हमारी प्रबुद्ध अभिव्यंजना, पूर्वापर को मिलानेवाला हमारा संदर्भ, हमारी युक्तिसंगत मीमांसा—यह सभी कुछ उनके समीप "भौंडे और कुत्सित प्रचार के साधन" मात्र हैं। नई पीढ़ी के उद्बुद्ध तथा उदीयमान साहित्यकारों को वे बारंबार यह कहकर विभ्रांत करने की चेष्टा करते हैं। पाठक, वाचक तथा श्रोता समुदाय को दुविधा एवं कुहासे में डालनेवाले साहित्यिक लामाओं से 'नई चेतना' के हमारे ये संपादक बंधु बचकर रहें, मैं हृदय से यह चाहता हूँ।

बड़ी मेहनत से मसाला इकट्ठा किया, कानूनी दिक्कत से काफी परेशानी हुई। आर्थिक सुविधा भी नहीं के बराबर थी। फिर भी 7 लेख, 10 कविताएँ, 2 कहानियाँ,

---

1. 'नई चेतना' द्वैमासिकी की समीक्षा।

रेखाचित्र-एकांकी-संस्मरण(एक-एक), थोड़ी-सी चयनिका। अपने पाठक वर्ग को बहुत कुछ देने में 'नई चेतना' सफल हुई। संपादकों में अपार उत्साह है। श्री चमनलाल राँका स्वयं इधर आए हुए थे और उनसे हुई बातचीत के आधार पर मैं यह निःसंदेह कह सकता हूँ कि वे लोग 'नई चेतना' को दिन से दिन अच्छी बनाते जाएँगे।

पाठ्यसामग्री प्रस्तुत अंक की कुछ खिचड़ी-सी हो गई है। 'पंजाबी जनकवि शीला भाटिया' पर शिवदान सिंह चौहान का लेख ही इस अंक का सर्वश्रेष्ठ लेख है। प्रकाशचंद्र गुप्त का लिखा शब्दचित्र 'बघाड़ा' बड़ा ही मार्मिक है। इसमें प्रकाशजी की शैली मुझे स्केच के उपयुक्त नहीं, बल्कि कहानी के उपयुक्त जँची। 'बजट वार्तिक' (नागार्जुन की कविता) व्यंग्य और वक्रोक्ति की कसौटी पर तो ठीक उतरती है, किंतु साधारणतया यह एक 'दुर्बोध्य रचना' हो गई है, जिसका स्वाद लेना सबके लिए आसान नहीं। इस प्रकार की वस्तु अधिक से अधिक सरल भाषा में आनी चाहिए। उक्त रचना में एक जगह छंद संबंधी त्रुटि भी है ("मिला देवताओं को आश्वासन" में दो मात्राएँ ज्यादा हैं)। मुकुल की रचना ओज से छलक रही है। उसकी विद्रोही और सजग पंक्तियाँ देखिए—

"न्याय जहाँ से मिले खींच ला बलपूर्वक अब
वर्ना पौरुषहीन कहेंगी हमें पीढ़ियाँ
... ...
... ...
संयत भाषा की आशा मत करो, जबकि हम भूखों मरते
फिर भी हम हैं सावधान
इसलिए कि जलता और उबलता खून
कहीं उत्तेजक बनकर, बने न कारण सर्वनाश का
इसलिए गांभीर्य हमारा दुरधिगम्य है जन-समुद्र सा !!

"रामहि ओढ़न, राम बिछावन, रामहि है घरबार' की तरह कुछ ऐसे भी आतुर प्रगतिवादी हैं जिनके लिए 'प्रगतिहिं ओढ़न, प्रगति बिछावन, प्रगति जासु घरबार' लागू है। ऐसे ही उत्साही मुझे श्री निरंकार देव सेवक भी मालूम होते हैं। आपकी एक रचना प्रस्तुत अंक में छपी है : मनुष्य को नए विचार दान दो। यह अभ्यर्थना किस देवाधिदेव से की जा रही है, पता नहीं ! निरंकारजी की इस कविता की सबसे बड़ी विशेषता क्या है ? बतलाऊँ ? लीजिए भाई, बतला ही दूँ, आप भी क्या कहेंगे !

36 पंक्तियों की इस रचना में कवि ने होशियारी से 36 दफे 'नवीन या नया-नए-नई' का प्रयोग किया है। नौ चतुष्पदियों में से चौथी को आपको सेवा में हाजिर करता हूँ—

नवीन साधना सुरुचि, नई कला
नवीन राग, रागिनी, नया गला
नवीन स्वर सितार, और तान दो
मनुष्य को नए विचार दान दो

यह तो बड़ी मेहरबानी की निरंकारजी ने इस रचना पर, नहीं तो इसी अनुपात से यदि 'नया-नवीन' बाकी चतुष्पदियों में भी डाल देते तो 54 दफे बेचारे नव को तकलीफ उठानी पड़ती ! मानता हूँ कि इस रचना में गेयता के गुण पर्याप्त मात्रा में मौजूद हैं, किंतु प्रश्न तो यह है कि कोरे नाम कीर्तन की यह परंपरा हमें कहाँ ले जाएगी ? प्रगति के या क्रांति के या नवीनता के सहस्र नामस्तोत्र को इस युग का बुद्धिवादी श्रोता कैसे बर्दाश्त करेगा। बुरा न मानें कविजी, इस कोटि की 'प्रगतिवादी' अथवा 'नवीनतावादी' कविताओं का जमाना अब पीछे छूट गया है—काफी पीछे। 'कल्पना करो नवीन कल्पना करो' (गोपालसिंह नेपाली) की खूबी यह थी कि उसके गायन से कांग्रेसी वालंटियर भी नई स्फूर्ति प्राप्त करते थे और राष्ट्रीय स्वयंसेवक भी ! सो, महाराज, ऐसी 'उद्बुद्ध' एवं 'उदात्त' भावसंपदावाली रचनाओं से अपने राम तो बड़े ही घबड़ाते हैं। संपादकजी ने परिचय देते हुए आपको 'प्रगति के मधुर गायक' कहा है, उनके मुँह माखन-मिसरी !

श्री गोपाल आचार्य की कहानी उस दलदल पर अच्छा प्रकाश डालती है, वकालतपेशा जमात स्वाधीनता के इस 'पूर्वाह्न काल' में भी जिससे छुटकारा नहीं पा सकी है। राजेंद्र यादव की कहानी (खानदानी घर) फासिस्टी बर्बरता की शिकार एक हिंदू कुलवधू को हमारे सामने खड़ी करती है। अंत असंगत लगता है, मानो कथावस्तु को किसी हड़बड़ी में पड़कर कलाकार ने बीच से ही तोड़ डाला हो !

'आज का पेरिस' लगता है कि किसी व्यक्तिगत पत्रक का अंश है। यह जिस स्तंभ के अंतर्गत है (अंतर्राष्ट्रीय जीवन की किरणें) उसको देखते हुए इस लेख (?) की एकांगिता और मौजीराम की बहकवाली बात बेहद खटकती है। आशा है, आगे इस स्तंभ की अनुरूपता का निर्वाह होगा।

श्री गोविंद कला और सौंदर्य के प्रसंग में कई उलझी हुई बातें कहते हैं। शाश्वत और चिरंतनता की यह घपलेबाजी, थोड़ी ही मात्रा में क्यों न हो, वस्तुपक्ष के लिए घुन बन जाती है। श्री लक्ष्मीकांत ने भावाकुल शैली में युग-व्यापी संकट और नूतन समाज रचना की ओर अपने निबंध द्वारा स्पष्ट संकेत किया है। इसके अलावा कई लेख अधूरे हैं, कई खंडित जँचनेवाले। मेरी राय में द्वैमासिक संकलन को इस प्रकार की अपूर्ण सामग्रियों का भंडार न बनने देना ही अच्छा है। क्रमशः या धारावाहिक रूप में छपनेवाली चीजें दैनिकों और साप्ताहिकों तक ही सीमित रहने दी जायँ, तो ठीक रहेगा।

शंभूदयाल सक्सेना का रूपक (एकांकी) छोटा होते हुए भी चोखा है। महाभारत की लाख के घरवाली घटनाओं को आधार बनाकर पुराने तथ्य पर नए सिरे से प्रकाश डाला गया है। अंत में प्रख्यात योजना-विहारी स्थविर पत्रकार श्री बनारसीदास चतुर्वेदी के उस लेख की चर्चा करूँ जिसमें पेशेवर लेखकों के लिए पते की कई बातें आई हैं। अपने अपूर्ण स्वप्नों की सूची दे चुकने के उपरांत चतुर्वेदीजी फर्माते हैं—"और, जब दूसरे लोग घाटा सहकर हमारे विचारों का प्रचार करने के लिए उद्यत हों तो अपना पत्र क्यों निकालूँ ? प्रत्येक समझदार संपादक को कुछ दार्शनिक भी होना चाहिए। वसुधैव

कुटुम्बकम्। कौन कहता है कि 'नई चेतना' मेरी पत्रिका नहीं है ?''

चतुर्वेदीजी महाराज की सूक्ति बिलकुल स्पष्ट है। बड़े से बड़ा, आदर्शवादी अपने 'विचारों का प्रचार' करने, करवाने को कैसा आतुर, कितना बेताब, किस प्रकार लालायित रहता है ! काश ! 'भोला पाठक' (चतुर्वेदीजी के ही शब्दों में) इस तथ्य को समझता होता !

राजस्थान के कतिपय तरुणों का यह उत्साह सर्वथा सराहने योग्य है। सामंतवादी अत्याचारों के गढ़ में आज भी अंधकार ही अंधकार है। लखनऊ-इलाहाबाद और पटना-जबलपुर की अपनी खास परिधि में गैर-रियासती ढंग की जिंदगी बितानेवाले हम लोग मारवाड़ी-मेवाड़ी या बागड़ी वस्तुस्थिति को क्या जानें ? कई गुनी ज्यादा दिक्कतों से जूझने के अभ्यस्त इन तरुण राजस्थानियों की 'नई चेतना' अखिल भारतीय क्षेत्रों की अपेक्षा उनके अपने इलाकों में कहीं अधिक आलोक फैलाएगी। प्रगतिशील परंपरा की सांस्कृतिक कड़ी का यह राजस्थानी प्रकाशन अपने विघ्नों के प्राचीर को ढहाता हुआ आगे बढ़े, मेरी यह शुभकामना है।

[अंक-1 (जुलाई-अगस्त 1950); पृष्ठ संख्या 84, 4; की कीमत एक रुपया; (वार्षिक 6) रुपए) प्राप्ति-स्थान : नई चेतना प्रकाशन गृह, बीकानेर, राजस्थान।]

[हंस, नवंबर 1950]

मैं सो रहा हूँ !

भोजन के बाद चतुर्वेदी जी ने कहा–'साढ़े बारह बज गए हैं, अब जाइए और आराम कीजिए !'

'मैं तो जाकर अब लिखूँगा, जरूरी है'–मैं बोला।

'फिर आप नया संसार कैसे बनाएँगे ? दोपहर को डेढ़-दो घंटे सो लेना निहायत जरूरी है। मेरा बस चले तो एक स्पेशल आर्डिनेंस निकलवा दूँ और मध्याह्न के समय दो-ढाई घंटे की लाजिमी छुट्टी हुआ करे...'

इसे चतुर्वेदी जी अराजकतावाद का पहला सबक मानते हैं। झिड़की में मिठास घोलते हुए उन्होंने फिर कहा–'दोपहर को खाने के बाद सोएँगे नहीं तो हमारा-आपका साथ कैसे निभेगा।'

मैंने हँसकर कहा–'अच्छी बात है, सोऊँगा।'

'तब ठीक है।'

फिर चतुर्वेदी जी ने ऐसा कहकहा लगाया कि क्वार्टर नं. 123 का बड़ा हॉल गूँज उठा !

जोरों की यह हँसी नार्थ एवेन्यू में अन्यत्र आप शायद ही सुनें। पास-पड़ोस के

क्वार्टरों में रहनेवाले अब इस अट्टहास से भली-भाँति परिचित हो चुके हैं।

'आज से 34 वर्ष पहले एक ऐसी घटना हुई जिसने मुझे 'मुकम्मल आजादी' दिला दी और तभी से मैं मध्याह्न निद्रा का आनंद भोग रहा हूँ...' चौबे जी उल्लसित आपको बताएँगे।

सी.एफ. एंडरूज़ की प्रेरणा से चतुर्वेदी जी ने राजकुमार कॉलेज (इंदौर) की प्रोफेसरी छोड़ दी और शांतिनिकेतन में रहने लगे। और, तभी से दोपहर का सोना उनके नित्यकृत्य में शामिल हो गया।

वक्त की पाबंदी पर कड़ी नजर नहीं रहती है। 12 से 3 या साढ़े तीन तक बज जाते हैं; फिर भी घंटा-आध घंटा के लिए आप सोएँगे अवश्य।

नारायण सिंह, गुपली या नरेश—इनमें से कोई एक खिड़कियों के पर्दे खींचकर फैला देगा, दरवाजे बंद करके चौबे जी के माथे में जवाकुसुम की मालिश करने लगेगा। दस-एक मिनट बाद उन्हें नींद आ जाएगी।

क्वार्टर के बरामदे में काफी धूप और प्रकाश आते हैं। चतुर्वेदी जी से मिलने आने वालों की भी तादाद रोजाना दस-पाँच रहती ही है। जब वह सो जाते हैं तो आहिस्ते से सरकंडों की सिरकियाँ गिरा दी जाती हैं, उनके डोरे ढीले छोड़ दिए जाते हैं।

और पीछे, बाहर कूट की एक छोटी दफ्ती लग जाती है, सड़क की तरफवाली बड़ी सिरकी से।

दफ्ती पर मोटी पेंसिल की लाल और नीली लिखावट में आप सिर्फ तीन शब्द पाएँगे—

'सो रहा हूँ'

नीचे बारीक हरफों में लिखा मिलेगा—बनारसीदास चतुर्वेदी।

और कभी-कभी यह दफ्ती 5 बजे शाम तक वहाँ उसी तरह लटकी रह जाती है; लेकिन अंदर मुक्त-हास के फव्वारों से छत हिलती होती है।

एक-आध दफे पंडित जी का ध्यान इस ओर दिलाया तो हँसकर बोले—'अराजकतावाद की परिधि अब फैल रही है...'

नरेशजी ने इस पर कहा—'नारायण सिंह भी अराजकतावादी हो गया है।'

नारायणसिंह गढ़वाली राजपूत है और पंडित जी का परिचारक है। गुपली का पूरा नाम रामगोपाल चतुर्वेदी, यह चतुर्वेदी जी के कनिष्ठ पुत्र हैं। नरेशचंद्र चतुर्वेदी अभी उठती मूँछों के नौजवान हैं, चौबे जी के आप भतीजे होते हैं।

सभी को चतुर्वेदी जी की हिदायत है कि दोपहर में कुछ देर अवश्य सोएँ।

बात यह है कि चतुर्वेदी जी प्रातःकाल तीन बजे उठ जाते हैं, कभी-कभी ढाई या दो बजे ही । दिन के बारह बजते-बजते उन्हें थकावट अनुभव होने लगती है, फिर ढाई-तीन घंटे आराम कर लेना उनके लिए अत्यंत आवश्यक हो जाता है। दैनिक कृत्य को इसी से वह दो खंडों में विभाजित करते हैं। प्रातःकाल से लेकर मध्याह्न के 12 तक, फिर उसे रात के 10 तक। इसमें व्यतिक्रम होता है तो चतुर्वेदी जी का स्वास्थ्य

बिगड़ जाता है। सुबह देर तक सोते रहनेवाले सज्जन उनकी इस दिक्कत को शायद ही समझें।

पंद्रह-बीस रोज तक मैंने भी चतुर्वेदी जी के इस उपदेश पर अमल किया, लेकिन आगे क्रम टूट गया।

दिन में सोने पर रात के वक्त दम फूलता था। बरसात के दिन थे। हाँ, भोजन पश्चात् मध्याह्नोत्तर विश्राम तो आवश्यक होता ही है। और, विश्राम का एक नहीं, अनेक प्रकार हैं। लेटना, काम बदल लेना, बच्चों से खेलना, हल्की बातचीत, चहलकदमी...आदि। कड़ी मेहनत के बीच आप अगर दस-पंद्रह मिनट की झपकियाँ लेने का अभ्यास डाल लें तो काफी आराम मिल जाएगा।

डॉक्टर अंसारी मध्य-पूर्व देशों का परिभ्रमण करके लौटे थे। चतुर्वेदी जी से उन्होंने बताया—'उधर से एक ही बात सीखकर मैं आया हूँ...हमें अपना दैनिक कार्यक्रम दो हिस्सों में बाँटना चाहिए और दोपहर के ढाई घंटे आराम के लिए रिजर्व रख लेना चाहिए...'

डॉ. अंसारी तो इस लोक में अब हैं नहीं, परंतु हमारे चतुर्वेदी जी महाराज दोपहर के बाद ढाई घंटे अवश्य सोते हैं। पिछले चौंतीस वर्षों से उनकी मध्याह्न निद्रा का यह क्रम अविच्छिन्न चला आ रहा है और कोई कारण नहीं कि भविष्य में भी चालू न रहे।

बीच-बीच में फोन परेशान करती थी, टन टन टन टन टन...टन टन टन टन टन...

मैंने देखा, नारायण सिंह फोन को तौलिया में लपेटकर चमड़े के सूटकेस में बंद कर रहा है।

अलग जाकर कारण पूछा तो उसने बतलाया—'साब, दादा जी (चतुर्वेदी जी) की नींद पतली है...यह साली रह-रहकर टनटना उठती थी, अब हमने छुटकारा पाने का यह तरीका निकाला है।'

इस प्रकार फोन का कंठावरोध हो चुकने पर चतुर्वेदी जी ढाई घंटे तक सोते रहते थे।

और, बाहर दफ्ती झूलती रहती थी; सो रहा हूँ, बनारसीदास चतुर्वेदी।

सोना और न सोना तो आम बात है, मगर इस तरह साइन बोर्ड लटकाकर एक एम.पी. का दिन के समय सोना और सो भी राष्ट्रपति भवन के निकट नार्थ एवेन्यू जैसी अति आधुनिकतम बस्ती में, जहाँ देशी-विदेशी पर्यटकों की सतर्क आँखें घूमती ही रहती हैं ! चतुर्वेदी जी ठहरे सर्वतंत्र स्वतंत्र; लोग क्या कहेंगे, इसकी उन्होंने कभी परवाह नहीं की।

मैंने उनसे एक दिन कहा—'क्या जरूरत थी इस विज्ञापन की ?'

'लोगों की सुविधा के लिए यह आवश्यक था।'—बोले।

एक दिन सहसा चतुर्वेदी जी को मालूम हुआ कि मैं दिन में भोजन के पश्चात् अब सो नहीं रहा हूँ, तो बोले—'सारा सिखाया-पढ़ाया मेरा बेकार गया न ? यह आप

क्या करते हैं ? जनवादी अथवा समाजवादी शासन की स्थापना के लिए संतुलित चित्त वाले हजारों कर्मियों की आवश्यकता पड़ेगी और चित्त को संतुलित करने के लिए मध्याह्न निद्रा एक अनिवार्य साधन है।'

इस पर हम सभी हँस पड़े।

ग्रीष्म ऋतु में दोपहर के वक्त बुद्ध के जमाने में भी लोग सोते थे, मगर सभी ऋतुओं में मध्याह्न निद्रा का विधान सिर्फ रोगियों के लिए है—मेरी यह दलील चतुर्वेदी जी ने कभी नहीं मानी।

नार्थ एवेन्यू में मध्याह्न के बाद क्वार्टर नं. 123 के बाहर, सिरकी से टँगी हुई वह दफ्ती अब भी मेरे दिमाग में घूम रही है और उस पर लाल-नीले रंगों की मोटी लिखावट के ये चंद लफ्ज भी घूम रहे हैं—

सो रहा हूँ--बनारसीदास चतुर्वेदी।

[योगी, 19 दिसंबर 1953]

मैथिली और हिंदी

स्वाधीनता-प्राप्ति के पश्चात अब समूचे भारत में सामाजिक और सांस्कृतिक जागरण का नया परिच्छेद आरंभ हो गया है। आर्थिक मुक्ति के लिए चलनेवाले संघर्षों में अब और तीव्रता आ गई है। प्रदेशों की सीमाएँ नए सिरे से निर्धारित करने के लिए जन-सामान्य आतुर हो उठा है। भाषा, अधिभाषा, उपभाषा और बोली अपने-अपने अंचलों में उभर आई हैं। शासन, शिक्षा, उद्योग, वाणिज्य, मनोरंजन आदि किसी भी दशा में अपना सहज अधिकार वह छोड़ना नहीं चाहती।

पाटल के जनवरी (1954) अंक में भाई रामविलास का एक लेख (इसी शीर्षक से) प्रकाशित हुआ है। मैथिली कोई भाषा नहीं बल्कि एक बोली मात्र है और हिंदी के महासमुद्र में सर्वथा विलीन हो जाने में ही उसका कल्याण है। समूचे लेख का यही तात्पर्य मैं समझ पाया हूँ। वे कहते हैं, मिथिला की जनता सिमटकर विशाल हिंदी जनता की भागीरथी में शामिल हो रही है। अब बिहार की राजभाषा हिंदी है। फिल्म, साहित्य, अखबारों आदि के जरिए हिंदी का प्रचार और बढ़ रहा है। राजनीतिक आंदोलन मिथिला का अलगाव खत्म करके हिंदी के माध्यम से उसे बिहार के सार्वजनिक जीवन में खींच रहा है। हिंदी के मुकाबले में मैथिली का महत्त्व अब बोली का है और मिथिला से सामंती अवशेष खत्म होने पर, वहाँ उद्योग-धंधों की उन्नति होने पर, मैथिली का बोली मात्र रहना और भी स्पष्ट हो जाएगा। मैथिली की जातीय भाषा हिंदी और भी दृढ़ता से प्रतिष्ठित होगी।

मैथिली की विशेषता

बंधुवर रामबिलास की इस धारणा को मैं उलटबाँसी मानता हूँ। मैथिली कोई मामूली बोली नहीं, वह एक प्राणवंत भाषा है। उसकी पाचन-शक्ति अद्‌भुत है। मगही के नब्बे प्रतिशत शब्दों को वह पचा गई है, गोरखाली और संथाली के सैकड़ों शब्द अपनी सुविधा के अनुसार मैथिली ने ले लिए हैं। संस्कृत-प्राकृत-पालि-अपभ्रंश से, अरबी-फारसी-तुर्की से और अंग्रेजी से लिए हुए शब्दों की भारी तादाद हमारे यहाँ मौजूद है। सामंती अवशेष खत्म होने पर, उद्योग-धंधों की उन्नति होने पर मैथिली अधिकाधिक पुष्ट होती जाएगी। दूसरे प्रदेशों से आ-आकर बसनेवाले इंजीनियर, डॉक्टर, प्रोफेसर, वैज्ञानिक इसके विकास में योग देंगे। यह मेरी कोई कपोल कल्पना नहीं है—मुजफ्फरपुर, बेगुसराय, भागलपुर, मुंगेर, देवघर, पूर्णिया, सहरसा, विराट नगर, राजविराज, जनकपुर, वीरगंज, सीतामढ़ी, दरभंगा आदि शहरों में आकर बस जानेवाले व्यापारियों, बुद्धिजीवियों और श्रमिकों की जीभ पर किस कदर मैथिली हावी है, इसका सही अंदाज पाना हो तो आप इन इलाकों में तशरीफ लाइए।

अभी (20 जनवरी) दरभंगे में एक मैथिली नाटक का अभिनय हुआ है। उसमें भी अमूल्यधन चक्रवर्ती ने 'अयाची मिश्र' के पात्र की बड़ी ही सफल एक्टिंग की थी। अमूल्य बाबू दरभंगे के प्रख्यात बंगाली चिकित्सक हैं, उनके संपूर्ण परिवार पर अब मैथिली का जादू चल गया है। इसी प्रकार सिंधी और पंजाबी भाइयों की जीभ पर मिथिला की वाणी अपना आसन जमा रही है। हड़ाही (दरभंगा जंक्शन) के एक टी-स्टाल पर मैं नाश्ता कर रहा था कि सहसा विशुद्ध मैथिली उच्चारण इन कानों से टकराए—'आर मधुर लेब?' दूकानदार की तरफ देखकर मैंने सिंधी में उससे पूछा—'छा नालो आहै तहाँ जो ?' (क्या नाम है तुम्हारा ?) अजनबी के मुँह से अपनी मातृभाषा सुनने का आह्लाद दोनों ओर सम अनुपात में बढ़ गया। जहाँ ट्रेन से उतरकर मैं अपने गाँव (तरौनी) को जाता हूँ, उस स्टेशन का नाम है सकरी। मामूली बाजार, छोटा-सा जंक्शन, दस-एक घर होंगे मारवाड़ी बनियों के। बातचीत करते समय यह नहीं मालूम होगा कि वे राजस्थानी हैं—सेठ नगरमल साधारण व्यापारी हैं, बिना किसी दुराव या आग्रह के हमारी बातें होती हैं, धोखे से भी वह मिथिलावासी के प्रति हिंदी का सहारा नहीं लेते।

पहली सफलता

मैथिली को अपने इलाकों में शासकीय प्रश्रय रत्ती-भर भी नहीं है। हिंदी बुरी तरह सवार है उसकी छाती पर। तथापि वह आगे बढ़ आई है, अपना सहज अधिकार छोड़ने को तैयार नहीं है वह। मिथिला के बुद्धिजीवी पिछले साठ वर्षों से अपनी मातृभाषा को मान्यता दिलाने के लिए शासक वर्ग से संघर्ष करते आ रहे हैं। पहली सफलता उन्हें तब मिली जब 1919 में कलकत्ता विश्वविद्यालय ने पोस्ट-ग्रेजुएट स्टडी के लिए मैथिली को स्वीकार कर लिया। पीछे काशी विश्वविद्यालय ने भी उसे मान्यता दी और पटना विश्वविद्यालय ने भी, और अब प्राथमिक और माध्यमिक शिक्षण में भी मैथिली ने अपना

साधारण स्थान प्राप्त कर लिया है...परंतु इससे क्या ! हमें पग-पग पर दिक्कतें उठानी पड़ती हैं। टेक्स्ट बुक-मंजूरी की धाँधलियों से लेकर अध्ययन-अध्यापन विषयक अड़चनों तक बाधा-ही-बाधा है। फिर भी अगर मैथिली पीछे हटने का नाम नहीं लेती तो इसमें हमारा क्या कसूर ?

भूमिहीनों को भूमि मिलेंगी और हाथों को काम मिलेंगे तो धरती की जीभ और अच्छी तरह मुखरित होगी—तब वह और अच्छी तरह मैथिली बोलेगी, राष्ट्र-भाषा के रूप में हिंदी उसे अब भी मान्य है और आगे भी मान्य होगी। मातृभाषा हमारी मैथिली अधिकाधिक पुष्ट होगी तो राष्ट्र-भाषा हिंदी को भी हमारे उस सांस्कृतिक-साहित्यिक भरण-पोषण का उचित लाभ मिलेगा ही। ब्रिटिश प्रभुओं ने संसार-भर में ढोल पीटा कि अंग्रेजी ही भारत की राष्ट्रभाषा है। अविकसित भाषाओं और पिछड़ी जातियों का अजायबघर है हिंदुस्तान, उनकी समग्र चेतना को प्रकट एवं परिष्कृत करने योग्य भाषा अंग्रेजी ही हो सकती है। अब आज बिहार की हमारी भाषा-समस्या को दिल्ली और पटना के कांग्रेसी महाप्रभु तथा तथाकथित 'हिंदी प्रदेश' के बुद्धिजीवी क्या उसी दृष्टि से देख नहीं रहे हैं ! आप उल्लसित होकर कहते हैं—अब बिहार की राजभाषा हिंदी है। जी नहीं, यह आज का तथ्य हो सकता है। कल की हमारी राजभाषा क्या होगी, इसका फैसला मिथिला और भोजपुर के पृथ्वीपुत्र करेंगे; मगध के किसान इसका फैसला करेंगे; संथाल-मुंडा-ओराँव आदि आदिवासी इसके फैसले में हिस्सा लेंगे। बिहार में एक ही वर्ग ऐसा है, जिसकी मातृभाषा हिंदुस्तानी या हिंदी है—वह वर्ग है शहरों में रहनेवाले मुसलमानों का। कुछ हिंदुओं और ईसाइयों को भी इस वर्ग में शामिल कर लीजिए, फिर भी हिंदी-भाषियों की तादाद 15 प्रतिशत से अधिक नहीं होगी। इनमें से भी अधिकांश ऐसे हैं जो स्कूल-कालेज जाकर हिंदी सीख आए हैं। बाकी लोग अपना काम भोजपुरी, मैथिली आदि भाषाओं, बोलियों के माध्यम से करते हैं। समूचे बिहार को हिंदी भाषा-भाषी घोषित करके और उसे विशाल हिंदी-प्रदेश का एक अंग मानकर आचार्य धीरेंद्र वर्मा की भाँति डॉक्टर रामविलास शर्मा भी हिंदी साम्राज्य के वकीलों की कतार में आ गए हैं। भाषा-समस्या के समाधान में धरती के बेटे (किसान) क्या रोल अदा करेंगे, आश्चर्य है कि रामविलासजी ने इस ओर अपने लेख में जरा भी ध्यान नहीं दिया।

फैसला कौन करेगा

किस इलाके की क्या भाषा होगी, इसका फैसला आखिर किस बात पर निर्भर करता है ? शासक वर्ग की इच्छा पर ? नहीं, बिलकुल नहीं। नौकरी-पेशा और बुद्धिजीवी वर्ग के फतवे पर ? नहीं, बिलकुल नहीं। शहरों और औद्योगिक इलाकों में जा बसनेवाली श्रमिक जनता की मिश्रित बोलियों पर ? नहीं, यहाँ हमें स्तालिन की बात याद रखनी चाहिए। सोवियत भूमि में भाषा-समस्या पर विवाद उठ खड़ा हुआ तो लोगों ने स्तालिन से राय माँगी। इस विषय में बहुत सारे प्रश्नों का समाधान करते हुए उन्होंने एक बात यह कही थी कि वाकू (एक औद्योगिक अंचल) के मजदूरों की भाषा को आधार मानकर

जार्जिया प्रदेश की भाषा-समस्या का कोई हल नहीं निकाला जा सकता। स्तालिन ने ही इस तथ्य पर जोर दिया था कि राष्ट्रीयता की समस्या और भाषा की समस्या किसान हल करेगा, क्योंकि किसान जमीन से चिपका है और देश से संपृक्त है, वह देश का अधिवासी है। अर्थात् भाषा-समस्या के समाधान में श्रमिक किसान का अनुगमन करेगा।

आज मिथिला के इलाकों में हिंदी का क्या हाल है ? हाल यह है कि स्कूल-कालेज में दस-दस वर्ष रद्दा लगा चुकने पर भी हमारी जीभ उस बेचारी का सम्मान नहीं कर पाती। 'ने' की नानी मर जाती है ! और 'को', 'के', 'की' की कचूमर निकल आती है, 'से' की साँस फूलने लगती है ! मैथिली के क्रियापद और विभक्तियाँ हिंदी वाक्यों पर हावी हो जाती हैं। बावजूद सरकारी सहायता की बैसाखी के राष्ट्रभाषा हमारे यहाँ जनता की जीभ पर चढ़ नहीं पाती। बिहार में गंगा के उत्तर हिंदी का जो रूप आज प्रचलित है, उसे यदि ज्यों का त्यों लिपिबद्ध कर लिया जाय तो तथाकथित हिंदी प्रदेश का सुधी समाज चीत्कार कर उठेगा—'बिहारी बुद्ध हमारी भाषा की रेड़ मारते हैं, उनकी जीभ का इलाज होना चाहिए !'...

अपना साहित्य और अपनी भाषा दूसरे इलाकों की जनता पर लादने की यह परंपरा हमारी और आपकी तो हो ही नहीं सकती, हाँ, साम्राज्यवादियों और पूँजीशाहों की परंपरा इस तरह की जरूर रही है। अब भी ब्रिटिश, फ्रेंच और दूसरे उपनिवेशों में उनका यह सिलसिला जारी है। मिथिला के इलाकों में मुश्किल से 1 प्रतिशत हिंदीवाले होंगे। हिंदीवालों से मेरा मतलब है ऐसे व्यक्तियों से जिनका पूरा परिवार शुद्ध हिंदी बोलता है। उनकी सुविधा-असुविधा और राष्ट्रभाषा के प्रति उनकी भावना का हमें पूरा ध्यान है। इसी प्रकार हमारी भूमि में भोजपुरी, मगही, बंगाली, नेपाली भाई भी हजारों की संख्या में मौजूद हैं। उनसे भी हमारी घनिष्ठता चली आई है और भविष्य में तो हमारा यह भाईचारा अधिकाधिक दृढ़ होता जाएगा। पृथक् मिथिला प्रदेश की माँग हम अकेले नहीं हासिल कर सकेंगे। मिथिला के भूखंड में बसनेवाले एक-एक व्यक्ति का सहयोग, एक-एक वर्ग की सहानुभूति इसके लिए हमें अपेक्षित होगी ! बिना उनकी सहायता के हम अपनी एक भी माँग शासक-वर्ग से नहीं मनवा सकते ।

मैथिली भी—हिंदी भी

मेरी राय में मिथिला-प्रदेश की प्रादेशिक भाषा के तौर पर मैथिली भी मान्यता प्राप्त करेगी और हिंदी भी। मध्य प्रदेश में मराठी और हिंदी दोनों भाषाएँ प्रादेशिक भाषाओं के तौर पर मान्य हैं। मद्रास और बंबई प्रदेशों में इसी प्रकार एकाधिक भाषाओं को प्रादेशिक मान्यता प्राप्त है।

मिथिला के किसी अधिवासी पर उसकी इच्छा के विरुद्ध हम मैथिली नहीं लादेंगे। डॉक्टर श्री जयकांत मिश्र के सीमा-विस्तार की अवांछनीय मनोवृत्ति का समर्थन हम कर ही नहीं सकते। डॉ. श्री लक्ष्मण झा, डॉ. सुभद्र झा और म.म. डॉ. श्री उमेश मिश्र का हिंदी विरोधी रुख मिथिला निवासियों के लिए सर्वथा घातक है। चाहे कैसे भी हो, शुद्ध

या भ्रष्ट किसी भी तरह की हो, मगर हिंदी मिथिला के अंदर घुस अवश्य आई है। क्या हर्ज है, अगर इस सच्चाई को हम खुले तौर पर स्वीकार कर लें ? मैथिली की मौजूदा शब्द-शक्ति से नितांत अपरिचित व्यक्ति का उसे बोली मात्र कह डालना जिस तरह कोरी बकवास है, उसी तरह मिथिला के अंदर फैलती हुई हिंदी के अस्तित्व को बिलकुल न मानना दिन-दहाड़े मक्खी निगलना हुआ।

यह भारी शुभ लक्षण है कि मिथिला के कवि और कथाकार ब्राह्मणों और मुंशियों की उस पंडिताऊ मैथिली को छोड़कर बहुजन समाज की सरल सहज मैथिली की ओर मुड़ आए हैं। नाटकों और उपन्यासों में अब हमें मुजफ्फरपुर, बेगुसराय, सहरसा, पूर्णिया और सीतामढ़ी आदि की आंचलिक बोलियों की झलक मिलने लगी है। लोरिक, सल्हेस, दीनाभद्री आदि वीरों की लंबी गाथाएँ हमारे सांस्कृतिक समारोहों का विशिष्ट अंग बन गई हैं। सामंती दबाव जहाँ कहीं कम हुआ, वहाँ मैथिली के माध्यम से लोक प्रतिभा निखर आई है। पिछले तीस वर्षों में मौलिक और अनूदित उपन्यासों-गल्प संग्रहों का खूब प्रकाशन हुआ है। ढाई-तीन सौ के लगभग उनकी संख्या होगी। कुछ ऐसे भी उपन्यास हैं जिनके तीन-तीन, चार-चार संस्करण हो चुके हैं। अनेक गल्पों और कविताओं के अंग्रेजी, हिंदी, मराठी, गुजराती रूपांतर हुए हैं। एक दर्जन व्याकरण-ग्रंथ और तीन कोश हैं हमारे। प्रकाशित पुस्तकों की संख्या हजारों के लगभग पहुँच गई है। कविताएँ एक ओर पुरानी शैली में तैयार हो रही हैं तो दूसरी ओर अद्यतन टेकनिक में भी।

यह विशेषता

हमारे क्रियापद अपने हैं। शब्द-भंडार अपना है। प्रतिवेशी भाषाओं और बोलियों से हमारी भाषा का आदान-प्रदान चलता रहता है, आगे भी चलता रहेगा। उत्तर प्रदेश की जनता की भाषा आज हिंदी है, कल अपभ्रंश थी, परसों शौरसेनी थी। मिथिला के साहित्यकार मैथिली का अपना कोटा पूरा करते हुए हिंदी में भी लिखते हैं, अपभ्रंश में भी लिखते हैं, सौरसेनी में भी। ब्रज और अवधी ही क्यों, हमारे पूर्वजों ने बंगला भी लिखी है और उर्दू-फारसी भी। आज भी मिथिला मैं सैकड़ों परिवार ऐसे हैं, जिनमें कृतिदास के रामायण, काशीरामदास के महाभारत का पारायण चलता है। उसी प्रकार तुलसीदास की रामायण और सूर एवं मीरा के पद यत्र-तत्र प्रचलित हैं। आज भी मिथिला में बंगला किताबों और अखबारों के गैर-बंगाली ग्राहक मौजूद हैं। अंग्रेजी का तो खैर गैर-शिक्षितों में बोलबाला है ही। हिंदी हमारी चेतना के लिए माँ नहीं, मलिकाइन का पार्ट अदा कर रही है। उसे शासक वर्ग और धनिक वर्ग की ही सुविधा-असुविधा का ज्यादा ख्याल है। प्रलोभन, भय और फूट तीनों तरीके वह काम में लाती है, ताकि मैथिली पूरी तरह अपने को अधिस्वामिनी के समक्ष बिछा दे।

हम यह नहीं कहते कि हिंदी और मैथिली के बीच उतनी दूरी है, जितनी कि हिंदी और तमिल के बीच। किंतु ब्रजभाषा, अवधी, भोजपुरी और बुंदेलखंडी की अपेक्षा हमारी मैथिली हिंदी से कहीं अधिक दूर पड़ती है। मागधी अपभ्रंश से पाँच भाषाएँ निकली

हैं—मगही, मैथिली, बंगला, उड़िया और असमिया। कई कारणों से मगही का विकास रुक गया। साहित्य के नाम पर उसके पास आज सिवाय ग्राम-गीतों, लोक-कथाओं और लोकोक्तियों के, कुछ रह ही नहीं गया। मगही का प्राचीनतम रूप सरहपा आदि सिद्धों की पदावली में अब भी सुरक्षित है। प्राचीन साहित्य की जैसी शानदार विरासत अपने पूर्वजों से हमें मिली है, वैसी मगही परिवार की उक्त किसी अन्य भाषा में नहीं देखी गई।

2

अभिव्यक्ति की सामर्थ्य के हिसाब से देखें तो आज की मैथिली बंगला से तिल-भर भी पीछे नहीं है; हिंदी से जौ-भर आगे है वह। हाँ, सच मानिए ! मौका नहीं है इस वक्त कि पद्य और गद्य के विविध टुकड़े उद्धृत करके आपसे अपना यह दावा मनवा लूँ... फिर भी नमूने के तौर पर दो-चार टुकड़े हाजिर हैं—

(1) ई की कैल, उठा क ऽ ल ऽ आनल
कमलक कोढ़ी लए ढेङ् कोकनल
बेटी के बेचलहुँ मड़ुआक दोबर
बूढ़ बकलेल सं भरलहुँ कोबर
जनमितहि मारि दितिअई
नौन चटा क ऽ
कुहरए ने पड़ितइ घेंट कटा क ऽ

(बुढ़ वर)

(2) तोड़ि कें हरिसिंह देवक डाँड़
काल्हि यदि बउआ बिआहथि मेम
महाश्वेता बहुरिया
चनमाड़ पर ओ आबि
बिहुँसि लगती गोसाउनि कें गोड़
त ऽ अहाँ की छाड़ि कँ ई माटि
पड़ाएब, चल जैब मोरङ दीस ?

(द्वंद)

(3) एहि क्रम सं निरन्तर परिवर्तन मान
प्रगतिशील समाज
जहिना जुएल बंसबिट्टीक दमगर
ओधि मे सं फेर कोपड़
फेर पोरगर बाँस
फेर बाँसक झमटगरहा झोंझ।

(परम सत्य)

(4) भाए भातिजक सारक साढ़ू क लेल
अपनहि चढ़िकँ तोड़थि झोंझक बेल
धन्न भाग जे चानि ने छइन उघाड़
नहि तं कोना पचबितथि
सऊँस पहाड़।

(देश देशाष्टक)

(5) धिपल लगइछ ऊपर पानि
बोहिआइत अछि अठगामा
पाड़ा पोखरि में।

(चित्रा)

(6) आन्हर जिनगी
सेहन्ताक ठेड़ा सं थाहए
बाट घाट आँतर पाँतर कें।

(बेदेही)

(7) तकलक बुढ़वा हमरा दिश
आँखि निराड़िक ऽ
बाजल मुद्रा किछु नहि।
ओकरा दिश सं अधवएसू गोर्खा
सएह टिपलक। बोकवा अनाड़ी नउआ
सं कानी खतबओने रहए। छारल
कपार, बेश पुष्ट सं भउहं। नाकक
पूड़ा ततेटा जे दशमीक दुर्गाक
सिंह के मने मातु क ऽ दितइन—बड्ड
बेश ! से ओ कृतमुख भेल।
बाजल—'ए कुस नेई समस्ता !'
—'हें ! बुड़ि बानर नहिं तन !'
—'केराक घउर, एँह', हमरा दिस
मुँह क ऽ क ऽ मुसकी मारइत टुनाई
कहलइन—'मामा, की कहैए सुनइ
छिअइ ? 'कुस' आ 'समस्ता' अर्थात्
कश आ छिन्नमस्ता...!'
हँसी त अपनहुँ थोड़ नहि लागल मुदा
तकरा जतलहुँ, कहलियनि टुनाइ कें—'जिनगी
भरि होइ छहु जे नबालके रहबह ?
षटपद-अष्टपद भ ऽ गेलाह आ

तइयो...'

(बूढ़ बोको)

(8) कय गोट पन्द्रह-सोलह बरखक बोनिहारिन
सभ जे हमरा लोकनिक काज पर जाइत छलि,
हारी आ चानी क गहना, फूल आ पात माथ
में, डाँड़ में खोसने। तेहन ने बगए बनओने
छलि जे चीन्हहु मे नहि आबए। नाच देखल
—एक दिश दश गोटे पुरुख ठाढ़, दोसर
दिश दश गोटे माउगि। ढोल आ ढाक
नेन चारि गोटे एक कात मे चोट पर चोट
दइत। एक बेरि पुरुख सभ गावए, एक बेरि
माउगि सभ। दूहू दिस सं ओ सभ ताल
पर पएर मारइत बीच मे आवि ठेहुन के ठेहुन
सटाक फेर पाँछा हटि जाए।

(एकादशी महात्म्य)

(9) इएह कनिञ थिकी जे एक दिन चारि टा
पाई मङलिअइन त लुलुआ लेलइथ। इएह
मुली दाई छइथ जे दू टा काँच मेरचाइ
तोड़लिअइ त हाथ मचोड़ि कैं छीन
लेलइथ, मुदा अइ मुसराधार बरखा
मे दोकानक काज पड़लइन त केहन
काका आ बाबा बनबए लागलइथ

(बाल गोबिन्द भगत)

इनमें से एक भी उदाहरण प्राचीन या मध्यकालीन मैथिली साहित्य से नहीं है, 1930 ई. से इधर के सर्वथा अर्वाचीन साहित्य से हमने यहाँ उदाहरण दिए हैं—इन्हें हमने सहज रूप में जहाँ-तहाँ से उठा लिया है। इनमें से किसी को भी आप ले लीजिए और अनुवाद कीजिए उसका हिंदी या उर्दू में, देखूँ भला !

जिस तरह विद्यापति के पदों को आप नहीं पचा सके, उसी तरह मैथिली के आधुनिक कवियों-कथाकारों को भी आप आत्मसात् नहीं कर पाएँगे। अभिव्यक्ति की, वाक्य-विन्यास की, उच्चारण के क्रमों की, ध्वनियों और स्वर-संघातों की हमारी अपनी विशेषताएँ हैं। उन्हें न संस्कृत हजम कर सकी, न फारसी। अंग्रेजी के भी बूते का यह काम नहीं रहा। मैथिली को पचा लेने की सामर्थ्य हिंदी या भारत की किसी भी अन्य भाषा में नहीं है।

कहते हैं, भविष्य में समग्र संसार की एक ही भाषा होगी। हमारे इस महादेश की

प्रादेशिक भाषाएँ अपना-अपना पृथक्-पृथक् अस्तित्व खो बैठेंगी और सुविकसित भारतीयों की वह विशाल बिरादरी एक ही भाषा बोलेगी, तब देश-देश और द्वीप-द्वीप की भाषाएँ एक हो जाएँगी और अखिल विश्व अभिव्यक्ति के लिए समान शब्दावलियों का सहारा लेगा। भाषा एक होगी, विचार एक होंगे, मानव-समुदाय एक होगा।

तो क्या हम अपनी मैथिली, भोजपुरी, संथाली आदि भाषाओं एवं बोलियों को तिलांजलि दे दें, आज ही ? और ऐसा करना क्या हमारे अपने वश की बात है ?

पिछले पचीस वर्षों से मैं अपनी मातृभाषा (मैथिली) में लिखता आ रहा हूँ। हिंदी पीछे सीखी है। प्रकाशन संबंधी असुविधाओं के कारण अपनी क्षमता का दशांश भी शायद मैथिली को नहीं दे पाता हूँ। हिंदी संसार में गोष्ठियों, सभा और सम्मेलनों के अवसर पर यदा-कदा मित्रों का आग्रह होता है कि अपनी मैथिली रचना भी सुनाऊँ। श्रोतागण मूल मैथिली नहीं समझते हैं और मुझे 'हिंदी प्रदेश' (हिंदीभाषी अंचलों) में अपनी मैथिली रचनाएँ पंक्तिशः अनूदित करके ही सुनानी होती हैं। ब्रज, अवध, भोजपुर के इलाकों में मैथिली नहीं समझते हैं लोग। दिल्ली, लखनऊ और इलाहाबाद-बनारस के साथी साहित्यकार इसी कारण मेरी मैथिली रचनाओं का मूल्यांकन नहीं कर पाए हैं अब तक। मैथिली चाहे प्राचीन हो, चाहे अर्वाचीन, हिंदीवालों के लिए वह आसान नहीं है। बंगला और पंजाबी की रचनाओं की रसोपलब्धि के लिए जिस प्रकार उन्हें अनुवाद का सहारा लेना पड़ता है, उसी प्रकार मैथिली साहित्य के भी आस्वाद के लिए उनको अनुवादकों की शरण में जाना होगा। अपना प्रख्यात उपन्यास 'बलचनमा' मूलतः मैंने मैथिली में ही लिखा था। प्रकाशन की सुविधा हुई, अतः उसका हिंदी रूपांतर ही लोगों के सामने पहले आ गया। मौलिक 'बलचनमा' भी इस वर्ष प्रकाशित होगा।

किसान या खेतिहर श्रमिक जब गाँव छोड़कर बाहर निकल जाता है, और औद्योगिक अंचलों में रहने लगता है तो उस पर बाहरी भाषाओं और बोलियों का असर पड़ता है; अपनी भूमि के शब्दों की स्मृति धुँधली पड़ने लगती है। बच्चों पर तो यह प्रभाव और भी शीघ्रता से पड़ता है। बलचनमा और उसके लड़के पर 'मैथिली भूलने' या फिर 'फरफर हिंदी बोलने' का यही हेतु है। 'नई पौध' (उपन्यास) का दिगंबर अपनी बहन को साहित्य-सम्मेलन (प्रयाग) की प्रथमा के लिए तैयार करता है...'रतिनाथ की चाची' (उपन्यास) में प्रभाती के तौर पर आप किसी को ब्रजभाषा के पद गुनगुनाते पाते हैं...और इन्हीं कारणों से डॉक्टर रामविलास इस नतीजे पर पहुँचे कि मिथिला पर हिंदी हावी हो रही है, मैथिली का अंत निकट है ! अर्थात् जब मैथिली मरणासन्न है ही तो क्यों न हुमचकर एक लात उस बुढ़िया की पीठ पर तरुणी हिंदी लगाती है ! धन्य है इस समझदारी को !

अब धातुओं की छोटी-सी एक सूची यहाँ दी जा रही है। हिंदी के किसी कोष में आप इन धातुओं को नहीं पाइएगा—

अउनाएब, अगधाएब, अगराएब, अजबाड़ब, अड़ियातब, अकानब, अभड़ब, अमेठब, इतराएब, एतिआएब, उड़ाहब, उढ़ड़ब, उधिआएब, उधेसब, उसरगब, उसरब, ओरिआएब,

ओलव, ओसरब, ओहाएब, अहिसब, कन्हुआएब, कुकुआएब, कूथब, कूहब, खऊँझाएब, खखोरब, खिबोंआएब, खेपब, खेहारब, खोंचाड़ब, गुदानब, गूहब, गोंतब, धोकब, चकुआएब, चकनब, चुमकब, चाँछब, चउपेतब, चोभब, छरपब, छाड़ब, छिछिआएब, छिड़िआएब, छीपब, छुछुआएब, छोलब, छोपब, जँताएब, जूमब, जोएब, झखड़ब, झझकब, झमकब, झकरब, झीकब, झुझुऐब, टनकब, टभकब, टीपव, रोनव, ठकुआएव, ठुनकव, ठेहिआएव, डहकब, डेड़ाएव, डेराएव, ढहकब, ढाहव, ढेउरव, ढेकरव, तवब, तमसाएव, तोपव, धकड़व, थापव, थुकरव, थोपव, ढकचव, दशरव, दउकव, दमसव, दमाएव, दूसब, दोमव, धपाएव, धाड़व, धीपव, धूपव, धोखड़व, नछोड़व, निंघटव, निछड़व, निहुड़व, नेआरव, पइसव, पउख, पतिआएव, पखारव, पसाएव, परतारव, परिछव, पचकव, फटकव, फलकव, फनकव, फकड़व, फिफिआएव, बउआएव, बउँसव, बगदव, बधुआएब, बूझब, बमकब, बकरव, बहटारव, बिदोड़व, बिधुआएव, बिलख, बिलहव, बिसुकव, बूकव, बूलव, बेसाहव, भकचव, भङठव, भाख, भसकव, भभकव, भसिआब, भूतिआएव, भउलाएव, भकब, भजरब, मन्हुआएव, माखव, मिमिआएव, मोकब, रितिआएव, रेचाएव, लतरव, लाड़व, लुधकब, लोटछव, ससरव, ससारव, सहिन्आएव, सरकव, सिसोहव, सिहाएव, सुटकव, सुढ़िआएब, सोन्हाएव, हुउआएव, हउंकव, हवकब, हसोथव, हुथब, हुरवेटव, हुलकव, हुरब, हेड़ाएव, हेलव।

मैथिली का व्याकरण हिंदी के व्याकरण से भिन्न है। उसकी अपनी बहुतेरी विशेषताएँ हैं। धातुओं के भूतकाल की विलक्षणता के तौर पर एक उदाहरण देखिए—

मारलिअइन [मैंने उन (बड़े) को मारा]
मारलहुन [तुम या तूने उन (बड़े) को मारा]
मारलथिन [उन (बड़े) ने उस (छोटे) या उन (बड़े) को मारा]
मारलकइन [उस (छोटे) ने उन (बड़े) को मारा]
मारलथुन [उन (बड़े) तुम्हें या तुझे मारा]
मारलह [तुमने मुझे मारा]
मारलहक [तुमने उस (छोटे) या उन (बड़े) को मारा]
मारलएँ [तू (छोटे) ने उस (छोटे) को मारा]
मारलही [तू (छोटे) ने उस उस (छोटे) को मारा]

हिंदी में सिर्फ 'मारा' कहने से काम नहीं चलेगा। वहाँ 'मारा' के साथ हमें कर्ता और कर्म को साफ शब्दों में रखना पड़ेगा। भारत की किस भाषा में इस प्रकार की विशेषता मौजूद है, भाषा विज्ञान के धुरंधर लोग यह बताने की कृपा करें। बिना कर्ता के और बिना कर्म के ही, बिना लिंग के और बिना वचन के ही मैथिली का क्रियापद वाक्यबोध करा देता है। यों भी हमारा मैथिली व्याकरण पुलिंग-स्त्रीलिंग या एकवचन, बहुवचन के झंझटों से काफी दूर पड़ता है। मानता हूँ विशेषताएँ थोड़ी-बहुत मात्रा में प्रत्येक भाषा और बोली में विद्यमान हैं। ऐसा न मानना परले दर्जे की बेवकूफी होगी।

हमारी पड़ोसी भाषा भोजपुरी की भी अपनी कई खूबियाँ हैं। बंगला, मराठी, तमिल, तेलुगु...सबकी अपनी-अपनी विशेषताएँ हैं। हमें क्या अधिकार है कि हम किसी को दबाएँ या किसी की छाती पर चढ़ बैठें ?

तथाकथित 'हिंद प्रदेश' की एकमात्र 'जातिय भाषा' के आतुर समर्थको ! सांस्कृतिक और राजनीतिक एकता के जोश में अन्यान्य भाषाओं एवं बोलियों के स्वाभाविक विकास की ओर से बे-खबर साथियो ! जन सामान्य की प्राकृत-जीभ पर जटिल-क्लिष्ट हिंदी-उर्दू शब्दावलियों की कीलें ठोकनेवाले बुजुर्गो ! आप सभी से हमारा एक निवेदन है—

आप लोग हिंदी प्रचार आंदोलन को शासकीय स्वर्ण-चंगुल से मुक्त कर लीजिए। कोटिपतियों के कृपा-कटाक्ष से छुटकारा पाने में उसकी मदद कीजिए। उसे सहज-स्वस्थ जनवादी तरीके से अपना गौरवपूर्ण आसन हासिल करने दीजिए। भारत की प्रधानतम भाषा के रूप में हिंदी का विकास अवश्यम्भावी है। पड़ोसियों से विचारों के आदान-प्रदान की सुविधा के लिए मनन-चिंतन एवं व्यवहार की सार्वभौम उपयोगिता के लिए हिंदी से बढ़िया भला और कौन-सी माध्यम होगी, हम भारतीयों के हित में ? आसान हिंदी इन कानों को खूब रुचती है; आज न सही, कल, कल न सही परसों वह जरूर मिथिला और भोजपुरी की जीभ पर सुरुचिपूर्वक थिरकेगी। कोटि-कोटि जीभोंवाली हमारी यह धरती दो-दो क्या, दस-दस भाषाएँ सफाई से बोल लेगी...वह दिन दूर नहीं है हजूर, देख लीजिएगा। लेकिन दुहाई सरकार की ! अभी उतावले मत होइए...मिर्च मत रगड़िए इन मासूम जीभों पर !

हम तो ठहरे बेहया, दिमाग दुरुस्त नहीं है ! चलते-चलते आपकी खिदमत में प्राचीन अपभ्रंश की चंद सतरें पेश कर रहा हूँ—

बालचंद बिज्जावइ भासा
दुहु नइ लग्गइ दुज्जण हासा
ओ परमेसर हर सिर सोहइ
ई णिच्चय नागर मन मोहइ।

[आर्यावर्त्त, 14 एवं 21 फरवरी 1954]

अमृता प्रीतम

अमृता प्रीतम पंजाब की कवयित्री हैं। पंजाब के दो-तीन प्रमुख कवियों में आप अन्यतम हैं। धनीराम चातृक, मोहनसिंह और अमृता प्रीतम—आधुनिक पंजाबी काव्यधारा के ये तीन प्रतिनिधि कवि अब हिंदी संसार के लिए अपरिचित नहीं रह गए। इनकी अनेक रचनाओं के हिंदी रूपांतर पत्र-पत्रिकाओं में प्रकाशित होते रहते हैं। परंतु अधिकस्य अधिकं फलम् ।

इधर अमृता प्रीतम के उपन्यासों का भी अनुवाद हिंदी में प्रकाशित हुआ है, एक उपन्यास आपका मराठी में भी अनूदित हुआ है। कुछ रचनाएँ अंग्रेजी में भी आई हैं।

आयु 35 वर्ष की है। पति सरदार श्री प्रीतम सिंह साधारण व्यापारी हैं। प्रचलित अर्थों में साहित्यिक न होते हुए भी उन्हें मैंने अच्छा-खासा साहित्य-मर्मज्ञ पाया। अमृता की अविराम साहित्य-साधना के पीछे उनके इस उदारशय जीवनसंगी का भारी हाथ है।

अमृता प्रीतम दो बच्चों की माँ हैं। उनका गृह जीवन सरल, स्निग्ध और आडंबरहीन है। नई दिल्ली के एक उपनगर (8/20 वैस्ट पटेल नगर) में उनका अपना काटेज है। इसी में वे रहती हैं। अधिकांश समय परिवार-पोषण और साहित्य-निर्माण में व्यतीत होता है। सामाजिक मेल-मिलाप और साहित्यिक-सांस्कृतिक आंदोलनों में भी आपका कुछ वक्त जाता ही है।

अमृता प्रीतम की प्रतिभा 1935 में ही पंजाबी जनता के समक्ष आ गई। पिता संस्कृत-हिंदी-उर्दू-फारसी के अच्छे जानकार थे। ब्रज भाषा में कविताएँ लिखते थे। पीछे अपनी मातृभाषा (पंजाबी) में ही लिखने लगे। गद्य-पद्य दोनों में उनकी गति अबाध थी। संत और सूफी प्रकृति के मनुष्य थे...अमृता कौर छोटी ही थी कि माँ का देहांत हो गया। पिता ने ही पाला-पोसा और पढ़ाया-लिखाया। काव्य-रचना भी उन्होंने सिखाई थी, प्रकाश में भी वही ले आए।

पिछले 19 वर्षों में अमृता प्रीतम की 20-22 पुस्तकें पंजाबी में प्रकाशित हुई हैं। काव्य संग्रहों की संख्या 12 है, बाकी उपन्यास, आलोचना, लोकगीत-विवेचन और नाटक आदि की किताबें होंगी।

आधुनिक पंजाबी में पहले-पहल धनीराम चातृक ने ही धरती की धड़कन सुनी और सफलतापूर्वक उसे छंदों में उतार दिया। चातृक की परंपरा को प्रोफेसर मोहनसिंह काफी आगे ले आए। मोहनसिंह के बाद अमृता प्रीतम का ही नाम उस प्रसंग में लिया जाता है।

प्रकाश और अंधकार का संघर्ष अब भी चल रहा है। परंतु मानव कभी आशाहीन नहीं हो सकता। उसे अपने भविष्य की उज्ज्वलता के प्रति अपार आस्था है। अमृता प्रीतम एक जगह कहती हैं–

> इस दीबे दी कालिख विच्च चानण छणदा ऐदां
> अजे बी राही अ नू राह दस्सण इस दीबे दीआं सधां।।

(इस दिए की ममी से आलोक छनता आ रहा। इस दिए की लौ दिखाती आज भी पथ राहियों को)

विघ्न-बाधाओं के पहाड़ ढाह गिरानेवाली मानवता के प्रति अमृता प्रीतम का विश्वास अकूत है।

यहाँ मैं उनकी दो छोटी-छोटी रचनाओं का अनुवाद दे रहा हूँ। आगे उनकी अन्यान्य रचनाओं से पाठक यथासमय परिचित होंगे–

1. सम्मान करती हूँ, प्रणाम करती हूँ
मैं चूमती हूँ इसके पैर !
हम हैं देश के, देश है हमारा
कौन होते हैं गैर ?
जिए मेरा देश !
नीचे झीलें, झरने गावें
धरती है हमारी माँ
आबाद हैं इसके खेत
स्वर्ग जैसी है छाँह
जिए मेरा देश।
जिए धरती, जिए कमतिया
जिए इनकी शान।
हम हैं इसके, यह है हमारी
हमारा है हिंदुस्तान।
जिए मेरा देश !

2. दो आँसू ढुलक पड़े रे !
दो आँसू तेरी आँखों में
दो आँसू मेरी आँखों में
गई सुबह, गई शाम
अब दिए जल पड़े रे !
दो आँसू ढुलक पड़े रे !
तेरे आँसुओं की कसम तुझको
मेरे आँसुओं की कसम मुझको
तू याद करे, मैं याद करूँ
अंगारे दमक पड़े रे !
दो आँसू ढुलक पड़े रे !
तूने भी लाख रोके आँसू
मैंने भी लाख रोके आँसू
तेरे चेहरे पर, मेरे चेहरे पर
अब (फिर भी तो) दिखने लग गए रे !
दो आँसू ढुलक पड़े रे !

[अवंतिका, मई 1954]

सत्यानाशी जल-प्रलय

पूर्वी हिमालय के ऊपरी शिखर-स्कंधों पर इस बार खूब जमकर वर्षा हुई, हफ्तों होती रही यह वर्षा। आसाम, उत्तर बिहार, तराई (नेपाल), उत्तर बंगाल, पूर्वी-उत्तर प्रदेशों में जो प्रचंड बाढ़ आई है अभी-अभी, यही कारण था इसका।

सर्वप्रथम इस बार बाढ़ आई आसाम में। ब्रह्मपुत्र में पानी का ऐसा रेला आया कि हजारों-लाखों गृहविहीन हो गए। फिर एकाएक, समय से पहले ही, कोशी उमड़ आई तो उत्तर बिहार के सहरसा-दरभंगा जिलों का प्रायः आधा-आधा हिस्सा समुद्र बन गया। तिस्ता ने जलपाइगुड़ी-सिलीगुड़ी की साँस फुला दी। गंडक-बागमती ने छपरा-चंपारन-मुजफ्फरपुर को तबाह कर दिया। राप्ती और सरयू के कारण उत्तर प्रदेश के पूर्वी जिलों के अनेक अंचल जलमग्न हो गए।

हिमालय के ऊपरी इलाकों में हफ्तों बादल बरसते रहे। ढलवें पहाड़ों में आबाद बस्तियों को इस अतिवृष्टि से कितना नुकसान पहुँचा है, बता नहीं सकते। मगर बाढ़ के साथ छप्पर-खंभ-खूँटे और हाँड़ी-दबिया, मूसल-ओखल आदि गृहोपकरण तो बहकर आए ही, लाशें भी तिरती-उतराती पाई गई हैं। जानवरों की लाशें, मवेशी की लाशें, आदमी की लाशें—निर्मली के नजदीक एक हाथी की लाश तिरती देखी गई !

समग्र पूर्वी भारत—गंगा से उत्तर का हिस्सा जलमय हो उठा है। बुजुर्गों का कहना है कि इस तरह की बाढ़ उन्होंने कभी नहीं देखी। तैयार फसलों की बर्बादी का क्या कहना ! हफ्ता-डेढ़ हफ्ता के बाद अब जहाँ-तहाँ से पानी हटने भी लगा है, तो सड़ाँध के मारे लोगों का दम घुटा जा रहा है। आसाम और उत्तर बिहार में तो प्राणहानि भी काफी हुई है। गाँव के गाँव, इलाके के इलाके पानी के अंदर आ गए।

दूसरी ओर, बादलों की कंजूसी के कारण छोटा नागपुर, उड़ीसा, पश्चिम बंगाल, यहाँ तक कि उत्तर बिहार के भी कुछ-एक इलाकों में भदई की फसलें तैयारी के पहले ही सूख रही हैं; धान के पौधे झुलस रहे हैं। पानी के लिए हाहाकार मचा है।

तीसरी ओर बंबई में इनती अधिक वर्षा हुई है कि वहाँ लोगों के प्राण संकट में पड़ गए हैं ! आठ-दस इंच यदि और वर्षा हो गई तो उधर का संसार चौपट हो जाएगा।

कालिदास का वह देवतात्मा हिमालय आज परम क्रुद्ध नजर आ रहा है। तभी तो चीन की नदियाँ भी अपना रुद्र रूप दिखला रही हैं। तिब्बत की बस्तियाँ प्रलयप्रवाह के गर्भ में पड़ गई हैं और ईरान में भी बाढ़ की वजह से कोलाहल मचा हुआ है।

इस बार समुद्री अंचलों से जो मानसून चला वह आसाम, बंगाल और बिहार के समतल मैदानों में से यों ही गुजर गया...वह सीधे हिमालय की गगनचुंबी दीवारों से जा टकराया, जितना कुछ भी आर्द्र वायुकण वह अपने साथ लाया था, सारा का सारा हिमालय पर झाड़ दिया उसने। चीड़-देवदार के घने जंगलों ने उन आर्द्र वायुकणों को अपने बीच उलझा लिया। इधर निचले मैदानों के जंगल अब काफी हद तक कट चुके

हैं। वन-महोत्सवों का हमारा दिखाऊ त्यौहार बादलों को भला किस प्रकारी ठग लेगा ?

गंडक, कोशी, तिस्ता, ब्रह्मपुत्र—क्षुब्ध हिमालय के दुर्दान्त फील्ड मार्शलों की तरह ये नदियाँ सृष्टि का घोर संहार कर रही हैं, विशाल जलराशि की इनकी अपार सेना सौ-सौ कोस तक छा गई है। हमारा कोई भी प्रतिरोध प्रलय-पयोधियों के इस सैन्य की प्रबल गति रोक नहीं पा रहा है अब तक !

किंतु सत्यानाशी बाढ़ के बारे में मार्मिक गद्यकाव्य की रचना या भादों की इस उमस में सीलिंग-फैन के नीचे बैठकर जलप्रलय के रोमांचक विवरण ही पर्याप्त नहीं हैं। यह सम्राट अशोक का अथवा महापराक्रमी चंद्रगुप्त का या महाराजाधिराज कनिष्क का युग तो है नहीं; औरंगजेब या कर्जन का भी जमाना नहीं रहा। यह तो बीसवीं सदी का उत्तरार्ध है। नद-नदी, झील, पहाड़, जंगल, रेगिस्तान और समुद्र—सर्वत्र मानव की विजय वैजयंती फहरा रही है। विश्व का सर्वोच्च शिखर तक मानव से अपनी हार मान चुका है। इस पराजित हिमाद्रि की ये बेटियाँ भी अब अधिक दिनों तक उच्छृंखल नहीं रह पाएँगी, इन्हें भी हम अपने काबू में करेंगे ही। दक्षिण समुद्र से आनेवाले उत्तरापथ के वे निरंकुश पथिक बादल हमारी समतल भूमि को क्या इसी प्रकार धोखा देते रहेंगे ? नहीं-नहीं, उन पर भी अब मनुपुत्र का शासन होगा। यूरोप-अमरीका और सोवियत रूस का सुविकसित विज्ञान नद-नदी-मरु-विपिन आदि को काफी हद तक अपने काबू में ले आया है; प्रकृति की उच्छृंखलता पर वहाँ उसका नियंत्रण है और पाँचों महाभूत उसका अनुशासन मानने लगे हैं। लोककल्याण की व्यापक एवं अभिनव परंपरा वहाँ आरंभ हो चुकी है। कोशी हो चाहे ब्रह्मपुत्र, सिंध-सतलुज हो चाहे गंगा-यमुना—जनता की हमारी सरकार अब इन पर अपना अमोघ अंकुश डालेगी ही; आज हो, कल हो, परसों हो—नदियों पर हमारा शासन अनिवार्यतः लागू होगा ही।

बेशक, तात्कालिक सहायता और सामयिक सेवा-कार्य भी इस दिशा में अत्यावश्यक हैं, परंतु 'राम-भरोसे' वाली अपनी पुरानी मनोवृत्ति की जगह हमें नए युग का वैज्ञानिक मनोभाव अपनाना होगा। जन सामान्य की जागरूकता, आधुनिकतम वैज्ञानिक साधन, चौकस एवं ईमानदार कर्मियों की पलटन, सर्व-साधारण का मुक्त सहयोग, प्रशासकों की आडंबरशून्य तत्परता ही स्थाई प्रतिकार के आधार-स्तंभ होंगे।

[योगी, 21 अगस्त 1954]

सरस्वती का अपमान

उत्तर बिहार का कालेज। वसंत की चाँदनी रात।

कालेज के प्रांगण में शामियाना खड़ा था, मध्य में फराश बिछा था। किनारे-किनारे कुछेक सौ कुर्सियाँ...तख्तपोशों के सहारे मंच तैयार किया गया। सुसज्जित मंच पर गद्दा और मसनद...लंबायमान माइक...शामियाना के अंदर और बाहर तीन लाउडस्पीकर...

छात्रों-छात्राओं, नागरिकों और महिलाओं की भीड़ जुटने लगी।

सिने-गीतों की स्वर-लहरियाँ लाउडस्पीकरों से छन-छनकर दूर-दूर तक गूँज उठीं।

पानवाले अपनी-अपनी दूकान टेबुलों पर सजा चुके थे, दो के पास बड़े आइने थे; एक खलास था।

अब देरी नहीं है, 10 मिनट के अंदर ही कवि सम्मेलन का कार्य आरंभ होगा। आनन जी, फानन जी, विपिन जी, मलिन जी, दग्ध जी, विदग्ध जी, कलित जी, कठोर जी, कुठार जी, ग्रामीण जी, शून्य जी, प्रतीक जी, जनवादी जी...सब पधारे हैं, इस नगर का सौभाग्य है कि :

इतने में माइक फफकने लगा तो मेरा मन कानों से हटकर आँखों में आ गया। आईना के सामने जाकर डटा और इशारे से चार बीड़े का आर्डर दिया।

—तुम्हारे दाँत भी कितने गंदे हैं !

अंतर की दुत्कार पाकर आप ही अपना मुँह नोच लेने की इच्छा हुई।

कि सितार पर कुमारी कनक प्रभा ने वाणी वंदना शुरू कर दी। शामियाने के बाहर की खुदरा भीड़ बटुरकर अंदर आ बैठी। नागरिकों से और अध्यापकों से कुर्सियाँ भर गईं। महिलाओं की तादाद मामूली-सी।

"वर दे वीणा-वादिनि"—लड़की ने अपने गायन-वादन से समाँ-बाँध दिया। श्रोताओं की चेतना एकाग्र होकर अगली घोषणा का इंतजार करने लगी।

साँवली सूरत के नाटे प्रोफेसर श्री पुलिन विहारी शर्मा ने माइक पर कविवर श्री ललित लवंग जी का नाम अध्यक्षता के लिए प्रस्तावित किया, हिंदी परिषद् के मंत्री श्री कोमल कुमार ने प्रस्ताव का समर्थन इतनी महीन आवाज में किया कि माइक के तार काँप उठे।

अध्यक्ष के गले में जरी-गोटे की मोटी माला डाल दी गई।

सामने की जगह खचाखच भर चुकी थी। लोगों के कान खुजला रहे थे।

सर्वप्रथम कलित जी को खड़ा किया गया।

गजब की मिठास थी गले में। मेरी समग्र चेतना उनकी स्वर-लहरियों में बहकर बूढ़ी गंडक में जा पहुँची। मंच पर बैठे हुए कवि और नीचे विराजमान छात्रगण आँखें मूँद-मूँदकर झूम रहे थे। मैं काफी दूर बैठा था, शकल-सूरत से कलित जी मुझे 17 वर्षीय प्रतीत हुए। अंत में कवि ने अपने कुंतलीन शिर को कलापूर्ण झटका दिया और माइक से हटने को हुए...

एक और !

एक और !

एक और !

जोरों का हल्ला हुआ तो कलित जी ने अध्यक्ष की ओर संकोच-मिश्रित नम्रता से देखा। प्रधानजी ने माथा हिलाकर अनुमति दी और कवि फिर माइक पर आ गए—

"सखि तेरी मुस्कान !

मन मंदिर में आकर करती विश्व–
व्यथा संधान
दिल होता मृदु-मृदु आन्दोलित,
सूख रहे हैं प्राण
सखि तेरी मुस्कान !
प्रिया निर्दय बनी हुई है
प्रीतम है नादान
अपना अंतर कैसे दिखाऊँ,
कैसे करने बखान
सखि तेरी मुस्कान!"

इस बार तो गजब ढा दिया कवि जी ने, स्वर तो लहरा ही रहे थे, अँगुलियाँ भी नाच रही थीं। भौंहों की लीला और देह की लच–इतनी-भर की त्रुटि रह गई थी। गुणमुग्ध नागरिकों की तरफ से कलित जी को तत्काल तीन पुरस्कार प्राप्त हुए : एक स्वर्ण पदक, एक रौप्य पदक और एक...

तो लीजिए ! कलेजा थामकर सुनिए :

मंच से नीचे बुलवाकर किसी सेठ ने अपनी अँगूठी पहना दी कलित जी को !

उल्लास, कौतूहल और विनोद की ध्वनियों से वातावरण गनगना उठा।

छोकरों में से एक ने ठहाका मारा, एक ने किलकारी भरी,...दो-तीन ने सीटियाँ बजाईं...

अध्यक्ष को तैश आ गया। उठे और माइक की ओर रुख करके बोले–'वीणापाणि भगवती भारती के इस पावन महोत्सव को अपनी धृष्टताओं से कलुषित मत कीजिए !!'

शामियाने के नीचे सन्नाटा छा गया।

तत्पश्चात् अध्यक्ष ने जिन पाँच कवियों को निबटाया, उनके नाम थे, आनन, फानन, कानन, विपिन, मलिन। इन्हें एक-एक रचना सुनाने का अवसर मिला। कानों के लेखे इनका स्वर बिलकुल चना-चबेना ही था।

चाँदी की थार में सौ बीड़े पान, पाव-भर जर्दा, 10 खुले पैकेट कैप्स्टन के थे, इलायची-सौंफ-केशर और सुपारी थे...बीच-बीच में एकाध चमत्कारी लाइन सुनने के बाद मर्मज्ञता के मारे कविजन अधजली सिगरेटें और चूना चर्चित उँगलियाँ सफेद जाजिम पर रगड़ लेते थे; साथ ही वाह-वाह की आवाजें उठती थीं।

शून्य जी और प्रतीक जी प्रयोगवादी थे। आधी-आधी रचना सुनाके उन्होंने अपना पिंड छुड़ा लिया, एक-एक सिगरेट सुलगाकर आहिस्ते से वे बाहर निकल गए।

विदग्ध जी ने सुबुक-सुबुककर जब अपनी कवि प्रेयसी को पुकारा तो वेदना की घनी अनुभूति के कारण रसिकों नें दाँत पीस लिये, छोकरों ने मुँह बा दिया और प्राध्यापक गंभीरता के अगम कुएँ में गोते खा गए।

दग्ध जी ने इधर गजल लिखना शुरू किया था। सरकारी आफिस में काम करते

थे, कवि सम्मेलन में शामिल होने की अपनी फीस 3। रुपया बाँध रखी थी। चिर कुमार सभा के असाधारण सदस्य थे। आपने न-हिंदी-न-उर्दू की दो गजलें सुनाईं, मगर किसी ने मुकर्रर, इर्शाद या मर्हबा नहीं कहा तो आखिर एक छायावादी रुबाई सुनाकर बैठ गए।

कालेज के हिंदी परिषद के प्रमुख प्रो. शर्मा ने बीच में ही कविवर से अनुरोध किया : लोगों का असीम आग्रह है कि सभापति महानुभाव अब अपनी एक रचना सुना दें, तब आगे का कार्यक्रम चले।

कविवर ने संकेत की भाषा में अस्वीकार किया तो प्रोफेसर साहब ने कहा–'शेष में तो आपको अपनी चार-छह रचनाएँ सुनानी ही होंगी, परंतु मध्य की इस शुष्कता में भी श्रीमान् के स्वर अपेक्षित हैं...'

तिहरी नम्रता पर सवार श्लाघा के शब्दों ने गद्दे को 'डननोपिलो' बना दिया था। अध्यक्ष जी ऊपर-नीचे होने लगे। मुस्कुराकर स्वीकृति दी और माइक उनके सामने किया गया। वह गाने लगे–

'गगन है या वेदना का,
निविड़-नील वितान...'

संगीत की शास्त्रीय परंपरा में गुंफित उनके स्वर श्रोताओं को मुग्ध कर गए और वाह-वाह की आवाजों से सभास्थल गरिष्ठ हो उठा।

ग्रामीण जी यों तो थाना-कवि थे, मगर इधर जब से भूदान यज्ञ में भाग लेने लगे तब से जिला कवियों में आपकी गणना होने लगी थी। लोकभाषा की परिधि में कूदकर अब राष्ट्रभाषा के विशाल मैदान में खड़े थे। पहले पैदल घूमना पड़ता था, अब दाल-भात-तरकारी के भोजन मिल जाते थे। दबी आवाज में मिनिस्टरों के खिलाफ लिखना शुरू कर दिया था।

सो ग्रामीण जी ने कीर्तनिया धुन में गाया–

जय कोसी महरानी!
अब तो तुम बँध जाएँगी
अम्मृत होगा पानी
मिट जाएगी मिथिला से अब
दुख दारिद्र-कहानी
जय कोसी महरानी!
सभी कुदाल उठाएँ कर में
सभी बनें श्रमदानी
कान लगाकर सुन लो भाई
नेहरू जी की बानी
जय कोसी महरानी!

कालेज में हिंदी पढ़ानेवाले प्राध्यापकों को यह रचना दो कौड़ी की भी नहीं मालूम हुई। फिर भी जन-सामान्य ने इसे खूब पसंद किया। नई उम्र के लोगों ने खूब तालियाँ

पीटीं। हाँ, ग्रामीण जी को किसी ने पदक-वदक नहीं दिया।

कुठार जी और कठोर जी और जनवादी जी ने प्रगतिशील कविताएँ सुनाईं। पूर्वोक्त दोनों का हथियार थी लट्ठमार अभिधा, तीसरे कवि व्यंग्य के सहारे अपनी तिक्तता प्रकट करने की कोशिश करते थे। स्वदेशी शासकों की धज्जी उड़ने लगी तो कवि सम्मेलन के व्यवस्थापक जी ने जनवादी जी के हाथ में एक स्लिप थमा दिया। नागरिकों के बीच बैठे हुए स्थानीय नेताओं की भौंहें चढ़ गईं और कवि जी का पारा उतर गया।

अंत में सभापति जी ने घंटी बजा दी।

प्रोफेसर ने उठकर कहा—'अब आप माननीय अध्यक्ष की रचनाओं का रसपान कीजिए...पीछे की तरफ जो भाई खड़े हैं, वे कृपया बैठ जाएँ और—'

उन्होंने दाईं ओर गर्दन घुमाकर एक देवीजी को हाथ से इशारा किया—'माफ करें, आपका बच्चा ऊधम मचा रहा है, काबू में रखिए उसको...'

माइकवाला माइक को कविवर के सामने ठीक कर ही रहा था कि नीचे श्रोताओं की भीड़ में से एक नौजवान ने हाथ उठाया और जोर से चिल्ला पड़ा—'सरकार हम भी एगो गीत सुनाना चाहते हैं...'

जन-समुदाय का माकूल रुख देखकर कविवर ने नौजवान को गीत सुनाने की आज्ञा दे दी और बैठ गए। वह मंच पर आया और माइक से मुँह सटाकर खड़ा हुआ।

स्वर साधारण था परंतु लय थारुओं के एक नृत्य की थी। पहला पद गीत का यों था—

'सहुआ रे सहुआ, हमरा देले दिलवाय...'

गायक ने लोकनृत्य की हल्की-सी भंगिमा भर ली थी लय में। दर्शक-श्रोतागण की लोक-चेतना लोकगीत के उन तालबद्ध स्वरों में बहने लगी, पैर हौले-हौले उठने-गिरने-से लगे...

कि कविवर तपाक से उठे, माइक पर हावी होकर बोले—'सरस्वती का यह अपमान मुझसे देखा न जाएगा, बंद कीजिए अपना गाना !'

'सुनाइए ! सुनाइए !!' भीड़ से अनेकों कंठ मुखर हुए।

कविवर ने तब गानेवाले को जबरन बैठाना चाहा।

लेकिन सामने जन-समुदाय में से पचासों की आवाजें आने लगीं—'नहीं, यह गीत, तो हम सुनेंगे ही...सुनाइए ! सुनाइए !!'

कविवर गुस्सा के मारे पीछे की तरफ से निकल गए, प्रोफेसर शर्मा उन्हें मनाने चले और इधर लोकरागिनी फिर माइक पर थिरकने लगी। एक अक्खड़ अधेड़ उचककर मंच पर आ गया और बाँहों में लेकर ग्रामीण जी को उसने अध्यक्ष की गद्दी पर बैठा दिया...बिना माइक के ही बोला—'भाइयो, सरस्वती का यह अपमान नहीं, बल्कि सच्चा सम्मान है कि सौ फीसदी समझ में आने लायक रचना हमें अब सुनाई जा रही है। आप लोग शांतिपूर्वक बैठे रहें, ग्रामीण जी की अध्यक्षता में आगे का कार्यक्रम चालू रहेगा।'

जनता ध्यान से थारुओं के उस लोकगीत को सुनती रही, जिसमें सूदखोर साहुओं को कोसा गया था। कविवर नहीं लौटे, मगर लोग जमे रहे।

मैंने मन ही मन कुन्तलीन कविवर को नमस्कार किया—धन्य हो कलाधर ! तुम्हें अपना और अपनों का ही गाना-चहकना सह्य है, जनता का नहीं !! धन्य हो !!

[योगी, 22 जनवरी 1955]

एक घंटा

3 जनवरी '53। शाम का वक्त।

छह बज रहे थे।

आँखें मुँदी थीं, महाकवि लेटे थे।

लेटे थे और बुदबुदा रहे थे...

"गोमती में बाँध नहीं बँधेगा तो समूचा लखनऊ डूब जाएगा। जब पौरुष ही नहीं तो कैसे कोई गोमती को बाँधे ? जवाहरलाल जी बाँधेंगे, पंतजी बाँधेंगे ? नहीं, यह उनके बूते का नहीं...।"

फिर छाती पर ऊँगली गड़ाकर बोले—"यहाँ दिल है और उधर वह रहा कलेजा, इसमें पहले बात धँसे तब तो कुछ हो...।"

कमर तक मोटी रजाई डाले हुए थे। नीचे मोटा गद्दा था। सफेद चादर थी उस पर। आधी बाँहों का कुर्ता पहने थे, जिसका रंग अमरूद की छाल का था। दाढ़ी और सिर के बाल चार-चार अंगुल के थे। तरंगित भावनाएँ रह-रह पतले होंठों पर स्पंदित हो रही थीं।

यों, देखने से शारीरिक स्वास्थ्य ठीक ही लगता था।

"गोमती में बाँध कौन बाँधेगा ?" कवि की स्वगतोक्ति चल ही रही थी कि मैंने आहिस्ता-से पैर पटका।

निराला ने आँखें खोल दीं तो हाथ जोड़कर नमस्कार किया मैंने।

उधर से भी दुहत्था प्रतिनमस्कार।

"आइए।"

"जी !"

"बैठिए !"

मैं नजदीक हुआ और फर्श पर बैठ गया।

कवि ने आँखें फैलाकर देखा, इस करवट हो गए फिर।

"ओ हो, आप हैं !"

"हाँ, मैं नागार्जुन !"

'कब से हैं यहाँ, कहाँ डेरा है, कब तक रहेंगे ?' इस प्रकार के अनेक प्रश्न और

उनका उत्तर। अब मेरे कारण मेरी जन्मभूमि की याद आ गई उन्हें तो पूछा—"इन दिनों दरभंगे का सबसे नामी पहलवान कौन है ?"

"सुखदेव के बाद कहाँ किसी ने उस तरह मैदान मारा है।"

"और चावल भी उधर अच्छे होते हैं...।"

"जी।"

तब निराला जी ने आँखें मूँद लीं और बुड़बुड़ाने लगे—"गोमती माँ बाढ़ आवा है...भाखरा प्रोजेक्ट...।" इस बार वह अपनी मातृभाषा अवधी में बोल रहे थे और मैं समझ नहीं पा रहा था कि क्यों आज गोमती-नियंत्रण का सवाल इस कदर कवि की चेतना पर हावी है। अखबारों में इन दिनों भाखरा-प्रोजेक्ट की बाबत काफी कुछ आ रहा था। शायद किसी ने उन्हें देर तक यह सब पढ़कर सुनाया हो। शायद किसी ने किसी से यहीं इस बारे में बातें की हों।

मैं अपना बैठा रहा।

निरालाजी बुड़बुड़ाते रहे।

मैं उनके बारे में सोचता रहा।

उनकी मनःशक्ति गोमती को काबू में लाने की योजनाएँ बनाती रही।

इतने में एक लड़के को आगे किए हुए कोई महिला आई बाहर से। इस कमरे से होकर वह सीधे अंदर चली गई। सोचा, श्री कमलाशंकर की पत्नी होंगी।

निरालाजी ने उन्हें लक्ष्य करके कहा—"बीबीजी, दूध दे गया है, मँगवा लीजिएगा ऊपर।"

मैंने देखा, कवि के पायताने की ओर, चौकी के नीचे खुली कड़ाही में दूध रखा था—इतना ख्याल रहता है इन्हें छोटी-छोटी बातों का। यह तो विक्षिप्तता का लक्षण नहीं है। कौन कहता है निराला पागल हो गए हैं ?

"अब गोमती में बाढ़ नहीं आएगी, हमने पक्का इन्तजाम कर लिया है।" कवि की स्वगतोक्ति का प्रवाह चालू रहा।

साढ़े छह बजे।

पीछे बुड़बुड़ाना अस्पष्ट होता गया, अव्यक्त शब्दों की सानुनासिक ध्वनियाँ इन कानों में कौतूहल भरने लगीं। निगाहें सामने आलमारीनुमा ताख पर ठिठकी हुई थीं—वही चिरपरिचित उनकी शेक्सपियर ग्रंथावली, चेम्बर्स डिक्शनरी, तीन-चार कापियाँ और चूना-भरी शीशी...तंबाकू का पत्ता, पीतल का निबवाला बदरंग होल्डर...चार पैसे वाली दवात...चार-पाँच चिट्ठियाँ, मनीआर्डर के दो-एक कूपन...

महाकवि ने फिर करवट बदली, अब वह दीवार की तरफ हो गए थे।

मैंने छूकर देखा, रजाई में रुई काफी थी और गद्दा भी खूब मोटा था। तकिया मुलायम और चादर साफ-सफेद थी। मन को संतोष हुआ।

कमलाशंकर जी स्वयं कहीं गए हुए थे। यह उनका बैठका था। निरालाजी के तख्तपोश के अलावा उस कमरे में फर्श पर दरी और चादर बिछी थी। दीवार से टिकी

एक मसनद पड़ी थी। यह कलाकार कमलाशंकर का भद्रासन था। आगे सगर्भ डेस्क थी। ऊपर दरवाजे की ओर दीवाल-घड़ी। प्रकाश के लिए चालीस यूनिटवाला बल्ब।

बाकी चीजें ठिकाने से रखी हुई थीं।

तख्तपोश के नीचे तश्तरी और चाय की प्याली, जरा अलग एक कटोरा पड़ा था। निश्चय ही कवि ने कुछ देर पहले नाश्ता किया होगा, चाय पी होगी।

''खूब लिखिए।''

एकाएक आँखें खोलकर महाकवि बोले। मैं उठ खड़ा हुआ। हाथ दुहरे करके कहा—''अभी आज्ञा दीजिए, फिर आऊँगा।''

कहने लगे—''रुपया-उपया आवे कहीं से तो खिलाऊँ एक दिन आपको, अभी तो हैं न आप ?''

''हाँ, अभी तो हूँ ही, नहीं जा रहा हूँ कहीं।''

''मकान ले रखा है क्या ?''

''अस्थायी तौर पर, अड्डे से दक्खिन मोरी मुहल्ले में बैरागियों का पुराना अखाड़ा है, उसी में ढाई रुपए की एक जगह ले रखी है...।''

''बीच-बीच में बाहर भी तो जाते हैं ?''

''जी !''

होंठों में ही मुसकान को समेट लिया कवि ने और मैंने पायताने की तरफ रजाई को छूकर प्रणाम किया है।

कमरे से निकल आया, दो ही कदम बाद गली में था।

आधी-अँधेरी गली में चलते-चलते 'काव्यलोक' में ताजा प्रार्थना-पत्र का ध्यान आया, जिसमें राज्यपाल मुंशी से कहा गया था कि वह निरालाजी से आकर मिलें और इस प्रकार लोकोत्तर प्रतिभाशाली व्यक्तित्व के प्रति शासकीय श्रद्धा-निवेदन की भारतीय परंपरा का प्रति-पालन करें।

महामहिम ने 'काव्यलोक' में प्रार्थना-पत्र को संभवतः साहित्यिकों का पुंजीभूत वायुविकार माना। इन दिनों हफ्तों वह प्रयाग रहे। विशिष्ट नागरिकों के यहाँ उनका गमनागमन अबाध चलता रहा। असंवर्धना और प्रीतिभोज के आदान-प्रदान चलते रहे। महिम्नस्तोत्र का पाठ होता रहा, परस्पर प्रशंसा के त्यौहर मनाए जाते रहे, मगर 'निराला' नामधारी इस जीव को कोई पूछने तक नहीं आया...दिमाग खौलने लगा सोचते-सोचते—कि नीचे उतरनेवाली सीढ़ियाँ आ गईं। हवा के सर्द झोंके लगे और चेतना लौट आई तो पाया कि गंगा भागीरथी बिलकुल सामने है।

घड़ी ने सात बजा दिए।

[योगी, 29 जनवरी 1955]

बम्भोलेनाथ

कार्तिक पूर्णिमा को बीते तीन रोज हो गए थे।

मैं किसी काम से सोनपुर उतरा था। मन में एक इच्छा उठी कि क्यों न चार घंटे बाबा हरिहरनाथ के इर्द-गिर्द चक्कर लगाया जाए !

मेला के दिन थे। भीड़-भाड़, धक्कम-धुक्की के क्या कहने ! मेला यद्यपि उतार पर था, तथापि लोगों की तादाद कम नहीं थी। पुल से कुछ इधर ही रेलवे बाँध के नीचे उतरा, सीधे शालिग्रामी की तरफ—दक्षिण-पश्चिम दिशा में रुख किया। आगे बढ़ने पर, रास्ते से कुछ अलग एक भारी भीड़ दिखाई दी। झाँकने पर बम्भोला के दर्शन हुए।

वह बीच के खाली जगह में घूम रहे थे। गति धीर और ललित ही थी...

यह बम्भोला और कोई नहीं, एक बैल थे। उनकी नकेल एक चंदन-तिलकधारी आदमी के हाथ में थी।

वह आदमी नाना प्रकार के प्रश्न पूछता जा रहा था और भोलानाथ अपना भारी-सा माथा हिला-हिलाकर माकूल जवाब दे रहे थे। बैल क्या था, नाटे कद का एक अच्छा-खासा साँड़ था वह। किल्होर (ककुद) में से टंगरी निकल आई थी जो चिर रोगी बछड़े की सूखी टाँग-जैसी थी। गरदन पर झूल, जिसमें हजारों कौड़ियाँ टँकी पड़ी थीं; बीच-बीच में अबरख के चमकीले टुकड़े भी। गले में पथरीली मोहन-माला। सींगों के बीच सतरंगी झालर। कपोलों पर लाल-काली-पीली रेखाएँ उरेही हुईं...

बड़ा ही भव्य रूप था बम्भोले का।

अपने को रोकना मेरे लिए मुश्किल था। उस सर्वज्ञ के चमत्कार देखने के लिए आखिर मैं भी दर्शकों में शामिल हो ही गया।

"जय हो बम्भोले दानी ! केकरा उँगरी में चानी के अँगूठी बा ? दोहाई मालिक के, बताई !"

शाबाशी और टिटकारी पाकर बम्भोला आहिस्ते से बढ़े और पूरब की ओर नीली धारियोंवाले हाफ-शर्ट पहने अधेड़ आदमी की बँधी मुट्ठी से अपनी नाक भिड़ा दी। सैकड़ों जोड़ी उत्सुक आँखें उस व्यक्ति के चेहरे की ओर लग गईं तो उसे मुट्ठी खोलनी ही पड़ी। सचमुच चाँदी का छल्ला उसकी तर्जनी में था।

भीड़ में से उल्लास की ध्वनि उठी।

फिर तिलकधारी महाराज ने बम्भोले की पीठ थपथपाई, और पूछा—"सरकार ! केहू बीड़ी पिय ऽ ता ऽऽ, तनी देखाईं !"

बस क्या था, फिर पशुपतिनाथ बाएँ से दाएँ हुए और इधर आकर एक बुड्ढ़े की पेट में हल्के-हल्के सींग छुआ दी।

उसके हाथ में बीड़ी नहीं थी, मगर लोगों ने जब शंकित और दुहरी-तिहरी निगाहों से बुड्ढे को देखा तो उसने कबूल किया—"जी, हमरा हाथ में हलइ एगो बीड़ी, बाकी भोला बाबा के डरे अबहिएँ बिरा देलिअइ अ ऽऽ..."

फिर उल्लास से लोगों की आँखें चमक उठीं।

तीसरी बार बम्भोला से पूछा गया—"केकरा पाकिट में फोल्टन पेन बा ?"

अब तक उचकते-उचकते मैं भीड़ के आगे आ गया था और पाकिट में यही पेन थी। देखा, मंद-मधुर गति से बाबा पशुपतिनाथ मेरी ही ओर बढ़े आ रहे हैं। थुथुन छुआ देंगे तो कुर्त्ते पर मुहर लग जाएगी, इसी डर से मैं पीछे हो गया।

लोगों को हँसी आ गई और साथ ही आवाज उठी—"धन्न हैं, धन्न हैं बाबा !"

अपने नजदीक एक शहरू लडके को पाया। उसकी मुट्ठी में इकन्नी गोजते हुए मैंने कहा—"मुट्ठी बंद कर लो और भीड़ के बाहर जाकर खड़े हो जाओ।"

वह बाहर निकल चुका तो मैंने तिलकधारी पंडित से पूछा—"अच्छा महाराज, किसकी मुट्ठी में यहाँ इकन्नी है ? बतलाएँ आपके औढ़रदानी !"

लेकिन, आश्चर्य की बात है; भोलानाथ इस विकट परीक्षा में भी उत्तीर्ण रहे। हुआ यह कि मेरा प्रश्न सुनकर और सेवक की टिटकारी पाकर बाबा ने सींगों के इशारे से बाहर निकलने की इच्छा व्यक्त की। सामनेवालों ने रास्ता छोड़ दिया। भीड़ से बाहर आकर उन्होंने लड़के को ढूँढ़ लिया, उसकी हॉफ पैंट सूँघने लगे। लड़का निर्विकार और गंभीर बना रहा, भोलानाथ भी खड़े रहे। छोकरे ने इकन्नी पाकिट में नीचे डाल ली थी।

तिलकधारी सेवक ने सामने आकर पूछा—"साँचहू सरकार ! पहचानल जाता ? इहे इकन्नी रखले बाड़न ?"

पशुपतिनाथ ने फिर लड़के की हॉफ पैंट से नाक भिड़ा दी। अब छोकरा भभाकर हँस पड़ा।

लोग तो आश्चर्य में डूब गए।

उत्तर की तरफ छोटा-सा चबूतरा था, उस पर पीली-पीली भारी-भारी जटाओंवाले एक साधू महाराज धूनी रमाए हुए थे। ज़रा हटकर मेहतर बैठा था।

अबकी पंडित ने अपने मालिक से पूछा—"बतावल जाए सरकार, केकर काम सबसे जब्बुर बा ?"

मैंने सोचा, सधुआई तो एक अच्छी-खासी तपस्या है। इससे भारी काम भला और क्या होगा ? शायद इन्हीं बाबाजी की तरफ भोलानाथ का संकेत होगा।

परंतु ऐसा हुआ नहीं। हुआ यह कि बम्भोला आहिस्ते-आहिस्ते मेहतर के निकट पहुँचे। कूड़ावाला कनस्तर से अपनी नाक वह सटानेवाले ही थे कि सेवक ने इधर नकेल खींच ली—"हो गइल मालिक, हो गइल, जान गइलीं !"

आधा घंटा से भी ज्यादा समय गुजरा होगा। मुझे और भी बहुत सारी जगह देखनी थीं। दुअन्नी दक्षिणा देकर मैं खिसक आना चाहता था। लेकिन बाबा के सेवक ने एक नया ही पैंतरा पकड़ा।

पीठ थपथपाकर उसने भोलानाथ से पूछा—"बताइए त ऽ मालिक ! यहाँ कौन बाबू हैं जो आपको एऽगो रूपैया देना चाहते हैं ?"

माथा ठनका। मेरी पाकिट में एक रुपए का खुला नोट अलग पड़ा था...

पशुपतिनाथ मेरे सामने हाजिर थे !

चवन्नी देकर आखिर मैंने जान छुड़ाई और सृष्टि के इस अनोखे चमत्कार को नमस्कार किया !

[योगी, 1 जनवरी 1955]

अन्नहीनम् क्रियाहीनम्...

कार्तिक शुक्ल पक्ष...

दीपावली के बाद भाई दूज बनाम यम द्वितीया बनाम चित्रगुप्त पूजा...

फिर गोपाष्टमी, फिर पूर्णिमा...

फिर नवान्न, नए धान की नई फसलों के नए दाने ! सुआपंखी कतकी धानों से तैयार किया जानेवाला टटका चिउड़ा और मसालेदार गुड़ की ताजा भेली...

इन्हीं दिनों मौसी धात्री (आँवला) के उस जवान पेड़ की छाया में बैठकर खुद रसोई तैयार करेंगी। वह हर साल ऐसा करती आई हैं, इस बार भी नहीं मानेंगी। स्वजन-परिजन को अपने हाथों परोस-परोसकर केले के पत्तों पर कच्ची रसोईवाला खाना खिलाएँगी और बीच-बीच में मैं याद आऊँगा तो मौसी की आँखें डबडबा आएँगी। छोटी नतनी पूछ देगी—क्या हुआ बाबी ?

कुछ नहीं, कहाँ कुछ हुआ है रे—सँभलकर मौसी कहेंगी छोकरी से—भला मुझे क्या होगा ? मैं तो भगवान के लेखे भी पहाड़ हूँ न ?

बूढ़ी मौसी का अनुताप अकारण नहीं है। चार वर्ष हो गए हैं, मैं उन तक पहुँच नहीं सका हूँ। पौना मेरी बस्ती तरौनी से पंद्रह मील से कम फासले पर नहीं है। दरभंगा जंक्शन से नेपाली सीमांत जयनगर तक अब बस सर्विस चालू है। सड़क पक्की हो जाने से बसों पर बैठकर फासला तय करनेवाले यात्रियों को अब सहयोग की अप्रिय अनुभूतियों से छुटकारा मिल गया। और ट्रेन से जाने पर तरौनी के लिए हमें सकरी उतरना पड़ता है। पौना के लिए मधुबनी।

मौसी ने कई बार कहलवा भेजा कि अब पौना तक पहुँचना बिलकुल आसान हो गया है। रहिका से आगे पौखरौनी के करीब सड़क पर कहीं भी बस से उतर पड़ो, पाव-भर जमीन टहलते-टूलते पार कर लो...तरौनी आते-जाते हो, पौना का ही रास्ता भूल गया है ?

अभी पाँच-सात रोज पहले जाने किससे लिखवाकर मौसी ने पोस्टकार्ड भेजा है। लिखा है—

"बबुआ, इस बार चुटकी-भर भी धान नहीं देख सकूँगी। हथिया डाका डाल गया है। खेतों में अबके जो दरारें फटी हैं, बेहद डरावनी लगती हैं। तुम तो देहात के दुःख-सुख को आधार बनाकर पोथी तैयार करते हो, अपनी निगाहों से देखकर इधर का

हाल-समाचार मालूम कर जाओ बेटा ! कलेजा फटने पर धरती कैसी दिखाई पड़ती है, इसका पता नहीं होगा तुम्हें। आओ देख जाओ।

"समय-साल अच्छा नहीं है, फिर भी मैं कार्तिक शुक्ल पक्ष में धात्री वृक्ष के नीचे ब्राह्मण-भोजन तो करवाऊँगी ही। अच्छा होता उन दिनों अबके तुम भी इन आँखों के सामने होते। इति..."

मौसी का बड़ा लड़का अँगरेजिया मुंगेर की सिगरेट फैक्टरी में पिछले पच्चीस वर्ष से किरानी है। दीनबंधु चौधरी। दीनबंधु बाबू मुझसे आठ-दस महीने छोटे हैं। छोटा लड़का मुखर्जी सेमिनरी (मुजफ्फरपुर) में संस्कृत पढ़ाता है। व्याकरण और साहित्य का आचार्य। हिंदी में एम.ए. करके अब जैन दर्शन से एम.ए. करेगा...है लेकिन शुद्ध पंडित। विजय दशमी से पाँच-सात दिन पहले की बात है, जीवन भाई (रामजीवन शर्मा) से मिलने मड़बन पहुँचना था। बसवालों की फजीहत से ऊबकर मुजफ्फरपुर शहर में रात गुजारने की बाध्यता आ पड़ी तो सेमिनरी स्कूल जा धमका।

प्रणाम-पाती के बाद श्रीबंधु ने पहली बात जो कही वह थी—भइया, अबके गाँव-घर का हाल बड़ा ही बेतुका रहेगा...अन्नहीनम् क्रियाहीनम् विधिहीनम् च यद्‌भवेत ! ...भवेत् नहीं, अभवत् या अभूत जोड़कर इसे पढ़ना चाहिए...नहीं भइया ?

श्रीबंधु की 'अन्नहीनम्-क्रियाहीनम्' वाली बात ने मुझे उस वक्त अत्यंत गंभीर बना दिया। दिमाग इधर-उधर दौड़ने लगा। क्या सचमुच हमारा बिहार अन्नहीन-क्रियाहीन है ?

और अंदर से बार-बार यही एक आवाज आने लगी कि जनता अन्नहीन है और शासक वर्ग है क्रियाहीन...

और विधिहीन यानी बेशऊर (बुड़बक) कौन है ? आफिसर वर्ग और कर्मचारी-गण।

थोड़ी देर तक मैं महान लौह पुरुष व स्वनामधन्य वल्लभ भाई पटेल के तथाकथित 'सफल' उत्तराधिकारी मोरारजी भाई के बारे में सोचता रहा। अगले रोज सवेरे आप मुजफ्फरपुर आनेवाले थे—महिम्नः स्तोत्र के नए छंदों का नया देवाधिदेव पुष्पक विमान पर आरूढ़ होकर महान लिच्छवियों की इस महिमामयी भूमि पर पदार्पण करनेवाला था। उत्तर-बिहार के अधिकांश पुरुषपुंगव मुरारि-वंदना के लिए मुजफ्फरपुर की तरफ दौड़े आ रहे थे...

सोचता रहा मैं मोरारजी भाई की अगवानी के लिए मनसा-वाचा-कर्मणा परेशान अपने बिहारी शासकों के बारे में। सोचता रहा प्रांत-व्यापी सूखे के बारे में। सोचता रहा जन-सामान्य की असहाय स्थिति के बारे में।

लेकिन 'अन्नहीनम् क्रियाहीनम्' बार-बार दिल-दिमाग की पर्तों से टकराते रहे।

श्रीबंधु ने इसका अंतिम टुकड़ा नहीं कहा था, जान-बूझकर छोड़ दिया था। मेरी चेतना रह-रहकर उस अंतिम अंश को छूने लगी...

"तत्सर्वमच्छिद्रम्अस्तु"—यानी श्राद्ध-पार्वण के अंत में संपन्न से संपन्नतर गृहस्थ पितरों से प्रार्थना करता हुआ कहता है—"अन्नहीन-क्रियाहीन, विधिहीन चाहे जैसा भी

जो कुछ भी उससे बन पड़ा उसने यथाशक्ति सब कुछ कर डाला; अब भी अगर कोई त्रुटि (छिद्र) रह गई हो तो रफा-दफा मान लिया जाए...''

और हमारा शासक वर्ग तो भूल कर ही नहीं सकता कभी...'समूचा बिहार' अन्नहीनम् क्रियाहीनम् की चीख-पुकार से देवताओं के केंद्रीय सिंहासन को हिला देगा...लाखों टन गल्ला सहायता के तौर पर फिर हासिल होगा हमें और हम उस अन्नराशि को 'सही ठिकाने' पर पूर्ववत् पहुँचा देंगे !!

श्रीबंधु ने पीछे कहा–'तत्सर्वमच्छिद्रमस्तु' वाला विनती का पद अब हमारे काम का रहा नहीं भइया ! क्यों आपकी क्या राय है ?

ठीक ही कहते हो !–मैं आहिस्ता से बोला–जिसके खुद ही सौ छेद, वह चलनी किसे किसका छिद्र दिखलाए ! सारा कसूर शासकों पर डाल देने से भला होगा ही क्या ?

मैं मड़बन जाकर वापस आ गया हूँ।

बार-बार तबीयत मचल उठती है कि मौसी को देख आऊँ, देख आऊँ धरती के फटे कलेजे को...देख आऊँ धान के सहमे-सूखे पौधों को, अपने ग्रामांचल के किसानों को देख आऊँ, जिन्होंने निरीह-निर्लिप्त भूमिका धारण कर ली है और झुलसती फसलें काट-काटकर पशुओं के आगे रख दी हैं...काश, मैं पहुँच पाता मौसी तक ! काश, मैं अपने जनपद की धरती के फटे कलेजे को देख पाता !!

[योगी, 26 अक्टूबर 1957]

महाकवि वल्लत्तोल

अभी कुछ महीने हुए (30 मार्च '58), महाकवि वल्लत्तोल का देहांत एर्नाकुलम् (केरल) में हो गया।

महाकवि वल्लत्तोल की मृत्यु के बाद केरल एवं समूचे भारत में शोक सभाएँ हुईं। हजारों-हजार लोगों ने कवि को श्रद्धांजलि निवेदित की।

वल्लत्तोल कवि मात्र नहीं थे। केरल की जनता में साहित्य-रस का स्वाद लेने की क्षमता पैदा करने का उनका अथक प्रयास आजीवन जारी रहा।

लगभग अस्सी वर्ष वल्लत्तोल जीवित रहे। सन् 1879 ई. में उनका जन्म हुआ। मालाबार जिले के पोनानी ताल्लुका में भेत्ते नाडु परिवार को भारतीय इतिहासकार वल्लत्तोल की ही खातिर याद रखेंगे। उनका पूरा नाम था वल्लत्तोल नारायण मेनन। माँ (पार्वती अम्मा) ग्यारह शिशुओं की जननी थीं। उनमें से वल्लत्तोल और दो छोटी बहनों ने लंबी आयु पाई। पिता (मल्लेसारि दामोदरन एल्लाषात) कथकलि की साधना में डूबे रहते थे। कवि को बचपन में ही पिता से नृत्य-नाट्य की शास्त्रीय दीक्षा मिल चुकी थी।

चाचा घर पर ही संस्कृत और मलयालम पढ़ाते थे। वल्लत्तोल पंद्रह साल की उम्र तक आते-आते संस्कृत के कितने ही काव्यों-नाटकों का अध्ययन-अनुशीलन कर चुके

थे। पीछे चाचा की कोशिश रही कि भतीजा बाबू आयुर्वेद पढ़े, मगर इसमें उन्हें सफलता नहीं मिली। वल्लत्तोल का मन वैद्यक की तरफ से इस कदर भड़का कि कफ-पित्त-वायु आदि विषयों पर उन्होंने काव्य-रचना आरंभ कर दी।

संघ-संगठन के प्रति कवि-दिलचस्पी तरुणाई के ही दिनों से थी। हमउम्र तरुणों के लिए वल्लत्तोल ने अध्ययन मंडल गठित किया। यह पाठचक्र आगे काव्य-निर्माण और ज्ञानवर्धन का विशिष्ट केंद्र बन गया।

विरासत में मिली संपत्ति खुद न लेकर, उसे कवि ने बहनों को दे दिया। कलम ही जीविका का साधन बन गई। छब्बीस वर्ष की उम्र में एक प्रेस की मैनेजरी का भार लिया। पत्र-पत्रिकाओं के संपादन में कुछ वक्त जाता ही था। कई समाचार-पत्रों के आलोचनावाले स्तंभ भी आप सँभालते थे। साहित्यकारों की सहायता के लिए बीच-बीच में और भी समय निकालना होता था।

वाल्मीकि-कृत रामायण का मलयालम में अनुवाद वल्लत्तोल के लिए भारी कीर्तिकर साबित हुआ। अभिज्ञान शाकुंतलम् के अनुवाद ने भी उन्हें काफी शुहरत दी। महाकवि भास के नाटकों का रूपांतर, मत्स्य-पुराण और वामन-पुराण आदि अनेकों पुराणों का अनुवाद—मातृभाषा में अनुवाद का यह काम कवि किसी न किसी रूप में जीवन-भर करते रहे। अभी कुछ एक साल पहले ऋग्वेद का मलयालम संस्करण प्रकाशित हुआ था। लोग कवि वल्लत्तोल की कर्मठता पर दंग रह गए थे।

राष्ट्रीय भावनाओं को शब्दशिल्प में ढालने की अपूर्व क्षमता थी वल्लत्तोल में। आपके गीतों और कविताओं से नारियल के बाग गूँजा करते थे उन दिनों। किसान, मछुए, कारीगर, बीड़ी मजदूर—वल्लत्तोल के गीतों की कड़ियाँ सबकी जुबान पर हुआ करती थीं। दार्शनिकता के लिहाज से आप विशुद्ध मानवतावादी थे। आरंभ में आपने संस्कृत और मलयालम में कई उद्‌बोधक काव्य तैयार किए। गाँधीजी का उदय हुआ तो वल्लत्तोल की कविता उन्हीं के रंग में रँग गई। राष्ट्रीयता के अलावा सामाजिक उत्थान, जातिभेद-भंजन, स्त्री-स्वातंत्र्य आदि उनके प्रिय विषय थे।

> "काला धुआँ उड़ानेवाले
> विदेशी जहाज;
> क्या जरूरत है तुम्हारे यहाँ आने की ?
> जाओ, वापस जाओ !
> हिंद से दूर, चले जाओ !
> पीछे जरूरत समझूँगा
> तो बुला लूँगा;
> लेकिन अभी तो चले ही जाओ,
> काला धुआँ उड़ानेवाले
> विदेशी जहाज !"

ये पंक्तियाँ वल्लत्तोल ने 'क्विट् इंडिया' स्लोगन उठने से दस वर्ष पहले लिखी

थीं। प्रिन्स ऑफ वेल्स भारत-परिदर्शन में आए तो महाकवि को ब्रिटिश सरकार का आमंत्रण मिला था। पद और पारितोषिक के प्रलोभन दिए गए थे। वल्लत्तोल ने प्रिन्स से मिलना तक अस्वीकार कर दिया। कहा गया था : "जो सरकार हमारे देशवासियों के शोषण पर अपनी सत्ता बरकरार रखे हुए है, उसके हाथ से किसी भी प्रकार का पारितोषिक लेने में मुझे घिन आती है...यह पारितोषिक नहीं होगा, यह तो सीधे घूस होगी..."

संस्कृत और मातृभाषा के प्रति गहरी श्रद्धा होते हुए भी अन्यान्य स्वदेशी-विदेशी भाषाओं के प्रति कवि के दिल में रत्ती-भर भी कटुता या विरक्ति नहीं थी। अपने काव्य के लिए एक उपाख्यान उन्होंने बाइबिल से भी लिया था। इस्लाम, बौद्ध, जैन, क्रिश्चियन—जहाँ से भी हाथ लगा, कवि ने मसाला जुटाया है।

1927 में वल्लत्तोल ने 'केरल कला मंडलम्' नाम से एक संस्था की स्थापना की। कथकलि में नाच, गान और नाटक तीनों का मिश्रण रहता है। यह केरल की अपनी खास वस्तु है। इस कला के प्रति लोगों की उपेक्षा देखकर कवि के दिल को भारी ठेस लगी थी। कला मंडलम् ने कथकलि को नए सिरे से प्राणदान दिया है और इसका सारा श्रेय महाकवि वल्लत्तोल को ही मिलना चाहिए। अब कला मंडलम् के संचालन का भार केरल की सरकार ने अपने हाथों में ले लिया है।

स्वाधीनता-प्राप्ति के बाद भारत का विदेशों से सांस्कृतिक आदान-प्रदान कई गुना बढ़ गया है। वल्लत्तोल भी सोवियत भूमि, पोलैंड, फ्रांस, इंगलैंड, इटली आदि देशों की सैर कर आए। चीन भी घूम आए। विश्वशांति के इस भारतीय देवदूत ने जीवन के अंतिम दिनों में मानव-मैत्री को ही अपने सपने का आधार बना लिया था।

[योगी, 19 जुलाई 1958]

राज्याश्रय और साहित्य जीविका

मौजूदा शासन के अंदर सर्वांशतः राज्याश्रय सच्चे साहित्यकार के लिए ठंडी कब्र है, यानी प्राणशोषक समाधि।

युगनिर्माता साहित्यिक जब आज के आराम-तलब और चापलूस आफिसरों के दर्म्यान जा पहुँचता है तो उस पर 'भई गति साँप छछूँदर केरी' वाली कहावत लागू हो जाती है। धीरे-धीरे उसके अंदर का युगशिल्पी मर जाता है, फिर विमूढ़ और पतित हंस की चोंच का पहला शिकार सरस्वती की खुद वीणा ही होती है...

'राज्याश्रय' कोई मामूली शब्द नहीं समझा जाए, वह तो हमारे युग-दर्शन का एक 'बीजक' शब्द है। इसकी व्याख्या में क्या नहीं समा सकता है ? मगर यहाँ उतने विस्तार में जाने का न तो अवसर है, न वह हमें अपेक्षित ही है...साहित्यकारों के लिए राज्याश्रय के क्या-क्या रूप-रंग निखर आए हैं, अभी तो बस उतना-भर देख लेना है—

—राज्य-सभा, विधान परिषदों में सदस्यता की प्रसादी।

—सरकारी शिक्षण-संस्थाओं में विभागीय प्राधान्य।

—अर्ध-सरकारी, पौन-सरकारी संस्थाओं में वैतनिक दादागिरी।

—रेडियो, सूचना विभाग, अनुवाद विभाग, परिभाषा ढलाई विभाग, राजदूतावास आदि गुफाओं में पद-लाभ।

—पाठ्यक्रम के तौर पर आपकी एक या अनेक पुस्तकों की मंजूरी।

—मुद्रित या अमुद्रित ग्रंथ पर पुष्कल पुरस्कार।

—एकमुश्त धनराशिवाला अकेदेमिक पुरस्कार।

—कीमती तमगे और पद्मश्री-पद्म विभूषण आदि उपाधियाँ कि जिनके चलते बुढ़ापे में भी आप जीवन-पथ पर फिसलन के मजे लूट सकते हैं।

—आपके प्रयास से संचालित-संयोजित संस्थाओं और समारोहों के नाम अनुदान की अमृत-वर्षा।

—स्वयं ही प्रकाशन शुरू कर देने पर कई प्रकार की वैध-अवैध सुविधाएँ मिलने लग जाती हैं और आप स्वयं दस गुना, बीस गुना ज्यादा एक्टिव हो उठते हैं, फिर साहित्य-रसिक मिनिस्टरों की गुणग्राहिता के कारण दो-चार वर्षों के भीतर ही लखपतियों में उठने-बैठने लायक हो जाते हैं।

—सांस्कृतिक शिष्टमंडलों में नत्थी होकर आप काठमांडू-क़ोलंबो से लेकर मास्को-पेकिङ-तोकियो-लंदन-न्यूयार्क-पेरिस की हवा खा आते हैं।

—नाना प्रकार के आयोग, बोर्ड, कमिटियाँ, परिषदें...जाने किस-किस गलियारे में आपका नाम चमकने लग जाता है ! सामर्थ्य और समय हो चाहे न हो, एलाउन्स का लासा आपको इनसे चिपकाए रखता है।

—आकाशवाणी-केंद्रों से धड़ाधड़ कन्ट्राक्ट आ रहे हैं आपके पास...खाँसते-खाँसते भी हम रिकार्डिंग करवा ही आते हैं।

—अनुवाद और रिविजन के काम नई दिल्ली से ही नहीं, अपने प्रादेशिक सूचना विभाग तक से मिल जाते हैं...

—सिने-संसार की रुपहली मादकता से भी हमारा बंधु वर्ग अब अपरिचित नहीं रहा। उसके आगे दिल्ली के लड्डू मात हैं...

पिछले कुछ वर्षों में साहित्यकारों के लिए सुख-सुविधा का एक और सतमंजिला बिल्डिंग खड़ा हो गया है—विदेशी दूतावासों द्वारा परिचालित प्रकाशन संस्थाओं की छोटी-बड़ी नौकरियाँ, अनुवाद और ट्यूशन के धंधे भी विदेशियों की बदौलत इधर खूब चमके हैं। सैकड़ों तरुण प्रतिभाएँ देशी प्रतिमान से ऊपर उठकर विश्वात्मा की मधुगंधी परिधियों के अंदर चली गई हैं। स्टडी-टूर या कल्चरल टूर की तो बात छोड़ दीजिए, सीधे-सादे अनुवाद कार्य के लिए सैकड़ों युवक साहित्यिक मास्को-पेकिङ जा बसे हैं। सांस्कृतिक भू-परिक्रमा के लिए अमरीका भी हमारे सुधी साहित्यिकों को गगनविहारी होने का सुयोग दे रहा है...बंगला-मराठी-तमिल-तेलुगु-गुजराती के कतिपय मूर्धन्य साहित्यकारों

की तरह हमारे हिंदी के भी अनेक चूड़ामणि साहित्यकार मास्को-पेकिङ-न्यूयार्क-पेरिस-लंदन की उपनगर-वीथियों में चहलकदमी कर आए हैं...

यों कुछ एक दादा-साहित्यकार इस प्रसंग में बेरुखी का अभिनय करके मुस्करा भी पड़ते हैं—कहते हैं, भई, क्या रखा है इन बातों में ? कल संध्याकाल आओ तो भंग छानें ! अच्छा, तुम तो पिछले जाड़ों में काठमांडू गए थे। कैसा रहा ? सुमन की तबियत लगती है वहाँ ? अजी, ताशकंद जा रहे थे न तुम ? मुल्कराज आनंद और सज्जाद जहीर मुझसे इसीलिए दो बार मिलने आए...मैं भला अब इस बुढ़ापे में कहाँ-कहाँ मारा फिरूँ ?

मगर अभी-अभी तो आप पूना-मद्रास हो आए हैं ! ताशकंद जाना तो इससे कहीं आसान है ! नहीं ?

फिर उन्होंने मेरे आगे पान की डब्बी बढ़ा दी और कुछ कहा।

क्या कहा ?—जाने दीजिए !

अंगूर खट्टे हैं तो मीठे कैसे होंगे ? मीठे न भी हों फिर भी हम आप क्या उन्हें यूँ ही छोड़ देंगे ? खट्टे अंगूरों का बहुत बढ़िया सिरका बनता है। अचार नहीं बनेगा ? चटनी भी बना सकते हैं न !

मैं यानी इन पंक्तियों का उद्‌भावक श्रीहीन नागा बाबा उर्फ अवधूत साहित्यकार गुड़ घोलकर इमली पीता रहा हूँ तो भला खट्टे अंगूरों को छोड़ दूँगा ?

मैं राज्याश्रय को हौआ नहीं मानता। पिछले युगों के दरबारी कवि में और आज के राज्याश्रित कवि में आकाश-पाताल का अंतर है। आज के राज्य चाहे कैसे भी हों, हैं तो जनतांत्रिक ही न ? आज के ये प्रशासकीय जनतंत्री ढाँचे हमने खड़े किए हैं। हम और हमारी जनता हुकूमत के अपने इस ढाँचे की त्रुटियों से अनभिज्ञ नहीं है। रोज-ब-रोज अपनी स्थिति को बेहतर बनाते चलने का हमारा प्रयास कभी शिथिल नहीं होगा।

जब सारी जनता ही राज्याश्रित है तो हम साहित्यकार भला और किसका सहारा या आश्रय लें ? हाँ, हममें से कुछ-एक साहित्यकार कह सकते हैं कि वे राज्याश्रय को उच्चतम साहित्य के विकास की दृष्टि से सर्वथा फिजूल, बल्कि हानिकारक मानते हैं। इस सिलसिले में अपनी व्यक्तिगत राय मैं शुरू में ही जाहिर कर चुका हूँ। यहाँ फिर से दुहरा दूँ उसे—

''मौजूदा शासन के अंदर सर्वांशतः राज्याश्रय सच्चे साहित्यकार के लिए ठंडी कब्र है, यानी प्राणशोषक समाधि।''

इसमें पाँच शब्द हैं, जिनकी ओर मैं आपका ध्यान बार-बार आकृष्ट करना चाहूँगा।

'मौजूदा', 'सर्वांशतः', 'सच्चे', 'कब्र' और 'प्राणशोषक'—इन शब्दों की तत्त्वबोधनी व्याख्या आपके दिमाग में अनायास ही भासित हो उठेगी।

मेरा क्या तात्पर्य था, आप समझ गए होंगे।

उच्चतर और उच्चतम साहित्य पहले युगों की तरह आनेवाले युगों में भी निर्मित होंगे और इस युग में भी उनका निर्माण चालू है—हाँ, रेडिओ और सूचना विभाग की मेजों पर नहीं...साहित्य अकादमी के रूमों में ? नहीं, वहाँ भी नहीं...नई दिल्ली की बड़ी

सेक्रेटेरियट में और प्रादेशिक महानगरों की सेक्रेटेरियटों में पचासों साहित्यकार साहब घुसे पड़े हैं, वे लिख रहे हैं उच्चतर साहित्य ? एम.-पी. और एम.-एल.-सी. साहित्यकार रच रहे हैं उच्चतम साहित्य ? अपनी पिछली कीर्ति के कारण ही जिनके लिए विश्वविद्यालयों में 'विभागीय प्रधान' पद सुलभ हुआ था, शायद वे लिख रहे हों उच्चतम साहित्य ! हमारा जो भाई मास्को-पेकिङ-न्यूयार्क का चक्कर मार आया है, उसने शायद अनोखी चीज लिखी होगी ! हमारा वह दादा उपन्यासकार जो तीन वर्षों से आकाशवाणी केंद्र में सिग्नेचर-सनीचरी वसूल कर रहा है, उसकी घुटन ही शायद महान् साहित्यकार बन जाए ! वे भाई जो प्रकाशक बन गए हैं, कहते फिरते हैं : माँ का असली दूध तो बस वही पीते हैं...माँ यानी सरस्वती का ! उनका दंभ कितना वीभत्स है ! कितना खतरनाक ! वे ही शायद आगे कोई अनूठी वस्तु हमें दे जाएँ...

दूसरी तरफ हम देखते हैं कि अमुक नगर का सर्वश्रेष्ठ युवक कहानीकार अमुक बक्शी या अमुक पांडेय या अमुक वर्मा 'स्क्रिप्ट राइटर' के मोढ़े पर अमुक रेडियो स्टेशन पर बैठा दिया गया...पिछले सात वर्षों में या चार वर्षों में उसके दिल-दिमाग बिलकुल भूसा हो गए हैं। तबियत करती है, भाग जाए कहीं किसी छोटे कस्बे की तरफ...खादी का बाना धर के भारत-सेवक-समाज में रात्रि पाठशाला की मामूली नौकरी कर लेगा...शरद् बाबू भी तो रंगून भागे थे ! मश्केबाजी का गुर मालूम होता तो अवश्य यह युवक कथाकार 'पी.ई.' हो गया होता...दो संकलन छपे थे, सो प्रकाशकों ने कुल जमा सौ रुपए दिए हैं अब तक...खुदा उनका भला करे !

पिछले बारह-तेरह वर्षों में साहित्यकार की स्थिति में काफी परिवर्तन आया है। भंग पीकर लिखनेवालों की संख्या कम हो गई है। हिंदी अब राज्यभाषा हो चुकी है, हिंदी के अधिकांश साहित्यकार किसी न किसी रूप में राज्याश्रय प्राप्त कर चुके हैं। जो राज्याश्रय से पृथक् होने के कारण अपने को 'परम स्वतंत्र' मानते हैं, उनकी भी स्थिति राज्य से सर्वथा असहयोग की नहीं है। पग-पग पर राज्य से असहयोग की भावना पागलपन का पर्याय ही कहलाएगी। प्रशासन (राज्य) चाहे जैसा भी हो, हमारा अपना है। सुशिक्षित और समृद्धिशील पाठक वर्ग बड़ा होता जाएगा, किताबों की खपत बढ़ती जाएगी, साहित्यकार सुखी होगा। फिर किसी प्रख्यात उपन्यासकार को झख मारकर आकाशवाणी केंद्र में चाकरी नहीं करनी पड़ेगी, किसी श्रेष्ठ कवि को सूचना-विभाग की फाइलों में गर्क होकर घुटन को छंद का जामा नहीं पहनाना पड़ेगा...

जरा सोचिए कि 15 वर्ष बाद हमारी जनता इस हद तक शिक्षित और पैसेवाली हो जाएगी कि आपका मामूली प्रकाशन भी पचास हजार प्रतियों में छपेगा और महीने-दो महीने के अंदर ही रायल्टी की पूरी राशि आपके नाम बैंक में जमा हो चुकी रहेगी...

तब सौ पेज का एक उपन्यास, बीस कविताओं का एक संकलन, दस गीतों की एक रिकार्डिंग, एक नाटक का महीने-भर अभिनय, पंद्रह कहानियों का एक संग्रह, आलोचना की छोटी-सी एक पुस्तक हमारे कथाकार-गीतकार-नाटककार-आलोचक के लिए वर्षों का 'योग क्षेम' जुटा देंगे। फिर अपेक्षित बेफिक्री और सुविधा सुलभ रहने

पर पंद्रह सौ पृष्ठों या तीन खंडों में जो साहित्यकार जन-जीवन का महाकाव्य अर्थात् बृहत् उपन्यास लिख लेगा, उसकी रायल्टी से तो वह करोड़ीमल हो जाएगा न ? तब भी क्या वह आज की तरह 'राज्याश्रय' शब्द से चौंक उठेगा ?

आज हिंदी-क्षेत्र की हमारी जनता अल्पशिक्षित है, साधनहीन है। जहालत और गरीबी में साहित्य 'घी की बूँदों' की तरह नजर आता है, खुशहाली के समुद्र में तो कल वह तेल की तरह फैलता दीखेगा।

मुझे विस्मय होता है कि राज्याश्रय को हौआ या अमृतफल बताकर विपक्ष और पक्ष में वाद-विवाद का अंत नहीं है। साहित्यकार सरकारी नौकरी क्यों न करे ? साहित्यकार बड़ी नौकरी के लिए क्यों लार टपकाए ? कल उसने अखबारों के जरिए जनता को धमकी दी थी—वह पान की दुकान कर लेगा ! आज वह शेखी बघारता घूम रहा है—वह अपने को नहीं बेचेगा !...अपनी पांडुलिपियों की होली जलाएगा वह !... आज वह सरकार को फटकारता है, प्रकाशक को गाली देता है, अपने अमुक साहित्यकार बंधु पर कीचड़ उछालता है...आकाशवाणी केंद्र के अधिकारियों के पीछे डंडा लेकर पड़ा रहता है...टेक्स्ट बुक कमिटियाँ, विश्वविद्यालयों के हिंदी बोर्ड, शिक्षा विभाग, साहित्य अकादमी सभी का गोत्रोच्चारण करता है आज का साहित्यकार !...मुझे विस्मय होता है अपनी बिरादरी की यह गतिविधि देखकर। लगता है, हम उन्हें ही भूल गए हैं जिनका दिया हुआ खाते हैं। जनसाधारण—पाठक वर्ग ही हमारे अन्नदाता हैं। हमारे अन्नदाता कल नहीं तो परसों अवश्य सुखी होंगे, फिर अपने साहित्यकार की सुधि वे जरूर ही लेंगे। फिलहाल, जनसाधारण की तरह यदि पेट की आग बुझाने के लिए आप पान की दुकान खोल लें तो उसमें हर्ज क्या है ? चीन के लोकप्रिय कहानीकार श्री पूली ने एक पत्रकार से कहा था—"यहाँ के प्रकाशकों से मुझे खाने-पीने, पहनने-ओढ़ने लायक रकम मिल जाती है, अतएव मैं निश्चिंत हूँ। बड़ा साहित्यकार बनने की मेरी अभिलाषा नहीं है, क्योंकि उससे जन-संपर्क टूट जाएगा। मैं साधारण जनता के बीच रहकर ही लिखना पसंद करता हूँ...लाखों किसान पढ़ना नहीं जानते, इसलिए मैंने उनके लिए नाटक लिखना आरंभ किया है...मैं अपने को स्वयंसेवक मानकर पुस्तकें लिखता हूँ..."

साहित्यकार के लिए राज्याश्रय घातक है या नहीं, इसका निर्णय राज्य के स्वरूप और साहित्यकार की ईमानदारी पर छोड़ देना चाहिए। पुराने जमाने में राजाओं की दी हुई जागीरें पाकर कविजन बहुधा दरबारी साहित्य का ही निर्माण करते रहे। आज के हमारे राज्याश्रित साहित्यकारों पर राजशाही-सामंतशाही-नौकरशाही अंकुश नहीं है; हाँ, उन पर हमारी प्रबुद्ध जनता के युक्तियुक्त सेंसर का ही अंकुश रहेगा।

प्रेमचंद ने एक पत्र में किसी को लिखा था : साहित्यकार को जीविका के लिए छोटी-मोटी नौकरी जरूर कर लेनी चाहिए...हर समझदार आदमी प्रेमचंद की इस बात का समर्थन करेगा। बंकिम, शरद, प्रेमचंद—कई साहित्यकार हो गए हैं जिन्होंने चाकरी भी की और साहित्य का निर्माण भी किया। शरद और प्रेमचंद ने तो बाद में नौकरी छोड़ दी, उसके बाद उनका सारा वक्त लिखने में ही बीता। इन दिनों भी अनेकानेक

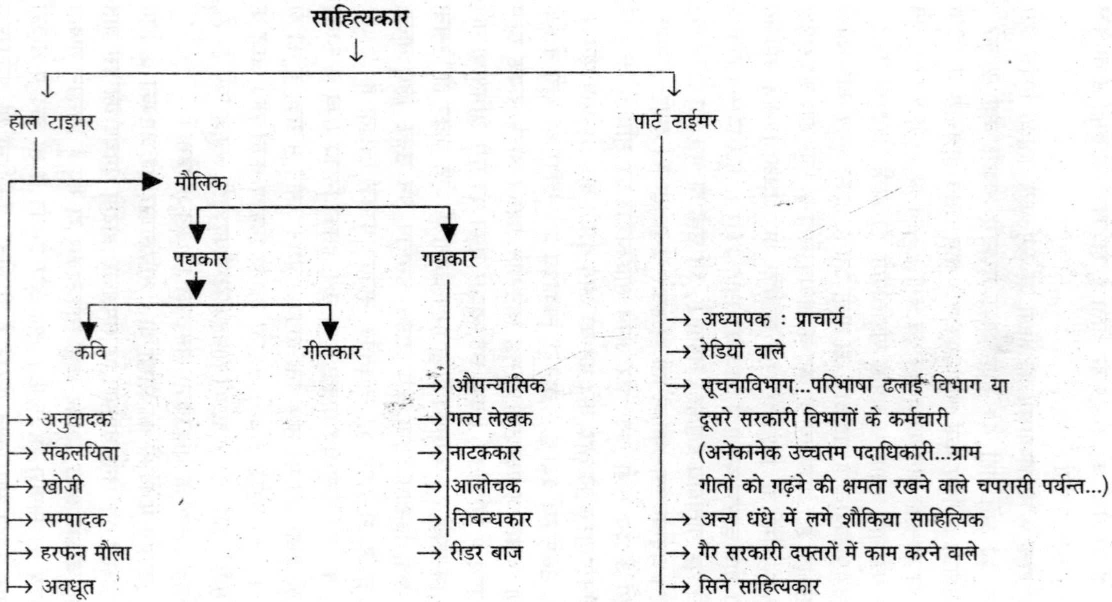
साहित्यकार
होल टाइमर
पार्ट टाईमर
मौलिक
पद्यकार
गद्यकार
कवि
गीतकार
औपन्यासिक
गल्प लेखक
नाटककार
आलोचक
निबन्धकार
रीडर बाज
अनुवादक
संकलयिता
खोजी
सम्पादक
हरफन मौला
अवधूत
अध्यापक : प्राचार्य
रेडियो वाले
सूचनाविभाग...परिभाषा ढलाई विभाग या
दूसरे सरकारी विभागों के कर्मचारी
(अनेकानेक उच्चतम पदाधिकारी...ग्राम
गीतों को गढ़ने की क्षमता रखने वाले चपरासी पर्यन्त...)
अन्य धंधे में लगे शौकिया साहित्यिक
गैर सरकारी दफ्तरों में काम करने वाले
सिने साहित्यकार

जीविका

- **राज्याश्रय**
  - **नौकरी**
    - रेडियो
    - सूचना विभाग
    - परिभाषा ढलाई विभाग
    - अनुवाद विभाग
    - प्रचार-प्रकाशन
    - जन-संपर्क और दीगर सरकारी महकमे
    - छोटी-बड़ी तनखाहों वाली गैर सरकारी विदेशी दूतावासों द्वारा संचालित प्रकाशन संस्थाओं में
    - विश्वविद्यालयों में
    - साहित्य अकादमी ललित अकादमी आदि में
  - **नोमिनेशन : सदस्यता**
    - विधान परिषद
    - राज्यसभा
    - कमिटी-समिति
    - परिषद-बोर्ड
    - आयोग आदि की सदस्यता
    - शिष्टमंडल अकादमी आदि की सदस्यता
    - भत्ता आदि का चस्का पड़ चुकने पर एक-एक साहित्यकार पाँच-पाँच सात-सात कमेटियों में घुसे रहते हैं
    - सरकारी अनुदान से मांसल बनी गैर सरकारी संस्थाओं में प्रवेश
  - **अनुबंध**
    - अनुवाद
    - संकलन
    - संपादन
    - गन्वेषण आदि
    - रेडियो, टेलिविजन डॉक्यूमेंटरी आदि का डायलाग, गीत ड्रामा दूसरे फीचर के लिए प्रचार विभाग
    - समाज कल्याण विभाग आदि में उपयोगी लिटरेचर के लिए अनुबंध
  - **पुरस्कार**
    - मुद्रित या अमुद्रित पुस्तकों पर...
    - समूची कीर्ति
    - एकमुश्त धन राशि..तमगा...उपाधि (पद्मश्री आदि...)
    - भाई-भतीजे संबंधियों को सर्विस स्कॉलरशिप आदि
    - अनुदान (आपके संचालित संयोजित संस्थाओं और समारोहों को)
- **लोकाश्रय**
  - मात्र लेखन के माध्यम से प्रकाशकों द्वारा
  - फिल्म जगत में गीत संवाद आदि की लिखाई
  - छोटी-बड़ी नितांत गैरसरकारी नौकरी
  - स्वयं प्रकाशक या बुक-सेलर या अन्य व्यवसाय
  - कवि सम्मेलन, नाट्य संस्थाओं आदि से प्राप्त फीस
  - मित्रों से प्राप्त प्रकट या अप्रकट सहायता

प्रख्यात साहित्यकार छोटी-बड़ी नौकरियों में रहते हुए भी लिख रहे हैं। और यह बात हिंदी-क्षेत्र की ही नहीं है। बंगाल-महाराष्ट्र-गुजरात-तमिलनाडु-आंध्र-केरल-मैसूर-पंजाब आदि कई क्षेत्रों में इस कोटि के साहित्यकार मिलेंगे।

दूसरी कोटि है उन साहित्यकारों की जिनका जीवन साहित्य-निर्माण पर ही आधारित है। साहित्यजीवी के लिए मेहनती गद्यकार होना पहली शर्त है, दूसरी शर्त है मौलिकता का दंभ झाड़कर सब कुछ लिखने के लिए तैयार रहना। प्रूफ दर्शन-अनुवाद-संकलन-कापी शोधन से लेकर चर्वित-चर्वण और मथित-मथनवाले बड़े ग्रंथों तक, मामूली एकांकी और बालोपयोगी कहानी से लेकर हजार पेजी उपन्यास तक, विज्ञापन और प्रकाशकीय वक्तव्य से लेकर उच्चाधिकारियों—मिनिस्टरों के भाषण की तैयारियों तक, रीडरबाजी से लेकर व्यक्तिगत प्रशंसापुराण तक...गद्य का मैदान बड़ा ही विस्तृत है। आप यदि काहिल नहीं हैं, आप यदि हद दर्जे के जिद्दी नहीं हैं, श्रमिक सुलभ सूझबूझ की कमी नहीं है यदि आप में, तो गद्य की खेती आपके लिए नुकसानदेह नहीं रह जाएगी। दस-बीस किताबें लिखेंगे तो दो-चार उनमें से जरूर पसंद की जाएँगी। हाँ, शाश्वत साहित्य के फेर में नहीं पड़िएगा।

संकट और असुविधाएँ दोनों ओर हैं। बहुत बड़ी तनखाह पानेवाला साहित्यकार अक्सर वर्ग बदल लेता है। रहन-सहन में ही नहीं, चिंतन में भी वह लोकोत्तर हो उठता है। प्रमाद-संशय-आत्मरति-दंभ-मोह आदि दुर्गुणों के पनपने से वह असामाजिक प्राणी बन जाता है, फिर जन-विरोधी दार्शनिकता का लबादा ओढ़कर दो अर्थी सूत्रों की शैली में बोलने लगता है वह।

संकटग्रस्त साहित्यकार रुपए-दो-रुपए के लिए भी मारा-मारा फिरता है। मुसीबतें उसे झूठ-ठगी-बेईमानी-बहानेबाजी-कर्जखोरी-चार सौ बीसी की तरफ ठेल देती हैं या धरा धाम से उठा लेती हैं। यह भी देखा गया है कि इस प्रकार के जीवित शहीद को भंग आदि पिला-पिलाकर पागल बना चुकने के बाद लोग उसे 'युगावतार' जैसी कोई उपाधि दे डालते हैं !

ऐसी स्थिति में साहित्यकार के लिए संकट-मोचन का क्या रास्ता होगा ?

[पुस्तक जगत, दिसंबर 1958]

राहुल सांकृत्यायन

साहित्य-अकादमी केंद्रीय सरकार का सर्वोच्च साहित्यिक प्रतिष्ठान है। विभिन्न भारतीय भाषाओं के श्रेष्ठ साहित्यकारों को यह संस्था हर साल सम्मानित करती है।

इस वर्ष साहित्य अकादमी ने विश्वविख्यात विद्वान श्री राहुल सांकृत्यायन को पाँच हजार रुपयों का पुरस्कार प्रदान किया है। राहुलजी की लिखी-छपी लगभग डेढ़ सौ पुस्तकों में यों तो बीसियों पुरस्कार के लायक हैं; मगर अकादमी ने जिस विशिष्ट

कृति के लिए उन्हें पुरस्कृत किया है, वह है 'मध्य एशिया का इतिहास'।

उल्लिखित इतिहास की सामग्री जुटाने के लिए राहुलजी को तीन वर्ष (1945-'46-'47) सोवियत भूमि की लाइब्रेरियों में डुबकियाँ लगानी पड़ी थीं। अरबी, फारसी, रूसी, संस्कृत, फ्रेंच, चीनी, तिब्बती आदि भाषाओं में प्रकाशित-अप्रकाशित एतद्विषयक विशाल वाङ्मय में से अपेक्षित माल-मशाला छाँटकर वह '47 के अंत तक रूस से चले आए। जिन्हें मसूरी (हैपीवैली) जाकर राहुलजी का वह बँगला (हार्नक्लिफ) देखने का मौका मिला होगा, उन्होंने वहाँ उनकी बड़ी लाइब्रेरी भी जरूर देखी होगी। '51 में उस ग्रंथागार के अंतर्गत जो भी कुछ था; उसमें से अधिकांश मध्य-एशिया के ही बारे में था।

ग्रंथ दो खंडों में तैयार हुआ तो संयोगवश प्रकाशक भी उसे अच्छा ही मिल गया। बिहार की राष्ट्रभाषा परिषद ने विशिष्ट ग्रंथों के प्रकाशन में काफी नाम हासिल किया है। राहुल जी के इस सम्मान का दशांश श्रेय मेरी राय से उसे भी मिलना ही चाहिए।

देर-अबेर ही सही, हमारी केंद्रीय सरकार के साहित्यिक-सांस्कृतिक उच्चाधिकारियों के हृदय में साहस और सुबुद्धि का उदय हुआ कि राहुल-जैसे स्वाभिमानी महापंडित का सत्कार कर सके।

अभी-अभी पिछले नवंबर में राहुलजी चीन से लौटे हैं। आठ-नौ वर्ष तक मसूरी रहे, अब शायद कलिम्पोङ् को अपना निवास-स्थान बनाएँ। हो सकता है, कहीं अन्यत्र भी जम जाएँ—इलाहाबाद, पटना, देहरादून, दार्जिलिंग, काठमांडू—कहीं भी राहुलजी रह सकते हैं और कहीं भी उनका मन रम सकता है। हाँ, गर्मियों में अब उन्हें मैदानी इलाके अखरते हैं। मसूरी में थे तो वैशाख आते ही हिमालय की ऊपरी घोटियों की तरफ निकल जाते थे और इसी दृष्टि से उन्हें मसूरी, कलिम्पोङ् जैसी हिमाद्रि नगरियाँ पसंद हैं। घुमक्कड़ी के लिए तबीयत बीच-बीच में मचलती रहती है। यायावरी स्पिरिट उनकी रग-रग में मौजूद है। मैदानी इलाके में निकलने पर स्वागत-सत्कार की बाढ़ उन्हें उबा देती है। श्रद्धालु और जिज्ञासु जनता जगह-जगह घेरती है। हिमालय के पहाड़ी अंचल इसके अपवाद हैं। नहीं चाहने पर राहुलजी महीनों अपरिचितों के बीच, बेतकल्लुफी से घुमक्कड़ी का आनंद उठा सकते हैं।

परिचितों के बीच से एकाएक गायब हो जाना—महज घुमक्कड़ी के लिए ही नहीं; किताबें लिखने के लिए, स्वाध्याय के लिए भी, नई जगहों के बारे में जानकारी प्राप्त करने के लिए भी—यह विशेषता तरुण और युवक राहुल में पर्याप्त थी, जैसा कि उनकी 'जीवन-यात्रा' से पता चलता है।

घुमक्कड़ी के साथ ज्ञानार्जन की उत्कट प्यास न होती तो कनैला (जिला आजमगढ़, उत्तर प्रदेश) का एक साधारण किसान-पुत्र केदार परसा मठ (जिला छपरा, बिहार) का बाबा रामउदार दास कैसे बनता और फिर रामउदार दास कैसे महापंडित राहुल सांकृत्यायन होता ?

हिंदी भाषा-भाषी क्षेत्रोंवाले इस विशाल अंचल में राहुल जैसा विराट और स्वयंभू

व्यक्तित्व का विकसित हो जाना भारत की समूची ऐतिहासिक परंपरा के लिए एक अनोखी कड़ी मानी जाएगी।

सन् 1893 (9 अप्रेल) को इनका जन्म हुआ। बचपन नाना-नानी की देखरेख में (पन्दहा, जिला आजमगढ़) बीता। नाना अर्से तक फौज में रहे थे। नाती को दूर-दूरवाले प्रदेशों की घटनाएँ बड़े शौक से सुनाया करते। मिडिल का अंतिम वर्ष था कि केदार (राहुल) कलकत्ता भागे। चार महीने बाद लौट आए; साल खत्म हो चुका था। परीक्षा के लिए अगले वर्ष तक इंतजार करना पड़ा।

मिडिल करके वह दुबारा कलकत्ता भाग आए।

अपनी 'जीवन यात्रा' में राहुलजी ने लिखा है—"नाना भी अपने पिता के रखे सौ रुपए लेकर दक्षिण-हैदराबाद की ओर चम्पत हुए थे.."

केदार तीसरी उड़ान में हिमालय चले गए—केदारनाथ और बद्रीनाथ की परिक्रमा कर आए। अब काशी में जमकर संकृत पढ़ने की बारी आई। अठारह साल की उम्र में वहीं आसिन की नवरात्र (दुर्गापूजा) में देवी को प्रसन्न करके साक्षात्कार की सनक सवार हुई तो तरुण साधक धतूरे के बीज पीसकर मिसरी की बुकनी के साथ फाँक गया।

नाना और पिता आदि ने धर-पकड़कर शादी ग्यारह की ही उम्र में करवा दी थी। वे चाहते थे कि लड़का पास-पड़ोस के स्कूल में रहकर ही पढ़े, छुट्टियों में घर आ जाया करे...। इधर केदार का मंत्र बन गया था—"सैर कर दुनिया की गाफिल, जिंदगानी फिर कहाँ/जिंदगानी गर रही तो नौजवानी फिर कहाँ।" परसा मठ में साधु होने से पहले ही तीन बार दुनिया का चक्कर लगा चुके थे। बीच-बीच में पिता पुत्र को पकड़ने में सफल हुए भी तो इनके लिए 'जहाँ चाह, वहाँ राह' वाली कहावत ही सच साबित हुई। आखिरी बार 1917 में घर से भागे थे। प्रतिज्ञा की थी कि 50 वर्ष की उम्र होने तक आजमगढ़ जिले के अंदर पैर नहीं रखूँगा।

और, सन् 51 में राहुलजी पन्दहा-कनैला गए तो मैं भी साथ था।

भरा-पूरा परिवार था। जमीन-जायदाद काफी थी। ऐसी स्थिति नहीं थी कि घर छोड़कर भागना पड़ता...मगर केदार की तरुणाई मामूली नौजवान की तरुणाई नहीं थी—उसे हर हालत में आगे आना था।

परसा मठ में भी खीर-पूड़ी का अभाव तो था नहीं, पैसे भी काफी थे। गुरु महाराज का स्नेह भी कम नहीं था। मगर वैरागी-अखाड़े की उस परिधि में रामउदार दास (राहुल) की महत्त्वाकांक्षा धुनी की धुँआ बनकर रह जाती। वहाँ से भी भागे।

आगरा (आर्य मुसाफिर विद्यालय) में अरबी पढ़ी, लाहौर में संस्कृत, फिर बिहार वापस आकर जन-सेवा के लिए कांग्रेसी बन गए। '22 और '23, दो साल हजारीबाग जेल में, तत्पश्चात फिर घुमक्कड़ी सवार हुई। भारत के सभी प्रदेशों की यात्रा करके '26 में लंका पहुँचे और दो वर्ष वहाँ त्रिपिटक का स्वाध्याय चला। फिर तिब्बत, इंगलैंड, जर्मनी, फ्रांस, जापान, चीन, रूस, ईरान आदि। तिब्बत की अपनी तीन यात्राओं में

राहुलजी ने उन प्राचीन दार्शनिक ग्रंथों को खोज निकाला जो भारत-भूमि से लुप्त हो गए थे। इस काम ने उन्हें समूची दुनिया में प्रख्यात बना दिया—फ्रांस, जर्मनी, रूस और जापान के विद्वानों ने इन उपलब्धियों के लिए उनकी भूरि-भूरि सराहना की।

'37 से राहुलजी खुल्लमखुला मार्क्सवादियों (कम्युनिस्टों) की कतार में, सो भी आगे-आगे दिखाई पड़ते हैं। उसी वर्ष लेनिनग्राद में एक उच्चशिक्षित महिला—श्रीमती लोला से विवाह किया। अगले साल ईगोर (पुत्र) का जन्म वहीं हुआ। अब इक्कीस वर्ष का स्वस्थ-सुदर्शन युवक इगोर राहुलोविचू उत्साह से हिंदी सीख रहा है। निकट भविष्य में पितृभूमि (भारत) देखने का सौभाग्य उसे हासिल होगा।

गिरे हुए स्वास्थ्य के कारण और फिर सोवियत भूमि न जा पाने के कारण राहुलजी को एक और शादी करनी पड़ी। श्रीमती कमला परियार गत वर्ष चीन भी हो आई हैं। जया (7 वर्ष की) और जेता (4 वर्ष का) भी साथ गए थे। दोनों ही बच्चे बड़े मेधावी हैं।

अब राहुलजी लिखते नहीं हैं, बोल-बोलकर टाइप करवाते जाते हैं। एक टाइपिस्ट का साथ रहना उनके लिए अनिवार्य है, मात्र शौक नहीं। स्वास्थ्य ठीक रहा तो अभी वह हमें और बहुत सारे अनमोल ग्रंथ देनेवाले हैं।

साहित्य अकादमी ने अबकी राहुलजी को सम्मानित किया है, इस प्रकार उसने गुणग्राहिता की अपनी मात्रा कई गुनी बढ़ा ली है।

[किशोर, मार्च 1959]

गाजीपुर किसान सम्मेलन

एक तरफ स्वामी सहजानंद का रंगीन चित्र और दूसरी तरफ कामरेड नम्बूद्रिपाद का। गाजीपुर का टाउनहाल 5 रोज तक किसान नेताओं के बहस-मुबाहसों से गूँजता रहा। ये नेता आए थे केरल से, आंध्र से, तामिलनाडु से, कन्नड़ के इलाकों से। पंजाब और बंगाल से आए थे। आसाम और महाराष्ट्र के किसान नेता थे। बिहार और उत्तरप्रदेश के तो खैर थे ही।

टाऊनहाल के पिछवाड़े का विशाल अहाता इन दिनों रात-रात भर जगमगाता रहा। सारा-सारा दिन सम्मेलन के सैकड़ों प्रतिनिधि अपने संगठन की भारी रूपरेखा के बारे में, प्रस्तावों और नीतियों के बारे में सह-चिंतन करते थे। शाम से लेकर रात को देर-देर तक सांस्कृतिक प्रोग्रामों का ताँता लगा रहता था। आगरे से राजेंद्र सिंह रघुवंशी का दल आया था। केसठ (शाहाबाद) के कलाकारों की पार्टी आई थी। फैजाबाद से राजबली सिंह वाला किसान अभिनेता मंडल आ पहुँचा था। बीसियों कवि थे, शायर थे। सरल और क्लासिक संगीत का प्रोग्राम रहता था। भोजपुरी और अवधी लोकगीतों की ताजगी वातावरण पर छाई हुई थी।

20 की शाम को उसी हाते में किसानों-खेत मजदूरों की खुली मीटिंग थी। ए.के. गोपालन, बंकिम मुखर्जी, भवानी सेन, डॉ. अहमद, कामरेड सरजू पांडे (एम. पी.) आदि नेताओं के भाषण हुए। लोग पचीस हजार से कम तो क्या रहे होंगे, कुछ अधिक ही होंगे। यह आखरी रात थी। दो बजे तक राजबली सिंह का नाटक चलता रहा। यह नाटक खूब जमा। पंद्रह-बीस हजार दर्शक अंत तक डटे रहे। नरकपुर के जमींदार यमराज सिंह की छत्रछाया में जनता किस प्रकार की दुर्दशा भोगती है, कांग्रेसी एम.एल.ए. बाबू ज्वालासिंह किस तरह उसी जालिम का साथ देता है और किसान तथा खेत मजदूर किस तरह जुल्मों का मुकाबला करते हैं...उत्तरप्रदेश के अवधी इलाकों में ग्रामीणों की आज जो स्थिति है, इसकी अच्छी झाँकी दर्शकों को मिली। डॉयलाग सारे के सारे गीतों के ही माध्यम से थे। ट्यूनें फिल्मी दुनिया की भी खुलकर अपनाई गई थीं। आधुनिक रुचि के 'नागरिक' साथी राजबली सिंह के इस गीति-नाट्य को शायद ही पसंद करें, मगर देहाती जनता (और हिंदी-क्षेत्र की मजदूर-जमात भी) इस प्रकार के नाटक को तन्मय होकर देखती है।

साथी राजबली सिंह पहले कांग्रेसी थे, अब कम्युनिस्ट हैं। उन पर पिछले वर्षों में बार-बार मुकदमे चले हैं। वह बार-बार जेल गए हैं, बार-बार छूट आए हैं। दो-एक केस अब भी उन पर चल रहे हैं। कुछ महीने हुए राजबली सिंह अपनी मंडली लेकर कलकत्ता पहुँचे थे। वहाँ हावड़ा-काशीपुर-कांकिनारा जैसे मजदूर-क्षेत्रों में अपना यही नाटक दिखलाकर मुकदमे की पैरवी के लिए आवश्यक रकम जुटाई और लौट आए। सो, इस गीत-नाटक की प्रशंसा मैं कलकत्ते में ही सुन चुका था। अबकी गाजीपुर में राजबली सिंह का नाटक देखने का अवसर मिला तो बड़ी खुशी हुई। यह ठीक है, विषय-वस्तु और शैली के लिहाज से इस गीत-नाटक में सुधार की काफी गुंजायश है, मगर सुधार की गुंजायश भला कहाँ नहीं हुआ करती ?

आगरा और केसठवाली मंडलियों के अभिनय देखने का मौका मुझे नहीं मिल सका। सुना कि उन्होंने भी अच्छा काम किया।

बाजार घूमते समय दीवारों पर सम्मेलन के पोस्टर दिखाई पड़े। नेताओं में नंबूद्रिपाद का नाम था। अभिनेताओं में पृथ्वीराज कपूर और बलराज साहनी के नाम चमक रहे थे। शायरों में सरदार जाफरी, मजरूह सुल्तानपुरी, शकील बदायूँनी के नाम जगमगा रहे थे...

काश, इनमें से काई भी आया होता !

आम लोग बार-बार पूछते थे—नंबूद्रिपाद कहाँ हैं ? वे जो नाटे कद के लुंगीवाले ऊपरी सीढ़ी पर खड़े-खड़े बातें कर रहे हैं, नंबूद्रिपाद वही हैं न। ...वो कौन बोल रहा है अंग्रेजी में ? नंबूदरी हैं का ?...

एक साहब लाल दरवाजे की ओर से आए। कलाई में गजरा लपेट रखा था, उँगलियों में इत्र का फाहा थामे हुए थे। रिक्शे से उतरे और पानेवाले की तरफ हाथ बढ़ाया।

तीन-चार कालेजियट छोकरे बीच सड़क पर भीड़ किए हुए थे। उनमें से एक तपाक् से बोल उठा—वो देखो, शकील बदायूँनी !

दूसरे ने अकचकाकर देखा।

तीसरे ने कहा—धत् ! वो तो कल आएँगे बंबई-मेल से...

इसी तरह बलराज साहनी और पृथ्वीराज के बारे में नौजवान बार-बार पूछते थे और मुझे स्वागत समितिवाले साथियों पर गुस्सा आता था बार-बार ! नाहक पोस्टर पर इतने नाम छापने की भला क्या जरूरत थी ?

x x x

गीतकार दो-तीन ही आए थे, इसी से कवि सम्मेलन (18 मई की रात) फीका रहा। फिर भी श्रीपाल सिंह 'क्षेम' (जौनपुर) , शीलजी (कानपुर), हरिहर ओझा (बलिया), विमल वर्मा (कलकत्ता) ने श्रोताओं की भीड़ को तहाश होने से बखूबी बचा लिया।

मुशायरा अपेक्षाकृत अच्छा रहा (19 की रात को)—हैदराबाद के प्रख्यात क्रांतिकारी कवि मखदूम मोहियुद्दीन आ गए थे। इलाहाबाद-जौनपुर-बलिया के कई एक शायर मौजूद थे। कलकत्ते के एक शायर ने तो समाँ ही बाँध दिया। मखदूम और राही (गाजीपुर) ने स्फूर्ति और प्रगतिशीलता के लिहाज से ही नहीं, बल्कि शब्दशिल्प के भी लिहाज से उन पाँच-सात हजार श्रोताओं को बेहद प्रभावित किया।

मुशायरे की सदारत की सज्जाद जहीर ने और कवि-सम्मेलन की नागार्जुन ने।

x x x

गाजीपुर की जनता को संबोधित करते हुए मखदूम ने ठीक ही कहा था—

"आपकी रात रात फूलों की
आपका साथ साथ फूलों का
आपकी बात बात फूलों की..."

कभी यह शहर गुलाब-बेला, चमेलियों-जुहियों-केवड़ों की अपनी खेती के लिए मशहूर था। इत्र-अर्क, तेल और शर्बत के लिए मशहूर था। लेकिन आज गाजीपुर का वह पुराना धंधा चौपट हो चुका है। पुरानी बस्ती के खंडहर भाँय-भाँय कर रहे हैं आज। ढाई-तीन मील लंबी, पतली, सँकरी सड़क के दोनों तरफ टुटपुंजिया दूकानों की मनहूस कतारें...छोटे बनियों के उदास चेहरे, पिछले युगों के ध्वंसावशेष...पतली गंगा की मनहूस कछारें...यही है आज का शहर गाजीपुर !

शहर के मजदूरों में, गरीब और ईमानदार मध्यवर्ग में और देहात की खेतिहर जनता में इधर चेतना आ रही है।

टाउन हाल के दरवाजे से आगे बढ़ते ही किसान-मजदूर की एक विशाल प्रतिमा खड़ी थी। वह तलवार को तोड़ने की मुद्रा में था...नीचे लिखा था "तलवार नहीं, हल चाहिए।"

यह स्थानीय कलाकार की ही कृति थी। दर्शक इस वीरात्मा को देखते अघाते नहीं थे। खेद है कि मैं उस कालाकार का नाम भूल गया हूँ।

जनसंघी गुंडों ने घृणित ढंग की पर्चेबाजी की थी, मीटिंग में खुराफात मचाना चाहा था, लेकिन हमारे बहादुर साथियों की मुस्तैदी के आगे उनकी सिट्टी-पिट्टी गुम थी...

का. सरजू पांडे, का. राजनाथ सिंह, का. पव्वर राम आदि को दिन-रात बाहरी साथियों और आमंत्रित व्यक्तियों के आराम की चिंता लगी थी। विभिन्न राज्यों से आए हुए प्रतिनिधियों के लिए अलग-अलग रुचियों का खाना तैयार रहता था। नाश्ता, चाय और लस्सी-शर्बत। कितना ध्यान रखते थे वे हमारा ! सोचता हूँ और उनके उस नेह-छोह की याद में तबीयत भर आती है।

[जनशक्ति, 5 जून 1960]

बालकृष्ण शर्मा 'नवीन'

गत 29 अप्रैल को नवीनजी ने सदा के लिए आँखें मूँद लीं। 63 वर्ष की उम्र थी। विप्लवी कवि, प्रखर कांग्रेसी, तेजस्वी पत्रकार...शर्माजी के तीनों रूप जनता के लिए निछावर थे।

चौड़ी छाती, बड़ी-बड़ी भुजाएँ, तगड़ी डीलडौल, भरी-भरी देह—और इन सब पर कमलपत्री आँखोंवाला रोबीला चेहरा शर्माजी के व्यक्तित्व को शतदल कमल की तरह खिलाए रहता था। मस्ती और ओज के तो वह खजाना ही थे मानो। साहित्य उन्हें जनता की ओर खींच लाया, या जनता ही उन्हें साहित्य की ओर खींच लाई, इसका विवेचन आसान नहीं है, क्योंकि उनकी काव्यधारा को छायावाद अथवा रहस्यवाद अपने दायरे में कभी बाँध नहीं सका। राष्ट्रीय दुर्दशा की तीव्र अनुभूतियों ने उनके कवि को कभी चैन नहीं लेने दिया। सूफियोंवाली मस्ती ने उनसे दर्द-भरे प्रेमगीत रचवाए।

कांग्रेसी होते हुए भी 'नवीन'-जी का हृदय राजनीतिक छुआछूत की बीमारियों से पाक-साफ था। 1936-37 ई. में वह कानपुर-कांग्रेस कमेटी के अध्यक्ष थे। उन्हीं दिनों मिल-मालिकों के खिलाफ मजदूरों की लंबी हड़ताल चली थी। कांग्रेस और कम्युनिस्ट पार्टी का संयुक्त नेतृत्व सफल रहा। भारतीय श्रमिकों का वह एक अनोखा संघर्ष था। 'नवीन'जी की वाणी तथा लेखनी के जादू का परिचय देश को उसी समय मिला। द्वितीय विश्वयुद्ध के दिनों में सोवियत रूस की क्रांतिकारी जनता का उन्होंने खुलकर पक्ष लिया, स्तालिन की प्रशस्ति में कविता रची। वह 1942 के 'करो या मरो' वाले आंदोलन के पक्ष में नहीं थे। अपना यह मत नवीनजी साफ-साफ प्रकट कर चुके थे। पीछे एक अनुशासित सैनिक की तरह उन्होंने साथ दिया।

1938 में नवीन जी उत्तर प्रदेश की कांग्रेस कमेटी के प्रधानमंत्री निर्वाचित हुए। 1948 में संविधान परिषद् (कन्स्टिट्यूएन्ट एसेम्बली) के सदस्य मनोनीत हुए। 1952 में लोकसभा के मेंबर चुने गए। तभी उन पर लकवा (पक्षघात) का हमला हुआ। अस्वस्थता के कारण '57 में नवीन जी ने लोकसभा के लिए सदस्यता का उम्मीदवार होना मंजूर

नहीं किया और राज्यसभा में चुने गए। 1920 से लेकर '47 के दर्म्यान नौ वर्ष उनके जेल के अंदर बीते थे। वह भी एक वक्त था जब कि रफी अहमद किदवई के साथ ही नवीनजी का भी नाम लोग लेते थे। राजनीति में नवीन जी गणेशशंकर विद्यार्थी (अमर शहीद) को अपना गुरु मानते थे। काव्य-रचना के लिए उनहोंने किसी को उस्ताद नहीं बनाया।

कुंकुम, रश्मिरेखा, अपलक, क्वासि और उर्मिला—चार हैं कविताओं के संकलन, पाँचवा है प्रबंध काव्य। पहला 1940 के बाद छपा था, बाकी '50 के बाद। अपनी कृतियों के प्रकाशन का कोई आग्रह नहीं था। जब '50 के लगभग नियमित रूप से नई दिल्ली रहने लगे तभी मित्रों ने प्रकाशन के लिए जोर डालना शुरू किया, प्रकाशक तो खैर तैयार थे ही।

'58 में हमारी मुलाकात नई दिल्ली में हुई थी। देखा, बोलने में जीभ को दिक्कत होती है। पिछले नौ वर्षों से अस्वस्थ चले आ रहे थे। '57 के बाद तो लाचारी बढ़ती ही गई—एक विराट् व्यक्तित्व आहिस्ते-आहिस्ते छीजता गया, छीजता गया।

पहली शादी 14 वर्ष्व की उम्र में हुई थी। दो ही एक साल बाद उस पत्नी का देहांत हो गया था। दूसरी शादी 51 की उम्र में हुई, सरला देवी से। सरला जी सिंधी महिला हैं। पति-पत्नी के बीच तीव्र मतभेद थे। जीवन के अंतिम अध्याय का यह बाध्यतामूलक गृहस्थ-जीवन नवीनजी के लिए सुखकर नहीं साबित हुआ...

जिन लोगों ने इस नरनाहर की अर्थी ढोई होगी वे अंदर ही अंदर इस अलमस्त कवि के पद दुहराते गए होंगे—

"डोलेवाले बढ़े चलो तुम,
छोड़ो अटपट चाल रे!
सजन भवन पहुँचा दो हमको,
हमरा हाल बिहाल रे !..."

[जनशक्ति, 10 जुलाई 1960]

बेगूसराय में कवि सम्मेलन

पार्टी कान्फ्रेन्स के अवसर पर 19 नवंबर की रात को आठ बजे से ग्यारह बजे तक बेगूसराय की जनता को हमारे साथी कवियों ने अपनी कविताएँ सुनाकर सचमुच ही मंत्रमुग्ध कर दिया। श्री काशीनाथ पांडेय की दो कविताएँ तो ऐसी जमीं कि महीनों तक लोगों के दिल और दिमाग पर उनका जादुई असर कायम रहेगा। 'ताँगावाला' और 'रिक्शावाला' श्रोताओं की जुबान पर चढ़ गए। बेगूसराय की गली-गली में पांडेय जी की वह स्वरलहरी कई दिनों तक गूँजती रही। राजस्थानी कवि श्री राधाकृष्ण गोयल को भी लोग नहीं भूलेंगे। "पैसा तो देगा अमरीका ईमान कहाँ से लाओगे ?"—गोयल की

यह पंक्ति आज भी हमारे कानों में गूँज रही है। कलकत्ते के ओजस्वी कवि श्री भगवान मिश्र ने श्रोताओं को खूब प्रभावित किया। कविवर श्री कन्हैया और अंगिका भाषा के प्रमुख कवि श्री भुवनेश्वर सिंह (एडवोकेट, भागलपुर) के गीतों ने तो एक अजब समाँ बाँध दिया।

बाकी कवियों में थे—श्री सुखदेव रत्नाकर (मोकामा), श्री परशुराम (बेगूसराय), श्री केदारनाथ सिंह (रतनपुरा), श्री मधुकर (जमुई), श्री चंद्रेश्वर (गया), श्री शोभित शाव 'आनंद' और श्री गंगाधर झा (दरभंगा), त्रिवेणी 'सुधाकर' (गया), और श्री अंबिका प्रसाद (भागलपुर) आदि।

सोमदेव और कविवर विकट की ओज-भरी कविताएँ लोगों ने चाव से सुनीं।

बिहार के कोने-कोने से आए हुए प्रतिनिधि कामरेड (जिनकी तादाद लगभग तीन सौ की थी) शुरू से आखिर तक अपने प्रिय कवियों की युग-वाणी सुनने के लिए डटे रहे। बेगूसराय के पास-पड़ोस में जितने भी कालेज-स्कूल हैं, उन शिक्षा-संस्थाओं के हजारों छात्र कविताएँ सुनने आए थे। बरौनी और खगड़िया तक से कविता-प्रेमी जन-समुदाय आ जुटे थे।

कविवर द्विजेंद्रजी और हरेंद्रदेव नारायण आकस्मिक अस्वस्थता के कारण बेगूसराय नहीं पहुँच सके, हमें उसका खेद रहा। फंड की कमी के चलते हम बिहार से बाहर के अपने प्रिय कवियों (केदार-शील-शंकर शैलेंद्र आदि) को नहीं बुला सके। फिर भी इस कवि सम्मेलन ने बिहार में एक नई परंपरा का श्रीगणेश कर दिया है।

इस मौके पर बेगूसराय में काश, हम कुछ एक शायरों को जुटा पाते ! यह भी हमारा सपना था, शायद सुदूर-भविष्य में पूरा हो यह सपना !

[जनशक्ति, 4 दिसंबर 1960]

प्रेमचंद : एक व्यक्तित्व

अगस्त 1936...मैक्सिम गोर्की का देहांत हुआ था। 'आज' (काशी) के दफ्तर में साहित्यकारों की मीटिंग होनेवाली थी, शोक प्रकट करने के लिए।

रात को प्रेमचंद देर तक जागते रहे। नींद नहीं आ रही थी। देर तक जब नींद रुकी रही तो आप आखिर उठकर बैठ गए। बैठकर लिखने लगे। तभी कुछ आहट सुन शिवरानीजी की आँख खुली। आहिस्ते से उठीं। पास पहुँचकर पीछे खड़ी हुईं। बोलीं—लाख मना करती हूँ, मगर आप मानते कहाँ हैं ! यह क्या हो रहा है ?

देवीजी ने कागज पर झुककर लिखावट की तरफ कड़ाई से आँखें डालीं और पूछा—'बताइए, यह क्या कर रहे हैं ?'

'कुछ नहीं', प्रेमचंद ने अपराधी स्वर में कहा—'भाषण लिख रहा हूँ, कल गोर्की के लिए शोकसभा है न ?'

'कल लिख लेना, अभी रहने दो !'

'नींद नहीं आती है।'

'तो यों ही आँखें मूँदकर लेटे रहो।'

'जरूरी है, बिना लिखे काम नहीं चलेगा। और फिर अपनी खुशी से काम करने में रत्ती-भर भी तकलीफ नहीं होती...जाओ, तुम सो जाओ ! कहीं तुम्हारी तबीयत खराब न हो जाए।'

'मुझे भी नींद नहीं आती'—शिवरानीजी ने कहा और अड़ गईं। अब इस सत्याग्रह के आगे बाबू जी झुक गए—'अच्छा लो, रख दी कलम !'

मृत्यु से दो महीने पहले की यह घटना थी।

'मंगलसूत्र' के पचासों सफे प्रेमचंद ने इसी प्रकार अपनी उसी अंतिम रोग-शय्या पर ही लिखे थे।

'मैं मजदूर हूँ। जिस दिन न लिखूँ, उस दिन मुझे रोटी खाने का अधिकार नहीं है'—ये शब्द उनके होठों के सिर्फ आभूषण नहीं थे।

अप्रैल 1936 में 'प्रगतिशील लेखक संघ' का पहला अध्यक्षीय भाषण भी प्रेमचंद ने इसी तरह रतजगा करके ही लिखा था। दिन-भर प्रेस का काम। रात को लिखाई। यह उनकी उम्र के आखिरी महीनों का आम सिलसिला बन गया था। वह अच्छी तरह जानते थे कि दुबला-पतला लक्कड़-सरीखा यह बीमार आदमी धमपतराय हो सकता है, प्रेमचंद कोई और होगा; प्रेमचंद कभी बीमार न पड़ेगा; प्रेमचंद हमेशा रहेगा; प्रेमचंद हमेशा जिंदा रहेगा, कहकहे लगाता रहेगा...

उन्हें अपने 'हंस' (मासिक) की चिंता थी; चिंता थी 'जागरण' (साप्ताहिक) की ! उन्हें सरस्वती प्रेस और प्रकाशन की चिंता थी। उन्हें 'जमाना' (उर्दू मासिक) की चिंता थी। मरते दम तक जिसके लिए मजमून तराशते रहे।

उन्हें उस फरार बंगाली की चिंता थी, छिप-छिपकर जिसे सैकड़ों रुपए दिए थे। उन्हें पुन्नू (श्रीपत) की चिंता थी, बुन्नू (अमृत) की चिंता थी, बड़ी लड़की (कमला) की चिंता थी, रानी (शिवरानी देवी) की चिंता थी।

उन्हें चिंता नहीं थी तो बस धनपतराय की !

हाँ, प्रेमचंद को प्रेमचंद की चिंता नहीं थी।

तभी तो हानि-लाभ की भावनाओं से निर्लिप्त रहकर प्रेमचंद अंत तक लिखते रहे—निबंध, भाषण, संपादकीय, टिप्पणियाँ, हिदायतें, चिट्ठियाँ और 'मंगलसूत्र'...

काम करने की ललक पिंड नहीं छोड़ती थी। अपने अनुभवों और विचारों की अंतिम बूँद तक को कागज पर उतार जाने की उत्कट लालसा चैन नहीं लेने देती थी।

x x x

8 अक्टूबर 1936

रात के पिछले पहर...

प्रेमचंद ने हमेशा के लिए अपनी आँखें मूँद लीं।

छब्बीस साल हो गए, 8 अक्टूबर 1962...जी हाँ, छब्बीस साल हो गए !

आज प्रेमचंद का छब्बीसवाँ स्मृति-दिवस है। आइए, आज अपने इस महान पूर्वज की देन का लेखा-जोखा कर लिया जाय ! इस पवित्र और स्फूर्तिप्रद अवसर पर श्रद्धा-भक्ति की उमंगों में हम यह न भूल जाएँ कि हमारी राष्ट्र सरकार ने अभी तक प्रेमचंद को मान्यता नहीं दी है। पैसे-दो-पैसे का भी स्टाम्प वह प्रेमचंद के नाम पर छापने नहीं जा रही है ! केंद्रीय प्रशासन की चर्चा न भी करें, मगर विराट हिंदी-क्षेत्र की हमारी प्रादेशिक सरकारों ने प्रेमचंद के नाम पर क्या-कुछ किया है ? (उत्तर प्रदेश की सरकार ने 'प्रेमचंद-पुरस्कार' की एक मामूली-सी निधि की घोषणा करके रत्ती-भर अपना कर्त्तव्य पालन किया है, बधाइयाँ !) हमें तो प्रेमचंद की किताबें भी नहीं हासिल होतीं ठिकाने से, अगर उनके पुत्रों ने प्रकाशन छोड़कर कोई और धंधा अपना लिया होता। आज प्रेमचंद का समूचा साहित्य हमारे सामने है। निःसंदेह, इसका श्रेय सरस्वती प्रेस और हंस प्रकाशन को जाएगा। वरना, राम-भरोसे, यानी सरकार-भरोसे हमें प्रेमचंद की चार-छः पुस्तकें भी मुश्किल से ही मिलतीं !

समकालीन आलोचकों में किसी जीवित साहित्यकार के प्रति संतुलित दृष्टि शायद ही मिलती है। आज से 35-40 वर्ष पहले प्रेमचंद की जो आलोचना होती थी, अब की आलोचना उससे अधिक सामंजस्यपूर्ण लगती है। 50 वर्ष बाद जो आलोचना होगी प्रेमचंद की, वह और ज्यादा समीचीन होगी। एक सयम था कि कलावादी आलोचक नगेंद्र ने प्रेमचंद को 'द्वितीय कोटि का साहित्यकार' घोषित किया था, परंतु हिंदी संसार ने इस घोषणा की तरफ कान ही नहीं दिए। आलोचक लाख ठप्पा लगाएँ, कोटि-निर्धारण की अपनी अलग कसौटी होती है। जनता की आलोचना की वस्तुवादी दृष्टि में भी हेर-फेर होते रहेंगे। 1951-52 के आगे-पीछे सोवियत आलोचक बेस्क्रोवनी या हमारे रामविलास ने प्रेमचंद को जिन निगाहों से देखा, आगे 1971-72 में भावी आलोचक उन्हें और अच्छी तरह देखेंगे। जन-साधारण का पक्षधर होना क्या भविष्य में भी इसी तरह दोष माना जाएगा कि प्रेमचंद की कीर्ति अब और अधिक नहीं फैलेगी ?

हमारा जन-साधारण अभी खुद ही परेशान है। रोटी-रोजी की समस्या ही अभी हल नहीं हो पाई, साहित्य को कौन पूछता है ! जिन मजबूरियों ने प्रेमचंद के प्राण लिए थे, वही अभी रांगेय राघव को उठा ले गई हैं ! कभी-कभी अचरज लगता है कि आखिर हमीं ने भला कौन-सा कसूर किया था कि जी रहे हैं...

प्रेमचंद की कल्पना में स्वाधीन भारत का यही ढाँचा था क्या ?

नहीं, यह ढाँचा नहीं था उनके मन में।

1928 में एक बार शिवरानी देवी के पूछने पर प्रेमचंद ने बताया था—'जब यहाँ किसानों-मजदूरों का राज्य होगा, मेरा ख्याल है कि जिंदगी औसतन दूनी हो जाएगी।'

'वह कैसे होगा ?'—देवीजी ने पूछा।

'सुनो, वह इस तरह होगा कि अभी रात-दिन मेहनत करने पर भी भर-पेट रोटियाँ आराम से नहीं मिलतीं। रात-दिन कुछ न कुछ फिक्र लगी रहती है।'

'तो मजदूरों की अमलदारी में फिक्रों से छुटकारा मिल जाएगा ?'

'क्यों नहीं मिलेगा छुटकारा ?' वह कहने लगे, 'आज हमको मालूम हो जाय कि हमारे मरने के बाद भी बीबी-बच्चों को कोई तकलीफ नहीं होगी, तो हमारी सारी चिंता खत्म हो जाएगी। रात-दिन की यह तिगुनी पिसाई छूट जाएगी फिर तो। आदमी काम भी करेगा, आराम भी करेगा। आज तो चारों तरफ हाय-हाय मची है। समझदार का तो और भी बुरा हाल है...' (प्रेमचंद घर में : पृ. 110-111)

यह था प्रेमचंद की कल्पना का स्वाधीन भारत।

प्रेमचंद सांप्रदायिकता की धज्जियाँ उड़ाते रहे...

प्रेमचंद सामंतशाही तत्वों के खिलाफ आग उगलते रहे...

प्रेमचंद साम्राज्यवादी और पूँजीवादी साजिशों की पोल खोलते रहे...

प्रेमचंद संघर्षशील जन-साधारण की तरफ से बोलते-लिखते रहे...

आज उनका 26वाँ स्मृति-दिवस है। लंबी-चौड़ी बातें न करके आज हम अपने आप से इतना-भर पूछ लें कि पिछले वर्षों में प्रेमचंद की परंपरा को आगे बढ़ाने के लिए हमने क्या किया ?

[हिंदी टाइम्स, 6 अक्टूबर 1962]

'प्रसोपा' विलाप

ढाई हजार वर्ष पहले की बात है। राजकुमार सिद्धार्थ अपनी पत्नी यशोधरा और पुत्र राहुल को छोड़कर राजमहल से गुपचुप निकल भागे थे। यही सिद्धार्थ कुमार आगे 'गौतम बुद्ध' कहलाए। सबकुछ छोड़कर सिद्धार्थ का यह भागना 'महा अभिनिष्क्रमण' कहलाया।

केरल का अपना राजपाट और प्यारी 'प्रसोपा' को छोड़-छाड़कर पट्टम थाणु पिल्लई का पलायन भी उसी 'महा अभिनिष्क्रमण' की याद दिलाता है।

हमारे राष्ट्रकवि आदरणीय श्री मैथिलीशरणजी गुप्त ने 'यशोधरा' में सिद्धार्थ की पत्नी के मुख से ढेर-सारी मार्मिक बातें कहलवाई हैं—"सखि वे मुझसे कहकर जाते" आदि।

पट्टम थाणु चुपचाप करेल छोड़कर चले गए हैं।

अशोक मेहता की विरह-वेदना अखबारों के जरिए देश के कोने-कोने में गूँज रही है। प्रसोपा-पटरानी का वह करुण विलाप मुझसे गवारा नहीं हुआ। मैं कई दिनों तक गुनगुनाता रहा—"सखि वे मुझसे कहकर जाते।"...'यशोधरा' का मैंने महज इसीलिए फिर पारायण किया है कि अशोक मेहता के चोट खाए हुए मर्म की तह में पहुँच सकूँ। विरह की आँच नायक-नायिका या प्रेमी-प्रेमिका या पति-पत्नी के व्यक्तित्व को कुंदन जैसा चमका देती है। 'यशोधरा' के कुछ एक पद यहाँ पर 'हिंदी ब्लिट्ज' के विशाल पाठक वर्ग के सामने पेश करता हूँ, ये पद आज से 35-40 वर्ष पहले रचे गए थे। न

हजार साल बाद भी पुराने पड़ेंगे ये। इसीलिए तो महाकवियों को 'त्रिकालदर्शी' कहा गया है।

'यशोधरा' की इन पंक्तियों को 'प्रसोपा'-परित्याग के प्रसंग में उद्धृत करने के लिए मैथिलीशरणजी मुझे क्षमा करेंगे। अशोक मेहता न भी क्षमा करें तो चल सकता है। अब देखिए—

(1) सिद्धि-हेतु स्वामी गए,
है गौरव की बात
पर चोरी-चोरी गए;
यही बड़ा व्याघात।
सखि, वे मुझसे कहकर जाते !
कह, तो मुझको वे अपनी
पथ-बाधा ही पाते !
मुझको बहुत उन्होंने माना
फिर भी क्या पूरा पहचाना
मैंने मुख्य उसी को जाना—
जो वे मन में लाते !
सखि, वे मुझसे कहकर जाते !
हुआ न यह भी भाग्य अभागा
किस पर विफल गर्व अब जागा
जिसने अपनाया था, त्यागा
रहें स्मरण ही आते !
सखि, वे मुझसे कहकर जाते !
जायँ, सिद्धि पावें वे सुख से
दुखी न हों इस जन के दुख से
उपालंभ दूँ मैं किस मुख से
आज अधिक वे भाते
सखि, वे मुझसे कहकर जाते !
गए, लौट भी वे आवेंगे
कुछ अपूर्व-अनुपम लावेंगे
रोते प्राण उन्हें पावेंगे
पर क्या गाते-गाते ?
सखि, वे मुझसे कहकर जाते !

(यशो. पृ. 31-33)

हाय, बेचारी यशोधरा की तरह इस अभागी (मेहता की आत्मा) को भी तो आशा नहीं है कि वे (पट्टम थाणु) गए हैं तो लौट भी आएँगे ? मलाल सिर्फ इतना ही है कि

कहकर क्यों नहीं गए।

(2) "विरुद विहगों ने गाया री !"
"भाग्य ने अवसर पाया री !"
"स्वामी मुझको मरने का भी
दे न गए अधिकार !
छोड़ गए अपने इस बालक का
मुझ पर सब भार।
जिए जल-जल कर काया री !
मरण सुंदर बन आया री !"

(पृ. 57-58)

(3) "होती है मुझको यह शंका,
क्षमा करो हे नाथ !
समय तुम्हारे साथ नहीं था,
तुम्हीं समय के साथ !"

(पृ. 188)

कितनी सटीक बैठती है यह लाइन ! वक़्त ने पट्टम थाणु का साथ नहीं दिया तो पट्टम थाणु वक्त के साथ बह गए।

(4) "चाहे तुम संबंध न मानो !
स्वामी किंतु न टूटेंगे ये,
तुम कितनी ही तानो !
मेरे हो तो मेरे होगे,
भूले हो पहचानो...
चाहे तुम संबंध न मानो !"

यानी आख़िर तुम मेरे ही होकर रहोगे। 5 वर्ष बाद ही सही (गवर्नरशिप की अवधि समाप्त होने पर) मगर तुम लौट जरूर आओगे मेरे नाथ।...अभी तो (हे सखि) :

(5) "रुदन का हँसना ही तो गान !
छेड़ो न वे लता के छाले,
उड़ जावेगी धूल
हल्के हाथों प्रभु के अर्पण
कर दो उसके फूल
गंध है जिनका जीवनदान
रुदन का हँसना ही तो गान !

(पृ. 141)

"आओ हो वनवासी !

अब गृहभार नहीं सह सकती
देव तुम्हारी दासी !
मुझको सोती छोड़ गए हो !
पीठ फेर मुँह मोड़ गए हो !
तुम्हीं जोड़कर तोड़ गए हो !
साधु-विराग-विलासी !
आओ हो वनवासी !

देखा आपने ! क्या कहा ? तुम्हीं जोड़कर तोड़ गए हो—यानी केरल में 'संयुक्त मंत्रिमंडल' की बुनियाद तुम्हीं ने डाली थी और तुम्हीं ने उसका पटरा बैठा दिया। 'यशोधरा' काव्य के इन पदों की टीका में जौ-भर भी खींच-तान किए बिना ही 'प्रसोपा-विलाप' वाला यह फीचर अपने आप पूरा हो जायगा। प्रसंग के अनुकूल अर्थ निकलते चले जाएँगे, जैसे-जैसे आप इन पदों को गुनगुनाइएगा !...''सखि, वे मुझसे कहकर जाते !'' या फिर ''समय तुम्हारे साथ नहीं था, तुम्हीं समय के साथ ! क्षमा करो हे नाथ !...''

अब अंत में, हे पाठकगण, मेरी तरह आप लोग भी भीतरी हृदय से सच्ची कामना कीजिए कि 'महा अभिनिष्क्रमण' (पलायन) के बाद कुमार सिद्धार्थ को जैसे चार सत्यों से साक्षात्कार हुआ था, वैसे ही बूढ़े थाणु को भी एक-आध सत्य से साक्षात्कार हो।

[हिंदी ब्लिट्ज, 27 अक्टूबर 1962]

हिंदी की छाती पर अंग्रेजी को नहीं लादा जा सकता

अंग्रेजी का मोह हमारी रग-रग में भरा हुआ है, हम अंग्रेजी को ही देश की भावात्मक एकता और केंद्रीय प्रशासन और विश्व मानव संपर्क साधन का एकमात्र माध्यम माने बैठे हैं। लार्ड मैकाले के वंशधरों में इस अंग्रेजी के लिए उतना उत्साह नहीं रहा होगा, जितना हमारे अंदर है। स्वाधीनता हासिल कर लेने के बाद तो हमारा यह उत्साह और ही उफान खाने लगा है।

सरकारी आँकड़ों के मुताबिक क्या फीसदी औसत-अनुपात होगा अंग्रेजी जानने वालों का ?

—ढाई प्रतिशत ! आप उसे तीन प्रतिशत मान लीजिए...

—उनमें से अच्छी अंग्रेजी जाननेवाले कितने होंगे ?

—एक प्रतिशत !—आधा-एक प्रतिशत !

कैसी विडंबना है !

वस्तुतः यह संकट अमुक या अमुक भाषा को हटाने या रखने का संकट नहीं है, यह संकट है जन-सामान्य को हमेशा के लिए 'शूद्र और चांडाल' मानकर शासन के

मंदिरों में जमे हुए देवता-क्लास का स्पर्श-दोष से बचने और बचाने का। अंग्रेजी के माध्यम से ही जिनके संस्कार ढले हैं और जिनको हुकूमत का चस्का लग चुका है, वे क्यों चाहेंगे कि अंग्रेजी हटे ? ऐसी अखिल भारतीय भाषा को हटाकर हम क्या फिर से प्राकृत-अपभ्रंश की गुफाओं में लौट जाएँगे ? हम झगड़े अंग्रेजी में, गालियाँ दीं अंग्रेजी में, हम पिटे अंग्रेजी में, फिर-फिर खड़े होकर दुश्मन को ललकारा हमने अंग्रेजी में; हम जूझे अंग्रेजी में और आजादी भी हमें अंग्रेजी में ही मिली। दुख में अंग्रेजी ने हमें टूटने न दिया। सुख में अब वही अंग्रेजी माता अखिल विश्व की चेतना का रसायन हमें पिला रही है।

कभी-कभी लगता है, नाहक ही अंग्रेज यहाँ से चले गए ! हमने तो ऐसा कोई कसूर नहीं किया था...समझदारी नहीं, इसे हम उनकी 'कमजोरी' ही मानेंगे कि वे हमें छोड़कर चले गए। विधान-मंडलों में, लोकसभा में, राज्य परिषद में...हाईकोर्टों में, सर्वत्र अंग्रेजी का बोलबाला है। राजनीतिक पार्टियों के केंद्रीय कागजात अंग्रेजी में ही तैयार होते हैं। अच्छे स्तर के स्कूली शिक्षा के लिए तो कान्वेंट ही आगे हैं, जहाँ हमारे बच्चों को हँसना-मुस्कराना तक विलायती कायदे से सिखलाया जाता है। महानगरों का यह हाल है कि वहाँ संपन्न परिवारों में तीन-चार-पाँच वर्षों के मुन्ने गलत अंग्रेजी बोलते वक्त तो डाँट खा जाते हैं, लेकिन आया और खानसामावाली लंगड़ी हिंदी बोलते वक्त माँ-बाप भी उनका साथ देते हैं : "बरफवाला पानी नहीं माँगता।" हमारी केंद्रीय सरकार अंग्रेजी के बिना एक क्षण भी अपना काम नहीं चला सकती, हिंदी-बंगला-तमिल आदि के बगैर तो वह बीसियों साल निभा लेगी। अंग्रेजी की अनिवार्यता ('सुरक्षा' कह लीजिए) का इतना अधिक ध्यान है हमारी सरकार को, कि संविधान में हेर-फेर करके हिंदी के साथ-साथ वह अंग्रेजी को भी राष्ट्रभाषा मनवा लेना चाहती है—अनिश्चित और लंबी अवधि के लिए !

संसार की निगाहों में हमारी यह अंग्रेजी-भक्ति भारतीय जनता की मानसिक पंगुता का चटकीला विज्ञापन साबित हो रहा है। देश से बाहर जाने पर इस सचाई का पता चलता है, दुनिया-भर के समझदार व्यक्ति हमारे स्वाभिमान को संशय की भावना से तोलते हैं—क्या इन भारतीयों की अपनी कोई भाषा नहीं है ?

1905 में कांग्रेस का सालाना जलसा काशी में हुआ था। उसी अवसर पर पहली बार तिलक जैसे अखिल भारतीय लोकनायक ने कहा था—"राष्ट्रभाषा का पद हिंदी को ही मिलना चाहिए।" 1918 में अखिल भारतीय हिंदी साहित्य सम्मेलन की अध्यक्षता कबूल करके तो गाँधीजी ने हिंदी को राष्ट्रभाषा पद पर बैठा ही दिया। तभी उनकी दृष्टि दक्षिण भारत की तरफ मुड़ी और सत्यदेव परिव्राजक और देवदास गाँधी को हिंदी प्रचार के लिए मद्रास भेजा।

1875 में बंगाल के महान सुधारक और ब्रह्मसमाज के अग्रणी प्रचारक बाबू केशवचंद्र सेन ने अपने अखबार ('सुलभ समाचार') में लिखा था—

"यदि भारतवर्ष एक ना हइले, भारतवर्ष एकता न हय, तबे ताहार उपाय कि ?

समस्त भारतवर्षे एक भाषा व्यवहार कराइ उपाय। एखन जतो गुलि भाषा भारते प्रचलित आछे, ताहार मध्य हिंदी भाषा प्रायः सर्वत्रई प्रचलित। एई हिन्दि भाषा के यदि भारतवर्षेर एक मात्र करा जाय, अनायासे शीघ्र संपन्न हइते पारे।"–आगे सेन महाशय ने लिखा कि अंग्रेज शासकों को यह बात अच्छी नहीं लगेगी, उन्हें यह प्रस्ताव ग्राह्य नहीं होगा, वे नहीं चाहेंगे कि भारतवासी एक हों। भारतीयों का अनैक्य ही अंग्रेजों की शासन-सत्ता का आधार रहा है...

मगर यह तो 87 साल पहले की बात है ! आज तो अंग्रेज राजा नहीं हैं, आज तो हम आप ही राजा हैं ? आज क्यों नहीं अंग्रेजी को हटने दे रहे हैं हम ? कौन हमारा गला दबा रहा है ? दलीय स्वार्थ ? मुट्ठी-भर ब्यूरोक्रेसी ? अभिव्यक्ति की अपनी क्षमता ?

पंद्रह वर्ष हो गए, हमने हिंदी नहीं सीखी ! हिंदीवाला सारा काम किरानी लोग कर ही रहे हैं, हम क्या करेंगे हिदी सीखकर ? छोटी-छोटी बातों में अपना दिमाग क्यों खराब कर रहे हो ? आओ, तुम भी आओ, हिंदी-फिंदी का झमेला छोड़ो...जो बासी पूड़ियाँ खाता है, वही हिंदी-हिंदी चीखता है, हम उसे अंडमान-निकोबार भेज देंगे पार्सल...फिर भी चीखता रहेगा तो हम उसे राज्यसभा में बैठाने लग जाएँगे...

मैंने बहुत-बहुत खोजा, मगर यह 'हिंदीवाला' मुझे कहीं नहीं मिला। कहाँ बोली जाती है हिंदी ? बल्कि यह पूछना ठीक होगा कि कहाँ नहीं बोली जाती है हिंदी ? कहाँ नहीं समझी जाती है ? यह समूचे देश की साझी भाषा है, केवल उत्तरवालों की बपौती नहीं है ! साधुओं-संतों, फकीरों-दरवेशों, घुमंतुओं-बनजारों, सिपाहियों-हरकारों, बनियों-सौदागरों, पंडितों-मौलवियों, कारीगरों-दस्तकारों के जत्थे हजारों साल से दूर-दूर घूमते-फिरते रहे हैं। उनमें से गूँगा एक प्रतिशत भी नहीं होगा। सो अभिव्यक्ति का यह प्रबल माध्यम (हिंदी) उन्हीं पूर्वजों की देन मानता हूँ मैं–अखिल भारतीय पूर्वजों की देन !

अंग्रेजी-फ्रेंच-जर्मन-रशियन-स्पैनिश आदि भाषाएँ भी वहाँ वालों के लिए आसमान से नहीं उतरी थीं, शब्द ब्रह्म का अवतार एकाएक समग्र वाङ्मय के तौर पर एक ही रात में नहीं हुआ था। हमारी हिंदी भी एक ही दिन के अंदर "सर्वगुणसम्पन्न राष्ट्रभाषा" नहीं हो जाएगी, बीसियों वर्ष लग जाएँगे इसमें। परंतु इससे क्या ? हम हिंदी की छाती पर अंग्रेजी को आगे भी यों ही लदी रहने देंगे ? यों ही क्या हम आगे भी 'मैकाले के मानस पुत्र' कहलवाते रहेंगे ?

दो-एक वर्ष की और अवधि अंग्रेजी को दी जा सकती है, किंतु अनंतकाल के लिए उसको गले में बाँध लेने का आग्रह जन-मन को पूरा सचेत न होने देने का दुराग्रह प्रमाणित होगा। केंद्र से यदि अंग्रेजी न हटाएँ तो प्रदेशों में भी वह इसी तरह जमी रहेगी।

लोहिया जी ने 'अंग्रेजी हटाओ' का नारा दिया तो 'विश्वात्मा' टाईप के तथाकथित 'नए अभिजात' व्यक्तियों ने उन्हें सनकी कहा। देशी भाषाओं के पक्ष में गाँधीजी और विनोबा जी ने जो कुछ कहा है, उसकी चर्चा कीजिए तो सामनेवाला आपसे कहेगा–"संतों की बात मत कीजिए"–कुछ सुधीजन समझते हैं कि सरकारी कामकाज से अंग्रेजी

पदच्युत हुई तो देश हर मामले में पिछड़ जाएगा, आधुनिकता का सर्वथा लोप हो जाएगा ! बैलगाड़ियाँ ही बैलगाड़ियाँ नजर आएँगी, जनता कौपीन पहनकर नाखून और बाल बढ़ाए जंगल में भटकती फिरेगी... यानी ढेर सारी बातें भाषाई सवाल छिड़ने पर कही जाती हैं !

अब आप चाहें तो अपनी 'अति आधुनिकता' के नाम पर देसी भाषाओं को पास न फटकने दीजिए। मगर यह 'अति आधुनिकता' कब तक काम देगी।

[धर्मयुग, 25 नवंबर 1962]

राहुल सांकृत्यायन

संज्ञाशून्य महापंडित सोवियत भूमि पहुँच चुके हैं। फिलहाल उन्हें मास्को रखा गया है और चिकित्सा नए सिरे से शुरू हुई होगी...

श्रीमती कमला सांकृत्यायन (एम.ए., पी-एच.-डी., पूर्वनाम : कमलमाया परियार, उम्र : 30-35 के लगभग) अपने पति के साथ हैं। कहते हैं, कमलाजी को भी अस्पताल में ले लिया गया है। इनको क्या रोग था, मालूम नहीं।

हमें आशा है, दोनों ही स्वस्थ होकर लौट आएँगे। कमलाजी अपने बच्चों (जया और जेता) को दार्जिलिंग छोड़ गई हैं। बच्चे कन्वेंट में पढ़ रहे हैं। बच्चों की मौसी उनकी देख-रेख कर रही हैं। वहाँ कचहरी रोड के किनारे राहुल परिवार का अपना मकान है। दार्जिलिंग के करीब ही कलिम्पोङ् में कमलाजी का मायका है। उधर कमलाजी की अपनी बिरादरी के लोगों की काफी तादाद है। राहुलजी के संपर्क में आने के बाद कमलमाया परियार के चार-छः लेख हिंदी में तो हमने देखे थे। पता नहीं अपनी मातृ-भाषा (नेपाली) में भी उन्होंने शायद कुछ लिखा हो।

1958 तक राहुलजी का मसूरीवाला मकान था। उसे बेचकर कुछ महीने वे लोग देहरादून रहे। 1959 में दार्जिलिंग में फिर मकान खरीद लिया, शायद तेईस हजार रुपए लगे थे। इस हेरफेर में राहुलजी पर काफी कर्ज चढ़ गया। मानसिक उद्विग्नता कई गुना अधिक बढ़ गई।

1957-58 में एक ऐसी बात हुई जिसने राहुलजी की इन परेशानियों को और भी ऊपर उछाल दिया, यों समझिए कि खतरनाक छोर पर पहुँचा दिया।

नागरी प्रचारिणी सभा (काशी) को विश्वकोश संपादित करने के लिए केंद्रीय सरकार ने लाखों का अनुदान दिया था। प्रधान संपादक के तौर पर उसमें राहुलजी को लेने की चर्चा जोर पकड़ रही थी और यह लगभग तय लगता था कि 1500 मासिक वेतनवाला यह काम राहुलजी को मिलेगा ही।

नागरी प्रचारिणी सभा की नकेल उन दिनों हजारीप्रसाद द्विवेदी; राजबली पांडेय आदि के हाथों में थी। यही लोग उन दिनों विश्वकोशवाली उस योजना के सर्वेसर्वा थे।

इन 'विधाता व्यक्तियों' ने अंदर-अंदर ऐसा कुछ किया कि राहुलजी को प्रधान संपादक का पद नहीं मिला। मिला धीरेंद्र वर्मा को। हमने इस सिलसिले में एक ''साहित्य नेता'' से पूछा था। वह बोले थे : ''राहुल अगर कम्युनिस्ट न होते, राहुल अगर मौलाना आजाद और पंडित पंत की निगाहों में अच्छे होते, राहुल की नियुक्ति के लिए अगर हजारीप्रसादजी ने जोर डाला होता; डाँगे और अजय घोष ने अगर राहुल के लिए पंडित नेहरू से सिफारिश की होती..''

तो अगर-मगर के इस भँवर में राहुलजी की आशाओं का वह नगर डूब गया !

1953 में उनके हृदय को एक धक्का यों भी लगा था। राहुलजी साठ साल के हो रहे थे। डेढ़-दो वर्ष पहले से इधर-उधर हवा बँधी थी कि साहित्यकार-संसद (महादेवी वर्मा द्वारा स्थापित और संचालित संस्था, इलाहाबाद) उनका अभिनंदन करेगी। मगर हवा हवा ही रह गई, हुआ-हवाया कुछ नहीं...साहित्यकार संसद ने बहुतों को अभिनंदित किया था। वृंदावनलाल वर्मा, मैथिलीशरण गुप्त, निराला, दिनकर आदि नाम इस प्रसंग में उल्लेखनीय हैं।

राहुलजी आरती से यों वंचित रहे कि उन्होंने एक और शादी कर ली थी। महादेवी जैसी विप्लवी और गंभीर महिला की निगाहों में राहुल का पत्नी-परित्यागवाला वह अपराध काफी था। या फिर वहाँ भी कम्युनिज़्म और नास्तिकता आड़े आ गए थे, कौन जाने !

उससे भी 5 वर्ष पहले साहित्य सम्मेलनवाले अध्यक्षीय भाषण के कुछ अंशों पर एतराज उठाकर कम्युनिस्ट पार्टी ने राहुलजी से कैफियत तलब की थी। तब से लेकर वर्षों तक उन्हें पार्टी की सदस्यता से वंचित रहना पड़ा। पार्टी के प्रति राहुलजी के हृदय में अपार आस्था रही है, इतनी कि तीन-चार वर्ष बाद उन्हें फिर से सदस्यता हासिल हो गई। मगर वे चार-पाँच वर्ष राहुलजी के जीवन में संकटकाल कहे जाएँगे।

इस सब पर हमारे कुछ मित्र कहेंगे, ''राहुलजी का हृदय बड़ा ही विशाल था, ऐसी-ऐसी 'तुच्छ' घटनाओं से वह कभी नहीं घबराए। वह नीलकंठ हैं। वह सदैव मुस्कराते रहते हैं...''

जी, हाँ, राहुल नीलकंठ थे। राहुल सदैव मुस्कराते रहते थे...

लेकिन अब राहुल के गले की सूरत पीली पड़ गई है...

अब वह मुस्कराते कम हैं, रोते ज्यादा हैं। देखा है आपने राहुल को ? हाल में ? पिछले दिनों ?

एक बार देखने गए थे ? देखकर कष्ट हुआ था ?

दोबारा नहीं गए देखने ?

ठीक किया आपने, विराट चेतना की वह मूर्छा देखी नहीं जाती थी। वह बेबसी ! घुटी हुई रुलाइयोंवाले उस चेहरे की वे सलवटें ! सूखे आँसुओंवाली आँखों का वह भिंचाव !

आर्थिक परेशानियों ने उन्हें लंका जाकर नौकरी करने के लिए मजबूर कर दिया।

अपने देश की सरकारी और गैर-सरकारी संस्थाओं से माकूल काम पाने की कोई उम्मीद जब नहीं रही तो वह और करते भी क्या ?

लंका (केलानिया) में गुरु भाइयों ने बड़े आदर से उन्हें दो वर्ष तक रखा। विद्यालंकार विश्वविद्यालय में प्राच्य दर्शन का विभागीय प्रधान पद राहुलजी को वहाँ मिला था। वेतन पंद्रह सौ से ज्यादा ही था, शायद सत्रह सौ (या इक्कीस सौ)। अध्यापन के अलावा लिखाई-पढ़ाई में भिड़े रहते थे। अपनी तंदुरुस्ती की कोई परवाह नहीं थी। बेहोशी और विस्मृति का पहला हमला वहीं हुआ था। इधर हिंदी पत्रों में दो-चार लेख निकले। पर एकाध सहायतावाली अपील भी निकली थी। पता चलने पर राहुलजी ने सहायतावाली उस अपील के खिलाफ अपना मंतव्य पत्रों में छपवा दिया कि—नहीं, उनकी आर्थिक स्थिति खराब नहीं है, स्वास्थ्य भी उस हद तक नहीं बिगड़ा है। पंडित रामप्रसाद त्रिपाठी (सहायक मंत्री, अखिल भारतीय हिंदी साहित्य सम्मेलन, प्रयाग) ने राहुलजी का यह पत्र समाचार-पत्रों में प्रकाशित करा दिया था।

मेरी यह पक्की धारणा है कि पिछले महीनों में राहुलजी की आर्थिक मजबूरियों के बहुविध उल्लेख करते-कराते हुए जो भी कुछ हिंदी संसार के समक्ष छपित सामग्री (पत्र-पत्रिकाओं के माध्यम से) आती रही है, वह सारी-की-सारी हमारे महान राष्ट्र के स्वाभिमान को खरोंचनेवाली थी। राहुलजी अगर फिर से होश में आ जाएँ और ये तमाम कटिंग्स उनके आगे कोई रख दे तो निश्चय ही वह दोबारा अपनी चेतना खो बैठेंगे।

हमें खेद के साथ पाठकों को इस तथ्य से अवगत कराना पड़ रहा है कि श्रीमती कमला सांकृत्यायन (एम.ए., पी-एच.डी.) को अपने विश्वविख्यात पतिदेव के स्वाभिमान की उतनी परवाह नहीं थी, जितनी कि 'चिकित्सार्थ सहायता निधि' हासिल करते रहने की। अवसर आने पर मैं इस तथ्य को प्रमाणित करने के लिए काफी सबूत पेश करने की स्थिति में हूँ।

इस सिलसिले में मुझे एक बात याद आ रही है। पिछले अप्रैल में यहीं (दिल्ली में) एक सर्वोदयी बुजुर्ग मित्र ने मुझसे कहा, "राहुलजी के नाम पर पत्रों में यह जो कुछ आ रहा है, उसकी ध्वनि मुझे अच्छी नहीं प्रतीत होती। राहुल क्या सचमुच इतना अनाथ है ? मैंने अपनी पुत्री से कह दिया कि मुझे यदि ऐसी दयनीय दुर्दशा में कभी देखा तो सहायता की अपीलें अखबार में कदापि न छपाना, बल्कि डॉक्टर से बढ़िया इंजेक्शन दिला देना ताकि हमेशा के लिए सो जाऊँ।"

सही आँकड़े तो मुझे नहीं मालूम, मगर मेरा मन मानता है कि पिछले कुछ वर्षों में राहुलजी की वार्षिक आय दस हजार से ज्यादा रही है। कभी-कभी तो वह पंद्रह हजार तक पहुँच जाती है। वह हमारे उन चंद साहित्यकारों में रहे हैं, जो अपना भाग्यविधाता आप ही रहे। 1950 से पहले राहुलजी ने न जाने कितने हजार रुपए चुपचाप जरूरतमंद छात्रों को दिए होंगे, विभिन्न राजनीतिक दलों के साथियों की भी उन्होंने जाने कितनी मदद की होगी।

दो-ढाई वर्ष राहुलजी लंका के विद्यालंकार विश्वविद्यालय में प्राच्य दर्शन विभाग

के अध्यक्ष (हेड ऑफ दि डिपार्टमेंट) रहे। दर्जनों सरकारी, अर्ध-सरकारी ग्रंथों पर संपादक के तौर पर उनका नाम छपता रहा है।

बीमारी के इन दो महीनों में सरकार और जनता से प्राप्त रकम बीस हजार से ऊपर ही रही। (हाँ, इतना जरूर है कि अखबारों और विशिष्ट व्यक्तियों ने ध्यान न दिया होता तो कमलाजी को शायद 'मकान बेचना पड़ता' जैसा कि किसी अखबार में हमने देखा था...) लगता है, अभी लंबे अर्से तक बीमार साहित्यकार 'अनाथ' के तौर पर हमारे इस महान् राष्ट्र में शासक वर्ग और जनता की 'दया दृष्टि' के सहारे काया की अपनी लड़ियाँ आगे ठेलते जाएँगे।

बातचीत करने की शक्ति अब दो प्रतिशत रह गई है। कभी-कभी यह सामर्थ्य पाँच प्रतिशत तक बढ़ जाती है। जान-पहचान की शक्ति भी बहुत घट गई है। जो भी सामने आता है, बाँहें फैलाकर उसे पास बैठा लेते हैं।

फिर पूछते हैं, "चा ? चा?" (चाय)

फिर पूछते हैं, "काना ?" (खाना)

अगर आपने सिर हिलाकर 'न' कर दिया तो राहुलजी रो पड़ेंगे। खुलकर रो भी तो नहीं पाते हैं। आँखें बुरी तरह भिंच जाती हैं, होंठ तनकर सिकुड़ जाते हैं। भौंहें, कपार, गाल, नाक–समूचा चेहरा बारीक रंगों की भद्दी सिकुड़न से भयावना हो उठता है...फिर उस विकराल बेबसी का सामना करते या तो आप बगलें झाँकने लगेंगे, या फिर आपकी निगाहें पथरा जाएँगी। कलेजे में ऐसी हूक उठेगी कि दिल डूबता-सा लगेगा। तो फिर आप राहुलजी से झूठ बोलेंगे–

"हम चाय पी के आए हैं..."

इससे उन्हें बच्चों की तरह तसल्ली होगी।

फिर वह आपके गालों पर हाथ फेरेंगे, चुमकारेंगे...

"चु चु चु" कहते वक्त होंठों को जिस तरह सिकुड़ना होता है, वही मुद्रा होगी उनकी...

"बच्चे ?"

"हाँ, बच्चे !"

"दो हैं, कितने हैं ? दो ही हैं न ?"

आप क्या जवाब देंगे, इसकी प्रतीक्षा किए बिना ही राहुलजी अपने आप बोलते चले जाएँगे–उच्चारण अटपटे, व्याकरण की बंदिश नहीं, संज्ञा और क्रियापद अधूरे...

"तेज...बड़े। नाम क्या हैं ?"

यानी बच्चे पढ़ने में तेज हैं, उनका नाम बताओ, मैं तो भूल गया हूँ। नाम... आप कहेंगे, "जया और जेता।"

इससे राहुलजी खुश होकर मुस्कराने लगेंगे।

अकसर उन्हें अपना बड़ा लड़का याद आता है।

इगोर राहुलोविच् सांकृत्यायन।

स्वस्थ-सुंदर चौबीस वर्षीय युवक।

लेनिनग्राद (रूस) में अपनी माँ के साथ रहता है। वहीं किसी पुस्तकालय में लाइब्रेरियन है इगोर।

अभी-अभी, उस रोज राहुलजी ने कहा था, "बड़े भैया (इगोर) से मिलकर वापस आ जाएँगे..."

"हाँ, आ जाइएगा वापस !"

"घर (दार्जिलिंग) आ जाएँगे।"

"साथ कौन जा रहा है ? तुम चल रहे हो ?"

"कमलाजी।"

"तुम नहीं चल रहे हो ?"

"नहीं, मैं नहीं। कमला आपके साथ होंगी।"

"तुम भी चलना...!"

"अच्छा, चलूँगा..."

बच्चों की तरह झूठमूठ दिलासा देकर राहुलजी को उस वक्त कोई भी खुश कर लेता !

दिल्ली की दमघोंटू गरमी में उन्हें 40 दिन रहना पड़ा। मास्को जाने से पहले दो रोज बेहद तकलीफदेह रहे।

हम इस दरमियान कई घंटे (तीन अलग तारीखों में) राहुलजी के साथ रहे। जुलाई में जब वह दिल्ली लाए जा रहे थे तो सात रोज कलकत्ते रहे। मैं भी उन दिनों वहीं था। सात-आठ घंटे तब भी साथ रहना हुआ था। डॉक्टर महादेव साहा (पी-एच. डी.) भी मौजूद थे वहाँ। वह तो खैर पिछले आठ-दस महीनों में अपना काफी वक्त राहुलजी की सेवा-सुश्रूषा में लगा चुके हैं। मित्रों की राय थी कि साहाजी ही राहुलजी को मास्को पहुँचा आएँ। मगर उन्होंने इस प्रस्ताव को अस्वीकार कर दिया। हमारा अब भी यही खयाल है कि कमलाजी का मास्को जाना ठीक नहीं रहा।

'सरिता' के सभी पाठकों को शायद यह बात मालूम ही होगी कि आज से पचीस वर्ष पहले लेनिनग्राद की विदुषी महिला कुमारी लोला से राहुल जी का स्नेह-संपर्क स्थापित हुआ था। दो-ढाई महीने के लिए रूस की ओरियंटल इंस्टीट्यूट की तरफ से राहुलजी को लेनिनग्राद बुलाया गया था। भारतीय तर्कशास्त्र के विख्यात आचार्य चेरवास्की इस 'इन्दुश्की' (भारतीय) पर बेहद खुश थे कि इसने तिब्बत के पुराने मठों से बौद्ध दर्शन की गुमशुदा पांडुलिपियों का उद्धार किया था। 'प्रमाणवार्तिक' आदि ग्रंथ तिब्बती-चीनी अनुवादों के तौर पर तो मिलते थे, अपने मूल रूप में गायब थे अब तक ! और हमारे राहुल उन ग्रंथों को तिब्बती खोहों से निकाल लाए थे। उन्हीं उपलब्धियों की छान-बीन के लिए चेरवास्की आतुर थे। उन्हीं की प्रेरणा से राहुलजी को लेनिनग्राद जाकर रहने का आमंत्रण मिला था। और साल-भर बाद पुत्र पैदा होने की खुशखबरी

भी उन्हीं बूढ़े आचार्य ने तार द्वारा भेजी थी।

1938 के आखिरी दिनों से लेकर 1944 के मध्य तक राहुल का जीवन बड़ा ही सक्रिय रहा। साहित्य-निर्माण की दृष्टि से भी और जन-आंदोलन में वामपंथी नेतृत्व की दृष्टि से भी। पचासों अलभ्य ग्रंथों की खोज की थी। उन्हें सकुशल पटना तक ले आए थे राहुलजी। यह अनमोल सामग्री दुनिया-भर में मनीषियों के लिए दुर्लभ थी अब तक। इस अनुसंधान ने राहुल को अंतर्राष्ट्रीय ख्याति प्राप्त करा दी। इनमें कई पोथियों का उन्होंने स्वयं संपादन किया, बीच-बीच में खंडित अंशों को तिब्बती अनुवादों के सहारे मूल (संस्कृत) रूप दिया...यह सब अपने आप में अनूठा काम था।

'वोल्गा से गंगा', 'भागो नहीं, बदलो', 'दर्शन-दिग्दर्शन' जैसी बीसों पुस्तकें इन्हीं वर्षों में तैयार हुई थीं। प्रादेशिक कांग्रेसी सरकार (सन् 1939) के खिलाफ छपरा के विक्षुब्ध किसानों के उस विराट आंदोलन का नेतृत्व आपने ही किया था। लाठियाँ खाई थीं। सिर फुड़वाया था, जेल गए थे, सत्याग्रही कैदियों को समान सुविधाएँ दिलवाने के लिए लंबा अनशन किया था। और द्वितीय विश्वयुद्ध ने जोर पकड़ा तो समूचे देश में वामपंथी नेताओं की धरपकड़ हुई थी। राहुल भी देवली कैंप में पहुँचा दिए गए थे। पहले भी (1922-29 के दरमियान) सक्रिय कांग्रेसी के नाते दो-ढाई वर्ष जेल की सजा भुगत चुके थे।

क्या राजनीतिक आंदोलनों में बार-बार सक्रिय भूमिका ग्रहण करने का ही यह नतीजा था कि ग्रंथ संपादन, साहित्य निर्माण, अनुवाद वगैरह अपने सभी कामों में राहुल जल्दबाजी कर बैठते थे ? किसी भी कृति को 'फिनिशिंग टच' देनेवाला धीरज, क्यों इस महापंडित की लाडली प्रज्ञा का वफादार साथी नहीं रहा ?

मगर कहाँ ? राहुलजी राजनीति में अपनी 'सक्रिय भूमिका' कहाँ निभा सके। उन जैसा सरल, निश्छल और मस्तमौला फक्कड़ पालिटिक्स के मैदान में भला कैसे जम पाता। वह वैष्णव रहे, वह आर्य-समाजी रहे, वह कांग्रेसी रहे, वह बौद्ध रहे, वह कम्युनिस्ट हैं...लेकिन, इनमें से क्यों किसी भी जमात के अन्दर क्षमताशील नेतृत्व राहुल कभी हासिल कर पाए ? उन्हें नेतृत्व से नफरत थी, वह तो सन्त स्वभाव के व्यक्ति थे, ऐसा कह देना या मान लेना व्यक्तित्व की अंधपूजा के दायरे में आ जाएगा।

'फक्कड़' और 'घुमक्कड़' तथा 'संत' और 'साधक' जैसे शब्द हमारे कानों में गुदगुदी भर देते हैं। फिर होता यही है कि इन विभूतियों के बारे में हम 'सात खून माफ' वाला रुख अपना लेते हैं। यह तो हम भूल ही जाते हैं कि जीवन में क्रांतिकारी सूझ-बूझ और ऊँचे आदर्शोंवाली बातचीत अपने अनुरूप आचरण की भी माँग करती है—क्रांतिकारी और ऊँचे आचरण की। ऐसा नहीं कि सूझ-बूझ या और बातों में तो हम सौ प्रतिशत से भी ज्यादा क्रांतिकारी व आशावादी लगें, लेकिन अमल में यही साबित हों। कभी नब्बे प्रतिशत और कभी पाँच प्रतिशत भी नहीं और कभी एक प्रतिशत भी नहीं !

व्यक्ति जब अपने अंदर बड़प्पन भर रहा हो, ऊपर उठ रहा हो, लंबी ऊँची कुदान ले रहा हो तो लोग साधारणतः यही कहते सुनाई देते हैं, 'विभूति ढल रही है, शख्सियत

निखर रही है...' उसकी गलतियों के बारे में अगर किसी ने कुछ कहा तो उदार प्रशंसक डाँटकर जवाब देते हैं, "जीनियस के सात खून माफ", और वही 'जीनियस' आगे चलकर किसी गड्ढे में गिरता है और हम तब उसकी उपलब्धियाँ गिना-गिनाकर गालियाँ बकते होते हैं। सौ गलतियाँ समाज के नाम ! हजार गलतियाँ सरकार के नाम।

सही सूझ-बूझ, सही आचरण, सही आत्म-आलोचना, समझदारी, साहस और लगन—किसी भी सफल, स्वस्थ व दीर्घजीवी व्यक्ति पर नजर डालिए, यही विधायक खूबियाँ वहाँ मुस्कराती मिलेंगी।

राजनीति में विधायक भूमिका हासिल करने के लिए तो और भी जागरूकता, और भी आत्मदमन आवश्यक है। प्रचलित अर्थों में राहुल नेता टाइप हो ही नहीं सकते थे। फिर भी यह तो मान ही लेना चाहिए कि 1932 से लेकर 1944 तक समाजवादी और कम्युनिस्ट और रूढ़िभंजक साहित्य तैयार करनेवालों में वह हमारी हिंदी संसार के सबसे बड़े अगुआ हैं। वामपंथी भावधारावाले लाखों साधारण युवक राहुलजी को अपना अन्यतम शिक्षक मानते हैं।

1939 में एकाएक हिंदी संसार को मालूम हुआ कि रूस में राहुलजी की पत्नी है और पुत्र पैदा हुआ। इस खबर से हमें कौतूहल मिश्रित खुशी हुई थी, हमने इस घटना को देशों की रिश्तेदारी का प्रतीक माना था। पत्रों-पुस्तकों में लोला और इगोर के फोटो छपते रहे और हम गौरवपूर्वक उन्हें आपसी चर्चा का टापिक बनाते रहे।

1950 में राहुलजी ने एक और शादी कर ली। अबकी श्रीमती सांकृत्यायन बनीं कलिम्पोंङ् की रहनेवाली कुमारी कमलमाया परियार—उम्र में उनसे लगभग पैंतीस साल छोटी।

डाइबिटीज़ का हमला 1949 में ही हो चुका था। गिरस्ती के झमेले, आर्थिक तंगी, इंसुलिन के इंजेक्शन और बदपरहेजियाँ—सबने मिलकर राहुल की कुन्दन काया को गलाना शुरू कर दिया। दस-बारह वर्षों में उनका स्वास्थ्य बुरी तरह जर्जर हो गया।

1943 में राहुलजी की पहली पत्नी के दर्शन हमें हुए थे। उस स्वस्थ, सुंदर और प्रौढ़ ग्रामीण महिला ने मुझसे कैफियत तलब की थी, "मेरा क्या कसूर है, क्यों छोड़ रखा है उन्होंने..." जवाब में एक भी बोल इस मुँह से नहीं फूट रहा था। मैं चुप्पी साधे; निगाहें नीची किए था...छोटी-बड़ी उम्र की अनेक स्त्रियाँ खुले जँगले से बाहर खड़ी थीं, पैने सवालों से मुझे छेद-बेद रही थीं...तैश में आकर एक वृद्धा ने उस महिला की कलाई पकड़ ली, खींचती हुई चीखी, "छोड़ो, छोड़ो, चलो यहाँ से। यह भी किसी को छोड़कर भाग आया होगा। केदार (राहुल) ने भगोड़ों की जमात कायम कर रखी है..."

मुझे कनैला (जिला आजमगढ़, उत्तर प्रदेश) की उस वृद्धा का वह आक्रोश कभी नहीं भूलता। वह भाभीजी को खींचकर मेरे सामने से हटा ले गई थी।

अपनी एकमात्र पत्नी श्रीमती अपराजिता देवी (तरौनी, जिला दरभंगा, बिहार) से मैंने यह बात कही तो वह बोली, "ठीक ही तो कहा था बुढ़िया ने ! तुम नहीं मुझे छोड़कर भागे थे ?"

यह भगोड़ापन बड़ा ही व्यापक है, उतना ही सनातन, उतना ही विविध। लेकिन मनुष्य साधारण पशु नहीं होता, वह तो विकसित पशु है, मिल-जुलकर सोचना-समझना, अपनी सुविधा के लिए कायदे-कानून बना लेना और उन पर अमल करना उसकी विशेषता होती है। प्रथाएँ पुरानी होकर रूढ़ियों के तौर पर अचल बन जाती हैं तो अगली पीढ़ी अपने सुभीते के लिए नई प्रथा कायम कर लेती है। भगोड़ा आगे बढ़कर और फक्कड़ होता है। रूढ़िभंजनवाली परंपरा उसको क्रांतिकारियों की अनुशासित कतार में शामिल करा देती है...

मुझे संदेह है कि राहुलजी का मानसिक स्वास्थ्य अपनी पूर्वस्थिति में वापस आएगा। हाँ, साधारण तौर पर वह स्वस्थ होकर रूस से लौटेंगे, इगोर राहुलोविच को सामने पाकर बीमार पिता को कितनी खुशी होगी।

अकेले राहुल ने हिंदी संसार को उतना अधिक दिया है, जितना दस साहित्यकार भी नहीं दे सके। सहज श्रद्धालु हमारी भारतीय जनता अपने 'राहुल बाबा' के नाम पर हमेशा माथा झुकाती रहेगी...

[सरिता, नवंबर 1962]

आईने के सामने

मुझे तुम पर बेहद गुस्सा आ रहा है, राकेश, तुमने मेरे सामने आईना रख दिया है ! जाने कहाँ से ले आए हो यह आईना ! इस तरह का शीशा तो आज तक कहीं देखा नहीं... !

एक तो यों ही मैं 'खूबसूरत' हूँ, मगर इस मायावी दर्पण ने तो मुझे और भी 'खूबसूरत' बना दिया है !

वो देखो, तुम्हारे इस आईने में मेरी नाक किस कदर छोटी दिखाई दे रही है ! वो देखो, मेरा दम्भी साहित्यकार अंदर-ही-अंदर कितना घबरा उठा है ! उसने आँखें मींच ली हैं, नहीं देखेगा अपने प्रतिरूपों की तरफ...कहीं, किसी कुतूहल का शिकार होने पर ही नीलाम का यह अनूठा माल तुम्हारी तकदीर से चिपक गया होगा—आईना नहीं है, काल भैरव का डंडा है यह ! पिछले ढाई-तीन हफ्तों मेरा पीछा किया है शैतान ने। परिव्राजकाचार्य, सिद्ध-शिरोमणि, महामहिम श्री श्री 108 श्रीमान नागा बाबा ने तुम्हारे इस जादुई दूत को कई दफे बरगलाना चाहा, किंतु यह जो सिंहासन बत्तीसी और बैताल पचीसी के चरित-नायकों से कहीं अधिक जिद्दी, कहीं अधिक बलवान, कहीं अधिक विनम्र और कहीं अधिक टैक्टफुल निकला !

परसों शाम को मैं नरीमन प्वाइंट तक चला गया। यों ही। समुद्र खूब तरंगित नहीं था, पूस की पूर्णिमा कब पड़ती है ?...निर्णय सागरवाला छोटा पंचांग लेकर रखा तो था, किताबों-पत्रिकाओं के ढेर में जाने कहाँ खो गया ! बंबई के अति आधुनिक

कैलेंडरों पर खीज उठी—साले पूर्णिमा तक का पता नहीं चलने देते ! बंबई न हुआ, लंदन-न्यूयार्क हो गया ! हाय रे कलकत्ता...पूर्णिमा कब पड़ती है ?

समुद्र आज खूब तरंगित नहीं है। क्यों नहीं है आज समुद्र खूब तरंगित ? आसमान की ओर निगाहें उठाऊँ ?...अधूरा चाँद कच्ची शाम का भास्वर फीकापन, खुला, नीला अंतरिक्ष...आज एकादशी या द्वादशी होगी, तीन-चार रोज बाद भरा-पूरा चाँद दिखेगा। तरंगित समुद्र देखना हो, तो तीन-चार दिन बाद आओ।

"सेठ, नारियल पिएगा।"

"नहीं पिएगा।"

"आठ आना, सेठ..."

"नहीं ।"

"पंतालिस नवा पैसा, सेठ..."

"तेरा दिमाग है कि कद्दू है ? सेठ, सेठ, सेठ, सेठ, सेठ, सेठ, सेट्ठिस ! सेट्ठुस ! सेट्ठीस कहीं का !"

"नारियल नईं पिएँगा तो नईं पिएँगा, हमको गाली क्यों देंगा, सेठ ?"

अब उस दक्षिण भारतीय फेरीवाले पर मेरा हृदय द्रवित होने लगा। लगा कि मैंने उसे नाहक अपने आक्रोश का निशाना बना लिया—ज़हर में बुझे हुए इंगित और आक्रमण की मुद्राएँ तो खुरदरे शब्दों में कई गुना अधिक पैनापन भर देते हैं ! क्या कसूर था गरीब का ? उसने तुम्हें 'सेठ' कहकर पुकारा, यही कि और कुछ ? लो, अब तुम भी उसे 'सेठ' कहकर पुकारो। देखो, वह तो बिलकुल बदल गया ! उजले-धुले दाँतों की दूधिया झलक उसके श्यामल मुखमंडल को दिव्य संकेतों का एलबम बना देगी। अब एक नारियल तो तुम्हें पी ही जाना होगा !

इशारे से मैंने नारियल ले लिया और खड़े-खड़े ही पीने लगा। दो घूँट लेकर गरदन ऊपर हटा ली और फिर से नारियल के अंदर झाँका...

अरे, यहाँ तो अपनी समूची नाक गायब है !...तो राकेशवाला आईना आसानी से पिंड नहीं छोड़ेगा मेरा ! बच्चू, जाओगे कहाँ। इस मुगालते में न रहना कि बाबा हो, औघड़ हो, बावन घाट का पानी पी चुके हो ! यह कोई मामूली खिलवाड़ नहीं है, भिड़ंत है दो अवधूतों की। एक भी पीछे हटने का नाम नहीं लेगा, दोनों साँडों के चारों सींग ठूँठ हो जाएँगे। दुनिया तालियाँ पीटेगी और तमाशा देखती रहेगी। अभी तो खैर नाक ही गायब दीखती है, आगे धड़-ही-धड़ शेष नजर आएगा। हो सकता है कि आदिकाव्य (रामायण) के मुंड-विहीन उस अभिशप्त राक्षस (कबंध) की तरह आगे चलकर तुम भी किसी अवतारी महामानव की प्रतीक्षा में सदियों तक यों ही डोलते फिरो !

एक ही साँस में बाकी पानी पीकर मैंने नारियल का खोखा समुद्र में फेंक दिया, तो फेरीवाला बोला—अंदर का मलाई नईं खाया, सेठ ?

—फिर सेठ-सेठ ! अरे भाई, सभी को सेठ मत कहा करो...

—क्या कहेंगा ?

—भाई कहो, कोई बुरा नहीं मानेगा।

—नई सा'ब, भाई कहने से बी नईं चलता। अबी उस रोज भाई कहके बुलाया तो दो सेठों ने हमको अंग्रजी में गाली दिया...

—कारवाला रहा होगा !

—हाँ, सा'ब, बहुत बड़ी कार थी—गुलाबी रंग की।

पाँच नए पैसे उसने तो लौटा ही दिए थे अठन्नी में से, मैंने नहीं लिये, तो भरी-पूरी मुसकान उसके चेहरे पर खेलने लगी।

सच कहता हूँ, राकेश, कल बाहर नहीं निकला। आज भी नहीं निकलूँगा। आईने का पिशाच सामने मुस्तैद खड़ा है...बीच-बीच में भौंहें तानकर, होंठ भींचकर वह मुझे धमका भी रहा है—ख़बरदार ! आत्मकथावाली घिसी-पिटी स्टाइल में कुछ का कुछ लिखकर पन्ने काले करोगे, तो तुम्हारे भी हाथ-पैर सुन्न हो जाएँगे ! जीभ अकड़ जाएगी और दिल-दिमाग किसी काम के न रहेंगे !

तो फिर ?

तो फिर, जय हो आईने के इस बैताल की !

नमस्तेऽस्तु पिशाचाय,
वैतालाय नमो नमः
नमो बुद्धाय मार्क्साय
फ्रायडाय च ते नमः।

अथ नाग-लीला—

बाहर से जैसा कुछ दिखाई देता हूँ, वैसा ही नहीं हूँ न ?

जीवन के अनेक-अनेक पहलुओं की सम-विषम प्रतिच्छवियाँ इस आईने में उभर रही हैं। स्टूडियो का टेकनीशियन फिल्म की बेतरतीब रीलों के टुकड़े क्या यों ही सेंसर बोर्ड के समक्ष पेश कर देता होगा ? नहीं जी, वह उन्हें कतर-ब्योंत करके एक खास क्रम में सजाता होगा।

मेरा जीवन सपाट मैदान है—प्रेमचंद अपने बारे में कह गए हैं...मगर मेरा जी नहीं मानता कि किसी भी साहित्यकार का जीवन सचमुच 'सपाट' होता होगा। दरअसल यह भी एक फैशन है व्यक्तित्व की छाप छोड़ने का कि हम अपनी सादगी, सिधाई, भोलापन, विनम्रता आदि का लेखा-जोखा आहिस्ता से औरों तक पहुँचा दिया करें ! प्रकृति खुद ही चमत्कारमयी है, वह सपाट नहीं हुआ करती। तो फिर हमारी और आपकी जिंदगी ही कैसे सपाट होगी, साहब ?

अरे वाह ! यह देखिए, सामने नागा जी का शिशु चेहरा...पीछे एक अधेड़ पुरुष की प्रौढ़ मुखाकृति...अगले ही क्षण चेहरे पर क्रोध का तनाव...होंठ काँप रहे हैं।

(मैं तेरा हाथ काट लूँगा ! क्यों अंट-संट लिख मारा है तूने ? बाप की बुराई कौन करता है ?)

—शैतान। मगर मैंने झूठ थोड़े लिखा है। मेरी चाची से आपका क्या रिश्ता था ?

उस रोज, दुपहर की उमस में अंदर लेटी हुई मेरी माँ का गला कुल्हाड़ी से किसने काटना चाहा था ? समाज की दसियों औरतों से आपके लगाव थे। कोई बात नहीं। लेकिन मेरी माँ और मेरे पाँच भाई-बहनों को किसकी उपेक्षा का शिकार होकर दम तोड़ना पड़ा था ?

(चोप्‌ ! जीभ खींच लूँगा...जानता नहीं, मैं कितनों की पसलियाँ तोड़ चुका हूँ ? रौब के मारे गाँव के युवक मुझे 'गुरू' कहकर पुकारते हैं !...)

—और पिताजी, आपकी वह गुरुअई कैसे गल गई थी मामूली कागज की तरह, जबकि मेरी विधवा चाची के गर्भ रह गया था और भ्रूण की निकासी के लिए पड़ोस वाले गाँव की उस बुढ़िया चमाइन को सौ रुपए देने पड़े थे !

अजी वाह, आप रो रहे हो ? मेरा वश चलता तो उस अधेड़ उम्र में भी आप दोनों की नई शादी वैदिक विधि से करवा देता ! पर मैं तो उन दिनों दस-ग्यारह साल का छोटा-सा बालक था—मातृहीन, रोगी और डरपोक !

अब सोचता हूँ, तो आईने के अंदर अपने होंठों को उस बाल-सुलभ खीज पर मुसकराते देखकर तसल्ली होती है। क्या कसूर था बेचारों का ? सहज नेह-छोहवाले सीधे-सादे देहाती लोग थे...मगर पिता को अंत तक खुली क्षमा कहाँ दे पाया !

आज शायद इसीलिए पिता के प्रति विगलित हूँ कि स्वयं छः बच्चों का पिता हूँ। पितृ-सुलभ वात्सल्य के आवेग ही शायद अपने पिता-पितामह के प्रति हमें उदार बनाते हैं। 1943 के सितंबर में काशी की गंगा के किनारे मणिकार्णिका घाट पर उनका प्राणांत हुआ। मैं तिब्बत के पश्चिमी प्रदेशों की यात्रा पर निकल गया था। कहते हैं, अंतिम क्षणों में किसी ने मेरी याद दिलाई, तो सूखे होंठों को सिकोड़कर बोले थे—उस आवारा का नाम ही मत लो।

—न लो नाम, अपना क्या बिगड़ेगा ? मैं भी तुम्हारी चर्चा किसी के आगे न करूँगा। मेरी माँ को जिसने इतना अधिक परेशान रखा, उस व्यक्ति को खुले दिल से 'पिता' कहने की इच्छा भला कैसे होगी ?...

—देखो भई, यह तो हिलने लगा ! जरूर कोई गड़बड़ हुई है, वरना आईना हिलता क्यों ?

—अपू ? अपराजिता ? आओ, आओ ! अच्छा हुआ कि शीशे में तुम दिखाई पड़ीं। कमजोर लग रही हो, बीमार हो क्या ?

—मैं भी बीमार रहा इधर तो। ग़नीमत है कि बंबई की समुद्री आबोहवा ने अबके दमा को मेरे गिर्द फटकने तक न दिया। हाँ, सर्दी-खाँसी ने बीस-पचीस दिनों तक बेहद परेशान किया।

—सोचती हूँ, पिछले कुछेक वर्षों में तुम मुझसे दूर-दूर सरकते चले गए हो। पहले कितनी चिट्ठियाँ लिखा करते थे ! अब शायद मैं तुमको अच्छी नहीं लगती हूँ। है न यही बात ?

—क्या बात करती हो, अपू ! तुम तो मेरी सहधर्मिणी हो—ठेठ सनातन अर्धांगिनी

श्रीमती अपराजिता देवी, 45। हमारी अपनी देहाती जायदाद और घर-आँगन की मालकिन ! तुम तो नाहक उदास हो, रानी ! क्यों सुस्त हो ? क्या बात है ?

—वह चुड़ैल सपने में मुझसे झगड़ रही थी...

—कौन भई, कौन ?

—वही, जो उस दफे गर्मियों में छत पर तुम्हारे लिए इत्र के फाहे फेंका करती थी...

—उसके बारे में तो मैंने खुद ही तुम को बतला दिया था। जो नहीं कहना चाहिए, वह बात भी कह दी थी। नहीं कही थी ?

—सो तो सबकुछ बतला दिया था तुमने...मगर वह राँड सपने में मुझसे झगड़ रही थी कि अब इस उम्र में सिंदूर क्यों लगाती हूँ ! कह रही थी, 'ऐसा कौन-सा शहर है जहाँ तेरी सौत न हो'...सो, देखना, मेरी लाज रखना !

—क्या सोच रही हो, इस बुढ़ौती में कहीं दो-एक ब्याह मैं और भी रचा लूँगा ?

—क्या ठिकाना है तुम लोगों का ! मैं क्या पटना-इलाहाबाद नहीं रही हूँ ? जरा-मरा जान-पहचान बढ़ी, तनी-मनी नेह-छोह बढ़ा कि चट्‌ट शादी पर ही उतर आते हैं...

—अच्छा ऽ ऽ ऽ !!! तो यह बात है !

मुझे जोरों की हँसी आ गई है और अपराजिता का चेहरा दबी-दबाई हँसी के मारे प्रफुल्ल हो उठा है...ओफ्फोह, महिलाएँ कितनी चतुर होती हैं ! पुरुषों को छूट भी देंगी और अपना हक भी नहीं छोड़ेंगी

एक बार ऐसा हुआ कि हम आठ-दस महीने बाद मिले थे। मैं साठ घंटे बाहर नहीं निकला। उन दिनों बच्चे दो ही थे और छोटे थे। उस प्रसंग की एक बात बतला ही दूँ...

अपनी उच्छृंखलता और मस्ती की ढेर-सी बातें बता चुकने के बाद मैंने अपराजिता से पूछा--तुम तो सुनती ही रही हो, कुछ अपनी भी बतलाओ न !

देर तक मुसकराते रहीं देवीजी। कोंचने पर बोलीं—ले-देकर एक ही तो देवर है अपना, हफ्ते में एकाध बार मौका मिलता है। बस, बातों का गिल्ली-डंडा खेल लेते हैं। घर बैठकर दो छोटे बच्चों को सँभालते, तो तुम्हारा भी विद्यापति टैं बोल जाता !

बचपन के दिनोंवाले कई चेहरे सामने आ रहे हैं। सारे के सारे लड़के हैं—दो-तीन बड़ी उम्रवाले, बाकी हमउम्र और छोटे। एक लड़की भी झाँक रही है।

यह लड़की तेरह वर्ष पार करके चौदहवें में प्रवेश कर चुकी है। मैं संस्कृत की व्याकरण मध्यमा का छात्र हूँ और इंदुकला के पिता शशिनाथ जी मेरे अन्नदाता हैं (उन दिनों मिथिला में गरीब छात्रों को परिवार का सदस्य बनाकर अध्ययन में वर्षों तक सहायता करने की प्रथा थी)। इंदु मुझसे कहानियाँ सुनती है, विद्यापति के पद सुनती है, कौड़ियों का खेल खेलती है मेरे साथ...इसके पहले मुझे कहाँ मालूम था कि लड़की क्या होती है !

अठारह वर्ष का हुआ, शादी हुई। तब अपराजिता और उसकी दसियों सहेलियों के दर्शन हुए। यह एकदम नई बात थी मेरे लिए । इसके पहले पाँच-सात साल उसी माहौल में गुजरे थे जहाँ छात्रों और अध्यापकों के दरमियान समलिंगी व्यभिचार के आतंक की अशुभ छाया व्याप्त थी। लोग अपने लड़कों को छात्रावासों में भेजने से हिचकते थे। 1930-32 के महान् स्वाधीनता-संग्राम के चलते एक-एक कैंप-जेल में दस-दस हज़ार सत्याग्रही रखे गए थे। उनमें सभी उम्र के लोग थे। वहाँ भी अप्राकृतिक सेक्स-संपर्क ने अपना रंग दिखलाया था।

यह दुर्भाग्य है कि स्त्रियों और पुरुषों को वर्षों अलग-अलग रहना पड़े। हमारा हिंदी-भाषी क्षेत्र सामाजिक सहजीवन की दृष्टि से पड़ोसी प्रदेशों की अपेक्षा अधिक पिछड़ा हुआ है। हमारी यह लालसा तो रहती है कि फिल्मों में नए-नए चेहरे दिखाई पड़ें, किंतु अपनी पुत्री या पुत्रवधू को हम 'मर्यादा' की तिहरी परिधियों के अंदर छेके रहेंगे ! लड़की के लिए इंजीनियरिंग या डाक्टरी की पढ़ाई करनेवाला युवक हासिल करना है तो दस हजार से लेकर पचास हजार रुपए खर्च करेंगे, मगर उसको उसकी रुचिवाला जीवन-साथी चुनने का अवसर कदापि नहीं देंगे और न उसे काम करने की छूट देना चाहेंगे। बेकारी और सामाजिक घुटन की जहरीली भाप बेचारी के तन-मन को पंगु बनाती जाएगी और हम–

–ठहरिए, महाशय जी !

–कौन हो, भाई ?

–इस तरह तो काम नहीं चलने का...

–आप आईने की तरफ नहीं देख रहे हैं न ? किसने कहा था कि जनाब मन की झील के अंदर गोते लगा गए ! मैं इस दर्पण की आत्मा हूँ। रूप-कथाओंवाला बैताल मेरे डर से थर-थर काँपता है...

–तो मैं भी तुम से डरूँ ?

–नहीं, नागा बाबा, तुम काहे को मुझसे डरने लगे ! हाँ, इतना जरूर है कि लापरवाही करोगे, तो उत्पात मचा दूँगा। बैठने नहीं दूँगा चैन से, समझे ?

–लो भई, फिर से एडजस्ट करो इसे ...

–शाबाश ! कितना बढ़िया आईना है...!

कन्धों के पीछे से दो छोटी-पतली बाँहें इधर लटक आईं।

–कौन ? उर्मि, तुम हो ?

–जी, पिताजी !

–पगली, सामने तो आ !

–उँहूँ, नहीं आऊँगी सामने। आपकी पीठ के पीछे छिपी रहूँगी। क्या होगा सामने आकर ?

–तो, रंज है तू ?

अब वे छोटी-पतली बाँहें दिखाई नहीं पड़ रही हैं। उर्मिला थी न अपनी ? दस

साल की हो गई। कायदे से पढ़ती-लिखती होती, तो छठवीं श्रेणी की छात्रा होती किसी स्कूल की...लेकिन उसकी पढ़ाई का सिलसिला छूट गया है न ?

उर्मिला अपने बाप पर बेहद रंज है।

उर्मिला चूँकि लड़की है, बहुत कुछ समझने लगी है।

शोभाकांत ने पटना से कई बार लिखा है—आपने, पिताजी, उर्मिला के बारे में शायद तय कर लिया है कि उसे मूर्ख ही रखेंगे !

—नहीं, बेटा, तुम गलत समझ रहे हो। मैं भला अपनी पुत्री को मैट्रिक भी नहीं करवाना चाहूँगा !

—तो यों ही मैट्रिक हो जाएगी उर्मिला ?

मैट्रिक में फर्स्ट डिवीजन लाया है। पटना कालेज में प्रि-युनिवर्सिटी क्लासेज़ का छात्र है। बचपन में वर्षों तक बोन टी.बी. से आक्रांत था। एक टाँग शक्ति-शून्य है, इसी से लँगड़ाकर चलता है...उन्नीस साल का यह तरुण अपने बाप की रग-रग पहचानता है। उसे भली-भाँति पता है, पिताजी बातें बहुत करते हैं, काम नहीं करते ! समूचा परिवार पटना या इलाहाबाद कहीं जमकर रहता, तो उर्मिला भी पढ़ जाती और मंजू भी...

—हाँ, बेटा ! मैं गप्पी हूँ...अहदी भी हूँ और दाम्भिक भी।

हर साहित्यकार गप्पी होता है...अहदी भी होता है और दाम्भिक भी। यह अहदीपन और दम्भ उसे ऊँचा उठाते हैं। ढेर-की-ढेर कपास ओटना मोटा काम हुआ। महीन सूतों का लच्छा अगर छटाँक-भर भी अपनी तकली से आपने निकाल लिया तो 'पद्मभूषण' के लिए इतना ही पर्याप्त है, बंधु !

आईने के अंदर जो नागाजी झाँक रहा था, अभी-अभी उसने भभाकर हँस दिया...

बाहरवाला नागाजी इस पर डाँट रहा है—मैं तेरा गला घोंट दूँगा। पाजी कहीं का ! भिलाई या राऊरकेला या दुर्गापुर, कहीं किसी ठेकेदार का मुंशी ही हो जाता भला ! वह धंधा भी बेहतर था, बच्चू !

आईनेवाली आकृति के होंठ हिल रहे हैं। मुद्रा से लगता है, कुछ गुनगुना रहा है...समझे ? कह रहा है...

> कलम ने ग़ालिब निकम्मा कर दिया,
> वरना हम भी आदमी थे काम के !

अब आगे मैं तुझे अपने कंधों पर नहीं ढोऊँगा, अदना-सी कोई नौकरी कर लूँगा। बिलकुल असाहित्यिक !

मैं ऊब गया हूँ इस अतिरिक्त यश से। जी करता है कभी-कभी कि कोई ऐसा तगड़ा कुकर्म करूँ जिससे पिछली सारी शोहरत धुल-पुँछ जाए साहित्यकारों की !

अपने ही एक सहृदय बंधु ने एक बार 'कुकर्म' का बड़ा अच्छा अवसर प्रदान किया था, तब क्यों तुम भागे थे ?

वह शायद ही कभी तुम्हें क्षमा करे !

मैंने लेकिन उसको माफ कर दिया है।

अरे पिनकूराम, तुम क्या किसी को यों ही भूलनेवाले हो ?

क्या कहा ? प्रतिशोध की मेरी भट्ठी कभी ठंडी नहीं होगी ?

नहीं, कभी नहीं। बात यह हुई कि तुम्हारा सारा बचपन घुटन और कुंठा में कटा। गरीबी, कुसंस्कार और रूढ़िग्रस्त पंडिताऊ परिवेश तुम्हें लील नहीं पाए, यह कितने आश्चर्य की बात है ! पहले तुम भी वही चुटन्ना और जनेऊवाले पंडित जी थे न ? न पुरानी परिधि से बाहर निकलते, न आँखें खुलतीं, न इस तरह युग का साथ दे पाते...

—नहीं दे पाते युग का साथ ! वाह भई, वाह !

यह किसने ठहाके लगाए ?

—मैं ? कौन हूँ मैं ? दम्भ हूँ, आरोपित 'इगो' हूँ—तुम्हारा अपना ही स्फीतस्फुरित अहंकार ! व्यक्तित्व का आटोप...किस मुगालते में पड़े हो, बाबा ? क्या अकेले तुम्हीं ने युग का साथ दिया ? बाकी और किसी ने जमाने की धड़कन नहीं सुनी ? अलस्सुबह, ब्रुश से दाँत माँजते वक्त ऐस्प्रो की टिकिया का सुकंठ विज्ञापन, मीरा के भजन की लता-वितानवाली लहरियाँ, अपराह्न के अवकाश को गुदगुदानेवाली अंतर्राष्ट्रीय टेस्ट मैच की कमेंट्री, संकट के क्षणोंवाले उदास-अनुतप्त अनाउंसमेंट...यह सारा-का-सारा युगीन स्पंदन क्या तुम्हारे कानों तक पहुँचता रहा है ?

बतलाओ, बतलाओ न ! चुप क्यों हो गए ?

गतिशीलता का सारा श्रेय तुम्हीं लूट लोगे ?

गति नहीं, प्रगति ! अरे हाँ, तुम तो प्रगतिशील हो न ! बड़बोला प्रगतिवादी !

जरा देर के लिए अपनी 'प्रगति' के रंगीन और गुनगुने झागों को अलग हटा दो न ! नागा बाबा, प्लीज़... !

आचार्य शिवपूजन सहाय चल बसे !

जी हाँ, वर्षों से शिवपूजन बाबू का हेल्थ जर्जर चला आ रहा था।

...जी, बिलकुल ठीक फरमाया आपने। सहायजी का आविर्भाव न होता, तो बहुतों की कृतियाँ 'असूर्यम्पश्या' चिरकुमारियों की तरह घुटकर रह जातीं। यह सहायजी का ही तप था कि तीन-तीन पीढ़ियों की पांडुलिपियों का उद्धार हुआ।

—जी, आपको भी तो यदा-कदा 'आचार्य नागार्जुन' के तौर पर याद किया जाता है !

—वाह जी, वाह, हद कर दी आपने तो ! अपने कानों को इस फुरती से क्यों छू लिया है आपने ?

—ना बाबा, ना ! आचार्यत्व का वह लबादा भला मुझसे ढोया जाएगा ? अपन तो सीधे-सादे गऊ-सरीखे प्राणी ठहरे...

—माफ कीजिए नागार्जुन जी, आप उतने सीधे-सादे नहीं हैं...

—हाँ...हाँ, रुक क्यों गए ? कह जाओ पूरा वाक्य। बीच में ही मेरा रुख क्यों नापने लगे ?

लो, अब देखो तमाशा ! आईने के अंदरवाला चेहरा तमतमा उठा है, और बाहर वाला चेहरा तो पतझर की फीकी उदासी को भी मात देने जा रहा है ! सचाई की सारी खटास किस तरह कलई खोलती है तथाकथित व्यक्तित्व की !...देखा आपने ?

ठीक तो है, मैं उतना सीधा-सादा नहीं हूँ जितना दिखता हूँ। यह सिधाई—यह सादगी तो बल्कि दुहरी-तिहरी ढोंग हो सकती है !

आदमी हो तो आदमी की तरह रहो न ! यह क्या धज बना रखी है तुमने अपनी ! छोटे-छोटे बाल उगाए रखते हो चंचल माथे पे। नुची मूँछों का ठूँठ आलम तुम्हारे मुखमंडल को प्राकृत और अपभ्रंश के संयुक्त व्याकरण-जैसा सजा रहा है ! कपड़ों का यह हाल कि भदेसपन और कंजूसी का सनातन इश्तिहार बने घूमते हो ! चर्चगेट हो या चौरंगी, कनॉट प्लेस हो या हजरतगंज, सर्वत्र तुम्हारी यही भूमिका रहती है। आधुनिकता या माडर्निटी को अँगूठा दिखाने में तुम्हारी आत्मा को जाने कौन-सी परितृप्ति मिलती है ! ओ आंचलिक कथाकार, तुम्हारी आँखें सचमुच फूटी हुई हैं क्या ? अपने अन्य आंचलिक अनुजों से इतना तो तुम्हें सीख ही लेना था कि रहन-सहन का अल्ट्रामॉडर्न सलीका भला क्या होता है। ओह, तुम मास्को-पीकिङ नहीं पहुँच सके हो अब तक ?...ओफ्फोह माई डियर नागा बाबा ! ह्वाट ए पिक्यूलियर टाइप ऑफ पुअर फेलो यु आर !...प्राग ही देख आए होते ! प्राइम मिनिस्टर की कोठी के सामने, तीन मूर्ति के करीब एकाध बार हंगर-स्ट्राइक मार दी होती, तो फिर बुडापेस्ट देखने का तुम्हारा भी चांस श्योर था...और अब तो ससुर तुमने अपने आपको डुबो ही लिया है। पीकिङवालों को इस कदर गालियाँ देने की क्या जरूरत आ पड़ी थी ! देख लेना, कल या परसों फिर से 'भाई-भाई' के वही नारे मुखरित होंगे और चुगद की तरह फीकी-डूबी निगाहों से चीनी-गणतंत्र के दूतावास की बाहरी प्रकाश-मालाओं को तुम देखा करोगे ! ओ अछूत-औघड़ अदूरदर्शी साहित्यकार, तुम सचमुच ही भारी बेवकूफ हो ! तुमने माओ-त्से-तुङ्, लिउ-शाओ-चि और चाऊ-एन-लाई को बुर्जुआजी से उधार ली हुई गालियाँ दी हैं; कोई 'सच्चा' कम्युनिस्ट तुम्हें माफ नहीं करेगा। बंगाल के तरुण कम्युनिस्टों को यदि तुम्हारी ये कविताएँ अनूदित करके कोई सुना दे, तो वे निश्चय ही तुम्हारे लिए नफरत में डूबे हुए दो शब्द कहेंगे। बस दो ही शब्द...

जी हाँ, दो ही शब्द कहेंगे !

बतलाओ तो भला क्या कहेंगे ?

—प्रतिक्रियावादी कुत्ता !

आईना घूम गया है यह सुनकर...वह चक्कर खा रहा है...चक्कर-पर-चक्कर...और एक चक्कर...और एक चक्कर !

अरे, कब तक चक्कर काटेगा आईना ?

ओ भाई आईने, यह तुझे क्या हो गया !

इत्ते-से काम नहीं चलेगा। अभी और कुछ देर तक अपन आमने-सामने बैठेंगे। भई, तू घबरा क्यों उठा ? किसी ने तुझे कुत्ता कह दिया ? प्रतिक्रियावादी कह दिया किसी ने ?...तो, क्या हुआ ? आखिर मैंने भी तो उनके इष्टदेव को गालियाँ दी हैं न ? तू घूँसे लगाएगा, तो दूसरा चुप बैठा रहेगा क्या ?

वाह रे घूँसेबाज !

आईना एक बार और घूम गया है। अबकी, शायद परिहास की भंगिमा में...

—अपनी शक्ल तो देखो !

—क्यों, क्या हुआ है मेरी शक्ल को ?

—पास-पड़ोस में किसी के यहाँ अगर आदमकद बड़ा आईना हो, तो कभी-कभी वहाँ पहुँचकर अपने शरीर की पूरी परछाई देख आया करो न !

—हट, भाग यहाँ से ! बदतमीज़ कहीं का !

—भारी पहलवान हो न, घूँसे का खयाल तभी तो आया है...!

मन-ही-मन गोरेगाँव पहुँच गया हूँ क्षण-भर के लिए। डॉ. शुक्ला के क्वार्टर में आदमकद आईना है। अभी उतना भुलक्कड़ नहीं हुआ हूँ...

अरे, मैं तो धनुष की तरह बिलकुल ही झुक जाऊँगा कुछ वर्षों में ! हाय, मैं तो बुढ़ापे का गेट-पास पाने का हकदार हो चुका हूँ...सिर के बाल खिचड़ी दिखते हैं। मूँछों का भी यही हाल है। हथेलियाँ उलटाओ, तो पतली नीली नसों के जाल स्पंदित नजर आते हैं। सीने के ऊपर गले के दोनों छोर पर नीचे की तरफ गड्ढे किसी की भी हमदर्द निगाहों को अपनी ओर खींच लाएँगे...

केशवदास जी ने अपना ऐसा ही ढाँचा देखकर स्वगत कहा होगा--

केसव, केसन अस करी जस अरिहू न कराहिं।
चन्द्र बदनि मृगलोचनी 'बाबा' कहि-कहि जाहिं।।

मगर कसम ईमान की, शपथ जनता-जनार्दन की, मुझे तो अपना यह 'बाबा' संबोधन बेहद प्रिय है। किशोरी हो चाहे युवती, कोई भी चंद्रवदना मृगनयनी अपने राम को 'बाबा' कहती है, तो वात्सल्य के मारे इन आँखों के कोर गीले हो जाते हैं। अपनी प्रथम पुत्री जीवित रहती तो सत्रह साल की होती...शादी करने के बाद घर से भागा न होता, तो हमारी यह चंद्रवदनी-मृगलोचनी तीस-बत्तीस वर्ष की होती...

पके बालोंवाले आचार्य केशवदास का धर्म-संकट कुछ और ही प्रकार का रहा होगा। बुढ़ापे में भी छिछोरपन जिनका पिंड नहीं छोड़ता, हमारे यह बुजुर्ग निःसंदेह उसी कोटि के थे। हाँ, यह भी हो सकता है कि केशवदास को बदनाम करने के लिए किसी अन्य ईर्ष्यालु कवि ने उनके नाम पर यह दोहा लिख मारा हो...फिलहाल आचार्य केशवदास तो महाकाल की अतल गोद में से बाहर आने से रहे, उनकी ओर से शायद कोई अन्य आधुनिक आचार्य मुझे बतलाएँगे, उक्त दोहा क्षेपक है। प्रतीक्षा में रहूँगा।

मगर अपनी टेढ़ी कमर का क्या होगा ?

आत्मा को सबल बनाओ, नागा बाबा, देह की फिक्र क्यों करते हो, प्यारे ? 'नैनं छिदन्ति शस्त्राणि, नैनं दहति पावकः' गीता का एक भी श्लोक याद न रहा ?

तो राकेशवाला आईना ठीक ही कहता है, मैं बूढ़ा हो गया हूँ। जवाबी हमला अपनी तरफ से अब शब्दों तक ही सीमित रहेगा ?

कोई परवाह नहीं ! शब्द को अपने पूर्वजों ने वज्र से भी बढ़कर शक्तिशाली माना है...

हूँ...खैर, 'हारे का हरिनाम' ही सही।

शब्दों की गोलाबारी जिंदाबाद ! शब्द-ब्रह्म की यह बारूद हमारे राष्ट्र की अपनी वस्तु है...एटम बम या मेगाटन कोई भी अक्षर-शक्ति का सामना नहीं कर सकता !

अक्षर-शक्ति के द्रष्टा, शब्द ब्रह्म के उद्‌गाता...हम भारतीय साहित्यकार सप्तर्षियों के वंशधर हैं। सुन ले रे अलादीन के आईने ! जो भी हमारा मखौल उड़ाएगा; उसकी कलेजियाँ टूक-टूक हो जाएँगी ! खबरदार ! हमें ताने न मारना, अहमक...

—मुझे तूने डरपोक समझ रखा है ?

—माफ कीजिए, बाबा, आप क्या किसी से नहीं डरते हैं ?

—वाह, डरता क्यों नहीं ! दरअसल डरना भी उतना ही स्वाभाविक क्रिया होती है, जितनी कि डींग मारना !

—तो आप किससे डरते हैं ?

—अपने पाठकों से डरता हूँ। बलचनमा से डरता हूँ, वरुण के बेटों से डरता हूँ, दुखमोचन और रतिनाथ और वाचस्पति और पद्‌मानन्द और मोहन माँझी से डरता हूँ। कम्पाउंडर की उस बहादुर बीवी का ख्याल आते ही माथा दर्द करने लगता है कि बेचारी के प्रति मुझसे भारी अन्याय हो गया। रात को जब लोग सो जाते हैं, तब अक्सर मेरा बालचंद आकर सिरहाने खड़ा हो जाता है। अभी उस रात चौपाटीवाले उस कमरे के अंदर बलचनमा फलाँगकर चला आया, तो पैरों के धमाके से मेरी नींद उचट गई।

—सुरती फाँकेंगे, काका ? आपके लिए खास तंबाकू लाया हूँ जटमलपुर के मेले से। वही सरइसावाला बड़ा पत्ता है। सूँघकर देखिए न ?

—आप तो हमें भूल गए हो काका ! नहीं ? मैं झूठ कहता हूँ ?

—आप चुप क्यों हो, काका ?

—नहीं खोलोगे जबान अपनी ?

—अच्छा, न खोलो...

तम्बाकू का पत्ता खोंट-खोंटकर बालचंद ने फिर उसमें चूना मिलाया। पलंग के नीचे से स्टूल खींचकर बैठ गया और सुरती मसलने लगा।

मैं अपने इस खेतिहर हीरो से इन दिनों बहुत घबराता हूँ। वह चालीस से ऊपर का हो चुका है। एक बार गाँव का सरपंच भी चुना गया था। सात-सात बेटों का बाप है अब हमारा बलचनमा। बेचारी सुगनी जाने कब से तरस रही है कि घर-आँगन में

एक बिटिया भी डोलती नजर आए !

—काका, कहाँ-कहाँ भागते फिरोगे ? मैं छोडूँगा नहीं तुमको, हाँ ! मुझको पिटवाकर कहाँ डाल रखा है ? बेदर्द निर्मोही कहीं के ! शरम नहीं आती है, एक पोथी अधूरी छोड़ के अंट-शंट लिखे जा रहे हो ! जब तक मेरीवाली पोथी खत्म नहीं करोगे लिखकर, तब तक इसी तरह बिलल्ला बने भटकते रहोगे मिसिर जी महाराज !

—मैं आपको पकड़ के वापस ले जाऊँगा। क़ैद करके अक्कड़-लक्कड़वाली पिछवाड़े की अपनी उसी कुठरिया में बंद कर दूँगा...

—मैं आपकी मिट्टी पलीत करूँगा...

—मैं आपको कहीं का न रखूँगा...

—आप मेरी कहानी कब तक पूरी कर रहे हो ? चलो, साल-भर की मुहलत देता हूँ। इस अरसे में अगर मेरी कहानी को लेकर आपने चार-पाँच सौ पन्नों की एक और पाथी नहीं लिख डाली तो बस...

क्या कर लेगा ?

जान से मार डालेगा क्या ?

नहीं, शायद हाथ काट डालेगा !

अरे, बड़ा गुस्सैल है बलचनमा...पीछे पड़ जाता है, तो फिर तबाह कर देता है...

मैं उसे मना लूँगा...

हाँ, वह मान जाएगा...

वह मेरा मानस पुत्र ठहरा न ?

—जी हाँ, पिताजी !

यह तो दूसरा स्वर है...किसका स्वर है ?

—इतनी जल्दी भूल गए मुझे ? ओ वंचक पिता ! लो, तुम्हारा एक मानस पुत्र तुम्हें प्रणाम करता है, दुखमोचन की कैसी रेड़ मारी तुमने ? आपके लाभ-लोभ का शिकार वही दुखमोचन आपको अपनी प्रणतियाँ निवेदित कर रहा है, आर्य !

—वत्स, घबरा क्यों गए ? मैं तुम्हें भूला नहीं हूँ। शीघ्र ही तुम्हारा यथार्थ रूप पाठकों के समक्ष उपस्थित करूँगा। पिछली भूल अब और नहीं दुहराई जाएगी। आकाशवाणी-केंद्रों की दुहरी-तिहरी बोरियत का तुम्हें शिकार होना पड़ा, तुम्हारी लपसी बन गई, इसके लिए मैं तुमसे माफी चाहता हूँ बेटा !

आईनेवाला मुखड़ा मुसकरा रहा है। मैं सब समझता हूँ...वह कहेगा, देखो नागा बाबा, तुम न तो अपनी औरस संतानों के प्रति ईमानदार हो, न मानस संतानों के प्रति ही !

बिलकुल ठीक कहेगा, मैं अपना यह पाप कबूल कर लूँगा। बिना अगर-मगर के, बिना न-नु-न-च के स्वीकार कर लूँगा अपना अपराध...

जिंदगी में पहली बार ऐसा हुआ है कि मुझे किसी आईने के सामने इतनी अधिक

देर तक अपने को हाजिर रखना पड़ा।

मुझे बार-बार राकेश की खाम-ख़याली पर हँसी आई है, खीजा हूँ बार-बार राकेश के इस दुराग्रह पर। मेरे मालिक (पाठक-पाठिका वृंद), आपको मैं अब क्या बताऊँ कि आईने में अपना मुखड़ा देखना कितना आवश्यक है ! इस झमेले से छुटकारा पाने का आसान तरीका मुझे बचपन में ही मालूम हो गया था...महीने-महीने साबित माथा छिलवा लेना ! अपराजिता को मेरी इस सनक से सख़्त नफरत रही है। वह जाने कितनी दफे मुझ पर रंज हुई होगी, महज बालों के सवाल पर ! पिता के इस हठ का बच्चे भी मखौल उड़ाते हैं...

पिछले जीवन पर गौर करता हूँ, तो याद आता है, अठारह वर्ष की आयु तक शायद अठारह बार भी मैंने शीशे में अपना मुँह नहीं देखा होगा। पीछे शादी हुई, तो ससुराल के उस केलि-कुंज में अपराजिता की सहेलियों ने मुझे फैशन का क-ख-ग सिखलाया ! सुगंधित तेल की शीशी, कंघी और आईना मेरे बनारसवाले छात्र-जीवन में तब तक साथ रहे, जब तक कि गाँधीजी की आत्मकथा का पारायण नहीं किया।

अब महसूस करता हूँ कि आईना मुझे नित्य देखना चाहिए। अपने आलोचकों को यों हम दस-बीस गालियाँ दे ही लेते हैं, किंतु प्रतिरूप देखते वक्त हमारा निज का ही विवेक अपनी मीमांसा कर डालता है—निश्छल और संतुलित ! उसके सामने हमारे बाजारू हथियार धरे ही रह जाते हैं ।

आईने, तेरी जय हो !

आईने, अब आज से तू मेरा साथी हुआ !

अब मैं रोज तुझसे दस-पंद्रह मिनट बातें किया करूँगा। लेकिन नहीं, यह तो अपना आईना नहीं है। राकेश, ले जाओ अपना जादुई शीशा...! इसने तो मेरा माथा ही खराब कर दिया ! जाने क्या-क्या बकवा लिया है !...

नहीं भाई, मुझे नहीं चाहिए आईना-फाईना !

किसी को अपना बेड़ा गर्क करना हो, तो राकेश की ओर रुख करे...श्रीयुत मोहन राकेश, हाल मुकाम चर्चगेट, बंबई, पोस्ट जोन नंबर 1; क्यों भैयाजी, आपके निवास-स्थान का पूरा पता बतला दूँ संसार को ?

संसार यानी विश्व। विश्व यानी दुनिया-भर के सभी राष्ट्र। सभी राष्ट्र यानी सभी राष्ट्रों के झंडे...

क्यों साहब, झंडे क्या राष्ट्र के ही हुआ करते हैं ?

काशी-प्रयाग के हर पंडे का अपना अलग-अलग झंडा होता है। आपका भी अपना अलग झंडा हो सकता था।

था नहीं; है ! है, साहब है ! मेरा भी अपना झंडा...!

अच्छा ! वही झंडा ! पार्टीवाला ? हँसिया और हथौड़ा ?

राम कहिए। फिलहाल लगी है मुझे कसके भूख, इसी से और कोई झंडा सूझ नहीं रहा है। बस, अपना तो वही एक प्यारा झंडा है...मैथिल ब्राह्मणशाही का पीला

झंडा ! देखिए भाई, हँसिए नहीं। मेरे झंडे पर बड़ी मछली का निशान है। कितना प्यारा निशान है, मछली...मछली...!

सिर चकरा रहा है ?

भूख बहुत लगी है ?

जाओ न, चेम्बूर जाकर मछली-भात डटा आओ। अपना मैथिल मित्र है न तुम्हारा वहाँ ?

नहीं, अभी यहीं बिजली के चूल्हे पर खिचड़ी तैयार करता हूँ—सुरेश भाई चौपाटी वाले अपने रूम में इतना तो इंतजाम कर ही गए हैं।

मगर यह आईना भी तो अपना पिंड छोड़े न !

अब आखिरी झाँकी है...

सामने अपनी परछाईं के इर्द-गिर्द एक-एक दो-दो करके कई चेहरे आगे-पीछे दिखाई दे रहे हैं—

क—तुमने मुझे पिटवाया था, मैंने तुम्हें दो वर्ष की जेल की सजा कटवाई थी। तुम्हारी जटा तीस हाथ लंबी थी, गोरखपुर के उस पारसी मजिस्ट्रेट ने तुम्हारी गिरफ्तारी के बाद पहला काम यही किया था कि जटा मुँड़वा दी...इलाके में तुम्हारे ढोंग की तूती बोलती थी...नागा बाबा ने बुलहवा के बाबा की माया को पंक्चर कर दिया ! गवाहों ने अदालत में कहा था—यह व्यक्ति मूलतः तमकुही का रहनेवाला मुसलमान है और भागकर नेपाल चला गया। वहाँ से साधु बनकर लौटा—काले चेहरे की लाल आँखें बार-बार मुझे घूर रही हैं !

ख—एक अधेड़ औरत। रात को सोते समय कंबल के अंदर घुस आई थी। तिब्बत की घटना है, अपरिचित जगह, अनजाने लोग। शंका और आतंक से मेरी नींद उड़ गई। अगले रोज मालूम हुआ, वह इसलिए साथ सोने आई थी कि मैं ठंड के मारे सिकुड़कर कहीं दम न तोड़ दूँ !

ग—अमृतसर का एक लाल। हम पति-पत्नी (1941 में) को यह निरे भोंदू मान बैठा था। अपराजिता को रिझाने की बेचारे ने कोशिश की, सैकड़ों रुपए खर्च कर डाले। उसे आशा थी कि अपने गँवार पति को छोड़कर यह युवती उसकी जीवन-संगिनी बनना स्वीकार कर लेगी। बरेली-मुरादाबाद-हरिद्वार-सहारनपुर जाने कितने दिनों तक यह पंजाबी युवक हमारे साथ चिपका रहा !

घ—उत्तर प्रदेश का एक प्रकाशक। कई हजार रुपए बरबाद हुए उसके। इसमें 40 प्रतिशत कसूर उसका अपना भी था।

च—वयोवृद्ध पत्रकार। आपको मैंने अपनी पैनी कलम चुभो दी थी। बड़ा दर्द हुआ बेचारे को...

छ—काठमांडू का एक सैनिक अधिकारी। उन्होंने तीन राष्ट्रों की महँगी शराब को आचमन करने का सुअवसर प्रदान किया था।

बस, बंद करो अपनी बकवास...!

हाँ, सचमुच बड़ी कतार है उन चेहरों की जिनकी निगाहों में मेरे लिए उलाहना भरा है...बाकी चेहरे कुछ ऐसे भी मित्रों के हैं, जिनकी प्रशस्ति में मैंने निर्लिप्तता का परिचय दिया।

भाई, यह तोड़-जोड़ की दुनिया है। इस हाथ दो, उस हाथ लो ! वरना जहन्नुम में जाओ...!

अलविदा, प्यारे आईने ! अलविदा !

[सारिका, मार्च 1963]

फर्स्ट क्लास फर्स्ट !!

लड़की है। फर्स्ट क्लास फर्स्ट है। एम.एम. है। कॉलेज में प्राध्यापिका हो गई है।

उसने नए सिरे से जीवन आरंभ किया है। अब तक माँ-बाप की निगरानी में रही है। शहर के अंदर ही कॉलेज है। होस्टल में रहने की आवश्यकता नहीं थी। रही भी होगी तो परिवारवालों ने अलग रहने के लिए लड़की को उत्साहित नहीं किया होगा। उनकी यह बेरुखी स्वाभाविक उमंगों पर अंकुश लगाती आई। अब लेकिन, नए सिरे से उसने जीवन आरंभ किया है।

उससे अब सभी प्राध्यापिकाएँ मिलने आ जाती हैं। कॉलेज का चपरासी आता है। वयस्क प्राध्यापिकाओं के तरुण पुत्र या भतीजे आकर एक आध किताब ले जाते हैं। अब उसको लगता है कि सेपरेट क्वार्टर होता तो ठीक था। लगता है कि परिवारवालों से अलग रहकर वह ज्यादा स्वस्थ रहेगी। या फिर पारिवारिक मकान ही इतना विशाल होता कि उधर एक ओर ढाई कमरे और छोटा-सा आँगन इस उदीयमान प्राध्यापिका के लिए स्वतंत्र रूप में मिल जाते। सो तो इस पुराने मकान में होने से रहा। यहाँ तो बस पुरानी भीतोंवाले खपरैल निवास के तीन कमरे हैं, छोटा-सा आँगन है। पाताल का पानी खींचनेवाला बीस वर्षीय नलकूप है। आँगन के कोने में तुलसी का चबूतरा है। ध्वजा खड़ी है, उससे सटाकर दो सिंदूरित पत्थर पड़े हैं। सुबह-शाम पत्थर के कोयले का धुआँ घर-घर व्यापी अंतर्यामी परमात्मा की तरह अपनी महिमा फैला देता है। उस घुटन से त्राण पाने के लिए अब वह नए सिरे से सोचने लग गई है।

उसका नाम भवानी है। भवानी सिंह, एम.ए.। लोग कहते हैं, कुमारी भवानी सिंह। कुमारी विशेषण पर पहले तो वह ध्यान नहीं देती थी, परंतु इधर यह शब्द उसे असह्य लगता है। लड़कों के नाम के साथ कुमार क्यों नहीं जुड़ता है ? कुमार मुरली मनोहर सिंह, कुमार कमलेश उपाध्याय, कुमार लक्ष्मण सिंह कॉलेज के कुछ एक साथियों के नामों के पहले जल्दी-जल्दी वह कुमार विशेषण लगा जाती है और मन-ही-मन झुँझलाती है।

पप्पू, चुन्नी, माहे...तीनों बुआ की पलंग पर जमे रहते हैं। अपने-अपने खिलौने फैलाकर नीली और लाल पेन्सिलों से उनका श्रृंगार किया करते हैं। भवानी को कभी-कभी तो यह दृश्य बड़ा ही सुहावना लगता है। लेकिन छह घंटे की कड़ी ड्यूटी के बाद जब वह कॉलेज से लौटती है, तो घंटे-भर के लिए अपनी पलंग को केवल अपने शरीर के लिए खाली चाहती है। इस दरमियान पप्पू चाहे चुन्नी, किसी को अपने बदन से सटाना उसे पसंद नहीं।

पिताजी नेता टाइप के समाज-सेवी हैं। जवानी के आरंभिक वर्षों में कहीं आश्रम जीवन बिताया था। आज भी उनकी दृष्टि में आश्रम का वही सामूहिक जीवन नाच-नाच उठता है। वह कल्पना ही नहीं कर सकते कि भवानी अलग रहने लगेगी। विवाह के बाद अपने पति की इच्छा के अनुसार चाहे जहाँ रहे। अभी कैसे अलग रहेगी। पिताजी की निगाहों में अब भी वह बारह साल की बच्ची है, जिसके लिए वह जंक्शन में बुक-स्टॉल से बालसखा खरीदकर लाया करते थे; जिसे वह मना करते थे कि उतना अधिक चाकलेट मत खाओ, दाँत खराब हो जाएँगे।

वह समझते हैं कि अपनी भवानी प्राइमरी स्कूल की टीचर थोड़े है, वह तो कॉलेज की प्रोफेसर है। कभी तीन पीरियड और कभी दो पीरियड और कभी एक पीरियड। अरे वाह, छुट्टियाँ कितनी मिलती हैं ! लगता है कॉलेजों में पाँच ही महीने पढ़ाई चलती है।

225) की ग्रेड पर बहाली हुई है। पिताजी ने जोड़ा, रिक्शे में 20 लगेंगे और 50-55 पाकेट खर्च के लिए। बाकी बचे 150), कम-से-कम इतना तो हर महीना बचा ही लेगी। वेतन का हिसाब करते-करते बाबूजी का दिमाग भावी दामाद पर चला गया है। जो लड़का पसंद आया उसके गार्जियन की माँग पाँच अंकों तक पहुँच चुकी थी यानी 20,000। लड़का फर्स्ट क्लास फर्स्ट नहीं है, इंजीनियरिंग के आखिरी वर्ष का छात्र है। असंभव। इतनी रकम कहाँ से जुटाएँगे पिताजी ? पाँच-सात हजार तक गिनने की औकात है, मगर लड़की जो फर्स्ट क्लास फर्स्ट है !

उनकी बुद्धि में यह 'फर्स्ट क्लास फर्स्ट' उपलब्धि का विराट चक्र बनकर अहर्निश घूमा करता है। वह सोच ही नहीं सकते कि फर्स्ट क्लास फर्स्ट लड़की के लिए सेकेंड क्लास दूल्हा कैसे मैच करेगा।

राजा द्रुपद ने अपनी कन्या के स्वयंवर के लिए उलटी मछली टाँग दी थी, नीचे कठौती में पानी भरा था। पानी में मछली प्रतिबिंबित थी। राजकुमारी उसी निशानेबाज को मिलनेवाली थी जो उलटा निशाना साधे और मछली की आँख में तीर लगे। अर्जुन को यह यश मिलना था, मिला। अब देखें भवानी के पिताजी को भी कोई अर्जुन मिलता है कि नहीं !

x x x

प्रश्न यह है कि कुमारी भवानी सिंह के पिताजी की परेशानियाँ किस तरह दूर होंगी ?

प्रश्न यह है कि एम.ए. में फर्स्ट क्लास फर्स्ट रहनेवाली बाईस वर्षीया युवती प्राध्यापिका क्यों नहीं अपनी रुचि का जीवन-साथी चुन लेने को स्वतंत्र छोड़ दी जाय ?

प्रश्न यह है कि कुमारी भवानी सिंह की अपनी पसंद के जीवन-साथी को पिताजी क्यों नहीं आशीर्वाद देंगे ?

प्रश्न यह है कि उच्च शिक्षा प्राप्त लड़कियों के वैवाहिक संबंधों को हमारा मध्य वर्ग कब तक जटिल बनाए रखेगा ?

प्रश्न यह है कि कुमारी भवानी सिंह के विकसित व्यक्तित्व का भरोसा ठीक उसी तरह हम क्यों न करें, जिस तरह कुमार मुरली मनोहर सिंह, कुमार कमलेश उपाध्याय या कुमार लक्ष्मी सिंह के विकासों की तरफ से हम आश्वस्त हैं ? आखिर तीनों ही प्रोफेसर हैं।

इन प्रश्नों के उत्तर में बहुत सारी बातें कही जा सकती हैं। ये प्रश्न हिंदी भाषा-भाषी हमारे इन भारतीय प्रदेशों के सामने दुर्निवार चैलेंज बनकर खड़े हैं। कब तक इनकी उपेक्षा करेंगे। हम कब तक अपनी सामाजिक दरारों के अंदर कंकड़ डाल-डालकर उनकी थाह का अंदाज लेते रहेंगे ?

अभी पूर्णिया में एक मित्र ने बताया—उनकी लड़की वनस्थली विद्यापीठ में अपना छात्र-जीवन बिता रही है।

मैंने पूछा—क्यों, बिहार में तो कई महिला कॉलेज हो गए हैं, इन कॉलेजों ने आप का क्या कसूर किया है ?

इस पर मित्र महोदय मुस्कुराए। कुरते की बटनों पर अँगुलियाँ फिराते हुए सहज भाव से वह कहने लगे—'इन कॉलेजों की पढ़ी-लिखी लड़कियाँ अपना स्वास्थ्य चौपट करके ही स्नातक बनती हैं। वैसी की वैसी डरपोक, शंकाशील और अव्यवहारिक बनी रहती हैं। इसमें दस-पंद्रह प्रतिशत स्वस्थ और साहसी छात्राएँ भी न होती हों, यह कहना गलत है। मगर दूसरे प्रदेशों की शिक्षण-संस्थाओं में पढ़ी हुई लड़कियाँ शिक्षा के साथ-साथ स्वास्थ्य, साहस, सामाजिक नवचेतना आदि कई गुणों में आगे रहती हैं। मेरी लड़की ने वहाँ घुड़सवारी सीख ली है, बंदूक चलाना सीखा है। बागवानी, बैडमिन्टन और डिबेटिंग के साथ-साथ विभिन्न प्रदेशों की रुचियों को तृप्त करनेवाले कई प्रकार के खाद्य पदार्थ वह तैयार कर लेती है। पढ़ने-लिखने में ब्रहुत तेज नहीं है, लेकिन व्यवहार में अत्यधिक चतुर है।'

शाम का वक्त था। हम सड़क पर चहलकदमी कर रहे थे। एक जीप आई और पीछे पेट्रोल का ढेर-सा धुआँ छोड़ती हुई निकल गई। मैंने रूमाल निकाल लिया, उन्होंने धोती की निचली छोर नाक से सटा ली।

पेट्रोल की गंध तो जीप के पीछे-पीछे ही चली गई, धूल ने लेकिन दो-एक मिनट तक हमारा साथ अवश्य दिया।

मैंने अपने मित्र की ओर देखा। वह आठ-दस कदम अलग थे। बोले, 'मैं दो बार वनस्थली जाकर प्रियम्वदा से मिला आया हूँ। वहाँ इस प्रकार छात्राओं का

व्यक्तित्व ढाला जाता है, उसकी आप यहाँ बिहार के महिला कॉलेजों से आशा नहीं कर सकते।'

मन-ही-मन मैंने सोचा—वनस्थली महिला विद्यापीठ में स्नातक का कोर्स पूरा करके प्रियम्वदा जब लौटेगी, तो उसको क्या अपनी पसंद का कोई जीवन-साथी आसानी से मिल जाएगा ? किस विश्वविद्यालय का स्नातक उसकी तकदीर में बदा है ? क्या वह आगे चलकर बैडमिन्टन खेलना भूल जाएगी ? क्या वह किसी युवक नेता की जीवन-संगिनी बनेगी ? क्या उसके मनोनीत युवक का पिता भी 20,000 रुपए की माँग करेगा ? या फिर, कोई अनुकूल पति न पाकर प्रियम्वदा वनस्थली की अपनी सहेलियों के बीच लौट जाएगी ? यह भी तो हो सकता है कि राजस्थान या गुजरात के किसी माध्यमिक विद्यालय का कोई ग्रेजुएट अध्यापक प्रियम्वदा के हृदय-दान को स्वीकार कर ले !

मेरी इच्छा हुई कि प्रियम्वदा के भविष्य पर उसके पिता से कुछ और बातें करूँ, परंतु इसी बीच दो और व्यक्ति हमारी उस चहलकदमी में साथ हो गए और फिर प्रियम्वदा की चर्चा दब ही गई।

प्रियम्वदा के बारे में मैंने कई बार सोचा। मैं उर्मिला को भी वनस्थली भेज दूँ ? नहीं, जाकर पहले देख आएँ कि वनस्थली में कैसे लड़कियों के चरित्र की ढलाई होती है ?

मैं कुमारी भवानी सिंह के पिता से बातें करना चाहता हूँ। कहाँ मिलेंगे वे ? किसी ने बताया कि राँची की तरफ गए हैं, एक युवक इंजीनियर का पता चला है। वह अविवाहित है और अपनी बिरादरी का है। काम कर रहा है, आगे योग्यता बढ़ाने के लिए अमेरिका जाना चाहता है। सुना है, अभी उसे शादी की जल्दी नहीं है। मगर इससे क्या ! कुमारी भवानी सिंह के पिता को तो बहुत जल्दी है, वह तो यों आसानी से युवक इंजीनियर को छोड़नेवाले नहीं हैं। राँची क्या, वह तो राउरकेला तक पीछा करेंगे। सुना है, युवक इंजीनियर का मौसा अड़ा हुआ है। उसने कहलवाया है—'हमें एक पैसा भी नहीं चाहिए, मैट्रिक के बाद हमने बीस हजार रुपए भरे हैं। अब आकर बबुआ जी 400 खींचने लगे हैं। एक कौड़ी भी नहीं बचती है। दो साल के लिए अमेरिका जाना चाहते हैं।' यानी 15,000) का सवाल है...अब क्या करेंगे कुमारी भवानी सिंह के पिताजी ? कहाँ से इतनी रकम लाएँगे ?

उस परेशान पिता से मैं मिलना चाहता हूँ। मैं कुमारी भवा.. सिंह के पिता के साथ दो-चार रोज बिताना चाहता हूँ। खुलकर बातचीत होगी, एक पिता की उधेड़बुन को बिलकुल करीब से महसूस करना चाहता हूँ। मैं उन्हें बताना चाहता हूँ कि परंपरागत प्रतिष्ठा का परिपालन जब इतना बोझिल हो उठा है, तो नाहक आप अपने प्राण क्यों गवाँ रहे हैं ? अजी, रहने भी दीजिए। बस कीजिए। काफी दौड़-धूप कर चुके, अब समस्या को नए तरीके से सुलझाने का विवेक अपने अंदर अंकुरित होने दीजिए। लड़की ही सबसे बड़ी सहायक होगी आपकी। उसे अब तक आपने वही समझ रखा है, जिसके

लिए बुक स्टॉल से 'बालसखा' खरीदकर लाते थे और जिसको धमकाते थे—अधिक चॉकलेट मत खाओ, दाँत खराब होंगे ! नहीं, भवानी को अब आप दूध-पीती बच्ची मत समझिए। वह तो अब 'रानी विश्वेश्वरी महिला कॉलेज' की मान्य प्राध्यापिका है। उसकी नई सामाजिक प्रतिष्ठा आपकी उस पुरानी प्रतिष्ठा की अपेक्षा कई गुनी अधिक ऊँची उठ चुकी है। वह स्वतंत्र भारत की नवोदित नागरिक महिला है, उसके भविष्य के लिए आप इतना परेशान क्यों हैं ?

मैं उनसे कहूँगा—अब आप अपने और बच्चों को साथ रखिए, भवानी को अलग क्वार्टर में रहने दीजिए। वह खुद ही अपने दोनों छोटे भाइयों को साथ रखकर पढ़ाना-लिखाना पसंद करेगी। भवानी को आप बेटी नहीं, बेटा समझिए। ऐसा बेटा जो फर्स्ट क्लास फर्स्ट है। एम.ए. है। कॉलेज में प्राध्यापक हो गया है। ऐसा बेटा, जो अपनी रुचि की जीवन-संगिनी को स्वयं ढूँढ़ निकालता है और माँ-बाप के जिम्मे केवल आशीर्वाद देने का ही भार डालता है। अरे, अभी ऐसी क्या जल्दी पड़ी है ? भवानी साल-दो-साल बाद ही शादी करेगी तो क्या हर्ज है ? आप इतमीनान रखिए, वह आपकी नाक नहीं कटने देगी। उसके चरित्र में अपनी आस्था बनाए रखिए। वह अबोध तरुणी नहीं है कि कोई लुच्चा उसे बहका के ले भागेगा। ऐसी विदुषी पुत्री का पिता होने के नाते आपको और भी अधिक आश्वस्त रहना है।

मुझे स्पष्ट दीख रहा है : भवानी ने एक युवक से मैत्री स्थापित कर ली है।

मुझे स्पष्ट दीख रहा है, वह युवक साँवले रंग का है। उसकी बड़ी-बड़ी आँखें हैं। स्वस्थ सुडौल देह है। गत वर्ष ही वकील का पेशा अपनाया है। नगर के बाहर नई आबादियों के दरम्यान उसने दस कट्ठा जमीन खरीद ली है। चम्पई सूरतवाली भवानी उस युवक को प्यार करने लगी है।

मुझे स्पष्ट दीख रहा है : डेढ़ वर्ष बाद भवानी और वह उदीयमान वकील वैध रूप से पति-पत्नी बन गए हैं। कुछ दिन बाद दोनों के नाम से छपे हुए कलापूर्ण निमंत्रण-पत्र, चुने हुए मित्रों और सहेलियों तक पहुँच गए हैं । आमंत्रित व्यक्तियों के बीच दम्पति भी सहज और आडंबरहीन सादा लिबास में बैठे हैं।

मुझे स्पष्ट दीख रहा है : क्षोभ के मारे पिता जी पुत्री और दामाद को आशीर्वाद देने नहीं आए। माँ का लेकिन आंतरिक आशीर्वाद भवानी तक पहुँच चुका है।

मुझे स्पष्ट दीख रहा है : पिता जी इसलिए क्षुब्ध हैं कि भवानी ने एक मामूली वकील से शादी कर ली है। वह एम.ए. नहीं है। वह बी.ए.बी.एल. है। वह दूसरी बिरादरी का है। उसे लड़की ने खुद ही पसंद किया।

[ज्योत्सना, जून 1963]

पंजाब के पुरुषार्थी

पंजाब के पुरुषार्थी समूचे भारतवर्ष में फैल गए हैं। जिनके रक्त में पाँच-पाँच नदियों के पानी का जादू भरा है, उन परम साहसी स्त्री-पुरुषों के गिरोह श्रम और स्वावलंबन की एक नई परंपरा का निर्माण कर रहे हैं।

हमने उन्हें आज से पंद्रह साल पहले तब भी देखा था, जब कि देश के दो टुकड़े हो गए थे और उन्हें अपनी भूमि से खदेड़कर इधर आने को बाध्य किया गया; जब कि पुरखों की पुरानी विरासतें छोड़कर चल-अचल संपत्तियों को सदा के लिए नमस्कार करके वे लोग 'सर्वहारा' हो गए; जबकि उन्हें तत्कालीन राजनीतिक परिस्थितियों ने संकट की शूली पर टाँग दिया; हमने उन्हें तब भी देखा था—आत्मविश्वास के दमकते हुए चेहरे हम भूले नहीं हैं।

महाकाल का विराट रथ अपने दुर्दांत चक्रों को काफी आगे बढ़ा लाया है। हमारा देश भी काफी अग्रसर हुआ है। सभी क्षेत्रों में विकास के चरणचिह्न दिखाई दे रहे हैं। परंतु पंजाबी पुरुषार्थियों की आगे बढ़ने की रफ्तार, लगता है, सबसे ज्यादा है। उद्योग-धंधे की कौन-सी ऐसी दिशा है, जिधर उन कर्मवीरों के मंदिर-कलश चमक नहीं उठे हैं ? कौन-सा महानगर है, जो उन उद्योगियों के नवनिर्मित भवनों से भास्वर नहीं है ?

मैं इस दरम्यान जहाँ कहीं गया हूँ, उनसे मुलाकात हुई है। यह देखकर कितनी प्रसन्नता होती है कि पिछली मुसीबतों की स्मृतियाँ झाड़-पोंछकर उन्होंने अलग फेंक दी हैं और नए राष्ट्र की नई नागरिकता के प्रतीक बनकर मुस्कुरा रहे हैं ! उनकी यह मुस्कान दूसरों के अंदर नवजीवन का संचार करती है। उनकी यह व्यस्तता दूसरों के अंदर फुर्ती पैदा करती है।

पढ़े-लिखे युवकों में एक अजीब किस्म की सुस्ती पाई जाती है, एक अद्‌भुत प्रकार का आलस्य शरीर को ही नहीं, मन तक को पंगु बना डालता है, यह आलस्य ही इधर के युवकों का 'दुश्मन नंबर 1' है। आलस्य अपने देश के युवक-वर्ग के लिए टी.बी. से भी अधिक घातक साबित हो रहा है। यह एक विशेष प्रकार की राष्ट्रीय और सामाजिक परिस्थिति की देन है, जो हमें पिछले कई सौ वर्षों की प्रशासकीय विवशताओं की विरासत के रूप में मिली थी।

अँगरेजी साम्राज्य को भारत में अपना शासन चलाने के लिए लाखों क्लर्कों की जरूरत महसूस हुई। उसने तथाकथित शिक्षण-संस्थाओं के जरिए बहुत बड़ी संख्या में 'छोटे बाबू' तैयार किए, उनमें से जो चतुर और प्रतिभाशाली थे, उन्हें 'बड़ा बाबू' बनने का अवसर दिया गया। भारत में अँगरेजों के शासन का जाल जैसे-जैसे बिछता गया, वैसे-वैसे किरानियों की भी वंश-वृद्धि होती गई। आगे चलकर सरकारी क्लर्कों के पुत्र-पौत्र डॉक्टर, बैरिस्टर, प्रोफेसर आदि होने लगे। सरकारी दफ्तरों में सात घंटे कुर्सियों पर बैठना अपने आप में बहुत बड़ा वरदान माना जाने लगा। पहली तारीख को वेतन

लेकर घर लौटने के बाद 'छोटे बाबू' की वह सांध्य-मुस्कान अप्सराओं का भी मन हिला देती थी।

पहले देशी राजाओं की रियासतों में कर्मचारियों को वेतन वक्त पर शायद ही कभी मिलता था। परम स्वार्थी अँगरेजी हाकिमों ने समय पर वेतन देने की प्रथा चालू करके भारतीयों का दिल जीत लिया। अँगरेज व्यवसायी बनकर आए थे। उनका वह रूप भी मामूली बनिया का रूप नहीं था। उनकी निगाहें गीध की थीं, बुद्धि लोमड़ी की, और काइयाँपन सेठ का था। वे एक रियासत के खिलाफ दूसरी रियासत का पक्ष लेते थे, गुप्त रूप से भी और खुलकर भी। कलकत्ता, बंबई, मद्रास समुद्र तटवर्ती स्थानों में अंग्रेजों ने किले खड़े किए, कोठियाँ बनवाईं। धीरे-धीरे भारत के भीतरी इलाकों में पाँव पसारना शुरू किया। किलों और कोठियों के अंदर प्रायवेट तौर पर वे अपनी सशस्त्र फौजें हमेशा तैयार रखते थे। एक-एक अँगरेज के तीन-तीन रूप होते थे। वह व्यापारी भी होता था, वह हाकिम भी होता था और वह सैनिक भी होता था। जबकि हमारा 'छोटा बाबू' सिर्फ छोटा बाबू होकर रहता था। उसे और कुछ नहीं, समय पर वेतन चाहिए था और छोटे बाबू की इस कमजोरी को अँगरेज अच्छी तरह जानता था।

पढ़े-लिखे युवकों में 'छोटे बाबू' की यही मनोवृत्ति हम अब भी पाते हैं। अपने देश की पुरानी वर्ण-व्यवस्था ने जनता को कई टुकड़ों में बाँट दिया था। ब्राह्मणों की जीभों पर वैदिक मंत्र चिपका दिए। राजपूतों को तलवारें थमा दीं। बनियों को तराजू दे दिए और शूद्रों के सामने अपने पैरों को फैला दिया। अंग्रेज ने लेकिन चारों को एक कतार में खड़ा कर दिया। गिरजों में बपतिस्ता लेकर शूद्र इक्के-दुक्के बड़े साहब बनने लगे। दस-बीस प्रतिभाशाली ब्राह्मण और राजपूत युवक भी अपनी उद्दाम महत्त्वाकांक्षा की पूर्ति के लिए प्रभु ईसा-मसीह की छत्रछाया में खड़े हो गए। स्वामी दयानंद और राजा राममोहन राय ने शिक्षित भारतीयों की तसल्ली के लिए हिंदू-धर्म की नई व्याख्या कर डाली। इससे ईसाइयत का प्रवाह तो रुक गया, मगर भारतीय युवकों के अंदर अँगरेजों की खूबियाँ नहीं उतर सकीं और 'छोटा बाबू' ही उनका इष्टदेव बना रह गया। इसीलिए स्वामी विवेकानंद ने खीजकर नौजवानों से कहा था—'अरे, गीता क्यों लिए फिरते हो ? मैदान में जाकर फुटबाल खेलो न !'

पंजाबी नौजवानों के अंदर 'छोटा बाबू' बनने की मनोवृत्ति आप कभी नहीं पाएँगे। वे इतनी अधिक मेहनत करते हैं, और अपनी सूझ-बूझ का ऐसा बढ़िया उपयोग करते हैं, कि देखते-देखते उनकी कुटिया मशीन के चक्कों की आवाज से मुखर हो उठती है। वे खुद बारह-चौदह घंटा रोज काम करते हैं और सहकर्मियों से भी उसी तत्परता से काम लेते हैं। वक्त पर वेतन देते हैं, औरों से अधिक देते हैं। उनके दफ्तर में कोई कर्मचारी मेज पर टाँगें फैलाकर ऊँघता दिखाई नहीं देगा।

उन्होंने हमारे सामाजिक जीवन में बहुत बड़ी क्रांति ला दी है। उनकी देखा-देखी हमारे रहन-सहन का स्तर भी ऊपर उठ गया है। खान-पान, वेश-भूषा, बोल-चाल,

तौर-तरीके, सब पर उनकी छाप पड़ी है। आदर्श और भावुकता की बातों को अलग करके जीवन की वास्तविकता को पहचानना हो, तो आप अपने पंजाबी पड़ोसियों को देखिए। उनसे मित्रता कीजिए। साहस और श्रम के प्रति उनकी निष्ठा सर्वथा अनुकरणीय है।

यों हम खोजने लगें, तो पंजाबियों के अंदर भी कई दोष निकल आएँगे। लेकिन दोष क्या हममें और आप में नहीं हैं ? मेहनत से जी चुराने का जो पैंतरा हमें अन्यत्र दिखाई देता है, पंजाबियों में उसका बहुत अभाव है। उनके यहाँ किसी परिवार में यदि पाँच पुरुष और तीन स्त्रियाँ हैं, तो अवश्य ही उनमें सात व्यक्ति कमाऊ होंगे। सयानी लड़की होगी, तो मैट्रिक न होने पर भी नर्स, ग्राम-सेविका या प्राईमरी स्कूल की अध्यापिका होगी। उस परिवार में दो नौजवान होंगे, तो मैट्रिक न होने पर भी जमशेदपुर या भिलाई में काम कर रहे होंगे। अधेड़ उम्र की अपढ़ स्त्री भी घर बैठी-बैठी मशीन पर कपड़े सी रही होगी या फिर पापड़ बेलती होगी। किसी पंजाबी पिता का माथा इसलिए कभी नहीं फटता है कि भावी दामाद के चाचा को 15,000 रुपए देने होंगे।

पंजाबी चाहे ठेकेदार हो, चाहे दुकानदार, चाहे प्रोफेसर, चाहे क्लर्क, अपने परिवार के एक-एक व्यक्ति को वह तंदुरुस्त रखता है। उन्हें आप हमेशा अच्छी लिबास में पाएँगे। उस परिवार का कोई व्यक्ति शायद ही किसी से उधार या कर्ज माँगने आता हो। महिलाएँ निर्भीक होकर घर से निकलती हैं और बाजार से घरेलू सौदे ले आती हैं। स्टोव चाहे भले ही दो जला लें, सुबह-शाम कोयला सुलगाकर पड़ोसियों की आँखों को सजल नहीं बनाती हैं।

शहरों में ही नहीं, देहातों में भी पंजाब के ये पुरुषार्थी अपने श्रम, निष्ठा और सूझ-बूझ के बल पर जम गए हैं। मेरी पक्की धारणा है कि आधुनिक भारत के निर्माण में पंजाब के स्त्री-पुरुषों का बहुत बड़ा हाथ होगा।

[सितंबर, 1963]

रहनुमा

शिक्षक या पथ-प्रदर्शक की आवश्यकता पड़ती है, विशेषतः नवयुवकों को। कहा जाता है कि अनुभवी बुजुर्ग ही राह दिखला सकते हैं, उन्हीं को पता होता है कि किस तरफ से होकर राह गई है और गति की मात्राएँ क्या होंगी ? बुजुर्गों को जानकारी रहती है : मार्ग में कहाँ गड्ढ़े हैं ? तटवर्ती जंगलों में हिंसक जंतुओं से कैसे बचाव होगा ? राह के किनारे कहाँ खाना मिलता है, कहाँ पानी ? कहाँ अच्छी सराय पड़ती है, कहाँ रद्दी ? कहाँ टूटा हुआ पुल पथिक के उत्साह में ब्रेक लगाता है ? कोसों तक हरियालीविहीन प्रांतर

किस प्रकार पार करना चाहिए...? बहुत सारी उपयोगी सूचनाएँ बुजुर्गों से मिलती हैं। भाफ-पेट्रोल-बिजली के इस युग में भी रहनुमा अपनी उपयोगिता खो नहीं बैठा है। यात्रा की असुविधाओं के लिए देश-विदेश में बड़े-बड़े प्रतिष्ठान क़ाम कर रहे हैं। सभी प्रकार की सहूलियतें वे अपने मुसाफिरों को देते हैं। फिर भी जीवन की नाना दिशाओं में पग बढ़ाने के इच्छुक नौजवान माकूल सलाहकार की तलाश में रहते हैं। शिक्षा, उद्योग-धंधा, राजनीति, खेल-कूद, परलोक-गमन कौन-सी वह दिशा है, जहाँ गाइड की जरूरत नहीं पड़ती है ?

एक अध्यापक निबंध का क्लास ले रहा है। विषय है—'उत्साह'। स्फूर्ति और उमंग की व्याख्या में वह कितना विभोर हो उठा है ! तरुण छात्र हुलास-भरी निगाहों से अध्यापक महोदय की ओर देख रहे हैं। वह कहते हैं, "मैं जब तुम्हारी उम्र का था तो साठ कोस का फासला साइकिल से डेढ़ घंटे में तै कर लेता था...मैं जब तुम्हारी उम्र का था, तो अकेले ही मद्रास हो आया था...मैं जब तुम्हारी उम्र का था..."

अब आप अंदाज लगा लीजिए कि इस प्रवचन का असर छात्रों पर कैसा पड़ता होगा। वे सोचते होंगे—'अध्यापक महोदय हमें बकवास पिला रहे हैं, अच्छी-भली गाय खूँटे से खोलकर कोई ले जाए और उसका बाल भी बाँका न कर पाए ! पता लग चुकने पर हिम्मत नहीं हुई कि अपनी गाय वापस लें। दो मील पर स्टेशन पड़ता है, हाँफ जाते हैं प्रोफेसर साहब ! म्युनिसपैलिटी का कर्मचारी इनकी गली के दोनों लैंप पोस्ट यों ही छोड़ जाता है, किरासन का एक-एक बूँद तेल पी लेता है; प्रोफेसर साहब गालियाँ जरूर देंगे, बिगाड़ नहीं पाएँगे कुछ उसका ! इसी आदमी ने तैरकर नदी पार की होगी ? इसी ने साइकिल दौरा कर साठ मील का फासला काटा होगा ? इसी ने...' सिर्फ प्रवचन से ही कोई किसी का रहनुमा बन सकता है क्या ? मुहावरा है—'राह बता तो आगे चल।' इस कसौटी पर जो खरा उतरेगा, वही अच्छा उस्ताद होगा। बातों ही बातों में सीख की संजीवनी पिलानेवाला दूसरी कोटि का शिक्षक होता है। जिनकी अगवानी में आए दिन इतनी अधिक धूम-धाम देखी जाती है, नगाड़े बजते हैं और तुरही फूँकी जाती है, ध्वनि-विस्तार यंत्र की महिमा से निरीह नागरिकों के कानों की सफाई होती है, वह परमहंसजी महाराज तृतीय कोटि के शिक्षक हैं।

नवयुवकों को गुंडे इसीलिए अपनी ओर आकृष्ट करते हैं कि उनमें बकवास नहीं होती है, होता है सिर्फ एक्शन ! भावना के लिहाज से गुंडोंवाली यह प्रखर क्रियाशीलता नई पीढ़ी के दिल-दिमाग को अगर अधिकाधिक खींचती है, तो इसमें गुंडों का क्या कसूर है ? कायदा-कानून और अनुशासन संबंधी दस टन लिटरेचर बेकार साबित होता है इस प्रकार की प्रखर क्रियाशीलता के आगे !

अनुभवी बुजुर्गों की बातों से युवक ऊब उठते हैं और गुनगुनाते हुए आगे बढ़ जाते हैं—ऐकला चलो रे, ऐकला चलो ! इस सिलसिले में आगे उन्हें ठेस भी लगती है तो उसकी परवाह नहीं करते। आप ही अपने घावों की मरहम-पट्टी करते चलते हैं। काई फिसलनवाली पुरानी राहों का मोह बुजुर्गों को भले हो, नवयुवक आप ही अपनी राह बना लेने की क्षमता रखते हैं। पुरातन-पथ की फिसलन, बीहड़पन, विषमता आदि

हटाने में जितना वक्त बर्बाद होगा, उतने में ही वे दो गुनी अधिक नई राहें नहीं तैयार कर लेंगे ?

पुराने शिक्षकों के प्रति नई पीढ़ी की श्रद्धा-भक्ति दिन से दिन घटती जा रही है, यह चिंता का विषय नहीं है। मैं इसे भावी युग के लिए बहुत बड़ा शुभ मानता हूँ। मेरी यह दृढ़ धारणा है कि युवकों के शिक्षक युवक ही हो सकते हैं। ठस दिमागवाले, सिकुड़े हुए दिलवाले वयस्क भला नौजवानों को क्या सिखलाएँगे ?

भावनात्मक प्रेरणा के लिए समाधियों के अंदर सुरक्षित रखी हुई धर्माचार्यों की पुरानी हड्डियों को नमस्कार कर लेना क्या काफी नहीं रहेगा ? चित्त को निर्मल और इंद्रियों को संयत रखने के लिए हमारे पूर्वजों ने स्वाध्याय एवं अनुशीलन की परंपरा चलाई थी। सबेरे और शाम को, घड़ी-आधी घड़ी सद्ग्रंथों का पारायण आगे भी थोड़ा-बहुत होता ही रहेगा। आगे भी वृद्ध हिंदू श्रीमद्‌भागवत का पाठ करेंगे, वृद्धाएँ सुख सागर लेकर बैठेंगी। आगे भी अंग्रेजी और हिंदी में गीता पर प्रवचन हुआ करेंगे। आगे भी तीर्थ-यात्रा स्पेशल छूटा करेगी। परंतु ज्ञानकांड और कर्मकांड के उन गलियारों में आगे का नवयुवक शायद ही कभी झाँकेगा।

'शायद' इसीलिए कहा कि कौतूहल और जिज्ञासा के चलते कभी-कभी नास्तिक भी मंदिर में प्रवेश करता पाया गया है। और कभी-कभी नास्तिक भी आस्तिक की तरह सहनशील और उदार बन गया है। यहाँ, इस समय हमने आस्तिकता और नास्तिकता पर अपना ध्यान केंद्रित नहीं किया है। अभी तो शिक्षक की पात्रता पर ही हमें प्रकाश डालना है। शिक्षक यदि शब्दों द्वारा ही शिक्षा देगा तो शिष्य को बहुत प्रभावित करेगा। युवक छात्र वयोवृद्ध अध्यापक को अपनी फेनिल श्रद्धा ही दे सकेगा। प्रीति-पूर्ण आंतरिक श्रद्धा तो वह उसी शिक्षक को देगा जो ऊभड़-खाभड़ पथों में आगे-आगे चल सकेगा; जो शिष्य का गुरु भी होगा और सखा भी होगा।

युवकों के अंदर फाजिल बातें सुनने का धैर्य भले न हो, ढेर सारे काम करने की क्षमता तो होती ही है। जंगलों को काटकर लहलहाती फसलोंवाले खेतों में किन्होंने बदल दिया ? समुद्र की अतल गहराइयों में गोते लगाकर मोती किन हाथों ने निकाले ? सेनापति के कमांड पर दुश्मनों की गढ़ों के कंगूरे पर पताका कौन फहरा आए ?

[ज्योत्सना, जून 1964]

भ्रष्टाचार का दानव

भ्रष्टाचार के खिलाफ बहुत कुछ कहा जा रहा है। हमारे बड़े-बड़े नेता और जन-समाज के विशिष्ट व्यक्ति भ्रष्टाचार पर कड़ी से कड़ी राय प्रकट करते रहते हैं। समाचार-पत्रों के कालम भ्रष्टाचार विरोधी मंतव्यों से भरे रहते हैं। छोटी गोष्ठियों से लेकर बड़ी

सभाओं तक में भ्रष्टाचार विरोधी बातें उछाली जाती हैं।

फिर भी भ्रष्टाचार का दानव अपना हमला जारी रखे हुए है। इतना ही नहीं, वह दिन से दिन अधिकाधिक शक्तिशाली होता जा रहा है। परसों उसके एक सिर था। कल उसके तीन सिर थे। आज लेकिन वह दशानन बन गया है। आहिस्ते-आहिस्ते यह दानव हजार सिरोंवाला वैसा दैत्य तो नहीं हो जाएगा, जिसकी चर्चा पुरानी लोक-कथाओं में आती है ?

यह भ्रष्टाचार हमारे मौजूदा समाज की तहों में घुलामिला हुआ है। हमसे अलग कोई खास जंतु नहीं है यह। हाथ में डंडे लेकर अगर हम इस जंतु को खदेड़ने की नीयत से आगे बढ़ें, तो यह कहाँ मिलेगा ? भ्रष्टाचार नाम का कोई विकट जंतु अलग से हमें कहीं शायद ही दिखाई पड़े। वह तो हमारे अंदर है। कामदेव की तरह वह भी अनंग है। ब्रह्म की तरह वह भी घट-घट व्यापी है, वह सहज है, अलग से आरोपित नहीं है और इसलिए लगता है, आसानी से वह हमारा पिंड नहीं छोड़ेगा।

अपने यहाँ पुराने शास्त्रकारों ने शत्रुओं का विश्लेषण करते हुए कहा है—कुछ शत्रु बाहरी होते हैं, कुछ भीतरी। बाहर का शत्रु हमें दिखाई पड़ता है। उससे निपटना उतना मुश्किल नहीं है। अंदरवाला शत्रु आसानी से हार नहीं कबूल करेगा। बाहरी शत्रु को परास्त करने से पहले हमें भीतरी शत्रु पर काबू पाना होगा। यह भ्रष्टाचार भी हमारा भीतरी शत्रु है। हमारी ही अंदरूनी गंदगी से पुष्टि और ताकत हासिल करता है। हमारे शासन का मौजूदा ढाँचा वस्तुतः खुद ही भ्रष्टाचार के मोटे खंभों पर टिका है। इन खंभों की नींव बहुत गहरी है। इन खंभों की नींव खोदने लायक छैनी और फावड़े किस कारखाने में तैयार होंगे ? मेरी तो पक्की धारणा है कि भ्रष्टाचार का उन्मूलन निकट भविष्य में हम नहीं कर पाएँगे, जिनकी उम्र 50 पार कर गई है। यानी, मुझे स्पष्ट दीखता है कि भ्रष्टाचार का उन्मूलन नई पीढ़ी ही करेगी।

निश्चय ही नई पीढ़ी के लिए हमने बहुत बड़ा जंजाल इकट्ठा कर दिया है। व्रतबद्ध होकर, संघबद्ध होकर, बहुजन समाज की कल्याण कामना से उद्वेलित होकर एक लाख नवयुवक हमारे युग को भ्रष्टाचार के अभिशापों से छुटकारा दिलाने के लिए यदि आज ही आगे बढ़ें तो पचीस वर्षों में इस महादानव को परास्त कर पाएँगे।

यह कोई भविष्यवाणी नहीं है, न ही मैं त्रिकालदर्शी ज्योतिषाचार्य की तख्ती टाँग कर बैठा हूँ। जादू का डंडा यह काम नहीं करेगा। हमारा अपना विवेक, हमारी अपनी सूझ-बूझ, अपनी ईमानदारी, अपनी श्रमनिष्ठा, अपना संकल्प, परस्पर की कल्याण-भावना का अपना आग्रह आदि गुण मिलकर ही युग को अभिशापों से छुटकारा दिलाने में नई पीढ़ी की सहायता करेंगे।

अभी-अभी मैंने बतलाया कि भ्रष्टाचार हमारे समाज की सजह उपज है, वह न तो आसमान से टपका है, और न ही सात समुद्र पार से आया है। दानवीय आकृति देकर भ्रष्टाचार की बड़ी प्रतिमा अगर गढ़वाई जाए तो कैसा रहेगा ? उस विराट प्रतिमा की ओर निशाना साधते हुए हमारे कुछ विशिष्ट नेता दिखलाए जाएँ तो कैसा रहेगा ?

यदि भ्रष्टाचार की उस विराट प्रतिमा की नाक पर हथौड़ी चलाते दिखलाए जाएँ तो कैसा रहेगा ?

यह रूपक कल्पना में लाने पर आपको अवश्य ही हँसी आ रही होगी। आ रही है न हँसी ! बात है भी हँसने की। मगर नहीं, यह हँसने की बात नहीं है। समस्या गंभीर है, हँसकर उड़ा देने की बात नहीं है। समाचारपत्रों और सभा-मंचों से भ्रष्टाचार के विरोध में जितना ही अधिक उत्साह दिखलाया जा रहा है, उतनी ही अधिक बढ़ोत्तरी भ्रष्टाचार की दिखाई पड़ती है। लगता है, फिलहाल दस-पाँच वर्षों में भ्रष्टाचार की यह बढ़ोत्तरी जारी रहेगी। हम अभी बहुत दिनों तक कहते रहेंगे—अजी, सब कुछ चलता है जिंदगी की लढ़िया को आगे ढकेलने के लिए क्या नहीं करना पड़ता है। किसको नहीं अपना जीवन प्यारा है। कौन नहीं आराम चाहता है। अपने बाल-बच्चों की भलाई के लिए कौन नहीं तिकड़म भिड़ाता है। जब कुएँ में ही भंग पड़ गई हो तो आप अकेले अपने लिए आकाश गंगा का जल कहाँ से लाएँगे...

इस प्रकार की बातें सुनते-सुनते हमारे और आपके कान अच्छी तरह अभ्यस्त हो गए हैं। व्यक्तिगत लाभ और हित के पक्ष में जो भी दलील जहाँ सुनाई पड़ती है, वह हमें सर्वथा स्वाभाविक प्रतीत होती है। हम इस दलील को न केवल ध्यान से सुनते हैं, बल्कि व्यवहार के अपने साँचे पर इस दलील को जाने-अनजाने फिट कर लेने की कोशिश में लग जाते हैं। सौ प्रकार की परेशानियों में फँसा हुआ आज का हमारा यह जनसाधारण जीवन जैसे-तैसे घिसटता चल रहा है।

ऊँचे आदर्शों के हवाई गुब्बारे रंगीन धागों में बँधे-बँधे ऊपर आसमान में लहराया करें, हमारा क्या ? अपना आसमान तो फीका ही रहेगा। दिन रात 'जय-जगत' के नारे गुँजानेवाले सर्वोदयी संत और उनके अनुगामी अपने प्रवचनों की अमृतधारा से कतिपय श्रद्धालु जनों का अनपच का रोग दूर न करते होंगे, ऐसा भला कौन कहेगा ? अपनी तो यही प्रतीक्षा रहेगी कि कोई ऐसा भी माई का लाल निकल आए जो 'जय-जगत' के बदले जय-जनसाधारण के नारे लगाए और बासमती में सफेद कंकड़ मिलानेवाली आढ़तदार सेठ की कलाइयों को कसकर पकड़े। हमें प्रवचन का अमृत नहीं चाहिए, चाहिए जीवन का रसायन और वह रसायन सभी के लिए सुलभ हो, मिलावट न रहे उसमें। महँगाई की सुरसा के जबड़े दिन से दिन फैलते जा रहे हैं। है कोई माई का ऐसा लाल जो इस दानवी के फैलते जबड़ों को अंततः दस-पाँच वर्षों के लिए भी बैठा दे ? हम तो नित्य प्रातःकाल उठकर उस आनंदमय क्षण की कल्पना करते हैं, जबकि पड़ोसी दूकानदार साबुन का दाम लेते समय मुस्कराकर पाँच नए पैसे वापस कर देगा और कहेगा—'बाबूजी, कीमत घट गई है।'

हाथ-कते, हाथ-बुने सूत की खादीवाली जिनकी सफेद लंगोटी आकाश की ऊँचाइयों पर, देवांगनाओं के फहराते आँचलों के स्पर्श का योग पाकर सूखती रहती है, काश, उनको पता होता कि दुधमुँहे बच्चे के लिए बने हुए रेडीमेड निकर का दाम कितनी तेजी से बढ़ गया है।

मैं तो स्पष्ट कहूँगा कि साधारण जनता के जीवन की दुर्दशाओं से नितांत अनभिज्ञ रहनेवाले इन हवाई संतों और ढपोरशंखी नेताओं के प्रच्छन्न आशीष के बिना भ्रष्टाचार में बढ़ोत्तरी हो ही नहीं सकती।

मैं तो स्पष्ट कहूँगा कि भ्रष्टाचार का ज्यादा श्रेय कांग्रेस की मौजूदा नेताशाही को है। अदालत के कटघरे में पहले इन्हीं को खड़ा होना है। भ्रष्टाचार को बढ़ावा देनेवालों की दूसरी कतार वह होगी जिसमें विभिन्न राजनीतिक दलों के अधिकांश पुराने नेता आएँगे। तीसरी कतार होगी धनकुबेरों की। चौथी कतार में बड़े आफिसर आएँगे।

पाँचवीं लेकिन स्पेशल कतार होगी बुद्धिजीवियों-साहित्यकारों-कलाकारों की। इस कतार को स्पेशल इसलिए मानता हूँ कि बुद्धिजीवियों, साहित्यकारों और कलाकारों की ठकुर-सुहाती के बिना शासक वर्ग इतना अधिक पतित हो ही नहीं सकता। स्पष्ट है कि मेरे जैसा साहित्यकार भी इसी पंक्ति में आता है। यह दूसरी बात है कि हमारी इस कतार में जो आगे खड़े हैं, उन्हें 'पद्मभूषण' और 'पद्मश्री' तमगों से सजा दिया गया है।*

[जन-संसार, वार्षिक अंक, 1964]

सर्कस : कलकत्ते में

कलकत्ते में हर साल कोई-न-कोई 'सर्कस पार्टी' आ जाती है। जाड़े के दिनों में, दिसंबर आते ही, सर्कस के विज्ञापन दिखाई देने लगते हैं।

खुले मैदान में तंबू जगमगा उठते हैं। गुलाबी धूप में यों भी लोग सर्कस के जानवरों की झाँकियाँ लेने आ जुटते हैं—दिन के वक्त सबेरे-सबेरे मुफ्त का मनोरंजन ! टिकट लेकर तमाशा देखनेवालों की भीड़ शाम को चार-पाँच बजे से देखिए...खेल देखना हो तो टिकट लीजिए और पंडाल के अंदर जा विराजिए...

जनवरी का समूचा महीना सर्कसवाले डटे रहते हैं। कभी-कभी, भीड़ का रंग-ढंग देखकर, फरवरी और आधा मार्च तक खेल चलता रहता है। सिनेमा-थियेटर की अपेक्षा, सर्कस देखने की गुदगुदी सौ गुनी ज्यादा होगी, उत्साही दर्शक चीख पड़ेंगे—हजार गुनी ज्यादा ! कितना भी हो, नाटक-सिनेमा में परस्पर विरोधी इतने प्रकार के जीवंत नजारे कहाँ से आएँगे ? माल-असबाब, साज-सरंजाम, तंबू-कनात-शामियाना, बाघ-शेर, हाथी-घोड़े, बंदर-बकरे, दुनिया-भर से जुटाए गए अजीबोगरीब आदमी...बाहरी तौर पर भी कोई यह सब एक बार देख ले तो जादूगर-चिड़ियाघर की सम्मिलित परिक्रमा से कहीं अधिक आनंद आ जाय !

* यह निबंध 'जन-संसार' से पूर्व 1964 में 'विचार प्रवाह', कलकत्ता में छप चुका है। 'जन-संसार' में भी 1987 में 'भ्रष्टाचार का दानव' नाम से छप चुका है।

टिकट लेकर सपरिवार अपनी-अपनी सीट पर जम जाइए। छोटे-बड़े, स्त्री-पुरुष, सब साथ-साथ। इतना निर्दोष मनोरंजन, ऐसा सामुदायिक आह्लाद आपको और कहाँ मिलेगा ? भँड़ैती से लेकर पहलवानी तक, नटबाजी से लेकर जादूगरी तक, रहस्य-रोमांच से लेकर आश्चर्य की पराकाष्ठा तक...क्षण-क्षण बदलनेवाले ऐसे दृश्य आपको और कहाँ मिलेंगे ? हर्ष-भय-उत्तेजना-विस्मय आदि के दौरे इतनी जल्दी-जल्दी भला उन दर्शकों पर कैसे आएँगे, जो सिनेमाहाल के अंदर बैठे होते हैं ?

विलायती सर्कस हमें कभी-कभी इसलिए अच्छे लगते हैं कि उनमें गोरी-भूरी-बादामी चमड़ीवाले खिलाड़ियों की अच्छी संख्या हुआ करती है। यों, हमारा अपना देश भी अपनी सर्कस पार्टियों के चलते दुनिया-भर में मशहूर रहा है। भारतीय सर्कस की वह कीर्ति आजकल भी बरकरार है। एशिया और यूरोप के कई देशों में पहुँचकर हमारे सर्कसवालों ने यश और धन दोनों का उपार्जन प्रचुर मात्रा में किया है। राममूर्ति का सर्कस, अगासी का सर्कस, बोसकी सर्कस, साउथ इंडियन-सर्कस आदि कंपनियों को लोग भूले नहीं हैं।

उन दिनों, कोई भी ऐसी सर्कस पार्टी नहीं थी, जिसके पास अपना 'भीम' या 'रुस्तम' न रहा हो। ये 'भीम बहादुर' अपने सीने पर से मोटर निकलवाते ! चारों पैर जमाकर हाथी खड़ा हो जाता उनकी छाती पर, फिर भी वे टस से मस नहीं होते ! लोहे की मोटी कड़ियों का तोड़ना उनके लिए आम बात थी ! और-और भी कितने ही असाध्य व्यायाम देखने को मिलते थे...दर्शकों को वर्षों तक यह सब नहीं भूलता था। अगासी की सर्कस-कंपनी में 'भीम-भवानी' अपनी शारीरिक शक्ति के लिए बहुत प्रसिद्ध थे। राममूर्ति की सर्कस-पार्टी में वह स्वयं ही ये सारे खेल दिखाते थे।

पहले मैजिक का भी करिश्मा सर्कसवाले दिखाया करते थे। बीच-बीच में हाथों की सफाई दिखलाकर मैजिकवाले दर्शकों को आश्चर्य में डाल देते; तालियों की गड़गड़ाहट से सर्कस का पंडाल गूँज उठता बीच-बीच में !

...संदूक का ढक्कन खुलते ही बेड़ियों और हथकड़ियों में गिरफ्त एक अजीब-सा आदमी बाहर निकल आता ! अगले ही क्षणों में जाने किस सफाई से वह बंधनमुक्त दिखाई पड़ने लगता...बेड़ियाँ और हथकड़ियाँ जाने किस तरह अलग हो जातीं !...लोग अचंभे में डूब जाते !

घोड़ा, गधा, बकरा, कुत्ता, बंदर, भालू, बिल्ली, नेवला...उस्तादी इशारों के सहारे सभी अपना-अपना करतब दिखाते...दर्शक में से बच्चे और महिलाएँ बार-बार तालियाँ बजाते; सयानों के होंठों पर मुस्कान खेलती होती ! छोटे-बड़े पंछी भी कभी-कभी दिखाई दे जाते...

वर्षों की मिहनत से कंपनीवाले इन प्राणियों को प्रशिक्षित करते आए हैं। सर्कस के जंतुओं की शालीनता देखकर मनुष्य को मनुष्य की बुद्धि का माहात्म्य समझ में आता है। अपने मनोरंजन के लिए मनुष्य ने आज से हजारों वर्ष पहले जो साधन विकसित किए थे, सर्कस शायद उन सभी साधनों का समन्वित रूप है; बाघ और शेर का नंबर

आता है बाद में।

सभी सर्कस-कंपनियों में सिंह रहते ही हों, ऐसी बात नहीं। हाँ, बाघ उनके पास जरूर होते हैं। एक भी बाघ न हो तो लोग उस कंपनी को मनहूस और दरिद्र घोषित कर देंगे...

दुबले-पतले मरियल बाघों को देखकर लोगों को दया आती है। तन्दुरुस्त और ताजा-दम बाघ देखते ही दर्शकों की खुशी पलकों की धड़कन बढ़ा देती है। विस्मय और सूक्ष्म भय के चलते रगों में लहू दौड़ने लगता है। यह बाघों का खेल ही सर्कस की आत्मा है। बाघ न हो तो सर्कस का आकर्षण सत्तर प्रतिशत कम हो जाय !

वह देखिए...आगे-आगे एक युवती आ रही है ! पीछे-पीछे आ रहा है बाघ ! नीले रंग का हाफ पैंट और कालरवाली बनियान, कटे-छटे बाल, पैरों में पंप शू और हाथों में छोटी-सी बेंत थामे हुए है...निश्चय ही यह कोई केरल-सुंदरी है !

वह देखिए...चंपई सूरतवाली उस लड़की ने हाथ के इशारे से बाघ को बिलकुल पास बुला लिया है। दोनों गाल से गाल सटाकर खड़े हैं...पालतू बिलौटे की तरह बाघ जीभ निकालकर अपनी मास्टरनी का हाथ चाटेगा शायद !

वह देखिए...वही हो रहा है जैसा कि मैंने अभी-अभी आपसे बतलाया था ! हाँ, बाघ युवती का दाहिना हाथ चाट रहा है ! चाटो बेटे, खूब चाटो !!...अरे, अरे, यह क्या ! बाघराम तुम झुक क्यों गए ?

वह देखिए...वह उस सुंदरी के घुटने चाटने लगा है ! एकदम झुक गया है बाघ...कब तक इस प्रकार घुटने चाटेगा ?

वह देखिए...छोकरी ने छड़ी घुमाई ! बाघ सहमकर दो पग पीछे हट गया है... उसने आगे बढ़कर उसका कान खींचा !

वह सुनिए...हल्की गुर्राहट ! सुन रहे हैं न ?

वह सुनिए...ज़ोरों की गुर्राहट !

वह सुनिए...बाप रे !

यह किसकी आवाज थी ? भीड़ में से किसी ने कहा है, बाप रे !

जी हाँ, बहुतों की नाड़ी डूब रही होगी यह जोरों की गुर्राहट सुनकर !

जी हाँ, क्या हाल हो इस सुंदरी का अगर बाघ उस पर टूट पड़े ? क्या गत बनेगी बेचारी की ? कितना वेतन मिलता होगा आखिर ? डेढ़ सौ-दो सौ ? ढाई सौ ?

जी हाँ, यही कुछ मिलता होगा। मगर कैसा जानमारू काम है !

वह देखिए...पाकिट से जाने कौन-सी चीज निकल आई है...क्या अब वह बाघ को मना लेगी ? शायद गोश्त का सूखा टुकड़ा है...देखिए, जानवर किस तरह मुँह बाकर इधर आ गया है !

वह देखिए...उसने बाघ के मुँह में वह टुकड़ा डाल दिया !

वह देखिए...बाघ के गाल से गाल सटाकर केरल-सुंदरी फिर खड़ी है !

दर्शकों ने कितने जोर की तालियाँ पीटी हैं !

पंडाल की रोशनी जरा धीमी हो गई है...उधर बैंड बजने लगा है, तरुण दर्शकों ने इधर सीटियाँ बजा दी हैं होंठ सिकोड़-सिकोड़कर !

मामूली लिबासवाला कोई अधेड़ दर्शक बाहर निकलकर साथी से कहेगा—टिकट का दाम बहुत बढ़ गया है बबुआ ! हम तुम्हारी उम्र के थे तो चार आने में सर्कस देखते थे ! मगर हाँ, एक बात है...जो मजा सर्कस में मिलता है वो फिलिम-इलिम में कहाँ !

नौजवान साथी मुस्कराकर उसके मंतव्य का समर्थन करेगा।

गत वर्ष रूसी सर्कस आया था। कलकत्ते की जनता ने खूब जमकर देखा। बहुत पहले की बात है, जर्मनी की सर्वाधिक प्रसिद्ध सर्कस-कंपनी (हगेनूबेग् सर्कस) यहाँ आई थी। उन लोगों का अपना अलग जहाज था, माल-असबाब लादकर संसार के इस छोर से उस छोर तक अपना खेल दिखाते घूमते थे। जर्मनवालों की उस सर्कस-कंपनी के साथ इतने अधिक जंतु-जानवर थे कि महज उनकी एक झाँकी लेने के लिए लोगों को दो आने का टिकट लेना पड़ता था !

सिनेमा और थियेटर के नाम पर जिन्हें उबासियाँ आती हैं, ऐसे लोगों की तादाद कम नहीं है। लेकिन, सर्कस के नाम पर तो उनमें भी थिरकन-पुलकन पैदा होती है।

[नई धारा, मार्च 1965]

प्यारे हरीचंद की कहानी

भारतेंदु हरिश्चंद्र का जन्म 9 सितंबर 1850 को हुआ। भारतीय पंचांग के अनुसार यह तिथि भाद्र शुक्ल सप्तमी थी, संवत् 1907 था।

एक विचित्र संयोग की बात है कि भारतेंदु की तरह रूस के युगांतरकारी साहित्यकार पुश्किन् भी 35-36 की उम्र में ही चल बसे थे !

यह जमाना भारतवर्ष के इतिहास में कई दृष्टियों से महत्त्वपूर्ण रहा है।

1857 में बगावत। 1885 में 'इंडियन नेशनल कांग्रेस' का आविर्भाव। 'ब्रह्मसमाज' और 'आर्यसमाज' सरीखी संस्थाएँ संगठित हुईं। बंगला-मराठी-हिंदी आदि भाषाओं में तेजी से 'आधुनिक' साहित्य का निर्माण होने लगा : टाइप ढलने लगे, प्रेस की मशीनें बैठाई जाने लगीं। बीसियों की तादाद में अखबार निकल आए। प्रशासन की मुख्य भाषा के तौर पर अंग्रेजी ने अपनी जड़ जमा ली...

मुगल-सल्तनत के पाए एक-एक करके धराशायी हो चुके थे। दक्खिन और उत्तर की सूबाई हकूमतें मराठों और सिक्खों द्वारा झकझोरी जा चुकी थीं। पूरब में क्लाइव के उत्तराधिकारियों का छल-बल अपना गुल अच्छी तरह खिला चुका था। हिंदू रहे हों चाहे मुसलमान—देशी सामंत लगभग नब्बे फीसदी ऐसे थे जिन्होंने फिरंगी सैन्य-शक्ति के सामने घुटने टेक दिए थे। रियासती प्रशासन टुकड़ों में गिरवी रखा जा रहा था।

हिंदू राजाओं और मुस्लिम नवाबों के स्वार्थ, अहदीपन आदि दुर्गुण चरम बिंदु पर पहुँच गए थे...

हिंदू-मुस्लिम सामंतों और सेनाध्यक्षों की बर्बर मनोवृत्ति के चलते जन-साधारण तबाह हो रहा था। धूर्तों और अत्याचारियों की पौबारह थी। ऐसे समय में ही भारतेंदु का उदय हुआ।

भारतेंदु की तथाकथित 'राजभक्ति' अंग्रेजी शासकों के महान् चाटुकार राजा शिवप्रसाद 'सितारेहिंद' की 'राजभक्ति' से कभी मेल नहीं खा सकी ! विलायती हकूमत प्रतिवर्ष अपने भक्तों-अनुरक्तों को नाना प्रकार की उपाधियाँ प्रदान करती थी। इन उपाधियों से भारतेंदु को काफी चिढ़ थी। इस पर उनकी मुकरी मशहूर है–

"इनकी उनकी खिदमत करो
रुपया देते देते मरो
तब आवै मौहि करन खराब
का सखि साजन, नहीं, खिताब !"

सरकार की जन-विरोधी नीतियों का भारतेंदु ने कभी समर्थन नहीं किया। अंग्रेजी शासन की दुरंगीपन की चर्चा उन्होंने कई जगह की है–कविताओं में, नाटकों में, लोक गीतों में। एक मुकरी देखिए–

"भीतर भीतर सब रस चूसै
हँसि हँसि कै तन मन धन मूसै
जाहिर बातन में अति तेज
का सखि साजन, ना, अँगरेज !"

'भारत दुर्दशा', 'अंधेर नगरी चौपट राजा', 'विषष्य विषमौषधम', 'वैदिकी हिंसा हिंसा न भवति' ने जनमानस को मोह लिया था। बलिया में उनका भाषण तो ऐतिहासिक महत्त्व का है।

34 वर्ष की आयु मिली थी, फिर भी कितना अधिक काम कर गए वह ! कल्पना कीजिए, रवि ठाकुर की तरह भारतेंदु भी यदि 80 वर्ष की आयु तक जीवित रहते, यानी 1930 तक वह हमारे बीच रहते तो !

बाबू हरिश्चंद्र जब 30 वर्ष के हुए, तभी उन्हें 'भारतेंदु' की उपाधि मिली थी। आज से पचासी वर्ष पहले, 27 सितंबर, 1880 के 'सारसुधानिधि' के अंक में पंडित रामशंकर व्यास का यह प्रस्ताव छपा था कि बाबू हरिश्चंद्र को 'भारतेंदु' की उपाधि से अलंकृत किया जाए। हिंदी-संसार में एक स्वर से इस प्रस्ताव का समर्थन-अनुमोदन हुआ था। वह जनता की दी हुई उपाधि थी; शासकों की दी कोई उपाधि भला इसका मुकाबला कर सकती है ?

यह उपाधि उनके लिए शत-प्रतिशत फिट थी, तभी तो आनेवाले युगों में 'भारतेंदु' ही उनका असल नाम बनकर रह गया। 'हिंदी साहित्य का इतिहास' में पं. रामचंद्र शुक्ल ने भारतेंदु का जो मूल्यांकन किया है वह उल्लेखनीय है : "देशकाल के

अनुरूप साहित्य निर्माण का कोई विस्तृत प्रयत्न अब तक नहीं हुआ था। बंगदेश में नए ढंग के नाटकों और उपन्यासों का सूत्रपात हो गया था, जिनमें देश और समाज की नई रुचि और भावना का प्रतिबिंब आने लगा था। पर हिंदी साहित्य अपने पुराने रास्ते पर ही पड़ा था। भारतेंदु ने उस साहित्य को दूसरी ओर मोड़कर हमारे जीवन के साथ फिर लगा दिया। इस प्रकार हमारे जीवन और साहित्य के बीच जो विच्छेद पड़ रहा था, उसे उन्होंने दूर किया।''

जीवन और साहित्य को एक-दूसरे से जोड़कर दोनों को समृद्ध बनानेवाले भारतेंदु का जीवन और कृतित्व दोनों ही अमर हैं। इंदु की तरह प्रकाशमय।

भारतेंदु ने अपने हिस्से का धन यह कहकर लुटा दिया कि इसने मेरे पूर्वजों को खा लिया, मैं इसको खा जाऊँगा !

'आपको न माने, ताके बाप को न मानिए' और 'हरीचंद नगद दमाद अभिमानी के' आदि सूक्तियाँ साक्षी रहेंगी कि भारतेंदु ने दंभियों और ढोंगियों को कभी माफ नहीं किया। ब्राह्मणशाही और वर्णाश्रमवादी गुरुडम को अपने प्रहार का निशाना बनाते हुए वह कह गए हैं–

''विधवा व्याह निषेध कियो, विभिचार प्रचारियो
रोकि विलायतगमन कूप मंडूक बनायो
औरन को संसर्ग छुड़ाइ प्रचार घटायो
बहु देवी देवता भूत प्रेतादि पुजाई
ईश्वरसों सब विमुख किए हिंदुन घबराई
अपरस सोल्हा छूति रचि, भोजन प्रीति छड़ाइ
किए तीन-तेरह सबै चौका चौका लाइ !''

हिंदी के विस्तृत क्षेत्र में भारतेंदु का ही एक ऐसा व्यक्तित्व था, जिस में राममोहन राय, स्वामी दयानंद, ईश्वरचंद विद्यासागर, महादेव रानाडे, बंकिमचंद्र, केशवचंद्र सेन आदि कई विभूतियाँ समाहित हो गई थीं। प्रतापनारायण मिश्र, बालकृष्ण भट्ट, बालमुकुंद गुप्त से लेकर महावीरप्रसाद द्विवेदी, पद्मसिंह शर्मा, बाबूराव पराड़कर जैसे साहित्य निर्मातागण तक अपने को भारतेंदु के वारिस मानते थे। श्रीधर पाठक, मैथिलीशरण गुप्त, प्रसाद, निराला, पंत–सभी ने भारतेंदु की प्रशस्ति में कविताएँ रची हैं।

सैकड़ों ऐसे नगर-उपनगर होंगे, जहाँ भारतेंदु के नाम पर संस्थाएँ, गोष्ठियाँ, पुस्तकालय, प्रेस, विद्यालय चल रहे हैं।

[जनयुग, सितंबर 1965]

वंदे मातरम्

यह कैसे होगा ?

यह क्योंकर होगा ?

सुजलां-सुफलां-मलयज शीतलां-शस्यश्यामलां...मातरं वंदे, वंदे मातरम्।

माता (देश माता) की वंदना के लिए यों तो इसका एक-एक व्यक्ति तैयार है, लेकिन...

अब यहाँ लेकिन-फेकिन क्या ले आए ? 'वंदे मातरम्' हमारे लिए राष्ट्रीय आवाहन का मंत्र है। यह कोई दो शब्द का मामूली वाक्य नहीं है। पिछले अस्सी-नब्बे वर्षों की लंबी अवधि में हमने इन दो शब्दों में अपने राष्ट्र की तरुणाई का ओज भर दिया है ! सैकड़ों किशोर इसे दुहरा-दुहराकर शहीद हो गए, हजारों पीठ पर बेंत की पिटाई पड़ी इसी के चलते। इसी की अनुगूँज में पचासों दफे बम फूटे...नमक उबाला गया, जुलूस आगे बढ़े...तब जाकर कहीं इन दो शब्दों को मंत्रत्व हासिल हुआ !

वन्दे मातरम् ! मातरम् वन्दे !!

जी हाँ, इतमीनान से कहिए वन्दे मातरम् ! अब यह अपना राष्ट्रीय मंत्र है, इसमें समूचे राष्ट्र की प्राणशक्ति छलक रही है...

वन्दे मातरम् !...

माता को प्रणाम !

लेकिन, वह माता है कहाँ ?

मैं उसे अपने आमने-सामने देखना चाहता हूँ...

माँ, तुम कहाँ हो ?

कब तक अलसित रहोगी माँ ?

तुम इसी तरह छिपी रहीं तो मैं आजीवन कामचोर बना रहूँगा ! देखो न, मैं मिलावट की कला का प्रशिक्षण ले रहा हूँ ! देखो न, मेरे कितने मुखौटे हैं !

तुलसीदास ने अपने अपराधी मन को आराध्य देव (राम) के आगे खड़ा कर दिया था। बोले थे—'मो सम कौन कुटिल खल कामी !'

ठगों का गोल चक्कर...प्रशंसकों का गोल चक्कर...विक्षुब्धों का गोल चक्कर... आलसियों का गोल चक्कर...मुफ्तखोरों का गोल चक्कर...माता, तुम्हें तो अवश्य ही पता होगा कि इस 'सर्कस' में तुम्हारा यह सपूत कहाँ खड़ा है ! तुम्हें यह भी मालूम है कि उसके कितने मुखौटे हैं।

लेकिन सामने तो आओ !

नहीं आओगी ? नहीं ? नहीं ?

अच्छा तो नहीं आओ !

महँगाई के मारे मेरा कचूमर निकल रहा है...

और, तुम्हारा रेशमी तिनरंगा बेहद चमक रहा है...

और, राशन की दूकान से मेरा लड़का तीसरी बार लौट आया है...सबेरे से लाइन लगी और टूटी, फिर लगी फिर टूटी, फिर लगी और फिर टूटी !

और, पंजाब के सैकड़ों व्यापारी गिरफ्तार हुए हैं, छिपे-छिपाए चेहरों का नज़ारा यह देखने लायक रहा होगा ! फोटो छपे हैं अखबारों में, मैं इन चित्रों की कतरनें बापू और नेहरू की चित्रावलीवाली जिल्दों में सहेज रखूँ ?

और, बार-बार होंठ बुदबुदाते हैं...वाह रे धर्मवीर ! वाह जी राज्यपाल पंजाब के !!

यह कैसे हुआ ?

यह क्योंकर हुआ ?

धर्मवीर की 'भारत माता' कोई दूसरी है ?

अपने अन्य राज्यों की 'भारत माता' जाने कब तक छिपी रहेगी ! इन प्रदेशों में क्या 'धर्मवीर' नहीं होंगे, 'कर्मवीर' ही रहेंगे...समारोहों का उद्घाटन ही उनका मुख्य 'कर्म' रहेगा ?

मेरा मुख्य कर्म क्या है ?

इसी तरह ऊटपटाँग बातें लिखना...

अरे, ऊटपटाँग नहीं, दिल जले का गुबार कहो न !

मगर, कौन सुनता है साहब !

देखिए 15 अगस्त है आज ! राष्ट्रीय गीत की धुन बजने लगी वो तो...भारत भाग्य विधाऽऽताऽऽ...।

[नई धारा, अगस्त 1966]

दादा जी, आप रिटायर हों !*

इन्हें समझने की कोशिश कीजिए। इनके मर्म की तह तक पहुँचकर ही इनके बारे में अपनी कोई धारणा निश्चित कीजिए। इन्हें अपना आंतरिक स्नेह दीजिए। इनकी मामूली भूल-चूक को नाहक ज्यादा तूल न दीजिए।

ये स्वतंत्र भारत के नवयुवक हैं, हमारी आशाओं के केंद्र। हमारी उम्र में और इनकी उम्र में पैंतीस-चालीस का फासला है। हम साठ के हैं, वे बीस के हैं। हम पचपन के हैं, वे अठारह के। हम अट्ठावन के हैं, वे बाईस के हैं। आयु की सीमाओं का कितना बड़ा फासला ! इसी अनुपात में हमारी और उनकी अनुभूतियों के बीच बहुत बड़ा अंतर है।

आज की नई पीढ़ी कई दृष्टियों में अनूठी है। वह पुरानी पीढ़ी का आदर दिखावे

---

* यही लेख कुछ परिवर्तित रूप में 'अनागत विधाता' शीर्षक से 'ज्योत्सना' अगस्त '63 में भी प्रकाशित हुआ था।—सं.

के तौर पर नहीं करती है। वह वयस्कों को बे-हिसाब आदर नहीं देती, नाप-तौलकर आदर देती है। श्रद्धा का अनुपात पुरानी पीढ़ी के आचरण को ध्यान में रखकर घटता-बढ़ता रहता है। नवयुवकों के अपने प्रतिमान होते हैं। वयस्क व्यक्तियों को नापने का उनका अपना अलग फीता होता है।

स्नेह-प्रदर्शन के लिए अति आतुर और व्यवहार में लद्दू स्वभाव के किसी बुजुर्ग से आज का नवयुवक कहेगा—'जी हाँ, बैठिए, आपके लिए आरामकुर्सी रखी है। इत्मीनान से बैठना हो तो इसी पर बैठिए, मेरे सीने पर मत बैठिए। सीना और काम के लिए खाली रहेगा। बैठने के लिए तो हमने आरामकुर्सी डलवा रखी है। आपको इसी पर बैठना है, मैं स्टूल पर बैठकर आपसे बातें करूँगा...'

'सीने पर बैठना'—एक मुहावरा है। वस्तुतः कोई किसी के सीने पर बैठता नहीं। परंतु देखने में आता है कि बहुधा बुजुर्ग अपने अधीनस्थ युवक पर इस प्रकार हावी हो जाते हैं कि लगता है, वे उसके सीने पर जम गए हैं। कहते हैं, बड़े वृक्ष की छाँह दूसरे पौधे के लिए घातक होती है। कंधे पर पीपल उग आता है तो मंदिर की आयु तीन चौथाई रह जाती है। जलकुंभी का जाल बिछता है तो नया से नया पोखर बर्बाद हो जाता है। 'सीने पर बैठना'—वाक्य-रचना के विधान की दृष्टि में एक मुहावरा है, मगर असल में यह एक अमानुषिक कार्य है।

आज से पचीस वर्ष पूर्व ट्रेन के दूसरे दर्जे में तत्कालीन एक बुजुर्ग से मेरी जो बातें हुई थीं, उन्हें मैं कभी नहीं भूलूँगा।

मैं उनसे कुछ काम पाने की आशा करता था। उनके अंडर एक बड़ी संस्था थी और मुझे विश्वास था कि वह मेरे लिए जरूर कोई व्यवस्था करेंगे। आधे घंटे तक इधर-उधर की गप्पें होती रहीं। मेल ट्रेन का अगला स्टापेज करीब आ गया तो बोले—'लेकिन, वहाँ अविवाहित या पत्नी-विहीन युवकों की नियुक्ति नहीं करते हैं। तुम अगर पत्नी के साथ वहाँ रहना मंजूर करो तो ठीक रहेगा।'

बात मेरी समझ में नहीं आई और मैं उनके चेहरे की ओर देखता रहा। मुस्कुराकर बोले—'खाली नाव के उलटने का डर रहता है। माल लादनेवाला वापसी में अपनी नावों के अन्दर यों ही बालू की बोरियाँ भर लाते हैं। अकेले रहोगे, जब मर्जी होगी, भाग जाओगे और संस्था का नुकसान होगा।'

मैं दंग रह गया उनकी व्यवहार-बुद्धि पर ! सोचा, जिस संस्था की बागडोर ऐसे व्यक्तियों पर है, वह कभी घाटे में नहीं रहेगी।

अंत में, मैंने उनसे कहा—'लेकिन आप खुद ही सारा जीवन एकाकी रहे हैं। कई पुत्रों के पिता हैं। एकाधिक सार्वजनिक प्रवृत्तियों में आपकी दिलचस्पी रही है। इतना कुछ लिखा है। वर्षों जेल के अंदर रहे हैं। क्या आप भी खाली नाव की तरह उलट गए थे ?'

इस पर गंभीर बुजुर्ग ने कुछ कहा तो नहीं, मुस्कुराए जरूर ! वह मुस्कान मुझे बड़ी ही अर्थपूर्ण प्रतीत हुई। स्पष्ट था कि मेरे प्रति उनके अंदर अविश्वास के अंकुर

उग्र आए थे और मैं उनकी कसौटी पर खरा उतर ही नहीं सकता था।

इस प्रकार की बातों पर आज का नौजवान तो और भी अधिक खौल उठेगा। वह ऐसे बुजुर्ग से कहेगा तो कुछ नहीं, बल्कि काम पाने के पहले सारी शर्तें कबूल कर लेगा। परंतु आगे चलकर वह संस्था के अधिकारियों को अपनी चतुराई के कई अनूठे सबूत दे सकता है। अपनी कूट-कौशल के बल पर वह कई पैंतरे बदल सकता है। संस्था के सनातन नियमों को धता बताकर चुपके-चुपके सट्टेबाजी में दिलचस्पी ले सकता है। संस्था के अधिकारी उसका कुछ नहीं बिगाड़ पाएँगे, क्योंकि उनकी एक-एक पोल का पता है उसको, छेड़े जाने पर उनका भारी नुकसान कर सकता है।

लड़का चाहे सोलह का हो चाहे अठारह का, चाहे बाईस का, अपने पिता और चाचा की रग-रग को पहचानता है। आपका लड़का मेरे लड़के का साथी है। ये दोनों जने गली-मुहल्ले के अपने साथियों से निकट का संपर्क रखते हैं। सभी मिलकर पुरानी पीढ़ी की करतूतों पर प्रकाश डालते हैं। पढ़ाई का खर्चा अभिभावकों से ही लेना है, इसी से वे उनके सामने पुरानी पीढ़ी के प्रति सदैव सम्मान का ही भाव बनाए रखते हैं। पढ़ाई के लिए अपना-अपना स्थान छोड़कर दूसरे नगरों में जाना होता है। होस्टलों में, प्राइवेट छात्रावासों में, चौराहों पर, सिनेमा हाउस के आँगन में, खेल के मैदान में, नई पीढ़ी का नव गुंजन भला किसका ध्यान अपनी ओर नहीं खींचेगा ? उनका आवेग, उनकी मुद्राएँ, उनके इंगित, पैरों की उनकी आहट...यह आपको बरबस अपनी ओर आकृष्ट करेगा।

हमारे बिहार में पटना, राँची, मुजफ्फरपुर, भागलपुर, दरभंगा, गया, छपरा, आरा, मुंगेर आदि कुछ ऐसे शहर हैं जहाँ गलियों में विद्यार्थी ही विद्यार्थी नजर आते हैं। इन्हें काबू में रखना शिक्षण-संस्थाओं के लिए बहुत बड़ा सिरदर्द हो गया है। शिक्षण-संस्थाएँ एक तो खुद ही भीतरी गुटबंदियों की लीला-निकेतन बनी हुई हैं, दूसरा संकट है फीस बटोरने की धुन में उनका फूलते जाना। चार घंटे छात्रों को क्लास के अंदर घेरकर रखना ही क्या सब कुछ है ? परीक्षा के लिए जैसे-तैसे उन्हें तैयार करना ही क्या सब कुछ है ? मनोरंजन के नाम पर केवल फिल्मों और बाजारों में घूमने देना ही उनके लिए क्या सब कुछ है ? ऐसे प्रश्नों को ध्यान में रखकर हम सोचें कि नई पीढ़ी के अंदर विक्षोभ के बीज कहाँ से आकर पड़ जाते हैं।

आगे सुनिश्चित जीवन की लालसा रहती है, परंतु सपने में बेकारी की डायन मुँह बाएँ खड़ी नजर आती है। धीरे-धीरे नई पीढ़ी के दिलों में बगावत के अंकुर उग आते हैं। स्थानीय दुर्घटनाएँ, पास-पड़ोस की गुंडई, दूकानदार की बेईमानी, सिनेमा हाउस के कर्मचारियों का उजड्डपन, रेलवेवालों की अकड़, पुलिसवालों की अदूरदर्शिता—आदि आकस्मिक उत्पात उपस्थित होते रहते हैं, जिनके चलते छात्रों की यह नई पीढ़ी विद्रोही हो उठती है। हम उनकी तरुणाई के उस विप्लव को अपनी मूँछों का सवाल बनाकर अड़ जाते हैं। हमारा अड़ना उनको और भड़का देता है और वे गुस्से के मारे 'मुर्दाबाद' के नारे लगाते हैं, उनका जुलूस आगे बढ़ता है। पुलिस उन्हें रोकती है, और...

इसके बाद जो कुछ होता है, वह हमें अखबारों से अगले दिन सबेरे मालूम हो जाता है। पुरानी पीढ़ी के अधिकांश नेता कोठियों के अंदर गद्दीदार कोचों में धँसे हुए छात्रों की हुल्लड़बाजी पर अपना आक्रोश प्रकट करते हैं। वह आज से पचास साल पहले की अपनी दृष्टि से इन घटनाओं को देखते हैं और उन पर अपना निर्णय ठोंकते हैं। वह डिप्टी मजिस्ट्रेट, जिसके आदेश से पुलिसवालों ने हाथ की सफाई दिखलाई थी, बूढ़े नेताओं का निर्मल आशीर्वाद हासिल करने में सफल होता है। 'ए ग्रेड' के दैनिक पत्र के प्रौढ़ चीफ एडीटर भी बहुधा ऐसे प्रसंगों पर छात्रों को ही जिम्मेदार ठहराते हैं। कालेजों के प्राचार्य और उपकुलपति तो आंदोलनकारी छात्रों के विरोध में रहते ही हैं। यों सभी श्रेणी के प्रौढ़ों और बुजुर्गों का संयुक्त मोर्चा नई पीढ़ी के खिलाफ आए दिन बनता ही रहता है। अघोषित 'गृहयुद्ध' के इस वायुमंडल में हमारा समाज किस प्रकार संतुलन कायम कर सकेगा ?

दफ्तरों में विश्राम ग्रहण करने की आयु-सीमा कल तक पचपन थी, आज अट्ठावन हो गई है। परंतु पकी हुई प्रज्ञावाले बुजुर्ग लोग इतनी आसानी से मैदान छोड़नेवाले नहीं हैं । राजनीति का मैदान बूढ़ों से भरा पड़ा है। राज्यसभा के अधिकांश सदस्य ऐसे हैं जिनके लिए हमारे पूर्वजों ने वानप्रस्थ का निर्देश दिया था। राजभवन की गद्दियाँ भी महास्थविरों के लिए रिजर्व हैं, दो-एक अपवाद भी नियम को गरिमा प्रदान करने के लिए दिखाई पड़ते रहेंगे। उप-कुलपतियों का भी यही हाल है। कमीशनों, समितियों, उप-समितियों, बोर्डों के सदस्यों—अध्यक्षों को नामिनेट करते समय भी हमारे प्रभु पके बालों को बड़ा महत्त्व देते हैं। इसी का परिणाम है कि प्रशासन और अधिकार का एक-एक सूत रुपहले बालों से बँधा है।

पुरानी पीढ़ी और नई पीढ़ी के बीच ऐसी चौड़ी गहरी खाई शायद ही किसी अन्य सभ्य देश में हो। भोग और उपभोग के लिए लालसाओं का यह तांडव शायद ही किसी अन्य सभ्य समाज में हो। इसका और तो कोई कारण नज़र नहीं आता है; हाँ, इतना अवश्य है कि तरुणाई और जवानी के दिनों में स्वतंत्रता-संग्राम के सिपाही होने के नाते जिन्होंने थोड़ा-बहुत त्याग किया था, उनकी दमित आकांक्षाएँ अनुकूल अवसर पाकर अब सौ गुनी अधिक आनंद पाने के लिए बेचैन हैं। वस्तुतः भौतिकवाद को गालियाँ देते-देते अनजाने ही वे स्वयं भौतिकवादी हो उठे हैं, अगले जन्म से उनका विश्वास उठ चुका है। सोचते हैं, जितनी मौज लेनी हो ले लो ! लोग कुढ़ते हैं, कुढ़ने दो !

पुरानी पीढ़ी की इस धूर्तता से नई पीढ़ी और भी खौल उठी है।

विरोधी दलों की छत्र-छाया के नीचे युवकों की अधिकाधिक भीड़ ध्यान देने योग्य है। नुमायशों, सम्मेलनों, प्रदर्शनों में पके बालों की विरलता भी ध्यान देने योग्य है। फिल्म की धुनों पर सीटी बजाते हुए, नाटकीय ढंग से साइकिलें दौड़ाते हुए, अपरिचित वयस्कों के सामने धुआँधार सिगरेट फूँकते हुए, कॉफी हाउसों में गरम-गरम बहस की भाप फैलाते हुए नए चेहरे भी ध्यान देने योग्य हैं।

बहुतों को भ्रम है कि नई पीढ़ी तारीफ की भूखी होती है, उसे अपनी आलोचना

अप्रिय लगती है। जहाँ तक मैं समझ पाया हूँ, नवयुवकों को अपनी झूठ-मूठ की प्रशंसा बोर ही करती है। वह आपसे मार्ग-दर्शन की आशा अवश्य रखते हैं। थिरकाकर और फुसलाकर आप उन्हें धोखे में नहीं डाल सकते हैं। ढोंग और डींग से उन्हें सख्त नफरत है। आप उन्हें अवसर दीजिए, उनको अपना विश्वास दीजिए। अपनी भूलें छिपाने के लिए झूठ का ताना-बाना बुनते जाएँगे तो मालूम होने पर उन्हें आपके प्रति बड़ी घृणा होगी।

उनके भविष्य के लिए आप इतना अधिक चिंतित क्यों हैं ? दादाजी, अब आप सचमुच रिटायर होकर मानसिक तौर पर भी विश्राम क्यों नहीं ग्रहण करते ?

[नई धारा, जुलाई 1968]

अग्रज तुम्हें प्रणाम !

"मेरा जी कहता है, अभी आप कई बार विदेश-यात्रा के लिए निकलेंगे..."

"जी, हाँ !"

"शरद् ऋतु की दुपहरिया में यह स्टीमर कैसा लग रहा है आपको ?"

"जी, हाँ !"

"दिल्ली कितने रोज रहे ?"

"जी हाँ !"

"अब पटना कब लौटेंगे ?"

"जी हाँ ! जी हाँ !"

इस 'जी, हाँ,' के सिवा और कोई शब्द उनके मुँह से नहीं निकलता था। उनकी स्मृति-शक्ति बिलकुल धूमिल हो गई थी। अपनी बड़ी-बड़ी आँखों से वह आपकी तरफ देखते-भर रहते थे।...

बेनीपुरी जी को उस असह्य दुःस्थिति में देखना हमारे लिए कैसा नागवार था। आधा घंटा से ज्यादा हम उनके सामने नहीं बैठ सकते थे ! उन्हें उसी तरह छोड़कर हम वापस चले आते !

लेकिन उस दिन उनके समक्ष मुझे घंटा-भर बैठना पड़ा। स्टीमर ने भी ज्यादा ही वक्त लिया था। महेन्द्रू घाट से पहलेजा घाट की जेटी तक पहुँचने में उस रोज लगभग सवा घंटा लगा था।

भाभी (देवेंद्र की माँ) साथ थीं। देवेंद्र खुद भी था। वे बेनीपुरी जी को गाँव (जिला मुजफ्फरपुर) ले जा रहे थे। दिल्ली के डाक्टरों की यही राय हुई थी कि वह सहज सुपरिचित वातावरण में, स्वजनों-परिजनों के बीच, अपने गँवई परिवेश के अंदर ही लौट जाएँ।

मैंने बार-बार दिनकरजी और गंगाबाबू के बारे में उनसे यों ही पूछा था। दोनों ही उनके अंतरंग सखा रहे हैं, सहोदर अनुजों की तरह। मैं बेनीपुरी जी की विलुप्त

स्मृति-शक्ति को भावुक प्रसंगों की चर्चा करके स्पंदित करना चाहता था। मैंने बार-बार जयप्रकाश बाबू का नाम लिया। मैंने राहुल की याद दिलाई। मैंने मिथिला और लिच्छवि-भूमि में आमों-लीचियों-मखानों का जिक्र किया...

बेनीपुरी जी ने 'जी, हाँ,' के अतिरिक्त जवाब में और कुछ नहीं कहा। अपने अति प्रिय साथियों के नाम सुनकर उनकी आँखों में चमक दुगुनी हो जाती थी; होंठों में कम्पन पैदा होते थे। गले की रगों में हरकत नजर आती थी...

जीवन के अंतिम वर्षों में नवीन और राहुल जी की यही दशा थी..मिलती-जुलती-सी। वाणी के वरद पुत्र के लिए कितनी बड़ी सजा थी यह। प्रकृति की निठुराई का अंत नहीं है क्या ?

स्टीमर पर, प्रथम श्रेणीवाली केबिन के सामने आराम-कुर्सी पर बैठे हुए उनका वही रूप मेरे लिए 'अंतिम झाँकी' के तौर पर टंकित रहेगा। मेरे पास तीसरे दर्जे का टिकट था, मैं उनके पैरों की तरफ झुका तो आशीर्वाद के पहले उनका दाहिना हाथ मेरी पीठ को छूता-सा लगा...

बिहार में मेरी तरह दर्जनों कलमजीवी बेनीपुरी जी को अपना 'महान अग्रज' मानते हैं। समाजवादी (प्रजा और संयुक्त) दलों के सैकड़ों युवक और अधेड़ अपनी अंतरात्मा के साथ 'साथी' बेनीपुरी को एकाकार पाते हैं। बीसियों पत्रकार वगैरह घोषित करते हैं कि बेनीपुरी जी ने ही उन्हें कलम पकड़ना सिखलाया था।

'बालक' से लेकर 'नई धारा', तक उनके हाथों संपादित मासिक समूचे भारत में लोकप्रिय हुए थे। 'युवक', 'योगी', 'जनता', 'हिमालय' की संपादकीय टिप्पणियों के संकलन छापे जाएँ तो अनूठे साबित होंगे। 'युवक' के चलते बेनीपुरी जी अंग्रेजी हुकुमत के गोरे-काले अफसरों की आँखों में काँटे की तरह चुभते थे। 'योगी और 'जनता' ने बिहार के लिए उस युग में वही रोल अदा किया जो रोल अमर शहीद गणेशशंकर विद्यार्थी के 'प्रताप' का उत्तरप्रदेश में रहा था।

शब्दों की उनकी जादूगरी के बारे में अलग से लिखना पड़ेगा। कहानियाँ, स्केच, नाटक, जीवनी आदि की लगभग 60 पुस्तकें उनकी सदैव लोकिप्रिय रहेंगी। अम्बपाली जैसे नाटक सदैव खेले जाते रहेंगे।

अंत में, अपने उस महान अग्रज को आपके साथ मैं भी प्रणाम कर लूँ।

[नई धारा, अप्रैल-अगस्त 1969]

मानस चतुःशताब्दी समारोह

विक्रम सम्वत् 2027 शुरू हुआ है। 'रामचरित मानस' के लाखों लाख भक्त-अनुरक्त 'मानस चतुःशताब्दी समारोह' के लिए पिछले दो-तीन वर्षों से अधीर थे ही, अब उनका मनोरथ पूर्ण होकर रहेगा। सुनते हैं, यह चिर-प्रतीक्षित परम पावन अनुष्ठान पाँच वर्षों

तक चलेगा। हिंदी-भाषी विशाल भूखंड के लगभग आधा दर्जन प्रदेशों पर शासन करने वाली राज्य सरकारें तो 'जनसाधारण' द्वारा आयोजित होनेवाले इस अनोखे 'महायज्ञ' में अपनी-अपनी आहुतियाँ डालेंगी ही, हमारी केंद्रीय सरकार भी पीछे नहीं रहेगी...।

दैनिक 'आज' (काशी) से हमें पता चला कि "अयोध्या से काशी तक एक विशाल शोभायात्रा की योजना बनाई गई है...अंतिम वर्ष में (सम्वत् 2031 दि., सन् 1975 ई. में) पचास हजार से अधिक भक्त-जनों की महाविशाल भीड़ अयोध्या से काशी के लिए प्रयाण करेगी...रास्ते में 16 पड़ाव होंगे और वाराणसी पहुँचकर गंगा-भागीरथी के किनारे अस्सी घाट (तुलसी मंदिर) तक आने पर मानसप्रेमियों की उक्त शोभायात्रा अपने अंतिम लक्ष्य को प्राप्त करेगी।" और साहब आपको मालूम रहना चाहिए कि "इस शोभायात्रा में रामलीला की मंडलियाँ, रामकथा से संबंधित झाँकियाँ और रामचरित मानस की सुसज्जित गद्दी शामिल रहेंगी...।" संतों के प्रवचन होते चलेंगे, रामनाम की धुनें मुखरित होती चलेंगी...।

शुक्रवार को सायंकाल (24 अप्रैल 1970) संकट मोचन मंदिर (काशी) के महंत श्री वीरभद्र मिश्र जी अपने नगर के पत्र-प्रतिनिधियों से यह सब विस्तारपूर्वक बतला चुके हैं। हिंदी के बड़े-छोटे सैकड़ों समाचारपत्र (दैनिक और साप्ताहिक) पिछले दस-बारह महीनों से 'मानस चतुःशताब्दी' के प्रति जनता को उत्साहित करने में लगे हैं...। 'रामचरित मानस' के हजारों पेशेवर कथावाचक मन-ही-मन थिरक रहे होंगे, उनकी कमाई 'चौथी शताब्दी-पूर्ति' वाले इस विराट यज्ञ के दिनों में जाने कितनी गुनी ज्यादा हो जाएगी !

हमने बड़ी गहराई से 'मानस चतुःशताब्दी समारोह' के बारे में सोचा है...। कलम उठाने से पहले संत प्रवर तुलसीदास की छवि बार-बार ध्यान में बिठाने की कोशिश की है ! जितना कुछ हमें तुलसी बाबा की जीवन-कथा के सिलसिले में मालूम हो सका है, तद्नुसार उनका व्यक्तित्व यों तो मुझे काफी आकर्षक लगता है। वह अकिंचन पिता और बदनसीब माँ के पुत्र थे। जन्मते ही दरिद्रता का अभिशाप तुलसीदास पर मँडराने लगा होगा...।

मगर पचास वर्ष की उम्र के बाद ? अच्छे-खासे महंत की भूमिका में आ गए थे न ? वर्णाश्रम (सनातन) धर्म के पुनरुद्धार का बीड़ा उठा लिया था आपने ! लोगों से संतजी ने साफ-साफ कहा—"पूजिय विप्र ग्यान-गुन हीना" यानी शूद्र अगर पठित भी हो तो उसको आगे नहीं बढ़ने दो...यानी, बेचारे तुलसीदास की भाव-भूमिका विवेचन करने नहीं बैठा हूँ इस समय ! हाँ, इतना तो जोर देकर के प्रबुद्ध पाठकों को बतलाना ही चाहूँगा कि हमारे करोड़ों-करोड़ 'शूद्र' भाई 'रामचरितमानस' को कभी खुले दिल-दिमाग से अपना नहीं सकेंगे। हिंदी भाषा-भाषी बहुजन समाज को ब्राह्मणशाही प्राचीरों की दुर्लंघ्य-दुर्भेद्य परिधि के अंदर नियतिवाद की पीनक में पड़े रहने का 'अक्षय-पाठ' पढ़ानेवाला यह 'महाकाव्य' शोषण और प्रवंचना की नई-पुरानी बुनियादों को हिला पाएगा क्या ? कबीर और नानक की बराबरी में बिठलाकर तुलसीदास से जवाब-तलब करो तो आपको असलियत का पता चल जाएगा।

तुलसीदास ने ढेर सारी अच्छी-अच्छी बातें 'लोक-भाखा' (अवधी) में कहने की हिम्मत की...। उन्होंने दारिद्र्य को ही दशानन (रावण) बतलाया...। कभी किसी नवाब या राजा के दरबार में हाजिरी नहीं बजाई...और, इसीलिए संतशिरोमणि तुलसीदास परम प्रगतिशील थे, डॉक्टर शर्मा (रामविलास) का यह रुख हमें कभी नहीं जँचा। अपनी 'अंतरात्मा की आवाज' तो जाने कब से उसी मूर्तिभंजक औघड़ के पक्ष में रही है, जिसे कबीर कहते हैं...। फिर, यह भी नहीं कि बेचारा कबीर आज के अर्थों में 'समाजवादी' करार दिया जाए। हाँ, साहब, ऐसा न समझ लो आप !

हजारों हजार रामायणी (कथावाचक) 'मानस चतुःशती' के दर्म्यान जनसाधारण को परम्परावाद की घुट्टी पिलाते घूमेंगे। केंद्रीय और प्रादेशिक सरकारों के छोटे-बड़े मंत्री, विश्वविद्यालयों के उप-कुलपति, साहित्य के प्राध्यापक एवं आचार्यगण ''चतुःशती' की बयार में डोलते फिरेंगे। अलग-अलग घाटों पर जमे पंडे दूर से ही यजमानों को आवाज देंगे—

''मज्जन फल पेखिय ततकाला।
काक होय पिक, बकहुँ मराला।।''

जी हाँ, 'चतुःशती समारोह' चूँकि पाँच वर्षों तक चलता रहेगा, अपने इस विशाल क्षेत्र (हिंदीभाषी भू-खंड) के अंदर जितने 'काक' हैं सभी 'पिक' हो जाएँगे, 'बक' तो फिर 'मराल' हो के रहेंगे। उधर अपने समाज का बहुजन-वर्ग 'बेबसी और जहालत के समन्दर में' इसी तरह डूबता-उतराता रहेगा...क्योंकि महँगाई इसी तरह बढ़ती रहेगी। पुलिसवाले इसी तरह प्रदर्शनकारियों पर लाठियाँ बरसाते रहेंगे। कथावाचकों की बिरादरी हलवा-पूड़ी और खीर का भोग लगा-लगाकर फूलती रहेगी। 'भंडोच' तो अभागे अलग ही खड़े रहेंगे...! ये कौन हैं भाई ? भंडोच ! जी हाँ, नया शब्द गढ़ लिया है हमने अपनी सुविधा के लिए...। 'भंडोच' यानी भंगी, डोम, चमार। समझ गए अब तो ?

'मानस चतुःशताब्दी' से भला भँडोच को क्या !

आए दिन महापुरुषों के नाम शताब्दी, द्विशताब्दी, त्रिशताब्दी, पंचशताब्दी समारोह उजागर होते रहते हैं, उन बेचारों की किस्मत के मुताबिक लाख-दो-लाख रुपए से लेकर पचास या सौ लाख तक की रकमें सरकारी खजानों से निकलती ही रहती हैं। इन शताब्दी-द्विशताब्दी समारोहों के पीछे पंडों-पुरोहितों के नए-नए 'गोत्र' उभरते रहते हैं। आधा नेता, आधा शिक्षित टाइप के स्वार्थी युवक 'समारोह समितियों' के फंदे बिछाकर पहले तो मंचलोभी मिनिस्टरों और सचिवों को फाँसते हैं, फिर उनके इर्द-गिर्द कीर्तिलिप्सु और संपन्न नागरिकों के 'प्रभामंडल' तैयार कर लेते हैं; फिर क्या है, पत्र-पत्रिकाओं में धुआँधार प्रचार शुरू हो जाता है और फिर 'रजतं चन्द्र दैवतं' (मन्दा) की राह खुल जाती है !

हमें यह बात बिलकुल भूल जानी है कि आज से सौ वर्ष पहले या दो सौ-चार सौ वर्ष पहले पैदा होनेवाले किसी भी महामानव का जीवन और कृतित्व अब अपने उन्हीं अर्थों में मौजूदा समाज को अनुप्राणित नहीं कर सकता। सीता सहित राम-लक्ष्मण, राधा-कृष्ण, गौतम-बुद्ध, महावीर वर्धमान, कालिदास, तुलसीदास, रवींद्र...आदि की अस्थियाँ

सचमुच यदि हमारे समक्ष आ ही जाएँ तो कम से कम मैं अपने भाइयों से यही कहूँगा कि इन्हें ले जाओ...गंगा या गोदावरी में सम्मानपूर्वक डाल आओ !

'रामचरितमानस' वस्तुतः हमारी श्रद्धा और प्रीति का कितना हकदार होगा अब ? आज के इस युग में तुलसी बाबा के इस महाकाव्य को कितना आदर देंगे ? इस 'लोकप्रिय' पोथी की कितनी चौपाइयाँ, कितने दोहे-सोरठे-छंद और श्लोक आज हमें ग्राह्य होंगे ? पौराणिक गपोड़ों में निर्दोष मनोरंजन के तौर पर कितने हम अपनाएँगे ? कितने छोड़ देंगे ? चतुर्थ-शताब्दी-समारोह को पाँच वर्षों तक लंबा खींचना किनके दिमाग की उपज हो सकती है ?...साधारण जनता का भला इस 'सुदीर्घ' समारोह से कौन-सा स्वार्थ सधेगा ?

ऐसे-ऐसे बीसियों सवाल इस मौके पर हमारे आपके अंदर यदि न उठें, तो वह कुंद जहनियत का ही सबूत होगा।

हम अपने देश की हुकूमत को 'समाजवादी ढाँचा' वाली या 'समतामूलक आदर्शों के अनुकूल' बनाना चाहते हैं, 'बहुजन हिताय' और 'बहुजन सुखाय' ही हमारे इस अभिनव राष्ट्र की सारी गतिविधियाँ समर्पित हैं...'समूचे समाज का कल्याण' ही हमारे प्रशासन के एकमात्र उद्देश्य हैं...आदि-आदि लुभावनी बातों का अंत नहीं। हम दिन-रात इस प्रकार की बातें सुनते रहने के आदी हो गए हैं। कान तो चिकने हो गए हैं, हमारी दृष्टि-शक्ति भी अपनी सूक्ष्मदर्शिता खो चुकी है।

स्थूल दृष्टि या अदूरदर्शिता के शिकर हम किस हद तक हो चले हैं, यह मालूम करने में या करवाने में किसी 'गंभीर प्रयास' की आवश्यकता पड़ेगी क्या ?

'रामचरित मानस' की एक-एक चौपाई के दस-दस अर्थ बतलानेवाले बीसियों कथावाचक थाइलैंड और मारिशस तक पहुँच-पहुँचकर 'व्यास-पीठों' को गर्मा आते हैं...अपने इस विशाल देश के अंदर भी सैकड़ों सुकंठ 'रामायणी' जी औद्योगिक एवं सांस्कृतिक स्थानों पर महीनों कथावाचन करते घूम रहे हैं। तुलसी बाबा की बदौलत हजारों परिवार 'कथावाचन' की दक्षिणा से ही आनंदपूर्वक अपना निर्वाह कर रहे हैं। ऐसा नहीं समझ लीजिए आप कि हरिजन-गिरिजन तुलसी बाबा को नहीं सुनते हैं या कि सुनने के बाद रामायणी जी को दक्षिणा (आरती के थालों के मार्फत) नहीं देते ! नहीं साहब, वे तो और भी जमकर सुनते हैं और चढ़ावा भी खुले हाथों ही चढ़ाते हैं। हाँ, यह बात और है कि राँची और बस्तर के निबिड़ आरण्यक अंचलों की तरफ कथावाचकों की यह अतिलोभी और आरामतलब बिरादरी कभी अपना रुख नहीं करेगी।

क्या हम हरिजनों-गिरिजनों और अहिंदू भारतीयों के लिए 'रामचरितमानस' का संक्षिप्त तथा सुधरा संस्करण नहीं तैयार कर सकते ? क्या रामकथा के गायन-वाचन पर पुराणपंथियों का ही एकाधिकार सदा के लिए कायम रहेगा ? रामलीला के अभियानों को एशिया महाद्वीप के बहुतेरे देशों ने अपनी-अपनी रुचियों के अनुरूप ढाल लिया है, तो हमीं क्यों इस दिशा में फिसड्डी बने रहें ? आधुनिक युगबोध के अनुकूल सौ-पचास नए रामायणी कथावाचक हमारी संगीत नाटक अकादमी भी तैयार करेगी न ?

इस प्रसंग में यों, कहने को, ढेर सारी बातें दिमाग में आ रही हैं। मगर स्थानाभाव के कारण, यहाँ कुछ एक अतिआवश्यक सुझाव प्रबुद्ध पाठक वर्ग के सामने रख रहे हैं–

(क) विशाल हिंदी प्रदेशों की हमारी सभी राज्य सरकारें (उत्तर प्रदेश, बिहार, मध्य प्रदेश, दिल्ली, हरियाणा, हिमाचल प्रदेश और राजस्थान) अपने-अपने प्रकाशन विभागों द्वारा 'संक्षिप्त एवं सर्वजनोपयोगी रामचरितमानस' का अभिनव संस्करण तैयार करवा के प्रकाशित-प्रसारित करें। शूद्र की निंदा और ज्ञान-गुणहीन ब्राह्मण की प्रशंशावाले अंशों को हटाकर आज की दृष्टि से उदार मनोवृत्तिवाले लोगों को जँचने-रुचनेवाला यह संस्करण चार-छः महीने के अंदर ही जनसाधारण के लिए सुलभ हो।

(ख) इस अभिनव संस्करणवाले 'रामचरित मानस' में कथामूलक सहज-स्वाभाविक अंश ही रहेंगे। पौराणिक अतिरंजनावाले, अवान्तर प्रसंगोंवाले, नामकीर्तिन पर अत्यधिक जोर देनेवाले, भक्ति का झाग छलकानेवाले अंश इस नए 'रामचरित मानस' में नहीं होंगे।

(ग) रामकथा के शैव-शक्त-जैन-बौद्ध या अन्य रूपांतर भी परिशिष्ट के तौर पर 'संक्षिप्त रामचरितमानस' के साथ जुड़े हों।

(घ) लाखों और करोड़ों की संख्या में (छोटी-मझोली-मोटी साइजों में) 'रामचरित मानस' छापने-बेचनेवाले प्रकाशन-संस्थान 'गीता प्रेस, गोरखपुर' जैसे फर्म को हमारी केंद्रीय सरकार सस्ती रेट पर बढ़िया कागज आदि अकूत सुविधाएँ वर्षों से देती चली आ रही है। हमारी राज्य सरकारों से भी उसे बहुतेरी सुविधाएँ प्राप्त हैं। रामकथा-प्रेमी 'शूद्र' हिंदू परिवारों और 'विधर्मी' हिंदीभाषियों को रुचने-जँचनेवाला 'संक्षिप्त अभिनव रामचरितमानस' प्रकाशित-प्रचारित करके गीता प्रेस (गोरखपुर) के अधिकारी 'चतुर्थ शताब्दी समारोह' के इस अवसर पर अपनी व्यापक सदाशयता का परिचय दें।

(ङ) नाम-कीर्तन या भजन को ही सभी दुखों का अचूक इलाज घोषित करनेवाले पदों का गायन केवल उन्हीं गोष्ठियों में हुआ करे, जहाँ बस वृद्ध-वृद्धाएँ ही उपस्थित रहें।

भारतीय समाज चार सौ वर्ष बाद अब वही नहीं रहा जो वह तुलसीदास के युग में था। राजनीति, वाणिज्य, व्यापार, शिक्षा-दीक्षा, चल-अचल संपत्ति, शिल्पकला, यातायात, ग्राम-नगर, भौगोलिक इकाइयाँ, जनसंख्या...पिछली चार शताब्दियों में हमारा सब कुछ बदल गया है। अगले सौ-पचास वर्षों में परिवर्तन की रफ्तार और अधिक तेज होगी, इतनी तेज कि आज हम उसकी कल्पना तक नहीं कर सकते ! डाक-तार, रेल-बस-विमान-जहाज, बिजली-गैस, रेडियो-टेलीविजन, राडार-राकेट आदि वैज्ञानिक उपलब्धियों का जादुई प्रभाव हमारे मौजूदा जीवन पर पड़ रहा है। हम आत्महत्या भले कर लें, परिवर्तन और विप्लव की गति को रोकना हमारे बूते की बात नहीं है। यह नहीं चल सकता कि रहन-सहन की सुविधा या आराम के लिहाज से, यानी भौतिक आनंद लाभ की दृष्टि से तो हम 'अति आधुनिक' एवं 'आदर्श नागरिक' हों, मगर वैचारिक स्तर पर तथा आपसी व्यवहारों में चार सौ वर्ष पिछड़ जाएँ ! कोटि-कोटि जनों का क्लेश-निवारण भला 'रामचरितमानस' कैसे कर सकता है।

"उत्तर भारत में कोटि-कोटि जनों के लिए 'रामचरितमानस' आज भी अपरिहार्य

है"—कई मित्रों ने समय-समय पर हमसे कहा है, "वह हिंदी-भाषी जनता का बाइबिल भी है, कुरान भी, वेद भी है, पुराण भी है। रामचरितमानस हमारे लिए क्या नहीं है, सभी कुछ है..."

"जी हाँ, सभी कुछ है"—हमने भी समय-समय पर दुहरा दिया है ! चिर बिछोह के बाद होनेवाली मुलाकातों को कलहान्तरित होने दें भला !...मन ही मन लेकिन देर तक सोचता रह गया हूँ : रामचरितमानस हमारी जनता के लिए क्या नहीं है ? सभी कुछ है ! दकियानूसी का दस्तावेज़ है...नियतिवाद की नैया है...जातिवाद की जुगाली है। सामंतशाही की शहनाई है ! ब्राह्मणवाद के लिए वातानुकूलित विश्रामागार...पौराणिकता का पूजा-मंडप...वह क्या नहीं है ! सब कुछ है, बहुत कुछ है ! रामचरितमानस की बदौलत ही उत्तर भारत की लोकचेतना सही तौर पर स्पंदित नहीं होती। 'रामचरित मानस' की महिमा ही जनसंघ के लिए सबसे बड़ा भरोसा होती है हिंदीभाषी प्रदेशों में।

जहालत, गरीबी, रुचिशून्यता, रूढ़ि-मोह आदि घातक बीमारियाँ उत्तर भारत में रहनेवाले बहुसंख्यक समाज को निस्तेज और निर्बल बना चुकी हैं। सत्तर प्रतिशत लोग जैसे-तैसे गुजारा कर रहे हैं। वर्गों-उपवर्गों, जातियों-उपजातियों के बीच विषमता की इन विकराल खाइयों को क्या रामचरितमानस का वह पोथा पाट देगा ? काश, वैसा होता ? फिर तो हम बहुतरे झमेलों से आनन-फानन छुटकारा पा लेते !

'रामचरितमानस' की 'नैतिक और आध्यात्मिक उपयोगिता' व्यक्तिगत तथा समष्टिगत रूपों में, आंशिक तौर पर अभी एक-आध शताब्दी तक बनी रहेगी। ढलती उम्र के सामने लोग 'मानस' का पारायण करके अथवा पेशेवर कथावाचकों से सुनकर अभी चिरकाल तक तसल्ली हासिल करते रहेंगे। इसमें भला क्या तो शासन को आपत्ति होगी, क्या समाज को !

पिछले दस-पंद्रह वर्षों से ही शताब्दी समारोहों का सिलसिला हमारे यहाँ इस तरह धूम-धड़ाके से चालू हुआ है। चौराहों पर, पार्कों में, सार्वजनिक संस्थाओं के अंदर मूर्तियाँ स्थापित करने की होड़ मच गई है। स्मारक स्टाम्प भी अंधाधुंध निकलने लगे हैं। संतों-महापुरुषों-मनीषियों-कवियों-हुतात्माओं की स्मृति चर्चा राज्यपालों-कुलपतियों- मंत्रियों-सचिवों के लिए सुखद साबित हो रही है। स्मृति-रक्षामूलक समारोहों को सविधि एवं साडंबर संपन्न करने के लिए सुशिक्षित पंडे केंद्रीय महाप्रभुओं के ही मुंडन से कार्य आरंभ करते हैं।...

अभी-अभी गुरुनानक और महाकवि ग़ालिब के नाम पर लगभग सौ लाख रुपए (100,00,000 रु.) हमने यानी हमारी सरकारों ने और जनता ने फूँक-तापकर उड़ा डाले हैं ! तो फिर संत तुलसीदास ने ही भला कौन-सा कूसर किया था ? देखें, किस मुँह से और माई का कौन-सा लाल 'ना' करता है ! छः-सात हिंदी-भाषी राज्यों की हमारी सरकारें कुल मिलाकर क्या डेढ़-दो करोड़ की रकम भी नहीं निकालेंगी ? और केंद्रीय सरकार आखिर किस मर्ज की दवा है ?...'रामचरितमानस' की चतुर्थ शताब्दी पूर्ति का समारोह लगातार चार-पाँच वर्षों तक मनाया जाएगा न ? जी हाँ, धुआँधार अपीलें

निकल रही हैं ! महाकुंभ के अवसर पर जैसी अपार भीड़ जुटती है, वैसी ही भीड़ अयोध्या और काशी में जुटेगी...देख लीजिएगा ! इस महान समारोह के विरोध में आपने कलम उठाई ? आपको गलित कुष्ठ होगा ! आपका यह हाथ गलकर गिर पड़ेगा !... समारोह के पंडे किस तरह नाराज हो उठे, देखा ?

सच...सचमुच ही तुलसी बाबा मुझ पर कुपित हो उठे हैं ! मैं महसूस कर रहा हूँ, संत शिरोमणि ने मेरी तरफ से गर्दन फेर ली है...मगर बाबा का क्रोध तो सात्विक है न ? उन्हें मैं 'विशाल आत्मा' वाला महाकवि मानता हूँ। अंत तक वही मानता रहूँगा। उनके युग की मजबूरियों और सीमाओं का अंदाज लेकर सोचता हूँ तो बाबा की स्मृति में बार-बार यह मस्तक झुकता है ! उनके व्यक्तित्व में तनिक भी खोट मुझे नजर नहीं आती है...जन्म तो आखिर ब्राह्मण वंश में ही हुआ था न ! नानक या कबीरवाली भला प्रखरता कहाँ से लाते ?

'रामचरितमानस' के प्रेमी (अंधभक्त नहीं) बहुजनहित और सत्य-शोधन की दृष्टि से इस महाकाव्य की एक-एक पंक्ति को वास्तविकता की कसौटी पर कसेंगे—आज नहीं तो कल, कल नहीं तो परसों यह 'अप्रिय कार्य' उन्हें करना ही पड़ेगा। 'भारत साधु-समाज' के पदाधिकारियों का यह कर्त्तव्य है कि 'रामचरितमानस' की छान-बीन के लिए वे तत्काल राष्ट्रवादी-समाजवादी विद्वानों की (और विदुषियों की भी) एक उप-समिति गठित करें। इस उपसमिति में अब्राह्मण साधु भी रखे जाएँ।

रामलीला के सिलसिले में पिछड़ी जातियों के भी तरुण अवश्य ही लिए जाएँ। कथावाचक की ट्रेनिंग भी उन्हें दी जाए। उच्चवर्ग के संत-महंत यदि आनाकानी करें तो कथावाचन की अनुमति के लिए लाइसेंस की व्यवस्था स्वायत्त-शासन विभाग अपने हाथों में ले। शूद्र-वर्ग और स्त्री-वर्ग को 'सहज अपावन' और 'अति अधम' बतलानेवाली एक भी पंक्ति जिस संस्करण में छपी हो, 'रामचरितमानस' का वह संस्करण गैर-कानूनी घोषित हो जाए। हरिजन-गिरिजन विधायक और संसद-सदस्य इस दृष्टि से सतर्क रहें। ब्राह्मणशाही और सामंतशाही के धूर्त प्रतिनिधि ऊँचे-ऊँचे पदों पर जमे बैठे हैं। अब भी मनुस्मृति और रामचरितमानस को ही वे अपने असली 'नीति ग्रंथ' मानते हैं। 'समाजवाद' और 'आर्थिक समता' आदि बहुतेरे पवित्र शब्द उनके मुख से निकलने पर अपना सही मतलब खो बैठे हैं !

हिंदीभाषी राज्यों के अंदर छोटे-बड़े सैकड़ों शहर हैं, हजारों कस्बे हैं, लाखों गाँव हैं...सर्वत्र रामचरितमानस के पुराणपंथी अनुशासन का बोलबाला है। परस्पर विरोधी बातों के समर्थन में 'मानस' की चौपाइयाँ और दोहे सुना-सुनाकर नागरिकों की सिट्टी-पिट्टी गुम कर देनेवाले निरक्षर देहाती आपको वहाँ एक-एक चौपाल में मिल जाएँगे ! गरीबी, अज्ञान; जोर-जुल्म, प्रवंचना, और बेइन्साफी को 'विधाता की देन', 'नियतिनटी की लीला', 'पूर्वजन्म के बुरे कर्मों का कुफल' मानकर सब कुछ बर्दाश्त करते जानेवाले तथाकथित इन्सानों की संख्या 15-20 करोड़ तक पहुँचा दी है 'रामचरित मानस' ने ! जी हाँ, सारी जिम्मेदारी इसी पोथे पर डालूँगा मैं !

समाजवाद के हमारे सपने तब तक अधूरे ही रहेंगे, जब तक 'मानस' का मोह नहीं टूटता।

पिछड़ी जातियों में पैदा होकर भी सौ किस्म की मजबूरियाँ झेलनेवाले साठ प्रतिशत इन्सान तब तक सही अर्थों में 'स्वतंत्र और स्वाभिमानी' भारतीय नहीं होंगे, जब तक 'रामचरितमानस' सरीखे पौराणिक संविधान ग्रंथ की कृपा से प्रभु जातीय भारतीयों की गुलामी का पट्टा उनके गले में झूलता रहेगा।

[मुक्तधारा, 6 मई, 30 मई, 20 जून, 1970]

एक पुरानी : नयी कहानी

कई वर्षों से वर्षा नहीं हुई थी।

नदियों के स्रोत सूख गए थे।

झीलें खाली हो गई थीं।

कुएँ सूख चूके थे। ताल नंगे पड़ गए थे।

संयोग की बात ! सुदूर जंगल के कोने में एक तलैया अब तक पूरी तरह सूखी नहीं थी। जरा-जरा-सा पानी बच रहा था, अंदर कीचड़ ही कीचड़ था। पानी के अंदर रहनेवाले जीवों का बुरा हाल था। उनका अंत नजदीक था।

ऐसे में एक कछुए को अपने मित्रों की याद आई। हंसों का जोड़ा, चूहों का सरदार, खरगोश, बंदर, बकरा...सभी मित्रों की याद आई।

हंसों का जोड़ा पहले पहुँचा।

वे बोले—"हम तुम्हें यहाँ से ले जाएँगे। जहाँ अकाल न होगा वहाँ, भरी-पूरी झील के अंदर छोड़ देंगे..."

कछुआ बहुत खुश हुआ। खुशी के मारे देर तक गरदन हिलती रही। नन्हीं-नन्हीं आँखें चमक रही थीं, मानो मसूर के दो दाने चमक रहे हों...

"लेकिन एक बात है," एक हंस ने कहा, "हम अपनी-अपनी चंगुलों के सहारे एक पतली लकड़ी को थामे रहेंगे। तुम अपने मुँह से उस लकड़ी का बीचवाला हिस्सा कसकर पकड़े रहोगे...जरा भी मुँह खुला कि नीचे गिर पड़ोगे..."

"जी हाँ, अपने आप पर काबू रखना होगा," दूसरा हंस बोला, "नीचे तुम्हें सुना-सुनाकर लोग उलटी-सीधी बातें कहते रहेंगे कि कछुए का मांस बड़ा ही स्वादिष्ट होता है। यह कछुआ अगर यहीं गिर पड़े तो मजा आ जाए...कि, नहीं, यह कछुआ तो मुर्दा है...इसकी लंबी गरदन को सूतों के सहारे किसी चतुर शिकारी ने लकड़ी में बाँध दिया है—उसके प्रशिक्षित पंछी कछुआ-मछली सभी कुछ तो आए दिन ढोते रहते हैं।...लोग जाने कैसी-कैसी बातें तुम्हें सुना-सुनाकर कहेंगे। तुम्हें गुस्सा चढ़ेगा कि जिंदा को मुर्दा बतला रहे हैं, भारी मूर्ख हैं लोग...तब रहा जाएगा ? जरूर ही तुम अपना मुँह

खोलोगे और फिर सारा खेल खतम !"

पहले हंस ने दूसरे को डाँट दिया—"इतना बुद्धू नहीं है हमारा यह मित्र...देखोगे, अपना मुँह बिलकुल नहीं खोलेगा...अपने विरोध में कही गई एक भी बात इसे उत्तेजित नहीं कर पाएगी..."

"अच्छी बात है।" दूसरे ने कहा।

अगले ही कुछ क्षणों के बाद कछुआ हंसों के सहारे आसमान में उड़ा जा रहा था।

नीचे लोग उन तीनों को सुना-सुनाकर अजीब-अजीब बातें कर रहे थे। कछुआ धीरज धरकर सब कुछ सुनता जा रहा था।...बीच-बीच में कसमसाता तो हंस उसे सचेत करते—"खबरदार ! चुप्पी नहीं टूटनी चाहिए ! मुँह न खुलना चाहिए।"

इतने में वे मछुओं की बस्ती के ऊपर से गुजरे। नीचे मछुआरिनें हुक्का पी रही थीं। उनमें से एक बुढ़िया ने कहा, "अब यह हाँफ रहा है, बस्ती तक नहीं पहुँच पाएगा..." दूसरी अधेड़ थी, वह बोली, "अपनी बिटिया को कहलवा भेजती हूँ, यह उसके ससुराल में गिरेगा, वह इसका गोश्त भूनेगी।"

एक छोकरी बोली, "यह कछुआ हमारी बस्ती में गिरता तो मैं ही अपनी कुल्हाड़ी से इसकी पीठ चीरती-फाड़ती...हमारी कुल्हाड़ी अब तक जाने कितने कछुओं को खंड-खंड कर चुकी है..."

अब कछुए से नहीं रहा गया...लकड़ी से मुँह हटाते ही वह धड़ाम से नीचे गिरा। वह कहना चाहता था—'यह मजाल ! तू मेरी पीठ पर कुल्हाड़ी चलाएगी ? हम साधारण कछुआ नहीं हैं। हमारे पूर्वज यमुना नदी के निवासी थे। उन्हें मनुष्यों के मांस का स्वाद मालूम था।'

[चौरंगी वार्ता, 3 फरवरी 1975]

यशपाल

'35—'38 की अवधि में यशपाल की कहानियाँ (मक्रील आदि) 'विशाल भारत' के अंकों में प्रकाशित हुई थीं। इधर '76 तक उनकी रचनाओं का प्रकाशन अविराम गति से चलता रहा। '76 के दिसंबर में, सामयिक पत्रिकाओं में प्रकाशित होते रहने की दृष्टि से यशपाल के रचनाकाल की अवधि लगभग 40 वर्षों की मानी जाएगी। रचनात्मक लेखन का आरंभिक अभ्यास किशोरावस्था में ही लग गया था, जबकि गुरुकुल (कांगड़ी, हरिद्वार) में ब्रह्मचारी का जीवन बिता रहे थे। वहाँ हस्तलिखित पत्रिकाओं के सहारे कविता-कहानी, निबंध आदि लिखने-लिखवाने की यह अभिरुचि परंपरागत रही है। उन दिनों शायद कुछ ज्यादा ही थी। कथा-लेखन के अपने पहले प्रयास का उल्लेख उन्होंने 'सिंहावलोकन' में किया है—'19 में पहली कहानी लिखी थी और उसी वर्ष, सोलह वर्ष

की आयु में बीमारी से आक्रांत होने के कारण माता उन्हें गुरुकुल से फीरोजपुर (पंजाब) ले आईं, जहाँ वह अध्यापन का काम करती थीं।

'38 के मार्च में जेल से छुटकारा मिला तो बेहद कमजोर थे। कई महीने भुवाली-सैनेटोरियम में रहना पड़ा। थोड़ा-बहुत स्वास्थ्य लाभ होते ही लखनऊ से मासिक 'विप्लव' का प्रकाशन शुरू कर दिया। पाँच-सात वर्षों के अंदर आठ-दस पुस्तकें छप गईं। प्रखरता और लोकप्रियता के चलते 'विप्लव' पर हर क्षण संकट की तलवार झूलती रहती थी। पुस्तकों की बिक्री का भी बुरा हाल था। नित्य नियमित रूप से यशपाल और प्रकाशवती सोलह-सोलह घंटे लेखन-प्रकाशन के मोर्चे पर डटे रहते थे। बार-बार स्वास्थ्य शिथिल पड़ता था, बार-बार बाध्यतामूलक विश्राम लेने पड़ते थे। लेकिन विश्राम के क्षणों में भी रचनाकार यशपाल का अंतर्मन चिंतन और कल्पना को छुट्टी शायद ही देता रहा हो।

2

'49 में कम्युनिस्टों की अंधाधुंध गिरफ्तारी के सिलसिले में यशपाल को भी पुलिसवाले पकड़ ले गए। प्रकाशवती तत्कालीन मुख्यमंत्री पंडित गोविंदवल्लभ पंत से मिलीं और कहा—"यशपाल तो कम्युनिस्ट पार्टी के मेंबर नहीं हैं। ट्रेड यूनियन की भी किसी शाखा से यशपाल का कोई संपर्क नहीं है। फिर भी आपकी पुलिस ने उन्हें गिरफ्तार कर लिया..."

पंडित पंत अति गंभीर और महाबुर्जुआ गोत्र के कांग्रेसी थे। प्रकाशवती की बात पर पहले तो उन्होंने स्थितप्रज्ञवाला फीका विस्मय जाहिर किया, फिर बोले—"अच्छा मैं मालूम करता हूँ।" दो मिनट बाद महामान्य पंतजी की गर्दन हिलने लगी, भौंहों में तनाव आ गया। कटु-तिक्त स्वरों में प्रकाशवती से कहा—"सुनो, तुमने कहा, यशपाल कम्युनिस्ट नहीं है...वह कम्युनिस्ट पार्टी का मेंबर नहीं है तो क्या हुआ ! लिखकर दूसरों को तो धड़ल्ले से कम्युनिस्ट बना रहा है...!" और यह सुनकर प्रकाशवती चुपचाप वहाँ से उठ गईं...

पंडित पंत जैसे लोग जिनके अगुआ थे, यशपाल का साहित्य उन्हें फूटी आँखों भी नहीं सुहाता था। पुरातनपंथी धर्मध्वजी, रूढ़िप्रिय ब्राह्मण, खूँखार भूस्वामी, चिरशोषक मालिक-महाजन, फिरकपरस्त सांप्रदायिक, सुविधाजीवी नौकरशाह, धूर्त अवसरवादी, संशयग्रस्त बौद्धिक...और इन्हीं जैसे और भी लोग थे और हैं, जिन्हें यशपाल का नाम सुनते ही छींक आती थी—आती है !

शिक्षित लोगों में भी यशपाल का साहित्य सिर्फ उन्हें प्रिय रहा है, जिन्हें मार्क्स के नाम पर बुखार नहीं चढ़ता। कम्युनिज़्म से जिसे जरा भी नफरत होगी, वह क्यों यशपाल को पसंद करेगा ?

ऐसे पुस्तकालयों की संख्या थोड़ी है, जहाँ यशपाल की पुस्तकों के पूरे सेट उपलब्ध हों। पुस्तकालयों के संचालक-संयोजक-लाइब्रेरियन कब ऐसे आग्रहशील होंगे

कि हर हालत में उन्हें यशपाल का समग्र साहित्य चाहिए ही ? यों यह सचाई तो सभी प्रबुद्धजन स्वीकार करते हैं कि हिंदी के माध्यम से समूचे भारत में, विशेषतः हिंदी प्रदेशों में मार्क्सवादी चेतना और प्रखर विप्लवी भावधारा फैलाने में राहुल सांकृत्यायन और यशपाल का ही योगदान सर्वाधिक रहा है।

सौ-पचास बड़े पुस्तकालयों में इन दोनों की दस-दस पाँच-पाँच पुस्तकें दिखाई देती हैं, आगे शायद वे भी नहीं होंगी। छोटे पुस्तकालय एक-एक प्रदेश में हजारों की संख्या में मौजूद हैं, इनकी संख्या दिनानुदिन बढ़ेगी ही। मगर हमारे प्रगतिशील साहित्यकारों की विप्लोत्तेजक पुस्तकें शायद इन छोटे पुस्तकालयों में दो-दो भी नहीं होंगी !

यशपाल की पुस्तकों की अपर्याप्तता का यह माहौल उनके लिए बड़ा ही संतोषप्रद रहेगा, जिनको मार्क्स के नाम से घृणा है। अपने यहाँ, खासकर हिंदी प्रदेशों में अज्ञान एवं दरिद्रता का सागर लहरा रहा है। तीस वर्ष बाद यह तथाकथित दूसरी आजादी आई तो इसकी प्रशस्ति में खूब भोंपे बजे। परंतु अंधाधुंध गोली चालन में पुलिसजनों का अति उत्साह देखकर हमें तो यही लगता है कि पिछली इमर्जेंसी की तुलना में बीस गुनी अधिक जालिम, कोई महाविराट् तानाशाही शक्ति इस देश में अवतरित होनेवाली है। तब यशपाल और उनके मित्रों का साहित्य हवनकुंड की समिधा ही बनेगा न ?

3

'21—'31 वाली दशवर्षीय अवधि में क्रांतिकारियों की चेतना में मार्क्स-लेनिन छाप समाजवाद भरने का श्रेय पंजाब के उन इन्कलाबियों को था जो 'गदर-पार्टी' से जुड़े हुए थे और जिनका 1918 के आरंभ से ही सोवियत भूमि से साक्षात् संपर्क कायम हो गया था। वे कनाडा, अमेरिका, एशिया, यूरोप, अरब, अफ्रीका, आस्ट्रेलिया यानि विश्व में सर्वत्र आते-जाते रहते थे। रंगून-बैंकाक-शंघाई-तोकियो-तेहरान-मास्को-बर्लिन-पेरिस-लंदन-न्यूयार्क-वाशिंगटन-सान्फ्रांसिस्को-टोरेन्टो-काबुल-कोलंबो—कहीं भी अंग्रेजी साम्राज्य का कोई भी जासूस उनकी छाया तक नहीं पकड़ सकता था। (दो-चार ही पकड़े गए होंगे—अपवादस्वरूप)। उन्हीं की बदौलत सोवियत क्रांति की हवा के झोंके सतलज-रावी-चनाब-झेलम-व्यास की जादुई कछारों तक पहुँचने शुरू हुए। उर्दू और गुरुमुखी लिपियों में उन्होंने "कीर्ती" (मजदूर) पत्रिका का प्रकाशन आरंभ किया। सोवियत क्रांति से पहले भारतीय क्रांतिकारियों की प्रेरणा के स्रोत थे फ्रांस-इटली-आयरलैंड के विप्लवी। क्रांति की विजय-भूमि पर स्थापित होनेवाले प्रथम सर्वहारा-राज्य में किस प्रकार सर्वसाधारण जनता अपने वर्तमान को सँवारने में अपने आप ही जुट पड़ी है, कैसे वहाँ शोषण की बुनियादें खोद-खोदकर खत्म कर दी गई हैं, किस तरह शोषकों के खानदान के खानदान सोवियत भूमि से पलायन कर गए हैं...यह सब पंजाब के मजदूरों-किसानों और नौजवानों

को 'गदर पार्टी' वाले बुजुर्ग 'कामरेड' बतलाने लगे। भगतसिंह और सुखदेव जैसे तरुण विप्लवियों की उर्वर चेतना में मार्क्सीय सर्वहारावाद के अंकुर उसी वातावरण में पैदा हुए। इस बात का स्पष्ट प्रमाण मिलता है। '27 तक आते-आते लाहौर के जागरूक नौजवानों की मंडली में मार्क्सवाद समाजवाद चर्चा का रुचिपूर्ण विषय बन गया। 'साथी' और 'बंधु' की तुलना में 'कामरेड' कहीं ज्यादा प्यारा संबोधन लगने लगा। भगतसिंह और सुखदेव आदि डेढ़-दो दर्जन तरुण विप्लवियों के आग्रह का ही नतीजा था कि 'हिंदुस्तान रिपब्लिकन आर्मी' आगे आकर 'हिंदुस्तान सोशलिस्ट रिपब्लिकन आर्मी' जैसा समाजवादी-जनवादी नाम धारण कर सकी। महान क्रांतिकारी चंद्रशेखर आजाद और हुतात्मा भगवतीचरण बोहरा इन तरुणों के पथ प्रदर्शक थे। लाहौर-दिल्ली-आगरा-कानपुर इनके प्रमुख अड्डे बन गए। शिव वर्मा, भगवानदास माहौर, सदाशिवराव मल्कापुरकर, जयदेव कपूर, विजयकुमार सिंह, बटुकेश्वर दत्त, धन्वन्तरि, कमलनाथ तिवारी-योगेन्द्र शुक्ल आदि बीसियों ऐसे तरुण थे, जिनकी विप्लवी प्रवृत्ति के मारे ब्रिटिश साम्राज्यशाही परेशान थी। अंग्रेजी हाकिम—जिलाधीश से लेकर गवर्नर (बड़े लाट) तक—इन तरुणों से आतंकित हो उठे—'20 और '32 की अवधि में अंग्रेज हाकिमों की व्यक्तिगत पत्रों-डायरियों, कांफिडेंशियल सर्कुलरों आदि की व्यापक छानबीन सुदूर भविष्य में अवश्य ही की जाएगी। तभी साम्राज्यवादी प्रशासकों की दुश्चिंता का पता चलेगा। 'सुदूर भविष्य में' तो मैंने इसीलिए कहा कि कांग्रेसी महाप्रभुओं की ही तरह हमारे इन 'जनता-छाप महाप्रभुओं' का भी रुख अपनी-अपनी विजयगाथा को वर्ग-वैशिष्ट्य की परिधि तक सीमित रखने का है। भूमिक्रांति से संबंधित मामलों में 'हिंसा-अहिंसा' के सूक्ष्म विवेचन की आड़ लेकर जो भी कुछ कहा जा रहा है—जो भी कुछ किया जा रहा है, वह सेठों- सामंतों-भूस्वामियों को इस बात की पक्की गारंटी देता है कि उनके 'कालपात्र' भी विशिष्ट वर्गों के ही 'कालपात्र' होंगे—बहुजन समाज के सामान्य इतिहास से उन कालपात्रों का कोई संबंध नहीं रहेगा ! दलितों-हरिजनों-आदिवासियों-श्रमिकों-किसानों-छात्रों-अध्यापकों पर यह जो बर्बर हमले हो रहे हैं, लाठियों-गोलियों का यह जो अंधाधुंध इस्तेमाल हो रहा है, राजघाट पर बापू की समाधि के समक्ष शपथ-ग्रहणवाले उस आडंबरी कर्मकांड से यह सब कहाँ तक मेल खाएगा ?

वस्तुतः उच्चवर्गीय राजनीतिक खुर्राट आज से पचास-साठ वर्ष पहले भी तरुण-कंधों पर इसी तरह सवार थे। हजार-हजार तरुणों में दस-बीस बागी निकल आते थे। उनके प्रति जनसाधारण की तो हमदर्द रहती थी, मगर सेठ-साहूकार-जमींदार और हाकिम उनकी जान के पीछे हाथ धोकर पड़े रहते थे। कांग्रेसी और गैर-कांग्रेसी नेता छिपे तौर पर—कभी-कभी डरते-डरते, कभी आंतरिक सहानुभूति से, कभी 'ग्रह-शांति' की भावना से—इन क्रांतिकारियों की आर्थिक सहायता करते रहते थे। यत्किंचित् ही। लिफाफे के अंदर सौ-सौ के दो-एक नोट और साथ ही एक चिट होता था 'व्यक्तिगत उपयोग', 'पर्सनल नीड्स' के लिए...

एक बार अकोला (महाराष्ट्र) में सावरकर के छोटे भाई ने कहा था—"जिन्ना को

यदि हमारे रास्ते से हटा सको तो पचार हजार रुपयों की व्यवस्था हो सकती है...''
यशपाल ने 'सिंहावलोकन' में इस प्रसंग का उल्लेख किया है।

4

मार्क्सीय समाजवाद के प्रति अपनी-अपनी दृढ़ निष्ठा के कारण ही 'हिंदुस्तान समाजवादी प्रजातंत्र सेना' के अधिकतर मेंबर भारतीय कम्युनिस्ट पार्टी में शामिल हो गए। अपने लंबे जेल-जीवन के दिनों में स्वाध्याय और परस्पर चर्चा-चिंतन की परिणतियों ने इन क्रांतिकारियों को साम्यवादी दल से जुड़ने के लिए सहज प्रेरित किया। अन्दमान (कालापानी) द्वीप के कुख्यात कारागार में ज्यादातर विप्लवी बंदियों का सामूहिक तौर पर कम्युनिस्ट पार्टी में शामिल हो जाने की घोषणा कर देना एक ऐतिहासिक सत्य है।

यशपाल कम्युनिस्ट पार्टी के मेंबर (कार्ड होल्डर-सदस्य) तो नहीं रहे, लेकिन अपने मासिक पत्र (विप्लव) की प्रखर एवं युक्तियुक्त टिप्पणियों के जरिए प्रबल पक्षधर की संग्रामी भूमिका निभाई। इसीलिए बार-बार 'विप्लव' को स्वदेशी सरकार का कोप-भाजन बनना पड़ता था। अधिकाधिक घाटा झेलकर बाध्यतापूर्वक 'विप्लव' का प्रकाशन हमेशा के लिए स्थगित कर देना पड़ा। बाद को साथी शिव वर्मा ने लखनऊ से 'नया पथ' (मासिक) निकालना शुरू किया तो उसके भी संपादक मंडल में यशपाल वर्षों तक न सिर्फ बने रहे, बल्कि अपनी तेज-तर्रार टिप्पणियों और व्यंग तथा परिहासवाले स्तंभों द्वारा शासक-शोषक वर्गों पर अपना क्रोध, अपनी घृणा बरसाते रहे...'गाँधीवाद की शव-परीक्षा'–'चक्कर क्लब' आदि पुस्तकें 'विप्लव' में प्रकाशित लेखों के ही संकलन हैं। पंद्रह-बीस वर्षों के दर्म्यान यशपाल की 'विप्लव' और 'नया पथ' में जितनी टिप्पणियाँ प्रकाशित हुईं, उनको संकलित करवाकर दो-तीन खंडों में छाप लेना 'अति आवश्यक' कर्तव्य है। वामपंथी पार्टियों के हजारों कार्यकर्ता तो इस संकलन को हाथों-हाथ उठा ही लेंगे, असंख्य युवजनों को भी ये संकलित टिप्पणियाँ रुचिपूर्ण तथा भावोद्दीपक लगेंगी। गतानुगतिकता और भाग्यवाद की अंधी गलियों में जनसाधारण को भटकाते रहने की छलनामयी इच्छा दिल्लीवाले हमारे नए प्रभुओं में भी परिलक्षित हो रही है। ऐसी स्थिति में राहुल और यशपाल के प्रखर विचारों को बुक्लेटवाली सीरीज के तौर पर भी मजदूरों-किसानों-छात्रों-युवकों के लिए सुलभ बनाना चाहिए।

5

यह कैसी विडंबना थी कि यशपाल के नाम पर साहित्य अकाडेमी का पुरस्कार उनकी मृत्यु की बाद ही घोषित हुआ ! यहाँ तक कि राहुल और यशपाल को अपने प्रगतिशील खेमे के अंदर भी विद्वेषपूर्ण एवं निष्ठुर नुक्ताचीनी का शिकार होना पड़ा...

समकालीन साहित्यकारों में ऐसे लोग ज्यादा नहीं थे, जो यशपाल की 'साहबियत'

के प्रति शुभ दृष्टि रखते हों। तरुणाई के दिनों में उनके इस 'साहबियत' को क्रांतिकारी सर्किल के अंदर भी ईर्ष्या और संशय की निगाहों से देखा जाता था। आकर्षक व्यक्तित्व, सलीके के रहन-सहन, बातचीत का नागरिक लहजा, व्यवहार का खरापन, श्रमशक्ति के प्रति अपार आस्था, अग्राम्य विनोदवृत्ति, कल्याणमय दूरदृष्टि, अदम्य संकल्प...ये ढेर-सारी खूबियाँ थीं, जिन्होंने हिमाचल प्रदेश (तब, पंजाब) के जिला कांगड़ा-निवासी एक अल्पवित्त खत्री नौजवान को, पहले तो क्रांतिकारी और बाद में 'विश्वविख्यात महान् भारतीय कथाकार' यशपाल के रूप में विकसित किया...

कथा-गुंफन की क्षमता और शब्दशिल्प के प्रति बीस वर्ष की उम्र से पहले ही आत्मविश्वास अंकुरित हो चुका था। गुरुकुल (काँगड़ी) के प्रख्यात विद्वान जयचंद्र विद्यालंकार और लाहौर के कवि-नाटककार उदयशंकर भट्ट द्वारा प्रोत्साहित हुए थे यशपाल। क्रांतिकारी साथियों में भगतसिंह का यशपाल के प्रति लगातार यह आग्रह बना रहा कि 'कुछ और पढ़ो, कुछ और लिखो।'

जेल-जीवन में लेखन के लिए सर्वाधिक प्रशंसा काकोरी-केसवाले मशहूर विप्लवी मन्मथनाथ गुप्त से मिलती रही...मार्च '38 में कारामुक्त हुए तो इस निश्चय के साथ ही कि 'अपने को साहित्य के माध्यम तक ही सीमित रखूँगा।'

फिर, यह बात भी ध्यान देने योग्य है कि उन विप्लवियों में यशपाल और मन्मथनाथ गुप्त ये दो जने ही साहित्य निर्माण को अपनी प्रतिष्ठा और जीविका का आलंबन बनाकर डटे रहे।

अपने संपूर्ण साहित्य को स्वयं ही प्रकाशित करने का संकल्प लेकर यशपाल साहित्य के मैदान में उतरे थे। बाद में यशपाल का अपना खुद का प्रेस (साथी प्रेस) भी लग गया...इस प्रकार यशपाल ने प्रकाशकीय और बुक्सेलरीय नागपाश से अपने को काफी हद तक बचा लिया। यों और भी कुछ-एक साहित्यकारों ने अपना-अपना प्रकाशन और प्रेस चला रक्खा है, परंतु यशपाल के विप्लव प्रकाशन और साथी प्रेस कई दृष्टियों से निराले साबित हुए।

6

मैं उस दिन की प्रतीक्षा में रहूँगा, जबकि यशपाल का समग्र साहित्य ग्रंथावली-साईज़ में, मोनो टाईप की छपाई में सुंदर-चमकीली जिल्दोंवाले अनेक-अनेक खंडों में प्रकाशित होगा—सभी पुस्ताकलयों में वह आसानी से उपलब्ध रहेगा। चुनी हुई पुस्तकों के अल्पमोली संस्करण भी सर्वत्र मिलने लगेंगे तो यशपाल के प्रेमियों को कितनी खुशी होगी ! काश, वह दिन मैं इन्हीं आँखों से देख पाता...

[मणिमय, 9 अप्रैल 1978]

फणीश्वरनाथ रेणु

स्वाधीनता-प्राप्ति के बाद हमारी कथा-कृतियों में भी ढेर सारे परिवर्तन आने लगे। चिंतन में तो ताजगी के नए-नए आभास महसूस हुए ही, शब्द-शिल्प की छवियाँ भी तेजी से उभरने लगीं, उनमें ताजगी और अनूठापन अधिकाधिक उजागर होने लगा। हिंदी के माध्यम से जीवन-बोध को समझने-परखनेवाला विशाल पाठक-समाज इस ताजगी और अनूठेपन में विभोर हो उठा।

कथाकार फणीश्वरनाथ रेणु घनी बुनावट और विविध छवियोंवाली बहुरंगी छवियाँ उकेरने के लिहाज से सर्वथा अपूर्व शब्द-शिल्पी थे। रेणु के यहाँ न तो कथ्य-सामग्री का टोटा था और न शैलियों के नमूनों का अकाल। सामाजिक घनिष्ठता रेणु को कभी गुफानिबद्ध नहीं होने देती थी। वह जहाँ कहीं भी रहे, लोग उन्हें घेरे रहते थे। फारबिसगंज, पटना, इलाहाबाद, कलकत्ता, मैंने रेणु को जहाँ कहीं देखा और जब कभी, निर्जन एकांत में शायद ही देखा होगा। रेणु का सबसे बड़ा अड्डा पटना का कॉफी हाउस रहा है। वहाँ एक कार्नर रेणु के लिए जाने कितने वर्षों से सुनिश्चित, सुनिर्दिष्ट रहा है। तरुणों और युवकों की नियमित जुटान वैसी मैंने और किसी कथाकार के परिमंडल में शायद ही कभी देखी हो।

'मैला आँचल' '54 में प्रकाशित हुआ और 'अगिनखोर' '74 में बाहर आया था। बीस वर्षों का यह कालखंड समय के लिहाज से सुदीर्घ अवधिवाला कालखंड भले न रहा हो, परंतु हिंदी साहित्य में, उत्तरोत्तर विकसित कथा-शिल्प के लिए तो यह संक्षिप्त कालखंड ही विशिष्ट माना जाएगा। प्रकाशित होने पर दो वर्षों के अंदर ही 'मैला आँचल' की ख्याति दूर-दूर तक फैल गई। तीन-चार वर्ष बाद 'परती परिकथा' का प्रकाशन हुआ तो उस उपन्यास को भी भारी सुयश मिला। सन् '59 में 'ठुमरी' प्रकाशित हुई। इस संकलन की 'तीसरी कसम उर्फ मारे गए गुलफाम' शीर्षक कहानी तो ऐसी सुहागिनी साबित हुई कि फिल्म जगत के प्रयोगशील डाइरेक्टर श्री बासु भट्टाचार्य अपने को नहीं रोक सके और लोकप्रिय गीतकार शैलेंद्र ने तो अपना तन-मन-धन सब कुछ इस पर अर्पित कर दिया।

रेणु की, कुल मिलाकर, नौ पुस्तकें अब तक प्रकाशित हो चुकी हैं। एक विशिष्ट उपन्यास प्रतीक्षित था—'सफेद हाथी'। यह लगभग तैयार था। परंतु गाँव में ही पांडुलिपि चोरी चली गई। गाँव (औराही हिंगना) में रेणु की सुकीर्ति से जलनेवाले उनके कुछ एक चुप्पा किस्म के कपट-बंधु अवश्य थे। निश्चय ही कथाकृतिवाली ताजा पांडुलिपियों का तस्कर रसिक गोत्र का प्राणी रहा होगा। उसने कितना बड़ा जुल्म किया हिंदी जगत् के प्रति।

मैला आँचल, परती परिकथा, जुलूस, कितने चौराहे, दीर्घतपा, कलंकमुक्ति, ठुमरी, आदिम रात्रि की महक, अगिनखोर—ये पुस्तकें संख्या में अधिक नहीं हैं, कुल जमा 9 ही हैं। लेकिन उपन्यासों में 'मैला आँचल' और कहानियों में 'तीसरी कसम' अत्यधिक

मशहूर है। 'मैला आँचल' के रूपांतर विश्व की कई भाषाओं में हुए। ठुमरी (कथा-संग्रह) का अनुवाद अभी-अभी बंगला में हुआ है। फिल्मवालों ने रेणु की कई कहानियाँ अनुबंधित की थीं, पता नहीं, उन अनुबंधों का अब क्या होगा। (नई पीढ़ी के जागरूक साहित्यकार और चौकस पत्रकार फिल्म जगत् के पहरुए, प्रशासकीय सूचना-प्रसार विभागवाले उच्च अधिकारी ये सारे-के-सारे ध्यान रखें कि रेणु की मूल कथाओं की कहीं छीछालेदरी न हो)।

फणीश्वरनाथ रेणु की साहित्य-सर्जना का आरंभ कविता से ही हुआ था। पूर्णिया नगर से निकलनेवाले उस युग के (40-50 के) साप्ताहिकों की फाइलें यदि कहीं मिल जाएँ तो रेणु की तुकबंदियों और मुक्त छंदों के अनेक नमूने हासिल होंगे। उनकी कापियों के अंदर यत्र-तत्र काव्यात्मक पंक्तियाँ अवश्य ही मिलेंगी। 'नंदन' या 'पराग' के किसी अंक में, वर्षों पहले रेणु की एक कविता—सुथरी और छंदोबद्ध रचना—मेरे देखने में आई थी। अपने साहित्य-गुरु प्रख्यात कथाकार, स्वर्गीय सतीनाथ भादुड़ी महानुभाव का संस्मरण लिखते हुए रेणु ने एक मनोरंजक प्रसंग की चर्चा की है। गुरु और शिष्य दोनों ही भागलपुर सेंट्रल जेल में बंदी थे। 42-43 वाले राष्ट्रीय आंदोलन का जमाना था वह। अंग्रेज सरकार की कृपा से कांग्रेसी, सोशलिस्ट, फारवर्ड ब्लाकवाले, यानी कई पार्टियों के राजनीतिक नेता एवं कार्यकर्ता अंदर बंद थे, थोड़ी-बहुत सुविधा तो प्राप्त थी ही, व्यायाम, खेल-कूद, मनोरंजन के साथ-साथ कई प्रकार की गोष्ठियाँ और क्लास भी चला करती थीं। एक बार काव्य-पाठ का प्रोग्राम था। रेणु ने अपनी कविता सुनाई—'आगा खाँ के राजमहल में।' तरुणाई के उस प्रथम प्रेम का आवेग ऐसा प्रबल था कि गाँधीजी उन क्षणों की याद करके कह रहे थे—'प्रथम चुंबन का वह आस्वाद...।' श्रोताओं में बूढ़े गाँधीवादी भी कुछ थे। वे चीख पड़े...'अश्लील, अश्लील, अश्लील...' बीच में ही रेणु को बैठ जाना पड़ा। सेलवाली अपनी गुफा में वापस आ गए। मन बहुत उदास था। जरा देर बाद ही भादुड़ी जी ने सेल के अंदर झाँका। मुस्कराकर बोले—'तुम लोगों का कवि-सम्मेलन तो खूब जमा आज। मुझे अभी-अभी मालूम हुआ। तुमने कौन-सी कविता सुनाई ? मैं भी सुनूँगा...।'

कविता लंबी थी। भादुड़ी जी बोले—'बाप रे ! इतनी लंबी कविता और सो भी मुक्तछंद में।' पूरी रचना सुनकर उन्होंने कहा था, 'बुजुर्गों का—गाँधीवादियों का क्या कहना था ? क्या उन बुजुर्गों की राय थी कि गाँधीजी ने तरुणाई में कभी कस्तूरबा का चुंबन नहीं लिया होगा ?' भादुड़ीजी का यह सवाल सुनकर रेणु देर तक हँसते रहे। लेकिन भादुड़ी जी ने फिर कहा—'तुम गद्य क्यों नहीं लिखते हो ? अरे, कहानी लिखो, कहानी ! तुम्हारी बातें गप्पें कितनी जमती हैं। तुम अगर लिखो तो तुम्हारी कहानियाँ खूब जमेंगी...' फिर देर तक भादुड़ी जी ने रेणु को कविता एवं गद्य की रचना-प्रक्रिया के बारे में बतलाया था।

सतीनाथ भादुड़ी भी अपने प्रख्यात शिष्य फणीश्वरनाथ रेणु की तरह ही एकाएक साहित्य-संसार पर छा गए थे। उनका भी प्रथम उपन्यास (जागरी) 'मैला आँचल' की

तरह एकाएक विख्यात हो गया था। बंगला में विशिष्ट साहित्यिक कृति के लिए रवींद्र पुरस्कार पहले-पहल 'जागरी' पर ही मिला था। उनका भी कथा-क्षेत्र पूर्णिया जनपद के इर्द-गिर्द ही फैला हुआ था। वस्तु-तत्त्व की पैनी पकड़वाला प्रमुख गुण रेणु को भादुड़ी जी से ही प्राप्त हुआ।

गुरु और शिष्य दोनों भागलपुर सेंट्रल जेल में ढाई-तीन वर्ष साथ रहे। एकांत निवास के लिए दोनों ने अधिकारियों से कहकर दो अलग-अलग सेलें ले ली थीं। बंगला भाषा का प्रख्यात उपन्यास 'जागरी' वहीं सेल में तैयार हो रहा था। वहीं दूसरे सेल में 'मैला आँचल' की भावभूमि एक तरुण कथाकार के हृदयपटल पर खचित होती जा रही थी। ठीक दस वर्ष बाद 'मैला आँचल' कागज के पन्नों पर पूरी तरह उतर आया।

रेणु के पिता शीलानाथ जी कूर्म क्षत्रिय वंश के संपन्न और सहृदय किसान थे। मिथिला और बंगाल की संस्कृतियों ने समान रूप से इस खानदान पर अपना प्रभाव छोड़ा था। फारबिसगंज इन दिनों एक औद्योगिक कस्बे के तौर पर विकसित हो गया है। पूर्वी नेपाल का विराट नगर वहाँ से अति निकट है। पहाड़ी पगडंडियों से जाने पर दार्जिलिंग भी दूर नहीं पड़ेगा। मिथिला का यह छोर नेपाल और बंगाल को भली-भाँति छूता है। रेणु का गाँव 'औराही हिंगना' उत्तर-पूर्व-सीमांत-रेलमार्ग (एन.ई.एफ.आर.) पर सिमरहा स्टेशन के पास फारबिसगंज से 10 किलोमीटर दक्षिण, आम के बागों और हरे-भरे खेतों के मध्य आबाद है। आवागमन के लिए सवारी के नाम पर आज भी बैलगाड़ियाँ ही एकमात्र साधन है। ऐसे घनघोर ग्रामांचल में रेणु पैदा हुए। दादी (पितामही) ने रिनुआ कहकर इसलिए पुकारना शुरू किया कि यह बच्चा अपना ऋण वसूलने आया है...। बाद में लाड़-प्यार का वही घरेलू नाम रिनु से रेणु हो गया। राष्ट्रीय और सामाजिक प्रवृत्तियों में गहरी दिलचस्पी के चलते, पिता के मित्रों का दायरा बड़ा था। बंगाली एवं नेपाली भद्रजनों में से ऐसे अनेक थे जिनसे रेणु के पिता (शीलानाथ जी) की आत्मीयता थी। तभी तो रेणु के बचपन के दो-ढाई वर्ष विराटनगर में गुजरे। कोइराला परिवार के बटुक विद्यार्थियों के साथ हाईस्कूल का छात्र जीवन अररिया में। रामकृष्ण मिशन के सेवाधर्मी संन्यासियों का प्रभाव रेणु के किशोर हृदय पर कैसा पड़ा, इसकी झलक हमें 'कितने चौराहे' नामक लघु उपन्यास में मिलती है। विप्लवी तरुणों, मततामयी माताओं, प्रीतिस्निग्ध बहनों, आवारा टाइप के कस्बाई छोकरों के ढेर सारे खंडचित्र हमें 'कितने चौराहे' में मिलते हैं।

किशोरावस्था में ही राष्ट्रवादी बुजुर्गों तथा समाजवादी युवकों से रेणु परिचित होने लगे। उनके पिता स्वयं तो कभी जेल नहीं गए। किंतु फरार नेताओं और कार्यकर्ताओं को अपने यहाँ छिपाकर रखने का उन्हें शौक था। वर्जित और निषिद्ध साहित्य (चाँद का फाँसी अंक, भारत में अंग्रेजी राज्य आदि-आदि) बाबू शीलानाथ जी के घर पर गुप्त रूप से रखवा दिया जाता था। वैसे ही मित्रों की राय मानकर पिता ने पुत्र को काशी विद्यापीठ भेजा था। आचार्य नरेंद्रदेव, मेहर अली, राममनोहर लोहिया, जयप्रकाश आदि से लेकर प्रतापसिंह, चंद्रशेखर आजाद, रामप्रसाद बिस्मिल जैसे प्रकट-अप्रकट व्यक्तियों

से मानसिक लगाव की दृष्टि से बनारस में गुजरे वे कुछेक वर्ष रेणु के लिए बड़े महत्त्वपूर्ण साबित हुए। साहित्य साधना के संस्कार भी वहीं गहरे हुए। डिग्रीवाली पढ़ाई से जी उचट गया। ललित-कलाओं के प्रति रुझान आयातित नहीं, सहज था—पारिवारिक आंचलिक उपलब्धियों का अंश था।

शाहखर्च, मिलनसार, कला-प्रेमी, रसिक; सुकंठ-धीर-ललित नायक के जो लक्षण बतलाए गए हैं, वे सारे रेणु में विद्यमान थे। सूरत साँवली थी, श्याम-सुंदर, पतले होंठों से झाँकते हुए मोतिया दाँत चेहरे को और भी आकर्षक बना रहे थे। मैथिली और भोजपुरी के पचासों लोकगीत याद थे। सारंगा, सदावृक्ष, लोरिक आदि लंबी-लंबी लोकगाथाएँ गाते हुए रेणु को जिन्होंने एक-आध बार भी सुना है, वे उन्हें कभी नहीं भूल सकेंगे। लोकगीत, लोकलय, लोककला आदि जितने भी तत्त्व लोक-जीवन को समग्रता प्रदान करते हैं, उन सभी का समन्वित प्रतीक थे फणीश्वरनाथ रेणु।

मेरी यह पक्की धारणा है कि ऐसा उत्कट मेधावी युवक यदि कलकत्ता जैसे महानगर में पैदा हुआ होता और यदि वैसा ही सांस्कृतिक परिवेश, तकनीकी उपलब्धियों का वही माहौल इस विलक्षण व्यक्ति को हासिल हुआ रहता तो अनूठी कथा-कृतियों के रचयिता होने के साथ-साथ सत्यजित राय की तरह फिल्म निर्माण की दिशा में भी यह व्यक्ति अपना कीर्तिमान स्थापित कर दिखाता। रेणु की कथा-कृतियों में ऐसे बीसियों पात्र बिखरे पड़े हैं। बावनदास से लेकर अगिनखोर तक जाने कितने कैरेक्टर रेणु ने पाठकों के सामने रखे हैं। उनमें से एक-एक को बड़ी बारीकी से तराशा गया है। ढेर-के-ढेर प्राणवंत शब्दचित्र हमें गुदगुदाते भी हैं और ग्रामजीवन की आंतरिक विसंगतियों की तरफ भी हमारा ध्यान खींचते चलते हैं। छोटी-छोटी खुशियाँ, तुनकमिजाजी के छोटे-छोटे क्षण, राग-द्वेष के उलझे हुए धागों की छोटी-बड़ी गुत्थियाँ, रूप-रस-गंध-स्पर्श और नाद के छिट-फुट चमत्कार...और जाने क्या-क्या व्यंजनाएँ छलकी पड़ती हैं रेणु की कथाकृतियों से !

ऐसे भी पाठक मिलेंगे जो कहेंगे—'भई, मुझसे तो 'मैला आँचल' पढ़ा ही नहीं गया। एक बार दस पेज पढ़ गए, फिर दूसरी बार शुरू किया तो पाँच-सात पन्ने और पढ़ गए और बस... ।' ऐसे पाठकों से आप क्या कहिएगा ? मैं तो उनसे यही कहूँगा कि विश्व-विख्यात सितारवादक श्री रविशंकर की कला का स्वाद हासिल करने के लिए जिस तरह सधे हुए कानोंवाले ही श्रोता होते हैं, इसी तरह रेणु की कथा-कृतियों का आनंद उठाने के लिए सहृदयजन ही योग्य पाठक होंगे... ।

जीवन के अंतिम क्षणों में रेणु की आयु 56 वर्ष की थी। प्रशासकीय तानाशाही के खिलाफ अपनी आवाज बुलंद करनेवालों में रेणु अगली कतार में भी आगे ही खड़े हो गए थे। पद्मश्रीवाला पदक (मेडल) सरकार को वापस कर दिया था। 300 रुपए मासिकवाली आजीवन पेंशन लेना भी छोड़ दिया था... ।

72 वाले प्रादेशिक निर्वाचन में रेणु निर्दलीय उम्मीदवार के तौर पर चुनाव लड़े थे। कई पार्टियों ने टिकट देना चाहा था, रेणु ने कबूल नहीं किया। लाभ और लोभ

की राजनीति से रेणु को उसी तरह नफरत थी, जिस तरह उनके साहित्य-गुरु सतीनाथ भादुड़ी महाशय को थी।

[आजकल, 1978]

विषकीट

पिताजी पढ़े-लिखे नहीं थे। चाचा और नाना संस्कृत स।हित्य के अच्छे पंडितों में से थे। संस्कृत के छंदों का अभ्यास मुझे अपने गाँव के सुकवि श्री अनिरुद्ध मिश्र, काव्यतीर्थ की कृपा से हुआ था। उन्होंने अनुष्टुप्, उपजाति, वसंत-तिलका आदि दस-पाँच छंदों के क्रम-विन्यास बतला दिए थे। समस्या-पूर्ति का तरीका बतला दिया था। अपनी देखरेख में आरंभिक कविकर्म की अभिरुचि मेरे अंदर उन्होंने अच्छी तरह जगा दी थी।

संस्कृत मध्यमा की परीक्षा उत्तीर्ण करने के बाद काशी रहने लगा। वहाँ मामा के रूप में मुझे ऐसे अभिभावक मिले, जिन्होंने काव्य-रचना के प्रति मुझे लगातार प्रोत्साहित किया और मैथिली के प्रख्यात कवि आचार्य श्री सीताराम झा जी से मिला दिया।

झा जी रचना-प्रक्रिया में मरे लिए दूसरे गुरु प्रमाणित हुए। आपने मेरे अभ्यास-क्रम को भाषिक छंदों की ओर मोड़ दिया। दोहा, सोरठा, रोला, छप्पय, सवैया, कवित्त जैसे छंदों के नाम मैंने पहले नहीं सुने थे। वर्ष-भर के अंदर गुरुजी ने (झा जी) मुझसे सौ समस्याओं की पूर्ति करवाई थीं।

काशी में रहनेवाले एक मैथिल छात्र से जब चाचाजी को मेरी कवि-कीर्ति के प्रसंग में मालूम हुआ तो वह बड़े ही कुपित हुए। मेरे पिता से उन्होंने कहा—"लड़का चौपट हो गया ! काशी में आपने उसे क्या यही सब करने के लिए रख छोड़ा है ?" मेरे पिताजी नाम मात्र के लिए साक्षर थे। उनके लिए इतना ही काफी था कि बेटा काशी में रहकर पढ़ाई कर रहा है। उनकी समझ में नहीं आया कि काशी में रहते हुए लड़के ने ऐसा कौन-सा बुरा काम किया है...अचम्भे में हकलाकर उन्होंने कारण जानना चाहा। चाचा ने बतलाया—"गोकुल भाई, आपका लड़का वहाँ पढ़ाई नहीं कर रहा है। वह तो दिन-रात रजनी-सजनी में लगा रहता है..."

रजनी-सजनी से तुकबंदी का मतलब था। कोई छात्र पढ़ाई-लिखाई छोड़कर 'रजनी-सजनी' के पीछे लग जाए तो वह विद्वान कैसे होगा, और काशी वर्षों रहकर भी यदि कोई छात्र विद्वान न हुआ तो उसका काशी-निवास व्यर्थ होगा...अपठित रहने पर भी मेरे पिताजी को यह तो भासित हो ही गया कि लड़का आवारागर्दी की तरफ कदम बढ़ा रहा है। चाचा उम्र में छोटे थे, फिर भी व्याकरण के विद्वान थे। मेरे पिताजी ने उनसे अनुरोध किया कि अपने भतीजे को आप ही समझा-बुझाकर रास्ते पर ला सकते हो...

कई महीने बाद, गर्मी की छुट्टियों में घर आने पर मुझे चाचाजी के प्रकोप की जानकारी मिली। सीधे-सीधे चाचा ने या पिता ने मुझे कुछ नहीं कहा। इससे मेरे मन पर यह छाप पड़ी कि कवि-कर्म कोई कुकर्म नहीं है। यदि कुकर्म होता तो चाचाजी आमने-सामने मुझे डाँटते।

काशी में जिन लोगों के बीच रहना होता था वे सब के सब महाविद्यालयों में पढ़ने वाले वयस्क छात्र थे। उनकी उम्र बीस से लेकर पचास तक की थी। व्याकरण, न्याय, वेदांत, ज्योतिष, वेद आदि विषयों में शास्त्री एवं आचार्य परीक्षाओं की तैयारी में लगे हुए 'दो-दो तीन-तीन' विषयों के आचार्य परीक्षोत्तीर्ण...लगता था आजीवन विद्याभ्यास ही उनका मुख्य कर्म रहेगा। उनमें से दो ही चार थे, जिनको मेरे कविकर्म के प्रति सहानुभूति थी।

x x x

'काव्य प्रकाश' के आरंभ में आचार्य ममट ने काव्य के कतिपय प्रयोजन बतलाए हैं। उनमें से पहले दो हैं यश की प्राप्ति और धन की प्राप्ति। काशी में अपने आरंभिक कविकर्म से मुझे इन दोनों प्रयोजनों की सिद्धि का परिचय प्राप्त होने लगा। अपने से दुगुनी उम्र के वयस्क विद्यार्थियों और युवक विद्वानों से प्रशंसा प्राप्त होने लगी और दरभंगा की महारानी लक्ष्मीवती से आर्थिक साहाय्य मिलने लगा। महारानी लक्ष्मीवती को कभी मैंने देखा नहीं, परंतु आवेदनपत्र देने पर उनके यहाँ से जाने कितनी बार मुझे सहायता मिली होगी। संस्कृत एवं मैथिली भाषा में लिखे गए उन छंदोबद्ध आवेदनपत्रों ने मुझे कभी निराश नहीं किया। यह वैसा युग था, जबकि एक रुपए का आधा मन गेहूँ आता था। अपनी काव्य-शक्ति के फलस्वरूप आर्थिक लाभों का अनुपात अब बढ़ता ही आया है। परंतु छात्रावस्था में महारानी लक्ष्मीवती से मिलनेवाले पाँच-पाँच दस-दस रुपए के वे अनुदान मुझे कभी नहीं भूलेंगे। एक आवेदनपत्र में गुम्फित होनेवाली दस पंक्तियाँ (पाँच दोहे) मुझे दो रोज बाद तत्काल, बिना झमेले के दस रुपए का नगद अनुदान दिलवाती थीं और अब पचास पंक्तियों की एक कविता पाठ्यक्रम में स्वीकृत होने पर भी सौ रुपए प्राप्त कराने में डेढ़-दो वर्ष लगा देती है।

2

भारतीय काव्य की समीक्षा में नौ रस माने गए हैं। परंतु अपनी कटु-तिक्त-चरपरी रचना के सिलसिले में मुझे एक और ही रस की अनुभूति होने लगी। यह था विक्षोभ रस। मेरे कई मित्रों को विक्षोभ रस की इस बात पर हँसी आती है, परंतु विक्षुब्ध मनःस्थिति में रचित पंक्तियाँ उन्हें बहुत मार्मिक लगती हैं। आलोचकों ने बार-बार इन पंक्तियों का उल्लेख किया है। वैसी पंक्तियों को मात्र वक्रोक्ति अथवा मार्मिक कह देने से बात साफ नहीं होगी।

अभावग्रस्त और संघर्षशील श्रोता किस प्रकार की पंक्तियाँ सुनना पसंद करेगा।

कई दिनों का भूखा व्यक्ति सड़क से गुजरते वक्त निकट की बगीची में खिले हुए जूही के फूलों का सौरभ भला क्योंकर ग्रहण करेगा। उसके दिल और दिमाग में उस समय रोटी और भात ही परम तत्व के रूप में नाचते होते हैं। अरहर की दाल की सोंधी महक उसके पैरों में गति भरती है...यदि आपका पेट भरा हो, शरीर और मन प्रसन्न हों तो आपको फूलों की बगीची में टहलना अच्छा लगेगा। तब शायद आपको वह कौआ आकर्षित नहीं करेगा क्योंकि वह ऊपर बिजली के तारों में उलझा है, उसके प्राण पखेरू उड़ चुके हैं। बहुजन समाज की व्यापक विपन्नता से यदि आपका प्रत्यक्ष परिचय है, तब आपको विक्षोभ रस का अनुभव होगा। भावशून्य तरीके से यदि आप अन्न-संकट पर कुछ लिखेंगे तो उससे नकली हमदर्दी की बास आएगी। दरिद्रता, अज्ञान, गुलामी, रूढ़िग्रस्तता, रोग, विषमता—इनके प्रति हमारे मन मुं चरम घृणा का अनुभव नहीं हुआ तो हम बहुत बड़ी प्रवंचना के शिकार होंगे। गरीबी की सीमा-रेखा से नीचे रहनेवाले लोगों की संख्या दस-पाँच लाख की नहीं है, यह तो हमारी संपूर्ण जनसंख्या की आधे से ऊपर चली गई है...ऐसी स्थिति में यदि मेरी चेतना विक्षुब्ध भावभूमि पर विराजमान हो गई तो अस्वाभाविक नहीं है।

श्री सियारामशरण गुप्तजी ने मुझसे एक बार कहा था—"आपको देखता हूँ तो शंकित हो उठता हूँ। लगता है विष का मटका इधर डोलता आ रहा है..." उन्होंने बतलाया था कि हंस, नया पथ, नया साहित्य आदि में प्रकाशित रचनाएँ देखने के बाद दो-एक बंधुओं से मेरे बारे में पूछताछ की थी...संयोगवश, उस समय आदरणीय श्री मैथिलीशरण गुप्तजी भी अपने अनुज की ये बातें सुन रहे थे, उन्होंने अपने अनुज से कहा—"संस्कृत का विद्वान होने पर भी इसके अंदर इतना जहर भरा है...ब्राह्मण वंश में जन्म हुआ, विद्यापति की मिथिला में पैदा होने से अमृत इसके लिए सहज लभ्य था, किंतु यह तो विषकीट निकला..." मैंने सहज मुद्रा में कहा—"आप यदि अमृत का एकाध बूँद मेरे लिए टपका दें तो मेरा आमूल परिवर्तन हो जाए..." इस पर महाकवि मुस्कुराकर बोले—"नहीं, अब कुछ नहीं होगा...अब आजीवन तुमको विषकीट बनकर ही रहना होगा..."

हो सकता है, वैष्णवी साँचे में यदि मैं कुछ लिख पाता तो वह रचना उन्हें पसंद आती, फिर मुझे गुप्तजी से अच्छा प्रमाण-पत्र मिलता।

ऐसा नहीं कि विक्षोभ मात्र नागार्जुन को बपौती में मिला हो। प्रत्येक कवि अपने-अपने ढंग से प्रतिकूल भावनाओं के प्रति विक्षुब्ध होता है। वह अपनी रचनाओं में विक्षोभ को व्यक्त करता है। साम्राज्यवादी अंग्रेज शासकों के प्रति उतना अधिक विक्षोभ न रहा होता तो 'भारत-भारती' की रचना न हुई होती। दानवीय अत्याचारों के प्रति विक्षोभ न होता तो रामचरितमानस की एक भी पंक्ति कवि के हृदय से बाहर नहीं आई होती। परंतु आवेगधर्मिता, असह्यनीयता, तीव्रता की दृष्टि एक जैसे लगने पर भी विक्षोभ के आलंबन पृथक-पृथक होंगे। मेरे अंदर विक्षोभ तब फूटता है, जबकि लगातार बढ़ती हुई महँगाई के मारे लोगों को परेशान पाता हूँ...परम मेधावी बालक और बालिकाएँ गरीबी के चलते अपनी पढ़ाई बीच में ही छोड़ने को बाध्य हो जाते हैं, धूर्तों

की जमात वर्ष दो वर्ष के भीतर ही लाखों की रकम बटोर लेती है, मेहनत-मशक्कत की कमाई खानेवाला रिक्शा-मजदूर महीनों फटी बनियान पहनता है...किसान, खेतिहर, टीचर, किरानी...कौन नहीं है संकट का शिकार। ये वे नहीं हैं जो कवि-सम्मेलनों की अगली कतारों में बैठते हैं। यह भी विक्षुब्ध हैं। इन्हीं का विक्षोभ पुंजीभूत होकर मेरी रचनाओं में फूटता रहता है। प्राइमरी स्कूल का वह मास्टर मुझे कभी नहीं भूलेगा जिसके परिवार का, भूख के मारे, सफाया हो गया था और अंत में जो स्वयं भी काल-कवलित हुआ। उसी की पीड़ा ने मुझसे 'प्रेत का बयान' जैसी तिक्त रचना तैयार करवा ली थी ! उच्चवर्ग के रहन-सहन के ढंग को, प्राचार्य और उच्च शिक्षाधिकारी की व्यक्ति केंद्रिकता को, नेताओं के बहुरूपियापन को मैंने कभी क्षमा नहीं किया। ऐसा नहीं कि मैंने अपना मखौल न उड़ाया हो...

मुझे स्पष्ट भासित होता है कि आचार्य श्री रामचंद्र शुक्ल मेरी इन रचनाओं को बेहद पसंद करते। काव्य-तत्व को वस्तुनिष्ठा के तराजू पर तौलनेवाला वैसा कोई मनीषी भारत में नहीं पैदा हुआ। भारतेंदु के साथ प्रतापनारायण मिश्र, बालकृष्ण भट्ट, बालमुकुंद गुप्त की रचनाओं का बारंबार पारायण करने पर सर्वसाधारण जनता के प्रति मेरी पक्षधरता परिपुष्ट होती आई है। कबीर से मैंने दो-टूक अक्खड़पन लिया और निराला से स्वाभिमान का संस्कार।

[1982]

पेट का धर्म : इन्सान का धर्म

सनातन काल से यह तथ्य मान लिया गया है कि पेट का धर्म ही सबसे बड़ा धर्म होता है। 'भूखे भजन न होय गोपाला, राखो अपनी कंठी माला'—कबीर ने जब यह पद कहा होगा, निश्चय ही भूखे-प्यासे दीन जनों के आक्रोश को सही अभिव्यक्ति मिली होगी।

आए दिन हम हरिजनों और आदिवासियों के धर्मांतर ग्रहण करने की खबरें अखबारों से मालूम कर रहे हैं। पिछले वर्षों में इस प्रकार के समाचार कई रंगों में और कई दिशाओं से उछाले गए हैं। धर्मांतर ग्रहण के बारे में छपी हुई खबरों के पीछे, निस्संदेह, कई बातें होती हैं। लेकिन एक बात बिलकुल साफ है कि कोई भी खाता-पीता आदमी या सुशिक्षित-संभ्रांत उच्चवर्गीय व्यक्ति अपना खानदानी धर्म छोड़कर कभी ईसाई, मुसलमान, बौद्ध या फिर हिंदू नहीं बनता। लगभग एक दशक पूर्व यूरोप के एक प्रख्यात भारत तत्त्ववेत्ता (इंडोलोजिस्ट) ने वैदिक विधियों द्वारा हिंदू धर्म की विशाल परिधि के अंदर प्रवेश लाभ किया है। मुझे इस समाचार से उतना सुख नहीं पहुँचा था, जितना कि एक हजार हरिजनों के बौद्ध-धर्म के अंदर दीक्षित होनेवाली खबर से। इसी प्रकार बीच-बीच में सुनता हूँ कि फलाँ अंचल में दस हजार हरिजन पेट की ज्वाला बुझाने के लिए महाप्रभु ईसा मसीह की शरण में चले गए, तब मेरे चित्त को प्रसन्नता ही होती

है। प्रसन्नता इसलिए हाती है कि दस हजार अभागे हरिजनों को खिलाने-पिलाने, काम में लगाने, उनके बच्चों को पढ़ाने-लिखाने आदि समस्याओं से प्रभु ईसा के पुत्रों ने छुटकारा दिलाने की अमली जिम्मेदारी ले ली है। हमारे विशाल हिंदू समाज द्वारा समर्पित माल-मलीदा पर पलनेवाले धर्माचार्य, काश, उन हरिजनों की सुध लेते ! देखा तो यही जाता है कि जितना बड़ा धर्माचार्य होता है, वह उतने ही बड़े धनकुबेर की छतरी के नीचे विराजता है। सब कुछ माया है। हम भी झूठे। अनाज़ भी झूठा, पैसा भी झूठा। मालिक भी झूठा, मज़दूर भी झूठा। वेदांत की यह सीख पानी का बुलबुला है। सत्य क्या है, धनकुबेर की बहू को भीतर मन से आशीर्वाद देना। क्योंकि उस बहुरानी की श्रद्धा-भक्ति के कारण धर्माचार्य विमान-विहार करता है। उस महा-महंत ने सपने में भी बस्तर के जंगलों में पत्ती और छाल चबाकर पेट की जलन बुझानेवाले आदिवासियों के दर्शन नहीं किए ! शंकराचार्य या करपात्री को क्या पड़ा है कि दस-पाँच लाख अभागे मानव भूख की आँच में झुलसकर मरें या जिएँ !

ऐसे में, हमारे जैसे नास्तिक का, धर्म-भावनाविहीन एक व्यक्ति का दिल यदि हरिजनों और आदिवासियों की धर्मान्तरण ग्रहण समस्या को उनकी जागृति का प्रमाण मानता है तो सचमुच यह क्या कोई गुनाह होगा ? फिर, तिलमिलानेवाला एक और पक्ष है इस समस्या का। विशाल हिन्दी क्षेत्र के अन्दर सुदूर फैले विस्तृत ग्रामांचलों में भूमि की मालकीयत 90 प्रतिशत उच्च जातिवालों के हाथ स्थिर है। भूस्वामित्व पर उच्चवर्णवालों का सख्त कब्जा है। ग्राम भारत के सर्वेसर्वा वही लोग होते हैं। उनकी राय के बिना गाँव का पत्ता भी नहीं हिलता है। पशुओं से भी बदतर हालत में गुजर-बसर करनेवाले भूमिहीन खेतिहर-मजदूर इन मालिक लोगों के अक्षरशः गुलाम होते हैं। पिछले वर्षों में सैकड़ों हरिजन मजदूर लाठियों-गोलियों के शिकार हुए हैं। काली अमरीकन प्रजा पर गोरी चमड़ीवाली अमरीकन प्रजा अत्याचार करती है तो हिन्दुओं के सभी नेता हमदर्दी के मारे कई दिनों तक खाना नहीं खाते। अपने देश का हरिजन नौजवान आग में भून दिया जाता है, फिर भी हम सारी रात खर्राटे भरते हैं। आदिवासियों और हरिजनों का क्या धर्म है ? अशिक्षा और गरीबी ही उनका मूलधर्म है ? दफ्तरों में आँकड़ों की उलटबाँसी चलती है। तदनुसार भारत में एक भी आदमी भूख से नहीं मरता है। भारतीय प्रजातंत्र चूँकि धर्म-निरपेक्षता (सेक्यूलरिज्म) में आस्था रखता है, खुलकर धर्मांतरण ग्रहणवाली खबरों पर अपना मत व्यक्त नहीं करता। मैं अपने अन्दर की यह धारणा पाठकों तक पहुँचा देना आवश्यक समझता हूँ कि धर्म की छतरी के नीचे भूखे इन्सान का तड़प-तड़पकर मर जाना मेरी दृष्टि में सबसे बड़ा पाप है। वैसी स्थिति में प्रत्येक क्षुधित व्यक्ति को मैं राय दूँगा—'कोई बात नहीं, तुम ईसाई बन जाओ, बौद्ध बन जाओ, चाहे जैसे हो, पेट भरो ! मजहब और इन्सानियत को लात मारो ! तुम अपने को सच्चे अर्थों में आजाद घोषित कर दो...!'

लाखों-लाख मजदूर मिलों के दरवाजों पर एकजुट होकर अपनी माँगें मनवाने के लिए रैली करते हैं, धन्ना सेठों और प्रशासनिक तानाशाहों के खिलाफ नारे लगाते हैं,

उन पर लाठियाँ चलती हैं, गोलियों से वे भून दिए जाते हैं—उस वक्त कोई भी धर्माचार्य या किसी भी पंथ का महन्त उनकी तरफ से नहीं बोलता। वह महाकुबेरों के उपनगरीय प्रासादकक्ष में खीर-मालपूवे का सेवन कर रहा होता है, परन्तु जन-हड़ताली मजदूरों में हिन्दू सर्वहारा भी डटा रहता है, ईसाई सर्वहारा भी डटा रहता है और महाराष्ट्र जैसे प्रदेश में बौद्ध सर्वहारा भी डटा रहता है। आखिर सर्वहारा सर्वहारा ही होता है, उसका कोई धर्म नहीं होता है। जीती-जागती इन्सानियत और समूची दुनिया में फैली हुई सर्वहारा की अपनी बिरादरी के लिए अखूट कुर्बानी ही उसका सच्चा धर्म होता है।

[विपक्ष, जून 1985]

दीपावली

दीपावली का पर्व जब शुरू हुआ होगा तो विजय की खुशी में दीए जलाए गए होंगे। उसी की अनवरत परंपरा में ाज भी जश्न मनाया जाता है, जैसे शादी-ब्याह या बच्चे के जन्म पर खुशियाँ मनाते हैं। आदिकाल से इसके कई माध्यम रहे हैं, जिनमें कुछ खत्म हो गए, कुछ अभी भी मौजूद हैं, कुछ नए माध्यम इधर उभर रहे हैं, जैसे बिजली के झुमके। खुशी के उन्माद में लोग वातावरण को गुंजायमान कर देते हैं। कुछ नहीं हुआ तो रामायण का अखंड पाठ ही करवा देते हैं, जो कई दिन तक चलता रहता है और लाउडस्पीकर लोगों की नींद हराम कर देता है।

खुशी के इस उन्माद में लोग यह भी ध्यान नहीं रखते कि पड़ोस में कोई बीमार है, बच्चों को परीक्षा देने जाना है। और तो और, शहरों में लोग इतने संवेदनहीन हो गए हैं कि बगल के घर में कोई मरा पड़ा हो तो भी उनके उल्लास-उत्पात पर कोई फर्क नहीं पड़ता। दरअसल यह नवधनाढ्य वर्ग के वैभव का निर्लज्ज प्रदर्शन ही अधिक है। यह उल्लास का उन्मादी रूप है और हमारे समाज के लिए घातक है, यह बात हमें जाननी-समझनी चाहिए और अपने उल्लास में डूबते समय पड़ोसी से पूछ लेना चाहिए कि इससे आपको कोई तकलीफ तो नहीं हो रही है। जनता के जानमाल की सुरक्षा का जिम्मा यद्यपि सरकार और प्रशासनिक अधिकारियों का है, लेकिन अधिकारी भी उल्लास के इस उन्मादी रूप को बढ़ा देते हैं। मैं नहीं कहता कि सारे अफसर ऐसे ही हैं, पर जो ईमानदार लोग हैं, वे चुप्पी साधकर बैठ जाते हैं। उनकी यह चुप्पी भी हमारे समाज के लिए घातक है। उन्हें कुछ न कुछ तो करना चाहिए, भले ही कुछ बुराई क्यों न मोल लेनी पड़े।

पहले गाँव में अगर किसी संभावनाशील-प्रतिभाशाली युवक की मृत्यु हो जाती थी तो पूरा का पूरा गाँव शोक में डूब जाता था और अगर उस दिन दीवाली हो तो पूरे गाँव में एक भी दीया नहीं जलता था। आज अगर किसी को यह बात बताई जाए तो कहा जाएगा कि ये किस पिछड़े समाज की बात कर रहे हैं, पर मैं पूछता हूँ कि क्या वह समाज पिछड़ा हुआ था ? दीवाली का जो विजय के उल्लासवाला रूप था, वह

तो उसी पिछड़े समाज में था, जिसकी एक बहुत पुरानी परंपरा रही है।

इलाहाबाद में सम्राट हर्ष गंगा-यमुना के संगम पर ऐसा ही शरद उत्सव मनाया करते थे, जो महाकुंभ जैसा होता था। हर्ष पर बौद्ध संस्कृति की छाप भी पड़ी थी, किंतु वह सच्चे अर्थों में सेकुलर (धर्मनिरपेक्ष) भावनाओंवाला अच्छा और भला सम्राट था। अत्यंत लोकप्रिय भी। इलाहाबाद में आज भी संगमवाली जगह से आगे गंगा के दूसरे किनारे पर झूसी नाम का उपनगरीय अंचल है। वहाँ तक सम्राट हर्ष के महासमारोह का फैलाव पहुँचता था। इन दिनों रेलवे की छोटी लाइन का पुल इलाहाबाद के दारागंज वाले इस तटवर्ती उपनगर को झूसी से पुल के जरिए जोड़ता है। झूसी का पुराना नाम प्रतिष्ठानपुर था। तो, मेरे कहने का मतलब यह है कि हमारे देश की संस्कृति प्रारंभ से ही सामाजिक संस्कृति रही है। इसे व्यापक जन-समूह की मान्यता रही है। इधर अल्पमत का नवधनाढ्य वर्ग अपनी धौंसपट्टी से व्यापक जन-समुदाय को अपने काबू में कर लेने की कोशिश में लगा हुआ है। इसीलिए उल्लास को उन्माद में बदले दे रहा है।

मंदिर-मस्जिद विवाद भी इसी उन्माद की राष्ट्रीय अभिव्यक्ति है। इस उन्माद की लपटें अब बहुत ऊँचाई तक पहुँच चुकी हैं। कहा जा रहा है कि रामजन्म-भूमि पर मंदिर बनाने में पाँच वर्ष का समय लग जाएगा और बहुत संभव है कि मंदिर निर्माण की दूसरी पंचवर्षीय योजना भी तैयार की जा रही हो। इसके लिए मंदिर निर्माण के कर्ताधर्त्ता वास्तुकला के विशेषज्ञों से प्राप्त नमूनों को मूर्त रूप देने के लिए जनता से न जाने कितनी धनराशि वसूलेंगे।

मंदिर निर्माण के संदर्भ में हमारे मन में तो एक और विलक्षण कल्पना दौड़ रही है कि रामजी का जन्म किस मकान की किस कोठरी में हुआ, इसकी खोज होनी चाहिए। माता कौशल्या जच्चाखाने में कितने दिन रहीं। महाराज दशरथ को रामजनम की सूचना कहाँ, कैसे और किसने दी और उसके बदले में उन्होंने सूचना देनेवाले को क्या उपहार दिया ? कैकेई का तो तब पता तक नहीं था। वह तो बाद की बात है। मंथरा भी तब तरुणी रही होगी। महल में उसका प्रवेश नहीं हुआ होगा। मेरी असल जिज्ञासा यह रही है कि अयोध्या में सरयू नदी के किनारे महाराज दशरथ के महलों की न जाने कितनी कतारें रही होंगी। आदिकवि ने इस बारे में हमें कुछ नहीं बताया तो हम और आप किस खेत की मूली हैं, जो जान सकें कि रामजी का जन्म किस भूमि पर हुआ था।

बेचारा बाबर तब कहाँ था ? बाबरी मस्जिद तब भला किस कल्पना में रही होगी, क्योंकि मस्जिदवाली संस्कृति इस्लाम की देन है और इस्लाम कुल जमा 1300 वर्षों की तवारीख पर खड़ा है। कहाँ ये तेरह सौ वर्ष और कहाँ वह आदिकवि बाल्मीकि का युग ! तुलसी बाबा तो बहुत बाद के हैं। रामकथा के सिलसिले में तुलसी बाबा तो मेरी निगाह में एक भोले शिशु के समान हैं और मुझे विश्वास है कि आचार्य रामचंद्र शुक्ल हमारे जैसे ढीठ व्यक्ति को अपने सात्विक प्रकोप का भाजन नहीं बनने देंगे।

विजया दशमी के बाद दीपावली का यह महापर्व हम सबके मनों को आलोकित करे। हम तो अधम कोटि के भारतीय हैं, अयोध्या पहुँच नहीं पाएँगे। काश ! कारसेवकपुरम्

तक हमारा कोई प्रेमी पहुँचकर एक पोस्टकार्ड हमें डाल दे तो तसल्ली हेतु वही कार्ड हमारे लिए अमूल्य होगा।

[नवभारत टाइम्स, 3 नवंबर 1991]

भूख, गरीबी, अशिक्षा और बेरोजगारी

विवेकानंद ने पहली बार कहा था कि गर्व से कहो, हम हिंदू हैं। परंतु विवेकानंद के उस कथन को आज लगभग उलट दिया गया है। विवेकानंद के सामने प्रश्न यह था कि दुनिया के सभ्य देशों के समक्ष अंग्रेज शासक भारतीयों को जाहिल-अनपढ़-संस्कारविहीन घोषित करते रहते थे। स्वामी विवेकानंद ने जोर देकर कहा कि गर्व से कहो, हम हिंदू हैं। परंतु आज विवेकानंद के उस सूत्र-वाक्य को घने कोहरे में डाल दिया गया है।

अयोध्या-विवाद का हल हम मुट्ठी-भर तथाकथित भद्र लोग नहीं निकाल सकते। अयोध्या के विवाद को विशाल दलित सेना हल करेगी।

हमारा मन तो कहता है कि एक बार केंद्र के प्रशासन की बागडोर हिंदुत्ववादियों के हाथ में डाल दो, ताकि उनका मनोरथ पूरा हो। संविधान सभा का फिर से गठन होना चाहिए। मौजूदा संवैधानिक ढाँचे में कई लू-पोल हैं। रोटी, कपड़ा और मकान के साथ जन-जन में वैज्ञानिक समझदारी का विकास होगा। अखबारों में छपा था कि दो लाख लोगों ने यह लिखकर शायद प्रधानमंत्री को दिया कि बाबरी मस्जिद का ढाँचा उन्होंने गिराया है। परंतु क्या वे ऐसा भी लिखकर कभी प्रधानमंत्री को दे सकते हैं कि भूख, गरीबी, अशिक्षा, बेरोजगारी का ढाँचा हम तोड़ेंगे ? इन्हीं बातों को दिमाग में रखते हुए मैं कहता हूँ कि अयोध्या में फिर क्या उसी तरह की विशाल मस्जिद हम खड़ी करेंगे ? टूटे हुए ढाँचे के मलबे से क्या हम फिर से राम मंदिर खड़ा करेंगे ? हमारे उत्साही युवक बंधु कहते हैं कि आपका सेक्युलरवाद छद्म सेक्युलरवाद है। जी हाँ, हम यह मानने को तैयार हो जाएँगे कि हमारा दिमाग बदल गया है। हमें आप पागलखाने में भेज दीजिए। बेहोशी का इंजेक्शन देकर हमेशा के लिए सुला दीजिए और आप अगले पचास वर्षों तक विशुद्ध हिंदुत्व की छाया में केंद्र का प्रशासन चलाइए।

राजनीति स्वार्थसाधन की सीढ़ियाँ प्रदान करती है हमको। इसी से रिटायरमेंट के बाद भी लोग राजनीति में आ जाते हैं। फल यह होता है कि युवकों में आक्रोश उत्पन्न होता है। इस मामले में हमारे वामपंथी अग्रज बंधु ही प्रशासन से चिपके रहने का मानदंड खड़ा किए हुए हैं। शायद वह भी सोचते होंगे कि वे सो जाएँगे तो ग्रहण लग जाएगा, अँधेरा छा जाएगा।

[देशज समकालीन, 1993]

विलक्षण राहुल

राहुल जी से मिलने से पहले उनसे पत्र-व्यवहार हुआ था। मैंने श्रीलंका से मास्को में उन्हें पत्र लिखा। तब मैं वहाँ संस्कृत का अध्यापक था। राहुल के साथ लंबे समय तक रहने का अवसर मुझे नहीं मिला। कभी दिल्ली में मुलाकात हुई, कभी मसूरी में। मसूरी में तब भेंट हुई, जब उन्होंने वहाँ मकान खरीदा था। वह शतावधान थे, बहुत-सी बातें सुनकर भी उन्हें ठीक से याद रखनेवाले तथा कई तरह के काम एक साथ कर सकने में समर्थ। वे बुखार में भी पढ़ते थे। अठारह-अठारह घंटे रोज काम करना साधारण बात नहीं है। वे कलम ही नहीं, छेनी-हथौड़ी, टाँका-सुई सब चलाना जानते थे। साहित्य, दस्तकारी सब एक आदमी कर ले तो यह निःसंदेह प्रभावित कर लेनेवाली बात है। उनसे पूरब-पश्चिम दोनों जगहों के विद्वान् प्रभावित थे। आचार्य नरेंद्रदेव, जवाहरलाल नेहरू, राजेंद्रप्रसाद, काका कालेलकर से लेकर सिल्थांलेवी, चेरवास्की, रुदोल्फ आदि सभी उनके प्रशंसक थे। प्रकाशकों को अछूते विषय मिलते थे छापने को, वे भी प्रभावित थे।

एक बार जब राहुल जी से उनकी भाषा पर चर्चा छिड़ी तो मैंने कहा, "आपकी गाढ़ी भाषा पनछोट हो गई है, उसे ठीक कीजिए।" उन्होंने जवाब दिया, "अगली पीढ़ी ठीक करेगी।" मैंने कहा, "अगली पीढ़ी का यही काम रहेगा ?" उनका जवाब था, "तो आप ठीक कर दीजिए।" "हमारे पास फालतू समय नहीं है।" मैंने हँसकर कह दिया।

राहुलजी ने अपनी पुस्तकों में जितने तथ्य दिए हैं, उनमें से कई तथ्यों की प्रामाणिकता पर बाद में काफी विवाद हुआ। उन्होंने लिखा था कि सभ्यता का विकास वोल्गा नदी से शुरू हुआ। वे काफी तथ्य अंग्रेजी लेखकों की पुस्तकों से लेते थे। 'वोल्गा से गंगा' का बंगला अनुवाद हुआ है। इसकी भूमिका में देवीप्रसाद चट्टोपाध्याय ने कई तथ्यों की प्रामाणिकता पर सवाल खड़े किए हैं। राहुल जी ने अध्ययन काफी किया था और कई दूसरी भाषाओं से तथ्य इकट्‌ठे किए थे। दामोदर धर्मानन्द कोसाम्बी ने अपनी पुस्तक 'भारतीय संस्कृति' में लिखा है कि जहाँ से जो तथ्य लिया जाता है, उसका संदर्भ देना चाहिए। राहुल ने ऐसा नहीं किया।

फिर भी राहुल ने बहुत बड़ा जो काम किया, वह है लुप्तप्राय दुर्लभ ग्रंथों को बचाने का। तिब्बत की कंदराओं से बड़े परिमाण में लुप्त साहित्य खच्चरों पर लादकर ले आया वह आदमी। दिङ्नाग और धर्मकीर्ति से लुप्त ग्रंथों को उन्होंने ही बचाया। दूसरे देशों में ऐसे कार्यों के लिए व्यापक सुविधाएँ दी जाती हैं, काफी तैयारी होती है, लेकिन राहुल को कोई सुविधा कहाँ मिली। साहसिक अभियान तो अकेले अपने बूते पर किया उन्होंने। एक बार मेरा मन भी हुआ था तिब्बत जाने का, पर ऐसा न हो सका। राहुल के इस काम की रूस और फ्रांस के विद्वानों ने प्रशंसा की। आचार्य धर्मकीर्ति की विख्यात कृति 'प्रमाणवार्तिक' की उपलब्धि पर तो राहुल जी को प्राच्य विद्या के विद्वानों की बधाइयाँ समुद्री डाक से मिलीं। इसी काम के लिए सोवियत रूस ने उनको 1934 में अपने यहाँ बुलाया। वहाँ एक बड़े विद्वान चेरवास्की तब जीवित थे। राहुल ने बड़ा

काम किया था तो उसे बड़ा काम माना जाएगा ही। राहुल साहित्य को क्या समझते हो ? 21,000 हजार पृष्ठों से भी अधिक हैं। संस्कृत, पालि, तिब्बती, सिंहली, फ्रेंच, जर्मन, रूसी, रोमन, उर्दू—कई भाषाओं में है। हिंदी में तो है ही। तिब्बती चित्रपटों का उनका संग्रह अद्भुत है। चार सौ चित्रपटों का संग्रह। यह अनमोल संग्रह बाद में उन्होंने पटना म्युजियम को सौंप दिया।

एक बार जब वह रूस से लौटे थे, मैंने पूछा, "बतलाइए, क्या किया इस बार वहाँ ?" उन्होंने दिखाया अपना सूटकेस। बारीक हरफों में लिखे हुए 1200 सौ पृष्ठ। मध्य एशिया की जातियों, वहाँ के नृतत्त्व, भाषा तत्त्व आदि पर। इसके अलावा, राहुल मार्क्सवाद को भारतीय परंपरा में रखकर देखते थे और हिंदी के संबंध में उनका एक अपना अलग दृष्टिकोण था।

राहुल का व्यक्तित्व विलक्षण था। कितनी ही संस्थाओं और संगठनों से उनका संबंध था। यदि बड़ौदा में आयोजित प्राच्य विद्या सम्मेलन का सभापतित्व किया तो अखिल भारतीय प्रगतिशील लेखक संघ के सम्मेलन का भी। वह बिहार की प्रांतीय किसान सभा से भी जुड़े। लंका के विद्यालंकार विश्वविद्यालय में प्राच्य दर्शन-विभाग के अध्यक्ष थे। दो-ढाई वर्षों तक। यह उस समय की बात है जब वे आर्थिक संकट में थे। वे रूढ़िभंजक थे, प्रोग्रेसिव थे, नास्तिक थे। इसके अलावा भी उनके व्यक्तित्व में ऐसा बहुत कुछ था, जो भारतीय समाज में पचाया नहीं जा सकता था।

रूस से भारत आने पर राहुल को चेरवास्की का तार मिला, उनके पुत्र इगोर के जन्म पर। राहुल रूसवाली पत्नी 'लोला' और 'इगोर' से बहुत प्यार करते थे। यहाँ उन्होंने कमला से शादी कर ली थी। रूस से विमला फारूखी के पते पर उनके पत्र, फोटो आदि आते थे। एक बार राहुल जी के गाँव गया था। उनकी पहली पत्नी से भी मिला था। चारों तरफ से स्त्रियाँ झाँक रही थीं जंगले से। मैं चुप साधे था। तभी एक वृद्धा आई और उनकी पत्नी को खींचकर ले गई और जोर से चिल्लाते हुए बोली, "छोड़ो-छोड़ो, चलो यहाँ से। यह भी किसी को छोड़कर भाग आया होगा। केदार ने तो भगोड़ों की जमात कायम कर ली है।" मैंने राहुल को यह प्रसंग सुनाया था।

जहाँ तक राहुल की परंपरा का सवाल है—ताड़ के गाछ की परंपरा तो जरूर होती है, पर उसकी खेती नहीं होती !

[समकालीन सृजन-15, जनवरी-मार्च 1993]

पंडित जगन्नाथप्रसाद मिश्र

पंडित जगन्नाथप्रसाद मिश्र से मेरा कोई निकट का संपर्क कभी नहीं बना। वे प्रौढ़ और बहुचर्चित विद्वान के रूप में मान्यता प्राप्त कर चुके थे पूरे देश में।

हम पहली बार 1933 में कलकत्ता गए थे। मेरे मामाजी (पं. श्री दामोदर झा)

बहुत अच्छा भाषण देते थे। स्वामी विवेकानंद के बहुत सारे प्रवचन उनको कंठस्थ थे। राजस्थान के व्यापारी समाज में मेरे मामा का भाषण बहुत पसंद किया जाता था। पं. जगन्नाथप्रसाद मिश्र के बारे में मुझे बाद में पता चला कि वे भी दरभंगा जिला के प्रसिद्ध गाँव पतोर के निवासी हैं और तरुणाई में ही कलकत्ता आ गए थे। अध्ययन और मननशीलता उनकी पूँजी थी। मिश्रजी का भाषण संक्षिप्त और सुगठित होता था। लेकिन मैं कलकत्ता मुश्किल से डेढ़-दो साल रहा और 1934 में मुझे सहारनपुर (उत्तर प्रदेश) में काम मिल गया तो कलकत्ता छूट गया। फिर तो बीच-बीच में जब हम बिहार आते थे, तभी मिश्रजी के बारे में जानकारियाँ हासिल होती थीं। आकार लंबा था, शरीर की कांति सुंदर थी और अपनी योग्यता से मिश्रजी मिथिला कालेज, दरभंगा में हिंदी के प्रोफेसर नियुक्त हुए और मैं बाध्यतामूलक यायावरी में पंजाब और सिंध तक जाता-आता था।

उन दिनों कलकत्ता राष्ट्रीय भावनाओंवाली पत्रकारिता का केंद्र हुआ करता था। बिहार, उड़ीसा, आसाम, छत्तीसगढ़ आदि के युवक कलकत्ता ही रहना पसंद करते थे। प्रखर लेखन के कारण राष्ट्रीय और क्रांतिकारी भावनाओं से ओत-प्रोत इन में कुछ को पुलिस परेशान करती थी। मिश्रजी भी उन्हीं लोगों में से थे, जिनकी प्रखरता साफ-साफ दिखती थी। मिथिला कालेज की स्थापना होने पर मिश्रजी को आदर और सम्मानपूर्वक उसके हिंदी विभाग में अध्यक्ष का स्थान मिला। दरभंगा से पतोर बहुत निकट है। मिश्रजी के घरवालों को भी उनका दरभंगा रहना बहुत अच्छा लगा। हिंदी विभाग के साहित्यिक छात्रों का मार्गदर्शन करने में गहरी रुचि लेते थे। विज्ञान और इतिहास के छात्र भी उनके क्लास में यदा-कदा उपस्थित होना अपना सौभाग्य मानते थे। मिश्रजी का वात्सल्य सभी को समान रूप से प्राप्त था।

दरभंगा-पूर्णिया-सहरसा में हिंदीवाले छात्रों की परीक्षा में जैसे-तैसे पास करके अपने अभिभावकों को प्रसन्न रखते हुए आगे चलकर अपनी जीविका का आधार भी सुदृढ़ करने की आकांक्षा विद्यमान रहती थी। पटनावाले प्रादेशिक प्रशासन की दृष्टि में मिथिलांचल आज भी उपेक्षित है। केवल चुनाव के समय में जनता को बिहार के प्रशासनिक नेताओं का दर्शन लाभ मिलता है। उस जमाने में एकमात्र कांग्रेस सौभाग्यशाली दल हुआ करता था। पंडित रामनंदन मिश्र ने गाँधीजी से पत्र-व्यवहार किया तो गाँधीजी ने उनको राय दी—तुम अपने परिवार से ही राष्ट्रीय आंदोलन की शुरुआत क्यों नहीं करते हो। परिवारवाले साथ नहीं दें तो अपनी पत्नी के साथ परिवार का बंधन तोड़कर बाहर निकल आओ...रामनंदन मिश्र ने अपनी पत्नी (राजकिशोर देवी) को साथ लेकर परिवार छोड़ दिया और मझौलिया में गाँधीजी के आदर्शों के मुताबिक रचनात्मक कार्य आरंभ किया। गाँधी जी ने उनको भविष्य में प्रोत्साहन देने का अपना वादा निभाया।

मेरी अपनी स्थिति भी बड़ी विडंबनापूर्ण थी। मैं कभी जमकर दरभंगा-पटना-राँची नहीं रह पाया। इसका एकमात्र कारण यह था कि मुझे परिवार के प्रतिपालन का आधार जुटाना पड़ता था। बिहार में मेरे लिए गुंजाइश नहीं थी। राजनीति में बड़े नेताओं का

बोलबाला था। ऐसा लगता था कि मैं जो कुछ लिखता था—गद्य या पद्य—उसका पता पंडित जगन्नाथप्रसाद मिश्र को जरूर रहता था। प्रवास में रहते हुए मुझे यह भी नहीं पता चला कि पंडितजी का देहांत कब हुआ।

यहाँ पर अंत में एक प्रसंग का जिक्र मैं करना चाहूँगा। पुस्तक भंडार, लहेरिया सराय पटना शिफ्ट कर गया और वहाँ धूम-धाम से 'हिमालय' नाम की एक मासिक पत्रिका शुरू कर दी गई। शिवपूजन बाबू उसके संपादक थे। बाद में शिवपूजन बाबू राजेंद्र कालेज, छपरा के हिंदी विभागाध्यक्ष हुए। लेकिन, तब भी पुस्तक भंडारवाले बहुत सारा साहित्यिक कार्य शिवपूजन बाबू से करवाते थे। महेंद्रू घाट और पहलेजा घाट के बीच में जहाज चलता था। उस जहाज पर बोरी में ढेर सारे प्रूफ पढ़ने के लिए सामग्री पटना से छपरा भेजी जाती थी और वो सामग्री वापस भी आती थी। एक बार मतभेद होने पर 'हिमालय' पत्रिका लगभग बंद होने की स्थिति में आ गई तो पंडित जगन्नाथ प्रसाद मिश्र ने आचार्य रामलोचन शरण की अभ्यर्थना पर 'हिमालय' का भार सँभालना शुरू किया। मैंने उस पर पंडितजी के खिलाफ बहुत कड़ी प्रतिक्रिया जाहिर की। लेकिन पंडित जी इतने उदार चेतनावाले व्यक्ति थे कि मुलाकात होने पर जिक्र तक नहीं किया। मिथिला कालेज तब ललित नारायण मिथिला विश्वविद्यालय नहीं बना था।

पंडित जगन्नाथ प्रसाद मिश्र के प्रति मेरे मन में सम्मान भावना बराबर रही है। मैं चाहता हूँ कि मिश्रजी के लिखे हुए लेख, संपादकीय टिप्पणियाँ, जो कलकत्ता के दैनिक पत्रों में छपते रहते थे—उनका संकलन किया जाता और वो जनता के सामने आता तो आज भी रुचिपूर्वक लोग उनको पढ़ते।

[28 जून 1996]

कहानियाँ

असमर्थ दाता

'बाबूजी, बाबूजी !'

'हें, यह क्या ?'—मैंने पीछे मुड़कर देखा तो एक नौ-दस साल की मैली-कुचैली लड़की मेरे कुर्ते का पिछला पल्ला पकड़कर गिड़गिड़ा रही थी—'बाबूजी एक पैसा ! मेरी माँ अन्धी...' वह कहती जा रही थी, और मैं उससे पिंड छुड़ाने के लिए कुछ बहाना-सा ढूँढ रहा था।

'हट-जा, दूर हो !'—इस तरह अपनी रंजीदगी तो जाहिर की, लेकिन यह साहस नहीं हुआ कि उसे झकझोरकर आगे बढ़ जाऊँ !

अपनी जेब टटोलते हुए, बगलवाली पान की दूकान की ओर बढ़ा—'भाई, इकन्नी के पैसे दोगे ?'

पान से पानी को झाड़ता हुआ तमोली बोला—'जनाब, पान खाओ तो दूँ भी।'

'भाई, दो चाहे न दो, पान तो मैं खाता नहीं।'

वह बेचारी यह सुनकर, अपनी याचना की असंभावित निष्फलता से मुरझा-सी गई ! पर शायद बिलकुल निराश न हो चुकी थी।

इतने में उसकी पाँच-सात और सहचर-सहचरियाँ, जो अपनी-अपनी पैनी निगाह से हमदर्द राहगीरों को ताड़ लेने में कमाल हासिल किए हुए जान पड़ती थीं, मेरे चारों ओर खड़ी हो गईं ! आने-जानेवाले कई संभ्रांत सज्जन और खोमचेवाले भी मेरी इस कमजोरी पर तरस खा रहे थे—'वाह, आज तो खूब ही फँसा।'

मैं उन्हें फटकारने ही वाला था कि उस बालिका ने जाने क्या सोचकर कहा—'अच्छा बाबूजी, फिर सही !' और अपनी उन सहचरियों की गृध्र-दृष्टि को उँगली के इशारे से किसी दूसरी ओर बँटाया।

'चलो, बला टली'—मैं तेजी से अपना रास्ता तै करने लगा।

दो

'अरी, फिर तू आ गई !'—मैंने अपनी रफ्तार और बढ़ाई।

'नहीं, बाबूजी, उन्हें धोखा देकर आई हूँ—अब तो अकेली हूँ।'

'तो क्या'—मैंने कहा—'मेरे पास पैसा-वैसा नहीं है, भाग जा !'

अब उसने हाथ जोड़ लिए। उसकी कातर आँखें गीली-सी हो आईं। दाएँ पैर के

अँगूठे से, धूल भरी सड़क पर, अत्यंत गंभीर मुद्रा में कई बार उसने अर्धचंद्र बनाए और मिटाए और मैं संज्ञाहीन-सा, प्रतिमा की तरह उसके सूखे चेहरे पर टकटकी लगाए रहा।

बगल से सड़सड़ाती हुई साइकिल निकल गई—मैं चौंक पड़ा—'यह क्या ? मुझे और कई जगह जाना है, कई काम करने हैं...'

'मेरी माँ परसों से बीमार है, दुहाई बाबूजी की, एक पैसा सिर्फ, सिर्फ एक पैसा !'—गिड़गिड़ाती हुई वह लड़की दोनों हाथ फैलाकर मुझसे लिपट गई !

'हें, हें ! यह क्या ?'—एक हाथ से अपने को छुड़ाते हुए मैंने दूसरे हाथ से इकन्नी निकाली—'ले, अब आइन्दा मत तंग करना, मैं तो खुद गरीब हूँ !' कहा और चल पड़ा।

तीन

न जाने क्यों ! पैर तो आगे पड़ते थे, पर मन का उनसे संबंध न था—मानो काठ के बने बनाए हों !

ओह, मुझसे तो ऐसा न हो सकेगा ! बेचारी लड़की का एकमात्र सहारा—उसकी अंधी माँ पर क्या बीतती होगी ? गरम पानी का भी मिलना उसके लिए आसान नहीं है ! मैंने मुड़कर देखा तो वह लड़की बिलकुल ओझल नहीं हो गई थी। सड़क के किनारे वाले नाले को पार करके गंदी गली में घुसने ही वाली थी कि मैंने आवाज मारी। लेकिन वहाँ तक मेरी वह ऊँची आवाज पहुँच न सकी ! पहुँचे तो कैसे ? कूड़े-कचरों से लदी दो गाड़ियाँ अपने अधमरे भारवाहक बैलों की सहानुभूति में करुणक्रंदन जो करती जा रही थीं !

आखिर बदबूवाले उस वातावरण को चीरता हुआ-सा मैं छलाँग मारकर उसी गंदी गली की ओर बढ़ा।

'अरी ओ, खड़ी रह !' सुनते ही वह बालिका सहम-सी गई।

'क्या है बाबूजी'—लड़खड़ाकर उसने कहा।

'मैं भी इधर ही जाऊँगा, एक काम है।'

'चंगा जी'—वह आगे-आगे, मैं पीछे-पीछे चलने लगा। मोड़ पर भुजिया की दूकान से उसने दो पैसे के चने खरीदे और साथ ही चुटकी-भर नमक भी माँग लिया।

'और नहीं कुछ लेना है ?' मैंने पूछा।

'नहीं, बाकी पैसे और काम में आएँगे'—गंभीर होकर उसने कहा।

हम आगे बढ़े, कुछ दूर जाने पर एक निकटवर्ती झोंपड़ी की ओर लड़की ने संकेत किया—'बाबूजी, माँ वहीं है।'

'ऐं ! उसमें ! उस अरधंग मँड़ैया मैं !'

'उसमें तो हम पाँच साल से रहते हैं'—बालिका ने कहा, मानो बहुत ही साधारण बात हो !

चार

उसी 'बिल्डिंग' में सहस्राक्ष इंद्र जैसे आँखोंवाले—बहुरूपिए चिथड़ों के ढेर में से कराहने की आवाज आ रही थी।

'माँ, जरा मुँह तो निकाल, देख कौन खड़े हैं !' लड़की ने जोर से कहा। बिना मुँह निकाले ही वह उठकर बैठी—'कौन है ?' मानो चिथड़ों का ढेर ही बोल उठा हो।

'सिर में दर्द तो नहीं है ?' मैंने पूछा।

'ना बाबूजी ! सिर्फ देह जैसे जली जाती है।'

अब उसने मुँह बाहर किया। अपने सामने एक सफेदपोश आदमी को खड़ा समझकर पहले तो हक्का-बक्का-सी हो गई; फिर सँभलकर उसने कहा—'सुक्खो, इन्हें इस नरक में क्यों ले आई ?'

'नहीं, में खुद ही आ गया'—कहता हुआ, मैंने उसके कपार पर अपना हाथ रक्खा—'अब तो बुखार उतर रहा है, कोई घबड़ाने की बात नहीं।'

यह सुनकर उसने एक लंबी साँस ली—शायद, चने चबाती हुई सुखिया के सुदूर भविष्य की चिंता से या क्यों ? भगवान जाने !

'क्या तू कोई काम भी करना जानती है ?'—मैंने उस लड़की की ओर नजर उठाकर पूछा—'सुक्खो !'

'अभी तक तो इसने भीख भी माँगना नहीं सीखा है।'—ये शब्द अनायास ही जैसे उस भिखारिन के मुँह से निकल गए हों।

और, सबसे बढ़कर अचरज की बात तो यह थी कि इन दोनों में से किसी ने भी मुझे बैठ जाने के लिए नहीं कहा—और जगह होती तो मान-अपमान, सभ्यता-असभ्यता; पचासों तरह के टंटे सामने आते ! पर उस लँगड़ी झोंपड़ी में उतनी देर तक धनुषाकार खड़ा रहना मुझे असह्य नहीं मालूम पड़ रहा था—क्यों ? सो तो मेरे लिए आज भी पहेली ही है।

सुखिया पानी लाने गई। मेरी कमर दुखने लगी, आखिर जमीन पर ही उकड़ूँ बैठ गया।

बिना गाढ़ परिचय के ही, किसी के अंतस्तल की झाँकी लेने के लिए उत्सुक हो जाना अनधिकार चेष्टा है, किंतु उस बेहयाई की याद अब भी मेरे रोंगटे खड़ी कर देती है ! भावुकता के प्रवाह में आत्मविस्मृत होकर उस अनाथा से कितनी देर तक—कौन-कौन सवाल करता रहा—और उसने अपने 'असत्य के प्रयोग' कितनी हद तक बतलाए—जाने दीजिए, उनसे तो एक महान् उपन्यास की रचना हो सकती है।

'माँ, ताजा पानी लाई हूँ, पीना है ?' पानी से भरे कनफटे घड़े को जमीन पर रखती हुई बालिका ने कहा—'गरम कर दूँ ?'

परंतु माता ने हाँ, न हूँ, कुछ भी जवाब नहीं दिया।

मिल का भोंपू बजने लगा।

'...क्या बारह का समय हो गया ?' मैंने अपनी परछाईं की ओर निगाह डाली। मुँह मोड़कर, ताकि सुखिया देख न ले—रूमाल से सूखी हुई अश्रुधारा के निशान मिटाए और अपना वह सर्वस्व—रूमाल की एक खूँट में बँधी हुई पूँजी—बालिका के हाथ में देकर निस्तेज अपराधी-सा उसी गली की ओर बढ़ा। जाने की आज्ञा माँगकर शिष्टाचार दिखाने का साहस बाकी नहीं रह गया था। चुपचाप आँखें नीची करके आगे की ओर पैर बढ़ाने लगा !

पाँच

शायद उस भिक्षुक की स्थिति से उस तरह गंभीरतापूर्वक सर्वप्रथम मैंने ही सहानुभूति दिखलाई होगी और उसने भी सोचा होगा कि ऐसा हमदर्द—ऐसा पर-दुख कातर—ऐसा महात्मा हमारी भलाई के लिए जरूर कुछ करके जाएगा। उस गरीब को क्या पता कि दुनिया में कुछ ऐसे भी लोग होते हैं, जिन्हें औरों के दुख-सुख जानने की—खुद लाचार होते हुए भी हमदर्दी दिखलाने की बीमारी होती है।...

आपको भी यह जिज्ञासा हो सकती है कि आखिर रूमाल की उस गाँठ में से—जिसमें मेरा सब कुछ बँधा हुआ था, और जिसे मैं सुक्खो को सौंप आया था—उसमें से क्या निकला होगा ?

महारानी विक्टोरिया की छापवाले घिसे हुए चिकने एक रुपए और चार कोने वाली दुअन्नी के सिवाय और क्या निकला होगा—उसमें और था ही क्या !

कई बार उन्हें उलट-पलटकर, छू-छाकर क्या उसने यह न सोचा होगा कि अपने उस अद्‌भुत रहस्यपूर्ण जीवन के अजायबघर का फाटक खोला ! और सो भी सिर्फ एक रुपए दो आने में ! इतना ही, और कुछ नहीं ? बस !

और मैं ! कह ही क्या सकता था ? मेरे पास में है ही क्या ? दुर्भाग्य से कपड़े, पुराने होते हुए भी साफ हैं—फटी हुई धोती, मसका हुआ कुर्ता, मटमैली टोपी और नंगे पैर, यही है मेरी हुलिया ! और जेब में ? जेब में यदि कुछ है तो वह यही कि एक प्रतिष्ठित संपादक का धन्यवाद-पत्र, तीन पैसे की नोट-बुक, सादे कागज के कुछ टुकड़े और काम-चलाऊ जापानी पेंसिल। इसके अलावा... ?

[दीपक, अक्टूबर 1936]

ताप-हारिणी

"चलो, आज गंगा नहाएँ।" अपराजिता ने दातुन करते-करते कहा।

मेरा ध्यान केलेंडर की तरफ गया। आज कोई खास तिथि भी तो नहीं थी। फिर मैंने उसकी इच्छा का अनुमोदन ही किया; विवेचन नहीं।

कदम कुँआँ (पटना) के एक जीर्ण-शीर्ण किंतु शतायु मकान में हम ठहरे थे। गंगा वहाँ से दूर नहीं है। दरभंगा महाराज की कोठी गंगा के किनारे पड़ती है; उसके ही पास एक घाट पर नहाने का हमारा विचार हुआ। जेठ का महीना था। दस बजे का समय। उस पार सबलपुर दियारा में जो बालू अभी से चमकने लगे थे, उनकी तरफ निगाह बरबस खिंच जाती थी। मैं सोचने लगा—दुपहरी यहीं नग्न होकर नाचेंगे और अरहर के खेतों की हरियाली में रुद्र-रूपा प्रकृति का अभिसार करेंगे...

"भक्कू बनकर उधर क्या देख रहे हो ?"—अपराजिता ने मेरा ध्यान भंग किया।

"देखो न, बालू उस पार कैसे चकमक-चकमक कर रहे हैं।"

"तुम्हें तो हमेशा दूर की ही सूझा करती है।" अपराजिता ने मेरा हाथ पकड़कर घाट की सीढ़ियों की तरफ खींचना शुरू किया। सहसा ध्यान भंग होने के कारण किसी असंबद्ध प्रलापी की भाँति मैं गुर्रा उठा—"सु...सु...सु...सुनो तो, कहाँ, उधर कहाँ; अरे, इधर क्यों लिए जा रही हो ?"

अपरा को आश्चर्य हुआ—"तुम्हें आज हुआ क्या है ? चलो नहाएँ... उधर जनाना घाट है और इधर मर्दाना। किधर चलना है ?"

अब मैं प्रकृतिस्थ हो चुका था। सोचा—'रेल के जनाने डब्बों में मर्द घुस नहीं सकते, परंतु स्त्रियाँ हमारे लिए निर्दिष्ट सीटों पर खुशी से बैठ सकती हैं। यहाँ भी नहाने में वही बात आ गई।' मैंने कहा—"ना, भाई, तुम भली जाओ अपने घाट पर; मैं अपना इधर ही नहा लूँगा !"

वह राजी न हुई ! लाचार हम दोनों वहीं नहाने उतरे, जहाँ 'मर्द' नामधारी जीव कलिमल-हारिणी, भागीरथी का निर्द्वन्द्व अवगाहन कर रहे थे। कोई अपना मोटा जनेऊ सारी ताकत लगाकर माँज रहा था, कोई स्वधा...स्वधा कहकर अपनी अंजलियों से पुरखों को गंगाजल पिला रहा था, कोई धोती पछीट रहा था, किसी की अँगुलियाँ लोटा मलने में व्यस्त थीं। कोई अलग बैठा संध्या कर रहा था। कुल मिलाकर कोई पंद्रह-बीस आदमी होंगे; परंतु उनमें से भी अधिकांश अधेड़ ही थे।

तीन-चार डुबकियाँ देकर मैं तो लगा तैरने और घाट के पास ही पानी में आकंठ मग्न अपरा अंदर ही अंदर शरीर के अंगों को रगड़-रगड़कर नहा रही थी। मुझे लगा कि इतने आदमियों के बीच एक तरुणी के आ जाने से सभी की मनसा चंचल हो उठी है। कोई कनखी से तो कोई सीधे ही, सभी उस कल्याणी के अर्द्धनग्न अवयवों की ओर, जो कभी जाह्नवी के श्यामल-नील सलिल में से झलक उठते थे, टकटकी लगाए हुए थे। तर्पण करनेवाले उस श्रद्धालु कुलपुत्र ने इस संभ्रम में पड़कर दुबारा तर्पण आरंभ कर दिया। जो धोती पछीट रहा था, उसकी बाहें शिथिल पड़ गईं। जनेऊ माँजनेवाला अपनी बेचैनी को छिपाने के लिए बार-बार खाँसने लगा। लोटा मलनेवाले की अँगुलियाँ कटते-कटते बचीं।

तैरने और उससे भी अधिक वास्तविकता के इस परिज्ञान से मुझको बड़ा आनंद आ रहा था। उसी उल्लास के मारे मैंने अपरा से पूछा—"तैरना नहीं सीखोगी ?"

"यह भी क्या मुश्किल काम है ?" उसने हाथ से इशारा किया—'आओ भी !' मैं नजदीक आ गया, तो वह फुसफुसाकर कहने लगी—"सभी मुझे घूर रहे हैं; चलो चलें।"

क्षण-भर के बाद मैंने कहा—"वैशाख की अक्षय तृतीया को लोग जलपूर्ण घट का दान करते हैं कि प्यासे आदमी जी भरकर पानी पिएँगे और आज जेठ की तृतीया है, कितनी प्यासी आँखें तुम्हारी ओर आशा लगाए हुई हैं।"

बीच में ही उसने तर्जनी उठाई और भर्त्सना व्यक्त करने के लिए ठुड्डी टेढ़ी करके भौंहें नचाने लगी।

"सच ! बहुत ही पुण्य होगा। भूखे को मुट्ठी अन्न और प्यासे को ग्लास-भर पानी चाहिए ! हम दोनों तो साथ रहते ही हैं। तुम्हारी जवानी का यह सौंदर्य..."

अब उससे न रहा गया। पानी के अंदर ही अंदर उसने मुझे चकोटी काट ली और अपने पैर के अँगूठे से मेरे पैर को कसकर दबाया। शायद इतनी धृष्टता की आशा उसको मुझसे नहीं थी। मैं सात वर्ष की घुमक्कड़ी के बाद घर लौटा था और अपने को वैसा पतिदेव नहीं समझ रहा था। 'परंतु' का जो दंभ संभ्रांत परिवार की देहाती महिलाओं में पाया जाता है, अपराजिता भी उसका अपवाद नहीं थी। मैं अपने बदले हुए स्वभाव अनुसार जब उससे हास-परिहास करता, तो वह कभी-कभी बुरा मान जाती। एक यह भी समस्या थी कि वह इससे पहले कभी नागरिक वातावरण में नहीं आई थी और मैं चाहता था कि शीघ्र से शीघ्र इसको कुछ साहसिकता के पाठ पढ़ा दिए जाएँ। मिथ्या संकोच की कृत्रिम भावना; जो औसत हिंदू परिवारों में घर किए हुए है, इसके विरुद्ध मैं अपराजिता को तैयार करना चाहता था।

हम नहाकर बाहर निकले। लेकिन उस दिन जब तक अपरा ने घाट नहीं छोड़ा, तब तक वहाँ से कोई विदा नहीं हुआ। मुझे उस समय मैक्सिम गोर्की का वह उपाख्यान याद आया, जिसमें सत्ताईस पात्र थे—छब्बीस मर्द और एक औरत।

[कौमी बोली, मई 1945]

जेठा

हैदराबाद, सिंध। संवत् दो हजार...विक्रमी।

हाँ, तो सुनते हैं न ? यहाँ एक हैं पंडित उदयभान। निहायत शरीफ, अति सज्जन। आप भी तो उन्हें जानते होंगे ? क्या कहा ? आप तो कई पुश्तों से यहाँ रह रहे हैं !

मुझे थोड़े ही दिन हुए हैं इस शहर में आए पर धीरे-धीरे लोगों से हेल-मेल बढ़ाने लगा हूँ। पंडित उदयभान से भी परिचय हो गया है। पहले-पहल जो इन आँखों ने उस लड़के को देखा सो उन्हीं के घर पर। बाद में मालूम हुआ, वह मैट्रिक का विद्यार्थी

हैं...कोर्स की किताबों से लापरवाह...सिनेमा का बेहद शौकीन...दर्जनों हैं उसके दोस्त...

"अजीब लड़का है"–एक दिन पंडितजी ने भौंहें नचाकर कहा–"जेठ हमारा भतीजा है। इसके माँ-बाप नहीं हैं।"

तब से जेठानंद के प्रति मेरा आकर्षण और भी बढ़ गया।

वह विचित्र है, अद्‌भुत है। आप उसे पहचानना चाहेंगे ? हाँ ? आइए मेरे साथ। शाम का ही तो वक्त है...वह रहा, लीजिए वह रहा जेठा। उसका मकान बड़ा बाजार से चार ही कदम पर तो है...मुहल्ले का नाम मैं भूल रहा हूँ, माफ करें।

लंबा कद, हँसमुख चेहरा और बड़ी-बड़ी आँखें–सूरत जरा-सी साँवली, शकल सुडौल...उसे एक बार गौर से देख आइए। मुस्कराने की कला सीखनी हो तो कोई उससे सीखे।

उस नुक्कड़ पर खड़ा-खड़ा अभी वह कचालू खा रहा होगा। देखते हैं न वहाँ, पास ही एक खोमचावाला बैठा हुआ है ! यों भी जेठा को उसी जगह समय-कुसमय देर तक खड़ा देखें तो असंभव नहीं। मनोविज्ञान की बातों से उसे गहरी दिलचस्पी है।

राह गुजरते चेहरे...फुर्ती से उठने-पड़नेवाले कदम...देहातियों की चौकसी निगाहें...घंटों देखता रहेगा जेठा।

यह नहीं कि उसकी पैनी निगाह मुझ पर न पड़ी हो। वह इधर-उधर से मालूम कर चुका है मेरे बारे में। और, सच पूछिए तो अब अपने मित्रों की सूची में उसने मेरा भी नाम जोड़ लिया है...

एक बार काँपती उँगलियों से टेढ़ी-मेढ़ी नागरी लिपि में, छोटा-सा पत्र मिला। जेठा ने लिखा था–'प्रिय मित्र, निश्चय नहीं कर पाया कि कैसे आपको संबोधित करूँ...' मुझे बुरा नहीं लगेगा, इसका पक्का विश्वास उसे था ही, क्योंकि पहले 'पूज्य' लिखा और फिर शायद फिजूल समझकर उसे अच्छी तरह काट दिया था।

घर की बोली है सिंधी, परंतु हिंदी का भी काफी अभ्यास है उसे। पचीसों उपन्यास, और सैकड़ों कहानियाँ पढ़ डाली हैं। फिल्म तो एक भी नहीं छोड़ता। अभिनेत्रियों और अभिनेताओं के चित्र तो इतने जमा किए हैं कि पाँच सौ से कम तो भला क्या होंगे। चित्रपटों की आलोचना ऐसी गहरी करता है कि आप चकित रह जाएँगे।

अपने को सिनेमा देखने में कोई आपत्ति नहीं, लेकिन भीषण महँगाई के इस जमाने में अब रुपए की रोजी भी क्या कोई रोजी कहलाएगी ? लेकिन जेठा आपको ऐसे ही छोड़ देगा ? वह मुस्कुराता हुआ कहेगा–"चलिए पंडितजी, 'नजमा' हो आएँ !"

आधा मिनट चुप रहकर, उसके होठ फिर फड़क उठेंगे। बड़ी-बड़ी आँखें और भी बड़ी होकर चमकने लगेंगी। अपनी लम्बी बाहों और मजबूत हाथों से आपको झकझोर कर खुली मुसकान का पुट डालते हुए, कहेगा–"अजी, उसमें रूसी निशान है। हँसिया

और हथौड़ा। किसी और पिक्चर में यह निशान मिलेगा आपको ?"

चलना चाहिए—आप अपने को मना चुके होंगे। दो बार गोली खाकर धराशायी हो जाने के बाद भी पूँछ और कान मात्र हिलानेवाले परास्त चीते पर विजयी शिकारी की भाँति वह फिर एक बार आप पर गोली दाग देगा—"इस्लामी तहजीब और लखनवी ठांठ ऐसा मैंने भी पहले नहीं देखा था...यह खेल दो दफे देख चुका हूँ। जी नहीं भरा। फिर देखना है। आज तो आपको भी चलना पड़ेगा।" तब चुपचाप आप उसके पीछे हो लेंगे। कहने पर भी टिकट का पैसा वह आपसे नहीं लेगा।

अपने बाप का फोटो दिखाते हुए एक बार उसने कहा—"मैं चार साल का था तो यह मर गया...मेरा चेहरा इससे मिलता है न "

"वाह, क्यों नहीं ! बिलकुल मिलता है। और—"

"और माँ ? हाँ, वह भी मर चुकी है।"

"क्यों, तुम्हारी माँ का फोटो नहीं है ?"

"नहीं...बिलकुल नहीं है...हाँ, नहीं है उसका फोटो..." मुझे लगा कि माँ का प्रसंग आने पर जेठा 'कामा' नहीं, 'फुलस्टाप' चाहता है।

जानते हैं आप ? मैं भी निरे बचपन से मातृ-वंचित हूँ। माँ की चर्चा छिड़ने पर अपनी भी कुछ ऐसी मनोदशा हो जाती है।

बाप के फोटो की तरफ उसका हाथ कितने उल्लास, कितने उत्साह से उठा था। परंतु अब उल्लास और उत्साह के स्थान में एक प्रकार की झेंप थी। चेहरा फीका हो उठा था और पलकें झुकी हुईं।

मैंने अपने मन को समझा-बुझाकर उस दिन संतोष तो दिया, लेकिन तब से उस तरुण पिता के सुंदर फोटो को भूलकर जेठा की निराकार माँ के संबंध में मैं धुँधली कल्पनाएँ करने लगा। उस बेचारी की प्रेतात्मा मेरी सारी सहानुभूतियों की एकमात्र अधिकारिणी बन गई।

कुछ दिन के बाद हम फिर मिले। बातचीत के अंत में एकाएक वह बोल उठा—'मेरी माँ मरी नहीं, पंडित जी, वह जीती है...एक बनिया को उसने दूसरा पति बना लिया है...हमने उसका परित्याग कर दिया। मेरे जीवन को वह धूल में मिला गई। राक्षसी...चुड़ैल कहीं की—"

इस पर मैंने खींचकर उसे अपनी छाती से लगा लिया। आँखों में उसके आँसू छलछला आए थे। गरम साँस की गति और भी तेज हो गई थी। छाती से छाती सटाए हम मिनटों तक खड़े रहे।

वह सचमुच मर गई—दो हफ्ते बाद जेठा ने खबर दी थी, उस वक्त वह थोड़ा प्रसन्न मालूम पड़ा ! 'कुलटा' माँ के मरते ही इस किशोर के कोमल हृदय पर से कोई भारी सिल मानो अपने आप नीचे सरक गया था। जाने, हल्का होकर अब वह जी-भर

साँस ले सकता था। किसी असावधान जंतु पर काबू पा लेने के बाद, कुंडलिया आसन मारकर बैठे अजगर की भाँति वह अपने लड़के की प्रगति के तमाम रास्तों को अब तक रोके बैठी थी।

जेठा ने दाएँ हाथ की मुट्ठी कसकर बाँधी और उसे बाएँ हाथ की हथेली पर ठोकता हुआ कहना शुरू किया—"पिछले पंद्रह वर्षों का मेरा जीवन अपमान और लांछना, ग्लानि और विषाद का ही जीवन रहा। पता नहीं, मैंने आत्महत्या क्यों नहीं कर ली ! पागल क्यों नहीं हो गया ! कड़वी वेदनाओं को मीठी मुस्कान के गुलाबी आवरण से ढाँकना न जाने कब किसने मुझे सिखला दिया ! लोग समझते हैं—बड़ा विनोदी स्वभाव का है ! सदाबहार ! अंदर जो धू-धूकर के आग जल रही है, ओह, किसी को इसका भी पता होता !

"हाँ, मैं मुस्कराता हूँ। हँसता हूँ। हँसाता हूँ। मैं चाहता हूँ कि सारी दुनिया रोए और मैं ठठाकर हँसूँ। सरेआम कत्ल हो, खून की धार बहे और मैं इसी तरह मुसकराता रहूँ। घायल कराहते रहें, उनके घावों पर कोई नमक छिड़कता जाए और मैं खुशी के मारे रह-रहकर तालियाँ पीटूँ..."

वह आवेश में आ चुका था। आँखों में लाली उतर आई थी। होठ इस तरह फड़क रहे थे कि अधिक बोलना अब उसके लिए असंभव था। निचले होठ को ऊपरवाले दाँतों से दबाता हुआ अभी जेठा कुछ और कहने जा रहा था कि लपककर अपनी हथेली से मैंने उसका मुँह बंद कर दिया। मुझे अब यह समझते देर न लगी कि घर और बाहर के नादान हितैषियों ने अपनी थोथी सहानुभूति से जेठा को जेठा नहीं रहने दिया है।

"मर गई बेचारी"—थोड़ी देर उसकी पीठ थपथपाते हुए मैंने कहा—"अब उसे माफ कर दो...माँ ही तो थी।"

"हुँ..."

"अरे कुछ बोलो भी तो ?"

"अब तो उसके लिए क्षमा और दंड सब बराबर है।...अंत की घड़ी तक मुझे देखने को तरसती रह गई। उधर भी छै साल का एक लड़का है उसका। और...और इस बार भी गर्भ था, प्रसव के ही दर्द से मरी है"—इतना कहकर वह फिर घोर गंभीरता में डूब गया। उसके स्वर के पीछे कुछ नरमी आ गई थी। मैं भी चुप था। कुछ बोलते झिझक रहा था। पाँच मिनट मौन ! आखिर फिर मैंने ही कहा—"मुसकराओ एक बार मित्र, अपने लिए नहीं, मेरे लिए सही..." फिर वही विश्वमोहिनी मुस्कान उसके होठों पर बिजली-सी दौड़ गई ! वही जेठा अभी कचालू खा रहा है, देखते हैं न ?

पड़ोस की एक लड़की है, सामो (श्यामा)। एक दिन सामो ने जेठा पर पानी के कुछ छींटे डाले थे। और उसी दिन से मैं ज्योतिषी बन गया हूँ। जब-जब मिलता है, मैं जोर

देकर जेठा को कहता हूँ–नहीं भइया, अवश्य तुम्हें चाहती है।

वह मान लेता है–मिलने का अवसर नहीं आता है, न आए। आँखें चार होने से कौन रोक सकता है ? अब जो वह मुसकुरा देता है सो लगता है मानो शतदल कमल खिलने जा रहा हो !

वह कभी-कभी पी लेता है, लेकिन पीना काहे को, नाम-भर...जरा-सी, बस ! कभी-कभी चकले का चक्कर भी लगा आता है; और कुछ नहीं, चक्कर मात्र ! बहुत हुआ तो एक आध गजल सुन ली ! बस, क्यों, आपने कानों में उँगली क्यों डाल ली ? नहीं नहीं, जेठा उस किस्म का आदमी नहीं है।

सिनेमा देखना, किताबों में डूबे रहना, दोस्तों से उलझे रहना, सैर-सपाटे में घंटों बिता देना, मुस्कुराते जाना–यही सब कुछ जेठा नहीं है। आप जाइए, जरा झाँककर उसके अंदर भी देखिएगा ! इतने थपेड़े खा चुकने पर भी वह मर नहीं गया है। जेठानंद जिंदा है...देखिए, कैसे मुसकुरा रहा है !

इतनी चोटें सहकर भी जो वह मृत्युंजय बना हुआ है, सो अपनी मौसी के ही कारण। अपार ममता है उस बुढ़िया की अपने भांजे के प्रति। हलाहल को पचा डालने की सामर्थ्य जेठा को उसी महिला से मिली है। रहेगा याद ? उसका पूरा नाम है जेठानंद पीतांबर दास जेतली।

[योगी, अप्रैल 1946]

काया-पलट

माँ मर गई तो तार गया। इंजीनियर साहेब दूसरे दिन शाम को, घर पहुँच गए।

सात लड़कियाँ, तीन लड़के, दो नौकर और दो प्राणी खुद, कुल मिलाकर चौदह जने थे। छितौनी गाँव के बाभनों का यह टोल एकाएक गुलजार हो उठा। मनो ठूठों की बगिया में बसंत का प्रादुर्भाव हुआ हो ! जाड़े के दिन थे, रंग-विरंगे कोट-कमीज और फ्रॉक पहने बच्चे ठीक फूल के माफिक लगते थे। उछूल-कूद चिल्ल-पों, किलकिल-खिलखिल और गप-शप, उस मनहूस गाँव को नई जिंदगी दे रहे थे।

बात ऐसी थी कि बाबू भुवनेश्वर झा जब से अफसर बने थे, तब से छितौनी आना कम कर दिया था। पाँच साल के इस दर्म्यान में आप तीन ही दफे यहाँ आए थे। अगस्त मूवमेंट में दस दिन रहे थे, पंद्रह दिन रहे थे बाप के श्राद्ध में और अब माँ का श्राद्ध करने आए थे। शोक से चेहरा स्याह हो गया था। गाँव के बड़े-बूढ़ों ने आकर सहानुभूति प्रकट की, भोज-भाज, क्रिया-कर्म में सभी प्रकार से मदद करने का आश्वासन दिया। मगर वयोवृद्ध राजपूत, बाबू पलटू सिंह से नहीं रहा गया। उन्होंने कहा–"बबुआ, बड़ी आशा लगाकर बाप ने तुम्हें पढ़ाया-लिखाया और आज भगवान की कृपा से तुम बड़े ओहदे पर पहुँच गए हो। दिन से दिन तुम्हारी बरक्कत हो। मगर तुमने गाँव

क्यों छोड़ दिया है ? अब कौन इस दरवाजे पर पैर रखेगा, अगर तुम ही न आए-गए तो ?''

बाईं तरहत्थी पर गाल टिकाकर इंजीनियर साहेब बकर-बकर यह उलाहना सुन रहे थे कि सबसे छोटी दो लड़कियाँ फुदकती-फुदकती आईं और उनमें से भी छोटी गोद में बैठ गई और बड़ी लटक गई पीठ पर। हाथ बढ़ाकर दो-तिहाई खाए हुए बिस्कुट को उनके मुँह से सटाती हुई छोटी बोली—''बब्बू काओ बब्बू, (बाबू खाओ बाबू)।''

''नहीं नीला'', पीठ पर से दाहिने कंधे की ओर लटकती हुई बड़ी लड़की ने संशोधन किया, ''बाबूजी अभी नहीं खाएँगे, दादी मर गई है।''

इंजीनियर साहेब ने नौकर को इशारा किया बच्चे हटा ले जाने के लिए और बाबू पलटू सिंह कहे जो रहे थे—''जरा सोचो बाबू, पढ़-पढ़कर सभी अगर इसी तरह गाँव छोड़कर चले जाएँ तो गाँव मसान बन जाएगा, मसान ! अब तक तो तुम्हारी माँ थीं, जो आगे-पीछे सारा काम सम्हालती थीं, खेती-बाड़ी, जमीन-जाजात, माल-जाल...।''

इतना कहकर पलटू सिंह ने मुंशी गजाधर लाल की ओर आँख मटकाकर देखा और बोले—''ठीक कहता हूँ न, गजाधर ?''

मुंशीजी का ध्यान अपने लड़के पर चला गया, जो बनैली राज में कहीं पटवारी था। चुटकी-भर नस इतर्मनान से नाक में डालते हुए उन्होंने कहा—''मगर इतना पढ़-गुनकर क्या करेंगे, घर बैठेंगे ?''

''नहीं'', बाबू पलटू सिंह ने जोर देकर कहा—''सो मैं कहाँ कहता हूँ ? मेरा इतना ही मतलब है कि साल पीछू दो मरतबे आखिर गाँव जरूर आवें। पढ़े-लिखे आदमी छठे-छमाहे आकर दो-चार दिन गाँव में रहें तो देहात का रंग ही बदल जाए।''

इंजीनियर साहेब ने भी मन ही मन इस बात को महसूस किया और बोले—''साल में एक बार तो अब आना ही पड़ेगा। पलटू काका, आपका कहना दुरुस्त है।''

कोरियानी के पास एक खेत में किसी मलाह ने अपनी भैंस से खेसाड़ी चरवा ली थी और पकड़ा गया था। बाबू पलटू सिंह और मुंशी गजाधर लाल को उसी की पंचायत में कोइरी लोग ले जाना चाहते थे। उन्हें जाना पड़ा।

दो

क्रिया-कर्म, भोज-भात सब हो चुका था। चार हजार के करीब खर्च पड़े। इंजीनियर साहेब फिर राँची चले गए। चार लड़कियाँ, दो लड़के और एक नौकर साथ गए। बाकी लोग रह गए गाँव में। तय हुआ कि खलिहान का धान तैयार होकर जब कोठार के अंदर दाखिल हो लेगा, नार और पुआल के टाल खड़े हो लेंगे तब बहुआसिन भी राँची चली जाएँगी। कारपरदाज, कामत और चरवाहा फिर यही लोग रहेंगे और सब चीजों की

देखभाल करेंगे।

मगर दौनी खत्म होते-होते पूस बीत चला। इंजीनियर साहेब के बच्चे शहर में रहने के आदी थे, दस-पंद्रह रोज में ही उनका मन ऊब गया। कारपरदाज और कामत दोनों मिल गए, धान तैयार होने में ढिलाई आ गई। दौनी करने के लिए कोई भी अपना बैल उन्हें नहीं देता था, क्योंकि वे बैलों का मुँह खूब कसकर बाँध देते थे। चरवाहा दूध दुहकर आधा छिपा रखता था। बच्चों में से किसी के मौजूद रहने पर थोड़ा ही दुहता और चकोटी काटकर भैंस को भड़का देता।

दोनों छोटी लड़कियाँ शहर में गाय का दूध पीती थीं। लेकिन पंडितों के इस गाँव में गाय का दूध मिलना आसान नहीं था। कोरियानी में छटू भगत की एक गाय लगती थी, मगर इन दिनों भगत के कबीरपंथी गुरु वहीं विराज रहे थे। सो गाय का दूध साहेब संतदास महाराज की सेवा में जाता था। दूसरा आदमी था बंगट दुसाध। उसके पास चोरी की एक पूँछकटी गाय थी जो हाल ही ब्याई थी। वह सुबह-सुबह अपना दूध असेसर जाहिद अली खाँ के टूअर पोते के लिए दे आता था। और किसी की गाय नहीं लगाती थी।

दूध नहीं मिलने से नीला और शीला (दोनों छोटी लड़कियाँ) बीमार पड़ गईं। एक रसोइया रक्खा था। वह लाल इमली का नफीस कंबल और फूल का लोटा लेकर चंपत हो गया। खानदानी खवासिन काम नहीं, चुगने के पीछे रहती थी। अस्पताल दो कोस पर पड़ता था, जो भी जाता सारा दिन लगा आता और लाता क्या तो निखालिस पानी--कभी हरा, कभी पीला। कभी शीशी में तो कभी बोतल में।

इन दिक्कतों के मारे झा जी का परिवार तंग आ गया। नीला इतनी अस्वस्थ हो गई कि धान का मोह छोड़कर बहुआसिन साहिबा को जल्द से जल्द उसे राँची ले चलने का फैसला करना पड़ा। खत पाकर बड़ा लड़का, रमेश दौड़ा आया और सबको ले गया।

तीन

बाबू पलटू सिंह का तीर कामयाब रहा।

इंजीनियर साहेब अपने दोनों लड़कों को पहले सिविल और एक्साइज विभाग की ओर ले जाने का विचार रखते थे परंतु इस बार अपने गाँव का हाल देखकर उन्होंने अपनी राय बदल दी। जिस भूमि पर हजारों साल से हमारे पुरखा रहते आए—वह सोचने लगे—जिस भूमि का एक-एक कण हमारी नसों में समाया हुआ है, जहाँ पेड़-पौधे, घास-पात, बस हमारी जान-पहचान के हैं, और जहाँ की आबोहवा हमारी एक-एक साँस में समाई हुई है, उस धरती को बदले में हमने क्या दिया ? माना कि आजकल के गाँव रहने के काबिल नहीं, वहाँ फूट और छल-फरेब की बेलें लहलहा रही हैं, मगर नरक के उन नजारों को स्वर्गीय दृश्यों में बदलने के लिए आसमान से देवता तो उतरेंगे नहीं।

यह काम तो आखिर हमारे ही जैसों को करना पड़ेगा...

झा जी समझ गए कि शहरों में बैठकर देहाती इलाके की तरक्की की स्कीम बनाना और अधिकारियों को कोसना बेकार होगा, जबकि स्वयं हम उससे कतराएँगे। बाबू पलटू सिंह ने ठीक ही तो कहा था—पढ़े-लिखे लोग गाँव छोड़कर शहरों में बस रहे हैं। अब कोई भी समझदार गाँववाला लड़के को स्कूल भेजते समय अपनी छाती पर हाथ रखकर यह कहने को तैयार नहीं है कि उसका बेटा पढ़-गुनकर जात-बिरादरी, अड़ोस-पड़ोस, घर-गाँव की परंपरा को कायम रखेगा ही।

इंजीनियर साहेब ने तय किया कि रमेश को एग्रिकल्चर और फार्मिंग (कृषि तथा खेतीबाड़ी) की शिक्षा दिलाएँगे। छोटा है नरेश, वह डाक्टरी पढ़ेगा, दोनों भाई मिलकर अपनी जन्मभूमि, छितौनी गाँव, की काया पलट देंगे। मैं भी उनका साथ दूँगा।

रमेश आई-एस-सी परीक्षा पास कर चुका था। झा जी ने उसे पूसा के कृषि कालेज में भर्ती करा दिया। नरेश मैट्रिक पास करके दरभंगा मेडिकल स्कूल में चला गया। उन्होंने खुद अंडी के कीड़ों को पालने का तरीका सीखना शुरू किया। इसके लिए उन्हें दूर नहीं जाना पड़ा, राँची में ही अंडी के कीड़ों का सरकारी फार्म है। वह वहीं आध घंटा रोज समय देने लगे। बागवानी का शौक पहले से ही था।

इसके अलावा, छुट्टी का हरेक मौका अब इंजीनियर साहेब अपने गाँव को देना चाहते थे। शहर के उनके मित्र यद्यपि इन बातों के खिलाफ थे। उनका ख्याल था कि छोटे पैमाने पर अभी कोई भी नया प्रयोग देहाती क्षेत्रों में चल ही नहीं सकता।

चार

दो साल बाद इंजीनियर साहेब ने अपना तबादला तिरहुत रेंज में करवा लिया, गोकि इसमें तरक्की की गुंजाइश नहीं थी। मित्रों ने तो खैर मना किया ही था, ससुर महाशय ने एक लंबा खरीता भेजकर अपने दामाद के इस विचार को 'बचपन का बुद्धिविलास' कहा था ! खैर, इन बातों से झा जी भड़कनेवाले थोड़े ही थे।

अब हेडक्वार्टर उनका मुजफ्फरपुर था। लड़कियाँ चार ब्याह दी जा चुकी थीं। तीन का तो गौना भी हो गया था, बाकी लड़कियाँ अभी छोटी थीं और पढ़ रही थीं। परिवार अब अधिकतर गाँव में ही रहता; इससे गृहस्थी काफी सुधर रही थी।

झा जी में इधर एक परिवर्तन आ गया था। अब वह खुद भी हाथ में कुदाल लेकर यदा-कदा खेत में उतर पड़ते। एक दिन किसी हम-उम्र पंडित ने इसी बात को लेकर उनका मखौल उड़ाया तो बोले—"खेद की बात है कि हमारे देश में ढाई सौ साल से अंग्रेज मौजूद हैं परंतु उनका एक भी असली गुण हम अपना नहीं सके।"

जमीन उनके पास काफी थी, पचास बीघा। खेत उपजाऊ थे। और सच पूछिए तो अब नौकरी में इंजीनियर साहेब का जी नहीं लगता था। गाँव से संपर्क अधिक हो जाने पर सबसे पहला काम जो उन्होंने किया वह था कन्या पाठशाला की स्थापना।

लड़कों के लिए अपर प्राईमरी स्कूल पहले से था ही। जरा-सी दौड़धूप से ही काम बन गया। जिला-बोर्ड ने अठारह रुपए मासिक देना मंजूर कर लिया। और उतना ही गाँववालों ने भी देना स्वीकार किया। अध्यापिका एक बाहर से मँगवाई गई और दूसरी मुंशी गजाधर लाल की विधवा बहन नियुक्त हुई। वह अपर पास थी।

छितौनी जैसे बड़े गाँव में भला विधवाओं की क्या कमी ? बेचारी घोर दरिद्रता का जीवन बिताती थीं। इंजीनियर साहेब ने बढ़इयों को बुलाकर नए मॉडल के पचीस चर्खे बनवाए, वजन में हल्के और चलने में तेज। सिमरी के खादी भंडार से बढ़िया किस्म की रुई मँगवाकर बाँटा गया। सूत बेचने का माकूल इंतजाम भी हो गया...बेचारी विधवाओं ने न जाने कितने आशीर्वाद झा जी को दिए होंगे।

गर्मी के दिनों में एक बार खासकर वह इसलिए छुट्टी लेकर आए कि पुराने पोखरों का उद्धार हो। छितौनी के इर्द-गिर्द सात पोखर थे। पाँच पुराने, दो नए। पुराने पोखरों का अजीब हाल था। पानी करीब-करीब सभी में था मगर सेवार और गंदगी बहुत अधिक थी। इंजीनियर साहेब ने गाँव-भर से अपील की—"कम से कम दो पोखरों का साफ होना निहायत जरूरी है, नहीं तो इस बार मलेरिया के मारे गाँव उजड़ जाएगा।"

ऊँच-नीच सभी जातियों के लोगों ने मिलकर दोनों पोखर साफ कर दिए। झा जी स्वयं तो थे ही। पाँच दिन लगे। चालीस घंटे ! बस 'सहयोग' की नींव यहीं पड़ गई।

पाँच

हाल ही में एक दैनिक पत्र में छितौनी गाँव की सहयोग-समिति की पंचवार्षिक रिपोर्ट का संक्षिप्त अंश प्रकाशित हुआ है। पढ़कर मैं बहुत ही प्रभावित हुआ और निश्चय किया कि अपनी आँखों सब कुछ देख आना चाहिए।

पिछले एतवार को आखिर मैं छितौनी पहुँच ही गया। स्टेशन से दो कोस पड़ता है। ट्रेन से ही उतरकर इक्के पर सवार हुआ। थोड़ी दूर तक बोर्ड की पक्की सड़क पड़ती है, आगे सहयोग समितिवालों की बनवाई हुई कच्ची सड़क है। मगर साल-साल मरम्मत होती रहने के कारण वह काफी अच्छी स्थिति में है।

साफ और छोटे-छोटे घर, खिड़कीदार। कतारों में बने हुए। उनकी ओर चाबुक उठाकर इक्केवाले ने कहा—"बाबू, यह सब इधर ही हुआ है। इस गाँव में अब जो भी मकान बनते हैं, सब नक्शों के मुताबिक। इंजीनियर साहेब ने इस गाँव को सरग (स्वर्ग) बना दिया है बाबू।"

तब तक हम सहयोग-समिति के मकान के करीब पहुँच गए थे। खादी की धोती और कमीज पहने हुए एक स्वस्थ सुंदर तरुण ने मेरा स्वागत किया। इक्केवाले को भाड़ा देकर मैंने विदा कर दिया।

मकान की अँगनई के अंदर दाखिल होते हुए मैंने उस तरुण से पूछा—"आपका शुभ नाम ?"

"रमेशचंद्र झा"—तरुण ने नम्रतापूर्वक कहा। श्रद्धा से उन्हें मैंने दुबारा नमस्कार किया। आने का उद्देश्य जानकर आप बोले—"निहायत ही छोटे पैमाने पर हमने यह सब शुरू किया था। शक्ति और साधन सीमित रहने के कारण हम उतना कुछ नहीं कर पाए हैं, जितना कि चाहते थे। फिर भी जो कुछ है सो आपके सामने है। केवल पचीस परिवारों के सम्मिलित प्रयत्न का यह परिणाम जाने आपको कैसे लगेगा !"

वहीं ट्यूबवेल था, नहा-धोकर मैं तैयार हुआ ही था कि नाश्ता आ गया ! भुना और घी में सना चूड़ा, तले हुए हरे मटर, जीर-मरीच की बुकनी और नमक। कमाल की सादगी थी, आडंबर का नाम तक नहीं था।

इसके बाद घूम-घूमकर रमेश बाबू ने मुझे वह सब दिखलाया। गाएँ काफी तंदुरुस्त थीं। उनके रहने की जगह खूब साफ-सुथरी दिखाई पड़ी। बछड़े और बछड़ियाँ भी वैसी ही स्वस्थ थीं। बैल नुमाइश में प्रथम श्रेणी के पुरस्कार पानेवाले भले न हों, मगर थे मजबूत और तगड़े। चरवाहों के चेहरे खिले हुए थे, उनका पहनाव था साफ धोती, हॉफ कमीज।

बस्ती से जरा हटकर खेतों में बीसियों पाखाने बने हुए थे। उठाकर एक जगह से दूसरी जगह ले जाने लायक। उनमें जूट का काला पर्दा था।

दो कर्घे चल रहे थे, तीन कोल्हू। समिति के भंडार में पहुँचकर देखा तो वह एक प्रदर्शनी-सा लगा। उसके आँगन में चार बड़े-बड़े बखार थे। उनकी ओर संकेत करते हुए रमेश बाबू ने कहा—'हमारी सारी योजना धान पर ही निर्भर है। समिति के जिम्मे कुल जमा दो सौ बीघा खेत हैं। इस बार दो हजार मन धान हुआ है। अढ़ाई सौ मुँह हैं खानेवाले। दवा-दारू खरीदना ही पड़ता है। कपड़ों में से ऊनी और कुछ सूती भी हम खरीदते हैं। बच्चों की शिक्षा-दीक्षा में भी हमारी काफी रकम खिंच जाती है। हाँ, एक बात छूट गई। इस बार दो हजार रुपए समिति को ऊख से मिलनेवाले हैं।"

इतने में एक और युवक वहाँ आ गए, रमेश बाबू ने मेरी ओर देखकर फिर मुझसे कहा—"यह मेरा छोटा भाई नरेश है, इसी साल इसने डॉक्टरी पास की है। हमारे स्वास्थ्य विभाग का संचालन यही करता है।"

हम दोनों ने एक दूसरे को नमस्कार किया।

"लेकिन"—थोड़ी देर बाद मैंने रमेश बाबू से पूछा—"गाँववालों का क्या रुख है समिति के प्रति ?"

मुस्कराते हुए वह बोले—"पहले तो बिलकुल संदेह की दृष्टि से ये इसे देखते थे, मगर अब अपनी दिक्कतें आ-आकर हमारे सामने रखने लगे हैं। और मैं आशा करता हूँ कि अगले पाँच सालों में ये भी—सहयोग समिति की राह पर आ जाएँगे।"

मन करता था, दो-चार दिन रहकर विस्तार से सारी बातें मालूम करूँ, लेकिन किसी मिडिल स्कूल की हेडमास्टरी भी क्या मामूली बला है ? वे दोनों भाई लाख अनुरोध करते रह गए पर मैं निपट बहरा बन गया। खा-पीकर तैयार हुआ। तब तक मुझे स्टेशन पहुँचाने के लिए समिति का टमटम आकर हाजिर था। उन दिनों भाइयों से बिछुड़ते उतना दुख नहीं हो रहा था जितना दुख कि श्रद्धेय इंजीनियर साहेब से मुलाकात न होने का !

सुना कि झा साहेब समिति के काम से कृषि और खाद्यमंत्री देशरत्न डॉक्टर राजेंद्र प्रसाद से मिलने दिल्ली गए हुए हैं।

[गाँव, दिसंबर 1946]

विशाखा मृगारमाता

अपने जीवन की सबसे पहली घटना जो मुझे याद है, वह है भगवान तथागत की अगवानी।

मैं छः या सात साल की थी। एक दिन दादा ने मुझसे कहा—"भद्रे, सबका भला चाहनेवाले शक्यसिंह गौतम बुद्ध आज हमारे नगर में पधार रहे हैं। अपनी सहेलियों के साथ जाओ तुम भी भगवान का स्वागत करो। फिर कहाँ मिलेगा ऐसा अवसर ?"

तब हम रथों पर सवार होकर तथागत की अगवानी करने गई थीं। यह बात आज भी मुझे ज्यों की त्यों याद है। दूसरे दिन, मेरे दादा ने भिक्षु-संघ को अपने यहाँ जिमाया था। कब जमात किसी दूसरी जगह के लिए चल पड़ी थी, सो मुझे याद नहीं आता।

गंगा के दक्खिन, अंग देश में एक छोटा-सा नगर मद्रिका है। मेरे दादा वहीं के रहनेवाले थे। नाम था मेड़क सेठ। बनियों की बहुत बड़ी खानदान के कुलपति थे। मगधराज बिम्बिसार ने मेरे दादा को नगरसेठ की सम्मानित पदवी दी थी। व्यापारियों के लिए भला इससे बढ़कर सम्मान की वस्तु और हो ही क्या सकती है ?

धनंजय सेठ की मैं लड़की हूँ। माँ का नाम था सुमन। हमारे पितृकुल में न धन की कमी थी, न जन की। मगध का राजकीय कोश जब रिक्त हो जाता था, तो महामात्य वर्षकार मेरे दादा के पास दूत भेजते थे—"पचास हजार स्वर्ण मुद्रा महासेठ भेजें, आवश्यक है।"

दूत को निराश नहीं लौटना होता था। वह सरकारी हाथियों पर अशर्फियाँ लदवाकर राजगिर पहुँचता था। इस प्रकार लिया हुआ ऋण मगधराज एक ही मुश्त चुका नहीं पाते थे। बेचारे कहाँ से चुकाते ? सेठों का मुकाबिला ये राजा लोग कैसे करेंगे ? मेरे मायके से मणि-मुक्ता आदि बहुमूल्य वस्तुएँ आती रहती हैं। यहाँ श्रावस्ती के नगर

द्वार पर चुंगीवाले बहुधा अधिक महसूल उसके लिए लिया करते हैं। ऐसे मौकों पर मैं खुद ही राजा के पास तस्फिहा के लिए पहुँचती हूँ। कई बार खाली खजाना दिखलाकर प्रसेनजित् ने मुझसे कहा है—"विशाखा, हमारे पास फौज है, हथियार हैं, ताकत है। मगर सोना-चाँदी तो तुम्हीं लोगों के जिम्मे है। राज-शक्ति हमेशा वणिक्-शक्ति की मोहताज रहेगी।" और, उसकी यह बात बे-बुनियाद नहीं थी। मैंने अपने मायके में देखा है, बीसियों चहबच्चे अशर्फियों से भरे पड़े हैं। ऊपर साखू के तख्तों से उन्हें पाट दिया गया है। ताले लगे रहते हैं। कीमती मालों से लदे बड़े-बड़े बजड़े सुवर्ण द्वीप से भी आगे ले जाया करते हैं। स्थल-मार्गों से होकर हजार-हजार बैलगाड़ियों का हमारे काफ़ले कुभा (काबुल) से लेकर केरल तक और भरौंच से लेकर आसाम तक आते-जाते रहते हैं। हमारा वणिक्-समाज नए-नए शिल्पों और नई-नई विद्याओं को एक देश से दूसरे देश में पहुँचा देता है। वैश्यवर्ग अपना हाथ पीछे खींच ले, तो तक्षशिला उजड़ जाए, वहाँ सियार भूँकने लगें...।

मैं जब आठ वर्ष की हुई तो मेरा बाप साकेत में आकर बसा। इसकी भी एक विचित्र कथा है। कोसलराज प्रसेनजित् ने एक बार मगधराज बिंबिसार को पत्र भेजा—"हमारे राज में यों तो बहुत बनिए हैं, मगर पुश्त-दर-पुश्त महान् ऐश्वर्यशाली बनियों का भारी खानदान एक भी नहीं है। मगध में अनेक हैं। उनमें से किसी एक महाकुल को हमें दे दें। हम उसे अपने राज्य में बसाएँगे।"

बिंबिसार ने सोच-विचारकर जवाब दिया—"किसी ऐसे खानदान को हम अपने यहाँ से हटा नहीं सकते।"

कोसलराज के दूत ने कहा—"बिना पाए मैं जाऊँगा ही नहीं।"

तब मगधराज ने मंत्रियों से परामर्श किया और दूत को सूचित किया—"व्यापारियों के किसी बड़े कुल को चलाना धरती के चलाने की भाँति मुश्किल और भारी है, किसी कुलपति वणिक् से सलाह करके आखिरी बार बात कहूँगा।"

राजा ने मेरे बाप को बुलाकर पूछा—"भैया, कोसलराज एक धनी सेठ को ले जाकर अपने यहाँ बसाना चाहता है, जाओगे ?"

"आपका हुक्म होगा तो जाऊँगा देव !"

"तो जाओ, इंतजाम करो।"

"अच्छा देव !"

मेरा बाप जाने की तैयारियाँ करने लगा। हमें अपनी चिरपरिचित भूमि को छोड़ना अच्छा नहीं लगा। लेकिन बाबू ने घर में सभी को समझाया—"अपने राजा की इज्जत का सवाल है, और सो भी, जाना न जाना या फिर वापस आ जाना हमारी अपनी मर्जी पर है। तो हर्ज ही क्या, हमें चलना चाहिए।"

बिंबिसार और प्रसेनजित् एक दूसरे के बहनोई होते थे। धनंजय सेठ हमारे यहाँ आने को तैयार है, यह सुनकर कोसलराज खुद राजगिर आया और बहुत आदर-सत्कार से हमें ले चला। घरेलू सामानों से लदी सैकड़ों गाड़ियाँ हमारे पीछे थीं। हम आगे-आगे

चल रहे थे—रथों पर। अपने लाव-लश्कर के साथ राजा भी साथ चल रहा था।

दूसरे पड़ाव पर मेरे बाप ने राजा से पूछा—"देव, यह किसकी सीमा के अंदर है ?"

"अपनी"—प्रसेनजित् ने जवाब दिया।

"यहाँ से श्रावस्ती कितनी दूर है ?"

"सात योजन (अट्ठाईस कोस)।"

तिस पर बाबू ने कहा—"नगर में भीड़-भाड़ अधिक होती है, हमारे स्वजन-परिजन कम नहीं हैं। दास-दासियाँ भी कम नहीं हैं। यदि देव, तुम्हारी आज्ञा हो तो हम यहीं बसें।"

"अच्छा, गृहपति ! जैसी तुम्हारी मर्जी।"

फिर अपने एक आमात्य को हमारे बसने-बसाने का भार देकर राजा श्रावस्ती चला गया।

सरयू नदी के किनारे हमारी वह बस्ती बहुत जल्दी ही तैयार हो गई। बस्ती क्या, नगर ही न कहिए। हमारा यह नया नगर साकेत के करीब ही पड़ता था।

दो

श्रावस्ती का सेठ मृगार अपने पुत्र पूर्णवर्द्धन को जवान देखकर उसकी सगाई के लिए लड़की ढुँढ़वा रहा था। उसके आदमी साकेत पहुँचे।

उस दिन मैं अपनी सहेलियों के साथ एक तालाब में जलकेलि करने गई थी। मृगार सेठ के आदमी नगर के अंदर अपनी पसंद की लड़की न पाकर बाहर खड़े थे—तालाब के पास। एकाएक जोर का पानी बरसने लगा। मेरी सहेलियाँ कपड़े बदल-बदलकर भागने लगीं। उनमें से एक भी मृगार सेठ के आदमियों को पसंद न आई।

मैं सबसे पीछे थी। मुझे मेघ बरसने की परवाह नहीं थी। मुझे इत्मीनान से चली जाते देखकर सेठ के आदमियों ने सोचा—"खूबसूरत तो ख़ैर और भी मिल जायगी, मगर बोल न जाने इस लड़की का कैसा है ? कदाचित् कर्कशा निकली तो..."

"बेटी"—उनमें से एक ने मुझे टोका—"बुढ़िया जैसी लगती है तू !"

"क्यों ? क्या देखकर ऐसा कहते हो चाचा ?"—मैंने पूछा।

उस आदमी ने कहा—"तेरी सहेलियाँ भीगने के डर से कूदती-फाँदती शाला (सराय) के अंदर पहुँच गईं और तू बुढ़िया की चाल से चल रही है। यह कीमती साड़ी भींगकर खराब हो जाएगी, इस बात की भी तुझे पर्वाह नहीं है। बिगड़ा हुआ हाथी या घोड़ा पीछा करे तो क्या करेगी ?"

मैं बोली—"अजी, रहने भी दो। साड़ियों की कमी हमारे यहाँ नहीं है, जितनी चाहो दिलवा दूँ। धीरे-धीरे तो मैं इसलिए चल रही हूँ कि ठेस न लग जाय, गिर न पड़ूँ, हाथ-पैर न टूट जाएँ। सयानी लड़कियाँ बिकाऊ बर्तन की तरह होती हैं। जिनका

अंग-भंग हो गया, ऐसी स्त्री से लोग घृणा करते हैं। उसको ग्रहण करने के लिए मुश्किल से ही कोई तैयार होता है।''

यह सुनकर वे चुप हो गए। उनके चेहरे पर प्रसन्नता के भाव झलक आए। उनमें से किसी ने मेरी ओर माला फेंकी। वह माला ठीक मेरे गले में पड़ गई। मैं विनम्र होकर वहीं की वहीं भूमि पर बैठ गई; क्योंकि अब मेरी सगाई हो चुकी थी। अब मैं परिगृहीत थी।

मुझे वहीं कनात से घेर दिया गया। अपनी सहेलियों के साथ तब मैं घर पहुँची। सेठ के आदमी भी हमारे घर पहुँचे। मेरे बाप ने उनसे पूछा—''भाइयो, कहाँ के रहने वाले हो ?''

''हम श्रावस्ती रहते हैं, मृगार सेठ के आदमी हैं। तुम्हारे घर में सयानी लड़की है, इसी से सेठ ने हमें भेजा है।''

''अच्छा, तुम्हारा सेठ धन में हमसे जरा ही दब है; लेकिन जाति में बराबर है। सब तरह से बराबर का मिलना तो मुश्किल ही है। जाओ, अपने सेठ को हमारी मंजूरी दे दो।''

मृगार सेठ को यह सब सुनकर बड़ी खुशी हुई। बारात की तैयारियाँ हाने लगीं। सेठ स्वयं राजा को निमंत्रण दे आया। राजा ने बारात में शामिल होने की बात मंजूर कर ली।

मेरा बाप आगे बढ़कर राजा को लिवा ले आया। बारात के लिए ठहरने और खाने-पीने का प्रबंध अपूर्व था। सभी ने मेरे पिता की मुक्त कंठ से प्रशंसा की। विवाह का महोत्सव कई दिनों तक चलता रहा। कोसलराज ने मेरे पिता को कहला भेजा—''चिरकाल तक सेठ हमारा इंतजाम नहीं कर सकते, लड़की की बिदाई का मुहूर्त्त निश्चित करें।''

जवाब में मेरे बाप ने कहला भेजा—''बरसात की शुरुआत है, यह चौमासा अब यहीं बितावें। आप लोगों का सारा भार मेरे ऊपर। कोई खास तकलीफ हो तो बतलाने की कृपा करें। आए हैं अपने मन से, परंतु जाएँगे तब, जब हमारा मन होगा।''

राजा के लगातार मौजूद रहने से साकेत नगर ऐसा लगता था, मानो वह कोई नित्य-उत्सववाली दुनिया हो।

इस प्रकार तीन मास व्यतीत हुए। मेरी 'महालता' आभूषण तब तक भी तैयार नहीं हो सकता था। एक दिन कारपरदाज आकर बोले—''मालिक और सब तो ठीक है, मगर जलाने की लकड़ी घट गई है।''

मेरे बाप ने कहा—''जाओ, हस्तिशाला, अश्वशाला, गोशाला काफी हैं, उन्हें उजाड़कर जलाओ। इससे भी पूरा न पड़े, तो गोदाम खोलकर मर्जी मोताबिक मोटे कपड़े ले लेना, तेल के मटके निकाल लेना। तेल में भिंगो-भिंगोकर कपड़े जलाना।''

इस तरह चौमासा पूरा हुआ। तब तक मेरी 'महालता' तैयार हो चुकी थी। कल मैं बिदा होऊँगी, तो आज पिता ने पास बैठकर मुझसे कहा—''बेटी, अब तू अपने घर

जाती है। हम तेरे लिए पराए बन जाएँगे, सास-ससुर, पति-देवर, यही लोग अब तेरे स्वजन होंगे... ।"

मेरा ससुर, मृगार सेठ, अंदर लेटा हुआ था। ये बातें उसके भी कान में जा रही थीं। मेरे पिता ने कहना जारी रखा—"...बेटी, ससुराल में रहते समय इन दस बातों पर ख्याल रखना—

1. भीतर की आग बाहर न ले जाना। 2. बाहर की आग भीतर न ले आना। 3. देनेवाले को देना। 4. न देनेवाले को नहीं देना। 5. नहीं देनेवाले को भी देना। 6. इत्मीनान से बैठना। 7. इत्मीनान से खाना। 8. इत्मीनान से लेटना। 9. अग्नि की परिचर्य्या करना। 10 भीतर के देवताओं को नमस्कार करना... ।"

इतना कहकर उसने मेरे माथे और पीठ पर हाथ फेरा; फिर जाति-बिरादरीवालों को इकट्ठा करके उनमें से आठ पंचों को बुलाकर पास बैठाया। वहाँ मेरा ससुर भी मौजूद था। मेरे बाप ने पंचों से कहा—"श्वसुर-कुल में जाकर यदि मेरी लड़की कुछ अपराध करे या उस पर किसी प्रकार के अभियोग कोई लगाए तो भाइयो, उसका फैसला तुम्हीं लोग करना।"

नौ करोड़ अशर्फियों की लागत से 'महालता' तैयार हुई थी। बिदा होते समय यह कीमती आभूषण माँ ने आकर मुझे पहना दिया। प्रसाधन और शृंगार की सामग्री के लिए चौदह सौ गाड़ी धन, पाँच सौ दास, पाँच सौ दासियाँ, ऊँची नस्ल की पाँच सौ घोड़े-घोड़ियाँ, और भी बहुत सारी चीजें माँ-बाप ने मेरे साथ कर दीं। बारात में जो गए थे, उनमें से प्रत्येक को पाँच-पाँच हजार का दुशाला और एक-एक जोड़ी रेशमी धोती दी गई। मेरे ससुर को औरों से दुगुना सत्कार हुआ था। कोसलराज को वलय, कुंडल, केयूर, ग्रैवेयक (गले की चकती), हार और उष्णीष भी मिले थे। उन्हें और वस्तुओं के अलावा दो बड़े-बड़े हाथी भी मिले थे। मेरे पति को परिधान, आभूषण, ओछावन, यान, वाहन आदि सभी चीजें अलग से मिली थीं।

तीन

ढँके यान में नहीं, खुले रथ में बैठकर मैंने श्रावस्ती में प्रवेश किया। 'महालता' देखकर लोग कहते—"धनंजय सेठ की लड़की विशाखा जैसी स्वयं है, वैसा ही इसका यह आभूषण ! वाह रे, सौभाग्य !"

अपने पितृकुल के महान् ऐश्वर्य का प्रदर्शन करती हुई मैं श्वसुर-कुल में प्रविष्ट हुई। अगले दिन लोगों ने अपनी-अपनी शक्ति और सुविधा के अनुसार मेरे लिए उपायन भेजे। उन वस्तुओं को देखकर मैं करती ही क्या ? नगर-भर में बायना बँटवा दिया।

हाँ, एक बात तो भूल ही गई मैं ! जिस दिन अपनी ससुराल में मैंने प्रवेश किया, उसी रात अच्छी नस्ल की एक सिंधी घोड़ी को प्रसव-वेदना हुई। दंडदीपिका (मशाल)

जलवाकर दासियों के साथ मैं स्वयं घुड़सार गई। प्रसव के बाद गर्म पानी से घोड़ी को नहलवाया, तेल से मालिश करवाया, फिर आकर सो रही।

अपने लड़के की शादी के उछाह में सेठ ने सात दिनों तक उत्सव मनाया।

सातवें दिन साधुओं का भंडारा था। ससुर ने मुझे कहला भेजा—"बेटी, ये वीतराग और पहुँचे हुए संतजन कहाँ मिलेंगे ? आओ, उनके दर्शन कर लो।"

मैं हुलसी हुई बाहर गई। मकान के बाहरी खंड में देखा, नंग-धड़ंग साधु खाना खा रहे हैं। देखते ही मुझे उनसे घृणा हो गई...यह भी क्या साधुता है ! इन्हें और कोई मिला ही नहीं, नंगों की जमात को जिमा रहे हैं।

अपने ससुर पर मुझे गुस्सा आया कि इन निर्लज्जों के पास बुलाया ही क्योंकर। उलटे पैर मैं अंतःपुर लौट आई। मुझे लौटती देखकर नग्न श्रमणों ने सेठ को धिक्कारा—"गृहपति, क्या कोई और लड़की तुम्हें नहीं मिली जो इस कुलच्छनी को उठा लाए हो ? निकालो इसे घर से नहीं तो फिर कभी हम यहाँ पैर नहीं देंगे...।"

मेरे ससुर ने अपने बत्तीसों दाँत निपोड़ दिए। उसने सोचा—यह बहुत बड़े घर की लड़की है, इन साधुओं के कहने से तो इसको निकाल सकते नहीं।

फिर दोनों हाथ जोड़कर सेठ बोला—"आचार्यो, जान में चाहे अनजान में बच्चे जो कुछ कर गुजरें, उसे माफ करना ही पड़ेगा।"

तब उनका क्रोध शांत हुआ। खा-पीकर वे विदा हुए।

चार

सोने की कलछी से परोसी गई खीर सोने की थाली में सेठ खा रहा था। वह बड़े आसन पर बैठा हुआ था। ठीक उसी समय एक स्थविर भिक्षु भिक्षा के लिए वहाँ आए। चिथड़ों से सिला चीवर उनके बदन पर था। हाथ में काठ का बना भिक्षापात्र था।

वह बहुत देर तक उसी भाँति खड़े रहे। मेरे ससुर ने उधर ताका तक नहीं। तब मुझसे नहीं रहा गया। मैं बोली—"आगे जाइए भन्ते, मेरा ससुर अभी मुँह नीचा किए खीर खा रहा है। वह अपना पुराना खा रहा है !"

यह सुनते ही खीर पर से उसने हाथ खींच लिया। दासी से कहा—"ले जाओ, मैं नहीं खाता। और इसे भी निकालो घर से। यह मुझे अशुचि-भोजी कह रही है।"

मगर उस घर में जितने नौकर-चाकर थे, इतने ही दिनों में वे मेरे अधीन हो चुके थे। हाथ और पैर पकड़ना तो दूर, कोई कुछ बोल तक नहीं सकता था। मैंने ससुर से कहा—"तात, इतने-भर से तो मैं निकलती नहीं। पनघट से पकड़कर लाई गई लौंडी होती, तो डर भी जाती। जीते माता-पिता की कन्याएँ इतनी आसानी से नहीं निकला करतीं। इसके लिए तुम्हें हमारे मायके के उन पंचों को बुलाना पड़ेगा। वे अगर मुझे अपराधी करार दें तो मैं चली जाऊँगी।"

पंच बुलाए गए। उन्होंने मुझसे पूछा—"क्यों अपने ससुर को अशुचि-भोजी कहा तुमने ?"

मैं बोली—"कहने का मतलब मेरा यह कहाँ था ? मैंने तो सिर्फ इतना ही कहा था कि पुराना खा रहा है मेरा ससुर, यानी पुराने पुण्य का फल खा रहा है। इस जन्म में उसे नया पुण्य नहीं करना है। ऐसा भी मैंने इसलिए कहा था कि एक बूढ़े भिक्षु को सेठ ने भिक्षा नहीं दी।"

इस पर पंचों ने मुझे निर्दोष प्रमाणित किया। तब मेरे ससुर ने मुझ पर दूसरा अभियोग लगाया कि यह जिस दिन आई, उसी रात किसी और जगह चली गई। घोड़ी ब्याने की बात सुनकर पंचों ने इस अभियोग से भी मुझे बरी कर दिया; बल्कि जोर देकर उन लोगों ने सेठ से कहा—"भाई, हद कर दी तुमने भी ! हमारी लड़की आते ही तुम्हारे यहाँ ऐसा काम करने गई, जैसा नौकर-चाकर भी करते हिचकिचाएगा। अब उलटे तुम इस पर कीचड़ उछालते हो !"

तब भी मेरा ससुर चुप नहीं हुआ। पंचों से उसने कहा कि विदा होने के दिन उस लड़की को बाप ने जो उपदेश दिए, उनसे मैं तो तबाह हो जाऊँगा।

मुझे अपने ससुर की नासमझी पर भीतर ही भीतर हँसी आई। कितनी सीधी बात, और यह बेचारा समझ नहीं पाया ! मैंने पंचों से कहा कि बाहर और भीतर की आग का अभिप्राय है, बाहरी और घरेलू झगड़े से। यह कुलवधू का काम नहीं है कि घर की कलह बाहर फैलावे और बाहर की कलह घर में ले आवे। देनेवाले को देना और न देनेवाले को नहीं देना, यह भी कोई रहस्य की बात नहीं कही मेरे बाप ने। न देनेवालों को भी देना ही होता है। अतिथि, ब्राह्मण, और साधु-संत इसी वर्ग में आते हैं। इत्मीनान से बैठने, खाने, लेटने का मतलब यह है कि गुरुजनों को खिला-पिलाकर, उनकी सारी परिचर्या करके तब कहीं जाकर कुलवधू को बैठना, खाना और लेटना चाहिए। अन्यथा कई प्रकार की गड़बड़ी हो सकती है। अग्नि की परिचर्या से आशय था सास-ससुर आदि श्रेष्ठजनों की सेवा-सुश्रूषा का। देवताओं से अभिप्राय था साधु-संत का। अब आप ही लोग बतलावें, मेरे बाप ने कौन-सा बुरा उपदेश दिया था ?

पंचों ने कहा—"बोलो सेठ, हमारी लड़की का और भी कोई कसूर है ?"

मेरा ससुर सिर नीचा किए हुए बैठा रहा। उसके मुँह से एक भी बोल नहीं फूट रहा था।

"बोलते क्यों नहीं"—पंचों ने जोर देकर पूछा।

वह आहिस्ते से बोला—"नहीं आर्यो, नहीं।"

"तो नाहक ही बेचारी को घर से क्यों निकालते थे।"

सेठ मानो गूँगा-बहरा बन गया था। अब मेरी बारी आई। मैंने कहा—"आते समय माँ-बाप ने मुझे तुम लोगों के सुपुर्द किया था कि लड़की के बुरे-भले की निगरानी रखना और यह बिना कसूर मुझे अपने यहाँ से निकाल रहा था। खैर, अभियोग तो सारे बेबुनियाद निकले। लेकिन अब मैं छन-भर भी इस घर में नहीं रहूँगी।"

दास-दासी जन नजदीक ही खड़े थे। उनसे कहा—"सवारियाँ तैयार करो।"

फिर उन पंचों की बाँह पकड़कर सेठ ने कहा—"उम्म, अनजाने कहा था। मुझे क्षमा कर।"

'क्षमा करती हूँ तात"—मैंने कहा—"मगर भगवान बुद्ध के प्रति अत्यंत अनुरक्त कुल की मैं लड़की ठहरी, हम तथागत के भिक्षु-संघ की सेवा किए बगैर रह नहीं सकती। यदि अपनी रुचि के अनुसार बुद्ध और उनके भिक्षु-संघ की सेवा-सुश्रूषा करने पाऊँ तो रहूँगी।"

सेठ ने मंजूर किया।

कुछ ही महीने बाद मुझे अवसर मिला बुद्ध और भिक्षु-संघ को आमंत्रित करने का। उस दिन कनात की आड़ से मेरे ससुर ने भगवान का उपदेश सुना और प्रभावित होकर उपासक बन गया। तब मुझे उसने कहा—"बेटी, आज से तुम मेरी माता हो।"

और तभी से लोग मुझे मृगार माता कहते आए हैं।

श्रावस्ती के दक्खिन सेठ अनाथपिंडक ने जेतवन में बहुत बड़ा एक विहार बनवाया है। नगर के पूरब ओर जो विहार है, वह मेरा बनवाया हुआ है। भगवान जब यहाँ रहते थे तो कभी अनाथपिंडक के यहाँ से और कभी हमारे यहाँ से भिक्षा ले जाते। उन सम्यक् सम्बुद्ध तथागत भगवान की मुझ पर अपरिसीम करुणा थी। भिक्षु-संघ के लिए एक महाविहार बनवाने की मेरी अभिलाषा थी। तथागत ने मेरी बात मान ली। इसके लिए मुझे थोड़ी-सी चतुरता का सहारा लेना पड़ा।

एक दिन जान-बूझकर मैं अपनी महालता जेतवान में भूल आई। गई थी उपदेश सुनने। वापस आकर दासी से कहा—"महालता भूल आई हूँ, जरा लेती आओ। परंतु स्थविर आनंद ने यदि अपने हाथ से उठाकर उसे कहीं रख दिया हो तो मत लाना। भिक्षु की स्पर्श की हुई फिर गृहस्थ को नहीं लेनी चाहिए।"

मेरा अंदाज सही निकला। मगर फिर उसे मैंने मँगवा लिया कि भिक्षुओं को इतने महामूल्य आभूषण की हिफाजत में दिक्कत उठानी पड़ेगी। चाहती थी कि कोई इसे खरीद ले; पर नौ करोड़ अशर्फी देने को श्रावस्ती में कौन तैयार था ? मैंने तथागत से सारी बात कही। नौ करोड़ की लागत से नगर के पूरबी दरवाजे के पास यह महाविहार बना और महालता अब भी मेरे पास है।

भिक्षुओं और भिक्षुणियों का जीवन मुझे इतना कठोर और अव्यवस्थित प्रतीत हुआ कि तथागत से एक दिन इस संबंध में अपनी कुछ बातें मैं मनवाकर ही रही। कपड़े के अभाव में भिक्षु नहाते कम थे। बरसात में नंगा नहाते थे। यह बात मुझे अपनी दासी से मालूम हुई थी। नंगापन से अपने को बेहद नफरत है। मैंने तथागत से कहा कि बरसात के दिनों के लिए एक-एक अतिरिक्त अंतर्वासक (पंचहत्थी धोती या लुंगी) भिक्षुओं के लिए मैं संघ को दिया करूँगी। आगंतुक भिक्षुओं के लिए भिक्षा भी नियमित रूप से मैं ही दूँगी। वे बेचारे आते हैं, थके-माँदे ही उन्हें श्रावस्ती की गलियों में भिक्षा के लिए भटकना पड़ता है। दो-चार दिन या दस-पाँच दिन मेरे यहाँ से भिक्षा पाकर वे

फिर यहाँ की गलियों से वाकिफ हो जाएँगे।

बीमार और उनके परिचारक भिक्षुकों के लिए अन्न-पेय, दवा-दारू या उपयोगी वस्तुओं की जिम्मेदारी भी मैंने ली, क्योंकि इस दृष्टि से भी संघ का बुरा हाल था। भिक्षुणियाँ वेश्याओं के साथ एक ही घाट पर नंगी नहाती थीं। वे भिक्षुणियों को ताना मारती थीं—"मौज करो आर्याओ, नंगी नहाओ और वन-उपवन में जाकर पुरुषों के साथ स्वैर विहार भी करो। बुढ़ापे में थोड़ा-बहुत धर्म कर लेना ! अभी क्या पड़ा है।" दासियों के मुँह से यह सुनते-सुनते मैं अपने आप ही लज्जित हो जाती। आखिर भिक्षुणियों के लिए भी अतिरिक्त साड़ियों का मैंने इंतजाम करवाया।

तथागत को किसी बात का आग्रह तो था नहीं। उपयुक्त बातें वह तुरंत मान लेते थे। सैकड़ों बार मुझे उनकी बातें सुनने का अवसर मिला। कभी आवेश में आकर तथागत को बोलते नहीं सुना। उनका जीवन बहुत ही शांत, नियमित और स्वाभाविक था।

जब मैं पागल हो गई तो तथागत ने तरह-तरह की उपमाएँ देकर मुझे स्वस्थ किया था। मैंने बड़ी कोशिश की कि अपने पति और पुत्र को बुद्ध के प्रति अनुरक्त करूँ। परंतु पूर्व जन्म के प्रत्यवाय से वे इस महामानव की ओर आकृष्ट नहीं हो सके। यह घर-बार, यह वैभव मुझे फीका लगता हो सो बात नहीं। परंतु तथागत की करुणामय दृष्टि यदि मुझ पर न पड़ी रहती तो निश्चय ही जीवन मेरे लिए भार स्वरूप हो जाता। भिक्षुणी यदि मैं नहीं हो सकी तो यह मेरी कमजोरी ही है।

अपने दास-दासियों को मैंने कई दफे मुक्त कर दिया है; परंतु वे लौट-लौटकर फिर यहीं आ जाते हैं। दो दासपुत्रों को पढ़ने के लिए तक्षशिला भेजा था। उनमें से एक चोरी के कारण दंडित होकर भाग आया है। दूसरा पढ़ने में इतना मंद निकला कि किसी आचार्य ने उसे वहाँ नहीं रहने दिया। वह आजकल मजदूरी करता है। कुछ दासों को मैं वाणिज्य में लगाना चाहती थी। इसमें भी मुझे कम ही सफलता मिली। दास भिक्षु-संघ में दाखिल नहीं हो सकेंगे, यह नियम तथागत ने बना दिया जरूर; लेकिन मैं तो उन्हें मुक्त करके तब संघ में प्रविष्ट होने को कहती हूँ। जाने क्यों, भिक्षु-संघ की सुविधा उन्हें अपनी ओर आकृष्ट नहीं करती।

[पारिजात, मई 1947]

ममता

चाची ने खीझकर दो चपतें लगाईं तो बुलो सीधे बैठक की ओर भागा, बाहर।

बैठक भी तो अपनी नहीं थी। किसी की हो, तीन टाँगोंवाले पुराने तख्तपोश पर बैठकर बड़ी देर तक बुलो रोता रहा। दशसाला। समझदार। संजीदा। अपनी उम्र के और लड़कों की अपेक्षा कुछ विलक्षण प्रकृति का। कभी किसी ने बुलो को ऊधम या शोरगुल मचाते नहीं देखा है।

सो, अगर ऐसी शराफत भरी थी कूट-कूटकर, तो चाची ने आखिर क्यों चपतें जड़ दीं बुलो के गाल पर ?

कुछ देर बाद अपने आँगन से नरेन्द्र निकला, हाथों में संठी का धनुष और संठी का ही तीर—बैल के नाँद की तरफ निशाना साधकर बोला वह—"उदास क्यों हो यार ?"

बुलो चुप ही रहा, नजर उठाकर नरेन्द्र की ओर जरा देख ही लेता—उतना भी नहीं।

क्या बात है आखिर ? नरेन्द्र को अचरज लगा—दूसरे रोज, पहले यार ही अपना मुँह खोलता था। मगर आज न वह कुछ बोला ही और उसके बोलने पर न तो जवाब ही दिया उसने। तनिक माथा हिला देते बाबू साहेब, सो भी नहीं !

बुलो अपने ताऊ के दालान पर बैठा था, लंगड़े तख्तपोश पर।

नरेन्द्र का दालान पूरब था, उत्तर ढोंढ़ाई झा की बगीची। पश्चिम ग्वालों का टोला-मुहल्ला। दक्खिन पड़ता था बुलो-वगैरह का घर-आँगन। बीच में तीन-एक कट्ठा खाली जगह थी। इस जमीन पर सदा से कम उम्रवाले इन छोकरों का अधिकार था। गुल्ली-डंडा, कबड्डी, गेंद, आँख-मचौनी, झिझिर कोना—क्या-क्या खेल नहीं खेला गया होगा छोटे-से इस मैदान में ?

आँखों का पानी सूख गया था अब, तो भी बुलो गुमसुम होकर तिन-टँगे तख्तपोश पर बैठा था। ऐसे वक्त नरेन्द्र ने टोक दिया सो कहाँ अच्छा लगा बुलो को ! मन ही मन वह बोला—यार, मेरा भी बाप पूरब-पश्चिम कहीं कमाता होता और हर महीने मनिआर्डर भेजता होता तो मैं भी संठी के तीर-कमान लेकर रामलीला के रावण को मारने जाता कि...

माँ की शक्ल-सूरत याद आते ही फिर बुलो का कलेजा फटने लगा। माथा को घुटनों के बीच डालकर बुलो फिर रोने लगा।

करीब आकर नरेन्द्र उसकी पीठ पर हाथ फेरने लगा। थोड़ी देर बाद भारी आवाज में कहा—"तुम्हें मेरी कसम, मत रोओ भाई !"

घुटनों पर से सिर उठाकर बुलो ने धोती के खूँट से अपने आँसू पोंछे और नरेन्द्र से आँखें मिलाकर बोला—"बात-बात में क्यों तू अपनी कसम खाता है ? अपनी इस आदत को सुधार !"

"अच्छा, रहने भी दो"—नरेन्द्र ने अपने तीर-कमान दालान के छप्पर में खोंस दिए और बुलो की बाँह पकड़ ली, "उठो भी भाई, चलो मेरे घर ! पलंग पर बैठकर बातें करेंगे।"

आगे बुलो, पीछे नरेन्द्र।

दोनों मित्र चले।

ऐसा भी कहीं हुआ है ! नाहक ही बेचारे के गाल पर मैंने चपतें जड़ दीं !...

पद्मसुंदरी को पीछे भारी अफसोस हुआ—टूअर लड़के की कहीं ऐसी दुर्गत की जाती है ? सो भी क्या तो एक घिसी और बहरी इकन्नी के लिए ? हा नारायण !

पद्मसुंदरी का मन व्याकुल हो उठा, ऐसा व्याकुल हो उठा कि ठढ़िया साग का झोल खराब हो गया—बघार में अजवायन के बदले जीरा डाल दिया, हे भगवान !

बुलो के माँ नहीं है इसी से, नहीं तो किससे घटिया हैं उसके मुँह-कान ? किसी के वैसी बड़ी-बड़ी आँखें हैं समूचे गाँव-भर में ? ओह, ऐसा संस्कारी लड़का...

अपने गुनमंत जाउत की ओर ध्यान जाते ही गौरव से पद्मसुंदरी की गर्दन सीधी हो गई—है किसी का बेटा या जाउत जो मेरे बुलो की बराबरी करे ! रमायन कितना अच्छा बाँचता है बबुआ, फर्र-फर्र! अकबार पढ़कर कितनी अच्छी तरह सुनाता है। दरभंगा, पटना, कलकत्ता, बंबई...समूचे संसार का हालचाल मेरे बुलो को मालूम है। होठ, नाक और कान माँ के जैसे, केश-कपार बाप के-से, और बहिना मुझे कितना प्यार करती थीं ! बाल सँवारने में तो वह कमाल करती थीं।

जेठानी—बुलो की माँ—की याद आते ही पद्मसुंदरी की आँखें इस तरह डबडबा आईं कि कुछ दिखाई नहीं पड़ रहा था।

लोटा में पानी लेकर खाने की जगह सींचने बैठी, सो बैठी ही रह गई थोड़ी देर तक, मन बड़ा ही विकल हो आया। जेठानी की एक-एक खूबी कान में आकर गनगनाने लगी, वह साकार होकर आँखों के सामने खड़ी हो गई...बहिना ! मैं तुम्हारे पाँव पड़ती हूँ। बहुत ही तंग करती हूँ मैं बुलो को।

खाने की जगह पर जल्दी-जल्दी पानी सींचकर पद्मसुंदरी ने अपने हाथ-पैर धोए और रसोईघर के अंदर गई। पीतल की थाली में भात रखा फलकाकर, काँसे के कटोरे में साग का झोल। कोने में छीकें पर टँगी हँड़िया में अचार रखा था, एड़ी उचकाकर तनिक सो भी निकाल लाई, फिर घर से बाहर निकलकर आँगन में खड़ी हुई और पुकारा—"बुलो ऽ ऽ ऽ आ ओ हो ऽ ऽ ऽ...खाना तैयार है ऽ ऽ ऽ..."

सोचा, दालान में ही तो बैठा होगा। फिर पुकारा—"कहाँ गए हो ऽ ऽ ऽ !!!"

कहाँ गया आखिर ? बड़ी भूख लगी होगी बेचारे को !

पद्मसुंदरी ने अपने घर के बरामदे पर खड़ी होकर और एड़ी उचकाकर दालान की ओर देखा, घास-फूल की आदमकद टट्टी को लाँघकर उसकी निगाहें बाहर पहुँचीं—बैठक सूना पड़ा था ! वही झुकी हुई भीत, टूटी कमरवाला वही छप्पर, उस पर लतरी हुई लौकी की वही घनी बेलें और तीन टाँगोंवाला वही तख्तपोश !

कहाँ गया होगा आखिर ? नरेंद्र के साथ तो कहीं नहीं भागा ? हाँ, रूपरानी से पूछ आऊँ जाकर।

किवाड़ भेड़कर साँकल चढ़ा दी और पद्मसुंदरी अपने से निकली, पहुँची रूपरानी के घर। वह उस वक्त बरामदे में बैठकर मड़ुआ तौल रही थी। नौकरानी टोकरी में मड़ुआ उठा-उठाकर कोठार के हवाले कर आ रही थी। छोटी बच्ची आँगन में उस ओर तुलसी-चौतरे के पास, पुराने दियों की तराजू से मिट्टी तौल रही थी।

यह देखकर पद्मसुंदरी को बड़ी हँसी आई। हँसते-हँसते ही वह बोली—"देखे तो कोई आकर, माँ और बेटी दोनों जनी कैसे भला एक ही काम में पसीना बहा रही हैं !"

बच्ची शरमा गई, रूपरानी हँस पड़ी। बेटी का तौलना रुक गया, माँ का तौलना चालू ही रहा।

"आओ पद्मसुंदरी, बैठो"—रूपरानी ने अपना काम जारी रखते हुए ही कहा, नजर थी तराजू की डंडी पर। फिर नौकरानी से कहा—"सुखिया, पीढ़ा लेती आना।"

"नहीं बहिना, अभी बैठूँगी नहीं"—पद्मसुंदरी बोली—"बुलो तो नहीं आया है इधर ? और बुलो का साथी कहाँ गया ?"

"क्या पता, कहाँ गया बहतरा !"

रूपरानी मड़आ तौल चुकी थी, तराजू झाड़ते हुए कहा—"ठूँस-ठाँसकर खा लिया है और अभी जो निकला है सो फिर शाम को ही अपना चेहरा दिखलाएगा ! परदेश से बाप लिखता रहता है कि बबुआ ऐसा पढ़े और बबुआ वैसा पढ़े ! मगर यहाँ बबुआ की चूतड़ में ही केवाँछ लगा रहता है ! परेशान कर रखा है छोकरे ने !"

जरा रुककर फिर बोली—"आज कहाँ देखा है बुलो को ? वह तो कहीं जाता है तो तुम्हें बिना बताए थोड़े जाता है ?"

"नहीं बहिना !"

पद्मसुंदरी का गला भर आया, वह बोली—"रूठकर कहीं चला गया है बुलो मेरा !"

तब तक सुखिया पीढ़ा ले आई थी और नजदीक में रख दिया था। उसे अलग ठेलते हुए पद्मसुंदरी ने कहा—"रहने दो बहिना, किससे कहूँ जाकर कि बुलो को ढूँढ़ लाए ? तुम्हारा चरवाहा कहाँ गया है ? घास लाने ?"

"दुर ! उसकी भी तुमने खूब कही ! पोखर के भिंडे पर बरगद की छाँह में बैठकर कौड़ी भाँजता होगा कोढ़िया ! आए तो आज, पीठ फोड़ दूँगी।"

पद्मसुंदरी रूपरानी के आँगन से बाहर निकली तो पैर भारी हो आए, एक-एक में मानो पाँच-पाँच पसेरी का वजन हो ! सोचा उसने—न जाने, कौन-सा भूत आज मेरे जूड़े में घुस आया था ! बहारी-घिसी इकन्नी को बेचारे ने तीन पैसे में चलाया। पैसे का दो कटहल-कोआ लेकर खाया, दो पैसे का नमक लाया। बाजार जाते वक्त मैंने कहा था, बबुआ पैसे की काली मिर्च जरूर लाना। शाम को बाजार से लौटा तो बोला, नहीं याद रहा चाची ! मैंने डाँटा तो कुछ नहीं बोला। किस मुँह से क्या बोलते बाबू साहेब ! नाक-गाल पर फुंसी और किससे निकलती है ? यह रोग बुलो को ही तो है ! आज जब नहाकर आया तो मैं बोली—कटहल ही तो नहीं खा गए कल दोनों पैसे का ? इस पर माथा हिलाकर बोला—नहीं चाची, नहीं ! तुम से भी भला बहानेबाजी करूँगा ? तब न जाने कौन-सा भूत मेरे मुँह में आकर बकने लगा—तू झूठा बुलो, तेरा बाप झूठा और तेरी...। इस पर छोकरे ने गाल फुलाकर कहा—कह जाओ चाची, कह जाओ, जरूर कहो ! माँ को ही क्यों छोड़ दोगी ? मेरी कसम तुम्हें अगर अधूरी बात को पूरी न करो।

इस बात पर मैंने उसे दो चपतें लगाईं। नन्सा-सा छोकरा, उसके पेट में भला इतना जहर ! लगाई गालों पर एक-एक चपत—अकिल तो दुरुस्त हो ही गई होगी बच्चू की !

फिर पद्मसुंदरी को लगा कि बुलो जैसे संजीदा लड़के पर हाथ चलाकर कौन-सी बड़ी बहादुरी की आखिर उसने। किस तरह सिर झुकाए लड़का आँगन से बाहर निकल गया, उलटकर कुछ भी नहीं कहा।

बुलो और नरेन्द्र पैर दबाकर आहिस्ते-आहिस्ते आँगन में आए थे। नरेन्द्र की माँ उस वक्त रसोईघर में बैठकर खाना खा रही थी। रसोईघर पूरब तरफ था। ये दोनों साथी दक्खिनवाले घर के अंदर घुसे—नेवले की तरह चौकन्ने।

घर के अंदर दो बड़े-बड़े कोठार थे, दो आलमारियाँ थीं, एक बड़ी पलंग थी नेवारवाली। एक कोठार पर पुराना पिटारा रखा था। एक कोठार की गोड़ियों के दर्म्यान तिरहुति लिपि में लिखी हुई पोथी के खुले लंबे-लंबे पन्ने बेतरतीब छितरे पड़े थे। कोने में लवंग और इलायची के नकली पेड़, युगों पहले किसी की ससुराल से आई हुई सौगात का सबूत बनकर विराजमान थे।

पलंग पर बैठते ही बुलो ने नरेंद्र से कहा—"अपने घर में तो आज खाऊँगा नहीं, भाई तू ही कुछ खिला दे !"

थोड़ी देर चुप रहकर नरेन्द्र बोला—"माँ को सोने दो, तब..."

नरेन्द्र की माँ बड़े बाप की इकलौती थी। लाड़-प्यार और सुख-सुविधा में पली हुई। खाने के बाद, दुपहरिया के वक्त पहर-आधा पहर रूपरानी जरूर सोया करती—प्रलय हो या वज्र गिरे, रूपरानी का यह नियम कभी खंडित नहीं होता।

पद्मसुंदरी जब रूपरानी से बुलो के बारे में पूछने आई थी तो दोनों लड़के दम साधकर उनकी बातें सुन रहे थे। नरेन्द्र ने फुसफुसाकर बुलो के कान में कहा—"तुम पर तो चाची कभी नहीं नाराज होती, मगर मेरी पीठ पर तो तमाचा पड़ता है, झाड़ू भी पड़ती है, मूसल भी पड़ता है ! सुनते हो, किस तरह कोस रही है ? मानो मैं उसकी सौत का बेटा होऊँ ! हाय री कलमुँही..."

बीच में ही बुलो ने अपनी हथेली से नरेन्द्र का मुँह बंद कर दिया—"यह क्या बकता है तू ? माँ और चाची को भी गालियाँ देते हैं कहीं ?"

"हूँ, तुम क्या जानने गए ?" नरेन्द्र तमतमाकर बोला—"अगर तुम्हें भी ऐसी डपोरशंख माँ मिली होती तो पता लगता।"

"चुप बेवकूफ कहीं का !"—बुलो ने नरेन्द्र को फटकारा। उम्र में डेढ़ साल बड़ा था बुलो, फटकारता नहीं तो क्या ! दोस्ती थी तो क्या हुआ, ऊटपटाँग काम करने पर नकेल नहीं खींचता ?

मन ही मन बुलो ने सोचा—अब कभी चाची की बात में टोक नहीं देगा। जैसी माँ, वैसी ही चाची। जैसा पिता, वैसा ही चाचा। चाची कितना प्यार करती है ! छोटा था तभी से वह उसके लिए बेहाल रहती आई है। सगी संतान से बढ़कर चाची बुलो

को मानती है—बुलो यह तो बुलो वह ! बुलो ऐसे तो बुलो वैसे !

अपने आपसे बुलो ने कहा—थोड़ी देर और अगर मैं चाची के सामने नहीं गया तो उनका कलेजा फट जाएगा। मुझे बिना खिलाए भला वह कैसे कुछ खा लेंगी ?

"नरेन्द्र !"—बुलो पलँग से उठता हुआ बोला—"रहने दे, गुझिया और गम्हड़ी के चूड़े के लिए जो इतनी देर से मुझे बैठाए हुए है सो आज अब रहने दे; कल आकर खा जाऊँगा। मैं अब अगर जरा भी देर करूँगा तो चाची अकुलाकर अंधी हो जाएँगी। छोड़ इस वक्त, मुझे जाने दे।"

"अभी तो रूठकर तुम घर से बाहर निकल आए थे !"—नरेन्द्र को हँसी आ गई और बुलो चुपचाप निकला, पहुँच गया अपनी चाची के पास।

पद्मसुंदरी रसोईघर के ओसारे में गाल को हथेली का टेका दिए बैठी थी। बुलो को आते देखा तो हुलसकर बोली—"सूगा ! कहाँ लापता हो गया था तू ? ढाई पहर दिन बीता ! अब तक भूख नहीं लगी तुझे ?"

बुलो खाने बैठा तो चाची बिजनी लेकर हवा करने बैठी।

कोई चीज भूल गई हूँ—पद्मसुंदरी को लगा। बाईं ओर की लट पर हाथ फेरते-फेरते याद करने की कोशिश में लगी।

बुलो को हरी मिर्च बेहद अच्छी लगती थी। खाने से पहले खुद ही दो-एक हरी मिर्च वह अपनी बगिया से तोड़ लाता, नमक लगा-लगाकर उसे दाँतों से खोंटकर खाया करता। आज मगर यह बात न चाची को याद रही न जाउत को ही।

बुलो की आदत थी परोसन ले-लेकर खाने की। दूसरी बार भात देकर साग का झोल परोसते वक्त बघारवाली हरी मिर्च दिखाई दे गई तो पद्मसुंदरी को चट से हरी मिर्च का खयाल आ गया।

"ठहर ! ठहर !!" चाची बोली और हरी मिर्च लाने दौड़ गई।

घर के पिछवाड़े में साग-सब्जी की छोटी-सी बगिया थी। उसके बीचोबीच लौंगिया मिर्च की एक पुरानी झाड़ थी, बुलो के पिता की लगाई हुई। बुलो हमेशा इसी झाड़ से मिर्च तोड़ लाता था। आज मगर उस मिर्च को लेने से छोकरे ने इन्कार कर दिया। बोला—"चाची, आज तुम्हारी लगाई हुई झाड़ की मिर्च खाने का मन करता है।"

चाची दुबारा जाकर मिर्च ले आई तो बुलो को तसल्ली हुई।

मिर्च देकर चुटकी-भर नमक रख दिया थाली में और फिर बिजनी झलने लगी।

चाची की ममता में डूबकर बुलो भात, साग का झोल और नमक छुआकर वह हरी मिर्च खाने लगा। खाने की इन चीजों में आज उसे अनूठा स्वाद मिल रहा था।

[योगी, 5 नवंबर '52]

विषमज्वर

तारीख पहली, वक्त शाम का।

दीनानाथ दफ्तर से निकलने लगा। वेतनवाले रजिस्टर पर दस्तखत करते हुए उसकी निगाह 109 के अंकों पर पड़ी। वह सोच में पड़ गया। उसे निश्चय हो गया कि कैशियर ने भूल की है।

आश्चर्य तो उसे तब हुआ, जब कि रुपए सचमुच 109 निकले—10 रुपएवाले दस नोट, एक पंचटकही और चार खुदरा नोट। क्षण-भर के लिए वह ठिठक गया और जाने क्या सोचता रहा, फिर बोला—'ये नौ रुपए काहे के ?'

कैशियर दूसरे कर्मचारी को देने के लिए नोट गिन रहा था। माथा बगैर उठाए ही उसके मुँह से निकला—'पिछले महीने तुमने तीसों दिन घंटा-घंटा-भर ज्यादा काम किया, यह रकम उसी की है। मालिक खुद ही देखते थे न !' यह कहकर कैशियर ने दीनानाथ की ओर देखा और कहा—ले लो, ले लो, मिहनत के पैसे हैं।'

दीनानाथ 109 रुपए अंदरवाली पाकिट के हवाले करता हुआ बाहर आया।

घर में औरत थी, दो बच्चे थे। पिछले बारह वर्षों से दीनानाथ इस दफ्तर में काम कर रहा था। तनखाह की पूरी रकम पत्नी के हाथों में दे देता। कभी धेला-पैसा भी उसमें से बचा के नहीं रखता। दीनानाथ को किसी चीज का व्यसन नहीं था। चाय वह पीता नहीं, बीड़ी वह फूँकता नहीं। पाँव-पैदल दफ्तर आता-जाता था। पिछले दस वर्षों से उसने सिनेमा नहीं देखा। दोस्त उसके शायद थे ही नहीं। पान-बीड़ी के मद में उसका कुछ भी खर्च नहीं था। नाश्ता नहीं, गिजा नहीं।

अब जो दीनानाथ के हाथ में नौ रुपए अधिक आए तो उसका मन एक तरह की परेशानी में उलझ गया।

चलते-चलते वह सोचने लगा—सौ रुपए तो मैं शंभू की अम्मा के हाथ में सौंप दूँगा। मगर ये बाकी क्या होंगे ? फिर उसे खयाल आया कि शंभू की अम्मा के पास ठिकाने की कोई साड़ी नहीं है। बेचारी वही साड़ी घर में पहनती है, वही बाहर में पहनती है। नौ रुपए में अच्छी साड़ी आ जाएगी...कितनी खुश होगी शंभू की माँ।

कि इतने में दीनानाथ की नजरों के सामने अपने बच्चों की सूरतें चमक उठीं। पिछले छह महीनों से वे फिल्म देखने को मचल रहे थे। छोटा छोकरा खिलौने की दूकान से रेल का इंजन मँगवाना चहाता था। लेकिन दीनानाथ आज तक अपने बच्चों की मामूली-सी ये साधें पूरी नहीं कर पाया था। छोटा लड़का पड़ोसियों के यहाँ जाता-आता और तरह-तरह की चीजें देख आता, फिर अपने यहाँ आकर उन चीजों के लिए मचलता। लेकिन, इसमें बच्चों का क्या कसूर ? फिर दीनानाथ ने सोचा कि सेठ को देखकर क्या खुद उसके मन में किस्म-किस्म की लालसाएँ नहीं उठती हैं !...शंभू की अम्मा अच्छा पहने-ओढ़े अच्छा खाए-पीए, बच्चे किलकारियाँ मारते फिरें, खिलौनों का ढेर लगा रहे उनके लिए !

और दीनानाथ ने सोचा कि आज तो वह घर में नहीं खाएगा, पत्नी और बच्चों को साथ लेकर होटलों में जा डटेगा, और फिल्म भी कोई बढ़िया-सी देखी जाएगी। रात-भर सभी मिलके मौज मनाएँगे और नौ रुपयों का सदुपयोग होगा। हर महीने तो तकदीर इस तरह कुलाँच मारेगी नहीं।

दीनानाथ ने पाकिट में हाथ डाला। अटकल से छूकर रकम की थाह ली तो चेहरे की चमक दुगनी हो गई। खुशी दबाए नहीं दबती थी। पैर उछलते हुए-से चल रहे थे।

अचानक दीनानाथ की आँखें फैल गईं। नया विचार उसके दिमाग को झन-झना गया।...पिछले दस वर्षों से मैंने एक भी फिल्म नहीं देखी, क्यों भला ? बच्चे और उनकी माँ ने तो अभी पिछले ही साल पड़ोसी से साथ सिनेमा देखा है। एक मैं हूँ कि जिसकी जिंदगी में कोई उलट-फेर नहीं। न आनंद, न उल्लास। शंभू की माँ के पास अच्छी साड़ी नहीं है, तो क्या मेरे पास कोट है ? यही फटा कोट पिछले पाँच वर्षों से बदन पर झूल रहा है...शुह ! कैसा बदरंग लगता है। क्या परिवार की जिम्मेवारी नहीं ? इस तरह मैं कब तक घिसटता चलूँगा ? क्या ये नौ रुपए मैं अपने इस्तेमाल में नहीं ला सकता ? तनख़ाह की कुल रकम तो आखिर शंभू की माँ के हवाले कर ही दूँगा, फिर झिझक काहे की ? अब ये नौ रुपए मैं अपनी मर्जी मुताबिक खर्च करूँ।

छोटे बच्चे को इंजिन चाहिए...लेकिन यह तो चार महीने पहले की बात है, अब तो भूल-भाल गया होगा।

और दीनानाथ ने नौ रुपए की वह रकम व्यक्तिगत उपयोग में लाने का निश्चय कर लिया। उसने निश्चय किया कि तनखाह की रकम पत्नी को सुपुर्द करके वह घर से बाहर निकल आएगा। होटल में डटकर खाएगा, फिर सिनेमा देखेगा और स्टेट बस पर बैठकर बारह बजे रात को मकान लौट जाएगा।

यह सब सोच-सोचकर दीनानाथ ने अंदरवाली पाकिट में हाथ डाला, रकम निकाल ली। दस रुपएवाले दसों नोट उसी पाकिट में डाल लिए, बाकी रकम दूसरी पाकिट में सहेजकर रखी। फिर झटकारते हुए घर की ओर बढ़ा।

घर में दाखिल हुआ तो दोनों बच्चे दीनानाथ से लिपट गए। यह उनका रोज का दस्तूर था। पिता भी दफ्तर से आकर अपने बच्चों के लिए बेताब हो उठता। देर तक उनसे गुँथा रहता।

लेकिन आज दीनानाथ को बच्चों की ललक डिगा नहीं सकी। बाकी नौ रुपए लेकर बाजार की ओर निकल पड़ने के लिए वह भीतर ही भीतर छटपटा रहा था।

शंभू की अम्मा के हाथ पर वेतन की पूरी रकम रखता हुआ वह बोला—'आज मेरा खाना नहीं बनाना। श्यामू भाई के साथ मुझे खाना है आज...लौटने में देरी होगी...'

'श्यामू भाई ! यह नाम आज तक तो नहीं सुना, कहाँ से आ टपके तुम्हारे ये मित्र ?'—शंभू की अम्मा ने आश्चर्य से पूछा।

दीनानाथ ने पाखाने की तरफ बढ़ते हुए कहा—'बहुत बड़ा आदमी है, कोयला-खान

की मनेजरी करता है। किसी काम से इस शहर में आया हुआ है। होटल में टिका है...मैं लाख ना-ना करता रहा मगर उसने नहीं माना, हाँ कहवा ही लिया।'

पाखाने से निबटकर, हाथ-मुँह धोकर दीनानाथ तैयार हुआ तो पत्नी ने कहा—'नाश्ता तो कर लो !'

'नहीं, अभी नहीं !'

आखिर दीनानाथ ने जूते में पाँव डाले।

शंभू की अम्मा पचटकही नोट आगे बढ़ाती हुई बोली—'लो, यह रख लो। बड़े आदमी से मिलने जा रहे हो। कब कैसा मौका आ पड़े, कौन जानता है। रिक्शे का भाड़ा तो चाहिए न ।'

'पगली कहीं की !' दीनानाथ ने कहा—'इसकी क्या जरूरत पड़ेगी ? बड़ा आदमी होगा औरों के लिए, मेरे लिए तो दोस्त ही है।'

दीनानाथ ने पत्नी के हाथ से रुपए नहीं लिए। मगर उसके इस सरल विश्वास ने और अपनी तिहरी झूठ ने बेचारे को हिला दिया। आँखें छलकने को हुईं।

लेकिन दीनानाथ ने जी को कड़ा किया और घर से निकलने लगा।

शंभू और राजू—दोनों लड़के लिपट गए। राजू छोटा था। मचलकर बोला—'मैं भी जाऊँगा।' दीनानाथ ने समझाने की कोशिश की, लेकिन लड़का मानने को तैयार नहीं था। दीनानाथ को ब्याह के बाद जीवन में पहली दफे गुस्सा चढ़ा। उसने राजू के गाल पर कसके तमाचा जड़ दिया।

बच्चा आतंक के मारे सन्न रह गया। रोया तक नहीं। पास ही माँ खड़ी थी, उसने सँभाल लिया।

दीनानाथ गली से सड़क पर आ गया।

अब वह होटलों के बारे में सोचने लगा। पिछले 15 वर्षों से किसी होटल का भीतरी हिस्सा उसने नहीं देखा था। आजकल के होटली रस्मो-रिवाज उसके लिए अपरिचित थे।

आखिर एक बड़े-से होटल के अंदर वह दाखिल हुआ। अजीब-सा नाम था होटल का, जो बेचारे दीनानाथ की समझ में नहीं आया।

खोया-खोया-सा वह एक कुर्सी पर बैठा।

इतने में होटल का एक छोकरा उसके टेबुल के पास आया। खाने की चीजों की छपी लिस्ट सामने रख दी उसने, शीशे और फ्रेम में मढ़ी।

दीनानाथ की समझ में कुछ नहीं आया। जैसे-तैसे लिस्ट में छपी किसी एक चीज के नाम के सामने दीनानाथ ने अपनी उँगली रखी और उस मोटी गुदगुदी कुर्सी पर अपनी देह को ढीला छोड़ दिया।

ऐसे में दीनानाथ को अपने लड़के याद आए। राजू के गाल पर तमाचा जो मारा था सो भी याद आया। उसकी भूख-प्यास हवा हो गई। सोचा—पैसा क्यों बर्बाद करूँ।

बिजली की फुर्ती से वह उठा और होटल के बाहर आ गया।

पाकिट में अब भी रुपए पड़े थे—नौ के नौ।

फिर दीनानाथ सिनेमा-हाउस के निकट आया। टिकटवाली खिड़की के सामने लंबी कतार लगी थी। कतार की छोर से सटकर दीनानाथ खड़ा हो गया।

नंबर आया तो फिर उसे बच्चों के मुखड़े याद आए। सोचा, फिल्म जाने अच्छा हो-न-हो ! अनदेखी-अनसुनी चीज के लिए दस आने पैसे क्यों फेंक दूँ।

दीनानाथ ने टिकट नहीं लिया, बाहर निकल आया।

अब वह शहर के चक्कर काटने लगा।

बीच-बीच में कपड़ों की दूकान के सामने ठमककर खड़ा हो लेता। रेशमी, ऊनी और सूती कपड़े चित्त पर चढ़ते-उतरते; एक से एक बढ़िया नमूना नजरों में चकाचौंध भर जाता।

कभी आँखों के सामने मिठाइयों से सजी थालें जगमगा उठतीं। कभी ताजे फल और सूखे मेवे। कभी शर्बत भरी रंग-बिरंगी बोतलें।

ग्यारह बजे तक दीनानाथ भटकता रहा।

थक गया तो अपने को उसने घर लौटने के लिए तैयार किया।

आखिर जाने क्या सूझा कि पाँच रुपए की मिठाइयाँ खरीद लीं।

घर पहुँचा तो शंभू की माँ अभी सोई नहीं थी।

दीनानाथ ने कहा—'शंभू की माँ, आज तो खूब मौज रही। श्यामू भाई जैसा शानदार और दिलदार तो आदमी ही नहीं देखा ! खिला-खिलाकर बेदम कर दिया। मुझे तो उतनी चीजों के नाम भी नहीं याद हैं। मिठाइयाँ, नमकीन, अचार, मुरब्बे—क्या बताऊँ तुमसे ! और चलने लगा तो बच्चों और तुम्हारे लिए यह इत्ती सारी मिठाइयाँ थमा दीं...'

शंभू की माँ अकबकाकर सुनती रही पति की बातें, उसके मुँह की तरफ आँखें गड़ाए रही।

दीनानाथ ने आगे कहा—''खिलौने खरीदने के लिए शंभू और राजू को दो-दो रुपए मिले हैं...'

यह कहकर बाकी चार रुपए उसने पत्नी के हाथ पर रख दिए। मगर वह अब भी गंभीर बनी रही।

कुछ क्षण बाद दीनानाथ ने पूछा—'बच्चे कहाँ हैं ?

शंभू की माँ ने कहा—'देर तक रोते रहे, फिर सो गए। आज तो इन्होंने खाना तक नहीं खाया !'

'तो जगाओ इन्हें...मिठाइयाँ लाया हूँ और तुम भी तो खाओगी !'

पत्नी ने कहा—'नींद तोड़ना ठीक नहीं। सुबह खाएँगे। अभी रहने दो।'

दीनानाथ ने कहा—'मगर मैं तो मिठाइयों का बँधा-बँधाया ठोंगा खोल चुका हूँ, तुम्हें थोड़ी-सी तो खाना ही पड़ेगा।'

शंभू की माँ मिठाई खाने लगी। दीनानाथ उसकी तरफ देखता रहा। साढ़े नौ बजे

दिन में खाना खाकर दफ्तर गया था, तब से जब तक उसने कुछ भी नहीं खाया था !

शंभू की माँ ने दो-तीन मिठाइयाँ खाईं, बाकी सुबह के लिए रख दीं। दीनानाथ ने कुछ नहीं खाया उस रात।

सोते समय उसने कहा—'सुनती हो, अब शाम को मैं कभी दफ्तर में नहीं रुकूँगा। हम काम करते-करते चाहे मर क्यों न जाएँ, सेठ को हमारी रत्ती-भर परवाह नहीं...'

पत्नी लेटे-लेटे ही पति के शरीर पर हाथ फेरती रही। कुछ देर बाद बोली—'आज तुम बहुत थके हो, सो जाओ।'

दीनानाथ ने उस ओर करवट बदलकर सोए हुए बच्चों को बारी-बारी से चूम लिया। इसके बाद वह देर तक उन्हें देखता रहा और उनकी देहों पर आहिस्ते-आहिस्ते हाथ फेरता रहा।

तब उसे गाढ़ी नींद आ गई।

नौ रुपयों की ऊपरी आमदनी का बुखार उतर चुका था और नब्ज ने अपनी स्वाभाविक गति फिर से पकड़ ली थी।

[गुजराती भाषा की एक कहानी के आधार पर, योगी, 5 मार्च 1955]

हीरक-जयंती

आठ बजे दिन

समारोह-समिति की मीटिंग।

चालू सड़क का रोड-साइड। अजंता रेस्तराँ...

नौ कुर्सियों से घिरी हुई बड़ी-सी गोल मेज। काफी के प्याले।

तश्तरी में पान और जर्दा। गोल्डफ्लेक की टिन। माचिस।

ऊपर—सचल सीलिंग फैन की हवा और खसखसाहट...

नीचे—पक्की फर्श, आराम करती हुई जूतियाँ और चप्पलें...

पत्रकार (उलझे बालों में उँगलियाँ फेरता हुआ साहित्यकार से)—आज का अखबार देखा न ?

साहित्यकार (सिगरेट का धुआँ छोड़कर)—'लाइट' भी देखी है, दीपक भी देखा है (आँखें फैला देता है) खूब फ्लैश करके छापा है...

महंत (घुटे सिर पर हाथ फेरने लगता है)—बाबू साहब की तबीयत मस्त हो जाएगी देखकर, हाँ ! (अधेड़ महिला की तरफ रुख करता है)—नहीं देवी जी ?

महिला (मुस्कुराती ही रह जाती है)—हूँ...

जमींदार (तोंदवाले युवक की तरफ देखकर)—शामियाने की तो जरूरत नहीं

पड़ेगी सेठ ?

सेठ (निगाहें अँगूठियों के नगों पर टिकी हैं)—छोटे फंक्शन हाल में ही जमते हैं...कहीं शामियाना रद्दी हुआ तो सारा गुड़ गोबर हो जाता है !

जमींदार (ऊँची आवाज में)—माफ कीजिए सेठ जी, अभी आपने शामियाना देखा ही कहाँ है ? (व्यंग्यपूर्ण हँसी)

सेठ की ओर देखकर सभी हँसते हैं। देवी जी हँसते-हँसते मुँह पर हथेली रख लेती हैं। सेठ हतप्रभ होकर टिन से सिगरेट निकाल लेता है...

साहित्यकार (उठकर माचिस लेता है)—लीजिए, मैं जला दूँ पूनमचंद जी ! (सेठ की सिगरेट से जलती तीली छुआकर) बात यह है कि अच्छा शामियाना हो तो सचमुच फंक्शन में चार चाँद लग जाते हैं...दरभंगा में हम एक बार किसी समारोह में, शायद ओरियंटल कान्फ्रेन्स में, शरीक हुए थे...अब मैं आपसे क्या बतलाऊँ सेठ पूनमचंद कि महाराजा ने कैसा शानदार शामियाना उस कान्फ्रेन्स के लिए खड़ा करवाया था !

महंत—इसी तरह बेतिया-राज में एक भारी शामियाना था, नाम था उसका 'लाल बादल'...

लोकसभा का युवक सदस्य (घड़ी की तरफ नजर। कलाई उठी हुई)—यह आप लोग अच्छा पचड़ा ले बैठे ! अरे बाबा, अब कौन पूछता है इन चीजों को ? रियासतें खत्म हुईं, जमींदारी प्रथा का उन्मूलन हुआ, देखते नहीं हैं आप ? (साहित्यकार की ओर देखता है)

विधानसभा का अधेड़ सदस्य (गंभीर मुद्रा में)— बाबू साहेब को इस अवसर पर इकसठ हजार की थैली देना ही है...अभी ग्यारह हजार की कमी है उसमें...

कुछ क्षणों का सन्नाटा। सभी मानो दृष्टि-शून्य नेत्रों से क्रमशः और साथ-साथ इधर-उधर देखते हैं। कोई किसी से नजर नहीं मिला पाता। ब्वाय का प्रवेश—

ब्वाय (इजारबंद के लटकते छोर को उँगली में लपेटता है और खोलता है, फिर लपेटता है, फिर खोलता है...)—सरकार ! (पत्रकार की कुर्सी के पीछे खड़ा होकर) ए गो बाबू आपको चाल पाड़ते हैं, उनको यहीं ले आवें हजूर ?

पत्रकार—नहीं नहीं नहीं, (उठकर खड़ा हो जाता है, पैर चप्पलें टटोलते रहते हैं) चल, मैं भी आया ? उनको बैठा दें...

लोकसभा का सदस्य (उतावली में)—ललन जी, अभी सारा काम पड़ा है और आप जा रहे हैं !

पत्रकार उर्फ ललन जी (चलते-चलते ठमक जाते हैं)—नहीं दयाल बाबू, एक भी काम पड़ा नहीं है। सबकुछ कम्प्लीट है। अभिनंदन ग्रंथ छपिए गया है...साहित्य वाचस्पति राजा रेवतीरंजन सिंह परसों शाम को ही आ गए। केंद्रीय मंत्री माननीय घासीराम जी फ्लाई कर चुके हैं, उनका प्लेन ठीक साढ़े बारह बजे एरोड्रम पर आ धमकेगा (कलाई उठाकर टाइम देखता है) आठ पैंतीस...बारह बजे सेठ जी की कार से हम तीन-चार जने निकलेंगे। घासीराम जी को ले आवेंगे...पार्टी-वार्टी का सारा इंतजाम

महंत जी, देवी जी और डुमरिया के कुमार प्रद्युम्न प्रसाद नारायण सिंह कर ही चुके हैं...प्रचार विभाग मेरे जिम्मे है ही।...इसके बाद जो भी कुछ कोर-कसर रहेगी सो आप दोनों हमारे नए-पुराने नेता यहाँ मौजूद हइए हैं...(समर्थन की आशा में साहित्यकार की तरफ रुजू होता है) क्यों मृगांक जी, मैं ठीक कह रहा हूँ न ?

साहित्यकार यानी मृगांकजी (सिगरेट के टीन पर झुककर)—बिलकुल ठीक ललनजी, एकदम ठीक !!

महिला (ढेर-सा मुस्कराकर)— मगर आप सभी भाग नहीं सकते (आँखें फैला देती है) सिर्फ दो मिनट की मुहलत मिलेगी...

पत्रकार (माथा झुकाकर)—एक मिनट और दीजिएगा ! (हँसता है) बस, मैं अभी आया देवी जी !

फैशन की दृष्टि से युवती, उम्र के लिहाज से परम प्रौढ़ा—मंजुमुखी देवी एम-एल-सी। खादी की साड़ी, नागपुरी किनारियोंवाली। सादी सफेद ब्लाउज ! चौड़ा चेहरा, कमलपत्री आँखें, ऊँची नाक ! गेहुँआ सूरत। काले बालों का जूड़ा।

—...मृगांक जी !

—जी ! फर्माइए।

—बहुत दिनों से आपने कुछ सुनाया नहीं है !

—हाँ...हाँ...इधर लिखना छूट-सा गया है...

—फिर भी एक-आध चीज सुनाइए न !

—खि खि खि खि...महंत जी, सेठजी और जमींदार साहब खींसे निपोर-निपोरकर हँसते हैं। निगाहें एक-दूसरे से उलझती हैं और मिल-जुलकर देवीजी तथा मृगांक जी को छू आती हैं। बची-बीच में अशिष्ट इंगितों के सतर्क गोपन उन निगाहों में एक अजीब-सी चमक भरते रहते हैं।

...सुनाइए न मृगांक जी !

दयाल बाबू, सुना जाय जरा...

रामसागर बाबू, आप भी !

जी हाँ—

...मैं गगन की नीलिमा को पी गया हूँ
...चाँद मेरा क्या करेगा
...पा गया हूँ
...प्राण तेरे प्रेमघन की चंद बूँदें
...सृष्टि का संताप मेरा क्या करेगा
...मैं गगन की नीलिमा को पी गया हूँ
...चाँद मेरा क्या करेगा ?

वाह ! वाह ! वाह ! वाह !

आप तो कहते थे, लिखना छूट गया है ?

कहिए दयाल बाबू, इनका लिखना छूट गया है ?

—मृगांक का कवि जीवित है, सभी मान गए। मान गए और टीन का ढक्कन खोलकर जमींदार साहब ने सभी को सिगरेट आफर की; खुद को भी। मंजुमुखी देवी ने पानवाली तश्तरी से सुपाड़ी का एक निहायत छोटा-सा, बल्कि चने की दाल का हमवजन टुकड़ा उठा लिया। जलती सिगरेटों से धूम्रवलय उठ-उठकर पंखे की हवा पर निछावर होने लगा !

नान ननेना ना ननेना—सेठ पूनम नाक के स्वर में गुनगुना रहा था—नान नेना ना ननेना यानी चाँद मेरा क्या करेगा...

ललन जी को निकले पंद्रह मिनट हो गए थे।

—आप लोग हइए हैं, मैं जरूरी काम से जा रही हूँ।

—जरूरी काम ? कौन-सा ऐसा काम आ पड़ा है ?

—लखनऊ से मझली बहू की भावज आई है, आज उसे सर्जन से दिखलाना है दयाल बाबू !

तो देवीजी चली गईं। पत्रकार को और भी विलंब हुआ।

आखिर साढ़े नौ बजे बैठक अपने आप बर्खास्त हो गई...

बारह बजे दिन

शाम को आज उनकी संवर्द्धना थी, बाबू साहब नरपति नारायणसिंह माननीय मालमंत्री महानुभाव—अपनी इकसठवीं वर्षगाँठ के अवसर पर पुराने एलबम देख रहे थे।

विशाल सरकारी बँगला।

कलापूर्ण ढंग से सुसज्जित यह स्टडी रूम !

सोफा-सेट, द्वार और रोशनदान आदि के कवर व पर्दे ऐसे थे कि सुरुचि पर सादगी कुर्बान थी, सादगी पर वैभव का उल्लास निछावर था। जुड़े हाथोंवाले बापू का प्रसन्न गंभीर चित्र समूचे परिवेश पर छा रहा था...

भागलपुरी तसर का कुर्ता, खद्दर की श्वेत शुभ्र धोती। चंदल माथा। खूबसूरती को बुढ़ापा अच्छी तरह पी चुका था, फिर भी महीन छटी मूँछें बावजूद अपनी सफेदी के, सादे चिकने गेहुँआ गालों को पानीदार बनाए हुए थीं। मामूली आँखें, नुकीली नाक, बड़े-बड़े कान।

रजत जयंती तो नहीं, दस साल पहले स्वर्ण जयंती जरूर मनाई गई थी। और अब यह हीरक महोत्सव सामने था। बाबू साहब काफी खुश नजर आ रहे थे।

दाईं ओर तिपाई पर दो अलबम पड़े थे। एक को उन्होंने सामने कर लिया।

उलटने पर फोटो में दुबला-पतला नौजवान निकल आया—यह कौन है ? नरपत, तुम्हीं तो हो !

छियालीस वर्ष पहले मैट्रिक पास किया था, सेकंड डिवीजन में। बंगाली फोटोग्राफर गमलों में करोटन के पौधे रखता था। एक टहनी का छाया-चित्र वह क्या उचक रहा है...दादा की नीयत थी, बबन जिला अदालत में मुख्तारगीरी करे। बाबूजी की इच्छा थी, कलकत्ता में रहकर बबन बी.ए. कर ले और पीछे भगवान की मर्जी होगी तो मुंसिफ या सदर-आला हो जाएगा। नाना की नजरों में बड़ी लाइन के जंक्शन का बड़ा बाबू होने पर ही बबन का इहलोक-परलोक सुधर सकता था। मगर बबन को तो जनता के जीवन में घुल-मिलकर अपना सर्वस्व देश माता के चरणों में अर्पित कर देना पड़ा, पराधीन भारत की वह दुर्दशा भला बबन से बर्दाश्त होती ?

बाबू साहब ने फोटोवाला वह पेज उलट दिया। अब ग्रुप फोटो सामने था। कलकत्ता के एक गैर-सरकारी कालेज का प्रांगण। सात खास छात्रों की यह मंडली उस विद्याकेंद्र की प्रतिष्ठा का अन्यतम प्रकाश-स्तंभ थी—दाढ़ीवाले प्रिंसिपल घोषाल आगे बैठे हैं। उनसे सटकर पीछे सात लड़के खड़े हैं...अपनी जवानी को सामने साकार पाकर बाबू साहब का चेहरा खिल उठा। बंग-भंग के खिलाफ जनता का वह तूफानी आंदोलन दिमाग में नाच गया तो माननीय मंत्री जी की झुकी रीढ़ सीधी हो गई।

फिर लॉ की डिग्री, बी-एल। दो सहपाठियों के साथ नरपत बाबू की यह वही छवि थी जो कन्वोकेशन के बाद खिंचवाई गई थी।

तत्पश्चात् प्रादेशिक युवक सम्मेलन, अखिल भारतीय हिंदी साहित्य सम्मेलन, आल इंडिया कांग्रेस का सालाना अधिवेशन आदि अवसरों पर साथियों के साथ खिंचवाए हुए फोटो जल्दी-जल्दी में उलट गए।

अब आँखों के आगे थीं दिवंगत पहली पत्नी शिवकाशी देवी, बहुत बड़े खानदान की इकलौती लड़की। गहरी साँस खींचकर बाबू साहब मन-ही-मन बोले—कितनी मिठास थी स्वभाव में तुम्हारे ! सन् 1922 में नगेन्दर पैदा हुआ और तीन वर्ष बाद ही तुम हमें छोड़ गईं !

तीन-चार पेज उलटने पर दूसरी पत्नी रामकली देवी से साक्षात्कार हुआ। इनसे बाबू साहेब की सदैव अनबन रही। गत वर्ष आपका देहांत हो गया। रामकली देवी के शील-स्वभाव की मीमांसा कर ही रहे थे कि मंत्री जी को शीतलगढ़ की विधवा रानी भुवनमोहिनी का स्मरण हो आया। उसका फोटो अलबम में तो स्थान नहीं पा सका, मगर हृदय-कमल के किंजल्क पर सिवा उसके दूसरी है ही कौन ?...

क्षण-भर के लिए नरपत बाबू ने आँखें मूँद लीं, अलबम को अलग रख दिया। रानी के सिलसिले में सोचना चेतना को सुख पहुँचा रहा था।

भुवनमोहिनी...मूँदी आँखों की पलकों का स्पंदन भला कम क्यों होता ?

भुवनमोहिनी...दिनांत की प्रलंबित छाया अपने छोर भला दिगंत तक क्यों न पसारती ?

भुवनमोहिनी...पावस की कौंधती बिजली भला महामेघ के नेपथ्य को बेदाग क्यों न छोड़ती !

सहसा बाबू साहब की पलकें खुलीं। पास ही दूसरी तरफ तिपाई पर नौकर पान की डिब्बी रख गया था। मगही पान के चार बीड़े उन्होंने चाँदी की उस नफीस डिबिया से निकाल लिए। अंदर गाल का दबाव पड़ा तो बीड़ों को राहत ही मिली। पड़ोसी प्रदेश के मुख्यमंत्री ने उड़ीसा के स्वर्णकारों की कला का जो प्रतीक सौगात के तौर पर भेजा था, सोने की कलीनुमा वह डिब्बी लखनवी जर्दा से भरी पड़ी थी। देखने में आधा अँगूठा जितनी कील दबाते ही फट से खुल गई। जरा-सा जर्दा बाबू साहब ने मुँह के हवाले किया...

उगालदान में पीक डालते हुए बाबू साहब ने सोचा—सन् '24 में जेल से छूटने पर मुकदमे की पैरवी के लिए न पुरुलिया जाना होता, न नारी के भाई से जान-पहचान हुई होती। वीर विक्रम सिंह बहादुर देव, रानी भुवनमोहिनी का भाई। पुरुलिया से वह कैसे मुझे चक्रधरपुर ले गया और कैसे फिर हम शीतलगढ़ पहुँचे। रानी की एकमात्र संतान बारहसाला लड़की घुड़सवारी दुर्घटना में बुरी तरह घायल होकर चार रोज बाद मर गई थी। पुत्री के शोक में माँ के भी मरने का अंदेशा था। मैंने रानी के भाई से कहा—देखते क्या हैं ! ले चलिए इन्हें पुरी के समुद्र तट पर, महीने दो महीने में स्वस्थ हो जाएँगी...आखिर मुझे भी साथ जाना पड़ा...कुमार वीर विक्रमसिंह, स्टेट के काम से शीतलगढ़, लौट आए। रानी के मानस उपचार की सारी जिम्मेदारी अब मुझ पर ही आ पड़ी थी...

छे साल—'24 से लेकर '30 के आरंभ तक नरपत बाबू राजा थे और भुवन मोहिनी रानी। छोटा नागपुर के शहरों में जुपीटर इन्सुरेंस कम्पनी का उन दिनों काफी नाम था। नरपत बाबू कंपनी के मैनेजिंग डाइरेक्टर थे। डेढ़-दो साल के लिए खानों की भी मैनेजरी की थी।

बाबू साहब के लिए रानी ने दो तिमंजिला मकान पुण्यपुर महानगर के 'अगम कुआँ'—एरिया में बनवा दिए थे। लगभग डेढ़ लाख लागत की वे कोठियाँ दूर से ही जगमगाती थीं। हर महीने पंद्रह सौ का भाड़ा आ रहा था, केंद्रीय और प्रादेशिक सरकारों के कई दफ्तर इन कोठियों में उठ आए थे।

नरपत बाबू जेल में ही थे कि रानी चल बसी...

देर तक दिमाग पर रानी छाई रही।

बाबू साहब ने फिर अलबम उठा लिया। '33 के अंत में जेल से छूटकर आने पर जनता ने मालाओं से लाद दिया था। टोपी की नोंक और नाक से ही अब कोई पहचान ले तो हो सकता है। उक्त अवसर के तीन-चार फोटो और भी थे।

दो वर्ष बाद प्रदेश के उत्तरी इलाकों में जोरों की बाढ़ आई। सैकड़ों गाँव डूब गए। खेतोंवाले मैदान डेढ़-दो हफ्ते जल-प्रलय का लीला-निकेतन बने रहे। सेवा कार्य के लिए केंद्रीय रिलीफ कमेटी संगठित हुई। लाखों मन अनाज, हजारों थान कपड़ा, पंद्रह लाख से ऊपर नकद रकम और दवा की बोतलों से भरे सैकड़ों बक्स...और जाने क्या-क्या सामान...कैंप के कैंप भर गए। बंबई-कलकत्ता-कराँची-अहमदाबाद...जाने कहाँ

से मददगारों की टोलियाँ आ धमकीं। कमेटी का जनरल सेक्रेटरी होने के नाते नरपत बाबू ने लोकसेवा में एक नई परंपरा की शुरुआत की। कार्यकर्ताओं को इस बात का प्रशिक्षण मिला कि अपढ़ देहातियों को पाँच की रकम दो तो दसवाले रुपए पर अँगूठे का निशान लो, बीस दो तो पचास का रुक्का बनाओ !

लोकसेवा का व्रत जिनकी रग-रग को शोख चुका है, जिनके जीवन का दीप हमेशा औरों के लिए जलता रहा, ऐसे कार्यकर्त्ता निर्लिप्त भाव से यदि सार्वजनिक निधि में से सौ-पचास लेते चलें तो इसमें बुराई कैसी ?...सहायता समिति के कर्मचारियों के खिलाफ भ्रष्टाचार के आरोप अ-दूरदर्शी आलोचकों ने लगाए जरूर किंतु बाबू साहब ने मुस्कराकर सभी को चुप कर दिया था। यह मुस्कान ही तो थी जिसके चलते नरपत बाबू 'सिर से पैर तक मिठास भरे व्यक्ति' कहलाते थे।

एक फोटो था—नरपत बाबू के हाथ में कुदाल है और पाँच-सात अर्द्धनग्न ग्रामीण अधूरी भीत के पास खड़े-खड़े बाबू साहब की तरफ कृतज्ञ नजरों देख रहे हैं। करीब ही पुराने ढंग की कार दिखाई दे रही है...

—यह मुजफ्फरपुर के देहात का एक दृश्य है, बाबू साहब स्वगत बुदबुदाए और चेहरा चमक उठा। फिर आंतरिक आह्लाद की मीठी अनुभूति के उस प्रवाह में अलबम के पाँच-सात पेज यों ही उलट डाले आपने। आगे था '37 वाली पहली मिनिस्ट्री का शपथ-ग्रहण समारोह...चेहरे पर वही सनातन प्रफुल्लता...धोती-कुर्त्ते में लिपटी यही छरहरी देह-यष्टि...किश्तीनुमा यही टोपी...प्रलंबित ग्रीवावाले मुखमंडल को आकर्षक बनानेवाली यही नुकीली नाक ?...बाबू साहब मिनिस्ट्रों और पार्लियामेन्ट्री सेक्रेटरियों की अपनी इस पुरानी जमात में अपने को अच्छी तरह पहचान गए हैं—बाहरी आडंबर तो नरपत बाबू को कभी छू नहीं पाया ! न तब, न अब !

पहले मंत्रिमंडल में आपके पल्ले निरक्षरता-निवारण, समाज-कल्याण और ग्रामोद्योग जैसे शुद्ध बुनियादी महकमे पड़े। बापू के प्रति आपकी सर्वाधिक आस्था इस प्रकार खिल उठी।

एक परमार्थी प्रकाशक ने आपके नाम पर दो पैसेवाली पुस्तिकाओं की 'लोकोपयोगी' सीरीज ही चला दी तो माननीय मंत्री जी का चित्त मैत्री और मुदिता वृत्तियों से विगलित हो उठा और किताबों का वह सौदागर कपड़ा और चीनी का क्षेत्रीय लाइसेन्सदार बन के निहाल हो गया। आपके बड़े बबुआ के नाम पर बालीगंज (कलकत्ता) में दो फ्लैट उसने चोरबाजारी के उस पहले दौर में ही ले दिए थे...

झुककर बाबू साहब ने पान की शेष सीठी उगालदान के हवाले की और चाबियों के गुच्छे में लगी चाँदी की सींक से दाहिना कान खोदने लगे।

कान खोदते-खोदते उनकी दृष्टि दाहिने हाथ की अनामिका उँगली पर जगमगाते नग से उलझ गई। रुपए-भर विशुद्ध गिनी-गोल्ड की यह अँगूठी पूने का एक प्रख्यात स्वर्णशिल्पी दे गया था। इसके लिए नग कामाख्या के मशहूर तांत्रिक श्री 108 श्री वज्रलिंगाचार्य की पसंद से आया था और जौहरी को नौ सौ पचपन रुपए की चेक देनी

पड़ी थी...

यह बड़ा ही शुभ साबित हुआ...नरपत बाबू ने सोचा—अबकी तीसरी दफे मंत्रिमंडल में वे मुझे शायद शामिल करते ! जगदंबा की कृपा न हुई होती तो इस बार मामूली एम्-पी बनाकर अपनी पार्टीवाले मुझे दिल्ली की तरफ ठेल देते...जात-पाँत का भस्मासुर एक न एक रोज हमें खाक करके ही छोड़ेगा। मगर पचीस प्रकार के स्वार्थ आपस में जहाँ टकरा रहे हों, वहाँ अपनी-अपनी सत्ता बरकरार रखने के लिए और भला किया भी क्या जाए ?

'निरक्षरता-निवारण के बनगाँव-जिला केंद्र का उद्घाटन' आगे आया। शिक्षा विभाग का केंद्रीय उपमंत्री, अमरीका और इंग्लैंड के शिक्षा-शास्त्री; अपने राज्य का मुख्यमंत्री; अलावा इनके, शिक्षा विभाग के अनेकों उच्चाधिकारी, तीन विधायक, एक विधायिका...बहुत सारे गणमान्य अभ्यागतों का यह ग्रुप फोटो ही उस महोत्सव का साक्षी रह गया था। मुख्यमंत्री के बाद नरपत बाबू दिखाई दे रहे थे...

बनगाँव वही जिला था जिसकी सुदौली बस्ती बाबू साहब की जन्मभूमि थी। अपनी जात-बिरादरी के लोग लाखों की तादाद में आस-पास आबाद थे। दस-पाँच नहीं, पचासों गाँव थे। निरक्षरता निवारण, समाज कल्याण और ग्रामोद्योग के नाम पर बीसियों युवक बाबू साहब की कृपा से यहाँ काम पा चुके थे। यह दूसरी बात थी कि नियुक्ति से पहले विभागीय हेडक्लर्क ने एक-एक सौ की दक्षिणा वसूल कर ली थी उनसे। शिकायत किए जाने पर हेडक्लर्क बाबू मुन्द्रिकाप्रसाद सिंह के पक्ष में माननीय मंत्री बोले थे—क्या करोगे, मजबूरी है बेचारे मुन्द्रिका की ! पाँच-पाँच सयानी लड़कियाँ सीने पर सवार हैं, गनीमत कि अभी दस-पाँच बाल अभी उसके सिर पर देखते हो...पच्चीस-तीस हजार रुपए कहाँ से लाएगा गरीब ? मैं मजबूर हूँ, मुन्द्रिका जब सामने आकर खड़ा हो जाता है तो हमदर्दी मेरी न्यायनिष्ठा को गला डालती है...

कोपेनहेगन में समाज कल्याण का विश्व सम्मेलन हुआ था, भारतीय प्रतिनिधि मंडल में बाबू साहब का भी नाम था और आप सम्मेलन में उपस्थित भी हुए थे। तीन-चार फोटो विदेश-यात्रा के थे। यूरोपीय भद्र जनों और महिलाओं के बीच भारतीय लिबास में अपने को पाकर मंत्री जी का चेहरा आवश्यकता से अधिक खिल उठा। मन ही मन बोले—ऐसे ही अवसरों पर राष्ट्रीय संस्कृति खराद पर चढ़ती है, वर्ना आजकल अधिकांश आदमी 'गंगा गए गंगादास, जमुना गए जमुनादास' ही हुआ करते हैं !...फिर जाने क्या सोचकर बाबू साहब ने बापू के चित्र की ओर सामने दीवार पर देखा और दोनों हाथ सिर से सटा लिए !

कि इतने में मंजुमुखी देवी आ पहुँची।

पहले तो वह सामनेवाली कोच पर बैठीं, पर कुछ ही क्षण बाद बाबू साहब वाली आरामकुर्सी के चौड़े हत्थड़ पर आ बिराजीं।

एक अलबम उठा लिया। मुस्कुराकर बोलीं—बहुत दिनों के बाद आपको इनकी सुध आई !

बाबू साहब ने जवाब में एक शब्द भी नहीं कहा, मुस्कान की मद्धिम आभा भीतरी प्रसन्नता को व्यक्त करने लिए काफी थी।

तीनों अलबम परे हटाकर देवीजी बोलीं—डेढ़ बज रहा है, अब तक आपने खाना नहीं खाया ! बड़े शौक से आज मैंने श्रीखंड तैयार किया है। बाबाजी से और मृदुला से कह गई थी कि आपको बारह बजे ही खाना खिला दे...

नरपत बाबू ने बीच में ही टोका—आज तुम्हारे सामने खाना खाने की नीयत थी—मृदुला ने वक्त पर खाना खाने की याद दिलाई जरूर थी मगर...

मगर...मुस्कुराकर देवीजी ने कहा—बीते दिनों का लेखा-जोखा तबीयत को राहत पहुँचाता है बाबू साहब ! मैं सब कुछ समझती हूँ...

नरपत बाबू अंदर से अबोध बालक की हल्की खिलखिलाहट खींच लाए और देवीजी के कंधों पर हाथ रख दिया।

बूढ़ी हथेली पर जब प्रौढ़ महिला का मजबूत और गरम हाथ पड़ा तो वह उलट गई—

—माधवी कहती थी, आप उस पर नाराज हैं ?

—नहीं, मैं भला माधवी पर नाराज रहूँगा ?

—तो छोकरी झूठ कहती थी ?

—तुम जानों, जाने तुम्हारी लड़की...

—लड़की तो वह आपकी भी है...

—हूँ, तुम लोग अब इस बुड्ढ़े से चाहती क्या हो ?

बाबू साहब आरामकुर्सी से उठे, अँगुलियों से उलझाकर अँगुलियाँ फोड़ीं तो चट-चट की आवाज हुई। बाथरूम की दिशा में बढ़ते-बढ़ते बोले—कभी किसी परीक्षा में जो फस्ट या सेकंड नहीं आई, वही अब सरकारी गर्ल्स कालेज में हेड ऑफ डिपार्टमेंट है। रातों-रात मैं उसे प्रिंसिपल कैसे बना दूँ ? जिंदा रहा तो दो वर्ष में माधवी प्रिंसिपल भी हो ही जाएगी। लेकिन इस तरह घबराओगी तो किया-कराया सब चौपट हो जाएगा—आज तो नहीं, कल उसे यहाँ भेज देना, समझा-बुझा दूँगा। अरे धीरज का पाठ माधवी को हमारी मृदुला से लेना होगा...

देवीजी ने इधर सिर घुमाकर मुँह बनाया और उधर बाबू साहब बाथरूम के अंदर घुसे !

पाँच बजे शाम

समारोह की तरफ से बड़े ही नफीस निमंत्रण पत्र छपवाए गए थे। चौ-पेजी आर्ट पेपर। दुरंगी सुनहली प्रिंटिंग। शंखों और सीपियों की हल्की चम्पई सतह इस लाल-पीली छपाई को अधिकाधिक निखार रही थी। ऊपर अजंता स्टाइल में दो नर्तकियाँ आमने-सामने घुटने टेककर आरतीवाले हाथ उठाए हुए थीं। प्रख्यात कलाकार उग्रमोह महापात्र की

तूलिका का यह चमत्कार लोगों के लिए अब अपनी चीज था—अंदर निमंत्रण का मजबून था। तीसरे पेज पर प्रोग्राम छपा था—

1. आशीर्वाद (वैदिकों और बौद्ध भिक्षुओं द्वारा)
2. मंगल गान (महिला कला निकेतन की छात्राओं द्वारा)
3. समारोह की अध्यक्षता (राजा रेवतीरंजन सिंह करेंगे)
4. अभिनंदन ग्रंथ (माननीय घासीराम द्वारा अर्पित होगा)
5. संवर्द्धना के दो-दो शब्द (प्रमुख नागरिकों, माननीय घासीराम जी एवं अध्यक्ष द्वारा)
6. बाबू साहब का कृतज्ञता-निवेदन।
7. कविता-पाठ (सर्वश्री पद्मानंद, विशाख, पंचानन सिंह 'प्रचंड', कविवर मंजुघोष, महाकवि मृगांक)
8. नृत्य (कुमारी अंजलिदास गुप्त, वंदना ठाकुर, नीलिमा झा)
9. धन्यवाद (दयाल बाबू)

नीचे बारीक टाइपों में छपा था—कार्ड साथ लाना न भूलें !

आठ बजे रात को कुमार प्रद्युम्नप्रसाद नारायण सिंह बाबू साहब के निमित्त अभ्यागतों और विशिष्ट नागरिकों को प्रीतिभोज देनेवाले थे, उसके लिए अलग से कार्ड छपा था।

साधना-सदन का विस्तृत हॉल। अगस्त की उमस भरी शाम। दरी और जाजिम पर बैठा हुआ जन-समुदाय। ऊपर तीन कतारों में नाचते हुए पंद्रह सीलिंग फैन—सामने सुसज्जित मंच, तीन मसनदें, दो माइक।

राजा साहब, माननीय घासीराम और नरपत बाबू बरामदे से होकर मंच के दाहिनी तरफ प्रकट हुए। पीछे-पीछे दयाल बाबू, ललन जी, मृगांक जी। चुस्त चूड़ीदार सफेद पायजामा और असमिया अंडी की शेरवानी में साधना-सदन के उपमंत्री श्री रामप्यारे प्रसाद भी आहिस्ते से डैस पर च्ढ़े और मृगांक जी से सटकर खड़े हुए।

नरपत बाबू और राय साहब ने माननीय घासीराम जी से आसन ग्रहण करने का अनुरोध किया। वह बीचवाली मसनद के सहारे बैठे तो अगल-बगल नरपत बाबू और राजा साहब ने अपना-अपना आसन ग्रहण किया। पीछे दाईं तरफ दयाल बाबू आदि भी बैठ गए।

दीवार से टिकाकर भारी-भरकम तानपूरा रखा हुआ था। वहीं मालाओं से भरी डाली भी दिखाई दे रही थी। बाईं तरफ हारमोनियम, तबला और पखावज पड़े थे। ऊपर दो पंखे और तीन बल्ब।

हॉल में जनता की उपस्थिति निहायत मामूली थी।

दयाल बाबू ने ललन जी के कान में फुसफुसाकर कहा—अभी नहीं, घुँघरू छनकेंगे लोग तब टूटेंगे।

हाँ—कुटिल इंगित में डूबी हुई पलकें झपकाकर दयाल बाबू ने जवाब दिया—घंटा

भर बाद आर्डियेन्स कई गुना बढ़ जाएगी। आज न शनीचर है न इतवार। कालेजियट छोकरे और दफ्तरवाले लोग भला पाँच बजे क्यों आने लगे ?

मृगांक जी ने अपनी पोर्टफोलियो से निकालकर एक-एक प्रोग्रामवाला परचा माननीय घासीराम, राजा साहब और बाबू साहब को थमा दिया।

कलाई पर निगाह टिकाकर राजा साहब बोले—पाँच पंद्रह हो रहे हैं, अब आरंभ कीजिए।

बस दो मिनट और !—ललन जी ने कहा।

राज्यपाल श्री चिंचालकर आ चुके हैं—हाँफते हुए आकर महंत जी ने कहा।

राज्यपाल आए। पीछे-पीछे मिलिटरी सेक्रेटरी और दो पार्षद मिलीटरी तथा सिविल सूट में।

राज्यपाल के सम्मान में सभी उठ खड़े हुए। माननीय घासीराम ने उन्हें अपने साथ बैठा लिया।

उपस्थिति में बीच-पचीस की तादाद बढ़ गई। अब तक सभी बैठ चुके थे।

इशारा पाकर दो पंडित और भिक्षु मंच पर आए। मैकनीक ने माइक फिट कर दिया तो वैदिक और पालि गाथाओं से मंगल पाठ होने लगा।

तत्पश्चात् तीन छात्राओं ने मांगलिक गीत गाया।

तिरछी टोपी और घनी मूँछोंवाले पंडित श्री शिवदयाल पाठक एम.एल.ए. उर्फ दयाल बाबू ने राजा रेवतीरंजन प्रसाद सिंह महोदय से समारोह की अध्यक्षता के लिए प्रार्थना की।

ललन जी ने मान्य अभ्यागतों के गले में एक-एक माला डाल दी।

अध्यक्ष ने माननीय घासीराम जी से बाबू साहब को अभिनंदन ग्रंथ अर्पित करने का अनुरोध किया। चंदन की वह नफीस मंजूषा आ चुकी थी, जिसके अंदर अभिनंदन ग्रंथ रखा था। दयाल बाबू मुस्तैद थे कि अवसर आने पर मंजूषा समेत अभिनंदन ग्रंथ घासीराम जी को थमा देंगे।

घासीराम खड़े हुए तो माइक उनके मुँह के सामने एडजस्ट किया गया। शेरवानी का गला ढीला करके वह बोलने लगे—

'अध्यक्ष महोदय, महामहिम राज्यपाल और सज्जनो एवं देवियो !

'मैं जिला स्कूल में नाइन्थ क्लास का विद्यार्थी था। उन्हीं दिनों बाबू साहब की कीर्ति इन कानों में पहले-पहल पहुँची थी।

'मैंने हमेशा इन्हें अपनी जनता के साथ पाया। संघर्ष और शांति, सत्याग्रह और समझौता, हर्ष और शोक...चाहे कैसी स्थिति में देश रहा हो, नरपत बाबू उसी में रमे रहे।

'इन्होंने अपनी वकालत पर लात मार दी, परिवार की सुख-सुविधा का रत्ती-भर ख्याल नहीं रखा, बच्चों की पढ़ाई-लिखाई की पर्वाह नहीं की, पत्नी को भारतमाता की बलिवेदी पर न्योछावर कर दिया...'

इसके बाद वक्ता का गला भर आया। शब्द अटक-अटककर निकलने लगे और आँखें डबडबा आईं। जेब से रूमाल निकालकर उसने आँसू पोंछे और भावावेग पर काबू पाने की कोशिश की।

कि किसी स्त्री की गोद का बच्चा रो पड़ा। आकस्मिक विघ्न जनता के मन को कानों से हटाकर निगाहों पर खींच लाया।

वक्ता को प्रकृतिस्थ होने का मौका मिला और देवीजी विक्षुब्ध शिशु को शांत करने के लिए बाहर निकल गईं।

हॉल में चालीस-पचास आदमी और आ गए।

घासीराम दस मिनट और बोले। अभिनंदन-ग्रंथ वाली मंजूषा दयाल बाबू से लेकर बाबू साहब की ओर बढ़े।

बाबू साहब उठे और विनम्र होकर अभिनंदन-ग्रंथ ले लिया।

महिला कला निकेतन, शिल्पी संघ, बाल मंडल, हिंद-हितकारी समाज, दलित हितैषिणी सभा आदि संस्थाओं की तरफ से बाबू साहब को मालाएँ पहनाई गईं। दो-तीन अभिनंदन-पत्र भी पढ़े गए।

राज्यपाल और कतिपय प्रमुख व्यक्तियों ने संवर्द्धना के दो-दो शब्द कहे। इनमें व्यापारी भी थे, विद्वान भी थे, जन-सेवक भी थे।

मंजुमुखी देवी से भी बोलने का आग्रह किया गया। आपने पहले तो अपनी असमर्थता जतलाई, पीछे मृगांक जी के डबल अनुरोध पर उठ खड़ी हुईं। घुटकती आवाज में कहा--

'माननीय अध्यक्ष और भाइयो !

'बाबू साहब के बारे में मैं भला क्या कहूँ ? वह तो मेरे राजनीतिक गुरु हैं। आज मैं जो कुछ हूँ सब उन्हीं की कृपा का फल है...'

उपस्थित जन-समुदाय में दबी-सी हँसी और व्यंग्यात्मक ध्वनि की मिश्रित गूँज उठी कि देवीजी ने उस इंगित को समझ लिया। अध्यक्ष की तरफ मुँह करके हाथ जोड़े और पीछे जाकर मृगांकजी के पास बैठ गईं।

अब कृतज्ञता निवेदन का अवसर आया तो बाबू साहब उठे। माइकवाले ने मशीन के डंडे को उनकी लंबाई के अनुपात में ठीक कर दिया।

जन-समूह को प्रणाम करके नरपत बाबू बोले—

'मान्य अध्यक्ष, महामहिम राज्यपाल, आयुष्मान् घासीराम जी, देवियो और सज्जनो !

'फूल की संगति पाकर कीड़ा भी सज्जनों के सिर पर विराजमान होता है। कीटोऽपि सुमनस्संगाद आरोहिता संतां शिरः। भारतीय परंपरा की यह एक पुरानी कहावत है। मेरे जैसा अदना आदमी आपकी श्रद्धा-भक्ति का भाजन हो नहीं सकता था, अगर बापू का ज़ादू भरा स्पर्श मुझे नहीं मिलता। पारस का संपर्क मामूली से मामूली लोहे को सोना बना डालता है...

'भारत अब एक स्वाधीन राष्ट्र है, सार्वभौम प्रभुता से संपन्न शांतिकामी राष्ट्र।

स्वाधीनता की बदौलत हमने क्या हासिल किया है, इसका पता बाहर विदेशों में चलता है। सारा संसार आज के भारत की तरफ टकटकी लगाए हुए है। क्षुद्र संकीर्णताओं से ऊपर उठकर हमें अपने अंदर राष्ट्रीय स्वाभिमान की ताजगी महसूस करनी चाहिए।

'समस्याएँ हैं और उनका हल भी हमें निकालना होगा, मगर संक्रांति के इन क्षणों में रत्ती-भर भी उतावली हमारा भारी-से-भारी अहित कर सकती है।

'मैं अब बूढ़ा हुआ। मैं ही क्यों, देश को आजादी दिलानेवाले बहुत सारे नेता अब बूढ़े हो चले हैं। हमारा ध्यान नई पीढ़ी पर अटका है। साधना के विशाल क्षेत्र युवकों के लिए रिक्त पड़े हैं।

'शासन और सत्ता की जरा भी लालसा हमारे अंदर नहीं है। हाँ, इस बात की लालसा जरूर है कि जनता-जनार्दन की सेवा के लिए हम अंतिम क्षण तक अपने तन-मन का उपयोग कर सकें...'

तालियों की गड़गड़ाहट हुई। बाबू साहब बैठ गए।

ललन जी उर्फ पत्रकार महोदय ने अध्यक्ष जी के कान से मुँह सटाकर कुछ कहा। उधर बाईं तरफ बगलवाले रूम में घुँघरू की आवाज आई तो हाल क्षण-भर के लिए मुखर हो उठा। बाहर बिखरी भीड़ दरवाजे के करीब बटुर आई।

राजा रेवतीरंजन प्रसाद सिंह साहित्यकार तो थे ही, इस बुढ़ौती में भी 'नजाकत की सोनछड़ी' कहलाते थे। धोती, कुर्ता, तह की हुई चादर। चौड़ा चेहरा और चमकीला माथा। साँवली सूरत को बैठी नाक और कोड़िया आँखें अकारण गंभीर बनाए रहती थीं। नकियाकर बोलते थे। खड़े होकर बाएँ हाथ से माइक का डंडा थाम लिया और दायाँ हाथ चमकाकर बोले–

'भाइयो और बहनो !

'बस दो शब्द ही कहूँगा मैं तो। फिर कविता पाठ और डांस मुख्तसर और बस, समारोह की समाप्ति...

'अँधेरी रात थी, बरसाती आसमान था। बिजली कौंधी और बादलों का सीना चाक-चाक हो गया। बजती रही बूँदों की पायल, जुड़ाता रहा धरती का कलेजा...

'ऐसे में कुँवर कन्हैया नाग नथैया पैदा हुआ था और सो भी जेल में ही...'

राजा साहब की वचन भंगी ने झटका खाया, साथ ही छरहरी देह सधे अभिनेता की तरह कुलाँच खाकर बाँकी हो गई...

पलक मारते ही जादूगर की तरह राजा साहब ने भाँप लिया कि जन-मन का कौतूहल कई गुना बढ़ गया है। झटके से एक दृष्टि पीछे बैठे सज्जनों की तरफ डालकर फिर सामने देखा। कहने लगे–

'हाँ, जेल में ही पैदा हुए थे नरपत बाबू ! आपको अचरज होता है ? अरे आप और हमारे ये लीडरान सब-के-सब जेल में पैदा हुए थे।...फिरंगियों की अमलदारी में समूचा हिन्दोस्तान एक विराट् जेलखाना था ! अब समझे आप ?...'

इस तरह पाँच मिनट तक राजा साहब अपनी इस फुलझड़ी-टेकनीक में नरपत

बाबू की प्रशंसा करते रहे और लोगों को बोर होने से उबार लिया।

उपस्थित कवियों की सूची मृगांकजी ने तैयार कर रखी थी। कागज राजा साहब ने ले लिया।

उदीयमान कालेजियट कवि पद्मानंद–

मुस्काती है शारद रजनी
मुस्काता है पूनम–चन्द !
धरती का हिय जुड़ा रहा है
नरपति, तव यश अमल-अमंद
कानों को चाहिए तुम्हारी
वाणी का पीयूष प्रवाह !
देव, तुम्हारी कर्ममुखरता
भर दे जन-जन में उत्साह !
नए लोग हैं, नई उम्र है
हम से लो तुम आशीर्वाद !
ओ युग पुरुष ! तुम्हारी साँसें
युग-युग तक बाँटे आह्लाद !

नई धारा के गीतकार विशाख–

बोल रही बाँसरी !
काया की डाल पर
जीवन के ताल पर
सपनों के उजले पर तोल रही साँस री !
बोल रही बाँसरी !
बोल रही बाँसरी !
श्रम सुधा चाटकर
तिमिर-तोम काटकर
खोल रहा मानव अब किस्मत की फाँस री !
बोल रही बाँसरी !

युगधर्मी कवि 'प्रचंड'–

आसमान से उतरे हो तुम, मैं धरती का प्राणी
सुयश तुम्हारा उधर, इधर मेरी कविता कल्याणी
तुम जीवन के देव और मैं शब्दशिल्प का साधक
विधि-विधान के स्रष्टा तुम, मैं प्रज्ञा का आराधक
किंतु प्रभो, यह धनुष तुम्हारा मैं ही उठा सकूँगा
पथ का छोर बढ़ाते जाओ, मैं क्या कभी थकूँगा
नरपति तुम असीम सागर हो, मैं प्रचंड बड़वानल

तुम हो गौतम बुद्ध और मैं कपिलवस्तु का अंचल
तुम हो राजा राम और मैं शुभ साकेतपुरी हूँ
तुम युग के रथ चक्र और मैं उसकी अटल धुरी हूँ
तुम लोहितनद ब्रह्मपुत्र, मैं चेरापूँजी का जल
तुम गंगा की धारा, मैं उत्तर भारत का समतल—

दुख-दुविधा के दुष्ट दैत्य पर अपनी गदा चलाओ
महारुद्र की साँसों से हिमगिरि का तुहिन गलाओ
तोड़ विषमता की कारा समता के सुमन खिलाओ
शोषित-पीड़ित वंचित को अपना अधिकार दिलाओ
तुम दारिद्र्य-दशानन की खातिर बन जाना राम
गद्दी पर हो, भूल न जाना तुम शबरी का नाम

कविवर मंजुघोष—

यह श्याम सलिल, यह विमल ताल
अंदर-अंदर ये बिछे पड़े शैवाल जाल
उनका अंतरतर चीर-चीर उभरे मृणाल
खिल उठे आज सौ-सौ शतदल
गा रहे भ्रमरगण मधुमंगल
जय प्रखर सूर्य, जय बालारुण, जय उदयाचल !
तुम पर निर्भर है त्रिभुवन-भर की उथल-पुथल !

महाकवि मृगांक—

बनाती है कल्पना ही तथ्य को रंगीन
सत्य की है परिधि व्यापक, सत्य सीमाहीन
ग्रहों की महिमा बनी है गगन का विस्तार
बूँद के आगे प्रणत है अगम पारावार

चेतना पर वास्तविकता का चढ़ाकर खोल
बजाता है तर्क संशय का सनातन ढोल
धुन रही है शीश श्रद्धा विवश-दुर्बल-मौन
कुंजवन में बंसरी फिर से बजाए कौन

ध्वजा पर से भूमि पर उतरे महान अशोक
बढ़ो आगे, तिमिर पर विजयी रहे आलोक
बढ़ो आगे, मृत्यु पर हो जिंदगी की जीत
बढ़ो आगे, हर उषा गाए अरुण के गीत

कविता-पाठ समाप्त हुआ। तालियाँ बीच-बीच में उतनी नहीं बजीं, जितनी अपेक्षित थीं। इसकी वजह जन-साधारण की अ-रसिकता नहीं थी। लोगों की उत्सुकता प्रोग्राम के अगले आइटम पर टँगी थी, यानी सभी का दिल नाच देखने के लिए बेताब हो रहा था। फिर भी अध्यक्ष ने इतना तो बतला ही दिया कि सभी रचनाएँ अभिनंदन ग्रंथ में छपी हैं और सभी अंशतः ही सुनाई जा सकीं।

दयाल बाबू ने उठकर जनता को सूचित किया कि अब एक ही प्रोग्राम शेष है। डांस के लिए पूरा मंच चाहिए और हमारे माननीय अभ्यागतगण एवं आमंत्रित सज्जन नीचे जाजिम पर बैठेंगे...इस व्यवस्था में दो मिनट लगेगा, आप धैर्य रखें...

कि इतने में ललन जी बिजली की फुर्ती से माइक के नजदीक आए और कहा—

'भाइयो,

'व्यापार मंडल की तरफ से सेठ पूनमचंद जी इकसठ हजार की थैली इस अवसर पर बाबू साहब को अर्पित करेंगे।

'सेठ पूनमचंद जी स्वर्गीय रायबहादुर सेठ बिरधीचंद जी झंझानिया के सुपुत्र हैं...'

राजस्थानी वेश-भूषा में सेठ जी मंच पर आए। थैली तो नहीं, चाँदी का कास्केट हाथों में था। गेहुआँ सूरत, नाटा कद और गोल चेहरा।

वह बाबू साहब की ओर मुँह करके खड़े हुए। ललनजी ने चाँदी की उस चौकोर तश्तरी में से हल्के नीले रंग की चेक उठा ली, और सामने जनसमुदाय की ओर देखते हुए उस कीमती हुंडी को क्षण-भर वह हिलाते रहे। तालियों की गड़गड़ाहट से हॉल गूँज उठा।

बाबू साहब को चेक थमाई गई तो फिर दुबारा तालियाँ पिटीं।

बाबू साहब फौरन उठे, माइक के सामने मुँह करके कहा—

'भाइयो,

'मैं नहीं समझता कि इसकी कोई आवश्यकता थी। मगर मैं इस निधि को अपने लिए आपकी तरफ से श्रद्धापूर्वक नैवेद्य मानता हूँ।

'यह रकम मैं महिला मंगल समाज को सौंपता हूँ जिसकी सेक्रेटरी मंजुमुखी देवी यहाँ मौजूद हैं...'

तालियों की गड़गड़ाहट में ही बाबू साहब ने चेक देवी जी को पकड़ा दिया।

ललनजी ने देवीजी का इंगित पाकर माइक पर इस दान के लिए महिला मंडल समाज की तरफ से बाबू साहब को धन्यवाद दिए।

अगले ही क्षण मंच खाली हो गया। ऊपरवाले सज्जन नीचे जाजिम पर आ विराजे। पर्दा गिरा तो इधर हॉल में बातचीत की हल्की ध्वनियाँ ऊपर उठने लगीं...

मृगांक जी और ललनजी खिसक गए और बरामदे में जाकर सिगरेट धूँक आए।

ठीक तीन मिनट बाद नाच शुरू हुआ।

पर्दा उठते ही स्थानीय कला मंडल की दो छात्राएँ—कुमारी अंजलि दास गुप्ता और कुमारी नीलिमा झा आमने-सामने आरती लिए दिखाई पड़ीं। ओट से हार्मोनियम और तबला की आवाजें आ रही थीं।

यह आरती-नृत्य था जो मशहूर नर्तक समीर सरकार का निर्देशन पा चुकने के कारण इस वक्त अच्छा निखर रहा था। अंजलि तथा नीलिमा की उम्र ही नहीं, सौंदर्य-अंगमार्दव-नाट्यभंगिमा आदि भी परस्पर मैच करती थी।

मसनद पर झुककर माननीय घासीराम जी ने ललनजी से भोजपुरी में पूछ लिया—कहाँ की लड़कियाँ हैं ?

ललनजी ने आत्मीयता में विभोर होकर भोजपुरी भाषा में ही बताया—एक बंगाली लड़की है दूसरी मैथिल। पहली का बाप जज है दूसरी का प्रिंसिपल। पढ़ती भी दोनों एक ही स्कूल में हैं और क्लास भी एक है...

उधर धीमे से बाबू साहब बोले—आगे अभ्यास छूट नहीं गया तो दोनों काफी नाम पैदा करेंगी।

राजा साहब क्यों चुप रहते ? कहा—अजी यहाँ क्या होगा ? ललित कलाओं के सेंटर तो कलकत्ता-बंबई-मद्रास-दिल्ली तक ही महदूद हैं...वर्ना अपने प्रांत में क्या नहीं हो सकता है ?

बड़ों में इधर बातें चलती रहीं, उधर घुँघरू की छम-छम। हॉल में पहले का विरल समुदाय घना हो आया था। तीनों दरवाजे लोगों से खचाखच भर गए थे। अंदरवाली ऊपरी बालकोनियों का भी यही हाल था।

आरती नृत्य दस मिनट तक चला। पर्दा गिरा। देर तक तालियाँ पिटती रहीं।

मणिपुरी शैली का 'युगल-रास' आधा घंटा चला, ततः पर राज्यपाल महोदय स-दलबल उठ गए। अब हॉल खाली होने लगा तो माइक पर किसी ने कहा—इसके बाद आदिवासियों का 'छउ' नृत्य होगा और अंत में वंदना ठाकुर का भरतनाट्यम्, पंद्रह मिनट में आपको फुर्सत मिल जाएगी...

'छउ' नृत्य तो मामूली रहा, लेकिन वंदना ठाकुर ने सचमुच कमाल कर दिया।

सेठ पूनमचंद ने तीनों लड़कियों के लिए एक-एक स्वर्ण-पदक की घोषणा करवाई।

धन्यवाद देने की आखिरी रस्म दयाल बाबू ने अदा कर दी तो सारा हॉल खड़ा हो गया। आम लोग तो निकल गए लेकिन कुछ एक सज्जन रुके रहे। उन्हें अभिनंदन-ग्रंथ की एक-एक प्रति दी गई। अंत में पान-सिगरेट का एक दौर और चला।

दस बजे रात

मंत्री महोदय का बँगला दीपावली की सजावट में इठला रहा था। हाते के अंदर दाईं ओर लॉन में कुर्सियों पर बारह-चौदह सज्जन बैठे थे।

बीच में गोल टेबुल पर पान की तश्तरी, सिगरेट की टिन, जर्दा की डिब्बी, माचिस...

ललनजी ने पास बैठे अधेड़ व्यक्ति के कंधे पर हाथ रखा और कहा—कुमार साहब, ठीक वक्त पर आप कलकत्ते से न आ गए होते तो प्रीति-भोज का प्रोग्राम हमें कैंसल करना पड़ता।

साँवली सूरत और बड़ी आँखोंवाला वह गोल चेहरा बोला—क्यों शर्मिंदा करते हैं मुझे ? जल्दी-जल्दी में जो कुछ भी मुझसे हो सका...

मृगांक जी आगेवाली खाली कुर्सी पर पैर फैलाकर सिगरेट फूँक रहे थे। आँखें मुँदी थीं।

सिगरेटवाला हाथ उठाकर कहा—नहीं कुमार साहब, आपकी पार्टी शानदार रही ! पिछले चार-पाँच वर्षों में जितने भी प्रीति-भोज हुए हैं, यह उनसे बाजी मार ले गया...

मगर इसका श्रेय—कुमार ने कहा—महंत जी को है। चाय, नमकीन और मिठाइयों के लिए यों अजंता रेस्टोरेंटवालों ने पूरी सतर्कता बरती थी, लेकिन हमारे महंत जी की सूझ और व्यावहारिकता से प्रीति-भोज दरअसल प्रीति-भंडारा हो गया।

दो सौ यूनिट का बल्ब दूधिया रोशनी बिखेर रहा था। उस धवल पांडुर आलोक में महंत जी की घुटी चाँद चमक रही थी। आपकी आवाज एक तो यों ही महीन थी, प्रशंसा में हुलसकर उसमें चिकनापन घुलने लगा। बोले—मैंने सोचा, नमकीन और छेना की मिठाइयाँ, हींगवाली कचौड़ियों और बालूशाही, इमरती जैसी मिठाइयों का मुकाबला भला कैसे करेंगी। किसी को मालूम नहीं होने दिया। गुलटेनी साब से कहकर तीन हलवाइयों को बुला लिया। कुमार साहब की पुरानी हवेली में इफरात की जगह पड़ी है, वहीं ईंटें जोड़कर उन्होंने दो चूल्हे तैयार कर लिये। आटा-मैदा-घी-चीनी-तरकारी-मसाले...राम जी की किरपा से जो है सो कि दुपहर से माल तैयार होने लगा...अच्छा, डालना कैसा रहा ललन जी ?

लाजवाब—ललनजी की वाणी उछलकर बाहर आई। आपकी खुद की डाइरेक्शन थी न ? पूछिए न, मैंने मृगांक जी से भी तभी कहा था। नहीं मृगांक जी ?

—हाँ, प्रीति-भोज में हम पास-पास बैठे थे महंत जी ! ऐसा डालना मैंने जिंदगी में पहली बार खाया है...

दयाल बाबू दूब नोचकर उसकी डंठल से दाँत खोद रहे थे। मुँह टेढ़ा हो रहा था। उसी मुद्रा में बोले—बाबू साहब कह रहे थे, भंडारे की क्या जरूरत थी, कुमार ने नाहक इतना खर्च किया...

हथेली पर नजरें टिकाकर देवजी बोलीं—उनसे पूछ-पूछकर करते तो यह फंक्शन ही नहीं होता...क्यों मृगांक जी, मैं झूठ कह रही हूँ ?

मृगांक जी तो नहीं बोले, बोले उधर से एक बड़े साहब—आनरेबुल रेवेन्यू मिनिस्टर को यह कभी नहीं अच्छा लगा कि उनकी वजह से लोगों की परेशानी बढ़े...

परेशानी काहे की ?—सेठ पूनमचंद हँसते रहे।

धीरे-धीरे बातचीत का सिलसिला उन लोगों पर आ लगा जो न तो फंक्शन में शामिल हो सके थे और न प्रीति-भोज में ही।

रामसागर राय एम.पी. ने कहा—पंकज प्रकाशन वाला दुर्गाबाबू नहीं दिखाई पड़ा मृगांक जी ?

—बीबी को डायरिया हो गया है।

—द्वितीया या तृतीया को ?

प्रकाशक की पत्नियों के मामले में ललनजी की इस जिज्ञासा पर सभी हँस पड़े !

खिलखिलाहट का रेला थमा तो दयाल बाबू पर डकार का हमला हुआ। किसी तरह सँभलकर बोले—हम तो दो ही ठो को जानते थे, तीसरी बीबी भी है सेठ दुर्गादास की ?

मृगांकजी बोलने को हुए तो हाथ के इशारे से ललनजी ने उन्हें रोक दिया, कहने लगे—आप तो अब छै-सात वर्षों से दिल्ली रहने लगे हैं राम सागर बाबू, इसी दरम्यान में दुर्गादास ने पाँच हजार की हैसियत से पाँच लाख की हैसियत कर ली है। चार साल पहले की बात है। प्राइमरी और मिडिल कक्षाओं की सत्रह रीडरें टेक्स्टबुक कमेटी ने दुर्गादास की मंजूर की थीं। दो महीने के अंदर ही तीन लाख की बचत हुई तो पट्ठे ने दूसरी शादी कर ली उसी वर्ष। गत वर्ष कहीं से पंजाबी लौंडिया बझा लाया है।

महंत जी और भूतपूर्व जमींदार बाबू गोपीबल्लभ ठाकुर खि-खि-खि-खि करके हँसने लगे। कई लोगों ने उनका साथ दिया। मृगांकजी पर गंभीरता छाई रही, क्योंकि पंकज प्रकाशन से उनके तीन संकलन और 'समुद्र कन्या' नाम से खंडकाव्य निकला था। आगे 'विमर्षिणी' छपनेवाली थी। शंकित थे कि प्रकाशक के उपहास में साहित्यिक का योगदान कहीं जाहिर न हो जाय।

देवीजी कुर्सी के हत्थड़ पर उँगलियों से अनजाने ही तबला के बोल निकाल रही थीं। इस प्रसंग में मृगांक जी का मौन उन्हें अच्छा नहीं लगा। व्यंग्य के लहजे में कहा—आपको तो अक्सर कॉफी पिलाती है बेचारी, नहीं मृगांक जी ?

बात काटकर महंतजी ने कहा—दुर्गादास काफी समझदार आदमी हैं। बैंक बैलेंस वाली निराकार लक्ष्मी से उसकी तबियत नहीं भरी तो अब साकार लक्ष्मी को ढूँढ़ लाया है...

महंत का मखौल अधूरा ही रहा, क्योंकि खानसामा ने आकर बड़े साहब और दयाल बाबू से कहा—हजूर, अंदर चलिए, कहीं से ट्रंककाल आया है।

दयाल बाबू और बड़े साहब बँगले के अंदर गए। पीछे-पीछे देवीजी गईं, राम सागर बाबू भी गए। परिहास-उपहास का वह वातावरण उखड़ गया। मृगांक जी के विवेक को मुक्ति का स्वाद मिला...

अंदर बँगले के आफिसवाले कमरे में अपनी घुमौआ कुर्सी पर बाबू साहब बैठे

थे। सामने बड़ा मेज। बगल में स्टील की दो बड़ी आलमारियाँ, मेज के इर्द-गिर्द तीन-चार कुर्सियाँ...ग्यारह बज रहे थे।

चेहरे पर विषाद की घनी पर्तें चढ़ी थीं। लगता नहीं था कि अभी कुछ देर पहले इन्हीं का हीरक-महोत्सव संपन्न हुआ है, कि इन्हीं की प्रीति-कामना से प्रेरित होकर डुमरिया के कुमार प्रद्युम्नप्रसाद नारायण सिंह ने अभी-अभी सौ-सवा सौ विशिष्ट व्यक्तियों को प्रीति-भोज दिया है...बाबू साहब को परेशान देखकर दयाल बाबू भौंचक रह गए।

नजदीक खड़े होकर पूछा—क्या बात है सरकार ?

बाबू साहब को मानो बेहद कष्ट हो रहा था बोलने में ! मंजुमुखी जी दाईं तरफ आकर उन्हें गौर से देखती रहीं। बाकी लोग सामने थे।

फोन का रिसीवर 'स्टेट्समैन' पर पड़ा था। बड़े साहब मंत्री के विभागीय अंडर सेक्रेटरी थे। आगे बढ़कर उन्होंने रिसीवर उठा लेना चाहा।

बाबू साहब ने हाथ के इशारे से मना किया और बोले—नगेंदर चार घंटे से पुलिस की कस्टडी में है। आबकारी माहाल के अधिकारियों ने उसकी ट्रक जोगबनी में रोक रखी है। कहते हैं, ऊपर बीस मन तम्बाकू के पत्ते थे, नीचे पच्चीस मन गाँजा...इस लड़के ने तो मुझे भारी संकट में डाल दिया है दयाल बाबू, बताइए अब इस वक्त मैं क्या करूँ ?

कुछ देर तक कमरे में सन्नाटा रहा। सिर्फ घड़ी की टिक-टिक सुनाई देती रही। ट्यूबलाइट का नीलाभ आलोक...पंखे की मद्धिम हवा...बाबू साहब का म्लान मुखमंडल, लगता था कि सभी के दिमाग चक्कर खा रहे हैं। पच्चीस मन नेपाली गाँजा कोई मामूली माल नहीं था, हिंदुस्तान में उसकी कीमत दो लाख रुपए थी...बाबू साहब के सुपुत्र श्री नगेंद्र नारायण सिंह ने बहुत बड़ा शिकार किया था...फंदा उल्टा पड़ा तो अब पिताजी की गुहार मचाई थी...सभी गुम थे, सबका सिरदर्द बढ़ रहा था !

लोकसभा के युवक सदस्य रामसागर राय अपनी छात्रावस्था में मार्क्सिस्ट थे। सुभाष बाबू और स्वामी सहजानंद से आपको राजनीति की आरंभिक दीक्षा मिली थी। '45 तक आप फारवर्डब्लाकिस्ट रहे, तत्पश्चात् नेहरूवादी हो गए। मेधा बड़ी तीव्र थी, समाजवादी शासन व्यवस्था के खिलाफ जहर उगलने में इधर रायजी का यश अच्छी तरह फैल रहा था।...उनकी बुद्धि में बिजली-सी कौंधी तो आगे बढ़ आए और फोन का रिसीवर उठा लिया। जोर लगाकर बोले—हलो ऽ...हलो ऽ...ट्रंक !! हलो ऽ...हाँ, मैं रेवेन्यू मिनिस्टर का प्राइवेट सेक्रेटरी...हाँ, आप कौन ? मिस्टर सेन ? एक्साइज सुपरिंटेंडेंट ? ...हलो ऽ...हलो ऽ...ट्रंक ! कनक्शन अभी तोड़िए नहीं...हाँ, मिस्टर सेन ? हमारे पास इस बात का पक्का सबूत है कि उस ट्रक में गाँजे की एक भी कली नहीं थी, आप लोगों को धोखा हुआ मिस्टर सेन !...मिस्टर सेन, आप हँसते क्यों हैं। यकीन नहीं होता है ?...हलो ऽ...हलो ऽऽ...ट्रंक...अच्छा, लाइन नहीं तोड़िए...अभी आधा घंटा और...

पड़ोसवाला बँगला पब्लिक सर्विस कमीशन के चेयरमैन का था। रामसागर बाबू साहब की कार से वहाँ पहुँचे और फोन से आबकारी महाल के आई.जी. (इन्सपेक्टर-

जेनरल) की मौजूदगी मालूम की। पाँच मिनट के अंदर ही राय जी आई जी के सामने थे।

अपने आका की डाँट-डपट खाकर बेचारे मिस्टर सेन को मान लेना पड़ा कि ट्रक में तंबाकू ही थी, गाँजा नहीं था...और नगेंद्र नारायण सिंह रात को साढ़े बारह बजे पुलिस की हाजत से छुटकारा पा गए। उनकी ट्रक सही-सलामत नेपाल-भारत सीमा के इस पार आ पहुँची।

उतनी रात को देवी जी के आग्रह से आबकारी महकमे के आई.जी. मिस्टर प्रसाद को कॉफी का प्याला लेना पड़ा। चलते वक्त अपने कंधे पर उन्होंने बाबू साहब का ठंडा हाथ महसूस किया। इतनी ही उम्रवाले चाचा की याद आ गई तो बोले हलो ऽ...हलोऽ... एक बज रहा है हुजूर, अब सोएँ जाकर।

तुम्हारा आना क्या रोज-रोज होता है ? हलो ऽ...हलो ऽ...बाबू साहब मुस्कराए तो दयाल बाबू आदि को मुसकराना ही पड़ा। रामसागर बाबू मिस्टर प्रसाद को लेकर चले गए।

हँसी-खुशी अब दयाल बाबू और ललन जी की मंडली भी हाते से बाहर निकली।

सेठ पूनमचंद जी की बड़ी कार 'डि-सोटो' और कुमार साहब की 'शेवर ले' देवी जी-समेत सभी को ले गई।

तीन बजे रात

पिता जी,

इस कोठी में यह मेरी आखिरी रात है। अब कभी मैं आपसे मिल नहीं सकूँगी...मैं सदा के लिए आपसे बिछुड़ रही हूँ...

प्रांत में कोई भी शुभ कार्य नहीं जिसे आपके आशीर्वादों से वंचित होना पड़ा हो। साँड़-सम्मेलन से लेकर साधु-सम्मेलन तक का उद्घाटन आपने किया है। अनाथालय, विधवाश्रम, बहरों-गूँगों का स्कूल, पिंजरा-पोल, वानप्रस्थ आश्रम...जाने कितनी संस्थाओं को आपकी मदद मिलती रहती है। महिला मंगल समाज तो खैर आपका अपना शिशु है। दसियों युवतियों ने आपकी छत्र-छाया में वैधव्य के अभिशाप से छुटकारा पाया है।

लेकिन मैं ?

मेरी तरफ क्या कभी आपने ध्यान दिया ? क्वार की पूनम को मैं छब्बीस वर्ष की हो जाऊँगी ! अट्ठारह की उम्र में शादी हुई। शादी के छः महीने बाद ही हवाई दुर्घटना में उनका देहांत हो गया। इंटर के बाद आपने मेरी पढ़ाई छुड़ा दी। एक बूढ़े पंडित जी रखे गए जिनसे मुझे गीता, रामायण, उपनिषद्, वेदांत आदि पढ़ना पड़ता था...

गत वर्ष तक आखिर मुझे माँ की ममता प्राप्त थी। पिछले दिनों मेरी नकेल आपने चाची जी को थमा दी। माँ वह माधवी की हो सकती है। मेरे लिए तो चुड़ैल से बदतर है यह औरत...

भाई-भाभी को अपनी पड़ी रहती है, उन पर जब आपका ही कोई वश नहीं चलता तो मैं भला किस खेत की मूली हूँ !

इंटर का मेरा एक साथी बंबई में रहता है। हम बीच-बीच में मिलते रहे हैं। एक मिल में वह टेक्नीकल एक्सपर्ट है, छ सौ पाता है... वह आया हुआ है, मैं उसी के साथ जा रही हूँ। विजयादशमी के शुभ अवसर पर हमारी शादी होगी। आपकी हीरक-जयंती हुई, मेरी यह ताम्रजयंती ही सही !

आपकी मृदुला

पुनश्चः

माँ के गहने और पाँच हजार नकद रकम मैं साथ ले जा रही हूँ।

मृ.

मृदुला ने जल्दबाजी में तारीख नहीं डाली। खत को अपनी मेज पर पेपरवेट से दबाकर रख दिया। स्विच आफ होते ही टेबल लैंप बुझ गया।

कोठी के पिछवाड़े होकर नौकरों के क्वार्टर के बगल से वह निकली। हाथ में चमड़े का छोटा-सा सूटकेश था।

सड़क के किनारे बिजली की धीमी रोशनी में मृदुला प्रगट हुई तो पास के नीम की झुटपुटी छाँह में साइकिल-सवार एक युवक आगे बढ़ आया।

सूटकेश को उसने आगे लटका लिया। मृदुला पीछे कैरियर पर बैठ गई।

अगले दिन चार बजे

प्रांत की राजधानी से सुबह-सुबह नौ दैनिक निकलते थे—तीन दो आनेवाले, तीन छ पैसेवाले, तीन इकन्नीवाले...दो अंग्रेजी में, पाँच हिंदी में और दो उर्दू में...

विस्तार से सभी दैनिकों ने हीरक-जयंती की खबरें छापी थीं। समारोह के फोटो भी छपे थे। माननीय घासीराम, राजा साहब और बाबू साहब की तसवीरें अलग-अलग भी शाया हुई थीं।

चार बजे दिन में दो पैसेवाला रोजाना 'बिगुल' निकला करता था। मामूली दुकानदार, फेरीवाले, धोबी, मेहतर, चपरासी आदि इस सस्ते दैनिक को बड़े चाव से पढ़ते थे।

समय पर आज भी 'बिगुल' का हॉकर निकला और चिल्ला-चिल्लाकर अखबार बेचने लगा। मगर आज उसकी आवाज में अजीब गर्मी थी, बल्कि एक प्रकार का उपहास छलकता था...

वह कह रहा था—पढ़िए रोजाना 'बिगुल' ! बेटी ने बाप की नाक काट ली...बाप ने अपनी हीरक-जयंती मनाई तो बेटी ने अपनी ताँबा-जयंती...गहना का बक्सा और हजारों की नकद लेकर चम्पत ! दो पैसे में पढ़िए, रोजाना बिगुल ! पढ़िए...

चिथड़ा-सा वह सड़ियल अखबार धड़ाधड़ बिक रहा था। भद्र लोग भी उत्सुकता

के मारे आज उसे खरीद रहे थे। जो खबर कहीं नहीं छपी थी, उसे कैसे 'बिगुल' के नगर-संवाददाता ने जन-साधारण के लिए सुलभ कर दिया था...

[हंस, 1957]

हर्ष-चरित की पॉकिट एडीशन

सूरज ढल चुका था। आचार्य दिवाकर मित्र और उनके शिष्य दुपहर का विश्राम कर चुके थे। नीरव--निस्पंद मध्याह्न दूर सरक गया था।

पहाड़ की तलहटी में घने जंगलों की चौड़ी मेखला इधर-उधर फैले हुए विंध्य के पठार। चट्टानों के बीच से और पथरीले मैदानों के सीने पर से बहनेवाली बंकिम सरिताएँ। मजबूत बाड़ों से घिरा हुआ विशाल आलम। परिधि के अंदर छोटे-छोटे बीसों पर्णकुटीर।

भिक्षुणी सुनंदा आती दिखाई पड़ी तो राज्यश्री की दासी पत्रलता ने कुटी के ओसारे पर दो आसन डाल दिए और हटकर एक तरफ चली गई।

भिक्षुणी प्रौढ़ा तापसी। कत्थई रंग का चीवरनुमा परिधान। दृष्टि से शांति-शील-संयम छलके पड़ते थे।

ओसारे से नीचे उतरकर राज्यश्री ने भिक्षुणी का स्वागत किया। भूमि पर घुटने टेककर वंदना की तो—स्निग्ध आशीर्वाद मिले।

आसन पर बैठ गईं दोनों

भिक्षुणी ने चीवर के अंदर से छोटी-सी पोटली निकाली, प्रसन्न और गंभीर दृष्टि से राज्यश्री की तरफ देखा, क्षण-भर बाद बोली, "सोचा, बातचीत भी चलती रहेगी और गुरु महाराज का काम भी होता रहेगा। पितोझिया की गुठलियों की यह माला शाम तक जरूर तैयार हो जाएगी। नहीं होगी तैयार ?"

"कितने दाने गूँथ लिये हैं ?" राज्यश्री ने पूछा।

"साठ हो गए हैं", सुनंदा बोली, "बाकी बचे चालीस और आठ।"

राज्यश्री को आश्रमवासिनी भिक्षुणी की यह तत्परता बेहद पसंद आई। अपने पिता राजाधिराज प्रभाकरवर्धन की याद जोरों से कौंध गई, और किस पिता ने अपनी पुत्री को इतना प्यार दिया होगा ? राजकुमार दो थे मगर राजकुमारी तो यह एक ही थी। तापसी पार्वती के वर्णन में कालिदास ने प्रतिभा का जो चमत्कार दिखलाया है, महाराज उसके कायल थे और कुमारी राज्यश्री के मुख से 'कुमारसंभव' के उन श्लोकों का सस्वर पाठ कानों को खूब रुचता था।

राजकुमारी अब वह राजकुमारी नहीं रह गई थी। न वह पहनावा ही था न वे आडंबर ही थे। स्वच्छ-सादे परिधान, आभूषणहीन सहज सौंदर्य, क्षमित-दमित चेष्टाएँ।

पति की मृत्यु के बाद ही राज्यश्री का मन दुनियादारी से हट गया था, लेकिन...

भिक्षुणी को आचार्य का आदेश तो था ही, खुद भी उसे राजकुमारी की संगति भाती थी। अपराह्न में साथ बैठने से दिल बहलता था। राजकुमारी जिन मुसीबतों से निकलकर आश्रम तक पहुँची थी, उनके बारे में अधिक से अधिक मालूम करना तापसी के लिए विनोद भी रहा होगा और बंधुता के अंकुरों की सिंचाई का जरिया भी।

दो दानों की बीचवाली गाँठ को कसते सुनंदा बोली, "महाराज मानेंगे नहीं, शशांक को उसकी करतूतों का मज़ा जरूर चखाएँगे। मगर मैं चाहती हूँ, तुम अभी यहाँ आश्रम में रहकर चार-छह महीने विश्राम करतीं।"

"नहीं आर्ये !" राज्यश्री ने सिर हिलाकर कहा, "भाग्य ने मुझे भारी धोखा दिया है। बड़ी मुश्किलों से भाई को देख पाई हूँ। रत्ती-भर भी भरोसा नहीं था कि दैव मुझे अपने भाई से मिलने देगा। आचार्य के चरणों की अनुकम्पा ही अब मेरा सहारा होगा। भाई ने महामुनि से अनुरोध किया है, जय-यात्रा में हम सभी साथ रहें। यों विधाता तो इधर अनुकूल ही लगता है, परंतु दुष्टों का दमन अच्छी तरह हो चुकेगा, तभी जाकर महाराज के चित्त को शांति मिलेगी..."

गूँथने के लिए एक और दाना उठाकर भिक्षुणी ने राज्यश्री की तरफ देखा। सादे-सफेद रेशमी पहनावे के अंदर चंपई सूरतवाली छरहरी देह जगमगा रही थी। सिर पर जटा-जूटनुमा सादा जूड़ा, गले में बड़े मोतियों की मझोली माला। बड़ी-बड़ी आँखों में करुणा के समुद्र कैद थे। नुकीली नाक आभिजात्य का पहरेदार बन रही थी।

राजकुमारी कहती गई, "मैं यदि साथ नहीं रहूँगी तो महाराज प्रति-हिंसा के मारे न केवल शत्रुओं और उनकी सेनाओं को ही बल्कि छोटे-बड़े बीसों जनपदों को खाक़ में मिला देंगे; निर्दोष-निरपराध जनता के खून से भूमि पंकिल हो जाएगी; अनाथ औरतों और बे-पनाह बच्चों की चीखें शून्य अंतरिक्ष को इस क़दर आलोड़ित कर डालेंगी कि ग्रहमंडल गतिहीन होकर नीचे आ पड़ेंगे। आर्ये, मैं अपने भाई के हाथों यह सब नहीं होने दूँगी ! कभी नहीं, कभी नहीं !!..."

स्वर में तल्खी तो नहीं, मगर गंभीरता जरूर आ गई थी। शांतिप्रिय राजकुमारी के अजेय मनोबल की झाँकी पाकर भिक्षुणी गद्‌गद् रह गई।

देर तक दोनों मौन रहीं। अँगनई में एक दासी ने आकर साँवाँ के दाने बिखेर दिए तो पचासों पण्डुक जाने किधर से आ जुटे ! गुटर-गूँ गुटर-गूँ की आवाज शांति परिवेश को घुँघरू-जैसी ध्वनियों से मुखर बनाने लगी।

तापसी सुनंदा लाल रेशम के धागे में पितोझिया के गुट्ठल दाने गूँथ रही थी और राज्यश्री कुटी के ओसारे से नीचे उतरकर पंडुकों का चुगना देखने में मशगूल थी। अलग चंगेरी में और भी दाने रखे हुए थे। राजकुमारी ने अंजली-भर साँवाँ उठा लिया तो दो-तीन पण्डुक पंख फड़फड़ाते आए और हाथों पर बैठकर चुगने लगे।

उधर से भिक्षुणी बोली, "स्नेह और ममता भी भला क्या अनूठी चीज है !"

"लासा है बहन !" आहिस्ते से राज्यश्री ने कहा, "भूमि और वर्ण के भेदों की

दीवार तोड़कर, बाहरी परिधियों को छिन्न-भिन्न करके प्राणों से प्राण इसी लासा में संपृक्त होते हैं। करुणा और मैत्री के रसायन ही परस्पर जुड़े हुए मन-प्राणों को विश्व-चेतना से मिलाते हैं। संकीर्णताओं से मुक्त नेह-छोह एक ऐसा जादू है, जिससे सृष्टि की जटिलता सरलता में बदल जाती है। व्यक्ति या समूह के प्रति अनायास उमड़ने वाला यह स्नेह ही महा करुणा का बीज हुआ करता है बहन !''

इतने में पत्रलता ने आकर खबर दी, ''महाराज का संदेश लेकर अनुचर सुभूति आया है देवि, आज्ञा हो तो लिवा लाऊँ !''

अनुमति में राज्यश्री का मस्तक हिला, और कुछ क्षणों बाद सुभूति सामने हाजिर था।

मटियाले रंग की पेटी से कसा हुआ ऊँचा चण्डातक, सिर पर लाल लीरे की ढीली गाँठ और पीठ पर फहराते हुए उसके दोनों छोर, डोरे से बीचोंबीच बँधी लेखमालिका (चिट्ठी) जो कपार पर सामने लटक रही थी। शकल-सूरत से काला आबनूस, क़द का ख़ासा ऊँचा। चौड़ा ललाट, छोटी-छोटी आँखें, दबी हुई नाक, मोटे होंठ। शरीर-शोभा का उसका जमुनिया चिकनापन अनायास ही औरों को अपनी ओर खींचे ले रहा था।

घुटने टेककर संदेश-वाहक ने पंचांग प्रणाम किया और सिर से लटकती लेखमालिका खोलकर आसन के निकट रखने ही वाला था कि राजकुमारी ने हाथ बढ़ाकर खुद उसे ले लिया; पूछा, ''छावनी में महाराज सकुशल तो हैं ? अपने-अपने सैन्यबल के साथ सामंतगण तो प्रसन्न हैं ? कुछ मौखिक संदेश भी लाया है क्या ?''

घुटना टेके-टेके ही सुभूति ने संक्षिप्त कुशल-समाचार बतलाए और कहा कि विशेष बातें पत्र से ही मालूम होंगी।

दासी का इशारा पाकर अब वह खड़ा हुआ और अगले ही क्षण कुटियों के हाते के पार चला गया, जिधर घोड़ा बाँध आया था।

पत्र पढ़कर राज्यश्री का चेहरा गंभीर हो गया। पत्रलता सहमी-सहमी खड़ी रही, तापसी की उपस्थिति में अपनी अधिस्वामिनी को टोकने की हिम्मत नहीं होती थी।

सुनंदा के भी मुखमंडल पर संशय का कुहरा छा गया, थोड़ी देर बाद उसने पूछा ही, ''भद्रे, सकुशल तो हैं महाधिराज ?''

जवाब में राज्यश्री का माथा हिला, मुद्रा नकारात्मक नहीं थी। तो फिर ?

—''क्या बात है महारानी ?''

—''कुछ नहीं आर्ये ! सब ठीक है।''

—''फिर गंभीरता कैसी ?''

—''वह तो अब अपना स्वभाव बन गई है बहन !''

सुनंदा का संदेह इस बुझौवल से भला मिटता ही कैसे ! अधूरी माला और पितोझिया के गोटे समेटकर उसने पोटली बाँध ली, उठते-उठते बोली, ''गुरु महाराज को खबर करने जा रही हूँ, अब उन्हें ही बताना कि पत्र में क्या बात थी !''

राज्यश्री असम्भावित रूप में भभाकर हँसी और उठकर पत्र भिक्षुणी को थमा

दिया, कहने लगी, ''साधारण कुशल-समाचार नहीं, यह तो बहुत बड़ा कुशल-समाचार है आर्ये ! आप आश्रमवासियों को तो भला इस खबर से कई गुनी अधिक प्रसन्नता होगी। स्वयं अपनी आँखों से पढ़ लीजिए आर्ये, ठीक कहती हूँ न ?''

थेरी सुनंदा अब तक पाती बाँच चुकी थी। खुशी के मारे आँखें चमकने लगीं। घुटी चाँद पर बायाँ हाथ फेरते-फेरते बोली, ''देवि, दुश्मन आतंकित हो गया है। अब तुम विजित कान्यकुब्ज की निर्वासित महारानी नहीं, बिल्क उत्तरापथ की राजेश्वरी हो। शिलादित्य हर्षवर्धन जैसा परम प्रतापी व्यक्ति जिसका सगा हो, उस बहन के क्या कहने ! तो कल तुम शिविर जा रही हो भाई से मिलने ? गुरु महाराज भी तो साथ जाएँगे। भगवान तथागत तुम्हारा कल्याण करें !''

राज्यश्री को भिक्षुणी का यह प्रवचन अच्छा नहीं लगा, फिर भी कुछ-एक क़दम साथ जाकर वह उसे छोड़ आई।

आयु के हिसाब से तो तरुणाई ही चल रही थी, लेकिन पिछले दो-तीन वर्ष तूफ़ानों के बीच से गुजरे थे। माता-पिता की मृत्यु, शत्रुओं द्वारा बड़े भाई एवं पति का वध, जेल-जीवन, फ़रानी, पागलपन, जल मरने की तैयारी...। लोक-कल्याण के लिए अपना सर्वस्व होम देनेवाले और सभी धर्मों के प्रति सच्ची सहिष्णुता बरतनेवाले वर्धन-कुल में जन्म हुआ, शिव, आदित्य और बुद्ध के प्रति समान आस्थावाले वातावरण में ही चेतना पनपी; बचपन से ही यही एक महात्त्वाकांक्षा दृढ़मूल रही कि भिक्षु संघ से दीक्षा लेकर भिक्षुणी का जीवन बिताएगी। राज्यश्री आसन पर बैठी थी, एक गाल हथेली पर था। सोच रही थी—आह, क्या से क्या होता गया। कन्नौज के यवुक महाराज ग्रहवर्मा की प्राणेश्वरी राजमहिषि ! सिंहासन पर साथ बैठनेवाली ! भाग्यविपर्यय ! और अब माथा मुड़ाने एवं काषाय वस्त्र धारण करने की निरामिष लालसा आजन्म क्या इसी तरह अधूरी रह जाएगी ?

कन्नौज के सिंहासन पर राज्यश्री का अभिषेक धूमधाम से हुआ। शैव और बौद्ध आचार्यों ने मंगल-वाचन किए। स्थाण्वीश्वर के महाराजाधिराज हर्ष ने अपने को कन्नौज का अनुगत घोषित किया। उत्तरापथ के प्रायः सभी राजाओं ने इसी प्रकार की घोषणा की। राज्यवर्धन का घातक गौड़ाधिपति नरेन्द्र गुप्त शशांक अपनी जटिल कूटनीति और हर्ष की सरल शांति नीति की बदौलत क्षमाप्राप्त कर पार्षद् मित्र-सामंत मान लिया गया।

दिवाकर मित्र और हर्ष बीच-बची में कन्नौज आते रहते थे। अत्यंत विश्वासपात्र बालसखा भण्डि अब महाबलाधिकृत बना दिया गया था। कपटी शशांक की दुरभिसंधियों का पता लगाने के लिए चरों के गिरोह पूर्वी भारत के स्थान-स्थान पर सचेष्ट थे।

एक दिन राज्यश्री ने हर्ष से कहा, ''भाई, आपने अपनी छोटी बहन से तो अ-करणीय भी करवा लिए लेकिन...''

—''हुँ !'' हर्ष मुस्कुराकर रह गए।

—"नहीं, मैं अबकी नहीं मानूँगी। मैं सोच भी नहीं सकती कि वर्धन-वंश का इस प्रकार अकारण ही उच्छेद् हो जाए!"

हर्ष मुस्कुराते रहे, थोड़ी देर बाद बोले, "बस चार-छह साल और बीतने दो श्री ! फिर अपन दोनों त्रिरत्न की शरण में चले जाएँगे। अभी दक्षिणापथ की जय-यात्रा शेष है, और तुम वंश के उच्छेद् की बात करती हो ? शील ही सत्पुरुष का पुत्र होता है, कीर्ति ही उसकी कन्या होती है। परिणामदर्शी बनो बहन, छोटी-छोटी बात पर जिद न करो !"

बहन आहिस्ते से बोली, "समझ नहीं पा रही हूँ कि प्रजातंतु के उच्छेद् की आशंका से यदि कोई प्रस्ताव आपके सामने रखा गया तो वह परिणामदर्शिता के खिलाफ कैसे पड़ा ?"

भाई ने गंभीर मुद्रा में उसकी तरफ देखा, वह मौन रही। दो युवती दासियाँ दोनों को चँवर झल रही थीं। गठीला बदन, साँवली सूरत। नाक-नक्शा बढ़िया। घुटनों तक लंबा पूरी बाँहों का छींट का चोगा।

राज्यश्री का पहनावा लेकिन निहायत सादा, एक भी आभूषण नहीं था शरीर के किसी भी हिस्से पर। सिर के बाल दो अंगुल बड़े थे। ऊपर श्वेत कौशेय का साधारण चोगा, नीचे रेशम का ही सफेद घाघरा।

हर्ष के काकपक्ष काले घुँघराले थे। इस वक्त वह राजभेष में नहीं थे। तो भी गले में मोतियों की एकलड़ी माला पड़ी थी। बाँहों में रत्नजटित स्वर्ण-केयूर थे। पश्मीने के महामूल्य पीले दुकूल की हंस-छापवाली लाल किनारियाँ दूर से ही आकर्षक लगती थीं। नीचे धोती कौशेय की और नीलाभ थी, किनारी पत्रावली स्टाइल में बैंगनी रंग की थी।

थोड़ी देर बाद हर्ष ने कहा—"मुझे इन राजाओं और राज्यों से घृणा है, राजा के रूप में तो मुझे अपने आप से भी घृणा है। साम्राज्य की तुच्छता प्रमाणित करने के लिए ही मैंने कन्नौज की मातहती कबूल की।"

—"और एक विधवा राजकुमारी का सम्राज्ञी पद पर अभिषेक करवाया।"

—"हाँ, यह सब कुछ इसलिए ! फिर भी दुष्ट राजाओं को मेरी नीयत पर यकीन नहीं आता !"

लंबी साँस खींचकर राज्यश्री बोली, "वे कभी आपको फँसा मारेंगे और..."

द्वारपाल आकर सामने खड़ा हो गया, म्यान से तलवार खींचकर उसे धरती से दो बार छुआकर सम्मान प्रदर्शित किया और बोला, "जय हो सम्राज्ञी की ! जय हो महाराज की ! महासेनापति भण्डि और महामात्य माधवगुप्त सेवा में उपस्थित होना चाहते हैं।"

"लिवा लाओ !"

कुछ ही क्षणों के अंदर दोनों हाजिर हुए। दस्तूर मुताबिक सलामी दी। दोनों तरफ से सामान्य कुशल-परिपृच्छा के बाद माधवगुप्त बोला, "महाराज, आपकी यह करुणानीति

कहीं सफल नहीं होगी...''

''क्यों भला मामाजी ?'' राज्यश्री ने बीच में ही पूछ लिया तो मावधगुप्त ने हाथ उठाकर कहा, ''पहले पूरा संदर्भ तो सुन लो, फिर बताऊँगा क्यों और कैसे !... हमें गुप्तचरों से पता चला कि दो विषवैद्यों को भिक्षु की भूमिका में शशांक ने इधर रवाना किया है। उन्हें काशी और प्रयाग के बीच गंगा के किनारे हमारे सैनिकों ने पकड़ लिया। डर के मारे फिर उन विषवैद्यों ने हत्या की अपनी सारी योजनाएँ हमें बतला दीं।...''

अनिष्ट की आशंका से राज्यश्री का चेहरा फीका पड़ गया। आवेग में वह बोली, ''शशांक महानीच है, हमारे महासेनापति से किस तरह भोली-भाली मुद्रा में बता रहा था—बल्कि अपने आप दोनों कान छूकर कह रहा था : महाराज, राज्यवर्धन की हत्या—मालवराज द्वारा नियुक्त विषकन्या ने की थी। उस रात, अपनी जवानी में शायद पहली ही बार महाराज थोड़ी मात्रा में मदिरा पी गए...कैसी रंगीन झूठ गढ़ी थी महादुष्ट ने !''

—''रहने भी दो !'' हर्ष ने बहन को तो चुप कर दिया, मगर भण्डि की तरफ देखने लगे।

कक्ष के अंदर आते ही दोनों भली-भाँति अलग-अलग आसंदी पर बैठ चुके थे। भण्डि भी इस समय सैनिक परिधान में नहीं था। जुल्फें थीं, गले में सोने का कंठा था, बाँहों में केयूर थे और कटि की मेखला निचले कौशेय को कसे हुए थी। वक्ष और कंधों पर वीरता के सबूत—घावों के निशान—चमक रहे थे।

भण्डि ने कहा, ''महाराज, हम कई बार शशांक की प्रवंचना के शिकार बन चुके हैं। राज्यवर्धन की हत्या के बारे में अपनी डींग हाँकते लोगों से उसने कहा है : 'वह राजनीति का ककहरा भी नहीं जानता था।' आपकी शांति-नीति का भी वह मखौल उड़ाता है। कब तक हम इस तरह बेवकूफ़ बनते रहेंगे महाराज ?''

—''बस, महासेनापति बस ! अब शशांक के विषदंत तोड़कर हम दम लेंगे। अपनी इस बहन का माथा छूकर शपथ लेता हूँ कि गौड़ाधिप शशांक के राजनीतिक जीवन का अंत करके लौटूँगा। कूच की तैयारी करो मित्र ! और माधवगुप्त, तुम आचार्य दिवाकर मित्र के पास स्वयं ही जाओ। जय-यात्रा में साथ चलने का मैंने उनसे अनुरोध किया था और आर्य मान भी गए थे।''

राज्यश्री इस निर्णय से बेहद प्रसन्न दीख रही थी। उसने माधवगुप्त से कहा, ''मामा, हमारी पत्रलता भी आपके साथ आचार्य के आश्रम तक जाएगी। आर्या सुनंदा से अनुरोध करेगी कि मुझ पर कृपा करें और कम से कम चार महीने यहाँ कन्नौज के संघाराम में बितावें।''

[ज्ञानोदय, अगस्त 1957]

मनोरंजन टैक्स

मैट्रिक की परीक्षा हो चुकी थी।

जिला स्कूल के हाते से निकलकर रतन सीधे बासा पर पहुँचा, शीतल लॉज।

बाकी साथी उसी रोज शाम की ट्रेन से झंझारपुर चले गए तो रतन दुबारा आकर बुकस्टाल के सामने खड़ा हुआ।

काउंटर पर एक ओर साप्ताहिक और दैनिक सँभालकर रखे थे। दूसरी ओर पचासों मासिक पत्र जगमगा रहे थे। निगाहों के ठीक आगे चटकीली टाइटिलवाले सस्ते उपन्यासों की भरमार थी...

काउंटर और स्टाल के दर्म्यान, स्टूल पर एक नौजवान बैठा था। करीब ही 'मनोहर कहानियाँ' के खुले पेज पर सिगरेट की अधखुली पैकेट पड़ी थी।

रतन ने ईर्ष्या की नजरों से उस नौजवान को देखा : वाह, कैसी अच्छी नौकरी पा गया है ! कमाई भी, ज्ञानार्जन भी और मनोरंजन भी ! कितना पाता होगा ? पचास से ज्यादा ही मिलता होगा...लेकिन पढ़ने की किताबें खूब मिलती होंगी...नहीं ? बुक-स्टाल की सर्विस 'नौकरी' थोड़े कहलाएगी, यह तो ज्ञानगंगा का नहान है...

रतन के जी में आया कि उस नवयुवक से दोस्ती गाँठ ले। महीने में दो-चार उपन्यास जरूर वह दे दिया करेगा...हाँ, हाँ, रतन उन्हें सँभालकर रखेगा और जल्दी-जल्दी पढ़ लेगा और एक-एक किताब वापस करता जाएगा...

रतन अपने 'श्रीधर उच्च आंग्ल विद्यालय' की लाइब्रेरी से ले-लेकर सैकड़ों किताबें चाट चुका था। पहले बाल कथाएँ, फिर किशोरोपयोगी साहित्य, फिर सामान्य जीवनियाँ...प्रेमचंद की 'रामकथा' देखी थी...काका कुटिया, आनंदमठ, चंद्रनाथ, रात पागल हो गई...उपन्यास भी पचास से कम नहीं पढ़े होंगे।

पिछले आठ-दस महीनों से पढ़ने की प्यास दबी पड़ी थी, अब फूट पड़ी।

ननिहाल में बड़े मामा के पास अपना घरेलू पुस्तक-संग्रह था, जिसमें एक भी ताजा प्रकाशन नहीं था...तिलक का गीता रहस्य, वियोगी हरि का ब्रजमाधुरीसार, सरस्वती और माधुरी के पाँच-सात फटे-पुराने अंक...अंग्रेजी और संस्कृत की ही किताबें ज्यादातर थीं।

पिता टूटे हुए जमींदार की खस्ता इज्जत ढोते चले आ रहे थे। माँ साक्षरमात्र थीं। उनका काम रामायण, भाई के पत्र बहन के नाम, मनोरमा की जिल्दबद्ध कुछ-एक फाइलें, चिकित्सा-चंद्रोदय और गृहलक्ष्मी-विनोद जैसी स्थाई साहित्य से ब-खूबी चल जाता था।

भइया और भाभी डाल्टनगंज रहते थे। मगर उनके पास तो रतन के लायक छपे कागज का एक भी टुकड़ा नहीं होता। भइया को फिल्मी पत्रिकाओं का और भाभी को रेडियो से हल्के-हल्के गीत सुनते रहने का शौक था।

गाँववालों ने कभी 'जवाहर पुस्तकालय' चालू किया था। दो ही तीन साल बीते

थे कि गुटबंदी की चपेट में पड़कर उत्साह का स्रोत क्षीण पड़ गया, लेकिन गाँव के अंदर दो साईनबोर्ड और भी टँग गए—'जनता पुस्तकालय' और 'राष्ट्रीय वाचनागार'।

थे कुछ कारण, जिनके चलते रतन को अपनी बस्ती की एक भी लाइब्रेरी पसंद नहीं थी।

तो फिर ?

तेज-तर्रार और पढ़ाकू छात्र है रतन। पास तो हर हालत में कर ही जाएगा। सेकेंड भी आ सकता है, फर्स्ट भी।

मगर रत्ती-भर भी परेशानी नहीं है रतन को—वह अपनी इस परीक्षा के सु-परिणाम की ओर से सर्वथा आश्वस्त है...

हाँ, परेशानी है तो बस एक ही बात को लेकर ! दो-ढाई महीने का यह वक्त कैसे कटेगा ? कहाँ से आएँगी किताबें ? न हो तो भूदान-ग्रामदानवालों की पद-यात्रा दल में ही शामिल हो जाए...या फिर कलकत्ता जा धमके बहनोई की छाँह में...या फिर...

इसी बीच समस्तीपुर और सीतामढ़ी की ट्रेनें आ गईं। प्लेटफार्म नं. एक और दो खचाखच भर गए। फेरीवालों का शोर-शराबा कानों के पर्दे फाड़ने लगा।

देर तक खोई-खोई-सी स्थिति में रतन आगे खड़ा रहा था। बुक-स्टालवाला जवान बोला—क्या लेना है आपको ?

—'कहानी' है, यहाँ ?

—नहीं, मगर आप 'माया' ले सकते हैं।

—दीजिए !

—और कुछ ?

—जी नहीं...

रुपए की बाकी रेजकी वापस पाकर रतन काउंटर पर झुक गया और 'फिल्म फेयर' का कवर देखने लगा।

शनीचर की शाम थी। ब्लिट्ज़, शंकर्स वीकली, धर्मयुग, साप्ताहिक हिंदुस्तान ...कई साप्ताहिकों के ताजा बंडल अभी-अभी खुले थे। उनकी खपत भी हो रही थी।

रतन की आँखें अब भी श्याम पर गड़ी थीं।

बुक-स्टालवाले युवक को शरारत सूझी। झुककर रतन के कान में बोला—बरफ का गिलास है बाबू साहब, इकन्नी लगेगी !

—सिरिफ कवर देखने के वास्ते !

चुलबुली तबियत के एक बंगाली बाबू ने खिलखिलाकर कहा और साप्ताहिक 'देश' लेकर सेकेंड क्लास कंपार्टमेंट की निर्मली बोगी की तरफ बढ़ गए।

यह विनोद रतन को अच्छा लगा। उसने पानवाले को पास बुला लिया।

दो बीड़े पान मुँह के हवाले करके युवक बोला—तीन नए पैसे हमारे बाकी रहे।

रतन को हँसी आ गई, पानवाले से मीठा मसाला लेकर इकन्नी निकाली। युवक

से कहा—भाई, घबड़ाइए नहीं, कभी न कभी आपके दो पुराने पैसे वसूल हो ही जाएँगे।

वस्तुतः उन दोनों के बीच यह मित्रता का सूत्रपात था।

आगे वे बराबर मिलते रहे।

बुक-स्टालवाला युवक फैजाबाद का रहनेवाला था। इंटर तक की शिक्षा थी उसकी। मगर रतन के लिए वह 'दत्तात्रेय के चौबीस गुरुओं में से एक' साबित हुआ !

सबसे बड़ी देन रतन के लिए उसकी यही थी कि पत्र-पत्रिकाएँ या किताबें मुफ्त में पढ़ लेने की बुरी लत का शिकार वह नहीं हो पाया...

दस आने जाने के, दस आने वापसी के, महीने में एक बार सवा रुपया खर्च करके रतन अपने फैजाबादी मित्र से मिल आता है। हर महीने पाँच रुपए का साहित्य खरीदकर पढ़ने का उसका संकल्प कालेज जीवन के अंतिम दिनों तक अ-खंडित रहेगा।

फिल्मफेयर का कवर रतन अब भी देख लिया करता है, लेकिन इकन्नी का मनोरंजन टैक्स उसी वक्त अदा कर देता है—दोनों मित्र पान खा लेते हैं।

[पुस्तक जगत, सितंबर 1958]

आसमान में चंदा तैरे

पद्मानंद आखिर दूसरी दफ़े भी फेल हो गया।

सालियों और सालों से भरे-पूरे परिवार में ब्याह हुआ था। पत्नी सातवीं श्रेणी तक पढ़ी-लिखी थी। ससुर जिला स्कूल में गणित के शिक्षक थे। बाप काश्तकार और मामा डिविजनल टाउन के प्रमुख संवाददाता।

बुद्धि मंद नहीं थी, लेकिन अकेली बुद्धि ही बेचारी क्या करती ? जमकर पढ़े नहीं तो छात्र क्या ?

कोशी के पूर्वी क्षेत्रवाले अपने इलाके के एक हाईस्कूल से मैट्रिक कर लेने के बाद पद्मानंद इस कालेज में आया था। खूबसूरती, गले की मिठास और कवित्व शक्ति उसे विद्यार्थियों की आम जमात से बाहर ले आई। वह कवियों के पीछे-पीछे दिखाई देने लगा।

लीलाधर स्वयं एक अच्छे कवि थे और किशोरों पर उनकी खास कृपा रहती थी। नई पीढ़ी का जो भी खूबसूरत प्रतिभाशाली रहनुमाई के लिए उनसे एक बार मिलता था, बढ़िया-सा एक उपनाम पाकर निहाल हो जाता था।

और पद्मानंद को तो लीलाधर जी ने अपनी भंग भवानी का भी उपासक बना लिया था।

आई.ए. के प्रथम वर्ष में यह नवीन कलाकार सात कवि-सम्मेलनों में शामिल हुआ; द्वितीय वर्ष उसने चौंतीस उत्सवों में कविता-पाठ किए। बी.ए. प्रथम वर्ष में रहते समय वह बावन जगहों में गा आया और चौथे वर्ष में यह संख्या सत्तर को पार कर गई...

कवि लीलाधर की राय थी कि मनोरंजन के पुराने उपादान अब फीके पड़ गए हैं, मनोरंजन का सबसे ताजा और नया साधन यह कवि-सम्मेलन ही तो है। आए दिन मिनिस्टर-गण सांस्कृतिक सम्मेलनों का उद्घाटन और सभापतित्व करते ही रहते हैं, परंतु इन आयोजनों में चार चाँद तभी लगते हैं जब चार-छै कवियों का सहयोग मिलता है...और सिनेमा ? कै जने देख पाते हैं सिनेमा ?

लीलाधर दरअसल अपने नगर के नौसिखुआ कवियों के मेट थे। पुस्तकालय संघ, आर्य समाज, मारवाड़ी सभा, मैथिल सभा, कांग्रेस कमिटी, प्रजा सोशलिस्ट पार्टी, जनसंघ, रामराज परिषद् आदि संस्थाओं के थाना-सम्मेलन, डिविजनल सम्मेलन, जिला सम्मेलन होते रहते थे। सूबा-साहित्यकारों में से एक-आध को बुला लिया तो बुला लिया, वर्ना लीलाधर जी की मंडली को ही आयोजक याद करते थे। इंटर का किराया और दस-दस, पाँच-पाँच की विदाई...चाय, मुख्तसर नमकीन और मिठाइयाँ, मध्यकोटि का भोजन, पान-सिगरेट...एक-एक मामूली माला...बस ! वह हँसते-गुदगुदाते तीसरे दर्जे में ही बछेड़ों को ले जाते और वापस भी आते उसी तरह।

विदाई की रकम में से दसवाँ और कभी-कभी पाँचवाँ हिस्सा उन्हें 'जलपान' के लिए देते थे। जगह-जगह का पानी कलाकारों का गला खराब करता तो 'पेप्स' की शीशियाँ खरीदते, रात को दही नहीं खाने देते थे। बड़ा खयाल रहता था लीलाधरजी को अपनी जमात का !

मगर दूसरी बार भी पद्मानंद फेल हुआ, तो उसके अभिभावक चौंक उठे।

साथियों को पहले से ही पता था। अंग्रेजी में कमजोर, हिंदी में कमजोर, इसमें कमजोर, उसमें कमजोर ! यों हिंदी अच्छी लिखता था, अंग्रेजी में भी पहले काफी नंबर उठते थे, लेकिन अभ्यास की कमी गुड़ को गोबर कर रही थी।

कांता, पत्नी, अफ़सोस में पड़ गई कि लोग पद्मानंद की असफलताओं के लिए उसे ही जिम्मेवार ठहराएँगे।

रात के समय एकांत पाकर उसने कहा—यह क्या हो गया ?

पद्मानंद की उँगलियाँ कांता की उँगलियों में गुथी हुई थीं, इस जिज्ञासा की कड़वी-कसैली भाफ ने उनके कर-कमलों की मनोरम पंखरियों को मानो झुलसा दिया। और वे अलग-अलग हो गईं।

लेकिन वह बोला नहीं कुछ।

कांता ने पति की आँखों में आँखें डाल दीं।

पद्मानंद की आँखें दृष्टिशून्य थीं, मन कहीं और गोता लगा चुका था। हाथ ढीले पड़े थे।

उसकी यह दशा देखकर कांता सहम गई।

कुछ देर गाल से गाल सटाए रही, फिर स्नेहसिक्त शब्दों में कहा—तुम्हें किसने क्या कहा है ?

अब भी किशोर कवि का मौन अखंडित रहा।

—मेरी कसम !—वह गोद में पड़ गई।

—बताऊँ ?

—कहो !

—नाराज तो न हो जाओगी ?

—उँहुँक !

अब पद्मानंद खुलकर बोला—जब से रिजल्ट निकला है, मैं यही सोचता हूँ कि...

ठुड्डी छूकर कांता ने कहा—बोलो न, रुक क्यों गए ?

—सोचता हूँ कि मैं तुम्हारे लायक नहीं था।

उसने बिजली की फुर्ती से पति के मुँह पर हाथ रख दिया और उठ बैठी। कुछ कहा नहीं, सिर्फ देखती-भर रही। दृष्टि बड़ी बेधक थी वह।

पद्मानंद का साहस नहीं हुआ कि उन निगाहों को बर्दाश्त कर ले जाए।

कांता ने कहा—ऐसे नहीं, यों...

पति की नजरों के लैंस को उसने अपनी आँखों के आमने-सामने किया—हाँ, यों...मेरी ओर ताकते रहो ! समझे ?

अपराधी की मुद्रा में पद्मानंद कांता की तरफ देखता रहा।

उसके दोनों कंधों पर अपने दोनों हाथ रखती हुई वह बोली—पास नहीं करोगे, मैं जानती थी। पर इसका मतलब यह नहीं कि तुम्हें हिकारत की निगाहों से देखती हूँ। तुम नहीं तो और कौन मेरे लायक होगा ?

कांता की बड़ी-बड़ी आँखों में आस्थासूचक प्रश्न तैर रहा था। कुछ क्षण बाद उसने कहा—गुरुजी-गुरुजी कहकर रात-दिन जिनकी पूजा करते हो, उनको तुम्हारे फेल होने का रत्ती-भर भी दुख नहीं हुआ होगा, मैं यह भी जानती थी...

दो रोज बाद ही फिर किसी कवि-सम्मेलन में उसे जाना था। यह बात पद्मानंद अभी हजम कर गया। उलटे, अपने कवि गुरु श्री लीलाधर की तरफदारी करने लगा—नहीं, उन्होंने तो एक जून खाना भी नहीं खाया ! तुम कहती क्या हो ?

भौंहें तानकर नजरें नचाकर और दाएँ पंजे को आधी सर्किल में घुमाकर कांता ने कहा—हुँः ! खाना तो एक जून नहीं खाया होगा, मुदा लोटा-भर भंग चढ़ाकर दो सेर दही और आधा सेर चीनी जरूर चढ़ा गए होंगे !

पद्मानंद के पास अब प्रतिवाद के शब्द नहीं थे !

गर्मियों में इस बार वह पटना और कलकत्ता का चक्कर मार आया। रेडियो प्रोग्रामों में नाक घुसेड़ने की कोशिश विफल रही, तो दो-एक दादा साहित्यकारों के यहाँ उठक-बैठक करने लगा। वजन जब चार पाउंड कम हो गया तो घर की तरफ रुख करना ही पड़ा।

पिता और मामा, ससुर और साले, सभी कवि लीलाधर को कोस रहे थे—इतने अच्छे लड़के को चौपट करके छोड़ दिया !

लड़का अपनी किस्मत को कोस रहा था, अपनों में से कोई भी तो मेरी प्रतिभा का सम्मान करता !

गार्जियन ने तीसरी दफे परीक्षा में फिर नहीं बैठने दिया। घरवालों से बिना पूछे ही बबुआ ने गंधर्व विवाह किया था, लड़कीवाले साफ निकल गए थे। लीलाधरजी को चुपके 100) की नगदी थमा दी थी, क्योंकि नौ तरुण कवियों की रचनाओं का संकलन 'नवरत्न' उन्हें निकालना था। किसी दुष्ट ने चुगली करके पद्मानंद के मामा को चौकन्ना बना दिया था।

गौने के बाद पद्मानंद का समय घर पर ही बीतने लगा।

तीन मील पर डाकखाना। बारह मील पर रेलवे स्टेशन और बाजार। चौबीस मील पर सब डिविजनल टाउन।

आठ-दस गीत साप्ताहिक 'सन्मार्ग' में छप चुके थे।

कांता इकलौते की बहू थी, सास और ससुर दोनों उसे लक्ष्मी मानते थे। अगले ही जाड़ों में उसकी कोख से लड़का जनमा, तो समूचा घर खुशियों में उतराने लगा।

'दर्पण' की प्रेस-कापी तैयार हो चुकी थी, 250) रुपए चाहिए थे। पद्मानंद ने अनशन की धमकी दी, तो पत्नी ने पचास नकद और सोने के हल्के-मझोले चार-छै गहने उसके हवाले कर दिए—लो, लेकिन छै महीने के भीतर वापस नहीं किए, तो अम्मा मुझे घर से निकाल बाहर करेंगी...

—तीन ही महीने में वापस कर दूँ, तो ?

पति के मुँह को हथेली से मूँदते हुए कांता ने कहा—यह कैसी लत लग गई है बात-बात में कसम खाने की ? छीः !

पद्मानंद सीधे मुजफ़्फ़रपुर पहुँचा। गुरुजी से मुलाकात करता और भूमिका लिखवाता आया था। अपने परिचित सुनार के यहाँ उन्होंने गहने गिरवी रखवा दिए थे। कुल रकम 145) पास में थी।

प्रेसवालों ने 48 पेजी किताब की जो लागत बतलाई, वह इस प्रकार थी--

कागज	36)
छपाई कंपोजिंग	75)
कवर की डिजाइन	25)
कवर ब्लाक	15)
सिलाई-कटाई	6)
	157)

सौ रुपए प्रेसवालों के हवाले करके पद्मानंद की आधी परेशानी दूर हुई। सरियागंज की एक धर्मशाला में डट गया, तो समूची किताब प्रेस से निकलवाकर ही दम लिया।

कुल रकम चुकता नहीं हो सकी, प्रेसवालों ने 'दर्पण' की 700 प्रतियाँ रोक लीं।

कवि जी 300 प्रतियों का अपना बंडल लेकर प्रेस के हाते से बाहर निकले।

अब वितरण की बारी आई।

बाईस प्रतियाँ मुजफ्फरपुर के कवियों-प्रोफेसरों को, 55 दरभंगा के मर्मज्ञों को। 125 प्रतियाँ बाहर भेजी गई, पत्र-पत्रिकाओं और विद्वानों के नाम। 25 प्रतियाँ रखकर बाकी माल कई शहरों के बुकसेलरों को उधार थमा दिया गया।

इतना-सा धंधा तीन महीने पी गया, तो कांता चौंक उठी।

उसने तक़ाजे शुरू किए। गहने सास की नजर से बचाकर दिए थे न ! बिक्री से अब तक 7।॥) मात्र आए थे। मगर इससे दुगुनी रकम तो बाहर भेजने का डाक-खर्चा पड़ा था।

पिता और चाचा की कुढ़न के क्या कहने ! लड़के से उन्होंने क्या आशा की थी और वह क्या बन रहा था !

लीलाधर जी इधर, ग्राम-समाचार के संपादक हो गए थे। हर सप्ताह पद्मानंद का गीत उसमें छपता था। कवि टापू में कैद था।...टूटे-घिसे टाइपों और घटिया स्याही में छपे वीकली के ये छहपेजी बेचारे के लिए भारी राहत थे। पीछे 'मिथिला-सेवक' भी जाने लगा। रचना के लिए भी माँग आने लगी।

यह सब था, मगर कांता नहीं मान रही थी।

किसी तरह दो महीने और कटे।

इसी बीच मुजफ्फरपुर से प्रेसवालों की तीन-चार चिट्ठियाँ आईं, हमारी रकम भेजिए और अपना माल मँगवा लीजिए। गोदाम की सफाई होनेवाली है...

पद्मानंद की नींद उड़ गई। चिंता प्रेसवालों की उतनी नहीं थी, जितनी कांता के गहनों की। अब क्या हो ? कविवर लीलाधर खतों में बाकी दस बातों का जवाब लिखते थे, लेकिन इस सवाल पर चुप्पी साधे हुए थे। 'नवरत्न' की योजना के वक्त दी हुई अपनी रकम पद्म वापस चाहता था। गुरुजी ने इस पर स्थितप्रज्ञ की भाषा में लिखा, घबराने से तो काम नहीं बनेगा ? सन् 1960 ई. तक यह संकलन अवश्य निकल जाएगा। तब तक तुम लोगों की दस-पाँच अमर रचनाएँ और आ लेती हैं...अभी जल्दी क्या है...

बाहर से कुछ सम्मतियाँ आ पहुँची थीं। सहरसा जाकर मित्रों को पद्म सब सुना आया। कांता ने सुना तो जरूर, मगर दिलचस्पी नहीं ली। बेचारी के दिमाग में वे गहने नाच रहे थे...

प्रकाशन की तारीख को अब छह महीने हो चुके थे।

आखिर कवि एक रोज निकल पड़ा।

सहरसा और दरभंगा के जिलाबोर्डों के अधिकारी अगर 50-50 प्रतियों का आर्डर दे दें, तो सत्तर-पचहत्तर रुपए निकल आएँगे। दस-बीस की रकम कह-सुनकर बुकसेलरों से ले ली जाएगी। प्रेस का भी हिसाब साफ होगा और बाकी कई काम भी होंगे।

सहरसा अपना जिला ठहरा। अपने जिलाबोर्ड से तो पद्मानंद को काफी उम्मीद थी, लेकिन कई दिनों की प्रतीक्षा के बाद भी चेयरमैन साहब के दर्शन नहीं हो पाए।

फिर वह गाड़ी पकड़कर मानसी जंक्शन की तरफ बढ़ा।

मानसी से ब्रांच लाइन की ट्रेन से समस्तीपुर। बड़ी भूख लगी थी। कुलबुलाती आँतों ने मजबूर कर दिया, तो वह प्लेटफार्म पर खाने की कोई चीज ढूँढ़ने लगा।

मर्करी लाइट के डंडों की वजह से रात रात-सी नहीं लग रही थी, नीलाभ ज्योति का वह प्रसार पद्मानंद को खूब ही मोहक मालूम हुआ। सामान के नाम पर उसके पास छोटा-सा एक बैग और दरी में लिपटा हुआ तकिया-भर था।

इतने में सामने आकर खोमचावाला बैठ गया।

—चना-भाजा !

—चना-भाजा खाइए !

—गरमागरम, झाल, नींबू निचोड़ा हुआ...

देखते-देखते गाहकों ने खोमचे को घेर लिया।

पद्म ने भी दो आने का लिया। दो ही मिनट में फाँक-फूँक गया। वाक़ई, खोमचेवाले ने उस्तादी हाथ पाया था। भूँजे की आठ-दस किस्मों को टिन के छोटे डिब्बे में डाल लेता था। ऊपर से नमक, काली और लाल मिर्चों की बुकनी, अमचूर, सरसों का तेल छोड़कर देर तक डिब्बे को झकझोरता रहता। इस तरह तैयार चना-भाजा काग़ज़ पर जब गाहक तक पहुँचने लगता, तो ऊपर से नींबू की दस एक बूँदें टपका दी जातीं।

स्वाद के उस विधाता पर कवि निछावर था।

—दो आने का और !

—लीजिए, बाबू !

पेट में थोड़े-से दाने पड़ चुके थे। कवि की चेतना ने अबकी चना-भाजा के साथ ही रद्दी कागज के उस टुकड़े पर, उस पर छपी पंक्तियों पर गौर फर्माया...

पहली लाइन थी, आसमान में चंदा तैरे...

पद्मानंद का माथा ठनका। आर्डर देकर तैयार करवाया हुआ जायकेदार वह भूजा-मिक्स्चर उसे शून्यमय प्रतीकों का कंकड़-टीला-सा लगा।

यह कवि के सद्यः प्रकाशित अपने उसी संकलन 'दर्पण' के 13वें पेज की प्रथम पंक्ति थी !

आखिर जी को उसने कड़ा कर लिया और वहीं धम्म से बैठ गया। चना-भाजा नीचे गिरकर फैल चुका था। तेल और नींबू की बूँदों से भीगी कागज की टुकड़ी पद्म के घुटने पर पड़ी थी। उस पर तिरछे टाइपों में छपी 9 पंक्तियाँ जगमगा रही थीं।

भूख-प्यास काफूर हो गई थी, स्थान और काल का भेद मिट चुका था। अपनी प्रिय रचना की यह एक-एक लाइन कवि को अंगारों की माला मालूम हो रही थी—

आसमान में चंदा तैरे
दिल में तैरे रानी

नील कमल की पंखड़ियों पर
ढुल-ढुल तैरे पानी
जाती हो तो सुनती जाओ
सुमुखी, मर्म की बातें
याद रहेंगी अमराई की
चितकबरी ये रातें
—करना माफ कसूर !

मतलब यह कि 'दर्पण' की सात सौ प्रतियाँ मन-पसेरी के भाव कबाड़ी के हाथ बिक चुकी थीं। प्रेसवालों ने अपना गोदाम साफ करवा लिया था।

पद्मानंद को ऐसा लगा कि वह आदमी नहीं है, कूड़ा-कर्कट का चलता-फिरता ढेर है। लीलाधर जैसा धूर्त कुत्ता इस ढेर पर बैठा है। कवि को लगा कि उसका हृदय हृदय नहीं, बल्कि रद्दी कागज की लुग्दी है। इस लुग्दी से कुकुरमुत्ते के अँखुएँ निकलते रहते हैं और लीलाधर-जैसा सूअर उन्हें चरता जाता है।

घंटा-भर वह उसी प्रकार मन मारे बैठा रहा।

छुटकारे की तदबीर सोचते-सोचते एकाएक पद्मानंद का अंतर्मन भास्वर हो उठा...वह आगे कभी कविता नहीं रचेगा। वह पढ़ाई को फिर से चालू करेगा। वह भूलकर भी अब लीलाधर के फेर में नहीं पड़ेगा ! भावनाओं के ज्वार बे-सँभाल हो उठेंगे, तो पद्य में नहीं, अब वह उन्हें गद्य में बाँधेगा ! एम.ए. किए बिना अब घर नहीं लौटेगा ! ट्यूशन करेगा और अपना खर्च चलाएगा। अगले छह महीनों के अंदर ही वह कांता को नए गहने बनवा देगा...

अगले ही क्षण पद्मानंद उठ खड़ा हुआ और मुसाफिरखाने से हावड़ा का टिकट कटा लाया।

[कहानी, जून 1958]

भूख मर गई थी

इर्द-गिर्द भीड़ जमा हो आई थी।

चाय-बिस्कुट की मामूली दूकान।

छोकरा नौकर निर्लिप्त भाव से पंखी झल रहा था—पत्थर-कोयले की आग को दहका रहा था।

भट्ठीनुमा चूल्हे पर बड़ी केतली। टोंटी से जोरों में भाप निकल रही थी।

पास ही छोटे-बड़े टेबुलों पर 5-7 गिलास काँच के थे। चीनी का डब्बा। चाय की कार्ड-बोर्डवाली लाल डिब्बी। कप और तश्तरियाँ।

जरा हटकर लोग जमा थे, बीस-पच्चीस से अधिक तो क्या रहे होंगे। सभी उमर के। बसों की प्रतीक्षा करते हुए मुसाफिर लगते थे।

एक अर्धनग्न बूढ़ा लेटा पड़ा था, बेहोश।

सभी उसे घेरकर खड़े थे।

अच्छा भला 'गुलजार' बस स्टैंड था वह। सरकारी परिवहन का अड्डा। राँची-गया, पटना-नवादा-शेखपुरा, धनबाद-बिहार शरीफ...आती-जाती कितनी रूटों का अति मुखर जंक्शन। हर दस मिनट पर बसें आती-जाती थीं।

बड़ी देर के बाद बूढ़े ने आँखें खोलीं।

पास में, माथे की तरफ, मिट्टी के दो चुक्कड़। एक में दूध और एक में पानी। दूधवाले चुक्कड़ में दो-तीन मक्खियाँ 'शहीद' हो गई थीं, अब दिवंगतों के शव तैर रहे थे। पीतल का हल्का-पिचका लोटा औंधा पड़ा था।

पोपले मुख पर मक्खियाँ भिनक रही थीं। सिर के बाल खूब सफेद थे, लेकिन छोटे-छोटे। भौंहें भी सफेद, लेकिन गुच्छल। आँखें इतनी धँसी थीं कि चेहरा डरावना लग रहा था। होंठों के दोनों छोर ऐसे अकड़ गए थे कि दाढ़ी-मूँछ के खुटिया बालों पर किसी की नजर ही नहीं जाती थी।

भीड़ में से एक मुच्छड़ अधेड़ और एक निमुच्छा नौजवान निकल आए।

दोनों ने हाथ लगाकर बूढ़े को बैठा दिया। एक और नौजवान भीड़ से बाहर आया, चाय की दूकान के अंदर से स्टूल ले आया। उससे बूढ़े की पीठ टिका दी गई।

धोती-कुर्तावाले एक दोने में जलेबियाँ ले आए थे।

उन्होंने आधी जलेबी तोड़कर बूढ़े के मुँह की ओर अपना हाथ बढ़ाया। उसने गर्दन फेर ली।

जाने क्या याद आया, बूढ़े की आँखें छलछला आईं और वह हल्के-हल्के हिचकियाँ लेने लगा।

अब आँसू गालों पर दीखने लगे। नथनों का फड़कना जोर पकड़ता गया।

भीड़ को तसल्ली हुई कि बुड्ढ़ा होश में आ चुका है।

लोग हटने लगे।

दुर्घटना की आशंका फट गई थी।

बूढ़े ने जलेबियाँ खाने से बार-बार इनकार किया तो वह धोती-कुर्तावाले सज्जन उसके लिए सत्तु और दही लेने चले।

किसी ने बतलाया, दही मिल जाएगा, लेकिन पाउडरवाले दूध का या मक्खन-निकाले दूध का फीका और सारहीन दही होगा। अच्छा दही तो गया में ही मिलेगा आपको !

करीब ही एक औरत सत्तू बेच रही थी। चने का सत्तू। जौ का सत्तू। मटर का सत्तू। खेसारी का सत्तू। मिट्टी की चार-छै हंडियों में वह अपना माल रखे हुए थी। एक

हंडिया में गुड़ था, उस पर ढेर-सारी मक्खियाँ और दो-तीन बर्रें मड़रा रहे थे। आलमुनियम की तीन थालियाँ, दो कटोरे, पानी का मटका...

धोती-कुर्तावाले सज्जन ने जौ का सत्तू लिया छटाँक-भर। पाउडरवाला दही मिल गया संयोग से !

सत्तूवाली औरत ने बतलाया—"मालिक, कहाँ मिलता है दाना आजकल ! दो साल पहले की फसल के दाने मिल गए थे बड़ी मुकिश्ल से। आगे तो यह भी नहीं मिलेगा। पिछले साल धान की थोड़ी फसल थी, रबी बिलकुल नहीं हुई। जौ तो यों भी अभागा अनाज है, कोई इसको पूछता था हमारे इलाके में ? अब तो यह भी दुर्लभ हो गया है मालिक ! सेर-डेढ़ सेर सत्तू बचा है जौ का। इसे चने के सत्तू के साथ ही मिलाकर बेचूँगी। आपको दे दिया, सो दे दिया..कहाँ के रहनेवाले हैं सरकार ? राँची के ? पटना के ? आपको पाव-आधा पाव और चाहिए तो दे दूँगी। मालिक, आप तो होटल में भात-दाल-तरकारी खाइएगा। यह सत्तू किसके लिए ले रहे हैं ? हूँ ! नौकर के लिए ? मगर छटाँक-भर से क्या बनेगा ? हाँ, इसमें पाव-भर सत्तू चने का मिला दूँ ?..."

धोती-कुर्तावाले सज्जन ने हाथ के इशारे से चुप्प रहने का संकेत किया और कहा—"उस बूढ़े के लिए ले जा रहा हूँ, अरे वही बेहोश पड़ा था न ?"

सत्तूवाली उधर हाथ उठाकर बोली—"उस बूढ़े के लिए ? अजी वो तो तीसरी बार इस अड्डे पर आया है। शुक्कर-शुक्कर को आता है। आपकी ही तरह दया-माया वाले इसको खिला-पिलाकर रवाना करते हैं। कोई-न-कोई पुन्न-परतापवाला मिल ही जाता है। हाँ, मालिक ! भगवान सबकी खोज-खबर लेते हैं..."

धोती-कुर्तावाले सज्जन ने समझ लिया, और, दरअसल सत्तूवाली औरत थी भी बातूनी।

दही-सत्तू सामने रखा गया घोलकर तो बूढ़े ने पानी पीने का इशारा किया और गिलास-भर पानी मँगवा लिया। धोती-कुर्तावाले सज्जन के कहने पर चाय की दूकान वाला वही छोकरा ले आया था।

उसने पहले दो बार कुल्ली की, फिर दही-सत्तू पीने लगा। आहिस्ते-आहिस्ते, घूँट-घूँट में पी रहा था।

धोती-कुर्तावाले सज्जन रूमाल निकालकर हवा कर रहे थे, ताकि मक्खियाँ बूढ़े को परेशान न करें।

अंतिम घूँट लेकर उसने कटोरा परे सरका दिया। कुल्लियाँ करके फटी धोती के छोर से हाथ-मुँह पोंछ चुका तो वह धोती-कुर्तावाले सज्जन को और पास आने का संकेत करने लगा।

वह बिलकुल निकट आए तो उसने झुककर उनके पैर छू लिए।

पैर छुड़ाकर धोती-कुर्तावाले सज्जन अलग हट गए।

दिल उनका दुखी हो रहा था कि इतनी अधिक उम्र का वह वृद्ध आखिर क्यों उनके पैर छू रहा है !

वह बोले, "क्यों आप मुझ पर पाप चढ़ा रहे हैं ? अपने से छोटी आयुवाले के कहीं पैर छूए जाते हैं ? क्या हो गया है आपको, यह तो बतलाइए !"

बूढ़ा धीरे-धीरे कहने लगा—"सरकार, मुझको क्या होगा ? मैं भारी कठजीव हूँ। यमराज को मुझ से भय लगता है। मृत्यु मुझसे दूर-दूर भागती फिर रही है। लेकिन मैं इन्हें छोड़ूँगा नहीं। पिछले ग्यारह महीनों से मैं मृत्यु के पीछे पड़ा हूँ, उसे पकड़ना चाहता हूँ। वह चालाक बाघिन की तरह बार-बार मुझे धोखा दे जाती है। एक बार वह मेरी बुढ़िया को उठा ले गई। दूसरी बात आई तो बहन को ले भागी। फिर पोती को, फिर छोटे पोते को..."

धोती-कुर्तावाले सज्जन वहीं जमीन पर उकड़ूँ बैठकर वृद्ध की बातें मनोयोग से सुनने लगे थे।

अब और कोई नजदीक में नहीं था।

थोड़ी दूर चायवाली दूकान में यानी छप्पर के नीचे, पतली-पुरानी बेंच पर बैठकर दो-तीन मुसाफिर चाय पी रहे थे।

पानवाले की दूकान मालूम थी।

चार खूँटों पर तख्त जमा दिए गए थे, ऊपर टिन का चदरा था। पुराना, कई टुकड़ों में जुड़ा हुआ। दो-तीन छोटे-छोटे रैक, बीचोंबीच मझोला आईना। अभिनेत्रियों के तीन चार-फोटो झूल रहे थे। रेडियो-फेडियो नहीं था। न कीमती सिगरेटों के पैकेट ही चमक रहे थे।

दुपहर के अब डेढ़-दो बज रहे थे।

एक्सप्रेस बसें चारों की चारों पास कर गई थीं, डाउन और अप दोनों तरफवाली।

यहाँ दिन में, दस और तीन के दर्म्यान गुजरनेवाली बसें लगभग आधा-आधा घंटा रुकती थीं कि पैसेंजर खाना खाते थे।

भागलपुरवाले मिश्रा जी साझे में होटल चला रहे थे। यह 'पवित्र भोजनालय' अच्छी तरह चल निकला था। इन दिनों एक थाली का 1.55 रुपए ले रहे थे। सर्विस अच्छी थी, रेलवेवालों से अच्छी।

धोती-कुर्तावाले सज्जन बिहार शरीफ से आए थे, कोडरमा-हजारीबाग जाना था शायद। जाने किसकी प्रतीक्षा में यहाँ अटके पड़े थे। अटैची होटलवाले के हवाले कर रखी थी। उनके रंग-ढंग आम मुसाफिरों से अलग थे।

सामने पक्की पिच-रोड।

यातायात इस वक्त बेहद व्यस्त था।

सड़क से हटकर चहारदीवारी से घिरा हुआ बड़ा-सा अहाता। उसके अंदर दो खपरैल मकान, शालानुमा। बिना बलस्तर की दीवारें, हल्की-पकी ईंटों का ढाँचा बतला रहा था कि अनुदान से चलनेवाली मौसमी संस्था होगी कोई, अधिक से अधिक अनुदान खींचनेवाला गिरोह होगा, इसके पीछे। मकानों की सीध में गड़ा हुआ लंबा बाँस। समय-समय पर मिनिस्टर आकर झंडा फहराते होंगे। साईनबोर्ड शायद फिर से बनने गया होगा।

अहाते के सामने, सड़क की दूसरी तरफ दो बीमार ट्रकें नजर आ रही थीं। उनमें से एक के पेट के नीचे चित्त लेटकर मैकेनीक उसकी बिगड़ी हुई आँतों को बैठा रहा था।

ट्रकों की लाइन में ही एक बूढ़ी बस, गैर-सरकारी, रिटायर्ड-सी दीख रही थी।

इधर होटल के सामने परचून की दो छोटी दूकानें थीं। एक पार्ट-पुर्जों की और टायरों की।

उसी तरफ, दो सौ गज दूर, पटना की दिशा में पेट्रोल पंप की जुड़वाँ मशीनें लाल-सफेद रंगों में कितनी भली लगती थीं, देखते ही बनता था !

गरी के भींगे टुकड़े बेचनेवाला छोकरा आकर पानवाले के सामने खड़ा हो गया।

निकर की पाकिट में हाथ डालकर बोला—"बीड़ी नहीं दोगे रामफल भाई ?"

साथ ही, उसने धोती-कुर्तावाले बाबूली की ओर दो पैसेवाला नया सिक्का-सहित हाथ उठाकर कहा—"देखो, चार घंटे हो गए, बुढ़वा की खिदमत कर रहे हैं। दूध, बिस्कुट, जिलेबी, सतुआ, दही और जाने क्या-क्या पदारथ बूढ़ानाथ महादेव पर चढ़ा चुके हैं..."

"हूँ !" पानवाले ने कत्थे की गड़वी टन-टनाकर हुँकारी भरी। फिर बीड़ी निकालने लगा।

गरीवाला छोकरा बीड़ी लेकर सुलगती ढिबरी की तरफ बढ़ा।

दूसरे गाहक के लिए पान की पत्ती जमाते-जमाते पानवाला बोला—"लगता है धोती-कुर्तावाला यह बाबू कोई भारी आदमी होगा। माथा क्रेक है, सो इधर-उधर भटकता घूम रहा है।"

गाहक हड़बड़ी में था। हजारीबागवाली बस छूटने को थी। जल्दी-जल्दी पान चाहता था।

पानवाला लेकिन नई बात सुनाने की उतावली में उँगलियों की रफ्तार काफी धीमी कर चुका था, कहने लगा—"इसकी अटैची देखने से ही मालूम हो गया मुझे कि कितनी बड़ी हैसियत का आदमी है। राँची के किसी कालेज में प्रिंसिपल था दस साल, पीछे माथा गरम हो गया तो तीन साल कांके रहा। अब ठीक-ठाक रहता है, लेकिन बीच-बीच में दो-एक रोज के लिए घर से गायब हो जाता है। हजारीबाग में इसका बहनोई जज है...लगता है, आज सारा दिन यहीं रहेगा। अपनी सनक है, पाकिट में रकम होगी ही। बुढ़वा मिल ही गया है, दोनों जने खिलवाड़ में लगे हैं।"

पान के लिए गाहक ने दो बार इशारे से ताकीद की थी। आखिर हुआ यही कि बिना पान के ही बेचारा बस की ओर भागा। बस स्टार्ट हो चुकी थी।

"कोई बात नहीं !" पानवाला अपने आप में बोलने लगा, "पान के बीड़े भी कहीं जियान गए हैं ?...और देखो" वह गरीवाले छोकरे को संबोधित कर रहा था, "उस बुड्ढे की बातें सुनी हैं तूने ? मुसीबत का मारा है तो क्या हुआ, खट्सास्त्री है, भारी पंडित !

जा, दोनों की बातें सुन जाके...''

''अच्छा,'' गरीवाले ने कहा, ''डिलक्स निकलने दो भाई, फिर सुनेंगे दोनों की बातचीत।''

''मैं ? मैं मूर्ख नहीं हूँ बाबू जी !''

''जी, बिलकुल नहीं...''

''संस्कृत-हिंदी सबका थोड़ा-थोड़ा ज्ञान है।''

''ब्राह्मण खानदान में जन्म हुआ। रिश्तेदारों में और अपने घराने में भी विद्वानों का अभाव नहीं रहा कभी। अब भी पटना-राँची-गया-भागलपुर में हमारे कुटुंबी जन अच्छे-अच्छे पदों पर काम कर रहे हैं, परंतु मैं तो आजीवन देहाती ही रहा। गाँव से दो ही चार बार बाहर निकला हूँ। पिता दस बीघा खेत छोड़ गए थे। उतनी जायदाद उस जमाने में पर्याप्त हुआ करती थी। पिछले 15-20 वर्षों में जमीन धीरे-धीरे अपने हाथों से निकलती गई।

''एकमात्र पुत्र था। मैट्रिक नहीं कर सका तो पुलिस विभाग में काम पा गया। ईमानदारी के चलते वह कभी ऊपरी कमाई नहीं कर सका। तीन वर्ष हुए, डाकुओं से मुठभेड़ हुई तो बेचारा चल बसा।

''मजबूरियों में पहले तो हम खुद ही जमीन बेच-बेचकर खाते रहे, बाद में धरती माता भी हमेशा के लिए रूठ गई। ऋतुओं ने धोखा देना शुरू किया, आकाश से मेघ एकदम गायब हो गए।

''सोचा, चलो, शाकंभरी देवी हमारी रक्षा करेगी। चंडीपाठ में आता है कि आगे कभी बारह वर्षों का अकाल पड़ेगा तो भगवती दुर्गा सूखी धरती पर साग-पत्ती बनकर छा जाएँगी और तब सभी लोग साग-पत्तियाँ खाकर प्राण धारण करेंगे...

''परंतु अब देखता हूँ कि भगवती दुर्गा अपना वचन बिलकुल भूल बैठी हैं। हमने पिछले तीन वर्षों में बर्तन-बासन सब कुछ बेच खाया है...बकरी-बाछी बेच खाई है, गिरते-पड़ते घरों के छप्पर-टाटी-बाँस सब कुछ बेच खाया, दीवारों और भीतों की कच्ची-पक्की ईंटें और मिट्टी तक खा गए हैं बेचकर...''

उसके बाद उस बूढ़े ने डरावनी हँसी में अपने को डुबो लिया और आसमान की तरफ दोनों हाथ उठाकर चीखा—''हे भगवान् !''

धोती-कुर्तावाले सज्जन शायद उसकी पुत्रवधू के बारे में जानना चाहते होंगे। शायद और बहुत कुछ जानना चाहते होंगे। बूढ़ा लेकिन थोड़ी देर चुप रहा, क्योंकि उसे सूखी खाँसी आने लगी।

इतना अच्छा श्रोता शायद जीवन में पहली बार मिला था उस वृद्ध को। ऐसी हमदर्दी से इतना शांतचित्त होकर कहाँ कोई किसी की बातें सुनता है उस जमाने में !...

बूढ़े को खटका था कि कहीं धोती-कुर्तावाले बाबू जी अचानक ही उठकर चल न दें और बस पर चढ़कर लुप्त हो ही जाएँ ! अपने अपराधी मन को वह अद्भुत व्यक्ति

के सामने भली-भाँति खोलकर रख देना चाहता था। इस काम में देरी उसे असह्य लग रही थी। लेकिन उससे बोला भी तो नहीं जा रहा था। बुढ़ापे की देह बेचारी भुनकर खस्ता हो गई थी, भूख की आग ने उस ढाँचे को किसी काम का रहने ही कहाँ दिया था ! इस वक्त अब वह इतना ही मना रहा था भगवान से कि आखिरी हिचकियाँ उठने से पहले अपनी करनी के बारे में धोती-कुर्तावाले बाबूजी को अवश्य सब कुछ बतला दे और पास, बिलकुल पास बुलाकर एक बार और उनके पैर छू ले...

बूढ़े ने हिम्मत की, गला साफ किया और कहने लगा—"बहू के बारे में क्या बताऊँ बाबूजी ! मैंने ही उसे कुकर्म के लिए प्रेरित किया। हाँ, मैंने जानबूझकर पड़ोस के एक युवक से उसका संपर्क बढ़ने दिया। बुभुक्षितः किं न करोति पापं। भूखा क्या नहीं करता ! चार-चार पेटों में भट्टी सुलग रही थी। पड़ोसी युवक जमशेदपुर से पंद्रह दिनों की छुट्टी में गाँव आया था। ओवर्सियर है, बीस-पच्चीस हजार तो पीट ही चुका है। हमारी पुत्रवधू और उसमें भाभी-देवर का रिश्ता तो था ही। मगर इस महँगाई और अकाल ने रिश्ते में गाढ़ा रंग घोल दिया। मैं गूँगा और अपंग बनकर जमाने का करिश्मा देखता रहा और वह बेचारी अपनी इज्जत का सौदा करती रही, चार-चार मुँहों के हवनकुंड में जैसे-तैसे अनाज की समिधा डालती रही।

"दर्जा सात तक पढ़ा हुआ हमारा पोता अपनी माँ की यह हरकत बर्दाश्त नहीं कर सका और चुपचाप घर से निकल गया। आज बाईस दिन हुए। मैं उसी की खोज में भटकता फिर रहा हूँ। यह तीसरी या चौथी बार बस के अड्डे पर आया हूँ। मुझे पतोहू की चिंता नहीं है लेकिन किशोर पौत्र की चिंता अवश्य है। आप देख रहे हैं मालिक, क्या हाल है ! चार डग भी चला नहीं जाता, फिर भी चौदह कोस जमीन चलकर आया हूँ, पाँच-छः रोज लग गए यहाँ तक आते-आते। कलकत्ते में, सुनते हैं, इस तरह के लड़कों से भीख मँगवाते हैं—अंग-भंग करके लूले-लँगड़े बना देते हैं, सचमुच ऐसा करते हैं बाबूजी ?"

धोती-कुर्तावाले सज्जन बूढ़े की बातों से ऊब नहीं रहे थे। वहाँ लोगों को भारी अचरज लग रहा था। लिबास में खादी होती तो वे मान लेते कि बंबई-अहमदाबाद का कोई दयासागर होगा, अकाल-पीड़ितों का हाल मालूम करने के लिए इधर नवादा-फवादा आया होगा। लेकिन यह तो सफेद-महीन परिधान में अधेड़ बंगाली 'भद्दर-मोशाय' जैसा दीख रहा है। कौन होगा आखिर ?

होटलवाले मिश्राजी का भतीजा बी.ए. फेल क्या हुआ, आगे की तरक्की ही रुक गई। चार महीने हुए, यहाँ 'पवित्र भोजनालय' में असिस्टेंट मैनेजर की ड्यूटी बजा रहा है। कहता है, जून के बाद हटिया (राँची) में काम नहीं मिला तो जुलाई-अगस्त तक वह बोकारो में इसी तरह का 'पवित्र भोजनालय' चालू करेगा। तब हमेशा के लिए वह नौकरी को सलाम कर लेगा।

पटना जानेवाला डिलक्स पास कर गया तो होटल के असिस्टेंट मैनेजर नित्या

मिसिर को फुर्सत मिली। खाना वह तीसरी बार खा ही चुका था। डकार मारता हुआ पानवाले के सामने खड़ा हुआ। इन दिनों नाक पर फुंसियाँ निकल आई थीं। अब वह दस मिनट आईने की तरफ नजर गड़ाए रहेगा। नाक की नोक को दाएँ हाथ की उँगलियों से हल्के-हल्के मसलता रहेगा, उनसे सूखा-मखनियाँ मैल निकालता रहेगा। पानवाला उसे चार बीड़े पान, किमाम, बनारसी जर्दा, भुनी हुई चित्ती सुपारी के टुकड़े तो देगा ही, चूना थमाते हुए कहेगा—"हो न गया मालिक, कि औरो कुछ ?"

नित्या मिसिर यानी नित्यानंद मिश्र चुलबुली तबीयत का जवान था। उसे खुद ही धोती-कुर्तावाले उस सज्जन के बारे में मालूम करना था।

चूना चाटते हुए उसने पानवाले से पूछा—"लगता है, दोनों जने आज रात यहीं कहीं गुजारेंगे। तुम क्या सोचते हो, चले जाएँगे ?"

"वो बाबू तो चले जाएँगे," जवाब मिला "बुड्ढ़े का क्या है। तीनों मुलुक फकीरी में..."

अपनी कमलपत्री आँखें नचाकर चौड़ा चेहरावाला नित्या मिसिर बोला—"क्या पता ! कांके-रिटर्न जैन्टलमैन के बारे में कोई भी अनुमान गलत निकल सकता है।"

इस रिमार्क पर पानवाले को हँसी आ गई। वह 'अनुमान' का मतलब समझता था। आर्यावर्त्त-प्रदीप टटोलकर पढ़ना उसे आ गया था।

अपने दोनों होंठ चाँपकर बोला—"एक बात है मालिक, उस बाबूजी की अटैची में लगता है काफी माल है..."

"हुँ ह्", नित्या मिसिर ने बमककर कहा—"सोने की सिल्ली होगी..."

"कम से कम दो-ढाई सौ रुपए तो होंगे ही"—पानवाला बोला और बाईं आँख दबा ली।

"धत् !"

"धत्-फत् नहीं मालिक ! बिलकुल ठीक कहता हूँ। मुझे नंबरी नोटों की गंध लगती है। अटैची में दो ठो नंबरी हैं, बाकी दस-दस के होंगे..."

"पागल कहीं के" नित्या मिसिर ने कहा, "इन दिनों इतनी रकम लेकर कौन चलता है ?"

"एक ठो नंबरी वह बुढ़वा को दे जाएगा।"

"हुँ ह् ? ऐसा तो पागल ही करेगा। हाँ, दो-चार रुपल्ली देता जाएगा..."

"मालिक" पानवाले ने आँख मारकर और हाथ से ताला खोलने का अभिनय करते हुए कहा—"कांके रिटर्न पागल के दिमाग का क्या ठिकाना ! रात में यहाँ रह जाए तो सबेरे अटैची भूलकर चुपचाप चला भी तो जा सकता है..."

"खबर्दार !" नित्या मिसिर ने गरजकर कहा—"मेरे सामने फिर कभी ऐसी बात जुबान से न निकालना ! भारी बदमाश है तू ! कैसे-कैसे खयाल उठते रहते हैं दिमाग में ? नाहक ही पान की दूकान करता है, तुझे तो नेपाल के बोर्डर के पास होना चाहिए था !"

पानवाला सिटपिटा गया।

हाथ जोड़कर बोला—"गलती हुई मालिक, माफ कीजिए।"

नित्या मिसिर रंज में डूबा हुआ, होटल की तरफ बढ़ गया।

धोती-कुर्तावाले सज्जन मैनेजर की कुर्सी पर बैठे थे।

बूढ़ा दही-भात खा रहा था सामने।

बेंच पर उसने जैसे-तैसे पल्थी मार ली थी।

चावल थाली में थोड़े नहीं थे। उसकी रुचि के अनुसार ही परोसे गए थे। लेकिन अब उससे खाये नहीं जा रहे थे !

आँखें नम थीं।

चेहरा भारी था।

बेचारे की भूख मर गई थी !

[नई धारा, अप्रैल 1967]

सूखे बादलों की परछाइयाँ

पिछले कई दिनों से जमकर गरमी पड़ी थी। वैसाख की पूर्णिमा के बाद, जेठ के आरंभ में लगातार कई दिन सूरज ने आग बरसाई थी। सारा-सारा दिन आसमान भट्ठी की तरह दहकता रहता था।

उस रोज दुपहर के बाद से आकाश की रंगत बदल गई थी। लगता था, ऊपर मटमैला शामियाना तन गया है। बूढ़ों और बूढ़ियों ने कहना शुरू किया—जोर की आँधी आनेवाली है।

साठ-सत्तर घरों का छोटा-सा पुरवा था वह। जाने किसने कब उसका नाम दर्शनपुर रख दिया था। दरअसल यह छोटी जातवालों की बस्ती थी। निहायत गरीब लोग इस गाँव के बाशिंदे थे। यह ऐसे लोग थे जिनकी औसत दैनिक आमदनी चार आने से ज्यादा नहीं मानी जा सकती। पास-पड़ोस में दो-तीन मील के अंदर राजपूतों के कई संपन्न ग्राम थे। बड़ी हैसियतवाले किसानों-भूमिपतियों के सहारे अपनी जीविका चलानेवाले खेत-मजदूर हजारों की संख्या में इधर-उधर आबाद थे। चाकन, सिहुली, मझोला, पनसोरवा आदि इन बस्तियों के नाम थे। दर्शनपुर भी उन्हीं में से एक छोटा गाँव था।

बुजुर्गों की बात सच निकली। तीन पहर दिन बीता होगा कि भारी तूफान आ गया। आँधी के झोंके इतने तेज थे कि घरों के ज्यादातर छप्पर उड़ गए। घर क्या थे, झोंपड़ियाँ ही तो थीं। मिट्टी की भुरभुरी भीतों के सहारे, पतली सूखी टहनियों पर टँगे हुए घास-फूस के ये हल्के छप्पर तूफानी झंझावात के सामने भला क्या औकात रखते थे।

हर तीसरे-चौथे साल इन झोंपड़ों की यह गत बनती थी। मामूली लागत से तैयार होनेवाले इन झोंपड़ों का भला क्या कसूर था। गनीमत यही थी कि उस आँधी में झोंपड़ों के नीचे दबकर किसी की जान नहीं गई। सभी बाहर निकल आए थे। बस्ती के अंदर कोई नहीं रह गया था। बकरियाँ, गाएँ, बैल...सबको वे बाहर खदेड़ लाए थे। पुराने घावों से जिसका समूचा बदन सूजा पड़ा था और जो अपनी जिंदगी के अंतिम क्षण गिन रही थी, ऐसी वह पुरानी कुतिया भी रेंगती हुई आकर बगीचे के किनारे बैठी, जो कब से घुटने का जखम चाट रही थी।

लखन ने अपनी छोटी बहन को हाथ चाटते देखा तो उसे हँसी आ गई। पास बुलाकर पूछा–

"ओले चाट रही थी ?"

शर्मिंदा होकर छोकरी मुकर गई, "नहीं, ओला काहे चाटेगी।"

लखन ने लेकिन कहा–"मेरे हाथ पर ओले पड़ते तो मैं उन्हें जरूर चाटता।" भाई और बहन के इस आपसी विनोद पर उनकी माँ का ध्यान गया, क्षण-भर के लिए बेचारी भूल गई कि बिना छप्परोंवाली झोंपड़ी में वह कैसे बच्चों को रख पाएगी; कैसे वह पहाड़ जैसे गरम दिन खुली भट्ठी के अंदर गुजारेगी...

तूफान के गुजरे काफी देर हो गई थी। दोबारा उसके आ धमकने का अंदेशा नहीं रह गया था। पास की बगीचियों से निकल-निकलकर लोग अपनी-अपनी झोंपड़ियों की तरफ वापस आने लगे।

संयोग की बात कि आज रविवार था। मिशन के फार्म में आज छुट्टी थी इनकी। मिशन के फार्म में काम करनेवाले गाँव के किशोरों और युवकों की पिछले कई दिनों से अपने-अपने परिवार में इज्जत बढ़ गई थी। बीस-बीस आने की मजदूरी वे पा रहे थे। साथ ही एक जून का खाना भी उन्हें वहाँ मिल रहा था।

झींगुर ने आकर लखन और उसकी माँ से कहा–"घबराने की कोई बात नहीं, दो-तीन रोज के अंदर ही झोंपड़ी ठीक हो जाएगी, मिशनवाले जरूर हमारी मदद करेंगे।"

लखन की माँ ठुड्डी में उँगली धँसाकर झींगुर की बात को समझने की कोशिश कर रही थी। बेचारी की समझ में नहीं आ रहा था कि मिशन क्या होता है। वह कुछ बोल नहीं रही थी। एक बार झींगुर की तरफ और एक बार लखन की तरफ बीच-बीच में देख-भर लेती थी। माँ को अचंभा और परेशानी की मुद्रा में देखकर लखन ने कहा–"मिशनवाले चाहें तो हमारी झोंपड़ी की काया पलट कर दें। हमें कौन बीस आने रोज दे रहा था। कौन हमारे खोज-खबर ले रहा था। कम से कम इतना तो हुआ कि तुम अपने घर के अंदर दाने देख रही हो। अब हम भूखे तो नहीं सोते हैं।"

उस गरीब औरत की समझ में फिर भी कोई बात नहीं आ रही थी। वह लगातार अपने पुत्र का चेहरा देख रही थी। इतना तो लखन ठीक ही कह रहा था कि कई महीने बाद अब अनाज के दाने दिखने लगे थे। घर के छप्परों के ऊपर नियमित रूप से धुआँ उठ रहा था। नियमित रूप से चूल्हे की लिपाई-पुताई चालू हुई थी। यह कोई मामूली

जादू नहीं था उस गरीबिन के लिए ! वह यों ही पिछले कई दिनों के अंदर इन बातों के बारे में सोचती रहती थी कि आखिर ऐसा क्या हो गया है जिससे लखन को रोज-रोज मजदूरी मिलने लगी है। मिशन के बारे में जानने की कोई जरूरत उसको महसूस नहीं हुई...झींगुर ने भीत के पीछे की तरफ इधर-उधर देखा। लखन की झोंपड़ी का छप्पर थोड़ी दूर पर दिखाई पड़ा। आँधी ने लगभग सभी झोंपड़ियों को जहाँ-तहाँ उछाल दिया था। लोग अपनी-अपनी उजड़ी झोंपड़ी को फिर से खड़ा कर रहे थे। पड़ोस के मगलू मामा ने आवाज लगाकर कहा—"तेरी झोंपड़ी तो मिल गई लखन, मेरा छप्पर उड़के जाने कहाँ चला गया ?"

झींगुर ने हाँक मारकर कहा—"अभी खोज देता हूँ मामा !"

मामा के पैर में लकड़ी काटते बखत कुल्हाड़ी लग गई थी। इधर पंद्रह-बीस दिनों से वह अपंग बन गया था। उसके बारे में लखन ने मन ही मन तय कर रखा था कि समय मिलने पर उसको मिशनवाले डॉक्टर से दिखला लाएगा।

झोंपड़ी का ढाँचा मात्र मिला था। उसकी फूस बिलकुल उड़ गई थी। झींगुर और लखन ने मिलकर झोंपड़ी के उस छप्पर को जैसे-तैसे भीत पर टाँग दिया। भीतवाली कीलों के सहारे छप्पर के ढाँचे को दो-चार जगहों पर कसकर बाँधने की जरूरत रह गई। इसके लिए बाजार से रस्सियाँ लाना था। तूफानी चंगुलों ने पुरानी रस्सी के टुकड़े-टुकड़े कर दिए थे। उन्हें जहाँ-तहाँ गलियारे में बिखेर दिया था। जरूरी रस्सियों के ये टुकड़े बच्चों के हाथ में पड़नेवाले थे और वे शायद आपसी खेलों में इनका उपयोग करने वाले थे।

कृष्णपक्ष की अष्टमी या दशमी तिथि रही होगी। डेढ़ पहर रात बीतने पर चाँद की ठंडी किरणें नंगे छप्पर की फाँकों से होकर अंदर झाँकने लगीं। वे तीनों प्राणी शायद सोए नहीं थे। लखन की बहन टुल्लो को नींद आ गई थी। माँ और बेटे लगभग जाग रहे थे। रात को भूखे सो जाना या लेटे रहना उनके लिए नई बात नहीं थी। आज लेकिन लखन की माँ ने दिन में ज्वार के आटे की पीठियाँ बनाई थीं। अरहर की दाल में उन पीठियों को सिझाया था। दुपहर में तीनों ने साथ बैठकर अलमुनियम की पिचकी थाली में खाना खाया था। कहीं से झींगुर को दो-तीन कच्चे आम हाथ लगे थे, उनमें एक लखन को मिला था। उसकी माँ ने यह सोचकर आम रख लिया था कि रात को दिनवाली वे पीठियाँ चटनी के सहारे बहुत स्वादिष्ट लगेंगी। लेकिन आँधी की खुराफातों में दालवाली वे पीठियाँ धूल और तिनकों से अखाद्य बन गई थीं। टुल्लो लेकिन इस बखत सिरहाने वहीं आम लेकर सोई हुई थी। क्या पता, सपने में वह चटनी के साथ पीठियाँ खा रही हो ?

करवट बदलकर माँ बेटे की तरफ हो गई। उसके बदन पर हाथ रखकर बोली—"तू तो सबेरे निकल जाएगा। हमारा दिन किस तरह गुजरेगा ?"

लखन कुछ बोला नहीं। झोंपड़ी की फूस रहित टट्टर के छेदों से अंदर आती हुई चाँदनी को देखता रहा।

माँ ने कहा—"खाली-खाली क्या देख रहा है ऊपर ? दिन के वक्त आग बरसेगी। तुझे यह अंजोरिया अच्छी लग रही होगी, मुझको तो लेकिन रत्ती-भर नहीं सुहाती है। फिकिर में कलेजा जल रहा है।"

लखन बोला—"टुल्लो को साथ लेकर निकल आना, बगीची के अंदर दिन गुजारना। पिसान तो होगा ही..."

"हाँ," माँ ने कहा, "सुबह-सुबह चार टिक्कड़ ठोक लूँगी। कलेवा करके तू निकल जाना। शाम को जल्दी लौट आना।"

लखन चुपचाप सुनता रहा।

मुसीबत ने बातों को सोख लिया था।

दो-एक बार इधर-उधर करवटें बदलीं उन्होंने। नीचे टूटी चटाई के दो तीन टुकड़े बिछे थे। पिछले कई महीनों से यही उनका बिस्तरा था।

फिर जरा-सी देर में माँ-बेटे को नींद आ गई। अब एक ही नींद में सबेरा हो जानेवाला था। तूफान के बाद की भाग-दौड़ और परेशानियों ने उनकी रग-रग को हरारतों से भर दिया था। परिस्थिति के आतंक ने भूख तक को चाट लिया था। शाम को लखन ने पानी जरूर पिया था। माँ की तो प्यास ही गायब हो गई थी।

समूची बस्ती का यही हाल था। सभी परिवारों को इस निशीथ रात्रि में चाँद उसी तरह नहला रहा था। सभी की झोंपड़ियों के छेदों से उसी तरह आसमान झाँक रहा था। सब उसी तरह भूखे-प्यासे सो गए थे।

घाववाली कुतिया मगलू मामा की फटी भीत के सहारे लेटी थी।

बीच-बीच में वह अपनी झूलती गदरन उठाकर सामने देख लेती। जाने कौन-सी आहट, जाने कौन-सी गंध उस बेचारी को जागरूक बनाए हुए थी। दरअसल पिछले पंद्रह वर्षों से सारी-सारी रात दर्शनपुर के गलियारों का पहरा देती आई थी। दर्शनपुर के निवासियों की निगरानी उसके जीवन का अंग बन चुकी थी। इस बखत अपनी शारीरिक यातनाओं की तरफ उसका उतना ध्यान नहीं था। वह भी भूख-प्यास भूल गई थी। अपनी सजग निगाहों और तीव्र गंध-चेतना से दर्शनपुर की पहरेदारी कर रही थी। हाँ, बीच-बीच में वह अपने घावों को चाट अवश्य लेती थी।

रात्रि-शेष में एक बार उसने जोरों से कान फटफटाए तो मगलू मामा उठ बैठा। यह जानकर कि रात खत्म होनेवाली है, मामा ने गुन-गुनाकर संत रैदास के पदों को गाना शुरू कर दिया—

"प्रभु जी तुम चंदन हम पानी,
जाकी बास अंग-अंग मा समानी।"

[रचना, मई 1970]

नाटक

अनुकंपा

स्थान : कौशांबी
काल : 2500 वर्ष पूर्व
दृश्य : चार / गीत - एक
पात्र : सेठ धनावह, जयसेन, महाश्रवण, ऊँटसवार आदि...चंदना, सेठानी, दासियाँ...

पहला दृश्य

[दास-दासियों के बिकने की जगह...आम के पेड़ों का बाग...बीच-बीच में यत्र-तत्र फूस के कच्चे झोंपड़े—साखू के पतले खंभों के सहारे खड़े, मंडपों की तरह खुले...जाड़े के दिन हैं। दुपहर के बाद की गुलाबी धूप। मंडपों के आस-पास छोटी-छोटी भीड़ें...अर्धनग्न, परंतु आज के लिए विशेष रूप से सँवारे-सिंगारे हुए दास-दासी जन...हार-केयूर-वलय उष्णीष भूषित क्षत्रिय-ब्राह्मण और वैश्य गृहस्थ-विक्रेता और ग्राहक; उनके पीछे नौकर-चाकर...तमाशबीन भी इन्हीं वर्गों के...जन-समूह का साधारण कोलाहल, क्रय-विक्रय की बोलियाँ।

दो ऊँट सवार आते दिखाई पड़ते हैं...उनके निकट आने पर एक ऊँट सवार के पीठ पीछे बैठी नौ-दस साल की एक सुंदर लड़की अनेकों का ध्यान अपनी ओर आकृष्ट करती है। उनमें दुहरी देहवाला एक अधेड़ आदमी आगे बढ़ आता है, एक साथी और दो अनुचर...]

अधेड़ आदमी : *(उत्साह से आँखें नचाकर)* मित्र जयसेन ! *(साथी के कंधे पर हाथ रखता हुआ)* देखो तो *(ऊँट पर से उतरी हुई बालिका के प्रति भौंहों का संकेत)* जाने कहाँ से लूट लाए होंगे बेचारी को !

जयसेन : *(तर्जनी नचाकर गंभीरतापूर्वक)* पता लगाना चाहिए, कहाँ की राजकन्या है ? *(नाक से खाँ-खाँ की आवाज)* जैसी तुम चाहते थे *(मुसकुराकर)* आर्य धनावह ! *(अनुचर दोनों उल्लसित होकर सिर हिलाते हैं। उनमें से एक तनिक आगे बढ़कर मुँह बा देता है और एकटक उस लड़की की ओर ताकता रह जाता है। भीड़ों में से*

अनेकों की आँखें उसी पर गड़ी हैं, कुछ तो मटका-मटका और तर्जनी नचाकर उसी लड़की को निमित्त बनाकर परस्पर दृष्टि-विनिमय कर रहे हैं।]

धनावह : हाँ बंधु ! *(स्वर में एक प्रकार का विक्षोभ)* परंतु सेठानी का आग्रह जानते हो, इस विषय में क्या है ? *(गर्दन, आगे बढ़ाकर)* चुप क्यों हो ? *(गर्दन सीधी कर लेता है)*

जयसेन : तो *(हँसकर)* यह बच्ची क्या बिगाड़ लेगी सेठानी का ?

धनावह : आज की बच्ची *(कृत्रिम हँसी)* कल की किशोरी होगी और कल की किशोरी *(साँस ऊपर खींचकर)* परसों जब तरुणी हो जाएगी तो मेरी सेठानी के सिर पर सौतिया बहम का भूत सवार होगा *(दो पग पीछे हटकर)* ना बाबा, ना; *(घुभड़ता है)* यह सौदा मेरे लिए घातक साबत होगा।

[जयसेन धनावह को छोड़कर आगे बढ़ता है, ऊँट सवार की ओर...लड़की चकित-विस्मित खड़ी है। एक ऊँटवाला दोनों ऊँटों को दूसरी ओर ले जाता है। थोड़ी देर भली-भाँति लड़की का पर्यवेक्षण करके जयसेन दूसरे ऊँटवाले के नजदीक आता है।

सेठ धनावह की आँखों का इंगित पाकर जयसेन लड़की की ओर मुड़ता है। वह कुछ पूछना चाहता है उससे, परंतु दूसरा ऊँटवाला जयसेन को हाथ के इशारे से अपनी ओर बुलाता है...]

ऊँटवाला : क्या है आर्य ? *(अधिकारपूर्ण स्वर में)* सौदा करेंगे ? *(उँगली नचाकर)* ऐसा माल और कहाँ मिलेगा ? कौशांबी तो खैर कौशांबी ही ठहरी, श्रावस्ती तक में ऐसी लड़की नहीं मिलेगी। *(लड़की की ओर मुँह करके तनिक आँख-भर उसे देख लेता है।)* शहद में डूबी हुई सोने की छड़ी है *(दोनों हाथों को अपनी कमर पर थामता है)* आर्य, आप जैसे कुलीन सेठ के योग्य होगी किंतु *(दोनों हाथ और दशों उँगलियों को चार बार दिखलाकर)* इससे कम नहीं *(हुँकार भरता है)* समझे ?

[जयसेन दाहिना हाथ हिलाकर निषेध मुद्रा प्रदर्शित करता... ऊँटवाला भी हाथ के ही संकेत से जतलाता है—जाइए, जाइए। दोनों मित्र अनुचरों समेत पेठ (बाजार) की भीड़ में अलक्षित हो जाते हैं।

लड़की को देखनेवालों की भीड़ कम होती तथा बढ़ती रहती है। बीच-बीच में सौदा पटने के संकेत...दोनों हाथ और दसों अँगुलियाँ चार बार दिखलाकर वही मूल्य...]

ऊँटबाला : चालीस निष्क *(स्वर्ण मुद्रा)* में लेना हो तो लो वर्ना जाओ...

[इतने में सेठ धनावह और जयसेन फिर दिखलाई पड़ते हैं...नजदीक आकर आपस में कुछ कानाफूसी जैसी मुद्रा... जयसेन भीड़ चीरकर लड़की के निकट और फिर ऊँटवाले के बिलकुल समीप पहुँच जाता है]

ऊँटवाला : आओ भद्रमुख ! *(उत्साहपूर्वक)* यह कोई मामूली गर्भदासी की छोकरी नहीं *(आँखें नचाकर)* राजकुल की कन्या है। अंग और मगध के सीमांत जंगल में कहीं हमारे सरदार के हाथ लगी... *(विषाद की मुद्रा में)* सूख गई बिचारी दो ही महीने में *(हाथ से पेट और मुँह की ओर संकेत करके)* खान-पान और साज-सँवार का कोई भी प्रबंध हम से पार न लग सका, तभी इसे आज तुम्हारे महानगर ले आए हैं। *(जयसेन का हाथ अपने हाथ में लेकर)* ले लो आर्य ! *(आँखें मटकाकर जयसेन की हथेली अपनी उँगली से कुदेरता है)* पाँच कम ही दे देना।

जयसेन : तीन दस (तीस) ले लो *(लड़की और अपने सेठ की ओर बारी-बारी से ताकता हुआ)* इतना तो वैशाली और राजगिरि में भी नहीं मिलता *(अंटी से छोटी-सी पोटली निकालकर उसमें से तीस निष्क निकाल लेता है। वहीं बैठकर दस-दस निष्कों को तीन जगह पर रखता है)*

ऊँटवाला : बस ! *(उपालंभ की मुद्रा में जयसेन की ओर ताकता रह जाता है।)*

जयसेन : तो *(पोटली-थैली से दो निष्क और निकालता है)* यह रहा *(हवा में हाथ मारकर)* हटाओ, छोड़ो इस झंझट को !

ऊँटवाला : नहीं *(दाहिने हाथ की तीन अँगुलियाँ दिखलाकर)* इतना और...

[सेठ धनावह आँख से स्वीकृतिसूचक संकेत करता है...जयसेन तीन निष्क और थैली से निकालता है...ऊँटवाले का इशारा पाकर लड़की उठ खड़ी होती है।]

ऊँटवाला : आर्य, माल की जाँच-परख कर लीजिए *(उँगली उठा-उठाकर गर्व के साथ)* चला-फिराकर और पूछा-पेखी करके देख लीजिए, पीछे न कहना कि ठग लिया *(आँखें चमक उठती हैं)* हाँ !

[धनावह भी निकट आ जाता है...दोनों प्रसन्न मुद्रा में संकेत से अनुचरों को पास बुलाते हैं...लड़की को घर ले जाने का इशारा...ऊँटवाला पैंतीस निष्क अपने दूसरे साथी को सौंप देता है...धनावह और जयसेन का बाग की भीड़ में धीरे-धीरे अलक्षित हो जाना...दोनों अनुचर लड़की को आगे किए हुए नगर की ओर जा रहे हैं—जाते-जाते उनका अलक्षित हो जाना...बाजार

के शोरगुल का भी दूरी के क्रम से धीमा पड़ते जाना]

दूसरा दृश्य

[गर्मी के दिन, दुपहर का समय। सेठ धनावह का एक चऊसाल मकान...आँगन सूना है...कड़ी धूप...सेठ का प्रवेश। गर्मी से तर। ओसारे (बरामदे) पर आकर इधर-उधर नजर डालते हैं...]

सेठ : *(हल्के स्वर में स्वगत)* देर हो गई आज *(उँगली से भौंहों का पसीना पोंछता हुआ)* पता नहीं मित्र जयसेन कहाँ गया ? सुबह से वह दिखाई नहीं पड़ा, और...*(जोर से)* कोई है ? पानी चाहिए।

[हाथ में सोने की झारी लिए हुए एक लड़की अंदर से निकल आती है। आयु 12 वर्ष की। अत्यंत सुंदर, कौशेयवसना, मणिकर्णिका। पैरों में नूपुर, हाथों में कंकण, कटि में मेखला। सिर कुंतलीन और मुक्त...नजदीक आने पर]

सेठ : चंदना ! *(आश्चर्य और उल्लास)* बेटी, ये कृष्ण कद्रू और भालसा *(दासियों के नाम)* कहाँ गई हैं ? तू क्यों हैरान हुई ? *(निकट आती हुई लड़की को प्रीतिस्निग्ध नेत्रों से देखता रह जाता है)* मैं स्वयं पैर धो लेता।

लड़की : कोई नहीं है आर्य ! *(पीछे मुड़कर देख लेती हैं)* सब सोई पड़ी हैं आर्य ! *(सेठ के पैर धोने का उपक्रम करती हुई)* आप बैठ जायँ आर्य ! *(झारी रखकर पीढ़ा ले आती है)*

सेठ : रहने भी दो बेटी ! *(प्यार से लड़की के कंधे पर अपना एक हाथ रख देता है।)* मित्र जयसेन ने तेरा सुशील और शांत स्वभाव पाकर नया नाम दिया है चंदना ! ठीक हे न !

[चंदना झारी से पानी उड़ेलकर सेठ के पैर धोने लगती है। उसके मुक्त कुंतल भूमि पर लोटने-लोटने को हो जाते हैं।]

सेठ : ओह... *(झुककर)* ठहरो बेटी, ठहरो !

[चंदना के बालों को समेटकर पहले उन्हें उसकी पीठ पर कर देते हैं और ठिठककर पल-भर देख लेने के उपरांत फिर उन्हें जूड़े की शक्ल में बाँध देते हैं। चंदना मनोयोगपूर्वक सेठ के पैर धोती रहती है।

लकड़ी की दीवार में कुछ गोल-गोल छेद...उनसे सटकर एक थुल-थुल बदन प्रौढ़ा यह सब देख रही है, उसकी आँखों में प्रतिहिंसा के भाव स्पष्ट हैं...]

सेठ : हो तो गया *(हाथ से रोककर)* जा बेटी, अब आराम कर *(गर्दन*

चंदना की आगे बढ़ती है) और सब ठीक तो है बेटी ? *(चंदना सिर हिलाकर स्वीकार कर लेती है कि सब ठीक है और झारी लिए चली जाती है)* अब *(बुदबुदाकर)* अपने को भी आराम करना चाहिए जाकर।

[अंदर जाता है दूसरे दरवाजे से]

तीसरा दृश्य

[हवेली का अंदरूनी हिस्सा...आँगन में मचिया पर वही थुल-थुल बदन प्रौढ़ा सेठानी बैठी है...मुखाकृति तमतमाई हुई...सामने अपराधिनी की मुद्रा में चंदना खड़ी है। साँवली शक्ल की दो दासियाँ आदेश की प्रतीक्षा में। संध्या होनेवाली है...]

सेठानी : कल कैंची से इस लौंडिया के बाल काट लेना कद्रू। *(एक दासी की ओर देखती है, जिसका नाम कद्रू है। साँवली होने के साथ ही वह भद्दी है।)*

कद्रू : जी *(मुँह बनाकर)* सरकार ! *(जरा रुककर)* और क्या हुकुम होता है ?

सेठानी : बस, *(दूसरी दासी की ओर मुँह करती है)* और तू कृष्णा..

कृष्णा : हुजूर *(तनिक आगे बढ़ आती है)* जो आज्ञा...

सेठानी : छोकरी के *(दाँत पीसती हुई)* ये गहने और कपड़े उतार लेना और टाट पहनाकर तहखाने में डाल आना *(आँखें खूब कड़ी हो जाती हैं)* साँकल चढ़ाकर भली-भाँति बंद कर देना...*(चंदना की ओर घूरती हुई)* राँड़ कहीं की ! जिसने दूध पिलाया उसी को डसती है ! *(दाँत पीस लेती है)* देखूँ भला, अब कौन तुझे तहखाने से निकालता है !! चंदना ! चंदना !! चंदना !!! *(हाथ चमकाकर)* विष की इस पुड़िया का जिसने ऐसा नाम रख दिया उसको...*(गले से हार इधर-उधर सरकाती)* उसको...

कृष्णा : करम *(चंदना की ओर हाथ उठाकर फिर सेठानी को लक्ष्य करके)* फूट गया कलमुँही का *(मुख की आकृति खूब विद्रूप बनाकर)* तभी तो अपनी जड़ आप खोद रही है...अम्म, अब इसका दिमाग दुरुस्त हो जाएगा। *(चंदना की ओर घूरती रह जाती है)*

सेठानी : हट मेरे सामने से रांड ! *(चंदना पर लात उसाहती है)* कहाँ की यह पापिन हमारी चहारदीवारी के अंदर घुस आई है ! *(उसाँस लेकर)* हाय !

[दोनों दासियाँ चंदना को धकेलती हुई, उसके गले पर अर्धचंद्र गलहत्था देती हुई एक ओर लिए जा रही हैं...सायंकाल निकट

है। नेपथ्य में वीणा की करुण और मर्मबेधी झंकार। यह झंकार क्रमशः पतली तथा कम होती हुई विलीन हो जाती है। भयानक अंधकार रंगमंच को आत्मसात कर लेता है।]

चौथा दृश्य

[सेठों का मुहल्ला, नगर वीथी दूर तक चली गई है। डेढ़ पहर दिन चढ़ गया है। देखने में परम भव्य एक श्रमण इस छोर से उस छोर तक, उस छोर से इस छोर तक आ-जा रहा है। नागरिक-नागरिकाएँ सद्गृहस्थ और गृहलक्ष्मियाँ अपने-अपने द्वार पर विस्मय-विमुग्ध खड़े हैं...

एक बड़े प्रासाद के सामने काठ का मंडप, बड़े तख्तपोश पर बैठे पाँच-सात प्रौढ़ तथा वृद्ध नागरिक बातें कर रहे हैं।]

एक वृद्ध नागरिक : यह चौथा दिन है *(काँपती गर्दन से सबकी ओर जिज्ञासा और विस्मय की दृष्टि से देखता हुआ)* क्या आज भी महाश्रमण खाली लौट जाएँगे ?

दो नागरिक *(साथ-साथ)* : आश्चर्य की ऐसी घटना क्या और भी कभी घटी होगी ? *(पहले औरों की ओर ताककर फिर पहले वृद्ध पर दृष्टि गड़ा देते हैं)* तात, आपकी आयु बड़ी है, परंतु आपने भी ऐसा कभी नहीं देखा या सुना होगा !

एक और नागरिक : श्रमण के मन की बात कौन जाने !*(उदास स्वर से)* ऊँह, होगा कोई !

दूसरा वृद्ध नागरिक: जानते नहीं ? *(सबकी ओर दृष्टि फेरकर) यह महाश्रमण निगंठनाथ पुत्र वीर वर्धमान हैं (नगर वीथि में जिस ओर महाश्रमण जा रहे हैं उस ओर हाथ उठाकर)* आपकी अनुकंपा का पात्र सबसे बढ़कर कौन हुआ करता है ? बता सकते हैं ? *(सब चुप और विस्मित)* लो मैं *(गौरव से अपनी छाती आप थपथपाकर)* बतलाता हूँ।

सभी एक साथ : अवश्य बतलाओ आर्य *(एकटक सब दूसरे वृद्ध पर अपनी दृष्टि गड़ाए हुए)*

दूसरा वृद्ध नागरिक: दूसरे-दूसरे साधुओं की भाँति यह महामुनि केवल ऐश्वर्यसंपन्न तथा कुलीन दाताओं को नहीं खोजते फिरते *(गंभीर और भावुकता के मधुर-मादक आवेश में जरा देर तक माथा हिलाता रह जाता है)* दलित-पीड़ित उपेक्षित अवहेलित मानवता को अपनी अनुकंपा का अवसर देने में आप महाश्रवण बेजोड़ हैं...आज चार दिनों से महाश्रवण किसी ऐसे ही पात्रों की खोज में हैं *(दो अँगुली से दूसरी हथेली पर आघात पहुँचाकर)* चार दिन हो जाएँगे पूरे आज...आप आते हैं और भिक्षा बिना लिए ही वापस लौट जाते हैं। अवश्य

ही कोई बड़ा कारण होगा ! *(जरा देर सोचता रह जाता है)* किसी निगड़बंधना दासी या छोटी जाति की विकलांग औरत या रोता-बिलखता अकिंचन अछूत बालक या ऐसा ही कोई भगवान को भिक्षा देकर कृतार्थ होगा आज *(कपार पर तीन अँगुलियाँ ठोंककर)* भाइयो, हमारे-तुम्हारे करम में इस प्रकार का सौभाग्य नहीं बदा है *(निःश्वास)*।

[महाश्रमण घूमते फिरते सेठ धनावह के मकान के सामने खड़े हो जाते हैं। थोड़ा ठिठककर फिर आगे बढ़ जाते हैं, जरा दूर जाकर फिर लौट आते हैं...उधर तहखाने के बाहर ऊपर बरामदे में चंदना दिखाई पड़ रही है। बाल उसके कटे, चेहरा फीका, आँखें, चमकती हुई। उसके सामने सूप में कुल्थी के दाने पड़े हैं...

महाश्रमण को देखकर सहसा चंदना की आँखें चमक उठती हैं। बड़ी ही कठिनाई से वह उठती है और बरामदे के उस छोर तक पहुँचती है जो नगरवीथि के किनारे पड़ती है...

श्रद्धा और किंकर्त्तव्यविमूढ़ता में चंदना जरा देर तक 'जस की तस' खड़ी रह जाती है...चेहरे पर दुविधाजनित संकोच...

महाश्रमण अपनी अंजली उसकी ओर बढ़ा देते हैं और वह उसमें कुल्थी के दाने डाल देती है...आस-पास नगरवीथि में लोगों की दृष्टि इन्हीं दोनों पर केंद्रित...महाश्रमण जब कुल्थी ले चुकते हैं तब चंदना घुटना टेककर वंदना करती है]

चंदना : ण्मो अरिहंताणं...

[महाश्रमण तत्क्षण कुल्थी का पारणा कर लेते हैं और उनका दाहिना हाथ अभय मुद्रा का प्रतीक बन कुछ ऊपर उठता है...नेपथ्य में वीणा की प्रासादित तीव्र ध्वनि और मधुर सूक्ष्म स्वर में अंतरा—]

दलित और पीड़ित मानव का
मान बढ़ानेवाले—
महाश्रमण, तेरी करुणा में
जगती आज नहा ले
द्रवित हुए, आए, भिक्षा ली
हे महान संन्यासी
धन्य-धन्य हो गई चंदना
निगड़बंधना दासी
हे महान, संन्यासी !

[लुहार को साथ लिए सेठ धनावह का प्रवेश...महाश्रमण और चंदना को उस रूप में पाकर सेठ भी घुटने टेक देता है। लुहार औजार से चंदना के पैरों की बेड़ी काटकर एक ओर विस्मृत नत वदन खड़ा रहता है।]

सेठ : णमो अरिहंताणं...*(स्वर आवेगपूर्ण और अति विनम्र)* देव, चंदना को आज से मैंने मुक्त कर दिया। हमारे अपराधों को *(भूमि पर नतवदन होकर)* क्षमा करें महाश्रमण !

महाश्रमण : क्षमा *(स्मित मुख तनिक और विकसित हो उठता है)* महासेठ, अशेष क्षमा...*(चंदना पर तनिक दृष्टि डालकर)* गृहपति, तुम्हारे अपराधों को क्षमा करने का चरम अधिकार इसी को है *(पहले चंदना, फिर सेठ के प्रति तर्जनी उठाकर)* भद्रे, कौशांबी का सेठ धनावह तुझसे क्षमा माँग रहा है।

[चंदना की आँखों में आँसू छलछला आते हैं।]

चंदना : पिता ! *(सेठ की ओर देखने लगती है)* तुमने मुझे मुक्त कर दिया ?

सेठ : हाँ *(आँखें डबडबा आईं)* बेटी, जाने किस शुभ क्षण में तुझे ले आया था, मेरे अपराधों को *(हिचकियाँ बँध जाती हैं।)*

[चंदना उठकर हथेली से सेठ का मुँह बंद कर देती है... महाश्रमण का प्रस्थान...चंदना भी बरामदे से उतरकर नगर वीथि में आ जाती है। सेठ भी आगे बढ़ आता है।]

सेठ : बेटी *(चंदना का हाथ पकड़ता है)* जाने दो सुखपूर्वक आप महाश्रमण को; अपन भी *(घर की ओर इशारा)* चलें...*(भावावेग में)* चार लाख स्वर्णमुद्राओं की मेरी संपत्ति है, *(राह छेककर)* आज से तू ही इस संपत्ति की अधिस्वामिनी हुई *(हल्का क्रोध)* सेठानी खाना कपड़ा-भर पाएगी।

[चंदना हथेलियों से कान ढक लेती है। धीरे-धीरे महाश्रमण का अनुसरण कर रही है। सेठ भी साथ-साथ चल रहा है। कुछ दूर आगे बढ़ने पर]

चंदना : लौट जाओ पिता, *(महाश्रमण की ओर हाथ उठाकर)* आज से मैं इन्हीं की शरण लेती हूँ...तुम्हारी करुणा अकारण नहीं थी, इनकी करुणा अकारण है। *(सेठ का हाथ पकड़कर परे करती हुई)* जाओ पिता, अपने कामकाज देखो जाकर *(गंभीर स्वर में)* मुझे महाश्रमण की उपासना में खो जाने दो। *(पैरों पर गिर पड़ती है।)*

सेठ : जा बेटी *(अश्रुमुख होकर)* यदि इसी में तू अपना कल्याण देखती है तो मैं तुझे क्यों रोकूँ *(हिचकियाँ लेता हुआ चंदना को छाती से लगाए रह जाता है, कुछ क्षणों तक)*

चंदना : क्षमा करना अपनी इस पुत्री को पिता *(अलग होकर और घुटने टेककर प्रणाम करती हुई)* मेरे ही कारण अम्मा तुम पर बिगड़ी रहती थीं *(रोने लगती है)* फिर भी तुम मुझ पर सदैव दयालु रहे ! *(जरा रुककर)* अब मुझे आज्ञा दो पिता *(हथेलियों से आँसू पोंछती हुई)* प्रणाम, सदा के लिए प्रणाम पिता...

[सेठ हक्का-बक्का सा खड़ा रह जाता है। चंदना आगे बढ़ जाती है। महाश्रमण आगे-आगे, चंदना पीछे-पीछे...दोनों नगरवीथि में चले जा रहे हैं। दूर सुदूर...वीणा की करुण ध्वनि और मर्मवेधी लय में—

हे महान संन्यासी !
इस नगण्य पर बहुत दया की
द्रवित हुए, आए, भिक्षा ली
धन्य-धन्य हो गई चंदना
निगड़बंधना दासी
हे महान संन्यासी...

[फिर दोनों का अदृश्य होते जाना।]

।। पटाक्षेप ।।

[ज्ञानोदय, अक्टूबर 1949]

निर्णय

प्रधान पात्र : पुरुष पात्र—महाराज चंद्रगुप्त (गुप्तवंशी, चंद्रगुप्त प्रथम), महेंद्र (महाबलाधिकृत), कंचन गुप्त (काच)—(चंद्रगुप्त का पुत्र)
स्त्री पात्र—कुमार देवी—(चंद्रगुप्त की पत्नी, समुद्रगुप्त की जननी), नीलिमा—(माधोसेन की पुत्री)
गौण पात्र—परिचारिका, नागरिक, चर आदि।

प्रथम दृश्य

[पुष्पपुर के दुर्ग में गुप्त साम्राज्य की मंत्री परिषद। यशोभिमंडित महाराज चंद्रगुप्त रत्न जटित सिंहासन पर आसीन हैं—मंत्रीगण तथा सभासद अपने-अपने स्थान पर शांत मुद्रा में अवस्थित हैं।]

चंद्रगुप्त : *(खड़े होकर)* आज इस विशेष मंत्रिपरिषद को समाहूत करने का एक ही प्रयोजन... *(गंभीर होकर)* मनुष्य जीवन कितना क्षणिक है ?

बुढ़ापा कितना वीभत्स ?...मनुष्य ही नहीं, सारा संसार ही इंद्रजाल में फँसा है...*(स्मरण करके)* हाँ, आज मैं एक महत्त्वपूर्ण विषय पर आप लोगों की सम्मति चाहता हूँ। उस पर मेरा ही नहीं, अपितु संपूर्ण सामान्य का भाग्य स्थिर है। *(रुक-रुककर, विषादावस्था में टूटे वाक्य निकलते हैं)* मैं बूढ़ा हो चला...बाहुओं में इतनी शक्ति नहीं रह गई है कि पुनः गरुड़ध्वज उठा सकूँ *(कर को ऊपर करते हुए)*...स्वयं शरीर का भार नहीं वहन कर सकता तो साम्राज्य का भार कहाँ तक वहन कर सकूँगा...*(कहते हुए महाराज टहलने लगते हैं, कुछ क्षण रुककर पुनः कहते हैं)* मैं साम्राज्य का योग्य उत्तराधिकारी चाहता हूँ, जो मेरे न रहने पर शासन सुचारु रूप से चला सके, जो गरुड़ध्वज की पताका सुदूर देश तक फहरा सके, जो प्रजा की आवश्यकता के लिए सर्वदा तत्पर रहे, जिससे समस्त उत्तरापथ संतुष्ट रहे, जो प्रजा के सुख के लिए अपने को उत्सर्ग कर सके। मैं ऐसे ही योग्य कुमार को साम्राज्य का उत्तराधिकारी बनाने का पोषक हूँ।

[समस्त सभासद शांत होकर एक दूसरे का मुँह देखते हैं।]

चंद्रगुप्त : *(ठहरकर)* विलंब हो तो आज की सभा स्थगित कर दी जाय। कल पुनः इस विषय पर विचार किया जाय।

[धीरे-धीरे सब जाते हैं। सम्राट व्यग्रता से टहलने लगते हैं।]

कुमार देवी : *(प्रवेश करके)* महाराज ! *(महाराज चौंककर देखते हैं)* इतनी उद्विग्नता क्यों है ? इतनी घबराहट क्यों है ? क्या मैं पूछ सकती हूँ ?

चंद्रगुप्त : *(देखते हुए)* हाँ, महादेवी ! कहो क्या पूछना चाहती हो ?

[महाराज तथा महारानी सिंहासन पर बैठ जाते हैं।]

कुमार देवी : आज विशेष मंत्रिपरिषद बुलाने का क्या अभिप्राय था ? *(महाराज के मुख पर गहरी दृष्टि डालते हुए)* आपके मुख पर चिंता की रेखाएँ...यह क्यों ?...क्या कुछ...

चंद्रगुप्त : *(घबराहट से)* नहीं...नहीं देवी ! कोई महत्त्वपूर्ण विषय नहीं है। सोचा, शरीर जीर्ण हो गया है, कर में खड्ग उठा सकने की सामर्थ्य नहीं रह गई है...और इस जीवन का भी तो निश्चय नहीं।

कुमार देवी : *(नेत्रों में जल भरकर)* महाराज ! प्रकृतिस्थ हों ! धैर्य से काम लें ! एक बलिष्ठ आत्मा को ऐसे शब्द शोभा नहीं देते।

चंद्रगुप्त : *(कुछ अन्यमनस्क होकर)* ठीक ही तो कह रहा हूँ, महारानी ! धैर्य ? तुम कहती हो धैर्य धारण करूँ ? कदाचित् तुम अनभिज्ञ हो, नहीं तो ऐसा प्रश्न न करती !...*(गंभीर होकर)* शरीर के साथ-साथ धैर्य जीर्ण हो जाता है, महारानी ! *(ठहरकर)* अस्थायी

काया माया के झीने आवरण से आवृत्त है। जब माया का प्रहार होता है, तब 'प्रकृतिस्थ' होना दुष्कर हो जाता है...हम ही नहीं, बल्कि समग्र संसार माया से तिरोहित हो रहा है। यह माया क्या है ? जानती हो महारानी !

[महारानी हतप्रभ हो निर्निमेष महाराज को देखती है।]

: घोर वात्याचक्र रूपी महासागर है और काया इसमें बिना लंगर का पोत है। कब अंत होगा, कब पोत काल के गाल में समा जाएगा—यह अनिश्चित है। इसीलिए मैं मुक्ति पाना चाहता हूँ।

कुमार देवी : *(महाराज का कर अपने कर में लेते हुए)* आर्य ! उत्तराधिकारी किसको बनाने का विचार है ?

चंद्रगुप्त : देवी ! मुझे मंत्रिपरिषद् के निर्णय पर ही रहना है। मैं कुछ निश्चित नहीं कर पा रहा हूँ *(ठहरकर)* समुद्रगुप्त को छोड़कर और कोई योग्य तथा कर्त्तव्यपरायण नहीं दृष्टिगत होता *(विषादमय होकर)* विप्लव क्यों छोड़ जाऊँ ? संघर्ष क्यों छोड़ जाऊँ ? *(महारानी की ओर देखते हुए)* हाँ, गुप्त-कुल की परम भट्टारिका का क्या विचार है ? साम्राज्य की महादेवी होने के नाते तुम पर भी तो बहुत कुछ अवलंबित है।

कुमार देवी : *(आश्चर्य)* महाराज, मेरा विचार पूछते हैं ? *(कुछ सोचकर)* नहीं...मैं असमर्थ हूँ। आपका विचार ही मेरा विचार है।

[सहसा परिचारिका का प्रवेश।]

परिचारिका : *(प्रवेश करते हुए)* महाराजधिराज परम भट्टारक की जय हो !

कुमार देवी : क्या है भंगिमा ?

भंगिमा : महाबलाधिकृत श्री महेंद्र द्वार पर खड़े हैं !

चंद्रगुप्त : भेज दो।

[महादेवी का प्रस्थान।]

महेंद्र : *(हाथ बढ़ाते हुए)* आओ बंधु ! मैं स्वागत करता हूँ। अच्छा ही हुआ, तुम आ गए, नहीं तो चर भेजने का उपक्रम करता।

महेंद्र : क्या आज्ञा है, आर्य ?

चंद्रगुप्त : सोचा, अपने ही सम्मुख भावी सम्राट का निर्णय कर दूँ। संभव है मेरा ही अंत साम्राज्य के पतन का कारण बन जाए। मैं यह नहीं चाहता कि गृह-कलह से विशाल साम्राज्य गर्त से आवृत हो।

महेंद्र : *(माथे में बल लाकर)* हाँ, आपने ठीक ही कहा है। हम लोगों की जीर्णावस्था है, जाने कब शरीर साथ छोड़ दे। इसलिए मार्ग के अवरोध का समूल नाश कर देना ही उचित है।

चंद्रगुप्त : *(महेंद्र की ओर खिसककर)* हाँ बंधु, इन्हीं सबका मनन करके मैंने

ऐसा निर्णय किया है। *(कुछ सोचते हुए)* मस्तिष्क उधेड़-बुन में विलुप्त हो गया है। साम्राज्य के भावी सम्राट-पद के लिए कुछ भी निश्चय नहीं कर पा रहा हूँ। *(महेंद्र का हाथ पकड़कर)* क्या ही उपयुक्त होता कि तुम भी मेरे निर्णय में योग देते !

महेंद्र : सेवक प्रस्तुत है।

चंद्रगुप्त : *(उत्सुकता से)* अच्छा, मेरे कुमारों में सबसे योग्य कौन है ?

महेंद्र : *(सोचकर)* मेरी आत्मा तो समुद्रगुप्त का आवाहन करती है। मेरे विचार से आपके कुमारों में सबसे योग्य वही हैं। मैं कुछ सोचकर तब इस निर्णय पर पहुँचा हूँ। प्रथम तो यह कि पद्मावती के शासक भराशिव को विपन्न करने का श्रेय समुद्रगुप्त को ही है। द्वितीय यह कि इस समय मगध के मंडलाधीश भी हैं। सबसे महत्त्वपूर्ण तो यह है कि कुमार समुद्रगुप्त साम्राज्य के विधान-विस्तार से भली-भाँति परिचित हैं। पूर्व आपका निर्णय !

चंद्रगुप्त : *(प्रकृतिस्थ होकर)* मेरी भी यही अंतर्कामना है। विचारता हूँ कि मंत्रिपरिषद् के निर्णय को भी सुन लूँ।

[नेपथ्य में आवाज—"छोड़ दे...छोड़ दे मुझे...दुराचारी, दुर्दंत... कदर्य्य...!"]

चंद्रगुप्त : *(सुनते हुए कान लगाते हैं)* ऐं !... *(आश्चर्य)* यह आवाज किसी नारी की जान पड़ती है...इतनी करुण आवाज ! *(बुलाते हैं)*...प्रतिहारी !

[प्रतिहारी का प्रवेश।]

प्रतिहारी : आज्ञा महाराज !

चंद्रगुप्त : *(आज्ञा देते हुए)* देखो, यह आवाज कहाँ से आ रही है।

[प्रतिहारी सिर झुकाकर जाता है।...नेपथ्य में तलवारों की झनझनाहट के अनंतर प्रतिहारी का चीत्कार गूँज उठता है।]

चंद्रगुप्त : *(क्रोध में)* प्रतिहारियों...

[प्रतिहारियों का प्रवेश।]

चंद्रगुप्त : *(उठते हुए)* चलो मेरे साथ।

[महेंद्र आदि सब जाते हैं।]

[नेपथ्य में कामिनी का हाथ पकड़कर कुमार कांचन (कांच) खींच रहा है। निकट ही प्रतिहारी आहत पड़ा है। सहसा महेंद्र के साथ महाराज के प्रवेश करने से कांचन सिहर उठता है, कामिनी का हाथ छोड़ देता है। महेंद्र हठात् रुक जाते हैं। महाराज का मुख क्रोध से विवर्ण हो जाता है।]

महाराज : *(क्रोध से)* सावधान, कांचन ! प्रतिहारियो, कुमार को बंदी करो।

[प्रतिहारी कांचन को बंदी कर लेते हैं।]

चंद्रगुप्त : *(कामिनी से)* बाले, तुम कौन हो ?

[कामिनी महाराज के पैरों पर गिरकर अश्रुपात करने लगती है।]

चंद्रगुप्त : *(उठाते हुए)* बोलो, किसी प्रकार का भय नहीं है। *(दृढ़ता से)* जब तक चंद्रगुप्त के प्राण शेष हैं तब तक गुप्त साम्राज्य की बालाओं पर कोई पुरुष तीखी दृष्टि भी नहीं डाल सकता।

[कामिनी खड़ी होकर सिसकती है।]

महेंद्र : *(स्नेह से)* तुम्हारा नाम क्या है बेटी ?

कामिनी : *(सिसकती हुई)* नीलिमा !

महेंद्र : किसकी कन्या हो ?

नीलिमा : *(मंद स्वर में, किंतु टूटे-फूटे शब्दों में)*...माधो...सेन...की।

चंद्रगुप्त : *(आश्चर्य से)* श्रेष्ठ सामंत माधो सेन की ?

नीलिमा : *(उसी मंद स्वर में)*...जी...!

चंद्रगुप्त : *(क्रोध में)* यह गुप्त-कुल-कलंकी अधकामी कहाँ मिला ?

[महाराज वितृष्णा से मुँह बिचका लेते हैं।]

नीलिमा : *(अश्रुपूर्ण नेत्र नत करके)* महाराज ! मैं राजपथ से जा रही थी कि अचानक एक रथ मेरे निकट रुका, जिसमें कुमार बैठे हुए थे। उनकी आज्ञा से दो प्रतिहारों ने बलात मुझे उठाकर रथ में रख दिया।

महेंद्र : *(कुमार से)* बाले का कथन सत्य है ?

[कांचन सिर झुका लेता है।]

चंद्रगुप्त : *(क्रोध में)* पातकी...अपराधी...घोर अपराधी। तुम्हें दंड मिलेगा, अभी, तत्काल...*(क्रोध से काँपते हैं)*

महेंद्र : *(गंभीरता से)* एक पिता अपने पुत्र को दंड देगा ?

चंद्रगुप्त : *(दुख से)* नहीं बंधु, तुम भ्रांति में हो। पहले मैं उत्तरापथ का सम्राट हूँ, पीछे पिता...*(रुककर...नेत्र भर आते हैं)* परंतु ऐसे वितृष्णित पुत्र का पिता कहलाने के पूर्व मेरा अंत हो जाना ही अच्छा है।...*(क्रोध से)* कांचन ! तुम्हें निष्कासन का दंड दे रहा हूँ। आज ही तुम्हें कुसुमपुर त्याग देना होगा।

[कांचन के लड़खड़ाते पैर अग्रसर होते हैं।]

[यवनिका]

द्वितीय दृश्य

[पुष्पपुर का राजपथ। दो नागरिक वार्तालाप करते चले जा रहे हैं।]

प्रथम : तुमने सुना है।

द्वितीय : *(उत्सुकता से)* क्या ?

प्रथम : *(आश्चर्य से)* अरे, तुम नहीं जानते ? कल कुमार कांचन को महाराज द्वारा निष्कासन का दंड मिला है।

द्वितीय : *(उत्सुकता से)* यह क्यों ?

प्रथम : *(गंभीरता से)* वृद्ध सामंत माधोसेन की दुहिता राजपथ से जा रही थी। उसे कांचन ने निज परिचारकों द्वारा सबल पलायित करा लिया।

द्वितीय : *(क्रोध से)* भयानक अपराध था। क्या उस समय कोई नागरिक विरोध करनेवाला नहीं था ?

प्रथम : *(सहज भाव से)* दो-एक नागरिक थे। वे समझ ही न सके कि क्या बात है। देखते-देखते रथ दूर जा चुका था।

द्वितीय : *(उत्सुकता से)* महाराज ने कैसे जाना ?

प्रथम : उन्होंने स्वयं देखा।

द्वितीय : *(आश्चर्य से)* सचमुच, स्वयं महाराज ने ही देखा ?

प्रथम : हाँ बंधु !

[समाहूत जन-समाज को देखकर प्रथम नागरिक ठिठक जाता है।]

प्रथम : *(इंगित करते हुए)* वहाँ इतने जन क्यों समाहूत हैं ? चलो देखा जाए।

[दोनों जन-समाज के निकट जाते हैं। एक चर राजाज्ञा प्रसारित कर रहा था, और नागरिक गण उसको घेरे थे। दोनों समाहूत जनों में प्रवेश पाने के लिए प्रयत्न करते हैं।]

चर : *(तेज आवाज में)* राज्य सेवको तथा नागरिको ! महाराज तथा मंत्रिपरिषद् ने यह निर्णय किया है कि भावी सम्राट-पद को कुमार समुद्रगुप्त सुशोभित करेंगे। सम्राट्-पद के लिए कुमार समुद्रगुप्त चुन लिए गए।

[नागरिकों में कोलाहल तथा हर्षध्वनि। समस्त जन-समूह महाराज चंद्रगुप्त की जय बोलता है। अपार जन-समूह में प्रथम नागरिक का साथ द्वितीय नागरिक से छूट जाता है।]

प्रथम : *(ढूँढ़ते हुए)* अरे, ओ, कन्नड़ कहाँ लापता हो गया ?

[अग्रसर होता है।]

[यवनिका]

[नई धारा, मई 1955]

स्तंभ

- मुखड़ा क्या देखै दरपन में
- यत्किंचित

मुखड़ा क्या देखै दरपन में ?

अनाज कहाँ है ? कहाँ है अनाज ?

अनाज है मुनाफाखोरों की खत्तियों में ! धनकुबेरों के तहखाने में अनाज है !

अनाज है अमरीका में ! सोवियत रूस में अनाज है ! पाकिस्तान में अनाज है ! अनाज है बर्मा में !

अनाज आपकी जुबान पर हिल रहा है...

अनाज हमारी कलम की नोक पर डोल रहा है...

अनाज लोकसभा के मंडलाकार विराट हॉल के अंदर गूँज रहा है...

अनाज विधान सभाओं में मुखर है...

अनाज भाषणों-प्रवचनों में उबल रहा है...

अनाज आढ़तियों की तोंदों पर पसीने की बूँदियाँ बनकर ढुलक रहा है...

अनाज लाखों-हजारों की तादाद में छपने-खपनेवाले अखबारों में जगमगा रहा है...

अनाज सचिवालयों की दराजों में सीझ रहा है...

अनाज शासन के महाप्रभुओं के आश्वासन में है...

अनाज गैर-सरकारी नेताओं के आक्रोश में है...

जी, साहब ! लीजिए, यहाँ है अनाज !!

x x x

अभी दो महीने पूर्व तेनाली (आंध्र प्रदेश) में विक्षुब्ध कम्युनिस्टों का अखिल भारतीय कन्वेंशन हुआ...

मार्क्स, एंजेल्स, लेनिन, स्टालिन के साथ-साथ उसमें माओ-त्से तुङ् भी वहाँ विद्यमान थे। यानी, वृहत् आकार के उनके चित्र टँगे थे...

अभागा खुश्चेव ! हाय रे बदनसीब !

मेरे हाथ का आईना इस पर मुझसे रंज हो उठा—वह काँपने लगा। अपनी गर्दन भी टेढ़ी हो गई—निगाहों में इन दिनों यों तो भारी कन्फ्यूजन है न ?

दिल के कोने से आवाज आई, फुसफुसी आवाज, हाँ—भारी बौड़म है तू भी नागा बाबा ! अरे, लाल भाइयों का डाँगे-गुटवाला अखिल भारतीय सम्मेलन नवंबर में होगा ! उसमें देख लेना, स्टालिन और माओ-त्से-तुङ् दोनों ही गायब रहेंगे। खुश्चेव ही खुश्चेव दिखाई-सुनाई पड़ेंगे वहाँ...शायद दिवंगत साथी अजय घोष भी सामने आ जाएँ !

इस पर दिल के दूसरे कोने से फिर वैसी ही फुसफुसाहट सुनाई पड़ी—"यहाँ बिहार पार्टी की शाखा कमिटी के हेडक्वार्टर (अजय भवन) पर तो डाँगे-भक्तों का कब्जा है, लेकिन पटना-जिला कमिटीवाले दफ्तर-भवन पर विक्षुब्ध कामरेडों ने अपना दखल जमा लिया है..."

आईना फिर काँपा ! अजी वाह !!

विक्षुब्ध लाल भाइयो, तो अब आप लोग भी अपने इस नीड़-निकेतन का नामकरण-संस्कार कर लीजिए न !

'मुज़फ्फ़र अहमद-भवन'...'सुंदरैया-भवन'...या फिर 'गोपालन-भवन'...या फिर 'वासव पुन्नैया-भवन'...बिना नामकरण-संस्कार के दफ्तर पर आपका अधिकार अधूरा ही रहेगा न ?

x x x

सहर्सा (बिहार) के एक उदीयमान कथाकार ने अपनी कतिपय कहानियों का संकलन वहीं के किसी कुटीर-उद्योगवाले मामूली प्रेस में (जी हाँ, ट्रेडिल पर) छपवा लिया तो आवरण की कल्पनाएँ उन्हें यहाँ पटना तक खींच लाईं...

धड़कता हुआ दिल लेकर युवक कथाकार मुझसे मिलने आया।

साँवली सूरत। आधे चाँद-सा कपार। बड़ी-बड़ी आँखें। नुकीली नाक।

आकृति की भंगिमाओं से भाँपते देर नहीं लगी कि पैनी प्रतिभा का यह चुंबक कथा-रसिकों के बहुत बड़े समुदाय को अपनी ओर खींचकर ही रहेगा...

"आशीर्वाद चाहिए..."

"मिलेंगे, भई, मिलेंगे !"

"पाँच-सात रोज़ के अंदर ?"

"जरूर !"

अलावा इन शब्दों के, मुश्किल से बीस-एक लफ्ज और निकले होंगे उसके होठों की परिधि से बाहर...

आईना मुस्कुराता है—शीलवंत युवक बकबक थोड़े करता है !

हाँ, सचमुच ! शालिग्राम उस दिन बहुत ही कम बोला था...

संकलन के छपे फर्मे छोड़ गया था...

वक्त निकालकर मैंने छपे अक्षरों का पारायण किया...

झूठ !—आईना काँपने लगा, उसकी चमक मुझे बेध गई...

हाँ, झूठ। मैंने उन कहानियों का पूरा पारायण कहाँ किया ? बटलोई में से निकाल कर चार ही चावल तो परखे थे !

गजब की खुशबू थी उन चावलों में !

अच्छी तरह सीझे नहीं थे, लेकिन...

अनुभूति की आँच को आंचलिकता के पिशाच ने महँक मार-मारकर बरगला दिया था !

सीझनेवाले चावल टेढ़े पड़ गए थे, कुछ तो बुरी तरह अकड़ गए थे।

खड़ी बोली के व्याकरण की रूह कराह रही थी...

मैंने अपनी गर्दन ऊँची करके आईने से कहा—"शब्दों और वाक्यों का यह लँगड़ापन हिंदी का देशव्यापी पाठक वर्ग कैसे बर्दाश्त करेगा ? पात्रों के डॉयलाग्स तो ज्यों-त्यों करके उसे हजम हो भी जाएँगे, मगर कथाकार अपनी तरफ से जो-कुछ कह गया है, वह-सब तो वाक्यविन्यास के सार्वभौम अनुशासन में कहा होता न ?"

आईना स्थिर होकर मेरी बातें सुनता रहा...

तो तुमने 'शालिग्राम' नामधारी उस कथाकार को यह बातें बतला दी होतीं !

हाँ, बतला दी थीं।

और उसने ध्यान से सुना भी था...

संजीदगी में डूबकर बोला था—"मुझे आज तक किसी ने इस सिलसिले में कुछ नहीं कहा !"

और, तुमने उसे यों ही तो नहीं टरका दिया ?

नहीं जी, आशीर्वाद के दो शब्द भी दिए थे ।

लिखकर ?

जी हाँ, लिखकर !

उस संकलन का क्या हुआ ? हुआ प्रकाशित ?

पता नहीं ? दिखाई तो कहीं पड़े न ?

मन में बार-बार सवाल उठता है : शालिग्राम के प्रति मेरी तरफ से बे-इन्साफी तो नहीं बरती गई ?

मैं शालिग्राम को पत्र लिखूँगा...

मैं शालिग्राम की कहानियों में वाक्यविन्यास-संबंधी अनार्किज़्म को बर्दाश्त नहीं करूँगा...

आईना मुस्कुराया—इधर देखो अर्जुन नागा, इधर देखो ! मेरी तरफ देखो...यों मुँह मत बनाओ भाई !

—क्या नीयत है तुम्हारी ?

—नीयत-फीयत कुछ नहीं है; हिंदी-क्षेत्र का दायरा कैसा विशाल है ! प्रशासन की सुविधा के लिए ही शायद अंग्रेज कूटनीतिज्ञ इस विशाल क्षेत्र को कई टुकड़ों में बाँट गए ! हिंदीभाषी जनता का इस क़दर अनेकानेक प्रदेशों में विभाजित रहना क्या कोई मामूली अत्याचार है ?

इस अत्याचार के विरोध में कहाँ एक भी स्वर कहीं सुनाई पड़ा ! नहीं न ?

अजी साहब, अपना घर सँभालिए पहले !

हिंदी का प्रचार जमकर पहले लँगड़ी अभिव्यक्तिवाले अपने इन प्रदेशों में तो कर लीजिए !

अश्वमेध का घोड़ा पहले अपना आँगन तो अच्छी तरह देख ले !

शालिग्राम, सुनते हो बबुआ ? कसूर तुम्हारा नहीं, हमारा है। हमने हिंदी को कदमकुआँ (पटना-3) के इस प्रासाद के अंदर कैद कर रखा है। हमने हिंदी को वहाँ, फास्टवेट रोड (इलाहाबाद-3) के उन शानदार भवनों के अंदर बाँध रखा है।

शालिग्राम, तुम बिलकुल निर्दोष हो ! हमने पक्की हिंदी अपने लिए रिजर्व कर रखी है; कच्ची हिंदी का कच्चा माल हमने तुम-जैसे उदीयमान कथाकारों को थमा दिया है...माफ करो भाई, माफ करो ! हम तो ठहरे 'पतितन के सरताज'...

x x x

गर्दन के पीछे कालिख लगी रह जाए तो सामनेवाला यह दर्पण क्या कर लेगा ?

बच्चू, अकेले तुम काफी नहीं हो मेरी सर्वांग-समीक्षा के लिए !

तुम्हें भी आखिर अपनी बिरादरी का सहारा लेना पड़ेगा न ?

तुम भी अपने आप में पर्याप्त नहीं हो न ?

भाई-भतीजा-भांजा...कोई-न-कोई तुम्हारी सहायता के लिए आगे बढ़ ही आएगा ! इसी में इज्जत है, बढ़ोतरी है इसी में। बिरादरी का पर्दा शासन के पर्दे से कहीं ज्यादा टिकाऊ होता है।

मैं भी अब अपनी बिरादरी का सहारा लूँगा...

ठहरो भई, जरा सोच लूँ...

मैं किस बिरादरी का कहलाऊँगा अब ?

हाय, याददाश्त की रील को उलटकर फिर से उसे चेतना के प्रोजेक्टर में एडजस्ट करना पड़ेगा !

कर लो न ! इसमें क्या रखा है ?

तो, मैं कौन हूँ ?

आदमी हूँ ? जी हाँ, लगता तो हूँ आदमी-जैसा ही...

हाँ मैं, इन्सान ही हूँ !

भारतीय हूँ, शुद्ध हिंदुस्तानी...

(अवचेतन में रिकार्ड बजने लगा :)

मेरा जूता है जापानी
सिर पर लाल टोपी रूसी
फिर भी दिल है हिंदुस्तानी...

(बच्ची इसी बीच में नाश्ता की प्लेट रख गई है), सामने...भुनी हुई मछली को नाक ने ही पहले देखा...ओह, मैं तो मैथिल हूँ ! ऊँहू, हिंदुस्तानी-फिंदुस्तानी नहीं; मैं पक्का मैथिल हूँ...

—कौन-सी मछली है रे ?

—गरई; काका, आपकी जीभ इतना भी नहीं परख पाती !

स्नेहलता भतीजी खुलकर ही मुस्कुराती है। मैं लेकिन मछली के स्वाद में डूब गया हूँ !

जीभ की टुरनी से होकर मिथिला मेरे गले के अंदर उतर रही है...

भुना हुआ चिवड़ा, भुनी हुई मछली !

ततः परम् ?

चाय का प्याला...

लो, अब मैं फिर से हिंदुस्तानी हूँ !

कल शनिवार है। शाम को कॉफी हाउस के माहौल में पहुँचूँगा तो फिर विश्व-मानव की गरिमा का अनुभव अनायास ही होता रहेगा...

गरिमा का अनुभव ? क्या होगा उससे भला ?

ओ हो हो, बड़ी अच्छी नींद आएगी !

और परसों ?

रविवार रहेगा न ? राज्य ट्रान्सपोर्ट का भला हो ! प्रादेशिक शासन केंद्र की इस नगरी के अंदर लोकल बसों की 'रिंग-सर्विस' चालू हो गई है...परसों सारा दिन 'बिहारी' बना रहूँगा; घर-परिवार की 'भाखा' का एक भी जुमला गले से बाहर कहाँ निकलने दूँगा ! दो-चार दफे 'अशुद्ध' हिंदी बोल जाऊँगा...पहले आकाशवाणी का 'चौपाल' वाला प्रोग्राम कान लगाकर सुना जाएगा !

काशी से डॉ. श्याम तिवारी (Ph. D.) ने पत्र लिखकर सूचित किया है—"हम कई मित्रों ने इस रचना (तुम रह जाते दस साल और) की ईमानदारी और तीखी अभिव्यक्ति का बहुत आनंद लिया। इधर प्रशस्तियों के पाठ से कवि-समुदाय के प्रति अजीब अनास्था और ऊब हो रही थी। लगता था, श्री नेहरू के साथ भारतीय कवियों की आत्मा भी दिवंगत हो गई। अच्छा ही हुआ, इस कठोर समझ से मुक्ति मिली। आपकी यह रचना अभी तो टाईप होकर बिक रही है, संभव है, छापकर बाँटना पड़े..."

डाँगे-पंथी लाल भाइयों की साप्ताहिक पत्रिका 'जनशक्ति' ने इसी रचना के कारण मुझे 'दिग्भ्रमित' आदि उपाधियाँ प्रदान करके अपनी खीझ का परिचय दिया है !

अच्छा है, काशी के काव्यप्रेमी इस रचना की 'ईमानदारी' और 'तीखी अभिव्यक्ति' का आनंद लें; टाईप करके बेचें—खरीदें इस रचना की प्रतियाँ...

अच्छा है, 'जनशक्ति'वाले नेहरू-युग की विकृतियों-विषमताओं का यह काव्यात्मक निचोड़ पचा नहीं पाएँ; असली-नकली नामों से कवि पर अपना आक्रोश झाड़ें...

अच्छा है, 'योगी' के ईमानदार और साहसी संपादक प्रखर अनुभूतियोंवाली ऐसी रचनाएँ छापकर दलीय संकीर्णता का मुँह काला करते रहें...

अच्छा है, कटोरा-भर पानी में अपनी मुखाकृति देखनेवाले कामरेड अब भी दर्पण से दूर ही रहें...

[ज्योत्सना, सितंबर 1964]

□□

15 अगस्त 1947 के बाद कांग्रेस की राजनीति धीरे-धीरे बहुरूपिया अवसरवादी कूटनीति के दायरे में प्रवेश करती गई। अब, 17 वर्ष बाद हम देखते हैं कि वह 'लचकीली नट-लीला की असीम संभावनाओं का आगार' बन गई है !

स्वदेशी शासन के सूत्रधार अपने अंदरूनी 'इंद्रजाल' का भार-साम्य (बैलेन्स) कैसे सँभाल रहे हैं, सारा भारत-वर्ष आँखें फाड़-फाड़कर देख रहा है...इस नवोदित प्रजातंत्री राष्ट्र की नियामक पार्टी (ऑल इंडिया कांग्रेस कमेटी) आज अखिल विश्व के राजनेताओं और बुद्धिजीवियों का ध्यान अपनी ओर नहीं खींच रही होगी। और, नेहरू के बाद हम आपसी भाई-चारे का कौन-सा प्रतिमान उपस्थित करने जा रहे हैं संसार के सामने।

कामराज-योजना के बाद कैरो-कांड...

कैरो-कांड के बाद अब यह मित्र-माया...

वीरेन मित्र, तुम्हारी जय हो ! जय हो पटनायक—पीठाधीश !!

कलिंग नंदन, तुम्हारी जय हो ! जय हो कामराज-मानसमथनकारी महाप्रभु !!

चाणक्य से लेकर चर्चिल तक...औरंगजेब से लेकर रास्पुतिन तक...बड़ी-बड़ी खुर्राट आत्माएँ तुम्हारी बुश्शर्ट की पाकिटों के अंदर जंभाइयाँ ले रही हैं !

महाप्रभु, तुम्हारी जय हो ! जय हो लीलाधर युगनायक !!

...मैं, एक अदना आदमी, अभी उस दिन उत्कलनीलमणि जगन्नाथ जी की महिमाओं में विभोर होकर इन गालों पर साबुन का झाग जमा ही रहा था कि आईना दगा दे गया !

वह बिलकुल धराशायी था...मैंने ब्रुश अलग रख दी, आईने को उठा लिया।

अंदर की प्रतिबिंबित छाया मुँह बनाकर बोली—"तुम क्या समझोगे बीरेन मित्रा को ! वह तुम्हारे उस नेहरू-युग से बीस साल आगे है..."

"बीस साल ?" मैंने फिर से दर्पण को पानी-भरे कटोरे के सहारे खड़ा कर दिया था और सवालिया निगाहों से देख रहा था।

"हाँ, बीस साल ! अर्जुन नागा, तुम्हारे इस युग से बीस साल आगे है वह उड़िया लीडर ! कामराज-पाटिल-अतुल्य घोष-संजीव रेड्डी...सबकी नाकों में वह कौड़ी बाँधेगा !"

आईने की बातों पर पहले तो गुस्सा आया, फिर हँसी आई !

सिनेमा-घरों के वे रुपहले पर्दे याद आए, हाथों की लिखावट के वे वाक्य सामने झूल गए—'यह खेल अभी दो सप्ताह और चलेगा : पब्लिक का आग्रह है।'

तो वीरेन मित्र का यह नाटक अभी और चलेगा ! शास्त्री जी ने नई दिल्ली से आशीर्वाद भेजे हैं पार्सल...

वाह रे त्यागपत्र ! वाह रे त्यागराज !

वाह रे उड़ीसा की विधानसभा के कांग्रेसी विधायक ! (83 में से 75 विधायकों ने जोरदार आग्रह किया कि मित्र मुख्यमंत्री बने रहें)।

इति मित्र-लाभ कथा...

x x x

राज्यसभा ने एक बिल पास किया (स्टेट्समैन : 18 सितंबर)...अब पार्लमेंट के मेंबरों को मासिक निर्वाह व्यय के रूप में 400) के बदले 500) मिलेंगे; सत्र के दिनों में वे दैनिक भत्ता 21) के बदले 31) पाएँगे। यह परिवर्तन 1 जून 1964 से ही लागू हो जाएगा...लोकसभा में बिल पहले ही पास हो चुका है। राज्यसभा के अंदर बिल की एक उपधारा में थोड़ा-सा हेर-फेर कर लिया गया। तदनुसार पार्लमेंट (दोनों सदनों) का कोई मेंबर अब, अपनी इच्छा के मुताबिक मासिक निर्वाह के लिए इससे कम रकम नहीं ले सकेगा। बिल सभी सदस्यों पर समान रूप में लागू होगा...

यह तो हुई त्याग और अ-परिग्रह का फेन उछालनेवाले हम भारतीय लोकसेवकों की बात; अब अफ्रीका के छोटे-से राष्ट्र 'घाना' के शासकों की बात लीजिए—

अक्रीका (घाना की राजधानी) की एक छोटी-सी लेकिन महत्त्वपूर्ण खबर है (सर्चलाईट : 29 सितंबर)...वहाँ के प्रमुख नागरिक स्वेच्छा से अपनी सैलरी में 50% (पचास प्रतिशत) कटौती करवा रहे हैं। अल्प वेतनभोगी और पर्याप्त वेतनभोगी वर्गों के बीच खाई पाटी जा सके, यही उद्देश्य है इनके इस निर्णय का। इन प्रमुख नागरिकों में सभी हैं : केबिनेट रैंक के मिनिस्टर हैं, सरकारी-गैर-सरकारी निगमों के अध्यक्ष हैं, बैरिस्टर-एडवोकेट हैं, पत्रकार हैं, शिक्षण-संस्थाओं के अधिकारी हैं...

देखा आपने ?

अपना आईना आश्चर्य में भरकर चक्कर खा रहा है ! अरे भाई, इतना क्यों चकराते हैं आप ?

अपने देश में तो सर्वोदयी नेता भी अस्सी रुपए की चप्पलें फटकारते घूम रहे हैं। वे गगन बिहारी भी हैं और मगन बिहारी भी...

मेरी इस बात पर आईना उलट गया !

x x x

नेहरू-मेमोरियल-फंड की प्रबंधसमिति में कांग्रेसिओं के अतिरिक्त, दो ही व्यक्ति रखे गए हैं : श्री हीरेन मुकर्जी और श्री क. मा. मुंशी...

इस पर अभी उस रोज लोकसभा-कक्ष में काफी धुआँ उमड़ा। विरोधी सदस्यों को जैसे-तैसे समझा-बुझाकर प्रकृतिस्थ किया गया।

नेहरू स्मारक निधि का भी वही उपयोग होगा, उन्हीं हाथों में उसकी चाबियाँ रहेंगी...

किन हाथों में ?

उन हाथों में, जिनमें गाँधी स्मारक निधि की चाबियाँ हैं...

नहीं, उन हाथों में नहीं !

तो फिर ?

हाथों के उत्तराधिकारी नहीं होते क्या ?

हाँ, उनके भी वारिस होते हैं : बेटे-बेटियाँ, नाती-पोते, बहुएँ, दामाद, नतनियाँ

और पोतियाँ...भांजे-भांजियाँ, भतीजे-भतीजियाँ...

तो, करोड़ों की निधियाँ क्या तुम्हारे जैसे ऐरे-गैरे नत्थू-खैरे सँभालेंगे ? यह मुँह और मसूर की दाल ? अपनी शकल तो देख ली होती।

वाह रे मेरे दरपन राजा !

दर्पण राजा नहीं, अर्पण राजा...समर्पण...यानी पूर्ण समर्पण, बिना आत्मनिवेदन के, खुला है किसी का नसीब ? निधिपाल होने के लिए विधिपाल होना ही पर्याप्त नहीं होगा अर्जुन नागा ! हैं तुम्हारे परिवार में मेहँदी-रची वृंदावनी हथेलियाँ ? देखे हैं कभी पल्लवों जैसे कोमल और गुलाबी हाथ ?

खीझकर मैंने अपनी गर्दन फेर ली...

x x x

हिंदी...हिंद...हिंदी...

बाप रे बाप !

आप 'हिंदीवाले' भी खूब हैं साहब ! रात-दिन चीखते चले जा रहे हैं हिंदी-हिंदी...हिन् दी ी ी ी ी ऽ ऽ ऽ ऽ ऽ ...

माननीय श्री श्री नवलकिशोर सिंह (राज्यमंत्री : जेनरल एडमिनिस्ट्रेशन, बिहार) अभी युवक हैं। घुटी अनुभूतियोंवाले प्रौढ़ शासक की भंगिमाओं से वह अभी सौ किलोमीटर दूर हैं...तभी तो उस दिन राष्ट्रभाषा के सवाल पर इस तरह उबाल खा गए !

कसूर उनका नहीं, कुर्सी का था ! शायद...

नहीं, बेचारी बे-कसूर थी !

कुर्सी ? और बे-कसूर ?

जी हाँ, वह बे-कसूर थी। बिलकुल निर्दोष, निर्लिप्त-निरीह-निरपराध...

तो ? यह फिर किसका अपराध था ?

अपराध था स्टेट-मिनिस्टर साहब के उस मस्तिष्क का जो ढाई रोज की हकूमत के गरूर में फूल गया है !

अपने दर्पण के इस प्रवचन से उत्साहित होकर हमने गर्दन सीधी कर ली... अवचेतन में कहीं माननीय सुधांशुजी के निश्छल हिंदी-प्रेम घुल रहे थे। काश, हमारे नवल-बाबू सुधांशुजी से बोलना ही सीख लेते !

x x x

आठ महीने तक घोर यंत्रणाएँ झेलने के बाद, प्रख्यात कवि-दार्शनिक-आलोचक श्री गजानन माधव मुक्तिबोध (47) अभी-अभी 11 सितंबर को भवताप से सदा के लिए छुटकारा पा गए...

रोग की सांघातिकता ने मुक्तिबोध की चेतना को लुंज-पुंज कर दिया था। नवीन और राहुल की तरह मुक्तिबोध भी जीवन के अंतिम महीनों में वाणी-विहीन हो गए थे। बेहोशी तीनों की प्रायः एक ही कोटि की थी।

श्राद्ध-तिथि (23/9) की सूचना के तौर पर चि. श्री रमेश मुक्तिबोध का पत्र

मिला है। यह पत्र माधव-निवास (120, रवींद्र नगर : नई दिल्ली-11) से चलकर यहाँ तक पहुँचा है...पिछले कई दिनों के अंदर मैंने इस पत्र को जाने कितनी बार पढ़ा होगा ! आगे भी जाने कितनी बार इसे देखूँगा...

शायद मुझे भी लकवा मार जाएगा !

शायद मेरी भी जीभ अकड़ जाएगी !

शायद मैं भी संज्ञाशून्य हो जाऊँगा !

आईना कई गुनी चमक में डूब गया है...

ओ, रे, तीसमार खाँ! सुनता है ?

सुन तो रहा हूँ...

सुन रहा है ? कान खोलकर ?

बतलाएगा भी कुछ, या...

क्या करेगा जीकर ? पचास की परमायु तो पार कर ही आया, अब क्या करेगा जीकर ?

झख मारूँगा ! नहीं ?

हाँ, तू और तेरे समकालीन झख ही तो मार रहे हैं ! कौन-सा शेर मार रहे हो तुम लोग ? स्वानुभूति के क्षणों का कपास धुन रहे हो ? व्यक्तिगत व्यथा का झाग बिखेर रहे हो ? क्या कर रहे हो ?

हाँ, यही-सब तो करूँगा ! कवि-कर्म के नाम पर अब और शेष ही क्या बचा है ?

जा, जहन्नुम में जा ! आज और अभी...

उहुँ ! अभी नहीं...अभी तो जीवन की तृष्णा चुकी नहीं...

तो आ, जरा और करीब आ जा ! मैं बतलाऊँ तुझे जीने का गुर...

ओ मेरे दर्पण, जीने का गुर अब मुझे तुझसे सीखना होगा ? जीवन की कला ?

जी हाँ, क्षमा कीजिए ! मुझसे सीखिए आप जीवन-कला...पहले यह तो बतलाइए कि आप मास्को हो आए हैं ? न्यूयार्क गए हैं ? लंदन देखा है आपने ? कोलंबो-काठमांडू-कराँची-रंगून की हवा खाई है ?

नवनीत-लेपन की प्रक्रिया मालूम है आपको ? बहुत बड़े आदमी के साथ अकेले में घंटा-आधा घंटा गुजार लेंगे आप ?

गालियाँ सुनते समय मुस्कराने का वह अभ्यास आपको डालना होगा...सुना आपने ? मुक्तिबोध बुद्धू थे, इसीलिए उनकी दुर्दशा हुई...अक्खड़, दबंग, बातूनी और सीधा-सादा इन्सान आखिर कब तक अपने को बचाए रखेगा ?

मेरी बातों को अपनी धोती की गाँठ में बाँध लीजिए बाबा ! आपसे तो खैर मैं यों भी निराश नहीं हूँ...आप तो 'सिद्ध' की कोटि में पहुँच गए हैं...अणिमा, महिमा, लघिमा, गरिमा...आदि अनेकानेक सिद्धियाँ आपको हासिल हैं !

चोप् ! बदतमीज कहीं का ! गालियाँ देता है मुझको ? मैं यहीं तेरी कपालक्रिया

कर दूँगा ! शैतान...

आईना सचमुच ही डर गया। वह काँप रहा था...

मैंने थोड़ी देर तक आतंक की काली धुँधली परछाइयों का मज़ा लिया, फिर उस गरीब शीशे को क्षमा प्रदान की।

[ज्योत्सना, अक्टूबर 1964]

□□

जय जवान !

माननीय शास्त्री जी ने हमें यह नारा दिया है। 'जय हिंद' के बाद निश्चय ही यह नारा अब लोगों की जुबान पर चढ़ जाएगा !

जब हम ज़ोर-ज़ोर से कहते हैं 'जय जवान' तो आँखों में एक नई चमक कौंध जाती है, ध्यान में एक नया चित्र उभर आता है...लाहौर से कुछ ही मील इधर, इछोगिल-नहर के इस ओर, हमारे राष्ट्र का वर्चस्व अभेद्य दीवार बनकर जगमगा रहा है। उसकी आँच में झुलस-झुलसकर बर्बर तानाशाह को बकवास की बीमारी हो गई है...हमारे जवान संकल्प-शक्ति के प्रतीक बन गए हैं। वे युद्धविराम की सीमा-पंक्तियों की दुहरी-तिहरी निगरानी कर रहे हैं। राष्ट्रसंघ की सुरक्षा परिषद् ने युद्ध-विराम की स्थिति को कायम रखने का दायित्व अपने ऊपर लिया है (नई अधिकृत, किंतु अस्थाई) सीमा-पंक्ति की रखवाली के लिए राष्ट्रसंघ की तरफ से सैनिक अधिकारी बहाल हुए हैं। लेकिन इससे क्या, आक्रमणकारी तो अपनी लतों से मजबूर हैं ! कश्मीरवाली युद्धविराम रेखा की हिफाजत में राष्ट्रसंघ के सैनिक प्रतिनिधियों ने जैसी लापरवाही दिखलाई, उसके चलते पंचों की नीयत पर से हमारी आस्था उठ-सी गई है। हमारे जवान गाफिल नहीं होंगे। हमारे सैनिक अधिकारी पूरी तरह मुस्तैद हैं...'जय जवान' का नारा लगाते समय अपने इन्हीं 'विधाता' और 'संरक्षक' का समग्र रूप हमारे ध्यान में उभरता है।

'जय जवान' कहते समय आपके ध्यान में कहीं मजनू तो नहीं उभर रहे हैं ? तंग मोहरी के पैंटवाले चंद्रमुखी तरुण ? दौड़ती बस में लटके हुए, मगर ट्रान्जिस्टर से कान लगाए ? परीक्षा-भवन में निरीक्षक को छुरा दिखलाकर धमकाते हुए ? सरकारी दफ्तर के मेज पर रजिस्टरों के अंबार के अंदर चेहरा छिपाकर जासूसी उपन्यास चाटते हुए ?

भई, इनसे भी तो मिलो। इन तक भी तो 'जय जवान' का नारा पहुँचा दो !

यह नारा, चूँकि शास्त्री जी का चलाया हुआ है, इन्हें इम्प्रेस नहीं करेगा। शास्त्री जी बेहद नाटे हैं न ! इनको तो छह फुट का लंबा लीडर पसंद आएगा, कंदर्प-नारायण ! रूपनारायण ! लक्ष्मीनारायण!

x x x

उद्दीप्त तरुणाई !

सामूहिक तौर पर पहली बार इस देश ने '30-'32 के दिनों में तरुणाई का जादू देखा था, फिर '42 में। सविनय अवज्ञा और सत्याग्रह, अहिंसा और शांतिपूर्ण विरोध, यही हमारी रण-नीति के मुख्य आधार थे उस युग में। पढ़ाई और नौकरी को तिलांजलि देकर हजारों नौजवान राष्ट्रीय संग्राम के सैनिक बने। प्रोफेसरी और वकालत को लात मारकर सैकड़ों सुयोग्य नागरिक उस संग्राम में कमांडर बने।

रक्तहीन क्रांति का वह उद्‌घोष सारी दुनिया में छा गया। विश्व की कूटनीति के जो कर्ता-धर्ता थे, उन्होंने हमारी तरफ उपेक्षा और संशय की निगाहों से देखा। इधर-उधर क्वचित्-कदाचित दो-चार बम फूटे तो बाहरवालों को तसल्ली हुई कि हिंदुस्तान के अहिंसावादी बुद्धू नहीं, चालाक हैं। साम्राज्यवादी शासकों की तरफ से दंगाइयों को उकसावा मिलने लगा। हममें से एक-एक को अलग, अकेले में फुसफुसाकर बतलाया जाने लगा—"तुम हिंदू हो !"

—"नहीं, तुम हिंदू नहीं हो !"

—"तुम मुसलमान हो !"

—"नहीं, तुम मुसलमान नहीं हो !"

—"तुम सिख हो...तुम पारसी हो...तुम यहूदी हो...।"

—"तुम हिंदू हो भी और नहीं भी हो, यानी परिगणित हो !"

—"नहीं, परिगणित नहीं, तुम डिप्रेस्ड हो ! दलित ! तुम्हें सवर्ण हिंदू फाड़कर खा जाएँगे..."

—"उहुँ ! मजाल है ! कौन तुम्हें आँख दिखाता है, तुम उसको चार झापड़ जमाओ ! हम जो हैं तुम्हारी पीठ पर...हम तुम्हारी पीठ पर इसी तरह जो रहेंगे, तुम्हारी हिफाजत दूसरा कौन करेगा ? हमीं करेंगे..."

जवाब में हमने उन्हें चीखकर बतलाया कि और कुछ नहीं, हम भारतीय हैं सिर्फ। महज हिंदुस्तानी हैं। हम साथ हैं, एक हैं हम। तुम्हारे बहकावे में हम नहीं आएँगे।

मगर नहीं, आखिर आ गए बहकावे में हम !

हमने साम्राज्यवादियों के दबाव में आकर मुस्लिम-लीग का मनोरथ पूरा होने दिया। भारतमाता की चीर-फाड़ होती रही और हम टुकुर-टुकुर ताकते रहे। हमने सीमांत गाँधी (अब्दुल गफ्फार खाँ) को बर्बरता के अंधे कुएँ में धकेल दिया। रोती हुई राष्ट्र-लक्ष्मी के सिर पर खंडित मुकुट था, फिर भी शासन-तंत्र हमने जैसे-तैसे सँभाल लिया। बाहर मैत्री और सहअस्तित्व। अंदर प्रतिदान और प्रतिशोध : बाहर सत्य और अहिंसा। अंदर लेकिन शासक दल के समक्ष स्वार्थ ही थिरकता रहा। बावजूद इन त्रुटियों के, हमारा राष्ट्र प्रजातांत्रिक विशेषताओं की प्रयोग-भूमि रहा है।

लाल चीन से हमारी हवाई आदर्शवादिता को ठेस लगी तो देश का यौवन तिलमिला उठा। अब की, सितंबर में राष्ट्र की तरुणाई ने आक्रमणकारी की नाक पर कसकर घूँसा मारा तो दुनिया दंग रह गई।

x x x

यह कैसे होगा ?

लेनिन ने क्रांति के बाद उदारता दिखलाई। ज़ारशाही के अंदर रूसी साम्राज्य में विस्तारवादिता पराकाष्ठा पर पहुँच चुकी थी। पड़ोस के कई भूखंडों को सोवियत शासकों ने अलग होने की स्वतंत्रता दी तो साम्राज्यवादियों ने इसे लेनिन की कमजोरी समझा।

उन्होंने सोवियत शासन को खत्म करने की नीयत से मुसोलिनी और हिटलर को पाल-पोसकर बड़ा किया। ठीक उसी प्रकार, जिस प्रकार इस युग में वे अय्यूब और सुकर्णो को तैयार कर रहे हैं। दूसरे विश्वयुद्ध में जैसी दुर्दशा हिटलर-मुसोलिनी की हुई, वही हश्र इन तानाशाहों का भी होगा।

लेकिन, यह क्या उतना ही घनघोर नहीं होगा ?

सोवियत भूमि का बच्चा-बच्चा हीरो बन गया था। हमारे देश का भी बच्चा-बच्चा पाकिस्तान और चीन के मदांध तानाशाहों को मजा चखाने में क्या वही भूमिका नहीं अदा करेगा ?

हमें भी शुरू-शुरू में क्या उसी तरह की परेशानियाँ उठानी पड़ेंगी ? हमारे भी 'मित्र राष्ट्र' क्या अंतिम क्षणों में हमारा साथ देंगे ? विजय की उपलब्धियों में उसी तरह साझीदार होंगे ?

हमें भी अंदरूनी तौर पर क्या सोवियत नागरिकों की तरह तैयारियाँ नहीं करनी होंगी ?

अपनी सैन्य-सामग्री, अपनी खाद्य-सामग्री, सेवा-सामग्री, अपनी और-और सामग्रियाँ क्या हम बाहर से ही मँगवाते रहेंगे ?

नफाखोरी की नाक में क्या हम उन्हीं की तरह नकेल नहीं डालेंगे ?

आर्थिक असमानता की यह डायन क्या इसी तरह हमारे राष्ट्र के स्वास्थ्य को अंदर-ही-अंदर चबाती रहेगी ?

हमारा बुद्धिजीवी समाज क्या इसी तरह निर्लिप्तता की केंचुल ओढ़े रहेगा ?

x x x

धर्म-निरपेक्षता !

सेक्युलरिज्म यानी धर्मनिरपेक्षता।

धर्मनिरपेक्ष यानी सेक्युलर।

लेकिन, आपको खटकता नहीं है इसमें कुछ ?

कहाँ ! नहीं खटकता है। पिछले अठारह वर्षों से सुनते आए हैं न ! क्यों खटकेगा ?

लेकिन मुझे तो खटकता है। बनियों, पादरियों, कूटनीतिज्ञों, घुमक्कड़ों, सेनाध्यक्षों की तिकड़म से पश्चिमी साम्राज्यवालों ने दुनिया-भर की संपदा जब अच्छी तरह बटोर

ली, तब जाकर उन्होंने तथाकथित उदारता की यह सुनहली खाल ओढ़ी। अब उनका शासन 'सेक्युलर' कहलाने लगा।

सेक्युलरिज़्म की आड़ में उनकी धूर्तताएँ चलती रहीं। अब भी चल रही हैं। हमें उनका यह शब्द खटकता है। यहाँ, अपने देश में तो शुरू से ही उदारता का वातावरण रहा है। आपने नहीं सुना है वह शब्द ? अनेकान्तवाद ?

मैं सत्य कहता हूँ। आप जो कहते हैं, वह भी सत्य है। उसने जो-कुछ कहा है, वहाँ भी अंशतः सत्य मौजूद है। इस तरह की उदारता को 'अनेकान्तवाद' कहते हैं। यह अनेकान्तवाद ही 'समझौता' और 'बुझारत' का आधार होता है। नेगोसिएशन् का प्राण है यह अनेकान्तवाद...।

दूसरा शब्द है 'मताग्रहनिरपेक्ष'...यह भी 'धर्मनिरपेक्ष' से कहीं अच्छा है।

फिर, एक और बात भी तो है। बौद्ध, जैन, चार्वाक आदि दार्शनिक चिंतनधारा को जिस भूमि ने जन्म दिया, उससे सेक्युलरिज़्म का आग्रह करनेवाला सनकी नहीं माना जाएगा ?

x x x

पाटिल की बेकली

शास्त्री जी की अमेरिका-यात्रा के बारे में स्वीकृति पश्चिम-प्रेमियों के चित्त को फिलहाल तो आश्वस्त कर ही चुकी होगी। इस सिलसिले में सर्वाधिक परितोष जिस हृदय को हुआ होगा, वह कहाँ बसता है ?

वह हृदय है सदोबा पाटिल के पास ! पाटिल, धन-कुबेरों के दुलारेलाल ! स्वतंत्रताई नेताओं की नाकों के बाल !

पाटिल का हृदय बड़ा व्याकुल था...भारत के प्रधानमंत्री अमेरिका के राष्ट्रपति से कब मिलेंगे ? कैसे मिलेंगे ? कहाँ मिलेंगे ? कितनी देर के लिए मिलेंगे ? किस मुद्रा में मिलेंगे ?

बेहद विकल थे पाटिल साहब इन दोनों को मिलवा देने के लिए।

लीजिए सदूभाई, आपकी मुराद पूरी होने को आई !

अमेरिका के मांधाताओं को समूचा कश्मीर चाहिए। उसको वे अपना लीला-निकेतन बनाएँगे। आधा-तिहाई नहीं, समूचा कश्मीर ! भारतीय प्रभाव से सर्वथा शून्य कश्मीर ! ऐसा कश्मीर, जो 'संयुक्त-राष्ट्र' के लिए 54 वाँ या 55 वाँ या 56 वाँ राष्ट्र (प्रदेश) चाहे न भी बने, मगर उसके लिए चारागाह-शिकारगाह या चाँदमारी के लायक मचान तो अवश्य साबित हो ! इधर हिंदुस्तान-पाकिस्तान, उधर अफगानिस्तान-रूस-चीन...और बीचोबीच ऊँचाई पर कश्मीर का हैंगिंग गार्डन ! एशिया को भून-भानकर श्मशान में परिणत करने का मन्सूबा भला और कहाँ से पूरा होगा ? एशियाई राष्ट्रों की रण-नीति पर अपना अंकुश रखने के लिए अमेरिका को कश्मीर चाहिए ही !

दिखलाएगी अपना चमत्कार भूदान की साइकालॉजी ?

विनोबा यदि शेख़ अब्दुल्ला को, कुमारी मृदुला साराभाई की अखूट सिफारिश पर, जीवनदानियों की जमात में शामिल कर लें ? फिर, जीवनदानी शेख को यदि नजरबंदी से छुटकारा मिल जाए ? फिर, शेख यदि श्रीनगर पहुँचकर दसगुना अधिक 'सक्रिय' हो उठें ?

जॉन्सन को कश्मीर के लिए अपनी पसंद का सुल्तान चाहिए...सुल्तान चाहे पाकिस्तानी हो, चाहे स्वतंत्रताई, चाहे जीवनदानी !

देखें, अब आगे महाभारत का कौन धर्मपुत्र इस द्रौपदी को जुए के दाँव पर चढ़ाने की हिम्मत बटोरता है !

पाटिल को यह भली-भाँति मालूम है कि शास्त्री जी युधिष्ठिर की तरह जुआ नहीं खेलेंगे। फिर भी सदूभाई की कोशिश जारी रहेगी...''आशा बलवती राजन्''।

[ज्योत्सना, नवंबर 1965]

□□

15 अगस्त '66...

19 वर्ष हो गए ! आज की तिथि का सूरज स्वाधीन भारत के मुक्त गगन में ऊपर उठा था। हमारी धरती ने युगों बाद अपने मन की मर्जी के मुताबिक करवटें ली थीं—गो, उसका कलेजा लहूलुहान था; कोख घायल थी। देश यह अब वह हिंदुस्तान नहीं रह गया था, भारत की आत्मा खंडित हो चुकी थी। राष्ट्र की काया के दो टुकड़े हो गए थे...'इंडिया' और 'पाकिस्तान'।

मगर, हाँ, जैसे-तैसे हम आजाद तो हो ही गए।

गत 19 वर्षों से हम स्वाधीन हैं। विश्व के राष्ट्रों में, जनसंख्या की दृष्टि से भारत ही सबसे बड़ा ''लोकतंत्री राष्ट्र'' है आज...

लेकिन बल और वैभव की दृष्टि से ?

दुनिया के मानचित्र में इस लिहाज से हम कहाँ हैं ?

अमरीका, रूस, इंग्लैंड, फ्रांस, चीन, जापान...

चैकोस्लोवाकिया, रूमानिया, जर्मनी (दोनों), युगोस्लाविया, बर्मा, थाइलैंड, मिस्र, इसराइल, आस्ट्रेलिया, ईरान, अफगानिस्तान, तुर्की, श्रीलंका...

बड़े और छोटे राष्ट्रों की इस कतार में हमारा भारत कहाँ खड़ा है ? किस रूप में दिखाई दे रहा है ? कैसी बैसाखी लगा रखी है उसने ?

19 वर्षों बाद, आज का भारत अखिल विश्व की दया-दृष्टि अपनी ओर खींच लाने को आतुर प्रतीत होता है !

वह भीख माँगने की कला का उस्ताद माना जाता है !

ऊँचे खानदान का यह चतुर कोढ़ी विश्व-नागरिकों के विशाल मंच पर अद्यतन साज-सज्जा में विराजमान है। चंदन, केवड़ा, चमेली, खस, हिना, कस्तूरी, केसर आदि

की भीनी-भीनी एवं मिश्रित खुशबू से इसने अपने गलित कुष्ठ की दुर्गंध को दबा रखा है...अध्यात्म, अद्वैत, सह-अस्तित्व, क्षमा, शांति, मानवता के प्रवचनों से सुवासित यह श्रीमुख !!

बलिहारी है हमें...मुबारक अपने आप तईं...

अमरीका के महाधूर्त धनकुबेर—लोभ और लाभ के बर्बर मसीहा आज मन ही मन मुस्करा रहे हैं। उनकी सलाह मानकर हमने आप ही अपनी टाँगें तोड़ ली हैं...

अवमूल्यन की गदा जिंदाबाद !
15 अगस्त सन् छियासठ जिंदाबाद !
तीन के तीनों सठ (मेहता-सुब्र-चौधरी) जिंदाबाद !
समाजवादी पिता (नेहरू) की स्वच्छंदतावादी पुत्री (इंदिरा) जिंदाबाद !
अशोकचक्रचिह्नित त्रिवर्ण भारतीय राष्ट्रपताका जिंदाबाद !
आर्थिक विकास का अमरीका खाका जिंदाबाद !
समाजवादी देशों का हमारे प्रति संदेह जिंदाबाद !
उनके प्रति इधर अपना मौखिक स्नेह जिंदाबाद !
पंगु और अधीर विरोधी दल जिंदाबाद !
विप्लव का यह बारंबार रिहर्सल जिंदाबाद !
'कोउ नृप होय, हमें का हानी' वाली यह उदासी जिंदाबाद !
'जे.पी.'-सा जीवनदानी, विनोबा-सा संन्यासी जिंदाबाद !
ये गाँव जिंदाबाद, ये नगर जिंदबाबाद !
ये किंतु-परंतु, अगर-मगर जिंदाबाद !
बुद्धिजीवी यानी हम जिंदाबाद !
यह कागज, यह कलम जिंदाबाद !

x x x

दुनिया की निगाह में हमारा कौन-सा स्वरूप है इन दिनों ? बाहरी देशों के समझदार लोग हमारे बारे में क्या सोचते हैं ? विश्व-मानव की महिमा के स्तोत्रपाठ जिस तरह पिछले वर्षों में हमने किए हैं, वैसा भला कहाँ किसने किया होगा ! हमने उन्हें रिझाने की कितनी कोशिशें की हैं !...उपनिषद्—योग से लेकर कथकलि—भरतनाट्यम तक हम वहाँ दिखा-सुना आए हैं...फलित ज्योतिष, ग्रहरत्न, तंत्र, वैद्यक, झाड़-फूँक अपना बहुत-कुछ उन दरबारों में हम बानगी के तौर पर पेश कर आए हैं...जड़ी-बूटी की हजारों किस्में हमने भिजवा दी हैं...हाथी और गैंडा, बाघ और बंदर, कोयल और पपीहा, इन सभी से वे भलीभाँति परिचित हो चुके हैं...बाकी बहुत-कुछ बाहरवाले खुद अपनी आँखों से देख गए हैं।

वस्तुतः हम भारतीय अतिशय उदार प्राणी हैं। आएँ, जो चाहें आएँ...अपनी भूमि में प्रवेश के लिए दसों दिशाएँ हमने खुली छोड़ दी हैं...घर-आँगन, खेत-खलिहान, महल-अटारी, रमना-चौगान, हवेली-ड्योढ़ी, टोला-मुहल्ला, बस्ती-मौजा, गली-मुहल्ला,

गाँव-शहर, जिला-परगना, सूबा-सरहद जो मर्जी हो देख जाएँ !

कैमरा, टेप-रिकार्डर, टाईपराइटर, माइक्रोफिल्म का सरंजाम और जाने क्या कुछ उनके पास होता है ! जी हाँ, मणिकर्णिका घाट की बुढ़िया भिखारिन के शब्दों में 'दान-पुन्न' करने आते हैं, हजार-हजार रुपइया खैरात बाँट जाते हैं एक-एक तीरथ में !

दिल्ली, कलकत्ता, बंबई, मद्रास—सब जगह उन्हें भाड़े पर तथाकथित 'दुभाखिए' मिल जाते हैं : अक्सर अपोजिट सेक्स का 'दुभाखिया' उनको पसंद आता है और 'भगवान की दया से' मिल भी जाता है !

भारत-दर्शन के बाद, वापस जाकर वर्षों वे अपनी नफरत उलीचते रहते हैं : सचित्र-विचित्र रिपोर्टें छपती रहती हैं उनकी—इस प्रकार भारत के प्रति निखिल जगत् का सहज कुतूहल भद्दी उपेक्षाओं की तरफ लुढ़कता चलता है !

लाल बहादुर शास्त्री प्रधानमंत्री हुए तो अमरीकी पत्रकारिता ने किन शब्दों में उनका परिचय संसार को दिया था ? किन रेखाओं में, किन रंगों में ?

वस्तुतः हम भारतीय अतिशय उदार प्राणी हैं। जो हम पर थूक दे—अँगूठा दिखलाता रहे हमको...अपना क्या, उसी की जात जाएगी !

—तो क्या, हमें अँगूठा दिखानेवाला, हम पर थूकनेवाला इतनी आसानी से अपना दामन छुड़ाकर भागेगा ? राम का नाम लो साहब ! ऐसा भी इतिहास में कभी हुआ है क्या ? अपना इंद्रजाल क्या इतना कमजोर है ? जो जितना अकड़ेगा, हमारे नागपाश में वह उतनी बेसब्री से फँसेगा ?

बाहरवालों की निगाहों में हमारा जो भी स्वरूप उभरा हो, हमारी निगाहों में उनका एक खास स्वरूप है : बाकी सभी राष्ट्र 'यजमान' हैं, अकेला यही राष्ट्र उनका पुरोहित है—आचार्य है।

उनमें से कोई राष्ट्र यदि अकाल-मृत्यु की दशा को प्राप्त हो तो महाब्राह्मण का उत्तरदायित्व और कौन निभाएगा ? इस आसन से भारत को कोई च्युत नहीं कर सकेगा।

x x x

"पिछले हजार बरस से हिंदुस्तानी नपुंसक रहा है"—डॉ. राममनोहर लोहिया ने जाने किस खीझ या कुढ़न में कहा था !

हिंदुस्तानी (भारतीय) पर आप चाहे बाक़ी सौ आरोप लगा लीजिए, नपुंसक मत कहिए उसे ! नहीं, नहीं जनाब !

कितनी तेजी से हमारी जनसंख्या बढ़ रही है !

हमारा प्रमुख 'अन्नदाता' (अमरीका) हमारी इस 'मर्दानगी' के चलते परेशान है...अगर इसी रफ्तार में अपने प्रजनन-यंत्रों से हम काम लेते रहे तो 1975 तक अमरीका का लगभग सारा गेहूँ चट कर जाने की स्थिति में आ जाएँगे अपन लोग ! कुछ ऐसा ही कथन-चिंतन है अमरीकी अन्नपतियों का...तो, क्या हम नपुंसक हैं ?

नपुंसक—नपुंसक नहीं, हम महामुनि अगस्त्य की औलाद हैं, जिन्होंने समुद्र को

अपनी चुल्लू में ले लिया था और पी गए थे !

अमरीका और रूस, ब्रिटेन और फ्रांस, जर्मनी और जापान...आज सभी राष्ट्र हमें संदेह की दृष्टि से देखते हैं। पाकिस्तान हमसे आतंकित है। लाल चीन सहमा रहता है। लेकिन हमें इनकी मूखर्ता पर हँसी आती रहती है। कह तो दिया लाख बार, अरे, हमने तो सदैव बाहरवालों का स्वागत ही किया है ! कोई आए, कोई जाए ! हमारी नीयत इसी तरह मुलायम रहेगी। क़ायदे-आजम ज़िना को नई दिल्ली पसंद नहीं थी, कराँची चले गए। रोका हमने ?

कल अगर राजाजी अड़ जाएँ, मद्रास लेंगे, तो ?

उन्हें हम मद्रास दे देंगे !

फिजो नागालैंड माँगता है...

दे दो नागालैंड उसे !

चंद्रभान गुप्त को अवध की नवाबी चाहिए...

तथास्तु !

अतुल्य घोष को ?

बंगेश्वर तो वह हैं ही !

अच्छा जी, कांग्रेस के उन दलपतियों को क्या मिलेगा जो विक्षुब्ध हैं ?

राज्यपाल बना दिए जाएँगे।

कामराज का क्या होगा ?

त्यागी-तपस्वी का जो होता है...

मोरारजी भाई भी त्यागी-तपस्वी हैं, उनको भी मादक पदार्थों से घृणा है न ! प्रशासन का मद उनको ज़रा भी विकृत नहीं कर सका। वह तब भी नियमित रूप से चर्खा चलाते थे, अब भी चलाते हैं...

गोलियाँ भी चलवाई थीं न ?

भगवान् राम-कृष्ण को धनुष नहीं उठाने पड़े थे ?

बात किस तरह बहक गई ! 'नपुंसक' की चर्चा कहाँ से आकर कहाँ पहुँची...

हम भारतीय (हिंदुस्तानी) कभी नपुंसक हो ही नहीं सकते। डॉ. लोहिया को अगर गीता हज़्म हुई होती तो वह ऐसा नहीं कहते...

तो आओ, सारा काम छोड़कर पहले हम गीता पर ही भिड़ जाएँ !

x x x

लोकसभा के वर्षाकालीन सत्र में भारी हंगामा मच गया। राज्यसभा में भी उसकी आवृत्ति हुई।

वित्तमंत्री का वक्तव्य एक ओर—

सरकार के प्रति अविश्वास का प्रस्ताव दूसरी ओर !

अंततः शासक-दल की अकड़ ढीली पड़ी, अविश्वास के प्रस्ताव को प्राथमिकता हासिल हुई।

यही सुबुद्धि पहले आई होती तो क्यों वैसा हंगामा मचता ? न लोकसभा बदनाम होती, न अध्यक्ष की इज्जत में बट्टा ही लगता !

बहुमतवाली, प्रमुख और पुरानी शासक पार्टी होने के नाते लोकसभा (केंद्रीय संसद) की कांग्रेस-पार्लमेंटरी पार्टी का दायित्व कम से कम दस गुना अधिक बढ़ जाता है। इस तथ्य का अहसास काश, अब भी उन्हें (कांग्रेसी वैधानिकों को) हो पाता !

स्पीकर यदि आरंभ में ही निरपेक्ष ईमानदारी का परिचय देते, कांग्रेसी संसदीय दल के नेता और ह्विप् आदि को उपद्रव के खतरे से आगाह करने में अपनी दृढ़ता दिखाते तो आवेग-प्रदर्शन का वह अशोभनीय नाटक न होता।

यदि यह हंगामा लोक-सभा के अंदर चार-छै बार दुहरा दिया गया ?

पार्लमेंट के मेंबरान यदि उठा-पटक, तोड़-फोड़, हाथा-पाई, मार-पीट पर उतरते चले जाएँ ?

यदि मार्सल से काम न चले, पुलिस बुलानी पड़े ? सशस्त्र फौजी ?

लोक-सभा के अंदर ही यदि 'गृह-युद्ध' का आदिकांड रचित हो ?

तो, समूचा राष्ट्र राष्ट्रपति के शासन में नहीं जाएगा ?

तो, राष्ट्रपति विशेष अध्यादेश निकालकर पार्लमेंट को समाप्त नहीं कर देंगे ?

तब क्या होगा ?

और फिर क्या होगा ?

डर लगता है सोचते-सोचते !

कँपकँपी छूटती है, पसीना आता है !

x x x

भूतलिंगम्

प्रेतलिंगम्

पिशाचलिंगम्

चोरलिंगम्

डाकूलिंगम्

महालिंगम्

वज्रलिंगम्

बस, भई बस करो ! शतनाम-सहस्रनाम स्तोत्र का पाठ करवाओगे क्या ?

कौन हैं यह लिंगम् साहब ? यह किन महानुभाव की महिमा गाई जा रही है ? आखिर कुछ मालूम भी तो हो !

आप श्रीमान् भूतलिंगम् साहब हैं—वित्त मंत्रालय के पुराने दिग्गज, I. C. S. ऑफिसर ! आपने सरकार को एक करोड़ की चपत लगाई है—कलकत्ते की एक फर्म (अमीनचंद प्यारेलाल) को आपकी कृपा से अनायास आयात-लाइसेंस मिल गई थी...पीछे जब पोल खुली, तो राज्यसभा में इस पर भारी हो-हल्ला मचा। खुद वित्तमंत्री (चौधरी) ने भूतलिंगम् का बचाव किया !

फिर सुना गया कि उन्हें ब्रुसेल्स में हमारे दूतावास के अंदर आर्थिक मामलों के प्रतिनिधि नियुक्त कर लिया गया है !

मगरमच्छ को डबल पुरस्कार !!

सार्वजनिक लेखा समिति ने अपने पचासवें प्रतिवेदन में सिफारिश की थी : श्री भूतलिंगम् के आचरण की जाँच के लिए एक कमीशन बहाल की जाए।

लोकसभा के चालू सत्र में इस मामले को लेकर फिर गर्मी आई तो लगभग आधा सदन भूतलिंगम् के खिलाफ उबल पड़ा। वित्तमंत्री लेकिन स्थितप्रज्ञ की अपनी भूमिका में डटे रहे...शांत, गंभीर...बचाव पक्ष के धूर्त-पेशेवर बैरिस्टर का वह रोल उन्हें मुबारक हो !

आखिर प्रधानमंत्री (इंदिरा गाँधी) ने सदन को आश्वासन दिया : जब तक भूतलिंगम् दोषमुक्त नहीं घोषित कर दिए जाते, तब तक उन्हें ब्रुसेल्स नहीं भेजा जाएगा।

यही आश्वासन एक सप्ताह पहले दिया जाता तो क्या कुतुबमीनार उलट जाती ?

टालमटोल और लीपापोती की लत पड़ गई है हमारे महाप्रभुओं को ! नहीं ?

x x x

पिछले सप्ताह अपने यहाँ समाचार-पत्रों में एक अद्भुत फोटो छपा था...

"जमाखोरी : महँगाई का छिपा चेहरा"—जैसे शीर्षक इस फोटो के साथ थे !

पंजाब की पुलिस ने लगभग हजार व्यापारियों को गिरफ्तार किया है। उन्हीं में से तीन 'सज्जन' हथकड़ियों में दिखलाए गए हैं। तीनों के चेहरे सफेद कपड़ों से ढके हैं। इर्द-गिर्द पुलिस के जवान हैं। पीछे-पीछे आम नागरिकों की भारी भीड़ दिखाई पड़ती है।

यह सब क्या है ?

पंजाब के नए राज्यपाल श्री धर्मवीर की जादुई करामात है यह !

शाबास धर्मवीर !

शाबाश पंजाब के नए राज्यपाल !!

साहब, आप भी तो I. C. S. वाले हैं न ?

आपको यह कैसे सूझा ?

आप भी तो भूतलिंगम् की तरह उल्टा नाम कमा सकते थे न ?

पंजाबी जनता का ऊपरी तबका आप पर अंदर-ही-अंदर उबल रहा होगा !

राजनीतिक पार्टियाँ जितनी मात्रा में व्यापारी-वर्ग से पोषण पाती हैं, उसी अनुपात में, आप पर कुढ़ रही होंगी...सामने चुनाव का दंगल है न !

दूसरे प्रदेशों में अगस्त का यह महीना शासकों और गैर-शासकीय नेताओं के दर्म्यान आँख-मिचौली और हाथापाई का, 'उत्तेजनापूर्ण पवित्र क्रांति का महीना' है यह...

बंद ! बंद ! बंद !

खोल ! खोल ! खोल !

मुर्दाबाद ! मुर्दाबाद ! मुर्दाबाद !

जिंदाबाद ! जिंदाबाद ! जिंदाबाद !

पंजाब में इस बार यह सब कुछ नहीं सुनाई देगा क्या ?

महँगाई के खिलाफ इतना बड़ा मोर्चा और किसी राज्य में खोला जाएगा क्या ?

बाकी राज्यों के राज्यपाल क्या कर रहे होंगे !

इत्मीनान से अपना वक्त गुजार रहे होंगे...'संपूर्ण गाँधी वाङ्मय' का परायण चल रहा होगा, स्थानीय समारोहों के लिए अगाऊ प्रवचन डिक्टेट करवाए जा रहे होंगे !

और पुलिस ?

वो भी मुस्तैदी से लोगों के 'जान-माल' की 'हिफाजत' कर रही होगी...

[ज्योत्सना, अगस्त 1966]

□□

अपने परम उद्धारक या चरम मुक्तिदाता की महिमा का बखान करते हुए हमारे पूर्वजों ने यहाँ तक कह दिया कि–

"त्वमेव माता च पिता त्वमेव
त्वमेव बंधुश्च सखा त्वमेव
त्वमेव विद्या द्रविणं त्वमेव
त्वमेव सर्वमम देवदेव।"

तुम क्या नहीं हो ? सब कुछ हो ! माँ-बाप, भाई, सखा (कामरेड)...अक्ल और पूँजी...सब तुम्हीं हो !

ऊपरवाली इस सनातन स्तुति को आप अब व्यापक धरातल पर रखकर देखिए। चीन (लाल चीन) का औसत नागरिक इन दिनों माओ की वंदना में भला और कौन-से पद गुनगुनाता होगा ?

हजारों वर्ष बीत गए।

बहुत पुरानी बात है–

महासमर के बीच मैदान में अर्जुन को 'बोन-टी-बी' हो गई...मेरुदंड झुक गया, हाथ-पैर लड़खड़ाने लगे। कँपकँपी छूटने लगी, रोंगटे खड़े होने लगे...

तो लोकनाथ वासुदेव कृष्ण को कैसे कड़ा रुख अख्तियार करना पड़ा ? कितना फटकारा था अर्जुन को ! वह डेविएट कर गया था, फ्रस्ट्रेशन के गोते खा रहा था... संशयवाद और संशोधनवाद उसे चौपट करने पर तुले थे !

अपने युग के सबसे बड़े कूटनीतिज्ञ कृष्ण ने उस युग के सबसे बड़े योद्धा अर्जुन की मानसिक कमजोरी का ऐन-मौके पर इलाज किया, वर्ना सारा महाभारत गलत हो जाता !

लिन्-पिआओ को संतुलित करके आगे बढ़ाने में माओ को उतना अधिक प्रयास

कहाँ करना पड़ा !

हाँ, एक बात अवश्य थी...

विश्वरूप-दर्शन की प्रक्रिया में इस बार शायद बहुत ज्यादा वक्त निकल गया !

चीन की कम्युनिस्ट पार्टी की केंद्रीय समिति की बैठक चार साल बाद हुई थी...

बड़ी छलाँग के बाद और लंबी—और ऊँची छलाँग लगाने की घोषणाओं का अंतराल क्या इतना लंबा होता था ?

प्रेसिडेंट लिउ-शाओ-चि कहाँ गए ? क्या उन्होंने 'अश्वत्थामा हतो नरो वा कुंजरो वा' के लहजे में भारी हेरफेर कर दी थी ?

भीष्म पितामह की तरह शर-शय्या किसके लिए सुरक्षित रखी गई होगी ? पुराने मार्शल चू-तेह के लिए ?

यहाँ, कुरुक्षेत्र के मैदान में ज्ञानदान के दर्म्यान कृष्ण को लगा था कि अर्जुन जल्दी-जल्दी विश्वरूप की रील देख ले तो अच्छा...

अर्जुन अपने उद्धारक (मुक्तिदाता) का विश्वरूप देख-देखकर अभिभूत हो उठा, कहने लगा—

"अनेक बाहूदर वक्तनेत्रं
पश्यामि त्वां सर्वतोऽनंतरूपम्..."

"ये हजारों-हजार देव-दानव-गंधर्व तुम्हारे अंदर प्रवेश कर रहे हैं : नाना प्रकार के हथियारोंवाले लड़ाकू सेनाध्यक्ष (हमारे भी और प्रतिपक्ष के भी) तुम्हारे मुख-विवरों में खिंचे चले जा रहे हैं...बाप रे, दाँतोंवाले ऐसे खौफनाक जबड़े तो मैंने आज तक कहीं नहीं देखे ! बेचारे सेनापति, अभागे मार्शल तुम्हारे दाँतों में फँसे, अधर में लटक रहे हैं; कुछ का खोपड़ा चूर-चूर हो गया है तो कुछ की कचूमर निकल गई है (पेपर-टाइगर्स की गत तो इससे बदतर ही होनी है)...सभी राष्ट्रों के अध्यक्ष दल-बल-समेत तुम्हारे ही मुखगह्वर की ओर खिंचे चले आ रहे हैं...जहाँ जो भी लीडर [नर लोकवीराः] हैं, सभी तुम्हारा ग्रास बननेवाले हैं !...बड़े-बड़े महर्षि और सिद्ध [बुद्धिजीवी, साहित्यकार, दार्शनिक ?] डर के मारे थर-थर काँप रहे हैं...हाथ जोड़कर विगलित स्वर में लगातार स्तुति-पाठ किए जा रहे हैं।

"तुम्हारे इन मुख-विवरों से लाल-लाल लपटें उठ रही हैं, लगता है तुम सारी दुनिया को लील जाओगे !

"प्रभो, अब अपना यह विश्वरूप समेट लो ! मेरा माथा फट जाएगा, मुझ पर कृपा करो !

"मामूली आदमी समझकर मैंने आज तक तुम्हारा इतना सम्मान नहीं किया... 'सखा' (साधारण कामरेड) कहकर ढिठाई से तुम्हें संबोधित करता आया हूँ...मैं तुम्हारी महिमाओं से अब तक अपरिचित रहा हूँ... बातचीत, खान-पान, रहन-सहन, शयन-आसन के सिलसिले में अकेले भी औरों के सामने तुम्हारा ढेर-ढेर-सा तिरस्कार मैंने किया है,

उसके लिए क्षमा चाहता हूँ...तुम मेरे पिता के पिता हो, गुरु के गुरु ! डर के मारे मैं मर ही जाऊँगा, मुझे अब अपनी वही सहज-सलोनी मूरत दिखला दो !...

कृष्ण को अर्जुन पर हँसी भी आई होगी न ?

माओ को लिन-पिआओ पर हँसी आई होगी ?

नहीं, नहीं आई होगी हँसी...

लिन-पिआओ बीसवीं सदी का एशियाई अर्जुन साबित हो शायद ! उसकी संभावनाओं के प्रति माओ बहुत पहले ही आश्वस्त हो चुके थे। दूसरी बात यह भी कि अर्जुन ठेठ राजकुमार था, लिन-पिआओ देहाती क्षेत्र से निकला हुआ क्रांतिकुमार है ! अर्जुन के बीसियों नखरे रहे होंगे, लिन-पिआओ निहायत सादगीपसंद और परम-अनुशासित फौजी कमांडर रहा होगा।

शुद्धिकरण-तूफान में सफलतापूर्वक चीन का नेतृत्व करनेवाला दूसरा कोई माओ की मंडली में था ही नहीं...

लाल संतरी (रेडगार्ड्स) के लाखों किशोर तैयार हैं—"दुनिया को लाल बना देंगे !"

पेकिंग में इनकी बदौलत अब लाल बत्ती 'जाओ' का संकेत बन गई है, हरी बत्ती 'रुको' का !

इससे पहले और मुल्कों की तरह लाल प्रकाश ठहराव का इंगित था।

लाल संतरी फैशन के जानी दुश्मन हैं—फैशन चाहे आधुनिक हो, चाहे क्लासिक। शहरवालों का छबीलापन उनको फूटी आँखों भी नहीं सुहाता। टेरेलिन के सूटों को फाड़-फाड़कर उन्होंने चिथड़े बना डाले और उन चिथड़ों की होली जला दी...बालों का सतमहला साज-सिंगार रुकवाकर कंघी-कैंची के लिए भी लक्ष्मण-रेखा खींच दी गई है। चीन के नागरिक हद दर्जे की सादगी की ओर लौटा लाए गए हैं। अब वहाँ सारी जनता क्रांति के चरम लक्ष्य की ओर व्रतबद्ध रूप में आगे बढ़ेगी।

सो तो ठीक, लेकिन उनका यह शुद्धिकरण-अभियान अनुलोम है कि प्रतिलोम ?

हमें तो उनका यह अभियान प्रतिलोम लगता है। प्रतिलोम यानी उल्टे रुख का। अतिशुद्धिकरण का उनका यह आग्रह कुछ ही अर्से तक रहेगा। प्रकृति के राज्य में शिशिर और वसंत दोनों का समावेश है। पतझड़ और बहार दोनों का आना-जाना लगा रहेगा।

माओ 50-60 वर्ष पहले की अपनी उस कठोर साधनावाली ज़िंदगी के पैमाने से नए चीन के आज के जीवन को कैसे नाप सकेंगे ? शुद्धिकरण का माओ का यह हठयोग किस कीमत पर कब तक और किन लोगों के बीच और किन साथियों के बूते पर चालू रहेगा ?

शुद्धिवाद के आग्रह का यह चरम दौर न केवल चीन के लिए, पड़ोसी देशों के लिए भी दमघुटाऊ माहौल पैदा कर सकता है—उन्मादी कठमुल्लापन !

काश, राष्ट्रसंघ का सदस्य बना लिया गया होता लाल चीन !

काश, स्तालिन के बाद ख़ुश्चेव माओ को मार्क्सवादी अखाड़े का चौथा गद्दीधारी मान लेता ! (मार्क्स-एंगेल्स-लेनिन-माओ...?)

x x x

सुस्त, ऐय्याश और भगोड़े सेनापति बृजमोहन कौल (बी.एम. कौल) को चीनी आक्रमण के बाद भारतीय फौज से हटाए जाने पर किस कंपनी में दस हजार मासिक वेतन पर रख लिया गया और किसी कृपा से ?

वी.के. कृष्ण मेनन की संरक्षकता में निकलनेवाली अंग्रेजी साप्ताहिक (सेंचुरी, century) को लगातार दो वर्षों तक (या अधिक अवधि तक) प्रति मास दो हजार रुपए का विज्ञापन कौन दिलवाता रहा ?

रूस में हमारे राजदूत (टी.एन. कौल) के परिवार को लाखों के कीमती उपहारों के जरिए कौन कृतज्ञ बनाए रहा ?

श्रीमती तेजा नं. 2 (पंजाब की सुंदरी) तत्कालीन कांग्रेसी महाप्रभुओं के अगाध स्नेह का भाजन रही और इस प्रकार अपने जिस 'पति' के लिए सौभाग्य की जादुई छड़ी का काम करती आई, वह कौन था ?

इस तरह के सवालों की लंबी सूची तैयार करना अब तो फिजूल ही है ! हमारे यहाँ के कानूनी महाजाल की लचकीली गाँठों को अँगूठा दिखाकर वह महाधूर्त नरनाहर (डॉ. धर्म तेजा) खिसक गया ! इन दिनों वह फ्रान्स में गुलछर्रे उड़ा रहा है...वहीं कहीं निभृत-निर्जन सुंदर-सुभूमि पर उसने अपना नीड़ निर्मित कर लिया था। तेजा को वर्षों पहले ही मालूम था...उघरे अंत न होय निबाहू ! वहाँ उसने अपना रैन-बसेरा तैयार रखा था...

वह पिछले अप्रैल और मई में यहीं था...

हमारी होम-मिनिस्ट्री टुकुर-टुकुर ताकती रही... (बाप, रे ! वह विरोधी दलवालों पर फंदा डालने में किस कदर मुस्तैद रहती है !)

बड़े-बड़े लोगों ने उस 'मगरमच्छ' कालनेमि के बचाव के लिए दौड़-धूप की...

करोड़ों की चपत लगाकर वह भाग गया है और अपनी तथाकथित दरियादिली के चलते फ्रान्स के नागरिकों-नागरिकाओं का 'मनमोहन' बन रहा है !

वाह रे तेजा ! जियो, मौज करो !

क्यों न हो, आखिर तुम्हारा भी तो जन्म उसी जिले में हुआ था न ? बरहमपुर जिले में ! बीजू पटनायक का भी जन्म वहीं हुआ था...अजी वाह ! 'भारतरत्न' की उपाधि के असल हकदार तो तुम्हारी जैसी प्रतिभावाले ही हैं।

कोई बात नहीं, थोड़ा वक्त उधर ही गुजार लो, फिर लौट आना यहीं। आखिर अपना वतन जो ठहरा ! और, तुम्हारा सीना कितना चौड़ा है ! तुम जाने कितने होठों को शहद चटा गए हो, जाने कितने दिलों की धड़कनें तुम्हारी दानवीरता की मूक अनुगूँज बनी रही हैं।

तुम ज़रूर लौट आना, फिर कोई कारोबार जमा लेना। लोग तुम्हें हाथों-हाथ उठा

लेंगे...कितने अच्छे हैं अपने लोग ! कहाँ मिलेंगे तुम्हें इतने अच्छे लोग ?

नटवरलाल, मूँधड़ा, अमीनचंद प्यारेलाल, वालकॉट...तुम इन सबसे आगे निकल गए ! इन सभी का व्यक्तित्व तुम्हारे अंदर समा गया है, बल्कि निखार पा चुका है...

हमें अपने भविष्य की जरा भी चिंता नहीं है... हमारी बुढ़िया माई (भारतमाता) की झोली में तुम्हारी तरह के जाने कितने अनमोल रतन छिपे पड़े हैं...इन रत्नों की कृपा से हम समूची 'डालरलैंड' (अमरीका) को आनन-फानन में खरीद ले सकते हैं। समाजवादी दुनिया हमारी ओर देखा करेगी...

डॉ. तेजा, तुम लौट आओ ! चार रोज बाद ही सही, लेकिन लौट जरूर आओ ! कसम तिरंगे की, कसम जन-मन-गन की, कसम अशोकवाली शेरछाप की, हम तुम्हारा एक भी बाल बाँका नहीं होने देंगे...

डॉ. तेजा, तुम आओ...

आओ और आकर अपनी माया का ऐसा जाल फैलाओ कि अरबों (करोड़ों नहीं, अरबों, हाँ अरबों !) की लक्ष्मी तुम्हारे पास बटुर आए...

फिर तुम पाँच-पाँच दस-दस लाखवाले पुरस्कारों की निधियाँ विज्ञान-कला-साहित्य के विकास के लिए चालू करवा देना...राजनीतिक दलों में से जो प्रमुख हो, उसे इतनी अधिक रकम चटाना, इतनी अधिक कि दो-एक प्रदेशों में विधानसभा की समूची-की-समूची बहुमत-पार्टी तुम्हारे इशारों पर अपनी दुम हिलाती रहे।

डॉ. तेजा, तुम लौट आओ अपने देश में। यहाँ तुम्हारे विकास की अकूत-अनूठी संभावनाएँ छिपी हैं...यहाँ तुम सालाजार बन सकते हो, जेनरल फ्रांको बन सकते हो ! हिटलर-मुसोलिनी-तोजो बन सकते हो ! चियाङ्-काई-शेक बनना चाहोगे ?

हाँ, तुम नेताजी सुभाष नहीं बन सकते ! हो-चि-मिन् नहीं बन सकते ! लेकिन, उसकी जरूरत भी यहाँ क्या है ?

प्रत्यक्ष राजनीति में दिलचस्पी शायद न हो, तुम शायद 'किंग-मेकर' रहना ही पसंद करो...उनकी भी अपने देश में कम कदर नहीं है... तुम आ तो जाओ।

x x x

अभी-अभी बहुत मोटा एक उपन्यास प्रकाशित हुआ...

किताबों की दुकान में बैठा था। इच्छा हुई कि उक्त उपन्यास की एक-एक प्रति एक-एक हाथ में उठाकर वजन का अंदाज लूँ...

लिया साहब, उठा लिया उन्हें हाथों में...

राइट् !

खड़े हो जाओ...

दोनों हाथ समानांतर झुलाते हुए दस कदम चलो, वापस आओ दस कदम !

राइट् !

दुकान का बरामदा छोटा नहीं था, वर्ना असुविधा होती।

दोनों जिल्दें दोनों हाथों में लिए हुए मैंने चहलकदमी जारी रखी...एक, दो,

तीन, चार, पाँच, छः, सात, आठ, नौ, दस, नौ, आठ, सात, छः, पाँच, चार, तीन, दो एक...एक, दो...

योग में एक प्रक्रिया का नाम है 'विपस्सना' यानी 'स्मृति प्रस्थान' (सति पट्ठान), यानी मैंने पहला कदम उठाया...और अब मैंने दूसरा कदम उठाया...और अब मैंने तीसरा कदम उठाया...

दोनों जिल्दें हाथों में थामकर मैं चहलकदमी करता रहा। सच कहता हूँ, योग की उसी प्रक्रिया (विपस्सना) का आनंद आया मुझे तो...

उपन्यास निःसंदेह पढ़ने में खूब रोचक होगा। मगर मैं तो प्रकाशकों को एक और ही सुझाव देना चाहूँगा—

मोटे उपन्यासों की खपत के लिए व्यायामशालाएँ, योगासन-केंद्र और प्राकृतिक-चिकित्सा-निकेतन भी आपको अपनी दृष्टि में रखने होंगे। आपके एजेंट टहलते-बूलते उनकी टोह ले सकते हैं।

खपत दुहरी होगी तो उपन्यासकार दुगुने उत्साह से कलम चलाएँगे। नहीं ?

x x x

बादलों ने भारी धोखा दिया इस बार...

मुसीबत की कमी बाढ़ ने पूरी कर दी है...

पचास साल पहले ही एक अंग्रेज इंजीनियर उत्तर बिहार के वासिंदों को आगाह कर गया है—नदियों का पेट भर जाएगा, वे उथली हो जाएँगी और हजारों गाँव डूबते-उतराते रहेंगे...

तटबंधों ने उस इंजीनियर की भविष्यवाणी को और अधिक निकट ला दिया है !

यह ठहरा चुनाव का वर्ष। क्यों भला विधाता (विधायक !) लोग उधर ध्यान देंगे ? राजधानी के प्रशासकीय गलियारों में अहर्निश दिखाई पड़ना अनिवार्य होगा। अनिवार्य होगा दलपतियों-गुटपतियों के साथ गुफाओं में बैठकर सहचिंतन और अनुचिंतन। कहीं टिकट न मिला तो ?

महाप्रभुओं ने बाढ़ग्रस्त क्षेत्रों का 'विहगावलोकन' कर लिया है...

बाढ़ का पानी हटते ही बीमारियों का हमला होगा। उधर इलाज का रेट बढ़ता ही जा रहा है...चुनाव का ज्वर राजनीतिक पार्टियों को इधर शायद ही चैन लेने दे।

संकट कई गुना बढ़ेगा इस बार...

बढ़े स्साला, संकट-फंकट !

बनी रहे दया बंभोले की, संकट सुसरा अपना क्या उखाड़ लेगा !

मार चिमटा, मार चिमटा !

नागा बाबा, तुम दम तो नहीं लगाते हो ?

तुम्हारी कुटिया से नेपाल का बोर्डर कित्ती दूर है ?

बाप रे, कित्ता गाँजा आता है उधर से !

बस, हो गई न हवा संकट की बात ? गाँजे की महिमा के भला क्या कहने ?

चुनाव का नशा क्या कम चढ़ता ?

आ ही तो गया, आप पर, हम पर, इन पर, उन पर, सब पर वह चढ़ेगा...

[ज्योत्सना, सितंबर 1966]

□□

क्या इतना-भर काफी रहेगा कि हममें से एक कोई 'महापुरुष' हो जाए ?

'महापुरुष' ?

हाँ, महापुरुष !

हर लघुमानव अपने अंदर 'महाभारत' की विभूतियाँ सजाए रहता है...नहीं ?

हर साधारण हिंदुस्तानी इस राष्ट्र का प्रधानमंत्री हो सकता है...नहीं ?

लेकिन हर प्रधानमंत्री की पुत्री इंदिरा नहीं हो सकती। हो सकती है ?

असंभव है, असंभव।

अभी-अभी दिल्ली में दिवंगत प्रधानमंत्री जवाहरलाल नेहरू के गुणों का 'अष्टयाम कीर्तन' लगातार कई दिनों तक चलता। दुनिया-भर के कीर्तनकार जुटे थे।

समारोह में कितना खर्च पड़ा ?

हमारी सरकार को अपनी गाँठ से कितना लगाना पड़ा ?

नेहरू की विशेषताओं और असलियतों के जानकार दसियों-बीसियों व्यक्ति क्यों नहीं उस समारोह में बुलाए गए ?

कई और सवाल अपने दिमाग में चक्कर काट रहे हैं...

कीर्तन का यह विराट अनुष्ठान सचमुच अनिवार्य था ?

लघुमानव के लिए अन्नसंकट ही सर्वसंकट है, महामानव के पुजारी अपने आरंभ का गुणानुवाद करके ही 'स्मृति-संकट' को हल करने का प्रयास करते रहेंगे ?

और फिर–

नेहरू-माहात्म्य को धूमिल न होने देने के लिए अभी से ऐसी उतावली क्यों दिखाई जा रही है ?

सरदार पटेल की उपलब्धियों के बारे में चर्चा करने के लिए इसी प्रकार समारोह क्यों नहीं जुटाया जा सका ?

नेताजी सुभाष बोस के लिए ?

नौरोजी, तिलक, गोखले के लिए ?

काश, इनकी भी पुत्रियाँ प्रधानमंत्री होतीं !

काश, इनके भी पुत्र प्रशासक होते !

बेचारे शास्त्री जी, आपकी उपलब्धियों पर इंदिरा जी की छत्रछाया के नीचे शायद ही किसी का ध्यान जाए।

1857 या 1942 की उथल-पुथल पर किसी गोलमेज के इर्द-गिर्द बुद्धिजीवी

इकट्ठे नहीं होंगे ?

हमारी भारतीय मुद्रा अपनी महिमा कैसे बढ़ाए, इस पर सह-चिंतन के लिए दिल्ली में होगा समारोह ?

शासन में आनुवंशिकता का दौर अबके नए सिरे से अपना रंग दिखा रहा है। कल और परसों यह भी तो हो सकता है कि यमुना किनारे संगमर्मर का आलीशान स्मृति-सौध खड़ा कर दिया जाए...

तो, उसका नाम क्या होगा ?

पंचशील सदन !

विश्वमैत्री महल !

शांतिधाम !

देखिए, अभी से देख लीजिए...स्मृति-सौध की दीवारों में हजारों वचन खुदे हुए हैं...हाँ, सिर उठाकर देख लीजिए, छत में कलाकारों की तूलिकाओं का कमाल—बाल नेहरू, तरुण नेहरू, युवक नेहरू, पिता नेहरू, मामा नेहरू, पति नेहरू, पत्नी नेहरू, बहन नेहरू, पुत्री नेहरू...स्वराज्य से पहले और स्वराज्य के बाद...लंदन में, न्यूयार्क में, मास्को में...

स्मृति-सौध के दरवाजे पर बड़ा-सा दान-पात्र रखा होगा, आप इसके बाद छेद में दस-पाँच पैसे का सिक्का अवश्य डाल देंगे !

नहीं, इसमें देर होगी शायद...

अगर पुत्री जी अगले दो महानिर्वाचनों के बाद, यानी फरवरी 1976 तक, प्रधान मंत्री पद पर बरकरार रहीं !

अगर चाटुकारिता के प्रयोग इसी तरह विकसित होते रहे।

अगर देश की बढ़ती आबादी पर अंकुश लगा !

अगर अन्नपूर्णा भगवती प्रसन्न रहीं !

अगर बाहर की महाशक्तियों ने सहयोग की मात्रा और ऋण की राशि दुगनी-तिगुनी कर दी !

अगर बुआ जी की कृपा बनी रही !

'भगवान' ने चाहा तो अगले दस वर्षों में बीसियों प्रबंध-काव्य निकल आएँगे नेहरू पर। छोटे-बड़े नगरों के अंदर, चौराहों पर और किसी की प्रतिमा नहीं दिखाई देगी।

'भगवान' ने चाहा, तो तब तक चीन के रेड गार्डों की तरह हिंदुस्तान में कॉंग्रेस (नेहरूवादी) के लाखों ह्वाईट गार्ड जमकर 'सांस्कृतिक क्रांति' कर चुके रहेंगे...मुख्य 'सलोगन' होगा—'लिवास या तो सिल्कन होगा या कुछ नहीं।'

x x x

यहाँ, पटना नगर में, गंगा उफनती है जुलाई-अगस्त के दिनों में। गंगा-गंडक के किनारे डूब जाते हैं, तटवर्ती गावों के निवासियों की परेशानियाँ बढ़ जाती हैं...

अबके भी घाट के किनारेवाले मुहल्लों में सब्जियाँ सस्ती मिलने लगीं, हम खुश हो उठे !

मई में उर्मिला की शादी थी, परिवार तरौनी (दरभंगा) पहुँच गया। अब वे उधर ही रहेंगे। नगर-निवास बस मेरा और सुकांत का।

होटल में तकलीफ महूसस होने लगी, आखिर हम 'स्व'यं-पाकी बने...

तुरई और नेनुआ और भिंडी जैसी सब्जियाँ सस्ती मिलने लगीं, हम बेहद खुश हुए...

''चलो, दस-बीस रोज़ जमकर शाकाहार रहेगा !''

''हाँ, दाल-वाल नहीं पकेगी..''

सच, हमने उन दिनों खूब सब्जी-सेवन किया। दस पैसे किलो आती थी तुरई और नेनुआ, भिंडी बीस पैसे किलो ! खानेवाले दो ही थे, फिर भी तीन-तीन किलो ले आते थे...

और अब ? अक्टूबर का दूसरा सप्ताह बीतने को है। तुरई और नेनुआ 60 पैसे किलो हो गई है !

आगे इनका दामा चढ़ता ही जाएगा..

मगर हमने उसी पखवारे के अंदर इतनी अधिक मात्रा में सब्जी-सेवन कर लिया था कि बाकी दस महीने बिना साग-सब्जी के भी गुजार लेंगे !

मुरली आए हैं दिल्ली से। बतला रहे थे, वहाँ भिंडी-बैगन दो रुपए किलो बिक रही है...

मैंने पूछा, ''सुपर बाजार का भी यही रेट है ?''

''छिः, उसका तो और भी चौपट हाल है।''—खीझकर बोले मुरली ! मैं गुनगुनानने लगा,

''भूख-हरन टिकिया मिलती है
वहाँ सुपर बाजार में
चलो-चलो धरना दें चलकर
दिल्ली के दरबार में...''

''लेकिन लाल साग तो महँगा नहीं है।''—सुकांत ने कहा, ''25 पैसे किलो मिलता है।''

तो फिर 'चरैवेति चरैवेति'...खूब चरो ! खूब चरो ! उपनिषद् में कहा गया है—चरैवेति।

फिर शाकंभरी देवी का ध्यान आता है।

दुर्गा सप्तशती (मार्कण्डेय पुराण) में देवी ने कहा है—''बारह वर्षों तक वर्षा नहीं होगी, अकाल होगा। तब मैं साग-पत्ती के रूप में समूची धरती पर छा जाऊँगी। साग से ही सभी का पेट भर दूँगी, इसी कारण मेरा नाम शाकंभरी देवी होगा...''

ऋषि-मुनि लोग जंगलों में रहते थे। छाल पहनते थे, साग-कंद-फल-फूल भोग

लगाते थे और यहाँ तो साहब, फलों का स्वाद बस आँखों को ही मिल पाता है। हसरत-भरी निगाहों से 'सब्जी बाग' के फ्रंट स्टालों के इर्द-गिर्द चक्कर लगा आते हैं...सुब्रह्मण्यम् ने कहा है–"अनाज की पैदावार कुल मिलाकर संतोषजनक ही रहेगी।"

जी हाँ, चावल 200 रु. मन बिकने लगेंगे, तो भी श्रीमान् का कथन इसी प्रकार का होगा न ?

हमें तो लगता है, मिनिस्टरों की भूख ही मर चुकी होती है। अन्न की भूख उन्हें नहीं सताती है। कुछ और ही भूख होती है, जिससे वे परेशान रहते हैं...

x x x

समस्तीपुर (बिहार) में एक छात्र की मोची से कहा-सुनी हुई, फिर दुतरफा मार-पीट। फिर पुलिस का हस्तक्षेप। फिर गोलीकांड...

नतीजा हुआ कि एक छात्र अस्पताल जाते-जाते प्राण गँवा बैठा। सहानुभूति में हजारों छात्र आपे से बाहर हो गए। दूसरे नगरों में भी विरोध-प्रदर्शन का ज्वार उठा। उसी अनुपात में पुलिस भी सक्रिय हो उठी...

अब स्थिति यह है कि रोज सवेरे अखबार सामने आने पर घोर से घोरतर दुःस्थिति की आशंका मन को विचालित करने लगती है...

शासकदल आतंकित है ?

उसकी मदान्धता पर संशय का अंकुश लटक रहा है ? या कि विवेक का अंकुश ?

नहीं, विवेक का क्यों, संशय का ही अंकुश होगा यह !

कैसा संशय ? किस बात का ?

सामने चुनाव है न !

वह अंधाधुंध गोलियाँ चलाने की अनुमति पुलिस को भला क्योंकर दे ! वोट बटोरने में बाधा होगी...

बिहार विश्वविद्यालय के सारे कालेज 31 अक्टूबर तक के लिए बंद घोषित किए गए हैं...

परेशान हैं प्राचार्य...

परेशान हैं पुलिस सुपरिंटेंडेंट...

परेशान हैं जिलाधीश...

परेशान हैं शिक्षामंत्री...

परेशान हैं मुख्यमंत्री...

परेशान हैं प्रधानमंत्री...

परेशान हैं राष्ट्रपति...

परेशान हैं लाखों अभिभावक...

परेशान हैं बीसियों वाइस चान्सलर...

परेशान हैं सैकड़ों विधायक...

तो, इतनी सारी परेशानियाँ मिलकर भी समस्या का हल नहीं ढूँढ़ पा रही हैं !

महँगाई की कोढ़ में यह छात्र-आंदोलन कहीं खाज न बन जाए !

ऊपर का कुंठित विवेक क्या सोच रहा होगा ?

नीचे का फेनिल विक्षोभ क्या सोच रहा होगा ?

मध्यवर्ती निर्लिप्तता क्या सोच रही होगी ?

कल यदि लाखों-लाख छात्र आक्रोश में सुलग उठें, तो कौन उन्हें काबू में लाएगा ?

बाकी सभी परेशान हैं, ठीक है, मान लिया।

तो, छात्रवर्ग परेशान नहीं है क्या ?

है अंदाज़ आपको उसकी घुटन का ?

स्कूल-कालेज के लड़के हुल्लड़बाज हो गए हैं, किसी की नहीं सुनते हैं...उनका जी नहीं लगता है पढ़ने-लिखने में...आवारागर्दी आम बात हो गई है...

छात्रों के बारे में इस तरह की बातें सुनकर आप पर कैसी प्रतिक्रिया होती है ?

बुजुर्गों की प्रशस्ति में आप इतना मुखर रहते हैं, तरुणों के बारे में क्यों चुप हैं ?

छात्रवर्ग या तरुण-समाज का कोई अलग वर्ग है ? वह क्या हमारा ही अविच्छेद्य अंग नहीं है ? वह क्या हमारा अपना ही अग्रिम प्रतिरूप नहीं है ?

हमने उसे स्कूल और कालेज के अहातों में ठूँस रखा है। आर्थिक और सामाजिक भेद-भाव का शिकार बना रख है हमने उसको। वह हमारी दो पीढ़ियों का पाप ढो रहा है। उसे हमारी चालबाजियों का भलीभाँति पता है। हम उसे या तो काम ही नहीं देते, या फिर काम लेते-लेते अधमरा कर देते हैं। एक छात्र को हम टेरेलिन का सूट और हजार रिस्टवाच पहनाते हैं, दूसरों को मामूली लिबास भी नहीं देते। एक के लिए हम कान्वेंट की महँगी शिक्षा सुलभ कराते हैं, दूसरों को देहाती कालेज की मामूली फीस भी नहीं देते। एक को हमने न्यूयार्क भेज दिया, दूसरे को लंदन; बाकी को बी.ए. भी नहीं करने दिया। हमारी अपनी खुराफात राजनीति कहलाती है, उन बेचारों की सुगबुगाहट गुंडागर्दी हो गई...

आर्थिक-सामाजिक ही नहीं, मानसिक स्तर पर भी जितनी यातनाएँ हमारा छात्रवर्ग भोग रहा है, वे हमारी कल्पना में आ ही नहीं सकतीं !

विश्वविद्यालयों को बस फीस-दोहन से मतलब है। प्रशासकों के यहाँ वर्गपोषण के अपने ही झमेले हैं। महँगाई ने अभिभावकों का मनोबल तोड़ डाला है। मैट्रिक के बाद साधारण छात्र को जीविका का कौन-सा विकल्प आप देंगे ?

जहाँ लाखों छात्र बेबसी और अनिश्चितता के झूलों पर झूल रहे हों, वहाँ कुछ भी हो सकता है ! उथल-पुथल और हलचल और आंदोलन तो हल्के शब्द हैं, विस्फोट-विप्लव-महाक्रांति तक की आहट सुनाई दे सकती है...

हमारे छात्र—हमारे बच्चे ऊब गए हैं हमसे !

हमारी नई पीढ़ी को हमारा बहुरूपियापन बेहद घिनौना लगता होगा। नहीं ?

x x x

राम, कृष्ण, बुद्ध, शंकराचार्य, दयानंद, रामकृष्ण परमहंस, विवेकानंद, तिलक, गाँधी, विनोबा...

दूसरी लिस्ट राजाओं की...

तीसरी कवियों की...

चौथी दार्शनिकों की...

पाँचवी सूची वीर पुरुषों की...

छठी सेठों-महासेठों की...

सातवीं अब्राह्मण संतों की...

इस तरह हम अपने देश के विशिष्ट पुरुषों की कई सूचियाँ तैयार कर सकते हैं ! इन नामावलियों को रंग-बिरंगे अक्षरों में और मोटे आकार में तख्तियों पर छपवा लें। फिर अपने बैठने-सोने के कमरों में इन्हें टाँग दें...सार्वजनिक जगहों पर भी टँगवा दें...

शायद इस तरह हमारे अंदर नई स्फूर्ति संचारित हो !

शायद हमारे अध्यात्म और कर्मयोग निखिल विश्व की शक्तियों को हमारी सेवा में लगा दें !

इस प्रकार दूध-दही की नदियाँ यहाँ शायद फिर बहने लगें !

चरम आस्तिकता—

परम अध्यात्म—

उपनिषद्—

गीता—

अपनी-अपनी जगह सब ठीक रहे होंगे ? लेकिन कभी-कभी बड़ी हँसी आती है अपनी इन विभूतियों पर...

अपनी-अपनी जगह सब दुरुस्त थे, फिर क्यों हम सदियों गुलाम रहे ?

आज हम स्वाधीन हैं। हमारा अपना संविधान है। अपनी पार्लमेंट है। प्रादेशिक क्षेत्रों में हमारी अपनी विधानसभाएँ हैं। प्रशासन अपना है, प्रशासक अपने हैं। फौज अपनी है...

दिमाग अपना है...

अक्ल अपनी है...

मगर नहीं, हम आज भी स्वाधीन नहीं हैं!

हमने आज भी अपने कंधों पर परंपरा के ब्रह्मपिशाच को बैठा रखा है। हमारी आधी देह लकवा से ग्रस्त है। हमारे हाथ-पैर 'बोन-टी.बी' के शिकार हैं...बस, हमारी वाचा-शक्ति आजाद है। आधुनिकता भी हमारी किस्मत में अधूरी ही बदी थी, चितकबरी चाँदनी !

गीता ने कहा था—"शुनि चैव श्वपाके च पंडिताः समदर्शिनः।"

गीता ने कहा था—"समत्वं योग उच्यते।"

इन सूक्तियों को हम अभी सदियों तक दुहराते रहेंगे, लेकिन छोटी हैसियतवाले अपने देशवासियों के सीने पर सवार रहेंगे। शूद्रों का पुराना वर्ग तो था ही, नए शूद्र भी हमने तैयार कर लिए हैं। नए ब्राह्मण, नए क्षत्रिय, नए वैश्य पारी-पारी से शासन का सुख भोगते रहेंगे; उनमें भी चतुर-चालाक लोग बहुजन समाज को फुसलाने की कला सीख गए हैं...

उपनिषद् और वेदांत अपनी जगह !

स्वार्थ और साजिश अपनी जगह !

इस्लामी और ईसाई शक्तियाँ इस देश के अंदर आ गईं, हमारा अध्यात्म जुगाली करता रहा ! हमने सोचा, आत्मा भी किसी की गुलाम हुई है कभी !

आगे भी विश्व की महाशक्तियाँ हमारी सीमा के अंदर घुसपैठ करें, हम उसी प्रकार शांति-पाठ करते रहेंगे।

हाँ, अपने सगे भाइयों पर—मजदूरों पर, किसानों पर, और-और कर्मचारियों की पीठ पर निर्लिप्त होकर चाबुक फटकारेंगे...इसमें गीता हमारी सहायता करेगी। भूख और बीमारी में यदि एक-आध करोड़ लोग ठंडे हो जाएँ, तो हमारे चित्त को रत्ती-भर भी क्लेश नहीं पहुँचेगा...

हमारा शास्त्र क्या है, जादू का पिटारा है पूरा।

कल यदि कोई तानाशाह प्रशासन को अपने हाथ में ले बैठे, तो हम उसकी प्रशंसा में अपने प्राचीन साहित्य में एक से एक वचन निकाल लेंगे...सम्राटों की तारीफ में यहाँ पोथा-का-पोथा रचा जा चुका है। राम-रावण और कृष्ण-कंस सभी का साथ निभाने की आदत का विकास हम बहुत पहले ही कर चुके थे। तभी तो हमने औरंगजेब को झेल लिया, नादिरशाह को झेल लिया। क्लाइव-कर्जन-डायर को झेल आए हैं हम !

लोग कहते हैं, अमरीका हम पर फंदा डाल रहा है। डालने दो, देखें कौन-सा फंदा डालता है ! माओ के रेड गार्ड चाहें तो वो भी आ जाएँ, हमारा तो भला क्या बिगाड़ लेंगे, उनकी अपनी ही सारी तेजी हवा हो जाएगी यहाँ !

पश्चिम के अति जागरूक समाजशास्त्री एशिया-अफ्रीका के इन अविकसित अल्प-विकसित देशों को विश्व-मानव के बदन पर कोढ़ के चकत्तों की तरह देखते हैं...हुँह !

उन्हें अपनी गौर गरिमा के अंदर छिपी हुई सफेद कोढ़ का मानो पता ही न हो ! हम उनके हाथों द्वारा दी हुई वस्तु ग्रहण कर लेते हैं, कितना बड़ा सौभाग्य है उनका !

ठीक है, हम गलित कुष्ठ के रोगी हैं ! मगर वे अंदर की आत्मा को तो आकर देख जाएँ...क्या फिर किसी विवेकानंद को उधर जाना पड़ेगा ?

[ज्योतसना, अक्टूबर 1966]

□□

शायद छः महीने बाद फिर से इस 'दरपन' में अपना मुखड़ा देख रहा हूँ !

हाँ, छः महीने बाद !

अक्टूबर '66 ?

जी हाँ, तभी देखा था !

कहाँ गए थे ?

बनारस, इलाहाबाद, दिल्ली...

गोलियाँ चलीं, नहीं थे तुम पटना में ?

देखो, उकसाओ मत ! गोली-कांड और लाठी-कांड के बारे में इस वक्त मैं कुछ नहीं कहूँगा...मुझे सब...कुछ मालूम है...

प्रोफेसर निगमानंद कुमार को गोली लगी थी ? 'रामदयालु सिंह कालेज' के हाते के अंदर, मुजफ्फरपुर में...मालूम है ?

जी हाँ, मालूम है ।

दो छात्र भी तो मारे गए थे ?

जी हाँ, पता है...

और राँची में, और मुंगेर में...

जी हाँ, सब मालूम है...

आईना काम नहीं देगा, वह धुँधलेपन का शिकार हो गया है !

दूसरा आईना ले लो न ! बाजार में मिल जाएगा।

नहीं, बाजारू आईने से अपना काम नहीं चलेगा। इतना अच्छा शीशा कहाँ मिलेगा ? पारा घिस गया है शायद, नई पालिश चढ़वानी होगी। हमारी नानी के परदादा को ग्वालियर के समकालीन राजकुमार ने यह कीमती दर्पण दान में दिया था। आज की वहाँ की महारानी की सास की सास की सास का जमाना रहा होगा उन दिनों। नहीं ? मैं ठीक नहीं कर रहा हूँ ?

वाह, आप भला गलत फरमाएँगे !

लेकिन, अब तो आप जरूर चाहते हैं कि मैं गलत-सलत कुछ फरमाऊँ...

गलत-सलत ? आखिर मैं क्या कहलवाना चाहता हूँ आपसे ? क्या उगलवाना चाहता हूँ ?

अरे भाई, कौन मना करेगा ? सी लीजिए अपने होठों को !

तो फिर जीभ नहीं अकड़ जाएगी ?

बला से, आपकी कलम का क्या बिगड़ेगा !

x x x

परलोक सभा (राज्यसभा) तो वयस्क साहित्यकारों को यों प्रिय रही ही है। कभी लोकसभा में भी पं. बालकृष्ण शर्मा 'नवीन', पं. कृष्णदत्त पालीवाल जैसे कुछ-एक साहित्यकार-पत्रकार चुनाव लड़कर पहुँचे थे ('नवीन' जी ने पीछे अस्वस्थता के चलते

अपने को निर्वाचन के झमेलों से हटा लिया था, राज्यसभा में आ गए थे), अबकी फिर संभवतः लोकसभा में हमारे कुछ-एक साहित्यकार...

मगर यह तो ठीक नहीं बंधु !

क्यों बंधु, क्यों ठीक नहीं ?

साहित्यकार एम.पी. होगा तो पतन के गड्ढे में खुद गिरेगा और साहित्य को भी रसातल पहुँचाकर रहेगा—क्यों, आपको ऐसा नहीं लगता है क्या ?

नहीं बंधु, अपन तो ऐसा नहीं मानते।

क्या मानते हैं आप, साफ-साफ कहिए बंधु !

तो सुनिए बंधु, धूर्तों ने ही यह भ्रम फैला रक्खा है कि साहित्यकार को राजनीति में नहीं पड़ना चाहिए; कि साहित्य को राजनीति के दाव-पेंच से अलग रखना चाहिए; कि एम.पी.,एम.एल.ए. या एम.एल.सी. होने से साहित्यकार कुछ और बन जाता है, साहित्यकार नहीं रह जाता।

तो, फिर आप ही बताइए, क्या करते रहने से साहित्यकार, साहित्यकार बना रहता है ?

बंधु, आप यह क्यों भूल जाते हैं कि साहित्यकार भी हमारी-आपकी तरह सामान्य नागरिक है ? जिंदगी के पचास झमेले उसे भी लपेटे रहेंगे। भूख-प्यास, दुख-सुख, मान-अपमान, लाभ-हानि, कीर्ति-कलंक...सभी में बराबरी का साझेदार रहा है वह ! राजनीति ही क्यों अछूती रह जाएगी ?

तो बंधु, आप भी कहीं से खड़े हो जाते !

हाँ, बस, चूक ही गए...'72 वाले मैदान में देख लीजिएगा, शायद !

अब, आखिर आपने अपने मन की बात कही न !

हाँ, भाई, अपनी नीयत छिपाने का चस्का अब आगे पड़नेवाला है...

x x x

'62 की पराजय के लिए बदनाम फौजी अधिकारी जेनरल बी.एम. कौल की संस्मरणात्मक किताब 'अनूटोल्ड स्टोरी' (अकथित उपाख्यान) किस प्रकार ऐन मौके पर प्रकाशित हुई और किन तरीकों से उसकी फेनिल चर्चाएँ इधर-उधर उछाली गई हैं !

पंडित नेहरू और उनकी कश्मीरी बिरादरी का यह आत्मीय स्वजन (जेनरल कौल) अपनी लीलाओं-शोखियों के लिए नई दिल्ली के उच्चवर्गीय, नव-बूर्जुआ परिवारों की निशीथ-अड्डेबाजियों का विदूषकीय चर्चा-पुरुष हुआ करता था उन दिनों। 'बहादुरी' का पारितोषिक बाद में जेनरल कौल को 'जयंती शिपिंग' वाले नट-नागर धर्म तेजा से मिला...यह भी नेहरू की ही अनुकंपा का चमत्कार कहिए ! उनकी बदौलत ही यह भगोड़ा पाँच हजार रुपए मासिक वेतन '62 के बाद भी पाता रहा, टोकियो में बैठकर गुलछर्रे उड़ाता रहा !

और अब, अपने को निर्दोष साबित करने के लिए 'खासी-भली' किताब लिख मारी है ! सारा कसूर मेनन का...सारा कसूर केंद्रीय मंत्रिमंडल का...सारा कसूर मोरारजी

भाई का...सारा कसूर नेहरू का...सारा कसूर नई दिल्ली का...

मेनन जब उत्तरी बंबई क्षेत्र से खड़े हुए, तभी यह किताब क्यों निकली ?

'स्वर्गीय' नेहरू ने तो इस जेनरल का कुछ नहीं बिगाड़ा ! इस अपात्र-कुपात्र के लिए उनके हृदय में कैसी करुणा थी !

अपनी 'नपुंसकता' के संबंध में कौल के पास बेशक काफी मसाला सुरक्षित होगा...असल 'अनटोल्ड स्टोरी' शायद कोई और लिखे ! हमें जेनरल कौल के बारे में सही बातें शायद आगे मालूम होंगी...

x x x

खादीवालों का मोहभंग कब होगा ?

जब दस-बीस नगरों के खादी-भवन अच्छी तरह जला दिए जाएँगे ?

उच्चतम व्यापारिक प्रतिष्ठानों की नकल में इधर बंबई, कलकत्ता, नई दिल्ली, मद्रास आदि महानगरों के अंदर आलीशान 'खादी-ग्रामोद्योग-भवन' भी हमारे ध्यानाकर्षण के केंद्रबिंदु बन रहे हैं...

चर्खाछाप तिरंगे इन प्रासादों पर लहरा रहे हैं...

शीशावाले बड़े-बड़े शो-केश !

नियोनलाइट ट्यूबलाइट की झकाझक !

'अपोजिट सेक्स' के शौकिया खरीदारों की सेवा के लिए 'अपोजिट सेक्स' के तरुण-तरुणियाँ, सेल्स-काउंटरों पर तैनात...

बैकग्राउंड में, अंदर लकुटियावाले बापू की वही छवि...

भवन के बाहर, चौड़ी सड़क के इर्द-गिर्द अक्सर कीमती कारें आकर रुक जाती हैं। उनसे करोड़पति-लखपति खानदान के वयस्क-प्रौढ़-युवक (वयस्काएँ-प्रौढ़ाएँ-युवतियाँ भी) निकलते दिखाई देते हैं अक्सर; और उनका मसृण-सुरभित-गुंजनमय परिमंडल इन भवनों को अनूठी गरिमा प्रदान कर जाता है...

हाकिम-पार्टी के बड़े-बड़े अधिकारी आ धमकते हैं यदा-कदा, वे भी अपनी खुशबू बिखेर जाते हैं...

कभी-कभी किसी महानगर में (उदाहरणार्थ : नई दिल्ली में) 'भवन' के कर्मचारी हड़ताल कर देते हैं, अपनी माँगे मनवाने के लिए; व्यवस्थापकों के नाम पर 'मुर्दाबाद' गूँज उठता है कभी-कभी...

आम जनता इन 'भवनों' को शासक-पार्टी और मौजूदा सरकार के स्वार्थ से मिलाकर ही देखती रही है...शायद आगे भी देखती रहेगी...

पिछले बीस वर्षों में खादी बेचारी कहाँ-से कहाँ आ पड़ी है !

पहले यह त्याग और तपस्या का प्रतीक थी, बलिपंथियों का परिधान थी यह !

अंग्रेज साम्राज्यशाही, उसकी नौकरशाही, उनके दलाल...सब इस खादी को बगावत का पर्याय मानते थे, देखना नहीं चाहते थे इसे !

और आज ?

आज साधारण जनता की श्रमशक्ति का शोषण करनेवाले भारतीय धनकुबेर भी शौकिया तौर पर यदा-कदा खादी धारण कर लेते हैं !

बदनामी फैल चुकी हो, आपके अपराध प्रमाणित हो चुके हों, मंत्रिमंडल में रह कर आपने दस-बीस लाख की अपनी हैसियत बना ली हो, कोई पर्वाह नहीं ! अकेली यह खादी आपको 'सुरक्षित' रखेगी...

देखिए, कितनी भी थूक पड़ेगी, वे खादी नहीं छोड़ेंगे !

तो क्या खादी की प्रतिष्ठा बचाने के लिए अपनी बेशर्मी का परित्याग करेंगे वे ?

बेशर्मी ? कैसी बेशर्मी ?

यही, हाँ, यही ! शासन की कुर्सियों से चिपके रहने की बेशर्मी..दिन-रात लालच की लार टपकाते रहने की बेशर्मी...जन-सामान्य को नरक में छोड़कर खुद अपने लिए शानदार कोठी बनाने की बेशर्मी...

आप तो बंधु, खा-म-खा गालियों पर उतर आए ! दे लीजिए, जमाना ही गालियाँ देने का है...

हाँ, बंधु, संच कहना और खरी-खरी सुनना बड़ा महँगा पड़ता है इन दिनों; नहीं ? अच्छा, एक बात—

फरमाइए साहब !

तो सुनिए बंधु, ये खादीवाले, ये कुर्सीवाले, ये हाकिम पार्टी के लोक तो मानेंगे नहीं ! खादी की बेहद फजीहत होनेवाली है अभी इनकी कृपा से...खादी का श्राद्ध, खादी-भावना का अंतिम संस्कार बस, इन्हीं के हाथों होना है !

रही बात खादीवालों की। सो, उनसे अब भी हमें आशा है। फिर से उनके अंदर सुबुद्धि का उदय होगा। अपनी साधना का वे नए सिरे से मूल्यांकन करेंगे। सच्चे अर्थों में खादी को वे ग्रामाश्रित बना लेंगे। सरकारी अनुदान के प्रलोभन में वे बुरी तरह फँस गए थे, अब उनका भ्रमभंजन होगा।

दूसरी बात भी बतला दूँ इसी सिलसिले में ?

बतलाइए...

खादीवालों को अपना झंडा बदल लेना चाहिए। झंडा दरअसल कांग्रेस पार्टी को ही बदल लेना था। यह चर्खा छाप तिरंगा तो खादीवालों का ठेठ अपना निशान था। खादीवालों ने अपने दलीय स्वार्थ में इस झंडे को नाहक ही बदनाम कर दिया...

न केवल चर्खा छाप तिरंगे को, खादीवालों ने तो 'कांग्रेस' जैसे अखिल भारतीय राष्ट्रीय मंच को ही अपने स्वार्थ की खातिर चौपट करके रख दिया !

राष्ट्रपिता गाँधी की दृष्टि कितनी सूक्ष्म थी ! तभी तो उन्होंने कहा था : अब स्वराज्य मिल गया, कांग्रेस का विसर्जन कर दो...आगे 'कांग्रेस' के नाम का इस्तेमाल करने का कोई हक किसी को न रहे...

x x x

जेनरल एलेक्शन के परिणाम घोषित हो चुके हैं।

इस महामेला—महापर्व के सिलसिले में रोचक-अरोचक प्रसंग ढेरों एकत्र किए जा सकते हैं, हमारे अखबारों ने तो भारी तत्परता दिखलाई है इधर। और निश्चय ही आपने अखबार देखे हैं !

नहीं देखे हैं।

नहीं ? सच ?

फिर कहीं आप शुद्ध साहित्यिक तो नहीं हैं ?

उहुँ ! हैं साहब, आप शुद्ध साहित्यिक !

शुद्ध साहित्यिक अखबार नहीं छूता है।

वह प्रतिभा-पुत्र होता है, सरस्वती का लाडला।

वह कुमारी माँ का दूध पी चुका होता है। इस दृष्टि से हमारा शुद्ध साहित्यकार प्रभु ईसा मसीह से कहीं आगे रहता आया है।

वाह साहब, आप भी खूब हैं...कहाँ चुनाव की बात ! कहाँ कुमारी माँ का दूध ! कहाँ प्रभु ईसा मसीह ! इतना नहीं उड़िए बंधु ! चुनाव के बारे में कुछ कहेंगे न ?

नहीं, अभी कुछ नहीं कहूँगा।

कब कहेंगे ?

अगले चार वर्ष दस महीने आप कहाँ होंगे ? यहाँ नहीं होंगे ? अरे, हँसिए नहीं इस तरह ! अभी देखिए कि अपने यहाँ, बिहार में, कैसा मंत्रिमंडल बना है !

कोउ नृप होय, हमें का हानी...

अच्छा ! यह बात है ? आपके यहाँ शायद रोज रामचरितमानस का पाठ होता है...नहीं ?

रामचरितमानस तो चाचा ले गए साथ। हाँ, पड़ोस में एक वृद्धा हैं, वह हनुमान चालीसा नित्य सुबह पाठ करती हैं।

हनुमान चालीसा ?

कुमति निवारि सुमति के संगी ?

तो, अभी भविष्य के बारे में कुछ नहीं कहेंगे ?

अजी,...मैं क्या खाक बतलाऊँगा आपको ! अपना राशन-कार्ड ही आपको सब कुछ बतला देगा। पड़ोस का परचूनवाला भी काफी-कुछ बतला देगा। स्कूल जानेवाले लड़के बतला देंगे...जरा धीरज रखिए।

हाँ, धीरज रखिए...

लाउडस्पीकर कहाँ गए ? माइकवाला रिक्शा...रंगीन पोस्टरवाली जीप...नारे लगानेवाले नौजवान...तकरीर झाड़नेवाले भइया जी...कहाँ गए सबके-सब ?

कहाँ गऐ सारे-के-सारे ?

सचमुच गायब हैं...

चार वर्ष दस महीने बाद फिर निकल आएँगे ! तब तक आप क्या कीजिएगा ?

तब तक शायद चावल दो सौ रुपयों का एक मन हो जाएगा !

चार रुपए सेर !

बाप रे !

शायद आठ रुपए सेर !

बाप रे !

दस रुपए सेर !

बाप रे, मैं जिंदा भी रहूँगा तब तक ?

आप नहीं, आपका प्रेत जिंदा रहेगा ! और, वह प्रेत मामूली प्रेत नहीं होगा... पढ़ा-लिखा अधमी प्रेत...भारी खुराफात मचाएगा ! हनुमान चालीसा में क्या आता है–

"बाल समै रवि लीलि लियो
तब तीनहुँ लोक भयो अँधियारो..."

सो, वह प्रेत भी उगते सूरज को लील जाएगा !

[ज्योत्सना, मार्च 1967]

□□

भारत महादेश के कुछ-एक राज्यों के अंदर इधर यह क्या हो गया है?

प्रशासन का जो ढाँचा पिछले बीस वर्षों से चला आ रहा था, उसमें यक-ब-यक यह तब्दीली कैसी हुई ?

महानिर्वाचन का यह परिणाम तो हमारी कल्पना में नहीं आया था कभी !

बंगाल, बिहार, उड़ीसा, केरल, मद्रास, पंजाब, हरियाणा और दिल्ली...इन आठ राज्यों से कांग्रेस की हुकूमत उठ गई।

राजस्थान में भी कांग्रेसवाले अपना मंत्रिमंडल गठित नहीं कर पाए : राष्ट्रपति का शासन वहाँ लागू कर दिया गया है...लगता है, केंद्र की सरकार किसी भी कीमत पर राजस्थान को छोड़ना नहीं चाहती !

और उसने, बड़ी चतुराई से, उत्तरप्रदेश को भी बचा लिया है..."नहीं तो उत्तरप्रदेश भी जा रहा था..."*

–कांग्रेस की इस 'दुर्दशा' पर कौन आँसू बहा रहा है ?

–कौन दुखी है इस उथल-पुथल से ?

–वे सचमुच क्या दस प्रतिशत से अधिक होंगे ?

–वे क्या चुपचाप बैठे रहेंगे ?

–इन राज्यों में कांग्रेस क्या फिर कभी अपने मंत्रिमंडल नहीं गठित कर पाएगी ?

–और ये नए मिनिस्टर ! जानते हैं इनको आप ?

–अजी, इन्हें तो दस्तखत भी करना नहीं आता ?

* हाय राम ! आखिर उत्तरप्रदेश भी 'चला ही गया' !!

—अच्छा, सरकार बदली तो आपको क्या मिला ?

—नहीं साहब, सरासर झूठ है यह ! फाइलें कहीं नहीं जलाई गईं...बापू की कसम, एक पुर्जा भी अगर गायब हुआ हो तो !

—ठीक है, मान गए हम ! तो अब आप उनसे कहिए कि यह एक भारी सु-अवसर मिला है, अगले पाँच वर्ष अब वे शुद्ध मन से जनता की सेवा करें। जनता फिर उन्हें बहुमत में ला देगी। सच्ची सेवा भी कहीं अकारथ गई है ?

—राम कहिए ! पाँच साल !! अजी साहब, आप कौन होते हैं कांग्रेसियों पर संन्यास की सजा ठोकनेवाले ! उन्हें उनकी मर्जी पर छोड़िए..

—क्यों छोड़ें उन्हें उनकी मर्जी पर ?

—अजी साहब, घायलों को क्यों छेड़ेंगे ! हाँ, मतदाताओं ने पहली बार उन्हें छेड़ा है...हमें उन पर दया आ रही है...

—रहने दीजिए, आपकी दया आपको ही मुबारक हो ! सर्वोदयी नेता धीरेंद्र भाई ने कहा था कि यह पट्टीदारों की लड़ाई है, कोई पीछे हटने को तैयार नहीं है...

—हाँ, साहब, महाभारत की लड़ाई हमारे पुरखों ने लड़ी थी। उन्होंने बीच-बचाव करनेवाले कृष्ण से कहा था : "सूच्यग्रनैव दास्यामि बिना युद्धेन केशव !"

—फिर क्यों आप परेशान हो रहे हैं? अरे, यह सब तो चलता ही रहेगा !

—मगर नहीं, आप उन्हें जरूर समझाइए कि पाँच साल का यह संन्यासयोग स्वीकार करें और दूसरे दलों को प्रशासन का अनुभव लेने दें, सरकार चलाने में अपने तजर्बों का लाभ उन्हें लेने दें...यों मैं आशा रखता हूँ कि कांग्रेसी भविष्य में काफी सूझ-बूझ का परिचय देंगे...

—और संयम का भी न ?

—जी हाँ, हुआ न संन्यासयोग !

—अब इन 'नई सरकार' वालों के बारे में कुछ न कहिए न !

—नहीं, अभी नहीं बंधु ! जुमा-जुमा आठ रोज भी नहीं हुए हैं इसे तो !

x x x

स्तालिन-पुत्री स्वेतलाना इस भारत भूमि में हमेशा के लिए बस जानी चाहती थी ?

उसने कालाकाँकर (उत्तरप्रदेश) में रहते समय कुँवर सुरेश सिंह की पत्नी के समक्ष, इसी दो-तीन महीने पहले एक दिन, नागरी-लिपि में लिखा, "भारत हमारा देश"...सचमुच स्तालिन-पुत्री ने ऐसा लिखा ?

भद्र घराने की आदर्श विधवा का जीवन जीना चाहती थी वह ? कालाकाँकर में, गंगा-किनारे ?

वह इंदिराजी से मिली थी। परराष्ट्र विभाग के राज्यमंत्री (अब उद्योग-मंत्री) दिनेश सिंह का भरोसा किया था उसने...

स्तालिन-पुत्री स्वेतलाना की उम्र 42 वर्ष की है। अपने पहले पति से उसे एक लड़का हुआ था, एक लड़की भी। लड़का 21 वर्ष का है, लड़की 16 की। पिता के

जीवनकाल में ही स्वेतलाना ने अपने रूसी पति को तलाक दे दिया था। स्तालिन के देहावसान के समय उसकी उम्र 27-28 रही होगी।

ख़ुश्चेव को स्वेतलाना का खयाल रहता था। कोसीजिन भी उसका ध्यान रखते थे। बाहरी सुख-सुविधा का पर्याप्त प्रबंध रहा होगा।

ब्रजेश सिंह, कहते हैं, दिनेश सिंह के अपने चाचा थे। पिछले कई वर्षों से मास्को के एक प्रकाशन-प्रतिष्ठान में काम कर रहे थे।

रूप भी नजर आया होगा, गुण भी दिखे होंगे, तभी तो स्तालिन-पुत्री स्वेतलाना कुँवर ब्रजेश सिंह की ओर आकृष्ट हुई होगी !

पूर्वविवाहिता पत्नी और परिवार को कुँवर साहब यहीं, भारत में, रख गए थे। वहाँ, मास्को में, वह आदर्श विधुर की तरह रहते थे।

कहते हैं, स्वेतलाना और ब्रजेश का परिचय गाढ़ा होता गया, देहधर्म रंग खिलाने लगा। दोनों ने अपने प्रणय-संपर्कों को विवाह की सांस्कारिक मान्यता दिलवाना चाहा।

सोवियत-प्रशासन के उच्च अधिकारी इस विवाह के पक्ष में नहीं थे। ब्रजेश सिंह हिंदू थे और यहाँ, भारत में, उनकी पत्नी मौजूद थी...यह बात भी विवाह में बाधक बतलाई गई। मगर वे दोनों ही शादी के लिए आमादा थे। जहाँ चाह, वहाँ राह ! ब्रजेश सिंह ने कुछ दिनों के लिए रस्मी तौर पर इस्लाम धर्म ग्रहण किया। इस प्रकार स्तालिन-पुत्री स्वेतलाना से उनका 'विवाह' संपन्न हुआ।

इत्तफाक की बात, गत वर्ष ब्रजेश सिंह का देहांत हो गया।

अपने भारतीय पति की चिता का भस्म लेकर स्वेतलाना हिंदुस्तान पहुँचने की कोशिशें करने लगी। खर्च का सवाल सामने आया। सोवियत अधिकारियों के समक्ष इस प्रकार के 'अनावश्यक' खर्च का कोई औचित्य नहीं था। आखिर दिनेश सिंह ने स्वेतलाना के प्रवास का सारा व्यय अपने जिम्मे लिया और वह हवाई अड्डे पर सकुशल उतरी।

वह दिल्ली रही।

वह कालाकाँकर रही।

वह इलाहाबाद रही।

वह सफेद साड़ियाँ पहनती थी।

वह गंगाजल पीती थी, उसका आहार सात्विक था।

कालाकाँकर में वह अपना शेष जीवन बिताना चाहती थी। अपने भारतीय पति के गुणों का अनुस्मरण करती हुई उनकी पूर्वपत्नी को अपनी बड़ी बहन मानती हुई वह भारतीय विधवा का तपोमय जीवन जीना चाहती थी...

शायद स्वेतलाना ललिता शास्त्री का अनुकरण करना चाहती थी। रूसी समाचारपत्रों में ललिता जी के बारे में काफी-कुछ प्रकाशित होता रहा है।

फिर वह क्यों चली गई यहाँ से ?

वह कौन-सा आतंक था, जिसने उसे अपनी पितृभूमि (रूस) से विमुख कर दिया ?

दिल्ली के सोवियत-दूतावास से स्वेतलाना यही कहकर तो निकली थी कि कुछ ही घंटों में वह मास्को पहुँच रही है !

अमेरिकी इंटेलिजेन्स विभाग का वह ऑफिसर किस नाटकीय तरीके से स्वेतलाना को रोम भगा ले गया !

इन दिनों हमारा संसद-भवन स्वेतलाना की चर्चा से मुखर रहा है...

इस बेचारी के लिए डॉ. लोहिया के दिल में बड़ी करुणा है...

अमेरिका के 'लाईफ' और 'टाइम' जैसे सामयिक पत्र स्वेतलाना-कांड को तल-बघारकर सारी दुनिया में परोस रहे हैं !

केंद्रीय सरकार के महाप्रभु बतलाते हैं : स्वेतलाना ने यह कभी नहीं कहा कि वह 'भारतीय नागरिकता' चाहती है...

हाय स्वेतलाना, तुम नाहक कालाकाँकर आकर रहीं ! नाहक तुमने ब्रजेश सिंह के परिवार में घुलना-मिलना चाहा ! नाहक तुम डॉ. लोहिया से मिलीं ! नाहक तुमने भारतीय रहन-सहन के प्रति अपनी दिलचस्पी जाहिर की !

वहाँ, मास्को में, तुम्हारा बेटा तुम पर आग-बगूला हो रहा होगा...तुम्हारी बेटी तुम पर गालियाँ बरसा रही होगी...अकेले में, अपनी झक्की माँ को याद करके शायद आँसू भी बहा लेती होगी !

हाय स्वेतलाना, तुम नाहक इधर-उधर मुँह छिपाती घूम रही हो ! आओ, तुम फिर से हिंदुस्तान आओ ! हम तुम्हें 'भारतीय नागरिकता' के अधिकार दिलवा के रहेंगे !

इतना ही क्यों, हम तो यह भी चाहेंगे कि तुम अपने पुत्र-पुत्री से मिलो, मास्को वापस जाओ।

नहीं ? नहीं जाओगी वापस ?

पुत्र-पुत्री से भी नहीं मिलोगी ?

इतना वैराग्य !

लगता है, ब्रजेश सिंह ही वह व्यक्ति था जिसने तुम्हें सर्वाधिक स्नेह दिया, जिसके प्यार ने तुम्हारे अंदर नवजीवन-संचार किया।

लगता है, ब्रजेश सिंह के लिए तुमने अपना सर्वस्व अर्पित कर दिया।

लगता है, अपने शेष जीवन में तुम बार-बार हिंदुस्तान आना चाहोगी।

लगता है, सफेद साड़ी में लिपटी महाश्वेता स्तालिन-पुत्री कालाकाँकर में, गंगा-किनारे आगे भी कई बार दिखाई पड़ेगी।

x x x

प्रेसिडेंट नासिर (मिस्र) ने हाल ही अमरीकियों को फटकारा है—"हमें तुम्हारे गेहूँ नहीं चाहिए...तुम्हारी शर्तें तुम्हें मुबारक !"

अपने लालबहादुर शास्त्री होते तो वे भी इसी तरह राष्ट्र-अभिमान पर सान चढ़ाते...

नहीं चढ़ाते सान ?

जरूर चढ़ाते।

अपनी इंदिराजी भी आगे अन्नभिक्षा के बारे में घुटनाटेकू पालिसी शायद छोड़ दें...

अभी बेचारी को सँभलने तो दीजिए, और, मोरारजी भाई क्या कुछ कम स्वाभिमानी हैं ! और बाबू जगजीवन राम के अंदर भी ओज-तेज का उतना टोटा थोड़े है ?

प्रेसिडेंट नासिर की तरह अगर हमारे ये महाप्रभु (इंदिरा-मोरारजी-चव्हान आदि) यदि आठ-आठ, दस-दस वर्ष टिक जाएँ तो फिर देख लीजिएगा !

हाँ, बंधु, आपके मुँह में घी-शक्कर !

जी, आशा बहुत बड़ी वस्तु होती है...

खुदा इनपे मेहरबान रहे, बरकरार रखे इन्हें।

जी, इन्होंने शपथ-ग्रहण करते समय 'भगवान' का नाम लिया था।

भगवान इनका भला करेंगे ?

हाय, उनका भला भगवान कैसे करेगा, जिन्होंने शपथ-ग्रहण के वक्त भगवान का नाम नहीं लिया !

केरल और बंगाल की नई सरकारों के अधिकांश मिनिस्टरों ने 'सत्य-निष्ठा' की शपथ ली, उन्होंने महा-महाप्रभु 'भगवान' को बिलकुल छोड़ दिया। बिहार और पंजाब की नई सरकारों के कतिपय मंत्री इसी तरह केवल 'सत्य-निष्ठ' निकले !

निश्चय ही वे साम्यवादी होंगे...या आस्तिक या फिर रेडिकल...

हाय, ऐसे लोग भी अब अपने मुल्क में मिनिस्टर होने लगे !

हाय, इस पवित्र भारतभूमि को यह क्या हो गया ?

हमारा परमप्रभु परमेश्वर लेकिन इन नास्तिकों का भी कल्याण करेगा...

जी हाँ, वह करुणासागर जो ठहरा !

लेकिन एक बात पूछूँ ? रंज तो न होंगे आप ?

फरमाइए भी !

आपका यह करुणासागर और दयासिंधु काना है, बहरा भी है...धूर्त भी कम नहीं है वह ! अन्न-संकट के मारे लाखों-करोड़ों इन्सान तड़पते रहेंगे और भगवान तमाशा देखता रहेगा? चावल और गेहूँ सौ रुपए किलो भी मिले तो भी भगवान के असली भगत खीर और मालपुआ उड़ाते रहेंगे ? अमरीकी धनकुबेरों का भगवान तो और भी काइयाँ लगता है, काले-पीले जन-समुदाय की भूख को वह बड़ी सफाई से छेड़ता रहता है; एशिया और अफ्रीका के नर-कंकालों की तरफ हसरत-भरी निगाहों से वह जाने कब से देखता आ रहा था...

बाप रे, सिर चकराने लगा !

भगवान की चर्चा से ?

क्षमा कीजिए बंधु, अच्छा, चाय मँगवाऊँ ?

x x x

'उग्र' जी के असामयिक देहावसान से हिंदी-लेखन की एक अनूठी और प्रखर परंपरा सदा के लिए तिरोहित हो गई है।

उग्र जी का अपना तथाकथित परिवार नहीं था।

वह अवधूत थे, मस्तमौला फक्कड़।

वह अ-निकेत थे, कहीं उनका 'अपना' निवासस्थान नहीं था।

उग्र जी को किसी की परवाह नहीं थी, फिर भी वह सबकी खोज-खबर रखते थे।

उग्र जी दुर्दांत थे, दुर्धर्ष। व्यक्तिगत बातचीत में आमतौर पर बेहद शरीफ, बड़े मिलनसार। गौर से बातें सुननेवाले। और अगर किसी के पीछे पड़ गए तो उसे पछाड़ ही मारते थे...पीछे क्षमा भी कर देते थे।

उग्र जी 'भोगेंद्र' थे, खाने-पीने का अद्भुत शौक था। जब तक सामर्थ्य थी, जीवन का जमकर उपभोग किया।

उत्तरप्रदेश में कांग्रेस-सरकार अपने प्रताप की पराकाष्ठा पर थी। कमलापति त्रिपाठी तो खैर उग्र जी के 'लँगोटिया-यार' ही थे, संपूर्णानंद भी उनका लोहा मानते थे। और भी कई सुपरिचित थे केबिनेट में। लेकिन उग्र जी ने कैसा उपयोग किया उस अपनत्व का ! ऐन मौके पर उनके संपादकत्व में मिर्जापुर से 'मतवाला' निकल आया, वर्षों तक निकलता रहा और लखनऊ के कांग्रेसी नवाबों को चिकोटियाँ काटता रहा, छेदता रहा और बेधता रहा और कभी-कभी नेकचलनी के सर्टिफिकेट भी देता रहा, निर्लिप्त उदारता के नाते !

इसी मार्च के अंतिम सप्ताह में हमसे 'उग्र'-जैसे सव्यसाची बिछुड़े हैं...जगह-जगह उनके लिए शोकांजलियाँ अर्पित हुई हैं...दिल्ली में यमुना किनारे 'जैसे-तैसे' उग्र जी के शव का अग्नि-संस्कार हुआ है। (अपना 'स्वजन' या 'परिजन' तो उनका कोई था नहीं, लाश चौबीस घंटे से भी अधिक समय तक सिर्फ इसलिए पड़ी रही !)

देखा आपने, हिंदी-क्षेत्र के किसी राज्य की कोई विधानसभा मिनट-आधी मिनट के लिए भी इस दिवंगत साहित्य-शूरमा के नाम पर विनत-प्रणत हुई ?

देखा आपने, कैसा सम्मान करते हैं हमारे प्रभु-महाप्रभु, विधाता-मांधातागण स्वाभिमानी साहित्यकार का ?

ओह, उग्र जी, आपको टुटपुँजिया एम-एल-सी भी तो होना था !

ओह, उग्र जी, अक्खड़पन के चलते, आप पर आगरा या विक्रम या भागलपुर किसी विश्वविद्यालय ने कभी डी.लिट्, फी. लिट् नहीं थोपा !

ओह, उग्र जी, हम आपका श्राद्ध किस तरह मनाएँ !

ओह, उग्र जी, आपको भंग प्रिय थी...आपके श्राद्ध-दिवस पर आपकी स्मृति में आधा-आधा गिलास भंग पिएँगे !

ओह, उग्र जी, जीवन के इस छोर पर आकर आपकी प्रिय मदिरा (जॉनी वाकर)

छूट गई थी (जीभ में छाले पड़ जाते थे !); और मेरा बस चले तो श्राद्धस्थल में आपके निमित्त दिए जानेवाले पिंडों पर 'तिल-घृत-मधु' के साथ मैं 'जॉनी वाकर' की कुछ बूँदें डलवाऊँ !

ओह, उग्र जी, आपका अघोरी ब्रजाचार्य अंतरिक्ष में चक्कर मार रहा है...ठहाके लगा रहा है !

ओह, उग्र जी, आपके असामयिक अवसान पर पंडित बनारसीदास चतुर्वेदी भी शोकमग्न हैं...राष्ट्रकवि दिनकर भी खिन्न हैं...

ओह, उग्र जी, आप भी विलक्षण व्यक्ति हैं; मेरी इन बातों पर मुस्करा रहे हैं...अपनी नन्हीं, आँखों से खुशी छलका रहे हैं मेरी तरफ !

ओह, उग्र जी, माफ कीजिए ! मैं इधर बातूनी होता जा रहा हूँ...

[ज्योत्सना, अप्रैल 1967]

□□

व्यामोह अंग्रेजी का !

मद्रास (तमिलनाडु) के छात्रों का कहना है—"हम हिंदी की एक भी फिल्म यहाँ चलने नहीं देंगे..."

यानी अंग्रेजी-अमरीकी फिल्में वहाँ चलती रहेंगी, तुम्हें खुशी-खुशी चलने दिया जाएगा !

हाँ, हिंदी फिल्में कोई नहीं देख पाएगा वहाँ !

मगर, मद्रास में बननेवाली हिंदी फिल्मों का क्या होगा ?

अचार बनेगा ?

उन्हें कौन देखेगा ?

लागत के करोड़ों रुपए कई गुनी अधिक मात्रा में नहीं होंगे तो 'बिजनेस' का क्या बनेगा ? प्रोड्यूसर-डायरेक्टर-अभिनेता-अभिनेत्रियों और दूसरे हजारों लोग क्या हासिल करेंगे ?

शायद, यहाँ तक नहीं सोचा होगा मद्रासी छात्रों ने ! शायद, अब आगे सोचें...

फिलहाल, भाषा के नाम पर एक ही बात उन्हें सूझ रही है; हिंदी का टोटल बहिष्कार !

और अंग्रेजी को वे कब तक अपने सीने पर लादे रहेंगे ?

अंग्रेजी की अनिवार्यता आखिर कब तक उनके जीवन की शर्त बनी रहेगी ?

तमिल के अतिरिक्त, भारत की और कौन भाषा वे सीखना चाहेंगे ?

दक्षिण भारत की सुविधा के लिहाज से अगर कभी भारत-सरकार तमिल को ही हिंदी की प्रमुख 'सखी भाषा' घोषित करना चाहे, तब भी वे अंग्रेजी से चिपके रहेंगे ?

अजी साहब, भाषा का सवाल है !

जरा सोच-समझकर हाँकिएगा ...

तो ? कामराज की याद दिलाना चाहेंगे ?

जी हाँ ! अन्नादुरै की भी ! यानी मद्रास के मौजूदा मुख्यमंत्री की भी !

कुछ खास बात कही है इन्होंने ?

जी हाँ ! इन्होंने अंग्रेजी की बाबत नेहरू जी के आश्वासनों की याद दिलाई है...

तो ये लोग अंग्रेजी के लिए अभी और कितने वर्षों की लंबी मुहलत चाहते हैं ? दस, बीस, पचीस, कितने वर्षों की छूट चाहते हैं ? पचास वर्षों की ?

जी हाँ, इसमें शायद मान जाएँ !

सच ? मान जाएँगे इतने में ?

x x x

शाबाश, श्रीलंका !

श्रीलंका (सिंहल) मुख्यतः बौद्धों का देश है। भावात्मक दृष्टियों से वह इस महादेश (भारत) के अति निकट पड़ता है।

श्रीलंका के शासकों ने घोषणा की है कि 1968 ई. से उनके यहाँ सरकारी कामों में अंग्रेजी का इस्तेमाल कतई नहीं होगा। प्रशासन और प्रशिक्षण के सारे कार्य सिंहली और तमिल में ही होंगे...

श्रीलंका की जनसंख्या लगभग सौ लाख (एक करोड़) की होगी।

काश, श्रीलंका के निवासियों से हम थोड़ा-सा साहस उधार ले लेते।

और यह सेना-संकट ?

शांति-सेना...

भूमि-सेना...

शिव-सेना...

कपोत-सेना...

नाग-सेना...

इन सेनाओं के अलावा, अगले साल-दो साल के अंदर कुछ और सेनाएँ अवश्य संगठित होंगी !

यानी, 'सेवा दल', 'हितकारिणी समिति', 'मित्र मंडल', 'युवक समाज', आदि के दिन लद गए। अब हमारे राष्ट्र का मस्तिष्क सैनिक भाव-भूमि के अनुकूल ही तात्कालिक समस्याओं को देखना-परखना सीख रहा है। यह अस्वाभाविक नहीं, सर्वथा स्वाभाविक है। इस भावना के मूल में एक नवोदित राष्ट्र की तरुणाई ही निहित मिलेगी।

लेकिन, 'शिव-सेना' (बंबई) का शील-निरूपण करते समय समाचार-पत्रों ने जो विवेचन प्रस्तुत किया है, उससे हम इस निष्कर्ष पर पहुँचे हैं कि यह आगे चलकर एक

प्रकार की फासिस्ट जमात साबित होगी !

नाग-सेना (नागपुर) के बारे में विशेष कुछ मालूम नहीं है...

कपोत-सेना (मद्रास) कांग्रेसी स्वयंसेवकों का संगठन है। तमिलनाडु में कांग्रेस अब शासक पार्टी नहीं रही, विरोधी दल है। द्र.मु.क. (DMK) हूकुमत चल रही है वहाँ इन दिनों। नई सरकार की 'गड़बड़ियों' से पैदा होनेवाली अ-शांति का मुकाबला करने के लिए ही कांग्रेस ने मद्रास में यह 'कपोत-सेना' गठित की है।

उत्तर भारत में अनेक राज्य कांग्रेस के हाथों से निकल गए हैं...आशा है, इधर भी 'कपोत-सेना' गठित होगी...

'कपोत-सेना' न सही, 'गरुड़-सेना', 'सिंह-सेना', 'हंस सेना' आदि ही सही ! भई नाम में क्या रखा है ?

हाँ, नाम में क्या रखा है ! और, काम तो जगह-जगह चल ही रहे हैं ! नहीं ?

शांति-सेना सर्वोदयी ढाँचे में गठित है। उसने जमशेदपुर, बनारस जैसे शहरों में, दंगा भड़कने पर, काफी अच्छा काम किया है, सुना है...

दरअसल, यह संगठन देश को अनेक 'गणेशशंकर विद्यार्थी' दे सकता है, 'खुदाई खिदमतगार' दे सकता है।

और भूमि-सेना ?

नाम तो काफी सुन रहे हैं, काम कहाँ-कहाँ हो रहा है, पता नहीं !

पता नहीं ? तुम्हें भूमि-सेना के बारे में मालूम होना चाहिए...

अच्छा सा'ब, साथी एम.एम. जोशी से दर्याफ्त करेंगे। जयप्रकाश बाबू भी काफी-कुछ बतला सकते हैं इस संबंध में...

चाहे कहीं से हो, आपको मालूम कर लेना है !

जी सा'ब, कर लेंगे मालूम !

अच्छा, कल अगर मास्टर तारासिंह के चेला-चाटी भी 'अकाल-सेना' गठित करें ?

या बंगेश्वर अतुल्य घोष ही बाधा सैनिक दल गठित कर लें ?

या, सभी राजनीतिक दल इसी प्रकार अपनी-अपनी अलग-अलग 'सेना' गठित करने लग जाएँ ?

बाप रे ! कैसी-कैसी बातें कर रहे हैं आप ?

चोप ! चोप ! कोई सुन लेगा...

नहीं, इन बातों की रिपोर्टिंग आज-कल कहाँ करते हैं खुफियावाले ! गए वे दिन, लद गए...

x x x

रगड़िए और नाक !

माओ के पुजारी (मार्क्सिस्ट साम्यवादी) हमारे बंधु भारी धर्मसंकट में पड़ गए हैं बेचारे !

माओ के चीनी अनुयायियों ने आखिर इनको भी 'संशोधनवादी' घोषित कर मारा !

लाल चीन की सरकारी न्यूज एजेन्सी 'सिन्हुआ' (9 सितंबर) के अनुसार "केरल का मुख्यमंत्री ई.एम.एस. नम्बूद्रिपाद सामंतशाह नौकरशाह पूँजीपतियों की मेजों से गिरे हुए जूठे टुकड़ों को उठाने की कोशिश करता है।"

'संशोधनवादी', 'प्रतिक्रियावादी', 'लुटेरों का साझीदार' आदि गालियाँ नम्बूद्रिपाद को मिल रही हैं, आज लाल चीन की तरफ से !

है कोई जवाब इसका ?

मार्क्सवादी कम्युनिस्ट दल, लेकिन, इन गालियों को 'प्रेमोद्‌गार' मानता है, मानता रहेगा...वह कहता रहेगा माओ की प्रतिमा के समक्ष—'तुम चंदन हम पानी !"

जिन अपशब्दों का प्रयोग अपने दक्षिणपंथी (डांगे गुट) साथियों के खिलाफ वे करते रहते हैं, उनसे भी ज्यादा घृणित अपशब्दों का प्रयोग माओ के चेलों ने हमारे देशबंधु ई.एम.एस. नम्बूद्रिपाद के लिए किया है...

मार्क्सिस्ट साम्यवादी बंधु किस खूबी से इन गालियों को पी गए हैं ! उनके इस धीरज की मिसाल क्या होगी ?

काश, उनका धीरज और मामलों में भी प्रगट होता !

बड़ी नर्मी से मार्क्सिस्ट साम्यवादी बंधुओं ने चीन के नेताओं को उलाहना दी है—दबी जुबान से—कि 'हुजूर, इस तरह सरे-आम हमारे कान मत उमेठिए !'

साथियो, अभी तो आपको ढेर-सारी गालियाँ सुननी होंगी...अभी तो अर्सा तक आपके सर पर वहम का यह भूत सवार रहेगा कि 'चीन की पार्टी ही एकमात्र मार्क्सिस्ट-लेनिनिस्ट पार्टी है'...अभी तो एक ही बार आपका दंभ टूटा है...

आप अतुल्य घोष को जिताना चाहते थे न ?

आप कांग्रेस को हराना नहीं चाहते थे न ?

आप दक्षिणपंथी कम्युनिस्टों को एक-एक मोर्चे पर पछाड़ना चाहते थे न ?

आप गैर-कांग्रेसी संयुक्त सरकार में शामिल होने से कतराते थे न ?

चीन के बारे में भी आपका भ्रम टूटेगा और जरूर टूटेगा...

लाल चीन के प्रति यह पूर्ण अंध-भक्ति आपको उपहास का पात्र बना रही है। हाँ, उसकी चतुराई और कूटनीति से आप कुछ सीख रहे हों, तो यह एक अलग बात हुई।

सीख रहे हैं न ?

हाँ, कुछ सीख लिया ! कुछ सीखेंगे !

तभी तो आपके दल में इतना लचकीलापन आ गया है ! तभी तो आप पूँजीपतियों को धमकाते भी हैं और चुमकारते भी हैं। कारखानों में घिराव भी चल रहे हैं और आपको आगामी 'क्रांति' की तैयारियों के सिलसिले में चंदा भी मिल रहा है ! आप प्रशासन के जिम्मेदार हैं भी और नहीं भी ! कांग्रेस से आपकी पार्टी का (कम-से-कम बंगाल में) वैसा ही रिश्ता नजर आता है, जैसा लाल चीन का ब्रिटेन की सरकार से।

सुतरां, यह स्पष्ट है कि आप लाल-लाल चीन के मालिकों से काफी कुछ सीख चुके हैं। गालियाँ तो खैर पहले ही सीख ली थीं...

x x x

शाही कैदी : दुलरुआ

कोटला रोड पर एक आलीशान कोठी इधर शेख अब्दुल्ला का 'निरोधात्मक आवास' बनी है।

शेख को डेढ़ वर्ष कोडैकनाल (दक्षिण) की पहाड़ी बस्ती में रखा गया था। स्वास्थ्य बिगड़ा तो नई दिल्ली लाया गया। अब संभवतः शेख को दक्षिण नहीं भेजा जाएगा...

भारत सरकार अपने इस 'नजरबंद' कैदी पर बेहद धनराशि खर्च कर रही है।

जाने कब तक खर्च करती रहेगी !

श्री राजगोपालाचारी, श्री जयप्रकाश नारायण और देश के कुछ अन्य विशिष्ट व्यक्ति शेख की मुक्ति के समर्थन में कई बार अपना-अपना विचार व्यक्त कर चुके हैं...

स्वतंत्र पार्टी, कम्युनिस्ट पार्टी (दक्षिण-वाम दोनों), और प्रजा सोशलिस्ट पार्टी के नेताओं को शेख की रिहाई के नाम पर शायद ही आपत्ति हो। संयुक्त सोशलिस्ट पार्टी भी शेख को कोई 'हौआ' नहीं मानती।

250 संसद सदस्यों ने शेख की रिहाई के पक्ष में अपना अभिमत व्यक्त किया है...

हाल के एक वक्तव्य द्वारा शेख ने प्रेसिडेंट अय्यूब के उन भ्रामक मंतव्यों का खंडन कर दिया है, जिनके जरिए पाकिस्तानी तानाशाह ने शेख के बारे में गलतफहमी फैलाने की कोशिश की थी...

तो फिर ?

शेख को रिहा नहीं किया जाएगा ?

शायद नहीं !

नहीं इसलिए कि उन्मुक्त शेख कश्मीर की मौजूदा सरकार के लिए, स्थानीय शांति-सुव्यवस्था की दृष्टि से, भारी सरदर्द पैदा कर सकते हैं...सादिक-प्रशासन परेशानियों में पड़ सकता है !

तो फिर ?

रामः रामौ रामाः, गजः गजौ गजाः ! शेषं पूर्ववत् ! यथास्थिति बरकरार रहे...

क्या बुरा है, शेख नई दिल्ली में शारीरिक तौर पर आराम और इत्मीनान का सुख भोगते रहें !

बुढ़ौती में भला और क्या चाहिए !

x x x

सदानंद : चिदानंद

महर्षि महेश योगी पिछले नौ वर्षों से पश्चिमी देशों में योग-विद्या के प्रशिक्षण और प्रचार के सिलसिले में घूम रहे हैं।

अब आकर वह इस हद तक सफलता हासिल कर पाए हैं कि वहाँ के लाखों नागरिक सदानंद और चिदानंद का मतलब समझने लगे हैं !

'सदानंद' यानी सदा-आनंद; यानी हमेशा के लिए नशे की बेसुधी ! भंग और गाँजा और अफीम से लेकर एल.एस.डी. और मरिजुआना तक से प्राप्त होनेवाली संज्ञाशून्यता (आनंद ?) और मस्ती...

'चिदानंद' यानी चित्-आनंद; यानी चैतन्यमय सुख; निर्विकल्प समाधिवाली तन्मयता...

ब्रिटेन के हजारों दीवाने अपनी नई उम्र में ही महर्षि महेश योगी का शिष्यत्व ग्रहण करने के लिए आतुर हो उठे हैं !

कितनी बड़ी खुशखबरी है ! नहीं है खुशखबरी ?

ये तरुण, जिनकी आयु 17 से 30 के बीच की है, 'सदानंद' से 'चिदानंद' की ओर बढ़ेंगे...हरद्वार और ऋषिकेष के आश्रमों में योग-साधना करेंगे...

फिर हमारे अपने यहाँ की 'भूखी पीढ़ी' का क्या हाल होगा ?

तंत्र में नाना प्रकार के मादक पदार्थों की चर्चा आई है। गाँजा को 'त्वरिता' कहा गया है, क्योंकि उसका असर दिमाग पर 'तुरत' (फौरन) होता है...हिप्पियों का अनुसरण करके बीटल-बबुआ लोग 'त्वरिता' की साधाना कर ही चुके हैं, अब महर्षि की देख-रेख में हिमालय की तलहटी की रेतियों पर भगवती भागीरथी के किनारे 'राजयोग' की साधना करेंगे।

यानी अधेड़ उम्र के भारतीय नापित बर्तानवी तरुणों का मुंडन-संस्कार करेंगे !

ओह, यह सब कितना उत्साहवर्धक रहेगा !

x x x

नई पीढ़ी : गई पीढ़ी

अवसर मिलने पर तरुण वर्ग राष्ट्रीय पैमाने पर कैसा चमत्कार पैदा करता है !

स्कूली छोकरों की क्रिकेट टीम बहुत बड़ी जीत हासिल करके समुद्र पार से लौट आई है...नवाब पटौदी की सदारत में एक क्रिकेट टीम मुँह की खाकर लौटी तो हमें कितनी शर्म आई थी ! मन मसोस के रह गए थे हम ! और अब, उसी ग्लानि को इन लड़कों ने धो-पोंछकर साफ कर दिया है।

पाकिस्तानी तानाशाहों की अंधी सैन्य-शक्ति को हमारे तरुण और युवक सैनिकों ने ही तो अभी उस साल मजा चखाया था न ?

राजनीति और समाजनीति भी हमारी तभी तक पंकिल रहेगी, जब तक हमारे तरुण और युवक पूरा मौका नहीं पा जाते...

संयुक्त विधायक-दल की इन गैर-कांग्रेसी सरकारों का 'अस्थायी' गठन कम-से-कम इस दष्टि से तो युग का जादू दिखला ही रहा है...

कितना भारी चमत्कार था !

गई पीढ़ी की क्षय !!

नई पीढ़ी की जय !!

लेकिन नहीं, क्षय और जय के ये सस्ते उद्घोष अपने आप में कोई कसौटी नहीं होंगे परिवर्तन की।

हजार साल की पुरानी कोढ़ अभी नई पीढ़ी से अपनी कीमत वसूल करेगी...सं-वि-द सरकारें अभी बार-बार बनेंगी और विघटित होंगी...नए-नए चेहरे शपथ-ग्रहण के लिए अधिकाधिक संख्या में आगे आएँगे; दल-परिवर्तन का खिलवाड़ एक-से-एक गुल खिलाता चलेगा; छमाही-तिमाही सरकारों का कोई काबू नहीं रह जाएगा नौकरशाही पर, तो जन-साधारण की चेतना के अंदर अराजकता के बीजाणु पैदा होने लग जाएँगे...

अरे, यह आप क्या कह गए ?

वही, जो दिमाग पर हावी था...

यानी, आपकी राय में भारतीय जनता लोकतंत्र के प्रति आस्थाहीन हो उठेगी ? अराजकता का वह माहौल सैनिक तानाशाही के लिए बड़ा ही उपयुक्त होगा ! फिर एक निश्चित अवधि तक उस 'सैनिक-प्रशासन' का स्वाद चख चुकने पर देश की तात्कालिक अगली पीढ़ी अपने को बिलकुल मुक्त कर लेगी, क्योंकि अर्ध सैनिक प्रवृत्ति की होगी वह, अनुशासित और आधुनिक। अपना वर्चस्व वह कदम-कदम पर प्रमाणित करेगी !

मगर आप और हम त्रिकालज्ञ तो हैं नहीं, कोई खास भविष्यवाणी तो हमारी हो नहीं सकती। हो सकती है ?

[ज्योत्सना, जून 1967]

□□

उर्दू : राज्यभाषा ? क्षेत्रीय भाषा ?

फारसी लिपि में लिखी जानेवाली उर्दू भाषा को पिछले कई सौ वर्षों से यहाँ, भारतवर्ष में, विशेष अधिकार हासिल रहे हैं। पाकिस्तान-हिंदुस्तान के तौर पर इस महादेश के दो टुकड़े न हुए रहते तो आज भी उसको अपनी लिखावट (फारसी) सहित उसी तरह वे सभी हक़ हासिल रहते, इसमें कोई संदेह नहीं।

लेकिन अब आगे उर्दू को यहाँ, भारतवर्ष में, नागरी लिपि का चोला धारण करना पड़ेगा। फारसी लिपि के साथ उसे ज्यों-की-त्यों यहाँ की सारी जनता स्वीकार नहीं कर सकती।

वोट बटोरने का खिलवाड़ ही जिनके लिए सबसे बड़ा खिलवाड़ होता है, उन

राजनीतिक पार्टियों की बात छोड़िए। वे तथाकथित अल्पसंख्यकों का जी चुराने के लिए इस प्रकार के अनाप-शनाप आश्वासन उन्हें आगे भी देती रहेंगी...यह सब अभी चिरकाल तक चलता रहेगा।

सामान्य जनता उर्दू को भारत के नाते हिंदी से कम नहीं मानती, उसी तरह प्यार करती है। नागरी अक्षरों में छपी हुई उर्दू-पस्तकें लाखों की संख्या में छपती-बिकती हैं। गीत और डायलॉग के लिहाज से उर्दू का पुट रहने पर हिंदी फिल्में बेहद लोकप्रिय हो रही हैं, यह कौन नहीं स्वीकार करेगा ?

दरअसल, आम पब्लिक रोजमर्रा तौर पर हिंदी-उर्दू का घोल बड़े मजे में इस्तेमाल करती है। इलाहाबाद-लखनऊ-आगरा-दिल्ली-जालंधर-अमृतसर...बहुत बड़ा क्षेत्र है हिंदी-उर्दू का, यानी हिंदुस्तानी का !

तो फिर उर्दू हिंदी की तरह इन क्षेत्रों की भाषा हुई न आखिर ?

तो फिर उर्दू को हिंदी की तरह इन क्षेत्रों की भाषा का दर्जा क्यों नहीं मिलेगा ?

(कश्मीर की राज्यभाषा तो खैर वो है ही !)

हाँ, साहब, जरूर मिलेगा उर्दू को क्षेत्रीय भाषा का दर्जा ! मगर आपको इसके लिए थोड़ी तकलीफ उठानी पड़ेगी...

यानी ?

यही, मामूली-सी बात है...

कहिए भी तो...

नागरी हरुफ सीखने होंगे ! फारसी लिखावटवाली उर्दू नहीं, नागरी लिखावट वाली उर्दू को हम क्षेत्रीय भाषा का दर्जा दे सकते हैं !

देखिए जनाब, मखौल नहीं उड़ाइए उर्दू का ! कह देता हूँ...फारसी लिखावट नहीं तो उर्दू भी नहीं ! उर्दू अपना हक लड़के लेगी, भीख नहीं माँगने आएगी आपसे !

अच्छा, यह बात है ? नागरी लिपि नहीं सीखेंगे ! दुनिया की दसियों लिखावटें सीख लेंगे मगर नागरी लिखावट नहीं सीखेंगे ! न खुद सीखेंगे, न औलाद को सीखने देंगे...सही अर्थों में जनता का ज़माना आ जाएगा तो सारे उर्दू प्रेमी खुले दिल से नागरी लिपि को कबूल कर लेंगे। हजार-पाँच सौ विशेषज्ञ ही फारसी लिखावटवाली उर्दू के रखवाले होंगे।

माफ कीजिए, आप जनसंघ के असर में आ गए हैं। नहीं ?

असर ? जनसंघ का ? जी नहीं, जी हाँ ! लेकिन जनसंघ के असर में तो आज हमारे कई राज्यों की सरकारें भी आ गई हैं न ?

अलग-अलग दलों के विधायक जब आपस में सटकर बैठते हैं, तो कहा जाता है, जनता के हित में उन्होंने समझदारी का सबूत दिया...

और, द्वितीय राज्यभाषा या क्षेत्रीय भाषा के तौर पर फारसी लिपिवाली उर्दू के विरोध में हमने कुछ कहा तो जनसंघ के असर में आ गए !

यानी, हम हिंदी के अंधसमर्थक हुए आपकी शब्दावली में !

तो फिर, आप हमारी शब्दावली में 'उर्दू के अंध-समर्थक' और 'अल्पसंख्यक समुदाय' को 'जैसे-तैसे खुश रखने की कच्ची नीयतवाले' और जाने क्या-क्या होंगे ! हैं, रंज न होइए साहब !

मात्र अपने को अक्लमंद, और बाकी सभी को मूर्ख समझनेवाला दंभी कहलाता है। वहीं बेशर्म बेईमान—मौकापरस्त तोताचश्म के तौर पर विकसित होने पर धीरे-धीरे गुटबाज दलपति की गरिमा हासिल कर लेता है। वह कब किस पर कैसा लांछन लगाएगा, कहना असंभव है...

अपनी तिकड़म !

अपना गुन्ताड़ा !

अपनी पालिटिक्स !

अपना चक्कर !

पाँच प्रतिशत—ना, दो प्रतिशत !—को खुश रखने के लिए वह पंचानबे या सत्तानबे प्रतिशत की जीभ पर राख मल देगा !

"आप संकीर्ण हैं...."

"आप क्षुद्र हैं..."

"आप प्रतिक्रियावादी हैं..."

"आप दकियानूस हैं..."

"आप नई सरकार को उलटना चाहते हैं...."

क्यों भई क्यों ?

"क्योंकि आप फारसी लिपिवाली उर्दू को द्वितीय राज्यभाषा घोषित करने के सरकारी मार्ग में चट्टान बनकर अड़ गए हैं !"

"क्योंकि आप हिंदी-प्रदेशों के लिए राज-भाषा के नाते एकमात्र हिंदी को अपना समर्थन दे रहे हैं !"

"क्योंकि आप बुद्धू हैं, कुछ समझ नहीं रहे हैं !"

"क्योंकि आप भारतरत्न पंडित जवाहरलाल नेहरू की रूह को चोट पहुँचा रहे हैं !"

जी हाँ, हमारी अक्ल पर तरस खाइए...

जी हाँ, जो मर्जी कीजिए, जाइए...

उर्दू : सार्वभौम भाषा

आवेग और आक्रोश, कटुता और तिक्तता अलग हटा दें तो उर्दू यानी हिंदुस्तानी जुबान एक नए रूप में हमारे सामने खड़ी होती है।

क्या है वह रूप ?

क्या यही है कि उर्दू बड़ी ही पावरफुल और जादुई भाषा के तौर पर विकसित हो चुकी है। पाकिस्तान के केंद्रीय प्रशासन की मुख्य भाषा होने के अलावा वह

पाकिस्तान के प्रदेशों (सिंध, पश्चिम पंजाब, बलोचिस्तान, पश्मिोत्तर सीमाप्रांत, 'आजाद कश्मीर' और पूर्वी बंगाल) को जोड़नेवाली संपर्क-भाषा है। हमारे यहाँ उर्दू जम्मू-कश्मीर राज्य की भाषा है। बाहर के दर्जनों मुल्क रेडियो और टेलिविजन के माध्यम से अपने प्रचार के लिए उर्दू का इस्तेमाल करते हैं। रूस-अमेरिका आदि प्रभु राष्ट्र ढेर-का-ढेर प्रोपगंडा लिटरेचर उर्दू में छाप-छापकर जहाँ-तहाँ फैलाते रहते हैं...

यह है उर्दू का जादू !

दिल्ली-हरियाणा-पंजाब-हिमाचल प्रदेश-राजस्थान-मध्यप्रदेश-उत्तरप्रदेश (और हाँ, बिहार भी) कहीं भी कामकाजी नागरिकों की आपसी बातचीत सुन लीजिए !

वह कौन-सी भाषा मालूम होगी ?

वह क्या काशीवाली पंडिताऊ हिंदी होगी ?

वह क्या अलीगढ़ युनिवर्सिटी के प्रोफेसरों की कड़ी उर्दू होगी ?

नहीं, वो तो आसान हिंदुस्तानी होगी : अभी-अभी यह सरल हिंदी प्रतीत होगी, अभी-अभी आम-फहम उर्दू !

वस्तुतः हिंदी की तरह उर्दू भी समूचे हिंदुस्तान की भाषा रही है। देश दो टुकड़ों में बँट गया एकाएक, कांग्रेस और मुस्लिम लीग के स्वार्थी, डरपोक नेताओं ने हुकूमत हासिल करने के तात्कालिक लोभ में पड़कर हिंद-माता के बदन को आरी से चीर डाला और टुकड़ों में बँटवारा कर लिया !

इस छीना-झपटी में हिदू-मुस्लिम जनता का बड़ा नुकसान हुआ, भारी फजीहत हुई। करोड़ों इन्सान बेघरबार हो गए, लाखों ने जान गँवाई...

यह अभागिन उर्दू भी बुरी तरह घायल हुई !

लीगी दीवाने बेचारी को पाकिस्तान ले भागे !

लेकिन गरीब की रूह आज भी गंगा और यमुना के दो-आबे में भटक रही है, वह पूरी-की-पूरी लौट आना चाहती है हिंद की धरती पर...

हाय रे इस्लामी उन्माद ! उर्दू बेचारी को तू कब तक यों जिबह करता जाएगा ?

हम ? हमारा सलूक ?

अरे, हमने तो उर्दू को केंद्रीय पैमाने पर 'नेशनल लैंग्वेज' का दर्जा दे रखा है। हिंदी-बंगला-तमिल-मराठी आदि भाषाओं की तरह बाकी सारी सुविधाएँ यहाँ हासिल हैं उर्दू को...हाँ, उर्दू को 'क्षेत्रीय भाषा' का दर्जा हम अपने किसी राज्य के अंदर नहीं देंगे, यह राजनीति के लिहाज से गलत काम होगा। फारसी लिखावटवाली उर्दू के लिए इलाकाई तौर पर यहाँ कोई गुंजाइश अब रह ही कहाँ गई ! यहाँ तो उर्दू को नागरी लिपि का चोला धारण करना होगा, तभी वह फल-फूल सकती है यहाँ !

उर्दू का जादू अब नए रंग में हमें अपनी ओर खींच रहा है...

मीर-गालिब-फ़िराक़-साहिर दिन-रात हमारे सामने थिरक रहे हैं, हाँ, नागरी लिखावट के छापे में !

हम अपने मतलब का सारा उर्दू-साहित्य नागरी लिपि में छापते जा रहे हैं !

आगे चलकर भारतीय मुस्लिम-समाज अपना समूचा धार्मिक साहित्य नागरी लिपि में अपने लिए सुलभ कर लेगा। ठीक उसी तरह, जिस तरह बंगाल का मुस्लिम-समाज बंगला लिपि के माध्यम से और गुजरात का मुस्लिम समाज गुजराती लिपि के माध्यम से, अपना नित्य नैमित्तिक धार्मिक पाठ करता है...

हम चाहते क्या हैं ?

चाहते यही हैं कि हिंदी भाषाभाषी इन राज्यों के मुसलमान अपने बच्चों को, खुलकर हिंदी माध्यम से शिक्षा हासिल करने दें, भारतीय नागरिक के तौर पर उन्हें विकसित होने दें। बाकी रही फारसी लिखावट, सो उसके लिए मौलवियों को पूरा सुभीता रहेगा ही।

नागरी लिपि अपनाकर उर्दू-प्रकाशन किस तरह कामयाब हो रहा है, यह आप दिल्ली-इलाहाबाद के बुकसेलरों से दर्याफ्त कीजिए ! यह आप कथाकार कृश्नचंदर से मालूम कीजिए !

तो, आप फारसी लिपि को देश-निकाला दे देंगे ?

नहीं, ऐसा कौन कहता है !

फारसी लिपि पूरी तरह सुरक्षित रहेगी—मकतबों-मदर्सों के अंदर, स्कूलों-कालेजों-युनिवर्सिटियों के अंदर, छापाघरों में, लाइब्रेरियों के अंदर...

वह सुरक्षित रहेगी—उनके अंदर, जिनकी उम्र तीस-चालीस से ऊपर की है।

वह सुरक्षित रहेगी—सरकारी और अदालती फाइलों के अंदर...

वह सुरक्षित रहेगी—और भी बहुतेरी जगहों में...

और कानों के लिए तो वह हमेशा, हमेशा के लिए सुरक्षित रहेगी !

उर्दू पर हमारे दिल और दिमाग निछावर हैं, मगर हम किसी हालत में उसे 'इलाकाई दर्जा' नहीं देंगे ! नहीं देंगे !! नहीं देंगे !!!

पाकिस्तान के तौर पर हमारे आक़ा उर्दू को काफी बड़ा इलाका निछावर कर गए हैं। हमारे आक़ा उर्दू को आधा से अधिक पंजाब दे गए हैं, आधा से अधिक बंगाल दे गए हैं। वे उसे समूचा सिंध दे गए हैं, बलोचिस्तान, सरहदी इलाका...बहुत बड़ा इलाका उर्दू के नाम पर अलग हो चुका है। इस्लामी मिल्लत और तहजीब के झंडाबर्दार 'कायदे-आजम' मर्हूम ज़िना साहब खुद ही उर्दू-सुंदरी को घोड़े पर बैठाकर कराची ले गए थे !

ताहम, हिंद की यह भूमि ही उर्दू-रानी का अपना मायका है, इसे भला कौन कबूल नहीं करेगा ?

ब्याही हुई बेटी को मायके में जितना भी लाड़-दुलार, प्यार और सुख मिलना चाहिए, उतना उसे मिलता ही रहेगा ! जरूर मिलेगा !

x x x

खेल : रस्साकशी !

खाद्य-संकट और उसके कारणों की तह तक पहुँचने का दावा करनेवाले बंगाल की संयुक्त सरकार के मंत्रियों में आए दिन रस्साकशी का खेल चलता ही रहता है !

गाँधीवादी मंत्रियों और मार्क्सवादी मंत्रियों के दर्म्यान कलह तीव्र से तीव्रतर हो उठा है...

डॉ. घोष पुराने गाँधीवादी ठहरे ! वह आग्रहपूर्वक खाद्यमंत्री हुए। यों, खाद्य-विभाग मार्क्सवादी स्वयं ही लेना चाहते थे।

मुख्यमंत्री अजय मुखर्जी गाँधीवाद की पवित्रता के आग्रह के चलते ही कांग्रेस से अलग हुए थे।

मार्क्सवादियों की मान्यता है कि इन दोनों की मानसिक दुर्बलता बंगाल के मौजूदा खाद्य-संकट के लिए जिम्मेदार है...केंद्रीय सरकार जैसा-कुछ समझा-बुझा देती है, ये मान जाते हैं !

मार्क्सवादी हाईकमान के प्रमुख श्री सुंदरैया ने बार-बार डॉ. घोष से इस्तीफे की माँग की है...अबकी, डॉ. घोष भड़क उठे—

"बड़ा आया है इस्तीफावाला ! वह कौन होता है हमसे इस्तीफे की माँग करने वाला ? वह अपने कामरेड ज्योति बसु से इस्तीफा ले सकता है...सुंदरैया खुद ही भाड़े का टट्टू है, उसके कहने पर मैं भला क्यों हटूँ ?..."

इस पर अजय मुखर्जी (मुख्यमंत्री) ने डॉ. घोष की बाँह थाम ली। बोले : "अपन साथ ही इस्तीफा देंगे, लेकिन सुंदरैया के कहने से यों थोड़े ही सरकार छोड़ देंगे ? गाँधीवाद पर आँच आई तो मैं बैठा थोड़े ही रहूँगा !"

तो, इस तरह की झड़पें सप्ताह में दो-एक बार हो जाती हैं...

बंगाल की जनता फुटबॉल-क्रिकेट के खेल तो देखती ही आई थी, अब अपनी नई हकूमत के कर्णधारों-सूत्रधारों के दर्म्यान अक्सर चलनेवाला रस्साकशी का यह खेल खेल रही है और माँ काली का नाम लेकर उबासियाँ ले रही हैं !

x x x

हाय, मंडल ! गद्दी छोड़नी ही पड़ी...

बिहार की नई सरकार के स्वास्थ्यमंत्री माननीय श्री विंदेश्वरीप्रसाद मंडल का 'राजयोग' इतनी जल्दी 'इति' पर आ गया ? लोक-सभा का इनका आसन अर्से से रिक्त चला आ रहा था न ?

अब क्या मंडल जी को अपना वही आसन ग्रहण करना पड़ेगा !

क्या बुरा है, लोक-सभा को सुशोभित करें माननीय मंडलजी !

सं-सो-पा का अनुशासन...!

मंडल जी, बुरा मत मानिए !

मंडल जी, महाभारत में क्या कहा गया है ? दिला दूँ याद ? हाँ ?

नोट कर लीजिए जी ! "आशा बलवती राजन्..."

बिहार के संसोपावाले अपने साथी नेताओं की राय से ही तो आप मंत्रिमंडल में शामिल हुए थे न ?

फिर बीच में, यह कैसा नाटक हो गया !

दलीय शनि-दृष्टि का शिकार क्या आपको ही होना था ?

हे यदुकुल-कमल-दिवाकर, आपका धीरज एकाएक अनुशासन की खराद पर चढ़ गया...हे पिछड़ा वर्ग के अगुआ, पाटलिपुत्र की यह राजधानी आपको छोड़कर कैसे रहेगी ?

खुदा चाहेगा तो बिहार का चीफ मिनिस्टर होइएगा एक दिन आप !

x x x

आईना देखिए हुजूर !

जी हाँ, प्रेसिडेंट जॉन्सन साहब ! शीशा सामने रख लीजिए थोड़ी देर के लिए !

वियत्‌नाम में आपकी फौज ने नरमेध मचा रखा है, आपकी इस जिद पर दुनिया दंग थी ही...कि इधर आपके अपने मुल्क के अंदर बहुत बड़े पैमाने पर नरमेध मच गया...

लाखों नीग्रो-जन तानाशाही बूटों के नीचे रौंदे जाते रहे हैं, हैवान से भी बदतर जिंदगी जीने को भी एक हद तो होगी ही !

आप किस मुँह से 'विश्वशांति' के प्रवचन बघारते रहे हैं ?

लाखों-लाख काले अमरीकी क्या लिबर्टी-माता की अपनी संतान नहीं हैं ?

पहले अपना घर-आँगन तो साफ कीजिए ! अफ्रिका-एशिया की फिक्र में नाहक ही कब तक घुलते रहेंगे ?

खुद, अमरीका के अंदर ही लाखों-करोड़ों इन्सान नारकीय यंत्रणा के शिकार हैं, उन पर आपकी अनुकंपा क्यों नहीं बरसती ?

आपकी सारी करुणा इन दिनों अभागे वियत्‌नाम पर ही बरस रही है !

नीग्रोजन 'काला पहाड़' बनकर 'अमरीकी सभ्यता' पर टूट नहीं पड़ेंगे ? छोड़ देंगे आपको ?

[ज्योत्स्ना, जुलाई 1967]

□□

चैंपियन : द्वितीय राज्यभाषा उर्दू के !

बिहार की संयुक्त मोर्चे की सरकार के उपमुख्यमंत्री (माननीय श्री कर्पूरी ठाकुर जी) ने द्वितीय राज्यभाषा या समस्तरीय राज्यभाषा की घोषणा के बारे में भारतीय संविधान के प्रति अपनी संकल्पबद्धता का जो आवेग इन दिनों प्रदर्शित किया है, वह सर्वथा अपूर्व प्रतीत होता है।

हम तो ऐसा मानते हैं कि भारतीय संविधान द्वारा अनुमोदित दशाधिक प्रमुख भारतीय भाषाएँ यहाँ व्यक्ति-व्यक्ति के लिए अपरिहार्य हैं। सभी भारतीय भाषाएँ हमारी श्रद्धा और प्रीति के लिए समान रूप से हकदार हैं। क्षेत्रीय भाषाएँ रहते हुए भी सभी का राष्ट्रभाषात्व सुरक्षित है। हाँ, उन सभी में हिंदी एक ऐसी भाषा है जो समग्र भारत के सभी क्षेत्रों में 'संपर्क भाषा' के तौर पर निर्विवाद रूप से स्वीकृत होती जा रही है।

मध्यप्रदेश, राजस्थान, हरियाणा, दिल्ली, उत्तरप्रदेश, हिमाचल प्रदेश, बिहार जैसे प्रदेशों में तो हिंदी लोकवाणी भी है और शिष्टवाणी भी। इन राज्यों में हिंदी को दुहरी-तिहरी मान्यताएँ हासिल हैं। जनगणना में, बड़े ही आग्रह और उत्साह में, करोड़ों स्त्री-पुरुष मातृभाषा के स्थान में भी 'हिंदी' ही लिखवाते हैं...इसका यह मतलब तो कदापि नहीं निकाला जाएगा कि राजस्थानी, बुंदेली, छत्तीसगढ़ी, निमाड़ी, ब्रजभाषा, अवधी, भोजपुरी, मगही, मैथिली आदि अपनी सहज मातृभाषाओं के लिए उनके मन में आदर नहीं होता।

अब आप, उपमुख्य साहब, उर्दू को बिहार की द्वितीय राज्यभाषा (प्रथम रा.भा. हिंदी) या समस्तर की राज्यभाषा का आसन दिलवा के रहेंगे ?

यह कैसा खिलवाड़ करने जा रहे हैं श्रीमान् !

बिहार में तो लाखों की तादाद में बंगाली हैं, उड़िया हैं, पंजाबी हैं, आंध्रवाले हैं, उनकी भाषाओं ने आपका क्या बिगाड़ा है ? उन्हें भी क्यों नहीं द्वितीय, तृतीय, चतुर्थ दर्जा दिलवाएँगे हुजूर ?

मैथिली, मगही, भोजपुरी, संथाली तो घर की मुर्गियाँ ठहरीं, चुगती फिरेंगी इस घूरे पर या उस घूरे पर, मगर बंगला, पंजाबी आदि भाषाओं को आप हेठी की निगाहों से क्यों देखिएगा ?

उहुँ ! अब नहीं मानेंगे लोग !

कहाँ मानेंगे, कैसे मानेंगे...

आपकी बातों पर कौन यकीन करेगा हुजूर ?

उहुँ ! अब कहाँ मानेंगे लोग !

33-सूत्री कार्यक्रम में वह 23 वाँ सूत्र निकाल दीजिए ठाकुर जी ! कीजिएगा यह काम ?

उर्दू भाषा-भाषी मतदाताओं को आपके संयुक्त विधायक दल के बाकी 32 सूत्र वही लाभ नहीं पहुँचाएँगे जो लाभ वे अन्य भाषा-भाषी बहुसंख्यक मतदाताओं को पहुँचा रहे हैं या पहुँचाते रहेंगे ?

फारसी लिपिवाली यह उर्दू क्या यहीं, इसी बिहार में, अपने सारे अरमान पूरे कर लेगी ?

उर्दू-भाषी परिवारों के बच्चे धड़ाधड़ नागरी लिपि अपना रहे हैं, हिंदी ले रहे हैं लाखों की तादाद में; सही माने में उन्हें 'भारतीय नागरिक' बनना है; अब आप लोग अपनी राजनीति के चलते उन्हें फिर से फारसी लिपि की तरफ वापस मोड़ेंगे ?

मुस्लिम मतदाताओं से शत-प्रतिशत वोट बटोर लेने की उतावली आप जैसे 'दलसिंगार' भाइयों के लिए भले ही लाभजनक साबित हो, उनको तो भारी नुकसान पहुँचाएगी ! बेचारों को 95 प्रतिशत जनता से हमेशा दूर-दूर रखेगी ! नहीं ?

उर्दू टीम के चैंपियन के नाते आज-कल उर्दू-अखबारों में आपकी बड़ी तारीफ छप रही है...खूब अच्छा लगता होगा ! नहीं ?

आप ठीक ही फर्माते हैं : आपसे बढ़कर हिंदीप्रेमी कौन होगा !...उर्दू का उद्धारक भी इतना बड़ा कोई और नहीं हुआ होगा ।

यह कितनी बड़ी प्रतिष्ठा दरभंगा जिले की भूमि को अनायास मिल गई है ! समस्तीपुर अनुमंडल के अंतर्गत, थाना ताज़पुर...में कर्पूरी ठाकुर नाम का एक होनहार पैदा हुआ। तब कहाँ किसी को मालूम था कि यह बालक आगे चलकर भारतेंदु हरिश्चंद्र और राजा शिवप्रसाद 'सितारे हिंद' का समन्वित अवतार प्रमाणित होगा : हिंदीवाले उसकी आरती उतारेंगे, उर्दूवाले क़सीदा कहेंगे और सदक़े जाएँगे...मिथिला के त्रिकालज्ञ ज्योतिषियों को इस तथ्य का आभास आज से चालीस वर्ष पहले ही क्यों नहीं हुआ ?

क्या कहा ? उप-मुख्यमंत्री के सौभाग्य से तुम्हें जलन क्यों हो रही है ? क्यों तुम उनके पीछे इस क़दर हाथ धोकर पड़े हो ?

नहीं जी, जलन कैसी ! हमें तो उलटे, इस व्यक्ति पर दया आ रही है...कितना सीधा-सादा है बेचारा ! गऊ है बिलकुल ! वही कुर्त्ता, वही धोती, वे ही चप्पलें...डिप्टी चीफ हैं बिहार सरकार की कैबिनेट में, कौन कहेगा देखकर कि यह अदना-सा इन्सान कितना बड़ा आदमी है !

मक्खन ! मक्खन !! चले तुम भी पालिश करने बाबाऽऽ...

हुँ..वह एक अलग गुर है ! द्वितीय-राजभाषा-विरोधी संघर्ष के गुल-गपाड़े में कुछ ऐसे चतुर 'साहित्य-सेवी' अवश्य तत्काल दुहरा लाभ उठा लेने की स्थिति में पहुँच जाएँगे ! ठीक इसी तरह कुछ कांग्रेसी विधायक द्वितीय राज्यसभा के समर्थन की आड़ में नई सरकार का तेज हरण करना चाहेंगे...हाय, बेचारी नई सरकार !

लेकिन, हाँ, लेकिन हम तो उसका पतन नहीं चाहते। हमारा तो उसके निर्माण में किसी-न-किसी तरह का योग ही रहा है न ? हम क्यों चाहेंगे कि एक अदना सवाल पर नई सरकार लड़खड़ा जाए और गिर पड़े !

तो आखिर आप चाहते क्या हैं ?

चाहते हम इतना ही हैं कि बिहार की नई सरकार ऐन मौक़े पर अपनी दूरदर्शिता का परिचय लोगों को भली-भाँति देती रहे...

अजी वाह, बड़े बंभोलेनाथ हो तुम भी, नागा बाबा !

जी, अपन तो दोनों हैं...भोलेनाथ भी हैं और शोलेनाथ भी ! गोलेनाथ भी हैं और छोलेनाथ भी !

और ?

और यही कि उस गरीब पर हमें बार-बार दया आ रही है, यानी बेचारे कर्पूरी

ठाकुर पर !

गुस्सा नहीं आ रहा है किसी पर ?

आ रहा है। गुस्सा भला नहीं आएगा ? द्वितीय राज्यभाषा का सम-स्तरीय राज्यभाषा के पक्ष में जिस कांग्रेसी विधायक ने ग़ैर-सरकारी प्रस्ताव पास किया था, उसी पर गुस्सा आ रहा है मुझे तो ! दरअसल खेमे के अंदर भी एक-से-एक कालनेमि विराजमान हैं !

उर्दू विरोध या उर्दू समर्थन अपने-आप में कोई हौआ नहीं है। हौआ तो यह तभी होता है जब इसके पीछे राजनीतिक दल अपना-अपना तीर-कमान लेकर खड़े हो जाते हैं !

यों, भाषा के नाते उर्दू से हमारा विरोध चल ही नहीं सकता। पिछले हजार वर्षों का हमारा साहित्य इसका साक्षी है। अपभ्रंश भाषाओं के गद्य-पद्य ग्रंथ अरबी-फारसी से हजारों शब्द ले चुके थे, उन्हें आत्मसात् कर लिया था। चंदवरदाई, विद्यापति, तुलसीदास आदि महाकवियों की वाणी अरबी-फारसी शब्दों के उपयोग से चमक रही है !

हमने उर्दू को बाजारू बोली की मामूली जगह से उठाकर भाषात्व का गरिमामंडित आसन प्रदान किया। हमने उर्दू को हजारों क्रियापद दिए, विभक्तियाँ दीं, मुहावरे दिए। हमारी जादुई प्रतिभा, हमारी मुलायम मिट्टी, हमारे रंगीन माहौल और हमारी हमदर्दी के मणि-कांचन-संयोग से उर्दू के अंदर प्राणशक्ति की पूर्ण प्रतिष्ठा संभव हुई...

अब आकर, इस शताब्दी के आरंभ से लेकर अभी हाल के वर्षों तक अभागी उर्दू को जो भी बुरे दिन देखने पड़े हैं, उसका दायित्व उन राजनीतिक दलों पर ही निष्पक्ष इतिहासकार डालेंगे, जिनका नेतृत्व स्वार्थी और समझौतापरस्त उच्चवर्ग के हाथों में रहा है। उर्दू को इस देश में अनाथ छोड़कर मुस्लिम-लीगी कराँची-लाहौर-ढाका चले गए। वस्तुतः वही थे उर्दू के दुश्मन नं. 1...

आगे क्या होगा ? उर्दू का भविष्य कैसा दीखता है आपको ?

हिंदुस्तान की साधारण जनता उर्दू को बेहद पसंद करती है । नागरी लिपि में छपी हुई उर्दू-पुस्तकों की लाखों प्रतियाँ आए दिन खपती रहती हैं। सरल हिंदी बनाम आसान उर्दू यानी हिंदुस्तानी जुबान में जहाँ कहीं 'डॉयलाग' सुनाई दे गए, उन फिल्मों पर तो लोग टूट ही पड़ते हैं।

फिर कौन कहता है कि उर्दू के लिए इस देश में जगह नहीं है ?

हाँ, फारसी-अरबी लिपि और इस्लामी भावभूमि यदि उर्दू के लिए अनिवार्य रखे जाएँ, या मनवाए जाएँ, तो इस बेचारी का भविष्य हमारे इस भारत-महादेश के अंदर अंधकारमय होगा। यहाँ नागरी लिपि के ही सहारे उर्दू फल-फूल सकती है।

x x x

महाप्रभु ईसा उनका भला करें !

अकाल और सूखा-संकट अभी खत्म नहीं हुए हैं। यह ठीक है कि बिहार में कुल

मिलाकर वर्षा अच्छी हुई। खेतिहर नई फुर्ती से मुखर हो उठे हैं, यत्र-तत्र धानों के नवांकुर धरती को सुशोभन बना रहे हैं। मकई की फसल यत्र-तत्र तैयार होकर घरों के अंदर पहुँच रही है। अगहनी धान का रोपा चालू है। किसानों की मुस्कान वापस लौट आई है। नई सरकार के मंत्री आत्मविश्वास से तन गए हैं। शायद, जयप्रकाश बाबू को तनिक-सी फुर्सत दम मारने को मिल गई है। कांग्रेस का वनवासी ग्रह-योग फिलहाल चार महीनों के लिए और आगे बढ़ गया है...कितना सुहाना मौसम है बिहार का !

ऐसे में, महाप्रभु ईसा मसीह के अनुगामी चुपचाप अपने 'अंतःकरण की आवाज' के अनुसार बिहार के आदिवासी अंचलों में और इधर-उधर 'हरिजन'-बस्तियोंवाले अंचलों में "पतित आत्माओं की महामुक्ति" के लिए दिन-रात पद-यात्रा कर रहे हैं। पद-यात्रा की उन टोलियों में पुरुष भी होते हैं; स्त्रियाँ भी होती हैं। गोरी चमड़ीवाले भी होते हैं, काली-भूरी-गंदुमी चमड़ीवाले भी। भजनमंडली भी साथ चलती है। अनेक भाषाओं में छपा हुआ प्रचार-साहित्य भी साथ चलता है। वितरण के लिए खाद्य-सामग्री, दवा-दारू, कपड़े, नकद रकम...बहुत कुछ साथ चलता है।

महाप्रभु की 'मुक्ति-फौज' बेहद मुस्तैदी से काम करती हुई आगे बढ़ रही है। हजारों की संख्या में बिहारी जन ईसाई बनते जा रहे हैं...दैनिक 'आर्यावर्त्त' और 'प्रदीप' के कॉलम इस प्रसंग में काफी सूचनाएँ पाठकों तक पहुँचाते रहते हैं...

बिहार सरकार के नए-पुराने अधिकारियों की कोई प्रतिक्रिया इन पत्रों में, प्रस्तुत समस्या पर, अभी तक देखने में नहीं आई है।

क्यों न हम, एक खास तिथि निश्चित करके महाप्रभु ईसा के इन अनुगामियों को सार्वजनिक तौर पर बधाइयाँ दें ?

आखिर काम तो वे भी 'लोकोद्धार' की ही दृष्टि से कर रहे हैं ! नहीं ?

तो फिर, खुलेआम, हम यही क्यों न कहना शुरू कर दें कि हमारा मौजूदा हिंदू-समाज (प्रशासकवर्ग, वणिक्वर्ग और भूस्वामीवर्ग पर आधारित) इतने लाख लोगों को, अमुक-अमुक अंचलों में, सँभाल नहीं सकता है। वे खुशी-खुशी महाप्रभु ईसा की शरण में चले जाएँ।

क्या हुआ ? आप चुप क्यों हो गए ?

मेरी यह बात अच्छी नहीं लगी ? कड़वी लगी ? बेहद चरपरी ?

मगर मेरे अंदर से बार-बार यही निकलता रहेगा कि महाप्रभु ईसा उनका भला करें जो भूख और गरीबी के मारे उनकी शरण में चले गए हैं !!

x x x

9 अगस्त; 15 अगस्त...

गत वर्ष 9 अगस्त के दिन क्या दृश्य था ?

आप पटना से बाहर तो नहीं थे ?

आप दूसरे प्रदेशों, दूसरे नगरों-ग्रामों के निवासी तो नहीं हैं ?

सशस्त्र पुलिस की टुकड़ियों से लदे आरक्षी-रथ (यंत्रचालित) इस महानगर की सड़कों पर चक्कर लगाते रहे सारा दिन !

दुर्घटना की आशंका लोगों के चेहरों को मनहूस बनाए हुए थी !

कई दलों के नेता और कार्यकर्त्ता 'भूमिगत' हो चुके थे !

गाँधी मैदान में दस जने भी कहाँ जुट सके !

शहीद दीनानाथ पांडे के नाम पर कुछ लड़के फूल जरूर चढ़ा आए थे, ठीक उसी स्थान पर जहाँ पाँडे की स्मृति में कालेजवालों ने इत्ति-सी जगह 'अलाट' कर रखी है।

गत वर्ष का 9 अगस्त कांग्रेसी शासन की छाया में गुजरा।

इस वर्ष का 9 अगस्त गैर-कांग्रेसी सरकार की छाया में गुजरेगा !

अबके तो शहीदों के नाम ढेर-सारी मालाएँ, सरकारी खर्च से भी चढ़ाई जाएँगी न ? छात्र शहीद दीनानाथ पांडे के हिस्से में शायद एक-आध सरकारी माला आ जाए !

उस दिन इस वर्ष शायद छात्रों को खुलकर प्रदर्शन करने दिया जाए, शहादत की स्मृति में !

उस दिन, इस वर्ष भी आतंकित चेहरे दिखाई पड़ेंगे ? नहीं जी, नहीं।

और इस वर्ष 15 अगस्त कैसा रहेगा ?

गैर-कांग्रेसी चीफ मिनिस्टर सलामी लेंगे...इस वर्ष 15 अगस्त को यहाँ, बिहार में, कोई राजनीतिक नेता या कार्यकर्त्ता 'भूमिगत' नहीं होगा !

पुराने मंत्रियों को चार महीने का वक्त और मिल गया है, थोड़ा आराम और कर लेंगे बेचारे !

यानी, अगस्त का पूरा महीना ठंढा-ठंढा गुजर जाएगा इस साल ?

गिरफ्तार नहीं होगा कोई ?

गोलियाँ नहीं चलेंगी ?

लाठियों ने भला क्या कसूर किया है ?

अश्रु-गैस के हथगोले स्टोर में ही पड़े रह जाएँगे इस वर्ष ?

देखिए साहब, नई सरकार को नजर मत लगाइए !

ओह, सच, आज तो सनीचर है न ?

हरे राम ! हरे राम !!

ईश्वर-अल्ला तेरे नाम...

सबको सन्मति दे भगवान...

हाँ, साहब, नजर मत लगाइए नई सरकार को !

x x x

हिंदी-क्षेत्र का दायरा : आंचलिक संकोच !

आपका परिचय ?

एक अदना लेखक हूँ ?

कहाँ के हैं ?

जी, हिंदी में लिखता हूँ !

रहना कहाँ होता है ?

यहीं इलाहाबाद-कानपुर-लखनऊ...

और आपका दौलतखाना ?

जबलपुर-भोपाल !

और आपका ?

जयपुर-जोधपुर-बीकानेर !

समूचा हिंदी-क्षेत्र अक्सर बहुत-थोड़े हिंदी लेखक देख पाते हैं। आंचलिक संकोच नहीं, आंचलिक अवरोध ही उसके आड़े आते हैं। वह आजीवन या तो बिहारी लेखक रह जाता है, या राजस्थानी लेखक, या फिर महाकोसल का, या फिर महाभारत का !

हिंदी-प्रदेश का कई राजनीतिक इकाइयों में बँटा होना, और उनका आपस में अलगाव !

यह क्या मामूली समस्या है ?

राजनीतिक 'विकास' का रुख देखकर, औद्योगिक या वैज्ञानिक 'विकास' की मंद गति देखकर, लगता तो यही है कि आगे चलकर इन राज्यों के भी छोटे-छोटे टुकड़े होंगे; दो-तीन जिलों को मिलाकर एक-एक 'राज्य' बनने लगेगा !

तब यह 'अखिल भारतीयता' और भी ऊपर चली जाएगी !

गोरे अमरीकी काले अमरीकियों का जितना शोषण करते हैं, उससे कहीं अधिक शोषण हम (सफेदपोश उच्चवर्गीय हिंदू) अपने यहाँ की 'छोटी जातों' के स्त्री-पुरुषों का करते हैं। राजनीतिक दलबद्धता के सारे सुफल हमीं लूटते हैं। सांस्कृतिक-भाषाई-भौगोलिक आधार पर इन राज्यों के और भी चाहे अनेकानेक खंडराज्य बन जाएँ, आंचलिक संकोच, आंचलिक शोषण और आंचलिक पिछड़ापन हटने में अभी सदियाँ गुजर जाएँगी।

भाग्यवाद, कर्मवाद, ब्राह्मणवाद, जातिवाद, आदि के चलते सचमुच का समाजवाद आने में अभी कई मन्वंतर बीत जाएँगे !

जी हाँ, पूरा प्रवचन सुनाइए न !

और उपाय ही क्या है ?

आप तो आंचलिक संकोच के शिकार नहीं हैं न ?

कहना मुश्किल है !

मुश्किल क्या ?

हिंदी-क्षेत्र ही नहीं, समूचा भारत अपने अंदर डाल लीजिए, फिर भी आंचलिकता का यह संकोच आपका पिंड कहाँ छोड़ेगा !

न छोड़े पिंड, बला से !

[ज्योत्सना, अगस्त 1967]

□□

अजी, आप चाहते क्या हैं ?

नई सरकारें टूट जाएँगी ?

टूट भी सकती हैं !

नहीं भी टूट सकती हैं !

पुरानी सरकारें ?

उनका भी कुछ कहा नहीं जा सकता !

नए घर जल्दी-जल्दी गिरें, क्या बुरा है ?

हाँ, इस जमाने में बुरा तो कुछ नहीं है, भला भी कुछ नहीं है साहब !

आप बीस वर्षों से जिन गद्दों पर जमे बैठे हैं, उनसे हटने का इरादा क्यों होगा आपका ? होगा ?

तो, चार दिन हुए हैं इनको ! चार महीने ! जी हाँ, चार महीने ! अभी क्या बेचैनी है, आपको ? बारह महीने छोड़ दीजिए, इन्हें उपलब्धियों का स्वाद लेने दीजिए न !

क्यों रात-दिन दाव-पेंच भिड़ा रहे हैं ?

सारे राजनैतिक दल आपस में मिलकर पाँच-दस वर्षों के लिए हकूमत की कुर्सियों का बँटवारा कर लीजिए न ?

'आदर्श विरोधी दल' की भूमिका क्यों नहीं निभा सकते आप ? प्रजातंत्र के बुनियादी असूल इस तरह भूल गए हैं आप ? छिः !

लोगों को आप पर हँसी आती है...

तरस खाते हैं आप पर लोग...

अपने स्वार्थ को पुख्ता करने के लिए आखिर क्या-क्या करना चाहते हैं आप ?

पानी में आग लगाएँगे ?

दंगे भड़काएँगे ?

लूट-पाट मचवा देंगे ?

मार-पीट भी हो सकती है !

केंद्र भी अभी आपकी मुट्ठी में है, आप नहीं चाहेंगे तो पीपल का एक पत्ता भी कहाँ हिलेगा ? और, आप चाहेंगे तो एक-एक अंचल नक्सलबाड़ी हो जाएगा !

नहीं ?

मैं गलत कहता हूँ ?

हजार-हजार एक-एक आदमी के जिम्मे छोड़ दीजिएगा और फिर चैन की बंशी बजाएँगे आप ?

लाख-लाख करोड़-करोड़ का मुनाफा बटोरने के लिए एक-एक मिल-मालिक की पीठ ठोंकिएगा और चैन की बंशी बजाएँगे आप ?

गाँधीवाद को आप चूरन की तरह फाँक चुके हैं, विनोबा के ग्राम-दान-प्रखंड दान

पर आपको छींक आती है, समाजवाद आपके लिए पापड़ बन गया तो क्या बाकी बचा अब ?

ले-देकर अपना संविधान शेष है !

नई सरकारों को आप क्यों इस कदर परेशान कर रहे हैं ? अपने को ही भारत-माता का एकमात्र लाड़ला मानते हैं न ?

हे, आखिर क्या चाहते हैं आप ? कितने सौ वर्षों का एकाधिकारी शासन चाहिए ?

दूसरे दलों की हकूमत अगर इसी प्रकार सही-सलामत चलती रही तो आपकी निगाहों को सारा संसार पीला ही पीला दिखाई देगा !

इसका क्या इलाज है भगवान ?

चरक-सुश्रुत को इस रोग का निदान कहाँ मालूम था !

x x x

और आप ?

कलकत्ता-विश्वविद्यालय (कालेज-स्ट्रीट) के कुछ एक भवनों की दीवारों पर बड़े-बड़े अक्षरों में (लाल स्याही में) छपे हैंडबिल चिपके हुए हैं–

"नक्सलबाड़ी आमार बाड़ी !
बिएतनाम आमार नाम।।"

मंत्र की तरह ये पंक्तियाँ कानों के अंदर गूँजती रहेंगी...नहीं ?

मगर पेकिङ्-रेडियो क्यों इतना उबाल खा रहा है ? माओ-पक्ष क्या सच ही सिलीगुड़ी तक आ पहुँचा ?

हाय री बंगाल की नई सरकार ! क्या करेगी तू ?

संथाल-आदिवासी खेत-मजदूरों को जल्दी-जल्दी वहाँ की जमीन बाँट दो...नहीं तो कानू सान्याल, खोकन मजूमदार, कदम-मलिक आदि महाविप्लवी उनको साथ लेकर राइटर्स बिल्डिंग (बंगाल सचिवालय) तक पहुँच जाएँगे और कामरेड ज्योति बसु को घेर लेंगे ! तीर-कमान सँभाले नौजवानों की मुक्तिसेना अजय मुखर्जी से सलामी लेगी...

वाम् ! वाम् ! वाम् !!

लेफ्ट-लेफ्ट ! एक्ट्रीम लेफ्ट !!

ओह, तब तो–

"कलिम्पोङ् होगी राजधानी !
कलकत्ता भरेगा पानी !!"

ओह, तब तो...रिकार्ड बजेगा–

"जमना ऽऽ के ती ी ी ी र !
अकेली मत जइओ ो ो ो

रा ऽ ऽ ऽ ऽ धे ` ` `
जमना के तीर !!"

ओह, तब तो...

नक्शा देखिए, हाँ !

पूर्णिया–सहरसा–दरभंगा–मुजफ्फरपुर–चंपारण–गोरखपुर–बस्ती–गोंडा–लखीमपुर खीरी–सीतापुर–अल्मोड़ा–नैनीताल–उत्तरकाशी...मानी ? नेपाल से सटे हुए भारतीय ज़िले देख रहे हैं ? सारे सीमांत अंचलों में इसी तरह की भूमि-भूख विकराल रूप धारण करेगी !

और आप...

जी हाँ, माननीय गृहमंत्री जी, चौहान साहब ! सेन्टरवाले यशवंत राव...

हिंदुस्तान के करोड़ों भूमिपुत्रों को नकली सोशलिज्म और चटकदार अभिजात प्रजातंत्र का झुनझुना बजाकर आप कब तक बरगलाते रहिएगा ?

आपकी अपनी क्रांति तो सध गई !

सतारा का साधारण किसानपुत्र बंबई पहुँचा। महाराष्ट्र का मुख्यमंत्री हुआ। फिर दिल्ली पहुँचा... रक्षामंत्री और गृहमंत्री बन गया...उसके लिए 'इन्कलाब जिंदाबाद' हो चुका !

लेकिन बाकी करोड़ों साधारण किसानपुत्र क्या यों ही रह जाएँगे ?

उनकी भूख असह्य हो उठेगी तो दिल्ली पहुँचकर वे आपको घेरेंगे नहीं ?

और आप तो महाविप्लवी एम.एन. राय के चेला रह चुके हैं न ? दूरदर्शिता से काम लीजिए...पीठ की फुन्सी को खोंट-खोंटकर, कुरेद-कुरेदकर कारबंकल नहीं बना लीजिए ! बंगाल की नई सरकार नक्सलबाड़ी का राजनैतिक-आर्थिक-सामाजिक-व्यावहारिक समाधान ढूँढ़ ही लेगी, आप उस पर यकीन तो रखिए !

x x x

पेकिंङ्-ल्हासा-काठमांडू

दुर्गम पठारों, दुर्लंघ्य शिखरों, बीहड़ घाटियों से गुजरनेवाली कैसी शानदार सड़क तैयार हो गई है।

उससे होकर गौतम बुद्ध की मैत्री-करुण-मुदिता भावना भी स्वच्छंद विचरण कर सकती है...

उससे होकर चंगेज खाँ की बर्बर फौज भी कहर ढाती हुई इधर दौड़ सकती है...

फिलहाल, एशिया का यह 'सर्वोच्च' महामार्ग 'शांतिपथ' होगा या 'क्रांतिपथ' ? या कि 'भ्रांतिपथ' ?

नेपाल-बर्मा-कंबोडिया जैसे छोटे पड़ोसी राष्ट्रों को अपनी वर्चस्विता के आतंक में डुबोकर रखना (या दहशत में घुलने देना !)...नवचीन की विलक्षण कूटनीति अब साफ

हो गई है।

ल्हासा को काठमांडू से जोड़नेवाली यह सड़क क्या कोई 'साधारण संपर्क-मार्ग' है ?

नहीं, यह विशुद्ध 'सैनिक संपर्क-मार्ग' है !

इस सड़क पर बनाए गए पुल मामूली पुल नहीं हैं—जी हाँ, आठ टन बोझ बर्दाश्त करनेवाले हल्के पुल नहीं हैं वे !

साठ टन तक के बोझ बर्दाश्त करनेवाले ठोस पुल हैं वे ! जरूरत पड़ने पर टैंक और फौजी ट्रक पास किए जाएँगे, बखूबी !

भगवान पशुपतिनाथ (शिव) नेपाल के राष्ट्रीय 'अधिदेवता' हैं...बागमती नदी के तट पर, काठमांडू में, पशुपति बाबा का अधिवास है।

मुझे पूर्ण विश्वास है, पशुपतिनाथ अपनी अर्धांगिनी (गौरी पार्वती) समेत, बहुत कुछ सोच रहे होंगे इन दिनों—

ओह, चीनियों ने कैसी ऊधम मचाई हाल में !

नेपाली नौजवानों की राष्ट्रीय भावना का कैसा मखौल उड़ाया चीनियों ने !

गौचर-हवाई अड्डे पर चीनियों ने किस प्रकार उन्मत्त प्रदर्शन किया !

और अभी-अभी, चंद रोज हुए, चीनपंथियों की तरफ से नक्सलबाड़ी-महाविप्लवी के समर्थन में काठमांडू की जनता के बीच हजारों की तादाद में पर्चे बाँटे गए हैं।

हाय, देवाधिदेव पशुपतिनाथ का मानसिक तनाव कितना बढ़ गया है संप्रति !

हे रावणेश्वर बंभोलेनाथ—

देवघरवाले, काशीवाले, उज्जैनवाले, सेतबंधवाले !

यानी, भारतीय पशुपतिनाथ ! जरा यह तो बतलाइए कि आपके अपने अंदर के तनाव का क्या हाल है सम्प्रति ?

चुप !

अजी, सिर भी तो हिला दो महाराज ! पंचवक्रं, त्रिनेत्रम् !!

x x x

मदिरा-मोचन

केरल, हरियाणा और मध्यप्रदेश की सरकारों ने नशाबंदी वापस ली...

यानी, वहाँ (उन राज्यों में) लोग खुलकर शराब-सेवन कर सकेंगे !

बाकी प्रदेशों में मदिरा-मोचन नहीं होगा ?

होगा, होगा, होगा ! जरूर होगा !

दर-असल नशाबंदी कहीं रही नहीं...बल्कि प्रतिबंधक कारण इस 'वर्जित रस' का स्वाद चखने के लिए बड़े-बड़े 'वैष्णव-जन' गुपचुप राजी हो जाते थे !

केरल और हरियाणा तो खैर गैर-कांग्रेसी हुकूमतों के नीचे थे, यह मध्यप्रदेश क्यों बौरा गया ? वो तो कांग्रेसी राज्य था न ?

तो, नशाबंदी ऐसी बोझिल महसूस हुई मा. द्वारका प्रसाद मिश्र की सरकार को ?

जी हाँ, बोझिल तो थी ही !

मतलब आपका ?

विशेषज्ञों का अंदाज है, नशाबंदी से प्रतिवर्ष हमारे राष्ट्र को चार सौ करोड़ रुपए का नुकसान होता है। राज्य-सरकारें अपना यह घाटा केंद्रीय सरकार से पूरा करने को कहती हैं...

बेचारी केंद्रीय सरकार !

अभागिन !

गरीबन !

क्या है तेरे पास ?

दाने तक नहीं जुटा पाती है अपनी औलाद के लिए...

तेरे पास बंदूकें नहीं हैं कि एक-एक थमा देती अपने नौनिहालों को...

नैतिकता कितनी महँगी पड़ती है तुझे ?

400 करोड़ रुपए !

बाप रे, नशाबंदी से इत्ता नुकसान है ?

नैतिकता का यह पहाड़ तो राष्ट्र की गर्दन ही तोड़े दे रहा है !

अब और कहाँ तक अपनी गर्दन तुड़वाएगी माँ ?

लगता है, लेखक महोदय, आप खुद भी सुरा-सेवन के लिए आकुल हैं !

लगता है, लेखक महोदय, आप अपनी भारतीय संस्कृति के परम शत्रु हैं !

लगता है, लेखक महोदय, आप साधन की पवित्रता को रत्ती-भर महत्त्व नहीं देते !

लगता है, लेखक महोदय, आपकी चले तो सारा भारत मदिरा की झीलों में गोते खाता रहे !

लगता है...

जी हुजूर, आप मुझे बिलकुल दूसरी ही छोर पर खींचे जा रहे हैं। नहीं ?

हम तो मदिरा की प्रशस्ति से यों भी भागे-भागे फिरते हैं...

हमारे नेपाली मित्रों ने हमें इस 'दिव्य-रस' का आचमन करवाया था। रूस से लौटे एक भारतीय मित्र के घर 'वोद्का' का स्वाद भी मालूम हुआ था और पहाड़ी हिमाचली मित्रों की कृपा से 'देसी-ठर्रे' की बूँद भी हलक से उतरी थी कभी...और डॉक्टरों की राय के मुताबिक ब्रांडी से भी परिचित हूँ...अब आप जो कहें !

नशाबंदी के नखरे उलटे पड़े हैं न ?

विदेशी दवाओं के माध्यम से आपके अंदर कौन-कौन-सा रस पहुँचता है, पता हो आपको ?

तो फिर, नैतिकता की इस छलना से आप भारत को छुटकारा हासिल करने दीजिए न !

हुजूर, जरा आयुर्वेद की तरफ भी तो देखिए !
रामायण और महाभारत की बातें क्या यों ही भुला रहे हैं आप ?
भारत को समर्थ-संपन्न-अभिनव राष्ट्र बनने दीजिए। नहीं बनने देंगे आप ?

[ज्योत्सना, सितंबर 1967]

□□

राजकमल चौधरी...ओह, फूलबाबू !

प्रेमी मित्रों और स्नेही अग्रजों के कलेजे में छुरा मारकर तुम चले गए हो, नहीं ? डाकू कहीं के ! हमें धोखा देकर एकाएक तुमने आँखें मूँद ली हैं...

तुम्हारे बिछोह में आज हजारों दुखी हैं !

जाने कितने लोग आँसू बहा रहे हैं !

एक-एक स्टूडियो के अंदर घुसकर तुम्हारे फोटो का लेटेस्ट नमूना खोज रहे हैं...

मगर तुम हो कि मुस्करा रहे हो !

तुम्हें हमारी इस परेशानी में मज़ा आ रहा है ?

हमारे इन आँसुओं में तुम्हें छल की दुर्गंध आ रही है ?

अपने मृत्यु पर प्रकट की जानेवाली सारी संवेदनाएँ तुम्हें नकली मालूम हो रही हैं ?

समकालीन मानव की विकृत जटिलताओं, विरूप कुंठाओं, संत्रस्त गतियों और उद्विग्न चिंताओं की टोह में जाने तुम किन-किन गलियारों के चक्कर लगाते रहे !

तुम्हारे व्यक्तित्व की जाने कितनी परतें थीं. हमें उनका सही पता नहीं है, अधिक-से-अधिक दो-चार परतों की जानकारी है...तुम्हारे अंतर का एक कोना ऐसा भी था, जहाँ मानवीय करुणा बीज-बिंदु के रूप में मौजूद थी...सच बतलाना, नहीं थी ? मैं गलत कह रहा हूँ ? व्यक्तिगत तौर पर तुम्हारे बारे में मेरी अपनी पक्की धारणा है कि तुम—

अच्छे पुत्र थे...
अच्छे सहोदर थे...
अच्छे पति थे...
अच्छे पिता थे...
अच्छे पड़ोसी थे...
यानी
अच्छे आदमी थे...
अच्छे इन्सान थे...

मगर, ऊपरी तौर पर यह कहना मुश्किल है—और रहेगा—कि फूलबाबू, तुम क्या थे और क्या नहीं थे !

आज (29 जून '67) तुम्हारा 'एकादशाह' श्राद्ध हो रहा होगा, वहाँ महिसी ग्राम (जिला सहरसा) में...अपनी पुश्तैनी पोखर के किनारे...महापात्र मंत्रोच्चारणपूर्वक पिंडदान करवा रहा होगा—साहित्यकार राजकमल चौधरी के नाम पर नहीं, मूल नाम 'मणीन्द्र चौधरी' के निमित्त...मैथिल परंपरा के अनुसार तुम्हारे प्रेत का श्राद्ध चल रहा होगा इस वक्त !

भूखी पीढ़ी का कोई बंगाली साहित्यकार मरेगा तो उसका श्राद्ध बंगीय परंपरा के अनुसार नहीं होगा ? पूर्वज ब्राह्म या आदि ब्राह्म होंगे तो श्राद्ध की प्रक्रिया में कुछ हेर-फेर भी हो सकता है...

जिन्सबर्ग आँखें मूँदेगा तो उसका श्राद्ध शायद सचमुच 'भूखी' विधियों से संपन्न हो ! नहीं, ईसाई पादड़ी जिन्सबर्ग के प्रेत को यों थोड़े भटकने देंगे ?

मृत्यु से 12-14 घंटे पहले, पटना-अस्पताल के राजेंद्र सर्जिकल वार्ड के उसी रूम में, बेहद कमजोर और फुसफुसी आवाज में तुमने चंद्रमौलि उपाध्याय से कहा था—"इस बार नहीं बचूँगा, माँ (भगवती उग्रतारा) नाराज हो गई है।"

नहीं फूलबाबू, नहीं ! यह तुम्हारा भ्रम था। माँ तुम पर नाराज नहीं हुई ? तुम असुर या पिशाच नहीं हो गए थे कि वह तुम पर नाराज होती। मानवी सृष्टि के प्रति इस कदर परम संवेदनशील एक अनूठे शब्द-शिल्पी पर वह भला क्यों कुपित होगी ?

दरअसल, तुम खुद ही अपने पर नाराज थे ! नहीं थे ? माथा हिलाते हो ! मुझे झूठमूठ धोखे में न डालो फूलबाबू ! हाँ...

तुमने जान-बूझकर अपने को मौत की सर्द गोद में डाल दिया...जीवन से इतना विराग ! समूचे ब्रह्मांड का महा-ताप तुम एकाकी झेल रहे थे। विषमतामूलक संत्रास की प्रखरतम संचतेना तुम्हारे मन-प्राणों को दिन-रात मथती रही...उस अनोखी बेचैनी का भाफ तुम्हारे साहित्य की पंक्ति-पंक्ति से उठता रहा !

हमने शायद ही कभी उस भाप की तरफ ध्यान दिया हो।

और देखो न, यूँ ही कितने आँसू बहा रहे हैं हम ! ओह, फूलबाबू...!

गाँजामिश्रित... चारमीनारी तंबाकू का धुआँ तुम्हें प्रिय था, ऐसा सुना है, परंतु मैथिली ब्राह्मणों की श्रद्धविधि में उसकी कोई गुंजायश नहीं। इस बात का मुझे खेद है।

ओह, फूलबाबू ! कौन कहता है कि तुम नहीं रह गए ! मैंने कल शाम के वक्त तुम्हें देखा है, 'साहित्यिकी' बुकस्टाल पर 'जन' का ताजा अंक उलट रहे थे न ?

x x x

मध्यवर्ग : त्रिशंकु क्लास : राहत-योजना...

दुर्भिक्ष और सूखा-संकट के इस बिहारी माहौल में व्यापक पैमाने पर किए जा रहे सहायता-कार्यों का लेखा-जोखा फिलहाल तो असंभव प्रतीत होता है, आगे चलकर कोई

जागरूक तथा निष्पक्ष 'स्टडीटीम' चार-छः महीने का वक्त निकालकर यह काम शायद कर ले जाए !

व्यक्तिगत तौर पर आप 'अकाल क्षेत्रों' और 'अभाव-क्षेत्रों' में घूम-घाम आइए। कई मामलों में थोड़ा-बहुत अस्वस्थ होकर लौटेंगे आप ! और कई मामलों में खिन्न एवं क्षुब्ध होकर...

ग्रामांचलों के खेत-मजदूर और साधारण श्रमिक खुलेआम कबूल कर लेंगे– "जी सरकार, इस बार गाँव-गाँव में राशन पहुँचा है...गेहूँ न सही, जनेरा (मिलो) ही सही...और, हजूर, मिट्टी-कटाई का काम भी इस बार लगभग सबको मिला है। बे-आसरा लोगों को लाल कार्ड भी खूब मिले हैं..."

फिर आप 'सस्ती रोटी' की दुकानों के बारे में जानना चाहेंगे, 'फ्री-किचन' की खिचड़ी के बारे में जानना चाहेंगे, 'केयर-प्रोग्राम'वाली दलिया और पाउडरवाले दूध की बात उठाएँगे और...तो आपको लगभग माकूल जवाब मिलता जाएग, 60 प्रतिशत, 80 प्रतिशत है...

तो फिर आपको आंशिक तसल्ली हासिल होगी। अपने-आप ही आपके होठ बुदबुदाने लगेंगे–"आखिर करोड़ों इंसान इस प्रकार बचा लिए गए...बिहार में महाकाल की जिस सत्यानाशी लीला की आशंका की जा रही थी, वह घटित नहीं हो सकी... मानव-समाज ने मानव-समाज को बड़ी सफाई से उबार लिया..."

अब अगले ही क्षण, अकाल के कुछ और पहलुओं की तरफ आपका ध्यान आकृष्ट होगा–'अकाल क्षेत्रों' या 'अभाव क्षेत्रों' के अंदर मध्यवर्ग किस कदर घुट रहा है ?

इन क्षेत्रों के अंदर उच्चवर्ग क्या करता दिखाई पड़ रहा है ? बिहार की अपनी सामाजिक-सांस्कृतिक-शैक्षणिक संस्थाएँ इन क्षेत्रों की पीड़ित जनता के लिए क्या कर रही हैं ? यहाँ के नए शासकों ने 'लगभग-इमर्जेन्सी' की इस दुःस्थिति में रहन-सहन, ऐशो-आराम के लिए कौन-से अपूर्व मानदंड स्थापित किए हैं ?

इन क्षेत्रों के व्यापारी, वकील, डॉक्टर आदि 'अकाल-मोर्चे' में कहाँ खड़े हैं ?

एक खास बात आपको याद रखनी है : बिहार की राजधानी, पटना, खुद भी अकाल क्षेत्रों के अंदर आती है; कम-से-कम भौगोलिक लिहाज से।

एक और बात आप याद रखें; दान बाँटने और ग्रहण करने, भीख देने और लेने, अन्न-वस्त्र का उत्सर्ग करके पुण्य अर्जित करने, 'सबके दाता राम' वाली मलूकदासी दार्शनिकता विकसित करने एवं महापात्र-महाब्राह्मण-महामहंत के रूपों में कुछ-एक विशिष्ट व्यक्तित्वों के अवतरित होने की प्रक्रिया का जहाँ तक सवाल है, यह बिहारभूमि इन दिनों एक आदर्श प्रयोग-स्थल साबित हो रही है।

बिहार के ग्रामांचलों का मध्यवर्ग बहुधा खेतिहर क्लास का है। बहुधा वह ऊँची जात का होता है। अर्ध-सामंती, पौन-सामंती या पूर्ण सामंती संस्कार उसकी रग-रग में प्रवाहित हैं।

जी हाँ, ग्रामीण उच्चवर्ग यानी भूतपूर्व जमींदार अथवा भूस्वामी-क्लास भी काफी अंशों में इस मध्यवर्ग में ही विलीन होता जा रहा है, यों समझिए कि घुल रहा है।

ज्यादातर यही दोनों वर्ग विभिन्न पार्टियों को नेतृत्व प्रदान करनेवाले 'जीनियस' मुहैया करते हैं।

पिछली कई फसलें मारी गई हैं। लगभग दो वर्षों से वर्षा का अनुपात कम ही होता आया है...पिछली शासन-व्यवस्था ने सिंचाई के सवालों पर किया तो बहुत कुछ, लेकिन वह सारा-का-सारा फाइलों तक सीमित रहा। नतीजा यही हुआ कि गँवई खेतिहर बिलकुल टूट चुका है।

संस्कारों का अभिशाप उसे 'कठिन श्रमयोजना' से दूर हटाए रहेगा। भूखों मर जाएगा, लेकिन 'फ्री किचन' वाली मुफ्त की खिचड़ी नहीं छुएगा वह ! तकाबी-लोन, मुफ्त के बीज, खाद के लिए कर्जा...चार खेतिहर इस सहायता का सही इस्तेमाल करेंगे, छः नहीं करेंगे--कर नहीं पाएँगे ! वक्त पर वर्षा हो भी जाएगी तो खेत पड़े रह जाएँगे।

मध्यवर्ग की औरतों का हाल तो और बुरा है ! बेचारी यों भी पर्दे के अंदर कैद हैं...घुट-घुटकर मरेंगी ! भगवान ही इन्हें उठा ले ! खैर, सूखा-संकट इनका अचार बना डालेगा।

[गाँधीजी के 'सत्याग्रह' और 'सविनय अवज्ञाभंग' वाले राष्ट्रीय आंदोलनों के दर्पण, सोशलिस्ट, कम्युनिस्ट पार्टियों द्वारा संगठित जन-आंदोलनों के दर्म्यान हजारों मध्यवर्गीय स्त्रियाँ पर्दा-प्रथा तोड़कर बाहर आईं। बाद को इस दिशा में फिर 'वैकुअम' (शून्य) फैल गया। बी.ए., एम.ए. पास हजारों स्त्रियाँ पारिवारिक परिवेश में गुम हैं। महाराष्ट्र, गुजरात, केरल, कनार्टक, तमिलनाडु, आंध्र, बंगाल, पंजाब जैसे क्षेत्रों से हजारों की तादाद में 'आधुनिक श्रमनिष्ठ भारतीय नारी-समाज' का आयात हो, तभी शायद मामला सुधरे ! वस्तुगत तथ्य यह रहा कि हम--बिहारी पुरुषसमाज--खुद ही पिछड़ी हुई मनःस्थिति के प्राणी हैं। हमें पीनक में ऊँघना पसंद है। यह अकाल भी हमारी निद्रा को तोड़ नहीं पा रहा है...हाँ, हम सजग हैं, खूब सजग हैं कि बाहरी प्रदेशों से और बाहरी मुल्कों से ढेर की मदद इसी तरह हमें मिलती जाए...हम मरणासन्न दीखें, क्षुधाग्रस्त, रोगग्रस्त...बाहर से आकर बहनें हमें दवा पिलाएँ, हमारी परिचर्या करें...अपनी बहनों-बहुओं को हम इसी तरह 'पर्दों के अंदर' दफन किए रहें।]

अभी-अभी एक प्रगतिशील डॉक्टर महोदय ने अपनी लड़की की शादी की है। पूरे सौ हजार (एक लाख) रुपए खर्च किए हैं...कहिए, कैसी लगी यह खबर आपको ? कौन कहेगा कि यहाँ सूखा-संकट है ? पटना, गया, मुजफ्फरपुर, भागलपुर, राँची, जमशेदपुर में लगन के इस मौसम में भाग्यवान् अभिभावक अपने-अपने पुत्रों-पुत्रियों की शादी के दर्म्यान किस कदर अपनी समृद्धि का उन्मत्त प्रदर्शन कर रहे हैं ! बधाई है हमारे विवेक को !!

पटना से चंद मीलों के फासले पर, खगौल (दानापुर) से आप नहर के किनारे-किनारे तीस-चालीस-पचास मील आगे निकल जाइए, दोनों तरफ गर्भा धान (Summer paddy)

की हरी-भरी खेती देखकर कुछ घंटों के लिए आप 'अकाल' और 'सूखा' के विकराल नजारों को भूल ही जाइएगा ! खेतिहरों और पैकेज-प्रोग्रामवाले अधिकारियों ने मिलकर सूखा-संकट से जमकर लोहा लिया है यहाँ...डूब गए न आप अचंभे में ?

और, यह इलाका भी 'अकाल-क्षेत्र' घोषित है !

ईमानदार खेतिहर, जहाँ-कहीं भी उन्हें सिंचाई की सुविधा हासिल हुई या हो रही है, इसी तरह सूखा-संकट से लोहा ले रहे हैं...

तो, सारा कसूर क्या प्रकृति का है ? 60 प्रतिशत, 70 प्रतिशत कसूर हमारी अपनी (सरकारी-गैर-सरकारी) लापरवाहियों का—चिरंतन नहीं, बल्कि पिछले बीस वर्षों की लापरवाहियों का—नहीं है क्या ?

राहत-कमिटियों के कर्णधारो, होशियार ! धनकुबेरों की अनुकम्पा-भावना पर इतना अधिक निर्भर न रहें, आप, हाँ !

गोरे आगंतुकों पर आप कड़ी नजर रखें, देखिए न, राहत-कार्यों के बहाने वे कहाँ-कहाँ किस-किस कोने से कैसा-कैसा फोटो उतार रहे हैं ! रहस्यात्मक तौर पर हमारे पुलों-कारखानों के मिने स्केच तैयार कर रहे हैं वे !

जय अकाल ! जय महाकाल !!

x x x

बोलने की चर्खी...आश्वासन का कोल्हू !

हमारे नए मिनिस्टरों में कुछ-एक की जीभ बस बोलने की चर्खी साबित हो रही है... कुछ-एक ऐसे भी हैं जो अपने इंगितों और मुद्राओं के जरिए लोगों को बस आश्वासन-ही-आश्वासन दिए जा रहे हैं—उन्हें क्या कहिएगा ? आश्वासन देने वाले कोल्हू !

x x x

धीरज का अंतिम छोर ?

महँगाई के सिलसिले में लोग अक्सर पूछते हैं; इसका आखिरी छोर कहाँ है ?

आखिरी छोर है इसका नई दिल्ली में, लंदन में और न्यूयार्क में ! देशी और विदेशी बैंकों की तिजोरियों में ! भला और कहाँ बतलाऊँ...अगले पाँच वर्षों में चावल क्या 200 रु. मन नहीं हो जाएँगे ? कहिए भी : हाँ !

[ज्योत्सना, अक्टूबर 1967]

यत्किंचित्

गेहूँ-क्रांति

'प्रेस ट्रस्ट ऑफ इंडिया' की ओर से 26 जून को खबर प्रचारित हुई; "भारत सरकार जुलाई के मध्य में 20 पैसे का एक नया स्टांप निकालेगी—'1968 की गेहूँ-क्रांति' शीर्षक होगा। स्वाधीनता-प्राप्ति के बाद गेहूँ की इतनी अच्छी पैदावार इसी वर्ष हुई है। अन्न-उत्पादन की इस अभूतपूर्व क्रांति को अविस्मरणीय बनाने के लिए भारत सरकार अपने डाक-विभाग से खास किस्म का स्टांप निकलवाने का निर्णय कर चुकी है..."

लीजिए, इसी 17 ता. को 20 पैसे का यह डाक-टिकट निकल रहा है। 'गेहूँ क्रांति' के इस सम्मान में कौन नहीं अपना सिर झुकाएगा ? इस क्रांति का सारा श्रेय हमारी केंद्रीय सरकार ही लूटना चाहती है न ? तो इसमें हमारा-आपका क्या जाता है। हमें तो सचमुच खुशी है। अगर इसी तरह लगातार चार-छह वर्ष तक 'गेहूँ-क्रांति' होती गई तो अपने पेट के लिए हमें बाहर कहीं नाक नहीं रगड़नी पड़ेगी—कृषिमंत्री का वजन कई गुना अधिक बढ़ जाएगा।

लेकिन, कलकत्ते के अखबारों में कैसे-कैसे कार्टून निकलने लगे हैं। "लोहे की संदूक...किलारियों से अंकुर निकल आए हैं" यानी मालगाड़ी के खुले डब्बे...भींगे हुए गेहूँ अंकुरित हो उठे हैं। लहलहा रहे हैं छोटे-छोटे पौधे। 'स्टेटमैन' के स्तंभ-लेखक ने चुटकी ली है, "ट्रान्सपोर्ट की सरकारी सिस्टम वाकई टॉपलेस है।" 'गेहूँ-क्रांति' का यह भी एक विस्फोट रहा। अविस्मरणीय...विभागीय फूहड़पन की इस यादगारी में हमारी केंद्रीय सरकार क्या कोई स्टाम्प नहीं निकलवाएगी ?

x x x

दरअसल, यह 'गेहूँ-क्रांति' यक-ब-यक हो गई। जगजीवनरामजी के कृषि-विभाग से पूछकर नहीं हुई यह 'गेहूँ-क्रांति'...यह बहुत बुरा हुआ। उनसे पूछकर यह क्रांति हुई होती तो वे आनन-फानन में सौ-पचास बड़े गोदाम खड़े करवा लेते न ! रेलवे बोर्ड के हाकिम तो और भी 'निर्लिप्त' ठहरे...उनका फौलादी दिल भला यों कैसे पिघलता। मुनाफाखोर आढ़तिए ही उनके दिल को पिघलाने का गुर जानते हैं...सो, अपना माल ढुलवाने के लिए ढके-मुँदे हजारों डब्बे रिजर्व करवा लिए, जादुई मासूमियत में डूबा हुआ कृषि विभाग खुले वैगन ही हासिल कर सका था। वक्त पर गेहूँ की बोरियाँ उतरवाने के लिए कुलियों का प्रबंध न हो सका...हबड़ाए स्टेशन मास्टर और मालबाबू

'काली-काली' जपते रहे ! कार्टूनों के लिए कूँचियाँ फिरती रहीं और बंगेश्वर (अतुल्य घोष) की नाक पर काला चश्मा जमा रहा ! उधर 'गेहूँ-क्रांति' अपना नया कीर्ति-मान छलका रही थी...

x x x

प्रधानमंत्री (इंदिरा गाँधी) अपने हाथों 'गेहूँ-क्रांति' वाले इस स्टांप का उद्‌घाटन करेंगी, पहला टिकट वह खुद खरीदेंगी...13 जुलाई के अखबारों में यह समाचार देखकर डाक-विभाग के प्रति हमारा माथा कृतज्ञता से झुक गया। यही मुस्तैदी केंद्रीय खाद्य-निगम, और आपूर्ति-विभाग भी तो दिखा सकते थे। नहीं दिखा सकते थे ?

कहते हैं, 1951 में गेहूँ की जितनी फसल पैदा हुई थी, 1968 में इस बार उससे तिगुनी फसल आई है, (लगभग 160 लाख टन)...'भारतीय कृषि-शोध संस्थान' (इंडियन एग्रिकल्चर रीसर्च इन्स्टीट्यूट) के विशाल भवन का चित्र इस टिकट पर छपा है। लेकिन इस 'गेहूँ-क्रांति' के प्रतीक-चित्र के तौर पर इतना ही पर्याप्त नहीं माना जाएगा। असम, उड़ीसा और केरल की भूखी आत्माओं के लिए 'गेहूँ-क्रांति' के केंद्रीय संदेश का क्या प्रतीक-चिह्न होगा, यह भी तो पता चले न !

पंजाब, हरियाणा और पश्चिम उत्तर प्रदेश के किसानों को आफिसरों और व्यापारियों ने किस कदर परेशान किया है ! किस तरह लूटा है ! 'गेहूँ-क्रांति' का मतलब उन खेतिहरों से भी पूछिए न चलकर ! 20 पैसे का यह नया स्टांप दिखलाकर उनकी भी राय मालूम कीजिए न !

[जनयुग, 21 जुलाई 1968]

□□

कुलपति गोपाल रेड्डी ने एक नया कीर्तिमान स्थापित किया है। उत्तर प्रदेश के सभी विश्वविद्यालयों की कार्यकारिणी समितियों में कलक्टरों और कमिश्नरों को नामजद करके छात्र-जगत् को भली-भाँति चौंका दिया है। भविष्य में होनेवाले छात्र-आंदोलनों पर 'अंकुश' लगाने की नीयत से अपना यह प्रयोग कुलपति महोदय को फिलहाल तो आश्वस्त करेगा ही, आगे के लिए भी ज्यादा सोचने की आवश्यकता नहीं थी...

पुलिस सुपरिंटेंडेंट और दारोगा ही क्यों बाहर रह जाएँगे ! वे भी विश्वविद्यालयों की इन कार्यकार्यणियों में ले लिए जाएँ न !

अगली संविद सरकार के बाद, चार-छह महीने के अंदर ही फिर से राष्ट्रपति शासन कायम नहीं होगा ? अवश्य होगा। और तब तक हमारे रेड्डी साहब ही कुलपति रहेंगे--पुलिस अधिकारी निराश न हों !

x x x

इन्स्पेक्टर जेनरल ऑफ पुलिस...आई.जी.पी.। रिटायरमेंट के बाद अब आई.जी. भी

वायस चांसलर होगा। क्यों नहीं होगा ? होना ही चाहिए।

पुलिस का सबसे बड़ा ओहदेदार यदि विद्या-केंद्रों का अधिष्ठाता या कुलपति-उपकुलपति होने लगा तो एक अवर 'आरक्षी निरीक्षक' के शब्दों में, आम-किसान बाँस की खेती करने लग जाएँगे।

क्यों, बाँस की खेती क्यों होगी ?

और हथियार तो मिलेंगे नहीं। विक्षुब्ध छात्र बाँस से ही काम चलाएँगे।

उस स्थिति में हमारा केंद्रीय शासन बाँस को 'वर्जित पौधा' घोषित कर देगा !

x x x

उर्दू के प्रख्यात कवि परवेज शाहिदी का असामयिक देहावसान अभी कुछ महीने पहले कलकत्ते में हुआ। राष्ट्रीय और जनवादी आंदोलनों में आप कई बार जेल हो आए थे। प्रगतिशील उर्दू कवियों की अगली कतार में ही हमने आपको देखा। बंगाल के संघर्षशील श्रमिक अपने इस वफादार साथी को कभी नहीं भूलेंगे। सुभाष मुखोपाध्याय ने उनकी चुनी हुई रचनाओं का बंगला रूपांतर तैयार किया था। कुछ रचनाएँ अंग्रेजी और रूसी में भी अनूदित हुई थीं।

लेकिन 'आज के लोकप्रिय कवियों' में परवेज शाहिदी को शायद आगे भी जगह नहीं मिलेगी ! कलकत्ता विभाग में एक अध्यापक था : परवेज शाहिदी। हमने भी उसे भुला दिया, चलो अच्छा हुआ !

x x x

'अंतर्राष्ट्रीय युवक-युवती समारोह' इसी 28 (जुलाई के अंतिम रविवार) को सोफिया (बलगारिया) में शुरू हो रहा है। कई दिनों तक चलेगा। भारत का प्रतिनिधित्व इसमें लगभग सौ का (85 का शायद) रहेगा। स्टुडेंट फेडरेशन, स्टुडेंट कांग्रेस, समाजवादी युवजन सभा आदि परिचित संगठनों के नाम तो हमारे कानों के लिए सहज ही लगते थे, लेकिन नई पीढ़ी के मौसमी और फसली संगठन भी दसियों हो सकते हैं, इस तथ्य का आभास पहली बार मिला। 'स्टेट्समैन' की कृपा से फिलहाल हमें इन नामों का पता चला।

ऑल इंडिया एडवोकेट्स यूथ कांग्रेस, यंग फार्मर्स ऐसोसिएशन ऑफ इंडिया, नेहरू इन्स्टीट्यूट ऑफ यूथ अफेयर्स, यूथ सोशल वर्कर्स एसोशिएशन ऑफ इंडिया, इंडियन स्टुडेंट्स प्रेस काउन्सिल, यंग इंडियन ट्रेडर्स एसोसिएशन, नेशनल मार्क्सिस्ट यूथ फ्रंट ऑफ इंडिया, अखिल भारतीय युवक कृषक संघ, यूथ इमोशनल इंटीग्रेशन कांग्रेस ऑफ इंडिया, यंग डेमोक्रेट्स ऑफ इंडिया, जवाहरलाल नेहरू नेशनल यूथ सेंटर, आल इंडिया कैथलिक युनिवर्सिटी फेडरेशन, नेशनल यूथ कन्वेंशन ऑफ इंडिया, आल इंडिया यंग डॉक्टर्स् ऐसोसिएशन, यूथ सेंटर ऑफ इंडिया, रूरल इंडिया, इंडिया एसोसिएशन ऑफ प्रोग्रेसिव यूथ...

कुल जमा 23 नाम हैं !

अब कौन कहेगा कि 'संगठन' उगाने में हमारी नई पीढ़ी पीछे है ?

x x x

इस महीने के दूसरे सप्ताह में पूर्वी उत्तर प्रदेश का एक समूचा अंचल सर्वोदयवालों के ग्रामदानी प्रोजेक्ट में आ गया, यानी बलिया का जिला-दान संपन्न हुआ।

यह समारोह विनोबा जी की उपस्थिति में हुआ। वह इसीलिए बिहार से बलिया पधारे थे। सर्व सेवा संघ के नेताओं और रचनात्मक कार्यकर्ताओं का मेला कई दिनों तक भोजपुरी क्षेत्र के इस नगर को मुखर और गतिशील बनाए रहा।

'जिलादान' का चढ़ावा स्वीकार करके विनोबा ने ढेर सारी अच्छी-अच्छी बातें कहीं। अब संत-प्रवर बिहार वापस जा चुके हैं।

दैनिक 'आज' में लगातार कई दिनों तक उस समारोह का विवरण देखने को मिला।

लेकिन, साथ-साथ उसी अखबार में यह भी खबर छपी थी कि हरिजन खेत-मजदूरों की निवास-भूमि छीनकर बड़े किसानों ने उन्हें 'शरणार्थी' बना दिया है, जिलाधीश को इन गरीब अछूतों के पुनर्वास की बड़ी चिंता है।

सर्वोदय संत तो महायोगी ठहरे ! खड़ाऊँवाले चरणों से आकाश नाप चुके हैं ! उनका 'घेराव' भला गरीब हरिजन करेंगे ? गरीबों की बासगीत जमीन (निवास भूमि) का अपहरण करनेवाले ग्रामीण श्रीमंत पंचायतों को तो अँगूठा दिखा ही चुके हैं, आगे वे सर्वोदयी ग्राम-सभाओं को भी पंगु बना देंगे।

स्वामित्व-विसर्जन का सर्वोदयी संदेश कपूर का धुआँ बनकर बलिया नगर के आसमान में कई दिनों तक उड़ता रहा...पूर्वी उत्तरप्रदेश की हवा पवित्र हुई...

[जनयुग, 28 जुलाई 1968]

□□

लोकसभा से त्यागपत्र देने के बाद श्रीमती विजयलक्ष्मी पंडित चंद्रभान गुप्त से मिलीं कि नहीं ?

जरूर मिली हैं। मिल लेना आवश्यक था।

मध्यावधि-चुनाव में यदि उत्तरप्रदेश के कांग्रेसी विधाता श्रीमती पंडित से 'सक्रिय' सहयोग की अपील करें, तो ?

शासन में कांग्रेस की वापसी यदि संभव हुई, चंद्रभान गुप्त को यदि मुख्यमंत्रित्व वापस मिला तो ?

वैसी स्थिति में श्रीमती पंडित की प्रतिभा और क्षमता का उपयोग आसानी से नहीं हो सकेगा ? पकी हुई प्रज्ञावाली इस महिला के प्रति केंद्र के महाप्रभुओं ने इधर कैसी बेरुखी दिखाई है।

आशा है, नई दिल्ली की यह भूल-चूक आगे चलकर छतर-मंजिल (लखनऊ) में

दुरुस्त कर ली जाएगी। फिलहाल श्रीमती पंडित विश्व के दोनों गोलार्द्धों की परिक्रमा के लिए प्रस्थान कर रही हैं..."शिवास्ते संतु पंथानः।"

x x x

विदेशों में पौष्टिक मधुर पदार्थ काफी महँगे आते हैं। अपने यहाँ जो वस्तु हम 16 पैसे में तैयार कर सकते हैं, उसके लिए हमें 100 पैसे बाहरवालों को देने पड़ते हैं।

भारतीय वैज्ञानिकों ने बार-बार कहा है कि पौष्टिक मधुर पदार्थ हमें अपने ही यहाँ तैयार कर लेने चाहिए...

ताकत और पुष्टई की सुलभ वस्तुएँ, और वह भी अपने देश के अंदर तैयार की हुई, हम भारतीयों को पसंद नहीं आती हैं। हमें तो चटकदार लेबलोंवाली बाहरी पार्सल चाहिए।

मीठे पौष्टिक पदार्थ ज्यादातर खांडसारी से तैयार किए जाते हैं। और, वह खांडसारी हम मिट्टी के मोल बाहर भेज देते हैं।

हिंदुस्तान में, यानी अपने घर में, खांडसारी की कोई पूछ नहीं। वह बे-लज्जत चीज है। खांडसारी की बात उठने पर हमारी सरकार को भी उबकाई आती है।

x x x

लखनऊ से आए हुए एक भाई बतला रहे थे : वहाँ विश्वविद्यालय की तरफ से इस बार प्रवेशार्थी छात्रों के लिए बहुत सारे फार्म हिंदी में छपवाए गए। लड़कों ने लेकिन खानापूरी अंग्रेजी में की। अर्थात्, रिक्त पंक्तियों को हिंदी में नहीं भरा।

क्या इन्हीं छात्रों के डर से गत वर्ष व्यापारियों और आफिसरों ने अपने माथे पर सादे कागज की पट्टियाँ चिपका ली थीं ? रातों-रात हाउस और इन्स्टीच्यूट भवन और प्रतिष्ठान (संस्थान) हो गए थे। छात्रों का वह आवेग क्या हुआ ?

मध्यप्रदेश के उस किसान ने, देर तक दो छात्रों की गरमागरम बहस सुन लेने के बाद, कहा था : "चार अच्छर अंग्रेजी पढ़-लिखकर हमारे बच्चे आदमी बन रहे थे, तुमसे यह भी नहीं देखा गया। ऊँची जात के बड़े लोग तो अपने लड़कों को हाकिम बनाते ही रहेंगे, बाकी रहा चपरासी का काम। सो उसके लिए भी तुलसी बाबा की चौपाइयाँ ही काफी पड़ेंगी क्या ? तुम्हारे बाप-दादों ने सौ-पचास साल गिट-पिट की है, बड़े-बड़े ओहदों पर रहे हैं। सुराजी-कांग्रेसी बनकर अंग्रेज सरकार से झगड़नेवाले तुम्हारे नाना-मामा और आजा-चाचा ने आजादी के मीठे फलों का मजा अभी कल तक लिया है। अब दस-पाँच वर्ष हमारे छोकरों को भी तो गिट-पिट विद्या सीखने दो मुन्ना !" लगता है, क्रांति, प्रगति, समता, सोशलिज्म, सर्वोदय आदि की तरह यह अंग्रेजी-विरोध भी हमारे लिए 'मुखशुद्धि' का पर्याय हो गया है।

हिंदी-बंगला-तमिल या कोई भी भारतीय भाषा रातोंरात अपने-अपने क्षेत्र से अंग्रेजी को नहीं निकाल सकती। आज का हिंदुस्तानी नागरिक आनन-फानन में चुटकी बजाते हुए, अंग्रेजी को 'गुड बाइ' नहीं कह सकता...

तो क्या अभी हम शताब्दियों तक अंग्रेजी से चिपके रहेंगे ?

तो क्या अंग्रेजी माध्यम से चलनेवाले महँगे, 'शिशु-विहारों' को हम हिंदी-तमिल-बंगला आदि माध्यम से चलनेवाले 'शिशु-विहारों' में बदल नहीं सकते ?

x x x

'इंडियन स्कूल ऑफ माइन्स' दक्षिण बिहार (धनबाद) की एक प्रतिष्ठित शिक्षण संस्था है। इस बार ग्रीष्मावकाश के बाद, नया सत्र आरंभ होने पर वहाँ नवागंतुक दो छात्रों ने अमानवीय अत्याचार किया...एक नवागंतुक छात्र को पहले तो उन्होंनें नंगा कर दिया, फिर देर तक उसे बेंत से पीटते रहे। इतने पर भी जी नहीं भरा तो जलती सिगरेटों से उस गरीब का अंग-अंग उन्होंने दाग दिया। दूसरे नवागंतुक छात्र के साथ पुराने छात्रों ने बर्बरता का एक और ही 'प्रयोग' किया—बेंत से अच्छी तरह पीटने के बाद उसे उन्होंने काँच के टुकड़ों पर लिटाए रखा, वह बेहोश हो गया। यह सब 'रैगिंग' के नाम पर हुआ।

अभी कुछ ही वर्षों से हमारे देश के छात्र-समाज में बाहरी देशों की इस कु-प्रथा का अंध-अनुकरण चालू हुआ है। 'रैगिंग' के पक्ष में कहा जाता है कि इससे नव-छात्रों का संकोच दूर होता है, सहनशीलता आती है और भाईचारा पैदा होता है। रैगिंग न हो तो नए छात्र 'उजबक' और घोंचू ही रह जाएँगे। दिल का धड़का नहीं खुलेगा तो आगे कैसे बढ़ेंगे...

बाहरी देशों में, या अपने इसी देश के कुछ-एक अविकसित कबीलों में, कई प्रकार की बर्बर प्रथाएँ मौजूद हैं। हमारे नवयुवक क्या उन सभी कुप्रथाओं का 'पूर्वाभ्यास' चालू करेंगे ?

इस प्रकार की बर्बर प्रथा के खिलाफ हमारी सरकारों के शिक्षा-विभाग (केंद्रीय और प्रादेशिक, दोनों) शायद बहुत कम ध्यान देते हैं। वस्तुतः यह दायित्व छात्र संगठनों को अपने ऊपर लेना होगा कि 'रैगिंग' के नाम पर शिक्षण-संस्थाओं में नए छात्र न सताए जायँ।

x x x

भारत में किसी भारतीय भाषा को पूर्ण अधिकार नहीं मिला है। नीचे से ऊपर तक अंग्रेजी का बोलबाला है।

पाकिस्तान में उर्दू और बंगला को बहुत थोड़े-से हक हासिल हैं। कहने को उर्दू वहाँ शासन की प्रमुख भाषा है, बस, कहने-भर को ! बंगला का तो और भी बुरा हाल है। पश्चिमी पाकिस्तान के महाप्रभु 'संस्कृतनिष्ठ और हिंदुत्व-मूलक' बतलाकर बंगला भाषा का मखौल उड़ाते हैं। वे उर्दू और बंगला को मिलाकर एक खिचड़ी भाषा तैयार करवाना चाहते हैं। पूर्वी बंगाल पर वही खिचड़ी भाषा लाद दी जाएगी। पंजाबी, सिंधी, बलोची, और पश्तो भाषाओं का विकास अयूबशाही भला क्यों पसंद करने लगी !

पश्चिम पाकिस्तान की असेंबली में स्वतंत्र सदस्य मलिक मुहम्मद अख्तर का उर्दूवाला विधेयक 4 के विरुद्ध 27 मतों से गिर गया। उस विधेयक में इतनी-सी बात

थी कि उर्दू जब पश्चिमी पाकिस्तान की भाषा मान ली गई तब अदालतों, सरकारी दफ्तरों, शिक्षण-संस्थाओं और विधानसभाओं में उर्दू का ही सहारा लिया जाय। विज्ञान की शिक्षा के लिए दो वर्ष तक अंग्रेजी रखी जा सकती है। शिक्षामंत्री मुहम्मद अली खाँ ने कहा कि ऐसा विधेयक केंद्रीय सरकार ही पास कर सकती है...

लाहौर के प्रसिद्ध वैज्ञानिक डॉ. सैयद अब्दुल्ला ने अपने एक लेख में अंग्रेजी को 'बारूदी सुरंग' कहा है। उन्होंने लिखा है : "पाकिस्तान में अंग्रेजी ने दूर-दूर तक अपना दामन फैला रखा है। अंग्रेजी के होते हुए न कौमी जबानें तरक्की कर सकती हैं न इलाकाई जबानें कोई जगह हासिल कर सकती हैं। बंगाली, पंजाबी, पश्तो, सिंधी, बलोची—गरज कि सब जबानें रोज-ब-रोज सिकुड़ती जाती हैं कि उनकी जगह अंग्रेजी ने दखल कर रखी है। मुल्क में एक सख्तजान अल्पमत, जिसे ऐंग्लो-पाकिस्तानी कहना चाहिए, मौजूद है, जो ऐलानिया नहीं तो दिल से जरूर चाहता है कि लोग अंग्रेजी बोलें, अंग्रेजी पढ़े-लिखें, अंग्रेज बन जायँ।

[जनयुग, 4 अगस्त 1968]

□□

निजलिंगप्पा जैसा ससुर पाकर भी अगर उनका भाग्य नहीं चमकता तो पानी में आग लग जाती !

एस.बी. मोदप्पा एक जूनियर आई.ए.एस. हैं। कई-एक सीनियर ऑफिसरों को अँगूठा दिखाकर यह महोदय मैसूर से लंदन चले गए हैं। वहाँ उनकी बहाली हुई है मैसूर सरकार के ट्रेड-एजेंट के रूप में।

चंदन और उससे तैयार होनेवाले माल की सालाना खपत वहाँ लगभग दो करोड़ रुपए की है—यानी एक करोड़ रुपए की है—यानी एक करोड़ अस्सी लाख की। अब, कांग्रेसाध्यक्ष की महिमा का जादू अवश्य ही अपना रंग दिखलाएगा और सालाना खपत पाँच गुना बढ़ जाएगी। फिर तो समूचे देश को इस प्रकार की नियुक्तियों के 'सुफल' मिलने लगेंगे...

रसगुल्ले की अधिकाधिक खपत के लिए अतुल्य घोष के जमाई बाबू न्यूयार्क में बंगाल ट्रेड-एजेंट बहाल होंगे।

पाटिल के सुपुत्र महाराष्ट्र-सरकार का व्यावसायिक प्रतिनिधि होकर जापान जाएँगे।

कामराज अपने खानदान के किसी नौजवान को मद्रास-सरकार का प्रतिनिधि बनाकर कोलंबो भेजेंगे।

मोरारजी भाई के चिरंजीव अभी-अभी दक्षिण कोरिया गए थे। उन्होंने वहाँ ट्रेड-एजेंट का 'दायित्व' निभाया...

x x x

चेन्ना रेड्डी ने अभी उस दिन राज्यसभा की सदस्यता का शपथ ग्रहण किया...

वह राज्यसभा में अपनी कुर्सी पर चुपचाप बैठे रहेंगे, बोलने या पक्ष-विपक्ष में अपनी राय जाहिर करना उनके लिए वर्जित है। आंध्र हाईकोर्ट और (केंद्र के) सुप्रीम कोर्ट के न्यायाधीशों का ऐसा ही आदेश है चेन्ना रेड्डी के लिए...

अपने प्रदेश (आंध्र) में वर्षों तक मिनिस्टर रहते समय चेन्ना रेड्डी का बड़ा 'नाम' हुआ, तब वह गत वर्ष यहाँ लोकसभा में आ गए। फिर चटपट उन्हें केंद्रीय सरकार के कंधों पर बैठने का सुयोग मिला।

हाईकोर्ट को सुदृष्टि मिली होती तो चेन्ना रेड्डी पूरे पाँच वर्षों तक नई दिल्ली में राजसुख भोगते ! सुप्रीमकोर्ट ने भी अब तक सहानुभूति नहीं दिखलाई !

लेकिन, माता से अपने पुत्र का दुख नहीं देखा गया...बुढ़िया माई (कांग्रेस) इस नन्हें 'सपूत' को भला इधर-उधर भटकने देती ? अपनी माता का यह लाड़ला राज्यसभा में चुपचाप बैठा रहेगा। वेतन और भत्ता के तौर पर एक धेला भी छू नहीं सकता बेचारा। फिर भी दरबार में चौकड़ी मारकर बैठा रहेगा !

x x x

जुलाई-अगस्त-सितंबर...

पिछले वर्षों में इन महीनों का महत्त्व कई दृष्टियों से बढ़ता आया है। समूचे देश की नदियाँ कैसा विकराल रूप धारण कर लेती हैं !

जान-माल का कितना नुकसान होता है !

इस मौसम में पहले पहलवानों के दंगल होते थे।

सुहागिनें झूला झूलती थीं।

ढोलक की थाप पर आल्हा थिरकता था।

कजली लहराती थी।

अब पुलिस और युनिवर्सिटी के जवान आपस में गुथने लगे हैं। 'बुजुर्ग' छिपकर तमाशा देखते हैं। छात्रों की पीठें धूलिधूसर होती हैं तो 'सयानों' को मजा आता है।

लाल पगड़ियाँ इठलाती हैं।

नया खून खौलता है।

रोड़े बरसते हैं।

लाठियाँ नाचती हैं।

पुतला जलता है जानसन का, चमड़ी झुलसती है पुलिस-अफसर की ! नारे लगते हैं वियतनाम-युद्ध के खिलाफ, दिल दुखता है कुमाऊनी डिप्टी मजिस्ट्रेट का।

अच्छा है, पुलिस के नौजवान और युनिवर्सिटी के नौजवान बरसात के इस मौसम में छापेमारी का पूर्वाभ्यास हर साल चालू रखें।

x x x

चंद्रभान गुप्त ने घोषणा की है—"मध्यावधि चुनाव लड़ने के लिए उत्तरप्रदेश में

कांग्रेस को 75 लाख रुपए चाहिए। द्रव्य-राशि देशभक्त श्रीमंत हमारे लिए अवश्य जुटाएँगे।''

संविद सरकार के भूतपूर्व उपमुख्यमंत्री रामप्रकाश ने नहले पर दहले की चोट मारकर गर्जना की है—''जनसंघ निर्वाचन में अपनी सफलता के लिए 100 लाख रुपए (एक करोड़) जुटाएगा...''

यह तो ''घोषित'' रकम की बात हुई ! कुल खर्चा दस गुना ज्यादा पड़ेगा। यानी साढ़े सात करोड़ रुपए चंद्रभान गुप्त फूँकेंगे और रामप्रकाश फूँकेंगे दस करोड़ रुपए !

गल्लासेठ, कपड़ासेठ, चीनीसेठ, लोहासेठ, सीमेंटसेठ, तेलसेठ, मसालासेठ, किरासनसेठ और बाकी दसियों सेठ चुनाव-शिविर के इर्द-गिर्द अपनी-अपनी निगाहें जमाए हुए हैं। वे चंद्रभान गुप्त को भी निराश नहीं करेंगे और रामप्रकाश का भी मनोरथ पूर्ण करेंगे। अपने 'उप गुट' की कामयाबी के लिए बेचारे कमलापति भी थोड़ी-बहुत 'राशि' इन दानवीरों से अवश्य हासिल करेंगे।

x x x

पाकिस्तानी फौज के खिलाफ आजाद पठानों ने अपना हमला तेज कर दिया है, काबुल रेडियो से यह खबर पिछले सप्ताह आई थी। उत्तर के अंचलों में उन्होंने यातायात की सारी व्यवस्था तहस-नहस कर दी है। इसी तरह बलूचियों ने पठानों से मिलकर फौज की टुकड़ियों को बार-बार खदेड़ा और सैनिक सामान छीन लिया। आधुनिक अस्त्र-शस्त्र भी उनके हाथ लगे...

'आजाद पख्तूनिस्तान' की हलचल आगे और भी तेज होती जाएगी। पाकिस्तान के अर्ध-सरकारी अखबार भी अब पठानों की जद्दोजहद के बारे में, तोड़-मरोड़कर ही सही, थोड़ा-बहुत अपने पाठकों को बतलाने लगे हैं।

'सीमांत गाँधी' के 'आजाद पख्तूनिस्तान' के सपने निकट भविष्य में पूर्ण होंगे। पठान-जनता अयूबशाही के जुए को निकट भविष्य में ही उतार फेंकेगी। सारी दुनिया के प्रगतिशील मुक्ति-योद्धा और सीधे-सच्चे खरे शांतिवादी 'आजाद पठानों' के प्रति अपनी निश्छल सहानुभूति जाहिर करेंगे, इसमें क्या किसी को शक है ?

लगता है, 'सीमांत गाँधी' खान अब्दुल गफ्फार खान के वफादार अनुयायी—खुदाई खिदमतगार—हजारों की तादाद में फिर से एकजुट हो गए हैं। लगता है, उन्होंने नए सिरे से संकल्प लिया है। लगता है, महात्मा गाँधी की सौंवी वर्षगाँठ वे अपने तरीके से मनाएँगे।

[जनयुग, 11 अगस्त 1968]

□□

15 अगस्त 1968 ई...आजादी हासिल करने की यह त्यौहार तिथि समूचे देश में मनाई गई, लेकिन महाराष्ट्र के भ्रष्टाचार-विरोधी महकमे के जवानों ने इस त्यौहार को खासतौर पर मनाया। उन्होंने 15 अगस्त के सबेरे-सबेरे चोरी का सोना पकड़ा। यह स्वर्ण-राशि 4 लाख (4,00,000) रुपए की थी।

महाराष्ट्र-प्रशासन की तरफ से भारत-माता के चरणों में अर्पित इस वर्ष का यह 'स्वर्ण-नैवेद्य' अनूठा ही माना जाएगा।

x x x

बिहार और उत्तर प्रदेश के तरुण छात्रों ने 15 अगस्त का त्यौहार अपने तरीके से मनाया : हजारों की संख्या में, बिना-टिकट, सारा दिन वे रेल-यात्रा का आनंद उठाते फिरे। नौनिहालों की मस्ती के आगे मेल और एक्सप्रेस गाड़ियाँ छकड़ों की रफ्तार में चलीं। पिटाई के डर से ड्राइवर, गार्ड और टी.टी.ई. आदि 'परम विनीत' हो गए थे। रेल-मार्गों के इर्द-गिर्द अमरूदों के बाग और भुट्टों के खेत खुलकर तरुणाई का स्वागत कर रहे थे...साधारण रेल-यात्रियों ने उत्कट स्वच्छंदता की उस बाढ़ को बड़े धीरज से झेला।

x x x

मद्रास में नाइटक्लब फिलहाल शायद नहीं खुलेंगे। मुख्यमंत्री अन्नादुरै उतने 'आधुनिक' नहीं निकले। विधानसभा में उन्होंने फर्माया—"इसमें हमारी कोई दिलचस्पी नहीं है। अलबत्ता, केंद्र के एक वरिष्ठ (वयोवृद्ध ?) मंत्री इस सिलसिले में उत्सुक थे..."

फिर वहीं किसी सदस्य ने अन्ना से पूछ दिया—"हमारा यह मद्रास दुनिया-भर के टूरिस्टों का आकर्षण-केंद्र बन सकता है। बड़े होटलपतियों की निगाहें इस महानगर पर पड़ रही हैं। सुंदरियों की खुली नाच के लिहाज से यहाँ का समुद्र-तट अंतर्राष्ट्रीय सैलानियों को क्या कम पसंद आएगा ?..."

"इन मसलों में," मुख्यमंत्री अन्नादुरै ने कहा, "मेरी जानकारी नहीं है।"

दैनिक 'हिंदू' (मद्रास) में यह 'प्रश्नोत्तर' और एतद्विषयक प्रसंग विस्तारपूर्वक छपा है। मान्यवर श्री सत्यानारायण सिंह (केंद्रीय मंत्री) ने 'हिंदू' में यह सब देखा होगा तो उन्हें इस गैर-कांग्रेसी मुख्यमंत्री पर कितनी दया आई होगी !

x x x

दक्षिण कलकत्ते का पशुपति (साँड़) अभी उस दिन सौ का करेन्सी नोट चबा गया ...नोट काउंटर पर रखा था।

लोगों को यह देखकर हैरत हुई कि बूढ़ा बनिया दोनों हाथ जोड़कर साँड़ के सामने खड़ा था, आँखें गीली थीं और वह कह रहा था—"मैंने पिछले जनम में तुमसे 100 रु. कर्ज लिए थे न ? यों, पाव-भर जलेबियाँ मैं तुम्हें रोज खिलाता आया हूँ लेकिन कर्ज की बात भूल गया था..."

लोगों को उस साँड़ पर गुस्सा आ रहा था। वे उसे गालियाँ दे रहे थे।

जिनकी उम्र अधिक थी, वैसे भी दो-चार सज्जन भीड़ में थे। बनिए की भावुकता पर वे खीझ रहे थे, पागल कह रहे थे उसे।

बूढ़ा तब तक दूकान के अंदर से जलेबियोंवाला दोना ला चुका था। एक-एक जलेबी वह अपने हाथों से उस पशुपतिनाथ को खिलानेवाला था।

सयाने हट चुके थे। छोकरे अब भी डटे थे।

लंबी जीभ आगे बढ़कर साँड़ ने बनिए के हाथ से आखिरी जलेबी अंदर ले ली तो अलग खड़ा एक अर्धनग्न भिखारी बोला--"पिछले 20 वर्षों से समूचा देश इसको जलेबियाँ खिलाता आया है...पहचानते हो, कौन है ?"

कौन क्या कहता है, इसकी ओर बनिए का ध्यान नहीं था। अंत में वह भक्ति-भाव से झुका, एक-एक करके साँड़ के चारों खुर छुए और प्रणाम किया।

तो, यह भी क्या 15 अगस्त की ही घटना है ?

x x x

उत्तर भारत में यानी हिंदी-भाषी बृहत्तर इलाके में फिल्म-निर्माण की ललक पूँजीपति-वर्ग के अंदर तो पैदा नहीं हुई, लेकिन इधर के सबसे बड़े राज्य (उत्तरप्रदेश) की शासक-मंडली ने जोरों की अँगड़ाइयाँ ली हैं, यह देखकर हम परम प्रसन्न हुए।

बाल-संग्रहालय और बाल-विद्यामंदिर की तरफ से आयोजित फिल्मी विभूतियों का यह 'विराट अभिनंदन समारोह' लखनऊ के राजभवन में आयोजित हुआ। अभिनंदन कलाकारों में से प्रमुख श्री सुनीलदत्त ने राज्यपाल, मुख्य सचिव, वित्त सचिव, उद्योग सचिव आदि के प्रति कृतज्ञता प्रकट करते हुए कहा--"जो प्रेम और आदर हमें यहाँ मिला, वह हमारी योजना की सफलता की गारंटी है।"

सात फिल्मी विभूतियों का यह दल तीन दिन-तीन रात लखनऊ में रहा। सुनील दत्त के अतिरिक्त इनमें (पद्मश्री) नरगिस थीं, (संगीतकार) नौशाद थे, सिने निर्माता संघ के अध्यक्ष बख्शी जंग बहादुर थे, फिल्म प्रयोगशाला के प्रधान श्री वाडिया, निर्देशक प्रेमजी और विनोदकुमार थे...

सौभाग्यवश श्री चंद्रभान गुप्त भी समारोह में उपस्थित थे। फिल्म निर्माण की इस योजना को राज्यपाल के साथ राज्यनेता के भी आशीर्वाद प्राप्त हुए...

सुनीलदत्त ने बतलाया--"पंजाब, गुजरात, मैसूर आदि राज्यों से भी हमें फिल्म-उद्योग की स्थापना के लिए निमंत्रण प्राप्त हुए हैं किंतु उत्तरप्रदेश के गाजियाबाद को ही हमने चुना है..."

गाजियाबाद यानी दिल्ली। दिल्ली यानी नई दिल्ली...

कलकत्ता-बंबई-मद्रास की फिल्मी विभूतियाँ चार-छह घंटों में गाजियाबाद आ जाएँगी और काम करके फौरन वापस उड़ जाएँगी।

उत्तर भारत की कलात्मक प्रतिभा के नए अंकुरों का मुर्झाना रुक जाएगा। हिंदी फिल्मों को अपना सही आधार हासिल होगा...हिंदी फिल्मों का आय का अच्छा-खासा

हिस्सा उत्तर प्रदेश को प्राप्त हो सकेगा...

राजभवन में आयोजित यह 'अभिनंदन समारोह' जिन दो संस्थाओं के प्रयास से सफल रहा, उनकी तारीफ सभी करेंगे। 'बाल-संग्रहालय' और 'बालमंदिर' के छात्रों-छात्राओं और अधिकारियों, कर्मचारियों ने इस सांस्कृतिक अनुष्ठान की कामयाबी के लिए जाने किन स्रोतों से कितनी (विपुल !) सामग्री जुटाई होगी ! प्रशासन के वरद हस्त तो उनकी पीठ पर थे ही...

उत्तर प्रदेश के अंदर ऐसे भी 'तिमिरावृत' अंचल हैं जहाँ की जनता राज्यपाल की छत्रछाया में 'हैलेटशाही' का अंधाधुंध दमन झेल रही है। नाना प्रकार की बर्बरताओं के लिए पुलिस को छूट मिल गई है वहाँ।

वहाँ लखनऊ में होनेवाले इस तरह के विशिष्ट सांस्कृतिक समारोह पुलिसवालों की रुचि को परिमार्जित भले ही न करें, लेकिन राज्यपाल और सचिवालय के बड़े-छोटे 'साहबों' के लिए अनूठे 'रक्षा-कवच' अवश्य साबित होंगे।

x x x

आचार्य हजारीप्रसाद द्विवेदी इन दिनों लगभग-उपकुलपति के पद पर हैं।

वाराणसी हिंदू विश्वविद्यालय के विक्षुब्ध छात्र-समाज को अनुशासन में रखने के लिए आपने एक सात्विक प्रयोग किया, सभी अनशन पर बैठ गए...

अन्नत्याग की इस घोषणा का छात्रों पर तत्काल असर पड़ा। उनका 'टेन्सन' धुलने लगा। द्विवेदीजी का अनशन दस घंटों तक चला और निश्छल आत्म-दमन के आगे छात्रगण झुक गए।

आशा है, इसी प्रकार का सात्विक प्रयोग द्विवेदीजी उच्चतम अधिकारियों के लिए भी करेंगे, क्योंकि बुजुर्गों के जटिल आचरण ही नई पीढ़ी को विक्षोभ की तरफ बढ़ाते हैं।

[जनयुग, 1 सितंबर 1968]

□□

अमेरिकी सिनेटर, ब्रिटिश पार्लमेंट के सदस्य, फ्रान्स की लोकसभा के डेपूटी और जापान के जन-प्रतिनिधि इन भारतीय लोकसभाइयों की तुलना में सुस्त और फिसड्डी निकले !

उन्होंने अपने यहाँ सोवियत दूतावास के सामने विक्षोभ-प्रदर्शन क्यों नहीं किया ? उन्होंने ''दुबचेक जिंदाबाद'' और ''कोसिगिन मुर्दाबाद'' के नारे क्यों नहीं लगाए ?

अब सारी दुनिया को मान ही लेना पड़ेगा कि भारत की लोकसभा के ये सदस्य राजनीतिक दृष्टि से अधिक परिपक्व हैं !

x x x

वहाँ कजरी-तीज (त्योहार) के अवसर पर दस पैसे प्रति लोटा के हिसाब से 'जल' की बिक्री हुई। 30-35 हजार औरत-मर्द बाबा सिद्धनाथ (शिव) पर जल चढ़ाने आए थे और नगरपालिका ने पानी की सप्लाई उस रोज बंद कर रखी थी।

यह बहराइच (उत्तर प्रदेश) की घटना है।

त्योहारों के अवसर पर 'जल' का यह व्यापार आगे और भी जोर पकड़ेगा।

गंगा, यमुना, नर्मदा, कावेरी आदि नदियों का जल यदि सादे लेबलोंवाली शीशियों-बोतलों-डब्बों-कनस्तरों-ड्रमों में भर के 'सप्लाई' करने की बात किसी फर्म को सूझ जाए तो वह काफी रकम खींच सकता है। यह व्यवसाय बड़ा ही सात्विक होगा। विदेशी मुद्राएँ भी विपुल मात्रा में होंगी।

x x x

उत्तर प्रदेश के राज्यपाल (श्री बेजवाड़ा गोपाल रेड्डी) ने घोषणा की है—"मैं जनता की सेवा उसी मुस्तैदी से करूँगा जिस मुस्तैदी से हनुमान रामजी की सेवा करते थे।"

यह रूपक संकटमोचनी संस्कृति का प्रतीक है...परंतु उत्तर प्रदेश की ग्रामीण जनता की गर्दन पर दंडपाणि यक्ष नए सिरे से सवार हो गए हैं, पुलिस जुल्म से वह 'त्राहि-त्राहि' कर रही है। नौकरशाही परिवेश से हटकर, क्षण-भर के लिए भी यदि हमारे महामहिम जी अपनी 'प्रजा' की तरफ कान लगाएँ तो उन्हें संत तुलसीदास की चौपाई साफ सुनाई पड़ेगी—

"सुनहु पवनसुत रहनि हमारी।
जिमि दशनन महँ जीभ बिचारी।।"

x x x

यशवंत राव चह्वाण ने बंबई में कहा—"मुझमें और पाटिल (स.का.) में बस उम्र का ही फर्क है।"

इस आत्मस्वीकृति को आधार बनाकर कई कार्टून बन गए, यह अच्छा रहा।

दैवज्ञ चूड़ामणि पंडित हवेलीराम चह्वाण के दाहिने हाथ की रेखाएँ अवश्य देखना चाहते होंगे।

मान लीजिए, फूलपुर के लाखों मतदाता स.का. पाटिल के गले में जयमाल डाल चुके हैं। मान लीजिए, चंद्रभान गुप्त का मनोरथ पूर्ण हो गया है...यानी पाटिल लोकसभा के अंदर दाखिल हो चुके हैं...

अरे बाबा, अटकल की अपनी घोड़ी को इस कदर बे-लगाम क्यों छोड़ रहा है ?

x x x

प्रेसपतियों (अखबार सेठों) के मुकाबले हमारे शासक बोदे निकले। अखबारों के धंधे से संपर्कित हजारों कर्मचारी (संवाददाता और हॉकर समेत) लगभग सात हफ्तों से जूझ रहे हैं, मगर महाप्रभुओं को समाधान का कोई रास्ता कहाँ सूझ रहा है !

क्या यह हड़ताल दस सप्ताह चलेगी ?

क्या हड़तालियों को सामूहिक अनशन पर उतर आना होगा ?

क्या दस-बीस प्राणों की आहुतियाँ डलवाई जायँ ?

X X X

केंद्रीय मंत्रिमंडल में हेर-फेर होने जा रहा है ?

अफवाह तो जोरों की उड़ी है, उड़ती रहेगी...

अभी मिनिस्टरों की तादाद 54 है। 17 केबिनेट स्तर के मंत्री हैं, 17 हैं स्टेट मिनिस्टर और 20 हैं उपमंत्री...

छागला, चेन्ना रेड्डी और अशोक मेहता—तीनों की जगहें (केबिनेट स्तर की) भरी जानेवाली हैं। साथ ही एक दो जूनियरों को 'ड्रॉप' कर दिया जाएगा...या, हरिजनों और आदिवासियों का क्षोभ कम करने के लिए दो-तीन 'जूनियर' और ले लिए जाएँगे।

सत्र की समाप्ति के बाद से इस तरह की फुसफुसाहटें और जोर पकड़ गई हैं।

हर 'परिगणित', हरिजन या आदिवासी एम.पी.यानी गैर-उच्चवर्गीय कांग्रेसी संसद सदस्य इन दिनों बेहद व्यस्त नजर आएगा...और अगर वह ग्रेजुएट भी है तो ? ...और, अगर उसकी उम्र 30 एवं 50 के बीच की है तो ?

तो वह डिप्टी मिनिस्टर या मिनिस्टर ऑफ स्टेट हो जा सकता है ! हाँ, केबिनेट स्तर का मिनिस्टर वह नहीं होगा, क्योंकि वह बेचारा चेन्ना रेड्डी-जैसा 'अ-कलंक' और अशोक मेहता-जैसा 'सिद्धांतनिष्ठ' कहाँ से होगा ? वैसा होने के लिए उसे भारतीय मानव-समाज के अंदर कई बार जन्म ग्रहण करने पड़ेंगे।

मगर नहीं, 'उच्चवर्गीय' कांग्रेसी एम.पी. भी आजकल व्यस्त होगा...

उच्चवर्गीय ?

हाँ, अ-ब्राह्मण उच्चवर्गीय। तेज तर्रार और गुटबाज। बूढ़ा नहीं होना चाहिए उसे। अपने प्रदेश की पालिटिक्स में 'नाम' कमा चुका हो...

तो वह 'पूरा' मिनिस्टर हो जाएगा? केबिनेट स्तर का ?

हान्जी, बिल्कुल !

X X X

राजस्थान के शिक्षामंत्री (श्री शिवचरण माथुर) ने 'जरा-सी बात' पर जिस फुर्ती से त्यागपत्र दिया, उससे हम भारी अचंभे में पड़ गए हैं।

और, मुख्यमंत्री (श्री सुखाड़िया) ने फौरन इस त्यागपत्र को स्वीकार कर लिया ! माथुर साहब देखते-देखते प्रशासन के 'तख्त-ताऊस' से नीचे उतर आए हैं।

और राज्यों की तरह राजस्थान में भी कांग्रेस भीतरी गुटबंदियों की शिकार है। यह त्यागपत्र नाटकीय भी हो सकता है, सुपरिकल्पित भी हो सकता हे, कूटनीतिक आवरण भी हो सकता है...

बहरहाल, हम शिवचरण माथुर को अशोक मेहता से ज्यादा नंबर देने के हक में हैं ! क्यों, आपकी क्या राय है ?

[जनयुग, 8 सितंबर 1968]

□□

डी.पी. का द्विरागमन उनके लिए शुभ हो !

डी.पी. का द्विरागमन, यानी भोपाल में द्वारिकाप्रसाद मिश्र की वापसी...

कांग्रेसी विधानसभाइयों ने अंततः श्यामाचरण शुक्ल की भी इज्जत रख ली।

और, मैदान अब बिलकुल साफ है। गुरु और चेला आमने-सामने खड़े हैं।

द्वारिकाप्रसाद मिश्र और गोविंद नारायण सिंह एक दूसरे को अच्छी तरह पहचानते होंगे। रग-रग का हाल मालूम होगा...

राजमाता के युक्ति-कौशल की परीक्षा का अवसर वस्तुतः अब आया है।

कृष्णायन (महाकाव्य) का रचयिता यह पुरुषपुंगव ययाति की तरह नवयौवन हासिल करे, महाबलि भीम की तरह उसकी पाचनशक्ति अनूठी हो, दसियों 'सिंह' उसके उदर में समा जाएँ।

यह आशीर्वाद है ?

जी हाँ, विशुद्ध दुआ।

x x x

"श्री अन्नादुरै महीना दो महीना अमरीका रहकर इत्मीनान से अपनी चिकित्सा करवाएँ। कांग्रेसवाले इस अवधि में मुख्यमंत्री या उनके दल को परेशान नहीं करेंगे", तमिलनाडु कांग्रेस कमेटी के अध्यक्ष श्री सुब्रह्मण्यम् ने यह कहकर अपूर्व उदारता का परिचय दिया है। विरोधियों के प्रति हृदय की यह विशालता कांग्रेसी प्रभुवर्ग इधर बिलकुल ही भुला बैठा था...

गाँधी-शताब्दी का आखिरी साल शुरू हो रहा है। आचरण के बारे में बापू के सातों महाव्रत कांग्रेसियों की तरफ ही बार-बार देख रहे हैं...

अन्नादुरै के प्रति सुब्रह्मण्यम् का यह आश्वासन यदि अहिंसा, अपरिग्रह, अस्तेय, इंद्रियसंयम आदि की कसौटी पर कसा जाए तो शत-प्रतिशत खरा उतरेगा नहीं ?

जिन राज्यों में कांग्रेसी शासक नहीं रह गए हैं, वहाँ की प्रादेशिक कांग्रेस कमेटियों के अध्यक्ष सुब्रह्मण्यम् को शायद पागल समझें।

मान लीजिए, मध्यप्रदेश के मुख्यमंत्री 'स्वास्थ्य-लाभ' के लिए महीना-दो महीना स्विट्जरलैंड या आस्ट्रिया जाकर रहें, तो भोपाल का उनका 'सिंह आसन' सुरक्षित रहने दिया जाएगा ? मध्यप्रदेश की कांग्रेस कमेटी 'चुप' बैठी रहेगी ?

x x x

बंगेश्वर (घोष) की अतुलनीयता लेकिन अपनी ओर सबका ध्यान आकृष्ट करेगी।

उस दिन दमदम हवाई अड्डे पर प्रधानमंत्री का विमान उतरा तो अगवानी के लिए श्री अतुल्य घोष या श्री प्रफुल्ल सेन या श्री प्रतापचंद्र चुंदर कोई महानुभाव वहाँ मौजूद नहीं थे। दस-पाँच विक्षुब्ध कांग्रेसी अवश्य वहाँ पहुँच गए थे। स्वागत का सरकारी इंतजाम तो खैर था ही। मगर, प्रादेशिक कांग्रेस की मशीनरी पर जिनका कब्जा

है, उन दलपतियों ने अपने ही दल की केंद्रीय सरकार के प्रधान (इंदिरा जी) की इस प्रकार खुली अवहेलना की !

'सिंडिकेट' के तथाकथित कांग्रेसी महाप्रभुओं (अतुल्य घोष, स.का. पाटिल आदि) की कांग्रेस की ही मातहत चलनेवाली केंद्रीय सकार के प्रधानमंत्री के प्रति यह तिरस्कार-भावना दिनोंदिन बढ़ती जा रही है...

नकेल-विहीन इन बूढ़े साँड़ों पर किसका अनुशासन चलेगा ?

हाय, बेचारे निजलिंगप्पा !

x x x

'राष्ट्रीय स्वयंसेवक संघ' ऊँची जातियोंवाले हिंदुओं का सु-नियंत्रित संगठन है। कहा जाता है कि चरित्र-निर्माण, लोक-सेवा, मातृभूमि की रक्षा आदि इस संगठन के प्रमुख लक्ष्य हैं...

शौर्य और सच्चरित्रता को चरम सीमा पर पहुँचानेवाले, और छोटे-बड़े संकटों में एक-दूसरे का हाथ थामनेवाले हमारे भारतीय युवक अनेकानेक संघों में सुगठित होकर भारत की ऊर्जस्विता का प्रमाण दें; ऐसा भला कौन नहीं चाहेगा ? सर्वोदयी समाजवाद के विश्वविख्यात प्रवक्ता श्री जयप्रकाश नारायण से लेकर सुप्रीम कोर्ट के भूतपूर्व महान्यायाधिपति श्री कोका सुब्बाराव तक के आशीर्वाद 'संघ' को हासिल हुए हैं। वस्तुतः यह हमारे लिए परम आह्लाद का विषय होना चाहिए कि राष्ट्रीय स्वयंसेवक संघ को बीसियों महापुरुषों ने निर्मल होने के प्रशस्ति-पत्र दिए हैं...

परंतु, अब मैं जानना चाहूँगा कि 'संघ' के अंदर अछूत-अस्पृश्य जातियों के तरुण युवक-प्रौढ़ कितनी संख्या में हैं। 'संघ' में छोटी जातियों से लिए गए सदस्यों की मौजूदगी का प्रतिशत क्या है ? केवल ब्राह्मण, राजपूत, वैश्य, यादव तरुणों को लाठी परिचालन की ट्रेनिंग देकर वह विशाल हिंदू समाज और महान राष्ट्र भारत के कोटि-कोटि साधारण युवकों को अपनी तरफ किस तरह आकृष्ट करेगा ? 'संघ' का नेतृत्व सभी जगहों पर ब्राह्मण वीरों ने ही सँभाल रखा है ?

छोटी जातियों के युवक शायद सीटी नहीं बजा सकते।

[जनयुग, 15 सितंबर 1968]

□□

श्री गोविंद मेनन (केंद्र में लॉ-मिनिस्टर) राष्ट्रसंघ में प्रवचन करते-करते इधर की संविद (गैर-कांग्रेसी) सरकारों को कोसने लगे। उनके 'उद्‌गारों' का विवरण देश के अखबारों में छपा है।

इस सिलसिले में श्री भूपेश गुप्त व्यर्थ ही परेशान हुए !

व्यर्थ ही उन्होंने प्रधानमंत्री से अनुरोध किया कि श्री गोविंद मेनन को अविलंब

वापस बुला लिया जाय।

वस्तुतः, हमारे यह विधिमंत्री महाशय अमरीका पहुँचते ही हिलते होंठों और सिकुड़ती-खुलती जीभ के सहारे एक अनूठे 'क्रीड़ा-कौतुक' का अभ्यास करने लग गए, क्योंकि उन्हें 'ओलंपिक' प्रतियोगिताओं में भारत का नाम ऊँचा करना था।

और इसी अभ्यास के कारण विधिमंत्री के श्रीमुख के भीतर उच्चारणवाली मशीन के पुर्जे इधर-उधर हो गए...जो बातें 'अवचेतन' में दबी पड़ी थीं, वे यूँ ही थोड़े निकली होंगी !

x x x

वाणी के ऋषि बंकिमचंद्र ने बार-बार अपने अंतर का यह परिताप जाहिर किया था कि भारतवासी लाठी चलाना भूल गए हैं...

काश, आज वह जीवित होते !

पुलिसवालों को इस खूबी से लाठियाँ चलाते देखकर बंकिमचंद्र का दिल बाग-बाग हो जाता ?

बंकिम के हृदय का सारा परिताप धुल जाता न !

वह लाठी-परिचालन-कला के इन स्नातकों को अपने हाथों शायद प्रमाणपत्र भी देते !

पुलिसवाले अपनी इस कला में दिनानुदिन नए 'कीर्ति-मान' स्थापित कर रहे हैं। अब वे डिस्ट्रिक्ट मजिस्ट्रेट या एडिसनल डिस्ट्रिक्ट मजिस्ट्रेट की भी खोपड़ी का गूदा अपनी लाठियों को चखा रहे हैं...अलीपुर (कलकत्ता) कचहरी के हाते में अभी उस रोज पुलिस-नस्ल के इन यक्षों ने अपने बल-विक्रम का ऐसा ही कुछ थोड़ा-सा 'परिचय' दिया। इस घटना से काली माई की उस नगरी के कोटि-कोटि नागरिक दंग रह गए...पुलिस विभाग के उच्च अधिकारी घटना-स्थल पर पहुँचकर 'निष्पक्ष जाँच' का आश्वासन दे चुके हैं...

दारोगा और सुपरिंटेंडेंट, नियुक्ति से पहले, साल-छह महीने का प्रशिक्षण पाते हैं। दुष्टों और अपराधियों से निबटने के सूक्ष्म से सूक्ष्मतर उपायों की जानकारी उन्हें करवाई जाती है...निःसंदेह, यह बहुत ही आवश्यक है और रहेगा...

लेकिन, अंधाधुंध लाठी-परिचालन का प्रशिक्षण क्या किन्हीं 'गुप्त शिविरों' में दिलवाया जाता है ? 'होश दुरुस्त' करने की यह विद्या पुलिस के जवानों को क्या अलग से सीखना होता है ?

गनीमत हुई कि दक्षिण-कलकत्ता के डिप्टी कमिश्नर पुलिस ने खुद आकर कोट के कर्मचारियों और आम लोगों को समझा-बुझा दिया।

'बंदे मातरम्' के गायक बंकिमचंद्र की महान् आत्मा हमारी पुलिस फोर्स के स्वच्छंद प्रभुओं को सु-बुद्धि और शुभ-बुद्धि प्रदान करे !

x x x

स्पेन-निवासी 'फादर फेरॅर' पिछले कई वर्षों से मनमाड (महाराष्ट्र) में नाना-प्रकार के

सेवाकार्य कर रहे थे। कहते हैं, वहाँ के गरीब खेतिहर इनकी बदौलत शोषक साहूकारों की चंगुल से छुटकारा पा गए। उन्हें भर-पेट खाना और बदन ढकने लायक वस्त्र मिलने लगा, अपने श्रम का प्रतिदान जीवन में पहली बार हासिल हुआ। ऊँची जातियोंवाले तिकड़मी लोग पादरी पर रंज हो उठे, क्योंकि वह छोटी जातियों पर उन्हें भरपूर प्रहार नहीं करने देता था..

"यह विधर्मी हिंदुओं को भ्रष्ट कर रहा है। गरीबों को ईसाई बना रहा है।" पादरी के खिलाफ भारी कोलाहल मचा तो आखिर महाराष्ट्र सरकार 'जन-मत' के दबाव में आ ही गई...

फिर हुआ यह कि 'विधर्मी' फादर मजबूर कर दिया गया; बंबई के कुछ-एक ज्यादा समझदार लोगों ने अपनी यह राय जाहिर की कि 'फादर' को फिलहाल कुछ अर्से के लिए भारत से बाहर चले जाना चाहिए। इसी बीच गुजरात, आंध्र और दिल्ली से 'फादर' को आमंत्रण मिले...

लोकसभा के स्वतंत्राई सदस्य पीलू मोदी ने अपनी साप्ताहिक प्रचार पत्रिका ('मोर्च') के जरिए फादर फेरॅर के गुणों का जिस तरह और जितना बखान किया है, उससे लगता है, इस मिश्नरी व्यक्ति के लिए सर्वोत्तम कर्मभूमि गुजरात ही होगा..

गुजरात-सरकार ने लेकिन भारत सरकार से अनुरोध किया है कि फादर फेरॅर को गुजरात में सेवाकार्य की अनुमति न मिले !

मेरे मन में प्रश्न उठता है—

'भारी वजन' वाले पीलू मोदी का आग्रह क्या इतना हल्का साबित होगा ? संसद सदस्यों में और किसी के बदन का तौल उतना नहीं है।

और फिर, पीलू मोदी 'भीम क्लब' के अध्यक्ष भी तो हैं।

क्या यह अपने राज्य (गुजरात) के दुबले-पतले (शाकाहारी) मुख्यमंत्री श्री हितेंद्र देसाई पर इतना-सा भी जोर न डाल सकेंगे ?

x x x

चुनाव-आयुक्त श्री सेन वर्मा ने एक नई बात कही है—"जो व्यक्ति (पुरुष या स्त्री) अपना वोट नहीं डालेगा, उसें जेल की सजा भुगतनी पड़ सकती है। 50 रु. जुर्माना तो लगेगा ही।"

सफलतापूर्वक चुनाव संपन्न करवा लेने की उनकी क्षमता देश-विदेश सर्वत्र प्रशंसित हुई है। उनका (चुनाव कमिश्नर सेन वर्मा का) नाम समूची दुनिया में फैल गया है, यह हमारे देश के लिए बहुत बड़ा गौरव प्रमाणित होगा।

चुनाव-चुथौअल के चतुर चौधरी लेकिन यत्र-तत्र-सर्वत्र, यानी चराचर में, चारों तरफ चमक रहे हैं। बाकी तो चकाचक है—चारों पहर कि चौबीसों घंटे...सेन वर्मा साहब उनका क्या कर लेंगे ? ये तो एक-एक हाथ से दस-दस वोट डलवाएँगे ! डाले हुए वोटों को पेटियों से गायब करवा देंगे ये तो !

अलीबाबा और चालीस चौधरी...देखें, चुनाव कमिश्नर इसको कैसे अपने काबू

में करते हैं।

x x x

बाढ़ पीड़ितों को दी जानेवाली 'रिलीफ' को अपर्याप्त और पक्षपात-दूषित बतलाकर कतिपय राज़नीतिक दल उसे चुनाव-चर्चा का आधार बना रहे हैं—बंगाल के राज्यपाल धर्मवीर ने अभी उस दिन इस पर अफसोस जाहिर किया।

केंद्र-शासित बंगाल के यह राज्यपाल महानुभाव अपने को 'प्रज्ञाचक्षु' धृतराष्ट्र मानते हैं, ऐसा भ्रम तो न होगा किसी को ? ''मध्यावधि का धर्मयुद्ध उन्हीं की राय से लड़ा जाय''—संजय ने कहा...

यानी, संजय उवाच !

क्या उवाच ?

यही कि सरकारी रिलीफ की टीका-टिप्पणी करके राजनीतिक दल बाढ़ग्रस्त क्षेत्रों में गैर-कांग्रेसी भावनाओं का प्रचार कर रहे हैं :

फिर, इससे तो पुराने गाँधीवादी डॉ. प्रफुल्ल घोष के भी चित्त को भारी क्लेश पहुँचा होगा।

[जनयुग, 22 सितंबर 1968]

□□

महात्मा गाँधी के जन्म के बाद का यह सौवां वर्ष आरंभ हो रहा है, 2 अक्टूबर को।

यह समूचा वर्ष इस दृष्टि से 'बापू-संवत्सर' रहेगा। इसमें बापू की लाखों प्रतिमाएँ तैयार होंगी, हजारों चित्र तैयार होंगे, विभिन्न भाषाओं में छोटी-बड़ी सैकड़ों पुस्तकें प्रकाशित होंगी। इसके अलावा, गाँधी जी के नाम पर नगर-नगर में चर्चा-गोष्ठियाँ आयोजित की जाएँगी। देश के सैकड़ों अंचल पदयात्रियों की अगवानी में मुखर रहेंगे। जिनकी उम्र सत्तर वर्ष से ज्यादा हो चुकी है और जो चल-फिर-देख-सुन-बोल सकते हैं; जो वर्षों बापू के साथ रहे; जिन्होंने रचनात्मक प्रोग्रामों को सफल बनाने में अपने को खपा दिया; जो जान-बूझकर शासन-सत्ता से अलग रहे; ऐसे दसियों प्रख्यात गाँधीवादी बड़ी निष्ठा के साथ 'बापू-संवत्सरी' मनाएँगे।

हमारी सरकार भी गाँधीजी की 'संवत्सरी' मनाएगी ही। वह बापू के मुख की आकृति के सिक्के ढलवाने जा रही है...

परंतु, ठीक दो सप्ताह पहले इंद्रप्रस्थ-भवन में सरकारी कर्मचारियों पर ही अंधाधुंध लाठियाँ बरसाकर राजधानी की हमारी पुलिस ने अहिंसा के उस अवतारी पुरुष को जैसी शानदार सलामियाँ दी हैं, वह बापू की आत्मिक परम शांति के लिए अगले सौ वर्षों तक पर्याप्त होंगी...

इंद्रप्रस्थ भवन से बापू की समाधि दूर नहीं है।

समाधि पर अंकित वे तीनों अक्षर (हे रा म) प्रशासकीय हिंसा की इस अतिरिक्त आँच में झुलस गए हैं...

प्रायश्चित के तौर पर गृहमंत्री श्री चौहान वहाँ बैठकर चौबीस घंटे का उपवास रखेंगे ?

x x x

लगभग समूचा उत्तर-बिहार 'ग्रामदानी प्रोजेक्ट' में आ गया है, यानी बिहार में गंगानदी से उत्तर के पाँच जिले (पूर्णिया, सहरसा, दरभंगा, मुजफ्फरपुर और चंपारण) आचार्य श्री विनोबा को 'दान' में मिल गए हैं। सिर्फ एक जिला (सारन) अब तक इस 'प्रोजेक्ट' में शामिल नहीं हो सका है। महीना-पंद्रह दिनों के अंदर सारन का भी 'जिलादान' बाबा को मिल जाएगा।

अगले 12 महीनों में बिहार के दक्षिणी जिले भी विनोबा जी को मिल जाएँगे। इस प्रकार 'हिंसाविहीन' विप्लव के लिए बिहार दुनिया को अपनी तरफ आकृष्ट करके रहेगा...

"सबै भूमि गोपाल की'...हाँ, सारी जमीन गाँववालों की अपनी है। अपनी होकर रहेगी। कितना अच्छा होगा यह ! लेकिन 'भूस्वामी' ग्रामीण कैसे 'अकिंचन' ग्रामीणों को अपनी भूमि पर दखल जमाने देंगे ?

ग्रामदान-जिलादान-प्रवृत्तियों में लगे हुए हजारों हजार (सवेतन, अवेतन) सर्वोदयी कार्यकर्ता मध्यावधि चुनाव में कौन-सी भूमिका धारण करेंगे ?

चुनाव की दलीय हलचलों से अलग रहकर भी क्या वे मतदाताओं को प्रभावित नहीं करेंगे ? बिहार की लगभग आधी आबादी (जनसंख्या) क्या उनके कहने से ही 'दल मुक्त' रह जाएगी ? जातिवाद का विष क्या आसानी से उसका पिंड छोड़ देगा ?

x x x

गला साफ करनेवाली दवाओं और गोलियों की बिक्री कुछ तो बढ़ ही जाएगी। ईसबगोल की भूसी का भी भाग्य चमक उठेगा।

यह सब इसलिए याद आ गया कि माननीय जगजीवनराम जी हाल ही कलकत्ता गए थे और एक ही दिन में, कुछ घंटों के अंदर, 5-7 जन-सभाओं में भाषण दे आए।

मध्यावधि चुनाव के चलते केंद्र के हमारे और-और मंत्रियों की भी माँग होगी वहाँ। हिंदी-क्षेत्र के लाखों आदमी कलकत्ता और उसके इर्द-गिर्द जमे हुए हैं। वामपंथियों ने उनका दिमाग 'खराब' कर दिया है। मतदाताओं के मिजाज की 'सफाई' के लिए बंगाल के कांग्रेसी नेताओं को केंद्र के इन 'दिक्पालों' की जरूरत महसूस हुई।

केंद्रीय सरकार के हिंदी भाषी राज्यमंत्रियों और उपमंत्रियों को भी कालीमाई के दर्शनों के अवसर मिलने चाहिए न ? ऐसा न हो कि 'आक़ा मंत्री'–'काका मंत्री' ही मध्यावधि के विमान-विहार का सुख लूटें !

x x x

दक्षिण-पूर्व और उत्तर क्षेत्रों के रेलवे-अधिकारी टिकट-रहित यात्रा की रोक-थाम के लिए

छात्रों-अध्यापकों से मदद लेने लगे हैं...अखबारों से जब इस बात का पता चला तो खुशी हुई।

मगर, इस अनियमितता के लिए रेलवे-प्रशासन स्वयं भी कम उत्तरदायी नहीं है। छोटे-छोटे ऐसे हजारों स्टेशन हैं, जहाँ वक्त पर टिकट नहीं मिलता। कहीं-कहीं ऐसा भी हुआ कि ट्रेन आ गई है तब टिकट मिलने लगा है...10 या 5 मिनट के अंदर उस छोटी खिड़की पर 'मोर्च' का नजारा भला किसने नहीं देखा होगा। वहाँ ऊपर साफ अक्षरों में लिखा रहता है : "गाड़ी आने से एक घंटा पहले टिकट मिलता है।"

उस रोज बर्दवान (बंगाल) में छात्रों ने एक पुलिसवाले से टिकट पास माँगा तो उसे बहुत रंज हुआ। इतना रंज हुआ कि बंदूक ऊँची करके तन गया ! लड़के डर गए। पीछे मालूम हुआ, वह 'पास' भी रखे हुए है।

ऐसे 'मूडी' क्या रेलवे-पुलिस में दो ही चार होंगे ?

[जनयुग, 29 सितंबर 1968]

□□

राष्ट्रपिता (गाँधी) की स्मृति में 'शतवार्षिकी' का समारोह समूचे भारत में तो मनाया ही जाएगा, दुनिया के कोने-कोने में लोग इस उत्सव को मनाएँगे।

इस प्रसंग में अखबारों के कालम भरे रहते हैं।

सरकारी-गैरसरकारी पैमाने पर जहाँ-तहाँ 'गाँधी-मेला' शुरू हो रहा है। कहीं-कहीं तो यह मेला महीनों चलता रहेगा। जनता लाखों-करोड़ों की तादाद में बापू के जीवन और कृतित्व की झाँकियों से जानकारी हासिल करेगी।

उस 'मर्यादा पुरुषोत्तम' के जादुई प्रभाव से जिन्होंने अधिकाधिक लाभ उठाए हैं, और भविष्य में भी जो अधिकाधिक लाभ उठाएँगे, उन कांग्रेसी प्रभुओं-महाप्रभुओं की तरफ आज हमारा ध्यान बार-बार आकृष्ट हो रहा है...क्या वे 'बापू शत-संवत्सरी' के अगले बारह महीने अपने आचरण को पवित्र रख सकेंगे ? क्या वे जन-साधारण को सत्य और अहिंसा के प्रति अपनी निष्ठा का सबूत देंगे इस वर्ष ? क्या आपस का उनका 'कूट-कौशल' अगले अक्टूबर तक थमा रहेगा ? क्या वे नेपथ्य के अंदर एक दूसरे की पीठ में छुरा नहीं भोंकेंगे ? क्या वे अगले 360 दिनों तक परस्पर-विरोधी बयान नहीं देंगे ? क्या एक भी कांग्रेसी विधायक अपना दल नहीं छोड़ेगा इस साल ?

x x x

लगभग पूरा वर्ष 'वनवास' में गुजारकर हरियाणा के कांग्रेसी फिर से शासन की गद्दीदार कुर्सियों पर बैठे तो 'डेमोक्रेटिक माइंडेड' लोगों को बड़ी राहत महसूस हुई थी। 'सदाचार' के पीछे सतियों जैसी आस्था रखनेवाले श्री गुलजारीलाल नंदा का रोम-रोम पुलकित हो उठा था, जबकि मुख्यमंत्री श्री बंसीलाल ने भरी सभा में उनके चरण छू

लिए थे, कहा था : 'राजनीति के गुरु तो मेरे आप ही हो।'...श्री भगवतदयाल शर्मा ने भी भरी सभा में आंतरिक समर्थन का पूर्ण आश्वासन दिया था...

लेकिन, देखिए न ! किस तरह हरियाणा के कांग्रेसी दंगलबाज नेपथ्य से बाहर आ गए हैं। दाँव-पेंच के अपने-अपने पैतरों से वे मनोरंजन की हमारी अभिरुचि को कैसी ताजगी प्रदान कर रहे हैं !

मध्यावधि-निर्वाचन में विजयी होकर कांग्रेस बंगाल-बिहार-उत्तरप्रदेश-पंजाब में फिर शासनसत्ता सँभालेगी, फिर से 'डेमोक्रेटिक माइंडेड' लोग राहत महसूस करेंगे (चार गुनी ज्यादा), फिर से प्रजातंत्र का रथ अपनी सही लीकों पर चलने लग जाएगा...

वस्तुतः, हम भारतीय बड़े ही विचित्र जीव हैं। परिस्थिति कितनी ही जटिल हो, घुटन और मायूसी की मात्राएँ कितनी ही विपुल हों, हमारा कौतूहलप्रिय स्वभाव हर-हमेशा मनोरंजन की अपनी खूराक उसमें से निकाल ही लेता है।

तदनुसार, 'मध्यावधि विजय' के बाद बननेवाली कांग्रेसी सरकारें अपने आंचलिक क्रीड़ा-कौतुकों से हमारे विनोदी रुझानों के लिए काफी मसाला जुटाएँगी।

x x x

दिल्ली-पुलिस से लाठी (लट्ठ) छीन ली गई है, अब उसे 'डंडा' थमा दिया गया है। अगली बार सरकारी कर्मचारी हड़ताल करेंगे तब पुलिसवालों से यह डंडा भी छीन लिया जाएगा, फिर उन्हें 'चंदन की छड़ी' दी जाएगी।

हिंसा इस प्रकार विनम्र होकर अहिंसा की तरफ बढ़ती चलेगी तो सुदूर भविष्य में एक दिन वह भद्रता का दिव्य परिधान धारण कर लेगी। फिर उसके कोमल करों में 'चंदन की छड़ी' भी आप कहाँ देखिएगा। वहाँ चंदन की छड़ी के बदले 'फूलों की टहनी' नजर आएगी...गालियों के बदले भौरों के गुंजन ही सुनाई देंगे।

अहिंसा विप्लव का वह युग क्या बहुत दूर है ?

x x x

पता चला है, राजस्थान के मुख्यमंत्री के साथ अब एक बंदूकधारी अंगरक्षक रहा करेगा। फिलहाल, उसका सहयोग विमान-यात्राओं तक सीमित रहेगा। आगे संभव है, श्री सुखाड़िया जब तक मुख्यमंत्री रहेंगे, उनका अंगरक्षक बंदूक लेकर ही साथ चलेगा।

दूसरे राज्यों के मुख्यमंत्री भी सुरक्षा की इस व्यवस्था से क्यों वंचित रहें ? उनके लिए भी सुरक्षा का यह अतिरिक्त प्रबंध अनिवार्य होगा।

ग्रह-शांति के लिए पन्ना-पुखराज-नीलमवाली अँगूठियाँ ही पर्याप्त नहीं होतीं। यह तथ्य नए सिरे से प्रमाणित हुआ...

बंदूक तेरी जय हो !!

x x x

21 महीने की बच्ची (चि. अनुपमा जोशी) ने उस दिन अपने पितामह श्री एस.एम. (श्रीधर महादेव) जोशी को मौसंबी की फाँकें खिलाईं और दो दिनों से चलनेवाला अनशन समाप्त हुआ।

संयुक्त समाजवादी दल के अध्यक्ष जोशीजी का यह अनशन 'आमरण' नहीं था, अनियतकालिक था, केंद्रीय सरकार के 25 लाख कर्मचारियों के दुख-दर्द की तरफ जन-साधारण का ध्यान आकर्षित करने के लिए था...

गृहमंत्री श्री चह्वाण की नीयत उन्नीस सितंबर से दो-तीन रोज पहले ही हमें मालूम हो गई थी—"अच्छा, तो अब इन्हें सबक सिखला ही दो!" फिर बीसियों मजदूर-नेता जहाँ-तहाँ गिरफ्तार किए गए और छोड़ भी दिए गए। सरकार की इस नादिरशाही रुख के खिलाफ ही जोशीजी का यह उपवास था। जिद्दी साँड़ के सामने निरीह हंस की भूख हड़ताल थी यह...अंततः नौ दिनों का अनशन व्रत समाप्त हुआ, शुभेच्छु मित्रों और सहृदय डॉक्टरों की सलाह मान ली गई। व्रत के अंत में 'पारणा' का श्रेय एक अबोध बच्ची को मिला, यह तो और भी सात्विक एवं संकेतपूर्ण रहा।

x x x

केन्या (अफ्रीका) की राजधानी (नैरोबी) से एक दिलचस्प खबर आई है।

वहाँ की पार्लमेंट पूरे सप्ताह के लिए स्थगित कर दी गई है। कारण यह बतलाया गया है कि पेट्रिसिया मुगो नाम की छोकरी रिपोर्टर अपनी शादी के लिए छुट्टी लेगी। शादी से लेकर 'हनीमून' मनाने तक उसे सप्ताह-भर लगेगा। 23 साल की यह लड़की 'किकुयु' कबीले की है। काम करने में अपनी सहेलियों में वह सबसे तेज मानी जाती है। पेट्रिसिया की सहेलियों ने स्पीकर साहब से साफ-साफ बतला दिया कि उसके अभाव में उनसे काम नहीं सँभलेगा।

स्पीकर (श्री हम्फ्री स्लेड) महोदय ने, भावुकता मिश्रित मजबूरी से समूची संसद को एक सप्ताह के लिए स्थगित घोषित कर दिया है...

पेट्रिसिया मुगो के लिए हम यहीं से आंतरिक आशीर्वाद भेजते हैं—"सौभाग्यवती भव ! दीर्घायुभव !!"

[जनयुग, 6 अक्टूबर 1968]

□□

2 अक्टूबर को समूचा देश जब गाँधी जयंती मना रहा था, आंध्र के निभृत ग्रामांचल में एक अधेड़ 'हरिजन' की दिन-दहाड़े हत्या कर दी गई। दलित-अस्पृश्य जाति के मनुष्य का यह ताजा रक्त अनजाने ही हमारे बापू के शत-सांवत्सरिक स्मृति-तर्पण में धरती को भिगो गया है ! यह आपसी झगड़े का नतीजा था? सवर्णों की उकसाहट इस घटना के पीछे थी ?

या, कोई और षड्यंत्र था ?

जी हाँ, आंध्र-सरकार की मेहरबानी से आपको असलियत मालूम होगी। फिलहाल धीरज रखिए...

स्वयं ही जिन्हें एक 'फासिस्ट' की गोलियों का शिकार होना पड़ा, उन महाप्राण युग-पुरुष की जन्म-शतवार्षिकी का उद्‌बोधन इस प्रकार एक निरीह 'हरिजन' की बलि से हुआ, यह कैसा संयोग रहा ?

x x x

अमरीका में 'हिप्पी' युवकों-युवतियों ने इधर एक नया प्रयोग शुरू किया है..

संतों-औघड़ों और अर्ध-विक्षिप्तों जैसी भूमिका धारण करके उपासना के नए-पुराने अड्डों में पनाह लेने से जाने कितने लाभ मिलते हैं, यह उन्हें अच्छी तरह मालूम हो गया है।

उनके अपने गिर्जे भी हो सकते हैं—अखबारों की बदौलत आपको मालूम हुआ होगा।

हाल ही पुलिसवालों ने छापा मारा तो हिप्पियों के एक गिर्जे से 10 लाख डालर के 'मादक पदार्थ' (चरस, अफीम, मारिजुआना, एल.एस.डी. आदि) निकले !

24 साल का 'हिप्पी-संत' साउथवार्थ और उसकी 22 वर्षीया सहधर्मिणी 'हिप्पी-सधुआइन' सुसान थाना ले जाए गए...

ध्यानयोग का उनका अभ्यास कहाँ तक पहुँचा था ?

x x x

अमरीका...

रूस...

जापान...

पश्चिमी जर्मनी...

इंग्लैंड...

फ्रांस...

इटली...

कनाडा...

इन आठ देशों के बाद, हमारा देश सत्रहवाँ पड़ता है मशीन और कल-पुर्जे सप्लाई करनेवालों में ! लाल चीन को दसवाँ स्थान मिला है...कोई बात नहीं ! अपन तो निष्ठापूर्वक जगदंबा के समक्ष पाठ करते रहेंगे—

"या देवी सर्वभूतेषु
लक्ष्मीरूपेण संस्थिता।
नमस्तस्यै नमस्तस्यै
नमस्तस्यै नमोनमः।।"

x x x

आचार्य विनोबा भावे ने छपरा (बिहार) की एक जन-सभा में सेवा-निवृत्ति की उम्र का प्रसंग उठाकर कहा : राजनीति जिनका पेशा है वे लोग सत्तर, पचहत्तर, अस्सी, पचासी—तक जनता की 'सेवा' करते रहते हैं...मंत्री-मुख्यमंत्री से लेकर राज्यपाल-राजदूत

पद उन्हें मिल जाते हैं...लगता है, बढ़ती हुई आयु का प्रभाव उनकी कर्मशक्ति पर नहीं पड़ता होगा !

जी हाँ, बढ़ती हुई उम्र का असर मामूली किरानियाँ, बाबुओं, अफसरों और मास्टरों-प्रोफेसरों आदि पर ही पड़ता है !

फिर 'सेवा-निवृत्ति' के बाद क्या कोई राजनीति के मैदान में नहीं उतर सकता ?

किस देश में और किस पेशे में वयस्क कर्मवीरों का अभाव है ?

बुढ़ापे की तरुणाई सिर्फ सम्राट ययाति के लिए ही 'रिजर्व' नहीं थी।

x x x

राजघाट पर बापू की समाधि के निकट 100 घंटे तक अविराम 'चर्खा-यज्ञ' चला, शतवार्षिकी-समारोह के सिलसिले में।

वहाँ से चंद फर्लांग के फासले पर इंद्रप्रस्थ भवन के प्रांगण में अभी कुछ ही दिन पहले 200 घंटे तक अविराम 'असहयोग यज्ञ' चला, निरपराध, निरीह सरकारी कर्मचारियों की तरफ से पूरे आठ दिनों तक केंद्रीय प्रशासन की अनोखी बर्बरता के खिलाफ सत्य-अहिंसा का विलक्षण अनुष्ठान था वह !

निश्चय ही, बापू की आत्मा राजघाटवाले 'चर्खा-यज्ञ' से पहले इंद्रप्रस्थ भवनवाले 'असहयोग यज्ञ' में विद्यमान रह चुकी होगी...

[जनयुग, 13 अक्टूबर 1968]

□□

''अब तक मैं एक हजार अध्यात्म केंद्रों की स्थापना कर चुका हूँ''—महर्षि महेश योगी की यह घोषणा अभी उस रोज अमृतसर (पंजाब) के सहज श्रद्धावाले जन-समुदाय ने सुनी तो विश्व-विजय की ओर सचराचर निखिल सृष्टि पर पुरोहिताई की सोई हुई भावनाओं में अपूर्व स्फुरण पैदा हुआ; सैकड़ों चेहरे गरिमा में उद्भासित हो उठे...

महर्षि के होठों पर भुवनमोहनी मुस्कान बार-बार थिरक रही थी। अपना सामान्य प्रवचन समाप्त करके अब वे संवाददाताओं की मंडली को 'शंका-समाधान' का चुग्गा डाल रहे थे।

उन्होंने बतलाया—जर्मनी (पश्चिम ?) में पूरे 300 अध्यात्म केंद्रों की बुनियाद वह डाल चुके हैं। हाँ, यहाँ हिंदुस्तान में 84 केंद्र ही स्थापित हो पाए हैं...

पके हुए गले की तार-मंद्र खिलखिलाहट बीच-बीच में उस विश्व-परिव्राजक को और भी 'मोहक-उच्चाटक' बनाए दे रही थी...

''मैं लोगों को उनकी तकलीफों से छुटकारा दिलाना चाहता हूँ। यही मेरा संकल्प

है। संशय, कुंठा, तनाव, आतंक...सबसे मुक्ति ! हाँ, सभी से छुटकारा !..."

उन्होंने कहा—"पिछले वर्षों में योग प्रचार-प्रसार के लिए लोगों ने मुझे 5 लाख डालर दान दिए हैं।"

हमारी सरकारें योग-ध्यान का महत्त्व बहुत कम समझ रही हैं, नहीं के बराबर ! योगाचार हमारे सभी संकटों का अंत कर सकता है (राष्ट्रीय भी, अंतर्राष्ट्रीय भी?)। हमारे प्रशासकों को कोई समझाए भी तो !

स्कूलों-कालेजों, दफ्तरों-क्लबों, खलिहानों-फैक्टरियों, बाजारों-जंक्शनों, रेस्तराँओं-होटलों...सर्वत्र ही महर्षि महेश योगाभ्यास की गुंजायश महसूस कर रहे हैं...

अपनी इसी मिट्टी से पैदा होनेवाले (नहीं, अवतार ग्रहण कर लेनेवाले) एक अद्वितीय मानवात्मा को आज अपन समझ नहीं पा रहे हैं। हाँ, हमारे नाती-पोते इन्हीं 'युगावतार-युगपुरुष" की सौवी वर्षगाँठ जाने कैसी धूमधाम से मनाएँगे ! एक नहीं, सौ-सौ स्टाम्प निकलेंगे इस लीलामय व्यक्ति की स्मृति में (क्योंकि तब तक यहाँ 'बाल्कनाइजेशन' हो चुका रहेगा, तीन-तीन, पाँच-पाँच जिलों के बीसियों 'लघु राष्ट्र' सार्वभौम सत्ता हासिल कर चुके होंगे...)

विश्व परिव्राजक विवेकानंद और रामतीर्थ की तुलना में हमारा आज का यह महर्षि कहीं अधिक 'वर्चस्वी' निकला !

x x x

कोलंबो (श्रीलंका) के मुसलमानों ने कैसी आतंरिकता से महात्मा गाँधी की शताब्दी-स्मृति का आयोजन किया !

'विश्व इस्लामी प्रतिष्ठान' की तरफ से सिंहल की राजधानी के नागरिकों ने बड़े गौर से हमारे बापू की कीर्ति-कथा सुनी होगी। प्रायः सभी वक्ताओं ने गाँधी को "मानव जाति का महत्तम व्यक्ति" कहकर याद किया...

काश, पाकिस्तान की राजधानी (कराची ? इस्लामाबाद ?) से भी इस तरह की खबर प्रचलित हुई होती ! यों, हमारा दिल तो यही कह रहा है कि पाकिस्तान के दोनों भू-भागों में हजारों ऐसे मुसलमान अवश्य होंगे, जिन्होंने, गुपचुप ही सही 'गाँधी' को याद किया होगा...

x x x

बुजुर्ग-चूड़ामणि श्री सी. राजगोपालाचार्य (राजाजी) आगामी जनवरी से "छुट्टी लेने जा रहे हैं...छुट्टी वह राजनीतिक प्रवृत्तियों से लेंगे..."

भुवनेश्वर (उड़ीसा) में अब 'स्वतंत्र नगर' का विसर्जन हो चुका है। शामियाने, तंबू, कनातें, खंभे, खूँटियाँ, फर्नीचर और दरियाँ, जाजिम और तोशक, गद्दे-गलीचे... ठेकेदार सारा-कुछ समेट ले गए होंगे ! हाँ, उस 'समारोह' और 'सांधिक सम्मिलन-सम्मर्द' के बाद अब भी सफाई-मजदूर शायद छुटकारा न पा सके हों !

बहरहाल, हमें अखबारों की बदौलत ही यह शुभ समाचार प्राप्त हुआ है कि राजाजी के निकटवर्ती व्यक्तियों ने भुवनेश्वर से चलते-चलते अपने 'महानायक' का

यह इरादा जाहिर कर ही दिया।

मगर, राजाजी का परामर्श किसी के लिए भी सुलभ रहेगा। वह वयोवृद्ध संतजीव लामाओं की भाँति किसी दुर्गम गुफा के अंदर निरंतर ध्यानमग्न जीवन थोड़े बिताएँगे।

[जनयुग 26 अक्टूबर 1968]

□□

बाढ़ग्रस्त अंचलों का 'विहगावलोकन' और सो भी हेलिकोप्टरों के सहारे...

नई दिल्ली के हमारे महाप्रभु-मध्यप्रभु-लघुप्रभु करुणा की अपनी बूँदें टपकाने में कितने कुशल हैं !

जलपाईगुड़ी के उद्धत नागरिकों ने माननीय मोरारजी भाई के प्रति निहायत ही अशिष्टता का बर्ताव किया।

हुँह ! उनके कहने-भर से हमारे उप-प्रधान कीचड़ भरी गलियों में पैदल चक्कर लगाने निकल पड़ते ?

हुँह ! उनके कहने-भर से वो जीप छोड़ देते ?

देसाई साहब ने तो ठीक ही कहा था : ''मैं इतना भावुक नहीं हूँ, मैं नहीं मानता कि कीचड़ और गीली मिट्टी में पैदल चलकर ही जनता के दुख-दर्द मिटा सकूँगा...''

ठीक ही तो कहा था हमारे महाप्रभु ने !

बोल-भरोस और दम-दिलासा देने के लिए यह कतई आवश्यक नहीं था कि वह अपने चरणों को पंकलित होने देते ! 'सरकारी मुआयना' था न ? वह कोई 'मिशन' की ड्यूटी थोड़े थी !

बाद को, आफिसरों और पत्रकारों से आपने बतलाया : ''उनका गुस्सा वाजिब था, उन पर भारी मुसीबत आ पड़ी है...''

आपके व्यक्तित्व की इस उन्मुक्तता पर कुर्बान हूँ मैं !

x x x

वाराणसेय संस्कृत विश्वविद्यालय (काशी) के उप-कुलपति डॉ. गौरीनाथ शास्त्री पर सांघातिक हमला करने के सिलसिले में पुलिस ने गोपाल अहीर और बनारसी अहीर को गिरफ्तार किया है।

लेबोरेटरी-असिस्टेंट की नौकरी चली गई तो उसने वाइस चांसलर को 'सबक सिखाने के लिए' दो गुंडों को ठीक किया...पहले ईंट के टुकड़े, फिर लाठी...बेचारे शास्त्रीजी का माथा तो फूटा ही, देह में भी काफी चोट लगी। उन्हें आयुर्वेदिक अस्पताल तत्काल पहुँचा दिया गया।

लगता है शास्त्री महानुभाव पर यदुकुलकमल दिवाकर भगवान राधावल्लभ

(कृष्ण) किन्हीं कारणों से रंज हैं, वर्ना अपनी बिरादरी के युवकों को ''ऐन वक्त पर'' वह आगाह न कर देते !

x x x

आगरा में देशी शराब ने अपना 'प्रलयंकारी-रूप' अपने भक्तों को भलीभाँति दिखला दिया है...कहते हैं, हाल-हाल, लगभग सौ जने सस्ती मदिरा के चलते स्वर्ग सिधार चुके हैं।

तिकड़म के सहारे आनन-फानन में लाइसेंस पा जानेवाले नए (उदीयमान) कलाल अपने प्रतिष्ठान का नाम भले ही 'गंधमादन' या 'मदिरा मंदिर' रख लें, पियक्कड़ों की गाँठ कुतरने का उनका 'सात्विक उद्देश्य' गाँववालों तक को मालूम हो गया है।

उत्तरप्रदेश की हकूमत का आबकारी महकमा, लगता है, देशी शराबों के नशे की तासीर का औसत अंदाज जल्दी से जल्दी (मध्यावधि-चुनाव से पहले ही) मालूम कर लेना चाहता है...

[जनयुग, 3 नवंबर 1968]

□□

कोलंबो (श्रीलंका) की खबर है : 5 वर्ष पेकिङ् रहकर लौटनेवाले एक सिंहलनिवासी व्यक्ति की तलाशी लेने पर कस्टम-अधिकारियों को उसके पास से 2200 (बाइस सौ) 'माओ-बैज' मिले...

माओ-भक्त ने बहुतेरा कहा, मगर उसे अपने बैज नहीं मिले !

ऐसी भी क्या बात थी ?

श्रीलंका की सरकार 'माओ-बैज' आखिर कब तक अपनी जनता तक नहीं पहुँचने देगी ? पिछले वर्षों में महाप्रभु, युगावतार, भगवान् माओ के कितने लाख, कितने करोड़ ''छवि-पटल'' विश्वव्यापी प्रचार पा चुके हैं !

इसी उत्साह से कभी दुनिया के कोने-कोने में बौद्ध देवियों और अवतारों के 'छवि-पटल' पहुँचाए गए थे...

धरती माता की पाचनशक्ति कमजोर नहीं है। विगत शताब्दियों-सहस्राब्दियों के दर्म्यान जाने कितने महामहाप्रभुओं के 'छवि पटल' वह चट कर चुकी है !

इन 'छवि-पटलों' से क्या इतना ज्यादा घबराना था ?

x x x

दीपावली का त्योहार उत्तरोत्तर 'पटाखा-पर्व'' में तब्दील होता चला जाएगा, इस आलोक-रात्रि में जहाँ-तहाँ सैकड़ों-हजारों आदमी झुलस-झुलसकर अपनी जान गँवाएँगे ...यह कोई असगुनवाली हमारी भविष्यवाणी नहीं मान ली जाए !

इस बार दिल्ली, कलकत्ता, विजयवाड़ा आदि नगरों में जाने कितने चेहरे झुलस गए, जाने कितनों को अस्पतालों के हवाले किया गया !

मद्रास में इन्हीं पटाखों के चलते पाँच झोंपड़ियाँ जलकर राख हो गई...

जाँच-पड़ताल के लिए बाकायदा कोई कमिटी न बैठाई जाय, दीपावली के बाद वाले तीन-चार दिनों के समाचार ही दुर्घटनाओं के इतने अधिक सबूत पेश कर गए हैं कि पाठकों का जी अघा चुका है ! जय पटाखा-पर्व !! जय अग्निपर्व !!

x x x

न्यू साउथ वेल्स (आस्ट्रेलिया) के समझदार लोगों ने अभी हाल-हाल एक अनूठी सचाई की मुक्तकंठ घोषणा की है...

मोटर ड्राइव करनेवाली औरतें, मोटर ड्राइव करनेवाले मर्दों की तुलना में, कहीं कम एक्सिडेंट करती हैं !

न्यू साउथ वेल्स नगर में स्त्री-पुरुष ड्राइवर समान समय में और समान पारी में अपनी-अपनी ड्यूटी बजाते हैं, लेकिन गौर करने पर पता चला कि टैक्सियों के मर्द चालकों ने ढाई गुनी ज्यादा दुर्घटनाएँ कर डालीं।

स्त्री आद्या शक्ति ठहरी, वह भला अधिक भूल क्यों करेगी ?

x x x

पहली बार, दूसरी बार, तीसरी बार यानी बार-बार दल बदलनेवालों की जादूगरी का अंत अब निकट है ! फिर भी वर्ष-दो वर्ष लग जाएँगे, अंततः तीन-साढ़े तीन साल !

देश की सबसे बड़ी राजनीतिक पार्टी खुद ही 'इंद्रजाल का अखाड़ा' बनी हुई है...केंद्र में कांग्रेस का सुहाग-सिंदूर कब तक अमिट रहेगा ? कब तक निजलिंगप्पा जैसे पंचानन (पाँच मुँहोंवाले) अपनी सुनहली पूँछ फटकारते रहेंगे ?

'मध्यावधि' के बाद इन प्रदेशों के राज्यपाल स्वच्छंदता का अपना-अपना रिहर्सल थोड़े अर्सा के लिए स्थगित रखेंगे...परंतु दल-बदलुओं की कृपा से उनका 'छत्रभंग' अल्पकालिक ही साबित होगा ! सचिवालयों के नौकरशाह अजय-अमर बने रहेंगे !

तीस-चालीस वर्षोंवाली हमारी वह क्रांति भावना ठस पड़ गई है...दरअसल, हम किसी अलौकिक चमत्कार की प्रतीक्षा में अपना वक्त गुजार रहे हैं...

x x x

अगले आर्थिक वर्ष से (31 मार्च '66 के बाद) बैंगलौर (मैसोर राज्य) के मेहतर और भंगी पेंशन पाने लगेंगे। उनकी संख्या 3500 (पैंतीस सौ) है।

बैंगलौर सिटी कार्पोरेशन ही भारत का पहला नगर निगम है, जिसने अपने सफाई मजदूरों को यह सुविधा देने का फैसला लिया है। इस निर्णय के अनुसार कार्पोरेशन का सालाना खर्चा सात लाख रु. बढ़ जाएगा।

बैंगलौर के महानागरिकों की यह शुभ दृष्टि वहाँ के दलित-वर्ग को पूर्ण प्रसन्नता न सही, आंशिक खुशी अवश्य प्रदान करेगी।

देखना है कि कलकत्ता, बंबई, मद्रास, दिल्ली जैसे महानगरों के 'नगर पिता' अपने सर्वाधिक उपेक्षित उन हजारों 'नगर शिशुओं' (भंगियों-मेहतरों) को पेंशनवाली यह सुविधा कब देते हैं।

x x x

हजार-हजार 'सभ्य-सुवेश' दस्युजनों द्वारा सु-नियंत्रित राष्ट्र अमरीका यानी "संयुक्त राष्ट्र अमरीका" दिवंगत बलिपंथी प्रेसिडेंट केनेडी की विधवा जेक्वेलिन के पुनर्विवाह से आज अपने महादेश को परम अपमानित महसूस कर रहा है...

समूचा संयुक्त राष्ट्र तिरस्कार और ग्लानि की यह कड़वी घूँट पीकर चुप्पी मारे दुनिया की तरफ विस्मय की नजरों से देख रहा है...

एक औरत ने किस सफाई से अपने देशवासियों की नाकें तराश ली हैं ! किस चतुराई से उन्हें 'उल्लू के पट्ठे' साबित कर दिया है ! अमरीका के अंदर अरबपति मर्दों की कमी थी क्या ? तो फिर इस सुंदरी विधवा ने एक विदेशी कुबेर को क्यों चुना आखिर ?

यह बदनसीब औरत अपनी आँखों के सामने पति का वध देख चुकी थी...देवर की तड़पती लाश के खौफनाक नजारे अभी कल की घटना बेचारी के लिए ! अभागिन का दिल अवश्य ही एक ऐसी पनाह ढूँढ़ रहा होगा जो खूँखार दस्युओं की पहुँच के परे हो...

अरिस्टॉटल ओनासिस के रूप में उस बेचारी को वैसा ही 'पुरुष-सिंह' प्राप्त हुआ है, उसे आप 'दस्यु-केसरी' कह लीजिए !

बेशुमार धन-दौलत का मालिक, विशाल जलयानों का मालिक, अनेक-अनेक समृद्ध टापुओं का मालिक, आयकर हड़पने की कला में अनुपम, विभिन्न राष्ट्रों की सरकारों को छकानेवाला, अमरीकी करोड़पतियों के मुकाबले में अधिकतम खूँखार और श्रेष्ठतम आकर्पक...62 वर्षीय ओनासिस के लिए और भी कई विशेषण फिट होंगे !

[जनयुग, 10 नवंबर 1968]

□□

बुद्ध, नटराज, विष्णु, तारा आदि की पुरानी प्रतिमाओं पर चोरों की ममता अब कोई नई बात नहीं होगी। नई बात तो तब होती कि दादा भाई-तिलक-गाँधी-सुभाष की आ-वक्ष मूर्तियों के प्रति भी इन तस्करों में आकर्षण पैदा होता...

हाँ, बापू की प्रतीक मूर्तियाँ निकट-भविष्य में ही चाँदी-सोने की बनने लग जाएँगी, इसमें रत्ती-भर भी संदेह की गुंजायश नहीं है। गाँधी-छाप नोट भी तो निकलनेवाले हैं न ?

इस दिशा में नई संभावनाओं की टोह लेते समय अवश्य ही गाँधी-जवाहर पर राष्ट्रीय-अंतर्राष्ट्रीय तस्करों का ध्यान बार-बार केंद्रित होगा।

x x x

लगभग 10,000 (दस हजार) प्राथमिक शिक्षकों ने नई दिल्ली में संसद भवन से जरा हटकर अपनी संघ-शक्ति का प्रदर्शन किया। प्रदर्शन में 500 अध्यापिकाएँ भी शामिल थीं...

प्राथमिक पाठशालाओं का शिक्षक-शिक्षिका-समूह पहली बार ही अखिल भारतीय स्तर पर इस तरह संगठित हुआ है...

1947 ई. में भारत ने पूर्ण स्वतंत्रता हासिल की—और तभी से हमारे स्वदेशी महाप्रभु प्राईमरी स्कूलों के इन 'गुरुजी' लोगों को ठगते आ रहे हैं ! त्याग और तपस्या वाले प्रवचनों की अमृतधारा इतना अधिक बहाई जा चुकी है कि...

आर्थिक हैसियत किस तरह सुधरेगी इनकी ?

जीवन और जगत् के बुनियादी सबक वे हमारे बच्चों को कैसे दे सकेंगे ?

असम (राज्य) के विधायक हीरालाल पटवारी के सुदृढ़ नेतृत्व में प्राईमरी शिक्षक-समुदाय का नई दिल्लीवाला यह प्रदर्शन समय-सूचकता के लिहाज से जरा भी कम महत्त्वपूर्ण नहीं समझा जाना चाहिए।

x x x

शत्रु-पक्ष की सैन्य-सामग्री को नष्ट-भ्रष्ट या ध्वस्त-व्यस्त कर चुकने के बाद, और, ध्वंस के उन अवशेषों को अपने अधिकार में लेने के बाद, उस बची-खुची 'वस्तु-राशि' का इस्तेमाल विजयी पक्ष सनातन काल से करते आए हैं। विश्व साहित्य में इसका उल्लेख बहुतायत से मिलता है। थोड़ी-सी कोशिश करने पर इस सिलसिले में ढेरों कोटेशन मिल जाएँगे...

परंतु इस दिशा में उत्तर वियतनाम के सैनिक अधिकारियों ने अपनी आर्डिनेन्स फैक्टरियों के जरिए कुछ और ही ढंग का काम लेना शुरू कर दिया है...वे ध्वस्त अमरीकी विमानों की अलमुनियम से अँगूठियाँ तैयार करवा रहे हैं। अलमुनियम की उन अँगूठियों को उपहार के तौर पर अब बाहर भेजा जा रहा है।

उत्तरी वियतनाम में अब तक 3239 अमरीकी विमान गिराए जा चुके हैं...आशा है, अलमुनियम की करोड़ों अँगूठियाँ सारे संसार में वितरित होंगी और अगणित शांतिप्रिय नर-नारी यह उपहार पाकर अपने को धन्य-धन्य मानेंगे !

x x x

"अपना पैंट तो पहन ले !" 60 साल की लज्जावती कनाडियन माता जोरों से चीख पड़ी !

वह अपने पुत्र का अभिनय देखने के लिए ही कनाडा से लंदन पहुँची थी, हवाई जहाज से आई थी।

अभिनेता 'सपूत' (लुइस नेगिन) अपनी माँ का खीझ भरा ऐतराज सुनते ही स्टेज

छोड़कर अंदर (नेपथ्य में ? ग्रीन रूम में ?) चला आया...

कुछ ही क्षणों के बाद वह फिर मंच पर दिखाई पड़ा।

अब के, वह 'बिलकुल नंगा' नहीं था। चुस्त अंडर-पैंट डाटे हुए था!...

साथ ही, उद्‌घोषक की कैफियत सुनाई पड़ी—

"किसी की माँ को कोई खास भूमिका पसंद नहीं आएगी, इसीलिए हम अपने कार्यक्रम में हेर-फेर कर डालें, ऐसा नहीं होने का..."

कनाडा से अपने पुत्र का अभिनय देखने के लिए लंदन आई हुई वह लाजवंती महिला शायद हाल के अंदर अंत तक नहीं बैठी होगी !

नाटक का शीर्षक था : 'भाग्य और इन्सान की आँखें' (Fortune and Men's Eyes)। नेगिन उसमें एक नग्न समलैंगिक का रोल अदा कर रहा था। नग्न, अश्लील और सेक्सी अभिनयों पर से 230 वर्षों का पुराना सेन्सर ब्रिटेन में हटा लिया गया है—अभी-अभी, इसी विगत सितंबर में।

x x x

एक छात्र नेता के पूछने पर महर्षि महेश योगी ने अपनी जादुई मुस्कान छिटकाकर उससे कहा—"जब मनुष्य को वास्तविक आनंद की अनुभूति हो जाएगी तब मांस और मदिरा खुद ही उसका पिंड छोड़ देंगे...वह स्वयं उनका त्याग करे, इसकी आवश्यकता नहीं।"

विस्तारपूर्वक समझाते हुए महायोगी बोले—"फ्रांस में तो लोग पानी की तरह शराब का सेवन करते हैं, फिर भी उन्होंने हमारे इस ध्यान-योग से लाभ उठाया..."

महर्षि का ध्यान-योग का कोर्स बेहद लचकीला है।

इस 'ध्यान-योग' का आरंभ करते समय किसी प्रकार की हीनता-ग्रंथि अपने अंदर उभरने नहीं देना चाहिए...

सौ-सौ महा-व्याधियों पर महेश योगी का नुक्सा 'रामबाण' साबित होगा। आश्चर्य की बात तो यह है, हमारे उप-प्रधानमंत्री (मोरारजी भाई) का ध्यान महर्षि की तरफ कतई नहीं जा रहा है।

[जनयुग, 24 नवंबर 1968]

□□

छात्रों के विक्षोभ की अग्नि कहाँ, कब, किस तरह भड़क उठती है...भड़क उठेगी...इसका कोई अंदाज हमें मिल सकता है क्या ?

नहीं अर्जुन नागा, यह कोई अदना-सा झमेला है ! तुम भला किस खेत की मूली हो बाबा ! जब हमारे शिक्षामंत्री मान्यवर श्री त्रिगुणसेन को ही पसीना छूट रहा है, और जब हमारे गृहमंत्री महोदय (अभिनव शिवाजी) यशवंत राव जी का माथा दर्द कर

रहा है, तो...

तो ? हाँ, तो साहब ?

तो, इस मसले पर तुम ससुर क्यों अपने दिमाग का भूसा जला रहे हो ?

देखो साथी, इस तरह न फटकारो कि दिल के दौरे आने लग जाएँ ! हाँ !

यह भी खूब कहा ! तुमको भला दिल के दौरे आएँगे ?

हम काठ हैं क्या ? इन्सान नहीं हैं हम ?

इन्सान की दुम ! औघड़ कहीं के !

तो लो, सुन लो ! एक औघड़ के नाते हम छात्रों की इन खुरापातों पर तालियाँ ही बजाएँगे...

अच्छा, ऐसी बात है ?

x x x

जुल्फिकार अली भुट्टो संप्रति पाकिस्तान की जेल के अंदर 'शाही नजरबंद' के नाते आराम फर्मा रहे हैं...

जनाब भुट्टो वर्षों तक फील्ड मार्शल अयूब की नाकों के बाल थे। उन्हें पाकिस्तानी प्रेसिडेंट का दाहिना हाथ समझा जाता था। ब्रिटेन और चीन के आला दिमाग उन पर दिलो-जान से फिदा थे...

और आज ?

आज भुट्टो सदर अयूब के लिए दुश्मन नंबर-1 नहीं तो दुश्मन नंबर-2 अवश्य हैं !

भुट्टो अपनी तरुणाई के दिनों में 'अनुपम सुंदर' थे। आज भी उनका चेहरा 'शिशुमुखी कट' का है। पाकिस्तान के तब के प्रेसिडेंट मिर्जा इस्कंदर के दिल में इस तरुण के लिए बहुत कमजोरी थी। वह जाते-जाते इस 'सुदर्शन कुमार' को अयूब की गोद में बैठा गए। फिर तो तानाशाह अयूब ने भुट्टो को अपने कंधों पर ही बैठा लिया !

अब देखिए, भुट्टो का भाग्य कैसे करवट लेता है !

[जनयुग, 15 दिसंबर 1968]

□□

इन दिनों सौंदर्य-प्रतियोगिता महानगरों में मनोरंजन की खास खुराक बन रही है।

अभी कुछ दिन पहले कलकत्ता के आर्डनेन्स क्लबवालों ने फैशन-परेड और सौंदर्य प्रतियोगिता आयोजित की।

खूबसूरती के दंगलों में 24 छोकरियाँ शरीक हुईं। रतना चक्रवर्ती 'नंबर-1' घोषित हुई। रजनी गुप्ता और शोभा सदारंगानी को दूसरा और तीसरा स्थान मिला।

फैशन-परेड में आठ तरुणियों ने 56 प्रकार की लिबासों में हिस्सा बँटाया...

दर्शकों में, खैर हम तो नहीं थे मगर बाकी बहुत-सारे सयाने लोग रहे होंगे...

तो, क्या इन खबरों से हमें आंतरिक प्रसन्नता नहीं होनी चाहिए ?

x x x

श्री जयप्रकाश नारायण ने जीवनदान एक युग पहले (12 वर्ष पहले) ही कर दिया था, अब उन्होंने अपनी आँखों का भी दान कर दिया !

क्या हम अब भी उनकी त्याग-भावना से 'अभिभूत' न होंगे ?

नहीं होंगे अभिभूत ?

(कान-दान कर देंगे यानी सुनना बंद कर देंगे !)

और, जयप्रकाश जी अपनी सत्तरवीं वर्षगाँठ के सुअवसर पर शायद अपनी जीभ ही दान कर दें...

नहीं साहब, जीभ नहीं मिलेगी आपको।

जयप्रकाश बाबू अगर अपनी जीभ ही दान कर देंगे तो आप उनका प्रवचन भला कैसे सुनिएगा ?

बहरहाल, जयप्रकाश बाबू को काली माई की कृपा से अभी-60-65 वर्ष और जीवित रहना है। अर्थात सन् 2023 ई. के बाद भारतीय चक्षु-विज्ञान-विशारदों की प्रयोगशाला के अंदर इस महामानव के चक्षु-गोलक सुरक्षित पहुँच पाएँगे !

फिर क्या होगा ?

सदियों तक इस 'चक्षु-दान' का विज्ञापन होता रहेगा !

x x x

काठमांडू (नेपाल) हिमालय की गोद में आबाद है।

वह एक ऐसा नगर है, जिसकी खूबियाँ समूची दुनिया को अपनी तरफ आकृष्ट करती रहेंगी।

विश्व-भर के कूटनीतिज्ञ आए दिन काठमांडू के चक्कर लगाने लगे हैं। कई महाद्वीपों को मिलानेवाले जेट-विमान नेपाल की राजधानी के उस छोटे सँकरे एरोड्राम (गौचर हवाई अड्डा) को अपना स्पर्श-सुख पहुँचाने आते हैं।

अमेरिका, यूरोप और इंग्लैंड की तरुण-युवक औघड़ पीढ़ी (हिप्पियों की जमात) काठमांडू घाटी को अपना 'पंचमकार-साधना' के लिए आदर्श दिव्य-धाम मानने लगी है, सामयिक घटनाओं से सुपरिचित पाठक यह बात भली-भाँति जानते होंगे।

इन दिनों, जाड़ा आ जाने पर, काठमांडू से एक ऐसी खबर प्रसारित हुई जिसने 'बेचारे' 'हिप्पियों' के 'कुशल-मंगल' चाहनेवालों को भारी परेशानी में डाल दिया है।

कहते हैं कि वहाँ सर्दी में ठिठुरकर दसियों हिप्पी अपने प्राण गँवा चुके हैं।

कहते हैं, पौष्टिक खुराक के अभाव में इन हिप्पियों की तंदुरुस्ती चौपट हो गई थी।

कहते हैं, ठंड से बचने के लिए उनके पास न ऊनी कंबल थे, न रुईवाली रजाइयाँ ही थीं...बस, सूती बनियान और मामूली निकर ही थे बदन पर !

कहते हैं, गाँजा-चरस, मारि-जुआना, एल.एस.डी. आदि मादक पदार्थ ही बेचारों का मुख्य आहार था...

हमें लेकिन इस खबर से तनिक भी झटका नहीं लगा।

परम पवित्र जलवाली बाग्मती नदी के किनारे देवाधिदेव पशुपतिनाथ और स्वयंभूनाथ की छत्रछाया के नीचे दस-बीस हिप्पी साधकों का इस प्रकार निर्वाण प्राप्त करना भूमंडल में व्याप्त समूचे हिप्पी समाज के लिए अंततः कल्याणकारी ही साबित होगा।

[जनयुग 22 दिसंबर 1968]

●●●

नागार्जुन रचनावली - 7

[बालसाहित्य, डायरी और पत्र]

लुधियाना
[illegible]. ९. '४१.

प्रियवर,

मालूम पड़ता है, आप सिर से लेकर पैर तक केवल हृदय ही हृदय हैं और इसी सहृदयता ने आपको मैत्रेय बोधिसत्त्व की ओर आकर्षित किया है। है न? मुझे पूर्ण विश्वास है कि मतवाली मीरा भी आपकी लेखनी द्वारा लोकोत्तरानन्द की अक्षय स्रोतस्विनी बहाएगी। कवि रवीन्द्र पर एक मुक्तक छंद लिखा है। उसे 'हिंदुस्तान' में भेज रहा हूँ। देखें, पत्रव्यवहार सदा चलता रहे। 'विशाल भारत' में अभी अभी एक मेरी कथा वैद्यनाथ मिश्र [illegible] (ब्राह्मण) नाम से प्रकाशित हुई है। "बादल को घिरते देखा है" लाहौर के 'विश्वबंधु' में छपा है। और नया कुछ लिखा नहीं—

—नागार्जुन.

19.5.88

प्रियवर पांडेयजी,

हम 22 की शाम को "मगध एक्सप्रेस" से प्रस्थान करके, 23 को सबेरे मोगलसराय उतरेंगे, वहाँ से गोदौलिया — तब शिवाला घाट..

हमारी मुलाकात 28-5 को होगी... हम 2 जून को वाराणसी से पटना पहुँचेंगे

नागार्जुन
आपका

बच्चों को आशीष... ना

नागार्जुन रचनावली

7

सम्पादन-संयोजन

शोभाकान्त

राजकमल प्रकाशन
नयी दिल्ली पटना इलाहाबाद

मूल्य : ₹ 5500
सात खंडों का सम्पूर्ण सेट

पहला संस्करण : 2003
पहली आवृत्ति : 2011

प्रकाशक : राजकमल प्रकाशन प्रा. लि.
1-बी, नेताजी सुभाष मार्ग
नई दिल्ली-110 002

शाखाएँ : अशोक राजपथ, साइंस कॉलेज के सामने, पटना-800 006
पहली मंजिल, दरबारी बिल्डिंग, महात्मा गांधी मार्ग, इलाहाबाद-211 001

वेबसाइट : www.rajkamalprakashan.com
ई-मेल : info@rajkamalprakashan.com

आवरण-चित्र : अशोक महेश्वरी

मुद्रक : बी.के. ऑफसेट
नवीन शाहदरा, दिल्ली-110 032

NAGARJUN RACHANAVALI-7
Edited by Shobha Kant

ISBN : 978-81-267-2151-1

और यह अन्तिम खंड...

प्रायः सभी बड़े रचनाकारों ने बच्चों और किशोरों के लिए साहित्य लिखा है। विश्व-प्रसिद्ध रचनाओं का अपनी भाषा में बालोपयोगी रूपान्तरण भी बड़े रचनाकारों ने किया है। इस तरह के रूपान्तरण को मौलिक लेखन का अंग मान लिया गया है। प्रौढ़ पाठकों ने भी ऐसी कृतियों की सराहना की है। नागार्जुन ने भी बाल साहित्य एक अच्छी मात्रा में लिखा है।

रचनाकार होने के आरम्भिक दौर में ही नागार्जुन 'दीपक' (मासिक पत्र, अबोहर, पंजाब) के सम्पादक बने। उस पत्र में बच्चों के लिए भी कुछ पृष्ठ सुरक्षित होते थे। सम्भवतः बाल साहित्य लिखने की बात वहीं से उपजी है। इस बात की सम्भावना भी है कि छद्म नाम से 'दीपक' में बाल साहित्य की दो-चार रचनाएँ हों, जिन्हें हम निश्चित रूप से उनकी रचनाएँ कह सकने की स्थिति में नहीं हैं। इसी पत्र में 'असमर्थदाता' नाम से 'अकिंचन' की कहानी छाप चुके थे, जो वर्षों बाद 'विशाल भारत' में बैद्यनाथ मिश्र के नाम से छपी। बाल साहित्य में ऐसा कुछ दिखा नहीं है मुझे।

जाने-पहचाने रचनाकार के रूप में ख्याति मिलने लगी तो बाल-पत्रिकाओं की ओर से रचनाओं की माँग स्वाभाविक ही थी। यह एक रोचक तथ्य है कि नागार्जुन ने अधिकांश बाल-साहित्य पटना में लिखा है। कारण शायद स्थानीय सम्पादक मित्रों का स्नेहपूर्ण आग्रह रहा हो, या फिर रचना तैयार होते ही भुगतान। पटना से एक जमाने में 'बालक', 'चुन्नू-मुन्नू' और 'किशोर' जैसी बालोपयोगी और किशोरोपयोगी नामी पत्रिकाएँ निकलती थीं। नागार्जुन का अधिकांश बाल-साहित्य इन्हीं पत्रों में छपा है। वे इन पत्रिकाओं में कई महीनों तक लगातार दिखाई पड़ते हैं।

'पारो' (मैथिली उपन्यास, 1946 ई.) पटना के ग्रन्थमाला कार्यालय, पटना से प्रकाशित हुआ था। वहीं से 'किशोर' भी निकलता था। जून 1946 के 'किशोर' में नागार्जुन का बाल-साहित्य दीखता है। फिर 'बालक' और 'चुन्नू-मुन्नू' में।

विद्यापति रचित 'पुरुष-परीक्षा' नागार्जुन की प्रिय पुस्तकों में रही है। संस्कृत भाषा की इस अनुपम कृति का भाव-रूपान्तरण वे 1953 से ही जब-तब करने लगे थे। सम्पूर्ण 'पुरुष-परीक्षा' का छाया रूपान्तरण वे नहीं कर पाए। 1964 ई. में 'विद्यापति के सौ गीत' का प्रकाशन हुआ था। इसके तुरन्त बाद ही 'पुरुष-परीक्षा' की कहानियों के रूपान्तरण को एक साथ संकलित करने की बात उठी। कुछ का भाव-रूपान्तरण तो किया ही था, कुछ और किया। फिर 1964 ई. में ही 'विद्यापति की कहानियाँ' का प्रथम

प्रकाशन हुआ। 'पुरुष-परीक्षा' की अड़तालीस कहानियों में से केवल तेरह का ही यह छाया रूपान्तर है। ये तमाम कथाएँ नीतिपूर्ण हैं। काफी वर्षों तक 'विद्यापति की कहानियाँ' अनुपलब्ध रहने के बाद 1984 ई. में इसका नया संस्करण छपकर आया। इस नए संस्करण में कुछ भी परिवर्तन नहीं किया गया। हाँ, इसी पुस्तक से कुछ कहानियों को लेकर 'चार चोर' और 'षट्शास्त्री' नाम से दो बाल कहानी-संग्रह प्रकाशित किए गए।

रामकथा का एक किशोरोपयोगी रूपान्तर नागार्जुन ने भी 1954-55 ई. में पटना रहते हुए तैयार किया। वाल्मीकि और तुलसी—दोनों के राम को सामने रखकर यह पुस्तक तैयार की गई। पटना से पहली बार प्रकाशित इस पुस्तक का नाम था—'मर्यादा पुरुषोत्तम राम'। फिर इसका एक संस्करण 'भगवान राम' के नाम से पटना से ही छपा। अब यह पुस्तक 'मर्यादा पुरुषोत्तम' नाम से प्रकाशित है।

1958 ई. में 'कथा मंजरी' नाम से बच्चों के लिए कहानियों का एक संग्रह प्रकाशित हुआ दिल्ली से। इसकी कहानियाँ पूर्व में पत्र-पत्रिकाओं में प्रकाशित हो चुकी थीं। सरल भाषा-शैली और सहज वाक्य-विन्यास के कारण यह संग्रह चर्चित रहा। काफी दिनों बाद, 1978 ई. में इस संग्रह को 'सयानी कोयल' नाम से प्रकाशित किया गया। 'वीर विक्रम' नामक एक लम्बी बाल कथा को इसी नाम से 1956 ई. में पहली बार पटना से प्रकाशित किया गया था। अब यह पुस्तक इसी नाम से प्रकाशित है। 'अद्भुत टापू' का प्रकाशन 1966 ई. में राँची से हुआ था। इसमें दो कहानियाँ थीं। 1979 ई. में इस पुस्तक का नाम बदलकर 'अनोखा टापू' किया गया, जो दिल्ली से प्रकाशित है।

'प्रेमचन्द' पुस्तक पहली बार पी.पी.एच. की बहुचर्चित बाल-जीवनीमाला सीरीज़ के अन्तर्गत् 1962 ई. में प्रकाशित हुई। इस पुस्तक के अब तक कई संस्करण हो चुके हैं।

1955 ई. के अन्तिम महीने के बाद मई 1956 ई. में पटना रहते हुए नागार्जुन ने बाल और किशोर रचनाकारों से सीधा सम्पर्क जोड़ा। उन दिनों बिहार से निकलनेवाले प्रमुख साप्ताहिक 'योगी' ने अपने बाल स्तम्भ 'होनहारों की दुनिया' को सँभालने का जिम्मा नागार्जुन को दिया था; अर्थात् 'होनहारों की दुनिया' के. 'बुझावन काका' नागार्जुन बने। सबके साथ आसानी से घुल-मिल जाने के लिए अपने समय में विख्यात रहे हैं वे। बच्चा, युवा, वृद्ध, महिला या पुरुष, किसी भी उम्र का पाठक क्यों न हो, नागार्जुन से उसकी आन्तरिकता तुरत हो जाती थी। वे हमउम्र हो जाते। इस क्रम में उन्हें यह अच्छा लगता यदि 10-12 वर्ष का कोई किशोर अपनी लिखावट में, छोटी कहानी या आठ पंक्तियों का छन्द जोड़कर सामने लाता। बहुत दुलार के साथ उस छन्द की मात्रा को समझाकर या गद्यांश को थोड़ा वाक्य परिवर्तन कर पुनः लिखने के लिए प्रेरित करते। यों नागार्जुन नए लोगों को गद्य लिखने को ज्यादा कहते।

पटना का साप्ताहिक 'योगी' और पटना की गलियों, बाजारों, सड़कों पर चिर-परिचित मुद्रा में दिखनेवाले नागार्जुन 'बुझावन काका' बने तो परिचित परिवारों के बच्चे तो उस

स्तम्भ में जुटे ही, दूर-दराज देहातों के नवांकुरों ने भी बुझावन काका से सीधा या पत्र सम्पर्क जोड़ा। बाल स्तम्भ कैसा हो, कैसे नए तुरन्त कलम पकड़कर लिखें—यह सब काका की तरफ से लिखे पत्रों से स्पष्ट हो जाता है। यदि यह स्तम्भ नागार्जुन वर्ष-दो वर्ष भी सँभाल लेते तो बहुत बड़ी बात होती।

पटना से ही एक मासिक 'छात्र-सखा' भी निकलता था। हाईस्कूल के छात्रों के लिए विभिन्न विषयों की सामग्री के साथ हिन्दी की विशेष सामग्री छपती थी इस पत्रिका में। इस पत्रिका के कुछ अंकों में 'तुकों का खेल' धारावाहिक प्रकाशित हुआ था। 'छात्र-सखा' पत्रिका के दो ही अंक हम बहुत प्रयास के बाद खोज पाए जबकि वह पत्रिका बहुत पुरानी नहीं थी। बिहार के छात्रों की पत्रिका होने के कारण इसकी फाइल किसी पुस्तकालय में नहीं है।

'तुकों का खेल' के इन दो अंकों में बच्चे छन्द कैसे जोड़ें, कविता किस तरह लिखें—इसी विषय को आधार बनाकर नागार्जुन ने कथा-गुंफन किया था।

रचनावली के इस खंड में हम नागार्जुन के डायरी-लेखन को पहली बार पाठकों के सामने रख रहे हैं। उनके समकालीन कई लोगों ने बताया कि कभी-कभार मास-पन्द्रह दिनों के उपरान्त डायरी में वे बड़े ही मनोयोग से व्यक्तिगत, सामाजिक, राजनीतिक आदि समस्याओं तथा सन्दर्भों पर लिखा करते थे। डायरी के शुरुवाले पृष्ठ पर बड़े अक्षरों में 'यत्किंचित' लिख देते। यह 'यत्किंचित' शब्द उन्हें खूब भाता इस तरह के लेखन के लिए। 'जनयुग' (हिन्दी साप्ताहिक, दिल्ली) और 'मिथिला दर्शन' (मैथिली मासिक, कलकत्ता) के कुछ अंकों में उन्होंने इसी शीर्षक के अन्तर्गत स्तम्भ भी लिखा था। यह तो बाद की बात है। डायरी तो यदा-कदा शुरू के दिनों में भी लिखते थे और सम्भवतः 1971-72 ई. तक यह क्रम रहा। बाद में यह क्रम टूट क्या गया, छूट ही गया।

मुझे केवल दो डायरियाँ मिलीं। उन दोनों में जितना भी जो कुछ लिखा है, उसे हम यहाँ प्रस्तुत कर रहे हैं। लिखित नोट, बुक-कापियाँ-डायरियाँ बराबर खोती रहीं। उनकी खोई बिसरी सामग्रियों में सम्भवतः यह सबसे अमूल्य सामग्री है—ऐसा मेरा मानना है। पुस्तकें खोईं, फिर खरीद ली गईं। कविताएँ खोईं तो वे कविताएँ तो नहीं, कुछ और कविताएँ लिखी गईं, पर 'यत्किंचित' वाली डायरी फिर नहीं लिखी गई, किसी भी रूप में। पहली उपलब्ध डायरी 30 जनवरी, 1967 से 25 सितंबर, 1967 के बीच की है, शेष डायरी खाली है। बिना तिथि और लाइनवाली सादी मोटी डायरी है यह।

दूसरी डायरी के कुछ पृष्ठों में नागार्जुन ने अपनी रूस-यात्रा को अति संक्षिप्त रूप में कलमबद्ध किया, शेष पृष्ठ सादे हैं। यह डायरी तिथि और पक्की प्लास्टिक जिल्दवाली है।

क्योंकि रचनावली किसी भी रचनाकार के समग्र लेखन का मुकम्मल रूप होता है, अतः रचनावली के इस खंड में हम नागार्जुन के लिखे हजारों पत्रों में से कुछ पत्र भी प्रस्तुत कर रहे हैं।

पत्र लेखन भी रचनाकार के रचनात्मक-कर्म का एक आवश्यक अंग माना गया है। पत्र-लेखन कला को कमोबेश हर कोई जानता है, भले ही वह रचनाकार न हो। संवाद का एक माध्यम पत्राचार भी तो है, जो सर्वाधिक सहज और सुलभ भी है ! पत्र लेखन एक रुचिकर कला है। पत्र में पत्र लिखनेवाला जिस तरह अपने को खोलता है, उसी तरह जिसको पत्र लिखा गया है वह भी स्पष्ट होता जाता है।

यों हमें बचपन में सिखाया गया था कि दूसरों की चिट्ठियाँ या डायरी कभी मत पढ़ना ! उस समय दूसरों के नाम पत्र पढ़ने में बड़ा मजा आता था। खैर ! पत्र तो बिल्कुल निजी होते हैं। पर जैसे-जैसे किसी व्यक्ति का विकास चिन्तक या सृजक के रूप में होता जाता है तो पत्रों से निजता हटती जाती है। फिर पत्र मात्र सम्बोधित व्यक्ति का नहीं रहता। उन पत्रों में कुछ न कुछ ऐसी बातें होती हैं जो लिखनेवाले के सृजनशील व्यक्तित्व का परिचय देती हैं, जिसे जानना-समझना आवश्यक होता है, सजग पाठकों के लिए। रचनाकार का जीवन निजी नहीं रहता, उसका जीवन खुली किताब की तरह हो जाता है, जहाँ सब कुछ स्पष्ट और पठनीय है।

किसी रचनाकार के पत्रों को संग्रह करना एक कठिन काम है। पत्र कहाँ होंगे, किसके पास होंगे—इसकी जानकारी यदि मिल भी जाए और पत्र सुरक्षित न रह पाएँ हों ! यह भी होता है कि जब तक कोई व्यक्ति कुछ हो नहीं लेता तब तक हम उसके पत्र को सुरक्षित रखने लायक नहीं समझते। यदि व्यक्ति व्यवस्थित ढंग से नहीं रहता तो पत्रों को कहाँ रख पाएगा। नागार्जुन के पास कितने लोगों के कैसे-कैसे पत्र होते, यदि वे किसी एक जगह निश्चित आवास रखते।

पत्रों की सुरक्षा में कागजखोर कीड़े-मकोड़े बड़े बाधक हैं। फिर प्राकृतिक आपदा, बाढ़ और आग लगना भी पत्रों को नष्ट करते हैं। आवास परिवर्तन और चोरी की घटना में भी पत्र नष्ट होते हैं। फिर भी कुछ न कुछ पत्र मिलते ही हैं, यदि संकलन-कर्ता लग जाए तो।

नागार्जुन अपने समय में सम्भवतः सबसे बड़े पत्र-लेखक के रूप में भी स्थापित हो चुके थे। जैसा उनका जनसम्पर्क का संसार विशाल था, वैसी ही पत्र सम्पर्क की बड़ी दुनिया थी। न जाने कितने हजार पत्र उन्होंने अपने घुमन्तू जीवन में लिखे होंगे। मुझे लगभग सौ के आसपास वैसे पोस्टकार्ड-अन्तर्देशीय पत्र मिले, जिन पर मात्र उन्होंने पत्र पानेवालों का पता लिख छोड़ा है। शायद फुर्सत से लिखते—ऐसा सोचा होगा और वे पता लिखा पोस्टकार्ड, अन्तर्देशीय, कहीं कागजों, पुस्तकों के बीच में, साप्ताहिक, मासिक पत्र-पत्रिकाओं के बीच पड़ा रह गया। इस तरह के पते लिखे कार्ड आदि न जाने कहाँ-कहाँ होंगे !

नागार्जुन के पत्र लिखने का ढंग भी अपना खास था। सैकड़ों कार्ड पड़े हों, फिर भी उनके लिखे पोस्टकार्ड दूर से ही पहचान लिए जाएँगे। पोस्टकार्ड पर जहाँ पत्र पानेवाले का पता लिखने की जगह होती है और आधी जगह पत्र लिखने के लिए, उस आधी जगह में नागार्जुन बड़े अक्षरों में अपना पता लिखा करते। कुछ कार्डों पर अपने

पते के ऊपर तारीख लिखते।

अन्तर्देशीय के भीतरी पृष्ठों को अपनी सुविधा के अनुसार जैसे-तैसे लिखते। हाँ, पत्र पानेवाला परेशान न हो, इसलिए पृष्ठों पर नम्बर डाल देते। कभी-कभी हाशिए पर दो बारीक अक्षरों में लिखते, दो कालम बनाकर। कालमों को क्रम से अवश्य लगाते। अन्तर्देशीय में कभी-कभी भीतर भी अपना पता डालते। और, कभी-कभी 'पत्र भेजनेवाले का पता' की जगह पर उस नगर का नाम मात्र लिखते, जहाँ से पत्र लिख रहे होते।

पत्र कैसे शुरू हो, बातों का क्रम किस प्रकार बदला जाए, अपना पता और तारीख आदि अपने 'खास' तरीके से लिखते। पहले तो 'पिनकोड' नहीं था। जब से चालू हुआ, नागार्जुन पत्रों में 'पिनकोड' नहीं डालते। सम्भवतः पिन नम्बर को याद करना या पत्रों से उतारना कठिन लगता। कभी-कभी सादे लिफाफे पर उचित डाक टिकट से कम का डाक टिकट भी लगाते और लिफाफे के ऊपर ही लिखते Stamped...Paise इसे अंडरलाइन करते। तर्क था इसके पीछे कि यह पत्र पहुँचेगा, क्योंकि पोस्ट ऑफिस को पैसा वसूलना है।

पत्र लिखने को वे एक रचनात्मक काम मानते थे। बड़ा पत्र तो मनोयोगपूर्वक लिखते। पत्रों में अपने कार्यक्रमों की सूचना, जहाँ से पत्र लिखते उस निवास-स्थान की सूचना-सन्दर्भित बातें और स्थानीय भूगोल के साथ वहाँ की सामाजिकता दे देते। उन पत्रों में वे तरल हृदयवाले भावुक कवि के साथ ही एक निकटस्थ विचारक की तरह लगते हैं, जो पत्र-वाचक की सभी उलझन-भ्रान्ति को दूर करने का सामर्थ्य रखता हो। छोटे-छोटे पत्र, यहाँ तक कि मात्र एक वाक्य के भी उनके पत्र होते। यह एक वाक्यवाला पत्र अलग तरह का स्वाद देता—इन पत्रों का अपना महत्त्व है।

पत्र डाक में खो जाए या जिसे पत्र लिखा गया है, उसकी लापरवाही से पत्र इधर-उधर हो जाए और इसकी सूचना मिलती तो नागार्जुन को बड़ा कष्ट होता। एक पत्र में उन्होंने लिखा है—"अगर मेरे पत्रों को इसी प्रकार ऐरे-गैरे हवाले आप भविष्य में भी करते चले तो मैं इतनी मेहनत से और इस प्रकार खुलकर विस्तार से तुम्हें क्यों पत्र लिखने लगा !"

सम्भवतः हजारों पत्र नष्ट हुए और हजारों पत्र देश-विदेश के विभिन्न भागों में सुरक्षित भी होंगे। यह भी नहीं कि जिनके पास पत्र हों, वे सबके सब साहित्यिक रुचि के ही हों, पर नागार्जुन उनके अपने अवश्य हैं। पत्रों को यहाँ-वहाँ से बटोरता चला आ रहा हूँ, लगभग दो हजार पत्र जमा हो पाए। दो पुस्तकें 'बाबा नागार्जुन' नरेन्द्र कोहली और 'मैं पढ़ा जा चुका पत्र'—नन्दकिशोर नवल, आ चुकी हैं जिनमें नागार्जुन के काफी पत्र एक साथ मिलते हैं। कुछ पत्र पत्र-पत्रिकाओं में आ चुके हैं। इस तरह ढाई हजार पत्रों में से कुछ पत्र रचनावली में दिए जा रहे हैं।

नागार्जुन के निजी पारिवारिक लोगों में से दो के नाम पत्र यहाँ हैं। एक, रत्नेश

चौधरी, उनके बड़े दामाद जो सदा पुत्रवत् रहे और नागार्जुन उनसे खुलते भी खूब हैं। दूसरा, रचनाकार की पत्नी अपराजिता के नाम पत्र एवं अपराजिता देवी के नाम निश्चित ही सैकड़ों पत्र होने चाहिए थे। पर, वह ग्रामीण महिला पत्र का महत्त्व भला क्यों समझे। मुझे चार पत्र मिले। दो को कीड़ों ने पढ़ने योग्य न रहने दिया, दो पाठक देख रहे हैं।

सारे पत्रों को यहाँ यों भी देना सम्भव नहीं था। पत्रावली की योजना तभी पूरी हो सकती है जब उनके लिखे पत्रों में से पचास प्रतिशत भी मिल जाएँ। पत्र जो उपलब्ध हो रहे हैं वे 55 के बाद के हैं। उससे पूर्व के पत्र प्रायः नहीं मिल पा रहे हैं। प्रयास है कि शीघ्र ही उनके पत्रों को जो भी जहाँ से, प्राप्त हो सकें, एक नए ढंग से पुस्तकाकार रूप दिया जाए। मित्रों और नागार्जुन से सम्पर्कितों से मेरा पुनः व्यक्तिगत आग्रह है कि वे इसमें सहयोग करें।

मैं आभारी हूँ उन सभी मित्रों, परिचितों का, जिन्होंने अपने पास सुरक्षित पत्रों को इस विश्वास के साथ मुझ तक पहुँचाया कि मैं समय पर उन पत्रों का उपयोग कर लूँ।

और अन्त में, चाहता था कि नागार्जुन के विभिन्न आयुक्रम के चित्रों को भी यहाँ सजाया जाए। पर ऐसा सम्भव नहीं हो पाया। उनके जैसे घूमन्तू, फक्कड़, लापरवाह व्यक्ति के फोटो न जाने कितनी भंगिमाओं में अखबारों, पत्र-पत्रिकाओं में दिखे, जाने-पहचाने हो गए। पर 1955 ई. के पूर्व के फोटोग्राफ्स नहीं दिखे, न मिले। बौद्ध भिक्खु नागार्जुन, किसान आन्दोलन के नागार्जुन, जनसंघर्षों के अगली कतार वाले नागार्जुन कहाँ कहीं दिखे तस्वीरों में...तो फिर यहाँ रचनावली के विभिन्न खंडों की तस्वीरों में, अधिकांश वे तस्वीरें हैं जो अब तक कहीं दिखीं नहीं ! हम आभारी हैं इन तस्वीरों के छायाकारों के।

रचनावली की पूर्णता संदिग्ध है—यह मानने में जरा भी संकोच नहीं है। नागार्जुन की रचनाओं के सन्दर्भ में उनके प्रथम काव्य संग्रह 'युगधारा' (1935 ई.) का प्रकाशकीय हमेशा याद आएगा—"कुछ खो गई हैं, कुछ खो जाने की स्थिति में हैं, कुछ मित्रों के पास बिखरी पड़ी हैं और बाकी इस यात्री कवि के थैले में दरभंगा-पटना-इलाहाबाद-दिल्ली, दिल्ली-इलाहाबाद-पटना-दरभंगा सफर करती फिर रही हैं।" इस वाक्य के अन्त में यही जोड़ना चाहूँगा—और अगर कुछ थैले से सफर में खिसक गईं तो न जाने कहाँ चली गईं...

—शोभाकान्त

अनुक्रम

बाल साहित्य

● मर्यादा पुरुषोत्तम ● प्रेमचंद ● विद्यापति की कहानियाँ
● वीर विक्रम ● सयानी कोयल ● तीन अहदी
● अनोखा टापू ● असंकलित कहानियाँ
● किशोरोपयोगी उपन्यास अंश
● होनहारों की दुनिया (बाल स्तम्भ)

□ मर्यादा पुरुषोत्तम

पूर्वकथा

पुराने जमाने में हमारे यहाँ राजपूतों के दो खानदान बहुत प्रसिद्ध थे। एक चन्द्रवंश, दूसरा सूर्यवंश। राम सूर्यवंशी थे।

सूर्यवंशी राजाओं का इतिहास कई पुराणों में मिलता है। अयोध्या उनकी राजधानी थी। देश का नाम कोशल था, जिस आजकल अवध कहते हैं। यह अयोध्या सरयू नदी के तट पर अब भी एक तीर्थ के रूप में विद्यमान है। इसको बसाने का श्रेय राजा युवनाश्व को है।

राजा युवनाश्व के कोई पुत्र नहीं था। पुत्र प्राप्ति के लिए उन्होंने यज्ञ किया।

एक दिन यज्ञ-मंडप में ही राजा को नींद आ गई। कुछ काल बाद बड़े जोर की प्यास लगी, किन्तु पानी कहीं नहीं मिला। लाचार हो राजा ने मंडप में ही रखा हुआ अभिमन्त्रित जल पी लिया और फिर सो गये। सवेरे पुरोहित ब्राह्मणों ने पूछताछ की कि मंडप में रखा हुआ अभिमन्त्रित जल का क्या हुआ ? राजा ने बताया, जोर की प्यास लगी थी, वह पानी मैं पी गया। पुरोहितों ने कहा—महाराज, बड़ा अनर्थ किया आपने। वह जल अभिमन्त्रित था। उसमें गर्भ की शक्ति थी। वह जल रानी के लिए था। अब आपके ही गर्भ रहेगा। आप ही के पेट से सन्तान उत्पन्न होगी। राजा बहुत घबड़ाए, किन्तु उपाय ही क्या था ? समय आने पर राजा ने गर्भ धारण किया। अन्त में, राजा का पेट चीरा गया और उसमें से मान्धाता का जन्म हुआ। राजा को इतना कष्ट हुआ कि उनके प्राण पखेरू उड़ गये।

मान्धाता बड़े प्रतापी राजा हुए। आगे चलकर इन्हीं राजा के कुल में सगर का जन्म हुआ। सगर के साठ हजार लड़के हुए। भगीरथ इन्हीं महाराज सगर के प्रपौत्र थे। उन्होंने कई हजार वर्ष तपस्या की और गंगाजी को धरती पर उतारा। कपिल मुनि के शाप से सगर के साठों हजार लड़के जलकर भस्म हो गये थे। गंगाजी ने उन सबका उद्धार कर दिया। भगीरथ द्वारा धरती पर उतरने के कारण गंगा का नाम भागीरथी पड़ गया।

राजा हरिश्चन्द्र भी इसी सूर्यवंश में हो गये हैं। आगे चलकर राजाओं के इस खानदान में हम दिलीप को पाते हैं।

राजा दिलीप के बड़ी उम्र हो जाने पर भी, जब कोई सन्तान न हुई तो रानी के साथ वह अपने कुलगुरु वशिष्ठ के आश्रम में पहुँचे। अपनी चिन्ता का कारण बताकर

राजा ने मुनि से कहा—महाराज, सूर्यवंश का दीपक क्या यों ही बुझ जाएगा ?

मुनि ने कहा—जल्दी-जल्दी आते हुए तुमने कामधेनु की परिक्रमा नहीं की। वह तुम पर रुष्ट है। अब कामधेनु की लड़की की सेवा करके तुम उसे प्रसन्न करो, तभी सन्तान होगी।

कामधेनु की लड़की का नाम था नन्दिनी। उसे लेकर राजा और रानी अयोध्या आये। अगले ही दिन दिलीप ने गाय की सेवा आरम्भ कर दी। वह उसे जंगलों में ले गये। नदियों के कछार, तराई के जंगल, हिमालय की तलहटी, जहाँ कहीं भी अच्छी घास मिलने की सम्भावना थी, राजा गाय को चराने लगते थे।

एक दिन ऐसा हुआ कि गाय नई-नई मुलायम दूब चरने के लिए एक पहाड़ की खोह में घुसी। दिलीप ने उधर ध्यान नहीं दिया। गाय की रक्षा के सम्बन्ध में राजा दिलीप निश्चिन्त थे। उनका खयाल था कि महामुनि वशिष्ठ के प्रभाव से कोई भी जंगली जानवर नन्दिनी के पास फटक नहीं सकता।

अकस्मात् गाय जोर से डकरा उठी। राजा ने इधर-उधर देखा, वह कहीं दिखाई नहीं पड़ी। जरा आगे बढ़कर दिलीप ने देखा कि एक सिंह नन्दिनी को दबोचे हुए है। उन्हें बड़ा गुस्सा आया। जल्दी-जल्दी उन्होंने धनुष पर डोरी चढ़ाई। किन्तु यह क्या, तरकश से हाथ क्यों चिपक गया ?

राजा को बड़ा ही क्षोभ हुआ। ऐसा तो कभी नहीं हुआ था कि दुश्मन सामने हो और तरकश से तीर ही न निकले। राजा इसी पसोपेश में पड़े थे कि सिंह ने मनुष्य की बोली में कहा, "महाराज ! तुम मेरा कुछ नहीं बिगाड़ सकते। मैं शंकर भगवान का सेवक हूँ। देवदार वृक्षों की रक्षा के लिए यहाँ मेरी नियुक्ति हुई है। मैं अमर हूँ। मुझे मारने की कोशिश न करो। इस पहाड़ में जो भी पशु मेरी निगाह में पड़ जाते हैं, उन्हीं से मैं अपना निर्वाह करता हूँ।"

राजा ने प्रार्थना की, "अभी यह गाय मेरी निगरानी में है। इसकी रक्षा का भार महामुनि वशिष्ठ ने मुझे सौंपा है। फिर यह कैसे हो सकता है कि गाय को मैं आपका आहार बनने दूँ। मुझसे आप अपनी भूख मिटाएँ, परन्तु इस गाय को छोड़ दें।"

सिंह ने राजा को बहुत समझाया, बहुत बुझाया। परन्तु राजा ने एक न मानी। तरकश और कमान एक ओर रखकर दिलीप सिंह के आगे झुककर बैठ गये कि इतने में राजा के कानों में ममता भरी आवाज सुनाई दी। "उठो बेटा ! तुम्हारी परीक्षा लेने के लिए ही मैंने यह सब किया था। उठो, मैं तुम पर प्रसन्न हूँ, जो चाहोगे, वही वरदान दूँगी।"

राजा दिलीप देह की धूल झाड़ते हुए खड़े हो गये और प्रसन्नतापूर्वक अयोध्या लौटे। आगे-आगे गाय, पीछे-पीछे राजा।

थोड़े दिनों के बाद कामधेनु की कृपा से महारानी सुदक्षणा ने राजकुमार रघु को जन्म दिया।

रघु बड़े प्रतापी राजा हुए। उनका लोहा देवराज इन्द्र तक मानते थे। भूमंडल के सभी देशों को जीतकर बहुत-सा धन उन्होंने इकट्ठा किया और सारा यज्ञ में दान कर

दिया। अपने यहाँ धातु के जो भी पात्र थे, सब ब्राह्मणों को दे दिये। स्वयं मिट्टी के बर्तनों से अपना काम चलाने लगे।

रघु से अज और अज से दशरथ हुए। दशरथ की आयु बड़ी लम्बी थी। उनका शासन दूर तक चलता था। उनके तीन रानियाँ थीं। पर सन्तान एक भी नहीं थी।

एक बार शिकार खेलने के लिए राजा दशरथ जंगलों में गये। भटकते-भटकते रात हो गई। अनुचर-परिचर इधर-उधर छूट गये। रात का समय, कहाँ टिकें ? समझ में नहीं आ रहा था कि इतने में पानी से एक विचित्र प्रकार की आवाज आई। राजा को लगा कि जंगली हाथी पानी में अपनी सूँड़ डुबोकर गुड़गुड़ा रहा है। बस, फिर क्या था ? तरकश से तीर निकालकर उन्होंने शब्दवेधी बाण चला दिया।

बाप रे बाप ! किसी के गिरने की और साथ ही कराहने की आवाज आई तो राजा को अपनी भूल मालूम हुई और वह दौड़े। यह श्रवण कुमार थे, जिनको पानी भरते समय राजा ने तीर से घायल कर दिया था। वह अपने बूढ़े माँ-बाप को कन्धे पर बहंगी के सहारे टोकरों में बिठलाकर तीर्थों का दर्शन कराते फिर रहे थे। उन माँ-बाप को एक पेड़ के नीचे बैठाकर श्रवण कुमार उनके लिए पानी लेने आए। घड़े में पानी भरते समय गुड़गुड़ की जो आवाज हुई, उसी ने राजा को भ्रम में डाल दिया।

अब क्या हो ? श्रवण कुमार को तीर तो लग ही चुका था। कराहते हुए तरुण तपस्वी ने परिचय पाकर कहा, "महाराज, पहले आप मेरे माता-पिता को पानी पिला आओ। वे बहुत प्यासे हैं।"

बात मालूम होने पर उन अन्धे बूढ़ों ने राजा को शाप दिया...'तुम भी हमारी ही भाँति बेटे के वियोग में मरोगे।'

राजा दशरथ ने उन तीनों का अन्तिम संस्कार किया और प्रातःकाल अयोध्या आये। वृद्धों के उस शाप का राजा ने मन ही मन स्वागत ही किया; क्योंकि पहले बेटा हो लेगा तब न बिछोह होगा।

राम-जन्म

कश्यप और अदिति ने बड़ी कठोर तपस्या की। ब्रह्मा, विष्णु और शिवजी ने उन्हें वर देना चाहा, पर वे डटे रहे। 'ओ३म् नमो भगवते वासुदेवाय'...यही मन्त्र था, जिसका जप वे कर रहे थे।

तपस्या करते-करते बहुत समय बीत गया। सौ नहीं, हजारों साल। आखिर नारायण का आसन डोला। प्रकट होकर उन्होंने कहा–'आपकी इस साधना से मैं प्रसन्न हूँ, जो चाहिए वर माँग लीजिए।'

कश्यप ने झुककर कहा–जन्म-जन्म तक आपके चरणों में मेरा मन रमा रहे।

भगवान ने कहा–बस इतना ही ? अरे, कुछ और माँगो। इस पर कश्यप को बड़ा संकोच हुआ। वह बोले–आप ही के समान तेजस्वी पुत्र चाहता हूँ।

भगवान ने कहा–एवमस्तु। मगर मैं अपनी तरह दूसरी सन्तान भला कहाँ

ढूँढूँगा ? स्वयं ही जब-जब जन्म लूँगा तो आपके यहाँ ही अवतार लूँगा। त्रेतायुग के अन्त में जब आप सूर्यवंशी राजा होकर जन्म लेंगे तभी मैं आपका पुत्र होऊँगा।

इसके बाद भगवान ने आदिति से पूछा तो उन्होंने कहा—जो वर आपने उनको दिया, मेरे लिए वही काफी है।

दशरथ के रूप में कश्यप, और कौशल्या के रूप में अदिति ने जन्म लिया था। उनकी दूसरी रानी कैकेयी थी और तीसरी सुमित्रा थी। तीनों एक से एक सुन्दरी, एक से एक चतुर थीं। राजा स्वयं ही बड़े धर्मात्मा और उदार प्रकृति के थे। देवताओं के राजा इन्द्र से उनकी गाढ़ी मित्रता थी। लड़ाई के समय उन्होंने कई बार इन्द्र की सहायता की थी।

कैकेयी को राजा बहुत मानते थे। वह थी भी चतुर और बहादुर। उसने कई बार दशरथ के प्राण बचाये थे। ऐसी दशा में दो-एक घटनाओं का जिक्र कर देना अप्रासंगिक न होगा।

किसी युद्ध में राजा के रथ की धुरी से चक्का निकल गया। कैकेयी साथ थीं। राजा तो तीर चलाने में व्यस्त थे, परन्तु कैकेयी ने आसन्न संकट को देखा। रथ से उतरकर पहिए की जगह धुरी में अपना कंधा लगा दिया। लड़ाई समाप्त होने पर दशरथ ने कैकेयी को जब उस स्थिति में देखा तो वह दंग रह गये। फौरन रानी की चिकित्सा कराई गई। प्रसन्न होकर राजा ने कैकेयी से कहा—तुमने मेरे प्राणों की रक्षा की है। हमारे राज्य में ऐसी कोई भी चीज नहीं जो मैं तुम्हें दे न सकूँ। माँग लो, जो चाहो।

रानी ने कहा—प्राणनाथ! इस दासी से यदि रत्ती-भर भी आपका उपकार हुआ तो यह दासी अपने जीवन को सफल समझेगी। आप सकुशल युद्ध से निकले और विजयी हुए, मेरे लिए इससे बढ़कर अच्छा वरदान भला और क्या हो सकता है ?

राजा ने फिर भी आग्रह किया—नहीं, कोई न कोई वर, तो तुम्हें माँगना ही पड़ेगा।

रानी ने कहा—तो मैं अपने मन के मुताबिक कोई वर आगे माँग लूँगी।

एक दूसरी लड़ाई में दशरथ के शरीर में इतने तीर लगे कि वह छलनी हो गया। घाव ही घाव। जहरीले तीरों ने चुभकर इतना आघात किया था कि राजा के बचने की कोई सूरत नहीं थी। कैकेयी ने अपनी प्राणों की कुछ भी परवाह नहीं की। घावों के विष को उसने अपने मुँह से चूस लिया। इस तरह अपने पति की जान बचाई। इस बार भी राजा ने कैकेयी से आग्रह किया—वर माँगो। रानी ने पहले की भाँति ही उत्तर दिया—तुम बच गये, यही क्या कम है ? राजा ने बार-बार आग्रह किया तो रानी बोली—अच्छा, तो कभी फिर माँग लूँगी।

कैकेयी ने राजा दशरथ के प्राण बचाये थे और उनके देहान्त का भी कारण वही हुई। जिन दो वरों को उसने सुरक्षित रखा, उन्हीं से आगे चलकर वह भरत को राजा बना सकी और राम को जंगल भेज सकी।

अयोध्यापति महाराज दशरथ के यहाँ किसी वस्तु का टोटा नहीं था, कोई कमी

नहीं थी। तीनों रानियाँ एक से एक सुन्दरी थीं। वशिष्ठ जैसे महापंडित कुलगुरु थे। चतुर और कालज्ञ मन्त्रियों की सलाह दशरथ के लिए सुलभ थी। धन-धान्य से भरा पूरा कोशल राज्य देवताओं के लिए भी ईर्ष्या की वस्तु था। गाय, बैल, घोड़ा, ऊँट, गदहा इन पशुओं से राज्य की पशु-शालाएँ भरी पड़ी थीं। खजाने में सोना, चाँदी, हीरा, जवाहर, मणि, माणिक, मोती, मूँगा भरे पड़े थे। किसी भी चीज की कमी नहीं थी। प्रजा सुखी और सच्चरित्र थी। विद्वान निर्लोभी थे। स्त्रियाँ सरल और सुशील थीं।

सब कुछ था फिर भी अन्धकार था, क्योंकि राजा के कोई उत्तराधिकारी नहीं था। यह बहुत बड़ी चिन्ता का कारण था। न राजा को चैन, न राजा को सुख। सभी चिन्तित रहते थे कि बिना सन्तान के इतने बड़े राज्य का क्या होगा ?

चिन्तित और खिन्न राजा दशरथ एक दिन मुनि वशिष्ठ के पास गये और कहा–महाराज, हमारे कुल में पितरों को बूँद-भर भी पानी देनेवाला आगे कोई दिखाई नहीं पड़ता है। आप जैसे कुलगुरु के होते हुए सूर्यवंश का इस प्रकार अन्त हो जाय, यह कैसी बात है।

वशिष्ठ ने कहा–राजन, घबराइए नहीं। शृंगी ऋषि को बुलाकर पुत्रेष्ठि यज्ञ कराइए। उससे आप पिता बनने का सौभाग्य अवश्य पाइएगा।

राजा लौटकर अयोध्या आये और गुरु के कहने के अनुसार आदरपूर्वक शृंगी ऋषि को बुलाया। ऋषि ने यज्ञ का आयोजन किया।

धूमधाम से यज्ञ हुआ। अग्निकुण्ड से एक देवता प्रकट हुए। उनके हाथ में थाली भर खीर थी। साने की थाली में अपूर्व खीर। देवता ने कहा–महाराज, यह खीर अपनी रानियों को खिला दीजिए।

दशरथ को बड़ी प्रसन्नता हुई, खीर ले जाकर उन्होंने पहुँचा दी। खीर अपने आप दो हिस्सों में बँट गई। पहला कौशल्या को मिला। बाकी खीर भी दो भागों में विभक्त हो गई। उसमें से एक भाग कैकेयी को दिया गया और दूसरा सुमित्रा को मिला। खीर खाने से रानियाँ गर्भवती हुईं।

प्रसव का समय नजदीक आता गया। भीतर-बाहर अच्छे-अच्छे शकुन दिखाई देने लगे। आखिर चैत का महीना आ पहुँचा, और...

नवमी तिथि मधुमास पुनीता।
सुकुल पक्ष अभिजित हरि प्रीता॥
मध्य दिवस अति शीत न घामा।
पावन काल लोक विश्रामा॥
सीतल मास सुरभि बह बाऊँ।
हर्षित सुर सन्तन मन चाऊ॥
वन कुसुमित गिरि गगन नियारा।
सबहिं सकल सरितामृत धारा॥

ऐसे समय में रानी कौशल्या के गर्भ से एक सुन्दर और तेजस्वी शिशु पैदा हुआ।

यह समाचार सुनते ही रनिवास की सारी स्त्रियाँ हर्ष से पागल होकर बच्चे को देखने के लिए दौड़ीं। महल-भर में प्रसन्नता का सागर उमड़ पड़ा। खुशी के मारे लोग दीवाने हो उठे। छन-भर में यह खुशखबरी राजा के कानों तक पहुँची। मंत्रियों ने नगर में डुगडुगी पिटवाकर इस शुभ समाचार को सर्वसाधारण प्रजा तक पहुँचा दिया। राजभवन के द्वार पर नौबत बजने लगी। बधाई देने के लिए प्रजा की अपार भीड़ जुट गई। उत्सव-उछाह का अन्त नहीं। खुशी का ओर-छोर नहीं। महाराज दशरथ ने याचकों के लिए खजाना खोल दिया।

कुछ समय बाद कैकेयी के गर्भ से भी एक लड़का पैदा हुआ। इस अवसर पर भी उसी प्रकार उत्सव मनाया गया।

ये दोनों ही लड़के साँवली सूरत के थे। दोनों की शक्ल मिलती-जुलती थी।

इसके उपरान्त सुमित्रा के गर्भ से दो पुत्र उत्पन्न हुए। प्रसन्नता के मारे दशरथ नाचने लगे। जो एक लड़के के लिए तरस रहा था, उसे चार-चार पुत्रों का पिता होने का अवसर मिला। इसी को भाग्य कहते हैं। सारी अयोध्या आनन्दसागर में गोते खाने लगी। एक-एक आदमी खुशी के मारे पागल हो रहा था। ऋषि, मुनि, देवता सब प्रसन्न थे।

बड़े का नाम रामचन्द्र पड़ा। दूसरे का भरत। तीसरे का लक्ष्मण और चौथे का शत्रुघ्न नाम पड़ा। कहा जाता है, चारों राजकुमार भगवान के अंश थे। कश्यप और अदिति को दिया हुआ वरदान इस रूप में संसार के सामने आया।

राम बहुत ही सुन्दर थे। उनकी साँवली सूरत की उपमा नीलकमल, नीलम और सावन के काले बादल से दी जाती थी। भगवान का यही रूप देखकर कश्यप मोहित हो गये थे—'मैं आप ही जैसी सन्तान चाहता हूँ।'

बचपन

चारों राजकुमार शुक्लपक्ष के चन्द्रमा की भाँति बढ़ने लगे। उनकी सुन्दरता सबका मन मोह लेती थी। सभी उन्हें गोद में लेने के लिए तरसते रहते थे। इस गोद से उस गोद में, इस कन्धे से उस कन्धे पर। और जब वे ठुमक-ठुमककर चलने लायक हुए तो लोग अपनी उँगली उनकी ओर बढ़ा देते थे और वे उसे पकड़कर मचल-मचलकर चलने लगते।

उन चारों भाइयों में आपस में भी बड़ा प्रेम था। साथ खेलते, साथ खाते, साथ ही उठते-बैठते और साथ-साथ सोते भी थे। एक के भी अभाव में बाकी तीनों विकल हो जाते। राजा और रानियाँ सभी के दिन बड़ी आसानी से कट रहे थे। उनके मनोरथ कुमारों का रूप धर धरती पर उतर आये थे। उनकी आशा साकार हो सामने खड़ी थी।

कभी-कभी दशरथ और कौशल्या आदि को यह बात भली-भाँति मालूम होने लगती थी कि ये चारों कुमार और बच्चों की अपेक्षा कुछ विलक्षण प्रकृति के हैं। उनकी हँसी-खुशी, उनकी बोली-वाणी, उनके रंग-ढंग दूसरे बच्चों की तरह के न थे। ऐसा लगता

था कि आगे चलकर ये चारों राजकुमार बड़ा ही नाम करेंगे। यश, प्रतिष्ठा, बहादुरी और समृद्धि में इनका मुकाबला कोई भी नहीं कर सकेगा।

इनमें से रामचन्द्र तो और भी विलक्षण थे। कई बार उन्होंने अपनी चेष्टा से सज्जन परिजन को चौंका दिया। उनकी लीलाओं से बहुधा लोग भ्रम में पड़ जाते थे।

एक बार कौशल्या ने नहला-धुलाकर राम को पालने में लिटा दिया और स्वयं पूजा-पाठ के लिए चली गईं। देवता को अर्पित करने के लिए बहुत सारी सामग्रियाँ तैयार की गई थीं। मगर रानी ने जब देखा कि बालक रामचन्द्र उन सामग्रियों पर अपना हाथ साफ कर रहे हैं तो आश्चर्य में डूब गईं। वह घबड़ाकर रामचन्द्र को वहाँ देखने गईं जहाँ लिटा आई थीं। परन्तु पालने पर पूर्ववत् रामचन्द्र लेटे पड़े थे। जब कौशल्या फिर वापस आई पूजागृह की ओर। यहाँ भी राम भोग पा रहे थे। रानी बहुत घबराई। बेचैन होकर बेचारी ने चार चक्कर लगाये। जहाँ जाती, वहीं राम मिलते। अन्त में डर के मारे रानी का शरीर काठ हो गया। फिर अपनी माँ पर राम को दया आई और अपना असली रूप उन्होंने प्रकट कर दिया। कौशल्या को अपने पुत्र के विराट रूप में समूचा ब्रह्माण्ड दिखाई दे गया। राम के समझाने-बुझाने पर कौशल्या की घबराहट दूर हुई। अपनी लीला समेटते हुए राम ने कहा—माँ, इन बातों की चर्चा किसी से न करना।

दूसरी घटना काकभुशुण्डी के सम्बन्ध में है। राम जब तक बालरूप में रहे तब तक सभी देवता अयोध्या में ही रहे। बालक राम ही उनके इष्ट देवता थे। भुशुण्डी कौवे का रूप धरकर राम के खेलों को देखा करते। राम ही का जूठन खाने से उनका निर्वाह होता। रामचन्द्र को भी भुशुण्डी के साथ खेलने में आनन्द आता। एक दिन राम ने भुशुण्डी को पकड़ना चाहा तो वह उड़ गए। राम रोने लगे तो भुशुण्डी को सन्हेह हुआ—भगवान का अवतार क्या ऐसा हो सकता है ? इस प्रकार का मोह उत्पन्न होते ही भुशुण्डी का सारा ज्ञान गायब हो गया। राम ने उन्हें पकड़ना चाहा और वह भागे। ब्रह्माण्ड-भर में कोई ऐसा स्थान न बच गया जहाँ भागकर भुशुण्डी न पहुँचे हों। किन्तु जहाँ कहीं भी भुशुण्डी गये वहीं उन्हें दिखाई दिया कि बालक राम दोनों हाथ से पकड़ने वाले ही हैं। घबड़ाकर भुशुण्डी राम की शरण में आये। राम ने उनको अपने पेट में डाल लिया। फिर कुछ देर बार निकाल दिया। अब भुशुण्डी ने राम के असली स्वरूप को समझा। उपदेश देकर रामचन्द्र ने उन्हें विदा किया।

इस प्रकार की घटनाओं से रामचन्द्र का बचपन भरा पड़ा है।

कुछ ही दिनों में चारों भाई पढ़ने के लिए गुरुकुल की निगरानी में रख दिये गये। अक्षरज्ञान, व्याकरण, वेद और अस्त्र-शस्त्रों की शिक्षा...यही उन दिनों की पढ़ाई थी। इस तरह उनकी शिक्षा आगे बढ़ने लगी और राजकुमार शुक्लपक्ष के चन्द्रमा की भाँति बढ़ने लगे। चारों की प्रकृति अलग-अलग होते हुए भी कुल मिलाकर वे राजा दशरथ के बड़े योग्य उतराधिकारी हो रहे थे।

राजा दशरथ के पास न तो सुयोग्य विद्वानों की कमी थी, न चतुर मंत्रियों की ही। इसके अतिरिक्त बूढ़े और अनुभवी नागरिक उनके दरबार में आते ही रहते थे।

चतुर देहाती और जंगली जातियों के सरदार भी राजा दशरथ की राजसभा में उपस्थित रहते थे। इन सभी के पके हुए अनुभवों का उत्तराधिकार राजकुमारों को प्राप्त था।

विश्वामित्र के साथ

महर्षि विश्वामित्र को जब राक्षस तंग करने लगे तो वे अयोध्या पहुँचे। राजा दशरथ ने उनका बड़ा ही स्वागत किया और पूछा—महाराज, कैसे कृपा की ?

विश्वामित्र ने कहा—राजन्, हमने एक महायज्ञ आरम्भ किया है। रावण के अनुचर मारीच और सुबाहु बड़ा ही विघ्न मचा रहे हैं। उनकी माँ का नाम है ताड़का। वह भी उत्पात करने में अपने लड़कों से पीछे नहीं रहती। वह किसी युग में अत्यन्त सुन्दरी स्त्री थी। मगर एक मुनि के शाप से राक्षसी हो गई। उसका शरीर ताड़ जैसा लम्बा है। मुँह विकराल, शक्ल-सूरत भयंकर। हाथ-पैर डरावने। अपने आसपास के जीव-जन्तुओं को कई बार उसने खा-पचा डाला है। सो, महाराज मेरा अनुष्ठान कैसे पूरा होगा ?

दशरथ ने कहा—यदि आपकी आज्ञा हो, यह दास स्वयं चलकर आपके यज्ञ की निगरानी करेगा।

महर्षि थोड़ी देर चुप रहे। फिर उन्होंने गम्भीर स्वर में कहा—नहीं महाराज, आपसे नहीं होगा। तथापि आप चाहें तो मेरा पुरश्चरण सम्पन्न हो सकता है।

राजा को बड़ा विस्मय हुआ। उनकी समझ में नहीं आया कि किस प्रकार की सहायता विश्वामित्र को चाहिए। राक्षस यज्ञ करने नहीं दे रहे तो मैं स्वयं चलकर उनका मुकाबला करूँगा और मुनि निश्चिन्त होकर अपना यज्ञ सम्पन्न करेंगे, परन्तु कहते हैं, मुझसे यह नहीं होगा। और फिर यह भी कहते हैं कि मैं चाहूँ तो उनका काम हो सकता है।

राजा दुविधा में पड़े थे कि मुनि ने कहा—राजकुमार रामचन्द्र को आप मेरे साथ कर दीजिए, वह अकेले ही राक्षसों का संहार कर देंगे।

दशरथ को यह सुनते ही मानों दांती लग गई। भला, जो काम मुझसे न होगा, वह एक बच्चे से कैसे होगा। अभी जिसके बीस भी पूरे नहीं हुए, वह उन राक्षसों के सामने खड़ा भी कैसे रह सकेगा।

बूढ़े राजा बड़ी दुविधा में पड़े।

मुनि राजा की इस दुविधा को ताड़ गये। उन्होंने कहा—महाराज, अपने बालक को आप साधारण बालक मत समझिए। इन बच्चों के अन्दर बहुत बड़ी शक्ति मौजूद है। जो शक्तिशाली है, उनकी उम्र नहीं देखी जाती, बल्कि उनका काम देखा जाता है। आप रत्ती-भर भी दुविधा में न पड़िए और अपने बड़े राजकुमार को बेखटके मेरे हवाले कर दीजिए।

राजा के कानों में मुनि की यह बात जलती हुई खूँटी की तरह बड़ी मुश्किल से भीतर धँसी। वह अचेत हो गये। मन्त्रियों ने मुनि से कहा—प्रभु, सोचने के लिए राजकुल

को दो-एक रोज का अवसर दीजिए। आप इतनी दूर से चलकर आये हैं, तब तक दो एक दिन आराम करें।

महल में जब रानियों ने यह बात सुनी तो उनका कलेजा फटने लगा। अभी तक गेंद की तरह जिन्हें वे हाथों में उछालती रहीं, सुग्गे की तरह जिन्हें अभी तक वे एक-एक बात पढ़ाती रहीं, छन-भर भी वे जिनको अपनी निगाह से ओझल नहीं होने देना चाहती थीं—वही रामचन्द्र इस प्रकार के संकट में पड़ें—यह सोचना तक रानियों के लिए असह्य था।

आखिर वशिष्ठ को बुलाया गया। उनकी राय ली गई।

वशिष्ठ का विचार था कि राम और लक्ष्मण दोनों कुमार विश्वामित्र के साथ जाएँ। विश्वमित्र जब खुद राम को लेने आए हैं तो जरूर कुछ सोचकर ही आए होंगे। यह साधारण ऋषि तो हैं नहीं ! स्वयं उनके अन्दर अपार क्षमता निहित है। कोई हर्ज नहीं, राम को उनके साथ जाने देना चाहिए। हाँ, लक्ष्मण भी साथ जाएँ।

वशिष्ठ ने एक-एक करके सबको समझाया—दशरथ को, कौशल्या को, कैकेयी और सुमित्रा को। मन्त्रियों को भी समझाया।

कई दिन हो गये थे, विश्वामित्र को जल्दी पड़ी थी।

राजा ने अपने कुलगुरु महामुनि वशिष्ठ को आगे करके विश्वामित्र से कहा—भगवन्, आप जैसे अतिथि के पैरों की धूल हमारे राजपाट से बढ़कर है। आप स्वयं राजभवन में पधारें। कृतज्ञता प्रकट करने के लिए हमें कोई भी शब्द नहीं सूझ रहा है। कुमार राम और लक्ष्मण दोनों को मैं आपके चरणों पर निछावर करता हूँ। आज से ही आप इनके माँ-बाप हैं।

कहते-कहते दशरथ की आँखों में आँसू छलक आये, घिग्घी बँध गई।

तब गुरु वशिष्ठ उनकी ओर से हाथ जोड़कर बोले—मुनि, आप त्रिकालदर्शी हैं। स्वयं सभी के हृदय की बात जानते हैं। विशेष कुछ कहना बेकार है। फिर भी इस राजकुल के प्रति जो एक प्रकार की ममता मेरे चित्त में स्वाभाविक रूप से सदैव बनी रहती है, उससे बाध्य होकर ही मैं दो एक बात श्रीमान् से निवेदन करना चाहता हूँ। बात यह है कि राजा दशरथ ने बड़ी कठिनाई के बाद बुढ़ापे में इन पुत्रों का मुँह देखा है। ये इन्हें प्राण से भी प्यारे हैं। कुमारों का एक-एक रोम वृद्ध राजा के लिए अनमोल है। आज तक बराबर यह राजा की आँखों के आगे खेलते-मचलते रहे। इन पर कभी किसी तरह की जिम्मेवारी नहीं सौंपी गई और आज एकाएक इन्हें आप जंगलों में ले जा रहे हैं। महाराज, राक्षस बड़े ही मायावी होते हैं। उनसे पार पाना किनता कठिन है, सो आपसे छिपा नहीं है। ऐसी स्थिति में हमारी अपेक्षा आप स्वयं ही सोच सकते हैं।

रामचन्द्र के शरीर पर ममतापूर्वक अपना दाहिना हाथ फेरते हुए विश्वामित्र ने मुनि वशिष्ठ की ओर देखा और कहा—बन्धुवर, आप स्वयं महान् तपस्वी हैं। साधना में विघ्न उपस्थित होने पर साधुओं के चित्त की स्थिति कैसी हो जाती है, यह बात आपसे

छिपी नहीं होगी। जब और कोई भी उपाय नहीं रह गया तभी मेरे मन में रामचन्द्र से सहायता लेने का ख्याल आया। इन कुमारों की अमंगल की कल्पना तक मुझे असह्य होगी। इस तरुण राजकुमार को राजा दशरथ साधारण कुमार समझते हैं, इसीलिए इनका मन इतना उद्विग्न हो रहा है। महामुनि, इन कुमारों की सुरक्षा का आश्वासन मैं आपको देता हूँ। राजकुल को समझा-बुझाकर इस विषय में आप निश्चिन्त कर दें।

वशिष्ठ ने अन्त में कहा—भगवान् से यही प्रार्थना है कि आप जैसे विशिष्ट व्यक्तियों की दयादृष्टि इस कुल पर पड़ती रहे।

गुरु को, पिता को और माताओं को प्रणाम करके दोनों राजकुमार विश्वामित्र के पीछे-पीछे चले। उन्होंने और कोई सामग्री हाथ में नहीं ली। केवल धनुष लटका लिये थे। तीरों से भरा तरकस पीछे बाँध लिया था।

कुछ दूर जाने पर उन्हें सरयू नदी मिली। वहाँ विश्वामित्र ने कुमारों को दो मन्त्र बताये। बला और अतिबला। इन मन्त्रों में विशेषता यह थी कि युद्ध में न तो थकावट मालूम होती और न फुर्ती की कमी। कुछ आगे बढ़ने पर सरयू नदी को उन्होंने उस जगह पार किया जहाँ वह गंगा से मिलती थी। पार होते ही विश्वामित्र का अपना तपोवन का इलाका आ गया।

उन जंगलों में ताड़का का बड़ा आतंक था। उसकी नाक इतनी तेज थी कि हवा में गन्ध पाकर ही वह अपने शिकार को ताड़ जाती थी।

मनुष्य की गन्ध को पाकर आँधी की भाँति इनकी ओर वह दौड़ी। उसे आते देखकर विश्वामित्र ने कहा—यह आई। बेटा, इसे मार गिराओ।

राम ने ऐसा तीर छोड़ा कि वह धड़ाम से औधे मुँह धरती पर गिर पड़ी और थोड़ी देर में दम तोड़कर मर गई।

विश्वामित्र को अपार प्रसन्नता हुई। उन्हें अपने सपने पूर्ण होने में तनिक भी बिलम्ब नहीं दिखाई दिया।

रात हो जाने पर तीनों ने जंगल में ही पड़ाव डाला। इधर-उधर से सूखी लकड़ियाँ बटोरकर आग जलाई गई। कुमारों ने कन्द-मूलों से व्यालू किया। मुनि सिर्फ पानी पीकर रह गये।

अगले दिन मुनि अपने आश्रम पहुँचे। देखा यज्ञ की वेदी तहस-नहस कर दी गई है। अग्नि-कुण्ड का बुरा हाल है। मण्डप टूटा पड़ा है।

मुनि ने राम से कहा—बेटा, देखते हो ? इससे बढ़कर और भला क्या उपद्रव होगा ? चार ही पाँच दिन मैं यहाँ से अनुपस्थित रहा हूँ, इसी बीच दुष्टों ने कैसा ताण्डव मचा दिया।

राम और लक्ष्मण यह सब देखकर बड़े दुखी हुए।

राम की आँखें एकटक उस दृश्य को देखती रह गईं। रोष के आवेश में लक्ष्मण के ओंठ फड़कने लगे। विश्वामित्र का चेहरा बड़ा ही गम्भीर हो गया था।

फिर नये सिरे से मुनि ने यज्ञ का आयोजन किया। राजा दशरथ के दोनों कुमार

रात-दिन उस अनुष्ठान की निगरानी करने लगे।

अपनी माँ के मारे जाने से मारीच और सुबाहु दोनों ही राक्षस बेहद क्रोधित हो रहे थे। उनके और भी बहुत-से चेला चांटी थे।

मुनि को पुनः अपनी साधना में लीन देखकर उनका पारा चढ़ गया। वे फिर उपद्रव करने लगे। परन्तु राम और लक्ष्मण ने अबकी बार उनके सारे मनोरथों को खण्डित कर दिया। महर्षि विश्वामित्र स्वयं भी अपने पहले जीवन में बहुत बड़े लड़ाकू मशहूर तीरन्दाज रहे। राम को उन्होंने तीरन्दाजी के कई अचूक गुण बता दिये थे। लक्ष्मण ने भी कई बातें उनसे सीख ली थीं। नतीजा यह हुआ कि यज्ञ में विघ्न पैदा करनेवाले सभी राक्षस दोनों राजकुमारों द्वारा एक-एक कर मार डाले गये। मारीच घायल होकर भाग खड़ा हुआ।

विश्वामित्र ने अपने संकल्पित यज्ञ को विधिपूर्वक सम्पादित किया। अन्त में छाती से लगाकर राम और लक्ष्मण को बधाई दी । आशीर्वादों का अन्त न था।

धनुष-यज्ञ

चलो बेटा, मिथिला की ओर—विश्वामित्र की आज्ञा हुई।

इससे पहले ही कुमारों को मिथिला के राजा जनक की कथाएँ मालूम हो चुकी थीं। अब, मुनि के मुँह से वहाँ चलने की बात सुनकर उन्हें बड़ी खुशी हुई।

दोनों विश्वामित्र के पीछे हो लिये।

पहले उन्होंने मगध देश का भ्रमण किया। उसके बाद वे गंगा पार हुए। कई दिन चल चुकने पर तीनों गौतम ऋषि के आश्रम में पहुँचे।

यहाँ विश्वामित्र ने एकान्त में बुलाकर राम से कहा—बेटा ! पत्थर में जान डालनी होगी।

पत्थर में ! राम अचकचाए।

मुनि ने राम की आँखों में अपनी आँखें मानों गड़ा दीं और कहा--हाँ बेटा, पत्थर में।

राम को गुमसुम पाकर विश्वामित्र ने विस्तार से वह सारा प्रसंग उन्हें बताया, जिसका सम्बन्ध महामुनि गौतम की अभिशप्त पत्नी अहिल्या से था।

सारी बात सुनकर-समझकर राम बोले—तो, वह मेरी प्रतीक्षा में मूर्छित पड़ी हैं।

मुनि ने कहा—हाँ बेटा, चलो, जल्दी करो।

गौतम मुनि का आश्रम क्या था, आम के बड़े-बड़े पेड़ों का खूबसूरत बाग था। महर्षि गौतम ने अपने ही हाथों से पानी दे-देकर आम के इन पेड़ों को पाला-पोसा था। अब आसपास के जीव-जन्तु इस तपोवन से तरह-तरह के लाभ उठाते थे।

बाग के एक ओर बरगद का एक झमटगर वृक्ष था। उसी के नीचे पथराई स्थिति में अधेड़ उम्रवाली मानवी लेटी पड़ी थी। लगता था एक स्पन्दनहीन अचेतन मानवी ढाँचा जाने कब से उपेक्षित पड़ा है।

विश्वामित्र का संकेत पाकर राम और लक्ष्मण दोनों पाषाणी की परिचर्या में जुट पड़े।

तलवे से लेकर माथा, माथे से लेकर तलवा। अहिल्या के सम्पूर्ण शरीर पर न जाने रामचन्द्र कब तक अपना हाथ फेरते रहे। सुध-बुध खोकर वह उस अभिशापित नारी की सेवा-सुश्रूषा में निमग्न हो गये। मुनिपत्नी की परिचर्या में अपने अग्रज को इस भाँति लवलीन पाकर लक्ष्मण ने अपने को भाई की निगरानी में लगा दिया।

बड़ी देर बाद पाषाणी में चेतना का संचार हुआ। उसके ओठ फड़कने लगे। गड्ढ़े में धँसी आँखों में टिमटिमाहट पैदा हुई। सूखी पथराई नसों में स्पन्दन लक्षित होने लगा।

राम को अपनी इस सफलता पर अपार प्रसन्नता हुई। उन्होंने लक्ष्मण से कहा—दौड़ो लखन, गुरु महाराज को बुला लाओ !

विश्वामित्र आये तो अहिल्या को सचेतन देखकर आनन्दित हुए।

—मैंने तो पहले ही कहा था—राम की पीठ ठोकते हुए विश्वामित्र बोले—'क्यों, अपने को तुम साधारण राजकुमार मानते हो और अब भी ?'

संकोच से राम की गर्दन जरा झुक गई और गर्व से लक्ष्मण का माथा ऊपर उठ गया।

अहिल्या के स्थान से जनकपुर नजदीक ही था। अगला पड़ाव उन लोगों का जनकपुर के पास ही पड़ा।

विश्वामित्र के आने का समाचार बिजली की तरह समूची मिथिला में फैल गया। राजा जनक ने अपने पुरोहित शतानन्द को विश्वामित्र के स्वागत के लिए भेजा।

यह शतानन्द अहिल्या की कोख से उत्पन्न, महामुनि गौतम के ही पुत्र थे। उन्होंने जब अपनी माँ के उद्धार की बात सुनी तो बड़े प्रसन्न हुए।

उन्हीं के मुख से कुमारों को सीता के स्वयंवर के होनेवाले समारोह का हाल मालूम हुआ।

विश्वामित्र को विश्वास हो चुका था कि सीता के योग्य पति रामचन्द्र ही हो सकते हैं। इधर राक्षसों का संहार हो चुकने पर तो उनका यह विश्वास और दृढ़ तथा निश्चित हो गया था।

मिथिला के राजा जनक की इस अनोखी राजकुमारी के सम्बन्ध में दूर-दूर तक अनेक प्रकार की किंवदन्तियाँ फैल रही थीं। इस विचित्र लड़की की उत्पत्ति भी अनूठे ढंग से हुई थी। कहते हैं कि जनक वंश के राजा सीरध्वज को हल जोतते समय एक दिन मुँदा हुआ घड़ा खेत में मिला। घड़ा खेत में दबा पड़ा था। एकाएक फार की नोक उससे टकरा गई तो राजा ने बड़ी सावधानी से उसे धरती से निकाला। क्या था घड़े में ?

घड़े में खून भरा था, जाने कब का जमा हुआ। ऊपर मजबूती से ढक्कन बैठाया हुआ था। पुरानी अनुश्रुतियों के अनुसार यह वही खून था जिसे कभी राक्षसराज रावण ने ऋषियों से टैक्स के रूप में वसूल किया था। जमा हुआ वही रक्त अब सीता की

उत्पत्ति का हेतु हुआ।

यह लड़की इसीलिए 'अयोनिसम्भवा' कही जाने लगी। इसका मतलब यही है कि उसकी पैदायश स्त्री से नहीं हुई थी।

बचपन से ही सीता अपनी विचित्रताओं के लिए प्रख्यात हो गई। छोटी उम्र में ही उसने शिवजी का भारी-भरकम धनुष उठा लिया था। राजा जनक ने प्रतिज्ञा की कि जो कोई इस धनुष पर डोरी चढ़ा देगा, उसी के साथ सीता ब्याही जाएगी।

वस्तुतः शिवजी का यह धनुष बड़ा ही पुराना, बहुत ही भारी था। जाने कब से, कितने युगों से मिथिला की राजधानी में वह इसी भाँति पड़ा था।

सीता के योग्य वर की चिन्ता राजा जनक को परेशान किये हुए थी। देश-विदेश के राजाओं की ओर से सन्देश ले-लेकर दूत आते रहते थे। यहाँ तक कि लंका का राजा रावण भी सीता के लिए अपनी अभिलाषा प्रकट कर चुका था।

बहुच सोच-समझकर अन्त में राजा जनक ने निश्चय कर लिया—ऐसे नहीं—हमारी प्रतिज्ञा को जो कोई पूर्ण करेगा उसी को सीता मिल सकती है। किसी के दबाव में आकर उसे अपनी लड़की सौंप दूँ, यह तो मुझसे नहीं होगा।

सीता अब सयानी हो रही थी और अधिक दिनों तक उसके भाग्य को अनिश्चित स्थिति में लटकाए रखना राजा को असह्य लगा और उन्होंने राजाओं के नाम आमन्त्रण भेजा—स्वयंवर की सूचना।

ऐसे ही अवसर पर विश्वामित्र ने अवध के उन दो राजकुमारों के साथ मिथिला की सीमा में प्रवेश किया था।

राजा जनक ने, उनके मन्त्री ने और राज दरबार के दूसरे लोगों ने भी जब राम और लक्ष्मण को देखा तो उन पर लट्टू हो गये। उनकी बहादुरी सुनकर तो जनक को विश्वास हो गया कि इसी तरुण के भाग्य में सीता जैसी सहचरी का होना विधाता ने लिख रखा है।

उधर स्वयंवर की तैयारियाँ चल रही थीं, इधर विश्वामित्र अपने नवयुवक शिष्यों को मिथिला के विशिष्ट स्थानों का परिदर्शन करा रहे थे।

तिरहुत की हरी-भरी भूमि, नीला और निखरा आसमान, दोरस बयार, कोमल प्रकृति के लोग अवध के इन राजकुमारों को बड़े ही अच्छे लगे। इससे पहले उन्होंने कोसों तक फैले हुए धान के लहलहाते खेत कहाँ देखे थे। नील निविड़ आकाश के सीमान्त को दिशाओं के छोर से एक आकार बना देनेवाले आम के अपार उद्यान इससे पहले उन्होंने कहाँ देखे थे ? काँच जैसे नीलाभ और पारदर्शी पानी के अटूट भण्डार इतने बड़े-बड़े पोखर इससे पहले उन्होंने कहाँ देखे थे ?

महर्षि विश्वामित्र का समय या तो अपने जैसे बूढ़े लोगों से मिलने में जाता या फिर जिज्ञासु जनों की उत्कंठाओं को शान्त करने में।

वे राजा के मेहमान थे। जहाँ जाते, प्रजा और अधिकारी उनकी सुख-सुविधाओं का सामान जुटाने में अपने को कृतकृत्य मानते।

जनकपुरी में फूल और फल के बड़े-बड़े बाग थे। ऋषियों से मानो सारी मिथिला भरी पड़ी थी। दोनों राजकुमार जहाँ चाहें बेरोक-टोक, बेखटके घूम-फिर सकते थे। जाने कितनी बार राजघराने की सुन्दर और सुशील कुमारियों से राम और लक्ष्मण की आँखें चार हुईं।

सीता प्रतिदिन प्रातःकाल गौरी की पूजा करने बाहर निकलती थी। बाग में एक ओर पोखर के भिण्डे पर शंकर और पार्वती के मन्दिर थे। राम ने कई बार सीता को गौरी की पूजा में लवलीन पाया था। उनमें एक-दूसरे के प्रति काफी आकर्षण पैदा हो गया था। राम के गुण भी मिथिला के लोगों की चर्चा के केन्द्र बन गये थे। दोनों की जोड़ी भी अनूठी थी। एक श्यामल किशोर तो दूसरी कंचन लता।

सभी लोग हृदय से यह चाहने लगे कि होनेवाले स्वयंवर समारोह में कोशल कुमार रामचन्द्र ही राजा की प्रतिज्ञा पूरी करें।

स्वयंवर के लिए जिस दिन सभा रखी गई थी, उस दिन देश-देशान्तर के राजा और राजकुमार एकत्र थे। सीता उस समारोह में मौजूद नहीं थी। उम्मीदवार राजा लोग धनुष उठाने और उस पर रोदा चढ़ाने में अपनी ताकत आजमा रहे थे। मगर शिवजी के इस कमान को उठा लेना और उस पर चिल्ला चढ़ाना कोई खेल नहीं; बड़ा ही कठिन काम था।

सभी राजा कोशिश करके थक गये, किन्तु धनुष अपनी जगह से हिला तक नहीं। ऐसा लगा था कि राजा जनक की वह कड़ी शर्त पूरी न होने की वजह से सीता कुँवारी ही रह जायगी। जनक को पहले तो खेद हुआ फिर क्रोध। उन्होंने उठकर राजाओं को फटकारा और कहा—

अब जनि कोउ भाखै भट मानी।
वीर विहीन मही मैं जानी॥
तजहु आस निज निज गृह जाहू।
लिखा न विधि वैदेहि विवाहू॥

राजा जनक की फटकार सुनकर राजाओं की आँखें नीचे को झुक गईं। राम की आकृति बड़ी ही गम्भीर हो रही थी। विश्वामित्र भी पसोपेश में पड़े हुए मालूम होते थे। आखिर लक्ष्मण से न रहा गया। खड़े होकर वह बोले, "मिथिलेश, समूचे संसार को हिजड़ा कहना आपको शोभा नहीं देता। धरती तो खैर बहुत बड़ी है, दूर-दूर तक फैली हुई है। एक से एक शूरवीर धरती पर मौजूद हैं। यहाँ भी उस तरह के लोग हैं जो अपनी वीरता का भली-भाँति परिचय दे सकते हैं। यदि महामान्य विश्वामित्र और आदरणीय अग्रज कौशिल्यानन्दन रामचन्द्र आज्ञा दें तो मैं इस धनुष को फूँक मारकर तिनके की तरह उठा दूँ।—मैं शपथपूर्वक कहता हूँ कि यदि अपने इन गुरुजनों का आदेश मिले तो इस पके-पथराये कमान को खण्ड-खण्ड कर दूँ।

लक्ष्मण की वह ललकार राजाओं के लिए चुनौती थी और जनक के लिए खुला ऐलान था।

विश्वामित्र ने अवसर देखकर राम से कहा—'बेटा, पार्वती पति देवाधिदेव भगवान् चन्द्रशेखर शिव का यह धनुष तुम्हारी ही प्रतीक्षा में अचल पड़ा है, उठो।'

रामचन्द्र उठे। मुनि के पैरों को छूकर शेर की चाल से उधर बढ़े, जहाँ धनुष रखा हुआ था।

सभा में जितने राजा थे, उनके आश्चर्य का न ओर था न छोर। उनका ख्याल था कि दशरथ का यह छोकरा भला किस भाँति इस पहाड़ को उठाएगा। बूढ़े विश्वामित्र की विवेक बुद्धि पर कुहासा छा गया है और, उस छोटे छोकरे की तो हिमाकत देखो जो अभी-अभी स्वयं जनक तक को फटकार बैठा है।

बात भी ठीक़ थी। रावण तक जिसे हिला न सका, वह सत्रह-अठारह साल की कच्ची उम्र के छोकरे से कैसे उठेगा ?

राजाओं की समझ में कुछ आ ही नहीं रहा था। जनक खुद भी हकबकाए हुए बैठे थे। हाथ पर हाथ धरे कि इतने में रामचन्द्र धनुष के बिल्कुल करीब पहुँचे।

सबकी आँखें उनकी साँवली-सलोनी सूरत पर गड़ी हुई थीं। साधारण दर्शक लोग उत्कंठा की पराकाष्ठा पर पहुँच गये थे। उनके मन में अयोध्या के इस तरुण राजकुमार के प्रति एक प्रकार का पक्षपात उत्पन्न हो गया था। वे हृदय से चाहते थे कि यह लड़का धनुष को उठा ले। एक प्रकार की सहज आस्था उनके चित्त को उस श्यामल किशोर के प्रति शुभकामनाओं से आप्लावित कर रही थी।

राम ने बिना किसी उद्वेग के, धनुष में हाथ लगाया, गौर से उसे देखा और फिर उठाने की कोशिश की। सिंह जिस भाँति जंगली हाथी पर झपट्टा मारने के पहले अपनी सारी शक्ति को नाभि में केन्द्रित कर लेता है, उसी भाँति रामचन्द्र समूचा बल, अपनी सारी क्षमता बटोरकर मानो क्षण-भर के लिए एकात्म हो गये।

इसके बाद असीम आश्चर्य के साथ लोगों ने देखा, शिवजी का वह अडिग धनुष ऊपर उठ रहा है।

आहिस्ते-आहिस्ते राम ने धनुष को ऊपर उठा लिया। अब वह उस पर चिल्ला चढ़ाएँगे। वह भी ऐंठकर कड़ा हो गया था, इस्पात के तार की तरह।

परन्तु डोरी चढ़ाने से पहले ही धनुष खण्ड-खण्ड हो गया, मानो खस्ता खाजा हो।

आसमान से फूल बरसने लगे। हवा धीमी और ठंडी हो गई। सूरज की किरणें मध्यम पड़ गईं। चौदहों भुवन में शोर मच गया—राम ने शिव के पुराने धनुष को तोड़ डाला। कहते हैं, इतने जोरों से टंकार उठी कि दिग्दिगन्त गहरी प्रतिध्वनि से गूँज उठे।

राजा जनक खुशी के मारे पागल हो गये और राज सिंहासन से उतरकर दौड़े आये। उन्होंने राम को कसकर अपनी बाँहों में ले लिया। वृद्ध ने तरुण के ललाट को परितृप्त होकर चूमा।

शतानन्द और विश्वामित्र के भी आनन्द की सीमा न थी।

राजाओं के चेहरे अप्रतिभ हो रहे थे। लगता ऐसा था कि विभिन्न प्रकार की

मनोरम आकृतियाँ एक विराट पट पर अंकित हैं, निस्पन्द।

राम ने नम्रतापूर्वक विश्वामित्र के चरण छुए तथा बूढ़े राजा को अत्यन्त विनीत भाव से नमस्कार किया। शतानन्द को झुककर प्रणाम किया। उपस्थित राजाओं के प्रति दोनों हाथ जोड़कर श्रद्धा का निवेदन किया। अनुज लक्ष्मण की पीठ थपथपाई।

स्वयंवर की सभा विसर्जित हुई। राम और लक्ष्मण को साथ लेकर राजा महल में गये।

धूमधाम से सीता का पाणिग्रहण संस्कार करने का निश्चय हुआ। राजा दशरथ को आमन्त्रण-पत्र भेजा गया। वशिष्ठ को पृथक से आमंत्रित किया गया। विश्वामित्र वहाँ विद्यमान थे ही।

दशरथ ने दूत के मुँह से जब इस प्रकार का शुभ समाचार प्राप्त किया तो उन्हें इतनी प्रसन्नता हुई कि पहरों तक भूख-प्यास मिट गई। रानियों को भी बड़ी खुशी हुई।

भरत और शत्रुघ्न अपनी भाभी को देखने के लिए विकल हो उठे।

वशिष्ठ और अरुंधती को भी उतनी ही प्रसन्नता हुई। मन्त्रियों और दरबारियों ने आ-आकर राजा को बधाइयाँ दीं। प्रजा ने उत्सव मनाया।

राजा दशरथ बरात सजाकर रथ पर चढ़कर जनकपुर चले। छोटे दोनों कुमार साथ थे।

बीच में एक दुर्घटना होते-होते बची। बात यह थी कि परशुराम ने शिवजी के धनुष की दुर्गति का हाल पाकर बड़ा ही विकराल रूप धारण किया। शिवशंकर परशुराम के गुरु थे। उन्होंने ही इनको धनुर्धारी बनाया था। अस्त्र-शस्त्र चलाने की कलाओं में यह अपूर्व दक्षता परशुराम ने महादेव से ही प्राप्त की थी। इसलिए अपने आचार्य के महान् धनुष की दुर्दशा देखकर क्रोध के मारे वह 'अग्निश्च-वायुश्च' हो उठे।

राजा जनक, महाराज दशरथ, महर्षि विश्वामित्र, शतानन्द आदि सभी का चित्त शंकित हो उठा। क्रोधित होने पर परशुराम क्या करेंगे, यह किसी से अविदित नहीं था। क्षत्रियों के प्रति उनका द्वेष-भाव सब भली-भाँति जानते थे।

राजा जनक ने अति विनम्र और भयभीत ढंग से परशुराम को मना लेना चाहा। विश्वामित्र अपने प्रभाव से उनके क्रोध को शान्त कर लेना चाहते थे।

परन्तु परशुराम की रुद्र भंगिमा देखकर किसी ने अधिक कुछ नहीं कहा।

राम स्वभाव के बड़े कोमल और बोल के बहुत मीठे थे। उन्होंने आगे बढ़कर इस रुद्रावतार महामुनि को प्रणाम किया तो भी इनका क्रोध शान्त नहीं हुआ। गरजकर परशुराम बोले, 'छोकरा कहीं का ! मेरे गुरु के धनुष के साथ जो खिलवाड़ किया है, उसका फल भोगने से तुझे कोई नहीं बचा सकता।'

इतने में झट से आगे बढ़कर लक्ष्मण ने कहा, 'भगवन, नाहक ही आप इतना रंज करते हैं। पुरानी चीज थी, आज...नहीं...कल टूटना तो उसे था ही।'

यह सुनते ही परशुराम गुस्से के मारे दाँत कट-कटाने लगे--'अब निश्चय ही तुम्हारी खैर नहीं। मेरा फरसा बहुत दिनों से प्यासा पड़ा है। आज अवश्य ही उसकी

प्यास तुम दोनों के खून से मिटेगी...'

राम ने दोनों हाथ जोड़कर मुनि से कहा–'देव, क्रोध शान्त कीजिए। आपकी जो आज्ञा होगी उसके लिए हमें तैयार समझिए। बालक लक्ष्मण की बातों से उद्विग्न होना आपको शोभा नहीं देता।'

राम की नम्रता देखकर उनके शान्त स्वभाव का परशुराम पर बड़ा असर पड़ा। उनके मन में हुआ, मेरी बातों का इस प्रकार उत्तर देना साधारण मनुष्य के लिए असम्भव है। और क्षत्रिय तो सदा से मेरे आगे छागर-पाठी की तरह बातें करते रहे हैं। और यह तरुण विनीत होता हुआ भी भय से रहित है। कहीं भगवान ने तो अवतार नहीं लिया है इस रूप में ? उनको छोड़कर शिव के इस धनुष को कौन उठा सकता था ?

यह विचार मन में आते ही परशुराम ने राम की परीक्षा लेने का निश्चय किया।

परशुराम भी विष्णु के चौबीस अवतारों में से एक थे। उनका काम पूरा हो चुका था। आगे का काम उनसे सपरता नहीं था। अतएव विष्णु के विशिष्ट अंशों का अवतार होना सृष्टि के लिए आवश्यक था।

परशुराम को निश्चय हो गया कि यह श्यामल किशोर, यह राजीव-लोचन, घुटनों तक लम्बी भुजाओंवाला यह सुन्दर राजकुमार अवश्य ही नारायण का अवतार है। तथापि उन्होंने अपने धनुष को राम के आगे बढ़ा दिया और कहा–चढ़ाओ तो इस धनुष पर डोरी, देखूँ ?

राम ने फुर्ती से उस धनुष पर प्रत्यंचा चढ़ा दी।

तने हुए कमान पर तीर लगाकर रामचन्द्र बोले–मेरा यह तीर व्यर्थ नहीं जा सकता। आप ब्राह्मण हैं, मेरे लिए गुरु के समान हैं। तो आप ही बताइए इसका क्या करूँ।

परशुराम को यह आशा नहीं थी कि राम रुद्र रूप धारण करेंगे। उनकी भौंहे तनी देखकर परशुराम डर गये। चेहरा निस्तेज हो गया। उन्हें रत्ती-भर भी सन्देह नहीं रहा कि यह असाधारण अलौकिक पुरुष पैदा हुए हैं।

अत्यन्त नम्रतापूर्वक मुनि बोले–हे दशरथनन्दन, तुमको और तुम्हारी शक्तियों को मैं भली-भाँति समझ गया हूँ। तुम युग-युग जियो। भूमण्डल पर जितने भी अशुभ अमंगलकारी राक्षस हैं, उन सभी का तुम्हीं से संहार होगा। मेरे अपराधों को क्षमा करो। इस तीर को उस तपोवन की ओर छोड़ो जहाँ मैं चिरकाल से तपस्या करता रहा।

रामचन्द्र ने वैसा ही किया। परशुराम का तपोवन उस अग्निबाण से जलकर खाक हो गया।

परशुराम ने राम की स्तुति की और चले गये।

महाक्रोधी परशुराम के चले जाने पर सभी को प्रसन्नता हुई।

फिर राजा जनक ने महर्षि विश्वामित्र से पूछा–भगवन्, अब क्या होगा ?

विश्वामित्र बोले–धनुष टूटने के बाद अब राम और सीता का सविधि विवाह होना आवश्यक है।

शतानन्द की पुरोहिताई में विवाह-संस्कार सम्पन्न हुआ। मिथिला के लोग इस सम्बन्ध में बड़े प्रसन्न हुए। कुछ समय बाद बारात समेत महाराज दशरथ भी आ पहुँचे। मिथिलेश ने बढ़कर अगवानी की।

दोनों राजा बड़े प्रेम से गले मिले। दशरथ के साथ अयोध्या से बहुत आदमी आये थे। राजा जनक ने सभी को सत्कारपूर्वक ठहराया। तरह-तरह की भोज्य वस्तुएँ तैयार होने लगीं। नाना प्रकार के मेवा, मिष्ठान्न, फल, मूल, कन्द, मधु-मांस किसी भी वस्तु की कमी नहीं थी।

वे नगर के बाहर आम के बागों में तम्बुओं में ठहराये गये थे। उन्होंने इन्हीं को पसन्द किया था।

राजा जनक की एक अपनी लड़की थी। नाम था उर्मिला। दो लड़कियाँ भाई कुशध्वज के थीं। माण्डवी और श्रुतकीर्ति।

उनके साथ लक्ष्मण, भरत और शत्रुघ्न का विवाह करा दिया गया।

अब विदाई की बारी आई।

राजा जनक ने लड़कियों को तो मानों गहनों से ढक दिया। साथ ही बहुत-सा धन-दौलत दहेज में दिया। दासी, दास, गाय, बैल, भैंस, घोड़ा, हाथी सब कुछ दिया।

इस प्रकार राजा दशरथ अपने पुत्रों के साथ अयोध्या के लिए विदा हुए। चलते-चलते दशरथ ने कहा—मिथिलेश, आपकी कीर्ति बहुत दिनों से मेरे कानों में गूँज रही थी। महामुनि विश्वामित्र की अनुकम्पा से ही यह सुयोग मेरे जीवन में उपस्थित हुआ कि आप जैसे महान, अध्यात्मतत्वज्ञाता को मैंने समधी के रूप में पाया। राजन्, इस सम्बन्ध से कोशल का राजवंश कृतकृत्य हो गया।

दोनों हाथ जोड़कर जनक बोले—नहीं महाराज, ऐसा न कहिए। आपके पुत्र श्री रामचन्द्र ने धनुष तोड़कर न केवल मेरी दुश्चिन्ता ही दूर की, अपितु मिथिला के विदेह कुल को धन्य बना दिया।

कुछ दिन राह में बिताकर महाराज दशरथ पुत्रों और पुत्र-वधुओं समेत अपनी राजधानी पहुँचे।

महल में बड़ी धूमधाम रही। प्रजा ने उत्सव मनाए। रानियों की प्रसन्नता का तो पारावार ही नहीं था। दस-पाँच दिन अयोध्या में बिताकर विश्वामित्र अपने आश्रम को लौट गये।

अभिषेक की तैयारी

दशरथ बहुत ही बूढ़े हो गये थे। काफी उमर बीत जाने के बाद उन्होंने सन्तान का मुँह देखा था। भाग्य से एक नहीं, चार-चार लड़कों के वह पिता थे। अब उन्होंने बहुओं का भी मुँह देख लिया।

राजधानी में जोरों से यह चर्चा फैलने लगी कि राम युवराज घोषित होंगे।

राम में युवराज हाने की सारी योग्यताएँ विद्यमान थीं। वह धैर्य में हिमालय थे,

गम्भीरता में सागर। प्रजा को पूर्ण विश्वास था कि राज्य का भार यदि राम सँभालें तो कोशल देश की समृद्धि दिन दूनी रात चौगुनी होती जाएगी।

दशरथ की भी राम के प्रति वह धारणा थी। रानियाँ भी उतावली हो रही थीं कि राज्य के बाहरी और भीतरी भार अब इन्हीं नये कन्धों पर डाल देना चाहिए। मन्त्रियों का भी ऐसा विचार था।

एक दिन राजा ने गुरु वशिष्ठ से जाकर कहा—महाराज,

श्रवन समीप भए सित केशा।
मनहुँ जरठपन अस उपदेशा॥
नृप युवराज राम कहँ देहू।
जीवन जनम लाभ किन लेहू॥

इसीलिए हे महामुनि—

मोहि अछत यह होई उछाहू।
लहहिं लोग सब लोचन लाहू॥
प्रभु प्रसाद सिव सबहिं निबाही।
यहै लालसा इक मन माहीं॥
पुनि न सोच तन रहै कि जाऊ।
जेहि न होई पाछे पछिताऊ॥

गुरुवर, आपकी आज्ञा हो तो राम का राज्याभिषेक कर दिया जाय। आपकी आज्ञा के बिना मेरे मनोरथ पूरे नहीं होंगे। भगवन्, यह शुभ कार्य अब जितना शीघ्र हो, उतना ही अच्छा। शुभस्य शीघ्रम्।

दशरथ की यह बात सुनकर वशिष्ठ बड़े प्रसन्न हुए।

स्नेहपूर्वक वह बोले—इधर कई दिनों से मैं भी ऐसा कुछ सोच रहा था। महाराज, राम सचमुच राज्य का भार सँभालने में धुरन्धर सिद्ध होंगे—सीता जैसी बुद्धिमती पतोहू पाकर सूर्यवंश कृतकृत्य हो गया। राम राजा हों, सीता रानी। इससे बढ़कर मंगलमय घटना भला और क्या घटेगी। हे राजन, इस शुभ कार्य में तनिक भी विलम्ब मत कीजिए। जाइए, सारा प्रबन्ध कीजिए।

वशिष्ठ की आज्ञा पाकर महाराज राजधानी लौट आए। आते ही उन्होंने मन्त्रियों को सब बातें सूचित कर दीं। अन्त में राजा ने उनसे पूछा, अब यदि आप लोगों की भी राय हो तो राम के कन्धों पर प्रजा-पालन का सारा भार सौंपकर मैं झंझटों से छुट्टी पाऊँ।

मन्त्रियों ने हुलसकर कहा—भला, जब महामुनि ने "एवमस्तु" कह दिया तो हमें क्यों आपत्ति होगी ? महाराज, हम भी यही चाहते हैं।

कौशल्या को दासियों ने जब यह समाचार सुनाया तो आनन्द के अतिरेक से उनके दोनों नेत्र सजल हो आए। उस दासी को इनाम के तौर पर रानी ने अपने कंगन दे डाले।

कैकेयी और सुमित्रा भी बड़ी प्रसन्न हुईं। उन्होंने भी उस दासी को पारितोषिक दिया।

महामन्त्री सुमन्त अभिषेकोत्सव की तैयारियाँ करने लगे। राजधानी के बड़े-बड़े प्रासाद नई पोची से चमका दिये गये। सड़कों की मरम्मत और सफाई हुई। उद्यान को नए सिरे से सँवार दिया गया। मकान की दीवारें अन्दर-बाहर चित्रकारों द्वारा विविध प्रकार से अंकित करवाई गईं। दुकानदारों ने अपनी-अपनी गली सजाई। राजभवन की दासियों और दासों के लिए आभूषण और परिधान सब कुछ नए-नए बनवाये गये। ब्राह्मणों और मुनियों ने आश्रमों में अभिषेक के दिन हवन कराने के लिए विशेष प्रकार की समिधा और सामग्री जुटाना आरम्भ किया।

ऐसा लगता था कि सभी के हाथ बिजली की फुरती से काम कर रहे हैं। विद्वान लोग बढ़िया से बढ़िया प्रशस्ति लिखने के होड़ में लगे थे। व्यापारी इस अवसर के लिए अच्छी से अच्छी वस्तु जुटाने में व्यस्त थे। शिल्पी और कलाकार उस उत्सव के लिए अपने शिल्पों और कलाकृतियों को कई गुना अधिक उत्साह से तैयार कर रहे थे।

कैकेयी की एक बुढ़िया दासी थी, साथ ही नैहर से आई हुई। मन्थरा उसका नाम था। काली-कलूटी और बौनी। पीठ पर बड़ा-सा कूबड़ था। अपने कुटिल स्वभाव के लिए वह मशहूर थी।

भरत और शत्रुघ्न ननिहाल चले गये थे। मन्थरा ने इधर-उधर पूछकर पता लगाया तो मालूम हुआ कि वे अभी नहीं लौटेंगे।

मन्थरा ने सोचा—बूढ़े राजा की नीयत जरूर खोटी हो गई है। वह राम को राजा बनाकर बाकी कुमारों को या तो देश से निकाल देगा या गुलाम के रूप में रहने को बाध्य करेगा। हो सकता है, तब ये लोग कैकेयी को भी महल से निकाल दें और सुमित्रा को भी निकाल दें। यह तो बहुत बुरा होगा।

कुबड़ी बुढ़िया अकेले में जाकर देर तक यह सोचती रही—सोचते-सोचते आखिर एक उपाय उसे सूझ गया।

अपनी मलिकाइन के महल में जहाकर मन्थरा आगे की लीला के लिए तैयार हुई। मैला और फटा कपड़ा पहन लिया। बालों को खोलकर उन्हें बिखेर लिया। गहनों को खोलकर इधर-उधर फेंक दिया। बिसूर-बिसूरकर रोने लगी।

वह कैकेयी की मुँहलगी दासी थी, कोई भी बात कैकेयी मन्थरा से छिपाती नहीं थी। वह भी सारा दिन, सारी रात अपनी मालिकनी के हितचिन्तन में लगी रहती थी।

उस दिन जब दूसरी दासियों ने कैकेयी से जाकर कहा—सरकार, मन्थरा को क्या हो गया है ? पगली की तरह वह फर्श पर खुले बालों लेटी पड़ी है। सुसुक-सुसुककर रो रही है। देह की सुध-बुध खो बैठी है। तनिक देर कुछ सोचकर कैकेयी स्वयं उठी और महल के उस अलंग में आई जहाँ मन्थरा छितराई हुई थी।

मन्धरा के पास पहुँचकर रानी अवाक् रह गई।

क्या हुआ है इसे ? रानी ने सोचा और बिलकुल नजदीक आकर वह मन्थरा के

बालों में अपनी उँगलियों को उलझाने लगी। मन्थरा ने हाथ हटा देना चाहता तो रानी बोली—मैं सब समझती हूँ। तेरा मन यहाँ नहीं लगता, तू कहीं और जाना चाहती है, तो चली जइयो, मैं भला क्यों रोकूँगी। मगर यह नाटक करने की क्या जरूरत थी।

अब मन्थरा ने सिर उठाया। कैकेयी की ओर कड़ी भौंहों से घूरती हुई बुढ़िया बोली—कुछ दिनों में आपको इस नाटक का पता चल जाएगा। राजगद्दी पर बैठने के बाद राम जब तम्हें इस महल से निकाल बाहर करेगा, तभी तुम्हें इस नाटक की असलियत मालूम होगी।

बुढ़िया के गाल पर एक हल्की-सी चपत लगाते हुए कैकेयी ने कहा—दुर जा ! क्या अशुभ-अमंगल बकती है। मेरे राम के बारे में ऐसी बात कहने पर तेरी जीभ गल क्यों नहीं गई, आश्चर्य ?

मन्थरा थोड़ी देर फिर चुप मार गई। कैकेयी उँगली गोद-गोदकर बुढ़िया को हँसाने की कोशिश करती रही। पर वह हँसी नहीं। उठकर बैठ गई। रानी के दाहिने कान में फुसफुसाकर उसने कहा—कैसी मूर्ख हो तुम भी ! अभी जिन्दा है तो समझती हो कि राजा तुम्हारी मुट्ठी में है। लेकिन तुम भूलती हो। कौशल्या ने राजा को अपने वश में कर लिया है। सोचो तो भला कि कल या परसों राम को राजगद्दी मिलेगी और भरत को इसकी खबर तक न दी जाय। आज महीना-भर से अभिषेक की तैयारी हो रही है, लेकिन क्या क्षण-भर के लिए भी राजा तुम्हारे महल में आया है ? राय लेना तो खैर दूर की बात ठहरी, वह तुम्हारा मुँह तक नहीं देखना चहाता है। बलि का बकरा जिस तरह अपना अन्त नहीं सोच सकता, उसी भाँति तुम भी अपना भविष्य नहीं सोच पा रही हो। हाय रे दैव, हाय, यह मैं किसके लिए अपना माथा पीट रही हूँ ?

रानी ने दासी को फटकारा—चुप रह कलमुँही। घर में झगड़ा लगाना चाहती है। कहाँ तो तुझे खुश होना चाहिए और कहाँ तेरे हृदय में आग लगी हुई है। इस राजवंश में हमेशा बड़ा लड़का राजगद्दी सँभालता है, छोटे उसकी बात मानकर चलते हैं। बड़ी खुशी की बात है, राम राजा होंगे। लक्ष्मण, भरत, शत्रुघ्न उनके अनुगामी बनकर रहेंगे। खबरदार, फिर कभी ऐसी बुरी बात मुँह से निकालेगी तो सड़ाक से जीभ खींच लूँगी, समझी ?

—समझी हजूर, मुँह बनाकर मन्थरा ने जवाब दिया। फिर बोली—ओ अभागिन रानी, आँखें खोलकर देखो, कितनी बड़ी चाल तुम्हारे साथ खेली गई है। इसीलिए तो भरत को ननिहाल की ओर टरका दिया गया है। आगे मैदान साफ है। राजा राम, रानी सीता, बाकी होंगे नौकर-चाकर।

कैसी भी बात क्यों न हो, बार-बार कहते रहने से उसका कुछ न कुछ असर मनुष्य के हृदय पर अवश्य पड़ता है। आदमी आखिर आदमी है, पत्थर तो है नहीं और सीधे-सीधे हृदयवाले भी दूसरों की झाँसा-पट्टी में बड़ी जल्दी आ जाते हैं। वह पालतू पशु की भाँति चालाक और घुईयाँ आदमी के पीछे चलने लग जाते हैं।

वही हाल हुआ कैकेयी का। उस पर मन्थरा की दुर्मंत्रणाओं का प्रभाव पड़ने लगा

और धीरे-धीरे उसने इसी रूप में सोचना आरम्भ किया। भोलेपन की हद हो गई, जबकि रानी ने बच्ची की भाँति मन्थरा से पूछा—अच्छा, तो फिर मुझे करना क्या होगा ?

—अच्छा-वच्छा नहीं—मन्थरा कड़कर बोली—अब भी कुछ हुआ है नहीं, तुम अपने भाग्य को दुरुस्त कर ले सकती हो। इसमें मेरा अपना तो कुछ लाभ-वाभ है नहीं।

कोऊ नृह होहिं हमें का हानी।
चैरि छोड़ि नहिं होउव रानी।।

राजा चाहे राम हों, चाहे भरत, मेरे लिए दोनों बराबर हैं। फिर भी जब मैं तुम्हारे दुर्भाग्य की ओर ध्यान देती हूँ तो कलेजा टूक-टूक होने लगता है। अच्छा, सुनोगी मेरी बात।

—क्यों नहीं—रानी ने कहा। मन्थरा बोलती गई—तुम चाहो तो भरत ही राजा होंगे।

—धत् झूठी कहीं की। रानी घुमड़कर बोली। मन्थरा को पूर्ण विश्वास हो गया कि जो कहूँगी, अब कैकेयी वही करेगी।

तब उसने कहा—मैं बताती हूँ उपाय। करना-कराना तुम्हारे वश की बात होगी।

कैकेयी बोली—क्या कर सकती हूँ मैं ? इधर कई दिनों से लगातार दाहिनी आँख फड़क रही है। रोज ही बुरे सपने देखती हूँ। कभी मैंने सोचा ही नहीं कि सौतिया डाह क्या वस्तु होती है। कौशल्या ऐसी दुष्ट है, कभी मेरी कल्पना में यह बात नहीं आई। तुम सचमुच मेरा हित चाहती हो। भरत और भरत की माँ दोनों ही बर्बाद हो जाते, अगर तुम न होती।

मन्थरा को भीतर ही भीतर बड़ी खुशी हुई। कुटिल की कुटिलाई जब अपना रंग लाती है तब उसे कैसी खुशी होती है।

मन्थरा ने धीरे-धीरे और गम्भीरतापूर्वक कहा—तुम्हीं ने मुझे कभी बताया था कि राजा ने दो वरों के लिए तुम्हें वचन दे रखा है। अब तुम राजा से अपने वर माँग लो। पहला वर चौदह वर्षों के लिए राम का वनवास और दूसरा वर भरत का अभिषेक।

शिकार को गिरफ्त में पाकर बाघिन की आँखें जैसी चमकदार हो उठती हैं, उसी भाँति यह बात सुनकर कैकेयी की आँखें चकमक हो उठीं। उसने सोचा—राजा मेरी पकड़ से निकल नहीं सकते, जो चाहूँगी करा लूँगी।

उसने मन्थरा को कसकर छाती से लगा लिया।

सीख पढ़कर कैकेयी पक्की हो ही चुकी थी। मन्थरा के कहने के अनुसार वह कोपभवन में जा पहुँची।

कोपभवन पुराने राजाओं के महल में एक खास प्रकार का मकान होता था। उसमें दीवारों पर भयानक और बिगड़े चेहरेवाले यक्षों की आकृतियाँ अंकित रहती थीं। लेटने को चटाई-भर रखी रहती थी। राजा की रानियों में से कोई जब बड़ी नाराज होती तो विलासभवन या वासभवन में नहीं, कोपभवन में आ विराजती। कभी-कभी तो यहाँ तक नौबत पहुँच जाती कि रानी का क्रोध अनशन का रूप ले लेता। फिर, राजा और

राजकुमार या महामंत्री को वहाँ आना पड़ता। उससे जब तक अपनी बात मनवा न लेती तब तक रानी वहाँ से टस से मस न होती।

तो कैकेयी कोपभवन में जाकर पट पड़ गई । उसने बाल बिखेर डाले थे, गहनों को खोलकर इधर-उधर फेंक दिया। पैर के महावर पर इमली का खट्टा पानी या मट्ठा डाल दिया था। चोली फाड़ ली थी। ललाट का टीका पोंछ डाला था। रह-रहकर छाती पीटा करती थी।

उस दिन सन्ध्याकाल दशरथ कैकेयी से मिलने आये।

कैकेयी राजा की सबसे दुलारी रानी थी। ऐसे तो महारानी के पद पर कौशल्या का अभिषेक हुआ था, परन्तु प्यार सबसे अधिक कैकेयी को ही प्राप्त था। मन की रानी दशरथ की वही थी। उसकी तनिक-सी पीड़ा राजा के लिए सिरदर्द का कारण होती।

अन्दर रनिवास में अलग-अलग महल बने थे। ड्योढ़ियाँ अलग-अलग थीं।

कैकेयीवाली हवेली के अन्दर राजा ने उसको इधर-उधर ढूँढा, मगर वह कहीं दिखाई न पड़ी। तब एक लौंडी ने राजा से अर्ज किया—सरकार, रानी साहबा आज सवेरे से कोप-भवन में पड़ी हुई हैं। न खाना खाया न पानी पिया।

यह सुनते ही राजा का चेहरा फक हो गया। समझ में न आई कि कैकेयी की नाराजी का भला क्या कारण हो सकता है। इधर काम-काज अधिक थे। रोज राजा का हवेली आना असम्भव था, मगर कैकेयी के कोप का कोई भी हेतु, कोई भी निमित्त दशरथ को सूझ नहीं रहा था। उन्होंने सोचा...राम के राजतिलक की बातें विस्तारपूर्वक जब उसे बताऊँगा तो वह उछल उठेंगी।

—ले चलो मुझे रानी के पास—राजा ने दासी से कहा।

लौंडी राजा को लिये हुए कोपभवन पहुँची।

अन्दर जाकर राजा ने जो कैकेयी का हाल देखा तो वह काँप उठे। उन्हें बड़ा ही आश्चर्य हुआ। एक प्रकार का खेद समूचे शरीर में मीठे जहर की भाँति व्याप्त हो गया। लौंडी बाहर चली गई। राजा कैकेयी के बिलकुल पास में सटकर बैठे। फिर उसकी पीठ पर हाथ फेरते हुए उन्होंने कहा—प्यारी, यह क्या हुआ है तुम्हें? किस बात से तुम्हारे हृदय को ठेस लगी है ? समूचा नगर राजतिलक की तैयारियों में मशगूल है। सभी के चेहरे खुशी से दमक रहे हैं। प्रिय, क्या हो गया है तुम्हें ?

राजा ने रानी की ठुड्डी को ऊपर उठाना चाहा। रानी ने बदन को काठ-सा कड़ा कर लिया। तब उन्होंने अपना ही मुँह झुका लिया और चाहा कि रानी की आँख से आँख मिलाएँ। परन्तु इसमें भी राजा सफल न हुए। फिर उन्होंने रानी के बिखरे बालों में अपनी उँगलियों को उलझाते हुए गिड़गिड़ाकर कहा...मेरी प्राण, तुम बोल क्यों नहीं रही हो ? किसने तुम्हारा अहित किया है। उसका नाम बताओ ? उसको मैं दण्ड दूँगा। देवताओं का राजा इन्द्र तक मुझसे खौफ खाता है। समूची धरती के बोझ को उठानेवाला शेषनाग तक मेरी आज्ञा मानता है। तुम्हें मेरी कसम और राम की कसम और भरत की कसम...

अब कैकेयी ने अपने हाथ से राजा का मुँह मूँद दिया। भरत के नाम पर लिया गया यह शपथ उसके लिए असह्य हो उठा। फुफकारती हुई रानी उठ बैठी।

छूटते ही तीर जैसे तीखी आवाज में उसने कहा...हाँ, भरत का ही मांस सबसे अधिक स्वादिष्ट होगा, और खासकर तुम्हारे लिए।

राजा ने दोनों हाथ अपने कानों पर रखे—शिव-शिव ! क्या कहती हो देवी ? भरत तो मुझे राम से भी अधिक प्रिय है।

अब कैकेयी ने अपना पैंतरा बदला। उसने सोचा—बूढ़े राजा को पहले मीठी-मीठी बातों में खो जाने दूँ। फिर भावुकता के प्रवाह में जब यह डूबने लगें, तो सारी कसर निकाल लेनी चाहिए।

कैकेयी बोली—अच्छा, अब तो तुम्हें मेरी कोई जरूरत नहीं रही ?

राजा ने आत्मसमर्पण की मुद्रा में कहना शुरू किया—क्यों मेरे हृदय को इस तरह टुकड़े-टुकड़े कर रही हो ? बूढ़ा हो गया हूँ। पका आम हूँ। आज न सही कल, कल न सही परसों, दो ही एक दिन में टपक पड़ूँगा। फिर क्या ऐसी बात है जिससे तुमने यह अमंगल भेष धारण कर लिया है ? रानियों में जैसे तुम मुझे सबसे प्यारी हो, पुत्रों में भरत उसी प्रकार मुझे प्रिय है।

हूँ—कैकेयी ने बड़े ही व्यंग्यात्मक रूप में अपना माथा हिलाया।

अपनी शिथिल भुजा की आधी लपेट में कैकेयी को समेटते हुए राजा ने कहा—झूठ नहीं कहता हूँ प्रिये, मेरे लिए जैसे राम वैसे ही भरत, बल्कि उम्र में छोटे होने के कारण भरत मुझे अधिक प्रिय है, रानियों में छोटी होने की वजह से जैसे तुम मुझे प्रिय हो, वैसे ही...

इतना कहकर बूढ़े राजा ने कैकेयी को कसकर चूम लिया।

कैकेयी ने देखा, राजा धीरे-धीरे उद्दीप्त हो रहे हैं। उसने उठकर तुरन्त अपने बालों को बाँधा। साड़ी को ठीक किया और राजा की गोदी में आकर लेट गई। अपनी मुलायम और छोटी बाँहों को पति के गले में डालकर भाव भरी आँखों से वह उनकी आँखों में देखती रही। राजा विह्वल स्वर में बोला—प्यारी, यह तुम्हें आज क्या हो गया था ?

रानी ने कहा—पिछली रात मैंने भयानक स्वप्न देखा है। इससे तुम्हारे प्रति बहुत ही खिन्न हो गई हूँ। मेरे लड़के को तुम भिखारी बनाकर निकाल देना चाहते हो। है न यही बात ?

राजा ने चट उँगलियों से अपने कान मूँद लिये। मुँह से निकला—शिव ! शिव !!

राजा बड़े दुखी हुए। विषाद के मारे उनका मुखमण्डल हतप्रभ हो उठा। कनपटी सफेद पड़ गई। उन्होंने सोचा—हो न हो, कोई पापग्रह हमारे ऊपर मँडरा रहा है। किसी प्रकार का दुर्दैव रानी के अन्तःकरण में प्रवेश कर गया है। जाने, क्या होने वाला है ?

उन्होंने अपने चित्त को स्थिर किया। निश्चय कर लिया कि येन-केन-प्रकारेण

कैकेयी को प्रसन्न कर लेना है। प्रगट रूप में बोले—राम का अभिषेक होनेवाला है। ऐसे प्रसंग में राजकुल और प्रजावर्ग में कहीं भी ग्लानि या विषाद का लक्षण दिखाई पड़े तो, हमारे लिए यह कलंक की बात होगी। प्रिये ! तुम्हारे लिए जैसे भरत वैसे ही राम। अपने पुत्र के इस अभिषेकोत्सव को सुचारु रूप से हो जाने दो। तुम्हें स्वयं जो भी कुछ चाहिए, इस अवसर पर वह मैं देने को तैयार हूँ। बड़ी मुश्किल से हमने पुत्र प्राप्त किये। बड़ी कठिनाई से उन्हें पाला-पोसा। वे हमारी सारी आशाओं के केन्द्र हैं। मैं उनको चार पृथक-पृथक व्यक्तियों के रूप में नहीं देखता। वह चारों एक हैं और उनमें से एक-एक भी चारों में सम्मिलित व्यक्तित्व का प्रतीक है। काश, तुम भी उन्हें इसी रूप में देख पातीं। अस्तु, इस मंगलमय मुहूर्त में कोई भी वस्तु मेरे लिए अदेय न होगी और तुम्हारे लिए कभी मेरे पास कोई ऐसी वस्तु नहीं थी जो अदेय रही हो।

रानी ने नखरेबाजी शुरू की। ठुनककर कहा—आपकी बुद्धि के समाने मैं तो निरी बच्ची हूँ। ठगने का मजा तभी आता है जब नासमझ एक ओर हो और समझदार दूसरी ओर। महाराज, भगवान ने तनिक-सी जो बुद्धि मुझे दी है, उससे इतना तो मैं भी समझती हूँ कि जल्दी-जल्दी राम को युवराज के पद पर बैठाने में कोई दूसरी बात नहीं है। मगर खुशी के ऐसे मौके पर सिवाय राम और कौशल्या के आपकी नजरों के सामने कोई दूसरा आदमी नहीं है। है न महाराज, यही बात ? राजनीति बड़ा ही गूढ़ विषय है। जन्म से लेकर मरण पर्यन्त अन्तःपुर की परिधि में उछल-कूद करनेवाली हम औरतें भला क्या जानें कि ऐसी घटनाओं के पीछे कुछ दुरभिसन्धि भी हो सकती है ?

दशरथ ने फिर कान छुए।

इस तरह अपनी मुस्कान और बड़ी भ्रू-भंगिमा के बीच से रानी बूढ़े राजा को काफी दूर खींच लाई, और उनसे पक्का वचन ले लिया कि वह जो कुछ माँगेगी राजा देंगे। दशरथ कैकेयी की मुट्ठी में थे। उन्होंने कहा—पहले भी कई बार मेरे प्राण बचाये हैं। और आज भी इस मानसिक संकट से मुझे तुम्हीं उबारो तो उबारो। मैं कभी अपने वचन को नहीं तोड़ता हूँ। कही हुई बात का क्रिया से समर्थन करता हूँ। काया, मन और वचन तीनों को मैं एकरूपता प्रदान करता हूँ। ऐसा नहीं कि कथनी कुछ और करनी कुछ। यह तो छुद्र प्रकृति के मनुष्यों का लक्षण है। तुम जो कुछ चाहती हो कह डालो।

भोलेपन का अभिनय करती हुई रानी बोली—याद है? लड़ाई के मैदान में दो बार आपने मुझसे वर माँगने को कहा था। आप अपने उन्हीं वचनों को पूरा करें महाराज !

राजा ने हुलसकर कहा—कहो, कह जाओ।

कैकेयी गम्भीर हो गई। तनिक देर चुप रही। फिर उसने राजा की प्रशान्त और दृढ़ निश्चयी मुद्रा का अनुशीलन किया, तब जाकर बोली—पहला वर तो मुझे यह चाहिए कि कुमार भरत युवराज बनें और दूसरा वर मैं आपसे यह माँगती हूँ कि राम को चौदह वर्षों के लिए बनवास की आज्ञा दीजिए।

सुनते ही राजा को काठ मार गया।

क्या सोचा था और क्या हुआ ? चेहरा फीका पड़ गया। मुँह लटक गया। आँखों

के आगे अँधेरा छा गया। हथेली पर गाल रखकर राजा सोचने लगे, निगाह थी रानी पर।

सोचने यह लगे कि रानी ने परिहास तो नहीं किया है ?

सचेत होकर सोचा तो रानी की इन बातों की भयानक यथार्थता उनकी आँखों के सामने रौद्र रूप में ताण्डव करने लगी। मारे शोक के वह बेसुध हो गये। अपने को थामकर दशरथ ने कैकेयी से कहा—प्यारी, हास-परिहास की इन बातों को छोड़ो, जो चाहती हो सो खुलकर कहो न ?

कैकेयी गुस्से में आकर सिर के बाल नोचने लगी। चिल्ला-चिल्लाकर, हाथों को चमका-चमकाकर वह बोलती गई—वाह, परिहास ? अपने रघुकुल का बखान करते-करते जिसका मुँह कभी नहीं थकता था, वही आदमी इस प्रकार दुलत्तियाँ झाड़ेगा। कहूँगी किसी से तो कौन भला मेरे इस अभियोग का विश्वास करेगा ? पूरा नहीं करना था तो वचन दिया ही क्यों ? क्या समझा था कि मैं ऐना-कंघी माँग लूँगी और तुम छुटकारा पा जाओगे। नहीं ! नहीं महाराज, यह नहीं होने का। या तो अपने वचन को पूरा करो या फिर साफ-साफ इन्कार कर दो। इसी सूर्यवंश में राजा शिवि हुए जिन्होंने बात पर काट-काटकर अपने अंग दे दिये। इसी वंश में दधीचि हुए जिन्होंने अपने हड्डियाँ देवताओं को दे डालीं। इसी वंश में हरिश्चन्द्र हुए जो अपनी बात पूरी करने के लिए स्त्री और पुत्र तक को बेच गये हैं। आज मैं तुम्हारी दानवीरता के ढोंग का पर्दाफाश करूँगी...

दशरथ बकर-बकर कैकेयी की मुखमुद्रा को देख रहे थे और अपने कानों से उसकी तीखी चरपरी बातें सुनते जा रहे थे। उन्हें ऐसा लग रहा था कि गरम-गरम पिघला हुआ शीशा कोई कानों में डाल रहा है।

पीछे राजा ने रोकर कहा—मंजूर है मुझे तुम्हारी बात, मगर एक बात मेरी भी तो तुम्हें मान लेनी होगी। राजतिलक भरत के माथे। भरत ही राजा बने। भरत का ही अभिषेक होगा, सिंहासन पर वही बैठेगा। मंजूर है मुझे।

रानी बोली—तो फिर ?

राजा ने सँभलकर कहा—तुम बड़ी सयानी महिला हो। खुद ही बहुत कुछ सोच सकती हो। यह जो तुमने राम के बनवास की बात कही, उसके औचित्य पर फिर से सोचो। देखो, मैं अत्यन्त वृद्ध हो गया हूँ। कुछ दिनों का मेहमान हूँ। ऐसी दशा में राम के विछोह में तड़पा-तड़पाकर मुझे मत मारो। राम और भरत, मेरे लिए दोनों बराबर हैं। राजगद्दी पर चाहे राम बैठें चाहे भरत, दोनों को मेरा आशीर्वाद समान रूप से ही प्राप्त होगा। राजकुल की परम्परा के अनुसार उमर का बड़ा राजकाज का प्रधान उत्तराधिकारी होता आया है, पर तुम्हारी ऐसी इच्छा नहीं है तो राम न सही, भरत ही युवराज हों। मैं कल ही दूत भेजता हूँ। वह भरत को ननिहाल से लिवा लाएगा। जो शुभ मुहूर्त्त राम के अभिषेक के लिए निश्चित है, उसी में अब भरत का अभिषेक होगा। यह सब मुझे हृदय से स्वीकार है। परन्तु राम ने हमारा क्या बिगाड़ा जो बेचारे को बनवासी बना दें।

राम की तो खुद तुम भी तारीफ करती रही हो, अब बेचारे की ओर से तुम्हारी नजर क्यों फिर गई है। एकाएक यह तुम्हें हो क्या गया ?

बहुत कुछ समझाने-बुझाने पर भी कैकेयी टस से मस न हुई। राजा ने यहाँ तक कह दिया कि राम के वन जाने से एक दिन भी मुझे जीवित नहीं पा सकती। राम ही क्यों, इन चारों में से किसी को भी जंगल में भेज दोगी तो मेरे प्राण पखेरु उड़ जाएँगे।

कैकेयी अपने हठ पर अटल रही। उसे अपने वैधव्य की रत्ती-भर भी परवाह नहीं थी।

महाराज दशरथ दोनों हाथों से कपार पीटने लगे। उनका करुणक्रन्दन पत्थर को भी टुकड़े-टुकड़े करने में भले ही सक्षम रहा हो, परन्तु कैकेयी के लिए वह बिल्कुल बेअसर और बेकार था।

वनवास

अगले दिन सवेरा हुआ। उत्सव का सारा आयोजन हो चुका था।

राजा को अन्तःपुर से निकलते न देखकर दरबारियों को बड़ी उत्कण्ठा हुई कि बात क्या है ? और दिन तो राजा तड़के ही उठ जाते थे, परन्तु आज उन्हें बड़ी देर हुई।

अनावश्यक विलम्ब से राजा के सम्बन्ध में बाहर दरबारी लोग उद्विग्न हो उठे। कई अनुचर-परिचर हालात मालूम करने के लिए अन्दर भेजे गये।

महामंत्री सुमन्त को प्रबन्ध सम्बन्धी कार्यों के कारण रात में देर से सोने का अवसर मिला था। वह भी विलम्ब से उठे थे। राजा की इस अस्वाभाविकता से आज वह भी चिन्तित हुए।

सुमन्त स्वयं ही अन्तःपुर गये। पहले कौशल्या के यहाँ। पता चला कि राजा कोपभवन में मूर्छित हुए पड़े हैं। मन्त्री दौड़े-दौड़े कोपभवन पहुँचे। यहाँ का रंग-ढंग देखकर मन्त्री के होश उड़ गये।

नीचे चटाई पर राजा बिल्कुल बेसुध पड़े थे। रात में मुँह से न जाने कितना झाग गिरा था। अभी गालों पर उसके निशान बड़े भद्दे लग रहे थे। सिर का मुकुट अलग पड़ा था। पहनावा अस्त-व्यस्त स्थिति में बिलकुल बुरा लग रहा था। आँखें बतला रही थीं कि कितने आँसू बहे हैं। चेहरा ज़र्द था। शरीर मानो चूर-चूर होकर धराशायी हो गया था।

महाराज दशरथ को ऐसी विषम स्थिति में देखकर सुमन्त काँप उठे । बेचारे को क्या पता कि छोटी रानी कल क्या कर गुजरी हैं। समझ में नहीं आया कि एकाएक यह हो क्या गया है ?

कुछ सोच न सकने के कारण मन्त्री जरा देर के लिए किंकर्त्तव्यविमूढ़ हो उठे। हाथों में माथे को थामकर बैठ गये।

इतने में एक ओर से कैकेयी आई, उसने रोनी-सी सूरत बनाकर कहा—दीवान

जी, राम को बुलवाइए, पता नहीं महाराज को क्या हो गया है ? सारी रात इन्होंने बेहोशी में काटी है। अब राम ही आवें तो असलियत मालूम होगी।

मन्त्री स्वयं ही उठकर गये और अविलम्ब रामचन्द्र को साथ लिये आये।

श्रीराम ने आज तक अपने पिता को इस हालत में नहीं पाया था। दुख क्या होता है ? पीड़ा क्या होती है ? उसका पता रामचन्द्र को नहीं था। कुमार के दिल को बड़ी ठेस लगी। उन्होंने दो एक बार "महाराज" कहकर सम्बोधित किया, परन्तु उत्तर नहीं पाया। व्यथा के मारे रामचन्द्र का माथा फटने लगा, ऐसा लगता था कि कलेजा उलट जाएगा।

रामचन्द्र बड़े ही धैर्यशाली राजकुमार थे। दोनों हाथ जोड़कर गम्भीर मुद्रा में उन्होंने रानी कैकेयी से पूछा—माँ ! पिताजी को यह क्या हो गया है ? क्या अनजाने ही मैं तो कोई भारी अपराध नहीं कर बैठा हूँ। ? बताओ माँ !

प्रेम में पगी राम की मीठी बोली सुनकर दशरथ ने आँखें खोलकर देखा।

राम को सामने पाकर राजा का भावावेग फिर फूट निकला। वह दुखिया चकोर की भाँति बड़ी ही मर्मभेदी ध्वनि में विलाप करने लगे। उनके मुँह से यही बात बार-बार निकलती थी कि हाय बेटा, अपने हाथ से मैं तुम्हें कैसे विष-पान कराऊँगा ? हाय बेटा ! अपने लगाये पेड़ की जड़ में स्वयं ही मैं किस भाँति कुल्हाड़ी मार सकूँगा ?

महाराज के मुँह से बार-बार "हाय राम" निकल रहा था। वह लम्बी-लम्बी साँसें ले रहे थे। कैकेयी रौद्र रस का साक्षात् रूप धारण किये हुए खड़ी थी। उसकी आँखों में ममता, हमदर्दी या पश्चात्ताप का कोई भी लक्षण नजर नहीं आ रहा था।

रामचन्द्र के लिए यह घटना अपने जीवन की पहली दुर्घटना थी। वह बार-बार दशरथ की ओर ताकते, बार-बार कैकेयी की ओर।

अन्त में कैकेयी ने ही मुँह खोला—बेटा ! तुमने कहाँ कुछ किया है, और न राजा ही तुम पर नाराज हैं। बात कुछ और है। बहुत दिन हुए, राजा ने मुझे दो वर माँगने को कहा था, मगर तब मैंने कहा था, अभी नहीं चाहिए, जरूरत पड़ने पर माँग लूँगी। सो कल अपने वही दो वर मैंने राजा से माँग लिये हैं। पहला वर मैंने यह माँगा है कि राजगद्दी पर भरत बैठेगा। दूसरे वर के रूप में मैंने राजा से तुम्हें चौदह वर्षों के लिए जंगल में भेज देने को कहा है। मगर तुम्हारे विछोह में राजा का बड़ा बुरा हाल होगा...

कैकेयी कुटिल हँसी हँसने लगी। जरा रुककर फिर बोली—बेटा, अपने बाप की इज्जत अब तुम्हारे हाथ में है। तुम चाहो तो अपने वचन राजा पूरा कर सकेंगे, अन्यथा सारा संसार उन्हें झूठा कहकर कलंकित करेगा। इतिहास किसी को क्षमा नहीं करता। पुत्र का कर्त्तव्य है कि अपने पिता को वह लांछित होने से बचावे।

राम ने सरलतापूर्वक कहा—भला, इससे अच्छी बात मेरे लिए और क्या होगी कि पिता-माता की इच्छाओं को मैं पूर्ण करूँ। आपकी इच्छा और महाराज के आदेश...इससे बढ़कर मेरे लिए और कोई वस्तु महत्त्व की नहीं है। माता-पिता की आज्ञा से किया हुआ

कोई भी कार्य मनुष्य के लिए मंगलमय प्रमाणित होता है। शुभस्य शीघ्रम्। ऐसे अच्छे काम में तनिक भी देरी करना अनुचित होगा। परन्तु, पिताजी मुझसे बोलते क्यों नहीं ? अवश्य ही मुझसे कोई त्रुटि हो गई है। इसी से मेरे प्रति उन्होंने अपनी वाणी को रखा है।

अब दशरथ ने मुँह खोला—नहीं बेटा, नहीं ! तुम बिल्कुल निर्दोष हो। बिल्कुल विशुद्ध, अतिशय निर्मल।

इशारे से राजा ने राम को नजदीक बैठने को कहा।

निकट आने पर खींचकर राम को दशरथ ने अपनी छाती से सटा लिया। फिर उनकी घिग्घी बँध गई—हाय रे दैव ! न जाने कौन देवता अभिशप्त होकर हमारे यहाँ यह अवतरित हुआ ? हे राम, हमारे अपराधों को क्षमा नहीं करना। अपनी इस कुकृति के लिए मैं बड़ा से बड़ा दण्ड चाहूँगा, बेटा...

अपने शिथिल ग्रीवा को महाराज ने रामचन्द्र के चौड़े कंधे पर टेक दिया और हिचकियाँ भरने लगे।

अनुरोध के स्वर में रामचन्द्र बोले—महाराज, चौदह साल जंगलों में बिताना कोई बड़ी बात नहीं है। मैं महर्षि विश्वामित्र के साथ महीनों तक बनवासी जवीन बिता चुका हूँ। मुझे अपने वे दिन बराबर याद आते रहते हैं। अब वन की स्थिति में भी परिवर्तन आ गया है। स्थान-स्थान पर मुनियों ने आश्रम बना रखे हैं। विद्वान ब्राह्मणों की साधना से वन्य जीवन मुझे तो बड़ा ही सुरभित प्रतीत हुआ। आप मुझे बन जाने के लिए प्रसन्नतापूर्वक आज्ञा दीजिए। अनिष्ट की तनिक भी आशंका मत कीजिए।

उठकर बैठना दशरथ के लिए असंभव था। बुढ़ापे का टूटा हुआ शरीर व्यथाओं के प्रचण्ड आघात को सहन नहीं कर सका। वह धराशायी हो गये थे। अर्द्धचेतन अवस्था में फिर भी उन्होंने हाथ हिलाकर मना किया और और खिन्न स्वर में कहा—मैंने भी जंगल देखे हैं बेटा, तुम्हें इस भाँति सदा के लिए वनवासी बना देने से पहले यह धरती फट जाय, तो मैं उसमें समा जाऊँ...

राजा फिर सिसकने लगे।

कैकेयी ने सोचा—बूढ़े राजा का कमजोर हृदय न राम को छोड़ने के लिए तैयार है और न अपने वचन को तोड़ने के लिए तैयार है। अच्छा होता, राम स्वयं ही अब जंगल चले जाते। भरत को मँगवाते क्या देर लगेगी, कुछ नहीं।

इशारे से राम को अपने पास बुलाकर ममता का अभिनय करते हुए कैकेयी ने कहा—बेटा, बाप की इज्जत अब तेरे ही हाथों में है। देखता क्या है ? यह होश में आ गए, तो तुझे कहीं नहीं जाने देंगे। चला जा बेटा ! कौन-सी बड़ी बात है। कितना अच्छा अवसर यह तुझे मिला है। वन में बड़े-बड़े मुनियों के दर्शन होंगे। तरह-तरह के लोगों से मुलाकात होगी । नाना प्रकार के फल-फूल, कन्द-मूल, नाना प्रकार के वृक्ष-वनस्पति, विविध प्रकार के पशु-पक्षी, एक से एक खूँखार जानवर, ऋतुओं के अनुसार अपनी छटा बदलनेवाली प्रकृति नटी का निरावरण रूप, यह सब बेटा ! अयोध्या में कहाँ मिलेंगे ?

—नहीं मिलेंगे माँ, नहीं मिलेंगे—भोले रामचन्द्र ने कहा—अच्छा तो माँ, मैं अभी

वनवास के लिए प्रस्थान करता हूँ। जरा बड़ी माँ, मझोली माँ और लक्ष्मण को सूचित कर दूँ।

सुमन्त के साथ राम बाहर निकल आये। उनके मुखमण्डल पर विचार की कोई भी छाप नहीं थी।

राम अपनी माँ से मिलने गये।

बड़ी रानी होने पर भी कौशल्या ने बड़ा ही उदार हृदय पाया था। उसने कभी राम, भरत और लक्ष्मण, शत्रुघ्न के बारे में अलग-अलग नहीं सोचा था। वह चारों को एक ही आत्मा समझती थीं। विविध विग्रह धारण करनेवाले ब्रह्मा, विष्णु, महेश में जैसे निष्ठावान आस्तिक की एक ही भावना रहती है, उसी प्रकार कौशल्या चारों राजकुमारों को समग्र रूप में सोचती थीं।

उस दिन जब राम को उसने देखा तो बोली—बेटा ! भगवान् ने हमें ये दिन दिखाये। तुम सभी अब सयाने हो गये हो। तुम्हारा ब्याह भी हो चुका। लक्ष्मी जैसी बहुएँ अयोध्या के राजमहल की शोभा बढ़ा रही हैं। देवता जैसे स्वभाववाली जनक-नन्दिनी सीता को अपनी बड़ी बहू के रूप में पाकर तो हम धन्य हो गईं। दूसरी बहुएँ भी साक्षात् देव-कन्या मालूम होती हैं।

कौशल्या आनन्द से विह्वल होकर हृदय को खोल बैठीं। बहुत कुछ कहना चाह रही थीं, परन्तु आवेश में उपयुक्त शब्द नहीं मिल रहे थे।

राम ने एकाएक दारुण समाचार सुनकर माँ के चित्त पर चोट नहीं की। अपनी गंभीरता को वह बनाये रहे। कौशल्या फिर बोली—कार्य प्रयोजन के दिनों में न खाने की सुध रहती है, न पीने की। और आजकल तो खुशी के मारे किसका दिल उछल नहीं रहा है ? पर बेटा, तुम कुछ दुबले दिखाई पड़ रहे हो।

स्वाभाविक ढंग से राम ने कहा—नहीं माँ, आज मुझे आपने कई दिनों के बाद देखा है, इसलिए मैं दुबला दिखाई पड़ रहा हूँ। मगर बात तो ऐसी नहीं है, मैं जैसा पहले था वैसा ही अब भी हूँ।

रानी ने कुमार को अत्यन्त निकट बैठा लिया। ममता और स्नेह से राम की ठुड्डी छूकर कौशल्या ने कहा—बेटा, आज का दिन मुझे बड़ा ही मंगलमय मालूम पड़ता है। तुम कुछ देर यहीं मेरे पास बैठो। बैठोगे न ?

सुमन्त अब तक खड़े थे। रानी का संकेत पाकर भी बैठने की इच्छा नहीं हुई। खड़े ही रहे। वह भीतर ही भीतर रामचन्द्र की गहराई और धीरज पर मुग्ध हो रहे थे।

रामचन्द्र ने बड़ी ही नम्रता से कहा—रहने दो माँ ! क्या करोगी पास बैठाकर ?

—ऐसा क्यों कहते हो ? रानी ने कृत्रिम कड़ाई से कहा—मेरे पास बैठना तुम लोगों को क्यों नहीं सुहाता है ? सब मैं समझती हूँ।

—नहीं माँ, ऐसी कोई बात नहीं। तुम्हारे समक्ष बैठता हूँ तो ऐसा लगता है कि अपनी तरल आँखों से तुम हमारे ऊपर अमृत की फुहियाँ बरसाया करती हो—राम ने बोली में यथासम्भव अधिक मिठास घोलते हुए कहा।

—तो बैठो न—हाथ से संकेत करती कौशल्या बोलीं।

सुमन्त के लिए अपने को रोकना बड़ा मुश्किल था। शोक भरे मंत्री का कलेजा फटा जा रहा था। मन ही मन वह बोला—ओ अभागिन रानी, थोड़ी ही देर में अपने बनवास के बारे में जब रामचन्द्र तुम्हें सूचित करेंगे, तो तुम्हारा क्या होगा ?

राम ने सोचा, अधिक विलम्ब करना उचित नहीं। अपने हृदय को उन्होंने जरा कड़ा कर लिया और बोले—माँ, कुछ काल के लिए आज हम बाहर जा रहे हैं।

रानी को कुछ बोलने का अवसर दिये बिना ही राजकुमार बोलते गये—पिताजी ने छोटी माँ को कभी दो वचन दिये थे। छोटी माँ ने महाराज की बड़ी सेवा की थी सो भी लड़ाई के मैदान में, उन्होंने प्रसन्न होकर दो वर माँगने को कहा था। छोटी माँ ने अपने वरों को भविष्य के लिए सुरक्षित रक्खा। कल अपने वे दोनों वर छोटी माँ ने महाराज से माँग लिये हैं। महाराज वचनबद्ध थे। अपने दिये हुए वचन को रघुवंशी लोग न पूरा करेंगे, तो कौन पूरा करेगा ? पहला वर छोटी माँ ने यह माँगा कि भरत राजा हों, दूसरा वर उन्होंने यह माँगा कि बड़े राजकुमार को चौदह वर्षों तक अपना जीवन जंगल में बिताना होगा...

इतना सुनते ही कौशल्या अचेत हो गईं। उनका शरीर नीचे लुढ़क गया।

राम कठोर होकर थोड़ी देर तक यह दृश्य देखते रहे। इसके उपरान्त उन्होंने रानी को होश में लाने की चेष्टा की।

सचेत होकर कौशल्या उठ बैठीं। वह इधर-उधर डरी-सहमी सी ताकने लगीं। स्वयं उनकी समझ में नहीं आ रहा था कि क्षण-भर में यह क्या हो गया। लगता ऐसा था कि एकाएक किसी ने जादू की छड़ी सुँघाकर पहले रानी को बेहोश कर दिया है, फिर तुरन्त दूसरी छड़ी सुँघाकर उसे होश में ला दिया है।

विस्मय-विमुग्ध, विह्वल रानी ने सामने जब रामचन्द्र को खड़े देखा, तो कुछ और सचेत हुईं। चेतना लौट आते ही वह फिर विलाप करने लगीं—बेटा, क्या होना था, क्या हो रहा है। हे भगवान ! पूर्व जन्म में कितना पाप मैंने किया था, जो यह सब देख रही हूँ।

रानी को रोता देखकर भी राजकुमार ने अपना धीरज नहीं छोड़ा। राम बोले—मत घबराओ माँ। दिन जाते क्या देर लगती है ? तुम्हारे आशीर्वाद से कोई मेरा बाल भी बाँका नहीं कर सकता। बिना किसी कठिनाई के, वनवास की अवधि को मैं पूरा कर लूँगा। तुम किसी प्रकार की चिन्ता मत करो। माता-पिता की आज्ञाओं का पालन ही पुत्र का धर्म है।

इस प्रकार राम ने कौशल्या को बहुत कुछ समझाया और वह कुछ प्रकृतिस्थ हुईं। अन्त में उन्होंने कहा—पिता का वचन पूरा हो, वह झूठे न कहलाएँ—केवल इसीलिए यदि तुम जंगल में रहने जा रहे हो, तो ठीक है। तुम्हारे लिए वन ही अयोध्या का राजमहल है। तुम्हारे रहने से अब जंगल जंगल नहीं रह जाएँगे। अब अयोध्या ही जंगल जैसी लगेगी।

राम का वनवास का समाचार महलों में फैल गया। सभी विकल हो उठे। स्वजन, परिजन, अनुचर, परिचर, दास-दासी, नौकर-चाकर सभी उद्विग्न हो उठे। जितने भी इष्ट अपेक्षित थे, सभी को धक्का लगा।

लक्ष्मण ने सुना, तो उनका भी चेहरा फक रह गया। सीता तो यह समाचार सुनते ही बेहोश हो गईं।

कौशल्या की आज्ञा पाकर राम सीता से मिलने गये। वह बड़ी विकल हो रही थी। राम को देखते ही वह और शोक-विह्वल हो गई।

राम ने कहा—प्राणवल्लभे, चिन्ता करने की क्या बात है ? समय बीतते देर नहीं लगती है, और जिस व्यक्ति की शुभ-कामनाएँ सैकड़ों-हजारों के दिल में हिलकोरें ले रही हों, उसके पास विघ्न-बाधाएँ नहीं फटक सकतीं। विश्वास रक्खो, कुशलपूर्वक वनवास की अवधि समाप्त करने के उपरान्त मैं लौट आऊँगा। यहाँ मेरे अभाव में तुम्हें किसी प्रकार का कष्ट नहीं होगा। और जंगल का जीवन तो तुम दो दिन भी नहीं बिता सकती हो। रही मेरी बात सो—

मैं पुनि करि प्रमान पितु बानी।
बेगि फिरब सुनु सुमुखि सयानी॥
दिवस जात नहिं लागिहि बारा।
सुन्दरि सिखवनु सुनहु हमारा॥
जौं हठ करहु प्रेमबस बामा।
तौ तुम्ह दुखु पाउब परिनामा॥
काननु कठिन भयंकरु भारी।
घोर घामु हिम बारि बयारी॥
कुस कंटक मग काँकर नाना।
चलब पयोदेहिं बिन पदत्राना॥
चरन कमल मृदु मंजु तुम्हारे।
मारग अगम भूमिधर भारे॥
कंदर खोह नदी नद नारे।
अगम अगाध न जाहिं निहारे॥
भालु बाघ बृक केहरि नागा।
करहिं नाद सुनि धीरजु भागा॥
हंस गवनि तुम्ह नहिं बन जोगू।
सुनि अपजसु मोहिं देइहिं लोगू॥
मानस सलिल सुधाँ प्रतिपाली।
जिअइ कि लवन पयोधि मराली॥
नव रसाल वन बिहरन सीला।
सोह कि कोकिल बिपिन करीला॥

राम की बातें सीता के कानों को बिल्कुल नहीं रुचीं, हृदय पर बड़ा ही आघात पड़ा। आँखें डबडबा आईं।

महारानी कौशल्या भी सीता को समझाने आईं। उन्होंने राम से कहा—पुत्र, इस दारुण समाचार को सुनकर सुकुमारी सीता की क्या दशा हो गई है, देख ही रहे हो। जाने के लिए वह भी तैयार मालूम पड़ती है। यह भी तुम समझ ही रहे हो। परन्तु मेरी राय में सीता का तुम्हारे साथ जंगल में जाना ठीक नहीं। जिन जंगली जानवरों को सपने में भी देखकर सीता डर जाती है, उन्हीं जन्तुओं के बीच अब वह कैसे रहेगी ?

माता की बातें सुन राम सोच में पड़ गये। वह स्वयं भी इस पक्ष में नहीं थे कि सीता साथ-साथ जंगल जाएँ। सीता को सारी स्थिति वह बतला भी चुके थे। अब कौशल्या के कहने पर फिर उन्होंने सीता को समझाया—हठ करोगी तो खुद भी दुख उठाओगी और मेरे भी दुख को बढ़ाओगी। साथ जाने का ख्याल छोड़ दो। यहाँ रहकर सास-ससुर की सेवा करो। सब तो हैं। एक नहीं, तीन-तीन देवर हैं। देवरानियाँ हैं। दास-दासियाँ हैं, स्वजन-परिजन हैं। किसी वस्तु का कोई अभाव नहीं है। तबीयत उचटे, तो बीच-बीच में नैहर हो आना।

सीता का कलेजा फटा जा रहा था। वह सोच रही थी—इनका भी हृदय न जाने कैसा पत्थर है। कहने को अर्द्धांगिनी कहाती हूँ। परन्तु इतनी सीधी-सी बात ध्यान में नहीं आती कि इनके आधे अंग को छोड़कर बाकी आधा अंग भला कैसे किसी काम का रह जाएगा ?

बड़ी देर तक वह गुमसुम रही। फिर संक्षेप में अपने दृढ़ निश्चय को व्यक्त किया—

प्राननाथ तुम्ह बिनु जग माहीं।
मो कहुँ सुखद कतहुँ कछु नाहीं॥
जिय बिनु देह नदी बिनु बारी।
तैसिअ नाथ पुरुष बिनु नारी॥

ज़ानकी के मुँह से यह सुनकर राम को प्रसन्नता भी हुई और खेद भी हुआ। प्रसन्नता इसलिए हुई कि उसने सहचर-सहचरी धर्म की ओर अनिवार्य रूप में ध्यान आकृष्ट किया। खेद इसलिए हुआ कि आजन्म अन्तःपुर में रहनेवाली यह सुकुमारी बीहड़ और ऊबड़-खाबड़ जंगलों में भटकती-भटकती सूखकर कंडा हो जायगी।

कौशल्या, सुमन्त और लक्ष्मण सभी जनकनन्दिनी की इस अविचलित कर्त्तव्यभावना पर मुग्ध थे। आज पहली बार लोगों ने मिथिला की इस राजकुमारी की उदात्त भावनाओं का यथार्थ आभास पाया।

राम ने महारानी कौशल्या की ओर निगाहें लगाकर कहा—माँ, यह नहीं मानेगी, नहीं मानेगी। यदि न ले जाऊँगा, तो चार दिन में ही इसके प्राण निकल जाएँगे। जाने दो माँ, छोड़ दो। तुम केवल आशीर्वाद देती रहना।

कौशल्या ने मौन रहकर इस पर अपनी स्वीकृति की मुहर लगा दी। वह बड़ी

बुद्धिमती थीं। वह समझती थीं कि राम के बिछोह में चार दिन तो क्या, चार पहर भी सीता चैन से नहीं रह सकती। इसे साथ जाने देने में ही हम सभी का कल्याण है।

—अच्छा तैयार हो जाओ—रामचन्द्र ने सीता से कहा, तो वह भीतर ही भीतर खूब प्रसन्न हुई।

अब लक्ष्मण की बारी आई। उनका कहना था कि विश्वामित्र के साथ गये तो मैं भी साथ गया था और अब मुझे छोड़कर आप बनवासी बनेंगे, सो हो नहीं सकता। जहाँ राम वहाँ लक्ष्मण। आप देह हैं तो मैं छाया हूँ।

लक्ष्मण को साथ ले जाने में रामचन्द्र को विशेष कोई आपत्ति नहीं हुई।

चलो, हम मझली माँ से आशीष लेते चलें।

सुमित्रा को सारा हाल मालूम हो चुका था। वह स्वयं ही चाहती थी कि लक्ष्मण राम के साथ जाय। परदेश में एक से दो भले। और, वह तो ठहरी वनवास की बात, इसमें तो अकेले रहना ठीक नहीं।

सुमित्रा ने लक्ष्मण से कहा—

तात तुम्हारि मातु बैदेही।
पिता रामु सब भाँति सनेही॥
अवध तहाँ जहँ राभ निवासू।
तहँहूँ दिवसु जहँ भानु प्रकासू॥
जौं पै सीय राम वन जाहीं।
अवध तुम्हार काज कछु नाहीं॥
गुर पितु मातु बंधु सुर साईं।
सेइअहिं सकल प्रान की नाईं॥
रामु प्रान प्रिय जीवन जी के।
स्वारथ रहित सखा सबही के॥
पूजनीय प्रिय परम जहाँ तें।
सब मानिअहिं राम के नातें॥
अस जिय जानि संग बन जाहू।
लेहू तात जग जीवन लाहू॥

अपनी माँ के गम्भीर उपदेश को सुनकर लक्ष्मण का हृदय तृप्त हो गया।

राम और लक्ष्मण ने साथ कुछ नहीं लिया। जो कपड़ा वह पहने हुए थे, बस वही धोती-भर, आभूषण एक भी नहीं। सीता ने भी गहने उतार डाले। उनकी गर्दन पर साड़ी भर रह गई। हथियार के नाम पर तीरों से भरे दो तरकश और दो धनुष उन्होंने ले लिए।

गुरुजन के चरण छूकर तीनों विदा हुए। उस बेहोशी में भी दशरथ सुमन्त से यह कहना न भूले कि बच्चों को रथ पर चढ़ाकर घुमा लाओ। देखना, कहीं जंगल की ओर न जाने देना।

मगर कैकेयी तुली हुई थी। उसने डपटकर सुमन्त को हुक्म दिया—मन्त्री, बूढ़े

राजा की विवेक-बुद्धि बिलकुल ही भ्रष्ट हो गई है। यश और अपयश में उनके लिए कोई फरक नहीं रह गया है। तुम यदि इस राजवंश के सच्चे हितैषी हो, तो जाओ, रथ पर ले जाकर राम को सरजू के किनारे छोड़ आओ।

कैकेयी की बात सुमन्त को चुभी, पर वह चुप रहे। बाहर निकले। राम, लक्ष्मण और सीता तैयार थे। सारथी रथ ले आया। चारों जने उस पर चढ़े।

साधारण प्रजा में से सैकड़ों आदमी पीछे-पीछे चलने लगे। सभी कैकेयी को कोस रहे थे। छोटी रानी कभी ऐसा अनर्थ करेगी, इसकी कल्पना कभी किसी को नहीं हुई थी। कुछ लोगों ने सुमन्त को राय दी कि सरजू के उस पार जो छोटा-सा जंगल है, उसी में कुटिया बनवा दीजिए। सीता, राम और लक्ष्मण वनवास की अपनी अवधि वहीं पूरी करेंगे।

राम ने प्रजा के इस विचार को अंगीकार नहीं किया। फिर भी बहुत-से लोग काफी दूर तक पीछे-पीछे गये। सायंकाल रथ तमसा नदी के किनारे पहुँचा। रात में लोग वहीं रहे।

कुछ रात होते ही चुपके से रथ जोता गया। लोगों को सोते ही छोड़कर राम आगे निकल गये। सबेरा होते-होते रथ काफी फासला तय कर चुका था।

उधर जब लोग सोकर उठे, तो राम को न पाकर हाय ! हाय ! करने लगे। उन्हें यह भी नहीं मालूम हुआ कि रथ किधर गया है ? हारकर सभी अयोध्या लौट आए।

अब रथ गंगा किनारे पहुँचा। वहाँ निषादपति गुह से राम की मित्रता हुई। वहीं से समझा-बुझाकर उन लोगों ने सुमन्त को वापस लौटाया। गुह की सहायता से तीनों जने गंगा पार होकर प्रयाग पहुँचे।

प्रयाग में भरद्वाज मुनि रहते थे। बहुत बड़ा आश्रम था। अनेक तपस्वी वहाँ तपस्या कर रहे थे। गंगा-यमुना के संगम पर यह तीर्थ राम को बड़ा ही दिव्य लगा।

यमुना पार करके राम ने फिर जंगल की राह ली। आगे बढ़ने पर महामुनि वाल्मीकि का तपोवन मिला। वाल्मीकि की राय से चित्रकूट की पहाड़ियों में रहने का उन्होंने निश्चय किया।

चित्रकूट की पहाड़ियों में रम्य स्थानों की कमी नहीं थी। अत्रि आदि कितने ही मुनि वहाँ तपस्या कर रहे थे। राम को स्थान पसन्द आ गया। लक्ष्मण से वह बोले—यहीं कहीं पर्णकुटी तैयार कर लो। अब कुछ दिनों के लिए हम यहीं अपना आसन जमाएँ।

तीनों आश्रम बनाकर वहीं रहने लगे।

राम के चले जाने पर भी दशरथ को विश्वास नहीं हुआ कि सचमुच राजकुमार वन की ओर गये हैं। सिर धुन-धुनकर महाराज कैकेयी से कहने लगे—कितना जहर जमा कर रक्खा है तूने अपने अन्दर ? राम जैसे देवता स्वरूप राजकुमार को महल से निकालकर किस भाँति तू चैन से समय बिताएगी ?

कहते-कहते राजा आवेश में आ गये और फिर उन्हें गश आ गया।

होश में आने पर दशरथ ने कौशल्या और सुमित्रा को अपनी परिचर्या में पाया।

कौशल्या को देखते ही राजा फिर विलाप करने लगे—हाय, हाय ! वैसे कोमल चरणोंवाला राजकुमार, गुलाब की पंखुड़ियों से मुलायम चमड़ीवाली वैसी राजकुमारी और सुकुमार लक्ष्मण जंगल की कड़ी खुर्दरी मिट्‌टी पर से होकर किस प्रकार चल रहे होंगे। हाय ! तुमने राम को बेकार ही पैदा किया। पाल-पोस कर अपने पुत्र की हमने हत्या कर डाली ! रानी ! मेरी प्रियतमे ? जब मैं पिता होकर राम के विछोह को असह्य पा रहा हूँ तो भला तुम्हारे चित्त की क्या दशा होगी ?

अब दशरथ का मन महामन्त्री सुमन्त पर अटक रहा था। उनकी धारणा थी कि सीता को तो राम अवश्य लौटा देंगे।

दो दिन बाद सुमन्त अकेले लौटे। राजा से मन्त्री ने राम के गंगा पार होने तक की कथा कह सुनाई। वह बेहोश होकर जमीन पर गिर पड़े। लोगों ने उन्हें उठाकर पलंग पर लिटाया। थोड़ी ही देर बाद राजा की हालत नाजुक हो गई, और—

राम राम कहि राम कहि, राम राम कहि राम।
तनु परिहरि रघुवीर विरह, राउ गए सुरधाम।।

भरत का आगमन

महाराज का प्राणान्त हो गया। शोक का वातावरण अयोध्या पर व्याप्त हो गया।

गुरु वशिष्ठ ने देखा कि राज्य की स्थिति बड़ी विषम हो गई है। इसी तरह कुछ दिन विशृंखलित रहने से राज्यों में विप्लव हो जाते हैं। महाराज की मृत्य हो गई है। राम वनवास के लिए निकल गये हैं। भरत यहाँ हैं नहीं। ऐसी स्थिति में प्रजा कब तक धैर्य रक्खेगी ? महामुनि वशिष्ठ ने इस मसले पर काफी सोचा। उन्होंने तय किया कि भरत और शत्रुघ्न को ननिहाल से अविलम्ब बुला लेना चाहिए। जब भरत का अभिषेक हो लेगा, तभी स्थिति शान्त होगी।

सड़े नहीं, इसलिए एक बड़ी-सी हौद में तेल भरकर राजा की लाश को वशिष्ठ ने उसमें रखवा दिया। फिर सुमन्त से कहकर भरत के लिए दूत भिजवाया। दूत से कह दिया—राम के वन जाने का समाचार या महाराज की मृत्यु का समाचार भरत को मालूम न हो।

दूत कई दिनों के बाद भरत के ननिहाल पहुँचा।

जब से अयोध्या में यह सब बातें होने लगीं, तभी से भरत को बुरे सपने आ रहे थे। असगुन हो रहे थे। भरत को बड़ी चिन्ता थी कि बात क्या है। अनेक प्रकार की शंकाएँ चित्त को उद्विग्न कर रही थीं कि इतने में दूत पहुँचा। उसने कहा, कुमार आपको शीघ्र अयोध्या पहुँचना चाहिए।

भरत ने खोद-खोदकर असलियत का आभास पाना चाहा, परन्तु कोई खास बात मालूम न हो सकी। दूत ने बड़ी सावधानी से अयोध्या की दुर्घटनाओं पर चुप्पी की गाढ़ी चादर डाल रक्खी थी।

भरत और शत्रुघ्न दूत के साथ ही अयोध्या की ओर चल पड़े। रास्ते में असगुनों

का अन्त नहीं था। सियार दाएँ से बाएँ जा रहे थे। कुत्ते अजीब ढंग से रो रहे थे। बिल्लियाँ बार-बार रास्ता काट देती थीं। बाएँ अंग बुरी तरह फड़क रहे थे।

किसी तरह दोनों राजकुमार अयोध्या आए।

यहाँ का जो हाल था, उसका क्या कहना ! किसी के चेहरे पर प्रसन्नता का चिह्न नहीं। जहाँ के नागरिक एक दूसरे के मिलने पर मुस्करा पड़ने के आदी थे, वहाँ अब होठों पर उदासी की फीकी छाया नाच रही थी। नगर की श्री और समृद्धि का कहीं पता नहीं था। डरते-डरते भरत राजभवन के नजदीक पहुँचे। उदास देखकर उन्होंने नौकर-चाकरों से कुछ नहीं पूछा। महल में भरत ने न राम को देखा, न लक्ष्मण को। कुमार की आँखें बूढ़े पिता को ढूँढ रही थीं।

अपने पुत्र के आगमन का समाचार सुनकर खुशी के मारे उछलती हुई कैकेयी बाहर आई।

भरत ने प्रणाम किया और पूछा—माँ, क्या बात है ? न पिताजी को देखता हूँ, न भाइयों को। कहाँ हैं ये सब ?

कैकेयी ने विजयी स्वर में कहना शुरू किया—भैया, मत पूछो उनका हाल। सब गुड़-गोबर हो रहा था। बेचारी मन्थरा ने हमें सहायता पहुँचाई। राजा ने तुम्हें युवराज बनाया और राम को चौदह साल के लिए वनवासी बना दिया—आओ बेटा ! अब इन आँखों से तुम्हारा अभिषेक देखूँगी।

कैकेयी के मुँह से यह वज्रतुल्य बातें सुनकर भरत का हृदय विदीर्ण हो गया—

सुनि सुठि सहमेउ राजकुमारु।
पाकें छत जनु लाग अगारु॥
धीरज धरि भरि लेहिं उसासा।
पापिनि सबहिं भाँति कुला नासा॥
जौं पै कुरुचि रही अति तोही।
जनमत काहें न मारे मोही॥
पेड़ काटि तैं पालउ सींचा।
मीन जिअन निति बारि उलीचा॥
जब तैं कुमति कुमत जिय ठयऊ।
खंड खंड होइ हृदउ न गयऊ॥
वर माँगत मन भइ नहिं पीरा।
जरि न जीह मुँह परेउ नहिं कीरा॥

कैकेयी ने इतना तक कह दिया था कि बेटा, बूढ़े राजा की चिन्ता करना बेकार है। आज न सही, कल, मरते तो वह अवश्य। और, राम की वनवासी जीवन बिताने की अपनी इच्छा ही प्रबल थी। मैंने तो कुछ नहीं कहा था। कहा था इतना ही कि कुछ दिनों के लिए कहीं बाहर घूम आओ।

भरत अपनी माँ को कोस ही रहे थे कि मन्थरा आ पहुँची। उस बुढ़िया को अपनी

सूझ-समझ पर बड़ा ही घमण्ड था। भरत ने गुस्से में भरकर उसकी ओर देखा। कुछ बोले नहीं। शत्रुघ्न से रहा न गया—ओ बुड्ढ़ी, सारे अनर्थों की जड़ तू है—यह कहकर उसके कूबड़ पर शत्रुघ्न ने जमकर एक लात लगाई। वह ऐंच गई। फिर शत्रुघ्न ने बाल पकड़कर बुढ़िया को आँगन में घसीटना शुरू किया। आखिर भरत के बीच-बचाव से उसके प्राण बचे।

फिर दोनों राजकुमार कौशल्या के यहाँ गये। उनको पता था कि इन घटनाओं में भरत का कोई हाथ नहीं। इसलिए भरत के प्रति कौशल्या के मन में रत्ती-भर भी विकार पैदा नहीं हो सका।

भरत को छाती से सटाये देर तक कौशल्या रोती रहीं। पीछे उन्होंने भरत को समझाया—जो होना था, हुआ। इसमें किसी का दोष नहीं। कैकेयी भी निरपराध है। उस पर नाराज होने से क्या लाभ ? सिवाय धैर्य के अब और कौन हमारा सहारा रह गया ? सबसे पहला काम तुम्हें जो करना है, वह है राजा के मृत शरीर का अन्तिम संस्कार। उठो बेटा !

बड़ी माँ की बातें सुनकर भरत को थोड़ी तसल्ली हुई।

महागुरु वशिष्ठ पहुँच गये। उन्होंने भी भरत को अनेक प्रकार की बातें समझाईं।

इसके उपरान्त महाराज अयोध्यापति दशरथ की अर्थी निकली। उसे धूमधाम से लोग सरयू के किनारे ले गये। भरत ने स्वयं अपने हाथों महाराज का अग्नि-संस्कार किया।

फिर ठाठ-बाट से महाराज का श्राद्ध भी सम्पन्न हुआ।

यह सब हो जाने पर कौशल्या और वशिष्ठ ने एक दिन पास बैठाकर भरत से कहा—बेटा, राजा राज्य तुमको दे गये हैं। तुम्हें ही गद्दी पर बैठना होगा। राम के वापस आने पर फिर तुम अपने मन के मुताबिक काम करना।

दृढ़तापूर्वक भरत की ओर से उत्तर आया—बड़े भाई के रहते भला किस मुँह से गद्दी पर बैठूँगा। मेरी इच्छा हो रही है कि जंगल में जाकर उनसे मिलूँ। उन्हें मनाने की चेष्टा करूँ। वे बड़े दयालू हैं। मेरी प्रार्थना को नहीं ठुकराएँगे। रही काम सँभालने की बात। सो उसके लिए क्या आप लोग काफी नहीं हैं ?

भरत चित्रकूट की ओर

भरत की इच्छा थी कि अकेले ही राम के पास जाऊँ। मगर उनके जाने की बात सब जगह फैल गई और दूसरे भी बहुत-से लोग साथ चलने को तैयार हो गये। वह किसको "हाँ" कहते और किसको "ना" कहते।

नागरिकों ने चित्रकूट चलने की तैयारियाँ देखकर भरत ने सोचा—नहीं, सबका चलना ठीक नहीं।

अपने मन्त्रियों और कारपरदाजों को बुलाकर भरत ने समझाया—सबका चलना ठीक नहीं। यह सारा राज्य, समूचा कोष, सभी सामग्री राजा रामचन्द्र की है। उनकी

अनुपस्थिति में इस वैभव के संरक्षण की जिम्मेवारी हमारे कन्धों पर आ पड़ी है। यदि सभी चित्रकूट चलेंगे, तो यहाँ की रखवाली कौन करेगा ?

लोग मान गये। स्वामिभक्त नागरिकों और राजपुरुषों ने उत्तरदायित्व का अनुभव करके अपने मन को थाम लिया। इस प्रकार राज्य के प्रबन्ध सम्बन्धी कार्यों की ओर से निश्चिंत होकर भरत भाई से मिलने चले। माताएँ साथ थीं। गुरु वशिष्ठ साथ थे, कुछ मन्त्री भी थे। सेना और प्रजा में से कुछ प्रमुख व्यक्ति साथ थे। पहले भरत ने रथ पर जाना अस्वीकार कर दिया था। उन्हें पैदल चलते देखकर बाकी लोगों ने भी रथ का इस्तेमाल नहीं किया। पीछे कौशल्या के समझाने पर भरत रथ पर चढ़े। औरों ने भी अनुसरण किया।

दूसरे दिन भरत निषाद राज्य में पहुँचे। राजकुमार को लाव-लश्कर के साथ देख निषाद राज के मन में खटका हुआ। उसने सोचा कि भरत भविष्य के लिए भी शत्रु की ओर से निश्चिन्त होना चाहता है। वह श्रीराम को जंगल में भी नहीं रहने देना चाहता। इसीलिए फौज लेकर पीछा कर रहा है।

गुह की रामचन्द्र के साथ काफी घनिष्टता हो गई थी। राम का रत्ती-भर भी अहित हो, वह ऐसा नहीं चाहता था। इसीलिए अपनी जमात के आदमियों को लेकर निषाद राजा भरत से मोर्चा लेने चला।

परन्तु, उसे यह मालूम होते देर न लगी कि भरत भाई को मनाने जाते हैं, पछाड़ने नहीं। फिर तो निषादराज ने भरत का खूब स्वागत किया। उसी की सहायता से भरत सदल-बल गंगा पार उतरे।

गंगा पार उतरकर भरत भरद्वाज मुनि के अतिथि बने। दूसरे दिन प्रातःकाल नाव से यमुना नदी को पार किया।

इस प्रकार कुछ दिनों में चित्रकूट के समीप पहुँचे।

जंगली लोगों ने राम को यह खबर सुनाई कि कुछ आदमियों की भीड़, हाथी-घोड़ा और रथ पर सवार भरत आदि इधर आ रहे हैं। राम ने सोचा मिलने आ रहे हैं, मगर लक्ष्मण राम के इस विचार से सहमत नहीं थे। पेड़ पर चढ़कर लक्ष्मण ने देखा तो अपने परिचित रथ की पताकाओं को पहचानते उन्हें तनिक भी देर न लगी। राम से उन्होंने कहा—भैया, मैं तो पहले से ही कहता आ रहा हूँ यह भरत भी तो आखिर कैकेयी का बेटा है न ? सोचा होगा, चौदह वर्ष बीत जाने पर ये लोग फिर छाती पर सवार होंगे। चलो, जंगल में ही जाकर उन्हे चित्त कर दें। न रहेगा बाँस, न बजेगी बाँसुरी। लेकिन यह भरत की भूल है। इस बार अपनी जान से उसे हाथ धोना पड़ेगा। कोई भी देवता उसकी रक्षा नहीं कर सकते।

लक्ष्मण के होंठ फड़कने लगे। आँखें लाल हो आईं।

पीठ पर हाथ फेरते हुए राम ने लक्ष्मण को समझाया—व्यर्थ, तुम्हारा यह क्रोध बिना कारण का है। भरत-सा भाई संसार में न कभी पैदा हुआ, न होगा। तुमने अभी तक उस बेचारे को समझा नहीं। कोशल तो कोशल ही ठहरा, समूचे भूमण्डल का राजा

बना दोगे, तो भी भरत के मन से सरलता नष्ट न होगी।

इतने में भरत नजदीक आ गये। गजब की सादगी थी। उन्हें देखने से ऐसा नहीं लगता था कि कहीं के राजा हैं। निराडम्बर भेष, शान्त मुखमंडल एक अद्‌भुत प्रभाव डाल रहा था। राम को देखते ही भरत भूमि पर लेट गये।

राम का ध्यान उस ओर न था, परन्तु लक्ष्मण की दृष्टि भरत पर पड़ी। उन्हें वैसी स्थिति में देखकर झेंप गये। अपने को सँभालकर उन्होंने राम से कहा—भैया, भरत आये हैं और आपको प्रणाम कर रहे हैं।

राम ने उठकर भरत को छाती से लगा लिया। थोड़ी देर तक किसी के मुँह से कोई बात न निकली। आँखों से अविरल अश्रुधारा बह रही थी। ममता और स्नेह के बाँध टूट गये थे। बड़ी देर तक दोनों भाई निःशब्द खड़े रहे। उसके बाद भरत की पीठ पर हाथ फेरते हुए राम ने पूछा—कहो भाई, कैसे रहे।

भरत के मुँह से कोई बात न निकली। थोड़ी देर बाद और लोग भी आश्रम में पहुँच गये। राम सभी से प्रेमपूर्वक मिले। राम और लक्ष्मण ने सबके टिकने की व्यवस्था की। राम को इस अवस्था में देखकर माताएँ रोने लगीं। सिर पर जटा, दुकूल की जगह वल्कल। यह तो राजकुमारों का भेष नहीं है। राम और लक्ष्मण दोनों तरुण तपस्वी जैसे लगते थे। इस विरक्त भेष में अपने पुत्रों की कल्पना करना कौशल्या आदि के लिए कितने दुख की बात थी। सीता की भी वेशभूषा ऐसी थी।

थोड़ी देर बाद राम ने पिता का समाचार पूछा। पिता के बारे में पूछे जाने पर भरत रोने लगे। रोते-रोते ही कहा—भैया, आपका वियोग महाराज नहीं सह सके। मेरे अयोध्या पहुँचने के पहले ही उनकी पुतलियाँ उलट चुकी थीं। उनका श्राद्ध सम्पन्न हो गया। अब मैं आपको लौटाने आया हूँ। अयोध्या चलिए।

पिता की मृत्यु का समाचार सुनकर राम को बड़ी रुलाई आई। दबा हुआ दुःख जोरों से उमड़ आया। उधर माताएँ भी रो रही थीं। महामुनि वशिष्ठ के लिए यह दृश्य और भी असह्य था। उन्होंने सभी को समझा-बुझाकर शान्त करने की चेष्टा की।

राम ने पिता का श्राद्ध किया।

दो-एक दिन और भी सभी शोक में डूबे रहे। फिर वशिष्ठ ने सोचा, यहाँ से जाने का मन किसी का भी नहीं हो रहा है। राम लौटकर अयोध्या आएँगे, इस बात की तनिक भी संभावना मुझे दिखाई नहीं पड़ती। तो फिर क्या होगा, दोनों भाई को यही तो आपस में तय कर लेना है।

वशिष्ठ ने भरत से कहा—बेटा, जिस लिए तुम यहाँ आये हो, अब वह बात होनी चाहिए।

भरत ने निश्चय किया कि वह कल राम से मिलकर किसी न किसी निश्चय पर अवश्य पहुँचेंगे।

अगले रोज सवेरे ही राम की कुटी के सामने परिषद जुटी। भरत ने कहा—भैया, आपके बिना अयोध्या में रहना हमारे लिए असम्भव है। हम सदा साथ रहे, साथ ही

हमने शिक्षा पाई। अब अकेला मैं किस प्रकार इतनी बड़ी जिम्मेदारी को सँभाल सकूँगा। धरती, आकाश और देवता साक्षी हैं कि कभी मैंने ऐसा नहीं सोचा कि भाई को वनवासी बनाकर स्वयं राजा बनूँगा। न जाने मेरी माँ को क्या हो गया, जिसके कारण इतना बड़ा कुकांड मच गया। प्रभु, आपको चलना ही होगा।

राम ने मधुर और गंभीर वाणी में भरत को समझाया—भाई भरत—

रघुकुल रीति सदा चली आई।
प्राण जाई वरु वचन न जाई।।

देखो, पिताजी ने अपने वचन को पूरा करने के लिए कितना कष्ट सहा। वह हमारे समक्ष अपना ज्वलन्त उदाहरण उपस्थित कर गये हैं। मर जाना अच्छा है, अपने वचन से हटना अच्छा नहीं। हमारा कर्तव्य है कि अपनी प्रतिज्ञाओं पर दृढ़ रहें, कुल को कभी कलंकित न होने दें।

और भी लोगों ने राम को समझाया, परन्तु वह अन्त तक यही कहते रहे कि पिता की आज्ञा का पालन ही हमारा सबसे बड़ा कर्त्तव्य है। अपने कर्त्तव्य से विमुख होने की अपेक्षा पानी में डूब मरना अच्छा है। चौदह साल जंगल में बिताकर फिर मैं अयोध्या लौट आऊँगा। अभी लौटने पर सारा संसार मुझे बदनाम करेगा।

इसी समय मिथिला के महाराजा जनक के दूत आ पहुँचे। उन्होंने जनक के आने का समाचार सुनाया। परिषद विसर्जित हो गई। सब लोग जनक की अगवानी के लिए उठ खड़े हुए।

राम, लक्ष्मण, भरत, वशिष्ठ के साथ जनक का स्वागत करने आगे बढ़े।

जनक ने राम को तपस्वी के रूप में देखा, तो उन्हें खेद नहीं हुआ। वह गम्भीर स्वर में बोले—राम, तुमने यह बड़ा ही अच्छा किया कि पिता के कहने से राज्य छोड़ दिया और वन में आ गये। यह त्याग रघुवंश की उज्ज्वल परम्परा को और भी उज्ज्वल बना रहा है। समय बीतते क्या देर लगेगी, परन्तु तुम्हारी यह कीर्ति कभी नष्ट नहीं होगी।

लक्ष्मण ने जनक के ठहरने का प्रबन्ध किया।

फिर आपस में बातें होने लगीं। किसी की राय में भरत को राम के साथ वन में रहना चाहिए और लक्ष्मण को अयोध्या लौट जाना चाहिए, कोई कहता—राम अयोध्या लौट चलें और भरत आदि तीनों भाई वनवासी बनें।

इस तरह कई बातें हो रही थीं। समस्या का कोई समाधन हो नहीं पा रहा था। राम ने सोचा, इस तरह तो लोग टस से मस नहीं होंगे। कोई युक्ति लगानी चाहिए। वशिष्ठ के पास जाकर राम ने कहा—गुरुवर, जंगल में रहते लोगों को कई दिन हो गये हैं। नाहक ही तकलीफ उठाने से क्या फायदा।

वशिष्ठ ने जवाब दिया—राम, इसमें कष्ट की क्या बात है। तुम्हारा मुँह देखकर लोग सारी तकलीफें भूल जाते हैं।

दूसरे दिन फिर दरबार हुआ। आज की परिषद् में वशिष्ठ और जनक भी थे।

लोगों ने कई तरह के विचार उपस्थित किये। अन्त में फैसला राम पर ही छोड़ दिया गया। जनक ने कहा—इस समय अयोध्या के राजकुल में सबसे बड़े हैं श्रीरामचन्द्र। भरत का स्वार्थ इसी में है कि राम जंगल न जाएँ, किन्तु भरत अकेले इतना भारी बोझ कैसे उठावेंगे। राम की जो आज्ञा होगी, भरत के लिए वह मान्य होनी चाहिए।

जनक की बात सभी को रुची। लोगों ने कहा—फैसला राम को ही देना चाहिए। राम बोले—हमारे लिए सबसे बड़ी बात है पिता की आज्ञा का पालन। ऐसे तो मैं भी मनुष्य हूँ, भरत के प्रति मेरी जो वत्सलता है, वह मुझे बाध्य कर रही है कि उनके कंधों पर भार न पड़ने दूँ, परन्तु धर्म की दृष्टि से मैं पिता की आज्ञा का ही पालन करना चाहता हूँ। जब तक मैं नहीं आता हूँ, तब तक भरत यह भार सँभालें। चौदह वर्ष पूरे होने पर मैं लौट आऊँगा।

भरत ने कहा—भैया, आपकी आज्ञा शिरोधार्य है परन्तु राज-काज कैसे चलाया जाता है, यह मुझे मालूम नहीं।

राम बोले—भरत, तुम्हारे अन्दर सब कुछ करने की क्षमता विद्यमान है। परामर्श तुम्हें गुरु वशिष्ठ और महाराज जनक से मिलते रहेंगे। तुम घबराते क्यों हो ?

यह बात सुनकर सभी लोग राम की तारीफ करने लगे।

भरत की वापसी

चार-पाँच दिन तक भरत चित्रकूट के तीर्थों के दर्शन करते रहे। राम ने कहा—देखो, अयोध्या सूनी पड़ी है। तुम कब तक बाहर रहोगे। जल्दी लौट जाओ। वहाँ राज-काज का संचालन शान्तिपूर्वक करना। प्रसन्न चित्त रहना, चिन्ता की जरूरत नहीं।

भरत ने सिर झुकाकर राम की आज्ञा स्वीकार की, परन्तु चित्त को सन्तोष नहीं हुआ। वह कुछ सहारा चाहते थे। बिना उसके भरत का चित्त घबरा रहा था।

भरत बोले—भैया, आपकी बात मैंने मान ली, परन्तु मुझे कोई निशानी दीजिए। बिना उसके मेरा मन ठिकाने नहीं लगेगा।

राम ने अपनी खड़ाऊँ भरत को दे दी। भरत को बड़ी खुशी हुई। गद्‌गद्‌ होकर उन्होंने कहा—प्रभु, यह खड़ाऊँ सिंहासन पर रखी रहेगी। इसे मैं आपका प्रतिनिधि समझता हूँ। । काम तो सारा मैं ही करूँगा, मगर गद्‌दी पर यही विराजती रहेगी। आप मुझे आशीर्वाद दीजिए कि भली-भाँति मैं अपने कर्त्तव्य को पूरा कर सकूँ।

अब सभी अयोध्या लौट रहे थे। वशिष्ठ, जनक, कौशल्या आदि सबसे राम गले मिले। उन्हें प्रणाम किया।

कौशल्या बोली—बेटा, मैं तो पहले से ही समझती थी कि तू बिना चौदह साल बिताए अयोध्या नहीं लौटेगा। भरत का उत्साह न टूटे, इसी से सुमित्रा और मैं यहाँ तक आई।

जनक और वशिष्ठ ने राम के इस निर्णय को सराहा। आशीर्वाद देकर वह बिदा हुए।

भरत अपने गुरुजन और प्रजाजन के साथ राजधानी लौट आए। अच्छे मुहूर्त में राम की खड़ाऊँ को सिंहासन पर स्थापित कर दिया।

लाभदायक उपदेश देकर वशिष्ठ अपने आश्रम को लौट गये।

महाराज जनक जब विदा होने लगे, तो भरत ने दोनों हाथ जोड़कर कहा—अभी तक आप पर अपने ही राज का भार था, परन्तु अब कौशल की निगरानी का भी भार आप ही को उठाना पड़ेगा। महाराज, आपकी महिमा का पार नहीं। आपकी क्षमताओं का अन्त नहीं, अधिक क्या कहूँ। अपने अमूल्य उपदेशों से आपने हमारे हृदय को अत्यन्त निर्मल बना दिया है।

उत्तर में जनक ने कहा—तात, तुम लोगों की दृढ़ता देखकर मुझे बड़ी प्रसन्नता हुई है। राम का और तुम्हारा यह आचरण प्रख्यात सूर्यवंश को और भी प्रख्यात करेगा। इस कथा को आधार बनाकर ही आगे कविजन काव्य की रचनाएँ करेंगे।

राजा जनक चले गये।

अब भरत ने शत्रुघ्न को पास बैठाकर कहा—भाई मेरे, अब मैं नन्दि ग्राम में रहकर तपस्या करूँगा। राज्य के कार्यों का प्रबन्धन जो मैं न कर सकूँ, उन्हें तू पूरा करना। देखो, यह श्रीमरामचन्द्र की खड़ाऊँ सिंहासन पर विराजमान है। राज्य की अधिस्वामिनी यह खड़ाऊँ ही होंगी। इसका हम उसी प्रकार सम्मान करें, जैसे राजा राम का।

शत्रुघ्न को समझा-बुझाकर भरत नन्दिग्राम चले गये। कुटी बनाकर वहीं रहने लगे। राज-काज से फुर्सत मिलने पर जो भी समय बचता, उसे वह व्रत-उपवास और तपस्या द्वारा आत्मशोधन में लगाते। भरत का जीवन मुनियों का जीवन हो गया।

देह दिनहुँ दिन दूबरि होई।
घटइ न तेजु बलु मुख छबि सोई॥
लखन राम सिय कानन बसहीं।
भरत भवन बसि तप तनु कसहीं॥

पंचवटी की ओर

राम ने सोचा, यहाँ अधिक दिन रहने पर अयोध्या से कोई न कोई आता ही रहेगा। आगे बढ़ना चाहिए।

तीनों चित्रकूट छोड़कर आगे चले गये। जंगल और पहाड़। लोगों का पता नहीं। यत्र-तत्र जंगली मनुष्य दिखाई पड़ते। कहीं-कहीं राक्षसों से भी मुठभेड़ हो जाती।

इस प्रकार काफी आगे निकल जाने पर वे लोग फिर रुक गये। फिर कुटिया बनाई गई। तीनों शान्ति और सन्तोष से रहने लगे।

इन्हीं दिनों देवराज इन्द्र का पुत्र जयन्त कहीं से घूमता-घामता वहाँ आ पहुँचा। सीता को देखकर उसके मन में विकार पैदा हुआ। कभी-कभी राम अपने हाथों से सीता का शृंगार किया करते थे। रंग-बिरंगे सुगन्धित फूलों से जूड़ा बाँध देते। कंगन, हार और

नूपुर की जगह फूलों की मालाएँ पहना देते। इससे उनका सौन्दर्य चारगुना अधिक हो जाता। ऐसे ही समय में कभी जयन्त ने सीता को देखा था।

जयन्त ने राम को मामूली राजकुमार समझा। उसने सोचा, इस आदमी में कितनी ताकत होगी, देखना चाहिए।

जयन्त ने कौवे का रूप धारण किया। सीता के स्तन में चोंच मारी। स्तन से लहू बह निकला। घाव से सीता कराहने लगीं, तो राम का ध्यान कौवे की दुष्टता पर गया।

राम को उस दुष्ट कौवे पर बड़ा ही गुस्सा आया। यह ढीठ कौवा आखिर था कौन ? इसका पता जब चला, तब रामचन्द्र का क्रोध और भी भड़क गया। उन्होंने तत्काल तीर मारा। जयन्त भाग निकला, तीर भी पीछे-पीछे उसे खदेड़ने लगा, पर कोई भी उसकी रक्षा के लिए सामने नहीं आया।

नारद ने जयन्त की व्याकुलता देखी, तो उसे परामर्श दिया—जाओ, उन्हीं श्रीराम के चरणों पर गिरो, इस संकट से वही तुम्हें उबारेंगे।

झक मारकर जयन्त राम की शरण में आया और प्राण की भिक्षा माँगने लगा।

राम को दया आ गई। उन्होंने कहा—देखो, मेरा छूटा हुआ तीर बेकार तो जायगा नहीं, अपनी एक आँख उसके लिए तुम छोड़ दो, फिर तुम्हारी जान बच जाएगी।

इस तरह किसी प्रकार जयन्त के प्राण बचे।

राम के पास बराबर ऋषि, मुनि और गृहस्थ लोग दर्शनों के लिए आया करते। राम को यह इसलिए अच्छा नहीं लगता था कि इनकी देखा-देखी अयोध्या के लोग भी आने लग जाएँगे।

लक्ष्मण से परामर्श लेकर उन्होंने वह जगह भी छोड़ दी।

आगे चलकर वे लोग दंडक वन में पहुँचे। अत्रि मुनि का आश्रम वहीं पर था।

महामुनि अत्रि अपनी स्त्री के साथ उसी वन में रहते थे। स्त्री का नाम अनसूया था। वह बड़ी गुणवती महिला थीं। अपना सारा जीवन उन्होंने पति की सेवा में बिताया था।

राम, सीता और लक्ष्मण ने आश्रम में पहुँचकर मुनि तथा मुनि-पत्नी को प्रणाम किया।

अनसूया ने सीता को कई बातें बताईं। उसने कहा—जनकनन्दिनी, माँ, बाप, भाई और दूसरे स्वजन-परिजन स्त्री को कुछ देंगे, तो नाप-तोलकर या गिन-चुनकर ही देंगे। परन्तु पति जो कुछ देता है, वह पत्नी के लिए अमित दान होता है। पति नाप-तोलकर या गिन, चुनकर नहीं देता, उसकी देन बेहिसाब होती है और बेहद भी...आपत्तिकाल में ही धैर्य, धर्म, मित्र और स्त्री की परीक्षा होती है। इस प्रकार अनुसूया ने सीता को अनेक उपदेश दिये।

उस दिन राम अत्रि मुनि के ही आश्रम में रहे। आगे घनघोर जंगल था। मुनि की आज्ञा लेकर राम ने उसमें प्रवेश किया।

वह जंगल ऐसा बीहड़ था कि दिन में भी सूर्य की किरणें उसकी धरती को छू नहीं पाती थीं। भयानक विशालकाय वनस्पति, उनकी फैली हुई शाखाएँ, मोटी-मोटी लताओं से लिपटी हुई डालें, नाना प्रकार के पक्षियों की चहचही। रास्ता सँकरा था। कहीं-कहीं लताएँ राम के बालों से उलझ जातीं। मकड़ी के जाल तोड़कर वे आगे बढ़ रहे थे। अभी तक इतना भयानक जंगल उन्होंने नहीं देखा था।

कुछ दूर बढ़ने पर एक बड़ा भयंकर राक्षस खड़ा दिखाई दिया। वह डील-डौल में बड़ा तगड़ा था। उसने जब इन तीनों को देखा, तो सामने का खाना छोड़कर दौड़ा आया और सीता को ले भागा।

राम चिन्ता में पड़े। आँखों के सामने अँधेरा छा गया। लक्ष्मण ने कहा—खाली चिन्ता करने से लाभ ? दुश्मन को पकड़ना चाहिए।

दोनों भाई ताबड़-तोड़ उस पर तीर चलाने लगे। मगर तीर का कोई असर उस पर हो नहीं रहा था। टकरा-टकराकर तीर गिर पड़ता था। राक्षस गरजकर बोला—तुम्हें पता नहीं कि मैं विराध नाम का राक्षस हूँ। मुझे ब्रह्मा जी का वरदान प्राप्त है। तुम्हारा कोई अस्त्र-शस्त्र मेरा कुछ बिगाड़ न सकेगा। भाग जाओ, नहीं तो कच्चा खा जाऊँगा।

विराध एक त्रिशूल लेकर राम और लक्ष्मण की ओर दौड़ा। सीता को उसने अलग बैठा रक्खा था।

राम-लक्ष्मण ने तीर मार-मारकर उसके हाथ का त्रिशूल काट डाला। तब वह दोनों भाइयों को कंधे पर बैठाकर चल पड़ा।

सीता रोने लगीं...बोलीं—मुझे भले ही मार डालो, लेकिन इन दोनों को छोड़ दो।

इसी समय राम-लक्ष्मण ने विराध की दोनों भुजाओं को मरोड़ डाला। राक्षस हाथ टूटने की पीड़ा से छटपटाने लगा और अचेत होकर धड़ाम से गिरा।

राम और लक्ष्मण दनादन उस पर तीर चला रहे थे, पर वह मरता ही न था। तब राम ने लक्ष्मण से कहा—यह ऐसे न मरेगा भाई ! चलो गढ़ा खोदकर उसमें इसको गाड़ दें।

अब विराध घबराया। उसे पूर्व जन्म की स्मृति ताजा हो आई।

पूर्व जन्म में वह गन्धर्व था। तूम्बक था उसका नाम। कुबेर के श्राप से वह राक्षस हो गया था। उसकी तपस्या से प्रसन्न होकर ब्रह्मा ने उसे वर दिया था कि वह किसी प्रकार के अस्त्र-शस्त्र से नहीं मरेगा। कुबेर ने कहा था कि त्रेता में राम-लक्ष्मण के हाथों तेरा उद्धार होगा।

हाथ जोड़कर उसने अपनी कहानी राम को सुनाई। कुछ रुककर फिर कहा—महाराज, मेरा समय पूरा हो गया। मैं फिर गन्धर्व हो जाऊँगा।

लक्ष्मण ने अब तक गढ़ा खोद डाला था। विराध को उन्होंने उसी में गाड़ दिया।

आगे चलकर तीनों सर्भंग के आश्रम में आये। मुनि महाराज का निश्चय था कि राम के दर्शन करने के बाद ही शरीर छोड़ूँगा। अब श्रीराम के दर्शन हो चुकने पर मुनि स्वर्ग सिधार गये।

यहाँ दूसरे मुनियों से रघुनन्दन श्रीरामचन्द्र को मालूम हुआ कि राक्षसों का इस वन में बड़ा ही जोर है। उन्होंने प्रतिज्ञा की कि एक-एक राक्षस का संहार करूँगा।

वहाँ से चलने पर सुतीक्षण मुनि से भेंट हुई। यह अगस्त के शिष्य थे। बहुत दिनों तक इन्होंने अगस्त के आश्रम ही में तपस्या की थी। अगस्त्य स्वयं महान तपस्वी थे। जो काम किसी से न हो, वह काम अगस्त्य चुटकी बजाते कर देते। एक बार समुद्र पर वह कुपित हुए तो चुल्लू में लेकर उसे पी गये।

अपने आश्रम में राम और लक्ष्मण को देखकर अगस्त्य मुनि को बड़ी प्रसन्नता हुई। उन्होंने दोनों राजकुमारों का दिल खोलकर स्वागत किया। अगस्त्य ने राम को एक ऐसा तरकस दिया जिसके बाण कभी खत्म नहीं होते थे। राम ने उनसे पूछा—महाराज, घूमते-फिरते हमें बहुत दिन हो गये। अब कोई ऐसी जगह बताइए, जहाँ चार-छः महीने हम टिक सकें।

अगस्त्य ने दक्षिण की ओर हाथ उठाकर कहा—हे महाबाहो, उधर कुछ दूर पर गोदावरी मिलेगी। उसी के किनारे पंचवटी एक स्थान है। सुन्दर और हरा-भरा। वहीं जाकर आप लोग निवास कीजिए। गोदावरी नदी का जल बड़ा ही स्वच्छ और स्वादिष्ट है। वहाँ आपका मन भी लगेगा और स्वास्थ्य भी अच्छा रहेगा।

कई दिन चलने के उपरान्त तीनों जने पंचवटी पहुँचे। वह जगह वास्तव में खूब पसन्द आई। लक्ष्मण ने कुटिया बनाई। सभी सुखपूर्वक वहाँ रहने लगे।

शूर्पणखा की माया

तीनों बड़े आराम से पंचवटी में रह रहे थे।

वहाँ न फलों की कमी थी न कन्दों की। सीता के लिए मनोरंजन की सामग्रियाँ भी काफी थीं। विविध प्रकार की वनस्पति थीं। सैकड़ों तरह के फूल मन को लुभाये रहते। रंग-बिरंगी तितलियाँ और उड़नेवाले कीड़े, इससे पहले सीता ने इतनी बड़ी तादाद में नहीं देखे थे। देवर से कहकर बरगद की मोटी डालों में कभी वह झूला डलवाती और पति के साथ उस पर झूलती। हरिण और वानर, जंगली गाय आदि उसके पालतू हो गये थे।

लक्ष्मण का जीवन वहाँ सरल नहीं था। कठिनाइयों से भरा था। भाई और भाभी की सुविधाओं का ख्याल रखना, आश्रम की रखवाली, कन्द-मूल, फल, दूध, ईंधन और दाना-पानी का सारा प्रबन्ध लक्ष्मण ही करते। रात में वह शायद ही कभी सोते। धनुष चढ़ाये, तीर ताने आश्रम के चारों ओर चक्कर लगाया करते। मायावी राक्षसों का खतरा कम नहीं था। उनके सम्बन्ध में वे कई तरह की अजीब कहानियाँ सुन रहे थे। लक्ष्मण को इस बात की बड़ी चिन्ता थी कि किसी प्रकार का अनिष्ट भाई और भाभी का न हो। सीता और राम अपने वनवास की अवधि को सकुशल बिताए जायँ, लक्ष्मण के वनवासी जीवन का एकमात्र यही उद्देश्य था। स्वयं अपने लिए अलग से वह कुछ नहीं चाहते थे।

एक बार की बात है। राक्षसराज रावण की बहन शूर्पणखा घूमते-घामते पंचवटी आ धमकी। कुटी में राम और सीता सो रहे थे। लक्ष्मण पहरा पर थे।

शूर्पणखा ने दूर से ही लक्ष्मण को देखा। उस गोरे राजकुमार की सुन्दरता पर वह लट्टू हो गई। देर तक टकटकी लगाकर उसे देखती रही। सामने आकर खड़ी हुई, तो लक्ष्मण चौंके। दुष्टा ने अत्यन्त सुन्दरी स्त्री का रूप धारण कर लिया था ! आश्चर्य ! इस बियावान जंगल में रात के समय ऐसी सुन्दरी कहाँ से आ धमकी ?

लक्ष्मण आश्चर्य में पड़ गये। सुन्दरी मीठी आवाज से बोली—सुकुमार, आप कौन हैं ? तीर-धनुष लेकर किसकी चौकसी कर रहे हैं ?

लक्ष्मण ने कहा—कोशल के महाराज दशरथ का मैं पुत्र हूँ। मेरे भाई और भाभी कुटी के अन्दर सो रहे हैं।

थोड़ी देर तक राक्षसी ने हाव-भाव दिखाकर चाहा कि लक्ष्मण के मन को रिझाये, परन्तु वह इसमें असफल रही।

थोड़ी देर बाद लक्ष्मण से उसने कहा—वीरवर, मेरी और आपकी जोड़ी कैसी अच्छी रहेगी। मैं लंका की राजकुमारी और आप अयोध्या के राजकुमार। मन के लायक पति मुझे मिल नहीं रहा था। आज सौभाग्य से आप नजर आये हैं। मैं अभी तक कुँवारी हूँ। आपके प्रति मेरे हृदय में स्नेह उत्पन्न हो रहा है। आपको देखते ही इस हृदय में एक प्रकार के उद्दीपन का आविर्भाव हुआ।

बड़ी देर तक लक्ष्मण को वह समझाती रही। परन्तु उन्होंने रत्ती-भर भी ध्यान नहीं दिया।

राम की भी नींद टूट चुकी थी। उठकर वह बाहर आए। सीता भी बाहर आईं।

लक्ष्मण ने शूर्पणखा की ओर ताकते हुए राम की तरफ संकेत किया। वह राम के पास जाकर बोली—कितने सुन्दर हैं आप ! आपके शरीर की कान्ति नीलकमल को मात करती है, और आपकी आँखें...?

राम ने कहा—रहने भी दो। तुम कौन हो ?

वह बोली—मैं लंका की राजकुमारी हूँ। समूचा भूमंडल मैं भटक आई, परन्तु अनुकूल पुरुष नहीं दिखाई पड़ा, जिसके गले में जयमाल डालती। आज अपने जीवन में पहली बार मैं एक पूर्ण पुरुष को देख रही हूँ। आप मुझसे विवाह कर लीजिए।

सीता की त्यौरियाँ तन गईं। चेहरा तमतमा आया। वह सोच रही थीं कि कहाँ से यह चुड़ैल आई है ?

लक्ष्मण को सन्देह हुआ कि वह मानवी नहीं, दानवी है। मगर वह चुप रहे। राम ने कहा—मैं तो विवाहित हूँ। मुझसे तो तुम्हारा मनोरथ पूरा नहीं होगा। वह देखती हो, लक्ष्मण अकेले हैं, उनसे कहो।

शूर्पणखा फिर लक्ष्मण के पास आई। लक्ष्मण ने एक बार फिर उसे टरका दिया।

अब शूर्पणखा को बड़ा गुस्सा आया। स्त्रियाँ और प्रकार का अपमान बर्दाश्त कर लेती हैं, परन्तु उस अपमान को बर्दाश्त करने को तैयार नहीं होतीं, जो प्रणय की प्रार्थना

को ठुकराने से होता है।

आग होकर शूर्पणखा ने अपना असली रूप धारण किया। जोरों से गरजने लगी और मुँह बनाकर सीता को खाने दौड़ी। सीता थरथर काँपने लगी कि चट से लक्ष्मण ने तलवार निकाली और राक्षसी के नाक-कान काट लिये।

शूर्पणखा बिलबिलाकर भाग गई।

खर-दूषण वध

उसी जंगल में शूर्पणखा के भाई रहते थे। खर और दूषण। दोनों ही बलवान थे। चौदह हजार राक्षसों की पल्टन उनके पीछे थी। उन्होंने दंडक वन को उजाड़ बना रखा था। यों तो वे सारे रावण की प्रजा थे, परन्तु इस जंगल में खर-दूषण ही उनके मुखिया थे।

नाक-कान कटवाकर शूर्पणखा अपने भाइयों के यहाँ आई। किसने तुम्हारी यह दुर्दशा की है—उन्होंने कड़ककर पूछा।

खर-दूषण को क्रोध हुआ कि यहाँ कौन है, जो ऐसी हिमाकत करेगा ? उन्हें इस बात से आश्चर्य भी कम नहीं हुआ। शूर्पणखा दर्द से बेहोश होकर गिर पड़ी। चेतना लौट आने पर उससे फिर पूछा गया।

शूर्पणखा बोली— अयोध्या के राजकुमार राम और लक्ष्मण यहाँ से उत्तर की ओर इसी जंगल में रह रहे हैं। उनके साथ एक परम सुन्दरी स्त्री है। उन्हीं लोगों ने हमारी यह बुरी गति की है। मेरे लिए यदि रत्ती-भर भी माया-मोह तुम्हारे हृदय में हो, तो अयोध्या के उन राजकुमारों से मेरे इस अपमान का बदला अवश्य लो। बिना उनका ख़ून पिए प्रतिशोध की मेरी आग इसी भाँति धू-धू कर जलती रहेगी। जाओ भाई ! जल्दी करो !

अच्छा...खर-दूषण ने कहा। अब उन्हें अयोध्या के राजकुमारों को पकड़ने की चिन्ता हुई। अपने-अपने दल के साथ वे चल पड़े।

राक्षसों की सेना को सामने आते देखकर राम समझ गये कि यह सब शूर्पणखा की करतूत है। उन्होंने लक्ष्मण से कहा—तुम सीता की निगरानी करो। मैं इन दुष्टों का मुकाबिला करता हूँ।

खर ने सीता को देख लिया। उसका मन चंचल हो उठा। राम के पास दूत भेजकर उसने कहलवाया—तुमसे हमारी कोई दुश्मनी नहीं। अपनी औरत हमारे हवाले कर दो। हम तुम्हें कुछ नहीं कहेंगे।

खर का सन्देश सुनकर क्रोध से राम की आँखें लाल हो गईं। उन्होंने दूत से कहा—अपने सरदार से कहो, लड़ने में डर मालूम हो रहा है, तो लौट जाय।

इसके बाद लड़ाई होने लगी। राक्षसों ने चारों ओर से राम को घेर लिया। खर-दूषण की पल्टन राम के तीरों का घाव बर्दाश्त न कर सकी। तितर-बितर होने लगी। अपने मालिकों के ललकारने पर भी राक्षसों के पैर उखड़ रहे थे। राम के पास ऐसा तरकस था जो कभी खाली ही न होता था।

ऐसी हालत देखकर खर-दूषण राम पर किटकिटाकर चढ़ दौड़े, खर ने राम के धनुष की डोरी काट दी थी। दूसरी डोरी चढ़ाकर उन्होंने खर के रथ को घोड़े समेत जमीन पर सुला दिया। दूसरे तीर से खुद उसका भी काम तमाम कर दिया। दूषण भी इसी भाँति मारा गया। बाकी जो बचे, वे भाग गये। फिर राम, सीता और लक्ष्मण एकत्र हुए।

सोने का हिरण

उसी लड़ाई में दंडक वन के सभी राक्षस काल के गाल में समा गये। ऋषियों को तग करनेवाला अब कोई न था।

अकम्पन नाम का एक राक्षस अपनी जान बचाकर भागा और लंका में रावण की शरण ली। वह बहुत घबड़ाया हुआ था। मुँह से बात नहीं निकलती थी। थोड़ी देर में अपने को सँभालकर रावण से उसने कहा—महाराज, क्या बताऊँ ? खर-दूषण की बात आप जानना चाहते होंगे, लेकिन मैं क्या बताऊँ ? मेरा तो माथा चकरा रहा है। ऐसा लगता है कि राक्षसों के बड़े बुरे दिन आ रहे हैं। अयोध्या के दो राजकुमार दंडक वन में आ डटे हैं। उनके साथ परम सुन्दरी स्त्री है। ढीठ वे इतने हैं कि आपकी बहन के नाक-कान उन्होंने काट डाले । शूर्पणखा के रोने-चिल्लाने पर खर-दूषण को गुस्सा आया। अपने अधीन जितने भी राक्षस थे, सभी को साथ लेकर खर-दूषण ने अयोध्या के राजकुमारों पर हमला किया। पर हुआ क्या ? अपनी बहन के अपमान का बदला तो दूर, उल्टे खर-दूषण को अपने प्राण गँवाने पड़े। उन राजकुमारों का नाम राम और लक्ष्मण है। दंडकवन में एक भी राक्षस को उन्होंने जिन्दा नहीं छोड़ा। वास्तव में आज वे ही दंडकवन के अधिस्वामी हैं। ऋषि-मुनि अब आपका नाम लेकर हँसते रहते हैं। मैं किसी भाँति भागकर यहाँ तक आ सका हूँ।

अकम्पन की बात सुनकर रावण को बड़ी चिन्ता हुई। वह देर तक सोचता-विचारता रहा। उसकी समझ में नहीं आ रहा था कि कौन-सी महाशक्ति राम के रूप में अवतरित हुई है।

तब तक शूर्पणखा भी आ पहुँची। रावण के सामने आकर धड़ाम से गिरी। दाँत पर दाँत बैठ गये। शीतोपचार करने पर उसे होश आया। बहुत समझा-बुझा चुकने पर अन्त में रावण ने कहा—घबड़ाओ मत। मैं सीता को हर लाता हूँ। उसके वियोग में दोनों राजकुमार पागल होकर मर जाएँगे।

रावण की चिन्ता बहुत बढ़ गई। राम की प्रतिपत्ति आगे रत्ती-भर भी बढ़े, रावण यह नहीं चाहता था। वह लंका से निकला। आकाश मार्ग से समुद्र टपकर दंडकवन में पहुँचा। अपनी चिन्ता का कारण जब उसने मारीच से कहा तो वह बोला—वह बड़ा पराक्रमी राजकुमार है। उससे बैर-भाव न करना ही अच्छा है। उसे डाँटकर रावण बोला—मैं तुमसे सीख नहीं लेने आया हूँ। जो मैं कहता हूँ, सिर्फ उसी पर ध्यान दो। तुम सोने का सुन्दर मृग बन जाओ और सीता के सामने जाकर उछलो-कूदो। वह जरूर

मोहित हो जाएगी और राम को तुम्हारे पीछे छोड़ेगी। फिर तुम ऐसा करना कि खेलाते-खेलाते राम को काफी दूर ले आना। दूर आने पर पकड़ना कठिन जानकर राम तुम्हारे ऊपर तीर चलावेगा। उस समय करुण-स्वर में गुहार मचाना—हाय लक्ष्मण, हाय सीता ! सीता घबड़ाकर राम के पीछे लक्ष्मण को भेज देगी। मुझे अवसर मिलेगा। सीता को उठा लाऊँगा। फिर देखा जाएगा। देखो, तुम तो माया-विशारद हो ! स्वर्णमृग का चटकीला भेष धारण करो।

मारीच को रावण की बात नहीं भायी। राम का नाम सुनते ही मारीच को बुखार चढ़ आया। देह थर-थर काँपने लगी। चेहरे पर उदासी छा गई। मृत्यु सामने खड़ी दिखाई पड़ी। घबड़ाकर बोला—राक्षसराज, तुम्हारी बुद्धि भ्रष्ट हो गई है। रामचन्द्र से शत्रुता करने के बाद न केवल तुम अपना, वरन समूचे राक्षस वंश का सत्यानाश कर डालोगे। इस राम को मैं बहुत दिनों से जानता हूँ। विश्वामित्र के यज्ञ के समय उन्होंने मुझे एक तीर मारा था। मैं हजारों कोस की दूरी पर जा गिरा था। राम ने सुबाहु को मारा, ताड़का को धराशायी किया। उसी राम के सामने तुम मुझे भेज रहे हो। ना भाई, ऐसा न करो।

रावण को मारीच पर गुस्सा आया। वह अनाप-शनाप बकने लगा।

गरजकर रावण ने कहा—जाते हो कि नहीं ? तुमको वैसे भी मरना है और ऐसे भी। सोने का हिरण बनकर राम के आगे उछलोगे, तो भागने से तीर न भी लगे, मगर यहाँ मैं मार डालूँगा।

मारीच डर गया।

दुष्ट मानेगा नहीं—मारीच ने सोचा—इसका विनाश निकट है। मरना ही है तो इस पापी के हाथ से क्यों मरूँ। श्रीरामचन्द्र के तीर से घायल होकर जान देना लाख बेहतर है।

प्रकट रूप से मारीच बोला—अच्छा प्रभु, तुम्हारी मर्जी।

सीता-हरण

सोने का हिरण कुटिया के आगे आँगन में आकर छलाँगें मारने लगा।

ऐसा प्राणी कभी किसी ने नहीं देखा था। सीता उसे देखकर मोहित हो गई और राम से उन्होंने कहा—देखो तो कितना सुन्दर हरिण है ! क्या अभी तक तुम्हारी निगाह उस पर नहीं गई है ? आश्चर्य है !

आँखें बड़ी-बड़ी करके राम बोले—प्रिये, यह तो सचमुच एक अनूठा प्राणी आज हम देख रहे हैं !

लक्ष्मण को लेकिन शंका हुई। उनकी अन्तरात्मा इस बात को कबूल ही नहीं कर रही थी कि यह दरअसल हरिण ही होगा। उनका मन कह रहा था कि हो न हो, यह राक्षसों की कोई माया है, या फिर देवता लोग हमारी साधारण बुद्धि को परखने के लिए यहाँ सोने का हरिण प्रकट कर गये हैं।

लक्ष्मण ने कहा—भाभी, यह हरिण नहीं है।

—वाह—हाथ चमकाकर जनक किशोरी ने कहा—तुम भी क्या कह रहे हो, मैं कोई दुधमुँही बच्ची थोड़े ही हूँ ?

राम ने गम्भीरता से सीता का समर्थन किया। कहा—यह सोने का नहीं है, पर इसकी खाल बड़ी अच्छी निकलेगी। देखो न दूर से ही सुनहले रोएँ किस भाँति चमक रहे हैं। बड़ी ही अच्छी नस्ल का छौना है।

थोड़ी देर विभोर होकर सीता उस 'कंचनमृग' की तरफ टकटकी लगाये रहीं। फिर तनिक धीमे सुर में गुनगुनाईं—

सुनहु देव रघुवीर कृपाला।
एहि मृग कर अति सुन्दर छाला॥
सत्य संध प्रभु वध करि एही।
आनहु चर्म कहति वैदेही॥

राम ने पहले बहाने बनाये—यह मायामृग है, इसकी खाल सूखने पर बदसूरत हो जाएगी। यह हाथ भी तो नहीं लग सकता है।

मगर वह मर्द ही क्या जो औरत की मान-मनौवल के आगे आत्मसमर्पण न कर दे। राम भी तो आखिर आदमी ही थे न ? धीमे पड़ गये। भौंहें झुकाकर सीता के हठ के सामने उन्होंने अपनी पराजय अंगीकार कर ली। उठे, तीर-कमान लटकाकर चल पड़े।

जाते समय कुटिया के चारों ओर ध्यान से धनुष की नोक से लकीर खींचते गये। लक्ष्मण को सावधान करते गये कि आश्रम छोड़कर कहीं न जाना। सीता को सचेत कर दिया कि खींची लकीर के परे पैर न रखना।

राम 'कंचनमृग' के पीछे-पीछे चले।

हिरन इतनी देर तक तो आश्रम के इर्द-गिर्द ही कुलाँचे मारता रहा, मगर अब उसने आगे का फासला नापना शुरू किया।

चार छः छलाँग दाएँ-बाएँ मारता तो सरपट आगे दस छलाँग, बीस छलाँग। बड़ी दूर चला गया वह।

राम बहुत दिनों से शिकार नहीं खेले थे।

वनवास की यह सारी अवधि वह शान्तिप्रिय तरीके से बिता लेना चाहते थे। रहन-सहन, गति-विधि, आचार-विचार, सभी पर शान्तिप्रिय तपस्वियों की छाया पड़ रही थी। राजकुमार का जीवन राम पीछे छोड़ आये थे। राजधानी का कोलाहल, महल की सम्पदा और भोग-विलास का वह आडम्बरपूर्ण क्रम अब रह नहीं गया था। धनुष और तरकस साथ लाये थे वह अवश्य, परन्तु उनका उपयोग केवल आत्मरक्षा के निमित्त ही निर्दिष्ट था। इसके अतिरिक्त लगातार ऋषियों, मुनियों और साधकों का सम्पर्क उन्हें सात्विक वृत्ति की ओर प्रेरित किये रहता। वनवासी राम शिकारी राजकुमार न होकर जिज्ञासु यात्री के रूप में अपना जीवन बिता रहे थे।

मारीच ने जब देखा कि वह काफी दूर राम को ले आया है तो एक मैदान में वह चौकड़ी भरने लगा।

उसने अयोध्या के बहादुर राजकुमार को थका डाला।

राम पसीने से तरबतर हो गये। तरकस के काफी तीर इधर-उधर की झाड़ियों में जा बिखरे थे।

उन्हें कंचनमृग की उछल-कूद पर, उसकी चौकड़ीबाजी पर अन्त में बड़ा ही गुस्सा आया। सन्धान कर राम ने एक तीर मारा कि हरिण का पुट्ठा घायल हो गया।

'हाय, लक्ष्मण !' एक साफ चीत्कार जंगल-भर में गूँज उठा।

'हाय, लक्ष्मण'—सीता ने यह चीख सुनी तो उनका कलेजा टुकड़े-टुकड़े होने लगा। वह चिल्ला उठीं—दौड़ो लक्ष्मण, यह तुम्हारे भाई की आवाज है। देखो, उन्हें क्या हो गया ! हाय, हाय !

लक्ष्मण पहले से ही मर्मवेधी चीत्कार के सम्बन्ध में सोच रहे थे। वह घबड़ाए नहीं। गंभीरतापूर्वक बोले—भाभी, नाहक ही अपने मन को परेशन मत होने दो। हमारे अग्रज श्रीरामचन्द्र का एक बाल तक कोई बाँका नहीं कर सकता। यह आवाज अभी जो आपने सुनी है, सो और कुछ नहीं, राक्षस की माया थी।

परन्तु सीता का हृदय अनिष्ट की संभावनाओं से इस प्रकार व्याकुल हो उठा था कि वह अपने पति की बहादुरी की ओर से बिल्कुल अनभिज्ञ जैसी हो गई।

उन्होंने आर्त स्वर में कहा—देवर, कैसे तुमसे रहा जाता है। अपने भाई को इस तरह संकट में पड़ा देखकर भला कौन है जो ऐसे-ऐसे बहाने बनाएगा ? जाओ, मैं तुम्हारे पैरों पड़ती हूँ। जाओ देवर...

उत्तर की ओर मुँह करके, दोनों हाथ उठाकर सुमित्रानन्दन बोले—देवि, यह क्या हो रहा है तुम्हें। इस तरह की बातें सुनाकर मेरे हृदय को क्यों बेंध रही हो ? भाभी, तुम तो अपने धैर्य के लिए नैहर और ससुराल दोनों जगह मशहूर रही हो और आज क्यों ऐसी अधीर हो रही हो ?

सीता ने एक न मानी। उनकी व्याकुलता धीरज की चौहदी को टप गई थी। चिर सेवक और परम विश्वासपात्र देवर को कड़वी बात के पैने तीरों से घायल करने में आज यह आदरणीय भाभी मानों होड़ लगा बैठी हो।

लक्ष्मण ने सोचा—हाय रे कप्पार ! आज अवश्य ही विधाता हमारे प्रतिकूल हो उठा है। अवश्य ही आज कोई बड़ा अनिष्ट हमारे सिर पर मँडरा रहा है। तभी तो भाभी का हृदय इस प्रकार विवेकशून्य और मलिन बन गया है।

लक्ष्मण किंकर्त्तव्यविमूढ़ होकर अब तक खड़े थे और इधर सीता की अधीरता आँखों में आँसू बनकर छलकी आ रही थी।

इतने में एक बार और आर्त स्वर में डूबा हुआ गम्भीर और करुण शब्द वायुमंडल में गूँज उठा—हाय, लक्ष्मण !

अब सीता सिर के बँधे केशपाश को नोंचती, खींचती-खींचती चिल्ला उठीं—अरे रे दुष्ट देवर, तुम्हारी पापपूर्ण अभिलाषा इतनी दूर आगे बढ़ आवेगी, कभी मैंने यह नहीं सोचा था। निश्चय, तू यही चाहता है कि राजीवलोचन राम अपनी जान गँवा बैठें और

फिर मुझे लेकर तू अयोध्या की राजगद्‌दी सँभाले। हाय रे पापी...

लक्ष्मण पागल हो उठे। सीता के ये वाक्य बाण उनके कानों को छेदते हुए अन्दर पहुँचे और कलेजा बेधकर मानो बाहर निकल गये। उन्हें ऐसा लगा कि दसों दिशाएँ आग की लपटों से विकराल हो उठी हैं। आकाश आग बरसा रहा है। पैरों के नीचे की धरती खिसकती जा रही है। सर-सर—सर-सर।

अपने तरकस और धनुष को सँभाले वह उधर ही दौड़े जिधर से आवाज आई।

जल्दी ही लक्ष्मण सीता की दृष्टि से ओझल हो गये।

इधर एकाएक कोई ब्रह्मचारी कुटी के नजदीक पिछवाड़े से आता दिखाई पड़ा। सीता भद्र और विनीत वेष में एक मनुष्य को अपने समक्ष पाकर तनिक प्रकृतिस्थ हुईं। उन्होंने सोचा—यह अवश्य ही भूत, भविष्य, वर्त्तमान की घटनाओं को जाननेवाला कोई महान सिद्ध पुरुष होगा। इससे अपने पति का कुशल-समाचार क्यों न पूछ लूँ।

—आइए महाराज, पधारिए—सीता ने आदर और भक्ति से कहा—देव, कृपा कीजिए अभागिन पर।

शांत स्थिति का चरम प्रदर्शन करते हुए उस साधु ने दाहिना हाथ उठाकर कहा—बेटी, भला हो तुम्हारा।

सीता ने कुटिया के बाहर कुश का आसन बिछा दिया। पैर धोने को पानी भर लाई।

ब्रह्मचारी राम की खिंची हुई लकीर के बाहर ही खड़ा था। उसे लाँघकर अन्दर आना उसके बूते के बाहर की बात थी। वह बोला—बेटी, यहाँ पेड़ के नीचे जरा अलग ही मैं बैठना चाहता हूँ। आसन इधर ही डाल दो।

राम की कुशल जानने के लिए सीता इस प्रकार आतुर थीं कि बड़े यत्न से उन्होंने साधु को बाहर बैठाया।

आसन लेकर वह स्वयं ही बाहर बैठा।

राम का हाल बताते समय साधु के ओठों पर जरा हँसी आ गई, मगर सीता ने उस पर ध्यान नहीं दिया।

फिर ब्रह्मचारी ने जानकी से कहा—भद्रे, भला बताओ तो कि किस ओर और किस भाँति वह कंचनमृग छलाँग लगा रहा था। जब मैं यह बात मालूम कर लूँगा तो असलियत पर पहुँचने में देर नहीं होगी।

भोली सीता राम की खिंची हुई लकीर लाँघकर दो कदम ही आगे बढ़ी होंगी कि सहसा यह ब्रह्मचारी बीस हाथों और दस माथोंवाला एक विकराल आकार धारण करके खड़ा हो गया।

सीता बेचारी घबड़ाईं। पर अब क्या हो।

रावण ने उस कोमलांगी तरुणी को खींचकर कन्धे पर बैठा लिया और बड़े-बड़े हाथों से उसने बेचारी का मुँह बन्द कर दिया।

सीता प्रकट रूप से चिल्ला भी नहीं पाईं।

राक्षसराज रावण का षड्यन्त्र सफल रहा। मारीच को स्वर्णमृग बनाकर उसके द्वारा राम को दूर लिवा ले जाने की योजना बिल्कुल सही उतरी।

वह चाहता था कि जल्दी से जल्दी सीता को लेकर लंका पहुँचूँ। मार्ग में किसी प्रकार की बाधा उपस्थित होगी, इसकी उसने तनिक भी कल्पना नहीं की थी। मगर आगे जाने पर उसे इस बात का ध्यान न रहा कि सीता के रोने की आवाज आकाश के शून्य में विलीन न होकर किसी के हृदय में सहानुभूति भी पैदा कर सकती है। फलस्वरूप, जरा आगे चलने पर रावण ने सोचा कि स्त्रियों का स्वभाव होता है—रोने-कलपने का। आँसू के प्रवाह में संकट के बड़े से बड़े पहाड़ को स्त्रियाँ बहा डालती हैं और तत्पश्चात हल्की-फुल्की होकर नये सिरे से अपना जीवन आरम्भ करती हैं। सीता भी ऐसा ही करेगी। अभी कुछ देर या दस-पाँच दिन जी खोलकर यह रो ले तो क्या बुरा है।

परन्तु गीधों के एक सरदार जटायु ने एक नारी का रोना जब सुना तो अपने चंगुलों और चोंच को सँभालकर वह आगे आया और ललकारकर बोला—ठहर रे शैतान, यह कहाँ से तू डाँका मारकर आ रहा है।

रावण गुर्रा उठा—ओ कीड़े, भाग, छोड़ मेरी राह !

जटायु ने रावण के सिर पर एक चोंच मारी।

रावण को बड़ा गुस्सा आया—गरजकर बोला—कुचल दूँगा।

अब तक उड़-उड़कर जटायु ने रावण को काफी परेशान कर दिया था। सीता अलग खड़ी होकर गीध के सम्बन्ध में सोचने लगीं—यह अकारण कौन बन्धु मेरे लिए अपनी जान को जोखिम में डाल रहा है। अवश्य ही यह कोई तपोभ्रष्ट मुनि है जो किसी भूल-चूक से गीध बनकर पैदा हुआ है। सीता ने चिल्लाकर कहा—दादा, सूर्यवंशी राजा दशरथ की पुत्रवधू हाथ जोड़कर तुम्हें प्रणाम करती है। लंका का शैतान राजा मुझे जबरदस्ती लिये जा रहा है। मैं समुद्र में कूदकर, आग में जलकर या जहर पीकर मर जाऊँगी, पर इसकी अंकशायिनी नहीं बनूँगी। मैं मिथिला के विदेह राजा जनक की एक मात्र कन्या हूँ, और महावीर कौशल्यानन्दन दशरथ पुत्र राजीवलोचन श्रीमान रामचन्द्र की परिणीता पत्नी हूँ। यह दुष्ट मुझे नहीं पा सकेगा। इसके मनोरथों को चूर-चूर करने के लिए मेरे हृदय में पर्याप्त साहस है। हे गीधों के राजा, आप यदि इस चांडाल के हाथों से जीवित बचें तो पंचवटी पहुँचकर श्रीरामचन्द्र और उनके अनुज सुमित्रानन्दन लक्ष्मण को मेरा यह संवाद पहुँचा दीजिएगा।

जटायु ने रावण को क्रोधित कर दिया।

अन्त में तलवार से रावण ने उसके दोनों पंख और पैर काटकर धरती पर डाल दिये। बेचारा गीध तड़पता रहा और रावण जल्दी-जल्दी सीता को उठाकर आकाश-मार्ग से लंका की ओर चला गया।

सीता की पीड़ा का अन्त नहीं। वह कलपती और रोती रहीं। राते-रोते हिचकने लग जातीं। उनको अपनी भूल और दुखिया बना रही थी। राम की भी चिन्ता बेचारी

को सताये जा रही थी। अब उन्हें विश्वास हो गया कि वह हरिण सोने का नहीं था, माया का था। यह भी सीता के मन में बैठ गया कि हरिण ने ही 'हाय लक्ष्मण' की चीख-पुकार मचाई थी।

सीता को अपनी मुक्ति का कोई भी उपाय नजर नहीं आ रहा था।

रावण ने समुद्र लाँघकर एक टापू में बसी नगरी के किसी बाग में जानकी को उतारा। पहले तो उसने सीता को बहुत समझाया-बुझाया, पर लगातार वह रावण को दुत्कारती-फटकारती रहीं। अन्त में रावण ने सोचा—कुछ समय इसको कड़ी निगरानी में रख देना चाहिए, पीछे कुछ स्वभाव भी बदलेगा और बात भी धुँधली पड़ जाएगी।

छोटी-बड़ी उमर की कई राक्षसियों को सीता की निगरानी के लिए रख दिया गया।

उधर राम ने लक्ष्मण को अपनी ओर आते देखा तो वह सन्न रह गये। निश्चय था कि फिर सीता से मुलाकात नहीं होगी। निकट आने पर लक्ष्मण से उन्होंने कहा—यह क्या किया तुमने ? अपनी भाभी को अकेली छोड़ आये ?

लक्ष्मण ने खिन्न मुद्रा में कहा—मेरा कोई कसूर नहीं है भैया !

फिर सारी बात लक्ष्मण ने राम से कही। सोने का हिरण सामने मरा पड़ा था। परन्तु शिकारी को जरा भी खुशी नहीं थी, तनिक भी उल्लास नहीं था।

दोनों जल्दी-जल्दी कुटिया की ओर दौड़े। दूर से राम ने देखा, सारा आश्रम सूना पड़ा है।

आवाज देने पर किसी ने कुटिया के अन्दर से कोई जवाब नहीं दिया।

दोनों भाई व्याकुल हो गये। थोड़ी देर तो वे अपनी सुध-बुध ही मानों खो बैठे।

इधर-उधर ताक-हेर होने लगी।

राम पागल होकर एक-एक पेड़ से पूछने लगे—हमारी सीता को तुमने देखा है। लताओं के घने झुरमुट के पास खड़े होकर उनसे वह पूछते थे—बड़ी-बड़ी आँखोंवाली एक गोरी तरुणी को तो तुमने नहीं देखा ?

पशु और पक्षी सभी से वह सीता का हाल पूछते जाते थे।

कल-कल करती हुई नदियों से भी राम ने उसी भाँति पूछा।

पर किसी ने कुछ भी नहीं कहा—तब एक जगह खड़े होकर आकाश की ओर दोनों हाथ फैलाकर राम ने बड़े ही विकल स्वर में कहना शुरू किया—हे आकाश, एक दिग-दिगन्त के छोर को छूनेवाले—हे नीले आकाश ! तुम तो सबको देखते हो, सभी जगह तुम व्याप्त हो। तुम्हें तो अवश्य जनकनन्दिनी कंचन गौरवर्ण मेरी प्राणवल्लभा सीता का पता होगा ?

आकाश ने कोई उत्तर नहीं दिया। अब राम ने पृथ्वी पर अपनी निगाहें गड़ा दीं और बोले—सुना है, तुम्हारे ही भीतर से घड़ा निकला था और उसी से सीता पैदा हुई थीं। धरती, तुम न केवल सीता की माँ हो, हम सभी की उत्पत्ति तुम्हीं से हुई है। हाड़-मांस का यह शरीर तुम्हारे ही अन्न और फल से तैयार हुआ है। देवी वसुन्धरे !

तुम्हें तो अवश्य अपनी पुत्री का हाल मालूम होगा ?

पृथ्वी ने भी कोई उत्तर नहीं दिया।

राम की यह स्थिति देखकर लक्ष्मण को बड़ी चिन्ता हुई। उन्होंने बहुत ही समझाया-बुझाया, लेकिन अपने अग्रज को वह प्रकृतिस्थ नहीं कर सके, राम के मुँह से केवल यही बात निकलती थी कि हाय, महारानी सीता को राक्षस खा गये ? अब हम किस मुँह से अयोध्या लौटेंगे। निश्चय, मैं पानी में डूबकर मर जाऊँगा। पेड़ से टकराकर कपार फोड़ डालूँगा। जंगली आग में अपने को खाक कर दूँगा।

लक्ष्मण ने फिर भी समझाना-बुझाना कम नहीं किया। वह तत्पर होकर अपने दुखी अग्रज की परिचर्या में लग गये।

काफी दूर आगे बढ़ने पर उन्होंने एक बड़े गीध को दम तोड़ते देखा। उसके पंख और पर कटे पड़े थे। निकट जाने पर गीध बोला—मेरा नाम जटायु है, एक स्त्री को रावण लिये जा रहा था। रोकने पर दुष्ट ने मेरी यह दुर्दशा की है।

मानो राम और लक्ष्मण को एक नजर देखने के लिए ही जटायु की जान बच रही थी।

वह अधिक कुछ नहीं बता सका, क्योंकि उसकी साँस रुक गई। राम ने लक्ष्मण से कहा—यह बहुत बड़ा धर्मात्मा गीध सरदार हमारे हित के लिए मरा है। हमें इसके शरीर का अन्तिम संस्कार विधिपूर्वक करना चाहिए। जाओ लक्ष्मण, लकड़ियाँ चुन लाओ।

लक्ष्मण ईंधन ले आये। राम ने अपने ही हाथों से जटायु का अग्नि-संस्कार किया, फिर आगे बढ़े।

शबरी

छोटी जाति की एक बुढ़िया बहुत दिनों से तपस्या कर रही थी। उसे मतंग मुनि ने कहा था कि दशरथनन्दन रामचन्द्र अपने वनवास की अवधि में इधर से ही गुजरेंगे, वही तुम्हारा उद्धार करेंगे।

वह प्रतीक्षा करते-करते बहुत बूढ़ी हो गई थी, बड़े ही नियमपूर्वक उसने अपने जीवन को तपस्या की ओर लगा दिया था। उस रास्ते से आने-जानेवाले पथिकों की सेवा शबरी खूब मन लगाकर करती थी। जंगली फलों, कन्दों और अनायास उपजनेवाले साम, काउन तथा ज्वार, बाजरे से अपना निर्वाह करती थी।

राम और लक्ष्मण शबरी के निवास-स्थान की ओर चले आ रहे थे।

राम का संताप अब कुछ कम हो गया था। मुनियों ने उन्हें ढाढ़स दिलाया कि सीता अवश्य ही जीवित है। उन्होंने राम के हृदय में यह बात भली-भाँति बैठा दी थी कि अवश्य ही आप दोनों का समागम निकट भविष्य में होगा।

शबरी के तपोवन में प्रवेश करने से पूर्व राम ने एक विचित्र प्राणी को देखा। उसके सिर नहीं था। बड़े-बड़े हाथ थे। छाती और कन्धे काफी चौड़े थे। पैर और जाँघ

खूब मोटे-मोटे।

सिरविहीन मानवाकृति ! वह जीव बड़ा ही अद्‌भुत लगता था।

वह अपने लम्बे हाथों को बढ़ाकर दोनों भाइयों को अपनी पकड़ में लेना चाहता था।

लक्ष्मण चिल्ला उठे—देखिए भैया, सँभल जाइए ! यह भी कोई राक्षस ही है। अवश्य ही रावण ने इसे हमारे लिए भेजा है। सीता के बाद अब वह हमें ही समाप्त करना चाहता होगा...

राम ने पैने तीरों से उसकी बाँहें काट डालीं। बाँह कटते ही सुन्दर आकार धारण करके वह खड़ा हो गया और हाथ जोड़कर बोला—प्रभु जी, पहले जन्म में गन्धर्व था। बहुत सुन्दर गायनाचार्य, एक ब्राह्मण की मैंने बड़ी सेवा की थी। उनकी कृपा से आयु काफी लम्बी हो गई थी। एक बार महर्षि दुर्वासा ने अकारण मुझे शाप दिया और तब से मैं राक्षस बन गया। कुछ समय बाद इन्द्र से मेरी लड़ाई हुई। वह जब मुझे परास्त नहीं कर सके तो क्रोधित होकर मेरे ऊपर वज्र का प्रहार किया। ब्रह्मा जी के वरदान से मर तो मैं सकता नहीं था, इसलिए सिर घुसकर कंधों में समा गया और तब से मैं सिर-विहीन हो गया। इस पर मैं बहुत विकल हुआ तो उनको मुझ पर दया आ गई। उन्होंने मेरे हाथ लम्बे कर दिये और कहा—बेटा कबन्ध ! तुम अपनी लम्बी भुजाओं की सहायता से आहार खोज लेना। और दुर्वासा ने भी मुझसे कहा था कि जब सूर्यवंशी कुमार रामचन्द्र बनवास के लिए जंगलों में आएँगे तो तुम्हारी भुजाएँ वह काट डालेंगे, तब तुमको फिर अपना पहला शरीर प्राप्त होगा। हे प्रभु, आज में कृतार्थ हो गया, आपने मेरा उद्धार कर दिया।

कबन्ध के सिर-विहीन और निष्प्राण शरीर का राम ने अन्तिम संस्कार किया। गन्धर्व विमान पर चढ़कर ऊपर उड़ गया।

आगे बढ़ने पर वे शबरी के आश्रम में पहुँचे।

उस भिलनी ने अपने जीवन में इतनी अधिक तपस्या की थी कि उसका सारा पाप जलकर खाक हो गया था। अब अपने आराध्यदेव को सामने पाकर उसे अपार प्रसन्नता हुई। खुशी के मारे वह पागल हो गई कि अब भवसागर के पार जाने में तनिक भी विलम्ब नहीं है। चख-चखकर बड़े प्रेम-भाव से बुढ़िया ने दोनों को बेर खिलाये।

राम और लक्ष्मण शबरी के इस उल्लास पर और उसकी निष्ठा पर इतने मुग्ध हुए कि जूठे बेरों को बड़ी तन्मयता से खाते रहे।

सीता के बारे में पूछने पर वह बोली—यहाँ से कुछ दूर दक्षिण जाने पर आपको महामुनि मतंग का आश्रम मिलेगा। वहीं पम्पा सरोवर है। उसका पानी बहुत ही मीठा और तापहारी है। वहीं जाकर विश्राम कीजिए। कुछ दूर और आगे जाने पर ऋष्यमूक पर्वत मिलेगा। उसी पहाड़ की गुफाओं में वानर राज सुग्रीव विराजमान हैं। आप अवश्य ही उनसे मैत्री कर लीजिएगा। सीता के सम्बन्ध में वानरराज सुग्रीव से आपको बड़ी सहायता प्राप्त होगी।

राम ने शबरी को हृदय से आशीर्वाद दिया और आगे बढ़ गये।

शबरी कड़ी तपस्या में निमग्न हो गई। यह समाधि उसकी अंतिम समाधि थी।

सुग्रीव से मैत्री

नहा-धोकर दोनों भाई सरोवर के किनारे बैठे हुए थे।

वह सरोवर बहुत बड़ा था। उसका पानी बड़ा ही स्वच्छ और खूब ही स्वादिष्ट था। ऋष्यमूक पहाड़ की तलहटी में होने से पम्पा सरोवर का महत्त्व बढ़ गया था।

राम और लक्ष्मण एक वृक्ष के नीचे बैठे हुए थे। प्रतीक्षा में थे कि सुग्रीव का पता लगे और आगे का काम सम्पन्न हो।

उधर वानरराज सुग्रीव दिन के समय पहाड़ की ऊँची जगहों पर जाकर अपनी बैठक जमाते थे। उस दिन उन्होंने जो पम्पासर के किनारे दो आगन्तुकों को देखा तो जी धुक-धुक करने लगा। हर एक नया चेहरा सुग्रीव के लिए बालि का खुफिया होता था। कम से कम उनका अपना यही ख्याल था कि बालि तरह-तरह के व्यक्तियों को अपने अनुज का भेद लेने के लिए भेजता है।

हनुमान सुग्रीव के मंत्रियों में से एक थे। वह बहुत ही विनयी, फुर्तीबाज और स्वामिभक्त मंत्री थे।

सुग्रीव ने हनुमान से कहा—अजी देखो तो यह पम्पासर के पास कौन बैठा है , वह खुद ही वेश बदलकर आया हो। जरा पता तो लगाओ।

हनुमान ने अपने मालिक को आतंकित देखकर कहा—महाराज, राजा बालि तो आ ही नहीं सकते। बाकी रही दुनिया, तो उसके लिए हम काफी हैं।

सुग्रीव को जरा दिलजमई हुई। फिर भी वह बोले—ना भाई, पता तो लगाना ही चाहिए, क्या मालूम कि ये कोई अच्छे मित्र ही निकल आवें।

हनुमान ब्राह्मण का रूप धारण कर राम-लक्ष्मण के निकट आये। उन्होंने बूढ़े ब्राह्मण की भूमिका धारण की थी। लाठी टेकते हुए बड़ी मुश्किल से ब्राह्मण देवता खड़े हुए। मीठी बोली में उन्होंने कुमारों से पूछा—

को तुम श्यामल गौर शरीरा।
छत्री रूप फिरहु बनबीरा॥
मृदुल मनोहर सुन्दर गाता।
सहत दुसह वन आतप वाता॥

बूढ़े की बात सुनकर राम बड़े प्रभावित हुए और बोले—महाराज, आपके प्रति जाने क्यों अकारण ही एक प्रकार का आदरभाव हमारे हृदय में हिलारें ले उठा है। यह आदर धीरे-धीरे घने स्नेह में परिवर्तित होता जान पड़ता है। हम दुर्भाग्य के शिकार अयोध्या के राजकुमार हैं। दशरथ के पुत्र। कौशल्या और सुमित्रा हमारी माताओं के नाम हैं। पिता की आज्ञा से हम लोग जंगल आये। यहाँ से मेरी प्राणवल्लभा पत्नी जनक-नन्दिनी वैदेही सीता को राक्षस हर ले गये हैं। हम सीता का पता पाने के लिए

व्याकुल होकर इधर-उधर भटकते फिर रहे हैं। आप भी तो अपना परिचय दीजिए।

ब्राह्मण ने कहा—प्रभो, अपना परिचय मैं आपको दूँ। आप तो बड़े ही बुद्धिमान हैं। कोई भी बात आपसे छिपी नहीं। मैं यहाँ इस पहाड़ पर रहता हूँ। किष्किंधा के राजा बालि के छोटे भाई सुग्रीव भी यहीं रहते हैं। यह दास उन्हीं का अनुचर है। इस दास का नाम हनुमान है। बालि ने सुग्रीव को अपने राज्य से निकाल बाहर किया। सुग्रीव भी मारे-मारे फिर रहे हैं। एक को राज्य चाहिए, दूसरे को पत्नी। दोनों एक दूसरे की बड़ी मदद कर सकते हैं। श्रीमान्, मैं हृदय से कामना करता हूँ कि आप दोनों में दृढ़ बन्धुभाव स्थापित हो।

राम और लक्ष्मण को बड़ा ही आनन्द हुआ। वह सुग्रीव की ही खोज में तो थे। प्रसन्न होकर राम ने लक्ष्मण से कहा—यह लो, जिन खोजा तिन पाइयाँ।

हनुमान अब अपने असली रूप में सामने खड़े थे। उन्होंने जोर देकर कहा—नाथ, हम यों आपको नहीं जाने देंगे। मेरे कंधों पर आप दोनों बैठ जाइए। और फिर...

दोनों भाई हनुमान के कंधों पर बैठकर सुग्रीव के पास आये।

हनुमान ने ही उन्हें आपस में परिचित कराया।

पीछे बीच में अग्नि रखकर मैत्री पक्की कराई गई।

एक ने दूसरे की आपबीती को बड़े ही ध्यान से सुना। एक ने दूसरे को आश्वासन दिया। दोनों को अपने कष्ट का अन्त सामने दिखाई देने लगा।

यहाँ राम को यह भी मालूम हुआ कि सीता अपने कुछ गहने इधर ही गिरा गई हैं। उन गहनों को सुग्रीव ने सँभालकर रक्खा था। दिखाए जाने पर राम ने कहा—हाँ बन्धु, सीता के ही ये गहने हैं।

लक्ष्मण ने समर्थन किया—ये कंगन और यह मनटीका तो मैं नहीं पहचानता हूँ, परन्तु इन पैजनियों को तो अवश्य ही पहचानता हूँ क्योंकि बराबर मेरी निगाह तो भाभी के पैरों की ओर ही रहती थी।

बालि और सुग्रीव सगे भाई थे। दोनों में बड़ा ही प्यार था। बालि बड़ा बलवान था। उसे वर मिला था कि द्वन्द्वयुद्ध में प्रतिद्वन्द्वी का आधा बल उसके शरीर में आ जायगा। बालि से लड़कर कोई पार नहीं पा सकता था।

एक दिन मय राक्षस का बेटा आकर लड़ने के लिए बालि को ललकारने लगा। ललकार सुनकर वह दौड़ा। राक्षस भागा। बालि ने उसे खदेड़ा। पीछे-पीछे सुग्रीव भी चले। एक पहाड़ की सुरंग देखकर राक्षस उसमें घुस गया तो वहाँ भी बालि ने उसका पीछा किया। सुरंग में घुसते समय बालि सुग्रीव से कहता गया—पन्द्रह दिन तक मेरी प्रतीक्षा करना, न आऊँ तो समझ लेना कि मैं मारा गया।

सुग्रीव ने महीना-भर इन्तजार किया। इस बीच सुरंग के मुँह से लहू की धारा बह निकली। सुग्रीव ने समझा, मेरे भाई को राक्षस ने मार डाला और अब मेरी भी खैर नहीं।

अपने-अपने प्राण सभी को प्रिय होते हैं। सुग्रीव जान लेकर भागा। भागने से

पहले सुरंग के मुँह को एक बड़ी सिला से भली-भाँति ढँक दिया। किष्किंधा आकर किले के चारों ओर का रास्ता भली-भाँति बन्द कर लिया। मंत्रियों ने सोच-समझकर सुग्रीव को राजगद्दी पर बैठाया।

राक्षस को मारकर बालि बाहर चला, सिला ठेलकर, फाटक तोड़कर किले के अन्दर दाखिल हुआ। अपने छोटे भाई को राजगद्दी पर देखकर वह गुस्से में आग हो गया। लात मारकर सुग्रीव को निकला दिया। अपने छोटे भाई की औरत तक को उसने नहीं छोड़ा।

सुग्रीव का बड़ा ही बुरा हाल हुआ। जहाँ जाय, वहीं अपने बड़े भाई की दहशत उसके दिल और दिमाग पर सवार रहती। न खाना हजम होता, न नींद आती।

अन्त में ऋष्यमूक पर्वत की तलहटी में आने पर उसे मुनि मतंग के दर्शन हुए। मुनि ने सारी बात सुनकर सुग्रीव से कहा—यहाँ बालि नहीं आ सकता, तुम बेखटके अपना जीवन यहाँ बिता सकते हो।

मतंग ऋषि ने ही बालि को शाप दिया था।

शाप का कारण यही था कि किसी राक्षस को मार चुकने पर उसकी लाश को बालि ने घुमाकर जोर से फेंका। लाश आकर मुनि के पास गिरी। उन पर खून के छींटे गिरे। क्रुद्ध होकर उन्होंने बालि को शाप दिया कि यहाँ वह नहीं आ सकेगा। सुग्रीव निश्चिंत होकर ऋष्यमूक पहाड़ पर रहने लगा।

राम और सुग्रीव दोनों पर व्यथा का भार था। दोनों अपने दुश्मनों का संहार चाहते थे। सुग्रीव को राज्य चाहिए था, राम को सीता।

सुग्रीव को कभी-कभी संदेह होता था कि बालि जैसे उद्भट वीर से राम किस भाँति मुकाबला करेंगे। और, राम को अपने धनुष और तीर पर बड़ी आस्था थी। वह बराबर सुग्रीव को बोलकर भरोसा देते रहते थे कि किष्किंधा के सिंहासन पर मैं आपको अवश्य बिठाऊँगा।

एक दिन सुग्रीव ने कहा—मित्र, आप अपनी सामर्थ्य का प्रमाण दें तो मैं निश्चिंत हो जाऊँ।

राजीवलोचन राम बोले—बन्धु, जिस प्रकार तुम्हें संतोष हो, बताओ।

सुग्रीव ने दूर पड़े हड्डियों के भारी ढेर की ओर हाथ उठाकर कहा—यदि इसे उठाकर आप चार सौ गज की दूरी पर फेंक सकें, तभी म्रुझे आपके बल के सम्बन्ध में विश्वास होगा।

राम ने तुरन्त उन हड्डियों के ढेर में ठोकर मारी और वह चालीस कोस की दूरी पर जा गिरा। हड्डियों का वह ढेर दुन्दुभि नाम के राक्षस के शरीर का ढाँचा था, विराट कंकाल।

दुन्दुभि राक्षस बड़ा बलवान था। सिर भैंसे की तरह। पेड़ की जड़ के समान मोटी भुजाएँ थीं। एक बार वह ताल ठोककर समुद्र को ललकारने लगा। समुद्र ने हार मान ली और उसे पर्वत-राज हिमालय के पास भेज दिया। हिमालय ने भी पराजय स्वीकार

कर ली और उसे बालि के पास भेज दिया। इसी दुन्दुभि को बालि ने पछाड़ मारा और उसकी लाश को घुमाकर झटके की तरह फेंक दिया था। इसी राक्षस के खून के छींटे मतंग मुनि पर पड़े थे। सुग्रीव को अपने भाई की इस अद्भुत क्षमता का भली-भाँति पता था। तभी तो दुन्दुभि की हड्डियों को दूर फेंक देने पर भी राम के सम्बन्ध में उसका संहेद निर्मल नहीं हुआ। उसने मन में कहा—हड्डियाँ अरसे से पड़ी थीं। सूखकर संठी हो गई थीं। तभी तो राम ने उन्हें फेंक दिया। एक दिन लक्ष्मण से उसने इस बात का जिक्र किया तो वह बोले—जिससे भैया की शक्ति के बारे में दिलजमई हो, बताओ, भैया वही कर देंगे।

सुग्रीव सकुचाकर रह गया। फिर दबी जबान से उसने कहा—सामने ताड़ के सात पेड़ एक कतार में खड़े हैं। राम यदि तीर मारकर ताड़ के इन पेड़ों को आरपार छेद दें तो मुझे तसल्ली हो जाएगी।

यह बात राम के कानों में पहुँची। उन्होंने फौरन तरकस से तीर निकालकर धनुष पर चढ़ाया और उसे निशाना साधा।

तीर ताड़ के पेड़ों के आरपार छेदता और उन्हें गिराता हुआ पाताल में घुस गया। वहाँ से लौटकर फिर से राम के तरकस में आ बैठा।

अब सुग्रीव को राम के अनन्त सामर्थ्य का पूरा परिचय प्राप्त हुआ। उसे दृढ़ विश्वास हो गया कि रामचन्द्र का एक ही बाण बालि को मारने के लिए काफी होगा।

वह राम के पैरों पर गिर पड़ा।

राम की भी सुग्रीव के सम्बन्ध में यह धारणा दृढ़ हो चुकी थी कि राजगद्दी सँभालने के बाद बानरराज सुग्रीव सीता का पता लगाने में अपनी सम्पूर्ण क्षमता लगा देगा।

बालि-वध

राम को जल्दी पड़ी थी। वह चाहते थे कि शीघ्र ही सुग्रीव को अपना राज्य वापस मिल जाय, क्योंकि बिना इसके सुग्रीव का मन और किसी काम में नहीं लगेगा। एक दिन राम ने कहा—मित्र, चलो। जल्दी निबटारा कर लो। भाई-भाई में यह फिचिर बहुत दिनों तक अच्छा नहीं। निबटारा चाहे इस ओर चाहे उस ओर...अब हो ही जाना चाहिए।

सुग्रीव बड़े खुश हुए। वह तो चाहते थे कि जल्द ही निबटारा हो, परन्तु संकोच के मारे राम से कहते नहीं बनता था। बात यह थी कि जब ताड़ों की कतार को अपने तीर से राम ने छेद डाला तब से लेकर सुग्रीव के हृदय में रामचन्द्र की उद्भट वीरता का आतंक बैठ गया था। वह रामचन्द्र की प्रकृति के अनुकूल ही चलते-फिरते थे। अब जब राम के मुँह से उन्होंने यह बात सुनी तो उन्हें बड़ी खुशी हुई।

राम बोले—तुम आगे चलो। बालि को ललकारो। मैं पेड़ की आड़ से तुम्हारी गुत्थमगुत्थी देखता रहूँगा। मौका देखकर बालि को अपने तीर का निशाना बनाऊँगा।

सुग्रीव मारे खुशी के नाचने लगे। उनके मंत्रियों ने भी खुशी से किलकारियाँ भरीं।

किष्किंधा नगरी के सिंह द्वार पर पहुँचकर सुग्रीव ने बड़ी विकट हुंकार भरी।

बालि बाहर निकला। सुग्रीव को देखकर गुस्से के मारे भुनकर वह खाक हो गया। गरजकर वह बोला—इतने दिनों तक कहाँ छिपा रहा। रे दुष्ट, मैं बहुत दिनों से तेरी प्रतीक्षा में था। आज मेरे लिए बड़ा ही अच्छा दिन है। आ, मैं तुझे चुटकियों से मसल डालूँ।

सचमुच सुग्रीव बालि के आगे ऐसा नाचीज, ऐसा नगण्य था कि अकेले होने पर बालि उसे कुचल डालता। मगर आज महावीर रामचन्द्र का मजबूत हाथ उसकी पीठ पर था। इसी से उसका साहस चारगुना बढ़ा हुआ था। वह बार-बार जोरों से गरजता और ताल ठोंकता।

बालि को पहले तो अचरज हुआ। फिर उसने सोचा—शराब पी आया होगा। अपने छोटे भाई पर क्षण-भर के लिए उसके हृदय में दया की भी भावना हुई, परन्तु सुग्रीव के मुँह से अवाक्य-कुवाक्य सुनकर बालि को फिर गुस्सा आ गया। उसने गरजकर कहा—ठहर रे बेईमान, आज तुझे मजा चखाता हूँ।

दोनों भाई भिड़ गये। दोनों की वह कुश्ती देखते बनती थी। राम ने इससे पहले जंगली दंगल नहीं देखा था। आखिर सुग्रीव भी तो बालि का सगा भाई था न ? बालि के लिए वह कमजोर भले ही रहा हो, मगर था वह भी काफी ताकतवर।

कसकर दंगल होने लगा। राम और लक्ष्मण एक पेड़ की ओट में से तमाशा देख रहे थे। राम ने अपना धनुष और तीर सँभाल रखा था। परन्तु यह क्या ? सुग्रीव को पहचानना मुश्किल हो गया। जैसे बालि वैसे सुग्रीव। चेहरा-मोहरा सब बराबर। दाँव-पेंच भी बराबर ही मालूम दे रहे थे। चीख-पुकार, गर्जन-तर्जन सब बराबर। राम के लिए बालि और सुग्रीव को अलग-अलग पहचानना कठिन हो गया। दोनों में वह किसको अपने तीर का निशाना बनावें ? बड़ी दुविधा में पड़ गये। कहीं बालि जानकर निशाना साधें और सुग्रीव का काम तमाम हो तो सीता मिलकर रहीं !

राम इसी सोच विचार में थे। कुछ समझ में नहीं आ रहा था कि क्या करें। इतने में उन दो कुश्तीबाजों में से एक छिटककर इसी ओर भागता नजर आया। हाँफता-हाँफता सुग्रीव राम के पास आया और बड़ी ही खिन्न मुद्रा में उसने कहा—खूब, आपने भी बालि को मारा। यही तमाशा देखना था तो मुझे कहते, अपने दो पट्ठों को भिड़ा देता और दंगल देखने की आपकी ख्वाहिश पूरी हो जाती। मैं अगर भाग न आता तो वह दानव अवश्य ही आज मेरी जान ले लेता। महाराज, मैंने आप पर विश्वास किया, इसलिए धोखा खाया। अब मैं कान पकड़ता हूँ।

राम को बड़ी लज्जा हुई। हाथ पकड़कर सुग्रीव से उन्होंने कहा—बन्धु, तुम दोनों भाई शक्ल-सूरत में बिल्कुल एक जैसे मालूम हो रहे थे। मैं भारी दुविधा में पड़ गया। जब-जब तीर निकालने के लिए तरकश की ओर यह हाथ बढ़ाता तब-तब तुम्हारी स्नेह भरी मुद्रा इन आँखों में नाचने लगती। अनिष्ट की आशंका से हृदय थरथर काँपने लगता। तुम्हीं बताओ, ऐसी स्थिति में तीर छोड़ना कहाँ तक उचित होता ?

फिर क्या हो ?

राम ने कहा—मुझे एक उपाय सूझ रहा है। तुम एक माला पहन लो। फिर जाकर बालि से गुँथ जाओ। पहचानने में मुझे आसानी होगी और बालि को मार गिराना मेरे लिए सरल हो जाएगा।

अगले दिन दुगुने जोश से सुग्रीव बालि को ललकारने लगा। बालि को बड़ा ही क्रोध हुआ। उसने सोचा, चींटी के पंख निकल आये हैं। आज इसका कचूमर निकाल दूँगा। सारा झंझट हमेशा के लिए खतम हो। नहीं तो यह इसी भाँति तंग करता रहेगा। अहंमक कहीं का। ऋष्यमूक का समूचा पहाड़ी इलाका मैंने इसके लिए छोड़ रखा है। इस पर भी अपनी जान जोखिम में डालता है तो मैं क्या करूँगा।

बालि ने नजदीक आकर सुग्रीव को अंतिम बार चेतावनी दी—अरे, नाहक ही क्यों अपने प्राण गँवाने आये हो। तुम्हारे बहुत से अत्याचारों को मैंने चुपचाप बरदाश्त किया है। अब अधिक मेरे बूते की बात नहीं है। भागो भाई, नाहक क्यों मुझे चिढ़ाते हो...

आज सुग्रीव के उत्साह का अन्त नहीं था। आज उसे पक्का विश्वास था कि बालि राम के तीर का निशाना होगा ही। उसने कहा—अत्याचार मैंने किया है या तुमने, यह बात तारा भली-भाँति जानती है। तुमने बुरे से बुरा काम किया है। अनुज को सताया है, छोटे भाई की औरत को रखेल बनाके रखा है। तुम्हारे भार को अब तक धरती ने कैसे बर्दाश्त किया, यह मेरी समझ में नहीं आ रहा है। आज तुम्हें अपने सारे पापों की सजा मिलेगी।

सुग्रीव ने ताल ठोंकी तो बालि किटकिटाकर दौड़ा। दोनों आपस में पूरी तरह गुँथ गये। सुग्रीव के गले में अरहुल के लाल फूलों की माला झूल रही थी।

इस बार रामचन्द्र बड़ी सावधानी से दोनों का मल्ल युद्ध देख रहे थे। मौका पाते ही पेड़ की आड़ से उन्होंने निशाना साधा और तीर छोड़ दिया।

धनुष से छूटा तीर गनगनाता हुआ जाकर बालि की पीठ में लगा। वह तत्काल धरती पर लुढ़क गया। तीर उसके कलेजे को बेधता हुआ बाहर निकल आया था। गिरते समय बालि की आह से दशों दिशाएँ गूँज उठीं।

अंगद बालि का पुत्र था। तारा अब बालि की स्त्री थी। दोनों दौड़े आये। सुग्रीव अलग खड़ा था। तब रामचन्द्र पेड़ की आड़ से बाहर निकल आये थे। बालि अभी मरा नहीं था। थोड़ी देर में उसे होश हुआ तो उसने अपने सामने राम को खड़े पाया। कराह-कराहकर बालि ने राम से यह शब्द कहे—यह तुमने अच्छा नहीं किया है। सुना है, तुम अयोध्या के राजकुमार हो। पिता की आज्ञा से बनवासी जीवन बिता रहे हो। तुम्हारी वीरता की कहानियाँ भी मैंने सुनी हैं। सुग्रीव से तुम्हारी मित्रता है, यह भी मैं जानता हूँ। परन्तु, किसी को इस तरह छिपकर अपने तीर का निशाना बनाना कहाँ तक उचित है ? हे राजकुमार ! यह तुनमे बड़ा कुकर्म किया है जिसकी उपमा इतिहास में ढूँढने पर भी नहीं मिलेगी। हाय, इतने महान राजकुल में जन्म लेकर ऐसी क्षुद्र बुद्धि तुमने कहाँ पाई ? ओह !

राम जरा देर के लिए गम्भीर हो गये। फिर बोले—तुम अत्याचारी हो। अनुज की बधू को तुमने भ्रष्ट किया है। भाई को नाहक सताया है। तुम इसी तरह मारने लायक थे। इस प्रकार पेड़ की आड़ से तुम पर तीर चलाना बिल्कुल उचित था, तुम्हारी मृत्यु से रत्ती-भर भी पश्चाताप मुझे नहीं होगा।

—हूँ ! बालि धीरे से बोला—मल्ल युद्ध करते समय किसी को छिपकर मार देना, यह रिवाज भला तुम्हीं लोगों में होगा। हम ठहरे सीधे-सादे जंगली ! हमारी इतनी बड़ी लम्बी नाक नहीं हुआ करती जैसे तुम भले लोगों की। इस कपट की बात हमारी कल्पना तक में भी कभी नहीं आती। मान लिया कि मैं अधम हूँ, मैंने बड़े कुकर्म किये हैं। ठीक है। तो तुम सामने आकर मुझे सजा देते। यह चोरों की भाँति छिपकर अपराधी पर तीर चलाना...इस प्रकार के दंड का किस शास्त्र में विधान है, यह बात तुम्हीं को मालूम होगी। हे रघुवंशी राजकुमार ! कितना अच्छा होता कि अपने जीवन की इन अंतिम घड़ियों में मैं तुम्हारी आर्य जाति के प्रति सद्भावना का अनुभव करता। धिक्कार है तुम्हें...

बालि चुप हो गया। आवेश के मारे उसकी आँखें छलछला आईं। नजर के इशारे से उसने भाई को, पुत्र को और तारा को नज़दीक बुलाया।

उसकी आवाज धीमी पड़ गई। लगातार लहू बहने से उसकी शक्ति क्षीण हो रही थी। उसका अंत बिल्कुल करीब था।

सुग्रीव को भी भाई की इस हत्या से खेद नहीं हुआ हो, सो बात नहीं। अब उसे पता चला कि स्वार्थ के कारण उसने कुल की कितनी बड़ी हानि कर डाली।

सुग्रीव झुक गया। अपने एक कान को उसने भाई के ओठों से सटा दिया।

बालि ने अस्पष्ट और अत्यन्त खिन्न स्वर में का—खैर, मित्रता अच्छी चीज है, मगर इन लोगों से होशियार रहना। बड़े स्वार्थी होते हैं ये...

इससे अधिक बालि कुछ नहीं बोल सका। उसकी पुतलियाँ उलट गईं।

सीता की खोज

राम स्वयं तो नगर में जा नहीं सकते थे। अतः लक्ष्मण को सुग्रीव के अभिषेक के लिए भेजा।

सुग्रीव राजा बने, अंगद युवराज। अंगद बालि का लड़का था।

लक्ष्मण ने किष्किंधा से जंगल की ओर लौटते समय सुग्रीव से कहा—देखना वानरराज, हमारे काम का ध्यान रखना।

इधर बरसात आ गई। बरसात में दोनों भाई पहाड़ की गुफाओं में रहे।

बरसात बीत जाने पर भी सुग्रीव ने जब उनकी सुध न ली तो राम को बड़ा ही क्षोभ हुआ। एक दिन वह लक्ष्मण से बोले—सुग्रीव तो बड़ा स्वार्थी निकला। राज पाकर उसने मुझे बिलकुल भुला दिया। बरसात बीते इतने दिन हो गये लेकिन सीता का पता लगाने के लिए उसने कुछ न किया। भैया, जाकर देखो तो आखिर वह कर क्या रहा है ?

लक्ष्मण किष्किंधा जाकर सुग्रीव से मिले। उसको बड़ी फटकार सुनाई। हनुमान ने भी अपने मालिक को मित्र-धर्म के प्रति सचेत किया।

लक्ष्मण को क्रोध भरी मुद्रा में देखकर वे काफी डर गये थे। सभी ने मिलकर उनके क्रोध को शान्त किया। सुग्रीव ने स्वयं गिड़गिड़ाकर सुमित्रानन्दन से कहा—बन्धु, कल ही अपने चरों को सीता की खोज में इधर-इधर भेज दूँगा।

लक्ष्मण ने सुग्रीव से कहा—इतने से काम नहीं चलेगा। स्वयम् चलकर श्रीमान रामचन्द्र से क्षमा माँगो। और भी दूतों को सीता का पता लगाने के लिए भेजना होगा।

अगले दिन सुग्रीव सदलबल ऋष्यमूक पर्वत पर पहुँचा। उपहार देने के लिए बहुत-सी सामग्री वह अपने साथ ले गया था।

निकट आते ही सुग्रीव राम के चरणों पर गिरा। राम ने उसे उठाकर छाती से लगा लिया। उन्होंने उससे कुछ कहा नहीं, केवल गम्भीर होकर उसकी ओर ताकते रहे।

सुग्रीव ने दोनों हाथ जोड़कर सिर झुकाकर विनीत स्वर में कहा—प्रभु जी, मुझसे प्रमाद हो गया है। हम जंगली क्षुद्र स्मृतिवाले होते हैं। हमारी चेतना अविकसित स्थिति में है। हम पशुधर्मी ठहरे। खाओ, पीओ और मौज करो। यही हमारा जीवन है। ऐसी स्थिति में अगर अपराध हो गया तो क्षमा आपको करना ही होगा।

राम ने लक्ष्मण और हनुमान की ओर देखा। सुग्रीव अपराधी की मुद्रा में हाथ जोड़े सामने खड़ा था।

प्रभु के चित्त को प्रसन्न करनेवाली मधुर वाणी में पवनसुत हनुमान बोले—देव, हमारे मालिक ने बिलकुल ठीक कहा है। हम लोगों से भूल-चूक होना आसान है। अब कभी इस प्रकार का प्रमाद हमारी ओर से नहीं होगा। माता जानकी की खोज के लिए अनेकों चर इधर-उधर भेजे जा चुके हैं। कुछ और भेजे जाएँगे। जब तक जानकी का संधान हम पा नहीं लेते, हमारा यह प्रयत्न तब तक शिथिल नहीं होगा। वानरराज सुग्रीव और उनके हम अनुयायी आपको इस बात का पूरा आश्वासन देते हैं कि बहुत जल्दी उस दुष्ट का पता हम लगा लेंगे, जिसने मिथिला की राजकुमारी को कैद कर रखा है।

रामचन्द्र ने सुग्रीव के कंधे पर अपना हाथ रखा तो उसका मुखमंडल मेघयुक्त चन्द्रमा की भाँति उद्‍भासित हो उठा। उसने पुनः पुनः रामचन्द्र को प्रणाम किया।

अब सुग्रीव ने अपने भटों को एकत्र किया और उन्हें आज्ञा दी—

राम काज अरु मोर निहोरा।
बानर जूथ जाहु चहुँ ओरा॥
जनक सुता कर खोजहु जाई।
मास दिवस मँह आवहु भाई॥
अवधि मेटि जो बिनु सुधि पाये।
अवसि मरहिं सो मम कर आये॥

अपने प्रभु की आज्ञा पाकर पचासों वानर सरदार सीता का पता लगाने के लिए दशों दिखाओं में फैल गये। कोई किसी ओर गया तो कोई किसी ओर।

इसके बाद सुग्रीव ने अपने मन्त्रियों और सेनापतियों को एकत्र किया। हनुमान, जामवन्त, नल, नील आदि जुटे। अंगद भी उनमें था। इन सभी को सुग्रीव ने दक्षिण दिशा की ओर जाने को कहा।

हनुमान के हृदय में रामचन्द्र के प्रति एक अव्यक्त श्रद्धा पैदा हो गई थी। वह सोचते थे—यह कोई साधारण राजकुमार नहीं। दशरथ के पुत्र मात्र समझकर इनके व्यक्तित्व को कोई नहीं परख सकता है। इनमें सम्पूर्ण संसार को सुखी बना देने की शक्ति निहित है।

इसी से सीता की खोज में बिदा होते समय हनुमान ने जाकर रामचन्द्र को भक्ति-भावपूर्वक प्रणाम किया। प्रणाम कर चुकने पर हाथ जोड़कर उन्होंने कहा—भगवन्, आप आशीष दीजिए, मैं जिस काम के लिए जा रहा हूँ, उसमें सफल होऊँ।

राम ने आशीष भी दी और अपनी उँगली से निकालकर अँगूठी भी दी। बोले—सीता को भली-भाँति समझा देना। उनके कष्ट के थोड़े ही दिन अब रह गये हैं।

हनुमान बिदा हुए। उन्हें पूर्ण विश्वास था कि सीता का पता सबसे पहले उन्हीं को लगेगा। वही यह शुभ समाचार सबसे पहले श्रीराम को सुनाएँगे।

सुग्रीव के भट सीता के अनुसन्धान में पहाड़ों, जंगलों की खाक छानते आगे बढ़ रहे थे। किसी भी गुफ़ा को उन्होंने नहीं छोड़ा। एक भी झाड़ी और छोटा-सा भी झुरमुट इनकी पैनी आँखों से ओझल न हुआ। मगर सीता का कहीं पता नहीं। एक से एक निर्जन और भयंकर जंगल में वे भटकते रहे। कुछ आगे जाकर एक ऐसा इलाका आया जहाँ पानी दुर्लभ था। पेड़-पौधे सूखे पड़े थे। धरती में दरार फट गई थी। ताल-तलैया, झील, सरोवर सब सूखे हुए थे। ऐसे प्रदेश में पहुँचकर वानर वीर बड़े घबड़ाये। प्यास के मारे उनकी जान जाने लगी। सूखे-सूखे पहाड़, भूरी और लाल रंग की धरती। जंगल के नाम पर ठूँठ और खूँट गड़े पड़े थे। हरियाली का कहीं नाम नहीं। प्रकृति नटी का वह शृंगार बड़ा ही नीरस, बड़ा ही रुद्र था। एक पहाड़ की चोटी पर चढ़कर हनुमान ने देखा। बड़ी दूर आगे आसमान में पंछी उड़ रहे थे। जरा-सी हरियाली भी नजर आई। सब की राय हुई, उधर ही जाकर जान बचावें।

आगे जाने पर उन्हें एक सुरंग मिली...अँधेरी और बहुत पुरानी। हाथ में लुकाठी ले लेकर सब आगे बढ़े। बड़ी दूर निकल जाने पर सुरंग का छोर मिला। उससे सटकर एक झील लहरा रही थी। पानी उसका खूब ही मीठा था। हरे-भरे पेड़ों से उसके किनारे सुशोभित थे। मृदु मंद शीतल सुगन्धित बयार चल रही थी। यहाँ पहुँचते ही सबकी थकावट दूर हो गई।

यहीं उन्हें एक तपस्विनी मिली। उसका चेहरा तेज से दमक रहा था। हाथ जोड़कर सभी ने उसे प्रणाम किया और अपना हाल बताया। वह बोली—सरोवर में नहाओ, भर-पेट फल-फूल खाओ, कोई मना करनेवाला नहीं है। सभी वानर सरदार सरोवर में घुसे। जी-भर नहाये। कमल की फलियाँ : कमलगट्टा से पेट भर लिया और पानी तो न जाने कितना पिया।

यह सब तो हुआ, परन्तु वहाँ से बाहर जाने का रास्ता नहीं मिल रहा था। बड़े चकराये। फिर उसी तापसी ने कहा—बंच्चो, आँख मूँद लो। जहाँ जाना है पहुँच जाओगे।

थोड़ी देर में आँख खोलकर उन्होंने देखा तो अपने को समुद्र के किनारे पाया।

अब समुद्र में क्या होगा ? भूमि तो थी नहीं कि टापते चले जाते। इनके लिए दक्षिण दिशा का मानो वहीं अन्त हो गया था। सभी घबड़ा गये, अब क्या हो ?

सम्पाती नामक एक गीध सरदार था, जटायु का बड़ा भाई। वानर वीरों की बात सुनकर उसे बड़ी खुशी हुई। सोचा, बहुत दिनों से भर-पेट खाना नहीं मिला है। आज संयोग से शिकार को सामने देख रहा हूँ। गीध उड़कर उनके नजदीक आ बैठा। वानरों से उसने कहा—खबरदार ! भागने की कोशिश न करना।

वे बहुत डर गये। उन्हें निश्चय हो गया कि इस गीध के चंगुल से हमारी रक्षा करनेवाला यहाँ कोई नहीं है। अंगद के मुँह से निकला ! धन्य थे जटायु—उन्होंने राम के लिए अपना शरीर दे दिया।

सम्पाती का मन उत्सुक हो उठा—यह कौन हमारे भाई का नाम लेता है ? मत डरो, मैं तुम्हारा कुछ न बिगाड़ूँगा...यह सम्पाती ने कहा। अब वानरों को अपनी प्राण रक्षा का मानो आश्वासन मिल गया। हनुमान ने दोनों हाथ जोड़कर बूढ़े गीध से कहा—प्रभु, जटायु आपके कौन होते हैं।

सम्पाती ने खिन्न स्वर से कहा—वह मेरा ही अपना छोटा भाई था। चलो बेटा, तुम लोग मुझे समुद्र के किनारे पहुँचाओ। मैं जटायु के नाम पर जलदान देना चाहता हूँ।

हनुमान उसे अपनी पीठ पर लादकर समुद्र के किनारे ले गये। जटायु के नाम पर उसने जलांजलि दी।

लौटकर सम्पाती ने अपने जीवन की कथा सुनाई। वह कहने लगा—हम दोनों जवानी के उमंग में उड़ते-उड़ते सूर्य छूने पहुँचे। जटायु सूर्य की प्रचण्ड गरमी न सह सका, लौटकर नीचे आ गया। मुझे अपनी ताकत का बड़ा घमण्ड था। मैं सूर्य के बिलकुल करीब चला गया। गर्मी से मेरा पंख झुलस गया और बेहोश होकर मैं जमीन पर गिर गया। मैं हित दिनों तक कराहता रहा, घाव से छटपटाता रहा। एक मुनि को मेरी दुर्दशा ने द्रवित कर दिया। मेरे पास आकर वह बोले कि त्रेता में राम की स्त्री को रावण हर ले जाएगा, उन्हें खोजने के लिए बन्दर जाएँगे, उनसे तुम्हारी भेंट होगी। तुम्हीं से उन्हें सीता का पता मिलेगा। फिर तुम्हारे पंख भी जम जाएँगे। चिन्ता मत करो...तब से मैं यहीं पड़ा हूँ। अब श्रीरामचन्द्र का दर्शन करने के लिए ऋष्यमूक पर्वत पर जाने की मेरी इच्छा हो रही है। तुम लोग लंका जाओ। वहाँ का राजा रावण है। निवासी वहाँ के सारे के सारे राक्षस हैं। चारों ओर समुद्र, बीच में चार सौ कोस चौड़ा टापू। त्रिकूट (तीन चोटियोंवाला) पहाड़ पर उसकी राजधानी बसी है, वहीं सीता मिलेगी। मैं देख तो रहा हूँ, मगर बूढ़ा होने के कारण इस काम में तुम्हारी कुछ भी मदद नहीं कर सकता। समुद्र को जो पार कर जाएगा, वही सीता का पता लगा सकेगा।

सम्पाती के पंख जम आये और वह उड़कर उत्तर की ओर चला गया।

अब नई समस्या उपस्थित हुई। कौन समुद्र पार करेगा ? कोई कहता—मैं सौ कोस तक जा सकता हूँ तो कोई कहता, मैं दो सौ कोस, पर चार सौ कोस तक जाने की हिम्मत किसी में नहीं थी। अन्त में अंगद बोले—जा तो मैं सकता हूँ लेकिन वापस नहीं आ सकूँगा। अंगद की बात सुनकर जामवन्त ने कहा—आप ठहरे हमारे युवराज। भला, ऐसे खतरे की जगह में आपको हम भेज ही कैसे सकते हैं ?

फिर हनुमान की ओर देखकर उस बूढ़े भालू ने कहा—आप ही को तो यह काम करना है। चुप क्यों हैं आप ? एकमात्र श्रीरामचन्द्र के लिए ही आपका आविर्भाव हुआ है। आप अवश्य ही लंका पहुँच सकते हैं और वहाँ से सकुशल लौट भी आ सकते हैं।

जामवन्त की बातों से हनुमान प्रोत्साहित भी हुए। उन्होंने महसूस किया कि बदन में बिजली दौड़ रही है। विशाल शरीर में पंख उग आये हैं।

गरजकर हनुमान बोले—मैं अवश्य सीता का समाचार ले आऊँगा। मेरी बाँहों में अनुपम बल है। मैं समूची लंका नगरी को उखाड़कर श्रीराम के चरणों में उपस्थित कर सकता हूँ। रावण मेरे आगे कीड़ा से क्षुद्र है...

उछल-उछलकर, पूँछ को बारम्बार फटकार-फटकारकर पवनपुत्र हनुमान गरजने लगे।

समुद्र-लंघन

हनुमान के अन्दर प्रचण्ड आत्मविश्वास जगा। उनकी धारणा दृढ़ हो गई कि सीता का पता मैं अवश्य पाऊँगा।

समूची ताकत बटोरकर हनुमान उछले और आकाश की ओर उठते गये। फिर :

जिमि अमोघ रघपुतिकर बाना।
ताही भाँति चला हनुमाना॥

समुद्र को पता चल गया कि यह मर्यादा पुरुषोत्तम रामचन्द्र की अपहृता पत्नी सीता का पता लगाने के लिए लंकापुरी जा रहे हैं। समुद्र ने सोचा, मुझसे जो भी कुछ सहायता बन पड़ेगी, करूँगा।

उसने अपने अन्दर छिपे बैठे मैनाक पर्वत से कहा—तुम जरा बाहर उठ जाओ। हनुमान को थकावट मालूम होगी तो तुम्हारी पीठ पर बैठकर जरा सुस्ता लेंगे। राम की सेवा में अपने को लगाकर तुम भी धन्यवाद के भाजन बन सकते हो।

मैनाक ने समुद्र की बात मान ली । वह ऊपर उठ आया। मैनाक तबसे समुद्र के अन्दर छिपा था, जब से इन्द्र नाराज होकर पहाड़ों के पंख काटते फिर रहे थे। मैनाक ने आत्मरक्षा के लिए समुद्र की शरण ली थी।

आगे बढ़ते हुए हनुमान ने मैनाक से कहा—बन्धु, आपकी इस सदिच्छा के लिए मेरा हृदय कृतज्ञ रहेगा। परन्तु अभी मुझे जाने दीजिए। लौटते समय मैं आपके आतिथ्य का लाभ उठा लूँगा।

हनुमान तन्मय होकर आकाश में उड़े जा रहे थे। देवताओं ने चाहा कि उनकी बुद्धि और बल की परीक्षा लें। इस काम के लिए सुरसा चुनी गई। देवताओं ने उससे कहा—तुम जाओ और हनुमान के बल और बुद्धि की थाह लो।

सुरसा ने अपने मुँह को बड़ा बनाकर, विकराल रूप धारण किया। आकर वह बीच आसमान में खड़ी हो गई। हनुमान का रास्ता छेककर। वह उन्हें निगल जाना चाहती थी।

हनुमान ने भी अपने शरीर को बड़े आकार में परिवर्तित कर दिया। राक्षसी ने भी अपना मुँह बड़ा कर दिया। हनुमान और बड़े हो गये। राक्षसी भी फैल गई—इस प्रकार दोनों में होड़ लग गई—

जस-जस सुरसा बदन बढ़ावा।
तासु दुगुन कपि रूप दिखावा॥

सुरसा ने अपने मुँह को जब बेहद बड़ा किया तो हनुमान अँगूठे की तरह छोटे हो गये, उसके मुँह में घुस गये, पेट में चक्कर लगाकर बाहर निकल आये। राक्षसी को बड़ा ही विस्मय हुआ तो हनुमान ने कहा—माता, मैं तो तुम्हारे पेट से निकल आया हूँ, तुम मुझे निगल न सकीं। अब जाने दो।

सुरसा चली गई तो हनुमान तीर की तरह फिर आगे बढ़े। कुछ दूर उड़ने पर उन्हें थकावट मालूम हुई। गति में धीमापन आया। ऐसा लग रहा था कि कोई अदृश्य शक्ति हनुमान को आगे बढ़ने से रोक रही थी। थोड़ी देर सोचते रहने पर बात हनुमान की समझ में आई।

बात यह थी कि समुद्र में एक प्रकार के राक्षस रहते थे, जो छाया पकड़कर उड़नेवालों की गति को रुद्ध कर देते थे। ऊपर से उड़-उड़कर जानेवाले पक्षी ही उनका आहार होते थे।

ज्यों ही इस बात का पता चला कि हनुमान ने नीचे आकर राक्षस की जान ले ली।

अब वह समुद्र के किनारे उतरे, लंका की भूमि पर। ध्यान में आया, शरीर मेरा बड़ा है। देखकर राक्षस सन्देह करेंगे। सीता का पता गुप्त रूप से लगाना होगा। मालूम होने पर राक्षस विघ्न पैदा करेंगे।

उन्होंने अपने शरीर को बहुत छोटा कर लिया। अलग से देखा, त्रिकूट पहाड़ पर सोने की लंका चमचमा रही है। चारों तरफ सोने का परकोटा था। सोने के महल और सोने की फाटक। विकराल मुँहवाले दैत्य लम्बी तलवार लेकर पहरा दे रहे थे। भीतर घुसना असंभव था।

रात हो आई। काफी अन्धेरा हो गया। हनुमान मच्छड़ का रूप धारण करके अन्दर घुसे। ज्यों ही आगे बढ़े कि एक भयानक राक्षसी राह रोककर खड़ी हो गई। डपटकर पूछा, बोल कहाँ से आया है ? आने का क्या प्रयोजन है ? सच-सच बतला, नहीं तो चुटकी से मसल डालूँगी।

हनुमान ने अत्यन्त नम्र होकर कहा—देवि, मुझे यहाँ काम नहीं है। केवल नगर देखने आया हूँ। स्वर्ण निर्मित तुम्हारी यह नगरी विश्व-भर में प्रख्यात है। मैंने बचपन से ही लंका का नाम सुन रखा था। आज अवसर मिला है।

गरजकर राक्षसी बोली—मैं यहाँ इसीलिए चक्कर लगाती रहती हूँ कि अनजाने कोई उधर से घुस न आवे। ओ चोर, तू कैसे घुस आया ? अब तो जिन्दा लौट नहीं सकता।

उसने हनुमान के मुँह में कसकर तमाचा लगाया। मारुति को बड़ा क्रोध आया। हुमचकर एक लात उसकी पीठ पर जमा दी। वह गिर पड़ी। मुँह से काफी खून निकला। बड़ी देर तक बेहोश रही। चेतना लौट आने पर उठी तो हाथ जोड़कर बोली—बेटा, तूने आज मेरा उद्धार कर दिया। राम के दूत के हाथ से मैं मर रही हूँ, यह कम सौभाग्य की बात नहीं। राक्षसों का नाश निकट है। जब लंका नगरी आबाद हुई तो विधाता ने मुझ पर ही इसकी निगरानी का भार सौंपा और तब से मैं यहाँ पहरा देती आई हूँ। विधाता ने मुझसे कहा था—जब किसी बन्दर के थप्पड़ से मारे जाने पर तू खून के कै करे तो समझ लेना कि राक्षस वंश का अन्त समीप है। त्रेता में श्रीरामचन्द्र लंका पर आक्रमण करेंगे। उन्हीं के हाथों रावण का वध होगा...बेटा, निश्चय है कि वे दिन आ गये हैं। जाओ, अपना काम करो।

इतना कहकर राक्षसी मर गई, उसका शरीर ठंडा पड़ गया।

अब हनुमान को अपनी क्षमता पर पूर्ण विश्वास हो गया। निडर और निफिकिर होकर वह लंका के अन्दर महलों की छानबीन करने लगे। उन्हें रावण के महल का पता लगाना था। सीता कहाँ रक्खी गई है, यह पता लगाना था, कभी-कभी यह भी संदेह होता था कि सीता मार तो नहीं डाली गईं। या यह भी हो सकता है कि परेशान किये जाने पर उन्होंने स्वयं ही आत्महत्या कर ली हो। इस प्रकार कई बातें हनुमान के मस्तिष्क में चक्कर खा रही थीं।

आखिर एक मकान के नजदीक वह पहुँचे। मकान क्या था, बहुत बड़ा महल था। उसके अन्दर छोटे-छोटे कितने ही महल होंगे। बाहर, फाटक पर भीमकाय राक्षसों का पहरा था। फाटकों में हीरे-जवाहरात खचित थे। मशक रूपधारी हनुमान अन्दर घुसे। भीतर की संपत्ति देखकर उन्हें विश्वास हो गया कि यही यहाँ के राजा का महल हो सकता है। हीरा जड़े हुए हाथी दाँत के कई बड़े-बड़े पलंग बिछे हुए थे। उनमें चारों तरफ पुतलियाँ लगी थीं जो धीरे-धीरे पंखा झल रही थीं। दिया न होने पर भी प्रकाश की कमी नहीं थी। दीवार में जड़ी हुई मणियाँ रंग-विरंगी रोशनी दे रही थीं, मीठी और ठंडी रोशनी। कोना-कोना प्रकाश से पूर्ण था। पलंगों पर सुन्दरियाँ सोई हुई थीं। एक पलंग कुछ बड़ा था। उस पर जो सो रही थी, सौन्दर्य की दृष्टि से वह प्रथम श्रेणी की स्त्री थी। हनुमान ने सोचा—यही बड़ी रानी है। मगर सीता कहाँ होगी ?

सीता ने राक्षसराज के आगे आत्मसमर्पण नहीं किया होगा, इसलिए वह अवश्य ही कैद में डाल दी गई होंगी। तन्हाई में, या राक्षसियों की कड़ी निगरानी में वह किसी

पिंजड़े के अन्दर बन्द होंगी...

सीता की याद आते ही हनुमान ने अपने पैरों में फुरती अनुभव की। आगे बढ़े। रावण के अन्तःपुर का रंग-ढंग देखकर क्षण-भर के लिए जो वह ठिठक गये थे, सो सीता की स्मृति आते ही फिर सचेत हो गये।

आगे एक चौकोर वेदी पर बहुत बड़ा पलंग बिछा था। वह अलग से ही चकमक कर रहा था। नजदीक जाने पर हनुमान ने देखा कि दस मुँहवाला राक्षसराज दस तकियों पर सिर रक्खे हुए लेटा पड़ा है। वह दृश्य बड़ा ही विचित्र था। विशाल और पृथुल शरीर, जिस पर दस भारी-भारी माथे, बीस आँखें, बीस कान ! हनुमान ने इस दृश्य की पहले कल्पना ही की थी, आज देखने को मिला। उनके मन में यह बात आई कि विधाता की सृष्टि कैसी विलक्षण है।

महल से निकलने पर वह नगर के बाहर बागों की ओर गये, वहाँ एक जगह कुटी बनी हुई थी, जिसके आसपास तुलसी के पौधे लहरा रहे थे। सारा वातवरण सात्विक था। यह निश्चय था कि इस कुटी में कोई सन्त रहता है। परन्तु–

लंका निसिचर निकर निवासा।
यहाँ कहाँ सज्जन कर बासा॥

बड़े आश्चर्य की बात थी कि इतने में एक सभ्य पुरुष कुटी से बाहर निकला। हनुमान के मन में हुआ कि यह कोई छटा हुआ राक्षस है–बड़ा ही धूर्त, परले दर्जे का छलिया। तभी तो सज्जन का रूप धारण करके रहता है। यह व्यक्ति गुप्तचरों का मुखिया होगा। इस प्रकार हनुमान सोच ही रहे थे कि विभीषण ने उन्हें नमस्कार किया। वहाँ पहुँचते ही हनुमान ने विप्ररूप धारण कर लिया था। दोनों में देर तक प्रेमालाप हुआ। घनिष्ठता ने बन्धुता का रूप धारण किया। वहीं हनुमान को सीता के सम्बन्ध में कुछ सूचनाएँ प्राप्त हुईं।

सीता से भेंट

अशोक वाटिका। इस बाग में सारे पेड़ अशोक के ही थे। सीता यहीं रखी गई थीं। छोटा रूप धारण करके हनुमान उसी पेड़ पर जा बैठे, जिसके नीचे जानकी बैठी थीं। हनुमान यही सोचते रहे कि किस प्रकार अपने को सीता के समक्ष प्रकट करें। इसी धुन में बहुत समय बीत गया। रात बीत गई। सूर्य की किरणों से सोने के महल जगमगा उठे। प्रातःकाल होते ही सज-धजकर रावण वहाँ आ पहुँचा। साथ में राक्षसियों की जमात थी।

सीता दुबली-पतली हो गई थी। रूखे-सूखे बिखरे बाल उदास चेहरे को और भी उदास बना रहे थे। पहनावे में मामूली-सा वस्त्र, गहने का नाम नहीं था।

हनुमान ने अन्दर-ही-अन्दर कहा   महारानी ! यह कैसा रूप आपका हो गया है। सूर्य के अभाव में कमल की जो दुर्गति होती है और चन्द्रमा के वियोग में कुमुदिनी की जो दुर्दशा होती है, राम के बिछोह में आपका भी वही हाल हो गया है। जिस दुष्ट ने आपको इस संकट में डाल रखा है, उसके सत्यानाश में अब तनिक भी विलम्ब नहीं

है। मैं जाकर आपकी यह विषम स्थिति रामचन्द्र को बताऊँगा। महाबाहु वीरवर दशरथ-नन्दन सुग्रीव समेत जब लंका पर चढ़ आवेंगे तो आपको कितनी प्रसन्नता होगी ?

इधर रावण जब सीता के पास पहुँचा तो वह उसकी ओर पीठ फेरकर बैठ गईं। छूटते ही रावण ने कहा, कब तक तुम यों नखरे करती रहोगी ? जिसके नाम पर सती हो रही हो वह भिखारी राम अयोध्या लौट गया है। वहाँ तुम्हारे भरोसे वह नहीं बैठा है। दूसरी शादी कर ली है। सीता को क्रोध तो बहुत आया, परन्तु अपनी वाणी को व्यंग्य के विष में डुबोकर गम्भीरता से वह बोलीं—मैं नहीं जानती थी कि राक्षसों का राजा ऐसा सत्यवादी है। उसके यहाँ झूठ को सत्य कहा जाता है। धिक्कार है ऐसे राजा को जो भिखारी की स्त्री को चुरा लाता हो। हे जुगनूँ, राम के प्रचण्ड प्रताप के आगे तुम्हारा क्या लेखा ? तुम मर्यादा पुरुषोत्तम भगवान् रामचंद्र को भला क्या समझोगे ? शिव का वह धनुष जब तुमसे नहीं उठ सका तो भला कैलाश को तुमने क्या उठाया होगा ? छोटे मुँह बड़ी बात मत करो। राम तुम्हारी तरह लुच्चा नहीं है कि गली-गली में शादी करते चलेंगे। न वह तुम जैसे झूठे हैं कि पिता के वचन को पूरा किये बिना ही अयोध्या लौट जाएँगे। दूर झूठा, थू...रावण को ऐसा लगा मानो किसी ने मुँह पर थूक दिया हो। बड़ा बिगड़ा। लाल-पीला होकर बोला—देख, मैं तुझे एक महीने का समय देता हूँ, तब तक अगर राजी न हुई तो कुत्ते से नुचवा दूँगा। यह न अयोध्या है, न जनकपुर। लंका है, लंका ! अग्नि और वायु जिसके डर से थर-थर काँपें, देवताओं का राजा इन्द्र जिसके आगे हाथ जोड़े खड़ा रहे, उस रावण का तुम अपमान करोगी तो बुरा हाल होगा। बतला देता हूँ...

जा, जा—सीता ने फटकारा तो रावण दाँत किटकिटाकर रह गया।

जाते समय उसने वहाँ राक्षसियों को तैनात कर दिया। यह रोज का काम हो गया था। सीता खरी-खोटी सुनाने से कभी न चूकतीं। रावण इस आशा में नरमी का बर्ताव कर रहा था कि औरत दिल है, कभी-न-कभी बेंत की तरह मुड़ेगा ही। इधर सीता का हृदय पत्थर तो क्या, लोहा था। फिर भी उस दुष्ट को आशा थी। इसलिए समझाने-बुझाने के काम में राक्षसियों को लगाये हुए था।

उन खूँसट और दंतुलि राक्षसियों में से एक का नाम त्रिजटा था। समझा-बुझाकर उसने सभी को विदा किया कि सीता को तंग मत करो, ज्यादा तंग करोगी तो इसके शरीर से आग निकलेगी, सब जलकर खाक हो जाओगी।

डर के मारे राक्षसियाँ हट गईं। अब रात भी हो चली थी। त्रिजटा ने सीता से कहा था कि उसने सपना देखा है—बड़ी भारी सेना लेकर राम और लक्ष्मण लंका आये हैं, रावण को मारकर विभीषण को राजा बनाया है, सीता को लेकर चले गये हैं। इस बात से सीता के हृदय में एक नवीन आशा अंकुरित हो गई।

रात में, मौका पाकर हनुमान राम की दी हुई अँगूठी सीता के सामने ले आये। सीता चौंक उठीं। उन्होंने सोचा, देवताओं ने प्रसन्न होकर मेरे लिए आग गिरा दी है...अब निश्चय ही मैं जल मरूँगी।

उठकर सीता ने चकमक करती हुई उस अँगूठी को उठा लिया। उठाते ही राम का नाम अंकित देखकर वे बड़ी विस्मित हुईं। आश्चर्य के स्वर में बोलीं—किसने तुम्हें यहाँ तक पहुँचाया है ? सीता इस प्रकार चकित-विस्मित उस अँगूठी के बारे में सोच रही थीं कि हनुमान ने अपने आप गुनगुनाना शुरू किया—जय हो रघुनन्दन राम की ! जय घनश्याम की ! जय राजीव-लोचन की !

इस शब्द को सुनकर आनन्द का ठिकाना न रहा। वह सभी दुख भूल गईं। गद्‌गद होकर बोलीं—कौन यह अमृत-समान वाणी इन कानों में डाल रहा है ? भाई, सामने तो आओ।

अशोक के पेड़ पर से उतरकर हनुमान अपने स्वाभाविक रूप में सीता के सामने उपस्थित हुए।

सीता ने समझा, हो न हो, रावण ही यह खेल खेल रहा है। उसकी माया अपरम्पार है। वह मच्छर भी बन सकता है, वानर, भालू और हाथी भी बन सकता है और तुरन्त खम्भा-खूँटा भी हो सकता है। निश्चय ही मुझे भ्रष्ट करने की नीयत से रावण ने यह नई भमिका धारण की है।

सीता ने मुँह फेर लिया तो हनुमान ने कहा—माता, भगवान रामचन्द्र का मैं दूत हूँ और आपका पता लगाने आया हूँ। हे कल्याणी, किसी प्रकार की आशंका आप मत करें। वानरराज सुग्रीव का मैं अनुचर हूँ। पवन-पुत्र अंजनी-नन्दन हनुमान मेरा नाम है। अपने प्रभु की आज्ञा और श्रीरामचन्द्र का आशीर्वाद लेकर इस नगरी में आया हूँ। आप मेरे ऊपर विश्वास कीजिए। रावण को मारकर मैं अकेले भी आपको यहाँ से ले जा सकता हूँ परन्तु श्रीरामचन्द्र की ऐसी आज्ञा नहीं है। अभी केवल पता लगाने के लिए मुझे भेजा है।

—छोटे मुँह बड़ी बात करते हो—सीता ने आँख फाड़कर कहा तो पवनसुत ने अपना पर्वताकार रूप प्रकट किया। अब सीता को विश्वास हो गया कि वानरराज सुग्रीव की फौज राक्षसों का मुकाबला कर सकती है। फिर सीता ने राम और लक्ष्मण के कुशल समाचार पूछे। हनुमान ने सारा हाल बताया, सुग्रीव से मैत्री, बालि का वध, वानर वीरों को सीता के अन्वेषण के लिए चारों ओर भेजा जाना। यह सारा हाल हनुमान ने सीता को बतलाया, तो वह बड़ी प्रसन्न हुईं।

हनुमान को भूख लगी थी। सीता की आज्ञा लेकर वहीं पास बगीचे में उछल-कूद कर वह फल खाने लगे। रखवालों ने रोका तो हनुमान ने उन्हें खूब पीटा। फिर रावण को इसकी खबर हुई। अपने पुत्र अक्षयकुमार को रावण ने भेजा—जाओ, यह कौन उपद्रव कर रहा है ? बगीचे में जाकर देख आओ।

अक्षयकुमार उद्यान में पहुँचा तो उसे देखते ही हनुमान जोर से गरजे और एक पेड़ उखाड़कर उसे अक्षयकुमार पर फेंका। अक्षयकुमार पेड़ के नीचे दबकर मर गया। दूसरे भी रखवाली करनेवाले राक्षस मारे गये। जो बचे उन्होंने रावण के दरबार में जाकर गुहार मचाई—वानर बड़ा बलवान है। उसने कुमार को मार दिया और हमारा बुला हाल

किया है। रावण विस्मय में पड़ गया। कैसा होगा वह वानर जिसने अक्षय जैसे बलवान तरुण को पस्त कर दिया ?

फिर दशकन्धर ने मेघनाद को भेजा। यह उसका बड़ा बेटा था। इसके डर से सारी दुनिया थर-थर काँपती थी। इन्द्र तक को मेघनाद ने धूल चटा दी थी।

मेघनाद ने हनुमान को बाँधकर रावण के सामने उपस्थित किया। राक्षसराज हनुमान को देखकर दाँत किटकिटाने लगा। क्रोध में भरकर उसने पूछा—कौन है तू ? नाहक क्यों अपनी जान जोखिम में डाल रहा है ?

—मैं श्रीरामचन्द्र का दूत हूँ। हनुमान मेरा नाम है। भूख बड़ी लगी थी। फल तोड़कर खा रहा था कि तुम्हारे पहरेदार मुझे पीटने लगे। अपने प्राण सबको प्यारे होते हैं। मैंने भी जवाबी हमला किया।

रावण ने पूछा—किस गरज से यहाँ आये हो ?

हनुमान ने उत्तर दिया—तुम सीता को हर लाये हो। श्रीरामचन्द्र की आज्ञा से महारानी सीता का पता लगाने आया हूँ। अपना कल्याण चाहते हो तो सीता को लेकर श्रीराम के चरणों में पहुँचो, नहीं तो उन्हीं के हाथों तुम्हारा अन्त निश्चित है।

वानर की बात सुनकर राक्षसराज को बड़ा क्रोध हुआ। उसने गरजकर राक्षसों को आज्ञा दी—दुष्ट को मार डालो।

परन्तु विभीषण ने बीच में ही टोका—महाराज, दूत पर हाथ उठाना राजधर्म के प्रतिकूल है।

इस पर रावण रुक गया। स्वयं भी वह विद्वान था और राजनीति की सारी बातें जानता था। उसने निश्चय किया कि इसे जान से नहीं मारना चाहिए। परन्तु उपद्रवी को दण्ड तो देना ही होगा। वानरों को पूँछ बड़ी प्रिय होती है। उसमें आग लगाकर छोड़ देना काफी होगा।

ऐसा ही किया गया। हनुमान की पूँछ में सन और सूती कपड़े लपेटकर उसे तेल से तर कर दिया गया। पूँछ में आग लगाकर राक्षसों ने हनुमान को दरबार से खदेड़ दिया। वह भीतर-ही-भीतर बड़े खुश हुए। इधर-उधर उछल-कूद करने लगे। इस छत पर से उस छत पर, इस अटारी पर से उस अटारी पर। राजमहलों में आग लग गई। राक्षस त्राहि-त्राहि करने लगे। आवाज आ रही थी—मारो-मारो, पकड़ो-पकड़ो !

पर कौन हाथ लगाता है ? बिजली की फुरती से छलाँग लगाते हुए पवनपुत्र हनुमान ने समूची नगरी का चक्कर लगाया। घर-घर में आग लग गई। अंत में वह समुद्र में कूदकर अपनी पूँछ की आग बुझा आये। सीता के सम्मुख उपस्थित होकर हाथ जोड़ते हुए बोले—माता, यहाँ का काम मेरा सम्पन्न हो गया। अब श्रीरामचन्द्र के चरणों में जा रहा हूँ। शीघ्र ही श्रीरामचन्द्र दल-बल के साथ यहाँ आवेंगे। राक्षस राजा रावण पराजित होगा। एक-एक राक्षस मारा जाएगा। आपका उद्धार होगा। थोड़े दिनों तक आप धैर्य धारण कीजिए।

सीता पुलकित होकर बोलीं—हे वीर, तुम्हें कितना आशीर्वाद दूँ ? तुम चिरंजीव

होओगे। तुमने श्रीरामचन्द्र का सन्देश देकर मेरे अन्दर आशा का संचार किया है। इस महादुष्ट की कैद में मेरा दम घुटा जा रहा था। एक-एक क्षण युग के समान भारी लग रहा था। प्रभु के दर्शनों की आशा ही मुझे जिलाए जा रही है। उनसे शीघ्र आने के लिए कह देना। एक मास के भीतर यदि वे नहीं आए तो फिर यहाँ से मुझे जीवित नहीं पावेंगे।

—अवश्य आवेंगे—हनुमान ने जोर देकर कहा—देवि, श्रीराम अवश्य आवेंगे। और बहुत जल्दी आवेंगे।

सीता को बारम्बार प्रणाम करके हनुमान समुद्र के किनारे आये। अपना काम उन्होंने भली-भाँति किया था। इसकी उन्हें बड़ी प्रसन्नता थी। भरी सभा में वह रावण को फटकारकर आये थे। दुश्मन के किले में उन्होंने अग्निकाण्ड मचा दिया था। इस सबसे अगली सफलताओं के बारे में हनुमान का विश्वास सुदृढ़ हो गया था।

अब राम का नाम लेकर हनुमान ने छलाँग लगाई तो बस इस पार आ गये। वहाँ अंगद, जामवन्त आदि उनकी प्रतीक्षा कर रहे थे। हनुमान को देखते ही सभी प्रसन्न हुए। उन्हें पहले से विश्वास था कि हनुमान सीता का पता लगाकर ही लौटेंगे। खुशी-खुशी वे लोग किष्किंधा चले।

रामचन्द्र के निकट पहुँचकर सबने उन्हें प्रणाम किया। जामवन्त की उम्र सबसे अधिक थी। मुखिया या मेट की भूमिका वही लिये हुए थे। सीता के अनुसन्धान और लंकादहन के विषय में हनुमान की सफलताओं का हाल जब उन्होंने श्रीरामचन्द्र को बताया तो वह गद्‌गद हो गये। आनन्द से आँखें भर आईं। सीता का दिया हुआ सिर का केश हनुमान ने जब श्रीरामचन्द्र के हाथों में दिया तो वह थोड़ी देर के लिए विह्वल हो गये।

लक्ष्मण को भी बड़ी प्रसन्नता हुई।

सेतुबन्ध

सुग्रीव ने वानरों और भालुओं की बड़ी भारी सेना जुटाई। सभी समुद्र के किनारे आ पहुँचे।

वानरों की भारी फौज लेकर श्रीरामचन्द्र समुद्र के किनारे आ डटे, यह समाचार लंका पहुँचा तो मन्दोदरी और विभीषण घबड़ा उठे। उन्होंने रावण को समझाने की बड़ी चेष्टा की, परन्तु राक्षसराज अपना हठ छोड़ने को तैयार नहीं था।

विभीषण यह सुनकर हार गया। उसे विश्वास हो गया कि रावण दूसरे की बात मानता तो क्या सुनना नहीं चाहता। हद हो गई उस रोज, जिस रोज भरे दरबार में रावण ने विभीषण को लात मारी। दुखी स्वर में विभीषण ने कहा—भैया, अपने साथ तुम समूचे राक्षस समुदाय का सत्यानाश कर डालोगे। मेरा निर्वाह अब यहाँ नहीं, श्रीराम की छत्र-छाया में ही मुझे जाना चाहिए। मैं उन्हीं मर्यादा पुरुषोत्तम भगवान श्रीरामचन्द्र की शरण में जाता हूँ। अपनी करनी का फल भोगने से छुटकारा पा लो...यह तुम्हारे बूते की बात नहीं। समुद्र पार कर विभीषण रामचन्द्र के निकट उपस्थित हुआ। वानरों ने पहले तो उसे रावण का जासूस समझा, परन्तु श्रीराम के कहने से पीछे छोड़ दिया। राम

ने अपनी शरण में आए हुए विभीषण को अभयदान दिया। कहा—लंका का राजा आखिर तुम्हीं को होना है। आओ, समुद्र के जल से आज ही तुम्हारा अभिषेक हो जाय।

विभीषण का अभिषेक हुआ।

सामने फैला हुआ समुद्र। उठती हुई तरंगें अनन्त में समा रही थीं। सूर्य की किरणों से उद्‌भाषित नील और लोल लहरियाँ श्रीरामचन्द्र के हृदय को उद्वेलित कर रही थीं।

प्रश्न था, समुद्र को पार करके लंका किस प्रकार पहुँचा जाय। समूची फौज पार उतारनी थी, बड़ा ही विकट प्रश्न था।

कोई कुछ कह रहा था, कोई कुछ। विभीषण ने कहा—महाराज, आप चाहें तो एक ही तीर में समुद्र को सुखा डालें। परन्तु अपने बल का अपव्यय उचित नहीं। पहले आप समुद्र की प्रार्थना कीजिए, यदि वह रास्ता न दे तो फिर चाहे जो करना।

राम को यह बात पसन्द आई। समुद्र तट पर आसन मारकर वह बैठ गये और पार होने का उपाय बताने के लिए समुद्र की प्रार्थना करने लगे।

प्रार्थना करते तीन दिन बीत गये। राम की प्रार्थना का समुद्र पर कोई प्रभाव न पड़ा। तब श्रीरामचन्द्र कुपित होकर बोले—लक्ष्मण, प्रार्थना से काम नहीं चलेगा। "भय बिन होय न प्रीति।" लाओ, धनुष-बाण। राम का रौद्र रूप देखकर समुद्र घबड़ा गया। उसका जल खौलने लगा। अन्दर रहनेबाले जीव त्राहि-त्राहि करने लगे। स्वयं वह ब्राह्मण का भेष धरकर रामचन्द्र के समक्ष उपस्थित हुआ। करबद्ध होकर अपने अविनय के लिए क्षमा माँगी।

पार जाने का उपाय पूछने पर समुद्र ने बतलाया। आपके साथ नल और नील नाम के दो रीछ आये हैं। उन्हें एक मुनि का यह वर प्राप्त है कि उनका डाला हुआ पत्थर पानी में नहीं डूबेगा। उन्हीं दोनों के द्वारा आप पुल बनवाइए। इस तरह आपका भी काम होगा और मेरी मर्यादा भी बनी रहेगी। पत्थरों, पेड़ों और फूसों से नल और नील ने समुद्र में पुल तैयार किया, फिर सभी पार उतरे; और लंका तट पर छावनी डाली गई।

युद्ध

युद्ध आरम्भ करने से पूर्व रावण के पास अंगद को भेजा गया। अंगद ने रावण के आगे रामचन्द्र के बल, पौरुष की प्रशंसा की और कहा—भला चाहते हो तो सीता को मुक्त कर दो और स्वयं राम से क्षमा माँगो।

रावण ऐसी बात सुनना भी नहीं चाहता था। उसने ललकारकर अंगद से कहा—वानर और भालू हमारे लिए चींटी के बराबर भी नहीं हैं। उन्हीं की मदद से यदि वह भिखारी मेरा मुकाबला करने आया है तो कौन उसकी जान बचा सकता है ?

रावण की यह दम्भपूर्ण बात सुनकर अंगद ने उसे ललकारा—मैं यहाँ धरती पर खड़ा हूँ। तुम्हारे यहाँ अगर कोई ताकतवर हो तो आवे, मेरे पैर को उठावे।

अंगद की बात सुनते ही लंका के सभी पहलवान वहाँ आ जुटे। परन्तु किसी से

अंगद का पैर नहीं डिगा। कोई उसे टस से मस न कर सका। अन्त में स्वयं रावण उठा तो अंगद बोले—राजा होकर तुम भला मेरा पैर क्यों पकड़ोगे, श्रीरामचन्द्र के पैर पकड़ना।

इस पर रावण को बड़ी लज्जा हुई और वह चुपचाप बैठ गया।

रावण इस घटना से मन ही मन घबड़ाया। उसने रामचन्द्र को हराने की एक दूसरी युक्ति निकाली। उसने सोचा कि सीता को रामचन्द्र के मरने का विश्वास दिलाया जाय तो अवश्य ही वह अपने को मेरे अधीन कर देगी। जब सीता मेरे अधीन हो जाएगी तो सीता के भ्रष्ट होने की बात कहकर रामचन्द्र को पस्तहिम्मत किया जा सकता है। ऐसा ख्याल आते ही उस मायावी ने राम का नकली सिर और तीर-धनुष लेकर सीता को दिखलाया। बोला—तुम्हारे पति तो लड़ाई मे मारे गये। तुम उनका ख्याल छोड़ दो और आओ, अब हमारी पटरानी बनकर रहो।

अपने पति का सिर देखकर सीता के होश उड़ गये। वह सिर पटककर प्राण दे देना चाहती थीं कि इतने में विभीषण की स्त्री सरमा ने इशारे से रावण का यह प्रपंच सीता को बता दिया।

अब लड़ाई शुरू हुई। दोनों पक्षों के सैनिक गाजर-मूली की भाँति कट-कटकर गिरने लगे। रक्त की धारा से धरती का अंचल गीला हो उठा। मृत देहों से मैदान भर गया। आहत सैनिकों की चीख-पुकार से सारा वायुमंडल भयानक लगता था।

अगणित सरदारों के मारे जाने पर रावण का क्रोध उमड़ आया। उसने लड़ाई की बागडोर अपने हाथ में ले ली। दूसरे दिन जब स्वयं वह युद्धक्षेत्र की ओर चला तो महावीर मेघनाद भी उसके साथ था।

रावण को आते देखकर सुग्रीव ने बड़ी भारी सिल उस पर फेंकी। परन्तु रावण ने तीर से सिल को चूर-चूर कर दिया। सुग्रीव को रावण का एक ऐसा तीर लगा कि वह बेहोश हो गया।

सुग्रीव को बेहोश देखकर राम, लक्ष्मण, हनुमान आदि आगे बढ़े। इस बार मुकाबले के लिए रावण का भाई कुम्भकर्ण सामने आया। कुम्भकर्ण लगातार महीनों तक सोता रहता था। इस युद्ध के दौरान उसे बड़ी मुश्किल से उठाया गया था। वह बड़ा बली था। उसके तीरों की मार से राम के बहुत-से सैनिक खेत रहे। अन्त में बड़ी कठिनाई से रामचन्द्र कुम्भकर्ण को मार सके।

मेघनाद लक्ष्मण से जूझ गया। खूब घनघोर लड़ाई हुई। कोई उपाय न देखकर उसने लक्ष्मण पर शक्तिबाण चला दिया। लक्ष्मण मूर्छित होकर गिर पड़े।

लंका के राजवैद्य सुषेण ने बतलाया—हिमालय से संजीवनी जड़ी आवे तो लक्ष्मण की मूर्छा टूट सकती है। अन्यथा कल तक इनके प्राण-पखेरू उड़ जाएँगे।

अब इतनी जल्दी हिमालय से जड़ी कौन लावेगा ?

रामचन्द्र ने बड़ी बेबसी से हनुमान की ओर देखा। प्रभु के हृदय की बात समझकर हनुमान उड़कर गये जड़ी लाने।

लक्ष्मण को महामूर्च्छा में लीन देखकर राम अधीर हो गये थे। वह बड़े करुण स्वर में विलाप कर रहे थे–

सकहु न दुखित देखि मोहि काऊ।
बंधु सदा तव मृदुल सुभाऊ॥
मम हित लागि तजेहु पितु माता।
सहेऊ बिपिन हिम आतप बाता॥
जो जनतेऊँ बन बन्धु बिछोहू।
पिता बचन मनतेऊँ नहिं ओहू॥
सुत बित नारि भवन परिवारा।
होहिं जाहिं जग बारहिं बारा॥
अस विचारि जियँ जागहुँ ताता।
मिलइ न जगत सहोदर भ्राता॥
जथा पंख बिनु खग अति दीना।
मनि बिनु फनि करिबर कर हीना॥
अस मम जीवन बंधु बिनु तोही।
जौं जड़ दैव जिआवै मोही॥
निज जननी के एक कुमारा।
तात तासु तुम्ह प्रान अधारा॥
सौंपेसि मोहि तुम्हहि गहि पानी।
सब बिधि सुखद परम हित जानी॥
उतरु काह देहऊँ तेहि जाई।
उठि किन मोहि सिखावहु भाई॥

इस प्रकार रामचन्द्र विलाप कर ही रहे थे कि हनुमान आ पहुँचे। जल्दी-जल्दी में उन्होंने जड़ी नहीं पहचानी तो पहाड़ का एक टुकड़ा ही उखाड़ लाये थे। लक्ष्मण को जड़ी दी गई और उन्हें होश हुआ।

लड़ाई फिर शुरू हुई। इस बार मेघनाद लक्ष्मण के ही हाथों से धराशायी हो गया। अब रावण की ओर से लड़नेवाला कोई दूसरा महारथी नहीं बचा। रावण बड़ा अत्याचारी और अन्यायप्रिय राजा था। देवता तक उससे परेशान रहते थे। ऋषि-मुनियों से टैक्स के रूप में उसने लहू वसूल किया था। संसार में कोई भी उससे प्रसन्न नहीं था। सब उसका अन्त चाहते थे।

जब अपने भाइयों और बेटों को गँवा करके भी उसका होश दुरुस्त नहीं हुआ, तब वह खुद ही लड़ने लगा। राम, लक्ष्मण, सुग्रीव, सभी सावधानी से जूझ रहे थे। इन्द्र ने राम के लिए रथ भेजा। राम ने उसे स्वीकार किया। अगले दिन तुमुल संग्राम हुआ। राम के तीरों से तीर मिलाकर रावण अपने महल में भाग आया।

दूसरे दिन फिर युद्ध हुआ। आश्चर्य ? रावण का सिर कटकर जैसा का तैसा कंधे

पर जम आता था। इन्द्र के भेजे हुए सारथि ने राम से कहा—

—आप ब्रह्मास्त्र चलाइए। मामूली तीर को यह क्या समझेगा ?

रामचन्द्र ने अगस्त्य मुनि से ब्रह्मास्त्र प्राप्त किया था। आज उसी का प्रयोग किया।

वह विकट अस्त्र रावण का कलेजा चीरकर निकल गया। वह जमीन पर गिर पड़ा। उसके गिरने से जमीन इतनी जोर से हिली, मानो भूकम्प आ गया हो।

रावण के मरते ही श्रीरामचन्द्र पर आसमान से फूल बरसने लगे। जय-जयकार से दिशाएँ गूँज उठीं।

अग्निपरीक्षा

स्वयं अपने हाथ से राम ने रावण का दाह-संस्कार किया। रोती हुई मन्दोदरी को समझा-बुझाकर शान्त किया।

विभीषण ने लंका की राजगद्दी पाई। वह धूम-धाम से सिंहासन पर आरूढ़ हुआ।

हनुमान ने सीता को जाकर खुशखबरी सुनाई—माता, लड़ाई में हम लोगों की जीत हुई। रावण मारा गया।

प्रसन्नता के अतिरेक से सीता ने रो दिया। फिर लक्ष्मण भी आए और प्रणाम करना चाहा, परन्तु सीता ने मना किया—राक्षसों के बीच रहती हुई मैं अपवित्र हो गई हूँ। स्नान कर लेने दो, कपड़ा बदल लेने दो, तब...

लक्ष्मण और हनुमान आदरपूर्वक सीता को राम के पास ले आये।

सीता के हर्ष का अन्त नहीं। कितने दिन हो गये थे ? आज श्रीरामचन्द्र को वह अपनी आँखों देखेगी।

सीता को सामने पाकर राम और भी गम्भीर हो गये। थोड़ी देर बाद बोले—जानकी, हमने अपना कर्त्तव्य पूरा किया। दुष्टों का संहार हो गया है। उत्पात मचानेवाले राक्षसों का अन्त हो चुका है। ऋषियों, मुनियों को अब कष्ट नहीं होगा। रावण तुम्हें अन्याय से चुरा लाया था, इसलिए तुम्हारा भी उद्धार होना आवश्यक था। यह भी हुआ। अब तुम स्वाधीन हो। जहाँ चाहो जा सकती हो। जहाँ चाहो रह सकती हो। तुम्हें अपने साथ तो मैं रख सकता नहीं, क्योंकि इससे हमारा कुल कलंकित होगा। लोग कहेंगे कि इतने दिनों तक पराये घर में रहनेवाली स्त्री को रामचन्द्र ने फिर अपने यहाँ रख लिया..ना बाबा, तुम अलग ही रहो।

रो पड़ी सीता—हाय ! यह मैं क्या सुन रही हूँ ! क्या यही सब सुनने के लिए मैं जीवित रही ?

सीता के आँसू थम नहीं रहे थे। उनका कलेजा छलनी हो गया था। आज तक इस वीर महिला ने बहुत कुछ बर्दाश्त किया था, परन्तु अपने चरित्र के बारे में पति के द्वारा स्पष्ट किया गया यह सन्देह उसके लिए असह्य हो गया। उसका मनोबल टूक-टूक

होने लगा। वह बोली—तो अब जीकर मैं क्या करूँगी। हे लक्ष्मण, मेरे लिए तुम चिता तैयार कर दो, मैं सबके सामने भस्म हो जाऊँगी।

लक्ष्मण को बड़ा खेद हुआ। बड़े भाई की इस विवेकहीनता पर बड़ा ही क्षोभ हुआ। उनकी आँखों में आँसू भर आये। कर्त्तव्य का पालन कैसा कठोर होता है !

लक्ष्मण ने चिता तैयार की। अग्नि-संयोग होने पर चिता धू-धू कर जल उठी। पति की ओर मुँह किये, दोनों हाथ जोड़े सीता ने निर्भय होकर अग्नि में प्रवेश किया।

राम और लक्ष्मण से यह दृश्य नहीं देखा गया। क्षोभ के मारे उन्होंने आँखें मूँद लीं।

परन्तु आग की लपटें धीमी पड़ गईं। चिता पर सीता बैठी हुई थी और लपटें ठंडी हो रही थीं।

इतने में कंचन जैसी कायावाला एक सुन्दर पुरुष चिता से निकलकर राम के आगे खड़ा हो गया, बोला—आँख खोलो रघुकुल कमल दिवाकर ! सीता निष्कलंक है। अग्नि इसके स्पर्श से शीतल हो गई है ? देखो न ?

राम और लक्ष्मण ने नयन खोले। माथा झुकाकर उस पुरुष को प्रणाम किया। सीता के सम्बन्ध में उनके सारे संदेह दूर हो गये थे।

राम ने आदर और स्नेहपूर्वक सीता का हाथ पकड़ा तो वह सरल हृदया वीर महिला बच्चों की तरह फूट-फूटकर रो उठीं।

लक्ष्मण को सीता और राम के इस समागम से बड़ी प्रसन्नता हुई।

देवताओं ने सीता-राम पर फूल बरसाए। अप्सराओं ने उनकी आरती उतारी। किन्नरों और गंधर्वों ने नाच-गाकर अपनी खुशी जाहिर की।

देवताओं के राजा इन्द्र राम से मिलने आये तो राम ने कहा—इस लड़ाई में जितने भी वानर भालू मरे हैं, सबको जिला दीजिए।

'एवमस्तु'...इन्द्र ने कहा। थोड़ी देर बाद युद्धक्षेत्र में आकाश से अमृत की फूहियाँ पड़ीं तो वानर-भालू जी उठे।

अब सभी ने प्रार्थना की—महाराज, चौदह साल पूरे होने को आये, चलें अब अयोध्या की ओर।

श्रीराम ने मौन रहकर प्रस्ताव को स्वीकार किया। अगले दिन हनुमान को आज्ञा मिली—अयोध्या जाकर हमारे आने का समाचार भरत को सूचित करो।

अयोध्या की ओर

पुष्पक विमान पर चढ़कर राम, सीता, लक्ष्मण आदि लंका से विदा हुए तो विभीषण ने हाथ जोड़कर कहा—प्रभु, आपकी कृपा से लंका भी अब सज्जनों के रहने लायक हो गई है, यहाँ अब सुख-शान्ति विराजमान है। अयोध्या में आपका अभिषेक देखने के लिए हम भी वहाँ जाना चाहते हैं।

—अवश्य—राम बोले—आप न भी कहते तो भी आमन्त्रण पत्र लेकर अयोध्या

से दूत तो लंका आता ही। आप अवश्य आइएगा, और सपरिवार।

वे लोग किष्किंधा आये। सेना पुल से समुद्र पार आई। किष्किंधा में भी प्रजा को बड़ी प्रसन्नता हुई।

इधर हनुमान आगे-आगे सब जगह खुशखबरी ले आये थे। भरत ने जब यह सुना तो वह भाई और भाभी को देखने के लिए अधीर हो उठे।

रास्ते में लंका से ही रामचन्द्र सीता को दृश्य दिखाते आये थे। किष्किंधा में उन लोगों को कई दिन तक रुकना पड़ा। आगे दंडक वन, पंचवटी, आदि स्थानों में भी मुनियों के दर्शनार्थ वे विमान से उतरे थे।

सभी ने श्रीराम को आग्रह किया—अब आपके चौदह साल पूरे हो गये, शीघ्र अयोध्या जाइए।

जाते समय जहाँ-जहाँ जो घटना घटी थी, उन जगहों को गौर से देखते हुए सीता, राम और लक्ष्मण प्रयाग पहुँचे। भरद्वाज मुनि के आश्रम में रात बिताई। मुनि को सारा समाचार पहले ही प्राप्त हो चुका था। उन्होंने भी आग्रह किया—वनवास की अवधि पूरी हो गई। श्रीराम, अब आप अविलम्ब अयोध्या पहुँचें।

गंगा पार होने पर अगवानी के लिए खड़े निषादराज गुह से भेंट हुई। दोनों गले मिले। उसने नहीं माना, एक दिन के लिए रोक लिया।

भरत मिलाप

नन्द ग्राम में भरत राम की प्रतीक्षा कर रहे थे, बड़ी ही उत्सुकता से। उनके वस्त्र मुनियों के-से थे। सिर पर जटा थी।

रामचन्द्र को देखते ही वह उनके पैरों पर गिर पड़े। राम ने भरत को उठाकर गले से लगाया। फिर भरत ने सीता को प्रणाम किया। किसी के मुँह से शब्द नहीं निकल रहा था। सभी आनन्द में मग्न थे।

भावावेश कम होने पर रामचन्द्र ने पूछा—कहो भरत, कैसे रहे ?

भरत के बदले सीता ने कहा—क्या पूछते हैं महाराज, हमने चौदह साल जंगल में बिताये, भरत ने चौदह साल यहाँ तपस्या में।

सभी, कुछ देर वहीं रहे। फिर महामन्त्री सुमन्त रथ लिये हुए वहाँ पहुँचे, नगर के और सारे लोग उनके साथ थे।

सभी ने सुमन्त को प्रणाम किया। हर्ष के मारे बूढ़े मन्त्री के मुँह से एक भी बात नहीं निकली। प्रसन्न नागरिकों ने कहा—महाराज, यह चौदह साल हमारे चौदह युगों की तरह गुजरे हैं। इतने दिनों तक अयोध्या की सारी सुषमा मूर्छित-सी पड़ी थी। अब आपके आने से अयोध्या अविलम्ब ही उन्नति की ओर अग्रसर हो जाएगी। रथ पर चढ़कर सभी अयोध्या की ओर आये। रास्ते से ही स्वागत के लिए खड़े नागरिकों की भीड़ दिखाई पड़ी। उपनगर और नगर की सड़क के दोनों ओर वाले घर सजे-सजाये लग रहे थे। द्वार-द्वार पर मंगल-घट रखे हुए थे। अनेक स्थानों पर तोरण बने हुए थे।

समूची राजधानी शोभा का आगार बनी हुई थी। धूल का नाम नहीं। सब जगह भीनी-भीनी खुशबू आ रही थी।

अपने प्रति प्रजा की ऐसी प्रीति देखकर रामचन्द्र बड़े प्रसन्न हुए। रथ रोक-रोक कर वह वृद्धों और वृद्धाओं का आशीर्वाद लेने लगे। बड़ी देर के बाद रथ राजमहल के निकट पहुँचा। महामुनि वशिष्ठ सबसे पहले मिले। उन्होंने राम के माथे पर हाथ फेरकर कहा—बेटा, बड़े दिन लग गये तुम्हें लौटने में। न जाने कितने चौदह वर्ष जंगल में बिताकर फिर तुम आये हो।

राम ने गुरु की चरण-धूलि माथे पर लगाई। डबडबाई हुई आँखोंवाली माताओं के पैर छूकर प्रणाम किया। कौशल्या काफी बूढ़ी हो चुकी थीं। उन्होंने हाथ से राम का माथा, कपार, कान, नाक, मुँह और छाती छूकर अपने भावावेश को प्रकट किया। कैकेयी का घमण्ड अब तक चूर-चूर हो चुका था। आज उसकी भी आँखों में आँसू थे।

लक्ष्मण और सीता ने भी सबको प्रणाम किया।

इसके उपरान्त उन्होंने तापस वेष उतारकर राजसी रूप धारण किये। भरत ने भी ऐसा ही किया।

शुभ मुहूर्त्त देखकर रामचन्द्र का अभिषेक सम्पन्न हुआ। सिंहासन पर सीता और राम को बैठाकर वशिष्ठ ने उनके ललाट पर तिलक किया। इस अवसर पर सुग्रीव, हनुमान और विभीषण आदि मित्रगण भी पधारे थे। जनक जैसे वृद्ध कुटुम्बी पधारे थे। विश्वामित्र, भरद्वाज, अगस्त्य आदि महर्षियों ने भी आने की कृपा की थी।

रामचन्द्र बड़ी निष्ठा से प्रजा के प्रति अपने कर्तव्य का पालन करने लगे। उनके राजकाल में सर्वत्र सुख-शान्ति फैली हुई थी—

दैहिक दैविक भौतिक तापा।
राम राज नहिं काहुहि व्यापा॥
सब नर करहिं परस्पर प्रीती।
चलहिं स्वधर्म निरत श्रुति नीती॥
चारिउ चरन धरम जग माहीं।
पूरि रहा सपनेहुँ अघ नाहीं॥
अल्प मृत्यु नहिं कवनिऊ पीरा।
सब सुन्दर सब बिरुज सरीरा॥
नहिं दरिद्र कोउ दुखी न दीना।
नहि कोउ अबुध न लच्छन हीना॥
सब निर्दम्भ धर्मरत पुनी।
नर अरु नारि चतुर सब गुनी॥
सब गुनग्य पंडित सब ग्यानी।
सब कृतग्य नहिं कपट सयानी॥

परन्तु रामचन्द्र भी आखिर आदमी ही थे। अपनी प्रजा की आलोचना से वह भी

नहीं बचे। सबका मुँह चुप करना किसी के लिए भी असम्भव है।

एक बात को लेकर लोग यदा-कदा राम की टीका-टिप्पणी करते थे। प्रगट नहीं, बल्कि गुप्त रूप से। एक दिन अपने किसी दूत से रामचन्द्र ने पूछा—अयोध्या के लोग मेरे बारे में क्या कहते हैं ?

—महाराज—दूत ने आदर और संकोच से कहा—सभी आपकी प्रशंसा करते हैं। कहते हैं, ऐसा सुप्रबन्ध और ऐसी सुव्यवस्था कहीं नहीं है...

राम को लगा कि यह आदमी कुछ और भी कहना चाहता है, मगर संकोच के मारे अपनी वाणी को उसने तालु से उधर ही रोक रखा हैं। वे बोले—सभी प्रशंसा करते हैं ?

—जी, सरकार !

रामचन्द्र ने पूछा—कोई भी मेरे सम्बन्ध में कुछ आपत्ति या आरोप नहीं उठता ?

दूत नें चुप्पी साध ली और सिर झुका लिया। रामचन्द्र ने सोचा—जरूर कोई बात है। प्रगट रूप से उन्होंने दूत से कहा—अरे, कहते क्यों नहीं हो। संसार में वह कौन है जिसके खिलाफ कोई न हो। हाँ, तब बात यह है कि किसी के निन्दक अधिक होते हैं तो किसी के प्रशंसक। प्रशंसक ही प्रशंसक सब किसी के नहीं होते। देवराज इन्द्र तक की जब आलोचना होती है तो भला मेरी आलोचना का क्या कहना !

प्रभु के मुँह से यह बात सुनकर उस आदमी को ढाँढ़स हुआ। वह बोला—महाराज, करुणानिधान ! अपराध माफ हो।

—हाँ, हाँ, कहो न !

दूत ने कहा—कल धोबी अपनी औरत पर नाराज हो रहा था...

—क्या कह रहा था ?—राम ने पूछा।

आदमी थोड़ी देर के लिए रुक गया। वास्तव में वह कहना नहीं चाहता था। परन्तु राजा राम की उत्कंठा बढ़ चुकी थी। वह अपने बारे में जानने को व्याकुल हो रहे थे।

दूत बड़ी देर तक चुप रहा तो रामचन्द्र ने स्नेह से उसकी पीठ थपथपाकर कहा—पगले ! बोलता क्यों नहीं ! क्या कह रहा था धोबी ?

दूत डरते-डरते बोला—करुणानिधान, धोबी अपनी धोबिन से यही कह रहा था कि मैं राम नहीं हूँ कि दूसरे के घर में रहकर आई हुई औरत को फिर रख लूँ...

यह सुनकर राम ने सिर झुका लिया। गम्भीर चिन्ता में निमग्न हो गये।

रामचन्द्र मर्यादा पुरुषोत्तम थे। उन्हें इस तरह की एक-एक बात का ख्याल रहता था। अपना कुल कलंकित न हो, इसका ध्यान उन्हें सदैव बना रहता। आज तक कठिन कर्तव्य के पालन में बराबर वह अग्रणी रहे। तो, अब क्या अपने कर्त्तव्य का पालन वह नहीं करेंगे ? नहीं, कर्तव्य का पालन होना ही चाहिए।

रामचन्द्र ने सीता के परित्याग का निश्चय किया। उन्होंने लक्ष्मण को आज्ञा दी—सीता को जाकर तमसा नदी के किनारे छोड़ आओ।

लक्ष्मण सीता को लेकर वन की ओर चले। वह गर्भिणी थी। फिर भी लक्ष्मण

उसे जंगल में छोड़ने जा रहे थे। लक्ष्मण का कलेजा फटा जा रहा था। परन्तु भाई की आज्ञा थी, और आज्ञापालन तो होना ही चाहिए। छोटे बड़ों का अनुशासन मानें। रघुकुल की इस रीति को भला लक्ष्मण ही क्यों तोड़ेंगे ?

यह समाचार सुनकर सारा नगर शोक में डूब गया। सभी उस धोबी को गालियाँ दे रहे थे। परन्तु राजा की आज्ञा थी कि धोबी को कोई कुछ न कहे। लोग मन मसोस कर रह गये।

और, राम स्वयं क्या कम दुखी थे ? उनके हृदय की वेदना कौन समझता ? सीता पवित्र हैं, विशुद्ध हैं, उनमें कलंक का लेशमात्र भी नहीं। स्वयं अग्नि ने राम के समक्ष सीता की पवित्रता का प्रमाण पेश किया था। परन्तु यह सब जान-बूझकर भी राजा राम बिलकुल निरुपाय हो रहे थे। प्रजा को प्रसन्न रखना ही राम के लिए सबसे महान आदर्श था। प्रजा के आगे राम को न तो सीता की परवाह थी, न लक्ष्मण की और न स्वयं की।

सीता को लेकर लक्ष्मण तमसा नदी के किनारे पहुँचे और वहीं उन्हें छोड़ आये। लक्ष्मण जब लौटने लगे तो सीता ने कहा—श्रीरामचन्द्र के चरणों में मेरा शत-सहस्र प्रणाम निवेदित करना। इस स्थिति में मैं जो वनवासिनी हुई हूँ, वह ही पूर्वजन्म के पापों का फल है। इसमें राजा राम का कोई दोष नहीं—मेरे अन्दर यदि दूसरा जीव विद्यमान न होता तो मैं वहीं सरयू में डूबकर अपने को समाप्त कर देती। परन्तु आज मैं वैसा नहीं कर सकती हूँ, क्योंकि रघुकुल के विशाल वटवृक्ष का बीजांकुर मेरे भीतर विद्यमान है। इसके आविर्भाव होने तक तो मुझे अपने को बचाना ही होगा। माताओं को बारम्बार मेरा प्रणाम कह देना। साधारण प्रजा पर राजा की जो दृष्टि रहनी चाहिए, वही दृष्टि रघुनन्दन मुझ पर भी रखेंगे...

रोते-रोते लक्ष्मण लौट गये।

कुश और समिधा के लिए महर्षि बाल्मीकि उस वन में आये तो उन्होंने सीता को देखा। बातें मालूम होने पर हृदय द्रवित हो उठा। वह सीता को अपने आश्रम में ले गये। अपनी कन्या की भाँति मुनि सीता की देख-रेख कर रहे थे। थोड़े दिनों के बाद सीता के दो जुड़वे बच्चे पैदा हुए। बाल्मीकि ने उनका नामकरण किया—लव और कुश। दोनों बच्चे वहीं पलने लगे।

महर्षि बाल्मीकि ने उन बच्चों को अपना काव्य कंठस्थ करा दिया। दोनों बटुक जब रामायण का गान करते तो पशु-पक्षी तक मुग्ध होकर सुनते रहते। लव और कुश को पता नहीं था कि जिनके चरित्र का गान इन श्लोकों द्वारा वे करते फिरते हैं, वह श्रीरामचन्द्र आखिर हैं कौन ? अपने चरित्र नायक की वीरता, उनकी साहस की बातें, उनका त्याग और तपस्या—यह सभी कुछ दोनों ब्रह्मचारियों को बड़ा ही अद्‌भुत लगता था।

बच्चे बड़े होते गये। समय बीतता गया। मुनि ने अस्त्र-शस्त्र चलाने की विद्या में भी उन कुमारों को निपुण बना दिया। काव्य का गान करना, तीर चलाने का अभ्यास, विद्या अध्ययन और ब्रह्मचर्य—यही था कुमारों का जीवन। उन्हें देख-देखकर सीता को किशोर राम की याद आती। उन्होंने अपने अतीत की घटनाओं को लव और कुश से

छिपा रखा था।

एक दिन दोनों कुमारों ने एक सजा-सजाया सुन्दर घोड़ा देखा। वह बिना सवार का था। परन्तु उसके पीछे अस्त्र-शस्त्र से सज्जित काफी सैनिक चल रहे थे। घोड़े के कान साँवले और लम्बे थे। सिर पर सोने का पट्टा बँधा था। गले में रंगीन रेशम।

ऐसा घोड़ा उन्होंने आज तक नहीं देखा था। लव और कुश घोड़े को पकड़ लाये और आश्रम में बाँध दिया। सैनिकों ने घोड़े को छीनना चाहा, परन्तु बहादुर कुमारों के आगे उनकी एक न चली।

वह अश्वमेध का घोड़ा था। उसके पीछे राज्य की समूची शक्ति थी।

शत्रुघ्न आये, भरत आये, लक्ष्मण आये, और अन्त में राम को स्वयं आना पड़ा। लव और कुश धुँआधार तीर चला रहे थे। घोड़े की बात नहीं थी, बात थी आन की। वह घोड़ा सब जगह से घूम आया था, किसी को उसे छेड़ने की हिम्मत नहीं हुई थी। लव-कुश की इस बहादुरी को अयोध्या के सैनिकों ने बालहठ समझा। पीछे जब गुत्थमगुत्था हुआ तो उन्होंने सोचा, बच्चों का रूप धरकर इन्द्र रामचन्द्र का मुकाबला करने आये हैं। आज तक राम-लक्ष्मण को तीर चलाने में असफलता नहीं हुई थी, परन्तु इन छोकरों ने उन्हें परास्त कर दिया। खैर, मुनि बाल्मीकि के बचाव करने के कारण मामला सुलझ गया। घोड़ा वापस आया। अश्वमेध यज्ञ पूरा हुआ।

दोनों कुमारों को साथ लेकर बाल्मीकि मन ही मन प्रसन्न हुए। उधर यज्ञ हो रहा था, इधर लोगों को लव और कुश रामायण सुनाते फिर रहे थे। गन्धर्व की सुरीली आवाज में वीणा के सहारे वे दोनों राम की गुणगाथा गा रहे थे—ताड़का वध, अहल्या उद्धार, धनुर्भंग, अभिषेक की तैयारी, वन-गमन, पंचवटी में सीता-हरण, सुग्रीव-मैत्री, हनुमान द्वारा समुद्र लंघन, अशोक वाटिका में सीता, राम-रावण युद्ध, प्रत्यावर्त्तन—अयोध्या में अभिषेक और सीता का वनवास।

रामचरित्र का वह कवित्वमय वर्णन सुनकर अयोध्या में सभी मुग्ध हो गये। राम को तो मूर्च्छा आ गई।

होश आने पर राम ने दोनों ऋषिकुमारों को नजदीक बुलाकर पूछा—क्या नाम है तुम्हारा ?

—कुश और लव—उत्तर मिला।

—पिता का नाम ?

... ...

—क्यों, पिता का नाम नहीं जानते हो ?

—जी, यह नहीं बताया गया है। हाँ, हमारी माँ का नाम सीता है...

—सीता ?

राम ने दोनों तरुणों को खींचकर अपनी छाती से लगा लिया—सीता...हाय, ये सीता के बच्चे हैं। उसी सीता के जिसे मैंने जंगल में खदेड़ दिया था ?

बिजली की भाँति यह समाचार अयोध्या में फैल गया। कुश और लव को देखने

के लिए सारा नगर उमड़ पड़ा। लव और कुश भी अपने पितृत्व को पहचानकर धन्य-धन्य हो गये।

सभी यही कह रहे थे कि जैसे बाप और वैसे पूत—राम भी बचपन में ऐसे ही लगते थे। इसी उम्र में राम को विश्वामित्र अपने साथ ले गये थे। यज्ञ समाप्त हो चुका था। पुरोहितों की विदाई की जा चुकी थी। बाल्मीकि और वशिष्ठ रह गये थे। कुश और लव को तो खैर कोई छोड़ना ही नहीं चाहता था।

महर्षि बाल्मीकि ने राम से कहा—महाराज, निष्कलंक सीता को तुम ग्रहण करो।

राम ने प्रजा की राय ली। सभी इसमें सहमत थे।

बाल्मीकि सीता को ले आये। नगर-भर के लोग, एकत्र थे। राम ने प्रजा को सम्बोधित करके कहा—नागरिको, तुम्हारी अनुमति पाकर ही मैं सीता को अपना सकता हूँ। कहो, तुम लोगों की क्या इच्छा है ?

सम्मिलित आवाज आई—सीता हमारी माँ हैं। इनके बिना अयोध्या का सिंहासन बिल्कुल हल्का रहेगा...

परन्तु कुछ लोग ऐसे भी थे जो चुप्पी साधे हुए थे। राम और सीता दोनों ने ही लक्ष्य किया। सीता का हृदय व्यथा से टूक-टूक हो गया। उनके मुँह से निकला—माता धरती, तुम फट जाओ तो मैं तुममें समा जाऊँ। अब और अधिक कष्ट नहीं सहा जाता।

लोगों के देखते-देखते सीता के पैरों के नीचे की धरती में दरार पड़ गई और वह उसमें समा गईं।

हाय-हाय मच गई। कुश और लव माँ-माँ कहकर रोने लगे। रामचन्द्र संज्ञाशून्य होकर सिंहासन से लुढ़क पड़े। लक्ष्मण आदि शोक से फटे जा रहे थे। बूढ़ी माताएँ मूर्च्छित होकर गिर पड़ीं। बाल्मीकि चित्र में अंकित व्यक्ति की भाँति जैसे-तैसे खड़े रहे। प्रजाजनों में हाहाकार मच गया।

बहुत दिनों तक राजकुल शोक में डूबा रहा।

कुश को युवराज घोषित करके राम अपने अन्त की प्रतीक्षा करने लगे। इन्हीं दिनों में एक ऐसी घटना हुई कि लक्ष्मण का भी अन्त हो गया। एक बार कालपुरुष रामचन्द्र से मिलने आये थे। उन्होंने राम से प्रतिज्ञा करवा ली थी कि अन्दर कोई नहीं आयेगा, आने पर पहरेदार को निर्वासन का दण्ड। लक्ष्मण पहरे पर थे।

इतने में हन-हन पट-पट करते हुए दुर्वासा आ पहुँचे। वह रोकने पर भी महल में घुस आये।

लक्ष्मण ने सरयू के अन्दर जाकर समाधि लगा ली, चिर समाधि।

अपने छहों भतीजों को अलग-अलग इलाके का अधिकार देकर राम इस ओर से निश्चिन्त हो गये।

अन्त में उन्होंने भी एक दिन सरयू में जल-समाधि ले ली। भरत और शत्रुघ्न ने उनका अनुगमन किया।

इस प्रकार रामकथा की परिसमाप्ति हुई। बाल्मीकि आदि का काव्य सम्पूर्ण हुआ।

☐ प्रेमचंद

एक सपना...

गोरी सूरत, घनी-काली भौंहें, छोटी-छोटी आँखें, नुकीली नाक, बड़े-बड़े बाल...

गुछी हुई विरल मूँछोंवाला यह मुस्कराता चेहरा किसका है ?

यह चेहरा प्रेमचंद का है।

लगता है, अभी हँसनेवाले हैं।

लगता है, अभी जोरों के कहकहे लगाएँगे।

कॉपी और कलम मेरे सामने है। मैं प्रेमचंद के सामने अभी-अभी आकर बैठा हूँ।

प्रेमचंद की यह छवि, लगा, सहसा सचेतन हो उठी है...

जोरों के ठहाके...

"नहीं जी, अब मैं बिलकुल स्वस्थ हूँ। तुम रत्ती-भर फिक्र मत करो...मगर यह कॉपी-कलम क्यों लाए हो ?"

"जी, आपके बारे में कुछ लिखना था..."

"मेरे बारे में ?"

"जी, बच्चों के लिए। किशोरों के लिए।"

अब प्रेमचंद ने जोरों के कहकहे लगाए। बोले—"मैं तो भई, डर गया था कि कागज-कलम लेकर आया है, जाने क्या-क्या नोट करके ले जाएगा, जाने क्या-क्या छपवा देगा अखबारों में !"

"आप अखबारवालों से डरते हैं ?"

"हाँ भई, बहुत डरता हूँ..."

"वे आपका फोटो भी तो छापते हैं।"

इस पर प्रेमचंद मुस्कराते रहे। फिर बोले, "एक-एक बीड़ा पान का जमा लें, फिर बैठें...वो देखो, आ तो गईं पान लेकर..."

फिर वही कहकहे...

गर्दन फेरकर मैंने शिवरानी जी को देखा और दोनों हाथ जोड़कर बोला—"प्रणाम, अम्मा !"

“मस्त रहो बेटा ! तुम्हारी आवाज सुनी तो पान लगा लाई...”

बाबू जी ने फिर जोरों के ठहाके लगाए...

शिवरानी देवी मुस्कराती रहीं। पान देकर चली गईं।

वह बोले, “अब हम गाँव में ही बस गए। लमही की मिट्टी का मोह हमसे भला कैसे छूटता ? गुजारे के लिए किताबों की बिक्री से पैसे आ जाते हैं। धुन्नू और बन्नू ने अपना-अपना धंधा सँभाल लिया है। बेटी और दामाद सागर, मध्य प्रदेश, में हैं और ठीक हैं। स्कूल और कॉलेज बंद होने पर कभी-कभी परिवार के सारे बच्चे यहाँ इकट्ठे हो जाते हैं। तब लमहीवाले हमारे इस घर में स्वर्ग उतर आता है...”

प्रेमचंद ने फिर ठहाके लगाए तो मेरी नींद टूट गई और अब जो संसार सामने था, वह बनारस की पड़ोसवाली बस्ती 'लमही' नहीं, पुरानी दिल्ली का कश्मीरीगेटवाला मुहल्ला था।

x x x

मुझे सपने में अभी उस रात प्रेमचंद के ठहाके सुनाई पड़े। 1932 में, यानी उनतीस वर्ष पहले, काशी में दो-तीन बार उनसे मिला था। बातें की थीं, ठहाके सुने थे।

धनपतराय : नवाबराय

माँ-बाप ने नाम रखा था : धनपत। चाचा लाड़-प्यार में कहा करते थे : 'नवाब'।

पिता का नाम था : अजायबराय। डाकखाने में किरानी थे, इसी से लोग उन्हें मुंशी अजायबलाल कहा करते। अलग-अलग जगहों में उनका तबादला होता रहता।

माता का नाम था—आनंदी। अक्सर बीमार रहतीं। लड़के दो थे। लड़की एक। पिता को दवा-दारू से फुरसत नहीं मिलती थी। वाराणसी से चार मील दूर लमही में शनिवार 31 जुलाई 1880 को धनपतराय का जन्म हुआ। धनपत सात वर्ष का हुआ कि माँ चल बसी।

माँ के बिछोह ने धनपत के बचपन का सारा रस सोख लिया।

कुछ वर्ष बाद मुंशी अजायबलाल ने दूसरी शादी की।

अभाव और अभियोग तो थे ही, विमाता का निठुर व्यवहार भी उनमें आ मिला।

नई माँ बात-बात पर डाटती थी। उसे धनपत में बुराइयाँ ही बुराइयाँ दीखतीं।

“बचपन वह उम्र है जब इन्सान को मुहब्बत की सबसे ज्यादा जरूरत पड़ती है। उस वक्त पौधे को तरी मिल जाय, तो जिंदगी-भर के लिए उसकी जड़ें मजबूत हो जाती हैं। उस वक्त खुराक न पाकर उसकी जिंदगी खुश्क हो जाती है। मेरी माँ का उसी जामने में देहांत हुआ और तब से मेरी रूह को खुराक नहीं मिली। वह भूख मेरी जिंदगी

है।" ये शब्द हैं अमरकांत के। उपन्यास 'कर्मभूमि' में अमरकांत के द्वारा प्रेमचंद मानो खुद अपनी व्यथा सुना रहे हैं—"मुझे जहाँ मुहब्बत का एक रेज़ा भी मिलेगा, मैं बे-अख्तियार उसी की तरफ जाऊँगा। कुदरत का अटल कानून मुझे उस तरफ ले जाता है। इसके लिए अगर मुझे कोई 'खतावार' कहे तो कहे। मैं इसे अपनी खता तसलीम नहीं करता। दुनिया में सबसे बदनसीब वह है, जिसकी माँ बचपन में मर गई हो।"

और यही कारण था कि बालक धनपत घर-आँगन से भागकर बाहर के खुले मैदान में, अमराई में, खेतों की तरफ निकल जाता था। साथियों के साथ गिल्ली-डंडा खेलता था। पेड़ों पर चढ़ता था। आम की केरियाँ चुनता था। मटर की फलियाँ तोड़ता था...हवाई किले बनाता था।

"हाय बचपन !
तेरी याद नहीं भूलती
वह कच्चा-टूटा घर
वह पुवाल का बिछौना
वह नंगे बदन नंगे पाँव खेतों में घूमना;
आम के पेड़ों पर चढ़ना...
फिर रही हैं सारी बातें आँखों के सामने..."

यह नई कविता है ?

नहीं !

यह नई कविता नहीं है। प्रेमचंद के ही एक गल्प—'चोरी' की ये पंक्तियाँ हैं, जिसमें प्रेमचंद ने बचपन की मस्ती को याद किया है।

धनपत के बचपन का चित्र अधूरा रह जाएगा, अगर कजाकी को हम उससे हटा देंगे...

"कजाकी डाक का हरकारा था।
जाति का पासी था।
बड़ा ही साहसी, बड़ा ही जिंदादिल, बड़ा ही हँसमुख।
रोज डाक का थैला लेकर आता..."

और सुनोगे ? अच्छा सुनो—

"जब वह दौड़ता तो उसकी बल्लमी झुंझुनी बजती...

उसे देखते ही मैं खुशी में पागल हो उठता, दौड़ पड़ता और एक क्षण में कजाकी का कंधा मेरा सिंहासन बन जाता। जब कजाकी मुझे कंधे पर लिए हुए दौड़ने लगता तब तो ऐसा महसूस होता मानो मैं हवा के घोड़े पर उड़ा जा रहा हूँ..."

घर की गरीबी, टुटन और रूखेपन से त्राण पाने के लिए धनपत ने इस तरह एक सहज रास्ता निकाल लिया था। रोने-झीखनेवाली परिस्थितियों पर यहीं से कहकहे हावी होने लगे।

प्रेमचंद ने बचपन से ही मुसीबतों पर हँसना सीखा था।

शिक्षा का श्रीगणेश

धनपत के छात्र-जीवन की आपबीती प्रेमचंद की कहानियों और उपन्यासों में बिखरी पड़ी है।

'रट्टू मल' बनने की अपेक्षा खुली आबो-हवा में घूमना, अमरूद तोड़ना, गालियाँ खाना और नुक्कड़ों पर खड़े होकर बैंड सुनना धनपत को ज्यादा पसंद था।

''मेरी उम्र आठ साल की थी।

अपने चचेरे भाई हलधर के साथ मैं पास के गाँव में एक मौलवी साहब के यहाँ पढ़ने जाया करता था।

हम दोनों सबेरे बासी रोटियाँ खा लेते, दोपहर के लिए मटर और जौ का चबेना लेकर चल देते थे।

फिर तो सारा दिन अपना था। मौलवी साहब के यहाँ कोई हाजिरी का रजिस्टर तो था नहीं, और न गैर-हाजिरी का जुर्माना ही देना पड़ता था। फिर डर किस बात का।

कभी-कभी तो थाने के सामने खड़े सिपाहियों की कवायद देखते, कभी भालू या बंदर नचानेवाले मदारी के पीछे-पीछे घूमने में दिन काट देते। कभी रेलवे स्टेशन की ओर निकल जाते और गाड़ियों की बहार देखते। गाड़ियों के समय का जितना ज्ञान हमें था, उतना शायद टाइमटेबुल को भी न था।

कभी-कभी हम हफ्तों गैर-हाजिर रहते; पर मौलवी साहब से ऐसा बहाना कर देते कि उनकी चढ़ी त्यौरियाँ उतर जातीं...''

एक बार अपने घर से चाचा का एक रुपया उड़ा लिया और दरिया के किनारे बैठकर मिठाई और फल खाए। बाद में चोरी पकड़ी गई और हलधर (चचेरा भाई) खूब पिटा।

पिता का तबादला गोरखपुर हुआ। बच्चे भी साथ गए।

गाँव के मदर्से से शहर का स्कूल अच्छा था। धनपत की तबीयत पढ़ने में लग गई।

गिल्ली-डंडा का खेल पीछे छूट गया। शहरी नजारे आगे सरक आए।

किताबें चाटने का चस्का इसी उम्र में लगा।

हजारों कहानियाँ और सैकड़ों छोटे-मोटे उपन्यास धनपत ने इसी उम्र में पढ़ डाले। यह सारा साहित्य उर्दू का था।

तम्बाकू-फरोश का एक लड़का धनपत का स्कूल का साथी था। उसके पास थी एक किताब : 'तिलिस्मे-होशरुबा'। बस, शाम को रोज उस लड़के के घर 'तिलिस्मे-होशरुबा' का पारायण चलता। बूढ़े-बच्चे-जवान सभी ध्यान से उसे सुना करते।

दो-दो हजार पृष्ठोंवाले 17 भाग। 'तिलिस्मे-होशरुबा' की साइज भी बड़ी थी—रॉयल आकार की। ये विराट् पोथे नवलकिशोर प्रेस, लखनऊ के छपे थे और बेहद लोकप्रिय थे। कहते हैं, मौलाना फैजी ने अकबर के मनोरंजन के लिए इन्हें फारसी में तैयार किया था।

धनपत ने गोरखपुर रहते-रहते 'तिलिस्मे-होशरुबा' के 5-7 भाग खत्म कर लिए थे। हमारा कहानीकार शायद पैदा हो चुका था। रात को अकेले में ढिबरी की मद्धिम रोशनी के सामने उसने गल्प-रचना शुरू कर दी थी। बीसियों पन्ने यों ही लिख जाना, और फिर उन्हें फाड़ डालना...यह सब कितना अच्छा लगता होगा धनपत को !

उन्हीं दिनों पिता ने शादी करवा दी। निश्चय ही, इसमें सौतेली माँ की भी राय रही होगी। जो लड़की धनपत के लिए चुनी गई थी, वह धनपत को कभी पसंद नहीं आई।

पुत्र के पाँवों में 'अष्टधात की बेड़ियाँ' डालकर मुंशी अजायबलाल ने हमेशा के लिए आँखें मूँद लीं। परिवार पर मुसीबतों का पहाड़ टूट पड़ा।

अपनी इन दिनों की दशा का वर्णन प्रेमचंद ने 'जीवन-सार' में किया है—

"पाँव में जूते न थे, देह पर साबुत कपड़े न थे। महंगी अलग थी। रुपए में 20 सेर के जौ थे। स्कूल से साढ़े तीन बजे छुट्टी मिलती थी। काशी के क्वीन्स् कालेज में पढ़ता था। हेड-मास्टर ने फीस माफ कर दी थी। इम्तहान सिर पर था और मैं बाँस-फाटक, एक लड़के को पढ़ाने जाता था। जाड़ों के दिन थे। चार बजे पहुँचता था। पढ़ाकर छः बजे छुट्टी पाता। वहाँ से मेरा घर देहात में पाँच मील पर था। तेज चलने पर भी आठ बजे से पहले घर न पहुँच पाता। प्रातःकाल आठ ही बजे फिर घर से चलना पड़ता था, कभी वक्त पर स्कूल न पहुँचता। रात को खाना खाकर कुप्पी के सामने पढ़ने बैठता और न जाने कब सो जाता। फिर भी हिम्मत बाँधे रहता।"

गरीबी। पिता की मृत्यु। खर्चे में बढ़ती। असामान्य परिश्रम। कुप्पी के सामने बैठकर रात को पढ़ाई...

गरीबी की मार

जैसे-तैसे सेकेंड डिविजन में मैट्रिक पास किया।

गणित से बेहद घबराते थे। इंटरमीडियट में दो बार फेल हुए। निराश होकर

परीक्षा का विचार ही छोड़ दिया। आगे चलकर, दस-बारह वर्ष बाद, जब गणित के विकल्प में दूसरा विषय लेना संभव हो गया, तभी धनपतराय ने यह परीक्षा पास की।

गरीबी से लड़ना और पढ़ाई को आगे बढ़ाना—दोनों काम ऐसे थे कि गाँव छोड़कर बार-बार शहर आकर रहना पड़ता था।

एक वकील के लड़कों को पढ़ाने लगे—5 रुपए माहवार पर। ढाई रुपए अपने पास रखते, ढाई घरवालों को दे आते थे।

वकील साहब के अस्तबल के ऊपर एक छोटी-सी कच्ची कोठरी थी। उसी में रहने की अनुमति मिली। टाट का टुकड़ा बिछा दिया। घर से दो-एक बर्तन ले आए। एक वक्त खिचड़ी पक जाती। खा-पीकर, बर्तन माँज-धोकर पुस्तकालय चले जाते। गणित तो बहाना था, पढ़ते थे उपन्यास। उर्दू की साप्ताहिक-मासिक पत्रिकाएँ भी बुरी नहीं लगती थीं। गल्प-उपन्यास तो धनपतराय के लिए चाट-मिठाई थे।

पैसे की तंगी थी ही। बीच-बीच में उधार लेना पड़ता। एक बजाज से दो-ढाई रुपए के कपड़े लिए थे। महीनों गुजर गए। पैसा न चुका पाए तो उस रास्ते से निकलना ही छोड़ दिया। तीन वर्ष बाद उसके रुपए दे सके।

इस तरह किसी बेलदार से आठ आने लिए। यह रकम पाँच वर्ष बाद उसने गाँव पहुँचकर वसूल की।

पहली नौकरी कैसे मिली ?

प्रेमचंद के मुँह से ही सुनो—

''जाड़ों के दिन थे।

पास एक कौड़ी न थी। दो दिन एक-एक पैसे का खाकर काटे थे। महाजन ने उधार देने से इन्कार कर दिया था। संकोचवश मैं उससे माँग न सका था।

चिराग जल चुके थे।

मैं एक बुकसेलर की दूकान पर पुरानी किताब बेचने गया।

चक्रवर्ती-गणित-कुंजी दो साल हुए खरीदी थी। अब तक बड़े जतन से उसे रखे हुए था; पर आज चारों ओर से निराश होकर मैंने उसे बेचने का निश्चय किया। किताब दो रुपए की थी। लेकिन एक रुपए पर सौदा ठीक हुआ।

मैं रुपया लेकर दूकान से उतरा ही था कि बड़ी-बड़ी मूँछोंवाले एक सौम्य पुरुष ने मुझसे पूछा :

'कहाँ पढ़ते हो ?'

'कहीं नाम लिखवाना है...'

'मैट्रिक पास हो ?'

'जी..'

'नौकरी तो नहीं करनी है ?'

'कहाँ ! नौकरी मिले भी तो...'

यह सज्जन एक छोटे स्कूल के हेडमास्टर थे। उन्हें एक सहकारी अध्यापक की जरूरत थी। अठारह रुपए वेतन था। मैंने स्वीकार कर लिया। यह 1899 की बात है।"

कहाँ पाँच रुपए, कहाँ अठारह रुपए !

इन अठारह में से दस परिवार को देने लगे।

गणित ने आगे की पढ़ाई का रास्ता रोक रखा था। तीन साल बाद प्रगति की एक और सूरत निकल आई।

प्राइमरी स्कूल के अध्यापकों को दो-तीन वर्ष बाद सरकारी तौर पर ट्रेनिंग दी जाती थी। धनपतराय भी 1902 में ट्रेनिंग कालेज, इलाहाबाद, में भर्ती हो गए। उन दिनों उत्तरप्रदेश में एक ही ट्रेनिंग कालेज था। 1905 में धनपतराय जूनियर क्लास के शिक्षक की परीक्षा प्रथम श्रेणी में पास करके 'जूनियर क्लास टीचर' की सनद लेकर निकले।

अंग्रेज प्रिंसिपल कैम्पल्स्टर धनपत को खूब मानते थे; उन्हें मॉडेल स्कूल का हेडमास्टर नियुक्त कर दिया।

1909 में बी.ए. भी कर लिया। विषय थे : अंग्रेजी, फारसी, इतिहास।

वह एम.ए. भी करना चाहते थे, कानून भी पढ़ना चाहते थे। लेकिन परीक्षाओं की तरफ से उदास हो गए थे। जब उमंग थी, तब गणित ने बाधा पहुँचाई। अब जब वह बाधा दूर हुई तो जीवन का लक्ष्य ही बदल चुका था।

स्कूल-मास्टर का उनका जीवन भारी घुटन और बेबसी का जीवन रहा।

तो क्या प्रेमचंद की कहानियों में कहीं इन दिनों की दशा का उल्लेख है ?

प्रेमचंद की बहुत-सी कहानियों में प्राइमरी स्कूलों और उनमें पढ़ानेवाले मास्टरों के घुटन-भरे जीवन के चित्र भरे पड़े हैं।

तुम्हें एक छोटा-सा उदाहरण दे दूँ। उनकी कहानी 'बोझ' उठा लो। पढ़ो, पंडित चंद्रधर क्या कहते हैं ?

"मुदर्रिसी तो कर ली थी किंतु सदा पछताया करते थे कि कहाँ से इस जंजाल में आ फँसे। यदि किसी अन्य विभाग में नौकर होते तो अब तक हाथ में चार पैसे होते, आराम से जीवन व्यतीत होता। यहाँ तो महीने-भर प्रतीक्षा करने के पीछे कहीं पंद्रह रुपए देखने को मिलते हैं। वह भी इधर आए, उधर गए। न खाने का सुख, न पहनने का आराम। हमसे मजूर ही भले।"

यह पंडित चंद्रधर बोल रहे हैं कि खुद मुंशी धनपतराय ?

चलो, इसका निर्णय हम तुम पर छोड़ते हैं।

शादी : पहली और दूसरी

"फिर विदाई का वक्त आया। कई रोज का अरसा हो गया था।

ऊँट-गाड़ी से आना पड़ा।

जब हम ऊँट-गाड़ी से उतरे, मेरी स्त्री ने मेरा हाथ पकड़कर चलना शुरू किया।

मैं इसके लिए तैयार न था। मुझे झिझक मालूम हो रही थी। उमर में वह मुझसे ज्यादा थी।

मैंने उनकी सूरत देखी तो मेरा खून सूख गया..."

पढ़कर तुम्हें हँसी आई होगी। लेकिन बात सच है। दरअसल यह शादी चाची (विमाता) और चाची के पिता की राय से रचाई गई थी।

लड़की उम्र में तो बड़ी थी ही, ढीठ और नासमझ भी थी। पति से भी लड़ती थी और पति की सौतेली माँ से भी।

धनपतराय चार पैसे कमाने लगे तो वह बार-बार इसलिए रूठ जाती कि सब-कुछ उसी के हाथ पर क्यों नहीं रखा जाता। उसका मन-मुटाव एक ओर सौतेली सास से था, तो दूसरी ओर अपने पति से।

मुंशी अजायबलाल ने अपनी इहलीला समाप्त कर ली थी। पुत्र के गले में शादी का फंदा डालकर निश्चिंत हुए और स्वर्ग की राह ली।

दस-बारह वर्ष तक, यानी 1905 तक, धनपतराय ने पहली बीवी का साथ जैसे-तैसे निभाया, बाद को...

बाद को क्या ?

यही कि अपनी पसंद के मुताबिक दूसरी शादी कर ली।

इस बार शिवरानी देवी नाम की एक बाल-विधवा से शादी करके धनपतराय ने समाज के सामने भारी साहस और आत्मबल का परिचय दिया।

1905 का जमाना था। राष्ट्रीयता की लहरें जोर-जोर से हिलोरें ले रही थीं। समाज की मैली पर्तों में कंपन प्रवेश कर चुका था। 'प्रेमचंद' का अवतार हो चुका था। वह चढ़ती जवानीवाले एक हँसमुख और खूबसूरत मर्द थे। अखबार में 'एक विधवा लड़की के लिए दूल्हे की जरूरत' छपी थी। लड़की के पिता को धनपतराय ने खुद पत्र लिखा। कुछ ही दिनों में बात पक्की हो गई।

चाहते तो हजार-दो-हजार रुपए जरूर मिल जाते। लेकिन दहेज के तौर पर धनपतराय ने शिवरानी के पिता से एक पाई न ली।

घर के लोग इस रिश्ते के खिलाफ थे। ऐसा नहीं था कि वे दूसरी बहू न चाहते हों। पचीस साल का कमासुद लड़का अपनी कलम के बूते पर नाम हासिल कर चुका था...वह अगर घर में दूसरी बीवी लाता है तो अच्छी-खासी रकम भी साथ आनी चाहिए—यही इच्छा थी चाची की और दूसरों की।

जिला फतहपुर के सलीमपुर (कँवारा) गाँव में शिवरानी श्रीवास्तव के साथ मुंशी

धनपतराय की दूसरी शादी हुई। अखबारवालों ने उन्हें बधाइयाँ दीं।

मगर इससे क्या !

पहली बीवी जब तक जीवित रहीं, मासिक भत्ता उन्हें मिलता रहा। शिवरानी जी अंत तक प्रेमचंद पर दबाव डालती रहीं कि जाकर उन्हें ले आओ और सभी मिल-जुलकर साथ रहें।

पहली पत्नी को लेकर अक्सर प्रेमचंद में और शिवरानी में कहा-सुनी हो जाती–

"जाओ, तुमने उस बेचारी का जीवन मिट्टी में मिला दिया !"–शिवरानी जी कहतीं।

प्रेमचंद कहते–"तो इसमें मेरा क्या कसूर ! शादी तो घर वालों ने करवाई थी।..."

जिस वर्ष इनकी शादी हुई, उसी वर्ष मुंशी धनपतराय 'सब-डिप्टी इन्स्पेक्टर' हो गए। कानपुर हेडक्वार्टर था।

लमहीवाले परिवार में चाची के चलते अब भी वही खिचखिच लगी रहती। शिवरानी देवी साल में दो महीने लमही, दस महीने सलीमपुर रहतीं।

कलम : एक और साथिन

धनपतराय पढ़ाकू तो थे ही, कलम भी चलने लगी। मैट्रिक पास करने से पहले ही उनको लिखने का चस्का लग गया था।

पढ़ाई और ट्यूशन आदि से जो वक्त बचता, वह सारा का सारा किस्से-कहानियाँ पढ़ने में लगाते।

किताबी कहानियों का जो भी असर दिमाग पर पड़ता, उसे अपनी सहज कल्पनाओं में घोल-घालकर मुंशी जी नई कथावस्तु तैयार करने लगे और वह कागज पर उतरने लगी।

सूखे और अभावग्रस्त जीवन को हवाई किले ऊपर उछालते हैं। खयाली पुलाव उसको मजेदार बनाता है। 'तिलिस्मे-होशरुबा', 'फसान-ए-आजाद', 'चंद्रकांता संतति' आदि किताबों का अपना जादूवाला रंगीन संसार था। धनपतराय उसी में मस्त रहते थे।

1901-2 में उनके दो-एक उपन्यास निकले–'हम खुरमा' और 'हम सवाब' और 'कृष्णा'। कहानियाँ 1907 में लिखना शुरू कीं। अंग्रेजी में रवींद्रनाथ के कई गल्प पढ़े थे। मुंशी जी ने उन गल्पों के उर्दू-रूपांतर पत्रिकाओं में छपवाए।

पहली कहानी थी 'संसार का सबसे अनमोल रतन'। 1907 में कानपुर के उर्दू मासिक 'जमाना' में प्रकाशित हुई।

मगर, 'जमाना' में धनपत की अन्य रचनाओं का प्रकाशन 1903-4 से ही शुरू हो गया था। उसके मालिक और संपादक थे : मुंशी दयानारायण निगम। निगम साहब

ने धनपतराय की योग्यता को पहले ही भाँप लिया था। शीघ्र ही दोनों का परिचय गाढ़ी मित्रता में बदल गया।

निगम साहब उनसे आलोचना लिखवाते, अनुवाद करवाते, संक्षेप, टिप्पणियाँ–बहुत-कुछ लिखवाने लगे। 1904 के अंत तक 'नवाबराय' 'जमाना' के स्थायी और विशिष्ट लेखक हो चुके थे।

नवाब ?

हाँ, नवाब। नवाबराय !

यह चाचा का रखा हुआ प्यार का नाम था।

शुरू की रचनाओं के साथ वर्षों तक धनपत का यही नाम चमकता रहा।

1910-11 में 'सोज़े वतन' जब्त हुआ तो उसके साथ 'नवाबराय' की नवाबी खत्म हो गई। बाद को 'जमाना' के पाठकों का 'प्रेमचंद' से परिचय हुआ और 'नवाबराय' जाने किस पर्दे के ओट छिप गए !

नया नाम 'प्रेमचंद' हो, यह सुझाव 'जमाना' के संपादक का ही था। इस पर धनपतराय ने निगम साहब को लिखा–

"प्रेमचंद अच्छा नाम है, मुझे भी पसंद है। अफसोस सिर्फ यह है कि पाँच-छः साल में नवाबराय को ख्याति देने की जो मेहनत की गई, वह सब अकारथ गई। यह हजरत किस्मत के हमेशा लंडूरे रहे और शायद आगे भी रहेंगे..."

बात यह थी कि 'सोज़े-वतन' की जब्ती के बाद अंग्रेजी सरकार और उसके पिट्ठुओं की नजर में 'नवाबराय' काँटे की तरह खटकने लगे थे। कई तरह की पाबंदियाँ लग गईं 'नवाबराय' पर...।

'नवाबराय' ऐसा नाम था जो प्रेमचंद को खुद भी बेहद प्यारा था। माँ-बाप उन्हें 'नवाब' कहकर बुलाते थे और गाँव-घर के लोग भी उनको इसी नाम से पुकारते रहे होंगे। बाद को स्कूली जीवन में 'धनपतराय' ऊपर आ गए, 'नवाबराय' दब-से गए।

लेकिन बीस-इक्कीस का उम्र में जब पत्रिकाओं में नाम छपवाने के सुखद अवसर सामने आए तो 'नवाबराय' आगे खड़ा हो गया।

धनपतराय ने डाँटकर उससे कहा–चल हट !

"नहीं, तेरी क्या जरूरत ? जा, उधर जा !" नवाब बोला।

धनपत को ताव आ गया। नवाब को धकेलकर उसने पीछे कर दिया, लिखा हुआ कागज हाथ में लेकर स्वगत बोला–इस पर मेरा नाम जाएगा...जो तुझे और समूचे परिवार को खिलाता-पिलाता है उसी का नाम जाएगा, हाँ !

नवाबराय की गर्दन लटक गई, चेहरा फीका पड़ गया।

एकाएक धनपत ने कहकहे लगाए। बड़े भाई के अंदाज में कह गया–ले भई, तेरा ही नाम छपा करेगा।

सच पूछो तो अंत तक प्रेमचंद को 'नवाबराय' नाम ही प्रिय रहा। उर्दू और हिंदी के मेल से बना अपना यह नाम उन्हें बड़ा ही सार्थक लगता था।

दर्दनाक होली : किताबों की

कलक्टर ने कड़ककर पूछा—'नवाबराय' तुम्हारा नाम है ?

जी हाँ !—जवाब मिला।

कलक्टर ने सिर से पैर तक धनपत को देखा। निकट ही एक तरफ 'सोज़े-वतन' की प्रतियों के ढेर रखे थे।

कहानीकार 'नवाबराय' का माथा ठनका। महीनों से खुफिया सिपाही इस कहानी-संग्रह के लेखक की खोज कर रहे थे। किताब कानपुर से छपी थी, लेकिन अंदर-बाहर कहीं कहानीकार का नाम नहीं था। यह भी पता नहीं चलता था कि किस प्रेस में छपी है।

सी.आई.डी. वालों ने प्रेस का पता तो मालूम कर ही लिया, वे लेखक को भी जान गए।

हमीरपुर के कलक्टर के सामने कहानीकार की पेशी हुई—

"यह किताब तुम्हारी लिखी है ?"

"जी !"

"इस तरह की कोई और भी किताब छपवानेवाले हो ?"

"नहीं हुजूर !"

"झूठ बोलते हो ?"

कहानीकार को चुप देखकर नौकरशाही के उस पुतले की आँखों में शासन-मद का नशा उतर आया। बोला—"खैर मनाओ कि अंग्रेजों की अमलदारी है, वर्ना आज तुम्हारे हाथ कटवा लिए जाते। जानते हो, बगावत फैलानेवालों को क्या सजा मिलती है ?"

"गोली से उड़ा देते हैं !" सरकारी वकील के बस होठ हिलकर रह गए । वह अभियुक्त की ओर देख रहा था।

युवक कहानीकार चुपचाप खड़ा था

साहब ने कहा : "इन किताबों में आग लगा दो...यों छुटकारा नहीं मिलेगा।"

नवाब की आत्मा भीतर ही भीतर रो पड़ी।

'सोज़े-वतन' की 600 प्रतियों का ढेर अगले ही क्षण सुलग उठा। वह कोई मामूली होली नहीं थी...

दिल को कितनी चोट पहुँची होगी !

गोली खाकर मरते वक्त शायद ही इतना कष्ट होता...

मगर इसी घटना ने 'प्रेमचंद' को "प्रेमचंद महान" बना दिया।

कलक्टर ने कहानीकार को डरा-धमकाकर छोड़ दिया।

बाद को मालूम हुआ कि साहब ने इस मामले में जिले के और-और अधिकारियों से

सलाह ली : सुपरिंटेंडेंट पुलिस, दो डिप्टी कलक्टरों, एक डिप्टी इंस्पेक्टर-स्कूल से।

डिप्टी कलक्टरों में एक ने बड़ा जोर मारा—इन कहानियों में आदि से अंत तक राजद्रोह भरा है। उसने कहानियों में से पचासों जगहें काटकर रखी थीं।

पुलिस के अधिकारियों ने राय दी—आदमी खतरनाक मालूम होता है, इसको सख्त सजा मिलनी चाहिए। यों देखने में गऊ जैसा सीधा-सादा लगता है, लेकिन अंदर बारूद भरी है...

डिप्टी इंस्पेक्टर बोले—"मैं जरा उसकी और टोह ले लूँ, छिप-छिपकर शायद और कुछ लिखता-छपवाता हो ! मुझे आप साहबान कुछ मोहलत दें। मैं इस आदमी के बारे में पूरी तरह पता लगा लूँ...समझाने-बुझाने पर शायद रास्ते पर आ ही जाय..."

डिप्टी इंस्पेक्टर प्रेमचंद को पसंद करते थे, इसी से उन्होंने यह रुख अपनाया।

"जान बची, लाखों पाए !"—प्रेमचंद ने दोस्तों से कहा और कहकहे लगाकर हँसने लगे।

हर नुकसान, और हर नफे के बाद प्रेमचंद ठहाके लगाते थे। सधे हुए खिलाड़ी की तरह उन्होंने अपने को हर परिस्थिति के लिए तैयार कर लिया था।

लिखना छोड़ नहीं दिया है— यह बतलाने के लिए प्रेमचंद को 'नवाबराय' के नाम से इधर-उधर अखबारों में अर्से तक लिखना पड़ा। मगर 'जमाना' में आगे 'प्रेमचंद' की कहानियाँ जोरों से छपने लगीं। 1913-14 में 'सेवासदन' (बाजारे-हुस्न) छपा तो 'प्रेमचंद' का नाम घर-घर में फैल गया।

धीरे-धीरे प्रेमचंद ने हिंदी भी सीख ली। उन्होंने अब हिंदी में भी लिखना शुरू कर दिया।

चाकरी : स्वाभिमान

इलाहाबाद, कानपुर, हमीरपुर, महोबा, बस्ती, गोरखपुर...

लगातार बीस वर्षों तक प्रेमचंद इन जगहों में सरकारी नौकरी के सिलसिले में रहे। स्वास्थ्य बीच-बीच में बिगड़ जाता था। परिवारवाले हमेशा गर्दन पर सवार रहते थे। साहित्य-निर्माण की धुन चैन नहीं लेने देती थी। आमदनी मामूली थी। उसमें से भी अपने पर बहुत कम खर्च करते थे।

हद दर्जे की ईमानदारी और अपनी ड्यूटी को अच्छी तरह निभाने की मुस्तैदी। खुद तकलीफ झेलकर दूसरों को सुख पहुँचाने की लगन...सौ-सौ बंधनों में जकड़ी हुई भारत माता की स्वाधीनता के लिए आतुरता...बाहरी और भीतरी बुराइयों की तरफ से लोगों को आगाह रखने का संकल्प...हर तरह के शोषण का विरोध...अपनी इन खूबियों के चलते प्रेमचंद खूब लोकप्रिय हो उठे।

सरकारी नौकरी एक ओर, दूसरी ओर एक सज्जन युवक का स्वाभिमान। हमेशा

वह संघर्ष के बीच में से गुजरे।

एक किस्सा सुनो–

जाड़े के दिन थे।

स्कूल का इंस्पेक्टर मुआयना करने आया था।

पहले रोज इंस्पेक्टर के साथ रहकर प्रेमचंद ने स्कूल दिखा दिया, दूसरे रोज लड़कों को गेंद खेलाना था।

उस दिन आप नहीं गए।

क्लास से फुर्सत मिली तो घर चले आए।...

आरामकुर्सी पर लेटे दरवाजे पर अखबार देख रहे थे।

सामने ही से इंस्पेक्टर अपनी मोटर पर जा रहा था।

वह आशा कर रहा था कि धनपतराय उठकर सलाम करेंगे।

लेकिन आप उठे भी नहीं, न उधर देखा ही।

इस पर, कुछ दूर जाने के बाद, इंस्पेक्टर ने गाड़ी रोक दी और अर्दली को उनके पास भेजा।

अर्दली जब आया तो आप गए।

"कहिए, क्या है ?"

"तुम बड़े मगरूर हो ! तुम्हारा अफसर दरवाजे से निकल जाता है। उठकर सलाम भी नहीं करते ?"

"मैं जब स्कूल में रहता हूँ, तब नौकर हूँ। बाद में मैं भी अपने घर का बादशाह हूँ।"

अपना-सा मुँह लिए इंस्पेक्टर चला गया...

एक और किस्सा सुनो–

कालाकांकर के राजा आए मिलने।

जब वह चले गए तो अंदर से शिवरानी जी निकल आईं। पूछा–"आगंतुक महाशय कौन थे ?"

"राजा साहब थे, कालाकांकर के।"

"आपने उन्हें बैठाया कहाँ ?"

"जहाँ मैं खुद बैठा था।"

"यह तो ठीक नहीं," शिवरानी देवी ने कहा, "मैंने बीसों बार आपसे कहा है कि दो-चार कुर्सियाँ लाकर रख लें। इन लोगों ने क्या सोचा होगा ? आपको यह सब कैसे अच्छा लगता है ?"

प्रेमचंद कहकहे लगाकर हँस पड़े। बोले–"तो फिर मैं राजा लोगों के लिए थोड़े ही इंतजाम करता हूँ। मैं तो मजदूर हूँ। जो मोटा-झोटा खाने-पहनने को मिला,

खाया-पहना। मेरी गद्दी तो जमीन है। अब उन लोगों को अच्छा न लगे तो इसके लिए मैं क्या करूँ ?"

दिखावा उन्हें बिलकुल पसंद नहीं था। कुर्ता और धोती। 1920 के बाद गाँधी टोपी अपना ली थी।

पत्नी जब से साथ रहने लगीं, तब से लिखाई का सिलसिला जम गया। 1905 से 1920 के दर्म्यान प्रेमचंद ने बहुत-कुछ लिखा। दसियों छोटे-बड़े उपन्यास, सैकड़ों कहानियाँ। पत्र-पत्रिकाओं में निबंध और आलोचनाएँ भी कम नहीं लिखीं।

मास्टरी के दिनों में भी लिखते रहे।

स्कूलों के सब-डिप्टी इंस्पेक्टर थे, अक्सर दौरे पर रहना होता था। फिर भी रोज कुछ न कुछ लिख लेते थे।

बीमारी के दिनों में भी छिप-छिपकर लिखते थे। पत्नी और बच्चों की नजरें बचाकर दिन में, और रात में चारपाई पर बैठे-बैठे ही।

प्रेमचंद के लिए लिखना ही सबसे प्यारा काम था। कभी किसी वजह से उनकी लिखाई छूट जाती तो यह उनके लिए भारी सजा थी।

1920 में सरकारी नौकरी को हमेशा के लिए 'सलाम' बोलते वक्त प्रेमचंद अपने को अनाथ नहीं अनुभव करते थे। 'सेवासदन' हिंदी का सर्वश्रेष्ठ उपन्यास माना जा चुका था। कहानियों के कई संकलन प्रकाशित हो चुके थे और सराहना प्राप्त कर चुके थे। संपादक लेख और कहानी के लिए प्रेमचंद को 20 रु. से ज्यादा देने लगे थे। उन्हें अपने आप पर भरोसा हो चुका था।

अहदी और कामचोर हो, फिर कैसा भी प्रतिभाशाली साहित्यकार हो, वह परिस्थितियों से पिटते-पिटते टूट जाएगा। प्रतिभा और परिश्रम दोनों ने मिलकर प्रेमचंद का निर्माण किया।

लिखना : नित्य का नियम

लमही (बनारस) आकर जम गए।

सुबह उठते, दैनिक क्रिया से निबटकर नाश्ता करते। फिर अपने रोज के काम पर लग जाते।

फिर बारह बजे उठकर नहाते-खाते।

फिर घंटा-भर आराम करते।

फिर उसी तपते हुए मकान के अंदर दो बजे से लिखने-पढ़ने में लग जाते।

फिर शाम का नाश्ता करके बच्चों को पास बुला लेते और दरवाजे पर बैठकर गाँववालों से बातें करते रहते।

कुल मिलाकर रोज आठ-दस घंटे प्रेमचंद की कलम चलती थी।

उपन्यास एक-न-एक चलता ही रहता। बीच-बीच में कहानियाँ जरूर लिखते। 'जमाना' (मासिक) और 'आज़ाद' (साप्ताहिक) तो खैर अपनी औलाद ही मानते थे। मुंशी दयानारायण निगम (कानपुर) की इन दोनों पत्रिकाओं में प्रेमचंद की रूह बसती थी। आलोचना, अनुवाद, संक्षेप-सारांश, टिप्पणियाँ...प्रेमचंद इन पत्रों के लिए क्या नहीं लिखते थे ?

'जमाना' की आर्थिक हालत कभी अच्छी नहीं रही। मुंशी दयानारायण उम्र में छोटे थे, फिर भी प्रेमचंद उन्हें अपना बड़ा भाई मानते रहे। दोनों में इतना अधिक अपनापन था, जितना सगे भाइयों में भी नहीं होता।

मुंशी जी प्रेमचंद के दोस्त भी थे, अभिभावक भी। मददगार भी थे, सहोदर भी। 36-37 वर्षों तक दोनों में घनिष्ठता रही। लगता नहीं था कि दो अलग परिवार हैं।

प्रेमचंद अंत तक 'जमाना' में लिखते रहे।

1928 के बाद ज्यादातर वह हिंदी में ही लिखने लगे। 'माधुरी' (लखनऊ) का संपादक होने पर उनकी प्रतिभा और योग्यता का एक-एक बूँद हिंदी संसार को मिलने लगा। 'जमाना' को फिर भी प्रेमचंद की मौलिक उर्दू रचनाएँ लगातार मिलती रहीं। मुंशी दयानारायण निगम का प्रेम-पाश कभी ढीला नहीं पड़ा। जब चाहा, प्रेमचंद ने उनकी फर्मायश पूरी की।

1930 में 'हंस' (मासिक) निकला। 1932 में 'जागरण' (पहले पाक्षिक, फिर साप्ताहिक) भी प्रेमचंद का अपना अखबार हो गया।

1921-22 में आप मासिक 'मर्यादा' (काशी) का संपादन भली-भाँति कर चुके थे।

पत्र-पत्रिकाएँ संपादित करने की दीक्षा दरअसल प्रेमचंद को कानपुर में ही मिल चुकी थी। 1905 से 'जमाना' और 'आजाद' के कालम उनकी कलम के लिए 'खेल का मैदान' बन चुके थे। तीन-चार वर्ष कानपुर रहे। मुंशी दयानारायण निगम ने धनपतराय के अंदर 'महान् साहित्यकार' और 'युगनिर्माता प्रेमचंद' को शायद तभी पहचान लिया था।

टीम-टाम नहीं, तड़क-भड़क नहीं, युनिवर्सिटी की डिग्री भी नहीं...देहात का एक मामूली नौजवान, सरकारी स्कूल का असिस्टेंट-टीचर...उर्दू में दो-एक किताबें छप चुकी थीं। कल्पना और आदर्श के रंग घोलकर छोटी-बड़ी कहानियाँ लिखने लगा था...कलम फुर्ती से चलती थी...

मुंशी दयानारायण निगम को अपनी पत्रिकाओं के लिए ऐसे नौजवान लेखकों की तलाश थी जो धुन के पक्के हों, देशभक्त हों, तेज-तर्रार हों और अपने को तीसमार-खाँ न समझते हों। प्रेमचंद उनकी कसौटी पर खरे उतरे और दोनों की दोस्ती दिन-प्रति-दिन गाढ़ी होती गई।

बी.ए. की डिग्री 1919 में मिली। तब तक प्रेमचंद का नाम खूब फैल चुका था।

यों अब डिग्री की कोई आवश्यकता नहीं थी, मगर इसके लिए ललक तो थी ही उनके अंदर।

एम.ए. करके प्रोफेसर बनने की, एल-एल.बी. करके वकालत करने की लालसा स्कूल के दिनों से ही चली आ रही थी। लेकिन बाद को यह सब करने का मौका ही हाथ नहीं आया।

1920 में सरकारी सर्विस से त्यागपत्र दिया और गाँव आकर जम गए। कलम चलाकर 40 या 50 रुपए की फुटकर मासिक आमदनी होने लगी। बड़े संतोष और धीरज से वे दिन प्रेमचंद ने गुजारे।

चर्खे और करघे बनवाकर प्रेमचंद ने एक नया धंधा चलाना चाहा। इसमें गोरखपुर के श्री महावीर प्रसाद पोद्दार का और प्रेमचंद का साझा था। वह धंधा चला नहीं। दयानारायण निगम को यह पसंद नहीं था। "साहित्यकार चाहे जो भी धंधा नहीं अपना सकता, यह उसके लिए काफी महँगा पड़ेगा..." निगम जी ने प्रेमचंद को लिखा।

1921 में काशी के नामी देशभक्त बाबू शिवप्रसाद गुप्त ने 150 रुपए मासिक पर प्रेमचंद को 'मयार्दा' (मासिक) का संपादक बना लिया। बाबू संपूर्णानंद असहयोग आंदोलन में गिरफ्तार होकर जेल पहुँच गए थे। 'मर्यादा' को सँभालने के लिए किसी सुयोग्य संपादक की आवश्यकता थी।

1922 में संपूर्णानंद जी जेल से छूटे तो उन्हें 'मर्यादा' वाला काम वापस मिला।

लेकिन बाबू शिवप्रसाद गुप्त प्रेमचंद को छोड़ना नहीं चाहते थे। काशी विद्यापीठ में उन्हें स्कूल-विभाग का हेडमास्टर नियुक्त कर दिया।

डेढ़-दो वर्ष प्रेमचंद काशी विद्यापीठ में रहे होंगे। आगे चलकर उन्हें महसूस हुआ कि विद्यापीठ को पैसे की तंगी है। ऐसी स्थिति में वहाँ लदे रहना प्रेमचंद को ठीक नहीं जँचा। दूसरी बात यह भी थी कि प्रेमचंद स्वाधीनता-संग्राम में कभी जेल नहीं गए थे। विद्यापीठ जैसी राष्ट्रीय शिक्षण-संस्थाओं में जेल-यात्रा किसी शिक्षक के लिए साधारण योग्यता नहीं, विशेष योग्यता समझी जाती थी।

1923 में 'सरस्वती प्रेस' चालू हुआ।

किताबें छापनेवाला यह छोटा कारखाना तीन साझेदारों की पूँजी से खोला गया। एक साझेदार थे मशहूर शायर रघुपति सहाय 'फिराक', दूसरा साझा था खुद प्रेमचंद का, तीसरा एक रिश्तेदार का।

प्रेमचंद की आजाद तबीयत को नौकरी भाती नहीं थी। स्वाधीन रहकर लिखने-पढ़ने का धंधा चलाए जाना चाहते थे। प्रेस खोलते वक्त उनके दिमाग में यही एक बात थी कि अपनी किताबें आप ही छापते रहेंगे; प्रकाशन का झमेला किसी भी साहित्यकार के लिए इस देश में सबसे बड़ा झमेला है।

किताबें उर्दू-हिंदी दोनों की कुल मिलाकर पचीस से ऊपर हो गई थीं। उनमें से कुछ लाहौर से छपी थीं, कुछ कलकत्ते से, कुछ लखनऊ से, कुछ कानपुर से, कुछ बनारस से...कुछ कहीं से छपी थीं, तो कुछ कहीं से ! ढेर-सारी किताबें इधर-उधर अनाथ पड़ी

थीं। प्रकाशन की बद-इंतजामी से कितनी ही पुस्तकें गोदामों में कूड़ा हो रही थीं। बुकसेलरों में से जो काइयाँ और चतुर थे, उन्होंने प्रेमचंद को काफी ठगा। प्रकाशक उनके उपन्यासों पर लट्टू थे, किंतु 'सेवासदन' जैसे उपन्यास के लिए 400 रुपए से ज्यादा एक छदाम भी नहीं निकालते थे। 3000 रुपया एकमुश्त प्रेमचंद को बहुत बाद में मिले, जब 'प्रेमाश्रम' आदि दसियों किताबों की मिल्कियत को लेकर झगड़ा उठा !...मगर प्रेमचंद अपने प्रेस को वर्षों तक नहीं चला सके, किताबों का प्रकाशन करके कागज और छपाई-बँधाई का ही खर्चा न निकलता हो तो साहित्यकार खून नहीं, कै करेगा ?

1930 तक प्रेस की हालत खराब रही। प्रेमचंद का लहू पी-पीकर किसी तरह चलता रहा। इसमें जो कुछ कसर थी, उसे 'हंस' और 'जागरण' ने पूरा कर दिया। घाटा, घाटा, घाटा ! और घाटा ! कर्ज, कर्ज, कर्ज ! और कर्ज !

1926 के बाद अपनी किताबें अपने प्रेस में छपने लग गई थीं। प्रेमचंद के कारण 'सरस्वती प्रेस' का नाम प्रकाशन-जगत् में फैलने लगा था, लेकिन बनिया-बुद्धि के अभाव में उनकी परेशानियाँ बढ़ती गईं।

1925 में झख मारकर प्रेमचंद को गंगा पुस्तक-माला (लखनऊ) की नौकरी स्वीकार करनी पड़ी, महज 100 रुपया माहवार पर। उन्हीं दिनों 'रंगभूमि' का कॉपीराईट बेचना पड़ा था।

बार-बार निश्चय करते थे कि अब नौकरी नहीं करेंगे, अपनी किताबों से गुजारे लायक रकम निकल ही आएगी...बार-बार जमकर प्रेस में बैठते थे; बार-बार पुराना कर्जा पटाकर नए सिरे से मशीन के पुर्जों में तेल डालते थे...काम बढ़ता था, परेशानियाँ बढ़ती थीं, बुढ़ापा भी उसी रफ्तार से आगे बढ़ता आता था।

पेट की बीमारियाँ हमेशा प्रेमचंद के पीछे पड़ी रहीं। लेकिन चिंता का रोग उनका सबसे बड़ा रोग था। परिवार बड़ा था, आमदनी कम थी। थोड़ी-बहुत कटौती करके शिवरानी जी जो भी कुछ बचातीं, आप उसे भी प्रेस के पेट में डाल आते !

बनिया थे नहीं, प्रेसवाले धंधे में अक्सर टोटा पड़ जाता। मुरौअत के मारे प्रेमचंद तकाजा नहीं कर पाते थे। वसूली न हो पाती और देना चढ़ता जाता...

इसी सिलसिले में एक किस्सा सुनो—

फरवरी 1933...

प्रेस में हड़ताल हो गई थी।

प्रेमचंद प्रेस से घर आए और सुस्त-से बैठ रहे।

उन्हें उदास देखकर पत्नी ने पूछा :

"आपकी तबीयत कैसी है ?"

"तबीयत तो बहुत अच्छी है।"

"तो उदास क्यों हैं ?"

"इस प्रेस के कारण मुझे बड़ी परेशानी रहती है।"

“क्या है, बताओ न ?”

“क्या बतलाऊँ ! मैनेजर और मजदूरों में पटती ही नहीं !”

“वे काम ठीक से न करते होंगे। मैनेजर बेचारा क्या करे ?” पत्नी ने कहा।

“भाई, मैनेजर भी तो अपने को खुदा से कम नहीं समझता।” उत्तर मिला।

“खुदा क्यों समझेगा अपने को ? अगर ठीक-ठीक काम न कराए तो आप भी उस पर बिगड़ेंगे।”

“जरा-सी बात पर लोगों को गैरहाजिर करता है, पैसे काटता है।”

“तो फिर उसका क्या दोष ?”

“नहीं, मैनेजर की सब शरारत है। कभी घड़ी सुस्त कर देता है, कभी तेज कर देता है। मैंने एकांत में भी बीसों बार समझा दिया है कि बाबा, ऐसा मत किया कर; पर माने तब न। फिर प्रेस में तरह-तरह के घाटे हैं। क्या इन्हीं मजदूरों के बल पर घाटे पूरे होंगे ? हम लोगों को तो जयादा रुपए मिलते हैं, पर खर्चे-भर को पूरा नहीं पड़ता। तब इन गरीबों का कैसे पूरा पड़ेगा ? पैसे की मुसीबत तो उन लोगों के सिर पर है। इन लोगों (मैनेजरों) की तनख्वाह तब नहीं कटती, जब ये लोग हफ्तों गायब रहते हैं; फिर क्यों मजदूरों की ही तनख्वाह चार मिनट देर से आएँ तो कट जाय ? जरा भी गलती हुई कि चट निकालकर दूसरे को बुला लिया। हमारे यहाँ पढ़ा-लिखा समाज सबसे ज्यादा खुदगर्ज हो गया है।”

“एक के पीछे सारे समाज को बदनाम कर रहे हैं ?” पत्नी ने प्रश्न किया।

“मेरा कहना तुम सच मानो।”

“तो आप फिर अपने को दोष दीजिए। मैनेजर को क्यों दोषी ठहराते हैं ?”

“मैं तो अपने से छोटों से कभी नहीं लड़ता हूँ। हर जगह यही अत्याचार है। अगर मैनेजर अपने से छोटों को बराबर का समझें तो झगड़ा-हड़ताल कभी कुछ न हो। हड़ताल तो हो इनकी हरकतों से, बदनामी और हार हो मेरी ! अब जब तक हड़ताल खत्म न होगी, तब तक सारा काम रुका रहेगा। तबीयत उधर लगी रहती है, काम क्या होगा खाक ?”

“आपकी तरह मैनेजर भी बैठा रहेगा। ये मजदूर भी किसी से कम थोड़े ही हैं।” पत्नी ने चुटकी ली।

“नहीं जी, मैनेजर मजदूरों से बढ़कर है। देखता हूँ, बराबर नुकसान हो रहा है, पर बोलता नहीं हूँ। काम लेने के ढंग भी होते हैं।”

“तो आप खुद ही मैनेजरी क्यों न करें ?”

“मेरे कहने का यह मतलब थोड़े ही है कि मैनेजर बैठा रहता है, पर काम ठीक ढंग से होना चाहिए।”

“मैंने कब कहा कि आप प्रेस खोलें ? सब रुपया लगा दिया; पर लाभ नजर नहीं आता। उस पर भी रात-दिन की खिच-खिच। बाहर की सारी आमदनी भी प्रेस में लगी जा रही है।”

"मेरे भाग्य की बात तुम थोड़े ही मेट सकती हो ? यों तुम एक पाई किसी को देने से रहीं। प्रेस के बहाने दस-बीस कीं रोजी चलती है।" प्रेमचंद ने कहा।

"खूब ! फिर आप नाहक क्यों झींकते हैं ?"

"झींकता हूँ इसलिए कि प्रेस में हड़ताल है, अब मजदूर बेचारे कैसे रहेंगे !"

"आपसे क्या मतलब ? वे रह लेंगे।"

"क्यों नहीं ? अफसोस की बात तो है ही। हड़ताल से उन्हीं को थोड़े कष्ट होगा। एक-एक के पीछे दस-दस आदमी हैं। सब भुगतेंगे।"

"तो क्या सबका दुख आप अपने सिर मढ़ लेंगे ? अगर ऐसा ही था तो आप उन्हें बुलाकर खुद समझा देते।"

"अभी मजदूरों के सिर पर भूत सवार है। वे किसी की सुन सकते हैं ?"

"वे खुद सँभल जाएँगे। आपको परेशान होने की क्या जरूरत है ?"

"मुझे इस मैनेजर के ऊपर क्रोध आ रहा है। यह क्यों ऐसी दुष्टता करता है ? अगर मैं खुद मजदूरों से बातें करूँ तो इसका भी तो अपमान होता है।"

"तो इसका इलाज कीजिए।"

"क्या करूँ ?" प्रेमचंद ने पूछा।

"अच्छा, हाथ-मुँह धोइए। पानी पीजिए।"

"अरे ! मैं तो आज कुछ लाया भी नहीं। झोला भी प्रेस में ही भूल आया हूँ...।"

"सब कुछ घर में है।"

"मैं टहलता-टहलता चला जाऊँ। सामान लाऊँ, घूमना भी हो जाएगा।"

"कोई जरूरत नहीं।"

1924 से प्रेस चालू हो गया था। प्रेमचंद की पिसाई तिगुनी हो गई थी।

दिन सारा प्रेस में गुजर जाता था। फिर मिलनेवाले आ जाते थे। फिर घंटा-आध-घंटा बच्चों के लिए देना होता। पढ़ने-लिखने का सारा काम रात को करते। तंदुरुस्ती बीच-बीच में टूट जाती थी। दवा-दारू के लिए शिवरानी जी रुपए देतीं, तो प्रेमचंद उस रकम को भी प्रेस में खर्च कर डालते। फिर वैद्यों और हकीमों से सस्ती दवाएँ लेते रहते। आराम बिलकुल नहीं करते थे। पूरी नींद सोते नहीं थे। खाना भी मामूली किस्म का खाते।

1930 के बाद दशा कुछ बदली जरूर, मगर प्रेमचंद का परिश्रम और भी बढ़ गया।

उनका जीवन ऐसा दीप था जिसकी लौ मद्धिम नहीं, तेज प्रकाश देने को मजबूर थी। उस दीप में कभी पूरा-पूरा तेल नहीं डाला जा सका। लौ हमेशा बत्ती के रेशों को जलाती आई।

उनकी बेचैनी इसीलिए थी कि जीवन-दीप का प्रकाश दूर-दूर तक फैले, वक्त पर

फैले, अच्छी तरह फैले। अपनी सारी किताबें, अपना सारा साहित्य अपने प्रेस में ही छपवाकर समूचे देश में फैला देना चाहते थे। किसानों, मजदूरों, युवकों, विद्यार्थियों, स्त्रियों और अछूतों की दर्दनाक जिंदगी को आधार बनाकर जो कोई भी लिखें, सभी कुछ छापकर जनता को सजग-सचेत बना देने का संकल्प प्रेमचंद के अंदर हिलोरें ले रहा था। अधिक-से-अधिक लिखते जाना, अधिक से अधिक छापते जाना, अधिक से अधिक लोगों को जागरूक बनाते जाना...शोषण, गुलामी, ढोंग, दंभ, स्वार्थ, रूढ़ि, झूठ, अन्याय, अत्याचार—इन सबकी जड़ें खोद डालना और धरती को नई मानवता के लायक बनाना—यही प्रेमचंद का उद्देश्य था।

1934 के बाद प्रेमचंद को लगने लगा कि अब वह दो-चार वर्ष से ज्यादा नहीं जिएँगे...इससे उनके अंदर दिन-रात लिखने की, दिन-रात काम करने की भावना जोर पकड़ती गई।

1932 की बात है। श्री चंद्रगुप्त विद्यालंकार उनसे मिलने गए थे। चार-छै दिन साथ रहे।

बाद में 'विशाल-भारत' (कलकत्ता) में चंद्रगुप्त जी का प्रेमचंद के बारे में एक लेख छपा था। बड़प्पन और सादगी के सिलसिले में बहुत-सी बातें लिखने के बाद विद्यालंकार जी ने लिखा—"श्रीमती शिवरानी देवी जी से मैं अब यह अनुरोध करूँगा कि अपने भोजन में ताजी और कच्ची सब्जियों, फलों तथा दही को विशेष महत्ता दें।"

'हंस' के 'प्रेमचंद-स्मृति-अंक' में इन पंक्तियों पर निगाहें पड़ीं तो लगा कि प्रेमचंद ने जान-बूझकर अपना स्वास्थ्य चौपट कर लिया था। अंतिम दिनों में वह संतरे लेने लगे थे, पथ-परहेज पर भी थोड़ा-बहुत ध्यान दिया था, लेकिन तब तक तंदुरुस्ती बिलकुल रूठ चुकी थी।

प्रेमचंद को धुन्नू (श्रीपत) की चिंता थी, बन्नू (अमृत) की चिंता थी, बड़ी संतान कमला की चिंता थी, रानी (शिवरानी देवी) की चिंता थी।

उन्हें 'हंस' की चिंता थी, 'जागरण' की चिंता धी, सरस्वती प्रेस और प्रकाशन की चिंता थी।

उन्हें उस फरार बंगाली की चिंता थी, छिप-छिपकर जिसे सैकड़ों रुपए दिए थे।

उन्हें 'जमाना' (उर्दू मासिक) की चिंता थी, मरते दम तक जिसके लिए मजमून तराशते रहे...

उन्हें चिंता नहीं थी तो बस धनपतराय की !

हाँ, प्रेमचंद को प्रेमचंद की चिंता नहीं थी !

वह अच्छी तरह जानते थे कि दुबला-पतला लक्कड़-सरीखा यह बीमार आदमी धनपतराय हो सकता है, प्रेमचंद कोई और होगा। प्रेमचंद कभी बीमार नहीं पड़ेगा। प्रेमचंद हमेशा स्वस्थ रहेगा। प्रेमचंद हमेशा जिंदा रहेगा। कहकहे लगाता रहेगा।

तभी तो हानि-लाभ की भावनाओं से निर्लिप्त रहकर प्रेमचंद अंत तक लिखते रहे।

नींद नहीं आती थी।

बीमारी बढ़ गई थी।

प्रेस जाना बंद था।

फिर भी आप घरवालों की नजरें बचाकर उठ जाते और लिखाई चल पड़ती।

अगस्त 1936...

मैक्सिम गोर्की की मृत्यु पर 'आज' (काशी) के दफ्तर में मीटिंग होनेवाली थी।

रात को प्रेमचंद देर तक जागते रहे। नींद नहीं आ रही थी।

नींद जब रूठी ही रही तो आप उठकर लिखने लगे।

शिवरानी जी की आँखें खुलीं।

उठकर पास गईं, बोलीं—"लाख मना करती हूँ मगर आप मानते कहाँ हैं !... आखिर यह क्या हो रहा है ?"—कागज पर झुककर देवी जी ने कड़ाई से पूछा।

"कुछ नहीं"—प्रेमचंद अपराधी स्वर में बोले—"भाषण लिख रहा हूँ, कल गोर्की के लिए शोक-सभा है न ?"

"कल लिख लेना, अभी रहने दो !"

"नींद नहीं आती है।"

"तो यों ही आँखें मूँदकर लेटे रहो।"

"जरूरी है, बिना लिखे काम नहीं चलेगा। और फिर अपनी खुशी से काम करने में रत्ती-भर भी तकलीफ नहीं होती...जाओ, तुम सो जाओ ! कहीं तुम्हारी तबीयत न खराब हो जाय..."

"मुझे भी नींद नहीं आती है।"

"अच्छा, लो ! रख दी कलम..."

'मंगलसूत्र' के बीसियों सफे प्रेमचंद ने अपनी मृत्यु-शय्या पर ही लिखे। 'महाजनी सभ्यता' और 'कफन' और प्रगतिशील लेखकों की पहली कान्फ्रेन्स के लिए अध्यक्ष का भाषण...काफी-कुछ उन्होंने हमें अपने अंतिम क्षणों तक दिया।

"मैं मजदूर हूँ। जिस दिन न लिखूँ, उस दिन मुझे रोटी खाने का अधिकार नहीं है"—ये शब्द सिर्फ उनके होठों के आभूषण थे, प्रेमचंद के बारे में उनका दुश्मन भी ऐसा नहीं कह सका।

1928 में एक बार शिवरानी जी ने उनसे पूछा था—"स्वराज्य हो जाय तो आप किसका साथ देंगे ?"

"मजदूरों और काश्तकारों का"—प्रेमचंद ने छूटते ही कहा था—"मैं पहले ही सबसे कह दूँगा कि मैं तो मजदूर हूँ। तुम फावड़ा चलतो हो, मैं कलम चलाता हूँ। हम दोनों बराबर हैं।"

देवी जी मुस्कुराकर बोलीं—"कहने से क्या होगा ? वे तुम्हारा विश्वास नहीं करेंगे।"

"क्यों नहीं करेंगे विश्वास ?" वह बोले, "जरूर विश्वास करेंगे। तब तक वे लोग पढ़-लिखकर सयाने हो चुकेंगे। जब यहाँ किसानों और मजदूरों का राज्य होगा, मेरा खयाल है कि आदमियों की जिंदगी औसतन दूनी हो जाएगी।"

"वह कैसे होगा ?" देवी जी ने पूछा।

"सुनो, वह इस तरह होगा कि अभी हमको रात-दिन मेहनत करने पर भी भरपेट रोटियाँ आराम से नहीं मिलतीं। रात-दिन कुछ-न-कुछ फिक्र लगी रहती है..."

"तो मजदूरों की अमलदारी में फिक्रों से छुटकारा मिल जाएगा ?"

"क्यों नहीं मिलेगा छुटकारा ?" वह कहने लगे, "आज हमको मालूम हो जाय कि हमारे मरने के बाद भी बीवी-बच्चों को कोई तकलीफ नहीं होगी, तो हमारी सारी चिंता खत्म हो जाएगी। रात-दिन की यह तिगुनी पिसाई छूट जाएगी फिर तो। आदमी काम भी करेगा, आराम भी करेगा। आज तो चारों तरफ हाय-हाय मची है। समझदार का तो और भी बुरा हाल है..."[1]

यह था प्रेमचंद की दृष्टि में स्वतंत्र भारत का स्वरूप !

स्वाधीनता-संग्राम के सिपाही

'सोज़े-वतन' 5 कहानियों का संकलन था। 1909 के बाद पहली बार 'जमाना' वालों ने यह किताब उर्दू में छापी थी।

वह लोकमान्य तिलक का युग था। गोखले का युग था। सत्य और अहिंसा दक्षिणी अफ्रिका में प्रवासी भारतीयों के युवक प्रतिनिधि मोहनदास करमचंद गाँधी को अपनी ओर खींच चुके थे।

1905 तक आते-आते प्रेमचंद तिलिस्मी और ऐय्यारी और काल्पनिक कहानियों के चंगुल से छूटकर राष्ट्रीय और क्रांतिकारी भावनाओं की दुनिया में प्रवेश कर चुके थे।

'जमाना' के लिए उन्होंने अपने को अच्छी तरह तैयार कर लिया था। साहित्यिक टिप्पणियाँ तो उसमें प्रेमचंद लिखते ही थे, अब सामाजिक और राजनीतिक मामलों पर भी जमकर लिखने लगे। निगम साहब के इर्द-गिर्द दसियों देशभक्त साहित्यकार और पत्रकार बटुर आए थे। एक से बढ़कर एक। सभी को देश की गुलामी खटकती थी, विदेशी शासन की सुनहरी जंजीरों के गुण गानेवाले गद्दार देशद्रोहियों के खिलाफ सभी के अंदर नफरत खौलती थी। शाम को 'जमाना' के दफ्तर में घंटों अड्डा जमता। प्रेमचंद को राष्ट्रीयता की दीक्षा इसी अड्डे पर मिली थी। एक साधारण कथाकार वहीं

1. प्रेमचंद घर में : पृ. 110, 111

'युग-स्रष्टा साहित्यकार' के रूप में ढलने लगा।

बड़ी से बड़ी बातों को सीधे और संक्षेप में कहना या लिखना प्रेमचंद ने यहीं सीखा।

'सोज़े-वतन' की प्रतियाँ जब्त की गईं, जला दी गईं—यह तुम जान चुके हो।

इस घटना का प्रेमचंद के हृदय पर गहरा असर पड़ा। साहित्य से अत्याचारी इतना अधिक क्यों घबराता है ? अंग्रेजी हकूमत ने तिलक को सुदूर बर्मा में ले जाकर मांडले की जेल में बंद कर दिया था। वही अंग्रेज-सरकार महीनों परेशान रही कि 'सोज़े-वतन' आखिर किसकी दिमागी खुराफात का नतीजा है। मामूली-सी किताब, पतली-सी। सड़ियल किस्म का कागज़ था। लिथोवाली छपाई थी उर्दू की। कॅवर पर न लेखक का नाम ही छपा था, न प्रेस का पता-ठिकाना था। गोरे कलक्टर-कमिश्नर बेहद परेशान थे...

लंबे अर्से के बाद ही खुफियावाले पता लगा सके थे।

'नवाबराय' को आतंक भी हुआ।

'नवाबराय' को प्रतिभा की अपनी अनूठी खूबी का अहसास भी हुआ। अकूत बल के धनी ब्रिटिश साम्राज्य के दर्जनों बड़े हाकिम बौखला उठे थे।

मामूली निब-होल्डरवाला हमारा देहाती कथाकार अंदर-ही-अंदर मुस्करा रहा था।

किताबें जलती रहीं।

बागी साहित्यकार की आँखों के कोये सुलगते रहे।

1930 में प्रेमचंद की कहानियों का एक और संकलन जब्त हुआ : 'समर-यात्रा'। प्रकाशित होतें ही अंग्रेज-सरकार ने इस पुस्तक को 'आपत्तिजनक' घोषित कर दिया। पुलिस सरस्वती प्रेस से किताब की सारी प्रतियाँ उठा ले गई।

1930 में 'हंस' (मासिक) निकला।

उसमें अंग्रेज सरकार की निर्भीक आलोचना होती। साहित्य के अलावा, समाज और देश की गरीबी...नौकरशाही की धाँधली, नेताओं की ढुलमुलयकीनी...इन सब मामलों पर प्रेमचंद की निडर लेखनी कठोर व्यंग्य करती।

फिरंगी सरकार को यह कैसे बरदाश्त होता ?

छः महीने बाद ही साम्राज्यवादी सरकार ने 'हंस' से जमानत माँगी। पत्र बंद हो गया।

जनवरी 1931 में आर्डिनेन्स खत्म हुआ तो फिर से 'हंस' ने उड़ान भरी। दो ही तीन महीने बाद उसमें 'कातिल' कहानी छपी। उसे खतरनाक करार दिया गया और 'हंस' से फिर जमानत माँगी गई। उन दिनों प्रसिद्ध विद्वान बाबू पन्नालाल जी बनारस के कलक्टर थे। उनकी सिफारिश पर सरकार ने जमानत का हुक्म वापस ले लिया।

'हंस' निकलता रहा।

1936 के जून महीने में एक बार और नौकरशाही ने प्रहार किया। प्रेमचंद बीमार

थे, बचने की उम्मीद नहीं रह गई थी। फिर भी 'हंस' का बंद होना उन्हें अखरा। नए सिरे से जमानत की रकम अदालत में जमा करवाकर प्रेमचंद ने 'हंस' का प्रकाशन पुनः आरंभ कर दिया।

1930 में प्रेमचंद स्वयं राष्ट्रीय स्वाधीनता-आंदोलन में कूद पड़ना चाहते थे। सत्याग्रहियों की कतार में शामिल होकर पुलिस की लाठियों के मुकाबले आमने-सामने डटना चाहते थे।

किंतु जेल जाने का उनका मनोरथ अधूरा ही रह गया।

पत्नी ने सोचा—कमजोर हैं, अक्सर बीमार रहते हैं। इनको जेल नहीं जाने दूँगी।

सोचा—यह जेल जाकर बैठेंगे तो सारा घर चौपट हो जाएगा। आखिर हम मजदूर ही तो ठहरे। रोज मेहनत-मजदूरी करो, रोज पेट भरेगा। कमानेवाला काम करेगा कि जेल में बैठेगा जाकर ?

सोचा—मैं ही सत्याग्रह में शामिल होऊँगी, मैं ही जेल जाकर बैठूँगी। यहाँ घर में भी बैठी रहती हूँ, वहाँ जेल में भी बैठी रहूँगी। यहाँ भी आराम है मुझे, वहाँ भी आराम रहेगा।

सोचा—पति और पत्नी एक होते हैं। हानि, लाभ, पाप-पुण्य, बदनामी-नेकनामी, सभी में दोनों का बराबर का साझा होता है। मैं जेल जाऊँगी तो इनका भी तो नाम होगा आखिर !

सो, वह आगे बढ़ीं। सत्याग्रही महिलाओं की कतार में शामिल हुई। गिरफ्तार होकर अपने जत्थे के साथ जेल पहुँच गईं।

प्रेमचंद मन मसोसकर रह गए।

मजबूरी थी। तसल्ली भी।

हर परिवार से एक आदमी को जेल जाना ही चाहिए—उन दिनों यह भावना जोर पकड़ चुकी थी।

रहना तब लखनऊ में होता था। 'माधुरी' के संपादक थे।

लखनऊ उत्तरप्रदेश (संयुक्त प्रांत) की राजधानी होने के कारण राजनीतिक उथल-पुथल का केंद्र थी।

शिवरानी जी खुद भी तब तक कहानी-लेखिका के रूप में प्रसिद्ध हो चुकी थीं। सच्चे अर्थों में प्रेमचंद की 'जीवन-संगिनी' बन चुकी थीं।

नमक कानून टूटने लगा, नेता और स्वयंसेवक जेल भरने लगे। बच्चे-बूढ़े और स्त्रियाँ, सभी अंग्रेजी हुकूमत को कोसते हुए निर्भीक होकर गिरफ्तार होने लगे।

शिवरानी जी को नगर-कांग्रेस की वर्किंग-कमेटी में ले लिया गया। वह सभाओं में बहुत अच्छा बोलती थीं। संगठन का काम भी खूब करती थीं। लेकिन...

लेकिन क्या...

अखबारों में अपना नाम नहीं आने देती थीं—इस आशंका से कि प्रेमचंद को पता चल जाएगा !

जेल से रिहा होकर आईं तो देखा प्रेमचंद बेहद दुबले हो गए थे।

पति ने कहा—रानी, तुम मुझसे छिपा-छिपाकर काम करती थीं। चोरी-चुपके आखिर जेल चली गईं। मैं तो ठहरा हमेशा का मरीज, तुम्हीं कौन हट्टी-कट्टी थीं ?...

पत्नी बोलीं—मैं डरती थी कि आप मुझे रोक देंगे और खुद जेल चले जाएँगे। अब आप इसे चाहे धोखा कहो, चाहे पाप कहो। मगर मैं मजबूर थी कि आखिर हमारे घर से कौन जेल जाएगा, किसे जाना चाहिए। बच्चे इस काबिल होते तो मैं पहले उनको ही सत्याग्रह के लिए भेजती, वही जेल हो आते पहले। आप की तंदुरुस्ती ठीक रहती तो आप ही हो आते...मेरा वजन आखिर सात ही पाउंड कम हुआ है और आपका चौदह पाउंड...कैसे मैं आपको जेल भेजती ?

पति ने कहा—"हाँ, मैं तुम्हारी मजबूरी समझता था। मुझे खुशी भी होती थी और गुस्सा भी आता था।...

कई बार उन दो वर्षों के अंदर जेल-यात्रा के अवसर आए, लेकिन शिवरानी जी ने प्रेमचंद को गिरफ्तार नहीं होने दिया।

इस सिलसिले में काफी नोंक-झोंक चलती।

"अपनी शकल तो देखो शीशे में ! हजरत रात-दिन पेट थामे रहते हैं अपना ! यही जेल जाएँगे ?"

"अबकी देख लेना ! कैसे ठाट से जेल जाता हूँ और कैसी शान से फिर बाहर निकल आता हूँ।"

"आपका नाम तो कलम के जरिए फैल ही रहा है। अब क्या सारी शोहरत आप ही लूट लेंगे।"

यह दूसरी बात है कि वह कभी गिरफ्तार नहीं हुए, न कभी जेल गए। मगर प्रेमचंद स्वाधीनता-संग्राम के ऐसे सेनापति थे, जिसकी वाणी ने लाखों किसानों के हृदय में जोश भर दिया था।

'जेल' शीर्षक कहानी में पहले रोज जुलूस निकलता है, पुलिसवाले गोलीचार्ज करते हैं। बहुत-से लोग मारे जाते हैं। अगले दिन फिर जुलूस निकलता है...

"लोग कहते हैं, जुलूस निकालने से क्या होता है। इससे यह साबित होता है कि हम जिंदा हैं, अटल-अडिग हैं और मैदान से हटे नहीं हैं..."

•

'आहुति' में कहानी की नायिका रूपमणि कहती है :

"स्वराज्य का यह मतलब नहीं कि जॉन की जगह गोविंद बैठ जाए..."

स्वाधीनता के लिए जनता की लड़ाई का समर्थन करते समय प्रेमचंद यह कभी

नहीं भूले कि आजादी केवल एक व्यक्ति के जीवन को सुखमय नहीं बनाएगी, केवल मुट्ठी-भर आदमियों के लिए ही ऐश-व-आराम नहीं लाएगी। वह बहुजन सुखाय, बहुजन हिताय होगी !

बंबई-प्रवास

कर्ज से घुटने लगे तो 1934 में प्रेमचंद बंबई चले गए।

जनता को सजग बनाने के लिए फिल्म कितनी अधिक कारगर हो सकती है, यह बात उन्हें अच्छी तरह मालूम थी।

सैकड़ों कहानियाँ और दर्जनों उपन्यास निकल चुके थे। छपी हुई किताबों की खपत का क्या हाल है, खुद प्रकाशक होने के नाते यह भी प्रेमचंद मालूम कर चुके थे।

जनता तक अपनी बातें पहुँचाने के लिए फिल्मों का सहारा लेना उन्हें अच्छा ही लगा। घर से उतनी दूर बंबई नहीं जाना चाहते थे, लेकिन आमदनी का एक अनूठा अवसर यों कैसे छोड़ देते ?

'अजन्ता सिनेटोन फिल्म कम्पनी' ने बुलाया था।

नौ हजार प्रति वर्ष देंगे और इसके साथ यह भी कि बंबई में एक साल रहने के बाद वे प्रेमचंद को दस हजार वार्षिक घर बैठे देंगे !—कंपनीवालों का यह प्रस्ताव उन्हें बंबई खींच ले गया।

'हंस' और 'जागरण' तो बंद नहीं करने पड़ेंगे !

रोजी-रोटी का झमेला तो मिट जाएगा !

फिल्मों के जरिए जनता तक तो पहुँचेंगे !

इतनी हाय-हाय तो नहीं लगी रहेगी !

इन्हीं उम्मीदों के साथ जुलाई 1934 के शुरू में प्रेमचंद बंबई पहुँचे।

फिल्म के लिए पहली कहानी उन्होंने लिखी...

कौन-सी ? सोचो...

'मिल-मजदूर' !

उन दिनों बेकारी और मंदी खूब फैल रही थी। मजदूरों और मिल-मालिकों में संघर्ष तेज हो गया था। प्रेमचंद फिल्म के जरिए देश के कोने-कोने में अपने विचार फैला देना चाहते थे। सर्वहारा की जीविका का सवाल उनकी समझ में जमाने का सबसे बड़ा सवाल था।

डाइरेक्टर हिंदी नहीं जानता था, न उसके साथी।

उनके सुभीते के लिए और सिनेरियो के लिहाज से कहानी में काफी रद्दोबदल करनी पड़ी।

कुछ नई बातें जोड़ी गईं, कुछ अंश हटाए गए।

कहानी का ढाँचा बदल गया।

प्लाट ही नहीं, भाषा तक बदल गई !

शूटिंग शुरू हुआ।

जैसे-तैसे तीन महीने में फिल्म तैयार हुई।

फिर भी मोटे तौर पर फिल्म में काफी हद तक अच्छी बातें आ गईं।—मिलवालों का स्वार्थपूर्ण व्यवहार : अन्याय : जुल्म : दमन : मनमानी : मजदूरों की दुर्दशा : उनके परिवार की पामाली !

इस फिल्म में एक पंचायत भी थी।

पंचायत के प्रधान का पार्ट प्रेमचंद ने खुद लिया था।

कहानी में बेहद कतर-ब्योंत की गई। तोड़-मरोड़कर उसे कुछ-से-कुछ बना दिया गया।

कंपनी को आशा थी फिल्म खूब चलेगी।

किंतु 'सेंसर' की कैंची ने ऐसा चमत्कार दिखाया कि डाइरेक्टर की आशा पर वज्र गिर पड़ा। कितने ही अच्छे सीन कट गए और कुछ छोटे हो गए। फिल्म तहस-नहस हो गई।

कंपनी ने कुछ दृश्यों का नए सिरे से शूटिंग किया। फिर भी 'सेंसर' वालों को तसल्ली न हुई। बंबई-सरकार उस परकटी-अधूरी फिल्म को भी बर्दाश्त नहीं कर सकी, सिनेमावालों पर उसने पाबंदी लगा दी : 'मिल-मजदूर' का प्रदर्शन न किया जाय !

पंजाब में न मिलें थीं, न मिल मजदूर थे। इसलिए वहाँ के सिनेमाघरों में एक अर्से तक यह फिल्म दिखलाई गई। बाद को उधर भी पाबंदी का आदेश जा धमका।

फिल्म के डाइरेक्टर थे मिस्टर भूटानी। वह हार माननेवाले जीव नहीं थे।

उन्होंने फिल्म का नाम बदल दिया।

'मिल-मजदूर' अब हो गया 'गरीब मजदूर'...अब मिल-मालिक उसे देख सकते थे।

साल-डेढ़-साल की दौड़-धूप के बाद मिस्टर भूटानी ने सरकार से 'गरीब मजदूर' के प्रदर्शन की अनुमति हासिल कर ली।

इन झमेलों ने प्रेमचंद को निराश कर दिया। बंबई जाकर कुछ कर सकने के उनके सारे अरमानों पर तुषार-पात हो गया।

फिल्म के लिए प्रेमचंद ने दूसरी कहानी भी लिखी थी : नवजीवन (शेर-दिल औरत)। डाइरेक्टरों ने उस कहानी को तोड़-मरोड़कर क्या से क्या बना दिया !

'गोदान' (उपन्यास) के आखिरी पन्ने अभी नहीं लिखे गए थे। स्वास्थ्य भी बंबई में ठीक नहीं रहता था।

1935 के बीचोबीच प्रेमचंद बंबई से लौटकर बनारस आ गए।

फिर वही प्रेस।

फिर वही प्रकाशन।

फिर वही पिसाई !

जिंदगी का आखिरी छोर

रातों-रात जागकर प्रेमचंद ने 'गोदान' खत्म किया।

देश में राष्ट्रीय भावनाओं की एकता फैलाने की नीयत से 'हंस' को प्रेमचंद ने 'भारतीय साहित्य-परिषद्' के हवाले कर दिया। परिषद् ने आगे चलकर 'हंस' को सरस्वती प्रेस (काशी) से हटा लिया। अब वह 'सस्ता साहित्य मंडल' (दिल्ली) की निगरानी में निकलने लगा और शत-प्रतिशत गाँधीवादी प्रभाव में आ गया।

प्रेमचंद ने संपादकों में से अपना नाम हटा लिया।

संयोग ऐसा कि 'हंस' पर सरकार फिर कुपित हो उठी। उससे फिर जमानत माँगी गई।

'भारतीय साहित्य-परिषद्' ने जमानत की रकम नहीं जमा की। 'हंस' को मौत के मुँह में ढकेल दिया।

प्रेमचंद से भला यह कब बर्दाश्त होता !

उन्होंने जमानत देकर 'हंस' को फिर से जिला लिया...यद्यपि उन दिनों वह खुद मृत्युशय्या पर जीवन के अंतिम दिन गिन रहे थे।

'गोदान' छपकर निकल आया था।

मरते-मरते प्रेमचंद एक और उपन्यास पूरा कर जाना चाहते थे—'मंगलसूत्र'।

चार ही अध्याय लिख पाए थे कि—

खाना नहीं हजम होता था।

खून कै करने लगे थे।

पेट में पानी भर गया था।

दूध, बार्ली, फलों का रस तक नहीं ले पाते थे।

इतने पर भी काम करने की ललक पीछा नहीं छोड़ती थी, लिखने की अभिलाषा शांत नहीं हो पाती थी, देश को अपने जीवन, अपने अनुभवों, अपने विचारों की अंतिम बूँद तक दे जाने की इच्छा चैन नहीं लेने देती थी...

8 अक्टूबर 1936

रात के पिछले पहर...

प्रेमचंद ने हमेशा के लिए अपनी आँखें मूँद लीं।

अंतकाल में लड़की कमला, दोनों लड़के श्रीपत और अमृत, शिवरानी देवी और जैनेन्द्रकुमार प्रेमचंद के निकट मौजूद थे।

56 वर्ष की आयु क्या कोई लंबी आयु थी ?

संयोग तो देखो, विश्व के तीन महान उपन्यासकारों—प्रेमचंद, मैक्सिम गोर्की और शरतचंद्र—का प्राणांत उसी वर्ष हुआ !

अंत में

फिर से मैं सपनों की दुनिया में पहुँच गया हूँ।

फिर से प्रेमचंद के सामने अपने को पाता हूँ।

एक स्वस्थ-सुंदर बुजुर्ग बैठा है, प्रेमचंद की आकृति का। उम्र 80 से कम तो क्या होगी, ज्यादा ही होगी दो-एक वर्ष !

शाम का वक्त है, भादों का महीना।

कॉटेजनुमा छोटा-सा मकान। आगे मामूली-सा लॉन।

बेंत की तीन-चार आराम-कुर्सियाँ। बीच में गोल तिपाई।

प्रेमचंद हुक्का गुड़गुड़ा रहे हैं।

मुझे देखकर मुस्कराने लगे...

''आओ, आओ ! सोच ही रहा था तुम्हारे बारे में...''

''हाँ, बीच रास्ते में हमारा रिक्शा दम तोड़ बैठा। दूसरा देर से मिला।''

इस पर प्रेमचंद कहकहे लगाकर हँसने लगे।

बोले—''अभी चार रोज पहले पंडित सुंदरलाल और बनारसीदास चतुर्वेदी आए थे। उनकी भी किस्मत में यही सड़ियल टाइप का रिक्शा बदा था।''

फिर ठहाके, फिर कहकहे...

फिर एकाएक गंभीर हो उठे।

कहने लगे—''उस रोज उनका रिक्शावाला धँसी आँखोंवाला, पके बालोंवाला, बूढ़ा था कोई...देखो, एक औसत हिंदुस्तानी बुड्ढे का क्या हाल है !''

फिर वह उसी तरह हुक्का पीते रहे।

थोड़ी देर बाद मैंने पूछा—''बार-बार रूसवाले आपको बुला रहे हैं, आखिर आप हो क्यों नहीं आते।''

''मैं यहीं से सब कुछ देख रहा हूँ''—बोले और हुक्के को परे हटा दिया। मुस्कराते रहे। ''सुंदरलाल जी और चतुर्वेदी जी इसीलिए तो आए थे। समझा गए हैं कि मुझे बाहर जरूर हो आना चाहिए। यह भी बतला रहे थे कि हवाई जहाजों से जाना-आना अब बेहद आरामदेह हो गया है, जरा भी तकलीफ नहीं होगी...''

''ठीक ही तो कह रहे थे। आप नाहक टाल-मटोल करते हैं।''

''अगले वर्ष हो आऊँगा, तुम्हारी माता जी (शिवरानी देवी) भी साथ रहेंगी।''

''और आपको, सुना है, राज्यसभा की सदस्यता के लिए कहलवाया गया था। 'ना' कर दिया आपने ?''

''हैं ही तो भाई लोग : वह कौन मसला है जो मेरे बगैर हल नहीं हो रहा है ?'' जोर के कहकहे लगाए प्रेमचंद ने। ''अब तुम कहोगे कि पद्मभूषण का तमगा क्यों नहीं लेना चाहा मैंने ?'' इस बार और भी जोरों के ठहाके।

अंदर से शिवरानी जी निकल आईं। बोलीं : ''इतने ज्यादा कहकहे लगाओगे तो

सोते वक्त सीना दर्द करेगा...''

''तो अब इस बुढ़ापे में तुम्हें मेरा हँसना भी अखरता है ? लो, भई, नहीं हँसेंगे !''

इस पर अम्मा को भी हँसी आ गई और मुझे भी।

बाबू जी ने कुछ रुककर कहा—''इसे कुछ नाश्ता-वाश्ता नहीं दोगी ?''

''आता है नाश्ता, महाराजिन से कह आई हूँ।...क्यों रे नागा, अपनी किताब नहीं लाया ?''

''हुँ : हुँ :, किताबों के लिए नागार्जुन से कुछ न कहो,'' प्रेमचंद बोले, ''बेहद महँगी हैं इसकी किताबें...''

''अपनी किताबों के दाम आपने इधर मालूम किए हैं, बाबू जी ?''—मैंने आहिस्ते से कहा।

''मैं तो अब रिटायर्ड हूँ, पेन्शन पाता हूँ। अपनी किताबों के बारे में उतना भी नहीं जानता जितना तुम जानते हो !'' वह बोले।

माता जी उठकर बरामदे में गईं, स्विच ऑन कर दिया। टेबुल फैन चल ही रहा था, अब रोशनी भी हो गई।

फिर वह अंदर चली गईं, शायद पान के लिए।

प्रेमचंद ने धीमी आवाज में कहा—''अब हम उन दिक्कतों को काफी पीछे छोड़ आए। आज से चालीस वर्ष पहले या तीस वर्ष पहले धंधे की जो दुर्दशा थी, आज वह नहीं है। मेरा सारा साहित्य अब सलीके से छपता है और ढंग से बिक रहा है। मेरे उपन्यास कालेजों में पढ़ाए जाते हैं। हजारों लाइब्रेरियाँ सेट की सेट किताबें खरीद रही हैं। धुन्नू और बन्नू ने प्रकाशन का सारा झमेला सँभाल लिया है। दोनों इलाहाबाद में जम गए हैं। दोनों के पास अपना-अपना बँगला है, अपनी-अपनी कार है।''

''लेकिन आप तो लमही से बाहर शायद ही निकलते होंगे। अधिक से अधिक बनारस तक हो आते होंगे...कैसे जाते हैं ?''

''अरे, अब हमारा अपना ताँगा है,'' प्रेमचंद ने कहा, ''कड़ियल घोड़ा है। साईस है, जो बागवानी भी जानता है। कल तुम्हें सारनाथ घुमा लाएँगे। परसों चाहे विश्वविद्यालय हो आना। छठे-छमाहे इलाहाबाद से बन्नू (अमृत) आ जाते हैं गाड़ी लेकर, अपनी माँ को लाद ले जाते हैं इलाहाबाद। अबकी अठारह महीने बाद मैं भी इलाहाबाद हो आया हूँ, चार-छै रोज रह आया। अब बड़ा अच्छा हो गया है। हम बूढ़े-बुढ़िया दोनों बहुओं को सेवा के लिए समान अवसर दे आते हैं, दोनों में नेह-छोह की अपनी प्रसादी बाँट आते हैं। बस, अब दो ही इच्छाएँ मेरी अधूरी रह गई हैं...''

मैं उत्सुक होकर प्रेमचंद की ओर देखने लगा कि क्या कहनेवाले हैं।

महाराजिन आकर नाश्ता रख गई थी।

बाबूजी ने इशारे से कहा—''शुरू करो, चाय आ रही होगी। और यह क्या करने लगीं अंदर ?''

इतने में शिवरानी देवी पान की डिब्बी लिए वापस आ गईं।

बैठकर बोलीं—"नागा, तू भारी पाजी है। बहू को कभी नहीं लाया..."

प्रेमचंद ने हँसकर कहा—"संन्यासी ही तो ठहरा !"

जल्दी-जल्दी नाश्ता खत्म करके मैंने पूछा—"बाबू जी, आप कह क्या रहे थे ? दो इच्छाएँ अधूरी रह गई हैं..."

वह बोले—"पहली इच्छा, खेत-मजदूरों के बारे में है कि गाँव का एक-एक भूमिहीन गुजारे लायक खेत हासिल कर ले। दूसरी इच्छा शहरी मजदूरों के बारे में है कि पुराने या नए कारखाने का एक-एक श्रमिक गुजारे लायक वेतन और भत्ता हासिल करे। कभी उसकी छँटनी न हो। पिसाई कम हो, आराम ज्यादा।"

"लो, पान लो"—शिवरानी जी ने पान बढ़ाते हुए कहा—"इनकी दो इच्छाएँ और हैं, जो इन्हें बेचैन किए रहती हैं।"

प्रेमचंद ने और मैंने अपना-अपना पान ले लिया।

"अब और कौन-सी इच्छाएँ होंगी ?" मैंने पूछा।

"इच्छाओं को जितना खींचोगे, उतनी बढ़ेंगी !" वह बोले।

अम्मा ने कहा—"नहीं, इनकी दो इच्छाएँ अभी और अधूरी हैं। वे इन्हें खरोंचती रहती हैं...एक तो है 'हंस' के बारे में। 'हंस' का न निकलना इनको बेहद अखरता है। दूसरी इच्छा है अपने उपन्यासों के पाकेट-एडिशन के बारे में। सेवासदन, रंगभूमि, प्रेमाश्रम, गोदान वगैरह पाकेट-एडिशन में छपें और घर-घर में दिखाई पड़ें..."

प्रेमचंद ने फिर भी कुछ नहीं कहा। गुमसुम बैठे रहे।

उधर ताँगेवाला घोड़ा हिनहिनाया और इधर मेरी नींद टूट गई।

□ विद्यापति की कहानियाँ

दो शब्द

महाकवि विद्यापति अपने मधुर गीतों के लिए विश्वव्यापी कीर्ति प्राप्त कर चुके हैं। लेकिन गीतों के अतिरिक्त काव्य, नाटक और नीति-कथाओं की रचना भी उन्होंने की है।

महाकवि विद्यापति मिथिला अंचल में एक अतिसंपन्न ब्राह्मण-कुल में, सन् 1350 ईस्वी के लगभग, दस-बीस वर्ष बाद, पैदा हुए थे। कहा जाता है कि इन्होंने बड़ी लंबी उम्र पाई थी, कई राजघरानों के हेर-फेर अपनी आँखों से देखे थे। बूढ़े राजाओं, बूढ़ी रानियों से लेकर विकसित, अर्धविकसित राजकुमारों-राजकुमारियों तक से कवि का अति निकट का संपर्क रहा। राजपुरुषों के कूटनीतिक दाँव-पेंच उन्हें भली-भाँति मालूम थे। व्यावहारिकता की कसौटी पर विद्यापति शत-प्रतिशत चतुर व्यक्ति रहे होंगे, यह उनकी रचनाओं से स्पष्ट है। केवल विरह शृंगारवाली सरल पदावलियाँ ही नहीं, उन्होंने संस्कृत के माध्यम से दसियों नीतिग्रंथ और शिक्षाग्रंथ भी तैयार किए थे। एक राजा पड़ोसी देश के राजा को किस प्रकार पत्र लिखेगा, एक सेनापति एक अधिकार-प्राप्त युवराज को किस तरह अपनी बातें सूचित करेगा, दासों के लिए मुक्ति-पत्र किस प्रकार लिखे जाएँगे—इस प्रकार के व्यावहारिक पत्र-लेखन के दर्जनों नमूने विद्यापति अपनी पुस्तक 'लिखनावली' में हमें दे गए हैं। कुत्ता, बिल्ली, कबूतर-गीदड़ जैसे जंतुओं को पात्र नहीं बनाकर विद्यापति ने राजकुमारों की नीति-शिक्षा के लिए समकालीन ऐतिहासिक-सामाजिक पात्रों के आधार पर नीति-शिक्षा की पुस्तक तैयार की थी। यह पुस्तक 'पुरुष-परीक्षा' पाश्चात्य विद्वानों को बेहद पसंद आई थी।

यहाँ हमने 'पुरुष-परीक्षा' से कतिपय कथाओं का छाया-रूपांतर तैयार किया है। मूल पुस्तक संस्कृत में है। उसमें बीच-बीच में बहुत-सारे पद्य आए हैं। कुछ कहानियाँ पंडिताऊ ढंग की हैं। प्रस्तुत कथाओं में नई जान लाने के लिए मैंने उन्हें छोड़ा है।

—नागार्जुन

चोर की कथा

एक बार विक्रमादित्य के मन में चोरों की करतूत जानने की इच्छा हुई।

विक्रमादित्य ने भिखारी का भेष धारण किया और उज्जैन के बाहर पुराने मंदिर में छिपकर बैठे।

अँधेरी रात थी।

लोग सो चुके थे।

चार चोर वहाँ आकर बातें करने लगे।

वे अपने साथ खाना भी लाए थे। पोटली खोलते-खोलते एक चोर बोला—'अब यहाँ सुस्ता भी लें और खाना भी खा लें। फिर ताजा-दम होकर शहर के अंदर चलेंगे।'

औरों ने कहा—'ठीक तो है।'

भिखारी सामने आ गया, बोला—'जूठन मुझे दे देना।'

'कौन है तू ?' चोरों ने चौंककर पूछा।

'मैं कंगाल हूँ'—उस नकली भिखारी ने कहा—'भूखों मर रहा हूँ। चला नहीं जाता, इसी से यहाँ पड़ा हूँ।'

चोर बोले—'हाँ, दिन में भी हमने तुझे यहीं देखा था। हम रास्ते की टोह लेने के लिए निकले थे। तू अब तक यहीं क्यों बैठा रहा ?'

भिखारी ने स्वरों को मरोड़कर कहा—'मालिक, तो फिर कहाँ जाता ? देवता के दर्शनों के लिए सारी दुनिया यहाँ आती है। भीख पाने की आशा में यहाँ बैठा रहता हूँ। आज कुछ नहीं मिला। सारा दिन भूखा रहना पड़ा। अब इस वक्त उठा भी नहीं जाता, सरकार !'

'तुझे जूठा खाना देंगे तो हमारा क्या काम करेगा ?' एक चोर ने उससे पूछा।

भिखारी बोला—'मालदारों की कोठियाँ बतलाऊँगा और ढोने का काम भी करूँगा, सरकार।'

'तो, ठहर जा ! तुझे जूठन मिलेगी।' दूसरा चोर बोला।

चोर खाना खा चुके तो भिखमंगे को भी खाना मिला।

राजा विक्रमादित्य भला जूठन क्यों खाते ? जूठा खाना खप्पर में लेकर उन्होंने बेताल से गायब करवा दिया। पीछे हुलसकर बोले—'मालिक, आपकी मेहरबानी से आज कई दिनों बाद भर-पेट खाना नसीब हुआ।'

इतने में चोरों का मुखिया बोला—'मैंने बड़ी मेहनत से सगुन विद्या सीखी है। मैं

गीदड़ की बोली का मतलब समझता हूँ। उसकी भाषा मुझे मालूम हो जाती है।'

दूसरे चोरों ने कहा—'अच्छा, बतलाओ, अभी-अभी गीदड़ क्या बोला ?'

मुखिया बोला—'गीदड़ ने कहा कि तुम लोगों में चार चोर हैं, एक राजा है।'

तीनों चहुँक पड़े, कहा—'हम चारों तो एक-दूसरे को पहिचानते ही हैं और पाँचवाँ यह कंगाल है। दिन में भी यहीं पड़ा था। जूठन चाटनेवाला भला राजा कैसे होगा ? शक की तो यहाँ गुंजाइश ही नहीं है !'

मुखिया ने कहा—'मगर सियार ने जो कुछ कहा है, वह भी झूठा नहीं हो सकता।'

साथी चोरों का जी धड़कने लगा। उन्हें आश्चर्य भी हो रहा था और शंका भी हो रही थी।

मुखिया इस बात पर डरा था कि उसकी सगुन-विद्या की जानकारी धोखा नहीं दे सकती। हो न हो, उन पाँचों में एक कोई ऐसा अवश्य है जो राजा है !

साथवाले चोर बाहर-बाहर हँस भी रहे थे, अंदर-अंदर डर भी रहे थे।

आखिर, पाँचों ने नगर के अंदर प्रवेश किया।

एक रईस की कोठी में उन्होंने सेंध डाली। बहुत-सारा माल हाथ लगा।

माल लाद-लूदकर वे शहर के बाहर ले आए। सारा सामान एक गढ़े में छिपा दिया। गढ़े के इर्द-गिर्द काफी झाड़ी-झुरमुट थीं।

फिर चोरों ने झील में स्नान किया। धुले हुए कपड़े पहने। नागरिकों का भेष धारण किया।

फिर वे नगर के भट्ठीखाने की ओर गए।

और पाँचवाँ एकाएक गायब था।

महल के अंदर पहुँचकर राजा भी नहाए-धोए। राजसी वस्त्रों और आभूषणों से सज्जित होकर सवेरे सिंहासन पर बैठे।

कोतवाल को बुलवाया गया।

राजा ने कोतवाल से कहा—'सारी रात क्या सोकर ही गुजारते हो ? नगर के अंदर कहाँ क्या दुर्घटना होती है, तुम्हें कुछ भी पता नहीं चलता ! जाओ पिचंडिल कलाल के दारूखाने में चार चोर शराब ढाल रहे होंगे, उन्हें बाँध-बूँधकर फौरन ले आओ...'

कोतवाल चोरों को बाँधकर ले आया।

उन्हें दरबार में हाजिर किया गया।

राजा ने चोरों से पूछा—'मित्रो, मुझे पहचानते हो ?'

'महाराज'—चोरों का सरदार हाथ जोड़कर बोला—'मैंने तो आपको तभी पहचान लिया था; किंतु मेरे साथी भारी गाफिल हैं, इन्हें मेरी बात पर विश्वास नहीं हुआ। गीदड़ ने तो ठीक ही कहा था। वह भला काहे झूठ कहेगा। मेरे ही साथियों की अकल चरने चली गई थी। मुझ पर बुद्धूपन का भूत सवार था, सरकार !'

राजा विक्रमादित्य को इस पर हँसी आ गई। वह बोले—'दुष्टो, सीधे-सीधे तुम लोग अपना कसूर क्यों नहीं कबूल कर लेते हो ? नाहक ही बातों को क्यों उलझा रहे

हो ? अपनी बुद्धि का खोट नहीं दिखाई पड़ता ?'

चोर बोले—'इसमें हमारी बुद्धि का क्या खोट है, महाराज ?'

राजा ने कहा—'देखो, तुम लोग तगड़े हो, बहादुर भी हो, फिर भी चोरी का पेशा अपना रखा है तुमने। इस धंधे में कितनी बदनामी है ? पता चल जाने पर या पकड़े जाने पर कैसा बुरा हाल होता है ?'

चोर बोले—'हाँ महाराज ! इस निकृष्ट वृत्ति का कारण हमारी दुर्बुद्धि ही है।'

'तो फिर इस धंधे को तुम छोड़ क्यों नहीं देते ?'—राजा ने मुस्कुराकर पूछा तो जवाब मिला—'इसकी जड़ है गरीबी। वही हमसे ऐसा जघन्य काम करवाती है। सारे पापों की उत्पत्ति इसी दरिद्रता से होती है, महाराज ! यही लोगों को बुरे काम करने के लिए उकसाती रहती है। पतित से पतित व्यक्तियों की चाकरी करने के लिए यही बाध्य करती है। दरिद्रता-पिशाचिनी के कोड़े खा-खाकर मनुष्य अपना होश गँवा बैठता है...'

महाराज विक्रमादित्य ने चोरों की इस विवेक-वार्ता पर अपनी प्रसन्नता व्यक्त की और कहा—'अरे, तुम्हारी दरिद्रता तो तभी चली गई जब कि हम-तुम दोस्त बने ! तुम लोगों की जमात में शामिल होकर थोड़ी देर के लिए मैं चोर बन गया तो अब मेरे मित्र होने के नाते तुम चारों भी राजसी सुख-सुविधाओं का उपभोग नहीं करोगे ? बोलो, अब कभी कहीं सेंध नहीं डालोगे !'

'नहीं डालेंगे, महाराज !'

'हूँ ! नहीं डालोगे...'

राजा को बार-बार हँसी आ रही थी। वह बार-बार चोरों की ओर देखते जा रहे थे।

जरा देर बाद राजा बोले—'अभी तो तुम लोग सभी कुछ कबूल कर लोगे, बेड़ियों में जकड़े हो न ! लेकिन मेरी एक बात याद रखना : आगे फिर कभी तुम लोगों ने चोरी की तो इससे भी बुरा हाल होगा ! हाँ !'

दरबार बरखास्त हुआ।

रईस का माल रईस को वापस भिजवा दिया गया।

चोरों को छुटकारा मिला।

मुखिया का नाम सरीसृप था, यानी 'खिसकू'। खिसकू को शाल्मलीपुर की जागीरदारी मिली। बाकी तीनों भी राजा की कृपा से मालदार हो गए।

धूमधाम से उनकी विदाई हुई।

कुछ वर्ष बीत जाने पर राजा विक्रमादित्य ने सोचा : चोरों के जिस सरदार को मैंने शाल्मलीपुर का राजा (जागीरदार) बनाया, वह कैसे अपना काम कर रहा है ? खोटी नीयतवाला आदमी शासन नहीं चला सकता। जिसका हाजमा खराब हो, वह तर माल नहीं पचा सकता।

राजा ने अपना जासूस भेजा।

जासूस का नाम था सुचेतन। वह शाल्मलीपुर पहुँचकर हाल-चाल मालूम करके

लौट आया।

'कहो !'—राजा ने सुचेतन से पूछा।

'क्या बतलाऊँ आपसे, महाराज ? आपको शायद अच्छा न लगे...'

'नहीं, नहीं, तुम बतलाओ—' राजा सिर हिलाने लगे। जासूस कहने लगा—'गलत-सलत बतलाए तो गुप्तचर कैसा ! सुनिए श्रीमान्, आपने तो उस चोर को राजगद्दी दे दी, लेकिन शील-स्वभाव तो उसका वैसा का वैसा ही रह गया। आपकी कृपा से उसकी दरिद्रता तो अवश्य चली गई, मगर पाजीपन नहीं गया। क्या नहीं होता है शाल्मलीपुर में ? दुर्जन मौज मार रहे हैं, सज्जनों को कष्ट ही कष्ट है। छिनाल, शराबी, जुआरी, उचक्के, बस यही लोग हैं जिनकी तूती बोल रही है। नया राजा अपने को अजर-अमर मान बैठा है। उसे कामराज तो दीखता है, यमराज नहीं दीखता। वह लोगों से खुलेआम कहता है कि बुराई का फल बड़ा मीठा होता है। जितनी सफाई से बुरे काम किए जाएँगे, नतीजा उतना ही अच्छा होगा; और जाने क्या-क्या बकता रहता है !'

राजा गुप्तचर के मुँह से यह सब सुनकर दुःखी हुए और कहा—'इससे तो मेरी बदनामी फैल रही होगी।'

'जी हाँ'—गुप्तचर ने जवाब दिया—'बदनामी तो फैल ही रही है। लोग कहते हैं : राजा और चोर की दोस्ती हुई, लाभ तो चोर का ही रहा इसमें ! हाँ, राजा की जग-हँसाई जरूर होती रहेगी...'

'तो अब क्या करना चाहिए ?'—राजा की आँखें बड़ी-बड़ी हो गईं। जल्दी-जल्दी वह बहुत कुछ सोच गए।

भेष बदलकर राजा शाल्मलीपुर पहुँचे।

गुप्तचर की सारी बातें सच निकलीं।

चोरों का सरदार सचमुच ही कु-पात्र साबित हुआ।

राजा विक्रमादित्य ने उसे प्राण-दंड देकर शाल्मलीपुर की प्रजा का कष्ट दूर कर दिया।

डरपोक राजा की कथा

गंगा के दाहिने किनारे उपजाऊ अंचल है। वहाँ पारिभद्र नाम का एक राजा था।

वह बेहद डरपोक था।

बूढ़े राजा का स्वर्गवास होने पर मंत्रियों ने विद्वान ब्राह्मणों से राज्याभिषेक करवाया और वह सिंहासन पर आसीन हुआ। बूढ़े राजगुरु ने एकांत में नए राजा को बार-बार नीति और धर्म के उपदेश दिए, साहस और स्वाभिमान की कथाएँ बार-बार सुनाईं। फिर भी राजा पारिभद्र का डर नहीं हटा।

उनकी भीरुता के बारे में बहुतेरी अफवाहें लोगों में पहले से ही फैली हुई थीं।

अब शासन का पूर्ण अधिकार पाने पर पास-पड़ोस के राज्यों में उसका डरपोकपन ही चर्चा का मुख्य विषय हो उठा।

पड़ोसी राजाओं ने राजा पारिभद्र की सीमाओं पर आक्रमण करना शुरू किया। शत्रु उसके राज्य के भीतर घुसते गए। छोटे-छोटे भूखंड पर दखल जमाते गए, वह अपनी भूमि का उतना-उतना अंश छोड़ता चला गया। बहादुरी और शक्ति की बातें न करके वह हमेशा शांति के पक्ष में मुस्तैद रहा।

दुश्मनों का हमला और अपने प्रभु का डरपोकपन बढ़ता ही गया।

परिस्थिति विषम हो गई तो मंत्रियों ने राजा से कहा—'महाराज, आपकी सहनशीलता के चलते शत्रुओं ने जो भूमि ले ली, वह तो ले ही ली। अब भी तो आपको अपनी शक्ति का परिचय देना चाहिए...अब तो हद हो गई !'

राजा ने पान चबाते-चबाते पूछा—'शक्ति का परिचय क्या होता है ?'

एक प्रौढ़ मंत्री ने कहा—'शत्रुओं के साथ युद्ध करके अपनी शक्ति और पराक्रम का परिचय देना होता है।'

राजा बोले—'अच्छा, इस वर्ष संधि ही कर ली जाय। युद्ध हम अगले साल करेंगे।'

'तो फिर'—मंत्री ने कहा—'इसी वर्ष क्यों नहीं ? अगले साल शत्रुओं का मुकाबला करना ही है। हम और पीछे क्यों हटें ?'

राजा भुनभुनाकर बोला—'युद्ध से भारी नुकसान उठाना पड़ता है। हाथी, घोड़े और सैनिक सैकड़ों-हजारों की संख्या में मारे जा सकते हैं।'

मंत्री ने कहा—'महाराज, सेना तो होती ही इसलिए है कि शत्रुओं का मुकाबला किया जाय। सेना तो लड़ाई में ही काम आती है, नहीं तो सेना का और क्या काम ?'

राजा कनपटी खुजलाने लगा। सेना और युद्ध की ये बातें उसे पसंद नहीं आ रही थीं। बोला—'लड़ाई में सेना ही नहीं काम आती है, आदमी खुद भी काम आ जाता है। दोनों फौजों में युद्ध ठन जाने पर यदि पहला तीर मेरी ही छाती में लग जाय तो प्रभु-भक्त होकर भी आप क्या कर लेंगे ? नीति-शास्त्र में कहा गया है कि देश से बाहर भले ही निकल जाय, अपने प्राणों की बाजी न लगाए। कैसे भी वक्त गुजारना चाहिए। काल को लाँघ जाओगे तो मुसीबत जरूर टल जाएगी।'

मंत्री कहने लगा—'महाराज, आप जो फर्मा रहे हैं वह कमजोर लोगों के लिए कहा गया है। आप तो काफी शक्तिशाली हैं। अब इस समय शत्रु को नहीं दबाएँगे तो आगे मौका पाकर वही आपको दबाएगा।'

राजा के गाल हाथों पर टिके थे। बोला—'तो एक काम कीजिए ! लड़ाई में जाने के लिए मेरी तरफ से कोई प्रतिनिधि नियुक्त कर दीजिए।'

मंत्री का चेहरा तमतमा उठा था। आवाज भी कड़ी हो गई थी। उसने कहा—'मामूली शत्रु को मार भगाने के लिए आप किसी को अपना प्रतिनिधि बनाकर युद्ध में भेज सकते हैं, किंतु समान शक्तिवाले शत्रु से युद्ध होने पर आपको खुद ही आगे बढ़ना होगा।'

अब राजा पारिभद्र खीझ उठा। कह गया—'आप लोग चाहे जो कहें। मेरा जी नहीं करता कि युद्ध करें। आप यदि मेरी मौत चाहते हैं, मेरा जीवन-सुख यदि आप से देखा नहीं जाता, तो भले ही मुझे लड़ाई की भट्ठी में झोंक दीजिए...।'

राजा के मुख से इस प्रकार खीझ-भरी बातें सुनकर मंत्रिगण दरबार से उठकर चले आए।

बाहर आकर वे आपस में बातें करने लगे।

जब तक पिता जीवित था, यह राजकुमार बड़ा तीसमारखाँ बनता था ! अब बड़े राजा साहब न रहे तो देखो कैसे जूड़ी-ताप का शिकार हो रहा है ! स्वतंत्र होने पर लोगों का असली स्वभाव प्रकट होता है। बाप की गोद में था तो होनहार मालूम देता था, अब देखो, खरगोश की तरह कैसे काँप रहा है ? डरपोक का जी हमेशा काँपता रहता है। चाहे पहाड़ की खोह में छिपकर बैठा हो, चाहे असंख्य सेनाओं से सुरक्षित रहे, चाहे सात समुद्र पार चला जाए, भीरु व्यक्ति का कहीं निस्तार नहीं। यह कायर अपने राज्य की रक्षा नहीं कर सकता...इसके चलते सारी प्रजा कष्ट भोगेगी। हम बाल-बच्चों के साथ यहाँ रह रहे हैं, हमारी अपनी जमीन-जायदाद भी तो है। क्या करें ? इस कायर को अभी छोड़ भी तो नहीं सकते...अभी इस डरपोक को सुलह करने दो। इस तरह थोड़ा समय और कटे...।

आपस में सलाह-मशविरा करके सभी मंत्री अपने-अपने घर गए।

वक्त बीतने लगा।

शत्रु सीमा-प्रदेश से आगे बढ़ते-बढ़ते राजधानी के करीब आ गए।

एक दिन, दोपहर के भोजन के बाद राजा आराम कर रहा था कि नगाड़े की आवाज सुनाई पड़ी।

डर के मारे राजा को पाखाना की हाजत महसूस हुई।

निबटकर आया तो उसने बूढ़े मंत्री को बुलवा भेजा।

मंत्री आए। राजा ने उनसे पूछा—'नगाड़े की आवाज आयुर्वेद के अनुसार दस्तावर होती है क्या ?'

मंत्री ने बड़ी मुश्किल से अपनी हँसी को दबाया और बोले—'नहीं महाराज, नगाड़े की आवाज दस्तावर नहीं होती। आपका डर ही आपके लिए जुलाब का काम कर रहा है...।'

आख़िर उसी रात राजा राजधानी छोड़कर भाग गया।

कृपण की कहानी

मथुरा में एक बनिया रहता था। नाम था गुप्तधन।

उद्योग धंधे में उसे लाभ ही लाभ होता गया। लेकिन था वह भारी कंजूस।

जैसे-जैसे उसकी संपदा बढ़ती गई, उसकी कंजूसी वैसे-वैसे बढ़ती गई।

एक बार दुर्भिक्ष (अकाल) की संभावना देखकर वह सोचने लगा—अन्न-संकट के दिनों में घरवाले तो नहीं मानेंगे, उन्हें कौन मना करेगा ? सारा धन भूख की आग में जलकर राख हो जायगा...वह दृश्य मुझसे कैसे देखा जाएगा ? मैं तो खून की कै करके मर जाऊँगा !...उहुँ, ऐसा नहीं होने दूँगा मैं !...अभी से सँभल जाना चाहिए। धन को ऐसी जगह छिपा के रख दूँ जहाँ किसी की निगाह न जाय...

बनिए ने धीरे-धीरे सारा धन सोने के टुकड़ों में बदलवा लिया और उन्हें छिपाता गया।

अन्न-संकट के दिन आए।

उसके बाल-बच्चे दाने-दाने को तरसने लगे, मगर उसका दिल नहीं पसीजा।

भूख के मारे घरवाले कमजोर पड़ने लगे। उनकी पसलियाँ निकल आईं और वे मरियल दिखने लगे। परिवार में रोगों का प्रवेश हुआ।

घर की औरतों ने रो-रोकर बनिए को समझाया। वह टस से मस नहीं हुआ, उसने दमड़ी तक नहीं निकाली।

बाप-माँ, बेटे-बेटियाँ, स्त्री...अन्न के अभाव में सभी चल बसे।

बनिया आप भी पेट-भर नहीं खाता था। वह भी सूखकर काँटा हो गया।

आगे चलकर उसने अपना खाना और भी कम कर दिया। अब वह ज्यादातर भूखा ही रहने लगा।

पड़ोसियों को नागवार गुजरा तो एक दिन वे उसे समझाने आए—'अरे सेठ जी, अब अपनी जान तो बचा लो, कम से कम इतना तो करो !'

गुप्तधन बोला—'आप लोग अपना-अपना काम कीजिए। मैं दूध-पीता बच्चा थोड़े हूँ कि इस तरह समझाने आए हैं !'

पड़ोसी खीझकर बोले—'साथ तो कुछ जाएगा नहीं, तुम्हारा सारा धन राजा के खजाने में जमा होगा या फिर चोर ले जायगा...'

पड़ोसियों की यह बात सुनकर बनिया खाँसने लगा। खाँसते-खाँसते मुस्कुराया। उसके पोपले गाल क्षण-भर के लिए अपनी सिकुड़न खोकर चमक उठे। आँखों के गहरे कोए पुतलियों की हल्की टिमटिमाहट में जगमगाने लगे। वह बोला—'बुद्धू का ही धन कोई दूसरा हड़प लेता है। मैं अपनी संपदा गले में बाँधकर साथ ले जाऊँगा। मैं यों नहीं मरूँगा।'

आखिर वह दिन भी आया।

बनिया मरने के लिए गंगा के किनारे गया।

किनारे एक नाव दिखाई पड़ी।

मल्लाह नाव में से पानी उलीच रहा था।

बनिए ने उससे कहा—'भाई, तू मेरा एक काम कर !...'

नाविक ने कड़ी आवाज में कहा—'मुफ्त की सैर नहीं कराऊँगा, चल-चल !...बड़े

आए हैं नाव पर बैठकर मौज मनानेवाले !'

बनिया से बोला नहीं जा रहा था। 'मरियल के मुँह से अपना कान सटा दोगे तभी तो बात समझ में आएगी।' उसने दोनों हाथ जोड़कर प्रार्थना की मुद्रा में नाविक को पास बुलाया।

मल्लाह का हृदय द्रवित हुआ। नाव से उतरकर किनारे की बालू पर आया। गर्दन आगे बढ़ाकर उसने अपना एक कान बनिए की तरफ बढ़ा दिया।

'भाई', बनिया बोला—'मेरे प्राण बड़े संकट में हैं। निकल ही नहीं रहे हैं। तुम मुझे नाव पर बैठाकर मँझधार में ले चलो और अथाह जल में डुबा दो मुझको। इसकी मजदूरी, बल्कि पहले ही ले लो !...'

'निकालो, क्या देते हो !' नाविक बोला।

बनिए ने थैली में से सोने का छोटा-सा टुकड़ा निकाला।

कंजूस की हथेली पर सोने का वह टुकड़ा चमक रहा था।

कंजूस उस टुकड़े को ललचाई निगाहों से देखता रहा। फिर उसने थैली का मुँह खोलकर उसमें झाँका...थैली में बहुत सारे स्वर्ण-खंड थे। उनकी चमक बनिए की आँखों को शीतल-अंजन जैसी लगी...वह विह्वल होकर बोला—'सुनो भाई नाविक, सोने के ये सारे टुकड़े बेहद चमक रहे हैं। सभी तपे-तपाए हैं। खालिस सोना है...इनमें से एक भी टुकड़ा देने लायक नहीं है। तुम ऐसा करो कि मुझे यों ही नाव पर बैठा लो, मँझधार में ले जाकर छोड़ दो मुझको ! तुमको बड़ा पुण्य होगा ! सोने का टुकड़ा लेकर क्या करोगे ? यों ही मुझे गंगा की धारा में डुबाकर बहुत-बहुत पुण्य हासिल कर लो !'

मल्लाह को बड़ी खुशी हुई। लगा कि भाग्य का देवता सामने एक अपरिचित मरियल बूढ़े के गले से लटकती हुई उस थैली के अंदर मुस्कुरा रहा है।

अपनी प्रसन्नता को छिपाकर वह बोला—'आओ, तुम तो चढ़ नहीं पाओगे, मैं तुम्हें नाव पर बैठा दूँ...'

नाव पर बैठाकर नाविक बनिए को बीच गंगा में ले गया।

'जय गंगा मइया की !'—कंजूस को उठाकर मल्लाह ने धार में डाल दिया।

उसने बनिए की टाँग में पीछे से पतली-मजबूत डोरी उलझा रखी थी। उस डोरी के सहारे मल्लाह ने डूबी लाश निकाल ली।

मरे हुए बनिए के गले से बँधी थैली खोलकर लाश को उसने धार में बहा दिया।

थैली में सोने के बहुत-सारे टुकड़े थे। उन्हें पाकर नाविक कृतकृत्य हो गया।

गद्गद होकर उसने सोने का एक बड़ा-सा टुकड़ा नाव के नीचे, धार में छोड़ दिया। दोनों हाथ जोड़कर बोला—'जय गंगा मइया !...मैं इतना सोना लेकर क्या करूँगा !'

उसकी आँखें गीली हो आईं।

युद्धवीर की कहानी

मिथिला के महाराज नामदेव का पुत्र मल्लदेव सिंह की तरह पराक्रमी था।

अपनी बहादुरी के प्रतिमान स्थापित करने के लिए वह हमेशा सोचता ही रहता।

एक बार उसके जी में आया कि अपने पिता के राज्य का उत्तराधिकार तो मुझे मिलेगा ही। मगर यह तो स्वयं मेरे द्वारा अर्जित सम्पत्ति न होगी। जो संपदा अपने बाहु-बल से हासिल न की गई हो उसमें मेरा क्या !...वह पुत्र क्या जो अपनी बहादुरी से पिता को प्रसन्न न कर पाए !

कुमार चुपचाप अपने पिता की राजधानी से निकल गया। वह कन्नौज पहुँचा। महाराज जयचंद के दरबार में हाज़िर हुआ। राजा ने उसे सम्मानपूर्वक अपना मुसाहिब बना लिया। कुमार मल्लदेव अपनी सेवाओं के बल पर धीरे-धीरे राजा की निगाहों पर चढ़ गया।

एक बार मल्लदेव को अपने सम्मान में कुछ कमी महसूस हुई।

उसने फौरन राजा से निवेदन किया--'महाराज, मैं आपका नाम सुनकर यहाँ आया था। अब अन्यत्र जा रहा हूँ...'

'क्या बात है ?' राजा ने पूछा।

मल्लदेव बोला—'राजन्, यहाँ तो अपनी बहादुरी के सबूत देने का कोई मौका ही नहीं मिलेगा मुझे। आपके दरबार में गप्पी लोग भरे पड़े हैं। मेरा तो दम घुटता है... यहाँ रहूँगा तो मुझे यक्ष्मा की बीमारी हो जाएगी महाराज ! अब मैं वहाँ जाऊँगा जहाँ हथियार दिखाई पड़ेंगे, जहाँ नगाड़े की आवाज सुनाई देगी, जहाँ युद्ध का माहौल होगा। यहाँ क्या है ?'

महाराज जयचंद ने मुस्कराकर कहा—'समुद्र के किनारे तक जितने भी देश हैं, उनके राजा हमारे अधीन हैं। हमें उनसे कर मिलता है, कौन हमारा सामना करेगा ? किसमें इतनी हिम्मत है ? हवा के साथ तो युद्ध नहीं होगा ! युद्ध के लिए सामने कोई प्रतिद्वंद्वी भी तो हो।'

मल्लदेव बोला—'विजय-सुख ही राज्य का नतीजा होता है। लेकिन युद्ध के बिना विजय का सुख मिले तो कैसे मिले ? अब मैं दूसरी जगह जाता हूँ। आशा है, आप खुशी-खुशी इसकी आज्ञा मुझे देंगे। मैं जिस राजा के राज्य में रहूँगा, वही आपका सामना करने को तैयार हो जाएगा।'

राजा जयचंद को गुस्सा आ गया—'अरे वाह ! छोटे मुँह बड़ी बात ! किस घमंड में भूला है तू ! जा, जहाँ तेरा जी चाहे। तू जिधर जाएगा, मेरी फौज भी उधर ही कूच करेगी।'

मल्लदेव चुपचाप निकल गया।

वह राजा चिक्कोर की राजधानी में जा पहुँचा।

महाराज जयचंद तक यह खबर पहुँची। उसने कुछ ही दिनों के अंदर चिक्कोर

की राजधानी पर चढ़ाई कर दी।

राजा चिक्कोर ने अपने मंत्रियों से राय ली—'अपने पास उतनी फौज नहीं है जो कन्नौज की सेना का सामना कर सके। क्या किया जाय।'

मंत्रियों ने सलाह दी—'राजन्, महाराज जयचंद आपसे कई गुना अधिक तगड़े हैं। सामना तो उनका हम क्या करेंगे ! हाँ, किले का फाटक बंद करके चुपचाप अंदर पड़े रहें। अपने पास इतना धन भी तो नहीं है कि जिसके सहारे समझौता कर लिया जाय।'

जयचंद के डर से राजा चिक्कोर भागने पर आमादा था।

मल्लदेव ने उससे कहा—'आप भागने की फिक्र न करें ! महाराज जयचंद आप से लड़ने नहीं आए हैं। उनकी इस चढ़ाई का कारण कुछ और है।'

फिर चिक्कोर को मल्लदेव ने सारी बातें कह सुनाईं।

चिक्कोर ने पूछा—'तो अभी हम क्या करें ?'

मल्लदेव बोला—'मैं अकेला ही उनके सैनिकों का सामना करूँगा। आप किले की बुर्जी पर खड़े होकर दूर से युद्ध का तमाशा देखिए।'

चिक्कोर ने जानना चाहा—'इतनी बड़ी फौज से तुम अकेले कैसे लड़ोगे ? यह काम नीति के खिलाफ न होगा ?'

मल्लदेव ने हुंकारी भरी, मूँछों पर हाथ फेरकर बोला—'वीर बाँकुरे मरने से नहीं डरते, वह दूसरे की धौंस बर्दाश्त नहीं कर सकते।'

चिक्कोर ने समझाया—''जो बिना विचारे काम करता है वह मुसीबत में फँसता है। खैर, तुम बड़े बहादुर हो और महाराज जयचंद के तो क्या कहने ! तुम दोनों लड़ोगे, यह तो मैं सुनना भी नहीं चाहूँगा, देखने की तो बात ही अलग है।'

मल्लदेव बोला—'हुजूर, यदि आपको युद्ध का देखना तक असह्य लगता है तो आप ऐसी जगह में जा छिपें, जहाँ यमराज भी आप पर नजर न डाल सके। मुझे एक हाथी चाहिए। यह हाथी देकर आप जहाँ चाहें जायँ। मैं अकेला ही आपकी इस सूनी राजधानी की रक्षा करूँगा।'

चिक्कोर मल्लदेव को हाथी देकर किले से निकला और कहीं जा छिपा।

अगले ही दिन, जयचंद की फौज किले के सामने आ पहुँची।

मल्लदेव सजे हुए हाथी पर चढ़कर जयचंद के सामने जा डटा, वह हथियारों से लैस था।

राजा जयचंद ने पूछा—'तुम कौन हो ?'

मल्लदेव ने कहा—'मैं आपका पुराना प्रतिद्वंद्वी हूँ, वही प्रतिद्वंद्वी जिसे लोग मल्लदेव कहते हैं।'

जयचंद को हँसी आ गई। बोले—'ठीक है, तुम्हारी बहादुरी देखी गई। अब आओ और मेरे साथ चलो।'

मल्लदेव ने जोरों से कहा—'तुम्हीं क्यों नहीं चलते मेरे साथ। तुम घोड़े पर हो, मैं हाथी पर हूँ। यह युद्ध का समय है, बात बनाने से काम नहीं चलेगा।'

जयचंद को मल्लदेव की बातें सुनकर आश्चर्य हुआ। उसने अपने सैनिक से कहा—'मल्लदेव को पकड़कर मेरे सामने ले आओ।'

सैनिकों ने मल्लदेव को पकड़ना चाहा, लेकिन उसने सबको मार गिराया।

जयचंद ने सैनिकों की दूसरी टुकड़ी को आज्ञा दी—'तुम लोग अगर मल्लदेव को जिंदा न पकड़ सको तो उसे मारकर वहीं गिरा दो।' प्रभु की आज्ञा पाते ही सैनिकों ने मल्लदेव पर एक साथ तीर बरसाना शुरू किया। उसका सारा शरीर बिंध गया और वह बेहोश होकर हाथी से नीचे लुढ़क पड़ा।

घायल मल्लदेव को रणभूमि में जयचंद देखने आए। हुलसकर बोले—'तुम धन्य हो मल्लदेव ! धन्य हो ! अब भी साफ-साफ बतला दो कि जीने की इच्छा है या नहीं...'

मल्लदेव ने फुसफुसाकर पूछा—'जीत किसकी हुई ?'

जयचंद ने कहा—'तुम्हारी जीत हुई।'

मल्लदेव ने उत्सुक होकर पूछा—'कैसे ?'

जयचंद ने कहा—'तुम अंत तक लड़े हो। हमारे सैकड़ों बहादुर तुम्हारी तलवार खाकर खेत रहे। किस कदर बुरी तरह तुम घायल हो गए हो ! और, अब भी युद्ध की तुम्हारी लालसा उसी प्रकार उत्कट बनी हुई है। तुम्हारी बहादुरी का भला कौन मुकाबला करेगा ?'

मल्लदेव की आँखें चमक उठीं। वह गद्‌गद होकर बोला—'महाराज, यदि आप अपने श्रीमुख से यह सब कह रहे हैं तब तो मैं भी जीना चाहता हूँ...'

महाराज जयचंद पर उसकी बहादुरी का सिक्का जम गया। उन्होंने मल्लदेव के शरीर में पट्टी चढ़वाई और फिर उसे अपनी राजधानी ले आए।

पीछे मल्लदेव कन्नौज के राजा का मंत्री हुआ।

सुबुद्धि की कहानी

मिथिला में एक राजा हो गए हैं, हरिसिंहदेव।

मंत्री का नाम था गणेश्वर। यह मंत्रीजी कई शास्त्रों के विद्वान थे और कूटनीति में भी उनका लोहा माना जाता था।

महामंत्री गणेश्वर की चतुराई के बारे में बहुतेरी बातें पास-पड़ोस के राज्यों में फैली थीं।

देवगिरि का राजा बामदेव गणेश्वर की योग्यता के बारे में सुनकर चकित हुआ।

सोचने लगा—कहते हैं महामंत्री गणेश्वर की बुद्धि देवताओं के गुरु बृहस्पति के समान पैनी है...हमें इसकी जाँच करनी होगी।

बामदेव ने राजा हरिसिंहदेव के साथ दोस्ती गाँठ ली।

दोनों राज्यों में सौगातों की लेन-देन शुरू हुई। आपसी सद्व्यवहारों की होड़ लग गई।

बामदेव ने हरिसिंह को पत्र लिखा—मेरे यहाँ आप दो व्यक्ति भेज दें। उनमें से एक मूर्ख रहे, दूसरा समझदार।

पत्र पढ़वाकर सुना तो हरिसिंह ने मन ही मन सोचा—दोस्ती का मामला है। अपने यहाँ से दो व्यक्तियों को वहाँ भेजना कोई बड़ी बात नहीं है। मगर, किस समझदार को भेजूँ और किस मूर्ख को भेजूँ ?

राजा बामदेव पसोपेश में पड़ गए।

मंत्रियों ने पूछा—'महाराज, क्यों चिंतित हैं आप ?'

राजा बोले—'मित्र की माँगी हुई सौगात न भेज पाना बड़ी लज्जा का विषय रहेगा। समझ नहीं पा रहा हूँ किस-किसको भेजूँ—एक मूर्ख चाहिए, एक पंडित...'

मंत्री ने कहा—'नहीं, न भेजिए किसी को।'

राजा उछल पड़ा—'क्या कहते हैं आप ? मित्र की बात कैसे रहेगी ?'

महामंत्री गणेश्वर मुस्कराते रहे, फिर बोले—'सीधी-सी बात है महाराज ! बामदेव स्वयं भी तो राजा हैं। उनके राज्य में सभी वस्तुएँ सुलभ हैं। वहाँ पंडित भी होंगे और मूर्ख भी होंगे, फिर यहाँ से क्यों किसी पंडित और मूर्ख को भेजा जाय ? क्या यहाँ के समझदार और बुद्धू वहाँ वालों से अलग किस्म के होते हैं ? मैं तो यही सोचता हूँ कि राजा बामदेव हमारी समझदारी की परीक्षा ले रहा है। वह बड़ा ही चतुर और परिहासप्रिय व्यक्ति है। हमें उल्लू बनाकर अपना मनोरंजन करना चाहता होगा।'

राजा ने भारी स्वर में पूछा—'आखिर किया क्या जाय ?'

मंत्री बोले—'महाराज, राजा बामदेव को हम पत्र द्वारा सूचित करें कि मूर्ख तो सारी दुनिया में फैले हुए हैं। विद्वानों की कमी यहाँ भी है। अच्छे विद्वान मारे-मारे थोड़े फिरते हैं ! वे तो परमार्थ साधन में लीन रहते हैं। निर्जन वन या पहाड़ की गुफा में समाधि लगाकर बैठे रहते हैं। उन्हें पाना यहाँ भी आसान नहीं है...आपके लिए किसी विद्वान पुरुष को मैं कहाँ से उपलब्ध करूँ ? और मूर्ख तो आपके इर्द-गिर्द भी ढेरों होंगे...'

राजा को मंत्री की इस सलाह पर हँसी आई। बात थी भी ठीक।

देवगिरि के राजा को पत्र द्वारा सूचित कर दिया गया।

बामदेव ने हरिसिंह की चिट्ठी पढ़वाई और दरबारियों के साथ उसे सुना। सभी ने वाह-वाह की। सभी संतुष्ट हुए।

सभी सभासदों ने एक स्वर से राजा हरिसिंह को धन्यवाद दिया। बोले—'मिथिला के राजा सचमुच ही बड़े भाग्यवान हैं, जिनको गणेश्वर जैसा चतुर मंत्री मिला है।'

जादूगर की कहानी

पक्षधर जाति का तो ब्राह्मण था, परंतु पेशे के तौर पर उसने इंद्रजाल की विद्या अपना ली थी।

शुरू के वर्षों तक वह देश-देशांतर घूमकर जादूगरी के अपने चमत्कारों से लोगों का मनोरंजन करता फिरा। बाद को उसने राजा राजदेव के दरबार में चाकरी कर ली।

एक बार त्योहार के दिनों में राजा ने अपने दामाद को निमंत्रित किया। दामाद ने निमंत्रण स्वीकार कर लिया।

वह भी राजकुमार ही तो था। सहज सुखी होने से उसे जरा भी भूख बर्दाश्त नहीं होती थी। उस रोज लेकिन उस पर भूखे होने पर भी तुरत-फुरत ससुराल की ओर चल पड़ने की मस्ती सवार हुई।...भूखे ही घोड़े पर बैठ गया। ससुर को इसकी खबर मिली।

राजा ने सोचा—हमारे महामान्य दामादजी भोजन करने के लिए आ रहे हैं; लेकिन यहाँ तो अभी तक रसोई तैयार नहीं हुई !...काफी देर है। राजा बेचैन हो उठे।

जादूगर ने कहा—'सरकार फिक्र मत कीजिए आप ! बात नहीं बिगड़ेगी, मैं सब सम्हाल लूँगा। दामाद बाबू की अगवानी में मैं निकल जाता हूँ। उन्हें मैं वहाँ रास्ते में ऐसे-ऐसे दिलचस्प तमाशे दिखलाऊँगा कि उनको पता ही नहीं चलेगा और काफी वक्त बीतने पर जब हम साथ लौटेंगे तब तक रसोई हो चुकी होगी।'

पक्षधर पंडित आगे बढ़कर रास्ते में राजा के दामाद से मिला। उसने जादूगरी के अपने चमत्कार दिखलाने शुरू किए। राजा के दामाद ने मेढ़ों की लड़ाई देखी। फिर पहलवानों का दंगल देखा। फिर उसने देखा कि बगुले की चोंच में छोटी-सी पोठिया मछली दबी पड़ी है। डर के मारे नदी के अंदरवाली मछलियाँ भागी चली जा रही हैं। नदी का प्रवाह मछलियों की भाग-दौड़ से और भी सुंदर लगता है। फिर उसने एक हिरन को देखा। हिरन तेजी से भागा जा रहा था। कुत्ते उसका पीछा कर रहे थे...

इन तमाशों में राजा के दामाद का बहुत सारा समय रास्ते में ही गुजर गया।

इधर तब तक महल में खाना पक चुका था।

राजा के सेवक दामाद को बुलाकर ले आए और उसने खाना खाया। पीछे पता चला कि मेढ़ों की लड़ाई थी, पहलवानों का दंगल भी झूठा था...सारे तमाशे झूठे थे। इस पर राजा के दामाद को बड़ा ही अचरज हुआ।

जादूगर को राजकुमार से पुरस्कार के तौर पर बहुत सारी कीमती वस्तुएँ प्राप्त हुईं।

सत्यवीर की कहानी

दिल्ली में महमदशाह तुगलक एक यवन-सम्राट् था।

वह अपने बाहुबल के प्रताप से समुद्र तक फैली पृथ्वी का शासन करता था।

काफरराज (हिन्दू राजा) उसकी उन्नति नहीं सह सका तो उससे लड़ने के लिए अपनी सारी सेना के साथ दिल्ली जा पहुँचा।

लाखों घोड़ों और घुड़सवारों को अपने साथ लेकर महमदशाह राजधानी के बाहर निकल आया।

दोनों दलों में युद्ध ठन गया।

हिन्दू राजा की बलिष्ठ सेना से पिटकर मुसलमानी फौज रणभूमि में न ठहर सकी, भाग चली।

बादशाह ने अपनी आँखों से देखा : उसकी फौजें उसी तरह भाग रही थीं, जिस तरह सिंह के भय से आतंकित होकर हाथियों के झुंड भागते हैं।

बादशाह ने ललकारकर कहा—'बहादुरो, क्या कोई नहीं है माई का लाल जो भागती हुई मेरी फौजों को अपने बाहुबल से क्षण-भर भी रोक सके ?'

बादशाह की बात सुनकर नृसिंहदेव और चाचिकदेव सामने आए, बोले—'हुजूर ! आपकी भागती फौजों को अब इस वक्त यहाँ कौन रोक सकता है ? नीचे की तरफ गिरती हुई जलधारा को रोकना असंभव है। परंतु आप यदि धीरज रखें तो हम अभी काफरराज का सिर काट ले आवें।'

बादशाह ने उन दोनों की पीठ ठोंकी।

नृसिंहदेव की बाँहें फड़क उठीं। उत्साह के मारे रोंगटे खड़े हो गए। उसने घोड़े की पीठ पर वज्राघात की तरह चाबुक जमाया।

चाबुक की चोट खाकर घोड़ा वेग से शत्रु-सेना में प्रवेश कर गया।

घोड़े पर सवार नृसिंहदेव ने देखा, हिंदूराज इधर ही आ रहा है। अभिमान में फूला हुआ श्वेत छत्रधारी।

नृसिंह देव ने उसके सीने में बर्छा घोंप ही तो दिया...

काफरराज निष्प्राण होकर धरती पर लोट गया। तब तक चाचिकदेव ने पहुँचकर झट से उसका सिर काट लिया।

काफरराज का कटा हुआ सिर महमदशाह के सामने रखा गया।

बादशाह ने पूछा—'किसका सिर है ?'

'हिंदूराज का'—चाचिक ने जवाब दिया।

महमदशाह का सवाल था—'किसने इसे मारा ?'

चाचिक ने विनम्र होकर कहा—'इसे वीरवर नृसिंहदेव ने मारा और सिर मैंने काटा...'

'नृसिंहदेव कहाँ गए ?'—बादशाह ने पूछा।

'वह दुश्मन की फौजों के अंदर घिर गए थे। अपने राजा की हत्या से क्रुद्ध होकर सैनिक नृसिंहदेव पर टूट पड़े। वह अकेला ही उनसे जूझता रहा...बाद को पता नहीं क्या हुआ।'

हिंदूराज की सेना में भगदड़ मच गई।

बादशाह ने अपने सैनिकों से कहा—'दुश्मन की फौजों के पैर तो यों ही उखड़ गए हैं, अब तुम लोग उन्हें और अधिक मत खदेड़ो...अरे, नृसिंहदेव को तो ढूँढ़ निकालो। उसी ने हमारे दुश्मनों का हौसला तोड़ा है। उसका पता लगाओ !'

बड़ी ढुँढ़इयाँ हुईं। ढूँढ़ते-ढूँढ़ते रात हो आई।

हाथों में मशाल लेकर बादशाह के सैनिक नृसिंहदेव को जाने कहाँ-कहाँ ढूँढ़ते फिरे।

समर-भूमि के एक कोने में लाशों के बीच आखिर वह मिला।

उसका शरीर तीरों से बिंधा पड़ा था। बर्छा-तलवार के घावों से अंग-अंग क्षत-विक्षत था। खून से लथपथ बदन ऐसा लगता था, मानो टेसू के फूल खिले हों ! यंत्रणा से बेचारा छटपटा रहा था।

बादशाह अपने घोड़े से उतर पड़ा। बोला—'नृसिंहदेव, क्या तुम जीना चाहते हो ?'

नृसिंहदेव ने बड़ी मुश्किल से कहा—'जहाँपनाह, मेरे बारे में आपको मालूम हुआ न ?'

'हाँ, सब कुछ मालूम हुआ...तुम्हीं ने मेरे दुश्मन को मारा है नृसिंहदेव !'

'तो अब मैं जीना चाहूँगा !'—नृसिंहदेव चीख उठा। खुशी के मारे उसकी आँखें सजल हो आईं...आगे उसने कहा—'जिसकी भलाई के लिए मैंने साहस का यह काम किया, उसे असलियत का पता चल गया। मेरा श्रम सफल हुआ...'

नृसिंहदेव को उठाकर महल के अंदर ले आए।

बादशाह ने स्वयं अपनी देख-रेख में उसकी चिकित्सा करवाई और कुछ दिनों के अंदर ही वह स्वस्थ हो गया।

नृसिंहदेव की वापसी के दिन आ गए।

एक हजार घोड़े, एक लाख अशर्फियाँ, छत्र-चँवर आदि शासकीय निशान के साथ जागीरदारी का पट्टा और जाने क्या-क्या वस्तुएँ बादशाह ने नृसिंहदेव के सामने रखवा दीं।

बादशाह की तरफ से अपने को सम्मानित पाकर नृसिंहदेव बहुत प्रसन्न हुआ। पुलकित होकर बोला—'हुजूर, साहस तो राजपूतों का मौलिक गुण है। मैंने कोई असम्भव कार्य नहीं किया है। आप मुझे सम्मान दे रहे हैं, ठीक है, परंतु सम्मान का सच्चा अधिकारी तो मेरा मित्र चाचिकदेव है। आप उसी को सम्मानित करें। उसने शत्रु का सिर लाकर आपके सामने हाजिर किया। उसी ने मेरे बारे में आपको बतलाया कि नृसिंहदेव ने हिंदू राजा को मार डाला। इस प्रकार चाचिकदेव ने सत्य का पालन किया। यदि वह मेरा नाम छिपा लेता, शत्रु-वध का श्रेय यदि वह स्वयं ही अपने पर ले लेता, तो तथ्य का पता किसको चलता ? इसीलिए मेरा आग्रह है कि पहले चाचिकदेव का ही सम्मान होना चाहिए...'

चाचिक ने कहा—'नहीं, ऐसा न कहो ! यश के बारे में 'जूठन-खोर' नहीं होना

चाहता मैं ! सम्मान के सच्चे पात्र तो तुम्हीं हो।'

नृसिंहदेव देर तक माथा हिलाता रहा—'वाह, वाह ! वाह, वाह !'

उन दोनों का आपस का ऐसा बर्ताव देखकर बादशाह बहुत खुश हुए।

मिथिला के दोनों राजकुमारों को समान भाव से सम्मानित करके बादशाह ने उन्हें विदा किया।

षटशास्त्री की कहानी

सम्राट विक्रमादित्य के दरबार में एक ब्राह्मण उपस्थित हुआ।

उसके सिर में भारी दर्द था। बहुत सारी कोशिशों के बाद भी जब ब्राह्मण को सिर-दर्द की बीमारी से छुटकारा नहीं मिला, तभी वह अपने को राजा की शरण में ले आया था।

उसकी आँखें गीली थीं। गला रुँधा हुआ था। दोनों हाथ जोड़कर उसने कहा—'महाराज, मुझ जैसे दीन-हीन ब्राह्मण के प्राणों की रक्षा आप नहीं करेंगे तो कौन करेगा !'

विक्रमादित्य को रोगी ब्राह्मण पर बड़ी दया आई। उसने वराहमिहिर को बुलवाया।

वराहमिहिर ज्योतिष के भारी जानकार थे। फलित भी, गणित भी; ज्योतिष के दोनों अंगों की उनकी अभिज्ञता देश-भर में विख्यात थी।

राजा ने पूछा—'आचार्य, इस ब्राह्मण को रोग से छुटकारा मिलेगा कि नहीं ? लक्षणों से आपको क्या मालूम हो रहा है ?'

वराहमिहिर ने कहा—'इसका रोग जरूर छूटेगा लेकिन शराब पीनी पड़ेगी।'

विक्रमादित्य सोचने लगे—हाय, कैसी बात कर रहे हैं, ज्योतिषी जी ! भला ब्राह्मण होकर यह व्यक्ति मदिरा कैसे मुँह लगाएगा ? अच्छा, देखो, क्या होता है...!

सोच-सोचकर राजा ने हरिश्चंद्र को बुला भेजा।

हरिश्चंद्र आयुर्वेद के ज्ञाता थे। उनका सफल चिकित्सक के नाते बड़ा यश था।

पूछने पर वैद्य जी ने ब्राह्मण को अच्छी तरह देखा। बोले—'महाराज, इस ब्राह्मण को जिस व्याधि ने ग्रस्त कर रक्खा है, उसे 'ब्रह्मकीट' कहते हैं। इस बीमारी की कोई चिकित्सा नहीं है।'

राजा बोले—'यह असंभव लगता है कि इस रोग की कोई चिकित्सा न हो।'

वैद्य ने हिचकिचाहटवाले स्वर में कहा—'हाँ, दवा तो है, लेकिन वह ऐसी दवा है कि ब्राह्मण के लिए ग्राह्य नहीं होगी।'

विक्रमादित्य को कौतूहल हुआ। देखें वैद्य जी किस दवा का नाम लेते हैं !

राजा को उत्सुक देखकर वैद्यराज हरिश्चंद्र कहने लगे—'ब्रह्मकीट इसके माथे का गूदा खोद-खोदकर खा रहा है। इससे ब्राह्मण को ऐसी तकलीफ हो रही है। ब्रह्मकीट

न आग में जलाने से जलता है, न पानी में डालने से गलता है ! वह तो सिर्फ मदिरा से मरता है। शराब ही इस बीमारी की एकमात्र दवा है।'

राजा ने कानों पर हाथ रखे, कहा–'हाय, हाय ! यह कैसी बात आप कर रहे हैं ? आखिर ब्राह्मण को शराब दी कैसे जाएगी ?'

वैद्य बोले–'बिना मद्य के तो यह जिएगा नहीं...महाराज ! ब्राह्मण के प्राणों की रक्षा करनी हो तो अंततः यही करना होगा...।'

सम्राट विक्रमादित्य धार्मिक अभिरुचियों के व्यक्ति थे। वैद्यराज की बातें सुनकर उन्हें बड़ा दुःख हुआ।

राजा को फिक्र पड़ गई। वैद्य जी को उन्होंने फिलहाल विदा किया।

सोचते-सोचते आचार्य शबरस्वामी की याद आई।

शबरस्वामी बहुत बड़े षटशास्त्री थे। विधि-निषेध के मामलों में उनकी तूती बोलती थी।

शबरस्वामी बुलवाए गए। उनसे पूछा गया–'गुरुदेव, इस धर्म-संकट का क्या हल है ?'

आचार्य बोले–'सुनिए महाराज, एक ब्राह्मण के प्राणों की रक्षा का सवाल है। हमारी तो यही राय है कि व्याधि से छुटकारा पाने के लिए यदि मदिरा-पान करना पड़े तो वह अनुचित नहीं होगा। कहा गया है–औषधार्थ सुरां पिवेत।'

षटशास्त्री महोदय का दो-टूक वाला निर्णय सुनकर राजा ने वैद्यराज को फिर से बुलवा लिया।

अब की वैद्यजी से पूछा गया–'देखिए, प्राणरक्षा का प्रश्न तो है, धर्मरक्षा का भी प्रश्न है। फिर से सोच लीजिए–क्या सचमुच मद्यपान ही इस रोग का प्रतिकार है ?'

वैद्यराज हरिश्चंद्र ने दृढ़तापूर्वक कहा–'यदि मद्यपान के अतिरिक्त कोई और भी औषधि इस रोग के लिए होगी तो ब्राह्मण को शराब पिलवाने का पाप मुझ पर पड़ेगा।'

राजा ने दोनों आचार्यों की दृढ़ता देखकर ब्राह्मण को मद्य पीने की आज्ञा दे दी।

कटोरे में भरकर मदिरा लाई गई।

कटोरा ब्राह्मण के सामने रक्खा गया कि इतने में आकाशवाणी हुई–'सावधान ! देखो षटशास्त्री जी, ब्राह्मण को शराब पिलवाने का साहस मत करो !'

कटोरे की ओर बढ़ा हुआ ब्राह्मण का हाथ रुक गया।

आवेग-भरे स्वर में शबरस्वामी ने कहा–'अजी, देखते क्या हो ? कटोरा उठाकर एक ही घूँट में सारी मदिरा पी जाओ। आकाशवाणी के शब्दों पर बिलकुल ध्यान न दो। आकाशवाणी क्या है ? कुछ भी नहीं है ! यहाँ, इस प्रसंग में उसका एक-एक अक्षर फालतू है...।'

देवताओं ने महामहोपाध्याय, आचार्य प्रवर शबरस्वामी के माथे पर आसमान से फूल बरसाए...

राजा विक्रमादित्य और उनके दरबारी यह देखकर चकित रह गए और षटशास्त्री

महानुभाव की बातों पर उन्हें विश्वास करना पड़ा।

ब्राह्मण ने मद्य से भरा हुआ कटोरा उठा लिया। उसके मद्य-विरोधी संस्कार रग-रग में फड़कने लगे।

शराब-भरा कटोरा होठों के करीब पहुँचा।

पुरारी मदिरा की उत्कट गंध साँसों के जरिए नाक के भीतर चली गई। इससे वह बेचारा व्याकुल हो उठा।

शराब की तीखी गंध से तिलमिलाकर उसके मस्तक का 'ब्रह्मकीट' नाक के छेद से नीचे धरती पर गिर पड़ा।

सम्राट विक्रमादित्य ने वैद्य की कही हुई बात को जाँचने के लिए उस 'ब्रह्मकीट' को दहकती आग में डलवाया। वह जला नहीं। तब उसे ठंडे पानी में छोड़ दिया, फिर भी उसकी मृत्यु न हुई। निहाई पर डालकर उसे घन के प्रहारों से मारने की कोशिश की गई, फिर भी वह जीता रहा...अंत में 'ब्रह्मकीट' पर जब मदिरा की बूँद टपकाई गई तब जाकर वह मरा।

सभी आश्चर्य में थे।

राजा ने कहा–'वैद्यराज, आपने तो कहा था कि शराब पिए बिना रोग से छुटकारा नहीं होगा; किंतु यहाँ तो शराब की गंध से ही बीमारी गई ! यह कैसे हुआ ?'

वैद्य बोले–'यदि मैं शराब पीने की बात न करता, सिर्फ सूँघने की बात करता, तो संभव था 'ब्रह्मकीट' बाहर नहीं आता...पीने की बात थी, इसी से शराब से भरा हुआ कटोरा होठों तक पहुँचा और उसकी तीव्र गंध जोरों से नाक के अंदर गई। ऐसा न होता तो 'ब्रह्मकीट' नहीं गिरता।'

विक्रमादित्य ने वैद्यराज की बड़ी प्रशंसा की।

दरबारी बोले–'महाराज, यहाँ दरअसल तीनों की विद्या कसौटी पर चढ़ी थी और तीनों विद्याएँ खरी उतरीं। हमने आज तक न ऐसा ज्योतिषी देखा, न ऐसा वैद्य और न ऐसा षटशास्त्री।'

राजा ने तीनों आचार्यों को बहुत सारे जवाहरात, सोना, चाँदी, हाथी-घोड़े, भूषण-वसन आदि देकर सम्मानित किया।

रोग से तो छुटकारा पा ही गया था। वापसी में ब्राह्मण को भी अच्छी तरह विदाई मिली।

दानवीर की कहानी

महाराज विक्रमादित्य ने एक बार भाट के मुँह से राजा वलाह की तारीफ सुनी तो चौंक उठे।

भाट को बुलवाया गया।

विक्रमादित्य ने पूछा—'भाई, यह तुम किसकी तारीफ कर रहे थे ? वलाह कौन हैं ? कहाँ रहते हैं ? उनमें क्या-क्या खूबियाँ हैं ?'

भाट बोला—'महाराज, हमारा तो यह धंधा ही है। लोगों की तारीफें सुना-सुना कर जनता से चार पैसे कमा लेता हूँ। अभी फिलहाल, वलाह से बढ़कर दानी कोई दूसरा नहीं दिखाई देता। अब आप ही बतलाइए कि वलाह के गुण न गाऊँ तो किसके गुण गाऊँ ?'

राजा विक्रमादित्य ने उसे चढ़ी हुई निगाहों से देखा। दाहिने हाथ की उँगलियाँ मूँछों पर पहुँच गईं। भाट ने मौका देखकर राजा को उकसाया—'हम तो पेशेवर लोग हैं। कोई खास बात किसी में नजर आई और उसकी प्रशंसा के पुल बाँधने लगे ! हम तो चाहते हैं कि हुजूर का यश इतना फैले इतना फैले, कि लोग वलाह का नाम भी भूल जायँ...।'

विक्रमादित्य ने पूछा—'वलाह की क्या खूबियाँ हैं।'

भाट कहने लगा, 'वलाह के यहाँ रातों-रात सोने का मंदिर तैयार हो जाता है। सबेरे-सबेरे वह उस मंदिर का सोना याचकों में वितरण कर देते हैं। कोई मंगतू वलाह के यहाँ से निराश नहीं लौटता। सभी खुश-खुश लौटते हैं। सभी उनके कल्याण की कामना करते हैं...और यह नित्यप्रति होता है।'

विस्मय के मारे विक्रमादित्य की आँखों के कोये फैल गए, भौंहें तन गईं। कहा—'सच ?'

भाट सहज भाव से बोला—'महाराज, सोलह आने सच कहता हूँ। यदि हुजूर को विश्वास न हो तो अपने जासूस भेजकर मालूम कर लें।'

विक्रमादित्य ने कहा—'एक शर्त है। तुम्हें तब तक यहीं रहना होगा। तुम्हारी बातें सच निकलेंगी तो हम तुमको बहुत धन देकर विदा करेंगे।'

महाराज विक्रमादित्य ने भाट को छुट्टी दी।

दरबारियों ने भाट के ठहरने की व्यवस्था कर दी।

राजा महल के अंदर गए, सोचने लगे—यह तो बड़ी विचित्र बात सुनाई है भाट ने...परंतु विधाता की इतनी बड़ी सृष्टि में सब कुछ संभव है। अच्छा हो कि यह कौतुक मैं अपनी आँखों से देख आऊँ...।

विक्रमादित्य ने शासन का भार मंत्रियों को सौंप दिया।

अग्नि और कोकिल (अगिया और कलूटा) इनके दो प्रिय वेताल थे। उन दोनों का आह्वान किया।

दोनों वेताल आकर सामने हाजिर हुए।

राजा वेतालों के कंधों पर सवार होकर वलाह की राजधानी को उड़ चले।

वलाह की नगरी में पहुँचकर राजा विक्रमादित्य ने सुंदर वीर वेष धारण कर लिया और वलाह के सामने उपस्थित हुए।

हाथ जोड़कर बोले—'महाराज, मैं महापराक्रमी सम्राट विक्रमादित्य का द्वारपाल

हूँ। आपके सुयश की चर्चाएँ सुनकर इच्छा हुई कि थोड़ा समय आपकी सेवा में बिताऊँ... ।'

राजा वलाह को बड़ी प्रसन्नता हुई। हुलसकर बोले–'स्वागत है वीरवर ! तुम बहुत बड़े चक्रवर्ती राजा के यहाँ द्वारपाल रहे हो। यहाँ भी तुम उसी पद पर बहाल किए जाते हो।'

विक्रमादित्य ने द्वारपाल का काम सम्हाल लिया।

वह प्रतिदिन सुबह-सुबह स्वर्ण मंदिर तैयार पाते। प्रतिदिन उतना सोना याचकों में वितरित होते देखकर मन ही मन विस्मित होते।

राजा वलाह की इस अद्भुत सिद्धि को देखकर विक्रमादित्य के मन में एक ईर्ष्या सुलगने लगी। वलाह के द्वार पर स्वर्ण मंदिर तैयार होता है, हर रात ऐसी विचित्र लीला होती है ! क्या मेरे द्वार पर, उज्जैन के राजभवन में ऐसा नहीं हो सकता...? परंतु यह होगा कैसे ? इसका पता लगाना होगा। नित्य प्रति घटनेवाली घटना के पीछे बहुत बड़ा रहस्य छिपा है।

विक्रमादित्य ने दिन में द्वारपाल का काम अपने वेतालों को सौंप दिया। वे विक्रमादित्य का भेष धारण करके ड्यूटी बजाते। रात की चौकसी विक्रमादित्य स्वयं करने लगे।

एक बार, आधी रात के समय विक्रमादित्य ने देखा कि राजा वलाह राजभवन से अकेले निकल रहे हैं।

विक्रमादित्य भी छिपकर वलाह के पीछे-पीछे चलने लगे।

वलाह नगर के बाहर नदी के किनारे पहुँचा।

कुछ आगे बढ़कर मसान था। भूत, वेताल नाच रहे थे। डाँकिनी डमरू बजा रही थी। राक्षस कूल्हे मटका रहे थे। झुंड के झुंड सियार इर्द-गिर्द चीख रहे थे। बीच-बीच में चिताएँ धधक रही थीं।

वलाह ने चटपट कपड़े उतारे, नदी में डुबकी लगाई और बाहर निकल आया। फिर भैरवगण ने उन्हें चाम की डोरियों में कसके बाँधा। कड़ाह में तेल खौल रहा था। बाँध-बूँधकर वलाह उसमें डाल दिया गया। अशेष यंत्रणाओं में छटपटाते हुए वलाह ने कुछ देर में प्राण त्याग दिए। थोड़ी देर बाद चामुंडा भगवती प्रगट हुईं और राजा को कड़ाह से निकाला। तली हुई देह पर अमृत की बूँदें छिड़क दीं और राजा को फिर से जिला लिया।

राजा वलाह अगले ही क्षण राम-राम करते उठ बैठे और चामुंडा के पैरों पर गिर कर लंबे लेट गए। लेटे-ही-लेटे हाथ जोड़कर बोले–'माता, यह ठीक है कि दाताओं पर तुम्हारी बड़ी करुणा है। परंतु सभी याचकों के मनोरथ पूरा करने में उनकी असमर्थता देखकर मुझे मृत्यु से भी बढ़कर दुःख होता है। आखिर कहीं से कोई याचक क्यों वापस लौटे ? याचकों की इच्छा पूरी करने के लिए मैंने अपनी देह तुम्हारे हवाले कर दी है। अपने प्राणों की बलि देकर मैंने तुम्हारी पूजा की है...मेरी अभिलाषाएँ पूरी करो !'

चामुंडा बोलीं–'वत्स, मैं तुम्हारी सेवाओं से प्रसन्न हूँ। जाओ, जाओ, तुम्हारे द्वार पर सवेरे सोने का मंदिर तैयार रहेगा।'

भगवती चामुंडा से यह वरदान पाकर राजा वलाह कृत-कृत्य हो उठे और महल को लौट आए।

विक्रमादित्य ने यह सब अपनी आँखों से देखा और सोचने लगे–भाट ने बिलकुल ठीक कहा था। सचमुच वलाह से बढ़कर दानवीर समूची दुनिया में कोई दूसरा नहीं है। यह हर रात इतना अधिक कष्ट उठाकर चामुंडा भगवती को प्रसन्न करता है और हर रात उनसे वरदान प्राप्त करता है। राजा वलाह को स्वयं तो कोई कष्ट नहीं है। याचकजनों की निराशा के बारे में वह सोच भी नहीं सकता। उनकी अभिलाषाओं को पूरा करने के लिए ही वह अपनी रोज बलि चढ़ाता है...। क्यों नहीं करुणामयी जगदंबा हमेशा के लिए वलाह को इस कष्ट से छुटकारा दिला देतीं ? वह क्यों नहीं हमेशा के लिए उसे आश्वस्त कर देतीं–जाओ, बस करो ! बार-बार अपने को खौलते कड़ाह में डालने की जरूरत नहीं है। सदैव तुम्हारे द्वार पर स्वर्ण मंदिर तैयार रहेगा; कभी कोई याचक तुम्हारे यहाँ से खाली हाथ नहीं लौटेगा !...हाय, चामुंडा भगवती यदि सदा के लिए वलाह को निश्चिंत कर देतीं !

विक्रमादित्य ने सोचा–अच्छा, कल रात देखा जायगा !

वह भी नदी किनारे से वापस लौट आए।

दूसरी रात राजा वलाह दरबारियों और परिवार के लोगों से छुट्टी पाकर एकांत समय की प्रतीक्षा कर रहे थे।

इधर विक्रमादित्य लोगों की नजर बचाकर चुपचाप नदी किनारे पहुँच गए। वहाँ बहते पानी में डुबकियाँ लगाकर स्नान किया।

स्नान करके खौलते तेल के कड़ाह में कूद पड़े।

चिट-चिट की आवाज हुई। धुआँ उठा, मांस के जलने की दुर्गंध से हवा भारी हो उठी।

ऐन वक्त पर चामुंडा प्रगट हुईं। तला हुआ मनुष्य का मांस चबाने लगीं; हाड़ों पर अमृत के छीटें देकर फिर शरीर को पूर्ववत् प्राणवान कर दिया।

चामुंडा राजा को वरदान देना चाहती थीं, तब तक वे कड़ाह में फिर कूद पड़े। जगदंबा ने उन्हें फिर से जिला दिया।

बार-बार ऐसा हुआ; बार-बार खौलते तेल के कड़ाह में विक्रमादित्य कूदे; बार-बार उन्हें फिर से जीवन मिला।

प्रचंड साहस और प्रभावशाली साहस देखकर चामुंडा समझ गईं कि यह विक्रमादित्य है।

वह गद्गद होकर बोलीं–'अरे विक्रमादित्य ! तुझे तो मैं पहले ही अष्टसिद्धि दे चुकी हूँ। फिर ऐसा कठिन साहस किसलिए कर रहा है । तेरे या वलाह के बलिदान से मैं तृप्त नहीं होती, मैं तो साहस और मर्दानगी से खुश होती हूँ। तूने अनूठे साहस

का सबूत दिया है। मैं तुझ पर बहुत खुश हूँ। जो चाहे, वर माँग ले।'

विक्रमादित्य ने अपने दोनों हाथ जोड़ लिए; चामुंडा को प्रणाम किया। वर पाने की आशा में बोले—'माता, तुम आदिशक्ति हो। भक्तों का कष्ट तुमसे देखा नहीं जाता। मेरे अंदर की सारी बात तुम जानती हो। अपने लिए नहीं, मैंने तो वलाह के लिए तुम्हारी यह आराधना की है। मैं तुमसे यही वर माँगता हूँ कि राजा वलाह के सिंहद्वार पर प्रतिदिन सवेरे-सवेरे सोने का मंदिर तैयार रहा करे।'

चामुंडा बोलीं—'तथास्तु।'

महाराज विक्रमादित्य अपनी राजधानी लौट आए। भाट को बहुत सारे पुरस्कार देकर सम्मानपूर्वक विदा किया।

इधर राजा वलाह ने जब देखा कि रात काफी हो गई, सभी सो चुके हैं, तब वे श्मशान घाट की ओर चले। नदी का किनारा सूना पड़ा था।

राजा को काठ मार गया, विस्मय और आतंक के चलते वे धम से धरती पर बैठ गए। माथे पर हाथ रखकर सोचने लगे—हाय, कल क्या होगा ?

यकायक राजा वलाह को आकाशवाणी सुनाई पड़ी—'तू फिक्र मत कर, विक्रमादित्य ने हमेशा के लिए तेरे सारे कष्ट दूर कर दिए !'

आकाशवाणी के बारे में सोचते हुए राजा वलाह महल लौट आए।

बाकी रात भी बिना नींद की, जैसे-तैसे कटी।

भोर में पहरेदारों ने खबर भेजी—द्वार पर सोने का मंदिर तैयार था !

अब राजा वलाह की समझ में आया आकाशवाणी का मतलब ! वह महाराज विक्रमादित्य के प्रति कृतज्ञता से पुलकित हो उठे।

दयावीर की कहानी

यमुना नदी के किनारे योगिनीपुर (इंद्रप्रस्थ) नगर है।

वहाँ बादशाह अलाउद्दीन रहता था।

एक बार वह किसी कारण से अपने सेनापति से नाराज हो गया।

सेनापति का नाम मुहीमशाह था।

सेनापति को लगा कि बादशाह उसे किसी न किसी बहाने मरवा न डाले।

मुहीमशाह बहुत परेशान रहने लगा। बार-बार वह यही सोचता रहता कि क्रोधी राजा का विश्वास नहीं करना चाहिए। कब क्या कर बैठे, कोई नहीं जानता। अच्छा हो कि यहाँ से भागकर अपनी जान बचाऊँ।

आखिर मुहीमशाह परिवार को अपने साथ लेकर दिल्ली से भाग निकला। कुछ दूर आगे आकर सोचने लगा—इतने बड़े परिवार को लेकर दूर देश की यात्रा करना कठिन है। इन्हें कहीं छोड़ दूँ, और अपनी जान लेकर अकेले भाग जाऊँ, यह भी गलत है।

सेनापति की दृष्टि में महाराज हम्मीर दीख पड़े। उसने तय किया कि सहज दयालु हम्मीरदेव की शरण में रहना ठीक होगा।

जैसे-तैसे मुहीमशाह हम्मीर के दरबार में हाजिर हुआ। बोला—'महाराज, बादशाह अलाउद्दीन बेकसूर ही मुझ पर खफा हो गए हैं। मुझे अपने प्राणों की सुरक्षा के लिए आपकी शरण में आना पड़ा। आप मेरी रक्षा कर सकें तो अभयदान दीजिए। वरना मैं कहीं और चला जाऊँ !'

राजा हम्मीरदेव ने कहा—'अब तुम मेरी शरण में आ गए हो। मेरे जीते जी यमराज भी तुम्हारा कुछ नहीं बिगाड़ सकता। अलाउद्दीन से डरने की क्या बात है ? तुम बेफिक्र होकर यहाँ रहो।'

हम्मीर से यह आश्वासन पाकर यवन सेनापति मुहीमशाह रणस्तंभ (किला रणथम्भोर) दुर्ग में निर्भय होकर रहने लगा। बाल-बच्चे भी साथ थे।

बादशाह अलाउद्दीन तक जब यह खबर पहुँची तो वह और सुलग उठा।

अलाउद्दीन ने अपने फौजी अधिकारियों को रणथंभोर के किले पर हमला करने का हुक्म दिया।

हाथी, घोड़े, रथ और पैदल सेनाओं के साथ, धरती को कँपाते हुए उन्होंने कूच कर दिया। नगाड़ों की अनावृत आवाज से दसों दिशाएँ गूँज उठीं।

कई दिनों के बाद बादशाह की बड़ी फौज रणथंभोर के सामने पहुँची।

शुरू-शुरू में सूचना के तौर पर कुछ गोले शाही फौज की तरफ से किले पर बरसाए गए।

किले के चारों ओर पानी से भरी खाई थी। ऊँची दीवारों पर कतारबंद तोपें रक्खी हुई थीं। बुरजियाँ लाल झंडियों से सजी थीं।

राजा हम्मीरदेव ने जब देखा कि फौज के साथ बादशाह खुद भी किले के आमने-सामने डटा है तो वह ताव में आ गया। किले के अंदर से शाही फौज पर इतने गोले बरसाए गए कि थोड़ी देर तक आसमान धुँधला हो गया।

अलाउद्दीन ने युद्ध से पहले राजा हम्मीरदेव के पास अपना एक दूत भेजा।

दूत ने दरबार में उपस्थित होकर कहा—'महाराज, बादशाह अलाउद्दीन का हुक्म है कि आप उनके दुश्मन मुहीमशाह को वापस लौटा दें। अगर ऐसा न किया तो कल बादशाह आपके किले को मिट्टी में मिला देंगे और मुहीमशाह को मारकर उसका गोश्त चील-कौवों को खिला देंगे।'

हम्मीरदेव गुस्से के मारे काँपने लगे। दूत को फटकारकर कहा—'अलाउद्दीन से जाकर कह दे कि हम्मीर तुम्हारी बातों का जवाब तलवार से देंगे। जो व्यक्ति मेरी शरण में एक बार आ गया, महाकाल भी उसकी तरफ टेढ़ी नजर से देखने का साहस नहीं कर सकता, अलाउद्दीन भला किस खेत की मूली है ?'

राजा हम्मीर की फटकार खाकर दूत किले से बाहर निकला और सारी बातें ज्यों-की-त्यों बादशाह से कहीं।

अलाउद्दीन का गुस्सा दस गुना बढ़ गया। उसने ठान लिया कि इस रजुल्ले को ऐसा सबक सिखलाऊँगा कि दुनिया याद रक्खेगी।

दोनों तरफ से जुझाऊ बाजे बजने लगे। घमासान लड़ाई छिड़ गई।

वह युद्ध तीन वर्षों तक चालू रहा। अनगिनती सैनिक कटे-मरे। हाथियों, घोड़ों और ऊँटों की लाशों से धरती पट गई। चीलों, कौवों, गीधों, कुत्तों, सियारों और भेड़ियों के लिए सालों महामहोत्सव रहा।

दोनों ओर की सेनाएँ ताकत में बराबर-बराबर थीं, वे अरसे तक डटी रहीं; उनमें से किसी की भी फौज पीछे हटने का नाम न लेती थी।

परंतु यवन-सेना जब आधी से अधिक काम आ गई, तब अलाउद्दीन ने समझ लिया कि अब किले पर अधिकार करना असंभव होगा।

बादशाह दिल्ली लौटने की बात सोच रहा था कि इतने में राजा हम्मीर के दो मंत्री चुप-चुप आकर अलाउद्दीन से मिल गए। उनका नाम रायमल और रामपाल था। वे बड़े ही दुष्ट और कृतघ्न थे। उन्होंने ऐन मौके पर अपने राजा को धोखा दिया।

वे अलाउद्दीन से बोले–'जहाँपनाह, किले के अंदर अब रसद खत्म होने ही वाली है। कल-परसों तक यह किला आपके दखल में होगा। हम दोनों आपकी मदद करेंगे। किले के अंदर की ऐसी कोई भी बात नहीं है जो हमसे छिपी हो...'

यवन-राज अलाउद्दीन ने दोनों दुष्ट मंत्रियों को हाथी पर अपने साथ आगे बैठा लिया और सदर फाटक को जा घेरा।

राजा हम्मीर ने यह संकट देखा तो अपने प्रमुख सैनिकों को इकट्ठा किया। उनसे बोले–'रसद खत्म हो गई है। हमारा दुश्मन बहुत तगड़ा है लेकिन मैं आखिर तक उससे लड़ूँगा। पूर्वजों ने कहा है कि शत्रु ज्यादा ताकतवर हो तो झुक जाना चाहिए। मगर मैं इस समय पीठ नहीं दिखाऊँगा। तुम लोग चोर दरवाजों से बाहर निकलकर कहीं चले जाओ।'

सैनिकों ने कहा–'महाराज, आपका तो कोई कसूर नहीं है। अपनी शरण में आए हुए मुसलमान के प्रति आपकी अनंत करुणा ही आपके संकटों का कारण बन गई है। उसे बचाने के लिए आप इस युद्ध में अपने को होम कर रहे हैं। हम आपके अन्न से पले। आपको छोड़कर चले जाएँगे तो यह भारी कायरपन नहीं होगा ? बस, कल आपके शत्रु को मारकर हम आपका मनोरथ पूरा करेंगे। कुछ भी क्यों न हो जाय, हम आपका साथ नहीं छोड़ेंगे। हाँ, बेचारे मुहीमशाह को कहीं और भेज दिया जाय तो शरणागत की रक्षा हो...आखिर इसी की रक्षा के लिए तो हमें यह लड़ाई मोल लेनी पड़ी है।'

मुहीमशाह सामने आया। बोला–'महाराज, मुझको आप अलाउद्दीन के हवाले कीजिए। क्यों एक विदेशी की रक्षा के लिए आप अपने को तबाह कर रहे हैं ?'

राजा हम्मीरदेव ने कहा–'राम-राम, ऐसा मत कहो। हाँ, अगर तुम बुरा न मानो तो तुम्हें किसी निरापद स्थान में भिजवा दूँ।'

मुहीमशाह बोला–'नहीं, नहीं, महाराज, ऐसा न कहें। दरअसल चाहिए तो यह

कि दुश्मन पर मैं ही पहले बर्छा चलाऊँ...हाँ, औरतों और बाल-बच्चों को बाहर भिजवाने का इंतजाम हो तो अच्छा है।'

औरतें बोलीं—'हमारे स्वामी महाराज हम्मीरदेव शरणागत की रक्षा के लिए युद्ध कर रहे हैं; स्वर्गयात्रा के महोत्सव की तैयारियाँ चल रही हैं...हम भी महाराज के पीछे चलने को तैयार हैं...हम बाहर जाकर क्या करेंगी ? हम वीरांगनाएँ ठहरीं, आग में जल मरेंगी... ।'

अगले दिन सवेरे किले का सदर फाटक खोल दिया गया।

दोनों ओर से मुठभेड़ हुई।

चुने हुए बहादुर सैनिकों के साथ हम्मीरदेव आगे-आगे थे। घोड़ों समेत वे दुश्मन की फौज में कूद पड़े। अपनी पैनी तलवारों से शत्रु के सैनिकों पर वार करते हुए, घोड़ों और हाथियों को घायल करते हुए उन्होंने प्रलय मचा दिया। कटे हुए सिर उछल रहे थे, धड़ नाच रहे थे, खून के फव्वारे धरती को तर कर रहे थे...दुश्मन की फौज में भारी आतंक छा गया।

वे खुद भी नहीं बचे, तीरों और तलवारों से उनके शरीर छलनी हो गए थे। घोड़ों पर चढ़े-चढ़े ही राजा हम्मीरदेव और उनके साथियों ने प्राण त्याग दिए।

बुद्धिहीन की कहानी

कोशांबी एक नगरी थी।

शांतिधर पंडित देवधर का पुत्र था।

पिता ज्योतिषी थे, लेकिन पुत्र बचपन से ही मूढ़ था। बड़ी कोशिश की गई तो भी उसकी यह मूढ़ता नहीं गई।

फिर भी बाप को बेटे से बड़ी आशा थी, वह छाँह की भाँति साथ रखकर पुत्र को पढ़ाता रहा।

भोंदू बेटा सुग्गे की तरह पुस्तक पर पुस्तक रटता गया। उसने ढेर की ढेर किताबें चाट डालीं।

अब पिता ने सोचा—बस, इतना काफी है। इसे राजा के दरबार में ले जाकर परिचित करा दूँ... गुणवंत कलाकार और विद्वान वैभव के भूखे होते हैं, राजा को खुश करके वह सुखी होते हैं। ज्योतिष भी ऐसी विद्या है, जिसका सुफल श्रीमंतों की कृपा पर आश्रित है...मैं इसे जरूर राजा के यहाँ ले जाऊँगा।

राजा ने देवधर जी से उनके पुत्र के बारे में पूछा—'क्या पढ़ा है ?' ज्योतिषी जी ने कहा—'ज्योतिष हमारे खानदान की विद्या है, और क्या पढ़ाते महाराज ? आज श्रीमान के समक्ष इसे ले आया हूँ। एकाध प्रश्न पूछें। उत्तर दे सका तो अपने को मैं धन्य समझूँगा।'

राजा का कौतूहल जागा।

उसने शांतिधर की नजर बचाकर सोने की अँगूठी अपनी मुट्ठी में रख ली और युवक से पूछा—'बताओ तो मेरी मुट्ठी में क्या है ?'

ज्योतिषी का बेटा हाथ में कलम-कागज लेकर हिसाब करने लगा। फिर बोला—'महाराज ! आपकी मुट्ठी में धातु की कोई चीज़ है।'

राजा मुस्कराकर बोले—'ठीक !'

शांतिधर फिर बोला—'उसका आकार गोल है।'

राजा को खुशी हुई। उनके चेहरे पर मुस्कान की आभा गहरी हो गई। बोले—'वाह ! विप्रकुमार, तुम तो बिलकुल ठीक बतला गए ! अब साफ-साफ कह दो, आखिर मेरी मुट्ठी में क्या है ?'

राजा के मुँह से अपनी विद्या की प्रशंसा सुनकर ज्योतिषी जी के बालक की बाँह फड़क उठी। वह गिनती छोड़कर बोल पड़ा—'लीजिए महाराज, अभी बतला देता हूँ, आपकी मुट्ठी में पत्थर की गोल चक्की है।'

राजा को बड़ी हँसी आई। उसने पंडित देवधर से कहा—'देखिए ज्योतिषी जी !' आपके पुत्र ने शास्त्र का अभ्यास तो किया है किंतु बुद्धि नहीं है इसके पास। जब तक यह ज्योतिष के आधार पर गणना करके बतलाता रहा तब तक इसकी बातें मिलती गईं; अब जब इसने अपनी अकल भिड़ाई तो मामला उलट गया...'

फिर राजा ने नौजवान की ओर मुँह करके बतलाया—'अरे, तुम इतना भी नहीं जानते कि आदमी की मुट्ठी में पत्थर की चक्की नहीं समा सकती ? यह तो मामूली समझदार आदमी भी सोच सकता है। तुम बुद्धि से काम लिया करो।'

पंडित देवधर अपने पुत्र की बुद्धिहीनता के इस प्रदर्शन पर बड़े दुःखी हुए।

पिता-पुत्र मुँह लटकाए वापस लौट चले।

अतिलोभी की कहानी

विजयपुर में एक माली था, नाम था कुशल।

माला गूँथने और गुलदस्ते आदि बनाने में वह उस्ताद था, इसी से उसका नाम ही 'कुशल' पड़ गया।

नगर निवासियों की कृपा से अपनी जीविका के लायक काफी मेहनताना वह पा जाता था, फिर भी और अधिक धन हासिल करने की उसकी लालसा उसे चैन नहीं लेने देती थी।

उसने सोचा—किसी तरह राजा के दरबार में अपना मामला जमा लूँ तो लाभ की मात्रा और भी कई गुनी बढ़ती जाएगी।

कई प्रकार की मालाएँ गूँथ-गूँथकर, डलिया सजाकर वह उन्हें दरबार में हाजिर

करने लगा।

राजा भी खुश हुए। रानी भी प्रसन्न हुईं।

दरबारियों को भी माली ने अपनी तरफ कर लिया। उनमें से बहुतेरे उसके प्रशंसक हो गए।

थोड़े ही दिनों में कुशल खूब मालदार हो गया। नागरिकों पर उसकी दौलत का रोब छा गया।

तो भी माली की तृष्णा न मिटी। वह दिन-रात और अधिक लाभ की सोच फिक्र में परेशान रहता। संतोष को वह एक प्रकार का रोग मानता था। पड़ोस के लोगों से बातचीत के सिलसिले में जब भी कहीं उसे लाभ की गंध मिलती, अगले दिन उसी तरफ अपने मन को मोड़ देता।

मालियों के गरीब छोकरे उसके यहाँ फूलों की खेती करने में भिड़े ही थे। अब उसने पशुपालन का भी धंधा शुरू किया। खेती अलग शुरू कर दी। छोटी-छोटी कई दूकानें चलाने लगा। राजदरबार की हाजिरी अपने आप में एक अलग ड्यूटी थी ही, बाकी कामों की देखभाल करने में बेहद परेशान रहने लगा।

किसी पर विश्वास करना उसने कभी सीखा नहीं था, इससे माली की व्याकुलता कई गुनी अधिक बढ़ गई।

दूकानों की तरफ ध्यान देता तो खेती पिछड़ जाती। खेती की तरफ ध्यान देता तो फूलों की क्यारियाँ उदास नज़र आतीं। फुलवाड़ी की तरफ दिलचस्पी लेने लगता तो राजदरबार की हाजिरी में कमी आती। राजदरबार की तरफ ध्यान देता तो पशुपालन का धंधा चौपट होने लगता। सब काम अकेले सम्हालना मुश्किल हो गया। एक को सम्हालता तो दूसरा काम बिगड़ने लगता था।

बार-बार माली झुँझला उठता—अपने सारे काम खुद देखेंगे।

अब नौकर-चाकर उसकी नज़र बचाकर उसका मखौल उड़ाने लगे। परेशानी और मेहनत के चलते बीच-बीच में वह बीमार भी पड़ता रहा।

अति लोभ, अव्यवस्था और अविवेक के कारण वह एक-एक कर सभी कामों से हाथ धो बैठा।

माला, फूल और गुलदस्ते वक्त पर न मिलने से माली राजा की निगाहों से गिर गया। दरबारी लोग कुपित हो उठे। उसका सारा धन जब्त कर लिया गया।

धनहीन होकर वह कुशल माली धीरे-धीरे महा दरिद्र हो गया।

उसकी भूख बढ़ गई।

उसकी बकवास बढ़ गई।

उसका बिलल्लापन बढ़ गया।

लेकिन, दरिद्र होने पर भी था तो आखिर वह हुनरमंद। घरवालों को खिलाने-पिलाने के लिए कुछ न कुछ वह बराबर करता ही रहता था।

एक दिन की बात है। फूल लेकर वह डाली सजाता रहा। रात को उसे दूसरे नगर

पहुँचकर किसी सेठ के यहाँ हाजिरी बजानी थी।...

रात को चुपचाप चल पड़ा।

रास्ते में दो पोखर पड़ते थे। रास्ते के आमने-सामने।

माली ने देखा, सात घड़े लुढ़कते हुए इस पोखर से उस पोखर की तरफ जा रहे हैं। बड़े-बड़े ताँबे के घड़े...

कुशल माली ने सोचा—यह बेजान घड़े कैसे एक पोखर से निकलकर दूसरे पोखर की ओर जा रहे हैं...

उसे आश्चर्य हुआ!

उसने बचपन में कहानी सुनी थी...कुबेर का खजाना रात के वक्त एक जगह से दूसरी जगह पहुँचता है...शायद ताँबे के इन घड़ों में राजा कुबेर का खजाना भरा है। यह दैवी शक्ति से ही लुढ़कते चले जा रहे हैं...

उसने तुरत-फुरत अपने को तैयार किया, मन को काफी मजबूत बना लिया।

मैं निधि-देवता की पूजा क्यों न करूँ ? राजा कुबेर प्रसन्न होंगे तो दरिद्रता सदा के लिए मेरा पिंड छोड़ देगी।

यों भी तो वह हर रात फूलों से लक्ष्मी जी की पूजा किया करता था।

जब तक वह सोचे-सोचे, तब तक सातों घड़े निकलकर दूसरे पोखर के अंदर पानी में समा चुके थे।

उसको लगा, कुबेर का खजाना इसी रास्ते चलता है। हर रात घड़े इसी तरह लुढ़कते होंगे, इधर से उधर, उधर से इधर !

दूसरा दिन बड़ी बेचैनी में कटा।

रात को माली उसी रास्ते पर पोखरों के बीच उन घड़ों की प्रतीक्षा में बैठा। वह ढेर सारे फूल और छोटी-बड़ी मालाएँ लेता गया था। भक्तिभाव से कुबेर भगवान की पूजा की।

आखिर घड़े निकले।

पहला घड़ा माली के सामने से गुजरने लगा।

माली ने उसकी तरफ अपने हाथ बढ़ाए।

घड़ा बोला—पीछे आनेवाले घड़े से अशर्फियाँ निकालना !

पीछे आनेवाले पाँच घड़े पहले की तरह बोलते निकल गए।

सातवाँ घड़ा सामने आया। उसका ढक्कन अपने आप अलग हो गया। अंदर स्वर्ण मुद्राएँ चमक रही थीं।

घड़े से आवाज आई—ले निकाल ले। सात अंजुरी अशर्फियाँ निकाल...हम सातों की दी हुई सात अंजुरी अशर्फियाँ एक ही साथ निकाल ले। देख, देर मत कर...खबरदार, ज्यादा मत लेना !...

माली खुशी के मारे पागल हो उठा।

हाथ काँप रहे थे।

जैसे-तैसे अशर्फियाँ निकालकर उन्हें फूलों की डलिया में डालता गया।

सात अंजुरी सोना निकाल चुका तो लोभ का भूत उसके दिमाग पर हावी हुआ और आठवीं बार भी मूर्ख ने घड़े के अंदर हाथ डाले !

घड़े का मुँह अपने आप बंद हो गया, भारी ढक्कन हाथों को कुचलता हुआ घड़े के मुँह से कस गया...

भारी-भरकम घड़े का फिर लुढ़कना था कि माली के दोनों हाथ धड़ से उखड़ गए...

छटपटाता हुआ अभागा काफी दूर तक घिसटता गया।

उसकी बाँहें कंधों से अलग होकर घड़े के साथ पानी के अंदर चली गईं !

माली की भुजाविहीन लाश रास्ते के करीब पड़ी थी, खून से लथपथ !

ठीक है, अतिलोभी की यही गति होती है।

□ वीर विक्रम

उज्जैन में विक्रम राज करते थे। उनको लोग वीर विक्रम भी कहते थे, क्योंकि चार वीर उनके पास हमेशा मौजूद रहा करते थे।

राजा विक्रम बिना पक्षपात के न्याय करने के लिए प्रसिद्ध थे। सगे-संबंधियों को भी उचित दंड देने से वह नहीं चूकते। अपराधियों के अपराधों का पता लगाने के लिए वह स्वयं भेष बदलकर शहरों और देहातों में चले जाते थे। गरीब-से-गरीब आदमी की झोंपड़ी के पास खड़े होकर दुपहर रात में राजा विक्रम बातें सुना करते। इस प्रकार जनता के सुख-दुख का पता जितना उन्हें रहता, उतना उनके मंत्रियों को नहीं। कभी-कभी न्यायाधीश तक जिन मामलों को सुलझा नहीं पाते, उनका फैसला राजा को स्वयं करना पड़ता।

एक बार राजा विक्रम भेष बदलकर रात को निकले तो शिप्रा नदी के किनारे पहुँचे। सामने, उस पार एक झोंपड़ी थी। उसमें से दीप का मधुर मंद प्रकाश आ रहा था।

राजा ने सोचा—सुना है, कोई योगी आए हैं। रात-दिन उनकी धूनी जलती रहती है। न खाते हैं न पीते, लगातार योग-साधना। कोई कहता है, जादूगर हैं। किसी के अनुसार किसी राज्य के राजा हैं; विजयी शत्रु को पछाड़ने की प्रतीक्षा में यहाँ समय बिता रहे हैं। किसी ने कहा कि यह मेरे ही शत्रु के गुप्तचर हैं। क्या बात है क्या नहीं, स्वयं जाकर पता लगाना चाहिए।

राजा विक्रम नदी में कूद पड़े और तैरकर उस पार पहुँचे। धीरे-धीरे झोंपड़ी के पास गए। अंदर दिया जल रहा था। राजा ने दम साधकर सुना। बहुत धीमी आवाज आ रही थी। घुटनों और हाथों के बल नीचे फूस की टाट के पास वह जमीन से सट गए और देखा। देखते ही चौंककर वह बैठ गए ! ऐसा भयंकर दृश्य जीवन में उन्होंने नहीं देखा था। धड़कती छाती को स्थिर करके वह फिर उसी प्रकार देखने लगे। जवान आदमी की लाश थी। एक प्रौढ़ व्यक्ति मृतक की छाती पर बैठा था। अपने भी कपार में और मृतक के भी कपार में उसने सिंदूर पोत रखा था। लाश की छाती पर जो आदमी बैठा था, उसकी आँखें अड़हुल की तरह लाल हो रही थीं। धीमी आवाज में वह मंत्र पढ़ता जा रहा था और घिसे हुए रक्तचंदन में लगा-लगाकर बेलपत्ता एवं लाल फूल मृतक के मुँह पर धरता जा रहा था। पास में योगी बैठा था, पद्मासन लगाए। सामने धधक रही थी धूनी।

राजा को पहले तो कुछ समझ में आया नहीं; वह बड़ी दुविधा में पड़े। जी में आया—ऐसा अघोर और गंदा आदमी मेरे राज्य में कैसे आ गया ? फिर, गुप्तचरों ने अभी तक इस बात की खबर तक न दी ! राज-काज में इतनी ढिलाई अच्छी नहीं।

परंतु यह सब तो पीछे रहा, तत्काल राजा को इस बात की बड़ी उत्सुकता हुई कि आखिर ये लोग हैं कौन।

योगी मंत्र-पाठ के साथ-साथ धूनी के अंदर कुछ डालते भी जाते थे। राजा ने सोचा, हवन कर रहा है। थोड़ी देर तक यह क्रम चलता रहा। उसके बाद मृतक की छाती पर बैठे हुए आदमी ने मृतक से पूछा—"बोल बेटा, बोल ! चुप क्यों है ?"

राजा अधीर होकर प्रतीक्षा करने लगे कि मुर्दा क्या बोलता है। बड़े गौर से वह मृतक के मुँह की ओर देख रहे थे। इतने में मृतक के होंठ हिलने लगे ! मालूम पड़ता था, वह कुछ कहने जा रहा है ! परंतु राजा को कुछ सुनाई नहीं दिया। छाती पर बैठे हुए आदमी ने फिर कहा—"बोल बेटा, बोल। क्या कहना चाहता है ? काली जी के सामने तेरी बलि जो मैंने दी है, वह इसीलिए तो दी है कि दुश्मन का सत्यानाश हो।"

'दुश्मन' के बारे में सुनते ही राजा विक्रमादित्य चौंक उठे। लाश पर बैठे हुए आदमी को उन्होंने गहरी निगाह से देखा। राजा को ऐसा प्रतीत हुआ कि यह व्यक्ति अपरिचित नहीं है। उन्हें ध्यान आया अपने भूतपूर्व प्रधानमंत्री का।

सचमुच वह राजा का मंत्री ही था। राज-काज में कुछ गड़बड़ी की थी, इसीलिए अपने पद से हटा दिया गया था। और अब ? अब राजा से बदला लेने के लिए तंत्र-मंत्र का सहारा ले रहा था। एक अघोर-पंथी कापालिक के कहने के मुताबिक मंत्री ने अपने एकमात्र पुत्र की काली जी के सामने बलि चढ़ा दी थी।

राजा विक्रमादित्य ने यह सब देखा तो उनका खून जमकर बर्फ हो गया। मेरी ही मृत्यु के लिए काली माता को मनानेवाला यह आदमी कितना भयानक दीख रहा है।...परंतु राजा विक्रम स्वयं भी महान पराक्रमी थे। भय और आतंक कभी भी उन पर अपना पंजा फैला नहीं सका।

उन्होंने अपने आप को दृढ़ किया और गौर से फिर देखने लगे—झोंपड़ी के अंदर क्या हो रहा है।

मंत्री अपने बेटे की लाश पर उसी तरह बैठा हुआ था। उसी तरह लाल चंदन लेप-लेपकर बेल-पत्ते चढ़ाए जा रहा था—मृत पुत्र के मुँह पर। कापालिक उसी प्रकार धधकती हुई धूनी में बराबर कुछ डाले जा रहा था। थोड़ी देर बाद मंत्री ने लड़के की लाश से पहले की भाँति पूछा, परंतु शव के होंठ हिलकर ही रह गए।

इसी तरह बड़ी देर तक झोंपड़ी के अंदर यह साधना चलती रही, परंतु मुर्दा नहीं बोला ! नहीं बोला ! नहीं बोला !!

साधना की व्यर्थता जानकर कापालिक को चिंता हुई। थोड़ी देर के लिए वह ध्यानस्थ हुआ; फिर बोला—"जानते हो साधक ? क्या कारण है कि मृतक बोल नहीं रहा है ?"

मंत्री ने कहा—"आप ही बतावें महाराज, क्या कारण है ?"

"इस स्थान पर कोई बाहरी जीव आया हुआ है, हमारी आज्ञा के बिना ही ! छिपकर सब कुछ देख रहा है !"—कापालिक ने कहा।

थोड़ी ही देर बाद कापालिक ने अपना दाहिना हाथ ऊपर उठाकर कहा—"ओम् ऐं ह्रीं क्लीं पशु-पक्षी, मानव, कृमि, कीट—जो भी कोई जीव हमारे अनजान में यहाँ उपस्थित है वह काला कुत्ता हो जाय, हूँ हूँ फट् स्वाहा !"

राजा विक्रमादित्य ने यह सुना तो भागने की कोशिश की। लेकिन भागते-भागते उनकी देह विलीन हो गई। उसकी जगह धान का लावा ढेर हो गया; थोड़ी देर में वही ढेर काला कुत्ता बन गया !

x x x

सबेरा हो गया। राजा विक्रमादित्य अभी तक महल में नहीं लौटे। राज्य के अधिकारियों को चिंता होने लगी—जरूर राजा पर कोई मुसीबत आ पड़ी होगी !

दरबारियों को आश्चर्य इसलिए हो रहा था कि इतनी देर राजा ने कभी नहीं लगाई थी। यों उन्हें राजा के संबंध में किसी बड़े अनिष्ट की आशंका न थी, क्योंकि चार-चार वीर दृश्य या अदृश्य रूप में राजा के साथ मौजूद रहते। परंतु, आज सारी रात बीत गई। सबेरा हुआ। घड़ी, आधपहर और दोपहर। सूरज सिर पर चढ़ आया। राजा अभी तक नहीं लौटे। जरूर किसी संकट में पड़ गए होंगे !

चारों तरफ घुड़सवार दौड़ाए गए। जासूसों को दौड़ाया गया। राजा विक्रमादित्य की खोज शुरू हुई। जनता में घबड़ाहट न फैले, इसलिए लोगों को सूचित किया गया—सरकार की तबीयत ठीक नहीं है। अभी दो-चार दिन आप शायद बाहर न निकल सकेंगे।

बड़ी खोज हुई। नगर-नगर में। गाँव-गाँव में। तीर्थों में खोजा गया। हाट, बाजार, मेला—सब जगह खोजा गया। राजा नहीं मिले।

सलाह-मशविरा करने के लिए मंत्रिमंडल की बैठक हुई। एक बूढ़े दीवान ने परामर्श दिया—"अपने यहाँ नौ रत्न हैं। वराहमिहिर उन्हीं में से एक हैं। उन्हीं से क्यों न पूछ लिया जाय ? वह जरूर बता देंगे कि राजा कहाँ हैं और किस हालत में हैं।"

सभी मंत्री पहुँचे आचार्य वराहमिहिर के पास। उन्होंने सारी बात ध्यान से सुनी। हिसाब लगाकर सोच-समझकर कुछ देर बाद वह बोले—"राजा विक्रमादित्य रात में नगर के बाहर, शिप्रा नदी के उस पार गए थे। वहाँ एक झोंपड़ी में कोई योगी रहता है। राजा ने छिपकर उसे देखा। योगी ने अपने मंत्र-बल से राजा को काला कुत्ता बना डाला है, वह वहीं खड़े हैं।"

इतना कहकर वराहमिहिर फिर ध्यानस्थ हो गए, कुछ काल बाद उन्होंने कहा—"राजा की जान चली गई होती, परंतु चारों वीर उनकी रक्षा कर रहे हैं। भूतपूर्व प्रधानमंत्री अपने पुत्र की बलि चढ़ाकर उसी लाश पर बैठा हुआ है। राजा पर वह मारण प्रयोग चलाना चाहता था। पर, अब राजा तो स्वयं ही उन लोगों के चंगुल में जा फँसे हैं। अब वे

महाकाली को प्रसन्न करके पहले तो राजा की सहायता में लगे रहनेवाले चारों वीरों की शक्ति को क्षीण करेंगे और बाद में, आगामी पूर्णिमा के दिन, देवी के आगे राजा की बलि चढ़ाएँगे। महाराज विक्रमादित्य के प्राण बड़े ही संकट में पड़ गए हैं। हमें उनके उद्धार का कोई रास्ता निकालना चाहिए।''

यह सुनकर मंत्रियों का चेहरा पीला पड़ गया। आँखों के सामने अँधेरा छा गया। वे इतने घबड़ाए कि मुँह से बोल नहीं फूट रहे थे। सभी लौटकर वापस आए। मंत्रणा करने बैठे।

मंत्री लोग जब चले गए तो आचार्य वराहमिहिर अपने एकांत कुटीर में जाकर बैठे और समाधि लगा ली।

समाधि में न जाने उनको क्या सूझा, वह एकाएक उठे। अपने दोनों लड़कों को बुलाकर कहा—''विक्रमादित्य पर भारी मुसीबत आ पड़ी है। हमारी देह, हमारा धन, हमारी बुद्धि, हमारा अंतःकरण सभी तो उनका है। हमने राजा का बहुत नमक खाया है, उसका बदला चुकाने का यही मौका है। अपनी जान जाय तो जाय, राजा को तो बचाना ही चाहिए। बोलो, हो न तैयार ?''

दोनों लड़कों ने अंजलि-ब होकर पिता से कहा—''कब हमने आपकी आज्ञा नहीं मानी है ? जैसा आप कहें ैसा ही होगा। आप बता तो दीजिए, कहाँ हैं राजा ? हमें क्या करना होगा।''

आचार्य वराहमिहिर को अपने दोनों पुत्रों की दृढ़ता से बड़ी प्रसन्नता हुई। उन्होंने कहा—''शिप्रा नदी के उस घर, नगर के सामने ही, एक झोंपड़ी है, उसमें एक तांत्रिक रहता है, अघोर-पंथी कापालिक। इस राज्य का भूतपूर्व मंत्री वहीं अपने पुत्र की लाश पर सिद्धासन लगाकर बैठा है। राजा विक्रम छिपकर उन लोगों की चर्य्या देख रहे थे। कापालिक ने उन्हें अपने मंत्र के बल से काला कुत्ता बना डाला है। तुम दोनों वहाँ जाकर उस कुत्ते को देख सकते हो। अपनी साधना के बल से तुम दोनों को मैं हिरन बनाता हूँ। जाओ, उसे अपने पीछे दौड़ा ले आओ। नदी गहरी नहीं है। तुम लोग नदी की ओर भागोगे तो कुत्ता पीछा करेगा। तुम नदी में घुस जाना। कुत्ता भी पीछे-पीछे आएगा। उस योगी का मंत्र नदी की आधी धार तक लागू हो सकता है। बस, इससे अधिक नहीं। पर, देखना बहादुरो, इतने जोर से तैरना कि फौरन आधी धार के इधर निकल आओ। उसके बाद फिर कोई खतरा नहीं।''

वराहमिहिर ने अपने दोनों लड़कों को हिरन बनाया कि वे चौकड़ी भरते हुए नदी के उस पार पहुँचें। हिरनों को देखते ही कुत्ता भौंकने लगा। हिरने भागे तो कुत्ते ने पीछा किया। कुत्ते की आवाज ने योगी को सजग कर दिया। कापालिक ने दो हिरनों का पीछा करते हुए कुत्ते को देखा तो योगी को यह पहचानते देर न लगी कि हिरनों की शक्ल में कौन कुत्ते को भगाए लिए जा रहा है। योगी ने मंत्र-बल से अपने को चील बना लिया।

चील ने हिरनों का पीछा किया। राजा विक्रमादित्य के चारों वीरों को पता चला

तो उन्होंने नदी और चील के दरम्यान सरकंडों का एक जंगल उगा दिया। चील तीर की तरह उड़ता हुआ आया और तैरते हुए हिरनों के बीच पहुँचा। उसका खयाल था कि चोंच मारकर हिरनों को अंधा बना दे।

मूँज की झाड़ियों के सामने आ जाने के कारण हिरनों को पाने में चील को दिक्कत उठानी पड़ी। जब तक वह करीब आया तब तक दोनों हिरन धार के बीचोबीच पहुँच गए। कुत्ता भी आधी धार पार कर चुका था। चील को इतनी ही सफलता मिली कि पिछले हरिण की बाँईं आँख में उसकी चोंच लग गई। लेकिन चील आधी धार से जौ-भर भी आगे नही बढ़ सका। लाचार होकर वह आसमान में चक्कर काटता रहा।

हरिण और कुत्ता—तीनों जब इस पार आए तो वराहमिहिर ने उन्हें फिर आदमी बना दिया।

इन बातों का पता केवल मंत्रिमंडल को ही लगा। दूसरे दिन नगर-भर में यह शुभ समाचार फैल गया कि राजा की तबीयत चंगी हो गई। सबको खुशी हुई।

परंतु, वराहमिहिर के एक लड़के की आँख फूट गई थी। इस बात को सिवाय राजा के और कोई नहीं जानता था। वराहमिहिर और उनके दोनों पुत्रों को इस बात से बहुत ही संतोष हुआ कि राजा के प्रति अपना कर्त्तव्य-पालन वे भली-भाँति कर सके।

इस प्रकार महाराज विक्रमादित्य उस संकट से तत्काल छुटकारा पा तो गए, परंतु मृत्यु का आतंक अभी भी उनके सिर पर अपने फन फैलाए हुए था। ज्यों-ज्यों पूर्णिमा नजदीक आती गई, त्यों-त्यों राजा के सहायक उन वीरों की ताकत घटने लगी। उन्होंने आकर कहा—"महाराज, यह दुष्ट कापालिक अपनी साधना के बल से हमें असमर्थ बनाए जा रहा है। शीघ्र-से-शीघ्र उस मायावी को दूर हटाने का कुछ उपाय कीजिए। हम तो अब प्रतिकार करने से रहे।"

विक्रमादित्य चिंता में पड़ गए। कुछ देर बाद उन्हें वराहमिहिर का खयाल आया।

वराहमिहिर बुलाए गए तो आकर उन्होंने कहा—"अद्भुत है आपका पराक्रम महाराज ! परंतु इस दुष्ट की साधना तो और भी भयंकर है। मैं तो तीन ही विद्याएँ जानता हूँ देव ! और यह ? यह तो तेरह विद्याएँ जानता है !! ध्यानस्थ होकर मैंने चर-अचर सारा संसार ढूँढ़ा है, परंतु कोई भी नहीं मिला जो इसका मुकाबला करे..."

आचार्य वराहमिहिर कहते-कहते अकस्मात् चुप हो गए और आँखें मूँद लीं।

थोड़ी देर बाद उनका ध्यान टूटा। राजा चिंता में निमग्न बैठे थे, ज्यों-के-त्यों। वराहमिहिर के मुखमंडल पर गंभीरता का आभास पाकर साहस नहीं हुआ कि महाराज विक्रमादित्य उनसे कुछ पूछें।

वराहमिहिर ने स्वयं ही कहा—"चीन देश की राजकुमारी चौदह विद्याएँ जानती है; तंत्र-मंत्र, जादू-टोना—सभी में निपुण है। एक वही है जो तुम्हारी जान बचा सकती है। राजन् कर सको तो उससे शादी करो।"

राजा ने बहुत देर तक सोचा-विचारा। और कोई उपाय तो था नहीं, बाध्य होकर वह चीन जाने को तैयार हो गए।

मंत्रियों की बैठक हुई। राजा ने अपना प्रस्ताव उनके आगे रक्खा। बहुत सारी सलाह। बहुत-से मशविरे। और, जाने क्या-क्या। सभी ने प्रस्ताव का समर्थन किया।

महाराज विक्रमादित्य चले चीन की ओर। तो क्या वह अकेले थे ? नहीं। वह अकेले नहीं थे। हवा से बातें करनेवाला सफेद घोड़ा था। लगातार साथ रहनेवाले चारों वीर थे।

बहुत दिनों तक वह चलते गए। चलते गए।

एक दिन राजा ने किसी से पूछा—"अरे भई, सुनो तो...यह किस राजा का देश है ?"

अचकचाकर उसने जवाब दिया—"क्या खूब ! तुम्हें यह भी पता नहीं ? यह इलाका महाराज विक्रमादित्य का है ?"

राजा कुछ दिन और चले। और चले। और चले। फिर एक दिन किसी से पूछा—"यह किसकी भूमि है ?"

"महाराज विक्रम की"—चट से जवाब मिला।

राजा को बहुत ही आश्चर्य हुआ—"ओह ! यहाँ तक मेरी हुकूमत चलती है !"

राजा फिर आगे चले और कई हफ्ते चले, चीन की सीमा पर आए। कुछ दिन बाद चीन की राजधानी में पहुँचे। शाम हो गई थी। अपरिचित जगह। सोचा—इसी सामनेवाले घर में रात बिता लें। सबेरे देखा जाएगा।

नजदीक ही एक झाड़ थी। उससे उन्होंने घोड़े को बाँध दिया। छोटा-सा घर। ऊपर छत की जगह सिलेट बिछे थे। छोटा-सा दरवाजा था। बरामदे में राजा को जगह मिली। कंबल बिछाकर सो गए।

चोरों की एक टोली राजमहल में सेंध मारने जा रही थी। उन लोगों ने देखा—झाड़ के नीचे घोड़ा बँधा है।

चोरों का मुखिया उछलकर बोला—"वाह बेटा ! अब तो बाजी मार ली।"

एक बुड्ढे चोर ने ताईद की—"किसी काम को निकलो और रास्ते में कहीं सफेद घोड़ा मिल गया तो पौ-बारह ! अच्छा सगुन हुआ आज।"

उल्लास-भरे स्वर में मुखिया ने कहा—"आज जो हाथ लगेगा, उसमें से सबसे बेशकीमती चीज इस घोड़े को दूँगा।"

चोर आगे गए। पहुँचे राजमहल के पास। सेंध मारकर अंदर घुसे। खजाना खोला। हीरे-जवाहरात, मानिक-मोती और मुहरों के साथ ही नौलखा हार उनके हाथ लगा। सही-सलामत बाहर निकले।

जहाँ राजा सोए थे, जहाँ घोड़ा बँधा था, चोर वहाँ आकर खड़े हो गए। आपस में बाँट-बखरा किया। घोड़े के गले में नौलखा हार डाल दिया और चंपत हो गए।

राजा विक्रमादित्य अभी तक सो रहे थे। बेचारे को क्या खबर कि कैसा फंदा

उनके लिए लग गया है।

सबेरा हुआ। सेंध देखकर पहरेवालों के प्राण सूख गए। रोते-कलपते उन्होंने राजा को खबर की। बड़े अधिकारियों ने स्वयं जाकर देखा—खजाना खाली हो गया था। चोरों ने एक भी कीमती चीज नहीं छोड़ी थी।

चारों तरफ घुड़सवार दौड़ाए गए। जासूस छोड़े गए। एक घुड़सवार कड़ककर सोऐ हुए राजा के प्रति बोला—"कौन सोता है ? उठ ।"

उसने झकझोरकर महाराज विक्रमादित्य को जगा दिया। वह आँख मलते हुए उठे कि इतने में दूसरा घुड़सवार भी वहाँ आ पहुँचा। घोड़े के गले में नौलखा हार देखकर वह चिल्लाने लगा—"चोर ! चोर !!"

पहले घुड़सवार का ध्यान घोड़े की तरफ नहीं गया था। इसलिए वह उतनी सख्ती से राजा को नहीं झकझोर सका। दूसरे घुड़सवार को तो निश्चय हो गया कि हो न हो चोरों का मुखिया यही है। उसने बड़ी अभद्रता से राजा को कहा—"दुष्ट, यही बाकी था ?"

राजा विक्रमादित्य यदि अपना पता-ठिकाना सही-सही बतला देते, तो संभव है, बच जाते। सज़ा नहीं होती। पर, उन्होंने अपना ठीक पता नहीं बताया, इसीलिए उन्हें बहुत कठोर दंड मिला।

चीन में चोरी की यही सजा थी कि हाथ-पैर काटकर चोर को चौरास्ते पर डाल देना। राजा विक्रमादित्य को भी यही सजा मिली।

चौक पर राजा डाल दिए गए थे। बाँहों और जाँघों से खून बह रहा था। चारों ओर की सड़कें लहू-लुहान हो गई थीं। राजा के चेहरे पर विषाद की गहरी छाया पड़ रही थी। आते-जाते लोग उन पर थूक रहे थे—"थूः थूः ! चोर, थूः थूः।"

दो-चार पहर राजा को होश रहा। बाद में वह बेसुध हो गए। पीछे कराहना भी बंद हो गया। साँस-भर चल रही थी।

रात को उधर से एक तेली निकला। उसे बड़ी दया आई बेचारे चोर पर ! थोड़ी देर वह इधर-उधर चक्कर लगा आया। जब रात अधिक बीत गई, जब लोगों का आवागमन बंद हो गया, जब सड़कें सूनी हो गईं तब उस तेली ने राजा को अपनी पीठ पर उठा लिया और पहुँचा घर। बुढ़िया बहुत नाराज हुई—"लूले-लँगड़े को क्यों उठा लाए हो ? और, यह ! अपने राजा के यहाँ इसने चोरी की है ! छोड़ आओ इसे वहीं। रात-भर में नोच-नोचकर गीदड़ खा जाएँगे ! राजा सुनेगा तो अपने को भी कैद में डाल देगा। फिर जिंदगी-भर कोल्हू खींच-खींचकर तेल पेरते रहियो।"

अपनी औरत के मुँह से फटकार सुनकर तेली पहले तो चुप लगा गया लेकिन फिर बोला—"'मैं जानता हूँ, सब कुछ जानता हूँ। पर, मुझे इस बेचारे के ऊपर बड़ी दया आ रही है। गरीब ! अभागा ! परदेशी ! लाचार ! देखो न, दया का पात्र यह नहीं तो और कौन होगा ? जाओ, कुछ पीस-पास लाओ। इसके घावों पर लगा देंगे।"

तेली का स्वाभाव बुढ़िया जानती थी। उसे यह सब रुचा तो नहीं, पर, चुपचाप

वह उठी। कुछ पीस-पूसकर आगंतुक के घावों में लगा दिया।

दिन बीतते गए, राजा विक्रमादित्य का घाव भरता गया। कुछ अर्से के बाद वह बिलकुल भले-चंगे हो गए। अब बुढ़िया ने उनसे काम लेना शुरू किया। बेचारे कोल्हू के पाटे पर बैठ जाते और दिन-भर बैल को हाँका करते ! खाने को वही नून, तेल, रोटी।

तेली भला आदमी था। शुरू से ही उसने इस चोर को अपना दत्तक पुत्र समझा। बुढ़िया लेकिन उस लूले-लँगड़े की अवहेलना करती थी। न ठीक अन्न देती न ठिकाने का वस्त्र।

एक दिन तेली ने कहा—"ओह ! कैसा देखने में लगता है यह लड़का ! कनपट्टी में मैल, बालों में रूखापन ! आज इसको गर्म पानी से नहला दो।"

राजा विक्रमादित्य ने बीच ही में टोका—"क्या कहते हो बापू ? नहाने को ? नहीं। राजकुमारी जिस तालाब में नहाती है उसमें नहलाओ तो नहा भी सकता हूँ, नहीं तो नहीं !"

गुस्से के मारे जल-भुनकर राख हो गई बुढ़िया। डपटकर कहा उसने—"देखो तो इसकी गुस्ताखी ! जिस तालाब में राजकुमारी नहाती है, वहीं नहाएगा...होः होः होः..." व्यंग्य और विद्रूप से बुढ़िया हँस पड़ी।

तेली ने कहा—"नहीं, नहीं। बेचारे का मन क्यों तोड़ती हो। ऐसा कहोगी तो उसका दिल बैठ जाएगा...ना रे ना, आज ही रात को मैं तुझे वहाँ ले चलूँगा। हवा तक को पता नहीं लगेगा।"

"जाओ-जाओ। तुम्हारे भी मौत के दिन आए हैं। बुद्धि भ्रष्ट हो गई है।" बुढ़िया ने मुँह बिचकाकर कहा।

रात हुई। कंधे पर बैठाकर ले चला राजा को वह बुड्ढा तेली। एक चोर रास्ते से वह तालाब पर पहुँचा। नहाने के घाट पर लूले को उसने उतार दिया।

विक्रम ने कहा—"बापू, तुम अभी जा सकते हो। मैं अपनी मर्जी के मुताबिक धीरे-धीरे नहाऊँगा। दुपहर रात हो जाय तो आकर मुझे ले जाना।"

तेली को कुछ समझ में नहीं आया। उसने निश्चय किया—कहीं नहीं जाएगा, वह वहीं रहेगा। परंतु लूले ने बार-बार कहा—"मैं अकेले में नहाना चाहता हूँ।" तेली वहाँ से हट गया। अब राजा विक्रमादित्य उस तालब पर अकेले थे।

सरकते-सरकते महाराज विक्रमादित्य सीढ़ियों से नीचे उतरे। जैसे-तैसे नहाने लगे। नहाते समय उन्हें अपने चारों वीर याद आए। याद आते ही चट से वे हाजिर हो गए। उन्होंने राजा को अच्छी तरह नहला दिया। कपड़े साफ कर दिए। फिर वे चारों चले गए।

नहा-धोकर कपड़ा बदलकर विक्रम जब बैठे तो दुपहर रात होने में देर थी। उन्होंने सोचा, तब क्यों न संगीत से भगवती शारदा की आराधना करूँ?

राजा ने दीपक राग अलापना शुरू किया। रंग जमता गया, घर-घर के दीये जलते

गए। थोड़ी देर में सारा शहर जगमगा उठा !

राजकुमारी अभी-अभी सोई थी। उसके पलंग के पास चौमुख दीपों की जो कतार थी, सो झक से जल उठी। राजकुमारी घबड़ाकर उठी। इतने में उधर तालाब पर राजा विक्रम ने गाना बंद किया—और शहर-भर की रोशनी बुझ गई। सारा संसार मानो अँधेरे में खो गया !

दुपहर रात हुई तो तेली तालाब पर पहुँचा और लूले को उठाकर घर ले गया। बूढ़े को अचरज हो रहा था कि इतनी अच्छी तरह कैसे नहा सका यह लूला ! यह लँगड़ा !

लेकिन उसे लँगड़े से पूछने की हिम्मत नहीं हुई।

राजकुमारी की नींद उचट गई थी। वह सोचने लगी—एकाएक शहर-भर के दीप जल जाएँ, यह सामर्थ्य केवल दीपक राग में है। दूसरा कोई जानता नहीं। एक ही व्यक्ति है संसार में जो दीपक राग अलाप सकता है। महाराज विक्रमादित्य को छोड़कर यह सामर्थ्य और किसी में नहीं है। ओह ! वीर विक्रम, तुम्हें देखने के लिए ये आँखें न जाने कब से तरस रही हैं।

अवश्य ही वही होंगे। दीपक राग इस शहर में और कौन गा सकता है ?

राजकुमारी ने सोने की बहुत कोशिश की, पर नींद न आई।

सुबह-सुबह उठी। नहा-धोकर ध्यान करने बैठी।

राजकुमारी चौदहों विद्या जानती थी। ध्यान लगाकर उसने मालूम किया कि विक्रमादित्य इसी शहर में मौजूद हैं, किसी तेली के यहाँ। किस तेली के यहाँ ?...सो नहीं मालूम कर सकी।

पूजा-पाठ खतम करके राजकुमारी बाहर आई। नगर-भर में डुगडुगी पिटवाकर उसने कहला दिया—जितने तेली हैं, सभी मेरे सामने हाजिर हों।

सभी तेली समय पर हाजिर हुए। राजकुमारी ने कड़ककर कहा—"देखो, हमें चौबीस हजार मन तेल चाहिए। हरेक तेली को उतना तेल देना पड़ेगा। जो कोई आज्ञा का उल्लंघन करेगा उसे सजा मिलेगी।"

—बौरा गई है राजा की लड़की !...तेलियों ने सोचा—बाप रे ! क्या करेगी इतना तेल लेकर ? पगली कहीं की !

सभी तेली अपने-अपने घर गए, उदास।

बूढ़े ने यह खबर बुढ़िया से सुनाई तो वह फुफकार उठी—"हे भगवान ! मैं तो पहले ही जानती थी। लूले-लँगड़े को लाकर तुमने घर को अलच्छ बना दिया। जो न हो ! अब लो इसी से तेल।"

बुढ़िया लगी छाती पीट-पीटकर रोने। आसमान उसने सिर पर उठा लिया ! भानस-भात, रोटी-पानी सब बंद। बुढ़वा आँगन से बाहर निकल गया था। बेचारे राजा विक्रमादित्य कोल्हू के पाटे पर बैठकर दिन-भर बैल हाँकते रहे; भूख-प्यास और अपमान। उनकी अँतड़ियाँ सूखकर सिकुड़ती जा रही थीं !

हर एक तेली इसी प्रकार चिंतित था। राजकुमारी को वे लोग मन-ही-मन गालियाँ दे रहे थे।

रात हुई। लँगड़े ने मालिक से कहा–"भूखे भी मरना है और खाकर भी मरना है। और भगवान् की कृपा हुई तो इस संकट से हम उबर भी जा सकते हैं। भूखे क्यों पड़े हो बाबा ? पेट ने क्या बिगाड़ा है ?"

बुढ़िया से नहीं रहा गया। तमककर उसने कहा–"तुझे क्या पड़ी है ? खुद को लगी होगी भूख तो हमें सीख देने चला है।"

राजा ने धीरज से काम लिया। चुपचाप लेट रहे। आखिर बुढ़िया ने चूल्हा जलाया। रोटी बनाई। सबने खाया।

बूढ़े और बुढ़िया दोनों को जब नींद आ गई तो राजा ने अपने उन वीरों का आवाहन किया। चारों आए और हाथ जोड़कर सामने खड़े हो गए–"हुकुम, सरकार !"

"चौबीस हजार मन तेल चाहिए।" महाराज विक्रमादित्य की आज्ञा सुनकर चारों वीर बोले–'एवमस्तु'।

थोड़ी देर में तेली का घर-आँगन बड़े-बड़े हंडों से भर गया। सभी में तेल भरा था।

उन दोनों बूढ़े-बुढ़िया को चिंता के मारे उस रात नींद तो भला क्या आई ! रह-रहकर वे चौंक उठते–"चौबीस हजार मन तेल ! बाप रे बाप ! कहाँ से आएगा !!... अरे ! सिपाही हमें पकड़े लिए जा रहे हैं, जान नहीं बचेगी आज।"

विक्रमादित्य ने उठकर देखा तो दुनिया-भर का तेल पड़ा था। उल्लसित होकर उन्होंने बूढ़े से कहा–"कहा था न ? भगवान की दया से कितना तेल जमा हो गया है बाबा ? जरा उठो तो !"

तेली और तेलिन दोनों खुशी से नाच उठे।

बूढ़ा दौड़ता-दौड़ता पहुँचा राजकुमारी के पास। वह इतना खुश था कि मुँह से बोल तक नहीं निकलता था। दोनों हाथ जोड़कर उसने कहा–"तैयार है तेल हुजूर !"

राजकुमारी को निश्चय हो गया कि महाराज विक्रमादित्य इसी तेली के घर में हैं। जिसको चार-चार वीरों की मदद होगी, वही यह काम कर सकता है।

दूसरे-दूसरे तेली भी आए, मुँह लटकाए हुए। उनको राजकुमारी ने छुट्टी दे दी।

राजकुमारी ने इस तेली से पूछा–"बोल, तेरे यहाँ कौन काम करता है ? किसे तूने अपने घर में छिपा रक्खा है ?"

तेली पहले तो चुप रहा, पीछे उसे कुछ कहना पड़ा–"हुजूर ! वह और कोई नहीं, लूला-लँगड़ा भारतीय है। राजमहल में उसने चोरी की थी। हाथ-पैर उसके काट लिए गए थे और चौरास्ते पर छोड़ दिया गया था।"

राजपुत्री ने कहा–"अच्छा, यह बात है ? अगले महीने मेरा स्वयंवर होगा। देश-विदेश के राजा आएँगे। उस दिन तू अपने लँगड़े को भी वहाँ लादकर ले आना।"

तेली की समझ में खाक-पत्थर कुछ भी नहीं आया। वह घर पहुँचा। बुढ़िया और नौकर से सारी बात कही।

राजा को लगा कि काम बनने ही वाला है। राजकुमारी को मेरा पता लग गया। इतना ही नहीं, स्वयंवर में वह मुझे वरना भी चाहती है। अब क्या है !

एक मास बीत गया। स्वयंवर का दिन आ गया। बहुत बड़ा शामियाना खड़ा किया गया। उसके अंदर ईरानी और काश्मीरी गलीचे बिछाए गए। चँदोवा ताना गया। सामने, चँदोवे के नीचे सिंहासन था। आस-पास कुछ और आसन रखे थे। छोटे-छोटे सिंहासनों से सारा शामियाना शोभायमान था। एक-एक सिंहासन पर एक-एक राजा, पीछे एक-एक चोबदार। बाएँ भाग में चँवर डुलानेवाला एक-एक परिचारक। दाहिने भाग में विरुदावली गानेवाला एक-एक भाट। बीच-बीच में रास्ते बने हुए। जगह-जगह फव्वारे; अतर और गुलाबजल की फुहियाँ बरसानेवाले। कहीं-कहीं बड़े-बड़े गमले; तरह-तरह के फूलोंवाले। ऐसा था वह स्थान, जहाँ राजकुमारी का स्वयंवर होनेवाला था।

देश-देश के राजा सभी अपने-अपने निर्दिष्ट आसन पर बैठे। भाटों ने गुणगान आरंभ किया। धूप और इत्र की खुशबू से वहाँ का आसमान सुगंधित हो रहा था।

थोड़ी देर में राजा और राजकुमारी आए। उनके आते ही नौबत बजने लगी। हाथ में वरमाला लेकर राजकुमारी राजाओं की ओर उन्मुख हुई।

राजा लोग लगे उचक-उचककर देखने। अपनी बेसब्री छिपाने के लिए किसी ने मूँछ पर ताव देना शुरू किया। किसी का हाथ तलवार की मूठ पर चला गया। किसी ने भाट की ओर देखा।

राजकुमारी के साथ दो सखियाँ थीं। सभा के बीच से वे चल रही थीं। राजकन्या की सुंदरता अद्भुत थी। गौर वर्ण की उसकी देह झलझल कर रही थी। उसके हाथ में महुए के फूलों और दूबोंवाली माला थी।

परंतु ध्यान उसका किसी भी राजा पर नहीं था। एकदफे चारों ओर नजर मारकर राजकुमारी ने लँगड़े को ढूँढ़ निकाला और बस।

राजा विक्रमादित्य को बूढ़ा लाद लाया था। वे दोनों एक तरफ हटकर बैठे हुए थे, सभास्थल से बाहर। राजपुत्री आहिस्ते-आहिस्ते उसी तरफ चली गई और उसी लूले-लँगड़े के गले में वरमाला डाल दी।

सभा में हाहाकार मच गया। राजाओं और राजकुमारों ने बड़ा हो-हल्ला मचाया।

लेकिन रिवाज के मुताबिक वर का यह चुनाव वाजिब ही था। राजकन्या का यह अधिकार किसी तरह भी छीना नहीं जा सकता था।

चीन के राजा को अपनी लड़की की यह पसंदगी मंजूर करनी पड़ी।

दूसरे दिन वर को बारात के साथ आने का निमंत्रण मिला। लेकिन दूल्हे का बाप तो गरीब था। वह कैसे बारात का इंतजाम करता।

इतने में मंत्री ने खबर भेजी—"खजाना आपकी सेवा में समर्पित है। जो चीज चाहिए, यहाँ से ले जायँ। वर और बारात की शान-शौकत और ठाट-बाट में जरा भी

कमी न होनी चाहिए।"

तेली खुश हो गया। वह बारात के इंतजाम में लग गया। विक्रमादित्य ने बूढ़े से कहा—"फिक्र मत करें, सब ठीक हो जाएगा।"

तेली के लिए यह सब जादू का खेल था, लेकिन वह कुछ बोला नहीं।

रात हुई तो विक्रम ने अपने मालिक से फिर कहा—"बाबा, ले चलो मुझे फिर उसी तालाब पर।"

तालाब पर पहुँचकर उसने बूढ़े से कहा—"जाओ, जरा देर बाद आकर मुझे ले जाना।"

तेली चला तो गया, लेकिन शक तो उसे हुआ ही। थोड़ी देर में दूसरे रास्ते से घूमकर फिर पहुँचा तालाब पर। एक झाड़ की ओट में छिपकर देखने लगा।

राजा विक्रमादित्य उसी दिन की भाँति नहा-धोकर बैठे और लगे अलापने दीपक राग। शहर-भर के दीप जगमगा उठे। राजमहल आलोकित हो उठा। राजकन्या की नींद टूट गई। वह समझ गई कि यह महाराज विक्रमादित्य का काम है। अपनी विद्या के बल से वह अप्सरा बनी और उड़कर चली गई तालाब पर, विक्रमादित्य के पास।

राजा गाने में लवलीन थे। अप्सरा आकर सामने खड़ी हो गई। हाथ जोड़कर प्रणाम किया और बोली—"देव, आपके संगीत से मैं परम प्रसन्न हूँ। जो चाहते हो सो माँग लें।"

महाराज विक्रमादित्य ने कहा—"ऐ इंद्र की परी, अगर तू सचमुच खुश है तो मेरे हाथ-पैर पहले की तरह दुरुस्त कर दे।"

यह सुनते ही अप्सरा आकाश में उड़ गई और थोड़ी देर में वापस आई। पहले के कटे हाथ-पैर जाने कहाँ से लाकर राजा को उसने दे दिए। राजा का लूलापन और लँगड़ापन दूर हो गया। अप्सरा उड़कर अदृश्य हो गई।

राजा ने अपने बहादुरों को बुलाया। वे चारों उपस्थित हुए। उन्होंने कहा—"तुम सबने बड़ी मिहनत की है। बस, अब जरा-सी कसर है। एक काम और कर दो।"

वीरों ने पूछा—"कौन-सा काम, हुजूर ?"

राजा बोले—"यहाँ की राजकुमारी के साथ कल मेरी शादी होगी। सारा साज-सरंजाम तुम्हें ठीक करना होगा। हाथी, घोड़ा, ऊँट, तामदान पालकी। बड़े-बड़े तंबू, शामियाना और जिस तेली के यहाँ मैं रहता हूँ, उसे महल बना दो। हीरे-जवाहरात और मोतियों से उस महल को भर दो। सात दरवाजे हों उसमें। एक-एक दरवाजे पर एक-एक पहरेदार हो। मतलब यह कि महाराजा विक्रमादित्य के योग्य ही सब प्रबंध होना चाहिए। यह सब हो भी सुबह होने से पहले ही।"

नीचे झुककर चारों वीरों ने यह सूचित किया कि आपकी आज्ञा शिरोधार्य है।

फिर वे क्षण-भर में अदृश्य हो गए।

झाड़ के ओट में खड़ा होकर तेली यह सब देख रहा था। उसे खेद हुआ—"ओह ! तुम थे राजा विक्रमादित्य ? हाय-हाय ! बुढ़िया रोज तुम्हें कितनी गालियाँ देती थी !"

तेली का हृदय काँपने लगा। किसी तरह वह सामने आया। दंडवत् प्रणाम करके उसने राजा से कहा—"माफ करें हुजूर ! माफ करें।"

हाथ पकड़कर राजा ने बूढ़े को उठाया और प्यार भरे शब्दों में कहा—"बाबा, अनगिनत हैं तुम्हारे उपकार ! सौ बार जनम लूँ तो भी तुम्हारे उपकारों का बदला नहीं चुका सकूँगा। मैं हमेशा तुम्हें अपना धर्म-पिता समझूँगा। चलो, घर चलें, सुबह होने ही वाली है।"

जल्दी-जल्दी दोनों घर पहुँचे। झोंपड़ी की जगह महल देखकर तेली का मन-मोर नाच उठा। कर्कश स्वभाववाली तेलिनिया भी बदल गई थी। नसीब के साथ-साथ उसका स्वभाव भी बदल गया था। पहले तो वह ताने मारती और गालियाँ देती हुई स्वागत करती, परंतु आज उसके स्वर में अनूठी कोमलता थी।

सूरज उगने से पहले ही चारों वीरों ने सब व्यवस्था पूरी कर दी। शहर के बाहर लश्कर का पड़ाव पड़ा, झील जैसा। बड़े-बड़े तंबू लग गए। अमीर-उमरा, मुखिया-मुसाहब इधर-उधर अकड़कर चलते हुए नजर आ रहे थे। सभी तंबुओं से घिरा हुआ एक विशाल तंबू खड़ा था। उस पर तगड़े, तंदुरुस्त और बड़ी डील-डौलवाले बैल के चित्र से चित्रित नारंगी रंग की रेशमी पताका फरफरा रही थी।

चीन का राजा घबड़ा गया। उससे किसी ने कहा था—"अपनी लश्कर लेकर कोई दुश्मन शहर के बाहर पड़ाव डाले हुए है।"

कल राजकुमारी की शादी होगी, आज आएगी बारात। बीच में यह दुश्मन कहाँ से आ धमका ?

राजा ने बहुत सोचा—असलियत मालूम करनी चाहिए।

गुप्तचरों ने आकर खबर दी—"सरकार, बहुत बड़ी सेना है। समुद्र-जैसी।"

चीन के राजा में इतनी सामर्थ्य न थी कि मुकाबला करता। उसने निश्चय किया—समझा-बुझाकर प्रतिपक्षी को ठीक कर लेंगे।

नजराने की बहुत-सी चीजें ले-लिवाकर चीन का राजा महाराज विक्रमादित्य से मिलने चला।

इधर राजा विक्रम को पता लगा कि ससुर महाशय इस प्रकार मिलने चले आ रहे हैं। वह स्वयं ही आगे जाकर बूढ़े राजा को लिवा लाए।

चीन के राजा को यथार्थ बात जानकर बड़ी प्रसन्नता हुई। साक्षात् विक्रमादित्य को सामने पाकर उसकी खुशी का अंत न रहा।

थोड़ी देर में बिजली की भाँति सारे शहर में यह बात फैल गई। सभी प्रसन्न हुए। वे राजा भी धीमे पड़ गए जो कल की घटना से क्षुब्ध थे। नम्र होकर वह सभी महाराज विक्रमादित्य से मिलने की प्रतीक्षा करने लगे।

शाम को बड़ी धूम-धाम से वरयात्रा निकली। चीन के राजमहल में विवाह-संस्कार संपन्न हुआ। बाहर बहुत बड़ा शामियाना तना था। देश-देश के गवैए अपनी उस्तादी दिखा रहे थे। नवदंपति चँदोवा के नीचे, एक ही सिंहासन पर विराजमान थे। तरह-तरह

के मनोरंजनों में लोगों का ध्यान उलझा हुआ था। इतने में द्वारपाल ने आकर किसी अधिकारी से कहा—"बाहर दो जादूगर आए हैं। अजीब-अजीब खेल जानते हैं। अंदर आने के लिए वे आज्ञा चाहते हैं।"

जादूगरों को अंदर आने की इजाजत मिल गई। जब वे सामने आए तो महाराज विक्रमादित्य ने फौरन उन्हें पहचान लिया। एक उनमें से वही अघोरी था, दूसरा वही भूतपूर्व मंत्री !

उन्हें देखते ही राजा का चेहरा फीका पड़ गया। राजकुमारी ताड़ गई। उसने राजा के कान में कहा—"घबड़ाते क्यों हैं ? देखिए न, मैं इन दोनों को क्या नाच नचाती हूँ ! अपनी करनी का फल ये भोगेंगे।"

दोनों जादूगर अपना पिटारा खोलकर खेलने लगे। पिटारे में से पहलेवाली लाश निकाली। लाश की छाती पर बैठकर मंत्री कुछ जपने लगा। योगी ने धूनी लगाई। झोली में से तीन-चार हड्डियाँ निकालकर वह उन्हें खटखटाने लगा। मंत्री मुर्दा समेत ऊपर उठा। आसमान में उठकर वह अदृश्य हो गया। थोड़ी देर बाद ऊपर से ऐसी आवाज आने लगी, मानो हथियार खनखना रहे हों। थोड़ी देर पीछे पैर गिरा, फिर हाथ और तब समूची धड़। पीछे मंत्री स्वयं नीचे उतरा और उपस्थित जनसमूह से उसने कहा—"देखो, अभी-अभी इसमें मैं जान डाल दूँगा और यह फौरन जी उठेगा।"

हाथ-पैर और धड़ इकट्ठा किए। अघोरी ने उस पर धूनी की राख डाल दी। पिटारे में से मुंड निकालकर मंत्री ने धड़ में जोड़ दिया। रक्त का संचार, छाती की धड़कन, नथनों का फूलना और सिकुड़ना—यह सब साफ नजर आने लगा। दाहिना हाथ ऊपर उठाकर कापालिक ने तीन बार कहा—"बम् बम् बम् धत्तेरी, जाग बेटा ! बोल बेटा ! बम् बम् फूः।"

मुर्दा उठ बैठा। आँखें खोलकर उसने अँगड़ाई ली। चारों तरफ देखा। वहाँ मंत्री खड़ा था। उसको लक्ष्य करके लड़के ने कहा—"पिता जी, मुझे भूख लगी है, कुछ खिलाओ।"

बाप ने महाराज विक्रमादित्य की ओर उँगली उठाकर कहा—"जा बेटा, सामने राजा बैठा हुआ है। बाघ बनकर उसे खा जा।"

बस, एक बाघ छलाँग लगाकर राजा के करीब पहुँच गया। लेकिन राजकुमारी खुद चौदहों विद्या जानती थी, दाहिना हाथ उठाकर उसने बाघ की ओर टकटकी लगा दी। बाघ गरजकर पीछे मुड़ गया, मानो बिजली का चाबुक सपाक से उसकी पीठ पर पड़ा हो !

पीछे लौटकर वह बाघ गुस्से के मारे उस मंत्री पर ही झपटा; चीर-फाड़कर उसका खून पीने लगा।

कापालिक को डर लगा। वह भागना ही चाहता था कि राजकन्या ने उस पर भी अपना जादू चला दिया। बेचारा जहाँ का तहाँ ठूँठ पेड़ बनकर खड़ा रह गया। राजकुमारी ने कहा—"दुष्ट अघोरी ! अपने मंत्रबल का तूने दुरुपयोग किया ! जा, मैं

तेरी जान नहीं लेना चाहती। तू पागल और गूँगा होकर संसार में भटकेगा।"

बाघ पूँछ हिलाता हुआ राजकुमारी के पास आकर खड़ा हो गया। कापालिक को धक्का देकर बाहर निकाल दिया गया। सभी को प्रसन्नता हुई। सभी ने राजकुमारी को आशीर्वाद दिए। उत्सव समाप्त हुआ।

राजा अपनी नई-नवेली पत्नी के साथ उज्जैन लौट आए।

वह तेली और तेलिन बहुत बड़ी जागीर के मालिक बना दिए गए।

महाराज विक्रमादित्य सुख से राज करने लगे।

◻ सयानी कोयल

इनाम

हिरन का मांस खाते-खाते भेड़िए के गले में हाड़ का एक काँटा अटक गया।

बेचारे का गला सूज आया। न वह कुछ खा सकता था, न कुछ पी सकता था। तकलीफ के मारे छटपटा रहा था। भागा फिरता था—इधर से उधर, उधर से इधर। न चैन था, न आराम था।

इतने में उसे एक सारस दिखाई पड़ा—नदी के किनारे। वह घोंघा फोड़कर निगल रहा था।

भेड़िया सारस के नज़दीक आया। आँखों में आँसू भरकर और गिड़गिड़ाकर उसने कहा—"भइया, बड़ी मुसीबत में फँस गया हूँ। गले में काँटा अटक गया है, सो तुम उसे निकाल दो और मेरी जान बचाओ। पीछे तुम जो भी कुछ माँगोगे, मैं जरूर दूँगा। रहम करो भाई !"

सारस का गला लंबा था, चोंच नुकीली और तेज़ थी। भेड़िए की वैसी हालत देखकर उसके दिल को बड़ी चोट लगी। भेड़िए के मुँह में अपना लंबा गला डालकर सारस ने चट् से काँटा निकाल दिया और बोला—"भाई साहब, अब आप मुझे इनाम दीजिए !"

सारस की यह बात सुनते ही भेड़िए की आँखें लाल हो आईं, नाराज़ी के मारे उठकर खड़ा हो गया। सारस की ओर मुँह बढ़ाकर भेड़िया दाँत पीसने लगा और बोला—"इनाम चाहिए ! जा भाग, जान बची तो लाखों पाए ! भेड़िए के मुँह में अपना सिर डालकर फिर तू उसे सही-सलामत निकाल ले सका, यह कोई मामूली इनाम नहीं है। बेटा ! टें-टें मत कर ! भाग जा नहीं तो कचूमर निकाल दूँगा।"

सारस डर के मारे थर-थर काँपने लगा। भेड़िए को अब वह क्या जवाब दे, कुछ सूझ ही नहीं रहा था। गरीब मन-ही-मन गुनगुना उठा—

रोते हों, फिर भी बदमाशों पर करना न यकीन।
मीठी बातों से मत होना छलियों के अधीन।
करना नहीं यकीन, खलों पर करना नहीं यकीन।।

कामचोर

बड़े बाग का माली उस गधे का मालिक था। न काम-धाम, न मेहनत-मजदूरी, लेकिन खाने को खूब मिलता था। फिर भी वहाँ गधे का जी नहीं लगता था।

उसने एक रोज़ देवताओं के राजा की पुकार लगाई और कहा—"सरकार ! यहाँ मेरा जी नहीं लगता है। किसी दूसरी जगह मुझे भेज दीजिए।"

अगले ही दिन माली ने गधे को धोबी के हाथों बेच डाला।

धोबी के यहाँ गधे को खटना तो खूब पड़ता था, लेकिन खाना भी काफी मिलता था। तो भी उसे संतोष नहीं हुआ।

गधे ने देवताओं के राजा से फिर कहा—"हुजूर ! इस मेहनत से मेरी जान बचाइए।"

इस दफे वह एक चमार के मातहत हुआ। वह गधे की पीठ पर भारी-भारी लाश ढोने लगा। चलने में देरी होती तो चाबुक से पीटता भी खूब। खाना भी यहाँ उसे कम ही मिलता था।

थोड़े ही दिनों में गधा सूखकर काँटा हो गया। वह मन-ही-मन पछताने लगा, माली के यहाँ मज़ा-ही-मज़ा था। वैसा सुख अब कहाँ मिलेगा ? यह चमार तो शैतान का अवतार है, मरने पर भी मुझे नहीं छोड़ेगा ! उधेड़कर खाल तक बेच लेगा बेटा !

क्यों न काम में ऐब ढूँढ़नेवाला दुख पाएगा ?

मेहनत करनेवाला सुख के गीत क्यों न गाएगा ?

साझा

शेर, बाघ और भालू तीनों मिलकर शिकार करने गए।

एक मोटा-तगड़ा हिरन हाथ आया।

शिकार लेकर लौट आए तो बँटवारा करने बैठे। आगे बढ़कर शेर ने ही बाँटने का काम अपने ऊपर लिया।

शेर बँटवारा करता रहा। बाघ और भालू बैठे-बैठे देखते रहे। सोचते रहे—किसे कौन-सा भाग बाँट में मिलेगा ?

इतने में शेर बोला—"शिकार को मैंने तीन जगह बाँट दिया, ठीक है। लेकिन मैं ठहरा राजा। मांस की पहली ढेरी पर राजा का ही अधिकार होगा। इतनी कड़ी मेहनत के बाद शिकार हाथ आया, दूसरी ढेरी भी मेहनताने के तौर पर मेरी ही हुई। बाकी रही तीसरी ढेरी, देखूँ कौन माई का लाल इसे मेरे सामने से ले जाता है ?"

बाघ और भालू—दोनों साझेदार शेर की यह दलील सुनकर दंग रह गए। कुछ नहीं बोले, टुकुर-टुकुर ताकते-भर रहे।

उनका यह हाल देखकर एक सियार से नहीं रहा गया, दूर से ही उसने पद गाए—

सपने में भी मालदार का
देता है जो साथ।
इसी तरह उस बेवकूफ का
कट जाता है हाथ।

लालच

एक था बूढ़ा और एक थी बुढ़िया।

बुढ़िया तड़के उठती थी। उठकर वह चावल की फरही भूँजती थी। बूढ़ा फरही टोकरी में उठाकर बाज़ार पहुँचता। फरही बेचकर उधर से वह चावल, दाल, नमक, तेल और मसाला खरीद लाता था। रोज़ का उसका यही नियम था।

बूढ़ा और बूढ़ी—दोनों में बड़ा ही मेल था। वे आपस में कभी नहीं झगड़ते थे। दोनों ही काम करते, दोनों आराम। उनके न लड़का था, न लड़की थी। फिर भी वे खुश रहते थे। बूढ़ा गाता था तो बुढ़िया सुनती थी। बूढ़ी गाती थी तो बूढ़ा सुनता था। जो कुछ भी मिल जाय, उसी में खुश। उनके दिन मजे में बीत रहे थे।

एक रोज़ बूढ़ा बाज़ार जा रहा था सौदा लेकर। राह के किनारे एक बरगद का पेड़ था। वहाँ उस रोज़ एक साधू दिखाई पड़ा।

बूढ़ा साधू के नज़दीक पहुँचा। थोड़ी फरही उसने बाबाजी के पास रख दी। बोला—"बाबा, फंकी लगाओ।"

साधू मुस्कराने लगा। बोला—"तू किस मतलब से मेरे पास आया है?"

बूढ़े ने हाथ जोड़कर कहा, "यों ही आया हूँ, किसी मतलब से नहीं आया।"

साधू बड़ा खुश हुआ। झोले से एक हंस निकाला। हंस के चोंच और चंगुल लाल-लाल थे। पंख सफेद थे। माथा सुनहरा था।

वह हंस साधू ने बूढ़े को थमा दिया और बोला—"ले जा इसे। यह रोज़ सुबह-सुबह तुझे सोने के अंडा देगा। देखना, इस हंस को सँभालकर रखना।"

खुशी के मारे बूढ़ा साधू के पास से घर लौट आया, आज उसे सोने के अंडे देने वाला हंस मिला था।

यह सब देख-सुनकर बुढ़िया नाचने लगी। हँस-हँसकर वह बूढ़े से कहने लगी—"आज से तुम राजा और मैं रानी।"

तब से हर रोज़ सोने का एक अंडा उन्हें मिलने लगा। उनके यहाँ सोने का ढेर लगता गया।

मगर बुढ़िया की वह बात बेचारे को माननी ही पड़ी। फिर ?

फिर हुआ यही कि एक दिन शाम को बूढ़े ने हंस की टाँगें कसकर पकड़ लीं। बुढ़िया

तैयार थी ही। उसने एक हाथ से हंस का गला पकड़ लिया। दूसरे हाथ में छुरा था।

बस, छुरे से बुढ़िया ने हंस का पेट आखिर चीर ही डाला !

तड़प-तड़पकर हंस ने जान दे दी। सोना मिलने की आशा में बुढ़िया ने उसकी बोटी-बोटी कर डाली। लेकिन इस तरह उन्हें राई-भर भी सोना नहीं मिला।

अपनी बेवकूफी पर दोनों अंत तक पछताते रहे।

"धीरे-धीरे रे मना सभी काम बन जाय।"

चतुराई

सियार, खरगोश, सूअर और शेर—चारों साथ रहते थे।

शेर राजा था। सियार और सूअर दीवान थे। खरगोश मुसाहब था।

जंगल का वह बादशाह अपने साथियों के साथ बड़े आराम से रहता था।

एक रोज़ शेर ने मुँह बाकर जँभाई ली।

सूअर ने कहा—"सरकार ! आपके मुँह से बदबू आती है।"

शेर नाराज़ हो गया—"मैं जंगल का राजा ! मेरे मुँह से भला बदबू आ सकती है..."

वह सूअर पर झपटा। पंजों से उसका पेट फाड़ दिया। बेचारे की मौत हो गई !

अगले दिन शेर ने मुँह बनाकर फिर जँभाई ली और सियार की ओर घूरकर पूछा—"अब तू बता ! मेरे मुँह से बदबू आती है ?"

सियार कल सूअर की बुरी गत अपनी आँखों देख ही चुका था। उसने सोचा—राजा का मिजाज़ गरम हो गया है, हमें नरमी से काम लेना चाहिए। वह बोला—"हुजूर आपके मुँह से तो इलायची की खुशबू आ रही है !"

शेर को खुश करने की नीयत से सियार ज़ोर-ज़ोर से साँस खींचने लगा, मानो खुशबू को वह अपने अंदर भर रहा हो।

शेर ने डाँटकर कहा—"चापलूस कहीं के ! तुझसे मुझे यही आशा थी...दस कोस का यह जंगल, इसका मैं अकेला राजा! ताजा खून मैं पिऊँ, नोच-नोचकर मांस मैं खाऊँ, कलेजी मैं चबाऊँ, फिर बदबू मेरे मुँह से न आएगी तो किसके मुँह से आएगी ? तेरी मति मारी गई है !"

सियार भी शेर की नाराजी का शिकार हो गया।

बाकी बचा खरगोश। उससे यही सवाल शेर ने पूछा तो वह बोला—"सरकार ! मुझे जुकाम हो गया है, बदबू-खुशबू का कुछ पता ही नहीं चलता !"

शेर उसकी ओर ताकता रह गया।

"जैसे बहे बयार पीठ तब तैसी करना।
साफ-साफ बातें करके नाहक मत मरना।।"

बुज़ुर्गी

बंदर, हाथी और टिटहरी !

तीनों एक ही जंगल में और आस-पास ही रहते थे। उनमें बोल-चाल नहीं थी। वे एक-दूसरे की ओर देखते तक नहीं थे।

एक रोज़ तीनों के मन में यह विचार उठा कि हम आपस में बोल-चाल करें। हमें पड़ौसी की तरह रहना चाहिए। इतने दिनों तक हम एक-दूसरे से अलग रहे ! साथ रहते हुए भी हमने एक-दूसरे को नहीं पहचाना !

फिर तीनों एक जगह बैठे।

पहले टिटहरी और बंदर ने हाथी से पूछा—''बड़े भइया, तुमको अपने जीवन की कौन-सी पहली घटना याद है ?''

सूप-से कानों को हिलाकर और सूँड को ज़रा उठाकर हाथी बोला—''वह देखो, सामने बरगद का पेड़ है। जब मैं छोटा था तो वह अभी पौधा ही था। मैं उसे अपनी जाँघों के बीच में रखकर आर-पार हो जाता था, उसकी फुनगी मेरे पेट तक नहीं पहुँचती थी।''

तब टिटहरी और हाथी ने बंदर से पूछा—''अब तुम अपनी सुनाओ।''

सूखी घास को नाखूनों से खोंटकर उसे होठों तले दबाता हुआ वह कहने लगा—''अपने बचपन की पहली बात मुझे यही याद है कि बैठे-ही-बैठे मैं इस बरगद की फुनगी के टूसे को तोड़ लेता और खा जाता। उसका कसैला और कड़वा जायका मुझको अब तक याद है।''

आखिर में टिटहरी से पूछा गया तो वह बोली—''भाइयो, पहले इस जगह वह बरगद नहीं था। सामने जो मैदान दिखाई पड़ता है उससे परे एक बीहड़ जंगल था। उसमें एक बूढ़ा बरगद था। मैंने उसकी फलियाँ खूब खाई हैं। एक बार मैंने सामने इसी जगह बीट कर दी तो वह बरगद उसी से पैदा हुआ !''

यह सुनकर बंदर और हाथी थोड़ी देर चुप रहे। फिर दोनों ने टिटहरी के आगे अपना-अपना सिर झुकाया। वह बड़ी खुश हुई और उन दोनों को आशीष देने लगी।

चिढ़ा किसी को मत मखौल से !
उमर बड़ी है डील-डौल से !

बेवकूफी

किसी धोबी के यहाँ एक गधा था।

वह दिन में धोबी के कपड़े ढोता और रात के समय बाहर निकलकर चर आता था। सुबह होते ही वह अपने मालिक के दरवाजे पर आ खड़ा होता।

एक रात को जब गधा बाहर खेत में चर रहा था, तो एक सियार से उसकी मुलाकात हुई। दोनों में भाईचारा हो गया।

काँटों का घेरा तोड़कर दोनों ककड़ी के खेत में जा पहुँचते और जी भरकर ककड़ियाँ खाते।

पेट-भर ककड़ियाँ खा चुकने पर एक रात गधे का गाने का मन हुआ। उसने सियार से कहा–"देख बेटा, कैसी बढ़िया चाँदनी खिली है ! नीले आसमान से सफेदी बरस रही है ! मैं तुझे आज गाने सुनाऊँगा।"

"नहीं मामा," सियार नजदीक आकर बोला–"कोई ज़रूरत नहीं गाने-वाने की। चोरी करते समय गाया नहीं करते। और, तुम गाओगे कैसे ? जिसका गला सुरीला हो, गाना उसी का भला लगता है !"

दुखी होकर गधा बोला–"तेरी समझ में कैसे आएगा, दिमाग में गोबर भरा है।"

सियार ने कहा–"गा तो तुम सकते नहीं; हाँ, रेंक ज़रूर सकते हो !"

मगर गधा अपनी बात पर अड़ा रहा ! वह खेत के बीचोंबीच चला गया और सँभलकर खड़ा हुआ कि गाएगा।

"ठहरो मामा, ज़रा ठहर जाओ !" सियार ज़ोर से चीखा–"मैं बाहर खड़ा होकर निगरानी करता हूँ–कहीं खेत का मालिक न आ जाय !"

"ठीक है, जाओ"–गधे ने कहा।

सियार खेत की हद से बाहर निकल गया और गधा रेंकने लगा–"चीं...पों...चीं पों...चीं...पों !

पास ही झोंपड़ी में रखवाला सो रहा था। गधे की आवाज़ सुनते ही उसकी नींद टूट गई। वह डंडा सँभालकर उठा और खेत की ओर दौड़ा।

गधे की पीठ पर उस रात खूब डंडे बरसे। इतना ही नहीं, बेचारे के गले से भारी-सी एक ऊखल लटका दी गई और खदेड़कर भगा दिया !

नजदीक आकर सियार बोला–

यह गाना भी याद रहेगा, याद रहेगी रात !
मामा, तुमने नहीं सुनी अपने भांजे की बात !

नटखट बंदर

एक था बंदर। फिजूल के काम करने की उसकी लत थी।

एक बार ऐसा हुआ कि बंदरों का झुंड शीशम के जंगल में पहुँचा। वह बंदर भी उसी गिरोह का था। जंगल में लकड़ी की चिराई हो रही थी। लकड़ी चीरनेवाले और बढ़ई वहाँ डेरा डाले हुए थे।

बंदर इधर-उधर उछल-कूद मचाए हुए थे। दुपहर का समय था। अलग हटकर

बढ़ई लोग अपना खाना तैयार कर रहे थे।

इतने में वह बंदर उछलता-कूदता वहाँ आ पहुँचा, जहाँ शीशम की एक लंबी और मोटी-सी लकड़ी पड़ी थी। बढ़इयों ने आधी चीरकर बीचोंबीच उसमें एक कीली डाल रखी थी।

उस कीली को पकड़कर वह बंदर इस तरह बैठ गया कि उसके पैर और पूँछ चीरी हुई लकड़ी के दो पाटों के बीच लटक रहे थे।

वह दोनों हाथों से पकड़कर कीली को अपनी ओर खींचने लगा। कीली हिल नहीं रही थी, मजबूती से ठुकी हुई थी।

बंदर अपनी सारी ताकत लगाकर कीली को निकालना चाहता था। उस समय वहाँ कोई नहीं था जो कि फिजूल के इस जानलेवा काम से उसे रोकता !

अंत में, हुआ यह कि कीली हिली।

बंदर ने फिर से जोर लगाया तो कीली शीशम के पाटों में से निकल आई मगर...

मगर बंदर के पैर और पूँछ लकड़ी के दो पाटों के बीच बुरी तरह कुचल चुके थे और बेचारे की जान जा चुकी थी !

करे न कोई यों फिजूल का काम !
कुचल गए नाहक ही बंदर राम !

बकरा राजा

'बारी-बारी से राजा चुना जाएगा।'—जंगल के सभी जानवरों ने एक बार तय किया।

ऐसा नहीं होने से भारी गड़बड़ होती थी। आपस में मन-मुटाव रहता था। एक दूसरे की जान का ग्राहक होता।

अब हर साल सभा करके वे राजा का चुनाव करने लगे। पहला राजा शेर चुना गया। दूसरे साल बाघ राजा बना। तीसरी बार हाथी की तकदीर जागी। इस तरह बकरे की बारी आई।

लेकिन बंदर को यह बात नहीं जँची। वह इधर-उधर बोलने लगा—"इस बार मैं राजा होऊँगा, बकरा अगली दफा राज करेगा।"

बकरे का कहना था—"अरे रहने दे ! इस बार मैं राजा होऊँगा। यह मेरी बारी है।"

हुआ यह कि दोनों में अनबन हो गई।

आखिर बाघ बोला—"झगड़ना बेकार है। सारे जानवरों की मीटिंग बुलाई जाएगी और वहीं तय होगा कि कौन राजा हो ?"

बकरे को यकीन था कि सारे जानवर उसे राजा बनाएँगे। वह सोचा करता—इस

बार और कौन राजा होगा ? मुझ पर ही तो सब की नजर है... अपनी दाढ़ी कितनी लंबी है ! अपने सींग कैसे सुंदर हैं !...

बंदर का दिल धड़क रहा था...कौन उसका साथ देगा ? ताकत में भी बकरा उससे दुगना है...खूबसूरत भी है...बोलता भी खूब है...

रात को बंदर खरगोश के पास गया। सारी बातें बताकर उससे राय पूछी। नरम नाखूनों से लंबे-लंबे कानों को खुजलाता हुआ खरगोश बोला—"जा जा, तुझ लंगूर को कौन पूछेगा ? बकरे की दाढ़ी कहाँ से लाएगा तू ? और सींगें ? यही मुँह लेकर तू राजा बनना चाहता है !"

बंदर का जोश ठंडा पड़ गया, वह अपना-सा मुँह लेकर वहाँ से चल दिया।

अगले दिन जानवरों की सभा जुटी। शेर सिंहासन पर बैठा। दाहिनी तरफ बकरा बैठा था। बंदर का पता नहीं।

बाघ बोला—"बंदर कहीं नहीं दिखाई पड़ता है, न जाने कहाँ गया है ?"

इतने में एक अजीब ढंग का जानवर सभा की ओर आता दिखाई पड़ा। उसे देखते ही सभी खिलखिलाकर हँसने लगे। अरे, यह तो अपना बंदर भैया है ! लंबी दाढ़ी और माथे पर हिरण की सींगें ! वाह भाई ! वाह !

शेर ने पूछा—"अरे ! कौन है तू ? कहाँ से आया ? बकरा है या बंदर ?"

दाढ़ी हिलाता हुआ बंदर बोला—"मैं बकरा हूँ। मेरी लंबी दाढ़ी देखो, माथे पर सींग भी तो हैं। मुझको ही राजा बनाओ !"

शेर को हँसी आ गई। वह बोला—"लेकिन एक बकरा तो यहाँ पहले से ही बैठा है, किसको मैं राजा बनाऊँ ?"

जानवरों ने एक आवाज़ में कहा—"दोनों आपस में निबट लें, जो जीतेगा वही राजा बनेगा।"

"मैं तैयार हूँ।"—बकरे ने कहा।

बंदर घबरा उठा, मगर अब मैदान में पीठ दिखाने से थोड़े ही काम चलनेवाला था।

बाघ ने आवाज़ दी—"चलो, शुरू करो...एक, दो...त...ी...ी...ी न !"

बकरा बंदर की ओर दौड़ गया। बंदर जैसे-तैसे खड़ा रहा। सींग उसके माथे पर थीं, बेचारे को सामने कुछ भी दिखाई नहीं देता था। बकरे ने अपने सिर से उसके सिर को जोरों से टकराया। बंदर लुढ़क गया। उसकी दाढ़ी कहीं-की-कहीं जा पड़ी, सींगें उचटकर अलग जा गिरीं। बेचारे को न अपनी दाढ़ी की सुध रही न सींगों की ! उसने उनकी तरफ देखा तक नहीं !

सभी जानवर हँस रहे थे।

मेहनत का फल

एक थी चिड़िया, एक था कौआ।

कौए ने कहा–"आ री चिड़िया, हम साझे की खेती करें।"

चिड़िया बोली–"ठीक तो कहते हो !"

कौए ने कहा–

"तू चलती चल, मैं आता हूँ !
चिलम-तम्बाखू पीता हूँ !
चिकनी रोटी खाता हूँ !
नीम की डाल पै बैठा हूँ !"

चिड़िया हल-वल जोत भी आई। कौआ बैठा ही रहा। चिड़िया ने कहा–"चल रे कौए, बीज बखेर आवें अपने खेत में।"

कौए ने कहा–

"तू चलती चल मैं आता हूँ !
चिलम-तम्बाखू पीता हूँ !
चिकनी रोटी खाता हूँ !
नीम की डाल पै बैठा हूँ !"

चिड़िया ने बीज बखेर दिए खेत में।

लेकिन कौआ नहीं आया।

चिड़िया ने कहा–"चल रे कौए, घास-फूस उग आई है। खेत को निरा आवें।"

कौए ने कहा–"तू चलती चल, मैं आता हूँ..."

कौआ नहीं आया, कौए तो चालबाज़ होते ही हैं।

चिड़िया ने चोंच से घास-फूस नोंच-उखाड़ी, बाजरे के पौधे लहराने लगे।

थोड़े दिन बाद फसल तैयार हो गई तो चिड़िया बोली–"चल रे कौए फसल काट लावें।"

कौए ने कहा–"तू चलती चल..."

चिड़िया बेचारी भोली-भाली ठहरी, कौआ ठहरा धोखेबाज़ !

वह चुपचाप फसल भी काट लाई खेत से। अकेले ही उसने दाने निकाले और बाजरी की ढेर लगा दी। फिर उसने कौए से कहा–"चल, बाँट तो ले !"

कौआ आया। दोनों ने आधी-आधी बाँट ली।

चिड़िया ने अपने दाने उठाकर घोंसले में भर लिए। कौओं के न घर होते हैं न घोंसले। उसके दाने वहीं-के-वहीं पड़े रह गए।

जब बादल बरसे तो कौए के सारे दाने बहकर चिड़िया के घर आ गए। वह नीम की डाली पर काँव-काँव करता रहा !

आन

एक राजा था।

उसके सात बेटे थे।

छः की बहुएँ आ गई थीं, सातवें राजकुमार की सगाई अभी नहीं हुई थी।

वह जब रोटी माँगता तो भाभियाँ कह देतीं—"खाना हो तो खा ले। बड़ा आया है ! अनारदेई रानी तू लावेगा !!"

वह जब पानी माँगता तो भाभियाँ उसे कह देतीं—"पीना है तो पी ले, बड़ा आया है ! तू लावेगा अनारदेई रानी !"

वह घर छोड़कर किसी बाग में जा बैठा। तय कर लिया—"मैं अनारदेई रानी को लेकर ही यहाँ से उठूँगा !"

बाग में जिस समय राजकुमारी अनारदेई पैर रखती, उजाला छा जाता। उसके सामने पूनम का चंदा फीका लगता।

राजकुमार ने देखा, समूचा बाग चाँदनी से जगमग कर रहा है। सोचा—अनारदेई आई होगी।

अनारदेई ने जाकर अपनी माँ से कहा—"अपने बाग में कहीं का कुँवर आया हुआ है, मैं उसकी रानी बनूँगी।"

माँ बोली—"रहने भी दे, होगा कोई छलिया-पलिया रंगतू-पंगतू ! कुँवर यहाँ कैसे आएगा ?"

"नहीं माँ, चल तू मेरे साथ। अभी दिखा दूँगी।"

रानी के साथ राजकुमारी अनारदेई बाग के अंदर आई। वह फूलों की माला बनाकर साथ लाई थी। नजदीक आते ही अनारदेई ने वह माला राजकुमार के गले में डाल दी।

रानी राजकुमार को देखकर बहुत खुश हुई और अनारदेई को साथ लेकर महल में लौट आई। बेटी से उसने कहा—"ठीक है, यही तेरा पति होने लायक है।"

राजकुमार की जान-पहचान का एक पुरोहित निकल आया वहीं। सारी बातें सुनकर वह वहीं रुक गया।

न बारात आई, न बाजे-गाजे आए। पुरोहित ने यों ही उन दोनों के फेरे डलवा दिए।

डोली में बैठकर दोनों राजकुमार की राजधानी में आए। भाभियों को मालूम हुआ कि अनारदेई देवरानी बनकर आई है। वे उसे डोली से उतार लाईं। अनारदेई के चेहरे से चाँदनी छिटक रही थी, सारा महल जगमगा उठा।

भाभियों ने मन-ही-मन छोटे राजकुमार को सराहा। वह सचमुच अनारदेई को अपनी रानी बनाकर ले आया था।

होशियारी

किसी जंगल में एक शेर रहता था। वह साधारण शेर नहीं, बड़ा ही बहादुर और बली था। जिस तरफ निकल जाता, उधर कुहराम मचा देता। छोटे-बड़े जानवर उसके डर से थर-थर काँपते थे।

एक बार जंगल के सभी जानवरों ने सोचा—''इस तरह तो थोड़े ही दिनों में सारा जंगल खाली हो जाएगा, एक भी चौपाया दिखाई नहीं पड़ेगा। कीड़े-मकोड़े और पेड़-पौधे ही बच रहेंगे...शेर के पास हम बारी-बारी से जाएँ तो ठीक रहेगा। इससे उसकी भूख भी मिटेगी और हम भी बहुत दिनों तक जीते रहेंगे। हम ऐसा नियम बना लें कि हर रोज एक-एक जानवर शेर के पास अपने आप पहुँच जाया करे...।

सभी इस बात पर एकमत हुए। बाघ और भालू ने जाकर जानवरों का यह फैसला शेर को बता दिया। उनकी यह बात उसे पसंद आ गई।

शेर अपनी माँद में पड़ा रहता। दुपहर के समय रोज एक न एक जानवर आप-ही-आप उसके सामने पहुँच जाता। उसे मारकर शेर अपनी भूख मिटाता। बाकी सारा दिन और सारी रात वहाँ पड़ा रहता।

एक दिन खरगोश की बारी आई। शेर के पास जाने का उसका मन नहीं कर रहा था। बाकी जानवरों ने उसे बड़ी देर तक समझाया-बुझाया। इसमें काफी दिन चढ़ आया। वह चला और धीरे धीरे शेर की दिशा में बढ़ता गया। साथ ही शेर से छुटकारा पाने का उपाय भी वह सोचता जा रहा था। बेचारे का जी बड़ा ही दुखी था, पैर उठ ही नहीं रहे थे कि इतने में उसे एक कुआँ दिखाई दे गया। पास आकर देखा, कुआँ बहुत बड़ा और गहरा था। अंदर पानी में ऊपर का नीला आसमान जगमगा रहा था।

खरगोश ने झाँककर गौर से देखा तो कुएँ के पानी में उसे अपनी परछाईं दिखाई पड़ी...हिलते हुए लंबे-लंबे कान, फड़कते हुए नथुने, सूनी-सूनी सी दो छोटी आँखें...।

एकाएक उसे कोई बात सूझ गई और उसकी आँखें चमक उठीं, मन चंचल हो उठा और कान एकदम खड़े हो गए !

''ठीक है !''—वह अपने आप बुदबुदाया—''ससुरा इसी कुएँ में तड़फ-तड़फकर मर जाएगा !''

खरगोश को बढ़िया जुगत सूझ गई थी, खुशी के मारे उसने और देर कर दी। जब वह शेर के सामने पहुँचा तो सूरज डूबने ही वाला था।

भूख के मारे शेर का बुरा हाल था। खरगोश को देखते ही वह गरजने लगा—''इतनी देर बाद आया है और सो भी छटाँक-भर का जानवर ! आज मैं तुम सबको वह मजा चखाऊँगा कि...''

खरगोश ने गिड़गिड़ाकर कहा—''हुजूर, मेरा अपराध नहीं है इसमें, और न इसमें हमारे जानवर भाइयों का दोष है, कसूरवार है...''

होंठ पर लंबी जीभ फेरकर उतावलेपन में शेर ने कहा—''बता, झट से बता;

किसका कसूर है ?"

खरगोश अलग ही खड़ा रह गया और कहने लगा—"हुजूर, आज आपके लिए हम पाँच खरगोश चले थे। राह में हमें एक शेर ने रोका। हमारी एक भी नहीं सुनी। कहा कि जिसके पास तुम सब जा रहे हो वह बहादुर शेर नहीं, कोई चोर शेर होगा...तुम में से चार जमानत के यहाँ रहें, बाकी एक जाकर उस बदमाश को बुला लाए। अगर उसमें शेर की बहादुरी हो तो वह मुझसे आकर निबट ले..."

यह सुनते ही शेर की देह में मानो आग लग गई। वह छलाँग लगाकर आगे बढ़ आया और बोला—"चल, बतला, कहाँ है साला ? आज उसी का लहू पिऊँगा !"

"नहीं मालिक"—खरगोश ने ममता भरी आवाज़ में कहा—"वह आपसे दुगनी देहवाला है, मुझे तो काफी डर लगता है। उहूँ, आप उधर हरगिज न जाइए महाराज !"

"परे हट"—शेर गरजा, "बेवकूफ कहीं का ! पीछे-पीछे आ, राह बता..."

खरगोश मन-ही-मन काफी खुश था। बाहर से वह घबराया-सा लगता था। चलते-चलते उसने शेर को बतलाया—"बाप रे ! ऐसा माँद तो मैंने आज तक कहीं देखा ही नहीं ! ज़मीन के अंदर काफी खुदा हुआ है मालिक !"

शेर बीच-बीच में गरजता जा रहा था।

कुएँ के निकट आकर खरगोश ने कहा—"हुजूर, हमारे साथियों को खाकर वह अपनी माँद में आराम कर रहा है ! आइए, देखिए ! यह रहा..."

शेर ने कुएँ के भीतर झाँका तो उसे दूसरा शेर दिखाई पड़ा। वह गरजने लगा तो दूसरे शेर ने मानो दुगनी आवाज़ में जवाब दिया!

शेर ताव में आकर अपनी परछाईं पर ही कूद पड़ा और तड़प-तड़पकर उसी कुएँ के अंदर अपनी जान गँवा दी !

खरगोश नाचता-कूदता अपने भाई-बंधों के पास पहुँचा। सभी खुशी से पागल हो उठे।

सेवा का फल

राजा था एक, एक थी राजकुमारी। बाप-बेटी दोनों सैर-सपाटे को निकले।

बेटी ने थोड़ी दूर जाकर कहा—"मेरा तो गला सूख रहा है, पानी चाहिए !"

बाप बोला—"यहाँ पानी कहाँ ! दूर-दूर तक कुआँ नहीं नजर आता ।"

"पिताजी, ऐसा भी भला हो सकता है कि यहाँ पानी न हो ? होगा पानी, कहीं-न-कहीं जरूर होगा।"

जाते-जाते एक नगर में पहुँचे। बेटी महल में घुस गई, बाप बाहर ही रहा।

राजकुमारी के अंदर घुसते ही महल का फाटक अपने आप बंद हो गया, फिर वह निकल नहीं सकी। वह महल के भीतर घूम-फिरकर देखने लगी। देखा, एक कोठरी

में राजकुमार सुइयों से बिंधा पड़ा है, बेसुध ! हजारों-लाखों सुइयाँ उसकी देह में बिंधी हुई थीं। राजकुमारी पानी पीकर राजकुमार की देह में सुइयाँ निकालने लगी। रोज दो-एक निकाल लेती।

बारह बरस वह सुइयाँ निकालती रही, सारी सुइयाँ निकाल लीं, बस अब दो सुइयाँ आँखों में रह गईं। राजकुमारी ने सोचा—अब दो ही तो रह गई हैं, आकर निकाल लूँगी !

वह महल की अटारी पर चढ़ गई।

इसी बीच राजकुमार की दासी आ घुसी महल में। आते ही उसने आँखों से दोनों सुइयाँ खींच लीं। राजा का लड़का 'राम-राम' करके उठ बैठा। सामने बाँदी थी, राजकुमार ने उसे रानी बना लिया।

दासी रानी हो गई और राजकुमारी दासी बनकर रहने लगी।

वह उन दोनों की सेवा करती। रात को सोते समय यूँ कहती कि यह तो रानी हो और मैं दासी।

राजकुमार ने एक बार पूछा—"सुनती हो, यह क्या गड़बड़ करती है।"

रानी बनी हुई दासी बोली—"बाँदियाँ ऐसा ही किया करती हैं, सो जाओ !"

राजकुमार के मन में शक पड़ गया।

उसने पूछा—"रानी, तुमको खाने की कौन-सी चीज पसंद है ?"

"जी, चने की मोटी रोटी और सरसों का तेल और नमक...ऊपर से लाल या हरी मिरच भी हो..."

फिर राजकुमार ने दासी बनी हुई राजकुमारी से पूछा—"तू बतला ?"

वह बोली—"अरहर की दाल हो, बासमती चावल हो, आलू-गोभी की तरकारी हो, पूड़ियाँ हों, कचौड़ियाँ, दही और चीनी, अचार, चटनी, पापड़ तथा ऊपर से घी..."

राजकुमार ने दासी की तरफ अचरज-भरी निगाह से देखा। थोड़ी देर बाद फिर पूछा—"सुनी-सुनाई बात बोली हो या अपना अनुभव बतलाया है तुमने ?"

दासी बोली—"जी, मैं राजा की बेटी हूँ। बारह बरस तक आपकी सेवा की है, आपकी देह से सुइयाँ निकाली थीं मैंने। दो सुइयाँ आँखों की रह गईं तो छत पर जाकर मैं बाहर का हाल मालूम करने गई कि इतने में आपकी बाँदी ने सुइयाँ निकाल दीं। सामने देखकर आपने इसको ही अपनी रानी बना लिया और मुझको बनना पड़ा बाँदी !"

राजकुमार ने अपनी भूल को समझा।

तब असली राजकुमारी रानी बनी और दासी को सेवा के काम सौंपे गए।

राजकुमारी को अपनी सेवा का फल मिला। उसके पिता को यह सब मालूम हुआ तो वह भी खुश हुए।

कू-कुहू ! कु-कुहू !!

दो बहनें थीं। एक का नाम था कू, दूसरी का का नाम था सू। उन दोनों में बड़ा मेल था। एक दूसरी पर जान देती थी। साथ खाना, साथ पीना; साथ उठना, साथ बैठना; साथ सोना, साथ जागना। खेलकूद, आना-जाना सब साथ...वे सदा साथ रहतीं, सब काम साथ करतीं।

चैत के दिन थे। आमों में बौरें निकल आई थीं ! सू ने कहा—"चल री कू, आम की मंजरी तोड़ लाएँ।"

दोनों उछलती-कूदती, गाती-नाचती बाग की ओर गईं। गाँव के बाहर मैदान था, आगे बाग था। उससे आगे एक भारी जंगल था। उस जंगल में बाघ, भालू, सूअर आदि जानवर थे...भारी-भारी पेड़ थे, मोटी-मोटी बेलें थीं, जहरीले पौधे थे, काट खानेवाली घास थी।

आम की बौर बटोरकर सू और कू खेलने लग गईं। खेलते-खेलते जरा दूर निकल गईं।

इतने में एक बाघ दिखाई पड़ा। दोनों बहनों का चेहरा फीका पड़ गया।

अब कहाँ जाएँ ? इस संकट से कैसे छुटकारा पाएँ ? बाघ तो फाड़कर खा ही जाएगा !

बाघ उनकी ओर बढ़ने लगा। दानों बहनें डर के मारे चीखकर भागीं। जिसको जिधर राह सूझी, वह उधर ही भागी। कू एक ओर, सू दूसरी ओर !

सूरज डूबा, शाम हुई। सू जैसे-तैसे घर पहुँची।

माँ दरवाजे पर खड़ी-खड़ी उनकी राह देख रही थी। अकेली सू को आती देखकर उनका जी घबरा उठा।

उन्होंने सू को अपनी छाती से लगा लिया और पूछा—"बेटी, कू कहाँ गई ?"

सू बेचारी रोने लगी। रो-रोकर उसने माँ से सारी घटना कह सुनाई।

रात बीत गई, लेकिन कू नहीं आई। सू की पलकें छन-भर के लिए भी नहीं झिपीं। उसे सारी रात बहन की याद आती रही। बिछौने पर बेचारी करवटें बदलती रही।

दूसरे दिन सवेरे सू निकल पड़ी कू की खोज में।

वह जंगल के भीतर गई। जोर-जोर से वह कू को पुकारने लगी—"कू ऽ ऽ ऽ ऽ ऽ अरी कू ... !"

पर कू का पता हो तब न !

रोते-रोते सू की आँखें सूज आईं, नज़र के सामने अँधेरा छाने लगा। अंत में वह एक आम के पेड़ के नीचे आकर गिर पड़ी।

शाम हो गई थी।

सू जिस पेड़ के नीचे पड़ी थी, उसकी डाल पर से किसी पंछी ने जोर से आवाज़ लगाई—"कू-कू-कू-कू" वह रह-रहकर आवाज़ लगाता रहा !

सू की जान चली गई, उसकी देह को नोचकर गीदड़ और भेड़िए धीरे-धीरे खा गए मगर उस पेड़ पर बैठी वह कोयल बराबर पुकारती रही—"कू कू कू कू !"

हर साल चैत के महीने में आम की डाल पर बैठकर वह अपनी बहन को अब भी पुकारती है—"कू ! कुहू ! कू ऊ ऊ ऊ ! !"

एक जान, दो देह !

एक था हिरन। एक थी हिरनी।

दोनों सदा ही साथ रहते।

जंगलों में वे दोनों साथ चरते-फिरते।

हिरन हिरनी को जान से बढ़कर मानता था।

हिरनी हिरन को जान से बढ़कर मानती थी।

एक बार घूमते-फिरते वे काफी दूर चले गए।

जंगल पीछे छूट गया, बालूवाला मैदान आगे था।

आँखों से अंगारे निकलने लगे, गरम-गरम बालू से पैर पकने लगे।

दोनों का हलक सूखने लगा। मगर बालूवाले इलाकों में पानी मिले भी तो कहाँ मिले ?

पानी खोजते-खोजते दोनों बड़ी दूर चले गए। पर बूँद-भर भी पानी कहीं मिला नहीं।

और आगे बड़ी झील दिखाई पड़ी, उसमें दूर से ही पानी चमक रहा था।

दौड़ते-दौड़ते वे पास पहुँचे, लेकिन झील अधिक से अधिक दूर होती गई। चमकता हुआ पानी आगे ही आगे हटता गया।

वह मृगजल था, धोखे का पानी था वह !

उनका गला एकदम सूख गया था।

इतने में घास-जैसी छोटी झाड़ियाँ नज़र आईं। आगे एक पुरानी-सी उथली-सी तलैया थी।

दौड़ते-दौड़ते वे उसके किनारे गए।

पर, उस तलैया में घूँट-भर ही पानी था।

हिरन ने हिरनी से कहा—"तू पी !"

हिरनी ने हिरन से कहा—"ना, तू पी !"

लेकिन यह कैसे होता, हिरन अकेले कैसे पानी पी जाता !

हिरन सोचता रहा कि हिरनी ही पानी पीए।

हिरनी सोचती रही कि हिरन ही पानी पीए।

पानी की तरफ निगाह गड़ाए दोनों खड़े रहे।

किसी ने पानी नहीं पिया।

आख़िर दोनों ही बेहोश होकर गिर पड़े।

सावन की बूँद

मोहन अपने आँगन में खेल रहा था।

दिन थोड़ा ही बाकी था। सावन के बादल आसमान में सैर कर हरे थे। हवा भी चल रही थी।

कि इतने में पानी की बड़ी-सी एक बूँद मोहन की कलाई पर आ पड़ी।

"कहाँ से यह पानी मुझ पर पड़ा है ?"—मोहन चीख उठा। उसने इधर-उधर नजर दौड़ाई। कोई दिखाई नहीं पड़ा। वह कलाई पर पड़ी बूँद को देखता रहा।

पानी की वह बड़ी बूँद मोती की तरह चमक रही थी मोहन की कलाई पर।

उसने पूछा—"तू कहाँ से आई है ?"

"आसमान से"—बूँद बोल उठी।

"आसमान से ?"

"हाँ, आसमान से। बादल की गाड़ी पर बैठकर वहाँ मैं घूमती फिरती हूँ।"

"यहाँ कैसे आई ?"

"पवन के पंखों पर सवार होकर।"

"रहती कहाँ है तू ?"

"कभी आकाश में, कभी जमीन पर, कभी झील में, कभी नदी में और कभी सागर की गोद में।"

"तुझे ऊपर कौन पहुँचाता है ?"

"सूरज महाराज !"

"ऊपर अकेले तो जी बड़ा घबराता होगा ?"

"अकेले ? अकेली नहीं हूँ मैं ! मेरी जैसी अनगिनत बूँदें वहाँ रहती हैं। उजले और कजरारे बादलों पर सवार होकर वहाँ हम दिन-रात सैर करती फिरती हैं।"

"फिर तो ऊपर बड़ी मौज रहती होगी ?"

"मौज की कुछ मत पूछो, लेकिन वहाँ ठंड बड़ी लगती है...हम एक दूसरे से चिपटकर बैठी रहती हैं।"

"पर यहाँ तू आई कैसे ?"

"बादल की गति तेज हो गई, हम हिलने-डुलने लगीं और बूँदों का पता नहीं, मैं इधर नीचे की ओर ढुलक आई...बस, अब मुझे जाने दो। फिर कभी आऊँगी।"

"आओगी न ?"

"जरूर ! जरूर !!"

"नहीं, तुम भूल जाओगी।"

"अजी नहीं, कैसी बात करते हो तुम भी !"

इसके बाद बूँद गायब हो गई। मोहन इधर-उधर ताकता रह गया...सावन के कजरारे बादल आकाश में तैर रहे थे और ठंडी-ठंडी हवा चल रही थी। मौसम बड़ा सुहावना लग रहा था।

पुत्र-स्नेह

एक था मुग़ल बादशाह। नाम था उसका बाबर।

उसके लड़के का नाम हुमायूँ था।

एक बार हुमायूँ बीमार पड़ा।

हुमायूँ ठहरा भारत के बादशाह का इकलौता शाहजादा ! दवा-दारू का ढेर लग गया।

नगर-नगर के वैद्य आए, देश-देश के हकीम आए। जंतर-मंतर, झाड़-फूँक...सब कुछ हुआ। इलाज-उपचार के लिए खजाना खोल दिया गया।

पर, शाहजादे हुमायूँ की तबियत नहीं सुधरी। उसकी दशा दिन-दिन बिगड़ती ही गई। वह बिछौने से न तो हिल-डुल सकता था, न कुछ बोल ही सकता था। आँखें मानो गढ़े में धँस गई हों ! छाती के हाड़ निकल आए थे। बचने की कोई आशा नहीं रह गई थी।

राजा हो चाहे भिखारी, बेटा-बेटी के लिए कौन जान नहीं देता है ?

सारे उपाय बेकार गए। बादशाह बड़ा दुखी हुआ।

बादशाह ने मन-ही-मन खुदा को याद किया—"तुम चाहो तो शाहजादे की जान बच सकती है, मुझ गरीब पर दया करो मालिक !"

वह बीमार के सिरहाने की तरफ़ घुटने टेककर बैठ गया ! दुनिया की दूसरी सारी चीज़ों की ओर से उसने अपने मन को हटा लिया। केवल भगवान् की याद में वह डूब गया।

मन की समूची ताकत बटोरकर बाबर ने भीतर-ही-भीतर भगवान् से कहा—"तुम दुनिया के सिरजनहार हो, तुम असंभव को संभव बना सकते हो ! मेरी आयु शाहजादे को दे दो, शाहजादे का रोग मुझको दे दो, इसे भला-चंगा कर दो और मुझे बीमार बना दो !!"

बादशाह ने हुमायूँ के पलंग के तीन चक्कर लगाए, जमीन पर माथा टेककर चुपचाप बैठ गया।

भगवान् ने बाबर की बात सुन ली।

हुमायूँ की बीमारी हटने लगी, वह चंगा होता गया।

बादशाह बीमार पड़ा। कमजोरी बढ़ती गई।

अंत में, एक दिन बाबर ने सदा के लिए अपनी आँखें मूँद लीं।

बदला

किसी वन में बरगद का एक बहुत भारी पेड़ था।

उसके खोडर में काला साँप रहता था और डालों पर सैकड़ों बगले रहते थे।

अंडे फोड़कर निकलते ही वह छोटे-छोटे बगलों को खा जाता था। अधेड़ और बूढ़े बगले इससे बड़े दुखी थे। उनको सूझता नहीं था कि काले साँप से छुटकारा पाने के लिए कौन-सा उपाय करें।

एक रोज एक बूढ़ा बगला नदी के किनारे उदास बैठा था। केकड़ा वहीं धूप सेक रहा था। उसने बगले से पूछा—"चाचा, काहे गुमसुम बैठे हो ? कौन-सी विपदा आ पड़ी है ?"

बगले ने काले साँप की करतूत बताई और छुटकारे का उपाय जानना चाहा। केकड़े ने सोचा—'तुम भी तो हमें खा जाते हो ! काला साँप तुम को खाता है तो ठीक ही करता है। अब मैं ऐसा उपाय बताता हूँ कि तुम में से एक भी बाकी नहीं बचेगा !'

केकड़ा बोला—"चाचा, मछली के टुकड़े नेवले के बिल से लेकर साँप के खोडर तक बिछा दो। नेवला निकलेगा और मछली के टुकड़े खाता हुआ साँप तक पहुँचेगा कि बस बात ही खतम...वह काले साँप को एक ही बार में लील जाएगा !"

बगले ने केकड़े की बात मान ली।

नेवला अपने बिल से निकलकर मछली के टुकड़े खाने लगा।

खाते-खाते वह खोडर तक पहुँच गया और साँप को खा गया। पीछे धीरे-धीरे वह बगलों को भी खाने लगा।

इस तरह बरगद का पेड़ बगलों से सूना हो गया। साँप पहले ही मारा जा चुका था !

केकड़े की सूझ-बूझ से बगलों की पूरी तरह सफाई हो गई। वह अपनी इस सफलता पर बड़ा ही खुश हुआ।

सयानी कोयल

एक था नीम का पेड़, दूसरा था आम का पेड़।

नीम पर एक कौआ अपनी मादा के साथ रहता था। आम के पेड़ पर कोयल रहती थी।

नीम की फुनगी पर बैठकर कौआ बोलता—का का का...

आम की डाली पर बैठकर कोयल बोलती—कुहू कुहू कुहू...

सूरत दोनों की काली थी। मगर कहाँ कोयल और कहाँ कौआ ! आकाश और पाताल का अंतर था उनमें।

बसंत ऋतु आई। कोयल ने अपने घोंसले में अंडा दिया। मादा कौआ ने भी अंडे दिए।

कौआ दिन-भर बाहर रहता, मादा घोंसले में बैठकर अंडों की निगरानी करती।

कोयल ने सोचा—कैसे बढ़िया दिन हैं ! कैसी सुनहली धूप खिली है ! पेड़ों की टहनियों में टूसे निकले हैं, रंग-बिरंगी कलियों और फूलों से पौधे लद गए हैं। आम की बौरों से भीनी-भीनी खुशबू आ रही है। यह समय घर बैठकर गँवाने का नहीं है। इधर-उधर उड़ना चाहिए, नाचना-गाना चाहिए, शाम को वापस आ जाऊँगी...लेकिन अंडे की रखवाली कौन करेगा ?

उसने तय किया—कौए के घोंसले में अपना अंडा रख आऊँगी, वह सारा दिन अपने पेड़ की डालों पर इधर-उधर बैठी रहती है।

कोयल कौए की नज़र बचाकर अपना अंडा उसके घोंसले में रख आई। मादा कौआ बेचारी भोली-भाली। एक अंडा बढ़ गया, इसका उसे पता ही नहीं !

पीछे अंडे फोड़कर छोटे सुंदर कौए बाहर निकले, उनमें एक छोटी कोयल थी। मादा कौआ बड़ी खुश हुई। वह काँव-काँव करने लगी।

वह अपने दिल के टुकड़ों को पोषने लगी। चोंच-में-चोंच डालकर वह उनमें पेट में दाने डालती और खूब लाड़ करती।

छोटे-छोटे कौए अब बढ़ने लगे। माँ ने उनको पहले चलना और फिर उड़ना सिखलाया।

एक दिन कौआ बोला—"अब ये बड़े हुए, इनको बोलना सिखला दें।"

नीम की डाल को कौए ने अपनी पाठशाला बनाया। काम चालू हुआ। कौआ बोला—"काँव...काँव...काँव...!"

छोटे-छोटे कौए बोले—"काँव...काँव...काँव...काँव...!"

लेकिन एक बोला—"कुहू...कुहू...कुहू...!"

कौआ बोला—"फिर से कहो...काँव...काँव...काँव...काँव...!"

छोटे-छोटे सभी कौए बोले—"काँव...काँव...काँव...काँव...!" पर एक बोला—"कुहू ...कुहू...कुहू...!"

कौए ने चोंच मारकर उसे कहा—"साफ़-साफ़ बोल बेटा...काँव...काँव...काँव...!"

पर वह नहीं बोल सका। कौए की आँखें लाल हो गईं। वह बोला—"यह भौंदू निकला ! इससे कुछ भी आशा रखना बेकार है।"

एक रोज आम की डाल पर बैठी हुई कोयल बोली—"कुहू...कुहू...कुहू...!"

कौओं के बीच में से एक छोटा 'कौआ' उसी समय उड़ा और आम की डाली पर जा बैठा, बोलने लगा, "कुहू...कुहू...कुहू...!"

कौए ने मादा कौए से कहा—"नाहक हमने इसे पाला-पोसा और बड़ा किया, यह तो कोयल निकली !"

☐ तीन अहदी

तीन अहदी

नगर के चारों ओर डुगडुगी पिटवा दी गई। गाँवों और देहातों में डुगडुगी पिटवा दी गई—

मुफ्त में खाना मिलेगा। मुफ्त में रहने की जगह मिलेगी। मुफ्त में दवा-दारू का इंतजाम होगा। किसी को कोई काम नहीं करना पड़ेगा। घरवालों को भेजने के लिए अलग से रकम मिलेगी।

इस तरह की घोषणाएँ सुनकर लोगों को बड़ा आश्चर्य हुआ। इधर-उधर कानाफूसी होने लगी—

—अरे, मुफ्त में नहीं मिलेगा खाना !

—तो क्या काम लेगा ?

—लड़ाई में भेज दिए जाओगे।

—नहीं भाई, कौन कहता है ?

—मैं कहता हूँ...देख लेना !

—अच्छी बात है।

लोगों में दिलचस्पी तो थी, मगर एक आदमी भी मुफ्त खाना खिलानेवाले उस शिविर में भर्ती नहीं हुआ।

राजा के कर्मचारियों को बड़ा अंदेशा हुआ।

मुफ्त खाना खाने के लिए एक भी आदमी नहीं आया तो शिविर बंद करना पड़ेगा।

फिर राजा भला क्या कहेंगे ? कर्मचारियों ने मंत्रियों से राय ली कि क्या करना चाहिए। मंत्रियों ने बताया, "जब श्रीमान् की यही इच्छा है तब शिविर चालू रखना ही होगा। तुम लोग अपने-अपने घर से एक-एक आदमी बुला लो। वे ही शिविर में रहकर मुफ्त में खाएँ-पिएँ। देखा-देखी और लोग भी आने लगेंगे।"

यही किया गया।

शिविर में पंद्रह-बीस आदमी भर्ती हुए।

वे वहाँ आराम से रहने लगे। उन्हें बढ़िया-बढ़िया खाना मिल रहा था। ओढ़ने-बिछाने

के कपड़े। स्वाद बदलने के लिए प्रति सप्ताह दो बार कई तरह के नए पकवान, मिठाइयाँ, तली-भुनी चीजें—सब कुछ मिलने लगा।

धीरे-धीरे बाहरवालों को मालूम हुआ। अब लोग शिविर में आने लगे। तीन-चार महीने बीतते-बीतते वहाँ काफी भीड़ हो गई। राजा को यह सब बतलाया गया तो उसे बड़ी खुशी हुई। साल पूरा होने को आया। शिविर में सात-आठ सौ आदमी भर गए। लगता था, कुबेर का भंडारा खुल गया है। लगता था, अच्छे-भले हाथ-पैरवाले बाकी काम छोड़कर यहीं आ जाएँगे। लगता था, मुफ्तखोरों की परिचर्या में राज्य का भंडार खाली हो जाएगा। लगता था, ऊँचे और छोटे कर्मचारी ऊबने लगे हैं। समस्या गंभीर हो उठी तो मंत्रियों की परिषद फिर से जुटी। राजा को कौन समझाएगा ? श्रीमान् की सनक से राज्य को कौन बचाएगा ? आखिर बूढ़े दीवान को बुलवाया गया। सोचा गया कि उसके अनुभवों से लाभ उठाया जाय। राजा भी उसकी सलाह आसानी से मान लेंगे।

बूढ़े दीवान जी आए। मंत्रिपरिषद से उन्होंने कहा, ''शिविर में रात के वक्त आग लगवा दो।''

''आग?''

''हाँ, आग ! आग लगेगी तो नकली मुफ्तखोर भाग जाएँगे। आलसी बाहर नहीं निकलेंगे।''

''फिर ?''

''फिर हम नए सिरे से शिविर की व्यवस्था करेंगे। जो सचमुच के अहदी या अपंग होंगे, उनका पता हमें चल जाएगा।''

बूढ़े दीवान जी का परामर्श सभी को पसंद आया।

जाड़े का मौसम था, रात का वक्त, शिविर में आग की लपटें उठने लगीं। लगभग सारा शिविर खाली हो गया, लगभग सभी निकल भागे। कर्मचारियों ने शायद जान-बूझकर आग बुझाने की कोशिश नहीं की। अंदर तीन आदमी रह गए थे। वे बातें कर रहे थे।

पहला बोला, ''जाने किस भले आदमी ने ऐसा किया है ! कितना अच्छा लग रहा है ! जाड़े की रात में कितनी सुखद गर्मी पहुँच रही है ! जरूर ही यह गर्मी छप्पर की तरफ से आ रही है।''

इस पर दूसरे ने कहा, ''कोई आकर मेरा मुँह उघाड़ देता तो मैं अपनी आँखों से देखता कि कहाँ से यह गर्मी आ रही है।''

तीसरे ने खीझ भरी आवाज में उन्हें डाँटा, ''चोप ! तुम लोग फिजूल ही क्या बक-बक कर रहे हो ! खुद नींद नहीं आ रही है तो दूसरे का माथा क्यों खा रहे हो ?''

कर्मचारियों ने उन तीनों को बाहर निकाल लिया। उन्हें राजा के सामने पेश किया गया। राजा उन पर बहुत खुश हुआ। उन्हें दरबार ने 'अहदी श्री', 'अहदी भूषण' और 'अहदी रत्न' की उपाधियाँ प्रदान कीं, साथ ही उन्हें गुजारे के लिए काफी जमीनें भी मिलीं।

सैनिक की भिड़ंत यमराज से !

सैनिक फुरसत पा गया था।

25 वर्ष तक फौज में काम करने के बाद अब उसे छुट्टी मिल गई थी।

वह सोचता जा रहा था : 25 साल राजा की सेवा में नौकरी की मैंने। लेकिन 25 शलजम भी पुरस्कार के तौर पर नहीं मिले ! सूखी रोटियाँ दी हैं तीन, राह खर्च के लिए।

वह सोचता जा रहा था : जाऊँ तो कहाँ जाऊँ ! जहाँ जन्म हुआ था, उसी भूमि की शरण में जाऊँ ! वही ठीक होगा। माँ-बाप शायद जिंदा न बच गए हों ! मगर उनकी समाधि के नजदीक थोड़ी देर आराम से बैठ तो सकूँगा...

"लो।"

वह सोचता जा रहा था : कहीं कोई धंधा मिल जाय, वह टिक जाएगा। अकेली जान, दुनिया मेहरबान !

इतने में एक भिखारी सामने आ गया—"मालिक, दया हो।"

सैनिक ने दो रोटियाँ खा ली थीं। एक बच रही थी। वह उसने भिखमंगे की झोली में डाल दी...उसने सोचा—लाख बेकार हूँ, मेरे हाथ-पैर अभी दुरुस्त हैं। इस अपंग से तो हजार गुना बेहतर हूँ ! मैं सिपाही हूँ और यह कल्लर है, भिखमंगा...

उसने बीड़ी सुलगाई।

धुआँ छोड़ते-छोड़ते आगे बढ़ा।

थोड़ी दूर और बढ़ने पर छोटी-सी एक झील नजर आई। ढेर सारे पंछी तैर रहे थे।

सैनिक आहिस्ता-आहिस्ता नजदीक गया।

तीन बतखों का शिकार किया।

रास्ते में आगे छोटा-सा बाजार पड़ा। सैनिक ने बतखें होटलवाले के हवाले कीं, बोला—"एक पकाकर हमको देना, दूसरी बतख के एवज में रोटियाँ देना और साग-सब्जी, तीसरी बतख तुम खुद अपने लिए रख लो।"

जरा-सी देर में होटलवाले ने खाना तैयार कर दिया। सैनिक सुस्ता चुका था, जी भरकर उसने खाना खाया।

सामने बहुत बड़ा मकान था।

सैनिक ने होटलवाले से पूछा—"वह किसका है ?"

"सबसे बड़ा सेठ है यहाँ का, उसी का मकान है। खाली पड़ा रहता है..."

"क्यों, खाली क्यों पड़ा रहता है ?"

"भुतहा मकान है न !"

"भुतहा मकान ?"

"जी हाँ, भूतों का अड्डा ! सारी रात वहाँ शैतान ऊधम मचाते हैं। शाम के बाद

किसकी मजाल है जो उस मकान के पास से गुजर भी जाय !''

सैनिक ने मकान के मालिक का पता-ठिकाना अच्छी तरह नोट कर लिया।

शाम को जब झुटपुटा अँधेरा हो गया, सैनिक भुतहा मकान के मालिक के पास पहुँचा।

मकान मालिक ने पूछा—''क्या बात है भाई ?''

''मैं मुसाफिर हूँ। रात को ठहरने की जगह चाहिए। तुम्हारा वह मकान जो खाली पड़ा रहता है, मुझे उसी में रहने दो न ?''

सेठ चीख पड़ा—''मरेगा क्या ? जा, भाग ! उस मकान में रात के वक्त कोई नहीं रह पाएगा। भूतों ने उसमें अपना डेरा जमा रखा है। उन्हें भला कौन हटाएगा ?''

सैनिक ने दृढ़ स्वर में कहा—''नहीं सेठजी, मुझे निबटने दो भूतों से...क्या पता बूढ़े फौजी की सलाह उन्हें शायद जँच ही जाय !''

''नहीं भाई, सभी कोशिश कर चुके हैं। तुम्हारे जैसा ही एक बटोही पिछले साल आया था। वह भी तुम्हारी ही तरह इन भूतों से निबटना चाहता था। हे भगवान्, कैसी दुर्दशा हुई उसकी ! अगले दिन, सवेरे बेचारे की हड्डियाँ ही नजर आईं...''

फौजी बोला—''हिंदुस्तानी सैनिक किसी से हार नहीं मानता। न उसे आग ही जला पाती है, न पानी ही उसे डुबो सकता है...मैं पचीस वर्ष फौज में रहा हूँ। जाने कहाँ-कहाँ लड़ा हूँ। तुम्हारे इस मकान पर जिनका कब्जा है, वे भी मेरा कुछ बिगाड़ नहीं लेंगे। मैं हार नहीं मान सकता।''

''जाओ बाबा, जाओ ! निबटो भूतों से ! मेरा तो लाभ ही रहेगा...अगर सचमुच तुमने मेरा मकान भूतों से खाली करवा लिया तो मैं तुम्हें काफी रकम इनाम दूँगा...''

सैनिक थोड़ी देर जाने क्या सोचता रहा, फिर बोला—''सेठजी, दो दर्जन मोमबत्तियाँ, दो सेर भुने हुए चिनिया बदाम (मूँगफली) और दो शलजम उबले हुए चाहिए, बस इतनी चीजों से मेरा कम चल जाएगा।''

सेठ ने सैनिक के कहे मुताबिक सभी चीजें मँगवा दीं।

भुतहा मकान का फाटक हमेशा बंद रहता था।

ऐसे ही, कोई आदमी अड़ जाता था तभी उसे चाबी मिलती थी। दो फाटक थे। दोनों ओर ताले लगे रहते थे। दरबान के पास इस मकान की चाबियाँ अलग पड़ी रहती थीं।

सैनिक को मुख्य द्वारवाले ताले की चाबी मिली थी।

मकान के अंदर घुप्प अँधेरा था। माचिस सैनिक के पास अपनी थी ही। वह बीड़ी पीता था। अंदर जाकर पहला काम उसने यही किया कि बीड़ी सुलगा ली और इस प्रकार अंदर की एक झलक यों ही मिल गई उसे।

फाटक अंदर से बंद कर लिया सैनिक ने।

चारों तरफ कोठरियाँ थीं। बीचोंबीच बड़ा-सा आँगन था।

आँगन में पक्का चबूतरा था।

सैनिक चबूतरे पर बैठकर बीड़ियाँ फूँकता रहा।

विचार था कि जरा देर बाद ऊपर-नीचे घूम-घामकर पूरा मकान देख आएगा।

काफी लागत से मकान बना होगा। समूचे नगर में वैसा कोई दूसरा मकान कहाँ था !

सैनिक ने सोचा—भूतोंवाली बात वहम भी तो हो सकती है !

रात आधा पहर बीती होगी कि हवा का एक तेज झोंका अंदर आया...फिर महिला-कंठ की खिलखिलाहट, फिर पुरुष-कंठ की खाँसने की आवाज, फिर कुत्तों की गुर्राहट...फिर खिड़कियोंवाली छोटी किवाड़ियों की झड़झड़ाहट...

सैनिक की सारी होशियारी कानों के अंदर सिमट आई थी। हाल में मोमबत्ती जला दी थी सैनिक ने। प्रकाश में बहुत सारे चेहरे नजर आने लगे...

सैनिक ने उन्हें डाँटा—भागो यहाँ से, नहीं तो हड्डी-पसली एक कर दूँगा। देखो, मेरे पास बंदूक है...यह रही कारतूसों की पेटी !

इतने में एक चेहरा आगे बढ़ आया।

पहलवानी शकल का चेहरा।

''अच्छा, तुम आए हो ?''

''हुँ, बोलो !''

''खबरदार, पीछे मत हटना !''

''नहीं, पीछे क्यों हटूँगा ?''

''तुम्हें अपनी माँ की कसम जिसका दूध पिया था।''

इस बात पर फिर खिलखिलाहट गूँज गई हॉल के अंदर।

सैनिक बोला, ''अच्छी बात है। है कोई ऐसा तुम्हारी जमात के अंदर जो हथेलियों से पत्थर दबाए तो रस टपका दे ?''

भूतों का सरदार मुड़कर पीछे देखने लगा। उसने हुक्म दिया, ''एक पत्थर लाओ !''

पत्थर सामने रख दिया।

''लो, निचोड़ो इसमें से रस।''

''नहीं, मैं पीछे निचोड़ूँगा। पहले तुम अपने किसी साथी से कहो।''

सरदार ने पत्थर को दबा दिया।

वह बालू-बालू हो गया था।

''देख लिया।'' सैनिक मुस्कराया।

उसने अब अपने झोले से शलजम निकाला।

दबाने पर शलजम से रस की बूँदें टपकने लगीं।

भूतों को बड़ा ही अचरज हुआ। उनकी जुबान अकड़ने लगी। एक शब्द भी किसी के मुँह से फूट नहीं रहा था।

एक भूत ने फौजी से पूछा, ''जब से देखा है, तभी से तुम्हारे जबड़े हिल रहे हैं।

यह तुम क्या खा रहे हो तब से ?''

''बादाम खा रहा हूँ। मगर यह तुम नहीं चबा सकते।''

सैनिक ने एक बुलेट थमा दी।

भूतों का सरदार उसे उलट-पलटकर देखता रहा।

''अरे, चबाकर तो देखो ! यह फौजी का बादाम है।''

भूतों का सरदार चबाते-चबाते परेशान हो गया। जबड़ों की मार से बुलेट चपटी तो जरूर हो गई, लेकिन उसे चबाकर निगल जाना असंभव हो रहा था।

सैनिक एक के बाद एक मूँगफली चबाता जा रहा था। उसे भूतनाथ की मूर्खता पर बेहद हँसी आ रही थी।

सैनिक ने सोचा—इन्हें चैन से चुपचाप नहीं रहने देना चाहिए, वर्ना कोई न कोई खुराफात चलती ही रहेगी।

उसने मूँगफली चबाते-चबाते पूछा, ''अच्छा, तुम्हारी सूझ-बूझ का तो सारी दुनिया में डंका बज रहा है ! ऐसा कौन काम है जो भूत न कर सकें ! छन में पहाड़ की तरह दिखाई देने लग जाएँ, छन में सरसों की तरह ! वह छेद में से पानी-धूप-हवा की तरह खिसक जाएँगे। वह आसमान में हवा की रफ्तार में ऊपर चले जाएँगे। वह क्या नहीं कर सकते ?''

अपने बड़प्पन का बखान सुनकर भूतों की तबीयत मस्त हो गई। वे फूलकर कुप्पा होने लगे। उन पर प्रशंसा का नशा छाने लगा।

''अच्छा तो'' सैनिक ने कहा, ''तुम सभी अँगूठे की शकल के हो जाओ...हाँ, इधर आगे बढ़ो ! और आगे, हाँ, इसी तरह ! जरा और छोटे होना है...अरे, यह अँगूठा, नहीं देख रहे हो ? हाँ, इतना ही छोटा।''

उसने झोले का मुँह फैला दिया।

सारे भूत झोले के अंदर आ चुके, तो सैनिक ने झोले का मुँह बंद कर दिया।

बंद मुँह बेल्ट से कस दिया, बकलस जमा दी गई।

फौजी ने सोचा—अब थोड़ा आराम कर लें।

आधा कोट बिछावन।

आधा कोट ओढ़ना।

सवेरा हुआ। सेठ का आदमी खोज-खबर लेने आया।

''नमस्ते सिपाहीजी !''

''नमस्ते भइया''।

सिपाहीजी बैठकर बीड़ी टान रहे थे।

सेठ के आदमी को विश्वास नहीं हो रहा था कि यह वही सिपाहीजी हैं, जिन्होंने शाम को उसके हाथ से चाबी ली थी। वह डर रहा था कि कहीं यह भी भूतलीला ही न हो ! नकली सिपाही के रूप में कहीं भूत ही तो सामने बैठकर बीड़ी नहीं पी रहा है ?

सेठ का आदमी घबरा गया था, मगर अपनी घबराहट को दबाकर वह बातें करने लगा।

"हम तो खाँचा लेकर चले थे। पिछली दफे ऐसा ही हुआ था। आप ही की तरह एक मुसाफिर यहाँ रात में रहने आया और सवेरे हम उसकी हड्डियाँ बटोर के ले गए थे। उन्हें नदी में डाल आए थे..."

सैनिक बार-बार ठहाके लगा रहा था।

हँसते-हँसते उसने कहा—"'मेरे मरने में अभी बहुत देरी है। अरे , इधर आओ ! जरा जोर लगा दो तो यह झोला उठा ले चलें...बढ़ई या मिस्त्री के पास ले चलना है इसे।"

"मिस्त्रीजी तो उधर बाजार के मोड़ पर रहते हैं। वहीं उनकी दुकान है।"

झोला काफी भारी था। लगता था, इसके अंदर लोहा या सीसा भरा है।

सैनिक ने मिस्त्री से कहा—"भाई, निहाई पर रखकर इस झोले को घंटों पीटना ! इस्पात को पत्तर बनाने के लिए जितना पीटते हो, उसी तरह पीटना !"

मिस्त्री के दोनों शागिर्द जवान थे। उन्होंने दमादम झोले को पीटना शुरू किया।

झोले के अंदर से भूतों की गुहार सुनाई पड़ी—"अब की छोड़ दो दादा ! अब की प्राण बचाओ..."

जवाब में सैनिक चीखता—"नहीं, मिस्त्री भाई और जोर से ! और जोर से ! इन दुष्टों ने बहुतों को अकारण ही सताया है, इन्हें मजा चखने दो मिस्त्रीजी ! देखो जवान, ढील न देना ! हथौड़ों पर हथौड़े जमाते जाओ, शाबाश !"

भूतों की भी गुहार बढ़ती गई—"दुहाई तुम्हारी, सैनिक भाई, अबकी जान बचाओ ! अब हम कभी इस मकान के पास नहीं फटकेंगे, हम यह शहर छोड़कर कहीं दूर चले जाएँगे। भूतों की कोई दूसरी जमात भी इधर अपना रुख नहीं करेगी, हम सबको मना कर देंगे...अरे सिपाहीजी, क्यों नहीं विश्वास कर रहे हैं हमारी बातों का ? हम आपको लाखों की रकम देंगे सिपाहीजी, हमें छोड़ दीजिए।"

"अच्छा, तो अब होश दुरुस्त हुआ आखिर !... भारतीय सैनिक से खिलवाड़ करने का मजा अब आकर इन्हें मालूम हुआ..." सैनिक जोरों से हँस पड़ा। मिस्त्री से बोला—"अच्छा, अभी रुक जाइए भाईजान !"

मिस्त्री के हाथ से झोला लेकर सैनिक ने उसका मुँह खोला। छोटे भूतों को एक-एक करके छोड़ दिया। सरदार को अंदर ही रहने दिया।

"लाखों की रकम के बारे में कहा था न अभी ? लाओ पहले रकम ! तुम्हें यों ही नहीं छोड़ देंगे !"

"हाँ-हाँ, अभी लो भाई !" सरदार ने कहा।

इतने में छोटा-सा एक थैला सैनिक के हाथ में किसी ने थमा दिया। वह खाली था। सैनिक को हँसी आई, "यही पुरस्कार है ? अच्छी ठगपंथी दिखला रहे हो। कहाँ वह लाखों की रकम का वादा और कहाँ यह खाली थैली !"

भूतों के सरदार ने कहा—"सुन तो लो पहले हमारी बात पूरी की पूरी, तब कहना। इस थैले में हमारी दुनिया की संपदा समाई हुई है। जो चाहोगे, वही पाओगे। जितना और जब चाहिए। नाहक बोझा कहाँ ढोते फिरोगे ? सोना-चाँदी या रुपया-पैसा ही सबकुछ नहीं होता। तुम लाखों की रकम रहने पर भी भूखों मर सकते हो, मगर यह थैला तुम्हें भूखों नहीं मरने देगा, न कभी अकिंचन ही रहने देगा। सृष्टि का कोई ऐसा पदार्थ नहीं जो तुम्हें इसकी कृपा से हासिल न हो...बस, कहने-भर की देर होगी, जो चाहोगे, पा जाओगे।"

सैनिक ने मुस्कराकर कहा, "अच्छा, अपनी बकवास बंद करो अब। मैं यों नहीं छोड़ूँगा तुमको...थैले की जाँच-परख अच्छी तरह कर लूँगा।"

"हाँ, हाँ, वही तो मैं भी कह रहा हूँ।" सरदार बोला। सिपाही को दुविधा में देखकर उसने कहा, "थैले को हाथ में ले लो। उस पर नजर गड़ाकर उससे कहो कि मुझे फलाँ चीज चाहिए...बस, वह चीज हाजिर हो गई समझो !"

"अच्छा, ऐसी बात है ?" सिपाही ने कहा, "तो मिस्त्री और उसके दो चेलों को अभी बड़ी मेहनत पड़ी है। उनके लिए तीन बोतल अच्छा शरबत चाहिए, अभी, इसी वक्त।"

भूतों के सरदार ने कहा, "मुझसे क्यों कहते हो ? थैले से कहो न !"

"अच्छा, सुन रे थैले ! सुनता है न ? हमें तीन बोतल शरबत चाहिए बेहतरीन किस्म का..."

थैला फूल गया। उठाने पर भारी लगा। सिपाही जी ने उसका मुँह खोलकर देखा। सचमुच तीन बोतलें भरी हुई नजर आईं।

सैनिक ने बोतलों को थैले से निकाला।

"लीजिए मिस्त्रीजी, थकावट दूर होगी।"

फिर सिपाहीजी ने सामने छत पर एक चिड़िया देखी।

थैला हिलाकर बोले, "आ जा री चिड़िया, यहाँ आ ! इसके अंदर...।" चिड़िया आ गई थैले के अंदर।

फौजी ने पास आकर मिस्त्री से कहा, "ठीक ही कहा है भूतनाथ ने। यह जादू का थैला है। बात सौ फीसदी सच है। ठगपंथी नहीं है।"

अब सैनिक ने मिस्त्री के हाथ से अपना पुराना थैला लेकर उसका मुँह खोल दिया—"जा रे, जा !"

भूतों का सरदार बाहर निकल आया। उसने सैनिक को सलाम किया।

"जाओ, अब किसी को सताना मत !"

भूतनाथ ने माथा झुकाकर सैनिक का आदेश सुना और चल पड़ा।

सैनिक सेठ के पास गया। बोला—"जाओ, अब तुम्हारा मकान रहने लायक बन गया।"

सेठ को लेकिन यकीन नहीं हो रहा था। उसने अपने नौकरों से कहा—"दो-चार

दिन अभी सिपाहीजी को रोक लो। रातें जब आराम से बीतें उस मकान में, तभी हम समझेंगे।''

दो रात मकान में नौकर-चाकर आराम से रहे। तीसरी रात सेठ खुद रहा। नौकर-चाकर भी साथ थे। सब ठीक था।

फिर धूमधाम से गृह-प्रवेश हुआ।

ब्राह्मणों, साधुओं और जात-बिरादरीवालों को जिमाया गया। सैनिक को खास तौर पर सबसे अधिक सम्मानित किया गया। सेठ ने दोनों हाथ जोड़कर भरी बिरादरी में सैनिक से कहा–''सिपाहीजी, आप ही की बदौलत हमें यह मकान मिला है। हम कभी आपसे उऋण नहीं होंगे...''

सिपाही ने कहा–''मैं क्या हूँ ! मैं तो एक अदना-सा सैनिक हूँ भारतमाता का। यह जो कुछ मुझसे बन पड़ा है, वह सब अपनी भारतमाता की मिट्टी का ही जादू समझिए सेठजी !''

इसके बाद सेठजी चाहते थे कि सैनिक महीना-दो महीना और डटा रहे। मगर वह तैयार नहीं हुआ। उसे अपनी भूमि छोड़े बहुत अर्सा बीत गया था। उसकी तबीयत छटपट कर रही थी। उसे अपने बूढ़े माँ-बाप रह-रहकर याद आ रहे थे...

बिदाई के तौर पर सेठ ने बहुत-सारा धन देना चाहा, सैनिक ने नहीं लिया। वह बोला–''अभी मेरे अंदर कमाने की शक्ति है। मैं अपनी मेहनत की ही खाता आया हूँ, सेठजी, आप बुरा मत मानिए। मुझे आपका एक भी पैसा नहीं चाहिए। आप मेरी एक बात जरूर याद रखिए–लाभ या मुनाफा के तौर पर हासिल की हुई रकम किसी इनसान की अपनी ही रकम नहीं हुआ करती। उस रकम पर उसके कर्मचारियों का सहज अधिकार होता है, उसके पड़ोसियों का सहज अधिकार होता है। यह फाजिल रकम उन्हीं के हित में खर्च हो तो अच्छा।''

सेठजी ने माथा झुकाकर सैनिक की बातें सुनीं।

सिपाहीजी विदा हुए। अपना पुराना थैला और भूतनाथवाला जादू का थैला मात्र साथ था। अपनी बंदूक तो थी ही।

सैनिक चलता गया, चलता गया, चलता गया।

जाने कितने दिन चलता रहा बेचारा।

आखिर अपने गाँव के नजदीक आ पहुँचा।

वही पहाड़, वही नदी, वही जंगल।

वही खेत, वही बागान।

हाय, कितना सुंदर है !

सारी दुनिया घूम आया फौजी, मगर ऐसे लुभावने नजारे कहीं और नजर नहीं आए !

मिट्टी की भीतोंवाला मामूली-सा मकान।

हाँ, यही है सैनिक का अपना घर !

घर जर्जर हो चुका है। अब दो-एक वर्षों के अंदर खंडहर हो जाएगा।

फाटक भी पुराना।

सैनिक ने धक्का दिया।

खुलने पर सामने एक बुढ़िया मिली।

सैनिक ने उसे अपनी बाँहों में कस लिया।

लड़के को पहचान गई थी बुढ़िया।

वह भीगी आँखों से हँसती जा रही थी, फड़कते होंठों से रोए जा रही थी। रुलाई-हँसाई के दर्म्यान का दायरा वह मिटा चुकी थी।

"तेरा बाप न रहा। पाँच साल हो गए। वह अगर तुझे इस ठाट में देखता तो कितनी खुशी होती बेचारे को !"

फिर बूढ़ी को घर के काम-काज याद आ गए। वह कोठरी के अंदर गई। बर्तन-बासन की खट-पट सुनकर सैनिक ने कहा, "अब तुझे एक भी काम नहीं करने दूँगा ! अब मैं तुझे आराम से रखूँगा माँ !"

सिपाही ने जादू का थैला निकाला।

खाने-पीने की ढेर-सी चीजें सामने आ गईं। कंबल, तोशक, गद्दी, तकिया, चादर से लेकर लोटा-थाली-गिलास आदि सभी कुछ—जो भी जरूरत थी, आ गई।

सैनिक ने माँ से कहा, "आओ अम्मा, खाना खाएँ !"

जिंदगी में ऐसा अच्छा खाना बुढ़िया ने पहली बार खाया था। इसका रोयाँ-रोयाँ बेटे को आशीष दे रहा था।

अगले दिन सैनिक ने घर-गृहस्थी की तरफ ध्यान दिया।

जादू का थैला आज्ञा पालन के लिए तैयार था।

नए-नए कई घर तैयार हो गए। उनकी सजावट के लिए सभी सामान मौजूद थे।

शानदार घोड़ों की जोड़ी। चमकती हुई बग्घी। सामान ढोने का छकड़ा।

खेत, बागान, माल-मवेशी—सब कुछ सुलभ था।

सैनिक ने माँ की खिदमत के लिए शादी भी कर ली। बाल-बच्चे भी हुए।

नाती-पोते घुटनों से टकराने लगे तो बुढ़िया की खुशी का अंत और आगे सरक गया।

इस तरह छः-सात वर्ष सुख में गुजर गए।

तब सैनिक बीमार पड़ा। तीन दिन, तीन रात, बिछावन पर...खाना नहीं, पीना नहीं !

तीसरी रात सैनिक ने देखा : यमराज सिरहाने खड़ा है। तलवार पर शान चढ़ा रहा है और बार-बार उसकी तरफ देख रहा है।

"तैयार हो जाओ सैनिक ! तुम्हारे लिए ही आया हूँ। प्राण ले जाऊँगा !"

"अभी नहीं मालिक, अभी नहीं ! कम से कम तीस वर्ष की उम्र मुझे अभी और चाहिए। बाल-बच्चे बड़े हों, आदमी बनें। उनकी शादी-वादी हो। वे काम-काज में लगें। मैं भी अपने नाती-पोते देख लूँ...हाँ, मालिक, मुझे तीस वर्ष की मुहलत दीजिए !"

"नहीं," यमराज की भौंहें कड़ी हो गईं, "नहीं भाई, अब तुम्हारी आयु पूरी हो गई।"

"तो, तीन वर्ष और दीजिए, तीस न सही। किसी तरह घर-गृहस्थी के कामों को ठीक-ठिकाने लगा लूँ न ?"

"नहीं भाई, तीन मिनट भी नहीं ?"

"अच्छा ? ऐसी बात है ?"

"हुँ...तैयार हो जाओ !"

"तो, मालिक, जरा ठहर जाइए..." सैनिक ने तकिए के नीचे से जादू का थैला निकाला। उसका मुँह यमराज के सामने फैलाकर बोला, "आओ, अंदर आ जाओ, यहाँ आओ !"

बस, क्या था ! यमराज जादू के थैले में कैद हो गया।

सैनिक ने थैले का मुँह अच्छी तरह बंद कर दिया।

अब उसकी बीमारी खत्म हो गई थी। उसे भूख लग आई। उठकर उसने खाना खाया, गर्म-गर्म शोरबा पिया।

खा-पीकर बाहर निकलने की तैयारी करने लगा।

यमराज जादू के थैले में बंद पड़ा था। अंदर उसका दम फूल रहा था। उसकी तरफ देखकर सैनिक बोला, "भारतीय सैनिक को तुमने आखिर समझ क्या रखा है ? तुम तो एकदम थर्ड किलासी आदमी निकले, चौपटदास कहीं के ! अब की मैं तुम्हें वो मजा चखाऊँगा, वो मजा चखाऊँगा कि..."

"क्या करोगे मुझे कैद करके ?" यम ने पूछा।

सैनिक ने रूमाल से जूता झाड़ते हुए कहा, "देखो न क्या करता हूँ, पुराने पोखर में गाड़ दूँगा तुम्हें, तुम वहीं खत्म हो जाओगे !"

"छोड़ दो, तीन वर्ष अभी तुम और जिंदा रहोगे।"

"नहीं, जरूरत नहीं।"

"ना भाई, मान जाओ ! रही तुम्हारी ही बात, तीस वर्ष और जी लेना !"

"अच्छा, तो एक शर्त पर, इन तीस वर्षों में तुम किसी के प्राण नहीं ले सकोगे।"

"अरे भाई" यमराज रुआँसा होकर बोला, "अब ऐसा अत्याचार मुझ पर क्यों करोगे ? किसी के प्राण नहीं लूँगा तो मेरा काम कैसे चलेगा ? मैं तो भूखों मर जाऊँगा।"

"क्यों," सैनिक ने कहा, "दुनिया में इत्ते सारे पेड़ खड़े हैं, तुम फल-मूल से अपना काम चलाना ! घास चबाना, पत्थर से पेट भरना।"

यमराज ने इस पर कुछ नहीं कहा।

सैनिक बाहर जाने को तैयार था, बोला, "अच्छा, जो तुम्हारी मर्जी है, वही करना होगा। अब चलो, तुम्हें पुराने पोखर के अंदर दफन कर आऊँ।"

उसने थैला कंधे पर लाद लिया।

बाहर निकलने को हुआ तो यमराज बोला, "ठीक है, तीस वर्षों तक मैं किसी की जान नहीं लूँगा। फल-मूल, घास-पात, छाल-डंठल खाकर गुजारा करूँगा। अब तो मुझे छुटकारा दो भइया !"

"होशियार ! मुझे धोखा देने की कोशिश न करना।"

सैनिक गाँव के बाहर जाकर रुका। थैले का मुँह खोलकर यमराज से कहने लगा, "जाओ, भागो ! जल्दी भागो ! वर्ना मेरे विचार बदल भी सकते हैं।"

यमराज पाँव सिर पर रखकर भागा।

अब लोगों में खुशी छा गई। मौत का नाम मिट गया। सारी तकलीफें खत्म हो गईं।

इस प्रकार तीस वर्ष बीत गए।

सैनिक के बाल-बच्चे बड़े हुए। बहुएँ आईं, दामाद हुए। दुनियादारी जम गई। किसी को सहायता दरकार होती, किसी के लिए सुझाव दरकार होते। समझा-बुझाकर काम निकालना पड़ता। सैनिक का जीवन बेहद व्यस्त हो उठा, दम मारने की फुर्सत नहीं मिलती थी। तकदीर के सभी दरवाजे खुल गए थे। मौत के बारे में सोचने का वक्त हीं नहीं था सैनिक के पास।

अब एक दिन यमराज सामने आ गया।

"आज तुम्हारे वे तीस वर्ष पूरे हो रहे हैं। मैं तुम्हें लेने आया हूँ।"

सैनिक ने स्वीकार की मुद्रा में माथा हिलाया, "मैं, सैनिक हूँ, जुबान का पक्का। लाश रखनेवाली संदूक तो ले आओ।"

यमराज काठ की संदूक ले आया।

"आ जाओ, इसके अंदर लेटो !"

सैनिक नाराज हो उठा। फटकारते हुए कहा, "तुम्हारी अकल मारी गई है क्या ! न नियम, न कायदा, कैसे कोई बात मैं यूँ ही मान लूँ ? पुराना फौजी हूँ, सारा काम डिसिप्लिन से करने का आदी हूँ, हमारे यहाँ फौज में कोई नया कानून-कायदा सिखलाना होता है तो हवलदार पहले खुद करके दिखलाता है। हमें भला क्या मालूम, कैसे इस संदूक के अंदर जिंदा या मरा आदमी डाला जाता है ! तुम्हें खुद संदूक के अंदर लेटकर बतलाना होगा।"

यमराज संदूक के अंदर जाकर लेट गया, "देखो भाई, इसी तरह लंबा लेटना होगा। हाथ दोनों छाती पर रखने होंगे।"

सैनिक ने खट से संदूक को बंद कर दिया, ऊपर लोहे की साँकल जमा दी। बोला; "बस, आराम से पड़े रहो ! मैं बाहर अपना ठीक-ठाक हूँ।"

बैलगाड़ी पर लदवाकर वह संदूक नदी-किनारे पहुँचा दिया गया।

नदी ने उस संदूक को समुद्र तक पहुँचा दिया।

यमराज बेचारे उतराते रहे, समुद्र की लहरों के थपेड़े खाते रहे, वर्ष पर वर्ष गुजरता गया !

लोग खुशी-खुशी अपना समय बिता रहे थे, सभी सैनिक की जय-जयकार कर रहे थे।

सिपाहीजी तो मानो फिर से जवान हो गए थे। नाती-परनाती, पोते-परपोते सब बड़े हुए। उनकी भी शादियाँ हुईं। उनके भी बाल-बच्चे हुए। सैनिक का जीवन आनन्द से भरा-पूरा था। मौसम पर मौसम यों ही चुटकी बजाते निकल रहा था। फूलों, फलों और फसलों की बहुतायत तो थी ही, एक-एक मौसम में बीसियों किस्मों का स्वाद मिलता चलता। तबीयत कभी नहीं ऊबती...

सैनिक जीवन की मस्तियों के चलते यमराज को भूल ही गया...

समुद्र की तरंगों के थपेड़े खाता हुआ वह संदूक वर्षों उतराता रहा, उतराता रहा।

एक बार तूफान आया। समुद्र कई दिनों तक बेकाबू रहा। ज्वारों के चलते वह संदूक पानी के अंदर डूबी हुई चट्टानों से टकराकर चूर-चूर हो गया।

यमराज जैसे-तैसे किनारे लगा।

भूख के मारे बेचारा पीला पड़ गया था।

महीना-पंद्रह रोज में अपनी तंदुरुस्ती ठीक करके वह सिपाहीजी के गाँव तक पहुँच गया।

गाँव से बाहर, यमराज, खलिहान के करीब बखारों की ओट में छिपकर बैठा।

सैनिक को उस रोज खेत में बीज डालने थे। खाली झोला लेकर वह बीजोंवाले कोठार के नजदीक पहुँचा कि यमराज सामने ही दिखाई पड़ा।

"अब आज" यमराज के दाँत खुशी में चमक उठे, "तुम्हें छोड़ नहीं सकता मैं...चलो सिपाही जी।"

सैनिक मृत्यु के मालिक को सामने देखकर भी घबराया नहीं, सोचा, कोई बात नहीं !

जादूवाला थैला वर्षों से बेकार था। इस वक्त याद भी नहीं आ रहा था कि कहाँ, घर के किस कोने में रख दिया गया था !

फिलहाल, सिपाहीजी को सूझ गया कि बीज रखने के लिए साथ लाई हुई यह छोटी बोरी दिखलाकर यमराज को डरा तो वह दे ही सकता है...वह बेफिक्री का ठहाका लगाकर बोला—"आओ, दादाजी; आओ, इस थैले के अंदर तुम पहले भी तो रह चुके हो न ? आओ, तुमको पुराने पोखर के अंदर मैं एक बार फिर गाड़ आऊँगा..."

यमराज सचमुच डर गया। उसने सैनिक के हाथ में झूलती हुई उस साधारण बोरी को जादू का थैला समझ लिया।

वह सरपट भागा, भागकर नजरों से ओझल हो गया।

तभी से यमराज की आदत हो गई, वह चुपचाप आकर मनुष्य के प्राण ले जाया

करता। आज भी वह चुपचाप ही आता है। सिरहाने खड़े होकर अब वह किसी से ऐसा नहीं कहता कि तैयार हो जाओ, मैं तुम्हारे प्राण लेने आया हूँ।

सैनिक फिर उसी तरह आराम से रहने लगा।

लोगों का कहना है, वह आज भी जीवित है, उसके होठों पर की मुस्कान अब भी बरकरार है !

□ अनोखा टापू

अनोखा टापू

ऊपर आसमान !

नीचे पानी, और पानी की सतहों पर तैरते हुए बर्फानी चट्टानों के छोटे-बड़े ढोके।

दरअसल, हमारा वह जहाज था ही ऐसा कि सिर्फ ठंडे जल-वायुवाली दुनिया में चल सकता था।

एक बार तूफान के चक्कर में पड़कर हम लोग अपनी दिशा से बहुत दूर भटक गए।

मैं नीचे, मशीनों के पास, इंजिन के इर्द-गिर्द काम करता रहा। मुझे इस बात में रत्ती-भर भी दिलचस्पी नहीं थी कि हमारा जहाज किस अक्षांश से गुजर रहा था। मैं यंत्र-जगत में मशगूल था !

"जमीन, जमीन," अचानक मैंने चिल्लाने की आवाज सुनी, "जमीन, जमीन !"

"घास, घास, घास !"

"हरियाली, हरियाली !"

उल्लास-भरी चीख-पुकार बार-बार सुनाई दे रही थी।

विश्वास करना यों तो असंभव ही था। आखिर मैं भी दौड़कर डेक पर चला आया।

बात बिलकुल सच थी।

हरी-हरी घास सामने लहरा रही थी। धरती का मटमैला वक्ष दिखलाई दे रहा था। आसमान में सूरज की किरणों खुलकर चमक रही थीं।

सभी के चेहरे खुशी से दमक रहे थे। उन्होंने गाना शुरू कर दिया था। कइयों के कूल्हे मटक रहे थे, ठेहुने मचल रहे थे, कमर लचक रही थी।

कप्तान ने जहाज रोक दिया।

हमने उससे अनुरोध किया, "हमें थोड़ी देर के लिए किनारे पर उतार दो ! हरी घासवाले इस टापू में हम थोड़ा घूम-फिर लेंगे !

कप्तान ने हमारी बात मान ली।

लंगर डाल दिए गए।

जहाज किनारे से जरा इधर ही खड़ा हुआ।

साथवाली छोटी नावों में बैठकर हम टापू पर आ गए।

हम अलग-अलग हिस्सों में बँट गए।

मैं पहाड़ी के पार घूमता-घामता बहुत दूर निकल गया। भटकते-भटकते थक गया तो एक चरागाह के बीच घासों में निढाल होकर पड़ रहा।

कि सामने कुछ उजला-उजला-सा चमक उठा !

"क्या होगा भला ?" उत्सुकता के मारे मैं अब लेटा नहीं रह पाया, बैठ गया उठकर।

"खरगोश ! हाँ, सचमुच खरगोश ही तो है।"

"वाह, हरी-हरी घास पर उजला-उजला खरगोश कितना अच्छा लग रहा है ! नहीं, मैं हिलूँगा नहीं, खरगोश भाग जाएगा।"

"मगर, एक नहीं, कई हैं खरगोश !"

"हे भगवान् ! दसियों हैं।"

मैं ऊब गया, चुपचाप बैठना मुश्किल था।

थोड़ा-सा आगे खिसका।

खरगोश मेरी तरफ घूमे और उछले।

मुझसे दूर ? नहीं, मेरी दिशा में !

मैंने अपने को खरगोशों की विशाल बिरादरी से घिरा हुआ पाया।

वे मेरी ओर देख रहे थे। हवा में मनुष्य के शरीर की गंध भाँप रहे थे। वे जानने की कोशिश कर रहे थे कि मैं आखिर किस तरह का जंतु हूँ।

मैं उठकर आहिस्ता-आहिस्ता चहलकदमी करने लगा। खरगोशों की ढिठाई पर मैं दंग था। मुझे पता नहीं था कि वे इतने निडर होते हैं...

मैंने मनमाने ढंग से घूमना शुरू कर दिया। मैंने सिगरेट तक जलाई। फिर भी वे परेशान नहीं हुए। वे अपनी पिछली टाँगों के बल बैठ गए थे और मुझको अच्छी तरह देख रहे थे।

अब मैं उनसे बातें करने लगा—"तुम्हें डर नहीं लग रहा है मुझसे ? तुम इस कदर बेखबर होकर मनुष्य के सामने बैठे हो ? मैं तुम्हें डराता हूँ।"

खरगोशों पर मेरी बात का जरा भी प्रभाव नहीं पड़ा। वे इत्मीनान से कान हिलाते रहे।

"मैं तुम्हें गोली मार दूँगा।" उँगलियों से निशाना साधने की मुद्रा बनाकर मैंने फायरिंग की आवाज की, "धाँय धाँय !!"

खरगोश उछले, लेकिन भागे नहीं।

मेरे पास बंदूक नहीं थी। उन्हें शायद मालूम हो गया था।

अब पाँच-सात खरगोश करीब आ गए।

बिलकुल करीब ! वे मुझे दिखला-दिखलाकर घास कुतरने लगे—मैं हँस रहा था।

लगा कि जहाज पर लौटने का समय हो गया है।

"अच्छा, विदा प्यारे दोस्तो !" मैंने हाथ हिलाकर कहा और मैं वहाँ से चल पड़ा।

सामने पहाड़ियाँ थीं।

सोचा, किसी एक पहाड़ी पर चढ़कर देख लूँ कि हमारा जहाज किस तरफ है। ऊपर से समूचा टापू दिखाई पड़ेगा, समुद्र के किनारे दिखाई पड़ेंगे।

पहाड़ी पर चढ़ने लगा तो खुरों के निशान दिखाई पड़े। गाय के खुर थे—पूरा का पूरा झुंड ही गुजरा होगा।

तो फिर चरवाहे भी आसपास कहीं जरूर होंगे। मैं उनसे पूछूँगा, इधर के खरगोश इतने निडर क्यों होते हैं।

खुरों के निशान तंग होते गए। आखिर में वे निशान आपस में कट-पिटकर गड्ड-मड्ड होने लगे थे। साफ था कि मवेशी लाइन बनाकर आगे बढ़े होंगे। यह रास्ता आगे चढ़ाई का था। मुझे पैरों के साथ हाथों का भी सहारा लेना पड़ा। फिर अचंभा हुआ कि गाएँ किस तरह ऊपर चढ़ाई पर गई होंगी ! हाँ, बकरियाँ होतीं तो जा सकती थीं।

ऊपर, सामने भारी चट्टान थी। खुरदरी नहीं, चिकनी ! पेट के बल रेंगते हुए किसी तरह ऊपर पहुँचा।

थोड़ी देर के लिए चट्टान पर सुस्ताने लगा।

फिर देखता क्या हूँ कि मोटे बालों और बड़े सींगोंवाला एक अजीब जानवर सामने खड़ा है। बैल या बकरे की मिली-जुली शकल थी। रोएँ जमीन को छू रहे थे, खुर काफी तेज थे। उसने मुझे देखा, फिर मेरी तरफ बढ़ने लगा।

मेरी तो साँस ही टँग गई।

पीछे लुढ़कने या कूदने की गुंजायश नहीं थी। तीन तरफ गड्ढा ही गड्ढा था—गेंद की तरह नीचे जाऊँगा, कचूमर ही निकल जाएगी। उधर देखा तक नहीं जा रहा था।

और सामने था बड़े-बड़े सींगोंवाला वह अद्भुत जंतु—सीधे यमराज के दरबार में पहुँचा देने को तैयार !

कलेजा मुँह को आ गया। मैंने आँखें मूँद लीं, अपने को किस्मत के हवाले कर दिया।

वह जानवर बिलकुल करीब आ गया। उसकी गर्म साँस मेरे बदन से टकराने लगी।

इससे अधिक तो मैं बर्दाश्त भी नहीं कर सकता था। लगता था, आतंक के मारे प्राण-पखेरू अब उड़े, तब उड़े !

एक आँख नहीं, आधी आँख खोलकर मैंने देखा। उसकी नाक मेरी नाक से सट

रही थी। नथुने फुलाकर उसने हवा खींची, फिर एक ओर होकर थूथन को फैला दिया। फिर पीछे मुड़ गया। फिर धीरे-धीरे लौट गया।

मैंने चैन की साँस ली—वह मुझे मारना नहीं चाहता था। नाहक मैं आतंकित हो गया था।

अब मैं अपने पैरों के बल पर खड़ा हो गया।

तो, देखता क्या हूँ कि दूर सामने उनका झुंड का झुंड खड़ा है। बीस से कम तो क्या होंगे ! पहाड़ी पर चर रहे थे।

उनमें से एक भी मेरी कचूमर निकालने के लिए काफी था। लेकिन नहीं, उनकी नीयत बुरी नहीं थी।

अब मुझे उनका नाम याद आ गया। मैंने कहीं, किसी किताब में पढ़ा था—वे 'याक' थे।

उनके बीच से होकर ही समुद्र-किनारे की पगडंडी गई थी। मुझे अपना जहाज नजर आने लगा।

मगर मैं उनके बीच से होकर निकलूँगा कैसे ?

सारा साहस बटोरकर मैं जोर से चिल्लाने लगा, हाथों को पनचक्की के पंखों की तरह हिलाने लगा, पैरों को पटकने लगा।

सभी याकों ने कान खड़े कर लिए।

डर के मारे मैं फिर लेट गया।

वे फिर घास चरने लगे।

उधर जहाज भोंपू पर भोंपू बजा रहा था। मैं ही बच रहा था। बाकी सभी मुसाफिर जहाज पर सवार हो चुके थे।

मेरे अंदर साहस वापस आया और मैं आगे बढ़ा।

वे घास चर रहे थे और सींग उठा-उठाकर मेरी तरफ देख भी लेते थे।

मैं उनके बीच से होकर चलने लगा। मन-ही-मन मैं उनसे प्रार्थना कर रहा था—मुझे चोट मत पहुँचाओ, मैं तुम्हारा कुछ नहीं बिगाड़ूँगा। चुपचाप मुझे निकल-भर जाने दो। याक तो बड़े ही भले जानवर होते हैं, हमने बचपन से तुम्हारी तारीफ सुन रखी है !

वे पागुर करते रहे।

वे मुझे देखते रहे।

अपने हिलते कानों से वे मुझे आगे बढ़ने को उत्साहित कर रहे थे। उनकी प्रशांत दृष्टि मुझे अभय प्रदान कर रही थी।

मेरा आतंक घुल गया। मैं उनके बीच से गुजरने लगा तो सहज ही इच्छा हुई कि उनकी पीठ थपथपाता चलूँ। मैंने वैसा किया भी और उन्होंने पूँछ-कान हिलाकर मेरा यह स्नेह-भाव स्वीकार कर लिया।

आगे बढ़ने पर एक याक मिला जो बीच पगडंडी पर इत्मीनान से लेटा जुगाली

कर रहा था।

मैंने हाथ जोड़ लिए–"दादा, रास्ता छोड़ दो !"

वह नहीं हटा तो झुककर मैंने उसके कान में कहा–"आप चाहते क्या हैं ? हुजूर, देखिए न, वह मेरा जहाज छूटा जा रहा है !"

मगर उस भले जीव ने बुरा नहीं माना। पूँछ हिलाई और उठ खड़ा हुआ ! पालतू बैल की तरह एक तरफ हट गया। मैंने उसे बल्कि प्यार का हल्का-सा एक धक्का भी दिया।

पहाड़ी से उतरते ही मैं जहाज की तरफ लपका।

फिर भेड़ियों का एक जोड़ा सामने आया।

हे भगवान ! अब क्या होगा ? ये तो मुझे नहीं छोड़ेंगे।

संयोग से एक मक्खी उड़ती आई और नाक के अंदर घुस ही गई मानो ! मुझे जोरों की छींक आई और वह बाहर निकल आई।

छींक सुनते ही भेड़िए ठमक गए।

और मैं भागता-भागता किनारे तक पहुँच गया।

नाव मेरा इंतजार कर रही थी।

जहाज ने भोंपा बजाकर मानो मुझे फटकारा ! सचमुच, बड़ी देर कर दी थी मैंने।

जैसे-तैसे नाव मुझे लेकर जहाज से जा लगी।

कप्तान ने उलाहना-भरे स्वर में कहा, "अजीब लड़के हो तुम भी ! तुम्हारे लिए हम कितने परेशान थे, क्या बतलाऊँ !"

लंगर उठ गए तो जहाज चल पड़ा।

"बड़ा ही अद्भुत टापू था दादू !"मैंने कप्तान से कहा, "खरगोश, याक और भेड़िए–सभी निहायत शरीफ थे ! ऐसा तो कहीं नहीं देखा आज तक–क्या बात है ?"

कप्तान मुस्कराकर बोला, "यहाँ आदमियों का आवागमन नहीं है। इसी से इस टापू के प्राणी आदमियों से नहीं भड़कते।"

"तभी तो !" मेरे मुँह से निकला।

कप्तान अनुभवी था। उसे इस टापू के जानवरों की आदतों का शायद पता था।

जहाज की रफ्तार तेज हुई।

मैं अंदर उतर आया, इंजन की मशीनों का संगीत फिर मुझ पर जादू डालने लगा।

दुखिया

दो भाई थे। दोनों किसान खानदान के थे। उनमें से बड़ा अलग हो गया। धीरे-धीरे उसके पास काफी संपदा इकट्ठी हो गई। छोटा भाई और गरीब होता चला गया। बड़े भाई ने नजदीकवाले शहर में कोठी बनवा ली। कई तरह के कारोबार करने लगा। उसकी

आमदनी दिन दुगनी, रात चौगुनी बढ़ती चली गई। उसके लिए जीवन में सुख ही सुख था। वह दुख का नाम भी भूल गया।

छोटा भाई लगातार मुसीबत में फँसता चला गया। खेती-बारी चौपट, घर-गिरस्ती चौपट। थोड़ी-बहुत जो भी जमीन थी, वह भी निकलती चली गई। पीछे कर्ज मिलना भी मुश्किल हो गया। बाल-बच्चे दाने-दाने को तरसने लगे। कपड़े-लत्ते पुराने पड़े तो मैले ही होते चले गए, चीथड़े-चीथड़े दिखाई देने लगे। परिवार से हँसी-मुस्कान गायब हो गई। खीझ और घुटन और चिड़चिड़ापन...बच्चों पर जब-तब पिटाई पड़ने लगी। बीवी की आँखों के आँसू सदाबहार हो चले...वह भाई बेहद परेशान था। उसके जीवन में दुख ही दुख था। वह सुख का नाम भी भूल गया।

एक दिन छोटे भाई ने अपनी बीवी से कहा–"शहर जाकर दादा से मिल आता हूँ। वह जरूर हमारी मदद करेंगे। क्यों ? नहीं करेंगे मदद ?"

"मैं क्या जानूँ !" औरत बोली, "जाओ, देखो, पहचानते भी हैं कि नहीं !"

अगले दिन, सुबह, छोटा भाई शहर की तरफ चल पड़ा।

शहर आकर उसने भाई का मकान ढूँढ़ निकाला। मुलाकात हुई। इधर-उधर की बातें कर चुकने के बाद छोटे ने गिड़गिड़ाकर कहा–"दारा, मेरा तो बड़ा ही बुरा हाल है। बाल-बच्चे भूखों मर रहे हैं। अब तुम्हारा ही आसरा है।"

"अच्छा तो यहाँ कुछ काम करो !" बड़े ने जवाब दिया।

छोटा भाई काम में लग गया।

वह कुएँ से पानी निकालता, कुल्हाड़ी से लकड़ी फाड़ता, बैलों-घोड़ों की सेवा करता, बाहर-भीतर झाड़-बुहारी देता।

सात रोज बाद बड़े भाई ने उसे थोड़ा-सा अनाज दिया–"जाओ, यह रही तुम्हारी मजदूरी !"

छोटे भाई ने कृतज्ञता प्रकट की और माथा झुका लिया।

वह गाँव के लिए प्रस्थान करने ही वाला था कि बड़े भाई को जाने क्या याद आ गया, रुकने का इशारा किया।

"देखो, कल अपने यहाँ दोस्तों की दावत है। तुम भी उसमें सपरिवार शामिल होना। तुम्हें भी निमंत्रण देता हूँ..." बड़े ने कहा।

छोटा बोला–"नहीं, मैं नहीं आ सकूँगा कलवाली दावत में। शहर के नामी-नामी लोग आएँगे दावत में। सूती-रेशमी-ऊनी लिबास के एक से एक नमूने चमकेंगे। मेरे पास न तो जूते हैं, न कपड़े। मामूली पहनावा भी नहीं है। मैं कैसे शरीक होऊँगा भला उस दावत में ?"

बड़े ने आग्रह का रंग जमाते हुए कहा–"नहीं, यह कैसे होगा ! सारी दुनिया आएगी, अपना ही आदमी नहीं आएगा ! देखो, तुम्हें अवश्य आना है ! और देखो, बहू को भी लेते आइयो...हम एक तरफ बैठा देंगे तुम दोनों को !"

छोटा भाई घर लौटा।

अगले दिन उसने बीवी से दावत की बात बतलाई। उसे भी साथ चलने को राजी किया।

वक्त से कुछ पहले ही दोनों पहुँच गए। खाली बेंच पर एक ओर बैठ गए, सिकुड़े-सिमटे...

शुरू हुई दावत...

पहले पूड़ियों-कचौड़ियों, साग-सब्जियों और चटनियों-अचारों का दौर चला। फिर मिठाइयों का—बर्फी, बालूशाही, गुलाबजामुन, इमर्ती, मोतीचूर, घेवर, रसगुल्ला, मलाई चाप का। फिर खीर और रबड़ी का। फिर दही का। दसियों नौकर-चाकर थे जो पूछ-पूछ कर लोगों को जिमा रहे थे। ना-ना करने पर भी पत्तलों में डाले ही जा रहे थे।

हाय, इन दोनों अभागों की तरफ किसी ने ध्यान नहीं दिया! एक-एक करके सभी लोग चले गए, मगर इनकी ही सुध किसी ने नहीं ली। जब तक भोज-भंडारा जोरों पर था, ये बेचारे महज निगाहों से स्वाद लेते रहे।

अंत में नौकर-चाकर भी अंदर चले गए।

छोटा भाई और उसकी बीवी, दोनों ही अपना-अपना कलेजा थामकर कोठी के अहाते से बाहर निकल आए, देहात का रास्ता पकड़ा।

राह चलते-चलते किसान का जी हुआ कि गीत की एक-आध कड़ी गुनगुनाता चले।

उसने बीवी से कहा—"तुम भी साथ दो !"

वह बोली—"खाली पेट अब यही करना है ? ना बाबा, मुझसे न कहो गाने-वाने को ?"

"राह आखिर कैसे कटेगी ?"

"भूख की आँच काफी है !"

फिर भी छोटे भाई ने गाने की अपनी जिद नहीं छोड़ी। वह गुनगुनाता चला।

आगे बढ़ने पर उसे लगा कि कोई दूसरा स्वर भी गीत की कड़ियों को दुहराता चल रहा है। उसने औरत से पूछा—"तू भी साथ-साथ गा रही है ?"

"कहाँ ? नहीं तो !"

"जरूर गा रही है !"

"अच्छा तमाशा खड़ा कर रहे हो जी ! भंग-वंग तो नहीं छानी है। क्या बक रहे हो तुम ?"

"तो, यह मेरे साथ-साथ कौन गा रहा है ? तू जरा कान लगा के सुन तो ?"

"हाँ, गा तो रहा है कोई।" अब किसान का माथा ठनका। वह बीच राह में ठमक कर खड़ा हो गया और गाने लगा। दुहरी आवाज सुनकर वह पैर पटकने लगा—"कौन है तू ? यह किसकी आवाज मैं तब से सुन रहा हूँ ?"

"मालिक, मैं हूँ दुख !"

"कौन दुख ? सुख का भाई ?"

"जी हजूर ! गरीबी भी मेरा एक नाम है।"

"दरिद्रता भी ?"

"जी सरकार !"

"मेरे साथ कहाँ तक चलेगा तू ?"

"हमेशा साथ दूँगा मालिक !"

"अच्छा ?"

"जी हजूर, कभी नहीं साथ छोड़ूँगा।"

छोटा किसान घर लौटा। दुख अब उसे कुरेदने लगा।

"क्या चाहता है ?" किसान ने पूछा।

दुख ने कहा, "चलो भट्ठीखाना।"

"भट्ठीखाना ?"

"हाँ भट्ठीखाना ! कलाली।"

"मेरी टेंट में पैसा नहीं है !"

"ओढ़ने का कंबल ले चलो, जाड़े तो बीत ही चले।"

किसान ने कंबल ले लिया। कलाली जाकर कंबल भट्ठीवाले के हवाले किया, बदले में दारू पी आए दोनों।

अगले दिल दुख फिर चीखता रहा, "बाप रे ! बचाओ रे ! जान गई रे !"

उससे अगले दिन भी वह चीखता रहा। तीसरे दिन किसान ने पूछा, "क्या हुआ है ?"

"चलो भट्ठीखाना, नहीं तो मेरे प्राण निकल जाएँगे।"

"धत् पैसा न दमड़ी ! चाटेगा चमड़ी ?"

"इसमें पैसे की क्या दरकार ! चलो, बैल ही खोल ले चलो ! खेती का मौसम आएगा तो देख लेंगे।"

दुख भला पिंड छोड़ेगा किसान का ! उसे बैल ले जाकर भट्ठीवाले को सौंपना पड़ा। दोनों उस रात भी काफी चढ़ा आए। फिर किसान को उसके लिए हल भी बेचना पड़ा। फिर किसान को मकान गिरवी रखना पड़ा।

आखिर तंग आकर उसने दुख से कहा, "अब तो भूँजी भाँग भी नहीं बची, अब क्या लेकर हम भट्ठीखाना जाएँगे ?"

"क्यों ! मालकिन के बक्से में साड़ी नहीं है ?"

किसान चीख पड़ा, "तू बड़ा दुष्ट है !"

दो रोज बाद दुख बेचारा बीमार पड़ गया। वह जोरों से कराह रहा था। किसान को दया आ गई उस पर। बीवी की नजर बचाकर उसने बक्से से साड़ी निकाल ली थी। दोनों साड़ी के बदले दारू चढ़ा आए !

अब दुख को अच्छी तरह पता चल गया कि सचमुच ही कुछ नहीं रह गया है। अगले दिन सवेरे उसने किसान से कहा, "मालिक, पड़ौसी से बैलगाड़ी ले लो। हम जंगल

की तरफ चलेंगे।''

पड़ोसी ने किसान से कहा, ''गाड़ी-बैल लेकर तू क्या करेगा ?''

''जंगल से लकड़ी लाऊँगा। तुम्हारा भी मजदूरी में साझा रहा।''

''अच्छा तो ले जा। देखना, ज्यादा बोझा नहीं लादना। हमारे बैलों को तकलीफ होगी।''

किसान और दुख चले जंगल की ओर। काफी दूर जाने पर जंगल मिला। दुख ने पूछा, ''सबसे बड़ी चट्टान किधर है ? है तुम्हें मालूम ?''

किसान बोला, ''वाह, मालूम क्यों न रहेगा ! चलो बतलाता हूँ।''

बैलों को हाँकता हुआ किसान उस चट्टान के पास पहुँचा। गाड़ी खड़ी कर दी गई।

दुख ने कहा, ''आओ जोर लगाएँ, इस चट्टान को जरा खिसका दें।''

किसान ने कंधा भिड़ाकर जोर लगाया। दुखन राम ने भी कंधा लगाया।

दोनों हाँफने लगे।

बार-बार जोर लगाने पर चट्टान खिसकी।

अंदर गुफा झाँक रही थी।

दुख बोला, ''आओ, अंदर झाँककर देखो क्या है।''

किसान ने गुफा के अंदर झाँका तो आँखें चौंधिया गईं जगमगाहट के मारे, ''बाप रे, क्या है जो इतना चमक रहा है भाई ?''

''सोना है सोना !'' दुखन चीखा, ''बुड़बक कहीं के ! अशर्फियों का अंबार लगा है, देखते नहीं हो ? निकालो, लाद लो गाड़ी पर, जितना लाद सको, देरी मत करो।''

किसान ने अशर्फियों की थैलियाँ लादनी शुरू कीं। खुशी के मारे वह बदहवास हो गया था।

काफी लाद चुका तो बोला, ''अब तो मुझसे नहीं होगा। अब तुम लादो।''

दुख गुफा के अंदर गया। किसान ने चट से चट्टान इधर खिसका दी। गुफा का दरवाजा बंद हो गया। अंदर दुख चीख रहा था। किसान ने उसकी चीख-पुकार पर ध्यान नहीं दिया। उसने बैलों को गाड़ी में जोता और जंगल से बाहर निकल आया। सारा सोना निकालकर घर के अंदर ले आया। गाड़ी और बैल पड़ोसी के हवाले कर दिए। धीरे-धीरे किसान ने जमीन खरीदी। मकान बनवाए। अब वह अपने बड़े भाई से भी अच्छी तरह रहने लगा। एक दिन वह शहर जाकर बड़े भाई को निमंत्रण दे आया। बड़ा भाई आया तो छोटे का ठाठ देखकर वह दंग रह गया।

अमीरी ढंग का खाना खाकर बड़ा भाई ऊपर-ऊपर बड़ा ही प्रसन्न हुआ। बोला, ''वाह-वाह, तुमने तो कमाल ही कर दिया छोटन ! जरा हमें भी तो तरक्की का रास्ता धरा दो।''

छोटे भाई ने सारी बात खुलासा करके बतला दी। अब बड़े भाई के मन में जलन पैदा हुई। वह जंगल पहुँचकर गुफा के दरवाजे तक आया। सोचने लगा—''खोल दूँ इस

खोह का मुँह, दुख बाहर निकलकर फिर से छोटन की गर्दन पर जाके बैठेगा, दरिद्रता देवी फिर से छोटन का सुख चाट जाएगी।''

चट्टान को उसने जेसे-तैसे खिसका दिया। अंदर से निकला दुख।

''क्या हुआ सरकार ?''

''जाओ, छोटे भाई का साथ दो। तुम्हारे बिना वह घबराता है। अकेले आखिर कैसे रहेगा ?''

''उहुँ'' दुख बोला, ''मालिक, मैं अब आपकी ही खिदमत करूँगा। आपका दिल बड़ा ही मुलायम है।''

बड़े भाई ने लाख समझाया, मगर वह टस से मस नहीं हुआ। साथ लग ही गया। उसने बड़े भाई को भिखमंगा बना दिया।

☐ असंकलित कहानियाँ

चतुर मंत्री

एक थे राजा। उनका मंत्री बहुत ही विद्वान और चतुर था।

एक दिन राजा अपने अनुचर-परिचरों के साथ बाग में गए। सैर करते-करते उन्हें जल-क्रीड़ा करने की इच्छा हुई। अंतःपुर की स्त्रियों को बुला भेजा गया। वे आईं और अपने-अपने गहने निकालकर दासियों के जिम्मे किया। कूद पड़ीं नहाने।

उस बाग में बहुत बंदर थे। एक बंदरिया रानियों को गहने उतारते देख चुकी थी। पटरानी के गले का हार उसके मन में बस गया। उसने सोचा—दासी जरा इधर-उधर बहके तो मैं उस हार को उड़ा लाऊँ।

पटरानी की दासी-बैठी-बैठी ऊँघने लगी। उसे नींद के झकोरे खाते देखकर बनरी पेड़ पर से उतरी और आहिस्ते से मोतियों के उस हार को अपनी गरदन में डाल लिया; फिर हवा की तेजी से उछलकर पकड़ ली पेड़ की डाल। दूसरी बंदरियाँ न देख लें, इस डर से उसने उस कीमती हार को एक वृक्ष के कोटर में छिपा दिया और खुद बैठकर उसकी निगरानी करने लगी।

वह दासी जब जगी तो हार को गायब पाया और थर-थर काँपने लगी। कोई उपाय न देखकर जोर से चिल्लाई—देखो महारानी का नौलखा हार लेकर चोर भागा जा रहा है।...पकड़ो...पकड़ो।

पहरेदार जहाँ-तहाँ से इकट्ठे हो गए। इधर-उधर ताका, कोई नहीं मिला। राजा से निवेदन करने पर उसने कहा—बाग के बाहर चला गया होगा, पकड़ो।

पहरेदार चिल्लाते हुए निकले बाग के बाहर।

पकड़ो...पकड़ो...पकड़ो...

बाग के बाहर एक देहाती जा रहा था। उसने पहरेदारों का चिल्लाना सुना। वह बेतहाशा भागा। सिपाहियों ने और जोर से आवाज दी—पकड़ो...यह चोर रानी का हार लेकर भागा जा रहा है।

बेचारे देहाती ने सोचा—आज मेरी जान नहीं बचेगी। अगर मैंने कहा कि नहीं लिया है तो ये लोग पीट-पीटकर मुझे भुरता बना डालेंगे। क्यों न मैं स्वीकार कर लूँ ?

उसने कहा—हाँ हुजूर, मैंने लिया है।

पहरेदारों के मुखिया ने उसे गिरफ्तार कर लिया।

बाँध-छानकर वे उसे राजा के सामने ले आए।

राजा ने भी पूछा—लिया है तूने ?

"हाँ, देव—"

"कहाँ रखा है ?"

"मैंने, हुजूर, आज तक कोई कीमती चीज नहीं देखी। पलंग का पावा तक नहीं देखा है। सेठ ने मुझसे कहा, इसलिए मैंने हार की चोरी की। हार सेठ के जिम्मे है। अब वह जाने।"

सेठ को बुलवाकर राजा ने पूछा—"क्यों सेठ, इस आदमी से कहकर हार की चोरी तुमने करवाई है ?"

"हाँ हुजूर, हार था अवश्य मेरे पास; परंतु अब वह पुरोहित के हाथ चला गया है।"

पुरोहित को भी बुलवाकर राजा ने वैसा ही पूछा; उसने भी स्वीकार कर लिया। कहा—देव, मैंने गवैए को दे दिया है।

गवैया भी बुलवाया गया। राजा ने उसे पूछा—तुम्हें पुरोहित ने कोई हार तो नहीं दिया है ?

"हाँ हुजूर, दिया है।"

"कहाँ है ?"

"देव, मेरी तबीयत आजकल कुछ उचटी-सी रहती है। वह हार मैंने वेश्या को दे दिया।"

वेश्या बुलवाई गई। पूछने पर उसने कहा—नहीं सरकार, मैं नहीं जानती हूँ हार-वार।

इतने में शाम हो गई।

राजा ने कहा—अब विकाल हो गया। कल देख लेंगे।

उन पाँचों अपराधियों को राजा ने मंत्री के सुपुर्द किया और खुद महल में चला गया।

मंत्री ने सोचा—बाहरवालों का यह काम नहीं है। और, यह पाँचों ही बाहरी आदमी हैं। द्वार पर कड़ा पहरा रहता है, इसलिए अंदर का आदमी भी कुछ लेकर भाग नहीं सकता। यह न तो बाहर के आदमी ने लिया है, न अंदर के। अवश्य ही बाग में घूमनेवाले ने ही इसे उड़ाया है। तो फिर, इस दरिद्र देहाती ने झूठ क्यों कहा ?

अपने को बचाने के लिए कह दिया होगा।

और सेठ क्यों झूठ बोला ?

सेठ ने सोचा होगा कि पुरोहित भी फँस जाय तो दोनों जनें कोई न कोई तरकीब भिड़ाएँगे। एक से दो भला। आसानी से छुटकारा पा जाएँगे।

और, पुरोहित ने गवैए का नाम क्यों लिया ?

उसने सोचा होगा कि कारागार का जीवन बहुत असह्य होता है; गवैया साथ रहेगा तो आसानी से दिन कटेंगे।

फिर भला गवैए ने वेश्या को क्यों फँसा दिया?

उसने सोचा होगा—चलो एक मंगलामुखी साथ रही तो जेल के नरक में भी गृहस्थी बसा लेंगे।

ये पाँचों के पाँचों चोर नहीं हो सकते। बाग में बहुत बंदर हैं। हार किसी न किसी बंदरी ने उड़ाया होगा।

मंत्री राजा के पास पहुँचा। उसने कहा—देव, जल्दी न करें। असल चोर का पता मैं लगाऊँगा। निरपराध को दंड देने से क्या फायदा ?

राजा ने कहा—अच्छा पंडित, पता लगाओ।

मंत्री ने अपने दासों को बुलवाया। उन्हें आज्ञा दी—पाँचों अभियुक्तों को कड़े पहरे में रखो। आपस में जो कुछ बोलें, छिपकर सुना करो; आकर एक-एक बात मुझसे बतलाना।

पाँचों अभियुक्त कड़ी निगरानी में रखे गए। खाने-पीने की उन्हें सुविधा थी। मंत्री उन पर नाराज नहीं था। आपस में वे बातें करते तो अक्सर एक दूसरे को उलाहना देते—तुमने मुझे फँसाया, और तुमने मुझे !

पहले ही दिन सेठ ने नरमी से देहाती को पूछा—तुमने मेरा नाम क्यों लिया ?

देहाती ने कहा—झूठ बोलकर जान तो बच गई !

पुरोहित ने सेठ से कहा—कब तुमने मुझे हार दिया ?

सेठ बोला—हम दोनों बड़े आदमी ठहरे। मैंने सोचा, दोनों जने इकट्ठे होंगे तो काम जल्दी होगा।

गवैए ने भी पुरोहित से पूछा—ब्राह्मण ! तू क्यों झूठ बोला ?

तेरे साथ रहने से कैसा आनंद आ रहा है !

वेश्या ने गवैए से कहा—और तूने मुझे नाहक फँसा दिया !

मुस्कराकर गवैए ने जवाब दिया—बहन, नाराज क्यों होती हो ? इस चहारदीवारी के अंदर अगर तुम न होती तो मैं मर ही जाता। मैंने सोचा, पाँचों जने साथ रहेंगे, एक दुनिया बसा लेंगे।

मंत्री को अपने आदमियों से इन बातों का पता लगा। उसने सोचा—अब किसी न किसी प्रकार हार मिल जाना चाहिए। बंदरी का लिया हुआ हार बंदरियों के जरिए ही प्राप्त किया जा सकता है।

मंत्री ने बाग की तमाम बंदरियों को पकड़वाया। लाल रंग की ऊनी कंठियाँ बनवाकर उन सभी के गले में डलवाईं; हाथों में भी, पैरों में भी, कानों में भी, बाँहों में भी; फिर उन्हें छोड़ दिया। जिस बंदरी ने हार को छिपा रखा था, उसने यह दृश्य देखा। बाकी बंदरियाँ ऊनी कंठियाँ पहन-पहनकर इधर-उधर पेड़ों पर उछल रही थीं। वह गुमसुम बैठी रही।

जब अति हो गई तो उस बंदरी से न देखा गया। रीस के मारे उठी और हार निकालकर अपने गले में डाल लिया; फिर लगी किलकिलाने—देखो, ऐसा गहना है किसी के पास ? तुमने जो जेवर पहन रखे हैं, वह क्या हैं ? धागे हैं धागे, कोरे धागे। और यह ? यह तो मोतियों का हार है। किल किल किल किल...।

मंत्री के चाकरों ने उस बंदरी को देखा तो पकड़कर हार उसके गले से निकाल लिया।

मंत्री को बड़ी प्रसन्नता हुई। वह राजा के पास पहुँचा। हार दिखाकर कहा—देव, यही है न तुम्हारी पटरानी का हार ?

राजा ने सिर हिलाकर स्वीकार किया। मंत्री ने कहा—वह पाँचों आदमी निर्दोष हैं। अपने बाग की एक बंदरिया का यह सब खेल था।

लेकिन, मंत्री, तुम्हें क्या पता कि कैसे यह बंदरी के हाथों तक पहुँचा ?

मंत्री ने सारी बात राजा से कह सुनाई।

राजा ने प्रसन्न होकर चतुर मंत्री की सूझ का अनुमोदन किया।

[किशोर, जून 1946]

सत्याग्रही राजा

बात बहुत पुरानी है।

काशी-देश का राजा विमलशील अपने सद्गुणों से आस-पास के देशों में बहुत प्रख्यात हो गया। वह अपराधियों को समझा-बुझाकर छोड़ देता था—चोर, डाकू, ठग, उचक्के कोई भी हों, वे आसानी से छूट जाते थे।

राजा के कई मंत्री थे। उनमें से किसी ने अंतःपुर में कुछ बुरा काम किया और पकड़ा गया। विमलशील ने उसे कहा—

'चुपचाप निकल जाओ यहाँ से नहीं तो लोग तुम्हें मारेंगे, पीटेंगे। तुमने हमारे विश्वास का दुरुपयोग किया है !'

तब वह दुष्ट मंत्री कोसलनरेश की राजधानी (श्रावस्ती) में जाकर चाकरी करने लगा। धीरे-धीरे उसका प्रवेश राज-दरबार में भी हो गया। यहाँ तक कि मंत्रिमंडल में उसे शामिल कर लिया गया। कितना चतुर रहा होगा वह !

आहिस्ता-आहिस्ता उस दुष्ट ने श्रावस्ती के राजा के कान भरना शुरू किया—'देव, काशी का राजा बिलकुल गोबर है। आप उस पर चढ़ाई क्यों नहीं करते ? न हो तो मेरी बात की सचाई अपने गुप्तचरों से मालूम करें...हाँ, आप काशी-देश को अपने अधीन कर सकते हैं !'

राजा को आश्चर्य हुआ। सहसा अपने नए मंत्री की बात पर उसे विश्वास नहीं

हो रहा था। उसके पिता की काशी नरेश के पिता से मुठभेड़ हुई थी और उसमें कोसल की फौज ने शिकस्त खाई थी; कोसलेश्वर को अपने बचपन की यह घटना अभी भी याद थी। फिर भी उसने काशी-कोसल के सीमांत पर लूट-पाट कराने के लिए अपने सेनापति को आदेश दिया।

सेनापति ने चुने हुए पाँच सैनिकों को काशी-देश की सरहद के अंदर दाखिल होने का हुक्म दिया।

उन सैनिकों को यह भलीभाँति समझा दिया गया था कि लूट-पाट मामूली तौर पर ही करना और भाग मत आना; कोई पकड़े तो अपने को गिरफ्तार हो जाने देना।

अपने देश का सीमांत (सरहद) पार कर पाँचों सैनिक काशी-देश के अंदर दाखिल हुए।

आगे भैंसों का एक बथान मिला। वहाँ नगर में भेजने के लिए मक्खन से भरे मटके रखे पड़े थे। सैनिकों ने चरवाहों को डरा-धमकाकर बहुत-सा मक्खन खा लिया। बहुत-सा इधर-उधर बिखेर दिया। मटके फोड़ डाले...काफी नुकसान पहुँचाया।

चरवाहे रोते-कलपते गाँव पहुँचे, जाकर मुखिए से सारा हाल कहा।

बीस-पचीस तरुणों को साथ लेकर मुखिया बथान पर पहुँचा तो देखता क्या है कि लुटेरे सोए पड़े हैं ! उसने अपने साथियों को इशारे से कहा—'देखते क्या हो, कसकर इनके हाथ बाँधो; पकड़कर राजा के पास ले चलना है।'

'अच्छा, आर्य !'—सभी तरुण सैनिकों को बाँधने लगे तो उनकी नींद टूटी। दिखावटी तौर पर उन्होंने झटके देकर अपने को आजाद करना चाहा, पर असफल रहे !

दरबार में हाजिर किए जाने पर काशी-नरेश ने उनसे पूछा—'सचमुच तुम लोगों ने हमारे सीमांत पर उपद्रव मचाया है ?'

'हाँ, देव'—नजर नीची करके सैनिकों ने कहा।

'क्यों किया ऐसा ?'

'भूख के मारे पेट में आग लगी थी हुजूर !'—उन्होंने कहा—'सात दिन से हमने कुछ नहीं खाया था।'

'अच्छा, तो ऐसी बात थी !'—राजा ने पास खड़े अपने आदमियों की ओर देखा और इशारे से कहा—'खोल दो बेचारों के हाथ।'

खुले-हाथ जब वे पाँचों जने एक कतार में राजा के समक्ष खड़े हुए तो उसने पूछा—'फिर तो कभी ऐसा नहीं करोगे ?'

'नहीं देव !'—उनमें से एक ने कहा।

'मगर'—दूसरे ने कहा—'भूख तो फिर लगेगी, तब क्या करेंगे हुजूर ?'

काशी के राजा ने पाँच-पाँच स्वर्णमुद्राएँ प्रत्येक को देकर विदा किया।

सब श्रावस्ती पहुँचे। राजा को जाकर सारा हाल बतलाया।

अब राजा ने सेनापति को बुलाकर कहा—'फिर भेजो अपने आदमियों को। इस बार वे खास काशी में जाकर दो-चार, दस-पाँच को जान से मार आएँ।'

सेनापति ने आदेश का पालन किया।

छँटे हुए दस सिपाही काशी पहुँचे और बीच बाजार में दो बनियों की जान ले ली।

पकड़कर राजा के सामने हाजिर किए गए।

राजा ने पूछा–'क्यों हत्या की ? आह, बनिए बेचारे ! आखिर उनका कसूर क्या था ?'

'देव, कल हमने जरा मदिरा पी ली थी'–हत्यारों ने कहा।

'कहाँ के रहनेवाले हो ?'

'कोसल-जनपद के।'

'अच्छा, अब फिर तो कभी मदिरा नहीं पियोगे ?'

कान पकड़कर हत्यारों ने कहा–'नहीं देव !'

'अच्छा, जाओ !'

सबके सब छूट गए। निहत व्यक्तियों के उत्तराधिकारियों को हजार-हजार स्वर्ण-मुद्राएँ राजकोष से मिलीं।

इस बार श्रावस्ती के राजा को विश्वास हो गया–नए मंत्री का कथन अक्षरशः सत्य है। हमारे पड़ोस का यह राजा विमलशील बिलकुल कमजोर है। कोई-न-कोई हमला करेगा और देखते-देखते काशी-देश को अपने कब्जे में कर लेगा। अच्छा हम ही क्यों न दखल कर लें इस देश को ? ठीक है...

दस-पाँच दिन में तैयारी करके कोसल के राजा ने अपनी विशाल सेना के साथ काशी की ओर कूच कर दिया। सीमांत पर पहुँचकर काशी के राजा के पास उसने दूत भेजा–'या तो युद्ध करो या हमारी अधीनता स्वीकार करो।'

काशिराज के पास सेना की कमी नहीं थी। रसद-पानी भी काफी था। परंतु आक्रमणकारी कोसलपति को उसने कहला भेजा–लड़ाई करके नाहक ही दोनों ओर के धन-जन नष्ट होंगे, आओ, यह सिंहासन, यह खजाना और यह फौज सब तुम्हारा है; लो, सँभाल लो अपना।'

दूत उधर गया और इधर काशीराज अपने नगर के चारों ओर के फाटक खोलकर महलों को उन्मुक्त करके बैठ रहा। मंत्रियों को यह बात पसंद न आई, सेनापति को भी नहीं। परंतु सभी राजा का सम्मान करते थे, इसीलिए कुछ नहीं बोले।

चार-पाँच दिनों के उपरांत हू-हू करके कोसल की फौज काशी में घुस आई, रुकावट या प्रतिरोध कहीं कुछ नहीं ! मानो सारा देश आगंतुक सैन्य का स्वागत करने को तैयार खड़ा था।

राजा विमलशील ने आदरपूर्वक अपना सिंहासन कोसल के राजा को सौंप दिया। खजांची ने खजाने की चाभी सौंप दी। सेनापति ने अपनी तलवार...

फिर भी आक्रमणकारी को संतोष नहीं हुआ। उसने राजा विमलशील, सेनापति महाभीम और सारे मंत्रिमंडल को गिरफ्तार करवा लिया। उन्हें ले जाकर श्मशान में जिंदा

ही गाड़ दिया गया। सिर्फ उनके सिर मिट्टी के बाहर थे !

रात होने पर सियारों का झुंड आया और उन्हें नोचने-खाने की कोशिश में इर्द-गिर्द चक्कर काटने लगा। राजा, सेनापति, मंत्रिगण—सभी ने मिलकर एक स्वर से हल्ला किया—हो हो-हो-हो...

सियार भाग गए। ऐसी झड़प कई बार हुई। एकाएक राजा के मन में यह बात आई कि सियारों से लड़कर गढ़े से बाहर निकलने की कोशिश करनी चाहिए और तब एक बड़े सियार को उसने अपने निकट आने दिया।

बिलकुल निकट आने पर सियार ने राजा पर अपने दाँतों से हमला किया तो उसने फुर्ती से अपने दाँत सियार की गर्दन में गड़ा दिए। सियार बुरी तरह फँस गया। अपने को छुड़ाने की कोशिश में उसने वहाँ की मिट्टी को खूब ही खरोंचा—इतना खरोंचा कि राजा विमलशील को अपना एक हाथ निकाल लेने में काफी सहूलियत हुई।

बड़ी कोशिश के बाद राजा गढ़े से बाहर निकला और तब मंत्रियों को भी निकाला, सेनापति को भी।

बच्चे की एक लाश को लेकर दो यक्षों में झगड़ा हो गया था। वे फैसले के लिए राजा विमलशील के पास आए। राजा के फैसले से यक्षों को संतोष हुआ और उन्होंने कहा—'जो कहो, देव, हम तुम्हारे लिए वही करें।'

राजा ने कहा—'नहाने-धोने के लिए हमें अच्छा पानी चाहिए और फिर खाना।'

अंतःपुर में सुवासित जल से भरे मटके रखे थे। यक्ष उन्हें उठा लाए। क्षौम[1] और कौशेय[2] भी उठा लाए। सुगंधित चावल का भात, किस्म-किस्म की तरकारियाँ, गोरस—यक्षों ने सभी कुछ लाकर उपस्थित किया। नहा-धोकर खा-पीकर राजा आदि स्वस्थ हुए। फिर यक्षों ने राजा को ले जाकर रातों-रात खवास के उस शयनकक्ष में रख दिया, जिसमें कोशल का राजा सोया पड़ा था। मंत्री आदि भी अपने-अपने स्थान पर पहुँचाए गए।

राजा विमलशील ने तलवार की नोक से कोशल के राजा को जगा दिया।

आँख खुलने पर वह चीख पड़ा। उसने सोचा—अब मैं गया। लेकिन नहीं, राजा विमलशील ने कहा—'डरो नहीं। मैं तुम्हारा अनिष्ट नहीं करने आया हूँ। मैं तो सिर्फ यही देखने आया हूँ कि इस देश की प्रजा को तुम कोई तकलीफ तो नहीं दे रहे हो।'

कोसल का राजा विमलशील के पाँव पर गिर पड़ा—'देव, मेरे अपराध क्षमा करो। अब तक मैंने तुम्हें नहीं पहचाना था। क्षमाशीलता को मैं तुम्हारी कमजोरी समझता रहा ! हाय !'

विमलशील ने उसे अभयदान दिया।

---

1. क्षुमा (अलसी-तीसी) की छाल के रेशों से तैयार होनेवाले कपड़े क्षौम कहलाते थे।
2. कोश (अंडी के कीड़े की कोख) से निकली रेशम या रेशमी कपड़े कौशेय कहलाते थे।

सुबह होते ही कोसल के राजा ने अपने उस दुष्ट मंत्री को देशनिकाला दे दिया और अपना राज-काज विमलशील की ही निगरानी में चलाने की प्रतिज्ञा की।

कोसल की फौज काशिराज का जय-जयकार करती हुई अपने देश की ओर कूच कर गई। राजा विमलशील को अपनी क्षमाशीलता, अपनी सचाई और अपनी अहिंसा पर और भी भरोसा बढ़ा।

[बालक, जनवरी 1947]

ज्ञानी

किसी नगर में एक विद्वान रहता था।

उसकी आयु काफी थी और वह अपनी अच्छी चाल-चलन के लिए दूर-दूर तक मशहूर हो चुका था।

वह थोड़े में ही संतुष्ट रहता था। उसकी रहन-सहन फकीर की जैसी थी।

सभी उसका आदर करते थे। हरएक की लालसा रहती कि संतजी महाराज उसे अपनी सेवा करने का मौका दें।

एक रोज संतजी महाराज चौराहे पर हलवाई की दूकान के सामने जाकर खड़े हो गए...

मिठाइयों की तरफ देर तक देखते रहे।

फिर नजदीक जाकर परात में से एक इमर्ती उठा ली और वापस चले आए।

हलवाई के लिए यह मामूली अचरज की बात नहीं थी। बाबाजी महाराज की आज इस दूकान पर कृपा हुई—यह सोचकर उसने अपने नसीब को सराहा।

दूसरे दिन फिर बाबाजी हलवाई की दूकान पर पहुँचे। उस रोज आपने दो बालूसाही उठा लिए...। हलवाई का धीरज जवाब देने लगा। भवें तन गईं, आँखों के कोए बड़े-बड़े हो रहे।

बड़ी कठिनाई से बेचारे ने अपने को रोका—चलो, आज छोड़ दो...मिठाइयों पर मन चलता है तो खरीद के खायँ अपना, हाँ !

तीसरे दिन मोतीचूर का नम्बर था। आज संतजी ने ज्योंही लड्डुओंवाली परात की ओर हाथ बढ़ाया, त्योंही हलवाई गरज पड़ा—पकड़ साले को ! कहाँ का चोर यह साधु का बाना धरके छुट्टा घूम रहा है !...

इजलास में मुकदमे की पेशी हुई।

न्यायाधीश ने संतजी से पूछा—'तुमने मिठाइयाँ चुराई थीं ?'

'हाँ।'

'क्यों ?'

'मैं जानना चाहता था कि लोग अच्छी चाल-चलन के लिए मेरा आदर-सम्मान

करते हैं या विद्वान होने के कारण। अब मुझे अच्छी तरह मालूम हो गया कि सदाचार ज्ञान से बड़ा है...।'

'बस, बस !'—जज ने कहा।

रिहाई हुई तो आँखें झुकाए संत महाराज अदालत से बाहर निकल गए।

[चुन्नू-मुन्नू, जुलाई 1953]

मसखरा

एक बार चोरी करते समय चार आदमी पकड़े गए।

राजा के सामने पेश किए जाने पर उनके लिए प्राणदंड का आदेश दिया गया।

शहर के बाहर ले जाकर वधिकों ने उनमें से तीन को जब मार डाला तब चौथे ने कहा—

"मुझ पर तलवार उठाने के पहले राजा को एक बात की खबर दो !"

"क्या ?"

"मैं एक ऐसी हुनर जानता हूँ जिसे और कोई नहीं जानता; अच्छा हो कि राजा मुझसे वह गुण ग्रहण कर ले !"

इस पर वधिकों ने चोर की पीठ पर लातें जमाईं और कहा—"साले, भागने की तदबीर सोचता है ?"

चोर बोला—"नहीं भाइयो, पहले राजा को तुम खबर तो कर दो !"

आखिर राजा को सूचित किया गया।

दरबार तक यह बात पहुँची तो सबको हँसी आई। राजा ने कहा—

"क्या हर्ज है ? आने दो, प्राणदंड तो उसके लिए निश्चित है ही। हाँ, हमारा कुछ मनोरंजन हो जायगा।"

चोर राजा के समक्ष पेश किया गया।

"कौन-सा हुनर जानता है तू ?"—राजा ने पूछा।

चोर ने कहा—"हुजूर, सोने की खेती करना जानता हूँ।"

"कैसे की जाती है ?"

"सरसों के बराबर सोने के दाने धरती में बोए जाते हैं। महीने-भर में पौधे बड़े हो जाते हैं और उनमें फूल भी आ जाते हैं।"

"फिर ?"

"वही फूल तो निखालिस सोना होते हैं सरकार ! रत्ती-भर बीज से तोला-भर सोना तैयार होता है। हाथ कंगन को आरसी क्या ? हुजूर, मेरी बात की परीक्षा करें..."

चोर को महीने-भर की मुहलत मिली। कुछ सोना मिला। उसने सरसों की तरह

दाने तैयार किए। महल के अंदर ही–बाग में जोत-कोड़कर जमीन तैयार हुई। तब राजा से निवेदन किया–"सब तैयार है, कोई बो दे आकर।"

"तू ही अपना बो ले !"–राजा ने कहा।

चोर बोला–"सरकार, चोर को विधाता का शाप है। चोर का बोया सोना नहीं उग सकता। जिसने कभी चोरी न की हो, उसी का बोया सोना उगता है। श्रीमान खुद ही बोएँ।"

राजा थोड़ी देर गुमसुम रहा, फिर बोला–"पिताजी भाटों के लिए जो अशर्फियाँ मुझे देते थे, उनमें से कुछ-न-कुछ मैं चुरा लिया करता था।"

"तो मंत्रीजी बोएँ सरकार !"

मंत्री ने कहा–"हम लोग ठहरे राज्य के नौकर-चाकर, कैसे कहें कि कभी कुछ नहीं लिया होगा ?"

"तो न्यायाधीश बोएँ।"

"मैंने बचपन में माँ के रखे लड्डू चुराए थे।"

इस पर चोर गंभीर हो गया, कुछ बोला नहीं।

राजा ने कहा–"फिर क्या होगा ?"

"क्या बताऊँ सरकार ?"

"बोल, बोल !"

"जब आप सभी चोर हैं तब अकेले मैं ही मारा जाऊँगा ?"

चोर की यह बात सुनकर सबको हँसी आ गई।

राजा ने उसकी सजा का आदेश रद्द करवा दिया और कहा–"मेरे पास ही रहा कर, समय-समय पर तू हमें हँसाते रहना।"

[चुन्नू-मुन्नू, अगस्त 1953]

नासमझ

किसी जंगल में एक शेर रहता था। वहीं कुछ दूर पर एक खरगोश भी रहता था। खरगोश की माँद के पास बेल का पेड़ था और ताड़ का भी। एक रोज वह ताड़ की छाँह में पड़ा था। पड़े-पड़े उसने सोचा–यदि यह धरती उलट गई तो मैं कहाँ जाऊँगा ?

उसी समय एक पका हुआ बेल ताड़ के पत्ते पर गिरा ! जोर की आवाज हुई ! खरगोश ने समझा, धरती उलट रही है। उसने न तो नीचे देखा, न ऊपर; जोर से भागा आगे की तरफ–जी-जान लेकर बेतहाशा।

उसे इस तरह भागते देखकर दूसरे खरगोश ने पूछा–'क्या बात है भाई ? क्यों भाग रहे हो ? कुछ हमें भी तो बताते जाओ !'

'अरे भागो, भागो'—वह बोला—'धरती उलट रही है !'

इतना कहकर वह और जोर से भागने लगा। फिर दूसरा खरगोश भी उसके पीछे भागने लगा। जो जहाँ मिला, यह बात सुनकर उनके साथ भागने लगा। हजारों खरगोश भाग रहे थे। एक हिरन को उनसे यह बात मालूम हुई तो वह भी भागा।

एक सूअर, एक नील गाय, एक भैंस, एक बैल, एक गैंडा, एक बाघ, एक हाथी और एक सिंह ...देखादेखी सभी भागने लगे ! हल्ला मच गया—धरती उलट रही है ! बचो, बचो ! भागो, भागो !!

भागते जानवरों के पैरों की आवाज से जंगल में उथल-पुथल मच गई।

जंगल के दूसरे छोर पर एक दूसरा सिंह रहता था। वह काफी समझदार था। उसने जब हल्ला-गुल्ला सुना, तब राह पर आकर खड़ा हो गया और बाघ को रोककर उसने पूछा—'क्या है ?'

'धरती उलट रही है !'

पहले सिंह ने कहा—'भाई, तुम भी भागो। देखते क्या हो ?'

'ठहरो !'—दूसरे सिंह ने कहा—'कहाँ उलट रही है धरती ?'

फिर पहले सिंह ने बाघ की ओर देखा। बाघ ने हाथी की ओर देखा। हाथी ने गैंडे की ओर, गैंडे ने बैल की ओर, बैल ने भैंस की ओर, भैंस ने नील गाय की ओर, नील गाय ने सूअर की ओर, सूअर ने हिरन की ओर देखा...

हिरन ने खरगोशों की ओर देखा—'कहाँ उलट रही है धरती ?' खरगोश एक दूसरे की ओर देखने लगे। आखिर पहले खरगोश का पता लगा।

'तुमने देखा है धरती को उलटते हुए ?'

'जी, मैंने देखा था !'

'कहाँ देखा था ?'

'वहाँ, उस छोर पर बेल और ताड़ के पास। मैं वहीं रहता हूँ।'

'तो क्या हुआ था वहाँ?'

'जोर की आवाज हुई मालिक, और मैं भागा !'

दूसरे सिंह की समझ में यह बात आ गई कि ताड़ के पत्ते पर बेल के गिरने से वह आवाज हुई होगी ! उसने कहा—

'चलो, देखें ?'

सिंह खरगोश के साथ वहाँ पहुँचा।

'कहाँ आवाज हुई थी ?'

'मालिक, उस जगह पर जाने की मेरी हिम्मत नहीं होती !'

इशारे से बताने पर सिंह स्वयं ताड़ के नीचे गया। इस प्रकार सबको तसल्ली हुई कि धरती नहीं उलट रही है !

[चुन्नू-मुन्नू, अक्तूबर 1953]

गुनमंत

घोड़ों का एक सौदागर पाँच सौ घोड़े लेकर बनारस पहुँचा।

गरीब सेठ के पुराने मकान में वह टिका। उस मकान की मालकिन एक बुढ़िया थी।

मकान पुराना था, लेकिन जगह उसमें काफी थी। घोड़े भी उसी में एक ओर टिकाये गये।

उसी में अच्छी नस्ल की एक घोड़ी ब्या गई।

सौदागर कुछ एक रोज रहकर राजा को अपना माल दिखाने चला।

बूढ़ी ने किराया माँगा।

"अच्छा देता हूँ माँ !"

"तो इस बछेड़े को ही देता जा, किराये में काट लेना।"

सौदागर बछेड़ा और बाकी किराया देकर निकल गया।

बुढ़िया उस बछेड़े को बेटे की तरह पालने-पोसने लगी। वह उसे जला भात, जूठन और घास-भूसी खिलाती थी।

कुछ समय बाद घोड़ों का दूसरा सौदागर आकर वहीं टिका। लीद-मूत से सिन्धी बछेड़े की महक पाकर एक भी घोड़ा अन्दर नहीं घुसा। सौदागर मार-पीटकर उन्हें मकान के भीतर नहीं कर सका तो बुढ़िया से पूछा—"अम्मा, कोई घोड़ा भी रहता है यहाँ ?"

"हाँ बेटा, एक बछेड़ा है मेरे पास।"

"कहाँ गया है ?"

"चरने गया है।"

"कब तक आयेगा ?"

"दिन रहते ही आयेगा।"

सौदागर बछेड़े की प्रतीक्षा में बैठा रहा। उसके घोड़े तब तक बाहर ही रहे। वह बछेड़ा दिन रहते ही चरकर वापस आ गया।

सौदागर ने देखा तो बछेड़ा उसकी निगाहों में बैठ गया। वह समझ गया कि यह कोई मामूली बछेड़ा नहीं है, अरबी नस्ल का सिंधी बछेड़ा है यह !

बछेड़ा जब अन्दर चला गया और अपनी जगह पर खड़ा हुआ, तभी बाकी घोड़े अन्दर गये।

दो-तीन रोज रहकर सौदागर जब जाने लगा तो बुढ़िया से बोला—"माँ, यह घोड़ा रखकर तू क्या करेगी ? बेच दे इसे।"

"यह बछेड़ा थोड़े ही है, मेरा बेटा है यह तो !"

"अम्मा, तू इसे क्या खिलाती है ?"

"भात का खुरचन, जूठन, घास और धान की भूसी—कभी-कभी थोड़ी-सी दाल भी पिला देती हूँ..."

"अम्मा, मैं तो तेरे बेटे को तर माल खिलाऊँगा। रहने की जगह पर कपड़े का चँदोवा तान दूँगा, नीचे भी गद्दा बिछा दूँगा।"

बुढ़िया हुलस के बोली—"तब तो बड़ी मौज रहेगी मेरे लाल की !"

"और नहीं तो क्या ?"

"तो फिर ले जा तू इसे; मेरा बेटा आराम से रहेगा।"

सौदागर ने बूढ़ी को छः हजार अशर्फियाँ दीं। चार पैर, पूँछ और मुँह—सबके लिए एक-एक हजार ! पहनने के लिए बुढ़िया को उसने एक बढ़िया साड़ी दी।

फिर बछेड़े को सजाकर बूढ़ी के आगे लाया। पीठ थपथपाकर बुढ़िया ने अपने बेटे का मुँह सूँघा तो उसकी आँखें तर हो आईं।

"जा बेटा, जा ! मैंने पालने-पोसने का खर्चा पा लिया।"

सिंधी बछेड़ा सौदागर के साथ चल पड़ा।

सौदागर ने दूसरे दिन इस घोड़े के लिए अलग से खाना तैयार किया, मगर सोचा, आज इसकी परीक्षा लेनी चाहिए।

वही भात का खुरचन, जूठन, सूखी घास आदि उसने सिंधी बछेड़े के सामने धर दिया।

बछेड़े ने मुँह भी नहीं डाला, खाना तो दूर रहा।

तब सौदागर नजदीक आकर बछेड़े की पीठ थपथपाने लगा और बोला—"बेटा, मैंने तुम्हारी यह परीक्षा ली है। नाराज मत होना।"

फिर अच्छा खाना खिलाकर और सजा-सुजाकर वह उसे राजा के दरबार में ले गया।

वहाँ अपने पाँच सौ घोड़े सौदागर ने अलग एक ओर रखे और सिंधी बछेड़े को दूसरी ओर रखा। उसके ऊपर चँदोवा, नीचे कपड़ा और चारों ओर चित्रित कनात का घेरा दिया।

घोड़ों का निरीक्षण करते समय राजा बोला—"इस घोड़े को अलग क्यों रखा है ?"

"महाराज, यह अरबी नस्ल का सिंधी घोड़ा है, सब घोड़ों की चुंगी चुका देगा अकेले ही।"

"क्या, अच्छा घोड़ा है ?"

"हाँ, महाराज !"

"तो इसकी चाल देखूँगा।"

"अच्छा महाराज !"

सौदागर ने बछेड़े को तैयार किया और खुद ही उसकी पीठ पर चढ़ गया। दरबार के सामने बड़ा-सा आँगन। दाहिने पैर के अँगूठे से बछेड़े को छू दिया। यह इशारा था।

सिंधी बछेड़ा ऐसी चाल चला कि समूचे आँगन में सिंधी बछेड़ों की कतार-पर-कतार दिखाई देने लगी।

फिर वेग (रफ्तार) की परीक्षा हुई तो बछेड़े को मानों किसी ने नहीं देखा—अपनी आकृति नहीं, बल्कि लहू की शक्ल में वह दिखलाई पड़ता रहा।

फिर उसके पेट पर लाल रंग का कपड़ा लपेटकर उसे दौड़ाया गया। अब की बार लोगों को केवल लाल कपड़ा ही दिखाई दिया।

तब उसे नगर के अन्दर एक बाग में, तालाब के पानी में दौड़ाया गया। मगर पानी पर दौड़ने पर भी सिंधी घोड़े के खुर का अगला हिस्सा तक पानी से नहीं भींगा। दूसरी बार कमल के पत्तों पर दौड़ाया गया, किन्तु एक पत्ता भी पानी में नहीं डूबा।

अन्त में सौदागर ने तालियाँ बजाकर एक हथेली फैलाई। घोड़ा आगे बढ़ा। चारों पैर इकट्ठे किये और हथेली पर जा खड़ा हुआ।

राजा इतना प्रसन्न हुआ कि सौदागर को बछेड़े के बदले आधा राज्य देने लगा।

सौदागर ने कहा—"हम राज्य लेकर क्या करेंगे महाराज ? व्यापारी आदमी ठहरे हम। दस-बीस लाख या जो भी श्रीमान उचित समझें, अशर्फियाँ ही दी जायँ मुझे।"

राजा ने पन्द्रह लाख स्वर्ण-मुद्राएँ सौदागर को दीं।

और घोड़े के आदर-सम्मान का क्या कहना ! उसके रहने की जगह खूब सजाई गई। वहाँ खुशबूदार तेल के दीये जलने लगे। लीद-मूत के लिए सोने की कड़ाहियाँ रखी गईं। राजा जो खुद खाता, वही घोड़े को खिलाता। चार-चार कहार उसकी मालिश किया करते।

उस घोड़े के आते ही राजा का राज्य बढ़ने लगा।

[योगी, 6 नवम्बर 1954]

हम कुछ नहीं छिपाते

मेरी माँ मुझसे कुछ नहीं छिपाती। मैं उससे कुछ नहीं छिपाता।

माँ मुझे कभी नहीं पीटती। मैं भी मुन्नू और लल्ली को नहीं पीटता।

हम खेलते रहते हैं, पढ़ते रहते हैं, शोरगुल मचाते रहते हैं, लेकिन हमें माँ का ख्याल हमेशा रहता है। हमारे खेलने-कूदने और पढ़ने का कमरा अलग है। हम खिलौने फैलाकर बैठते हैं और फुर्सत रहती है तो माँ भी खेल में हमारा साथ देती है।

कल पिताजी के एक साथी उनसे मिलने आये थे। वह खूब धुआँ उड़ाते रहे। बीड़ी पर बीड़ी फूँकते रहे। हमारे घर को उन्होंने गंदा कर दिया। पिताजी ने राख झाड़ने और अधजला टुकड़ा फेंकने के लिए मिट्टी का एक सकोरा अपने उस दोस्त के सामने रख दिया था। लेकिन एक बार उन्होंने उसके अंदर राख नहीं झाड़ी।

आँखें मूँद-मूँदकर वह कुछ गाते रहे और पिताजी ध्यान से सुनते रहे। बीच-बीच में पिताजी के मुँह से 'वाह-वाह' की आवाज निकलती थी। पीछे अम्मा ने बताया कि वह कोई कविजी थे।

कविजी के जाते ही कमरा झाड़-वाड़कर साफ किया गया। अम्मा ने धूप-पत्तियाँ जलाईं।

रात को मुन्नू और लल्ली सो गये तो कुछ देर बाद अपनी छोटी पेन्सिल मैं मुन्नू की पाकिट से निकालने गया।

हे राम, यह क्या !

मुन्नू की पाकिट में पेन्सिल तो मिली नहीं, मिली एक अधजली बीड़ी ! पेन्सिल दूसरी पाकिट में थी।

मैंने यह बात माँ से बताई। फिर पिताजी को भी मालूम हुआ। दोनों गंभीर हो गये और देर तक कुछ नहीं बोले।

अंत में पिताजी ने कहा—"क्या करोगी ? जाने दो ! इसमें मुन्नू का तो कुछ कसूर है नहीं..."

"कसूर है तुम्हारे दोस्त का"—माँ छूटकर बोली।

"तो अब दोस्त-मित्र से क्या कहा जाय ?" पिताजी ने कहा—"तुम्हारी चाची सुर्ती फाँकती हैं, मेरे मामा जर्दा फाँकते हैं तो क्या उन्हें हम कभी यहाँ नहीं आने देंगे ?"

बात खत्म हो गई लेकिन मैं सोचता रहा।...

मैं छठी श्रेणी में पढ़ता हूँ, मुन्नू तीसरी में है। लल्ली अभी तीन वर्ष की है। माँ बताती है, मुन्नू की उम्र में मैंने तम्बाकू का साबित पत्ता चला लिया था। हम उन दिनों ननिहाल में थे। नाना सुर्ती के शौकीन हैं। मैंने सोचा, सुर्ती जरूर ही अच्छी चीज होगी। और जब खाना है तो खोट-खोटकर क्या, साबित पत्ता क्यों नहीं चबा लिया जाय ? चबाया नहीं जा सका तो जल्दी-जल्दी निगल गया था ! पीछे कई बार कै हुई थी।

मुन्नू भी बड़ा होगा तो उसमें समझदारी आएगी। तब वह इस प्रकार बीड़ी का आधा जला टुकड़ा पाकिट में छिपाकर नहीं रखेगा। लल्ली बड़ी होगी तो वह भी समझदार होगी और तब पास-पड़ोस से सिगरेट के खाली पैकेट नहीं बटोरती फिरेगी।

लेकिन सुबह मुन्नू ने बतलाया—"माँ, तुमसे कहना मैं भूल गया था...कल शाम को बीड़ी के कुछ टुकड़े मैं बाहर से ले आया था..."

बीच में ही माँ बोल उठी—"छी, छी, छी, छीः..."

मैंने मुन्नू की तरफदारी की—"नहीं माँ, छिपकर बीड़ी पीने की नीयत इसकी नहीं थी। यह तो खोल-खालकर देखना चाहता था कि बीड़ी के अन्दर भला क्या चीज डालते हैं..."

"हाँ रे ?"—माँ ने पूछा।

"हाँ आमा..."—मुन्नू ने जवाब दिया।

"आँ अम्माँ"—लल्ली ने उसका समर्थन किया।

"देख अम्माँ, यही बात थी न !"—मैं बोला।

खुशी के मारे माँ ने मुन्नू और लल्ली को बाँहों में ले लिया और बारी-बारी से उन्हें चूमती रही।

आखिर अम्माँ को इस बात की तसल्ली हो गई कि उसके बच्चे उससे कोई बात नहीं छिपाते। जो कुछ करते हैं, अबेर-सबेर उससे बता दिया करते हैं और उसकी नसीहत पर पूरा ध्यान देते हैं।

ऐसी है मेरी माँ
ऐसा है मेरा भाई
ऐसी है मेरी बहन
ऐसे हैं मेरे पिता जी
ऐसा हूँ मैं
ऐसा है हमारा परिवार !

[योगी, 27 नवम्बर 1954]

पाटनदेई

एक राजा था, उसकी एक लड़की थी—पाटनदेई। रानी बीमार होकर खाट पर पड़ी थी। सामने चिड़िया का घोंसला था। उसमें चिड़िया के बच्चे थे। चिड़या गई मर। दूसरी चिड़िया आई। उसने पहली के बच्चों को गिरा दिया और अपने रख दिये।

यह देखकर रानी को फिक्र पड़ गई कि उसके न रहने पर उसकी लड़की पाटनदेई को भी कोई ऐसे ही करेगी...

राजा आया, तो रानी ने कहा—"मैं तो मर जाऊँगी लेकिन तुम दूसरी शादी मत करना, दूसरी रानी मेरी पाटनदेई को सताएगी, जैसे यह चिड़िया पहली चिड़िया के बच्चों को बर्बाद कर चुकी है..."

राजा ने कहा—"देखा जाएगा रानी, अभी तू अच्छी भली है।"

कुछ दिनों के बाद रानी मर गई।

राजा से लोगों ने कहा—"भई तू अपनी शादी कर ले।"

राजा ने ब्याह कर लिया। दूसरी रानी के भी एक लड़की हुई। वह बदसूरत थी, नाम पड़ा हब्बो।

रानी अपनी बच्ची का जूठन थाली से पोंछ-पाछकर दे दिया करती थी पाटनदेई को। वह बेचारी भी मन मारकर खा लिया करती थी। पेट नहीं भरता था।

रात को पाटनदेई सोई तो उसकी माँ सपने में आई। उसने कहा—"बेटी, मेरी पाटनदेई, सोती है कि जागती ?"

"नहीं माँ"—वह बोली—"मैं न सोती हूँ, न जागती; भूखी हूँ और माँ-माँ पुकारती हूँ..."

"बेटी तू भूखी रहती है ?"

"हाँ अम्मा !"

"तो एक काम कर, जंगल में बड़े-अच्छे-अच्छे बेर हैं, वहीं खा आया कर !"

तब से पाटनदेई जंगल जाकर बेर खा आया करती। इससे वह खूब तन्दुरुस्त हो गई।

छोटी रानी की बेटी चार-पाँच बरस की हो गई थी। रानी ने अपनी लड़की से कहा—"देख तो पाटनदेई को, कैसी मोटी हो गई है। यह मेरा नाम हँसा देगी। किसी के यहाँ से रोटी खा आती है। मैं तो बची-खुची देती हूँ कि मुटाई न चढ़े इस पर और यह जाने किसके घर से क्या-क्या खा-पी आती है। तू इसके साथ जाकर देखना..."

हब्बो पाटनदेई के साथ हो गई—"दीदी, मैं भी साथ चलूँगी तेरे..."

पाटनदेई ने जंगल जाकर मीठे-मीठे बेर तोड़े, एक-एक कर तोड़ती गई और एक-एक कर खाती गई।

हब्बो भी बेरों पर हाथ चलाने लगी, उसके काँटा लग गया हाथ में। वह रोती-रोती अपने माँ के पास गई और बोली —"माँ, इसने तो खूब बेर खाए, इसे तो काँटा लगा ही नहीं और मेरे लग गया।"

लड़की की बात सुनकर रानी ने खाना-पीना छोड़ दिया और एक ओर जाकर चटाई पर पड़ गई।

राजा आया।

आते ही पूछा—"क्यों पड़ी हो।"

"मैं तो यूँ ही पड़ी हूँ।"

"यह क्या बात है, उठो भी।" रानी ने कहा, "मैं तो तब उठूँगी, जब बेर के झाड़ कट जाएँगे..."

राजा ने उदास होकर जवाब दिया—"भला क्या मिलेगा बेर के वे झाड़ कटवा कर तुझे ? भूखों-प्यासों को चार बेर मिल जाते हैं, तो उनकी जान बचती है..."

'नहीं, मुझे जिंदा देखना चाहते हो तो बेर के झाड़ को कटवा ही दो।"

राजा का हुक्म हुआ, बेर के झाड़ कट गये।

पाटनदेई फिर सूखने लगी। बेचारी को बासी जूठन देती थी रानी कि किसी तरह मर जाए।

फिर सपने मे माँ आई पाटनदेई के पास और बोली—"बिट्टो मेरी पाटनदेई, सोती है कि जागती ?"

पाटनदेई बोली—"न सोती हूँ, न जागती हूँ, भूखी हूँ और माँ-माँ पुकारती हूँ..."

"तो बेटी एक काम करना..."

"क्या अम्मा ?"

"जंगल में गाएँ चरने आती हैं, उनको पकड़कर तू उनका दूध पी लिया करना...तेरा पेट भर जाएगा।"

बस पाटनदेई फिर जंगल जाने लगी, गाय को पकड़कर दूध पी लेती। वह फिर

मोटी हो गई।

छोटी रानी ने फिर अपनी बेटी को पाटनदेई के पीछे लगा दिया। हब्बो ने फिर कहा—"दीदी, मुझे भी साथ ले चल..."

पाटनदेई ने मना नहीं किया, हब्बो साथ आई।

पाटनदेई ने गाय का थन मुँह में लेकर दूध पी लिया, लेकिन हब्बो नहीं पी सकी; क्योंकि गाय ने लात मार दी। वह रोती-रोती अपनी माँ के पास आई, बतलाया—"गाय ने उसको तो दूध पीने दिया और मुझे लात मार दी।"

रानी अगले दिन फिर खाना-पीना छोड़कर पड़ गई।

फिर राजा आया।

पूछा—"क्यों पड़ी हो रानी ?"

"यों ही पड़ी हूँ..."

"नहीं, कुछ बात है जरूर..."

"बात यह है कि जंगल में जो गाएँ चरने आती हैं, सबको कसाइयों के हवाले कर दो..."

"रानी, इससे तेरा क्या बनेगा ? गरीब ग्वाले इसकी, उसकी, तेरी, मेरी गाएँ चराकर अपना पेट पालते हैं।"

"नहीं, मेरी बात माननी ही पड़ेगी।"

राजा का हुक्म हुआ, गाएँ कसाइयों के हवाले कर दी गईं।

पाटनदेई फिर सूखने लगी।

अब वह सयानी हो गई थी। लोगों ने राय दी—'इसकी शादी कर दो।'

राजा राजी हो गया। हजाम से उसने कहा—"इन लड़कियों की सगाई ठीक कर आओ, पराये घर को ये चली जाएँगी तो मैं छुटकारा पाऊँगा..."

हब्बो की माँ ने नाई से कहा—"पाटनदेई के लिए ऐसा लड़का चुनना जो बहुत गरीब हो और हब्बो के लिए सेठ का लड़का।"

नाई सगाई की बात पक्की कर आया—पाटनदेई के लिए सेठ का लड़का और हब्बो के लिए गरीब।

राजा ने दोनों लड़कियों का ब्याह किया। पाटनदेई के लिए बहुत शानदार बारात आई और हब्बो के लिए बेहद मामूली।

छोटी रानी कूदती-फाँदती फिरी—मेरी हब्बो के लिए तो मामूली बारात आई, मगर पाटनदेई के लिए गाजे-बाजे के साथ शानदार बारात आई...मैं अपनी लड़की का गौना करूँगी पीछे, पहले पाटनदेई को विदा करना है...

गौना हो गया।

पाटनदेई वापस आई ससुराल से सोने के गहनों से लदी-लदाई। हब्बो आई काँसा-पीतल के भद्दे गहनों को पहनकर।

रानी ने कहा—"आ बेटी पाटनदेई, तेरे बाल सँवार दूँ..."

रानी ने लोहे की एक कील ले ली, हथौड़ा भी ले लिया। तब पाटनदेई से उसने कहा—"तेरे गहने-कपड़े मैले हो जाएँगे, इन्हें तब तक हब्बो को पहना दे, फिर लेकर पहन लेना।

पाटनदेई राजी हो गई। अपने अच्छे कपड़े और गहने उतारकर उसने हब्बो को पहना दिये और खुद बैठी रानी के आगे बाल सँवरवाने।

रानी ने पाटनदेई के माथे में कील ठोक दी और चिड़िया बनाकर उसे उड़ा दिया। फिर पाटनदेई के दूल्हे के साथ हब्बो को ही भेज दिया।

हब्बो पहुँची ससुराल। पाटनदेई खूबसूरत थी, हब्बो थी बदसूरत। औरतों ने कहा—"तू तो बहुत अच्छी लगती थी पहले, पाटनदेई, यह क्या हो गया तुझे ?"

हब्बो ने कहा—"माता निकली थी, मेरी सारी खूबसूरती वही ले गई।"

औरतें मान गईं, कहने लगीं—"ले गई होंगी माता ही तेरा रूप।"

पाटनदेई तो चिड़िया हो गई थी। वह अपने मालिक के बाग में आई। मालिक बाग में ही सोता था।

पाटनदेई ने कहा—"तेरी पाटनदेई फिरे डाल-डाल, हब्बो करे राज।"

वह बोला—"बड़ी अच्छी चिड़िया है ! बोली कैसी मीठी है। इसे तो हम पकड़ेंगे।"

पिंजरा रख दिया। चिड़िया आ गई उसमें। सेठ का लड़का पिंजरा घर ले आया। माँ से बोला—"पानी गरम कर, मैं इसे नहलाऊँगा।"

हब्बो सुन रही थी। सुबह-सुबह उठकर उसने झाड़ू दिया और पिंजरे को गिरा आई कूड़े पर।

सेठ का बेटा आया, बोला—"माँ, कूड़े पर यह कौन डाल आया था पिंजरे को ?"

"अपनी औरत से पूछ, उसी ने झाड़ू दी थी।"

सेठ का लड़का चिड़िया को उठाकर लाया।

रगड़-रगड़कर नहलाने लगा तो चिड़िया के सिर की कील उसकी हथेली में चुभ गई। सेठ के लड़के ने कील निकाल ली कि वह चिड़िया पाटनदेई हो गई।

सेठ के लड़के ने कहा—"कौन है तू ? भूत-प्रेत, देव-दानव, कौन है ?"

"मैं तुम्हारी घरवाली हूँ, पाटनदेई ! और वह मेरी बहन हब्बो है। इसकी माँ ने मेरे सिर में कील ठोंक दी और चिड़िया बनाकर उड़ा दिया था। मेरी बहन हब्बो को यहाँ भेज दिया..."

"अब इसका हम क्या करें ?"

पाटनदेई ने कहा—"हाथ-पैर तोड़ के थैले में भरकर इसे माँ के पास भेज दो।"

सेठ के लड़के ने वैसा ही किया।

छोटी रानी बड़ी खुश हुई कि हब्बो ने कैसी-कैसी चीज भेजी है। खोलकर देखा तो हाथ कहीं, पैर कहीं, सिर कहीं और पेट-पीठ कहीं। वह रोने लगी—"हाय मेरी हब्बो ! हाय मेरी हब्बो !"

[चुन्नू-मुन्नू/जनवरी 1955]

विधाता का वरदान

एक ऊँट पर विधाता खुश हुए, कहा—"क्या चाहता है, बोल ?"

ऊँट ने सोचकर कहा—"मेरी गर्दन कोसों लम्बी हो जाय, मालिक !"

"अच्छी बात है।"

ऊँट की गर्दन कोसों लम्बी हो गई।

अब उसे चरने के लिए इधर-उधर भटकना नहीं पड़ता था। एक ही जगह बैठकर चारों ओर गर्दन बढ़ाता और अपना पेट भर लेता।

उसका घूमना-फिरना रुक गया।

नतीजा यह हुआ कि ऊँट राम अहदी हो गये।

एक बार कोसों लम्बी अपनी गर्दन उठाये वह जंगल में टहल-बूल रहा था कि जोरों की आँधी आई।

ऊँट ने पास की एक खोह में अपनी लम्बी गर्दन घुसेड़ दी। बदन समूचा और गर्दन का काफी हिस्सा बाहर ही रहा। कुछ देर बाद वर्षा भी होने लगी।

आँधी-पानी से घबराकर गीदड़ का जोड़ा उधर ही आ निकला।

खोह में दुबककर गीदड़ और गीदड़नी बैठे। ऊँट की मुलायम गर्दन उनके सामने थी। उसका मुँह या धड़ नहीं दिखाई पड़ रहा था। वे थके-माँदे तथा भूखे तो थे ही ! सोचा, विधाता ने उनके लिए ही मांस का यह मोटा खंभा यहाँ डाल रखा है।

गीदड़ और गीदड़नी ऊँट की मोटी गर्दन में से नोच-नोचकर मांस खाने लगे।

ऊँट छट-पट करने लगा। इतनी लम्बी गर्दन को समेटने या निकालने का कोई उपाय उसे उस समय सूझ नहीं रहा था। लाचार वह अपनी गर्दन को जरा हिला-जुला भर लेता था और गीदड़ और गीदड़नी मजे में ऊँट की गर्दन का ताजा गोश्त खा रहे थे।

रात-भर आँधी-पानी का जोर रहा।

गीदड़ और गीदड़नी रात-भर ऊँट की लम्बी गर्दन में से नोच-नोचकर मांस खाते रहे। सुबह हुई तो वे निकल गये।

ऊँट दर्द के कारण वहीं छटपटाता रहा।

वह गर्दन लम्बी कराने की बेवकूफी पर पछता रहा था, मगर अब क्या होगा ! अगले ही दिन ऊँट मर गया।

[चुन्नू-मुन्नू/दिसम्बर 1955]

सात भाई एक बहन

एक था आदमी।

उसके सात बेटे थे।

आखिर में एक लड़की भी हुई। वह खूबसूरत थी, लेकिन कमजोर थी। किसी को आशा नहीं थी कि वह जिएगी। फिर भी उसको पाल-पोस रहे थे।

एक बार गंगाजल की जरूरत पड़ी। पिता ने एक बेटे को गंगाजल लाने भेजा। बाकी छह लड़के भी उसके पीछे दौड़ पड़े। सभी को जल्दी थी—मैं पहले पानी पहुँचाऊँ, मैं पहले, मैं पहले...सबके घड़े पानी में पड़ गए। एक दूसरे का मुँह देखने लगे। खाली हाथ कैसे लौटेंगे ? साहस नहीं होता था।

काफी देर हुई तो पिता को गुस्सा हुआ। उसने समझा, सभी खेल में लग गए हैं। बड़ी देर तक वह लड़कों की राह देखता रहा। क्रोध के कारण उसने कहा—कौए कहीं के !

सातों लड़के कौए हो गए।

यह देखकर पिता को भारी खेद हुआ। लाख कोशिश की कि वे आदमी हो जाएँ फिर, मगर वे आदमी नहीं हुए ! आखिर उसे लड़की से ही संतोष करना पड़ा।

लड़की मोटी होने लगी। उसकी खूबसूरती बढ़ गई थी।

लड़की बड़ी होती गई।

उसे अपने भाइयों का पता नहीं था। माँ-बाप ने यह बात छिपा रखी थी।

एक बार कुछ बूढ़ी औरतें आपस में बातें कर रही थीं।

—लड़की बड़ी खूबसूरत है !

—तंदुरुस्त भी है।

—क्यों न होगी ऐसी, सात भाइयों की बर्बादी यह खूबसूरती और होशियारी बनकर इस छोकरी पर छा रही है न !

—अच्छा, ऐसी बात है ?

—और नहीं तो क्या ?

लड़की ने अपने कानों से यह सब सुना। बेहद दुखी हुई। आखिर उसने माँ से जाकर पूछा। माँ ने चुमकार-पुचकार उसे समझाना चाहा, मगर लड़की को इससे तसल्ली नहीं हुई। फिर उसने पिता से पूछा।

पिता ने सारी बातें खोलकर कह दीं। उसने अब लड़की से कुछ छिपाना ठीक नहीं समझा।

तब से लड़की दुखी रहने लगी। वह सोचा करती—कहाँ होंगे मेरे सातों भाई ? कौओं के गिरोह में होंगे कहीं ! खाने-पीने की बड़ी तकलीफ रहती होगी !

वह भाइयों की खोज में निकल पड़ी। साथ में पिता की अँगूठी ले ली। खाने-पीने की थोड़ी चीजें और एक चटाई भी।

वह चलती गई। चलती गई। चलती गई।

धरती के आखिरी छोर पर पहुँची। आगे समुद्र था, पानी ही पानी।

दुखी मन से रोती रही थोड़ी देर तक। पीछे सोचा, डूबकर जान दे देनी चाहिए। बिना भाइयों के वह जीकर क्या करेगी ?

लड़की डूबने ही जा रही थी कि कंधों के पास दो पंख निकल आए। अब वह ऊपर की ओर उड़ चली।

पहले सूर्य के पास गई। बड़ी गर्मी थी वहाँ। फिर चाँद के पास गई, बेहद ठंड थी वहाँ। फिर तारों के बीच पहुँची। वे उसे बड़े प्यारे लगे। उनमें से कई तो आकर उसकी चटाई पर बैठ गए। एक तारे ने उसे लकड़ी का छोटा टुकड़ा दिया और बताया–'तेरे भाई धौलागिरि पहाड़ पर शीशमहल में रहते हैं, उसका ताला इसी लकड़ी से खुलेगा।'

वह उड़कर धौलागिरि पहाड़ पर आई, शीशमहल के दरवाजे पर। लकड़ी का टुकड़ा कहीं गिर गया था। लड़की ने चाकू निकालकर अपनी छोटी अँगुली काट ली, उसी से ताली का काम लिया। ताला आखिर खुल गया।

महल के अंदर उसे एक बौना मिला। बौने ने पूछा–तुम क्या चाहती हो ?

'मेरे सात भाई कौए बनकर यहाँ रहते हैं, मैं उनसे मिलना चाहती हूँ'–लड़की बोली।

'अभी बैठो, वे बाहर गए हैं।'

थोड़ी देर बाद बौने ने सात आसन बिछाए। सात थालियाँ परोसीं। सात गिलासों में पानी रखा।

लड़की ने बारी-बारी से सातों आसन पर बैठकर सातों थालियों की खीर चखी, सातों गिलासों से जरा-जरा-सा पानी पिया। सातवें गिलास में उसने अँगूठी गिरा दी।

कुछ देर बाद काँव-काँव का शोर हुआ। बौने ने कहा–'मालिक आ गए !'

लड़की छिप गई।

आ गए सातों कौए। अपने-अपने आसन पर बैठे। खीर पर नजर पड़ते ही वे एक दूसरे से बोले–'किसने हमारा खाना चखा है ?'

'अरे, थोड़ा-थोड़ा पानी भी पी गया है कोई !'

सातवें को अपने गिलास में अँगूठी मिली। वह पिता की अँगूठी पहचान गया। बोला–'हमारी बहन आई है। अब हमें छुटकारा मिलेगा...'

बहन सुन रही थी। वह निकल आई, सामने खड़ी हो गई। उस पर निगाह पड़ते ही सातों कौए आदमी हो गए।

सातों भाई अपनी बहन के साथ घर लौट आए।

[योगी, 24 मार्च 1956]

कबूतर और घोंसला

कबूतर अच्छा घोंसला नहीं बना सकते। उनके बनाए घोंसले बेढंगे होते हैं।

पहले कबूतर घोंसला बनाता ही नहीं था। मादा कबूतर जमीन पर ही अंडे देती थी।

एक रोज की बात है। एक बूढ़ी चालाक लोमड़ी आई और सारे अंडे चट कर गई। कबूतर और कबूतरी बड़े दुखी हुए। आधे दर्जन अंडे थे, लोमड़ी सबके सब खा गई थी ! एक भी नहीं बचा था।

कबूतर उदास रहने लगा। एक झाड़ की फुनगी पर बैठकर गुटर-गूँ गुटरी-गूँ किया करता। कबूतरी का भी यही हाल था।

आखिर उन्होंने तय किया—जो हो, घोंसला जरूर बनाएँगे।

कबूतर ने कुछ तिनके इकट्ठे किए। पर वह समझ हीं नहीं पा रहा था कि इन तिनकों का क्या करे ! उसने जंगल की सारी चिड़ियों का बुलाया कि वे उसे घोंसला बनाना सिखा दें।

पक्षी एकत्र हुए और कबूतर के लिए घोंसला बनाने लगे। अभी उन्होंने दो-चार तिनके जमाए ही थे कि कबूतर ने उन्हें रोक दिया—'बस, अब मैं खुद बना लूँगा !'

चिड़ियाँ आपस में बोलीं—'फिर हम क्यों परेशान हों ? छोड़ दो, यह खुद बना लेगा...' चिड़ियाँ उड़ गईं।

कबूतर पेड़ पर चक्कर लगाता रहा। कभी एक तिनका यहाँ रख देता, कभी दूसरा वहाँ। लेकिन कुछ बन नहीं रहा था। अब वह क्या करे ?

उसने फिर चिड़ियों को बुलाया। वे आईं भी और काम शुरू भी हुआ। अभी आधा भी तैयार नहीं हुआ था घोंसला कि कबूतर फिर चिल्लाया—'बस, बस, मैं जानता हूँ ! मैं खुद ही बना लूँगा...'

'बहुत अच्छा !'—चिड़ियाँ वापस उड़ गईं।

कबूतर फिर घोंसला बनाने लगा। एक तिनका इधर खोंसा, एक उधर; लेकिन कुछ बना नहीं।

उसने तीसरी बार चिड़ियों को बुलाया, पर अब की वे नहीं आईं। उन्होंने कहा—'वह तो खुद ही बना लेगा, उसे हम क्या सिखाएँगे !'

फिर कबूतर घोंसला तैयार करना कभी नहीं सीख सका !

(एक रूसी लोककथा)

[योगी, अप्रैल 1956]

सोई राजकुमारी

बहुत दिनों की बात है। एक राजा की रानी के एक छोटी-सी लड़की पैदा हुई। उनकी खुशी का ठिकाना न रहा। अपनी खुशी बाँटने के लिए उन्होंने राज्य के सभी निवासियों को उपहार दिए।

इसके बाद उन्होंने एक बहुत बड़े भोज का आयोजन किया जिसमें हजारों मेहमान आए। देश में तेरह परियाँ थीं। राजा-रानी तेरहों को बुलाना चाहते थे, मगर भूल से एक परी के पास न्योता नहीं गया।

भोज में बड़े-बड़े अमीर-उमरा आए और उनके साथ आईं गहने, कपड़ों से सजी राजकुमारियाँ। निमंत्रित बारह परियाँ भी आईं। सबों ने मिलकर बड़ा आनंद मनाया।

भोज के बाद परियाँ छोटी बच्ची के पालने के चारों ओर घेरा बाँधकर नाचने लगीं। इसके बाद उन्होंने एक-एक कर नन्हीं राजकुमारी को आशीर्वाद देना शुरू किया। एक ने कहा, यह बड़ी भली लड़की होगी। दूसरे ने कहा, यह बड़ी सुंदर होगी। तीसरे ने कहा, यह बड़ी अमीर होगी। चौथी ने कहा, इसका स्वभाव बड़ा सरल होगा। पाँचवीं बोली कि राजकुमारी बड़ी दयालु होगी। इसी तरह ग्यारह परियों ने राजकुमारी को वरदान दिए।

बारहवीं परी कुछ कहने ही वाली थी कि बाहर दरवाजे पर बड़ा शोर-गुल सुनाई पड़ा। दूसरे ही क्षण वह तेरहवीं परी आ पहुँची, जिसे न्योता नहीं गया था। वह गुस्से से लाल हो रही थी।

उसने रानी से कहा—"तुमने मुझे निमंत्रण नहीं भेजा, फिर भी मैं आई हूँ। मैं भी तुम्हारी बेटी को एक उपहार दूँगी। उपहार ऐसा होगा कि जनम-भर याद करोगी !

"यह लो। मेरा आशीर्वाद है कि जब राजकुमारी पंद्रह वर्ष की होगी, उसकी उँगली में तकुए से खरोंच लग जाएगी और वह उसी समय गिरकर मर जाएगी।" और आँधी की तरह गुजरती हुई क्रोधित परी तेजी से लौट गई।

रानी फूट-फूटकर रोने लगी। राजा भी उदास हो गया।

इसी समय बारहवीं परी ने अपना आशीर्वाद सुनाया—"राजकुमारी को जब खरोंच लगेगी, वह गिर तो जरूर जाएगी; पर मरेगी नहीं—वह सौ बरस तक सोती रहेगी।"

राजा ने मंत्रियों को बुलवाया और उनसे सलाह की—राजकुमारी को लंबी नींद से कैसे बचाया जाय ?

उन्होंने कहा—राज्य में जितने भी चरखे हैं, उन्हें जला दिया जाय तो तकुए से उँगली में खरोंच लगने का खतरा जाता रहेगा। ऐसा ही किया गया और राजा-रानी निश्चिंत हो गए।

राजकुमारी दिन-दिन बड़ी होने लगी। उसकी सुंदरता सालों-साल चंद्रकला की तरह बढ़ने लगी। वह बड़ी नेक, दयालु और शीलवान लड़की थी।

एक दिन दासी ने उसे सबेरे जगाया और कहा कि आज उसका पंद्रहवाँ जन्म-दिवस है। उसे आज पढ़ने-लिखने से फुरसत है।

उस दिन राजा और रानी कहीं बाहर गए हुए थे। राजकुमारी अकेली ही राजमहल में इधर-उधर घूमने लगी। घूमते-घूमते एक पतली सीढ़ी से होकर वह एक छोटे-से कमरे में जा पहुँची। वहाँ उसने एक बुढ़िया को देखा।

"तुम क्या कर रही हो ?" राजकुमारी ने पूछा।

बुढ़िया ने कहा, "मैं चरखा चला रही हूँ।" उसने एक बार घुमाया और चक्का घूमने लगा।

"जरा मुझे भी चलाने दो।" राजकुमारी बोली।

बुढ़िया ने चरखा उसे दे दिया। राजकुमारी बैठ गई और चरखे को घुमाने लगी। एकाएक तकुए की नोक उसकी उँगली में चुभ गई और उसी क्षण वह जमीन पर मरी-सी पड़ गई।

बुढ़िया ने उसे उठाकर पलंग पर लिटा दिया। राजकुमारी की लंबी नींद प्रारंभ हो गई।

राजकुमारी को नींद आने के साथ ही उस विशाल महल के सभी लोग सो गए। काम करते हुए नौकर सो गए और घुड़साल में घोड़े सो गए।

कुत्ते जहाँ खड़े थे, वहीं पड़ गए और छत पर बैठे कबूतर सो गए। दीवाल पर मक्खियाँ सो गईं, और लपटें समेट आग भी सो गई।

बगीचे में पेड़-पौधे और फल-फूलों की बाढ़ रुक गई। पक्षी झाड़ियों में सटककर सो रहे। हर चीज और हर आदमी को नींद आ गई।

उस समय राजा और रानी लौटकर आए और महल में प्रवेश करने के साथ ही वे भी सो गए। महल के चारों ओर घनी झाड़ी जम गई और उसकी ओट में वह बिलकुल छिप गया।

दिन बीतने के साथ महल के पड़ोस में रहनेवाले प्रायः सभी लोग मर गए। बचा केवल एक बूढ़ा आदमी जो निद्रामग्न महल का रहस्य जानता था। पर उसकी बातों पर कोई विश्वास ही नहीं करता था।

एक दिन घोड़े पर सवार एक नौजवान राजकुमार उधर से आ निकला। बूढ़े की नजर उस पर पड़ी और उसने राजकुमार को टोका।

बूढ़े ने कहा—"झाड़ियों के पीछे एक बड़ा महल है। उसमें एक सुंदर राजकुमारी सो रही है। राजा-रानी भी सोए हैं। वे करीब सौ साल से सो रहे हैं।

"कल उनकी सौ साल की नींद खत्म होगी। जो कोई झाड़ी काटकर महल में घुसेगा और राजकुमारी को जगाएगा, वह उसी की स्त्री बनेगी।"

राजकुमार ने कहा—"मैं अवश्य प्रयत्न करूँगा और मुझे कोई नहीं रोक सकता।"

दूसरे दिन सौ साल खत्म हुए। राजकुमार ने झाड़ियाँ काट डालीं और महल के फाटक पर आ पहुँचा।

चारों ओर सन्नाटा था। कुत्ते सो रहे थे। घोड़े सो रहे थे। नौकर सो रहे थे। छत पर कबूतर सो रहे थे। यहाँ तक कि दीवालों पर मक्खियाँ भी सो रही थीं। महल में निद्रा का राज था।

महल में चलते-चलते राजकुमार एक छोटे-से कमरे में पहुँचा। वहाँ उसने एक बड़ी खूबसूरत लड़की देखी। वह गहरी नींद में थी। उसके सुनहले बाल सोने के बारीक तारों की तरह तकिए पर बिखरे हुए थे।

देखते ही राजकुमार को सोई लड़की से प्रेम हो गया। 'मैं इसे अपनी स्त्री बनाऊँगा,' यह कहते हुए पलंग के सामने घुटने टेककर उसके गाल चूम लिए। चूमते ही राजकुमारी जग पड़ी और उसकी आँखें खुलते ही सभी जग उठे।

राजा और रानी जग गए और नौकर-चाकर भी। छत पर कबूतर जग गए। कुत्ते उठ खड़े हुए और दुम हिलाने लगे। दीवालों पर की मक्खियाँ जग गईं और भनभनाने लगीं।

आग फिर जल उठी। बगीचे में फूल-पत्ते फिर बढ़ने लगे और उनकी झुरमुटों में चिड़ियाँ फिर चहचहाने लगीं।

लंबी नींद से उठकर सब आनंद में मगन हो गए। राजकुमारी के आनंद का तो ठिकाना नहीं था; क्योंकि वह भी पहली ही नजर में सुंदर राजकुमार से प्यार करने लगी थी।

राजा-रानी ने बड़ी धूम-धाम से विवाह रचाया। भोजन में और मेहमानों के साथ एक बार फिर परियाँ राजमहल में आईं और उन्होंने राजकुमारी को बहुत-से उपहार दिए।

उत्सव समाप्त हुआ। राजकुमार और राजकुमारी ने सबसे विदा ली और अपने घर चले गए, जहाँ वे चिरकाल तक सुख से जीवन बिताते रहे।

[योगी, 19 मई 1956]

रानी की चोरी

बहुत दिनों की बात है। युलिसस नाम का एक लड़का रहता था। उसके पिता यूनान के एक सुंदर टापू के राजा थे। बालक युलिसस ने बचपन के दिन बड़े आनंद से उसी टापू में बिताए।

बड़ा होने पर युलिसस बड़ा बहादुर और बुद्धिमान हो गया। खेती करने के साथ-साथ उसने मकान और जहाज बनाना भी सीख लिया था। ताकतवर वह इतना था कि बिरला ही उसके धनुष को झुका पाता था।

वह कद का कुछ नाटा था, मगर उसकी छाती चौड़ी थी और कंधे मांसल थे। उसके गोरे चेहरे पर स्वास्थ्य की लाली थी और सर पर लम्बे-सुनहले बाल लहराते थे।

जवान होने पर उसे विवाह करने की इच्छा हुई। उस समय यूनान के एक दूसरे प्रदेश के राजा की पुत्री हेलेन अद्वितीय सुंदरी थी। रूप ही सरीखा उसका स्वभाव भी सुंदर था। यूनान के सभी नौजवान राजकुमार उससे विवाह करना चाहते थे।

हेलेन के पिता ने देश के सभी राजकुमारों को अपनी बेटी के स्वयंवर के लिए निमंत्रण भेजा। देश के अन्य राजकुमारों की तरह युलिसस भी निमंत्रित हो स्वयंवर में गया।

जब सभी राजकुमार आ गए तो हेलेन के पिता ने उनके सामने एक प्रस्ताव किया। उसने कहा कि हेलेन जिसे अपना पति वरण करेगी, उसका सभी राजकुमारों को साथ देना पड़ेगा, उसके लिए युद्ध करना पड़ेगा। राजकुमारों ने शर्त मान ली। इसके बाद हेलेन ने मेनेलस नाम के राजा को अपना पति चुना।

और राजकुमारों की तरह युलिसस भी उदास और निराश हो अपने घर लौट आया। कुछ दिनों बाद उसने पेनेलोप की राजकुमारी से शादी कर ली। वह सुंदर और सरल थी। वह युलिसस से बहुत प्रेम करती थी।

कुछ वर्ष और बीते। युलिसस और पेनेलोप के एक छोटा-सा लड़का हुआ। माँ-बाप को बड़ी खुशी हुई। लड़का गोल-मटोल और हँसमुख था। युलिसस सारे दिन खेती करता और अपनी गायों और भेड़-बकरियों की देखभाल करता। दिन डूबने पर घर लौटता तो बच्चों को दुलार करता। दिन आनंद से बीत रहे थे। हेलेन की बात भूल-सी गई थी।

परंतु, उनके सुख-शांति के दिनों की अवधि पूरी हो चुकी थी। एक दिन युलिसस को बुरा समाचार मिला। हेलेन को पेरिस नाम के राजकुमार ने चुरा लिया था। वह उसे समुद्र पार अपने पिता के नगर ट्राय में ले गया था।

अब मेनेलस ने राजकुमारों को अपनी प्रतिज्ञा पूरी करने के लिए कहा। उसने संवाद भिजवाया कि सभी राजकुमार अपनी सेना और जहाजों के साथ हेलेन का उद्धार करने के लिए ट्राय पर चढ़ाई करने के लिए आ जाएँ।

युलिसस को अपनी स्त्री और पुत्र को छोड़ जाने की बिलकुल इच्छा नहीं थी, परंतु हेलेने के पिता से किए वादे को पूरा करने के लिए उसे लाचार हो जाना पड़ा। उसने अपने सिपाहियों को बुलवाया, और जहाजों को लैस कर यूनान के अन्य राजा-राजकुमारों के जहाजी बेड़े के साथ कूच कर दिया।

ट्राय की लड़ाई दस साल तक चलती रही। दस साल तक यूनान के योद्धा ट्राय नगर का घेरा डाले रहे। दोनों ओर के बहादुरों ने अपने करतब दिखलाए। युलिसस ने भी वीरता से युद्ध किया। परंतु वे नगर को नहीं जीत सके।

युलिसस ने कहा, हमारी वीरता खाली जा रही है। अब हमें अपनी बुद्धि का सहारा लेना चाहिए। सच है, लड़ाई में लाचार हो पश्चिम सदा से चालाकी के सहारे पूर्व को जीतता रहा है।

युलिसस ने जो तरकीब बताई वह यह थी—काठ का एक बहुत बड़ा खोखला घोड़ा बनाया जाय। उसके भीतर सशस्त्र सैनिक छिप जायँ। ट्राय के किले के फाटक

के बाहर उसे चुपके से रख यूनानी सेना रातोंरात घेरा उठा जहाजों पर सवार हो वहाँ से चल दे। परंतु बहुत दूर नहीं जाय, केवल ट्रायवालों की आँखों से ओझल हो जाय। ट्राय निवासी समझेंगे कि दुश्मन हारकर भाग गया और विजय-चिह्न की तरह घोड़े को किले के अंदर ले जाएँगे। रात के सन्नाटे में घोड़े के भीतर से यूनानी सैनिक चुपके से निकल पहरेदारों को मार किले के फाटकों को भीतर से खोल देंगे।

इधर ट्राय से कुछ हटकर यूनानी बेड़ा किनारे लगेगा और उससे उतर उनकी सेना खुले फाटक से ट्राय में घुस जाएगी।

युद्ध से थके यूनानी वीरों को युलिसस की तरकीब पसंद आ गई। उन्होंने एक बहुत बड़ा काठ का घोड़ा बनाया। युलिसस और कुछ सैनिक उसके खोखले पेट के भीतर हथियारों से लैस हो जा बैठे। अब यूनानी फौज ने अपनी छावनी में आग लगा दी और जहाजों पर सवार हो रवाना हो गई।

युलिसस ने जैसा सोचा था, वैसा ही हुआ। यूनानी छावनी से उठती आग की लपटों को देख ट्राय की दीवारों पर तैनात सैनिकों ने अपने राजा को सूचना दी। ट्रायवाले बाहर निकल आए और देखा कि दुश्मन गायब है। केवल एक काठ का बड़ा-सा घोड़ा पड़ा है।

वे उसे खींचकर भीतर ले गए। उसे नगर के चौक में ले जाकर खड़ा किया। फिर उसे घेरकर राजा-प्रजा सभी विजय का उत्सव मनाने लगे। उत्सव दिन-भर चलता रहा। रात आने पर सभी जहाँ-तहाँ थककर सो गए। दस साल लगातार लड़ने के बाद सैनिक और नायकों ने भी अपने हथियार निश्चिंत हो खोल डाले और गहरी नींद में सो रहे।

सारे शहर में सन्नाटा छा गया था। कुत्ते भी नहीं भौंक रहे थे। एक-एक कर मशालें भी बुझती जा रही थीं। शायद राजा के महलों में कोई जग रहा हो, परंतु सड़कों पर निद्रा का राज था।

युलिसस ने भीतर से झाँककर देखा, रास्ता साफ है। वह रस्सी के सहारे नीचे उतर आया। एक-एक कर 10 और सैनिक उसके पास आ खड़े हुए। दबे पाँव वे बढ़ने लगे। रास्ते में पड़े एक सैनिक ने एकाएक आँखें खोलीं। चौंककर वह चीखने ही वाला था कि युलिसस की पैनी तलवार ने उसका काम तमाम कर दिया।

अब वे फाटक के पास पहुँचे। फाटक में बनी सूराख से झाँककर देखा, यूनानी सेना बढ़ी चली आ रही थी। एकाएक झनझन् कर जंजीरें खुल गईं। चरमर-चरमर कर द्वार खुलने लगे। सुख के सपने देखते पहरेदार जग पड़े। परंतु तब तक बड़ी देर हो चुकी थी।

यूनानियों ने हेलेन-हरण का भीषण बदला लिया। अपने जानते उन्होंने ट्राय में किसी को जीता नहीं छोड़ा। अपार धनराशि लूटकर जहाजों पर लाद घर की ओर चल दिए। जाने के पहले नगर में आग लगा दी। वह धू-धूकर जलने लगा और जलकर राख हो गया।

[योगी, 2 जून 1956]

तुकों का खेल

पूर्व कथा

(सुरेश आठवीं कक्षा का विद्यार्थी था। शुद्ध भाषा लिखने-बोलने के कारण उसके स्कूल के अध्यापक शिवपूजन शास्त्री उसे कई बार तुकबन्दी के लिए उकसा चुके थे। 30 जनवरी को, बापू के बलिदान-दिवस पर सुरेश ने अपने घर में रेडियो से कई बार 'रामधुन' सुनी और उसी के आधार पर वह कागज-पेन्सिल लेकर तुकें भिड़ाने लगा। लेकिन शब्दों की नाप-जोख का ज्ञान नहीं रहने के कारण वह तुकें भिड़ाने में कठिनाई महसूस करने लगा। उसकी माँ ने एक दिन उसकी कुछ तुकबन्दियाँ देखीं और वह भीतर-ही-भीतर बहुत खुश हुईं। सुरेश के मामा कवि थे और वे उसके घर एक-दो रोज में आनेवाले थे। अतः माँ ने कहा कि जब उसके मामा आ जाएँगे, तो वह उनसे सुरेश को छन्द और मात्रा के बारे में बतलाने को कहेगी। सुरेश इस पर बहुत खुश हुआ। जब मामाजी आये, तो सुरेश की माँ ने उनसे सुरेश के बारे में बतलाते हुए तुकों की बात कही। इस पर सुरेश के मामा (पाठक जी) उछल पड़े और बोले—'उसे फौरन इधर भेजो।')

पाठकजी यानी सुरेश के मामाजी 'आर्यावर्त' उलट-पुलट रहे थे कि इतने में चाय का प्याला सामने आ गया।

नजर उठाकर देखा, तो सुरेश ही मुस्कुरा रहा था।

अखबार परे हटाकर पाठकजी बोले—"क्यों रे, अपनी कविता कब तक छिपाकर रखेगा मुझसे ?"

सुरेश कुर्सी खींचकर मामा के पास बैठ गया।

मामा चाय पीने लगे, तो उसने शर्मीली आवाज में बतलाया—"किसने कहा है आपसे ? माँ ने ? मुझे क्या पता, कविता क्या होती है। हाँ, दस-पाँच पंक्तियाँ जरूर जुड़ गई हैं। आपको दिखलाना चाहता था। हमारे स्कूल वाले शास्त्रीजी इन दिनों अपने मित्र को जिताने गए हैं। और पहले तो मैं जानता भी नहीं था कि तुकें कैसे जुड़ जाती हैं आपस में..."

मामा बोले—"जाओ, ले आओ ! पहले देख तो लूँ तुम्हारा खिलवाड़, फिर

बतलाऊँगा कि तुकबंदी क्या होती है और वह कविता कैसे हो जाती है।"

सुरेश अपना वह पुर्जा उठा लाया, तुकबंदियों वाला कागज।

पाठकजी चाय खत्म कर चुके थे। पान भी ले चुके थे। बस, अब थोड़ी देर में नहाने जाएँगे।

भांजे की तुकबंदियाँ देखकर वह बहुत खुश हुए और नजदीक बुलाकर उसकी पीठ ठोकने लगे।

सुरेश ने पुलकित होकर कहा—"लेकिन, यह सब मेरे पिताजी से नहीं कहिएगा मामा !"

पाठकजी उछलकर बोले—"क्या यह तुमने कोई कुकर्म किया है ? कोई इस पर नाराज क्यों होगा ?"

सुरेश कहने लगा—"आप इसे भले सुकर्म समझें, पिताजी को मेरा यह खिलवाड़ पसन्द नहीं आएगा। वह अवश्य कहेंगे; वक्त बर्बाद करता है। अम्मा की एक सहेली पड़ोस में रहती हैं, उन्हें सितार बजाने का शौक है। ज्यादा नहीं, अभी दो-चार धुन ही निकाल पाती हैं। अभी उस रोज वह आन्टीजी हमारे यहाँ अपनी किताब भूल गईं, सितार-मंजरी। पिताजी ने उसे अलग से ही देख लिया, पीछे अम्मा से बतला रहे थे : जिसकी अक्ल मोटी होती है, वही सितार-फितार छूता है। तुम्हारे पास वक्त होगा, तो तुम परीक्षा की तैयारियाँ करना पसन्द करोगी, नहीं ?

"और बतलाऊँ मामाजी ? तो सुनिये...गत वर्ष सरस्वती-पूजा के अवसर पर पड़ोस के हाईस्कूल में एक कवि-गोष्ठी जमने वाली थी। पिताजी ने चन्दा के तौर पर पाँच रुपये दे दिये, सो हुआ मगर कविताएँ सुनने कहाँ गए !..."

मामा ने सुरेश के कंधे पर हाथ रखा। उसे आश्वस्त करते हुए बोले—"अच्छा भाई, नहीं कहेंगे ठाकुरजी से ! कभी नहीं कहेंगे...अब तो हुआ ?"

अब पाठकजी ने नाक पर चश्मा चढ़ा लिया फिर से; तुकबंदी देखने लगे :

"मेरे प्रभु, टपका दे आम
रघुपति राघव राजा राम
बाजितपुर है मेरा ग्राम
कौन करेगा अब आराम..."

वह प्रसन्न आँखों से सारी पंक्तियाँ देख गए और सुरेश की पीठ ठोकी।

मुस्कुराकर पूछा—"मात्राएँ गिनना जानते हो ?"

"ऊँ हुँ !"

"छन्दों के बारे में किसी ने बतलाया है ?"

"नहीं !"

"एक-आध छन्द का नाम तो सुना होगा !"

"शास्त्रीजी अक्सर हरिगीतिका छन्द की चर्चा करते हैं।"

"फिर यह खिलवाड़ कैसे सूझा ?"

"रेडियो की कृपा से !"

पाठकजी सिर हिला-हिलाकर मुस्कुराने लगे, कहा—"तो रेडियो ही तुम्हारी गुरुआइन हुई !" इस रिमार्क पर सुरेश को भी हँसी आ गई।

"अच्छा जाओ, कॉपी ले आओ। सादी कापी लाना। उसमें और कुछ मत लिखना। वह तुम्हारी कविता की कापी होगी। मुझसे या शास्त्रीजी से कभी-कभी उसके पन्नों में अगले पाठ ले लेना..."

फिर पाठकजी अखबार के कॉलमों में डूब गए थे।

सुरेश 60 पैसे वाली एक नई कॉपी दुकान से ले आया, सजिल्द।

कॉपी उसने मामाजी के सामने तिपाई पर रख दी। पाठकजी कलाई-घड़ी देखकर बोले—"अभी तो आधा घंटा ही दे सकूँगा। खैर..."

कलम निकालकर उन्होंने पहले मात्राओं के संकेत लिखे :

क का कि की कु कू के कै को कौ कं कः

– ा ि ी ु ू े ै ो ौ ं :

1 2 1 2 1 2 2 2 2 2 2 2

यानी, छोटी मात्रा या ह्रस्व मात्रा गिनती में 1 मात्रा मानी जाएगी। बड़ी मात्रा या दीर्घ मात्रा गिनती में 2 मात्रा मानी जाएगी। इस प्रकार क, कि, कु / च, चि, चु / त, ति, तु आदि 1-1 मात्रा वाले माने जाएँगे। का, की, कू, के, कै, को, कौ, कं, कः, / चा, ची, चू, चे, चै, चो, चौ, चं, चः आदि 2-2 मात्राओं वाले माने जाएँगे।

उदाहरण के रूप में पहले छोटी मात्राओं वाले शब्द देखो : क म ल, क ल श, क ल क ल, छ ल छ ल, क ट ह ल / कि र ण, कि स मि स, कि श ल य / कु मु द, कु श ल, कु म कु म।

बड़ी मात्राओं वाले शब्द : का का, का ना, आ या था / पी ली पी ली सी, छी पी, ली ला / फू ली / फू ली, तू तू तू तू, कू कू / के ला, घे रा, मे ला / फै ला फै ला सा, थैला, नै या / भो ला, पो ता पो ती, हो ली / कौ आ, झौ आ, धौ ला / कं का ली, चं दा, मं दा / अः, दुः खी।

छोटी-बड़ी मात्राओं वाले अक्षरों से मिलकर बने हुए शब्द : क मा ल, क नौ ज, च तु रा न न आदि।

बड़ी-छोटी मात्राओं वाले : आ का श, चौ री चौ रा, मो ह न, मा ला का र आदि।

अब इस क्रम से गिनने पर 'कपि' में कितनी मात्राएँ हुई ? दो मात्राएँ...

और 'कविराज' में ?

पाँच मात्राएँ...

आसमान ?

छे मात्राएँ...

आपाधापी, मारामारी ?

सोलह मात्राएँ...

सुरेश साथ-साथ मामा की हिदायतों को पढ़ता जा रहा था। बीच में ही उसने पूछ दिया—"कृपा" में कै मात्रा होगी ?"

"तीन" मामा बोले—"ऋ की भी एक ही मात्रा गिनी जाएगी। कृषि में दो, कृपाण में चार..."

सुरेश को मजा आ रहा था। चट् से फिर पूछ बैठा—"विश्राम या गद्य में कितनी मात्राएँ होंगी ? संयुक्ताक्षर में क्या हिसाब रहेगा मात्राएँ गिनने का ?"

मामा ने हँसकर कहा—"अब समझ में आई बात ! इसी से तुमने अपनी तुकबन्दी में कहीं संयुक्ताक्षर नहीं डाला ! मुझे संयुक्ताक्षरों ने घपले में डाला था..."

थोड़ा रुककर बरामदे में गए और पान की सीठी थूक आए। फिर समझाने लगे—"देखो, फौरन समझा देता हूँ : 'विश्राम' में कैसे चार मात्राएँ हुईं और 'गद्य' में कैसे तीन ? श्र और द्य से पहले वाले अक्षर छोटी मात्रा वाले हैं, उन पर बाद वाले संयुक्त अक्षर चोट करते हैं, जोर डालते हैं। तो फिर उन बेचारों को भी जोर लगाना पड़ता है, जवाबी चोट करना पड़ता है। यानी संयुक्ताक्षर से पहले आनेवाला अक्षर भले ही एक मात्रा का हो, उसकी गिनती दो मात्राओं की होती है। जैसे—चक्रपाणि, शक्रावतार, पद्य पुष्प आदि के च, श, प, पु, 2-2 मात्राओं के माने जाएँगे। अब कहो, आई बात समझ में ?"

सुरेश ने सिर हिलाकर हामी भरी।

मामा ने कहा—"अब तुम पान एक बार और ला दो, छंदों के बारे में भी बतला दूँगा कुछ..."

सुरेश उत्साह में था। अन्दर जाकर अगले क्षण ही वापस आया।

मामा को पान का बीड़ा थमाकर बोला—"अब आप नहा लीजिए, खाना तैयार है।"

पान-जर्दा मुँह के हवाले करते हुए पाठकजी ने कहा—"बस, दस मिनट और लगेंगे !"

फिर जल्दी-जल्दी उन्होंने कॉपी में लिखा :—

"श्री गुरु चरण सरोजरज
निज मन मुकुर सुधारि।
वरणउँ रघुवर विमल यश,
जो दायक फल चारि॥"

सुरेश ने मात्राएँ गिनीं। पहली लाइन में 13 हुईं। दूसरी में 11, तीसरी में फिर 13, चौथी में फिर 11 हुईं।

मामा ने कहा–"इसे 'दोहा' कहते हैं। पहली-तीसरी पंक्तियों में 13-13, दूसरी-चौथी में 11-11 मात्राएँ आती हैं। मैं समस्या देता हूँ, तुम उसकी पूर्त्ति करना।"

सुरेश ने पूछा–"समस्या क्या होती है ?"

मामा बोले–"यही लो न ! जय जय जयति स्वदेश..."

सुरेश मन-ही-मन गिनकर बोला–"यह तो दोहे की चौथी लाइन हुई, इसकी पहली वाली तीन पंक्तियाँ कहाँ गईं।

"वही तो तुम्हें अपनी तरफ से जोड़नी हैं"–पाठक मुस्कुराकर कह गए, "इसी को समस्यापूर्त्ति कहते हैं। रामायण की हर चौपाई 16 मात्राओं की होगी, गिनकर देख लेना। चौपाई बहुत आसान छन्द है, उसे कई धुनों में गा सकते हो...मगर मात्राओं का हिसाब ठीक नहीं रहेगा, तो जीभ को रुकावट महसूस होगी। चौपाई की भी एक पंक्ति समस्या के तौर पर दे दूँ ? पूरा करके डाक से मेरे पास भेजना...मेरी माता बड़ी सयानी, नोट कर लो, यही रही समस्या...बस ! फिलहाल इतना ही पाठ काफी होगा।"

मामा अब बार-बार घड़ी देखने लगे।

सुरेश लेकिन थोड़ा वक्त और चाहता था। चाहता था कुछ और बातचीत करना, यही तुकों के बारे में, छन्दों के बारे में...।

□

पूर्व घोषणा के अनुसार 7 मार्च को स्कूल खुल गया।

संस्कृत और हिन्दीवाले क्लासों में शास्त्रीजी मौजूद थे। चेहरे से थकान टपकती थी, थोड़ी उदासी भी। शायद उनके मित्र निर्वाचन हार गये थे।

मगर अपने प्रिय छात्रों के बीच थोड़ा समय गुजारने के बाद ही शास्त्रीजी के मुख-मंडल पर प्रसन्नता की आभा लौट आई प्रतीत होने लगी।

एक जगह पाठ में आया–"मुनिः बालिकाम् अपश्यत्।"

एक छात्र ने शास्त्रीजी से मालूम करना चाहा–"बालकम् क्यों नहीं सर ?"

दूसरे छात्र ने बीच में ही कहा–"बालिका-विद्यालय वाली पुस्तक में बालकम् जरूर होगा, तुम जाकर किसी बुक्सेलर के यहाँ देख लेना...।"

इस पर शास्त्रीजी को हँसी आ गई। कक्षा के सभी छात्र मुस्कराने लगे।

सुरेश को लगा, शास्त्रीजी सचमुच हमारे बीच वापस आ गये हैं।

अगले ही क्षण शास्त्रीजी बोले–"बालिका-विद्यालय वाली किताब में भी ठीक यही पाठ है : मुनिः बालिकम् अपश्यत्। इस तरह एक-एक शब्द के लिए पाठ्यक्रम भी बदलने लगे, तो सारा संसार पुस्तकों से ही पट जाएगा।"

अब पाठ आगे बढ़ा।

कुछ आगे आकर 'मक्षिका' आई, तो दो लड़के आपस में बुदबुदाये–"मेरे घर के सामने डॉक्टर मित्रा की बगिया पड़ती है। उसमें नीबू के झाड़ हैं। वहाँ लेकिन

दिन-रात तुम्हें नीली मक्खियाँ ही दिखायी पड़ेंगी...नीले रंग की उन मक्खियों को संस्कृत में क्या कहेंगे ?"

दो में से एक शायद पंडित-खानदान का था। तभी तो वह बोला—"नीलमक्षिकाः।"

फिर पहला छात्र पूछ बैठा—"और शहद की मक्खी को क्या कहोगे ?"

"मधुमक्षिका" जवाब आया।

सुरेश ने पेन्सिल-सहित हाथ उठाकर उन दोनों से चुप रहने का अनुरोध किया, इशारे में।

शास्त्रीजी का पूरा ध्यान अब अध्यापन में नहीं था। अभी कुछ देर पहले स्टाफ-रूम में वह नई सरकार के पक्ष में छोटा-सा प्रवचन कर आए थे। प्रवचन के अपने उन्हीं उद्‌गारों में उनकी वह टहल-बूल रही थी। अधूरी सही, क्रान्ति तो यह हो ही गई थी। चुनाव से पहले किसने सोचा था कि बीस वर्षों से जमी हुई एकदलीय सरकार इस तरह आनन-फानन में उलट जाएगी ! सो, वह आसानी से चित् हो गई थी। घोड़ा-छाप, बरगद-छाप, हँसिया-हथौड़ा-छाप दीपक-छाप, झोपड़ी-छाप...जाने कैसी-कैसी छापोंवाले उम्मीदवार बैल-छापवालों को पछाड़कर सामने आ गए थे !

छात्रों को शास्त्रीजी की उचाट का आभास नहीं मिल रहा हो, ऐसी बात नहीं थी। ब्लैक बोर्ड पोंछकर कपड़े का वह टुकड़ा दराज के अन्दर न डालकर शास्त्रीजी ने कुर्ते की निचली पाकिट में डाल लिया और लड़कों ने यह देखा, कुछ-एक मुस्कराये भी इसपर।

क्लास खत्म हुआ जैसे-तैसे।

शास्त्रीजी निकलने को हुए, तो सुरेश करीब पहुँचकर आहिस्ते से बोला—"डस्टर निकालकर, दराज के अन्दर डाल दीजिए उसे..."

अब शास्त्रीजी को अपनी गलती महसूस हुई। यह भी ख्याल आया कि घर जाकर यह भेद खुलता, तो पत्नी और बच्चे मखौल उड़ाते !

पाकिट खाली करके उन्होंने सुरेश से कहा—"अब किसी दिन शाम को तुम्हारे घर आऊँगा। बहुत दिन हो गए, ठाकुरजी से इधर मिलना नहीं हो सका। तुम्हारी माँ तो सकुशल हैं न ?"

"जी हाँ" सुरेश ने कहा। वह इस वक्त और कुछ नहीं बोला। लेकिन समस्या-पूर्त्ति के बारे में थोड़ी जानकारी तो उसे शास्त्रीजी से हासिल करनी ही थी। उसने सोचा, छुट्‌टी के दिन कभी इनके घर पहुँच जाऊँगा...यह सब तो करना ही पड़ेगा।

आज डेढ़-दो महीने बाद स्कूल खुला था। इस अर्से में काफी उलटफेर हो गई थी।

गाँधी मैदान में 5 जनवरी की शाम को अन्धाधुन्ध गोलियाँ चलीं। उसमें सुरेश का भी एक साथी घायल हुआ। बेचारा पन्द्रह रोज अस्पताल में रहा, तब जाकर घाव भरा।

सड़कों के किनारे कोई ऐसी दीवार नहीं थी, जहाँ चुनाव के निंशान और उम्मीदवारों के नाम न जगमगा रहे हों !

अब, नई सरकार की स्थापना के बाद, तनाव में कमी आ गई थी। लोग फिर अपने-अपने कामों में लग गए थे।

कल सुरेश राजेन्द्र नगर की उस भारी भीड़ में मौजूद था, जो नए मुख्यमंत्री और उपमुख्यमंत्री और दूसरे तीन मंत्रियों के सम्मान में जुटी थी। सुरेश के पिता और उनके मित्र मंच के सामने दरी पर बैठे थे।

सुरेश को कल शाम बड़ा ही अचरज लगा कि चीफ मिनिस्टर की उस मीटिंग में एक भी लोहे का टोपा नहीं था ! पिछले महीनों में जगह-जगह पर लोहे का टोपा वह देखता रहा था। बल्कि उसकी निगाहें लोहे का टोपा देखने की आदी हो चली थीं !

मीटिंग से वापस आकर सुरेश ने जब माँ से यह बात कही, तो वह बोलीं—''लोगों को लोहे का टोपा फूटी आँखों भी सुहाता नहीं था, इसी से वह गायब हो गया...''

स्कूल से घर लौटते समय जरा देर के लिए सुरेश एकान्त पा गया। उसके दिमाग में टोपा तैरने लगा...वह इसको तुकों में तौलने लगा। छन्दों की बात छोड़कर सिर्फ तुकें ही बैठाना था इस वक्त...

''टोपा''
''रोपा''
''गोपा''
''सोपा (सं-सो-पा)''
''लोपा''
''तोपा''

हाँ, वह मामाजी को इन तुकों की सूची लिख भेजेगा। मामाजी इन्हें छन्द में जमाकर वापस कर देंगे। हो सकता है, अपनी तरफ से दो-चार और मिलाकर इस लिस्ट को मामा और लम्बी कर दें ! नहीं ?

फिर सुरेश को इस सिलसिले में दो-चार और शब्द सूझे : भोंपा, घोंपा, खोपा, ठोपा...लेकिन पहलेवाले दोनों इसलिए बेकार लगे कि उनमें अनुस्वार था। दोनों के बारे में माँ से पूछ लेगा।

घर नजदीक आया।

पड़ोस में कहीं गृह-प्रवेश था। लाउड स्पीकर की कृपा से कान फटने लगे। जाने कैसे-कैसे रिकार्ड चढ़ा रहे थे ! वफा कर रहा हूँ, वफा चाहता हूँ...जरा आँख में भर लो पानी...नया संसार बसाऊँगी...काली कमलीवाले तुमको लाखों सलाम...एक पैसा दे दो...संगम होगा कि नहीं....बस, अब आप कुछ सोच भी नहीं सकते ! ये रिकार्ड आपको सुनने ही पड़ेंगे ! आपको सरदर्द है, इनकी बला से ! कॉपी-कलम सम्भालकर आप अपना 'टास्क' पूरा करने बैठे हैं, इनकी बला से ! आपको नींद नहीं आ रही है, इनकी

बला से !

सुरेश ने बरामदे में टेबुल पर बस्ता पटक दिया और माँ के कमरे में झाँका।

माँ कहानियों की किसी पत्रिका में डूबी हुई थीं। दो तकिया जमाये, आधा लेटकर।

सुरेश को अपनी पीठ से सटा पाकर बोलीं—''हाथ-मुँह धोकर आओ। मैं उठकर नाश्ता निकाल लाती हूँ।''

''आज मामा को पत्र लिखूँगा...''

''अच्छा, लिखना। पहले नाश्ता तो कर ले !''

''और अगर मैं पहले पत्र ही लिखने बैठ जाऊँ ?''

इस पर श्रीमती गिरिजा ठाकुर उठ बैठीं। पुत्र के गाल पर प्यार का एक ठुनका लगाकर मुस्कुराती हुई निकलीं, रसोई-घर की ओर बढ़ गईं।

सुरेश हाथ-मुँह धो आया।

नाश्ते में हलवा था आज, मकई का।

''यह तो बहुत अच्छा लगता है माँ !''

''तेरे भाई को लेकिन नहीं भाता है।'' माँ बोलीं—''मकई का क्या, गेहूँ की सूजी का भी नहीं। वह पक्का साहब निकलेगा।''

''और मैं ?''

''देसी साहब ! चुस्त पाजामा और शेरवानी वाला साहब ?''

सुरेश ने मुँह बना लिया।

''किसी दिन विपिन को भी मकई का यह हलवा चखने दूँगी। क्या पता, गुजराती घरों में मकई का क्या-क्या बनाते हैं !''

विपिन सुरेश के बड़े भाई का साथी था। धनबाद में दोनों साथ रहते थे।

सुरेश के दो साथी आनेवाले थे। फिर उन्हें साथ ही कहीं टहलने जाना था।

जल्दी-जल्दी नाश्ता करके वह उठा और पासवाले क्वार्टर के हाते के अन्दर जाकर जँगले पर उँगली से तीन बार खटखटाया।

बॉब हेयर और बड़ी आँखों वाली एक लड़की ने जंगला खोला—''चिल्ड्रेन्स एनिमल फ्रेन्ड्स'' की चटकीली जिल्द उसने सुरेश के हाथों में थमा दी। मुस्कुराकर बोली :

''कहिए कवि महोदय, आप अपनी रचनाएँ हमें कब सुना रहे हैं ?''

''शनिवार की शाम को। लेकिन प्रेमा, तुम अपनी सहेलियों को न बुलवाना ! प्लीज़ !''

''इतना शर्माते हो !''

सुरेश ने इस पर संकोची निगाहों से उसे देख भर लिया। बोला कुछ नहीं।

श्रीमती गिरिजा ठाकुर ने अन्दर वाले बरामदे से नीचे जरा हटकर, अँगनई में,

पुदीना लगा रक्खा था। आज जाने कितने दिनों बाद सुरेश के जी में आया, अपनी माँ के इन उद्भुद्-शिशुओं से मूक भाषा में बातें करे !

वह घुटनों के बल, प्रार्थना की मुद्रा में, पुदीने की घनी लत्तरों पर झुक गया और लम्बी साँस खींचकर उनकी ताजा खुशबू अन्दर लेने लगा। फिर एक पत्ती खोंटकर मुँह में डाल लिया और चबलाने लगा...

इतने में बाहर से घंटी की आवाज आई।

एक ही साइकिल पर आगे-पीछे दोनों साथी आ पहुँचे थे।

सुरेश बाहर निकलने लगा, तो माँ ने कहा—"देर नहीं करना !"

"अच्छा !"

[छात्र-सखा, जून 1967]

☐ होनहारों की दुनिया (बाल स्तम्भ)

हलो—दफ्तर में आते ही काका ने फोन का चोंगा उठा लिया और अशोक से बात करनी चाही—हलो !

थोड़ी देर बाद किसी महिला स्वर ने जवाब दिया—अशोक नहीं है।

नीलिमा तो होगी ?

—नहीं, वो भी नहीं है !

फिर काका ने सरोजकुमार ('प्रभात' जी के लड़के) को फोन करना चाहा, मगर नंबर नहीं याद आया।

तो काका तड़पकर रह गए...

दो-तीन महीने बाद बाहर से आए हैं—बुझावन काका नंबर दो हैं न आप !

वाह : काकाजी, कहाँ रहे आप इतने दिनों तक !

बोस रोज कलकत्ता और दो महीने इलाहाबाद...

उपन्यास लिखने के लिए यह अज्ञातवास था !

तो कौन-सा तीर मारा काका ने ? क्या लिखा ?

मलाहों-मछुओं की जिंदगी पर एक उपन्यास लिखा है—'वरुण के बेटे'

काका 'योगी' के पिछले 10-12 अंक जल्दी-जल्दी देख गए। ओह ! यह क्या ! बीच-बीच में कई-कई अंक सूने-सूने से निकले !

बुझावन काका—नंबर एक (प्रधान संपादक)—बेचारे कहाँ तक इतनी बोझ सँभालें ! होनहारों में सिर्फ तीन-चार नाम ही दिखाई पड़े...नीलिमा, तारक, अशोक, नंदकिशोर...

लेकिन नीलिमा का पत्र तो गजब का रहा ! अंदर की सारी आग उन पंक्तियों में उँड़ेल दी थी नीलिमा ने ! बेटी, तू बेटी नहीं; बेटा है तू तो ! मामूली बेटा नहीं, दस बेटों की ताकतवाला एक बेटा !!

अगले ही दिन नीलिमा के घर पहुँचे और उसकी पीठ ठोक आए हैं।

इस अर्से में कुमुद बिटिया क्यों चुप रही ?

क्या हो गया है तुझे कुमुद बेटा ? किन झंझटों ने तेरी कलम को जकड़ रखा है लल्ली ? काका को तेरी यह चुप्पी बेहद अखर रही है...

और, तारक ? तू भी तो गुमसुम है ! बोल, बबुआ बोल !

नंदकिशोर (जितौरा, शाहाबाद) के कई-एक पत्र सामने हैं...उसकी इम्तिहान की तैयारियाँ चल रही हैं, फिर भी काका से बातचीत किए बिना रहा नहीं जाता बच्चू से। 'भतीजों की करतूत' शीर्षकवाली तेरी तिनरंगी कार्टून काका को खूब भायी है ! किसने कहा, काका तुझ पर रूठे हैं ! नहीं रे, नहीं !

बबुआ ब्रजकिशोर (बसंतपुर, सारन) ने कसकर चुटकी ली है—'हमें लगता है, योगी का जी बच्चों की छेड़खानी से ऊब गया है। तभी तो इधर के अंकों में 'होनहारों की दुनिया' नदारद है काका !...'

बोर्ड मिडिल स्कूल, वसंतपुर (सारन) के सहकारी प्रधानाध्यापक भाई श्री राजबल्लभ सहाय जी का एक पत्र इन निगाहों से गुजरा है। उन्होंने कलम की अपनी निब मानस-मधुकुंड में डुबोकर जो बातें लिखी हैं, बुझाबन की लेखनी भला कैसे दे पाएगी उनका उत्तर ?

होनहारों को याद होगा कि जीवन भाई (कुमुद के पिता) ने एक बार अपने घर पर उन्हें आमंत्रित करने की इच्छा प्रकट की थी। फिर बबुआ रमाकांत (मिडिल स्कूल, वसंतपुर का छात्र) ने काका से अनुरोध किया था कि होनहारों का पहला सम्मेलन उसी के स्कूली प्रांगण में हो। राजवल्लभ भाई ने अपने छात्र के उसी प्रस्ताव पर जोर दिया है...

लेकिन काका को मरवन (मुजफ्फरपुर के बिलकुल करीब) ज्यादा सुगम और सभी दृष्टियों से सुविधापूर्ण लगता है। बाहर से काका और उनके साथ दो-एक और सज्जन बसंतपुर पहुँच जाएँगे, मगर बाकी होनहारों को वहाँ तक पहुँचने में भारी असुविधा होगी। सभी होनहारों का सम्मेलन न होकर वह सिर्फ बसंतपुरिया होनहारों का सम्मेलन हो जाएगा न ?

खैर, काका अभी सोचेंगे इसके बारे में...

[योगी, 4 फरवरी 1956]

□

अभी उस रोज अचानक जीवन भाई ने दर्शन दिए तो बड़ी खुशी हुई। उनसे यह जानकर तो और भी खुशी हुई कि उनका बड़ा लड़का अब अच्छी तरह रोगमुक्त हो गया है, कुमुद का बड़ा भाई। इस सु-समाचार से सभी होनहारों को प्रसन्नता होगी। दूसरी बात जीवन भाई ने यह भी बताई कि मई तक उनके गाँव में होनहारों का सम्मेलन नहीं हो सकता, क्योंकि बच्चे परीक्षाओं में मशगूल रहेंगे।

काका सोच रहे हैं कि होली तक यह संख्याक्रम चालू रहे। उसके बाद फिर से सदस्यता आरंभ की जाए। तब तक संख्या शायद 200 तक पहुँच जाए।

होनहारों की दुनिया में तीन प्रकार के लड़के सदस्य हुए हैं :

1. जो छापे की टाइप में अपना नाम देखकर एक बार में ही संतुष्ट हो गए और

फिर किसी ने काका की खोज-खबर नहीं ली।

2. जो कभी-कधार एक-आध खत लिखते हैं।

3. जो पूरी दिलचस्पी लेते हैं।

पहली तरह के होनहारों से काका को भारी शिकायत है। उन्हें सदस्य बने रहने का क्या अधिकार है ? दूसरी तरह के सदस्य आगे चलकर शायद सक्रिय हो उठें। तीसरी तरह के सदस्यों पर काका खुश हैं।

इसी प्रकार होनहारों की भी शिकायत काका से होगी ही। काका के बारे में सबसे भारी शिकायत यही होगी कि वह वचन देकर भी कई सदस्यों की रचनाओं को प्रकाशित नहीं कर पाए। दूसरी शिकायत यह कि सभी होनहारों के प्रति काका का समान व्यवहार नहीं रहा। तीसरी यह कि सभी के पत्रों का जवाब काका ने नहीं दिया। होनहारों के अधिकांश प्रश्न यों ही रह जाते हैं।

ऐसा नहीं कि काका को अपने कसूर का पता न हो। उन्हें खूब अच्छी तरह मालूम है कि क्या गलती उनकी तरफ से हुई है। जैसे कि पहली शिकायत बिल्कुल सही है होनहारों की। काका ने कई होनहारों से वादा किया था कि दीपावली अंक में तुम्हारी रचनाएँ छापेंगे। मगर रचनाएँ सबकी कहाँ छपीं !

लेकिन इतना तो बता दें काका कि कभी-कभी चाहने पर भी काम नहीं हो पाते ! कभी-कभी जगह की कमी भी मजबूर कर देती है न ? किसी-किसी के अक्षर साफ रहे और भाषा-भाव भी दुरुस्त रहे तो बार-बार रचनाएँ छपती चली गईं उसकी। तो बाकी सदस्यों के कान खड़े हुए कि फलाँ की रचना क्यों बार-बार छपती है। जरूर काका उसके प्रति पक्षपात की नीति बरतते होंगे।

अलग से सबको जवाब देना असंभव था और रहेगा। मामूली अशुद्धियाँ हुईं तो काका सँभालकर उस रचना को प्रकाशित करा देते हैं। 200 सदस्यों में से मुश्किल से 10 ऐसे होंगे जो अच्छा लिखते होंगे। तो फिर काका क्या करें ?

[योगी, 25 फरवरी 1956]

□

मौलिकता की बात उठाकर काका ने ब्रजकिशोर (बरसंतपुर, सारन) की नीयत पर संदेह प्रकट किया था और उसके साहित्यिक गाइड श्री राजबल्लभ बाबू से कैफियत तलब की थी। बबुआ ब्रजकिशोर ने जमकर इसका प्रतिवाद किया है और काका को ललकारा है कि आमने-सामने वह उसकी प्रतिभा को अपनी कसौटी पर परख लें !...बस, बेटा ! बस ! मान गए काका तेरी प्रतिभा का लोहा...

बात यों हुई कि एक दिन 'योगी' के दफ्तर में एक मित्र ने बाबू बुझावन सिंह से कहा—आपके भतीजे तो बड़े साहित्यकारों के कान काटते हैं...मिडिल और हाईस्कूल के लड़के इतना अच्छा लिख कैसे लेते हैं बुझावन भाई? जरूर वे आपको झाँसा देकर

अपना लेख-बेख छपवा लेते होंगे !...काका ने चुपचाप पी तो नहीं लिया उस आरोप को; भतीजों की तरफदारी करते रहे देर तक। मगर दिल में खटका जरूर पैदा हो गया। एक बार ब्रजकिशोर का लेख आया एक। उसका एक-एक वाक्य उद्धरण-चिह्नों से घिरा पड़ा था। उस प्रकार उक्त लेख का छपना अशोभन प्रतीत हुआ तो काका ने कोटेशन के सारे निशान हटा दिए और लेख 'सूक्तियों का संकलन' या 'विचारों की तालिका' मात्र न रहकर सचमुच लेख बनकर पाठकों के समक्ष आया। अब बुझावन से किन्हीं मान्य बंधु ने जब यह बात कही तो उनका मन इस कोटि के भतीजों पर जरा गरम हो उठा। सामने आए ब्रजकिशोर। सो डंडा सीधे इन्हीं के माथे पर पड़ा...

सफाई में ब्रजकिशोर ने सत्तर पंक्तियों का एक लंबा पत्र भेजा है। अलग से उसके अध्यापक भी राजबल्लभ बाबू का भी खत आया है। 24 फरवरी को दोनों पटना आए थे तो काका की कुटिया तक पहुँचे और एक-एक स्लिप छोड़ आए।

इन पंक्तियों में ब्रजकिशोर का क्षोभ उबल रहा है—

"क्या ही गजब की दुनिया है काका ! क्या यहाँ सभी एक-दूसरे को शंका की ही नजरों से देखते हैं ? क्या यहाँ अविश्वास ही अविश्वास है ? साधना की राह पर किसी के तेज कदमों को देखकर क्या यही कहा जाएगा कि उसकी गति अपनी नहीं बल्कि उधार की गति है ? क्या यह संभव नहीं, कि लघु वय और थोड़ी साधना में साध्य के निकट तक जाया जा सके ?..."

राई-भर भी कुटिलता काका के मन में तुम्हारे प्रति नहीं है बबुआ ! तुम बेहिचक लिखते चलो ! मासिक पत्रों में अपनी रचनाएँ भेजा करो...अधिक से अधिक स्वाध्याय करो, दूसरे के मंतव्यों को अच्छी तरह पचाते चलो और उसमें अपना भी कुछ मिलाते चलो बेटा !

कोटेशनों की भरमार से अपनी रचनाओं को हमेशा बचाए रखना।

बहुत दिनों के बाद काका को कुमुद बिटिया की एक कविता मिली और विनोदिनी ने चुटकुले बटोरकर भेजे हैं। तारक की कोई रचना अब फाईल में नहीं दीखती, वह कुछ भेजे तो अच्छा।

नीलिमा बबुनी के उस पत्र की चर्चा में डूबे हुए और भी कई खत होनहारों के आए हैं। नीली को लड़कियों की समस्या पर फिर कुछ-न-कुछ लिखना चाहिए न ?

जी. एल. प्रदीप (चाँदवानी कुटीर, बीकानेर, राजस्थान) ने अपना पूरा नाम फिर भी काका को नहीं मालूम होने दिया। 'जी. एच.' के पीछे आखिर ऐसा कौन रहस्य होगा ! प्रदीप ने एक कविता भेजी है मगर छंद-वंद उसमें कुछ है ही नहीं, काका भला उसे कैसे छपने दें ? और यही हाल है विजयकुमार सिंह (माधोपुर, सारन) की कविताओं का।

काका बार-बार आगाह कर चुके हैं कि बिना छंद-ज्ञान के कविता न लिखे कोई, मगर होनहार साहबान मानते ही नहीं ! एक-पर-एक फूहड़ तुक-बंदी मारे जा रहे हैं।

[योगी, 10 मार्च 1956]

□

शुकदेव प्रसाद (बीबीगंज, जिला पूर्णिया) ने अपनी रचना के साथ टिकटें भेजी हैं, मगर काका ने उन टिकटों को फाड़कर फेंक दिया है। वे बेकार की टिकटें थीं। किसी दफ्तर से मुफ्त की उड़ाई हुई टिकटों का इस्तेमाल अनुचित है। गैरकानूनी है।

कुछ लड़कों ने पूछा है कि कम खर्च में किस प्रकार 'योगी' को रचनाएँ भेजी जाएँ। अभी दुअन्नी लिफाफे के अंदर होनहार भाई अपनी-अपनी रचना भेजते हैं। दो आने खर्च करने की जरूरत नहीं। एक आने में ही काम चल सकता है। खुला लिफाफा लो, उसके अंदर रचना रखो। अंदर जरा-सा कोना लिफाफे के भीतरी कागज से सटाकर चिपका दो, ताकि रचनावाला कागज खुले लिफाफे से खिसककर बाहर न गिर पड़े। लिफाफे पर पता लिखकर कोने में यह भी लिख दो कि अखबार में छपने के लिए। बस इकन्नी की टिकट साट दो, काका को तुम्हारी रचना मिल जाएगी। इस प्रकार तुम्हारा एक आना बच जाएगा। बार-बार दुअन्नी लिफाफा भेजने से तो खर्च के मारे तबाह हो जाओगे बबुआ ! समझे ?

काका ने रहने की अपनी जगह बदल ली है। वह अब पटना नहीं, इलाहाबाद रहते हैं। वहीं से 'होनहारों की दुनिया' के लिए सामग्री भेजा करते हैं। जो सीधे काका को चिट्ठी लिखना या रचना भेजना चाहें, वह नीचे लिखा पता नोट कर लें—98/ए पुरुषोत्तम नगर, इलाहाबाद-4।

[योगी, 17 मार्च 1956]

□

दो ही तीन रोज बाद होली आ धमकेगी।

काका एक-एक चुटकी अबीर अपने भतीजों और भतीजियों के लिए रिजर्व रखे हुए हैं—मन में ही सही !

हँसी-खुशी और मस्ती का यह त्यौहार अनाप-शनाप बकने का नहीं है। जो नहीं चाहता हो, उस राहगीर पर रंग की पिचकारी या कीचड़ डालना गुंडई है। आशा है, होनहारगण होली में संजीदगी बरतेंगे।

होनहारों की अपनी दुनिया से अलग, बिहार की अपनी भूमि से अलग काका को रहना पड़ रहा है। पटना में मौजूद होते तो होली के दिन अपने दस-बीस रजिस्टर्ड भतीजों के बीच जरूर पहुँच जाते और मृदंग पर थाप देकर चीखते—अररर कबीर... सररर कबीर...खैर, जाने दो !

आशा है कि मालपुए खाते वक्त होनहार अपने प्रिय काका को अवश्य याद करेंगे...

[योगी, 24 मार्च 1956]

□

चाकलेट या टाफी का जायका न लिया हो, ऐसे लोग नगरों में शायद ही होंगे। यह है ही ऐसी वस्तु जिसके नाम पर लड़कों का मुँह पानी से भर जाता है।

अच्छा, यह तो बताओ कि किसने पहले यह चाकलेट बनाया ?

क्या कहा ? कोलंबस ?

अरे वही, जिसने अमेरिका को ढूँढ़ निकाला था ?

हाँ, उसी कोलम्बस ने चाकलेट का आविष्कार किया था !

चाकलेट कोको से बनता है। अमेरिका में कोको के पेड़ बहुतायत से उगते हैं। कोलंबस जब अमेरिका पहुँचा तो वहाँ के निवासियों से उसकी और उसके दल के लोगों की जान-पहचान बढ़ी। उन्हें कोको का भी पता लगा। कोको की फलियाँ उन आगंतुकों को खूब अच्छी लगीं।

कोलंबस लौटा तो ढेर की ढेर कोको की फलियाँ साथ लिए आया। अब तक यूरोप में चाकलेट का नाम नहीं सुना गया था। स्पेन में कोलंबस की कृपा से चाकलेट चालू हुआ तो पीछे समूचे यूरोप में इस वस्तु का प्रचार हो गया।

इंग्लैंड में चाकलेट का प्रवेश सन 1967 ई. में हुआ। पहले लोगों में बिना मूल्य के ही चाकलेट बाँटे जाते थे। चस्का लग जाने पर लड़के इसे खरीद-खरीदकर खाने लगे।

कोको की फली देखने में हर्रे की तरह लगती है। पेड़ में लगी होती है, तभी अँकुसी लगाकर इन फलियों का छिलका जरा अलग कर दिया जाता है। वहीं वे सूखती रहती हैं। फिर बोरियों में बंद करके कोको की सूखी फलियाँ कारखाने में पहुँचा दी जाती हैं। कारखाने में लोहे की बड़ी-बड़ी ट्रे के अंदर डालकर उन फलियों को बिजली की मद्धिम आँच द्वारा सेका जाता है। अब मशीन की चक्की या खाल में उनकी बुकनी तैयार होती है। फिर उन्हें बारीकी से पीस लेते हैं और चीनी, दूध वगैरह मिलाकर गाढ़ा कर लेते हैं। उसी गाढ़ी लेई को किस्म-किस्म के साँचों में ढालकर जमा देने पर चाकलेट तैयार होता है। सुनहले-रुपहले कागज के टुकड़ों में लपेट देने पर तो यह और भी लुभावना लगता है।

कारखाने से निकलकर चाकलेट के बक्से बाजारों में आ जाते हैं। गोदाम से छोटी दुकानों में। छोटी दुकानों से उन्हें तुम खरीद लाते हो, और तब ?

पाकिट से एक-एक कर निकालते हो और मुँह के हवाले करते जाते हो !

[योगी, 24 मार्च 1956]

□

एक भतीजा बाबू 'चार सौ बीस' शीर्षक अपनी एक कहानी यों शुरू करते हैं—

'साधारणतः गधे बड़े मूर्ख होते हैं। इसीलिए धोबी भी जो चालाक होंगे सो मालूम

ही होगा...'

इसके आगे एक धोबी के बुद्धूपन का आख्यान आरंभ होता है। काका का इस भतीजा की 'मौलिक सूझ' से घोर मतभेद है। भला यह क्या दलील हुई कि गधों के साथ रहने से धोबी भी मूर्ख होते होंगे या बैलों के साथ किसान बुद्धू होते होंगे ! बबुआ, यों अपने मुँह मियाँ मिट्ठू मत बनो ! कोई भी जाति समूची-की-समूची गधा या बैल नहीं हुआ करती। हाँ, व्यक्तिगत तौर पर हमें ब्राह्मण भी यदा-कदा गधा दीख जाता है, राजपूत भी और कायस्थ भी; हिंदू भी और मुसलमान भी। गधे और बैल भला किस जाति में नहीं पाए जाते ?

दूसरी बात यह है कि स्वाधीन भारत का एक-एक व्यक्ति समान श्रद्धा और आदर का पात्र है। अब वह जमाना लद गया कि किसी को तुम 'धोबिया' या 'चमरवा' या 'डोमड़ा' या 'मलेच्छ' अथवा 'चंडाल' कहते फिरो। इस प्रकार के अपने पुराने संस्कारों से जितना शीघ्र हम अपना पिंड छुड़ा लें, उतना ही अधिक भला होगा—व्यक्ति का भी और समाज का भी और समूचे भारत का भी। समझे बबुआ ? नाम खोलकर काका तुम्हें अन्यान्य होनहारों के सामने लज्जित नहीं होने देंगे।

ठीक है, पुरानी कहानियों में और गीतों में हमें अपनी मानव-जाति के किन्हीं अंशों के प्रति उस प्रकार के अपमानपूर्ण संबोधन अब भी सुनाई पड़ते हैं। ठीक है, अब भी अदूरदर्शी और नासमझ कुछ एक अकड़ूखाँ अपनी मूँछों पर ताव देते हुए 'छोटी जात' वालों को खुलेआम 'कुकुर-बानर' कहते घूमते हैं। लेकिन नवीन भारत के हम नए लोग इस प्रकार की गलती स्वप्न में भी नहीं करेंगे। अपने किसी ग्रामीण को, स्कूल-कालेज के अपने किसी साथी को हम जातिगत या धनगत कारणों से तुच्छ नहीं मान लेंगे। कल का चमरवा आज हमारे लिए रविदास भाई है। अपनी पुरानी जीभ और पिछड़ी चेतना को हमें स्वाधीन राष्ट्र की नई-ताजी भावनाओं से धो डालना होगा।

कोई भी कहानी या गीत या कविता हम इस प्रकार की नहीं छापेंगे, जिसमें जातिगत आक्षेप और संकीर्णता की गंध रहेगी। होनहार भाई इस तथ्य पर ध्यान रखें।

काका को आजकल होनहारों की दो ही चार चिट्ठियाँ मिलती हैं। जिन्हें नया पता (बुझावन काका, मार्फत नागार्जुन, दारागंज, इलाहाबाद) नहीं मालूम हो, वे नोट कर लें। बहुत सारी डाक होनहारों की भेजी हुई पटना-आफिस में पड़ी हुई है। दो-चार दिनों के अंदर ही वह काका को प्राप्त होगी।

पत्रों के जवाब, नए सदस्यों की संख्या आदि अगले अंक में। काका को यह जानने की बेचैनी है कि परीक्षाओं के बाद छुट्टियों में बबुआ लोग क्या शगल अपनाएँगे।

[योगी, 21 अप्रैल 1956]

□

जितौरा (शाहाबाद जिला) के होनहार रामप्रसाद राय पूछते हैं अपने एक पत्र में : 'आगामी वर्ष 1957 ई. के लिए बहुत-सी बातें सुन रहा हूँ...सन् 57 में कोई-न-कोई उपद्रव अवश्य ही होगा जिस तरह 1857 में हुआ था...मैं सोचता हूँ कि लोगों की यही धारणा गलत है...'

काका भी इस धारणा को बे-बुनियाद मानते हैं। भविष्य-वक्ता लोग और तो कुछ नहीं, गलतफहमी जरूर फैलाते हैं। 1957 में आसमान नहीं फट पड़ेगा, धरती नहीं उलट जाएगी। हाँ, संसार की सामान्य प्रगति में स्वाभाविक फेर-फार जो होता है वह अवश्य होगा। पंडित श्री जवाहरलाल नेहरू ने अभी हाल में ही कहा है : 'ज्योतिषी बड़े खतरनाक होते हैं, उनसे किसी बात की सलाह लेना तो और भी खतरनाक है।' ज्योतिषियों के अलावा कुछ संत-महात्मा और पाधा-पंडित भी इस तरह की अफवाहें फैलाते हैं। काका को अपने होनहारों पर विश्वास है कि वे बबुआ रामप्रसाद की तरह ही आगामी सन 57 के बारे में इन अफवाहों को कोरी बकवास मानेंगे और दूसरों को भी इस विषय में समझाएँगे।

काका ने कई बार मना किया है फिर भी होनहार भाई कविताएँ भेजना बंद नहीं करते। कुछ होनहार अपने साथियों और पड़ोसियों के बारे में ही अपने दिल की उबाल निकालते हैं और काका को परेशान करते रहते हैं कि 'हमारी वह कहानी अब तक क्यों नहीं छपी ?'

शशिभूशण प्र. शुक्ल (जलालपुर, जि. मुजफ्फरपुर) ने अपने एक लेख द्वारा काका की चुटकी ली है—"चंचल-परिषद् (बालक) के सदस्यों की संख्या हजार से ऊपर पहुँच गई और योगी कैसा मनहूस पत्र है जिसमें होनहारों की तादाद अभी तक दो सौ से भी कम है !" जियो बेटे, भला कोई तो काका की नाक पकड़े ! मगर...यह तो तुम्हें समझ ही लेना होगा कि योगी बालकों की पत्रिका नहीं है और 'बालक' चूँकि बालकों की पत्रिका है, इसीलिए चंचल-परिषद् की सदस्य संख्या उतनी अधिक हो गई। दूसरी बात बसी शुक्ल के लेख से यह मालूम हुई कि जी. एच. प्रदीप (बीकानेर) का पूरा नाम सत्यनारायण मूँधड़ा 'प्रदीप' है—'चंचल-परिषद्' का वह सदस्य है। लेकिन काका की समझ में यह नहीं आया कि फिर वह एस. एन. प्रदीप न होकर जी. एच. प्रदीप कैसे हो गया ? ठीक है कि दोनों नाम बीकानेर से संबंधित हैं। अब जी. एच. प्रदीप ही बताए कि तथ्य क्या है ?

[योगी, 5 मई 1956]

डायरी

नई दिल्ली : 30 जनवरी 1967

हवा काफी सर्द है।

शाम को चार बजे बापू की समाधि के दर्शन करने पहुँचा।

हँसमुख भाई बाहर ही पुस्तक विक्रेता के काउंटर पर बैठे थे। 10.40 का गाँधी साहित्य लिया। अंग्रेजी भी, हिंदी भी। स्वाध्याय के लिए। फिर जूते खोलकर अंदर समाधि की परिक्रमा की। कुछ देर के लिए वहाँ खड़े रहे। सैकड़ों दर्शनार्थी, आ-जा रहे थे।

दक्षिण भारत के किसानों की एक भीड़ आई। उसमें से दो-तीन अर्द्धशिक्षित-से दिखनेवाले भाइयों ने समाधि के समक्ष साष्टांग दंडवत् किया...उनकी यह श्रद्धा देखकर मेरे तो आँखों में आँसू आ गए। फिर मैंने समाधि के निकटवर्ती परिचारक से बातें कीं।

वह गाजियाबाद तहसील का रहनेवाला 'बाल्मीकि' भाई है। 5 वर्षों से इस ड्यूटी पर है। 95-0 तनखा पाता है। क्वार्टर मिला हुआ है।

बाल्मीकि कौन बिरादरी होता है ? मैंने पूछा।

वह बोला : हरिजन।

हरिजन ? बिरादरी कौन-सी ?

अरे बाबूजी, भंगी नहीं होते हैं तुम्हारे तरफ ?

कहाँ के रहनेवाले हो आप ?

मैं तो भई बिहार का हूँ। उधर बाल्मीकि नहीं होता है। होते हैं रविदास भाई...

फिर मैंने फुसफुसाकर कहा : यह जो जगजीवनराम हैं न, अपने बिहार के ही तो हैं। वह अपने रविदास भाई हैं। जानते हो ?

स्वीकार की मुद्रा में उसका माथा हिला।

इतने में दर्शनार्थियों का एक और हुजूम आया।

11.2.67, पटना

गाँधी टोपी और हेटवाली, वह रचना कल पूरी हुई जो 9/2 को शुरू की गई थी। अब अच्छी जमी है। जनशक्ति के ताजे अंक में (12/2) प्रकाशित हो रही है।

6 की शाम को यहाँ पहुँचा था। शोभाकांत, रतन और सुकांत यहाँ मेरी आगवानी में मौजूद थे। उनसे मिलकर अपार प्रसन्नता हुई।

7 की शाम को शोभाकांत तरौनी के लिए ट्रेन पकड़ने गए। कामचलाऊ रुपए-पैसे ले गए हैं। ज्यादा रकम थी ही नहीं।

जुग्गीलाल से मालूम हुआ : राजपाल एंड संस वाला चेक इलाहाबाद चला गया

है...मैंने शिवकुमार सहाय को पत्र लिखा है : चेक क्या हुआ ! जुग्गीलाल ने बतलाया कि आपका पासबुक का नंबर मालूम रहता तो यहीं मैं आपके अकाउंट में इस चेक को जमा करा देता...

हाँ, यह भूल ही हुई। जुग्गीलाल को मैं बतला गया होता न !

x x x

इस बार शायद रामावतार शास्त्री जीत जाएँ। वो M.P. हो जाएँ तो खूब रहे...

महाबाबू शायद हार जाएँगे !

मगर के.बी. सहाय जीतकर भी इस बार फिर चीफ मिनिस्टर नहीं होंगे।

7.3.67

चमत्कार !

यहाँ तो बिहार के मतदाताओं की कृपा से भारी चमत्कार हो गया ! बैलट बॉक्स इस बार बिहार के लिए 'क्रांति की संदूक' प्रमाणित हुए...विधानसभा में कांग्रेसी आधी सीटों पर भी नहीं आ सके और विरोधी पार्टियों की मिली-जुली सरकार कायम हो गई।

"महामाया बाबू की जय !"
"महामाया बाबू की जय !"
"महामाया बाबू की जय !"

आप न केवल जीत गए बल्कि कृष्णवल्लभ सहाय की जगह चीफ मिनिस्टर भी आपको ही होना था...देखिए, अपना ईमान नहीं डिगाइएगा—कांग्रेसी चीफ मिनिस्टरों के रास्ते पर नहीं झुकिएगा !

आखिर आप भी तो पुराने कांग्रेसी ठहरे। देखिएगा, कहीं तेजहरण की वही प्रक्रिया न शुरू हो जाए आपके अंदर भी !

परसों (रविवार) शपथ ग्रहण समारोह सकुशल संपन्न हुआ। महेश प्रसाद सिंह की लार अंत तक टपकती रही, मगर विनोदा पंडित ने उनका मनोरथ पूरा कहाँ होने दिया ! हाय री कुर्सी...

"आशा बलवती राजन्" कोई बात नहीं, कांग्रेस चार-छै महीने में वापस आएगी और हकूमत अपनी सँभालेगी ही...

बहुतेरे इस खुशफहमी के शिकार हैं, उनका जी नहीं मानता कि यह नई सरकार चल सकेगी !

यह सरकार चले या नहीं चले—आपकी चहेती पुरानी सरकार अब कभी वापस नहीं आएगी, आए तो मेरे नाम पर कुत्ता पोस लीजिएगा ! समझा ?

"क्या कर लेंगे महामाया बाबू ?"
"क्या कर लेंगे कर्पूरी ठाकुर ?"
"क्या कर लेंगे रामगढ़ के राजा ?"

"क्या कर लेंगे रामानंद तिवारी ?"
"क्या कर लेंगे चंद्रशेखर सिंह ?"
"क्या कर लेंगे रामदेव महतो ?"
"क्या कर लेंगे ये लोग ?"

अपनी मर्जी से कुछ नहीं करेंगे; जनता जो चाहेगी करवा लेगी। वही जनता जिसने उन्हें जिताया है। वह उन्हें सब कुछ सिखला देगी। यों ही नहीं छोड़ देगी...

23.5.67

इस अर्से में कई बातें हुईं :

(क) एक पत्रिका निकालने का जनून सवार रहा दिल-ओ दिमाग पर। 'जनरुची' का ब्लाक भी तैयार पड़ा है। कागज भी ले लिया गया।

(ख) रतन लगभग दो महीने साथ रहा। हमने एक दूसरे को काफी नजदीक से देखा। सुना-समझा। लड़का तो वास्तव में हीरा है। उर्मिला के प्रति हद दर्जे का प्यार है उसके अंदर। हम उसके लिए अब तक तो कुछ कर नहीं पाए। देखें, आगे क्या होता है।

(ग) उरो ससुराल गई—4 मई को। वहाँ उसकी तबीयत लग गई है, ऐसा रतन ने सूचित किया है।

(घ) लिखाई यों तो ठप है इन दिनों। मगर कविताएँ (मैथिली में) कुछ अच्छी तैयार हुईं। चलो, एक काम तो हुआ तसल्ली का।

(च) नई सरकार अच्छा काम कर रही है। कांग्रेसियों के हौसले पूरी तरह टूटे नहीं हैं, अब तक ! टूट जाएँगे।

(छ) नकद रकम के लिए बेहद भटकना पड़ा।

(ज) अपना माल शायद अब निकल जाए।

x x x

'क्षेत्रीय (प्रमंडलीय) साहाय्य-प्रसार-पदाधिकारी' यानी 'प्रमंडलीय सूचना प्रसार पदाधिकारी' का नया पोस्ट आज नागार्जुन के लिए अस्तित्व में आया और मुझे 250) के वेतनमान पर सरकारी 'चाकरी' अनायास मिल गई। यह सब श्री हरिनंदन ठाकुर की बदौलत हो गया और इस तरह आनन-फानन !

30.6.67

कल के अखबारों में कुछ बड़े ऑफिसरों के तबादले घोषित हुए। हमारे आयुक्त (ठाकुर) का तबादला 'एग्रिकल्चरल प्रोडक्शन कमिश्नर' के पद पर हो गया। अब नए आयुक्त हो रहे करम सिंह I.A.S. जो कि अब तक एग्रिकल्चरल प्रोडक्शन कमिश्नर रहे हैं। आप कुछ वर्ष पहले पटने का जिलाधीश भी रह चुके हैं। इधर अकाल क्षेत्रों के कई चक्कर लगा चुका हूँ। इतना अधिक देख चुका हूँ कि अब 2-3 उपन्यास मजे में निकल आएँगे।

कमलेश्वर का काम अब हो ही जाना चाहिए। 'सारिका' में बेचारा लगातार कई

अंकों तक विज्ञापन करवाता रहा : 'सूखे बादलों की परछाइयाँ' आखिर अब तक 'मारिका' को बरगलाती ही रहीं। अमृता के साथ बिहारशरीफ, शेखपुरा, सिकंदरा और जमुई हो आया हूँ। जमुई के ग्रामांचलों में अकाल की बड़ी गहरी छाप पड़ी है। अन्न संकट तो था ही, अब आवास संकट भी तीव्रतम हो उठेगा। बरसात का मौसम खेत-मजदूरों के झोंपड़ों को एकदम बैठा ही देगा।

अब मुझे पलामू भी हो ही आना चाहिए और एक बार अधौरा (अधुआरा) भी। फिर चित्र पूरे उतरेंगे।

शोभाकांत और रतन पधारे परसों। तरौनी का बुरा हाल है। न अनाज मिलता है; न पीने का पानी। मैंने कहा—"यही हाल रहा तो परिवार को पटना ले आओ।"

पकड़िया गाँव कोसी के पाटों के बीच पड़ता है। वहाँ अन्न संकट या सूखा संकट नहीं है।

उर्मिला ने वहाँ 'गृह लक्ष्मी' का अपना दायित्व सँभाल लिया है। रसोई आदि कई घरेलू काम वह अच्छी तरह जानती है। उस मोर्चे पर उरो कभी पीछे नहीं हटेगी।

x x x

19 जून को राजकमल चौधरी का देहावसान हो गया।

दर-असल वह ज्यादा जीना भी नहीं चाहता था।

उसकी पहली दो किताबें (आदिकथा और स्वरगंधा) '58 में छपी थीं। शुरू-शुरू की लगभग सारी रचनाओं की भाषा मैथिली हुआ करती थी।

'60 से हिंदी के सामयिक पत्रों में रचनाएँ छपने लगीं।

2.7.67

निवेदिता (त्रैमासिक) वाले राजकमल-स्मृति अंक निकाल रहे हैं। अच्छा रहेगा। निकालें, जरा मेहनत से निकालें।

दिनमान (2/7) में राजकमल चौधरी के देहावसान पर बहुत भद्दी टिप्पणी आई है। हाय रे राज. चौ., जीते जी जिसकी अनुकंपा और हमदर्दी में डूबी पंक्तियाँ तुम्हारे मन-प्राणों को आलोड़ित कर जाती थीं, जिसके ख़त तुम्हारे सिरहाने, तकिए के नीचे सहेजकर रखे जाते थे अस्पताल की बेहोशियों के दरम्यान भी, उसी का रुख अब कितना बदल गया !! हाँ, धर्मयुग ने अपने ताजे अंक में तुम्हें अच्छी तरह याद किया है...शील और शालीनता हो तो दिवंगत व्यक्ति के नाम पर इसी तरह लिखा जाएगा न ? लाख निकृष्ट हो मृत व्यक्ति, भारतीय परंपरा के अनुसार तर्पण के समय कलुष चित्र से उसकी स्मृति में अनाप-शनाप कहने-सोचने की अनुमति नहीं दी गई है...

25.9.67

पिछले दस दिनों से मैं दफ्तर नहीं जा रहा हूँ। तबीयत को उचाट लग गई है।

क्यों ? क्या बात हुई आखिर ? बात तो कुछ नहीं हुई। मेरे समय का कोई

उपयोग वहाँ नहीं होता था। अब यह काम मुझे छोड़ ही देना चाहिए न ? हाँ, छोड़ देना चाहिए।

अच्छा, छोड़ दूँगा...

पटना में अपूर्व बाढ़ आई है...राजेंद्रनगर, कंकड़बाग, राजवंशीनगर आदि नई बस्तियाँ डूब गई हैं। राजेंद्रनगर और कंकड़बाग का तो बुरा हाल है। पानी सड़ने लगा है...दुर्गंध के मारे दम घुट रहा है। सैकड़ों डॉक्टर-इंजीनियर-कन्ट्राक्टर-वकील अपनी फालतू कमाई के चलते आलीशान कोठियाँ बनवाकर उधर रहने लगे थे। सामान्य नागरिकों के लिए भी सरकार ने हजारों हल्के-मझोले क्वार्टर बनवाए थे। सबकी हालत पतली हो गई इस बाढ़ के चलते।

नई सरकार के लिए अच्छा ही हुआ...इसी तरह चार-चार छे-छे महीने बाद कोई न कोई महासंकट टपकता चला जाए तो राजनीतिक झमेले इसका बिगाड़ नहीं सकते कुछ। बाहरवालों की हमदर्दी हासिल करने का और घरेलू बखेड़ों से छुटकारा पाने का यह अचूक रास्ता प्रकृति की अनुकंपा से ही खुलता है...सूखा-संकट के बाद अब यह बाढ़-संकट...छे महीने बाद कोई और संकट आ धमके शायद। फिर तो यह सरकार टिक ही जाएगी...

मगर केंद्र में क्या होगा ?

केंद्र में अगर कांग्रेस का वर्चस्व खत्म होता है और कम्मनिस्टों-जनसंघियों को छोड़कर यानी कांग्रेस से विमुख लोकसभाइयों को लेकर कोई संयुक्त राष्ट्रीय सरकार गठित होती है तो बहुत बड़ा चमत्कार पैदा होगा...लगता है राजाजी-जयप्रकाशजी-कृपलानीजी-लिमये-लोहियाजी-नाथपई और कामथ-मसानी-रंगा आदि आपस में इन दिनों अक्सर मिला करते हैं। कांग्रेसी नेताओं का अंतर्विरोध पराकाष्ठा पर पहुँच गया है। कामराज-पाटिल-घोष की खंडित त्रिमूर्ति फिर से शक्ति-संचय करने के प्रयास में जी-जान से जुटी है। चौहान और मोरारजी की अंदरूनी प्रतिस्पर्धा छिपाए नहीं छिपती...जगजीवनराम, रामसुभग सिंह, नंदा, दिनेश सिंह, तारकेश्वरी आदि का रुख काबिले-गौर नहीं है ?

द्वारिका प्रसाद मिश्र, चंद्रभान गुप्त, नीलम संजीव रेड्डी, मुसाफिर, हितेंद्र देसाई आदि क्या यों ही छोड़ देंगे केंद्रीय पालिटिक्स को ?

और डांगे-भूपेश गुप्त ?

और रणदिवे-सुंदरैया ?

और अटलबिहारी-मधोक ?

और आखिर में हमारी देवीजी क्या सोच रही हैं इन दिनों ?

दिल्ली का वह ज्योतिषाचार्य जो नंदा जी के हाथ देखा करता था, कहाँ गया ?

निश्चय ही अब वो जयप्रकाश जी का हाथ देखना चाहता होगा ! नहीं ?

□□

23 जुलाई, 1971

पूछने पर पता चला, पासपोर्ट आदि 3 बजे मिलेगा। AIR INDIA के जनपथवाले आफिस से।

24 जुलाई, 1971 : दिल्ली-नई दिल्ली

सवेरे-सवेरे टैक्सी से माडल टाउन पहुँचे। सुधीश को साथ लिया।

दस बजे रिजर्व बैंक। परमिट मिला, लेकिन स्टेट बैंक से हम 'एक्सचेंज' फिर भी न ले सके। 380/= नगद के बदले हमें 47 डॉलर मिलने थे। पास में नगद रकम थी नहीं। किसी ने समझाकर बतलाया भी तो नहीं था...खैर !

सूटकेस, जूते आदि खरीदे। छोटी-छोटी चीजें और भी कई। सुधीश को फुर्सत दे दी। स्वामिनाथन से मुलाकात करने गया तो वह नहीं मिले। माचवे से मुलाकात हुई। उन्होंने बतलाया—"जाना तो तुम्हारा नहीं रुक सकता। पासपोर्ट और विमान टिकट तो है ही..."

सेब्र्याकोव् के लिए किताबों की एक बंडल दी शीलाजी ने। एक पत्र भी दिया।

रात 120 रवींद्र नगर में।

25 जुलाई, 1971 : दिल्ली-मास्को

सबेरे नौ बजे यह 'कामेत्' विमान पालम से उड़ा है। लगभग चार बजे मास्को पहुँचेगा। बीच में कहीं नहीं रुकेगा। इस वक्त अरब समुद्र की विस्तृत जलराशि के ऊपर से उड़ा जा रहा है। पर्शियन गल्फ के बाद ईरान की भूमि आ जाएगी। शीराज़् और तेहरान को छूता हुआ आगे चलकर सोवियत् सीमा में प्रवेश करेगा...

हमारा महाविमान लगभग तीस हजार मीटर ऊपर उड़ रहा है। नीचे सलेटी बादलोंवाला आकाश है, ऊपर स्वच्छ नीला आकाश ! बादलों की पर्त-दर-पर्त चीरकर हम बहुत-बहुत ऊपर होकर जा रहे हैं।

25.7.71 : मास्कोवाले विमान में...

ऊपर-ऊपर अति नील गगन
नीचे बादल हैं विसुध मगन
हम भूतल से मीलों ऊपर
उनचास पवन के पंखों पर

x x x

25.7.71 : मास्कोवाले विमान में...(ईरान के दृश्य)

फैली हैं दूर-दूर, बहुत दूर तक
मलिन-धूसर, निचाट सूखी पहाड़ियाँ
सित-विरल ओढ़कर घन-पटल मालाओं की झीने वितान
दीख जाते हैं बीच-बीच में
भूरे सैकत-अंचल

काकेशस के ऊपर से

जार्जिया से आगे
दिखाई पड़ने लगीं
तुषारावृत्त पहाड़ियाँ
काकेशस की
यत्र-तत्र देवदार के जंगल
यत्र-तत्र सामूहिक उत्पादनवाली नई बस्तियाँ
पहाड़ और पहाड़ और पहाड़
बर्फ और बर्फ और बर्फ
हरे - नीले - भूरे - सन्दली - कत्थई
बिछे हैं छोटे - बड़े - मझोले कालीन...
अक्सर चौकोर, लंबे, आयाताकार - समांतर
समांतर - विषमांतर - प्रलम्ब - प्रलघु
रंगीन धोतियों के थान जैसे बिछे हैं सामूहिक खेत

मास्को टाइम से दो बजे हम मास्को पहुँचे, पेकिङ् होटल में, जहाँ सुमन और गोस्वामी ठहरे हैं, वहीं मुझे भी ठहरा दिया गया।

26 जुलाई, 1971 : लेनिनग्राद्

'लाल तीर' नामक ट्रेन से हम लेनिनग्राद् पहुँचे। सुमन, गोस्वामी, नागार्जुन और सार्गिएव (दुभाषिया)।

26.7.71 : लेनिनग्राद् जानेवाली ट्रेन में

भूर्जवृक्ष के जंगलों के बीच से यह ट्रेन हमें ले जा रही है। अभी साढ़े सात बजनेवाले (भारतीय समय : तीन घंटे आगे) हैं।

लकड़ी के ढलवाँ दु-छत्ता मकान। मकानों से लगी हुई फूलों और सब्जियों की क्यारियाँ। फिर जंगल। फिर खेत। फिर जंगल। फिर खेत। ये खेत अवश्य ही सामूहिक खेतियोंवाले 'कोल खोज'-'सोव खोज' होंगे। खेतों के बीच-बीच में पुआलों-सूखी डंठलों के 'टाल' नजर आ रहे हैं...

आसमान नीला है, साफ स्वच्छ। धूप खिली हुई है।

कहीं-कहीं कोहरा छाया हुआ है। अब हम लेनिनग्राद् के निकट आ गए हैं। परिचारिका हमें चाय दे गई है। सुमन भी तैयार हो गए हैं। मैं उनकी आँखों में ड्रॉपर से दो-दो बूँद गुलाब जल के डाल देता हूँ। साधारण शिकायत थी आँखों में दर्द की...

सेर्गेई साथ चल रहे हैं। वो हमारे 'दुभाषिया सहचर' हैं। हँसमुख। अंग्रेजी-हिंदी-बंगला बोल लेते हैं। 24-25 की उम्र होगी।

चाय के साथ खाने के लिए सेर्गेई ने हमें केक और चाकलेट निकालकर दिया। यह उसकी माँ ने उसे घर से चलते समय दिया था। केक चीनी की चाशनी में पगा हुआ 'बंद' (गोल-मुलायम डबल रोटी) ही था। चाकलेट 'केडवरीज़' चाकलेट जैसा स्वाद वाला था।

'लेनिनग्राद्' का स्टेशन बड़ा विशाल है। बंबई (सेंट्रल) जैसा, लेकिन सफाई और विशालता में उससे कहीं अच्छा।

पता चला, उधर स्टेशनों पर कुली नहीं हुआ करते। हाँ, विदेशी अतिथियों के लिए 'पोर्टर' का प्रबंध हो जाता है, आमंत्रण देनेवाली संस्थाओं की तरफ से। पोर्टर छोटे ठेले पर लादकर आपके बैग आदि बाहरी कक्ष में पहुँचा देता है।

लेनिनग्राद् स्टेशन के निकट ही 'मास्को ब्काया'' होटल है। वहीं हमारे ठहराने की व्यवस्था थी। फ्रेंच जाननेवाली इंटरप्रेटर स्टेशन से ही हमारे साथ थी। होटल में पता चला कि कमरा बारह बजे से पहले नहीं मिलेगा। वो भी एक ही कमरा मिलेगा। सेर्गेई ने हमारे सामान को 'क्लॉक' में जमा करवा दिया। राय हुई कि तब तक घूम-फिरकर समय बिताया जाएगा।

दुपहर में 'समर पैलेस' देखने गए। यहाँ की 'राइटर्स युनियन' वालों ने हमारे घूमने के लिए एक कार की व्यवस्था कर दी है।

'समर पैलेस' से लगा हुआ उद्यान अपूर्व है। 'फिनलैंड की खाड़ी' वाला समुद्र सामने लहरा रहा है।

उधर से लौटकर आए तो एक छोटे-से रेस्तराँ में खाना खाया। बड़ी भीड़ थी। खाना बेहद सस्ता और पौष्टिक होता है।

शाम को थकावट के मारे नहीं निकला।

27 जुलाई 1971 : लेनिनग्राद्

'हर्मिटेज' (म्यूजियम) देखने गए।

बड़ा ही विशाल म्यूजियम है। लगभग तीन घंटे घूमते ही रह गए, फिर भी अंत नहीं पा सका। यह महाप्रासाद पहले जार का शिशिरकालीन निवास था। भारत में इतना विशाल 'प्रासाद' नहीं है।

बॉन गॉग आदि महत्तर कलाकारों के चित्रों से सजे हुए विशाल कक्ष बीसियों हैं।

पौराणिक ढंग ख्रिष्टीय चित्रांकनों की तो भरमार ही है।

जारकालीन सैन्य-अधिकारी, सामंत, पादरी आदि...वस्त्र...आभूषण...बर्तन, अस्त्र-शस्त्र आदि।

शाम को 'रजवले' गए। यहाँ लेनिन 1917 के जुलाई-अगस्त में छिपकर रहे थे।

फिर 1941-42-43 के सैनिकों के समाधिस्थल देखे...

लेनिनग्राद् पर हिटलर की फौज का घेरा 16 महीने रहा। नागरिकों ने जमकर प्रतिरोध किया। यहाँ 'मदर' की विशाल प्रतिमा है। 'न बुझनेवाली लपटें' हैं। गुलाबों की भरी-पूरी क्यारियाँ हैं। रात को होटल के हॉल में 'पान-भोजन'...

28 जुलाई, 1971 : लेनिनग्राद् किएव

दिन में स्मोल्नी घूमने गए।

ओरियंटल इंस्टीच्यूट में तोमूकिन और दोराइ और कल्यानोव से बातचीत हुई।

लोला सांकृत्यायन से मिलने का प्रयास सफल नहीं हुआ। उनके मुहल्ले तक जाकर कालोनी के उस 'सामूहिक निवास' के समक्ष खड़ी की गई कार। सेर्गेइ अंदर तक जाकर ढूँढ़ आया। वापस आकर बोला—"कमरे के भीतर से कोई जवाब नहीं मिला। शायद बीमार हों, शायद सोई हों !" हमने हिसाब लगाया, लोला अब 73-74 की होंगी। इगोर से भी मुलाकात हो जाती ! काश !!

'नेवा रेस्तराँ' में खाना खाया।

शाम को 6 बजे 'किएव' के लिए विमान में। लेनिनग्राद् में 'राइटर्स यूनियन' के किसी सदस्य से मुलाकात नहीं हुई।

रात में साढ़े आठ बजे किएव।

काजिमिरोव हमें लेने हवाई अड्डा पहुँचे थे।

29 जुलाई, 1971 : किएव

यह उक्राइन की राजधानी है।

मस्क्वा होटल के सातवें तल्ले पर हम ठहराए गए। 16 तल्लों का न जाने कितने कमरोंवाला बहुत बड़ा होटल है।

सवेरे 'शहीद मीनार' देखने गए।

लव्रा (गुफा महाविहार) देखा। इसकी गुफाओं में ईसाई साधुओं के शव अब भी सुरक्षित हैं। इंटरप्रेटर (लुदमिला) ने घूम-घूमकर लगभग तीन घंटे सब कुछ दिखलाया।

नीपर नदी के किनारे-किनारे पहाड़ियों पर आबाद 'किएव' नगर उद्यानों-हरियालियों का नगर कहलाता है। उक्राइन की सांस्कृतिक-शैक्षणिक परंपराओं के साथ ही धार्मिक परंपरा के भी अवशेष यहाँ सुरक्षित हैं।

नदी के किनारे एक 'उद्यान-भोजनालय' में हमने खाना खाया। फिर 'श्वेश्वेन्को म्यूजियम' देखने गए।

रात को चार घंटे तक 'बैले' का प्रदर्शन देखा। यह लेनिनग्राद् के श्रेष्ठतम कलाकारों द्वारा प्रदर्शित था।

30 जुलाई 1971 : किएव

दो चर्च देखे। एक तो नीपर के किनारे है और बहुत सुंदर है। बाइबल के आख्यानों पर आधारित छवियों से उसकी दीवारें जगमगा रही थीं। दो-ढाई सौ वर्ष पहले के गाए हुए धार्मिक भजन रिकार्डों के जरिए सुनने का अवसर मिला।

नदी के किनारे-किनारे दूर-दूर तक बाग हैं। उनमें सभी उम्र के लोग दिखाई पड़े।

'लेखक संघ' (राइटर्स यूनियन) के दफ्तर में दस-पंद्रह साहित्यकारों से हमारी मुलाकात करवाई गई। 'सोवियत-उक्राइन' (पुस्तक) और 'वोद्का' (रूसी मदिरा) की उक्रैंइनी बोतल एक-एक हमें उपहार के तौर पर दिए गए। शाम को लगभग दो घंटे हमने मोटर बोट से नीपर नदी के वक्ष पर 'जल विहार' का आनंद उठाया। मोटर बोट हमें 30 कि.मी. ले गई और वापस ले आई। शाम को साढ़े आठ का विमान पकड़ा और 5 घंटे बाद हम ताशकंद उतरे। ताशकंद का समय लगभग 'भारतीय समय' है।

31 जुलाई, 1971 : ताशकंद

यह उज्बेकिस्तान की राजधानी है। पहले दिल्ली-काबुल-ताशकंद का विमान-पथ बहुत चालू था। इन दिनों दिल्ली का कोई विमान सीधे काबुल होता हुआ ताशकंद नहीं आता है। शायद पाकिस्तान से हमारा जैसा रिश्ता इन दिनों चल रहा है, उसे देखते हुए यह सब असंभव थोड़े कहा जाएगा ?

यहाँ तमारा (दुभाषिया) हमारे साथ हो गई।

समरकंद

दो-ढाई घंटे हाल्ट करके समरकंद का विमान पकड़ना है। हड़बड़ी में। कहा गया—"वहाँ एक अच्छे होटल में अलग-अलग कमरे हमारा इंतजार कर रहे हैं।" ताशकंदवाली तमारा साथ आई है। सेर्गेई (मास्कोवाला दुभाषिया) तो खैर साथ चल ही रहा है।

'होटल समरकंद' में ठहरे, पास ही 'रेस्तराँ तबस्सुम' था।

2 अगस्त, 1971 : ताशकंद

रात को नौ बजे विमान से उतरकर सीधे होटल आ गए। पिछले कई दिनों से यहाँ हमारे लिए अलग-अलग रूम सुरक्षित थे ही।

तमारा छुट्टी लेकर चली गई। उसका तो यहाँ, इस नगर में स्थाई निवास ही है।

3 अगस्त 1971 : ताशकंद

(1) वोरिस बरमुजिम (कथाकार)
(2) वैलेरी नियाजमातोव (उर्दू जानता था)
(3) एर्किन नसीरोफ़ (कवि)
(4) बाबाजानोव (W.V. का मंत्री)
(5) जुल्फिया

'शर्के यदूजी' (पूर्व का तारा)

अफ्रो-ऐशियन कमिटी का वाइस चेयरमैन।

'दोम लितरेतुरा' (साहित्य निकेतन) में हमें इनसे मिलवाया गया। सेर्गेइ-तमारा तो साथ थे ही।

'अली शेर नवाइ म्यूजियम' में ऊपर एक 'बाबर' सेक्शन भी है। यहाँ उर्दू जानने वाला एक नौजवान (इब्राहिम) हमारा गाइड बना।

शहर से आठ किलोमीटर दूर वह अतिथि निवास देखने गए, जहाँ शास्त्री जी का प्राणांत हुआ था। शास्त्रीजी और उनके डॉक्टर के पलंग पास-पास ही रखे हुए हैं।

'आंध्र बैंक' और 'N. सुब्बाकृष्णन' द्वारा अर्पित चित्र टँगे हैं। 'चित्रकला संगम' (दिल्ली) अर्पित आवक्ष प्रतिमा सामने ही स्थापित है।

'Central Asia and Uzbekistan Muslem Board' का हेडक्वार्टर एक बड़े मस्जिद के अंदर है। उर्दू जाननेवाले कई युवक यहाँ मिले।

डिपार्टमेंटल स्टोर देखने गए तो एक उज्बेक टोपी खरीदी।

'नब स्ट्रीट' वो अंचल है जो नए सिरे से आबाद हुआ है। '66 के भूकंप में यह अंचल बर्बाद हो गया था। अब रूस के प्रजातंत्रों की तरफ से इसमें एक-एक कालोनी ही बनवाकर यहाँ खड़ी कर दी गई है।

अगस्त 4, 1971 : ताशकंद-अल्माअता

डेढ़ बजे दिन में अल्माअता पहुँचे।

तीन साहित्यकार हमें लेने हवाई अड्डा पहुँच गए थे। वहीं वेटिंग रूम के एक केबिन में उन्होंने हमें 'शैम्पेन' का आचमन करवा दिया।

'होतेल अल्माअता' में हमारे ठहरने की व्यवस्था थी। खाना खाकर हमने शाम तक आराम किया। रात में 'एक अज्ञात हीरो' शीर्षक ड्रामा देखा, कज़ाख़ भाषा में। चार महिला पात्र और पाँच पुरुष पात्र। द्वितीय विश्वयुद्ध की पृष्ठभूमि में तत्कालीन पारिवारिक जटिलताओं को आधारित करके यह नाटक तैयार किया गया था।

कलाकारों से हमें मिलवाया गया। वे बड़े प्रसन्न हुए। हमें भी बेहद खुशी हुई।

'अल्माअता' का मतलब होता है 'सेबों का पिता' अर्थात् सेबों को पैदा करनेवाला नगर ! इस नगर को भी भूकंप के झटके बर्दाश्त करने पड़े हैं। भूकंप की आशंका से यहाँ पहले कई मंजिलवाले मकान नहीं बनाए जाते थे। अब लकड़ी-शीशा-प्लास्टिक आदि

से निर्मित कुछ ऐसी सामग्रियाँ निकल आई हैं, जिनके सहारे ऊँचे मकान बनाने लग गए हैं।

5 अगस्त, 1971 : अल्माअता

ज़िलास सुलेमानेव (कवि) हमें पहाड़ दिखलाने ले गए। इससे पहले 'राइटर्स यूनियन' के दफ्तर में कजाख़स्तान के साहित्यकारों से हमारा परिचय कराया गया। फिर यूनियन हेडक्वार्टर के विभागीय अध्यक्षों से हमें मिलवाया गया। कुननयाएव अवाइ की रचनाओं का संकलन (अंग्रेजी अनुवाद) पाकर बड़ी प्रसन्नता हुई।

शैम्पेन और बियर के दौर तो ये चलाते ही रहते हैं। अल्माअता के मित्रों ने बिना मदिरापात्र आगे रखे-रखाए कभी बात ही नहीं की।

मध्याह्न भोजन पहाड़ पर ही हुआ। वापसी में अल्माअता झिगो अल्माअता वाली नदी) के जल का स्पर्श किया। इसका उद्दाम प्रवाह अलकनंदा की शाखा नदी की याद दिलाता था।

थक गया था। वापस आकर सो गया। सुमन और गोस्वामी फिल्म देखने गए। मैंने दुकान से एक 'जेब घड़ी' खरीदी। 17 रूबल में (भारतीय मुद्रा 136/=)। बहुत दिनों से पाकिट वॉच की खोज में था।

6 अगस्त, 1971 : अल्माअता

आज का दिन एक तरह से बेकार गया। कज़ाख़स्तान स्टेट म्यूजियम दिन में, और रात में एक फालतू-सी फिल्म। बस, यही तो दिखलाया गया।

सामने-सामने सड़कों के किनारे-किनारे तो नवनिर्मित भवनों की सजीली कतारें दिखाई पड़ती हैं, लेकिन छोटी सड़कों से अंदर घुसने पर जीर्ण-शीर्ण कुटीर भी दिखते हैं।

'कर गच' (काला गाछ) की यहाँ सर्वत्र बहुतायत है। लिन्दन और बर्च ओर मेपल भी मिलते हैं। कल पहाड़ियों में चीड़-देवदार के भी दर्शन हुए।

मिरियम सोग्दानिया (श्रीमती) होटल में मिलीं। यह पंडित नेहरू की दुभाषिया रह चुकी हैं। अंग्रेजी, हिंदी और उर्दू जानती हैं। अंग्रेजी-उर्दू ज्यादा सफाई से बोलती हैं। हमारे प्रोग्रामों को तय करना इन्हीं पर निर्भर है। मुझे शायद 5-6 रोज और रहने का अवसर मिल जाए।

म्यूजियम सम्भति पुस्तिका के पृष्ठ पर मैथिली में अपनी राय लिखी।

7 अगस्त, 1971 : अल्माअता-मास्को

मास्को समय के अनुसार सवा बारह बजे हमारा विमान मास्को हवाई अड्डे पर पहुँचा। यहाँ चार हवाई अड्डे हैं। ''दो-एक और होंगे, सैनिक एवं प्रशासनिक उच्च-अधिकारियों के लिए''—सेर्गेई ने कहा।

पेकिङ् होटल के रूम नं. 502 में हम दोनों (सुमन और मैं) ठहराए गए।

गोस्वामी को कल वापस जाना है। यानी 9 की रात को 3 बजे...वह भारतीय-समय के अनुसार लगभग 1 बजे दिन में पालम उतरेंगे। सुमन को 9 की शाम मंगोलिया का विमान पकड़ना है। मैं शायद 14 या 15 को वापस जा सकूँगा। 9 को पता चलेगा।

गोस्वामी बाजार गए। सेर्गेइ तो साथ थे ही।

8 अगस्त, 1971 : मास्को

चर्च देखने गए। पादरी मंत्र-पाठ कर रहा था।

आज रविवार होने से वहाँ बड़ी भीड़ थी। भीड़ में ज्यादातर बुढ़ियाँ ही थीं। बूढ़े भी कुछ थे। युवक-युवतियाँ भी दिखाई दे रहे थे। बप्तिस्मा के लिए 'नव जातकों' को एक अंतःकक्ष में जमा कर लिया गया था।

मस्क्वा नदी के किनारे एक टीले पर यह चर्च शायद 14वीं शताब्दी में बना था। पास ही सम्राट के 'कुटी प्रासाद' था। 'काष्ठ प्रासाद' के कई नमूने बाद में यहाँ जमाए गए हैं। दुपहर भोजन के बाद आर्ट म्यूजियम देखने गए। बाजार तो आज बंद था न ! गोस्वामी को रात 3 बजे फ्लाई करना है आज !

9.8.71 : मास्को

रेस्तराँ की परिचारिका मुस्करा नहीं रही थी। सुमन को बड़ा ही अखर रहा था।

सेर्गेइ ने कहा—"यह प्रकुपिता है। हमने अधिक मूल्यवाले भोज्य पदार्थों का आर्डर नहीं दिया है। विदेशियों से ज्यादा से ज्यादा रकम खींचने में ही इनकी कृतार्थता है।"

आज चावल अच्छी किस्म के मिले। साथ में मांस तो था ही। बियर को यहाँ 'पिवा' कहते हैं। वो भी था। सलाद, सूप, कॉफी (अंत में)। लगभग ढाई-ढाई रूबल लगे।

अंत में सेर्गेइ ने सुमन की ओर इंगित करके परिचारिका से कहा—"चाहे दुगना दाम लो, मगर इनके लिए मुस्करा जरूर दो एक बार..."

वह बोली—"हमें फुर्सत ही कहाँ है मुस्कराने की..." इतना कहते समय आखिर वो मुस्करा ही पड़ी।

गोस्वामी को रात में जब पता चला कि एक भी रूबल वह यहाँ से ले नहीं जा सकेंगे, तो बेहद दुखी हुए। वह सारी यात्रा में निहायत किफायत बरतते रहे और इस प्रकार अस्सी-पचासी रूबल उनके पास बच रहे थे। मैंने आज दिन में भोजन के समय उनसे कहा था—"अरे गोस्वामीजी, खूब खा-पी लीजिए ! पीछे ये रूबल आपके क्या काम आएँगे..."

आज रविवार होने से दुकानें बंद थीं। और सो भी इस वक्त रात्रि का समय होने

से बेचारे सिवाय पछताने के और कर भी क्या सकते थे। भारतीय दूतावास के अधिकारियों ने कह दिया—"राइटर्स यूनियनवालों ने तो यह रकम आपको खर्च करने के लिए ही दी थी।"

लगता है, सोवियत भूमि के मौजूदा शासकों ने बाहरी तड़क-भड़क में अमरीकी शासकों से होड़ लगा रखी है। तभी तो तीस-तीस, चालीस-चालीस मंजिलों के चमकीले महा प्रासाद बनवाते चले जा रहे हैं।

उधर दूसरी ओर सामान्य श्रमजीवी लोगों के लिए यथाकथंचित् निर्वाहोचित अधिकाधिक फ्लैट्स बने जरूर हैं...मगर मध्य मास्को में 'तथाकथित' उच्च एवं उच्च-मध्यवर्गों के लिए बेहद शानदार फ्लैटों की 'अभिनव इंद्रपुरी' भी तो खड़ी होती जा रही है।

समरकंद-बोखारा में हम भीतोंवाले कच्चे मकान देख ही आए हैं।

गंदे गलीचों पर बैठकर शतरंज खेलनेवाले अति-साधारण वे एशियाई जन अवश्य सम्प्रति पूर्वापेक्षा कहीं अधिक सुखी होंगे, लेकिन उनके उस 'पिछड़ेपन' की तुलना में मास्को महानगर का यह 'विपुल वैभव' कैसा लग रहा है !

निश्चय ही मास्को-लेनिनग्राद्-कीव दिनानुदिन सुंदरतम होते जा रहे हैं। मगर फैक्टरियों-कारखानों-सामूहिक खेतों की उपलब्धियों का अधिकतम भाग क्या सचमुच उत्पादकों पर ही खर्च हो रहा है ?

9 अगस्त, 1971 : मास्को

आज का दिन सुमन के साथ गुजरा। उन्हें शाम को मंगोलिया जाना है। वीसा (पार पत्र) के चक्कर में कई बार हमारी कार राइटर्स यूनियन और मंगोलियन दूतावास के चक्कर लगा आई।

लगभग ढाई बजे श्री सक्सेना (भारतीय दूतावास) के यहाँ भोजन करने गए। पत्नी का नाम आशा सक्सेना। पति पहले अंग्रेजी के अध्यापक थे भोपाल में। अभी कुछ ही महीने पहले मास्को आए हैं। पत्नी इलाहाबाद वि.वि. से M.A. है, इतिहास में।

15-16 रोज बाद आज अरहर की दाल सामने आई तो दिल खिल गया। चपातियाँ, चावल, दाल, बड़ी, भरवाँ टमाटर, अचार—शोरबावाला कबाब...सब कुछ भारतीय स्वाद में ओत-प्रोत था। अंत में मलाई मिली अनन्नास और कॉफी। और हाँ, पहले डेनमार्क वाले बीयर से स्वागत किया गया था।

शाम को सुमन को छोड़ने विमान-अड्डा गए। रात का खाना नहीं खाया। सो गए।

10 अगस्त, 1971 : मास्को

अब पेकिङ् होटल के Room No. 502 में अकेले रह गया हूँ। इसे बदलकर सिंगल बेडवाले रूम के अंदर जमना होगा...11, 12, 13, 14...15 की रात को 3 बजे विमान

से देश लौटना है।

आज ढेर सारे पोस्टकार्ड लिखे। दो-दो पंक्तियाँ, बस। चौदह-चौदह कोपेक टिकट लगे उन पर।

मेट्रो से रेड स्क्वायर।

लेनिन की समाधि का दर्शन।

फिर मेट्रो से मास्को विश्वविद्यालय देखने गए। वापस लौटे बस से।

उधर ही वह विशाल स्टेडियम देखा जो कि मस्क्वा नदी के किनारे बना है।

ढाई बजे पेकिङ् होटल के विशाल हॉल के अंदर बैठकर खाना खाया। कुछ और भारतीय मिल गए।

फिर मध्याह्नोत्तर विश्राम।

शाम को साढ़े सात बजे सेर्गेइ अपनी माँ से मिलाने ले गया, अपने घर। उसकी नानी अर्ध-विक्षिप्त दशा में है, लेकिन स्वस्थ। बिरासी साल की उम्र है बुढ़िया की। सेर्गेइ की एक बहन है छोटी, बीस-बाईस वर्ष की। वह काले सागर के तट स्वास्थ्य-सुधार के लिए गई है...रात को साढ़े ग्यारह में लौटे।

11 अगस्त, 1971 : मास्को

तॉल्स्ताय का मास्कोवाला वह घर देखने गए जिसमें लगभग वो 20 वर्ष रहे थे, जीवन के उत्तरार्ध में, लकड़ी का मकान है। अंदर से वैसा का वैसा रहने दिया गया है। यहाँ तक कि बिजली तक नहीं लगाई गई है। घूम-घामकर भीतर-बाहर देखा। साथ लगी हुई बगिया भी।

x x x

फिर एक चर्च देखने गए। युवक पादरी (दाढ़ीवाला) पाठ कर रहा था, सामने दो मृतक 'सद्गति' के लिए शवाधारों में रखे हुए थे। वयस्क महिलाओं और पुरुषों में से बहुतों की आँखें रह-रहकर गीली हो रही थीं, जिन्हें वे बीच-बीच में पोंछ ले रहे थे। उधर एक नवेली वधू के परिधान में बैठी थी, आशीर्वाद की प्रतीक्षा में। लगता है, ईसाई पुरोहितों का धंधा यहाँ फिर से जोर पकड़ रहा है।

फिर सरकारी उद्यान में 'विविध मनोरंजन' के प्रोग्राम देखने गए। वहीं खाना खाया। फिर वापस आ गए।

शाम को चेखववाला म्युजियम देख आए। रेलवे-स्टेशन घूमने गए। यहाँ पाँच स्टेशन हैं। लौटने के लिए टैक्सी नहीं मिली तो मेट्रो से वापस आए। रेस्तराँ में खाना खाया।

रात साढ़े बारह बजे नरेश वेदी का फोन आया।

12 अगस्त, 1971 : मास्को

चेखव, गोगोल, मायकोव्स्की, इल्याएरेनबर्ग आदि की समाधियाँ देखीं। समाधियों का यह

उद्यान एक ऐतिहासिक गिर्जा के पिछवाड़े है।

समाधियों के इसी उद्यान में स्तालिन की प्रथम पत्नी की समाधि भी देखी। यही स्वेतलाना की माँ थी। यहीं स्वेतलाना के नाना-नानी, मामा आदि भी सो रहे हैं।

राइटर्स यूनियन के दफ्तर में डेढ़ घंटा।

क्रेमलिन के प्रांगण में 'कांग्रेस भवन' के अंदर लगभग 3 घंटे पुश्किनवाला वह नाटक देखा, 'हुकुम की बीबी', जिसमें एक धनाढ्य बुढ़िया के परिचारक की कहानी है।

13 अगस्त, 1971 : मास्को

ओरियंटल इन्स्टीट्यूट देखने गए तो अकस्मात श्री चेलिशेव से मुलाकात हो गई। एक अलार्म घड़ी खरीदी नौ रूबल में।

सोवियत् लिटरेचर के दफ्तर में जाना पूर्व निश्चित था। संपादिका से देर तक बातें हुईं

शाम को नरेश बेदी के घर पर।

फिर 'स्पार्टाकस' का मूक अभिनय देखा।

मेट्रो से वापस आया।

विमान का टिकट तैयार है। 15 की रात 3 बजे फ्लाई करना है।

14 अगस्त, 1971 : मास्को

मास्को से 70 किलोमीटर है मेलिरवोवा।

मेलिरवोवा वह गाँव है जिसके अंदर चेखोव ने अच्छी-सी जायदाद खरीद ली थी। वहाँ वह वर्षों रहे। अच्छा-सा बाग है, जिसके अंदर कई मकान हैं।

हम लगभग साढ़े ग्यारह वहाँ पहुँचे। वह प्राइमरी स्कूल देखा, जिसे चेखोव ने स्थापित किया था। इन दिनों ग्रीष्मावकाश के कारण स्कूल बंद था।

पत्र

खुशीराम शर्मा बशिष्ठ के नाम

C/o गूजरमल बलवन्त राय जैन
चौड़ा बाजार, लुधियाना
11.8.1941

प्रियवर !

आपका फड़कता हुआ खत पाकर अत्यन्त प्रसन्न हुआ। 'बुद्ध चरित' सारा मैं बाँच चुका हूँ, बेहद पसंद आया। अवकाश मिलने पर उसकी आलोचना करके आपको ही भेज दूँगा। आप चाहे जहाँ उसे भेज दें। 'दो आना सीरीज' प्रकाशक अवश्य आरम्भ करें। मैं भी इस प्रकार के साहित्यिक पक्ष की भक्ति रखता हूँ और उसका अनुष्ठान खुद भी स्वयं भी प्रारम्भ करने का सपना देखता हूँ। कोमल और कमनीय भावनाओंवाले किशोर कवि, तुम्हें यार—सौ-सौ बार प्यार !

—नागार्जुन

⁂

लुधियाना
5-9-41

प्रियवर,

मालूम पड़ता है, आप सिर से लेकर पैर तक केवल हृदय-ही-हृदय हैं और इसी सहृदय ने आपको मैत्रेय बोधिसत्व की ओर आकर्षित किया है। है न ? मुझे पूर्ण विश्वास है कि मतवाली मीरा भी आपकी लेखनी द्वारा लोकोत्तरान्द की अक्षय स्रोतस्विनी बहाएगी। कवि रवीन्द्र पर एक मुक्तक छन्द लिखा है। उसे 'हिन्दुस्तान' में भेज रहा हूँ। देखें, पत्र व्यवहार सदा चलता रहे। विशाल भारत में अभी एक मेरी कथा वैद्यनाथ मिश्र (ब्राह्मण) नाम से प्रकाशित हुई है। 'बादल को घिरते देखा है' लाहौर के 'विश्वबन्धु' में छपा है। और नया कुछ लिखा नहीं—

—नागार्जुन

कुलमणि देवकोटा के नाम

नागपुर जंक्शन (मध्य प्रदेश)
27.9.51

प्रिय भाई,

आपका पत्र मसूरी से Redirect होकर मुझे वर्धा में मिला। आज मैं अपने प्रदेश (बिहार) को जा रहा हूँ। आगे आप C/o पीपुल्स बुक हाउस, बाँकीपुर, पटना (बिहार) के ठिकाने पर पत्र व्यवहार करेंगे।

अब संक्षेप में आपकी शंका का मैं समाधान करूँ—

आपके नाम से मैं परिचित नहीं हूँ। आधुनिक नेपाली साहित्य की चर्चा करते हुए किसी लेखक ने आपका उल्लेख कहीं किया है, ऐसा मुझे ध्यान आता है...

शीर्षक मैं बहुधा कविता लिख चुकने के बाद लगाता हूँ। कभी-कभी ऐसा भी होता है कि पहली सूझ का प्रथम शब्द ही शीर्षक बन बैठता है। कई बार साथियों ने अपनी रुचि के अनुकूल शीर्षक लगाकर मेरी रचनाएँ छाप ली हैं। दो-एक बार तो रचना की प्रथम पंक्ति ही शीर्षक हो गई है।

रचना के पहले और बाद को भी मेरा समूचा ध्यान विषय-वस्तु (content) पर होता है। फार्म (बहिरंग) और टेकनीक (कौशल या रचना प्रकार) पर आवश्यकता से अधिक ध्यान मैंने कभी नहीं दिया। शीर्षक को महत्त्व मैं देता हूँ। मगर विषय-वस्तु की दृष्टि से कई बार उसे बदलना भी पड़ा है। कई बार साधारण श्रोताओं ने शीर्षक सुझा दिया है। एक बार शीर्षक चुनकर, उसके बाद रचना आरम्भ करना और शीर्षक के प्राथमिक मोह में पड़कर विषय-वस्तु को पूरी तरह प्रस्फुटित न होने देना एक प्रकार का मूढ़ता है, इससे बचना चाहिए।

कभी-कभी आकस्मिक तौर पर अच्छा विषय आपको प्रतिभासित हो उठता होगा, आप लिखने लगते होंगे। अन्त में शीर्षक भी वही विषय-वस्तु (नामतः या यथार्थतः) हो जाता होगा। ऐसे शीर्षकों का हमें स्वागत करना ही चाहिए।

—सस्नेह
नागार्जुन

35, नार्थ एवेन्यू
नई दिल्ली
26.11.53

प्रिय देवकोटा,

'विजय दशमी' की सम्वर्धना को लिए हुए आपका पत्र मुझे अभी पिछले दिनों मिला। भूरि-भूरि बधाइयाँ...

मैं कल दरभंगा जा रहा हूँ, घर। बच्चे बीमार हैं, उनकी देखभाल करनी है। पता रहेगा : मुकाम तरौनी, पोस्ट सकरी (दरभंगा) बिहार। अन्यत्र जाने पर पता सूचित करूँगा। आप मन लगाकर पढ़िए और अच्छी तरह परीक्षा पास कीजिए। बोर्ड का इम्तिहान पास कर लेने पर आपकी पदोन्नति होगी ही। यदि इंटर और बी.ए. वगैरह भी प्राइवेट तौर पर कर जाएँ तो बड़ा अच्छा।

प्रिय कुलमणि, मैं तुमसे मिलना चाहता हूँ और चाहता हूँ कि इन आँखों से तुम्हें जी भरकर देख पाऊँ...जाने, कब सम्भव होगा ! पाल्पा प्रादेशिक शान्ति समिति के बारे में 'नवराष्ट्र' (पटना : प्रगतिशील दैनिक) द्वारा मुझे मालूम हुआ था। उसमें सम्भवतः आपका नाम छपा भी था। प्रादेशिक कांफ्रेंस कब कर रहे हैं आप ? हाँ, बहुत दिनों से आपको मैं लिख नहीं पाया। व्यस्तता ही इसका कारण थी। इस बीच एक उपन्यास और सम्पन्न किया—'बाबा बटेसरनाथ'। उसे राजकमल प्रकाशन (दिल्ली) वाले छाप रहे हैं। जनवरी तक मार्केट में आ जाएगा। मेघदूत का अनुवाद (मुक्त वृत्त) साप्ताहिक हिन्दुस्तान में प्रकाशित हो चुका है लेकिन पुस्तक-रूप में भी कहीं से अवश्य छपेगा।

इस बीच दमे ने काफी परेशान किया...अब ठीक हूँ।

—नागार्जुन
आपका

●

डॉ. रामविलास शर्मा के नाम

अमरूदी, मछुआटोली
बाँकीपुर (पटना)
11.5.46

प्रिय बंधु,

बीस-पचीस कविताओं का संग्रह 'विशाखा' नाम से निकलवा रहा हूँ। यदा-कदा 'यात्री' नाम से इधर-उधर निकलनेवाली, और कुछ अप्रकाशित भी, कविताएँ हैं विशाखा में। जून में वह छपेगी और जुलाई में प्रायः प्रकाशित हो जाएगी।

तुमसे चाहता मैं यही हूँ कि छोटी-सी एक भूमिका लिख दो। छपे हुए फर्मे जून के आरम्भ में ही तुम्हें मैं भेज दूँगा।

जागरूक और समर्थ मीमांसक के रूप में न जाने तुम कब से मेरी अशेष श्रद्धा के पात्र रहे हो ! अधिक कुछ लिखना चाटुकारिता न हो जाए—

तुम्हारा

भिक्षु नागार्जुन

पुनश्च : मैथिली में मेरा पहला उपन्यास छपकर तैयार है। अपनी मैथिली कविताओं का संग्रह (षोड्शी) भी जुलाई में प्रकाशित कर रहा हूँ। स्यात् स्वयं मैं आगरा आ रहा हूँ जून में। तब ये चीजें साक्षात् तुम्हें सुना सकूँगा। ग्रीष्मावकाश में कहीं बाहर जा रहे हो तो सूचित करना। इस पत्र के उत्तर में अभी एक कार्ड डाल देना मेरे नाम।

नागार्जुन

*

उदयन

बाँकीपुर, पटना

17.8.48

प्रिय डाक्टर,

रचना और पत्र--दोनों मिले। 'उदयन' की जो आलोचना तुमने की है सो ठीक है। सम्पादकीय टिप्पणियों से राजनैतिक कमजोरी मेरी स्पष्ट है—मानता हूँ। कजरी (झूले पर) खूब रही तुम्हारी। अजी, यों पल्ला छुड़ाकर भागने से काम नहीं चलेगा। मेरा मतलब साहित्यिक या आलोचनात्मक लेख से है, अधिक न सही, दो पेजों का होगा तो भी हमारा काम चल जाएगा। जानते ही हो, लिखनेवालों का यहाँ कैसा अकाल है। पहले अंक में दो लेख मुझे अनुवाद करके ही छापना पड़ा। मानता हूँ, यह गोरखधन्धा 'हंस' को भी करना पड़ता है पर मैं भी लिखूँ तो किसे लिखूँ ? यहाँ के साथियों ने—इ. और अ. ने वादा किया है, लेख देंगे। प्रकाशचन्द्र ने एक स्केच भेजा है—"तुर्काना", केदार ने दो रचनाएँ भेजी हैं। 'बलचनमा' सामने है ही। कहानी नहीं होगी तो पंजाबी या बँगला से तर्जुमा करके दे दी जाएगी। पृथ्वीपुत्र का एकांकी रहेगा। टिप्पणियाँ इस बार काफी रहेंगी। कुछ सामयिक साहित्य की आलोचना भी।

कुर्सी तोड़ सम्पादक बनने से तो काम चलेगा नहीं—प्रचार और प्रबन्ध की समस्या भी हल करनी पड़ेगी। अभी सिर्फ 500 प्रतियाँ छपी हैं, कुल बिकने पर भी लागत नहीं पूरी पड़ेगी—मगर नहीं, डटे हैं फिर भी हम लोग।

—नागार्जुन

*

3.5.52

प्रिय डॉक्टर,

तुम्हारा 30/4 का पत्र मिला।

मई-दिवस का अभिनन्दन लो !

यहाँ जगह मिल सकती है। मगर मकान में बिजली और बम्बा नहीं हैं। रामजी के आसरे और सब ठीक है। सामने—पीछे की खिड़कियाँ खोल दो तो—''गंगा भागीरथी पुण्या' और छोटी लाईन का पुल बिल्कुल करीब है। आओ तो टाईम लिखो, मैं अड्डे पर राह देखता रहूँगा। यों यह मोहल्ला मोरी कहलाता है। यहाँ पुजारी के परिवार में खाना बनवाता हूँ, सो तुम्हारा आटा सीधा दे दिया करूँगा...वहीं बन जाएगा...शीघ्र सूचित करो।

निरालाजी से दो दफे मिल चुका हूँ। तुम्हारा प्रणाम भी पहुँचा दिया है। दोनों बार मैंने स्वगतोक्ति-मग्न पाया। तुम्हारे बारे में कहने लगा तो उन्होंने अँगुलियाँ की चतुष्टयी हिलाकर और ठुड्डी कुंचित करके निरीह संकेत किया...हरभजन दास कौन थे ? सो अवश्य पूछ लिया !

अच्छा भाई !

तुम्हारा
नागार्जुन

हरभजन दास का मंदिर,
दारागंज
इलाहाबाद

*

18.10.57

प्यारे विलास,

पिछले कई दिनों से आगरा आने का प्रोग्राम बनाता हूँ और वह टूट-टूट जाता है। नीयत है कि चार रोज जमकर तुम्हारे साथ रहूँ फिर पाँच-सात दिन दिल्ली। और यदि मूड आ गया तो दो-तीन रोज झाँसी...वृंदावनलाल वर्मा के साथ कुछ वक्त बिताने की लालसा जाने कब पूरी होगी !

आज दारागंज गया था, निरालाजी मध्याह्नोत्तर विश्राम ले रहे थे, सोए हुए थे, फिर मैं भाभी से मिलने 'हरभजनदास का मन्दिर' चला गया, लौटते वक्त नहीं जा सका निरालाजी के यहाँ। 23 को फिर जाऊँगा।

बाँदा-स्मृति और केदार पर कुल मिलाकर 66 लाइनों की एक लम्बी कविता तैयार

की है, खूब अच्छी बनी है। मिलने पर सुनाऊँगा।

28 को रविवार है। एक-आध दिन आगे-पीछे मैं आगरा पहुँच रहा हूँ। तुम्हारा होना तो निश्चित है ही। दुर्गापूजा की छुट्टियों में अवश्य खटका था कि मैं आगरा पहुँचूँ और जनाब न मिलें तो ताजमहल कैसा मनहूस दीखेगा...

शेष फिर।

नागार्जुन तुम्हारा

और हाँ,

लौटती डाक से सूचित करो कि मदीया कटरा पहुँचकर तुम्हारे ठिकाने तक यह चोला किस तरह जाएगा। किस स्टेशन पर उतरना होगा ? राजामंडी ? आगरा ? मैं सन् 41 में गया था, उसकी कोई बात ही नहीं। प्यारे, तुम नए सिरे से अपने नगर और मुहल्ले का भूगोल लिख भेजो।

नागार्जुन

*

यात्री प्रकाशन
कलकत्ता
11.8.59

डियर शर्मा,

किताब मिली होगी। 'समालोचक' में उसके बारे में लिखना। मैं कवि तो हूँ नहीं, मामूली साहित्यकार भी नहीं। हाँ, आदमी बनने की क़ोशिश जरूर है, शायद वह भी नहीं बन सकूँगा...हे आलोचक चूड़ामणि ! बिना किसी रू-रियायत के, बिना रत्ती मात्र संकोच के, तुम इस संकलन पर अपनी राय देना...

शेष ठीक है। अवस्थी से मिला था। वो दोनों ही कुशल हैं।

—नागार्जुन

हाँ, पृ. 31 में "टूट पड़े भौंरे रसाल की मंजरियों पर" में टूटे छप गया है, ठीक करके पढ़ लेना। दो-एक जगह (ै) या (ु) (ू) आदि मात्राएँ छापे में मशीन के प्रेसर से टूट गई होंगी, उनसे भी निबट लेना...

—नागार्जुन

*

भिखना पहाड़ी
पटना-4
8.7.60

प्रिय मित्र,

तुम्हारा पिछला पत्र वक्त पर मिल गया था। मैं कलकत्ता जाकर वापस आ गया हूँ। अब यहीं रहना है। बच्चे यहीं आनेवाले हैं। वहाँ कलकत्ते में लगा कि वर्ष-दो वर्ष और रह जाऊँगा तो फ्यूज कर जाऊँगा। बड़ा बाजार का सेठाश्रित ढाँचा हिन्दी-क्षेत्र की प्रतिभाओं का सत निचोड़कर उन्हें फिर किसी काम का नहीं रहने देता है। कुछ प्रतिभापुत्र सेठों के सांस्कृतिक दरबान बन के रह जाते हैं, कुछ अन्यान्य धन्धों में उलझकर कलम रख देते हैं। जो ज्यादा चतुर हुए, बँगला सीख लेते हैं और बड़ी सफाई से 'माखन चोर' का धन्धा अपना लेते हैं। शीर्षकों की कारस्तानी पर कोई भी नहीं लिखता है...मैंने कलकत्ते के जीवन पर कुछ कविताएँ लिखी हैं, मिलने पर सुनाऊँगा।

मालकिन का स्वास्थ्य कैसा है ?

—नागार्जुन

*

भिखना पहाड़ी
पटना-4
16.9.60

प्रिय रामविलास,

13 वाला पत्र अभी मिला यानि 16 को दोपहर में।

25 सितम्बर—5 अक्तूबर के दर्म्यान मैं तुम्हारा साथ नहीं दे सकूँगा। पूर्वनिश्चित प्रोग्राम कुछ ऐसे हैं कि इस बीच में तुम तक पहुँचना और इत्मीनान से 4-6 रोज साथ रहना असम्भव रहेगा।

25 को कलकत्ता जा रहा हूँ—ओमप्रकाश आर्य के छोटे भाई की शादी है 26 की रात में। वर यात्रा में साथ चलने के लिए वचनबद्ध हूँ। 28 की सुबह पटना लौट आऊँगा, दुल्हा-दुल्हिन आदि बिहार शरीफ चले जाएँगे। 29 और 30 को दशहरा के धूम-धड़ाके हैं। यहाँ इस बार हमारे 'सुपुत्र' (शोभाकान्त-सुकान्त-श्रीकान्त) माँ से अलग अपने पू.पा. (पूज्यवाद) पिता की निगरानी में पढ़ाई कर रहे हैं। उन्होंने पहले से ही कह रखा है कि कई साल बाद अबकी हम आपके साथ नगर-भर की प्रतिमाओं को देखने निकलेंगे...

और फिर 3 अक्टूबर को लखनऊ के लिए रवाना होना है। वहाँ 4 की रात

को रेडियो से काव्यपाठ है, रात 10 बजे। यानि 5 का भी दिन वहीं गुजरेगा (चैकवाला रुक्का आखिर बैंक के काउंटर तक पहुँचेगा न ?)...

अब तुम्हीं बतलाओ न, क्या किया जाए ? हाँ 6 या 7 को आगरा मैं पहुँच सकता हूँ। उस हालत में दिल्ली-दर्शन करता हुआ डेढ़-दो सप्ताह बाद पटना वापस आ जाऊँगा।

फिलहाल, तुम और केदार झाँसी जरूर हो आओ। मैं तो अब वर्माजी के दर्शन दिसम्बर के बाद ही कर सकूँगा।

आर्य तुम्हारी ये दोनों किताबें जरूर छापेंगे। आज शाम को मैं उनसे मिलनेवाला हूँ।

काश, मैं तुम्हारे साथ होता बुन्देलखंड की उन गढ़ियों-घाटियों-खाड़ी-खादरों में, जहाँ वर्माजी हमारी अगुआई करते !

हाँ; माहौरवाली किताब देखी है। फिर-फिर पढ़ने लायक सामग्री है। उसके अन्दर कई आख्यान ऐसे आए हैं, जिनके आधार पर काव्य—लघु उपन्यास-नाटक लिखे जा सकते हैं। कांग्रेसी नेताओं की जीवनियाँ पढ़ते वक्त बहुधा कुढ़न होती है, लगता है 'ब्रह्म वैवर्त पुराण' या 'वायु-पुराण' रचनेवाले फिर भी सरल और आडम्बरशून्य रहे होंगे, नव 'साकेत' के इन नए राजवंशियों की ढोंग उनकी कल्पना में क्या कभी आ सकती थी भला ?

पं. श्रीराम शर्मा की शिकार-सम्बन्धी कहानियों का संकलन यहाँ मैट्रिक में पिछले सात-आठ वर्षों से लगा हुआ है। 'यश की धरोहर' के लिए अभी सेकेंडरी एजुकेशन बोर्ड के दरवाजे वर्षों तक बन्द रहेंगे...बेचारे माहौर ! (श्रीराम शर्मा को भी शायद 'पूजा के चार अच्छत' ही मिलते हैं, प्रकाशक लाखों बटोर चुका है 'शिकार' से। यों विनम्र और खद्दरपोश है...)

ज्यादा क्या लिखूँ ? जवाहर ने लाला ओमप्रकाश को वह जवाब दिया जो ठाकुर शिवदान सिंह चौहान के बूते का न था...

—नागार्जुन
तुम्हारा

*

भिखना पहाड़ी
पटना-4
8.1.61

प्रिय भाई,

3 का पत्र मिला। दिल्ली से लौट आए ?

प्रेमचन्दवाली पुस्तक भेजो, हर प्रकाशक मीन-मेखवाली बातें करता है यानि इतनी

अधिक मेहनत और करवा लेने की अपनी नीयत लेखक पर थोपने की बातें करता है, जितनी में तुम एक और किताब लिख लोगे...''हमने फलाँ प्रोफेसर से मालूम किया था कि डॉ. शर्मा की दो किताबें हैं प्रेमचन्द पर। इसमें दूसरी का भी सारांश समेट लें तो...'' या फिर ''पचास पेज की तगड़ी भूमिका लिख देंगे ?'' या फिर ''प्रेमचन्द पर अब तक जो भी मसाले आ गए हैं, उनका समावेश कर लेंगे ?'' आदि-आदि...अब बताओ, मैं कैसे लिखूँ कि 'पांडुलिपि' भेजो...और इतनी हुज्जत के बाद कहता है मार्च तब रुपए मिल सकेंगे !

—नागार्जुन

❋

महेन्द्रू, पटना-6
10.9.64

प्रिय भाई,

अर्से से तुम्हें लिखने को सोच रहा था। यह अन्तर्देशीय तुम्हारे नाम पर 'उत्सर्गीभूत' (यानि पता लिखा हुआ) कई महीनों से मेरे साथ टहल-बूल रहा है !

खैर, बनारस जाने की प्रतीक्षा में ट्रेन का स्वागत करने के लिए इत्मीनान से पटना-जंकशन की हवा खा रहा हूँ और तुम्हारी याद में कलम चल रही है...

नागर पर लिखा हुआ तुम्हारा लेख स्वाद ले-लेकर कई बार पढ़ा, बधाइयाँ स्वीकार करो ! बाद में नागर का पत्र भी छपा था न ? वह पत्र भी उन्हीं के अनुरूप था !

मैं क्या कर रहा हूँ इन दिनों ? झख नहीं मार रहा हूँ भाई ! एक नया धन्धा जोरों से शुरू कर दिया है, यानि ?

यानि...एक प्रख्यात साहित्यकार हैं...नागार्जुन साहब ! मैं उन्हीं की चाकरी बजा रहा हूँ आजकल ! नागार्जुन-साहित्य का प्रचार-प्रसार करने का। ठेका ले लिया है। बुकसेलरी कर रहा हूँ..बिहार के सत्रह जिले हैं, पता है न ? एक-एक करके सभी जिलों की धूल छानने का संकल्प लिया है। अभी पूर्णिया से वापस लौटा हूँ। दो सप्ताह के अन्दर दो हजार की पुस्तकें बेची हैं...अभी तीन ट्रिप पूर्णिया की ओर लगाऊँगा। ततः परम् ? सहरसा ! ततः परम् दो महीने का विश्राम...यानि जाड़ों में पटना बैठकर लिखाई चलेगी। होली के बाद छोटा नागपुर जिलों की खाक छानने का इरादा है।

समझे न ?

शेष, फिर लिखूँगा। आशा है, नवम्बर के अन्त में एक सप्ताह के लिए दिल्ली पहुँचूँगा। नागार्जुन साहब का दो-एक वहाँ के प्रकाशक बड़े अड़ियल हैं। उनसे माल लेना है न ?

मालकिन से मेरा सलाम बोल दो। समूचा परिवार अपना भी इन दिनों पटना ही है।

बाकी तुम्हारा पत्र पाकर

—नागार्जुन

❋

सम्मेलन भवन
कदमकुआँ, पटना-3
9.8.67

भाई,

'फासिस्ट तानाशाही का खतरा : वामपक्ष का दायित्व' अभी-अभी पढ़कर समाप्त किया। तुम्हारी कलम से इस प्रकार के उद्‌गारों का मैं इन्तजार कर ही रहा था।

वस्तुतः वामपक्ष की अवसरवादिता अगणित अनर्थों को जन्म देती चली जा रही है। वह निश्चिन्त है कि इतने बड़े देश में हिटलर-मुसोलिनी-चिनांङ्. का अवतार हो ही नहीं सकता ! ढुलमुल-किस्म का यह प्रजातन्त्र हमारे इन साथियों को मन ही मन अच्छा ही लग रहा होगा। जैसे-जैसे वामपन्थी विधायकों की तादाद बढ़ती जाए, 'साझा-सरकार' के अन्दर दक्षिणपन्थ-वामपन्थ और भी सटकर बैठने लगे, पार्टी नेतावृन्द को प्रभुत्व का स्वाद मिले, और...यही—कुछ तो इनका 'काम्य' एवं 'प्रेय' रहा होगा न ?

हमें तो लगता है, इनकी कृपा से अभी हमारे इन प्रदेशों (उत्तर प्रदेश—बिहार आदि हिन्दी प्रदेशों) के और भी कई टुकड़े होंगे।

आगे चलकर मिथिला के भूमिहार—मैथिल ब्राह्मण-यादव-हरिजन आदि (दक्षिण-वाम दोनों पन्थवाले) विधायक और उनके दलपति कहीं पृथक् 'मिथला-राज्य' न हासिल कर ले जाएँ ! इसी तरह छोटा नागपुर के आदिवासी—गैर-आदिवासी राजनीतिकजन कहीं 'झारखंड राज्य' न हासिल कर ले जाएँ !

खैर...जाने भी दो !

शादी का आमन्त्रण पत्र मिला था। मैं झमेले में था, तुम्हें उस समय एक पोस्टकार्ड भी नहीं डाल सका !

और ? अभी और क्या लिखूँ ?

मालकिन से मेरा सलाम बोल देना।

शेष, तुम्हारा पत्र आने पर...

—नागार्जुन

❋

(8.11.70)

भाई,

पोस्टकार्ड मिला। हाँ, गमनागमन की बातें फिलहाल वचनाविलास ही साबित हुईं ! अब, चूँकि, अप्रैल के अंत तक यहाँ रहना ही है और फिर सितम्बर में दिल्ली वापस लौटकर इसी प्रकार दूसरे अप्रैल तक यहाँ रहना है यानि प्रतिवर्ष आठ महीने के अनुपात में 'दिल्ली निवास' का इरादा...

अरे भाई नहीं !

अरे भाई हाँ !

दरअसल बात यह है कि यहाँ प्रकाशकीय सुविधाएँ इतनी प्रचुर हैं कि अगले दस-बीस-तीस वर्ष यदि यहीं गुजार सकूँ तो जाने कितना 'विपुल वाङ्.मय' लोगों के लिए सुलभ कर दूँ ! जी, साहब !...आधा दर्जन बड़े प्रकाशक मुझे थिरकाते रहते हैं—"साहब, इत्ता अच्छा आपकी मार्किट है मगर आप तो जाने क्या करते रहते हैं ! लिखते ही नहीं..."आदि-आदि। अब बतलाओ तुम्हीं कि अर्जुन नागा नाम का यह जंतु क्या करे ?

अभी और क्या लिखूँ ? दमा का दौरा है, 5-7 रोज रहेगा।

नागार्जुन तुम्हारा

'अफ्रो-एशियाई का बड़ा जोर है इन दिनों...तुम तो नहीं आ रहे ? युवक साहित्यकारों ने 16 वाली मीटिंग में मुल्कराज की बड़ी रगड़ाई की...शिवदान और सज्जाद जहीर भी खींचे गए...अभी गुरुमुखी में एक पंफलेट चंडीगढ़ से निकला है 'बुर्जुआ हैडक्वार्टर नुं उड़ा द्यो...' और 'राइटर्स फ्रंट' दिल्ली की तरफ से अंग्रेजी में एक परिपत्र प्रसारित हुआ है, कुछ-कुछ इसी किस्म का।

*

यह साफ है कि इन्दिरापंथी और रूसपंथी साहित्य-पुरोहितों की अगवानी में बाहर के काफी मेहमान यहाँ जुटेंगे। बाहर के गुरिल्ला जन-पुत्रों के बारे में भले ही दो-चार शब्द कह-सुन लिए जाएँगे; मगर श्रीकाकुलम् में, बंगाल में और अन्यत्र सैकड़ों की तादाद में जो धरतीपुत्र मारे जा रहे हैं, उनकी याद तक न की जाएगी ! ठीक है, 'सरकारी हिंसा हिंसा न भवति' !

⁕

6.1.72

प्रिय भाई,

आगरा से विदिशा जाते समय तुमसे मिल नहीं सका...मालकिन से मेरा नमस्ते

कहना। आयुष्मती स्वाती को आशीर्वाद।

नागार्जुन

F-14/9 मॉडल टाउन,
दिल्ली-9

❊

13.4.83

प्रिय भाई,

बीच में पता चला कि बनारस गए हैं।

मलकिन की तबीयत के क्या हाल हैं ? वो क्या अभी बनारस ही रहेंगी ?

नागार्जुन तुम्हारा

C-3/166 यमुना विहार
दिल्ली-53

❊

28.4.83

भाई,

पहली मई को चार बजे अवश्य पहुँच रहे हैं। राजकुमार सैनी के साथ।

*

इस बार बातें तो होंगी ही, कविताएँ भी सुनाएँगे। हिन्दी और संस्कृत की ताजा रचनाएँ...

वो रात (1.5 की रात) मुझे राजकुमार के निवास स्थान पर गुजारनी है। एतदर्थ उन्हें सूचित कर चुका हूँ।

*

हम जनकपुरी तक पहुँचने के क्रम में, रविवार के पूर्वाह्न में, 11 बजे तक राजकुमार के घर पहुँच लेंगे। भोजन एवं विश्राम के बाद साढ़े तीन में उधर से जनकपुरी के लिए रवाना होंगे।

नागार्जुन तुम्हारा

C-3/166, यमुना विहार
दिल्ली-53

यह सब पूर्व-निश्चित प्रोग्राम है, और सब ठीक है। अभी मुजफ्फरनगर जा रहा हूँ।

नागार्जुन

●

मैनेजर पांडेय के नाम

डॉ. मैनेजर पांडेय
जे.एन.यू., दिल्ली

श्रीनगर (काश्मीर)
14.7.82

प्रिय मित्र,

18 को महीना पूरा होगा यहाँ। उसी दिन जम्मू के लिए प्रस्थान करूँगा।

विश्राम ही करता रहा। दर्शनीय स्थानों में से जो श्रीनगर के आसपास थे, वहीं तक घूमना-घामना हुआ। भू-स्वर्ग यह सीमित अर्थों में ही है। यहाँ काफी नरकासुर मिल जाते हैं।

अगला पता निम्नलिखित है—
C/o श्री वाचस्पति
जहरीखाल, जिला गढ़वाल, U.P.
पिन.-246139

यह पता 15 अगस्त तक रहेगा। चंद्रा को मेरी आशीष पहुँचे...

—नागार्जुन आपका

⁂

दिल्ली-53
2.4.83

प्रियवर पांडेयजी,

ठीक-ठाक हूँ। हर तीसरा दिन ऐसा होता है कि आपका ध्यान करते हैं—सोचते-सोचते अपने को आपके सामने पाते हैं...और फिर ऐसा होता है कि कुछ एक 'रचनात्मक' रुकावटें आ खड़ी होती हैं, उनका मुकाबला करना ही पड़ता है !

'रचनात्मक' यानि सचमुच निर्माणात्मक...यानि, इन दिनों, उस 'क्वाँरी माँ' (सरस्वती) का विशेष अनुग्रह हो रहा है इन मन-प्राणों पर !—कोई रात्रि ऐसी नहीं

गुजरती जबकि दो-एक ताजा रचनाएँ कागज पर नहीं उतर लेतीं ! यह एक अपूर्व अनुभूति है, यों कि जैसे किसी 'भगत' पर देवी आती है ! अब आपको क्या बतलाऊँ बन्धु, इन रचनाओं को सुनेंगे तो आप वस्तुतः 'अभिभूत' हो उठेंगे—अपने पाईप में आपको दो बार मसाला भरना होगा—कम-से-कम 5-7 तिलियाँ 'सार्थक' होंगी—डेढ़-दो घंटे की वो सीटिंग होगी हमारी—आपकी ! इससे कम की नहीं...

बहरहाल, 9 तारीख के लिए राजकुमार शर्मा और जानकी एक चर्चा-गोष्ठी के निमित्त वक्त ले गए हैं। यह जुटान मन्नू भंडारी के कृतित्व पर आधारित रहेगा। उस दिन शनिवार का दिन होगा...मैं 12 बजे ही 'गोमती' पहुँच जाऊँगा—54 या 55 नं.वाले कमरे में—या फिर 'चयन' में...गोष्ठी का समय साढ़े चार बजे (शाम) रक्खा गया है...आप कुछ पहले आ सकेंगे ? चन्द्रा को आशीष...उर्मिला और आनन्द को प्यार...सुरेशजी को सूचित करें...

—नागार्जुन
आपका

और—हमारे समधी महोदय अभी-अभी पधारे हैं। वो अपनी पुत्री (सरिता) को साथ ले जानेवाले हैं। 5-6 (दो दिन हमारे पानीपत और कुरुक्षेत्र (विश्वविद्यालय) में गुजरेंगे...

—नागार्जुन

⁕

जहरीखाल
13-7-83

प्रियवर पांडेयजी,

अब अगला पत्र आपको, मेरी लिखावट में, 10.9 के बाद ही मिल सकेगा।

आपका पत्र मिला था। अब तो आपका 'कारखाना' खुलने का वक्त 'आ न पहुँचा'...बच्चे गाँव से लौट आए होंगे। आयुष्मती चन्द्रा से मेरा सलाम बोल दीजिए। यदि सुरेश—राधिका मिलें—मिलेंगे ही—तो उनसे भी मेरी आशीष कह दें।

अपनी तीन 'पांडुलिपियाँ' (प्रेस कापी) तैयार करके ही इस 'गुफा' से बाहर निकलना है—आपके भी आशीर्वाद अपना काम कर रहे हैं हमारी 'संकल्प पूर्ति' में... हाँ, सच—

इस अवधि में, मेरी तरफ से, पत्रों का जवाब भी वाचस्पति ही देंगे—यदि अत्यावश्यक हुआ तो...

—नागार्जुन
आपका

⁂

C-3/169, यमुना विहार
दिल्ली-53
29.2.84

प्रियवर पांडेयजी,

कल हम ग्वालियर जा रहे हैं। 'राहुल-स्मृति' का तीन दिनोंवाला समारोह आयोजित है वहाँ।

ग्वालियर से उज्जैन जाएँगे। 6 से 12 तक उज्जैन रहेंगे। उज्जैन में 'संस्कृत कवि सम्मेलन' है 9 मार्च को। हम 12 तक दिल्ली लौट आएँगे। तब 2/4 तक दिल्ली रहेंगे। अभी शोभाकान्त यहाँ एक सप्ताह रह गए। निबन्धों का स्फुट गद्यों का एक और संकलन वाणी प्रकाशन को दे गए हैं। एक और काव्य संकलन भी तैयार किया है इन्होंने। समय नहीं था, वर्ना वो आपसे मिलते। फिर 20 मार्च तक दिल्ली आनेवाले हैं तब आप तक जरूर पहुँचेंगे...

आरती शुक्ल इधर अस्वस्थ रहने लगी है। बीच में सांघातिक 'उदर शूल' उभर आया था। आप एक बार मिल आइए।

सुरेश लौट आएँ होंगे। एक सप्ताह ससुराल रहकर वापस आने पर राधिका के अन्दर मनोवैज्ञानिक बदलाव निकट का कोई भी महसूस करेगा न ?

अभी और कुछ नहीं लिखूँगा।

आयुष्मती चन्द्रा को मेरी आशीष बोल दीजिए। उर्मिल को प्यार। चन्द्रा की याद इसलिए आती रहती है कि साहित्यिक समझदारी उसकी काफी विकसित है...

—नागार्जुन
आपका

⁂

पटना-6
8.3.85

प्रियवर पांडेयजी,

आपके पिताजी का देहान्त आकस्मिक तौर हुआ, इसका पता हमें यहाँ आने पर चला।

यों तो, कब-किसका-क्या होगा, कहा नहीं जा सकता। मगर इस प्रकार आकस्मिक शोकवार्ता सकते में डाल जाती है...

मैं 15-16 तक दिल्ली पहुँच रहा हूँ। पहुँचने के बाद, वहाँ दो-तीन रोज के अन्दर आपसे मिलूँगा।

चन्द्रा दिल्ली हो तो उसे मेरी आशीष कहें...
उर्मिल को प्यार...

—नागार्जुन
आपका

❋

21.1.86
महेन्द्रू, पटना-6
(बिहार)

प्रियवर पांडेयजी,

कल इधर आए। शेष बातें विस्तारपूर्वक लिखूँगा—सप्ताह के अन्दर। शोभाकान्त कल गाँव जा रहे हैं। 30 तक लौटेंगे।

नागार्जुन
आपका

❋

9.6.86
जहरीखाल, पौड़ी गढ़वाल
(उत्तर प्रदेश)

प्रिय मित्र,

'ईद मुबारक' आज पवित्र त्योहार का दिन है। आपकी याद आई।
आप शायद दिल्ली से बाहर हैं। यहाँ वाली संक्षिप्त गोष्ठी 22 को होगी...
हम 10 जुलाई तक यहाँ हैं।

नागार्जुन
आपका

❋

19-5-88
दिल्ली

प्रियवर पांडेयजी,

हम 22 की शाम को 'मगध एक्सप्रेस' से प्रस्थान करके 23 को सवेरे मोगलसराय उतरेंगे, वहाँ से गोदौलिया—तब शिवाला घाट...

हमारी मुलाकात 28/5 को होगी...हम 2 जून को वाराणसी से पटना पहुँचेंगे...
नागार्जुन आपका

चन्द्राजी को आशीष...

नागार्जुन

हमारा काशीवाला पता :
C/o स्वामी श्री विमलानन्दजी
राजगुरु मठ
B-3/175 शिवाला
वाराणसी

●

नन्दकिशोर नवल के नाम

राष्ट्रीय प्रकाशन मंडल
मछुआ टोली
पटना-4
15.7. [55]

नवल, प्रिय वत्स !

12 का पत्र कल मिला। मैं आर्यावर्त या कहीं अन्यत्र तीन प्रतिभांकुरों पर प्रकाश डालना चाहता हूँ। उनमें एक तुम हो, दूसरा जगदीश चौबे और तीसरा पता नहीं कौन होगा !—मेरे बारे में कुछ लिखने के लिए ऐसी उतावली काहे की ?

बँगला व्याकरण तुम्हारे लिए कहीं से हासिल करूँगा। महीने में दस-पाँच दफे विस्तृत रूप से तात्कालिक अनुभूतियों को लिपिबद्ध अवश्य करते चलना। शेष ठीक है। तुम्हारे इधर के गीतों की मुझे जरूरत पड़े। मुझे यह जानकर खुशी हुई कि तुमने चाहे कैसे भी हो गद्य लिखना शुरू कर लिया।

नागार्जुन

❊

राष्ट्रीय प्रकाशन मंडल
मछुआ टोली
पटना-4
26.7. [55]

प्रिय नवल,

कल शाम को तुम्हारा खत मिला। इकन्नी स्टाम्प लगाकर सिर्फ छपी सामग्री भेजी जाती है या फिर रजिस्टर्ड पत्र-पत्रिकाओं में प्रकाशनार्थ संवाद, लेख, कविता आदि। व्यक्तिगत पत्र (चिट्ठी) इस तरह भेजना पोस्टल दुनिया में अवैध माना जाता है। आगे इस बात का ख्याल रखना।

इधर मैं बेहद व्यस्त हूँ। अब इधर पत्र-वत्र नहीं लिखूँगा। जाने के पूर्व सूचित कर दूँगा।

—नागार्जुन

*

राष्ट्रीय प्रकाशन मंडल
मछुआ टोली
पटना-4
3.8. [55]

प्रिय नन्दकिशोर,

13 को शायद ही मैं पटना रहूँ। किताब जिन्हें पढ़ने देता हूँ या जो ले जाते हैं, अक्सर रद्दी हालत में उसे लौटाते हैं या फिर वसूल करने में बड़ी दिक्कत उठानी पड़ती है। इसी से अब मैंने नियम कर लिया है कि किसी को व्यक्तिगत उपयोग की किताबें पढ़ने नहीं दूँगा। हाल ही में ऐसी दुर्घटना हुई है।

—नागार्जुन

*

C/o राष्ट्रीय प्रकाशन मंडल
मछुआ टोली
पटना-4
9.9.[55]

नवल,

पत्र मिला। मैं इन दिनों बेहद व्यस्त हूँ। मरने की भी फुर्सत नहीं है। अभी मुझ

पर निबंध-विबंध न लिखा करो, अधिक से अधिक स्वाध्याय और अधिक से अधिक परिपाचन चलने दो अभी। बाकी, पर्यवेक्षण की क्षमता और सहज प्रतिभा तो है ही तुम्हारे अंदर। यों, किसी को समझने के लिए उसकी कृतियों का परिशीलन अनिवार्य होना चाहिए। मेघदूत अक्तूबर में निकल आएगा। तुम्हारे गीतों का दूसरा संकलन कब तक निकलेगा ?

—सस्नेह नागार्जुन

पुनश्च : गोलीकांड[1] पर 10 कविताएँ तैयार हैं। बुकलेट यदि निकली तो भेज दूँगा।

—ना.

---

1. 1955 के अगस्त में पटने में एक गोलीकांड हुआ था, जिसमें दीनानाथ पांडेय नाम के छात्र मारे गए थे। नागार्जुन ने उस गोलीकांड पर कुछ कविताएँ लिखी थीं, जिनका संग्रह बुकलेट के रूप में बाद में 'खून और शोले' के नाम से निकला था। वह बुकलेट उन्होंने डाक से मुझे भिजवाया था। दुर्भाग्यवश वह आज मेरे पास नहीं।

❋

C/o राष्ट्रीय प्रकाशन मंडल
मछुआ टोली
पटना-4
17.9. [55]

नवल प्रिय,

16 का पत्र अभी-अभी मिला। अब मैं तुम्हें अक्तूबर के प्रथम सप्ताह में पत्र लिख सकूँगा, देर हो तो ताकीद करके पत्र मँगवा लेना। मगर बीच में न लिखूँ तो कोई मलाल न रखना...कृतियों की लिस्ट ?

रतिनाथ की चाची, बलचनमा, नई पौध और बाबा बटेसरनाथ—4 उपन्यास; पहले तीन किताब महल, जीरो रोड, इलाहाबाद से प्रकाशित हैं और चौथा राजकमल प्रकाशन फैज बाजार, दिल्ली-6 से प्रकाशित है। पारो और नवतुरिया—दो उपन्यास मैथिली में हैं।...शेष फिर कभी सूचित करूँगा—

नागार्जुन तुम्हारा

❋

C/o राष्ट्रीय प्रकाशन मंडल
मछुआ टोली
पटना-4
25.10.55

नवल प्यारे,

21 का पत्र अभी मिला 5वें दिन पर ?

हाँ, विस्तार से लिखना चाहता हूँ। मगर समयाभाव के कारण अभी चंद सतरों से ही सब्र करो बबुआ ! पाठ्यपुस्तकों से मन ऊबे तो बीच-बीच में रतिनाथ-बालचन्द दिगम्बर वगैरह से बातें किया करना, 10 मिनट-5 मिनट। भगवानपुर नहीं आ रहा हूँ। दमा ने हमला कर रखा है।

शेष पीछे–

नागार्जुन तुम्हारा

*

नीलाभ पब्लिशिंग हाउस
5, खुसरोबाग रोड, इलाहाबाद
18.1.[56]

प्रिय नवल,

नया उपन्यास 'वरुण के बेटे' अभी पिछले दिनों समाप्त किया है। यह मलाहों-मछुओं के जीवन पर आधारित है।

परीक्षा की तैयारियों में गर्क (निमग्न) हो न ! फिर लिखूँगा।

24 ता. 4 फरवरी तक पटना और फिर यहाँ वापस आ जाना है। जून तक तीन लघु-उपन्यास और लिखने हैं न!

नागार्जुन तुम्हारा

*

पंडुई कोठी
देवेंद्रदास लेन, पटना-4
9.2.[56]

नवल प्यारे,

3.2 का तुम्हारा पत्र प्रयाग की परिक्रमा करके पटना पहुँच गया है बेटा ! अभी मैं तुम्हारा ध्यान बटाना नहीं चाहता, उकसाना नहीं चाहता तुम्हें। 14-15 तक फिर मैं

इलाहाबाद जा रहा हूँ। फिर उपन्यास की लिखाई चलेगी। इम्तिहान से छुट्टी पा लो तो इत्मीनान से खत लिखा करना...

अब जब तक मैं अपना पता न सूचित करूँ, दो लाइन भी न लिखो मेरे नाम पर—

नागा. तुम्हारा

❊

173, रोशन बाग
खुल्दाबाद, इलाहाबाद
9.6.[56]

प्रिय नवल !

30.5 का पत्र। हाँ, मैं दरभंगा हो आया। मुझ पर किसी उपन्यास का नहीं, बल्कि सामान्य जनजीवन का असर पड़ा है।

शेखर [दोनों भाग], सुनीता, परख, त्यागपत्र, गोदान, मैला आँचल, तितली, कंकाल, डूबते मस्तूल, श्रीकान्त (शरद् : चारों भाग), चरित्रहीन, देवदास, शेष प्रश्न, सेवासदन, रंगभूमि आदि उपन्यास पढ़ना चाहिए।

अभी और क्या लिखूँ ?

—नागार्जुन

❊

193, बहादुरगंज
इलाहाबाद-3
29.11.56

प्रिय नवल,

27.11 का पत्र।

बनारस में रुद्रजी[1] से मुलाकात हुई तो तुम्हारे बारे में उनसे पूछा था। पटना जाने से पहले तुम्हारा पता-ठिकाना नहीं था कि सूचित करता। खैर...

बाकी ठीक है। आजकल सर्दी-खाँसी-दमा की कृपा है, कलम ब-दस्तूर आराम कर रही है। आशा है, ढेर-ढेर-सा गद्य [कहानियाँ, निबन्ध, स्केच, डायरी आदि] लिखने लायक क्षमता हासिल करके अब तुम पत्र-पत्रिकाओं पर छा जाओगे !...शेष फिर—

प्यार और दुआ स्वीकार करना—

नागार्जुन

1. स्वर्गीय रामगोपाल शर्मा 'रुद्र'।

⁂

948, कल्याण देवी
इलाहाबाद-3
17.12.69

नवल,

मैं बाहर था, इसी से विलम्ब हुआ। और कल फिर दिल्ली के लिए निकल रहा हूँ। वहाँ का पता नोट कर लो : 120 रवीन्द्र नगर, नई दिल्ली-11 [।] मार्च के बाद ही लौटने का इरादा है।

'सारिका' में अपने 'लघुपत्र' का रिमार्क देखा होगा..कुल मिलाकर वह अनुकूल ही है 'ध्वजभंग' के लिए। नहीं ?

शेष फिर–

–नागार्जुन

⁂

C/o राजकमल प्रकाशन
सुभाष मार्ग
दिल्ली-6
25.10.70

नवल,

तुम्हारी नई पत्रिका ['सिर्फ'] के दो अंक मेरे पास सुरक्षित हैं। मैं वक्त निकालकर इन्हें देख जाऊँगा, फिर पत्र लिखूँगा...

...

इधर हमने 'भस्मांकुर' (खंडकाव्य) समाप्त किया। वही पुरानी थीम है काम-दहनवाली। लेकिन अच्छा उतरा है। दिसम्बर के अन्त तक प्रकाशित हो जाएगा। राजकमलवाले इसे छाप रहे हैं।

...

कुलानन्द का क्या हाल है ?
रागिनी को आशीर्वाद, बच्चों को प्यार।
बाकी अभी और क्या लिखूँ ?

–नागार्जुन

⁂

C/o राजकमल प्रकाशन
सुभाष मार्ग
दिल्ली-6
13.11.70

नवल डियर,

8 वाला तुम्हारा पत्र सामने रखकर ये पंक्तियाँ लिख रहा हूँ। अंतर्देशीय तो यह तुम्हारे नाम पर कई दिनों से अर्पित था ही...

...

शोभाकान्त को तुम्हारे ही मुहल्ले में रैनबसेरा मिल गया है, यह जानकर तसल्ली हुई। क्या शोभाकान्त का वह कमरा उसी गली के अन्दर पड़ता है, जिसमें तुम्हारी बदौलत पिछले साल हमें बार-बार जाना पड़ा ? फिर तो सचमुच हमें बड़ा ही आनन्द आएगा क्योंकि जनवरी में एक-डेढ़ सप्ताह के लिए पटना पहुँचने का इरादा है...

...

सुकांत की रचनाओं के बारे में तुम्हारा मंतव्य प्रामाणिक की मानता हूँ। एक ही युग की धड़कनों की रिकार्डिंग उम्र और तजर्बे के मुताबिक जुदा-जुदा ढंग की होती आई है, होती चलेगी। फिर इसमें देश-काल-पात्र-गत विलक्षणताएँ अपने बहुविध प्रभाव डालती रहती हैं। यानि, अभिनव पीढ़ी के जितना करीब तुम हो, उतना भला मैं हो ही कैसे सकूँगा ? लेकिन, हाँ, जरूरत समझो तो सुकांत की इन रचनाओं में तुम अपनी लेखनी का 'ईषत्-स्पर्श' का जादू भिड़ा देना ! सुकांत शायद ही बुरा माने...

...

देखो न नवल, 'सिर्फ' के पहले दोनों अंक [पास रहने पर भी] भलीभाँति देख नहीं पा रहा हूँ। कैसा दुर्योग है भला, खैर, आने दो, तीसरा अंक भी आ जाए ! साथ ही तीनों का पारायण कर लूँगा और फिर तुम्हें अपनी राय सूचित कर दूँगा...ठीक ?

....

'अफ्रो-एशियाई' साहित्यकारों का मजमा लगेगा, 17 से 20 तक। पटना से भी हमारे कन्हैयाजी लेखकों का काफला ला रहे हैं...भारी जुटान होगा। कई कारणों से अपन लेकिन 'तटस्थ' रहेंगे। इन कारणों पर अभी मैं जरा भी प्रकाश नहीं डालूँगा। हो सकता है, बाद को किसी पत्रिका में तुम्हें इन कारणों का पता चले।

...

'सिर्फ' की सारी जिम्मेवारी [व्यवस्था : सम्पादन] तुमने अपने ही कन्धों पर उठा ली है न ? कोई बात नहीं, वर्ष में यदि दो अंक ही ठिकाने से निकालते जाओ तो भी यह एक भारी काम होगा। डटे रहो...

एक खास सूचना : ... इन दिनों अकेले होस्टल में रहने लगी है।... दोनों बच्चों को लेकर अलग रह रहे हैं। ... की छोटी बहन (...) से, सम्भवतः दो वर्ष पूर्व ... ने

चुप्पा शादी कर ली थी। एक बच्ची भी उससे है...इधर अकस्मात् पटना से ... जब पिछले नवम्बर में दिल्ली आ धमकी तो 'पतिदेव' का कोपानल भड़क उठा। गनीमत है, .. एक महिला कालेज में काम पा गई है ... पूरा औपन्यासिक कांड हो गया। हमने ... [परित्यक्ता] का पक्ष लिया, और भी बहुत सारे प्राध्यापक...के पक्ष में हैं...

—ना.

❋

120, रवींद्र नगर
नई दिल्ली-11
20.11.70

नवल,

सिर्फ का ताजा अंक आज मिला। धन्यवाद। 'अफ्रोएशियाई साहित्यकार समारोह' वाला 'अनाटक' चल रहा है, कल समाप्त होगा। 25 के बाद तुम्हें विस्तारपूर्वक लिखने का इरादा है। जनवरी में एक सप्ताह पटना रह सकूँगा, ऐसी उम्मीद है...

—ना.

❋

120, रवींद्र नगर
नई दिल्ली-11
2.12.70

नवल डियर,

24.11 वाला पत्र (परिपत्र सहित) मुझे कल हस्तगत हुआ क्योंकि चंडीगढ़ चला गया था। वहाँ कुमार विकल ने तुम्हारे इस परिपत्र के दर्शन करवा दिए थे मुझे...

यह कित्ता बड़ा यज्ञ तुम ठान बैठे हो !...जानकर बड़ी खुशी हुई...इसमें मेहनत तो 'अति' पड़ रही होगी मगर बिहार के साहित्यप्रेमी युवकों के स्निग्ध सहयोग और तरुण पीढ़ी के निश्छल आनुगत्य तुम्हारे इस बोझ को 'सह्य' बना रहे होंगे...मैं तो परम पुलकित हूँ इस समाचार से।

नामवर सिंह को सीधे जोधपुर लिखो न ? वह तो अब यहाँ सुलभ नहीं रहे। पत्र द्वारा बार-बार आमन्त्रित करो। हवाई जहाज का यात्रा-व्यय उन्हें दे सको तो शायद पटना पहुँच ही जाएँ वो...

बस, पुराने मनीषियों की आयु-सीमा तुम पचास ही रखना ! पचीस से पचास तक की आयु-सीमा 'युवा लेखक सम्मेलन' को नव-चिंतन की सही धुरी से च्युत नहीं होने देगी। हृषीकेश (कानपुर), विमल वर्मा (कलकत्ता), कुंतल मेघ (अंबाला ? जालंधर ?),

गंगाप्रसाद विमल (दिल्ली), सुरेन्द्र चौधरी (गया), विभु कुमार (रायपुर), परेश (शिमला), विजयबहादुर सिंह (विदिशा—मध्य प्रदेश), शिवप्रसाद सिंह (काशी), और जाने कितने नाम तुम्हारी लिस्ट में होंगे...हैं न ? बिल्कुल ठीक। विष्णुकांत शास्त्री, दूधनाथ सिंह, नागेश्वर लाल टाईप के नवचिंतक भी उस सूची में होंगे ही। तरुणतम पीढ़ी के मंगलेश डबराल, मृत्युबोध, राजकुमार कुंभज—जैसे प्रतिनिधि भी तुम्हारे इस पुरश्चरण में सम्मिलित हों मैं चाहूँगा। हाँ मैं यह नहीं चाहूँगा कि पचास से ऊपर की पीढ़ीवाले हमारे जैसे लोग तुम्हारी इस यज्ञ-स्थली में डोलते दिखाई पड़ें...

...

बौद्धिक धरातल पर अतिवाम-वामातिवाम, सहजवाम एक ओर...दूसरी तरफ अतिदक्षिण, दक्षिणातिदक्षिण, सहजदक्षिण...और मध्यवर्ती (यथास्थितिवादी)...सभी प्रकार के युवक साहित्यकारों को आमंत्रित करो। बेहिचक...बेखौफ...दो तरुण यदि सामयिक प्रवृत्तियों की नक्सली मीमांसा से श्रोता-समूह को प्रभावित करना चाहें, करने दो प्रभावित। मगर मधोक-गोलवल्करवाली दर्शन पद्धति का सहारा लेकर यदि कोई अति-दक्षिण रुझान श्रोताओं में पैदा करना चाहे तो उसे भी छूट दो...'वादे वादे जायते तत्त्वबोधः' ...हाँ, तुम्हारा अपना भी तो बहुजन-समाज-हितकारी, स्वस्थ सुखमय भविष्यदर्शी, आधुनिक अर्थों में पारमार्थिक दृष्टिकोणवाला वैकल्पिक मानवतावाद सामने आना चाहिए न ? केवल विधाओं की बहस में या अनुकरणमूलक प्रवृत्तियों की श्रुतिरंजनी चर्चा में न उलझ जाना, या उलझा देना।

'सिर्फ-4' में तुम गंगाप्रसाद विमल या हृषीकेश या कुमार विकल या चन्द्रभूषण तिवारी या मुद्राराक्षस से लिखवाओ। मुझसे न लिखवाओ। हाँ, मैं बेहद व्यस्त हूँ। 'भस्मांकुर' की भूमिका और परिशिष्ट मुझे चाँपे हुए रहेंगे। इसे 25.12 तक हर हालत में प्रकाशित होना है...

—ना.

*

120, रवींद्र नगर
नई दिल्ली-11
7.12.70

नवल,

शाम को विजयमोहन से मुलाकात हुई। वो 27-28 को पटना पहुँचेंगे, यह जानकर अच्छा लगा। युवा लेखन-समारोह खूब सफल रहेगा, मेरा दिल कहता है। नामवरजी से भी, वहीं गोष्ठी में ही, क्षण भर के लिए 'कुशल-कुशल' हुआ। विजयमोहन ने लेकिन अलग हटकर उनसे लगभग आधा घंटा बातें की होंगी...तुमने नामवर को बार-बार लिखा होगा। क्या वो पटना पहुँच रहे हैं ?

इन दिनों तो बिहार का एक भी अखबार नहीं देख रहा हूँ। तुम्हें 'डिस्टर्ब' नहीं करना चाहता। हाँ, तार की भाषा में संक्षिप्त सूचनाएँ जरूर भेजते रहो। पोस्टकार्ड डाल दिया करो...

—ना.

⁂

C/o राजकमल प्रकाशन
8, फैज बाजार
दिल्ली-6
12.12.70

नवल,

अंधे बुजुर्ग ने तब युवक संजय से पूछा—"हे महाप्राज्ञ, कर्मक्षेत्र-कुरुक्षेत्र के मैदान में कौन-कौन महारथी धनुर्धर उतरनेवाले हैं ? क्या युवजन मन के प्यारे कृष्णनाथ (काशी विद्यापीठवाले) भी आ रहे हैं ? दलीय दृष्टि के प्रखर वामपंथी चंद्रभूषण तिवारी-विमल वर्मा भी उतर रहे हैं मैदान में ? मध्य-वाम सुरेंद्र चौ. ? साम्यसूत्रों के चतुर महाभाष्यकार आचार्य नामवर सिंह आ रहे हैं न ? दलमुक्त प्रगतिशील डॉ. शिवप्रसाद सिंह ?"

तब संजय ने कहा—"बतलाता हूँ, सुनिए आदरणीय..."

अब बतलाओ, क्या-क्या चल रही हैं तैयारियाँ ? खूब व्यस्त हो न ? फिर भी एक-आध पोस्टकार्ड इधर डालते जाओ...

—ना.

⁂

120, रवींद्र नगर
नई दिल्ली-11
16.12.70

नवल,

छपे हुए परिपत्र मिले, पत्र भी मिला। नए साप्ताहिक की घोषणा देखकर तसल्ली मिली।

साहित्यकारों की जो सूची तुमने दी है वह ठीक लगी। अरे, सौ आएँगे और दस-पाँच नहीं आ सकेंगे न ? यह तो चलता ही है।

परिपत्र के मुद्दे पसन्द आए। यह भी अच्छा लगा कि 'जरूरी नहीं कि किसी निर्णय पर पहुँच ही जाएँ'। हाँ, इस प्रकार 'मिलने-जुलने का रास्ता' तो खुल जाएगा न ?

यही क्या कम उपलब्धि रहेगी ?...आ तो मैं सकूँगा नहीं, नाहक पैसे क्यों भेजोगे ?

—ना.

*

120, रवींद्र नगर
नई दिल्ली-11
25.12.70

नवल डियर,

कल जयपुर से लौटने पर तुम्हारा भिजवाया हुआ 'प्रोग्राम-पत्र' मिला।

देखकर प्रसन्नता और बढ़ गई कि संयोजन सर्वथा व्यापक दृष्टिकोणों से छनकर ही चलेगा...

...

मेरी तरफ से तुम सभी तरुण एवं युवक एवं प्रौढ़ साहित्यकारों को इस बात का पक्का वादा कर सकते हो कि बूढ़ा बंदर पागल हो जाएगा तब भी उन्हीं का पक्षधर बना रहेगा—यानि बहुजन के पक्षधरों का पक्षधर बना रहेगा।

...

नवल, मुझे खेद है कि दर्शक के तौर पर भी मैं इस अवसर पर पटना पहुँच नहीं पा रहा हूँ...यह अनिच्छा नहीं, मजबूरी है नवल !

अभी और क्या लिखूँ ?

मुझे पूर्ण विश्वास है, समारोह के सारे कार्यक्रम भलीभाँति सम्पन्न होंगे। मैं शत प्रतिशत मात्राओं में आश्वस्त हूँ...

मिल-जुलकर साथ बैठना अपने आपमें यों ही संतुलित विवेक का प्रतिफलन है।

...

समारोह के कार्यक्रमों में सम्मिलित होने के लिए दूर-दूर से पटना पहुँचनेवाले बंधुओं को मेरा सलाम बोलो...

—नागार्जुन तुम्हारा

*

120, रवींद्र नगर
नई दिल्ली-11
17.8.71

प्रियवर नवल,

कल मास्को से लौटा हूँ। एक सप्ताह के अन्दर ही पटना आ रहा हूँ।

'सिर्फ' का नया अंक देखा, अब पढ़के सूचित करूँगा।

—ना.

❋

C/o जनसंसार
19-बी, चौरंगी
कल-13,
19.4.77

प्रियवर नवल,

15.4 वाला पोस्टकार्ड मिला। हालात मालूम हुए...तसल्ली हुई। हाँ, इधर पत्र लिखने की रफ्तार बेहद धीमी हो गई। कारण ? कारण कई थे—नेशनल लाइब्रेरी में इधर प्रतिदिन आठ-आठ, दस-दस घंटे बैठना हुआ। यशपाल एवं उनके समकालीन विप्लवियों के बारे में जानकारी हासिल करना मुख्य उद्देश्य था—बल्कि, है...दूसरा कारण रहा ऋतुचक्र की धुरी का, अपनी लपेट में समुद्री झंझावात को लिए-लिए, प्रतिदिन अपराह्न में उद्दाम नर्तन...रोज आँधी ! रोज तूफान ! रोज वर्षा ! 'कालवैशाखी' प्रकृति का ऐसा रुद्र रूप लगभग 40 वर्षों बाद ही साक्षात् अनुभव कर रहा हूँ...तीसरा कारण ? रहन-सहन की अनियमितता!

हाँ, सर्दी का वह प्रकोप पीछे छूट गया है। कामचलाऊ तौर पर ठीक हो गया हूँ...

...

रत्नेश (चौधरी) पिछले दस महीने से यहाँ रह रहे हैं—रत्नेश यानि सुकांत के बड़े बहनोई। लगभग 400/ प्रतिमास पा जाते हैं। रत्नेश का आग्रह रहा है कि मैं अपना मुख्य अड्डा कलकत्ता को ही बना लूँ। रतन को पता है कि दिल्ली की तुलना में उनके 'पिताजी' (यानि श्वसुरजी) को कलकत्ता अधिक प्रिय है। हमारी उर्मिल भी मेरी इस कमजोरी को अच्छी तरह जानती है...अर्थात् मैं यदि यहाँ रहने लग जाऊँ तो उर्मिल भी बीच-बीच में कलकत्ता आ सकेगी...

यानि ? यानि, सचमुच ही मैं कलकत्ता रहने लग सकता हूँ। दिल्ली में भी लिखाई की तरफ से वितृष्णा रहती है [पटना की तरह]...हाँ, इलाहाबाद में लिखने का जी करता है...कुंभीपाक पूरा का पूरा '56 में कलकत्ते में पूरा किया था। 'प्यासी पथराई आँखें' (संकलन) की अधिकांश रचनाएँ उन्हीं दिनों तैयार हुई थीं—इसी महानगर के माहौल में !

दूसरी, और, सबसे बड़ी खूबी इस महानगर की, बतलाऊँ ? यानि, मेरी निगाहों में कलकत्ता उतना 'महानगर' नहीं है, जितना कि 'महाग्राम' है ! हजार-हजार गाँव इसकी गलियों में—फुटपाथों पर, हुगली नदीवाले इसके तटवर्ती अंचलों में, उपनगरीय

बस्तियों में फैले पड़े हैं...भोजपुरी, मगही, अंगिका, बज्जिका, मैथिली, नेपाली, उड़िया, असमिया, पंजाबी, तेलुगु, संथाली, राजस्थानी जैसी भाषाएँ-उपभाषाएँ बोलकर भी आप यहाँ अपना काम मजे में चला लेते हैं...बँगला और हिन्दी और अंग्रेजी के बिना भी लाखों-लाख 'कामन-मैन; अपना गुजारा यहाँ कर रहा है...हथेली पर सुर्ती मसलता हुआ, मैं यहाँ घंटों घूम सकता हूँ—लुंगी या गमछा-गंजी लपेटकर—जी, हाँ ! दिल्ली की निस्बत कलकत्ता सस्ता भी तो खूब ही पड़ता है। दो रुपए साथ ले लो, समूचा शहर चक्कर लगा आओ...

हो सकता है, 10 मई के बाद पटना आ जाऊँ...तुमने आमों की बात लिखी...पकने के मौसम तक क्या वे आँधी की मार से महफूज रह सकेंगे ? शेष बातें अब दूसरे पत्र में लिखूँगा। हाँ, 23 के बाद। चिं-पू-रा के क्या हाल हैं ? रा-चिं-पू ? पू-पू-पू-पू...

❋

C/o 'जनसंसार'
19-बी, चौरंगी, कलकत्ता-13
21.11.77

प्रिय भाई नवल,

अभी-अभी 'प्रकृति और हिन्दी कविता' देख गया हूँ। यह तो वस्तुतः एक अतिआवश्यक एवं इंगितपूर्ण लेख लगा मुझे तो। सौ पृष्ठों में यदि इसी शीर्षक से आप कोई पुस्तक तैयार कर लो तो निश्चय ही अपूर्व होगी।

विस्तारपूर्वक, और बातें, दूसरे पत्र में लिखनेवाला हूँ। अब जनवरी में पटना पहुँचना संभव होगा। रागिनी को प्यार। चिंतन और पूर्वा को दुलार।

—नागार्जुन

अरुण कमल की रचनाएँ बिल्कुल ताजा और मार्मिक हैं—बेहद और अपूर्व। एक अलग पत्र में लिखूँ न ?

❋

C/o 'जनसंसार'
19-बी, चौरंगी, कलकत्ता-13
21.12.77

डियर नवल,

26 की शाम को 'तूफान' से पटना जंक्शन उतरना है। तीन रोज-साढ़े तीन रोज पटना रहकर काशी पहुँचना है 30 की शाम तक। वहाँ 31 की रात को कवि-सम्मेलन

अटेंड करना है, आमंत्रण स्वीकार कर चुका हूँ। खगेंद्रजी और अरुण कमल को अवश्य सूचित कर देना। ठहरने की जगह वही शोभाकांतवाली (शाहगंज मुहल्ले में)...शेष मिलने पर ही। स्वास्थ्य यों काफी शिथिल चल रहा है—खाँसी, जुकाम आदि, दमा तो खैर पुराना साथी है ही। तो क्या हुआ। अंदर के प्राण तो वज्रधर्मा ठहरे न ? कोई बात नहीं, सबकुछ इसी तरह चलेंगे।

—ना. तुम्हारा

*

96, टैगोर पार्क
दिल्ली-9
4.2.78

नवल,

पत्र मिला यानि नहीं मिला—पूर्वा के नाम अभी-अभी 'अंतर्देशीय' लिखा है। ताजा अंतर्देशीय पोस्ट ऑफिस से लिए तो याद किया, पहले किसे लिखूँ तो पूर्वी का ही पता लिख गया...

'धरातल' की यहाँ सभी लोग तारीफ कर रहे हैं। क्या यह नियमित निकल जाया करेगा वक्त पर ? गौतमजी से कहो कि एक बार कलकत्ता पहुँचें। एक सप्ताह वहाँ रहकर विज्ञापन बटोरें फिर धरातल को मासिक कर दें। वैतनिक उपसंपादक रखना पड़ेगा...वह आवश्यक होगा। मगर तत्त्वावधान हर हाल में तुम ही करोगे। वर्ना, मासिक होने पर 'ज्योत्स्ना' के दुर्गुण इसमें प्रवेश करेंगे ही। आप ही इसे बचाओगे ! रागिनी का प्यारा सा पत्र मिला है...चि. चिंतन का स्वास्थ्य अब ठीक होगा। मोहन को आशीष। पूर्वी तो नहीं पढ़ लेगी यह पत्र ?

—ना.

शोभा के भी पत्र मिले हैं। अब यहाँ से 20 से पहले नहीं निकल सकूँगा। अ.भा. हिन्दी लेखक सम्मेलन 16-17-18 को हो रहा है। बिहार से श्यामसुन्दर घोष, विजेंद्रनारायण सिंह, मधुकर सिंह आदि पधारनेवाले हैं। आ. महावीरप्रसाद द्विवेदी की 'सौर-ऊर्जा'वाली छत्रछाया तुम्हें नहला रही है न ?

—ना.

*

96, टैगोर पार्क
दिल्ली-9
10.2.78

नवल,

कल दिन की पहली डाक से पूर्वी का पत्र मिला...उसके मौसा का आकस्मिक देहावसान हो गया है...युवक ही रहे होंगे। झटका-सा महसूस हुआ...मैं व्यक्तिरूप में उन्हें नहीं जानता था लेकिन वह पूर्वा के मौसा थे। रागिनी को लिखने का इरादा है। पूर्वा को भी। हाँ, लेकिन तुमने क्या कसूर किया है ? 12-13 के बाद एक अंतर्देशीय तो डियर नवल के नाम अवश्य डालूँगा। विजेंद्र ना. सिंह और श्यामसुंदर घोष और मधुकर सिंह आदि अ.भा. हिंदी लेखक सम्मेलन में आ रहे हैं...मैं 20 के बाद, 25 के दर्म्यान पटना के लिए ट्रेन लूँगा। शेष बातें 12 के बादवाले पत्र में...

आप लगे हाथ इतना तो जरूर सूचित करो कि धरातल और उत्तरशती को जुकाम-सर्दी तो नहीं हुआ ? ये दोनों 'शिशु' बीमार नहीं पड़ें...वक्त पर दिखलाई पड़ें...

चिंतन-मोहन-पूर्वा-रागिनी...सभी की यादें आ रही हैं—

ना.

❋

96, टैगोर पार्क
दिल्ली-9
27.2.78

नवल,

ज.ने.वि. के कैंपस के बिलकुल करीब—डॉ. मैनेजर पांडेय पी-एच.डी. के वासस्थान में दो रोज के लिए आ गया हूँ। आज काव्य-पाठ का प्रोग्राम मेरे लिए ही रखा गया है।

नामवरजी लड़के की शादी के सिलसिले में बनारस गए हुए हैं—केदारनाथ सिंह की लड़की नामवरजी की पुत्रवधू होगी...

...

हम जल्दी-जल्दी घसीटकर कुछ सतरें आपके नाम पर निकाल रहे हैं। कई दिनों से तुम्हारी यादें आ रही थीं। पूर्वी को एक बड़ा पत्र लिखने का जी करता है। वो मेरी प्रियतमा नतनी है...मैं उसका प्रियतम नाना हूँ। भला, यह कैसे होगा कि पूर्वी के नाम न जपूँ ?

...

शाम के 7 बजे हैं। अभी [ता. 27 की शाम को] रेडियो से निर्वाचन-फल घोषित हो रहे हैं...

...

हम टहलने जा रहे हैं। डॉ. पांडेय साथ घुमाने ले जा रहे हैं।

...

मेरी 'गिनी' ठीक है न ?

—ना. तुम्हारा

शोभाकान्त अपनी पत्नी और बच्चों के साथ अपनी ससुराल पहुँच गए हैं। उर्मिला के पत्र से [श्रीकांत को] मालूम हुआ...शेष दूसरे पत्र में—ना.

❋

96, टैगोर पार्क
दिल्ली-9
9.3.78

नवल,

4 वाला पत्र कल मिला। मैं तीन दिनों के लिए 'ग्रेटर कैलाश' चला गया था (नरेंद्र कोहली-प्र. माचवे-रणवीर रांग्रा से मिलना था।) कल मध्याह्न में लौटा हूँ तो पत्र मिला। फिलहाल सूत्रशैली में कुछ बातें लिख रहा हूँ—

1. पटना नहीं पहुँच रहा हूँ
2. बीस तारीख के बाद इधर से सीधे कलकत्ता जाने की संभावना है
3. लंबा पत्र 11 के बाद लिखूँगा
4. राजकमलवालों से इन दिनों मिल नहीं रहा हूँ, कई कारण हैं...
5. एक अंतर्देशीय पूर्वी के नाम 12 के बाद ही जाएगा
6. रागिनी के नाम लिफाफा 15 तक
7. यहाँ से भागकर कहीं भी जाकर बैठ जाने का जी कर रहा है इम्फाल, कालिम्पोंग...[यहाँ पत्र-लेखक ने और कई स्थानों के नाम लिखे हैं, जो पानी से धुल जाने के कारण वाच्य नहीं रहे।]

—ना. तुम्हारा

शेखर का पता भेजो, मैं उसे पत्र द्वारा आशीर्वाद देना चाहता हूँ।

❋

96, टैगोर पार्क
दिल्ली-9
12.3.78

नवल प्रिय,

पिछला पत्र मानसिक परेशानियों की चरम उबाल के अंतर्गत लिखा गया था...

...

अगला पत्र अंतर्देशीय होगा।

...

17 की शाम को रतलाम जा रहे हैं। रतलाम मध्य प्रदेश में गुजरात की सीमा के नजदीक पड़ता है। दो दिनों की एक गोष्ठी रहेगी। यहाँ से कर्ण सिंह चौहान और ईजानिब (यह महोदय) गोष्ठी में शिरकत करेंगे...

...

विशेष, अगले पत्र में।

—नागार्जुन तुम्हारा

पूर्वी के सन्दर्भ में 13 अपूर्व पंक्तियाँ आज निशाशेष की पतली नींद के 'प्रसाद'-स्वरूप कागज पर उतरी हैं—ना. 12.3.78

अपना तरीका यह है कि अकसर अगली सुबह की तारीख डालकर पत्र लिखता हूँ —11.3.78

⁂

96, टैगोर पार्क
दिल्ली-9
14.3.78

नवल,

संपूर्ण क्रांति का मायका है बिहार—मैं मित्रों से कहता रहा हूँ। लगता है, छात्रों और युवकों की बुनियादी आवश्यकताएँ और किसानों-खेतमजदूरों-श्रमिकों की बुनियादी आवश्यकताएँ मौजूदा सरकार को भी चैन नहीं लेने देंगी—तुम्हारे क्लासेस एक सप्ताह पहले ही बंद हो गए हैं न ! पूर्वा-चिंतन के भी। मोहन का इम्तहान तो खत्म हो चुका है न ? '74 के मार्च में इन्हीं दिनों छात्रों की हत्या हुई थी। इस बार भी वो हो सकती है...मैं रेडियो भी ध्यान से सुन रहा हूँ और स्टेट्समैन एवं टाइम्स ऑफ इंडिया भी मनोयोगपूर्वक देख रहा हूँ।

...

17 की शाम को रतलाम के लिए प्रस्थान करूँगा। उधर से ही 22 तक कलकत्ता

पहुँचना है—अधिक से अधिक 20 अप्रैल तक पटना की भूमि का स्पर्श हासिल होगा। यानि कलकत्ता से पटना आना होगा।

...

गत वर्ष की तरह गर्मियों का समूचा मौसम इधर ही गुजरेगा—हाँ, शिमला या मसूरी जा सकते हैं उस अवधि में...यदि आमों की फसल अच्छी हुई तो रागिनी और पूर्वा की निगरानी में तुम्हारे गाँव की 'चंदनवर्णी धूल' का सौरभ ले सकता हूँ न ?

...

पूर्वा की यादों में डूबकर चार-चार पंक्तियोंवाले जो टुकड़े तैयार हुए हैं, उनकी संख्या 7 या 8 तक गई—कुछ और टुकड़े जुड़ सकते हैं। आनंदप्रकाश [युग परिबोध] को इतनी मार्मिक लगीं कि उन्होंने उन टुकड़ों को अपनी कापी में उतार लिया है... रागिनी के नाम जो बृहत् पत्र जानेवाला है, उसी के साथ इन टुकड़ों को भी नत्थी कर दूँगा। लेकिन यह बृहत् पत्र अपनी गिनी को संबोधित करके कब लिखना शुरू करूँगा और कब पूरा करूँगा ! पोस्ट करूँगा कब और कहाँ से ? बीच में छोटा ही पत्र न डाल दूँ उसे ? जी तो करता है कि यही करूँ...

'धरातल' में तो बड़ा ही विलम्ब हुआ ! और 'संपूर्ण क्रांति' वालों का 'कालनेमित्व' और कुछ गाढ़ा हुआ तो कंपोजिटर ही भला क्यों निर्लिप्त रहेंगे ! अच्छा है, छुट्टियाँ पहले ही मिल गईं। मौज करो...

—नागार्जुन तुम्हारा

✻

C/o जनसंसार
19-बी, चौरंगी, कलकत्ता-13
27.3.78

नवल,

तुम चाँदपुरा से लौट आए हो...पोस्टकार्ड मिला होगा। संभवतः 10 के बाद पटना आ सकूँगा। 25 के बाद इधर फिर आना पड़ेगा। 30.4 को यशपाल की स्मृति में एक समारोह होगा उस दिन। तदर्थ मुझे आना ही होगा।

...

रतलाम में 'कैलाश जायसवाल-स्मृति-समारोह' था। चार-पाँच चर्चा-गोष्ठियाँ हुईं। कुल मिलाकर अच्छा ही लगा। मिलने पर विस्तारपूर्वक बतला पाऊँगा। कर्णसिंह चौहान, विजेंद्र, त्रिलोचन शास्त्री आदि कई जने आ सके थे। और हाँ, राजीव सक्सेना भी थे।

...

कंक-इबारत-वाममित्र-अवाममित्र आदि से जुड़े तरुण एवं युवक मुस्तैद थे। कैलाश एक तेज-तर्रार नौजवान था, जो 28 की उम्र में अकाल ही कालकवलित हो गया

था। उसी की याद में यह सब आयोजित था।

...

रतलाम से नागदा-भोपाल-इटारसी-जबलपुर-कटनी-कटनी-बिलासपुर-टाटानगर-खड़गपुरवाले रेल-मार्गों से लगभग साठ घंटे बाद 23 की रात में दस बजे हावड़ा उतरा था। यों, मध्यप्रदेश के सभी वि.वि. में हिंदी विभागवाले हमें बुलाते रहते हैं और चार वर्षों से मैं उधर समय नहीं दे सका हूँ—अब अगर उन्हें पता चलता कि मैं उनके नगरों को छूता हुआ चुपचाप खिसका जा रहा हूँ, तो ?

...

24-25-26 (तीन अहोरात्र) यहाँ पूरा आराम करता रहा ! खटमलों ने बहुत दिनों बाद इस काया के शोणित का स्वाद चखा तो कल जगह बदलकर मैंने उन्हें छका दिया है...

...

खैर ! पत्र खत्म हुआ मगर बातें तो अभी शुरू ही हुई थीं न ?

...

जनसंसार के दफ्तर में जनशक्ति के दस-बारह अंक दिखे, उनका पारायण कर जाने का इरादा है। ठहरने की जगह 10 किलोमीटर दूर है। वहाँ खटमल और मच्छर नहीं हैं। चार मंजिल ऊपर सरकारी कालोनी (पाइकपाड़ा) में जनसंसार के संपादक श्री गीतेश शर्मा का क्वार्टर है...ठीक है...श्री गौतम का पत्र यहाँ मेरी प्रतीक्षा कर रहा था। 'धरातल' के लिए विज्ञापन बटोरनेवाली बात है उसमें। मैं यहाँ दो-एक मित्रों से मालूम करूँगा फिर गौतमजी को सूचित करूँगा। स्वयं तो दौड़-धूप कर नहीं सकूँगा। हाँ, अनय और गीतेश आदि से, कपिल आदि से कहूँगा। वो जैसा कहेंगे, तदनुसार गौतमजी को लिखूँगा...उनसे बतला दीजिए। नागार्जुन का सलाम...

—ना.

और अंत में—
यहाँ राग-पूर्वा और पूर्व-रागिनीवाली स्मृतियों को चाँप गया हूँ...दिल के टेलिप्रिंटर पर 'चिंतन-मोह' और 'मोहन-चिंता' भी तो उभर आए हैं। —ना.

*

C/o जनसंसार
19-बी, चौरंगी, कलकत्ता-13
30.3.78

नवल प्रिय,

28 वाला पोस्टकार्ड मिला। एक रचना 'हो गए बारह महीने' की अनुलिपि और

साथ में पत्र अलग लिफाफे में भेज रहा हूँ। अभी 25 पैसेवाला स्टांपित लिफाफा (पोस्टल डिपार्टमेंट का) पास में न होने से रचना को अभी पोस्ट बॉक्स में डलवा नहीं रहा हूँ। अलग से चिपकाए स्टांप कई बार निकाल लिए गए हैं—ऐसा प्रवाद बीच-बीच में सुनाई पड़ता है न !

इसी से अंतर्देशीय ही पहले डाल रहा हूँ...

...

तबीयत परसों से ही ढीली-ढाली है। नाक का पानी बंद नहीं हुआ अब तक। मृणाल सेन से 28 को चार बजे मिलने का वक्त हमारे मित्र छेदीलालजी ने तय करवा लिया था। धूप खूब कड़ी थी। टैक्सी मिली भी तो एक किलोमीटर चलने के बाद। आदि-आदि। कल सारा दिन नहीं निकला। आज जनसंसार के दफ्तर तक पहुँचा तो तुम्हारा पत्र मिला है।

अब शाम तक इधर ही रहूँगा। फिलहाल तुम्हें संबोधित करने का अवसर पा गया हूँ तो अच्छा लग रहा है।

'हो गए बारह महीने' की दो टुकड़ियाँ 7.3.78 के रात्रिशेष में नोट की गई थीं। बाकी सारी टुकड़ियाँ 29.3.78 को दिन में। दिन में क्योंकि लेटा ही लेटा था, पंक्तियाँ उभरती गईं...नोट होती गईं...

यह देखो, जल्दी-जल्दी में प्रकाशवती पालवाला अंतर्देशीय तुम्हारेवाले मजमून से भर गया है। उन्हें दूसरा अंतर्देशीय डालूँगा।

और, हाँ, इधर तुम्हारी लिखावट 'दुष्पाठ्य' होती जा रही है। अब आगे या तो आप 'टाईपराइटर' का अभ्यास डालो या फिर बोलकर किसी और से लिखवाओ। बिना शीर्ष-रेखा के गुजराती या कैथी स्टाईल में लिख सकते हो न ?

—नागार्जुन

*

30.3.78

कलकत्ता

नवल प्रिय,

पोस्टकार्ड 28 वाला अभी-अभी मिला। दो दिनों से नाक बह रही है। एक रचना साथ भेज रहा हूँ। कापी कुसुम जैन की लिखावट में है। 'जनशक्ति' में पिछली बार कार्टरवाली रचना छपी तो प्रूफरीडिंग की असह्य भूलें थीं उसमें। क्या खगेंद्र या तुम या दासजी या ललित बाबू या झाजी इस बार थोड़ी अधिक चौकसी बरतेंगे ? प्रूफरीडिंग की वे भूलें 'जनयुग' वालों ने जस की तस अपना ली थीं। जनशक्ति से लेकर वैसी की वैसी पंक्तियाँ छाप ली थीं। भ्रष्ट गलतियाँ छपें, इससे अच्छा कि रचना छपे ही नहीं।

मुझमें छपास कभी नहीं रही। अब, जबकि वर्ष भर में दो-ही-चार इस प्रकार की रचनाएँ तैयार हो पाती हैं, तब छपने के क्रम में शुद्धि की चिंता स्वाभाविक है। आप ही कहो, स्वाभाविक नहीं है क्या ?

यशपाल पर 'मणिमय' वाले विशेष अंक निकाल रहे हैं। 30 अप्रैल को प्रकाशवती पाल आ रही हैं। विशेषांक के विमोचन के अवसर पर। मुझे एतदर्थ एक लेख अब तैयार करना ही होगा। शायद 10.4 तक तैयार कर लूँगा। मगर 30 अप्रैल को विमोचन के अवसर पर मेरी उपस्थिति के लिए प्रकाशवतीजी और मन्मथनाथजी ने संयोजकों से आग्रह कर रखा है। यानि, यदि सुविधा हुई तो 15 से 25 तक पटना रहने की बात जम ही सकती है। पक्का प्रोग्राम पीछे सूचित करूँगा।

मृणाल सेन 'वरुण के बेटे' को फिल्माने का निश्चय किए बैठे हैं। चार वर्ष पहले ही यह उपन्यास उन्होंने किसी मित्र से पढ़वाकर सुना था और तभी से वो मुझसे मिलने के लिए 'आकुल' थे, जैसा कि घंटा-भर हमारी बातचीत के सिलसिले में वो बतला रहे थे।

अभी और क्या लिखूँ ?

--ना.

❋

C/o जनसंसार
19-बी, चौरंगी
कलकत्ता-13
4.4.78

प्रियवर नवल,

जनशक्ति में प्रकाशनार्थ एक रचना भेजी थी। मिली कि नहीं ? खगेन बाबू को भी सूचित कर दिया है।

...

कालेज तो फिर-फिर बंद होते रहेंगे—लगता ऐसा ही है। मोहन का नतीजा कब निकलेगा ? पूर्वा स्कूल जाती है ? स्कूल बन्द थे ? रागिनी के स्वास्थ्य का हाल ? आप खुद तो सर्दी-जुकाम के शिकार नहीं हो गए हो ? मैं तो सर्दी-जुकाम के मारे परेशान हूँ। अब कुछ कम है...रतन (दामाद) गाँव से लौट आए हैं। शोभाकांत से रतन की मुलाकात हुई थी...यहाँ एक जुटान में कई साहित्यिक आए, लिखूँगा—

—ना.

❋

C/o जनसंसार
19-बी, चौरंगी
कलकत्ता-13
14.4.78

नवल प्रिय,

पत्र (5 वाला) आज पा सका हूँ। लगभग एक सप्ताह बाद डाक लेने आया। ढेर-सारे पत्र मिले...

कविता पसन्द आई—तुमको, रागिनी को और पूर्वा को यानि सबको रुची होगी। और और रचनाएँ भी तैयार हो रही हैं।

अब मैं विस्तारपूर्वक पत्र लिखूँ तभी अपने को भी परितोष दे सकूँगा।

48 की उम्र में कथाकार सुदर्शन चोपड़ा की आकस्मिक मृत्यु (12.4) दिल्ली में हुई। बड़ा ही धक्का लगा...

अभी और भला क्या तो लिख पाऊँगा !

—ना.

*

कलकत्ता-13
2.5.78

नवल,

रात के दो बजनेवाले हैं और इस निशीथ में और इस निभृत कक्ष में तुम्हीं से बातें करने बैठा हूँ मानो !

...

25 वाला पोस्टकार्ड कल शाम को मिला है। सातवें दिन पर...यह क्या बात हुई ? पूरा पता देवनागरी लिपि में होने के कारण ? हाँ, शायद यह भी एक कारण हो इस विलम्ब का...बहरहाल तुम्हारी लिखावट से इन निगाहों ने तो खैर रागात्मकता कायम कर ही ली है...सूत्रबद्ध शैली में ढेर-सारी सूचनाएँ और दूसरे भी कई मुद्दे...बहुत कुछ है इस पत्र में।

...

मैं तबीयत को बाँधे हुए हूँ कि सीधे दिल्ली पहुँचूँ—भले ही हमारी ट्रेन पटना छूकर आगे निकल जाए और ऊपरी बर्थ पर जान-बूझकर लेटा रहूँ...इतना कठोर रह सकूँगा क्या ?

...

वस्तुतः यह 'इन्लैंड' पूर्वी के लिए बचाकर रक्खा था, लगभग एक सप्ताह से, कई बार इच्छा हुई थी कि उसका नाम-पता डालकर इस अंतर्देशीय को उसके लिए

'उत्सर्ग' करके अलग रख लूँ...मगर देखो न, यह पत्र तो तुम्हारे ही 'भोग' चढ़ गया ! चलो, अब इस 'प्रत्यवाय' (मानसिक आलस्य) का प्रायश्चित तो मुझे करना ही पड़ेगा ! यानि, 25 पैसे के एक लिफाफे पर पुरबिया का नाम-पता लिखकर आज ही रख लूँगा और यथासंभव फुर्ती से एक 'बृहत् पत्र' रानीघाट पहुँच जाएगा...

...

कहीं ऐसा न हो कि 'बृहत् पत्र' के बदले 'बृहत् पात्र' ही पूर्वी के समकक्ष उपस्थित हो जाए ! हँसी तो नहीं आ रही है इन पंक्तियों को बाँच-बाँच कर ?

क्या ठिकाना ! मैं आ ही न धमकूँ...इन दिनों फुर्सत में ही तो हो न ? जमकर बातें हो सकेंगी कि नहीं फौरन, एक पोस्टकार्ड रवाना करना ताकि तुम्हारी तात्कालिक 'रूटीन' का अंदाज मिले...दरअसल, जी मान नहीं रहा है तुमसे जमकर तो जाने कब बातें हुई थीं !

...

दस रोज या पंद्रह रोज पटना के लिए वक्त निकालने का 'जोग-जुगत' भिड़ा लूँ शायद—असंभव तो नहीं लगता है नवल ! हाँ, 5 तक 'पक्की सूचना' इधर से चलेगी...हाँ, चूँकि इस बार राजकमलवालों से आगे के लिए भी निबटारा करना है, फिर महीने-दो महीने बाद दिल्ली तो जाना ही होगा न !

—नागार्जुन

यों, आर्थिक प्रबन्ध के लिहाज से 10-15 रोज दिल्ली रहकर वापस लौटने का प्रोग्राम पक रहा था। राजकमलवालों को लिख दिया है कि हिसाब साफ करें—अप्रैल के लिए उन्होंने कहा तो था ही। पूरा अप्रैल निकालकर अब मैंने उन्हें स्पष्ट लिखा है—"हमारे दिल्लीवाले पते पर 10.5 तक हिसाब भेज दें"। अब आज फिर लिखूँगा कि 'हमारे पटनावाले पते पर ही हिसाब भेजें...' (ड्रॉफ्ट भेजकर भुगतान करें...)

रागिनी के नाम एक अंतर्देशीय डाला था, मिल गया होगा...चिंतन को प्यार। पूर्वा को क्या लिखूँ ?—ना.

*

C/o जनसंसार
19-बी, चौरंगी
कलकत्ता-13
5.5.78

नवल,

अभी न तो मैं दिल्ली जा रहा हूँ, न पटना ही पहुँच रहा हूँ। इसी 'महाग्राम' को अपना मुख्य कर्मक्षेत्र बनाने का निर्णय सोच-समझकर ले चुका हूँ। हाँ, एक सप्ताह के

लिए पटना (जून के आरम्भ में) पहुँचने का इरादा है। एक बड़ा पत्र तुम्हें लिखूँगा—15 तक। मगर इससे पहले पूर्वा के नाम 'सु-विस्तृत पत्र' जानेवाला है। 12 तक उसे अवश्य पोस्ट कर दूँगा।

'धरातल' का क्या हुआ ? छुट्टियों का क्या करोगे ? स्वाध्याय ? या लेखन भी ?

—ना.

⁂

C/o जनसंसार
19-बी, चौरंगी
कलकत्ता-13
16.5.78

नवल,

धरातल के तीसरे अंक की तीनों प्रतियाँ मिलीं। अब यह अपना रंग पकड़ चुका है—इन त्रैमासिकों के भी अपने गोत्र हुआ करते हैं न ! शाबाश ! सूँघ भर सका हूँ सामग्री को...शेष, प्रस्तुत अंक के बारे में एक सप्ताह बाद लिखूँगा।

कल एक पोस्टकार्ड पूर्वा के नाम पोस्ट किया था। बृहत् पत्र, रागिनी-पूर्वा को सम्मिलित जो लिखा था, मिला कि नहीं उन्हें ? अब यह लगभग निश्चित है कि जून के मध्य में एक सप्ताह के लिए पटना पहुँच रहा हूँ...

—ना.

तुम्हारे लिए एक सुखद सूचना :

...बंगभूमि का जादू अबके कुछ इस तरह सिर पर सवार हुआ है कि बँगला भाषा में लगभग 10 कविताएँ तैयार हो गई हैं !!

⁂

C/o जनसंसार
19-बी, चौरंगी
कलकत्ता-13
24.5.78

प्रिय भाई,

क्या कारण है कि तुम्हारी तरफ से दो शब्द भी नहीं पा रहा हूँ ? क्या सभी

जने गाँव जा बैठे हो ? हमने इधर कई पोस्टकार्ड डाले, अब तुम्हारी तरफ से कोई पत्र आएगा तभी लिखूँगा। यों, 20 जून से 20 जुलाई तक पटना-इलाहाबाद-दिल्ली के लिए एक महीना रखा है। यानि एक सप्ताह पटना, एक सप्ताह इलाहाबाद, दस रोज दिल्ली, दो-तीन दिन तरौनी।

—ना. तुम्हारा

⁂

96, टैगोर पार्क
दिल्ली-9
6.1.79

नवल प्रिय,

1 की रात को यहाँ लौटा हूँ मगर फिर से इलाहाबाद लौटना होगा। और 15 फरवरी के बाद लगभग एक महीना पटना रहने का इरादा है। अप्रैल-मई-जून इस वर्ष भी कलकत्ता रह सकूँ तो चित्त को शान्ति मिलेगी। कालियावाले प्रोजेक्ट में लगता है, विलम्ब होगा ही। क्योंकि गम्भीरतापूर्वक नागार्जुन पर या किसी वयस्क साहित्यकार पर कुछ भी (संस्मरण ही सही) लिखने के लिए पर्याप्त समय चाहिए ही। तथाकथित 'ग्रंथ' को यदि किसी दैनिक या साप्ताहिक का विशेषांक नहीं होना है तो...यह बात मैं तुमसे, मानो, कान में फुसफुसाकर कह रहा हूँ कि दूसरा न सुन ले !

...

चतुराननजी का पत्र मिला है। शिक्षा विभाग के आयुक्त ने मुख्य मंत्री के समक्ष उनसे कहा, "श्री नागार्जुनजी के पेंशन का रिन्यूअल कर दिया गया है" और हाँ, 'स्थगित दिनों की पिछली वृत्ति के लिए एक और आवेदन नागार्जुन से दिलवा दीजिए'। चतुराननजी ने लिखा है, "यह आवेदन यथाशीघ्र मेरे पास भेज दें...।" सो, मैं भेज रहा हूँ।

...

स्वास्थ्य ठीक है। रागिनी को आशीष। चिंतन और पूर्वी को प्यार और नवलजी को भी सप्रीति नमस्कार कह दो।

—ना. तुम्हारा

⁂

96, टैगोर पार्क
दिल्ली-9
1.2.79

नवल डियर,

पत्र मिला...यह सुपाठ्य निकला ! कैसी सुन्दर लिखावट होती है तुम्हारी तो...

मैं 14 को पटना पहुँच रहा हूँ। लेकिन 20 को मुझे बल्लभ विद्यानगर (गुजरात) के लिए ट्रेन पकड़नी होगी। वहाँ से बिल्कुल निकट है बड़ोदा–23 और 24 को बड़ोदा में बृहत् कविसम्मेलन होगा (हास्य व्यंगवाला)...मैंने डॉ., शिवकुमार मिश्र को अपनी स्वीकृति सूचित कर दी है...

26 जनवरीवाली रचना तुम्हें खूब ही पसंद आई न ? आनी ही थी पसंद...

—ना.

शेष, रागिनीवाले बड़े पत्र में...(5 के बाद पोस्ट करूँगा...)—ना.

*

96, टैगोर पार्क
दिल्ली-9
3.2.79

नवल,

शीघ्रातिशीघ्र राजकमलवाली दुकान पर जाकर पता लगाओ कि सा.का. कल्याण कोषवाले पेमेंट के लिए 'अग्रिम रसीद' वाला कागज मेरे नाम पर वहाँ आया है अथवा नहीं। सुकांत ने कलकत्ता से सूचित किया है : "आपने अपना पता c/o राजकमल, पटना-6 दे रखा है। इसी से अगाऊ रसीद आदिवाले कागज उसी पते पर गए हैं..."। सुकांत ने लिखा है, पिछले सितंबर से पेंशन की वो रकम मिलेगी। यही तय किया है शिक्षा विभाग के डाइरेक्टर आदि ने। बाकी सारी रकम अक्तूबर '74 से अगस्त '78 की पेंशन लैप्स मानी जाएगी...खैर, यह सब मालूम करके मुझे शीघ्रातिशीघ्र सूचित करो कि क्या बात है...चतुराननजी से भी एक बार स्वयं मिलो। पटना में हफ्ता-दो हफ्ता मैं रहूँ तो उससे क्या कुछ फर्क पड़ेगा ? खैर, सितंबर से तो मिलना शुरू हो...

—ना. तुम्हारा

शेष बातें दूसरे पत्र में 6-7 के बाद।—ना.

*

96, टैगोर पार्क
दिल्ली-9
17.2.79

नवल,

अब यह तय समझो कि मैं 15 मार्च के बाद यहीं से सीधे गुजरात की ओर रुख करूँगा। इस अवधि में कई आवश्यक काम निबटा लूँगा। तीन प्रेस कापियाँ प्रेसों के हवाले हो जाएँगी। कम से कम 2500/- (पचीस सौ रुपए) हाथों में आ जाएँगे।

...

बिहार रहता हूँ तो अर्थ-संकट बेहद परेशान करता है और स्वास्थ्य भी ढीला पड़ जाता है !

सरकारी रकम हाथ आने की बात तो बस 'बकांड-प्रत्याशा' हुआ करती है...कौन यहाँ कोई फालतू या अपंग कोटि का मेरुदंडविहीन जीव है जो पटना अगोरता रहे ! सच ! लगता है, मुझे हमेशा के लिए बिहार की भूमि को 'नमस्कार' ही बोल देना चाहिए।

—ना. तुम्हारा

❋

96, टैगोर पार्क
दिल्ली-9
13.3.79

नवल डियर,

9.3 वाला तुम्हारा पत्र मिला। रविवार था न 11 को ? इसी से शायद एक रोज विलंब हुआ...

आलोचनावाली किताब पूरी करके अब थोड़ा-सा आराम कर रहे हो, यह तो बहुत बड़ा शुभ समाचार रहा मेरे लिए...कम से कम एक महीना पूरा आराम कर लो—'तनाव-मुक्त' स्थिति में !

...

लेकिन, सचमुच ऐसा कर सकोगे क्या ?

...

मैं चतुराननजी को अलग से बीच-बीच में लिखता रहूँगा। अभी 20 मार्च से 2 अप्रैल तक गुजरात का पता होगा—

c/o डॉ. शिवकुमार मिश्र Ph.D
हिंदी विभाग, सरदार पटेल यूनिवर्सिटी
पो. आनंद (गुजरात)

शायद, खगेंद्रजी दिल्ली पहुँचें...16-17-18 वाले मुरलीजीवाले समारोह में। तो फिर, उनसे मिलने के बाद ही विस्तारपूर्वक लिखूँगा...

पूरवी का भी तो मेरे ऊपर ड्यू हो गया न ? एक अंतर्देशीय न !

चिंतन लाल ठीक-ठाक हैं न ? रागिनी के बारे में अभी नहीं जानना चाहूँगा...

—ना.

यानि 7 को प्रातःकालीन चाय खगेंद्रजी के घर पर रहेगी।

अभी और क्या लिखूँ ?

—ना. तुम्हारा

*

99, पाटलिपुत्र कालोनी
पटना-13
14.6.79

नवल,

यह पुराना अंतर्देशीय काम में ला रहा हूँ...मिलना तो हो नहीं पा रहा है फिर यही सही। मन क्यों मानेगा ? वो तो अपना रास्ता निकाल ही लेगा...

...

बादल कई दिन से अपनी मौजूदगी का अहसास दिला रहे हैं—तपिश कुछ कम हुई है मगर 'घनश्याम' के जादू उनके माथे पर कहाँ चढ़े हैं अब तक।

...

2400/ का चैक राष्ट्रभाषा से मिला है। अब उसे शोभाकांत ट्रेजरी से पास कराएँगे, तब जाकर रकम अपने अकाउंट में (बैंक के जरिए) शामिल होगी। यह सब 16.6 तक होगा। फिर हम तरौनी जाएँगे। शायद 18 के बाद। उधर से 5 जुलाई तक वापसी होगी।

...

खगेंद्रजी 24 को दिल्ली उड़ जाएँगे। पटना शायद 26-27 तक पहुँच सकेंगे। मैं 10 तक, या 15 तक (15.7 तक) बिहार में हूँ। अब इस स्थिति में आ जाऊँगा कि रवींद्र कालिया के लिए 20 रोज का वक्त निकाल लूँ। मगर वो काम इलाहाबाद जमकर ही संपन्न होगा। 15 अगस्त तक हो ही जाएगा।

...

शायद 17 या 18 को मुलाकात करने के लिए आ धमकूँ—17 की रात संभवतः हम तुम्हारे ही निवास-स्थान पर होंगे। मिलना और बातें करना अति आवश्यक हैं दोनों काम...

—ना.

❋

लहेरियासराय
11.7.79

नवल,

एक सप्ताह तरौनी और तीन रोज पंचोभ...बाकी कई दिनों से यहाँ हूँ। 13-14 तक पटना पहुँचना निश्चित है। वर्षा जमकर तो नहीं हुई है, खेती के काम बाधित हो-होके आगे सरक रहे हैं...

—ना.

❋

C/o जनसंसार
19-बी, चौरंगी
कलकत्ता-13
22.8.79

नवल प्रिय,

पत्र यहाँ से लगभग नहीं के बराबर डाले हैं। 5 सितंबर तक रहना है—यहाँ के जीवन में नारकीयता की मात्रा दिनानुदिन बढ़ती ही जा रही है...अधिक रहने से स्वास्थ्य खराब हो जाना निश्चित समझो...

पूर्वा-चिंतन-मोहन...और रागिनी। इधर आने से पहले मिल सका, यह तो आह्लादप्रद रहा। देवघर से 9.8 की शाम को यहाँ पहुँचा। शोभाकांत को दो-चार दिनों के अंदर ही वापस भेज रहा हूँ...स्वयं मुझे एक सप्ताह पटना रहना है। इस बार दो-चार रोज तुम्हारे साथ रहने का मनोरथ पूरा होगा।

—ना.

❋

विदिशा
(मध्य प्रदेश)
1.12.79

नवल प्रिय,

भोपाल होकर, 13 तक इधर से सीधे दिल्ली ही लौटने का इरादा है। अब इलाहाबादवाला प्रोग्राम स्थगित रहा, समझो...

...

यहाँ कालिदासवाला समारोह था। फिर हम साँची के एकांतवास में अपना 'अतिलघु' उपन्यास पूरा कर ले गए—यह एक उपलब्धि रही। शीर्षक है—'गरीबदास'...

शोभाकांत दिसंबर के अंतिम सप्ताह तक पटना पहुँचेंगे। मैं तो 15 जनवरी तक दिल्ली छोड़ सकूँगा। दूसरा संकलन भी प्रेस को देना है...वे फोटो तो अच्छे आए न ? ठीक-ठाक ? मैं 17 को सुबह-सुबह छत्तीसगढ़-एक्सप्रेस से निकल पड़ा था न...

—ना. तुम्हारा

*

131, टैगोर पार्क
दिल्ली-9
17.12.79

प्रिय भाई,

कल भोपाल से लौटे यानि विदिशा होते हुए—स्वास्थ्य बिगड़ गया है...शोभाकांत के और मेरे नामों के पत्र यहाँ प्रतीक्षा कर रहे थे...

अरुण कमल ने भोपाल में इस बार श्रोताओं से भूरि-भूरि अभिनंदन प्राप्त किए।

विस्तारपूर्वक फिर लिखूँगा। अभी मार्च के अंत तक इधर ही रहना है। हाँ, शोभाकांत एक महीने के लिए दरभंगा-पटना जा रहे हैं। वो तुमसे जरूर मिलेंगे।

—ना. तुम्हारा

*

131, टैगोर पार्क
दिल्ली-9
22.12.79

नवल,

अब मैं इलाहाबाद जाकर ही हम लूँगा। कालिया का सारा प्रोजेक्ट चौपट हो रहा है सिर्फ मेरे ही 'अलसेट' होने के कारण।

शोभाकांत दरभंगा जा रहे हैं 28-29 को। मैं उन्हीं के साथ इलाहाबाद पहुँच रहा हूँ। दमा के कारण काली खाँसी (सूखी खाँसी, कुकुरखाँसी) परेशान किए हुए है...ऐसे में बोलकर लिखवाना असंभव है। मगर, 5-7 रोज में यह जरूर ही मेरा पिंड छोड़ जाएगी...

...

कुल पंद्रह रोज का काम है। दस पृष्ठ रोज लिखवाएँगे। प्रति तीन घंटे किसी को पास बैठाएँगे। वहाँ [साँची में] शोभाकांत से 20 पृ. रोज लिखवाया था। वह NCERT वालों के आग्रह पर लिखना पड़ा। सूचित कर चुका हूँ इस 'गरीबदास' के बारे में। अब इसे फैलाकर-फुलाकर 200 पृ. करने का इरादा है। फिलहाल NCERT वालों को 'उपन्यासिका' चाहिए थी। एक्सरसाइज बुक साईज में 85 पेज का बना उनके लिए। छपकर 45 पृष्ठों का होगा। मगर किताब के तौर पर अलग से छपवाने के लिए 'गरीबदास' को 300 पृ. तक फैलाना होगा। इससे कम भला क्या होगा !

कालियावाले प्रोजेक्ट के लिए एक अलग ही थीम है उपन्यास की—नाम होगा 'अग्निपुष्प'। (पहले 'अग्निगर्भ' सोचा था। मगर बँगला से अनूदित 'अग्निगर्भ' अभी-अभी निकला है—महाश्वेता देवी का।) खैर, नामों का अकाल नहीं है यहाँ...

...

अगला अंतर्देशीय पूर्वा के नाम भोग चढ़ेगा। फिर रागिनी एवं चिंतन के नंबर आएँगे...

...

दूसरा संकलन भी दो-एक रोज के अंदर प्रेस में जाएगा। इसका शीर्षक है 'तुम रह जाते दस साल और...'। 55 रचनाएँ हैं इसमें। तीसरा (ऐसा ही) लगभग आधा तैयार है। शेष, फरवरी में शोभाकांत तैयार कर लेंगे। चौथे-पाँचवें में थोड़ा विलंब होगा। तो भी 1980 के अंत तक उतनी रचनाएँ शोभाकांत अवश्य जुटा लेंगे। युगधारा-सतरंगे-प्यासी पथराई—अलग छपेंगी इसी वर्ष। बुकलेटवाली रचनाएँ एकत्र एक अन्य संकलन में।

नागार्जुन

⁕

918, कल्याणी
इलाहाबाद-3
16.1.80

प्रिय नवल,

पूर्वा के नाम पत्र मिला होगा। यह पता अजित पुष्कलवाला है। यों मैं हिंदी सा. सम्मेलन के अतिथि कक्ष में ठहरा हूँ। फिर से सर्दी-जुकाम हो गया। अब ठीक हो जाऊँगा। निर्वाचन में 'अति चमत्कार' हुआ है। इसी प्रकार का कोई और 'अति चमत्कार' इसका अंत करेगा। वो चमत्कार 'वामावर्त' हो सकता है...विस्तार में लिखूँ तभी बने...

—ना. तुम्हारा

*

918, कल्याणी
इलाहाबाद-3
4.3.80

नवल प्रिय,

15 तक पटना पहुँचने की संभावना है। लगता है पिपरा जैसे हत्या-हवन-कांड अभी और होनेवाले हैं...

स्टेट्समैन ही यहाँ आसानी से मिल पाता है। केदार हो आए, फंक्शन अच्छी तरह संपन्न हुआ होगा। मगर पिपराकांड की काली छाया में, पटना जनपद के तरुण साहित्यकारों ने नए सिरे से शपथ ली होगी वर्ग-शत्रुओं को निर्मूल करने की...

अभी और क्या लिखूँ ? आशा है, पूर्वा स्वस्थ होगी। वह बीमार हो गई थी न ?

—ना.

*

C/o श्री प्रभात मित्तल
प्रेमभवन
रेलवे रोड
हापुड़
पिन-245-101
3.12.80

नवल प्रिय,

पटना में तो बीमार ही रहा, यहाँ दो सप्ताह में पूर्ण स्वस्थ हो जाऊँगा—ऐसा लगता है।

...

हमारा यह पता नोट करो। लगभग चार महीने तो यह ठिकाना चलेगा ही।

...

शोभाकांत अपना परिवार इस बार यहाँ ले आए हैं।

...

शेष, आपका पत्र आने पर लिखूँगा। आप ठीक तो हो ?

रागिनी-पूर्वा-चिंतन-मोहन, सभी को आशीष, सभी को प्यार...

—नागार्जुन

*

C/o श्री प्रभात मित्तल
प्रेमभवन
रेलवे रोड
हापुड़-245-101
10.12.80

प्रियवर नवल,

पत्र मिला। राजनाँदगाँव जा रहे हो आप। यह जानकर प्रसन्नता हुई। टाटानगर से प्रतिदिन शाम को एक फास्ट-पैसेंजर ट्रेन नागपुर के लिए चलती है, वो अगले दिन 5 बजे शाम, राजनाँदगाँव पहुँचाती है। यों, एक्सप्रेस एवं मेल ट्रेनें भी उस रूट पर प्रतिदिन चलती हैं। तुम्हें तो मध्य प्रदेश के मित्रों ने मार्ग-निर्देशन लिख ही भेजा होगा। टाटा होकर जाने के बीच में राऊरकेला, रायगढ़, बिलासपुर, रायपुर, भिलाई और दुर्ग पड़ेंगे...
...

रायगढ़ से लेकर राजनाँदगाँव-खैरागढ़ तक छत्तीसगढ़ अंचल ही पड़ता है। यह पूरा का पूरा अंचल हरियाली से 'सर-सब्ज' है। धान ही मुख्य उपज है उधर की...शेष फिर लिखूँगा। अब आपको 'आल इंडिया रेलवे टाईमटेबुल' यात्राओं में साथ रखना होगा ताकि स्टेशनों के नाम बार-बार किसी से पूछना न पड़े। अब स्वस्थ हूँ लगभग।

—ना. तुम्हारा

*

C/o श्री प्रभात मित्तल
प्रेमभवन
रेलवे रोड
हापुड़-245-101
14.12.80

नवल प्रिय,

श्री रमेश मुक्तिबोध की माँ (शांताजी) रायपुर रहती हैं। मैं चाहता हूँ कि थोड़ा कष्ट उठाकर तुम उनसे मिलो। रमेश भिलाई में काम करता है...रमेश की छोटी बहन अपनी माँ के साथ रायपुर ही रहती है—राजनाँदगाँव से वापसी में शांताजी से तुम्हारा मिलना संभव होगा यदि उसी रूट से आप बिहार लौटोगे।

मैं तो दस वर्ष पहले, रायपुर में शांताजी से मिल चुका हूँ। भिलाई में रमेश से भी मिला था...रविशंकर वि.वि. [के] अनेक प्राध्यापक एवं छात्र इस अवसर पर राजनाँदगाँव पहुँचेंगे...मैं पिछले छै वर्षों से छत्तीसगढ़-अंचल नहीं गया हूँ !

—ना. तुम्हारा

चिंतन-पूर्वा-मोहन को प्यार...रागिनी को स्निग्ध आशीष...—ना.

⁕

131, टैगोर पार्क
दिल्ली-9
13.1.81

नवल प्रिय,

5 को हापुड़ से चले आए हैं। अब शायद जून के बाद ही हापुड़ जाना हो सके। हाँ, शोभाकांत स-परिवार वहीं हैं—प्रति सप्ताह दो बार आते-जाते हैं। उनका किताबों की सप्लाई का धन्धा शुरू हुआ है...

...

8 फरवरी को विलासपुर पहुँचकर 'उत्सव' 81 में काव्य-पाठ करने का इरादा था मगर अब शायद पहुँच नहीं सकूँगा उधर...'दाऊदी बोहरा सुधार सम्मेलन' में प्रगतिशील साहित्यकारों की ओर से कुछ-एक रचनाकार अनिवार्यतः शामिल होंगे। असगर अली इंजीनियर के कई पत्र आ चुके हैं—बंबई में 6-7-8 फरवरी को यह कांफ्रेंस हो रही है। भाई वेदव्यासजी भी इसमें जानेवाले हैं। मुझे भी जाना चाहिए, बार-बार अंदर से यही आवाज उठ रही है...हाँ, बंबई से लौटते वक्त, यों ही अपने मन से रायपुर-विलासपुर होता हुआ कलकत्ता पहुँच जाऊँगा।

...

20 के बाद पक्की सूचना तुम्हें मिलेगी।

...

त्रिलोचनजी से कल मुलाकात हुई। राजनाँदगाँव में तो आप लोग साथ थे ही। अशोक अग्रवाल एवं शोभाकांत भोपाल गए थे। वापसी में त्रिलोचनजी भी भोपाल से साथ ही लौटे।

...

इस अवधि में हमने नई-पुरानी पुस्तकें ढेर-सारी देख ली हैं। लिखा कुछ भी नहीं। कविता की 5-7-10 पंक्तियाँ निकलीं भी तो अपना ही मन उनको स्वीकार नहीं कर पा रहा है।

...

मुरलीबाबू मद्रास गए थे, अपने पत्राचार-कोर्स के सिलसिले में। हमारी आप लोगों से मुलाकात तो अब मार्च के बाद ही हो सकेगी।

अब और नहीं लिखूँगा—चिंतन पूर्वी मोहन सभी को प्यार। रागिनी आशीष स्वीकार करे...

—ना. तुम्हारा

⁕

131, टैगोर पार्क
दिल्ली-9
14.1.81

नवल प्रिय,

एक पत्र कल डाल ही चुका हूँ...आज शोभाकांत 5 वाला वो पोस्टकार्ड ले आए हैं हापुड़ से जो आपने म.प्र. से वापस लौटकर डाला था...बहुत अच्छा लगा पढ़कर।

...

अब तुम नागपुर-उज्जैन-रतलाम-इंदौर भी एक बार 'मुक्ति-यात्री' के तौर पर देख आना...'चाँद का मुँह टेढ़ा है' का मराठी रूपांतर श्री शरच्चंद्र मुक्तिबोध ने तैयार किया था। वो प्रकाशित है, उसमें भूमिका बड़ी ही महत्त्वपूर्ण है...'लक्षित मुक्तिबोध' (श्री मोतीराम वर्मा, 1973) से यह बात मुझे ज्ञात हुई है। नागपुर जाने पर श्री श. मुक्तिबोध से मिलकर वह पुस्तक प्राप्त करने का प्रयास करूँगा...

...

सरकारी अनुदान से प्रकाशित ग्रंथावली का इतना अधिक मूल्य क्यों रखा गया ? इस पर सोचा है तुमने !

—ना. तुम्हारा

*

131, टैगोर पार्क
दिल्ली-9
19.1.81

नवल प्रिय,

पत्र मिला। मैं 30 तक यहाँ हूँ। बंबई लगभग 5 दिन रहेंगे। उसके बाद 15 रोज मध्य प्रदेश में गुजरेंगे। उसके बाद तो फिलहाल दिल्ली ही लौटना है—बिहार अप्रैल तक पहुँच सकूँगा...

...

आश्चर्य की बात है, रागिनीवाला पत्र इतने दिनों तक बीच में कहाँ गुम रहा ! मेहनत से, मनोयोगपूर्वक लिखे गए विस्तृत पत्र यदि सही ठिकाने तक न पहुँचें तो कितने दुख की बात होती है ! इसी से, अब मैं, इन दिनों बहुधा सूत्र-शैली में संक्षिप्त पत्र ही लिखता हूँ...पूर्वी को जाने कब पत्र लिखा था ! उसकी बार-बार याद आती है, अलग से लिखने का जी करता है। लेकिन, जी कड़ा करके फिर और-और कामों में अपने को उलझा लेता हूँ...पूर्वी की पत्रलेखन-रीति मुझे भाती है...रागिनी पर तो घर-गिरस्ती का

पूरा बोझा लदा है, वो वक्त निकाल पाती तो जाने कैसा बढ़िया पत्र लिखती। चिंतन फौजी मूड का लड़का है, मोहन का मुझे पता नहीं...वो अच्छा एवं चतुर नागरिक निकलेगा...

...

और ? अपने स्वास्थ्य के बारे में लिखो न ? हाँ, राजनाँदगाँव से सीधे घर लौट गए, सो अच्छा किया। जाड़े के दिनों में लदान यों भी दुरूह हो जाती है न ?

...

शमशेर से फिर (जबलपुर के बाद) मिलना न हो सका है, अब तो मिलूँगा ही। त्रिलोचन से मुलाकात हुई है। फिर से होगी। वो फरवरी में जबलपुर आमंत्रित हैं, कला-परिषद्वाले काव्य-पाठ के प्रोग्राम के लिए...मुरलीबाबू मद्रास से सकुशल लौटे। अपने 'पत्राचार-कोर्स' वाले सेमिनरी प्रोग्राम में गए थे...सरिता से लगभग दस महीनों से मुलाकात नहीं हो सकी...शायद, मार्च में मिल सकूँ...

—नागार्जुन तुम्हारा

*

131, टैगोर पार्क

दिल्ली-9

27.1.81

नवल प्रिय,

पत्र मिला। यह जानकर प्रसन्नता हुई कि इला. वि.वि. में प्रवचनार्थ जा रहे हो आप—और आचार्य म.प्र. द्विवेदी की संक्षिप्त जीवनी सा. अकादमी छापनेवाली है, यह भी सु-समाचार मिला...बिहार से बाहर जब जहाँ बुलावा मिले, तुम्हें अवश्य पहुँचना चाहिए। हाँ।

मैं 31 को बंबई पहुँच रहा हूँ। पूना में हिंदी निदेशा. की तरफ से प्रशिक्षण शिविर रहेगा, गैर-हिंदीभाषी नव-लेखकों के लिए। हम प्रशिक्षक होंगे, यानि हमारे जैसे वयस्क दो-चार और साहित्यकार।

एक सप्ताह बंबई—एक सप्ताह पूना। लगभग 20-2 तक दिल्ली लौट आएँगे। मार्च के अंतिम सप्ताह में नागपुर जाना होगा...'पत्रहीन नग्न गाछ' का हिंदी रूपांतर शायद मार्च तक निकल आएगा। 'हजार हजार बाँहोंवाली' के प्रकाशन में विलंब हुआ, शायद जून तक निकले...बाकी सब ठीक है। आप अपने और परिवार के स्वास्थ्य की सूचना समय-समय पर देते रहते हो, यह बहुत अच्छी बात है। सूत्रात्मक संक्षिप्त शैली इन दिनों ज्यादा कारगर रहेगी पत्र-व्यवहार में भी...रागिनी को आशीष। चिंतन-मोहन-पूर्वा

को प्यार...भा. भारद्वाज कहाँ हैं आजकल ?

—ना. तुम्हारा

दूसरे पत्र में अगला पता भेजनेवाला हूँ— दो दिन बाद।—ना.

❊

दिल्ली-53
10.11.81

नवल प्रिय,

हम 7.12 तक पटना पहुँच जाएँगे। दो-तीन दिन पहले भी आ सकते हैं...

...

इधर हमें दिसम्बर-जनवरीवाले अपने प्रोग्रामों में फेर-फार करना पड़ रहा है—यानि अब हम 23 या 24 दिसम्बर की रात में बंबईवाली ट्रेन में आरक्षित बर्थ पर विराजमान होंगे...अब पटना या भागलपुर से कलकत्ता जाने का विचार बदल डालना पड़ा...कारण ?

...

28-29-30 को (त्रिदिवसीय) लेखक-सम्मेलन होना निश्चित हुआ है। बंबई में। पिछले तीन वर्षों से हम महेंद्र कार्तिकेयवाले इस ले.स. में नहीं जा पाए हैं—अबके, अवश्य जाना है। वक्त पर आमंत्रण पत्र पा गया हूँ न ! गत वर्ष तो जयपुरवाला सम्मेलन मेरे लिए ज्यादा आवश्यक था न ?

...

जनवरी का महीना कर्नाटक-केरल घूमेंगे...शेष फिर लि.।

—ना. तुम्हारा

❊

131, टैगोर पार्क
दिल्ली-9
14.11.81

नवल प्रिय,

पत्र मिला। तसल्ली हुई कि इधरवाले दोनों संकलन आपने हासिल कर लिए हैं। अब शायद जनवरी के अंत में ही मुलाकात होगी...तुमने 'आलोचना' का सहसंपादकत्व स्वीकार करके बहुत अच्छा किया। इस पत्रिका को नए 'ब्लड' की जरूरत थी...

—ना. तुम्हारा

✻

131, टैगोर पार्क
दिल्ली-9
30.12.81

नवल प्रिय,

पत्र मिला। कल शाम। इधर गढ़वाल (लैंस डाउन) गया हुआ था। वहाँ वाचस्पति रहते हैं। अप्रैल-मई-जून-जुलाई-अगस्त (पाँच महीने) वहीं एकांतसाधना चलेगी। दो उपन्यास और दो खंडकाव्य पूरे हो जाएँगे।

...

स्वास्थ्य ठीकठाक है। मध्य प्रदेश और आंध्र प्रदेश घूमकर 10 फरवरी तक लौटेंगे। फिर 15 फर. से लगभग 20 रोज पटना रहेंगे। शेष विस्तारपूर्वक दो-तीन दिन बाद लिखूँगा...

—नागार्जुन तुम्हारा

अगला पता, अगले पत्र में डालेंगे। लगता है, 10 जनवरी तक दिल्ली छोड़ सकूँगा। 'आलोचना' के लिए मनोहरश्याम जोशी और कृष्णा सोबती हमसे अलग-अलग इंटर्व्यू ले रहे हैं।—नागा. तुम्हारा

✻

131, टैगोर पार्क
दिल्ली-9
5.1.82

नवल प्रिय,

आप अगला पत्र हमें विदिशा भेजना। वहाँ का पता : C/o डॉ. विजयबहादुर सिंह Ph.D, 48, स्वर्णकार कालोनी, विदिशा (मध्य प्रदेश)...यह पता 15.1 तक रहेगा। उससे अगला पता रायपुर का होगा। वह पता विदिशा से सूचित करूँगा। मनोहरश्याम जोशी ने जमकर बातचीत की—यह इंटर्व्यू 'आलोचना' में जाना है। दूसरा इंटर्व्यू कृष्णा सोबती आज लेनेवाली हैं। यह भी 'व्यक्ति-चित्र' शैली में 'आलोचना' के आगामी अंक में आनेवाला है...

लंबा पत्र तो तुम्हें लिख नहीं पा रहा हूँ। ढेर-सी बातें जमा हो गई हैं। रामविलास से मिलना हुआ...10 रोज के लिए गढ़वाल की चढ़ाई पर गए थे—50395 फुट तक गए...

—ना.

✻

विदिशा
(मध्य प्रदेश)
14.1.82

नवल प्रिय,

पत्र मिला। मैं इधर अति व्यस्त—अति चंचल हो उठा हूँ। इत्मीनान से पत्र लिखने का अवसर अभी कहाँ पाऊँगा !

...

मिलना-जुलना, गोष्ठी-वोष्ठी, कहीं 'चाय पर', कहीं 'खाना-वाना', ग्रूपों में घूमने से भी आप इनकार कैसे करेंगे...कहने को 'द्विदिवसीय' होता है, मगर पूरे पाँच दिनों की अंदरूनी बुखार घोल जाता है, तन में भी और मन में भी !!

...

तुम्हें भी तो बीच-बीच में एक प्रकार के 'स्वादों का' आनन्द मिलता रहता है न ? स्वादों का यह 'सांकर्य' अनूठा होता है न ? व्यस्तता की भी अलग कोटियाँ होती हैं न ?

...

यह तो बतलाइए महानुभाव, कि खगेंद्र बाबू कब तक भारत-भूमि पर चरण रखनेवाले हैं ? ऐसा तो नहीं कि एक 'षाण्मासिक' सोवियत माहौल में अतिवाहित कर चुकने पर दूसरा 'षाण्मासिक' कोर्स भी अपना लें वहाँ ?

...

दिल्ली लौटना है 12 फरवरी तक। आंध्र से। आंध्र में कुल जमा दस रोज रहना है। कुछ-एक प्रोग्राम पूर्व-निश्चित हैं। रायपुर से 31.1 को हैदराबाद के लिए प्रस्थान करेंगे। विदिशा का पता 22 तक रहा। उसके बाद : C/o ललित सुरजन, दैनिक 'देशबंधु', रायपुर (मध्य प्रदेश)...आंध्रवाला पता बाद को लिखूँगा।

...

'नागार्जुन का रचनासंसार' (वि.ब.सिंह) देखा है क्या ? तुम्हारा अगला पत्र मुझे शायद रायपुर में मिले। मिलना ही चाहिए...शेष फिर लिखूँगा। जबलपुर से वापस आकर लिख सकूँगा...

ना. आपका

⁂

सी-3/169, यमुना विहार
दिल्ली-53
29.2.84

नवल प्रिय,

पहला काम तो आप यह करें कि मुझे भा.भा. का डोडावाला पता भेजें...दूसरा

काम यह करें कि 'अन्नहीनं क्रियाहीनं' (स्फुट गद्यों का संकलन) देख जाएँ। यह 'वाणी-प्रकाशन' से अभी छै महीने पहले आया है। इसे अवश्य देख जाइए...

...

ऐसे-ऐसे दो और संकलन (स्फुट गद्यों के) आनेवाले हैं। इन संकलनों से हिंदी-संसार को एक अभिनव आस्वाद मिलेगा...

लगातार तीन महीने दिल्ली से बाहर रहना हुआ। अभी 2 अप्रैल तक इधर होंगे। चिंतन और पूर्वा को सलाम। रागिनी को आशीष...तीसरा नाम भूल गया !

—नागार्जुन तुम्हारा

⁂

बी-131, सादतपुर
दिल्ली-94
2.4.88

प्रियवर नवल,

आशा है स्वस्थ-प्रसन्न हो...4 अप्रैल से श्री माखनलालजी चतुर्वेदी का शताब्दी-वर्ष है। इस वर्ष कई स्थानों पर इनके लिए समारोह रहेंगे। आप तदनुसार इनके व्यक्तित्व-कृतित्व पर एक पुष्ट निबंध तैयार करो, ऐसा मैं चाहता हूँ—तुम यह काम भलीभाँति कर लोगे...मैं जून के प्रथम सप्ताह में पटना पहुँच जाऊँगा। आधा अगस्त तक बिहार ही होंगे तब...

आयुष्मती रागिनी को स्नेह...पूर्वा आदि को प्यार।

—ना. तुम्हारा

●

शंभुनाथ के नाम

29.2.84
दिल्ली-53

प्रिय शंभुनाथजी,

आपका दस्तीपत्र हमें डॉ. मैनेजर पांडेय से प्राप्त हुआ 22 को। तदनुसार अब लिख रहा हूँ—

हम अप्रैल के तीसरे सप्ताह में (18/4 तक) हावड़ा पहुँचने का इरादा बना चुके

हैं। इलाहाबाद से उधर ही जाएँगे।

हावड़ा-कलकत्ता एक सप्ताह रहकर (25-26 अप्रैल तक) शान्तिनिकेतन आ जाएँगे...

एक सप्ताह शान्तिनिकेतन भी रहेंगे।

यों दिल्ली से हम 2 अप्रैल को ही निकलेंगे। दस रोज लखनऊ। चार-पाँच दिन इलाहाबाद।

बीच-बीच में पत्र डालकर सूचित करता रहूँगा। अगला पत्र 15 मार्च के बाद डालूँगा। आपका यह दस्तीपत्र भी गुम हो गया था, इसी से देर हुई।

अपनी बच्ची का नाम लिखिए। वो दस वर्ष की है न ? उसे भी सम्बोधित करके पत्र डालूँगा...

अपने परिवार में सबसे मेरा नमस्कार, आशीष आदि कहिए...इस 17 को मध्य प्रदेश से लौटे (विदिशा-जबलपुर-छिन्दवाड़ा-सतना आदि से)।

नागार्जुन' आपका

✻

13.3.84
उज्जैन, M.P.

प्रियवर शंभुनाथ,

पिछला पत्र मिला होगा।

11 की रात को यहाँवाले कार्यक्रम सम्पन्न हुए—कालिदास अकादमी की तरफ से आयोजित थे।

मैं 15 को वापसी के लिए प्रस्थान करूँगा।

यहाँ संस्कृत में काव्यपाठ 10 की रात में था। पाँच घंटे चला। अगली सुबह मैं 'दमा' से आक्रान्त हुआ। 11 वाले कार्यक्रम नहीं देख पाया, न सुन ही पाया !

अब मुझे संदेह है कि लखनऊ इला., कलकत्ता-शांति निकेतन आदि पहुँच पाऊँगा...

अगला पत्र दिल्ली से डालूँगा...

नागार्जुन
आपका

✻

खतौली
26.11.84

डियर शंभुनाथ,

यहाँ के तीन युवक (प्राध्यापक) कल यमुना विहार (दिल्ली-53) से हमारा अपहरण करके ही लौटे। मैं परसों लौट सकूँगा दिल्ली। रविवार वाला सूचनात्मक शिविर-समाचार' (काव्य-रचनावाला) देखकर तसल्ली हुई कि आप सचमुच इस दिशा में 'सीरियस' होकर ही सोचते रहे हो...यह बड़ा ही अच्छा लगा। नए प्रकार की सार्थकता से हम अपने को जोड़ना शुरू करेंगे।

यह तो और भी चमत्कार होगा कि रचनात्मक चुनाव के माहौल में अपनी समझदारी पर सान चढ़ाने का अवसर हासिल करेंगे अनायास !

हम अनेकानेक 'बूथ' तक पहुँच-पहुँचकर पश्चिम बंगाल के अतिजागरूक वोटरों की सक्रियता एवं भंगिमा का निकट से साक्षात्कार करेंगे। वो भी रचनाकारों की 'आन्तरिक पूँजी' साबित होगी। नहीं होगी साबित ?

12 दिसम्बर को सवेरे दिल्ली जंक्शन से रवाना होंगे। 'कालका मेल' के शायिकावाले कम्पार्टमेंट में हम एक सप्ताह पहले ही पूरी बर्थ आरक्षित करवा लेंगे।

'कालका मेल' अगले दिन पूर्वाह्न में ही हमें हावड़ा पहुँचा देगी...13 दिसंबर को पूर्वाह्न में 10 बजे के अंदर ही हम हुगली के किनारे उस महान-महत्तर जंक्शन पर नमूदार होंगे...ठहरने की जगह क्या होगी ? कहाँ होगी ? यों हमें पता है कि 'भाषा-परिषद' वाले भवन में अतिथियों को ठहराने की व्यवस्था है—दैनिक भाड़ा 10/ रोज मगर यह तो चार वर्ष पहले की बात है। पता नहीं, अब वहाँ माचवेजी की छाया में क्या-कुछ परिवंर्तन हुआ है ? आप पता तो लगाओ...हमें फौरन सूचित करो...

और फिर 'जन-संसार' के दफ्तर में (19-B चौरंगी, टाइगर सिनेमा के निकट) बीच-बीच में हमने कई-कई सप्ताह गुजारे हैं। गीतेशजी को पत्र लिख रहा हूँ सुभीते के लिहाज से। चौरंगीवाला वो अड्डा हमें ज्यादा अधिक पसंद आता है...

यों प्रताप घोष लेन में, चायवाले अड्डे के समक्ष (कपिल झावाले रूम में) सामान रखकर बेफिक्र हो जाना भी अच्छा लगेगा। पूर्ववत...निवास की चिंता कलकत्ते में हमें कभी हुई नहीं।

—नागार्जुन
तुम्हारा

❋

लखनऊ-I
14.12.84

डियर शंभुनाथ,

पिछले पत्र मिले होंगे।

17 की शाम वाली 'हिमगिरि' में आरक्षण पक्का हुआ कि नहीं, आज दिन में 2 बजे बाद तार द्वारा सूचित करूँगा। यदि 'हिमगिरि' से 17 वाला आरक्षण नहीं मिला तब भी उसी दिन 'पंजाब मेल' वाला आरक्षण तो मिलना ही है—जैसा भी होगा तार द्वारा सूचित करूँगा। आज ही।

खतौली (मुजफ्फरनगर) वाले युवा कवि (तेवरी-कवि) श्री देवराज PhD कलकत्ता पहुँच रहे हैं, 20 या 21 को। वो गए हैं मणिपुर वि.वि. वाले 'इंटर्व्यू' के लिए। इंटर्व्यू है 16-12 को। तदुपरांत वो दो-तीन दिन उत्तर पूर्व के अंचलों में चक्कर लगाकर 20 या 21 को कलकत्ता पहुँचनेवाले हैं।

देवराज पहले तुम्हारे पास ही पहुँचेगा। पता है उसके पास। और तब आप देवराज को हमारे निकट पहुँचाइए...देवराज ठीक तुम्हारी तरह का प्रखर मेधावी युवक है—परम स्वाभिमानी। यों तो देवराज सहज-विनम्र एवं आज्ञाकारी युवक है परन्तु वो 'समझौता' वाली मनोवृत्ति से 100 कि.मी. दूर है ! देवराज...देवराज...

तुम खुद ही देखोगे। वो 29/12 (29 दिसंबर) तक कलकत्ता रहेगा। पहली बार महानगर देखेगा।

क्या यह शिविर जैसे-तैसे हो-हवा लेगा ? क्या इसके पीछे 'दिसंबरांतः पाती अवकाश' ही एकमात्र उपयुक्त 'समय-सीमा' होगी ? हम 10 जनवरी के बाद 15 फरवरी की समय-सीमा क्यों नहीं रख सकते ? मैं तो खैर, इस बार 25 फरवरी 85 तक कलकत्ता जमनेवाला हूँ। साढ़े चार वर्ष बाद हम इस बार कलकत्ता पहुँच रहे हैं, यह मेरा चरम दुर्दैव ही रहा कि इतनी लम्बी अवधि तब उसने मुझे पूर्वांचल की गंध तक न लगने दी ! मैं समझता हूँ यह सब पापग्रही विस्फोट था ! लो बेटा अर्जुन नागा ! चाटो दिल्ली का रस...

यानि इस शिविर की मृद मद्धिम आँच फिलहाल दो-ढाई महीने जरूर मुझे वो ऊर्जा देगी जिससे पूर्वांचल का सेवन सहज रहेगा।

ऊँट को प्यास लगती है तो पच्छिम की तरफ भागने लगता है—मेरा भी अन्न-जल मुझे दिल्ली की तरफ खींचता है यानि किताबोंवाली रॉयल्टी ही हमारे दिल्ली-दर्शन का एकमात्र 'हेतु-विन्दु' होती है। हाँ, जी हाँ, राजनीतिक कारणों से जिनका दिल्ली जाना-आना लगा रहता है, उन्हें तो अपन दूर से ही नमस्कार करेंगे।

भई, इस वर्ष 'समकालीन' को क्या हुआ ? महेंद्र कार्तिकेय का जी अघा गया लगता है...वो तो हर नुक्ते पर अब 'थोक-भाव' वाली तात्कालिक दिशा में ही आगे बढ़ने का इंगित दे रहा था ! 'वर्षा' योजना थी न उसकी ? बुक-क्लब आदि !

बहरहाल, आदरणीय शंभुनाथजी, आप खतौलीवाले देवराज से सप्रेम मिलो..

हिमगिरि या पंजाब ? तार से खबर कर रहा हूँ।

आप मेरी चिंता न करना—कलकत्ता मेरे लिए 'अतिपरिचित' और 'परमप्रिय' महानगर ठहरा ! दरअसल मैं तुमसे कहीं अधिक 'कलकत्तिया' हूँ...मुझे 19-B चौरंगी रोड, टाइगर सिनेमा के निकट 'जनसंचार' वाली जगह में ठहरना है। बात तय है...

नागार्जुन तुम्हारा

⁂

28.12.84

प्रिय मित्र,

13/12 को हम 'कालका मेल' से हावड़ा पहुँच रहे हैं—यह सुनिश्चित प्रोग्राम है...हाँ, आरक्षण की सुविधा के लिहाज से दो-एक रोज आगे-पीछे हो सकता है...

ठीक चौबीस घंटे लेती है यह ट्रेन। अगले दिन लगभग साढ़े आठ बजे पहुँचाती है...किसी कारण आप स्टेशन पर उपस्थित न हो सको तब भी कोई बात नहीं—

हम कलकत्ता से अच्छी तरह परिचित रहे हैं।

आरक्षण मिल जाने पर 5 दिसंबर को सूचित करूँगा। जरूर।

शिविर में उपस्थिति-नियमित उपस्थिति, पूर्वाह्न-अपराह्न मिलाकर चार घंटे से ज्यादा की न हो। रचनाकारों की संख्या 30 से अधिक न रहे। बंगला भाषा के तीन रचनाकार और उर्दू-उड़िया के एक-एक...यह अनुपात भी रखना होगा। चुनाव की तिथि में औद्योगिक और नागरिक अंचलों के 'पोलिंग बूथ' तक पहुँच-पहुँचकर निरीक्षण अवेक्षण की अनिवार्यता रखी जाएगी...

यह 'परम आवश्यक' टास्क होगा...प्रशिक्षक एवं प्रशिक्षणार्थी में कोई फर्क नहीं माना जाएगा।

मेरठ वि.वि. के अन्तर्गत खतौली एक कस्बा है (दिल्ली-देहरादून मार्ग पर)। खतौली-डिग्री कालेज के युवक प्राध्यापक श्री देवराज, PhD 21/12 से 29/12 तक इस शिविर के लिए ही कलकत्ता रहेंगे।

संभव है, दिल्ली और J.N.U के भी कोई रचनाकार एतन्निमित्त कलकत्ता पहुँच जाएँ...

'दिनमान' में भी आप शिविर की सूचना जरूर डालना...हम तो खैर 13 दिसंबर से 15 जनवरी तक कलकत्ता रहेंगे।

अभी और नहीं लिखूँगा।

⁂

15.3.85
पटना

प्रिय मित्र,

22/23 मार्च को कुल्टी-चित्तरंजन के लिए प्रोग्राम मान लिए।

नरेंद्र कुमार कुल्टी से आए थे। आपने भेजा था। हरिहर की भी राय हुई। यों हम 16 तक दिल्ली पहुँचनेवाले थे...

अब इधर हमसे मिलने के लिए किसी को आप प्रोत्साहित न करें। हम शीघ्रातिशीघ्र दिल्ली पहुँचना चाहते हैं। अब तक 'आनेवाला कल' नहीं पहुँचा ! क्या कारण है ?

आयुष्मती मीना के लिए 'वरुण के बेटे' (उपन्यास) छेदीलालजी के हाथों भिजवाया था।

आनन्द पंकज-लाहिड़ी मधूलिका-मेखला-मनोन्मनी आदि की यादें आती रहेंगी। प्यारी जुगनू बार-बार याद आती है...

नागार्जुन तुम्हारा

27 तक यह पता—
C/o श्री हरिहर प्रसाद
भागीरथी लेन
महेन्द्रू
पटना-6 (बिहार)

•

नरेन्द्र कोहली के नाम

प्रिय कोहली,

6 वाला पोस्टकार्ड मिला। हाँ, व्यस्तता के कारण तुम्हारी रचना पर ध्यान नहीं दे पा रहा हूँ। मगर भूला नहीं हूँ कि इन्हें ठीक करना है—

यही हाल इन्द्रजीत सिंह बेदी की रचनाओं का है...

मित्रवर झाजी, ओझाजी एवं गुरुवचन सिंह आदि को नमस्कार कह देना—

नागार्जुन
12.9.58
99, नार्थ एवेन्यू, नई दिल्ली

❊

24.11.1958

प्रिय कोहली,

दिल्ली से घूम-घामकर तुम्हारा पत्र यहाँ पहुँचा है। मैं 7 को ही आ गया था। दिसंबर के अखीर तक रहूँगा, इधर क्या-क्या लिखा तुमने ? गुरुवचन सिंह से कहना कि उनका उपन्यास मिल गया है मुझे। अब वक्त निकालकर उसे देख लूँगा। झाजी एवं ओझाजी से मेरा नमस्कार कह देना। शेष फिर—

नागार्जुन
तुम्हारा
भिखना पहाड़ी, पटना-4

❊

प्रिय नरेन्द्र,

बाहर से आया तो आपका पत्र मिला।

'सरिता' वाली रचना नहीं देख पाया हूँ...

'नया पथ' बंद हो गया है। इसकी सूचना मुझे एक मित्र से हासिल हुई है।

मैं व्यस्तताओं और मुसीबतों के मारे न तो आपकी कविताओं पर ध्यान दे पाया, न और कुछ कर पाया...साहित्य ही एकमात्र जिनका पेशा है उन व्यक्तियों की परेशानियों का अंदाज आप शायद ही कर पाएँ, अच्छा है कि नहीं कर पाएँ...

रमाकान्तजी से, ओझाजी से, गुरुवचन सिंहजी से, बेदी से, कमल जोशी से, सभी मित्रों से मेरा प्रणाम कह दें।

नागार्जुन आपका
6.2.59
भिखना पहाड़ी, पटना-4

❊

23.1.72

प्रियवर नरेन्द्र,

किताबें तो भिजवा नहीं पाया मैं ! तुम्हारे नाम पर धरीं जरूर रहेंगी...खैर, जोधपुर से 2 तक लौट आऊँगा। 'केरियर' पढ़ गया हूँ। अच्छी लगी। महानगर के प्रखर वस्तु-बोध का एक खास आयाम इसमें उभरने लगा था, थोड़ा और उभरता तो अच्छा था। उपन्यास का अंश तो नहीं है ?

मधुरिमा से मेरी नमस्ते कहना, दुआ भी।

—नागार्जुन
एफ 14/9, मॉडल टाउन
दिल्ली-9

✻

1.2.72

प्रियवर नरेन्द्र,

मैं 5 तक वापस आ रहा हूँ। फिर तुमसे मुलाकात होगी।

जोधपुर से यहाँ आया हूँ। यहाँ से दिल्ली।

'पाँच लघु उपन्यास' अब तक नहीं देख पाया। वस्तुतः किताब दिल्ली में ही गायब हो गई। आशा है, मिल जाएगी।

15 मार्च के बाद ही मैं जमकर बैठने लायक मूड में आ सकूँगा। इस बीच चंचल रहूँगा। मुमकिन है, बीच में अभी और कई जगहों के चक्कर लगाने पड़ें।

मधुरिमा को आशीर्वाद।

बच्चे को प्यार।

—नागार्जुन
तुम्हारा

✻

11.2.72

प्रियवर नरेन्द्र,

तुम्हारे दोनों पत्र (30-1 और 2-2) एक साथ दिल्ली में ही मिल गए। 'इमरजेंसी' (पारिवारिक) में भागकर यहाँ आना पड़ा है। 13 वाली आपकी गोष्ठी में सम्मिलित न होने का मलाल रह गया...

5 की शाम को बीकानेर से दिल्ली पहुँचा था। 7 को तुम्हारा पोस्टकार्ड भी Redirect होकर दिल्ली आ धमका !

अणिमा का वह अंक सुरक्षित है। 'पाँच एब्सर्ड लघु उपन्यास' की वह कापी कहीं गुम हो गई ! खैर, अणिमावाले लघु उपन्यास का पारायण अब जरूर कर लूँगा। इधर यदि संभव हुआ तो मार्केट से 'पाँच उपन्यास' की प्रति ढूँढ़ निकालने का इरादा है...उसे देर-सवेर पढ़ तो लेना ही है न ?

अपनी लेखक गोष्ठी को इस बात के लिए तैयार करो कि सहिष्णुतापूर्वक—और, आंतरिक स्वच्छता और 'टीम-स्पिरिट्' के साथ—एक-दूसरे के विकास में 'कामरेडशिप' निभाएँ; निभाते चलें...टी हाउस-काफी हाउस वाली चालू किस्म की 'संगत' से वे अपने को जरा ऊपर रखें।

आपसी सुविधा के लिए साइक्लोस्टाइल-पत्रिका (मासिक या पाक्षिक) अवश्य निकालें। 'व्यावसायिक पत्रिकाओं' का भी खुलकर सहारा लें...'कमर्सियल राइटिंग' की एकांगी आलोचना न करें...स्वयं भी ऐसे लेखन से परहेज न रखें जिससे 'चार पैसे' मिल जाते हैं। 'निहायत ऊँची कोटि' का साहित्य तैयार करने-करवाने का दम्भ और 'निहायत घटिया लेखन' का गटर-प्रवाह...तरुण साहित्यकारों को इन दोनों 'अतियों' से बचकर चलना है न ?

मैं अब मार्च के अंतिम सप्ताह तक दिल्ली लौट सकूँगा। मार्च के बीस दिन कलकत्ता रहने का इरादा है। फरवरी का अंतिम सप्ताह जमशेदपुर। हाँ, बीच-बीच में पत्र डालता रहूँगा।

माधुरी को मेरी आशीष पहुँचा दो...बच्चे को प्यार।

अभी और क्या लिखूँ ? यों, तुम्हें चार पेज भी लिखूँ तो अपने को कम ही लगेगा।

अरे हाँ, जमशेदपुर में अपने अनुज का पता सूचित करो। वहाँ रहते समय, घंटा-आध घंटा यदि उसके साथ गुजार सका तो मुझे अच्छा ही लगेगा।

—नागार्जुन

तुम्हारा

⁂

फ्लैट नंबर 38

पाकिट नंबर 15, ब्लाक सी 2 ए

जनकपुरी, नई दिल्ली-18

28.12.73

प्रियवर कोहली,

'अतिमर्श-3' की एक झलक मिली। अच्छी तरह देख नहीं सका हूँ...हम फिलहाल कई महीने इधर रहनेवाले हैं। 'अतिमर्श' के सभी अंक एक साथ देखने की इच्छा पूरी हो—

तुम्हारे नाम का यह पोस्टकार्ड (मात्र पता-सहित) लगभग डेढ़ वर्ष से साथ-साथ चक्कर लगाता रहा है—

नागार्जुन

❊

शास्त्री भवन
महेन्द्रू, पटना-6 (बिहार)
13.12.74

प्रिय भाई,

'सर्वश्रेष्ठ पुस्तक-चुनाव' योजना में अन्यतम निर्णायक के तौर पर आपने मेरा नाम मान्य किया, इसे अपना सौभाग्य ही मानता हूँ। काश, मैं इस दायित्व को निभा सकता ! व्यस्तता के कारण ही यह काम नहीं कर पाऊँगा...आप मेरी विवशताओं का अंदाजा लगा लें...

फरवरी में मुलाकात होगी।

मधुरिमा को आशीष...मुन्ने को प्यार...

नागार्जुन
तुम्हारा

❊

96, टैगोर पार्क
दिल्ली-9
4.3.76

प्रियवर नरेन्द्र,

कल वाली गोष्ठी अच्छी रही। डॉ. लोठार लुत्शे (या, लुत्से ?) बढ़िया बोले...रमेश उपाध्याय ने तो नापने का अपना पूरा फीता ही बेचारे बतरा पर लपेट दिया...प्रदीप का संतुलन बहुत अच्छा लगा...तुमने ठीक ही कहा मगर बहुत कम बोले न !

डॉ. लोठार अभी वर्ष भर भारतवर्ष में, और दिल्ली में ही, रहनेवाले हैं। तुम वक्त लेकर उनसे जरूर मिलो। अपनी दो-एक पुस्तकें भी उन्हें अवश्य दो।

और सब ठीक-ठाक है। अपना फोन नं. फिर से तो लिखो। मैंने कहाँ नोट किया था, भूल गया हूँ।

हाँ, पत्रों का सिलसिला नहीं टूटे, इस बार ध्यान रखूँगा।

ना.

उस शाम को महामुनि का मूड अति गंभीर था ? बड़ी मुश्किल से दो-एक 'सबद' निकले होंगे...

—ना.

✻

द्वारा राजकमल प्रकाशन
8, नेताजी सुभाष मार्ग, दिल्ली-6
28.8.76

प्रियवर कोहली,

पिछला पोस्टकार्ड मिला होगा। मिला न ? अभी तुम्हारा पत्र हाथ आया है तो फिर से तुम्हें याद किए ले रहा हूँ...मिलेंगे और जरूर मिलेंगे—मंगलवार-बुधवार-गुरुवार-शुक्रवार...इन चार दिनों में शायद ही निकलता हूँ। यहीं होता हूँ। बाकी तीन दिन खुला रहता हूँ। और, तुम ? तुम क्या कभी टी हाउस-काफी हाउस (मोहन सिं. पैलेस) कभी नहीं पहुँचते ? मैं वहाँ सनीचर और सोम की शामों में अवश्य होता हूँ...

बहरहाल...मधुरिमा की एक कहानी किसी 'नव-लघु' में (पत्रिका का नाम नहीं याद आता है) देखी है। नाम मात्र देख सका था...एकलव्य या कार्तिकेय—क्या नाम है मुन्ना का ? यह भी भूल गया हूँ। भुलक्कड़ हो गया हूँ न।

—ना.

✻

18, रिंग रोड
लाजपतनगर-4
नई दिल्ली-24
4.9.76

प्रिय भाई,

पत्र मिला। दरअसल मिलने की इच्छा मेरी भी उतनी ही उत्कट हो उठी है जितनी कि तुम्हारी—अब करूँगा यही कि किसी दिन (6 से 11 सितं. के दरम्यान बस अगले ही सप्ताह-मध्य) सवेरे-सवेरे सामने तुम्हारे स-शरीर हाजिर हो जाऊँगा। 12 को (एक सप्ताह के लिए) भोपाल जाना है। 20 तक लौट आएँगे। यों, 15 अक्तूबर तक इधर रहने का इरादा है। गनीमत है कि अब लगभग 'काम चलाऊ हेल्थवाला चोला' हो गया है...'कृष्ण मंदिर' से बाहर आने का चांस मिला ही चरम अस्वस्थता के कारण। 'सार्थक' में मधुरिमा की गद्य रचना प्रकाशित है 'कहानी' के तौर पर...लेकिन वह तो किसी बड़ी रचना का आरम्भिक अंश प्रतीत होता न है ? अंत तो बेहद शिथिल है—बाकी वो टापिक तो बड़ा ही महत्त्वपूर्ण है...खैर।

—ना.
तुम्हारा

❋

के-37, जंगपुरा एक्स्टेंशन
नई दिल्ली-14
24.2.77

प्रिय भाई,

पत्र मिला। ठीक है, वैदिकजी इन दिनों अति व्यस्त होंगे। क्या जल्दी है, पीछे, 2 अप्रैल के बाद ही हमारा मिलना होगा...तब तक प्रखर पत्रकारों की भी व्यस्तता थोड़ी कम होगी या रूपांतरित होगी। इस 'चुनाव चक्र' की रफ्तार तो इन दिनों अभी और-और तेज होती जाएगी...और हाँ...

हमारी मुलाकात अगले मंगलवार (29-2) या बुधवार (30-2) को होगी। बीच के चार दिन शायद जनकपुरी रहना हो। शुक्र, शनि और रवि...ये तीन अहोरात्र तो यहाँ अवश्य ही नहीं रहूँगा। फिर सूचित करूँगा।

—ना.
तुम्हारा

मधुरिमा...कार्तिकेय और अगस्त्य...और तुम्हारा वो परिचारक किशोर...सभी की यादें आती रहेंगी।

—ना.
तुम्हारा

❋

के-37, जंगपुरा एक्स्टेंशन
नई दिल्ली-14
25.2.77

प्रियवर कोहली,

मधुरेशवाली किताब (यशपाल के पत्र) आप हफ्ता-दो हफ्ता अपने पास रख सकते हो—मैं इसे यहीं छोड़े जा रहा हूँ—यहाँ अब मैं सोमवार की शाम को ही लौटूँगा। इस अवधि में जनकपुरी रहना है। फिर मंगल, बुध, गुरु, शुक्र—चार रोज नहीं निकलूँगा। आप यदि इधर आओ तो मधुरेशवाली किताब अवश्य ले जाना। मैं यहाँ तारा बहन से कहकर जा रहा हूँ। जो भी रहेगा, किताब निकालकर तुमको दे देगा।

अभी और क्या लिखूँ ? ग्रेटर कैलाश में भी दो-तीन दिन रहना हो तो बन्धुओं से मुलाकातें कर सकूँगा न ?

लगता है, प्रति सप्ताह दो-तीन दिन मिलने-जुलने के कामों में लगाना ही होगा। हाँ, उपन्यास या खंडकाव्य में डूबने पर यह क्रम बंद कर देंगे।

अपनी पुस्तकों के संशोधन-संपादन विषयक ये काम लगभग दो महीने लेंगे। हाँ, इनमें फिलहाल एक ही महीना लगाकर लेखन में लग जा सकता हूँ। लेखन में कम-से-कम तीन महीने लगेंगे।

एकांत एवं निर्विघ्न कमरा तो जनकपुरी में मिल ही जाएगा—वहाँ के मित्रों ने आश्वासन दिया है। खैर, रंग-ढंग देख आऊँ न पहले।

कल शाम 'शेर-अफगन' देख आया। प्रेजेंटेशन बहुत अच्छा लगा...

अभी और लिखूँ न ?

मधुरिमा, कार्तिकेय, अगस्त्य आदि को प्यार।

—ना. तुम्हारा

❋

बी-1/113, जनकपुरी
नई दिल्ली-58
23.3.77

प्रियवर कोहली,

बधाइयाँ स्वीकार करो...मैंने तो पहले ही कहा था मित्रों से, कि यह अपना देश 'चमत्कारों की भूमि' रहा है। लो, हो न गया चमत्कार ?

रात के 3 बजे हैं। मैं सारी रात जगा हूँ। ऐसी अद्‌भुत घटना घटी है कि खुशी के मारे नींद उड़ गई है...

हमारे कई मित्र चुनकर आ रहे हैं यानि शपथ ग्रहण करनेवाले हैं—हम साथ-साथ गत वर्ष जेल में रहे हैं। जनता पार्टी के अपने उन मित्रों की अगवानी में, लगता है, मेरा अगला सप्ताह भी निकल जाएगा।

मधुरिमा को प्यार। कार्तिकेय और अगत्स्य को चुंबन...

अभी और क्या लिखूँ ?

—ना. तुम्हारा

❋

❋

बी-1/113, जनकपुरी
नई दिल्ली-58
31.3.77

प्रियवर नरेन्द्र,

पत्र मिला। कल शाम को।

अगला रविवार मुझे यहीं रहना है—बीच के दो रविवार यहाँ नहीं था। खैर, 10 वाला रविवार यदि आप चल सको तो 9 की शाम को ग्रे. के. आ जाएँगे। अभी और क्या लिखूँ ? प्रकाशक परोक्ष में एक-दूसरे को 'चोर' और 'फरेबी' कहते हैं। वैसे ही साहित्यिक भी परोक्ष में एक-दूसरे के लिए गालियाँ निकालते हैं। छोटे प्रकाशक भी एक-दूसरे के प्रति बुरी तरह ईर्ष्यालु लगते हैं। 15 पुस्तकें अधिक से अधिक चार प्रकाशकों में बाँट देना चाहता हूँ। दो छोटे प्रकाशक—तीन बड़े प्रकाशक हों। यों एक ही सब कुछ लेने को तैयार है...

—ना.
तुम्हारा

❋

बी-1/113, जनकपुरी
नई दिल्ली-58
7.4.77

प्रियवर कोहली,

आपका एक पोस्टकार्ड कल भी मिला। 5 वाला—श्रीकृष्णजी का भी पत्र आया है। रविवार को वह घर पर ही रहेंगे। आपका पत्र भी उन्हें मिल चुका है—चलो, अच्छा रहेगा।

9 की शाम को, आठ बजे तक तो मैं आपके यहाँ पहुँच ही रहा हूँ...दो-एक घंटा पहले भी आ सकता हूँ। इधर अपनी पिछली पुस्तकों के पुनः प्रकाशन की व्यवस्था में लगा हुआ हूँ...तय कर लिया है, दो बड़े प्रकाशक और दो लघु प्रकाशक रखूँगा। इस प्रकार 20 पुस्तकें साल भर के अंदर निकल आएँगी...सारी पुस्तकों के लिए कई बड़े प्रकाशक तैयार हैं लेकिन, मैं एक ही को नहीं दूँगा। बड़े-छोटे चार-पाँच प्रकाशकों में पुस्तकें वितरित करके एक 'प्रयोग' करना चाहता हूँ...खैर...

—ना.
तुम्हारा

✻

बी 1/113, जनकपुरी
नई दिल्ली-58
14.4.77

नरेन्द्र डियर,

19 (मंगलवार) को तिनसुकिया मेल से पटना जाना है। रेणु के श्राद्ध में उसके गाँव तक पहुँचना अनिवार्य महसूस हुआ, इसी से एकाएक 'त्वरित प्रोग्राम' बन गया है...

शेष, विस्तारपूर्वक दूसरे पत्र में लिखूँगा।

—ना.

और हाँ, प्रेम जनमेजय के घर शुक्रवार की शाम को अब नहीं जा सकूँगा।

—ना.

✻

बी 1/113, जनकपुरी
नई दिल्ली-58
16.4.77

प्रियवर नरेन्द्र,

18 को पटना के लिए ट्रेन लेनी है। रिजर्वेशन ले चुका हूँ। पटना पहुँचकर उस दिन शाम को फारबिसगंज के लिए रवाना होना है। रेणु का गाँव फारबिसगंज से 7 मील अन्दर देहात की तरफ पड़ता है। औराही हिंगना। सिर्फ बैलोंवाली गाड़ी ही उस गाँव तक पहुँच सकती है—21-22 दो रोज रेणु के श्राद्ध की विधियों के अवसर मुझे उनके परिवार के साथ रहना है—24 को पटना आ जायेंगे। वहाँ चार-पाँच रोज अपने दोनों बड़े पुत्रों के परिवारों के बीच थोड़ा-थोड़ा रह लेना आवश्यक होगा। यानि 29 को पटना से विदा होकर 30 को दिल्ली वापस आ जाऊँगा...

आकस्मिक विपदाओं की क्या ही विडम्बना है। रेणु मुझसे दस वर्ष छोटा था। हम सगे भाइयों की तरह थे...इस वक्त अब आगे कलम चल नहीं पा रही है...आँखें बार-बार पानी से ओझल हो रही हैं...

—ना.

❋

नई दिल्ली-58
22.5.77

प्रियवर कोहली,

28 की शाम को 8-9 [के] बीच आपके सामने हाजिर होऊँगा। 29 को गोष्ठी नहीं भी हो सकेगी तो भी हम कुछ-मित्र साथ बैठ लेंगे। वह रात्रि (यानि, रविवार की रात्रि) टक्कर साहब के घर पर। यहाँ, कोई पारिवारिक कोटि का संक्षिप्त प्रोग्राम है—जन्मदिन कोटि का...

और फिर 30 वाला मध्याह्न-भोजन श्री प्रेम जनमेजय के परिवार में हो—ऐसी इच्छा है। यदि प्रेम को वह समय अनुकूल पड़े...उस दिन शाम तक इधर लौट आएँगे।

श्रीकृष्ण के लिए दो-तीन पुस्तकें जुटा चुका हूँ। वो भी लेता आऊँगा (1. एक व्यक्ति : एक युग—निराला, (2. गीत गोविन्द...) और विद्यापति भी मैं उन्हें देना चाहता हूँ—ये सभी प्रकाशित थीं परंतु वर्षों से मिल नहीं रही हैं...नई पुस्तक कोई अभी तैयार नहीं है। हाँ, काव्य-संकलन मिल सकता है...

मधु का शोधग्रंथ टाइप हो रहा होगा। कार्तिकेय-अगस्त्य कुशल होंगे। तुम खुद तो कुशल हो ही...

—ना.
तुम्हारा

❋

बी 1/113, जनकपुरी
नई दिल्ली-58
26.5.77

प्रियवर नरेन्द्र,

पत्र मिला। मैं 28 की शाम को तुम्हारे समक्ष रहूँगा। शायद 8-9 के दर्म्यान। यानि शाम को पहुँचते-पहुँचते देर हो सकती है। रात्रि निवास आपके ही यहाँ रहेगा। रेणु पर एक लेख पूरा किया। लगभग, पिछले 15 दिनों से 'आजकल' वाले विष्ट आग्रह कर रहे थे। आज डॉ. श्यामबिहारी राय वह लेख टाइप करवाने के लिए साथ ले गए हैं। मैंने कहा है : कल शाम तक मुझे यह वापस चाहिए ही...

अभी और क्या लिखूँ ? प्रेम का पत्र मिला है।

—ना.
तुम्हारा

मधु की थीसिस टाइप होने लगी न ?

कार्तिकेय और अगस्त्य प्रसन्न होंगे...

—ना.

'सार्थक' का अंक मिल गया। अच्छा निकला है। तुम्हारी वह टिप्पणी आवश्यक थी।

—ना.

❋

बी 1/113, जनकपुरी
नई दिल्ली-58
22.7.77

प्रिय भाई,

पत्र मिल गया था। ढेर-सी बातें जमा हो गई हैं। मिलने पर ही शमित होंगी। इधर कई प्रकार की उलझनें आईं, उन्होंने बहुत-सारा समय बर्बाद किया। गर्मियों की 'अति' से बार-बार तबीयत उचटती रही कि भागकर हिमाचल की तरफ भाग जाऊँ। परंतु श्रीकान्त था साथ...भाग नहीं सका। तुम तक कब पहुँच सकूँगा ?

क्या 31 को आ सकूँगा ? निवास स्थान बदलना भी 'अति आवश्यक' हो गया है—फिर सूचित करूँगा।

मधु को आशीष...कार्तिकेय और अगस्त्य ठीक होंगे।

अच्छा हुआ, अमृतसर भी हो आए। मधु भी जा सकी ? मैं तो 15 अक्तूबर के बाद ही निकल पाऊँगा। लोकप्रिय कवि वाला संकलन तैयार हुआ—यही एक काम हुआ। शेष—मिलने पर ही...

—ना.

❋

बी 1/113, जनकपुरी
नई दिल्ली-58
31.7.77

डियर कोहली,

तुमसे मिलने—दस बीस घंटे तुम्हारे साथ रहने 6 की शाम को पहुँच जाऊँगा। 7 को दिविक के संकलन पर चर्चा के लिए विनय नगर में गोष्ठी होगी—प्रेम ने सूचित किया है—बहरहाल मैं तुम्हारे समक्ष हाजिर 6 की शाम को, वो गोष्ठी 7 को न भी हो, तो भी...दिल के अंदर इस बार यह लालसा तो अंकुरित हो ही चुकी है कि तुम्हारी ताजा पांडुलिपि से कुछ अंश सुन ले सकूँगा...नहीं सुन सकूँगा ? जी कहता है, हाँ, अवश्य सुनूँगा...

सितंबर के आरम्भ में दिल्ली से भागने का इरादा है—जोर मार चुका है कई बार....बड़ी मुश्किल से 31 अगस्त तक की छुट्टी ली है मैंने अपने बड़े साहब से—यानि श्रीमान् मनसारामजी से !

और कितनी शर्म की बात है कि मैंने आज तक तुम्हारा दिया हुआ—यानि आग्रहपूर्वक तुमसे लिया हुआ—उपन्यास नहीं पढ़ा ! यही गनीमत है कि किताब 'सुरक्षित' रखी हुई है—छिपाकर रख छोड़ी है मैंने। हाँ, सितंबर की यात्रा के दिनों में ही उसे देख जाऊँगा और तुम्हें विस्तारपूर्वक उसके बारे में लिखूँगा। अवश्य और अवश्य।

मधु की थीसिस क्या 'टाइप' होने की प्रतीक्षा में साल-भर पड़ा रहेगा ? मैं चाहता हूँ '77 के अंत तक मधु का शोधग्रंथ टाइप होकर तैयार हो जाता...क्या शर्माजी (टाइपिस्ट) अपनी आत्मा को किसी और टाइपिस्ट के अंदर नहीं प्रविष्ट करा सकते ?

—नागार्जुन

❋

द्वारा 'जन-संसार'
19-बी, चौरंगी, कलकत्ता-1
19.9.77

प्रिय भाई,

9 रोज बंबई रहकर कल यहाँ आ गया हूँ। यहाँ भी 9 रोज। फिर पटना। और, दस अक्तूबर तक हर हालत में दिल्ली वापस आ रहा हूँ। यानि 15 अक्तूबर को 'स्टे-ऑर्डर' वाले केस की पेशी है हाईकोर्ट में। वकील ने कहा : "पहली पेशी के दिन ही 'स्टे ऑर्डर' हटवा देंगे..." और फिर उसने यह भी भरोसा दिया है कि पिछले 25 वर्षों की आपकी रायल्टी भी आपके पुराने प्रकाशक से हम आपको दिलवाएँगे...

इस प्रकार हमारे वकील ने हमें भली-भाँति आश्वस्त कर दिया है। इसी वकील

ने 'हिंदी ग्रंथ रत्नाकर' (बंबई) वालों से हजारीप्रसादजी को उनकी पुस्तकें वापस दिलवाई थीं। कापी राइट एक्ट के 'मीन-मेख' से वह भली-भाँति वाकिफ है। 'गगराट् एंड कंपनी' (सोलिसिटर्स)...ये लोग प्लाजावाले बिल्डिंग के तीसरे तल्ले पर अपना दफ्तर जमाए हुए हैं। राजकमलवालों की बदौलत हमारा परिचय गगराट साहब से हुआ तो आप बोले—'महाराज, मैं आपकी कई किताबें देख चुका हूँ...' और मुस्कुराकर कहा—"मुकदमा तो आप जीतेंगे ही, साथ ही रॉयल्टीवाली अपनी पिछली बकाया रकम भी आपको दिलवाऊँगा..."

आशा है, आप और मधु और कार्तिकेय, अगत्स्य और तुम्हारा वो सेवक-राम...सभी स्वस्थ हैं। और सभी ठीक हैं। मैं स्वस्थ हूँ और यात्रा के मूड में तो हूँ ही।

—नागार्जुन
तुम्हारा

⁂

द्वारा राजकमल प्रकाशन
पटना-6 (बिहार)
25.10.77

प्रिय भाई,

बंबई से लौट आए ? क्या हाल है तुम्हारी बहन का ? किस दशा में उस बेचारी का रोग आ गया है ?

विस्तार से लिखूँगा। दाँतों की पीड़ा इधर बेहद बढ़ गई है। कल से अपने को डाक्टर के हवाले कर दूँगा।

—ना.

मधु, माफ करना बेटा। कार्तिकेय। अगस्त्य हम तुम तक पहुँच नहीं सके इस बार।

—ना.

⁂

द्वारा 'जनसंसार'
19-बी, चौरंगी
कलकत्ता-13
30.11.77

नरेन डियर,

पत्र मिला। तुम्हारी बहन का स्वास्थ्य दिनानुदिन छीजता जा रहा है, यह जानकर

जी को झटका लगा...परिणाम की कल्पना से रोंगटे खड़े हो गए...लगता है, तुम्हें अभी कई बार बंबई जाना पड़ेगा।

मेरा एक दाँत निकल गया है। पटना के परम प्रख्यात दन्त चिकित्सक (डॉ. मुखर्जी) ने कहा, : "आपके और दाँत बिल्कुल ठीक हैं। बस, यही एक दाँत अपना मूलाधार (मसूड़ा) छोड़ बैठा था..." और, सच, वह एक दाँत ही सारी व्यथाओं का केंद्र था। अब बिलकुल ठीक हूँ। खैर, मैं तो मन ही मन तैयार था सारे दाँत उखड़वाने के लिए।

दमा का मौसम ठहरा यह—परहेज तो खैर यों भी अभ्यास में शामिल हो गई है। दमा ऐसी बीमारी है मेरे लिए, जो मेरे लिए अंतरंग सखी का रोल निभाती आ रही है पिछले दस वर्षों से ! हाँ, सच !

15 तक हर हालत में दिल्ली वापस आ रहा हूँ। अवश्य।

हमारी मधु के क्या हाल हैं ? उसकी थीसिस टाइप होने लगी न ? या, अब भी शर्माजी उसके लिए वक्त नहीं निकाल पाए।

कार्तिकेय अपनी पढ़ाई-लिखाई में, सहपाठी छात्रों-छात्राओं की मंडली में मगन होगा। अगस्त्य कोहली अपने आपमें मस्त होगा। और ? तुम्हारा किचनवाला वो पुरबिया किशोर परिचारक (नाम भूल गया न ?)

प्रेम-दिविक रमेश आदि मित्र ? और तुम लोगों की उस मासिक पत्रिका का स्वास्थ्य कैसा चल रहा है ?

अभी और क्या लिखूँ ?

—ना.
तुम्हारा

❋

द्वारा जनसंसार
19-बी, चौरंगी
कलकत्ता-13
4.4.78

प्रिय भाई,

पत्र मिला। तसल्ली हुई। दिल्ली के तूफान की प्रलय लीला में जो कुछ हुआ वह सारा कुछ अकल्पनीय था...

उषाकिरण चौधरीवाली पांडुलिपि आकर ले लूँगा। मैं भी उसे सूचित कर रहा हूँ। स्वयं ही संपादकों और प्रका. से संपर्क स्थापित करेगी।

मई के प्रथम सप्ताह तक दिल्ली आऊँगा। बीच में शायद 10 रोज पटना। सुदर्शन चोपड़ा को 'पारो' पहुँचा देना। या फिर श्रीकृष्ण के हाथों भिजवा देना...फिर

विस्तारपूर्वक पत्र लिखना चाहता हूँ। लिखूँगा ही।

—ना.

⁂

कलकत्ता-13
29.4.78

प्रियवर नरेन्द्र,

तुम कब दिल्ली से बाहर जा रहे हो ? किधर ? क्या जमशेदपुर की तरफ आ रहे हो ?

मैं 7 और 10 के मध्य दिल्ली पहुँच रहा हूँ। आप अविलंब सूचित करो कि कब तक दिल्ली छोड़ रहे हो...

तुम्हारे उपन्यास का अंश धर्मयुग में प्रकाशनार्थ विज्ञापित देखा मगर अंक नहीं देख सका हूँ। दरअसल, इन दिनों नेशनल लाइब्रेरी के अंदर बैठक रही...

कल यहाँ 'यशपाल स्मृति-समारोह' मनाया जानेवाला है। प्रकाशवतीजी ने समय दे रक्खा है। आ चुकी होंगी पंजाब मेल से। मैं तो उनसे कल ही मिल सकूँगा।

चि. अगस्त्य, चि. कार्तिकेय और सौ. मधु की यादें अक्सर आती ही रहती हैं। तुम्हारी लिखाई भी तो चलनी थी न ? छुट्टियों में बाहर निकलोगे तो क्या पूरा महीना लगा के लौटोगे ?

प्रेम और दिविक आदि को मेरा सलाम बोलना...श्रीकृष्ण को भी। अभी और क्या लिखूँ ? सुदर्शन चोपड़ा यहाँ मिला था। हम गोष्ठियों में साथ बैठे भी...और काल की विडंबना देखो। चला गया बेचारा...खैर, अपन ही कौन-सा अमृत पी के अवतरित हुए थे।

—नागार्जुन
तुम्हारा

⁂

द्वारा जनसंसार
19-बी, चौरंगी
कलकत्ता-13
27.5.78

नरेन्द्र डियर,

कल 24 वाला तुम्हारा पोस्टकार्ड मिला। हिंदी में पता होने से डाक एक रोज तो

लेट हो ही जाती है यहाँ...

कै रोज पटना हो ? उषाकिरण खान तुमसे मिलेगी, मैंने उसे तुमसे मिलने के लिए लिखा है। वही उषाकिरण, जिसकी टंकित पांडुलिपि तुमने पढ़ी थी...

दो रोज बाद (29.5) तुम्हें बड़ा पत्र लिखूँगा। मगर तुम फौरन ही सूचित करो कि जमशेदपुर कब पहुँच रहे हो ? जम. में कै रोज रहना है ? फिर कलकत्ता कब तक आ रहे हो ? सूचित करो। मैं 30 जून तक यहाँ हूँ। फिर एक सप्ताह पटना, पाँच दिन इलाहाबाद और पंद्रह दिन दिल्ली...

जुलाई के अंत में फिर वापस कलकत्ता...

—ना.

⁂

द्वारा जनसंसार
19-बी, चौरंगी, कलकत्ता-13
13.6.78

नरेन्द्र डियर,

कल तुम 'जनसंसार' वाले हमारे अड्डे पर पहुँचे, मैं नदारद था न पीछे, मालूम हुआ तो तनिक झटका-सा महसूस हुआ। खैर, अब तुम सकुशल दिल्ली पहुँच गए हो न।

तुम्हारी तो अभी छुट्टियाँ पर्याप्त शेष हैं—इतनी जल्दी वापस लौटने की भला कौन सी अनिवार्यता आ पड़ी ?

कल ही काफी हाउस में शाम को मुरलीमनोहर प्र. सिंह और रेखा अवस्थी और उनकी तीन साल की बच्ची (सुरुचि) से आकस्मिक साक्षात्कार हुआ...वे यहाँ एक सप्ताह गुजारकर दार्जिलिंग और गड्.तोक् पहुँचने का इरादा रखते हैं...

पटना से उषाकिरण खान ने सूचित किया है—वो तुम लोगों से मिली थी न ! वह बहुत प्रभावित हुई। उसकी एक 'कहानी' (श्रीपत राय वाली पत्रिका) में अभी पिछले महीने प्रकाशित हुई है...उसमें लिखने की ललक छात्रावस्था से ही रही है...बाकी मजबूरियाँ और झमेले तो पीछे-पीछे चले ही आए हैं... एक प्रख्यात और दबंग (लेकिन सुशिक्षित सांस्कारिक) पुलिस अधिकारी की जीवन-सहचरी एवं सु-गृहिणी होने के नाते बेचारी का लगभग सारा वक्त निकल जाता है।

शीघ्र लिखो और तफसील में लिखो।

मैं 25 के बाद (30 के अंदर ही) यहाँ से निकलूँगा। एक सप्ताह पटना, पाँच रोज इलाहाबाद और फिर दिल्ली और फिर अगस्त के मध्य तक कलकत्ता ही वापस लौटने का निश्चय है...

—ना.
तुम्हारा

और,

मधु-कार्तिकेय-अगस्त्य...सभी का स्वास्थ्य यात्रा की अवधि में ठीक-ठाक रहा होगा, विश्वास है।

—ना.

✻

96, टैगोर पार्क
दिल्ली-9
12.2.79

प्रियवर नरेन,

तुम्हारा पत्र मिल गया था। मैं हापुड़-बिजनौर से 8 की शाम को लौट आया था। पटना जाने की तारीख 25 तक आगे खिसक गई है। हो सकता है, महीने की अंतिम घड़ियाँ यहीं व्यतीत हों...लेकिन, हाँ, मार्च का पहला सप्ताह पटना रहना ही होगा। बड़ोदा-अहमदाबाद प्रोग्राम आगे (23-24 मार्च) के लिए टल गए हैं...जी हाँ, होलीवाला सप्ताह रायपुर (छत्तीसगढ़ अंचल) में व्यतीत हो, ऐसी इच्छा मंद नहीं पड़ी है। फिर उधर से ही नागपुर होते हुए भुसावल की तरफ से गुजरात पहुँचना कठिन नहीं होगा। उधर राजकोट-भावनगर तक के प्रोग्राम लगभग तय हैं। इस प्रकार 15 अप्रैल तक पुनः दिल्ली वापस आने का इरादा है।

सूचनार्थ :

(1) जार्ज बर्नार्ड शॉवाली किताब मिल गई है। एक प्रति तुम्हारे लिए भी रखी हुई है...18 तक वह तुम्हारे हाथों में होगी।
(2) रांग्राजी से इसी बीच मिल लूँगा।
(3) 'जनयुग' का रविवासरीय (11-2) अवश्य देख लो...
(3) माचवेजी के साथ चार घंटे—बल्कि छः घंटे उनके निवास स्थान पर रहने का अवसर पा चुका हूँ...

—नागार्जुन
तुम्हारा

✻

96, टैगोर पार्क
दिल्ली-9
22.2.79

प्रिय भाई,

संभवतः 25 अथवा 26 की शाम को 7 बजे तक तुम्हारी कुटिया में उपस्थित

रहूँगा...ऐसा नोट करके रखा है। यह सूचित करना आवश्यक था।

रांग्राजी को हमने 10 मार्च की शाम का वक्त देना तय किया है। इसकी सूचना उन्हें दे दी है। तुम्हारा पत्र मिला था। 'जनयुग' में तुम्हारी प्रशस्ति का क्या तात्पर्य रहा होगा, यह मिलने पर ही बतला सकूँगा...

—ना.

✻

बड़ौदा
(गुजरात)
28.3.79

प्रियवर नरेन्द्र,

3 की शाम को दिल्ली पहुँच रहा हूँ। वापसी का रिजर्वेशन मिल गया है।

15 मई तक दिल्ली ही रहना है। इस अवधि में मधु के रथ की सीटों का आनंद लेंगे। क्या तुम दोनों ही ड्राइव करना सीख रहे हो ?

'स्वर-श्रुति-संयोग-सुखानुभूति के क्षण' 4 किंवा 5 को हासिल कर सकूँगा, ऐसी आशा है...इधर होली-अंक में सारिका में भी तो तुम्हारा 'प्रोज़-पीस' कुछ आया है न ? अंक है सहज लभ्य, 2 तक अवश्य उसका अवलोकन कर लूँगा।

बड़ौदा 1935 में आया था। इतनी लंबी अवधि बाद पहुँचा हूँ और दस-बारह दिन यहाँ रह लेना अच्छा लग रहा है...इधर से अहमदाबाद-लाईन में 35 मील पर 'वल्लभ विद्यानगर' पड़ता है—आणंद के निकट। वहाँ इन दिनों डॉ. शिवकुमार मिश्र Ph.D. विभागाध्यक्ष हैं हिंदी के—सरदार पटेल वि.वि. में...वो अपने चिर परिचित ठहरे। वस्तुतः उन्हीं ने बड़ौदावालों को मेरा पता दिया था...तभी तो दो महीने पहले ही 'कवि सम्मेलन' के लिए मेरी तरफ से पक्की स्वीकृति इन्हें मिल सकी यानि दिल्लीवाला मेरा पता मिला इन्हें...

इस पत्र का 'जवाब' आप 96, टैगोर पार्क, दिल्ली-6 वाले पते पर ही भेजना—दो लाईन का पोस्टकार्ड...

कार्तिकेय-अगस्त्य-मधु-छोटू सभी को नमस्ते

—ना.
तुम्हारा

✻

96, टैगोर पार्क
दिल्ली-9
18.4.79

प्रिय भाई,

पोस्टकार्ड मिलते रहे होंगे। अब मैं लगभग 10 जून तक इधर ही हूँ। तुम दोनों, बच्चों के साथ, इस बार फिर कहीं—पूरब, पच्छिम, दच्छिन, उत्तर या किधर भी गर्मियों में निकलनेवाले हो ? अवश्य सूचित करना।—लेकिन तुमने बतला तो दिया था कि इस बार कहीं भी नहीं निकलेंगे...काम पूरा कर लेंगे। हाँ, नहीं निकलना। अगले वर्ष की गर्मियों में (80 के ग्रीष्मावकाश में) कसर पूरी कर लोगे...

गुजरात में मुझे यों तो 10 रोज के लिए कलकत्ता पहुँचना था मगर यहाँ अकस्मात् श्रीकांत की माताजी आ धमकीं...श्रीकांत का 'अर्जेंट काल' मिला तो इधर ही लौट आना पड़ा...फिर, बीच में, 4-5 दिनों के लिए सागर (म.प्र.) जाना पड़ा, फिर एक रोज के लिए फतेहपुर (कानपुर-इला. के मध्य) जाना पड़ा...यह (देवीजी) 27 तक इधर रुकेंगी।

—ना.

⁂

131, टैगोर पार्क
दिल्ली-9
15.10.79

कोहली प्रिय,

पत्र मिला। तसल्ली हुई। मैं तो दमा के कब्जे में हूँ इन दिनों...बोलने-बतियाने और चलने-फिरने में बेहद संयम बरतना पड़ रहा है फिर भी मिलना तो है ही।

अगले जून तक दिल्ली से बाहर नहीं निकलूँगा—ढेर-सारे काम निबटा लेने हैं। इस बार कवि सम्मेलन भी कहीं अटेंड करना है। चित्त-विक्षेप हो जाता है...और, इस प्रकार हफ्तों-महीनों की रेड़ मारी जाती है न !

पाँच पुस्तकें वाणी प्रकाशनवालों ने निकाल दीं...मेघदूत, विद्यापति के गीत, गीत गोविंद, एक उपन्यास (पुराना), एक बाल कथाओं का छोटा-सा संकलन। कुल 118/- का सेट है...

आगे चार संकलन (कविताओं के—नए और पुराने) अगले चार-पाँच महीनों में निकलने हैं। (दो 'संभावना'-हापुड़—वाले निकालेंगे), तीन वाणीवाले निकालेंगे।

डॉ. रणजित् साहा PD (दिल्ली-यूनिवर्सिटी-पुस्तकालय विभाग से संबद्ध) आपके यहाँ 18 को पहुँचेंगे, बतला रहे थे। श्री सत्येंद्र शरत् का रचना-पाठ है उस दिन। यह मालूम करके थिरकन-पुलकन महसूस हुई मगर मैं उस गोष्ठी में शामिल कहाँ हो

सकूँगा ! नहीं न !...सत्येन्द्र से मेरे नाम पर माफी अवश्य ले लेना। वो भी अपना प्रिय रचनाकार रहा है...इधर तो खैर वर्षों से उसकी कोई कृति नहीं देख पाया हूँ—अपनी व्यस्तता के चलते...

खैर...और सब ठीक है।

मधु और अगस्त्य 19 तक आ जाएँगे—यह जानकर प्रसन्नता हुई...यह भी मालूम हुआ कि 'युद्ध' अब टाईप हो रहा है—समाप्त हो गया न ? चलो, यह एक बड़ा ही विकट अनुष्ठान तुमने संपन्न कर लिया...

—ना.

तुम्हारा

*

131, टैगोर पार्क
दिल्ली-9
5.11.79

नरेन्द्र,

मिलना नहीं हो पा रहा है—यह क्या कोई साधारण विडम्बना कहलाएगी ? शायद 14 की रात तुम्हारी कुटिया में गुजार लूँ। वैसा नहीं होने पर, जनवरी 10 के बाद ही तुम तक पहुँचना सुविधाजनक रहेगा अपने लिए। 16 को सवेरे विदिशा जा रहे हैं (कालिदास-समारोह...त्रिदिवसीय) का आमंत्रण कबूल कर लिया है...फिर 26-27 को वहीं—नजदीक, साँची में बौद्धों का (श्रीलंकावाले भिक्खुओं द्वारा आयोजित—प्रति वर्ष) द्विदिवसीय समारोह है—वे कई वर्षों से हमें चाहते रहे हैं...

फिर 30 तक, उधर से ही, हमें इलाहाबाद पहुँच लेना है। दिसंबर का पूरा महीना रवींद्र कालिया के नाम पर ! एक 'लघु उपन्यास' पूरा करके उसे देना है न ? एवं प्रकारेण, अंततोगत्वा, दिल्ली वापस आएँगे 5 जनवरी तक। समझा आपने हजूर ?

दो ताजे काव्य संकलन संभावना प्रकाशन (हापुड़) वाले फरवरी तक निकाल रहे हैं—पुरानी कविताओं के चार और बड़े संकलन हम कंपाइल कर रहे हैं, वो भी जुलाई तक निकल आएँगे।

जनवरी के आरंभ से लेकर अप्रैल के अंत तक यहाँ रहकर यही सब तो करेंगे।

खैर, 90 प्रतिशत यह निश्चय ही जानो कि हम 14 की शाम को मिल रहे हैं...

—नागार्जुन

*

131, टैगोर पार्क
दिल्ली-9
10.11.79

प्रिय भाई,

पत्र मिला। अब मैं निश्चित तौर पर 14 की शाम को तुम्हारी कुटिया तक पहुँच रहा हूँ। अब आप 15 को पूर्वाह्ण में (7 से 10 के मध्य) गोष्ठी रख सकते हो—मगर इसमें तुम्हें परेशानी होगी। गोष्ठीवाला प्रोग्राम 30 दिसंबर के बाद रख लेंगे। मैं 30 दिसंबर को इलाहाबाद से अवश्य ही वापस आ जाऊँगा। फिर तो 15 अप्रैल तक यहीं रहना है...

—नागार्जुन
तुम्हारा

⁂

प्रिय नरेन्द्र,

इधर वाचस्पति-शकुन्तला से मिलने चला आया। विस्तारपूर्वक तो कल लिखूँगा। 28 को दिल्ली अवश्य लौटूँगा।

बसों की अनियमितता के कारण, रात 6 बजे यहाँ पहुँचा। और होटलों में जगह नहीं मिली। अभी आठ बजे के बाद जहरीखाल डिग्री कालेज (राजकीय) तक जाकर, वा. और श. तक पहुँच जाऊँगा। और बातें अगले पत्र में...

—ना.
तुम्हारा
लैंस डाउन (गढ़वाल)
19.12.81
रात्रि शेष, 4 बजे हैं

⁂

13.8.82

प्रियवर नरेन्द्र,

(1) पहला काम तो आप यह करो कि हमारा नया पता अलग नोट करके रख लो...दूसरा काम आपको यह करना है कि
(2) अविलंब एक पोस्टकार्ड डालो कि परिवार में सभी स्वस्थ-प्रसन्न हैं और परिचारक भी वही का वही है...

तीसरा काम यह कि अब अर्जुन नागा के प्रसंग में अन्य छोटी-मोटी सूचनाएँ ग्रहण कीजिए–

(क) हम 35 रोज, वहाँ रह के लौटे हैं जिसे हमारे पूर्वजों ने बार-बार 'भू-स्वर्ग' कहा है–जी हाँ, लिखित रूप में भी ! अर्थात् मैं कश्मीर चला गया था ...किंतु अब मैं उसे 'भू-स्वर्ग' नहीं मान सकता। (मिलने पर ही कारण बतला सकूँगा)

(ख) 12 दिन गढ़वाल में था, लैंसडाउन के निकट।

(ग) बीच में एक दिन–7 अगस्त को–चार घंटे ग्रेटर-कैलाश-I में था। यह भी मिलने पर ही बतलाऊँगा...

(घ) 'ऐनक' के बारे में कार्तिकेय कोहली का वो लेख ('पराग' में) बहुत पसंद आया...

(च) कितना बतलाऊँ लिखकर ! शायद, मिल ही लूँ...

मधुरिमा को नमस्कार। महामुनि अगस्त्य के शिशु-रूप की याद दिलानेवाले मेधावी बालक को प्यार...

(3) कार्तिकेय का नाम तो पहले आ ही गया !

अगला पत्र 22 के बाद डालूँगा...

–ना.

तुम्हारा

सी-3/169, यमुना विहार, दिल्ली-53

*

11.9.82

प्रियवर कोहली,

अब जाकर 'मेघदूत' की वो प्रति मिली है जो 'वाणी' वालों ने तुम्हारे निमित्त हमारे हवाले की थी ! मैंने उसे सँभालकर रख लिया है। दस रोज के अंदर ही–स्वयं यह प्रति लेकर आप तक पहुँचनेवाला हूँ–अवश्य !

कल श्रीकृष्ण से मिला। लगभग डेढ़-दो घंटे हम साथ रहे...

–ना.

सी-3/169, यमुना विहार, दिल्ली-53

विजयबहादुर सिंह के नाम

दिनांक 20.3.79

प्रियवर विजय बाबू,

आपका पत्र बहुत पहले मिला था और इस खाली लिफाफे पर आपका पता डालकर रख लिया था कि यह याद दिलाता रहे आपकी...

कल बड़ौदा जा रहा हूँ। 2 अप्रैल तक लौट ही आना है—इधर काफी काम पड़े हैं। लौटने में अपनी ओर से कोई ढिलाई न हो, इसके लिए जी को अभी 'कड़ा' बना लिया...पाँच-सात लंबी रचनाओं पर आप नए सिरे से ध्यान देंगे, यह जानकर अच्छा लगा। उनमें 'हरिजन-गाथा' 'युग-बोध' में गत वर्ष प्रकाशित और यत्र-तत्र बहुचर्चित—अवश्य शामिल रहे। ऐसा मेरा अनुरोध है आपसे। फोल्डर के रूप में दो रचनाएँ अलग से भी उपलब्ध हैं, भिजवाऊँगा।

अभी-अभी 'पश्यंती' के ताजे अंक में एक रचना आई है। उसे आपने देखा ही होगा। वो बिहार-आंदोलन की अवधि में रचित हुई और पुरानी कापियों से उतारकर उसे इधर प्रकाशनार्थ 'पश्यंती' वालों के हवाले किया गया...उस पीरियड की दो-चार रचनाएँ और भी पुरानी कापियों से उतार ली गई हैं...छपने से पूर्व ही इन्हें आप देख सकें, इसकी व्यवस्था मैं करूँगा—गुजरात से लौटने के बाद।

वस्तुतः इन सभी रचनाओं को अब संकलित रूपों में (तीन-चार संकलनों में) इस वर्ष आ जाना है। यहीं—दिल्ली के प्रकाशक इन्हें छापेंगे...इस प्रसंग में अलग से तुम्हें सूचित करूँगा।

गर्मियों में आप कहाँ रहोगे ? क्या दो-एक सप्ताह के लिए (जून में) कलकत्ता जाने का इरादा नहीं है ? मैं तो 15 जून के बाद बीस रोज के लिए कलकत्ता जाऊँगा—आगे या पीछे वहाँ पहुँचना तो होगा ही, क्योंकि बँगला में रचित अपनी कविताओं को प्रकाशनार्थ मित्रों के हवाले करना अब अनिवार्य हो उठा है...

चुनी हुई 40 बँगला 'कविताओं' का प्रथम प्रकाशन 'मूल बँगला लिपि' में ही होना है (हमने उन्हें मूलतः बंगला लिपि में ही तैयार किया था...) अभी और कितना लिखूँ ? तुम्हें और अधिक बोर करूँ ? आपने विगत 20-25 महीनों में क्या-क्या लिखा ? वो सब कहाँ और कैसे प्रकाशित होगा ? आदि 'निभृत-सूचनाएँ' भी तो कभी भेजो न ? और स्वास्थ्य ! वो कैसा रहता है ?

बस, भई, बस...

तुम्हारा
नागार्जुन

131, टैगोर पार्क, दिल्ली-9
दिनांक 5.11.79

प्रियवर विजय बाबू,

पिछला पत्र मिला होगा। मैं 16 के सवेरे छत्तीसगढ़ एक्सप्रेस से (निजामुद्दीन से) रवाना होऊँगा। इन दिनों—पिछले छह महीनों से चि. शोभाकान्त (37) निरंतर मेरे साथ चल रहे हैं। वो भी साथ होगा ही। 15 की संध्या को हमें श्रीराम आर्ट सेंटर (सप्रू हाउस के निकट) महाश्वेता देवी के एक विशिष्ट (बँगला) उपन्यास (1884वें की माँ—हिंदी रूपांतर) पर आधारित नाटक देखना है। यह प्रोग्राम पूर्व-निश्चित ठहरा... देखना ही होगा...देखना ही चाहता हूँ—देख ही लूँगा...और अगली सुबह ट्रेन भी पकड़ना सुनिश्चित है। हाँ, श्रांत-क्लांत रहूँगा। इसी से 16 वाले समारोह में शामिल नहीं हो सकूँगा। यह बात आप ध्यान में रक्खेंगे। दूसरी बात जो आपको ध्यान में जमा लेनी है वो है कि यह मेरा 'दमा का अपना सीजन' ठहरा। जरा-सा अधिक दबाव पड़ते ही दम फूलने का अंदेशा लगा रहता है...आहार आदि भी इन दिनों सु-नियंत्रित चल रहा है। सूखे फुलके, उबली हुई हरी सब्जियाँ आदि। मेरे स्वास्थ्य की ऐसी स्थिति के चलते ही शोभाकान्त साथ रहने लगे हैं...क्या मैं 17 की शाम तक नहीं पहुँच सकता हूँ ? क्यों नहीं ! यों, मैं सावधान रहूँगा कि 16 की शाम तक ही पहुँच लूँ...हाँ, नाटक देखने के कारण उस रात कहीं नींद बिलकुल नहीं आई और फिर अगले दिन विश्राम अनिवार्य हो उठा तब तो 17 की शाम को ही पहुँचना संभव रहेगा...क्योंकि नाटक की थीम लगभग 'नक्सलाइट' है ! यह बँगला का बहुचर्चित उपन्यास है। इसी से इसका मंचन देखना अपने लिए अनिवार्य मानता हूँ।

26-27 साँचीवाले समारोह का तो ढंग ही निराला रहेगा—मैं उस अवसर पर कम-से-कम तीन 'अहोरात्र' साँची रहना चाहूँगा...यह आप 'भन्ते' जी से बतला दीजिएगा। 28 या 29 को हम इलाहाबाद के लिए कटनीवाली ट्रेन लेंगे...दिसंबर का पूरा महीना मुझे इलाहाबाद रहना है। रवीन्द्र कालियावाला प्रोजेक्ट मेरे कारण ही अंशतः अधूरा पड़ा है। लघु उपन्यास पूरा करके कालिया के हवाले करना है। फिर जनवरी के आरंभ में दिल्ली वापस आ जाना है। वहाँ 15 अप्रैल तक रहकर ढेर-सारे काम निबटाने हैं...बतलाऊँगा। अशोक अग्रवाल 20/-20/—कीमतोंवाले दो संकलन निकाल रहे हैं। पिछले 15 वर्षों की कविताएँ हैं इनमें...चार संकलन (पिछली कविताओं के) और भी तैयार हो जाएँगे।...

तुम्हारा
नागार्जुन

पत्र अब आप फौरन डालो—प्रति सप्ताह एक-एक पत्र डाला करो इस अवधि में।

❋

131, टैगोर पार्क, दिल्ली-9
19.12.79

विजय बाबू,

सर्दी-जुकाम ब-दस्तूर जारी है। मौसम भी इसमें स्थायि-भाव की भूमिका पूरी कर रहा है...बोलने में उसी प्रकार का कष्ट है। हाँ, लिखना हल्का-हल्का (छिटफुट) चल सकता है। पत्र लेखन से इस समय मानसिक तौर पर भी सकून ('सुकून') हासिल करता हूँ...

●●

16 की रात में मिश्रजी गुजरात गए। मैंने ही कहलवा दिया था—'जल्दी-जल्दी में इस वक्त चुपचाप लौट ही जाएँ...' साहिबाबाद से मुरली मनोहर प्र. सिंह के साथ उनके क्वार्टर तक आ गए थे। यहाँ से वो जगह दो मिनट के फासले पर है...

●●

फिर लिखूँगा...
अभी जल्दी-जल्दी में कलम घसीट गया हूँ...
उषाजी को आशीर्वाद।
गुड़िया-पप्पी को प्यार...
रघुनाथ सिंहजी एवं उपाध्यायजी आदि मित्रों को नमस्कार।
गोविंद तो गाँव चला गया होगा...

—नागार्जुन
आपका

प्रति :
श्री विजयबहादुर सिंह
48, स्वर्णकार कालोनी। विदिशा

❋

131, टैगोर पार्क, दिल्ली-9
5.1.80

विजय बाबू,

पत्र मिला।

हम 6 को यहाँ से निकल रहे हैं। लगभग डेढ़ महीना इलाहाबाद रहना है। उसके बाद बिहार और बंगाल। बीच में दिल्ली-विदिशा 15 रोज...

दोनों संकलन फरवरी के अंत तक—15 मार्च तक तो जरूर ही निकल आएँगे। तुम्हारीवाली किताब भी तब तक आ ही जाएगी।

हम इलाहाबाद का काम महीना-भर में खत्म करके फरवरी के अंत तक एक-डेढ़ सप्ताह के [लिए] रायपुर जा सकते हैं...

कलकत्ते की याद जोरों से आती रहती है—नाना प्रकार की असुविधाएँ रहने पर भी वहाँ दिल रमा रहता है। लगातार कई महीने वहाँ रहने का जी करता है। शायद मई-जून, जुलाई-अगस्त के वे महीने होंगे। अगला पत्र इलाहाबाद से डालूँगा। सर्दी तो अभी 15-20 तक यों ही पड़ती रहेगी।

आप अपनी पांडुलिपि शीघ्र हापुड़ भेज दो। विलंब होने से उन्हें असुविधा होगी। गुड़िया-पप्पी और बड़ी गुड़िया को सलाम...

भाई रघुनाथसिंह एवं उपाध्यायजी एवं अन्य अनुभा को नमस्कार...

फिलिप्सवाले हरिसिंहजी एवं भट्टाचार्यजी की याद आती है...

अपने स्वास्थ्य के बारे में लिखना।

शोभाकान्त ठीक हैं। नमस्ते लिखवा रहे हैं...

--नागार्जुन
आपका

⁂

131, टैगोर पार्क, दिल्ली-9
7.1.80

प्रियवर विजय बाबू,

अभी दिन के दस बजनेवाले हैं और ट्रांजिस्टर सामने रखकर आपको याद करने बैठे हैं...यह भूमि तो चमत्कार ही चमत्कार दिखलाती आई है। इस बार भी वही होने जा रहा है न ?

हम आज शाम को इलाहाबाद जा रहे हैं। कम-से-कम एक महीना वहाँ रहना है। कालिया के लिए उपन्यास पूरा करके इलाहाबाद से निकलेंगे। अधिक-से-अधिक 15 फरवरी तक इलाहाबाद रहना है...शोभाकान्त साथ रहेंगे। इससे उपन्यास शीघ्र पूरा होगा। होली इस वर्ष 2 मार्च को पड़ेगी। शोभाकान्त होली के दिनों में, एक सप्ताह के लिए तरौनी (दरभंगा) जाएँगे।

संभवतः उतना समय मुझे पटना रहना पड़े। यों, कलकत्ता जाने की इच्छा जोर मार रही है। हो सकता है, शोभाकान्त को दरभंगा रवाना करके, मैं स्वयं कलकत्ता जा बढ़ूँ महीना दो महीना...

एक सप्ताह पूरा होते-न-होते नई सरकार केंद्र में शासन सँभाल लेगी। ज्यादा उम्मीद तो नहीं करनी चाहिए। मगर उत्तर प्रदेश, बिहार, राजस्थान, मध्य प्रदेश के

मतदाता शायद मातेश्वरी का कुछ अधिक 'सम्मान' करें...9 की शाम तक तो पूरा नक्शा सामने ही आ चुका होगा।

अभी और क्या लिखूँ ? कैसे लिखूँ और क्यों लिखूँ ? और क्यों नहीं लिखूँ और क्या नहीं लिखूँ और कैसे नहीं लिखूँ ?

वामपंथ यदि 50 सीटें खींच सका !—यों तो कल तक भाई लोग कहते थे कि 80 सीटें तो आ ही जाएँगी...यानि सी.पी.आई. (बंगाल, त्रिपुरा, बिहार मिलाकर) वालों के प्रभाव में जहाँ के मतदाता हैं वहाँ यदि 50 भी आसन इन्हें मिल जाते हैं एक बात होगी (आँसू पोंछने लायक न)

मगर, अपन तो 'तप रे मधुर मधुर मन !' वाला माहौल कभी पसंद नहीं कर सके न ? यहाँ तो जड़ता का 'अचलायतन' खिसकाने के लिए छद्म वाम के इंद्रजाल को नग्न करने के लिए सामाजिक-राजनीतिक सड़ाँध से छुटकारा दिलाने के लिए लंबी अवधि तक गृह-युद्ध की परिस्थिति पैदा करके आम जनता में प्रबल प्रतिरोध की अकूत शक्ति उभारने के लिए, शोषक-शासक वर्गों को आपस में ही विनष्ट होने देने के लिए नग्न फासिज्म तक की 'अगवानी' करने को उतावले हो उठते हैं कभी-कभी। बहरहाल, अति एकांत के लिए आकुलता जोर मारेगी तो तुम्हारी यानि 'साँची' के परिवेश में रहनेवाले सुहृदय मित्र की याद आ ही जाएगी।

इलाहाबाद भी मुझे अब उतना पसंद नहीं आता है...हाँ, साँची एवम् विदिशा उसकी तुलना में कहीं अधिक पसंद हैं...

आप अभी कार और स्कूटर के चक्कर में न पड़ना...नए ढंग की परेशानियाँ माथे चढ़ जाएँगी। इससे तो यह अच्छा रहेगा कि अपना काटेज जल्दी तैयार करवा लीजिए। विदिशा में कार या जीप या स्कूटर रखना तभी संगत होगा—आपके लिए, जब कि सप्ताह में दो बार भोपाल जाने की अनिवार्यता आ पड़े...और अनुभा के रहते अभी तो आपको इस प्रकार की असुविधा नहीं होगी न ?

इलाहाबाद से लिखूँगा,

—नागार्जुन
आपका

❋

10.1.80
इलाहाबाद-3

विजय बाबू,

हम सोमवार को (8 को) यहाँ आ गए थे। शोभाकान्त साथ रहेंगे।

निर्वाचन के बारे में कुछ कहना बेकार है, बेकार होगा—अपनी सीमित एनर्जी को

बर्बाद न करके यथाशक्ति अपनी समझदारी एवम् अपनी क्षमता का उपयोग चुपचाप करते चले जाएँ...

अब तो यही आशीष हम एक-दूसरे को दें न ?

साहित्य सम्मेलन के अतिथि निवास में एक कोठरी ले ली है। एक महीने के लिए शायद डेढ़-दो महीने भी रहना पसन्द आए। यह सब 'मूड' पर निर्भर करेगा। लिखाई 14 से आरंभ करेंगे। शायद 20 दिन लगें इस उपन्यास में। बीच में तीन रविवार छोड़कर। समझो कि 25 रोज। फरवरी 10 तक न ! प्रस्तुत उपन्यास का नाम है 'अग्नि-पुत्र'...

पत्र आप इस पते से नहीं दूसरे पते से भेजो...

द्वारा : अजित पुष्कल

9/8 कल्याणी

इलाहाबाद-3

अभी और कुछ लिखने को जी नहीं करता। लिखाई के लिए ढेर-सारा सोचने के लिए मन-मिजाज को 'एकाग्र' करना ही मुख्य धंधा है इन दिनों। दैनिक पत्र देखना छोड़ दिया है। हाँ, ट्रांजिस्टर का सहारा जरूर लेता रहूँगा। बिलकुल ही 'लोकोत्तर' या 'अलौकिक' तो नहीं बन सकूँगा न ? आशा है, स्वस्थ हो। गुड़िया, पप्पी, उषा सभी स्वस्थ हैं न ?

भाई वह कंबल तो बड़ा ही अच्छा रहा। एक या दो और लेंगे। आप उसका पता तो भलीभाँति जानते हैं न ? चादरों के खोल में डाल देने से यह बड़ा ही शानदार एवम् आरामदेह हो गया है। मैं ही उसका उपयोग कर रहा हूँ आजकल...उसकी बुनी हुई दो दरियाँ भी लेने का इरादा बन गया है...

हमें दरअसल विदिशा की बड़ी याद आती है—भोपाल की याद नहीं आती है...

उपाध्यायजी, रघुनाथ सिंहजी, अनुभा का परिवार, हरिसिंहजी, और भट्टाचार्य बाबू...सबकी याद आती रहेगी।

नागार्जुन
आपका

❈

इलाहाबाद
12.2.80

विजय बाबू,

आपके कई पत्र इधर भी मिले हैं। नवंबर और दिसंबर में लगभग बीस रोज हमारा-आपका विदिशा में साथ रहा। आपकी राय के अनुसार, अपने से संबंधित कुछ

खास मुद्दों पर मैं प्रकाश डालूँ तो वह प्रस्तुत पुस्तक में जुड़ जाएगा...। बहुत अच्छी बात है।

अपने बारे में मित्रों एवं अमित्रों के मंतव्य सभी को सुनने पड़ते हैं। आपको भी अपने बारे में परस्पर विरोधी मंतव्य सुनाई पड़ते होंगे। अपने बारे में प्रतिकूल, अशोभन झूठे, और हानिकारक मंतव्य सुनकर अविचल रह जाना पाषाणधर्मिता का पर्याय होगा। मुझे खुशी है कि अब तक मैं पाषाण नहीं बन पाया।

अपने बारे में, संक्षेप में ही कहना चाहूँगा। संभवतः चालीस-पचास पंक्तियों से अधिक नहीं लिख पाऊँगा। लिखने को तो अपने बारे में सौ-पचास पृष्ठ कोई भी रचनाकार लिख-लिखा लेगा। लेकिन मैं जानबूझकर संक्षेप का सहारा ले रहा हूँ।

मुझे यह सब व्यर्थ लगने लगा है। किसने, कब, कहाँ, मेरे प्रसंग में क्या कहा ? मेरे पक्ष या विपक्ष में अमुक शोधकर्ता ने अपनी क्या राय जाहिर की है या किस परिचर्चा गोष्ठी में कौन मेरा परिहास कर रहा था ?...मेरे हितैषियों ने समय-समय पर मुझे इस बात की सूचना देने की कोशिश की है। वामपंथी एवं वामगंधी बंधुओं के परामर्श, चेतावनियाँ, शीतोष्ण उपदेश...यह सब मेरे इन कानों तक पहुँचते रहे हैं...परंतु सर्वाधिक परवाह जिस तत्त्व की मैं करता हूँ वह कोई और तत्त्व है। जिस शक्ति से मैं ऊर्जा हासिल करता हूँ, वह कोई और शक्ति है। आपको यह बात शायद बातचीत के सिलसिले में बतला चुका हूँ कि मुझे संघर्षशील जनता का विपन्न बहुलांश ही शक्ति प्रदान करता है। कोटि-कोटि भारतीयों के वे निरीह, पिछड़े हुए, अकिंचन, दुर्बल समुदाय जो चाहने पर भी अपना मतपत्र नहीं डाल पाए, मेरी चेतना उनकी विवशताओं से ऊर्जा हासिल करेगी। निर्वाचन के जटिल, आडंबरपूर्ण और महँगे कर्मकांड ही जब वामपंथी दलों के भी प्रमुख क्रिया-कलापों को परिचालित करते हैं तब शेष साठ प्रतिशत भारतीय जन साधारण 'राजसूय यज्ञ' में शामिल होने का अवसर शायद ही कभी पाए ! यानि, इस प्रक्रिया में, सदैव पंक्ति पावन समुदाय ही पूजावेदी तक पहुँच पाएँगे। साठ प्रतिशतवाले सामान्य जन तो अभी सौ वर्षों तक मुँह बाए अलग-अलग खड़े रहेंगे !

हमारे यहाँ साहित्य की तरह राजनीति में भी 'तप रे मधुर मधुर मन' चलता रहा है, चलता रहेगा। गरीबी की सीमा-रेखा, अशिक्षा की सीमा-रेखा, अस्वास्थ्य की सीमा-रेखा, कुसंस्कार की सीमा-रेखा...सीमा-रेखाओं की सूची हो सकती है, मगर हमारी और आपकी और बंधुवर अमुक की और महाशय तमुक की व्यक्तिगत एवं वर्गगत लाभ-लोभवाली सीमा-रेखाएँ बड़ी ही डायनेमिक हैं। यदि संयोगवश हममें से कोई तीन हजारी-पाँच हजारी मासिक वेतनवाला निकल आए तो उसके स्वार्थ की सीमा-रेखा क्या जादुई रफ्तार में और आगे नहीं बढ़ती रहेगी ?

जब कभी मैं ग्रामांचलों के किनारे-किनारे बसी हुई दलित बस्तियों के अंदर अथवा महानगरों के पिछवाड़े गंदे नालों के इर्द-गिर्द बसी हुई झुग्गियों की दुनिया में जाता हूँ तो सुविधा-प्राप्त वर्गों द्वारा परिचालित राजनीति के प्रति मेरा रोम-रोम नफरत में

सुलभ उठता है।

ऐसा नहीं कि मैं सुविधाप्राप्त वर्गों के प्रति सारा दिन-सारी रात, बारहों महीने, साल-दर-साल निरंतर नफरत में ही सुलगता रहता हूँ। सनातन काल से हमारी इस भूमि को प्रकृति का विशेष वरदान प्राप्त है। सनातन काल से सुविधाप्राप्त एवं उच्चवर्गों के भी सहृदय और ईमानदार व्यक्तियों ने जन-साधारण के दुःख-सुख को निश्छल तौर पर अपनी प्रतिभा का आलंबन बनाया है। वाल्मीकि, कालिदास, तुलसीदास, रवीन्द्र, प्रेमचन्द उन्हीं में से रहे हैं। भाषा का विकास, साहित्य का विकास, ललित कलाओं के आविर्भाव और अग्रगति, समग्र मानवता को आगे बढ़ानेवाले शिल्प दस्तकारियाँ, खेती-बाड़ी और बागवानी के चमत्कार...ढेर सारी स्थापत्य सृष्टि, रासायनिक उपलब्धियाँ, खनिज धातुओं के उपयोग, परस्पर की सुरक्षा और दुष्टदलन के लिए अमोघ अस्त्र-शस्त्र...अर्थात् मानव जीवन को बेहतर बनाने के हजार-हजार तरीके हमारे उन्हीं पूर्वजों की देन हैं जिन्होंने दुर्दांत प्रकृति को समय-समय पर नाँधा था और जो न तो कामचोर थे और न जनसामान्य के सौभाग्य को हड़पनेवाले। निःसंदेह महाजनी सभ्यता के गलित कुष्ठ से हमारे इन पूर्वजों के दिल और दिमाग दूषित नहीं हुए थे। वराह मिहिर और आर्यभट्ट, चरक और सुश्रुत कौन थे, हमारे ही पूर्वज तो थे। अपने इन पूर्व पुरुषों के प्रति मेरा मस्तक हमेशा झुका है।

विजय बाबू, आपको हँसी तो नहीं आएगी यदि मैं यह बतलाऊँ कि अपने खेतों में अधिकतम आलू उपजानेवाले उस किसान के प्रति भी मैं अपना यह मस्तक उसी प्रकार झुका दिया करता हूँ ? अपनी बगिया में सर्वोत्तम आम पैदा करनेवाले उस किसान के प्रति भी मैं अपनी आंतरिक श्रद्धा निवेदन करता हूँ...

तिकड़म से या झूठ मूठ के वायदे करके या जातिवाद-क्षेत्रवाद आदि के लुभावने नारे उछाल-उछाल कर जैसे-तैसे वोट बटोरनेवाले विजयी सांसद के प्रति मेरे अंदर यदि अश्रद्धा छलकती दिखाई पड़े तो क्या आप मुझे पागल करार देंगे ?

मैं शत-प्रतिशत आशावादी हूँ। मुझे भावी-भारत में अंधकार नहीं दिखता...संप्रति यह 'तीसरी आजादी' हासिल की गई है, निर्वाचन यज्ञ में चरम चमत्कार उभरकर आया है, इसके बाद इसी प्रकार चरम चमत्कारों के अभी और कई दौर आनेवाले हैं...चौथी आजादी, पाँचवीं आजादी, छठी आजादी, सातवीं आजादी...मैं स्पष्ट देख रहा हूँ, आगामी पच्चीस वर्षों के अंदर बहुत से चमत्कार अपने देश में होनेवाले हैं...उनमें से वामावर्त चमत्कारों की भी पूर्ण संभावना मुझको भासित हो रही है...हमारी जनता ही एक से एक चमत्कारों की जननी होगी।

—नागार्जुन

918, कल्याणी
इलाहाबाद-3
13.2.80

प्रियवर विजय बाबू,

अभी मध्याह्न की डाक से आपके नाम का लिफाफा छोड़ा गया है। मिला होगा।

मगर, पीछे याद आया, एक बात रह गई...

आपने फोटो के बारे में पूछा है। हाँ, मात्र कवर पर ही चित्र या रेखाचित्र (विनय दूबे वाला) जाएगा। अंदर फोटो-सोटो नहीं जाएगा...

अब आगे शायद होली के बाद विस्तृत पत्र लिख सकूँगा। सरकारें तोड़ने-जोड़ने के खिलवाड़ जोर पकड़नेवाले हैं...महाचमत्कारों की इस भूमि में और भी कई महाचमत्कार होंगे अगले वर्षों में...नारायणपुर—पारस सीधा कांड जैसे ढेर-सारे कुकांड होंगे। जनपदों का चंबलीकरण होगा। पाकिस्तान में वियतनाम का रिहर्सल होगा...हमारे पूर्वोत्तर अंचल कभी भी सुलग सकते हैं, अंदर-ही-अंदर वो दहक ही रहे हैं...बड़ी ही विस्फोटक स्थितियाँ सामने नाचती नजर आ रही हैं...शब्द-शिल्प के प्रयोगों में मन को बाँध नहीं पा रहा हूँ...आसाम जाने का जी करता है विजय बाबू !

—नागार्जुन

❋

131, टैगोर पार्क, दिल्ली-9
17.4.80

विजय बाबू,

पोस्टकार्ड मिला। इधर 24-25 तक निकल ही जाना है। दो दिन इलाहाबाद रहेंगे। फिर 26 तक पटना पहुँचना है। इलाहाबादवाले निवास में शोभाकान्त को स्थापित होना है।

2 मई का हमारा भागलपुर का प्रोग्राम है। प्रेमचन्द शताब्दीवाला प्रोग्राम। लगता नहीं है, मई-जून में नागपुर पहुँचना संभव होगा। वाणी प्रकाशनवालों का आग्रह है कि मई के अंत तक दो पांडुलिपियाँ उन्हें अवश्य मिलें। शोभाकान्त के साथ मिलकर बैठना होगा तभी यह काम होगा।

●●

अशोक अग्रवाल 21-22 को मिलने आएँगे। हमें भरोसा नहीं है कि जुलाई में भी वो इन दो पुस्तकों को निकाल पाएँगे।

●●

फिर से जानना चाहता हूँ—ग्रीष्मावकाश आप कहाँ-कहाँ कितने-दिन रहोगे ?

गुड़िया की परीक्षा कैसी रही ? पप्पी मस्त होगी। उषाजी को आशीर्वाद। तुम्हारा अपना क्या हाल है ?

ना.

आपका

*

पटना-1

28.4.80

विजय बाबू,

23 को दिल्ली से लौटा तो आपका पत्र यहाँ भी मिला। शोभाकान्त यहीं हैं। गाँव से 17 को आए। द्वितीय पुत्र पैदा हुआ तो महज तीन रोज बाद ही धराधाम से उठ गया...खेद तो मुझे भी बहुत हुआ था मगर कर ही क्या सकते थे ! रेखा (हमारी बड़ी बहू) तो खैर माँ ही थी न ? इसी से शोभाकान्त तरौनी एक सप्ताह से ज्यादा—बल्कि 16 रोज रह गए...

मैं 13 को दिल्ली के लिए रवाना हुआ था। इन दिनों राणाप्रतापसिंह नाम का एक युवक (शोभाकान्त का घनिष्ठ मित्र) यात्रा में साथ रहता है। कल कानपुर जा रहा हूँ तो वह भी साथ चलेगा। लगभग 5-5 तक लौटेंगे। वही प्रेमचन्द यज्ञ चल रहा है न इन दिनों, सुधी जन टहल बूल रहे हैं...

अच्छा, बाबूजी, अब यह तो बतला दो कि ग्रीष्मावकाश के क्या प्रोग्राम हैं। निर्वाचनवाली धमा-चौकड़ी कहाँ देखोगे ? मैं तो बिहार ही रहूँगा...हाँ, ठीक पहली जून को कलकत्ता पहुँचने का इरादा है। हाँ, 15-20 रोज से ज्यादा तो क्या रह सकूँगा!...आप यदि जून के किसी सप्ताह में कलकत्ता पहुँच सको तो सूचित कर देना। पता तो अपना मई तक यही रहेगा। शोभाकान्त 15 मई तक इधर हैं फिर इलाहाबाद जाएँगे। वहाँ रहने की जगह ठीक हो चुकी है। शोभाकान्त अपने बच्चों को जुलाई 15 के बाद इलाहाबाद बुलवा लेंगे।

अगला पत्र कानपुर से लिखूँगा 2-5 को। अशोक अग्रवाल बड़े की फिसड्डी निकले। मैं तो संक्षिप्तीकरण के पक्ष में नहीं हूँ, भले कीमत 40/- रखनी पड़े...

गुड़िया की परीक्षा कैसी रही ? पप्पी...उषा...

—नागार्जुन

तुम्हारा

*

C/o आर्य पुस्तक भवन
180, Central Avenue, Cal-7
21.5.80

प्रियवर विजय बाबू,

कल 'अपर इंडिया' से बनारस जा रहा हूँ। 24 की रात को वहाँ 'विराट कवि-सम्मेलन' होने जा रहा है। मैं दो महीने पहले ही स्वीकृति भेज चुका था। 25-26 (दो रोज) काशी रहकर 26 की शाम को उसी ट्रेन से (अपर इंडिया से) पटना आ जाएँगे। मतदान का तमाशा पटना ही रहकर देखेंगे।

राणा निर्वाचन गाँधी माहौल में साँस लेने को उतावला हो उठा तो उसे 16 को पटना रवाना कर दिया। और, अब, इस बार साथ ले जा रहा हूँ चिनू को। चिन्मय कांति घोष को। यह 16वर्षीय तरुण बाँग्ला भाषा में कविताएँ रचता है। छपती भी हैं। दसवीं का इम्तहान दिया है। अभी-अभी। चिनू के माता-पिता ने उसे मेरे साथ घूम-धाम आने की छुट्टी दे दी है—15 रोज का अवकाश। काशीपुर की कालोनी में ये लोग रहते हैं। पिछले रविवार को चिनू मुझे काशीपुर—अपने क्वार्टर में ले गया था। उस कालोनी में एवं निकटवर्ती बड़ा नगर में 15-20 तरुण एवं युवक कवियों-कथाकारों का रहना है। जरा-सी देर में 7-8 तरुण रचनाधर्मी जुट गए। वहाँ, उनके बीच, लगभग तीन घंटा था मैं। चिनू ने मुझे कालेज स्ट्रीटवाले काफी-हाउस में पहले ही दिन घेर लिया था। इनका एक ग्रुप है—'ढेउ' (तरंग), इसी नाम से पत्रिका निकालते हैं—'ढेउ' का 16वाँ अंक वैशाख में अभी-अभी, कवि पक्ष के आरंभ में निकला है। चिनू दैनिक 'युगांतर' में भी युवकों-तरुणोंवाले कालम में लिखता है—उसने कहा, 'आमि पाकिट खर्चा टि 'युगांतर थे' के केड़े निये था कि...' अच्छा तो है, गद्य में भी हाथ जमा रहा है...सो, यही चिनू इस बार साथ जा रहा है ! कहो, यह सूचना कैसी लगी ?

—नागार्जुन
तुम्हारा

अरविन्द को, गुड़िया एवं पप्पी को प्यार। उषाजी को भी आशीर्वाद।

—नागार्जुन

*

कलकत्ता-7
22.6.80

विजय बाबू,

कल पूर्वाह्न में तूफान एक्सप्रेस से पटना के लिए प्रस्थान कर रहे हैं। तीन रोज वहाँ रहकर 26 तक दिल्ली पहुँचेंगे। और फिर 11 जुलाई से 31 जुलाई तक बिहार ही

रहना है आकर। और फिर दो-ढाई महीने कलकत्ता आकर जमेंगे। इस बार बँगला-कविताओं का कलेक्शन (चुनी हुई 30 कविताएँ मात्र) निकाल ही देना है। हमने प्रकाशन एवं वितरण की व्यवस्था कर ली है...

●●

आप क्या कलकत्ता होकर विदिशा लौटनेवाले हो ? लगता है ऐसा ही करोगे।

●●

शोभाकान्त अगस्त के आरंभ से बनारस रहना शुरू करेंगे, सपरिवार। इलाहाबाद की तुलना में हमें बनारस रहना ज्यादा सुविधाजनक रहेगा। रही शोभाकान्त के निर्वाह की बात। रॉयल्टी की रकम से प्रतिमास 500.00 (पाँच सौ रुपए) उन्हें नियमित मिला करेंगे। अपना कुछ और काम (किताबों की सप्लाई आदि) ले लेंगे। इस प्रकार शोभाकान्त का काम चलता रहेगा।

मैं भी इस प्रकार, प्रतिवर्ष दो-चार महीने 'काशी-निवास' का 'पुण्य' अर्जित कर ले सकूँगा...

शेष दिल्ली से लिखूँगा। आप दिल्ली के पते से ही पत्र डालो।

—ना.

आपका

चि. अरविंद स्वस्थ प्रसन्न है। हम अक्सर मिलते रहते हैं...

—ना.

❊

28.12.1981

विजय बाबू,

आज ही लैंस डाउन (गढ़वाल) से लौटे हैं। अब तक कितबिया संभावना से मिल चुकी होगी ? प्रोडक्शन शानदार रहा है। पुस्तक का अंतरंग तो अनूठा है ही ? मैं 8 या 9 जन. की शाम को विदिशा अवश्य पहुँच रहा हूँ। फिर इटारसी एवं होशंगाबाद वाले बंधुओं को समय मिलेगा ही ? विस्तृत पत्र दो रोज बाद डालूँगा।

नागार्जुन

131, टैगोर पार्क

दिल्ली-9

❊

4.12.82

प्रियवर विजय बाबू,

संस्कृतवाला कवि सम्मेलन (30-11) निबटकर अब जी में आया कि आपको विस्तारपूर्वक लिखूँ...

डॉ. रा. त्रिपाठी ने बतलाया–"विजय को आप पत्र क्यों नहीं लिखते ? उस पर रंज है क्या ?" शायद तुमने उन्हें पत्र में यह बात लिखी होगी...भाई मैं रंज क्योंकर रहूँगा और सो भी किस पर ! विजय बाबू पर। अकल्पनीय होगी यह बात खुद मेरे लिए भी। क्या आपने यह सोचा क्या ? 18 की शाम को उज्जैन पहुँचा। लगभग दस रोज पहले से ही 'कालिदास' की अगवानी में शामिल हुआ मैं ! गत वर्ष ठीक इसी अवसर पर दमा की गिरफ्त में आ गया था–इस वर्ष भी अंदेशा था...गत वर्ष ही कमलेशजी को वचन दिया था। लेकिन वो वचन खाली गया...इस वर्ष हर हालत में कालिदास को अपनी संस्कृत रचनाएँ अर्पित करनी ही थीं...चाहने पर जगदलपुर नहीं जा सका। आरक्षण बेकार गए...इसीलिए अपनी इस काया को यहाँ डेढ़ सप्ताह पहले ही खींच लाया। वो सदर्न थी। विदिशा से 17 की सुबह निकल आई। भोपाल में प्लेटफार्म पर तीन घंटे आपका अनुस्मरण करता रहा। बारह बजे दिन में उज्जैनवाली गाड़ी खुली...

शमशेर यहाँ थे नहीं। मेरठ गए हुए थे। लौटे हैं 23 को। मैं डॉ. पवन कुमार मिश्र के साथ 26.11 तक रहा...30 को संस्कृत में काव्य-पाठ का दौर चला। पाँच घंटे चलता रहा। अध्यक्षता की थी नागार्जुन महोदय ने। चार रोज पहले ही इसके लिए कहा गया था। गत वर्ष ही चाहते थे। मगर आए नहीं नागार्जुन महोदय !

हमने दस-पंद्रह ताजा रचनाएँ सुनाईं कश्मीर में रचित और हालवाली भी। अंत में 'भारत भवनं मयादृष्ट्वा' सुनाई तो सभी स्तंभित रह गए ! इस रचना से श्रोताओं को थिरकन-पुलकन-ऊर्जा आदि बहुत कुछ मिला। यह जोरदार सटायर तो थी ही जिसका अंदाजा पारंपरिक संस्कृत कविता में वर्तमान समय में किसी को शायद ही हो...डॉ. रेवा प्रसाद द्विवेदी, डॉ. प्रभु दयाल अग्निहोत्री, डॉ. रमाकांत पाठक आदि पचासों प्रथितयशा विद्वान, सहृदय श्रोताओं में थे। इस प्रकार हमें स्वयं भी परितृप्ति मिली और इन सहृदय श्रोताओं को भी। कवियों की संख्या लगभग साठ थी। पाँच घंटे पूरे नहीं पड़े। मुझे लगी थी भूख और थक भी तो गया था।

पिछले कई महीनों से, मानसिक तौर पर, मैं उज्जैन रह रहा था। डॉ. त्रिपाठी (राममूर्तिजी) के विभाग में 'बीस-दिवसीय' नाट्य शिविर (नाट्य-प्राध्यापन-प्रशिक्षण-शिविर) चल रहा है। वो 8-12 तक चलेगा...प्रतिदिन दो सत्र चलते हैं उनके...'कालिदास' वाले श्रोता-समुदाय में इस बार वे नहीं थे, पहली तारीख को (1.12 को) शिवकुमारजी मिले, वो अमृतसर से लौट रहे थे। नाट्य प्राध्यापनवाले शिविर में उनका भाषण निश्चित था किन्तु हुआ नहीं। उस दिन कोई अवकाश पड़ गया था।

इस अवधि में पत्र नहीं लिखे मैंने। कदम-कदम पर मुझे शंका होती थी, कोई विघ्न आ पड़ेगा। इस बार भी उज्जैन नहीं पहुँच सकूँगा। खैर 30 के बाद अब जी हल्का हुआ है और आपको याद कर रहा हूँ...

'जनवादी लेखक संघ' में भैरव प्र. गुप्त जैसे दो-चार वयस्क बुजुर्ग ऐसा कुछ कर रहे हैं जिससे मैं अत्यधिक चौकन्ना हो गया हूँ। मिलने पर ही बतला सकूँगा...और सब ठीक है। अगला पत्र 8 के बाद लिखूँगा। गुड़िया, पप्पी अलग रहने लगी हैं, यह जानकर अच्छा नहीं लगा। मगर इसमें आपका तो कोई कसूर नहीं !

नागार्जुन तुम्हारा
द्वारा : शमशेरबहादुर सिंह
प्रेमचन्द पीठ
विक्रम वि.वि. उज्जैन

✻

विजय बाबू,

आपका पत्र उज्जैन में मिल गया था। मैं फौरन तुम्हें लिख नहीं पाया इसलिए कि वहाँ बेहद व्यस्तता रही—जी हाँ, शमशेर के क्वार्टर में मुझे इस बार खल गया। वहाँ सब कुछ था सिर्फ़ 'अनवरत एकांत' का ही अत्यंत प्रभाव था। कहने को शमशेर अकेले रहते हैं, मगर।

खैर मध्य जनवरी में विदिशा पहुँचना असंभव तो न होगा किन्तु आपके वे प्रयोजन (व्याख्यान आदि) मैं पूरे नहीं कर पाऊँगा...यों ही कुछ बोल देना ठीक नहीं। होगा। कम-से-कम एक सप्ताह का अनुशीलन अपेक्षित रहेगा—और फिलहाल उतना समय मुझे मिलेगा ही नहीं।

आप मैनेजर पांडेय को क्यों न बुला लें ? वो बहुत अच्छा बोलेंगे, बहुत अच्छा...विदिशा की साहित्य रसिक जनता पूर्णतः परितृप्त होगी...

दूसरा नाम कर्णसिंह चौहान का और तीसरा नाम तो मैं आनंद प्रकाश का सजेस्ट करूँगा...और फिर डॉ. केदारनाथ सिंह (जे.एन.यू.) भी तो विदिशा पहुँचकर प्रसन्न होंगे...

क्या जरूरी है कि बूढ़ों को ही बाँधा जाए ? कमलेश दत्त त्रिपाठी निराला पर बहुत अच्छा रहेंगे। जरा सोचिए तो...हाँ, विदिशा पहुँचकर आपके साथ दो दिन रहना तो मुझे बेहद भाएगा...यह भी क्या लिखकर बतलाने की बात है।

मैं दरअसल में, केरल जाने की उतावली में हूँ—20 और 30 जनवरी के मध्य कभी भी विदिशा से गुजर सकता हूँ। हाँ सच ! बिल्कुल सच...आप, पत्र पाते ही, हमारे उस पते पर (दिल्लीवाले नए पते पर) मेरे नाम पत्र ड्राप कीजिए ताकि 3-1 तक वो पत्र यमुना विहारवाले पते पर जरूर मिल जाए ! मैं अगला पत्र अब तो दिल्ली पहुँचकर ही

डाल सकूँगा। अवश्य डालूँगा। यहाँ से आपको भाई वेदव्यास का तार मिला होगा। मिला था न ? मेरी आंतरिक इच्छा थी कि आप जयपुर पहुँचकर सम्मेलन का (प्र.ले.सं.) माहौल सूँघ जाते ! अच्छा ही रहता...

जबलपुर का सम्मेलन ज्यादा अच्छा रहा था—इसकी तुलना में हाँ...मिलने पर बातें करेंगे...सुविधा और नेतृत्व से लाभ उठाने की नीयत रखनेवाले 'चंदअदीब' आपको नजर नहीं आए अब तक क्या ? हमें तो ये यहाँ भी नजर आए, जबलपुर में भी दिखे थे।

खैर, अभी और नहीं लिखूँगा।

नागार्जुन—तुम्हारा

लखनऊ-1

द्वारा : हिन्दी संस्थान

महात्मा गाँधी मार्ग

❉

C/o श्री वाचस्पति

जहरीखाल, जि.-गढ़वाल, यू.पी.

17.8.83

प्रियवर विजय बाबू,

'नया विकल्प' अब कब तक निकलेगा या 84 में ही वो प्रगट होगा ? क्या पता, निकल ही आया हो !

एक अंक आप धूमिल पर निकालते तो कितना अच्छा काम होता वो ! खैर, मैं अल्मोड़ा जा रहा हूँ। बाद को लखनऊ...ल. में 15 रोज रहने का इरादा है...अगला पत्र अल्मोड़ा से...

—नागार्जुन

आपका

❉

जहरीखाल

19.8.83

प्रियवर विजय बाबू,

हम कल अल्मोड़ा जा रहे हैं। वहाँ रहेंगे 13.9 तक। उसके बाद 16.9 से 30.9 तक लखनऊ रहने का इरादा है। दिल्ली पहुँचेंगे 12.10 तक। नवंबर 5 से, लगातार 20 दिनों तक पटना रहेंगे। यह जानकर प्रसन्नता हुई कि राधाकृष्णवाली

पांडुलिपि पूरी हुई...

अक्तूबर 15 से नवंबर 3 तक मौका हाथ लगेगा, आपकी पांडुलिपि सुन सकूँगा...गुड़िया-पप्पी को प्यार, उषाजी को आशीर्वाद...

—ना.

आपका

❋

अगला पता :
C/o डॉ. शिवमंगलसिंह सुमन
हिंदी संस्थान, लखनऊ
30.8.83 (अल्मोड़ा)

विजय बाबू,

धूमिल पर केंद्रित एक घनी 'चर्चा गोष्ठी' आप फैजाबाद में रखवाएँ—यह बहुत अच्छा होगा। हम लगभग एक सप्ताह का वक्त दे सकेंगे...यहाँ मार्च में एक 'बहुत समारोह' की बात तय पा गई है...

मेरी मनसा है कि गोरखपुर-बलिया-ग्वालियर-विदिशा जैसी जगहों पर धूमिल-केंद्रित लघु समारोह हों...शेष दूसरे पत्र में।

—नागार्जुन

❋

14.12.84

विजय बाबू,

18 को कलकत्ता पहुँच रहा हूँ। यहाँ से सीधे कलकत्ता ही पहुँचेंगे इस बार...

17 को 'हिमगिरि' या 'पंजाब' लेंगे। 'हिमगिरि' सप्ताह में तीन बार ही जाती है। सुपर फास्ट ट्रेन है। और पंजाब मेल से तो आप भलीभाँति परिचति हो ! हाँ, जीऽऽऽऽ ...फिर क्या हुआ ?

लो, और करें अमेरिका (न्यू वर्ल्ड) की तारीफ सुधी-जनवाले !! जहरीले केमिकल्स का 'रिसाव'...भोपाल की 'सौभाग्य-लक्ष्मी' को तो फिलहाल लकवा मार ही गया ! यहाँ तो आपके और हमारे बहुतेरे 'नियर-डियर' रहे हैं, क्या हुआ बेचारों का ?

भगदड़ क्या अरेरा कालोनी से न हो रही होगी ! हाय, शिवाजी नगर से भी लोग-बाग भागने लगे क्या ?

बी.बी.सी. ने कल बतलाया—"लोग कम-से-कम अपने बाल-बच्चों को भोपाल में

नहीं रखना चाहते।" फिलहाल...अब आपका पत्र मुझे कहाँ मिलेगा ? कलकत्ता में मिलेगा। आप अविलंब पत्र डालो। अरविंद से ले लूँगा। बुद्धदेव से ले लूँगा। कहाँ है ? शलभ—हाँ, हाँ, वही। उसे कलकत्ता भेजो...क्या 'सारा सुख' कटनी में ही लूट लेगा साला !

द्वारा : श्री गीतेश शर्मा। जनसंसार। चौरंगी रोड, 19-बी/कलकत्ता-87...ठहरने की जगह यही रहेगी। अविलंब पत्र डालिए।

नागार्जुन आपका

❋

5.12.84

विजय बाबू,

यह तो अनहोनी मुसीबत भोपाल परिसर में घटित हुई। आज बी.बी.सी. ने सुबहवाले अपने प्रोग्राम में मरनेवालों की तादाद 500 से ऊपर बतलाई, संत्रस्त—बेहोश आदि 5000 (पाँच हजार) से ऊपर...

कामचोर-लापरवाह ऑफिसर, सिफारिश के बलबूते पर जब टेक्निकल-क्षेत्र में योग्यतम की भूमिका में अपने को स्थापित करने-करवाने में महारत हासिल किए हुए हैं तब ऐसे-ऐसे खंड प्रलयवाले महा-संकट अभी और भी हमें झेलने होंगे...भोपाल के मित्रों का कुशल समाचार अविलंब सूचित कीजिए...

आप अगला पत्र हमें फौरन भेजो—अपनी दुकानवाले पते पर। मैं 10 दिसं. को इधर से निकलूँगा, हावड़ा के लिए। सबेरे साढ़े आठ पर कालका मेल यहाँ से छूटती है। ठीक 24 घंटों में हावड़ा पहुँचाती है। कल आरक्षण लिया जाएगा। अगला पत्र 10 के बाद ही डालूँगा। कलकत्ता पहुँचकर।

नागार्जुन आपका

❋

दिल्ली-94
15.2.90

विजय बाबू,

अब हमारा विदिशा पहुँचना फिलहाल अनिश्चित हो गया प्रतीत होता है... बड़ा पत्र लिखना चाहता हूँ। अगले दो-तीन दिनों के अंदर किसी निर्णय पर अवश्य पहुँचूँगा...

बड़े अस्पताल ('तीरथराम शाह') में पाँच दाँत दाहिने मसूड़े से निकाले गए...अब दर्द खत्म हुआ...

—ना.
आपका

⁂

B-131, सादतपुर
पो.-गोकुलपुरी
दिल्ली-94
6.8.91

प्रिय विजय बाबू,

पत्र मिला। पैरों में तो सूजन आ गया था—आयुर्वेदिक उपचार से कम हुआ है, चिंता की बात नहीं...हम शलभ को यही दुआ देते हैं कि वह 'जनाधार' वालों से समय पर अपनी रकम प्राप्त करते चलें...शेष दूसरे पत्र में...

—ना.
आपका

●

श्री वाचस्पति के नाम

73, नवंबर का पहला दिन
बै.या. नागार्जुन
C/o डॉ. आशाराम
संबलपुर यूनिवर्सिटी
संबलपुर, उड़ीसा

प्रियवर वाचस्,

यहाँ विश्वविद्यालय के उड़िया विभाग में आज प्रवचन एवं काव्यपाठ के लिए आमंत्रित था। एक सुखद आश्चर्य यह रहा कि शंकरलाल पुरोहित ने तुम्हारा नाम लेकर परिचय को गाढ़ा बनाने का सात्विक प्रयास किया...पुरोहित अगस्त में बनारस गए थे और तुमसे इनकी घनिष्ठता हुई और इस प्रकार नागार्जुन के बारे में आंशिक सूचनाएँ प्राप्त कर सके...बोले, ''आपका नाम सुनकर ही बलांगीर नहीं गया प्रातःकाल। सोचा,

यह सुयोग फिर नहीं मिलेगा। मिल ही लूँ...।"

फिर लगभग दो घंटे सामने रहे पुरोहित। प्रवचन सुना, रचनाएँ सुनीं...तुम्हारे अस्तित्व का अ-रूप अहसास कराते रहे पुरोहित। और फिर, "अगली बार आप रायपुर-टाटानगर-संबलपुर आएँ तो बलांगीर भी पहुँचना होगा आपको..."

यानि तब से लेकर अब तक, अर्थात् दस बजे रात तक, वाचस् तुमने जाने कितने चक्कर लगाए हैं हमारे अंदर ! लगा कि, चलो, इकतर्फा 'संलाप' लिपिबद्ध कर ही डालूँ ! यों, तय कर लिया था कि दिल्ली पहुँचकर ही तुम्हारे नाम का यह खाली लिफाफा भरा जाएगा–विस्तारपूर्वक ढेर-सारी बातें लिखने का अपना वायदा टालता आ रहा हूँ न ?

कल सवेरे साढ़े नौ बजे, यहाँ, युनिवर्सिटी-कैंपस के अंदर, रिक्शावाला पहुँचा गया था। डॉ. आशाराम (इलाहाबादवाले) अपने पुराने मित्र हैं। पिछले चार वर्षों से राजनीति-विज्ञान वाले डिपार्टमेंट के अध्यक्ष हैं आप...उन्हीं से मिलने आ गया हूँ। इतने बड़े काटेजनुमा क्वार्टर में अपने उड़िया परिचारक के साथ आशारामजी एकाकी रह रहे हैं। श्रीमती आशाराम (कमला गुप्त) लेडी श्रीराम कालेज (दिल्ली) में हिंदी साहित्य का अध्यापन करती हैं और बच्चे भी उन्हीं की निगरानी में हैं। हाँ, लड़का पिछले तीन वर्षों से प्रिन्स्टन (अमेरिका) विश्वविद्यालय का छात्र है।

'49-'50 में हम कुछ एक महीने इलाहाबाद में साथ रहे थे। अपने क्वार्टर में एक अलग रूम आशारामजी ने मुझे दे रक्खा था...इस प्रकार तुम समझ लो कि हम पुराने और घनिष्ठ 'बन्धु' ठहरे...अभी तीन महीने पहले, भिंड-प्रवास के समय, एकाएक पता चला कि आशारामजी संबलपुर हैं। रायपुर पहुँचते ही पत्र द्वारा हमने संपर्क स्थापित कर लिया...

संबलपुर-टाउन से 15 किलोमीटर दूर, हीराकुंड–पनबिजली प्रोजेक्टवाले विशिष्ट पहाड़ी अंचलों की गोद में उभर आया है यह विश्वविद्या.-महापीठ का छोटे-बड़े-मँझले कुटीरों-भवनोंवाला सुदूर प्रसारी प्रांगण–युनिवर्सिटी कैंपस। इर्द-गिर्द के प्राकृतिक परिवेश बड़े ही सुहावने लगते हैं। सौ मीलोंवाला महाविशाल 'जलनिधि'–'हीराकुंड-डैम' बीसवीं सदी के इस उत्तरार्द्ध में इंजीनियरिंग का अपूर्व चमत्कार माना गया है...कल या परसों स्कूटर के पीछे बैठाकर मुझे एक तरुण अध्यापक 'हीराकुंड' दिखला लाएगा...आह मैं कैसा भागमंत प्राणी हूँ–अभिनव तीर्थों का यात्री !

अच्छा, अभी और क्या लिखूँ ?

नहीं, अभी और कुछ नहीं लिखूँगा !

5 को संबलपुर छोड़ने का इरादा है। अब, और कहीं नहीं रुकना है बीच में...यहाँ से झाड़सुगुड़ा-विलासपुर-कटनी-बीना-झाँसी-आगरावाले रेलमार्ग से 7 तक अवश्य ही दिल्ली पहुँच रहा हूँ।

अरे हाँ, काशी के सिलसिले में एक बात आई थी दिमाग में...यानि, बनारस आकर महीना-दो महीने वहाँ रहने के संदर्भ में...क्या जनवरी-फरवरी या फरवरी के दिनों में, यानि इलेक्शन की 'गहमागहमी' के दिनों में 'अ-नाटक' देखने की नीयत से ही

'काशी-निवास' करना मजेदार न रहेगा ?

काशी को केन्द्र बनाकर बीच-बीच में बलिया-गोरखपुर-आजमगढ़-जौनपुर-इलाहाबाद-मिर्जापुर के 'फ्लाइंग विज़िट्' कर-करके काशी वापस आ जाना और फिर तुम्हारी-अवधेश प्रधान की—अतिबल-सुधेंदु-राममोहन-बुद्धिनाथ आदि की संगत करना...कैसा रहेगा ? कुल तीस रोज न ? चुनाव की तारीख तो घोषित होने हो...फिर तय करेंगे अपना प्रोग्राम ! नहीं ?

तुम्हारा अगला पत्र मुझे दिल्ली में मिलेगा न ?

पता सूचित कर चुका हूँ...120, रवीन्द्रनगर, नई दिल्ली-3

धूमिल और कंचन कुमार तक मेरा सलाम पहुँचा दोगे न ?

'सर्वनाम' का नंबर 11 मुझे कलकत्ता के एक बुक स्टाल पर मिल गया था, शायद सूचित कर चुका हूँ...इस अंक में सुकांत भट्टाचार्य के बारे में ताजा मैटर मिला तो बेहद खुशी हुई। खास करके अमल माँझी के निबन्ध का रूपांतर मुहैया करके कंचन ने बहुत बड़ा काम किया है...

अपने स्वास्थ्य की उपेक्षा न करना !

—नागार्जुन
तुम्हारा

✻

200, टैगोर पार्क, दिल्ली-9
14.11.73

वाचस्,

अंतर्देशीय मिला होगा।

बड़े-बड़े पत्र लिखना दिनानुदिन कम करते जाओ।

व्यवस्थित और अनुशासित लेखन की तरफ अपने को मोड़ लो।

लु-शुन की तरह छोटे-छोटे, प्रखर-पैने निबन्ध हमारे लेखन का चरम लक्ष्य होना चाहिए। वे हथियार और औजार का काम करेंगे।

व्यक्तिगत पत्र भी सूत्र या वार्तिक शैली में लिखा करो...

प्रधान लौट आए ?

निर्वाचन के दिनों में 20 रोज उत्तर प्रदेश और 10 रोज उड़ीसा रहना चाहूँगा।

स्वस्थ हो न ?

नागार्जुन

✻

शास्त्री भवन, महेन्द्रू, पटना-6
20.4.74

प्रियवर वाचस्पति,

पत्र मिला। इधर डाक की भी तो गड़बड़ी चल रही है। इसी से पत्र नहीं डाल रहा था।

17 को हम छः जने (फणीश्वरनाथ रेणु, दामोदर अंबष्ठ, मधुकरसिंह, रवीन्द्र राजहंस, जुगनू शारदेय और नागार्जुन) प्रतीक-अनशन पर थे। अंबष्ठ मूर्ति निर्माता और चित्रकार हैं। जुगनू शारदेय पत्रकार हैं। रवीन्द्र राजहंस यहाँ कामर्स कालेज में अंग्रेजी पढ़ाते हैं। आपकी कविताएँ विदग्ध-समाज में पसंद की जाती हैं। मधुकरसिंह (कथाकार) से परिचित हो ही। आम जनता शांतिपूर्ण विरोध प्रकट कर रही है—प्रतीक अनशन, मौन जुलूस, धरना, रात्रि की नीरवता में घड़ियाल-थाल आदि बजाना...यह प्रक्रिया छोटे-छोटे कस्बों तक में पहुँच रही है। 5-10 वर्ष के बालक-बालिकाजन एवं अंतःपुरी का वर्ग भी इस कर्मकांड में भाग ले रहे हैं। शिक्षकों का समर्थन तो रहा ही है, अब वकीलों-एडवोकेटों की भी सक्रिय सहानुभूति छात्रों को मिलने लगी है। निचली श्रेणियों के सरकारी कर्मचारी, छोटे व्यापारी आदि भी अपनी हमदर्दी जाहिर कर रहे हैं।

जनसंघ और संसोपा और संगठन कांग्रेस और सोपा और मार्क्सिस्ट—कम्युनिस्ट दलों के प्रभाव में जो भी छात्र वर्ग-युवा वर्ग हैं, 'छात्र संघर्ष समिति' में उनका प्रतिनिधित्व है। सर्वोदयवालों के 'तरुण शांति सैनिक' (गाँधी के चुने हुए सत्याग्रहियों की तरह) फिलहाल 'छात्र संघर्ष समिति' को अपने अनुशासन में चला रहे हैं। आंदोलन की पूरी 'निगरानी' जयप्रकाश नारायण कर रहे प्रतीत होते हैं। 'अंधाधुंध दमन' वाला प्रभुवर्ग इसीलिए अपने सुगंधित आश्वासन प्रचारित कर रहा है। वह अभी महीनों तक शांति का यह अभिनय देखता रह सकता है। दूसरी ओर सैकड़ों छात्र और नौजवान रोज-रोज गिरफ्तार किए जा रहे हैं। दो-ढाई हजार तरुण जेलों में 'यातना शिविर' के तजरबे ले रहे हैं। विधायक और सांसद (जी, हाँ प्रतिपक्षवाले भी) भत्ता ग्रहणपूर्वक सब कुछ देख रहे हैं...सब कुछ सुन रहे हैं।

ऐसे में छद्म वाम देवी-देवता के प्रति अपना व्यामोह छिपा नहीं रहा है। यह अच्छा है। मैं किस प्रकार के तरुणों की अगवानी में अपना आशीष व्यक्त करना चाहूँगा, क्या बताऊँ !

शेष, दूसरे पत्र में।

—नागार्जुन

शास्त्री भवन, पटना-6
21.4.75

प्रियवर वाचस्पति,

एक पत्र परसों काशीपुरवाले पते पर डाला है। वह तुम्हें बाद को, लौटने पर मिलेगा।

काशीपुर रहना तुम्हें अखरता रहेगा। हमारे पूर्वजों को भी इसी तरह स्वजनों—मित्रों—साधना केंद्रों से हटकर सुदूर कहीं रहना पड़ता था। इस बात के सबूत हमारे पुराने साहित्य में यत्र-तत्र मिलते हैं। इस विडंबना को प्रसन्नतापूर्वक झेलने की आंतरिकता अपने आपमें विकसित करनी होगी।

मैं दमा के कारण इधर शिथिल पड़ा हूँ। आज फिर भी जमशेदपुर जाना है। शायद 29 तक लौट आऊँगा—दो-एक दिन आगे-पीछे।

मरे हुए पशुओं की खालों-हड्डियों के व्यापारी बड़ी मुस्तैदी से अपने धन्धे का आधुनिकीकरण कर रहे हैं। वर्ष-भर अभी धूमिल ही उनका 'उपजीव्य' रहेगा। फिर कोई और निकल आएगा जो अकाल मृत्यु को प्राप्त होगा।

लाखों की द्रव्यराशियाँ एक-दूसरे के नाम पर उछालनेवाले फिल्मी विधाता आज तक शंकर शैलेन्द्र की रचनाओं का संकलन नहीं निकलवा सके हैं। दिवंगत नेताओं का भी यही हाल देख रहे हैं, यदि वे करोड़ों की संपदा और अनुगामियों की कतार अपने पीछे नहीं छोड़ गए हैं।

अभी और क्या लिखूँ ! लिखने को ढेर-सी बातें हैं लेकिन अभी नहीं लिख सकूँगा।

आशा है, तुम स्वस्थ हो। प्रधान और शुक्लजी भी स्वस्थ होंगे। उषा भी ठीक होगी।

मैं मई के दूसरे सप्ताह में महाराष्ट्र जानेवाला हूँ। शायद उधर से ही गुजरात का भी चक्कर लगाता आऊँ...5-5 को इधर से निकलने का इरादा है।

तुमसे जाने कब तक मुलाकात होगी !

—नागार्जुन
तुम्हारा

*

शास्त्री भवन, महेन्द्रू, पटना-6
17.5.76

प्रियवर वाचस्,

14 का पत्र मिला। मैं गत महीने में 26 को कारामुक्त हुआ। ठीक ग्यारह महीने

बाद। दमा के मारे बेहद अस्वस्थ रहा। अब ठीक हो रहा हूँ। और क्या लिखूँ अभी ? शायद देहात जाना हो। काशी पहुँचने का जी करता है। तुम्हारा स्वास्थ्य ठीक रहता है न ? पत्रों का सिलसिला बंद हो जाने से मैं तो अब नाम तक भूलने लग गया परिचितों के ! खैर, उम्र का असर भी तो पड़ना ही चाहिए। अवधेश, शुक्लाजी, अतिबल आदि से मेरा सलाम बोल देना...

—नागार्जुन

❋

देवघर (बिहार)
4.8.79

वाचस् डियर,

8 को यहाँ से कलकत्ता के लिए ट्रेन लेनी है। उसी रोज शाम 6 बजे तूफान एक्सप्रेस मुझे वहाँ (हावड़ा) तक पहुँचा देगी।

लगभग एक महीने का इरादा है कलकत्ता रहने का।

कालियावाला प्रोजेक्ट मेरे कारण ही अधूरा पड़ा है। उपन्यास वाली अपनी पांडुलिपि मुकम्मिल करके कालिया के हवाले कर दूँगा, तब दिल्ली की ओर रुख करूँगा।

तुम्हारा वो कार्ड पटना में मिला जिसमें था कि 'नवजात शिशु 95 दिनों का हो गया है'...वह तो 95 वर्षों का होने पर भी ताजा ही रहेगा। यह बालक अवश्य ही दीर्घजीवी एवं प्रज्ञाकर पुरुष होगा। लगता है कि वह एक वैज्ञानिक होगा। बाहरी देशों के चक्कर लगते रहेंगे इसके। अपनी प्रयोगशाला होगी। भावी युगों के अंतरिक्ष यात्री इसकी खोजों से लाभान्वित होंगे।

कुछ और नाम सूझ गए हैं...विमलशील, प्रज्ञाकीर्ति, रुचिपति, पद्मानंद, नवारुण, अभिनव, विघ्नेश्वर, रत्नधर, रत्नेश्वर, रत्नेश, विधुशेखर, नवेंदु, शुभेन्दु, मतीन्द्र, मणीन्द्र, शीलभद्र, सुमेध, नीहारेन्दु, व्योमेश...

इस प्रकार और भी बीसियों नाम सूझेंगे। लेकिन पहला चुनाव तो शकुन को और तुमको करना है न ?

वहाँ का पता—कलकत्ते का पता—होगा वही अक्षयवाला पता। यानि 145, महात्मा गाँधी मार्ग, कल. 7 न ! (खादी भवन, 145, महात्मा गाँधी मार्ग, कलकत्ता-7) शकुन्तला को अगला पत्र कलकत्ते से लिखूँगा। दस तारीख के बाद लिखूँगा...

—नागार्जुन
तुम्हारा

❋

उज्जैन (म.प्र.)
10.12.80

वाचस् डियर,

अब आप अवश्य ही जहरीखाल वापस आ गए हो—यानि इत्मीनान से यह लिफाफा खुद अपने ही हाथों से खोलोगे !

हम 22 तक जयपुर पहुँचेंगे। वहाँ का पता—C/o श्री वेदव्यास, 21, कांतिनगर, जयपुर (राज.)...30.12 को दिल्ली पहुँच जाएँगे। इस अवधि में आपके पत्र मिलेंगे—एक नहीं, अनेक !

30.11 को संस्कृत भाषा वाला कवि सम्मलेन था। अध्यक्षता मुझे करनी थी। लगभग 50 कवि थे। हाँ, रचनाएँ पारंपरिक किस्म की ही ज्यादातर थीं।

हमने लगभग दस-बारह ताजा रचनाएँ सुनाईं—अंतिम रचना व्यंग्य का उत्कृष्ट नमूना थी—'भारत भवनं मया दृष्टम्...' आर्या छंद के दस टुकड़े थे इसमें। यह रचना बेहद पसंद आई श्रोताओं को। प्रखरता और निर्भीकता के लिहाज से यह एक अपूर्व रचना है जो मैंने हाल ही में तैयार की...

5.12 को 'कालीदास समारोह' संपन्न हुआ। यह नौ दिनों तक चला। दिन में चर्चा-गोष्ठियाँ और रात को नाटक-नृत्य आदि चलते रहे। यह सारा-कुछ कमलेश दत्त त्रिपाठी की तपस्या का फल था।

इन्हीं दिनों विक्रम विश्वविद्यालय के हिंदी-विभाग ने 'नाट्य-प्राध्यापन-प्रशिक्षण-शिविर' चलाया। इक्कीस दिनों तक चला वो। वो भी अपूर्व रहा। उसमें लगभग 10 रोज आचार्य प्रवर श्री सीताराम चतुर्वेदी ने अपना विलक्षण 'मार्ग दर्शन' दिया...

यह सारा ही कुछ बड़ा ही शानदार रहा...

हमें तो ऐसा लगता है कि 'उज्जैन' में काशी प्रयाग के गुण समन्वित तौर पर मौजूद हैं (अंशतः)...यह भारत के सर्वाधिक प्राचीन नगरों में से अन्यतम तो है ही, आज भी इसकी अपनी कुछ-एक खूबियाँ साफ-साफ नजर आती हैं। अच्छा रहा कि यह भोपाल से जरा दूर है। अच्छा है कि यह इंदौर की गोद में नहीं पड़ा कभी। अहमदाबाद-जयपुर भी यहाँ से दूर हैं, यहाँ...उस रोज एक ऑटो (रिक्शा) वाला बोला—"साहब, इन्दौर में हम पिस गए होते ! इन्दौर में तो बंबइया नखरे हैं साहब !..."

बस, रात के साढ़े दस बजेंगे। शमशेर सो गए हैं। मैं तो 11 वाला न्यूज सुनकर ही बिस्तर पर जाऊँगा—हाँ, दिन में विश्राम किया था।

—नागार्जुन
तुम्हारा

*

विदिशा (मध्य प्रदेश)
22.1.82

।ाचस्,

इधर बेहद व्यस्तता चल रही है। आज शाम, छत्तीसगढ़ एक्सप्रेस से रायपुर के लिए प्रस्थान होगा। वहाँ 24-25-26 को 'समारोह' रहेगा—'महत्त्व : नागार्जुन'...फिर 4 दिन रायपुर अपने मिजाज के अनुसार रह जाऊँगा। हमारे नाना छै भाई थे। उनमें से 4 भाइयों की शादी रायपुर हुई थी। मातृपक्ष के हमारे ढेर-सारे लोग (मामा, मामी, मौसी, मौसा, उनके पुत्र-पुत्रियाँ आदि) हैं रायपुर में...उनसे मिलना आवश्यक होगा।

उसके एक सप्ताह के लिए हैदराबाद-8 फरवरी को विदिशा की वापसी, 12 फरवरी को दिल्ली की वापसी—शेष, सूचित करता रहूँगा।

आप बीच-बीच में इसी प्रकार 'पार्वत्य-पर्यटन' के अपने सहज 'कोर्स' चलाते चलो। कभी-कभी अनिमेष और शकुन् को भी साथ कर लिया करना...

विजयबहादुरजी बद्री-केदार तक अवश्य चलेंगे। तदनुसार अपन प्रोग्राम जमा लेंगे...अशोक माहेश्वरी (तरुण फोटोग्राफर) साथ रहेगा। यह इन दिनों बड़ा ही नाम कर रहा है। इन (दिनों) मैं इसे साथ लेकर घूम रहा हूँ। अशोक रायपुर भी चल रहा है अपने साथ...

अगला पत्र शकुन् को सम्बोधित होगा।

एक अंतर्देशीय सुन्द्रियाल साहब को भी डालनेवाला हूँ।

एक अंतर्दे. 'अलकनन्दा' वाले को भी।

अनिमेष के लिए इधर हमने 'रंग-बोधक' तुकबंदियाँ तैयार की हैं जिन्हें वो आसानी से याद कर लेगा...

एक कटिंग (जबलपुर के 'हितवाद' से) अलग भेज रहा हूँ। 'नामवर सिंह' वाला अंक ('पूर्वग्रह' का) आपके लिए जुटा चुका हूँ। साथ ट्रंक के अंदर डाल रखा है—

ना. तुम्हारा

*

5.7.82, श्रीनगर (काश्मीर)

डियर वाचस्,

18.7 का विमान-यात्रा के लिए जम्मू तक का आरक्षण ले लिया गया है। कुल आधा घंटा लगता है, श्रीनगर-जम्मू का फासला तय करने में ! बस से 10 घंटे। कार से 7 या 8 घंटे...

20 को पठानकोट या हिमगिरि से नजीबाबाद का आरक्षण लेंगे—जम्मू से। हिमगिरि ज्यादा फास्ट है, वो शायद 10 घंटे लेगी नजीबा. पहुँचाने में...शायद वो

नजीबाबाद न रुकती हो...वैसी स्थिति में तो पठानकोट से आरक्षण लेना ठीक रहेगा।

नजीबाबाद से कोटद्वार। कोटद्वार से...अगर सही वक्त पर ट्रेन की सूचना मिले तो आप नजीबाबाद आ जाएँ...वर्ना, अकेले भी जहरीखाल पहुँच ही जाऊँगा।

छोटे को देखने की आतुरता जोर मार रही है दिल के अंदर...उसका 'नामकरण' भी तो होना है...अनिमेष का यों अक्षरांभ अपने आप हो चुका है—परंतु कुछ सूक्तियाँ (संस्कृत-हिंदी-उर्दू) आहिस्ते-आहिस्ते वो जुबानी याद कर लेगा। अच्छा रहेगा।

भारत भारद्वाज (नन्दकिशोर 'नवल' के अनुज) ने इधर काफी अच्छी कविताएँ तैयार की हैं...परसों (शनिवार को) कथाकार हरकृष्ण कौल के घर गोष्ठी थी। शशिशेखर तोशखानी ने अपनी दो रचनाएँ सुनाईं, वे अपूर्व थीं—अद्भुत ! 'धूमिल-गोत्र' के तेवर थे इनमें...क्षमा ने भी दो कविताएँ सुनाईं, भारत ने तीन...और अनेक रचनाकारों ने भी...

अगली गोष्ठी कथाविधा पर आधारित रहेगी। यह 13.7 को होगी...

आज शाम (4.7 की शाम को) भारत मुझे अपने साथ 'बारामूला' ले जा रहे हैं। परसों शाम (6 की शाम को) बारामूला से लौट आना है। पत्रों में अक्सर अगले दिन की तारीख डालने का अभ्यास है। यह पत्र कल (5.7) की सवेरेवाली निकासी में निकलेगी।—जबकि मैं श्रीनगर नहीं, 'बारामूला' में भारत के बच्चों (वर्षा और अशेष) से खेल रहा होऊँगा ! अगला पत्र तीन दिन बाद....

ना.

आपका

❊

दिल्ली-53

9.11.82

वाचस् प्रिय,

रामविलासवाला समारोह बहुत अच्छा रहा। 'एशियाड' के मौके पर अकाली यहाँ प्रदर्शन करेंगे ! मैं 16-17 तक मध्य प्रदेश के लिए निकलूँगा ताकि निर्विघ्न उज्जैन पहुँच जाऊँ। तूफान के कारण पश्चिम रेलवे के रूट विघ्नित हो गए हैं, इसीलिए अब भोपालवाले रूट से जाना होगा—विदिशा या भोपाल नहीं रुकना है, सीधे उज्जैन ही जाना है। वहाँ समारोह 27.11 से 5.12 तक है, मगर मैं पहले से ही उज्जैन रहूँगा तो कमलेश दत्त त्रिपाठी को तसल्ली रहेगी। शोभाकांत आज वापस जा रहे हैं पटना। दिसंबर में अपनी माँ के साथ दिल्ली आ जाएँगे। अपराजिता आएँगी, उन्होंने पत्र लिखा है...

शकुन् को आशीष...बेटू-छोटू को प्यार

ना.

❋

अलमोड़ा
27.8.83

वाचस्,

कल सवेरे होटल से हमें तिवारी अपनी जगह ले आए। यहाँ रामकृष्ण मिशन का ही प्रबंध है। छात्र रहते हैं 38...हमारे लिए भी एक अलग कमरा तय था।

बादल और कोहरा। कोहरा और बादल। कहते हैं : पहाड़ों में चूना (कैल्सियम्) अधिक है। इसी कारण वर्षा होने पर भाफ ही भाफ निकलते रहते हैं। निरंतर कोहरा छाया रहता है। पूर्णचन्द्र तिवारी खुद ही खाना पकाकर हमें खिलाते हैं और स्वयं भी खाते हैं। शिक्षा और संस्कृति के लिहाज से अतिजागरूक है यहाँ का मध्य वर्ग। यह वातावरण (मानसिक) गढ़वाल वाले श्रीनगर-पौड़ी में हमें नहीं मिलता है। अभी सवेरे के आठ बजनेवाले हैं। हम बाहर निकल रहे हैं। दस बजे लौटेंगे।

लंबा पत्र लिखने का अवसर शायद कल मिले। बेटू-छोटू मस्त होंगे। शकुन् को संबोधित करके अति विस्तृत पत्र लिखने का इरादा है...

—ना.

आपका

❋

C-3/169, यमुना विहार,
दिल्ली-53
29.3.85

वाचस् डियर,

कल हम यहाँ पहुँचे। शोभाकान्तजी साथ हैं। इस बार बंगाल में रहते हुए स्वास्थ्य काफी दुर्बल होता गया, अब इस काया को जहरीखाल में ही सहज रूप फिर से हासिल होगा...

शेष विस्तारपूर्वक अगले पत्र में। आपका पत्र सामने है।

'राग-भोपाली' पर अधिक ध्यान देना उचित नहीं...उनका 'दंभ-मर्दन' होगा ही...चि. वसुंधरा (श्रीकान्तजी की पुत्री) 5 अप्रैल को दो महीने की होगी...

—ना.

प्रस्तुति : वाचस्पति, जहरीलाल डिग्री कालेज, लैंस डाउन (गढ़वाल), उ.प्र.

❋

पंडा सराय
लहेरियासराय (दरभंगा)
24.11.96

प्रिय मित्र,

आपका पत्र मिल गया था—डाक्टरों का प्रतिबंध...मार्च के बाद ही बाहर निकलें...हेल्थ फिर चौपट, ठीक होगा...

—ना.

•

श्रीमती शकुन्तला वाचस्पति के नाम

131, टैगोर पार्क,
दिल्ली-9
21.11.81

शकुन् प्रिय,

कल शाम एक पोस्टकार्ड डाल चुका हूँ। अभी जल्दी-जल्दी में ये पंक्तियाँ कागज पर उतार रहा हूँ...

यह सोच-सोचकर चौकन्ना हो उठता हूँ कि वाचस्पति आ ही रहे होंगे...आगरा से वापसी में, तनिक-सा भी समय उन्हें मिला तो, दिल्ली अवश्य हाल्ट करेंगे...मैं आज और कल इसीलिए अपनी गुफा से नहीं निकलूँगा, पान के लिए भी नहीं !

तुम्हारा पत्र पढ़कर आँखें भींग गईं—थोड़ी-थोड़ी देर बाद हमने उसे तीन-चार बार पढ़ा...साढ़े साते बजे, संध्या के बाद, श्रीकान्त ड्यूटी से लौटे तो उन्हें भी पढ़वाया... वो भी विभोर हुए और उत्तर दिशा में मुख करके तुम्हें प्रणाम किया...उसके बाद कपड़े बदलकर लौकी छीलने में दत्तचित्त हो गए...

लु-शुन पर एक कविता लिखनी है—आज कम-से-कम 20 पंक्तियाँ तो उतार ही लेनी हैं कागज पर ताकि 'स्मारिका' में उन पंक्तियों का उपयोग हो। त्रि-दिवसीय समारोह (शताब्दीवाला) 27-28-29 को होना है। उद्‌घाटन इन्हीं 'कर-कमलों' से निश्चित है...सो, दिल-दिमाग तो 'लु-शुन' पर थे कि बीच में आ धमकीं तुम !... फिर ऐसा हुआ कि शाम को ही, जब मैं विश्राम की मुद्रा में लेटकर तुमको लु-शुन के साथ मिलाकर अवचेतन में मगन था, त्रिलोचन जी पधारे—डॉ. पवनकुमार मिश्र Ph-D (विक्रम विश्वविद्यालय) को साथ लेकर...लगभग 40 मिनट हमारी वो 'संगत' भी चली !

दरभंगा से शोभाकान्त 30 तक आएँगे। 5-12 को नामवरजी ने कोई 'समारोह' रखा है, उसमें हमारा रहना अनिवार्य रहेगा। वो मुझसे 'वचन' ले चुके हैं...हाँ, तो 6-12 को मैं इस प्रकार मुक्त रहूँगा कि 7 को नजीबाबाद पहुँचना सहज-संभव होगा फिर अपन 10 जनवरी तक तुम्हारी निगरानी में रहूँगा...इसमें अब और कोई विघ्न न हो, इसकी कोशिश अभी से रहेगी।

इस अवधि में कम-से-कम 7-8 समारोहों के आमंत्रण अस्वीकृत करने पड़े हैं...अक्तूबर से मार्च तक, प्रतिवर्ष, गोष्ठियों-समारोहों की धूम रहती है ? वयोवृद्ध साहित्यकारों का अभाव-सा देख ही रही हो ! कुछ-एक तो ऐसे भी समारोह होते हैं, जहाँ, उपस्थित होना कभी-कभी अनिवार्य प्रतीत होता है स्वयं को भी !

दक्षिण भारत एवं पूर्वोत्तर भारत एवं श्रीलंका की यात्रा के लिए पिछले कई वर्षों से जी ललकता है, देखूँ कब तक ये लालसाएँ पूरी होती हैं !

परन्तु, यह तो निश्चित ही समझो कि जिस प्रकार आचार्य किशोरीदास वाजपेयीजी अपने जीवन का अंतिम चरण कनखल (हरिद्वार) में गुजार गए हैं, उसी प्रकार मैं तुम्हारे स्थान पर अपनी शेष आयु अतिवाहित करूँगा...तुम तीनों जहाँ-जहाँ रहोगे, वही-वही स्थान मेरे लिए 'सर्वोत्तम पुण्य तीर्थ' हुआ करेंगे...शकुन्, तू मुझे आशीष दे कि मैं तेरे ही स्नेहिल आश्रय में अंतिम श्वास लूँ...हाँ !!

—नागार्जुन
तुम्हारा

*

हापुड़ (उ.प्र.)
14.12.81

शकुन्, प्रिय पुत्री !

हम परसों यहाँ आ गए थे। कल आँखों की जाँच पहली बार करवाई—एक 'आई-स्पेशलिस्ट' नौजवान सप्ताह में एक बार हापुड़ आता है। तीन घंटे बैठता है। पहले से ही सूचना थी। नया चश्मा 16 को मिलेगा। निर्दिष्ट औषध (ड्राप्स तरल) हिदायतों के साथ दिए हैं, "आगे सावधानी न रखने पर मोतियाबिंद हो ही जाएगा।" (मिलने पर बतलाऊँगा ही) तो 17 को प्रातः बरेली एक्सप्रेस से मुरादाबाद पहुँच रहा हूँ—साढ़े दस बजे वो मुझे मुरादाबाद पहुँचा देगी। मुरादाबाद से 18 को सवेरे कोटद्वारवाली बस में तिवारीजी बन्दे को बैठा देंगे। कोटद्वार से गुमखालवाली टैक्सी लेंगे (वाचस् ने पिछले पत्र में ऐसा ही डाइरेक्शन दिया है...) अर्थात् 18 को शाम तक हर-हालत में हम-तुम आमने-सामने होंगे। चि. अनिमेष से बातें कर रहे होंगे। वाचस् के साथ तुम्हारे मकान-मालिक महोदय (वकील साहब) से हमारा वो प्रथम मिलन कैसा दिव्य रहेगा, यह

सोच-सोचकर मन अभी से पुलकित हो उठा है...

पिछली बार, काशीपुर से वापसी में वाचस् मुझे तिवारीजी के घर ले गए थे। लगभग चार-पाँच घंटे की संगत थी वो...इस बार थोड़ा अधिक समय जान-बूझकर ही तिवारीजी के परिवार में गुजारने का जी करने लगा है। रात्रि निवास के बाद, सवेरे तिवारीजी मुझे कोटद्वारवाली बस में बैठाल देंगे...

11-12 की शाम को एक 'प्रीतिभोज' में अनिवार्यतः सम्मिलित होना था। उस प्रीतिभोज में डॉ. नामवरसिंह, डॉ. केदारनाथ सिंह और हमारे परम प्रिय त्रिलोचन शास्त्री मिल गए। लैंसडाउन यात्रा की बात मालूम होने पर तीनों 'सिंह' मुझे आतंकित करने लगे—"बाबा, इस विकट मौसम में आप वहाँ 'हिमसमाधि' लेने जा रहे हैं क्या ? लैंसडाउन तो मसूरी से भी अधिक सर्द पहाड़ी स्थानों के रूप में बदनाम है!" मुझे तो जोरों की हँसी छूट रही थी...नामवरजी कुछ अतिरिक्त उत्साह से मेरे लिए 'कल्याण-कामना' करने लगे ! "वाचस्पति और शकुन्तला को यह क्या सूझा...? शोभाकान्त, तुम इन्हें मना नहीं करते ? लगता है, तुम्हारे पिताजी अपनी सनक के समक्ष और किसी की बातों पर ध्यान नहीं देंगे..." शोभाकान्त भी मुस्कुराता रहा। हाँ, त्रिलोचन और केदार गंभीर मुद्रा में 'दही-बड़े' पर झुके रहे !

मुझे बड़ा ही आनन्द आया उस वक्त !

यह पत्र तुझे 16 को मिल जाएगा—या, 17 को...17 को तो अवश्य ही मिलेगा। वाचस् से कहो, रत्ती-भर फिक्र न करें। मैं गुमखालवाली टैक्सी से 'जहरीखाल' (जयहरिखाल) के अड्डे पर सही-सलामत उतर लूँगा...शत-प्रतिशत निश्चित है यह...अभी और क्या लिखूँ—कैसे लिखूँ। दिल तो उछलकर पहले ही तुम्हारे पास पहुँच गया है न !

वाचस् का महाविद्यालय तो अब 'शीतकालीन वार्षिक अवकाश' में 40-45 दिन बंद रहेगा न ? अच्छा है, खूब-खूब-सा वक्त हमें मिलेगा। हम चारों साथ-साथ रहेंगे। "सहजीवन का पारिवारिक सुख' लूटेंगे और—

लेकिन हाँ, मुझे 26 की शाम तक हापुड़ लौट आना होगा। 'जैसे-तैसे एक सप्ताह' ही हम साथ रहेंगे, शकुन् ! ढेर-सारे इंगेजमेंट्स आ पड़े हैं। जाने क्या-क्या करना है, जाने कहाँ-कहाँ जाना है। दिल्ली-विदिशा-भोपाल-इटारसी-धनबाद-रायपुर-हैदराबाद-कोचिन्...घूमघामकर 15 फरवरी तक पटना पहुँचेंगे। वहाँ, सरकारी रकम (अपनी वृत्ति) निकलवाने में दस दिन लगेंगे। आदि-आदि। फिर इलाहाबाद—फिर हापुड़—जयपुर आदि। अंत में 10 अप्रैल को फिर तेरे पास। और तब 10 अगस्त तक, तेरी कुटिया में ही 'गुप्तवास' रहेगा। इस बार तेरी निगरानी में चार पुस्तकें पूर्ण करने का संकल्प ले चुका हूँ...ठीक 15 वर्ष बाद इस प्रकार का 'कठोर संकल्प' मैंने लिया है। हाँ, शकुन्, 10 से 10.8.82 तक...शेष मिलने पर—

—नागार्जुन
तेरा बाबा

⁂

131, टैगोर पार्क, दिल्ली-9
29.12.81

शकुन् डियर,

कल वाला पत्र (पो.का.) वाचस् को मिला होगा। अनिमेष की यादें विह्वल किए दे रही हैं...

यहाँ लगभग 40-50 पत्र, ग्रीटिंग् कार्ड आदि इंतजार कर रहे थे। सबके उत्तर में अभी संक्षिप्त पत्र ही डाल सकूँगा। तुमको लेकिन विस्तारपूर्वक, दो दिन बाद लिखूँगा...

कल रामविलास से मिल आए।

परम प्रसन्न मूड में थे, यह देखकर बड़ी प्रसन्नता हुई। वाचस् को याद कर रहे थे—इतना प्रफुल्ल हमने उन्हें जाने कितने वर्षों बाद देखा। इस प्रफुल्लता का कारण यह है कि उनकी पत्नी स्वस्थ हो रही हैं। अब उन्हें अच्छी नींद आती है...

अनिमेष को अपनी 'अगड़म्-बगड़म्-बम्-बम्-बम्-बम्' वाली भाषा में अलग से पत्र डालूँगा। उसी के नाम। बड़े से चटकीले लिफाफे में...

—ना.
तुम्हारा

⁂

दिल्ली-9
2.1.82

शकुन्,

(क) कल हमने तुम तीनों को याद किया मगर पत्र नहीं लिख सके। 'इंटरव्यू' में मगन थे। लगभग नौ-दश घंटे (तीन बैठकों में) वक्त लगे। मनोहरश्याम जोशी (सा. हिंदुस्तान वाले) पिछले डेढ़ महीने से इंतजार में थे। और एक इंटरव्यू (कृष्णा सोबती-द्वारा) बाकी है, वो 5-6 को होगा।

(ख) आज मैं हापुड़ जा रहा हूँ। लौटूँगा 4 को। कल (रविवार को) एक कवि-गोष्ठी है हापुड़ में। उसमें भाई माहेश्वर तिवारी भी मुरादाबाद से आएँगे। कल तिवारीजी का पत्र मिला है...कल ही वाचस् का पोस्टकार्ड भी मिला। यह पत्र 29.12 का

लिखा हुआ था...

चि. अनिमेष की समझ-सीख को ध्यान में रखकर हम लगभग दस-बारह 'नर्सरी राइम' टाईप की रिद्मिक 'कविताएँ' बनाने के मूड में हैं। रंग-बोधक ध्वन्यात्मक पंक्तियाँ...जैसे :

(ग) लाल-लाल
लाल-लाल
पीला-पीला
हरा-हरा
नीला-नीला
लाल दवाई, लाल दवाई
पीला कपड़ा, पीला कपड़ा

इत्यादि। रंगों की पहचान कराने की प्रक्रिया में ये पंक्तियाँ अनिमेष खेल-खेल में कंठस्थ कर लेगा। इस बार बेटू के निकटतम संपर्क में 7-8 दिन रहने से मैंने स्वयं भी इस उम्र के बच्चों की मानसिकता से साक्षात्कार प्राप्त किया...

हमारी कोशिश अभी से चलने लगी कि अंततः 20 मार्च तक मैं जहरीखाल अवश्य पहुँच जाऊँ।

अभी मैं 10 जनवरी को दिल्ली से निकलनेवाला हूँ। ठीक एक महीना बाद। लगभग 12 फरवरी तक दिल्ली लौट आऊँगा। फिर 20 फरवरी से 10 मार्च तक पटना। फिर दिल्ली। फिर जहरीखाल...

(घ) शेष दूसरे पत्र में...

—ना. 'तुम्हारे बाबा' प्रिय

*

दिल्ली-53
31.3.83

शकुन् प्रिय !

तुम लोग 3 या 4 को पहुँच रहे हो—अपने ठीहे पर ! इसी अंदाज से यह पत्र तुम्हारे नाम डाल रहा हूँ...

4 को सोमवार है। उस दिन ये कालेज करेंगे न ?

चि. अनिमेष और चि. आलिन्द का स्वास्थ्य कैसा है ? उन्हें तो सुमेरगढ़ का वातावरण काफी ताजा कर गया है न ? और तुम अपनी तंदुरुस्ती को खूब ठीक-ठाक

करके लौटी हो न ? लम्बी अवधि के बाद अपने पिताजी और नाते-रिश्ते के स्वजनों के मध्य तुम्हारा रहना हुआ, इससे बड़ी प्रसन्नता महसूस करता रहा मैं तो...

पहाड़ों में इस वर्ष खूब बर्फ पड़ी है—बीच-बीच में अब भी पड़ती जा रही है ! वर्षा और 'हिम-वात्या' (बर्फानी तूफान) के भी समाचार आते रहते हैं...संभवतः यह सब फिर से तुम लोगों की अगवानी करे ! खैर, गत वर्ष तो तुम जहरीखाल ही थीं...मैं लगभग 15 और 18 के मध्य जहरीखाल पहुँच जाऊँगा। पंद्रह रोज से अधिक नहीं रह पाऊँगा। तुम्हारे सामने...3 मई तक, अंततः 5 तक दिल्ली लौट आना होगा...

हमें 12 मई तक—15.5 तक तो जरूर ही दरभंगा पहुँचना होगा। 22-5 को हमारे तीनों नातियों का (उर्मिला के पुत्रों का) 'यज्ञोपवीत-संस्कार' होना है। मिथिला के ब्राह्मणों में शादी से ज्यादा महत्त्व 'जनेऊ' को ही दिया जाता रहा है...अब भले ही 'जनेऊ' धारी बालक चार रोज बाद, यज्ञोपवीत के उन रंगीन सूत्रों पर—अभिमंत्रित 'जनेऊ' पर स्याही क्यों न पोत लें !

'मृच्छकटिक नाटक' में चोर-ब्राह्मण (शर्विलक) अपने जनेऊ से 'सेंध' नापने का काम लेता है—सेंध नापने का सूत वह घर पर ही भूल आया था !

परंतु परंपरा की केंचुल तो इधर और भी चमकीली हो गई—भले ही उसका औचित्य 'बाटा-कंपनी' में चपरासी का काम करनेवाले तरुण विप्रों के लिए मलिन हो गया हो !

बस अभी इतना ही !

हाँ, समिंतिनी राघव की शादी के वक्त (9.5) को मुझे जयपुर में उपस्थित रहना है—लड़का पहले से ही तय था। अशोक शास्त्री। वाचस् को पता है...

—नागार्जुन
तुम्हारे प्यारे बाबा

*

कलकत्ता
1.1.85

शकुन् !

नव वर्ष तुम सभी के लिए शुभ हो...

छोटू-बेटू के लिए और वाचस् के लिए। मेरे लिए और तुम्हारे लिए।

'85 से आगे अब विस्तृत पत्र न लिखने का निर्णय हमने ले लिया है। महीना में एक बार पत्र लिखा करूँगा—अधिक-से-अधिक 20 पंक्तियों का पत्र...तुम्हारी दाहिनी आँख का अब क्या हाल है ? मैं ठीकठाक हूँ...

—ना. तुम्हारा

※

पटना-6 (बिहार)

9.3.85

शकुन् !

लाड़ली बेटी हमारी !

सर्वाधिक प्रिय !

लगता है अब हम तुम्हारे सामने पहुँचने ही वाले हैं, रात-दिन के अंतराल में लगभग दस बार मुझे छोटू आकर झाँक जाता है। बेटू गंभीरतापूर्वक, अपने पाठाऽभ्यास के बीच-बीच में मेरी तरफ चोरी-चोरी तुम सबकी नजरें बचाकर देख लेते हैं...नजरों का लैंस मूव्ही कैमरे की जादुई गतिशीलता के अनुसार छोटा-बड़ा होता जाता है...मन ही मन फिल्मी छाया-छवियाँ देर तक महसूस करता रहता हूँ।

शकुन्, यह सब क्या है ?

क्या है यह सब ? मैं बतलाऊँ ! "जैसे छुटि जहाज कौ पंछी पुनि जहाज पै आवै..." तो, तुम्हीं जहाज हो—वाचस् जहाज हैं—बेटू-छोटे इस जहाज के बड़े-बड़े केबिन हैं...मैं बार-बार उड़ आता हूँ—बार-बार वापस जाता हूँ ! उसी जहाज के मस्तूल पर बार-बार-बार-बार जा बैठता हूँ बार-बार ! और फिर कुछ अवधि के बाद, हर बार, मानवीय गुहार हमें अपने उस आरामगाह से बाहर खींच लाती है...

शोभाकान्त तरौनी गए हैं। लौटेंगे 11 या 12 को। तब हम दोनों दिल्ली के लिए आरक्षण लेंगे। अगली सूचना का इंतजार करो...

फिलहाल, 10 अप्रैल तक दिल्लीवाले काम निबट जाएँगे। जहरीखाल 20 अप्रैल के दर्म्यान जरूर पहुँचना चाहता हूँ...

12-13 को पत्र डालूँगा। क्या तुम लोगों को 'जनसत्ता' नियमित तौर पर मिल जाती है ?

हमारी एक बड़ी कापी फिर गायब हो गई है—कलकत्ता में। उसमें जहरीखालवाली 10 रचनाएँ थीं...

—बाबा

तुम्हारे

•

डॉ. सुरेश शर्मा के नाम

दिल्ली-9
9.3.78

प्रियवर सुरेश,

तुम्हारा पोस्टकार्ड मिला। हाँ, यही पता सही है...

तुम छंदों का अपना पुराना अभ्यास फिर से काम में लाओ।

व्यक्ति यानि मात्र अपने-आपको केंद्र बनाकर रचना यदा-कदा ही निकले।

अधिकांश रचनाएँ 'जनसामान्य' को ही अपनी परिधि में रखें...

डॉ. पांडेय तक मेरी नमस्ते पहुँचाओगे।

तुम्हारी वो किताब मेरे साथ आ गई थी...और आपकी ? यानि श्री सुरेश शर्मा की रचनाएँ कब सुन सकूँगा ?

पंकजसिंह, रमेश दीक्षित; देवीप्रसाद त्रिपाठी, अमरनाथ (तेलुगू भाषी शोधार्थी) और भी कई चेहरे दिमाग के अंदर नाच रहे हैं...

—नागार्जुन
तुम्हारा

※

131, टैगोर पार्क
दिल्ली-9
25.10.79

सुरेश,

23 को सप्रू हाउस के गेट पर लगभग घंटे भर हमारी उपस्थिति रही—मगर बस नहीं आई !

पीछे, किसी ने बतलाया कि कभी-कभी गोमती हॉस्टल के सामने से ही उधर बस को वे (ड्राइवर-कंडक्टर) निकाल ले जाते हैं। रोज के आने-जानेवाले बसवालों की इस लीला से भली-भाँति परिचित हैं—वो गोमती के पीछे जाकर डट जाते हैं; कहते हैं, सब आ गए, ले चलो सीधे ! फिर बसवाले सीधे फीरोजशाह रोड होकर निकाल ले जाते हैं...

गनीमत है शोभाकान्त साथ थे। मैं बोर होने से बच गया उस रोज तो...वापस कनाट प्लेस आकर फवारावाली फटफटिया पकड़ी हमने—वहाँ से मॉडल टाउनवाली

मिनि बस...खैर !

अब तुम्हीं किसी रोज आकर साथ ले चलोगे—तभी चलूँगा। हाँ, बड़ी कोफ्त हुई तबीयत !

कब आ रहे हो ? 1 नवंबर से 13 नवंबर के दर्म्यान आ जाओ। आने से पहले पोस्टकार्ड अवश्य डाल दो...

—नागार्जुन
तुम्हारा

*

दिल्ली-9
12.12.79

प्रिय सुरेश,

लिखने में नहीं—मगर बोलने में बड़ा कष्ट होता है...लगता है, 15-20 रोज यह कष्ट मुझे बाहर नहीं निकलने देगा। मेरी राय है कि आप इस अवधि में गाँव का चक्कर लगा आओ...

शोभाकान्त 30.12 तक दरभंगा जाएँगे। महीना-भर बाद ही लौट सकेंगे।

लेकिन आप गाँव जाने से पहले मिल जरूर लो। 'फुस-फुस' आवाज में तुमसे बातचीत करूँगा धीरे-धीरे !

मैंने राधिका से पता लिया था किन्तु अभी तक दो शब्द भी उसको लिखित तौर पर नहीं भेज सका हूँ...हाँ, अब अवश्य लिखूँगा—जब बातचीत लगभग बंद है तो लिख-लिखकर ही 'विजन-वार्ता' का आनंद उठा रहा हूँ। इसीलिए तो तुम्हें इतना अधिक 'कष्ट' देने पर आमादा हूँ ! यानि इतना बड़ा पत्र शायद तुम्हें कभी नहीं लिख पाया हूँ न ?

चलो यह भी अच्छा रहा...

कुबेर और कमलिनी की यादें बराबर आ रही हैं, शायद उन्हें भी इस तरह का पत्र मिले ! पाँच-सात दिन बाद ही सही...

कब आ रहे हो ?

—नागार्जुन
तुम्हारा

❋

918, कल्याणी
इलाहाबाद-3
14.2.80

सुरेश डियर,

आशा है, स्वस्थ हो—आपरेशन सफल रहा होगा।

अपनी गुफा में आराम कर रहे हो।

होली के दिनों में घर जरूर हो आना। कम-से-कम दस रोज अपनी माँ की निगरानी में रहना। परिवार के और मेंबर भी तो तुम्हें अपने मध्य पाकर प्रसन्न होंगे...

मैं अब मार्च के अंत तक पटना पहुँच सकूँगा। तुम दिल्ली कब लौटोगे ? आप यह जरूर सूचित करना कि कब मुजफ्फरपुर जा रहे हो और कब वापस आ रहे हो।

15 अप्रैल के बाद, मैं 15 रोज के लिए दिल्ली पहुँचूँगा।

स्थायी निवास अब इलाहाबाद ही होगा। अलग मकान मिलते ही शोभाकान्त अपना परिवार यहाँ ले आएँगे।

मुझे कुबेरजी-कमलिनी की याद बार-बार आती है। वह बच्ची तो अब रंग-ध्वनि-नाद-स्पर्श-रस के प्रति अधिक संवेदनशील होती जाएगी न ? अगली बार फिर हम उसके साथ अपने को कैमरे के हवाले कर देंगे। हम जीवन में जितनी बार इस बालिका से मिलेंगे, उतनी बार हमारी सम्मिलित छवि-छाया कैमरा-निबद्ध होगी।

एक पत्र मैंने राधिका के नाम डाला था, पता नहीं, उसे मिला कि नहीं ! तुम मालूम करना।

पंकज बाहर से लौट आए ?

केंद्र की राजनीति में निर्वाचन के फलस्वरूप महाचमत्कार हो गया है, परन्तु यह कोई अंतिम महाचमत्कार है। अगले वर्षों में एक से एक बढ़कर महाचमत्कार होनेवाले हैं...अहिंसक भी और हिंसक भी...देखते चलो !

अभी और क्या लिखूँ ?

—नागार्जुन
तुम्हारा

●

ज्ञानेश हरित के नाम

96, टैगोर पार्क,
दिल्ली-9
1.2.78

प्रियवर ज्ञानेशजी,

आपके पिछले पत्र साथ यहाँ मिले। यह पता लिखा अंतर्देशीय भी साथ था।

साहिबाबाद में अलग से हमारी बातें नहीं हो सकीं इसका मलाल रहा।

मैं 20 तक इधर हूँ। तुम्हें वक्त देना चाहूँगा। ग्यारह या दस फरवरी (रविवार या शनिवार) कैसा रहेगा ? वो मुकदमा फालतू गया। बेकार साबित हुआ। प्रकाशकों से और खट्टा हो गया है दिल। मिलने पर बतलाऊँगा।

आपने फोटो के लिए लिखा है। आ जाओ। रविवार (5 फरवरी को सवेरे—दस बजे से (पूर्वाह्न) पहले या शनिवार 4.2 को रात में आठ बजे के बाद) या फिर 6 या 7 को सवेरे, दस बजे से पहले। और, हाँ, मैं 10 या 11 को बिजनौर के लिए वक्त दूँगा लेकिन आपको मेरे लिए ढाई सौ रुपए (250/) की व्यवस्था करनी होगी। कोई आकर मुझे यहाँ से ले जाएगा और फिर बिजनौर से यहाँ वापस पहुँचाएगा—मेरे हाथ इन दिनों रिक्त हैं। आपने लिखा है कि धनादि की व्यवस्था में कोई दिक्कत नहीं होगी। इसीलिए मैंने यह सब आपको लिखा है...

- पत्रोत्तर शीघ्र दो। या शीघ्र मिलो।
- चार पुत्रों के नाम ! शोभाकान्त, सुकान्त, श्रीकान्त और श्यामाकान्त।
- दोनों पुत्रियों के नाम : उर्मिला और मंजू।
- मेरी माँ का उमा था। पिता का नाम गोकुलानंद मिश्र।

—नागार्जुन
तुम्हारा

⁂

96, टैगोर पार्क,
दिल्ली-9
13.2.79

प्रियवर ज्ञानेशजी,

उस रोज शाम को 5 बजे पहुँच गए थे। टैगोर पार्क आते-आते छ बज रहे थे। कामेश पुल-पार उतर गया था—बंगाली टोला जाने के लिए।

इस बार हमारी यह बिजनौर-यात्रा बड़ी स्फूर्तिप्रद रही। केवल राजी के निमित्त गया था मैं इस बार...मुझे प्रसन्नता है कि राजी के समक्ष अधिकाधिक वक्त गुजार सका...

चुक्की और दमदम से नए सिरे से नजदीकी रिश्ता कायम हुआ—यह भी खूब रहा। विदुर आश्रम देख आए, यह भी खूब रहा—हितेशजी के घर बहुत बढ़िया गोष्ठी जमी, यह भी याद रखने लायक घटना हुई...बाबूराम से वो सामग्री (पत्र आदि) अवश्य मँगवा लीजिए। मेरा विश्वास है कि वही ले गया है। अगर मेरे लिखे पत्रों को इसी प्रकार ऐरे-गैरे के हवाले आप भविष्य में भी करते चलें तो मैं इतनी मेहनत से और इस प्रकार खुलकर विस्तारपूर्वक तुम्हें क्यों पत्र लिखने लगा ! आपने बड़ी भूल कर दी कि वो सारे पत्र उस व्यक्ति के सुपुर्द कर दिया !

और क्या लिखूँ अभी ? फिलहाल 24 तक हूँ ही यहाँ...तत्पश्चात् पटना जाना है। फिर 15 अप्रैल के बाद दिल्ली लौटूँगा...

पटना या जहाँ कहीं जाऊँगा, तुम्हें पत्र मिलते रहेंगे। इस बार श्री बुद्धिप्रकाशजी एवं उनकी सहधर्मिणी श्रीमती मधुलिकाजी से परिचित होने का अवसर मिल गया—इसे अपना तो सौभाग्य ही मानता हूँ मैं। काश, उन दोनों को पद-गायन करते हुए सुन पाऊँ कभी। कभी-न-कभी वो सु-अवसर भी हासिल होगा ही...मैं तो आशावादी जीव ठहरा न ! उन दोनों तक मेरी तरफ से आशीष एवं प्यार निवेदित कर दो ! हाँ, भूलना नहीं...

शिखा-हरिताभ, कामेश, ललित आदि को प्यार।

—नागार्जुन
आपका

❊

96, टैगोर पार्क
दिल्ली-9
16.2.79

प्रियवर ज्ञानेश,

पत्र मिला। हाँ मैं भूल आया हूँ कई वस्तुएँ...और अपना दिल भी तो छोड़ आया हूँ ! दरअसल, तुम भारी दुष्ट हो, पीछे याद आया कि दुष्ट ने अपने ताजे गीत नहीं सुनाए ! खैर, वो भी तो अपना घर ही ठहरा न ! मानपत्र वहीं टाँग दो...जब श्रीकान्त बड़ी जगह में रहने लगेगा तो आप वो मानपत्र उस तक पहुँचा ही दोगे...

बाबूराम 'तालाब की मछलियाँ' एवं पत्र सामग्री नहीं ले गया था, यह जानकर सुखद आश्चर्य ही हुआ !

15 मार्च के बाद सीधे इधर से ही गुजरात जाऊँगा...

—ना.

❊

कैंप : पीलीभीत
मई दिवस, 79

ज्ञानेश प्रिय,

आपका पत्र मिल गया था। समय पर। आज रात यहाँ 'मई दिवस' के सिलसिले में 'कवि सम्मेलन और मुशायरा' है। उसी के लिए विशेष रूप से मुझे यहाँ के प्रबुद्ध नागरिकों ने आमंत्रित किया है।

परसों सवेरे दिल्ली वापस पहुँच रहा हूँ—थोड़ा वक्त मिल गया तो तुम्हारी स्मृतियों में डूबकर तुम्हें याद किए ले रहा हूँ...

यह जानकर बड़ी प्रसन्नता हो रही है कि आप इधर एकांतवास के खोल से बाहर निकल आए हो और कवि-सम्मेलनों में आसपास के स्थानों पर जाने लगे हो। महीने में दो बार भी 'मौका हाथ लगे' तो बे-हिचक, काव्य-पाठ के लिए, जन-समुदाय के सामने अपने को अर्पित करना ही चाहिए...

आपने और राजी ने भी अपने-अपने खत में इस बात का जिक्र किया है कि मैं कवि-सम्मेलनों में, यहाँ कहीं जम सके, आपको आमंत्रित करवाने का ध्यान रखूँ...जी हाँ, मैं अवश्य ही ध्यान रखूँगा। मगर तुम तो हमारा नेचर अच्छी तरह जानते हो न ? तथाकथित संयोजकों एवं सांस्कृतिक दलालों का जो हाल है यहाँ-वहाँ, वो देख ही रहे हो ! मैं स्वयं ही इन 'बृहत् कवि-सम्मेलनों' में अब कम ही जाता हूँ—हाँ, तभी जाता हूँ जबकि महीना-भर पहले, और बार-बार जोर डाले जाने पर, मुझसे पूर्व स्वीकृति ली जा चुकी होती है...मैं नहीं जानता होता हूँ कि फलाँ जगह और कौन-कौन से "कवि एवं गीतकार महोदय" पधार रहे हैं...मैं बिल्कुल ही निर्लिप्त भाव से कवि-सम्मेलनों में शामिल होता हूँ और कम-से-कम 'तीन दिन, तीन रात' वहाँ अवश्य रह जाता हूँ जबकि और-और 'कवि गीतकार' फौरन भाग खड़े होते हैं क्योंकि अगली रात और कहीं उन्हें कवि-सम्मेलन 'अटेंड' करना होता है...

"कवि सम्मेलनी कवियों एवं गीतकारों' की बहुतेरी गुटें तैयार होती रहती हैं। 'संयोजकों' के भी अलग-अलग सेट हैं न ?

हाँ, कोई संयोजक कभी यदि मुझसे पूछेगा कि "बाबाजी, फलाँ जगह हम आपकी पसंद के और किस-किस 'कवि-गीतकार' को इंट्रोड्यूस करवाएँ" तो मैं बे-खटके तुम्हारा भी नाम प्रोपोज करूँगा ही। समझे श्रीमान् हरितजी महाराज ! भोलेराम !

तुम अपनी चतुराई को ही कसौटी पर डालो भई, मुझसे यह मत आशा रखो कि "बाबाजी बीस जगहों पर जाते हैं, जरूर ही इनके कहने पर संयोजक ध्यान देता होगा...उनके कहने पर वो हरितजी को बुलवा ही लेगा...," मैं ऐसा कभी नहीं करूँगा भाई ! हाँ, कोई ठिकाने का सही-विवेक वाला संयोजक कभी मिला तो उसे तुम्हारे बारे में अवश्य कहूँगा...इति कवि-सम्मेलन-प्रसंग !!

मैं 20 तक दिल्ली हूँ। फिर दो महीने के लिए दिल्ली से बाहर रहूँगा। जुलाई के

अंतिम सप्ताह तक दिल्ली लौट आने का इरादा रहेगा। मगर वो अभी निश्चित नहीं है।

आपको अगला पता अगले पत्र में मिलेगा।

इसके साथ एक और खत श्रीकृष्ण साधू (विदुर कुटीवाले) के नाम है, वो उसे हाथों-हाथ दे आओ...

इधर मुझे श्रीकृष्ण के दो अंतर्देशीय मिले हैं। वो बड़ी ही आतुरतापूर्वक मुझे याद कर रहा है...सीधी-सादी अटपटी शैली में टूटी हुई सधुक्कड़ी 'भाखा' में वो मुश्किल से एक भी वाक्य पूरा कर पाता है...दर्जा दो तक पढ़ाई करके, लगता है, आगे उसने पाठशाला के मास्टर को हमेशा के लिए 'नमस्कार' कर लिया था या चुपचाप स्कूल छोड़ बैठा था...खैर ! अब श्रीकृष्ण हारमोनियम बजाना सीखना चाहता है। लगता है, भगत लोगों ने उससे कहा है—"महाराज, बाजा-पेटी का सहारा लेकर गाओगे तो तुम्हारी सब जगहों पर होने लगेगी..." मगर उसने लिखा है, "हारमोनियमवाली बात हमारे गुरु महाराज को मालूम नहीं होना चाहिए..." यानि श्रीकृष्ण चुपचाप सीखना चाहता है हारमोनियम बजाना...मैं श्रीकृष्ण के इस 'प्रशिक्षण' की व्यवस्था करवा सकता हूँ। मगर इसके लिए उसे, कम-से-कम, चार-छै महीने बिजनौर-जनपद से बाहर रहना पड़ेगा—जमकर रहेगा तो दो-ढाई महीने में ही बाजा-पेटी पर उसकी उँगलियाँ गतिशील हो उठेंगी...आप उससे मिलो। उससे मालूम करो कि मुझसे वो किस प्रकार की व्यवस्था करवाना चाहता है...श्रीकृष्ण से आप अकेले में ये बातें करना। वो जैसा कहे, या उसका जो भी मनोभाव लक्षित हो, मुझे अविलंब सूचित करो आप—हाँ, फौरन !

मैं श्रीकृष्ण के लिए सचमुच 'कुछ' करना चाहता हूँ—वो एक बार दिल्ली आया था, मगर मेरा पता मालूम न रहने से, मुझे याद करता हुआ यों ही वापस गया...

अभी और क्या लिखूँ ? कितना लिखूँ !!

श्रीकृष्णवाली पुर्जी उसके हाथों तक पहुँचा दीजिए।

—नागार्जुन
आपका

⁂

131, टैगोर पार्क,
दिल्ली-9
24.10.79

ज्ञानेश,

ठीक-ठाक हो न ? राजी के पैर ठीक हो गए न ? दमदम और चुक्की अपनी-अपनी पढ़ाई-लिखाई एवं खेल-कूद आदि में मस्त होंगे...तुमने इधर कुछ गीत जरूर रचे होंगे...हो नहीं सकता कि तुम्हारा भावुक हृदय गीतों की दो-चार कड़ियाँ न ढाल ले !

और, जनाब आपके प्रशिक्षण-जगत का क्या हाल है। डॉ. रामस्वरूप आर्यजी ने इन दिनों क्या कुछ निबन्ध नहीं तैयार किए ? किए होंगे...चिनगारी एवं बिजनौर टाइम्स ब-दस्तूर अपनी राहों पर बढ़ रहे होंगे। भाई हुक्का कुशल है न ? और वो वकील साहब ? जिनके घर गोष्ठी जमी थी, और वो दूसरे भी, जिनके घर अगली सुबह मुरब्बे खाए थे, (त्यागी जी न ?) मैं तो नाम ही भूल रहा हूँ...और वो 'शेरो शायरी' वाले लालाजी, जिनके घर अपन गए थे...और प्रियवर रामायणी दंपत्ति...सबसे हमारी नमस्ते कहो।

श्रीकृष्ण बिस्नोई (विदुर कुटीवाला नौजवान साधू) यहाँ गाँधी नगर में डेढ़-दो महीने रह गया है। दिल्ली वापस लौटने पर मैंने उसका पत्र यहाँ देखा है। आप पता लगाओ कि वो कहाँ है ? उसके लिए मैंने एक भगत को ठीक किया है—उसे पेटी-बाजा (हार्मोनियम) चाहिए था। सो उसे दिलवा देंगे। आप उससे अकेले में बातें करना, यदि मिले तो फिर मुझे सूचित करो। जरूर...

इधर किताबें (पुरानी) छै निकल आई हैं—मेघदूत, गीत गोविंद, विद्यापति, एक उपन्यास, दो बालोपयोगी कथा संकलन...अब आगे, इस वर्ष 7-8 और निकलेंगी (काव्य संकलन)...

हम अभी तक बाजार लेनवाली उस कुटिया में नहीं झाँक पाए हैं। अब जाऊँगा किसी रोज...

—नागार्जुन
तुम्हारा

⁂

131, टैगोर पार्क
दिल्ली-9
20.8.80

ज्ञानेशजी,

कई महीने बाद आपको संबोधित कर रहा हूँ...वस्तुतः इस अवधि में हम दिल्ली से अक्सर बाहर रहे हैं। आप अपने बारे में लिखिए। राजी कैसी है ? चुक्की व दमदम की पढ़ाई बदस्तूर आगे बढ़ रही होगी। थीसिस के प्रकाशन का क्या हुआ ?

विदुर कुटीवाले फ्लैट में रहने की क्या व्यवस्था हो सकती है, यानि छै महीने के लिए, क्वार्टर-चार्ज कितना लगेगा ? अभी तो बाढ़ का मौसम है। लेकिन अक्तूबर के बाद, अप्रैल तक के लिए, यदि वहाँ व्यवस्था हो तो ठीक रहेगा। यों, गंगा-तट पर उस प्रकार के कुटीर और भी कई स्थानों पर हैं। मगर बिजनौर के निकट वो तटवर्ती आश्रम मुझे अधिक अच्छा लगा था...

नागार्जुन

⁂

दिल्ली-9
22.8.80

प्रियवर ज्ञानेश,

पत्र लिख चुकने पर उसी रोज, आपका भी पत्र मुझे मिला। 18 को हम पटना से इधर आए। अब मार्च तक यहाँ रहना है।

विदुर आश्रमवाले काटेजों में क्या स्थान मिल सकता है ? लगातार चार-छै महीने वहाँ रहकर खंडकाव्य और उपन्यास पूरा करने का इरादा बना रहा हूँ। बाढ़ के कारण बिजनौर का वो रास्ता तो इन दिनों बंद होगा न ? यानि, मुजफ्फरनगर से पुन्तूनू ब्रिज होकर जिस तरह बस सीधे बिजनौर ले जाती है, बरसात के इस मौसम में वो रूट चालू नहीं होगा न ?

श्री शोभाकान्त (हमारे बड़े पुत्र) हापुड़ में सपरिवार जमना चाहते हैं। दिल्ली की अपेक्षा हापुड़ में मकान सस्ता मिलता है। प्रकाशन का अपना काम हापुड़ से ही करेंगे।

सितंबर का पूरा महीना मुझे भी हापुड़ ही रहना है—तीन संकलनों की प्रेस कापियाँ तैयार करनी हैं। कविताएँ जुटा ली गई हैं। दो संकलन इस वर्ष पहले ही निकल चुके हैं—('तुमने कहा था...' और 'खिचड़ी विप्लव देखा हमने') वाणी प्रकाशन और संभावना प्रकाशन ने इन्हें छापा है। अगली पुस्तकें भी वहीं छापेंगे। राजी का स्वास्थ्य कैसा रहता है ? चुक्की और दमदम ? इनकी पढ़ाई तो आगे बढ़ ही आई होगी ?

श्रीकान्त ठीकठाक है। मकान बदल गया है। मुहल्ला तो वही है।

—नागार्जुन
आपका

*

हापुड़
9.9.80

प्रियवर ज्ञानेश,

हम लगभग यहीं रहने लगे हैं। हमारे पड़े पुत्र (श्री शोभाकान्त) ने यहाँ भाड़े पर जगह ले ली है। वो अब यहीं रहेगा और प्रकाशन का अपना धंधा जमाएगा। मैं फिलहाल यहीं हूँ। वक्त निकालकर बिजनौर पहुँचने का इरादा है।

विदुर आश्रमवाले उस फ्लैट में यदि दो-चार महीने रहकर साहित्य साधना करने का अवसर मिले तो अच्छा रहेगा। इसके बारे में मालूम करके आप यदि सूचित करो तो 'एकांत-निवास' के लिए विदुर-आश्रम आ जाऊँगा।

आप शीघ्र पत्र डालो...माहवारी की रेन्ट की शर्त हो तो वो भी लिखें।

राजी का स्वास्थ्य कैसा चल रहा है। दमदम और चुक्की कैसे रहते हैं ? उनकी पढ़ाई ठीक ही चल रही होगी...

—नागार्जुन
आपका

⁂

131, टैगोर पार्क,
दिल्ली-9
14.1.81

प्रिय भाई,

पत्र मिला...प्रकाशकों के क्या बताऊँ। उनकी लीला अपरंपार है।...'धरोहर' के तौर पर ली गई रकम का क्या हस्र होगा, मैं बतला नहीं सकता। एक से एक नाई हज्जाम आपका मुंडन करने के लिए तैयार मिलेंगे...मैं भला क्या बतलाऊँ, अब 25 के बाद ही पत्र डालो...

नागार्जुन
आपका

●

हरिहर प्रसाद के नाम

हापुड़
12.10.82

प्रियवर हरि,

दंगाग्रस्त नगर (मेरठ) देखने के लिए इधर आ गया हूँ। दिल्ली 14 को वापस पहुँचूँगा। शोभाकान्त क्या पुनः तरौनी गए ? उनकी माँ छठ से दो दिन पहले गाँव पहुँचनेवाली है।

विस्तृत पत्र आगे लिखूँगा।

ना. आपका

⁂

कटनी
फर. 1, '84

प्रियवर हरिहरजी,

कल जबलपुर जाकर परसों छिंदवाड़ा जाएँगे। दिल्ली लौटेंगे 12 तक। आप नया अंक अब दिल्ली ही भिजवाओ।

सरिता और श्रीकान्त 17 को रतैठा जाएँगे, 25 तक लौट आएँगे। मुझे शायद फिर से मार्च में मध्य प्रदेश आना पड़े...शायद न आ सकूँगा...20 फरवरी को सुरेश और राधिका की शादी निश्चित है। उस अवसर पर मुझे दिल्ली में उपस्थित रहना है वर्ना अभी मध्य प्रदेश नहीं छोड़ता। लगता है, इधर पटना पहुँचना न हो सकेगा। पंद्रह सितंबर से पहले। 15 अप्रैल के बाद जहरीखाल (गढ़वाल) जाना तय है। तब से, अगस्त के अंत तक हिमालय-अंचल में ही रहेंगे। बीच में एक बार इलाहाबाद और एक बार कानपुर-लखनऊ हो आएँगे।...कुनू का क्या हाल है ? क्या शोभाकान्त अब तक दिल्ली नहीं पहुँचे ? आप अगला पत्र दिल्लीवाले पते पर ही डालो...

आयुष्मती राजश्री को स्नेह। दुलहिन को आशीष...

आगे और लिखूँगा

ना.
आपका

※

यमुना विहार
2.4.84

प्रियवर हरिहरजी,

'प्रस्ताव' मिला। बहुत अच्छा निकला है। मगर प्रूफों की अशुद्धियाँ भी 'ध्यान' आकृष्ट करती हैं ! बिहारी व्याकरण--'ने' की गड़बड़ी कई स्थानों पर बेहद खटकती है...भाई, ऐसा क्यों हुआ ? 15.4 के बाद जहरीखाल पहुँचनेवाला हूँ।

अगला पत्र उधर से

ना.
आपका

※

जहरीखाल,
5.6.84

प्रियवर हरिहरजी,

'प्रस्ताव' का ताजा अंक श्री वाचस्पति के पास देखा...ठीक है, मगर 'पहल' वाला तेवर नहीं पकड़ पा रहा है। 'प्रस्ताव'...यह क्या बात हुई ? आपका वो अंक (नेपाली कहानियोंवाला) जैसा अनूठा रहा—कथ्य एवं ताजगी और फार्म—सभी दृष्टियों से—वैसा ही अपूर्व अंक कब निकालिएगा ? तेलुगू कहानियों पर तैयारियाँ आरंभ कीजिए...खैर, आपकी मित्रमंडली क्या 'प्रस्ताव' का यही ढाँचा पसंद करती जाएगी ? [कथाकार] राणा ने 'कथांतर' का क्या किया ? कुछ कर तो रहे होंगे...चुप तो बैठनेवाले हैं नहीं वो...

—ना. आपका

❋

25.5.85

प्रिय मित्र,

दो दिनों से इधर खूब वर्षा हो रही है। पहले तो धूप बड़ी तीखी लगती थी—दिन में 10 बजे से 4 बजे तक...अब लगता है, बादलों का रूठनेवाला नेचर मद्धिम पड़ा—बीच-बीच में वर्षा होती चलेगी।

31 को शोभाजी और मैनेजर पांडेय पधार रहे हैं। यहाँवाली गोष्ठी—2/6 को होगी।

हम लगभग, जुलाई के दूसरे सप्ताह तक इस पते पर 'सुलभ' होंगे...आपको—दुलहिन को, राजश्री को, कंचन और पूनम को, बबुआ को और चिरं. राजेश को हम अक्सर याद करते हैं...

इस बार रंजित वर्मा की स्मृति हृदय पटल पर उभरती रहती है...राणा 'अतिव्यस्त' व्यक्ति ठहरे (जी हाँ उस आयु में और उन परिस्थितियों में संघर्षरत युवक अतिव्यस्त न होगा तो भला क्या होगा !) आयुष्मती वीणा को अपनी पसंद का जीवन-साथी मिला होगा, हमें विश्वास है।

'प्रस्ताव' का अगला अंक अब आ ही रहा है न ? प्रियवर चतुर्वेदीजी का पत्र मिला था। आयुष्मती रेणुका भी...छुट्टियों में वे दोनों बनारस-गोरखपुर जाएँगे ही...उन दोनों से हमारी आशीष बोल दीजिएगा।...

पटना शायद अक्तूबर, 15 रोज के लिए पहुँचेंगे। 'आनेवाला कल' की छै प्रतियाँ मिल गईं...आपको भी मिलीं न ?

यहाँ वाचस्पति और शकुन्तला और दोनों चिरंजीव (अनिमेष-अलिन्द) स्वस्थ प्रसन्न हैं...

ना.
आपका

❋

जहरीखाल
29.5.85

प्रिय मित्र,

शोभाकान्तजी और डॉ. मैनेजर पांडेय परसों सबेरे यहाँ पहुँच रहे हैं। वे लगभग एक सप्ताह जहरीखाल रहेंगे।

1660 मीटर की ऊँचाई पर स्थित यह एक पर्वतीय ग्रामांचल है। हिल स्टेशन के तौर पर मशहूर नहीं है, परंतु बेहद आकर्षक लगता है मुझे। दो, तीन बार अच्छी वर्षा हो चुकी है। अगले सप्ताहों में बादलों की निरंतर कृपा होगी और तब, आसपास की सारी पहाड़ियाँ हरियाली में डूब जाएँगी।

मैं जुलाई के अंत तक अपना पोस्टल ठिकाना यहीं वाला रहने दूँगा। यों 20 जून के बाद वाचस्पतिजी और हम नैनीताल, रानीखेत, अल्मोड़ा एवं पिथौरागढ़ की दिशा में निकलनेवाले हैं। मैं लगभग मध्य अगस्त में दिल्ली पहुँच जाऊँगा। मध्य सितंबर में बिहार पहुँचने का इरादा है।

परंतु शोभाकांतजी से विचार विनिमय के बाद ही दिल्ली और बिहारवाले प्रोग्राम पक्के होंगे। शोभाकान्त इन दिनों अति व्यस्त हैं। हमने जानबूझकर उन्हें इधर बुला लेने का निश्चय किया। घरेलू मामलों के लिए और प्रेस के अंदर जानेवाली पुस्तकों के बारे में एक समन्वित दिशा तय करने के लिए शोभाकान्त और मेरा बीच-बीच में मिलना नितांत अनिवार्य हो उठता है।

(1) आप शीघ्रातिशीघ्र हमें इतना तो सूचित कर ही दीजिए कि इस बार उत्तर बिहार में, खासकर दरभंगा और मधुबनी अंचलों में आम की फसलों के क्या हाल हैं, क्या आँधी तूफान के थपेड़ों से बचकर, 25 प्रतिशत भी यह फसल सही-सलामत निकलनेवाली है। खैर, कामचलाऊ सूचनाएँ शोभाकान्तजी से हमें मिलने ही वाली हैं, मगर आप भी अवश्य सूचित कीजिए।

(2) लिखावट एक छात्रा की है—M.A. की छात्रा (किरण पांडे) की

ना.

❋

गढ़वाल,
4.6.85

प्रिय मित्र,

शोभाकान्तजी यहाँ हैं। डॉ. मैनेजर पांडेय भी पधारे थे, कल वापस दिल्ली गए हैं।

2 जून को श्री वाचस्पति ने यहाँ एक साहित्यिक गोष्ठी का आयोजन किया।

इसमें डॉ. पांडेय डेढ़ घंटे बोले...शो. 7 को दिल्ली जाएँगे, वापस। मैं 25 तक इधर हूँ। हमें 5 जुलाई तक तरौनी पहुँचना है—पूरा महीना गाँव में रहेंगे, दूसरा महीना मिथिलांचल के अन्यान्य ग्रामों के चक्कर लगेंगे। सितंबर के आरंभ तक पटना पहुँच जाएँगे।

अक्तूबर के शुरू में दिल्ली। शोभाकान्तजी हमें लखनऊ से ले लेंगे। यानि हम नजीबाबाद से लखनऊ पहुँचेंगे। वहाँ दो दिन रहकर गोरखपुर-समस्तीपुर होते हम दरभंगा-सकरी जाएँगे। यानि 5 जुलाई तक, हर हालत में, तरौनी की मिट्टी का स्पर्श हमें मिलेगा...

आप फौरन पत्र डालो...

चि. राजश्री को सलाम। आयुष्मती दुलहिन को आशीष...

चि. राजेश, कंचन, पूनम-बउआ-गनेस...सभी को प्यार...

ना.
आपका

⁂

जहरीखाल,
19.6.85

प्रियवर हरिजी,

हम 22 जून को इधर से निकल रहे हैं—साठ रोज यहाँ रहकर। स्वास्थ्य ठीक-ठाक हो गया है। लगभग दस दिन दिल्ली रहकर तब पटना के लिए 'रथारूढ़' होंगे—एक सप्ताह पटना रहकर दरभंगा (तरौनी) पहुँचेंगे।

चि. राजश्री का पत्र मिला था। वो आमों की तैयार फसलों का आनंद लेने के लिए गाँव पहुँच गई होगी अब तक...

क्या सचमुच आप सितंबर-अक्तूबर के मध्य 'कथा-शिविर' रखने जा रहे हैं ? आप अपना इरादा बतलाइएगा अगले पत्र में। 'प्रस्ताव' शायद छप गया है...

ना.
आपका

⁂

जहरीखाल,
9.6.86

प्रिय मित्र,

शोभाकान्त को एक अच्छा मकान भाड़े पर दरभंगा में मिल गया। मैं 10 जुलाई

के बाद पटना पहुँचूँगा। गतवर्ष 6 जुलाई को पहुँचा था।

परिवार के सभी स्वस्थ होंगे। बच्चे छुट्टी में घर चले गए हैं न ?

ना.

आपका

सदानंद पेठे के नाम

131, टैगोर पार्क
दिल्ली-9
5.11.79

प्रिय भाई पेठेजी,

आपका पत्र मिला। बहुत दिनों के बाद आपकी लिखावट इन निगाहों के सामने आई तो मन-मिजाज को बेहद अच्छा लगा...

मान्यवर प्राचार्य कुलकर्णी महानुभाव को मेरी तरफ से विनम्र अभिवादन पहुँचा ही दीजिए। मैं अवश्य ही मिरज और सांगली पहुँचनेवाला हूँ। इसी वर्ष, संभवतः मार्च के आरंभ में। एक सप्ताह का समय सिर्फ आपके लिए ही निकालूँगा। सीधे मिरज-सांगली क्षेत्र में पहुँच जाऊँगा। बंबई नहीं जाऊँगा। बंबई ही महाराष्ट्र नहीं है न ?

आपके परिवार की निगरानी में एक सप्ताह रह लूँगा तो अपने को जाने कितना परितोष हासिल होगा ! आपके परिवार की नूतन पीढ़ी (बाल-बालिका-शिशु) एवं 'मातृ-जाति' के मध्य रहकर निकट से उनका स्नेह प्राप्त करूँ, ऐसी लालसा इस मार्च में अवश्य पूर्ण होगी अपनी...निश्चय ही पूर्ण होगी। 'जेठ की साँझ' के विमोचन के अवसर पर आपके जो टेप सुरक्षित हैं, उन्हें भी सुनने का अवसर मिलेगा। फोटो तो खैर आ ही गए थे। आपने भेजे थे न, याद होगा आपको तो...

चर्चा के लिए कई जगहों पर हमने 'जेठ की साँझ' की प्रतियाँ वितरित कर दी थीं। कुछ एक प्रतियाँ व्यक्तिगत तौर पर साहित्यकार मित्रों को अर्पित की थीं। दो संपादकों को दो-दो प्रतियाँ दी थीं ताकि वे अपने तईं चर्चा करवाएँ...और, आपने 100 प्रतियाँ स्वयं घूम-घूमकर बेच लीं, यह जानकर बड़ी खुशी हुई। हमने भी यह काम किया था...

परिवार को सभी से मेरी आशीष एवं प्यार निवेदित करें...

नागार्जुन

आपका

✻

नागपुर,
24.3.81

प्रिय मित्र,

पोस्टकार्ड मिला होगा। मैं 3-4 रोज के लिए नागपुर आ गया हूँ। अब यहाँ से पटना पहुँचना है 27 तक। पटना 10 अप्रैल तक रहेंगे। आपके पत्र की प्रतीक्षा हम वहीं करेंगे।

हमारा पटनावाला पता नोट कर लीजिए :

C/o डॉ. खगेन्द्र ठाकुर Ph.D,
18, विधायक क्लब
पटना-1
800001

'गिफ्ट चैक' और नकद 10/- (यानि कुल 21-0 की रकम) भेजकर हमारे अंदर गुदगुदी भर दी है। धन्य हैं आप ! ! आपने भी, लगता है, दिल ही दिल पाया है—आपकी काया के अंदर दिल के अतिरिक्त दूसरे तत्त्व नहीं हैं भाई, अब नहीं, यह तो मुझे प्रथम मिलन के क्षणों में ही मालूम हो गया था बंधु ! हाँ, सच जानिए...अब आप यह तो बतलाओ, कि आप हमारे साथ पूर्वोत्तर भारत की यात्रा पर निकलना पसंद करेंगे क्या ? यानि दो महीने का साथ रहेगा...असम, अरुणाचल, नागालैंड, मिजोरम, मेघालय, त्रिपुरा आदि घूमना होगा...सारा खर्चा हम करेंगे। आप सिर्फ 'संगत' प्रदान कीजिएगा...मगर आपकी तंदुरुस्ती पूरब की आबोहवा को बर्दाश्त करेंगे ? फिर, यह भी तो है कि आप अपने स्वजनों के मध्य ही आजीवन रहे हैं...अच्छा भाई, दिल्ली आकर तो हमारे साथ 15 रोज रह लो...पहले यही करो भाई, हाँ, पेठे साहब...

अभी और क्या तो लिखूँ और क्या नहीं लिखूँ !

आपका पत्र पटना में जरूर मिलना चाहिए...

नागार्जुन
आपका

✻

131, टैगोर पार्क
दिल्ली-9
30.12.81

प्रिय भाई,

आपका पत्र मिला था। प्रभु ईसा का यह नया वर्ष (82 ई.) आपके लिए शुभ

साबित हो...

आप स्वस्थ-प्रसन्न हैं, यह जानकर बड़ी खुशी होती है।

मैं आपको लिखूँगा—विस्तारपूर्वक।

आपके परिवार को हमारा प्रणाम निवेदित करें।

कभी-न-कभी साक्षात् उन्हें देखने की हमारी लालसा अवश्य पूर्ण होगी—ऐसा अपना दिल कहता है।

नागार्जुन
आपका

❋

131, टैगोर पार्क
दिल्ली-9
3.4.82

प्रिय भाई,

आपका पत्र मिला था। व्यस्तता के कारण पत्र का उत्तर नहीं जा सका इधर से।

आपकी कविताएँ अच्छी लगीं। इनको भी संकलन में ले लीजिएगा।

आपने प्रकाशन के लिए लिखा है। जिस तरह आपने 'जेठ की साँझ' का प्रकाशन अपने उद्यम से किया था, उसी प्रकार फिर से करना होगा। मैं समझता था, सरकारी खरीद में 'जेठ की साँझ' की पर्याप्त प्रतियाँ ली जाएँगी...

वैसा होने से नई पुस्तक प्रकाशित करने का साधन आपके लिए सुलभ होता मगर यहाँ तो कुएँ में ही भंग घुल रही है।

क्या आपने मिरज हमेशा के लिए छोड़ दिया ? परिवार के लोग स्वस्थ होंगे... मैं ठीकठाक हूँ...

नागार्जुन
आपका

❋

C-3/167, यमुना विहार
दिल्ली-53
18.8.82

प्रिय भाई,

'प्रभु श्रीराम' की तरह आप क्या 'भगवान कृष्ण' या 'कर्मयोगी कृष्ण' भी नहीं लिखेंगे ?

आपकी गद्य-शैली मुझे बेहद रुचती है। हजारों पाठक आपके गद्य की इस स्टाईल को पसंद करेंगे।

मैं स्वस्थ हूँ। अभी इसी पते पर हूँ।

नागार्जुन
आपका

•

लक्ष्मीधर मालवीय के नाम

सी-3/169, यमुना विहार, दिल्ली
8.11.82

प्रिय भाई,

अशोकजी [कथाकार अशोक अग्रवाल] को दिया हुआ यह सादा फार्म जाने कब से मुझे आपकी याद दिलाता रहा है !

जितेन्द्र राठौर [हिन्दी के कवि] आपसे मिल के पटना लौटे। आपके साथ, आपके परिवार में गुजारे गए क्षणों की याद तो गद्‌गद स्वरों में कर रहे थे। मैं अभी पहली तारीख को पटना से यहाँ पहुँचा। न तो इलाहाबाद रुक सका, न लखनऊ ही जा पाया...आरक्षण लेकर बार-बार पटना जाना होता है। बीच में इलाहाबाद या बनारस उतर पड़ना नहीं हो पाता !

पिछली गर्मियों में 40 दिन कश्मीर रहे। श्रीनगर 30 रोज, जम्मू 10 रोज। वापसी में 15 रोज गढ़वाल (लैंसडाउन—जहरीखाल) रह लिए...बीस-पच्चीस कविताएँ कागज पर उतर आईं। मिलने पर सुनाऊँगा। आपकी आवाज हापुड़ जाने पर सुनता हूँ। जी करता है, इधर से भी एक-आध कैसेट भरवा कर आपको भिजवाया जाए।

केन्जी मीयाजावा की रचनाओं के काव्यात्मक रूपांतर आपने देखे होंगे। कुरू-सान् की निष्ठा का ही यह सुफल है। क्रियापदों में भोजपुरी की आंचलिक गंध कहीं-कहीं 'भदेसपन' की परिधि को छू रही है इस संकलन में...

समझ-बूझकर, एक खास अंदाज में, डायलाग के अंदर, आंचलिकता का रंग आने देना और बात है। मगर, बेबसी में गँवई गंध घोलते जाना और बात। जितेन्द्रजी की शब्द-सीमा अति संकुचित है...खैर, आयुष्मती कीयो कुरू और भाई जितेन्द्र राठौर की सम्मिलित साधना का यह सु-फल हिंदी में सामने आया, यह बात मामूली नहीं है।...केंजी मीयाजावा की बाल-कथाएँ भी पर्याप्त हैं, कविताएँ भी अनेक संकलनों में संचित हैं...कालांतर में इनका साहित्य थोड़ा और हिंदी माध्यम में प्रकट होगा, ऐसी

आशा रखता हूँ।

आप कब तक भारत आ रहे हो ? अपनी पत्नी से और बच्चों से मेरी आशीष और प्यार कहिए।—नागार्जुन

⁕

जहरीखाल,
गढ़वाल U.P.
10.8.83

प्यारे ल.-मा.

5500 फीट ऊपर एक पार्वत्य ग्रामांचल...

निरंतर वर्षा...

रात के 2 बजने को

ऐसे में तुम्हारी याद अक्सर आ ही जाती है...नींबू के सफेद फूलों की उत्कट गंध-उद्दाम सौरभ-खटास मिश्रित ! अभी-अभी बाहर निकला तो खट्टी खुशबू ने मेरी अगवानी की और बार बार 'ल-मा' की याद स्पंदित होने लगी इस चेतना--पटल पर ! जय ल.मा., जय जापान ! जय भारत !...बस अभी और कुछ नहीं...

''को-को-रो-ओ को मे-ते !

अर्जुन नागा
आपका...,

यह पता 10.10.83 तक के लिए...बाद को वही 'दिल्ली वाला' ठौरठिकाना !

अनेक चुंबनों के साथ...

नागार्जुन
तुम्हारा

⁕

3.9.82

प्रियवर लक्ष्मीधरजी,

लम्बी अवधि से मैं इस प्रतीक्षा में था कि आपसे पत्रों का सिलसिला शुरू हो...

हम अलग से भी एक विस्तृत पत्र 10 दिनों के अंदर ही आपके नाम Post करेंगे...

एक सप्ताह के लिए मैं इलाहाबाद जानेवाला हूँ। आयुष्मती ममता कालिया से

कहूँगा कि वो मुझे प्रिय मधु एवं प्रिय गौरी से मिलवा दें। इन बच्चियों को रू-ब-रू आशीष देना चाहूँगा...

हमारा दिल्लीवाला पता :

C-3/169, यमुना विहार,
दिल्ली-53
Pin-110053
INDIA

आपका पता मुझे प्राप्त हो चुका है...

नागार्जुन
आपका

※

दिल्ली-53
9.9.82

डियर ल.मा.,

लिखने को ढेर-सी बातें हैं। मगर अभी सवेरे-सवेरे तुम्हें याद भर कर रहा हूँ...

अति निकट भविष्य में विस्तारपूर्वक लिखूँगा ही...

श्री जितेन्द्र राठौर मिले होंगे। वो पहली बार किसी दूसरे राष्ट्र की परिधि के अंदर गए हैं। 'घर-घुसना' नेचर के प्राणी रहे हैं...वो तीन महीने कैसे रहेंगे जापान ?

हाँ श्रीमती कीयो कुरू राठौर को साथ ले गई हैं। वो राठौर की देखभाल करेंगी ही। मगर कभी-कभी भारतीय मित्रों के साथ आप उन्हें मिलवाते रहिए...

बस·यही करना है, आपको राठौर के लिए...आपकी अकिको को मेरे सलाम बोल देना—यह मत भूलना। ''को को रो ओ को मे तो हाँ, अ. अ. हापुड़ में ठीक-ठाक हैं। मैं तीन रोज उनके साथ रह के लौटा हूँ...पिछले साल, टेप में आपकी आवाज भी देर तक सुनता रहा था !

नागार्जुन

हम 5 अक्टूबर तक इस पते पर हैं...अगला पता बादवाले पत्र में...

ना.

※

तरौनी (दरभंगा)
1.10.84

प्रिय मित्र,

आपका पत्र (4.9), पटनावाले पते पर बहुत पहले मिला था। फिर गुम हो गई...अब आज सामने आ गया तो तत्काल आपको संबोधित करने का सुयोग प्राप्त हुआ...

'प्रथमोद विंदवः' पर आपकी पैनी नजर गई, यह जानकर बड़ा ही अच्छा लगा। वस्तुतः कालिदास की सौंदर्य दृष्टि के आँकने के हमारे पास जो अनेक-अनेक सूत्र होंगे, उनमें यह एक 'अति विशिष्ट' सूत्र होगा...

दक्षिण-पूर्व एशिया में आप हमारी (भारतीय) मेधा के अनुपम 'मस्तूल' हैं न ! हम आपकी तरफ से पूर्ण आश्वस्त रहेंगे...

11 से 20 तक वही पटनावाला पता होगा (19, विधायक क्लब, पटना-I, बिहार) और तब लगभग नवंबर के अंत तक

C/o कालिदास अकादेमी,
फ्री गंज, माधव नगर
उज्जैन, मध्य प्रदेश
भारत....

उज्जैन प्रति वर्ष जाता हूँ—'कालिदास-समारोह' के अवसर पर/लगभग महीना भर उज्जैन रहना होता है। हमारे शमशेर भाई वहीं ('प्रेमचन्द सृजन पीठ') आसीन हैं न !

हम दिल्ली पहुँचेंगे, तब 'बाबा बटेसरनाथ' अशोकजी से ले लेंगे...

यों, हमारा दिल्लीवाला पता भी आपको फिर से सूचित कर देता हूँ—

C-3/169, यमुना विहार
दिल्ली-53
INDIA

आयुष्मती अकिता को मेरा सलाम...
प्यारी तारा को आशीष, मुन्ना को भी।
मुन्ना का नाम भूल गया हूँ...

नागार्जुन
आपका

27.10.83
यमुना विहार
दिल्ली-53

प्रिय भाई,

लंबी अवधि के बाद आपको संबोधित करने का सु-योग हासिल कर रहा हूँ मगर एक हिचक के साथ !

हिचक इस बात की कि दक्षिण भुजा-मूल में (पीठ की तरफ) दर्द रहने लगा है यानि खुलकर लिखते वक्त व्यथा महसूस होती है...गाँधीजी ने बाएँ हाथ से लिखने का अभ्यास क्यों शुरू किया होगा, इस तथ्य का पता अब चल रहा है !

हमारी पुत्रवधू (सरिता) डिक्टेशन लेकर पत्रों का काम निबटाने में सहायक होगी, ऐसा आश्वासन उसने दिया है। फिर भी आप-जैसे 'दिलवर' को अपनी ही लिखावट में संबोधित करने की प्ररोचना हृदय को विवश करती रहेगी कि चाहे जैसे हो, आपको अपनी सहज लिखावट में याद किया करूँ...

अशोक 40 रोज के लिए जापान गए हैं। कहीं और जल्दी न भाग आएँ ! पथ बंधु होने के लिए न केवल भावनात्मक स्तरों पर बल्कि 'आहार-विहार' और 'रस बोध' की पर्त-दर-पर्तवाली प्रक्रिया में 'हिस्सेदारी' का परिचय अपने आपको करवाना होता है न ? आप उन्हें (अ.अ.) को समय से पहले भागने न देना Please.

बाएँ हाथ से लिखावट :

और क्या लिखूँ ?

नागार्जुन आपका

※

10.1.84
विदिशा
म.प्र., भारत

प्रियवर 'लवीय',

बाहुमूल की पीड़ा संत-कवि तुलसी को भी हुई थी—और तब व्यथा के क्षणों में आपने पवन पुत्र को याद किया था ! 'हनुमान-बाहुक' की पंक्तियाँ उन्हीं लमहों में निःसृत हुई थीं...

इधर भी एक प्रलंबित रचना कागज पर उतरी !

'तीन सिरों वाला बेताल' यानि 'त्रिशीर्ष'...कुल 400 पंक्तियों की रचना है—मंचन के लायक लंबी कविता...

आप मार्च में आ रहे हो न ? अशोक ने सूचित किया है...मैं 15 फरवरी तक इसी

पते पर हूँ। अभी 10 रोज बंबई रहे—'समकालीन लेखक सम्मेलन' था वहाँ...आग्रह मुक्त मंच है यह, अब और बातें दूसरे पत्र में लिखूँ न ?

नागार्जुन
आपका
यानि
तुम्हारा
यानि
तेत्
तेत्
ते—रा ऽऽ !

❈

दिल्ली-53
28.2.84

प्रियवर लमा,

आपका 21/2 वाला पत्र कल मिला। आप 4 को भारत-भूमि पर नमूदार हो रहे हैं, यह जानकर 'सकून' हासिल किया...

मैं लेकिन I मार्च को यहाँ से निकलकर 13/3 को वापस दिल्ली आनेवाला हूँ।

15 मार्च से 20 मार्च तक आपके साथ रहने का इरादा पक्का है। फिर मार्च के अंतिम सप्ताह में हमारा साथ रहेगा।

एक बार 'यमुना विहार' आपको ले आएँगे—लगभग 5 घंटे लगेंगे। ढाई घंटे रहेंगे इधर। होटल या हापुड़ तक वापस पहुँचने में ढाई घंटे...हमारा छोटा लड़का (श्यामाकान्त-27) आपको मछली और मखाने की खीर 'भोग' लगवाने का प्रोग्राम बनाए हुए है...कुरू-सान् यहाँ 'यमुना विहार' कई बार आ चुकी हैं...

इस अवधि में चार रोज ग्वालियर और छै दिन उज्जैन रहना है--शमशेर को आपकी याद दिलाऊँगा...

नागार्जुन

❈

2.3.84
ग्वालियर, म.प्र.

ल-मा, डियर,

आप पहले पहुँचोगे और यह पत्र पीछे-पीछे आपको 'करगत' होगा...हुआ न ?

5 को सवेरे उज्जैन पहुँच रहा हूँ...12 या 13 को दिल्ली वापस होना है...

आप फौरन एक पत्र हमें शमशेरजीवाले पते पर डालो...ताकि 10 तक वो हमें मिल जाए...

अगला पत्र उज्जैन से डालूँगा

नागार्जुन
तुम्हारा

कौन कौन साथ आया है ?

ना.

C/o प्रेमचन्द पीठ
विक्रम वि.वि.
उज्जैन म.प्र.

यह उज्जैन का पता होगा...

※

8.3.84
उज्जैन, म.प्र.

डियर ल.मा,

15 का आरक्षण मिला। हम 16 को सवेरे दिल्ली पहुँचेंगे।

आप अपना प्रोग्राम (2 अप्रैल तक का) हमारे दिल्लीवाले पते पर सूचित करो, Please !

यहाँ 'कालिदास अकादमी' की तरफ से 'संस्कृत कवि सम्मेलन' है। मैं तदर्थ आमंत्रित हूँ यानि उसी प्रो. के लिए...

नागार्जुन
आपका

※

10.3.84
उज्जैन, M.P.

प्रियवर मालवीय,

आपका पत्र मिला–पूरा पढ़ नहीं सका हूँ, कालिदासवाली व्यस्तताएँ 'निवास स्थान' पर आ घेरती हैं–आज अभी (एक बजा है) तीन बजे हिंदी काव्य पाठ और शाम सात बजे संस्कृत कवियों का काव्य पाठ रहेगा। हमें 15 का आरक्षण मिला है–ऐसा सुना। टिकट अभी हाथ नहीं आया...तदनुसार 16.3 को सवेरे हम पुरानी दिल्ली स्टेशन उतरेंगे। वहाँ से टैक्सी में यमुना विहार।

आज पूरी तरह पता लगाकर कल फिर से आपको सूचित करूँगा कि सचमुच 16 को पूर्वाह्न में पहुँच रहा हूँ। यह समारोह कल समाप्त होगा–ढेर सारे 'विद्वजन' पधारे हुए हैं...

शमशेरजी को आपका प्रणाम।

कहो तो चुप रहे 'भवांतर' चल रहा है। नामवर अभी-अभी ताजा रचनाएँ सुन के गए हैं...

नागार्जुन आपका

और पूरा पत्र शायद आज रात पढ़ पाऊँगा–रात में 'भीड़' में 10 तो बजेंगे ही...

नागार्जुन

❋

उज्जैन, M.P.
12.3.84

प्रियवर मालवीय,

15 का आरक्षण मिल गया है। टिकट अपने हाथ आ चुका है–15 को दिन में 11 बजे यहाँ से चलेगी, 16 को सबेरे हमें यह गाड़ी पुरानी दिल्ली स्टेशन पर उतारती हुई आगे मेरठ होती हुई देहरादून तक जाएगी।

हापुड़ से लिखा आपका पत्र मिल गया था। हमने शमशेरजी से जोरदार शब्दों में आग्रह किया है कि वे 29.3 वाली फोटो-प्रदर्शनी के समय दिल्ली अवश्य रहें। शमशेर 'जरूर जाऊँगा' ऐसा बोले। "मालवीय से मिलने का जी करता है" ऐसा बोले...मगर सचमुच वो दिल्ली पहुँच जाएँगे इस अवसर पर कि नहीं, अभी मैं कह नहीं सकता। मैंने उनसे कहा–"भाई, तुम अपनी लिखावट में मालवीय को लिखो...अपन साथ-साथ लिखें, एक ही लिफाफे के अंदर दोनों पत्र उन्हें मिलें..." इसके अनुसार मैंने एक पत्र उन्हें दे दिया है, अब शमशेर अपना पत्र लिखें, और तब एक ही लिफाफे के अंदर दोनों

पत्र डालें और Post करें...आदि-आदि...राम जाने ऐसा होगा कि नहीं या कब तक होगा !...

नागार्जुन आपका

फिलहाल, अपनी तरफ से अंतरदेशीय रवाना कर रहा हूँ।

ना. आपका

✻

दिल्ली-53
25.8.84

प्रियवर मालवीय,

आमंत्रण पत्र और साथ ही आपकी पुर्जी...

अशेष धन्यवाद...

कब तक वापस जापान लौटेंगे आप ?

प्रिय मधु-अजय का अगला पता हमें अवश्य सूचित करवाएँ...कुरू सान् कल जापान लौटी हैं। इस महीने में तीन बार उनसे मुलाकात हुई। दो बार वो यमुना विहार भी पहुँचीं। अगली बार उनका इरादा 'फूलों की घाटी' और अल्मोड़ा पिढौराठागढ़ घूमने का होगा, ऐसा आभास हुआ...

शेष आपका पत्र मिलने पर।

नागार्जुन आपका

आयुष्मती अकिता तक मेरा नमस्कार पहुँचा देंगे...
अगला पता–

19 विधायक क्लब
पटना-I
(बिहार)

यह पता 20 सितंबर तक रहेगा।

बादवाले 25 रोज हम बंगाल-उड़ीसा में होंगे...

ना.
आपका

✻

शालिग्राम के नाम

पटना-6
22.3.65

प्रिय शालिग,

गयावाला समारोह 4-5 को हो रहा है। तुम्हें अंततः 2 की शाम तक यहाँ आ जाना चाहिए।

मेरा पिछला पत्र मिला होगा। मैं दिल्ली जाना चाहता हूँ मगर समय नहीं निकाल पाता हूँ। प्रायः सप्ताहों के शनिवार और रविवार यों ही मीटिंग आदि में निकल जाते हैं।

अभी और क्या लिखूँ ? अपनी हाल की लिखी कहानियाँ साथ ले आना ताकि गया में मार्कंडेय आदि यदि देखना चाहेंगे तो दिखला दी जाएँगी।

प्रोग्राम गया से मिला होगा। मैं कल भेज रहा हूँ...

वैद्यनाथ को मेरी याद दिला देना।

तुम्हारा
नागार्जुन

❋

N/266, ग्रेटर कैलाश
नई दिल्ली-14
28.8.65

प्रिय शालिग,

पिछला पत्र मिला होगा। मिला था न ?

अभी-अभी श्यामल से मुलाकात हुई। फसल का बुरा हाल है, बतला रहे थे। तुम्हारे यहाँ भी ?

मैंने संकल्प लिया है, 5 वर्ष दिल्ली रहूँगा। यानि हेड क्वार्टर यहीं रहेगा। बीच में बाहर निकलना हुआ तो 15 दिनों से अधिक की ट्रिप नहीं होगी।

दिल्ली का विस्तार दिनों-दिन बढ़ रहा है। मैं फिलहाल एक मित्र के साथ मुख्य शहर से आठ मील की दूरी पर रह रहा हूँ। काम छिट-पुट किस्म के कर रहा हूँ, लिखाई के ही। अब किसी उपन्यास में अपने को भिड़ा दूँगा। राहुलजी की जीवनी, काजी नज़रुल इस्लाम की जीवनी, भारतेंदु की जीवनी...कई जीवनियों के लिए प्रकाशक आग्रह कर रहे हैं। उपन्यासों के लिए भी...दो पत्रिकाओं में कालम लिख रहा हूँ...तुम्हारा टाईप

राइटर ठीक है न ? दोस्ती निभा रहा है न ?

बाबू वैद्यनाथ को आशीर्वाद। बाबू जयानंद ठाकुर मिलें तो उन्हें मेरी 'आशीष' कह देना। मायानंदजी से कह देना।

—नागार्जुन

✻

सम्मेलन भवन
कदम कुआँ
पटना-3
17.4.67

प्रिय शालिग,

ठीक हो न ? इधर अर्से से तुम्हारा पत्र नहीं आया। मैं फिलहाल कहीं जा नहीं रहा हूँ।

'जनरुचि' (पाक्षिक) का प्रकाशन आरंभ हो रहा है। अंक भिजवाऊँगा।

—ना.

✻

सुल्तानगंज (भागलपुर)
6.5.67

प्रिय शालिग,

तुम्हारे दोनों पत्र मिले थे। दार्जिलिंग से और उससे पहले सहर्सा से भी।

बीच में उर्मिला का गौना आ गया, इसी से 'जनरुचि' का प्रकाशन अभी तक नहीं हो सका है। अब 20 के बाद अंक निकल आएगा।

वैद्यनाथ झाजी के पिता का असामयिक अवसान बड़ा ही विषादकारी रहा। मैंने वैद्यनाथजी को एक पोस्टकार्ड लिखा है, और क्या लिखूँ ?

—नागार्जुन

✻

सम्मेलन भवन
पटना-3
2.8.67

प्रिय सालिग,

बीच में तुम आए, मुलाकात नहीं हो सकी हमारी। कोई बात नहीं, आगे हो लेगी मुलाकात।

और, तुमने वो मकान नहीं देखा था क्या ? गोवर्धन के साथ वहीं कलाधरवाले फ्लैट के करीब देख आने की बात नहीं थी ?

मैं खुद भी अलग से दो रूम लेना चाहता हूँ। सम्मेलनवाला यह रूम भी रहेगा...

राजकमल चौधरी स्मृति अंक कई नगरों से निकल रहे हैं, तुमने कहाँ-कहाँ क्या कुछ भेजा ? या सुस्त पड़े हो, अब तक सोचते ही रहे हो ? चौधरी के कुछ-एक महीने (अस्पताल से पिछली बार छूटने पर) महिसी में किस तरह बीते, इस पर लिखो। खूब अच्छा लगेगा पाठकों को। दरअसल, यह तुम्हीं लिख सकते हो...

पटना कब आ रहे हो ? लेख मगर फौरन तैयार कर लो। उसे निवेदिता, लहर, युयुत्सा आदि किसी को भेज ही दो सालिग ! अरे हाँ, प्रफुल्लकुमार सिंह मौन का पोस्टकार्ड मिला है। विराट नगर से लिखा है। तुम्हारी चर्चा की है उसमें। बाकी वही सनातन समस्या यानि चार पुस्तकें तैयार हैं, कैसे प्रकाशित होंगी और कौन छापेगा ?

वस्तुतः यह प्रफुल्लजी की अकेली समस्या नहीं है, उन-जैसे नवसाहित्यकारों की टोटल समस्या है यह ! प्रकाशकों का हाल तुम्हें मालूम है न ? नाम सूँघते हैं महाशयजी !

हम तो इस दृष्टि से परिमल प्रकाशनवाले अपने शिवकुमार सहाय को बड़ा ही दिलेर इंसान मानते हैं। देखो न, उसने प्रवासी की तीन किताबें छाप लीं ! विजेन्द्र की दो छापीं, खगेन्द्र का काव्य संकलन निकाल दिया। नाम सूँघने का झमेला उसके समक्ष क्यों नहीं आया ? काश, बाबू शिवकुमार सहाय सभी नगरों में होते, दस-बीस की संख्या में ! हिंदी के अख्यात-अल्पख्यात जीनियस खट-खट सामने आते जनता के !

—नागार्जुन

*

पटना-3
6.10.67

प्रिय सालिग,

3 का अतंर्देशीय अभी अभी मिला। इसमें इतने प्रश्न हैं, जिन पर तो बातचीत ही की जाय तभी ठीक रहेगा। 'प्रगति साहित्य संघ', 'प्रबुद्ध लेखक समाज', 'कला-परिषद्'

आदि नाम हो सकते हैं। प्रगति या प्रगतिशील जुड़ा ही रहे, ऐसा आग्रह नहीं रखना। साहित्यकार, कवि, कथाकार, बुद्धिजीवी, संस्कृति प्रेमी, संगीतज्ञ, चित्रकार, संवाददाता, पत्रकार, विभिन्न वर्गों में फैले हुए पाठकवृन्द साहित्य प्रेमी अध्यापक...तुलसी साहित्य का मर्मज्ञ कीर्तनकार, रात-रात भर जो लोरिक गाता है वो देहाती युवक...ये सभी कला परिषद् या प्रगति सा. संघ के सदस्य हो सकेंगे।

—नागार्जुन

दमा जोर पर है, 12 को शायद पहुँचना हो।

ना.

⁂

194, सोहबतिया बाग
इलाहाबाद-6
11.11.67

प्रियवर शालिग्रामजी,

मैं यहाँ हूँ। अभी चार-छै महीने इधर ही रहना है। उपन्यास लिखना शुरू हुआ। अभी मैं मई से पहले बिहार नहीं आ सकूँगा—डेरा अलग मिलेगा तो तुम्हें सूचित करूँगा। चक्कर लगा जाना।

—ना.

⁂

194, सोहबतिया बाग
इलाहाबाद-6
25.11.67

प्रिय शालिग्रामजी,

आपका पत्र मिला। आप अभी इलाहाबाद नहीं आइए। मैं आपको समय नहीं दे सकूँगा। 10 दिसंबर के बाद आएँ तो बातचीत हो सकेगी। '68 ई. में (पूरा वर्ष) बिहार नहीं लौटने का मेरा इरादा है। आठ किताबें तैयार हो जाएँगी। कांफ्रेंस या सम्मेलन आदि आप दूसरे साहित्यकारों की देखरेख में कर लेंगे। मुझको छोड़ ही दीजिए। मैंने पिछले तीन वर्षों में कुछ भी नहीं लिखा। अब मुझे जमकर लिखना है। लिख रहा हूँ।

—नागार्जुन

⁂

194, सोहबतिया बाग
इलाहाबाद-6
5.12.67

प्रियवर शालिग,

पत्र मिला। प्रसन्नता हुई।

10 और 15 के बीच आ रहे हो ? आओ ! उपन्यास खत्म नहीं कर सका हूँ। 10-12 तक पूरा होगा ही।

अच्छा होता कि पटना में कन्हैयाजी से मिलते आते। कविसम्मेलन और गोष्ठियों के लिए उनकी राय बहुमूल्य रहेगी। यह मैंने पहले भी लिखा था। तुमने उनसे संपर्क नहीं स्थापित किया ? फिर डॉ. बेचन और प्रोफेसर खगेन्द्र प्र. ठाकुर से भी तुम्हें परामर्श लेना था न ? इन लोगों से मिल-जुल कर कार्यक्रम बनाते तो अच्छा कार्यक्रम तैयार होता।

कविसम्मेलन के लिए यदि सहर्सा के नागरिकों का नीरज-वीरेन्द्र मिश्र आदि कवियों पर आग्रह है तो यह सर्वथा उचित है। दो-तीन या पाँच-सात 'सुकंठ' "सुगायक' और लोकप्रिय सुकवियों को सहर्सा बुलाने में ही लगभग तीन हजार रुपए खर्च हो जाएँगे। अपने प्रदेश के कवियों को क्या दीजिएगा ? कवियों की बरात कैसे जमेगी ? विराट् कविसम्मेलन तो सारी रात चलता है। चालीस-चालीस, पचास-पचास की उपस्थिति होती है महज कवियों की। अपने प्रदेश में बहुत सारे 'मधुर' और 'गायक' सुकवि हैं। सहर्सा-भागलपुर-दरभंगा-मुंगेर यानि आपकी पास-पड़ोस के कवियों को नहीं बुलाइएगा ?

हाँ, यह हो सकता है कि बाहर से तीन या दो कवियों को बुलवा लें और पाँच-सात का ग्रुप पटना से आवे।

अलावा इसके, गोष्ठियों में शामिल होने के लिए आनेवाले साहित्यकारों को यदि प्रथम श्रेणी का मार्ग व्यय मात्र भी दें तो कुल खर्चा कितना पड़ सकता है ? है अंदाज ?

सारे मनोरथ तुम इसी बार पूरे करोगे सहर्सा के साहित्यप्रेमी नागरिकों के ? या, आगे भी कोई काम करना है ?

फिर चंदा या पुष्ट देनेवालों का यह भी तो आग्रह हो सकता है कि कोई 'महा' मंत्री भी आवे ? 'महा' से मतलब है कैबिनेट रैंक के मिनिस्टर से।

अब तुम अपने दिमाग को साफ कर लो। कितना खर्च करना चाहते हो 10,000 ? 5000 ? 3000 ? (खैर, एक हजार तो आप उगाह भी चुके हैं ! अब तक शायद एक हजार और आ गए होंगे।) तुम्हारी अपनी कमिटी की क्या राय है ? बहुत बड़ा यज्ञ करना चाहते हो तो उसके लिए कम-से-कम दस हजार और तीन महीने का समय चाहिए। कवि महानुभावों या साहित्यकारों से एक निश्चित समय लेना होगा। कई बार पटना दौड़ना होगा। कन्हैयाजी, खगेन्द्र ठाकुर, बेचनजी आदि से पुनः पुनः परामर्श लेना होगा।

यों, तुम यहाँ आ ही रहे हो, अच्छा है। पूस माघ में तीर्थराज का चक्कर लगा जाओगे, ठीक ही रहेगा।

यह सब मैंने तुम्हें निरुत्साहित करने की नीयत से नहीं लिखा है। वस्तुस्थिति का हल्का सा आभास दे दिया है।

—नागार्जुन

पुनश्च : *194 सोहबतिया बाग* जगह ठीक है लेकिन वह इन दिनों मेरा Postal Address मात्र है। तुमको मुझ तक पहुँचने के लिए स्टेशन से रिक्शा करके दारागंज बस स्टैंड के नजदीक बड़ी धर्मशाला (रस्तोगी धर्मशाला) आना होगा। यहाँ मेरे साथ शोभाकान्त रह रहे हैं।

—ना.

⁂

608, अतरसुइया
इलाहाबाद-3
28.2.68

प्रिय शालिग,

कल डॉ. शंभुनाथ सिंह से यहाँ मुलाकात हुई। पता चला, 24 मार्च की तारीख को वे सहर्सा पहुँचेंगे। अच्छा हुआ, वक्त पर पता चल गया।

तुमने तत्काल मुझे सूचित क्यों नहीं किया ? छोटा-सा बढ़िया कवि सम्मेलन रहेगा, अच्छा होगा। फौरन पत्र लिखो, कि क्या-क्या तैयारी कर रहे हो ? मेरा आना अनिवार्य हो तो सूचित करो तत्काल।

—नागार्जुन

⁂

120, रवीन्द्र नगर
नई दिल्ली-11
16.3.68

प्रिय शालिग,

तुम्हारे पत्र के बारे में श्री शोभाकान्त ने सूचित किया है। अब करना तुम्हें यही है कि—

डॉ. शंभुनाथ सिंह को निश्चित तिथि पर (जो उनकी दी हुई है) सहर्सा अवश्य बुलाओ। आने-जाने का द्वितीय श्रेणी का किराया और दो सौ रुपए दक्षिणा के

देने हैं। मार्ग व्यय (एक तरफ का) TMO भेज दो अग्रिम। दूसरी तरफ का मार्ग व्यय दक्षिणा (विदाई) वाली रकम के साथ देना।

पटना से कन्हैयाजी, लाल धुँआँजी, रामनरेश पाठक आदि को अवश्य बुलवा लो। इन्हें द्वितीय श्रेणी का मार्ग व्यय और इक्यावन-इक्यावन रुपए विदाई के देने होंगे।

लोकल कवियों को आने-जाने का मार्ग व्यय और यथाक्रम पच्चीस और इग्यारह रुपए विदाई के अवश्य देने होंगे।

इसी तरह डॉ. बेचन, खगेन्द्र ठाकुर, प्रवासीजी, किशुनजी, मायानन्द आदि को भी अवश्य निमंत्रित करना।

मैं तो आ ही नहीं सकूँगा। सर्वथा असंभव लगता है। हाँ, सीधे यहीं से सहर्सा (बरौनी होकर) पहुँचने का चांस यदि निकाल सका !

मगर तुम फंक्शन अवश्य करो। कन्हैयाजी की शरण गहो।

—नागार्जुन

पुनः—लौटती डाक से सूचित करो, क्या तय किया ! कभी-कभी तुम बहुत फिसड्डी और लापर्वाह नजर आते हो। इस बार तुम्हारी परीक्षा है...

—ना.

⁂

तरौनी (दरभंगा)
21.10.68

प्रिय शालिग,

16 की शाम को पटना पहुँचा। अभी 3.11 तक बिहार ही रहना है, बल्कि 4 (गया) तक। फिर एक सप्ताह के लिए कलकत्ता। फिर एक सप्ताह पटना। 22.12 तक इलाहाबादवाला डेरा रहेगा। 1 जनवरी से दरभंगा में अपना अड्डा उद्घाटित हो जाएगा। शेष जीवन अब उत्तर बिहार के इन्हीं जनपदों में व्यतीत हो, ऐसा संकल्प रहा। इस 'शेष जीवन' वाले संकल्प में सहर्सा की भी साझेदारी रहेगी, इतना तो मैं तुम्हें अभी से बतला दूँ न ? हर तीन महीने बाद अगर चौथा महीना मैं सहर्सा रहने लग जाऊँ तो कैसा रहेगा ?

अभी तुम एक काम करो : 25 से लेकर 3 (नवंबर) तक दो रोज के लिए पटना आ जाओ। ढेर सारी बातें करनी हैं न ?

सम्मेलन (पटना-3) वाले पते पर पत्र जरूर लिखो।

—नागार्जुन

⁂

948, कल्याणी देवी
इलाहाबाद-3
17.12.69

शालिग्राम, बाबू

मैं कल दिल्ली जा रहा हूँ। वहाँ का पता नोट कर लो—120, रवीन्द्र नगर/नई दिल्ली-11...

दूसरी सूचना यह कि सुकांत सहर्सा कालेज में डिग्री-पार्ट II में एडमिशन लेगा। जब तक रहने की अलग व्यवस्था नहीं होगी, तब तक चि. अशोक आदि के साथ रहेगा।

क्या पता तुम्हें तत्काल यह पत्र न मिले। ऐसे में अशोक ही सुकांत का 'अभिभावक' होगा। वह आगे सुल्तानगंज नहीं रहेगा, लेकिन भागलपुर विश्वविद्यालय की क्षेत्र-सीमा के अंदर ही कहीं रहेगा। फिर सहर्सा कालेज के बारे में मेरा भी सुझाव था। सुकान्त चट् से तैयार हो गया...वह 31 तक सहर्सा पहुँच रहा है।

—नागार्जुन

●

तेज सिंह के नाम

दिल्ली-53
18.2.84

प्रियवर तेजसिंहजी,

'कुतुब' कल समय पर ही 'निजामुद्दीन' पहुँची...आराम से ही रेल-यात्रा पूरी हुई।

विस्तृत पत्र 22 के बाद लिख सकूँगा...अगले दिनों के प्रोग्राम के बारे में। लगता है उज्जैन जाना ही पड़ेगा।

—ना.

आपका

अभी तो मात्र सूचना भेज रहा हूँ पहुँचने की। 'पत्र' तो 22 के बाद जाएगा--ना.

⁂

दिल्ली-53
22.8.84

प्रिय भाई तेजसिंह,

आपका पत्र मिला। खरेजी का भी।

मुझे लगता नहीं कि अब अगले महीनों में सतना-रीवाँ-कटनी के लिए वक्त निकाल सकूँगा। इस वर्ष शायद उज्जैन भी नहीं पहुँच पाऊँगा। प्रकाशन एवं पुनः पुनः मुद्रित होती रहनेवाली अनेक पुस्तकें मेरे मनोयोग का इंतजार कर रही हैं—उनका संपादन (थोड़ा-बहुत ही सही) तो अनिवार्य है...

30 के बाद पटना पहुँचना है। अभी तो आप आयुष्मती विनोद तिवारी से मेरी बेबसी के बारे में बतला ही दीजिए...

सौ. कमला बहन (गाँव) तक तो एक बार हमें पहुँचना होगा। तरुण बाल-वृन्द को प्यार...

नागार्जुन
आपका

❈

C/o श्री छेदीलाल गुप्त
5-B साहा लेन
कलकत्ता-7
17.1.85

प्रिय भाई तेजसिंहजी,

हमने अभी-अभी यहाँ एक भारी 'यज्ञ' संपन्न करवाया है—चार दिवसीय रचना-प्रक्रिया-शिविर (कविता पर केंद्रित)। यह बहुत अच्छा प्रयोग रहा—अल्पतम व्यय में सब कुछ हुआ। अपना अपना मार्ग-व्यय लगाकर 35 रचनाकार इसमें शामिल हुए। भोजन-निवास निःशुल्क था। गैर-सरकारी एवं गैर सेठिया एक्स्पेरिमेंट रहा यह...

यहाँ 15 अप्रैल तक रहेंगे। इस बार म. प्र. का नंबर नहीं आएगा...

—ना.
आपका

❈

कलकत्ता-7

19.2.85

प्रिय बंधु तेजसिंहजी,

आपकी अस्वस्थता की खबर से मन बहुत दुखी हुआ। लेकिन मैं स्वयं भी इस अवधि में अस्वस्थ रहा—सर्दी, जुकाम, बुखार आदि...

पत्र मुझ तक देर से पहुँचते हैं। पता कहीं का, रहना कहीं और—बीच में—चार-चार दिन न निकल पाना आदि...इन कारणों से पत्र हमें विलंब से हस्तगत होते हैं। देखिए न विजयबहादुरजी का पत्र 3 फरवरी का लिखा हुआ यहाँ हमें कल मिला। यानि यह पत्र 10 दिन हमारे बंधु छेदीलालजी के साथ रहा ! और हम 5 दिनों के लिए राउरकेला भी तो चले गए थे !

राउरकेला के निकट (राजगांगपुर में) हमारे दामाद रहते हैं। मैं उर्मिला और उसके बच्चों से मिलने गया था।

26 को पटना जाना है—18 मार्च तक पटना रहेंगे। बाद को दिल्ली जाएँगे। हाँ बीच में धनबाद-सिंद्री आना-जाना होगा, पटना से ही।

आप अपने स्वास्थ्य की सूचना मृदुला से लिखवाकर भेजा करें। स्वयं लिखने का श्रम न करें...

बंधुवर खरेजी से मेरा नमस्कार कहें—पुष्पाजी से भी। उनकी माताजी को प्रणाम कहलवाएँ। हमारी कमला बहन और बच्चियाँ याद आ जाते हैं बीच-बीच में।

फिर लिखूँगा।

—ना.

आपका

※

जहरीखाल

15.6.85

प्यारे तेजसिंह,

'लीलाझर का तेंदुआ'—(नवंबर '84, 'नवनीत') यहाँ अप्रत्याशित आनंद एवं रोमांच की अनुभूतियों से हमें विभोर कर गया है...आप सामने होते तो अवश्य ही चुंबनों की सिहरन से हम एक-दूसरे को 'धन्य' कर लेते !

हुआ यों कि नवनीत के चार पुराने अंक हम डॉ. मलगूड़ी के यहाँ से अवलोकनार्थ ले आए, बस, यों ही। 'यों ही इसलिए कि 'नवनीत' को मैं पसंद करता हूँ—और C.L. मलगूड़ी (प्राध्यापक डिग्री कालेज, जहरी.) 'नवनीत' के सनातन ग्राहक ठहरे...जल्दी-जल्दी में हम उनके घर से 'न.नी.' के जो चार अंक उठा लाए उस रोज, उन्हीं के पृष्ठों में

आप 'परगट' हुए—'भए प्रगट कृपाला...' अपूर्व तृप्ति हासिल हुई कल !

मकान मालिक के छोटे पुत्र की शादी के उपरांत 'भोज-पार्टी' थी, परसों—भीड़भाड़ थी, हो-हल्ला था। सो चाहने पर भी पूरा लेख (तेंदुआ) परसों नहीं देख सका। हाँ, कल वो मनोरथ पूर्ण हुआ कि हमारे बंधु (ते. सिंह) की एक 'सफल शिकारी' वाली अहम् भूमिका इन आँखों के समक्ष आ गई ! शाबास भाई, शाबास ! शाब्बास !

—नागार्जुन

आपका

अगला पत्र आप हमारे दिल्लीवाले पते पर डलवाएँ। हम 25 जून को दिल्ली पहुँच रहे हैं...5 जुलाई तक दिल्ली रहेंगे...फिर बिहार...

—ना.

⁂

धनवाद

12.10.85

प्रिय भाई,

हम 14 की शाम को दिल्ली वापस पहुँच रहे हैं।

यहाँवाला 'कथा-शिविर' सफलतापूर्वक संपन्न हुआ।

हम मध्य नवंबर से मध्य दिसंबर तक मध्य प्रदेश अवश्य ही रह सकेंगे—ऐसा आग्रह हमारा अपना भी बरकरार रहेगा।

नवंबर में कवि धूमिल पर एक समारोह विदिशा में आयोजित होगा। उस वक्त मैं और खरेजी विदिशा जरूर आएँगे।

—ना.

आपका

विस्तृत पत्र दिल्ली से डालूँगा। स्वास्थ्य इधर 'बे-काबू' न हुआ, यथास्थिति में रहा। प्यारी मृदुला को हमारा सलाम बोलिए...

—ना.

⁂

48, स्वर्णकार कालोनी

विदिशा (म.प्र.)

21.3.86

प्रिय मित्र,

साँची और इटारसी से लिखे दोनों पत्र मिले। अच्छा हुआ, घर लौट गए...आप

अब पूर्ण विश्राम करो वर्ना भविष्य में बड़ी दुर्गति होगी।

5 अप्रैल तक यही पता रहेगा। अन्नपूर्णा, प्रतिभा, महिमा, मृदुला...सभी को सलाम। जो स्कूल में पढ़ाती है, उसका नाम याद नहीं आया। उसे भी आशीष... सौभाग्यवती कमला बहन को मेरा प्रणाम कहलवाइए...

—ना.
आपका

⁂

B-131, सादतपुर
दिल्ली-94
10.1.87

प्रिय भाई,

हम लगभग आठ महीने बीमार रहे—बिहार में, अस्पताल में चार बोतल खून चढ़ा। अभी 15 फरवरी तक इधर हैं। पत्र-लेखन भी बंद था। अब लगभग ठीक हूँ। आपकी आशीष काम आई...

नागार्जुन
आपका

●

शीलजी के नाम

18, विधायक क्लब
पटना-1
30.4.80

प्रिय भाई,

असम मेल आठ घंटे लेट थी। ऊब गया, रात भर जगना पड़ा। यों इसे नौ बजे दिन में कानपुर पहुँचना था...

रिजर्वेशन आसाम मेल से ही मिला था। तभी तार देकर सूचित किया था और अब ऐसी विडंबना ! मुझे भारी अफसोस है कि कवि सम्मेलन के समय पर कानपुर पहुँचना संभव न हुआ !

कल यहाँ, पटने में भी प्रेमचंद जन्मशतीवाला एक समारोह था जिसके लिए 15

रोज पहले से ही स्वीकृति दे चुका था—गर्दनी बाग.-बालिका महाविद्यालय में। सवा ग्यारह बजे रात में आसाम मेल का नियमित आगमन में, स्टेशन पहुँचने पर, अनिश्चितता की सूचना मिली...रात में हर दो घंटे बाद फोन से मालूम करता रहा !

खैर, इस मजबूरी को आप भली-भाँति समझेंगे।

खगेन्द्रजी एक सप्ताह पहले ही अपनी भतीजी की शादी में घर (गोड्डा-संथाल परगना) गए, लौटे नहीं हैं। अभी और क्या लिखूँ।

—नागार्जुन

आपका

●

कमलेश्वर के नाम

96, टैगोर पार्क

दिल्ली-9

28.8.77

प्रिय भाई,

मैं 6 या 7 को बंबई पहुँच रहा हूँ। जीवन जागृति केंद्र (जागृति) की तरफ से आमंत्रित हूँ। कविता पाठ के लिए। मनहर का जोरदार आग्रह...परसों तीन सौ रु. TMO से मिले। मार्गव्यय सहित एक हजार देंगे। चलो, अच्छा रहेगा कि तुमसे भी मुलाकात होगी। मगर, इस ट्रिप में ज्यादा-से-ज्यादा 10 रोज बंबई रह सकूँगा।

इधर संप्रदायवादी काली ताकतों के खिलाफ आपने जोरदार हल्ला बोल रखा है—दिनानुदिन आपकी कलम इस दिशा में अधिक जोर पकड़ती जा रही है, यह देखकर हजार-हजार आशीषें भेजने का जी करता है।

इस बार मैं नहीं मानूँगा। साथी नारायण सूर्वे, दया पवार आदि के साथ मिलकर हम अवश्य बैठेंगे। Sunday में तुम्हारा वो मंतव्य (RSS वाला) दो टूक लगा था... 'कलमकार' के लिए मैं कुछ नहीं भेज सका था। इधर कई झमेले आए-गए। पुराने प्रकाशक (किताब महल) से झगड़ बैठा हूँ। कोर्ट-कचहरी तक पहुँचने की नौबत आ गई। खैर, जीत तो हमारी होगी ही।

शेष, क्या लिखूँ ? पहुँचते ही संपर्क स्थापित करूँगा...यहाँ से 6.9 को ट्रेन लेंगे। रिजर्वेशन परसों तक मिल ही जाएगा। फिर, बंबई पहुँचने के बारे में (ट्रेन टाईम आदि की) सूचना दूँगा।

—नागार्जुन

तुम्हारा

रमाकान्त श्रीवास्तव के नाम

पटना-1
24.6.88

प्रियवर रमाकान्तजी,

हम ठीक-ठाक हैं...बनारस-इलाहाबाद होते हुए अभी चार रोज हुए, इधर आ गया हूँ...विजय-बच्चू-शेखर आदि तरुणों से मेरा सलाम कहें। बंधुवर आशारामजी को नमस्कार। विष्णु और श्रीकान्त को लिखा है...विस्तार से फिर लिखूँगा—

नागार्जुन
आपका

खगेन्द्र ठाकुर के नाम

दिल्ली-94
6.8.91

प्रियवर खगेन बाबू,

पत्र मिला। तसल्ली हुई—हम आकस्मिक तौर पर हड़बड़ी में ही बिहार गए-आए...वाचस्पतिजी ले गए और ले आए...पाँच वटुकों का यज्ञोपवीत था...

पटना में श्री अरुण कमल और मदन कश्यप ने बहुत अच्छा प्रोग्राम संपन्न किया, आपको मालूम हुआ होगा...प्रिय भास्कर से क्षणिक मुलाकात हुई।

अब हम नवंबर में पूरा महीना पटना रहेंगे। निशि-प्रीति-भास्कर को प्यार, इन्दिरा को आशीष...

—नागार्जुन
आपका

रामनारायण शास्त्री के नाम

सी-3/169
यमुना विहार, दिल्ली

प्रियवर रामनारायण भाई,

कल फोटो भी मिला, पत्र भी मिला। 'दैनिक भास्कर' वाली कटिंग भी। आपने बिजली की स्फूर्ति से यह सब किया। 'मृगछौने' को अभी पूँछ की तरफ से देखा है, पृष्ठ 128 से 152 तक पेंसिल से बहुतेरी पंक्तियों को चिह्नित किया। आप तो पूरे के पूरे 'ऋषि दृष्टि' वाले सहज जन्मजात कवि हैं।

'भास्कर' वाला व्यक्तिचित्र आपकी सहृदयता का प्रतीक लगा। हमें मलाल यही रहा कि आपकी कुटिया तक दोबारा जाने का अवसर हाथ नहीं आया, मगर निकट भविष्य में अनेक अवसर हाथ आएँगे। परिवार में सभी को मेरी तरफ से नमस्कार भी कहें, आशीष भी। फोटो को हमारे परिवार में बेहद पसंद किया गया। हमारी सहधर्मिणी महोदया ने कामेंट उछाला है। लगता है, बेसुधी में आँखें पथरा गई हैं, अब बस गिरने ही वाले हैं। अगले रोज 'टनमना' कर फिर इसी तरह कहीं और नजर आएँगे।

आपका
नागार्जुन

25.3.83

*

जहरीखाल, गढ़वाल

भाई मेरे,

अगला पत्र 10 सितंबर के बाद ही अब मिलेगा। इस जुलाई में तीन पांडुलिपियाँ प्रेस के लिए तैयार होंगी। एक खंडकाव्य, एक संकलन ताजा कविताओं का, एक लघु उपन्यास। जहरी गाँव क्या है, ठेठ गँवई पाकिट है। पहाड़ी अंचलों के मध्य 5,500 फुट की ऊँचाई पर यह स्थान आबाद है। 'लैंसडाउन' केंटुनमेंट के अतिनिकट, बद्रीनाथ-केदारनाथवाला महामार्ग यहाँ होकर गुजरता है।

आपका 'मृगछौना' फिलहाल मेरे 'आश्रम कुटीर' में सूखी घासों के नरम-नरम फूलों पर विश्राम कर रहा है। आशा है—सपरिवार स्वस्थ हैं आप।

आपका
नागार्जुन

12.7.83

प्रेमशंकर रघुवंशी के नाम

16-डी, फीरोजशाह रोड
नई दिल्ली-1
2.4.68

प्रिय रघुवंशी,

आपने ठीक पकड़ा ! वह पता माचवेजी का ही रहा...मैं लगभग 15 रोज उन्हीं के साथ था। माचवेजी से आपका नमस्कार कह दिया है।

विजय को नया पता नोट करा दें। गोंदिया यदि नहीं पहुँचा तो भी आप लोगों से मिलने का तरीका निकल आएगा। नहीं निकलेगा ? मोहन राकेश 8 के बाद बाहर से लौटेंगे। उनसे मिलकर लिखूँगा कि 'लोकायन' के लिए वह विदिशा पहुँच सकेंगे या नहीं...

—नागार्जुन

※

C/o राजकमल प्रकाशन
पटना-6
7.2.73

प्रिय भाई प्रेमशंकरजी,

आपका पत्र मिला। आप मेरा यह पता नोट कर लें। यहाँ मेरा बड़ा लड़का श्री शोभाकान्त मिश्र काम करता है। यहाँ से बाहर भी होता हूँ तो डाक सुरक्षित रहती है या रिडाइरेक्ट करके मुझ तक पहुँचा दी जाती है। अरे हाँ, यह 'सिवनी मालवा' किधर पड़ता है ? होशंगाबाद से किस ओर ?

मैं 25 फरवरी को खाली नहीं रहूँगा। फिर भी आप 'सिवनी मालवा' तक पहुँचने का पथ निर्देश (ट्रेन-बस की सीधी सुविधा किधर से रहेगी ?) जरूर भेज दें। जरा भी गुंजाइश निकली तो पहुँच जाऊँगा।

C/o श्री केदारनाथ अग्रवाल, प्लीडर
बाँदा (उत्तर प्रदेश)

इस पते पर पत्र भेजें। प्रोग्राम का ब्यौरा भी अवश्य भेज दें। यहाँ से 15 को निकल जाऊँगा। भवानी भाई के अभिनंदन समारोह में शामिल होकर अपने को धन्य-धन्य समझूँगा।

—नागार्जुन
आपका

❋

918, कल्याणी
इलाहाबाद-3
1.2.80

प्रिय भाई,

मात्र पता सूचित करने के लिए यह पत्र डाल रहा हूँ। आप स-परिवार प्रसन्न होंगे, ऐसा दिल कह रहा है।

अभी और क्या लिखूँ ? अप्रैल तक मध्य प्रदेश पहुँचने का अवसर आएगा...

—नागार्जुन
आपका

❋

प्रिय भाई प्रेमशंकरजी,

आपका पत्र पाकर बड़ी प्रसन्नता हुई।

हम दिसंबर में आप तक पहुँच रहे हैं—यहाँ से निकलने की निश्चित तिथि और हरदा पहुँचने की संभावित तारीख हम 25 के बाद सूचित करेंगे...परिवार के बच्चे तो बड़े होकर कामों में लग गए होंगे...उन्हें मेरा आशीष कहें...

—नागार्जुन
आपका

❋

पंडासराय
दरभंगा (बिहार)
13.6.93

प्रिय मित्र,

हम लगभग चार-साढ़े चार महीने यहाँ गुजार चुके, अब दिल्ली वापस होंगे...दो आपरेशन हुए, सफल रहे...शेष, फिर...

नागार्जुन
आपका

❋

दरभंगा
12.1.96

प्रिय भाई,

यह वर्ष आपके लिए और आपके मित्रों के लिए शानदार रहेगा...मैं ठीक-ठाक हूँ, आप भी तथैव–

नागार्जुन

हमारा अगला पता–

B-131, सादतपुर
दिल्ली-94

●

चन्द्रेश्वर कर्ण के नाम

131, टैगोर पार्क
दिल्ली-9
13.8.81

प्रियवर कर्णजी,

21 को सबेरे हम डाल्टनगंज पहुँच रहे हैं। PWA के त्रिदिवसीय प्रादेशिक सम्मेलन में उपस्थित रहना है। इस प्रकार आपसे साक्षात्कार के कई अवसर प्राप्त होंगे।

'धरती' का वो अंक हमने देख लिया है। 'बहस तलब' वाला आपका लेख पूरा पढ़ा। आपने एक खास कवि को समझने की अपनी विलक्षण दृष्टि सामान्य पाठकों के लिए सुलभ करा दी है। सुधी शोधछात्र ही नहीं, नई पीढ़ी के असंख्य अध्यापक आपके इस विवेचन से लाभान्वित होंगे...

पटना 18 को पहुँच रहा हूँ। वहाँ से गोमो पैसेंजर 20 की शाम को लूँगा। वो 21 की प्रभाती में हमें डाल्टनगंज पहुँचा देगी। शोभाकान्त को आपका पत्र अभी मिला–वो आपको कल लिखेंगे...

–नागार्जुन
आपका

131, टैगोर पार्क
दिल्ली-9
9.11.81

प्रिय भाई,

हमारा उस समय डाल्टनगंज नहीं पहुँच पाना मेरे लिए भी बड़ा ही यंत्रणादाय रहा—जो साथ ले जानेवाले थे, अंतिम क्षणों में उन्होंने गड़बड़ी कर दी...खैर...विगत दो महीने अस्वस्थ रहा हूँ। अब ठीक हूँ लगभग। जनवरी में पटना रहूँगा 15 रोज...खगेन्द्रजी मार्च तक लौटेंगे।

15 दिसंबर तक यहाँ हूँ।

इधर राधाकृष्ण प्रकाशन (दिल्ली) से 'हजार-हजार बाँहोंवाली' नाम से कविताओं का हमारा संकलन छपा है। 'पत्रहीन नग्न गाछ' का रूपांतर हिंदी में, मूल सहित संभावना प्रकाशन (हापुड़) से छपा है। सोमदेव (दरभंगा) ने रूपांतर तैयार किया था...शेष फिर...स्वस्थ हैं न ?

—आपका
नागार्जुन

●

उषा किरण खान के नाम

C/o श्री प्रभात मित्तल
हापुड़ (उ. प्रदेश)
4.2.79

मिनि,

नरेन्द्र कोहली ने तेरे ऊपर आरोप लगाया है—"यह महिला अपनी रचनाओं पर श्रम नहीं करना चाहती !" लेकिन तेरे बचाव में मैंने उसे समझाना चाहा—"बेचारी कहाँ से इत्ता-सारा वक्त लाएगी ! एक दुर्दान्त अनमनीय पुलिस उच्चाधिकारी को सँभाले रखना क्या कोई मामूली दायित्व है ? और, फिर लड़कियों को कालेज में रोज-रोज ज्ञान-दान...और फिर चार-चार बच्चों का अभिभावकत्व...मुझे उस पर दया ही आती रही है...बेचारी ! मिनी..."

दरअसल नरेन्द्र की पत्नी मधुरिमा कोहली तुम्हारी मजबूरियों को भली-भाँति समझती है...उसने भी तुम्हारा पक्ष लिया...

बहरहाल, कादम्बिनीवाली रचना पसंद आई...मैं सोचता हूँ, तू इसी तरह के

लघु-निबंध लिखती जाना। 'विद्या-वारिधि' तो है ही तू...

मैं अब 5 मार्च से पहले पटना नहीं पहुँच पाऊँगा...गुजरात (बड़ोदा-अहमदाबाद) जाने का प्रोग्राम बन गया है इधर तो ! जी हाँ, 23-24 को बड़ोदा में एक 'वृहत कवि सम्मेलन' है। उसके लिए अध्यक्षता करने का आमंत्रण आया है। मैंने स्वीकृतिसूचक पत्र डाल दिया है...इस विषय में फिर से विस्तारपूर्वक बतलाऊँगा...अपने साहब से इस बुड्ढे का सलाम बोल देना ! हाँ भूलना नहीं ! भई, अपन तो खौफ खा जाते हैं उस IPS से...गो, वह—अंग्रेजी साहित्य का कभी का अध्यापक...हाय, तारीफ तो नहीं करनी है उसकी और वह इस तरह—अंतर्देशीय में ! ना बाबा।...

अंशु ने मुझे नहीं लिखा ! न लिखे, मैं तो फिर लिखूँगा...तुहिन, अनु, मनु सारे ही शैतान हैं न ?

चाचा तेरा अपना
नागार्जुन

*

श्रीनगर (काश्मीर)
12.7.82

मिनि डियर,

18 को वापसी निश्चित है। यहाँ से जम्मू तक विमान से। आरक्षण ले लिया गया है। कुल 20 मिनट लगते हैं। बस से 10 घंटे...

दो दिन जम्मू रुककर हम गढ़वाल (लैंस डाउन) के लिए प्रस्थान करेंगे, स्याल्दा एक्सप्रेस से नजीबाबाद...वहाँ वाचस्पति मुझे लेने आएँगे।

हरिहरजी का पत्र मिला है। उससे पता चला—"भैया गाँव चले गए हैं" अर्थात् शोभाकान्त तरौनी में हैं।

श्रीकान्त कलकत्ता गए हैं, अपनी कंपनी के काम से। इस महीने के अंत तक वापस (दिल्ली) लौटेंगे। मकान (परिवारोचित) मिल गया है।

आप अगला पत्र गढ़वालवाले पते पर डालो...

C/o वाचस्पति
जहरीखाल (जिला गढ़वाल)
Pin -246139

यह पता 20 अगस्त तक के लिए...

अपने स्वास्थ्य के बारे में, रामबाबू के दाँतों की सेहत के बारे में, नाजुक स्वास्थ्यवाली कनु के बारे में लिखो...अंशु कहाँ है ? जमशेदपुर या पटना ? तुहिन और तनु ठीक ही होंगे...फेकन को मेरी आशीष बोलना...

आदरणीय शशिधर 'खाँ' महोदय, और सुकवि राकेश (नू.रा.) सकुशल होंगे...

और हाँ, मुन्नी ! श्रुतिखान् यानि कु. मुन्नी भी याद आ गई, उसे मेरा प्यार बोलना...

—ना.

काका तुम्हारे

•

श्री रामचन्द्र खाँ के नाम

महेन्द्रू, पटना-6

28.2.64

प्रिय पुत्र राम,

पत्र कल शाम को मिला है। मैं सोच ही रहा था कि तुम्हें लिखूँ। अब, इतने दिनों बाद अवसर हाथ आया।

हाँ, दिल्ली का जीवन तुम्हें अजीब लगता होगा। आर्थिक असुविधाएँ और भी परेशान कर रही होंगी...

कलकत्ता दिल्ली की अपेक्षा कहीं ज्यादा अनुकूल रहा होगा। मैं सोचता हूँ, कलकत्ता आ जाओ दस-पाँच रोज के अंदर—कलकत्ते में कहीं-न-कहीं कोई काम ले लो और फिलहाल साल-भर के लिए वहीं जम जाओ।

बंबई—मद्रास—कलकत्ता और दिल्ली में से दिल्ली ही सर्वाधिक बेढंगी और 'सारहीन' महानगरी लगती है मुझे तो ! राजनीतिक कारणों से दिल्ली का चाहे जो भी महत्त्व हो, बाकी और दृष्टियों से यह बिल्कुल 'अंधेर नगरी' प्रमाणित होगी। क्या मैं कोई गैर-मुनासिब रिमार्क कस रहा हूँ बेचारी पर ?

मैं 1-3 को कलकत्ता जा रहा हूँ। वहाँ तीन रोज रहकर सीधे इलाहाबाद, गया वाली लाईन से। फिर मार्च के मध्य में एक सप्ताह के लिए दिल्ली तत्पश्चात् अप्रैल-मई-जून और जुलाई चारों महीने बिहार में रहने का निश्चय है। तुमसे मुलाकात शायद अप्रैल में कर सकूँगा।

मिनी से नहीं मिल सका। वह 3 को लौट रही है, 21 को सुवेश उसे गाँव ले गया है। कल मैं उपेन्द्र ठाकुर से मिला हूँ। कह रहे थे—'तेज लड़की है, काफी आगे जाएगी।'

तुम्हारा अगला पत्र मुझे कहाँ मिलेगा ? कलकत्ते का पता दे रहा हूँ : c/o गीतेश धर्मा, 62 मनोहर दास स्ट्रीट, कलकत्ता 6, मगर अंततः 2 की शाम तक पत्र को डाक में डाल दोगे, तभी मुझे वह मिल सकेगा।

प्यार

—नागार्जुन

महेन्द्रू, पटना-6
29.2.64

प्रियवर राम बाबू,

एक अंतर्देशीय मिला होगा। आज सबेरे डाक में डाला था। कलकत्ता मैं कल प्रातःकाल 'तूफान' से जा रहा हूँ। वहाँ-5-6 तक रहना होगा, ऐसा सोचकर तुम अब इत्मीनान से पत्र लिख सकते हो। 3 के बाद अगर लिखो तो इलाहाबादवाले पते पर ही लिखना।

और सब ठीक है। 6 और 15 के दर्म्यान अगर तुम इधर आते हो तो इलाहाबाद में हमारी मुलाकात हो जाएगी। मिनी से मिलना न हो सका—अब अप्रैल के प्रथम सप्ताह में ही उससे मिल पाऊँगा। अप्रैल के आदि से सितंबर के अंत तक पटना ही अपना हेड क्वार्टर रहेगा। अगला पत्र कलकत्ते से लिखूँगा।

—नागार्जुन

विनय भरत के नाम

17.6.93

डियर विनय भरत,

हमारे प्रिय स्नेही तरुण अविनाश ने तुम्हारा पत्र मुझ तक पहुँचाया। पत्र पढ़कर बड़ी खुशी हुई थी।

अब चमत्कार ये रहा कि तुम्हारा वह मूल पत्र कहीं छिप गया है। मैंने लाख कोशिश की, लेकिन वह सामने नहीं आ रहा है। खैर कोई बात नहीं, हम महसूस कर रहे हैं कि तुम सामने बैठे हुए हो। दिन के दस बजनेवाले हैं और हम एक नौजवान को संबोधित करने के मूड में अपने को ले आए हैं।

राँची मुझे पिछले पंद्रह वर्षों से बुला रहा है, मगर मैं उस बुलावे का जवाब नहीं दे पा रहा हूँ। राँचीवाले हमारे कुछ प्रिय मित्र अब नहीं हैं। वो चल बसे हैं। शायद अगले वर्ष मार्च तक मैं राँची अवश्य पहुँचनेवाला हूँ। मगर इस अवधि में तुम्हारे हमारे मध्य प्रेम-पत्रों के आदान-प्रदान चलते रहेंगे, दृढ़ विश्वास है तुमको ज्यादा बोर नहीं करूँगा...यह अविनाश हमें तुम्हारी तरफ आकर्षित करता रहेगा।

पिछले अक्टूबर में राँची निवासी हमारा एक प्यारा परिवार (हाँ, पूरा परिवार ही कह लो) हमसे मिलने दिल्लीवाले हमारे निवास तक पहुँचा। वे लोग कांके रोड में किसी स्थान पर मकान बनाए हुए हैं। युवक एडवोकेट राजीव लोचन झा अपनी माँ एवं पिता के साथ साक्षात् सामने पहुँचकर मुझे चकित कर चुके थे। उनके प्रति मैं वचनबद्ध हुआ कि मैं राँची अवश्य पहुँचूँगा...और बहुतेरे हमारे मधुर संबंधोंवाले मित्र राँची रहते हैं। फिर अब तुमसे भी भावनात्मक रिश्ता जुड़ गया है। खैर अपना कुशलमंगल सूचित करते रहो।

यहाँ तुम्हारी जगह अविनाश पहले से ही बैठा है। वो मुझे बहुत परेशान करता है। भूले-बिसरे मेरे कर्त्तव्यों की याद दिलाता रहता है। अपने परिवार में कई बार ले गया है और भविष्य में भी ले जाता रहेगा।

अपने माता-पिता से मेरा नमस्कार बोलो। अभी मैं अपने उद्गारों का समापन कर रहा हूँ। अब अविनाश तुमसे कुछ कहनेवाला है और तुम हो और अविनाश है; हम अब स्वस्थ हो रहे हैं। इति।

—नागार्जुन तुम्हारा
दरभंगा
17.6.93

●

अशोक माहेश्वरी के नाम

पटना-I
बिहार
20.10.82

अशोक,

आप दो-तीन रोज विदिशा रहकर 29.10 तक जगदलपुर जरूर पहुँचो। रायपुर में ललित-सुरजन से मिलकर जगदलपुर के लिए 'सुपर फास्ट' बस से यात्रा करना। मैं पहली नवंबर को ही रायपुर लौट आऊँगा। चार नवंबर को मुझे दिल्ली वापस पहुँचना है। अभी मैं अपनी सुविधा के लिए ही पटना से सीधी ट्रेन (23 की रात को) कटनी के लिए ले रहा हूँ। यानि 25 को पूर्वाहण में रायपुर पहुँचेंगे हम। शोभाकान्त मेरे साथ होंगे। वो वापसी में दिल्ली तक अपन लोगों का साथ देंगे। शोभाकान्त को 10 नवंबर तक पटना वापस लौट आना होगा।

मैं अशोक अग्रवाल को अलग लिख रहा हूँ। वो आपको 500/ (पाँच सौ रु.)

देंगे। जरूर उनसे यह रकम ले लो।

श्रीकान्त-श्यामाकान्त को अलग लिख रहा हूँ। सरिता रानी को भी। श्रीकान्त की माँ 18 की शाम को बस द्वारा दरभंगा गईं। दरभंगा में रात्रि-विश्राम करके 19 की सुबह तरौनी पहुँच गई है।

सुनीत कुमार को मुक्त कर दिया। वो पटना से सीधे जमालपुर (मुंगेर) गए। आदरणीया—नं. I को गाँव पहुँचाने के लिए राकेश चौधरी को साथ कर दिया...

—नागार्जुन तुम्हारा

●

भारत यायावर के नाम

लहेरियासराय
दरभंगा
2.7.87

परम प्रिय भा.या.,

पत्र पाकर बड़ी खुशी हुई। 25 को इधर आ गया हूँ। पटना शायद 15.7 के बाद पहुँचूं। उधर 10 रोज रहकर दिल्ली जाने का इरादा है। पंजाब जाने के लिए दिल जोर लगाता है—पटना से निकलकर फरवरी 88 तक बिहार लौट पाएँगे।

महीने में दो पत्र तुम्हें लिखा करूँ, ऐसा सोचता हूँ।

फारबिसगंज में जयशंकर बड़ा ही 'डायनेमिक' युवक है। वह अपने आपमें 'छोटी-मोटी आंचलिक संस्थान' है। बड़ा ही 'ज्वलंत चेतना' वाला व्यक्ति लगा। हमें यहाँ तक पहुँचाने के लिए बच्चा यादव आए। M.Sc. संकल्पित भावनाओंवाला एक युवक—वह बेहद गंभीर है...

हमें यहाँ से शोभाकान्त 18.5 को ले गए, फारगंज पहुँचकर वो अगले ही रोज लौट आए।

हम एक दिन विराटनगर गए। वहाँ मातृका बाबू के घर, पूर्वी नेपाल के तरुण कवियों की अच्छी-खासी गोष्ठी हुई। वो सब बड़ा ही अच्छा लगा...

अपने पुराने मित्रों से मिलने पूर्णिया भी जाना हुआ...बस, और फिर बतलाऊँगा...

—नागार्जुन तुम्हारा

•

अनुराधा शंकर के नाम

C/o श्री कमलेश्वर
'सारिका' ऑफिस
टाईम्स ऑफ इंडिया, बंबई-1
1.11.76

अंशु,

तुम्हारे नाम का यह लिफाफा लगभग दो महीनों से मेरे साथ यात्राएँ करता घूम रहा था। आज इसे मुक्ति का अवसर मिला है...

दरअसल, ढेर-सारे पत्र लिखने थे। काम यह हो नहीं पा रहा था। अभी रात के 3 ही बजे हैं। छै बजे तक ढेर सारे पत्रों के संक्षिप्त या साधारण या 'शालीनता-सूचक' अंतर्देशीय कोटि के 'जवाब' दे लूँगा—एक बोझ हल्का होगा न ? 8 के लिए रिजर्वेशन मिला है। बंबई-हावड़ावाली 'जनता' ट्रेन की 'शायिका' में एक बर्थ ! धन्य भाग्य !!

लगभग महीना भर रह चुकूँगा—6 अक्टूबर के मध्याह्न में बंबइया हवा की पहली पुलकन महसूस हुई थी। यानि कुल छै घंटे यहाँ रहना हुआ। अतिशीघ्र पूना पहुँचना अनिवार्य प्रतीत हुआ—सो, 'महालक्ष्मी एक्सप्रेस' से, रात को साढ़े दस बजे 'शिवाजी नगर' जा पहुँचा। अगले ही रोज सवेरे 'अ.भा. हिंदी लेखक सम्मेलन' का त्रिदिवसीय अधिवेशन उद्घाटित होने जा रहा था न !

सोचता हूँ, तुम सभी भाई-बहनें एक बार बंबई आकर 'दस अहोरात्र' घूम-फिर जाते ! काश, ऐसा हो पाता ! राम बाबू के लिए असंभव नहीं है कुछ भी...वो कर सकता है—ऐसा...आनन-फानन में। जी हाँ, राम बाबू यह काम तुम्हारे लिए कर लेंगे—कर सकते हैं। बेचारे को वक्त ही कहाँ मिलेगा ? कब मिलेगा ?

थोड़ी-सी बातचीत हुई थी हमारी—याद है न तुम्हें ? हमने यों ही छिटपुट बातें की थीं...लेकिन तुम्हारी समझदारी की जो छाप मेरे इस दिमाग पर पड़ी, उसमें मैं काफी प्रभावित हुआ था अंशु ! सच यों ही तुम्हें फुलाने की नीयत से यह बात मैंने नहीं लिखी सच !

'सारिका' वाला पता इस्तेमाल कर रहा हूँ...रहना होता है 'मुलुंड' में। अपने भक्त अनुरक्त प्राध्यापक बंधु डॉ. वंशीधर पंडा (झाँसीवाले) के पास संयोगवश इन दिनों दो स्थान हैं। यह उपनगर 'बृहत् बंबई नगर महापालिका' के अधिकार-क्षेत्र के अंतिम छोर पर है (बंबई और कल्याण जंक्शन के बीच) यहाँ से बंबई शहर 20 मील दूर है। बिजलीवाली लोकल ट्रेनें तीन-तीन मिनट-पाँच-पाँच मिनट पर जाती-आती हैं (रात में पौने दो घंटे ये लोकल गाड़ियाँ विश्राम करती हैं—डेढ़ बजे से लेकर सवा तीन बजे तक या पौने तीन से साढ़े चार तक ? ऐसा ही कुछ होगा न ?)। यहाँ 'यातायात' बिल्कुल सधा हुआ है। हमें पूरा एक घंटा लग जाता है शहर पहुँचने में। यह मध्य रेल-मार्ग पर

है। उधर 'पश्चिम रेल-मार्ग' सूरत-बड़ोदा-अहमदाबाद आदि की दिशा में या कोटा होकर दिल्ली की दिशा में अलग है। पंडाजी का परिवार दूसरे क्वार्टर में रहता है। यहाँ 'अति एकांत' के लिए रहना मुझे अच्छा लगा—इसी से सप्ताह में चार रोज यहाँ रह लेता हूँ।

और अब एक पंक्ति भी नहीं लिखूँगा। बोर करने के लिए इतना कुछ कम था क्या ? लेकिन, बेगूसराय तो मुझे पहुँचना है न फिर से ? और, इस बार यह बहाना कहाँ रहेगा कि तुम्हारे बँगला (कोठी) का जुगराफिया मालूम नहीं था, इसी से...यानि, बस स्टैंड से एक बार सीधे तुम्हारे घर पहुँचना है न ?

महानुभाव 'तुहिन साहब' के क्या हाल हैं ? हाय राम, औरों के नाम तो भूल ही गया हूँ, चलो, इस उम्र में भूलना भी कुदरती कहलाता है...

मिनी को आशीष। राम बाबू को दुआ और थोड़ा सलाम भी...

अंशु, अब और कितना भरूँ इस कागज को ! भर तो डालूँ, मगर वो भी 'अति' हो जाएगी न ?

इति नाना तुम्हारे यानि
नागार्जुन
यात्रीजी भी

●

श्री शेखर पाठक के नाम

21.12.81
नौ बजे, सबेरे

भाई शेखर पाठक के नाम
सबेरे-सबेरे चार सतरें
जहरीखाल से...

तुम्हारा 'पहाड़'
इस बूढ़े बंदर को
यहाँ लैंसडाउन तक
खींच ले आया है !
जी हाँ, पाँच हजार दो सौ पच्चीस फुट ऊपर।
बना रहे वाचस्—शकुन् का प्यार...
बने रहें चि. अनिमेष के लाड़-दुलार...
बनी रही घुमक्कड़ की मानसिकता का यह संसार...

सुनो जी, शेपाक् !
स-शरीर कब तुम तक पहुँचूँगा मैं ?
बतलाओ शेपाक्, बतला ही दो !
अकेले-अकेले पदयात्रा में
कभी इस बुजुर्ग मर्कट को भी
साथ कर लेना प्यारे !
हाँ, सच, तुम तो 'हिच-हाइकिंग' के शौकीन ठहरे !

एक रात
मैं सपने में
तुमसे मिल गया...
तुम्हारी शकल-सूरत का
वह एक प्रलंबित देह यष्टि' का युवक था
यायावर की भूमिका में
खड़े-खड़े ही अपने मग में
चाय पी रहा था !
मैंने आवाज दी—"शेऽऽखर् !"
वो मेरी तरफ मुस्कानें बिखेरने लगा...
कुछ रुककर वो बोला—
"माना-नेती तक जा रहा हूँ बाबा !
"चलते हो साथ ?
"नहीं, अभी नहीं !
"अभी तो हमारा चार-पाँच का
"यह अभियान-दल
"जरा जल्दी में है बाबा !
"तुम्हें फिर कभी ले चलूँगा..."
और अपने किड-बैग के अंदर
मग डालकर तुमने कहा—
"आमीन ! बाबा प्यारे।
"आमीन ! अर्जुन नागा !"
और तुम्हारा वो
अभियान-दल
गुमखाल की दिशा में
आगे बढ़ गया !
और मैं वापस

अपने अड्डे में
पहुँचकर
देर तक शेखर पाठक के बारे में
सोचता रह गया, सोचता ही रह गयाऽऽऽ

और अब
अल्मोड़ावाली उस पत्रिका में
('जंगल के दावेदार' में)
तुम्हारी पदयात्रा के बारे में
मालूमात हासिल कर चुका हूँ न !
शेपाक्, अपन को अब
मिलना ही चाहिए...
नहीं मिलना चाहिए ?
अरे, यों मत मुसकिराओ !
'हाँ', कहो ! 'हाँ', कहो !!!
कहते हो कि नहीं ?

अथ चिट्ठी-पत्री

सिद्धी श्री सर्वोपमा जोग पाठक प्रवर
चन्द्रशेखरजी के नाम पाती
लिखी जहरीखाल-मुकाम से,
ईसा मसीहवाले वर्षाब्द उन्नीस-
सौ इक्यासी-महीना दिसंबर—
दिनांक एकविंशति, तदनुसारेण
सोमवासरस्य पूर्वाह-क्षणे...

अत्र कुशलं तत्रास्तु !
अपना कुशल-समाचार
हमारे दिल्लीवाले पते पर
सूचित करो। यहाँ शकुन्तला
और वाचस्पति और चि. अनिमेष
और इन सबका श्वान-सहयोगी
श्री 'मिंटू' और मकान मालिक एवं
मकान मालकिन आदि सब स्वस्थ-प्रसन्न

हैं। आपको नमस्ते बोलते हैं...

मैं 29 को सवेरे मंसूरी एक्सप्रेस से दिल्ली वापस पहुँचनेवाला हूँ। 15 मार्च से 31 जुलाई तक यहीं अपने लेखन-अनुष्ठान में जुटने का संकल्प लिया है...

तुम्हारा

—नागार्जुन

●

हिमा कौल के नाम

9.11.82

हिमा,

तुम्हारा पत्र मिला।

तसल्ली हुई। पटना से पहली नवंबर को लौटा हूँ। 15 रोज बाद। यहाँ डाक इकट्ठी हो गई थी। तेरा वो खत भी उन पत्रों में था जो तूने श्रीनगर पहुँचकर लिखा था और जिसमें मटन के नीले चश्मे में तैरती मछलियों का जिक्र था...और, अब यह दूसरा पत्र मिला है। पहले का एक खत खुमि का भी था (15.10 का)...हमने पटना से आने के बाद, तुम दोनों को खत डाले हैं। अब मिल चुके होंगे।

'कालिदास समारोह' वाला प्रोग्राम (मूल पत्र) भेज रहा हूँ। यह नौ रोज चलेगा। सत्ताईस नवं. से पाँच दिसंबर तक। तू 25 नवंबर तक उज्जैन जरूर पहुँचना ताकि रास्ते की थकान से फ्रेश होने का वहाँ वक्त मिलेगा तेरे को। गर्ल्स हॉस्टल में तेरे ठहरने की व्यवस्था हो जाएगी।

विक्रम विश्वविद्यालय के कैंपस में छात्राओं का हॉस्टल है। उसमें तुम्हारे ठहराने का प्रबंध पहले से ही करवाकर रक्खेंगे...ठहरने की चिंता न करना।

जम्मू से 'झेलम एक्सप्रेस' चलती है, सप्ताह में दो बार। जम्मू से पूना जाती है—आगरा और भोपालवाले रूट से। भोपाल से ट्रेन पाँच घंटे में उज्जैन पहुँचा देगी। बसें भी जाती हैं।

दूसरा रूट है पश्चिम रेलवे का—दिल्ली, मथुरा, भरतपुर, कोटा, नागदा, रतलाम होकर बंबई जाते हैं। नागदा से दूसरी ट्रेन लेनी होती है, वो दो घंटे में उज्जैन पहुँचाती है। दिल्ली से उज्जैन के लिए एक बोगी (कंपार्टमेंट) जुड़ती है, वो नागदा में उज्जैनवाली ट्रेन में लग जाती है।

25-26 तक मुझे उज्जैन पहुँचना है। मैं 20 तक ही उज्जैन पहुँच रहा हूँ। दिल्ली से 15 को ही मुझे प्रस्थान करना है। विदिशा और इटारसी। फिर भोपाल से बस द्वारा

उज्जैन पहुँचेंगे। इक्कीस या बाईस तक। और सब ठीक है। सरिता तुम्हें नमस्ते कह रही है। तुम फिर दिल्ली आओगी, तुम फिर उसे मिलोगी, यह जानकर सरिता की आँखें चमकने लगीं...वो अपने बाबूजी की (आदरणीयजी की) वस्तु पकाकर-तलकर-भूनकर-बघार कर सामने लाती रहती है। नए-नए गृह-जीवन में सरिता ने अभी-अभी प्रवेश किया है। वो अनुशासित एवं सुशील बालिका है। इन्दो रानी का स्वास्थ्य थोड़ा ठीक है, यह जानकर तसल्ली होती है। तुम्हारे घर में जो लोग हैं, उनमें बंभोलेनाथ और रंजू के चेहरे मेरी नजरों में कभी-कभी इन्द्रधनुषी झलक दे जाते हैं। इन्दो रानी मुझे झेलम जैसी गम्भीर और प्रवाहमयी प्रतीत हुई। खुमि बिना बादल की बिजली लगती है। किशनी और पवित्रा झरने हैं। रवि चाँद-सा लगा। और तू कैसी है ? नहीं कहूँगा...

श्रीकान्त की माँ दिसंबर के अंत तक दिल्ली आएँगी। तुम्हारी मुलाकात उनसे बार-बार होगी। वो चाहेंगी कि तुम दोनों बहनें और इन्दो रानी दिल्ली में उनके साथ रहो।

तुम ठीक सोचती हो कि गीता गुप्ता को उज्जैन जाना होगा तो खुद से जाएगी—उसे साथ करने से तुम्हारा झमेला होगा। आप 25 तक स्वयं उज्जैन पहुँच जाओ। दिल्ली से मसरूर साथ नहीं जा सकेंगे तो श्यामाकान्त तुम्हारे साथ जाएँगे। उज्जैनवाली बोगी में तो श्रीकान्त भी तुम्हें बैठा देंगे !

मुझे उम्मीद बँधी है कि पटना की एक पुरानी लाइब्रेरी में रामायण मंजरी मिल जाएगी। मिलने पर तू उसका उपयोग करेगी, यह निश्चय है। अब, इस अवधि में तू किस पते पर मुझे खत डालेगी ? 15 से 21 तक मेरा पता विदिशा का रहेगा। (c/o डॉ. विजय बहादुरसिंह, 48-स्वर्णकार कालोनी, विदिशा (मध्य प्रदेश) हाँ, हमारे उज्जैन वाले पते पर (c/o श्री शमशेरबहादुर सिंह, प्रेमचन्द सृजन पीठ, विक्रम विश्वविद्यालय, उज्जैन) एक खत डाल देना कि अमुक तारीख को जम्मू से अमुक ट्रेन द्वारा प्रस्थान करोगी...

बस, अब इस समय और एक शब्द भी नहीं लिखूँगा...मेरठ हास्टल से शारदा कुमारी ने हिमा को याद किया है...

—ना.

●

आनंद शंकर माधवन के नाम

नई दिल्ली-14
17.8.65

डियर माधवनजी,

अक्सर मेरा छोटा सा पत्र पाकर आप झल्ला जाते हैं न ? और मैं भी 'शेष फिर',

'शेष फिर' लिखता रहता हूँ हर बार। आपकी शांति में अमूमन खलल ही डालता हूँ कि अकस्मात् 'संक्षिप्त' रूप में आपके सामने जा धमकता हूँ मौके-बेमौके...

आपके इस छोटे से पोस्टकार्ड ने मुझे काफी कुछ व्यक्तिगत बातें लिख डालने के लिए उकसा दिया है। मगर अपने पर लगाम लगाए रहूँगा–कहीं ऐसा न हो कि अर्जुन नागा अपनी दुनियादारी के झमेलों का मटमैला झाग ढेर सारा आपके मन मंदिर के अंदर रेल दे। आप फक्कड़ अवधूताचार्य, क्या कीजिएगा इन झंझटों की झाँकियाँ लेकर ? नहीं भाई, ऐसे तो काम चलने का नहीं। आप माननेवाले जीव थोड़ई हैं। काफी कुछ मुझसे उगलवा लेंगे न ?

...इति उपोदघातः–

बहरहाल मैं यहीं जम गया हूँ। कई प्रकाशकों से खुदरा काम ले रखे हैं। हर महीने 500/- तो चाहिए ही न ? 150/- अपने पर खर्च आता है। बाकी पटना टी.एम.ओ. जाता रहता है। कभी कुछ कम, कभी कुछ ज्यादा...उधर लगभग दो हजार कर्ज चढ़ गया, धीरे-धीरे उतरेगा। बड़ा लड़का (शोभाकान्त : 22) पटना कालेज का छात्र है। अगले वर्ष बी.ए. आनर्स कक्षा में आ जाएगा। उससे छोटा इस साल मैट्रिक (तृतीय श्रेणी) पास हुआ है...उससे छोटा (तीसरा) 10वीं कक्षा का छात्र है, साइंस ले रखी है। उससे भी छोटा (चौथा) सेवेंथ में। दो पुत्रियाँ। पढ़ती हैं वे भी। सबसे छोटी 9 की। पत्नी श्रीमती अपराजिता : 48...सामान्य साक्षर। गंभीर और सहिष्णु। समूचा परिवार इन दिनों पटना रह रहा है। हमारा पैतृक निवास स्थान पड़ता है तरौनी (जि.–दरभंगा)...यत्किंचित् भूमि शेष है, कुल मिलाकर आठ क़ट्ठा। खँडहरनुमा मामूली-सा घर है वहाँ, खबर आई है कि अबके बैशाखी तूफान ने उसकी कचूमर ढीली कर दी। चलो अच्छा हुआ।

'खाक अच्छा हुआ'।–अपराजिता मुँह बनाकर अपनी खीझ जाहिर कर रही है। मैं निगाहों के सामने से ब्राह्मणी की उस खीझ भरी मुद्रा को हटा कहाँ पाता हूँ।

और-और क्या। फिलहाल इतना ही काफी रहेगा न ? नहीं ?

नागार्जुन

पुनश्च : यह दो कमरोंवाला छोटा सा काटेज 110/- में हमने भाड़ा [पर] लिया है दो मित्रों [ने] मिलकर। यहाँ से कनाट प्लेस 7 मील पड़ता है। शनिवार, सोमवार और मंगलवार तीन ही रोज निकलता हूँ। स्थान बहुत बढ़िया है, परिवेश शानदार।

आपने 'प्राच्य भारती' के अर्थसंकट की बात लिखी थी। जिस आकार-प्रकार में, जैसी सज-धज में वह निकलती रही है, उसमें मुझे घोर एतराज रहा है। यह दूसरी बात थी कि मैंने अपना यह आक्रोश अब तक आपको मालूम नहीं होने दिया...अच्छे विचारोंवाली पत्रिका को क्या ऐसी भद्दी शक्ल में निकालना चाहिए ?

ना.

*

नई दिल्ली
31.8.65

प्रिय भाई,

आपका पत्र मिला। इसे मैं कई बार पढ़ गया हूँ और कई बार अभी और पढ़ूँगा...दरअसल, इतनी आत्मीयता से आज तक किसी ने मुझे देखा ही नहीं। मैं जिस दुनिया में रहता आया हूँ वो है साहित्यकारों की दुनिया...तथाकथित मनुष्यों की दुनिया...इस दुनिया में मरने पर या मरणासन्न हो जाने पर ही बछिया की पूँछ थामने को दी जाती है। लोग अपील-दपील भी निकाल देते हैं...सहायता की तजवीज निकाली जाती है...संतान को किरानी के काम पर लगा देते हैं...मैं भी अगर अपनी यही गति करवा लूँ ?

54-55 की मेरी उम्र हो गई। इस उम्र के मेरे अनेक समानधर्मी साहित्यकार 'या लोकद्वय साधवे' चतुरता-सी चातुरी के साक्षात् प्रतीक बन बैठे हैं। और बंदा इस दृष्टि से ही 'बुड़बक बाभन' बना डोल रहा है...

देखो न, आपने कई बार मेरे बारे में विस्तारपूर्वक जानना चाहा, तब आकर अपनी 'करम कुंडली' की जरा-मरा सी झाँकी आपको दी मैंने।

हाँ, फिलहाल तो दिल्ली में भाड़ ही झोंक रहा हूँ। गत वर्ष इन दिनों अपनी किताबें बेचता घूम रहा था पूर्णिया की मंडियों में...ओफ, मैं आपसे चार-पाँच वर्ष पहले भी तो मिल सकता था। क्यों नहीं मिला साब ?

तो मुझे जल्द से जल्द मंदार आ जाना चाहिए ? मिलना चाहिए आकर अविलंब ? किसी छोटे शहर में प्रेस बैठाना चाहिए ?

यों, मेरा विचार दुर्गापूजा के दिन में लौटने का है ही। दो-तीन प्रकाशकों से कुछ सामान्य काम ले रखे हैं, उन्हें निबटाना है। अलावा इसके, अपनी आठ-दस पुस्तकें 'आउट ऑफ प्रिंट' हो चुकी हैं। आठ-दस (निबंध संकलन, काव्य-संकलन आदि) नई भी होंगी। इन्हें छपवाने की सुविधा कहीं हो जाए, सौ रीम कागज मिल जाए, साल-छै महीने की खातिर उधार तो लगभग तीस रुपए का सेट तैयार हो जाएगा। 3/-कीमतवाली—आठ फर्मेवाली दस पुस्तकों का सेट। इस सिलसिले में आपसे परामर्श करने की इच्छा पिछले मार्च में हुई थी, मगर बेवकूफी ही कहिए कि मंदार की ओर रुख नहीं करके इधर चला आया। साल भर के अंदर मैं उतना साहित्य यानि तीस हजार रुपया का नागार्जुन साहित्य बिहार के अंदर ही बेच सकता हूँ...तथाकथित साहित्यकार का रत्ती भर दंभ मेरे अंदर नहीं रहा कभी। मैथिलीत्व भी दस-पाँच प्रतिशत ही शेष रह गया है...5-7 साल बौद्ध-भिक्षु रहा उसका भी भौतिक लाभ नहीं उठाया। मार्किस्स्ट रहा, पार्टी मेंबर भी रहा, मगर मास्को-पेइचिंग जाने से कतराता रहा।

अभी और क्या लिखूँ ? आपके दिल में मेरे लिए इतनी आत्मीयता छलकी है, अभिभूत हूँ।

नागार्जुन

✻

पटना-6
7.7.67

प्यारे भाई,

तुम्हारा पत्र वक्त पर मिला था। (हाँ, अब आगे हम एक-दूसरे को 'तुम' ही संबोधित किया करेंगे...'आप' का आडंबर मेरी तरह तुम्हें भी असह्य लगता है ?)

22.5 को शादी हुई उर्मिला की। लड़के का नाम रत्नेश चौधरी। इस वर्ष मैट्रिक (साइंस) कर गया है, द्वितीय श्रेणी रिजल्ट हुआ। तेज तो काफी है मगर बीमारी के कारण 468 ही खींच पाया। डॉक्टरी लाइन में जाना चाहता है। पकड़िया निवासी गोपालजी चौधरी ने अपना लड़का हमारे हवाले कर दिया। उसकी कीमत कूती जा रही थी, 12000, और 10000 और 11000। पैसेवाले कई थे जिन्होंने काफी जोर लगाया मगर चौधरीजी राजी नहीं हुए। अंततः 'समधी' के तौर पर उन्होंने नागार्जुन को ही मनोनीत किया। समाज की तरफ से हमारे जैसे फक्कड़ को यह समझो कि 'प्रोविडेंट फंड' मिला है...हमसे उन्होंने एक पाई भी नहीं ली है...

मैं दंग हूँ कि समाज के अंदर ऐसे भी लोग हैं।

कोशी तटबंधों के अंदर अपना खेती का धंधा है। काफी जमीन है। मेरी तरह 'भूमिहीन' या यत्किंचित भूमिवाले नहीं हैं ये लोग। अपना तो मिल्कियत के तौर पर गाँव में साढ़े तीन कट्टा धनहर खेत है, नवान्न की विधि पूरी करने के लिए। जमीन का यह एक टुकड़ा अपराजिता के नसीब में था, जो शेष बच गया...बाकी समूचा वर्ष इसी कलम की घिसाई से काम चलता है परिवार का...

गर्मियाँ आ गई हैं, सर पर नाच रही है। तुम बम्बई तो नहीं हो ? रत्नगर्भा गुर्जरभूमि के हमारे वे लाड़ले इन दिनों कहाँ हैं। उनकी बहुत याद आती है।

बिटिया के लिए जोड़ीदार दूल्हा पाकर अपराजिता का दिल इन दिनों बेहद खुश है। सभी देहात में हैं। हमारे यहाँ लड़का ही रोक रखा जाता है, लड़की आठ-दस महीने बाद विदा होती है...इस दरम्यान लड़का आता-जाता रहता है।

लिखने को बहुत सारी बातें हैं, कागज खत्म। डियर माधवन, फिर इत्मीनान से लिखना चाहता हूँ। बल्कि मिल ही लेना चाहता हूँ...चार-छै घंटे साथ रहें तभी तसल्ली होगी—

नागार्जुन तुम्हारा ही

✻

●

सरिता माहेश्वर के नाम

C/o राजकमल प्रकाशन
सुभाष मार्ग
दिल्ली-6
1.11.70

सरो,

तेरा पोस्टकार्ड अभी रात को लगभग दस बजे मिला है—यानि कल ही आ गया होगा, चपरासी शाम को आज डाल गया होगा...

बस से गिरने की बात मालूम करके दिल को जाने कैसा लगा...हम भी पिछले मई में इसी तरह बस से गिरकर चोट खा गए थे !

दिवाली के दिन एक झमेले में फँस गया, अब इन दिनों भी व्यस्तता कई गुनी बढ़ गई है।

तीन-चार रोज के अंदर तुझसे होस्टल में आके मिलूँगा सवेरे-सवेरे। यों अगले रविवार को टैगोर पार्क सवेरे पहुँचना है ताकि करन सिंह आदि से भी मुलाकात हो...आज अभी शाम को आठ बजे निशात और सिद्दीकी साहब से टी-हाउस के निकट आधे मिनट के लिए मुलाकात हो गई...शेष मिलने पर ही।

—ना.

※

607, अतरसुइया
इलाहाबाद-3
15.11.71

सरिता,

पत्र मिला 10-11 वाला।

मैं दिसंबर के प्रथम सप्ताह में दिल्ली आ रहा हूँ। आगे का प्रोग्राम क्या होगा, पीछे तय करेंगे।

वहाँ 15-12 को अफ्रो-एशियाई लेखक संघ (भारतीय शाखा) की मीटिंग में मुझे उपस्थित रहना है...शेष बातें विस्तारपूर्वक अगले पत्र में।

—ना.

※

607, अतरसुइया
इलाहाबाद-3
12.10.71

सरिता,

तुम्हारा पत्र मिला।

मैं तुम्हारे पत्र की प्रतीक्षा कर ही रहा था।

अब मैं ठीक हूँ। काम शुरू कर चुका हूँ। नए उपन्यास में हाथ लगा दिया है। संभवतः डेढ़ महीना लगे इसमें। मैं शायद जनवरी में दो-चार रोज के लिए दिल्ली आ सकूँगा। वहाँ कई प्रकार की असुविधाएँ झेलनी पड़ती हैं मुझे। इस उम्र में अब पहले की तरह कष्ट सहने की क्षमता नहीं रह गई। यहाँ फिर भी सस्ता पड़ता है। सेवा के लिए लोग भी आसानी से मिल जाते हैं। छोटा नगर है, पचास जगहें दौड़ने की आवश्यकता नहीं पड़ती। काम की दृष्टि से सुविधा है। अस्सी प्रतिशत अनुकूल पड़ता है इलाहाबाद...

तुमने लिखा : 'दो रोज के लिए आ जाऊँगी इलाहाबाद हो सका तो...' आ सकती हो। अतरसुइया 607 नं. का यह मकान स्टेशन से इधर सरस्वती खत्री पाठशाला के पास (नेहरू नगर डाकखाने के सामने) पड़ता है। मकान मालकिन बंगालिन है।

और क्या लिखूँ ?

प्यार और दुलार के साथ।

'बाबा' तुम्हारे
ना.

※

5-B, साहालेन
कलकत्ता-7
4.2.72

बेटा सरिता,

तुम्हारा पत्र मिला था। यह सोचकर इत्मीनान से विस्तृत पत्र लिखूँगा, कई-कई दिन नहीं लिखा। अब आज लगा कि संक्षेप में ही चार लाइनें लिख भेजूँ...तुम मई के अंत तक यहाँ आओगी क्या ? अच्छा हो कि कर्ण-सुधीश और सिद्दीकी दंपत्ति और भगवती और तुम यानि सबके सब ढाका देख आओ। साथ-साथ। कितना अच्छा रहेगा !

लगता है, कलकत्ता मुझसे चिपका रहेगा, जाने कितने दिनों तक। हर बार सोचता हूँ, अगले शनिवार तक रहूँगा...हर बार तारीख आगे खिसक जाती है ! यहाँ

से जमशेदपुर जाना था न !

विस्तारपूर्वक पत्र लिखूँगा, 3-4 रोज बाद।

मस्त रहो...

ना.

❊

5-B, साहालेन
कलकत्ता-7
14.4.72

सरिता, मेरी लाड़ो रानी बिटिया !

आशा है तुमसे यहीं मुलाकात होनेवाली है। कब से अवकाश आरंभ होगा और कब आ रही हो ? कर्ण-सुधीश भी तो आनेवाले हैं...

अच्छा होता, सभी 5.5 तक आ ही जाते !

मुझसे तो कलकत्ता बुरी तरह चिपक गया है सरिता ! निकलने का दिल ही नहीं करता...साहित्य की सामग्री का तो इधर समंदर ही लहरा रहा है...कथा-काव्य-नाटक-निबंध चाहे जितना छान डालो ! यानि, वैप्लाविक दृष्टियों की प्रखरता का पारस इधर ही नजर आता है, जिससे छूकर रचना चमक उठेगी...

अपने स्वास्थ्य का हाल लिखो...चावल नहीं खाना। चीनी भी कम कर दो।

रविवार का वक्त किस तरह गुजारती हो ? कालेज तो इन दिनों जाती भर होगी, पढ़ाई तो खत्म हो गई होगी। लड़कियाँ इम्तहानों की अपनी तैयारियों में मशगूल हो रही होंगी।

और, अभी क्या लिखूँ ! कई दिनों से लिखना चाहता था। याद तो तुम्हारी हरदम आती है लेकिन लिखना तो हफ्ता में एक बार भी नहीं हो पाता तुम्हारे नाम !

—ना.

❊

घघा घाट/महेन्द्रू
पटना-6
31.5.76

सरिता,

मैं ठीक हूँ। 26.4 को कारामुक्त हुआ। अस्वस्थ था न ! अब एक महीना विश्राम कर चुकने के बाद घूमने-फिरने लायक हुआ हूँ। जायसवालजी ने तुम्हारा कुशल समाचार

दिया। मैं 3 जून से 10 जून तक इलाहाबाद रहूँगा। तुम इधर कब आ रही हो ? कलकत्ता मुझे भी तो जाना है। अपना प्रोग्राम लिखना। दिल्ली तो 15 जुलाई के बाद ही पहुँच सकूँगा। इस बीच अगर तुम बरौनी रहो तो हम वहीं मिल लेंगे। सुधीश को लिखा है।

—ना.

※

घघा घाट/महेन्द्रू
पटना-6
7.7.76

प्रिय पुत्री सरिता,

इलाहाबाद से 30 को लौटा, तब तुम्हारा पत्र देखने को मिला। इस अवधि में मेरा कलकत्ता पहुँचना असंभव रहेगा। 20 जुलाई के बाद दिल्ली पहुँचने का इरादा है। एक डेढ़ महीना उधर ही रहेंगे। वहीं मिलना होगा।

कारा-मुक्ति के बाद एक महीना तक तो चला भी नहीं जाता था और न बोला ही जाता था।

अभी तक जायसवालजी से मिल नहीं सका हूँ...

तुम दिल्ली कब पहुँच रही हो ?

—नागार्जुन
तुम्हारा

※

C/o राजकमल प्रकाशन
8, नेताजी सुभाष मार्ग
दिल्ली-6
5.9.76

सरिता,

देख तो ज़रा, क्या परेशानियाँ हैं जो तेरे बाबा को दम नहीं लेने देते हैं ! ओफ्फोह, कित्ता अर्सा खिंच गया और तेरे नामवाले इस 'अंतर्देशीय' को लेटर बॉक्स के अंदर जाने का मौका ही नहीं मिला आज तक।

मैं सबको आशीष दे आया, दो ही तीन नव-दंपति रह गए हैं जिन तक पहुँच नहीं पाया हूँ—वो काम अब 20 के बाद ही होगा। मै भोपाल जा रहा हूँ एक सप्ताह

के लिए। यानि 13 से 20 तक दिल्ली से बाहर रहना है।

कोशिश तो यही रहेगी कि 12 का दिन का खाना हम तीनों फिर उसी रविवार की तरह साथ-साथ लें। हाँ, कोई खास किस्म की अड़चन आ पड़ी, तो कह नहीं सकता। लेकिन 12 को तुम और प्रभाजोत दिन के डेढ़ बजे तक मेरा इंतजार जरूर करना। मैं हर हालत में तुम तक पहुँचूँगा, 12 को दिन में ग्यारह बजे तक आ जाऊँगा। हाँ, भला !

वहीं, यदि प्रभाजोत गुड़गाँव जानेवाली हो उस रोज तो उसको खुशी-खुशी जाने देना...शायद, वो अब तक अपनी अम्मा से मिल भी आई हो।

क्या कलकत्ता और बरौनी से इधर पत्र-वत्र आए हैं ? पटना, जायसवाल को तूने लिखा न ? थीसिस के बारे में क्या तय रहा ? क्या अगले दो वर्ष काफी रहेंगे शोध-कर्म के लिए ? पटना बि. वि. या बिहार के किसी भी वि. वि. से या हिंदुस्तान की किसी दूसरी यूनिवर्सिटी से तुझे डॉक्टरेट मिल सकती है मगर अंततः दिल्ली वि.वि. ही तेरे लिए ज्यादा लाभप्रद प्रमाणित होगा। खैर, इस सिलसिले में तू खुद ही अच्छी तरह सोच सकेगी।

अभी और क्या लिखूँ ?

तेरा वही 'बाबा'
ना.

❊

C/o श्री कमलेश्वर/सारिका
टाईम्स ऑफ इंडिया भवन
बंबई-I
22.10.76

सरिता, प्रिय पुत्र !

संयोग ऐसा कि इस वर्ष की दिवाली (बंबई की) महाराष्ट्र में गुजर रही है। 14 वर्ष बाद इधर आना हुआ, सो बहुत अच्छा लग रहा है।

5 नवंबर तक यहाँ हूँ। फिर पटना की ओर रुख करूँगा। पूना में हिंदी लेखकों का सम्मेलन था 7-8-9 को, पूना के बाद यहीं हूँ...

दिल्ली से और भी 5-6 जने पूना सम्मेलन में पहुँच गए थे (डॉ. विनय, राजीव सक्सेना, बलदेव वंशी आदि)। बिहार से डॉ. विजेन्द्रनारायण सिंह, श्यामसुन्दर घोष आदि–कुल 100 जने बाहर के वहाँ पहुँच सके थे। आयोजकों से सभी को द्वितीय श्रेणी का दुतर्फा मार्ग-व्यय प्राप्त हुआ। अच्छा रहा...

तुम तो जमकर कलम चलाती हो नहीं कि ऐसे अवसरों पर आयोजक लोग तुम्हें याद करें...यानि जमकर लिखो और जमकर छपो। फिर देखो कि कैसे तुम्हें कहाँ-कहाँ

से बुलावा आ जाता है...हाँ, गुफा से बाहर निकलने के कई तरीके हैं जो तुम्हें अपना लेने चाहिए न ? दिल्ली अब दिसंबर के अंत तक पहुँच सकूँगा। शेष, फिर लिखूँगा।

तुम भी लिखो...शीघ्र...

—ना.

⁂

पटना-6
21.1.77

सरिता,

तू आ गई न लौटकर ? कैसा रहा ट्रिप ? अब यहाँ हमारी मुलाकात जायसवाल से शायद ही होगी। 24 को कलकत्ता जा रहा हूँ। उधर से रायपुर-नागपुर-भोपाल होकर दिल्ली पहुँच रहा हूँ। 15 फरवरी तक।

आगे अक्तूबर तक लगातार दिल्ली ही रहेंगे। लेखन-प्रकाशन के काम अब बाध्य कर रहे हैं, दिल्ली रहना ही पड़ेगा। अबकी एक रूम लेकर रहेंगे। साथ में देहात से एक परिचारक लाकर रक्खेंगे। जनकपुरी या मॉडल टाउन में ऊपरवाला रूम या मियानी टाईप का स्थान मिल जाए शायद। मिलेगा ही। डेढ़ सौ तक भाड़ा देंगे। खोजने में तुम्हारी सहायता मिलेगी ही।

आशा है तुम्हारी यात्रा मजेदार रही। रही न ? लोकसभा चुनाव आ गए। ढेर सारे लोग कारामुक्त हो रहे हैं। मुरली शायद नहीं छुटे--कारण यह होगा कि जिन दलों के प्रतिनिधि लोकसभा के सदस्य होते रहे हैं (विधानसभाओं के भी)—वे ही छोड़े जाएँगे। आनंदमार्गी—नक्सलपंथी-जमायते-इस्लामी—रा.स्व. सेवक संघवाले शायद बाद में (धीरे-धीरे) छूटें। हमारे मुरली बाबू भी शायद बाद में ही छूटेंगे !

अभी और क्या लिखूँ ?

—ना.
तुम्हारा

⁂

इलाहाबाद
10.2.80

सरिता डियर,

बहुत दिनों के बाद तुम सामने आईं—हाँ, तुम्हारी लिखावट में से तुम ब-खूबी झाँक रही हो !

अलग मकान मिलने पर शोभाकान्त अपना परिवार यहाँ ले आएँगे। तुम्हें पता है, सम्मेलन के निकट कोई भोजनालय (ठिकाने का) नहीं है—या तो उधर सिविल लाइन में होटल हैं या फिर स्टेशन अथवा चौक एरिया में कामचलाऊ भोजनालय है...शोभाकान्त ने स्टोव यहाँ भी लिया है। सबेरे-शाम मेरे लिए दलिया पका लेते हैं। दुपहर को हम कभी-कभी तंदूरी रोटियाँ खा आते हैं मुट्ठीगंज से...तुम्हारा शोध-यज्ञ कब पूर्ण होगा ? इस प्रसंग में बार-बार सोचने पर मुझे आचार्य श्री ललित शुक्ल पर गुस्सा आता है ! क्या वो गाइड होने के नाते क्षिप्रता नहीं महसूस कर रहे हैं ? उन्हें तो तीसरे वर्ष में तुम्हारा काम पूर्ण करवा ही देना था न ?

स्वास्थ्य ठीक है। लिखाई में अपेक्षित गति नहीं आ रही है। शोभाकान्त साथ ही रहेंगे, इससे सुविधा रहेगी ही...

संग्रहालय में बैठने पर शोभाकान्त को मेरी बीस कविताएँ और भी मिली हैं। कुछ निबंध और दो-तीन गल्प भी मिले हैं...कुछ शायद और भी मिल जाएँ...यह तो बहुत अच्छा रहा !

हम मार्च के मध्य में पटना जाने का इरादा रखते हैं। तुम पत्र महीने में दो बार जरूर डालो।

अभी और क्या लिखूँ ?

शोभाकान्त नमस्कार लिखवा रहे हैं...

नागार्जुन
तुम्हारा प्रिय बाबा

●

कुरू सानू (मिस कियो कुरू) के नाम

3 जून 84
जहरीखाल/U.P., INDIA

प्यारी पुत्री,

कुरू सानू !

आपका 26.5.84 वाला पत्र कल मिला। आपके प्रोग्राम की सूचना (यात्रा के बारे में) जानकर परम प्रसन्नता हुई है...

मैं 20 जुलाई को दिल्ली पहुँच जाऊँगा। आपकी अगवानी के लिए तैयार रहूँगा।

पिछले पत्र की वो लिखावट कु. किरण पांडे B.A. की थी। यह इन दिनों मेरे

लिए कुछ काम कर रही है। प्रतिदिन ढाई घंटे (दिन में 9 से 11.30 तक) लिखती है। संस्कृत के एक ग्रंथ ('आर्यासप्तशती') की अनुलिपि कर रही है। दो महीने तक किरण से काम लेना है। रविवार की छुट्टी रहती है। किरण के माता-पिता यहाँ, निकट पड़ोस में ही रहते हैं। दो सौ रुपए (200/-) किरण को मुझसे मिलेंगे। विनम्र एवं भोलीभाली बालिका है किरण...वाचस्पतिजी की छात्रा रह चुकी है...

आज रविवार है। इसी से तुमको स्वयं अपनी लिपि शैली में पत्र लिख रहा हूँ।

चार पाँच दिन बाद कुछ फोटो भेजूँगा—वाचस्पतिजी की, शकुन्तलाजी की, दोनों बच्चों की (चि. अनिमेष एवं चि. अलिन्द की)...

आपके ठहरने की व्यवस्था PWD के 'रेस्ट हाउस' में होगी। फिर यहाँ से हम टैक्सी द्वारा बद्रीनाथ-केदारनाथ—फूलों की घाटी आदि पहाड़ी स्थानों पर आसानी से पहुँच सकेंगे...मगर 'फूलों की घाटी' (वैली ऑफ फ्लावर्स) तो सितंबर में देखना चाहिए न ?

मैं पूर्णतः स्वस्थ-प्रसन्न हूँ। अगस्त में हम साथ-साथ पटना जाएँगे। पटना से लौटकर फिर से 'हिमालय-दर्शन' में आएँगे !

—नागार्जुन तुम्हारा

⁂

9.6.84

कुरू सान् !

मैं 25 जुलाई तक हर-हालत में दिल्ली पहुँच जाऊँगा...आप अपनी यात्रा की निश्चित तारीख के बारे में पक्की सूचना अविलंब देना...

छै सप्ताह ! अजी, आपको तो छै महीने के लिए भारत-भूमि आकर फिर से रहना चाहिए...

इन दिनों, लगभग हर-रोज मेरी मुलाकात 'महाप्राण' केंजी मीयाजावा से होती है...एकांत क्षणों में 'वसंत और यायावर' का पारायण गुनगुना कर करता रहता हूँ...ऐसा लगता है कि वो भी जहरीखाल की पहाड़ियों में फैले हुए इन ग्रामांचलों में, मेरे साथ टहलते-बूलते होते हैं...सच !

1660 मीटर की ऊँचाई पर 'जहरीखाल' का चुंगीघर। ऊपर, उत्तर की ओर सुदूर उत्तर की दिशा में 'फूलों की घाटी' पड़ती है...लगभग 300 किलोमीटर आगे...तिब्बत (चीन) की सीमा के निकट।

और सब ठीक है...स्वास्थ्य बिल्कुल ठीक-ठाक है...

दिल्ली में आपके रहते समय, मैं भी एक सप्ताह 'यमुना विहार' रहूँगा। उसके बाद मुझे तरौनी (दरभंगा) जाना होगा, आपकी भारतीय माता (अपराजिता देवी, 'श्रीमती

नागार्जुन') के पास। पन्द्रह दिन (दो सप्ताह) तरौनी रहकर मैं पटना पहुँचकर आपसे मिलूँगा—

इस वर्ष, सितंबर के आरंभ में 'केरल' पहुँचने का इरादा है...

नागार्जुन

⁂

14.6.84

जहरीखाल, U.P., INDIA

कुरू सान्,

पिछला पत्र मिला होगा। मैं 10/7 तक इधर हूँ। उसके वाद मुझे यहाँ से तरौनी (दरभंगा—उत्तर बिहार जाना पड़ेगा। चि. श्यामाकान्त ने सूचित किया उसकी माताजी (श्रीमती अपराजिता देवी) के पैर, गर्म खौलते पानी की केटली हाथ से छूट जाने पर पैरों की चमड़ी बुरी तरह झुलस गई है। हमारी बड़ी पुत्र-वधू (रेखा : शोभाकान्त की पत्नी) ने डाक्टरी चिकित्सा तुरत-फुरत करवाई। अगर ज्यादा जल गए होंगे पैर, तब तो पटना या दरभंगा के किसी बड़े डॉक्टर से दिखलाना था। वहाँ, तरौनी में हमारे परिवार में इन दिनों पुरुष सदस्य कोई नहीं रह रहा है। शोभाकान्त भी दिल्ली है !

मैं रेखा के पत्र की प्रतीक्षा कर रहा हूँ। चाहता हूँ, घाव ठीक हो गया हो। चाहता हूँ, पूर्व निश्चय के अनुसार, 25.7 तक इधर से दिल्ली ही पहुँच जाऊँ और अपनी जापानी पुत्री का दिल्ली में स्वागत करूँ ! ख़ैर सारे काम हमारी अपनी अभिलाषा के अनुसार तो होंगे नहीं !

''को-को-रा-ओ-को-मे-ते''

नागार्जुन तुम्हारा

⁂

5.7.84

ऋषिकेश

जि. देहरादून, भारत

प्रिय पुत्री कुरू सान् !

आप 29 जुलाई के प्रातः पालम पहुँच रही हो...भारत भूमि पर आपका स्वागत है !!

मैं 27.7 को दिल्ली पहुँच जाऊँगा। दिल्ली में हम बार-बार मिलेंगे...

चि. श्यामाकान्त भी इन दिनों दिल्ली (यमुना विहार) ही रह रहा है। आशा है,

श्यामाकान्त को आपके भारत-आगमन की सूचना मिल चुकी।

हम 5 अगस्त तक दिल्ली रहेंगे। उसके बाद बिहार जाना है, दरभंगा। अपने ग्राम (तरौनी) तक पहुँचकर श्रीमती अपराजिता देवी (श्रीमती नागार्जुन से मिलकर) तब हम पटना पहुँचेंगे। वहाँ आपसे बार-बार मिलना होगा।

10 सितंबर के बाद हम शांतिनिकेतन और कलकत्ता रहेंगे।

नागार्जुन आपका

※

26.8.84
दिल्ली-53

प्रिय पुत्री कुरू सानू,

हम 29 को यहाँ से पटना के लिए रवाना होंगे। पटना 30 को पहुँच जाएँगे। 'मगध एक्सप्रेस' में 'आरक्षण' मिला है।

जब से आप गई हो उसी समय से बादल बरस रहे हैं। इस वर्ष दिल्ली में, इतनी वर्षा नहीं हुई थी।

मौसम बड़ा ही सुहावना लग रहा है। जब, नवंबर के अंत तक मैं लौटकर दिल्ली आऊँगा, तब शीत ऋतु की शुरुआत रहेगी। तब तो और भी अच्छा लगेगा।

अगला पता अभी पटनावाला ही रहेगा। बीच में तरौनी जरूर जाएँगे, परंतु फिर पटना आ जाएँगे। डाक-व्यवस्था की शिथिलता के कारण गाँववाला पता नहीं डाल रहा हूँ। पत्रों के लिए हमने पटनावाला पता ठीक समझा। इसका ध्यान रखना।

आज छुट्टी का दिन है। दोनों भाई घर में हैं। शाम के पाँच बजनेवाले हैं। अभी-अभी हमने मौसंबी के तराशे हुए टुकड़े चूसे हैं।

अभी चार छै और पत्र लिख लूँगा। फिर BBC से बँगला और हिंदी में खबरें सुनूँगा—7.15 से 9.00 बजे तक। पूरे 105 मिनटों तक। यह क्रम नित्य चल रहा है लगभग।

और सब ठीकठाक है।

आप भी खुश रहो ठीकठाक।

अपने गुरु महानुभाव (श्री-श्री कोकि नागा) से नमस्कार कहो।

आप उनसे कहो कि दो-चार पंक्तियोंवाला 'लघु पत्र' हमें वो जरूर लिखें, अवश्य !

नागार्जुन
आपका

※

22.9.84
पटना (बिहार)

प्रिय पुत्री,

कुरू सानू,

हम यहाँ ठीक-ठाक हैं।

25.9 को तरौनी जाएँगे। तरौनी (जिला—दरभंगा) बिहार के उत्तरी अंचल में एक मशहूर गाँव है। 'बाबा बटेसरनाथ'—'वरुण के बेटे' और 'बलचनमा' यानि ये तीनों उपन्यास तरौनीवाले अंचल के आधार को छूनेवाले कथा-क्रम चित्रित करते हैं। 1935 ई. से लेकर 1955 के मध्य काल की घटनाओं का चित्रण प्रतीत होता होगा।

15 अक्टूबर के बाद हम बिहार से बाहर होंगे। पता लेकिन पटनावाला ही रहेगा। जब तक अगला पता न डालूँ तब तक आप इसी पते पर पत्र डालो।

अगला पत्र तरौनी से डालूँगा। 5.10 के बाद। अपने पूर्वजोंवाले गाँव (तरौनी) में, हरे-भरे खेतों के मध्य टहलते-बूलते समय मुझे बार-बार श्री केंजी मीयाजावा की पदावली याद आया करेगी।

भाई जितेन्द्र राठौर से थोड़ी देर के लिए कॉफी-हाउस में मुलाकात हुई। आज भी होगी। राठौर के घर भी जाना है...

नागार्जुन

❊

4.10.84
तरौनी/दरभंगा
(बिहार)

प्रिय पुत्री कुरू सानू,

हम यहाँ पिछले छै रोज से हैं। 8 तक रहेंगे और तब पटना जाएँगे।

पटना में गोपा से और गोपा के पति से मुलाकात हुई—बड़ा ही सुंदर जोड़ा है। देखकर तबीयत खुश हो गई।

यहाँ हमारी श्रीमती अपराजिताजी ठीक-ठाक हैं। वह नवंबर-दिसंबर-जनवरी-फरवरी-मार्च (पाँच महीने) दिल्ली रहेंगी। आपको आशीष बोलती है।

अगला पत्र पटना से लिखूँगा। पटना से मुझे उज्जैन (मध्य प्रदेश) जाना है।—20 के बाद। 20/10 के बाद 30/11 तक का पता—

C/o कालिदास अकादमी
फ्रीगंज/उज्जैन, म.प्र.
INDIA

और सब ठीक है। कोकोशे ओ को मे ते...

—नागार्जुन

※

13.12.84
लखनऊ, U. P.

प्रिय पुत्री कुरू सान्,

हम अभी-अभी सवेरे, 8 बजे लखनऊ पहुँचे हैं। दिल्ली (नई दिल्ली) से यह ट्रेन (लखनऊ-मेल) रात को 9.20 पर खुल जाती है। प्रति दिन।

यहाँ से 17 को हम 'हिमगिरि' में बैठेंगे, शाम को 4 बजे। वो मुझे अगले दिन सवेरे-सवेरे हवाड़ा (कलकत्ता) पहुँचा देगी।

कलकत्ता हम पूरे दो महीने रहेंगे। यह मेरा प्रियतम महानगर है, सर्वाधिक। जी हाँ, 54 महीने हो गए ! अब मुझे कलकत्ता में कम-से-कम '54 सप्ताह' तो वहाँ जाकर जमना ही चाहिए था न ? जी हाँ 54 'अहोरात्र' (दिन-रात) वहाँ (कलकत्ता में) रह लूँ, आप ऐसी आशीष तो मुझे अवश्य ही दोगी आदरणीयाजी ! नहीं दोगी आशीष !

अभी चार 'एयर लेटर' ले लिए थे...चारों तेरे ही लिए होंगे। अच्छा तो रहेगा...15 रोज के अंदर ही चारों तुम्हें मिलेंगे कुरू सान् ! कैसा मजा आएगा ? शेष अगले पत्र में। यहाँ के बारे में, अपने बारे में...आदि-आदि...बहुत-कुछ आपको मिलेगा। इन पत्रों में...अच्छा, "को को रो ओ को मे ते"

नागार्जुन तुम्हारा

※

7.1.85
कलकत्ता, भारत

प्यारी पुत्री कुरू सान्,

यहाँ आपकी याद रोज–शाम-सुबह और सुबह-शाम जाती है।

हम 5 वर्ष बाद इधर आए हैं। सो बहुत अच्छा लग रहा है। बहुत अच्छा, बहुत अच्छा।

मार्च के अंत तक इधर रहने का इरादा है।
–कोई बाधा नहीं
आएगी तब तो रहूँगा ही
–मणिपुर नागालैंड त्रिपुरा आदि
भी जाना है अवश्य।
तुमने कहा था "फरवरी में आ सकती हूँ,"
क्या सचमुच फरवरी में आनेवाली हो आप ?
आशा है, आप स्वस्थ प्रसन्न हो और अपनी छात्राओं को और सहेलियों-सहित

फिर हमें मिलोगी। मैं आशावान इंसान हूँ। मिलने की आशा है।

नागार्जुन आपका
भारतीय पिता

*

23.9.85
दिल्ली-53

कुरू सानु,

श्यामाकान्त पिछले तीन दिनों से यहाँ नहीं है। कहाँ गया है, यह बोलकर नहीं निकला।

मुझे विश्वास है, वो पहला पत्र आपको ही डालेगा। हमने—मैंने, श्रीकान्त ने, शोभाकान्त ने उसके लिए कई बार काम की व्यवस्था की—उसकी पढ़ाई के लिए कोशिश की...लेकिन जाने, कैसे-कैसे ख्यालों में डूबा हुआ, भावनाओं में उतराता हुआ वो (श्यामाकान्त) अपने आपमें खोया रहता था...और बहुत कुछ...सारी बातें हम इस पत्र में नहीं लिख पाएँगे...

नागार्जुन आपका

हमारा अगला पता—
C/o प्रो. B-B शर्मा
चीरागौड़ा/धनबाद (बिहार)
15/10 तक...नागार्जुन

*

26.11.85
दिल्ली-53

नागार्जुन का सलाम लो,
हमारी प्यारी जापानी पुत्री !

हम ठीक-ठाक हैं और आपका कुशल समाचार तो हमेशा चाहते रहते हैं।

चि. श्यामाकान्त विदिशा (मध्य प्रदेश) में है। अपने एक मित्र से फोटोग्राफी सीख रहा है।

श्यामाकान्त का पता :

डॉ. विजयबहादुरसिंह, Ph-D
48 स्वर्णकार कालोनी
विदिशा (मध्य प्रदेश) भारत

सरिता की पुत्री (कणिका) 5 दिसंबर 85 को दस महीने पूरे करेगी—उसकी किलकारियाँ स्वीकार करें।

नागार्जुन आपका

●

आरती शुक्ल के नाम

विदिशा (म. प्र.)
13.12.69

आशु पुचू,

कल शाम को भोपाल से लौटे। तबीयत बेहद खराब है। सर्दी-जुकाम-दमा आदि। लेकिन 16 को सबेरे दिल्ली अवश्य पहुँच रहे हैं...

पोस्टकार्ड भी मिला न ?

'न कुछ से कुछ भला...' हाँ, इस लिहाज से मात्र दो नाम डालकर पर्ची भेज दिया करूँ रोज तो वो भी ढेर-सारे संदेश पहुँचा देगी...लिखित अक्षर ही सब कुछ नहीं कहते न ? रिक्तता भी कभी-कभी अनुगूँजों से भरी होती है न ?

आशा है, हमारी लाडोरानी के दैनिक कार्यक्रम यथावत चल रहे हैं...हाँ कभी-कभी जरा व्यतिक्रम भी हमारे अंदर कुछ ताजगी भर जाता है...

कविता के लिए तुम्हारे पास छंदों का थोड़ा-सा अंदाज तो जरूर है, उसे साधना होगा। अभी क्या लिखूँ ? ज्यादा लिखूँगा तो थक भी तो जाऊँगा न ?

अपनी ममी से मेरा नमस्कार बोलना। बीनू बाबू से सलाम। रत्नधर को प्यार। वर्मा साहब को नमस्ते कहो...

—नागार्जुन
तुम्हारा

⁂

18 विधायक क्लब
पटना-1
4.4.80

आशु,

हमारे परिवार में एक शोकान्ति की 'दुर्घटना' हो गई, इसी से पत्र शीघ्र नहीं डाल सका हूँ...

तुम्हारा स्वास्थ्य कैसा है ? अच्छा है, इधर महीनों से तुम्हारी लिखावट सामने नहीं आई...यानि, मानसिक तौर पर भी तू अत्यधिक 'व्यस्त' है...

कालेज रोज जाती हो न ? प्रिय मित्र अनुपम शुक्लजी के क्या हाल हैं ? और श्रीमान वर्माजी ! और आपकी आदरणीया माताजी प्रतिदिन मलिकपुर ग्राम के कुटीर-निवासियों का कल्याण-साधन तो कर ही रही होंगी...

श्रीकान्तजी के पत्र आए हैं, मैं ही नियमित उत्तर नहीं दे सका हूँ..

इलाहाबाद तक तो हमारा स्वास्थ्य लगभग ठीक रहा, इधर आकर भड़क गया है। फिर भी 'प्रेमचन्द-शताब्दी-समारोह' के सिलसिले में जगह-जगह जाना होता है...रहा भी तो नहीं जाता है पुचू ?

दिल्ली पहुँचने की तिथियाँ फिर अनिश्चित हो गई हैं...रत्नधर को प्यार बोल देना इस प्राणी की तरफ से।

—नागार्जुन
तुम्हारा

⁂

उज्जैन
12.3.84

पुचू डियर,

हम 16 को दिल्ली वापस पहुँच रहे हैं। तुमसे मिल सकूँगा 20/3 के बाद...आशा है, तुम्हें स्वस्थ-प्रसन्न देखूँगा और दो-एक रोज क्या, दस-पाँच रोज तुम्हारे सामने रहना सहज प्रतीत होगा...

● ●

ग्वालियर में 'राहुल-स्मृति-समारोह' था। उधर से यहाँ पहुँचे 6 को सबेरे। इधर 9 से 11 तक 'कालिदास' वाले समारोह चले। 'शास्त्रार्थ परिषद' में देश के चुने हुए संस्कृत विद्वान पधारे थे, उनकी उम्र 85 वर्ष तक भी थी। 'शब्दार्थ-संबंध' और 'काल की

अवधारणा' पर बड़ी ऊँची 'चर्चा' रही...एक मात्र संस्कृत में काव्य पाठ चला—उसी में भाग लेने के लिए मुझे बुलाया गया था। यह काव्य पाठ लगातार 5 घंटे चला...

—ना.

तुम्हारा

प्रति—

कु. आरती शुक्ल

204, टैगोर पार्क, दिल्ली-9

●

कीर्तिनारायण मिश्र के नाम

12/6/54

तरौनी/दरभंगा

प्रिय कीर्ति बाबू,

रचना मिली। पसंद आई, प्रवाह अच्छा लगा। दो चार जगहों पर शिथिलता खटकती है। प्रथम प्रयास में ही आपने ऐसी कविता तैयार की, इससे आपके विषय में काफी आशावान हूँ।

अपना उपनाम 'किशोर' मत रखें। कई किशोर हो गए हैं, हिंदी में। कीर्तिनारायण क्या बुरा है ?

नागार्जुन, आपका

⁂

11/10/58

नई दिल्ली

प्रिय कीर्ति,

पत्र मिला। हाँ, ठीक है। दो-चार रोज शोकहरा जरूर हो आओ...फिर तो तुम हो और गर्दन तोड़ इम्तहान है ! सुकान्त का इलाज हकीम से करने [को] कहना, x-ray का पर्चा और डॉक्टरी चिकित्सा के खटराग तो अपने बूते से बाहर की बातें हैं भाई !

मुरली 'सीमांत' की दौड़ धूप में कहीं बीमार न पड़ जाएँ, फिक्र बस इतनी है।

अपने मित्रों तक मेरी दुआ और प्यार पहुँचा देना—

नागार्जुन

※

21/10/58
नई दिल्ली

कीर्ति,

17 का पत्र मिला है। वापस पटना जाओ तो अपने हॉस्टलीय बंधुओं तक मेरी तरफ से प्यार और दुलार और दुआ पहुँचा देना...हाँ, मगर लौटने की इतनी जल्दी क्या पड़ी है।

मैं 2/11 की शाम को 'जनता' से पटना आ रहा हूँ।

मुरली कहाँ है ? 'सीमांत' पर तुम्हारे मित्रों का क्या Reaction है ? स्वास्थ्य ठीक है। ग्वालियर-झाँसी-चिरगाँव जा रहा हूँ। 9 तक लौटूँगा। अपनी माँ से मेरी आशीष कह देना...दिवाकर बाबू से भी।

हरी कलकत्ता गया होगा–

नागार्जुन

※

27/1/59
नई दिल्ली

कीर्ति,

अभी-अभी तुम्हारा पत्र मिला है। अबकी इस ट्रिप में किसी को शायद ही मैंने पत्र लिखा हो...तुम्हें भी नहीं लिखा...शोभा वगैरह देहात चले गए होते मगर हठ नहीं किया होता कि बगैर काफी रकम के देहात नहीं जाएँगे। अभी तक उतनी रकम जुटा नहीं पाया हूँ, शायद फरवरी के अंत तक कामयाबी मिले...

खैर 1 फरवरी तक पटना आ रहा हूँ। कुछ हाथ-पैर उधर भी मारूँगा। राजकमलवाले 20/2 तक रुपए देंगे। शोभाकान्त यदि देहाती स्कूल में एडमिशन नहीं पा सके तो मुझे भी समूचा साल पटना रहना पड़ेगा। और कोई उपाय नहीं है। हरिनारायण ने पत्र का जवाब नहीं दिया है। लगता है रंज हो गए हैं।

नागार्जुन तुम्हारा

※

सम्मेलन भवन
कदम कुआँ
पटना-3
12.8.66

प्रियवर कीर्तिनारायण,

2 का पत्र मिला। बड़ी प्रसन्नता हुई। सौभाग्यवती आशा को मेरी तरफ से आशीर्वाद कह देना...

हाँ, कलकत्ता नहीं पहुँच पा रहा हूँ। मन ही मन आशा के हाथों का बनाया हुआ खाना खाकर फिर हम तीनों साथ ही साथ कई बार बोटेनिकल गार्डेन घूम आए हैं। मन ही मन मैं कई दिनों तक तुम्हारी हावड़ावाली उस कुटिया में वक्त गुजार चुका हूँ। कविताएँ लिख चुका हूँ :

भवानी भाई का और मेरा आपस में भारी अपनापा रहा है। पारिवारिक रिश्ता है न ?

चि. सुकांत यहीं साथ है। बाकी सभी तरौनी...

इधर तुमने क्या-क्या लिखा ? अभी और क्या लिखूँ ? आशा लौटकर कब तक फिर हावड़ा आएगी।

—नागार्जुन

⁕

Allahabad-6
2.1.68

प्रिय कीर्तिनारायण,

'आखर' क हेतु प्वाइंट पठा रहल छिअहु—

(क) भाषा आंदोलनक प्रसंग मे शासन-प्रशासन हेतु भारतीय भाष सबहिकें अकुंठ समर्थन देबाक चाही। पृथक-पृथक क्षेत्र कें जखन अपन अपन भाषा भेटि जएतइक तखन सहजहि 'लिंक लैंगुएज' क आविर्भाव भ ऽ जेतई। से निश्चिते हिंदिए रहतइ। एखन हिंदीक दिश सं अपने विशाल क्षेत्र में सर्वाशतः हिंदी के मुख्य स्थान देआवऽक संघर्ष उचित हेतइ, समग्र भारत पर एक्के बेर हिंदी लादवाक आग्रह सँ आन-आन भाषवाल कें पृथक रहबाक बहाना भेटि जएतइ। तमिलनाड मे तमिले क पूर्ण अधिकार चाही। बंगाल मे बंगले क पूर्ण अधिकार चाही। हिंदी क्षेत्र मे हिंदिएक पूर्ण अधिकार चाही। प्रत्येक भारतीय कें दू टा भाषा सिखबेक चाही। दोसर भाषा क रूप में अंग्रेजी क अनिवार्यता आवश्यक नहि। उच्च प्रशिक्षण या उच्च प्रशासन क हेतु तेसर भाषा क रूप मे मैट्रिक उपरांत अंग्रेजी-जर्मन-रशियन-चीनी आदि आवश्यक हेतइ। प्रतियोगिता

परीक्षा सँ अंग्रेजी क अनिवार्यता तत्काल समाप्त करक चाही।

(ख) बिहार मे हिंदीक संग-संग उच्च प्रशिक्षण ओ उच्च प्रशासन हेतु मैथिली कें अनिवार्य ओ ऐच्छिक रूपे सम्मान पूर्ण स्थान भेटबाक चाही। से नहि भेने कइएक प्रकारक उत्पात हेबाक संभावना।

(ग) बिहार मे हिंदी क माध्यम सँ जे लोकनि प्रशासन चला रहल छथि ओ लोकनि जानि-बूझि कए मैथिली सन विकसित भाषाक तिरस्कार कए रहल छथिन। प्रवंचनाक ई कूटनीति बहुतो दिन धरि झाँपल नहि रहतइन। मैथिली क माध्यम सँ शिक्षित हजारक हजार तरुण वृंद कें अनिश्चित काल धरि अंधकार मेँ आब के रखथिन !

(घ) मिथिलाक शिक्षित जनगण हिंदी कें मैथली सँबेशी सम्मानित करैत आएल छथि। मिथिलाक माटि-पानि मेँ हिंदी क प्रति एकोरती कटुता-विरसता नहि छइक। मुदा बिहार क शासन-सूत्र जाहि बाबू भइया लोकनिक हाथ मे छइन ओ लोकनि मैथिलीक अत्यधिक उपेक्षा करइ छथिन। ई अन्याय आब लोक नहि सहतइन।

(च) मैथिली प्रेमी तरुण समाज अंग्रेजी क स्थान मे राष्ट्रभाषा हिंदीक सर्वांश-समर्थन क ऽ रहल अछि। मुदा अपन क्षेत्र में ओ अपन मातृभाषाक अपमान नहि देखि सकइए।

(छ) मैथिली क हेतु बिहार-सरकार की-की करए चाहइए, से ओकरा स्पष्ट घोषित करवाक चाहिअइ।

हमरा लोकनि आगामी अंक मे एहि प्रसंगे अपना दिथुक कथ्य राखए चाहब।

—नागार्जुन

पुनः—तुम इन्हीं बातों को अपने शब्दों में फिर से लिख सकते हो।

—ना.

※

'जनसंसार'
कलकत्ता-13
30/11/77

प्रियवर कीर्तिनारायण,

समुद्री तूफान में तुम्हारे कारखाने को भी झटका लगा क्या ? इन दिनों बार-बार तुम्हारी और तुम्हारे बच्चों की और अपनी उस बहू की याद आ रही है, जिसका नाम भूल बैठा हूँ।

अपने पिता के स्वास्थ्य के बारे में भी सूचित करना।

मैं 10 तक इधर हूँ ही।

पत्र शीघ्रातिशीघ्र दो।

नागार्जुन
तुम्हारा

रामकृष्ण झा 'किशुन' जी के नाम

17.1.56
इलाहाबाद

प्रियवर,

अमर के पत्र से मालूम हुआ है कि आप मुझे 29.9 को सुपौल में मौजूद देखना चाहते हैं। 24 को पटना पहुँच रहा हूँ। 5 फरवरी तक फिर यहीं वापस आना है। जुलाई तक 4 उपन्यास लिखने का संकल्प लिया है। एक तो लिख चुका हूँ–'वरुण के बेटे'...यह मलाहों के जीवन को आधार बनाकर लिखा गया है। फरवरी तक छप जाएगा।

भइ, वक्त मैं आपको 2 रोज से अधिक नहीं दे सकता। उसमें भी आधा-आधा। एक रोज आप अपने समारोह (हि.सा. सम्मेलन का जिला-अधिवेशन) के लिए लीजिए, बाकी एक रोज मैं पूर्वीय तटबंध (कोसी) पर बिताऊँगा।

नागार्जुन आपका

❊

22.2.67
C/o डा. चंद्रनारायण मिश्र ph..D
कौड़ा मैदान, चैती दुर्गास्थान,
मुंगेर

प्रिय बंधु किशुनजी,

अहाँक 18 वला पत्र 20 क साँझखन पटनहि मे प्राप्त भेल रहए।

सुपौल बला समारोह बड़ बढ़िञा भेल से समाचार हमरा धरि दड़िभंगे में पहुँचि गेल छल। ई सब टा अहींक तपस्याक फल छल। हमरा नहि जा भेल तकर कचोट रहबे करत।

निबंधावली जेना-तेना अविलंब प्रकाशित हो, तदर्थ आयास अहाँक रहबे करत। 250 प्रतिक अगाऊ दाम असीम क लेबाक चाही, 3, वा 5, प्रतिक हिसाबें। तकर रसीद छपवाए ली।

आ हँ, एकटा बढ़िञा मासिक सहर्सा दिशसँ बहरेवाक चाही। मैथिली मे फराक, हिंदी मे फराक। द्वैभाषिक प्रयोग सेहो कएल जा सकइए। हमरा ओ अनसोहाँत नहि लागत।

परुकाँ साल अहाँक ओतय उपनयन छल बटुकवा सभक। हमरा ओहू में नहि आबि भेल से अभिखेद चिरकाल धरि रहत।

गत जेठ मे आयुष्मती अर्मिलाक विवाह रहइ कि ने ! फागुन-चैत-बैशाख-जेठ चारूमास बहुत परेशान छलहुँ...

अपन स्वास्थ्य केहन रहइए ? परिवारक ? आर्थिक स्थिति कें एहि दुष्काल मेँ कोन धरेनें ठेलने जाइ छी ? आदि-आदि बहुतो जिज्ञासा अछि। अहूँ कें हमरा प्रति ई जिज्ञासा अछिए। मुदा भरिपोख गप्प त नहिए भेल कहिओ। से सेहन्ता रहिए गेल ! राजनीतिक 'स्थिति' देखिए रहल छी। साहित्योक सैह तखन ''सन्तः परीक्षान्यतदद् भजन्ते, मूढः पर प्रत्ययनेयबुद्धिः'' कहि गेल छथि कालिदास। सूप-चालनिक प्रयोजन अहू सभ मेँ पड़ितहि छइक। सदए रहतइक प्रयोजन। तें हेतु बड़ सतर्कता अपेक्षित। से सतर्कता अहाँ मे अछि, हम आश्वस्त छी।

मणीन्द्र बाबू (राजकमल) आब गामहि रहताह। आदरणीय मधूकाका क देहावसान भए गेल छइन से हम दिल्लिए मेँ पता लागल।

मायानंदक की हाल चाल ?

एतय दू दिनु का खातिर आएल छी।

मधुलिमयेक चुनाव-संघर्षक आभास लेबाक छल। काल्हि पटना आपस जाएब। इति।

सस्नेह अहाँक यात्री

●

रत्नेश चौधरी के नाम

मकर संक्रान्ति
नई दिल्ली-8
14 जनवरी, 67

प्रिय पुत्र रतन,

तुम्हारे सभी पत्र मिले। गोपा जी बाबू के भी। उन्हें अलग से लिख रहा हूँ, कोई खास बात उस पत्र में नहीं होगी...

परीक्षा में न बैठने का निश्चय करके तुमने अपने अंदर की आवाज के अनुसार एक साहसिक निर्णय लिया, मैं तो ऐसा ही मानता हूँ। मैं यह भी मानता हूँ कि पठन-पाठन के तुम्हारे इस विघ्न का दायित्व मुझ पर ही आता है और मैं अपना हर अपराध स्वीकार करता हूँ...

इधर पटना गोलीकांड के बाद फिर से बिहार के सारे शिक्षण प्रतिष्ठान बंद कर

दिए गए हैं, फरवरी के अंत तक बंद रहेंगे ! इस प्रकार चालू वर्ष में अभिभावकों को क्षुब्ध रखने की जिम्मेदारी काफी अंशों तक हमारे प्रशासक-यंत्रों और उनके नियामकों (टेक्नोकैट्स) पर भी पड़ी है ! विधाता की इन विडंबनाओं पर खूब गुस्सा आता है...मगर नहीं, जरा गहराई से सोचता हूँ तो ठहाके लगाने की तबीयत होती है !

बहरहाल, अभी और कुछ नहीं लिखूँगा। फरवरी में लौटने का मन है। किसी कारण, लौटना टला तो तुम्हें इधर बुला लूँगा...अब अगले सप्ताह लिखूँगा...नए पुत्र को नए पिता के चुंबन अंगीकार हों !!

नागार्जुन
तुम्हारे 'बाबूजी'

⁂

इंस्पेक्शन बंगला
औरंगाबाद (गया)
28.5.67

रतन डियर,

तुम्हारा पत्र मिला था। उससे पहले गोपालजी बाबू का 12 मई का लिखा हुआ 'अंतिम पत्र' प्राप्त हुआ। एक और पत्र उनका 5 मई का लिखा हुआ मिला।

हाँ, तुम्हारे पत्र से यह मालूम करके कि उरो की तबीयत पकड़िया में लग गई है, बड़ी प्रसन्नता हुई।

मेरा पत्र उर्मिला को मिला होगा। गोपालजी बाबूजी को मैं तब तक पत्र नहीं लिखूँगा जब तक साइकिल ट्रांजिस्टर आदि जुटा नहीं लेता...टुनाई अभी तक शिवनगर घाट नहीं जा सका है। रुपए के अभाव में। तुम्हारे भी सुपौल-शिवनगर घाट का रास्ता कंटकाकीर्ण है। पैंचा-उधार के कारण शोभाकान्त तरौनी में कैद हैं। घरेलू झंझटों के कारण यानि रुपयों के अभाव में कभी-कभी मैं बेहयाई में भी तो मुस्करा उठता हूँ... तुमने लिखा है... "रतन को टाइट किया जाएगा" मेरे मुँह से यह शब्द (वाक्य) निकला था...और आज मुझे अपने पर ही हँसी आ रही है कि मैं भला पहले अपने को तो 'टाइट' कर लूँ। मैं खुद ही कितना 'लूज' हूँ ! दस वायदे करता हूँ, उनमें से दो पूरे हो पाते हैं...मैं जब स्वयं ही इस कदर 'लूज' हूँ तो पुत्रों-पुत्रियों, दामादों-बहुओं को भला कैसे 'टाइट' कर सकूँगा ?

बेटा, मुझे तुम पर दया आती है कि तुम अकेले दो-दो बुजुर्गों के आवेगों को झेल रहे हो। दया नहीं आती है, तुम पर फख्र होता है कि इस बहादुरी के साथ तुम सब कुछ बर्दाश्त किए चले जा रहे हो...अभी और क्या लिखूँ ? यह पत्र मैं औरंगाबाद (सबडिविजनल टाऊन, जि. गया) के डाकबंगले के रूम नं. 2 के अंदर बैठकर लिख रहा

हूँ। मैं दौरे पर हूँ...39 को पटना वापस लौटूँगा।

एक नई बात हुई इधर...मुझे श्री हरिनंदन ठाकुर (कमिश्नर) ने समझा-बुझाकर एक सरकारी नौकरी में लगा लिया है। यह 'रिलीफ एक्स्टेंशन-आफिसर' का पद है। अभी इस सिलसिले में और बातें नहीं लिखूँगा। पीछे लिखूँगा।

पत्र c/o बिहार बुक सेंटर, पटना-6 वाले पते पर देना।

नागार्जुन
आपका

⁂

सम्मेलन भवन
पटना-3
अगस्त 5/67

रतन,

इस बार तुम यहाँ से दुबले होकर गए हो। अर्थ कष्ट तो तरौनी-परिवार का या यात्री परिवार का सनातन रोग है, शायद ही कभी दूर होगा। अभी और क्या लिखूँ ! काला चश्मा क्यों छोड़ गए हो ! सचमुच ही दस रोज बाद ही लौट रहे हो ?

नागार्जुन

⁂

194, सोहबतिया बाग
इलाहाबाद-6
17.12.67

प्रिय पुत्र रतन,

तुम्हारे दोनों पत्र कल एक साथ ही मिले। इनकी बड़ी प्रतीक्षा थी...

अब पनिचोभ से पत्र खूब जल्दी पहुँचा करेंगे, तुम्हें भी इधर से चिट्ठियाँ खूब जल्दी मिल जाएँगी। बल्कि मैं तो सोचता हूँ, उर्मिला और तुम यहाँ दो-चार महीने (कम से कम) मेरे साथ अवश्य ही रहोगे।

मेरी लाडली बेटी मुझे इन दिनों बहुत याद आती है। सपने में दिखाई पड़ती है और उलाहना भी देती है और प्यार भरी अदाओं में मुस्कुराती भी है। जब से वह तरौनी नहीं गई है, मैं भी तब से तरौनी कहाँ गया हूँ। जब तक वह तरौनी नहीं जाएगी, मैं भी तब तक तरौनी नहीं जाऊँगा...इस बीच में हमारा मिलना शायद यहीं होगा। तुम या शोभा कोई भी उर्मिला को यहाँ पहुँचा सकते हो। वह अकेली भी आ सकती है।

मुजफ्फर से सीधी ट्रेन आती है न इलाहाबाद ?

शोभाकान्त जनवरी के प्रथम सप्ताह में उधर पहुँच रहे हैं। पनिचोभ पहले ही जाएँगे।

तुम लोगों को पनिचोभ में दूध-दही शायद नहीं मिलता होगा। तरौनी में भी कहाँ मिलता था ! अनाज राशन की क्या व्यवस्था है ? गोपालजी बाबू चावल-दाल खरीदकर अंदर (घर के) डाल गए होंगे।

सीता की माँ अब कब तक पनिचोभ वापस आएँगी ? उर्मिला कब तक पनिचोभ रहेगी ? मिथिल का नाम कहाँ लिखवाओगे ? नीलू भी तो पढ़ती थी न ?

संभव है, जनवरी के अंत तक तुम दोनों को मैं यहाँ बुलवा लूँ, कम से कम एक महीने के लिए क्या हर्ज है, मिथिल और नीलू भी आ जाएँगे।

यहाँ आमदनी खूब नहीं है। हाँ, पटने से अच्छी है। और अच्छी हो सकती है, अवश्य होगी।

12 को मेरा उपन्यास पूरा हुआ।

एक अध्याय आज से चार वर्ष पहले लिखा गया था, बाकी पूरा का पूरा अब तैयार हुआ है। फरवरी तक छप जाएगा। एक और किताब छप रही है 'पत्रहीन नग्न गाछ', मैथिली कविताओं का संकलन। इसका प्रकाशन 31/12 (रविवार) को होगा...

तुमने अपनी पढ़ाई के बारे में लिखा है कि C.M. College में एडमिशन के लिए जोर लगाना है। अब साइंस में वे शायद ही लें ! आर्ट में जाओगे ?

उर्मिला की तबीयत यों तो पनिचोभ में लगनी ही चाहिए, वहाँ पास-पड़ोस में उसकी हम-उम्र लड़कियाँ काफी होंगी ! पकाड़िया की वनिस्पत सामाजिक जीवन पनिचोभ से कहीं अधिक गतिशील है...यह तय कर लो कि परिवार पनिचोभ में ही रहेगा, तो वह भी ठीक ही रहेगा लेकिन कामचलाऊ अनाज निकल आवे, इतनी जमीन पनिचोभ में भी तो चाहिए न ? जमीन लेकिन वहाँ बहुत महँगी होगी। तरौनी नेहरा की तरह। तब ?

हमने सुना था कि सीता की माँ हमेशा के लिए पनिचोभ रहेंगी; उन्हें पकड़िया बिल्कुल पसंद नहीं था कभी। नियम-निष्ठावाली एक कुलीन एवं विधवा ब्राह्मणी उस शूद्र-अंचल में रहना भला कैसे पसंद करती ? भवेश आगे कहाँ पढ़ेगा ? उसका कौन सा क्लास है ? 9वाँ या 10वाँ ?

—नागार्जुन

194, सोहबतिया बाग
इलाहाबाद-6
10.11.67

प्रिय रतन,

तुम्हारे नाम दो पोस्टकार्ड डाल चुका हूँ, पता नहीं वे मिले भी कि नहीं ? शोभा से विस्तारपूर्वक हाल मालूम कर सकूँगा। तुम्हारी बातें तो हुई ही होंगी। इस बार, और एकाएक इतना शीघ्र, तुमको और उर्मिला को पकड़िया की 'खेती-गिरस्ती' का भार उठा लेना पड़ा, यह जानकर मुझको गुदगुदी लगी कि काश इन्हीं दिनों कुछ अवधि के लिए यदि मैं तुम दोनों के साथ होता ! कितनी खुशी होती तुम दोनों को ! कितनी खुशी होती मुझे ! कितनी होती भवेश, शैलेश आदि को ! स्वयं गोपालजी बाबू को कितनी खुशी होती !

हाय, मैं गृहप्रवेश के समय पनिचोभ नहीं जा सकूँगा...काम शुरू कर रखा है, वक्त पर पूरा करके देना है उसे यानि उपन्यास को पूरा करके देना है...

मकान अगले महीने अलग मिल जाएगा, तब मैं चाहूँगा कि उर्मिला और तुम यहाँ आकर कम-से-कम एक महीना रहो। वह माँ से अपनी मिल लेगी यहीं ! नहीं ?

आशा है, अगले वर्ष तक आर्थिक स्थिति इस प्रकार की हो जाएगी कि पटनावाली दुर्दशा हम अच्छी तरह भूल चुके होंगे।

एक लिफाफे के अंदर उर्मिला से भी लिखवाकर भेजना। पनिचोभ का समाचार दो। अभी और क्या लिखूँ ?

नागार्जुन

❋

194, सोहबतिया बाग
इलाहाबाद-6
दिसंबर तीस
1967 ई.

प्रिय पुत्र रतन,

कल मैं लौटा हूँ मध्य प्रदेश की यात्रा से। आते ही तुम्हारे पत्र सामने आए... जिस ऊब और घुटन के बीच तुम्हारा समय कट रहा है, उसकी कल्पना करके मुझे क्षोभ होता है अपने आप पर कि कैसा नालायक 'पिता' यानि ससुर हूँ मैं !

शोभाकान्त जनवरी के अंत तक उधर जाएँगे। प्रयास रहेगा कि उर्मिला फरवरी में तरौनी पहुँच सके। वह तरौनी रहेगी तो निश्चय ही तुम इलाहाबाद रहोगे मेरे साथ। अच्छा तो यही होता कि तुम दोनों साल-दो साल यहाँ मेरे साथ रहते। तुम्हारी पढ़ाई या

ट्रेनिंग या सर्विस की व्यवस्था यहाँ क्यों नहीं होगी ? जरूर होगी। बिना परिवार के मुझे भी अब बहुत कष्ट होता है, बेटी साथ रहेगी तो बूढ़े बाप की सेवा करेगी। कोई प्रतिबंध नहीं होगी, गोपालजी बाबू जब चाहेंगे, अपनी सेवा के लिए उर्मिला को वापस बुला लेंगे। हाँ इतना मैं अवश्य चाहूँगा कि हर साल दो-चार महीने गोपालजी बाबू उर्मिला को अवकाश दें...अवकाश का समय उर्मिला तरौनी या इलाहाबाद जहाँ चाहे रहे। लेकिन तुम आगे कहाँ रहोगे, क्या करोगे, किस तरह जीवन बिताओगे, इसके संबंध में चार-छै महीने के अंदर ही हमें अब अंतिम तौर पर निर्णय करना होगा...यह मेरी कल्पना से परे है कि हमेशा के लिए तुम अब पकड़िया या पनिचोभ के वातावरण में गर्क हो जाओगे...गर्क ही होना होगा तो यहाँ रहकर नागरिक परिवेश में 'स्वतंत्र ढंग से' और अपने पैरों पर खड़े रहकर तुम भी उसी तरह गर्क होगे जैसे श्री नागार्जुन गर्क हो रहे हैं ! गर्क होना यानि डूबना...हर शख्स इस युग में अपनी-अपनी परिस्थितियों में गर्क है !

शोभाकान्त टाईपराइटिंग और शार्टहैंड सीखना चाहते हैं। यहाँ उत्तर प्रदेश में इस धंधे से लोग काफी कमाते हैं। फिर वह प्रकाशन का भी धंधा चलाना चाहते हैं। कहते हैं ''पाँच हजार की पूँजी जरा दीजिए, हम अपना धंधा खड़ा कर लेंगे।'' ठीक है। साल-छै महीने में हो जाएगा इंतजाम...लेकिन इसमें श्री रत्नेश को भी साथ में रखना होगा। वह वैसा ही पार्टनर होंगे जैसा सगा भाई पार्टनर होता है। रही पढ़ाई की बात। इसमें मुझे शक है कि फिर से कोई कालेज अब तुम्हें साइंस में लेगा। प्राइवेट तौर पर शायद साइंस-इंटरमीडिएट का इम्तहान कहीं दे सकते हो (दिल्ली-पंजाब की तरफ) तो फिर ? फिर यही कि ट्रेनिंग की गुंजाइश जरूर है—टेक्निकल प्रशिक्षण का मैदान बहुत लंबा-चौड़ा है उसमें कहीं न कहीं अवश्य लिए जाओगे। लेकिन हर हालत में तुम्हें बिल से बाहर निकलना होगा। हर दो महीने पर देहात की तरफ मुँह नहीं कर सकोगे। लगातार दो वर्ष महानगर के इर्द-गिर्द रहना पड़ेगा।

कठोर नियंत्रण जीवन की एक अनिवार्य शर्त होगा...

देख ही रहे हो, जीविका के कारण ही मुझे गाँव छोड़ देना पड़ा है। आठ महीने गुजर गए, उर्मिला के साथ मैंने भी तरौनी छोड़ी थी न ? अच्छा तो अब और क्या लिखूँ ? तुम आ नहीं सकते हो इधर ?

मैं सपने में तुम्हें देखता हूँ...कभी-कभी उर्मिला भी दिख जाती है...हाँ, उसकी माँ कभी दिखाई नहीं पड़ी है।

पहले यानि कुछ साल पहले दिखाई देती थी।

—नागार्जुन

194, सोहबतिया बाग
इलाहाबाद-6
11.1.68

रतन, प्रिय पुत्र,

तुम्हारे तीनों पत्र एक साथ पढ़कर यह पत्र लिखने बैठा हूँ।

3 वाला पत्र बड़ा की मार्मिक है जिसकी अंतिम पंक्ति है "अब लिखना नहीं होगा साहब, बहुत बड़ा सिपाही आ गया..."

8 वाला पत्र तुम्हारे अंतश्चिंतन की आँच से गर्म है। तुमने लिखा है, आर्ट लेने का जी नहीं करता है और विज्ञान के लिए मारवाड़ी कालेज अनुपयुक्त है। मगर लगता है, अब तुम्हें आर्ट में ही एडमिसन लेना होगा। क्योंकि अपर्याप्त साधनोंवाले किसी कालेज में अधकचरे ढंग से तथाकथित 'विज्ञान' की पढ़ाई की अपेक्षा पर्याप्त साधनोंवाले किसी कालेज में अच्छे ढंग से 'आर्ट' की पढ़ाई बेहतर होगी। आर्ट में आगे बढ़ने पर बड़े-बड़े नामी लोग दुनिया के सामने चमके हैं।

लेकिन इस 'आर्ट'-प्रवेश के लिए भी तुम्हें जल्दी ही करनी होगी। यानि इस वर्ष एडमिसन लेना होगा। वर्ना यह साल भी निकल जाएगा।

मैं क्या लिखूँ, क्या न लिखूँ ?

सही परामर्श कैसे दूँ ? शोभाकान्त को भी सही परामर्श नहीं दे पाता हूँ। कोई काम शुरू करेंगे, इसके लिए कम से कम पाँच हजार रुपए चाहिए। खाली विवेक विलास या विचार मंजरी से क्या होता है ! सुकांत इसी फिजूल की बकवास यानि अभिभावकीय तत्त्वबोधनी मीमांसा से ऊबकर सुल्तानगंज चला गया।

मैं 15 मार्च के बाद आऊँगा। लगभग 10 रोज उधर रहूँगा। दो रोज पनिचोभ अवश्य रहना है।

फरवरी में, होली से पहले, उर्मिला तरौनी पहुँचे इसकी अनुमति गोपालजी बाबू दे देंगे। यह बात मुझे शोभाकान्त से मालूम हुई तो बड़ी प्रसन्नता हुई। बहुत दिन हो गए, उसे अब अवकाश दो-चार-छै महीने का मिलना ही चाहिए। शोभाकान्त 1 फरवरी तक गाँव पहुँचने वाले हैं। अगले ही दिन पनिचोभ भी पहुँचेंगे। वह लगभग सारा महीना उधर ही रहेंगे। पटना और सुल्तानगंज भी जाएँगे। घर की मरम्मत, अनाज का प्रबंध आदि कई झमेले शोभाकान्त की प्रतीक्षा वहाँ कर रहे हैं। उर्मिला की बिदागरी तो एक खास प्रयोजन है ही।

फरवरी में लगभग 20 रोज मुझे दिल्ली-भोपाल रहना है। उधर कई काम हैं। उर्मिला तरौनी पहुँच जाएगी तो तुम कुछ दिनों के लिए इधर आ जाओगे। यों हमारी इच्छा है तरौनी आने के बाद उर्मिला और उसकी माँ को कम से कम का 15 दिनों के लिए इधर का फेकरा लगवा दें। वैसा होने पर मैं मार्च के बदले, अप्रैल में दरभंगा यात्रा करूँगा। मार्च में यहाँ हम-तुम सभी एक साथ रहें तो कितना अच्छा रहेगा ? वस्तुतः यह सब मन-मोदक है। कोयना (महाराष्ट्र) की तरह भूकंप आ जाए तो सारा प्रोग्राम

धरती के गर्भ में ! इसलिए भविष्य के रंगीन समयों पर मुझे कभी-कभी हँसी भी आ जाती है।

गोपालजी बाबू को अलग से अंतर्देशीय लिखूँगा। तुम फौरन सूचित करो कि वह कब तक पनिचोभ हैं। बावग (खेती) आदि के लिए पकाड़िया कब जाएँगे ?

नागार्जुन

⁂

25.3.68
(रात 1 बजे)
120, रवीन्द्र नगर
नई दिल्ली-11

प्रिय पुत्र रतन,

जाने कब से तुमको मैं लिखित तौर पर संबोधित नहीं कर पाया हूँ ! जाने कब से 'आज-कल' करते-करते टालता आया हूँ यह पत्र लेखन !

खैर, मैं 13 को ही यहाँ आ गया था। 16 को एक प्रोग्राम था (कवि सम्मेलन) लेकिन होली की हुड़दंग से बचने के लिए दो दिन पहले ही आ धमका इस महानगर में...इलाहाबाद तो इस महीने के आरंभ से ही छूटा हुआ है। शोभा मिसर वहाँ अकेले विराजमान हैं। अर्थाभाव के चलते अभी तक उनका गाँव जाना संभव नहीं हुआ। 15 अप्रैल से पहले शायद ही वो घर पहुँच सकें। तारीख जाने कब तक टलती जाएगी ? वहाँ इलाहाबाद में अकेला ऊब रहा होगा बेचारा ! मेरे न रहने पर बेहद उदासी में दिन कट रहे होंगे पंडित के...और वहाँ इसी दर्म्यान में दंगा भी खूब हुआ है...अखबारों से तुमने भी यह बात मालूम की होगी।

बेटा एक काम करना तुम। तरौनी चले जाओ एक-दो रोज के लिए। शोभाकान्त के न पहुँचने से अपराजिता बेहद घबड़ा रही होंगी—तुम सामने बैठकर थोड़ी देर बात कर आओगे तो बेचारी को काफी संतोष होगा। यह काम तुम अवश्य करो। यों भी बीच-बीच में तुम्हें तरौनी पहुँचकर उन लोगों से मिल आना चाहिए। नहीं ?

नागार्जुन

मैं अभी यहीं रहूँगा। तुम पत्र शीघ्र लिखो...

शैलेश-श्रीकान्त का इम्तहान चल रहा है, तुम मिलने तो जाओगे ही...

⁂

15.6.68

इलाहाबाद (उत्तर प्रदेश)

चि. रतन, प्रिय पुत्र !

8 का तुम्हारा पत्र कल यहाँ पहुँचा। उर्मिला ने सकुशल शिशु को जन्म दिया, यह शुभ समाचार बहुत ही आनंददायक रहा। हमारा अंदाज था कि वह अगस्त में अस्पताल जाने की स्थिति में पहुँचेगी। इसी से आकस्मिक तौर पर यह खबर अतिरिक्त प्रसन्नता दे गई है।

मैं महसूस कर रहा हूँ कि एक नवजात शिशु अपनी गोद में खेल रहा है...अभी दस दिन का बच्चा भला क्या तो खेलेगा ! क्या छेड़-छाड़ करेगा ! हाँ, वह गोद में लेटा है। उसके लाल-लाल होंठ गुलाब की नन्हीं पंखुड़ियों की तरह हिल रहे हैं...क्या मैं अपने नाती के इन शिशु रूप को कविता में नहीं बाँध सकूँगा ?

जुलाई के प्रथम सप्ताह में तुम यहाँ आओगे या फिर मैं ही पनिचोभ आऊँगा निश्चय। मैं तो अभी आ जाता लेकिन रकम-वसूली के लिए दिल्ली जाना पड़ेगा। आठ दस दिन में लौटने का इरादा है।

तुम्हारे लिए काम की कोई न कोई व्यवस्था मैं अवश्य करूँगा। चाहे इलाहाबाद में चाहे दिल्ली में चाहे कहीं। यह तो करना ही है।

शोभाकान्त अलग से भी तुम्हें पत्र लिखेंगे। अभी वह भी जम नहीं सके हैं। जुलाई में जम जाएँगे तब अपनी माँ को यहीं साथ रखेंगे।

श्रीकान्त रिजल्ट की प्रतीक्षा में हैं। शायद 25 तक वापस जा सकेंगे। खर्च की सुविधा नहीं हुई तो 30 तक उन्हें रुकना पड़ेगा।

सुकान्त का इम्तहान 2 से 9 जुलाई तक भागलपुर में होगा। परीक्षा के बाद संभवतः दस पाँच दिनों के लिए इधर आ जाएँ।

अब अगला पत्र तुम दिल्लीवाले पते पर ही डालना। मैं भी उधर से ही लिखूँगा।

गाँव में आँधी आई थी। घर के छप्पर उड़ गए। मरम्मत तो क्या हो पाएगी ! पछवरिया घर पनाह के लायक रह गया है...रिजल्ट हो तो शैलेश के बारे में सूचित करना। श्रीकान्त ने अपने लिए कई जगहों पर लिख रखा है—पटना, सुल्तानगंज आदि। उसने शैलेश को भी यहाँ से एक पत्र डाला है। जून के अंतिम दिनों में इधर से मार्गव्यय जाएगा फिर तुम आ जाना। अभी और क्या लिखूँ ? उर्मिला को सौ सौ धन्यवाद कि उसने मुझे 'नाना' होने का सौभाग्य प्रदान किया।

नागार्जुन

*

16 डी, फीरोजशाह रोड
नई दिल्ली
29.8.68

प्रिय रतन,

आश्चर्य है कि मेरा बड़ा पत्र तुम तक नहीं पहुँचा। 30 वाली रसीद आज मिली। पत्र क्यों नहीं मिलता है ? उतनी मेहनत से फिर बड़ा पत्र लिखने का जी नहीं करता है।

शेष फिर

—नागार्जुन

❈

5, साहालेन
कलकत्ता-7
2.1.69

प्रिय पुत्र रतन,

एक महीने से ऊपर हुआ, तुम पंचोभ रह रहे हो। इस बीच मैं तुम्हें लिख भी तो नहीं सका। आमदनी का ढंग बिल्कुल सूखा-सा चल रहा है, तरौनी ठिकाने से वाजिब रकम भेज नहीं सका हूँ।

शोभाकान्त वहाँ, इलाहाबाद में 'कैद' हैं। आशा है, 22 तक इस महीने में उन्हें छुटकारा मिल जाएगा। यहाँ, व्यर्थ की ऐसी व्यस्तता रही कि 'जनयुग' वाला कालम भी नियमित तौर पर नहीं भेज सका हूँ। पता नहीं, इस बार वहाँ से 150 आएँगे या 100, या कितना ! पिछली बार 4 जनवरी को शोभा को 200 का TMO मिला था...। जिसका हिसाब उन्होंने भेजा था—अब तक राशन-वाशन भी तो उसी से चला रहे होंगे।...मैं 90 और भेजता तो वह इलाहाबाद से मुक्ति पा चुके होते...खैर ! श्रीकान्त के लिए टाटा में व्यवस्था हो जाए, ऐसा प्रयास कर रहा हूँ। कड़े कोर्स की ट्रेनिंग की गुंजाइश वहाँ ऐसे लड़कों के लिए भी है जो साइंस लेकर मैट्रिक कर चुके हों। शायद फरवरी के अंत तक कोई रास्ता निकल आए। आशा तो काफी दिलाई है।

सुकान्त फिलहाल सुल्तानगंज ही रहेगा, ऐसा लगता है। बीच में, नवंबर में, लगा कि वह सुल्तानगंज छोड़ने को आकुल है। एडमिसन के लिए और किताबों के लिए 100 की माँग बार-बार कर रहा था। मैंने डाइरेक्ट लिखा खगेन बाबू को कि सुकान्त को अन्यत्र जाने की अनुमति दीजिए...फिर जाने क्या हुआ, कि सुकान्त ने लिखा...“अब आप मुझे सिर्फ 10, 15, प्रति मास दिया करें। मैं सुल्तानगंज नहीं छोड़ रहा हूँ...” मुझे पूरी बातें नहीं मालूम हैं कि क्या हुआ। मैं एक रोज वहाँ जाकर मालूम करना चाहता

हूँ सही स्थिति। और क्या बतलाऊँ। सुकान्त के बारे में ?

तुम्हें यहाँ अपने साथ महीना भर रखूँ तो कोई-न-कोई काम अवश्य मिल जाएगा, ऐसा मेरा विश्वास है। लेकिन दोनों जने होटल में खाएँगे तो डेढ़ सौ उसी में लग जाएँगे। अपना अलग कमरा रहे, स्टोव-आदि रहे तो 100 में अच्छी तरह काम चल सकता है। इस व्यवस्था के लिए शोभाकान्त की याद आ जाती है। फिर या तो मैं पटना-राँची कहीं भी तुम्हारे साथ महीना-पन्द्रह रोज रहूँगा और किसी-न-किसी काम में तुम्हें लगवा दूँगा। इधर क्या तुम शार्टहैंड का अपना कोर्स पूरा कर लेने का इरादा रखते हो ? या, दुकान-स्टाल आदि के बारे में कुछ नए सिरे से सोच रहे हो ?

पकड़ियावाली शेष जमीन का दाम वसूल हुआ कि नहीं ? भैंस तो दूध दे रही होगी। मैं फरवरी के आरंभ में उधर आ रहा हूँ। हो सकता है, पूरा महीना दरभंगा ही रह जाऊँ। अमिताभ बाबू से दोस्ती हो जाएगी। शैलेश की पढ़ाई का क्या हाल है ? क्या वह भी श्रीकान्त की तरह ऊबकर पढ़ाई छोड़ने को बाध्य होगा ? भवेश और मिथिल ? नीलिमा ?

उर्मिला का स्वास्थ्य कैसा रहता है ? बौआ झा इस बार परीक्षा में नहीं बैठ सका। यह भी एक दुर्घटना रही न ? हाँ, एक बात लिखना तो भूल गया। मैं 12 तक यहाँ हूँ। मध्य प्रदेश से दो-तीन निमंत्रण हैं, कवि सम्मेलनों के। भिंड-ग्वालियर-जबलपुर आदि जाना है। इधर एक दिन के लिए सुल्तानगंज भी रुकना होगा। दो दिन इलाहाबाद।

गोपालजी बाबू और तुम्हारी काकी का स्वास्थ्य ठीक है न ? मैं ठीक ही रहा इन दिनों...

नागार्जुन

⁂

31.3.69
नई दिल्ली-11

प्रिय पुत्र रतन,

पत्र मिला। यहाँ समारोह 28 को था। मैं 4 तक इलाहाबाद लौट रहा हूँ। बैंक में अपना एकाउंट नहीं रहने से दिक्कत हो रही है। अपना खाता खुलवाना पड़ेगा, उसी में यह चेक जमा होगा। 29.30.31 तीन दिन लगातार छुट्टी थी, कल 25 जमा करके सेविंग खाता खुलवाएँगे तब उसी में 5000, का यह सरकारी चेक जमा होगा और दो रोज के अंदर-अंदर कैश हो जाएगा।

तुम्हें इलाहाबाद नियमित तौर पर मेरे साथ रहना है, काम अवश्य मिलेगा। विशेष बातें मिलने पर ही ठीक रहेंगी। 15 अप्रैल के अंदर या तो तुम्हें ही बुलवा लूँगा या खुद ही पनिचोभ पहुँचकर तुम्हें साथ ले आऊँगा।

शोभाकान्त को फिलहाल 150 मासिक मिल रहा है। मालिक लोग काम से खुश हैं। बिना मुझसे पूछे, अपनी कोशिश से यह काम शोभाकान्त ने ढूँढ़ निकाला। काम में लग जाने के बाद, मुझे सूचित किया। 11 बजे से 7.30 तक। अब शोभाकान्त को खाना बनाने में, खासकर रात में, बड़ी दिक्कत होती है। शायद उनकी माँ को उन पर दया आएगी। शादी के लिए राजी नहीं हो रहे हैं...

इलाहाबाद तुमको तो रहना ही है, सुकान्त को भी रहना पड़ेगा। प्रकाशन के काम सँभालने के लिए कम-से-कम 2 व्यक्तियों की जरूरत पड़ेगी। मुझे भी इलाहाबाद रहकर 3-4 किताबें पूरी करनी होंगी। दरभंगा रहने की बात अभी तो रह गई, इलाहाबाद ही तय रहा...चि. अमित को प्यार। वह तो अब बातें करने लगा होगा। उर्मिला को दुलार।

नागार्जुन

बाकी बातें दूसरे पत्र में

नागार्जुन

⁂

भिलाई आयुर्वेद मंदिर
भिलाई-2
1 मार्च 1970

रतन,

पोस्टकार्ड टाटानगर में मिल गया था। एक शादी में यहाँ आना पड़ा है। परसों राँची पहुँचना है। वहाँ भी इसी प्रकार एक घनिष्ठ मित्र की लड़की का ब्याह है। राँची से 1-8 तक इलाहाबाद पहुँच जाएँगे। वहाँ 3-4 दिन रहकर दिल्ली जाना है। एक सप्ताह दिल्ली रहकर उज्जैन-इंदौर 5-1 रोज के लिए। उधर से वापसी में फिर 2-3 दिन इलाहाबाद। तत्पश्चात् अप्रैल के प्रथम सप्ताह के किसी दिन दरभंगा तुम्हारे पास पहुँच जाना निश्चित है। ध्यान रहे 10/4 को फणीन्द्र का जनेउआ है। उस दिन मुझे वहाँ हर हालत में उपस्थित रहना होगा। 2-3 दिन पनचोभ रहने का इरादा है। दो-एक दिन सहर्सा 15 अप्रैल को बरहड़वा। 25-26-27 को कलकत्ता। फिर मई-जून दो महीने दरभंगा सहर्सा। इस बार शोभा मिसर दूल्हा बनकर रहेंगे। लड़की सहर्सा अंचल की होगी। 16 दिनों के अंदर ही उसका गौना करवा लेंगे। बहूजी को श्रीमती अपराजिता देवी के चरणों में बैठाकर नई पीढ़ी की एक और बुनियाद डालने-डलवाने की स्थिति पैदा करके तभी मैं इस बार बिहार छोडूँगा। हाँ, यह संकल्प दृढ़ ही समझो। हँसते हो ? अरे, नहीं, सच-सच, बिल्कुल सच !!

फिर ? जुलाई-अगस्त-सितंबर-अक्तूबर यानि चार महीने कहीं (?) एकांतवास। अर्थात् उस अवधि में लेखनी ही चलेगी। यात्रीजी 'चौमासा साहित्य' निर्माण में विलीन रहेंगे। हाँ, दो किताबें पूरी हो जाएँगी।

हमने अपने तईं, यह निश्चय कर लिया है कि आर्थिक बजट के नए वर्ष से (अप्रैल के आरंभ में) तुम्हारे नाम प्रतिमास पचास रुपए जमा करता जाऊँगा। हर तिमाही बाद यह रकम तुम्हारे हवाले कर दिया करूँगा। तुम्हारी राय होगी तो प्रतिमास TMO से भिजवा दूँगा। जहाँ रहूँगा, वहीं से। आय का सिलसिला बीच-बीच में बढ़ता गया तो अतिरिक्त भी मिला करेगा। हाँ, बहुत सोच-समझकर हमने यह निर्णय लिया है रतन ! इसमें कोई हेर-फेर नहीं होगा।

तुमने पढ़ाई का सिलसिला फिर से जारी करके तो मुझको बिल्कुल ही चकित कर दिया ! शाबास !! आशा है कि B.A. (आनर्स) तो कर ही जाओगे...लेकिन साहब, हर नेक इरादा के पीछे और हर अमली कदम उठने पर शैतान विघ्न डालने की अपनी हरकत पर उतर अनेकों आमादा हो उठता है न ? मैं मनाता हूँ कि कालेज की तुम्हारी पढ़ाई अब और खंडित न हो।

स्वास्थ्य के बारे में तुमने लिखा है : 50% स्वस्थ हो...शेष 50% भी वापस मिल सकता है स्वास्थ्य। मगर वह पंचोभ-तरौनी या दरभंगा में नहीं। वह वापस मिलेगा यात्रीजी की निगरानी में 4-6 महीने रहो तब। हाँ, तभी...यात्रीजी चाहेंगे कि तुम और उर्मिला। (अमित-समेत) दिल्ली या इलाहाबाद रहें 4-6 महीने। यात्रीजी के साथ। फिर शत-प्रतिशत स्वास्थ्य की गारंटी तुम्हारे लिए हम लिख देंगे...हाँ...जब तुम्हारी और गोपालजी बाबू की सम्मिलित राय हो, मुझे सूचित करना। मैं एक महीने के अंदर सारा इंतजाम कर लूँगा और तुम तीनों को अपने पास बुला लूँगा...सोचना भला इस पहलू पर। पहले तुम और उर्मिला सोच लेना। तब गोपालजी बाबू से कहना।

लेकिन तब पढ़ाई का क्या करोगे ?

पढ़ाई का सिलसिला तो आगे भी जमाया जा सकता है न ? आधी तंदुरुस्ती लेकर जवानी के दिनों में तुम पढ़ाई क्या दिल लगाकर पूरी कर सकोगे ?

सुकांत अभी दस वर्षों तक शादी नहीं करेगा। उसने मुझसे वचन ले लिया है। वह तरौनी भी नहीं जाएगा। वह बहुत-सारे अंशों में 'यात्री' बनना चाहता है...कवि सम्मेलनों में जाने लगा है सुकान्त। मीटिंगों में भाषण-वाषण भी देने लगा है। पिछली होली के समय इन्दिरा ठाकुर की छोटी बहन का यानि डॉ. खगेन ठाकुर की साली का आकस्मिक देहांत हो गया था। मुझे विगत सितंबर में सुल्तानगंज जाने पर ही इस दुर्घटना का पता चला। अब तुम सुकांत के दिल की उचाट का अंदाज लगा सकते हो...

टुनाई का मन अब भली-भाँति अपने 'प्रशिक्षण में' लग गया है। सवेरे 5 से लेकर रात के 11 तक वह परम व्यस्त रहता है। 1 से 4 तक फैक्ट्री के अंदर कुलीगिरी से लेकर मिस्त्रीगिरी जाने क्या-क्या करना पड़ता है ! शाम को घंटा-डेढ़ घंटा RSS (राष्ट्रीय स्वयं सेवक संघ) की शाखा में योगासन, लाठी-संचालन, कबड्डी आदि के लिए नियमित जाता है। उसका स्वास्थ्य इन दिनों बेहद अच्छा लगा...

इस बार हमने उसे साइकिल के लिए 180 दिए। सेकेंडहैंड साइकिल मिल जाएगी

इतनी रकम में। हाँ, एक बात...उसे छुट्टी नहीं मिलेगी। तुम चाहो तो टाटानगर आकर मिल जाना कभी। सुकांत या शोभा मिसर भी ऐसा कर सकते हैं।

शोभाकान्त का पत्र आया है कि नहीं ? वह तो सुकान्त को भी व्यस्तता है पत्रों के लिए ! एक महीने से मुझको भी तो उसका पत्र नहीं मिला न !

शोभाकान्त की वेतनवृद्धि शायद अब तक नहीं हुई...मैं 18 दिसंबर के बाद नहीं मिला हूँ। पत्रों से इतना तो मालूम होता ही रहा कि वह सर्विस पंडित को इधर अप्रिय हो उठी है ! अमृतराय से वह संतुष्ट नहीं है। खैर 8 के बाद तो इलाहाबाद पहुँच ही रहा हूँ।

शैलेश क्या होस्टल में रहता है ? भवेश तो खैर तुम्हारे साथ है, मिथिल की पढ़ाई का क्या रंगढंग है ? जमीन (खेत) जो ली गई थी, वह आबाद होने लगी ? या, यों ही 'खढ़ोर' वाली सहज तपिश के कारण ठीक-ठाक फसलें नहीं उगा रही है ! छै महीने का राशन तो निकल आता होगा न ?

गोपालजी बाबू की बिजनेस की योजना थी, उसका क्या बना ? नीलू काफी बड़ी दिखती होगी न ? चि. अमित तो अब अच्छी तरह बोलने लगा होगा न ? मैं इस बार उसकी तीसरी वर्षगाँठ के अवसर पर अवश्य ही पंचोभ में हाजिर रहूँगा। अब दो शब्द अपनी प्यारी उरो के लिए भी।

नागार्जुन तुम्हारा
भिलाई (मध्य प्रदेश)
2.3.70

❋

20.5.70
रवीन्द्र नगर/नई दिल्ली

रतन,

तुम्हारे पत्र मिले, मिलते रहे...मैं अब तक इत्मीनान से बैठकर तुम्हारे नाम विस्तारपूर्वक कहाँ लिख सका हूँ !

इम्तहान तो तुम्हारा 25 को आरंभ हो रहा है न ? या फिर टलेगा ? कब तक खत्म होगा ? शीघ्र सूचित करो।

शोभाकान्त की शादी के लिए सहर्सा से खतों पर खत चले आ रहे हैं।...सुकान्त और शालिग्राम की प्रबल सिफारिश है...लड़की मैट्रिक पास है या इस वर्ष देनेवाली है। संसोपावाले साथी की पुत्री है, 'पोलिटिकल सफरर' की...(सुकान्त के शब्दों में) यह रिश्ता होना ही चाहिए। वैद्यनाथ झा नाम है, 'लाल सितारा' (साप्ताहिक) चलाते हैं। तीन-चार लड़कियों के पिता हैं। इसी वर्ष, इसी सीजन में अपनी बिटिया के हाथ पीले

करवाना चाहते हैं। बस यह भी उसी प्रकार का 'आदर्श' विवाह होगा, जैसा कि तुम्हारा हुआ था। यानि वैसे ही 'बे-सरो-सामान' की लड़की शोभाकान्त को मिलनेवाली है। मैंने सहर्ष स्वीकृति लिख भेजी है। साथ ही लिखा है कि वह सौ रुपए से ज्यादा खर्च नहीं करें, अति सादगी से सारा काम होना चाहिए...

मैं चाहता हूँ कि वो खुद आकर शोभाकान्त से 'परिचय प्राप्त कर लें' भले ही सुकान्त-शालिग्राम को साथ ले आएँ।

जून के प्रथम सप्ताह तक मैं इलाहाबाद पहुँच रहा हूँ। आर्थिक स्थिति बेहद 'लचर' है, हमेशा की तरह। मगर यह आवश्यक प्रतीत होता है कि शोभाकान्त अपने को सबल महसूस करें। ऐसा न हो कि वो ऐन मौके पर 'आदर्शवादी चिरकुमार' की तरह ऊटपटाँग जवाब देकर लड़कीवालों को परेशानी में डाल दे। और मैं यह भी चाहता हूँ, संयोग भिड़ जाए तो इसी शुद्ध में शोभाकान्त के गले में वरमाला डलवा दूँ...कहो कैसी रहेगी यह बात ?

नागार्जुन

दो चार दिन बाद फिर लिख रहा हूँ।

⁂

5.6.70
नई दिल्ली

रतन,

तुम्हारा पत्र मिला था।

10 को इलाहाबाद जा रहा हूँ। तुम अगला पत्र वहीं के पते पर डालना।

लगभग तीन महीने यहाँ रहना हुआ। सोचा था, इधर ही रहकर कोई 'बड़ा काम' कर डालूँगा। बड़ा काम ? यानि उपन्यास लेखन या खंडकाव्य की रचना...कोई और किताब...लेकिन सहर्सावालों ने इतना जोर लगा दिया कि उधर ध्यान जाना अनिवार्य हो उठा...उपेक्षा का मतलब घातक होगा ! यानि कि बस !

यानि, लाल रोशनाई से उन्होंने इधर-उधर पत्र डालना चालू कर दिया। अपने तईं विवाह की दो-तीन तिथियाँ निश्चित कर डालीं ! सुकान्त और तीर्थनाथ बाबू और शालिग्राम आदि के पत्र आने लग गए...शोभाकान्त घबड़ा उठे कि यह सब क्या हो रहा है...

खैर, रोकने का इरादा तो मेरा क्यों होगा ! लेकिन 'विचार विनिमय' के लिए आवश्यक मौका तो बीच में मिलना ही चाहिए न ? बहरहाल, लाल रंग का अंतर्देशीय पाकर पहला काम कल मैंने यह किया कि बाबू वैद्यनाथ झा (कन्या के पिता) को अंतर्देशीय लिखा : "बतलाया कि एक बार आपको इलाहाबाद आकर शोभाकान्त से

आपने-सामने खुलकर बातचीत कर लेनी है : शारीरिक दृष्टि से शोभाकान्त के बाएँ पैर में कमजोरी है, 5 (प्रतिशत) पंगुता...यह सब आप खुद अपनी आँखों से देख लीजिए। फिर एक 27 वर्ष का युवक अपनी जीवनसंगिनी के अभिभावक से खुलकर विचार विनिमय करना चाहता है। उसका इतना सा आग्रह तो आपको मान ही लेना है...पुत्रवधू में और पुत्री में कोई फर्क नहीं मानता मैं ! वह जो लड़की हमारे परिवार में आनेवाली है, उसे अपने भावी पति के 'गुण दोष' पहले से मालूम रहें, यही मैं चाहता हूँ...विचार के क्षेत्र में ऊँचाई पर उड़नेवाले हम लोग वस्तुतः नितांत साधारण हैसियत के लोग हैं...फिर ऐसा तो न हो कि पीछे सुनना पड़े—लड़का तो लंगड़ा निकला, यह बात हमसे छिपाकर रखी गई...आजीवन लड़की के मन पर यह बात गाँठ बन जा सकती है कि पहले नहीं बतलाया गया... और इसीलिए आप एक बार इलाहाबाद आ जाएँ।''

इतना लिखकर दिल हल्का हुआ। यही बात हमने सुकान्त, तीर्थनाथ बाबू और शालिग्राम को भी लिख दी है। शोभाकान्त को आश्वस्त किया कि इलाहाबाद पहुँच रहा हूँ : कोई ऐसी बात नहीं होगी जो अनहोनी हो...

बावजूद इन बातों के, बाबू वैद्यनाथ झा यदि इलाहाबाद नहीं आते हैं तो 20 तक मैं खुद सहर्सा पहुँचकर उन्हें इलाहाबाद पकड़ लाऊँगा...ऐसा नहीं होगा कि यों ही शोभाकान्त को साथ लेकर हम तुम सहर्सा जा धमकें फिर कन्यापक्षवालों की कानाफूसी सुनाई पड़े 'लड़का चल नहीं पाता है सीधे...' नहीं ऐसा नहीं होगा। कन्यापक्षवालों को पहले ही यह सब देख लेना चाहिए न ? लड़की के पिता-माता को यह सब मालूम रहना चाहिए न ? लड़की को भी पता रहना चाहिए...

मेरी इन बातों पर कई मित्र कहेंगे ''आप भी हद करते हैं न ? यात्रीजी, अजी, इतना अधिक कौन खींचता है बातों को ? समाज के अंदर सब कुछ चलता है...खामखा आप अड़ंगा डालते हैं ! आप चुप भी तो रहिए...''

अब रतन तुम ही बतलाओ, साफ-साफ बातें करना कौन-सा पागलपन है ! शोभाकान्त के भी इस संबंध में यही विचार हैं। कन्यावाला यदि सचमुच 'समाजवादी' है और संपादक है 'लाल सितारा' पाक्षिक का तो विचलित नहीं होगा। अवश्य वह शोभाकान्त को अपना दामाद बना ही लेगा। हमें पता चल जाएगा कि समाज की भावभूमि बदल चुकी है।

अभी और क्या लिखूँ ? चि. अमित अब चौथे वर्ष में प्रवेश करेगा न ?

सुकान्त ने इच्छा जाहिर की है कि ''भाई के विवाह के अवसर पर उर्मिला को तरौनी में होना चाहिए, अवश्य होना चाहिए''...यानि 16वें दिन अगर गौना होता है तो भाभी के स्वागत में ननद को वहाँ (तरौनी में) मौजूद रहना चाहिए...लेकिन वैद्यनाथ ने लिखा है; आसाढ़ में विवाह होगा, 16 वें दिन कैसे लड़की विदा होगी ? मधुश्रावणी-कोजागरा आदि सामने पड़ते हैं...लीजिए साहब कीजिए मधुश्रावणी-कोजागरा...हमको तो 10 प्रतिशत इसी में संदेह है शादी इसी शुद्ध में होगी।

बहरहाल, मैं अपनी तरफ से तैयार हूँ...अर्थसंकट यद्यपि इसी पक्ष में राय दे रहा

है कि गौना अगहन में होगा। अरे, पहले शादी तो हो...तुम्हारा इम्तहान कब समाप्त होगा ? विहार तो मैं आ रहा हूँ। शादी सहर्सा ही हो, चाहता हूँ। सुना है लड़की 18 वर्ष की है; मैट्रिक तक पढ़ी है। अभिभावक के शब्दों में, "इसी शुद्ध में काम करना है।"

नागार्जुन

✻

इलाहाबाद
26.6.70

रतन,

बेहद व्यस्त हो न ? शैलेश की शादी के बारे में सूचित किया था तुमने, हड़बड़ी में डाकखाने से पोस्टकार्ड लिखा था न ? अब भी फुर्सत नहीं मिल रही है ? 'सगुन' का झमेला निबटा ? भार-बार चला गया होगा...

यहाँ सुकान्त आ पहुँचे हैं। उनके कथनानुसार शोभाकान्त के भावी ससुर ने (वैद्यनाथ झा ने) निमंत्रण पत्र तक छपवा रखे हैं ! यानि "8.7 को शादी होगी" मगर ऐसी हड़बड़ी में न शोभाकान्त तैयार हो रहे थे, न मेरा ही दिल कबूल कर रहा था। सुकान्त ने बार-बार कहा "अब बड़ी भद होगी अगर यह काम नहीं होगा। जबकि लड़कीवाला इतना अधिक दृढ़निश्चयी निकला और आप दोनों ने मुझ पर बात पक्की करने का दायित्व पूरा का पूरा डाल दिया था, तव मेरी क्या स्थिति होगी ?"

खैर शुभ कार्य हड़बड़ी में भी अच्छे होते हैं। मगर यह कितना अजीब लगता है कि भावी ससुर महोदय बार-बार यहाँ आने की बात करके भी आ नहीं रहे हैं भावी दामाद से मिलने ! 30 या 1 को आएँगे...कैसा मूडी आदमी होगा, ख्याल तो करो ! पिछले पत्र में लिखता "20 प्रतिशत पंगुता होगी, तो भी मैं शोभाकान्त को स्वीकार करूँगा ही" और वहाँ सहर्सा में (टाऊन भर में) शोर मचा दी है "नागार्जुन के यहाँ मेरी बेटी जा रही है। नागार्जुनजी यहाँ आ रहे हैं।" अब बतलाओ रतन, कैसे आदमी से पाला पड़ा है। लड़की का फोटो आ गया है। 18 की होगी, चेहरा-मुहरा ठीकठाक है, अच्छा है। संतोषजनक...मगर हमारा ख्याल था कि कम-से-कम 15 रोज पहले लड़कीवाला यहाँ आकर शोभाकान्त से मिल जाएगा। बातचीत होगी। और हम फिर शादी की डेट तय करेंगे... और सुकान्त ने, तीर्थनाथ बाबू ने और वैद्यनाथ झा ने सारा कुछ अपने आपमें तय कर लिया है...मगर अब भी वह (वैद्यनाथ झा) आया नहीं है। देखो न ?

अपने हाथ बिलकुल खाली हैं। दो रोज के लिए भी तरौनी पंचोभ पहुँचकर अपराजिता उर्मिला से इस बारे में बात न कर पाना अखरता है। अंततः होगा यही कि ऊपर से ऊपर शादी हो जाएगी ! यानि सुकान्त और शोभाकान्त सहर्सा पहुँचेंगे और

8 की रात में शादी हो जाएगी ! मगर वो महानुभाव यदि 30 या 1 को न आए और 4 या 5 को किसी को भेज दिया कि "हाथ धर के शोभाकान्त को ले आइए !" तो यह भी संभव है। हाँ सब संभव है...

मगर मैं नहीं रह पाऊँगा। 12.7 को इंदौर में साहित्य अकादमी की तरफ से सेमिनार है, उसमें नागार्जुनजी को अनिवार्यतः शामिल होना है। शोभाकान्त ने कल शाम को कहा "आपकी क्या जरूरत पड़ेगी, सुकान्त साथ रहेंगे। आप पीछे इंदौर से सहर्सा आ जाइएगा।" यानि सरकारी संस्था ने मुझ पर जिम्मेदारी सौंपी है, अरे अब मैं भला कैसे इंदौर नहीं पहुँचूँ ! बतलाओ कैसा शानदार झमेला है ! हमने पिछले महीने वैद्यनाथ झा को लिखा था "शादी की सारी तैयारियों में सौ से अधिक रुपए नहीं खर्च करें..." हमारी तरफ से तो यही होगा। शोभाकान्त ने अपने को तैयार कर लिया है। देखो 30 को वै. ना. झा आ तो जाएँ।

नागार्जुन

❋

120, रवीन्द्र नगर
नई दिल्ली-11
6.10.70

रतन,

कल शाम को पचास रुपए T.M.O. द्वारा शोभाकान्त के नाम भेजे हैं। इतनी रकम और भेज दूँ तो फिलहाल तुम तीनों का खाना-पीना तो यथाकश्चित् चले...आशा है, इस पत्र से पहले ही T.M.O. मिल चुका होगा। शेष रकम 12 तक नहीं भेज सका तो 'नई धारा' के लिए तीन चार रचनाएँ अवश्य तुम्हें मिल जाएँगी। तब सुकान्त जाकर उदयराज सिंह से मिलेंगे। वह 50/- तो जरूर दे देंगे।

हुआ एक अच्छा ट्यूशन का जुगाड़ ? नहीं हो सका अब तक ? कोई बात नहीं, मिल ही जाएगा। रत्ती-भर भी परेशान होने की जरूरत नहीं। मैं 15 नवंबर के बाद तुम्हें यहीं बुला लूँगा। दो कारणों से : (क) पहला कारण है कि खुद मुझको बिहार से नफरत हो गई है, तो फिर परिवार के अन्य सदस्यों को धीरे-धीरे इधर खींचने की नीयत पैदा होना सहज है ही। कम से कम दो जने (परिवार के) साथ रहें तो मेरा भी भला होगा, उनका भी। (ख) दूसरा कारण तुम्हारे हित की दृष्टि से संबंधित है ! सर्विस इधर भी तो मिलेगी। दूध-फल-गेहूँ, आवोहवा आदि की इधर प्रकृतिप्रदत्त ऐसी सुविधा है कि स्वास्थ्य बिल्कुल बुलंद रहेगा। तुम यहाँ रहने लगोगे तो मैं दो महीने के अंदर ही उर्मिल और अमित को बुलवा ले सकूँगा...मैं तो सुकान्त के बारे में भी कुछ ऐसा ही सोच रहा हूँ। वो नाहक सहर्सा में अपना जिस्म गला रहा है। अर्थ-संकट के कारण वहाँ दोनों जून

ठिकाने से खाना भी नहीं ले पाता है। यह ठीक है कि सुकान्त का संकट भी उसके 'पूज्यनीय पिता' की ही देन है ! हालाँकि बेचारे पिता ने सहर्सा की बनिस्पत फारबिसगंज भेजना चाहा था !

अभी तुम तीनों कहाँ रह रहे हो ? रमेश के साथ ? अंकिम, भारतीभक्त, जुग्गीलाल आदि तो जगह खोज सकते हैं न ? नहीं !

महानगर में, या कहीं भी, अकेले रहकर जमकर काम नहीं कर पाता हूँ। खाने-पीने की बदइंतिजामी, रहने की दिक्कत, अपेक्षित एकान्त का अभाव, 'अपना' कोई पास न होना...यों आत्मीय तो सर्वत्र फैले हुए हैं मगर वे मेरी साधना पद्धति से अक्सर दूर हटा देते हैं। परिवार का कोई व्यक्ति साथ हो तो इतर तत्त्व बाधक नहीं होंगे...

खंडकाव्य खत्म नहीं हुआ है अब तक ! लो, कहाँ सितंबर में ही वह पूर्ण होनेवाला था और कहाँ आज अक्तूबर का प्रथम सप्ताह समाप्ति के करीब आ गया !

कहाँ तक लिखूँ ? मेरी उद्भ्रान्त मनःस्थिति का अंदाज लगाओ तो जरा ! लगा सकोगे ?

अरे हाँ, महेश्वर मिश्र से नहीं मुलाकात हुई ? वो भी तो डेरा ढूँढ़ दे सकते हैं...

हाँ, आमदनी का एक रास्ता तत्काल निकला है। हिंद पाकिट वाले 'विद्यापति के गीत' (150) छापने को तैयार हैं। मगर कापी जो नहीं तैयार है ! 'सौ गीत' Book Post से फौरन भिजवाओ। 50 गीत और मिला दूँगा। 8 पेज की भूमिका होगी। 2/= (दो रुपए) की किताब होगी। यानि बारह सौ पचास रुपए मिलेंगे तत्काल...Please, जल्दी करो ! कहीं नहीं मिले तो एक रुपया देकर पुस्तक भंडार से चुपचाप खरीद लाओ ...यह काम अत्यावश्यक है। अभी तो दुकानें बंद होंगी, 12 को मिल जाएगी तुम्हें वो किताब। फिर तो भेज ही देना...

शैलेश का गौना इसी वर्ष होगा न ?

नागार्जुन

⁂

16/11/70
राजकमल प्रकाशन
दिल्ली-6

रतन डियर,

तुम्हारे सारे पत्र मिले हैं और यह अंतर्देशीय तुम्हारे नाम पर (पता मात्र लिखकर) विगत दो सप्ताह से पड़ा है, वक्त की कमी से इसका इस्तेमाल नहीं हो पाया अभी

तक ! अब इसे छुटकारा मिल रहा है...यानि सवेरे इसे लेटर बॉक्स के हवाले करनेवाला हूँ...इस समय अनुमानतः रात के ढाई बजनेवाले हैं और चूँकि शाम को 5 से 8 तक गाढ़ी नींद में सो चुका हूँ, अपने मेज पर डटे रहने में असुविधा नहीं महसूस हो रही है।

हिंदी का एक नौजवान (राजकुमार कुंभज) कल से इसी कमरे में आकर टिक गया है। अफ्रो एशियाई साहित्यकार सम्मेलन में दर्शक की हैसियत से शरीक होना है इसको। पिछली जुलाई में हम इंदौर गए थे, वहीं हमारा कुंभज से परिचय हुआ था। कविताएँ अच्छी लिखता है। पत्रों में छप भी रहा है...अभी वह गाढ़ी नींद में विभोर है।

परसों (14.11) शोभाकान्त को रुपए नहीं भेज सका...रकम आज शायद हाथ आ ही जाए, तो आज TMO. भेज ही दूँ शायद...यह 'शायद-शायद' इसलिए कि बैंक में यहाँ कुल जमा 10 रुपए शेष हैं...(सितंबर में रेडियो प्रोग्राम से 50 रु. का एक चेक मिला था। 5 नगद जमा करके सेंट्रल बैंक में सेविंगवाला खाता खुलवा लिया था। उसी 55 रु. में से दस-पन्द्रह करके निकालते-निकालते अब 10 रु. शेष हैं)

और देखो नेतागिरी किस प्रकार नागार्जुन के कंधों पर लद जाती है अपने आप ! हाँ, न चाहने पर भी !

अभी शाम को साढ़े आठ-सवा आठ में नींद अपने आप खुली ? मैं तो शायद कई घंटे और सोता रहता। मगर हुआ यह कि तीन मित्र (गुणाकर मुले बद्री-तिवारी आदि) आ धमके और बतलाया कि बाबा आपकी अनुपस्थिति में आपको अफ्रो एशियाई कांफ्रेंस के लिए समग्र हिंदी भाषी क्षेत्रों के प्रतिनिधिमंडल ने अपना लीडर चुन लिया है।...अब तो 5-7 रोज आपको बेहद व्यस्त रहना पड़ेगा...असंभावित-अकल्पित तौर पर यह महान दायित्व आ पड़ा है...

अच्छा तमाशा रहा साहब ! हम तो इसी से मामूली डेलिगेट भी नहीं बने थे कि नाहक कौन झमेला उठाए ! इसी कारण हम उस मीटिंग में गए ही नहीं, विज्ञान भवन में भारत की विभिन्न भाषाओं के डेलिगेट अभी शाम को 4 बजे अपने-अपने ग्रुप का लीडर चुननेवाले थे...हम बचना चाहते थे, इसी से शाम को निकले ही नहीं ! अब लो बेटा, चाहते थे रोजा से छुटकारा, नमाज भी गले पड़ गई !

तुमने सुवेशवाली कंपनी में पार्ट टाइम जॉब स्वीकार करके अच्छा किया। पढ़ाई के बारे में तुम्हारा विचार ठीक लगा मुझे। किसी न किसी तरह B.A. कर लोगे तो फिर कई रास्ते खुल जाएँगे। यह तो बतलाओ कि सुवेश का औद्योगिक फील्ड में कदम बढ़ाने का इस बार का उत्साह तीन साल भी टिक सकेगा क्या ? उस बार उन्होंने इसी प्रकार सीताराम मंडल को अपने साथ लिया था...मुश्किल से छै महीने आठ महीने गुजरे कि होटल का वो धंधा ही उठ गया। मैं चाहता हूँ कि इस बार सुवेश का उत्साह ठंडा न पड़े...इस बार सुवेश बाबू के धंधे का क्या स्वरूप है ? यह सब मुझे अवश्य सूचित करो। अपने ऑफिस की सुविधा के लिहाज से यदि तुम्हें अन्यत्र 'बासा' रखना पड़े तो उसमें हिचकना नहीं...जैसा तुम्हें सुविधाजनक प्रतीत हो, वैसा ही करना।

आज मुझे पूरी उम्मीद है कि, रुपए अवश्य मिलेंगे। तो 100 रु. शोभाकान्त को तत्काल TMO द्वारा भेज दूँगा...श्रीकान्त तरौनी गया है; शायद वापसी में पटना होता हुआ जमशेदपुर पहुँचेगा। 18 को वापस होगा, ऐसा उसने लिखा था...बहुत सारी बातें रह गईं, पत्र लेकिन पूरा करना ही पड़ेगा...भर गया न ? आश्चर्य है शैलेश के गौना के बारे में तुम्हें अब तक पता न चला ! उर्मिला को भी भनक नहीं मिली है क्या ? अपने स्वास्थ्य का ध्यान रखना...मैं लगभग ठीक हूँ—शेष फिर अगले सप्ताह...

नागार्जुन

⁂

607, अतरसुइया
इलाहाबाद
26/10/71

रतन डियर,

कई दिनों से तुम्हारी याद आ रही है। पता लिखकर यह अंतर्देशीय एक सप्ताह से सुरक्षित रहा, अब आज मौका मिला...

कल शाम से दमा की कृपा हुई, आज बारह बजे तक साँस बजती रही मानो बिगड़ी हुई बाँसुरी सनसना रही हो...लिखाई (बोलकर लिखाना) तो स्थगित ही कर दी गई। कल ठीक रहे तो डिक्टेशन देंगे। अब ऐसा न हो कि लगातार कई दिनों तक साँस फूलती जाए ! फिर सूचित करूँगा।

लगता है, आहार की व्यवस्था खूब ठीक-ठीक 'रेगुलराइज' नहीं हो पा रही है...उधर अंडा-मक्खन आदि चलता रहा था पटना में, सितोपलादि-ग्लैकोडिन आदि भी चलता रहा, यहाँ आने पर सब कुछ छूट गया। हाँ, रात में डेढ़ पाव (कुछ ज्यादा ही) दूध ले रहा हूँ। यह दूध शायद दमा में मुफीद (फायदेमंद) नहीं होता...दो रोज देख लेता हूँ, फिर मक्खन या अंडा शुरू करेंगे—नहीं मक्खन और अंडा दोनों नहीं चल सकते...गुंजाइश नहीं है !

होमियोपैथिक दवा (पीनेवाली) अभी सुकुल ले आए हैं, डेढ़ रुपए की शीशी। गुप्ता ने बतलाया—"यह दमा में अक्सीर है, सदा इसे साथ रखिए...शाम-सुबह दस-दस बूँदें, पानी के साथ..." ठीक है, यही चले ! पानी उबालकर ही लेता हूँ...

सुकान्त को कल 80/- (अस्सी रुपए) TMO द्वारा भेज दिए गए हैं। सौ भेजना चाहता था लेकिन नहीं हो सका प्रबंध...आगे नवम्बर के मध्य तक उसे कुछ भेज सकूँगा, सूचित कर दिया है।

आपकी आदरणीया माताजी (अपरा.) को अलग से 50/- भेजना चाहता हूँ मगर केवल 'चाहने' से क्या होता है !

गोपालजी बाबू को लिखकर यहाँ का पता सूचित कर दिया हैं।

तुम अपने स्वास्थ्य का ध्यान रखना...इम्तहान नवंबर के अंत तक चलेगा ?

परीक्षा के बाद, दिमाग में रखना, राधेश्यामवाला कमरा किराए पर उठ जाए...हो सकता है अभी कई-एक महीने परिवार तरौनी न जा सके ! (अगर आमदनी का यही हाल रहा और तंदुरुस्ती जनवरी तक इसी तरह ढीली-ढाली रह गई तो ?) अभी और क्या लिखूँ ?

सुकुल (शुक्लजी) निःसंदेह काफी सेवा कर रहे हैं। दोनों समय चाय, दिन में खाना (रोटी और पालकीवाली दाल) रात में दूध...प्रायः तीन-चार बार स्टोव जलाकर पानी उबाल देते हैं...लिखाई और बाजार का काम...यानि, मुझे हमेशा अब एक 'शुक्ला' टाईप का सहयोगी चाहिए न ? आगे शायद शोभाकान्त की जीविका का प्रबंध यहीं हो जाए ! या उर्मिला रहने लगेगी साथ...या ?...अपने को किसी 'मठ' के हवाले कर देना होगा ?

नागार्जुन

*

राजकमल प्रकाशन
पटना-6
12.2.73

प्रियवर रतन,

मैं 6 को जमशेदपुर से लौटा हूँ। हरिबाबू से कलकत्ता में मुलाकात नहीं हो सकी। मार्च के प्रथम सप्ताह में पुनः कल. जाना है, तब मुलाकात होगी। 18 को उत्तर प्रदेश-मध्य प्रदेश जाना है। 3-4 मार्च को कलकत्ते का प्रोग्राम है। वहाँ 7 तक रहेंगे। फिर 4 दिन पटना। फिर एक महीना दिल्ली। गौना बैशाख में होगा। चैत्र अमावस्या के करीब परिवार तरौनी जाएगा, इसका प्रबल प्रयास करना है।

मिथिल शायद 20 तक वापस जा सकेगा।

अमित को प्यार। नए को भी।

नागार्जुन

*

48, टैगोर पार्क
दिल्ली-9
10/1/74

रतन डियर,

वक्त नहीं निकल पा रहा था। तुम्हारे नाम पर यह लिफाफा लगभग डेढ़ महीने

से प्रतीक्षा कर रहा था मुक्ति की...खैर, अब इसे मोक्ष हासिल होगा। थोड़ी ही देर बाद यह 'Postal VAN' के अंदर सीधे बड़े डाकघर पहुँचने के मार्ग में होगा और फिर डाकगाड़ी के अपने संरक्षित डिब्बे में विराजमान होगा। वहाँ इसे हजारों साथी मिलेंगे...

मार्च के प्रथम सप्ताह में पटना पहुँचने का इरादा है। यह इरादा नहीं बदलेगा। हाँ, दो-एक दिन या एक आध सप्ताह आगे-पीछे खिसक सकता है।

सुकान्त से कहो कि दिल्ली आ जाएँ। जब वो तय कर लेंगे, तब मैं सौ रुपए मार्गव्यय आदि के लिए तुम्हारे पते पर उनके निमित्त भेज दूँगा। मैं चाहता हूँ, सुकान्त दिल्ली आ ही जाएँ...या, क्या सोच रहे हैं यह भी तो मुझे मालूम होने दें। न तो, ऐसा करो कि, तुम्हीं सुकान्त के इरादों से मुझे वाकिफ होने दो न !

श्रीकान्त का आखरी दिनवाला इम्तहान (प्रैक्टिकल, शायद) गत वर्ष खराब कर दिया गया था यानि खराब घोषित हुआ था। इस बार श्रीकान्त आश्वस्त है कि 'ठीक ही होगा इस बार'...फीस आदि के अभाव में B.Com की पढ़ाई स्थगित रखनी पड़ी बेचारे को। मैं रेगुलर 100 रु. प्रतिमास नहीं दे पा रहा हूँ...वह बेचारा भारी कष्ट में वहाँ वक्त काट रहा है, ऊब रहा है और खीझ रहा है...लगभग दो महीने बाद 100 रु. मैंने उसे दिसंबर के अन्त में भेजे हैं...

तुमने बोकारो जाने की संभावना के बारे में सूचित किया था...शैलेश ने क्या तय किया ? क्या तुम सचमुच दरभंगे से निकलना चाहते हो ?

मैंने कई बार सोचा है तुम इधर आ सको—दो तीन महीन रह सको तो अच्छा रहेगा। काम जरूर कोई न कोई मिल के रहेगा इधर...फिर हम अमित की पढ़ाई का डौल इधर ही जमा लेंगे...उर्मिला भी इधर ही रहने लगेगी...दरअसल, ऐसा सोचने में अपना भी स्वार्थ-दर्शन साथ लगा है न मेरा ? जरूर लगा है !

उर्मिला को मैं पनिचोभ से कुछ अवधि के लिए निकालना चाहता हूँ—अमित-ऋतु की पढ़ाई का इंतजाम भी नए सिरे से जमाने की बात दिमाग में चक्कर लगाया करती है।

मंजु की शादी इसी वर्ष हो जाए—यह मैं 'अति आवश्यक' नहीं मानता हूँ। सुकान्त ने किसी संभावित 'सुपात्र' के बारे में 'टोह' की सूचना दी थी...अच्छा है कि सुकान्त दरभंगा निवास काल में अपनी चिंतन कोटि के क्षेत्र में मंजु के विवाह के लिए पात्र का अन्वेषण करने लगे हैं...

शोभाकान्त ने एक संक्षिप्त पत्र में (तीन पंक्तियोंवाले पोस्टकार्ड में) सूचित किया था; "रेखा को पनचोभ भेज दिया। अपने बारे में या रेखा के बारे में भविष्य में क्या निर्णय लूँगा, अभी बतला नहीं सकता..."

15, 12, 73 का दिनांक था पो.का. पर...

इस सिलसिले में कुछ सूचित कर सकोगे ? अपने स्वास्थ्य आदि के बारे में लिखो।

नागार्जुन

⁂

सिवान
25.10.75

प्रियवर रतन,

पिछला पत्र (पो. कार्ड) मिला होगा। तुम्हारा इन्लैन्ड पाकर लिखा था। कल हम सिवान जेल वापस आए। यहाँ से जमानत पर छूटने का प्रयास शायद सफल ही रहेगा। शेष बातें अगले पत्र में। छोटी-सी जेल है। पहले सब डिविजन था न, अब जिला बना है सिवान...फिर पंखी की सुविधा की दृष्टि से यहाँ रहना जरूरी प्रतीत हुआ...अमित और रीतू...उनको मेरी याद दिला दो...

नागार्जुन

⁂

सिवान
2.11.75

रतन डियर,

रात के डेढ़ बजनेवाले हैं। हम 24 को छपरा जेल से यहाँ छोटी–अति छोटी जेल में लाए गए। चूँकि यहाँ बिजली नहीं है, मोमबत्ती के प्रकाश में तुम्हें यह पत्र लिख रहा हूँ। एक पोस्टकार्ड छपरा से डलवाया था, मिला होगा।

यहाँ हम गिरफ्तार हुए थे, 5 महीने पहले। यहीं के कोर्ट में हमारा मुकदमा लटका पड़ा है। इसीलिए यहाँ आग्रहपूर्वक वापस आए हैं।

जिला अधीक्षक को हमने (मैंने, व्यक्तिगत) कल एक चेतावनी दी है "15 नवंबर तक अगर मुझे रिहा नहीं किया गया तो 16 नवंबर से मेरा अनशन होगा–अनिश्चित-कालीन"...इस बात की सूचना आज मैं चीफ सेक्रेटरी (मुख्य सचिव, बिहार सरकार) को भी भेजनेवाला हूँ। शोभाकान्त को कल पत्र डाल चुका हूँ।

सिवान एक नवनिर्मित डिस्ट्रिक्ट है। गोरखपुर लाइन में उत्तर प्रदेश की सीमा से लगा हुआ है। लगता है यहाँ के छोटे-बड़े हाकिम 'तानाशाह' हैं। मुझे गिरफ्तार करके जेल के अंदर डाल लिया और फिर मुझे भूल गए। पाँच महीने तक मैं धैर्यपूर्वक उनकी लापरवाही का नाटक देखता रहा ! इमर्जेंसी के बाद दूसरे जिला-जेलों से लोग काफी संख्या में छूटे हैं, फिर यहाँ क्यों नहीं छूटेंगे ? और मैं तो इमर्जेंसी लागू होने से (26 जून) लगभग एक महीना पहले अरेस्ट हुआ था, मुझे तो यहाँ उसी वक्त जमानत पर छूट जाना चाहिए था न ? तो, यह पाँच महीने की अवधि गुजर गई ? खैर, अब

इस नाटक का आखरी दृश्य निकट आ पहुँचा है। अब मैं 'तटस्थ निर्लिप्त' रहकर सरकारी मेहमान नहीं बना रहूँगा...

उर्मिला से कहना, अनशन के नाम पर वह फिक्र न करे। बस अगले महीने में (दिसंबर में) मैं तुम्हारे गाँव पहुँचकर ही अपने को तसल्ली दे पाऊँगा।

अमित-रीतू को प्यार। अमित को 'अनशन' का मतलब ठीक-ठीक समझा देना। गोपालजी बाबू से हमारी नमस्ते कह दो। अगला पत्र 12 के बाद डालूँगा...'डिस्ट्रिक्ट जेल, सिवान' बस, इतना पता काफी होगा।

नागार्जुन
तुम्हारा

⁂

CENTRAL ZAIL
BUXAR E.R
21.11.75

डियर रतन,

मुझे यहाँ भेज दिया गया है...तथा पता बतलाने के लिए यह पोस्टकार्ड डलवा रहा हूँ...शायद दिसंबर के अंत तक आ सकूँ, बाहर। देखो क्या होता है।

अमित और ऋतु...ठीक होंगे।

—नागार्जुन

●

अपराजिता देवी के नाम

बी-3/13 जनकपुरी
नई दिल्ली-58
31.3.77

स्वस्ति !

आइ टुनाइक चिट्ठी आएल अछि। ओ एहि ठाम आबि रहल अछि। अही ठाम रहत—काज ओकरा भेटिए जेतइ।

बउआ झा कतऽ अछि ? दयानाथ एक्को बेर आएल छथि की नहि ? मंजुलिया क ननकिरबी निकेँ रहइ छइ की नहि ?

बेशी की लिखू ? हमरा दम्मा परेशान क देने छल। आब निकेँ भेल छी।

—ना.

अहाँ अइ बेर वोट ककरा देने रहिअइक ?

—यात्री

⁂

जहरीखाल
जि.—पौड़ी गढ़वाल
(उत्तर प्रदेश)
2 जून '84

स्वति,

दू शय टाका हम नेहरा बैंकक मैनेजरक नामें पठा देने छी। ओ अहाँक हिसाब मेँ जमा भ गेल हेतइक। अपन पान-जर्दाक हेतु अथवा आन प्रयोजनक लेल ए हे टाका कें अपना मोकेँ खर्च करू...

हम एहिबेर कृष्णाष्टमी सं पूर्वे गाम पहुँचब। पंद्रह जुलाइक बाद—अर्थात् श्रावण पूर्णिमा सँ पहिनहि हम एवं शोभा मिशर संगहि गाम पहुँचब। ऋचा-कुनू आदि कें दुलार। रेखा कें आशीर्वाद...शोभा मिसर हमरा संगे एहिठाम बीस-बाईस दिन छलाह। आब दिल्ली गेलाह। फे र एहिठाम आबिकँ हमरा ल' क' गाम दिश बिदा हेताह। शोभा मिशर असगरे बद्री नारायण क यात्रा क' एलाह...

—यात्री
अहाँक

●●●